D1722977

Kohlhammer

Urheberrecht

Kommentar zum
Urheberrechtsgesetz
Verlagsgesetz
Einigungsvertrag (Urheberrecht)
neu: zur EU-Portabilitätsverordnung

herausgegeben von

Prof. Dr. Axel Nordemann
Rechtsanwalt in Berlin
Honorarprofessor an der Universität Konstanz

Prof. Dr. Jan Bernd Nordemann, LL.M.
Rechtsanwalt in Berlin
Honorarprofessor an der Humboldt Universität zu Berlin

Prof. Dr. Christian Czychowski
Rechtsanwalt in Berlin
Honorarprofessor an der Universität Potsdam

begründet von

Dr. Friedrich Karl Fromm und Prof. Dr. Wilhelm Nordemann

von der 3. bis zur 9. Auflage fortgeführt von

Prof. Dr. Wilhelm Nordemann, Dr. Kai Vinck und Prof. Dr. Paul W. Hertin

12., erweiterte und überarbeitete Auflage

Verlag W. Kohlhammer

12. Auflage 2018

Print:
ISBN 978-3-17-034406-8

E-Book-Format:
pdf: 978-3-17-034407-5
epub: 978-3-17-034408-2
mobi: 978-3-17-034409-9

in der 12. Auflage bearbeitet von

Dr. Thomas W. Boddien,
Rechtsanwalt in Berlin[1]

Prof. Dr. Christian Czychowski,
Rechtsanwalt in Berlin[1]

Dr. Andreas Dustmann, LL.M.,
Rechtsanwalt in Potsdam[1]

Dr. Sebastian Engels,
Rechtsanwalt in Berlin[1]

Prof. Dr. Axel Nordemann,
Rechtsanwalt in Berlin[1]

Prof. Dr. Jan Bernd Nordemann, LL.M.,
Rechtsanwalt in Berlin[1]

Dr. Anke Nordemann-Schiffel,
maître en droit, Rechtsanwältin in Potsdam[1]

Evelyn Ruttke,
Rechtsanwältin in Berlin[2]

Dr. Martin Schaefer,
Rechtsanwalt in Berlin[1]

Jan Scharringhausen,
Rechtsanwalt in Berlin[2]

Dr. Volker Schmitz-Fohrmann, M. Jur.,
Rechtsanwalt in München[1]

Dr. Julian Waiblinger
Rechtsanwalt in Potsdam[1]

Dr. Martin Wirtz,
Rechtsanwalt in Düsseldorf[1]

1 Anwaltssozietät BOEHMERT & BOEHMERT
2 Gesellschaft zur Verfolgung von Urheberrechtsverletzungen e. V.

In der 12. Auflage bearbeitet von

Dr. Thomas W. Bondzio,
Rechtsanwalt in Berlin

Prof. Dr. Christian Czychowski,
Rechtsanwalt in Berlin

Dr. Andreas Bußmann, LL.M.,
Rechtsanwalt in Potsdam[1]

Dr. Sebastian Engels,
Rechtsanwalt in Berlin

Prof. Dr. Axel Nordemann,
Rechtsanwalt in Berlin

Prof. Dr. Jan Bernd Nordemann, LL.M.,
Rechtsanwalt in Berlin

Dr. Anke Nordemann-Schiffel,
maître en droit, Rechtsanwältin in Potsdam[1]

Evelyn Rüttke,
Rechtsanwältin in Berlin

Dr. Martin Schaefer,
Rechtsanwalt in Berlin

Jan Scharringhausen,
Rechtsanwalt in Berlin

Dr. Volker Schmitz-Fohrmann, M. Jur.,
Rechtsanwalt in Mannheim

Dr. Julian Aubinger,
Rechtsanwalt in Potsdam

Dr. Martin Wirtz,
Rechtsanwalt in Düsseldorf

1 Anwaltssozietät BOEHMERT & BOEHMERT
2 Gesellschaft zur Verwertung von Urheberrechtsleistungen e. V.

Vorwort

Der Fromm/Nordemann war 1966 der erste Kommentar, der zum neuen deutschen Urheberrechtsgesetz erschienen ist. Es löste die beiden Vorgängergesetze LUG und KUG ab und war zum 1. Januar 1966 in Kraft getreten. Der Fromm/Nordemann hat seitdem elf Neuauflagen gesehen und feierte 2016 – mit dem Urheberrechtsgesetz – sein 50-jähriges Bestehen. Er ist damit nicht nur der älteste Kommentar zum UrhG, sondern seine Autoren waren auch immer darum bemüht, ihn kontinuierlich zu aktualisieren. Die nun vorliegende 12. Auflage erscheint damit zum 50-jährigen Jubiläum.

In den Jahren seit 1966 ist der Fromm/Nordemann ein Praktikerkommentar geblieben, ein Erläuterungswerk, das von Praktikern für die Praxis geschrieben ist. Das Autorenteam spiegelt diese Tradition wider: Es besteht aus Rechtsanwältinnen und Rechtsanwälten der Anwaltspartnerschaft BOEHMERT& BOEHMERT, ergänzt um die beiden Justiziare der Gesellschaft zur Verfolgung von Urheberrechtsverletzungen e. V. Der Kommentar ist zwar mit der 12. Auflage noch einmal deutlich umfangreicher und ausführlicher geworden. Das ist den vielen Gesetzesreformen geschuldet, die einzuarbeiten waren, sollte aber nicht die Lesbarkeit des Kommentars auch für Nichtjuristen einschränken. Wegen dieses Umfangs haben wir uns aber auch entschieden, das das UrhWahrnG ablösende VGG nicht mehr zu kommentieren.

Seit der 11. Auflage 2014 ging es vor allem darum, die umfangreiche Rechtsprechung – nicht zuletzt in Bezug auf die davor erfolgten vielen Gesetzesänderungen (z.B. Schutzschriftenverlängerung, neues Leistungsschutzrecht für Presseverleger) einzuarbeiten. Der EuGH hat etwa das Recht der öffentlichen Wiedergabe und die Rechtsdurchsetzung neu justiert. Auch der deutsche Gesetzgeber war in den letzten Jahren so aktiv wie nie zuvor, an erster Stelle ist das Gesetz zur verbesserten Durchsetzung des Anspruchs der Urheber und ausübenden Künstler auf angemessene Vergütung und zur Regelung von Fragen der Verlegerbeteiligung aus Ende 2016 zu nennen, das weitreichende Neuerungen im Urhebervertragsrecht (z.B. §§ 32d, 32e, 40a) einführte. Zudem wurde im Juni 2017 das Gesetz zur Angleichung des Urheberrechts an die aktuellen Erfordernisse der Wissensgesellschaft verabschiedet, das mit Wirkung zum 1. März 2018 insb. die §§ 60a bis 60h neu einführte und zahlreiche weitere Regelungen (z.B. §§ 46, 52, 54) änderte.

Die Entscheidung, mit der 10. Auflage eine Kommentierung des Verlagsgesetzes aufzunehmen, hat sich bewährt. Die Kommentierung zum Verlagsgesetz wurde deshalb auch in der 12. Auflage weiter ausgebaut (Teil 2). Neu ist die Kommentierung zur EU-Verordnung zur Gewährleistung der grenzüberschreitenden Portabilität von Online-Inhaltediensten im Binnenmarkt, die diese EU-Verordnung im Bereich des Urheberrechts darstellt (Teil 4). Hervorzuheben sind auch unsere Kommentierungen zum Plagiat im Wissenschaftsrecht (Nachbemerkung zu §§ 23, 24 UrhG), zum körperlichen Eigentum an Werkstücken (Nachbemerkung zu § 44 UrhG), zum Vertrag zwischen der Bundesrepublik Deutschland und der Deutschen Demokratischen Republik über die Herstellung der Einheit Deutschlands (Teil 3) sowie zu Open Source Software und der General Public License, Version 3 (Teil 5).

Hinweisen möchten wir ebenfalls auf die Website www.frommnordemann.de, deren Inhalt nunmehr auch als App für Apple iOS (z.B. iPad, iPhone) und Android-Smartphones erhältlich ist. Unter www.frommnordemann.de und in der App finden sich die jeweils aktuelle Gesetzesfassung, Gesetzgebungsmaterialien seit 1966, sämtliche relevante EU-Richtlinien, internationale Materialien und Näheres zu den Autoren. Über die Website gelangt man ebenfalls zum Buchshop des Kohlhammer Verlages, in dem das Werk als eBook erworben

Vorwort

werden kann. Neu ist, dass jede Print-Ausgabe nun auch einen individuellen Download-Code für das eBook beinhaltet. Zudem kann über die juris-Datenbank auf den Kommentar zugegriffen werden.

Besonderen Wert haben wir auf ein umfassendes Stichwortverzeichnis gelegt. Was nützt ein guter Urheberrechtskommentar, wenn die gesuchten Ausführungen schwierig zu finden sind? Eine Vielzahl von Stichwörtern soll den einfachen Zugang des Nutzers gewährleisten. Natürlich sind wir für Hinweise zu fehlenden Stichwörtern dankbar.

Abschließend danken wir sehr herzlich den Autoren für ihre aufopferungsvolle Tätigkeit, die sie neben ihrer anwaltlichen Arbeit geleistet haben. Ein besonderer Dank gilt unseren wissenschaftlichen Mitarbeitern Daniela Schork, Stefanie Jehle und Niklas Liebetrau, ohne deren vorbereitende Arbeiten die überarbeiteten Manuskripte kaum hätten fertiggestellt werden können. Ein spezieller Dank gilt auch unserer redaktionellen Mitarbeiterin Jette Nordemann, die die 12. Auflage des Kommentars redaktionell betreut und das Stichwortverzeichnis verantwortet hat. Ohne ihre penible und intensive Arbeit, gerade auch mit allen Autorinnen und Autoren, wäre die Neuauflage viel später erschienen. Insoweit hat sich dann auch der Kreis zur Jubiläumsauflage geschlossen: Das Stichwortverzeichnis zur ersten Auflage 1966 war von ihrem Urgroßvater Wilhelm Nordemann Sen. erstellt worden.

Last, but not least ein erneuter besonderer Dank an Wilhelm Nordemann, der – wie bereits zur letzten Auflage erläutert – nicht mehr als Herausgeber und Autor zur Verfügung stand, auf den aber viele Kommentierungen noch immer zurückgehen. Seine Aufgaben als Herausgeber sind zur 12. Auflage von Christian Czychowski mit übernommen worden.

Berlin und Potsdam, im April 2018

Axel Nordemann
Jan Bernd Nordemann
Christian Czychowski

Unter www.frommnordemann.de bzw. der App „Fromm/Nordemann" (iPhone-/iPad- und Android-Anwendungen) finden Sie:

Die jeweils aktuelle Gesetzesfassung
Gesetzgebungsmaterialien
EU-Richtlinien
Internationale Materialien
Näheres zu den Autoren
Zugang zu elektronischen Ausgaben des Fromm/Nordemann (Datenbankabruf über juris und Download der eBook-Ausgabe des Kohlhammer Verlages)

Inhaltsverzeichnis

Inhaltsverzeichnis

Inhaltsverzeichnis

Abkürzungs- und Literaturverzeichnis

I. Abkürzungen

1. ÄndG	Gesetz zur Änderung des Urheberrechtes vom 10. November 1972 (BGBl. I S. 2081)
2. ÄndG	Zweites Gesetz zur Änderung des Urheberrechtes vom 09. Juni 1993 (BGBl. I S. 910)
2. TMGÄndG	Zweites Gesetz zur Änderung des Telemediengesetzes vom 21. Juli 2016 (BGBl. I S. 1766)
3. ÄndG	Drittes Gesetz zur Änderung des Urheberrechtes vom 23. Juni 1995 (BGBl. I S. 842)
3. TMGÄndG	Drittes Gesetz zur Änderung des Telemediengesetzes vom 28. September 2017 (BGBl. I S. 3530)
4. ÄndG	Viertes Gesetz zur Änderung des Urheberrechtes vom 08. Mai 1998 (BGBl. I S. 902)
5. ÄndG	Fünftes Gesetz zur Änderung des Urheberrechtes vom 16. November 2006 (BGBl. I S. 2587)
6. ÄndG	Sechstes Gesetz zur Änderung des Urheberrechts vom 07. Dezember 2008 (BGBl. I S. 2349)
7. ÄndG	Siebtes Gesetz zur Änderung des Urheberrechts vom 14. Dezember 2012 (BGBl. I S. 2579)
8. ÄndG	Achtes Gesetz zur Änderung des Urheberrechts vom 07. Mai 2013 (BGBl. I S. 1161)
9. ÄndG	Neuntes Gesetz zur Änderung des Urheberrechts vom 02. Juli 2013 (BGBl. I S. 1940)
10. ÄndG	Zehntes Gesetz zur Änderung des Urheberrechtes vom 05. Dezember 2014 (BGBl. I S. 1974)
1. Korb	Erstes Gesetz zur Regelung des Urheberrechts in der Informationsgesellschaft vom 13. September 2003 (BGBl. I S. 1774) (auch UrhG Infoges)
2. Korb	Zweites Gesetz zur Regelung des Urheberrechts in der Informationsgesellschaft vom 31. Oktober 2007 (BGBl. I S. 1513)
7. GWB-Novelle 2005	Siebtes Gesetz zur Änderung des Gesetzes gegen Wettbewerbsbeschränkungen vom 7.7.2005 (BGBl. I S. 1954)
a. A.	anderer Ansicht
a. a. O.	am angegebenen Ort
a. E.	am Ende
a. F.	alte Fassung
a. M.	anderer Meinung
abgedr.	abgedruckt
abl.	ablehnend
ABl. EG/EU	Amtsblatt der Europäischen Gemeinschaft/Europäischen Union
Abs.	Absatz
Abschn.	Abschnitt
AbzG	Gesetz betreffend die Abzahlungsgeschäfte (Abzahlungsgesetz) vom 16. Mai 1894 (RGBl. S. 450), in Kraft getreten zum 04. Juni 1894, außer Kraft getreten zum 01. Januar 1991 (BGBl. I S. 2840, 2846)
ACTA	Anti-Counterfeiting Trade Agreement (= Anti-Produktpiraterie-Handelsabkommen), abgelehnt am 04. Juli 2012
AEUV	Vertrag über die Arbeitsweise der Europäischen Union (ABl. EG Nr. C 115 vom 09. Mai 2008, S. 47), in Kraft getreten zum 01. Dezember 2009
AFMA	Anstalt für musikalisches Aufführungsrecht

AfP	Zeitschrift für Medien- und Kommunikationsrecht (ehemals Archiv für Presserecht) (Fachzeitschrift)
AG	Amtsgericht
AGB	Allgemeine Geschäftsbedingungen
AGBG	Gesetz zur Regelung des Rechts der Allgemeinen Geschäftsbedingungen (AGB-Gesetz) vom 9. Dezember 1976, in Kraft getreten zum 1. April 1977, außer Kraft getreten zum 1. Januar 2002 (BGBl. I S. 3138, 3187)
AGICOA	Verwertungsgesellschaft für die internationale kollektive Wahrnehmung für audiovisuelle Werke
AGZ	Amtliche Sammlung von Entscheidungen der Amtsgerichte in Zivilsachen
ADD	Allianz Deutscher Designer
AGD	Arbeitsgemeinschaft der Drehbuchautoren
ähnl.	ähnlich
AIPPI	International Organisation for the Protection of Intellectual Property
AktG	Aktiengesetz vom 06. September 1965 (BGBl. I S. 1089), in Kraft getreten zum 01. Januar 1966
ALAI	International Literary and Artistic Association
allg.	allgemein
allg. A.	allgemeine Ansicht
allg. M.	allgemeine Meinung
aM.	am Main
AMMRE	Anstalt für mechanisch-musikalische Rechte GmbH
Amtl Begr	Amtliche Begründung
ÄndG	Änderungsgesetz
ÄndG 1985	Gesetz zur Änderung des Urheberrechtes vom 24. Juni 1985 (BGBl. I S. 1137)
ANGA	Verband Deutscher Kabelnetzbetreiber
Anh.	Anhang
Anl.	Anlage
Anm.	Anmerkung
AnwBl	Anwaltsblatt (Fachzeitschrift)
APR	Arbeitsgemeinschaft Privater Rundfunk
aPR	allgemeines Persönlichkeitsrecht
ArbnErfG	Gesetz über Arbeitnehmererfindungen vom 25. Juli 1957, (BGBl. I S. 756), in Kraft getreten zum 01. Oktober 1957
Art.	Artikel
Artt.	Artikel (Mehrzahl)
ASIN	Amazon Standard Identification Number
ASP	Application Service Providing
Aufl.	Auflage
AÜG	Gesetz zur Regelung der Arbeitnehmerüberlassung (Arbeitnehmerüberlassungsgesetz) vom 07. August 1972 (BGBl. I S. 1393), in Kraft getreten zum 11. Oktober 1972
Ausl.	Auslage
AuswUrhRNov	Auswirkungen Urheberrechtsnovelle
AVAG	Gesetz zur Ausführung zwischenstaatlicher Verträge und zur Durchführung von Abkommen der Europäischen Union auf dem Gebiet der Anerkennung und Vollstreckung in Zivil- und Handelssachen (Anerkennungs- und Vollstreckungsausführungsgesetz) vom 19. Februar 2001 (BGBl. I S. 288), in Kraft getreten zum 01. März 2001
Az.	Aktenzeichen
BAG	Bundesarbeitsgericht
BAnz	Bundesanzeiger (Fachzeitschrift)

Abkürzungs- und Literaturverzeichnis

BauR	Baurecht – Zeitschrift für das gesamte öffentliche und zivile Baurecht (Fachzeitschrift)
BayOblG	Bayrisches Oberlandesgericht
BayOblGSt.	Bayrisches Oberlandesgericht für Strafsachen
BB	Der Betriebs-Berater (Fachzeitschrift)
BBG	Bundesbeamtengesetz vom 14. Juli 1953 (BGBl. I S. 551), in Kraft getreten zum 01. September 1953
BC	Bilanzbuchhalter und Controller
Bd.	Band
BDG	Bund Deutscher Grafikdesigner
BDSG	Bundesdatenschutzgesetz vom 27. Januar 1977 (BGBl. I S. 201), in Kraft getreten zum 01. Januar 1978
BDÜ	Bund Deutscher Übersetzer
BDZV	Bundesverband Deutscher Zeitungsverleger
bEA	Besonderes Elektronisches Anwaltsostfach
BeckRS	Beck-Rechtsprechung (elektronische Entscheidungsdatenbank in www.beck-online.de)
Begr	Begründung
Beil.	Beilage
Bekl.	Beklagte/Beklagter/Beklagten
BEL	Europäisches Lizensierungsbüro
Bem.	Bemerkung
BerechtigungsV	Berechtigungsvertrag
Beschl.	Beschluss
BeschlE	Beschlussempfehlung
BetrVG	Betriebsverfassungsgesetz vom 15. Oktober 1952 (BGBl. I S. 681), in Kraft getreten zum 14. November 1952
BewG	Bewertungsgesetz vom 16. Oktober 1943 (RGBl. S. 1035), in Kraft getreten zum 01. Januar 1935
BFF	Bund Freischaffender Fotodesigner
BFH	Bundesfinanzhof
BGB	Bürgerliches Gesetzbuch vom 18. August 1896 (RGBl. S. 195), in Kraft getreten zum 01. Januar 1900
BGBl.	Bundesgesetzblatt
BGer	Schweizerisches Bundesgericht
BGH	Bundesgerichtshof
BGH-Report	Schnelldienst zur Zivilrechtsprechung des Bundesgerichtshofs (Fachzeitschrift)
BGHSt	Amtliche Sammlung von Entscheidungen des Bundesgerichtshofs in Strafsachen
BGHZ	Amtliche Sammlung von Entscheidungen des Bundesgerichtshofs in Zivilsachen
BKartA	Bundeskartellamt
Bl.	Blatt
BM	Bundesministerium
BMJ/BMJV	Bundesministerium der Justiz (seit 17. Dezember 2013: Bundesministerium der Justiz und für Verbraucherschutz)
BOSchG	Bühnenoberschiedsgericht
BPatG	Bundespatentgericht
BR	Bundesrat
BR-Drs.	Bundesrats-Drucksache
BRAK	Bundesrechtsanwaltskammer
BReg	Bundesregierung
BRRG	Rahmengesetz zur Vereinheitlichung des Beamtenrechts (Beamtenrechtsrahmengesetz) vom 01. Juli 1957 (BGBl. I S. 667), in Kraft getreten zum 01. September 1957
BSA	Übereinkommen über die Verbreitung der durch Satelliten übertragenen programmtragenden Signale (Brüsseler Satelliten-Abkommen) vom 21. Mai 1974 (BGBl. 1979 II S. 113, 816)

bspw.	beispielsweise
BT	Bundestag
BT-Drs.	Bundestags-Drucksache
BTLJ	Berkley Technology Law Journal (Fachzeitschrift)
BuchPrG	Gesetz über die Preisbindung für Bücher (Buchpreisbindungsgesetz) vom 02. September 2002, in Kraft getreten zum 01. Oktober 2002
Buchst.	Buchstabe
BühnenSchGO	Tarifvertrag über die Bühnenschiedsgerichtsbarkeit (Bühnenschiedsgerichtsordnung) vom 01. Oktober 1948
Brüssel I	Verordnung (EG) Nr. 44/2001 des Rates vom 22. Dezember 2000 über die gerichtliche Zuständigkeit und die Anerkennung und Vollstreckung von Entscheidungen in Zivil- und Handelssachen
Brüssel Ia	Verordnung (EU) 1215/2012 des Europäischen Parlaments und des Rates vom 12. Dezember 2012 über die gerichtliche Zuständigkeit und die Anerkennung und Vollstreckung von Entscheidungen in Zivil- und Handelssachen (auch EuGVVO)
BVerfG	Bundesverfassungsgericht
BVerfGE	Amtliche Sammlung von Entscheidungen des Bundesverfassungsgerichts
BVerwG	Bundesverwaltungsgericht
BVerwGE	Amtliche Sammlung von Entscheidungen des Bundesverwaltungsgerichts
BvK	Bundesverband Kamera
BvPA	Bundesverband der Pressebildagenturen
bzw.	beziehungsweise
CASE	Computer-Aided Software-Engineering
CJLA	Columbia-VLA Journal of Law and the Arts (Fachzeitschrift)
CMMV	Clearingstelle Multimedia
CoA	Certificate of Authentification (= Echtheitszertifikat)
COM/KOM	Legislaturvorschläge und sonstige Mitteilungen der Europäischen Kommission an den Rat und/oder die anderen Organe sowie die entsprechenden vorbereitenden Dokumente
Conditional-Access-RL	Richtlinie 98/84/EG des Europäischen Parlaments und des Rates vom 20. November 1998 über den rechtlichen Schutz von zugangskontrollierten Diensten und von Zugangskontrolldiensten
CR	Computer und Recht (Fachzeitschrift)
CRaktuell	Computer und Recht aktuell – die wichtigsten News für das Recht der Informationstechnologien (Fachzeitschrift)
CRi	Computer Law Review International (Fachzeitschrift)
CSUSA	Journal of the Copyright Society of the USA (Fachzeitschrift)
d. h.	das heißt
DAR	Deutsches Autorecht (Fachzeitschrift)
Datenbank-RL	Richtlinie 96/9/EG des Europäischen Parlaments und des Rates vom 11. März 1996 über den rechtlichen Schutz von Datenbanken
Datenschutz-RL	Richtlinie 95/46/EG des Europäischen Parlaments und des Rates vom 24. Oktober 1995 zum Schutz natürlicher Personen bei der Verarbeitung personenbezogener Daten und zum freien Datenverkehr
DCN-Studie	Studie zur Digitalen Content-Nutzung
DDR	Deutsche Demokratische Republik
DEFA	Deutsche Film AG

Abkürzungs- und Literaturverzeichnis

ders.	derselbe
DesignG	Gesetz über den rechtlichen Schutz von Design (Designgesetz; bis 31. März 2004: Geschmacksmustergesetz) vom 11. Januar 1876 (BGBl. I S. 11), in Kraft getreten zum 01. April 1876
DFG	Deutsche Forschungsgemeinschaft
DGRI	Deutsche Gesellschaft für Recht und Informatik
dies.	dieselben
diff.	differenziert
DJV	Deutscher Journalistenverband
DKV	Deutscher Komponistenverband
DMB	Digital Multimedia Broadcasting
DMCA	Digital Millennium Copyright Act (US-amerikanisches Gesetz)
DMV	Deutscher Musikverlegerverband
DPMA	Deutsches Patent- und Markenamt
DPMAVwKostVO	Verordnung über Verwaltungskosten beim Deutschen Patent- und Markenamt (in Kraft getreten am 01. Oktober 2006)
DRM	Digital Right Management
DS	Der Sachverständige – Recht-Steuern-Wirtschaft (Fachzeitschrift)
DSGVO	Verordnung (EU) 2016/679 des Europäischen Parlaments und des Rates vom 27. April 2016 zum Schutz natürlicher Personen bei der Verarbeitung personenbezogener Daten zum freien Datenverkehr und zur Aufhebung der Richtlinie 95/46/EG (Datenschutz-Grundverordnung)
DSRI	Deutsche Stiftung für Recht und Informatik
DTO	Download To Own
DTR	Download To Rent
DVB-H	Digital Video Broadcasting für Handhelds
DVBl	Deutsches Verwaltungsblatt (Fachzeitschrift)
DWD	Deutscher Wetterdienst
DWDG	Gesetz über den Deutschen Wetterdienst vom 10. September 1998 (BGBl. I S. 2871), in Kraft getreten zum 01. Januar 1999
E-Commerce-RL	Richtlinie 2000/31/EG des Europäischen Parlaments und des Rates vom 08. Juni 2000 über bestimmte rechtliche Aspekte der Dienste der Informationsgesellschaft, insbesondere des elektronischen Geschäftsverkehrs, im Binnenmarkt
e. V.	Eingetragener Verein
EBU	European Broadcasting Union
EDV	Elektronische Datenverarbeitung
eG	eingetragene Gesellschaft
EG	Europäische Gemeinschaft
EGBGB	Einführungsgesetz zum Bürgerlichen Gesetzbuch vom 18. August 1896 (RGBl. S. 604), in Kraft getreten zum 01. Januar 1990
EGGVG	Einführungsgesetz zum Gerichtsverfassungsgesetz vom 21. Januar 1877 (RGBl. S. 77), in Kraft getreten zum 21. Februar 1877
EGInsO	Einführungsgesetz zur Insolvenzordnung vom 05. Oktober 1994 (BGBl. I S. 2911), in Kraft getreten zum 01. Januar 1999
EGV	Vertrag zur Gründung der Europäischen Gemeinschaft vom 07. Februar 1992 (ab 01. Dezember 2009: AEUV)
Einf.	Einführung
Einl.	Einleitung

Abkürzungs- und Literaturverzeichnis

EIPR	European Intellectual Property Review (Fachzeitschrift)
ElGVG	Gesetz zur Vereinheitlichung von Vorschriften über bestimmte elektronische Informations- und Kommunikationsdienste (Elektronischer-Geschäftsverkehr-Vereinheitlichungsgesetz) vom 26. Februar 2007 (BGBl. I S. 179, 251), in Kraft getreten zum 01. März 2007
Empf.	Empfehlung
endg.	endgültig
Enforcement-RL	Richtlinie 2004/84/EG des Europäischen Parlamentes und des Rates vom 29. April 2004 zur Durchsetzung der Rechte des Geistigen Eigentums
entspr.	entsprechend
Entw.	Entwicklung oder Entwurf
EPA	Europäisches Patentamt
EPG	Electronic Program Guides
ePrivacy-RL	Richtlinie 2006/24/EG des Europäischen Parlaments und des Rates vom 15. März 2006 über die Vorratsspeicherung von Daten, die bei der Bereitstellung öffentlich zugänglicher elektronischer Kommunikationsdienste oder öffentlicher Kommunikationsnetze erzeugt oder verarbeitet werden, und zur Änderung der Richtlinie 2002/58/EG (auch: Vorratsdatenspeicherungs-RL)
EPÜ	Europäisches Patentübereinkommen vom 05. Oktober 1973
ErwG	Erwägungsgrund
EST	Electronic Sell-Through
EU	Europäische Union
EU-FKVO	Verordnung (EG) Nr. 139/2004 des Rates vom 20. Januar 2004 über die Kontrolle von Unternehmerzusammenschlüssen (Fusionskontrollverordnung)
EU-GR-Charta	Charta der Grundrechte der Europäischen Union vom 01. Dezember 2009
EU-ProdPiratVO	Verordnung (EU) 608/2013 des Europäischen Parlaments und des Rates vom 12. Juni 2013 zur Durchsetzung der Rechte geistigen Eigentums durch die Zollbehörden und zur Aufhebung der Verordnung (EG) 1383/2003 des Rates
EUErbVO	Verordnung (EU) 650/2012 des Europäischen Parlaments und des Rates vom 04. Juli 2012 über die Zuständigkeit, das anzuwendende Recht, die Anerkennung und Vollstreckung von Entscheidungen und die Annahme und Vollstreckung öffentlicher Urkunden in Erbsachen sowie zur Einführung eines Europäischen Nachlasszeugnisses
EuG	Europäisches Gericht
EuGH	Europäischer Gerichtshof
EuGVÜ	Europäisches Übereinkommen über die gerichtliche Zuständigkeit und die Vollstreckung gerichtlicher Entscheidungen in Zivil- und Handelssachen vom 27. September 1968
EuGVVO	Verordnung (EU) 1215/2012 des Europäischen Parlaments und des Rates vom 12. Dezember 2012 über die gerichtliche Zuständigkeit und die Anerkennung und Vollstreckung von Entscheidungen in Zivil- und Handelssachen (auch Brüssel Ia)
EULA	End User Licence Agreement (= Endbenutzer-Lizenzvertrag) vom 08. Oktober 2012
EuZW	Europäische Zeitschrift für Wirtschaftsrecht (Fachzeitschrift)
EV/EVtr.	Einigungsvertrag zwischen der Bundesrepublik Deutschland und der DDR vom 31. August 1990 über die Auflösung der DDR, ihren Beitritt zur Bundesre-

	publik Deutschland und die deutsche Einheit (BGBl. I S. 889 – GBl. DDR I, S. 1629)
EuVTVO	Verordnung (EG) Nr. 805/2004 des Europäischen Parlaments und des Rates vom 21. April 2004 zur Einführung eines europäischen Vollstreckungstitels für unbestrittene Forderungen
EvBl	Evidenzblatt der Rechtsmittelentscheidungen (Fachzeitschrift)
EWG	Europäische Wirtschaftsgemeinschaft
EWiR	Entscheidungen zum Wirtschaftsrecht (Fachzeitschrift)
EWS	Europäisches Währungssystem
EWR	Europäischer Wirtschaftsraum
EZB	Europäische Zentralbank
f.	folgende
F.A.Z.	Frankfurter Allgemeine Zeitung
FamFG	Gesetz über das Verfahren in Familiensachen und die Angelegenheiten der freiwilligen Gerichtsbarkeit vom 17. Dezember 2008 (BGBl. I S. 2586, 2587), in Kraft getreten zum 01. September 2009
FamGKG	Gesetz über Gerichtskosten in Familiensachen vom 17. Dezember 2008 (BGBl. I S. 2586, 2666), in Kraft getreten zum 01. September 2009
FamRZ	Zeitschrift für das gesamte Familienrecht (Fachzeitschrift)
FD-ArbR	Fachdienst Arbeitsrecht (Fachzeitschrift)
FernAbsG	Fernabsatzgesetz vom 27. Juni 2000 (BGBl. I S. 897), in Kraft getreten zum 30. Juni 2000, außer Kraft getreten zum 01. Februar 2002 (BGBl. I S. 3138, 3187)
ff.	fortfolgende
FFG	Gesetz über Maßnahmen zur Förderung des deutschen Films (Filmförderungsgesetz) vom 22. Dezember 1967 (BGBl. I S. 3413), in Kraft getreten zum 01. Januar 1967
FFW	Fachverband Freier Werbetexter
FG	Finanzgericht
Fn.	Fußnote
Folgerechts-RL	Richtlinie 2001/84/EG des Europäischen Parlaments und des Rates vom 27. September 2001 über das Folgerecht des Urhebers des Originals eines Kunstwerks
freelens	Verband der Fotojournalistinnen und Fotojournalisten
FS	Festschrift
FSF	Free Software Foundation
FuR	Film und Recht (Fachzeitschrift)
G	Gesetz
GA	Goltdammer's Archiv für Strafrecht (Fachzeitschrift)
GATT	General Agreement on Tariffs and Trade (= Allgemeines Zoll- und Handelsabkommen) vom 30. Oktober 1947, außer Kraft getreten zum 01. Januar 1948
GBl. DDR	Gesetzblatt der Deutschen Demokratischen Republik
GbR	Gesellschaft bürgerlichen Rechts
GDBe	Global Business Dialog on Electronic Commerce
GDT	Genossenschaft deutscher Tonsetzer
GebrMG	Gebrauchsmustergesetz vom 01. Juni 1891 (BGBl. I S. 290), in Kraft getreten zum 01. Oktober 1891
GELU	Gesellschaft zur Verwertung literarischer Urheberrechte
gem.	gemäß
GEMA	Gesellschaft für musikalische Aufführungs- und mechanische Vervielfältigungsrechte
GemGeschmMVO	Verordnung (EG) Nr. 6/2002 des Rates vom 12. Dezember 2001 über das Gemeinschaftsgeschmacksmuster

GemMVO	Verordnung (EG) Nr. 207/2009 des Rates vom 26. Februar 2009 über die Gemeinschaftsmarken
GemVergRegeln	Gemeinsame Vergütungsregeln
Geschmacksmuster-RL	Richtlinie 98/71/EG des Europäischen Parlaments und des Rates vom 13. Oktober 1998 über den rechtlichen Schutz von Mustern und Modellen
GeschmMG	Gesetz über den rechtlichen Schutz von Mustern und Modellen (Geschmacksmustergesetz, ab 01. April 2004: Designgesetz) vom 11. Januar 1876 (RGBl. S. 11), in Kraft getreten zum 01. April 1876
GeschmMVO	Verordnung zur Ausführung des Geschmacksmustergesetzes vom 11. Mai 2014 (BGBl. I S. 884)
GewO	Gewerbeordnung vom 21. Juni 1869 (BGBl. I S. 245), in Kraft getreten zum 01. Oktober 1869
GG	Grundgesetz für die Bundesrepublik Deutschland vom 23. Mai 1949 (BGBl. I S. 1), in Kraft getreten zum 24. Mai 1949
ggf.	gegebenenfalls
GKG	Gerichtskostengesetz vom 18. Juni 1878 (RGBl. S. 141), in Kraft getreten zum 01. Oktober 1879
gl. A.	gleicher Ansicht
GmbH	Gesellschaft mit beschränkter Haftung
GmbH & Co KG	Gesellschaft mit beschränkter Haftung und Compagnie Kommanditgesellschaft
GmbHG	Gesetz betreffend die Gesellschaften mit beschränkter Haftung vom 20. April 1892 (RGBl. S. 477), in Kraft getreten zum 10. Mai 1892
GNotKG	Gesetz über Kosten der freiwilligen Gerichtsbarkeit für Gerichte und Notare (Gerichts- und Notarkostengesetz) vom 23. Juli 2013 (BGBl. I S. 2586), in Kraft getreten zum 01. August 2013
GoA	Geschäftsführung ohne Auftrag
GPL	General Public License
GPLv2	General Public License, Version 2
GPLv3	General Public License, Version 3
GR	Grundrechte
grds.	grundsätzlich
GRUR	Gewerblicher Rechtsschutz und Urheberrecht (Fachzeitschrift)
GRUR Int.	Gewerblicher Rechtsschutz und Urheberrecht – Internationaler Teil (Fachzeitschrift)
GRUR-Prax	Gewerblicher Rechtsschutz und Urheberrecht – Praxis im Immaterialgüter- und Wettbewerbsrecht (Fachzeitschrift)
GRUR-RR	Gewerblicher Rechtsschutz und Urheberrecht – Rechtsprechungs-Report (Fachzeitschrift)
GTA	Genfer Tonträgerabkommen vom 29. Oktober 1971
GÜFA	Gesellschaft zur Übernahme und Wahrnehmung von Filmaufführungsrechten mbH
GUI	Graphical User-Interfaces
GVBl.	Gesetz- und Verordnungsblatt der Bundesländer
GVG	Gerichtsverfassungsgesetz vom 27. Januar 1877 (RGBl. S. 41), in Kraft getreten zum 01. Oktober 1879
GVL	Gesellschaft zur Verwertung von Leistungsschutzrechten
GVU	Gesellschaft zur Verfolgung von Urheberrechtsverletzungen
GWB	Gesetz gegen Wettbewerbsbeschränkungen vom 27. Juli 1957 (BGBl. I S. 1081), in Kraft getreten zum 01. Januar 1958
GWFF	Gesellschaft zur Wahrnehmung von Film- und Fernsehrechten mbH

GWVR	Gesellschaft zur Wahrnehmung von Veranstalterrechten mbH
h. A.	herrschende Ansicht
h. M.	herrschende Meinung
HABM	Harmonisierungsamt für den Binnenmarkt
HGB	Handelsgesetzbuch vom 10. Mai 1897 (RGBl. S. 219), in Kraft getreten zum 01. Januar 1990
Hinw.	Hinweis
HJLT	Harvard Journal of Law and Technology (Fachzeitschrift)
HOAI	Verordnung über die Honorare für Architekten und Ingenieure vom 17. September 1976 (BGBl. I S. 2805, 3616), in Kraft getreten zum 01. Januar 1977
HRG	Hochschulrahmengesetz vom 26. Januar 1976 (BGBl. I S. 185), in Kraft getreten zum 30. Januar 1976
HRK	Hochschulrektorenkonferenz
Hs.	Halbsatz
HWG	Gesetz über die Werbung auf dem Gebiete des Heilwesens (Heilmittelwerbegesetz) vom 11. Juli 1965 (BGBl. I S. 604), in Kraft getreten zum 15. Juli 1965
HWiG	Gesetz über den Widerruf von Haustürgeschäften und ähnlichen Geschäften (Haustürwiderrufsgesetz) vom 16. Januar 1986 (BGBl. I S. 122), in Kraft getreten zum 01. Mai 1986, außer Kraft getreten zum 01. Januar 2002 (BGBl. I S. 3138, 3187)
i. a. R.	in aller Regel
i. d. F.	in der Fassung
i. d. R.	in der Regel
i. d. S.	in dem/diesem Sinne
i. E.	im Ergebnis
i. e. S.	im engeren/engsten Sinne
i. R. d./i. R. v.	im Rahmen des/im Rahmen von
i. S.	im Sinne
i. S. d.	im Sinne des
i. S. e.	im Sinne einer/eines
i. S. v.	im Sinne von
i. Ü.	im Übrigen
i. V. m.	in Verbindung mit
i. w. S.	im weitesten Sinne
IBR	Immobilien- und Baurecht (Fachzeitschrift)
ICOM	Interessenverband Comic
IFG	Gesetz zur Regelung des Zugangs zu Informationen des Bundes (Informationsfreiheitsgesetz) vom. 05. September 2005 (BGBl. I S. 2722), in Kraft getreten zum 01. Januar 2006
ifpi	Deutsche Landesgruppe der Internationalen Vereinigung der Tonträgerhersteller
IHK	Industrie- und Handelskammer
IIC	International Review of Intellectual Property and Competition Law (Fachzeitschrift)
IMHV	Interessengemeinschaft musikwissenschaftlicher Herausgeber und Verleger
Info-RL	Richtlinie 2001/29/EG des Europäischen Parlaments und des Rates zur Harmonisierung bestimmter Aspekte des Urheberrechts und der verwandten Schutzrechte in der Informationsgesellschaft vom 22. Mai 2001
Info-Verfahrens-RL	Richtlinie 98/34/EG des Europäischen Parlaments und des Rates vom 22. Juni 1998 über ein Informationsverfahren auf dem Gebiet der Normen und technischen Vorschriften

InfoG	Informationsgesetz
Infoges	Informationsgesellschaft
InfoR	Informationsrecht
insb.	insbesondere
InsO	Insolvenzordnung vom 05. Oktober 1994 (BGBl. I S. 2866), in Kraft getreten zum 01. Januar 1999
InstGE	Amtliche Sammlung von Entscheidungen der Instanzgerichte
Intergu	Internationale Gesellschaft für Urheberrecht
IO	Illustratoren Organisation
IPR	Internationales Privatrecht
IPrax	Praxis des internationalen Privat- und Verfahrensrechts (Fachzeitschrift)
ITRB	Der IT-Rechtsberater (Fachzeitschrift)
IRG	Internationale Gerichtshilfe in Strafsachen
ISO	International Standard Organisation
ISRC	International Standard Recording Code
IUK	Informations- und Kommunikationstechnik
IuKDG	Informations- und Kommunikationsdienste-Gesetz vom 22. Juli 1997 (BGBl. I S. 1870), in Kraft getreten zum 01. August 1997
IWG	Gesetz über die Weiterverwendung von Informationen öffentlicher Stellen (Informationsweiterverwendungsgesetz) vom 13. Dezember 2006 (BGBl. I S. 2913), in Kraft getreten zum 19. Dezember 2006
IZPR	Internationales Zivilprozessrecht
JCSUSA	Journal of the Copyright Society of the USA (Fachzeitschrift)
JGG	Jugendgerichtsgesetz vom 16. Februar 1923 (RGBl. S. 135), in Kraft getreten zum 13. März 1923
Jhrd.	Jahrhundert
JIPITEC	Journal of Intellectual Property, Information Technology and Electronic Commerce Law (Fachzeitschrift)
JIPL&P	Journal of Intellectual Property Law and Practice (Fachzeitschrift)
JurBüro	Das Juristische Büro (Fachzeitschrift)
juris	Online Rechtsportal (www.juris.de)
jurisPR-BGHZivilR	juris Praxisreport BGH-Zivilrecht (Online-Fachzeitschrift)
jurisPR-WettbR	juris Praxisreport Wettbewerbsrecht (Online-Fachzeitschrift)
JurPC	Internet-Zeitschrift für Rechtsinformatik und Informationsrecht (Fachzeitschrift)
JVA	Justizvollzugsanstalt
JVEG	Gesetz über die Vergütung von Sachverständigen, Dolmetscherinnen, Dolmetschern, Übersetzerinnen und Übersetzern sowie die Entschädigung von ehrenamtlichen Richterinnen, ehrenamtlichen Richtern, Zeuginnen, zeugen und Dritten (Justizvergütungs- und -entschädigungsgesetz) vom 05. Mai 2004 (BGBl. I S. 718), in Kraft getreten zum 01. Juli 2004
JW	Juristische Wochenzeitschrift (Fachzeitschrift, jetzt NJW)
JZ	JuristenZeitung (Fachzeitschrift)
K-Drs.	Kommissions-Drucksache
K&R	Kunst und Recht (Fachzeitschrift)
Kap.	Kapitel
KG	Kammergericht oder Kommanditgesellschaft
KGaA	Kommanditgesellschaft auf Aktien
KGZ	Amtliche Sammlung von Entscheidungen der Kammergerichte

Abkürzungs- und Literaturverzeichnis

MFM	Mittelstandsgemeinschaft Foto-Marketing
mglw.	möglicherweise
Min. Bl. Fin.	Ministerialblatt des Bundesministeriums der Finanzen
minds.	mindestens
Mio.	Millionen
Mitt. d. PA	Mitteilungen der deutschen Patentanwälte (Fachzeitschrift)
MMA	Madrider Markenabkommen vom 14. April 1891 betreffend internationale Registrierung von Fabrik- und Handelsmarken mit Nachweisen
MMP	Protokoll zum Madrider Markenabkommen
MMR	Multimedia und Recht (Fachzeitschrift)
MOOCS	Massive Open Online Courses
MoU	Memorandum of Understanding
MPG	Max-Planck-Gesellschaft
MTV	Manteltarifvertrag
MuR	Medien und Recht (Fachzeitschrift)
MWSt.	Mehrwertsteuer
n. F.	neue Fassung
n. rkr.	nicht rechtskräftig
n. v.	nicht veröffentlicht
Nachw.	Nachweis/-e
NetzDG	Gesetz zur Verbesserung der Rechtsdurchsetzung in sozialen Netzwerken (Netzwerkdurchsetzungsgesetz) vom 01. September 2017 (BGBl. I S. 3352), in Kraft getreten zum 01. Oktober 2017
NJ	Neue Justiz (Fachzeitschrift)
NJOZ	Neue Juristische Online-Zeitschrift (Fachzeitschrift)
NJW	Neue Juristische Wochenschrift (Fachzeitschrift)
NJW-CoR	Neue Juristische Wochenschrift – Computerreport (Fachzeitschrift)
NJW-RR	Neue Juristische Wochenschrift – Rechtsprechungs-Report (Fachzeitschrift)
NJWE-MietR	Neue Juristische Wochenschrift – Entscheidungsdienst Mietrecht (Fachzeitschrift)
NJWE-WettbR	Neue Juristische Wochenschrift – Entscheidungsdienst Wettbewerbsrecht (Fachzeitschrift)
No.	Number
Nr.	Nummer
Nrn.	Nummern
NStZ	Neue Zeitschrift für Strafrecht (Fachzeitschrift)
NV Bühne	Normalvertrag Bühne
NVwZ	Neue Zeitschrift für Verwaltungsrecht (Fachzeitschrift)
NVwZ-RR	Neue Zeitschrift für Verwaltungsrecht – Rechtsprechungsreport (Fachzeitschrift)
NZA	Neue Zeitschrift für Arbeitsrecht (Fachzeitschrift)
NZBau	Neue Zeitschrift für Baurecht (Fachzeitschrift)
NZI	Neue Zeitschrift für Insolvenz- und Sanierungsrecht (Fachzeitschrift)
NZG	Neue Zeitschrift für Gesellschaftsrecht (Fachzeitschrift)
NZKart	Neue Zeitschrift für Kartellrecht (Fachzeitschrift)
NZM	Neue Zeitschrift für Musikrecht (Fachzeitschrift)
o. ä./o. Ä.	oder ähnlich/Ähnliches
o. g.	oben genannt
ÖBl.	Österreichische Blätter für gewerblichen Rechtsschutz und Urheberrecht (Fachzeitschrift)
OECD	Organisation for Economic Co-operation and Development (= Organisation für wirtschaftliche Zusammenarbeit und Entwicklung)

Abkürzungs- und Literaturverzeichnis

OGH	Oberster Gerichtshof Österreich
OHG	Offene Handelsgesellschaft
OLA	OnlineArt
OLG	Oberlandesgericht
OLGZ	Amtliche Sammlung von Entscheidungen der Oberlandesgerichte
ÖSGRUM	Österreichische Schriftenreihe zum gewerblichen Rechtsschutz, Urheber- und Medienrecht (Fachzeitschrift)
OSI	Open Source Institute
ÖstUrhG	Österreichisches Bundesgesetz über das Urheberrecht an Werken der Literatur und über verwandte Schutzrechte der Republik Österreich (österreichisches Urheberrechtsgesetz) von 1936
OVG	Oberverwaltungsgericht
Owi	Ordnungswidrigkeit
OWiG	Gesetz über Ordnungswidrigkeiten vom 24. Mai 1968 (BGBl. I S. 481), in Kraft getreten zum 01. Oktober 1968
P2P	Peer to Peer
p. m. a.	post mortem auctoris (= nach dem Tod des Autors)
ParlBG	Gesetz über die parlamentarische Beteiligung bei der Entscheidung über den Einsatz bewaffneter Streitkräfte im Ausland (Parlamentsbeteiligungsgesetz) vom 18. März 2005 (BGBl. I S. 775), in Kraft getreten zum 24. März 2005
PartG	Partnerschaftsgesellschaft
PartGG	Gesetz über Partnerschaftsgesellschaften Angehöriger Freier Berufe vom 25. Juli 1995 (BGBl. I S. 1744), in Kraft getreten zum 01. Juli 1995
PatG	Patentgesetz vom 25. Mai 1877 (RGBl. S. 501), in Kraft getreten zum 01. Juli 1877
passim	überall
PMZ	Blatt für Patent-, Muster- und Zeichenwesen (Fachzeitschrift)
PortabilitätsVO	Verordnung (EU) 2017/1128 des Europäischen Parlaments und des Rates vom 14. Juni 2017 zur grenzüberschreitenden Portabilität von Online-Inhaltediensten im Binnenmarkt
pp.	perge perge (= fahre fort, fahre fort bzw. und so fort)
PreisG	Übergangsgesetz über Preisbildung und Preisüberwachung vom 10. April 1948 (WiGBl. S. 27), in Kraft getreten zum 01. April 1948
ProdHaftG	Gesetz über die Haftung für fehlerhafte Produkte (Produkthaftungsgesetz) vom 15. Dezember 1989 (BGBl. I S. 2198), in Kraft getreten zum 01. Januar 1990
ProdPiratG	Gesetz zur Stärkung des Schutzes des geistigen Eigentums und zur Bekämpfung der Produktpiraterie (Produktpirateriegesetz) vom 07. März 1990 (BGBl. I S. 422), in Kraft getreten zum 01. Juli 1990
ProdSiG	Gesetz über die Bereitstellung von Produkten auf dem Markt (Produktsicherheitsgesetz) vom 06. Januar 2004 (BGBl. I S. 2), in Kraft getreten zum 01. Mai 2004
Produkthaftungs-RL	Richtlinie 85/374/EWG des Europäischen Parlaments und des Rates vom 25. Juli 1985 zur Angleichung der Rechts- und Verwaltungsvorschriften der Mitgliedstaaten über die Haftung für fehlerhafte Produkte
Produktsicherheits-RL	Richtlinie 2001/95/EG des Europäischen Parlaments und des Rates vom 03. Dezember 2001 über die allgemeine Produktsicherheit

ProfE I	Vorschläge für den Entwurf eines Gesetzes zur Stärkung der vertraglichen Stellung von Urhebern und ausübenden Künstlern, dem Bundesministerium der Justiz übergeben am 22. Mai 2000 (sog. Professorenentwurf)
ProfE II	Überarbeitete Fassung der Vorschläge für den Entwurf eines Gesetzes zur Stärkung der vertraglichen Stellung von Urhebern und ausübenden Künstlern, dem Bundesministerium der Justiz übergeben am 17. August 2000 (sog. überarbeiteter Professorenentwurf)
PSI-RL	Richtlinie 2003/98/EG des Europäischen Parlaments und des Rates vom 17. November 2003 über die Weiterverwendung von Informationen des öffentlichen Sektors
PVÜ	Pariser Verbandsübereinkunft zum Schutz des gewerblichen Eigentums vom 20. März 1883 (RGBl. 1903, S. 147)
r. V.	rechtmäßiger Verein
RA	Internationales Abkommen über den Schutz der ausübenden Künstler, der Hersteller von Tonträgern und der Sendeunternehmen (Rom-Abkommen) vom 26. Oktober 1961
R Ausschuss	Rechtsausschuss
RBerG	Gesetz zur Verhütung von Missbräuchen auf dem Gebiete der Rechtsberatung (Rechtsberatungsgesetz) vom 13. Dezember 1936 (RGBl. S. 1478), in Kraft getreten zum 18. Dezember 1935, außer Kraft getreten zum 01. Juli 2008 (BGBl. I S. 2840, 2860)
RBÜ	Revidierte Berner Übereinkunft zum Schutze von Werken der Literatur und Kunst vom 09. September 1886
RefE	Referentenentwurf
RegE	Regierungsentwurf
resp.	respektive
RG	Reichsgericht
RGBl.	Reichsgesetzblatt
RGSt	Amtliche Sammlung von Entscheidungen des Reichsgerichts in Strafsachen
RGZ	Amtliche Sammlung von Entscheidungen des Reichsgerichts in Zivilsachen
RiStBV	Richtlinien für das Strafverfahren und das Bußgeldverfahren vom 01. Januar 1977 (BAnz. S. 245)
RiVASt	Richtlinien für den Verkehr mit dem Ausland in strafrechtlichen Angelegenheiten vom 05. Dezember 2012 (BAnz. AT 19.12.2012 B2)
rkr.	rechtskräftig
RL	Richtlinie
RL Verwaiste Werke	Richtlinie 2012/28/EU des Europäischen Parlaments und des Rates vom 25. Oktober 2012 über bestimme zulässige Formen der Nutzung verwaister Werke
Rn.	Randnummer
Rom-I-VO	Verordnung (EG) Nr. 593/2008 des Europäischen Parlaments und des Rates vom 17. Juni 2008 über das auf vertragliche Schuldverhältnisse anzuwendende Recht
Rom-II-VO	Verordnung (EG) Nr. 864/2007 des Europäischen Parlaments und des Rates vom 11. Juli 2007 über das auf außervertragliche Schuldverhältnisse anzuwendende Recht
RS Bühne	Regelsammlung Verlage (Vertrieb)/Bühnen
RS Fernsehen	Regelsammlung Fernsehen
RS Hörfunk	Regelsammlung Hör- und Rundfunk
Rspr.	Rechtsprechung

Abkürzungs- und Literaturverzeichnis

RPflG	Gesetz über Maßnahmen auf dem Gebiete der Gerichtsverfassung und des Verfahrensrechts (Rechtspflegergesetz) vom 08. Februar 1957 (BGBl. I S. 18, 44), in Kraft getreten zum 01. Juli 1957
RStV	Rundfunkstaatsvertrag
RuStAG	Reichs- und Staatsangehörigkeitsgesetz für das Deutsche Reich vom 22. Juli 1913 (ab 01. Januar 2000: Staatsangehörigkeitengesetz), in Kraft getreten zum 01. Januar 1914
RVG	Gesetz über die Vergütung der Rechtsanwältinnen und Rechtsanwälte (Rechtsanwaltsvergütungsgesetz) vom 05. Mai 2004 (BGBl. I S. 718, 788), in Kraft getreten zum 01. Juli 2004
s.	siehe
S.	Seite (bei Fundstelle) oder Satz (bei Norm)
s. a.	siehe auch
s. o.	siehe oben
SaaS	Software as a Service
SACD	Societé des auteurs et compositeurs dramatiques
SACEM	Societé des Auteurs, Compositeurs et Editeurs de Musique
Sammelkomm	Sammelkommentierung
Satelliten- und Kabel-RL	Richtlinie 93/83/EWG des Rates vom 27. September 1993 zur Koordinierung bestimmter urheber- und leistungsschutzrechtlicher Vorschriften betreffend Satellitenrundfunk und Kabelweiterverbreitung
SCE	Societas Cooperative Europaea (= Europäische Genossenschaft)
Schutzdauer-RL	Richtlinie 93/98/EWG des Rates vom 29. Oktober 1993 zur Harmonisierung der Schutzdauer des Urheberrechts und bestimmter verwandter Schutzrechte, ersetzt durch Richtlinie 2006/116/EG des Europäischen Parlaments und des Rates vom 12. Dezember 2006 über die Schutzdauer des Urheberrechts und bestimmter verwandter Schutzrechte
Schutzdaueränderungs-RL	Richtlinie 2011/77/EU des Europäischen Parlaments und des Rates vom 27. September 2011 zur Änderung der Richtlinie 2006/116/EG über die Schutzdauer des Urheberrechts und bestimmter verwandter Schutzrechte
SchutzfrVerlG	Gesetz zur Verlängerung der Schutzfristen im Urheberrecht vom 13. Dezember 1934 (RGBl. S. 1395)
SchVG	Gesetz über Schuldverschreibungen aus Gesamtemissionen (Schuldverschreibungsgesetz) vom 31. Juli 2009 (BGBl. I S. 2512), in Kraft getreten zum 05. August 2009
SchweizUrhG	Urhebergesetz der Schweiz
SDSt	Verband Selbstständige Design Studios
SE	Societas Europaea (= Europäische Genossenschaft)
SFA	Europäisches Abkommen zum Schutz von Fernsehsendung (Straßburger Fernsehabkommen) vom 22. Januar 1965
SFK	Berufsverband der Szenenbilder, Filmarchitekten und Kostümbildner
SGB I	Sozialgesetzbuch, Erstes Buch – Allgemeiner Teil (BGBl. I S. 3015), in Kraft getreten zum 01. Januar 1976
SGB III	Sozialgesetzbuch, Drittes Buch – Arbeitsförderung (BGBl. I S. 594), in Kraft getreten zum 24. März 1998
SGB XII	Sozialgesetzbuch, Zwölftes Buch – Sozialhilfe (BGBl. I S. 3022), in Kraft getreten zum 01. Januar 2005
SGDL	Societé des gens de lettres

Slg.	Sammlung (von Entscheidungen, Gesetzen etc.)
Software-RL	Richtlinie 91/250/EWG des Rates vom 14. Mai 1991 über den Rechtsschutz von Computerprogrammen, ersetzt durch Richtlinie 2009/24/EG des Europäischen Parlaments und des Rates vom 23. April 2009 über den Rechtsschutz von Computerprogrammen
sog.	sogenannte/-er/-es
SortSchG	Sortenschutzgesetz vom 11. Februar 1985 (BGBl. I S. 2170), in Kraft getreten zum 18. Dezember 1985
SRVO	Verordnung über das elektronische Schutzfristenregister (Schutzfristenregisterverordnung) vom 24. November 2015 (BGBl. I S. 2135), hauptsächlich in Kraft getreten zum 01. Januar 2016
st. Rspr.	ständige Rechtsprechung
StAG	Staatsangehörigkeitsgesetz vom 22. Juli 1913 (31. Dezember 1999: Reichs- und Staatsangehörigkeitengesetz), in Kraft getreten zum 01. Januar 1914
STAGMA	Staatlich genehmigte Gesellschaft zur Verwertung musikalischer Urheberrechte
StagmaG	Gesetz über die Vermittlung von Musikaufführungsrechten (RGBl. 1933, S. 452), in Kraft getreten zum 04. Juli 1933, außer Kraft getreten zum 01. Januar 1966
StellungN	Stellungnahme
StGB	Strafgesetzbuch vom 15. Mai 1871 (RGBl. S. 127), in Kraft getreten zum 01. Januar 1872
str.	strittig
StrVollstrO	Strafvollstreckungsordnung vom 15. Februar 1956
StVO	Straßenverkehrsordnung vom 28. Mai 1934 (RGBl. S. 457), in Kraft getreten zum 01. Oktober 1934
SWD	Arbeitsdokument der Kommissionsdienststellen
TDG	Gesetz über die Nutzung von Telediensten (Teledienstegesetz) vom 22. Juli 1997 (BGBl. I S. 1870), in Kraft getreten zum 01. August 1997, außer Kraft getreten zum 01. März 2007
TDDSG	Gesetz über den Datenschutz bei Telediensten (Teledienstedatenschutzgesetz) vom 22. Juli 1997 (BGBl. I S. 1870, 1871), in Kraft getreten zum 01. August 1997, außer Kraft getreten zum 01. März 2007
TKG	Telekommunikationsgesetz vom 25. Juli 1996 (BGBl. I S. 1120), in Kraft getreten zum 01. August 1996
TMG	Telemediengesetz vom 26. Februar 2007 (BGBl. I S. 179), in Kraft getreten zum 01. März 2007
TPR	Tarifverband für den privaten Rundfunk
TRIPS	Agreement on Trade-Related Aspects of Intellectual Property Rights (= Übereinkommen über handelsbezogene Aspekte der Rechte des geistigen Eigentums) vom 01. Januar 1995
TT-GVO	Verordnung (EU) 316/2014 der Kommission vom 21. März 2014 über die Anwendung von Artikel 101 Absatz 3 des Vertrags über die Arbeitsweise der Europäischen Union auf Gruppen von Technologietransfer-Vereinbarungen)
TUDVO	Telekommunikations-Universaldienstleistungsverordnung vom 01. Februar 1997
TVG	Tarifvertragsgesetz vom 09. April 1949 (WiGBl. S. 55, 68), in Kraft getreten zum 22. April 1949
TVK	Tarifvertrag für die Musiker in den Kulturorchestern
tw.	teilweise
Tz.	Textziffer

Abkürzungs- und Literaturverzeichnis

u.	und
u. a.	unter anderem
u. Ä.	und Ähnliches
u. E.	unseres Erachtens/Ermessens
u. U.	unter Umständen
u. v. a.	und viele andere
UCC	Universal Copyright Convention
UFITA	Archiv für Urheber-, Film-, Funk- und Theaterrecht (Fachzeitschrift)
UG	Unternehmergesellschaft
UIG	Umweltinformationsgesetz vom 08. Juli 1994 (BGBl. I S. 1490), in Kraft getreten zum 16. Juli 1994
UKlaG	Gesetz über Unterlassungsklagen bei Verbraucherrechts- und anderen Verstößen (Unterlassungsklagengesetz) vom 26. November 2001 (BGBl. I S. 3138, 3173), in Kraft getreten zum 01. Januar 2002
UmsG	Umsetzungsgesetz
UMVO	Verordnung (EG) Nr. 207/2009 des Rates vom 26. Februar 2009 über die Unionsmarke
UmwG	Umwandlungsgesetz vom 28. Oktober 1994 (BGBl. I S. 3210), in Kraft getreten zum 01. Januar 1995
unstr.	unstrittig
Unterabs.	Unterabsatz
Unterabschn.	Unterabschnitt
Unterlassungsklage-RL	Richtlinie 2009/22/EG des Europäischen Parlaments und des Rates vom 23. April 2009 über Unterlassungsklagen zum Schutz der Verbraucherinteressen
UPR	Zeitschrift Umwelt- und Planungsrecht (Fachzeitschrift)
UrhG-DDR	Gesetz über das Urheberrecht der DDR vom 13. September 1965 (GBl. I S. 209)
UrhG (1965)	Gesetz über Urheberrecht und verwandte Schutzrechte (Urheberrechtsgesetz) vom 09. September 1965 (BGBl. I S. 1273), in Kraft getreten zum 01. Januar 1966
UrhG Infoges	Gesetz zur Regelung des Urheberrechts in der Informationsgesellschaft vom 13. September 2003 (BGBl. I S. 1774) (auch 1. Korb)
UrhR	Urheberrecht
UrhSchiedsVO	Verordnung über die Schiedsstelle für Urheberrechtsstreitfälle (Urheberrechtsschiedsstellenverordnung) vom 20. Dezember 1985 (BGBl. I S. 2543), außer Kraft getreten zum 01. Juni 2016
UrhVG 2002	Gesetz zur Stärkung der vertraglichen Stellung von Urhebern und ausübenden Künstlern vom 22. März 2002 (BGBl. I S. 1155)
UrhVG 2016	Gesetz zur verbesserten Durchsetzung des Anspruchs der Urheber und ausübenden Künstler auf angemessene Vergütung und zur Regelung von Fragen der Verlegerbeteiligung vom 20. Dezember 2016 (BGBl. I S. 3037)
UrhWahrnG	Gesetz über die Wahrnehmung von Urheberrechten und verwandten Schutzrechten (Urheberrechtswahrnehmungsgesetz) vom 09. September 1965 (BGBl. I S. 1294), in Kraft getreten zum 01. Januar 1966; außer Kraft getreten zum 01. Juni 2016 (BGBl. I S. 1190, 1216)
UrhWissG 2017	Gesetz zur Angleichung des Urheberrechts an die aktuellen Erfordernisse der Wissensgesellschaft (Urheberrechts-Wissensgesellschafts-Gesetz) vom 01. September 2017 (BGBl. I S. 3346), in Kraft getreten zum 01. März 2018
urspr.	ursprünglich
Urt.	Urteil

USA	United States of America (= Vereinigte Staaten von Amerika)
usw.	und so weiter
USC	United States Code (= Kodifikation des Bundesrechts der Vereinigten Staaten von Amerika)
UStG	Umsatzsteuergesetz vom 26. Juli 1918 (BGBl. I S. 779), in Kraft getreten zum 01. August 1918
UWG	Gesetz gegen den unlauteren Wettbewerb vom 27. Mai 1896 (RGBl. S. 145), in Kraft getreten zum 01. Juli 1896
v.	von/vom
v. a.	vor allem
Var.	Variante
VBZ	Verbraucherzentrale
VDD	Verband Deutscher Drehbuchautoren
VDID	Verband Deutscher Industriedesigner
VdÜ	Verband deutschsprachiger Übersetzer literarischer und wissenschaftlicher Werke
VDZ	Verband Deutscher Zeitschriftenverleger
ver.di	Vereinte Dienstleistungsgewerkschaft
VerbrKrG	Verbraucherkreditgesetz vom 17. Dezember 1990 (BGBl. I S. 2840), in Kraft getreten zum 01. Januar 1991, außer Kraft getreten zum 01. Januar 2002 (BGBl. I S. 3138, 3187)
VERDI	Very Extensive Right Data Information
VerlG	Gesetz über das Verlagsrecht vom 19. Juni 1901 (RGBl. S. 217), in Kraft getreten zum 01. januar 1902
Vermiet- und Verleih-RL	Richtlinie 92/100/EWG des Rates vom 19. November 1992 zum Vermietrecht und Verleihrecht sowie zu bestimmten dem Urheberrecht verwandten Schutzrechten im Bereich des geistigen Eigentums, ersetzt durch Richtlinie 2006/115/EG des Europäischen Parlaments und des Rates vom 12. Dezember 2006 zum Vermietrecht und Verleihrecht sowie zu bestimmten dem Urheberrecht verwandten Schutzrechten im Bereich des geistigen Eigentums
VersR	Versicherungsrecht (Fachzeitschrift)
Vertikal-GVO	Verordnung (EU) 330/2010 der Kommission vom 20. April 2010 über die Anwendung von Artikel 101 Absatz 3 des Vertrags über die Arbeitsweise der Europäischen Union auf Gruppen von vertikalen Vereinbarungen und abgestimmten Verhaltensweisen
Verwaltungsvorschriften-Bauprodukte-RL	Richtlinie 89/106/EWG des Rates vom 21. Dezember 1988 zur Angleichung der Rechts- und Verwaltungsvorschriften der Mitgliedstaaten über Bauprodukte; geändert durch Richtlinie 93/68/EWG des Rates vom 22. Juli 1993
VFF	Verwertungsgesellschaft für Eigen- und Auftragsproduktionen
VG	Verwertungsgesellschaft
VG BildKunst	Verwertungsgesellschaft „Bild-Kunst"
VG Media	Gesellschaft zur Verwertung der Urheber- und Leistungsschutzrechte von Sendeunternehmen und Presseverlegern mbH
VG Musikedition	Verwertungsgesellschaft zur Wahrnehmung von Nutzungsrechten an Editionen (Ausgaben) von Musikwerken
VG TWF	Verwertungsgesellschaft „Treuhandgesellschaft Werbefilm GmbH"
VG Werbung und Musik	Verwertungsgesellschaft „Werbung und Musik"
VG Wissenschaft	Verwertungsgesellschaft „Wissenschaft"
VG Wort	Verwertungsgesellschaft „Wort"

Abkürzungs- und Literaturverzeichnis

WUA	Welturheberrechtsabkommen vom 06. September 1952
WuM	Wohnungswirtschaft und Mietrecht (Fachzeitschrift)
WuW	Wirtschaft und Wettbewerb (Fachzeitschrift)
WuW/E	Wirtschaft und Wettbewerb – Entscheidungssammlung
WZG	Warenzeichengesetz vom 05. Mai 1936 (RGBl. S. 134), in Kraft getreten zum 01. Oktober 1936, außer Kraft getreten zum 01. Januar 1995 (BGBl. I S. 3082)
z. B.	zum Beispiel
z. T.	zum Teil
ZaöRV	Zeitschrift für ausländisches öffentliches Recht und Völkerrecht (Fachzeitschrift)
ZBT	Zentralstelle Bibliothekstantieme
ZBS	Zentralstelle Bühne Service GmbH
ZEuP	Zeitschrift für Europäisches Privatrecht (Fachzeitschrift)
ZFS	Zentralstelle Fotokopieren an Schulen
ZGB-DDR	Zivilgesetzbuch der DDR
ZGE	Zeitschrift für Geistiges Eigentum (Fachzeitschrift)
ZGR-online	Zentrales Datenbanksystem zum Schutz Geistiger Eigentumsrechte
ZHR	Zeitschrift für das gesamte Handels- und Wirtschaftsrecht (Fachzeitschrift)
ZIB	Konrad-Zuse-Zentrum für Informationstechnik Berlin
Ziff.	Ziffer
ZInsO	Zeitschrift für das gesamte Insolvenzrecht (Fachzeitschrift)
ZIP	Zeitschrift für Wirtschaftsrecht (Fachzeitschrift)
zit.	zitiert
ZK	Zivilkammer
ZKDSG	Gesetz über den Schutz von zugangskontrollierten Diensten und von Zugangskontrolldiensten (Zugangskontrolldiensteschutz-Gesetz) vom 19. März 2002 (BGBl. I S. 1090), in Kraft getreten zum 20. März 2002
ZLR	Zeitschrift für das gesamte Lebensmittelrecht (Fachzeitschrift)
ZPO	Zivilprozessordnung vom 30. Januar 1877 (RGBl. S. 83), in Kraft getreten zum 01. Oktober 1897
ZPÜ	Zentralstelle für private Überspielungsrechte
ZR	Zivilrecht
ZRP	Zeitschrift für Rechtspolitik (Fachzeitschrift)
ZS	Zivilsenat
zs.	zusätzlich
ZSEG	Gesetz über die Entschädigung von Zeugen und Sachverständigen vom 30. Juni 1878 (RGBl. S. 173), in Kraft getreten zum 01. Oktober 1879, außer Kraft getreten zum 01. Juli 2004 (BGBl. I S. 718, 850)
ZSSR	Zentrales elektronisches Schutzschriftenregister
ZUM	Zeitschrift für Urheber- und Medienrecht (Fachzeitschrift)
ZUM-RD	Zeitschrift für Urheber- und Medienrecht – Rechtsprechungsdienst (Fachzeitschrift)
zust.	zustimmend
ZustG	Zustimmungsgesetz
zutr.	zutreffend
ZVG	Gesetz über die Zwangsversteigerung und die Zwangsverwaltung (Zwangsversteigerungsgesetz) vom 24. März 1897 (RGBl. S. 97), in Kraft getreten zum 01. Januar 1990
ZVV	Zentralstelle für Videovermietung
zw.	zweifelhaft
ZWeR	Zeitschrift für Wettbewerbsrecht (Fachzeitschrift)
ZWF	Zentralstelle für die Wiedergabe von Fernsehrechten

II. Amtliche Bekanntmachungen

Antrag Abg und B90/DIE GRÜNEN	Antrag von mehreren Abgeordneten und der Fraktion BÜNDNIS 90/DIE GRÜNEN vom 15.2.2016: Urheberinnen und Urheber stärken – Urhebervertragsrecht reformieren (BT-Drs. 18/7518)
Antw BReg v. 27.4.2006	Antwort der Bundesregierung auf die Kleine Anfragen von Abgeordneten und der Fraktion BÜNDNIS 90/ DIE GRÜNEN vom 27. April 2006 (BT-Drs. 16/1356)
Antw BReg v. 10.12.2012	Antwort der Bundesregierung auf die Kleine Anfrage von Abgeordneten und der Fraktion DIE LINKE vom 10. Dezember 2012 (BT-Drs. 17/11792)
AusschussKultur	Empfehlung des Ausschusses für Kulturfragen vom 23. April 2013 zu RegE verwaiste Werke (BR-Drs. 265/1/13)
Bericht BReg AuswUrhRNov 1985	Unterrichtung durch die Bundesregierung vom 07. Juli 1989 – Bericht über die Auswirkungen der Urheberrechtsnovelle 1985 und Fragen des Urheber- und Leistungsschutzrechts (BT-Drs. 11/4929)
Bericht BReg Entw UrhR	Unterrichtung durch die Bundesregierung vom 06. Mai 1994 – Bericht über die Entwicklung des Urheberrechts (BT-Drs. 12/7489)
Bericht BReg Unseriöse Geschäftspraktiken	Unterrichtung der Bundesregierung vom 08. Mai 2013 zum RegE Unseriöse Geschäftspraktiken – Stellungnahme des Bundesrates und Gegenäußerung der Bundesregierung (BT-Drs. 17/13429)
Bericht KultDtl	Schlussbericht der Enquete-Kommission „Kultur in Deutschland" vom 11. Dezember 2007 (BT-Drs. 16/ 7000)
Beschl UrhVG 2016	Gesetzesbeschluss des Deutschen Bundestages vom 16. Dezember 2016 – Gesetz zur verbesserten Durchsetzung des Anspruchs der Urheber und ausübenden Künstler auf angemessene Vergütung und zur Regelung von Fragen der Verlegerbeteiligung (UrhVG 2016) (BR-Drs. 765/16)
BeschlE RAusschuss RegE UmsG	Beschlussempfehlung und Bericht des Ausschusses für Recht und Verbraucherschutz (6. Ausschuss) vom 27. April 2016 zu dem Gesetzentwurf der Bundesregierung – Drs. 18/7223, 18/7453, 18/7605 Nr. 6 (BT-Drs. 18/8268)
BeschlE RAusschuss 2. Korb	Beschlussempfehlung und Bericht des Rechtsausschusses vom 04. Juli 2007 zu RegE 2. Korb (BT-Drs. 16/ 5939)
BeschlE RAusschuss UrhG 4. ÄndG	Beschlussempfehlung und Bericht des Rechtsausschusses (6. Ausschuss) vom 11. Februar 1998 zu RegE 4. ÄndG (BT-Drs. 13/9856)
BeschlE RAusschuss 7. ÄndG	Beschlussempfehlung und Bericht des Rechtsausschusses (6. Ausschuss) vom 27. Februar 2013 zu RegE 7. ÄndG (BT-Drs. 17/12534)
BeschlE Ausschuss ÄndG TMG	Beschlussempfehlung und Bericht des Ausschusses für Wirtschaft und Energie (9. Ausschuss) vom 01. Juni 2016 zu RegE ÄndG TMG (BT-Drs. 18/8645)
BeschlE RAusschuss RegE ÄndG 1985	Beschlussempfehlung und Bericht des Rechtsausschusses (6. Ausschuss) vom 17. Mai 1985 zu RegE ÄndG 1985 (BT-Drs. 10/3360)
BeschlE RAusschuss IuKDG	Beschlussempfehlung und Bericht des Ausschusses für Bildung, Wissenschaft, Forschung, Technologie und Technikfolgenabschätzung (19. Ausschuss) vom 11. Juni 1997 zu IuKDG (BT-Drs. 13/7934)
BeschlE RAusschuss ProdPiratG	Beschlussempfehlung und Bericht des Rechtsausschusses (6. Ausschuss) vom 21. November 1989 zu RegE ProdPiratG (BT-Drucks. 11/5744)

BeschlE RAusschuss RegE UmsG Enforcement-RL	Beschlussempfehlung und Bericht des Rechtsausschusses (6. Ausschuss) vom 09. April 2008 zu RegE UmsG Enforcement-RL (BT-Drucks. 16/8783)
BeschlE RAusschuss Unseriöse Geschäftspraktiken	Beschlussempfehlung des Rechtsausschusses (6. Ausschuss) vom 26. Juni 2013 zu RegE Unseriöse Geschäftspraktiken (BT-Drs. 17/14192)
BeschlE RAusschuss UrhG Infoges	Beschlussempfehlung und Bericht des Rechtsausschusses (6. Ausschuss) vom 22. April 2003 zu RegE UrhG Infoges (BT-Drs. 15/837)
BeschlE RAusschuss UrhVG 2002	Beschlussempfehlung und Bericht des Rechtsausschusses (6. Ausschuss) vom 21. Januar 2002 zu RegE UrhVG 2002 (BT-Drs. 14/8058)
BeschlE RAusschuss UrhVG 2016	Beschlussempfehlung und Bericht des Ausschusses für Recht und Verbraucherschutz (6. Ausschuss) vom 13. Dezember 2016 zu RegE UrhG 2016 (BT-Drs. 18/10637)
BeschlE RAusschuss UrhWissG 2017	Beschlussempfehlung und Bericht des Ausschusses für Recht und Verbraucherschutz (6. Ausschuss) vom 28. Juni 2017 zu RegE UrhWissG 2017 (BT-Drs. 18/13014)
FormH vom 14. Januar 2002 zu RegE UrhVG 2002	Formulierungshilfe (Antrag) zu RegE UrhVG 2002
FormH vom 19. November 2001 zu RegE UrhVG 2002	Formulierungshilfe (Antrag) zu RegE UrhVG 2002
FrakE UrhVG 2002	Gesetzesentwurf von mehreren Abgeordneten und der Fraktion BÜNDNIS 90/DIE GRÜNEN vom 26. Juni 2001 – Entwurf eines Gesetzes zur Stärkung der vertraglichen Stellung von Urhebern und ausübenden Künstlern (BT-Drs. 14/6433)
FraktionsE SchuldRModernG 2002	Gesetzesentwurf von mehreren Abgeordneten und der Fraktion BÜNDNIS 90/DIE GRÜNEN vom 14. Mai 2001 – Entwurf eines Gesetzes zur Modernisierung des Schuldrechts (BT-Drs. 14/6040)
RAusschuss UrhG 1962	Schriftlicher Bericht des Rechtsausschusses (12. Ausschuss) vom 14. Mai 1965 über den von der Bundesregierung eingebrachten Entwurf eines Gesetzes über Urheberrecht und verwandte Schutzrechte (Urheberrechtsgesetz, BT-Drs. IV/270) (BT-Drs. IV/3401)
RAusschuss 1. ÄndG	Bericht des Rechtsausschusses (5. Ausschuss) vom 01. April 1965 über den von mehreren Abgeordneten und von den Fraktionen SPD und FDP eingebrachten Entwurf eines Gesetzes zur Änderung des Urheberrechtsgesetzes von 1972 (BT-Drs. VI/3264)
RegE 2. ÄndG	Gesetzesentwurf der Bundesregierung vom 18. Dezember 1992 – Entwurf eines Zweiten Gesetzes zur Änderung des Urheberrechtsgesetzes (BT-Drs. 12/4022)
RegE 2. Korb	Gesetzentwurf der Bundesregierung vom 15. Juni 2006 – Entwurf eines Zweiten Gesetzes zur Regelung des Urheberrechts in der Informationsgesellschaft (BT-Drs. 16/1828)
RegE 3. ÄndG	Gesetzentwurf der Bundesregierung vom 21. Dezember 1994 – Entwurf eines Dritten Gesetzes zur Änderung des Urheberrechtsgesetzes (BT-Drs. 13/115) oder Gesetzentwurf der Bundesregierung vom 23. September 1994 – Entwurf eines Dritten Gesetzes zur Änderung des Urheberrechtsgesetzes (BR-Drs. 876/94)
RegE 3. TMGÄndG	Gesetzentwurf der Bundesregierung vom 28. April 2017 – Entwurf eines Dritten Gesetzes zur Änderung des Telemediengesetzes (BT-Drs. 18/12202)
RegE 4. ÄndG	Gesetzentwurf der Bundesregierung vom 13. März 1995 – Entwurf eines Vierten Gesetzes zur Änderung des Urheberrechtsgesetzes (BT-Drs. 13/781) oder Ge-

	setzentwurf der Bundesregierung vom 04. Juni 1996 Entwurf eines Vierten Gesetzes zur Änderung des Urheberrechtsgesetzes (BT-Drs. 13/4796)
RegE 7. ÄndG	Gesetzesentwurf der Bundesregierung vom 14. November 2012 – Entwurf eines Siebenten Gesetzes zur Änderung des Urheberrechtsgesetzes (BT-Drs. 17/11470)
RegE 8. ÄndG	Gesetzentwurf der Bundesregierung vom 07. Januar 2013 – Entwurf eines Achten Gesetzes zur Änderung des Urheberrechtsgesetzes (BT-Drs. 17/12013)
RegE ÄndG 1985	Gesetzesentwurf der Bundesregierung vom 22. Dezember 1983 – Entwurf eines Gesetzes zur Änderung von Vorschriften auf dem Gebiet des Urheberrechts (BT-Drs. 10/837)
RegE ÄndG TMG	Gesetzentwurf der Bundesregierung vom 18. November 2015 – Entwurf eines Zweiten Gesetzes zur Änderung des Telemediengesetzes (BT-Drs. 18/6745)
RegE Anpassung IPR	Gesetzentwurf der Bundesregierung vom 04. März 2009 – Entwurf eines Gesetzes zur Anpassung der Vorschriften des Internationalen Privatrechts an die Verordnung (EG) Nr. 593/2008 (BT-Drs. 16/12104)
RegE EGG	Gesetzesentwurf der Bundesregierung vom 17. Mai 2001 – Enwurf eines Gesetzes über rechtliche Rahmenbedingungen für den elektronischen Geschäftsverkehr (Elektronsicher Geschäftsverkehr-Gesetz – EGG) (BT-Drs. 14/6098)
RegE ElGVG	Gesetzesentwurf der Bundesregierung vom 23. Oktober 2006 – Entwurf eines Gesetzes zur Vereinheitlichung von Vorschriften über bestimmte elektronische Informations- und Kommunikationsdienste (Elektronischer-Geschräftsverkehr-Vereinheitlichungsgesetz – ElGVG) (BT-Drucks. 16/3078)
RegE FGG-RG	Gesetzesentwurf der Bundesregierung vom 07. September 2007 – Entwurf eines Gesetzes zur Reform des Verfahrens in Familiensachen und in den Angelegenheiten der freiwilligen Gerichtsbarkeit (FGG-Reformgesetz – FGG) (BT-Drs. 16/6308)
RegE IuKDG	Gesetzesentwurf der Bundesregierung vom 09. April 1997 – Entwurf eines Gesetzes zur Regelung der Rahmenbedingungen für Informations- und Kommunikationsdienste (Informations- und Kommunikationsdienste-Gesetz – IuKDG) (BT–Drs. 13/7385)
RegE ProdPiratG	Gesetzentwurf der Bundesregierung vom 15. Juni 1989 – Entwurf eines Gesetzes zur Bekämpfung der Produktpiraterie (BT-Drs. 11/4792)
RegE SanUnt	Gesetzentwurf der Bundesregierung vom 04. Mai 2011 – Entwurf eines Gesetzes zur weiteren Erleichterung der Sanierung von Unternehmen (BT-Drs. 17/5712)
RegE SchuldRModernG 2002	Gesetzentwurf der Bundesregierung vom 31. August 2001 – Entwurf eines Gesetzes zur Modernisierung des Schuldrechts (BT-Drs. 14/6847)
RegE TKÜNReglG	Gesetzentwurf der Bundesregierung vom 27. Juni 2007 – Entwurf eines Gesetzes zur Neuregelung der Telekommunikationsüberwachung und anderer verdeckter Ermittlungsmaßnahmen sowie zur Umsetzung der Richtlinie 2006/24/EG (BT-Drs. 16/5846)
RegE UmsG Enforcement-RL	Gesetzentwurf der Bundesregierung vom 20. April 2007 – Entwurf eines Gesetzes zur Verbesserung der Durchsetzung von Rechten des geistigen Eigentums (BT-Drs. 16/5048)
RegE Unseriöse Geschäftspraktiken	Gesetzentwurf der Bundesregierung vom 15. April 2013 – Entwurf eines Gesetzes gegen unseriöse Geschäftspraktiken (BT-Drs. 17/13057)

RegE UrhG 1962	Gesetzesentwurf der Bundesregierung vom 23. März 1962 – Entwurf eines Gesetzes über Urheberrecht und verwandte Schutzrechte (Urheberrechtsgesetz) (BT-Drs. IV/270)
RegE UrhG Infoges	Gesetzentwurf der Bundesregierung vom 06. November 2002 – Entwurf eines Gesetzes zur Regelung des Urheberrechts in der Informationsgesellschaft (BT-Drs. 15/38)
RegE UrhVG 2002	Gesetzentwurf der Bundesregierung vom 23. November 2001 – Entwurf eines Gesetzes zur Stärkung der vertraglichen Stellung von Urhebern und ausübenden Künstlern (BT-Drs. 14/7564)
RegE UrhVG 2016	Gesetzesentwurf der Bundesregierung vom 01. Juni 2016 – Entwurf eines Gesetzes zur verbesserten Durchsetzung des Anspruchs der Urheber und ausübenden Künstler auf angemessene Vergütung (BT-Drs. 18/8625)
RegE UrhWissG 2017	Gesetzentwurf der Bundesregierung vom 15.5.2017 – Entwurf eines Gesetzes zur Angleichung des Urheberrechts an die aktuellen Erfordernisse der Wissensgesellschaft (Urheberrechts-Wissensgesellschafts-Gesetz – UrhWissG) (BT-Drs. 18/12329)
RegE verwaiste Werke	Gesetzentwurf der Bundesregierung vom 08. Mai 2013 – Entwurf eines Gesetzes zur Nutzung verwaister und vergriffener Werke und einer weiteren Änderung des Urheberrechtsgesetzes (BT-Drs. 17/13423)

III. Literatur

In den Kommentierungen hochgestellte Ziffern stellen die verwendete Auflage dar (z. B. Dreier/Schulze/*Dreier*[5] § 2 Rn. 4).

Achenbach, Hans/*Ransiek*, Andreas/*Rönnau*, Thomas:	Handbuch Wirtschaftsstrafrecht, 4. Auflage, Heidelberg 2015 (zit. Achenbach/Ransiek/Rönnau/*Bearbeiter*)
Ahlberg, Hartwig/*Götting*, Hans-Peter (Hrsg.):	Beck'scher Online-Kommentar Urheberrecht, München, Stand: 01. Januar 2017 (zit. BeckOK UrhR/*Bearbeiter*)
Ahrens, Hans-Jürgen:	Der Wettbewerbsprozess, 8. Auflage, Köln 2017
Ahrens, Hans-Jürgen/*Bornkamm*, Joachim/*Gloy*, Wolfgang:	Festschrift für Willi Erdmann zum 65. Geburtstag, Köln 2002 (zit. *Bearbeiter* FS Erdmann)
Ahrens, Hans-Jürgen/*Bornkamm*, Joachim/*Kunz-Hallenstein*, Hans P.:	Festschrift für Eike Ullmann, Saarbrücken 2006 (zit. *Bearbeiter* FS Ullmann)
Allfeld, Philipp:	Das Urheberrecht an Werken der Literatur und der Tonkunst, 2. Auflage, München 1928
	Das Verlagsrecht, 2. Auflage, München 1929
	Urheber- und Erfinderrecht, Berlin 1929
Amschewitz, Dennis:	Die Durchsetzungsrichtlinie und ihre Umsetzung im deutschen Recht, Tübingen 2008
Anderbrügge, Klaus/*Epping*, Volker/*Löwer*, Wolfgang:	Dienst an der Hochschule – Festschrift für Dieter Leuze zum 70. Geburtstag, Berlin 2003 (zit. *Bearbeiter* FS Leuze)
Andreae, Clemens A./*Kirchhoff*, Jochen/*Pfeiffer*, Gerd:	Wettbewerb als Herausforderung und Chance – Festschrift für Werner Benisch, Köln 1989 (zit. *Bearbeiter* FS Benisch)
Apel, Linda-Martina:	Verfahren und Institutionen zum Umgang mit Fällen wissenschaftlichen Fehlverhaltens, Baden-Baden 2009
Arends, Petra:	Das Urhebervertragsrecht der DDR, Frankfurt aM. 1991
Arnold, Bernhard:	Die Gefahr von Urheberrechtsverletzungen durch Umgehungsmittel nach Wettbewerbsrecht und Urheberrecht, Frankfurt a. M. 2006

Abkürzungs- und Literaturverzeichnis

Asmus, Torben:
Die Harmonisierung des Urheberpersönlichkeitsrecht in Europa, Baden-Baden 2004

Bappert, Walter/*Wagner*, Egon:
Internationales Urheberrecht, Berlin 1956

Bartenbach, Kurt:
Patentlizenz- und Know-how-Vertrag, 7. Auflage, München 2013

Bartenbach, Kurt/*Volz*, Franz-Eugen:
Arbeitnehmererfindungen – Praxisleitfaden mit Mustertexten, 6. Auflage, Köln/Berlin/München 2014

Bartmann, Jeannine:
Grenzen der Monopolisierung durch Urheberrechte am Beispiel von Datenbanken und Computerprogrammen, Köln 2005

Bartsch, Michael:
Softwareüberlassung und Zivilprozess, Köln 1991 (zit. Bartsch/*Bearbeiter*)

Bauer, Michael/*de Bronett*, Georg-Klaus:
Die EU-Gruppenfreistellungsverordnung für vertikale Wettbewerbsbeschränkungen, Köln 2001

Baumbach, Adolf/*Hopt*, Klaus J.:
Handelsgesetzbuch – mit GmbH & Co., Handelsklauseln, Bank- und Börsenrecht, Transportrecht (ohne Seerecht), 37. Auflage, München 2016 (zit. Baumbach/Hopt/*Bearbeiter*)

Baur, Jürgen/*Stürner*, Rolf:
Sachenrecht, München 2009

Baus, Christoph A.:
Verwendungsbeschränkungen in Software-Überlassungsverträgen, Köln 2004

Bechtold, Rainer:
Vom Urheber- und Informationsrecht, München 2002

Bechtold, Rainer/*Bosch*, Wolfgang/*Brinker*, Ingo:
EU-Kartellrecht – Kommentar, 3. Auflage, München 2014 (zit. Bechtold/Bosch/Brinker/*Bearbeiter*)

Becker, Jürgen/*Lerche*, Peter/*Mestmäcker*, Ernst-Joachim:
Wanderer zwischen Musik, Politik und Recht – Festschrift für Reinhold Kreile zu seinem 65. Geburtstag, Baden-Baden 1994 (zit. *Bearbeiter* FS Kreile)

Beier, Friedrich-Karl/*Götting*, Horst-Peter/*Lehmann*, Michael/*Moufang*, Rainer:
Urhebervertragsrecht – Festgabe für Gerhard Schricker zum 60. Geburtstag, München 1995 (zit. *Bearbeiter* FS Schricker I)

Beier, Friedrich-Karl/*Kraft*, Alfons/*Schricker*, Gerhard/*Wadle*, Elmar:
Gewerblicher Rechtsschutz und Urheberrecht in Deutschland – Festschrift zum hundertjährigen Bestehen der Deutschen Vereinigung für gewerblichen Rechtsschutz und Urheberrecht und ihrer Zeitschrift, Weinheim 1991 (zit. *Bearbeiter* FS GRUR)

Beilharz, Manfred:
Der Bühnenvertriebsvertrag als Beispiel eines urheberrechtlichen Wahrnehmungsvertrages, München 1970

Benkard, Georg:
Patentgesetz, Gebrauchsmustergesetz, 11. Auflage, München 2015 (zit. Benkard/*Bearbeiter*)

Bensinger, Viola:
Sui Generis Schutz von Datenbanken, München 1999

Berger, Christian:
Das neue Urhebervertragsrecht, Baden-Baden 2003

Berger, Christian/*Wündisch*, Sebastian:
Urhebervertragsrecht, Baden-Baden 2015 (zit. Berger/Wündisch/*Bearbeiter*)

Berking, Christina:
Die Unterscheidung von Inhalt und Form im Urheberrecht, Baden-Baden 2002

Beyer, Philipp:
Ausstellungsrecht und Ausstellungsvergütung, Baden-Baden 2000

Binder, Anja/*Kosterhon*, Frank:
Urheberrecht für Architekten und Ingenieure, München 2003

Bindhardt, Heiner:
Der Schutz von in der Popularmusik verwendeten elektronisch erzeugten Einzelsounds nach dem Urheberrechtsgesetz und dem Gesetz gegen den unlauteren Wettbewerb, Frankfurt a. M. 1998

Bisges, Marcel:
Handbuch Urheberrecht, Berlin 2016 (zit. Bisges/*Bearbeiter*)

Böck, Alexander:
Die Zwangslizenz im Spannungsfeld von gewerblichem Rechtsschutz und Kartellrecht, 1992

Bock, Thomas:
Die Option im Musik- und Buchverlag, Baden-Baden 2002

Boddien, Thomas:
Alte Musik in neuem Gewand – Der Schutz musikalischer Updates und der Quasischutz gemeinfreier Musikaufnahmen, Baden-Baden 2006

Bolwin, Rolf/*Sponer*, Wolfdieter:
Bühnentarifrecht, Köln 2000

Bolwin, Rolf/*Sponer*, Wolfdieter/*Schröder*, Michael/*Schmalbauch*, Ilka:
Bühnen- und Orchesterrecht (Loseblattwerk), Heidelberg, Stand: Februar 2017

Bornkamm, Joachim/*Montag*, Frank/*Säcker*, Franz:
Münchener Kommentar Europäisches und Deutsches Wettbewerbsrecht, Band 2: Gesetz gegen Wettbewerbsbeschränkungen (GWB), 2. Auflage, München 2015 (zit. MüKo GWB/*Bearbeiter*)

Bortloff, Nils:
Der Tonträgerpiraterieschutz im Immaterialgüterrecht, Baden-Baden 1995

Bosse, Heinrich:
Autorschaft ist Werkherrschaft – über die Entstehung des Urheberrechts aus dem Geist der Goethezeit, 2. Auflage, Paderborn 2014

Bothe, Michael/*Kilian*, Wolfgang:
Rechtsfragen grenzüberschreitender Datenflüsse, Köln 1992

Brandi-Dohrn, Matthias:
Der urheberrechtliche Optionsvertrag – Im Rahmen der Verträge über künftige Werke nach deutschem, österreichischem, schweizerischem und französischem Recht, München und Berlin 1967

Braun, Thorsten:
Schutzlücken-Piraterie – der Schutz ausländischer ausübender Künstler in Deutschland vor einem Vertrieb von bootlegs, Baden-Baden 1995

Brinkel, Guido:
Filesharing, Tübingen 2006

Bröcker, Tim/*Czychowski*, Christian/*Schäfer*, Detmar:
Praxishandbuch Geistiges Eigentum im Internet, München 2003 (zit. Bröcker/Czychowski/Schaefer/*Bearbeiter*)

Brockhaus, F. A.:
Enzyklopädie in 30 Bänden, Gütersloh 2005

Bruchhausen, Karl:
Festschrift für Rudolf Nirk zum 70. Geburtstag, München 1992 (zit. *Bearbeiter* FS Nirk)

Budde, Rolf:
Das Rückrufsrecht des Urhebers wegen Nichtausübung in der Musik, Berlin 1997

Büscher, Wolfgang/*Dittmer*, Stefan/*Schiwy*, Peter:
Gewerblicher Rechtsschutz, Urheberrecht, Medienrecht – Kommentar, 3. Auflage, Köln/München 2015 (zit. Büscher/Dittmer/Schiwy/*Bearbeiter*)

Büscher, Wolfgang/*Erdmann*, Willi/*Haedicke*, Maximilian/*Köhler*, Helmut/*Loschelder*, Michael:
Festschrift für Joachim Bornkamm zum 65. Geburtstag, München 2014 (zit. Bearbeiter FS Bornkamm)

Büscher, Wolfgang/*Glöckner*, Jochen/*Nordemann*, Axel/*Osterrieth*, Christian/*Rengier*, Rudolf:
Festschrift für Karl-Heinz Fezer zum 70. Geburtstag, München 2016 (zit. *Bearbeiter* FS Fezer)

Büllesbach, Alfred/*Büchner*, Wolfgang:
IT doesn't matter!?, Köln 2006 (zit. Büllesbach/Büchner/*Bearbeiter*)

Büllesbach, Alfred/*Heymann*, Thomas:
Informationsrecht 2000 – Perspektiven für das nächste Jahrzehnt, Informationstechnik und Recht, Band 9, Köln 2001 (zit. Büllesbach/Heymann/*Bearbeiter*)

Bullinger, Winfried/*Bretzel*, Markus/*Schmalfuß*, Jörg:
Urheberrecht in Museen und Archiven, Baden-Baden 2010

Busche, Jan/*Stoll*, Peter-Tobias/*Wiebe*, Andreas:
TRIPs – Internationales und europäisches Recht des geistigen Eigentums – Kommentar, 2. Auflage, Köln 2013 (zit. Busche/Stoll/Wiebe/*Bearbeiter*)

Chackraborty, Martin:
Das Rechtsinstitut der freien Benutzung im Urheberrecht, Baden-Baden 1997

Christoph, Michael:
Wettbewerbsbeschränkungen in Lizenzverträgen über gewerbliche Schutzrechte nach deutschem und europäischem Recht – Inhalt des Schutzrechts, spezifischer Gegenstand und Immanenztheorie, Regensburg 1998

Clément, Christoph:
Urheberrecht und Erbrecht, Baden-Baden 1993

Coester, Michael/*Martiny*, Dieter/*Gesaaphe*, Karl August:
Privatrecht in Europa – Vielfalt, Kollision, Kooperation – Festschrift für Hans Jürgen Sonnenberger zum 70. Geburtstag, München 2004 (zit. *Bearbeiter* FS Sonnenberger)

Abkürzungs- und Literaturverzeichnis

Czychowski, Christian:	Das Urhebervertragsrecht als wesentlicher Bestandteil des Urheberrechts in den Staaten Zentral- und Osteuropas – eine Untersuchung der neuen Urhebervertragsgesetze in den Staaten Polen, Russland, Bulgarien und Slowenien, Berlin 1997
de la Durantaye, Katharina:	Allgemeine Bildungs- und Wissenschaftsschranke, Münster 2014
Delp, Ludwig:	Das gesamte Recht der Publizistik, 129. Auflage, München 2006
	Der Verlagsvertrag, 8. Auflage, München 2008
Deutsch, Erwin/*Ellerbrock*, Tatjana:	Titelschutz – Werktitel und Domainnamen, 2. Auflage, München 2004
Dietz, Adolf:	Das primäre Urhebervertragsrecht in der Bundesrepublik Deutschland und den Mitgliedstaaten der EG, Frankfurt a. M. 1984
Dittrich, Robert:	Woher kommt das Urheberrecht und wohin geht es?, Wien 1988
	Festschrift 50 Jahre Urheberrechtsgesetz, Österreichische Schriftenreihe zum gewerblichen Rechtsschutz, Urheber- und Medienrecht, Wien 1986 (zit. *Bearbeiter* FS östUrhG)
Dobinsky, Hendrik:	Die Sicherung von Schadensersatzansprüchen nach § 101b UrhG unter Mitberücksichtigung der jeweiligen Schwesternormen im gewerblichen Rechtsschutz, Frankfurt aM. 2015
Dölemeyer, Barbara/*Mohnhaupt*, Heinz:	200 Jahre ABGB (1811–2011), Frankfurt a. M. 2012
Donhauser, Daniela:	Der Begriff der unbekannten Nutzungsart gemäß § 31 Abs. 4 UrhG, Baden-Baden 2001
Donle, Christian:	Die Bedeutung des § 31 Abs. 5 für das Urhebervertragsrecht, München 1992
Dowd, Raymond:	Copyright Litigation Handbook, New York 2016/2017
Dreier, Thomas/*Ohly*, Ansgar:	Plagiate – Wissenschaftsethik und Recht, Tübingen 2013 (zit. Dreier/Ohly/*Bearbeiter*)
Dreier, Thomas/*Peifer*, Karl-Nikolaus/*Specht*, Louise:	Festschrift für Gernot Schulze zum 70. Geburtstag, München 2017 (zit. *Bearbeiter* FS Schulze)
Dreier, Thomas/*Schulze*, Gernot:	Urheberrechtsgesetz, Urheberrechtswahrnehmungsgesetz, Kunsturhebergesetz – Kommentar, 5. Auflage, München 2015 (zit. Dreier/Schulze/*Bearbeiter*)
Drewes, Stefan:	Neue Nutzungsarten im Urheberrecht, Baden-Baden 2001
Dreyer, Gunda/*Kotthoff*, Jost/*Meckel*, Astrid:	Heidelberger Kommentar zum UrhG, 3. Auflage, Heidelberg 2013 (zit. HK-UrhR/*Bearbeiter*)
Duisberg, Alexander/*Picot*, Henriette:	Recht der Computer- und Videospiele, Berlin 2013
Dünnwald, Rolf/*Gerlach*, Tilo:	Schutz des ausübenden Künstlers, Stuttgart 2008
Dustmann, Andreas:	Die privilegierten Provider – Haftungseinschränkungen im Internet aus urheberrechtlicher Sicht, München 2001
Ebling, Klaus/*Schulze*, Marcel:	Kunstrecht, 2. Auflage, München 2012 (zit. Ebling/Marcel Schulze/*Bearbeiter*)
Eggersberger, Michael:	Die Übertragbarkeit des Urheberrechts in historischer und rechtsvergleichender Sicht, München 1991
Elster, Alexander:	Urheber- und Erfinder-, Warenzeichen- und Wettbewerbsrecht, 2. Auflage, Berlin 1928
Engels, Sebastian:	Die Vereinbarkeit der territorialen Aufspaltung von Verwertungsrechten mit den europäischen Binnenmarktregeln, Baden-Baden 2016
Erdmann, Willi/*Gloy*, Wolfgang/*Herber*, Rolf:	Festschrift für Henning Piper zum 65. Geburtstag, München 1996 (zit. *Bearbeiter* FS Piper)
Erdmann, Willi/*Hefermehl*, Wolfgang/*Mees*, Hans K./*Piper*, Henning/*Teplitzky*, Otto/*Ulmer*, Peter:	Festschrift von Otto-Friedrich Frhr. von Gamm, Köln 1990 (zit. *Bearbeiter* FS v. Gamm)

Erdmann, Willi/*Leistner*, Matthias/*Rüffer*, Wilfried/*Schulte-Beckhausen*, Thomas:	Festschrift für Michael Loschelder zum 65. Geburtstag, Berlin 2010 (zit. *Bearbeiter* FS Loscherlder)
Ernst, Stefan:	Hacker, Cracker und Computerviren, Köln 2004
Fezer, Karl-Heinz:	Markenrecht – Kommentar, 4. Auflage, München 2009
Ficsor, Mihaly:	The Law of Copyright and the Internet: The 1996 WIPO Treaties, their Interpretation and Implementation, Modern Law Review, Volume 68, Number 2, March 2002, pp. 340–341(2)
Fink-Hooijer, Florika:	Fristlose Kündigung im Urhebervertragsrecht – Die Beendigung von Dauerschuldverhältnissen im Urheberrecht unter besondere Berücksichtigung des Kündigungsrechts, Frankfurt 1991
Fischer, Josef/*Reich*, Steven:	Der Künstler und sein Recht, 3. Auflage, München 2014 (zit. Fischer/Reich/*Bearbeiter*)
Fischer, Thomas:	Strafgesetzbuch und Nebengesetze, 63. Auflage, München 2016 (zit. Fischer/*Bearbeiter*)
Fitzek, Sebastian:	Die unbekannte Nutzungsart, Berlin 2000
Fohrbeck, Karla/*Wiesand*, Andreas Johannes:	Der Künstler-Report – Musikschaffende, Darsteller, Realisatoren, bildende Künstler, Designer, 1975
Forkel, Hans:	Gebundene Rechtsübertragungen – ein Beitrag zu den Verfügungsgeschäften über Patent-, Muster-, Urheber- und Persönlichkeitsrechte, Köln 1970
Forkel, Hans/*Kraft*, Adolfs:	Beiträge zum Schutz der Persönlichkeit und ihrer schöpferischen Leistungen – Festschrift für Heinrich Hubmann zum 70. Geburtstag, Köln 1985 (zit. *Bearbeiter* FS Hubmann)
Fringuelli, Pietro Graf:	Internet TV – Filmurheberrecht im Internet, Saarbrücken 2004
v. Gamm, Otto-Friedrich:	Urheberrechtsgesetz – Kommentar, München 1968
Ganea, Peter/*Heath*, Christopher/*Schricker*, Gerhard:	Urheberrecht gestern, heute, morgen – Festschrift für Adolf Dietz zum 65. Geburtstag, München 2001 (zit. *Bearbeiter* FS Dietz)
Gaster, Jens L.:	Der Rechtsschutz von Datenbanken, Kommentar zur Richtlinie 96/9/EG mit Erläuterungen zur Umsetzung in das deutsche und österreichische Recht, Köln/Berlin/Bonn/München 1999
Gendreau, Ysolde/*Nordemann*, Axel/*Oesch*, Rainer:	Copyright and Photographs – An International Survey, 1999 (zit. Gendreau/Axel Nordemann/Oesch/*Bearbeiter*)
Geppert, Martin/*Schütz*, Raimund:	Beck'scher TKG-Kommentar, 4. Auflage, München 2013 (zit. Beck'scher TKG-Kommentar/*Bearbeiter*)
Gersdorf, Hubertus/*Paal*, Boris P.:	Beck'scher Online-Kommentar zum Informations- und Medienrecht, 15. Edition, Stand: 1.2.2017 (zit. BeckOK Info- und MedR/*Bearbeiter*)
Gerstenberg, Ekkehard:	Die Urheberrechte an Werken der Kunst, der Architektur und der Photographie, München 1968
Giedke, Anna:	Cloud Computing, München 2013
Gieseke, Ludwig:	Vom Privileg zum Urheberrecht, Baden-Baden 1998
Girsberger, Michael:	Schutz von technischen Maßnahmen im Urheberrecht, Bern 2007
Gless, Sabine/*Seelmann*, Kurt:	Intelligente Agenten und das Recht, Baden-Baden 2016 (zit. Gless/Seelmann/*Bearbeiter*)
Gloy, Wolfgang/*Loschelder*, Michael/*Erdmann*, Willi:	Handbuch des Wettbewerbsrechts, 4. Auflage, München 2010 (zit. Gloy/Loschelder/Erdmann/*Bearbeiter*)
Goldbaum, Wenzel:	Urheberrecht und Urhebervertragsrecht, 3. Auflage, Berlin 1961
Goldstein, Paul:	Copyright, Loseblattsammlung, 3. Auflage, Stand 8.11.2016
Götting, Horst-Peter:	Der Vergütungsanspruch nach § 20b Abs. 2 UrhG – Berlin 2005
Götting, Horst-Peter/*Nordemann*, Axel:	UWG – Handkommentar, 2. Auflage, Baden-Baden 2013 (zit. Götting/Nordemann/*Bearbeiter*)

Gounalakis, Georgios/ *Heinze*, Meinhard/*Dörr*, Dieter:
Urhebervertragsrecht, Leipzig 2001 (zit. Gounalakis/ Heinze/Dörr/*Bearbeiter*)

Gräbig, Johannes:
Abdingbarkeit und vertragliche Beschränkungen urheberrechtlicher Schranken, Baden-Baden 2011

Graef, Ralph Oliver:
Recht der E-Books und des Electronic Publishing, München 2016

v. Gravenreuth, Günter:
Das Plagiat aus strafrechtlicher Sicht, Köln 1985

Groß, Michael:
Der Lizenzvertrag, 11. Auflage, Frankfurt a. M.2015

Grützmacher, Malte:
Urheber-, Leistungs- und Sui-generis-Schutz von Datenbanken, Baden-Baden 1999

Haas, Lothar:
Das neue Urhebervertragsrecht: Systematische Darstellung des Gesetzes zur Stärkung der vertraglichen Stellung von Urhebern und ausübenden Künstlern; mit einer Synopse zum neuen und alten Recht sowie den Gesetzesmaterialien, München 2002

Haberstumpf, Helmut:
Handbuch des Urheberrechts, 2. Auflage, Neuwied 2000 (zit. Haberstumpf/*Bearbeiter*)

Haesner, Christoph/*Kreile*, Johannes/*Schulze*, Gernot:
Zwischen Gestern und Morgen – Medien im Wandel – Festschrift für Mathias Schwarz zum 65. Geburtstag, München 2017 (zit. *Bearbeiter* FS Mathias Schwarz)

Hagen, Louis:
Der Bestsellerparagraph im Urheberrecht, Baden-Baden 1958

Hahne, Meo-Micaela/*Schlögel*, Jürgen/*Schlünder*, Rolf:
Beck'scher Online-Kommentar FamFG, 22. Edition, München 2017, Stand: 2.4.2017 (zit. BeckOK FamFG/*Bearbeiter*)

Hänel, Frederike:
Die Umsetzung des Art. 6 Info-RL (technische Schutzmaßnahmen) ins deutsche Recht, Frankfurt a. M. 2005

Harte-Bavendamm, Henning:
Handbuch der Markenpiraterie in Europa, München/ Wien/Bern 2000 (zit. Harte-Bavendamm/*Bearbeiter*)

Harte-Bavendamm, Henning/ *Henning-Bodewig*, Frauke:
Gesetz gegen den unlauteren Wettbewerb – Kommentar, 4. Auflage, München 2016 (zit. Harte-Bavendamm/Henning-Bodewig/*Bearbeiter*)

Hasselblatt, Gordian:
Münchener Anwaltshandbuch Gewerblicher Rechtsschutz, 4. Auflage, München 2012 (zit. Hasselblatt/*Bearbeiter*)

v. Hartlieb, Holger/*Schwarz*, Mathias:
Handbuch des Film-, Fernseh- und Videorechts, 5. Auflage, München 2011 (zit. v. Hartlieb/Schwarz/*Bearbeiter*)

Haupt, Stefan/*Kaboth*, Daniel/*Reber*, Ulrich/*Wallenfels*, Dieter/*Wegner*, Konstatin:
Recht im Verlag, 2. Auflage, München 2011 (zit. Haupt/ Kaboth/Reber/ Wallenfels/Wegner/*Bearbeiter*)

Heermann, Peter W./*Schlingloff*, Jochen:
Münchener Kommentar zum Lauterkeitsrecht (UWG), 2. Auflage, München 2014 (zit. MüKo UWG/*Bearbeiter*)

Hefermehl, Wolfgang/*Nipperdey*, Hans Carl:
Festschrift für Philipp Möhring zum 65. Geburtstag, München 1965 (zit. *Bearbeiter* FS Möhring I)

Hefermehl, Wolfgang/*Westermann*, Rudolf/*Möhring*, Harry Philipp:
Festschrift für Philipp Möhring zum 75. Geburtstag, München 1975 (zit. *Bearbeiter* FS Möhring II)

Heinson, Dennis:
IT-Forensik, Tübingen 2015

Heinz, Stefan:
Urheberrechtliche Gleichbehandlung von alten und neuen Medien, München 2006

Heitland, Horst:
Der Schutz der Fotografier im Urheberrecht Deutschlands, Frankreichs und der Vereinigten Staaten von Amerika, München 1995

Herberger, Maximilian/*Berkemann*, Jörg:
Standort juris – Festschrift zum 10jährigen Bestehen der juris GmbH, Saarbrücken 1996 (zit. *Bearbeiter* FS juris)

Herberger, Maximilian/*Martinek*, Michael/*Rüßmann*, Helmut/*Weth*, Stephan:
juris PraxisKommentar BGB, 7. Auflage, Saarbrücken 2014 (zit. jurisPK-BGB/*Bearbeiter*)

Herdegen, Matthias/*Klein*, Hans Hugo/*Papier*, Hans-Jürgen/*Scholz*, Rupert:
Festschrift für Roman Herzog zum 75. Geburtstag, München 2009 (zit. *Bearbeiter* FS Herzog)

Abkürzungs- und Literaturverzeichnis

Herschel, Wilhelm/*Klein*, Friedrich:	Festschrift für Georg Röber, Berlin 1973 (zit. *Bearbeiter* FS Röber)
Hilgendorf, Eric/*Frank*, Thomas/*Valerius*, Brian:	Computer- und Internetstrafrecht, 2. Auflage, Berlin/Heidelberg 2012
Hillig, Hans-Peter:	Urheber- und Verlagsrecht, 16. Auflage, München 2017
Hilty, Reto M./*Drexl*, Josef/*Nordemann*, Wilhelm:	Schutz von Kreativität und Wettbewerb – Festschrift für Ulrich Loewenheim zum 75. Geburtstag, München 2009 (zit. *Bearbeiter* FS Loewenheim)
Hilty, Reto M./*Jaeger*, Thomas/*Kitz*, Volker:	Geistiges Eigentum – Herausforderung, Durchsetzung, Berlin 2008 (zit. Hilty/Jaeger/Kitz/*Bearbeiter*)
Hirschberger, Johannes:	Geschichte der Philosophie – Band I: Altertum und Mittelalter, Köln 2000
Hodeige, Fritz:	Das Recht am Geistesgut – eine Festschrift für Walter Bappert, Freiburg 1964 (zit. *Bearbeiter* FS Bappert)
Hoeren, Thomas/*Sieber*, Ulrich/*Holznagel*, Bernd:	Handbuch Multimedia-Recht – Rechtsfragen des elektronischen Geschäftsverkehrs, 43. Auflage, München 2016 (zit. Hoeren/Sieber/Holznagel/*Bearbeiter*)
Hoffmann, Colin:	Die Begriffe der Literatur, Wissenschaft und Kunst (§ 1 UrhG), Frankfurt a. M./Bern/New York/Paris 1988
Holzporz, Stefan:	Der rechtliche Schutz des Fernsehshowkonzepts, Münster 2002
Homann, Hans-Jürgen:	Praxishandbuch Filmrecht – Ein Leitfaden für Film-, Fernseh- und Medienschaffende, 2. Auflage, Berlin 2003
Hucko, Elmar Matthias:	Das neue Urhebervertragsrecht; angemessene Vergütung – neuer Bestsellerparagraf – gemeinsame Vergütungsregeln; Text mit Einführung und Materialien, Halle/Saale 2002
Hugenholtz, Bernt:	The Future of Copyright in a Digital Environment, New York 1996 (zit. Hugenholtz/*Bearbeiter*)
Hummel, Marlies:	Die volkswirtschaftliche Bedeutung des Urheberrechts – Gutachten im Auftrag des Bundesministers der Justiz, Berlin/München 1989
Ibbeken, Arne:	Das TRIPS-Übereinkommen und die vorgerichtliche Beweishilfe im gewerblichen Rechtsschutz, München 2004
Immenga, Ulrich/*Mestmäcker*, Ernst-Joachim:	Wettbewerbsrecht, Band 1: EU/Teil 1 und 2, 5. Auflage, München 2012 (zit. Immenga/Mestmäcker/*Bearbeiter*, Band 1)
	Wettbewerbsrecht, Band 2: GWB/Teil 1 und 2, 5. Auflage, München 2014 (zit. Immenga/Mestmäcker/*Bearbeiter*, Band 2)
Ingerl, Reinhard/*Rohnke*, Christian:	Markengesetz: Gesetz über den Schutz von Marken und sonstigen Kennzeichen, 3. Auflage, München 2010
Irlbeck, Thomas/*Langenau*, Frank/*Mayer*, Frank:	Computer-Lexikon – Die umfassende Enzyklopädie, 4. Auflage, München 2002
Jacobs, Rainer/*Papier*, Hans J./*Schuster*, Peter K.:	Festschrift für Peter Raue zum 65. Geburtstag, Köln 2006 (zit. *Bearbeiter* FS Raue)
Jaeger, Till/*Metzger*, Axel:	Open Source Software – Rechtliche Rahmenbedingungen der freien Software, 4. Auflage, München 2016
Jagenburg, Walter:	Festschrift für Walter Oppenhoff zum 80. Geburtstag, München 1985 (zit. *Bearbeiter* FS Oppenhoff)
Jänecke, Alexander:	Das urheberrechtliche Zerstörungsverbot gegenüber dem Sacheigentümer, Berlin 2003
Jarass, Hans D./*Pieroth*, Bodo:	Grundgesetz für die Bundesrepublik Deutschland – Kommentar, 14, Auflage, München 2016
Jaworski, Stanislaus:	Die Haftung von Kreditkartenunternehmen für Urheberrechtsverletzungen Dritter, Baden-Baden 2016
Jobke, Nils:	Produktaktivierung und Registrierung bei Software für den Massenmarkt, Hamburg 2010
Joos, Ulrich:	Die Erschöpfungslehre im Urheberrecht, München 1991

Jörger, Thomas Michael:	Das Plagiat in der Popularmusik, Baden-Baden 1992
Karow, Lutz:	Die Rechtsstellung des Subverlegers im Musikverlagswesen, München 1970
Katzenberger, Paul:	Das Folgerecht im deutschen und ausländischen Urheberrecht, München 1970
	Elektronische Printmedien und Urheberrecht, Stuttgart 1996
Keller, Erhard/*Plassmann*, Clemens/*v. Falck*, Andreas:	Festschrift für Winfried Tilmann zum 65. Geburtstag, Köln 2003 (zit. *Bearbeiter* FS Tilmann)
Kilian, Wolfgang/*Heussen*, Benno:	Computerrechtshandbuch – Informationstechnologie in der Rechts- und Wirtschaftspraxis, 32. Auflage, München 2013, Loseblatt, Stand: August 2013 (zit. Kilian/Heussen/*Bearbeiter*)
Klages, Christlieb:	Grundzüge des Filmrechts, München 2004
Klaka, Rainer:	Festschrift für Senatspräsident Wilhelm Wendel, München 1969 (zit. *Bearbeiter* FS Wendel)
Knies, Bernhard:	Die Rechte der Tonträgerhersteller in internationaler und rechtsvergleichender Sicht, München 1999
Koch, Frank A.:	Zivilprozesspraxis in EDV-Sachen, Köln 1988
	Computer-Vertragsrecht, 7. Auflage, Freiburg 2009
Koglin, Olaf:	Opensourcerecht, Frankfurt 2007
Köhler, Helmut/*Bornkamm*, Joachim/*Feddersen*, Jörn:	Gesetz gegen den unlauteren Wettbewerb – Kommentar, 35. Auflage, München 2017 (zit. Köhler/Bornkamm/*Bearbeiter*)
König, Dominik:	Das einfache, unentgeltliche Nutzungsrecht für Jedermann, Göttingen 2016
Kraßer, Rudolf/*Schricker*, Gerhard:	Patent- und Urheberrecht an Hochschulen, Baden-Baden 1988
v. Kreile, Reinhold/*Becker*, Jürgen/*Riesenhuber*, Karl:	Recht und Praxis der GEMA, 2. Auflage, Berlin 2009 (zit. v. Kreile/Becker/Riesenhuber/*Bearbeiter*)
Krumow, Stefan:	Der Schutz artistischer und sportlicher Leistungen in den Mitgliedstaaten der EU, Berlin 2005
Kummer, Max:	Das urheberrechtlich schützbare Werk, Bern 1968
Kurz, Hanns/*Kehrl*, Beate/*Nix*, Christoph:	Praxishandbuch Theater- und Kulturveranstaltungsrecht, 2. Auflage, München 2015 (zit. Kurz/Kehrl/Nix/*Bearbeiter*)
Lackner, Karl/*Kühl*, Kristian:	Strafgesetzbuch – Kommentar, 28. Auflage, München 2014 (zit. Lackner/Kühl/*Bearbeiter*)
Lambrecht, Arne:	Der urheberrechtliche Schutz von Bildschirmspielen, Baden-Baden 2006
Langen, Eugen/*Bunte*, Hermann-Josef:	Kommentar zum Kartellrecht, Band 1: Deutsches Kartellrecht, 12. Auflage, München 2014 (zit. Langen/Bunte/*Bearbeiter*, Band 1)
	Kommentar zum Kartellrecht, Band 2: Europäisches Kartellrecht, 12. Auflage, München 2014 (zit. Langen/Bunte/*Bearbeiter*, Band 2)
Larenz, Karl/*Canaris*, Claus-Wilhelm:	Lehrbuch des Schuldrechts – Band II/2: Besonderer Teil/2. Halbband, 13. Auflage, München 1994
Lehmann, Michael:	Internet- und Multimediarecht (Cyberlaw), Stuttgart 1999 (zit. Lehmann/*Bearbeiter*)
Leible, Stefan:	Der Schutz des geistigen Eigentums im Internet, Tübingen 2012 (zit. Leible/*Bearbeiter*)
Leible, Stefan/*Lehmann*, Matthias/*Zech*, Herbert:	Unkörperliche Güter im Zivilrecht, Tübingen 2011 (zit. Leible/Lehmann/Zech/*Bearbeiter*)
Leible, Stefan/*Ohly*, Ansgar/*Zech*, Herbert:	Wissen – Märkte – Geistiges Eigentum, Beiträge der Tagung an der Universität Bayreuth am 22. und 23. Mai 2009, Tübingen 2010 (zit. Leible/Ohly/Zech/*Bearbeiter*)
Leiß, Ludwig:	Verlagsgesetz – Kommentar mit Vertragsmustern, Berlin 1973
Leistner, Matthias:	Der Rechtsschutz von Datenbanken im deutschen und europäischen Recht: Eine Untersuchung zur Richtlinie

	96/9/EG und zu ihrer Umsetzung in das deutsche Urheberrechtsgesetz, München 2000
	Europäische Perspektiven des Geistigen Eigentums, Heidelberg 2010 (zit. Leistner/*Bearbeiter*)
Lessig, Lawrence:	Code und andere Gesetze des Cyberspace, Berlin 2001 Code 2.0, Berlin 2006
Li, Luo:	Verwertungsrechte und Verwertungsschutz im Internet nach neuem Urheberrecht, München 2004
Link, Romen:	Der Werktitel als Immaterialgüterrecht, Tübingen 2016
Locher, Ulrich:	Die Rechnung im Werkvertragsrecht, Düsseldorf 1990
Löffelmann, Peter/*Korbion*, Hermann:	Festschrift für Horst Locher zum 65. Geburtstag, Köln 1995 (zit. *Bearbeiter* FS Locher)
Löffler, Martin:	Presserecht – Kommentar zu den deutschen Landespressegesetzen mit systematischen Darstellungen zum pressebezogenen Standesrecht, Anzeigenrecht, Werbe- und Wettbewerbsrecht, Urheber- und Verlagsrecht, Arbeitsrecht, Titelschutz, Mediendatenschutz, Jugendmedienschutz und Steuerrecht, 6. Auflage, München 2015 (zit. Löffler/*Bearbeiter*)
Löhr, Joachim:	Die Aufsicht über Verwertungsgesellschaften (Rechtswissenschaftliche Forschung und Endwicklung), München 1992
Löwe, Ewald/*Rosenberg*, Werner:	Strafprozessordnung und das Gerichtsverfassungsgesetz: StPO, 26. Auflage, Berlin 2006 – 2014 (zit. Löwe/Rosenberg/*Bearbeiter*)
Loewenheim, Ulrich:	Festschrift für Fritz Traub zum 65. Geburtstag, Frankfurt a. M. 1994 (zit. *Bearbeiter* FS Traub) Urheberrechtliche Grenzen der Verwendung geschützter Dokumente in Datenbanken, AfP Praxisreihe, Stuttgart 1994 Urheberrecht im Informationszeitalter: Festschrift für Wilhelm Nordemann zum 70. Geburtstag, München 2004 (zit. *Bearbeiter* FS Nordemann II) Handbuch des Urheberrechts, 2. Auflage, München 2010 (zit. Loewenheim/*Bearbeiter*)
Loewenheim, Ulrich/*Koch*, Frank A:	Praxis des Online-Rechts, Weinheim 1998
Loewenheim, Ulrich/*Meesen*, Karl M./*Riesenkampff*, Alexander/*Kersting*, Christian/*Meyer-Lindemann*, Hans Jürgen:	Kartellrecht – Kommentar, 3. Auflage, München 2016 (zit. Loewenheim/Meesen/Riesenkampff/Kersting/Meyer-Lindemann/*Bearbeiter*)
Lorenz, Stephan/*Trunk*, Alexander/*Eidenmüller*, Horst/*Wendehorst*, Christiane/*Adolff*, Johannes:	Festschrift für Andreas Heldrich zum 70. Geburtstag, München 2005 (zit. *Bearbeiter* FS Heldrich)
Lutz, Holger:	Softwarelizenzen und die Natur der Sache, München 2009
Maaßen, Wolfgang:	Designers' Calculator: Kalkulationshilfen zur Berechnung von Designhonoraren, 2. Auflage, Düsseldorf 2006
Maaßen, Wolfgang/*May*, Margarete/*Zentek*, Sabine:	Designers' Contract: Vertragsmuster, Formulare und Musterbriefe für selbstständige Designer, 3. Auflage, Düsseldorf 2010
Maaßen, Wolfgang/*Westphal*, Regelindis/*May*, Margarete:	Designers' Manual: Basiswissen für selbstständige Designer, 3. Auflage, Düsseldorf 2003
Marly, Jochen:	Urheberrechtsschutz für Computersoftware in der Europäischen Union: Abschied vom überkommenen Urheberrechtsverständnis, München 1995 Softwareüberlassungsverträge: Erscheinungsformen, Leistungsstörungen, Vertragsgestaltung, Allgemeine

	Geschäftsbedingungen, Musterverträge, 4. Auflage, München 2004
	Praxishandbuch Softwarerecht, 6. Auflage, München 2014
Martinek, Oswin/*Cerny*, Josef/*Floretta*, Hans/*Holzer*, Wolfgang/*Krejci*, Heinz/*Kuderna*, Friedrich:	Arbeit, Recht und Gesellschaft – Festschrift Walter Schwarz zum 65. Geburtstag, Wien 1991 (zit. *Bearbeiter* FS Walter Schwarz)
Martinek, Michael/*Rawert*, Peter/*Weitemeyer*, Birgit:	Festschrift für Dieter Reuter zum 70. Geburtstag am 16. Oktober 2010, Berlin 2010 (zit. *Bearbeiter* FS Reuter)
Martinek, Michael/*Semler*, Franz-Jörg/*Flohr*, Eckard:	Handbuch des Vertriebsrechts, 4. Auflage, München 2016 (zit. Martinek/Semler/Flohr/*Bearbeiter*)
Marwitz, Bruno/*Möhring*, Philipp:	Das Urheberrecht an Werken der Literatur und der Tonkunst in Deutschland – Kommentar zum Reichgesetz vom 19. Juni 1901/22. Mai 1910, Berlin 1928
Maunz, Theodor/*Dürig*, Günter (Begr.); *Herzog*, Roman/*Scholz*, Rupert/*Herdegen*, Matthias/*Klein*, Hans H. (Hrsg.):	Grundgesetz – Kommentar (zit. Maunz/Dürig/*Bearbeiter*)
Mayer, Hans-Joachim/*Kroiß*, Ludwig:	Rechtsanwaltsvergütungsgesetz – RVG, 6. Auflage, Baden-Baden 2013
Melichar, Ferdinand:	Urheberrecht in Theorie und Praxis, Tübingen 1999
Menzel, Hans-Jürgen:	Die Aufsicht über die GEMA durch das deutsche Patentamt, Heidelberg 1986
Mercker, Florian:	Die Katalogbildfreiheit, Baden-Baden 2006
Mes, Peter:	Patentgesetz, Gebrauchsmustergesetz – Kommentar, 4. Auflage, München 2015
Mestmäcker, Ernst J./*Schulze*, Erich:	Kommentar zum deutschen Urheberrecht, Loseblattsammlung, Stand: 09/2011 (zit. Mestmäcker/Schulze/*Bearbeiter*)
Meyer-Goßner, Lutz/*Schmitt*, Bertam:	Strafprozessordnung – Kommentar, 59. Auflage, München 2016
Mielke, Lothar J.:	Fragen zum Fotorecht, Baden-Baden 1996
Möhring, Philip/*Nicolini*, Käthe:	Urheberrecht – Kommentar, 3. Auflage, München 2014 (zit. Möhring/Nicolini/*Bearbeiter*)
Möhring, Philipp/*Schulze*, Erich/*Ulmer*, Eugen/*Zweigert*, Konrad (Begr.); *Puttfarken*, Hans-Jürgen/*Katzenberger*, Paul/*Schricker*, Gerhard/*Schulze*, Erich/*Schulze*, Marcel (Hrsg.):	Quellen des Urheberrechts – Gesetzestexte aller Länder; mit deutschen Übersetzungen, systematischen Einführungen und tabellarischen Übersichten, 55. Ergänzungslieferung, Neuwied 2005 (zit. Möhring/Schulze/Ulmer/Zweigert/*Bearbeiter*)
v. Moltke, Bertram:	Das Urheberrecht an den Werken der Wissenschaft, Baden-Baden 1992
Moser, Rolf/*Scheuermann*, Andreas:	Handbuch der Musikwirtschaft, München 2003 (zit. Moser/Scheuermann/*Bearbeiter*)
Müller-Henneberg, Hans/*Schwarz*, Gustav/*Benisch*, Werner/*Hootz*, Christian:	Gesetz gegen Wettbewerbsbeschränkungen und Europäisches Kartellrecht – Gemeinschaftskommentar, 5. Auflage, 2001 (zit. Gemeinschaftskommentar GWB/*Bearbeiter*)
Müller-Stoy, Tilmann:	Nachweis und Besichtigung des Verletzungsgegenstandes im deutschen Patentrecht, Köln 2011
Musielak, Hans-Joachim/*Voit*, Wolfgang:	Zivilprozessordnung mit Gerichtsverfassungsgesetz – Kommentar, 14. Auflage, München 2017 (zit. Musielak/Voit/*Bearbeiter*)
Neuenfeld, Klaus/*Baden*, Eberhard/*Dohna*, Inge/*Groscurth*, Eberhard:	Handbuch des Architektenrechts, 4. Auflage, Stuttgart 1994 (zit. Neuenfeld/Baden/Dohne/Groscurth/*Bearbeiter*)
Neumann, Till:	Urheberrecht und Schulgebrauch – Eine vergleichende Untersuchung der Rechtsgrundlagen und der Wahrnehmungspraxis, Baden-Baden 1994

Nimmer, Melville B./*Geller*, Paul Edward:	International Copyright Law and Practice, New York 1988 (zit. Nimmer/Geller/*Bearbeiter*)
Nix, Christop/*Hegemann*, Jan/*Hemke*, Rolf:	Normalvertrag Bühne – Handkommentar, Baden-2. Auflage, Baden 2012
Nolte, Georg:	Informationsmehrwertdienste und Urheberrecht, Baden-Baden 2009
Nordemann, Axel:	Die künstlerische Fotografie als urheberrechtlich geschütztes Werk, Baden-Baden 1992 (zit. *Axel Nordemann*)
Nordemann, Axel/*Nordemann*, Jan Bern/*Nordemann-Schiffel*, Anke:	Wettbewerbsrecht – Markenrecht, 11. Auflage, Baden-Baden 2012 (zit. *Nordemann*)
Nordemann, Wilhelm:	Das neue Urhebervertragsrecht: Ein Grundriss, München 2002 (zit. *Wilhelm Nordemann*)
Nordemann, Wilhelm/*Vinck*, Kai/*Hertin*, Paul W.:	International copyright and neighbouring rights law: Commentary with special emphasis on the European Community, Weinheim/Basel/New York 1990
Obergfell, Eva Inés:	Filmverträge im deutschen materiellen und internationalen Privatrecht, Köln 2001
	Zehn Jahre reformiertes Urhebervertragsrecht, 2013 (zit. Obergfell/*Bearbeiter*)
Oehler, Claas:	Komplexe Werke im System des Urheberrechts am Beispiel von Computerspielen, Baden-Baden 2016
Ogris, Werner/*Rechberger*, Walter H.:	Gedächtnisschrift Herbert Hofmeister, Wien 1996 (zit. *Bearbeiter* FS Hofmeister)
Ohly, Ansgar:	Urheberrecht in der digitalen Welt: Brauchen wir neue Regelungen zum Urheberrecht und dessen Durchsetzung?, Gutachten F zum 70. Deutschen Juristentag, 2014 (zit. *Ohly*, Gutachten zum 70. Deutschen Juristentag)
Ohly, Ansgar/*Bodewig*, Theo/*Dreier*, Thomas/*Götting*, Horst-Peter/*Haedicke*, Maximilian/*Lehmann*, Michael:	Perspektiven des Geistigen Eigentums und des Wettbewerbsrechts – Festschrift für Gerhard Schricker zum 70. Geburtstag, München 2005 (zit. *Bearbeiter* FS Schricker II)
Ohly, Ansgar/*Sosnitza*, Olaf:	Gesetz gegen den unlauteren Wettbewerb – Kommentar, 7. Auflage, München 2016 (zit. Ohly/Sosnitza/*Bearbeiter*)
v. Olenhusen, Albrecht Götz:	Film und Fernsehen – Arbeitsrecht – Tarifrecht – Vertragsrecht – Deutschland, Österreich, Schweiz – Kommentar und Handbuch mit Vertragsmustern, Baden-Baden 2001
Oppermann, Klaus:	Der Auskunftsanspruch im gewerblichen Rechtsschutz und Urheberrecht – Dargestellt unter besonderer Berücksichtigung der Produktpiraterie, Berlin 1997
Ory, Stephan/*Cole*, Mark:	Reform des Urhebervertragsrechts, Baden-Baden 2016 (zit. Ory/Cole/*Bearbeiter*)
Osterrieth, Albert/*Marwitz*, Bruno:	Das Urheberrecht an Werken der bildenden Künste und der Photographie, 2. Auflage, Berlin 1929
Palandt, Otto:	Bürgerliches Gesetzbuch, 76. Auflage, München 2017 (zit. Palandt/*Bearbeiter*)
Peukert, Alexander:	Die Gemeinfreiheit – Begriff, Funktion, Dogmatik, Tübingen 2012
Peukert, Angelika:	Die Umsetzung der Folgerechtsrichtlinie in den Mitgliedstaaten der Europäischen Union, Wien 2010
Pfaff, Dieter/*Osterrieth*, Christian:	Lizenzverträge – Formularkommentar, 3. Auflage, München 2010 (zit. Pfaff/Osterrieth/*Bearbeiter*)
Pfeiffer, Gerd/*Kummer*, Joachim/*Scheuch*, Silke:	Festschrift für Hans Erich Brandner, Berlin 1996 (zit. *Bearbeiter* FS Brandner)
v. Pfeil, York Graf:	Urheberrecht und Unternehmenskauf, Berlin 2007
Pfennig, Gerhard:	Museen und Urheberrecht im digitalen Zeitalter, Berlin 2009

Phillips, Jeremy/*Whale*, Royce/*Durie*, Robyn/*Karet*, Ian: — Whale on Copyright – Intellectual Property Guides, 4th ed., London 1993

Plassmann, Clemens: — Bearbeitungen und andere Umgestaltungen in § 23 Urheberrechtsgesetz, Berlin 1996

Platena, Thomas: — Das Lichtbild im Urheberrecht – gesetzliche Regelung und technische Weiterentwicklung, Frankfurt a. M. 1998

Poole, Nick: — The Cost of Digitising Europe's Cultural Heritage – A Report for the Comité des Sages of the European Commission, London 2010

Rath-Glawatz, Michael/*Engels*, Stefan/*Giebel*, Torsten/*Dietrich*, Christian: — Das Recht der Anzeige, 3. Auflage, Köln 2006

Rauda, Christian: — Recht der Computerspiele, München 2013

Raue, Benjamin: — Die dreifache Schadensberechnung, Baden-Baden 2017

Reber, Nikolaus: — Die Beteiligung von Urhebern und ausübenden Künstlern an der Verwertung von Filmwerken in Deutschland und den USA, München 1998

Redeker, Helmut: — Handbuch der IT-Verträge – Grundwerk zur Fortsetzung, Köln, Stand: Juni 2016 (zit. Redeker/*Bearbeiter*)

Rehbinder, Manfred: — Beiträge zum Film- und Medienrecht – Festschrift für Wolf Schwarz zum 70. Geburtstag, Baden-Baden 1988 (zit. *Bearbeiter* FS Wolf Schwarz)

Rehbinder, Manfred/*Peukert*, Alexander: — Urheberrecht: Ein Studienbuch, 17. Auflage, München 2015 (zit. bis zur 16. Auflage: *Rehbinder*, ab der 17. Auflage: *Rehbinder/Peukert*)

Rehbinder, Manfred/*Schaefer*, Martin/*Zombik*, Peter: — Aktuelle Rechtsprobleme des Urheber- und Leistungsschutzes sowie der Rechtewahrnehmung – Festschrift für Norbert Thurow, Baden-Baden 1999 (zit. *Bearbeiter* FS Thurow)

Reinbothe, Jörg/*v. Lewinski*, Silke: — The WIPO Treaties on Copyright, Oxford 2015

Reschke, Johannes: — Die Verfassungs- und dreistufentestkonforme Auslegung der Schranken des Urheberrechts – zugleich eine Überprüfung von § 52b UrhG, Göttingen 2010

Ress, Georg: — Entwicklung des europäischen Urheberrechts – wissenschaftlichen Kolloquium anlässlich des 70. Geburtstages von Gerhard Reischl, Baden-Baden 1989 (zit. *Bearbeiter* FS Reischl)

Reupert, Christine: — Der Film im Urheberrecht, Baden-Baden 1995

Richardi, Reinhard/*Wlotzke*, Otfried/*Wißmann*, Hellmut/*Oetker*, Hartmut: — Münchener Handbuch zum Arbeitsrecht, 3. Auflage, München 2009 (zit. MüHandbArbR/*Bearbeiter*)

Ricketson, Sam: — The Paris Convention for the Protection of Industrial Property, Oxford 2015

Riedel, Hermann: — Urheberrechtsgesetz und Verlagsgesetz mit Nebengesetzen, Loseblattsammlung, Wiesbaden ab 1967

Rieder, Markus S./*Schütze*, Wolf A./*Weipert*, Lutz: — Münchener Vertragshandbuch, Band 3: Wirtschaftsrecht II, 7. Auflage, München 2015 (zit. Münchener Vertragshandbuch/*Bearbeiter*)

Rieger, Felicitas: — Ein Leistungsschutzrecht für Presseverleger, Baden-Baden 2013

Rifkin, Jeremy: — The age of access: The new culture of hyper-capitalism where all of life is a paid-for experience, New York 2001

Rintelen, Max: — Urheberrecht und Urhebervertragsrecht – nach österreichischem, deutschem und schweizerischen Recht, Wien 1958

Rochlitz, Burkhard: — Der strafrechtliche Schutz des ausübenden Künstlers, des Tonträger- und Filmherstellers und des Sendeunternehmens: Dargestellt auf dem Hintergrund der soge-

	nannten Tonträger- und Videopiraterie, Frankfurt a. M. 1987
Roeber, Georg:	Der Urheber und seine Rechte, Ehrengabe für Eugen Ulmer, Schriftenreiche des Archivs für Urheber- und Medienrecht, Heft 29, Baden-Baden 1969 (zit. *Bearbeiter* Ehrengabe Ulmer)
Rohlfing, Stephanie:	Die Umsetzung der Enforcement-Richtlinie ins deutsche Recht, Hamburg 2009
Rönnau, Thomas:	Vermögensabschöpfung in der Praxis, 2. Auflage, 2015
Rosenkranz, Timo:	Open Contents – Eine Untersuchung der Rechtsfragen beim Einsatz „freier" Urheberrechtslizenzmodelle, Tübingen 2011
Ruhl, Oliver:	Gemeinschaftsgeschmacksmuster, 2. Auflage, Köln 2010
Russ, Christian:	VerlG – Gesetz über das Verlagsrecht (Kommentar), Köln 2014
Ruzicka, Peter:	Die Problematik eines „ewigen Urheberpersönlichkeitsrechts" unter besonderer Berücksichtigung des Schutzes musikalischer Werke, Berlin 1979
Sachs, Michael:	Grundgesetz – Kommentar, 7. Auflage, München 2014 (zit. Sachs/*Bearbeiter*)
Säcker, Franz/Rixecker, Roland/Oetker, Hartmut/Limperg, Bettina:	Münchener Kommentar zum Bürgerlichen Gesetzbuch – ein Gesamtwerk in 11 Bänden, 6. Auflage, München 2011 (zit. MüKo BGB/*Bearbeiter*)
Schack, Haimo:	Urheber- und Urhebervertragsrecht, 6. Auflage, Tübingen 2013
	Kunst und Recht, 3. Auflage, Tübingen 2017
Schaefer, Martin:	Die urheberrechtliche Schutzfähigkeit von Werken der Gartengestaltung: Zugleich ein Beitrag zu Fragen des Urheberrechtsschutzes von Raumgestaltungen, Baden-Baden 1992
Schaub, Günter:	Arbeitsrechts-Handbuch: Systematische Darstellung und Nachschlagewerk für die Praxis, 16. Auflage, München 2015 (zit. Schaub/*Bearbeiter*)
Schertz, Christian:	Merchandising – Rechtsgrundlagen und Praxis, München 1997
Schertz, Christian/Omsels, Hermann-Josef:	Festschrift für Paul W. Hertin zum 60. Geburtstag, München 2000 (zit. *Bearbeiter* FS Hertin)
Scheurle, Klaus-Dieter/Mayen, Thomas:	Telekommunikationsgesetz, 2. Auflage, München 2008 (zit. Scheurle/Mayen/*Bearbeiter*)
Scheuermann, Andreas/Strittmatter, Angelika:	Urheberrechtliche Probleme der Gegenwart: Festschrift für Ernst Reichardt zum 70. Geburtstag, Baden-Baden 1990 (zit. *Bearbeiter* FS Reichardt)
Schierholz, Anke:	Der Schutz der menschlichen Stimme gegen Übernahme und Nachahmung, Baden-Baden 1998
Schierholz, Anke/Melichar, Ferdinand:	Kunst, Recht und Geld – Festschrift für Gerhard Pfennig zum 65. Geburtstag, München 2012 (zit. *Bearbeiter* FS Pfennig)
Schiffers, Nadine:	Ombudsmann und Kommission zur Aufklärung wissenschaftlichen Fehlverhaltens an staatlichen Hochschulen, Baden-Baden 2012
Schlink, Bernhard/Poscher, Ralf:	Verfassungsfragen der Reform des Urhebervertragsrechts, Bonn/Berlin 2002
Schneider, Angelika:	Vom Störer zum Täter?, Baden-Baden 2012
Schneider, Jochen:	Handbuch des EDV-Rechts, 5. Auflage, Köln 2017
Schmaus, Stefan:	Der E-Book-Verlagsvertrag, Baden-Baden 2002
Schmid, Matthias/Wirth, Thomas/Seifert, Fedor:	Urheberrechtsgesetz – mit Urheberrechtswahrnehmungsgesetz, Handkommentar, 2. Auflage, Baden-Baden 2008 (zit. Schmid/Wirth/Seifert/*Bearbeiter*)
Schmitt-Kammler, Arnulf:	Die Schaffensfreiheit des Künstlers in Verträgen über künftige Geisteswerke, Köln 1978
Schoch, Friedrich:	Informationsfreiheitsgesetz – Kommentar, 2. Auflage, München 2016

Abkürzungs- und Literaturverzeichnis

Schönke, Adolf/*Schröder*, Horst:	Strafgesetzbuch – Kommentar, 29. Auflage, München 2014 (zit. Schönke/Schröder/*Bearbeiter*)
Schricker, Gerhard:	Urheberrecht auf dem Weg zur Informationsgesellschaft, Baden-Baden 1997 (zit. *Schricker*, UrhR Info-Ges)
	Verlagsrecht – Kommentar, 3. Auflage, München 2001
	Die Neuordnung des Markenrechts in Europa, Baden-Baden 1997
Schricker, Gerhard/*Loewenheim*, Ulrich:	Urheberrecht – Kommentar, 5. Auflage, München 2017 (zit. bis zur 3. Auflage: Schricker/*Bearbeiter*; ab der 4. Auflage: Schricker/Loewenheim/*Bearbeiter*)
Schröter, Helmuth/*Jakob*, Thinam/*Klotz*, Robert/*Mederer*, Wolfgang:	Europäisches Wettbewerbsrecht, 2. Auflage, Baden-Baden 2014 (zit. Schröter/Jakob/Klotz/Mederer/*Bearbeiter*)
Schuchardt, Anneke:	Verträge über unbekannte Nutzungsarten nach dem ,Zweiten Korb', Baden-Baden 2009
Schulte, Rainer:	Patentgesetz mit Europäischem Übereinkommen, 9. Auflage, Köln 2014 (zit. Schulte/*Bearbeiter*)
Schulte-Nölke, Hans/*Henning-Bodewig*, Frauke/*Podszun*, Rupprecht:	Evaluierung der verbraucherschützenden Regelungen im Gesetz gegen unseriöse Geschäftspraktiken, 2017
Schulz, Carsten:	Dezentrale Softwareentwicklungs- und Softwarevermarktungskonzepte, Köln 2005
Schulze, Erich:	Urheberrecht in der Musik, Berlin 1981
	Rechtsprechung zum Urheberrecht – Loseblatt-Entscheidungssammlung mit Anmerkungen, München, Stand: April 2006 (zit. Gericht *Erich Schulze*)
Schulze, Gernot:	Meine Rechte als Urheber – Urheber- und Verlagsrecht, München 1991 (zit. *Gernot Schulze*)
Schulze, Marcel:	Materialien zum Urheberrechtsgesetz, 2. Auflage 2000 (zit. *Marcel Schulze*, Mat. UrhG)
Schuschke, Winfried/*Walker*, Dietrich:	Vollstreckung und vorläufiger Rechtsschutz, 6. Auflage, Köln 2016 (zit. Schuschke/Walker/*Bearbeiter*)
Schwartmann, Rolf:	Praxishandbuch Medien-, IT- und Urheberrecht, 4. Auflage, Heidelberg 2017 (zit. Schwartmann/*Bearbeiter*)
Schwarze, Jürgen:	Unverfälschter Wettbewerb für Arzneimittel im europäischen Binnenmarkt, Baden-Baden 1998 (zit. Schwarze/*Bearbeiter*)
Schweyer, Stefan:	Die Zweckübertragungstheorie im Urheberrecht, München 1994
Sedlmeier, Tobias/*Kolk*, Daniel:	Application Service Providing – eine vertragstypologische Einordnung, 2002
Seifert, Fedor:	Von Homer bis Richard Strauß – Urheberecht in Geschichten und Gestalten, Wilhelmshaven 1989
Sieber, Ulrich/*Nolde*, Malaika:	Sperrverfügungen im Internet, Berlin 2009
Sieg, Rainer:	Das unzulässige Anbringen der richtigen Urheberbezeichnung, Berlin 1985
Simitis, Spiros:	Bundesdatenschutzgesetz – Kommentar, 8. Auflage, Baden-Baden 2015 (zit. Simitis/*Bearbeiter*)
Skauradszun, Dominik:	Das Urheberrecht in der Zwangsvollstreckung, Baden-Baden 2009
Söder, Stefan:	Schutzhüllenvertrag und Shrink-Wrap-License, München 2006
Soergel, Hans Theodor:	Bürgerliches Gesetzbuch mit Einführungsgesetz und Nebengesetzen, Band 1: Allgemeiner Teil (§§ 1–103 BGB), 13. Auflage, Stuttgart 2000 (zit. Soergel/*Bearbeiter*)
Sontag, Peter:	Das Miturheberrecht, Köln 1972
Spindler, Gerald:	Rechtsfragen bei Open Source, Köln 2004 (zit. Spindler/*Bearbeiter*)

Spindler, Gerald/*Schuster*, Fabian: Recht der elektronischen Medien – Kommentar, 3. Auflage, München 2015 (zit. Spindler/Schuster/*Bearbeiter*)

Staats, Robert: Aufführungsrecht und kollektive Wahrnehmung bei Werken der Musik, Baden-Baden 2004

v. Staudinger, J.: von Staudingers Kommentar zum Bürgerlichen Gesetzbuch – Buch 1 (Allgemeiner Teil 3: §§ 80 – 124, 130 – 133), Berlin 2017 (zit. Staudinger/*Bearbeiter*)

Sterling, Adrian: World Copyright Law, London 2003

Sternberg-Lieben, Detlev: Musikdiebstahl, Köln 1985

Stögmüller, Thomas: Deutsche Einigung und Urheberrecht, Baden-Baden 1994

Straßer, Robert: Die Abgrenzung der Laufbilder vom Filmwerk unter besonderer Berücksichtigung des urheberrechtlichen Werkbegriffs, Baden-Baden 1995

Ströbele, Paul/*Hacker*, Franz: Markengesetz – Kommentar, 11. Auflage, Köln 2015 (zit. Ströbele/Hacker/*Bearbeiter*)

Teplitzky, Otto: Wettbewerbsrechtliche Ansprüche und Verfahren: Unterlassung – Beseitigung – Auskunft – Schadensersatz. Anspruchsdurchsetzung und Anspruchsabwehr, 11. Auflage, Köln 2016

Thomas, Heinz/*Putzo*, Hans (Begr.); *Reichold*, Klaus/ *Hüßtege*, Rainer/*Seiler*, Christian (Hrsg.): Zivilprozessordnung – Kommentar, 38. Auflage, München 2017 (zit. Thomas/Putzo/*Bearbeiter*)

Thoms, Frank: Der urheberrechtliche Schutz der kleinen Münze – historische Entwicklung, Rechtsvergleichung, rechtspolitische Wertung, München 1980

Trayer, Martin: Technische Schutzmaßnahmen und elektronische Rechtewahrnehmungssysteme, Baden-Baden 2003

Ullmann, Eike: juris Praxiskommentar UWG, 2. Auflage, Saarbrücken 2009 (zit. jurisPK-UWG/*Bearbeiter*)

Ullrich, Hanns/*Lejeune*, Mathias: Der internationale Softwarevertrag nach deutschem und ausländischem Recht, 2. Auflage, Frankfurt a. M. 2006 (zit. Ullrich/Lejeune/*Bearbeiter*)

Ulmer, Eugen: Die Immaterialgüterrechte im internationalen Privatrecht – rechtsvergleichende Untersuchung mit Vorschlägen für die Vereinheitlichung in der Europäischen Wirtschaftsgemeinschaft, Köln 1975
Gutachten zum Urhebervertragsrecht, insbesondere zum Recht der Sendeverträge, 1977
Urheber- und Verlagsrecht, 3. Auflage, Berlin/Heidelberg 1980

Ulmer-Eilfort, Constanze/*Obergfell*, Eva-Inés: Verlagsrecht – Kommentar, München 2013 (zit. Ulmer-Eilfort/Obergfell/*Bearbeiter*)

Vock, Lorenz: Neue Formen der Musikproduktion, 1995

Voets, Stephan/*Hamel*, Reinhard: Das aktuelle ECON PC-Lexikon, Ausgabe 1998, Düsseldorf/München 1997

Voigtländer, Robert/*Elster*, Alexander/*Kleine*, Heinz: Die Gesetze, betreffend das Urheberrecht an Werken der Literatur und der Tonkunst sowie an Werken der bildenden Kunst und der Photographie, 4. Auflage, Berlin 1952

Vogel, Martin: Deutsche Urheber- und Verlagsrechtsgeschichte zwischen 1450 und 1850 – spzial- und methodengeschichtliche Entwicklungsstufen der Rechte von Schriftsteller und Verleger, Tübingen, 1978

Vuopala, Anna: Assessment of the Orphan Works Issue and Costs for Rights Clearance, 2010

Wadle, Elmar: Historische Studien zum Urheberrecht in Europa, Berlin 1993
Urheberrecht zwischen Gestern und Morgen – Anmerkungen eines Rechtshistorikers, Saarbrücken 1938

Abkürzungs- und Literaturverzeichnis

Waiblinger, Julian:	„Plagiat" in der Wissenschaft – Zum Schutz wissenschaftlicher Schriftenwerke im Urheber- und Wissenschaftsrecht, Baden-Baden 2011
Waitz, Clemens:	Die Ausstellung als urheberrechtlich geschütztes Werk, Baden-Baden 2009
Walchner, Wolfgang:	Der Beseitigungsanspruch im gewerblichen Rechtsschutz und Urheberrecht – Widerruf, Vernichtung, Urteilsveröffentlichung, Köln 1998
Wallenfels, Dieter/*Russ*, Christian:	Buchpreisbindungsgesetz, 6. Auflage, München 2012
Wallner, Christoph:	Der Schutz von Urheberwerken gegen Entstellungen unter besonderer Berücksichtigung der Verfilmung, Frankfurt aM. 1995
Wallner, Jürgen:	Die Insolvenz des Urhebers – unter besonderer Berücksichtigung der Verträge zur Überlassung von Software, Berlin 2002
Walter, Michael M.:	Europäisches Urheberrecht – Kommentar, insbesondere Software-, Vermiet- und Verleih-, Satelliten- und Kabel-, Schutzdauer-, Datenbank-, Folgerecht-, Informationsgesellschaft-Richtlinie, Produktpiraterie-Verordnung, Wien 2001 (zit.: Walter/*Bearbeiter*)
Walter, Michel:	Österreichisches Urheberrecht Handbuch, Wien 2008
Wanckel, Endress:	Foto- und Bildrecht, 5. Auflage, München 2017
Wand, Peter:	Technische Schutzmaßnahmen und Urheberrecht: Vergleich des internationalen, europäischen, deutschen und US-amerikanischen Rechts, München 2001
Wandtke, Arthur-Axel:	Urheberrecht in Mittel- und Osteuropa, Berlin 1997
Wandtke, Artur-Axel/*Bullinger*, Winfried:	Praxiskommentar zum Urheberrecht, 4. Auflage, München 2014 (zit. Wandtke/Bullinger/*Bearbeiter*)
Watal, Jayashree:	Intellectual Property Rights in the WTO and Developing Countries, Köln 2002
Weber, Ulrich:	Der strafrechtliche Schutz des Urheberrechts, Tübingen 1976
Weiss, Christian:	Der Künstlerexklusivvertrag, Jena 2009
Werberger, Brigitte:	Die kartellrechtliche Beurteilung von Verlagsverträgen, München 1985
Werner, Ulrich/*Pastor*, Walter:	Der Bauprozess, Köln 2015
Weßling, Berndard:	Der zivilrechtliche Schutz gegen digitales Sound-Sampling, Baden-Baden 1995
Westermann, Harm Peter/*Grunewald*,Barbara/*Maier-Reimer*, Georg:	Ermann-Kommentar BGB, 14. Auflage, Köln 2014 (zit. Erman/*Bearbeiter*)
Westkamp, Guido:	Der Schutz von Datenbanken und Informationssammlungen im britischen und deutschen Recht, München 2002
Wiebe, Andreas/*Leupold*, Andreas:	Recht der elektronischen Datenbanken – Rechtsschutz, Vertragsgestaltung, Haftung, Heidelberg 2004
Wild, Gisela/*Schulte-Franzheim*, Ine M./*Lorenz-Wolf*, Monika:	Festschrift für Alfred-Carl Gaedertz zum 70. Geburtstag, München 1996 (zit. *Bearbeiter* FS Gaedertz)
Wilkof, Neil/*Basheer*, Shamnad:	Overlapping Intellectual Property Rights, Oxford 2012 (zit. Wilkof/Basheer/*Bearbeiter*)
Will-Flatau, Susanne:	Rechtsbeziehungen zwischen Tonträgerproduzent und Interpret aufgrund eines Standardexklusivvertrages, Berlin/Stuttgart 1990
Wirtz, Martin:	Die Kontrolle von Verwertungsgesellschaften, Frankfurt 2002
Wissmann, Philipp:	Der Irrtum im Urheberstrafrecht, Berlin 2017
Wöhrn, Kristen-Inger/*Grunert*, Eike W./*Ohst*, Claudia:	Festschrift für Artur-Axel Wandtke zum 70. Geburtstag, Berlin 2013 (zit. *Bearbeiter* FS Wandtke)
Wolf, Manfred/*Lindacher*, Walter F./*Pfeiffer*, Thomas:	AGB-Recht – Kommentar, 6. Auflage, München 2013 (zit. Wolf/Lindacher/Pfeiffer/*Bearbeiter*)

Zech, Herbert: Information als Schutzgegenstand, Tübingen 2012

Zehnsdorf, Jana: Filmnutzungsrechte in der Insolvenz, Baden-Baden 2005

Zentek, Sabine: Designschutz – Fallsammlung zum Schutz kreativer Leistungen in Europa, 2. Auflage, Dortmund 2008

Zentek, Sabine/*Meinke*, Thomas: Das neue Urheberrecht, Freiburg 2003

Zöller, Richard: Zivilprozessordnung – Kommentar, 31. Auflage, Köln 2016 (zit. Zöller/*Bearbeiter*)

Zollner, Bernward/*Fitzner*, Uwe: Festschrift für Wilhelm Nordemann, Baden-Baden 1999 (zit. *Bearbeiter* FS Nordemann I)

Zurth, Patrick: Rechtsgeschäftliche und gesetzliche Nutzungsrechte im Urheberrecht, Tübingen 2016

Gesetz über Urheberrecht und verwandte Schutzrechte (Urheberrechtsgesetz)

vom 9. September 1965 (BGBl. I S. 1273) in der Fassung vom 1. März 2018

Übersicht

Teil 1 Urheberrecht

Abschnitt 1 Allgemeines

§ 1   Allgemeines

Die Urheber von Werken der Literatur, Wissenschaft und Kunst genießen für ihre
Werke Schutz nach Maßgabe dieses Gesetzes.

Abschnitt 2 Das Werk

§ 2   Geschützte Werke

(1) Zu den geschützten Werken der Literatur, Wissenschaft und Kunst gehören insbesondere:
1. Sprachwerke, wie Schriftwerke, Reden und Computerprogramme;
2. Werke der Musik;

3. pantomimische Werke einschließlich der Werke der Tanzkunst;
4. Werke der bildenden Künste einschließlich der Werke der Baukunst und der angewandten Kunst und Entwürfe solcher Werke;
5. Lichtbildwerke einschließlich der Werke, die ähnlich wie Lichtbildwerke geschaffen werden;
6. Filmwerke einschließlich der Werke, die ähnlich wie Filmwerke geschaffen werden;
7. Darstellungen wissenschaftlicher oder technischer Art, wie Zeichnungen, Pläne, Karten, Skizzen, Tabellen und plastische Darstellungen.

(2) Werke im Sinne dieses Gesetzes sind nur persönliche geistige Schöpfungen.

§ 3 Bearbeitungen

[1]Übersetzungen und andere Bearbeitungen eines Werkes, die persönliche geistige Schöpfungen des Bearbeiters sind, werden unbeschadet des Urheberrechts am bearbeiteten Werk wie selbstständige Werke geschützt. [2]Die nur unwesentliche Bearbeitung eines nicht geschützten Werkes der Musik wird nicht als selbstständiges Werk geschützt.

§ 4 Sammelwerke und Datenbankwerke

(1) Sammlungen von Werken, Daten oder anderen unabhängigen Elementen, die aufgrund der Auswahl oder Anordnung der Elemente eine persönliche geistige Schöpfung sind (Sammelwerke), werden, unbeschadet eines an den einzelnen Elementen gegebenenfalls bestehenden Urheberrechts oder verwandten Schutzrechts, wie selbständige Werke geschützt.

(2) [1]Datenbankwerk im Sinne dieses Gesetzes ist ein Sammelwerk, dessen Elemente systematisch oder methodisch angeordnet und einzeln mit Hilfe elektronischer Mittel oder auf andere Weise zugänglich sind. [2]Ein zur Schaffung des Datenbankwerkes oder zur Ermöglichung des Zugangs zu dessen Elementen verwendetes Computerprogramm (§ 69a) ist nicht Bestandteil des Datenbankwerkes.

§ 5 Amtliche Werke

(1) Gesetze, Verordnungen, amtliche Erlasse und Bekanntmachungen sowie Entscheidungen und amtlich verfasste Leitsätze zu Entscheidungen genießen keinen urheberrechtlichen Schutz.

(2) Das Gleiche gilt für andere amtliche Werke, die im amtlichen Interesse zur allgemeinen Kenntnisnahme veröffentlicht worden sind, mit der Einschränkung, dass die Bestimmungen über Änderungsverbot und Quellenangabe in § 62 Abs. 1 bis 3 und § 63 Abs. 1 und 2 entsprechend anzuwenden sind.

(3) [1]Das Urheberrecht an privaten Normwerken wird durch die Absätze 1 und 2 nicht berührt, wenn Gesetze, Verordnungen, Erlasse oder amtliche Bekanntmachungen auf sie verweisen, ohne ihren Wortlaut wiederzugeben. [2]In diesem Fall ist der Urheber verpflichtet, jedem Verleger zu angemessenen Bedingungen ein Recht zur Vervielfältigung und Verbreitung einzuräumen. [3]Ist ein Dritter Inhaber des ausschließlichen Rechts zur Vervielfältigung und Verbreitung, so ist dieser zur Einräumung des Nutzungsrechts nach Satz 2 verpflichtet.

§ 6 Veröffentlichte und erschienene Werke

(1) Ein Werk ist veröffentlicht, wenn es mit Zustimmung des Berechtigten der Öffentlichkeit zugänglich gemacht worden ist.

(2) [1]Ein Werk ist erschienen, wenn mit Zustimmung des Berechtigten Vervielfältigungsstücke des Werkes nach ihrer Herstellung in genügender Anzahl der Öffentlichkeit angeboten oder in Verkehr gebracht worden sind. [2]Ein Werk der bildenden Künste gilt auch dann als erschienen, wenn das Original oder ein Vervielfältigungsstück des Werkes mit Zustimmung des Berechtigten bleibend der Öffentlichkeit zugänglich ist.

Abschnitt 3 **Der Urheber**

§ 7 Urheber

Urheber ist der Schöpfer des Werkes.

§ 8 Miturheber

(1) Haben mehrere ein Werk gemeinsam geschaffen, ohne dass sich ihre Anteile gesondert verwerten lassen, so sind sie Miturheber des Werkes.

(2) [1]Das Recht zur Veröffentlichung und zur Verwertung des Werkes steht den Miturhebern zur gesamten Hand zu; Änderungen des Werkes sind nur mit Einwilligung der Miturheber zulässig. [2]Ein Miturheber darf jedoch seine Einwilligung zur Veröffentlichung, Verwertung oder Änderung nicht wider Treu und Glauben verweigern. [3]Jeder Miturheber ist berechtigt, Ansprüche aus Verletzungen des gemeinsamen Urheberrechts geltend zu machen; er kann jedoch nur Leistung an alle Miturheber verlangen.

(3) Die Erträgnisse aus der Nutzung des Werkes gebühren den Miturhebern nach dem Umfang ihrer Mitwirkung an der Schöpfung des Werkes, wenn nichts anderes zwischen den Miturhebern vereinbart ist.

(4) [1]Ein Miturheber kann auf seinen Anteil an den Verwertungsrechten (§ 15) verzichten. [2]Der Verzicht ist den anderen Miturhebern gegenüber zu erklären. [3]Mit der Erklärung wächst der Anteil den anderen Miturhebern zu.

§ 9 Urheber verbundener Werke

Haben mehrere Urheber ihre Werke zu gemeinsamer Verwertung miteinander verbunden, so kann jeder vom anderen die Einwilligung zur Veröffentlichung, Verwertung und Änderung der verbundenen Werke verlangen, wenn die Einwilligung dem andern nach Treu und Glauben zuzumuten ist.

§ 10 Vermutung der Urheber- oder Rechtsinhaberschaft

(1) Wer auf den Vervielfältigungsstücken eines erschienenen Werkes oder auf dem Original eines Werkes der bildenden Künste in der üblichen Weise als Urheber bezeichnet ist, wird bis zum Beweis des Gegenteils als Urheber des Werkes angesehen; dies gilt auch für eine Bezeichnung, die als Deckname oder Künstlerzeichen des Urhebers bekannt ist.

(2) [1]Ist der Urheber nicht nach Absatz 1 bezeichnet, so wird vermutet, dass derjenige ermächtigt ist, die Rechte des Urhebers geltend zu machen, der auf den Vervielfältigungsstücken des Werkes als Herausgeber bezeichnet ist. [2]Ist kein Herausgeber angegeben, so wird vermutet, dass der Verleger ermächtigt ist.

(3) [1]Für die Inhaber ausschließlicher Nutzungsrechte gilt die Vermutung des Absatz 1 entsprechend, soweit es sich um Verfahren des einstweiligen Rechtsschutzes handelt oder Unterlassungsansprüche geltend gemacht werden. [2]Die Vermutung gilt nicht im Verhältnis zum Urheber oder zum ursprünglichen Inhaber des verwandten Schutzrechts.

Abschnitt 4 **Inhalt des Urheberrechts**

Unterabschnitt 1 **Allgemeines**

§ 11 Allgemeines

[1]Das Urheberrecht schützt den Urheber in seinen geistigen und persönlichen Beziehungen zum Werk und in der Nutzung des Werkes. [2]Es dient zugleich der Sicherung einer angemessenen Vergütung für die Nutzung des Werkes.

Unterabschnitt 2   Urheberpersönlichkeitsrecht

§ 12   Veröffentlichungsrecht

(1) Der Urheber hat das Recht zu bestimmen, ob und wie sein Werk zu veröffentlichen ist.

(2) Dem Urheber ist es vorbehalten, den Inhalt seines Werkes öffentlich mitzuteilen oder zu beschreiben, solange weder das Werk noch der wesentliche Inhalt oder eine Beschreibung des Werkes mit seiner Zustimmung veröffentlicht ist.

§ 13   Anerkennung der Urheberschaft

[1]Der Urheber hat das Recht auf Anerkennung seiner Urheberschaft am Werk. [2]Er kann bestimmen, ob das Werk mit einer Urheberbezeichnung zu versehen und welche Bezeichnung zu verwenden ist.

§ 14   Entstellung des Werkes

Der Urheber hat das Recht, eine Entstellung oder eine andere Beeinträchtigung seines Werkes zu verbieten, die geeignet ist, seine berechtigten geistigen oder persönlichen Interessen am Werk zu gefährden.

Unterabschnitt 3   Verwertungsrechte

§ 15   Allgemeines

(1) Der Urheber hat das ausschließliche Recht, sein Werk in körperlicher Form zu verwerten; das Recht umfasst insbesondere
1. das Vervielfältigungsrecht (§ 16),
2. das Verbreitungsrecht (§ 17),
3. das Ausstellungsrecht (§ 18).

(2) [1]Der Urheber hat ferner das ausschließliche Recht, sein Werk in unkörperlicher Form öffentlich wiederzugeben (Recht der öffentlichen Wiedergabe). [2]Das Recht der öffentlichen Wiedergabe umfasst insbesondere
1. das Vortrags-, Aufführungs- und Vorführungsrecht (§ 19),
2. das Recht der öffentlichen Zugänglichmachung (§ 19a),
3. das Senderecht (§ 20),
4. das Recht der Wiedergabe durch Bild- oder Tonträger (§ 21),
5. das Recht der Wiedergabe von Funksendungen und von öffentlicher Zugänglichmachung (§ 22).

(3) [1]Die Wiedergabe ist öffentlich, wenn sie für eine Mehrzahl von Mitgliedern der Öffentlichkeit bestimmt ist. [2]Zur Öffentlichkeit gehört jeder, der nicht mit demjenigen, der das Werk verwertet, oder mit den anderen Personen, denen das Werk in unkörperlicher Form wahrnehmbar oder zugänglich gemacht wird, durch persönliche Beziehungen verbunden ist.

§ 16   Vervielfältigungsrecht

(1) Das Vervielfältigungsrecht ist das Recht, Vervielfältigungsstücke des Werkes herzustellen, gleichviel ob vorübergehend oder dauerhaft, in welchem Verfahren und in welcher Zahl.

(2) Eine Vervielfältigung ist auch die Übertragung des Werkes auf Vorrichtungen zur wiederholbaren Wiedergabe von Bild- oder Tonfolgen (Bild- oder Tonträger), gleichviel, ob es sich um die Aufnahme einer Wiedergabe des Werkes auf einen Bild- oder Tonträger oder um die Übertragung des Werkes von einem Bild- oder Tonträger auf einen anderen handelt.

§ 17 Verbreitungsrecht

(1) Das Verbreitungsrecht ist das Recht, das Original oder Vervielfältigungsstücke des Werkes der Öffentlichkeit anzubieten oder in Verkehr zu bringen.

(2) Sind das Original oder Vervielfältigungsstücke des Werkes mit Zustimmung des zur Verbreitung Berechtigten im Gebiet der Europäischen Union oder eines Vertragsstaates des Abkommens über den Europäischen Wirtschaftsraum im Wege der Veräußerung in Verkehr gebracht worden, so ist ihre Weiterverbreitung mit Ausnahme der Vermietung zulässig.

(3) [1]Vermietung im Sinne der Vorschriften dieses Gesetzes ist die zeitlich begrenzte, unmittelbar oder mittelbar Erwerbszwecken dienende Gebrauchsüberlassung. [2]Als Vermietung gilt jedoch nicht die Überlassung von Originalen oder Vervielfältigungsstücken
1. von Bauwerken und Werken der angewandten Kunst oder
2. im Rahmen eines Arbeits- oder Dienstverhältnisses zu dem ausschließlichen Zweck, bei der Erfüllung von Verpflichtungen aus dem Arbeits- oder Dienstverhältnis benutzt zu werden.

§ 18 Ausstellungsrecht

Das Ausstellungsrecht ist das Recht, das Original oder Vervielfältigungsstücke eines unveröffentlichten Werkes der bildenden Künste oder eines unveröffentlichten Lichtbildwerkes öffentlich zur Schau zu stellen.

§ 19 Vortrags-, Aufführungs- und Vorführungsrecht

(1) Das Vortragsrecht ist das Recht, ein Sprachwerk durch persönliche Darbietung öffentlich zu Gehör zu bringen.

(2) Das Aufführungsrecht ist das Recht, ein Werk der Musik durch persönliche Darbietung zu Gehör zu bringen oder ein Werk öffentlich bühnenmäßig darzustellen.

(3) Das Vortrags- und das Aufführungsrecht umfassen das Recht, Vorträge und Aufführungen außerhalb des Raumes, in dem die persönliche Darbietung stattfindet, durch Bildschirm, Lautsprecher oder ähnliche technische Einrichtungen öffentlich wahrnehmbar zu machen.

(4) [1]Das Vorführungsrecht ist das Recht, ein Werk der bildenden Künste, ein Lichtbildwerk, ein Filmwerk oder Darstellungen wissenschaftlicher oder technischer Art durch technische Einrichtungen öffentlich wahrnehmbar zu machen. [2]Das Vorführungsrecht umfasst nicht das Recht, die Funksendung oder öffentliche Zugänglichmachung solcher Werke öffentlich wahrnehmbar zu machen (§ 22).

§ 19a Recht der öffentlichen Zugänglichmachung

Das Recht der öffentlichen Zugänglichmachung ist das Recht, das Werk drahtgebunden oder drahtlos der Öffentlichkeit in einer Weise zugänglich zu machen, dass es Mitgliedern der Öffentlichkeit von Orten und zu Zeiten ihrer Wahl zugänglich ist.

§ 20 Senderecht

Das Senderecht ist das Recht, das Werk durch Funk, wie Ton- und Fernsehrundfunk, Satellitenrundfunk, Kabelfunk oder ähnliche technische Mittel, der Öffentlichkeit zugänglich zu machen.

§ 20a Europäische Satellitensendung

(1) Wird eine Satellitensendung innerhalb des Gebiets eines Mitgliedstaates der Europäischen Union oder Vertragsstaates des Abkommens über den Europäischen

Wirtschaftsraum ausgeführt, so gilt sie ausschließlich als in diesem Mitgliedstaat oder Vertragsstaat erfolgt.

(2) [1]Wird eine Satellitensendung im Gebiet eines Staates ausgeführt, der weder Mitgliedstaat der Europäischen Union noch Vertragsstaat des Abkommens über den Europäischen Wirtschaftsraum ist und in dem für das Recht der Satellitensendung das in Kapitel II der Richtlinie 93/83 EWG des Rates vom 27. September 1993 zur Koordinierung bestimmter urheber- und leistungsschutzrechtlicher Vorschriften betreffend Satellitenrundfunk und Kabelweiterverbreitung (ABl. EG Nr. L 248 S. 15) vorgesehene Schutzniveau nicht gewährleistet ist, so gilt sie als in dem Mitgliedstaat oder Vertragsstaat erfolgt,

1. in dem die Erdfunkstation liegt, von der aus die programmtragenden Signale zum Satelliten geleitet werden, oder
2. in dem das Sendeunternehmen seine Niederlassung hat, wenn die Voraussetzung nach Nummer 1 nicht gegeben ist.

[2]Das Senderecht ist im Fall der Nummer 1 gegenüber dem Betreiber der Erdfunkstation, im Fall der Nummer 2 gegenüber dem Sendeunternehmen geltend zu machen.

(3) Satellitensendung im Sinne von Absatz 1 und 2 ist die unter der Kontrolle und Verantwortung des Sendeunternehmens stattfindende Eingabe der für den öffentlichen Empfang bestimmten programmtragenden Signale in eine ununterbrochene Übertragungskette, die zum Satelliten und zurück zur Erde führt.

§ 20b Kabelweitersendung

(1) [1]Das Recht, ein gesendetes Werk im Rahmen eines zeitgleich, unverändert und vollständig weiterübertragenen Programms durch Kabelsysteme oder Mikrowellensysteme weiterzusenden (Kabelweitersendung), kann nur durch eine Verwertungsgesellschaft geltend gemacht werden. [2]Dies gilt nicht für Rechte, die ein Sendeunternehmen in Bezug auf seine Sendung geltend macht.

(2) [1]Hat der Urheber das Recht der Kabelweitersendung einem Sendeunternehmen oder einem Tonträger- oder Filmhersteller eingeräumt, so hat das Kabelunternehmen gleichwohl dem Urheber eine angemessene Vergütung für die Kabelweitersendung zu zahlen. [2]Auf den Vergütungsanspruch kann nicht verzichtet werden. [3]Er kann im Voraus nur an eine Verwertungsgesellschaft abgetreten und nur durch eine solche geltend gemacht werden. [4]Diese Regelung steht Tarifverträgen, Betriebsvereinbarungen und gemeinsamen Vergütungsregeln von Sendeunternehmen nicht entgegen, soweit dadurch dem Urheber eine angemessene Vergütung für jede Kabelweitersendung eingeräumt wird.

§ 21 Recht der Wiedergabe durch Bild- oder Tonträger

[1]Das Recht der Wiedergabe durch Bild- oder Tonträger ist das Recht, Vorträge oder Aufführungen des Werkes mittels Bild- oder Tonträger öffentlich wahrnehmbar zu machen. [2]§ 19 Abs. 3 gilt entsprechend.

§ 22 Recht der Wiedergabe von Funksendungen und von öffentlicher Zugänglichmachung

[1]Das Recht der Wiedergabe von Funksendungen und der Wiedergabe von öffentlicher Zugänglichmachung ist das Recht, Funksendungen und auf öffentlicher Zugänglichmachung beruhende Wiedergaben des Werkes durch Bildschirm, Lautsprecher oder ähnliche technische Einrichtungen öffentlich wahrnehmbar zu machen. [2]§ 19 Abs. 3 gilt entsprechend.

§ 23 Bearbeitungen und Umgestaltungen

[1]Bearbeitungen oder andere Umgestaltungen des Werkes dürfen nur mit Einwilligung des Urhebers des bearbeiteten oder umgestalteten Werkes veröffentlicht oder verwertet werden. [2]Handelt es sich um eine Verfilmung des Werkes, um die Ausfüh-

rung von Plänen und Entwürfen eines Werkes der bildenden Künste, um den Nachbau eines Werkes der Baukunst oder um die Bearbeitung oder Umgestaltung eines Datenbankwerkes, so bedarf bereits das Herstellen der Bearbeitung oder Umgestaltung der Einwilligung des Urhebers. [3]Auf ausschließlich technisch bedingte Änderungen eines Werkes nach § 60d Abs. 1, § 60e Abs. 1 sowie § 60f Abs. 2 sind die Sätze 1 und 2 nicht anzuwenden.

§ 24   Freie Benutzung

(1) Ein selbständiges Werk, das in freier Benutzung des Werkes eines anderen geschaffen worden ist, darf ohne Zustimmung des Urhebers des benutzten Werkes veröffentlicht und verwertet werden.

(2) Absatz 1 gilt nicht für die Benutzung eines Werkes der Musik, durch welche eine Melodie erkennbar dem Werk entnommen und einem neuen Werk zugrunde gelegt wird.

Unterabschnitt 4   Sonstige Rechte des Urhebers

§ 25   Zugang zu Werkstücken

(1) Der Urheber kann vom Besitzer des Originals oder eines Vervielfältigungsstückes seines Werkes verlangen, dass er ihm das Original oder das Vervielfältigungsstück zugänglich macht, soweit dies zur Herstellung von Vervielfältigungsstücken oder Bearbeitungen des Werkes erforderlich ist und nicht berechtigte Interessen des Besitzers entgegenstehen.

(2) Der Besitzer ist nicht verpflichtet, das Original oder das Vervielfältigungsstück dem Urheber herauszugeben.

§ 26   Folgerecht

(1) [1]Wird das Original eines Werkes der bildenden Künste oder eines Lichtbildwerkes weiterveräußert und ist hieran ein Kunsthändler oder Versteigerer als Erwerber, Veräußerer oder Vermittler beteiligt, so hat der Veräußerer dem Urheber einen Anteil des Veräußerungserlöses zu entrichten. [2]Als Veräußerungserlös im Sinne des Satzes 1 gilt der Verkaufspreis ohne Steuern. [3]Ist der Veräußernde eine Privatperson, so haftet der als Erwerber oder Vermittler beteiligte Kunsthändler oder Versteigerer neben ihm als Gesamtschuldner; im Verhältnis zueinander ist der Veräußernde allein verpflichtet. [4]Die Verpflichtung nach Satz 1 entfällt, wenn der Veräußerungserlös weniger als 400 Euro beträgt.

(2) [1]Die Höhe des Anteils des Veräußerungserlöses beträgt:
1. 4 Prozent für den Teil des Veräußerungserlöses von bis zu 50.000 Euro,
2. 3 Prozent für den Teil des Veräußerungserlöses von 50.000,01 bis 200.000 Euro,
3. 1 Prozent für den Teil des Veräußerungserlöses von 200.000,01 bis 350.000 Euro,
4. 0,5 Prozent für den Teil des Veräußerungserlöses von 350.000,01 bis 500.000 Euro,
5. 0,25 Prozent für den Teil des Veräußerungserlöses über 500.000 Euro.
[2]Der Gesamtbetrag der Folgerechtsvergütung beträgt höchstens 12.500 Euro.

(3) [1]Das Folgerecht ist unveräußerlich. [2]Der Urheber kann auf seinen Anteil im Voraus nicht verzichten.

(4) Der Urheber kann von einem Kunsthändler oder Versteigerer Auskunft darüber verlangen, welche Originale von Werken des Urhebers innerhalb der letzten drei Jahre vor dem Auskunftsersuchen unter Beteiligung des Kunsthändlers oder Versteigerers weiterveräußert wurden.

(5) [1]Der Urheber kann, soweit dies zur Durchsetzung seines Anspruchs gegen den Veräußerer erforderlich ist, von dem Kunsthändler oder Versteigerer Auskunft über

den Namen und die Anschrift des Veräußerers sowie über die Höhe des Veräußerungserlöses verlangen. [2]Der Kunsthändler oder Versteigerer darf die Auskunft über Namen und Anschrift des Veräußerers verweigern, wenn er dem Urheber den Anteil entrichtet.

(6) Die Ansprüche nach den Absätzen 4 und 5 können nur durch eine Verwertungsgesellschaft geltend gemacht werden.

(7) [1]Bestehen begründete Zweifel an der Richtigkeit oder Vollständigkeit einer Auskunft nach Absatz 4 oder 5, so kann die Verwertungsgesellschaft verlangen, dass nach Wahl des Auskunftspflichtigen ihr oder einem von ihm zu bestimmenden Wirtschaftsprüfer oder vereidigten Buchprüfer Einsicht in die Geschäftsbücher oder sonstige Urkunden so weit gewährt wird, wie dies zur Feststellung der Richtigkeit oder Vollständigkeit der Auskunft erforderlich ist. [2]Erweist sich die Auskunft als unrichtig oder unvollständig, so hat der Auskunftspflichtige die Kosten der Prüfung zu erstatten.

(8) Die vorstehenden Bestimmungen sind auf Werke der Baukunst und der angewandten Kunst nicht anzuwenden.

§ 27   Vergütung für Vermietung und Verleihen

(1) [1]Hat der Urheber das Vermietrecht (§ 17) an einem Bild- oder Tonträger dem Tonträger- oder Filmhersteller eingeräumt, so hat der Vermieter gleichwohl dem Urheber eine angemessene Vergütung für die Vermietung zu zahlen. [2]Auf den Vergütungsanspruch kann nicht verzichtet werden. [3]Er kann im Voraus nur an eine Verwertungsgesellschaft abgetreten werden.

(2) [1]Für das Verleihen von Originalen oder Vervielfältigungsstücken eines Werkes, deren Weiterverbreitung nach § 17 Abs. 2 zulässig ist, ist dem Urheber eine angemessene Vergütung zu zahlen, wenn die Originale oder Vervielfältigungsstücke durch eine der Öffentlichkeit zugängliche Einrichtung (Bücherei, Sammlung von Bild- oder Tonträgern oder anderer Originale oder Vervielfältigungsstücke) verliehen werden. [2]Verleihen im Sinne von Satz 1 ist die zeitlich begrenzte, weder unmittelbar noch mittelbar Erwerbszwecken dienende Gebrauchsüberlassung; § 17 Abs. 3 Satz 2 findet entsprechende Anwendung.

(3) Die Vergütungsansprüche nach den Absätzen 1 und 2 können nur durch eine Verwertungsgesellschaft geltend gemacht werden.

Abschnitt 5 **Rechtsverkehr im Urheberrecht**

Unterabschnitt 1   **Rechtsnachfolge in das Urheberrecht**

§ 28   Vererbung des Urheberrechts

(1) Das Urheberrecht ist vererblich.

(2) [1]Der Urheber kann durch letztwillige Verfügung die Ausübung des Urheberrechts einem Testamentsvollstrecker übertragen. [2]§ 2210 des Bürgerlichen Gesetzbuchs ist nicht anzuwenden.

§ 29   Rechtsgeschäfte über das Urheberrecht

(1) Das Urheberrecht ist nicht übertragbar, es sei denn, es wird in Erfüllung einer Verfügung von Todes wegen oder an Miterben im Wege der Erbauseinandersetzung übertragen.

(2) Zulässig sind die Einräumung von Nutzungsrechten (§ 31), schuldrechtliche Einwilligungen und Vereinbarungen zu Verwertungsrechten sowie die in § 39 geregelten Rechtsgeschäfte über Urheberpersönlichkeitsrechte.

§ 30 Rechtsnachfolger des Urhebers

Der Rechtsnachfolger des Urhebers hat die dem Urheber nach diesem Gesetz zustehenden Rechte, soweit nichts anderes bestimmt ist.

Unterabschnitt 2 Nutzungsrechte

§ 31 Einräumung von Nutzungsrechten

(1) [1]Der Urheber kann einem anderen das Recht einräumen, das Werk auf einzelne oder alle Nutzungsarten zu nutzen (Nutzungsrecht). [2]Das Nutzungsrecht kann als einfaches oder ausschließliches Recht sowie räumlich, zeitlich oder inhaltlich beschränkt eingeräumt werden.

(2) Das einfache Nutzungsrecht berechtigt den Inhaber, das Werk auf die erlaubte Art zu nutzen, ohne dass eine Nutzung durch andere ausgeschlossen ist.

(3) [1]Das ausschließliche Nutzungsrecht berechtigt den Inhaber, das Werk unter Ausschluss aller anderen Personen auf die ihm erlaubte Art zu nutzen und Nutzungsrechte einzuräumen. [2]Es kann bestimmt werden, dass die Nutzung durch den Urheber vorbehalten bleibt. [3]§ 35 bleibt unberührt.

(4) *(weggefallen)*

(5) [1]Sind bei der Einräumung eines Nutzungsrechts die Nutzungsarten nicht ausdrücklich einzeln bezeichnet, so bestimmt sich nach dem von beiden Partnern zugrunde gelegten Vertragszweck, auf welche Nutzungsarten es sich erstreckt. [2]Entsprechendes gilt für die Frage, ob ein Nutzungsrecht eingeräumt wird, ob es sich um ein einfaches oder ausschließliches Nutzungsrecht handelt, wie weit Nutzungsrecht und Verbotsrecht reichen und welchen Einschränkungen das Nutzungsrecht unterliegt.

§ 31a Verträge über unbekannte Nutzungsarten

(1) [1]Ein Vertrag, durch den der Urheber Rechte für unbekannte Nutzungsarten einräumt oder sich dazu verpflichtet, bedarf der Schriftform. [2]Der Schriftform bedarf es nicht, wenn der Urheber unentgeltlich ein einfaches Nutzungsrecht für jedermann einräumt. [3]Der Urheber kann diese Rechtseinräumung oder die Verpflichtung hierzu widerrufen. [4]Das Widerrufsrecht erlischt nach Ablauf von drei Monaten, nachdem der andere die Mitteilung über die beabsichtigte Aufnahme der neuen Art der Werknutzung an den Urheber unter der ihm zuletzt bekannten Anschrift abgesendet hat.

(2) [1]Das Widerrufsrecht entfällt, wenn die Parteien nach Bekanntwerden der neuen Nutzungsart auf eine Vergütung nach § 32c Abs. 1 geeinigt haben. [2]Das Widerrufsrecht entfällt auch, wenn die Parteien die Vergütung nach einer gemeinsamen Vergütungsregel vereinbart haben. [3]Es erlischt mit dem Tod des Urhebers.

(3) Sind mehrere Werke oder Werkbeiträge zu einer Gesamtheit zusammengefasst, die sich in der neuen Nutzungsart in angemessener Weise nur unter Verwendung sämtlicher Werke oder Werkbeiträge verwerten lässt, so kann der Urheber das Widerrufsrecht nicht wider Treu und Glauben ausüben.

(4) Auf die Rechte nach den Absätzen 1 bis 3 kann im Voraus nicht verzichtet werden.

§ 32 Angemessene Vergütung

(1) [1]Der Urheber hat für die Einräumung von Nutzungsrechten und die Erlaubnis zur Werknutzung Anspruch auf die vertraglich vereinbarte Vergütung. [2]Ist die Höhe der Vergütung nicht bestimmt, gilt die angemessene Vergütung als vereinbart. [3]Soweit die vereinbarte Vergütung nicht angemessen ist, kann der Urheber von seinem Vertragspartner die Einwilligung in die Änderung des Vertrages verlangen, durch die dem Urheber eine angemessene Vergütung gewährt wird.

(2) [1]Eine nach einer gemeinsamen Vergütungsregel (§ 36) ermittelte Vergütung ist angemessen. [2]Im Übrigen ist die Vergütung angemessen, wenn sie im Zeitpunkt des Vertragsschlusses dem entspricht, was im Geschäftsverkehr nach Art und Umfang der eingeräumten Nutzungsmöglichkeiten, insbesondere nach Dauer, Häufigkeit, Ausmaß und Zeitpunkt der Nutzung, unter Berücksichtigung aller Umstände üblicher- und redlicherweise zu leisten ist.

(2a) Eine gemeinsame Vergütungsregel kann zur Ermittlung der angemessenen Vergütung auch bei Verträgen herangezogen werden, die vor ihrem zeitlichen Anwendungsbereich abgeschlossen wurden.

(3) [1]Auf eine Vereinbarung, die zum Nachteil des Urhebers von den Absätzen 1 bis 2a abweicht, kann der Vertragspartner sich nicht berufen. [2]Die in Satz 1 bezeichneten Vorschriften finden auch Anwendung, wenn sie durch anderweitige Gestaltungen umgangen werden. [3]Der Urheber kann aber unentgeltlich ein einfaches Nutzungsrecht für jedermann einräumen.

(4) Der Urheber hat keinen Anspruch nach Absatz 1 Satz 3, soweit die Vergütung für die Nutzung seiner Werke tarifvertraglich bestimmt ist.

§ 32a Weitere Beteiligung des Urhebers

(1) [1]Hat der Urheber einem anderen ein Nutzungsrecht zu Bedingungen eingeräumt, die dazu führen, dass die vereinbarte Gegenleistung unter Berücksichtigung der gesamten Beziehungen des Urhebers zu dem anderen in einem auffälligen Missverhältnis zu den Erträgen und Vorteilen aus der Nutzung des Werkes steht, so ist der andere auf Verlangen des Urhebers verpflichtet, in einen Änderung des Vertrages einzuwilligen, durch die dem Urheber eine den Umständen nach weitere angemessene Beteiligung gewährt wird. [2]Ob die Vertragspartner die Höhe der erzielten Erträge oder Vorteile vorhergesehen haben oder hätten vorhersehen können, ist unerheblich.

(2) [1]Hat der andere das Nutzungsrecht übertragen oder weitere Nutzungsrechte eingeräumt und ergibt sich das auffällige Missverhältnis aus den Erträgnissen oder Vorteilen eines Dritten, so haftet dieser nach Maßgabe des Absatzes 1 unter Berücksichtigung der vertraglichen Beziehungen in der Lizenzkette. [2]Die Haftung des anderen entfällt.

(3) [1]Auf die Ansprüche nach Absatz 1 und 2 kann im Voraus nicht verzichtet werden. [2]Die Anwartschaft hierauf unterliegt nicht der Zwangsvollstreckung; eine Verfügung über die Anwartschaft ist unwirksam.

(4) [1]Der Urheber hat keinen Anspruch nach Absatz 1, soweit die Vergütung nach einer gemeinsamen Vergütungsregel (§ 36) oder tarifvertraglich bestimmt worden ist und ausdrücklich eine weitere angemessene Beteiligung für den Fall des Absatzes 1 vorsieht. [2]§ 32 Abs. 2a ist entsprechend anzuwenden.

§ 32b Zwingende Anwendung

Die §§ 32 und 32a finden zwingend Anwendung,
1. wenn auf den Nutzungsvertrag mangels einer Rechtswahl deutsches Recht anzuwenden wäre oder
2. soweit Gegenstand des Vertrages maßgebliche Nutzungshandlungen im räumlichen Geltungsbereich dieses Gesetzes sind.

§ 32c Vergütung für später bekannte Nutzungsarten

(1) [1]Der Urheber hat Anspruch auf eine gesonderte angemessene Vergütung, wenn der Vertragspartner eine neue Art der Werknutzung nach § 31a aufnimmt, die im Zeitpunkt des Vertragsschlusses vereinbart, aber noch unbekannt war. [2]§ 32 Abs. 2 und 4 gilt entsprechend. [3]Der Vertragspartner hat den Urheber über die Aufnahme der neuen Art der Werknutzung unverzüglich zu unterrichten.

(2) ¹Hat der Vertragspartner das Nutzungsrecht einem Dritten übertragen, haftet der Dritte mit der Aufnahme der neuen Art der Werknutzung für die Vergütung nach Absatz 1. ²Die Haftung des Vertragspartners entfällt.

(3) ¹Auf die Rechte nach den Absätzen 1 und 2 kann im Voraus nicht verzichtet werden. ²Der Urheber kann aber unentgeltlich ein einfaches Nutzungsrecht für jedermann einräumen.

§ 32d   Anspruch auf Auskunft und Rechenschaft

(1) Bei entgeltlicher Einräumung oder Übertragung eines Nutzungsrechts kann der Urheber von seinem Vertragspartner einmal jährlich Auskunft und Rechenschaft über den Umfang der Werknutzung und die hieraus gezogenen Erträge und Vorteile auf Grundlage der im Rahmen eines ordnungsgemäßen Geschäftsbetriebes üblicherweise vorhandenen Informationen verlangen.

(2) Der Anspruch nach Absatz 1 ist ausgeschlossen, soweit
1. der Urheber einen lediglich nachrangigen Beitrag zu einem Werk, einem Produkt oder einer Dienstleistung erbracht hat; nachrangig ist ein Beitrag insbesondere dann, wenn er den Gesamteindruck eines Werkes oder die Beschaffenheit eines Produktes oder einer Dienstleistung wenig prägt, etwa weil er nicht zum typischen Inhalt eines Werkes, eines Produktes oder einer Dienstleistung gehört, oder
2. die Inanspruchnahme des Vertragspartners aus anderen Gründen unverhältnismäßig ist.

(3) Von den Absätzen 1 und 2 kann zum Nachteil des Urhebers nur durch eine Vereinbarung abgewichen werden, die auf einer gemeinsamen Vergütungsregel (§ 36) oder einem Tarifvertrag beruht.

§ 32e   Anspruch auf Auskunft und Rechenschaft in der Lizenzkette

(1) Hat der Vertragspartner des Urhebers das Nutzungsrecht übertragen oder weitere Nutzungsrechte eingeräumt, so kann der Urheber Auskunft und Rechenschaft nach § 32d Absatz 1 und 2 auch von denjenigen Dritten verlangen,
1. die die Nutzungsvorgänge in der Lizenzkette wirtschaftlich wesentlich bestimmen oder
2. aus deren Erträgnissen oder Vorteilen sich das auffällige Missverhältnis gemäß § 32a Absatz 2 ergibt.

(2) Für die Geltendmachung der Ansprüche nach Absatz 1 genügt es, dass aufgrund nachprüfbarer Tatsachen klare Anhaltspunkte für deren Voraussetzungen vorliegen.

(3) Von den Absätzen 1 und 2 kann zum Nachteil des Urhebers nur durch eine Vereinbarung abgewichen werden, die auf einer gemeinsamen Vergütungsregel (§ 36) oder einem Tarifvertrag beruht.

§ 33   Weiterwirkung von Nutzungsrechten

¹Ausschließliche und einfache Nutzungsrechte bleiben gegenüber später eingeräumten Nutzungsrechten wirksam. ²Gleiches gilt, wenn der Inhaber des Rechts, der das Nutzungsrecht eingeräumt hat, wechselt oder wenn er auf sein Recht verzichtet.

§ 34   Übertragung von Nutzungsrechten

(1) ¹Ein Nutzungsrecht kann nur mit Zustimmung des Urhebers übertragen werden. ²Der Urheber darf die Zustimmung nicht wider Treu und Glauben verweigern.

(2) Werden mit dem Nutzungsrecht an einem Sammelwerk (§ 4) Nutzungsrechte an den in das Sammelwerk aufgenommenen einzelnen Werken übertragen, so genügt die Zustimmung des Urhebers des Sammelwerkes.

(3) ¹Ein Nutzungsrecht kann ohne Zustimmung des Urhebers übertragen werden, wenn die Übertragung im Rahmen der Gesamtveräußerung eines Unternehmens

oder der Veräußerung von Teilen eines Unternehmens geschieht. [2]Der Urheber kann das Nutzungsrecht zurückrufen, wenn ihm die Ausübung des Nutzungsrechts durch den Erwerber nach Treu und Glauben nicht zuzumuten ist. [3]Satz 2 findet auch dann Anwendung, wenn sich die Beteiligungsverhältnisse am Unternehmen des Inhabers des Nutzungsrechts wesentlich ändern.

(4) Der Erwerber des Nutzungsrechts haftet gesamtschuldnerisch für die Erfüllung der sich aus dem Vertrag mit dem Urheber ergebenden Verpflichtungen des Veräußerers, wenn der Urheber der Übertragung des Nutzungsrechts nicht im Einzelfall ausdrücklich zugestimmt hat.

(5) [1]Der Urheber kann auf das Rückrufsrecht und die Haftung des Erwerbers im Voraus nicht verzichten. [2]Im Übrigen können der Inhaber des Nutzungsrechts und der Urheber Abweichendes vereinbaren.

§ 35 Einräumung weiterer Nutzungsrechte

(1) [1]Der Inhaber eines ausschließlichen Nutzungsrechts kann weitere Nutzungsrechte nur mit Zustimmung des Urhebers einräumen. [2]Der Zustimmung bedarf es nicht, wenn das ausschließliche Nutzungsrecht nur zur Wahrnehmung der Belange des Urhebers eingeräumt ist.

(2) Die Bestimmungen in § 34 Abs. 1 Satz 2, Abs. 2 und Absatz 5 Satz 2 sind entsprechend anzuwenden.

§ 36 Gemeinsame Vergütungsregeln

(1) [1]Zur Bestimmung der Angemessenheit von Vergütungen nach § 32 stellen Vereinigungen von Urhebern mit Vereinigungen von Werknutzern oder einzelnen Werknutzern gemeinsame Vergütungsregeln auf. [2]Die gemeinsamen Vergütungsregeln sollen Umstände des jeweiligen Regelungsbereichs berücksichtigen, insbesondere auch die Größe und die Struktur der Verwerter. [3]In Tarifverträgen enthaltene Regelungen gehen diesen gemeinsamen Vergütungsregeln vor.

(2) [1]Vereinigungen nach Absatz 1 müssen repräsentativ, unabhängig und zur Aufstellung gemeinsamer Vergütungsregeln ermächtigt sein. [2]Eine Vereinigung, die einen wesentlichen Teil der jeweiligen Urheber oder Werknutzer vertritt, gilt als ermächtigt im Sinne des Satzes 1, es sei denn, die Mitglieder der Vereinigung fassen einen entgegenstehenden Beschluss.

(3) [1]Ein Verfahren zur Aufstellung gemeinsamer Vergütungsregeln vor der Schlichtungsstelle (§ 36a) findet statt, wenn die Parteien dies vereinbaren. [2]Das Verfahren findet auf schriftliches Verlangen einer Partei statt, wenn
1. die andere Partei nicht binnen drei Monaten, nachdem eine Partei schriftlich die Aufnahme von Verhandlungen verlangt hat, Verhandlungen über gemeinsame Vergütungsregeln beginnt,
2. Verhandlungen über gemeinsame Vergütungsregeln ein Jahr, nachdem schriftlich ihre Aufnahme verlangt worden ist, ohne Ergebnis bleiben oder
3. eine Partei die Verhandlungen für endgültig gescheitert erklärt.

(4) [1]Die Schlichtungsstelle hat allen Parteien, die sich am Verfahren beteiligt haben oder nach § 36a Absatz 4a zur Beteiligung aufgefordert worden sind, einen begründeten Einigungsvorschlag zu machen, der den Inhalt der gemeinsamen Vergütungsregeln enthält. [2]Er gilt als angenommen, wenn ihm nicht innerhalb von sechs Wochen nach Empfang des Vorschlags keine der in Satz 1 genannten Parteien widerspricht.

§ 36a Schlichtungsstelle

(1) Zur Aufstellung gemeinsamer Vergütungsregeln bilden Vereinigungen von Urhebern mit Vereinigungen von Werknutzern oder einzelnen Werknutzern eine Schlichtungsstelle, wenn die Parteien dies vereinbaren oder eine Partei die Durchführung des Schlichtungsverfahrens verlangt.

(2) Die Schlichtungsstelle besteht aus einer gleichen Anzahl von Beisitzern, die jeweils von einer Partei bestellt werden, und einem unparteiischen Vorsitzenden, auf dessen Person sich beide Parteien einigen sollen.

(3) ¹Wenn sich die Parteien nicht einigen, entscheidet das nach § 1062 der Zivilprozessordnung zuständige Oberlandesgericht auf Antrag einer Partei über
1. die Person des Vorsitzenden,
2. die Anzahl der Beisitzer,
3. die Voraussetzungen des Schlichtungsverfahrens in Bezug auf
   a) die Fähigkeit der Werknutzer sowie Vereinigungen von Werknutzern und Urhebern, Partei des Schlichtungsverfahrens zu sein (§ 36 Absatz 1 Satz 1 und Absatz 2),
   b) ein Verfahren vor der Schlichtungsstelle, das auf Verlangen nur einer Partei stattfindet (§ 36 Absatz 3 Satz 2).
²Solange der Ort des Schlichtungsverfahrens noch nicht bestimmt ist, ist für die Entscheidung das Oberlandesgericht zuständig, in dessen Bezirk der Antragsgegner seinen Sitz oder seinen gewöhnlichen Aufenthalt hat. ³Für das Verfahren vor dem Oberlandesgericht gelten die §§ 1063 und 1065 der Zivilprozessordnung entsprechend.

(4) ¹Das Verlangen auf Durchführung des Schlichtungsverfahrens gemäß § 36 Abs. 3 Satz 2 muss einen Vorschlag über die Aufstellung gemeinsamer Vergütungsregeln enthalten. ²Die Schlichtungsstelle stellt den Schriftsatz, mit dem die Durchführung des Verfahrens verlangt wird, der anderen Partei mit der Aufforderung zu, sich innerhalb eines Monats schriftlich zur Sache zu äußern.

(4a) ¹Jede Partei kann binnen drei Monaten nach Kenntnis vom Schlichtungsverfahren verlangen, dass die Schlichtungsstelle andere Vereinigungen von Urhebern zur Beteiligung auffordert, wenn der Vorschlag nach Absatz 4 Satz 1 Werke oder verbundene Werke betrifft, die üblicherweise nur unter Mitwirkung von weiteren Urhebern geschaffen werden können, die von den benannten Vereinigungen vertreten werden. ²Absatz 4 Satz 2 ist entsprechend anzuwenden. ³Beteiligt sich die Vereinigung von Urhebern, so benennt sie und die Partei der Werknutzer je weitere Beisitzer.

(5) ¹Die Schlichtungsstelle fasst ihren Beschluss nach mündlicher Beratung mit Stimmenmehrheit. ²Die Beschlussfassung erfolgt zunächst unter den Beisitzern; kommt eine Stimmenmehrheit nicht zustande, so nimmt der Vorsitzende nach erneuter Beratung an der Beschlussfassung teil. ³Benennt eine Partei keine Mitglieder oder bleiben die von einer Partei genannten Mitglieder trotz rechtzeitiger Einladung der Sitzung fern, so entscheiden der Vorsitzende und die erschienenen Mitglieder nach Maßgabe der Sätze 1 und 2 allein. ⁴Der Beschluss der Schlichtungsstelle ist schriftlich niederzulegen, vom Vorsitzenden zu unterschreiben und beiden Parteien zuzuleiten.

(6) ¹Die Parteien tragen ihre eigenen Kosten sowie die Kosten der von ihnen bestellten Beisitzer. ²Die sonstigen Kosten tragen die Parteien der Urheber, die sich am Verfahren beteiligen, und die Partei der Werknutzer jeweils zur Hälfte. ³Sie haben als Gesamtschuldner auf Anforderung des Vorsitzenden zu dessen Händen einen für die Tätigkeit der Schlichtungsstelle erforderlichen Vorschuss zu leisten.

(7) ¹Die Parteien können durch Vereinbarung die Einzelheiten des Verfahrens vor der Schlichtungsstelle regeln. ²Die Schiedsstelle informiert nach Absatz 4a beteiligte Vereinigungen von Urhebern über den Gang des Verfahrens.

(8) Das Bundesministerium der Justiz und für Verbraucherschutz wird ermächtigt, durch Rechtsverordnung ohne Zustimmung des Bundesrates die weiteren Einzelheiten des Verfahrens vor der Schlichtungsstelle zu regeln sowie weitere Vorschriften über die Kosten des Verfahrens und die Entschädigung der Mitglieder der Schlichtungsstelle zu erlassen.

§ 36b Unterlassungsanspruch bei Verstoß gegen gemeinsame Vergütungsregeln

(1) ¹Wer in einem Vertrag mit einem Urheber eine Bestimmung verwendet, die zum Nachteil des Urhebers von gemeinsamen Vergütungsregeln abweicht, kann auf Unterlassung in Anspruch genommen werden, wenn und soweit er

1. als Werknutzer die gemeinsamen Vergütungsregeln selbst aufgestellt hat oder
2. Mitglied einer Vereinigung von Werknutzern ist, die die gemeinsamen Vergütungsregeln aufgestellt hat.
[2]Der Anspruch auf Unterlassung steht denjenigen Vereinigungen von Urhebern oder Werknutzern und denjenigen einzelnen Werknutzern zu, die die gemeinsamen Vergütungsregeln aufgestellt haben.

(2) [1]Auf das Verfahren sind § 8 Absatz 4 sowie § 12 Absatz 1, 2, 4 und 5 des Gesetzes gegen den unlauteren Wettbewerb anzuwenden. [2]Für die Bekanntmachung des Urteils gilt § 103.

§ 36c   Individualvertragliche Folgen des Verstoßes gegen gemeinsame Vergütungsregeln

[1]Der Vertragspartner, der an der Aufstellung von gemeinsamen Vergütungsregeln gemäß § 36b Absatz 1 Satz 1 Nummer 1 oder 2 beteiligt war, kann sich nicht auf eine Bestimmung berufen, die zum Nachteil des Urhebers von den gemeinsamen Vergütungsregeln abweicht. [2]Der Urheber kann von seinem Vertragspartner die Einwilligung in die Änderung des Vertrages verlangen, mit der die Abweichung beseitigt wird.

§ 37   Verträge über die Einräumung von Nutzungsrechten

(1) Räumt der Urheber einem anderen ein Nutzungsrecht am Werk ein, so verbleibt ihm im Zweifel das Recht der Einwilligung zur Veröffentlichung oder Verwertung einer Bearbeitung des Werkes.

(2) Räumt der Urheber einem anderen ein Nutzungsrecht zur Vervielfältigung des Werkes ein, so verbleibt ihm im Zweifel das Recht, das Werk auf Bild- oder Tonträger zu übertragen.

(3) Räumt der Urheber einem anderen ein Nutzungsrecht zu einer öffentlichen Wiedergabe des Werkes ein, so ist dieser im Zweifel nicht berechtigt, die Wiedergabe außerhalb der Veranstaltung, für die sie bestimmt ist, durch Bildschirm, Lautsprecher oder ähnliche technische Einrichtungen öffentlich wahrnehmbar zu machen.

§ 38   Beiträge zu Sammlungen

(1) [1]Gestattet der Urheber die Aufnahme des Werkes in eine periodisch erscheinende Sammlung, so erwirbt der Verleger oder Herausgeber im Zweifel ein ausschließliches Nutzungsrecht zur Vervielfältigung, Verbreitung und öffentlichen Zugänglichmachung. [2]Jedoch darf der Urheber das Werk nach Ablauf eines Jahres seit Erscheinen anderweit vervielfältigen, verbreiten und öffentlich zugänglich machen, wenn nichts anderes vereinbart ist.

(2) Absatz 1 Satz 2 gilt auch für einen Beitrag zu einer nicht periodisch erscheinenden Sammlung, für dessen Überlassung dem Urheber kein Anspruch auf Vergütung zusteht.

(3) [1]Wird der Beitrag einer Zeitung überlassen, so erwirbt der Verleger oder Herausgeber ein einfaches Nutzungsrecht, wenn nichts anderes vereinbart ist. [2]Räumt der Urheber ein ausschließliches Nutzungsrecht ein, so ist er sogleich nach Erscheinen des Beitrags berechtigt, ihn anderweit zu vervielfältigen und zu verbreiten, wenn nichts anderes vereinbart ist.

(4) [1]Der Urheber eines wissenschaftlichen Beitrags, der im Rahmen einer mindestens zur Hälfte mit öffentlichen Mitteln geförderten Forschungstätigkeit entstanden und in einer periodisch mindestens zweimal jährlich erscheinenden Sammlung erschienen ist, hat auch dann, wenn er dem Verleger oder Herausgeber ein ausschließliches Nutzungsrecht eingeräumt hat, das Recht, den Beitrag nach Ablauf von zwölf Monaten seit der Erstveröffentlichung in der akzeptierten Manuskriptversion öffentlich zugänglich zu machen, soweit dies keinem gewerblichen Zweck dient. [2]Die Quelle der Erstveröffentlichung ist anzugeben. [3]Eine zum Nachteil des Urhebers abweichende Vereinbarung ist unwirksam.

§ 39   Änderungen des Werkes

(1) Der Inhaber eines Nutzungsrechts darf das Werk, dessen Titel oder Urheberbezeichnung (§ 10 Abs. 1) nicht ändern, wenn nichts anderes vereinbart ist.

(2) Änderungen des Werkes und seines Titels, zu denen der Urheber seine Einwilligung nach Treu und Glauben nicht versagen kann, sind zulässig.

§ 40   Verträge über künftige Werke

(1) [1]Ein Vertrag, durch den sich der Urheber zur Einräumung von Nutzungsrechten an künftigen Werken verpflichtet, die überhaupt nicht näher oder nur der Gattung nach bestimmt sind, bedarf der schriftlichen Form. [2]Er kann von beiden Vertragsteilen nach Ablauf von fünf Jahren seit dem Abschluss des Vertrages gekündigt werden. [3]Die Kündigungsfrist beträgt sechs Monate, wenn keine kürzere Frist vereinbart ist.

(2) [1]Auf das Kündigungsrecht kann im Voraus nicht verzichtet werden. [2]Andere vertragliche oder gesetzliche Kündigungsrechte bleiben unberührt.

(3) Wenn in Erfüllung des Vertrages Nutzungsrechte an künftigen Werken eingeräumt worden sind, wird mit Beendigung des Vertrages die Verfügung hinsichtlich der Werke unwirksam, die zu diesem Zeitpunkt noch nicht abgeliefert sind.

§ 40a   Recht zur anderweitigen Verwertung nach zehn Jahren bei pauschaler Vergütung

(1) [1]Hat der Urheber ein ausschließliches Nutzungsrecht gegen eine pauschale Vergütung eingeräumt, ist er gleichwohl berechtigt, das Werk nach Ablauf von zehn Jahren anderweitig zu verwerten. [2]Für die verbleibende Dauer der Einräumung besteht das Nutzungsrecht des ersten Inhabers als einfaches Nutzungsrecht fort. [3]Die Frist nach Satz 1 beginnt mit der Einräumung des Nutzungsrechts oder, wenn das Werk später abgeliefert wird, mit der Ablieferung. [4]§ 38 Absatz 4 Satz 2 ist entsprechend anzuwenden.

(2) [1]Frühestens fünf Jahre nach dem in Absatz 1 Satz 3 genannten Zeitpunkt können die Vertragspartner die Ausschließlichkeit auf die gesamte Dauer der Nutzungsrechtseinräumung erstrecken.

(3) [1]Abweichend von Absatz 1 kann der Urheber bei Vertragsschluss ein zeitlich unbeschränktes ausschließliches Nutzungsrecht einräumen, wenn
1. er einen lediglich nachrangigen Beitrag zu einem Werk, einem Produkt oder einer Dienstleistung erbringt; nachrangig ist ein Beitrag insbesondere dann, wenn er den Gesamteindruck eines Werkes oder die Beschaffenheit eines Produktes oder einer Dienstleistung wenig prägt, etwa weil er nicht zum typischen Inhalt eines Werkes, eines Produktes oder einer Dienstleistung gehört,
2. es sich um ein Werk der Baukunst oder den Entwurf eines solchen Werkes handelt,
3. das Werk mit Zustimmung des Urhebers für eine Marke oder ein sonstiges Kennzeichen, ein Design oder ein Gemeinschaftsgeschmacksmuster bestimmt ist oder
4. das Werk nicht veröffentlicht werden soll.

(4) [1]Von den Absätzen 1 bis 3 kann zum Nachteil des Urhebers nur durch eine Vereinbarung abgewichen werden, die auf einer gemeinsamen Vergütungsregel (§ 36) oder einem Tarifvertrag beruht.

§ 41   Rückrufsrecht wegen Nichtausübung

(1) [1]Übt der Inhaber eines ausschließlichen Nutzungsrechts das Recht nicht oder nur unzureichend aus und werden dadurch berechtigte Interessen des Urhebers erheblich verletzt, so kann dieser das Nutzungsrecht zurückrufen. [2]Dies gilt nicht, wenn die Nichtausübung oder die unzureichende Ausübung des Nutzungsrechts überwiegend auf Umständen beruht, deren Behebung dem Urheber zuzumuten ist.

(2) [1]Das Rückrufsrecht kann nicht vor Ablauf von zwei Jahren seit Einräumung oder Übertragung des Nutzungsrechts oder, wenn das Werk später abgeliefert wird, seit

der Ablieferung geltend gemacht werden. ²Bei einem Beitrag zu einer Zeitung beträgt die Frist drei Monate, bei einem Beitrag zu einer Zeitschrift, die monatlich oder in kürzeren Abständen erscheint, sechs Monate und bei einem Beitrag zu anderen Zeitschriften ein Jahr.

(3) ¹Der Rückruf kann erst erklärt werden, nachdem der Urheber dem Inhaber des Nutzungsrechts unter Ankündigung des Rückrufs eine angemessene Nachfrist zur zureichenden Ausübung des Nutzungsrechts bestimmt hat. ²Der Bestimmung der Nachfrist bedarf es nicht, wenn die Ausübung des Nutzungsrechts seinem Inhaber unmöglich ist oder von ihm verweigert wird oder wenn durch die Gewährung einer Nachfrist überwiegende Interessen des Urhebers gefährdet würden.

(4) Von den Absätzen 1 bis 3 kann zum Nachteil des Urhebers nur durch eine Vereinbarung abgewichen werden, die auf einer gemeinsamen Vergütungsregel (§ 36) oder einem Tarifvertrag beruht.

(5) Mit Wirksamwerden des Rückrufs erlischt das Nutzungsrecht.

(6) Der Urheber hat den Betroffenen zu entschädigen, wenn und soweit es der Billigkeit entspricht.

(7) Rechte und Ansprüche der Beteiligten nach anderen gesetzlichen Vorschriften bleiben unberührt.

§ 42 Rückrufsrecht wegen gewandelter Überzeugung

(1) ¹Der Urheber kann ein Nutzungsrecht gegenüber dem Inhaber zurückrufen, wenn das Werk seiner Überzeugung nicht mehr entspricht und ihm deshalb die Verwertung des Werkes nicht mehr zugemutet werden kann. ²Der Rechtsnachfolger des Urhebers (§ 30) kann den Rückruf nur erklären, wenn er nachweist, dass der Urheber vor seinem Tode zum Rückruf berechtigt gewesen wäre und an der Erklärung des Rückrufs gehindert war oder diese letztwillig verfügt hat.

(2) ¹Auf das Rückrufsrecht kann im Voraus nicht verzichtet werden. ²Seine Ausübung kann nicht ausgeschlossen werden.

(3) ¹Der Urheber hat den Inhaber des Nutzungsrechts angemessen zu entschädigen. ²Die Entschädigung muss mindestens die Aufwendungen decken, die der Inhaber des Nutzungsrechts bis zur Erklärung des Rückrufs gemacht hat; jedoch bleiben hierbei Aufwendungen, die auf bereits gezogene Nutzungen entfallen, außer Betracht. ³Der Rückruf wird erst wirksam, wenn der Urheber die Aufwendungen ersetzt oder Sicherheit dafür geleistet hat. ⁴Der Inhaber des Nutzungsrechts hat dem Urheber binnen einer Frist von drei Monaten nach Erklärung des Rückrufs die Aufwendungen mitzuteilen; kommt er dieser Pflicht nicht nach, so wird der Rückruf bereits mit Ablauf dieser Frist wirksam.

(4) Will der Urheber nach Rückruf das Werk wieder verwerten, so ist er verpflichtet, dem früheren Inhaber des Nutzungsrechts ein entsprechendes Nutzungsrecht zu angemessenen Bedingungen anzubieten.

(5) Die Bestimmungen in § 41 Abs. 5 und 7 sind entsprechend anzuwenden.

§ 42a Zwangslizenz zur Herstellung von Tonträgern

(1) ¹Ist einem Hersteller von Tonträgern ein Nutzungsrecht an einem Werk der Musik eingeräumt worden mit dem Inhalt, das Werk zu gewerblichen Zwecken auf Tonträger zu übertragen und diese zu vervielfältigen und zu verbreiten, so ist der Urheber verpflichtet, jedem anderen Hersteller von Tonträgern, der im Geltungsbereich dieses Gesetzes seine Hauptniederlassung oder seinen Wohnsitz hat, nach Erscheinen des Werkes gleichfalls ein Nutzungsrecht mit diesem Inhalt zu angemessenen Bedingungen einzuräumen; dies gilt nicht, wenn das bezeichnete Nutzungsrecht erlaubterweise von einer Verwertungsgesellschaft wahrgenommen wird oder wenn das Werk der Überzeugung des Urhebers nicht mehr entspricht, ihm deshalb die Verwertung des Werkes nicht mehr zugemutet werden kann und er ein etwa bestehendes Nutzungsrecht aus diesem Grunde zurückgerufen hat. ²§ 63 ist entsprechend anzuwenden. ³Der Urheber ist nicht verpflichtet, die Benutzung des Werkes zur Herstellung eines Filmes zu gestatten.

(2) Gegenüber einem Hersteller von Tonträgern, der weder seine Hauptniederlassung noch seinen Wohnsitz im Geltungsbereich dieses Gesetzes hat, besteht die Verpflichtung nach Absatz 1, soweit in dem Staat, in dem er seine Hauptniederlassung oder seinen Wohnsitz hat, den Herstellern von Tonträgern, die ihre Hauptniederlassung oder ihren Wohnsitz im Geltungsbereich dieses Gesetzes haben, nach einer Bekanntmachung des Bundesministeriums der Justiz und für Verbraucherschutz im Bundesgesetzblatt ein entsprechendes Recht gewährt wird.

(3) Das nach den vorstehenden Bestimmungen einzuräumende Nutzungsrecht wirkt nur im Geltungsbereich dieses Gesetzes und für die Ausfuhr nach Staaten, in denen das Werk keinen Schutz gegen die Übertragung auf Tonträger genießt.

(4) Hat der Urheber einem anderen das ausschließliche Nutzungsrecht eingeräumt mit dem Inhalt, das Werk zu gewerblichen Zwecken auf Tonträger zu übertragen und diese zu vervielfältigen und zu verbreiten, so gelten die vorstehenden Bestimmungen mit der Maßgabe, dass der Inhaber des ausschließlichen Nutzungsrechts zur Einräumung des in Absatz 1 bezeichneten Nutzungsrechts verpflichtet ist.

(5) Auf ein Sprachwerk, das als Text mit einem Werk der Musik verbunden ist, sind die vorstehenden Bestimmungen entsprechend anzuwenden, wenn einem Hersteller von Tonträgern ein Nutzungsrecht eingeräumt worden ist mit dem Inhalt, das Sprachwerk in Verbindung mit dem Werk der Musik auf Tonträger zu übertragen und diese zu vervielfältigen und zu verbreiten.

(6) [1]Für Klagen, durch die ein Anspruch auf Einräumung des Nutzungsrechts geltend gemacht wird, sind, sofern der Urheber oder im Falle des Absatzes 4 der Inhaber des ausschließlichen Nutzungsrechts im Geltungsbereich dieses Gesetzes keinen allgemeinen Gerichtsstand hat, die Gerichte zuständig, in deren Bezirk das Patentamt seinen Sitz hat. [2]Einstweilige Verfügungen können erlassen werden, auch wenn die in den §§ 935 und 940 der Zivilprozessordnung bezeichneten Voraussetzungen nicht zutreffen.

(7) Die vorstehenden Bestimmungen sind nicht anzuwenden, wenn das in Absatz 1 bezeichnete Nutzungsrecht lediglich zur Herstellung eines Filmes eingeräumt worden ist.

§ 43 Urheber in Arbeits- oder Dienstverhältnissen

Die Vorschriften dieses Unterabschnitts sind auch anzuwenden, wenn der Urheber das Werk in Erfüllung seiner Verpflichtungen aus einem Arbeits- oder Dienstverhältnis geschaffen hat, soweit sich aus dem Inhalt oder dem Wesen des Arbeits- oder Dienstverhältnisses nichts anderes ergibt.

§ 44 Veräußerung des Originals des Werkes

(1) Veräußert der Urheber das Original des Werkes, so räumt er damit im Zweifel dem Erwerber ein Nutzungsrecht nicht ein.

(2) Der Eigentümer des Originals eines Werkes der bildenden Künste oder eines Lichtbildwerkes ist berechtigt, das Werk öffentlich auszustellen, auch wenn es noch nicht veröffentlicht ist, es sei denn, dass der Urheber dies bei der Veräußerung des Originals ausdrücklich ausgeschlossen hat.

Abschnitt 6 Schranken des Urheberrechts durch gesetzlich erlaubte Nutzungen

Unterabschnitt 1 Gesetzlich erlaubte Nutzungen

§ 44a Vorübergehende Vervielfältigungshandlungen

Zulässig sind vorübergehende Vervielfältigungshandlungen, die flüchtig oder begleitend sind und einen integralen und wesentlichen Teil eines technischen Verfahrens darstellen und deren alleiniger Zweck es ist,

1. eine Übertragung in einem Netz zwischen Dritten durch einen Vermittler oder
2. eine rechtmäßige Nutzung

eines Werkes oder sonstigen Schutzgegenstands zu ermöglichen, und die keine eigenständige wirtschaftliche Bedeutung haben.

§ 45 Rechtspflege und öffentliche Sicherheit

(1) Zulässig ist, einzelne Vervielfältigungsstücke von Werken zur Verwendung in Verfahren vor einem Gericht, einem Schiedsgericht oder einer Behörde herzustellen oder herstellen zu lassen.

(2) Gerichte und Behörden dürfen für Zwecke der Rechtspflege und der öffentlichen Sicherheit Bildnisse vervielfältigen oder vervielfältigen lassen.

(3) Unter den gleichen Voraussetzungen wie die Vervielfältigung ist auch die Verbreitung, öffentliche Ausstellung und öffentliche Wiedergabe der Werke zulässig.

§ 45a Behinderte Menschen

(1) Zulässig ist die nicht Erwerbszwecken dienende Vervielfältigung für und deren Verbreitung ausschließlich an Menschen, soweit diesen der Zugang zu dem Werk in einer bereits verfügbaren Art der sinnlichen Wahrnehmung auf Grund einer Behinderung nicht möglich oder erheblich erschwert ist, soweit es zur Ermöglichung des Zugangs erforderlich ist.

(2) [1]Für die Vervielfältigung und Verbreitung ist dem Urheber eine angemessene Vergütung zu zahlen; ausgenommen ist die Herstellung lediglich einzelner Vervielfältigungsstücke. [2]Der Anspruch kann nur durch eine Verwertungsgesellschaft geltend gemacht werden.

§ 46 Sammlungen für den religiösen Gebrauch

(1) [1]Nach der Veröffentlichung zulässig ist die Vervielfältigung, Verbreitung und öffentliche Zugänglichmachung von Teilen eines Werkes, von Sprachwerken oder von Werken der Musik von geringem Umfang, von einzelnen Werken der bildenden Künste oder einzelnen Lichtbildwerken als Element einer Sammlung, die Werke einer größeren Anzahl von Urhebern vereinigt und die nach ihrer Beschaffenheit nur für den Gebrauch während religiöser Feierlichkeiten bestimmt ist. [2]In den Vervielfältigungsstücken oder bei der öffentlichen Zugänglichmachung ist deutlich anzugeben, wozu die Sammlung bestimmt ist.

(2) *(weggefallen)*

(3) [1]Mit der Vervielfältigung oder der öffentlichen Zugänglichmachung darf erst begonnen werden, wenn die Absicht, von der Berechtigung nach Absatz 1 Gebrauch zu machen, dem Urheber oder, wenn sein Wohnort oder Aufenthaltsort unbekannt ist, dem Inhaber des ausschließlichen Nutzungsrechts durch eingeschriebenen Brief mitgeteilt worden ist und seit Absendung des Briefes zwei Wochen verstrichen sind. [2]Ist auch der Wohnort oder Aufenthaltsort des Inhabers des ausschließlichen Nutzungsrechts unbekannt, so kann die Mitteilung durch Veröffentlichung im Bundesanzeiger bewirkt werden.

(4) Für die nach dieser Vorschrift zulässige Verwertung ist dem Urheber eine angemessene Vergütung zu zahlen.

(5) [1]Der Urheber kann nach dieser Vorschrift zulässige Verwertung verbieten, wenn das Werk seiner Überzeugung nicht mehr entspricht, ihm deshalb die Verwertung des Werkes nicht mehr zugemutet werden kann und er ein etwa bestehendes Nutzungsrecht aus diesem Grunde zurückgerufen hat (§ 42). [2]Die Bestimmungen in § 136 Abs. 1 und 2 sind entsprechend anzuwenden.

§ 47 Schulfunksendungen

(1) [1]Schulen sowie Einrichtungen der Lehrerbildung und der Lehrerfortbildung dürfen einzelne Vervielfältigungsstücke von Werken, die innerhalb einer Schulfunksendung

gesendet werden, durch Übertragung der Werke auf Bild- oder Tonträger herstellen. [2]Das gleiche gilt für Heime der Jugendhilfe und die staatlichen Landesbildstellen oder vergleichbare Einrichtungen in öffentlicher Trägerschaft.

(2) [1]Die Bild- oder Tonträger dürfen nur für den Unterricht verwendet werden. [2]Sie sind spätestens am Ende des auf die Übertragung der Schulfunksendung folgenden Schuljahres zu löschen, es sei denn, dass dem Urheber eine angemessene Vergütung gezahlt wird.

§ 48   Öffentliche Reden

(1) Zulässig ist
1. die Vervielfältigung und Verbreitung von Reden über Tagesfragen in Zeitungen, Zeitschriften sowie in anderen Druckschriften oder sonstigen Datenträgern, die im Wesentlichen den Tagesinteressen Rechnung tragen, wenn die Reden bei öffentlichen Versammlungen gehalten oder durch öffentliche Wiedergabe im Sinne von § 19a oder § 20 veröffentlicht worden sind, sowie die öffentliche Wiedergabe solcher Reden,
2. die Vervielfältigung, Verbreitung und öffentliche Wiedergabe von Reden, die bei öffentlichen Verhandlungen vor staatlichen, kommunalen oder kirchlichen Organen gehalten worden sind.

(2) Unzulässig ist jedoch die Vervielfältigung und Verbreitung der in Absatz 1 Nr. 2 bezeichneten Reden in Form einer Sammlung, die überwiegend Reden desselben Urhebers enthält.

§ 49   Zeitungsartikel und Rundfunkkommentare

(1) [1]Zulässig ist die Vervielfältigung und Verbreitung einzelner Rundfunkkommentare und einzelner Artikel sowie mit ihnen im Zusammenhang veröffentlichter Abbildungen aus Zeitungen und anderen lediglich Tagesinteressen dienenden Informationsblättern in anderen Zeitungen und Informationsblättern dieser Art sowie die öffentliche Wiedergabe solcher Kommentare, Artikel und Abbildungen, wenn sie politische, wirtschaftliche oder religiöse Tagesfragen betreffen und nicht mit einem Vorbehalt der Rechte versehen sind. [2]Für die Vervielfältigung, Verbreitung und öffentliche Wiedergabe ist dem Urheber eine angemessene Vergütung zu zahlen, es sei denn, dass es sich um eine Vervielfältigung, Verbreitung oder öffentliche Wiedergabe kurzer Auszüge aus mehreren Kommentaren oder Artikeln in Form einer Übersicht handelt. [3]Der Anspruch kann nur durch eine Verwertungsgesellschaft geltend gemacht werden.

(2) Unbeschränkt zulässig ist die Vervielfältigung, Verbreitung und öffentliche Wiedergabe von vermischten Nachrichten tatsächlichen Inhalts und von Tagesneuigkeiten, die durch Presse oder Funk veröffentlicht worden sind; ein durch andere gesetzliche Vorschriften gewährter Schutz bleibt unberührt.

§ 50   Berichterstattung über Tagesereignisse

Zur Berichterstattung über Tagesereignisse durch Funk oder durch ähnliche technische Mittel, in Zeitungen, Zeitschriften und in anderen Druckschriften oder sonstigen Datenträgern, die im wesentlichen Tagesinteressen Rechnung tragen, sowie im Film, ist die Vervielfältigung, Verbreitung und öffentliche Wiedergabe von Werken, die im Verlauf dieser Ereignisse wahrnehmbar werden, in einem durch den Zweck gebotenen Umfang zulässig.

§ 51   Zitate

[1]Zulässig ist die Vervielfältigung, Verbreitung und öffentliche Wiedergabe eines veröffentlichten Werkes zum Zweck des Zitats, sofern die Nutzung in ihrem Umfang durch den besonderen Zweck gerechtfertigt ist. [2]Zulässig ist dies insbesondere, wenn

1. einzelne Werke nach der Veröffentlichung in ein selbständiges wissenschaftliches Werk zur Erläuterung des Inhalts aufgenommen werden,
2. Stellen eines Werkes nach der Veröffentlichung in einem selbstständigen Sprachwerk angeführt werden,
3. einzelne Stellen eines erschienenen Werkes der Musik in ein selbständiges Werk der Musik angeführt werden.

[3]Von der Zitierbefugnis gemäß den Sätzen 1 und 2 umfasst ist die Nutzung einer Abbildung oder sonstigen Vervielfältigung des zitierten Werkes, auch wenn diese selbst durch ein Urheberrecht oder ein verwandtes Schutzrecht geschützt ist.

§ 52   Öffentliche Wiedergabe

(1) [1]Zulässig ist die öffentliche Wiedergabe eines veröffentlichten Werkes, wenn die Wiedergabe keinem Erwerbszweck des Veranstalters dient, die Teilnehmer ohne Entgelt zugelassen werden und im Falle des Vortrages oder der Aufführung des Werkes keiner der ausübenden Künstler (§ 73) eine besondere Vergütung erhält. [2]Für die Wiedergabe ist eine angemessene Vergütung zu zahlen. [3]Die Vergütungspflicht entfällt für Veranstaltungen der Jugendhilfe, der Sozialhilfe, der Alten- und Wohlfahrtspflege, sowie der Gefangenenbetreuung, sofern sie nach ihrer sozialen oder erzieherischen Zweckbestimmung nur einem bestimmt abgegrenzten Kreis von Personen zugänglich sind. [4]Dies gilt nicht, wenn die Veranstaltung dem Erwerbszweck eines Dritten dient; in diesem Fall hat der Dritte die Vergütung zu zahlen.

(2) [1]Zulässig ist die öffentliche Wiedergabe eines erschienenen Werkes auch bei einem Gottesdienst oder einer kirchlichen Feier der Kirchen oder Religionsgemeinschaften. [2]Jedoch hat der Veranstalter dem Urheber eine angemessene Vergütung zu zahlen.

(3) Öffentliche bühnenmäßige Darstellungen, öffentliche Zugänglichmachungen und Funksendungen eines Werkes sowie öffentliche Vorführungen eines Filmwerkes sind stets nur mit Einwilligung des Berechtigten zulässig.

§ 52a   (aufgehoben)

§ 52b   (aufgehoben)

§ 53   Vervielfältigungen zum privaten und sonstigen eigenen Gebrauch

(1) [1]Zulässig sind einzelne Vervielfältigungen eines Werkes durch eine natürliche Person zum privaten Gebrauch auf beliebigen Trägern, sofern sie weder unmittelbar noch mittelbar Erwerbszwecken dienen, soweit nicht zur Vervielfältigung eine offensichtlich rechtswidrig hergestellte oder öffentlich zugänglich gemachte Vorlage verwendet wird. [2]Der zur Vervielfältigung Befugte darf die Vervielfältigungsstücke auch durch einen anderen herstellen lassen, sofern dies unentgeltlich geschieht oder es sich um Vervielfältigungen auf Papier oder einem ähnlichen Träger mittels beliebiger photomechanischer Verfahren oder anderer Verfahren mit ähnlicher Wirkung handelt.

(2) [1]Zulässig ist, einzelne Vervielfältigungsstücke eines Werkes herzustellen oder herstellen zu lassen
1. (weggefallen)
2. zur Aufnahme in ein eigenes Archiv, wenn und soweit die Vervielfältigung zu diesem Zweck geboten ist und als Vorlage für die Vervielfältigung ein eigenes Werkstück benutzt wird,
3. zur eigenen Unterrichtung über Tagesfragen, wenn es sich um ein durch Funk gesendetes Werk handelt,
4. zum sonstigen eigenen Gebrauch,
    a) wenn es sich um kleine Teile eines erschienenen Werkes oder um einzelne Beiträge handelt, die in Zeitungen oder Zeitschriften erschienen sind,
    b) wenn es sich um ein seit mindestens zwei Jahren vergriffenes Werk handelt.

²Dies gilt nur, wenn zusätzlich

1 die Vervielfältigung auf Papier oder einem ähnlichen Träger mittels beliebiger photomechanischer Verfahren oder anderer Verfahren mit ähnlicher Wirkung vorgenommen wird oder

2. eine ausschließlich analoge Nutzung stattfindet.

(3) *(weggefallen)*

(4) Die Vervielfältigung

a) graphischer Aufzeichnungen von Werken der Musik,

b) eines Buches oder einer Zeitschrift, wenn es sich um eine im wesentlichen vollständige Vervielfältigung handelt,

ist, soweit sie nicht durch Abschreiben vorgenommen wird, stets nur mit Einwilligung des Berechtigten zulässig oder unter den Voraussetzungen des Absatzes 2 Satz 1 Nr. 2 oder zum eigenen Gebrauch, wenn es sich um ein seit mindestens zwei Jahren vergriffenes Werk handelt.

(5) Absätze 1 und 2 Satz 1 Nr. 2 bis 4 finden keine Anwendung auf Datenbankwerke, deren Elemente einzeln mit Hilfe elektronischer Mittel zugänglich sind.

(6) ¹Die Vervielfältigungsstücke dürfen weder verbreitet noch zu öffentlichen Wiedergaben benutzt werden. ²Zulässig ist jedoch, rechtmäßig hergestellte Vervielfältigungsstücke von Zeitungen und vergriffenen Werken sowie solche Werkstücke zu verleihen, bei denen kleine beschädigte oder abhanden gekommene Teile durch Vervielfältigungsstücke ersetzt worden sind.

(7) Die Aufnahme öffentlicher Vorträge, Aufführungen oder Vorführungen eines Werkes auf Bild- oder Tonträger, die Ausführung von Plänen und Entwürfen zu Werken der bildenden Künste und der Nachbau eines Werkes der Baukunst sind stets nur mit Einwilligung des Berechtigten zulässig.

§ 53a *(aufgehoben)*

Unterabschnitt 2 **Vergütung der nach den §§ 53, 60a bis 60f erlaubten Vervielfältigungen**

§ 54 Vergütungspflicht

(1) Lässt die Art des Werkes eine nach § 53 Abs. 1 oder 2 oder den §§ 60a bis 60f erlaubte Vervielfältigung erwarten, so hat der Urheber des Werkes gegen den Hersteller von Geräten und von Speichermedien, deren Typ allein oder in Verbindung mit anderen Geräten, Speichermedien oder Zubehör zur Vornahme solcher Vervielfältigungen benutzt wird, Anspruch auf Zahlung einer angemessenen Vergütung.

(2) Der Anspruch nach Absatz 1 entfällt, soweit nach den Umständen erwartet werden kann, dass die Geräte oder Speichermedien im Geltungsbereich dieses Gesetzes nicht zu Vervielfältigungen benutzt werden.

§ 54a Vergütungshöhe

(1) ¹Maßgebend für die Vergütungshöhe ist, in welchem Maß die Geräte und Speichermedien als Typen tatsächlich für Vervielfältigungen nach § 53 Absatz 1 oder 2 oder den §§ 60a bis 60f genutzt werden. ²Dabei ist zu berücksichtigen, inwieweit technische Schutzmaßnahmen nach § 95a auf die betreffenden Werke angewendet werden.

(2) Die Vergütung für Geräte ist so zu gestalten, dass sie auch mit Blick auf die Vergütungspflicht für in diesen Geräten enthaltene Speichermedien oder andere, mit diesen funktionell zusammenwirkende Geräte oder Speichermedien insgesamt angemessen ist.

(3) Bei der Bestimmung der Vergütungshöhe sind die nutzungsrelevanten Eigenschaften der Geräte und Speichermedien, insbesondere die Leistungsfähigkeit von

Geräten sowie die Speicherkapazität und Mehrfachbeschreibbarkeit von Speichermedien, zu berücksichtigen.

(4) Die Vergütung darf Hersteller von Geräten und Speichermedien nicht unzumutbar beeinträchtigen; sie muss in einem wirtschaftlich angemessenen Verhältnis zum Preisniveau des Geräts oder des Speichermediums stehen.

§ 54b Vergütungspflicht des Händlers oder Importeurs

(1) Neben dem Hersteller haftet als Gesamtschuldner, wer die Geräte oder Speichermedien in den Geltungsbereich dieses Gesetzes gewerblich einführt oder wiedereinführt oder wer mit ihnen handelt.

(2) [1]Einführer ist, wer die Geräte oder Speichermedien in den Geltungsbereich dieses Gesetzes verbringt oder verbringen lässt. [2]Liegt der Einfuhr ein Vertrag mit einem Gebietsfremden zugrunde, so ist Einführer nur der im Geltungsbereich dieses Gesetzes ansässige Vertragspartner, soweit er gewerblich tätig wird. [3]Wer lediglich als Spediteur oder Frachtführer oder in einer ähnlichen Stellung bei dem Verbringen der Waren tätig wird, ist nicht Einführer. [4]Wer die Gegenstände aus Drittländern in eine Freizone oder in ein Freilager nach Artikel 166 der Verordnung (EWG) Nr. 2913/92 des Rates vom 12. Oktober 1992 zur Festlegung des Zollkodex der Gemeinschaften (ABl. EG Nr. L 302 S. 1) verbringt oder verbringen lässt, ist als Einführer nur anzusehen, wenn die Gegenstände in diesem Bereich gebraucht oder wenn sie in den zollrechtlich freien Verkehr übergeführt werden.

(3) Die Vergütungspflicht des Händlers entfällt,
1. soweit ein zur Zahlung der Vergütung Verpflichteter, von dem der Händler die Geräte oder die Speichermedien bezieht, an einen Gesamtvertrag über die Vergütung gebunden ist oder
2. wenn der Händler Art und Stückzahl der bezogenen Geräte und Speichermedien und seine Bezugsquelle der nach § 54h Abs. 3 bezeichneten Empfangsstelle jeweils zum 10. Januar und 10. Juli für das vorangegangene Kalenderhalbjahr schriftlich mitteilt.

§ 54c Vergütungspflicht des Betreibers von Ablichtungsgeräten

(1) Werden Geräte der in § 54 Abs. 1 genannten Art, die im Weg der Ablichtung oder in einem Verfahren vergleichbarer Wirkung vervielfältigen, in Schulen, Hochschulen sowie Einrichtungen der Berufsbildung oder der sonstigen Aus- und Weiterbildung, Forschungseinrichtungen, öffentlichen Bibliotheken, in nicht kommerziellen Archiven oder Einrichtungen im Bereich des Film- oder Tonerbes oder in nicht kommerziellen öffentlich zugänglichen Museen oder in Einrichtungen betrieben, die Geräte für die entgeltliche Herstellung von Ablichtungen bereithalten, so hat der Urheber auch gegen den Betreiber des Geräts einen Anspruch auf Zahlung einer angemessenen Vergütung.

(2) Die Höhe der von dem Betreiber insgesamt geschuldeten Vergütung bemisst sich nach der Art und dem Umfang der Nutzung des Geräts, die nach den Umständen, insbesondere nach dem Standort und der üblichen Verwendung, wahrscheinlich ist.

§ 54d Hinweispflicht

Soweit nach § 14 Abs. 2 Satz 1 Nr. 2 Satz 2 des Umsatzsteuergesetzes eine Verpflichtung zur Erteilung einer Rechnung besteht, ist in Rechnungen über die Veräußerung oder ein sonstiges Inverkehrbringen der in § 54 Abs. 1 genannten Geräte oder Speichermedien auf die auf das Gerät oder Speichermedium entfallende Urhebervergütung hinzuweisen.

§ 54e Meldepflicht

(1) Wer Geräte oder Speichermedien in den Geltungsbereich dieses Gesetzes gewerblich einführt oder wiedereinführt, ist dem Urheber gegenüber verpflichtet, Art

und Stückzahl der eingeführten Gegenstände der nach § 54h Abs. 3 bezeichneten Empfangsstelle monatlich bis zum zehnten Tag nach Ablauf jedes Kalendermonats schriftlich mitzuteilen.

(2) Kommt der Meldepflichtige seiner Meldepflicht nicht, nur unvollständig oder sonst unrichtig nach, kann der doppelte Vergütungssatz verlangt werden.

§ 54f Auskunftspflicht

(1) [1]Der Urheber kann von dem nach § 54 oder § 54b zur Zahlung der Vergütung Verpflichteten Auskunft über Art und Stückzahl der im Geltungsbereich dieses Gesetzes veräußerten oder in Verkehr gebrachten Geräte und Speichermedien verlangen. [2]Die Auskunftspflicht des Händlers erstreckt sich auch auf die Benennung der Bezugsquellen; sie besteht auch im Fall des § 54b Abs. 3 Nr. 1. § 26 Abs. 7 gilt entsprechend.

(2) Der Urheber kann von dem Betreiber eines Geräts in einer Einrichtung im Sinne des § 54c Abs. 1 die für die Bemessung der Vergütung erforderliche Auskunft verlangen.

(3) Kommt der zur Zahlung der Vergütung Verpflichtete seiner Auskunftspflicht nicht, nur unvollständig oder sonst unrichtig nach, so kann der doppelte Vergütungssatz verlangt werden.

§ 54g Kontrollbesuch

[1]Soweit dies für die Bemessung der vom Betreiber nach § 54c geschuldeten Vergütung erforderlich ist, kann der Urheber verlangen, dass ihm das Betreten der Betriebs- und Geschäftsräume des Betreibers, der Geräte für die entgeltliche Herstellung von Ablichtungen bereithält, während der üblichen Betriebs- oder Geschäftszeit gestattet wird. [2]Der Kontrollbesuch muss so ausgeübt werden, dass vermeidbare Betriebsstörungen unterbleiben.

§ 54h Verwertungsgesellschaften; Handhabung der Mitteilungen

(1) Die Ansprüche nach den §§ 54 bis 54c, 54e Abs. 2, §§ 54f und 54g können nur durch eine Verwertungsgesellschaft geltend gemacht werden.

(2) [1]Jedem Berechtigten steht ein angemessener Anteil an den nach den §§ 54 bis 54c gezahlten Vergütungen zu. [2]Soweit Werke mit technischen Maßnahmen gemäß § 95a geschützt sind, werden sie bei der Verteilung der Einnahmen nicht berücksichtigt.

(3) [1]Für Mitteilungen nach § 54b Abs. 3 und § 54e haben die Verwertungsgesellschaften dem Deutschen Patent- und Markenamt eine gemeinsame Empfangsstelle zu bezeichnen. [2]Das Deutsche Patent- und Markenamt gibt diese im Bundesanzeiger bekannt.

(4) [1]Das Deutsche Patent- und Markenamt kann Muster für die Mitteilungen nach § 54b Abs. 3 Nr. 2 und § 54e im Bundesanzeiger bekannt machen. [2]Werden Muster bekannt gemacht, sind diese zu verwenden.

(5) Die Verwertungsgesellschaften und die Empfangsstelle dürfen die gemäß § 54b Abs. 3 Nr. 2, den §§ 54e und 54f erhaltenen Angaben nur zur Geltendmachung der Ansprüche nach Absatz 1 verwenden.

Unterabschnitt 3 Weitere gesetzlich erlaubte Nutzungen

§ 55 Vervielfältigung durch Sendeunternehmen

(1) [1]Ein Sendeunternehmen, das zur Funksendung eines Werkes berechtigt ist, darf das Werk mit eigenen Mitteln auf Bild- oder Tonträger übertragen, um diese zur Funksendung über jeden seiner Sender oder Richtstrahler je einmal zu benutzen.

[2]Die Bild- oder Tonträger sind spätestens einen Monat nach der ersten Funksendung des Werkes zu löschen.

(2) [1]Bild- oder Tonträger, die außergewöhnlichen dokumentarischen Wert haben, brauchen nicht gelöscht zu werden, wenn sie in ein amtliches Archiv aufgenommen werden. [2]Von der Aufnahme in das Archiv ist der Urheber unverzüglich zu benachrichtigen.

§ 55a Benutzung eines Datenbankwerkes

[1]Zulässig ist die Bearbeitung sowie die Vervielfältigung eines Datenbankwerkes durch den Eigentümer eines mit Zustimmung des Urhebers durch Veräußerung in Verkehr gebrachten Vervielfältigungsstücks des Datenbankwerkes, den in sonstiger Weise zu dessen Gebrauch Berechtigten oder denjenigen, dem ein Datenbankwerk aufgrund eines mit dem Urheber oder eines mit dessen Zustimmung mit einem Dritten geschlossenen Vertrags zugänglich gemacht wird, wenn und soweit die Bearbeitung oder Vervielfältigung für den Zugang zu den Elementen des Datenbankwerkes und für dessen übliche Benutzung erforderlich ist. [2]Wird aufgrund eines Vertrags nach Satz 1 nur ein Teil des Datenbankwerkes zugänglich gemacht, so ist nur die Bearbeitung sowie die Vervielfältigung dieses Teils zulässig. [3]Entgegenstehende vertragliche Vereinbarungen sind nichtig.

§ 56 Vervielfältigung und öffentliche Wiedergabe in Geschäftsbetrieben

(1) In Geschäftsbetrieben, in denen Geräte zur Herstellung oder zur Wiedergabe von Bild- oder Tonträgern, zum Empfang von Funksendungen oder zur elektronischen Datenverarbeitung vertrieben oder instandgesetzt werden, ist die Übertragung von Werken auf Bild-, Ton- oder Datenträger sowie die öffentliche Wahrnehmbarmachung von Funksendungen und öffentliche Zugänglichmachung von Werken zulässig, soweit dies notwendig ist, um diese Geräte Kunden vorzuführen oder instand zu setzen.

(2) Nach Absatz 1 hergestellte Bild-, Ton- oder Datenträger sind unverzüglich zu löschen.

§ 57 Unwesentliches Beiwerk

Zulässig ist die Vervielfältigung, Verbreitung und öffentliche Wiedergabe von Werken, wenn sie als unwesentliches Beiwerk neben dem eigentlichen Gegenstand der Vervielfältigung, Verbreitung oder öffentlichen Wiedergabe anzusehen sind.

§ 58 Werbung für die Ausstellung und den öffentlichen Verkauf von Werken

Zulässig sind die Vervielfältigung, Verbreitung und öffentliche Zugänglichmachung von öffentlich ausgestellten oder zur öffentlichen Ausstellung oder zum öffentlichen Verkauf bestimmten Werken gemäß § 2 Absatz 1 Nummer 4 bis 6 durch den Veranstalter zur Werbung, soweit dies zur Förderung der Veranstaltung erforderlich ist.

§ 59 Werke an öffentlichen Plätzen

(1) [1]Zulässig ist, Werke, die sich bleibend an öffentlichen Wegen, Straßen oder Plätzen befinden, mit Mitteln der Malerei oder Graphik, durch Lichtbild oder durch Film zu vervielfältigen, zu verbreiten und öffentlich wiederzugeben. [2]Bei Bauwerken erstrecken sich diese Befugnisse nur auf die äußere Ansicht.

(2) Die Vervielfältigungen dürfen nicht an einem Bauwerk vorgenommen werden.

§ 60   Bildnisse

(1) [1]Zulässig ist die Vervielfältigung sowie die unentgeltliche und nicht zu gewerblichen Zwecken vorgenommene Verbreitung eines Bildnisses durch den Besteller des Bildnisses oder seinen Rechtsnachfolger oder bei einem auf Bestellung geschaffenen Bildnis durch den Abgebildeten oder nach dessen Tod durch seine Angehörigen oder durch einen im Auftrag dieser Personen handelnden Dritten. [2]Handelt es sich bei dem Bildnis um ein Werk der bildenden Künste, so ist die Verwertung nur durch Lichtbild zulässig.

(2) Angehörige im Sinne von Absatz 1 Satz 1 sind der Ehegatte und der Lebenspartner und die Kinder oder, wenn weder ein Ehegatte oder Lebenspartner noch Kinder vorhanden sind, die Eltern.

Unterabschnitt 4   **Gesetzlich erlaubte Nutzungen für Unterricht, Wissenschaft und Institutionen**

§ 60a   Unterricht und Lehre

(1) Zur Veranschaulichung des Unterrichts und der Lehre an Bildungseinrichtungen dürfen zu nicht kommerziellen Zwecken bis zu 15 Prozent eines veröffentlichten Werkes vervielfältigt, verbreitet, öffentlich zugänglich gemacht und in sonstiger Weise öffentlich wiedergegeben werden
1. für Lehrende und Teilnehmer der jeweiligen Veranstaltung,
2. für Lehrende und Prüfer an derselben Bildungseinrichtung,
3. für Dritte, soweit dies der Präsentation des Unterrichts, von Unterrichts- oder Lernergebnissen an der Bildungseinrichtung dient.

(2) Abbildungen, einzelne Beiträge aus derselben Fachzeitschrift oder wissenschaftlichen Zeitschrift, sonstige Werke geringen Umfangs und vergriffene Werke dürfen abweichend von Absatz 1 vollständig genutzt werden.

(3) Nicht nach den Absätzen 1 und 2 erlaubt sind folgende Nutzungen:
1. Vervielfältigung durch Aufnahme auf Bild- oder Tonträger und öffentliche Wiedergabe eines Werkes, während es öffentlich vorgetragen, aufgeführt oder vorgeführt wird,
2. Vervielfältigung, Verbreitung und öffentliche Wiedergabe eines Werkes, das ausschließlich für den Unterricht an Schulen geeignet, bestimmt und entsprechend gekennzeichnet ist, an Schulen sowie
3. Vervielfältigung von grafischen Aufzeichnungen von Werken der Musik, soweit sie nicht für die öffentliche Zugänglichmachung nach den Absätzen 1 oder 2 erforderlich ist.

(4) Bildungseinrichtungen sind frühkindliche Bildungseinrichtungen, Schulen, Hochschulen sowie Einrichtungen der Berufsbildung oder der sonstigen Aus- und Weiterbildung.

§ 60b   Unterrichts- und Lehrmedien

(1) Hersteller von Unterrichts- und Lehrmedien dürfen für solche Sammlungen bis zu 10 Prozent eines veröffentlichten Werkes vervielfältigen, verbreiten und öffentlich zugänglich machen.

(2) § 60a Absatz 2 und 3 ist entsprechend anzuwenden.

(3) Unterrichts- und Lehrmedien im Sinne dieses Gesetzes sind Sammlungen, die Werke einer größeren Anzahl von Urhebern vereinigen und ausschließlich zur Veranschaulichung des Unterrichts und der Lehre an Bildungseinrichtungen (§ 60a) zu nicht kommerziellen Zwecken geeignet, bestimmt und entsprechend gekennzeichnet sind.

§ 60c   Wissenschaftliche Forschung

(1) Zum Zweck der nicht kommerziellen wissenschaftlichen Forschung dürfen bis zu 15 Prozent eines Werkes vervielfältigt, verbreitet und öffentlich zugänglich gemacht werden

1. für einen bestimmt abgegrenzten Kreis von Personen für deren eigene wissenschaftliche Forschung sowie
2. für einzelne Dritte, soweit dies der Überprüfung der Qualität wissenschaftlicher Forschung dient.

(2) Für die eigene wissenschaftliche Forschung dürfen bis zu 75 Prozent eines Werkes vervielfältigt werden.

(3) Abbildungen, einzelne Beiträge aus derselben Fachzeitschrift oder wissenschaftlichen Zeitschrift, sonstige Werke geringeren Umfangs und vergriffene Werke dürfen abweichend von Absatz 1 und 2 vollständig genutzt werden.

(4) Nicht nach den Absätzen 1 bis 3 erlaubt ist es, während öffentlicher Vorträge, Aufführungen oder Vorführungen eines Werkes diese auf Bild- oder Tonträger aufzunehmen und später öffentlich zugänglich zu machen.

§ 60d   Text und Data Mining

(1) [1]Um eine Vielzahl von Werken (Ursprungsmaterial) für die wissenschaftliche Forschung automatisiert auszuwerten, ist es zulässig,

1. das Ursprungsmaterial auch automatisiert und systematisch zu vervielfältigen, um daraus insbesondere durch Normalisierung, Strukturierung und Kategorisierung ein auszuwertendes Korpus zu erstellen, und
2. das Korpus einem bestimmten abgegrenzten Kreis von Personen für die gemeinsame wissenschaftliche Forschung sowie einzelnen Dritten zur Überprüfung der Qualität wissenschaftlicher Forschung öffentlich zugänglich zu machen. [2]Der Nutzer darf hierbei nur nicht kommerzielle Zwecke verfolgen.

(2) [1]Werden Datenbankwerke nach Maßgabe des Absatzes 1 genutzt, so gilt dies als übliche Benutzung nach § 55a Satz 1. [2]Werden unwesentliche Teile von Datenbanken nach Maßgabe des Absatzes 1 genutzt, so gilt dies mit der normalen Auswertung der Datenbank sowie mit den berechtigten Interessen des Datenbankherstellers im Sinne von § 87b Absatz 1 Satz 2 und § 87e als vereinbar.

(3) [1]Das Korpus und die Vervielfältigung des Ursprungsmaterials sind nach Abschluss der Forschungsarbeiten zu löschen; die öffentliche Zugänglichmachung ist zu beenden. [2]Zulässig ist es jedoch, das Korpus und die Vervielfältigungen des Ursprungsmaterials den in den §§ 60e und 60f genannten Institutionen zur dauerhaften Aufbewahrung zu übermitteln.

§ 60e   Bibliotheken

(1) Öffentlich zugängliche Bibliotheken, die keine unmittelbaren oder mittelbaren kommerziellen Zwecke verfolgen (Bibliotheken), dürfen ein Werk aus ihrem Bestand oder ihrer Ausstellung für Zwecke der Zugänglichmachung, Indexierung, Katalogisierung, Erhaltung und Restaurierung vervielfältigen oder vervielfältigen lassen, auch mehrfach und mit technisch bedingten Änderungen.

(2) [1]Verbreiten dürfen Bibliotheken Vervielfältigungen eines Werkes aus ihrem Bestand an andere Bibliotheken oder an in § 60f genannte Institutionen für Zwecke der Restaurierung. [2]Verleihen dürfen sie restaurierte Werke sowie Vervielfältigungsstücke von Zeitungen, vergriffenen oder zerstörten Werken aus ihrem Bestand.

(3) Verbreiten dürfen Bibliotheken Vervielfältigungen eines in § 2 Absatz 1 Nummer 4 bis 7 genannten Werkes, sofern dies in Zusammenhang mit dessen öffentlicher Ausstellung oder zur Dokumentation des Bestandes der Bibliothek erfolgt.

(4) [1]Zugänglich machen dürfen Bibliotheken an Terminals in ihren Räumen ein Werk aus ihrem Bestand ihren Nutzern für deren Forschung oder private Studien. [2]Sie dürfen den Nutzern je Sitzung Vervielfältigungen an den Terminals von bis zu 10 Prozent eines Werkes sowie von einzelnen Abbildungen, Beiträgen aus derselben

Fachzeitschrift oder wissenschaftlichen Zeitschrift, sonstigen Werken geringen Umfango und vergriffenen Werken zu nicht kommerziellen Zwecken ermöglichen.

(5) Auf Einzelbestellung an Nutzer zu nicht kommerziellen Zwecken übermitteln dürfen Bibliotheken Vervielfältigungen von bis zu 10 Prozent eines erschienenen Werkes sowie einzelne Beiträge, die in Fachzeitschriften oder wissenschaftlichen Zeitschriften erschienen sind.

§ 60f   Archive, Museen und Bildungseinrichtungen

(1) Für Archive, Einrichtungen im Bereich des Film- oder Tonerbes sowie öffentlich zugängliche Museen und Bildungseinrichtungen (§ 60a Absatz 4), die keine unmittelbaren oder mittelbaren kommerziellen Zwecke verfolgen, gilt § 60e mit Ausnahme des Absatzes 5 entsprechend.

(2) [1]Archive, die auch im öffentlichen Interesse tätig sind, dürfen ein Werk vervielfältigen oder vervielfältigen lassen, um es als Archivgut in ihre Bestände aufzunehmen. [2]Die abgebende Stelle hat unverzüglich die bei ihr vorhandenen Vervielfältigungen zu löschen.

§ 60g   Gesetzlich erlaubte Nutzung und vertragliche Nutzungsbefugnis

(1) Auf Vereinbarungen, die erlaubte Nutzungen nach den §§ 60a bis 60f zum Nachteil der Nutzungsberechtigten beschränken oder untersagen, kann sich der Rechteinhaber nicht berufen.

(2) Vereinbarungen, die ausschließlich die Zugänglichmachung an Terminals nach § 60e Absatz 4 und § 60f Absatz 1 oder den Versand von Vervielfältigungen auf Einzelbestellung nach § 60e Absatz 5 zum Gegenstand haben, gehen abweichend von Absatz 1 der gesetzlichen Erlaubnis vor.

§ 60h   Angemessene Vergütung der gesetzlich erlaubten Nutzungen

(1) [1]Für Nutzungen nach Maßgabe dieses Unterabschnitts hat der Urheber Anspruch auf Zahlung einer angemessenen Vergütung. [2]Vervielfältigungen sind nach den §§ 54 bis 54c zu vergüten.

(2) Folgende Nutzungen sind abweichend von Absatz 1 vergütungsfrei:
1. die öffentliche Wiedergabe für Angehörige von Bildungseinrichtungen und deren Familien nach § 60a Absatz 1 Nummer 1 und 3 sowie Absatz 2 mit Ausnahme der öffentlichen Zugänglichmachung,
2. Vervielfältigungen zum Zweck der Indexierung, Katalogisierung, Erhaltung und Restaurierung nach § 60e Absatz 1 und § 60f Absatz 1.

(3) [1]Eine pauschale Vergütung oder eine repräsentative Stichprobe der Nutzung für die nutzungsabhängige Berechnung der angemessenen Vergütung genügt. [2]Dies gilt nicht bei Nutzungen nach den §§ 60b und 60e Absatz 5.

(4) Der Anspruch auf angemessene Vergütung kann nur durch eine Verwertungsgesellschaft geltend gemacht werden.

(5) [1]Ist der Nutzer im Rahmen einer Einrichtung tätig, so ist nur sie die Vergütungsschuldnerin. [2]Für Vervielfältigungen, die gemäß Absatz 1 Satz 2 nach den §§ 54 bis 54c abgegolten werden, sind nur diese Regelungen anzuwenden.

Unterabschnitt 5   Besondere gesetzlich erlaubte Nutzungen verwaister Werke

§ 61   Verwaiste Werke

(1) Zulässig sind die Vervielfältigung und die öffentliche Zugänglichmachung verwaister Werke nach Maßgabe der Absätze 3 bis 5.

(2) Verwaiste Werke im Sinne dieses Gesetzes sind

1. Werke und sonstige Schutzgegenstände in Büchern, Fachzeitschriften, Zeitungen, Zeitschriften oder anderen Schriftwerken,
2. Filmwerke sowie Bildträger und Bild- und Tonträger, auf denen Filmwerke aufgenommen sind, und
3. Tonträger

aus Sammlungen (Bestandsinhalte) von öffentlich zugänglichen Bibliotheken, Bildungseinrichtungen, Museen, Archiven sowie von Einrichtungen im Bereich des Film- oder Tonerbes, wenn diese Bestandsinhalte bereits veröffentlicht worden sind, deren Rechtsinhaber auch durch eine sorgfältige Suche nicht festgestellt oder ausfindig gemacht werden konnte.

(3) Gibt es mehrere Rechtsinhaber eines Bestandsinhaltes, kann dieser auch dann vervielfältigt und öffentlich zugänglich gemacht werden, wenn selbst nach sorgfältiger Suche nicht alle Rechtsinhaber festgestellt oder ausfindig gemacht werden konnten, aber von den bekannten Rechtsinhabern die Erlaubnis zur Nutzung eingeholt worden ist.

(4) Bestandsinhalte, die nicht erschienen sind oder nicht gesendet wurden, dürfen durch die jeweilige in Absatz 2 genannte Institution genutzt werden, wenn die Bestandsinhalte von ihr bereits mit Erlaubnis des Rechtsinhabers der Öffentlichkeit zugänglich gemacht wurden und sofern nach Treu und Glauben anzunehmen ist, dass der Rechtsinhaber in die Nutzung nach Absatz 1 einwilligen würde.

(5) ¹Die Vervielfältigung und die öffentliche Zugänglichmachung durch die in Absatz 2 genannten Institutionen sind nur zulässig, wenn die Institutionen zur Erfüllung ihrer im Gemeinwohl liegenden Aufgaben handeln, insbesondere wenn sie Bestandsinhalte bewahren und restaurieren und den Zugang zu ihren Sammlungen eröffnen, sofern dies kulturellen und bildungspolitischen Zwecken dient. ²Die Institutionen dürfen für den Zugang zu den genutzten verwaisten Werken ein Entgelt verlangen, das die Kosten der Digitalisierung und der öffentlichen Zugänglichmachung deckt.

§ 61a Sorgfältige Suche und Dokumentationspflichten

(1) ¹Die sorgfältige Suche nach dem Rechtsinhaber gemäß § 61 Absatz 2 ist für jeden Bestandsinhalt und für in diesem enthaltene sonstige Schutzgegenstände durchzuführen; dabei sind mindestens die in der Anlage bestimmten Quellen zu konsultieren. ²Die sorgfältige Suche ist in dem Mitgliedstaat der Europäischen Union durchzuführen, in dem das Werk zuerst veröffentlicht wurde. ³Wenn es Hinweise darauf gibt, dass relevante Informationen zu Rechtsinhabern in anderen Staaten gefunden werden können, sind auch verfügbare Informationsquellen in diesen anderen Staaten zu konsultieren. ⁴Die nutzende Institution darf mit der Durchführung der sorgfältigen Suche auch einen Dritten beauftragen.

(2) Bei Filmwerken sowie bei Bildträgern und Bild- und Tonträgern, auf denen Filmwerke aufgenommen sind, ist die sorgfältige Suche in dem Mitgliedstaat der Europäischen Union durchzuführen, in dem der Hersteller seine Hauptniederlassung oder seinen gewöhnlichen Aufenthalt hat.

(3) Für die in § 61 Absatz 4 genannten Bestandsinhalte ist eine sorgfältige Suche in dem Mitgliedstaat der Europäischen Union durchzuführen, in dem die Institution ihren Sitz hat, die den Bestandsinhalt mit Erlaubnis des Rechtsinhabers der Öffentlichkeit zugänglich gemacht hat.

(4) ¹Die nutzende Institution dokumentiert ihre sorgfältige Suche und leitet die folgenden Informationen dem Deutschen Patent- und Markenamt zu:
1. die genaue Bezeichnung des Bestandsinhaltes, der nach den Ergebnissen der sorgfältigen Suche verwaist ist,
2. die Art der Nutzung des verwaisten Werkes durch die Institution,
3. jede Änderung des Status eines genutzten verwaisten Werkes gemäß § 61b,
4. die Kontaktdaten der Institution wie Name, Anschrift sowie gegebenenfalls Telefonnummer, Faxnummer und E-Mail-Adresse.

²Diese Informationen werden von dem Deutschen Patent- und Markenamt unverzüglich an das Harmonisierungsamt für den Binnenmarkt (Marken, Muster, Modelle) weitergeleitet.

(5) Einer sorgfältigen Suche bedarf es nicht für Bestandsinhalte, die bereits in der Datenbank des Harmonisierungsamtes für den Binnenmarkt (Marken, Muster, Modelle) als verwaist erfasst sind.

§ 61b   Beendigung der Nutzungs- und Vergütungspflicht der nutzenden Institution

[1]Wird ein Rechtsinhaber eines Bestandsinhalts nachträglich festgestellt oder ausfindig gemacht, hat die nutzende Institution die Nutzungshandlungen unverzüglich zu unterlassen, sobald sie hiervon Kenntnis erlangt. [2]Der Rechtsinhaber hat gegen die nutzende Institution Anspruch auf Zahlung einer angemessenen Vergütung für die erfolgte Nutzung.

§ 61c   Nutzung verwaister Werke durch öffentlich-rechtliche Rundfunkanstalten

[1]Zulässig sind die Vervielfältigung und die öffentliche Zugänglichmachung von
1. Filmwerken sowie Bildträgern und Bild- und Tonträgern, auf denen Filmwerke aufgenommen sind, und
2. Tonträgern,

die vor dem 1. Januar 2003 von öffentlich-rechtlichen Rundfunkanstalten hergestellt wurden und sich in deren Sammlung befinden, unter den Voraussetzungen des § 61 Absatz 2 bis 5 auch durch öffentlich-rechtliche Rundfunkanstalten. [2]Die §§ 61a und 61b gelten entsprechend.

Unterabschnitt 6   Gemeinsame Vorschriften für gesetzlich erlaubte Nutzungen

§ 62   Änderungsverbot

(1) [1]Soweit nach den Bestimmungen dieses Abschnitts die Benutzung eines Werkes zulässig ist, dürfen Änderungen an dem Werk nicht vorgenommen werden. [2]§ 39 gilt entsprechend.

(2) Soweit der Benutzungszweck es erfordert, sind Übersetzungen und solche Änderungen des Werkes zulässig, die nur Auszüge oder Übertragungen in eine andere Tonart oder Stimmlage darstellen.

(3) Bei Werken der bildenden Künste und Lichtbildwerken sind Übertragungen des Werkes in eine andere Größe und solche Änderungen zulässig, die das für die Vervielfältigung angewendete Verfahren mit sich bringt.

(4) [1]Bei Sammlungen für den religiösen Gebrauch (§ 46), bei Nutzungen für Unterricht und Lehre (§ 60a) und bei Unterrichts- und Lehrmedien (§ 60b) sind auch solche Änderungen von Sprachwerken zulässig, die für den religiösen Gebrauch und für die Veranschaulichung des Unterrichts und der Lehre erforderlich sind. [2]Diese Änderungen bedürfen jedoch der Einwilligung des Urhebers, nach seinem Tode der Einwilligung seines Rechtsnachfolgers (§ 30), wenn dieser Angehöriger (§ 60 Abs. 2) des Urhebers ist oder das Urheberrecht auf Grund letztwilliger Verfügung des Urhebers erworben hat. [3]Die Einwilligung gilt als erteilt, wenn der Urheber oder der Rechtsnachfolger nicht innerhalb eines Monats, nachdem ihm die beabsichtigte Änderung mitgeteilt worden ist, widerspricht und er bei der Mitteilung der Änderung auf diese Rechtsfolge hingewiesen worden ist. [4]Bei Nutzungen für Unterricht und Lehre (§ 60a) sowie für Unterrichts- und Lehrmedien (§ 60b) bedarf es keiner Einwilligung, wenn die Änderungen deutlich sichtbar kenntlich gemacht werden.

§ 63   Quellenangabe

(1) [1]Wenn ein Werk oder ein Teil eines Werkes in den Fällen des § 45 Abs. 1, der §§ 45a bis 48, 50, 51, 58, 59 sowie der §§ 60a bis 60d, 61 und 61c vervielfältigt

oder verbreitet wird, ist stets die Quelle deutlich anzugeben. [2]Bei der Vervielfältigung oder Verbreitung ganzer Sprachwerke oder ganzer Werke der Musik ist neben dem Urheber auch der Verlag anzugeben, in dem das Werk erschienen ist, und außerdem kenntlich zu machen, ob an dem Werk Kürzungen oder andere Änderungen vorgenommen worden sind. [3]Die Verpflichtung zur Quellenangabe entfällt, wenn die Quelle weder auf dem benutzten Werkstück oder bei der benutzten Werkwiedergabe genannt noch dem zur Vervielfältigung oder Verbreitung Befugten anderweit bekannt ist oder im Fall des § 60a oder § 60b Prüfungszwecke einen Verzicht auf die Quellenangabe erfordern.

(2) [1]Soweit nach den Bestimmungen dieses Abschnitts die öffentliche Wiedergabe eines Werkes zulässig ist, ist die Quelle deutlich anzugeben, wenn und soweit die Verkehrssitte es erfordert. [2]In den Fällen der öffentlichen Wiedergabe nach den §§ 46, 48, 51, 60a bis 60d, 61 und 61c ist die Quelle einschließlich des Namens des Urhebers stets anzugeben, es sei denn, dass dies nicht möglich ist.

(3) [1]Wird ein Artikel aus einer Zeitung oder einem anderen Informationsblatt nach § 49 Abs. 1 in einer anderen Zeitung oder in einem anderen Informationsblatt abgedruckt oder durch Funk gesendet, so ist stets außer dem Urheber, der in der benutzten Quelle bezeichnet ist, auch die Zeitung oder das Informationsblatt anzugeben, woraus der Artikel entnommen ist; ist dort eine andere Zeitung oder ein anderes Informationsblatt als Quelle angeführt, so ist diese Zeitung oder dieses Informationsblatt anzugeben. [2]Wird ein Rundfunkkommentar nach § 49 Abs. 1 in einer Zeitung oder einem anderen Informationsblatt abgedruckt oder durch Funk gesendet, so ist stets außer dem Urheber auch das Sendeunternehmen anzugeben, das den Kommentar gesendet hat.

Abschnitt 7 Dauer des Urheberrechts

§ 64   Allgemeines

Das Urheberrecht erlischt 70 Jahre nach dem Tode des Urhebers.

§ 65   Miturheber, Filmwerke, Musikkomposition mit Text

(1) Steht das Urheberrecht mehreren Urhebern (§ 8) zu, so erlischt es 70 Jahre nach dem Tod des längstlebenden Miturhebers.

(2) Bei Filmwerken und Werken, die ähnlich wie Filmwerke hergestellt werden, erlischt das Urheberrecht 70 Jahre nach dem Tod des längstlebenden der folgenden Personen: Hauptregisseur, Urheber des Drehbuchs, Urheber der Dialoge, Komponist der für das betreffende Filmwerk komponierten Musik.

(3) [1]Die Schutzdauer einer Musikkomposition mit Text erlischt 70 Jahre nach dem Tod des Längstlebenden der folgenden Personen: Verfasser des Textes, Komponist der Musikkomposition, sofern beide Beiträge eigens für die betreffende Musikkomposition mit Text geschaffen wurden. [2]Dies gilt unabhängig davon, ob diese Personen als Miturheber ausgewiesen sind.

§ 66   Anonyme und pseudonyme Werke.

(1) [1]Bei anonymen und pseudonymen Werken erlischt das Urheberrecht 70 Jahre nach der Veröffentlichung. [2]Es erlischt jedoch bereits 70 Jahre nach der Schaffung des Werkes, wenn das Werk innerhalb dieser Frist nicht veröffentlicht worden ist.

(2) [1]Offenbart der Urheber seine Identität innerhalb der in Absatz 1 Satz 1 bezeichneten Frist oder lässt das vom Urheber angenommene Pseudonym keinen Zweifel an seiner Identität zu, so berechnet sich die Dauer des Urheberrechts nach den §§ 64 und 65. [2]Dasselbe gilt, wenn innerhalb der in Absatz 1 Satz 1 bezeichneten Frist der wahre Name des Urhebers zur Eintragung in das Register anonymer und pseudonymer Werke (§ 138) angemeldet wird.

(3) Zu den Handlungen nach Absatz 2 sind der Urheber, nach seinem Tode sein Rechtsnachfolger (§ 30) oder der Testamentsvollstrecker (§ 28 Abs. 2) berechtigt.

§ 67 Lieferungswerke

Bei Werken, die in inhaltlich nicht abgeschlossenen Teilen (Lieferungen) veröffentlicht werden, berechnet sich im Falle des § 66 Abs. 1 Satz 1 die Schutzfrist einer jeden Lieferung gesondert ab dem Zeitpunkt ihrer Veröffentlichung.

§ 68 *(aufgehoben)*

§ 69 Berechnung der Fristen

Die Fristen dieses Abschnitts beginnen mit dem Ablauf des Kalenderjahres, in dem das für den Beginn der Frist maßgebende Ereignis eingetreten ist.

Abschnitt 8 Besondere Bestimmungen für Computerprogramme

§ 69a Gegenstand des Schutzes

(1) Computerprogramme im Sinne dieses Gesetzes sind Programme in jeder Gestalt, einschließlich des Entwurfsmaterials.

(2) [1]Der gewährte Schutz gilt für alle Ausdrucksformen eines Computerprogramms. [2]Ideen und Grundsätze, die einem Element eines Computerprogramms zugrunde liegen, einschließlich der den Schnittstellen zugrundeliegenden Ideen und Grundsätze, sind nicht geschützt.

(3) [1]Computerprogramme werden geschützt, wenn sie individuelle Werke in dem Sinne darstellen, dass sie das Ergebnis der eigenen geistigen Schöpfung ihres Urhebers sind. [2]Zur Bestimmung ihrer Schutzfähigkeit sind keine anderen Kriterien, insbesondere nicht qualitative oder ästhetische, anzuwenden.

(4) Auf Computerprogramme finden die für Sprachwerke geltenden Bestimmungen Anwendung, soweit in diesem Abschnitt nichts anderes bestimmt ist.

(5) Die Vorschriften der §§ 32d, 32e, 36 bis 36c, 40a und 95a bis 95d finden auf Computerprogramme keine Anwendung.

§ 69b Urheber in Arbeits- und Dienstverhältnissen

(1) Wird ein Computerprogramm von einem Arbeitnehmer in Wahrnehmung seiner Aufgaben oder nach den Anweisungen seines Arbeitgebers geschaffen, so ist ausschließlich der Arbeitgeber zur Ausübung aller vermögensrechtlichen Befugnisse an dem Computerprogramm berechtigt, sofern nichts anderes vereinbart ist.

(2) Absatz 1 ist auf Dienstverhältnisse entsprechend anzuwenden.

§ 69c Zustimmungsbedürftige Handlungen

Der Rechtsinhaber hat das ausschließliche Recht, folgende Handlungen vorzunehmen oder zu gestatten:
1. die dauerhafte oder vorübergehende Vervielfältigung, ganz oder teilweise, eines Computerprogramms mit jedem Mittel und in jeder Form. Soweit das Laden, Anzeigen, Ablaufen, Übertragen oder Speichern des Computerprogramms eine Vervielfältigung erfordert, bedürfen diese Handlungen der Zustimmung des Rechtsinhabers;
2. die Übersetzung, die Bearbeitung, das Arrangement und andere Umarbeitungen eines Computerprogramms sowie die Vervielfältigung der erzielten Ergebnisse. Die Rechte derjenigen, die das Programm bearbeiten, bleiben unberührt;

3. jede Form der Verbreitung des Originals eines Computerprogramms oder von Vervielfältigungsstücken, einschließlich der Vermietung. Wird ein Vervielfältigungsstück eines Computerprogramms mit Zustimmung des Rechtsinhabers im Gebiet der Europäischen Gemeinschaft oder eines anderen Vertragsstaates des Abkommens über den Europäischen Wirtschaftsraum im Wege der Veräußerung in Verkehr gebracht, so erschöpft sich das Verbreitungsrecht in Bezug auf dieses Vervielfältigungsstück mit Ausnahme des Vermietrechts;
4. die drahtgebundene oder drahtlose öffentliche Wiedergabe eines Computerprogramms einschließlich der öffentlichen Zugänglichmachung in der Weise, dass es Mitgliedern der Öffentlichkeit von Orten und zu Zeiten ihrer Wahl zugänglich ist.

§ 69d Ausnahmen von den zustimmungsbedürftigen Handlungen

(1) Soweit keine besonderen vertraglichen Bestimmungen vorliegen, bedürfen die in § 69c Nr. 1 und 2 genannten Handlungen nicht der Zustimmung des Rechtsinhabers, wenn sie für eine bestimmungsgemäße Benutzung des Computerprogramms einschließlich der Fehlerberichtigung durch jeden zur Verwendung eines Vervielfältigungsstücks des Programms Berechtigten notwendig sind.

(2) Die Erstellung einer Sicherungskopie durch eine Person, die zur Benutzung des Programms berechtigt ist, darf nicht vertraglich untersagt werden, wenn sie für die Sicherung künftiger Benutzung erforderlich ist.

(3) Der zur Verwendung eines Vervielfältigungsstücks eines Programms Berechtigte kann ohne Zustimmung des Rechtsinhabers das Funktionieren dieses Programms beobachten, untersuchen oder testen, um die einem Programmelement zugrundeliegenden Ideen und Grundsätze zu ermitteln, wenn dies durch Handlungen zum Laden, Anzeigen, Ablaufen, Übertragen oder Speichern des Programms geschieht, zu denen er berechtigt ist.

§ 69e Dekompilierung

(1) Die Zustimmung des Rechtsinhabers ist nicht erforderlich, wenn die Vervielfältigung des Codes oder die Übersetzung der Codeform im Sinne des § 69c Nr. 1 und 2 unerlässlich ist, um die erforderlichen Informationen zur Herstellung der Interoperabilität eines unabhängig geschaffenen Computerprogramms mit anderen Programmen zu erhalten, sofern folgende Bedingungen erfüllt sind:
1. Die Handlungen werden von dem Lizenznehmer oder von einer anderen zur Verwendung eines Vervielfältigungsstücks des Programms berechtigten Person oder in deren Namen von einer hierzu ermächtigten Person vorgenommen,
2. die für die Herstellung der Interoperabilität notwendigen Informationen sind für die in Nummer 1 genannten Personen noch nicht ohne weiteres zugänglich gemacht;
3. die Handlungen beschränken sich auf die Teile des ursprünglichen Programms, die zur Herstellung der Interoperabilität notwendig sind.

(2) Bei Handlungen nach Absatz 1 gewonnene Informationen dürfen nicht
1. zu anderen Zwecken als zur Herstellung der Interoperabilität des unabhängig geschaffenen Programms verwendet werden,
2. an Dritte weitergegeben werden, es sei denn, dass dies für die Interoperabilität des unabhängig geschaffenen Programms notwendig ist,
3. für die Entwicklung, Herstellung oder Vermarktung eines Programms mit im Wesentlichen ähnlicher Ausdrucksform oder für irgendwelche anderen das Urheberrecht verletzenden Handlungen verwendet werden.

(3) Die Absätze 1 und 2 sind so auszulegen, dass ihre Anwendung weder die normale Auswertung des Werkes beeinträchtigt noch die berechtigten Interessen des Rechtsinhabers unzumutbar verletzt.

§ 69f Rechtsverletzungen

(1) [1]Der Rechtsinhaber kann von dem Eigentümer oder Besitzer verlangen, dass alle rechtswidrig hergestellten, verbreiteten oder zur rechtswidrigen Verbreitung be-

stimmten Vervielfältigungsstücke vernichtet werden. [2]§ 98 Abs. 3 und 4 ist entsprechend anzuwenden.

(2) Absatz 1 ist entsprechend auf Mittel anzuwenden, die allein dazu bestimmt sind, die unerlaubte Beseitigung oder Umgehung technischer Programmschutzmechanismen zu erleichtern.

§ 69g   Anwendung sonstiger Rechtsvorschriften; Vertragsrecht

(1) Die Bestimmungen dieses Abschnitts lassen die Anwendung sonstiger Rechtsvorschriften auf Computerprogramme, insbesondere über den Schutz von Erfindungen, Topographien von Halbleitererzeugnissen, Marken und den Schutz gegen unlauteren Wettbewerb einschließlich des Schutzes von Geschäfts- und Betriebsgeheimnissen, sowie schuldrechtliche Vereinbarungen unberührt.

(2) Vertragliche Bestimmungen, die in Widerspruch zu § 69d Abs. 2 und 3 und § 69e stehen, sind nichtig.

Teil 2 Verwandte Schutzrechte

Abschnitt 1 Schutz bestimmter Ausgaben

§ 70   Wissenschaftliche Ausgaben

(1) Ausgaben urheberrechtlich nicht geschützter Werke oder Texte werden in entsprechender Anwendung der Vorschriften des Teils 1 geschützt, wenn sie das Ergebnis wissenschaftlich sichtender Tätigkeit darstellen und sich wesentlich von den bisher bekannten Ausgaben der Werke oder Texte unterscheiden.

(2) Das Recht steht dem Verfasser der Ausgabe zu.

(3) [1]Das Recht erlischt fünfundzwanzig Jahre nach dem Erscheinen der Ausgabe, jedoch bereits fünfundzwanzig Jahre nach der Herstellung, wenn die Ausgabe innerhalb dieser Frist nicht erschienen ist. [2]Die Frist ist nach § 69 zu berechnen.

§ 71   Nachgelassene Werke

(1) [1]Wer ein nicht erschienenes Werk nach Erlöschen des Urheberrechts erlaubter Weise erstmals erscheinen lässt oder erstmals öffentlich wiedergibt, hat das ausschließliche Recht, das Werk zu verwerten. [2]Das gleiche gilt für nicht erschienene Werke, die im Geltungsbereich dieses Gesetzes niemals geschützt waren, deren Urheber aber schon länger als siebzig Jahre tot ist. [3]Die §§ 5 und 10 Abs. 1 sowie die §§ 15 bis 24, 26, 27, 44a bis 63 und 88 sind sinngemäß anzuwenden.

(2) Das Recht ist übertragbar.

(3) [1]Das Recht erlischt fünfundzwanzig Jahre nach dem Erscheinen des Werkes oder, wenn seine erste öffentliche Wiedergabe früher erfolgt ist, nach dieser. [2]Diese Frist ist nach § 69 zu berechnen.

Abschnitt 2 Schutz der Lichtbilder

§ 72   Lichtbilder

(1) Lichtbilder und Erzeugnisse, die ähnlich wie Lichtbilder hergestellt werden, werden in entsprechender Anwendung der für Lichtbildwerke geltenden Vorschriften des Teils 1 geschützt.

(2) Das Recht nach Absatz 1 steht dem Lichtbildner zu.

(3) [1]Das Recht nach Absatz 1 erlischt fünfzig Jahre nach dem Erscheinen des Lichtbildes oder, wenn seine erste erlaubte öffentliche Wiedergabe früher erfolgt ist, nach

dieser, jedoch bereits fünfzig Jahre nach der Herstellung, wenn das Lichtbild innerhalb dieser Frist nicht erschienen oder erlaubter Weise öffentlich wiedergegeben worden ist. [2]Die Frist ist nach § 69 zu berechnen.

Abschnitt 3 Schutz des ausübenden Künstlers

§ 73 Ausübender Künstler

Ausübender Künstler im Sinne dieses Gesetzes ist, wer ein Werk oder eine Ausdrucksform der Volkskunst aufführt, singt, spielt oder auf eine andere Weise darbietet oder an einer solchen Darbietung künstlerisch mitwirkt.

§ 74 Anerkennung als ausübender Künstler

(1) [1]Der ausübende Künstler hat das Recht, in Bezug auf seine Darbietung als solcher anerkannt zu werden. [2]Er kann dabei bestimmen, ob und mit welchem Namen er genannt wird.

(2) [1]Haben mehrere ausübende Künstler gemeinsam eine Darbietung erbracht und erfordert die Nennung jedes einzelnen von ihnen einen unverhältnismäßigen Aufwand, so können sie nur verlangen, als Künstlergruppe genannt zu werden. [2]Hat die Künstlergruppe einen gewählten Vertreter (Vorstand), so ist dieser gegenüber Dritten allein zur Vertretung befugt. [3]Hat eine Gruppe keinen Vorstand, so kann das Recht nur durch den Leiter der Gruppe, mangels eines solchen nur durch einen von der Gruppe zu wählenden Vertreter geltend gemacht werden. [4]Das Recht eines beteiligten ausübenden Künstlers auf persönliche Nennung bleibt bei einem besonderen Interesse unberührt.

(3) § 10 Abs. 1 gilt entsprechend.

§ 75 Beeinträchtigung der Darbietung

[1]Der ausübende Künstler hat das Recht, eine Entstellung oder eine andere Beeinträchtigung seiner Darbietung zu verbieten, die geeignet ist, sein Ansehen oder seinen Ruf als ausübender Künstler zu gefährden. [2]Haben mehrere ausübende Künstler gemeinsam eine Darbietung erbracht, so haben sie bei der Ausübung des Rechts aufeinander angemessene Rücksicht zu nehmen.

§ 76 Dauer der Persönlichkeitsrechte

[1]Die in den §§ 74 und 75 bezeichneten Rechte erlöschen mit dem Tode des ausübenden Künstlers, jedoch erst 50 Jahre nach der Darbietung, wenn der ausübende Künstler vor Ablauf dieser Frist verstorben ist, sowie nicht vor Ablauf der für die Verwertungsrechte nach § 82 geltenden Frist. [2]Die Frist ist nach § 69 zu berechnen. [3]Haben mehrere ausübende Künstler gemeinsam eine Darbietung erbracht, so ist der Tod des letzten der beteiligten ausübenden Künstler maßgeblich. [4]Nach dem Tod des ausübenden Künstlers stehen die Rechte seinen Angehörigen (§ 60 Abs. 2) zu.

§ 77 Aufnahme, Vervielfältigung und Verbreitung

(1) Der ausübende Künstler hat das ausschließliche Recht, seine Darbietung auf Bild- oder Tonträger aufzunehmen.

(2) [1]Der ausübende Künstler hat das ausschließliche Recht, den Bild- oder Tonträger, auf den seine Darbietung aufgenommen worden ist, zu vervielfältigen und zu verbreiten. [2]§ 27 ist entsprechend anzuwenden.

§ 78 Öffentliche Wiedergabe

(1) Der ausübende Künstler hat das ausschließliche Recht, seine Darbietung
1. öffentlich zugänglich zu machen (§ 19a),
2. zu senden, es sei denn, dass die Darbietung erlaubterweise auf Bild- oder Tonträger aufgenommen worden ist, die erschienen oder erlaubterweise öffentlich zugänglich gemacht worden sind,
3. außerhalb des Raumes, in dem sie stattfindet, durch Bildschirm, Lautsprecher oder ähnliche technische Einrichtungen öffentlich wahrnehmbar zu machen.

(2) Dem ausübenden Künstler ist eine angemessene Vergütung zu zahlen, wenn
1. die Darbietung nach Absatz 1 Nr. 2 erlaubterweise gesendet,
2. die Darbietung mittels Bild- oder Tonträger öffentlich wahrnehmbar gemacht oder
3. die Sendung oder die auf öffentlicher Zugänglichmachung beruhende Wiedergabe der Darbietung öffentlich wahrnehmbar gemacht wird.

(3) [1]Auf Vergütungsansprüche nach Absatz 2 kann der ausübende Künstler im Voraus nicht verzichten. [2]Sie können im Voraus nur an eine Verwertungsgesellschaft abgetreten werden.

(4) § 20b gilt entsprechend.

§ 79 Nutzungsrechte

(1) [1]Der ausübende Künstler kann seine Rechte und Ansprüche aus den §§ 77 und 78 übertragen. [2]§ 78 Abs. 3 und 4 bleibt unberührt.

(2) Der ausübende Künstler kann einem anderen das Recht einräumen, die Darbietung auf einzelne oder alle der ihm vorbehaltenen Nutzungsarten zu nutzen.

(2a) Auf Übertragungen nach Absatz 1 und Rechtseinräumungen nach Absatz 2 sind die §§ 31, 32 bis 32b, 32d bis 40 ,41, 42, und 43 entsprechend anzuwenden.

(3) [1]Unterlässt es der Tonträgerhersteller, Kopien des Tonträgers in ausreichender Menge zum Verkauf anzubieten oder den Tonträger öffentlich zugänglich zu machen, so kann der ausübende Künstler den Vertrag, mit dem er dem Tonträgerhersteller seine Rechte an der Aufzeichnung der Darbietung eingeräumt oder übertragen hat (Übertragungsvertrag), kündigen. [2]Die Kündigung ist zulässig
1. nach Ablauf von 50 Jahren nach dem Erscheinen eines Tonträgers oder 50 Jahre nach der ersten erlaubten Benutzung des Tonträgers zur öffentlichen Wiedergabe, wenn der Tonträger nicht erschienen ist, und
2. wenn der Tonträgerhersteller innerhalb eines Jahres nach Mitteilung des ausübenden Künstlers, den Übertragungsvertrag kündigen zu wollen, nicht beide in Satz 1 genannten Nutzungshandlungen ausführt.
[3]Ist der Übertragungsvertrag gekündigt, so erlöschen die Rechte des Tonträgerherstellers am Tonträger. [4]Auf das Kündigungsrecht kann der ausübende Künstler nicht verzichten.

§ 79a Vergütungsanspruch des ausübenden Künstlers

(1) [1]Hat der ausübende Künstler einem Tonträgerhersteller gegen Zahlung einer einmaligen Vergütung Rechte an seiner Darbietung eingeräumt oder übertragen, so hat der Tonträgerhersteller dem ausübenden Künstler eine zusätzliche Vergütung in Höhe von 20 Prozent der Einnahmen zu zahlen, die der Tonträgerhersteller aus der Vervielfältigung, dem Vertrieb und der Zugänglichmachung des Tonträgers erzielt, der die Darbietung enthält. [2]Enthält ein Tonträger die Aufzeichnung der Darbietungen von mehreren ausübenden Künstlern, so beläuft sich die Höhe der Vergütung ebenfalls auf insgesamt 20 Prozent der Einnahmen. [3]Als Einnahmen sind die vom Tonträgerhersteller erzielten Einnahmen vor Abzug der Ausgaben anzusehen.

(2) Der Vergütungsanspruch besteht für jedes vollständige Jahr unmittelbar im Anschluss an das 50. Jahr nach Erscheinen des die Darbietung enthaltenden Tonträgers oder mangels Erscheinen an das 50. Jahr nach dessen erster erlaubter Benutzung zur öffentlichen Wiedergabe.

(3) [1]Auf den Vergütungsanspruch nach Absatz 1 kann der ausübende Künstler nicht verzichten. [2]Der Vergütungsanspruch kann nur durch eine Verwertungsgesellschaft geltend gemacht werden. [3]Er kann im Voraus nur an eine Verwertungsgesellschaft abgetreten werden.

(4) Der Tonträgerhersteller ist verpflichtet, dem ausübenden Künstler auf Verlangen Auskunft über die erzielten Einnahmen und sonstige, zur Bezifferung des Vergütungsanspruchs nach Absatz 1 erforderliche Informationen zu erteilen.

(5) Hat der ausübende Künstler einem Tonträgerhersteller gegen Zahlung einer wiederkehrenden Vergütung Rechte an seiner Darbietung eingeräumt oder übertragen, so darf der Tonträgerhersteller nach Ablauf folgender Fristen weder Vorschüsse noch vertraglich festgelegte Abzüge von der Vergütung abziehen:
1. 50 Jahre nach dem Erscheinen des Tonträgers, der die Darbietung enthält, oder
2. 50 Jahre nach der ersten erlaubten Benutzung des die Darbietung enthaltenden Tonträgers zur öffentlichen Wiedergabe, wenn der Tonträger nicht erschienen ist.

§ 79b Vergütungsanspruch des ausübenden Künstlers für später bekannte Nutzungsarten

(1) Der ausübende Künstler hat Anspruch auf eine gesonderte angemessene Vergütung, wenn der Vertragspartner eine neue Art der Nutzung seiner Darbietung aufnimmt, die im Zeitpunkt des Vertragsschlusses vereinbart, aber noch unbekannt war.

(2) [1]Hat der Vertragspartner des ausübenden Künstlers das Nutzungsrecht einem Dritten übertragen, haftet der Dritte mit der Aufnahme der neuen Art der Nutzung für die Vergütung. [2]Die Haftung des Vertragspartners entfällt.

(3) Auf die Rechte nach den Absätzen 1 und 2 kann im Voraus nicht verzichtet werden.

§ 80 Gemeinsame Darbietung mehrerer ausübender Künstler

(1) [1]Erbringen mehrere ausübende Künstler gemeinsam eine Darbietung, ohne dass sich ihre Anteile gesondert verwerten lassen, so steht ihnen das Recht zur Verwertung zur gesamten Hand zu. [2]Keiner der beteiligten ausübenden Künstler darf seine Einwilligung zur Verwertung wider Treu und Glauben verweigern. [3]§ 8 Abs. 2 Satz 3, Abs. 3 und 4 ist entsprechend anzuwenden.

(2) Für die Geltendmachung der sich aus den §§ 77, 78 und 79 Absatz 3 ergebenden Rechte und Ansprüche gilt § 74 Abs. 2 Satz 2 und 3 entsprechend.

§ 81 Schutz des Veranstalters

[1]Wird die Darbietung des ausübenden Künstlers von einem Unternehmen veranstaltet, so stehen die Rechte nach § 77 Abs. 1 und 2 Satz 1 sowie § 78 Abs. 1 neben dem ausübenden Künstler auch dem Inhaber des Unternehmens zu. [2]§ 10 Abs. 1, § 31 sowie die §§ 33 und 38 gelten entsprechend.

§ 82 Dauer der Verwertungsrechte

(1) [1]Ist die Darbietung des ausübenden Künstlers auf einem Tonträger aufgezeichnet worden, so erlöschen die in den §§ 77 und 78 bezeichneten Rechte des ausübenden Künstlers 70 Jahre nach dem Erscheinen des Tonträgers oder, wenn dessen erste erlaubte Benutzung zur öffentlichen Wiedergabe früher erfolgt ist, 70 Jahre nach dieser. [2]Ist die Darbietung des ausübenden Künstlers nicht auf einem Tonträger aufgezeichnet worden, so erlöschen die in den §§ 77 und 78 bezeichneten Rechte des ausübenden Künstlers 50 Jahre nach dem Erscheinen der Aufzeichnung oder, wenn deren erste erlaubte Benutzung zur öffentlichen Wiedergabe früher erfolgt ist, 50 Jahre nach dieser. [3]Die Rechte des ausübenden Künstlers erlöschen jedoch bereits 50 Jahre nach der Darbietung, wenn eine Aufzeichnung innerhalb

dieser Frist nicht erschienen oder nicht erlaubterweise zur öffentlichen Wiedergabe benutzt worden ist.

(2) [1]Die in § 81 bezeichneten Rechte des Veranstalters erlöschen 25 Jahre nach Erscheinen einer Aufzeichnung der Darbietung eines ausübenden Künstlers oder, wenn deren erste erlaubte Benutzung zur öffentlichen Wiedergabe früher erfolgt ist, 25 Jahre nach dieser. [2]Die Rechte erlöschen bereits 25 Jahre nach der Darbietung, wenn eine Aufzeichnung innerhalb dieser Frist nicht erschienen oder nicht erlaubterweise zur öffentlichen Wiedergabe benutzt worden ist.

(3) Die Fristen sind nach § 69 zu berechnen.

§ 83   Schranken der Verwertungsrechte

Auf die dem ausübenden Künstler nach den §§ 77 und 78 sowie die dem Veranstalter nach § 81 zustehenden Rechte sind die Vorschriften des Abschnitts 6 des Teils 1 entsprechend anzuwenden.

§ 84   *(aufgehoben)*

Abschnitt 4 Schutz des Herstellers von Tonträgern

§ 85   Verwertungsrechte

(1) [1]Der Hersteller eines Tonträgers hat das ausschließliche Recht, den Tonträger zu vervielfältigen, zu verbreiten und öffentlich zugänglich zu machen. [2]Ist der Tonträger in einem Unternehmen hergestellt worden, so gilt der Inhaber des Unternehmens als Hersteller. [3]Das Recht entsteht nicht durch Vervielfältigung eines Tonträgers.

(2) [1]Das Recht ist übertragbar. [2]Der Tonträgerhersteller kann einem anderen das Recht einräumen, den Tonträger auf einzelne oder alle der ihm vorbehaltenen Nutzungsarten zu nutzen. [3]§ 31 und die §§ 33 und 38 gelten entsprechend.

(3) [1]Das Recht erlischt 70 Jahre nach dem Erscheinen des Tonträgers. [2]Ist der Tonträger innerhalb von 50 Jahren nach der Herstellung nicht erschienen, aber erlaubterweise zur öffentlichen Wiedergabe benutzt worden, so erlischt das Recht 70 Jahre nach dieser. [3]Ist der Tonträger innerhalb dieser Frist nicht erschienen oder erlaubterweise zur öffentlichen Wiedergabe benutzt worden, so erlischt das Recht 50 Jahre nach der Herstellung des Tonträgers. [4]Die Frist ist nach § 69 zu berechnen.

(4) § 10 Abs. 1 und § 27 Abs. 2 und 3 sowie die Vorschriften des Teil 1 Abschnitt 6 gelten entsprechend.

§ 86   Anspruch auf Beteiligung

Wird ein erschienener oder erlaubterweise öffentlich zugänglich gemachter Tonträger, auf den die Darbietung eines ausübenden Künstlers aufgenommen ist, zur öffentlichen Wiedergabe der Darbietung benutzt, so hat der Hersteller des Tonträgers gegen den ausübenden Künstler einen Anspruch auf angemessene Beteiligung an der Vergütung, die dieser nach § 78 Abs. 2 erhält.

Abschnitt 5 Schutz des Sendeunternehmens

§ 87   Sendeunternehmen

(1) Das Sendeunternehmen hat das ausschließliche Recht,

1. seine Funksendung weiterzusenden und öffentlich zugänglich zu machen,
2. seine Funksendung auf Bild- oder Tonträger aufzunehmen, Lichtbilder von seiner Funksendung herzustellen sowie die Bild- oder Tonträger oder Lichtbilder zu vervielfältigen und zu verbreiten, ausgenommen das Vermietrecht,

3. an Stellen, die der Öffentlichkeit nur gegen Zahlung eines Eintrittsgeldes zugänglich sind, seine Funksendung öffentlich wahrnehmbar zu machen.

(2) [1]Das Recht ist übertragbar. [2]Das Sendeunternehmen kann einem anderen das Recht einräumen, die Funksendung auf einzelne oder alle der ihm vorbehaltenen Nutzungsarten zu nutzen. [3]§ 31 und die §§ 33 und 38 gelten entsprechend.

(3) [1]Das Recht erlischt 50 Jahre nach der ersten Funksendung. [2]Die Frist ist nach § 69 zu berechnen.

(4) § 10 Abs. 1 sowie die Vorschriften des Teils 1 Abschnitt 6 mit Ausnahme des § 47 Absatz 2 Satz 2 und des § 54 Abs. 1 gelten entsprechend.

(5) [1]Sendeunternehmen und Kabelunternehmen sind gegenseitig verpflichtet, einen Vertrag über die Kabelweitersendung im Sinne des § 20b Abs. 1 Satz 1 zu angemessenen Bedingungen abzuschließen, sofern nicht ein die Ablehnung des Vertragsabschlusses sachlich rechtfertigender Grund besteht; die Verpflichtung des Sendeunternehmens gilt auch für die ihm in Bezug auf die eigene Sendung eingeräumten oder übertragenen Senderechte. [2]Auf Verlangen des Kabelunternehmens oder des Sendeunternehmens ist der Vertrag gemeinsam mit den in Bezug auf die Kabelweitersendung anspruchsberechtigten Verwertungsgesellschaften zu schließen, sofern nicht ein die Ablehnung eines gemeinsamen Vertragsschlusses sachlich rechtfertigender Grund besteht.

Abschnitt 6 **Schutz des Datenbankherstellers**

§ 87a Begriffsbestimmungen

(1) [1]Datenbank im Sinne dieses Gesetzes ist eine Sammlung von Werken, Daten oder anderen unabhängigen Elementen, die systematisch oder methodisch angeordnet und einzeln mit Hilfe elektronischer Mittel oder auf andere Weise zugänglich sind und deren Beschaffung, Überprüfung oder Darstellung eine nach Art oder Umfang wesentliche Investition erfordert. [2]Eine in ihrem Inhalt nach Art oder Umfang wesentlich geänderte Datenbank gilt als neue Datenbank, sofern die Änderung eine nach Art oder Umfang wesentliche Investition erfordert.

(2) Datenbankhersteller im Sinne dieses Gesetzes ist derjenige, der die Investition im Sinne des Absatzes 1 vorgenommen hat.

§ 87b Rechte des Datenbankherstellers

(1) [1]Der Datenbankhersteller hat das ausschließliche Recht, die Datenbank insgesamt oder einen nach Art und Umfang wesentlichen Teil der Datenbank zu vervielfältigen, zu verbreiten und öffentlich wiederzugeben. [2]Der Vervielfältigung, Verbreitung oder öffentlichen Wiedergabe eines nach Art oder Umfang wesentlichen Teils der Datenbank steht die wiederholte und systematische Vervielfältigung, Verbreitung oder öffentliche Wiedergabe von nach Art und Umfang unwesentlichen Teilen der Datenbank gleich, sofern diese Handlungen einer normalen Auswertung der Datenbank zuwiderlaufen oder die berechtigten Interessen des Datenbankherstellers unzumutbar beeinträchtigen.

(2) § 10 Abs. 1, § 17 Abs. 2 und § 27 Abs. 2 und 3 gelten entsprechend.

§ 87c Schranken des Rechts des Datenbankherstellers

(1) [1]Die Vervielfältigung eines nach Art oder Umfang wesentlichen Teils einer Datenbank ist zulässig
1. zum privaten Gebrauch; dies gilt nicht für eine Datenbank, deren Elemente einzeln mit Hilfe elektronischer Mittel zugänglich sind,
2. zu Zwecken der wissenschaftlichen Forschung gemäß den §§ 60c und 60d,
3. zu Zwecken der Veranschaulichung des Unterrichts und der Lehre gemäß den §§ 60a und 60b.

[2]In den Fällen der Nummern 2 und 3 ist die Quelle deutlich anzugeben und gilt § 60g Abs. 1 entsprechend.

(2) Die Vervielfältigung, Verbreitung und öffentliche Wiedergabe eines nach Art oder Umfang wesentlichen Teils einer Datenbank ist zulässig zur Verwendung in Verfahren vor einem Gericht, einem Schiedsgericht oder einer Behörde sowie für Zwecke der öffentlichen Sicherheit.

§ 87d   Dauer der Rechte

[1]Die Rechte des Datenbankherstellers erlöschen fünfzehn Jahre nach der Veröffentlichung der Datenbank, jedoch bereits fünfzehn Jahre nach der Herstellung, wenn die Datenbank innerhalb dieser Frist nicht veröffentlicht worden ist. [2]Die Frist ist nach § 69 zu berechnen.

§ 87e   Verträge über die Benutzung einer Datenbank

Eine vertragliche Vereinbarung, durch die sich der Eigentümer eines mit Zustimmung des Datenbankherstellers durch Veräußerung in Verkehr gebrachten Vervielfältigungsstücks der Datenbank, der in sonstiger Weise zu dessen Gebrauch Berechtigte oder derjenige, dem eine Datenbank aufgrund eines mit dem Datenbankhersteller oder eines mit dessen Zustimmung mit einem Dritten geschlossenen Vertrags zugänglich gemacht wird, gegenüber dem Datenbankhersteller verpflichtet, die Vervielfältigung, Verbreitung oder öffentliche Wiedergabe von nach Art und Umfang unwesentlichen Teilen der Datenbank zu unterlassen, ist insoweit unwirksam, als diese Handlungen weder einer normalen Auswertung der Datenbank zuwiderlaufen noch die berechtigten Interessen des Datenbankherstellers unzumutbar beeinträchtigen.

Abschnitt 7 **Schutz des Presseverlegers**

§ 87f   Presseverleger

(1) [1]Der Hersteller eines Presseerzeugnisses (Presseverleger) hat das ausschließliche Recht, das Presseerzeugnis oder Teile hiervon zu gewerblichen Zwecken öffentlich zugänglich zu machen, es sei denn, es handelt sich um einzelne Wörter oder kleinste Textausschnitte. [2]Ist das Presseerzeugnis in einem Unternehmen hergestellt worden, so gilt der Inhaber des Unternehmens als Hersteller.

(2) [1]Ein Presseerzeugnis ist die redaktionell-technische Festlegung journalistischer Beiträge im Rahmen einer unter einem Titel auf beliebigen Trägern periodisch veröffentlichten Sammlung, die bei Würdigung der Gesamtumstände als überwiegend verlagstypisch anzusehen ist und die nicht überwiegend der Eigenwerbung dient. [2]Journalistische Beiträge sind insbesondere Artikel und Abbildungen, die der Informationsvermittlung, Meinungsbildung oder Unterhaltung dienen.

§ 87g   Übertragbarkeit, Dauer und Schranken des Rechts

(1) [1]Das Recht des Presseverlegers nach § 87f Absatz 1 Satz 1 ist übertragbar. [2]Die §§ 31 und 33 gelten entsprechend.

(2) Das Recht erlischt ein Jahr nach der Veröffentlichung des Presseerzeugnisses.

(3) Das Recht des Presseverlegers kann nicht zum Nachteil des Urhebers oder eines Leistungsschutzberechtigten geltend gemacht werden, dessen Werk oder nach diesem Gesetz geschützter Schutzgegenstand im Presseerzeugnis enthalten ist.

(4) [1]Zulässig ist die öffentliche Zugänglichmachung von Presseerzeugnissen oder Teilen hiervon, soweit sie nicht durch gewerbliche Anbieter von Suchmaschinen oder gewerbliche Anbieter von Diensten erfolgt, die Inhalte entsprechend aufbereiten. [2]Im Übrigen gelten die Vorschriften des Teils 1 Abschnitt 6 entsprechend.

§ 87h Beteiligungsanspruch des Urhebers

Der Urheber ist an einer Vergütung angemessen zu beteiligen.

Teil 3 Besondere Bestimmungen für Filme

Abschnitt 1 Filmwerke

§ 88 Recht zur Verfilmung

(1) [1]Gestattet der Urheber einem anderen, sein Werk zu verfilmen, so liegt darin im Zweifel die Einräumung des ausschließlichen Rechts, das Werk unverändert oder unter Bearbeitung oder Umgestaltung zur Herstellung eines Filmwerkes zu benutzen und das Filmwerk sowie Übersetzungen und andere filmische Bearbeitungen auf alle Nutzungsarten zu nutzen. [2]§ 31a Abs. 1 Satz 3 und 4 und Abs. 2 bis 4 findet keine Anwendung.

(2) [1]Die in Absatz 1 bezeichneten Befugnisse berechtigen im Zweifel nicht zu einer Wiederverfilmung des Werkes. [2]Der Urheber ist berechtigt, sein Werk nach Ablauf von zehn Jahren nach Vertragsabschluss anderweit filmisch zu verwerten. Von Satz 2 kann zum Nachteil des Urhebers nur durch eine Vereinbarung abgewichen werden, die auf einer gemeinsamen Vergütungsregel (§ 36) oder einem Tarifvertrag beruht.

(3) *(weggefallen)*

§ 89 Rechte am Filmwerk

(1) [1]Wer sich zur Mitwirkung bei der Herstellung eines Filmes verpflichtet, räumt damit für den Fall, dass er ein Urheberrecht am Filmwerk erwirbt, dem Filmhersteller im Zweifel das ausschließliche Recht ein, das Filmwerk sowie Übersetzungen und andere filmische Bearbeitungen oder Umgestaltungen des Filmwerkes auf alle Nutzungsarten zu nutzen. [2]§ 31a Abs. 1 Satz 3 und 4 und Abs. 2 bis 4 findet keine Anwendung.

(2) Hat der Urheber des Filmwerkes das in Absatz 1 bezeichnete Nutzungsrecht im Voraus einem Dritten eingeräumt, so behält er gleichwohl stets die Befugnis, dieses Recht beschränkt oder unbeschränkt dem Filmhersteller einzuräumen.

(3) Die Urheberrechte an den zur Herstellung des Filmwerkes benutzten Werken, wie Roman, Drehbuch und Filmmusik, bleiben unberührt.

(4) Für die Rechte zur filmischen Verwertung der bei der Herstellung eines Filmwerkes entstehenden Lichtbilder und Lichtbildwerke gelten die Absätze 1 und 2 entsprechend.

§ 90 Einschränkung der Rechte

(1) [1]Für die in § 88 Absatz 1 und § 89 Absatz 1 bezeichneten Rechte gelten nicht die Bestimmungen
1. über die Übertragung von Nutzungsrechten (§ 34),
2. über die Einräumung weiterer Nutzungsrechte (§ 35) und
3. über die Rückrufsrechte (§§ 41 und 42).
[2]Satz 1 findet bis zum Beginn der Dreharbeiten für das Recht zur Verfilmung keine Anwendung. [3]Ein Ausschluss der Ausübung des Rückrufsrechts wegen Nichtausübung (§ 41) bis zum Beginn der Dreharbeiten kann mit dem Urheber im Voraus für eine Dauer von bis zu fünf Jahren vereinbart werden.

(2) Für die in § 88 und § 89 Absatz 1 bezeichneten Rechte gilt nicht die Bestimmung über das Recht zur anderweitigen Verwertung nach zehn Jahren bei pauschaler Vergütung (§ 40a).

§ 91   (aufgehoben)

§ 92   Ausübende Künstler

(1) Schließt ein ausübender Künstler mit dem Filmhersteller einen Vertrag über seine Mitwirkung bei der Herstellung eines Filmwerks, so liegt darin im Zweifel hinsichtlich der Verwertung des Filmwerks die Einräumung des Rechts, die Darbietung auf eine der dem ausübenden Künstler nach § 77 Abs. 1 und 2 Satz 1 und § 78 Abs. 1 Nr. 1 und 2 vorbehaltenen Nutzungsarten zu nutzen.

(2) Hat der ausübende Künstler im Voraus ein in Absatz 1 genanntes Recht übertragen oder einem Dritten hieran ein Nutzungsrecht eingeräumt, so behält er gleichwohl die Befugnis, dem Filmhersteller dieses Recht hinsichtlich der Verwertung des Filmwerkes zu übertragen oder einzuräumen.

(3) § 90 gilt entsprechend.

§ 93   Schutz gegen Entstellung; Namensnennung

(1) [1]Die Urheber des Filmwerkes und der zu seiner Herstellung benutzten Werke sowie die Inhaber verwandter Schutzrechte, die bei der Herstellung des Filmwerkes mitwirken oder deren Leistungen zur Herstellung des Filmwerkes benutzt werden, können nach den §§ 14 und 75 hinsichtlich der Herstellung und Verwertung des Filmwerkes nur gröbliche Entstellungen oder andere gröbliche Beeinträchtigungen ihrer Werke oder Leistungen verbieten. [2]Sie haben hierbei aufeinander und auf den Filmhersteller angemessene Rücksicht zu nehmen.

(2) Die Nennung jedes einzelnen an einem Film mitwirkenden ausübenden Künstlers ist nicht erforderlich, wenn sie einen unverhältnismäßigen Aufwand bedeutet.

§ 94   Schutz des Filmherstellers

(1) [1]Der Filmhersteller hat das ausschließliche Recht, den Bildträger oder Bild- und Tonträger, auf den das Filmwerk aufgenommen ist, zu vervielfältigen, zu verbreiten und zur öffentlichen Vorführung, Funksendung oder öffentlichen Zugänglichmachung zu benutzen. [2]Der Filmhersteller hat ferner das Recht, jede Entstellung oder Kürzung des Bildträgers oder Bild- und Tonträgers zu verbieten, die geeignet ist, seine berechtigten Interessen an diesem zu gefährden.

(2) [1]Das Recht ist übertragbar. [2]Der Filmhersteller kann einem anderen das Recht einräumen, den Bildträger oder Bild- und Tonträger auf einzelne oder alle der ihm vorbehaltenen Nutzungsarten zu nutzen. [3]§ 31 und die §§ 33 und 38 gelten entsprechend.

(3) Das Recht erlischt fünfzig Jahre nach dem Erscheinen des Bildträgers oder Bild- und Tonträgers oder, wenn seine erste erlaubte Benutzung zur öffentlichen Wiedergabe früher erfolgt ist, nach dieser, jedoch bereits fünfzig Jahre nach der Herstellung, wenn der Bildträger oder Bild- und Tonträger innerhalb dieser Frist nicht erschienen oder erlaubterweise zur öffentlichen Wiedergabe benutzt worden ist.

(4) § 10 Abs. 1 und die §§ 20b und 27 Abs. 2 und 3 sowie die Vorschriften des Abschnitts 6 des Teils 1 sind entsprechend anzuwenden.

Abschnitt 2 **Laufbilder**

§ 95   Laufbilder

Die §§ 88, 89 Abs. 4, 90, 93 und 94 sind auf Bildfolgen und Bild- und Tonfolgen, die nicht als Filmwerke geschützt sind, entsprechend anzuwenden.

Teil 4 Gemeinsame Bestimmungen für Urheberrecht und verwandte Schutzrechte

Abschnitt 1 Ergänzende Schutzbestimmungen

§ 95a   Schutz technischer Maßnahmen

(1) Wirksame technische Maßnahmen zum Schutz eines nach diesem Gesetz geschützten Werkes oder eines anderen nach diesem Gesetz geschützten Schutzgegenstandes dürfen ohne Zustimmung des Rechtsinhabers nicht umgangen werden, soweit dem Handelnden bekannt ist oder den Umständen nach bekannt sein muss, dass die Umgehung erfolgt, um den Zugang zu einem solchen Werk oder Schutzgegenstand oder deren Nutzung zu ermöglichen.

(2) [1]Technische Maßnahmen im Sinne dieses Gesetzes sind Technologien, Vorrichtungen und Bestandteile, die im normalen Betrieb dazu bestimmt sind, geschützte Werke oder andere nach diesem Gesetz geschützte Schutzgegenstände betreffende Handlungen, die vom Rechtsinhaber nicht genehmigt sind, zu verhindern oder einzuschränken. [2]Technische Maßnahmen sind wirksam, soweit durch sie die Nutzung eines geschützten Werkes oder eines anderen nach diesem Gesetz geschützten Schutzgegenstandes von dem Rechtsinhaber durch eine Zugangskontrolle, einen Schutzmechanismus wie Verschlüsselung, Verzerrung oder sonstige Umwandlung oder einen Mechanismus zur Kontrolle der Vervielfältigung, die die Erreichung des Schutzziels sicherstellen, unter Kontrolle gehalten wird.

(3) Verboten sind die Herstellung, die Einfuhr, die Verbreitung, der Verkauf, die Vermietung, die Werbung im Hinblick auf Verkauf oder Vermietung und der gewerblichen Zwecken dienende Besitz von Vorrichtungen, Erzeugnissen oder Bestandteilen sowie die Erbringung von Dienstleistungen, die
1. Gegenstand einer Verkaufsförderung, Werbung oder Vermarktung mit dem Ziel der Umgehung wirksamer technischer Maßnahmen sind oder
2. abgesehen von der Umgehung wirksamer technischer Maßnahmen nur einen begrenzten wirtschaftlichen Zweck oder Nutzen haben oder
3. hauptsächlich entworfen, hergestellt, angepasst oder erbracht werden, um die Umgehung wirksamer technischer Maßnahmen zu ermöglichen oder zu erleichtern.

(4) Von den Verboten der Absätze 1 und 3 unberührt bleiben Aufgaben und Befugnisse öffentlicher Stellen zum Zwecke des Schutzes der öffentlichen Sicherheit oder der Strafrechtspflege.

§ 95b   Durchsetzung von Schrankenbestimmungen

(1) [1]Soweit ein Rechtsinhaber technische Maßnahmen nach Maßgabe dieses Gesetzes anwendet, ist er verpflichtet, den durch eine der nachfolgend genannten Bestimmungen Begünstigten, soweit sie rechtmäßig Zugang zu dem Werk oder Schutzgegenstand haben, die notwendigen Mittel zur Verfügung zu stellen, um von diesen Bestimmungen in dem erforderlichen Maße Gebrauch machen zu können:
1. § 45 (Rechtspflege und öffentliche Sicherheit),
2. § 45a (Behinderte Menschen),
3. § 47 (Schulfunksendungen),
4. § 53 (Vervielfältigungen zum privaten und sonstigen eigenen Gebrauch)
   a) Absatz 1, soweit es sich um Vervielfältigungen auf Papier oder einen ähnlichen Träger mittels beliebiger photomechanischer Verfahren oder anderer Verfahren mit ähnlicher Wirkung handelt,
   b) Absatz 2 Satz 1 Nr. 2 in Verbindung mit Satz 2 Nr. 1,
   c) Absatz 2 Satz 1 Nr. 3 und 4 jeweils in Verbindung mit Satz 2 Nr. 1,
5. § 55 (Vervielfältigung durch Sendeunternehmen),
6. § 60a (Unterricht und Lehre),
7. § 60b (Unterrichts- und Lehrmedien),
8. § 60c (Wissenschaftliche Forschung),
9. § 60d (Text und Data Mining),

10. § 60e (Bibliotheken)
    a) Absatz 1,
    b) Absatz 2,
    c) Absatz 3,
    d) Absatz 5,
11. § 60f (Archive, Museen und Bildungseinrichtungen).
²Vereinbarungen zum Ausschluss der Verpflichtungen nach Satz 1 sind unwirksam.

(2) Wer gegen das Gebot nach Absatz 1 verstößt, kann von dem Begünstigen einer der genannten Bestimmungen darauf in Anspruch genommen werden, die zur Verwirklichung der jeweiligen Befugnis benötigten Mittel zur Verfügung zu stellen.

(3) Die Absätze 1 und 2 gelten nicht, soweit Werke und sonstige Schutzgegenstände der Öffentlichkeit aufgrund einer vertraglichen Vereinbarung in einer Weise zugänglich gemacht werden, dass sie Mitgliedern der Öffentlichkeit von Orten und zu Zeiten ihrer Wahl zugänglich sind.

(4) Zur Erfüllung der Verpflichtungen aus Absatz 1 angewandte technische Maßnahmen, einschließlich der zur Umsetzung freiwilliger Vereinbarungen angewandten Maßnahmen, genießen Rechtsschutz nach § 95a.

§ 95c   Schutz der zur Rechtewahrnehmung erforderlichen Informationen

(1) Von Rechtsinhabern stammende Informationen für die Rechtewahrnehmung dürfen nicht entfernt oder verändert werden, wenn irgendeine der betreffenden Informationen an einem Vervielfältigungsstück eines Werkes oder eines sonstigen Schutzgegenstandes angebracht ist oder im Zusammenhang mit der öffentlichen Wiedergabe eines solchen Werks oder Schutzgegenstandes erscheint und wenn die Entfernung oder Veränderung wissentlich unbefugt erfolgt und dem Handelnden bekannt ist oder den Umständen nach bekannt sein muss, dass er dadurch die Verletzung von Urheberrechten oder verwandter Schutzrechte veranlasst, ermöglicht, erleichtert oder verschleiert.

(2) Informationen für die Rechtewahrnehmung im Sinne dieses Gesetzes sind elektronische Informationen, die Werke oder andere Schutzgegenstände, den Urheber oder jeden anderen Rechtsinhaber identifizieren, Informationen über die Modalitäten und Bedingungen für die Nutzung der Werke oder Schutzgegenstände sowie die Zahlen und Codes, durch die derartige Informationen ausgedrückt werden.

(3) Werke oder sonstige Schutzgegenstände, bei denen Informationen für die Rechtewahrnehmung unbefugt entfernt oder geändert wurden, dürfen nicht wissentlich unbefugt verbreitet, zur Verbreitung eingeführt, gesendet, öffentlich wiedergegeben oder öffentlich zugänglich gemacht werden, wenn dem Handelnden bekannt ist oder den Umständen nach bekannt sein muss, dass er dadurch die Verletzung von Urheberrechten oder verwandter Schutzrechte veranlasst, ermöglicht, erleichtert oder verschleiert.

§ 95d   Kennzeichnungspflichten

(1) Werke und andere Schutzgegenstände, die mit technischen Maßnahmen geschützt werden, sind deutlich sichtbar mit Angaben über die Eigenschaften der technischen Maßnahmen zu kennzeichnen.

(2) ¹Wer Werke und andere Schutzgegenstände mit technischen Maßnahmen schützt, hat diese zur Ermöglichung der Geltendmachung von Ansprüchen nach § 95b Abs. 2 mit seinem Namen oder seiner Firma und der zustellungsfähigen Anschrift zu kennzeichnen. ²Satz 1 findet in den Fällen des § 95b Abs. 3 keine Anwendung.

§ 96   Verwertungsverbot

(1) Rechtswidrig hergestellte Vervielfältigungsstücke dürfen weder verbreitet noch zu öffentlichen Wiedergaben benutzt werden.

(2) Rechtswidrig veranstaltete Funksendungen dürfen nicht auf Bild- oder Tonträger aufgenommen oder öffentlich wiedergegeben werden.

Abschnitt 2 Rechtsverletzungen

Unterabschnitt 1 Bürgerlich-rechtliche Vorschriften; Rechtsweg

§ 97 Anspruch auf Unterlassung und Schadensersatz

(1) [1]Wer das Urheberrecht oder ein anderes nach diesem Gesetz geschütztes Recht widerrechtlich verletzt, kann von dem Verletzten auf Beseitigung der Beeinträchtigung, bei Wiederholungsgefahr auf Unterlassung in Anspruch genommen werden. [2]Der Anspruch auf Unterlassung besteht auch dann, wenn eine Zuwiderhandlung erstmalig droht.

(2) [1]Wer die Handlung vorsätzlich oder fahrlässig vornimmt, ist dem Verletzten zum Ersatz des daraus entstehenden Schadens verpflichtet. [2]Bei der Bemessung des Schadensersatzes kann auch der Gewinn, den der Verletzer durch die Verletzung des Rechts erzielt hat, berücksichtigt werden. [3]Der Schadensersatzanspruch kann auch auf der Grundlage des Betrages berechnet werden, den der Verletzer als angemessene Vergütung hätte entrichten müssen, wenn er die Erlaubnis zur Nutzung des verletzten Rechts eingeholt hätte. [4]Urheber, Verfasser wissenschaftlicher Ausgaben (§ 70), Lichtbildner (§ 72) und ausübende Künstler (§ 73) können auch wegen des Schadens, der nicht Vermögensschaden ist, eine Entschädigung in Geld verlangen, wenn und soweit dies der Billigkeit entspricht.

§ 97a Abmahnung

(1) Der Verletzte soll den Verletzer vor Einleitung eines gerichtlichen Verfahrens auf Unterlassung abmahnen und ihm Gelegenheit geben, den Streit durch Abgabe einer mit einer angemessenen Vertragsstrafe bewehrten Unterlassungsverpflichtung beizulegen.

(2) [1]Die Abmahnung hat in klarer und verständlicher Weise
1. Name und Firma des Verletzten anzugeben, wenn der Verletzte nicht selbst, sondern ein Vertreter abmahnt,
2. die Rechtsverletzung genau zu bezeichnen,
3. geltend gemachte Zahlungsansprüche als Schadensersatz- und Aufwendungsersatzansprüche aufzuschlüsseln und,
4. wenn darin eine Aufforderung zur Abgabe einer Unterlassungsverpflichtung enthalten ist, anzugeben, inwieweit die vorgeschlagene Unterlassungsverpflichtung über die abgemahnte Rechtsverletzung hinausgeht.
[2]Eine Abmahnung, die nicht Satz 1 entspricht, ist unwirksam.

(3) [1]Soweit die Abmahnung berechtigt ist und Absatz 2 Nummern 1 bis 4 entspricht, kann der Ersatz der erforderlichen Aufwendungen verlangt werden. [2]Für die Inanspruchnahme anwaltlicher Dienstleistungen beschränkt sich der Ersatz der erforderlichen Aufwendungen hinsichtlich der gesetzlichen Gebühren auf Gebühren nach einem Gegenstandswert für den Unterlassungs- und Beseitigungsanspruch von 1.000 €, wenn der Abgemahnte
1. eine natürliche Person ist, die nach diesem Gesetz geschützte Werke oder andere nach diesem Gesetz geschützte Schutzgegenstände nicht für ihre gewerbliche oder selbständige berufliche Tätigkeit verwendet, und
2. nicht bereits wegen eines Anspruchs des Abmahnenden durch Vertrag, aufgrund einer rechtskräftigen gerichtlichen Entscheidung oder einer einstweiligen Verfügung zur Unterlassung verpflichtet ist.
[3]Der in Satz 2 genannte Wert ist auch maßgeblich, wenn ein Unterlassungs- und ein Beseitigungsanspruch nebeneinander geltend gemacht werden. [4]Satz 2 gilt nicht, wenn der genannte Wert nach den besonderen Umständen des Einzelfalls unbillig ist.

(4) [1]Soweit die Abmahnung unberechtigt oder unwirksam ist, kann der Abgemahnte Ersatz der für die Rechtsverteidigung erforderlichen Aufwendungen verlangen, es sei denn, es war für den Abmahnenden nicht erkennbar, dass die Abmahnung unberechtigt war. [2]Weiter gehende Ersatzansprüche bleiben unberührt.

§ 98   Anspruch auf Vernichtung, Rückruf und Überlassung

(1) [1]Wer das Urheberrecht oder ein anderes nach diesem Gesetz geschütztes Recht widerrechtlich verletzt, kann von dem Verletzten auf Vernichtung der im Besitz oder Eigentum des Verletzers befindlichen rechtswidrig hergestellten, verbreiteten oder zur rechtswidrigen Verbreitung bestimmten Vervielfältigungsstücke in Anspruch genommen werden. [2]Satz 1 ist entsprechend auf die im Eigentum des Verletzers stehenden Vorrichtungen anzuwenden, die vorwiegend zur Herstellung dieser Vervielfältigungsstücke gedient haben.

(2) Wer das Urheberrecht oder ein anderes nach diesem Gesetz geschütztes Recht widerrechtlich verletzt, kann von dem Verletzten auf Rückruf von rechtswidrig hergestellten, verbreiteten oder zur rechtswidrigen Verbreitung bestimmten Vervielfältigungsstücke oder auf deren endgültiges Entfernen aus den Vertriebswegen in Anspruch genommen werden.

(3) Statt der in Absatz 1 vorgesehenen Maßnahmen kann der Verletzte verlangen, dass ihm die Vervielfältigungsstücke, die im Eigentum des Verletzers stehen, gegen eine angemessene Vergütung, welche die Herstellungskosten nicht übersteigen darf, überlassen werden.

(4) [1]Die Ansprüche nach den Absätzen 1 bis 3 sind ausgeschlossen, wenn die Maßnahme im Einzelfall unverhältnismäßig ist. [2]Bei der Prüfung der Verhältnismäßigkeit sind auch die berechtigten Interessen Dritter zu berücksichtigen.

(5) Bauwerke sowie ausscheidbare Teile von Vervielfältigungsstücken und Vorrichtungen, deren Herstellung und Verbreitung nicht rechtswidrig ist, unterliegen nicht den in den Absätzen 1 bis 3 vorgesehenen Maßnahmen.

§ 99   Haftung des Inhabers eines Unternehmens

Ist in einem Unternehmen von einem Arbeitnehmer oder Beauftragten ein nach diesem Gesetz geschütztes Recht widerrechtlich verletzt worden, hat der Verletzte die Ansprüche aus § 97 Abs. 1 und § 98 auch gegen den Inhaber des Unternehmens.

§ 100   Entschädigung

[1]Handelt der Verletzer weder vorsätzlich noch fahrlässig, kann er zur Abwendung der Ansprüche nach den §§ 97 und 98 den Verletzten in Geld entschädigen, wenn ihm durch die Erfüllung der Ansprüche ein unverhältnismäßig großer Schaden entstehen würde und dem Verletzten die Abfindung in Geld zuzumuten ist. [2]Als Entschädigung ist der Betrag zu zahlen, der im Fall einer vertraglichen Einräumung des Rechts als Vergütung angemessen wäre. [3]Mit der Zahlung der Entschädigung gilt die Einwilligung des Verletzten zur Verwertung im üblichen Umfang als erteilt.

§ 101   Anspruch auf Auskunft

(1) [1]Wer in gewerblichem Ausmaß das Urheberrecht oder ein anderes nach diesem Gesetz geschütztes Recht widerrechtlich verletzt, kann von dem Verletzten auf unverzügliche Auskunft über die Herkunft und den Vertriebsweg der rechtsverletzenden Vervielfältigungsstücke oder sonstigen Erzeugnisse in Anspruch genommen werden. [2]Das gewerbliche Ausmaß kann sich sowohl aus der Anzahl der Rechtsverletzungen als auch aus der Schwere der Rechtsverletzung ergeben.

(2) [1]In Fällen offensichtlicher Rechtsverletzung oder in Fällen, in denen der Verletzte gegen den Verletzer Klage erhoben hat, besteht der Anspruch unbeschadet von Absatz 1 auch gegen eine Person, die in gewerblichem Ausmaß
1. rechtsverletzende Vervielfältigungsstücke in ihrem Besitz hatte,
2. rechtsverletzende Dienstleistungen in Anspruch nahm,
3. für rechtsverletzende Tätigkeiten genutzte Dienstleistungen erbrachte oder
4. nach den Angaben einer in Nummer 1, 2 oder Nummer 3 genannten Person an der Herstellung, Erzeugung oder am Vertrieb solcher Vervielfältigungsstücke, sonstigen Erzeugnisse oder Dienstleistungen beteiligt war,

es sei denn, die Person wäre nach den §§ 383 bis 385 der Zivilprozessordnung im Prozess gegen den Verletzer zur Zeugnisverweigerung berechtigt. [2]Im Fall der gerichtlichen Geltendmachung des Anspruchs nach Satz 1 kann das Gericht den gegen den Verletzer anhängigen Rechtsstreit auf Antrag bis zur Erledigung des wegen des Auskunftsanspruchs geführten Rechtsstreits aussetzen. [3]Der zur Auskunft Verpflichtete kann von dem Verletzten den Ersatz der für die Auskunftserteilung erforderlichen Aufwendungen verlangen.

(3) Der zur Auskunft Verpflichtete hat Angaben zu machen über
1. Namen und Anschrift der Hersteller, Lieferanten und anderer Vorbesitzer der Vervielfältigungsstücke oder sonstigen Erzeugnisse, der Nutzer der Dienstleistungen sowie der gewerblichen Abnehmer und Verkaufsstellen, für die sie bestimmt waren, und
2. die Menge der hergestellten, ausgelieferten, erhaltenen oder bestellten Vervielfältigungsstücke oder sonstigen Erzeugnisse sowie über die Preise, die für die betreffenden Vervielfältigungsstücke oder sonstigen Erzeugnisse bezahlt wurden.

(4) Die Ansprüche nach den Absätzen 1 und 2 sind ausgeschlossen, wenn die Inanspruchnahme im Einzelfall unverhältnismäßig ist.

(5) Erteilt der zur Auskunft Verpflichtete die Auskunft vorsätzlich oder grob fahrlässig falsch oder unvollständig, so ist er dem Verletzten zum Ersatz des daraus entstehenden Schadens verpflichtet.

(6) Wer eine wahre Auskunft erteilt hat, ohne dazu nach Absatz 1 oder Absatz 2 verpflichtet gewesen zu sein, haftet Dritten gegenüber nur, wenn er wusste, dass er zur Auskunftserteilung nicht verpflichtet war.

(7) In Fällen offensichtlicher Rechtsverletzung kann die Verpflichtung zur Erteilung der Auskunft im Wege der einstweiligen Verfügung nach den §§ 935 bis 945 der Zivilprozessordnung angeordnet werden.

(8) Die Erkenntnisse dürfen in einem Strafverfahren oder in einem Verfahren nach dem Gesetz über Ordnungswidrigkeiten wegen einer vor der Erteilung der Auskunft begangenen Tat gegen den Verpflichteten oder gegen einen in § 52 Abs. 1 der Strafprozessordnung bezeichneten Angehörigen nur mit Zustimmung des Verpflichteten verwertet werden.

(9) [1]Kann die Auskunft nur unter Verwendung von Verkehrsdaten (§ 3 Nr. 30 des Telekommunikationsgesetzes) erteilt werden, ist für ihre Erteilung eine vorherige richterliche Anordnung über die Zulässigkeit der Verwendung der Verkehrsdaten erforderlich, die von dem Verletzten zu beantragen ist. [2]Für den Erlass dieser Anordnung ist das Landgericht, in dessen Bezirk der zur Auskunft Verpflichtete seinen Wohnsitz, seinen Sitz oder eine Niederlassung hat, ohne Rücksicht auf den Streitwert ausschließlich zuständig. [3]Die Entscheidung trifft die Zivilkammer. [4]Für das Verfahren gelten die Vorschriften des Gesetzes über das Verfahren in Familiensachen und in den Angelegenheiten der freiwilligen Gerichtsbarkeit entsprechend. [5]Die Kosten der richterlichen Anordnung trägt der Verletzte. [6]Gegen die Entscheidung des Landgerichts ist die Beschwerde statthaft. [7]Die Beschwerde ist binnen einer Frist von zwei Wochen einzulegen. [8]Die Vorschriften zum Schutz personenbezogener Daten bleiben im Übrigen unberührt.

(10) Durch Absatz 2 in Verbindung mit Absatz 9 wird das Grundrecht des Fernmeldegeheimnisses (Artikel 10 des Grundgesetzes) eingeschränkt.

§ 101a Anspruch auf Vorlage und Besichtigung

(1) [1]Wer mit hinreichender Wahrscheinlichkeit das Urheberrecht oder ein anderes nach diesem Gesetz geschütztes Recht widerrechtlich verletzt, kann von dem Verletzten auf Vorlage einer Urkunde oder Besichtigung einer Sache in Anspruch genommen werden, die sich in seiner Verfügungsgewalt befindet, wenn dies zur Begründung von dessen Ansprüchen erforderlich ist. [2]Besteht die hinreichende Wahrscheinlichkeit einer in gewerblichem Ausmaß begangenen Rechtsverletzung, erstreckt sich der Anspruch auch auf die Vorlage von Bank-, Finanz- oder Handelsunterlagen. [3]Soweit der vermeintliche Verletzer geltend macht, dass es sich um ver-

trauliche Informationen handelt, trifft das Gericht die erforderlichen Maßnahmen, um den im Einzelfall gebotenen Schutz zu gewährleisten.

(2) Der Anspruch nach Absatz 1 ist ausgeschlossen, wenn die Inanspruchnahme im Einzelfall unverhältnismäßig ist.

(3) [1]Die Verpflichtung zur Vorlage einer Urkunde oder zur Duldung der Besichtigung einer Sache kann im Wege der einstweiligen Verfügung nach den Vorschriften der Zivilprozessordnung angeordnet werden. [2]Das Gericht trifft die erforderlichen Maßnahmen, um den Schutz vertraulicher Informationen zu gewährleisten. [3]Dies gilt insbesondere in den Fällen, in denen die einstweilige Verfügung ohne vorherige Anhörung des Gegners erlassen wird.

(4) § 811 des Bürgerlichen Gesetzbuchs sowie § 101 Abs. 8 gelten entsprechend.

(5) Wenn keine Verletzung vorlag oder drohte, kann der vermeintliche Verletzer von demjenigen, der die Vorlage oder Besichtigung nach Absatz 1 begehrt hat, den Ersatz des ihm durch das Begehren entstandenen Schadens verlangen.

§ 101b Sicherung von Schadensersatzansprüchen

(1) [1]Der Verletzte kann den Verletzer bei einer in gewerblichem Ausmaß begangenen Rechtsverletzung in den Fällen des § 97 Abs. 2 auch auf Vorlage von Bank-, Finanz- oder Handelsunterlagen oder einen geeigneten Zugang zu den entsprechenden Unterlagen in Anspruch nehmen, die sich in der Verfügungsgewalt des Verletzers befinden und die für die Durchsetzung des Schadensersatzanspruchs erforderlich sind, wenn ohne die Vorlage die Erfüllung des Schadensersatzanspruchs fraglich ist. [2]Soweit der Verletzer geltend macht, dass es sich um vertrauliche Informationen handelt, trifft das Gericht die erforderlichen Maßnahmen, um den im Einzelfall gebotenen Schutz zu gewährleisten.

(2) Der Anspruch nach Absatz 1 ist ausgeschlossen, wenn die Inanspruchnahme im Einzelfall unverhältnismäßig ist.

(3) [1]Die Verpflichtung zur Vorlage der in Absatz 1 bezeichneten Urkunden kann im Wege der einstweiligen Verfügung nach den §§ 935 bis 945 der Zivilprozessordnung angeordnet werden, wenn der Schadensersatzanspruch offensichtlich besteht. [2]Das Gericht trifft die erforderlichen Maßnahmen, um den Schutz vertraulicher Informationen zu gewährleisten. [3]Dies gilt insbesondere in den Fällen, in denen die einstweilige Verfügung ohne vorherige Anhörung des Gegners erlassen wird.

(4) § 811 des Bürgerlichen Gesetzbuchs sowie § 101 Abs. 8 gelten entsprechend.

§ 102 Verjährung

[1]Auf die Verjährung der Ansprüche wegen Verletzung des Urheberrechts oder eines anderen nach diesem Gesetz geschützten Rechts finden die Vorschriften des Abschnitts 5 des Buches 1 des Bürgerlichen Gesetzbuchs entsprechende Anwendung. [2]Hat der Verpflichtete durch die Verletzung auf Kosten des Berechtigten etwas erlangt, findet § 852 des Bürgerlichen Gesetzbuchs entsprechende Anwendung.

§ 102a Ansprüche aus anderen gesetzlichen Vorschriften

Ansprüche aus anderen gesetzlichen Vorschriften bleiben unberührt.

§ 103 Bekanntmachung des Urteils

[1]Ist eine Klage auf Grund dieses Gesetzes erhoben worden, so kann der obsiegenden Partei im Urteil die Befugnis zugesprochen werden, das Urteil auf Kosten der unterliegenden Partei öffentlich bekannt zu machen, wenn sie ein berechtigtes Interesse darlegt. [2]Art und Umfang der Bekanntmachung werden im Urteil bestimmt. [3]Die Befugnis erlischt, wenn von ihr nicht innerhalb von drei Monaten nach Eintritt der Rechtskraft des Urteils Gebrauch gemacht wird. [4]Das Urteil darf erst nach Rechtskraft bekannt gemacht werden, wenn nicht das Gericht etwas anderes bestimmt.

§ 104   Rechtsweg

[1]Für alle Rechtsstreitigkeiten, durch die ein Anspruch aus einem der in diesem Gesetz geregelten Rechtsverhältnisse geltend gemacht wird (Urheberrechtsstreitsachen), ist der ordentliche Rechtsweg gegeben. [2]Für Urheberrechtsstreitsachen aus Arbeits- oder Dienstverhältnissen, die ausschließlich Ansprüche auf Leistung einer vereinbarten Vergütung zum Gegenstand haben, bleiben der Rechtsweg zu den Gerichten für Arbeitssachen und der Verwaltungsrechtsweg unberührt.

§ 104a Gerichtsstand

(1) [1]Für Klagen wegen Urheberrechtsstreitsachen gegen eine natürliche Person, die nach diesem Gesetz geschützte Werke oder andere nach diesem Gesetz geschützte Schutzgegenstände nicht für ihre gewerbliche oder selbständige berufliche Tätigkeit verwendet, ist das Gericht ausschließlich zuständig, in dessen Bezirk diese Person zur Zeit der Klageerhebung ihren Wohnsitz, in Ermangelung eines solchen ihren gewöhnlichen Aufenthalt hat. [2]Wenn die beklagte Person im Inland weder einen Wohnsitz noch ihren gewöhnlichen Aufenthalt hat, ist das Gericht zuständig, in dessen Bezirk die Handlung begangen ist.

(2) § 105 bleibt unberührt.

§ 105   Gerichte für Urheberrechtsstreitsachen

(1) Die Landesregierungen werden ermächtigt, durch Rechtsverordnung Urheberrechtsstreitsachen, für die das Landgericht in erster Instanz oder in der Berufungsinstanz zuständig ist, für die Bezirke mehrerer Landgerichte einem von ihnen zuzuweisen, wenn dies der Rechtspflege dienlich ist.

(2) Die Landesregierungen werden ferner ermächtigt, durch Rechtsverordnung die zur Zuständigkeit der Amtsgerichte gehörenden Urheberrechtsstreitsachen für die Bezirke mehrerer Amtsgerichte einem von ihnen zuzuweisen, wenn dies der Rechtspflege dienlich ist.

(3) Die Landesregierungen können die Ermächtigungen nach den Absätzen 1 und 2 auf die Landesjustizverwaltungen übertragen.

(4) *(weggefallen)*

(5) *(weggefallen)*

Unterabschnitt 2   **Straf- und Bußgeldvorschriften**

§ 106   **Unerlaubte Verwertung urheberrechtlich geschützter Werke**

(1) Wer in anderen als den gesetzlich zugelassenen Fällen ohne Einwilligung des Berechtigten ein Werk oder eine Bearbeitung oder Umgestaltung eines Werkes vervielfältigt, verbreitet oder öffentlich wiedergibt, wird mit Freiheitsstrafe bis zu drei Jahren oder Geldstrafe bestraft.

(2) Der Versuch ist strafbar.

§ 107   **Unzulässiges Anbringen der Urheberbezeichnung**

(1) Wer
1. auf dem Original eines Werkes der bildenden Künste die Urheberbezeichnung (§ 10 Abs. 1) ohne Einwilligung des Urhebers anbringt oder ein derart bezeichnetes Original verbreitet,
2. auf einem Vervielfältigungsstück, einer Bearbeitung oder Umgestaltung eines Werkes der bildenden Künste die Urheberbezeichnung (§ 10 Abs. 1) auf eine Art anbringt, die dem Vervielfältigungsstück, der Bearbeitung oder Umgestaltung den Anschein eines Originals gibt, oder ein derart bezeichnetes Vervielfältigungsstück, eine solche Bearbeitung oder Umgestaltung verbreitet,

wird mit Freiheitsstrafe bis zu drei Jahren oder mit Geldstrafe bestraft, wenn die Tat nicht in anderen Vorschriften mit schwererer Strafe bedroht ist.

(2) Der Versuch ist strafbar.

§ 108 Unerlaubte Eingriffe in verwandte Schutzrechte

(1) Wer in anderen als den gesetzlich zugelassenen Fällen ohne Einwilligung des Berechtigten

1. eine wissenschaftliche Ausgabe (§ 70) oder eine Bearbeitung oder Umgestaltung einer solchen Ausgabe vervielfältigt, verbreitet oder öffentlich wiedergibt,
2. ein nachgelassenes Werk oder eine Bearbeitung oder Umgestaltung eines solchen Werkes entgegen § 71 verwertet,
3. ein Lichtbild (§ 72) oder eine Bearbeitung oder Umgestaltung eines Lichtbildes vervielfältigt, verbreitet oder öffentlich wiedergibt,
4. die Darbietung eines ausübenden Künstlers entgegen den § 77 Abs. 1 oder Abs. 2 Satz 1, § 78 Abs. 1 verwertet,
5. einen Tonträger entgegen § 85 verwertet,
6. eine Funksendung entgegen § 87 verwertet,
7. einen Bildträger oder Bild- und Tonträger entgegen §§ 94 oder 95 in Verbindung mit § 94 verwertet,
8. eine Datenbank entgegen § 87b Abs. 1 verwertet,

wird mit Freiheitsstrafe bis zu drei Jahren oder mit Geldstrafe bestraft.

(2) Der Versuch ist strafbar.

§ 108a Gewerbsmäßige unerlaubte Verwertung

(1) Handelt der Täter in den Fällen der §§ 106 bis 108 gewerbsmäßig, so ist die Strafe Freiheitsstrafe bis zu fünf Jahren oder Geldstrafe.

(2) Der Versuch ist strafbar.

§ 108b Unerlaubte Eingriffe in technische Schutzmaßnahmen und zur Rechtewahrnehmung erforderliche Informationen

(1) Wer

1. in der Absicht, sich oder einem Dritten den Zugang zu einem nach diesem Gesetz geschützten Werk oder einem anderen nach diesem Gesetz geschützten Schutzgegenstand oder deren Nutzung zu ermöglichen, eine wirksame technische Maßnahme ohne Zustimmung des Rechtsinhabers umgeht oder
2. wissentlich unbefugt
    a) eine von Rechtsinhabern stammende Information für die Rechtewahrnehmung entfernt oder verändert, wenn irgendeine der betreffenden Informationen an einem Vervielfältigungsstück eines Werkes oder eines sonstigen Schutzgegenstandes angebracht ist oder im Zusammenhang mit der öffentlichen Wiedergabe eines solchen Werkes oder Schutzgegenstandes erscheint, oder
    b) ein Werk oder einen sonstigen Schutzgegenstand, bei dem eine Information für die Rechtewahrnehmung unbefugt entfernt oder geändert wurde, verbreitet, zur Verbreitung einführt, sendet, öffentlich wiedergibt oder öffentlich zugänglich macht

und dadurch wenigstens leichtfertig die Verletzung von Urheberrechten oder verwandten Schutzrechten veranlasst, ermöglicht, erleichtert oder verschleiert, wird, wenn die Tat nicht ausschließlich zum eigenen privaten Gebrauch des Täters oder mit dem Täter persönlich verbundener Personen erfolgt oder sich auf einen derartigen Gebrauch bezieht, mit Freiheitsstrafe bis zu einem Jahr oder mit Geldstrafe bestraft.

(2) Ebenso wird bestraft, wer entgegen § 95a Abs. 3 eine Vorrichtung, ein Erzeugnis oder einen Bestandteil zu gewerblichen Zwecken herstellt, einführt, verbreitet, verkauft oder vermietet.

(3) Handelt der Täter in den Fällen des Absatzes 1 gewerbsmäßig, so ist die Strafe Freiheitsstrafe bis zu drei Jahren oder Geldstrafe.

§ 109 Strafantrag

In den Fällen der §§ 106 bis 108 und des § 108b wird die Tat nur auf Antrag verfolgt, es sei denn, dass die Strafverfolgungsbehörde wegen des besonderen öffentlichen Interesses an der Strafverfolgung ein Einschreiten von Amts wegen für geboten hält.

§ 110 Einziehung

[1]Gegenstände, auf die sich eine Straftat nach den §§ 106, 107 Abs. 1 Nr. 2, §§ 108 bis 108b bezieht, können eingezogen werden. [2]§ 74a des Strafgesetzbuches ist anzuwenden. [3]Soweit den in den § 98 bezeichneten Ansprüchen im Verfahren nach den Vorschriften der Strafprozessordnung über die Entschädigung des Verletzten (§§ 403 bis 406c) stattgegeben wird, sind die Vorschriften über die Einziehung nicht anzuwenden.

§ 111 Bekanntgabe der Verurteilung

[1]Wird in den Fällen der § 106 bis 108b auf Strafe erkannt, so ist, wenn der Verletzte es beantragt und ein berechtigtes Interesse daran dartut, anzuordnen, dass die Verurteilung auf Verlangen öffentlich bekannt gemacht wird. [2]Die Art der Bekanntmachung ist im Urteil zu bestimmen.

§ 111a Bußgeldvorschriften

(1) Ordnungswidrig handelt, wer
1. entgegen § 95a Abs. 3
   a) eine Vorrichtung, ein Erzeugnis oder einen Bestandteil verkauft, vermietet oder über den Kreis der mit dem Täter persönlich verbundenen Personen hinaus verbreitet oder
   b) zu gewerblichen Zwecken eine Vorrichtung, ein Erzeugnis oder einen Bestandteil besitzt, für deren Verkauf oder Vermietung wirbt oder eine Dienstleistung erbringt,
2. entgegen § 95b Abs. 1 Satz 1 ein notwendiges Mittel nicht zur Verfügung stellt oder
3. entgegen § 95d Abs. 2 Satz 1 Werke oder andere Schutzgegenstände nicht oder nicht vollständig kennzeichnet.

(2) Die Ordnungswidrigkeit kann in den Fällen des Absatzes 1 Nr. 1 und 2 mit einer Geldbuße bis zu fünfzigtausend Euro und in den übrigen Fällen mit einer Geldbuße bis zu zehntausend Euro geahndet werden.

Unterabschnitt 3 Vorschriften über Maßnahmen der Zollbehörden

§ 111b Verfahren nach deutschem Recht

(1) [1]Verletzt die Herstellung oder Verbreitung von Vervielfältigungsstücken das Urheberrecht oder ein anderes nach diesem Gesetz geschütztes Recht, so unterliegen die Vervielfältigungsstücke, soweit nicht die Verordnung (EU) Nr. 608/2013 des Europäischen Parlaments und des Rates vom 12. Juli 2013 zur Durchsetzung der

Rechte geistigen Eigentums durch die Zollbehörden und zur Aufhebung der Verordnung (EG) Nr. 1383/2003 des Rates (ABl. L 181 vom 29.6.2013, S. 15), in ihrer jeweils geltenden Fassung anzuwenden ist, auf Antrag und gegen Sicherheitsleistung des Rechtsinhabers bei ihrer Einfuhr oder Ausfuhr der Beschlagnahme durch die Zollbehörde, sofern die Rechtsverletzung offensichtlich ist. [2]Dies gilt für den Verkehr mit anderen Mitgliedstaaten der Europäischen Union sowie mit den anderen Vertragsstaaten des Abkommens über den Europäischen Wirtschaftsraum nur, soweit Kontrollen durch die Zollbehörden stattfinden.

(2) [1]Ordnet die Zollbehörde die Beschlagnahme an, so unterrichtet sie unverzüglich den Verfügungsberechtigten sowie den Antragsteller. [2]Dem Antragsteller sind Herkunft, Menge und Lagerort der Vervielfältigungsstücke sowie Name und Anschrift des Verfügungsberechtigten mitzuteilen; das Brief- und Postgeheimnis (Artikel 10 des Grundgesetzes) wird insoweit eingeschränkt. [3]Dem Antragsteller wird Gelegenheit gegeben, die Vervielfältigungsstücke zu besichtigen, soweit hierdurch nicht in Geschäfts- oder Betriebsgeheimnisse eingegriffen wird.

(3) Wird der Beschlagnahme nicht spätestens nach Ablauf von zwei Wochen nach Zustellung der Mitteilung nach Absatz 2 Satz 1 widersprochen, so ordnet die Zollbehörde die Einziehung der beschlagnahmten Vervielfältigungsstücke an.

(4) [1]Widerspricht der Verfügungsberechtigte der Beschlagnahme, so unterrichtet die Zollbehörde hiervon unverzüglich den Antragsteller. [2]Dieser hat gegenüber der Zollbehörde unverzüglich zu erklären, ob er den Antrag nach Absatz 1 in Bezug auf die beschlagnahmten Vervielfältigungsstücke aufrechterhält.
1. Nimmt der Antragsteller den Antrag zurück, hebt die Zollbehörde die Beschlagnahme unverzüglich auf.
2. Hält der Antragsteller den Antrag aufrecht und legt er eine vollziehbare gerichtliche Entscheidung vor, die die Verwahrung der beschlagnahmten Vervielfältigungsstücke oder eine Verfügungsbeschränkung anordnet, trifft die Zollbehörde die erforderlichen Maßnahmen.
[3]Liegen die Fälle der Nummern 1 oder 2 nicht vor, hebt die Zollbehörde die Beschlagnahme nach Ablauf von zwei Wochen nach Zustellung der Mitteilung an den Antragsteller nach Satz 1 auf; weist der Antragsteller nach, dass die gerichtliche Entscheidung nach Nummer 2 beantragt, ihm aber noch nicht zugegangen ist, wird die Beschlagnahme für längstens zwei weitere Wochen aufrechterhalten.

(5) Erweist sich die Beschlagnahme als von Anfang an ungerechtfertigt und hat der Antragsteller den Antrag nach Absatz 1 in Bezug auf die beschlagnahmten Vervielfältigungsstücke aufrechterhalten oder sich nicht unverzüglich erklärt (Absatz 4 Satz 2), so ist er verpflichtet, den dem Verfügungsberechtigten durch die Beschlagnahme entstandenen Schaden zu ersetzen.

(6) [1]Der Antrag nach Absatz 1 ist bei der Bundesfinanzdirektion zu stellen und hat Wirkung für ein Jahr, sofern keine kürzere Geltungsdauer beantragt wird; er kann wiederholt werden. [2]Für die mit dem Antrag verbundenen Amtshandlungen werden vom Antragsteller Kosten nach Maßgabe des § 178 der Abgabenordnung erhoben.

(7) [1]Die Beschlagnahme und die Einziehung können mit den Rechtsmitteln angefochten werden, die im Bußgeldverfahren nach dem Gesetz über Ordnungswidrigkeiten gegen die Beschlagnahme und Einziehung zulässig sind. [2]Im Rechtsmittelverfahren ist der Antragsteller zu hören. [3]Gegen die Entscheidung des Amtsgerichts ist die sofortige Beschwerde zulässig; über sie entscheidet das Oberlandesgericht.

(8) *(weggefallen)*

§ 111c Verfahren nach der Verordnung (EU) Nr. 608/2013

Für das Verfahren nach der Verordnung (EU) Nr. 608/2013 gilt § 111b Absatz 5 und 6 entsprechend, soweit die Verordnung keine Bestimmungen mehr enthält, die dem entgegenstehen.

Abschnitt 3 Zwangsvollstreckung

Unterabschnitt 1 Allgemeines

§ 112 Allgemeines

Die Zulässigkeit der Zwangsvollstreckung in ein nach diesem Gesetz geschütztes Recht richtet sich nach den allgemeinen Vorschriften, soweit sich aus den §§ 113 bis 119 nichts anderes ergibt.

Unterabschnitt 2 Zwangsvollstreckung wegen Geldforderungen gegen den Urheber

§ 113 Urheberrecht

[1]Gegen den Urheber ist die Zwangsvollstreckung wegen Geldforderungen in das Urheberrecht nur mit seiner Einwilligung und nur insoweit zulässig, als er Nutzungsrechte einräumen kann (§ 31). [2]Die Einwilligung kann nicht durch den gesetzlichen Vertreter erteilt werden.

§ 114 Originale von Werken

(1) [1]Gegen den Urheber ist die Zwangsvollstreckung wegen Geldforderungen in die ihm gehörenden Originale seiner Werke nur mit seiner Einwilligung zulässig. [2]Die Einwilligung kann nicht durch den gesetzlichen Vertreter erteilt werden.

(2) [1]Der Einwilligung bedarf es nicht,
1. soweit die Zwangsvollstreckung in das Original des Werkes zur Durchführung der Zwangsvollstreckung in ein Nutzungsrecht am Werk notwendig ist,
2. zur Zwangsvollstreckung in das Original eines Werkes der Baukunst,
3. zur Zwangsvollstreckung in das Original eines anderen Werkes der bildenden Künste, wenn das Werk veröffentlicht ist.
[2]In den Fällen der Nummern 2 und 3 darf das Original des Werkes ohne Zustimmung des Urhebers verbreitet werden.

Unterabschnitt 3 Zwangsvollstreckung wegen Geldforderungen gegen den Rechtsnachfolger des Urhebers

§ 115 Urheberrecht

[1]Gegen den Rechtsnachfolger des Urhebers (§ 30) ist die Zwangsvollstreckung wegen Geldforderungen in das Urheberrecht nur mit seiner Einwilligung und nur insoweit zulässig, als er Nutzungsrechte einräumen kann (§ 31). [2]Der Einwilligung bedarf es nicht, wenn das Werk erschienen ist.

§ 116 Originale von Werken

(1) Gegen den Rechtsnachfolger des Urhebers (§ 30) ist die Zwangsvollstreckung wegen Geldforderungen in die ihm gehörenden Originale von Werken des Urhebers nur mit seiner Einwilligung zulässig.

(2) [1]Der Einwilligung bedarf es nicht
1. in den Fällen des § 114 Abs. 2 Satz 1,
2. zur Zwangsvollstreckung in das Original eines Werkes, wenn das Werk erschienen ist.
[2]§ 114 Abs. 2 Satz 2 gilt entsprechend.

§ 117 Testamentsvollstrecker

Ist nach § 28 Abs. 2 angeordnet, dass das Urheberrecht durch einen Testamentsvollstrecker ausgeübt wird, so ist die nach den §§ 115 und 116 erforderliche Einwilligung durch den Testamentsvollstrecker zu erteilen.

Unterabschnitt 4 **Zwangsvollstreckung wegen Geldforderungen
gegen den Verfasser wissenschaftlicher Ausgaben
und gegen den Lichtbildner**

§ 118 Entsprechende Anwendung

Die §§ 113 bis 117 sind sinngemäß anzuwenden
1. auf die Zwangsvollstreckung wegen Geldforderungen gegen den Verfasser wissenschaftlicher Ausgaben (§ 70) und seinen Rechtsnachfolger,
2. auf die Zwangsvollstreckung wegen Geldforderungen gegen den Lichtbildner
   (§ 72) und seinen Rechtsnachfolger.

Unterabschnitt 5 **Zwangsvollstreckung wegen Geldforderungen in
bestimmte Vorrichtungen**

§ 119 Zwangsvollstreckung in bestimmte Vorrichtungen

(1) Vorrichtungen, die ausschließlich zur Vervielfältigung oder Funksendung eines
Werkes bestimmt sind, wie Formen, Platten, Steine, Druckstöcke, Matrizen und Ne-
gative, unterliegen der Zwangsvollstreckung wegen Geldforderungen nur, soweit der
Gläubiger zur Nutzung des Werkes mittels dieser Vorrichtungen berechtigt ist.

(2) Das gleiche gilt für Vorrichtungen, die ausschließlich zur Vorführung eines Filmwerkes bestimmt sind, wie Filmstreifen und dergleichen.

(3) Die Absätze 1 und 2 sind auf die nach den §§ 70 und 71 geschützten Ausgaben,
die nach § 72 geschützten Lichtbilder, die nach § 77 Abs. 2 Satz 1, §§ 85, 87, 94
und 95 geschützten Bild- und Tonträger und die nach § 87b Abs. 1 geschützten
Datenbanken entsprechend anzuwenden.

Teil 5 Anwendungsbereich, Übergangs- und Schlussbestimmungen

Abschnitt 1 Anwendungsbereich des Gesetzes

Unterabschnitt 1 **Urheberrecht**

§ 120 Deutsche Staatsangehörige und Staatsangehörige anderer EU-Staaten und EWR-Staaten

(1) [1]Deutsche Staatsangehörige genießen den urheberrechtlichen Schutz für alle
ihre Werke, gleichviel, ob und wo die Werke erschienen sind. [2]Ist ein Werk von
Miturhebern (§ 8) geschaffen, so genügt es, wenn ein Miturheber deutscher Staatsangehöriger ist.

(2) Deutschen Staatsangehörigen stehen gleich:
1. Deutsche im Sinne des Artikels 116 Abs. 1 des Grundgesetzes, die nicht die
   deutsche Staatsangehörigkeit besitzen, und
2. Staatsangehörige eines anderen Mitgliedstaates der Europäischen Union oder
   eines anderen Vertragsstaates des Abkommens über den Europäischen Wirtschaftsraum.

§ 121 Ausländische Staatsangehörige

(1) [1]Ausländische Staatsangehörige genießen den urheberrechtlichen Schutz für ihre im Geltungsbereich dieses Gesetzes erschienenen Werke, es sei denn, dass das Werk oder eine Übersetzung des Werkes früher als dreißig Tage vor dem Erscheinen im Geltungsbereich dieses Gesetzes außerhalb dieses Gebietes erschienen ist. [2]Mit der gleichen Einschränkung genießen ausländische Staatsangehörige den Schutz auch für solche Werke, die im Geltungsbereich dieses Gesetzes nur in Übersetzung erschienen sind.

(2) Den im Geltungsbereich dieses Gesetzes erschienenen Werken im Sinne des Absatzes 1 werden die Werke der bildenden Künste gleichgestellt, die mit einem Grundstück im Geltungsbereich dieses Gesetzes fest verbunden sind.

(3) Der Schutz nach Absatz 1 kann durch Rechtsverordnung des Bundesministers der Justiz und für Verbraucherschutz für ausländische Staatsangehörige beschränkt werden, die keinem Mitgliedstaat der Berner Übereinkunft zum Schutze von Werken der Literatur und der Kunst angehören und zur Zeit des Erscheinens des Werkes weder im Geltungsbereich dieses Gesetzes noch in einem anderen Mitgliedstaat ihren Wohnsitz haben, wenn der Staat, dem sie angehören, deutschen Staatsangehörigen für ihre Werke keinen genügenden Schutz gewährt.

(4) [1]Im Übrigen genießen ausländische Staatsangehörige den urheberrechtlichen Schutz nach Inhalt der Staatsverträge. [2]Bestehen keine Staatsverträge, so besteht für solche Werke urheberrechtlicher Schutz, soweit in dem Staat, dem der Urheber angehört, nach einer Bekanntmachung des Bundesministers der Justiz und für Verbraucherschutz im Bundesgesetzblatt deutsche Staatsangehörige für ihre Werke einen entsprechenden Schutz genießen.

(5) Das Folgerecht (§ 26) steht ausländischen Staatsangehörigen nur zu, wenn der Staat, dem sie angehören, nach einer Bekanntmachung des Bundesministers der Justiz und für Verbraucherschutz im Bundesgesetzblatt deutschen Staatsangehörigen ein entsprechendes Recht gewährt.

(6) Den Schutz nach den §§ 12 bis 14 genießen ausländische Staatsangehörige für alle ihre Werke, auch wenn die Voraussetzungen der Absätze 1 bis 5 nicht vorliegen.

§ 122 Staatenlose

(1) Staatenlose mit gewöhnlichem Aufenthalt im Geltungsbereich dieses Gesetzes genießen für ihre Werke den gleichen urheberrechtlichen Schutz wie deutsche Staatsangehörige.

(2) Staatenlose ohne gewöhnlichen Aufenthalt im Geltungsbereich dieses Gesetzes genießen für ihre Werke den gleichen urheberrechtlichen Schutz wie die Angehörigen des ausländischen Staates, in dem sie ihren gewöhnlichen Aufenthalt haben.

§ 123 Ausländische Flüchtlinge

[1]Für Ausländer, die Flüchtlinge im Sinne von Staatsverträgen oder anderen Rechtsvorschriften sind, gelten die Bestimmungen des § 122 entsprechend. [2]Hierdurch wird ein Schutz nach § 121 nicht ausgeschlossen.

Unterabschnitt 2 Verwandte Schutzrechte

§ 124 Wissenschaftliche Ausgaben und Lichtbilder

Für den Schutz wissenschaftlicher Ausgaben (§ 70) und den Schutz von Lichtbildern (§ 72) sind die §§ 120 bis 123 sinngemäß anzuwenden.

§ 125   Schutz des ausübenden Künstlers

(1) [1]Den nach den §§ 73 bis 83 gewährten Schutz genießen deutsche Staatsangehörige für alle ihre Darbietungen, gleichviel, wo diese stattfinden. [2]§ 120 Abs. 2 ist anzuwenden.

(2) Ausländische Staatsangehörige genießen den Schutz für alle ihre Darbietungen, die im Geltungsbereich dieses Gesetzes stattfinden, soweit nicht in den Absätzen 3 und 4 etwas anderes bestimmt ist.

(3) Werden Darbietungen ausländischer Staatsangehöriger erlaubterweise auf Bild- oder Tonträger aufgenommen und sind diese erschienen, so genießen die ausländischen Staatsangehörigen hinsichtlich dieser Bild- oder Tonträger den Schutz nach § 77 Abs. 2 Satz 1, § 78 Abs. 1 Nr. 1 und Abs. 2, wenn die Bild- oder Tonträger im Geltungsbereich dieses Gesetzes erschienen sind, es sei denn, dass die Bild- oder Tonträger früher als dreißig Tage vor dem Erscheinen im Geltungsbereich dieses Gesetzes außerhalb dieses Gebietes erschienen sind.

(4) Werden Darbietungen ausländischer Staatsangehöriger erlaubterweise durch Funk gesendet, so genießen die ausländischen Staatsangehörigen den Schutz gegen Aufnahme der Funksendung auf Bild- oder Tonträger (§ 77 Abs. 1) und Weitersendung der Funksendung (§ 78 Abs. 1 Nr. 2) sowie den Schutz nach § 78, wenn die Funksendung im Geltungsbereich dieses Gesetzes ausgestrahlt worden ist.

(5) [1]Im Übrigen genießen ausländische Staatsangehörige den Schutz nach Inhalt der Staatsverträge. [2]§ 121 Abs. 4 Satz 2 sowie die §§ 122 und 123 gelten entsprechend.

(6) [1]Den Schutz nach den §§ 74 und 75, § 77 Abs. 1 sowie § 78 Abs. 1 Nr. 3 genießen ausländische Staatsangehörige für alle ihre Darbietungen, auch wenn die Voraussetzungen der Absätze 2 bis 5 nicht vorliegen. [2]Das gleiche gilt für den Schutz nach § 78 Abs. 1 Nr. 2, soweit es sich um die unmittelbare Sendung der Darbietung handelt.

(7) Wird Schutz nach den Absätzen 2 bis 4 oder 6 gewährt, so erlischt er spätestens mit dem Ablauf der Schutzdauer in dem Staat, dessen Staatsangehöriger der ausübende Künstler ist, ohne die Schutzfrist nach § 82 zu überschreiten.

§ 126   Schutz des Herstellers von Tonträgern

(1) [1]Den nach den §§ 85 und 86 gewährten Schutz genießen deutsche Staatsangehörige oder Unternehmen mit Sitz im Geltungsbereich dieses Gesetzes für alle ihre Tonträger, gleichviel, ob und wo diese erschienen sind. [2]§ 120 Abs. 2 ist anzuwenden. [3]Unternehmen mit Sitz in einem anderen Mitgliedstaat der Europäischen Union oder in einem anderen Vertragsstaat des Abkommens über den Europäischen Wirtschaftsraum stehen Unternehmen mit Sitz im Geltungsbereich dieses Gesetzes gleich.

(2) [1]Ausländische Staatsangehörige oder Unternehmen ohne Sitz im Geltungsbereich dieses Gesetzes genießen den Schutz für ihre im Geltungsbereich dieses Gesetzes erschienenen Tonträger, es sei denn, daß der Tonträger früher als dreißig Tage vor dem Erscheinen im Geltungsbereich dieses Gesetzes außerhalb dieses Gebietes erschienen ist. [2]Der Schutz erlischt jedoch spätestens mit dem Ablauf der Schutzdauer in dem Staat, dessen Staatsangehörigkeit der Hersteller des Tonträgers besitzt oder in welchem das Unternehmen seinen Sitz hat, ohne die Schutzfrist nach § 85 Abs. 3 zu überschreiten.

(3) [1]Im Übrigen genießen ausländische Staatsangehörige oder Unternehmen ohne Sitz im Geltungsbereich dieses Gesetzes den Schutz nach Inhalt der Staatsverträge. [2]§ 121 Abs. 4 Satz 2 sowie die §§ 122 und 123 gelten entsprechend.

§ 127   Schutz des Sendeunternehmens

(1) [1]Den nach § 87 gewährten Schutz genießen Sendeunternehmen mit Sitz im Geltungsbereich dieses Gesetzes für alle Funksendungen, gleichviel, wo sie diese ausstrahlen. [2]§ 126 Abs. 1 Satz 3 ist anzuwenden.

(2) [1]Sendeunternehmen ohne Sitz im Geltungsbereich dieses Gesetzes genießen den Schutz für alle Funksendungen, die sie im Geltungsbereich dieses Gesetzes ausstrahlen. [2]Der Schutz erlischt spätestens mit dem Ablauf der Schutzdauer in dem Staat, in dem das Sendeunternehmen seinen Sitz hat, ohne die Schutzfrist nach § 87 Abs. 3 zu überschreiten.

(3) [1]Im Übrigen genießen Sendeunternehmen ohne Sitz im Geltungsbereich dieses Gesetzes den Schutz nach Inhalt der Staatsverträge. [2]§ 121 Abs. 4 Satz 2 gilt entsprechend.

§ 127a Schutz des Datenbankherstellers

(1) [1]Den nach § 87b gewährten Schutz genießen deutsche Staatsangehörige sowie juristische Personen mit Sitz im Geltungsbereich dieses Gesetzes. [2]§ 120 Abs. 2 ist anzuwenden.

(2) Die nach deutschem Recht oder dem Recht eines der in § 120 Abs. 2 Nr. 2 bezeichneten Staaten gegründeten juristischen Personen ohne Sitz im Geltungsbereich dieses Gesetzes genießen den nach § 87b gewährten Schutz, wenn
1. ihre Hauptverwaltung oder Hauptniederlassung sich im Gebiet eines der in § 120 Abs. 2 Nr. 2 bezeichneten Staaten befindet oder
2. ihr satzungsmäßiger Sitz sich im Gebiet eines dieser Staaten befindet und ihre Tätigkeit eine tatsächliche Verbindung zur deutschen Wirtschaft oder zur Wirtschaft eines dieser Staaten aufweist.

(3) Im Übrigen genießen ausländische Staatsangehörige sowie juristische Personen den Schutz nach dem Inhalt von Staatsverträgen sowie von Vereinbarungen, die die Europäische Gemeinschaft mit dritten Staaten schließt; diese Vereinbarungen werden vom Bundesministerium der Justiz und für Verbraucherschutz im Bundesgesetzblatt bekanntgemacht.

§ 128 Schutz des Filmherstellers

(1) [1]Den nach den §§ 94 und 95 gewährten Schutz genießen deutsche Staatsangehörige oder Unternehmen mit Sitz im Geltungsbereich dieses Gesetzes für alle ihre Bildträger oder Bild- und Tonträger, gleichviel, ob und wo diese erschienen sind. [2]§ 120 Abs. 2 und § 126 Abs. 1 Satz 3 sind anzuwenden.

(2) Für ausländische Staatsangehörige oder Unternehmen ohne Sitz im Geltungsbereich dieses Gesetzes gelten die Bestimmungen in § 126 Abs. 2 und 3 entsprechend.

Abschnitt 2 Übergangsbestimmungen

§ 129 Werke

(1) [1]Die Vorschriften dieses Gesetzes sind auch auf die vor seinem Inkrafttreten geschaffenen Werke anzuwenden, es sei denn, dass sie zu diesem Zeitpunkt urheberrechtlich nicht geschützt sind oder dass in diesem Gesetz sonst etwas anderes bestimmt ist. [2]Dies gilt für verwandte Schutzrechte entsprechend.

(2) Die Dauer des Urheberrechts an einem Werk, das nach Ablauf von fünfzig Jahren nach dem Tode des Urhebers, aber vor dem Inkrafttreten dieses Gesetzes veröffentlicht worden ist, richtet sich nach den bisherigen Vorschriften.

§ 130 Übersetzungen

Unberührt bleiben die Rechte des Urhebers einer Übersetzung, die vor dem 1. Januar 1902 erlaubterweise ohne Zustimmung des Urhebers des übersetzten Werkes erschienen ist.

§ 131 Vertonte Sprachwerke

Vertonte Sprachwerke, die nach § 20 des Gesetzes betreffend das Urheberrecht an Werken der Literatur und der Tonkunst vom 19. Juni 1901 (Reichsgesetzbl. S. 227) in der Fassung des Gesetzes zur Ausführung der revidierten Berner Übereinkunft zum Schutze von Werken der Literatur und Kunst vom 22. Mai 1910 (Reichsgesetzbl. S. 793) ohne Zustimmung ihres Urhebers vervielfältigt, verbreitet und öffentlich wiedergegeben werden durften, dürfen auch weiterhin in gleichem Umfang vervielfältigt, verbreitet und öffentlich wiedergegeben werden, wenn die Vertonung des Werkes vor dem Inkrafttreten dieses Gesetzes erschienen ist.

§ 132 Verträge

(1) [1]Die Vorschriften dieses Gesetzes sind mit Ausnahme der §§ 42 und 43 auf Verträge, die vor dem 1. Januar 1966 abgeschlossen worden sind, nicht anzuwenden. [2]§ 43 gilt auch für ausübende Künstler entsprechend. [3]Die §§ 40 und 41 gelten für solche Verträge mit der Maßgabe, dass die in § 40 Abs. 1 Satz 2 und § 41 Abs. 2 genannten Fristen frühestens mit dem 1. Januar 1966 beginnen.

(2) Vor dem 1. Januar 1966 getroffene Verfügungen bleiben wirksam.

(3) [1]Auf Verträge oder sonstige Sachverhalte, die vor dem 1. Juli 2002 geschlossen worden oder entstanden sind, sind die Vorschriften dieses Gesetzes vorbehaltlich der Sätze 2 und 3 in der am 28. März 2002 geltenden Fassung weiter anzuwenden. [2]§ 32a findet auf Sachverhalte Anwendung, die nach dem 28. März 2002 entstanden sind. [3]Auf Verträge, die seit dem 1. Juni 2001 und bis zum 30. Juni 2002 geschlossen worden sind, findet auch § 32 Anwendung, sofern von dem eingeräumten Recht oder der Erlaubnis nach dem 30. Juni 2002 Gebrauch gemacht wird.

(3a) [1]Auf Verträge oder sonstige Sachverhalte, die vor dem 1.3.2017 geschlossen worden oder entstanden sind, sind die Vorschriften dieses Gesetzes in der bis zum 1.3.2017 geltenden Fassung weiter anzuwenden. [2]§ 41 (Rückrufsrecht wegen Nichtausübung) in der am 1.3.2017 geltenden Fassung findet auf Sachverhalte Anwendung, die seit dem 1.3.2018 entstanden sind.

(4) Die Absätze 3 und 3a gelten für ausübende Künstler entsprechend.

§ 133 *(aufgehoben)*

§ 134 Urheber

[1]Wer zur Zeit des Inkrafttretens dieses Gesetzes nach den bisherigen Vorschriften, nicht aber nach diesem Gesetz als Urheber eines Werkes anzusehen ist, gilt, abgesehen von den Fällen des § 135, weiterhin als Urheber. [2]Ist nach den bisherigen Vorschriften eine juristische Person als Urheber eines Werkes anzusehen, so sind für die Berechnung der Dauer des Urheberrechts die bisherigen Vorschriften anzuwenden.

§ 135 Inhaber verwandter Schutzrechte

Wer zur Zeit des Inkrafttretens dieses Gesetzes nach den bisherigen Vorschriften als Urheber eines Lichtbildes oder der Übertragung eines Werkes auf Vorrichtungen zur mechanischen Wiedergabe für das Gehör anzusehen ist, ist Inhaber der entsprechenden verwandten Schutzrechte, die dieses Gesetz ihm gewährt.

§ 135a Berechnung der Schutzfrist

[1]Wird durch die Anwendung dieses Gesetzes auf ein vor seinem Inkrafttreten entstandenes Recht die Dauer des Schutzes verkürzt und liegt das für den Beginn der Schutzfrist nach diesem Gesetz maßgebende Ereignis vor dem Inkrafttreten dieses Gesetzes, so wird die Frist erst vom Inkrafttreten dieses Gesetzes an berechnet.

[2]Der Schutz erlischt jedoch spätestens mit Ablauf der Schutzdauer nach den bisherigen Vorschriften.

§ 136 Vervielfältigung und Verbreitung

(1) War eine Vervielfältigung, die nach diesem Gesetz unzulässig ist, bisher erlaubt, so darf die vor Inkrafttreten dieses Gesetzes begonnene Herstellung von Vervielfältigungsstücken vollendet werden.

(2) Die nach Absatz 1 oder bereits vor dem Inkrafttreten dieses Gesetzes hergestellten Vervielfältigungsstücke dürfen verbreitet werden.

(3) Ist für eine Vervielfältigung, die nach den bisherigen Vorschriften frei zulässig war, nach diesem Gesetz eine angemessene Vergütung an den Berechtigten zu zahlen, so dürfen die in Absatz 2 bezeichneten Vervielfältigungsstücke ohne Zahlung einer Vergütung verbreitet werden.

§ 137 Übertragung von Rechten

(1) [1]Soweit das Urheberrecht vor Inkrafttreten dieses Gesetzes auf einen anderen übertragen worden ist, stehen dem Erwerber die entsprechenden Nutzungsrechte (§ 31) zu. [2]Jedoch erstreckt sich die Übertragung im Zweifel nicht auf Befugnisse, die erst durch dieses Gesetz begründet werden.

(2) [1]Ist vor dem Inkrafttreten dieses Gesetzes das Urheberrecht ganz oder teilweise einem anderen übertragen worden, so erstreckt sich die Übertragung im Zweifel auch auf den Zeitraum, um den die Dauer des Urheberrechts nach den §§ 64 bis 66 verlängert worden ist. [2]Entsprechendes gilt, wenn vor dem Inkrafttreten dieses Gesetzes einem anderen die Ausübung einer dem Urheber vorbehaltenen Befugnis erlaubt worden ist.

(3) In den Fällen des Absatzes 2 hat der Erwerber oder Erlaubnisnehmer dem Veräußerer oder Erlaubnisgeber eine angemessene Vergütung zu zahlen, sofern anzunehmen ist, dass dieser für die Übertragung oder die Erlaubnis eine höhere Gegenleistung erzielt haben würde, wenn damals bereits die verlängerte Schutzdauer bestimmt gewesen wäre.

(4) [1]Der Anspruch auf die Vergütung entfällt, wenn alsbald nach seiner Geltendmachung der Erwerber dem Veräußerer das Recht für die Zeit nach Ablauf der bisher bestimmten Schutzdauer zur Verfügung stellt oder der Erlaubnisnehmer für diese Zeit auf die Erlaubnis verzichtet. [2]Hat der Erwerber das Urheberrecht vor dem Inkrafttreten dieses Gesetzes weiterveräußert, so ist die Vergütung insoweit nicht zu zahlen, als sie den Erwerber mit Rücksicht auf die Umstände der Weiterveräußerung unbillig belasten würde.

(5) Absatz 1 gilt für verwandte Schutzrechte entsprechend.

§ 137a Lichtbildwerke

(1) Die Vorschriften dieses Gesetzes über die Dauer des Urheberrechts sind auch auf Lichtbildwerke anzuwenden, deren Schutzfrist am 1. Juli 1985 nach dem bis dahin geltenden Recht noch nicht abgelaufen ist.

(2) Ist vorher einem anderen ein Nutzungsrecht an einem Lichtbildwerk eingeräumt oder übertragen worden, so erstreckt sich die Einräumung oder Übertragung im Zweifel nicht auf den Zeitraum, um den die Dauer des Urheberrechts an Lichtbildwerken verlängert worden ist.

§ 137b Bestimmte Ausgaben

(1) Die Vorschriften dieses Gesetzes über die Dauer des Schutzes nach den §§ 70 und 71 sind auch auf wissenschaftliche Ausgaben und Ausgaben nachgelassener Werke anzuwenden, deren Schutzfrist am 1. Juli 1990 nach dem bis dahin geltenden Recht noch nicht abgelaufen ist.

(2) Ist vor dem 1. Juli 1990 einem anderen ein Nutzungsrecht an einer wissenschaftlichen Ausgabe oder einer Ausgabe nachgelassener Werke eingeräumt oder übertragen worden, so erstreckt sich die Einräumung oder Übertragung im Zweifel auch
auf den Zeitraum, um den die Dauer des verwandten Schutzrechtes verlängert worden ist.

(3) Die Bestimmungen in § 137 Abs. 3 und 4 gelten entsprechend.

§ 137c Ausübende Künstler

(1) [1]Die Vorschriften dieses Gesetzes über die Dauer des Schutzes nach § 82 sind
auch auf Darbietungen anzuwenden, die vor dem 1. Juli 1990 auf Bild- oder Tonträger aufgenommen worden sind, wenn am 1. Januar 1991 seit dem Erscheinen des
Bild- oder Tonträgers 50 Jahre noch nicht abgelaufen sind. [2]Ist der Bild- oder Tonträger innerhalb dieser Frist nicht erschienen, so ist die Frist von der Darbietung an zu
berechnen. [3]Der Schutz nach diesem Gesetz dauert in keinem Fall länger als
50 Jahre nach dem Erscheinen des Bild- oder Tonträgers oder, falls der Bild- oder
Tonträger nicht erschienen ist, 50 Jahre nach der Darbietung.

(2) Ist vor dem 1. Juli 1990 einem anderen ein Nutzungsrecht an der Darbietung
eingeräumt oder übertragen worden, so erstreckt sich die Einräumung oder Übertragung im Zweifel auch auf den Zeitraum, um den die Dauer des Schutzes verlängert
worden ist.

(3) Die Bestimmungen in § 137 Abs. 3 und 4 gelten entsprechend.

§ 137d Computerprogramme

(1) [1]Die Vorschriften des Achten Abschnitts des Ersten Teils sind auch auf Computerprogramme anzuwenden, die vor dem 24. Juni 1993 geschaffen worden sind. [2]Je-
doch erstreckt sich das ausschließliche Vermietrecht (§ 69c Nr. 3) nicht auf Vervielfältigungsstücke eines Programms, die ein Dritter vor dem 1. Januar 1993 zum
Zweck der Vermietung erworben hat.

(2) § 69g Abs. 2 ist auch auf Verträge anzuwenden, die vor diesem Zeitpunkt abgeschlossen worden sind.

§ 137e Übergangsregelung bei Umsetzung der Richtlinie 92/100/EWG

(1) Die am 30. Juni 1995 in Kraft tretenden Vorschriften dieses Gesetzes finden auch
auf vorher geschaffene Werke, Darbietungen, Tonträger, Funksendungen und Filme
Anwendung, es sei denn, dass diese zu diesem Zeitpunkt nicht mehr geschützt sind.

(2) [1]Ist ein Original oder Vervielfältigungsstück eines Werkes oder ein Bild- oder
Tonträger vor dem 30. Juni 1995 erworben oder zum Zweck der Vermietung einem
Dritten überlassen worden, so gilt für die Vermietung die Zustimmung der Inhaber
des Vermietrechts (§§ 17, 77 Abs. 2 Satz 1, §§ 85 und 94) als erteilt. [2]Diesen
Rechtsinhabern hat der Vermieter jeweils eine angemessene Vergütung zu zahlen;
§ 27 Abs. 1 Satz 2 und 3 hinsichtlich der Ansprüche der Urheber und ausübenden
Künstler und § 27 Abs. 3 finden entsprechende Anwendung. [3]§ 137d bleibt unbe-
rührt.

(3) Wurde ein Bild- oder Tonträger, der vor dem 30. Juni 1995 erworben oder zum
Zweck der Vermietung einem Dritten überlassen worden ist, zwischen dem 1. Juli
1994 und dem 30. Juni 1995 vermietet, besteht für die Vermietung ein Vergütungsanspruch in entsprechender Anwendung des Absatzes 2 Satz 2.

(4) [1]Hat ein Urheber vor dem 30. Juni 1995 ein ausschließliches Verbreitungsrecht
eingeräumt, so gilt die Einräumung auch für das Vermietrecht. [2]Hat ein ausübender
Künstler vor diesem Zeitpunkt bei der Herstellung eines Filmwerkes mitgewirkt oder
in die Benutzung seiner Darbietung zur Herstellung eines Filmwerkes eingewilligt,
so gelten seine ausschließlichen Rechte als auf den Filmhersteller übertragen. [3]Hat
er vor diesem Zeitpunkt in die Aufnahme seiner Darbietung auf Tonträger und in
die Vervielfältigung eingewilligt, so gilt die Einwilligung auch als Übertragung des
Verbreitungsrechts, einschließlich der Vermietung.

§ 137f Übergangsregelung bei Umsetzung der Richtlinie 93/98/EWG

(1) [1]Würde durch die Anwendung dieses Gesetzes in der ab dem 1. Juli 1995 geltenden Fassung die Dauer eines vorher entstandenen Rechts verkürzt, so erlischt der Schutz mit dem Ablauf der Schutzdauer nach den bis zum 30. Juni 1995 geltenden Vorschriften. [2]Im Übrigen sind die Vorschriften dieses Gesetzes über die Schutzdauer in der ab dem 1. Juli 1995 geltenden Fassung auch auf Werke und verwandte Schutzrechte anzuwenden, deren Schutz am 1. Juli 1995 noch nicht erloschen ist.

(2) [1]Die Vorschriften dieses Gesetzes in der ab dem 1. Juli 1995 geltenden Fassung sind auch auf Werke anzuwenden, deren Schutz nach diesem Gesetz vor dem 1. Juli 1995 abgelaufen ist, nach dem Gesetz eines anderen Mitgliedstaates der Europäischen Union oder eines Vertragsstaates des Abkommens über den Europäischen Wirtschaftsraum zu diesem Zeitpunkt aber noch besteht. [2]Satz 1 gilt entsprechend für die verwandten Schutzrechte des Herausgebers nachgelassener Werke (§ 71), der ausübenden Künstler (§ 73), der Hersteller von Tonträgern (§ 85), der Sendeunternehmen (§ 87) und der Filmhersteller (§§ 94 und 95).

(3) [1]Lebt nach Absatz 2 der Schutz eines Werkes im Geltungsbereich dieses Gesetzes wieder auf, so stehen die wiederauflebenden Rechte dem Urheber zu. [2]Eine vor dem 1. Juli 1995 begonnene Nutzungshandlung darf jedoch in dem vorgesehenen Rahmen fortgesetzt werden. [3]Für die Nutzung ab dem 1. Juli 1995 ist eine angemessene Vergütung zu zahlen. [4]Die Sätze 1 bis 3 gelten für verwandte Schutzrechte entsprechend.

(4) [1]Ist vor dem 1. Juli 1995 einem anderen ein Nutzungsrecht an einer nach diesem Gesetz noch geschützten Leistung eingeräumt oder übertragen worden, so erstreckt sich die Einräumung oder Übertragung im Zweifel auch auf den Zeitraum, um den die Schutzdauer verlängert worden ist. [2]Im Fall des Satzes 1 ist eine angemessene Vergütung zu zahlen.

§ 137g Übergangsregelung bei Umsetzung der Richtlinie 96/9/EG

(1) § 23 Satz 2, § 53 Abs. 5, die §§ 55a, 60d Abs. 2 Satz 1 und § 63 Abs. 1 Satz 2 sind auch auf Datenbankwerke anzuwenden, die vor dem 1. Januar 1998 geschaffen wurden.

(2) [1]Die Vorschriften des Abschnitts 6 des Teils 2 sind auch auf Datenbanken anzuwenden, die zwischen dem 1. Januar 1983 und dem 31. Dezember 1997 hergestellt worden sind. [2]Die Schutzfrist beginnt in diesen Fällen am 1. Januar 1998.

(3) Die §§ 55a und 87e sind nicht auf Verträge anzuwenden, die vor dem 1. Januar 1998 abgeschlossen worden sind.

§ 137h Übergangsregelung bei Umsetzung der Richtlinie 93/83/EWG

(1) Die Vorschrift des § 20a ist auf Verträge, die vor dem 1. Juni 1998 geschlossen worden sind, erst ab dem 1. Januar 2000 anzuwenden, sofern diese nach diesem Zeitpunkt ablaufen.

(2) Sieht ein Vertrag über die gemeinsame Herstellung eines Bild- oder Tonträgers, der vor dem 1. Juni 1998 zwischen mehreren Herstellern, von denen mindestens einer einem Mitgliedstaat der Europäischen Union oder Vertragsstaat des Europäischen Wirtschaftsraumes angehört, geschlossen worden ist, eine räumliche Aufteilung des Rechts der Sendung unter den Herstellern vor, ohne nach der Satellitensendung und anderen Arten der Sendung zu unterscheiden, und würde die Satellitensendung der gemeinsam hergestellten Produktion durch einen Hersteller die Auswertung der räumlich oder sprachlich beschränkten ausschließlichen Rechte eines anderen Herstellers beeinträchtigen, so ist die Satellitensendung nur zulässig, wenn ihr der Inhaber dieser ausschließlichen Rechte zugestimmt hat.

(3) Die Vorschrift des § 20b Abs. 2 ist nur anzuwenden, sofern der Vertrag über die Einräumung des Kabelweitersenderechts nach dem 1. Juni 1998 geschlossen wurde.

§ 137i Übergangsregelung zum Gesetz zur Modernisierung des Schuldrechts

Artikol 229 § 6 dos Einführungogoootzoo zum Bürgorliohon Gooetzbuoho findot mit der Maßgabe entsprechende Anwendung, dass § 26 Abs. 7, § 36 Abs. 2 und § 102 in der bis zum 1. Januar 2002 geltenden Fassung den Vorschriften des Bürgerlichen Gesetzbuchs über die Verjährung in der bis zum 1. Januar 2002 geltenden Fassung gleichgestellt wird.

§ 137j Übergangsregelung aus Anlass der Umsetzung der Richtlinie 2001/29/EG

(1) § 95d Abs. 1 ist auf alle ab dem 1. Dezember 2003 neu in den Verkehr gebrachten Werke und anderen Schutzgegenstände anzuwenden.

(2) Die Vorschrift dieses Gesetzes über die Schutzdauer für Hersteller von Tonträgern in der ab dem 13. September 2003 geltenden Fassung ist auch auf verwandte Schutzrechte anzuwenden, deren Schutz am 22. Dezember 2002 noch nicht erloschen ist.

(3) Lebt nach Absatz 2 der Schutz eines Tonträgers wieder auf, so stehen die wiederauflebenden Rechte dem Hersteller des Tonträgers zu.

(4) [1]Ist vor dem 13. September 2003 einem anderen ein Nutzungsrecht an einem nach diesem Gesetz noch geschützten Tonträger eingeräumt oder übertragen worden, so erstreckt sich, im Fall einer Verlängerung der Schutzdauer nach § 85 Abs. 3, die Einräumung oder Übertragung im Zweifel auch auf diesen Zeitraum. [2]Im Fall des Satzes 1 ist eine angemessene Vergütung zu zahlen.

§ 137k *(aufgehoben)*

§ 137l Übergangsregelung für neue Nutzungsarten

(1) [1]Hat der Urheber zwischen dem 1. Januar 1966 und dem 1. Januar 2008 einem anderen alle wesentlichen Nutzungsrechte ausschließlich sowie räumlich und zeitlich unbegrenzt eingeräumt, gelten die zum Zeitpunkt des Vertragsschlusses unbekannten Nutzungsrechte als dem anderen ebenfalls eingeräumt, sofern der Urheber nicht dem anderen gegenüber der Nutzung widerspricht. [2]Der Widerspruch kann für Nutzungsarten, die am 1. Januar 2008 bereits bekannt sind, nur innerhalb eines Jahres erfolgen. [3]Im Übrigen erlischt das Widerspruchsrecht nach Ablauf von drei Monaten, nachdem der andere die Mitteilung über die beabsichtigte Aufnahme der neuen Art der Werknutzung an den Urheber unter der ihm zuletzt bekannten Anschrift abgesendet hat. [4]Die Sätze 1 bis 3 gelten nicht für zwischenzeitlich bekannt gewordene Nutzungsrechte, die der Urheber bereits einem Dritten eingeräumt hat.

(2) [1]Hat der andere sämtliche ihm ursprünglich eingeräumten Nutzungsrechte einem Dritten übertragen, so gilt Absatz 1 für den Dritten entsprechend. [2]Erklärt der Urheber den Widerspruch gegenüber seinem ursprünglichen Vertragspartner, hat ihm dieser unverzüglich alle erforderlichen Auskünfte über den Dritten zu erteilen.

(3) Das Widerspruchsrecht nach den Absätzen 1 und 2 entfällt, wenn die Parteien über eine zwischenzeitlich bekannt gewordene Nutzungsart eine ausdrückliche Vereinbarung geschlossen haben.

(4) Sind mehrere Werke oder Werkbeiträge zu einer Gesamtheit zusammengefasst, die sich in der neuen Nutzungsart in angemessener Weise nur unter Verwendung sämtlicher Werke oder Werkbeiträge verwerten lässt, so kann der Urheber das Widerspruchsrecht nicht wider Treu und Glauben ausüben.

(5) [1]Der Urheber hat Anspruch auf eine gesonderte angemessene Vergütung, wenn der andere eine neue Art der Werknutzung nach Absatz 1 aufnimmt, die im Zeitpunkt des Vertragsschlusses noch unbekannt war. [2]§ 32 Abs. 2 und 4 gilt entsprechend. [3]Der Anspruch kann nur durch eine Verwertungsgesellschaft geltend gemacht werden. [4]Hat der Vertragspartner das Nutzungsrecht einem Dritten übertragen, haftet der Dritte mit der Aufnahme der neuen Art der Werknutzung für die Vergütung. [5]Die Haftung des anderen entfällt.

§ 137m   Übergangsregelung aus Anlass der Umsetzung der Richtlinie 2011/ 77/EU

(1) Die Vorschriften über die Schutzdauer nach den §§ 82 und 85 Absatz 3 sowie über die Rechte und Ansprüche des ausübenden Künstlers nach § 79 Absatz 3 sowie § 79a gelten für Aufzeichnungen von Darbietungen und für Tonträger, deren Schutzdauer für den ausübenden Künstler und den Tonträgerhersteller am 1. November 2013 nach den Vorschriften dieses Gesetzes in der bis 6. Juli 2013 geltenden Fassung noch nicht erloschen war, und für Aufzeichnungen von Darbietungen und für Tonträger, die nach dem 1. November 2013 entstehen.

(2) [1]§ 65 Absatz 3 gilt für Musikkompositionen mit Text, von denen die Musikkomposition oder der Text in mindestens einem Mitgliedstaat der Europäischen Union am 1. November 2013 geschützt sind, und für Musikkompositionen mit Text, die nach diesem Datum entstehen. [2]Lebt nach Satz 1 der Schutz der Musikkomposition oder des Textes wieder auf, so stehen die wiederauflebenden Rechte dem Urheber zu. [3]Eine vor dem 1. November 2013 begonnene Nutzungshandlung darf jedoch in dem vorgesehenen Rahmen fortgesetzt werden. [4]Für die Nutzung ab dem 1. November 2013 ist eine angemessene Vergütung zu zahlen.

(3) Ist vor dem 1. November 2013 ein Übertragungsvertrag zwischen einem ausübenden Künstler und einem Tonträgerhersteller abgeschlossen worden, so erstreckt sich im Fall der Verlängerung der Schutzdauer die Übertragung auch auf diesen Zeitraum, wenn keine eindeutigen vertraglichen Hinweise auf das Gegenteil vorliegen.

§ 137n   Übergangsregelung aus Anlass der Umsetzung der Richtlinie 2012/28/ EU

§ 61 Absatz 4 ist nur anzuwenden auf Bestandsinhalte, die der nutzenden Institution vor dem 29. Oktober 2014 überlassen wurden.

§ 137o   Übergangsregelung zum Urheberrechts-Wissensgesellschafts-Gesetz

§ 60g gilt nicht für Verträge, die vor dem 1. März 2018 geschlossen wurden.

Abschnitt 3 **Schlussbestimmungen**

§ 138   Register anonymer und pseudonymer Werke

(1) [1]Das Register anonymer und pseudonymer Werke für die in § 66 Abs. 2 Satz 2 vorgesehenen Eintragungen wird beim Patentamt geführt. [2]Das Patentamt bewirkt die Eintragungen, ohne die Berechtigung des Antragstellers oder die Richtigkeit der zur Eintragung angemeldeten Tatsachen zu prüfen.

(2) [1]Wird die Eintragung abgelehnt, so kann der Antragsteller gerichtliche Entscheidung beantragen. [2]Über den Antrag entscheidet das für den Sitz des Patentamts zuständige Oberlandesgericht durch einen mit Gründen versehenen Beschluss. [3]Der Antrag ist schriftlich bei dem Oberlandesgericht einzureichen. [4]Die Entscheidung des Oberlandesgerichts ist endgültig. [5]Im Übrigen gelten für das gerichtliche Verfahren die Vorschriften des Gesetzes über die Angelegenheiten der freiwilligen Gerichtsbarkeit entsprechend.

(3) [1]Die Eintragungen werden im Bundesanzeiger öffentlich bekannt gemacht. [2]Die Kosten für die Bekanntmachung hat der Antragsteller im Voraus zu entrichten.

(4) [1]Die Einsicht in das Register ist jedem gestattet. [2]Auf Antrag werden Auszüge aus dem Register erteilt.

(5) Der Bundesminister der Justiz und für Verbraucherschutz wird ermächtigt, durch Rechtsverordnung
1. Bestimmungen über die Form des Antrags und die Führung des Registers zu erlassen,

2. zur Deckung der Verwaltungskosten die Erhebung von Kosten (Gebühren und Auslagen) für die Eintragung, für die Ausfertigung eines Eintragungsscheins und für die Erteilung sonstiger Auszüge und deren Beglaubigung anzuordnen sowie Bestimmungen über den Kostenschuldner, die Fälligkeit von Kosten, die Kostenvorschusspflicht, Kostenbefreiungen, die Verjährung, das Kostenfestsetzungsverfahren und die Rechtsbehelfe gegen die Kostenfestsetzung zu treffen.

(6) Eintragungen, die nach § 56 des Gesetzes betreffend das Urheberrecht an Werken der Literatur und der Tonkunst vom 19. Juni 1901 beim Stadtrat in Leipzig vorgenommen worden sind, bleiben wirksam.

§ 139 Änderung der Strafprozessordnung

§ 374 Abs. 1 Nr. 8 der Strafprozessordnung erhält folgende Fassung:
„8. alle Verletzungen des Patent-, Gebrauchsmuster-, Warenzeichen- und Geschmacksmusterrechtes, soweit sie als Vergehen strafbar sind, sowie die Vergehen nach §§ 106 bis 108 des Urheberrechtsgesetzes".

§ 140 Änderung des Gesetzes über das am 6. September 1952 unterzeichnete Welturheberrechtsabkommen

In das Gesetz über das am 6. September 1952 unterzeichnete Welturheberrechtsabkommen vom 24. Februar 1955 (BGBl. II S. 101) wird nach Artikel 2 folgender Artikel 2a eingefügt:
Artikel 2a
Für die Berechnung der Dauer des Schutzes, den ausländische Staatsangehörige für ihre Werke nach dem Abkommen im Geltungsbereich dieses Gesetzes genießen, sind die Bestimmungen in Artikel IV Nr. 4 bis 6 des Abkommens anzuwenden.

§ 141 Aufgehobene Vorschriften

Mit dem Inkrafttreten dieses Gesetzes werden aufgehoben:
1. die §§ 57 bis 60 des Gesetzes betreffend das Urheberrecht an Schriftwerken, Abbildungen, musikalischen Kompositionen und dramatischen Werken vom 11. Juni 1870 (Bundesgesetzblatt des Norddeutschen Bundes S. 339);
2. die §§ 17 bis 19 des Gesetzes betreffend das Urheberrecht an Werken der bildenden Künste vom 9. Januar 1876 (Reichsgesetzbl. S. 4);
3. das Gesetz betreffend das Urheberrecht an Werken der Literatur und der Tonkunst vom 19. Juni 1901 in der Fassung des Gesetzes zur Ausführung der revidierten Berner Übereinkunft zum Schutze von Werken der Literatur und Kunst vom 22. Mai 1910 und des Gesetzes zur Verlängerung der Schutzfristen im Urheberrecht vom 13. Dezember 1934 (Reichsgesetzbl. II S. 1395);
4. die §§ 3, 13 und 42 des Gesetzes über das Verlagsrecht vom 19. Juni 1901 (Reichsgesetzbl. S. 217) in der Fassung des Gesetzes zur Ausführung der revidierten Berner Übereinkunft zum Schutze von Werken der Literatur und Kunst vom 22. Mai 1910;
5. das Gesetz betreffend das Urheberrecht an Werken der bildenden Künste und der Photographie vom 9. Januar 1907 (Reichsgesetzbl. S. 7) in der Fassung des Gesetzes zur Ausführung der revidierten Berner Übereinkunft zum Schutze von Werken der Literatur und Kunst vom 22. Mai 1910, des Gesetzes zur Verlängerung der Schutzfristen im Urheberrecht vom 13. Dezember 1934 und des Gesetzes zur Verlängerung der Schutzfristen für das Urheberrecht an Lichtbildern vom 12. Mai 1940 (Reichsgesetzbl. I S. 758), soweit es nicht den Schutz von Bildnissen betrifft;
6. die Artikel I, III und IV des Gesetzes zur Ausführung der revidierten Berner Übereinkunft zum Schutze von Werken der Literatur und Kunst vom 22. Mai 1910;
7. das Gesetz zur Erleichterung der Filmberichterstattung vom 30. April 1936 (Reichsgesetzbl. I S. 404);
8. § 10 des Gesetzes über die Rechtsstellung heimatloser Ausländer im Bundesgebiet vom 25. April 1951 (Bundesgesetzbl. I S. 269).

§ 142 Evaluierung

(1) Die Bundesregierung erstattet vier Jahre nach Inkrafttreten des Urheberrechts-Wissensgesellschafts-Gesetzes dem Deutschen Bundestag Bericht über die Auswirkungen des Teils 1 Abschnitt 6 Unterabschnitt 4.

(2) Teil 1 Abschnitt 6 Unterabschnitt 4 ist ab dem 1. März 2023 nicht mehr anzuwenden.

§ 143 Inkrafttreten

(1) Die §§ 64 bis 67, 69, 105 Abs. 1 bis 3 und § 138 Abs. 5 treten am Tage nach der Verkündung dieses Gesetzes in Kraft.

(2) Im Übrigen tritt dieses Gesetz am 1. Januar 1966 in Kraft.

Gesetz über das Verlagsrecht (Verlagsgesetz)

vom 19. Juni 1901 (RGBl. S. 217) in der Fassung vom 22. März 2002

§ 1

[1]Durch den Verlagsvertrag über ein Werk der Literatur oder der Tonkunst wird der Verfasser verpflichtet, dem Verleger das Werk zur Vervielfältigung und Verbreitung für eigene Rechnung zu überlassen. [2]Der Verleger ist verpflichtet, das Werk zu vervielfältigen und zu verbreiten.

§ 2

(1) Der Verfasser hat sich während der Dauer des Vertragsverhältnisses jeder Vervielfältigung und Verbreitung des Werkes zu enthalten, die einem Dritten während der Dauer des Urheberrechts untersagt ist.

(2) Dem Verfasser verbleibt jedoch die Befugnis zur Vervielfältigung und Verbreitung:
1. Für die Übersetzung in eine andere Sprache oder in eine andere Mundart;
2. für die Wiedergabe einer Erzählung in dramatischer Form oder eines Bühnenwerkes in der Form einer Erzählung;
3. für die Bearbeitung eines Werkes der Tonkunst, soweit sie nicht bloß ein Auszug oder eine Übertragung in eine andere Tonart oder Stimmlage ist;
4. für die Benutzung des Werkes zum Zwecke der mechanischen Wiedergabe für das Gehör;
5. für die Benutzung eines Schriftwerkes oder einer Abbildung zu einer bildlichen Darstellung, welche das Originalwerk seinem Inhalt nach im Wege der Kinematographie oder eines ihr ähnlichen Verfahrens wiedergibt.

(3) Auch ist der Verfasser zur Vervielfältigung und Verbreitung in einer Gesamtausgabe befugt, wenn seit dem Ablaufe des Kalenderjahrs, in welchem das Werk erschienen ist, zwanzig Jahre verstrichen sind.

§ 3   (aufgehoben)

§ 4

[1]Der Verleger ist nicht berechtigt, ein Einzelwerk für eine Gesamtausgabe oder ein Sammelwerk sowie Teile einer Gesamtausgabe oder eines Sammelwerkes für eine Sonderausgabe zu verwerten. [2]Soweit jedoch eine solche Verwertung auch während der Dauer des Urheberrechts einem jeden freisteht, bleibt sie dem Verleger gleichfalls gestattet.

§ 5

(1) [1]Der Verleger ist nur zu einer Auflage berechtigt. [2]Ist ihm das Recht zur Veranstaltung mehrerer Auflagen eingeräumt, so gelten im Zweifel für jede neue Auflage die gleichen Abreden wie für die vorhergehende.

(2) [1]Ist die Zahl der Abzüge nicht bestimmt, so ist der Verleger berechtigt, tausend Abzüge herzustellen. [2]Hat der Verleger durch eine vor dem Beginne der Vervielfältigung dem Verfasser gegenüber abgegebene Erklärung die Zahl der Abzüge niedriger bestimmt, so ist er nur berechtigt, die Auflage in der angegebenen Höhe herzustellen.

§ 6

(1) [1]Die üblichen Zuschussexemplare werden in die Zahl der zulässigen Abzüge nicht eingerechnet. [2]Das Gleiche gilt von Freiexemplaren, soweit ihre Zahl den zwanzigsten Teil der zulässigen Abzüge nicht übersteigt.

(2) Zuschussexemplare, die nicht zum Ersatz oder zur Ergänzung beschädigter Abzüge verwendet worden sind, dürfen von dem Verleger nicht verbreitet werden.

§ 7

Gehen Abzüge unter, die der Verleger auf Lager hat, so darf er sie durch andere ersetzen; er hat vorher dem Verfasser Anzeige zu machen.

§ 8

In dem Umfang, in welchem der Verfasser nach den §§ 2 bis 7 verpflichtet ist, sich der Vervielfältigung und Verbreitung zu enthalten und sie dem Verleger zu gestatten, hat er, soweit nicht aus dem Vertrage sich ein anderes ergibt, dem Verleger das ausschließliche Recht zur Vervielfältigung und Verbreitung (Verlagsrecht) zu verschaffen.

§ 9

(1) Das Verlagsrecht entsteht mit der Ablieferung des Werkes an den Verleger und erlischt mit der Beendigung des Vertragsverhältnisses.

(2) Soweit der Schutz des Verlagsrechts es erfordert, kann der Verleger gegen den Verfasser sowie gegen Dritte die Befugnisse ausüben, die zum Schutze des Urheberrechts durch das Gesetz vorgesehen sind.

§ 10

Der Verfasser ist verpflichtet, dem Verleger das Werk in einem für die Vervielfältigung geeigneten Zustand abzuliefern.

§ 11

(1) Ist der Verlagsvertrag über ein bereits vollendetes Werk geschlossen, so ist das Werk sofort abzuliefern.

(2) [1]Soll das Werk erst nach dem Abschlusse des Verlagsvertrags hergestellt werden, so richtet sich die Frist der Ablieferung nach dem Zwecke, welchem das Werk dienen soll. [2]Soweit sich hieraus nichts ergibt, richtet sich die Frist nach dem Zeitraum, innerhalb dessen der Verfasser das Werk bei einer seinen Verhältnissen entsprechenden Arbeitsleistung herstellen kann; eine anderweitige Tätigkeit des Verfassers bleibt bei der Bemessung der Frist nur dann außer Betracht, wenn der Verleger die Tätigkeit bei dem Abschlusse des Vertrags weder kannte noch kennen musste.

§ 12

(1) [1]Bis zur Beendigung der Vervielfältigung darf der Verfasser Änderungen an dem Werke vornehmen. [2]Vor der Veranstaltung einer neuen Auflage hat der Verleger dem Verfasser zur Vornahme von Änderungen Gelegenheit zu geben. [3]Änderungen sind nur insoweit zulässig, als nicht durch sie ein berechtigtes Interesse des Verlegers verletzt wird.

(2) Der Verfasser darf die Änderungen durch einen Dritten vornehmen lassen.

(3) Nimmt der Verfasser nach dem Beginne der Vervielfältigung Änderungen vor, welche das übliche Maß übersteigen, so ist er verpflichtet, die hieraus entstehenden

Kosten zu ersetzen; die Ersatzpflicht liegt ihm nicht ob, wenn Umstände, die inzwischen eingetreten sind, die Änderung rechtfertigen.

§ 13   *(aufgehoben)*

§ 14

[1]Der Verleger ist verpflichtet, das Werk in der zweckentsprechenden und üblichen Weise zu vervielfältigen und zu verbreiten. [2]Die Form und Ausstattung der Abzüge wird unter Beobachtung der im Verlagshandel herrschenden Übung sowie mit Rücksicht auf Zweck und Inhalt des Werkes von dem Verleger bestimmt.

§ 15

[1]Der Verleger hat mit der Vervielfältigung zu beginnen, sobald ihm das vollständige Werk zugegangen ist. [2]Erscheint das Werk in Abteilungen, so ist mit der Vervielfältigung zu beginnen, sobald der Verfasser eine Abteilung abgeliefert hat, die nach ordnungsmäßiger Folge zur Herausgabe bestimmt ist.

§ 16

[1]Der Verleger ist verpflichtet, diejenige Zahl von Abzügen herzustellen, welche er nach dem Vertrag oder gemäß dem § 5 herzustellen berechtigt ist. [2]Er hat rechtzeitig dafür zu sorgen, dass der Bestand nicht vergriffen wird.

§ 17

[1]Ein Verleger, der das Recht hat, eine neue Auflage zu veranstalten, ist nicht verpflichtet, von diesem Rechte Gebrauch zu machen. [2]Zur Ausübung des Rechtes kann ihm der Verfasser eine angemessene Frist bestimmen. [3]Nach dem Ablaufe der Frist ist der Verfasser berechtigt, von dem Vertrage zurückzutreten, wenn nicht die Veranstaltung rechtzeitig erfolgt ist. [4]Der Bestimmung einer Frist bedarf es nicht, wenn die Veranstaltung von dem Verleger verweigert wird.

§ 18

(1) Fällt der Zweck, welchem das Werk dienen sollte, nach dem Abschlusse des Vertrags weg, so kann der Verleger das Vertragsverhältnis kündigen; der Anspruch des Verfassers auf die Vergütung bleibt unberührt.

(2) Das Gleiche gilt, wenn Gegenstand des Verlagsvertrags ein Beitrag zu einem Sammelwerk ist und die Vervielfältigung des Sammelwerkes unterbleibt.

§ 19

Werden von einem Sammelwerke neue Abzüge hergestellt, so ist der Verleger im Einverständnisse mit dem Herausgeber berechtigt, einzelne Beiträge wegzulassen.

§ 20

(1) [1]Der Verleger hat für die Korrektur zu sorgen. [2]Einen Abzug hat er rechtzeitig dem Verfasser zur Durchsicht vorzulegen.

(2) Der Abzug gilt als genehmigt, wenn der Verfasser ihn nicht binnen einer angemessenen Frist dem Verleger gegenüber beanstandet.

§ 21

[1]Die Bestimmung des Ladenpreises, zu welchem das Werk verbreitet wird, steht für jede Auflage dem Verleger zu. [2]Er darf den Ladenpreis ermäßigen, soweit nicht berechtigte Interessen des Verfassers verletzt werden. [3]Zur Erhöhung dieses Preises bedarf es stets der Zustimmung des Verfassers.

§ 22

(1) [1]Der Verleger ist verpflichtet, dem Verfasser die vereinbarte Vergütung zu zahlen. [2]Eine Vergütung gilt als stillschweigend vereinbart, wenn die Überlassung des Werkes den Umständen nach nur gegen eine Vergütung zu erwarten ist.

(2) Ist die Höhe der Vergütung nicht bestimmt, so ist eine angemessene Vergütung in Geld als vereinbart anzusehen.

§ 23

[1]Die Vergütung ist bei der Ablieferung des Werkes zu entrichten. [2]Ist die Höhe der Vergütung unbestimmt oder hängt sie von dem Umfange der Vervielfältigung, insbesondere von der Zahl der Druckbogen, ab, so wird die Vergütung fällig, sobald das Werk vervielfältigt ist.

§ 24

Bestimmt sich die Vergütung nach dem Absatze, so hat der Verleger jährlich dem Verfasser für das vorangegangene Geschäftsjahr Rechnung zu legen und ihm, soweit es für die Prüfung erforderlich ist, die Einsicht seiner Geschäftsbücher zu gestatten.

§ 25

(1) [1]Der Verleger eines Werkes der Literatur ist verpflichtet, dem Verfasser auf je hundert Abzüge ein Freiexemplar, jedoch im Ganzen nicht weniger als fünf und nicht mehr als fünfzehn zu liefern. [2]Auch hat er dem Verfasser auf dessen Verlangen ein Exemplar in Aushängebogen zu überlassen.

(2) Der Verleger eines Werkes der Tonkunst ist verpflichtet, dem Verfasser die übliche Zahl von Freiexemplaren zu liefern.

(3) Von Beiträgen, die in Sammelwerken erscheinen, dürfen Sonderabzüge als Freiexemplare geliefert werden.

§ 26

Der Verleger hat die zu seiner Verfügung stehenden Abzüge des Werkes zu dem niedrigsten Preise, für welchen er das Werk im Betriebe seines Verlagsgeschäfts abgibt, dem Verfasser, soweit dieser es verlangt, zu überlassen.

§ 27

Der Verleger ist verpflichtet, das Werk, nachdem es vervielfältigt worden ist, zurückzugeben, sofern der Verfasser sich vor dem Beginne der Vervielfältigung die Rückgabe vorbehalten hat.

§ 28   *(aufgehoben)*

§ 29

(1) Ist der Verlagsvertrag auf eine bestimmte Zahl von Auflagen oder von Abzügen beschränkt, so endigt das Vertragsverhältnis, wenn die Auflagen oder Abzüge vergriffen sind.

(2) Der Verleger ist verpflichtet, dem Verfasser auf Verlangen Auskunft darüber zu erteilen, ob die einzelne Auflage oder die bestimmte Zahl von Abzügen vergriffen ist.

(3) Wird der Verlagsvertrag für eine bestimmte Zeit geschlossen, so ist nach dem Ablaufe der Zeit der Verleger nicht mehr zur Verbreitung der noch vorhandenen Abzüge berechtigt.

§ 30

(1) [1]Wird das Werk ganz oder zum Teil nicht rechtzeitig abgeliefert, so kann der Verleger, statt den Anspruch auf Erfüllung geltend zu machen, dem Verfasser eine angemessene Frist zur Ablieferung mit der Erklärung bestimmen, dass er die Annahme der Leistung nach dem Ablaufe der Frist ablehne. [2]Zeigt sich schon vor dem Zeitpunkt, in welchem das Werk nach dem Vertrag abzuliefern ist, dass das Werk nicht rechtzeitig abgeliefert werden wird, so kann der Verleger die Frist sofort bestimmen; die Frist muss so bemessen werden, dass sie nicht vor dem bezeichneten Zeitpunkt abläuft. [3]Nach dem Ablaufe der Frist ist der Verleger berechtigt, von dem Vertrage zurückzutreten, wenn nicht das Werk rechtzeitig abgeliefert worden ist; der Anspruch auf Ablieferung des Werkes ist ausgeschlossen.

(2) Der Bestimmung einer Frist bedarf es nicht, wenn die rechtzeitige Herstellung des Werkes unmöglich ist oder von dem Verfasser verweigert wird oder wenn der sofortige Rücktritt von dem Vertrage durch ein besonderes Interesse des Verlegers gerechtfertigt wird.

(3) Der Rücktritt ist ausgeschlossen, wenn die nicht rechtzeitige Ablieferung des Werkes für den Verleger nur einen unerheblichen Nachteil mit sich bringt.

(4) Durch diese Vorschriften werden die im Falle des Verzugs des Verfassers dem Verleger zustehenden Rechte nicht berührt.

§ 31

(1) Die Vorschriften des § 30 finden entsprechende Anwendung, wenn das Werk nicht von vertragsmäßiger Beschaffenheit ist.

(2) Beruht der Mangel auf einem Umstande, den der Verfasser zu vertreten hat, so kann der Verleger statt des in § 30 vorgesehenen Rücktrittsrechts den Anspruch auf Schadensersatz wegen Nichterfüllung geltend machen.

§ 32

Wird das Werk nicht vertragsmäßig vervielfältigt oder verbreitet, so finden zugunsten des Verfassers die Vorschriften des § 30 entsprechende Anwendung.

§ 33

(1) [1]Geht das Werk nach der Ablieferung an den Verleger durch Zufall unter, so behält der Verfasser den Anspruch auf die Vergütung. [2]Im Übrigen werden beide Teile von der Verpflichtung zur Leistung frei.

(2) [1]Auf Verlangen des Verlegers hat jedoch der Verfasser gegen eine angemessene Vergütung ein anderes im Wesentlichen übereinstimmendes Werk zu liefern, sofern dies auf Grund vorhandener Vorarbeiten oder sonstiger Unterlagen mit gerin-

ger Mühe geschehen kann; erbietet sich der Verfasser, ein solches Werk innerhalb einer angemessenen Frist kostenfrei zu liefern, so ist der Verleger verpflichtet, das Werk anstelle des untergegangenen zu vervielfältigen und zu verbreiten. [2]Jeder Teil kann diese Rechte auch geltend machen, wenn das Werk nach der Ablieferung infolge eines Umstandes untergegangen ist, den der andere Teil zu vertreten hat.

(3) Der Ablieferung steht es gleich, wenn der Verleger in Verzug der Annahme kommt.

§ 34

(1) Stirbt der Verfasser vor der Vollendung des Werkes, so ist, wenn ein Teil des Werkes dem Verleger bereits abgeliefert worden war, der Verleger berechtigt, in Ansehung des gelieferten Teiles den Vertrag durch eine dem Erben des Verfassers gegenüber abzugebende Erklärung aufrechtzuerhalten.

(2) [1]Der Erbe kann dem Verleger zur Ausübung des in Absatz 1 bezeichneten Rechtes eine angemessene Frist bestimmen. [2]Das Recht erlischt, wenn sich der Verleger nicht vor dem Ablaufe der Frist für die Aufrechterhaltung des Vertrags erklärt.

(3) Diese Vorschriften finden entsprechende Anwendung, wenn die Vollendung des Werkes infolge eines sonstigen nicht von dem Verfasser zu vertretenden Umstandes unmöglich wird.

§ 35

(1) [1]Bis zum Beginne der Vervielfältigung ist der Verfasser berechtigt, von dem Verlagsvertrage zurückzutreten, wenn sich Umstände ergeben, die bei dem Abschlusse des Vertrags nicht vorauszusehen waren und den Verfasser bei Kenntnis der Sachlage und verständiger Würdigung des Falles von der Herausgabe des Werkes zurückgehalten haben würden. [2]Ist der Verleger befugt, eine neue Auflage zu veranstalten, so findet für die Auflage diese Vorschrift entsprechende Anwendung.

(2) [1]Erklärt der Verfasser auf Grund der Vorschrift des Absatzes 1 den Rücktritt, so ist er dem Verleger zum Ersatze der von diesem gemachten Aufwendungen verpflichtet. [2]Gibt er innerhalb eines Jahres seit dem Rücktritte das Werk anderweit heraus, so ist er zum Schadensersatze wegen Nichterfüllung verpflichtet; diese Ersatzpflicht tritt nicht ein, wenn der Verfasser dem Verleger den Antrag, den Vertrag nachträglich zur Ausführung zu bringen, gemacht und der Verleger den Antrag nicht angenommen hat.

§ 36

(1) Wird über das Vermögen des Verlegers das Insolvenzverfahren eröffnet, so finden die Vorschriften des § 103 der Insolvenzordnung auch dann Anwendung, wenn das Werk bereits vor der Eröffnung des Verfahrens abgeliefert worden war.

(2) [1]Besteht der Insolvenzverwalter auf der Erfüllung des Vertrags, so tritt, wenn er die Rechte des Verlegers auf einen anderen überträgt, dieser anstelle der Insolvenzmasse in die sich aus dem Vertragsverhältnis ergebenden Verpflichtungen ein. [2]Die Insolvenzmasse haftet jedoch, wenn der Erwerber die Verpflichtungen nicht erfüllt, für den von dem Erwerber zu ersetzenden Schaden wie ein Bürge, der auf die Einrede der Vorausklage verzichtet hat. [3]Wird das Insolvenzverfahren aufgehoben, so sind die aus dieser Haftung sich ergebenden Ansprüche des Verfassers gegen die Masse sicherzustellen.

(3) War zur Zeit der Eröffnung des Verfahrens mit der Vervielfältigung noch nicht begonnen, so kann der Verfasser von dem Vertrage zurücktreten.

§ 37

Auf das in den §§ 17, 30, 35, 36 bestimmte Rücktrittsrecht finden die für das Rücktrittsrecht geltenden Vorschriften der §§ 346 bis 351 des Bürgerlichen Gesetzbuchs entsprechende Anwendung.

§ 38

(1) ¹Wird der Rücktritt von dem Verlagsvertrag erklärt, nachdem das Werk ganz oder zum Teil abgeliefert worden ist, so hängt es von den Umständen ab, ob der Vertrag teilweise aufrechterhalten bleibt. ²Es begründet keinen Unterschied, ob der Rücktritt auf Grund des Gesetzes oder eines Vorbehalts im Vertrag erfolgt.

(2) Im Zweifel bleibt der Vertrag insoweit aufrechterhalten, als er sich auf die nicht mehr zur Verfügung des Verlegers stehenden Abzüge, auf frühere Abteilungen des Werkes oder auf ältere Auflagen erstreckt.

(3) Soweit der Vertrag aufrechterhalten bleibt, kann der Verfasser einen entsprechenden Teil der Vergütung verlangen.

(4) Diese Vorschriften finden auch Anwendung, wenn der Vertrag in anderer Weise rückgängig wird.

§ 39

(1) Soll Gegenstand des Vertrags ein Werk sein, an dem ein Urheberrecht nicht besteht, so ist der Verfasser zur Verschaffung des Verlagsrechts nicht verpflichtet.

(2) Verschweigt der Verfasser arglistig, dass das Werk bereits anderweit in Verlag gegeben oder veröffentlicht worden ist, so finden die Vorschriften des bürgerlichen Rechtes, welche für die dem Verkäufer wegen eines Mangels im Rechte obliegende Gewährleistungspflicht gelten, entsprechende Anwendung.

(3) ¹Der Verfasser hat sich der Vervielfältigung und Verbreitung des Werkes gemäß den Vorschriften des § 2 in gleicher Weise zu enthalten, wie wenn an dem Werke ein Urheberrecht bestände. ²Diese Beschränkung fällt weg, wenn seit der Veröffentlichung des Werkes durch den Verleger sechs Monate abgelaufen sind.

§ 40

¹Im Falle des § 39 verbleibt dem Verleger die Befugnis, das von ihm veröffentlichte Werk gleich jedem Dritten von neuem unverändert oder mit Änderungen zu vervielfältigen. ²Diese Vorschrift findet keine Anwendung, wenn nach dem Vertrage die Herstellung neuer Auflagen oder weiterer Abzüge von der Zahlung einer besonderen Vergütung abhängig ist.

§ 41

Werden für eine Zeitung, eine Zeitschrift oder ein sonstiges periodisches Sammelwerk Beiträge zur Veröffentlichung angenommen, so finden die Vorschriften dieses Gesetzes Anwendung, soweit sich nicht aus den §§ 42 bis 46 ein anderes ergibt.

§ 42 *(aufgehoben)*

§ 43

¹Der Verleger ist in der Zahl der von dem Sammelwerke herzustellenden Abzüge, die den Beitrag enthalten, nicht beschränkt. ²Die Vorschrift des § 20 Abs. 1 Satz 2 findet keine Anwendung.

§ 44

Soll der Beitrag ohne den Namen des Verfassers erscheinen, so ist der Verleger befugt, an der Fassung solche Änderungen vorzunehmen, welche bei Sammelwerken derselben Art üblich sind.

§ 45

(1) [1]Wird der Beitrag nicht innerhalb eines Jahres nach der Ablieferung an den Verleger veröffentlicht, so kann der Verfasser das Vertragsverhältnis kündigen. [2]Der Anspruch auf die Vergütung bleibt unberührt.

(2) Ein Anspruch auf Vervielfältigung und Verbreitung des Beitrags oder auf Schadensersatz wegen Nichterfüllung steht dem Verfasser nur zu, wenn ihm der Zeitpunkt, in welchem der Beitrag erscheinen soll, von dem Verleger bezeichnet worden ist.

§ 46

(1) Erscheint der Beitrag in einer Zeitung, so kann der Verfasser Freiexemplare nicht verlangen.

(2) Der Verleger ist nicht verpflichtet, dem Verfasser Abzüge zum Buchhändlerpreise zu überlassen.

§ 47

(1) Übernimmt jemand die Herstellung eines Werkes nach einem Plane, in welchem ihm der Besteller den Inhalt des Werkes sowie die Art und Weise der Behandlung genau vorschreibt, so ist der Besteller im Zweifel zur Vervielfältigung und Verbreitung nicht verpflichtet.

(2) Das Gleiche gilt, wenn sich die Tätigkeit auf die Mitarbeit an enzyklopädischen Unternehmungen oder auf Hilfs- oder Nebenarbeiten für das Werk eines anderen oder für ein Sammelwerk beschränkt.

§ 48

Die Vorschriften dieses Gesetzes finden auch dann Anwendung, wenn derjenige, welcher mit dem Verleger den Vertrag abschließt, nicht der Verfasser ist.

§ 49   *(gegenstandslos)*

§ 50   *(gegenstandslos)*

Vertrag zwischen der Bundesrepublik Deutschland und der Deutschen Demokratischen Republik über die Herstellung der Einheit Deutschlands (Einigungsvertrag)

vom 31. August 1990 (BGBl. II S. 889)

(Auszug)

Anlage I Kapitel III E II Anlage I Kapitel III

Sachgebiet E – Gewerblicher Rechtsschutz, Recht gegen den unlauteren Wettbewerb, Urheberrecht

§ 1   Einigungsvertrag

(1) [1]Die Vorschriften des Urheberrechtsgesetzes sind auf die vor dem Wirksamwerden des Beitritts geschaffenen Werke anzuwenden. [2]Dies gilt auch, wenn zu diesem Zeitpunkt die Fristen nach dem Gesetz über das Urheberrecht der Deutschen Demokratischen Republik schon abgelaufen waren.

(2) Entsprechendes gilt für verwandte Schutzrechte.

§ 2   Einigungsvertrag

(1) [1]War eine Nutzung, die nach dem Urheberrechtsgesetz unzulässig ist, bisher zulässig, so darf die vor dem 1. Juli 1990 begonnene Nutzung in dem vorgesehenen Rahmen fortgesetzt werden, es sei denn, dass sie nicht üblich ist. [2]Für die Nutzung ab dem Wirksamwerden des Beitritts ist eine angemessene Vergütung zu zahlen.

(2) Rechte, die üblicherweise vertraglich nicht übertragen werden, verbleiben dem Rechteinhaber.

(3) Die Absätze 1 und 2 gelten für verwandte Schutzrechte entsprechend.

§ 3   Einigungsvertrag

(1) Sind vor dem Wirksamwerden des Beitritts Nutzungsrechte ganz oder teilweise einem anderen übertragen worden, so erstreckt sich die Übertragung im Zweifel auch auf den Zeitraum, der sich durch die Anwendung des Urheberrechtsgesetzes ergibt.

(2) [1]In den Fällen des Absatzes 1 hat der Nutzungsberechtigte dem Urheber eine angemessene Vergütung zu zahlen. [2]Der Anspruch auf die Vergütung entfällt, wenn alsbald nach seiner Geltendmachung der Nutzungsberechtigte dem Urheber das Nutzungsrecht für die Zeit nach Ablauf der bisher bestimmten Schutzdauer zur Verfügung stellt.

(3) Rechte, die üblicherweise vertraglich nicht übertragen werden, verbleiben dem Rechteinhaber.

(4) Die Absätze 1 und 2 gelten für verwandte Schutzrechte entsprechend.

§ 4   Einigungsvertrag

Auch nach Außerkrafttreten des Urheberrechtsgesetzes der Deutschen Demokratischen Republik behält ein Beschluss nach § 35 dieses Gesetzes seine Gültigkeit, wenn die mit der Wahrnehmung der Urheberrechte an dem Nachlass beauftragte Stelle weiter zur Wahrnehmung bereit ist und der Rechtsnachfolger des Urhebers die Urheberrechte an dem Nachlass nicht selbst wahrnehmen will.

Verordnung (EU) 2017/1128 des Europäischen Parlaments und des Rates vom 14. Juni 2017 zur Gewährleistung der grenzüberschreitenden Portabilität von Online-Inhaltediensten im Binnenmarkt (Portabilitätsverordnung)

DAS EUROPÄISCHE PARLAMENT UND DER RAT DER EUROPÄISCHEN UNION

– gestützt auf den Vertrag über die Arbeitsweise der Europäischen Union, insbesondere auf Artikel 114,
auf Vorschlag der Europäischen Kommission,
nach Zuleitung des Entwurfs des Gesetzgebungsakts an die nationalen Parlamente,
nach Stellungnahme des Europäischen Wirtschafts- und Sozialausschusses[1],
nach Stellungnahme des Ausschusses der Regionen[2],
gemäß dem ordentlichen Gesetzgebungsverfahren[3],
in Erwägung nachstehender Gründe:

(1) Der unionsweite ungehinderte Zugriff auf Online-Inhaltedienste, die Verbrauchern in ihrem Wohnsitzmitgliedstaat rechtmäßig bereitgestellt werden, ist für einen reibungslos funktionierenden Binnenmarkt und die effektive Durchsetzung der Grundsätze der Freizügigkeit und des freien Dienstleistungsverkehrs wichtig. Da der Binnenmarkt einen Raum ohne Binnengrenzen umfasst, der unter anderem auf der Freizügigkeit und dem freien Dienstleistungsverkehr beruht, muss sichergestellt werden, dass die Verbraucher portable Online-Inhaltedienste, die Zugriff auf Inhalte wie Musik, Spiele, Filme, Unterhaltungsprogramme oder Sportberichte haben, nicht nur in ihrem Wohnsitzmitgliedstaat nutzen können, sondern auch, wenn sie sich vorübergehend beispielsweise zu Urlaubs-, Reise- oder Geschäftsreisezwecken oder solchen der Lernmobilität in einem anderen Mitgliedstaat aufhalten. Daher sollten Hindernisse für den Zugriff auf solche Online-Inhaltedienste und deren Nutzung in solchen Fällen beseitigt werden.

(2) Die durch die technologische Entwicklung bedingte Verbreitung von tragbaren Geräten wie Laptops, Tablets und Smartphones erleichtert zunehmend die Nutzung von Online-Inhaltediensten, da sie einen vom Standort des Verbrauchers unabhängigen Zugang zu solchen Diensten ermöglicht. Seitens der Verbraucher gibt es eine schnell wachsende Nachfrage nach Zugang zu Inhalten und innovativen Online-Diensten nicht nur in ihrem Wohnsitzmitgliedstaat, sondern auch, wenn sie sich vorübergehend in einem anderen Mitgliedstaat aufhalten.

(3) Immer häufiger schließen Verbraucher mit Diensteanbietern Verträge über die Bereitstellung von Online-Inhaltediensten. Verbraucher, die sich vorübergehend in einem anderen Mitgliedstaat als ihrem Wohnsitzmitgliedstaat aufhalten, können jedoch häufig nicht mehr auf die Online-Inhaltedienste, für die sie in ihrem Wohnsitzmitgliedstaat rechtmäßig ein Zugriffs- bzw. Nutzungsrecht erworben haben, zugreifen und diese nutzen.

(4) Der Bereitstellung von Online-Inhaltediensten für Verbraucher, die sich vorübergehend in einem anderen Mitgliedstaat als ihrem Wohnsitzmitgliedstaat aufhalten, steht eine Reihe von Hindernissen entgegen. Bestimmte Online-Dienste umfassen Inhalte wie Musik, Spiele, Filme oder Unterhaltungsprogramme, die nach Unionsrecht urheberrechtlich oder durch verwandte Schutzrechte geschützt sind. Gegenwärtig unterscheiden sich die Hindernisse für die grenzüberschreitende Portabilität von Online-Inhaltediensten je nach Bereich. Die Hindernisse ergeben sich insbesondere daraus, dass für die Übertragungsrechte für urheberrechtlich oder durch ver-

---

1 ABl. C 264 vom 20.7.2016, S. 86.
2 ABl. C 240 vom 1.7.2016, S. 72.
3 Standpunkt des Europäischen Parlaments vom 18. Mai 2017 (noch nicht im Amtsblatt veröffentlicht) und Beschluss des Rates vom 8. Juni 2017.

wandte Schutzrechte geschützte Inhalte wie audiovisuelle Werke häufig Gebietslizenzen vergeben werden und dass sich die Anbieter von Online-Inhaltediensten
dafür entscheiden können, nur bestimmte Märkte zu bedienen.

(5) Dies gilt auch für Inhalte wie Sportereignisse, die zwar nicht nach Unionsrecht
urheberrechtlich oder durch verwandte Schutzrechte geschützt sind, aber nach nationalem Recht durch das Urheberrecht oder verwandte Schutzrechte oder andere
spezielle nationale Regelungen geschützt sein könnten; für diese Inhalte werden
von den Veranstaltern solcher Ereignisse häufig ebenfalls Gebietslizenzen vergeben, oder sie werden von den Anbietern von Online-Inhaltediensten nur in bestimmten Gebieten angeboten. Die Übertragung solcher Inhalte durch Rundfunkveranstalter ist durch verwandte Schutzrechte geschützt, die auf Unionsebene harmonisiert
worden sind. Zudem umfasst die Übertragung dieser Inhalte häufig urheberrechtlich
geschützte Inhalte wie Musik, Videosequenzen als Vor- oder Nachspann oder Grafiken. Ferner sind bestimmte Aspekte der Übertragung solcher Inhalte, insbesondere
diejenigen im Zusammenhang mit der Rundfunkübertragung von Ereignissen von
erheblicher gesellschaftlicher Bedeutung sowie der Kurzberichterstattung von Ereignissen von großem Interesse für die Öffentlichkeit durch die Richtlinie 2010/13/EU
des Europäischen Parlaments und des Rates[4] harmonisiert worden. Und schließlich
umfassen audiovisuelle Mediendienste im Sinne der Richtlinie 2010/13/EU auch
Dienstleistungen, die Zugriff auf Inhalte wie Sportberichte, Nachrichten oder aktuelle
Ereignisse bieten.

(6) Online-Inhaltedienste werden immer häufiger in Paketen vermarktet, in denen
nicht urheberrechtlich oder durch verwandte Schutzrechte geschützte Inhalte von
urheberrechtlich oder durch verwandte Schutzrechte geschützten Inhalten nicht getrennt werden können, ohne den Wert der für die Verbraucher erbrachten Dienstleistung erheblich zu mindern. Dies ist vor allem bei Premiuminhalten wie Sport- oder
anderen Veranstaltungen der Fall, die für die Verbraucher von erheblichem Interesse sind. Damit Anbieter von Online-Inhaltediensten Verbrauchern, die sich vorübergehend in einem anderen Mitgliedstaat als ihrem Wohnsitzmitgliedstaat aufhalten, uneingeschränkten Zugriff auf ihre Online-Inhaltedienste bieten können, muss
diese Verordnung auch solche von Online-Inhaltediensten genutzten Inhalte erfassen und daher für audiovisuelle Mediendienste im Sinne der Richtlinie 2010/13/EU
sowie für Übertragungen von Rundfunkveranstaltern in ihrer Gesamtheit gelten.

(7) Die Rechte an urheberrechtlich geschützten Werken und durch verwandte
Schutzrechte geschützten Schutzgegenständen (im Folgenden „Werke und sonstige
Schutzgegenstände") sind unter anderem durch die Richtlinien 96/9/EG[5], 2001/29/
EG[6], 2006/115/EG[7] und 2009/24/EG[8] des Europäischen Parlaments und des Rates
harmonisiert worden. Die von der Union geschlossenen internationalen Übereinkünfte im Bereich des Urheberrechts und der verwandten Schutzrechte, insbesondere das als Anhang 1C dem Übereinkommen zur Errichtung der Welthandelsorganisation vom 15. April 1994 beigefügte Übereinkommen über handelsbezogene
Aspekte der Rechte des geistigen Eigentums, der Urheberrechtsvertrag der Weltorganisation für geistiges Eigentum (WIPO) vom 20. Dezember 1996 und der WIPO-
Vertrag über Darbietungen und Tonträger vom 20. Dezember 1996, jeweils in ihrer
geänderten Fassung, sind Bestandteil der Rechtsordnung der Union. Die Auslegung
des Unionsrechts sollte so weit wie möglich mit dem Völkerrecht vereinbar sein.

---

4   Richtlinie 2010/13/EU des Europäischen Parlaments und des Rates vom 10. März 2010 zur
    Koordinierung bestimmter Rechts- und Verwaltungsvorschriften der Mitgliedstaaten über die
    Bereitstellung audiovisueller Mediendienste (Richtlinie über audiovisuelle Mediendienste) (ABl.
    L 95 vom 15.4.2010, S. 1).
5   Richtlinie 96/9/EG des Europäischen Parlaments und des Rates vom 11. März 1996 über den
    rechtlichen Schutz von Datenbanken (ABl. L 77 vom 27.3.1996, S. 20).
6   Richtlinie 2001/29/EG des Europäischen Parlaments und des Rates vom 22. Mai 2001 zur
    Harmonisierung bestimmter Aspekte des Urheberrechts und der verwandten Schutzrechte in
    der Informationsgesellschaft (ABl. L 167 vom 22.6.2001, S. 10).
7   Richtlinie 2006/115/EG des Europäischen Parlaments und des Rates vom 12. Dezember 2006
    zum Vermietrecht und Verleihrecht sowie zu bestimmten dem Urheberrecht verwandten
    Schutzrechten im Bereich des geistigen Eigentums (ABl. L 376 vom 27.12.2006, S. 28).
8   Richtlinie 2009/24/EG des Europäischen Parlaments und des Rates vom 23. April 2009 über
    den Rechtsschutz von Computerprogrammen (ABl. L 111 vom 5.5.2009, S. 16).

(8) Es ist von grundlegender Bedeutung, dass die Anbieter von Online-Inhaltediensten, die Werke oder sonstige Schutzgegenstände nutzen, die urheberrechtlich und/
oder durch verwandte Schutzrechte geschützt sind, wie Bücher, audiovisuelle
Werke, Musikaufnahmen oder Rundfunksendungen, das Recht haben, diese Inhalte
für die betreffenden Gebiete zu nutzen.

(9) Für die Übertragung von urheberrechtlich oder durch verwandte Schutzrechte
geschützten Inhalten durch Anbieter von Online-Inhaltediensten ist die Zustimmung
der betreffenden Rechtsinhaber wie beispielsweise Autoren, Künstler, Produzenten
oder Rundfunkveranstalter in Bezug auf die in die Übertragung einbezogenen Inhalte erforderlich. Dies gilt auch, wenn die Übertragung dazu dient, einem Verbraucher zur Nutzung eines Online-Inhaltedienstes das Herunterladen zu ermöglichen.

(10) Der Erwerb einer Lizenz für die betreffenden Rechte ist nicht immer möglich,
insbesondere wenn für Rechte an Inhalten ausschließliche Lizenzen vergeben werden. Um den Gebietsschutz zu gewährleisten, verpflichten sich Anbieter von Online-
Inhaltediensten in ihren Lizenzverträgen mit Rechtsinhabern, einschließlich Rund-
funk- und Ereignisveranstaltern, häufig, ihre Abonnenten daran zu hindern, außerhalb des Gebiets, für das die Anbieter die Lizenz besitzen, auf ihren Dienst zuzugreifen und ihn zu nutzen. Wegen dieser ihnen auferlegten Beschränkungen müssen
die Anbieter Maßnahmen treffen, wie beispielsweise den Zugriff auf ihre Dienste
über Internetprotokoll (IP)-Adressen, die sich außerhalb des betreffenden Gebiets
befinden, zu unterbinden. Eines der Hindernisse für die grenzüberschreitende Portabilität von Online-Inhaltediensten liegt daher in den Verträgen zwischen den Anbietern von Online-Inhaltediensten und ihren Abonnenten, in denen sich die Gebietsschutzklauseln widerspiegeln, die in den Verträgen zwischen diesen Anbietern und
den Rechtsinhabern enthalten sind.

(11) Bei der Frage, wie das Ziel, die Rechte des geistigen Eigentums zu schützen,
und die im Vertrag über die Arbeitsweise der Europäischen Union (AEUV) garantierten Grundfreiheiten miteinander zu vereinbaren sind, sollte die Rechtsprechung des
Gerichtshofs der Europäischen Union berücksichtigt werden.

(12) Das Ziel dieser Verordnung ist daher, den harmonisierten Rechtsrahmen zum
Schutz des Urheberrechts und der verwandten Schutzrechte anzupassen und ein
gemeinsames Konzept für die Bereitstellung von Online-Inhaltediensten für Abonnenten, die sich vorübergehend in einem anderen Mitgliedstaat als ihrem Wohnsitzmitgliedstaat aufhalten, zu schaffen, indem die Hindernisse für die grenzüberschreitende Portabilität **von** Online-Inhaltediensten, die rechtmäßig erbracht werden,
beseitigt werden. Diese Verordnung sollte die grenzüberschreitende Portabilität von
Online-Inhaltediensten in allen betroffenen Sektoren sicherstellen und somit den
Verbrauchern zusätzliche Möglichkeiten bieten, rechtmäßig auf Online-Inhalte zuzugreifen, ohne dass das durch das Urheberrecht und die verwandten Schutzrechte in
der Union garantierte hohe Schutzniveau abgesenkt, die bestehenden Lizenzierungsmodelle, etwa das System der Gebietslizenzvergabe, geändert und die bestehenden Finanzierungsmechanismen beeinträchtigt werden. Der Begriff der grenzüberschreitenden Portabilität von Online-Inhaltediensten sollte vor dem des
grenzüberschreitenden Zugriffs der Verbraucher auf Online-Inhaltedienste in einem
anderen Mitgliedstaat als ihrem Wohnsitzmitgliedstaat unterschieden werden: Letzterer fällt nicht in den Geltungsbereich dieser Verordnung.

(13) Aufgrund der bereits bestehenden Rechtsakte der Union im Bereich der Steuern
und Abgaben muss dieser Bereich aus dem Geltungsbereich der Verordnung ausgeschlossen werden. Diese Verordnung sollte daher die Anwendung von Bestimmungen im Zusammenhang mit Steuern und Abgaben nicht berühren.

(14) In dieser Verordnung werden mehrere für ihre Anwendung erforderliche Begriffe
bestimmt, unter anderem der Begriff „Wohnsitzmitgliedstaat". Der Wohnsitzmitgliedstaat sollte unter Berücksichtigung der Ziele dieser Verordnung und der Notwendigkeit ihrer unionsweit einheitlichen Anwendung ermittelt werden. Die Definition des
Wohnsitzmitgliedstaats setzt voraus, dass der Abonnent tatsächlich und dauerhaft
einen Wohnsitz in dem betreffenden Mitgliedstaat hat. Ein Anbieter eines Online-
Inhaltedienstes, der den Wohnsitzmitgliedstaat gemäß dieser Verordnung überprüft
hat, sollte für die Zwecke dieser Verordnung davon ausgehen können, dass der von
ihm überprüfte Wohnsitzmitgliedstaat der einzige Wohnsitzmitgliedstaat des Abonnenten ist. Die Anbieter sollten nicht verpflichtet sein zu überprüfen, ob ihre Abon-

nenten in einem weiteren Mitgliedstaat über ein Abonnement für einen Online-Inhaltedienst verfügen.

(15) Diese Verordnung sollte für Online-Inhaltedienste gelten, die Anbieter, nachdem ihnen von den Rechtsinhabern für ein bestimmtes Gebiet die betreffenden Rechte eingeräumt wurden, ihren Abonnenten aufgrund eines Vertrags auf beliebige Weise, einschließlich durch Streaming, Herunterladen, Anwendungen oder andere Techniken, die die Nutzung der Inhalte ermöglichen, bereitstellen. Für die Zwecke dieser Verordnung sollten alle Absprachen zwischen einem Anbieter und einem Abonnenten als unter den Begriff „Vertrag" fallend angesehen werden — einschließlich Absprachen, mit denen der Abonnent die allgemeinen Geschäftsbedingungen des Anbieters für die Erbringung der Online-Inhaltedienste annimmt —, ungeachtet dessen, ob sie mit der Zahlung eines Geldbetrags verbunden sind oder nicht. Eine Registrierung um Hinweise auf bestimmte Inhalte zu erhalten oder das bloße Akzeptieren von HTMLCookies sollte für die Zwecke dieser Verordnung nicht als Vertrag über die Bereitstellung von Online-Inhaltediensten angesehen werden.

(16) Online-Dienste, bei denen es sich nicht um audiovisuelle Mediendienste im Sinne der Richtlinie 2010/13/EU handelt und die Werke, sonstige Schutzgegenstände oder Übertragungen von Rundfunkveranstaltern lediglich zu Nebenzwecken nutzen, sollten nicht unter diese Verordnung fallen. Zu solchen Diensten gehören Websites, die Werke oder sonstige Schutzgegenstände wie grafische Elemente oder Hintergrundmusik nur zu Nebenzwecken nutzen, deren Hauptzweck aber beispielsweise der Verkauf von Waren ist.

(17) Diese Verordnung sollte nur für Online-Inhaltedienste gelten, auf die die Abonnenten in ihrem Wohnsitzmitgliedstaat tatsächlich zugreifen und sie nutzen können, ohne auf einen bestimmten Standort beschränkt zu sein, da es nicht angebracht ist, Anbieter von Online-Inhaltediensten, die im Wohnsitzmitgliedstaat eines Abonnenten keine portablen Online-Inhaltedienste anbieten, zu verpflichten, dies grenzüberschreitend zu tun.

(18) Diese Verordnung sollte für Online-Inhaltedienste gelten, die gegen Zahlung eines Geldbetrags bereitgestellt werden. Die Anbieter solcher Dienste sind in der Lage, den Wohnsitzmitgliedstaat ihrer Abonnenten zu überprüfen. Das Recht auf Nutzung eines Online-Inhaltedienstes sollte unabhängig davon als gegen Zahlung eines Geldbetrags erworben angesehen werden, ob diese Zahlung unmittelbar an den Anbieter des Online-Inhaltedienstes oder an eine andere Partei geleistet wird, zum Beispiel den Anbieter eines Pakets aus einem elektronischen Kommunikationsdienst und einem von einem anderen Anbieter betriebenen Online-Inhaltedienst. Für die Zwecke dieser Verordnung sollte die Entrichtung einer obligatorischen Gebühr für öffentliche Rundfunkdienste nicht als Zahlung eines Geldbetrags für einen Online-Inhaltedienst gelten.

(19) Die Anbieter von Online-Inhaltediensten sollten von ihren Abonnenten keine zusätzlichen Gebühren dafür verlangen, dass sie gemäß dieser Verordnung die grenzüberschreitende Portabilität solcher Dienste ermöglichen. Es ist jedoch möglich, dass Abonnenten, die auf Online-Inhaltedienste in anderen Mitgliedstaaten als ihren Wohnsitzmitgliedstaaten zugreifen und diese nutzen, den Betreibern der elektronischen Kommunikationsnetze, die sie für den Zugriff auf diese Dienste nutzen, Gebühren zahlen müssen.

(20) Anbieter von Online-Inhaltediensten, die ohne Zahlung eines Geldbetrags bereitgestellt werden, überprüfen im Allgemeinen nicht den Wohnsitzmitgliedstaat ihrer Abonnenten. Die Einbeziehung solcher Online-Inhaltedienste in den Anwendungsbereich dieser Verordnung würde eine wesentliche Änderung der Art und Weise mit sich bringen, auf die diese Dienste bereitgestellt werden, und dies würde unverhältnismäßige Kosten nach sich ziehen. Der Ausschluss dieser Dienste aus dem Anwendungsbereich der Verordnung würde jedoch bedeuten, dass die Vorteile des rechtlichen Mechanismus, der in dieser Verordnung geregelt ist und der es Anbietern von Online-Inhaltediensten ermöglicht, die grenzüberschreitende Portabilität solcher Dienste in der gesamten Union anzubieten, von Anbietern dieser Dienste nicht in Anspruch genommen werden könnten, selbst wenn sich die Anbieter dafür entscheiden, in Lösungen zu investieren, mit denen sie den Wohnsitzmitgliedstaat ihrer Abonnenten überprüfen können. Folglich sollten Anbieter von Online-Inhaltediensten, die ohne Zahlung eines Geldbetrags bereitgestellt werden, sich dafür entschei-

den können, in den Geltungsbereich dieser Verordnung einbezogen zu werden, sofern sie die Anforderungen an die Überprüfung des Wohnsitzmitgliedstaats ihrer Abonnenten erfüllen. Diejenigen Anbieter, die sich für diese Möglichkeit entscheiden, sollten an dieselben Pflichten gebunden sein, die nach dieser Verordnung für die Anbieter von Online-Inhaltediensten, die gegen Zahlung eines Geldbetrags erbracht werden, gelten. Außerdem sollten die Anbieter den Abonnenten, den betroffenen Inhabern der Urheberrechte und verwandten Schutzrechte sowie den betreffenden Inhabern sonstiger Rechte an den Inhalten des Online-Inhaltedienstes ihre Entscheidung, von dieser Möglichkeit Gebrauch zu machen, rechtzeitig mitteilen. Diese Mitteilung könnte über die Website des Anbieters erfolgen.

(21) Um die grenzüberschreitende Portabilität von Online-Inhaltediensten zu gewährleisten, muss von den Online- Inhaltediensteanbietern, die in den Geltungsbereich dieser Verordnung fallen, verlangt werden, dass sie den Abonnenten die Nutzung dieser Dienste in dem Mitgliedstaat, in dem sie sich vorübergehend aufhalten, in derselben Form wie in ihrem Wohnsitzmitgliedstaat ermöglichen. Die Abonnenten sollten Zugriff auf Online-Inhaltedienste erhalten, die dieselben Inhalte für dieselben Arten und dieselbe Zahl von Geräten, für dieselbe Zahl von Nutzern und mit demselben Funktionsumfang bieten wie in ihrem Wohnsitzmitgliedstaat. Es ist von grundlegender Bedeutung, dass die Verpflichtung zur Ermöglichung der grenzüberschreitenden Portabilität von Online-Inhaltediensten verbindlich ist; die Parteien sollten sie daher nicht ausschließen, von ihr abweichen oder ihre Wirkungen abändern können. Handlungen eines Anbieters, die Abonnenten daran hindern würden, während eines vorübergehenden Aufenthalts in einem anderen Mitgliedstaat als ihrem Wohnsitzmitgliedstaat auf den Dienst zuzugreifen oder ihn zu nutzen, zum Beispiel eine Beschränkung der Funktionen des Dienstes oder der Qualität seiner Bereitstellung, sollten als Umgehung der Verpflichtung zur Ermöglichung der grenzüberschreitenden Portabilität von Online- Inhaltediensten und somit als Verstoß gegen diese Verordnung gewertet werden.

(22) Wenn vorgeschrieben würde, dass die Bereitstellung von Online-Inhaltediensten für Abonnenten, die sich vorübergehend in einem anderen Mitgliedstaat als ihrem Wohnsitzmitgliedstaat aufhalten, die gleiche Qualität wie im Wohnsitzmitgliedstaat haben muss, könnte dies zu hohen Kosten für die Anbieter von Online-Inhaltediensten und damit letztlich für die Abonnenten führen. Es ist daher nicht angebracht, in dieser Verordnung vorzuschreiben, dass Anbieter die Bereitstellung dieses Dienstes in einer höheren Qualität als derjenigen sicherstellen müssen, die über den lokalen Online-Zugang verfügbar ist, den ein Abonnent während eines vorübergehenden Aufenthalts in einem anderen Mitgliedstaat gewählt hat. In diesen Fällen sollte der Anbieter nicht haften, wenn die Qualität der Bereitstellung des Dienstes niedriger ist. Hat der Anbieter den Abonnenten jedoch ausdrücklich eine bestimmte Qualität der Bereitstellung während eines vorübergehenden Aufenthalts in einem anderen Mitgliedstaat garantiert, sollte er daran gebunden sein. Der Anbieter sollte seine Abonnenten auf der Grundlage der ihm zur Verfügung stehenden Informationen im Voraus über die Qualität der Bereitstellung eines Online-Inhaltedienstes in anderen Mitgliedstaaten als ihrem Wohnsitzmitgliedstaat informieren, insbesondere darüber, dass die Qualität der Bereitstellung möglicherweise nicht der in ihrem Wohnsitzmitgliedstaat geltenden entspricht. Der Anbieter sollte nicht verpflichtet sein, sich aktiv um Informationen über die Qualität der Bereitstellung eines Dienstes in anderen Mitgliedstaaten als dem Wohnsitzmitgliedstaat des Abonnenten zu bemühen. Die entsprechende Mitteilung könnte über die Website des Anbieters erfolgen.

(23) Damit die Anbieter von Online-Inhaltediensten, die in den Geltungsbereich dieser Verordnung fallen, ihrer Verpflichtung zur Ermöglichung der grenzüberschreitenden Portabilität ihrer Dienste nachkommen können, ohne in einem anderen Mitgliedstaat die betreffenden Rechte zu erwerben, muss vorgesehen werden, dass Anbieter immer berechtigt sind, diese Dienste für Abonnenten auch während deren vorübergehenden Aufenthalts in einem anderen Mitgliedstaat als ihrem Wohnsitzmitgliedstaat bereitzustellen. Dies sollte dadurch erreicht werden, dass die Bereitstellung solcher Online-Inhaltedienste, der Zugriff darauf und deren Nutzung als in dem Wohnsitzmitgliedstaat des Abonnenten erfolgt gilt. Dieser rechtliche Mechanismus sollte ausschließlich dazu dienen, die grenzüberschreitende Portabilität von Online-Inhaltediensten sicherzustellen. Ein Online-Inhaltedienst sollte als rechtmäßig bereitgestellt gelten, wenn sowohl der Dienst als auch der Inhalt im Wohnsitzmitgliedstaat

auf rechtmäßige Weise bereitgestellt werden. Diese Verordnung und insbesondere der rechtliche Mechanismus, aufgrund dessen der Wohnsitzmitgliedstaat des Abonnenten als Ort der Bereitstellung von Online-Inhaltediensten, des Zugriffs auf diese Dienste und deren Nutzung gilt, hindert einen Anbieter nicht daran, einem Abonnenten zusätzlich den Zugriff auf Inhalte und deren Nutzung zu ermöglichen, die der Anbieter in dem Mitgliedstaat rechtmäßig anbietet, in dem sich der Abonnent vorübergehend aufhält.

(24) Für die Vergabe von Lizenzen für das Urheberrecht oder verwandte Schutzrechte bedeutet der in dieser Verordnung festgelegte rechtliche Mechanismus, dass die einschlägigen Handlungen zur Vervielfältigung, öffentlichen Wiedergabe und öffentlichen Zugänglichmachung von Werken und anderen Schutzgegenständen sowie die Handlungen zur Entnahme oder Weiterverwendung in Bezug auf durch Sui-generis-Rechte geschützte Datenbanken, die vorgenommen werden, wenn der Dienst für Abonnenten während eines vorübergehenden Aufenthalts in einem anderen Mitgliedstaat als ihrem Wohnsitzmitgliedstaat bereitgestellt wird, als in dem Mitgliedstaat erfolgt gelten sollten, in dem der Abonnent seinen Wohnsitz hat. Diese Handlungen sollten daher als von den Anbietern von Online-Inhaltediensten, die in den Geltungsbereich dieser Verordnung fallen, auf der Grundlage der jeweiligen Zustimmungen der betreffenden Rechtsinhaber für den Mitgliedstaat vorgenommen gelten, in dem ihre Abonnenten ihren Wohnsitz haben. Wenn Anbieter das Recht haben, aufgrund einer Zustimmung der betreffenden Rechtsinhaber eine öffentliche Wiedergabe oder eine Vervielfältigung im Mitgliedstaat des Abonnenten vorzunehmen, sollte es einem Abonnenten während eines vorübergehenden Aufenthalts in einem anderen Mitgliedstaat als seinem Wohnsitzmitgliedstaat erlaubt sein, auf den Dienst zuzugreifen und ihn zu nutzen und erforderlichenfalls einschlägige Vervielfältigungshandlungen wie das Herunterladen vorzunehmen, zu denen er in seinem Wohnsitzmitgliedstaat berechtigt wäre. Die Bereitstellung eines Online-Inhaltedienstes durch einen Anbieter für einen Abonnenten, der sich vorübergehend in einem anderen Mitgliedstaat als seinem Wohnsitzmitgliedstaat aufhält, und der Zugang zu diesem Dienst und dessen Nutzung durch einen solchen Abonnenten im Einklang mit dieser Verordnung sollten keine Verletzung des Urheberrechts oder verwandter Schutzrechte oder sonstiger Rechte darstellen, die für die Bereitstellung, den Zugang und die Nutzung der Online-Inhaltedienste relevant sind.

(25) Die Anbieter von Online-Inhaltediensten, die in den Geltungsbereich dieser Verordnung fallen, sollten nicht für die Verletzung von Vertragsbestimmungen haften, die im Widerspruch zu der Verpflichtung stehen, ihren Abonnenten die Nutzung solcher Dienste in dem Mitgliedstaat zu ermöglichen, in dem sich diese vorübergehend aufhalten. Deshalb sollten Vertragsklauseln zur Untersagung oder Beschränkung der grenzüberschreitenden Portabilität dieser Online-Inhaltedienste nicht durchsetzbar sein. Anbieter und Inhaber von für die Bereitstellung von Online-Inhaltediensten relevanten Rechten sollten diese Verordnung nicht umgehen können, indem sie das Recht eines Drittstaats als das auf zwischen ihnen abgeschlossene Verträge anwendbare Recht bestimmen. Dasselbe sollte für die Verträge zwischen Anbietern und Abonnenten gelten.

(26) Diese Verordnung sollte die Abonnenten in die Lage versetzen, Online-Inhaltedienste, die sie in ihrem Wohnsitzmitgliedstaat abonniert haben, in Anspruch zu nehmen, wenn sie sich vorübergehend in einem anderen Mitgliedstaat aufhalten. Nur Abonnenten, deren Wohnsitz in einem Mitgliedstaat der Union liegt, sollten Anspruch auf die grenzüberschreitende Portabilität von Online-Inhaltediensten haben. Deshalb sollten die Anbieter von Online-Inhaltediensten nach dieser Verordnung verpflichtet sein, den Wohnsitzmitgliedstaat ihrer Abonnenten mithilfe zumutbarer, verhältnismäßiger und wirksamer Mittel zu überprüfen. Hierzu sollten die Anbieter die Überprüfungsmittel heranziehen, die in dieser Verordnung genannt werden. Dies schließt nicht aus, dass Anbieter und Rechtsinhaber in den Grenzen dieser Verordnung Absprachen über diese Überprüfungsmittel treffen. Die Aufzählung dient dazu, Rechtssicherheit hinsichtlich der von den Anbietern zu verwendenden Überprüfungsmittel zu schaffen und den Eingriff in die Privatsphäre der Abonnenten zu beschränken. In jedem Fall sollte darauf geachtet werden, dass das jeweilige Mittel, das in einem bestimmten Mitgliedstaat für einen bestimmten Online-Inhaltedienst zur Überprüfung herangezogen wird, wirksam und verhältnismäßig ist. Kann der Wohnsitzmitgliedstaat des Abonnenten mit einem einzigen Überprüfungsmittel nicht mit hinreichender

Sicherheit überprüft werden, sollten die Anbieter zwei dieser Mittel heranziehen. Hat der Anbieter begründete Zweifel am Wohnsitzmitgliedstaat eines Abonnenten, sollte er den Wohnsitzmitgliedstaat dieses Abonnenten erneut überprüfen dürfen. Der Anbieter sollte alle technischen und organisatorischen Maßnahmen ergreifen, die nach den einschlägigen Datenschutzvorschriften für die Verarbeitung der für die Überprüfung des Wohnsitzmitgliedstaats des Abonnenten nach dieser Verordnung erhobenen personenbezogenen Daten erforderlich sind. Beispiele für solche Maßnahmen wären eine transparente Aufklärung der Betroffenen über die Methoden und den Zweck der Überprüfung sowie geeignete Sicherheitsmaßnahmen.

(27) Für die Überprüfung des Wohnsitzmitgliedstaats des Abonnenten sollte der Anbieter eines Online-Inhaltedienstes nach Möglichkeit Daten heranziehen, über die er bereits verfügt, etwa Abrechnungsdaten. Im Rahmen von Verträgen, die vor Inkrafttreten dieser Verordnung geschlossen wurden, sowie bei Überprüfungen aus Anlass der Verlängerung eines Vertrags sollte der Anbieter nur dann beim Abonnenten die für die Überprüfung von dessen Wohnsitzmitgliedstaat erforderlichen Daten anfordern dürfen, wenn dies nicht mithilfe der Daten möglich ist, über die der Anbieter bereits verfügt.

(28) Im Rahmen dieser Verordnung durchgeführte Überprüfungen der IP-Adresse sollten gemäß den Richtlinien 95/46/EG[9] und 2002/58/EG[10] des Europäischen Parlaments und des Rates erfolgen. Ferner kommt es für die Überprüfung des Wohnsitzmitgliedstaats des Abonnenten nicht auf den genauen Standort des Abonnenten an, sondern vielmehr auf den Mitgliedstaat, in dem sich der Abonnent während des Zugriffs auf den Dienst aufhält. Daher sollten für diesen Zweck Angaben zum genauen Standort des Abonnenten bzw. andere personenbezogene Daten weder erhoben noch verarbeitet werden. Hat der Anbieter begründete Zweifel daran, welches der Wohnsitzmitgliedstaat des Abonnenten ist, und führt zur Verifizierung des Wohnsitzmitgliedstaats eine Überprüfung der IP-Adresse durch, so sollte der einzige Zweck solcher Überprüfungen darin bestehen, festzustellen, ob sich der Abonnent zum Zeitpunkt des Zugriffs auf den Online-Inhaltedienst oder der Nutzung dieses Dienstes innerhalb oder außerhalb seines Wohnsitzmitgliedstaats aufhält. Daher sollten in solchen Fällen die aus einer Überprüfung von IP-Adressen hervorgehenden Daten ausschließlich im Binärformat und im Einklang mit den geltenden Datenschutzvorschriften erhoben werden. Der Anbieter sollte nicht über diesen Detaillierungsgrad hinausgehen.

(29) Inhaber des Urheberrechts, verwandter Schutzrechte oder sonstiger Rechte an Inhalten im Rahmen von Online-Inhaltediensten sollten weiterhin die Möglichkeit haben, von ihrer Vertragsfreiheit Gebrauch zu machen, um die Bereitstellung und den Zugang zu ihren Inhalten sowie deren Nutzung im Rahmen der vorliegenden Verordnung zu erlauben, ohne den Wohnsitzmitgliedstaat zu überprüfen. Dies kann insbesondere für Branchen wie Musik und EBooks relevant sein. Jeder Rechtsinhaber sollte hierüber frei entscheiden dürfen, wenn er Verträge mit Anbietern von Online-Inhaltediensten schließt. Verträge zwischen Rechtsinhabern und Anbietern sollten die Möglichkeit der Rechtsinhaber, ihre Erlaubnis – vorbehaltlich einer rechtzeitigen Benachrichtigung des Anbieters – zurückzuziehen, nicht beschränken. Die Erlaubnis eines einzelnen Rechtsinhabers entbindet den Anbieter im Allgemeinen nicht von seiner Verpflichtung, den Wohnsitzmitgliedstaat des Abonnenten zu überprüfen. Die Verpflichtung zur Überprüfung sollte nur dann keine Anwendung finden, wenn alle Inhaber des Urheberrechts, verwandter Schutzrechte oder sonstiger Rechte an den vom Anbieter genutzten Inhalten beschließen, die Bereitstellung und den Zugang zu ihren

---

9 Richtlinie 95/46/EG des Europäischen Parlaments und des Rates vom 24. Oktober 1995 zum Schutz natürlicher Personen bei der Verarbeitung personenbezogener Daten und zum freien Datenverkehr (ABl. L 281 vom 23.11.1995, S. 31). Richtlinie 95/46/EG wird mit Wirkung vom 25. Mai 2018 durch die Verordnung (EU) Nr. 2016/679 des Europäischen Parlaments und des Rates vom 27. April 2016 zum Schutz natürlicher Personen bei der Verarbeitung personenbezogener Daten, zum freien Datenverkehr und zur Aufhebung der Richtlinie 95/46/EG (Datenschutz-Grundverordnung) (ABl. L 119 vom 4.5.2016, S. 1) aufgehoben und ersetzt.

10 Richtlinie 2002/58/EG des Europäischen Parlaments und des Rates vom 12. Juli 2002 über die Verarbeitung personenbezogener Daten und den Schutz der Privatsphäre in der elektronischen Kommunikation (Datenschutzrichtlinie für elektronische Kommunikation) (ABl. L 201 vom 31.7.2002, S. 37).

Inhalten sowie deren Nutzung ohne Überprüfung des Wohnsitzmitgliedstaats des Abonnenten zu erlauben, und der Vertrag zwischen dem Anbieter und dem Abonnenten über die Bereitstellung eines Online-Inhaltedienstes sollte dann als Grundlage zur Bestimmung des Wohnsitzmitgliedstaat des Abonnenten dienen. Alle anderen Aspekte dieser Verordnung sollten in solchen Fällen weiterhin Anwendung finden.

(30) Diese Verordnung steht im Einklang mit den Grundrechten und Grundsätzen, die mit der Charta der Grundrechte der Europäischen Union (im Folgenden „Charta") anerkannt wurden. Diese Verordnung sollte daher im Einklang mit diesen Rechten und Grundsätzen ausgelegt und angewandt werden, insbesondere mit dem Recht auf Achtung des Privat- und Familienlebens, dem Recht auf Schutz personenbezogener Daten, dem Recht auf freie Meinungsäußerung sowie der unternehmerischen Freiheit und den Eigentumsrechten, einschließlich der Rechte des geistigen Eigentums. Die Verarbeitung personenbezogener Daten nach dieser Verordnung sollte unter Achtung der Grundrechte, unter anderem des Rechts auf Achtung des Privat- und Familienlebens und des Rechts auf Schutz personenbezogener Daten nach den Artikeln 7 und 8 der Charta, erfolgen; es ist zudem von großer Bedeutung, dass diese Verarbeitung im Einklang mit den Richtlinien 95/46/EG und 2002/58/EG erfolgt. Insbesondere sollten die Anbieter von Online-Inhaltediensten sicherstellen, dass die Verarbeitung personenbezogener Daten nach dieser Verordnung für den betreffenden Zweck erforderlich, angemessen und verhältnismäßig ist. Es sollte keine Identifizierung des Abonnenten verlangt werden, wenn für die Bereitstellung des Dienstes eine Authentifizierung des Abonnenten ausreicht. Der Anbieter sollte Daten, die gemäß dieser Verordnung zum Zwecke der Überprüfung des Wohnsitzmitgliedstaats erhoben wurden, nicht länger aufbewahren, als es für den Abschluss der Überprüfung erforderlich ist. Solche Daten sollten nach Abschluss der Überprüfung unverzüglich und unwiderruflich vernichtet werden. Vorbehaltlich der geltenden Datenschutzvorschriften, einschließlich der Vorschriften zur Datenspeicherung, bleibt die Speicherung von Daten, die für einen anderen rechtmäßigen Zweck erhoben wurden, hiervon jedoch unberührt.

(31) Verträge zur Erteilung von Lizenzen für Inhalte werden in der Regel für eine relativ lange Laufzeit geschlossen. Daher und um sicherzustellen, dass alle Verbraucher mit Wohnsitz in der Union in zeitlich gleichberechtigter Weise und ohne ungebührliche Verzögerung in den Genuss der grenzüberschreitenden Portabilität von Online-Inhaltediensten kommen können, sollte diese Verordnung auch für Verträge und Rechte anwendbar sein, die vor ihrem Geltungsbeginn geschlossen beziehungsweise erworben wurden, sofern diese Verträge und Rechte für die grenzüberschreitende Portabilität eines nach diesem Zeitpunkt bereitgestellten Online-Inhaltedienstes relevant sind. Eine derartige Anwendung dieser Verordnung ist auch notwendig, um gleiche Ausgangsbedingungen für die im Binnenmarkt tätigen Anbieter von Online-Inhaltediensten, die in den Anwendungsbereich dieser Verordnung fallen, insbesondere für KMU, zu gewährleisten, indem Anbietern, die langfristige Verträge mit Rechtsinhabern geschlossen haben, unabhängig davon, ob die Anbieter in der Lage sind, diese Verträge neu auszuhandeln, ermöglicht wird, ihren Abonnenten die grenzüberschreitende Portabilität anzubieten. Darüber hinaus sollte durch eine derartige Anwendung dieser Verordnung sichergestellt werden, dass Anbieter, die für die grenzüberschreitende Portabilität ihrer Dienste erforderlichen Vereinbarungen treffen, diese Portabilität für die Gesamtheit ihrer Online-Inhalte anbieten können. Dies sollte auch für Anbieter von Online-Inhaltediensten gelten, die Pakete anbieten, welche aus einer Kombination elektronischer Kommunikationsdienste und Online-Inhaltedienste bestehen. Und schließlich sollte eine derartige Anwendung dieser Verordnung es den Rechtsinhabern auch gestatten, ihre bestehenden Lizenzverträge nicht neu aushandeln zu müssen, um es Anbietern zu ermöglichen, die grenzüberschreitende Portabilität ihrer Dienste anzubieten.

(32) Da dementsprechend diese Verordnung für einige Verträge und Rechte gelten wird, die vor ihrem Geltungsbeginn geschlossen beziehungsweise erworben wurden, ist es auch angebracht, einen angemessenen Zeitraum zwischen dem Inkrafttreten dieser Verordnung und ihrem Geltungsbeginn vorzusehen, sodass die Rechtsinhaber und die Anbieter von Online-Inhaltediensten, die in den Anwendungsbereich dieser Verordnung fallen, die für die Anpassung an die neue Situation erforderlichen Vorkehrungen treffen und die Anbieter die Bedingungen für die Nutzung ihrer Dienste ändern können. Ausschließlich zur Erfüllung der Anforderungen dieser Verordnung vorgenommene Änderungen der Bedingungen für die Nutzung von Online-Inhaltediensten, die im Paket – be-

stehend aus einem elektronischen Kommunikationsdienst und einem Online-Inhaltedienst – angeboten werden, sollten die Abonnenten nach den nationalen Rechtsvorschriften zur Umsetzung des gemeinsamen Rechtsrahmens für elektronische Kommunikationsnetze und -dienste nicht zur Auflösung ihrer Verträge über die Bereitstellung solcher elektronischen Kommunikationsdienste berechtigen.

(33) Die vorliegende Verordnung zielt auf eine verbesserte Wettbewerbsfähigkeit ab, indem sie Innovation bei Online- Inhaltediensten fördert und einen Kundenzuwachs bewirkt. Diese Verordnung sollte die Anwendung der Wettbewerbsvorschriften, insbesondere der Artikel 101 und 102 AEUV, unberührt lassen. Die in dieser Verordnung vorgesehenen Vorschriften sollten nicht dazu verwendet werden, den Wettbewerb in einer gegen den AEUV verstoßenden Weise einzuschränken.

(34) Die vorliegende Verordnung sollte die Anwendung der Richtlinie 2014/26/EU des Europäischen Parlaments und des Rates[11], insbesondere ihres Titels III, unberührt lassen. Diese Verordnung ist mit dem Ziel vereinbar, den rechtmäßigen Zugang zu urheberrechtlich oder durch verwandte Rechte geschützten Inhalten und den damit verknüpften Diensten zu erleichtern.

(35) Damit das Ziel, die grenzüberschreitende Portabilität von Online-Inhaltediensten in der Union zu gewährleisten, erreicht wird, ist es angebracht, eine Verordnung zu erlassen, die in den Mitgliedstaaten unmittelbar anwendbar ist. Dies ist notwendig, um zu garantieren, dass die Vorschriften über die grenzüberschreitende Portabilität in allen Mitgliedstaaten einheitlich angewandt werden und für alle Online-Inhaltedienste gleichzeitig in Kraft treten. Nur eine Verordnung gewährleistet das Maß an Rechtssicherheit, das notwendig ist, damit die Verbraucher unionsweit in den vollen Genuss der grenzüberschreitenden Portabilität kommen können.

(36) Da das Ziel dieser Verordnung, nämlich die Anpassung des rechtlichen Rahmens, damit die grenzüberschreitende Portabilität von Online-Inhaltediensten in der Union möglich wird, von den Mitgliedstaaten nicht ausreichend verwirklicht werden kann, sondern vielmehr wegen ihres Umfangs und ihrer Wirkungen auf Unionsebene besser zu verwirklichen ist, kann die Union im Einklang mit dem in Artikel 5 des Vertrags über die Europäische Union verankerten Subsidiaritätsprinzip tätig werden. Entsprechend dem in demselben Artikel genannten Grundsatz der Verhältnismäßigkeit geht diese Verordnung nicht über das für die Erreichung dieses Ziels erforderliche Maß hinaus. Insbesondere hat diese Verordnung keine erheblichen Auswirkungen auf die Art und Weise, wie Lizenzen für die Rechte vergeben werden, und verpflichtet die Rechtsinhaber und Anbieter nicht, Verträge neu auszuhandeln. Zudem wird mit dieser Verordnung nicht verlangt, dass die Anbieter Maßnahmen treffen, um die Qualität der Bereitstellung von Online-Inhaltediensten außerhalb des Wohnsitzmitgliedstaats des Abonnenten zu gewährleisten. Schließlich gilt diese Verordnung nicht für Anbieter, die Online-Inhaltedienste ohne Zahlung eines Geldbetrags anbieten und die von der Option, die grenzüberschreitende Portabilität ihrer Dienste zu ermöglichen, keinen Gebrauch machen. Sie verursacht daher keine unverhältnismäßigen Kosten –

HABEN FOLGENDE VERORDNUNG ERLASSEN:

Artikel 1 Gegenstand und Anwendungsbereich

(1) Mit dieser Verordnung wird in der Union ein gemeinsames Konzept zur grenzüberschreitenden Portabilität von Online-Inhaltediensten eingeführt, indem sichergestellt wird, dass die Abonnenten von portablen Online-Inhaltediensten, die in ihrem Wohnsitzmitgliedstaat rechtmäßig bereitgestellt werden, während eines vorübergehenden Aufenthalts in einem anderen Mitgliedstaat als ihrem Wohnsitzmitgliedstaat auf diese Dienste zugreifen und sie nutzen können.

(2) Die vorliegende Verordnung gilt nicht für den Bereich der Steuern.

---

11 Richtlinie 2014/26/EU des Europäischen Parlaments und des Rates vom 26. Februar 2014 über die kollektive Wahrnehmung von Urheber- und verwandten Schutzrechten und die Vergabe von Mehrgebietslizenzen für Rechte an Musikwerken für die Online- Nutzung im Binnenmarkt (ABl. L 84 vom 20.3.2014, S. 72).

Artikel 2 Begriffsbestimmungen

Für die Zwecke dieser Verordnung bezeichnet der Ausdruck

1. „Abonnent" jeden Verbraucher, der auf der Grundlage eines Vertrags mit einem Anbieter über die Bereitstellung eines Online-Inhaltedienstes gegen Zahlung eines Geldbetrags oder ohne Zahlung eines Geldbetrags berechtigt ist, im Wohnsitzmitgliedstaat auf diesen Dienst zuzugreifen und ihn zu nutzen;
2. „Verbraucher" jede natürliche Person, die bei einem von dieser Verordnung erfassten Vertrag nicht für die Zwecke ihrer gewerblichen, geschäftlichen, handwerklichen oder beruflichen Tätigkeit handelt;
3. „Wohnsitzmitgliedstaat" den nach Artikel 5 bestimmten Mitgliedstaat, in dem der Abonnent seinen tatsächlichen und dauerhaften Wohnsitz hat;
4. „vorübergehender Aufenthalt in einem Mitgliedstaat" den zeitlich begrenzten Aufenthalt in einem anderen Mitgliedstaat als dem Wohnsitzmitgliedstaat;
5. „Online-Inhaltedienst" eine Dienstleistung im Sinne der Artikel 56 und 57 AEUV, die ein Anbieter einem Abonnenten in dessen Wohnsitzmitgliedstaat zu vereinbarten Bedingungen und online erbringt, die portabel ist und bei der es sich um Folgendes handelt:
    i) einen audiovisuellen Mediendienst im Sinne des Artikels 1 Buchstabe a der Richtlinie 2010/13/EU oder
    ii) einen Dienst, dessen Hauptmerkmal die Bereitstellung von, der Zugang zu und die Nutzung von Werken, sonstigen Schutzgegenständen oder Übertragungen von Rundfunkveranstaltern in linearer Form oder auf Abruf ist;
6. „portabel", dass ein Abonnent in seinem Wohnsitzmitgliedstaat auf den Online-Inhaltedienst tatsächlich zugreifen und ihn nutzen kann, ohne auf einen bestimmten Standort beschränkt zu sein.

Artikel 3 Verpflichtung zur Ermöglichung der grenzüberschreitenden Portabilität von Online-Inhaltediensten

(1) Der Anbieter eines Online-Inhaltedienstes, der gegen Zahlung eines Geldbetrags bereitgestellt wird, ermöglicht es einem Abonnenten, der sich vorübergehend in einem Mitgliedstaat aufhält, in derselben Form wie in seinem Wohnsitzmitgliedstaat auf den Online-Inhaltedienst zuzugreifen und ihn zu nutzen, indem unter anderem der Zugriff auf dieselben Inhalte, für dieselben Arten und dieselbe Zahl von Geräten, für dieselbe Zahl von Nutzern und mit demselben Funktionsumfang gewährt wird.

(2) Der Anbieter stellt dem Abonnenten für den Zugriff auf den Online-Inhaltedienst und dessen Nutzung nach Absatz 1 keine Zusatzkosten in Rechnung.

(3) Die Verpflichtung nach Absatz 1 erstreckt sich nicht auf Qualitätsanforderungen an die Bereitstellung eines Online-Inhaltedienstes, denen der Anbieter unterliegt, wenn er diesen Dienst im Wohnsitzmitgliedstaat bereitstellt, es sei denn, zwischen dem Anbieter und dem Abonnenten wurde ausdrücklich etwas anderes vereinbart. Der Anbieter ergreift keine Maßnahmen, um die Qualität des Online- Inhaltedienstes bei der Bereitstellung dieses Dienstes gemäß Absatz 1 zu verringern.

(4) Der Anbieter teilt dem Abonnenten auf der Grundlage der ihm zur Verfügung stehenden Informationen mit, in welcher Qualität der Online-Inhaltedienst nach Absatz 1 bereitgestellt wird. Diese Informationen werden dem Abonnenten vor Bereitstellung des Online-Inhaltedienstes gemäß Absatz 1 auf geeignete und verhältnismäßige Weise mitgeteilt.

Artikel 4 Ort der Bereitstellung von Online-Inhaltediensten, des Zugriffs auf diese Dienste und ihrer Nutzung

Die Bereitstellung eines Online-Inhaltedienstes nach dieser Verordnung für einen Abonnenten, der sich vorübergehend in einem Mitgliedstaat aufhält, sowie der Zugriff auf diesen Dienst und seine Nutzung durch den Abonnenten gelten als ausschließlich im Wohnsitzmitgliedstaat des Abonnenten erfolgt.

Artikel 5 Überprüfung des Wohnsitzmitgliedstaats

(1) Bei Abschluss und Verlängerung eines Vertrags über die Bereitstellung eines gegen Zahlung eines Geldbetrags erbrachten Online-Inhaltedienstes überprüft der Anbieter den Wohnsitzmitgliedstaat des Abonnenten indem er auf höchstens zwei der unten aufgeführten Überprüfungsmittel zurückgreift und sicherstellt, dass die verwendeten Mittel angemessen, verhältnismäßig und wirksam sind:

a) Personalausweis, elektronische Identifizierungen, insbesondere solche, die unter die gemäß der Verordnung (EU) Nr. 910/2014 des Europäischen Parlaments und des Rates[12] notifizierten elektronischen Identifizierungssystemen fallen, oder andere gültige Ausweisdokumente, die den Wohnsitzmitgliedstaat des Abonnenten bestätigen;

b) Zahlungsinformationen wie Kontonummer oder Kredit- oder Debitkartennummer des Abonnenten;

c) Ort der Aufstellung eines Beistellgeräts (Set-Top-Box), eines Decoders oder eines ähnlichen Geräts, das für die Bereitstellung von Diensten für den Abonnenten verwendet wird;

d) Beleg für die durch den Abonnenten erfolgende Zahlung einer Lizenzgebühr für sonstige Dienste, die in einem Mitgliedstaat bereitgestellt werden, wie etwa für den öffentlichen Rundfunk;

e) einen Vertrag über die Bereitstellung eines Internetzugangs oder eines Telefondienstes oder einen anderen Vertrag ähnlicher Art, der den Abonnenten mit dem Mitgliedstaat verknüpft;

f) Eintragung in örtlichen Wählerlisten, falls die einschlägigen Informationen öffentlich sind;

g) Zahlung lokaler Steuern, falls die einschlägigen Informationen öffentlich sind;

h) Rechnung eines öffentlichen Versorgungsunternehmens, die den Abonnenten mit dem Mitgliedstaat verknüpft;

i) die Rechnungs- oder Postanschrift des Abonnenten;

j) Erklärung des Abonnenten, in der er seine Adresse im Wohnsitzmitgliedstaat bestätigt;

k) Überprüfung der Internet-Protocol (IP)-Adresse zur Ermittlung des Mitgliedstaats, in dem der Abonnent auf den Online-Inhaltedienst zugreift.

Die Überprüfungsmittel im Sinne der Buchstaben i bis k werden ausschließlich in Kombination mit einem der Überprüfungsmittel im Sinne der Buchstaben a bis h verwendet, es sei denn, die Postanschrift nach Buchstabe i ist in einem öffentlich zugänglichen Register aufgeführt.

(2) Hat der Anbieter während der Laufzeit des Vertrags über die Bereitstellung eines Online-Inhaltedienstes begründete Zweifel am Wohnsitzmitgliedstaat des Abonnenten, so hat er die Möglichkeit, den Wohnsitzmitgliedstaat des Abonnenten erneut gemäß Absatz 1 zu überprüfen. In einem solchen Fall können jedoch die Überprüfungsmittel unter Buchstabe k alleine verwendet werden. Durch den Einsatz der Überprüfungsmittel unter Buchstabe k erhaltene Daten werden ausschließlich im Binärformat erhoben.

(3) Der Anbieter ist berechtigt, vom Abonnenten die Bereitstellung der für die Bestimmung von dessen Wohnsitzmitgliedstaat erforderlichen Informationen gemäß den Absätzen 1 und 2 zu verlangen. Sollte der Abonnent diese Informationen nicht zur Verfügung stellen und der Anbieter somit nicht in der Lage sein, den Wohnsitzmitgliedstaat des Abonnenten zu überprüfen, so darf der Anbieter dem Abonnenten nicht aufgrund dieser Verordnung Zugang zum Online-Inhaltedienst oder zur Nutzung dieses Dienstes während des vorübergehenden Aufenthalts des Abonnenten in einem Mitgliedstaat ermöglichen.

(4) Die Inhaber von Urheberrechten oder verwandten Schutzrechten oder von sonstigen Rechten am Inhalt eines Online-Inhaltedienstes können die Bereitstellung von, den Zugang zu und die Nutzung ihrer Inhalte nach dieser Verordnung erlauben, ohne dass der Wohnsitzmitgliedstaat überprüft wird. In solchen Fällen reicht der Vertrag zwischen dem Anbieter und dem Abonnenten über die Bereitstellung eines

---

12 Verordnung (EU) Nr. 910/2014 des Europäischen Parlaments und des Rates vom 23. Juli 2014 über elektronische Identifizierung und Vertrauensdienste für elektronische Transaktionen im Binnenmarkt und zur Aufhebung der Richtlinie 1999/93/EG (ABl. L 257 vom 28.8.2014, S. 73).

Online Inhaltedienstes aus, um den Wohnsitzmitgliedstaat des Abonnenten zu bestimmen.

Die Inhaber von Urheberrechten oder verwandten Schutzrechten oder von sonstigen Rechten am Inhalt eines Online-Inhaltedienstes sind berechtigt, die gemäß Unterabsatz 1 erteilte Erlaubnis — vorbehaltlich einer rechtzeitigen Benachrichtigung des Anbieters — zurückzuziehen.

(5) Durch den Vertrag zwischen dem Anbieter und den Inhabern von Urheberrechten oder verwandten Schutzrechten oder von sonstigen Rechten am Inhalt eines Online-Inhaltedienstes wird die diesen Rechtsinhabern offenstehende Möglichkeit, die in Absatz 4 genannte Erlaubnis zurückzuziehen, nicht eingeschränkt.

Artikel 6 Grenzüberschreitende Portabilität von kostenfrei bereitgestellten Online-Inhaltediensten

(1) Der Anbieter eines Online-Inhaltedienstes, der ohne Zahlung eines Geldbetrags bereitgestellt wird, kann entscheiden, seinen Abonnenten während eines vorübergehenden Aufenthalts in einem Mitgliedstaat den Zugriff auf den Online-Inhaltedienst sowie dessen Nutzung zu ermöglichen, sofern der Anbieter den Wohnsitzmitgliedstaat des Abonnenten im Einklang mit dieser Verordnung überprüft.

(2) Der Anbieter unterrichtet seine Abonnenten, die betreffenden Inhaber des Urheberrechts und verwandter Schutzrechte sowie die betreffenden Inhaber sonstiger Rechte am Inhalt eines Online-Inhaltedienstes vor der Bereitstellung des Online-Inhaltedienstes von seiner Entscheidung, den Dienst gemäß Absatz 1 zu erbringen. Diese Informationen werden auf geeignete und verhältnismäßige Weise übermittelt.

(3) Diese Verordnung findet auf Anbieter Anwendung, die einen Online-Inhaltedienst gemäß Absatz 1 bereitstellen.

Artikel 7 Vertragsbestimmungen

(1) Vertragsbestimmungen, auch solche, die im Verhältnis zwischen Anbietern von Online-Inhaltediensten und Inhabern von Urheberrechten oder verwandten Schutzrechten oder Inhabern sonstiger Rechte an Inhalten von Online-Inhaltediensten sowie solche, die zwischen diesen Anbietern und ihren Abonnenten gelten, sind nicht durchsetzbar, wenn sie gegen die vorliegende Verordnung verstoßen; hierzu zählen auch Vertragsbestimmungen, die die grenzüberschreitende Portabilität von Online-Inhaltediensten verbieten oder die Portabilität auf einen bestimmten Zeitraum beschränken.

(2) Diese Verordnung gilt ungeachtet des Rechts, das für Verträge zwischen Anbietern von Online-Inhaltediensten und Inhabern von Urheberrechten oder verwandten Schutzrechten sowie Inhabern sonstiger für den Zugriff auf Inhalte im Rahmen von Online-Inhaltediensten und deren Nutzung relevanter Rechte oder für Verträge zwischen solchen Anbietern und ihren Abonnenten gilt.

Artikel 8 Schutz personenbezogener Daten

(1) Die Verarbeitung personenbezogener Daten im Zusammenhang mit dieser Verordnung, insbesondere auch für die Zwecke der Überprüfung des Wohnsitzmitgliedstaats des Abonnenten nach Artikel 5, erfolgt im Einklang mit den Richtlinien 95/46/EG und 2002/58/EG. Insbesondere sind der Einsatz der Überprüfungsmittel im Sinne von Artikel 5 und jede Verarbeitung personenbezogener Daten nach dieser Verordnung auf das zur Erreichung ihres Zwecks erforderliche und verhältnismäßige Maß begrenzt.

(2) Nach Artikel 5 erhobene Daten werden ausschließlich zur Überprüfung des Wohnsitzmitgliedstaats des Abonnenten verwendet. Es erfolgt keine Mitteilung, Übertragung, Bereitstellung, Lizenzierung oder sonstige Übermittlung oder Weitergabe dieser Daten an Inhaber von Urheberrechten oder verwandten Schutzrechten, Inhaber sonstiger Rechte an Inhalten von Online-Inhaltediensten oder Drittpersonen.

(3) Gemäß Artikel 5 erhobene Daten werden von Anbietern von Online-Inhaltediensten nicht länger aufbewahrt, als es für den Abschluss einer Überprüfung des Wohnsitzmitgliedstaats des Abonnenten gemäß Artikel 5 Absatz 1 und 2 erforderlich ist. Nach Abschluss jeder Überprüfung werden die Daten unverzüglich und unwiderruflich vernichtet.

Artikel 9   Anwendung auf bestehende Verträge und erworbene Rechte

(1) Diese Verordnung gilt auch für Verträge und Rechte, die vor ihrem Geltungsbeginn geschlossen beziehungsweise erworben wurden, sofern sie für die Bereitstellung eines Online-Inhaltedienstes, den Zugriff auf diesen Dienst und seine Nutzung im Einklang mit den Artikeln 3 und 6 nach diesem Zeitpunkt relevant sind.

(2) Bis zum 2. Juni 2018 führt der Anbieter eines gegen Zahlung eines Geldbetrags bereitgestellten Online-Inhaltedienstes im Einklang mit dieser Verordnung eine Überprüfung des Wohnsitzmitgliedstaats derjenigen Abonnenten durch, die vor diesem Tag Verträge über die Bereitstellung des Online-Inhaltedienstes geschlossen haben.
Innerhalb von zwei Monaten ab dem Tag, ab dem der Anbieter eines kostenfrei bereitgestellten Online-Inhaltedienstes den Dienst zum ersten Mal nach Artikel 6 anbietet, überprüft der Anbieter gemäß der vorliegenden Verordnung den Wohnsitzmitgliedstaat derjenigen Abonnenten, die vor diesem Tag Verträge über die Bereitstellung eines Online-Inhaltedienstes geschlossen haben.

Artikel 10   Überprüfung

Bis zum 2. April 2021 und danach je nach Bedarf bewertet die Kommission die Durchführung dieser Verordnung vor dem Hintergrund rechtlicher, technischer und wirtschaftlicher Entwicklungen und erstattet dem Europäischen Parlament und dem Rat diesbezüglich Bericht.
Der Bericht gemäß Absatz 1 umfasst unter anderem eine Bewertung der Anwendung der zur Überprüfung des Wohnsitzmitgliedstaats gemäß Artikel 5 vorgesehenen Mittel unter Einbeziehung neu entwickelter Technologien, Industriestandards und Verfahren und überprüft erforderlichenfalls die Notwendigkeit einer Überarbeitung. In dem Bericht wird den Auswirkungen der vorliegenden Verordnung auf KMU und dem Schutz personenbezogener Daten besondere Aufmerksamkeit geschenkt.
Die Kommission fügt ihrem Bericht gegebenenfalls einen Legislativvorschlag bei.

Artikel 11   Schlussbestimmungen

(1) Diese Verordnung tritt am zwanzigsten Tag nach ihrer Veröffentlichung im *Amtsblatt der Europäischen Union* in Kraft.

(2) Sie gilt ab dem 1. April 2018.

Diese Verordnung ist in allen ihren Teilen verbindlich und gilt unmittelbar in jedem Mitgliedstaat.

Gesetz über Urheberrecht und verwandte Schutzrechte (Urheberrechtsgesetz)

vom 9. September 1965 (BGBl. I S. 1273) in der Fassung vom 1. März 2018

Einleitung

I. Allgemeines

1   Wer sich dem Recht der Urheber von Werken der Wort-, Ton- und Bildkunst zuwendet, wird **dem Rechte und diesen Künsten** verschworen sein müssen. Ohne musischen und künstlerischen Bezug ist dieses Spezialgebiet des Rechts nicht zu meistern. Ob Fragen des Plagiats, des Werkbegriffes, der Bearbeiterrechte, der freien Nachschöpfung oder der Rechte an gemeinfreien Werken zur Erörterung stehen, immer wird das **Einfühlungsvermögen** des Juristen in die Reiche der neun Musen zu fordern sein, wie umgekehrt für den Künstler oder Autor gerade in Zeiten der digitalen Verwertung auch über das Internet die Kenntnis wenigstens der Grundlagen des Rechts, das ihn und sein Werk schützt, unerlässlich geworden ist. So fordert das Urheberrecht den musisch und künstlerisch interessierten Juristen und den rechtlich interessierten Künstler und wird für den unerreichbar sein, der zwischen Themis, der alten Göttin des Rechts, und den neun Musen glaubt wählen zu können. Der atemberaubende und unaufhaltsame **Fortschritt der Technik** bedingt aber auch eine enge Beziehung zu Forschung und Ergebnissen der technischen Wissenschaften. Während in der geschichtlich überblickbaren Zeit der letzten drei Jahrtausende die Vermittlung menschlichen Geistesgutes auf Hand- und Druckschrift, persönlichen Vortrag und Aufführung beschränkt blieb, haben die Erfindungen der Foto- und Phonographie, der Foto- und Mikrokopie, des Hörfunks und Fernsehens, der Laser- und Satellitenphysik, der Kybernetik, Elektronik und Computertechnik, des Lichtsatzverfahrens und der Bildschirmzeitung sowie schließlich des Internets und der Mobiltelefonie für die Nutzung und Verbreitung der Geisteswerke ungeahnte neue Wege eröffnet. Einzelne dieser Errungenschaften sind nicht bei der Nutzung vorhandener Geistesgüter stehen geblieben, sondern dringen in die Schaffensvorgänge selbst ein. Elektronische Musik, Computer-Dichtung und -Übersetzung sowie softwareunterstützte Schöpfung bei Malerei und Plastik werfen neue rechtliche Probleme auf und erschüttern die gefestigten Grundlagen des bisherigen urheberrechtlichen Denkens.

So kann das **moderne Urheberrecht** für sich in Anspruch nehmen, nicht nur   **2** ein Grenzgebiet zwischen Jurisprudenz auf der einen und Literatur, Musikwissenschaft sowie Kunstgeschichte auf der anderen Seite zu sein, sondern ebenso das verbindende Glied zwischen Recht und Technik zu bilden.

Die **wirtschaftliche Bedeutung** des Urheberrechts ist lange verkannt worden.   **3** Erst mit der Vorlage des sog. Künstlerberichts der Bundesregierung (Bericht BReg AuswUrhRNov 1985 – BT-Drs. 11/4929) ist der Öffentlichkeit bewusst geworden, dass der Anteil der urheberrechtsbezogenen Wirtschaftsbereiche am Produktionswert der Gesamtwirtschaft der (Alt-) Bundesrepublik schon 1986 bei 2,7% lag und damit etwa demjenigen der gesamten Elektrizitäts- und Fernwärmeversorgung entsprach (*Hummel* S. 10; zu dem Bericht *Kreile* ZUM 1990, 1; zur internationalen wirtschaftlichen Bedeutung des Urheberrechts *Cohen Jehoram* GRUR Int. 1989, 23). Umso wichtiger ist es, das Urheber- und Leistungsschutzrecht fortlaufend den sich verändernden wirtschaftlichen wie technischen Gegebenheiten anzupassen. Zur gesetzlichen Entwicklung vgl. Rn. 26 ff.

Das Urheberrecht sieht sich auch immer wieder **wirtschaftlichen Bedrohungen**   **4** ausgesetzt. Als Beispiel mag hier nur die Entwicklung des privaten Kopierens durch Verbraucher dienen, das zunächst lange Zeit wirtschaftlich unbedeutend war. Erst in den 1950iger Jahren erkannten die Inhaber von Urheberrechten erste Gefährdungen durch Fotokopiermaschinen und Tonbänder: Der Bundesgerichtshof entschied seinerzeit, dass die fotomechanische Vervielfältigung eines literarischen Beitrages in einer Zeitschrift ohne Einwilligung des Berechtigten nur zum persönlichen Gebrauch zur Befriedigung überwiegend rein persönlicher Bedürfnisse gemäß § 15 Abs. 2 des damals geltenden Literatururhebergesetzes (LUG) zulässig war (BGH GRUR 1955, 544, 546 ff. – *Fotokopie*) und dass die Übertragung des Vortrags eines literarischen Werkes oder der Aufführung eines Werkes der Musik auf ein Tonbandgerät als Vervielfältigung dem Erlaubnisvorbehalt des Urhebers unterliege (BGH GRUR 1955, 492, 494 ff. – *Grundig-Reporter*). Mit Aufkommen von Videorecorder, Radiorecorder und Walkman in den 1970iger und 1980iger Jahren wurde die analoge Aufnahme von Filmen und Musik immer beliebter, stellte aber noch keine echte Gefahr für die wirtschaftliche Auswertung von Film und Musik dar, weil die analoge Kopie immer mit einem Qualitätsverlust verbunden war: Das krisselige Fernsehbild wurde durch die Aufnahme mit dem Videorecorder nicht verbessert, sondern eher noch schlechter, Kratzer auf Schallplatten waren auch auf der Tonbandkassette deutlich zu hören, Kassetten hatten ebenso wie Schallplatten nur eine begrenzte Lebensdauer. Außerdem war die Aufnahme recht mühsam: Wenn man die Werbung aus einem mitgeschnittenen Film herausschneiden wollte, musste man daneben sitzen und den Videorecorder anhalten, bei der Aufnahme von Musik aus dem Radio saß man stundenlang davor, wartete auf die richtigen Hits und kämpfte dann mit dem Moderator, der in den Anfang und das Ende des Songs regelmäßig hineinredete. Während auch die private Vervielfältigung auf Tonträger wie ein Tonband noch in den 1950iger Jahren – wie erwähnt – unzulässig war, erlaubte der Gesetzgeber mit Inkrafttreten des Urheberrechtsgesetzes am 1. Januar 1966 die Privatkopie, anfangs verbunden nur mit einer Geräteabgabe (§ 53 Abs. 5 a. F. UrhG), seit 1985 dann auch gegen Zahlung einer zusätzlichen Abgabe pro verkauftem leeren Bild- oder Tonträger (§ 54 UrhG). Eine wirklich ernste Bedrohung der Musik- und Filmurheber sowie der hinter ihnen stehenden Industrien entstand jedoch erst durch die **digitale Kopie**: Bei Software, wo schon aus der Natur der Sache heraus nur digitale Kopien möglich sind, war die Privatkopie zwar von Anfang an verboten (§ 54 Abs. 4 S. 3 a. F. UrhG; jetzt §§ 69c ff. UrhG), nicht jedoch bei Musik und Film: Dort war nicht nur die analoge, sondern auch die digitale Privatkopie schon immer grundsätzlich erlaubt. Dies stellt § 53 Abs. 1 S. 1 UrhG seit der Reform von 2003 („1. Korb", vgl. Rn. 32) nun auch klar.

5   Die fortschreitende Computertechnologie mit CD- und DVD-Brennern sowie die zunehmende Verbreitung des Internet, die das Kopieren, Tauschen und Verbreiten von Musik und Film so einfach machen, zeigte schon ab Mitte der 1990iger, spätestens aber mit Beginn des neuen Jahrtausends dramatische Folgen: Man schätzt, dass die Filmindustrie allein in Deutschland etwa 350 Millionen Euro jährlich durch **Filmpiraterie** verliert (Quelle: www.zdnet.de/39122001/millionen-verluste-durch-filmpiraterie/). Dabei kann dieser Wert noch erheblich weiter ansteigen, weil die Technik zum Tausch von Filmen über das Internet bislang einen noch größeren Schaden verhindert hat: Eine Spielfilm-Datei aus dem Internet in ausreichender Auflösungsqualität ist normalerweise etwa 1,5 Gigabyte groß, was etwa 500 Songs in MP3-Format entspricht. Auch bei schnellen DSL-Anschlüssen kann der Download mehrere Stunden dauern, das anschließende Brennen geht auch nicht viel schneller. Die **Musikindustrie** wurde deshalb bislang viel härter getroffen als die Filmindustrie: Angefangen mit dem Aufsehen erregenden US-amerikanischen Fall um die Tauschbörse Napster Ende der 1990iger Jahre (s. U.S. Court of Appeals for the Ninth Circuit GRUR Int. 2001, 355 – *Napster II*; US. District Court for the Northern District of California GRUR Int. 2000, 1066 – *Napster*), hat sich inzwischen das private Tauschen und Brennen von Musik weitgehend etabliert: Im Jahr 2005 wurden beispielsweise 275 Mio. CD-Rohlinge und 21 Mio. DVD-Rohlinge mit Musik von privaten Verbrauchern bespielt; das entspricht – wegen der höheren Speicherkapazität von Rohlingen – etwa 439 Mio. CD-Äquivalenten (Quelle: DCN-Studie 2011, www.musikindustrie.de/sonstige-studien/). Von den somit gut 4 Milliarden Songs, die 2005 auf Rohlinge gebrannt worden sind, stammten etwa 10 % aus illegalen Quellen, nicht eingerechnet wurden die Songs, die nicht gebrannt, sondern auf dem Computer verblieben oder auf mobile MP3-Spieler wie beispielsweise den iPod übertragen worden sind. Der Rest waren zulässige Privatkopien. Zum Vergleich: Im Jahr 2005 wurden nur 123 Mio. Musik-CDs in Deutschland verkauft (Quelle: wie vor), sodass das private Kopieren – ob legal oder illegal – das Geschäft mit der Musik um das 3,5fache überstieg. Das war 1999 noch ganz anders: Damals standen 58 Millionen selbst gebrannten CD-Äquivalenten 198 Millionen verkaufte Alben gegenüber. Nachdem die Anzahl der selbst gebrannten Rohlinge in den Jahren 2003 bis 2005 ihren Höhepunkt erreicht hatte, sind die Zahlen stetig gesunken. Im Jahr 2010 wurden nur noch 121,5 Mio. CD-Rohlinge und 13,5 Mio. DVD-Rohlinge mit Musik bespielt, was ungefähr 228 Millionen CD-Äquivalenten entspricht. Im gleichen Zeitraum wurden aber lediglich 140 Millionen Alben verkauft, sodass trotz des starken Rückgangs immer noch 1,5 mal mehr Musik-CDs selbst gebrannt als gekauft wurden (Quelle: wie vor). Im Jahr 2011 wurden indes insgesamt 386 Millionen Rohlinge, die neben musikalischen Inhalten auch andere Medieninhalte umfassten, gebrannt (Quelle: DCN-Studie 2012, www.musikindustrie.de/sonstige-studien/). Trotz der einzelnen Schwankungen im Bereich der Privatkopien sind die Auswirkungen der zunehmenden Digitalisierung auf die Musiknutzung in Deutschland verheerend. Innerhalb von 10 Jahren, zwischen 2001 und 2010, ist der jährliche Umsatz der Musikwirtschaft von 2,4 Milliarden Euro auf 1,5 Milliarden Euro und damit um 900 Millionen Euro zurückgegangen. Aus dem „Brennen" auf CD-Rohlinge wurde eine regelrechte „Speicher-Wut". Neue technologische Möglichkeiten und der Preisverfall bei Speichermedien haben dazu geführt, dass sich die Formen der Speicherung illegal erworbener Inhalte verändert haben. Neben der CD und DVD sind nun auch der USB-Stick und die mobile Festplatte in Erscheinung getreten. Zum illegalen Download ist das Streaming von Medieninhalten hinzugekommen. Dies führte in den letzten 10 Jahren dazu, dass 73 Prozent der Nutzer von Tauschbörsen, die im Internet ausschließlich illegale Quellen benutzen, kein mehr Geld für Musik ausgeben. Wer also illegale Quellen nutzt, kauft kaum noch Musik (Quelle: Musik im digitalen Wandel, Eine Bilanz aus 10 Jahren Brennerstudie, www.musikindustrie.de/sonstige-studien/).

Die Musikindustrie hat die Bedrohung zunächst nicht ernst genommen: Im **6** Grunde genommen hat erst Apple den **legalen, lizenzpflichtigen Musikdownload** hoffähig gemacht; allerdings wurde iTunes nicht etwa in den Markt eingeführt, um der Musikindustrie zu helfen, sondern einzig und allein deshalb, weil Apple die Hardware – den iPod – verkaufen wollte. Dennoch führte wohl nicht zuletzt die Ausweitung der legalen Downloadangebote zumindest zu einem Rückgang der illegalen Downloads von Einzeltracks. So ist die Anzahl der illegalen Einzeltrack-Downloads von 383 Millionen im Jahr 2004 (insgesamt 475 Millionen) auf 312 Millionen im Jahr 2007 (von insgesamt 407 Millionen) und 185 Millionen (von insgesamt 414 Millionen) im Jahr 2010 gesunken (Quelle: DCN-Studie 2011, www.musikindustrie.de/sonstige-studien/). Auch das Verhältnis zwischen illegal und legal heruntergeladenen Tracks hat sich deutlich zugunsten der legalen Downloads verschoben. Während 2007 noch 3-mal mehr illegale als legale Einzeltrack-Downloads zu verzeichnen waren, betrug der Anteil der illegal heruntergeladenen Einzeltracks 2010 nur noch knapp 45 Prozent (Quelle: wie vor). Gestiegen ist demgegenüber die Anzahl der heruntergeladenen Musikalben. Während 2007 insgesamt lediglich 19 Millionen Musikalben heruntergeladen wurden, betrug die Zahl im Jahr 2010 bereits 62 Millionen. Hiervon machten die illegalen Downloads mit 46 Millionen jedoch noch hohe 74 Prozent aus (Quelle: wie vor). Der Trend zum legalen Musik-Download aus dem Internet steigt indes sterig an und hat im Jahr 2011 erstmals die 100-Millionen-Marke durchbrochen. Während es im Jahr 2011 noch 94 Millionen Downloads waren, betrug die Anzahl im darauffolgenden Jahr 115 Millionen legal heruntergeladener Einzeltracks und Musikalben. Während bei den Einzeltracks ein Anstieg von 22,4 Prozent verzeichnet werden konnte, kann auch das legale Downloaden von Musikalben einen Anstieg von über 20 Prozent aufweisen (Quelle: wie vor).

Die Filmindustrie hatte es insoweit besser, weil ihr die Technik – wie dargestellt – **7** geholfen hat. Sie hat aber die Bedrohung auch sogleich ernst genommen und nicht nur DVDs mit einem Kopierschutz versehen – gegen das Abfilmen mit digitalen Camcordern im Kino hilft allerdings auch das nicht –, sondern auch durch eine martialische Aufklärungskampagne auf die Folgen aufmerksam gemacht (s. http://www.respectcopyrights.de). Dennoch wurden von 65 Millionen Spiel- und Kinofilm-Downloads im Jahr 2010 immerhin 54 Millionen (= gut 84 %) illegal heruntergeladen (Quelle: DCN-Studie 2011, www.musikindustrie.de/sonstige-studien/). Gleiches gilt für Fernsehserien, bei denen von insgesamt 38 Millionen Downloads gut 60 % illegal waren (Quelle: wie vor). Auffällig ist, dass der Anteil der Bevölkerung, der illegale Downloads tätigt, mit 1,8 Millionen (von 63,7 Millionen Deutschen über 10 Jahren) relativ klein ist, jedoch überproportional viele Downloads vornimmt (Quelle: wie vor). Auch im Bereich von **Hörbüchern und E-Books** wird ein erheblicher Teil illegal genutzt. Von insgesamt 23 Millionen Hörbüchern wurden 2010 6 Millionen illegal heruntergeladen. Bei den E-Books stelien 23 Millionen insgesamt heruntergeladenen 14 Millionen illegal heruntergeladene E-Books gegenüber (Quelle: wie vor). Zumindest ist in den letzten zwei Jahren ein wachsendes Bewusstsein für Urheberrechtsverletzungen zu verzeichnen. Rund 60 Prozent der Deutschen finden es unfair, Angebote im Internet zu nutzen, bei denen Künstler und ihre Partner nicht an den Einnahmen beteiligt werden. Im Bereich von Spielfilmen und Fernsehserien sind 71 Prozent der Bevölkerung mit dem existierenden legalen Online-Angebot zufrieden. Auch das Bewusstsein über mögliche Urheberrechtsverletzungen ist mit über 90 Prozent sehr hoch. Dies gilt allerdings nicht für soziale Netzwerke, bei denen sich fast jeder Zehnte auf der rechtlich sicheren Seite wähnt, wenn er dort fremde Filme und andere Kreativinhalte öffentlich zugänglich macht (Quelle: DCN-Studie 2013, www.musikindustrie.de/sonstige-studien/).

II. Überblick über die gesetzliche Regelung

8 Das UrhG schützt die **Urheber von Werken der Literatur, Wissenschaft und Kunst** (§ 1) in ihren geistigen und persönlichen Beziehungen zum Werk sowie in der Nutzung des Werkes; seit der Urhebervertragsrechtsreform 2002 soll es ihnen eine angemessene Vergütung sichern (§ 11 S. 2). Es gewährt Urheberpersönlichkeitsrechte und Verwertungsrechte in Form eines absoluten, ausschließlichen Rechtes am Werk; die Urheber dürfen ihre Werke nicht nur selbst nutzen, sondern können auch andere von der Benutzung ausschließen. Das UrhG schützt aber nicht nur die Urheber im vorgenannten Sinne, sondern auch Erbringer bestimmter Leistungen, die mit dem Urheberrecht verwandt sind, also z. B. Sänger, Musiker, Schauspieler, Regisseure, Tonträgerhersteller, Sendeunternehmen, Filmhersteller und weitere. Das Urheberrecht ist damit das **Recht des geistigen Eigentums** der Kulturschaffenden.

9 **Werke der Literatur, Wissenschaft und Kunst** können nach der beispielhaften Aufzählung des § 2 Abs. 1 die folgenden sein:
1. Sprachwerke, wie Schriftwerke, Reden und Computerprogramme;
2. Werke der Musik;
3. pantomimische Werke einschließlich Werke der Tanzkunst;
4. Werke der bildenden Künste einschließlich der Werke der Baukunst und der angewandten Kunst und Entwürfe solcher Werke;
5. Lichtbildwerke einschließlich der Werke, die ähnlich wie Lichtbildwerke geschaffen werden;
6. Filmwerke einschließlich der Werke, die ähnlich wie Filmwerke geschaffen werden;
7. Darstellungen wissenschaftlicher oder technischer Art, wie Zeichnungen, Pläne, Karten, Skizzen, Tabellen und plastische Darstellungen.

10 Der **Katalog des § 2 Abs. 1** ist nicht abschließend: Auch andere, nicht genannte Werkarten können urheberrechtlich geschützt sein; dies gilt insbesondere für Multimedia-Werke, die regelmäßig Elemente mehrerer Werkarten enthalten, nämlich von Sprachwerken, Werken der Musik, Lichtbildwerken und Filmwerken (vgl. § 2 Rn. 11).

11 Die dem Urheberrecht **verwandten Leistungen**, die das UrhG ebenfalls schützt, sind die folgenden:
1. Wissenschaftliche Ausgaben, § 70;
2. Nachgelassene Werke, § 71;
3. Lichtbilder, § 72;
4. Ausübende Künstler, § 73;
5. Veranstalter, § 81;
6. Tonträgerhersteller, § 85;

7. Sendeunternehmen, § 87;
8. Einfache Datenbanken, § 87a;
9. Presseverleger, § 87f;
10. Filmhersteller, § 94;
11. Laufbilder, § 95.

Weil es sich hierbei nicht um Leistungen von Urhebern handelt und diese Leistungen dem Urheberrecht lediglich verwandt sind, wird für sie auch kein Urheberrecht gewährt, sondern ein „**verwandtes Schutzrecht**". Dies ist die Diktion des Gesetzes. In Literatur und Rechtsprechung wird aber häufig auch von „**Leistungsschutzrechten**" gesprochen, ohne dass sich hieraus ein Unterschied ergeben würde.

Das Urheberrecht hat das **Ziel**, die **Interessen der Urheber** und ihrer Rechtsnachfolger zu schützen. Dies sind sowohl ideelle als auch materielle Interessen. Das UrhG gewährt deshalb neben sog. „**Urheberpersönlichkeitsrechten**", das sind gem. §§ 12–14 insbesondere **12**
– das Veröffentlichungsrecht (§ 12),
– das Recht auf Anerkennung der Urheberschaft einschließlich des Namensnennungsrechtes (§ 13) und
– das Recht, Entstellungen oder andere Beeinträchtigungen des Werkes zu verbieten (§ 14),
auch umfassende **Verwertungsrechte** gem. §§ 15–23, nämlich
– das Recht zur Verwertung in körperlicher Form einschließlich des Vervielfältigungsrechtes, des Verbreitungsrechtes und des Ausstellungsrechtes (§ 15 Abs. 1, §§ 16–18),
– das Recht der Wiedergabe in unkörperlicher Form einschließlich des Vortrags-, Aufführungs- und Vorführungsrechtes, des Rechtes der öffentlichen Zugänglichmachung, des Senderechtes, des Rechtes der Wiedergabe durch Bild- oder Tonträger und des Rechtes der Wiedergabe von Funksendungen (§ 15 Abs. 2, §§ 19–22) sowie
– das Bearbeitungsrecht (§ 23), das im Zusammenspiel mit der Bestimmung über die freie Benutzung (§ 24) zugleich den Schutzumfang des Urheberrechts regelt (vgl. §§ 23/24 Rn. 2).
Es handelt sich jeweils um **ausschließliche** Rechte (§ 15 Abs. 1 Hs. 1). Sowohl die Urheberpersönlichkeitsrechte als auch die Verwertungsrechte sind zivilrechtlich (§§ 97 ff.) und strafrechtlich (§§ 106 ff.) sanktioniert.

Das UrhG trennt grundsätzlich zwischen materiellem und geistigem Eigentum, **13** also zwischen dem Werkstück und seiner Nutzung: Wer das Eigentum an einem Original erwirbt, erhält damit im Zweifel noch kein Recht, es – soweit urheberrechtlich relevant – zu nutzen (§ 44 Abs. 1); umgekehrt erhält auch derjenige, der ein Nutzungsrecht an einem urheberrechtlich geschützten Werk erwirbt, damit normalerweise nicht das Eigentum an den ihm z. B. zu Reproduktionszwecken überlassenen Vorlagen.

Der Urheber kann sein Urheberrecht **weder** in Teilen noch im Ganzen **veräußern** **14** oder **übertragen** (§ 29 Abs. 1); er kann daran lediglich **Nutzungsrechte** einräumen (§§ 29 Abs. 2, 31 ff.). Eine Ausnahme hierzu bildet der Erbfall, als Folge dessen das Urheberrecht in Erfüllung einer Verfügung von Todes wegen oder an Miterben im Wege der Erbauseinandersetzung auch übertragen werden kann (§ 29 Abs. 1 Hs. 2). Dies hängt mit der grundsätzlichen Entscheidung des deutschen Urheberrechts zusammen, dass Schöpfer des Werkes immer nur eine natürliche Person sein kann, nicht aber eine juristische Person oder eine Maschine (vgl. § 7 Rn. 9). Wäre das Urheberrecht übertragbar, würde das natürliche Band zwischen dem Schöpfer und dem Werk aufgelöst werden. Im Hinblick auf die **verwandten Schutzrechte** gilt der Grundsatz der Nichtübertragbarkeit jedoch **nur eingeschränkt**: So sind die verwandten Schutzrechte, deren Schutz dem der Werke entspricht, grundsätzlich nicht übertragbar, andere, insbesondere solche, die auch in einer juristischen Person entstehen können, jedoch sehr wohl. Übertragbar sind die verwandten Schutzrechte an nachgelassenen Werken (§ 71 Abs. 2), der ausübenden Künstler (§ 79 Abs. 1 S. 1), der Veranstalter (§ 81), der Tonträgerhersteller (§ 85 Abs. 2 S. 1), der Sendeunternehmen (§ 87 Abs. 2 S. 1), an einfachen Datenbanken (§ 87a), der Presseverleger (§ 87g Abs. 1), der Filmhersteller (§ 94 Abs. 2 S. 1) sowie an Laufbildern (§ 95), nicht übertragbar sind jedoch die verwandten Schutzrechte an wissenschaftlichen Ausgaben (§ 70) und an Lichtbildern (§ 72).

15   Der grundsätzlichen Entscheidung, dass das Urheberrecht nicht übertragbar ist, sondern daran lediglich Nutzungsrechte eingeräumt werden können, folgend, regelt das UrhG in den §§ 31 ff. das **Urhebervertragsrecht**, und zwar vor allem Umfang und Reichweite der Nutzungsrechtseinräumung (§ 31) flankiert von einigen Auslegungsregeln und Beschränkungen sowie Rückrufsrechten des Urhebers und – seit 2003 – auch dem Anspruch des Urhebers gegenüber seinem Vertragspartner auf Zahlung einer angemessenen Vergütung (§ 32; vgl. Rn. 31).

16   Die Ausschließlichkeitsrechte der Urheber und der Inhaber verwandter Schutzrechte sowie derjenigen, die von ihnen Nutzungsrechte ableiten, werden inhaltlich begrenzt durch die sog. **„Schrankenbestimmungen"**, die von Gesetzeswegen bestimmte Handlungen gestatten, teilweise mit Vergütungspflicht, teilweise vergütungsfrei, teilweise auch in Form einer gesetzlichen Lizenz (§§ 44a-63a). Zu nennen sind beispielsweise die Fälle der Vervielfältigung zum eigenen Gebrauch (§§ 53, 54 ff.; vergütungspflichtig), das Zitatrecht (§ 51; vergütungsfrei), Nutzungen für den religiösen Gebrauch (§ 46; vergütungspflichtig) sowie für Unterricht und Lehre (§ 60a; vergütungspflichtig) oder die zulässige Wiedergabe von Werken an öffentlichen Plätzen (§ 59; vergütungsfrei). Hierher gehören auch die Erschöpfung des Verbreitungsrechts (§ 17 Abs. 2; vergütungsfrei) und die Zwangslizenz für Werke der Musik (§ 42a; vergütungspflichtig).

17   Das Urheberrecht entsteht **ohne Registrierungsformalitäten** und -notwendigkeiten mit der Schöpfung als „Realakt" (Schricker/Loewenheim/*Loewenheim*[5] § 7 Rn. 5). Dem Urheber entstehen mit dem sich **automatisch vollziehenden Rechtserwerb** auch keinerlei Kosten. Entsprechend entstehen die verwandten Schutzrechte zu dem Zeitpunkt, in dem die tatbestandsmäßige Leistung, für deren Erbringung sie gewährt werden, vollendet ist. Weder für die Entstehung des Urheberrechts noch für die der verwandten Schutzrechte ist eine Veröffentlichung oder ein Erscheinen (§ 6) erforderlich. An die Veröffentlichung oder das Erscheinen sind lediglich bestimmte Rechtswirkungen gebunden: So hat der Urheber beispielsweise das ausschließliche Recht, zu bestimmen, ob und wie sein Werk zu veröffentlichen ist (§ 12) und besteht das Ausstellungsrecht (§ 18) nur an unveröffentlichten Werken. Einige Schrankenbestimmungen differenzieren zudem zwischen erschienenen und veröffentlichten Werken (beispielsweise das Zitatrecht nach § 51) oder verlangen zumindest die Veröffentlichung des weiter verwerteten Werkes (beispielsweise für den religiösen Gebrauch, § 46, für Nutzungen für Unterricht und Lehre, § 60a, oder für die Herstellung von Unterrichts- und Lehrmedien, § 60b). Bei den verwandten Schutzrechten hängt zudem der Lauf der Schutzfrist, sofern nicht bereits das Erscheinen selbst Tatbestandsvoraussetzung für die Entstehung des Rechtes ist (wie beispielsweise bei § 71), von dem Erscheinen dergestalt ab, dass die Schutzfrist zunächst ab der Vollendung der vollbrachten Leistung berechnet wird, sie jedoch dann, wenn die geschützte Leistung innerhalb der Schutzfrist erscheint, von neuem zu laufen beginnt. Während die **Schutzdauer** der **verwandten Schutzrechte** entweder **1** (§ 87g), **15** (§ 87d), **25** (§§ 70, 71 und 82) oder **50 Jahre** (§§ 72, 76, [82], 85, 87, 94 und 95) lang läuft und wie erwähnt entweder mit der Erbringung der Leistung oder dem Erscheinen der Leistung zu laufen beginnt, beträgt die **Schutzdauer des Urheberrechts** die Lebenszeit des Urhebers plus 70 Jahre (§ 64); man spricht insoweit von einer Schutzfrist von **70 Jahren p. m. a.** Eine gewisse Angleichung an den Urheberrechtsschutz bewirkt die am 31. Oktober 2011 in Kraft getretene Schutzdaueränderungs-RL, die eine Verlängerung der Schutzdauer der verwandten Schutzrechte des Tonträgerherstellers und des ausübenden Künstlers auf **70 Jahre** ab Erscheinen bzw. öffentlicher Wiedergabe vorsieht. Sie wurde mit Wirkung zum 6.7.2013 (vgl. BGBl- 2013 Teil 1 S. 1940) umgesetzt. (Einzelheiten vgl. Rn. 45a). Alle diese Fristen berechnen sich ab dem Ende des Jahres, in das das den Lauf der Schutzfrist in Gang setzende Ereignis fällt (§ 69).

18 Urheberrechtlich geschützte Werke werden häufig nicht nur von einem Urheber geschaffen, sondern gehen auf die schöpferischen Leistungen mehrerer Urheber zurück. Neben der sogenannten **Alleinurheberschaft** (§ 7) regelt das UrhG deshalb auch die **Miturheberschaft** (§ 8) und die **Werkverbindung** (§ 9). Miturheberschaft liegt vor, wenn sich die Anteile der Miturheber nicht gesondert verwerten lassen; das ist beispielsweise bei einem Filmwerk der Fall (vgl. § 8 Rn. 1, 13). Von einer Werkverbindung spricht man, wenn Werke zu ihrer gemeinsamen Verwertung verbunden worden sind, jedes der verbundenen Werke für sich betrachtet, jedoch gesondert verkehrsfähig bleibt; als Beispiel mag eine Oper oder ein Popsong dienen, bei denen Text und musikalische Komposition grundsätzlich voneinander trennbar sind (vgl. § 9 Rn. 1, 8, 10).

III. Sinn und Zweck des Urheberrechts

19 Das Urheberrecht hat die **Aufgabe, dem Urheber den Lohn für seine in der Werkschöpfung liegende Leistung, also seine „Arbeit", zu sichern**; ihm kommt damit die soziale Funktion zu, den Urhebern aller Sparten ihren Lebensunterhalt zu verschaffen und ihre Existenz zu sichern (§ 11 S. 2 UrhG, s. a. Schricker/Loewenheim/*Loewenheim*[5] Einl. Rn. 14; *Schack*, Urheber- und UrhebervertragsR[7] Rn. 11; *Ulmer*, Urheber- und VerlagsR[3] S. 24 f.). Dies ist vor allem darin begründet, dass die meisten Urheber freiberuflich tätig sind und sie das volle Risiko jedes künstlerischen Schaffens tragen (*Schack*, Urheber- und UrhebervertragsR[7] Rn. 10). Weite Kreise der Urheber gehören nach wie vor zu den sozial Schwachen; viele leben unterhalb des Existenzminimums (Schricker/Loewenheim/*Loewenheim*[5] Einl. Rn. 14; *Schack*, Urheber- und UrhebervertragsR[7] Rn. 10 und 12; *Axel Nordemann/Heise* ZUM 2001, 128, 129).

20 Rechtsprechung und Literatur sind sich deshalb bereits seit langem darüber einig, dass der Urheber **tunlichst an dem wirtschaftlichen Nutzen zu beteiligen ist, der aus seinem Werk gezogen wird** und ihm ein Anspruch auf wirtschaftliche Kompensation grundsätzlich immer dann zusteht, wenn das Werk genutzt wird (BGH GRUR 2002, 248, 251 – *Spiegel-CD-ROM*; Schricker/Loewenheim/*Loewenheim*[5] Einl. Rn. 13; vgl. § 1 Rn. 4). Auch das Ziel der **Urheberrechtsreform 2016** war die Sicherstellung der fairen Beteiligung der Urheber und ausübenden Künstler an den Erlösen der Verwertung von kreativen Leistungen durch individualvertragliche und kollektivrechtliche Mechanismen. Durch das **Gesetz zur verbesserten Durchsetzung des Anspruchs der Urheber und ausübenden Künstler auf angemessene Vergütung und zur Regelung von Fragen der Verlegerbeteiligung** vom 20.12.2016 (BGBl. 2016, Teil I Nr. 63, S. 3037, BR-Drs. 765/16), das überwiegend am 1.3.2017 in Kraft trat, sollte auf die bestehenden Defizite bei der Beteiligung reagiert werden, die teilweise zu unangemessen niedrigen Vergütungen und zu „Total Buy-Outs" führten und auf der gestörten Vertragsparität sowie der fehlenden Markt- und Verhandlungsmacht der Urheber und ausübenden Künstler beruhen (s. RegE UrhG

2016 – BT-Drs. 18/8625, 1; ausführlich zur Urheberrechtsreform 2016 vgl. Rn. 34d).

21   Ausfluss der sozialen Funktion des Urheberrechts ist auch, dass es keine Registrierungsformalitäten gibt (vgl. Rn. 17). Dem Urheber entstehen daher mit dem sich automatisch vollziehenden Rechtserwerb, gegen den er sich übrigens auch gar nicht wehren kann, keinerlei Kosten. Entsprechend ist auch die urheberrechtliche Schutzfrist nicht für bestimmte Zeiträume „verlängerbar" wie dies bei den gewerblichen Schutzrechten Patent, Gebrauchsmuster, eingetragenes Design und Marke der Fall ist, um sie voll auszuschöpfen; sie läuft vielmehr einmalig und ohne Verlängerungsoption bis zum Ende des 70. Jahres nach dem Todesjahr des Urhebers (§§ 64, 69 UrhG). Infolge der internationalen Urheberrechtskonventionen, insbesondere der Revidierten Berner Übereinkunft, erhält der Urheber mit der Schöpfung kostenfrei einen praktisch weltweiten Schutz seiner Rechte (vgl. Rn. 46 ff.).

22   Bestandteil der sozialen Funktion des Urheberrechts ist auch das **Urhebervertragsrecht.** Es wurde bislang vor allem von dem sog. „Zweckübertragungsgedanken" aus § 31 Abs. 5 UrhG geprägt, der besagt, dass der Urheber in Verträgen im Zweifel Nutzungsrechte nur in dem Umfang einräumt, den der Vertragszweck unbedingt erfordert; darin kommt der von der Rechtsprechung geprägte Grundsatz zum Ausdruck, dass die urheberrechtlichen Befugnisse die Tendenz haben, soweit wie möglich beim Urheber zu bleiben, damit dieser in angemessener Weise an den Erträgen seines Werkes beteiligt wird (z. B. BGH GRUR 2002, 248, 251 – *Spiegel-CD-ROM* m. w. N.). Bisher galt der darin zum Ausdruck kommende Schutz zugunsten des Urhebers jedoch nur im Zusammenhang mit der Einräumung von Nutzungsrechten, nicht aber auch im Zusammenhang mit der Vergütung, die der Urheber dafür beanspruchen konnte. Das hat sich durch das **Gesetz zur Stärkung der vertraglichen Stellung von Urhebern und Ausübenden Künstlern vom 25.1.2002** geändert. § 11 S. 2 UrhG enthält jetzt nicht nur eine Klarstellung, dass das Urheberrecht zugleich der Sicherung einer angemessenen Vergütung für die Nutzung des Werkes dient, sondern neu in das UrhG aufgenommen wurde auch ein **nicht abdingbarer Anspruch für den Urheber auf Zahlung einer angemessenen Vergütung** (§§ 32, 32b UrhG). Außerdem steht dem Urheber für den Fall der besonders erfolgreichen Verwertung ein Anspruch auf eine weitere angemessene Beteiligung zu (sog. „reformierter Bestsellerparagraph", § 32a UrhG) und wurde für Urheber- und Verwerterverbände die Möglichkeit geschaffen, die Höhe der angemessenen Vergütung in gemeinsamen Vergütungsregeln festzulegen (§ 36 UrhG). Im Falle eines Verstoßes gegen gemeinsame Vergütungsregeln besteht nach der Urheberrechtsreform 2016 durch das **Gesetz zur verbesserten Durchsetzung des Anspruchs der Urheber und ausübenden Künstler auf angemessene Vergütung und zur Regelung von Fragen der Verlegerbeteiligung vom 20.12.2016** (BGBl. 2016, Teil I Nr. 63, S. 3037, BR-Drs. 765/16) ein Unterlassungsanspruch sowie ein Verbandsklagerecht (§ 36b). § 36c stellt die individualrechtliche Ergänzung hierzu dar, indem er bestimmt, dass sich Vertragspartner nicht auf Vertragsbestimmungen berufen können, die von gemeinsamen Vergütungsregeln zum Nachteil der Urheber abweichen. Die Urheber haben zudem einen Anspruch auf Vertragsanpassung. Des Weiteren sind bei der Bestimmung der angemessenen Vergütung auch Häufigkeit und Ausmaß der Werknutzung als gesetzliche Kriterien heranzuziehen (§ 32 Abs. 2 S. 2). Ferner gelten die Prinzipien der angemessenen Vergütung nunmehr sowohl für die Einräumung des Nutzungsrechts als auch für die Übertragung des Leistungsschutzrechts durch ausübende Künstler (§ 79 Abs. 2a; ausführlich zur Urheberrechtsreform 2016 vgl. Rn. 34d).

23   **Die neuere Entwicklung** des Urheberrechts nicht nur in Deutschland, sondern insbesondere auch in der Europäischen Union ist dadurch gekennzeichnet, den

Urheberrechtschutz kontinuierlich zu verbessern. Die Europäische Union hat insoweit eine ganze Reihe von Richtlinien erlassen, von der beispielhaft die sog. Schutzdauer-RL genannt werden soll (Schutzdauer-RL vom 29.10.1993 [Abl. Nr. L 290/9]), die neben einer Verbesserung des Schutzes für Fotografien vor allem die Schutzdauer des Urheberrechts auf dem hohen deutschen Niveau von 70 Jahren nach dem Tode des Urhebers und damit auf dem höchst möglichen Niveau harmonisiert hat; die meisten EU-Mitgliedsländer hatten früher eine Schutzdauer von 50 Jahren nach dem Tode des Urhebers (zur gesetzlichen Entwicklung in Deutschland vgl. Rn. 26 ff. und zur Entwicklung der EU-Richtlinien vgl. Rn. 37 ff.). Zu den neuen europäischen Reformbestrebungen im Rahmen der „Strategie für einen digitalen Binnenmarkt" vgl. Rn. 45d ff.

IV. Historische Entwicklung

1. Geschichte des Urheberrechts *(Czychowski)*

Wie alt der Gedanke ist, dass immaterielle Leistungen nicht völlig außerhalb **24** der Rechtsordnung stehen, zeigt ein Begriff des Urheberrechts, den wir heute wie selbstverständlich im allgemeinen Sprachgebrauch verwenden: **Das Plagiat.** Martial, der römische Dichter, verglich seine der Welt mitgeteilten Gedichte mit freigelassenen Sklaven. Wer seine Gedichte kopierte, wurde damit zum Menschenräuber, zum *plagiarius*. Dennoch waren geistige Güter dem römischen Recht fremd, sie waren *res extra commercium*. Das **Mittelalter** behalf sich mit Bücherflüchen, die im Vorwort dem Leser drohend vor Augen führen sollten, was ihm widerführe, wäre er mehr als ein Leser und würde zum Kopierer. Der Gedanke, geistige Leistungen schützen zu müssen, wurde erstmals mit gewisser Nachhaltigkeit im England des 17. und 18. Jahrhunderts entwickelt. England hatte zu dieser Zeit ein ausgefeiltes Buchverleger- und -handelssystem, und es war die Innung der *book stationers* – der Buchhändler – die den Gesetzgeber zum Schutz ihrer Tätigkeit drängte. Heraus kam das berühmte **Statute of Anne** (dazu im Detail *Phillips/Whale/Durie/Karet*, Whale on Copyright), das gemeinhin als erstes echtes Urheberrechtsgesetz angesehen wird. Es folgte die nicht minder berühmte **Copyright-Klausel der US Verfassung** von 1787 („[...] to promote the Progress of Science and Useful Arts by securing for limited times to Authors and Inventors the exclusive Right to their respective Writings and Discoveries", Sektion 8 Klausel 8 US Verfassung 1787) und die Erklärung der Menschen- und Bürgerrechte der Französischen Revolution, in der in Art. 17 zunächst das Eigentum allgemein als „un droit inviolable et sacré" bezeichnet wurde, um dann in den Dekreten 1791 und 1793 nach einer berühmten Parlamentsdebatte, in dessen Verlauf der Abgeordnete Le Chapelier vom geistigen Eigentum als „la propriété la plus sacré" sprach, als „propriété littéraire et artistique" in die Urheberrechtsgesetzgebung Frankreichs Eingang zu finden. In den deutschen Ländern gab es im 19. Jahrhundert eine ganze Reihe gesetzlicher Regelungen zu einzelnen Aspekten des Urheberrechts, die zudem von einer intensiven literarischen Debatte, in die Goethe, aber auch Kant und viele mehr eingriffen, begleitet wurde.

Wer sich vertieft mit der wahrlich interessanten Geschichte des Urheberrechts **25** beschäftigen will, dem seien die **Monographien** von *Gieseke*, Vom Privileg zum Urheberrecht, *Vogel, Sozial- und Me*, Deutsche Urheber- und Verlagsrechtsgeschichte zwischen 1450 und 1850, *Wadle*, Urheberrecht zwischen Gestern und Morgen und *Seifert*, Von Homer bis Richard Strauß ans Herz gelegt sowie die von *Dittrich*, Woher kommt das Urheberrecht und wohin geht es? und *Wadle*, Historische Studien zum Urheberrecht in Europa herausgegebenen Sammelbände. Die UFITA hat den Band 106 (1987) ausschließlich historischen Themen gewidmet; die in Band II (Teil 4) der FS GRUR gesammelten Beiträge stehen unter dem Generalthema „Hundert Jahre Urheberrechtsentwicklung in

Deutschland". Verwiesen sei ferner auf die Arbeiten von *Boytha/Kisch* UFITA 110 (1989), 5 und 79, von *Vogel* GRUR 1987, 873 und 1991, 16 und 1994, 587, von *Seifert* NJW 1992, 1270, von *Schulz* UFITA 116 (1991), 153, von *Wandtke* GRUR 1995, 385 (zu Josef Kohler) sowie FS Kreile S. 789 (zu den VGen der DDR), *von Berg* FS Locher S. 393 (zum Schutz von Bauwerken in der DDR), und wiederum von *Wandtke* FS Hofmeister S. 673 sowie in *Dölemeyer/Mohnhaupt* S. 377 (Privilegien). Wer einen Ausflug in das 18. Jahrhundert und einen kleinen Idealstaat machen will, der kann sich in *Czychowski* UFITA 2000, 191 mit dem Fürsten Franz in Anhalt-Dessau und dem Versuch einer Steuerung der „Verwerterindustrien" durch Urheber selbst beschäftigen. Einen raschen Gesamtüberblick ermöglichen Schricker/Loewenheim/*Vogel*[5] Einl. 88 ff. und *Wadle* FS Reischl S. 9.

2. Entwicklung der Gesetzgebung in Deutschland

26 a) Bis 1965: Die ersten „echten" Urheberrechtsgesetze entstanden in Deutschland im 19. Jahrhundert. Genannt seien hier nur das Preußische Gesetz zum Schutze des Eigentums an Werken der Wissenschaft und Kunst gegen Nachdruck und Nachbildung vom 11.6.1837 sowie das Bayerische Gesetz zum Schutze der Urheberrechte an literarischen Erzeugnissen und Werken der Kunst vom 28.6.1865, die beide immerhin schon eine Schutzfrist von 30 Jahren *post mortem auctoris* kannten. Die Gesetze wurden gefolgt von dem Gesetz betreffend das Urheberrecht an Schriftwerken, Abbildungen, musikalischen Kompositionen und dramatischen Werken des Norddeutschen Bundes vom 11.6.1870, das im Deutschen Reich zunächst fortgalt, sowie von dem vom Deutschen Reich erlassenen Gesetz betreffend das Urheberrecht an Werken der bildenden Künste vom 9.1.1876 und dem Gesetz betreffend den Schutz der Photographien gegen unbefugte Nachahmung vom 10.1.1876. Diese Gesetze gingen auf in den beiden **unmittelbaren Vorläufergesetzen des** UrhG, nämlich dem Gesetz betreffend das Urheberrecht an Werken der Literatur und der Tonkunst vom 19.6.1901 (LUG) und dem Gesetz betreffend das Urheberrecht an Werken der bildenden Künste und der Photographie vom 9.1.1907 (KUG), die nach wie vor die Schutzfrist von 30 Jahren *post mortem auctoris* hielten (mit Ausnahme der kürzeren Schutzfrist für Werke der Photographie; s. Loewenheim/*Axel Nordemann*[2] § 22 Rn. 2 und 31; *Axel Nordemann* S. 7 ff.). Eine Verlängerung erfolgte erst durch das Gesetz zur Verlängerung der Schutzrechtsfristen im Urheberrecht vom 13.12.1934 auf 50 Jahre *post mortem auctoris*. LUG und KUG gingen dann im Zuge der **großen Urheberrechtsreform 1965** im UrhG auf. Lediglich ein Ausschnitt aus dem KUG ist bis heute in Kraft, nämlich die §§ 22–24 sowie 33–50 KUG, die das Recht am eigenen Bild regeln (zum Verhältnis dieser Vorschriften zum UrhG vgl. Rn. 88 f.).

27 b) Nach 1965: Die immer rascher fortschreitende Entwicklung neuer Techniken und Marktgewohnheiten hat den deutschen Gesetzgeber mehrfach zu **Novellierungen** des geltenden Gesetzes veranlasst. Die neuen Bundesländer haben die überfälligen Reformen mit der Wiedervereinigung am 3.10.1990 nachgeholt. Erst die folgenden wichtigen Novellen:

28 Zum **1.1.1973** wurde neben einer weitgehenden Verbesserung des Folgerechts (§ 26) die Bibliothekstantieme eingeführt (§ 27) sowie für die Aufnahme von Werken in Schulbüchern deren Urhebern eine angemessene Vergütung zugestanden (§ 46); endlich wurde die Schutzfrist für ältere, noch unter der Geltung des § 2 Abs. 2 LUG entstandene Aufnahmen korrigiert (§ 135a). Das 1. ÄndG 1972 ist in Anhang I 4 unserer 9. Aufl. wiedergegeben.

29 Dann brachte das **ÄndG 1985,** das am 1.7.1985 in Kraft trat, neben einer Verbesserung des § 52 (Vergütungsregelung für nicht zu Erwerbszwecken stattfindende Aufführungen) eine durchgreifende Reform des Rechts der Vervielfältigung für private und sonstige eigene Zwecke (§§ 53, 54); die Anlage zu § 54 Abs. 4 (später § 54d a. F.) schrieb erstmals bestimmte Vergütungssätze für Überspielungen und Fotokopien fest. Zugleich wurde die – von uns in den früheren Auflagen zu § 68 als verfassungswidrig beanstandete – Schlechterstellung der künstlerischen Fotografie gegenüber allen anderen Werken beseitigt (Schutzfrist früher 25 Jahre ab Herstellung oder Erscheinen gegen sonst 70 Jahre p. m. a., also im Regelfall mehr als das Vierfache), dies freilich nur für die Zukunft, d. h. für noch geschützte Lichtbildwerke (§ 137a); erst zum 1.7.1995 ist auch für fast alle Werke dieser Art, die damals schon gemeinfrei, deren Urheber aber 1995 noch nicht 70 Jahre tot waren, die Rest-Schutzfrist wieder aufgelebt (vgl. § 64 Rn. 17). Endlich gab es eine Verschärfung des durch Raubdrucke, Tonträgerpiraterie und Kunstfälschungen aktuell gewordenen Urheberstrafrechts sowie einige Verbesserungen im bis zum 31.5.2015 gültigen UrhWahrnG (seit 1.6.2015 gilt das VGG), die die Durchsetzung von Ansprüchen der VGen erleichtern sollten.

Der besseren Durchsetzung des Rechtsschutzes der Urheber und Leistungs- **30**
schutzberechtigten diente das **ProdPiratG** vom 7.3.1990. Neben einigen, durch die inzwischen vorliegenden praktischen Erfahrungen veranlassten Korrekturen in den §§ 54, 98/99, 102 und im Urheberstrafrecht, einem neuen, im Verfügungsverfahren durchsetzbaren Auskunftsanspruch gegen Rechtsverletzer (§ 101a) und einer Regelung über Maßnahmen der Zollbehörde gegen Piraterieprodukte (§ 111a) brachte das Gesetz die bedeutsame Heraufsetzung der Schutzfrist für Darbietungen ausübender Künstler von 25 auf 50 Jahre (§ 82); davon wurden auch die zwischen dem 1.1.1941 und dem 1.1.1966 entstandenen älteren Aufnahmen erfasst, für die schon § 135a eine Sonderregelung getroffen hatte (§ 137c). Auch die – in der Tat unangemessen kurzen – Schutzfristen für die Edition wissenschaftlicher Ausgaben (§ 70) und nachgelassener Werke (§ 71) wurde von 10 auf 25 Jahre erhöht, freilich wiederum nur für die noch geschützten Ausgaben (§ 137b).

Die rasche technische Entwicklung der Verwertungsmöglichkeiten für die nach **31**
dem UrhG geschützten Werke und Leistungen, aber auch die zunehmende wirtschaftliche Bedeutung des Urheberrechts (vgl. Rn. 3) haben zunächst nur zu einer Verbesserung des urheberrechtlichen Schutzes geführt, aber die Entwicklung des Urhebervertragsrechts, d. h. des vertraglichen Verhältnisses zwischen dem Werkschöpfer und dem Werknutzern, ausgeklammert. Zwar hatte der Gesetzgeber im Zusammenhang mit der Schaffung des UrhG noch angekündigt, im Anschluss daran ein Urhebervertragsgesetz auszuarbeiten (RegE UrhG 1962 – BT-Drs. IV/270, S. 56 [Vor § 31]), jedoch tat sich zunächst bis auf vereinzelt erhobene Forderungen nichts (s. beispielsweise *Dietz* GRUR Int. 1983, 390; *Wilhelm Nordemann* GRUR 1991, 1; *Ulmer*, UrhebervertragsR S. 1 f.; s. a. den Bericht BReg Entw UrhR – BT-Drs. 12/7489, S. 11 ff. mit Stellungnahme zu *Wilhelm Nordemann* GRUR 1991, 1). Erst nach einem weiteren engagierten Vorstoß aus der urheberrechtlichen Literatur mit dem von *Dietz, Loewenheim, Wilhelm Nordemann, Schricker* und *Vogel* erarbeiteten sog. „Professorenentwurf" (GRUR 2000, 765) wurde auch den Belangen der Urheber gegenüber den Werknutzern im vertraglichen Verhältnis mit einer Verbesserung ihres Schutzes Rechnung getragen: Durch das **Gesetz zur Stärkung der vertraglichen Stellung von Urhebern und ausübenden Künstlern** vom 25.1.2002 bekam nicht nur § 11 eine Klarstellung, dass das Urheberrecht zugleich auch der Sicherung einer angemessenen Vergütung für die Nutzung des Werkes dient, sondern neu in das UrhG aufgenommen wurde ein **nicht-abdingbarer Anspruch** für die Urheber auf Zahlung einer angemessenen Vergütung (§§ 32, 32b). Außerdem wurde die Stellung der Urheber für den Fall der besonders erfolgreichen Verwertung über einen Anspruch auf weitere angemessene Beteiligung verbessert (sog. „reformierter Bestsellerparagraf", § 32a) und

wurde für Urheber- und Verwerterverbände die Möglichkeit geschaffen, die Höhe der angemessenen Vergütung in gemeinsamen Vergütungsregeln festzulegen (§ 36). Einzelheiten zur Entwicklung dieser Reform des Urhebervertragsrechts vgl. § 32 Rn. 2 und vgl. Vor §§ 31 ff. Rn. 17 und *Wilhelm Nordemann*, Einführung sowie Schricker/Loewenheim/*Loewenheim*[4] Vor § 28 Rn. 3 ff.).

32 Zur Anpassung des Urheberrechts an die neuen Technologien ist es zunächst modernisiert worden durch das **Gesetz zur Regelung des Urheberrechts in der Informationsgesellschaft** vom 10.9.2003, das der Umsetzung der Info-RL (vgl. Rn. 44) diente. Diese Urheberrechtsreform hat vor allem zu einer Einführung des Rechtes der öffentlichen Zugänglichmachung (§ 19a) geführt sowie Änderungen beim Schutz der ausübenden Künstler und der Schrankenbestimmungen gebracht. Ferner hat die Reform einen Schutz von technischen Maßnahmen zur Kontrolle der Vervielfältigung eingeführt (§§ 95a bis 95d). Diese Reform wurde auch als „**1. Korb**" bezeichnet.

33 Eine weitere Reform des UrhG erfolgte durch das **Zweite Gesetz zur Regelung des Urheberrechts in der Informationsgesellschaft** vom 26.10.2007, den sog. „**2. Korb**" . Diese Reform hat das früher in § 31 Abs. 4 enthaltene Verbot der Einräumung von Nutzungsrechten an unbekannten Nutzungsarten abgeschafft und solche Verträge über § 31a Abs. 1 lediglich einem Schriftformerfordernis unterstellt, mit einem Widerrufsrecht verbunden und über § 32c einer gesonderten Vergütung unterworfen. Des Weiteren hat der 2. Korb das Vergütungsschema für die Privatkopie in den §§ 54 ff. durch Herausnahme der festen Vergütungssätze und Ersetzung durch einen Anspruch auf angemessene Vergütung maßgeblich neu strukturiert. Ferner sind zwei neue Schrankenbestimmungen, nämlich § 52b Wiedergabe von Werken an elektronischen Leseplätzen in öffentlichen Bibliotheken, Museen und Archiven (seit 1.3.2018 in § 60e und § 60f geregelt) sowie § 53a Kopienversand auf Bestellung eingeführt (seit 1.3.2018 in § 60e Abs. 5 geregelt) und das Zitatrecht gem. § 51 neu gefasst worden.

34 Das Gesetz zur Verbesserung der Durchsetzung von Rechten des geistigen Eigentums vom 7.7.2008 (BGBl. I S. 1191 vom 22.7.2008) hat die Enforcement-RL (vgl. Rn. 45) umgesetzt. Dabei wurde einerseits § 97 umformuliert, ohne dass es zu inhaltlich weit reichenden Änderungen gekommen wäre; insbesondere sind nun die drei lange anerkannten Berechnungsarten für den Schadenersatz (vgl. § 97 Rn. 68) ausdrücklich normiert. Des Weiteren ist eine Vorschrift über die Abmahnung mit § 97a eingeführt worden. Neu gefasst wurden in § 101 die Auskunfts- und Rechnungslegungsansprüche und neu eingeführt in § 101a ein Vorlage- und Besichtigungsanspruch sowie schließlich zur Sicherung der Durchsetzung von Schadensersatzansprüchen in § 101b eine Vorlagepflicht für Bank-, Finanz- und Handelsunterlagen. Andererseits gilt die Vermutung der Urheberschaft gem. § 10 nunmehr für alle verwandten Schutzrechte entsprechend (vgl. § 10 Rn. 3, 61) und gem. § 10 Abs. 3 eingeschränkt auch für den Inhaber eines ausschließlichen Nutzungsrechtes.

34a Eine weitere Änderung des UrhG erfolgte durch die Einführung des **Leistungsschutzrechtes für Presseverlage** in den §§ 87f-87h UrhG durch das Siebente Gesetz zur Änderung des Urheberrechtes vom 14.5.2013 (BGBl. 2013, Teil I Nr. 23, S. 1161), das am 1.8.2013 in Kraft getreten ist. Das Leistungsschutzrecht gilt gem. § 87f Abs. 1 UrhG zugunsten von Presseverlegern und gibt ihnen das ausschließliche Recht, das Presseerzeugnis oder Teile hiervon zu gewerblichen Zwecken öffentlich zugänglich zu machen; ausgenommen davon sind lediglich einzelne Wörter oder kleinste Textausschnitte. Durch dieses ausschließliche Recht der öffentlichen Zugänglichmachung werden letztendlich Dienste wie Google News oder andere gewerbliche Angebote von Suchmaschinenbetreibern verpflichtet, für die Wiedergabe von Inhalten der Verlage im Rahmen ihrer Dienste Vergütungen zu bezahlen. Es besitzt nach § 87g Abs. 2 UrhG nur eine Schutzdauer von einem Jahr nach der Veröffentlichung des Presseerzeugnisses und sieht gem. § 87h UrhG eine angemessene Vergütung für die Urheber der Presseveröffentlichungen vor.

Infolge von zwei aktuellen EU-Richtlinien, die umzusetzen waren, sind 2013 **34b** noch zwei weitere Änderungen des UrhG durch das Achte Gesetz zur Änderung des Urheberrechtsgesetzes vom 07.05.2013 (BGBl. I 2013 Nr. 23, S. 1161) erfolgt: Infolge der Schutzdaueränderungs-RL (vgl. Rn. 45a) ist die Schutzdauer der verwandten Schutzrechte der **ausübenden Künstler** und der **Tonträgerhersteller** von **50 auf 70 Jahre** nach Eintritt des für die Fristberechnung maßgeblichen Ereignisses verlängert worden (s. § 82 UrhG und § 85 Abs. 3 UrhG). Außerdem endet der Schutz einer Musikkomposition mit Text zukünftig 70 Jahre nach dem Tod des zuletzt versterbenden Musik- und/oder Texturhebers, sofern beide Beiträge eigens für die betreffende Musikkomposition mit Text geschaffen wurden (§ 65 Abs. 3 UrhG). Außerdem gelten in Umsetzung der RL Verwaiste Werke (vgl. Rn. 45b) nun umfangreiche Nutzungsberechtigungen für verwaiste Werke zugunsten öffentlich zugänglicher Bibliotheken, Bildungseinrichtungen und Museen sowie Archiven, im Bereich des Film- oder Tonerbes tätigen Einrichtungen und öffentlich-rechtlichen Rundfunkanstalten (§§ 61 und 61c). Diese sollen verwaiste Werke, d. h. Werke über Tonträger, an denen der Rechteinhaber nicht ermittelt oder ausfindig gemacht werden kann, obwohl nach ihm sorgfältig gesucht worden ist (§ 61 Abs. 2), im Wege der öffentlichen Zugänglichmachung und der Vervielfältigung zum Zwecke der Digitalisierung, Zugänglichmachung, Indizierung, Katalogisierung, Bewahrung oder Restaurierung nutzen können (§ 61 Abs. 1 und 3–5), sofern nach dem Rechtsinhaber sorgfältig gesucht und diese Suche dokumentiert worden ist (§ 61a). Wird der Rechtsinhaber nachträglich festgestellt, ist die Nutzung unverzüglich zu unterlassen; dem Rechtsinhaber steht dann ein Anspruch auf Zahlung einer angemessenen Vergütung für die vergangenen Nutzungen zu (§ 61b). Die Reform hat auch ein unverzichtbares Zweitveröffentlichungsrecht des Autors wissenschaftlicher Beiträge in Periodika, sofern der Beitrag überwiegend mit öffentlichen Forschungsmitteln erstellt ist, gebracht (§ 38 Abs. 4 UrhG).

Am 9.10.2013 ist ferner das Gesetz gegen unseriöse Geschäftspraktiken vom **34c** 8.10.2013 in Kraft getreten (BGBl. 2013, Teil I Nr. 59, S. 3714). Das Gesetz enthält umfassende Änderungen zu den urheberrechtlichen Abmahnungen (§ 97a UrhG) sowie zum Gerichtsstand bei privaten Urheberrechtsverletzungen (§§ 104, 104a UrhG).

Eine weitere Änderung des UrhG erfolgte durch das **Gesetz zur verbesserten** **34d** **Durchsetzung des Anspruchs der Urheber und ausübenden Künstler auf angemessene Vergütung und zur Regelung von Fragen der Verlegerbeteiligung** vom 20.12.2016 (BGBl. 2016, Teil I Nr. 63, S. 3037), das überwiegend am 1.3.2017 in Kraft trat. Ziel des Gesetzes ist die Sicherstellung der fairen Beteiligung der Urheber und ausübenden Künstler an den Erlösen der Verwertung von kreativen Leistungen durch individualvertragliche und kollektivrechtliche Mechanismen. Damit soll auf die bestehenden Defizite bei der Beteiligung reagiert werden, die teilweise zu unangemessen niedrigen Vergütungen und zu „Total Buy-Outs" führten und auf der gestörten Vertragsparität sowie der fehlenden Markt- und Verhandlungsmacht der Urheber und ausübenden Künstler beruhen (s. RegE UrhG 2016 – BT-Drs. 18/8625, S. 1). Der urheberfreundliche Referentenentwurf vom 5.10.2015 (abrufbar unter http://www.urheberrecht.org/topic/Urhebervertragsrecht/BMJV%20Referentenentwurf%20Urhebervertragsrecht.pdf) war erheblich kritisiert worden, u. a. weil er vorsah, dass die Urheber exklusive Lizenzen schon nach fünf Jahren zurückrufen und neu vergeben können und dem Lizenznehmer nur die Fortsetzungsmöglichkeit nach Art eines Vorkaufrechts zu den neuen Konditionen bleiben sollte. In der endgültigen weit weniger urheberfreundlichen Gesetzesfassung ist ein Zweitverwertungsrecht der Urheber nach § 40a Abs. 1 S. 1 nunmehr lediglich bei ausschließlichen Lizenzen mit Pauschalentgelt und nur nach zehn Jahren möglich. Für die verbleibende Lizenzvertragsdauer besteht dann das Nutzungsrecht des ersten Lizenzinhabers aber als einfaches Recht fort (§ 40a Abs. 1 S. 2). Das Zweitverwertungsrecht gilt nach § 69a Abs. 5 nicht für Software und nach § 90 Abs. 2 auch nicht für Filmwerke und vorbestehende Werke; der neue § 40a Abs. 3 sieht zudem weitere Ausnahmen vor. Bei der Bestimmung der angemessenen Vergütung werden nach § 32 Abs. 2 S. 2 nunmehr auch Häufigkeit und Ausmaß der Werknutzung als gesetzliche Kriterien herangezogen. Als weitere Neuerung schafft die Reform mit §§ 32d und 32e einen jährlichen gesetzlichen Auskunftsanspruch der Urheber und ausübenden Künstler (§ 79 Abs. 2a) gegen den Vertragspartner (§ 32d) und gegen Dritte in der Lizenzkette (§ 32e). Ausgeschlossen ist der Anspruch im Falle eines lediglich nachrangigen Beitrags des Urhebers (§ 32d Abs. 2 Nr. 1), im Falle der Unverhältnismäßigkeit (§ 32d Abs. 2 Nr. 2) und für Software (§ 69a Abs. 5). Mit dem neuen § 36 Abs. 2 S. 2 schafft die Reform eine Vermutung für die Ermächtigung der Verbände i. S. d. S. 1, die durch ihre Mitglieder jedoch entkräftet werden kann. Ferner wurden Änderungen an den §§ 36 und 36a zur Straffung des Verfahrens vorgenommen sowie mit § 36b ein Verbandsklagerecht eingeführt, das die Individualverträge am Maßstab der gemeinsamen Vergütungsregeln misst und einen Unterlassungsanspruch gibt. § 36c stellt die individualrechtliche Ergänzung hierzu dar, indem er bestimmt, dass sich Vertragspartner nicht auf Vertragsbestimmungen berufen können, die von gemeinsamen Vergütungsregeln zum Nachteil der Urheber abweichen. Die Urheber haben zudem einen Anspruch auf Vertragsanpassung. Des Weiteren wurde die Rechtsstellung ausübender Künstler verbessert, indem der neu eingefügte § 79b erstmals ausdrücklich einen Anspruch auf Zahlung einer angemessenen Vergütung für den Fall vorsieht, dass die Darbietung auf eine vormals unbekannte Art genutzt wird. Zudem gelten durch den neuen § 79 Abs. 2a die urhebervertraglichen Regelungen, u. a. die Prinzipien der angemessenen Vergütung, nunmehr sowohl für die Einräumung des Nutzungsrechts als auch für die Übertragung des Leistungsschutzrechts durch ausübende Künstler. Im Rahmen der Urheberrechtsreform wurde auch das VGG, bereits mit Wirkung zum 24.12.2016, geändert, mit dem Ziel eine sichere Rechtsgrundlage für die pauschale Verlegerbeteiligung an Kopiervergütungen zu schaffen (vgl. Rn. 72; ausführlich zur Urheberrechtsreform 2016 *Peifer* GRUR-Prax 2017, 1; *Mitterer/Wiedemann/Zwissler* BB 2017, 3, 7 f.).

34e   Schließlich wurde im Juni 2017 das Gesetz zur Angleichung des Urheberrechts an die aktuellen Erfordernisse der Wissensgesellschaft (Urheberrechts-Wissensgesellschafts-Gesetz) verabschiedet; es trat zum 1.3.2018 in Kraft. Kern dieser Reform sind die Schrankenregelungen der §§ 60a bis 60h, die für jede Anwendergruppe nunmehr einen eigenen Tatbestand mit konkreten Angaben zu Art und Umfang der erlaubten Nutzung enthalten; gleichzeitig entfallen bisher bestehende Schranken entweder vollständig oder teilweise (s. RegE UrhWissG 2017 – BT-Drs. 18/12329, S. 3). § 60a betrifft Nutzungen für Unterricht und Lehre, § 60b Unterrichts- und Lehrmedien, § 60c die wissenschaftliche Forschung, § 60d das Text- und Data Mining, § 60e Nutzung durch Bibliotheken und § 60f schließlich durch Archive, Museen und Bildungseinrichtungen. § 60g stellt klar, dass die Schrankenregelungen vertraglichen Nutzungsbeschränkungen vorgehen, § 60h schließlich unterwirft die durch das UrhWissG 2017 erlaubten Nutzungen einer angemessenen Vergütung, die nur durch eine Verwertungsgesellschaft geltend gemacht werden kann. Die verschiedenen in den §§ 44a ff. a. F. kleinteilig, an unterschiedlichen Stellen geregelten gesetzlichen Schranken für den Bereich Unterricht und Wissenschaft wurden neu geordnet und erweitert, um die Potentiale von Digitalisierung und Vernetzung für Unterricht und Wissenschaft besser zu erschließen (RegE UrhWissG 2017 – BT-Drs. 18/12329, S. 2). Für Einzelheiten, insb. auch zum Gesetzgebungsverfahren, vgl. Vor §§ 60a ff. Rn 1 ff., sowie die Kommentierungen zu den jeweiligen Vorschriften.

3. Wiedervereinigung

Die **deutsche Wiedervereinigung** am 3.10.1990 hat Änderungen des bundes-   **35**
deutschen UrhG nicht erforderlich gemacht, aber zu einschneidenden Veränderungen im Urheberrecht der bisherigen DDR geführt. Die genial einfache Regelung des Einigungsvertrages (vgl. Einl. EV Rn. 1) lässt sich in einen einzigen Satz fassen: In den neuen Bundesländern gilt das hier kommentierte UrhG. Damit ist zunächst die Rechtseinheit auch für die Deutschen in den neuen Bundesländern wieder hergestellt; sie waren im Altbundesgebiet ja auch bisher schon nach den Vorschriften des UrhG geschützt (§ 120). Der Unterschied der Schutzfristen, der sich deshalb nur innerhalb der DDR (und im Schutzfristenvergleich mit den anderen Mitgliedsländern von RBÜ und WUA) ausgewirkt hatte, ist aufgehoben (zu Beispielen vgl. § 64 Rn. 15). Wer Nutzungsrechte für die bisherige DDR-Schutzdauer erworben hatte, ist Rechtsinhaber geblieben, muss aber für die Fristverlängerung eine angemessene Vergütung zahlen. Nutzungshandlungen, die vor dem 1.7.1990 begonnen worden waren, durften unter der gleichen Bedingung fortgesetzt werden. Das UrhG-DDR gilt für Verträge fort, die unter seiner Geltung abgeschlossen wurden (vgl. Vor §§ 31 ff. Rn. 20 ff.). Das Problem der geteilt vergebenen Nutzungsrechte hat sich durch den „Ausverkauf" der DDR-Verlage an bundesdeutsche Unternehmen in der Praxis von selbst geregelt. Der Versuch insbesondere von Filmproduzenten und Sendeunternehmen, über die Lehre vom Wegfall der Geschäftsgrundlage diejenigen Nutzungsrechte auf die neuen Bundesländer zu erstrecken, die sie vor der „Wende" unter Beschränkung auf das Altbundesgebiet erworben hatten (*Flechsig* ZUM 1991, 1 und FS Nirk S. 263; *Schmits* ZUM 1993, 72), ist in gewissem Umfang (zu den genauen Voraussetzungen der Vertragsanpassung hinsichtlich des Senderechts vgl. Vor §§ 31 ff. Rn. 105 sowie hinsichtlich des Verbreitungsrechts vgl. Vor §§ 31 ff. Rn. 106) an der Rechtsprechung gescheitert (BGH GRUR 1997, 215, 219 – *Klimbim*; OLG Hamm GRUR 1992, 907 – *Strahlende Zukunft* und dazu *Schricker* IPrax 1992, 216; LG München I GRUR 1992, 169 – *DDR-Sendelizenzen* und GRUR Int. 1993, 82 – *Duo Gismondi-Vasconcelos,* vgl. Vor §§ 31 ff. Rn. 20, 23). Ungeklärt blieb dagegen zunächst das rechtliche Schicksal der Lichtbildwerke, die nach dem UrhG-DDR noch geschützt, nach bundesdeutschem Urheberrecht aber schon gemeinfrei waren (dazu *Axel Nordemann* GRUR 1991, 418). Es hat sich durch das Wiederaufleben der Schutzfrist für fast alle älteren Lichtbildwerke in ganz Deutschland am 1.7.1995 (vgl. § 64 Rn. 16 f.) weitgehend erledigt.

Wegen weiterer Einzelfragen sei auf die Kommentierung zum EV verwiesen.   **36**

V. EU-Gemeinschaftsrecht

In der Europäischen Union gibt es **kein einheitliches Urheberrechtsgesetz;**   **37**
vielmehr hat jeder Mitgliedstaat sein eigenes, nationales Gesetz. Es gibt auch keine EU-Richtlinie, die vergleichbar der Markenrechts-RL die nationalen Urheberrechte der EU-Mitgliedsstaaten insgesamt harmonisieren würde. Die Organe der Europäischen Gemeinschaft haben zunächst – abgesehen von einem Auftrag zu einer rechtsvergleichenden Studie an *Dietz,* Das primäre Urhebervertragsrecht in der Bundesrepublik Deutschland und den Mitgliedstaaten der – jahrzehntelang kein besonderes Interesse für das Urheberrecht

erkennen lassen. Das schließlich 1988 von der Brüsseler Kommission vorgelegte *Grünbuch über das Urheberrecht und die technologische Herausforderung* (GRUR Int. 1988, 719 ff.) ließ zunächst wenig Verstandnis für die Besonderheiten dieses Rechtsgebietes erkennen. Mit der Vorlage des *Arbeitsprogrammes auf dem Gebiet des Urheberrechts und der verwandten Schutzrechte* im Januar 1991 (GRUR Int. 1991, 756) hat sich dieses Bild jedoch nachhaltig verändert. In rascher Folge hat die Kommission seither eine Reihe von Richtlinienvorschlägen zur Harmonisierung des nationalen Rechts der Mitgliedsstaaten geschaffen, die inzwischen sämtlich – teilweise allerdings mit Verspätung – in das UrhG umgesetzt worden sind. Die Umsetzungsbestimmungen im UrhG sind somit richtlinienkonform auszulegen, was in allererster Linie Sache der mit Urheberrechtssachen befassten Gerichte ist, die gegebenenfalls zur Vorlage an den EuGH aus Art. 267 Abs. 3 AEUV verpflichtet sind. Das Bundesverfassungsgericht hat bereits zwei Mal Urteile des Bundesgerichtshofes wegen Verletzung der Vorlagepflicht aufgehoben (BVerfG GRUR 2010, 999 – *Drucker und Plotter* und BVerfG GRUR 2011, 225 – *PC*; s. a. *Paulus/Wesche* GRUR 2012, 112, 117 f.). Das BVerfG hat allerdings eine Verletzung der Vorlagepflicht durch den BGH in einem weiteren Fall abgelehnt, nachdem der BGH im Laufe des Verfahrens bereits einmal vorgelegt hatte und nach seiner Einschätzung die Antwort des EuGH keinen Raum für vernünftige Zweifel ließ; das BVerfG hat insoweit nicht in Zweifel gezogen, dass der BGH davon ausgehen durfte, dass Art. 4 Abs. 1 Info-RL eine vollharmonisierte Regelung des Verbreitungsrechts darstellt und der EuGH die Auslegung des Verbreitungsbegriffs der Info-RL abschließend und umfassend geklärt habe (BVerfG GRUR 2012, 53, 58 Tz. 100 – *Le-Corbusier-Möbel*). Im Übrigen vgl. Rn. 71b.

1.   Richtlinie 2009/24/EG des Europäischen Parlaments und des Rates vom 23. April 2009 über den Rechtsschutz von Computerprogrammen

38   Die sog. Computer- oder Software-RL sollte gewährleisten, dass Computerprogramme in den Mitgliedsstaaten als literarische Werke urheberrechtlich geschützt werden. Gem. Art. 1 Abs. 3 S. 1 der Software-RL genießen Computerprogramme urheberrechtlichen Schutz, wenn sie individuelle Werke in dem Sinne darstellen, dass sie das Ergebnis der eigenen geistigen Schöpfung ihres Urhebers sind. Die Umsetzung in das nationale deutsche Recht erfolgte mit der Einführung der §§ 69a-g UrhG durch das 2. ÄndG 1993. Vor allem § 69a Abs. 3 UrhG brachte eine entscheidende Änderung der Rechtspraxis mit sich: Sie führte dazu, dass der BGH seine strenge Rechtsprechung, wonach Computerprogramme nur bei einem deutlichen Überragen des Durchschnittskönnens schutzfähig sein sollten, aufgeben musste; seither genießt auch im Bereich der Software die „kleine Münze" urheberrechtlichen Schutz (vgl. Vor §§ 69a ff. Rn. 1 ff.).

2.   Richtlinie 92/100/EWG des Rates vom 14.11.1992 zum Vermietrecht und Verleihrecht sowie zu bestimmten dem Urheberrecht verwandten Schutzrechten im Bereich des geistigen Eigentums (geändert durch RL 2006/115/EG vom 12.12.2006)

39   Die sog. Vermiet- und Verleihrecht-RL (geändert durch RL 2006/115/EG vom 12.12.2006 ABl. EG 2006 Nr. L 376/28), die spätestens zum 1.7.1994 umzusetzen war, betrifft die Vermietung und das Verleihen von Originalen und Vervielfältigungsstücken urheberrechtlich geschützter Werke sowie bestimmte Aspekte im Bereich des Leistungsschutzrechtes. Die Umsetzung in Deutschland erfolgte mit dem 3. ÄndG 1995, insbesondere durch Neufassung der §§ 17 und 27 UrhG. Seither handelt es sich bei dem Vermietrecht um ein ausschließliches Recht (Verbotsrecht). Die bis dahin geführten Diskussionen, ob dem Urheber ein ausschließliches Vermietrecht zugebilligt werden sollte, fanden somit ein

Ende. Die entsprechenden Vergütungsregeln für die Vermietung und das Verleihen finden sich in § 27 UrhG.

3. Richtlinie 93/98/EWG des Rates vom 30.10.1993 zur Harmonisierung der Schutzdauer des Urheberrechts und bestimmter verwandter Schutzrechte

Die sog. Schutzdauer-RL (geändert durch RL 2006/116/EG vom 12.12.2006   **40** über die Schutzdauer ... [ABl. EG 2006 Nr. L 372/12]), die in Deutschland ebenfalls mit dem 3. ÄndG 1995 in nationales Recht umgesetzt worden ist, harmonisiert die urheberrechtliche Schutzfrist auf 70 Jahre *post mortem auctoris*. Die verwandten Schutzrechte der ausübenden Künstler, der Tonträgerhersteller, der Filmhersteller sowie der Sendeunternehmen genießen entsprechend der europäischen Vorgabe Schutz für 50 Jahre, beginnend mit dem Ablauf des Kalenderjahres, in dem das für den Fristbeginn relevante Ereignis eingetreten ist, s. § 69 UrhG (wie etwa „Erscheinen des Tonträgers" i. S. d. § 85 Abs. 3 UrhG). Die Schutzfrist für nachgelassene Werke (§ 71 UrhG) beläuft sich auf 25 Jahre. Die relevanten Übergangsvorschriften finden s ich in § 137f UrhG. Art. 7 Abs. 3 Schutzdauer-RL (2006/116/EG) sieht die Möglichkeit vor, eine längere Schutzdauer beizubehalten. Macht ein Mitgliedsstaat hiervon Gebrauch, führt dies nach der Rechtsprechung des BGH auch dann, wenn das Werk dadurch in diesem Mitgliedstaat am 1.7.1995 geschützt war, nicht dazu, dass auf dieses Werk nach Art. 10 Abs. 2 Schutzdauer-RL (2006/116/EG) bzw. nach der der Umsetzung dienenden Bestimmung des § 137f Abs. 2 S. 1 in sämtlichen Mitgliedstaaten die Schutzfrist von 70 Jahren nach dem Tod des Urhebers anzuwenden ist oder jedenfalls die von diesem Mitgliedstaat beibehaltene längere Schutzdauer auch in allen anderen Mitgliedstaaten gilt; vielmehr gilt diese Schutzfrist nur in dem Mitgliedstaat, der von der Möglichkeit, eine längere Schutzfrist beizubehalten, Gebrauch gemacht hat (BGH GRUR 2014, 559, 565 Tz. 64 – *Tarzan*). Zur aktuellen Schutzdaueränderungs-RL vgl. Rn. 45a.

4. Richtlinie 93/83/EWG des Rates vom 27.9.1993 zur Koordinierung bestimmter urheber- und leistungsschutzrechtlicher Vorschriften betreffend Satellitenrundfunk und Kabelweiterverbreitung

Die sog. Satelliten- und Kabel-RL dient der Harmonisierung der grenzüber-   **41** schreitenden Programmübermittlung per Satellit und im Wege der Kabelweiterleitung. Sie verfolgt das Ziel, europaweit die Grenzen für nationale Rundfunkprogramme zu öffnen und einen gemeinsamen Markt für deren Veranstalter und Empfänger zu errichten. Insbesondere sollen die ausschließlichen Rechte der Satellitensendung und der Kabelweitersendung angeglichen werden. In Deutschland führte die RL vor allem zur Einführung der §§ 20a sowie 20b UrhG durch das 4. ÄndG 1998, das die bis zum 1.1.1995 umzusetzende RL – deutlich verspätet – in nationales Recht umsetzte.

5. Richtlinie 96/9/EG des Europäischen Parlaments und des Rates vom 11.3.1996 über den rechtlichen Schutz von Datenbanken

Die sog. Datenbank-RL soll in der Gemeinschaft einen umfassenden Schutz   **42** von Datenbanken gewährleisten. Sie ist mit Wirkung zum 1.1.1998 durch Art. 7 IuKDG in das deutsche Recht umgesetzt worden. Seither werden im deutschen UrhG sowohl Datenbankwerke (§ 4 UrhG) als auch Datenbanken (§§ 87a ff. UrhG) geschützt. Während § 4 UrhG insbesondere die schöpferische Auswahl und Anordnung des Datenbankinhaltes im Auge hat, dienen die §§ 87a ff. UrhG dem Schutz von Investitionen in die Beschaffung, Sammlung, Überprüfung, Aufbereitung und Darbietung des Inhalts. Daneben wurden zum Zwecke der Umsetzung der RL die §§ 23, 53, 55a, 63 sowie 137g UrhG geändert bzw. neu eingefügt.

6. Richtlinie 2001/84/EG des Europäischen Parlaments und des Rates vom
    27.9.2001 über das Folgerecht des Urhebers des Originals eines
    Kunstwerks

43 Die sog. Folgerechts-RL betrifft das unabtretbare und unveräußerliche Recht
des Urhebers des Originals eines Werkes der bildenden Kunst auf wirtschaftliche Beteiligung am Erlös aus jeder Weiterveräußerung des betreffenden Werkes. Die Richtlinie ist mit Gesetz vom 10.11.2006 (BGBl. I S. 2587) zum
19.11.2006 durch Neufassung von § 26 UrhG umgesetzt worden.

7. Richtlinie 2001/29/EG des Europäischen Parlaments und des Rates vom
    22.5.2001 zur Harmonisierung bestimmter Aspekte des Urheberrechts
    und der verwandten Schutzrechte in der Informationsgesellschaft

44 Die sog. Info-RL trägt insbesondere den technischen Entwicklungen Rechnung,
die sich auch auf die Möglichkeiten für das geistige Schaffen, die Produktion und
die Verwertung geistigen Eigentums auswirken. Sie war bis zum 22.12.2002 in nationales Recht umzusetzen. Mit dem 1. Gesetz zur Regelung des UrhG in der Informationsgesellschaft vom 10.9.2003, dem sog. „1. Korb", ist Deutschland seiner
Umsetzungsverpflichtung im Wesentlichen nachgekommen, beschränkte sich dabei jedoch auf die zwingend erforderlichen Umsetzungen. Die Aspekte, welche die
RL nicht zwingend vorschreibt, sondern den Mitgliedsstaaten zur Regelung überlässt, wurden dem „2. Korb" vorbehalten. Der "1. Korb" führte u. a. zur Änderung der Vorschriften über die Vervielfältigung zum privaten und sonstigen eigenen Gebrauch (§ 53 UrhG), zu der Einführung des Schutzes technischer
Schutzmaßnahmen (§§ 95a f. UrhG), zur Kodifizierung des Rechts der öffentlichen Zugänglichmachung (§ 19a UrhG), der vorübergehenden Vervielfältigungshandlung (§ 44a UrhG) sowie neuer Strafvorschriften (§ 108b UrhG).

8. Richtlinie 2004/48/EG des Europäischen Parlaments und des Rates vom
    29.4.2004 zur Durchsetzung der Rechte des geistigen Eigentums

45 Die sog. Enforcement-RL soll Verfahren und Rechtsbehelfe, die erforderlich sind,
um die Durchsetzung der Rechte des geistigen Eigentums sicherzustellen, harmonisieren (Art. 1). Sie knüpft vor allem an die TRIPS an, geht jedoch teilweise auch
darüber hinaus. Sie beschränkt sich auf die Regelung der zivilrechtlichen Durchsetzung der Rechte des geistigen Eigentums, die strafrechtliche Ahndung der Produktpiraterie hingegen soll im internationalen Kontext auf der Grundlage der TRIPS
erfolgen (ErwG 28). Die Richtlinie enthält keine Regelungen zu der Frage, unter
welchen Voraussetzungen ein Recht des geistigen Eigentums verletzt ist. Hierfür
soll nach wie vor das Recht des Schutzlandes maßgeblich sein. Die Richtlinie betrifft alle Rechte des geistigen Eigentums, also sowohl die gewerblichen Schutzrechte als auch das Urheberrecht (Art. 1). Sie sieht bestimmte allgemeine Verpflichtungen im Hinblick auf „wirksame, verhältnismäßige und abschreckende"
Rechtsbehelfe vor (Art. 3) und soll die notwendigen Beweismittel (Art. 6), Maßnahmen zur Beweissicherung (Art. 7), den Auskunftsanspruch (Art. 8), den einstweiligen Rechtsschutz (Art. 9) und schließlich Abhilfemaßnahmen, gerichtliche
Anordnungen und Ersatzmaßnahmen (Art. 10–12) sowie Schadensersatz und
Kostenerstattung (Art. 13 und 14) harmonisieren. Außerdem ist eine Veröffentlichungsmöglichkeit für Gerichtsentscheidungen vorgesehen (Art. 15). Die Umsetzung erfolgte durch das Gesetz zur Verbesserung der Durchsetzung von Rechten
des geistigen Eigentums vom 7.7.2008, BGBl. I 2008, S. 1191 vom 11.7.2008.

9. Richtlinie 2011/77/EU des Europäischen Parlaments und des Rates vom
    27. September 2011 zur Änderung der Richtlinie 2006/116/EG über die
    Schutzdauer des Urheberrechts und bestimmter verwandter Schutzrechte

45a Die Schutzdaueränderungs-RL trat am 31.10.2011 in Kraft und regelt sowohl
die Verlängerung der Schutzdauer der Leistungsschutzrechte des ausübenden
Künstlers und des Tonträgerherstellers von 50 auf 70 Jahre nach Eintritt des

für die Fristberechnung maßgeblichen Ereignisses (§ 82 und § 85 Abs. 3) als auch die Vereinheitlichung der Schutzdauer von Werkverbindungen aus Text und Musik auf 70 Jahre nach dem Tod des zuletzt versterbenden Musik- und/ oder Texturhebers, s. Art. 1 Schutzdaueränderungs-RL. Im Zentrum der RL steht jedoch die Verbesserung der Rechtsstellung des ausübenden Künstlers. Die Anhebung der Schutzdauer auf 70 Jahre ab Veröffentlichung oder öffentlicher Wiedergabe soll eine Angleichung gegenüber der Schutzdauer von Urhebern bewirken (vgl. Rn. 17 und vgl. § 64 Rn. 6a, 10 f.). Der ursprüngliche Entwurf der Kommission sah sogar eine Schutzdauer von 90 Jahren vor (s. KOM (2008) 464, abrufbar unter www.frommnordemann.de; kritisch hierzu *Schulze* ZUM 2009, 93). Hinter der Schutzfristverlängerung steht die Erwägung, dass ausübende Künstler ihre Laufbahn regelmäßig sehr jung beginnen. Durch die 70-jährige Schutzdauer soll somit der Gefahr von Einkommenseinbußen am Lebensende begegnet werden, s. ErwG 5 Schutzdaueränderungs-RL. In diesem Zusammenhang ist auch die erweiterte Schutzdauer des Tonträgerherstellerrechts zu sehen. Die Richtlinie enthält darüber hinaus noch begleitende Maßnahmen, die darauf abzielen, die rechtliche Position ausübender Künstler zu stärken. So wird dem ausübenden Künstler nach Ablauf der 50-jährigen Schutzdauer ein unverzichtbares Kündigungsrecht bei Nichtverwertung seiner Leistung durch den Lizenznehmer gewährt (sog. „Gebrauch-es-oder-verlieres"-Klausel; s. Art. 2 Abs. 2 lit. c Schutzdaueränderungs-RL). Darüber hinaus werden die Tonträgerhersteller verpflichtet, nach Ablauf des 50. Jahres der Schutzdauer 20 Prozent ihrer Einnahmen aus Vervielfältigung, Vertrieb und Zugänglichmachung des betreffenden Tonträgers beiseite zu legen und jährlich an die ausübenden Künstler auszuzahlen. Die Schutzdaueränderungs-RL war bis zum 1. November 2013 durch Änderung beziehungsweise Hinzufügung der Vorschriften der §§ 65, 79, 79a, 82, 85 und 137m UrhG umzusetzen. Die Änderungen sind am 6.7.2013 in Kraft getreten (s. BGBl. 2013 Teil 1 S. 1940).

10. Richtlinie 2012/28/EU des Europäischen Parlaments und des Rates vom 25. Oktober 2012 über bestimmte zulässige Formen der Nutzung verwaister Werke

Die RL Verwaiste Werke, die am 28.10.2012 in Kraft getreten ist und von **45b** den Mitgliedsstaaten bis zum 29. Oktober 2014 umzusetzen ist, gilt zugunsten öffentlich zugänglicher Bibliotheken, Bildungseinrichtungen und Museen sowie Archiven, im Bereich des Film- oder Tonerbes tätigen Einrichtungen und öffentlich-rechtlichen Rundfunkanstalten mit Sitz in den Mitgliedsstaaten (Art. 1). Diese sollen **verwaiste Werke**, d.h. Werke oder Tonträger, an denen der Rechteinhaber nicht ermittelt oder ausfindig gemacht werden kann, obwohl nach ihm sorgfältig gesucht worden ist (Art. 2), die Nutzung im Wege der öffentlichen Zugänglichmachung und der Vervielfältigung zum Zwecke der Digitalisierung, Zugänglichmachung, Indexierung, Katalogisierung, Bewahrung oder Restaurierung ermöglichen (Art. 6). Die sorgfältige Suche wird im Einzelnen in Art. 3 RL Verwaiste Werke definiert, außerdem soll ein Werk oder Tonträger, die in einem Mitgliedstaat als verwaistes Werke gelten, in allen Mitgliedsstaaten als verwaiste Werke behandelt werden (Art. 4), die Mitgliedsstaaten müssen außerdem sicherstellen, dass die Rechteinhaber jederzeit die Möglichkeit haben, in Bezug auf ihre Rechte den Status als verwaistes Werk zu beenden (Art. 5). Die Nutzung der verwaisten Werke darf schließlich nur im Zusammenhang mit dem im Gemeinwohl liegenden Aufgaben der Nutzungsberechtigten erfolgen; diese dürfen lediglich Kostendeckungsbeiträge erheben (Art. 6 Abs. 2). Eine Vergütungspflicht sieht die RL Verwaiste Werke für die in ihr vorgesehenen Nutzungen nicht vor; lediglich dann, wenn Rechteinhaber den Status als verwaistes Werk beenden, haben die Nutzungsberechtigten für die vorherige Nutzung einen gerechten Ausgleich zu leisten (Art. 6 Abs. 5). Die Umsetzung der RL Verwaiste Werke erfolgte durch das Gesetz zur Nutzung verwaister und vergriffener Werke und einer weiteren Änderung des Urheberrechtsgesetzes vom 1. Oktober 2013 und trat am 1. Januar 2014 in Kraft.

11. Richtlinie 2014/26/EU des Europäischen Parlaments und des Rates vom 26. Februar 2014 über die kollektive Wahrnehmung von Urheber- und verwandten Schutzrechten und die Vergabe von Mehrgebietslizenzen für Rechte an Musikwerken für die Online-Nutzung im Binnenmarkt

45c Die Wahrnehmungs- und Vergabe-RL ist am 9.4.2014 in Kraft getreten und vereinheitlicht einerseits die **Regelungen über Verwertungsgesellschaften** EU-weit, andererseits eröffnet sie die Möglichkeit einer **Vergabe von Mehrgebietslizenzen**. Art. 3 lit. a und b zeigen die verschiedenen Möglichkeiten der Organisation von Verwertungsgesellschaften: Zum einen als "Organisation für die kollektive Rechtewahrnehmung", worunter jede Organisation zu verstehen ist, die gesetzlich oder auf der Grundlage einer vertraglichen Vereinbarung berechtigt ist und deren ausschließlicher oder hauptsächlicher Zweck es ist, Urheber- oder verwandte Schutzrechte im Namen mehrerer Rechtsinhaber zu deren kollektivem Nutzen wahrzunehmen und die entweder im Eigentum ihrer Mitglieder steht bzw. von ihren Mitgliedern beherrscht wird oder nicht auf Gewinnerzielung ausgerichtet ist. Zum anderen besteht die Möglichkeit einer „unabhängigen Verwertungseinrichtung", d. h. einer Organisation, die gesetzlich oder auf der Grundlage einer vertraglichen Vereinbarung berechtigt ist und deren ausschließlicher oder hauptsächlicher Zweck es ist, Urheber- oder verwandte Schutzrechte im Namen mehrerer Rechtsinhaber zu deren kollektivem Nutzen wahrzunehmen und die nicht im Eigentum der Rechtsinhaber steht bzw. von den Rechtsinhabern beherrscht wird und die auf Gewinnerzielung ausgerichtet ist. Der deutsche Gesetzgeber hat sich nach einer intensiven Diskussion dazu entschlossen, an dem bisherigen deutschen Verständnis einer Verwertungsgesellschaft, die mit dem Hauptzweck der kollektiven Rechtewahrnehmung treuhänderisch und ohne Gewinnerzielungsabsicht auftritt, festzuhalten. Die Richtlinie wurde in Deutschland durch das Verwertungsgesellschaftsgesetz (Gesetz über die Wahrnehmung von Urheberrechten und verwandten Schutzrechten durch Verwertungsgesellschaften – VGG, BGBl. 2016 I S. 1190) umgesetzt, welches das bis zum 31.5.2016 gültige UrhWahrnG ersetzt hat. Der Umsetzungszeitraum bis zum 10.4.2016 wurde durch das am 1.6.2016 in Kraft getretene VGG nicht ganz eingehalten. Vgl. die Einzelheiten bei Rn. 72k f.

12. Verordnung (EU) 2017/1128 des Europäischen Parlaments und des Rates vom 14. Juni 2017 zur grenzüberschreitenden Portabilität von Online-Inhaltediensten im Binnenmarkt

45d Die PortabilitätsVO ist am 20.7.2017 in Kraft getreten (Art. 11 Abs. 1 PortabilitätsVO), und gilt in den Mitgliedsstaaten ab 1.4.2018 (Art. 11 Abs. 2 PortabilitätsVO). Sie ist die erste EU-Verordnung auf dem Gebiet des Urheberrechts und Teil der Europäischen Reformbestrebungen zur Verwirklichung eines digitalen Binnenmarktes (vgl. Rn. 45g ff.). Sie regelt die Portabilität von Online-Inhalten aus dem Wohnsitzmitgliedstaat bei einem vorübergehenden Aufenthalt in einem anderen Mitgliedstaat (Art. 1 Abs. 1). Die EU-Verbraucher sollen so die Möglichkeit erhalten, auf Reisen auf Online-Inhaltedienste zuzugreifen. Bisher ergaben sich Hindernisse insbesondere daraus, dass für die Nutzungsrechte für urheberrechtlich oder durch verwandte Schutzrechte geschützte Inhalte häufig Gebietslizenzen vergeben werden und dass sich die Anbieter von Online-Inhaltediensten dafür entscheiden können, nur bestimmte Märkte zu bedienen (ErwG 4). Art. 3 enthält eine Verpflichtung der Anbieter von Online-Inhaltediensten zur Ermöglichung der grenzüberschreitenden Portabilität von Online-Inhaltediensten ohne Zusatzkosten. Art. 4 fingiert als Ort der Bereitstellung von Online-Inhaltediensten und des Zugriffs auf diese Dienste und ihrer Nutzung den Wohnsitzort, wenn sich der Nutzer nur vorübergehend in einem anderen Mitgliedstaat aufhält. Damit erfolgt eine öffentliche Zugänglichmachung des Online-Inhaltedienstes auch bei Abruf aus einem anderen EU-Mitgliedsstaat nur im Wohnsitzmitgliedsstaat. Der Wohnsitzmitgliedstaat kann nach Art. 5 vom Anbieter des Online-Inhaltedienstes überprüft werden. Art. 6 enthält eine Spezialregelung für die grenzüberschreitende Portabilität von kostenfrei bereitgestellten Online-Inhaltediensten. Entgegenstehende vertragliche Regelungen, im Verhältnis zwischen Anbietern von Online-Inhaltediensten und Inhabern von Urheberrechten oder verwandten Schutzrechten oder Inhabern sonstiger Rechte sowie zwischen diesen Anbietern und ihren Abonnenten, sind nach Art. 7 nicht durchsetzbar. Art. 9 sieht Übergangsvorschriften für bestehende Verträge und erworbene Rechte vor. Bis zum 21.3.2021 hat eine Überprüfung der PortabilitätsVO durch die Kommission zu erfolgen (Art. 10).

13. **Richtlinie (EU) 2017/1564 des Europäischen Parlaments und des Rates vom 13. September 2017 über bestimmte zulässige Formen der Nutzung bestimmter urheberrechtlich oder durch verwandte Schutzrechte geschützter Werke und sonstiger Schutzgegenstände zugunsten blinder, sehbehinderter oder anderweitig lesebehinderter Personen und zur Änderung der Richtlinie 2001/29/EG zur Harmonisierung bestimmter Aspekte des Urheberrechts und der verwandten Schutzrechte in der Informationsgesellschaft**

Durch den Erlass der Richtlinie (EU) 2017/1564 soll die internationale Verpflichtung erfüllt werden, die sich aus dem im April 2014 von der Europäischen Union unterzeichneten Vertrag von Marrakesch vom 27.6.2013 ergibt. Art. 5 Abs. 3 lit. b) der Richtlinie 2001/29/EG ermöglichte es bereits bisher den Mitgliedsstaaten, Ausnahmen oder Beschränkungen zugunsten behinderter Personen einzuführen, wenn die Nutzung mit der Behinderung unmittelbar in Zusammenhang steht und nicht kommerzieller Art war, soweit es die betreffende Behinderung erfordert. Nunmehr sieht die Richtlinie (EU) 2017/1564 in Art. 3 eine verbindliche Ausnahmeregelung vor. Erlaubt ist das Vervielfältigen eines Werkes oder sonstigen Schutzgegenstands, zu dem die begünstigte Person rechtmäßigen Zugang hat, in barrierefreien Formaten und zu ihrer ausschließlichen Nutzung (Abs. 1 lit. a) sowie die Wiedergabe, das Zugänglichmachen, die Verbreitung oder das Verleihen des Vervielfältigungsstücks (Abs. 1 lit. b). Art. 4 gewährleistet den freien Verkehr der im Rahmen der Ausnahme erstellten Vervielfältigungen in allen Mitgliedstaaten. Die Richtlinie erlaubt es den Mitgliedstaaten nach Erwägungsgrund 14 zwar nicht, die Anwendung der geregelten Ausnahmen an zusätzliche Anforderungen zu knüpfen, wie z. B. eine vorherige Prüfung, ob gewerbliche Vervielfältigungsstücke von Werken in einem barrierefreien Format verfügbar sind. Die Mitgliedstaaten haben entgegen dem ursprünglichen Vorschlag der Europäischen Kommission (COM [2016] 596 final, Erwägungsgrund 11) jedoch die Möglichkeit in begrenztem Rahmen, Ausgleichsregelungen für zulässige Formen der Nutzung von Werken oder sonstigen Schutzgegenständen durch befugte Stellen vorzusehen. Die Ausgleichsregelungen dürfen allerdings keine Zahlungen durch begünstigte Personen erfordern. Das deutsche Recht enthält mit § 45a bereits eine Schrankenregelung, die in Abs. 2 einen Vergütungsanspruch des Urhebers vorsieht. Die Richtlinie ist bis zum 11.10.2018 umzusetzen.

45e

14. **Verordnung (EU) 2017/1563 des Europäischen Parlaments und des Rates vom 13. September 2017 über den grenzüberschreitenden Austausch von Vervielfältigungsstücken bestimmter urheberrechtlich oder durch verwandte Schutzrechte geschützter Werke und sonstiger Schutzgegenstände in einem barrierefreien Format zwischen der Union und Drittländern zugunsten blinder, sehbehinderter oder anderweitig lesebehinderter Personen**

Auch die Verordnung (EU) 2017/1563 dient der Erfüllung der internationalen Verpflichtung, die sich aus dem im April 2014 von der Europäischen Union unterzeichneten Vertrag von Marrakesch vom 27.6.2013 ergibt. Die Verord-

45f

nung (EU) 2017/1563 regelt den grenzüberschreitenden Austausch von Vervielfältigungsstücken bestimmter Werke und sonstiger Schutzgegenstände in einem barrierefreien Format zwischen der Union und Drittländern, die Vertragsparteien des Vertrags von Marrakesch sind, ohne Zustimmung des Rechteinhabers zugunsten blinder, sehbehinderter oder anderweitig lesebehinderter Personen. Sie ist nach der PortabilitätsVO (vgl Rn. 45d) die zweite EU-Verordnung auf dem Gebiet des Urheberrechts und seit 10.10.2017 in Kraft (Art. 8 Abs. 1), gilt jedoch in den Mitgliedsstaaten erst ab 12.10.2018 (Art. 8 Abs. 2).

15. Europäische Reformbestrebungen im Rahmen der „Strategie für einen digitalen Binnenmarkt"

45g Bereits im Mai 2015 stellte die Europäische Kommission in ihrer „Strategie für einen digitalen Binnenmarkt" (COM [2015] 192 final) die Notwendigkeit zur Verringerung der Unterschiede zwischen den nationalen Urheberrechtssystemen und zur EU-weiten Eröffnung eines umfassenderen Online-Zugangs der Nutzer zu geschützten Werken fest und legte im Dezember 2015 eine gezielte Maßnahmen zur Modernisierung des Urheberrechts in der EU enthaltende weitere Mitteilung mit dem Titel „Schritte zu einem modernen, europäischen Urheberrecht" vor (COM [2015] 626 final). Am 15.9.2016 veröffentlichte sie mehrere Richtlinien- und Verordnungsvorschläge zum digitalen Urheberrecht. Begleitend befasst sich die Europäische Kommission in ihrer Mitteilung (COM [2016] 592 final) mit den Hintergründen und in ihrer Folgenabschätzung (SWD [2016] 301/302 final), mit den Gründen für die Notwendigkeit der Modernisierung des Urheberrechts sowie mit ihren Lösungsansätzen. In diesem Zusammenhang ist zudem die „Gemeinsame deutsch-französische Erklärung zum Urheberrecht" vom 31.3.2015 (abrufbar unter http://www.bmjv.de/SharedDocs/Pressemitteilungen/DE/2015/03312015_Erklaerung_Urheberrecht.html) zu berücksichtigen.

45h **a) Vorschlag einer Richtlinie über das Urheberrecht im digitalen Binnenmarkt:** In diesem Kontext fällt der „Vorschlag für eine Richtlinie des Europäischen Parlaments und des Rates über das Urheberrecht im digitalen Binnenmarkt" vom 14.9.2016 (COM [2016] 593 final), durch die eine Anpassung der urheberrechtlichen Ausnahmen an das digitale und grenzübergreifende Umfeld erfolgen soll. Die Regelungen sollen im Gegensatz zu den bisherigen Schranken der Info-RL verpflichtend und vollharmonisierend sein. Der Richtlinienvorschlag enthält u. a. in Art. 3 Abs. 1 eine **Ausnahme für Text und Data Mining**, die vorsieht, dass Forschungsorganisationen Vervielfältigungen urheberrechtlich geschützter Werke und Entnahmen aus Datenbanken, zu denen sie bereits für die Zwecke der wissenschaftlichen Forschung rechtmäßig Zugang haben, für das Text und Data Mining vornehmen dürfen. Abweichende vertragliche Bestimmungen sollen nach Abs. 2 unwirksam sein. Der Begriff Text und Data Mining wird in Art. 2 Abs. 2 legal definiert und stellt ein Oberbegriff für Analyseverfahren dar, mit denen un- oder schwachstrukturierte Datenmengen automatisch auf Bedeutungszusammenhänge durchsucht werden. In Art. 4 sieht der Richtlinienvorschlag eine **Schranke für den digitalen und grenzübergreifenden Unterricht** vor. Im Gegensatz zur bereits bestehenden Schranke nach Art. 5 Abs. 3 lit. a) Info-RL soll diese für die Mitgliedsstaaten verpflichtend, vollharmonisierend und detaillierter geregelt sein, aber **nicht** die **wissenschaftliche Forschung** erfassen. Urheberrechtlich geschützte Werke und sonstige Schutzgegenstände sollen danach für den alleinigen Zweck der Veranschaulichung im Unterricht digital und in dem Maße genutzt werden dürfen, wie dies durch diesen nichtgewerblichen Zweck gerechtfertigt ist, sofern diese Nutzung (a) in den Räumlichkeiten einer Bildungseinrichtung oder über ein gesichertes elektronisches Netz stattfindet, zu denen bzw. zu dem nur die Schülerinnen oder Schüler, die Studierenden und das Personal der Bildungseinrichtung Zugang haben sowie (b) mit Quellenangaben erfolgt, indem u. a. der Name des Urhebers angegeben wird, sofern sich dies nicht als unmöglich erweist. Umfang und Voraussetzungen der Schranke werden in den Erwägungsgründen 14–17 des Richtlinienvorschlags näher erläutert. Optional sollen die Mitgliedsstaaten eine Vergütungspflicht sowie festlegen können, dass diese Ausnahme für bestimmte Arten urheberrechtlich geschützter Werke und sonstiger Schutzgegenstände nicht gilt, wenn auf dem Markt angemessene Lizenzen leicht verfügbar sind. Mit Wirkung zum 1.3.2018 wurde in Deutschland im Juni 2017 das **Gesetz zur Angleichung des Urheberrechts an die aktuellen Erfordernisse der Wissensgesellschaft** (Urheberrechts-Wissensgesellschafts-Gesetz) verabschiedet. Kern dieser Reform sind die Schrankenregelungen der §§ 60a bis 60h, die für jede Anwendergruppe nunmehr einen eigenen Tatbestand mit konkreten Angaben zu Art und Umfang der erlaubten Nutzung enthalten; gleichzeitig entfallen bisher bestehende Schranken entweder vollständig oder teilweise (s. RegE UrhWissG 2017 – BT-Drs. 18/12329, S. 3). § 60a betrifft Nutzungen für Unterricht und Lehre, § 60b Unterrichts- und Lehrmedien, § 60c die wissenschaftliche Forschung, § 60d das Text- und Data Mining, § 60e Nutzung durch Bibliotheken und § 60f schließlich durch Archive, Museen und Bildungseinrichtungen (vgl. Rn. 34e). Eine weitere Ausnahme sieht der Richtlinienvorschlag in Art. 5 vor hinsichtlich der Vervielfältigung durch Einrichtungen des **Kulturerbes** von Werken und sonstigen Schutzgegenständen, die sich dauerhaft in ihrer Sammlung befinden, für den alleinigen Zweck ihres **Erhalts** und in dem dafür notwendigen Umfang. Die Artt. 7–9 enthalten Bestimmungen über **vergriffene Werke**, nach denen die Verwertungsgesellschaften mit Einrichtungen des Kulturerbes, wie beispielsweise Museen, eine nicht ausschließliche, sich auf alle Mitgliedsstaaten erstreckende Lizenzvereinbarung für nicht gewerbliche Zwecke abschließen können. Als weitere Neuerung sieht Art. 11 ein **europaweites Leistungsschutzrecht für Presseverleger** mit einer zwanzigjährigen Geltungsdauer vor. Die Presseverleger sollen danach die in Artt. 2 (Vervielfältigungsrecht) und 3 Abs. 2 (Recht der öffentlichen Zugänglichmachung) Info-RL genannten Rechte für die digitale Nutzung ihrer Presseveröffentlichung erhalten. Der Begriff der Presseveröffentlichung wird in Art. 2 Abs. 4 des Richtlinienentwurfs legal definiert und in Erwägungsgrund 33 erläutert. Nicht erfasst werden danach wissenschaftliche Publikationen und das Verknüpfen mit Hyperlinks. Das vorgeschlagene Leistungsschutzrecht ist aufgrund seines im Vergleich zu den bereits bestehenden nationalen Regelungen in Spanien und Deutschland weiten Schutzumfangs und der für Presseerzeugnisse langen Schutzdauer äußerst umstritten (s. *Klett/Schlüter* WRP 2017, 15, 18 f. m.w.N in den Fn. 32 ff.; *Koroch* GRUR 2017, 127, 131 ff.; *Steinbrecher* MMR 2017, 1, 2; *Gerecke/Ludolph* MMR 2016, 785, 786). Im Gegensatz zur deutschen Regelung des § 87f Abs. 1 i. V.m 4, die lediglich ein Recht der öffentlichen Zugänglichmachung und nur gegenüber gewerblichen Anbietern von Suchmaschinen oder gewerblichen Anbietern von Diensten, die Inhalte entsprechend aufbereiten, gewährt (vgl. § 87f Rn. 35 ff.), soll das vorgeschlagene europäische Leistungsschutzrecht auch für das Vervielfältigungsrecht und nach seinem Wortlaut ohne Einschränkung gegenüber jedermann gelten. Zudem ist keine dem deutschen Leistungsschutzrecht nach § 87f Abs. 1 entsprechende Einschränkung vorgesehen, nach der einzelne Wörter und kleinste Textausschnitte vom Leistungsschutzrecht ausgenommen sind. Der Richtlinienvorschlag enthält zudem in Art. 12 eine kontrovers diskutierte **gesetzliche Grundlage für die Verlegerbeteiligung** an dem Schadensausgleich für die gesetzliche Lizenz (zur neu geschaffenen deutschen Grundlage für die pauschale Verlegerbeteiligung an Kopiervergütungen in §§ 27 und 27a VGG vgl. Rn. 34d und § 54 Rn. 12). Die Mitgliedsstaaten sollen danach optional eine Beteiligung der Verleger am Ausgleich für die Werknutzung festlegen können. Voraussetzung ist, dass der Urheber seinem Verlag ein Recht übertragen oder eine Lizenz eingeräumt hat. Durch diese Regelung soll nach Erwägungsgrund 36 Rechtssicherheit geschaffen werden und dem Verleger zum Schutze seiner Investition ein Teilhaberecht gewährt werden. Die Regelung erscheint in Anbetracht der aktuellen Rechtsprechung des EuGH bedenklich, in der er sich ausdrücklich dagegen ausspricht, einen Teil des den Urhebern zustehenden gerechten Ausgleichs den Verlegern der von den Urhebern geschaffenen Werke zu gewähren, ohne dass die Verleger verpflichtet sind, die Urheber auch nur indirekt in den Genuss des ihnen vorenthaltenen Teil des Ausgleichs kommen zu lassen (EuGH GRUR 2016, 55 Tz. 49 – *Hewlett-Packard/Reprobel*; s. a. BGH GRUR 2016, 596 Tz. 47 – *Verlegeranteil*; vgl. § 54 Rn. 12). Nach Art. 13 des Richtlinienvorschlags sollen **Internetprovider** geeignete und angemessene Maßnahmen wie **wirksame Inhalte-Erkennungstechniken** ergreifen müssen, um den Rechteinhabern zu gewährleisten, dass nur die Werke zugänglich sind, über die eine Lizenzvereinbarung geschlossen wurde. Die Artt. 14 und 15 sollen durch eine **Transparenzpflicht** im Hinblick auf die Verwertung der Werke und die erzielten Einnahmen sowie einen **Vertragsanpassungsmechanismus** für den Fall der Vereinbarung einer im Vergleich zu den späteren Einnahmen unverhältnismäßig niedrigen Vergütung eine **faire Vergütung der Urheber und ausübenden Künstler** sicherstellen (zur Reform des UrhG durch das Gesetz zur verbesserten Durchsetzung des Anspruchs der Urheber und ausübenden Künstler vgl. Rn. 34d). Nach Art. 16 schaffen die Mitgliedstaaten ein freiwilliges Streitbeilegungsverfahren für Streitigkeiten über die Transparenzpflicht und den Vertragsanpassungsmechanismus. s. zum Richtlinienvorschlag und zur Diskussion *Raue* GRUR 2017, 11; *Grünberger* GRUR 2017, 1; *Klett/Schlüter* WRP 2017, 15; *Rauer/Vonau* GRUR-Prax 2016, 430; *Flechsig* MMR 2016, 797; alle Stellungnahmen zu den Vorschlägen der Kommission sind abrufbar unter http://www.bmjv.de/SharedDocs/Gesetz gebungsverfahren/DE/EU-Urheberrechtsreform_2Copyright-Package.html).

45i b) **Vorschlag einer Verordnung über die Urheberrechtswahrnehmung in Bezug auf bestimmte Online-Übertragungen von Rundfunkveranstaltern und die Weiterverbreitung von Fernseh- und Hörfunkprogrammen:** Ergänzend wurde durch die Europäische Kommission zeitgleich mit dem bereits erörterten Richtlinienvorschlag der „Vorschlag für eine Verordnung des Europäischen Parlaments und des Rates mit Vorschriften für die Wahrnehmung von Urheberrechten und verwandten Schutzrechten in Bezug auf bestimmte Online-Übertragungen von Rundfunkveranstaltern und die Weiterverbreitung von Fernseh- und Hörfunkprogrammen" (COM [2016] 594 final) vorgelegt mit dem Ziel der Gewährleistung eines breiteren Online-Zugangs zu Fernseh- und Hörfunkprogrammen für Internetnutzer in der gesamten EU. Art. 2 soll das für den Satellitenrundfunk durch die Satelliten- und Kabel-RL (vgl. Rn. 41) verankerte Ursprungsland- bzw. **Sendelandprinzip**, das in § 20a UrhG umgesetzt wurde, auf **Internetsendungen** übertragen. Die öffentliche Wiedergabe und Zugänglichmachung würden danach als nur in dem Mitgliedstaat erfolgen gelten, in dem der Rundfunkveranstalter seine Hauptniederlassung hat.

VI. Internationaler Schutz des Urheberrechts *(Nordemann-Schiffel/ Axel Nordemann)*

46 Im gewerblichen Rechtsschutz und Urheberrecht ist die Notwendigkeit eines internationalen Rechtsschutzes so offenkundig wie in wenigen anderen Rechtsgebieten: Technische Erfindungen können weltweit vermarktet werden und machen ebenso wenig Halt vor nationalen Grenzen wie Marken. Gerade in unserer globalisierten Welt wird der **internationale Rechtsschutz** zunehmend bedeutender, und zwar nicht nur wegen der globalen Bedrohungen durch die Piraterie, sondern auch, weil sich die Weltmärkte schon seit geraumer Zeit nicht nur für Großkonzerne, sondern auch für kleine und mittelständische Unternehmen geöffnet haben. Das gilt natürlich auch für das Urheberrecht und die verwandten Schutzrechte, weil die Sprache der Musik und des Bildes überall verstanden wird, Filme sich synchronisieren und Bücher sich übersetzen lassen; die zunehmende Durchsetzung der englischen Sprache als internationales Kommunikationsmedium auch außerhalb des Handels – über 1 Milliarde Englisch-sprechender Inder werden dies endgültig manifestieren – tut ebenso ihr Übriges wie gerade das Internet den kulturellen Austausch und den Vertrieb kultureller Leistungen in der ganzen Welt erleichtert. Die Notwendigkeit eines internationalen Schutzes der gewerblichen Schutzrechte und des Urheberrechts hat sich allerdings nicht erst in den letzten Jahren infolge der zunehmenden Globalisierung ergeben, sie ist nur seither noch wichtiger geworden (s. hierzu und zum folgenden: *Axel Nordemann*, JCSUSA Vol. 59, No. 2, Winter 2012, 263–290).

Die Notwendigkeit eines internationalen Schutzes im Bereich des geistigen Ei- **47** gentums wurde bereits in der zweiten Hälfte des 19. Jahrhunderts erkannt (Überblick vgl. Vor §§ 120 ff. Rn. 5 ff.) und nahm ihren Ausgang in der **Pariser Verbandsübereinkunft** zum Schutz des gewerblichen Eigentums (**PVÜ**) vom 20.3.1883 sowie der **Berner Übereinkunft** zum Schutz von Werken der Literatur und Kunst vom 9.9.1886 (ausführlich vgl. Vor §§ 120 ff. Rn. 12 ff.). Zu erwähnen ist insoweit auch das die PVÜ ergänzende **Madrider Abkommen über die internationale Registrierung von Marken (MMA)** vom 14.4.1891.

Beide Konventionen wurden mehrfach revidiert, die PVÜ zuletzt am 28.9.1979. **48** Ihr gehörten am 14.5.2017 insgesamt 177 Staaten an, darunter neben allen Mitgliedsländern der EU auch alle anderen wichtigen Industriestaaten wie die USA, Japan, Russland, China und Indien, fast alle Schwellenländer wie Argentinien, Brasilien, Chile, Mexiko, Malaysia, die Philippinen, Indonesien oder Südafrika und auch eine große Anzahl an Entwicklungsländern (http://www.wipo.int/treaties/en/). Sie betrifft Patente, Gebrauchsmuster, Geschmacksmuster, Marken, geschäftliche Bezeichnungsrechte, geographische Herkunftsangaben sowie schließlich den unlauteren Wettbewerb (Art. 1 Abs. 2 PVÜ). Das Madrider Markenabkommen (**MMA**) wurde zuletzt revidiert in Stockholm am 14.7.1967, aber ergänzt durch das Protokoll zum Madrider Markenabkommen (**MMP**) vom 27.6.1989, um das Madrider Markenabkommen auf eine breitere Basis stellen zu können, weil bestimmte Länder – wie beispielsweise die USA, Japan oder Australien – wegen Inkompatibilität ihres Markenschutzsystems mit bestimmten Vorgaben des MMA darin nicht Mitglied werden konnten (*Fezer* Vorb. MMA Rn. 6; Hasselblatt/*Karow* § 36 Rn. 4). Das Madrider Markenabkommen hatte am 28.4.2017 55 Mitgliedsländer, das Protokoll 98 (http://www.wipo.int/treaties/en/).

Die Berner Übereinkunft (ausführlich vgl. Vor §§ 120 ff. Rn. 12 ff.) wird seit **49** ihrer ersten Revision in Berlin 1908 **Revidierte Berner Übereinkunft (RBÜ)** genannt und hatte zunächst wenige Mitgliedsländer; die Ursprungsfassung wurde abgeschlossen zwischen Belgien, dem Deutschen Reich, Frankreich, Großbritannien, Italien, der Schweiz, Spanien und Ländern, deren Mitgliedschaft man vielleicht zunächst nicht ohne weiteres vermuten würde, wie Haiti, Liberia und Tunesien. Mehrere Revisionskonferenzen wie in Rom 1928, Brüssel 1948 und Stockholm 1967 führten schließlich zu der heute noch gültigen Pariser Fassung vom 24.7.1971. Die RBÜ hatte per 31.7.2017 174 Mitgliedsländer. Der wichtigste Beitritt in den vergangenen Jahrzehnten war sicherlich der der USA mit Wirkung vom 1.3.1989, der erst möglich wurde, nachdem die USA ihr Urheberrecht dem europäischen System angepasst und den Registrierungszwang, der sich aus dem 1909 Act ergab und der sich nicht mit Art. 5 Abs. 2 S. 1 RBÜ, der die Abhängigkeit der Gewährung urheberrechtlichen Schutzes von irgendwelchen Förmlichkeiten ausschloss, in Einklang bringen ließ, abgeschafft hatten. Der 1976 Act knüpft jetzt nur noch gewisse Vorteile an die Registrierung beim United States Copyright Office, macht den Schutz davon aber nicht mehr abhängig (*Dowd*, § 1:5; Nimmer/Geller/*Schwartz*/Nimmer § 3(2)).

50   Wegen dieser Inkompatibilität war bereits vorher, um die USA in den internationalen Urheberrechtsschutz einbeziehen zu können, das so genannte **Welturheberrechtsabkommen** (WUA) vom 6.5.1952 (ausführlich vgl. Vor §§ 120 ff. Rn. 26 ff.) abgeschlossen worden, zuletzt revidiert am 24.7.1971 in Paris. Da die USA damals den Urheberrechtsschutz von einer Registrierung abhängig gemacht hatten, hatten sie zur Sicherung des Urheberrechtsschutzes ihrer Staatsangehörigen im Ausland vor allem mit den meisten europäischen Staaten zweiseitige Abkommen geschlossen, die – einseitig zugunsten US-amerikanischer Staatsangehöriger – einen Urheberrechtsschutz in diesen Ländern auch ohne Gegenseitigkeit gewährleistete. Da aber die USA selbst für Ausländer keine Ausnahme gewährten, sodass diese sich dem Anmeldesystem unterwerfen mussten, um in den USA einen urheberrechtlichen Schutz zu erhalten, suchte das WUA diese Ungleichbehandlung zu beseitigen: Gem. Art. III Abs. 1 WUA gelten alle Förmlichkeiten als erfüllt, wenn das Werk bei der ersten Veröffentlichung das ©-Zeichen in Verbindung mit dem Namen des Inhabers des Urheberrechts und der Jahreszahl der ersten Veröffentlichung trug. Über diese wichtigste Bedeutung ist das WUA allerdings nie hinausgekommen; seit dem Beitritt der USA zur RBÜ am 1.3.1989 und dem Abschluss der TRIPS ist seine Bedeutung weiter zurückgegangen: Per 31.7.2017 hatte das WUA nur 100 Mitgliedsländer, die alle auch Mitglied der RBÜ sind (http://www.wipo.int/wipolex/en/other_treaties/).

51   Der Schutz der **verwandten Schutzrechte**, vor allem der ausübenden Künstler, hat zunächst keinen Eingang gefunden in die internationalen Urheberrechtskonventionen, sondern ist in gesonderten Abkommen geregelt: So im internationalen Abkommen über den Schutz der ausübenden Künstler, der Hersteller von Tonträgern und der Sendeunternehmen vom 26.10.1961 (so genanntes „**Rom-Abkommen, RA**"; ausführlich vgl. Vor §§ 120 ff. Rn. 34 ff.), dem Übereinkommen zum Schutz der Hersteller von Tonträgern gegen die unerlaubte Vervielfältigung ihrer Tonträger vom 29.10.1971 (so genanntes „**Genfer Tonträger-Abkommen, GTA**"; ausführlich vgl. Vor §§ 120 ff. Rn. 43 ff.) und dem europäischen Abkommen zum Schutz von Fernsehsendungen vom 22.6.1960 (so genanntes „**Straßburger Fernsehabkommen, SFA**"; ausführlich vgl. Vor §§ 120 ff. Rn. 48 ff.). Die internationalen Abkommen zum Schutz der verwandten Schutzrechte haben keine so starke Durchsetzung erfahren wie beispielsweise die RBÜ: Das Rom-Abkommen ist noch das am weitesten verbreitete mit 92 Unterzeichnern, von denen es noch für 89 in Kraft steht (31.7.2017; http://www.wipo.int/treaties/en/ShowResults.jsp?lang=en&treaty_id=17), das GTA hatte zu diesem Zeitpunkt 78 Mitgliedsländer (http://www.wipo.int/treaties/en/ShowResults.jsp?lang=en&treaty_id=18), das SFA nur 6 Mitgliedsländer. Allerdings sind sich die WIPO-Mitgliedstaaten über die Notwendigkeit einer Verbesserung des Rechtsschutzes ausübender Künstler einig und unterzeichneten am 26. Juni 2012 den WIPO-Vertrag zum Schutz audiovisueller Darbietungen, den „Bejing Treaty on Audiovisual Performances" (WAPT). Dieser wurde zwar am 19. bzw. 20.6.2016 von der EU und Deutschland gezeichnet, ist allerdings noch nicht in Kraft getreten, da er noch nicht von mindestens 30 Vertragsparteien ratifiziert worden ist. Der Beijing Treaty schließt die Lücken, die vorher für ausübende Künstler bezüglich ihrer audiovisuellen Aufführungen bestanden. Insbesondere unterfielen diese künstlerischen Darbietungen weder dem Schutzbereich des TRIPS-Übereinkommens noch dem des WPPT. Insbesondere die engen Definitionen des TRIPS-Übereinkommens und des WPPT schließen die Verwertung von Bild- und Bild- und Tonträgern weitgehend aus dem Anwendungsbereich des WPPT aus. Neben dem Grundsatz der Inländerbehandlung, der in Art. 4 Abs. 1 Beijing Treaty geregelt ist, beinhaltet der Beijing Treaty vor allem wichtige Regelungen bezüglich statuierter Mindestrechte für die ausübenden Künstler. Die in den Artt. 6 ff. Beijing

Treaty geregelten Darbietungsarten beziehen sich auf das Recht der Sendung, der öffentlichen Wiedergabe, der ersten Aufzeichnung sowie das Recht zur Vervielfältigung, Verbreitung, Vermietung und öffentlichen Zugänglichmachung.

Das wichtigste in jüngerer Zeit abgeschlossene internationale Übereinkommen **52** sind sicherlich die so genannten **TRIPS (Trade Related Aspects of Intellectual Property Rights;** ausführlich vgl. Vor §§ 120 ff. Rn. 17 ff.), die als Bestandteil des Übereinkommens zur Errichtung der Welthandelsorganisation (World Trade Organization, WTO) vom 15.4.1994 – des früher so genannten GATT – abgeschlossen worden sind und die wegen ihrer Verknüpfung mit dem GATT nicht nur eine fast weltweite Verbreitung mit 164 Mitgliedsländern am 31.7.2017 gefunden haben, sondern erstmalig den Schutz des geistigen Eigentums und die Durchsetzung der Rechte in einem Abkommen vereinen: Die TRIPS gelten sowohl für das Urheberrecht und die verwandten Schutzrechte als auch für Marken, geographische Herkunftsangaben, Geschmacks- und Gebrauchsmuster, Patente, Topografien, das Know-how, sie sollen bestimmte Wettbewerbs beschränkende Praktiken in Lizenzverträgen verhindern und Mindeststandards für die Durchsetzung der Rechte des geistigen Eigentums gewährleisten. Im Bereich des Urheberrechts betreffen sie wie erwähnt sowohl das Urheberrecht als auch die verwandten Schutzrechte. Sie bauen maßgeblich auf der RBÜ durch einen Verweis in Art. 9 TRIPS auf die Art. 1–21 RBÜ (mit Ausnahme von Art. 6bis RBÜ, das ist die Bestimmung zum Urheberpersönlichkeitsrecht) sowie das Rom-Abkommen (Art. 14 TRIPS) auf.

Im Anschluss an die TRIPS sind noch der WIPO Copyright **Treaty** (WCT; **53** ausführlich vgl. Vor §§ 120 ff. Rn. 23 ff.) und der WIPO **Performances and Phonograms Treaty** (WPPT; ausführlich vgl. Vor §§ 120 ff. Rn. 30 ff.) vom 20.12.1996 geschlossen worden, die Ergänzungen vor allem im Hinblick auf das Online-Recht (entsprechend § 19a UrhG) sowie der Unterbindung der Umgehung von technischen Schutzvorkehrungen (entsprechend §§ 95a ff. UrhG) enthalten. Voraussetzung für eine Ratifizierung von WCT und WPPT war für die EU selbst und für die EU-Mitgliedsländer eine Umsetzung der EU-Info-RL (Einzelheiten vgl. Rn. 44; dazu Schricker/Loewenheim/*Katzenberger/Metzger*[5] Vor §§ 120 ff. Rn. 36). Nachdem der WCT bereits am 2.3.2002 und der WPPT am 20.5.2002 für eine Reihe der ursprünglichen Unterzeichnerstaaten in Kraft getreten war, wurde der WCT von Deutschland, den „alten" EU-Staaten und vor allem der EU als solcher erst am 14.9.2009 ratifiziert und traten deshalb für sie am 14.3.2010 in Kraft. Am 31.7.2017 hatten WCT und WPPT jeweils 95 Mitgliedsländer. Seit dem 24.6.2012 wird der WPPT durch den Beijing Treaty On Audio Visual Performances (abrufbar unter http://www.wipo.int/treaties/en/ip/beijing) ergänzt, der nunmehr auch für ausübende Künstler im Hinblick auf eine audiovisuelle oder filmische Nutzung ihrer Darbietungen bestimmte Mindestrechte vorsieht (dazu vgl. Rn. 51). Der Vertrag ist noch nicht in Kraft getreten.

Zwar ist die jüngere Rechtsentwicklung im Urheberrecht durch das Bemühen **53a** gekennzeichnet gewesen, den Urheberrechtschutz kontinuierlich zu verbessern. Allerdings ist das **Urheberrecht** gerade in jüngerer Zeit verstärkt in die **Kritik** geraten, weil es einerseits von geschäftstüchtigen Anwaltskollegen im Rahmen massenhaft erstellter und versandter Abmahnungen wegen Urheberrechtsverletzungen im Internet mehr für einige wenige Verwerterinteressen herangezogen wurde und andererseits insbesondere in jüngeren Bevölkerungskreisen in Deutschland wenig Verständnis für die Notwendigkeit des Urheberrechtschutzes herrscht, gepaart mit einer völligen Unkenntnis über seine soziale Funktion. Während Parteien wie *Die Piraten* in die deutschen Parlamente drängen, gerät plötzlich auch das Urheberrecht in den Fokus der Kritik der etablierten Parteien: So wird das Anti-Counterfeiting Trade Agreement (ACTA Agreement) vom 1.10.2011, das die Durchsetzung von Rechten des geistigen Eigentums weltweit harmonisieren und vor allem den zunehmenden weltweiten Handel mit gefälschten Produkten und Waren bekämpfen soll, und das ursprünglich eher die Bekämpfung der Produktpiraterie aus Sicht der Markeninhaber im Fokus gehabt hat, nun ausschließlich auf das Urheberrecht bezogen und als „Copyright Pakt ACTA" bezeichnet (Quelle: Spiegel Online Netzwelt, „Europaparlament – liberale Fraktion will ACTA-Abkommen ablehnen", Meldung vom 24.4.2012, csc/lis.). Die Bundesregierung, die das ACTA Agreement zusammen mit der EU ausgehandelt hat, hat durch das Bundesministerium der Justiz, dessen Führung sich offenbar besonders vor den *Piraten* fürchtet, jedenfalls die Ratifizierung aussetzen lassen (Quelle: Spiegel Online Netzwelt, „Copyright-Pakt – Deutschland verschiebt ACTA-Ratifizierung", Meldung vom 10.2.2012, lis/dpa). Das ACTA-Agreement tritt gem. Art. 40 ACTA erst in Kraft, wenn es von sechs Staaten ratifiziert worden ist. Per Stichtag 31.3.2012 hatte noch kein Staat seine Ratifikationsurkunde hinterlegt. Der „Ball" liegt insoweit jetzt auf europäischer Ebene: Die EU-Kommission hat inzwischen dem EuGH die Frage vorgelegt, ob ACTA mit den europäischen Verträgen, insbesondere mit der EU-GR-Charta, vereinbar ist (Quelle: Euractive.de, „ACTA: Kommission hat eine Frage an den EuGH", Meldung vom 5.4.2012, mka). Das Europäische Parlament hat das ACTA am 4.7.2012 mit relativ großer Mehrheit abgelehnt. Im Dezember 2012 hat dann auch die EU-Kommission bekanntgegeben, dass sie ihre Anfrage beim EuGH zurückgezogen habe. Auch die EU-Kommission hat sich damit dem öffentlichen Druck gebeugt; das ACTA dürfte damit für die EU „vom Tisch" sein. Da ist es aus urheberrechtspolitischer Sicht durchaus wohltuend, wenn es nach wie vor Politikerinnen gibt, die nicht auf den Zug der Urheberrechtskritiker aufspringen, sondern das Urheberrecht verteidigen wie etwa die kulturpolitische Sprecherin der Grünen Agnes Krumwiede (FAZ.net, „Die Piraten verstehen nicht: Es geht hier um Menschenrechte", Interview vom 16.4.2012, Agnes Krumwiede befragt von Michael Hanfeld). Denn das Urheberrecht ist eben doch **zuförderst das Schutzrecht der Kulturschaffenden** und nicht etwa nur das Vehikel zur Durchsetzung von Verwerterinteressen.

54 Die internationalen Konventionen gewähren bestimmte Mindestrechte und enthalten statuierte Grundsätze, die als *jus conventionis* unmittelbare Rechte für die Angehörigen der Vertragsstaaten schaffen (näher vgl. Vor §§ 120 ff. Rn. 6 ff.); eine Ausnahme hierzu bilden lediglich das Welturheberrechtsabkommen und das Genfer Tonträger-Abkommen, die lediglich völkerrechtliche Verpflichtungen enthalten, das nationale Recht in bestimmter Weise zu regeln (Art. I und X WUA, Art. 3 GTA).

55 Die wichtigsten Grundsätze der internationalen Konventionen sind das Schutzlandprinzip (vgl. Rn. 56 und vgl. Vor §§ 120 ff. Rn. 7, 59 ff.), der Grundsatz der Inländerbehandlung (vgl. Rn. 57; vgl. Vor §§ 120 ff. Rn. 6), das Prinzip der Gegenseitigkeit und damit im Zusammenhang stehend die Ratifizierung unter Vorbehalten (vgl. Rn. 58 ff.) sowie schließlich das Meistbegünstigungsprinzip (vgl. Rn. 60) und das Prinzip der Formfreiheit (vgl. Rn. 61).

56 Im internationalen Urheberrecht ist zunächst zu unterscheiden zwischen dem sog. „**Ursprungsland**" und dem sog. „**Schutzland**". Unter dem Ursprungsland wird dabei das Land verstanden, in dem das Werk zum ersten Mal veröffentlicht worden ist (Art. 5 Abs. 4 RBÜ; vgl. Vor §§ 120 ff. Rn. 60). Da die einem Verbandsland angehörenden Urheber ausnahmslos Schutz sowohl für ihre veröffentlichten als auch für ihre unveröffentlichten Werke genießen (Art. 3 Abs. 1 lit a. RBÜ), entscheidet das Schutzland darüber, ob ein nicht einem Verbandsland angehörender Urheber den Schutz der internationalen Konvention für seine Werke in Anspruch nehmen kann (Art. 3 Abs. 1 lit. b RBÜ). Die internationalen Konventionen lassen den Schutz im Ursprungsland unberührt (Art. 5 Abs. 3 S. 1 RBÜ) und zugleich von diesem unabhängig (Art. 5 Abs. 2 S. 1 Hs. 2 RBÜ), d.h. sie regeln nur den Schutz außerhalb des Ursprungslandes (Art. 5 Abs. 1 RBÜ) und legen zugleich fest, dass sich der Umfang des Schutzes und die zur Durchsetzung der Rechte bestehenden Rechtsbehelfe ausschließlich nach den Rechtsvorschriften des Schutzlandes, also des Landes, in dem der Schutz beansprucht wird, richten (Art. 5 Abs. 2 S. 2 RBÜ; vgl. Vor §§ 120 ff. Rn. 59). Wenn also ein ausländischer Urheber in Deutschland urheberrechtlichen Schutz für sich in Anspruch nehmen möchte und er einem Mitgliedsland der RBÜ und/oder der TRIPS angehört oder – wenn nicht – sein Werk zuerst in einem solchen Land veröffentlicht worden ist, ist es egal, ob und wie sein Werk im Ursprungsland geschützt ist; das bestimmt sich allein nach deutschem Urheberrecht. Eine wichtige Ausnahme vom Schutzlandprinzip besteht nach der Satelliten- und Kabel-RL und den §§ 20a und 20b UrhG, die sie in deutsches Recht umgesetzt haben (vgl. Rn. 41): Bei einer europäischen Satellitensendung gilt nicht das Schutzlandprinzip, sondern ausnahmsweise das Herkunftslandprinzip; Einzelheiten vgl. Vor §§ 120 ff. Rn. 62.

Der Grundsatz der **Inländerbehandlung** (Art. 5 RBÜ, Art. 3 TRIPS, Art. II **57** WUA, Art. 2 Abs. 2 RA) bedeutet nicht, wie es manchmal missverstanden wird, dass der Urheber im Ausland den selben Schutz genießen würde wie im Inland, sondern er verschafft den ausländischen Urhebern die gleiche Rechtsstellung, wie sie das Recht des Schutzlandes den inländischen Urhebern gewährt; dies gilt im positiven wie im negativen Sinne, also nicht nur dann, wenn das Recht im Schutzland gleich gut oder besser sein sollte als im Heimatland des ausländischen Urhebers bzw. im Ursprungsland, sondern auch dann, wenn es schlechter ist (*Wilhelm Nordemann/Vinck/Hertin* Art. 5 RBÜ Rn. 2). Vom Grundsatz der Inländerbehandlung umfasst ist nicht nur das *ius conventionis*, sondern es betrifft alle Rechte, die einem inländischen Urheber zustehen, d.h. sowohl diejenigen, die in einem besonderen Urheberrechtsgesetz geregelt sind als auch solche, die in Sondergesetzen oder in allgemeinen Gesetzen entwickelt worden sind und schließlich solche, die lediglich Ausfluss von Rechtsprechung sind (*Wilhelm Nordemann/Vinck/Hertin* Art. 5 RBÜ Rn. 2). Zugunsten von Angehörigen eines EU-Mitgliedsstaates ist der Grundsatz der Inländerbehandlung auch Ausfluss des im AEUV statuierten Diskriminierungsverbotes, und zwar auch in solchen Fällen, in denen der ausländische Urheber bereits verstorben war, die der Staat, dessen Staatsangehörigkeit er besaß, der EU beigetreten ist (EuGH GRUR 2002, 689, 690 Tz. 25 ff. – *Ricordi*; EuGH GRUR Int. 1994, 53, 55 Tz. 27 – *Phil Collins*; BGH GRUR Int. 2001, 75, 76 – *La Boheme II*).

Der Grundsatz der Inländerbehandlung kann durch **Vorbehalte** und das **Prin-** **58** **zip der Gegenseitigkeit** in Ausnahmefällen eingeschränkt sein. Vorbehalte müssen in der Regel bei der Ratifizierung oder dem Beitritt erklärt werden und können nur bestimmte, in der Konvention vorgesehene Ausnahmen betreffen wie beispielsweise in Art. 29bis RBÜ im Hinblick auf die Schutzdauer gem. Art. 7 RBÜ für Altwerke, die vor Inkrafttreten der RBÜ geschaffen worden sind und bezüglich derer das Übergangsrecht gem. Art. 18 RBÜ Vorbehalte zulässt. Der wichtigste Fall des Prinzips der Gegenseitigkeit und damit die wichtigste Ausnahme vom Grundsatz der Inländerbehandlung ist der so genannte **Schutzfristenvergleich** (Art. 7 Abs. 8 RBÜ, Art. IV Abs. 4 lit. a WUA, Art. 16 Abs. 1 RA): Danach müssen die Vertragsstaaten die Werke ausländischer Urheber nicht länger schützen als die Schutzdauer der Werke der ausländischen Urheber im Ursprungsland beträgt. Beträgt die Schutzdauer im Ursprungsland beispielsweise nur 50 Jahre *post mortem auctoris*, in Deutschland aber 70 Jahre *post mortem auctoris*, genießt das Werk des ausländischen Urhebers in Deutschland ebenfalls nur Schutz für 50 Jahre *post mortem auctoris*.

Im Extremfall kann der Schutzfristenvergleich sogar zu einer Reduzierung der Schutzdauer „auf Null" führen, dann nämlich, wenn das Werk im Ursprungsland gar nicht geschützt sein sollte. Insoweit ist allerdings Vorsicht geboten: Für die in Art. 2 RBÜ genannten Werke und Werkkategorien muss urheberrechtlicher Schutz gewährt werden, mit Ausnahme der Werke der angewandten Kunst, die auch über Geschmacksmustergesetze geschützt werden können (Art. 2 Abs. 7 RBÜ; in Deutschland das DesignG); eine „Reduzierung auf Null" über den Schutzfristenvergleich kann also nur bei nicht in Art. 2 genannten Werkarten oder Werken der angewandten Kunst, die im Ursprungsland nur vom Geschmacksmusterschutz (in Deutschland vom eingetragenen Design) erfasst werden, dort aber nicht registriert worden sind, entstehen. Außerdem darf die „Reduzierung auf Null" wegen des Verbotes der Formabhängigkeit des Urheberrechtsschutzes gem. Art. 5 Abs. 2 UrhG auch nicht mit der Begründung vorgenommen werden, der Schutz im Ursprungsland bestehe nicht, weil die Registrierung oder ihre Verlängerung versäumt worden sei.

59 Der Schutzfristenvergleich nach Art. 7 Abs. 8 RBÜ und Art. IV Abs. 4 lit. a WUA findet statt, wenn ihn das nationale Recht nicht ausdrücklich ausschließt (*Wilhelm Nordemann/Vinck/Hertin* Einl. Rn. 25); das UrhG enthält deshalb bezüglich des Urheberrechts auch keine ausdrückliche Anordnung eines Schutzfristenvergleiches. Demgegenüber erfordert Art. 16 Abs. 1 RA eine ausdrückliche positive Erklärung des Vertragsstaates, dass der Schutzfristenvergleich für Art. 12 RA angewendet wird; entsprechend enthält § 125 Abs. 7 UrhG eine Anordnung des Schutzfristenvergleichs für den Schutz ausländischer ausübender Künstler. Der Schutzfristenvergleich gilt allerdings wegen des Diskriminierungsverbotes grundsätzlich nicht innerhalb der EU (EuGH GRUR Int. 1994, 53, 55 Tz. 27 – *Phil Collins*), allerdings trotz der Bestimmungen des Deutsch-amerikanischen Urheberrechtsabkommens von 1892 u.a. für am 1.3.1989 nicht mehr geschützte Werke im Verhältnis zwischen Deutschland und den USA (BGH GRUR 2014, 559, 560 ff. Tz. 14 ff. – *Tarzan*; s.a. BGH GRUR 1978, 300, 301 – *Buster-Keaton-Filme*; OLG Frankfurt GRUR-RR 2004, 99, 100 – *Anonyme Alkoholiker*; OLG Frankfurt GRUR 1981, 740, 741 – *Lounge Chair*). Weitere Abweichungen vom Grundsatz der Inländerbehandlung über das Prinzip der materiellen Gegenseitigkeit betreffen vor allem Werke der angewandten Kunst (Art. 2 Abs. 7 RBÜ) und das Folgerecht (Art. 14ter RBÜ).

60 Der Schutzfristenvergleich als Ausnahme vom Grundsatz der Inländerbehandlung kann allerdings wieder aufgehoben sein durch das in Art. 4 TRIPS enthaltene **Meistbegünstigungsprinzip**, nach dem Vorteile, Vergünstigungen, Sonderrechte und Befreiungen, die von einem Mitglied den Angehörigen eines anderen Landes gewährt werden, sofort und bedingungslos den Angehörigen aller Mitgliedsländer gewährt werden müssen. Auch das Meistbegünstigungsprinzip kommt allerdings nicht ohne Ausnahmen aus: Eine dieser Ausnahmen betrifft Vorteile aufgrund von Verträgen, die vor Inkrafttreten der TRIPS abgeschlossen worden sind, sodass Deutschland eine Ausnahme vom Meistbegünstigungsprinzip im Hinblick auf die uneingeschränkte Inländerbehandlung nach dem Deutsch-Amerikanischen Urheberrechtsabkommen von 1892 (allerdings für bestimmte Zeiträume mit Schutzfristenvergleich: BGH GRUR 2014, 559 – *Tarzan*) und die EU für das Diskriminierungsverbot auf Grundlage des AEUV ausgesprochen haben (Schricker/Loewenheim/*Katzenberger/Metzger*[5] vor §§ 120 ff. Rn. 3).

61 Die internationalen Konventionen werden ferner beherrscht vom **Grundsatz der Formfreiheit**, d.h. die Gewährung und Inanspruchnahme des Schutzes muss grundsätzlich unabhängig von der Erfüllung von Registrierungsvoraussetzungen oder anderen Förmlichkeiten erfolgen, wovon Art. 5 Abs. 2 RBÜ allerdings das Ursprungsland ausnimmt. Art. III WUA hatte noch einen ©-Vermerk verlangt (vgl. Rn. 50), sich damit aber nicht durchgesetzt: Die TRIPS nehmen in Art. 9 Abs. 1 auf die Art. 1 bis 21 RBÜ in Bezug und folgen damit dem Prinzip der Formfreiheit. In Abweichung zu den urheberrechtlichen Konventionen herrscht im Bereich der **verwandten Schutzrechte keine vollständige Formfreiheit**: Gem. Art. 11 RA können die Vertragsstaaten als Voraussetzung für den Schutz des Tonträgerherstellers oder des ausübenden Künstlers in Bezug auf Tonträger vorsehen, dass veröffentlichte Tonträger oder ihre Umhüllungen einen P-Vermerk in Verbindung mit der Angabe des Jahres der ersten Veröffentlichung zusammen mit dem Namen, der Marke oder einer anderen geeigneten Bezeichnung, die erkennen lässt, wem die Rechte an dem Tonträger zustehen, angebracht ist. Im Übrigen vgl. § 10 Rn. 13.

Die von den internationalen Konventionen gewährten Rechte sind regelmäßig als **Mindestrechte** ausgestaltet; das folgt schon aus Art. 19 RBÜ und wird durch Art. 1 Abs. 1 TRIPS klargestellt. Die Mitgliedsländer der internationalen Konventionen müssen also mindestens den dort vorgesehenen Schutz gewähren, können aber darüber hinausgehen; gewähren sie diesen Schutz nicht, können sich die Urheber und die Inhaber verwandter Schutzrechte auf das *ius conventionis* direkt berufen (*Wilhelm Nordemann/Vinck/Hertin* Einl. Rn. 21 und Art. 2 RBÜ Rn. 1). Jegliche Ausnahmen vom Ausschließlichkeitsrecht des Urhebers sind außerdem an dem sog. „*3-Stufen-Test*" zu messen, den Art. 9 Abs. 2 RBÜ seit der Revision 1967/68 für die Gestattung der Vervielfältigung „in gewissen Sonderfällen" als Ausnahme vom ausschließlichen Vervielfältigungsrecht des Urhebers vorsieht: Danach darf die Vervielfältigung nur gestattet werden, wenn (1) die normale Auswertung des Werkes nicht beeinträchtigt wird, (2) die berechtigten Interessen des Urhebers Berücksichtigung finden und (3) sie nicht unzumutbar verletzt werden (Einzelheiten bei *Wilhelm Nordemann/Vinck/Hertin* Art. 9 RBÜ Rn. 3; Schricker/Loewenheim/*Stieper*[5] Vor §§ 44a ff. Rn. 20.; Dreier/Schulze/*Dreier*[5] Vor §§ 44a ff. Rn. 21). Der „3-Stufen-Test" der RBÜ hat auch Eingang gefunden in Art. 13 TRIPS und Art. 10 Abs. 2 WCT; beide Vorschriften stimmen fast wörtlich mit Art. 9 Abs. 2 RBÜ überein, beziehen sich aber generell auf Schrankenbestimmungen und nicht nur auf Vervielfältigungen. Schließlich ist der 3-Stufen-Test auch in Art. 5 Abs. 5 der Info-RL übernommen worden (Walter/*Walter* Art. 5 Info-RL Rn. 93). **62**

Zu Einzelheiten zu den Internationalen Konventionen und weiteren Fragen im Zusammenhang mit dem Internationalen Urheberrecht vgl. Vor §§ 120 ff. Rn. 4 ff., 58 ff. **63**

VII. Verfassungsrecht (*Axel Nordemann/Czychowski*)

Das Urheberrecht ist als **Grundrecht** anerkannt: Es ist Eigentum i. S. v. Art. 14 GG und als solches sogar „elementares Grundrecht" mit einer „Wertentscheidung von besonderer Bedeutung" (BVerfGE 14, 263, 277; BVerfGE 102, 115; vergleichbar auch die US-Verfassung; dazu instruktiv US Supreme Court GRUR Int. 2003, 264 – *Eldred vs. Ashcroft* und US Court of Appeals for the 10th Circuit GRUR Int. 2008, 355); die persönlichkeitsrechtlichen Komponenten sind zudem Ausfluss der Art. 1 und 2 Abs. 1 GG (BVerfG GRUR 1999, 226, 228 f. – *DIN-Normen*; BVerfG GRUR 1989, 193, 196 – *Vollzugsanstalten*; BVerfG GRUR 1980, 44, 46 – *Kirchenmusik* sowie Schricker/Loewenheim/*Loewenheim*[5] Einl. Rn. 10). Instruktiv dazu auch *Ossenbühl* in FS Herzog, 325 ff. Das Eigentum ist dabei die Zuordnung eines Rechtsgutes zu einem Rechtsträger; der Gesetzgeber muss die Zuordnung selbst gewährleisten, darf dann aber gem. Art. 14 Abs. 1 S. 2 GG das (geistige) Eigentumsrecht inhaltlich ausgestalten. Grundrechtsträger ist nicht nur die natürliche Person; juristische **64**

Personen, und zwar auch solche aus anderen Mitgliedsstaaten der Europäischen Union, können sich bei Verletzung ihrer urheberrechtlichen Rechtspositionen ebenfalls auf die Eigentumsgarantie von Art. 14 Abs. 1 S. 2 GG berufen (BVerfG GRUR 2012, 53, 54 ff. Tz. 69 ff. – *Le-Corbusier-Möbel*). Bei der inhaltlichen Ausgestaltung des geistigen Eigentumsrechtes, also des Verhältnisses zwischen dem Urheber und dem Werknutzer oder auch zwischen Verwerter und Verbraucher, hat der Gesetzgeber zwar einen verhältnismäßig weiten Entscheidungsspielraum, er muss jedoch dem Urheber die vermögenswerten Ergebnisse seiner schöpferischen Leistung grundsätzlich zuordnen und dessen Freiheit gewährleisten, in eigener Verantwortung darüber verfügen zu können (BVerfG GRUR 2012, 53, 56 Tz. 85 – *Le-Corbusier-Möbel*; BVerfG GRUR 1972, 481, 483 – *Kirchen- und Schulgebrauch*). Beeinträchtigungen der grundrechtlich geschützten Rechtsposition des geistigen Eigentums/Urheberrechts können auf zwei Ebenen erfolgen (so das BVerfG seit der Leitentscheidung BVerfGE 58, 300, 322 ff. – *Naßauskiesung*), die auch und gerade in der Praxis des Urheberrechts bedeutsam sind: Einerseits als solche, die als Inhalts- und Schrankenbestimmungen (Abs. 1 S. 2) vom Gesetzgeber relativ frei regelbar sind bzw. als sonstige Beeinträchtigung ohne Enteignungscharakter (oder enteignungsgleicher und enteignender Eingriff, Abs. 1, S. 2 i. V. m. Abs. 2 i. V. m. dem Aufopferungsgedanken aus §§ 74, 75 Einl. zum Preußischen Allg. Landrecht). Am anderen Ende der Skala von Eigentumsbeeinträchtigungen stehen die förmlichen Enteignungen (Abs. 3), die per Definition einen hoheitlichen Rechtsakt erfordern. Die meisten Fälle der Beeinträchtigungen im Urheberrecht unterfallen der ersten Kategorie, sei es als Inhalts- und Schrankenbestimmung, sei es als Beeinträchtigung ohne Enteignungscharakter, sodass sie (nur) an Abs. 1 S. 2 i. V. m. Abs. 2 zu messen sind.

65   Aus dieser grundlegenden Rechtsprechung des Bundesverfassungsgerichts folgt, dass zu den **konstituierenden Merkmalen des Urheberrechts als Eigentum** im Sinne der Verfassung die grundsätzliche Zuordnung des vermögenswerten Ergebnisses der geistig-schöpferischen Leistung an den Urheber gehört. Das kann aber nur dann gewährleistet sein, wenn der Urheberrechtsschutz so ausgestaltet ist, dass die Schutzfähigkeit als solche in einem Maße anerkannt wird, das die geistigen Leistungen der Urheber überhaupt dem Schutz des Urheberrechtsgesetzes unterstellt. Dem trägt die Rechtsprechung dadurch Rechnung, dass nicht nur die „hohe Kunst" schützt, sondern eben auch die „kleine Münze"; so werden auch bescheidene geistige Leistungen auf geringem Niveau dem Urheber als sein geistiges Eigentum zugeordnet (vgl. § 2 Rn. 30). Das hat zur Folge, dass nahezu alle geistigen Leistungen von Schriftstellern, Komponisten, bildenden Künstlern, Software-Erstellern und Fotografen urheberrechtlich geschützt sind.

66   Zwar gelten nicht für alle Werkarten gleich hohe Schutzuntergrenzen, sodass insbesondere im Bereich der wissenschaftlichen Sprachwerke, der Sprachwerke des täglichen Gebrauchs und bei den Werken der angewandten Kunst die kleine Münze schutzlos bleibt, sondern der urheberrechtliche Schutz erst bei einem deutlichen Überragen der Durchschnittsleistung eingreift (vgl. § 2 Rn. 30). Das Bundesverfassungsgericht hat jedoch diese erhöhten Schutzanforderungen verfassungsrechtlich nicht beanstandet, weil sie den verfassungsrechtlichen Vorgaben des Art. 14 Abs. 1 GG gerecht würden und auch keine willkürliche, gegen Art. 3 Abs. 1 GG verstoßende Ungleichbehandlung durch niedrigere Schutzgrenzen für andere Werkarten vorliege (BVerfG GRUR 2005, 410, 410 f. – *Das laufende Auge*). Zur Kritik hierzu vgl. § 2 Rn. 31 ff. Der Bundesgerichtshof hat seine bisherige Rechtsprechung zu Werken der angewandten Kunst inzwischen allerdings ausdrücklich aufgegeben. Nunmehr sollen an Werke der angewandten Kunst dieselben Schutzanforderungen gestellt werden wie an Werke der bildenden Kunst; nunmehr müssen sie nur noch eine Gestaltungshöhe erreichen, die es nach Auffassung der für Kunst empfänglichen und mit Kunstanschauungen einigermaßen vertrauten Kreise rechtfertigt, von einer „künstlerischen" Leistung zu sprechen (BGH GRUR 2014, 175, 177 ff. Tz. 26 ff. – *Geburtstagszug*). Einzelheiten vgl. § 2 Rn. 150a und 150b.

Durch die Anerkennung der Schutzfähigkeit einer geistigen Leistung wird der **67** Urheber in die Lage versetzt, sein geistiges Eigentum wirtschaftlich auszuwerten und sowohl vor ungerechtfertigten Eingriffen durch private als auch die öffentliche Gewalt zu schützen, weil er ohne anerkannten urheberrechtlichen Schutz nicht in den Genuss des Urheberpersönlichkeitsrechts sowie der ausschließlichen Verwertungsrechte kommt. Auch der Anspruch auf angemessene Vergütung für die Nutzung des Werkes, der die ausschließliche Verwertungsposition gegenüber Dritten durch einen Schutz gegenüber dem Vertragspartner ergänzt, besteht nur dann, wenn die dem Vertragsverhältnis zugrunde liegende Leistung auch tatsächlich urheberrechtlich geschützt ist. Es handelt sich damit bei der **Anerkennung der Schutzfähigkeit einer geistigen Leistung um den Kernbereich der Eigentumsgarantie** des Urheberrechts betreffend schlechthin.

Erst im Anschluss an die grundsätzliche Zuordnung der geistigen Leistung **68** als Eigentum an den Urheber setzt die Auffassung des Bundesverfassungsgerichts an, dass **nicht jede nur denkbare Verwertungsmöglichkeit verfassungsrechtlich gesichert** sei (zu Letzterem BVerfG GRUR 2012, 53, 56 Tz. 85 – *Le Corbusier-Möbel*). Der Gesetzgeber kann deshalb im Rahmen der inhaltlichen Ausprägung des Urheberrechts nach Art. 14 Abs. 1 S. 1 GG sachgerechte Maßstäbe festlegen, die eine der Natur und sozialen Bedeutung des Rechts entsprechende Nutzung und angemessene Verwertung sicherzustellen. Die verfassungsrechtlichen Anforderungen an derartige Inhalts- und Schrankenbestimmungen sind also niedriger als bei förmlichen Enteignungen. Hiervon hat der Gesetzgeber im UrhG auch umfangreich Gebrauch gemacht, indem beispielsweise nicht jede Verwendung eines urheberrechtlich geschützten Werkes zur Gestaltung eines neuen auch in das ausschließliche Bearbeitungsrecht des Urhebers (§ 23) eingreift, sondern eine freie Benutzung (§ 24) darstellen kann, oder die körperlichen und unkörperlichen Verwertungsrechte des Urhebers **Schrankenbestimmungen** unterworfen worden sind, nach denen der Urheber die Nutzung seines Werkes unter jeweils ganz bestimmten Voraussetzungen dulden muss, teilweise mit und teilweise ohne gesetzlichen Vergütungsanspruch (§§ 44a–63).

Sofern der Gesetzgeber im Rahmen seiner Befugnis einer inhaltlichen Ausprä- **69** gung das Verfügungsrecht des Urhebers schmälert und den wirtschaftlichen Wert der geschützten Leistung wesentlich beeinträchtigt, kann dies regelmäßig nur durch die Gewährung eines **gesetzlichen Vergütungsanspruches** geschehen; sofern darüber hinaus auch das Verwertungsrecht des Urhebers ausgeschlossen wird, in dem ein Werk unentgeltlich frei gegeben wird, kann dies nur durch ein gesteigertes öffentliches Interesse gerechtfertigt werden (BVerfG GRUR 1972, 481, 484 – *Kirchen- und Schulgebrauch*). Deshalb war beispielsweise der Ausschluss des Vervielfältigungs- und Verbreitungsrechts des Urhebers zur Verwendung von geschützten Werken oder Teilen davon in Sammlungen für den Kirchen-, Schul- oder Unterrichtsgebrauch gem. § 46 Abs. 1 a.F. UrhG trotz eines bedeutsamen Interesses der Allgemeinheit daran, dass die Jugend im Rahmen eines gegenwartsnahen Unterrichts mit dem Geistesschaffen vertraut gemacht wird, verfassungswidrig, solange nicht dem Urheber im Gegenzug ein gesetzlicher Vergütungsanspruch gewährt wurde (BVerfG GRUR 1971, 481, 484 – *Kirchen- und Schulgebrauch*). Für den Fall des Abdruckes eines Werkes eines privaten Urhebers als Teil einer amtlichen Verlautbarung konnte hingegen der Urheberrechtsschutz durch den Gesetzgeber gem. § 5 Abs. 2 UrhG auch ohne Gewährung eines gesetzlichen Vergütungsanspruches ausgeschlossen werden, weil die Regelung des § 5 UrhG ein Gemeinwohlziel von hohem Rang verfolgt und der Urheber darin frei blieb, zu entscheiden, ob er den Abdruck erlauben wollte oder nicht (BVerfG GRUR 1999, 226, 228 f. – *DIN-Normen*). Typischer Fall einer nicht mehr zulässigen Beeinträchtigung ohne Enteignungscharakter war die Beschränkung eines urheberrechtlichen Schadensersatzanspruchs wegen des geringen wirtschaftlichen Erfolges der Verletzung (BVerfG NJW 2003, 1655). Ähnlich gelagert sind Fälle, in denen die Durchsetzung der Eigentumsposition vom Staat faktisch unmöglich gemacht wird. Hierbei dürfte es sich um einen unzulässigen enteignungsgleichen Eingriff handeln, da sie sonstige Beeinträchtigungen darstellen, die nicht Inhalt und Schranken berühren, sondern die Eigentumsposition für einen bestimmten Bereich gänzlich entziehen (BVerfGE 58, 300, 330 ff. – *Naßauskiesung*). Das Problem besteht derzeit vor allem im Bereich der nicht durchsetzbaren Auskunftsansprüche bei bestimmten Internet-Nutzungen (vgl. § 101 Rn. 6, 54 ff., 72 ff.).

70 Das Eigentumsrecht ist außerdem **mit anderen Grundrechten abzuwägen:** So hat das BVerfG in seiner Entscheidung GRUR 2001, 149, 150 f. – *Germania 3* verlangt, dass bei der Verwendung von fremden Texten im Rahmen eines Kunstwerkes die durch Art. 5 Abs. 3 S. 1 GG gewährleistete **Kunstfreiheit** berücksichtigt wird, weil die gesellschaftliche Einbindung der Kunst die Auseinandersetzung mit dem Kunstwerk in einem neuen Kunstwerk ermöglichen müsse und auch das durch die Kunstfreiheit geschützte Interesse anderer Künstler zu berücksichtigen sei, ohne die Gefahr von Eingriffen finanzieller oder inhaltlicher Art in einen Dialog- und Schaffensprozess zu vorhandenen Werken eintreten zu können. Die Verwertungsinteressen der Urheberrechtsinhaber hätten deshalb im Vergleich zu den Nutzungsinteressen für eine künstlerische Auseinandersetzung immer dann zurückzutreten, wenn ein geringfügiger Eingriff in die Urheberrechte ohne die Gefahr merklicher wirtschaftlicher Nachteile wie etwa Absatzrückgängen gegeben sei. In dem entschiedenen Fall war es daher zulässig, einen fremden Autor (Bertold Brecht) in einem Theaterstück von Heiner Müller als eine Person der Zeit- und Geistesgeschichte dadurch kritisch zu würdigen, dass er in dem Theaterstück selbst durch Zitate zu Wort kam. Erstaunlich an dieser Entscheidung ist, dass das BVerfG mit keinem Wort erwähnt, dass es die von ihm postulierte Ausstrahlungswirkung oder mittelbare Drittwirkung eigentlich nur bei Generalklauseln anwendet (BVerfGE 103, 89, 100). Eine Abwägung mit dem Grundrecht der **Meinungsfreiheit** kann ergeben, dass die Setzung eines Hyperlinks als Teil einer pressetypischen Stellungnahme trotz urheberrechtlicher Verletzung von § 95a UrhG zulässig sein kann (BVerfG NJW 2012, 1205 – *AnyDVD*). Auch der BGH hat zuletzt betont, dass die Pressefreiheit gem. Art. 5 Abs. 1 S. 2 GG bei der Beurteilung der Frage, ob eine Urheberrechtsverletzung vorliegt oder nicht, insbesondere bei Ausdrucksmitteln der politischen Auseinandersetzung eine Rolle spielen kann (BGH GRUR 2003, 956, 958 – *Gies-Adler*). Mittlerweile betont das BVerfG aber zu Recht (das war bei der Entscheidung *Germania 3* undeutlich geblieben), dass die notwendige Grundrechtsabwägung im Rahmen der Auslegung und Anwendung z. B. der urheberrechtlichen Schrankenregelungen zu erfolgen habe, die im Einklang mit der Verfassung stehen muss (BVerfG NJW 2012, 754 – *Online Berichterstattung über Kunstwerke*).

71 Das Urheberrecht ist im Übrigen auch als **Menschenrecht** anerkannt: Nach Art. 27 Nr. 2 der Allgemeinen Erklärung der Menschenrechte der Vereinten Nationen vom 10. Dezember 1948 hat jeder Mensch das Recht auf Schutz der moralischen und materiellen Interessen, die sich aus jeder wissenschaftlichen, literarischen oder künstlerischen Produktion ergeben, deren Urheber er ist. Die Urheber haben damit einen Anspruch darauf, dass ihre Vermögensinteressen aus literarischer oder künstlerischer Urheberschaft geschützt werden. Entsprechend ist gem. Art. 15 Abs. 1 lit c) des Internationalen Paktes über wirtschaftliche, soziale und kulturelle Rechte vom 19. Dezember 1966 jeder Vertragsstaat dazu verpflichtet, das Recht eines Jeden anzuerkennen, den Schutz der geistigen und materiellen Interessen zu genießen, die ihm als Urheber von Werken der Wissenschaft, Literatur oder Kunst erwachsen. Es handelt sich dabei um allgemeine Regeln des Völkerrechts im Sinne des Art. 25 GG. Den Mitgliedsstaaten und der Bundesrepublik Deutschland bleibt zwar die Ausgestaltung des Urheberschutzes im Einzelnen überlassen. Die Regelungsbefugnis findet jedoch dort ihre Grenze, wo das Gesetz in den gewährleisteten Bestand des Urheberrechts derart eingreift, dass es in seinem Kern getroffen und den Urhebern ein Schutz der Urheberschaft versagt wird.

Das BVerfG ist allerdings bekanntermaßen kein „Super-Revisionsgericht". **71a** Aufgabe des BVerfG ist es nicht, den Zivilgerichten vorzugeben, wie sie zu entscheiden haben (BVerfG GRUR 2012, 53, 57 Tz. 87 – *Le-Corbusier-Möbel*; BVerfG GRUR 2011, 223, 224 Tz. 19 – *Drucker und Plotter*). Das BVerfG ist deshalb auch nur dann zu einer Entscheidung berufen, wenn die Auslegung des Zivilgerichts Fehler erkennen lässt, die auf einer grundsätzlich unrichtigen Anschauung von der Bedeutung der Eigentumsgarantie, insbesondere vom Umfang ihres Schutzbereichs, beruhen und auch in ihrer materiellen Bedeutung für den konkreten Rechtsfall von einigem Gewicht sind, insbesondere weil darunter die Abwägung der beiderseitigen Rechtspositionen im Rahmen der privatrechtlichen Regelung leidet (BVerfG GRUR 2012, 53, 57 Tz. 87 – *Le-Corbusier-Möbel*). Allerdings kann z. B. das Gebot effektiven Rechtsschutzes verletzt sein, wenn ein AG ohne Zulassung der Berufung bewusst von klar entgegenstehender obergerichtlicher Auslegung des § 19a UrhG abweicht (BVerfG GRUR 2009, 1033 – *Kartenausschnitt*).

Infolge des nur teilweise in der Europäischen Union harmonisierten Urheber- **71b** rechts ist im Übrigen zu beachten, dass das BVerfG die Entscheidungen der Zivilgerichte auf ihre Verfassungsmäßigkeit nur dann am Grundgesetz und seiner Eigentumsgarantie messen kann, wenn die Entscheidung auf einer Norm des UrhG basiert, die nicht harmonisiert ist oder das Unionsrecht den Mitgliedsstaaten insoweit einen Umsetzungsspielraum gelassen hat; denn dieser war dann grundgesetzkonform auszufüllen (BVerfG GRUR 2012, 53, 57 Tz. 88 - *Le-Corbusier-Möbel*). Ist das Urheberrecht aber in dem entscheidungsrelevanten Teilbereich harmonisiert und fehlt es an einem mitgliedsstaatlichen Umsetzungsspielraum oder wirft das Unionsrecht bislang ungeklärte Auslegungsfragen auf, hat das Zivilgericht das anwendbare Unionsrecht ggf. auf seine Vereinbarkeit mit den Unionsgrundrechten (Art. 6 EUV i. V. m. Charter der Grundrechte der Europäischen Union und EMRK und nicht dem Grundgesetz) zu prüfen und erforderlichenfalls ein Vorabentscheidungsverfahren nach Art. 267 AEUV Einzuleiten (BVerfG GRUR 2012, 53, 57 Tz. 91 – *Le-Corbusier-Möbel*). Ob das Zivilgericht dieser Verpflichtung nachgekommen ist, kann wiederum vom BVerfG überprüft werden (BVerfG GRUR 2012, 53, 57 f. Tz. 97 f. – *Le-Corbusier-Möbel*). Im Übrigen vgl. Rn. 37.

VIII. Verwertungsgesellschaften (*Wirtz/Axel Nordemann/Schaefer*)

Die Verwertungsgesellschaften sind aus dem Zwang heraus entstanden, dem **72** Urheber die Durchsetzung und damit Wahrnehmung von urheberrechtlichen Befugnissen auch in Bereichen zu ermöglichen, in denen dem Urheber selber dies tatsächlich versagt ist, vor allem im Bereich der Massennutzung. Der Urheber räumt der VG über den Wahrnehmungsvertrag die Befugnis ein, die Rechte in bestimmt festgelegten Bereichen auch wahrzunehmen, wobei in der Regel der Wahrnehmungsbereich der VGen auf den Bereich der Massennutzung beschränkt ist. Der Urheber wird somit nicht notwendigerweise Mitglied der VG. Da bereits das Urheberrecht aufgrund seines Ausschlusscharakters ein Monopolrecht ist, führt die Bündelung einer Vielzahl von Rechten in der Hand von VGen zu einer erheblichen Rechtekonzentration. Berücksichtigt man weiter noch, dass gerade aus praktischen Erwägungen, wie beispielsweise der Effizienz und Kostenersparnis, in der Regel nur eine VG in einem Bereich tätig ist, haben VGen, vor allem in Deutschland, eine faktische Monopolstellung, und zwar nicht nur im Verhältnis zu den Nutzern, d. h. denjenigen, die die Vielzahl von Rechten (Repertoire) nutzen wollen, sondern auch gegenüber den berechtigten Urhebern und Inhabern von Rechten, die auf die Tätigkeit der VGen angewiesen sind. In Anbetracht der mit dieser Konzentration und marktbeherrschenden Stellung einhergehenden Gefahren wurden dann bereits sehr früh VGen einer staatlichen Kontrolle unterstellt. Das StagmaG von 1933 schaffte ein gesetzliches Monopol, das staatlich kontrolliert wurde. Nach dem Ende des 2. Weltkrieges unterstellte sich dann die aus der STAGMA hervorgegangene GEMA im Jahre 1952 freiwillig der Aufsicht des Bundesministeriums der Justiz (jetzt Bundesministerium für Justiz und Verbraucherschutz). Im Jahre 1965 wurde mit dem Wahrnehmungsgesetz (UrhWahrnG) die Grundlage für eine Kontrolle der VGen in Deutschland geschaffen (s. zum Gesetz *Häußer* FuR 1980, S. 57/ 58; *Wirtz* S. 28 ff.) Das UrhWahrnG wurde zum 1.6.2016 durch das Verwertungsgesellschaftengesetz (VGG; BGBl. I S. 1190) ersetzt (vgl. Rn. 72k ff.). Danach bedürfen VGen, die in Deutschland tätig werden und Urheberrechte und verwandte Schutzrechte, die sich aus dem UrhG ergeben, wahrnehmen wollen, einer Erlaubnis (§ 77 Abs. 1 VGG); für VGen mit Sitz in einem anderen EU- oder EWR-Mitgliedsland gilt dies nur für die Vergütungsansprüche nach §§ 49 Abs. 1, 50 und 51 UrhG (§ 77 Abs. 2 VGG). VGen unterliegen einem doppelten Kontrahierungszwang, zum einen gegenüber den Berechtigten i. S. e. Wahrnehmungszwanges (§ 9 VGG), zum anderen gegenüber den Nutzern i. S. e. Abschlusszwanges (§ 34 VGG). VGen sind verpflichtet, Tarife aufzustellen (§ 38 VGG), wobei diese Tarife bestimmte Anforderungen zu erfüllen haben (§ 39 VGG). Die eingenommenen Vergütungen sind nach festgelegten Grundsätzen an die Berechtigten auf der Basis eines Verteilungsplanes auszuschütten (§ 27 VGG). Die VGen unterliegen nach der Gründungskontrolle einer ständigen Aufsicht über deren Geschäftsbetrieb durch das DPMA (§§ 75 ff. VGG). Ob das DPMA seiner Aufsicht ausreichend nachkommt, ist in der Vergangenheit heftig diskutiert worden (s. *Rehbinder* DVBl 1992, 216 auf der einen, dagegen *Wilhelm Nordemann* GRUR 1992, 584 auf der anderen Seite), aber weitgehend ohne praktische Auswirkungen geblieben (s. zum Ganzen *Vogel* GRUR 1993, 513; *Dördelmann* GRUR 1999, 890; *Wirtz* S. 78/79). Sollte die Angemessenheit und Anwendung von Tarifen zwischen Nutzern und VGen umstritten sein, so sieht das VGG ein Schiedsstellenverfahren vor (§§ 92 ff. VGG). Dieses ist Prozessvoraussetzung für Verfahren, bei denen es um die Tarife von VGen geht. Neben der Aufsicht durch das VGG unterliegen und unterlagen VGen immer wieder der Beobachtung und Kontrolle durch die Kartellbehörden, zum einen durch das BKartA nach dem KartG, zum anderen durch die Europäische Kommission gem. Art. 101, 102 AEUV. Weiter unterliegen VGen einer Kontrolle nach allgemeinen Vorschriften wie BGB, GmbHG und auch AGB (*Menzel* S. 110, *Melichar* S. 60; *Löhr* S. 10–15; *Wirtz* S. 112 ff.; BGH GRUR 2013, 375 Tz. 12 ff. – Missbrauch des Verteilungsplans). Die Bündelung der unterschiedlichen Aufsicht der VGen hat zu Kritik, insbesondere in verfassungsrechtlicher Hinsicht geführt. Zwischenzeitlich ist diese aber verstummt (s. unsere 10. Aufl./*Wilhelm Nordemann* Einl. UrhWahrnG Rn. 12), was nicht überrascht, beleuchtet doch jede einzelne Aufsicht einen anderen Aspekt der Tätigkeit von VGen. Da die Tätigkeit der VGen in der breiten Öffentlichkeit immer wieder auf Kritik stößt, wie bspw. zuletzt die Auseinandersetzung um die Erhöhung des „Diskothekentarifs" der GEMA (s. bspw.

F.A.Z. v. 14.o7.2012 – *Wenn die Musik nicht mehr spielt*), so bietet die mehrfache Aufsicht über VGen auch eine Art Legitimation. Wer einer solch umfangreichen Aufsicht unterstellt ist und – im Wesentlichen – die gesetzlichen Regelungen erfüllt, braucht dann eine Kritik auch nicht zu fürchten.

Die gemeinsame Verwertung von Urheberrechten durch eine VG begann zwar **72a** in Frankreich schon sehr früh (1777 wurde die *Societé des auteurs et compositeurs dramatiques* – SACD – von Beaumarchais gegründet, 1837 entstand die *Societé des gens de lettres* – SGDL –), blieb jedoch in der gesamten übrigen Welt bis weit ins 20. Jahrhundert hinein vornehmlich auf den musikalischen Bereich beschränkt. Auch der Ursprung der musikalischen VG liegt in Frankreich, wo sich bereits 1851 aufgrund eines von dem Komponisten *Bourget* gewonnenen Schadensersatzprozesses gegen den Besitzer eines Konzertcafés eine Organisation entwickelte, die bei den Pariser Musikveranstaltern zu kassieren begann und aus der später die SACEM (*Societé des Auteurs, Compositeurs et Editeurs de Musique*) wurde. Erst 1903 bildete sich in Deutschland, teils auf Initiative von *Richard Strauß*, die *Anstalt für musikalisches Aufführungsrecht* (AFMA) als Teil der *Genossenschaft deutscher Tonsetzer* (GDT). 1915 entstand sodann die *Genossenschaft zur Verwertung musikalischer Aufführungsrechte GmbH* (die sog. „alte GEMA"). Im Jahre 1930 vereinigten sich diese Organisationen und weitere Verbände zum *Musikschutzverband,* der 1933 kraft Gesetzes in die *Staatlich genehmigte Gesellschaft zur Verwertung musikalischer Urheberrechte* (STAGMA) umgewandelt wurde. Zur Verwertung der mechanischen Vervielfältigungsrechte war bereits 1909 vom Deutschen Musikalienverleger-Verein in Leipzig und einer entsprechenden französischen Schwesterorganisation die *Anstalt für mechanisch-musikalische Rechte GmbH* (AMMRE) in Berlin gegründet worden, die 1938 durch Fusion in der STAGMA aufging. Nach dem Ende des Zweiten Weltkrieges wurde die STAGMA durch den Alliierten Kontrollrat in *Gesellschaft für musikalische Aufführungs- und mechanische Vervielfältigungrechte* r. V. (GEMA) umbenannt, ohne dass an der rechtlichen Struktur der Organisation etwas geändert wurde, sodass Identität zwischen der („neuen") GEMA und der STAGMA besteht. Näheres bei *Erich Schulze,* Urheberrecht in der Musik, S. 40 ff., *Haertel* UFITA 50 [1967], 7, und *Dördelmann* GRUR 1990, 890 Fn. 7–9. s. a. den Zulassungsbeschluss des Deutschen Patentamts UFITA 51 (1968), 173; *Haensel* UFITA 45 (1965), 68; *Häußer* Mitt. d. PA. 1984, 64, 66; *Wilhelm Nordemann* F5 GRUR II S. 1197 ff.; *Arnold/Rehbinder* UFITA 118 [1992], 203 ff. und *Vogel* GRUR 1993, 513. Die Satzung der GEMA ist, ebenso wie der Berechtigungsvertrag und eine aktuelle Version des Verteilungsplanes unter www.gema.de abrufbar. *Anschriften:* Bayreuther Straße 37, 10787 Berlin, und Rosenheimer Straße 11, 81667 München.

Wesentlich später und mit größeren Schwierigkeiten entwickelte sich eine VG **72b** der Wortautoren. Da das Vortragsrecht an erschienenen Werken nach § 11 LUG nicht dem Urheber vorbehalten war, fast alle übrigen Nebenrechte aber traditionsgemäß von den Verlegern und Bühnenvertrieben wahrgenommen wurden, brachte erst die Ausbreitung des Fernsehens eine entsprechende Entwicklung zustande. Nach dem im Jahre 1955 von den Schriftstellerverbänden unternommenen Versuch, eine solche literarische VG unter dem Namen *Gesellschaft zur Verwertung literarischer Urheberrechte* (GELU) zu schaffen, die in Konkurs fiel, hat sich 1958 die VG Wort r. V. (VG Wort) neu gebildet, welche die Rechte der Wortautoren und ihrer Verleger, beschränkt jedoch auf die im Wahrnehmungsvertrag verzeichneten Befugnisse, treuhänderisch wahrnimmt. Ähnlich wie in der GEMA, welche die drei Berufsgruppen der Komponisten, der Textautoren und der Musikverleger kennt (*Menzel* S. 25), hatten sich in der VG Wort ursprünglich vier Berufsgruppen gebildet, nämlich schöngeistige Autoren, wissenschaftliche und andere Autoren einschließlich der Journalisten,

Buchverleger und Bühnenverleger (Zulassungsbeschluss des Deutschen Patentamts UFITA 51 [1968], 174). Am 1.7.1978 ist die VG Wissenschaft, die aus der früheren „Inkassostelle" (vgl. Rn. 5) entstanden war, durch Fusion in der VG Wort aufgegangen. Seither gibt es 6 Berufsgruppen:
(1) Autoren und Übersetzer schöngeistiger und dramatischer Literatur,
(2) Journalisten, Autoren und Übersetzer von Sachliteratur,
(3) Autoren wissenschaftlicher und Fachliteratur,
(4) Verleger von schöngeistigen Werken und von Sachliteratur,
(5) Bühnenverleger,
(6) Verleger von wissenschaftlichen Werken und von Fachliteratur.
Näheres bei *Müller-Sommer* ZUM 1988, 2. Die Satzung, der Wahrnehmungsvertrag, die Verteilungspläne in der geltenden Fassung und der aktuelle Geschäftsbericht sind abrufbar auf www.vgwort.de. *Anschrift:* Untere Weidenstraße 5, 81543 München (Nebenstelle: Köthener Str. 44, 10963 Berlin).

72c   Bereits vor dieser Gründung gelang es den ausübenden Künstlern und Schallplattenproduzenten, eine gemeinschaftliche VG, die *Gesellschaft zur Verwertung von Leistungsschutzrechten mbH* (GVL) mit dem Sitz in Köln (jetzt Berlin) ins Leben zu rufen. Diese Gesellschaft, deren Geschäftsanteile von der Deutschen Orchestervereinigung e. V. und der Deutschen Landesgruppe der internationalen Vereinigung der phonographischen Industrie e. V. gehalten werden, nahm ursprünglich die Rechte der ausübenden Künstler aus den §§ 54, 73 ff. UrhG und die Rechte der Tonträgerhersteller aus den §§ 54, 85 f. UrhG wahr (Zulassungsbeschluss des Deutschen Patentamts UFITA 51 [1968], 173 f.). Inzwischen ist sie auch für die Veranstalter (§ 81) und für die Hersteller von Videoclips (vgl. § 92 Rn. 34) sowie für deren Bildurheber tätig. Ihr Gesellschaftsvertrag sowie Wahrnehmungsvertrag sind unter www.gvl.de abrufbar. *Anschrift*: Podbielskiallee 64, 14195 Berlin.

72d   Die früher beim Börsenverein des deutschen Buchhandels e. V. in Frankfurt bestehende *Inkassostelle für urheberrechtliche Vervielfältigungsgebühren GmbH*, die den Vergütungsanspruch des § 54 Abs. 2 a. F. UrhG geltend machte, ging nach der Einführung der Bibliothekstantieme (vgl. § 27 Rn. 1) auf die VG *Wissenschaft GmbH* über, die inzwischen mit der VG Wort fusioniert hat (vgl. Rn. 72a). Siehe *Ulmer* GEMA-Nachr. Nr. 108 (1978) S. 99, 103.

72e   Die **VG Musikedition** – VG *zur Wahrnehmung von Nutzungsrechten an Editionen (Ausgaben) von Musikwerken* r. V. – nimmt für die Inhaber von Rechten aus den §§ 70, 71 UrhG deren Rechte und Vergütungsansprüche in etwa gleichem Umfang wie die GEMA, allerdings unter Einschluss der Nachdruckrechte, wahr (früherer Name: Interessengemeinschaft musikwissenschaftlicher Herausgeber und Verleger – IMHV). Siehe den Zulassungsbescheid des Deutschen Patentamts UFITA 51 (1968), 173. Ihre Satzung findet sich bei *Hilli* S. 290 und im Internet unter www.vg-musikedition.de. *Anschrift*: Friedrich-Ebert-Straße 104, 34119 Kassel.

72f   Die VG BildKunst nimmt für bildende Künstler (Berufsgruppe I), für Fotografen und Graphikdesigner (Berufsgruppe II) und für Filmurheber und Filmhersteller (Berufsgruppe III) deren Vergütungsansprüche aus den §§ 27, 46, 49, 54, 54a UrhG sowie bestimmte weitere Nutzungsrechte, vor allem einige Reproduktionsrechte (§§ 16, 17 UrhG) wahr, für die bildenden Künstler darüber hinaus das Folgerecht (§ 26 UrhG). Siehe den Zulassungsbescheid des Deutschen Patentamts UFITA 56 [1970], 241 und *Pfennig* KuR 1999, 10. Ihre Satzung ist bei *Hillig* S. 279 abgedruckt und unter www.bildkunst.de abrufbar. *Anschrift*: Weberstraße 61, 53113 Bonn.

72g   Inzwischen haben sich neben der Berufsgruppe III der VG BildKunst (vgl. Rn. 7), in der sich vor allem die Regisseure und die Filmemacher (sog. Jungfilmer) sammeln, noch sieben weitere VG im Film- und Fernsehbereich gebildet, nämlich zunächst die VG *der Film- und Fernsehproduzenten GmbH* (**VFF**) in München, die auch die Auftragsproduzenten der Fernsehanstalten zu ihren Mitgliedern zählt, die VG *für Nutzungsrechte an Filmwerken mbH* (**VGF**) in Wiesbaden mit den sog. Altfilmern, die von den Verleihern gegründete, vor allem die Rechte ausländischer Produzenten vertretende *Gesellschaft zur Wahrnehmung von Film- und Fernsehrechten mbH* (**GWFF**) mit Sitz in München, und schließlich die schon etwas ältere *Gesellschaft zur Übernahme und Wahrnehmung von Filmaufführungsrechten* mbH (**GÜFA**) in Düsseldorf mit Schwerpunkt Pornofilm. Die ersten drei konzentrieren sich bisher auf die Geräte- und Kassettenabgabe aus § 54 ff. UrhG, die letztere beschäftigt sich bisher vor allem mit den Rechten aus den §§ 19, 22, 27 UrhG. Überblick bei *Häußer* Mitt. d. PA. 1984, 64, 66. Zur GÜFA s. *Roeber* UFITA 74 [1975], 109 und ferner UFITA 78 [1977], 174. Etwas später ist die **AGICOA** *Urheberrechtsschutz-Gesellschaft mbH.* in Frankfurt aM. dazugekommen, die sich auf die Kabelweiterleitungsvergütung (§ 20b UrhG) beschränkt und im Wesentlichen Filmverwerter aus dem Ausland vertritt; ursprünglich agierte sie nur von dort aus (zu den sich daraus ergebenden Fragen *Schwarz* FS Wolf Schwarz S. 75 und *Vogel* GRUR 1993, 513, 516). Die **VG Media** ist um die Jahrtausendwende aus der 1997 gegründeten **VG Satellit** hervorgegangen; sie nimmt die Rechte von Hörfunk- und Fernsehsendern aus der Kabelweitersendung (§ 20b UrhG) wahr. Endlich gibt es noch die *Treuhandgesellschaft Werbefilm GmbH* (**VG TWF**), die das Recht zur Verwertung von Musik in der Werbung (§§ 54 und 20b) wahrnimmt. Die Satzungen aller dieser VGen sind im Internet zugänglich. *Anschriften:* VFF Brienner Straße 26, 80333 München (www.vff.org); VGF Deutscher Film: Bleichstraße 8, 80802 München, Auslandsfilm: Neue Schönhauser Straße 10, 10178 Berlin (www.vgf.de); GWFF Marstallstr. 8, 80539 München (www.gwff.de); GÜFA Vautierstraße 72, 40235 Düsseldorf (www.guefa.de); AGICOA Marstallstraße 8, 80539 München (www.agicoa.org); VG Media Lennéstraße 5, 10785 Berlin (www.vgmedia.de); VG TWF Brienner Straße 9, 80333 München (www.twf-gmbh.de).

Die drei erstgenannten VGen (GEMA, VG Wort und GVL) gehören der *Zentralstelle für private Überspielungsrechte* (ZPÜ) an, die ihrerseits keine VG, sondern eine nicht gesondert erlaubnispflichtige BGB-Gesellschaft von VGen ist (*Wirtz* S. 36 f.; a.M. *Haertel* UFITA 50 [1967], 7, 15 und noch unsere 7. Aufl.; wie hier *Schricker/Loewenheim/Reinbothe*[4] Vor § 1 Rn. 14; *Häußer* FuR 1980, 57, 60; *Melichar* S. 69; zweifelnd *Vogel* GRUR 1993, 513, 516). Die ZPÜ kassiert den Vergütungsanspruch aus § 54 ff. UrhG. Die Verwaltung der ZPÜ obliegt der GEMA. Der Gesellschaftsvertrag der ZPÜ ist bei *Hillig* S. 323 abgedruckt. – Nach dem gleichen Prinzip hat sich inzwischen ferner die *Zentralstelle Bibliothekstantieme* (**ZBT**) aus VG Wort, VG BildKunst und GEMA gebildet, deren Aufgabe die Geltendmachung der Vergütungsansprüche aus § 27 UrhG ist. Die Geschäftsführung dieser Gesellschaft liegt bei der VG Wort. Ihr Gesellschaftsvertrag und die Gesamtverträge mit Bund und Ländern können bei der VG Wort angefordert werden, ersterer ist auch bei *Hillig* S. 275 zu finden. Endlich gibt es noch die *Zentralstelle Fotokopieren an Schulen* (**ZFS**), deren Geschäfte ebenfalls die VG Wort führt, die bei der GEMA domizilierende *Zentralstelle für Videovermietung* (**ZVV**, Gesellschaftsvertrag GEMA-Jahrbuch 1997/98, S. 496) und die *Zentralstelle für die Wiedergabe von Fernsehwerken* (**ZWF**) aus VG BildKunst, VGF und GWFF. Auch die **ARGE DRAMA**, die GEMA und VG Wort zur Geltendmachung von Kabelrechten an Bühnenwerken im Ausland gebildet haben, ist hier zu erwähnen (GEMA-Jahrbuch 1997/98 S. 465). Die von der VG Wort, der VG BildKunst und der GVL gegründete ARGE Kabel betreibt das Inkasso der Vergütungsansprüche aus § 20b Abs. 2 UrhG. Die *Inkassostelle Kabelweitersendung* nimmt für meh-

72h

rere VGen zusammen mit den Rundfunkanstalten Vergütungsansprüche aus der Kabelweitersendung gegenüber der Telecom AG wahr (s. Dreier/Schulze/ *Schulze*[5] Vor § 1 Rn. 17). Zur Jahrtausendwende ist schließlich die *Clearing-stelle Multimedia* (**CMMV**) als gemeinschaftliches Unternehmen von GEMA, GVL, VG Wort, VG BildKunst und den Film-VGen gegründet worden, um auch in diesem neuartigen, rasch wachsenden Bereich der urheberrechtlich relevanten Nutzungen die Vergütungsansprüche der Rechtsinhaber zu sichern (Einzelheiten bei Lehmann/*Melichar* S. 205 ff. und *Wünschmann* ZUM 2000, 572 ff.). Die CMMV ist mittlerweile wieder aufgelöst (Schricker/Loewenheim/ *Reinbothe*[4] vor §§ 1 ff. Rn. 16).

72i Die *Neue Zentralstelle der Bühnenautoren und Bühnenverleger GmbH* ist inzwischen liquidiert und durch die **ZBS** – *Zentralstelle Bühne Service GmbH* für Autoren, Komponisten und Verlage ersetzt worden. Sie führt im Auftrage ihrer Gesellschafter die Prüfung der Abrechnungen der Bühnen sowie – bei speziellem Auftrag – das Inkasso von Bühnenantiemen aus, besitzt aber keine eigenen, ihr zur Wahrnehmung übertragenen Nutzungsrechte. Sie ist also keine Parallelorganisation zur französischen SACD, die eine echte VG ist. Auch die – ebenfalls noch vor dem zweiten Weltkrieg entstandene – *Zentralstelle für Senderechte* ist inzwischen aufgelöst.

72j Alle großen VGen in Deutschland sind mit ihren Schwestergesellschaften zumindest in Europa – die GEMA mit denen der ganzen Welt – durch Gegenseitigkeitsverträge verbunden, die sie in die Lage versetzen, Nutzungsrechte international zu lizenzieren, (Einzelheiten der Entwicklung in FS Thurow S. 113 ff.). Dieser *one-stop-shop*-Rechtserwerb ist inzwischen auch für andere Werkarten und Nutzungsformen zunehmend von Bedeutung. Verstößt eine VG gegen die in den Gegenseitigkeitsverträgen enthaltene territoriale Aufteilung, ist sie zur Unterlassung verpflichtet (LG Mannheim ZUM 2009, 253, 256). Die VGen haben nicht nur auf nationaler Ebene zur Wahrnehmung der Rechte bestimmte Unternehmen gegründet, sondern auch mit ihren Schwestergesellschaften. Hierzu gehört das *Europäische Lizensierungsbüro* **BEL**, im Hause der GEMA. Im Bereich der bildenden Kunst wurde im Jahre 2002 die *Onlineart* **OLA** gegründet (www.onlineart.info), die für mehrere VGen das Recht des öffentlichen Zugänglichmachen wahrnimmt (Dreier/Schulze/*Schulze*[5] Vor § 1, Rn. 27; *Streul* FS Pfennig S. 511). Auch das System **VERDI** (*Very Extensive Right Data Information*) soll die Wahrnehmung von Rechten vereinfachen. Innerhalb Europas kommt hinzu, dass die nationalen Regelungen des Wahrnehmungsrechts durch das Europäische Gemeinschaftsrecht beeinflusst werden. Schon 1971 hat die Kommission die Beschränkung des Wahrnehmungszwangs der VG auf Deutsche in § 6 UrhWahrnG für wirkungslos erklärt. Seither ist die praktische Arbeit der VG immer wieder durch Entscheidungen des EuGH auf ihre Vereinbarkeit mit dem Gemeinschaftsrecht überprüft worden (Überblick bei *Wirtz* S. 211 ff.; *Karnell* GRUR Int. 1991, 583; auch *Kreile/Becker* ZUM 1992, 581; *Schulze* FS Reichardt S. 193; *Vogel* GRUR 1993, 513, 531; *Becker* FS Kreile S. 27). Die Kommission hat ihrerseits schon 1996 eine Harmonisierung der Rahmenbedingungen für die Tätigkeit der VGen in ihr Arbeitsprogramm aufgenommen. Eine Anhörung zu diesem Thema, die immerhin vier Jahre später, im November 2000, folgte, erbrachte allerdings nur eine Mitteilung, für die in Brüssel wieder vier Jahre benötigt wurden (KOM 2004, 261 endg. vom 16.4.2004). Nur zur länderübergreifenden Wahrnehmung von Rechten, die von *Online*-Musikdiensten in Anspruch genommen werden, existiert eine Kommissions-Empfehlung (2005/737/EG; *Schmidt* ZUM 2005, 783 ff.).

72k Im Juli 2012 hat die Kommission schließlich einen Richtlinien-Vorschlag zur Harmonisierung des Rechts der VGen auf europäischer Ebene vorgelegt (COM (2012) 372 final v. 11.7.2012). Dieser Vorschlag beschränkte sich nicht allein auf eine Harmonisierung des Rechts der VGen, sondern wollte ebenfalls die Vergabe von Mehrgebietslizenzen für die Onlinenutzung von Rechten an Musikwerken im Binnenmarkt harmonisieren (sog. one-stop-shop). Das in Deutschland und anderen Staaten der EU jahrzehntelang praktizierte System der Verwertungsgesellschaften wurde europaweit von der EU-Kommission einer kritischen (insbesondere kartellrechtlichen) Würdigung unterzogen (s. die Mitteilung der EU-Kommission über die Wahrnehmung von Urheberrechten und verwandten Schutzrechten im Binnenmarkt KOM/2004/0261 sowie die Information, dass die EU-Kommission ein Verfahren gegen 16 Verwertungsgesellschaften wegen der Lizenzierung von Musik im Online-Bereich eröffnet hat [P/04/586 vom 3.5.2004]). Im Juli 2012 hat die Kommission dann einen RL-Vorschlag zur Harmonisierung des Rechts der VGen auf europäischer Ebene vorgelegt (COM (2012) 372 final v. 11.7.2012). Sie wurde als Richtlinie 2014/26/EU vom 26. Februar 2014 „über die kollektive Wahrnehmung von Urheber- und verwandten Schutzrechten und die Vergabe von Mehrgebietslizenzen für Rechte an Musikwerken für die Online-Nutzung im Binnenmarkt" (sog. Wahrnehmungs- und Vergabe-RL) verabschiedet (Amtsblatt L 84/72 vom 20.3.2014). Diese Richtlinie hat, dies zeigt schon ihr Titel, zwei ganz unterschiedliche Gegenstände.

72l
Zum einen regelt sie erstmals auf EU-Ebene das Recht der Verwertungsgesellschaften. Bisher konnte man zwar aus einzelnen Normen verschiedener Richtlinien folgern, dass der EU-Gesetzgeber von einer existierenden Verwertungsgesellschaftenstruktur ausging, so etwa nach § 6 Abs. 3 Vermiet- und Verleih-RL (jetzt: RL 2006/115/EG, früher: 92/100/EWG) oder aus Art. 9 und 13 Kabel- und Satellitenrichtlinie (RL 93/83/EWG). Aber das war auch schon alles. Bereits in ErwG 17 der Info-RL (RL 2001/29/EG) kündigte sich an, dass die EU-Kommission sich dieses Gebiet vornehmen wollte. Es hieß dort: „Insbesondere aufgrund der durch die Digitaltechnik bedingten Erfordernisse muss sichergestellt werden, dass die Verwertungsgesellschaften im Hinblick auf die Beachtung der Wettbewerbsregeln ihre Tätigkeit stärker rationalisieren und für mehr Transparenz sorgen." Diesem Petitum trug die Verwertungsgesellschaften-Richtlinie Rechnung, indem sie Mindeststandards für die Binnenorganisation, Transparenz und Beziehungen zu Nutzern, Wahrnehmungsberechtigten und anderen VGen regelte. Es fällt auf, dass diese Richtlinie, anders als die gerade zitierten früheren Normen aus dem EU-Urheberrechtsbereich, nicht mehr von Verwertungsgesellschaften, sondern von „Organisationen für die kollektive Rechtewahrnehmung" spricht. Der deutsche Gesetzgeber hat dies bei der Umsetzung zu Recht nicht nachvollzogen, denn beide Begriffe sind synonym.

72m
Zum anderen widmet die Richtlinie zehn von 45 Artikeln insgesamt der „Vergabe von Mehrgebietslizenzen für Rechte an Musikwerken für die Online-Nutzung im Binnenmarkt", also einer Spezialmaterie, die nicht einmal alle Rechteinhaber im Musikbereich betrifft (nämlich nicht Rechte an den Leistungen ausübender Künstler und Tonträgerhersteller), sondern nur Komponisten, Textdichter und ihre Musikverleger. Schon bei Veröffentlichung fragte sich mancher unbefangene Leser, warum sich die Richtlinie insoweit in dieser Form beschränkte. Tatsächlich war der Rahmen zu Beginn der Arbeit an der Richtlinie weiter gesteckt. Doch war dies letztlich politisch nicht erwünscht oder nicht durchsetzbar. Warum ist angesichts dessen ein Fragment wie die Vergabe von Mehrgebietslizenzen für Rechte an Musikwerken überhaupt in die Richtlinie gelangt? Die Antwort gibt der ErwG 39 der Richtlinie. Es heißt dort: „Die Empfehlung hat jedoch nicht genügt, um der Einräumung von Mehrgebietslizenzen für Online-Rechte an Musikwerken zum Durchbruch zu verhelfen und die damit zusammenhängenden spezifischen Probleme anzugehen." Tatsächlich gemeint ist die „Empfehlung der Kommission über die Wahrnehmung von Onlinemusikrechten" aus dem Jahr 2005 (2005/737/EC vom 18.5.2005), welche

die grenzüberschreitende Lizenzierung von Werken der Musik in eine existentielle Krise geführt hat. Etwas polemisch ausgedrückt: Die EU-Richtlinie soll insoweit die Probleme beheben, welche die EU-Kommissions-Empfehlung geschaffen hat.

72n Umgesetzt wurden diese Vorgaben der Richtlinie in Deutschland durch das Verwertungsgesellschaftengesetz (VGG) vom 24.5.2016 (BGBl. I S. 1190), das bereits kurz darauf durch Einfügung eines Abs. 2 in § 27 und einen neuen § 27a ergänzt wurde, um die Konsequenzen der BGH-Entscheidung Verlegeranteil (GRUR 2016, 596) abzumildern (Gesetz v. 20.12.2016, BGBl. I S. 3037 (Nr. 63). Bei der Umsetzung der umfangreichen Vorgaben der Richtlinie stand das federführende Bundesministerium für Justiz und Verbraucherschutz (BMJV) vor der schwierigen Entscheidung, wie mit dieser vielgestaltigen Aufgabe am besten umzugehen sei. Zwei Möglichkeiten boten sich an: Das bestehende Wahrnehmungsrecht durch die Vorgaben der Richtlinie zu ergänzen, oder ein völlig neues Gesetzeswerk zu erstellen. Das Ministerium hat sich für den zweiten Ansatz entschieden. Dies war sinnvoll, denn allein die zwingend umzusetzenden Vorgaben der 45 zum Teil voluminösen Artikel der Richtlinie hätten das bestehende UrhWahrnG ohnehin bis zur Unkenntlichkeit verändert, und es wäre zugleich die Chance vertan worden, durch einen neuen Entwurf das Wahrnehmungsrecht in seinen Strukturen systematisch einleuchtender und kohärenter als bisher zu regeln und dabei z. B. auch mit den Regelungen des UrhWahrnG und die UrhSchiedsVO in einem einzigen Gesetz zusammenzuführen. Mit dem VGG liegt nun endlich ein Kompendium des deutschen Wahrnehmungsrechts vor.

72o Die nachfolgende Konkordanz zeigt das Verhältnis zwischen alter und neuer Regelung:

VGG	Teil 1	Teil 2 Abschnitt 1	Teil 2 Abschnitt 2	Teil 2 Abschnitt 3	Teil 2 Abschnitt 4	Teil 2 Abschnitt 5	Teil 2 Abschnitt 6	Teil 3	Teil 4	Teil 5	Teil 6
	§ 1-9	§ 9-33	§ 34-43	§ 44-47	§ 48-50	§ 51-52	§ 53-58	§ 59-74	§ 75-91	§ 92-131	§ 132-139
	Gegenstand des Gesetzes; Begriffsbestimmungen	Innenverhältnis	Außenverhältnis	Besondere Vorschriften für die Wahrnehmung von Rechten auf Grundlage von Repräsentationsvereinbarungen	Vernutzungen; Außenseiter bei Kabelweitersendung	Vergriffene Werke	Informationspflichten; Rechnungslegung und Transparenzbericht	Besondere Vorschriften für die gebührenpflichtige Vergabe von Online-Rechten an Musikwerken	Aufsicht	Schiedsstelle und gerichtliche Geltendmachung	Übergangs und Schlussvorschriften
Richtlinie	Art. 2, 3	Art. 5-13	Art. 16, 17	Art. 1, 19			Art. 5, 12, 18, 20	Art. 23-32	Art. 36, 37		Art. 39-45
UrhWahrnG	§ 1	§ 6,7	§ 11-13, 13b	§ 7, 13a	§ 13c	§ 13d, 13e**	§ 15		§ 1-5, 18-21	§ 13a-17	§ 23
UrhschiedsV										§ 1-15	

IX. Verhältnis zu anderen Gesetzen

73 Das Urheberrecht ist nur ein Bestandteil der gesetzlichen Regelungen zum geistigen Eigentum. Zu nennen ist zunächst das Verlagsrecht, das einen Ausschnitt aus dem Urhebervertragsrecht regelt. Sog. „gewerbliche" Schutzrechte gewähren das Designrecht, das Patentrecht und das Markenrecht, die denselben Gegenstand bzw. die selbe Leistung schützen können, teilweise aber eine andere Schutzrichtung und auch einen anderen Schutzumfang besitzen als das Urheberrecht. Als „Hilfsanker" gilt das Wettbewerbsrecht, das unter bestimmten Voraussetzungen dann eingreift, wenn ein Sonderschutzrecht nicht gegeben ist. Abzugrenzen ist das Urheberrecht ferner vom allgemeinen Persönlichkeitsrecht, insbesondere dem Recht am eigenen Bild, das neben dem Urheberrecht an einer Fotografie oder einem Gemälde bestehen kann, dem Kartellrecht, vor allem im Bereich der Lizenzverträge und der Verwertungsgesellschaften, sowie schließlich dem Bürgerlichen Recht, das vor allem bei einem Auseinanderfallen von Urheberrecht und Eigentum am Werkstück auf den Plan tritt.

1. Verlagsrecht *(Nordemann-Schiffel)*

Das Recht im Verlag ist bereits seit dem 1.1.1902 mit dem VerlG spezialge- **74**
setzlich geregelt. Aus heutiger Sicht betrifft das Verlagsrecht im engeren Sinne,
d. h. das einem Verlag eingeräumte (graphische) Vervielfältigungs- und Verbreitungsrecht, das möglicherweise wichtigste, in einer Formulierung von
Schricker „prototypische Beispiel" für ein urheberrechtliches Nutzungsrecht
(*Schricker*, VerlagsR³ Einl. Rn. 2); das Verlagsrecht ist also Teil des Urhebervertragsrechts. Im Gegensatz zum allgemeinen Urheberrecht, das mit dem
UrhG vom 9.9.1965 und v. a. den **Reformen** von 1985 und der Urhebervertragsrechtsreform von 2002 mehrfach überarbeitet und angepasst worden ist,
ist das VerlG seit seinem Inkrafttreten am 1.1.1902 im Wesentlichen unverändert geblieben; selbst die Aufhebung einzelner Vorschriften im Laufe der Jahre
ging stets auf das UrhG zurück. Tatsächlich stand das Verlagsrecht wohl nie,
wie *Schricker* zu Recht anmerkt, im „Brennpunkt der Reformdiskussion"
(*Schricker*, VerlagsR³ Einl. Rn. 18); vielmehr stellte man das VerlG bei allen
Reformüberlegungen der vergangenen Jahre und Jahrzehnte fortwährend –
z. T. mit Blick auf ein stets Projekt gebliebenes Gesetz zum Urhebervertragsrecht – zurück. Viele Entwicklungen – sei es im Bereich der Nebenrechte,
neuer Vervielfältigungstechniken oder neuer Medien – sind deshalb, auch soweit sie für den Verlagsbereich relevant sind, am VerlG vollständig vorbeigegangen. Dies hat dazu geführt, dass das VerlG erheblich an Bedeutung verloren hat. Das Gros der Diskussionen in Rechtsprechung und Lehre betrifft,
auch soweit diese das Verlagsrecht berühren, Bestimmungen des UrhG, nicht
des VerlG. Dementsprechend haben alle neueren dogmatischen Ansätze und
Reformvorhaben stets ihren Niederschlag nur im UrhG, nicht hingegen im
VerlG gefunden, obwohl der Gesetzgeber häufig gerade den Verlagsvertrag
bzw. verlegerische Nutzungsrechte vor Augen hatte. Aus diesem Grund hat
auch das EU-Recht bislang auf das VerlG nur indirekt, nämlich vor allem
über das UrhG, Einfluss. Speziell das VerlagsR regelnde internationale Konventionen gibt es nicht. Zur **kollisionsrechtlichen Anknüpfung** von Verlagsverträgen vgl. Vor §§ 120 ff. UrhG Rn. 90 m. w. N.

Vor diesem Hintergrund ist im Grundsatz davon auszugehen, dass das jüngere **75**
UrhG **das ältere VerlG überlagert**, das UrhG als *lex posterior* also u. U. abweichende Regelungen im VerlG modifiziert, das VerlG jedoch als das ältere **Spezialgesetz** vorgeht, wo es verlagsrechtliche Besonderheiten betrifft (ähnl. *Schricker*, VerlagsR³ Einl. Rn. 19, 25). Den verlagsrechtlichen Regelungen gehen
insb. die §§ 38, 39 UrhG vor, die die aufgehobenen §§ 3, 13, 42 VerlG ersetz-
ten, die urhebervertragsrechtlichen Regelungen der §§ 31 ff. UrhG und dort
vor allem die Zweckübertragungsregel (§ 31 Abs. 5 UrhG), §§ 40 und 41 ff.
UrhG, die Leistungsschutzrechte der §§ 70, 71 UrhG (s. §§ 39, 40 VerlG),
§ 88 UrhG im Bereich der Stoffrechteverträge und schließlich die gesetzlichen
Vergütungsansprüche. Verlagsrechtliche Besonderheiten, die weiterhin auf
Grundlage des VerlG zur Anwendung kommen, sind z. B. die verlagsrechtlichen
Treue- und Enthaltungspflichten (vgl. Vor §§ 31 ff. UrhG Rn. 45 ff. und vgl.
Vor §§ 88 ff., Rn. 95, 105) oder der im Verlagsbereich gegenüber dem UrhG
engere Begriff der Vervielfältigung (dazu *Schricker*, VerlagsR³ Rn. 24); in der
Praxis dürfte dies ohnehin selten – wenn überhaupt – relevant werden, da das
UrhG den genannten verlagsrechtlichen Besonderheiten jedenfalls nicht entge-
gensteht und sie umgekehrt z. T. auch für weitere Verwertungsformen kennt.

Zusammenfassend gilt also: Wo das VerlG eine gegenüber dem UrhG präzisere, **76**
spezielle Regelung beinhaltet, ist diese heranzuziehen, soweit die Bestimmungen des Urheberrechtsgesetzes nicht entgegenstehen; im Übrigen ist das VerlG
in seinen Begriffen, Rechtsinstituten und seiner Auslegung von dem jeweils
geltenden UrhG abhängig (so auch *Schricker*, VerlagsR³ Rn. 25).

77   Der im VerlG geregelte **Verlagsvertrag** ist ein gegenseitiger Vertrag eigener Art, durch den sich der Verfasser verpflichtet, dem Verleger das Werk zur Vervielfältigung und Verbreitung zu überlassen (§ 1 VerlG), während umgekehrt der Verleger sich verpflichtet, die Vervielfältigung und Verbreitung auf eigene Rechnung vorzunehmen (§ 1 VerlG). Fehlt eine dieser wesentlichen Voraussetzungen, so handelt es sich nicht um einen Verlagsvertrag i. S. d. Verlagsgesetzes (allg. A., *Schricker*, VerlagsR[3] Einl. Rn. 3). I. d. R. enthält der Verlagsvertrag nicht nur die Einräumung des eigentlichen Verlagsrechts, sondern darüber hinaus Regelungen zu den üblicherweise als „Nebenrechte" bezeichneten abgeleiteten Rechten (Taschenbuchrechte, Übersetzungsrechte, Verfilmungs-, Vortrags-, Hörbuchrechte usw.), zu bestimmten urheberpersönlichkeitsrechtlichen Befugnissen (z. B. der Namensnennung, dem Erstveröffentlichungsrecht u. Ä.) und häufig auch zu den gesetzlichen Vergütungsansprüchen bzw. der Frage, ob und durch wen bestimmte Nebenrechte in Verwertungsgesellschaften eingebracht werden. **Gegenstand des Verlagsvertrages** können nach § 1 VerlG Werke der Literatur und der Tonkunst, nicht hingegen Werke der bildenden Kunst sein; das Verlagsgesetz betrifft also den Schrift-, Musik- und Theaterverlag, nicht hingegen den Kunstverlag im eigentlichen Sinne (*Schricker*, VerlagsR[3] Einl. Rn. 3).

2. Designrecht

78   Das eingetragene Design wird häufig als „**kleines Urheberrecht**" bezeichnet, weil Urheberrecht und Designrecht irgendwie miteinander wesensverwandt seien (s. im Einzelnen Schricker/Loewenheim/Loewenheim[4] Einl Rn. 40). Das liegt vermutlich darin begründet, dass der Schutzgegenstand letztendlich derselbe ist: Eine designschutzfähige Gestaltung, also das Design eines industriellen oder handwerklichen Gegenstandes einschließlich von Verpackungen, Ausstattungen, graphischen Symbolen und typographischen Schriftzeichen (§ 1 DesignG) kann auch als Werk der angewandten Kunst gem. § 2 Abs. 1 Nr. 4 UrhG urheberrechtlich geschützt sein. Beide Schutzrechte stehen daher grundsätzlich nebeneinander und ergänzen sich; ein etwa bestehender oder auch ein abgelaufener Designschutz hindert die Annahme eines urheberrechtlichen Schutzes als Werk der angewandten Kunst grundsätzlich nicht (s. BGH GRUR 2014, 175, 179 Tz. 39 – *Geburtstagszug*; OLG Hamburg GRUR-RR 2006, 94, 95 – *Gipürespitze*; OLG Hamburg GRUR 2002, 419, 424 – *Move*). Allerdings sind die Entstehung des Schutzes, die Schutzvoraussetzungen und auch die Schutzdauer grundverschieden: Ein eingetragenes Design entsteht zunächst durch **Anmeldung und Eintragung** (§§ 11, 27 DesignG; Artt. 1, 12, 35 GemGeschmMVO). Die Schutzdauer des deutschen eingetragenen Designs beträgt **25 Jahre ab dem Anmeldetag** (§ 27 Abs. 2 DesignG), muss allerdings alle 5 Jahre durch Zahlung einer Gebühr aufrechterhalten werden (§ 28 Abs. 1 DesignG); eingetragene Gemeinschaftsgeschmacksmuster genießen eine Schutzdauer von 5 Jahren und können mehrmals für weitere Zeiträume von jeweils 5 Jahren bis zu einer Gesamtschutzdauer von 25 Jahren ab dem Anmeldetag verlängert werden (Art. 12 GemGeschmMVO). Die Gemeinschaftsgeschmacksmusterverordnung sieht allerdings die Besonderheit eines **nicht-eingetragenen Gemeinschaftsgeschmacksmusters** vor, das aber lediglich eine Schutzfrist von **3 Jahren ab Veröffentlichung** gewährt (Art. 11 GemGeschmMVO). Für Anmeldung und Eintragung sowie auch die Veröffentlichung entstehen Gebühren.

79   **Voraussetzung für die Schutzentstehung** ist nicht wie im Urheberrecht die „persönliche geistige Schöpfung", sondern **Neuheit** und **Eigenart** (§ 2 DesignG; Art. 5 und 6 GemGeschmMVO). Das Vorliegen von Neuheit und Eigenart wird nicht bestimmt durch eine Feststellung der Individualität oder eine „Bemessung" der geistigen Leistung des Urhebers im Sinne einer Gestaltungshöhe (vgl. § 2 Rn. 30 ff.), sondern durch einen Vergleich des Designs mit vorbestehenden Gestaltungen; es ist neu, wenn vor seinem Prioritätstag kein identisches älteres Design zugänglich gemacht worden ist (§ 2 Abs. 2 DesignG; Art. 5 Gem-GeschmMVO) und eigenartig, wenn sich sein Gesamteindruck, den es beim informierten Benutzer hervorruft, von dem Gesamteindruck unterscheidet, den ein anderes Design bei diesem Benutzer hervorruft, das der Öffentlichkeit früher zugänglich war (§ 2 Abs. 3 DesignG; Art. 6 GemGeschmMVO). Die Voraussetzungen für die Eigenart sind denkbar gering. Nach ErwG 14 GemGeschmMVO soll die Eigenart eines Geschmacksmusters unter Berücksichtigung der Art des Erzeugnisses, bei dem das Geschmacksmuster benutzt wird oder in das es aufgenommen wird, insbesondere des jeweiligen Industriezweiges und des Grades der Gestaltungsfreiheit des Entwerfers bei der Entwicklung des Geschmacksmusters beurteilt werden. Der Begriff der Eigenart kann deshalb nicht gleichgesetzt werden mit dem Begriff der Eigentümlichkeit des früheren deutschen Rechts; Begriffe wie überdurchschnittliche Leistung, Ausdruck von Eigenpersönlichkeit und vergleichbare eine Art „Gestaltungshöhe" festlegende Begriffe können ebenfalls nicht zur Anwendung kommen (s. BGH GRUR 2014, 175, 178 Tz. 35 – *Geburtstagszug*; Ruhl Art. 6 GemGeschmMVO Rn. 75 f.). Die Eigenart kann ferner nicht durch einen Einzelvergleich einzelner Gestaltungsmerkmale bestimmt werden; vielmehr kommt es ausschließlich auf die Kombination an, in der sich die Gestaltungsmerkmale in dem Geschmacksmuster finden, es muss sich also als Ganzes hinreichend von jedem vorbekannten Geschmacksmuster abgrenzen (Ruhl Art. 6 GemGeschmMVO Rn. 16). Das bedeutet zugleich, dass sich die Eigenart immer auch aus der Kombination vorbekannter Merkmale ergeben kann; wie im Urheberrecht war auch schon im früheren deutschen Designrecht anerkannt, dass Eigentümlichkeit vorlag, wenn durch die Kombination vorbekannter Gestaltungselemente und Gestaltungen eine eigene ästhetische Gesamtwirkung erzielt wurde (BGH GRUR 1975, 81, 83 – *Dreifachkombinationsschalter*; zum Urheberrecht vgl. § 2 Rn. 28). Ist Eigenart gegeben, folgt daraus fast zwangsläufig, dass das eingetragene Design auch die weitere Voraussetzung der Neuheit erfüllt. Denn Neuheit setzt voraus, dass kein identisches prioritätsälteres eingetragenes Design zugänglich gewesen ist. Wenn sich aber ein eingetragenes Design schon von dem, was vorbekannt ist, vom Gesamteindruck her hinreichend unterscheidet und es deshalb Eigenart besitzt, kann erst recht kein identisches älteres Design vorhanden sein, sodass dann auch immer Neuheit vorliegen muss (*Ruhl* Art. 5 GemGeschmMVO Rn. 2).

80 Infolge der Formerfordernisse für den Erwerb des Schutzrechts und auch der Schutzvoraussetzungen ist das Geschmacksmuster daher eher mit den **gewerblichen Schutzrechten vergleichbar** und ihnen angenähert als dem Urheberrecht (s. BGH GRUR 2014, 175, 178 Tz. 35 – *Geburtstagszug*; *Axel Nordemann/ Heise* ZUM 2001, 128, 130 ff.; Schricker/Loewenheim/*Loewenheim*[4] Einl Rn. 40 und 47).

3. Patentrecht

81 Patentrecht und Urheberrecht unterscheiden sich schon von ihrem Schutzzweck her: Während das Urheberrecht Werke der Literatur, Wissenschaft und Kunst schützen will, sich also den Musen widmet, ist das Patentrecht dem Schutz von Erfindungen gewidmet und damit ein **technisches Schutzrecht**. Urheberrecht und Patentrecht unterscheiden sich aber auch von ihrem Schutzinhalt: Während das Urheberrecht grundsätzlich nur die äußere Form eines Werkes schützt, die zugrunde liegende Idee und der Inhalt des Werkes jedoch frei bleiben (vgl. § 2 Rn. 43 ff. und vgl. §§ 23/24 Rn. 34; Ausnahme: bei literarischen Werken, insbesondere bei Romanen und Bühnenwerken, sind auch die Fabel, der Gang der Handlung, die Charaktere und die Örtlichkeiten in ihrem Beziehungsgeflecht zueinander geschützt, vgl. § 2 Rn. 47 ff., 101 f.), schützt das Patentrecht gerade nicht die äußere Gestalt einer Erfindung, sondern die ihr zugrunde liegende **technische Idee** (vgl. Vor §§ 69a ff. Rn. 22). Das hat insbesondere beim Gleichklang des urheberrechtlichen Schutzes und des Patentes an einer Software Bedeutung: Während das Urheberrecht an der Software gem. §§ 2 Abs. 1 Nr. 1, 69a UrhG nur die Ausdrucksformen des Computerprogramms schützt, aber die Ideen und Grundsätze, die ihm zugrunde liegen, gemeinfrei lässt (§ 69a Abs. 2), schützt ein Patent an einer Software das technische Produkt oder Verfahren, das mit ihr gesteuert wird; wer eine Software eigenständig programmiert, damit aber dasselbe Ergebnis erzielt, kann ein an der Software bestehendes Patent verletzen, nicht aber in das daran ebenfalls bestehende Urheberrecht eingreifen. Umgekehrt gilt, dass derjenige, der eine Software nachschaffend programmiert, damit aber ein anderes technisches Ergebnis erzielt, zwar wahrscheinlich das an der Original-Software bestehende Patent nicht verletzt, gleichwohl aber in das Urheberrecht eingreifen kann. Patent- und Urheberrecht stehen also ebenfalls **nebeneinander** und schließen sich nicht aus.

82 Die Abgrenzung zwischen Patent- und Urheberrecht ist aber auch noch unter einem anderen Gesichtspunkt wichtig: Steht der **urheberrechtliche Schutz der Gestaltung eines Produktes** infrage (meist als Werk der angewandten Kunst gem. § 2 Abs. 1 Nr. 4), muss häufig abgegrenzt werden zwischen dem **technischen Gedankengut**, der technischen Konstruktion und dem in einer Schöpfung verkörperten Konstruktionsgedanken und der **Gestaltung**: Ersteres bleibt urheberrechtlich gemeinfrei, nur Letzteres kann Gegenstand des urheberrechtlichen Schutzes sein (vgl. §§ 23/24 Rn. 35). Das selbe gilt für den Bereich der **Darstellungen wissenschaftlicher oder technischer Art** gem. § 2 Abs. 1 Nr. 7: Dem urheberrechtlichen Schutz unterfällt auch insoweit nur die Darstellung selbst, nicht aber der dargestellte technische oder wissenschaftliche Inhalt (vgl. § 2 Rn. 212).

4. Markenrecht

83 Auch Marken und andere Kennzeichen können mit Urheberrechten und verwandten Schutzrechten kollidieren, beispielsweise wenn durch ein Urheberrecht oder ein verwandtes Schutzrecht geschützte Leistungen als Marke eingetragen oder als geschäftliche Abzeichen benutzt werden. Das ist durchaus häufig der Fall, weil jedenfalls die Gestaltungen von Logos regelmäßig vom Grundsatz her dem Urheberrecht als Werke der angewandten Kunst zugeordnet sind, auch wenn sie infolge der hier geltenden hohen Schutzuntergrenze kaum jemals Schutz genießen werden (vgl. § 2 Rn. 172). Treffen Marken- und Urheberrecht zusammen, entscheidet der **Prioritätsgrundsatz** (§§ 6 Abs. 2, 13 MarkenG). Beispiele zur Kollision von Urheberrechten und Markenrechten finden sich jedoch in der Rechtsprechung ganz vereinzelt, sodass wir nur auf das der *Himmelsscheibe von Nebra* verweisen können: Der Bürgermeister einer sachsen-anhaltinischen Kleinstadt hatte graphische Wiedergaben der *Himmelsscheibe von Nebra*, einem Aufsehen erregenden prähistorischen Fund, zum Gegenstand von gleich drei eingetragenen Deutschen Marken gemacht, die für diverse Merchandising-Artikel Schutz genossen und dann das Land Sachsen-Anhalt auf Unterlassung in Anspruch nehmen lassen. Das infolge des erstmaligen Erscheinenlassens der Himmelsscheibe von Nebra entstandene verwandte Schutzrecht des Landes Sachsen-Anhalt gem. § 71 UrhG war jedoch prioritätsälter und führte zu einer Löschung der drei Marken (LG Magdeburg GRUR 2004, 672 – *Die Himmelsscheibe von Nebra*). Konflikte zwischen Markenrecht und Urheberrecht entstehen ferner dann, wenn ein urheberrechtlich **gemeinfreies Werk** als Marke angemeldet und so quasi „remonopolisiert" wird (Einzelheiten vgl. § 64 Rn. 23 ff. und *Kouker* FS Nordemann II S. 391–397; Loewenheim/*Axel Nordemann*[2] § 83 Rn. 49 ff.; *Nordemann*[11] Rn. 1501 ff.; *Wilhelm Nordemann* WRP 1997, 389, 390 f.; *Seifert* WRP 2000, 1014, 1015 f.; s. a. BGH GRUR 2012, 618 – *Medusa*).

Ferner ist darauf hinzuweisen, dass die Titel urheberrechtlich relevanter Werke　**84**
einem **Titelschutzrecht gem.** § 5 Abs. 3 MarkenG unterliegen, also außerhalb des
UrhG als geschäftliche Bezeichnungsrechte geschützt werden (vgl. § 2 Rn. 53;
Einzelheiten hierzu bei Loewenheim/*Axel Nordemann*[2] § 83 Rn. 60 ff.; *Nordemann*[11] Rn. 1429 ff. sowie den Kommentaren zu § 5 MarkenG). Das Erlöschen
des ausschließlichen Rechts des Titelinhabers am **Werktitel** bei Ablauf der Schutzfrist des UrhG (vgl. § 64 Rn. 22) ist nur eine scheinbare Ausnahme von dem
Grundsatz der Selbständigkeit der Immaterialgüterrechte nebeneinander: § 5
Abs. 3 MarkenG (früher § 16 Abs. 1 UWG) schützt den Titel einer Druckschrift,
weil bei Verwendung desselben oder eines verwechslungsfähigen Titels für eine
andere Druckschrift die *Werke* miteinander verwechselt werden könnten. Die Bestimmung ordnet den Titel also einem bestimmten Werk zu. An dieser Zuordnung
ändert sich nichts, wenn das Werk gemeinfrei wird (vgl. § 64 Rn. 22); sie wird
andererseits ggf. auch schon vor Ablauf der Schutzfrist gegenstandslos, wenn die
Benutzung des Titels für das Werk vorher endgültig eingestellt wird. Die Regelung
des § 5 Abs. 3 MarkenG wird also vom UrhG nicht beeinflusst (Einzelheiten vgl.
§ 64 Rn. 22; zum Schutz von Einzeltiteln s. *Wilhelm Nordemann/Axel Norde-
mann/Jan Bernd Nordemann* FS Ullmann S. 327 ff.).

5. Wettbewerbsrecht

Zum Verhältnis zwischen Urheberrecht und ergänzendem wettbewerbsrechtli-　**85**
chen Leistungsschutz gem. §§ 3, 4 Nr. 3 UWG vgl. §§ 23/24 Rn. 98 ff.

6. Datenschutz, Informationsfreiheit (*Czychowski*)

Zunehmend geraten, insbesondere wegen der verstärkten automatisierten Nut-　**86**
zung wie über das Internet, datenschutzrechtliche Fragen in den Fokus des
Urheberrechts. Während noch zu Zeiten der Einführung des Produktpiraterie-
gesetzes Anfang der 90er Jahre die Frage, ob ein Betroffener Spediteur Einwände gegen eine Auskunftserteilung aus dem Datenschutzrecht geltend machen könnte, überhaupt nicht diskutiert wurde, stellen sich insbesondere bei
den Auskunftsansprüchen gegen Internet-Access Provider zunehmend datenschutzrechtliche Fragen. Damit wird auch die Trias der am Urheberrecht Beteiligten noch deutlicher: Das Urheberrecht spielt sich nicht mehr in einer bipola-
ren Welt zwischen Urhebern und Verwertern ab, sondern es geraten
zunehmend die Verbraucher und ihre „Vertreter", wie die Access Provider, in
den Blick. Das Datenschutzrecht ist im BDSG grundlegend geregelt und enthält
zwei spezifische Sonderregeln für einzelne Felder des Datenschutzes in den
neuen Medien. So enthält das Telekommunikationsgesetz im Teil 7, Abschnitt 2 einen eigenen Bereich von Normen zum Datenschutz im Zusammenhang mit der Nutzung von Telekommunikationsdiensten, die auch und gerade
bei den spezifischen Fragestellungen der schon erwähnten Auskunftsansprüche eine Rolle spielen (vgl. § 101 Rn. 72 ff.). Aber auch das Telemedienrecht,
also das Recht der Teledienste, die mehr inhaltlich orientierte Regelungsmate-
rie, enthält einen eigenen Abschnitt 4 zu Datenschutz (s. a. zu beiden die einschlägigen Kommentierungen der genannten Gesetze).

In diesem Zusammenhang wird auch immer wieder eingewandt, das Urheber-　**87**
recht gefährde die Informationsfreiheit; jedenfalls seien daher seine Begrifflichkeiten wie die Werkqualität oder aber einzelne Anspruchsgrundlagen, streng
auszulegen. Diese Fragen stehen zunehmend im Zusammenhang mit der Nutzung von Datenbanken im Brennpunkt (vgl. Vor §§ 87a ff. Rn. 36 f.; instruktiv
aus Sicht der US-amerikanischen Verfassung US Court of Appeals for the 10th
Circuit GRUR Int. 2008, 355).

7. Persönlichkeitsrechte, insbesondere Recht am eigenen Bild

Persönlichkeitsrechte Dritter haben immer **Vorrang** vor dem UrhG. Das gilt　**88**
sowohl im Verhältnis des allgemeinen Persönlichkeitsrechts (vgl. Vor §§ 12 ff.

Rn. 14 f.) zum Urheberrecht als auch umgekehrt im Verhältnis der persönlichkeitsrechtlichen Befugnisse des Urhebers (vgl. Vor §§ 12 ff. Rn. 3 ff.) zu Rechten Dritter, gleichviel, ob diese Rechte aus dem UrhG oder aus anderen Rechtsnormen hergeleitet werden. Wird z. B. das Gemälde einer nur mit blauen Perlen bekleideten jungen Frau ohne deren Einwilligung ausgestellt, so geht das Recht der Abgebildeten auf Achtung ihrer Persönlichkeit (§§ 22, 23 KUG; vgl. Rn. 89) dem Ausstellungsrecht des Künstlers aus § 18 vor. Wird durch den Zeicheninhaber in das von einem Künstler entworfene Bildzeichen eingegriffen, so lässt sich mit dem MarkenG gegen das Entstellungsverbot aus § 14 nichts ausrichten. Treffen mehrere Persönlichkeitsrechte zusammen, so hat eine Güter- und Interessenabwägung stattzufinden, die regelmäßig zur Durchsetzung des allgemeinen gegenüber dem Sonder-Persönlichkeitsrecht führt: Ein Urheber, der mit seinem Werk einen Dritten beleidigt oder dessen Intimsphäre verletzt hat, muss sich trotz des § 14 zu einer Änderung der Wesenszüge seines Werkes bequemen; wer eine frühere Liebesbeziehung dergestalt in einem Roman verarbeitet, dass die ehemalige Geliebte identifizierbar ist, sie diffamiert sowie in herabwürdigender Weise geschildert wird, ist trotz verfassungsrechtlich garantierter Kunstfreiheit dazu verpflichtet, das Persönlichkeitsrecht der dargestellten Person zu achten und muss die Romanfigur so verfremden, dass sie sich als Kunstfigur verselbstständigt und nicht mehr erkennbar ist (BVerfG GRUR 2007, 1085, 1087 ff. Tz. 68 ff. – *Esra*).

89 Das Recht am eigenen Bild, das einen kodifizierten Ausschnitt des allgemeinen Persönlichkeitsrechts darstellt, betrifft nicht eine urheberrechtlich relevante Leistung, sondern schützt die Rechte des Abgebildeten auf einer Fotografie oder einem sonstigen Bildnis wie z. B. einem Gemälde. Das Recht am eigenen Bild ist in den §§ 22–24 und 33–50 KUG geregelt, das insoweit also auch nach der Urheberrechtsreform von 1965 (vgl. Rn. 26) fortbesteht. Gem. § 22 KUG dürfen Bildnisse (vgl. § 60 Rn. 7) nur mit Einwilligung des Abgebildeten verbreitet oder öffentlich zur Schau gestellt werden. Der Schutz läuft bis 10 Jahre nach dem Tode des Abgebildeten (§ 22 S. 2), allerdings kann auch noch ein längerer Schutz auf der Basis eines allgemeinen „postmortalen Persönlichkeitsrechts" bestehen (BGH GRUR 1995, 668, 670 f. – *Emil Nolde* sowie nachfolgend BGH GRUR 2006, 252, 253 – *postmortaler Persönlichkeitsschutz*; BGH GRUR 2000, 709, 713 – *Marlene Dietrich*; BGH GRUR 2000, 715, 717 – *Der blaue Engel*). § 23 KUG enthält umfangreiche Ausnahmen zum Recht am eigenen Bild: Danach dürfen Bildnisse auch ohne die erforderliche Einwilligung verbreitet und öffentlich zur Schau gestellt werden, wenn es sich um Bildnisse aus dem Bereich der Zeitgeschichte handelt (Nr. 1), wobei die abgebildeten Personen absolute Personen der Zeitgeschichte sein können, das sind solche, die dauerhaft im Fokus der Öffentlichkeit stehen, oder relative Personen der Zeitgeschichte, die nur wegen eines bestimmten Ereignisses vorübergehend in die Öffentlichkeit geraten, wenn die Personen auf den Bildern nur als Beiwerk neben einer Landschaft oder sonstigen Örtlichkeit erscheinen (Nr. 2), wenn es sich um Bilder von Versammlungen, Aufzügen oder ähnlichen Vorgängen, an denen die dargestellten Personen teilgenommen haben, handelt (Nr. 3), worunter z. B. auch Sportveranstaltungen fallen, oder wenn die Verbreitung oder öffentliche Zurschaustellung des Bildnisses einem höheren Interesse der Kunst dient (Nr. 4). Die Ausnahmen gelten gem. § 23 Abs. 2 KUG aber nur dann, wenn durch die Abbildung kein berechtigtes Interesse des Abgebildeten verletzt wird; eine solche Interessenverletzung wird beispielsweise immer dann angenommen, wenn eine Verwendung zu Werbezwecken oder auf Produkten erfolgt (BGH GRUR 2000, 715, 716 f. – *Der blaue Engel*; grundlegend schon BGH GRUR 1961, 138, 139 f. – *Familie Schölermann*) oder die Intimsphäre des Abgebildeten verletzt wird; insbesondere die Rechtsprechung zur Verletzung der Privat- und Intimsphäre Prominenter ist zahlreich (s. nur BGH GRUR

2007, 527, 527 ff. – *Winterurlaub* zu Caroline von Monaco). Das Recht am eigenen Bild ist ausführlich dargestellt bzw. kommentiert bei Dreier/Schulze/ *Specht*[5] §§ 22–24 KUG; Loewenheim/*Schertz* § 18; Schricker/Loewenheim/ *Götting*[4] im Anhang zu § 60; Wandtke/Bullinger/*Fricke*[4] §§ 22–24 KUG.

8. Kartellrecht

Zum Verhältnis des Kartellrechts zum Urheberrecht vgl. Vor §§ 31 ff. **90** Rn. 56 ff., 222 (Art. 81 EG, 1 GWB) und vgl. Vor §§ 31 ff. Rn. 83 ff. (Art. 82 EG, §§ 19, 20 GWB).

9. Bürgerliches Recht

a) **Sacheigentum:** Im Verhältnis zum **Sacheigentum** und zu den anderen **Imma-** **91** **terialgüterrechten** (dazu eingehend *v. Gamm* Einf. 132 ff.) ist das Urheberrecht gleichrangig. Das Eigentumsrecht darf an Gegenständen, die ein urheberrecht-lich geschütztes Werk verkörpern, nur unbeschadet des Urheberrechts ausgeübt werden (§ 903 BGB); die Sachherrschaft des Eigentümers findet daher in der Regel dort ihre Grenze, wo sie Urheberrechte verletzt (so wörtlich BGH GRUR 1995, 674, 675 – *Mauer-Bilder*). Einzelheiten vgl. § 14 Rn. 9 ff.

b) **Sonstige Vorschriften des bürgerlichen Rechts** *(Czychowski):* Die Regelun- **92** gen des BGB ergänzen die zivilrechtlichen Normen des UrhG, sofern das UrhG nicht abschließend ist. Das gilt z. B. für die Vererbung des Urheberrechts (vgl. § 28 Rn. 5 ff., 16). Da das **Urhebervertragsrecht** im UrhG nur teilweise geregelt ist (vgl. Vor §§ 31 ff. Rn. 4, 18 f., 30 f.), kommen die relevanten Regelungen des BGB auch hier ergänzend zur Anwendung (vgl. Vor §§ 31 ff. Rn. 163 ff.). Für **gesetzliche Schuldverhältnisse** aufgrund UrhG gilt das BGB ebenfalls ergän-zend (vgl. § 97 Rn. 3, 225). Zu **Ansprüchen aus BGB,** die mit urheberrechtli-chen Ansprüchen aus §§ 97 ff. UrhG konkurrieren, insbesondere Bereiche-rungsrecht und GoA, vgl. § 97 Rn. 2.

Teil 1 Urheberrecht

Abschnitt 1 **Allgemeines**

§ 1 **Allgemeines**

Die Urheber von Werken der Literatur, Wissenschaft und Kunst genießen für ihre Werke Schutz nach Maßgabe dieses Gesetzes.

1 Abweichend vom früheren Recht (§ 1 LUG, § 1 KUG), das *den Urhebern* schlechthin Schutz gewährte, und im Gegensatz zum Referenten- und zum Ministerialentwurf, die *die Werke* schützen wollten, findet § 1 die zutreffende Formulierung, dass die Urheber für ihre Werke Schutz genießen, und verweist die nähere Definition der zu schützenden Werke in die nachfolgenden Bestimmungen. Damit wird der personenbezogene Zweck des Gesetzes deutlich. Es schützt nicht etwa das Werk als *abstractum*, als einen von der Person seines Schöpfers losgelösten, selbständigen Rechtsgegenstand; ein solcher Schutz würde dem jeweiligen Eigentümer des Werkstücks oder dem jeweiligen Inhaber von Nutzungsrechten am Werk zugute kommen. Der Zweck des Gesetzes ist vielmehr der Schutz des Urhebers selbst: *Nicht das Werk, auf das sich der Schutz bezieht, sondern die Person des Urhebers steht im Vordergrund* (RegE UrhG 1962 – BT-Drs. IV/270, S. 37). Von dieser Wertentscheidung zugunsten des Urhebers ist bei der Auslegung und Anwendung des UrhG auszugehen. Sie hat zur Folge, dass allgemein *im Zweifel zugunsten des Urhebers* zu entscheiden ist (ebenso Dreier/Schulze/*Schulze*[5] Rn. 2; *Gerlach* GRUR 1976, 613, 615: „in dubio pro auctore"; zweifelnd Schricker/Loewenheim/*Schricker*[5] Rn. 4, der diese Regel für „zu schematisch" hält). Das gilt sowohl bei der Abwägung einander widerstreitender Interessen von Urheber und Verwerter als auch bei der Entscheidung darüber, ob ein bestimmtes geistiges Produkt noch urheberrechtlich schutzfähig ist oder schon nicht mehr. Schulbeispiel für den ersten Fall ist die Entwicklung der Zweckübertragungstheorie durch die Rechtsprechung, die eine weit über die allgemeinen Regeln der §§ 133, 157 BGB hinausgehende Vertragsauslegung zugunsten des Urhebers ermöglicht (vgl. § 31 Rn. 108 ff.; vgl. § 31a Rn. 9; vgl. § 32 Rn. 17 a. E.). Der zweite Fall findet seinen Niederschlag in der Anerkennung der sog. „kleinen Münze" im Urheberrecht (vgl. § 2 Rn. 30). Zum Begriff des Urhebers s. § 7.

2 Die Werke müssen der Literatur, der Wissenschaft oder der Kunst angehören. Man kann darüber streiten, ob diese Terminologie glücklich ist. Die Zusammenfassung von Ton- und Bildkunst unter dem Begriff „Kunst" ist willkürlich. Aus der besonderen Erwähnung der Wissenschaft folgert *Ulmer*, Urheber- und VerlagsR[3] S. 12 f., dass die Wissenschaft andere (geringere) Schutzvoraussetzungen hat als die (sonstige) Literatur, insbesondere keinen ästhetischen Gehalt aufweisen muss (ebenso *Wilhelm Nordemann* FS Roeber II S. 297, 300; anders *v. Gamm* WRP 1969, 96, 99; wie hier eingehend *Hoffmann* S. 112 ff. und *v. Moltke* S. 200 ff.). Dem Gesetzgeber lag zugleich daran, sich der internationalen Terminologie (Art. I WUA, Art. 2 RBÜ) anzupassen (RegE UrhG 1962 – BT-Drs. IV/270, S. 37).

3 In der Feststellung, dass die Urheber für ihre Werke Schutz genießen, liegt die Anerkennung des geistigen Eigentums der Urheber an ihren Schöpfungen durch den Gesetzgeber. Dazu eingehend BGH GRUR 1955, 492, 496 – *Grundig-Reporter* mit Nachweisen; ferner BVerfG GRUR 1972, 481 – *Kirchen- und Schulgebrauch;* BVerfG GRUR 1972, 487 – *Schulfunksendungen;* BVerfG GRUR 1972, 488 – *Tonbandvervielfältigungen;* BVerfG GRUR 1972, 485 –

Bibliotheksgroschen; BVerfG GRUR 1972, 491 – *Schallplatten;* BVerfG GRUR 1980, 44 – *Kirchenmusik;* BVerfG NJW 1992, 1303 – *Leerkassettenabgabe;* BVerfG GRUR 1989, 193, 196 – *Vollzugsanstalten;* für die Leistungsschutzrechte der Tonträgerhersteller BVerfG GRUR 1990, 183 – *Vermietungsvorbehalt;* für die Leistungsschutzrechte ausübender Künstler BVerfG GRUR 1990, 438 – *Bob Dylan;* BGH GRUR 1986, 376 – *Filmmusik; Hubmann* GRUR Int. 1973, 270 und ZUM 1988, 4; *Maunz* GRUR 1973, 107; *v. Gamm* UFITA 94 [1982], 73; *Deutsche Vereinigung für Gewerblichen Rechtsschutz und Urheberrecht* GRUR 1980, 1060, 1065; Schricker/Loewenheim/*Loewenheim*[5] Einl. Rn. 10; *Söllner* FS Traub S. 367; anders neuerdings *Rehbinder/Peukert*[17] Rn. 137 ff., die geistiges Eigentum als „ideologischen Kampfbegriff" ablehnen und den Begriff „Werkherrschaft" vorziehen dagegen wiederum *Fedor Seifert* FS Piper S. 769 und *Schack,* Urheber- und UrhebervertragsR[7] Rn. 23; zur Entwicklungsgeschichte *Forkel* NJW 1997, 1672. Wie schon BGH GRUR 1955, 492, 502 – *Grundig-Reporter* zutreffend feststellt, ist für die Auslegung aller urheberrechtlichen Gesetzesbestimmungen der Rechtsgedanke maßgebend, dass die Herrschaft des Urhebers über sein Werk die natürliche Folge seines geistigen Eigentums ist.

Daraus folgt auch, dass der Urheber beanspruchen kann, für jede Nutzung **4** seines Werkes ein Entgelt zu erhalten, auch wenn diese keinen wirtschaftlichen Ertrag abwirft (BGH GRUR 1955, 492, 502 – *Grundig-Reporter; Schricker/ Katzenberger* GRUR 1985, 87, 92 f.; *Kreile* FuR 1976, 599, 600; Schricker/ Loewenheim/*Loewenheim*[5] Einl. Rn. 13 und Schricker/Loewenheim/*Reinbothe*[5] Rn. 7 zu dem bis 31.5.2016 gültigen § 13 UrhWahrnG, jetzt §§ 28 f. VGG m.w.N). Inzwischen findet dieser Grundsatz auch im Gesetz selbst in den §§ 11 S. 2 und 32 Ausdruck. Im Anschluss an die Begr RegE UrhG 1962 (BT-Drs. IV/ 270, S. 30) bezeichnet der Bundesgerichtshof immerhin den – etwas engeren – Grundsatz, dass der Urheber tunlichst an dem wirtschaftlichen Nutzen seines Werkes zu beteiligen ist, als *tragenden Leitgedanken des Urheberrechts* (ständige Rechtsprechung, s. nur BGH GRUR 1995, 674, 675 – *Mauer-Bilder* m. w. N.); er ist nunmehr in § 11 S. 2 kodifiziert. Da das geistige Eigentum des Urhebers ein naturgegebenes Recht ist, das durch die positive Gesetzgebung nur seine Anerkennung und Ausgestaltung findet (BGH GRUR 1955, 492, 502 – *Grundig-Reporter*), wird diese Rechtsstellung des Urhebers nur durch die Sozialbindung begrenzt, der jedes Eigentumsrecht nach Art. 14 Abs. 1 S. 2 GG unterliegt (BVerfG GRUR 1972, 481, 483 – *Kirchen und Schulgebrauch*; so auch die übrigen vorstehend zitierten Entscheidungen des Bundesverfassungsgerichts). Diese kann im Einzelfall dazu führen, dass das dem Urheber zustehende umfassende Herrschaftsrecht an seinem Werk für bestimmte Nutzungsvorgänge zu beschränken ist, dies freilich nur, soweit es im Interesse der Allgemeinheit *unumgänglich* erscheint; das geistige Eigentum steht schon wegen Art. 14 Abs. 1 GG nicht zur beliebigen Disposition des Gesetzgebers (vgl. Einl. UrhG Rn. 64 ff.).

Der Gesetzgeber darf also, wenn es denn gar nicht anders geht, *ausnahmsweise* **5** eine dem Urheber vorbehaltene Nutzungsart in eine erlaubnisfreie Nutzung für jedermann umwandeln mit der Maßgabe, dass dem Urheber für die Nutzung eine *angemessene* Vergütung zu zahlen ist. Er darf freilich weder das bestehende System der ausschließlichen Verwertungsrechte durch ein System von Vergütungsansprüchen ersetzen (*Wilhelm Nordemann* GRUR 1979, 280; *Boytha* GRUR Int. 1983, 379) noch gar den Vergütungsanspruch unangemessen mindern oder ganz ausschließen; dergleichen könnte allenfalls durch solche Gemeinwohlerwägungen gerechtfertigt sein, denen auch bei Beachtung des Grundsatzes der Verhältnismäßigkeit der Vorrang vor dem grundrechtlich geschützten Anspruch des Urhebers zukommt (so wörtlich BVerfG GRUR 1980, 44, 48 – *Kirchenmusik;* s. a. *Krüger-Nieland* FS Oppenhoff S. 173 und die Kri-

tik an BVerfG GRUR 1989, 193, 196 – *Vollzugsanstalten* unsere 9. Aufl. Vor
§ 45 Rn. 10 sowie von *Seifert* FS Reichardt S. 225 ff. und *Kreile* GEMA-Jahrbuch 1992 S. 48 ff.).

Abschnitt 2 Das Werk

§ 2 Geschützte Werke

(1) Zu den geschützten Werken der Literatur, Wissenschaft und Kunst gehören insbesondere:
1. **Sprachwerke, wie Schriftwerke, Reden und Computerprogramme;**
2. **Werke der Musik;**
3. **pantomimische Werke einschließlich der Werke der Tanzkunst;**
4. **Werke der bildenden Künste einschließlich der Werke der Baukunst und der angewandten Kunst und Entwürfe solcher Werke;**
5. **Lichtbildwerke einschließlich der Werke, die ähnlich wie Lichtbildwerke geschaffen werden;**
6. **Filmwerke einschließlich der Werke, die ähnlich wie Filmwerke geschaffen werden;**
7. **Darstellungen wissenschaftlicher oder technischer Art, wie Zeichnungen, Pläne, Karten, Skizzen, Tabellen und plastische Darstellungen.**

(2) Werke im Sinne dieses Gesetzes sind nur persönliche geistige Schöpfungen.

Übersicht   Rn.

I. Allgemeines

1. Bedeutung, Sinn und Zweck der Norm, systematische Stellung im Gesetz

Das Werk ist der zentrale Begriff des UrhG und damit gleichsam **das Tor zum** **1** **Urheberrecht**: Nur ein Werk, das die Voraussetzungen von § 2 erfüllt, genießt urheberrechtlichen Schutz. § 2 zählt im Rahmen seines Beispielkataloges in Abs. 1 zunächst die Werkarten auf, die einem Urheberrechtsschutz grundsätzlich zugänglich sind; in Abs. 2 definiert er dann das Werk als „persönliche geistige Schöpfung". § 2 ist zwar die Zentralnorm des UrhG für den Werkschutz. Gleichwohl finden sich auch in anderen Normen auf § 2 aufbauende

Unterfälle: § 3 stellt klar, dass auch Übersetzungen und andere Bearbeitungen eines Werkes wie selbständige Werke geschützt werden, § 4 definiert die Sammelwerke und als Unterfall davon das Datenbankwerk; schließlich enthält § 69a besondere Bestimmungen über den Schutz der Computerprogramme und definiert in Abs. 3, unter welchen Voraussetzungen ein Computerprogramm Individualität besitzt und damit als Werk im Sinne von § 2 anzusehen ist.

2 Werke können nur solche der **Literatur, Wissenschaft** und **Kunst** sein. Diese Begriffe besitzen für den Werkbegriff aber nur insoweit Bedeutung, als sie eine Ab- und Eingrenzung der urheberrechtlichen Schutzbereiche vor allem zu den technischen Schutzrechten gewährleisten sollen (Dreier/Schulze/*Schulze*[5] § 1 Rn. 4 und 6; Schricker/Loewenheim/*Loewenheim*[5] Rn. 2 und 5). Unterfällt eine geistige Leistung einer der in dem Beispielskatalog des Abs. 1 aufgeführten Werkkategorien, bedarf es keiner tatsächlichen Feststellung, ob Literatur, Wissenschaft oder Kunst vorliegt. Soweit allerdings im Bereich der angewandten Kunst die Gestaltung eines Gebrauchsgegenstandes in Frage steht, ist regelmäßig abzugrenzen zwischen technisch bedingten Merkmalen, die nicht urheberrechtlich schutzfähig sind und den ästhetischen Merkmalen, die durch eine künstlerische Leistung geschaffen worden sind (i. E. vgl. Rn. 45a und BGH GRUR 2012, 58, 60 Tz. 20 ff. – *Seilzirkus*). Der Bundesgerichtshof versteht unter einer künstlerischen Betätigung die freie schöpferische Gestaltung, in der Eindrücke, Erfahrungen und Erlebnisse des Künstlers durch das Medium einer bestimmten Formensprache zu unmittelbarer Anschauung gebracht werden; es handele sich um ein Ineinander von bewussten und unbewussten Vorgängen, die rational nicht aufzulösen seien. Beim künstlerischen Schaffen wirkten Intuition, Fantasie und Kunstverstand zusammen, wobei Kunst nicht primär Mitteilung, sondern Ausdruck sei, und zwar der individuellen Persönlichkeit des Künstlers (BGH GRUR 2012, 819, 820 f. Tz. 17 – *Blühende Landschaften*). Die Frage, ob eine Gestaltung als Kunst anzusehen ist oder nicht, spielt aber – wie erwähnt – im Normalfall der urheberrechtlichen Prüfung keine Rolle, sondern nur im Grenzbereich zwischen Urheberrecht und Technik oder dann, wenn es um den erweiterten Anwendungsbereich des Zitatrechts im Hinblick auf Kunstwerke geht (vgl. § 51 Rn. 31 ff. und BGH GRUR 2012, 819, 820 Tz. 14 und 17 ff. – *Blühende Landschaften*).

3 Neben dem Werkschutz gewährt das UrhG **verwandte Schutzrechte**. Es handelt sich hierbei regelmäßig um Leistungen, die keine persönlichen geistigen Schöpfungen darstellen und damit nicht als Werke qualifiziert werden können, aber im Zusammenhang mit, bei der Aufführung oder dem Vortrag von Werken erbracht werden oder einen Unterbauschutz zu bestimmten Werkkategorien darstellen: So gewähren die verwandten Schutzrechte der §§ 70 und 71 UrhG Schutz an bestimmten Leistungen im Zusammenhang mit gemeinfreien Werken, schützen die §§ 82, 85, 87, 87a, 87f und 94 UrhG die unternehmerische Leistung der Bühnen- und Konzertunternehmen, Tonträgerhersteller, Sendeunternehmen, Datenbankhersteller, der Presseverleger und Filmhersteller, § 73 den ausübenden Künstler, also den Sänger, Musiker oder Schauspieler, der ein Werk darbietet und gewähren schließlich die §§ 72, 87a und 95 UrhG Schutz für einfache Fotografien, Datenbanken und Filme, die dem Werkschutz nicht zugänglich sind, weil ihnen die persönliche geistige Schöpfung fehlt. Die verwandten Schutzrechte der §§ 70–95 UrhG, die im Sprachgebrauch auch **Leistungsschutzrechte** genannt werden, besitzen keine zentrale Schutznorm wie der Werkschutz mit § 2; ihre besonderen Schutzvoraussetzungen sind deshalb den jeweiligen Normen zu entnehmen.

2. Früheres Recht

4 Vor dem Inkrafttreten des UrhG am 1. Januar 1966 war der urheberrechtliche Werkschutz in zwei verschiedene Gesetze aufgeteilt: So schützte das Gesetz betreffend das Urheberrecht an Werken der Literatur und der Tonkunst vom 19. Juni 1901 (RGBl. S. 227) – allgemein **Literatururhebergesetz** (LUG) genannt – „die Urheber von Schriftwerken und solchen Vorträgen oder Reden, welche dem Zwecke der Erbauung, der Belehrung oder der Unterhaltung dienen" (§ 1 Abs. 1 Nr. 1 LUG), „die Urheber von Werken der Tonkunst" (§ 1 Abs. 1 Nr. 2 LUG) und „die Urheber von solchen Abbildungen wissenschaftlicher oder technischer Art, welche nicht ihrem Hauptzweck nach als Kunstwerke zu betrachten sind. Zu den Abbildungen gehören auch plastische Darstellungen" (§ 1 Abs. 1 Nr. 3 LUG). Choreographische und pantomimische Werke wurden wie Schriftwerke geschützt, allerdings nur dann, wenn der Bühnenvorgang festgelegt war (§ 1 Abs. 2 LUG). Demgegenüber wurde die Bildkunst und die Fotografie über das Gesetz betreffend das Urheberrecht an Werken der bildenden Künste und der Photographie vom 9. Januar 1907 (RGBl. S. 7) – allgemein **Kunsturhebergesetz** (KUG) genannt – geschützt, und zwar sowohl die Werke der bildenden Künste und der Fotografie (§ 1 KUG) als auch „Erzeugnisse des Kunstgewerbes" und „Bauwerke, soweit sie künstlerische Zwecke verfolgen", die insoweit den Werken der bildenden Künste gleichgestellt wurden (§ 2 KUG).

Auch wenn weder LUG noch KUG eine Definition des Werkes wie § 2 Abs. 2   **5** UrhG enthielten, ist doch davon auszugehen, dass zwischen UrhG einerseits und LUG sowie KUG andererseits **keine grundsätzlichen Unterschiede in der Definition des Werkes** bestanden (Schricker/Loewenheim/*Katzenberger/Loewenheim*[5] § 129 Rn. 13). Auch unter Geltung von LUG und KUG mussten alle Werke Individualität besitzen, im Sinne einer Schöpfung geschaffen, sinnlich wahrnehmbar sein und sich von dem Vorbekannten abheben (*Ulmer*, Urheber- und VerlagsR[3] S. 81 f.; *Allfeld*[2] § 1 LUG Rn. 9 f.; *Elster* S. 94 ff. und S. 178 ff.). Ein Unterschied besteht lediglich beim Schutz der pantomimischen Werke und der Werke der Tanzkunst: Während § 1 Abs. 2 LUG ihren Schutz von einer Festlegung abhängig machte, ist dies gem. § 2 Abs. 1 Nr. 3 UrhG nicht mehr erforderlich (vgl. Rn. 133).

Nach der **Übergangsbestimmung des** § 129 sind die Vorschriften des UrhG   **6** auch auf die vor seinem Inkrafttreten geschaffenen Werke anzuwenden, es sei denn, dass die urheberrechtliche Schutzfrist zu diesem Zeitpunkt bereits abgelaufen war (§ 129 Abs. 1 S. 1; Einzelheiten s. dort). Soweit sich seit dem Inkrafttreten des UrhG Änderungen bei den Anforderungen an die Schutzfähigkeit bestimmter Werke ergeben haben, wie dies beispielsweise § 69a Abs. 3 für die Computerprogramme durch eine deutliche Absenkung der Gestaltungshöhe mit sich gebracht hat (vgl. Rn. 32 und vgl. § 69a Rn. 14, 16 ff.), gilt die Neuregelung gleichermaßen auch für vor ihrem Inkrafttreten geschaffene Werke (§ 137d Abs. 1).

3. EU-Richtlinien

In der Europäischen Union ist das Urheberrecht bislang nur stückweise harmoni-   **7** siert (vgl. Einl. UrhG Rn. 37). Dies gilt auch für den Werkbegriff: Es sind bislang lediglich drei EU-Richtlinien ergangen, die Regelungen zum Werkbegriff enthalten, und zwar die Software-RL zu **Computerprogrammen**, die Schutzdauer-RL in einem Nebenregelungsbereich zu **Fotografien** (Hauptregelungsbereich: Schutzdauer des Urheberrechts) und die Datenbank-RL zu **Datenbanken**. In ihrem jeweiligen Regelungsbereich bestimmen die Richtlinien zum Werkbegriff, dass bei Computerprogrammen, Fotografien und Datenbanken jede eigene geistige Schöpfung als individuelles Werk anerkannt und urheberrechtlich geschützt werden muss; zur Bestimmung ihrer Schutzfähigkeit dürfen keine anderen Kriterien angewendet werden. Im Hinblick auf Computerprogramme hat der deutsche Gesetzgeber die Vorgabe der Richtlinie in § 69a Abs. 3 UrhG direkt umgesetzt (Art. 1 Abs. 3 der Software-RL; abgedruckt im Anhang V1). Die entsprechenden Vorga-

ben der Schutzdauer-RL zu Fotografien (Art. 6; abgedruckt im Anhang V4) und
der Datenbank-RL (Art 3 Abs. 1, abgedruckt im Anhang V1) sind nicht direkt in
das UrhG eingeflossen, weil der deutsche Gesetzgeber davon ausging, dass das
UrhG den Vorgaben der Richtlinien bereits entsprach.

7a   Allerdings geht der EuGH offensichtlich von einem **europäischen Werkbegriff**
aus: So hat er in fünf aktuellen Entscheidungen zu Zeitungsartikeln, der grafischen
Benutzeroberfläche eines Computerprogramms, einer Fotografie, dem Benutzerhandbuch zu einem Computerprogramm und zu den Spielplänen für die Begeg-
nungen der englischen und der schottischen Fußballmeisterschaft die Grundsätze
der drei genannten Richtlinien übertragen und festgehalten, dass ein Werk im
Sinne des Urheberrechts immer dann vorliege, wenn es sich bei ihm um eine eigene
geistige Schöpfung seines Urhebers handele (EuGH GRUR Int. 2010, 35, 39
Tz. 37 – *Infopaq*; EuGH GRUR Int. 2011, 148, 151 Tz. 45 – *Benutzeroberfläche*;
EuGH GRUR 2012, 166, 168 Tz. 87 – *Painer*; EuGH GRUR 2012, 814, 816
Tz. 65 und 67 – *SAS Institute*; EuGH GRUR 2012, 386, 388 Tz. 37 f. – *Football
Dacato/Yahoo*). Der EuGH begründet seinen Ansatz mit Art. 2 lit. a Info-RL, aus
dem folge, dass das Schutzobjekt des Urheberrechts ein Werk sei; sodann folgert
er aus Art. 2 Abs. 5 und 8 RBÜ, dass es sich bei Werken der Literatur und Kunst
um geistige Schöpfungen handeln müsse. Da auch Art. 1 Abs. 3 Software-RL,
Art. 3 Abs. 1 Datenbank-RL und Art. 6 Schutzdauer-RL Computerprogramme,
Datenbanken oder Fotografien als Werke nur dann schützten, wenn es sich bei
ihnen um eigene geistige Schöpfungen ihres Urhebers handele und auch die Info-
RL, die einen harmonisierten Rechtsrahmen des Urheberrechts festlege, gem.
ErwG 4, 9–11 und 20 auf dem selben Grundsatz beruhe, sei das Urheberrecht generell auf ein solches Schutzobjekt anzuwenden, bei dem es sich um ein Original in
dem Sinne handele, dass es eine eigene geistige Schöpfung seines Urhebers darstelle
(EuGH GRUR Int. 2010, 35, 39 Tz. 33–37 – *Infopaq*; nachfolgend unter Berufung darauf EuGH GRUR Int. 2011, 148, 151 Tz. 45 – *Benutzeroberfläche*;
EuGH GRUR 2012, 166, 168 Tz. 87 – *Painer*). Die Auffassung des EuGH ist zwar
insoweit bedenklich, als der Werkbegriff tatsächlich nur für einzelne Werkarten
harmonisiert ist und weder die Schutzdauer-RL noch die Info-RL eine Harmonisierungsvorgabe auch für die Schutzvoraussetzungen des Urheberrechts enthalten
(s. a. *Jan Bernd Nordemann* FS Schwarz S. 97, 99). Dem EuGH ist aber zuzugestehen, dass das Schutzobjekt des Urheberrechts ein einheitliches sein muss, weil der
einheitliche Rechtsrahmen, der nicht nur durch die Info-RL, sondern auch durch
die Schutzdauer-RL geschaffen worden ist, ansonsten doch uneinheitlich bleiben
würde. Es ist daher mit dem EuGH zukünftig von einem europäischen Werkbegriff auszugehen, der lediglich voraussetzt, dass eine eigene geistige Schöpfung des
Urhebers vorliegt. Eine Ausnahme hiervon dürfte lediglich im Bereich der angewandten Kunst bestehen, weil die Geschmacksmuster-RL in ErwG 8 den Mitgliedsstaaten ausdrücklich freistellt, den Umfang des urheberrechtlichen Schutzes
und seine Voraussetzungen für den Bereich der angewandten Kunst festzulegen
(hierzu i. E. vgl. Rn. 150 f.).

4. Internationales Urheberrecht

8   Der Schutz der Werke nach den internationalen Konventionen richtet sich vor
allem nach der **Revidierten Berner Übereinkunft** (**RBÜ**), dem Übereinkommen
über handelsbezogene Aspekte der Rechte des geistigen Eigentums (**TRIPS**)
und dem **Welturheberrechtsabkommen** (**WUA**). Einzelheiten zu diesen Konventionen sowie weiteren internationalen Verträgen vgl. Einl. UrhG Rn. 46 ff.
und vgl. Vor §§ 120 ff. Rn. 12 ff. Art. 2 Abs. 1 RBÜ enthält eine Definition der
„Werke der Literatur und Kunst", nach der hiervon umfasst sind

*„alle Erzeugnisse auf dem Gebiet der Literatur, Wissenschaft und Kunst, ohne Rück-
sicht auf die Art und Form des Ausdrucks, wie: Bücher, Broschüren und andere Schriftwerke; Vorträge, Ansprachen, Predigten und andere Werke gleicher Art; dramatische*

oder dramatisch-musikalische Werke; choreographische Werke und Pantomimen; musikalische Kompositionen mit oder ohne Text; Filmwerke einschließlich der Werke, die durch ein ähnliches Verfahren wie Filmwerke hervorgebracht sind; Werke der zeichnenden Kunst, der Malerei, der Baukunst, der Bildhauerei, Stiche und Lithographien; photographische Werke, denen Werke gleichgestellt sind, die durch ein der Photographie ähnliches Verfahren hervorgebracht sind, Werke der angewandten Kunst; Illustrationen, geographische Karten; Pläne, Skizzen und Darstellungen plastischer Art auf dem Gebieten der Geographie, Topographie, Architektur und Wissenschaft."

Art. 2 Abs. 3 RBÜ stellt klar, dass auch Übersetzungen, Bearbeitungen, musikalische Arrangements und andere Umarbeitungen eines Werkes der Literatur oder Kunst den gleichen Schutz wie die ihnen zugrunde liegenden Originalwerke genießen. Daneben werden auch Sammlungen von Werken der Literatur oder Kunst wie beispielsweise Enzyklopädien und Anthologien dem Werkschutz unterstellt (Art. 2 Abs. 5 RBÜ). Auch die RBÜ versteht wohl unter einem Werk nur eine „persönliche geistige Schöpfung" (*Wilhelm Nordemann/Vinck/Hertin* Art. 2 RBÜ Rn. 1), wobei sich allerdings die Prüfung, was als Werk anzusehen ist, im Einzelfall nach dem **Recht des Schutzlandes** richtet, also des Landes, in dem der Schutz für die urheberrechtlich relevante Schöpfung beansprucht wird (*Wilhelm Nordemann/Vinck/Hertin* Art. 2 RBÜ Rn. 1; Einzelheiten vgl. Vor §§ 120 ff. Rn. 2 f., 6 f., 15; dies gilt auch nach dem deutschen internationalen Privatrecht s. BGH GRUR 2015, 264, 265 Tz. 24 – *Hi Hotel II*; OLG Frankfurt GRUR 2014, 863, 864 – *Jesus-Wachträumerin*). Den einzelnen Verbandsländern ist durch Art. 2 RBÜ jedoch vorbehalten, nur solche Werke der Literatur und Kunst zu schützen, die auf einem materiellen Träger festgelegt sind (Art. 2 Abs. 2 RBÜ) und die Werke der angewandten Kunst nur einem Schutz über das Designrecht zu unterwerfen (Art. 2 Abs. 7 RBÜ). Der konventionsrechtliche Schutzanspruch beschränkt sich auf den Katalog in Art. 2 RBÜ. Die Aufzählung der einzelnen Werkarten ist jedoch insoweit nicht erschöpfend, als der Verbandsurheber Schutz unter Gesichtspunkt der Inländerbehandlung auch für solche Werkarten beanspruchen kann, die in Art. 2 RBÜ nicht genannt sind, jedoch vom inländischen Recht darüber hinausgehend geschützt werden (Art. 19 RBÜ; *Wilhelm Nordemann/Vinck/Hertin* Art. 2 RBÜ Rn. 2). Erkennt das Recht des Schutzlandes eine bestimmte, im Katalog des Art. 2 Abs. 1 RBÜ genannte Werkart generell nicht als schutzfähig an, so kann sich der Verbandsurheber unmittelbar auf die RBÜ berufen; dies gilt auch dann, wenn das Recht des Schutzlandes dieser Werkart einen anderen als einen urheberrechtlichen Schutz gewährt, beispielsweise die Schöpfung einem verwandten Schutzrecht zuordnet oder sie lediglich dem Wettbewerbsrecht unterstellt (*Wilhelm Nordemann/Vinck/Hertin* Art. 2 RBÜ Rn. 3). Eine Ausnahme gilt wie erwähnt gem. Art. 2 Abs. 7 RBÜ nur für die Werke der angewandten Kunst, die auch über das Designrecht geschützt werden dürfen.

Die **TRIPS** („Trade-Related Aspects of Intellectual Property Rights") beziehen **9** über Art. 9 die Art. 1–21 RBÜ mit Ausnahme von Art. 6bis RBÜ vollständig ein und ergänzen die in Art. 2 RBÜ genannten Werkarten lediglich durch eine ausdrückliche Erwähnung der Computerprogramme und Datenbanken (Art. 10 Abs. 1 und 2 TRIPS). Es ist deshalb letztendlich die RBÜ, die das für den urheberrechtlichen Werkschutz maßgebliche internationale Übereinkommen darstellt.

Das WUA spricht demgegenüber nur von **10**

„Werken der Literatur, Wissenschaft und Kunst, wie Schriftwerken, musikalischen und dramatischen Werken, Filmwerken sowie Werken der Malerei, Stichen und Werken der Bildhauerei,"

bestimmt aber nicht näher, um welche urheberrechtlichen Werke es sich im Einzelnen handeln soll (*Wilhelm Nordemann/Vinck/Hertin* Art. I WUA Rn. 1). Da es sich aber auch bei dem „Katalog" aus Art. I WUA lediglich um einen Beispielskatalog handelt, kann letztendlich jeder Konventionsstaat bestimmen, welche Werke er in welcher Form schützen will, solange mindestens die in Art. 1 ausdrücklich genannten Werkarten geschützt werden (*Wilhelm Nordemann/Vinck/Hertin* Art. I WUA Rn. 3 f.). Auch für das WUA gilt grundsätzlich das Prinzip des Schutzlandes, d. h. die Anforderungen an den Werkbegriff richten sich grundsätzlich nach den Vorschriften des Landes, in dem Schutz beansprucht wird (*Wilhelm Nordemann/Vinck/Hertin* Art. I WUA Rn. 4).

II. Tatbestand

1. Beispielskatalog

11 § 2 Abs. 1 enthält lediglich einen **nicht erschöpfenden Beispielskatalog**; das folgt aus dem Wort „insbesondere" vor der Aufzählung der Werkarten. Ergebnisse geistiger Tätigkeit des Menschen, die den Anforderungen der „persönlichen geistigen Schöpfung" gem. Abs. 2 genügen, ohne in der Aufstellung von Abs. 1 zu erscheinen, sind demnach ebenfalls urheberrechtlich geschützte Werke. Die fortschreitende geistige, kulturelle, aber auch technische Entwicklung schafft neue Kunstgattungen und Werkformen. Schon bald nach dem Inkrafttreten des UrhG galt dies zunächst für die sog. Ton-Collagen, bei denen aus Politiker-Reden Textstellen herausgeschnitten, musikalisch unterlegt und dann rhythmisch montiert wurden (OLG München *Erich Schulze* OLGZ 178 – *Pol(h) Hitparade* m. Anm. von *Wilhelm Nordemann*), für die Tonband-Collagen mit der Mischung von Geräuschen und Musik sowie für die O-Ton-Collagen (Original-Ton-Collagen) mit einer akustischen Zusammenstellung von Interviews, Geräuschen des täglichen Lebens und elektronischen Sphärenklängen. Sodann entstand mit den Computerprogrammen eine neue Werkart von erheblicher wirtschaftlicher Bedeutung; sie sind nach anfänglichen Diskussionen, ob sie überhaupt dem Urheberrecht unterfallen, den Sprachwerken zugeordnet worden und seit der Urheberrechtsnovelle vom 24. Juni 1985 ausdrücklich in § 2 Abs. 1 Nr. 1 UrhG genannt (Einzelheiten vgl. Vor §§ 69a ff. Rn. 1). In den letzten Jahren hat die sog. Land-Art eine gewisse Bedeutung gewonnen: Christo zieht Vorhänge durch Täler oder verhüllt den Berliner Reichstag (BGH GRUR 2002, 605 – *Verhüllter Reichstag*; KG GRUR 1997, 128 – *verhüllter Reichstag*); Walter de Maria errichtet in New Mexiko ein Lightning Field, wo 400 in den Wüstenboden gerammte Stahlpfähle so angeordnet sind, dass bei den offenbar dort häufigen Gewittern faszinierende Lichterscheinungen bewirkt werden (DIE ZEIT Nr. 42 vom 9.10.1992, S. 71). Endlich hat die technische Entwicklung das Multimediawerk als neue Werkart aus Text, Ton, Bildern, Daten, Computerprogrammen und oftmals auch Musik entstehen lassen (vgl. Rn. 231). Von der Rechtsprechung demgegenüber nicht als Werke anerkannt worden sind beispielsweise die Rechen-Oberfläche einer Faxkarte (vgl. § 69a Rn. 23, 32, 47) und das Format einer Fernsehshow (vgl. Rn. 232). Es ist deshalb auch nicht notwendig, ein Werk für den urheberrechtlichen Schutz zwingend in eine der sieben Werkkategorien einzuordnen. So konnte das OLG Düsseldorf eine Kunst-Aktion von *Joseph Beuys* aus dem Jahr 1964 lediglich generell als Werk der Kunst im Sinne von § 1 UrhG einordnen, ohne eine Kategorisierung nach § 2 Abs. 1 UrhG vorzunehmen (OLG Düsseldorf GRUR 2012, 173, 174 und 175 – *Beuys-Fotoreihe*; von der Vorinstanz offen gelassen: LG Düsseldorf GRUR-RR 2011, 203, 204 – *Beuys-Aktion*; vorher schon BGH GRUR 1985, 529 – *Happening*). Lediglich bei einem Werk, das vor dem Inkrafttreten des UrhG am 1.1.1966 geschaffen worden ist, kann es auf die genaue Einordnung in eine Werkkategorie ankommen, weil Bühnenwerke nach § 1 Abs. 2 LUG schriftlich oder auf andere Weise festgelegt sein mussten (s. BGH GRUR 2014, 65, 70 Tz. 31 ff. – *Beuys-Aktion*; der BGH hat OLG Düsseldorf GRUR 2012, 173 – *Beuys-Fotoreihe* daher aufgehoben).

2. Werkbegriff (Abs. 2)

12 a) **Gesetzliche Definition:** Der Begriff der persönlichen geistigen Schöpfung in Abs. 2 stellt eine gesetzliche Definition des urheberrechtlich geschützten Werks

dar. Er ist jedoch ein **unbestimmter Rechtsbegriff**, der der Ausfüllung und Konkretisierung im Einzelfall entweder in tatsächlicher oder rechtlicher Hinsicht bedarf. Ob eine Schöpfung ein urheberrechtlich geschütztes Werk ist, kann deshalb – innerhalb des vom Gesetz vorgegebenen einheitlichen Rahmens – noch in der Revisionsinstanz nachgeprüft werden (BGH GRUR 1961, 635, 637 – *Stahlrohrstuhl I*; BVerwG NJW 1966, 2374, 2376 – *Die Rechnung ohne den Wirt*; vgl. Rn. 235).

b) Neutralität des Werkbegriffs: Der Werkbegriff ist im weitesten Sinn **zweck-, qualitäts- und aufwandsneutral.** Es ist also bei einem urheberrechtlich geschützten Werk gleichgültig, zu welchem Zweck es geschaffen wurde, wie hoch seine künstlerische, literarische oder sonst welche Qualität ist oder mit welchem Aufwand es entstand.   **13**

Zweckneutralität bedeutet, dass der Wille des Werkschöpfers, ein belehrendes, unterhaltendes, ästhetisches oder zu gebrauchendes Werk zu verfassen irrelevant ist. Was früher unter ganz anderen gesellschaftlichen und politischen Gegebenheiten ernst und erzieherisch wirken sollte, heute aber nur noch Lachen oder Unverständnis hervorruft, bleibt dennoch urheberrechtlich geschützt, wenn die erforderlichen Werkeigenschaften vorliegen und die Schutzfrist noch nicht abgelaufen ist. Auch der praktische Zweck eines Werkes, etwa einer Werbegrafik oder eines Formulars (BGH GRUR 1959, 251, 252 – *Einheitsfahrschein*) oder die völlig fehlende Zweckbestimmung durch den Urheber – etwa bei geheimen Tagebüchern – spielen für die Werkeigenschaft keine Rolle. Deshalb ist die Berücksichtigung des Gebrauchszwecks von Sprachwerken einerseits und von Darstellungen wissenschaftlicher oder technischer Art andererseits, wie sie einige neue Entscheidungen des Bundesgerichtshofs bei der Beurteilung der Werkqualität vornehmen, unrichtig (vgl. Rn. 60 ff. und 211).   **14**

Der Zweck, zu dem ein Werk erschaffen wurde, kann bei der Einordnung in eine bestimmte Werkkategorie hilfreich sein; er darf aber grundsätzlich nicht dazu führen, unterschiedliche Anforderungen an die Schutzfähigkeit zu stellen (vgl. Rn. 31 ff.). Dies gilt auch für den Bereich der Kunst, sodass der Zweck, zu dem ein Werk der Kunst erschaffen worden ist, zwar der Unterscheidung zwischen bildender und angewandter Kunst dienen kann, nicht aber unterschiedliche Anforderungen an die Schutzfähigkeit mit sich bringen darf (vgl. Rn. 139 und vgl. Rn. 146 ff.).   **15**

Aufwandsneutralität bedeutet, dass der Arbeitsaufwand, der zur Herstellung eines Werks erforderlich war, für die Beurteilung der Schutzfähigkeit außer Acht zu bleiben hat. Vielmehr ist für die Beurteilung des Werkbegriffs i. S. v. § 2 Abs. 2 UrhG nur das Ergebnis entscheidend, wie es dem Betrachter gegenübertritt (st. Rspr. s. BGH GRUR 1985, 1041, 1048 – *Inkasso-Programm*; BGH GRUR 1981, 267, 268 – *Dirlada*; BGH GRUR 1981, 352, 354 – *Staatsexamensarbeit*; OLG Hamburg ZUM 2004, 386 – *Handy Logos I*; LG Köln MMR 2008, 556, 558 – *Virtueller Dom in Second Life*).   **15a**

c) Objektivität des Werkbegriffs: Der Werkbegriff ist desweiteren objektiv. Gemeint ist damit, dass nach **objektiven Kriterien** zu ermitteln ist, ob das, was jemand geschaffen hat, als Kunstwerk anzusehen ist oder nicht (*Ulmer* GRUR 1968, 527; *Samson* UFITA 56 [1970], 117; *Gerstenberg* FS Wendel S. 89, 94 ff.). Der mittlerweile 35 Jahre zurückliegende Versuch Kummers, an die Stelle des objektiven Werkbegriffes die subjektive Bestimmung des Urhebers zu setzen (*Kummer* S. 75), musste schon deshalb scheitern, weil danach jedermann sich subjektiv absolute Rechte, wie die aus dem Urheberrecht fließenden Befugnisse, nach Belieben selbst hätte gewähren können – eine mit unserem Rechtssystem schlechthin unvereinbare Vorstellung. Die von Kummer begründete *Lehre von der statistischen Einmaligkeit* (vgl. Rn. 29) hat sich deshalb   **16**

auch zu Recht in Deutschland nicht durchgesetzt (nur Schricker/Loewenheim/ *Loewenheim*[5] Rn. 16 f.; hierzu auch vgl. Rn. 29). Auch *Schmieder* hat seinen an der „Marktfähigkeit" des Werkes und seiner „Bildung" durch den Werkschöpfer orientierten Vorschlag inzwischen aufgegeben (*Schmieder* UFITA 52 [1969], 107, 113; *ders.* FS Röber S. 389; *ders.* NJW 1994, 3340). Ebensowenig kann die Schutzfähigkeit eines Werkes vertraglich vereinbart werden (BGH GRUR 1991, 533 – *Brown Girl II*; OLG Stuttgart ZUM 2011, 173, 179 – *Stuttgart* m. w. N.).

17 Aus dem vorstehend genannten Grund kann auch das Urteil von Kunstsachverständigen, Museumsdirektoren und Kritikern nicht maßgebend sein (a. M. OLG Köln AfP 1978, 223, 224), ebenso wenig wie dasjenige des Kunsthandels und seiner Kunden. Nicht alles ist Kunst, was einmalig ist, Geld kostet und manchmal sogar die öffentliche Ausstellung lohnt; Souvenirs bekannter Persönlichkeiten und Gegenstände von historischem Interesse sind Beispiele dafür. Eine gleichmäßig mit blauer Farbe bemalte, auf einen rechteckigen Rahmen gespannte Leinwand wird nicht deshalb zu einem urheberrechtlich geschützten Werk, weil die Stuttgarter Staatsgalerie dafür eine beträchtliche Summe ausgegeben hat und das Bild als moderne Kunst präsentiert, dasselbe gilt für den in gleichmäßige Falten gelegten Vorhang, der im Hamburger Bahnhof in Berlin die Längswand eines Nebenraums ausfüllt, nachdem er von einem städtischen Kunstamt als „Kunst" angekauft wurde. Wie sollte auch ein Schutz solcher „Werke" aussehen: Wäre das Bemalen einer Leinwand mit der gleichen blauen Farbe durch einen Anderen eine Verletzung des Vervielfältigungsrechtes des Ersten aus § 16? Würde jeder Dekorateur, der einen Vorhang ordnungsgemäß – also wie das Vorbild im Hamburger Bahnhof – anbringt, mit dem Monopol der Künstlerin kollidieren?

18 Das schließt den Werkcharakter bestimmter **Randformen der modernen Kunst** aber nicht aus. Die Beurteilung der Aleatorik hängt davon ab, ob ihr Ergebnis allein vom Zufall bestimmt oder eine von mehreren Lösungen ist, die der handelnde Mensch vorgegeben hat. Die Antikunst bringt geschützte Werke hervor, wenn sie sich nicht lediglich auf die Präsentation vorhandener Gegenstände (Steine, Wurzeln, Cola-Dosen usw.) in einem bestimmten Umfeld beschränkt, sondern sie zu einem neuen Ganzen zusammenfügt; jedes geschützte Werk stellt lediglich eine Kombination gemeinfreier Elemente dar (vgl. Rn. 27). Paradebeispiel dafür ist Pablo Picassos Stierschädel von 1942, eine scheinbar simple Zusammenfügung eines Fahrradlenkers mit einem Fahrradsattel. Die Minimalisierung schließlich kann allenfalls noch in ihren Vorstufen geschützte Werke hervorbringen; ihre letzte Konsequenz, das „Nichts als Kunst", das „Blanksongpaper" von Charles Yves, ein leeres Notenblatt mit nichts als Signatur und Wiederholungszeichen (s. auch *Erdmann* FS v. Gamm S. 389, 402), ist eben auch urheberrechtlich ein Nichts.

19 **d) Persönliche geistige Schöpfung:** Der Gesetzgeber hat durch die erstmalige Verwendung dieser Definition im neuen Urheberrechtsgesetz von 1965 die bis dorthin von der Rechtsprechung gebrauchten Definitionen zu einer einheitlichen zusammengefasst, ohne insoweit eine Änderung der Rechtslage vornehmen zu wollen (RegE UrhG 1962 – BT-Drs. IV/270, S. 38). Die Gesetzesbegründung definiert die Werke persönlicher geistiger Schöpfung als „Erzeugnisse, die durch ihren Inhalt oder durch ihre Form oder durch ihre Verbindung von Form und Inhalt etwas Neues und Eigentümliches darstellen" (RegE UrhG – BT-Drs. IV/270, S. 38). Bei der **näheren Begriffsbestimmung** herrscht allerdings in Rechtsprechung und Lehre kaum begriffliche Einigkeit; die „persönliche geistige Schöpfung" ist immer wieder mit anderen Worten umschrieben worden, ohne dass insoweit allerdings inhaltliche Unterschiede erkennbar gewesen sind (Schricker/Loewenheim/*Loewenheim*[5] Rn. 50).

Nach der herrschenden Auffassung hat die „persönliche geistige Schöpfung"   **20**
grundsätzlich die folgenden **4 Elemente:** Das Werk muss
– **persönlich** erschaffen worden sein (vgl. Rn. 21 f.),
– eine **wahrnehmbare Form** gefunden haben (vgl. Rn. 23),
– **Individualität** aufweisen (vgl. Rn. 24 ff.) und
– die notwendige **Gestaltungshöhe** (vgl. Rn. 30 ff.)
erreicht haben (statt aller: Schricker/Loewenheim/*Loewenheim*[5] Rn. 32).

aa) Persönliche Schöpfung: Die Voraussetzung der persönlichen Schöpfung ist   **21**
normalerweise unproblematisch: Sie bedeutet, dass das Werk **von einem Men-**
schen geschaffen worden sein und geistigen Gehalt aufweisen muss; ein Werk
kann nur von einer natürlichen Person, also einem Menschen, erschaffen werden (vgl. § 7 Rn. 9). Dies hat zur Folge, dass weder juristische Personen noch
Tiere oder Maschinen urheberrechtlich geschützte Werke hervorbringen können. Allerdings darf sich der Mensch bei seiner Schöpfung natürlich eines
Apparates als **Hilfsmittel** bedienen, also insbesondere einen Fotoapparat oder
einen Computer einsetzen (Dreier/Schulze/*Schulze*[5] Rn. 8; Schricker/Loewen-
heim/*Loewenheim*[5] Rn. 40; *Ulmer*, Urheber- und VerlagsR[3] S. 128). Bilder, die
ein Affe gemalt hat, sind also urheberrechtlich nicht geschützt; eine juristische
Person kann schon deshalb, weil sie nicht selbst, sondern nur durch ihre gesetzlichen Vertreter handeln kann, nichts persönlich erschaffen. Ein Grenzfall mag
ein in Trance, also nach einer (tatsächlichen oder vermeintlichen) Eingebung
aus dem Jenseits geschaffenes Werk sein: Da zwar nicht ein jenseitiges Wesen,
wohl aber das Medium eine natürliche Person ist und die Schöpfung als Realakt Geschäftsfähigkeit nicht voraussetzt, hat das BGer Lausanne zu Recht einem solchen Werk urheberrechtlichen Schutz zuerkannt (in Trance gehaltene
Vorträge; BGer Lausanne ZUM 1991, 236).

Keine Prägung durch Persönlichkeit des Urhebers erforderlich. Mit dem Krite-   **22**
rium der persönlichen Schöpfung ist nicht verbunden, dass das fragliche Ergebnis menschlichen Schaffens auch von der Persönlichkeit des Urhebers geprägt
sein muss (so noch unsere 8. Aufl. Rn. 12 und in diese Richtung gehend Schri-
cker/Loewenheim/*Loewenheim*[5] Rn. 50). *Rehbinder/Peukert*[17] Rn. 210 weisen
zu Recht darauf hin, dass die Persönlichkeit eines Urhebers umgekehrt auch
durch seine Werke geprägt werde. Die höchstrichterliche Rechtsprechung
schwankt zwischen der Forderung nach eigenschöpferischer Prägung, schöpferischer Eigenart und schöpferischer Eigentümlichkeit, was Schricker/Loewen-
heim/*Loewenheim*[5] Rn. 50 zu Recht für das selbe halten; die Rspr. benutzt
diese Begriffe allerdings nur zur Bestimmung der Schutzuntergrenze, unterhalb
derer die Anerkennung eines menschlichen Schöpfungsergebnisses als Werk im
Sinne von § 2 Abs. 2 nicht mehr in Betracht kommt (vgl. Rn. 30). Sicher ist,
dass es viele Werke gibt, die die „Handschrift" ihres Schöpfers erkennen lassen,
also von seiner Persönlichkeit geprägt sind; einen Text von Thomas Mann, ein
Orchesterstück von Richard Strauß, einen Schlager von Bert Kaempfert oder
ein Bild von Pablo Picasso erkennt nicht nur der Fachmann. Sicher ist aber
auch, dass es Werke gibt, für die das nicht gilt, etwa weil ihr Schöpfer so
unbekannt ist, dass auch seine „Handschrift" niemand kennt, oder weil sie
eine persönliche Ausprägung ihrer Art nach nicht zulassen, wie das etwa für
Kurzgedichte und Limmericks, für die meisten Computerprogramme, aber
auch für kurze Melodien, für viele Fotografien, Filme und sogar für berühmte
Kunstwerke zutrifft (Picassos Stierschädel – vgl. Rn. 18 – könnte ohne weiteres
irgendeinem anderen Künstler zugeschrieben werden). Das Erfordernis der persönlichen Schöpfung bedeutet also nicht, dass das Werk auch von der Persönlichkeit des Urhebers geprägt sein muss. Der EuGH spricht deshalb konsequenterweise auch nur davon, dass eine eigene geistige Schöpfung des Urhebers
vorliege, wenn darin seine Persönlichkeit zum Ausdruck komme; dies sei immer dann der Fall, wenn der Urheber freie kreative Entscheidungen habe tref-

fen und dem Werk somit eine „persönliche Note" verleihen können (EuGH GRUR 2012, 166, 168 Tz. 88–92 – *Painer*; EuGH GRUR 2012, 386, 388 Tz. 38 – *Football Dacato/Yahoo*).

23 bb) **Wahrnehmbare Form:** Eine Schöpfung kann nur dann als Werk urheberrechtlich geschützt sein, wenn sie für andere Menschen **wahrnehmbar** ist, also eine Form gefunden hat. Ein Gedicht, dass lediglich im Kopf des Dichters vorhanden ist, genießt keinen urheberrechtlichen Schutz; es muss wenigstens ausgesprochen und hierdurch anderen Menschen mitgeteilt worden sein (Dreier/Schulze/*Schulze*[5] Rn. 13; Schricker/Loewenheim/*Loewenheim*[5] Rn. 47; *Ulmer*, Urheber- und VerlagsR[3] S. 130). Eine **Festlegung** des Werkes ist allerdings nicht Voraussetzung des Schutzes. Es genügt, dass das Werk irgendeine Ausdrucksform gefunden hat. Es muss sich dabei nicht um eine dauerhafte Form handeln. Selbst die flüchtige, jeder Festlegung entbehrende Mitteilung durch mündliche Erzählung oder Improvisation erzeugt ein schutzfähiges Werk, soweit die übrigen Voraussetzungen des § 2 erfüllt sind (OLG Köln GRUR-RR 2010, 143 – *Wie ein Tier in einem Zoo* zu Spontanäußerungen im Rahmen eines Interviews). So genügt insbesondere bereits die Veranstaltung eines Happenings oder einer sonstigen Kunst-Aktion für die Wahrnehmbarkeit, auch wenn sie nicht aufgezeichnet worden ist und daher nach ihrem Ende als solche von niemandem mehr wahrgenommen werden kann (OLG Düsseldorf GRUR 2012, 173, f. – *Beuys-Fotoreihe*). Lediglich bei einem Werk, das vor dem Inkrafttreten des UrhG am 1.1.1966 geschaffen worden ist, kann es auf eine Festlegung ankommen, weil Bühnenwerke nach § 1 Abs. 2 LUG schriftlich oder auf andere Weise festgelegt sein mussten; nach aktuellem Recht gilt dies jedoch nicht (BGH GRUR 2014, 65, 70 Tz. 32 – *Beuys-Aktion*).

24 cc) **Individualität:** Hauptinhalt der persönlichen geistigen Schöpfung ist die dritte der in Rn. 20 genannten Voraussetzungen, die sog. „Individualität". Sie bedeutet, dass sich in **Konzeption, Inhalt** oder **Form** der individuelle Geist des Urhebers im Werk ausdrückt und sich das Werk dadurch von alltäglichen, routinemäßig produzierten und anderen, im Sinne des Urheberrechts nicht schöpferischen Leistungen wie z. B. denen der ausübenden Künstler oder rein handwerklichen Leistungen abhebt (*Schricker* FS Kreile S. 715, 720; Schricker/Loewenheim/*Loewenheim*[5] Rn. 50 ff.; *Ulmer*, Urheber- und VerlagsR[3] S. 131).

25 **Geistiger Gehalt.** Individualität kann nur vorliegen, wenn ein geistiger Gehalt gegeben ist, also eine menschliche Gedankenäußerung aus dem Werk hervorgeht, ein Gedanken- oder Gefühlsinhalt durch das Werk mitgeteilt wird. Dies schließt die Anerkennung solcher Erzeugnisse aus, die ohne Ausdruck der Gedanken- und Gefühlswelt des Schaffenden, sondern lediglich durch mechanische Tätigkeit entstanden sind (**Zufallswerke**). Die gedankenlose Spielerei, das blinde Walten lassen der Natur, die dem Zufall überlassene Schöpfung erzeugen kein schutzwürdiges Werk, mag das Ergebnis solcher menschlichen Betätigung auch noch so neu und noch so absonderlich sein. So ist derjenige kein Komponist, der die Tonfolge durch Würfeln ermittelt. Der Maler, der Farben blind über den Rücken wahllos gegen eine Leinwand wirft und sich nach dieser Aktion diejenigen Teile der Leinwand herausschneidet, auf denen die Farben besonders wirkungsvoll zueinander liegen, mag wegen der individuellen Leistung, die in der Sichtung und Auswahl des willkürlich gewonnenen Materials liegt, noch als Urheber angesehen werden können. Wer dagegen, wie es schon vorgekommen ist, wahllos Farben auf eine am Boden liegende Bildfläche gießt und sich dann darauf setzt, um durch Drehbewegungen mit dem Hosenboden ein kreisrundes Farbenmischmasch zu erzeugen, bringt trotz der unbestreitbaren „Individualität" des benutzten Werkzeugs keine geistige Schöpfung, sondern nur ein ungeschütztes Zufallsprodukt hervor (weitere Beispiele bei *Thomaschki* S. 35 ff.). Deshalb können auch die Erzeugnisse eines Roboters, der beim Ein-

wurf von Münzen ein abstraktes Aquarell oder eine melodische Tonfolge aus-
wirft, keine „Werke" des Einwerfers sein (sofern die Programmierung der Software des Roboters allerdings die Gestaltungselemente des Aquarells vorgibt,
kommt Werkschutz zugunsten des Software-Urhebers in Betracht; vgl. § 69a
Rn. 15 ff.). Von selbständigen technischen Apparaten sind allerdings die technischen Hilfsmittel zu trennen, die der schaffende Mensch benutzt. Wo ein Gerät
nicht ungesteuert und damit nicht nur nach den Naturgesetzen oder dem Gesetz des Zufalls verfährt, sondern der menschliche Wille entscheidet, liegt eine
geistige Leistung vor (*Fromm* GRUR 1964, 304; *Möhring* UFITA 50 [1967]
835; *Kummer* S. 170–205; Schricker/Loewenheim/*Loewenheim*[5] Rn. 40). Das
beste Beispiel ist der Fotoapparat: Ein Lichtbildwerk gem. § 2 Abs. 1 Nr. 5
kann ohne dieses technische Hilfsmittel überhaupt nicht entstehen.

Subjektive Neuheit. Der Begriff der Schöpfung impliziert, dass etwas Neues **26**
entsteht. Wer lediglich das wiederholt, was ein anderer vor ihm genauso gesagt,
geschrieben oder gemalt hat, bewirkt keine Schöpfung, sondern nur eine Wiedergabe (BGH GRUR 1966, 503, 505 – *Apfel-Madonna*). An der Präsentation
eines vorgefundenen Gegenstandes ist allenfalls die Präsentation selbst, nicht
aber der Gegenstand neu. Der Begriff der Neuheit ist allerdings nicht in der
Weise zu verstehen, dass etwas objektiv bisher nicht Vorhandenes geschaffen
werden müsste; vielmehr muss eine subjektive, urheberbezogene Neuheit des
Werkes vorliegen, d. h. das Werk muss für den Urheber neu gewesen sein; das
macht sog. „**Doppelschöpfungen**" möglich (vgl. §§ 23/24 Rn. 64 f. und KG
GRUR-RR 2002, 49, 50 – *Doppelschöpfung*; OLG Köln GRUR 2000, 43, 44 –
Klammerpose; Dreier/Schulze/*Schulze*[5] Rn. 17; Loewenheim/*Loewenheim*[2] § 6
Rn. 23 und § 8 Rn. 29 ff.; Wandtke/Bullinger/*Bullinger*[4] Rn. 22 a. E. und § 23
Rn. 19 ff.; Schricker/Loewenheim/*Loewenheim*[5] Rn. 65 und § 23 Rn. 33 ff.;
Bisges/*Bisges* Kap. 1 Rn. 350 f.). Demgegenüber verlangt das Designrecht eine
subjektiv-objektive Neuheit (s. BGH GRUR 2009, 79, 81 f. Tz. 22 f. – *Gebäck-
presse*; BGH GRUR 1969, 90, 91 f. – *Rüschenhaube*), im Patentrecht ist das
Erfordernis objektiver Neuheit absolut.

Der Urheber darf jedoch aus dem **bekannten oder allgemeinen Formen- und** **27**
Inhaltsschatz schöpfen, was in der Regel auch geschieht; das subjektiv Neue
stellt sich dann dar als eine bisher unbekannte Kombination von Bekanntem,
wiederum in der Regel auch mit Neuem oder Unbekanntem, wobei die Neuheit
dieser Kombination nicht überbewertet werden darf, weil das Urheberrecht
eben keine echte Neuheitsprüfung kennt (BGH GRUR 1985, 1041, 1047
Inkasso-Programm; BGH GRUR 1982, 305, 307 – *Büromöbelprogramm*;
BGH GRUR 1979, 332, 336 – *Brombeerleuchte*). Das Erfordernis der subjektiven Neuheit findet allerdings dort seine Grenze, wo Gemeingut verwendet
wird: Selbst dann, wenn es für den Urheber subjektiv unbekannt gewesen ist,
kann ein Monopolrecht wie das Urheberrecht zugunsten eines Einzelnen nicht
an etwas entstehen, was sich schon im freien Gemeingebrauch befindet. Wenn
ein Urheber ein Gedicht oder eine Melodie schreibt, die beispielsweise im
16. Jahrhundert schon einmal exakt so bestanden haben, kann er daran kein
Urheberrecht mehr erlangen, auch wenn ihm das alte Gedicht oder die alte
Melodie unbekannt gewesen sind; zu beachten ist in solchen Fällen aber das
eventuell bestehende oder entstehende verwandte Schutzrecht aus § 71 UrhG.

Wie erläutert ist es **nicht notwendig, dass etwas völlig Neues entsteht,** sonst **28**
würde der Urheberrechtsschutz auf wenige Werke großer Meister zusammen-
schrumpfen, denen eine Art Revolution der Ausdrucksform oder des Sinngehaltes gelang. Der geistig Schaffende baut vielmehr auf dem auf, was er an Kultur-
gütern vorfindet (vgl. §§ 23/24 Rn. 30 ff.). Jedes schöpferische Werk entsteht
deshalb aus einer **Kombination gemeinfreier Elemente:** Das Sprachwerk aus
dem allgemein bekannten Wortschatz, die Komposition aus vorbekannten No-

ten, häufig auch aus vorbekannten Notenfolgen, musikalischen Phrasen, Rhythmen und Mehrklängen von Tönen und Instrumenten, die es vorher schon einmal gegeben hat, das choreographische Werk aus Tanzschritten, das naturalistische Bild aus Vorgegebenem, das abstrakte Kunstwerk aus zumindest bekannten Formen; Filmwerke und wissenschaftlich-technische Darstellungen kombinieren sogar verschiedene Werkarten miteinander. Selbst dann entsteht noch eine neue Schöpfung, wenn eine bereits bekannte Kombination gemeinfreier Elemente in neuer Weise mit anderen Elementen kombiniert wird: Liszts Liebestraum als Klavierwerk, Konzertstück, Jazz- oder Tanzmelodie; die Geschichte des Don Juan als Roman, Drama, Oper oder Film mit jeweils neuen Szenen und Beteiligten, die Luther- oder die Pattloch-Bibel und die Einheitsübersetzung bauen jeweils auf demselben Ursprung auf, unterscheiden sich aber dennoch teilweise erheblich voneinander. Deshalb genügt es, wenn das Werk durch seinen Inhalt oder durch seine Form etwas Neues in dem Sinne darstellt, dass es sich von dem bisher bekannten unterscheidet. Größe und Art des Unterschiedes spielen dabei lediglich bei der Bestimmung der Gestaltungshöhe (vgl. Rn. 30 ff.) sowie des Schutzumfanges (vgl. §§ 23/24 Rn. 49) eine Rolle.

29 Die von dem Schweizer Rechtsgelehrten *Max Kummer* begründete **Lehre von der statistischen Einmaligkeit** wollte demgegenüber zur Feststellung der Individualität allein darauf abstellen, ob das urheberrechtlich zu schützende Werk „statistisch einmalig" war, was auch eine rein subjektive Werkbestimmung durch den Urheber erlaubt hätte (*Kummer* S. 38, 75 und 80). Diese Auffassung hat sich in Deutschland nicht durchgesetzt (vgl. Rn. 16), weil der Werkbegriff einerseits objektiv, also nicht einer Zweckbestimmung durch den Urheber zugänglich ist (vgl. Rn. 16 f.) und andererseits Voraussetzung einer persönlichen geistigen Schöpfung eben auch die subjektive Neuheit ist, was Doppelschöpfungen ermöglicht (vgl. Rn. 26) und damit eben die Voraussetzung einer statistischen Einmaligkeit zugleich ausschließt (Schricker/Loewenheim/*Loewenheim*[5] Rn. 43 f.; *Ulmer*, Urheber- und VerlagsR[3] S. 128; *Axel Nordemann* S. 76 f.). In der Schweiz wird die Lehre von der statistischen Einmaligkeit zur Bestimmung des individuellen Charakters eines Werkes gem. Art. 2 SchweizUrhG gleichwohl eingesetzt (eingehend BGer GRUR Int. 2004, 1042, 1043 ff. – *Bob Marley-Foto*). Bei Lichte betrachtet ist aber das, was in der Schweiz zur Bestimmung der Individualität eines urheberrechtlich geschützten Werkes mit „statistischer Einmaligkeit" bezeichnet wird, kaum abweichend von dem, was wir in Deutschland als persönliche geistige Schöpfung bezeichnen; denn auch die Schweizer Rechtsprechung verlangt eine geistige Schöpfung, die auf menschlichem Willen beruht und individuell gestaltet worden ist (BGer GRUR Int. 2004, 1042, 1044 – *Bob Marley-Foto*).

30 **dd) Gestaltungshöhe:** Die Individualität muss im Werk in einem gewissen Mindestmaß zutage treten. Dieses Mindestmaß als viertes Kriterium wird im allgemeinen als „Gestaltungshöhe" bezeichnet und legt die Untergrenze des Urheberrechtsschutzes fest. Das Kriterium ist von Eugen Ulmer in das deutsche Urheberrecht eingeführt worden; er wollte damit Werke der angewandten Kunst von nur designrechtsfähigen Gestaltungen abgrenzen (*Ulmer* GRUR Ausl. 1959, 1, 2). Inzwischen hat sich die Gestaltungshöhe im deutschen Urheberrecht allgemein als **quantitatives Element der Individualität** durchgesetzt (*Schricker* FS Kreile S. 715, 715 f.; Schricker/Loewenheim/*Loewenheim*[5] Rn. 51 f. m. w. N.). Das Maß der Gestaltungshöhe ist zwar durch die Rechtsprechung im allgemeinen niedrig angesetzt worden, sodass auch Dinge, die nur einen sehr geringen Grad an Individualität aufweisen, geschützt sind; diese Schöpfungen bezeichnet man auch als **kleine Münze** des Urheberrechts (BGH GRUR 1995, 581, 582 – *Silberdistel*; BGH GRUR 1981, 267, 268 – *Dirlada*; Schricker/Loewenheim/*Loewenheim*[5] Rn. 61 ff. m. w. N.). Jedoch wird die Gestaltungshöhe in der Rechtsprechung und größtenteils auch in der Literatur **nicht bei allen Werkarten gleich niedrig** angesetzt, was dazu führt, dass zwar bei den meisten Werkarten, insbesondere bei den Werken der Literatur, der Musik, der bildenden Kunst und der Fotografie nahezu jede Schöpfung Urheberrechtsschutz genießt, bei anderen aber nur solche Gestaltungen, die „das Durchschnittskönnen deutlich überragen"; dies betrifft hauptsächlich Werke der angewandten Kunst sowie Schriftwerke aus dem Bereich des täglichen Bedarfs (Loewenheim/*Loewenheim*[2] § 6 Rn. 18 f.; Loewenheim/*Axel Nordemann*[2] § 9 Rn. 20 ff.; *Loewenheim* GRUR Int. 2004, 765, 765 f.; *Axel Nordemann/Heise* ZUM 2001, 128, 137 ff.; *Axel Nordemann* FS Nordemann II S. 59, 60f; Schricker/Loewenheim/*Loewenheim*[5] Rn. 59 ff.; Bisges/*Bisges* Kap. 1 Rn. 168). Der BGH hat diese Rechtsprechung jedoch aufgegeben: Vgl. Rn. 150a f. und BGH GRUR 2014, 175, 177 Tz. 26 – *Geburtstagszug*. Einzelheiten zu den Anforderungen der Gestaltungshöhe der jeweiligen Werkarten finden sich bei den Einzelerläuterungen ab Rn. 54 ff.

Kritik. Der Werkbegriff ist grundsätzlich einheitlich, qualitäts- und zweckneutral (vgl. Rn. 13 ff.). Zwar ist es erforderlich, die im Werk vorhandene Individualität quantitativ festzustellen, um das geschützte vom ungeschützten geistigen Leistungsergebnis zu trennen. Jedoch muss die Gestaltungshöhe nicht nur für alle Werkarten, sondern auch innerhalb der einzelnen Werkarten selbst jeweils gleich niedrig angesetzt werden: **31**

Zunächst schließen mittlerweile **drei EU-Richtlinien** für die von ihnen geregelten Werkarten das Erfordernis einer besonderen Gestaltungshöhe aus. Übereinstimmend fordern die Software-RL in Art. 1 Abs. 3, die Schutzdauer-RL zu Fotografien in Art. 6 und die Datenbank-RL in Art. 3 Abs. 1, dass jede eigene geistige Schöpfung als individuelles Werk anerkannt und urheberrechtlich geschützt werden muss; andere Kriterien zur Bestimmung der Schutzfähigkeit werden ausdrücklich ausgeschlossen. Damit ist bei diesen Werkarten alles geschützt, was überhaupt irgendeine Individualität aufweist, also auch die „einfache" Schöpfung (vgl. § 69a Rn. 16 ff. zu Computerprogrammen, vgl. Rn. 198 zu Fotografien und vgl. § 4 Rn. 12 ff. zu Datenbanken). Im Hinblick auf die Computerprogramme hat der deutsche Gesetzgeber die Vorgabe der Richtlinie in § 69a Abs. 3 UrhG direkt umgesetzt und der BGH in der Folge seine anders lautende Rechtsprechung ausdrücklich aufgegeben (BGH GRUR 1994, 39, 39 – *Buchhaltungsprogramm*). Im Hinblick auf Fotografien, wo die Vorgabe der Richtlinie zu keiner Änderung des UrhG geführt hat, hat der BGH inzwischen klargestellt, dass für Lichtbildwerke nur noch geringe Schutzfähigkeitsvoraussetzungen gelten (BGH GRUR 2000, 317, 318 – *Werbefotos*; vgl. Rn. 198). Der EuGH geht entsprechend konsequent von einem europäischen Werkbegriff aus (vgl. Rn. 7a), nach dem ein Werk immer dann vorliegt, wenn es sich um einen eigene geistige Schöpfung des Urhebers handelt (EuGH GRUR Int. 2010, 35, 39 Tz. 47 – *Infopaq*; EuGH GRUR Int. 2011, 148, 151 Tz. 45 – *Benutzeroberfläche*; EuGH GRUR 2012, 166, 168 Tz. 87 – *Painer*; EuGH GRUR 2012, 814, 816 Tz. 65 und 67 – *SAS Institute*; EuGH GRUR 2012, 386, 388 Tz. 37 f. – *Football Dacato/Yahoo*). Da der EuGH seinen europäischen Werkbegriff aus den drei vorgenannten Richtlinien herleitet (vgl. Rn. 7a), ist die Schutzuntergrenze entsprechend den Vorgaben der drei Richtlinien niedrig; der EuGH hielt es bspw. für ohne weiteres möglich, dass ein aus 11 Wörtern bestehender Text schutzfähig ist (EuGH GRUR Int. 2010, 35, 39 Tz. 48 – *Infopaq*). Im Bereich der Werke der angewandten Kunst wird der EuGH aber eine Ausnahme machen müssen, weil die Geschmacksmuster-RL, die zeitlich nach Software-RL, Schutzdauer-RL und Datenbank-RL vom europäischen Gesetzgeber erlassen worden ist, es den Mitgliedsstaaten gem. ErwG 8 ausdrücklich freistellt, den Umfang des urheberrechtlichen Schutzes und seine Voraussetzungen für Werke der angewandten Kunst festzulegen. Dazu auch vgl. Rn. 7 f., 150 f. **32**

33 Wenn nämlich das Vorhandensein schöpferischer Eigenheiten allein noch nicht zur Anerkennung als Werk ausreichen würde, vielmehr erst ein Vergleich mit dem Durchschnittsschaffen anderer, der ein deutliches Überragen ergibt, eine solche rechtfertigen soll, dann wird der zugleich beschworene **Schutz der kleinen Münze** zur leeren Wortlhülse. Was das Heer der Journalisten in den Zeitungen schreibt, was Hunderte von Schlagerkomponisten sich an Liedchen einfallen lassen, was Kunststudenten und Sonntagsmaler produzieren und Regisseure an Filmen abliefern – vieles von dem ist Durchschnitt, wäre also schutzlos. Überragend mögen Thomas Manns „Buddenbrooks" gewesen sein; die Flut neuer Romane, die alljährlich auf den Buchmessen in Leipzig und Frankfurt präsentiert werden, ist es sicher nicht.

34 Außerdem ist fast jede sprachliche, musikalische oder bildliche Gedankenäußerung individuell in dem Sinne, dass sie jedenfalls – durch einen Fachmann oder einen mit dem Sachverhalt Vertrauten – **individualisierbar** ist. Es genügt festzustellen, dass ein anderer denselben Gegenstand möglicherweise anders behandelt hätte, dass also die vorliegende eigenständige Behandlung einem bestimmten Urheber persönlich zugerechnet werden kann. Auch der Dreigroschenroman, der billige Kriminalreißer, die verkitschte Liebesgeschichte, der Sportkommentar, der primitive Schlager und die einfache Witzblattzeichnung sind in dieser Weise individuell geprägt. Der Bundesgerichtshof hat deshalb der kleinen Münze des Urheberrechts auch stets den Werkcharakter zuerkannt (näheres in den Monografien von *Thoms*, Der urheberrechtliche Schutz der kleinen Münze und *Gernot Schulze*, Meine Rechte als Urheber sowie bei *Schraube* UFITA 61 [1971], 127, *Schulze* GRUR 1984, 400; *Schwenzer* ZUM 1996, 584). Würde man den Schutz der kleinen Münze mit der neueren Rechtsprechung des BGH, wie sie von Erdmann in GRUR 1996, 550, 552 referiert wird, erst dort beginnen lassen, wo bereits ein deutliches Überragen gegenüber der Durchschnittsgestaltung vorliegt, wäre die kleine Münze im Endeffekt schutzlos. Auch, wenn man die kleine Münze generell für schutzfähig hält, ist kein Ausufern des Werkschutzes zu befürchten, da der Schutzumfang der kleinen Münze entsprechend ihrer geringen Individualität ebenso gering ist; geschützt sind zudem nur die Teile eines solchen Werkes, die die Anforderungen an das Vorliegen einer persönlichen geistigen Schöpfung als Teil erfüllen (BGH GRUR 1993, 34, 35 – *Bedienungsanweisung*; auch vgl. Rn. 51).

35 Zweifel ergeben sich auch, wenn die Feststellung der erforderlichen Gestaltungshöhe von den Anschauungen der einschlägigen Verkehrskreise abhängen soll. Soweit wir sehen, hat es dazu noch niemals tatsächliche Ermittlungen gegeben. Der Bundesgerichtshof als Revisionsinstanz wäre dazu auch nicht in der Lage. Gleichwohl füllt er den unbestimmten Rechtsbegriff „Werk" stets durch eigene Beurteilung aus, gelegentlich durchaus auch gegen die Tatsacheninstanzen (BGH GRUR 1993, 34, 35 – *Bedienungsanweisung*).

36 Der letztlich entscheidende Einwand gegen das Erfordernis einer Gestaltungshöhe ergibt sich jedoch aus dem Gesetz selbst. **§ 2 Abs. 2 schützt jede persönliche geistige Schöpfung ohne Einschränkung.** Lässt sich also überhaupt eine schöpferische Eigenheit feststellen, so ist das fragliche Produkt menschlichen Schaffens ein Werk, ohne dass irgendwelchen Verkehrskreisen dazu noch irgendein Urteil zustünde. An diesem Werk steht dem Urheber das von Art. 14 GG geschützte geistige Eigentum zu (vgl. § 1 Rn. 3). Das BVerfG hält zwar die hohen Schutzanforderungen für Werke der angewandten Kunst und die damit einhergehende Ungleichbehandlung solcher Werke im Vergleich zu Werken der bildenden Kunst oder Werken der Fotografie für nicht verfassungswidrig (BVerfG GRUR 2005, 410, 410 – *Das laufende Auge*).

37 Das ändert jedoch nichts daran, dass sich kaum noch nachvollziehen lässt, welche Gründe eigentlich Anlass dazu gegeben haben könnten, die „Messlatte"

für den urheberrechtlichen Schutz im Bereich der wissenschaftlichen Sprachwerke und der Werke der angewandten Kunst so hoch zu legen: Das UrhG
ist **Schutzgesetz** zugunsten des Urhebers (vgl. § 1 Rn. 1; vgl. § 7 Rn. 2).
Seine Bestimmungen werden regelmäßig erst dann relevant, wenn andere die Früchte
urheberrechtlichen Schaffens unerlaubt für sich allein zu ernten suchen. Ist das
Ergebnis menschlichen Schaffens aber immerhin so viel wert, dass es andere in
Anspruch nehmen, so entspricht es der Wert- und Zuordnungsentscheidung
unserer Rechtsordnung, dem Urheber Schutz zu gewähren. In Grenzfällen ist
schon deshalb Urheberrechtsschutz zu bejahen, nicht zu verneinen (vgl. § 1
Rn. 1); **dies schließt erhöhte Anforderungen an die Schutzfähigkeit aus.**

Auch wenn ein genereller Abschied vom Erfordernis der Gestaltungshöhe, wie **38**
er teilweise gefordert worden ist (beispielsweise von *Schricker* FS Kreile S. 715,
721, der vorgeschlagen hat, sie „über Bord zu werfen"; s. a. Bisges/*Bisges*
Kap. 1 Rn. 205 f.), nicht angezeigt erscheint, weil sich mit dem Begriff der Gestaltungshöhe durchaus angemessen beschreiben lässt, dass die Individualität
eines Werkes in einem gewissen Mindestmaß vorhanden sein muss, ist es kaum
mehr sachgerecht, an unterschiedliche Werkarten unterschiedliche „Gestal-
tungshöhen" anzulegen. Im Lichte der **Einheitlichkeit des Werkbegriffes** und
der **Gleichbehandlung aller Werkarten** nach dem Gesetzeswortlaut von § 2 sowie schließlich auch der europäischen Rechtsentwicklung ist daher die Gestaltungshöhe entgegen der Rechtsprechung für alle Werkarten gleich niedrig anzulegen, sodass die kleine Münze ausnahmslos Schutz genießt (weitgehend ebenso
Loewenheim/*Loewenheim*[2] § 6 Rn. 19 ff.; Loewenheim/*Axel Nordemann*[2] § 9
Rn. 22 ff.; Loewenheim/*Gernot Schulze*[2] § 9 Rn. 99; Loewenheim GRUR Int.
2004, 765, 767; *Katzenberger* GRUR 1990, 94, 99 f.; *Koschtial* GRUR 2004,
555, 559 f.; *Axel Nordemann* FS Nordemann II S. 59, 61 ff.; *Axel Nordemann*/
Heise ZUM 2001, 128, 139; Schricker/Loewenheim/*Loewenheim*[5] Rn. 59 f.;
Schricker FS Kreile S. 715, 721; Schricker GRUR 1996, 815, 818 f.; *Gernot
Schulze* S. 132 ff.; *Schulze* GRUR 1987, 769, 772 f.; BeckOK UrhR/*Ahlberg*[18]
Rn. 73; Dreier/Schulze/*Schulze*[5] Rn 32; Spindler/Schuster/*Wiebe* § 2 UrhG
Rn. 2; a. A. BGH GRUR 1995, 581, 582 – *Silberdistel; Erdmann/Bornkamm*
GRUR 1991, 877, 878; *Rehbinder/Peukert*[17] Rn. 223; *Schack*, Urheber- und
UrhebervertragsR[7] Rn. 297 f.; *Ulmer*, Urheber- und VerlagsR[3] S. 149 f.;
Wandtke/Bullinger/*Bullinger*[4] Rn. 24 f.).

Das nach alledem allein gegebene Erfordernis des § 2 Abs. 2, dass überhaupt **39**
eine schöpferische Eigenheit gleich welchen Grades an dem jeweiligen Ergebnis
menschlicher Tätigkeit festgestellt werden kann, lässt sich mit dem Begriff der
Individualität des Werkes angemessen umschreiben (ebenso schon *Ulmer*, Ur-
heber- und VerlagsR[3] S. 122 f.; *Schricker* FS Kreile S. 715, 720; *Rehbinder*[9]/
Peukert[17] Rn. 221 f.; *Schack*, Urheber- und UrhebervertragsR[7] Rn. 189; *Flechsig* ZUM 1997, 577, 581; *Haberstumpf* Rn. 70 ff., 76, *ders.* noch etwas anders
in FS GRUR S. 1125, 1167; für das österreichische Recht OGH ÖBl. 1996,
251, 254 – *Happy Birthday II* und OGH ÖBl 1997, 38, 40 – *Buchstützen*).
Diese fehlt dem Allerweltserzeugnis, der rein handwerklichen Leistung, die jedermann mit durchschnittlichen Fähigkeiten ebenso zustande bringen würde,
mag sie auch auf anerkennenswertem Fleiß und auf solidem Können beruhen
(jedenfalls insoweit zutreffend BGH GRUR 1985, 1041, 1047 – *Inkasso-Programm*).

Individuell kann ein Werk schließlich nur dann sein, wenn der Werkgegenstand **40**
überhaupt die Entfaltung individueller Züge gestattet. Ist etwas beispielsweise
durch technische Notwendigkeiten oder andere Zwänge gar nicht anders zu
gestalten, ist kein Raum für eine individuelle Gestaltung und somit auch nicht
für einen Urheberrechtsschutz vorhanden (BGH GRUR 2012, 58, 60 Tz. 20 –
Seilzirkus; BGH GRUR 2004, 941, 942 – *Metallbett*; BGH GRUR 1986, 739,

741 – *Anwaltsschriftsatz*; BGH GRUR 1982, 305, 307 – *Büromöbelprogramm*; OLG München GRUR-RR 2011, 54 – *Eierkoch*; OLG Stuttgart GRUR 2008, 1084, 1084 f. – *TK 50*). Wo also überhaupt kein **Gestaltungsfreiraum** gegeben ist, kann auch niemand etwas Individuelles gestalten. Das OLG Nürnberg stellt konsequenterweise im Wege einer **negativen Abgrenzung** maßgeblich auf den **Gestaltungsfreiraum** ab: Nur dann, wenn der Urheber keinen Raum für eigene Entscheidungen besessen habe, weil der geistige Gehalt des Werkes durch den Gegenstand der Darstellung, die verwendete Fachterminologie oder sonstige Übungen weitgehend vorgegeben war, fehle einem Werk die Individualität (OLG Nürnberg GRUR-RR 2001, 225, 227 – *Dienstanweisung*, s. a. EuGH GRUR 2011, 220, 222 Tz. 48 f. unter Bezugnahme auf Tz. 75 f. der Schlussanträge des Generalanwalts Bot – *BSA/Kulturministerium*: Verneinung der Schutzfähigkeit, wenn „Idee und Ausdruck zusammenfallen"). Zur Abgrenzung zwischen Urheberrecht und Technik vgl. Rn. 45a.

41 Aus dem Vorstehenden folgt, dass Individualität vorliegt, wenn bei überhaupt vorhandenem Gestaltungsfreiraum das (potentielle) Werk eine geistige Leistung darstellt, die subjektiv neu in dem Sinne ist, dass sie sich von dem bisher Bekannten unterscheidet. **Die Individualität eines Werkes lässt sich daher grundsätzlich auf zwei Stufen prüfen:**

(1) Auf der **ersten Stufe** ist im Wege einer **negativen Abgrenzung** das Vorliegen von Individualität nur dann zu verneinen, wenn dem Urheber der geistige Gehalt seines Werkes durch den Gegenstand der Darstellung, durch die verwendete Fachterminologie oder durch sonstige Übungen so vorgegeben war, dass kein Raum für eigene Entscheidungen verblieben ist (entspr. OLG Nürnberg GRUR-RR 2001, 225, 227 – *Dienstanweisung*);

(2) auf der **zweiten Stufe** ist dann die **subjektive Neuheit** zu prüfen; sie liegt vor, wenn sich das Werk von dem dem Urheber bisher Bekannten unterscheidet.

42 Jedenfalls die jüngere Rechtsprechung des BGH zu Gebrauchszwecken dienenden Sprachwerken tendiert ebenfalls in diese Richtung: In BGH GRUR 2002, 958, 960 – *Technische Lieferbedingungen* wird zunächst festgestellt, dass ein grundsätzlich genügendes Maß an schöpferischer Individualität vorliege, weil ohne weiteres ersichtlich sei, dass die dort fraglichen Regeln auf vielfältige Weise hätten dargestellt und gegliedert werden können (also vorhandener Gestaltungsfreiraum). Dann führt der BGH aus, dass an der urheberrechtlichen Schutzfähigkeit bei dieser Sachlage nur gezweifelt werden könne, wenn bei der Erstellung der Regelwerke andere Regelungen – etwa frühere Bestimmungen – Modell gestanden hätten (subjektive Neuheit). Zu Werken der angewandten Kunst hat der BGH seine Rechtsprechung, dass eine den Durchschnitt deutlich überragende Gestaltung vorliegen müsse, aktuell ganz aufgegeben; Werke der angewandten Kunst werden nunmehr urheberrechtlich geschützt, wenn ihnen eine künstlerische Leistung zugrunde liegt (BGH GRUR 2014, 175, 177 Tz. 26 – *Geburtstagszug*; Einzelheiten vgl. Rn. 150a f.).

42a Das entspricht dem europäischen Werkbegriff des EuGH (vgl. Rn. 7a und vgl. Rn. 32), der lediglich verlangt, dass es sich bei dem Werk um ein Original in dem Sinne handelt, dass es eine eigene geistige Schöpfung seines Urhebers darstellt (EuGH GRUR Int. 2010, 35, 39 Tz. 37 – *Infopaq*; EuGH GRUR Int. 2011, 148, 151 Tz. 45 – *Benutzeroberfläche*; EuGH GRUR 2012, 166, 168 Tz. 87 – *Painer*; EuGH GRUR 2012, 814, 816 Tz. 65 und 67 – *SAS Institute*; EuGH GRUR 2012, 386, 388 Tz. 37 f. – *Football Dacato/Yahoo*). Denn die eigene geistige Schöpfung beschreibt letztendlich nur, dass der Urheber einen vorhandenen Gestaltungsfreiraum auch genutzt („geistige Schöpfung") haben und das Erschaffene für ihn subjektiv neu gewesen sein muss („eigene"). Der EuGH spricht insoweit davon, dass der Urheber freie kreative Entscheidungen treffen können müsse und mit unterschiedlichen Entscheidungen dem geschaffenen Werk so eine „persönliche Note" verleihen könne (EuGH GRUR 2012, 166, 168 Tz. 89–94 – *Painer*; EuGH GRUR 2012, 386, 388 Tz. 38 – *Football Dacato/Yahoo*).

III. Schutzgegenstand

1. Kein Schutz für Lehren, Tatsachen, Ideen, Stilmittel und Technik

Das Erfordernis der Individualität des Werkes (vgl. Rn. 24 ff.) schließt einen **43** urheberrechtlichen Schutz solcher Ergebnisse menschlichen Schaffens denkgesetzlich aus, die ihrer Natur nach nicht individuell sein können. Die großartige geistige Leistung, die den naturwissenschaftlichen Erkenntnissen von Galilei, Keppler, Einstein und Heisenberg zugrunde liegt, ist für das UrhG ebenso irrelevant wie die urheberrechtliche Erkenntnis *Eugen Ulmers*, die zu seiner berühmt gewordenen Formulierung Anlass gab, das Urheberrecht habe gleichsam die Tendenz, soweit wie möglich beim Urheber zurück zu bleiben (*Ulmer*, Urheber- und VerlagsR³ S. 365). Da es zumindest theoretisch nur jeweils eine zutreffende Erkenntnis, eine zutreffende Antwort auf eine Sachfrage, ein zutreffendes Urteil geben kann, ist insoweit kein Raum für Individualität. **Wissenschaftliche Lehren** und **Forschungsergebnisse** sind daher als solche urheberrechtlich nicht schutzfähig (BGH GRUR 2011, 803, 807 Tz. 50 – *Lernspiele*; BGH GRUR 1991, 130, 132 – *Themenkatalog*; BGH GRUR 1984, 659, 660 – *Ausschreibungsunterlagen*, beide m. w. N.). Nach der Rechtsprechung des BGH erfordert der Schutz des Urhebers eines wissenschaftlichen Schriftwerkes eine „sorgfältige Trennung von wissenschaftlichem Ergebnis und Lehre einerseits und Darstellung und Gestaltung der Lehre im Schriftwerk andererseits" (BGH GRUR 1981, 352, 353 – *Staatsexamensarbeit*). Die wissenschaftliche Lehre sei frei und jedermann zugänglich und daher nicht urheberrechtsschutzfähig. Wohl aber könne die konkrete Gestaltung und Darstellung, in der die Lehre dargeboten werde, schutzfähig sein (BGH GRUR 1981, 520, 522 – *Fragensammlung*; zu der in der Literatur geführten Diskussion über die Schutzfähigkeit des Inhaltes wissenschaftlicher Schriftwerke s. *Waiblinger* S. 70 ff.). Schutzunfähig sind des Weiteren **Tatsachen** aller Art; was sich ereignet hat, kann nicht mehr Gegenstand individuellen Schaffens sein (OLG Frankfurt GRUR 1990, 125, 126 – *Unternehmen Tannenberg*).

Auch **Ideen** sind als solche nicht schutzfähig (BGH GRUR 2003, 876, 878 – **44** *Sendeformat*; BGH GRUR 2003, 231, 233 – *Staatsbibliothek*; BGH GRUR 1979, 705, 706 – *Notizklötze*; BGH GRUR 1977, 547, 551 – *Kettenkerze* mit zustimmender Anm. von *Henssler*; BGH GRUR 1955, 598, 599 f. – *Nachschlagewerk* für eine Werbeidee; OLG München ZUM-RD 2008, 149, 149 – *Bildschirmschoner*; OLG Frankfurt GRUR 1992, 699, 699 f. – *Friedhofsmauer* für die Idee eines Holocaust-Mahnmals; OLG München GRUR 1990, 674, 676 – *Forsthaus Falkenau* für die Idee zu einem Fernsehspiel; s. a. Hooge Raad der Niederlande GRUR Int. 1997, 1028, 1029 – *Mupi Senior* für eine neue Moderichtung). Art. 2 WCT und Art. 9 Abs. 2 TRIPS stellen dies im Übrigen ebenso klar wie § 69a Abs. 2 zu Computerprogrammen (vgl. § 69a Rn. 22, 24, 30 ff.). Den bloßen Einfall, dass man dieses oder jenes tun könne, kann jeder andere ebenso haben; die bloße Priorität erzeugt noch keine Individualität. Im Patentrecht ist dies freilich anders: Die **technische Idee** ist über einen Patent- oder Gebrauchsmusterschutz grundsätzlich schützbar (vgl. Einl. UrhG Rn. 81). Auch bei Sprachwerken ist die zugrunde liegende Idee grundsätzlich nicht schutzfähig (BGH GRUR 2011, 134, 137 Tz. 36 – *Perlentaucher* m. w. N.). Jedoch kann die individuelle Gestalt dieser Idee, wie etwa der Gang der Handlung, die Charakteristik der Personen oder die Ausgestaltung von Szenen, soweit sie der Fantasie des Dichters entsprungen ist, urheberrechtlich geschützt

sein (BGH GRUR 2014, 258, 260 Tz. 24 ff. – *Pippi-Langstrumpf-Kostüm*;
BGH GRUR 1999, 984, 987 – *Laras Tochter*; KG ZUM 2003, 867, 869 –
Anna Marx; OLG München NJW-RR 2000, 268, 268 f. – *Das Doppelte Lottchen*; LG Hamburg GRUR-RR 2004, 65, 66 – *Literatur-Werkstatt Grundschule*; LG Hamburg GRUR-RR 2003, 233, 234 – *Die Päpstin*; LG Köln ZUM
2004, 853, 858; hierzu auch vgl. Rn. 47, 57 f. und 101).

45 Ebenso sind **Stilmittel** als Merkmale einer bestimmten Gattung von Werken
nicht individualisierbar, auch wenn sie von einem bestimmten Urheber neu
entdeckt werden: Die Malweisen von Lionel Feininger oder Oskar Kokoschka
stehen als solche jedem anderen Urheber ebenso offen wie die von Arnold
Schönberg eingeführte Zwölftonmusik (vgl. §§ 23/24 Rn. 37). Auch eine bestimmte Art von Büchern kann niemand für sich monopolisieren (BGH GRUR
1955, 598, 599 – *Nachschlagewerk*).

45a Schließlich können nur solche Merkmale einen Urheberrechtsschutz begründen, die nicht allein **technisch** bedingt, sondern auch künstlerisch gestaltet sind;
denn eine persönliche geistige Schöpfung ist ausgeschlossen, wo für eine künstlerische Leistung kein Raum besteht, weil die Gestaltung durch technische Erfordernisse vorgegeben ist (BGH GRUR 2012, 58, 60 Tz. 19 f. – *Seilzirkus*).
Technisch bedingt sind die Merkmale eines Gebrauchsgegenstandes, ohne die
er nicht funktionieren könnte, und zwar sowohl solche, die aus technischen
Gründen zwingend verwendet werden müssen als auch solche, die frei wählbar
oder austauschbar sind (BGH GRUR 2012, 58, 60 Tz. 20 – *Seilzirkus*). Das
kann auch gar nicht anders sein, weil für technische Merkmale Patent- und
Gebrauchsmusterrecht zur Verfügung stehen (vgl. Einl. UrhG Rn. 81 f.) und
dann, wenn solche technisch bedingten Merkmale zum freien Stand der Technik gehören, ein öffentliches Interesse daran besteht, dass der Urheber diesen
nicht für sich monopolisiert (s. unter Berufung auf die zum Markenrecht ergangene Rechtsprechung BGH GRUR 2012, 58, 60 Tz. 21 – *Seilzirkus*). Es genügt
also nicht, wenn ein Gebrauchsgegenstand, der technisch bedingt ist, eine ästhetische Wirkung ausstrahlt; vielmehr kann der Urheberrechtsschutz erst dort
eingreifen, wo über die technisch bedingten Merkmale hinaus, und zwar, wie
sich der BGH ausdrückt, auch „in klarer Linienführung ohne schmückendes
Beiwerk", auch noch künstlerisch gestaltet worden ist (BGH GRUR 2012, 58,
60 Tz. 22 f. und 62 Tz. 36 – *Seilzirkus*).

2. Individualität und Form

46 Schutzgegenstand des Urheberrechts ist zunächst stets die Form des jeweiligen
Ergebnisses menschlichen Schaffens, also seine sinnlich wahrnehmbare äußere
Gestaltungsform (BGH GRUR 1985, 1041, 1045 – *Inkasso-Programm*). Die
simpelste Tatsache, der einfachste musikalische, bildnerische oder sonst gestalterische Gedanke einerseits und die komplizierteste wissenschaftliche Erkenntnis andererseits lassen sich individuell ausdrücken. Deshalb sind Ideen, Tatsachen, Lehren und Forschungsergebnisse zwar nicht als solche (vgl. Rn. 43 f.),
wohl aber in der konkreten Form geschützt, die ihnen der jeweilige Urheber
gegeben hat: Die Formulierung, die *Eugen Ulmer* für die der Zweckübertragungslehre zugrunde liegende Erkenntnis gefunden hat (hierzu das Zitat vgl.
Rn. 43), ist für ihn geschützt, die Erkenntnis selbst nicht.

3. Individualität und Inhalt

47 Da demnach die weit überwiegende Mehrzahl aller Werke nur wegen der Individualität ihrer äußeren Gestaltungsform geschützt ist, hat man früher den
Inhalt eines Werkes allgemein als nicht schutzfähig angesehen, dafür aber der
äußeren Form eine sog. „innere Form des Werkes" an die Seite gestellt (näheres
bei *Ulmer*, Urheber- und VerlagsR[3] S. 120 ff.). Das ist überholt, nachdem der
Gesetzgeber von 1965 als persönliche geistige Schöpfungen im Sinne von § 2

Abs. 2 Erzeugnisse verstanden wissen wollte, die durch ihren Inhalt oder durch ihre Form oder durch die Verbindung von Inhalt und Form etwas Neues und Eigentümliches darstellen (RegE UrhG 1962 – BT-Drs. IV/270, S. 38). Die „Erfindung" einer **Fabel**, die sich zur Grundlage eines Gedichtes, einer Novelle, eines Romans oder eines Drehbuchs eignet, führt zu einem Schutz als Sprachwerk gem. § 2 Abs. 1 Nr. 1 (grundlegend: BGH GRUR 1999, 984, 987 – *Laras Tochter* m. w. N.), auch wenn sie in einem Straßencafe auf der Münchener Leopoldstraße mit banalen Worten und halben Sätzen einem Verleger oder einem Produzenten erzählt wird (BGH GRUR 1962, 531, 533 – *Bad auf der Tenne II*; OLG München GRUR 1956, 432, 434 – *So lange du da bist*; OLG Köln GRUR 1953, 499, 500 – *Kronprinzessin Cäcilie*).

Wer einen Stadtplan oder eine Landkarte zeichnet (§ 2 Abs. 1 Nr. 7; vgl. **48** Rn. 210 ff.), hat Werkschutz nur für die Form seiner Darstellung. Wer aber eine aus eigener Fantasie **ersonnene Fabel** zu einem Roman oder Drehbuch gestaltet, eine eigene Melodie zur Grundlage eines Schlagers oder einer Symphonie macht, ist Werkschöpfer nach Form und Inhalt, wer aus einer eigenen Novelle ein Bühnenstück macht, verbindet Inhalt und Form. Allerdings kann die Individualität des Inhalts immer nur aus dem folgen, was auf der geistigen und schöpferischen Leistung des Urhebers selber beruht; historische oder tatsächliche Begebenheiten bleiben in ihrem Kern grundsätzlich frei (LG Hamburg GRUR-RR 2003, 233, 234 – *Die Päpstin*).

Aus dem voranstehend dargestellten Grundsatz, dass auch der **wissenschaftli- 49 che und technische Inhalt** grundsätzlich **frei bleiben** muss, folgt des Weiteren, dass die schöpferische Leistung bei solchen Werken nicht in der Darstellung des Inhalts liegen kann, sehr wohl aber in der sprachlichen Vermittlung eines komplexen Sachverhalts (BGH GRUR 2011, 803, 807 Tz. 50 – *Lernspiele*; BGH GRUR 2002, 958, 959 – *Technische Lieferbedingungen*). Dazu auch vgl. §§ 23/24 Rn. 35.

Endlich kann es grundsätzlich keinen Motivschutz geben. Zwar können die **49a** Auswahl des Motivs und des Blickwinkels auf das Motiv oder des Bildausschnittes, den das Motiv zeigt, Gestaltungselemente eines Lichtbildwerkes sein (EuGH GRUR 2012, 166, 168 Tz. 91 – *Painer*; vgl. Rn. 197). Das Motiv als solches bleibt jedoch grundsätzlich frei, wenn es in der Natur vorgefunden und nicht verändert wurde (vgl. §§ 23/24 Rn. 38; so auch OLG Hamburg ZUM-RD 1997, 217, 221 – *Troades*; LG Hamburg ZUM 2009, 165, 167 – *Mauerspringer*; LG Düsseldorf GRUR-RR 2011, 203, 205 – *Beuys-Aktion*). Schafft der Fotograf oder Aktionskünstler erst das Motiv, indem er beispielsweise ein Stillleben, einen Akt oder eine sonstige Pose von Menschen kreiert, kann hierin eine individuelle Gestaltung liegen, sodass zumindest die prägenden Elemente der Inszenierung bzw. des Arrangements geschützt sein können (BGH GRUR 2003, 1035, 1037 – *Hundertwasser-Haus*; OLG Köln GRUR 2000, 43, 44 – *Klammerpose*; LG Düsseldorf GRUR-RR 2011, 203, 205 – *Beuys-Aktion*). Auch vgl. Rn. 197 und vgl. §§ 23/24 Rn. 38.

4. Individualität und Spielidee

Neue Spiele werden meist nur längst bekanntes in neuem Gewand bieten mit **50** der Folge, dass nur ihre neue sprachliche oder bildliche Darstellung Werkcharakter haben kann (BGH GRUR 1961, 51, 52 – *Zahlenlotto*; OGH GRUR Int. 1983, 310, 311 – *Glücksreiter*; OLG Hamburg GRUR 1983, 436, 437 – *Puckman*; OLG Düsseldorf GRUR 1990, 263, 26 5 f. – *Automatenspielplan*; OLG München ZUM 1995, 48, 49; OLG Frankfurt ZUM 1995, 795, 796 f. – *Golfregeln*, LG Köln GRUR-RR 2010, 165 – *Fantasy Rollenspiel*, LG Mannheim ZUM-RD 2009, 96, 98 – *Würfelspiel*). Weitergehend hat *Ulmer*, Urheber- und VerlagsR[3] S. 132 die Ansicht vertreten, Spiele seien als „Methoden oder

Systeme" grundsätzlich nicht schutzfähig. Aber dass einem Spiel eine bestimmte Methode zugrunde liegt und seine Regeln einem bestimmten System folgen, hat es mit Werken anderer Art gemeinsam (Werke der Musik, wissenschaftliche Werke). Gewiss ist die Spielidee als solche frei. Aber jedes neue Spiel lässt sich in jeder seiner Phasen inhaltlich individuell gestalten; trifft das zu, so nimmt die ihm zugrunde liegende Spielidee in dieser konkreten Ausgestaltung am Werkschutz teil. Davon geht auch die zitierte Rechtsprechung aus (weitere Nachweise bei *Henkenborg* S. 134 ff. und *Hertin* GRUR 1997, S. 799, 808 f.). So können beispielsweise Lernspiele aus der LÜK-Serie, die aus Kontrollgeräten und Übungsheften bestehen, insgesamt als Darstellungen wissenschaftlicher Art gem. § 2 Abs. 1 Nr. 7 UrhG geschützt sein, weil sie der Vermittlung von belehrenden oder unterrichtenden Informationen an Kinder dienen (BGH GRUR 2011, 803, 806 Tz. 43 – *Lernspiele*). Zu Spielregeln vgl. Rn. 106. Rätsel sind grundsätzlich als schutzfähig anerkannt (OLG München GRUR 1992, 510, 510 f. – *Rätsel*; *Wilhelm Nordemann* FS Traub S. 315; *Schricker*, UrhR InfoGes S. 26 f.).

5. Schutz für Werkteile

51 Werkteile sind nur dann geschützt, wenn sie **für sich allein betrachtet** persönliche geistige Schöpfungen darstellen, also insbesondere die notwendige Gestaltungshöhe erreichen (BGH GRUR 2015, 1189, 1192 Tz. 43 – *Goldrapper*; BGH GRUR 2008, 693, 694 Tz. 21 – *TV-Total*; BGH GRUR 1990, 218, 219 – *Verschenktexte*; BGH GRUR 1988, 533, 534 – *Vorentwurf II*; KG ZUM-RD 2012, 321, 323 – *Peter-Fechter-Filmsequenz*; OLG Hamburg GRUR-RR 2004, 285, 286 – *Markentechnik*). Der EuGH formuliert insoweit etwas anders: Teile eines Werkes seien urheberrechtlich geschützt, weil sie als solche an der Originalität des Gesamtwerkes teilhätten. Der EuGH meint damit jedoch nichts anderes, weil er zugleich betont, dass nichts darauf hindeute, dass die Teile eines Werkes einer anderen Regelung unterliegen könnten als das Gesamtwerk (EuGH GRUR Int. 2010, 35, 39 Tz. 38 – *Infopaq*; insoweit bestätigt in EuGH GRUR 2012, 814, 816 Tz. 65 – *SAS Institute*). Kleinste Teile also, die im Verhältnis zum ganzen Werk bedeutungslos sind, können Schutz genießen, sofern sie noch in Form oder Inhalt eine individuelle Prägung aufweisen. Als Beispiel mag insoweit der Anfangstakt aus Beethovens 5. Sinfonie gelten, der Urheberrechtsschutz genießen würde, obwohl er nur aus 4 Tönen besteht. So hat die Rechtsprechung kurzen Ausschnitten aus Spielfilmen (OLG Hamburg GRUR 1997, 822, 825 – *Edgar-Wallace-Filme*) ebenso Schutz zuerkannt wie Teilen von Computerprogrammen (OLG Hamburg GRUR-RR 2001, 289, 290 – *Hardwarekonfiguration einer Faxkarte*). Bei einer Software für ein Computerspiel, die neben einem Computerprogramm auch audiovisuelle Daten enthält, wendet nicht nur das Computerprogramm (§ 69a Abs. 1), sondern auch die audiovisuellen Bestandteile für sich genommen als Sprachwerke (Nr. 1), Musikwerke (Nr. 2), Werke der bildenden Kunst (Nr. 4), Lichtwerke (Nr. 5), Filmwerke (Nr. 6), Lichtbilder (§ 72) oder Laufbilder (§ 95) urheberrechtlich geschützt sein oder an der Originalität des Gesamtwerks teilhaben und zusammen mit diesem Urheberrechtsschutz genießen (BGH GRUR 2017, 266, 269 Tz. 34 – *World of Warcraft I*; EuGH GRUR 2015, 672, 675 f. Tz. 43 – *Videospiel-Konsolen II*; EuGH GRUR 2014, 255, 265 Tz. 23 – *Nintendo/PC Box und 9Net*). Auch die beiden Anfangszeilen eines Gedichts „Vom Ernst des Lebens halb verschont – Ist der schon, der in München wohnt" hielt das OLG München für schutzfähig (OLG München NJOZ 2010, 674 – *Typisch München*). Entgegen der früheren Rechtsprechung des OLG Köln und des BGH, die einzelnen Sätzen oder Satzfragmenten in Zeitungsartikeln den Urheberrechtsschutz versagte (OLG Köln GRUR-RR 2001, 97, 98 – *Suchdienst für Zeitungsartikel*; nachfolgend bestätigt BGH GRUR 2003, 958, 961 – *Paperboy*), hielt der EuGH in einer jüngeren Entscheidung den urheberrechtlichen

Schutz für einen aus 11 Wörtern bestehenden Auszug aus einem Presseartikel
für möglich (EuGH GRUR Int. 2010, 35, 39 Tz. 47 – *Infopaq*). Dieser Rechtsprechung hat sich inzwischen auch der BGH angeschlossen, allerdings unter
Hinweis darauf, dass sehr kleine Teile eines Sprachwerks regelmäßig nicht
„hinreichend individuell" sein werden (BGH GRUR 2011, 134, 139 Tz. 54 –
Perlentaucher: „Sofern sie für sich genommen eine persönliche geistige Schöpfung i. S. d. § 2 Abs. 2 UrhG darstellen (…) kann auch kleinen Teilen eines
Sprachwerkes urheberrechtlicher Schutz zukommen."). Einzelne Wörter oder
Zahlen bleiben jedoch immer ungeschützt (EuGH GRUR 2012, 814, 816
Tz. 66 – *SAS Institute*). Die Voraussetzung des Schutzes für Werkteile, dass
auch der entlehnte Teil für sich betrachtet eine persönliche geistige Schöpfung
darstellen muss, bringt die Gefahr mit sich, dass geschickte Plagiatoren fremde
Werke durch Entlehnung kleiner Teile ausschlachten. Das digitale Soundsampling, bei dem meist nur einzelne Töne, Akkorde oder Klänge verwendet werden (vgl. Rn. 127), ist hierfür ebenso ein Musterbeispiel wie der Fall LG Frankfurt GRUR 1996, 125: Die bekannte, einen Schlager prägende Textzeile
„tausend Mal berührt, tausend Mal ist nix passiert" benutzte ein Hersteller
von Telefonen als Eyecatcher einer Werbeanzeige und beutete damit die geistige
Leistung des Textdichters für eigene Zwecke aus; dieser konnte dagegen nichts
ausrichten, weil zwar sein Text insgesamt, nicht aber die entlehnte Textzeile
urheberrechtlich geschützt war. Gleiches gilt für die Übernahme prägnanter
und aussagekräftiger Wortfolgen und Satzteile aus Buchrezensionen der F.A.Z.
und der Süddeutschen Zeitung durch das Kulturmagazin „perlentaucher.de" in
auf der Internetseite veröffentlichten Abstracts. Zwar hat der BGH die einzelnen übernommenen Wortfolgen an sich nicht für schutzfähig gehalten (BGH
GRUR 2011, 134, 139 Tz. 52 ff, insb. 55 – *Perlentaucher*). Dennoch lag in
der weitgehend unveränderten Übernahme der Gesamtrezension eine unfreie
Bearbeitung nach Maßgabe von § 23 UrhG (s. OLG Frankfurt BeckRS 2011,
27257 – *Perlentaucher II*; Einzelheiten vgl. §§ 23/24 Rn. 51a u. 73).

6.   Werkeinheit und Verbindung von Werkarten

Der Schutz auch kleinster Werkteile hat zur Folge, dass die gelegentlich proble-   **52**
matisierte Frage nach der Werkeinheit, d. h. danach, wann ein einheitliches
zusammengehöriges Werk vorliege (*v. Gamm* Rn. 10 f.; *Schaefer* S. 133 f.; *Hertin* GRUR 1997, 799, 810), ohne praktische Relevanz ist. Nicht nur das Bühnenbild als Ganzes, sondern auch die vom Bühnenbildner bemalte Bodenvase
ist geschützt – ob als Einzelwerk oder als Teil des Gesamtwerks, ist letztendlich
irrelevant – sofern sie für sich betrachtet urheberrechtlich geschützt ist (s. BGH
GRUR 2015, 1189, 1192 Tz. 43 – *Goldrapper*). Werden zwei Werkarten miteinander verbunden, z. B. Musik und Text bei einem Song, sind die jeweiligen
Elemente gesondert auf ihren urheberrechtlichen Schutz zu prüfen; denn das
UrhG sieht einen Schutz der Verbindung als solcher nicht vor (s. BGH GRUR
2015, 1189, 1190 Tz. 17 – *Goldrapper*).

7.   Schutz des Werktitels

Werktitel können zwar ebenso wie kurze Sprachwerke und Werkteile urheber-   **53**
rechtlichen Schutz genießen, wenn sie für sich betrachtet persönliche geistige
Schöpfungen darstellen (BGH GRUR 1990, 218, 219 – *Verschenktexte*; Schri-
cker/Loewenheim/*Loewenheim*[5] Rn. 89 m. w. N.). Entsprechend der Behandlung kurzer Sprachwerke ist ein urheberrechtlicher Schutz aber normalerweise
nicht gegeben, weil Werktitel wegen ihrer Kürze meist die notwendige Gestaltungshöhe nicht erreichen werden, ihnen also keine Individualität zukommt
(BGH GRUR 1990, 218, 219 – *Verschenktexte*; BGH GRUR 1977, 543, 544 –
Der 7. Sinn; BGH GRUR 1958, 354 – *Sherlock Holmes*; OLG Hamburg ZUM
1998, 1041 – *Samba de Janeiro*; LG München I GRUR-RR 2007, 226, 229 –
Eine Freundin für Pumuckl; LG Mannheim ZUM 1999, 659, 660 – *Heidel-*

bär). Für Werktitel kommt allerdings im Regelfall ein markenrechtlicher Schutz gem. § 5 **Abs.** 3 **MarkenG** in Frage; Einzelheiten hierzu bei *Nordemann* Rn. 1429 ff.; Loewenheim/*Axel Nordemann*² § 83 Rn. 60 ff.; Bisges/*Bisges* Kap. 1 Rn. 228 und Bisges/*Freyes* Kap. 6 Rn. 5 ff.; *Link* S. 101 ff. sowie den vorliegenden Kommentaren zu § 5 MarkenG. Zum Werktitelschutz bei der Bearbeitung vgl. § 3 Rn. 14.

IV. Die einzelnen Werkkategorien

1. Sprachwerke wie Schriftwerke, Reden und Computerprogramme (§ 2 Abs. 1 Nr. 1)

54 a) **Einordnung:** Sprachwerke sind Schöpfungen, die mit sprachlichen Mitteln ausgedrückt oder wiedergegeben werden, also eine sprachliche Darstellung aufweisen (BGH GRUR 1999, 923, 925 f. – *Tele-Info-CD*; Loewenheim/*Axel Nordemann*² § 9 Rn. 6; *Ulmer*, Urheber- und VerlagsR³ S. 134; Wandtke/Bullinger/*Bullinger*⁴ Rn. 45 ff.). Die Mitteilung kann mündlich, schriftlich, aber auch in digitaler Form erfolgen. Es kann sich um einen verbalen, gedanklichen oder gefühlsmäßigen Inhalt handeln, der literarisch, wissenschaftlich, praktisch, privat oder geschäftlich sein kann. Frei gehaltene Reden und Predigten, Stehgreifgedichte, ein spontan erfundener und gesungener neuer Vers zu einem Lied, gelegentlich auch Interviews, wenn sie mehr als ein alltägliches Gespräch sind, zählen zu den „Reden", alles, was auf irgendeine Weise schriftlich fixiert worden ist, wie beispielsweise Gedichte, Aufsätze, Romane, Zeitungs- und Zeitschriftenartikel, Operntexte, Liedertexte, Dramen, Theaterstücke und Briefe gehören zu den „Schriftwerken" (weitere Beispiele bei Dreier/Schulze/*Schulze*⁵ Rn. 86 ff.; Loewenheim/*Axel Nordemann*² § 9 Rn. 8; Schricker/Loewenheim/*Loewenheim*⁵ Rn. 100 ff.; Wandtke/Bullinger/*Bullinger*⁴ Rn. 50 ff.; Bisges/*Bisges* Kap. 1 Rn. 105 ff.: sowie nachfolgend vgl. Rn. 67 ff.).

55 Für den Bereich der **Computerprogramme** bestehen demgegenüber spezielle Regelungen in den §§ 69a-69g UrhG, die als Folge der Software-RL in das UrhG eingeführt wurden. Zwar unterfallen Computerprogramme grundsätzlich den Sprachwerken, was §§ 2 Abs. 1 Nr. 1, 69a Abs. 4 UrhG auch klarstellen; die Einführung besonderer Bestimmungen war jedoch vor allem deshalb sinnvoll und zweckmäßig, weil es im Vergleich zu herkömmlichen Sprachwerken doch einige Besonderheiten gibt, denen man ansonsten nicht hätte gerecht werden können. Gem. § 69a Abs. 1 und 2 UrhG wird Software in jeder Form geschützt, also z.B. ausgedruckt, als Source-Codes oder Executables (EuGH GRUR 2012, 814, 815 Tz. 38 – *SAS Institute*). Auch das Entwurfsmaterial ist geschützt (EuGH GRUR 2012, 814, 815 Tz. 36 f. – *SAS Institute*), und zwar auf allen Stufen wie beispielsweise der Problem- oder Systemanalyse, dem Datenflussplan bzw. -flussdiagramm, dem Programmablaufplan bzw. Struktugram und dem eigentlichen Programmiervorgang (Einzelheiten vgl. § 69a Rn. 22 ff.). Das **Benutzerhandbuch** für das Computerprogramm wird demgegenüber regelmäßig als herkömmliches Sprachwerk einzuordnen sein (EuGH GRUR 2012, 814, 816 Tz. 65–67 – *SAS Institute*).

56 b) **Unterschiedliche Arten von Sprachwerken:** Es sind verschiedene Arten von Sprachwerken zu unterscheiden: Die Sprachwerke **schöngeistigen** Inhalts wie beispielsweise Romane, Geschichten, Gedichte, Dramen, Liedertexte oder Libretti für Opern, die Sprachwerke **wissenschaftlichen und technischen** Inhalts wie beispielsweise Kommentare, Lehrbücher, Anwaltsschriftsätze oder Ausschreibungsunterlagen, die Sprachwerke des **täglichen Bedarfs** wie etwa Zeitungs- und Zeitschriftenartikel, Werbetexte, Telefonbücher, Briefe oder Tagebücher sowie schließlich die Sprachwerke, die **Gebrauchszwecken** dienen wie beispielsweise Bedienungsanleitungen, allgemeine Geschäftsbedingungen, Dienstanweisungen, Formulare, Vordrucke, Lexika, Wörterbücher oder militärische Lageberichte.

c) **Individualität:** Die Individualität eines Sprachwerkes kann sich ergeben aus **57** der eigenschöpferischen Gedankenführung und -formung, aber auch aus Form und Art der Sammlung, Einteilung und Anordnung des Stoffes (BGH GRUR 1999, 923, 925 f. – *Tele-Info-CD*; BGH GRUR 1981, 520, 521 – *Fragensammlung*). Sie kann sich nicht aus dem dargestellten wissenschaftlichen oder technischen Inhalt (BGH GRUR 2011, 803, 807 Tz. 50 – *Lernspiele*; KG ZUM 2014, 969 – *Urteilsanalyse* [zu Darstellungen wissenschaftlicher Art gem. § 2 Abs. 1 Nr. 7]; BGH GRUR 1984, 659, 660 – *Ausschreibungsunterlagen*), wohl aber bei Romanen, Bühnenwerken und Vergleichbarem auch aus der erfundenen Geschichte, den ersonnenen Charakteren, ihrem Beziehungsgeflecht, dem Milieu und/oder dem Handlungsgefüge ergeben (BGH GRUR 1999, 984, 987 – *Laras Tochter*; KG ZUM 2015, 696, 697 f. – *Hinterm Horizont*). Auch einzelne Charaktere eines Sprachwerks können unabhängig vom konkreten Beziehungsgeflecht und dem Handlungsrahmen selbständigen Urheberrechtsschutz genießen, wenn sie durch die Kombination von ausgeprägten Charaktereigenschaften und besonderen äußeren Merkmalen eine unverwechselbare Persönlichkeit besitzen; es ist jedoch ein strenger Maßstab anzulegen, allein die Beschreibung der äußeren Gestalt einer handelnden Figur oder ihres Erscheinungsbildes wird dafür in aller Regel nicht genügen (BGH GRUR 2014, 258, 260 f. Tz. 26 ff. – *Pippi-Langstrumpf-Kostüm*). Bei einem technischen Regelwerk kann die schöpferische Leistung auch in der sprachlichen Vermittlung eines komplexen technischen Sachverhalts liegen (BGH GRUR 2002, 958, 959 – *Technische Lieferbedingungen*). Allerdings kann die Individualität immer nur aus dem folgen, was auf der geistigen und schöpferischen Leistung des Urhebers selbst beruht; historische oder tatsächliche Gegebenheiten, allgemein vorbekannte Formulierungen, einzelne Wörter und Satzfragmente bleiben in ihrem Kern grundsätzlich frei (Beispielsfall für historische oder tatsächliche Begebenheiten: LG Hamburg GRUR-RR 2003, 233, 234 – *Die Päpstin*).

Zur Bestimmung der Individualität von Sprachwerken werden **Form und Inhalt** **58** von der Rechtsprechung unterschiedlich behandelt. Sie kann sich bei schöngeistigen Sprachwerken sowohl aus der Form der Darstellung als auch aus ihrem Inhalt ergeben; unberücksichtigt bleibt lediglich das, was freies Gemeingut ist, also die übliche Formulierung, das übliche Ordnungsprinzip, die historische oder tatsächliche Begebenheit sowie die vorbekannte Fabel (BGH GRUR 1999, 984, 987 – *Laras Tochter*; KG ZUM 2015, 696, 697 f. – *Hinterm Horizont*; Schricker/Loewenheim/*Loewenheim*[5] Rn. 102 f.; Wandtke/Bullinger/*Bullinger*[4] Rn. 38; Loewenheim/*Axel Nordemann*[2] § 9 Rn. 12 ff.). Bei Sprachwerken wissenschaftlichen und technischen Inhalts, solchen des täglichen Bedarfs und Gebrauchszwecken dienenden Sprachwerken soll sich dagegen die Individualität nur aus der Form der Darstellung, vor allem aus der Art und Weise der Auswahl, Einteilung und Anordnung des Stoffes ergeben können (BGH GRUR 1999, 923, 924 – *Tele-Info-CD*; BGH GRUR 1997, 459, 461 – *CB-infobank I*; Schricker/Loewenheim/*Loewenheim*[5] Rn. 104 f.; Loewenheim/*Axel Nordemann*[2] § 9 Rn. 16 f.; *Waiblinger* S. 63 ff.). In einer jüngeren Entscheidung hat der BGH zwar ergänzt, dass bei derartigen Werken die schöpferische Leistung auch in der sprachlichen Vermittlung eines komplexen (technischen) Sachverhalts liegen könne, aber auch betont, dass ein Urheberrechtsschutz nicht in Betracht käme, wenn die schöpferische Kraft allein im innovativen Charakter des Inhalts liege (BGH GRUR 2002, 958, 959 – *Technische Lieferbedingungen*).

d) **Gestaltungshöhe:** Die Schutzuntergrenze bei Sprachwerken ist grundsätzlich **59** niedrig, sodass auch die **kleine Münze** geschützt ist (vgl. Rn. 30 und BGH

GRUR 2000, 144, 145 – *Comic-Übersetzungen II*; Dreier/Schulze/*Schulze*[5] Rn. 85; Loewenheim/*Axel Nordemann*[2] § 9 Rn. 19; Schricker/Loewenheim/ *Loewenheim*[5] Rn. 61 ff.). Diese niedrige Schutzuntergrenze gilt vor allem für schöngeistige Sprachwerke wie Romane, Gedichte, Essays und Geschichten, aber auch für Zeitungs- und Zeitschriftenartikel, und zwar auch dann, wenn in individueller Wortwahl und eigenpersönlichem Stil in wenigen, knappen Sätzen jeweils ein tatsächlicher Vorgang mitgeteilt wird (KG GRUR-RR 2004, 228, 229 – *Ausschnittdienst*). Letzteres folgt schon aus § 49, der Zeitungsartikel und Rundfunkkommentare ausdrücklich dem Schutz unterstellt, soweit es sich nicht ausschließlich um vermischte Nachrichten tatsächlichen Inhalts, sowie um Tagesneuigkeiten handelt (§ 49 Abs. 2; vgl. Rn. 121). Die niedrige Gestaltungshöhe bei Sprachwerken entspricht im Übrigen der Rechtsprechung des EuGH, nach der für den Urheberrechtschutz lediglich eine eigene geistige Schöpfung des Urhebers vorliegen muss; der EuGH hat deshalb den urheberrechtlichen Schutz für einen aus 11 Wörtern bestehenden Auszug aus einem Presseartikel für möglich gehalten (EuGH GRUR Int. 2010, 35, 39 Tz. 33–37 und 47 – *Infopaq*). Dasselbe gilt für Computerprogramme, bei denen die niedrige Gestaltungshöhe durch § 69a Abs. 3 UrhG vorgegeben ist (vgl. Rn. 75 und vgl. § 69a Rn. 14 ff.).

60 Im Bereich der **wissenschaftlichen und technischen Sprachwerke** ist die Rechtsprechung dagegen uneinheitlich: Während an Bedienungsanleitungen, Ausschreibungsunterlagen, Warenzeichenlexika, und Anwaltsschriftsätze erhöhte Anforderungen im Sinne eines deutlichen Überragens der Durchschnittsgestaltung gestellt werden (BGH GRUR 1993, 34, 36 – *Bedienungsanweisung*; BGH GRUR 1984, 659, 661 – *Ausschreibungsunterlagen*; BGH GRUR 1987, 704, 706 – *Warenzeichenlexika*; BGH GRUR 1986, 739, 740 – *Anwaltsschriftsatz*; OLG Frankfurt WRP 2015, 1004, 1005 f. [*Bedienungsanleitung*]; KG ZUM 2011, 566, 567 [Sachverständigengutachten]; OLG München GRUR 2008, 337, 337 – *Presserechtliches Warnschreiben*; KG GRUR-RR 2006, 252, 253 – *Schuldnerberatung*), soll bei Leitsätzen zu gerichtlichen Entscheidungen, Wertermittlungsgutachten und Widerrufsbelehrungen in AGB ein bescheidenes Maß geistig schöpferischer Tätigkeit genügen, um urheberrechtlichen Schutz zuzubilligen (BGH GRUR 1992, 382, 385 – *Leitsätze*; OLG Köln GRUR-RR 2009, 164, 165 – *Nichtamtlicher Leitsatz*; OLG Celle ZUM-RD 2009, 14 [Widerrufsbelehrungen in AGB]; LG Hamburg ZUM-RD 2010, 80 [Wertermittlungsgutachten]). An DIN-Normen, die VOB/C oder einen Themenkatalog für sozialtherapeutische Fortbildungskurse sind erhöhte Anforderungen jedenfalls nicht ausdrücklich zur Schutzvoraussetzung erklärt worden (BGH GRUR 1990, 1003, 1003 ff. – *DIN-Normen*; BGH GRUR 1984, 117, 118 f. – *VOB/C*; BGH GRUR 1991, 130, 132 f. – *Themenkatalog*); neuerdings hat die Rspr. ihre Schutzfähigkeit auch im Bereich der kleinen Münze ausdrücklich anerkannt (OLG Hamburg WRP 2017, 1267, 1275 ff. – *DIN-Normen*). An Sprachwerke des täglichen Bedarfs werden ebenfalls unterschiedliche Schutzuntergrenzen gestellt: Während Zeitungs- und Zeitschriftenartikel regelmäßig urheberrechtlich geschützt sind (BGH GRUR 1997, 459, 461 – *CB-infobank I*), sollen bei Briefen und Tagebüchern der Durchschnitt, das Gewöhnliche, das sich nach Inhalt und Form von den Briefen der Gesellschaftsschicht des Verfassers nicht abhebt, das Alltägliche und das üblicherweise Hervorgebrachte nicht ausreichen (BGH GRUR 1960, 449, 452 – *Alte Herren*; KG GRUR-RR 2016, 106 – *Strittmatter-Brief*; KG GRUR 1973, 602, 603 – *Hauptmann-Tagebücher*).

61 Soweit Sprachwerke einem **Gebrauchszweck** dienen, ist die Rechtsprechung bislang ebenfalls grundsätzlich davon ausgegangen, dass erhöhte Anforderungen an die urheberrechtliche Schutzfähigkeit im Sinne eines deutlichen Überragens des Durchschnitts zu stellen sind (BGH GRUR 1993, 34, 36 – *Bedie-*

nungsanweisung; BGH GRUR 1987, 704, 706 – *Warenzeichenlexika* [kein ausdrückliches Verlangen des deutlichen Überragens, aber kein Schutz für Durchschnittsgestaltung]; BGH GRUR 1985, 1041, 1047 f. – *Inkasso-Programm* [inzwischen überholt durch § 69a Abs. 3 UrhG; dort vgl. § 69a Rn. 14, 21]; OLG Frankfurt WRP 2015, 1004, 1005 f. – *Bedienungsanleitung*; OLG Düsseldorf WRP 2014, 1236, 1237 – *Werbetext für Robe*; OLG Stuttgart GRUR-RR 2010, 369 – *Mietspiegel*; OLG Brandenburg GRUR-RR 2010, 273, 274 – *Dienstleistungsvertrag*; LG Leipzig ZUM 2009, 980, 982 f. [zu Fernsehprogrammen]; LG Stuttgart ZUM-RD 2008, 501 [zu Verträgen]).

Ausdrücklich gegen diese Rechtsprechung des BGH zu Gebrauchszwecken dienenden Werken hat sich das OLG Nürnberg in einer bislang jedoch vereinzelt gebliebenen Entscheidung gestellt; es behandelt wissenschaftliche Sprachwerke mit derselben niedrigen Gestaltungshöhe wie literarische, und zwar mit dem Argument, dass die bisherige Rechtsprechung mit der Europäischen Rechtsentwicklung – 3 Richtlinien mit niedrigen Schutzvoraussetzungen (vgl. Rn. 32) – nicht konform gehe (OLG Nürnberg GRUR-RR 2001, 225, 226 f. – *Dienstanweisung*). Das OLG Nürnberg stellt das Vorliegen einfacher Individualität im Wege einer negativen Abgrenzung fest: Individualität fehle nur, wenn dem Urheber der geistige Gehalt seines Werkes durch den Gegenstand der Darstellung, durch die verwendete Fachterminologie oder durch sonstige Übungen so vorgegeben war, dass kein Raum für eigene Entscheidungen verblieben sei (OLG Nürnberg GRUR-RR 2001, 225, 227 – *Dienstanweisung*). Das OLG Brandenburg ist dieser Auffassung in einem jüngeren Urteil ausdrücklich entgegen getreten und verneinte den Urheberrechtsschutz für ein Vertragswerk, weil es weder „überdurchschnittlich" oder „überragend" noch ein „Spitzen- bzw. Ausnahmeprodukt" gewesen sei (OLG Brandenburg GRUR-RR 2010, 273, 274 – *Dienstleistungsvertrag*). Hiermit überspannt das OLG Brandenburg die Schutzanforderungen für Gebrauchszwecken dienende Sprachwerke ganz erheblich, was mit der europäischen Rechtsentwicklung schlechthin unvereinbar ist (vgl. Rn. 32, 59). **62**

In Richtung einer einheitlichen Schutzuntergrenze für Sprachwerke weist auch die oben bereits erwähnte *Infopaq*-Entscheidung des EuGH, in der dieser einen einheitlichen europäischen Werkbegriff mit einer einheitlichen niedrigen Schutzuntergrenze bestimmt (GRUR Int. 2010, 35, 39 Tz. 34 ff. – *Infopaq*); auch vgl. Rn. 32. **62a**

Der BGH hat sich, soweit ersichtlich, bisher nicht mit der Rechtsprechung des OLG Nürnberg auseinandergesetzt. In seinen letzten beiden Urteilen zur Schutzfähigkeit von Gebrauchszwecken dienenden Sprachwerken verzichtete er jedoch auf das Kriterium des deutlichen Überragens der Durchschnittsgestaltung (BGH GRUR 2011, 134, 139 Tz. 54 – *Perlentaucher*; BGH GRUR 2002, 958, 960 – *Technische Lieferbedingungen*). In seinem Urteil zur Internetseite www.perlentaucher.de nimmt der BGH zumindest am Rande Bezug auf die oben zitierte Infopaq-Entscheidung des EuGH und hält nun entgegen seiner früheren Rechtsprechung, mit der er einzelnen Sätzen oder Satzfragmenten in Zeitungsartikeln den Urheberrechtsschutz generell versagte (BGH GRUR 2003, 958, 960 f. – *Paperboy* im Anschluss an OLG Köln GRUR-RR 2001, 97, 98 – *Suchdienst für Zeitungsartikel*), grundsätzlich auch kleine Teile von Sprachwerken bei „hinreichender Individualität" unterschiedslos für schutzfähig, jedoch ohne das näher zu konkretisieren (BGH GRUR 2011, 134, 139 Tz. 54 – *Perlentaucher*). Angesichts der Entscheidung des BGH zu Werken der angewandten Kunst, für die die Schutzvoraussetzung des deutlichen Überragens der Durchschnittsgestaltung ausdrücklich fallengelassen worden ist (BGH GRUR 2014, 175, 177 Tz. 26 – *Geburtstagszug*), ist davon auszugehen, dass auch bei Sprachwerken zukünftig eine einheitlich niedrige Gestaltungshöhe gelten wird. **62b**

63 Auch in der Literatur mehren sich die Stimmen, dass für alle Sprachwerke eine gleichmäßige, niedrige Schutzuntergrenze gelten und die kleine Münze – unabhängig vom Zweck und der Bestimmung des Sprachwerkes – gleichmäßig geschützt werden sollte (Loewenheim/*Loewenheim*[2] § 6 Rn. 19 f. m. w. N.; Loewenheim/*Axel Nordemann*[2] § 9 Rn. 22 ff., *Axel Nordemann* FS Nordemann II S. 59, 60 f. und 63 ff.; Schricker/Loewenheim/*Loewenheim*[5] Rn. 59; *Schricker* FS Kreile S. 715, 719 ff.; *Wandtke* GRUR 2002, 1, 8 f. **diff.** Büscher/Dittmer/Schiwy/*Obergfell*[3] Rn. 24 f. [Schutz der kleinen Münze bei wissenschaftlichen Texten bejaht, bei Gebrauchstexten verneint]).

64 Entsprechend dem unter Rn. 38 Gesagten und der Auffassung des EuGH, nach der es für den Werkschutz genügt, wenn eine eigene geistige Schöpfung des Urhebers vorliegt (EuGH GRUR Int. 2010, 35, 39 Tz. 37 – *Infopaq*), **muss bei allen Sprachwerken einheitlich eine niedrige Schutzuntergrenze gelten** und die kleine Münze gleichmäßig über alle Sprachwerkarten geschützt werden. Der Schöpfungszweck darf weder bei der Beurteilung der Individualität noch bei der Festlegung einer Gestaltungshöhe eine Rolle spielen. Wissenschaftliche Lehren und Theorien sowie technische Vorgaben oder organisatorische Handlungsabläufe sind in ihrem gedanklichen Inhalt ebenso frei wie tatsächliche Begebenheiten, Volksmärchen, historische Abläufe oder anderes schriftliches Gemeingut. Dass ein solcher Inhalt nicht zur Bestimmung der Individualität beitragen und damit auch nicht am Urheberrechtsschutz teilhaben kann, ergibt sich aber nicht aus dem Zweck der Schöpfung, sondern daraus, dass dieser Kernbereich dem Gemeingut zuzurechnen ist und im Bereich der Wissenschaft und Technik Gedanken und Lehren urheberrechtlich frei bleiben müssen (Schricker/Loewenheim/*Loewenheim*[5] Rn. 80 und 65; s. a. BGH GRUR 2011, 803, 807 Tz. 50 – *Lernspiele* [zu Darstellungen wissenschaftlicher Art gem. § 2 Abs. 1 Nr. 7]; BGH GRUR 2012, 58, 60 Tz. 21 – *Seilzirkus* [zu Werken der angewandten Kunst]).

65 Das gilt gleichermaßen für alle Schöpfungen unabhängig von ihrem Zweck: Zur Bestimmung der Individualität kann immer nur das herangezogen werden, was auf der schöpferischen Leistung des Urhebers beruht und nicht dem Gemeingut angehört. Die Bestimmung der Individualität eines Sprachwerkes hat daher anhand des eigentlichen Kerns der Individualität zu erfolgen, nämlich der schöpferischen Leistung des Urhebers und nicht anhand des Zwecks, zu dem sie erfolgte. Entsprechend OLG Nürnberg GRUR-RR 2001, 225, 227 – *Dienstanweisung* ist deshalb auch bei Gebrauchszwecken dienenden Sprachwerken stets nur ein geringes Maß an Individualität notwendig; es fehlt nur dann, wenn dem Urheber der geistige Gehalt seines Werkes durch den Gegenstand der Darstellung, durch die verwendete Fachterminologie oder durch sonstige Übungen so vorgegeben war, dass kein Raum für eigene Entscheidungen verblieb.

66 Allerdings darf die Annahme einer niedrigen Gestaltungshöhe auch für wissenschaftliche Sprachwerke nicht dazu verführen, daraus auf einen inhaltlichen Schutz wissenschaftlicher Sprachwerke zu schließen. Im Gegensatz zu Romanen, bei denen eben auch der Inhalt am urheberrechtlichen Schutz teilhat (vgl. Rn. 47 und 101), bleibt die wissenschaftliche Theorie, die in wissenschaftlichen Sprachwerken dargestellt wird, zwingend frei (KG ZUM 2014, 969 – *Urteilsanalyse*; OLG Hamburg GRUR-RR 2004, 285, 286 – *Markentechnik*; s. a. BGH GRUR 2011, 803, 807 Tz. 50 – *Lernspiele* [zu Darstellungen wissenschaftlicher Art gem. § 2 Abs. 1 Nr. 7]; BGH GRUR 2012, 58, 60 Tz. 21 – *Seilzirkus* [zu Werken der angewandten Kunst]). Zu wissenschaftlichen Werken im Übrigen vgl. Rn. 118.

67 **e) Einzelfälle: Abstracts** sind regelmäßig trotz ihrer Kürze und auch bei starker inhaltlicher Orientierung am Originaltext urheberrechtlich geschützt, wobei die schöpferische Leistung des Verfassers darin liegt, den wesentlichen Inhalt des deutlich umfangreicheren Originaltextes zu ermitteln und diesen auf knappstem Raum möglichst prägnant wiederzugeben (OLG Frankfurt GRUR 2008, 249, 251 – *Abstracts*; nachfolgend bestätigt von BGH GRUR 2011, 134, 136 Tz. 26 f. – *Perlentaucher*). Zur Frage, inwieweit hierbei auf Formulierungen aus dem Originaltext zurückgegriffen werden kann, vgl. §§ 23/24 Rn. 49 a. E., 51a und 73.

Adressbücher, Telefonbücher und ähnliche Verzeichnisse lassen normalerweise keinen Raum für eine individuelle Gestaltung, weil diese regelmäßig durch das Alphabet vorgegeben ist. Auch wenn früher teilweise ein Werkschutz für möglich gehalten oder sogar zuerkannt worden ist (BGH GRUR 1961, 631, 633 – *Fernsprechbuch*; RG GRUR 1928, 718, 720 – *Universal-Rechner*), geht die Rspr. heute zutreffend davon aus, dass ihnen grundsätzlich die Werkqualität fehlt (BGH GRUR 1999, 923, 925 f. – *Tele-Info-CD*). Allerdings kommt für derartige Verzeichnisse im Regelfall das verwandte Schutzrecht des Datenbankherstellers aus § 87a UrhG in Betracht (BGH GRUR 1999, 923, 925 – *Tele-Info-CD*); Einzelheiten hierzu vgl. § 87a Rn. 8 ff. **67a**

Allgemeine Geschäftsbedingungen vgl. Rn. 115. **68**

Anagramme wie Adolf Hitler zu Folter Hilda, Joseph Goebbels zu Bob Eifelgosse und Hjalmar Schacht zu Ali Machtarsch sind schutzfähig, da trotz ihrer Kürze eine schöpferische Leistung in der beziehungsreichen Neuzusammenstellung der Buchstaben besteht (KG GRUR 1971, 368, 370 – *Buchstabenschütteln*). **69**

Anmerkungen vgl. Rn. 121. **70**

Anwaltsschriftsätze und anwaltliche Gutachten haben in der Regel Werkcharakter, weil die Darstellung eines tatsächlichen Sachverhalts und dessen Anwendung auf die rechtlichen Folgen genügend Gestaltungsspielraum lässt; besondere Anforderungen an die Individualität im Sinne eines deutlichen Überragens der Durchschnittsgestaltung sind nicht zu stellen, sodass auch die kleine Münze der Anwaltsschriftsätze und anwaltlichen Gutachten urheberrechtlich geschützt ist (vgl. Rn. 64 und OLG Nürnberg GRUR-RR 2001, 225, 226 f. – *Dienstanweisung* zu einer Dienstanweisung im Krankenhaus; a. A. BGH GRUR 1986, 739, 741 – *Anwaltsschriftsatz*; OLG München GRUR 2008, 337, 337 – *Presserechtliches Warnschreiben*; KG GRUR-RR 2006, 252, 254 – *Schuldnerberatung*; OLG Hamburg GRUR 2000, 146, 147 – *Berufungsschrift*). Voraussetzung ist allerdings, dass der Anwalt auch tatsächlich individuell formuliert; kurze Formschriftsätze wie Verteidigungsanzeigen, Anträge auf Erlass eines Versäumnisurteils, Fristverlängerungsanträge wegen Arbeitsüberlastung, formelle Berufungen oder das, was aus Formularhandbüchern übernommen wird, genügt insoweit nicht (s. a. OLG München GRUR 2008, 337, 337 – *Presserechtliches Warnschreiben*). **71**

Ausschreibungsunterlagen bedürfen im Regelfall einer sorgfältigen sprachlichen Gestaltung und besitzen deshalb üblicherweise das für ihren Schutz erforderliche Mindestmaß an Individualität; besondere Schutzvoraussetzungen im Sinne eines deutlichen Überragens bestehen nicht, sodass auch die kleine Münze geschützt ist (a. A. BGH GRUR 1984, 659, 661 – *Ausschreibungsunterlagen*). Nicht genügend ist allerdings, wenn lediglich technische Vorgaben aufgelistet werden, ohne sie verbal zu beschreiben; für einen solchen Fall geht der BGH zu Recht von einem fehlenden Urheberrechtsschutz aus (BGH GRUR 2002, 958, 959 – *Technische Lieferbedingungen* zu Ausschreibungsunterlagen; s. a. LG Köln ZUM-RD 2015, 279 f. – *Ausschreibungsunterlagen*). **72**

73 **Bedienungsanweisungen** aller Art, also auch **Kochrezepte, Benutzerhandbücher** und sonstige **Gebrauchsanweisungen** sind ebenfalls normalerweise einer individuellen Gestaltung zugänglich und haben daher regelmäßig Werkcharakter, ohne dass besondere Schutzvoraussetzungen bestehen würden; auch insoweit nimmt also die kleine Münze vollumfänglich am Schutz teil (a. A. BGH GRUR 1993, 34, 35 – *Bedienungsanweisung*; OLG Frankfurt WRP 2015, 1004, 1005 f. – *Bedienungsanleitung*; wie hier schon RGZ 81, 120, 123; RG GRUR 1943, 356, 358; OLG Hamburg UFITA 23 [1957], 222, 225 f. – *Waerland-Rezepte* und OLG Hamburg *Erich Schulze* OLGZ 229, 6 f. – *Brigitte-Rezepte* für Kochbücher [im konkreten Fall für die einzelnen Rezepte als solche verneint]). Insoweit wird die Gestaltung regelmäßig in der Auswahl, der Anordnung und der Kombination von Wörtern, Zahlen oder mathematischen Konzepten liegen (EuGH GRUR 2012, 814, 816 Tz. 67 – *SAS Institute*).

73a Zur grafischen **Benutzeroberfläche** eines Computerprogramms vgl. Rn. 75, 158a und 215.

73b Berichte vgl. Rn. 121.

74 **Briefe** und andere persönliche Mitteilungen wie beispielsweise **Tagebücher,** auf deren sprachliche Gestaltung besonderen Wert gelegt wurde und die sich nicht nur in landläufigen Formulierungen erschöpfen, also keine einfachen Mitteilungen darstellen, sind regelmäßig urheberrechtlich geschützt (schon RGZ 69, 401, 404 – *Nietzsche-Briefe*; KG GRUR-RR 2016, 106 – *Strittmatter-Brief*; KG NJW 1995, 3392, 3393 – *Botho Strauß*; LG Berlin UFITA 56 [1970], 349, 352 f. – *Alfred-Kerr-Briefe*; *Bock* GRUR 2001, 397, 397; *Bornkam* FS Piper S. 641; *Flechsig* FS Kreile S. 181; *Koumantos* FS Hoogman S. 193, *v. Olenhusen* UFITA 67 [1973], 57). Teilweise wird allerdings verlangt, dass die originelle Art des gedanklichen Inhalts oder eine eigenständige persönliche Formgebung (*Bosbach/Hartmann/Quasten* AfP 2001, 481, 481) oder gar ein deutliches Überragen von den Briefen der Gesellschaftsschicht des Verfassers vorliegen müsse (BGH GRUR 1960, 449, 452 – *Alte Herren*); das überspannt gleichwohl die Voraussetzungen und würde die kleine Münze bei Briefen außer Schutz stellen. Ob der Briefschreiber berühmt ist oder nicht spielt jedenfalls keine Rolle, sodass auch berühmte Persönlichkeiten für Allerweltsmitteilungen keinen Werkschutz genießen (KG GRUR 1973, 602, 604 – *Hauptmann-Tagebücher* zu den – für Literaturforscher freilich höchst reizvollen – Tagebucheintragungen Gerhard Hauptmanns). Muss Briefen und anderen persönlichen Mitteilungen der Urheberrechtsschutz versagt werden, kann gleichwohl ein Schutz gegen die Veröffentlichungen aus dem allgemeinen Persönlichkeitsrecht des Verfassers bestehen (für Briefe: BGH GRUR 1960, 449, 452 – *Alte Herren*; BGH GRUR 1962, 108, 108 f. – *Waffenhandel*; für Tagebücher: BGH GRUR 1955, 201, 203 f. – *Cosima Wagner*).

74a Bühnenwerke vgl. Rn. 101.

75 **Computerprogramme** sind gem. § 69a Abs. 3 dann schutzfähig, wenn Individualität in dem Sinne vorliegt, dass sie das Ergebnis der eigenen geistigen Schöpfung ihres Urhebers sind; zur Bestimmung ihrer Schutzfähigkeit dürfen keine anderen Kriterien, insbesondere nicht qualitative oder ästhetische herangezogen werden (§ 69a Abs. 3 S. 2), was zu einer geringen Schutzuntergrenze führt. Schutz besteht schon dann, wenn das Programm ein Minimum an Individualität aufweist (OLG Hamburg GRUR-RR 2001, 289, 290 – *Hardwarekonfiguration einer Faxkarte*; OLG München ZUM-RD 2000, 8, 12 – *TESY-M2*; OLG München ZUM-RD 1999, 445, 447 – *Amiga-Anwendungsprogramme*). Auch wenn damit nur wenige Software ungeschützt bleibt (vermutlich weniger als 10%), werden die Gerichte wohl dennoch Sachverständigenhilfe benötigen, um beurteilen zu können, ob ein Computerprogramm urheberrechtlich geschützt ist oder nicht (beispielsweise LG München I CR 1997, 351 – *Software-entwicklung im Dienstverhältnis*). Einzelheiten vgl. § 69a Rn. 14 ff., 21; zur Entwicklung der Rechtsprechung, die früher im Bereich der Computerprogramme ein deutliches Überragen der Durchschnittsgestaltung gefordert hatte (deshalb überholt: BGH GRUR 1985, 1041, 1048 – *Inkasso-Programm*), vgl. § 69a Rn. 14. Der Schutz für das Computerprogramm besteht für Quellcode, Objektcode und Executables sowie auch sonstiges Entwurfsmaterial zur Entwicklung der Software, sofern die Art der vorbereitenden Arbeit die spätere Entstehung eines Computerprogramms zulässt (EuGH GRUR 2012, 814, 815 Tz. 36–38 – *SAS Institute*; auch vgl. Rn. 55). Zu beachten ist, dass die Schutzfähigkeit der **Benutzeroberfläche** eines Computerprogramms nicht nach §§ 69a ff UrhG, sondern nach Maßgabe von § 2 Abs. 2 UrhG zu beurteilen ist (EuGH GRUR Int. 2011, 148, 151 Tz. 48, 51 – *Benutzeroberfläche*; s. a. OLG Karlsruhe GRUR-RR 2010, 234, 234 f. – *Reisebürosoftware*). Steht hierbei das Ausdrucksmittel der Sprache im Vordergrund, wie es beispielsweise bei Eingabemasken der Fall sein kann, kommt ein Schutz als Sprachwerk nach § 2 Abs. 1 Nr. 1 UrhG in Betracht (OLG Karlsruhe GRUR-RR 2010, 234, 235 – *Reisebürosoftware*). Das **Benutzerhandbuch** zu einem Computerprogramm wird man ebenfalls als „normales" Sprachwerk gem. § 2 Abs. 1 Nr. 1 einzuordnen haben (nicht genau unterschieden in EuGH GRUR 2012, 814, 816 Tz. 65–67 – *SAS Institute*).

Einzelne **Daten** als solche sind regelmäßig nicht urheberrechtlich geschützt, **76** weil sie entweder nur eine grundsätzlich freizuhaltende Tatsache enthalten oder aber ihnen jedenfalls die Individualität fehlen wird; denn selbst dann, wenn hinter Daten eine Gedankenführung stehen sollte, die auf einer inhaltlichen Verarbeitung und Auswahl von Erkenntnissen beruht, findet diese – möglicherweise schöpferische – Tätigkeit jedenfalls keine gestalterische Darstellung in den Daten selbst (OLG Hamburg GRUR 2000, 319, 320 – *Börsendaten*). Der Schutz von Datenbanken umfasst deshalb sowohl im Bereich des Werkschutzes des § 4 UrhG als auch des verwandten Schutzrechtes in § 87a ff. UrhG nur den Schutz der Datenbank, nicht aber der einzelnen Daten (vgl. § 4 Rn. 12; vgl. § 87a Rn. 5 ff.).

DIN-Normen, VDE-Vorschriften, die **VOB, Rechnungslegungsstandards** und **77** **technische Lieferbedingungen** sowie andere **nicht amtliche Regelwerke** und **private Gesetzentwürfe** werden normalerweise Werkqualität aufweisen (BGH GRUR 1990, 1003, 1004 – *DIN-Normen*; BGH GRUR 1984, 117, 118 f. – *VOB/C*), vor allem dann, wenn ein umfangreicher Stoff in übersichtlicher, klar gegliederter Form dargestellt und gut verständlich wiedergegeben wird (BGH GRUR 2002, 958, 960 – *Technische Lieferbedingungen*) oder in Begriffsbildung, Gedankenformung, Diktion sowie Zusammenstellung für sich urheberrechtlich geschützter Werke Individualität vorhanden ist (OLG Köln GRUR-RR 2002, 161, 162 – *DRS*). Die kleine Münze auch solcher Werke ist grundsätzlich geschützt (OLG Hamburg WRP 2017, 1267, 1275 ff. – *DIN-Normen*). Demgegenüber wird Urheberrechtsschutz bei solchen Werken regelmäßig fehlen, wenn nur technische, tatsächliche oder rechtliche Vorgaben aufgelistet werden, ohne sie verbal zu umschreiben (BGH GRUR 2002, 958, 959 – *Technische Lieferbedingungen*).

Drehbücher vgl. Rn. 101.   **77a**

Examensaufgaben und **Klausur-Aufgabenstellungen** werden regelmäßig dann, **78** wenn sie nicht bloß banal sind, eine ausreichende individuelle Eigenart besitzen und damit urheberrechtlich geschützt sein; dies gilt auch für Multiple-Choice-Klausuren, weil die falschen Alternativantworten so beschaffen sein müssen, dass die Studenten durch das Aussortieren der falschen und das Erkennen der richtigen Antwort ihre erworbenen Kenntnisse unter Beweis stellen können (LG Köln ZUM 2000, 597, 598 – *Multiple-Choice-Klausuren*).

79 Exposes als Vorstufen zu Filmdrehbüchern (OLG München GRUR 1990, 674, 675 – *Forsthaus Falkenau*), aber auch zu Buch- und Bühnenprojekten, sowie **Filmtreatments** (OLG München UFITA 60 [1971], 317, 318 und 320 – *Vorstufen zum Drehbuch*; vgl. § 88 Rn. 31 ff.) entsprechen den Skizzen und Entwürfen zu Werken der bildenden und der Baukunst und sind, da sich in ihnen die schöpferische Individualität des Urhebers regelmäßig bereits manifestiert, Sprachwerke; dies gilt auch für die einfache, aber erfundene Fabel als Ausgangspunkt dichterischen Schaffens (vgl. Rn. 47 f.). Showkonzepte und andere **Fernseh-Formate** sind normalerweise bloße Ideen und deshalb als solche nicht schutzfähig (BGH GRUR 2003, 876, 878 – *Sendeformat*; OLG Hamburg ZUM 1996, 245, 246). Die schriftliche Festlegung für eine bestimmte Sendung kann jedoch als Exposé oder Konzept urheberrechtlich geschützt sein (OLG München ZUM 1999, 244, 246 f. – *Augenblix*; Loewenheim/*Axel Nordemann*[2] § 9 Rn. 33), die Sendung selbst als Filmwerk (vgl. Rn. 203 a. E.). Zu Fernsehshows im Übrigen vgl. Rn. 232.

79a Texte der Fernsehsender zur Bewerbung ihres Fernsehprogramms vgl. Rn. 94a.

80 Bei **Formularen, Merkblättern** und **Vordrucken** reicht es aus, wenn der meist vorgegebene Inhalt in eigenständiger Weise geordnet und in eigener sprachlichen Gestalt dargestellt wird (BGH GRUR 1987, 166, 166 f. – *AOK-Merkblatt*; OLG Nürnberg GRUR 1972, 435, 435 – *Standesamtsformulare*; Schutz verneint von RGZ 143, 412, 416 ff. – *Buchhaltungsformulare*; BGH GRUR 1959, 251, 252 – *Einheitsfahrschein*; OLG Hamm GRUR 1980, 287, 288 – *Prüfungsformulare*; OLG Hamburg UFITA 59 [1971], 297, 302 ff. – *Werbeinformation* und UFITA 51 [1968], 383, 390 f. – *Flugpläne*; offen gelassen von BGH GRUR 1952, 257, 258 – *Krankenhauskartei*, die freilich inzwischen möglicherweise als Datenbankwerk nach § 4 UrhG oder als einfache Datenbank nach § 87a UrhG zu qualifizieren sein würde).

81 **Fußnoten** müssen, wenn es auf ihren eigenständigen Schutz ankommt, für sich allein genommen Werkqualität besitzen (zum Schutz von Werkteilen vgl. Rn. 51).

81a Gebrauchsanweisungen vgl. Rn. 73.

82 **Gutachten** können, soweit sie ausformuliert sind und sowohl Untersuchung als auch Ergebnisse sprachlich dargestellt werden, regelmäßig urheberrechtlich geschützte Werke sein, können sich aber auch auf die bloße Feststellung von Untersuchungsergebnissen und Kostenschätzungen beschränken; dann wäre ein Urheberrechtsschutz zu verneinen (eingehend *Korn* FS ÖstUrhG S. 179). Ebenso wie für wissenschaftliche Sprachwerke im Allgemeinen und beispielsweise Anwaltsschriftsätze im Besonderen sind auch für Gutachten besondere Anforderungen an die Individualität im Sinne eines deutlichen Überragens der Durchschnittsgestaltung nicht zu fordern, sodass auch die kleine Münze der Gutachten urheberrechtlich geschützt ist (zu wissenschaftlichen Sprachwerken vgl. Rn. 118, zu Anwaltsschriftsätzen vgl. Rn. 71; a. A. KG GRUR-RR 2006, 252, 254 – *Schuldnerberatung*).

82a Interviews vgl. Rn. 23 und 121.

83 **Juristische Aufsätze** und Anmerkungen zu **juristischen Entscheidungen** sind so zu behandeln wie journalistische Arbeiten und damit regelmäßig urheberrechtlich geschützt, sofern es sich dabei nicht nur um Wiedergaben rein tatsächlicher (rechtlicher) Vorkommnisse handelt (vgl. Rn. 121).

Kataloge können als Sammelwerke urheberrechtlich geschützt sein (vgl. § 4 **84** Rn. 10 ff., 22, 27).

Kochbücher und **Kochrezepte** vgl. Rn. 73. **85**

Kontaktanzeigen können, sofern sie eine individuell-schöpferische Leistung **85a** darstellen, schutzfähig sein, was einen Schutz auch der kleinen Münze bedeutet (LG München I ZUM-RD 2009, 161, 163). Dies wird jedoch bei nur wenige Worte in Kurzschrift umfassenden Kleinanzeigen regelmäßig nicht der Fall sein (OLG Brandenburg NJOZ 2010, 211, 212).

Kritiken vgl. Rn. 121. **85b**

Lehrbücher vgl. Rn. 118. **86**

Lehrpläne sind bei individueller Ausgestaltung als Sprachwerke geschützt **87** (BGH GRUR 1991, 130, 132 f. – *Themenkatalog*; s. a. BGH GRUR 1981, 520, 522 – *Fragensammlung*).

Nicht amtlich verfasste **Leitsätze** werden regelmäßig urheberrechtlich geschützt **88** sein; dazu genügt ein bescheidenes Maß geistig schöpferischer Tätigkeit (BGH GRUR 1992, 382, 385 – *Leitsätze*; auch vgl. § 5 Rn. 11), sodass zweifelsohne auch die kleine Münze der Leitsätze urheberrechtlich geschützt ist. Ein Urheberrechtsschutz wäre lediglich dann zu verneinen, wenn der Leitsatz nur einen Hinweis auf das zu erörternde Problem enthielte „zur Frage ...“ oder sich in der wörtlichen Wiedergabe von Entscheidungssätzen erschöpfte (BGH GRUR 1992, 382, 385 – *Leitsätze*). Amtlich verfasste Leitsätze sind wie die Urteile selbst amtliche Werke gem. § 5 UrhG und damit gemeinfrei (vgl. § 5 Rn. 11).

Lexika sind Sammelwerke (vgl. § 4 Rn. 12, 33). **89**

Liedtexte sind normalerweise als Sprachwerke urheberrechtlich geschützt (vgl. **90** Rn. 54 und BGH GRUR 2015, 1189, 1190 Tz. 15 – *Goldrapper*); die Schutzuntergrenze ist wie beim Schlager gering, sodass auch die kleine Münze einschränkungslos urheberrechtlichen Schutz genießt (BGH GRUR 1981, 267, 268 – *Dirlada*). Dies schließt aber nicht aus, dass kurze Liedtexte aus dem Urheberrechtsschutz herausfallen, wenn sie nicht individuell sind (OLG Hamburg ZUM 1998, 1041, 1041 f. – *Samba de Janeiro*). Auch Refrains können grundsätzlich urheberrechtschutzfähig sein; jedoch nur, soweit die Schutzuntergrenze der kleinen Münze erreicht ist (im konkreten Fall verneint von OLG Hamburg GRUR-RR 2011, 164 – *Alles ist gut so lange Du wild bist*).

Merkblätter vgl. Rn. 80. **91**

Qualifizierte **Mietspiegel** können Schutz als Sprachwerk i. S. v. § 2 Abs. 1 Nr. 1 **91a** UrhG genießen, wenn sie inhaltlich klar gegliedert sind und die Darstellung des Stoffes verständlich und einleuchtend ist (OLG Stuttgart GRUR-RR 2010, 369 – *Mietspiegel*; vgl. Rn. 61).

Militärische Lageberichte wie die „Unterrichtungen des Parlamentes“ über die **91b** Auslandseinsätze der Bundeswehr nach § 6 Abs. 1 ParlBG sind bei ausreichender Schöpfungshöhe als Sprachwerke geschützt OLG Köln GRUR-RR 2016, 59, 60 – *Afghanistan Papiere*).

Multimedia-Werke verknüpfen Text, Ton, Bilder, Daten, Computerprogramme **92** und Musik mittels digitaler Techniken zu einem Gesamtwerk; im Einzelnen vgl. Rn. 231. Die in einem Multimedia-Werk enthaltenen Textteile und Sprachelemente können urheberrechtlichen Schutz als Sprachwerke gem. Nr. 1 genießen, wenn sie für sich betrachtet individuell sind (zum Schutz von Werkteilen vgl. Rn. 51).

92a Nummerierungssysteme, die altbekannten Gliederungssystemen folgen, sind nicht nach § 2 Abs. 1 Nr. 1, Abs. 2 UrhG geschützt (OLG München BeckRS 2010, 28272; nachfolgend bestätigt von BGH GRUR 2011, 79 – *Markenheftchen*).

92b Partnerschaftsanzeigen vgl. Rn. 85a.

93 Die Texte zu **Patentanmeldungen** bedürfen einer besonders sorgfältigen sprachlichen Gestaltung, die naturgemäß vom individuellen Sprachempfinden des Patentanwalts abhängt und deshalb stets Werkcharakter hat (BGH GRUR 1985, 129, 131 – *Elektrodenfabrik*; Schricker/Loewenheim/*Loewenheim*[5] Rn. 128; *Haberstumpf* Rn. 83). Zu zeichnerischen Bestandteilen von Patentanmeldungen vgl. Rn. 223.

94 **Persönliche Aufzeichnungen und Mitteilungen** vgl. Rn. 74.

94a Texte, die von Sendeunternehmen zur Ankündigung und Bewerbung ihres Fernsehprogramms erstellt und in sogenannten Presselounges im Internet bereit gestellt werden (**programmbegleitendes Material**), sollen nur bei deutlichem Überragen der Durchschnittsgestaltung urheberrechtlich geschützt sein (LG Leipzig ZUM 2009, 980, 982 f.); das überspannt allerdings die Schutzanforderungen an den Werkschutz für Sprachwerke, für den im Sinne der Rechtsprechung des EuGH (vgl. Rn. 32 und 64) gerade keine besonderen Anforderungen gelten, sondern Werkschutz zu gewähren ist, wenn ein Original in dem Sinne vorliegt, dass es eine eigene geistige Schöpfung seines Urhebers darstellt (EuGH GRUR Int. 2010, 35, 39 Tz. 37 – *Infopaq*).

95 Rätsel sind regelmäßig schutzfähig (OLG München GRUR 1992, 510, 510 f. – *Rätsel*; *Wilhelm Nordemann* FS Traub S. 315; *Schricker*, UrhR InfoGes, S. 26 f.); zum Schutz von Spielen vgl. Rn. 50.

95a Refrains vgl. Rn. 90.

96 Die Anerkennung noch so großartiger Bühneninszenierungen als **Regiewerke** schließt § 73 aus. Danach ist jedenfalls der *Bühnenregisseur* „nur" ausübender Künstler (OLG Köln UFITA 87 [1980] 321, 324 – *Der vierte Platz*; OLG Frankfurt GRUR 1976, 199, 201 – *Götterdämmerung*, das bei einer „Neugestaltung der bühnenmäßigen Ausdrucksmittel" allerdings ein Urheberrecht für denkbar hält; OLG Koblenz GRUR Int. 1968, 164, 165 – *Liebeshändel in Chioggia*; a.A. *Wandtke* UFITA 2016/I, 143 ff.), so lange er das Bühnenwerk als solches nicht in schöpferischer Weise verändert (dann möglicherweise Schutz als Bearbeitung; vgl. § 3 Rn. 31 und das dort referierte, kontroverse Schrifttum). Umgekehrt ist der *Filmregisseur* „nur" Urheber, nicht aber ausübender Künstler (BGH GRUR 1984, 730, 732 f. – *Filmregisseur*), falls er nicht gerade zusätzliche Funktionen übernimmt, die ihn zugleich nach § 73 qualifizieren, also etwa im Film mitspielt (Beispiele vgl. § 89 Rn. 13 ff., 17 ff.).

97 **Register** können Datenbankwerke sein; vgl. § 4 Rn. 10 ff.

98 **Reiseführer, Wanderführer** und vergleichbare Werke sind regelmäßig urheberrechtlich geschützt, sofern in der Auswahl, Einteilung und Anordnung des Materials individuelle Züge liegen, die in dem Reise- oder Wanderführer enthaltenen Tatsachen also aufbereitet und gestaltet worden sind. Dies kann beispielsweise durch die sprachliche Gestaltung von Routenvorschlägen und Wegbeschreibungen geschehen, die naturkundliche, kulturhistorische oder sonstige Beobachtungen nebst Schilderungen des Landschaftseindrucks enthalten (OLG Köln GRUR-RR 2003, 265, 265 – *Wanderführer*). Die Gestaltungshöhe ist grundsätzlich niedrig, sodass die kleine Münze der Reiseführer Schutz genießt, auch wenn ein Reiseführer meist einem Gebrauchszweck dient (vgl. Rn. 64; offen gelassen OLG Köln GRUR-RR 2003, 265, 265 – *Wanderführer*).

Entwürfe zu **Resolutionen** können ebenfalls urheberrechtlich geschützt sein (*Hertin* GRUR 1975, 246). **99**

Rezepte vgl. Rn. 73. **100**

Rollenspiele vgl. Rn. 50, 102 und 106. **100a**

Romane, **Bühnenwerke**, **Drehbücher** und vergleichbare auf Handlungen auf- **101** bauende Werke sind ebenfalls regelmäßig urheberrechtlich geschützt, und zwar nicht nur in der „äußeren Form", also ihrer jeweiligen Formulierung und ihrem Aufbau, sondern auch in der „inneren Form", also dem Gang der Handlung, der Charakteristik und Rollenverteilung der handelnden Personen, der Ausgestaltung von Szenen und der Szenerie selbst (BGH GRUR 1999, 984, 987 – *Laras Tochter*; KG ZUM 2015, 696, 697 f. – *Hinterm Horizont*; KG ZUM 2003, 867, 869 – *Anna Marx*; OLG München NJW-RR 2000, 268, 268 f. – *Das Doppelte Lottchen*; LG Hamburg GRUR-RR 2004, 65, 66 – *Literatur-Werkstatt Grundschule*; LG Hamburg GRUR-RR 2003, 233, 234 – *Die Päpstin*; LG Köln ZUM 2004, 853, 858). Individuell und damit urheberrechtlich geschützt kann allerdings immer nur das sein, was auf der Phantasie des Urhebers beruht, also die erdachte Geschichte, der erdachte Charakter oder die erdachte Szene; historische oder tatsächliche Begebenheiten bleiben grundsätzlich in ihrem Kern ebenso frei (OLG München ZUM-RD 2010, 37 – *Tannöd*; LG Hamburg GRUR-RR 2003, 233, 234 ff. – *Die Päpstin*; beide mit ausführlicher Auseinandersetzung und Abgrenzung zwischen tatsächlichen Begebenheiten und phantasievollem Romanstoff) wie ein Verwechslungsspiel zwischen zwei Charakteren als Grundmotiv, das sich in verschiedenen literarischen Werken wiederfindet (OLG München NJW-RR 2000, 268, 269 – *Das doppelte Lottchen*). Dasselbe gilt für vorbekannte, ehemals erdachte Geschichten (Loewenheim/*Axel Nordemann*[2] § 9 Rn. 14 a. E.).

Auch die **Romanfigur** kann urheberrechtlich geschützt sein, und zwar einerseits **102** im Rahmen des Handlungs- und Beziehungsgeflechtes, in das sie eingebettet ist und andererseits auch eigenständig, unabhängig von der Fabel, wenn sie eine unverwechselbare Kombination äußerer Merkmale sowie von Eigenschaften, Fähigkeiten und typischen Verhaltensweisen besitzt, aus denen besonders ausgeprägte Persönlichkeiten geformt sind, die jeweils in charakteristischer Weise auftreten (BGH GRUR 1994, 191, 192 f. – *Asterix-Persiflagen*; KG ZUM 2003, 867, 869 – *Anna Marx* [Schutz im konkreten Fall abgelehnt]; OLG München GRUR-RR 2008, 37, 39 – *Pumuckl-Illustrationen II*; LG München I GRUR-RR 2007, 226, 228 – *Eine Freundin für Pumuckl*; LG Braunschweig ZUM-RD 2004, 421, 422 – *Doktor Regemann*; *Rehbinder* FS Mathias Schwarz S. 163, 167; a. A. *Erdmann* WRP 2002, 1329, 1334). Gleiches gilt für die Charaktere eines Rollenspiels (LG Köln GRUR-RR 2010, 165 – *Fantasy-Rollenspiel*).

Sachverständigengutachten sind nach der Rechtsprechung nur bei deutlichem **102a** Überragen der Durchschnittsgestaltung geschützt (KG ZUM 2011, 566, 567), vgl. Rn. 60; das überspannt allerdings die Schutzanforderungen an den Werkschutz für Sprachwerke, für den im Sinne der Rechtsprechung des EuGH (vgl. Rn. 32 und 64) gerade keine besonderen Anforderungen gelten, sondern Werkschutz zu gewähren ist, wenn ein Original in dem Sinne vorliegt, dass es eine eigene geistige Schöpfung seines Urhebers darstellt (EuGH GRUR Int. 2010, 35, 39 Tz. 37 – *Infopaq*).

Einzelne **Sätze** und **Satzteile** vgl. Rn. 119. **103**

104 Showkonzepte vgl. Rn. 232.

105 Slogans sind normalerweise wegen ihrer Kürze als Sprachwerke nicht schutzfähig (OLG Frankfurt GRUR 1987, 44 – *WM-Slogan*; OLG Düsseldorf GRUR 1978, 640, 641 – *Fahr'n auf der Autobahn*; OLG Stuttgart GRUR 1956, 481, 482 – *JA... JACoBI*; OLG Braunschweig GRUR 1955, 205, 206 – *Hamburg geht zu E*; LG Mannheim GRUR-RR 2010, 462 – *Thalia verführt zum Lesen*; LG München I ZUM 2001, 722, 723 f. – *Find Your Own Arena*; *Ulmer*, Urheber- und VerlagsR[3] S. 137; eingehend *Förster* S. 27 ff. und zuletzt *Erdmann* GRUR 1996, 550, 552; offen gelassen von BGH GRUR 1966, 691, 692 – *Ein Himmelbett als Handgepäck*). Allerdings können geistvoll-treffende oder witzige Slogans, die mit wenigen Worten das auf den Punkt bringen, was sonst ausführlich zu beschreiben sein würde, eine schöpferische Leistung darstellen ebenso wie Werbeverse schutzfähig sein können (so schon OLG Köln GRUR 1934, 758, 759 – *Biegsam wie ein Frühlingsfalter bin ich im FORMA-Büstenhalter*; s. a. Schricker/LoewenheimLoewenheim[5] Rn. 140; *Schmidt* S. 67 ff. und *Traub* GRUR 1973, 186, 187). An die Originalität sind umso höhere Anforderungen zu stellen, je kürzer ein Text ist (OLG Köln WRP 2016, 894, 895 – *Wenn das Haus nasse Füße hat*). Zum wettbewerbsrechtlichen Schutz von Slogans s. *Ingerl* WRP 2004, 809, 814.

106 Spielregeln können in ihrer konkreten sprachlichen Ausgestaltung urheberrechtlichen Schutz genießen; die Spielidee als solche bleibt jedoch frei. Im Einzelnen vgl. Rn. 50. Auch der **Spielplan** eines Geldspielautomaten kann urheberrechtlich geschützt sein, und zwar in Umsetzung der Spielidee, die als solche frei bleibt, in dem Spiel- und Gewinnplan auf der Frontplatte mit den dargestellten Spiel- und Gewinnmöglichkeiten (OLG Düsseldorf GRUR 1990, 263, 265 f. – *Automaten-Spielplan*).

107 Statistiken können Datenbankwerke (vgl. § 4 Rn. 10 ff.) oder einfache Datenbanken (vgl. § 87a Rn. 8 ff.) sein.

108 Tagebücher vgl. Rn. 74.

109 Die Textteile von **Tabellen** können zwar ebenfalls einem urheberrechtlichen Schutz zugänglich sein, wenn sie individuell gestaltet worden sind. Insbesondere im Bereich der Wissenschaft und Technik wird aber die Individualität der in Tabellen enthaltenen Texte vielfach fehlen, zumal Gedanken, Lehren und Theorien als solche frei bleiben und daher auch dem Urheberrechtsschutz nicht zugänglich sind (vgl. Rn. 43 ff.; OLG Köln ZUM-RD 1998, 547, 552 – *statistische Durchschnittsberechnungen bezüglich Honorarabrechnung von Ärzten*).

109a Telefonbücher vgl. Rn. 67a.

110 Texthandbücher vgl. Rn. 73.

111 Themenkataloge vgl. Rn. 87.

112 **Titel** von Werken können als solche im Regelfall keinen urheberrechtlichen Schutz beanspruchen. Ihre Kürze erlaubt es meist nicht, von einer persönlichen geistigen Schöpfung zu sprechen (BGH GRUR 1990, 218, 219 – *Verschenktexte*; BGH GRUR 1977, 543, 544 – *Der 7. Sinn*; BGH GRUR 1958, 354, 356 – *Sherlock Holmes*; OLG Celle GRUR 1961, 141 – *La Chatte*; KG *Erich Schulze* KGZ 39, 9 – *Die goldene Stimme*; OLG Hamburg *Erich Schulze* OLGZ 151, 1 – *Herzen haben keine Fenster*; OLG München *Erich Schulze* OLGZ 134, 4 – *Glücksspirale*; anders noch OLG München GRUR 1957, 140, 141 – *Bis daß der Tod euch scheidet* und OLG Köln GRUR 1962, 534, 535 – *Der Mensch lebt nicht vom Lohn allein*, das sogar in geflügelten Worten der Umgangssprache eine eigenpersönliche Prägung sehen wollte; LG München I

GRUR-RR 2007, 226, 229 – *Eine Freundin für Pumuckl*). Ein Ausnahmebeispiel für einen urheberrechtlich geschützten Werktitel kann wegen vorliegender Individualität etwa Manfred Hausmanns *Lampioon küsst Mädchen und kleine Birken* sein. Zum Schutz von Kurzwerken vgl. Rn. 51 und von Werktiteln vgl. Rn. 53. Zu Satzteilen und einzelnen Sätzen vgl. Rn. 119.

Demgegenüber sind Werktitel aber regelmäßig gem. § 5 Abs. 3 MarkenG **kenn- 113 zeichenrechtlich** geschützt, sofern ihnen titelmäßige Unterscheidungskraft zukommt (Loewenheim/*Axel Nordemann*[2] § 83 Rn. 60 ff.; *Nordemann*[11] Rn. 1429 ff.). Zum besonderen Problem des Titelschutzes an gemeinfreien Werken BGH GRUR 2003, 440, 441 – *Winnetous Rückkehr* sowie Loewenheim/ *Axel Nordemann*[2] § 83 Rn. 69 ff.; *Nordemann*[11] Rn. 1505 f. und vgl. § 64 Rn. 22).

Übersetzungen werden in § 3 UrhG ausdrücklich als Beispielsfall für eine urhe- **114** berrechtlich geschützte Bearbeitung genannt und sind mithin regelmäßig dem Sprachwerkschutz zu unterstellen (Einzelheiten vgl. § 3 Rn. 23). Dies gilt nicht nur für literarische Übersetzungen (OLG München GRUR-RR 2001, 151, 153 – *Baricco*), sondern auch für Comic-Übersetzungen, weil der Übersetzer auch dort den Sinngehalt erfassen, die Diktion des Originals wiedergeben und seine „Zwischentöne" beachten muss (BGH GRUR 2000, 144, 144 – *Comic-Übersetzungen II*).

Vertragsmuster und Entwürfe dazu, **allgemeine Geschäftsbedingungen** und an- **115** dere private Normen sind regelmäßig das Ergebnis individueller Formulierung des Textes und Anordnung des Stoffes und deshalb als Sprachwerke geschützt (LG München I GRUR 1991, 50, 51 – *Geschäftsbedingungen*; LG Hamburg GRUR 1987, 167, 167 – *Gesellschaftsvertrag*; OGH Wien GRUR Int. 1998, 334, 335 f. – *Head-Kaufvertrag*; *Birkenmayer* UFITA 83 [1983], 107 für AGBs; *Rehbinder* UFITA 80 [1977], 73). Für einen Schutz nur bei deutlichem Überragen der Durchschnittsgestaltung: OLG Brandenburg GRUR-RR 2010, 273 – *Dienstleistungsvertrag*; OLG Köln K&R 2009, 488 [zu AGB]; OLG Celle ZUM-RD 2009, 14 [zu Widerrufsbelehrung in AGB]; LG Stuttgart ZUM-RD 2008, 501[zu Vertragswerken]; jeweils ohne die europäische Rechtsprechung zum einheitlichen Werkbegriff überhaupt zu erwähnen; das überspannt allerdings die Schutzanforderungen an den Werkschutz für Sprachwerke, für den im Sinne der Rechtsprechung des EuGH (vgl. Rn. 32 und 64) gerade keine besonderen Anforderungen gelten, sondern Werkschutz zu gewähren ist, wenn ein Original in dem Sinne vorliegt, dass es eine eigene geistige Schöpfung seines Urhebers darstellt (EuGH GRUR Int. 2010, 35, 39 Tz. 37 – *Infopaq*). Näher hierzu vgl. Rn. 61 ff.

Verzeichnisse vgl. Rn. 67a. **115a**

Vordrucke vgl. Rn. 80. **115b**

Wanderführer vgl. Rn. 98. **115c**

Für **Webseiten (Internet-Homepages)** gelten keine Besonderheiten: Einzelne **116** „Schlag-"Wörter bleiben schutzlos, während phantasievoll formulierte Sätze oder Verse Schutz genießen können (OLG Frankfurt GRUR-RR 2005, 299, 299 – *Online-Stellenmarkt*). Urheberrechtlicher Schutz kann auch dadurch entstehen, dass eine individuelle Auswahl, Einteilung und Anordnung von Suchbegriffen aus der Alltagssprache auf der Website, ihren Unterseiten und im Quelltext im Hinblick auf eine optimale Auffindbarkeit durch Suchmaschinen und eine Anzeige bei den ersten Ergebnissen nach einer Suchmaschinenabfrage erzielt wird (OLG Rostock GRUR-RR 2008, 1, 2, – *Urheberrechtsschutz von Webseiten*; LG Köln GRUR-RR 2009, 420 – *Mobiler* DJ). Soweit Webseiten lediglich ein elektronisches Pendant oder einen elektronischen Ersatz für etwas Gedrucktes darstellen, sind die auf ihnen enthaltenen Texte entsprechend journalistischen Arbeiten (vgl. Rn. 121), wissenschaftlichen Werken (vgl. Rn. 118), literarischen Werken (vgl. Rn. 101) oder von Werbetexten (vgl. Rn. 117) zu beurteilen.

117   Im Bereich der **Werbung** werden Werbeverse und Werbetexte in aller Regel Werkqualität aufweisen, wenn sie individuell formuliert worden sind (BGH GRUR 1961, 85, 87 – *Pfiffikus-Dose*; BGH GRUR 1959, 197, 198 – *Verkehrs-Kinderlied*; OLG Düsseldorf WRP 2014, 1236, 1237 – *Werbetext für Robe*; OLG Köln GRUR 1934, 758, 759 – *Biegsam wie ein Frühlingsfalter bin ich im FORMA Büstenhalter*; OLG München NJW-RR 1994, 1258; LG München I GRUR 1984, 737, 737 – *Bauherrenmodell-Prospekt*; LG Berlin GRUR 1974, 412, 412 f. – *Werbeprospekt*). Urheberrechtsschutz scheidet aus, wenn lediglich Banalitäten formuliert oder Beschreibungen gegeben werden, die nur einen sehr geringen Spielraum für die Ausgestaltung des Textes erlauben (LG München I GRUR 1984, 737 – *Bauherrenmodell-Prospekt*; Schutz bejaht) oder wenn es sich um sehr einfache Texte handelt (OLG Düsseldorf ZUM 1998, 65, 68; bestätigt – allerdings ohne Begründung – durch BGH GRUR 2000, 317, 318 – *Werbefotos*). Je kürzer ein Text ist, umso höhere Anforderungen sind an seine Originalität zu stellen (OLG Köln WRP 2016, 894, 895 – *Wenn das Haus nasse Füße hat*).

118   Unter den Sprachwerken nehmen die **Werke der Wissenschaft** aus einem doppelten Grund eine Sonderstellung ein: Ihr eigentlicher Inhalt – die ihnen zugrunde liegenden wissenschaftlichen Erkenntnisse, Lehren und Fakten – bleibt urheberrechtlich grundsätzlich frei und kann auch nicht zur Beurteilung der Schutzfähigkeit herangezogen werden (vgl. Rn. 43), lediglich ihre Form lässt Raum für eine eigenpersönliche Prägung. Allerdings sind die wissenschaftlichen Werke in § 1 – im Gegensatz etwa zu so bedeutenden Werkarten wie denen der Musik, der Fotografie und des Films – besonders hervorgehoben. Das mag auch rechtspolitische Gründe haben, lässt jedoch erkennen, dass der Gesetzgeber sie ungeachtet ihrer von vornherein beschränkten Individualität auf jeden Fall geschützt wissen wollte (vgl. § 1 Rn. 1 f.). Soweit wissenschaftliche Werke unter § 2 Abs. 1 Nr. 7 fallen, hat der BGH das auch stets anerkannt (vgl. Rn. 213 ff.); bei wissenschaftlichen Sprachwerken ist seine Rechtsprechung jedoch – zu Unrecht – schwankend (vgl. Rn. 60 ff.). Die Instanzgerichte schützen dagegen in der Regel auch wissenschaftliche Sprachwerke von geringer Individualität (OLG Nürnberg GRUR-RR 2001, 225, 226 f. – *Dienstanweisung*; OLG Zweibrücken GRUR 1997, 363, 364 – *jüdische Friedhöfe*; OLG München ZUM 1994, 362, 364; KG GRUR 1991, 596, 598 – *Schopenhauer-Ausgabe*; LG Köln GRUR 1993, 901, 901 f. – *BGB-Hausarbeit*). Die bloße Mitteilung von Forschungsergebnissen in nüchterner Fachsprache und die Zusammenstellung von Quellenmaterial hat OLG Frankfurt GRUR 1990, 124, 126 – *Unternehmen Tannenberg* allerdings nicht für schutzfähig gehalten; das mag dann zutreffen, wenn davon auszugehen ist, dass ein anderer Forscher dieselben Ergebnisse mit denselben Worten hätte wiedergeben können oder wenn eine sprachliche Gestaltung fehlt, wenn die Darstellung also etwa nur aus Überschriften und Stichworten besteht. Weitere Einzelheiten zur Gestaltungshöhe von wissenschaftlichen Sprachwerken vgl. Rn. 60 ff.

118a   **Wertermittlungsgutachten** sind nach der Rechtsprechung des LG Hamburg ZUM-RD 2010, 80 bereits beim Erreichen der Mindestgestaltungshöhe nach § 2 Abs. 2 UrhG urheberrechtsschutzfähig. Hierzu auch vgl. Rn. 60.

118b   **Widerrufsbelehrung** vgl. Rn. 115.

119   **Wörter, einzelne Sätze** und **Satzfragmente** werden ebenso wie Slogans (vgl. Rn. 105) häufig nicht urheberrechtlich geschützt sein, weil sie zu kurz sind,

um ein hinreichendes Maß an Originalität und Kreativität zu enthalten (OLG Hamburg GRUR-RR 2011, 164 – *Alles ist gut so lange Du wild bist*, OLG Hamburg ZUM 2008, 690, 692 [zur Wiedergabe von einzelnen Sätzen aus dem Programm eines Comedian]; OLG Hamburg GRUR-RR 2004, 285, 287 – *Markentechnik*; LG Mannheim ZUM 1999, 659, 660 – *Heidelbär*; *Gabel/von Lackum* ZUM 1999, 629, 630 f.; *Schricker* GRUR 1996, 815, 820). Ausnahme: Anagramme (vgl. Rn. 69). Je kürzer ein Text ist, umso höhere Anforderungen sind an seine Originalität zu stellen (OLG Köln WRP 2016, 894, 895 – *Wenn das Haus nasse Füße hat*). Auch **Wortverbindungen** sind in der Regel nicht urheberrechtlich geschützt (OLG München *Erich Schulze* OLGZ 134, 4 – *Glücksspirale*; OLG Frankfurt WRP 1973, 162, 163 – *Orkware*; OLG München UFITA 51 [1968], 375, 377 – *Minicar* – *Minipreis*; OLG Stuttgart GRUR 1956, 481, 482 – *JA …JACoBI*). Jedoch kann die Länge des Satzes oder der Wortverbindung nur als Richtschnur dienen: Auch mit wenigen Worten kann etwas phantasievoll und treffend auf den Punkt gebracht werden, was sonst ausführlich zu beschreiben sein würde (s. LG München I GRUR-RR 2011, 447 – *Karl Valentin-Zitat*: Urheberrechtsschutz bejaht für den Ausspruch Karl Valentins „Mögen hätte ich schon wollen, aber dürfen habe ich mich nicht getraut." Ebenso für einen aus 12 Worten bestehenden Satz: LG München I BeckRS 2011, 23879). Nachdem das OLG Köln und der BGH einzelnen Sätzen oder Satzfragmenten in Zeitungsartikeln den Urheberrechtsschutz generell versagten (OLG Köln GRUR-RR 2001, 97, 98 – *Suchdienst für Zeitungsartikel*; nachfolgend bestätigt BGH GRUR 2003, 958, 961 – *Paperboy*), hielt der EuGH den urheberrechtlichen Schutz für einen aus 11 Wörtern bestehenden Auszug aus einem Presseartikel grundsätzlich für möglich (EuGH GRUR Int. 2010, 35, 39 Tz. 47 – *Infopaq*). Der BGH schloss sich dieser Rechtsprechung unter Bezugnahme auf Art. 2 lit. a der Info-RL an, sodass auch kleine Teile eines Sprachwerkes schutzfähig sein können, wenn sie hinreichend individuell sind, wobei er jedoch darauf hinwies, dass einzelne Wörter oder knappe Wortfolgen dieser Anforderung regelmäßig nicht genügten (BGH GRUR 2011, 134, 139 Tz. 54 – *Perlentaucher* m. w. N.). Unter Anwendung dieser Grundsätze versagte er nicht nur sehr prägnanten kürzeren Wortfolgen, sondern auch längeren sprachlich mitunter sehr gelungenen Textpassagen diverser Buchrezensionen aus der Frankfurter Allgemeinen Zeitung die Schutzfähigkeit unter Hinweis auf die sonst drohende Monopolisierung knapper Wortfolgen (BGH GRUR 2011, 134, 139 Tz. 53 – *Perlentaucher*). Entsprechend als nicht schutzfähig hat das OLG Köln den Text „Wenn das Haus nasse Füße hat" als Untertitel eines Buches zum Thema "Mauertrocknung und Kellersanierung" eingeordnet (OLG Köln WRP 2016, 894 f. – *Wenn das Haus nasse Füße hat*). Das OLG München erkannte demgegenüber den beiden Gedichtzeilen „Vom Ernst des Lebens halb verschont – Ist der schon, der in München wohnt." Schutzfähigkeit zu (OLG München NJOZ 2010, 674 – *Typisch München*). s. hierzu auch die Beispiele (vgl. Rn. 105) und zum Schutz von Werkteilen vgl. Rn. 51.

Wörterbücher können als Sprachwerke urheberrechtlich geschützt sein, wenn in der Konzeption der Informationsauswahl und -vermittlung, in der Art und Weise der Auswahl, Einteilung und Anordnung des Materials individuelle Züge liegen; eine Auswahl lediglich sich aufdrängender einschlägiger Begriffe vorzunehmen, genügt hierfür allerdings regelmäßig nicht (OLG Köln GRUR-RR 2003, 265, 265 f. – *Wanderführer*).   **120**

Zeitungsartikel, Zeitschriftenartikel und **andere journalistische Arbeiten wie Kritiken, Kommentare, Berichte und Interviews** sind regelmäßig urheberrechtlich geschützt, und zwar auch, soweit die Tatsachenberichterstattung betroffen ist, weil die vielfältigen Möglichkeiten, ein Thema darzustellen und die fast unerschöpfliche Vielzahl der Ausdrucksmöglichkeiten dazu führen, dass jour-   **121**

nalistische Arbeiten nahezu unvermeidlich die Individualprägung ihrer Urheber erhalten (so fast wörtlich KG GRUR-RR 2004, 228, 230 – *Ausschnittdienst*)). Entsprechend setzt § 49 UrhG den urheberrechtlichen Schutz von Zeitungsartikeln und Rundfunkkommentaren wie selbstverständlich voraus, sofern nicht lediglich eine bloße Wiedergabe von Tatsachen oder Tagesneuigkeiten vorliegt. Entsprechend ist vom Werkcharakter journalistischer Arbeiten auszugehen, wenn diese nicht ausnahmsweise lediglich kurze Artikel rein tatsächlichen Inhalts darstellen und damit § 49 Abs. 2 UrhG unterfallen sollten (BGH GRUR 1997, 459, 460 f. – *CB-infobank I*; KG GRUR-RR 2004, 228, 229 – *Ausschnittdienst*; vgl. § 49 Rn. 12 f.). Schutzfähig können darüber hinaus auch spontan getätigte Äußerungen im Rahmen eines Fernsehinterviews sein, wenn sie den Anforderungen des § 2 Abs. 2 UrhG entsprechen (OLG Köln GRUR-RR 2010, 143 – *Wie ein Tier im Zoo*).

121a   **Zusammenfassungen** vgl. Rn. 67.

2.   Werke der Musik (§ 2 Abs. 1 Nr. 2)

122   **a) Einordnung:** Zu den Werken der Musik gehören Kompositionen aller Art wie z. B. Lieder, Chansons, Popsongs, Rocksongs, Opern, Operetten, Sinfonien, Klavierkonzerte, Filmmusik, aus Geräuschen bestehende ernste Musik, kurzum alles, was man als „**menschlich veranlasste Folge von Tönen**" verstehen kann und sich in einer geschlossenen, geordneten Tonfolge ausdrückt (BGH GRUR 1988, 810, 811 – *Fantasy*; BGH GRUR 1988, 812, 814 – *Ein bisschen Frieden*; Loewenheim/*Czychowski*[2] § 9 Rn. 59 f.). Reine Klangdateien, die sich in sogenannten „Presets", also Voreinstellungen bestimmter Sounds auf einem Synthesizer, erschöpfen, sind in Ermangelung von Tonfolge und Rhythmus nicht als Musik im urheberrechtlichen Sinne aufzufassen (LG Rottweil ZUM 2002, 490, 491 – *Klangdateien*).

123   Bei der **Entwurfsmusik** wird dem Dirigenten und den Musikern weitgehend freie Hand in der Wahl der Tonlage, des Einsatzes der Instrumente, der Rhythmik und der Melodik gegeben; sie liegen deshalb an der Grenze der Schutzfähigkeit (Loewenheim/*Czychowski*[2] § 9 Rn. 64 a. E.). Eine Schöpfung des Komponisten kann darin nur dann gesehen werden, wenn sein Entwurf wenigstens einen musikalischen Grundgedanken zum Ausdruck bringt, der die Aufführung prägt. Auch dann liegt freilich erst ein unvollendetes Werk vor, dessen endgültige Gestalt vom Dirigenten, unter Umständen auch von den Solisten, bestimmt wird; diese sind insoweit Bearbeiter (§ 3). Hat der Komponist den Mitwirkenden allerdings jede Freiheit gelassen, sodass mehrere Aufführungen mit anderen Mitwirkenden nur noch im äußeren Ablauf übereinstimmen, so ist er nur Urheber seines Entwurfs, der von den jeweiligen Mitwirkenden im Wege freier Benutzung zu jeweils neuen selbständigen Werken verwendet wird. s. im Übrigen *Weissthanner* GRUR 1974, 377; *Hirsch-Ballin* UFITA 50 [1967], 843 und *Fromm* GRUR 1964, 304.

124   Überhaupt **kein Werk der Musik**, ja nicht einmal ein Entwurf, sondern allenfalls eine nicht schutzfähige Idee (vgl. Rn. 44) ist in der mit 4'33 betitelten Vorgabe von John Cage zu sehen, nach der irgendjemand – einen Pianisten braucht man dazu keineswegs – 4 Minuten und 33 Sekunden untätig am Klavier sitzt, wenn man davon absieht, dass er während dieser Zeit dreimal die Arme hebt, um die drei „Sätze" des „Werkes" aufzuzeigen. Die „Musik" des Komponisten besteht aus den Geräuschen, die während dieser Zeit – vor allem vom Publikum erzeugt – hörbar sind. Musik wird hier als Aneinanderreihung und Überlagerung von zufällig entstehenden Geräuschen verstanden. Mit dem Schutzgegenstand des Urheberrechts hat das nichts mehr zu tun.

125   Zum Schutz von **Musiknoten** vgl. Rn. 179.

Die **Interpretation** eines Musikstückes durch einen ausübenden Künstler, also **126**
einen Musiker oder einen Sänger, führt normalerweise nicht zu eigenen Mitur-
heberrechten des Künstlers, sondern nur zu einem verwandten Schutzrecht des
ausübenden Künstlers gem. § 73 UrhG (KG GRUR-RR 2004, 129, 130 – *Mo
dernisierung einer Liedaufnahme*). Bearbeiterurheberrechte der ausübenden
Künstler gem. § 3 UrhG sind deshalb selten. Sie können entstehen, wenn der
ausübende Künstler nicht nur interpretiert, sondern die Komposition schöpferisch verändert oder schöpferisch etwas hinzufügt, was bei Jazzmusik häufiger
der Fall sein kann, bei klassischer Musik eher selten ist.

Das so genannte **Sound-Sampling** (dazu *Lindhorst* GRUR 2009, 406; *Doug-* **127**
herty GRUR Int. 2007, 481; *Bruhn* ZUM 2007, 267; *Hoeren* GRUR 1989,
11; *Hertin* GRUR 1989, 578; *Bordloff* ZUM 1993, 476; *Jörger* S. 90 ff. und
106 ff.; *Rehbinder/Peukert*[17] Rn. 818) ist die Entnahme von kurzen Geräusch-
sequenzen aus vorhandenen Tonträgern und deren Einspeisung in Sound-Da-
tenbanken, also ein bloßer (Teil-)Kopiervorgang (*Vock*, S. 66). Im Hinblick auf
den Werkschutz des Komponisten wird häufig schon in Frage stehen, ob die
entnommenen Teile des Musikwerkes für sich genommen urheberrechtlichen
Schutz genießen (zum Schutz von Werkteilen vgl. Rn. 51; s. a. BGH GRUR
2009, 403, 404 f. Tz. 16 – *Metall auf Metall*). Im Hinblick auf das verwandte
Schutzrecht des Tonträgerherstellers gem. § 85 UrhG ist dies jedoch anders; da
insoweit keine Gestaltungshöhe existiert, besteht das verwandte Schutzrecht
auch für kleinste Teile von Tonaufnahmen (vgl. § 85 Rn. 15 ff. und BGH
GRUR 2009, 403, 404 f. Tz. 13 ff., insb. Tz. 17 – *Metall auf Metall*).

b) Individualität: Bei Werken der Musik liegt die Individualität in ihrer indivi- **128**
duellen ästhetischen Ausdruckskraft (BGH GRUR 2015, 1189, 1192 Tz. 44 –
Goldrapper). Sie kann sich ergeben aus der Melodie, ihrer Verarbeitung, dem
Rhythmus, der Instrumentierung, der Orchestrierung, dem Arrangement mit
dem sich daraus ergebenen Wechselspiel der Instrumente und/oder Stimmen
und Vergleichbarem (BGH GRUR 2015, 1189, 1192 Tz. 44 – *Goldrapper*;
BGH GRUR 1981, 267, 268 – *Dirlada*; OLG München ZUM 1992, 202,
203; Loewenheim/*Czychowski*[2] § 9 Rn. 62). Eine Komposition mit technischen
Hilfsmitteln wie einem Synthesizer oder einem Computer ist grundsätzlich unschädlich (Loewenheim/*Czychowski*[2] § 9 Rn. 65). Voraussetzung ist allerdings,
dass der Komponist noch der „Herr über die Komposition" geblieben ist, also
er die Komposition bestimmt hat und nicht das Computerprogramm; komponiert das Computerprogramm alleine, könnte der Software-Urheber der Komponist sein, wenn er die Komposition bei seiner Programmierung vorgesehen
hat, ansonsten läge ein urheberrechtlich irrelevantes Zufallswerk vor. Deswegen kann auch die so genannte „aleatorische Musik" nicht geschützt sein
(ebenso Loewenheim/*Czychowski*[2] § 9 Rn. 64; Schricker/Loewenheim/*Loewenheim*[5] Rn. 151; *Haberstumpf* Rn. 84). Es muss in der Gesamtbetrachtung
eine hinreichend individuelle Melodie im Sinne einer in sich geschlossenen und
geordneten Tonfolge oder eine Instrumentierung, die sich vom musikalischen
Allgemeingut und der rein handwerks- oder routinemäßigen Leistung unterscheidet, entstanden sein (BGH GRUR 2015, 1189, 1193 Tz. 52 f. – *Goldrapper*).

Eine körperliche Festlegung in Notenschrift oder auf Tonträgern ist nicht nötig; **129**
auch die gesummte Melodie, die Stegreifvariation und die Jazz-Improvisation
sind schutzfähig (LG München I ZUM 1993, 432, 433).

Nicht geschützt ist grundsätzlich der musikalische Stil, also der Sound, etwa **130**
der Dixieland-Jazz oder der Country-Sound, so wie Siegfried Ochs in seinen
Variationen über das Volkslied „Kommt ein Vogel geflogen" und Herrmann
Pillney über den Schlager „Was machst du mit dem Knie, lieber Hans" Sätze

im Stile nicht nur Bachs, Beethovens und Mozarts, sondern auch (Pillney) seinerzeit geschützter Kompositionen von Arnold Schönberg, Giacomo Puccini und Richard Strauß schreiben durften, darf jeder Komponist, der das kann, den Sound der Orchester von Glenn Miller oder James Last imitieren (Loewenheim/*Czychowski*[2] § 9 Rn. 68; Schricker/Loewenheim/*Loewenheim*[5] Rn. 147; *Tenschert* ZUM 1987, 612). Grundsätzlich frei muss auch das bleiben, was zum **musikalischen Allgemeingut** gehört (BGH GRUR 2015, 1189, 1192 Tz. 44 – *Goldrapper*; BGH GRUR 1991, 533, 534 – *Brown Girl II*; BGH GRUR 1988, 810, 811 – *Fantasy*).

131 c) **Gestaltungshöhe:** Die Schutzuntergrenze bei Werken der Musik ist grundsätzlich niedrig, sodass die kleine Münze einschränkungslos geschützt wird (BGH GRUR 2015, 1189, 1192 Tz. 44 – *Goldrapper*; BGH GRUR 1991, 533, 533 – *Brown Girl II*; BGH GRUR 1988, 812, 814 – *Ein bisschen Frieden*; BGH GRUR 1988, 810, 811 – *Fantasy*; BGH GRUR 1981, 267, 268 – *Dirlada*). Schlager (BGH GRUR 1988, 812, 814 – *Ein bisschen Frieden*; BGH GRUR 1988, 810, 811 – *Fantasy*; BGH GRUR 1981, 267, 268 – *Dirlada*; BGH GRUR 1968, 321, 324 – *Haselnuß*) sind daher regelmäßig ebenso urheberrechtlich geschützt wie Handy-Klingeltöne (OLG Hamburg GRUR-RR 2002, 249, 250 – *Handy-Klingeltöne*), Jingles (OLG München GRUR-RR 2016, 62, 66 – „*Heute*"-*Jingle*) oder Musikfragmente als Hintergrund- und Begleitmusik für Kinderhörspiele (BGH GRUR 2002, 602, 603 – *Musikfragmente*). Ein besonderer künstlerischer Wert muss grundsätzlich nicht vorliegen (BGH GRUR 1988, 810, 811 – *Fantasy*; BGH GRUR 1988, 812, 814 – *Ein bisschen Frieden*; BGH GRUR 1981, 267, 268 – *Dirlada*), sodass beispielsweise auch ein Techno-Musikstück in seiner Gesamtheit urheberrechtlichen Schutz genießt (OLG München ZUM 2000, 408, 412 – *Melodieentnahme*). Soweit nicht der Urheberrechtsschutz für das ganze Lied, sondern nur für Teile wie eine in dem Lied enthaltene Melodie oder Tonfolge in Frage steht, muss allerdings auch die Melodie oder Tonfolge für sich genommen als Werkteil urheberrechtlichen Schutz genießen (BGH GRUR 2015, 1189, 1192 Tz. 43 – *Goldrapper*; BGH GRUR 1988, 810, 811 – *Fantasy*; BGH GRUR 1988, 812, 814 – *Ein bisschen Frieden*; OLG München ZUM 2000, 408, 409 – *Melodieentnahme*).

3.   Pantomimische Werke einschließlich der Werke der Tanzkunst (§ 2 Abs. 1 Nr. 3)

132 a) **Einordnung: Pantomimische Werke** werden durch die Körpersprache geprägt, d. h. durch Bewegungen, Gebärden und Mimik. Ihr Ausdrucksmittel ist die Körpersprache des Menschen. Hierzu gehören insbesondere Choreographische Werke in jeglicher Ausprägung wie beispielsweise Ballette, Tanzvorführungen und Vergleichbares. Allerdings stellt nur die tänzerische Gestaltung als solche ein pantomimisches Werk dar; die begleitende Musik bleibt ein Musikwerk (LG München I GRUR 1979, 852, 853 – *Godspell*).

133 Eine **Festlegung des Werkes** ist nicht mehr erforderlich (anders noch § 1 Abs. 2 LUG), aber für den Nachweis einer Urheberrechtsverletzung wohl unumgänglich.

134 b) **Individualität:** Pantomimische Werke und Werke der Tanzkunst sind dann individuell, wenn in künstlerischer Art und Weise etwas mit Mitteln der **Körpersprache** (also Mimik, Tanz, Gestik) zum Ausdruck gebracht wird (Loewenheim/*Schlatter*[2] § 9 Rn. 88; Schricker/Loewenheim/*Loewenheim*[5] Rn. 153; *Obergfell* ZUM 2005, 621, 622). Dies schließt Tierdressuren (LG München I UFITA 54 [1969], 320, 322) und sportliche sowie akrobatische Leistungen, denen keine schöpferische (künstlerische) Gestaltung, sondern „nur" großes Können zugrunde liegt, vom Schutz aus (OLG Köln GRUR-RR 2007, 263,

263 f. – *Arabeske*; Schricker/Loewenheim/*Loewenheim*[5] Rn. 151; *Obergfell* ZUM 2005, 621, 623). Gleichwohl ist ein Schutz jedenfalls von akrobatischen Leistungen und Tierdressuren nicht vollständig ausgeschlossen, wenn nicht die Akrobatik oder die Tierdressur als solche im Vordergrund steht, sondern das künstlerische Element (OLG Köln GRUR-RR 2007, 263, 264 – *Arabeske*; Schricker/Loewenheim/*Loewenheim*[5] Rn. 151; Wandtke/Bullinger/*Bullinger*[4] Rn. 79). Das OLG Köln hat deshalb einer kontorsionistischen Tanzdarbietung im Berliner Friedrichstadtpalast, bei der die Tänzerinnen ihre Körper extrem und so verbiegen, dass es den Anschein hat, als handele es sich um Menschen ohne Knochen, als Werk der Tanzkunst im Sinne der Nr. 3 eingeordnet, weil über die bloße Akrobatik hinausgehend ausdrucksstarke Bewegungselemente und künstlerisch stilisierte Anspielungen auf die hinduistische Gottheit Vishnu enthalten gewesen seien; der Schutz beschränkte sich jedoch auf die Darbietung in ihrer Gesamtheit, die einzelnen akrobatischen Nummern waren wegen fehlender künstlerischer Gestaltung nicht einmal der „kleinen Münze" der Werke der Tanzkunst zuzuordnen (OLG Köln GRUR-RR 2007, 263, 264 – *Arabeske*). Einzelheiten zur Individualität beim modernen Tanz s. *Obergfell* ZUM 2005, 621, 622 ff.

Ob die Aufführung des pantomimischen Werkes oder des Werkes der Tanz-   **135** kunst auf der Bühne oder auf dem Markt, auf dem Eis oder einer Wiese stattfindet, ist für seine schöpferische Qualität belanglos; deswegen stehen Eistanz und Eiskunstlauf, Turnier- und Volkstanz, Ballett und Einzeltanzdarbietungen für die Anwendbarkeit der Nr. 3 unter dem einheitlichen Vorbehalt, dass die ihnen zugrunde liegende Choreographie als solche von individueller Eigenart sein muss. Dabei genügt es wie bei jeder Werkart, dass das Werk eine schöpferische Kombination gemeinfreier Elemente darstellt (vgl. Rn. 28; BGH GRUR 1960, 604 und 606 – *Eisrevue I und II*; für eine volkstanzartige Ballettaufführung OLG München UFITA 74 [1975], 320, 322 – *Brasilianer*).

c) **Gestaltungshöhe:** Die Schutzuntergrenze bei den pantomimischen Werken   **136** und den Werken der Tanzkunst ist grundsätzlich niedrig, sodass auch die kleine Münze vollständig Schutz genießt. Rein handwerkliches Können reicht allerdings nicht (Dreier/Schulze/*Schulze*[5] Rn. 146; Schricker/Loewenheim/*Loewenheim*[5] Rn. 155; Wandtke/Bullinger/*Bullinger*[4] Rn. 74, 78). Was zum Allgemeingut gehört, wie etwa Volks- und Gesellschaftstänze, kann nicht zum Urheberrechtsschutz führen. Sofern allerdings einzelne aus Gesellschaftstänzen bekannte Schritte schöpferisch miteinander kombiniert werden, kann schon wohl Urheberrechtsschutz nach Nr. 3 über den Schutz der kleinen Münze entstehen (*Obergfell* ZUM 2005, 621, 623 f.); dies gilt auch für die aus vorbekannten Formen und Figuren gestaltete Choreographie beim Eiskunstlauf.

4. **Werke der bildenden Künste einschließlich der Werke der Baukunst und der angewandten Kunst und Entwürfe solcher Werke (§ 2 Abs. 1 Nr. 4)**

„Kunst – wenn ich wüsste, was das ist, würde ich es für mich behalten."
(Pablo Picasso)

a) **Einordnung:** Die Frage, was Kunst ist, braucht das Urheberrecht glücklicher-   **137** weise nicht zu beantworten, auch wenn in wenigen Ausnahmefällen die Abgrenzung zwischen Kunst und Technik gezogen werden muss (vgl. Rn. 2, 45a und 143) oder der Kunstcharakter eines Werkes im Rahmen des Zitatrechts ergründet werden soll (vgl. Rn. 2 und § 51 Rn. 31 f.). § 2 Abs. 1 Nr. 4 betrifft zunächst nur die bildende Kunst, die angewandte Kunst und die Baukunst. Tatsächlich gehören zur Kunst aber auch die Musik (Nr. 2), die Pantomime (Nr. 3), die Fotografie (Nr. 5) sowie der Film (Nr. 6). Wenn man Kunst definiert als alles, was mittels Formgebung anderen etwas mitteilen soll, also alles, was dazu bestimmt ist, eine Aussage zu übermitteln (*Axel Nordemann* S. 81 ff.;

der BGH spricht allerdings davon, Kunst sei nicht primär Mitteilung, sondern Ausdruck, und zwar unmittelbarster Ausdruck der individuellen Persönlichkeit des Künstlers: BGH GRUR 2012, 819, 820 f. Tz. 17 – *Blühende Landschaften*), dann gehören dazu auch Teile der Literatur (Nr. 1). Um einen Gegenstand menschlichen Schaffens innerhalb des Katalogs der Werkarten in § 2 Abs. 1 der Nr. 4 zuordnen zu können, bedarf es also nur der Klärung, was unter „bildender Kunst" im Sinne dieser Bestimmung zu verstehen ist, die nach dem Wortlaut auch die Werke der Baukunst und der angewandten Kunst einschließt. In leichter Abwandlung der Formulierung von *Rehbinder/Peukert*[17] Rn. 274 rechnen wir zur *bildenden Kunst* jeden Gegenstand, der einen das ästhetische Empfinden ansprechenden Gehalt durch die Gestaltung von Flächen, Körpern oder Räumen ausdrückt. Ist ein solcher Gegenstand von der Individualität seines Schöpfers zumindest in einem solchen bescheidenen Maße geprägt, dass er individualisierbar ist, dass also die vorliegende eigenständige Behandlung einem bestimmten Urheber persönlich zugerechnet werden kann, so ist er ein Werk der bildenden Künste nach Nr. 4. Die Rechtsprechung geht insoweit einen anderen Weg: Sie will nur das schützen, dessen *ästhetischer Gehalt* einen solchen Grad erreicht, dass nach den im Leben herrschenden Anschauungen noch von *Kunst* gesprochen werden kann (ständig seit BGH GRUR 1955, 445, 445 – *Mantelmodell*; zuletzt BGH GRUR 2012, 58, 60 Tz. 17 – *Seilzirkus*; BGH GRUR 2011, 803, 805 Tz. 31 – *Lernspiele*; BGH GRUR 1987, 903, 904 – *Le Corbusier-Möbel*). Maßgeblich soll dafür die Auffassung der für Kunst empfänglichen und mit Kunstanschauungen einigermaßen vertrauten (Verkehrs-)Kreise sein (wiederum ständig seit BGH GRUR 1957, 291, 292 – *Europapost*; zuletzt BGH GRUR 2012, 58, 60 Tz. 17 – *Seilzirkus*; BGH GRUR 2011, 803, 805 Tz. 31 – *Lernspiele*; weitere Nachweise bei BGH GRUR 1983, 377, 378 – *Brombeer-Muster*; kritisch OLG München GRUR 1974, 484, 485 – *Betonstrukturplatten* und OLG München GRUR 1977, 555, 556 – *Eddi*). s. aktuell auch BGH GRUR 2014, 175, 176 f. Tz. 16 u. 26 – *Geburtstagszug*.

138 Des Weiteren verlangt der BGH für die Beurteilung eines Werkes nach Nr. 4, dass zunächst unterschieden wird zwischen der „zweckfreien", „reinen" Kunst und der angewandten, „zweckdienlichen" (zuletzt BGH GRUR 2014, 175, 176 Tz. 16 – *Geburtstagszug*; BGH GRUR 2012, 58, 60 Tz. 17 – *Seilzirkus*; BGH GRUR 2011, 803, 805 Tz. 31 – *Lernspiele*; früher grundlegend BGH GRUR 1995, 581, 582 – *Silberdistel*). In den Bereich der **zweckfreien, reinen (bildenden) Kunst** gehören etwa Gemälde, Zeichnungen, Radierungen, Graphiken, Plastiken, aber auch Comic-Figuren (BGH GRUR 2004, 855, 856 – *Hundefigur*; BGH GRUR 1994, 191 – *Asterix-Persiflagen*; BGH GRUR 1994, 206, 207 – *Alcolix*), der verhüllte Reichstag (BGH GRUR 2002, 605, 605 – *verhüllter Reichstag*; KG GRUR 1997, 128, 128 – *verhüllter Reichstag I*) oder ein Happening (KG GRUR 1984, 507 – *Happening*; BGH GRUR 1985, 529 – *Happening* tendierte eher zu einem pantomimischen Werk) sowie sonstige Kunst-Aktionen eines Künstlers (OLG Düsseldorf GRUR 2012, 173, 175 – *Beuys-Fotoreihe*). Gleiches gilt für die Graffitiwerke an der Berliner Mauer (BGH GRUR 1995, 673, 675 – *Mauer-Bilder*).

139 Demgegenüber unterscheiden sich **Werke der angewandten Kunst** von Werken der bildenden Kunst dadurch, dass sie einem **Gebrauchszweck** dienen (BGH GRUR 2014, 175, 176 Tz. 16 – *Geburtstagszug*; BGH GRUR 2012, 58, 60 Tz. 17 – *Seilzirkus*; BGH GRUR 2011, 803, 805 Tz. 31 – *Lernspiele*). Es handelt sich dabei also um Bedarfs- und Gebrauchsgegenstände mit künstlerischer Formgebung oder einem Gebrauchszweck dienende grafische Gestaltungen. Werke der angewandten Kunst können beispielsweise Schmuckgegenstände aller Art (BGH GRUR 1995, 581, 582 – *Silberdistel*), Möbel (BGH GRUR 1987, 903, 904 f. – *Le Corbusier-Möbel*; OLG Frankfurt GRUR 1990, 121, 122 f. –

USM-Haller), Modeerzeugnisse (BGH GRUR 1984, 453, 454 – *Hemdblusen-kleid*), Logos (vgl. Rn. 172), Klettergerüste für Kinder (BGH GRUR 2012, 58 – *Seilzirkus*), Kontrollgeräte von Spielen (BGH GRUR 2011, 803 – *Lernspiele*), ein Holzspielzeugzug (BGH GRUR 2014, 175, 176 Tz. 16 – *Geburtstagszug*), eine Fußball-Stecktabelle (OLG Nürnberg GRUR 2014, 1199, 1201 – *Kicker-Stecktabelle*), der an einem Seeschiff außen angebrachte „AIDA Kussmund" (BGH GRUR 2017, 798, 799 Tz. 11 – *AIDA Kussmund*; OLG Köln GRUR 2016, 495, 496 – *AIDA Kussmund*), eine Urne (OLG Köln GRUR-RR 2015, 275, 276 – *Airbrush-Urnen*), aber auch ein Zeitschriften-Layout (KG ZUM-RD 1997, 466) oder eine Computergrafik (OLG Köln GRUR-RR 2010, 141, 142 – *3D-Messestände*) sein, kurzum alles, was normalerweise von Grafik-, Kommunikations-, Mode-, Textil- und Produktdesignern gestaltet zu werden pflegt. Dienen Montagen bzw. ihre Entwürfe einem bestimmten und dem Interesse einer gemeinnützigen Hilfsorganisation entsprechenden Zweck, so kann auch ein solcher Verwendungszweck die Werkzugehörigkeit zu den Werken der angewandten Kunst indizieren (OLG Hamburg ZUM-RD 2013, 121 – *Feuerlöscher*).

Werke der Baukunst schließlich umfassen Bauten jeglicher Art, also nicht nur **140** Gebäude (z.B. Häuser und Kirchen), sondern auch Bahnhöfe, Brücken, Türme (Funkturm, Eiffelturm), Hausboote, unterirdische Einkaufszentren usw. (BGH GRUR 1987, 290, 291 – *Wohnanlage*; OLG Karlsruhe GRUR 1985, 534, 535 – *Architektenplan*; OLG Oldenburg GRUR-RR 2009, 6 – *Blockhausbau-weise*; LG Berlin GRUR 2007, 964 – *Berliner Hauptbahnhof*; LG Oldenburg GRUR-RS 2013, 19507 – *Hausboot*; s.a. BGH GRUR 2009, 1046 – *Kranhäu-ser*). Auch eine Fassade kann als Teil eines Bauwerks Schutz nach § 2 Abs. 1 Nr. 4 genießen (OLG Düsseldorf ZUM-RD 2016, 368, 372 – *Fassadenarbei-ten*). Hierher gehören auch die Werke der Innenarchitektur (BGH GRUR 2008, 984, 985 – *St. Gottfried*; BGH GRUR 1982, 107, 109 – *Kirchen-Innenraumge-staltung*) sowie raumgestaltende Werke wie Bebauungspläne (BGH GRUR 1956, 88, 89 – *Bebauungsplan*), aber auch Garten- und Parkanlagen (KG ZUM 2001, 590, 591 – *Gartenanlage*; OLG Düsseldorf GRUR 1990, 189, 191 – *Grünskulptur*; *Schaefer* S. 150 ff.).

b) Individualität: Generell drückt sich die schöpferische Eigentümlichkeit eines **141** **Werkes der bildenden Kunst** durch Farben und Formen aus, anstatt durch Töne (wie bei der Musik) oder begriffliche Gedankeninhalte (wie bei der Literatur). Individualität kann sich nur jenseits dessen entfalten, was so schon vorgefunden worden ist. Ferner darf eine künstlerische Gestaltung nicht vollkommen zufällig entstanden (und lediglich zum Kunstwerk „umgewidmet" worden) sein. Ebenso ist nicht individuell, was ein Vorbild sklavisch kopiert, und sei es ein solches der Natur (BGH GRUR 1983, 377, 378 – *Brombeer-Muster*), es sei denn, die Vorlage wird malerisch oder zeichnerisch in ein 2-dimensionales Bild (Gemälde, Zeichnung) naturalistisch umgesetzt (vgl. Rn. 190 und KG GRUR-RR 2001, 292, 293 – *Bachforelle*). Schließlich darf das Gebilde nicht vollkommen durch Vorgaben bedingt sein, die der Gestalter, aus welchen Gründen auch immer, zu befolgen hatte. Nach Abzug aller gestalterischen Anteile, die sich einem dieser Negativkriterien zuordnen lassen, ist zu fragen, ob es sich um eine lediglich routinemäßige Leistung handelt, die sich zwar an kein bestimmtes Vorbild hält, jedoch lediglich eine einmal gelernte Handlungsanweisung, die auch jeder andere ausführen könnte, gleichsam gewohnheitsmäßig reproduziert. Denn solcher Routinen bedient man sich gerade, um sich von kreativer Arbeit zu entlasten (näher zu diesen Kriterien *Schaefer*, S. 128 f., 148 ff.). Generell drückt sich im Gegensatz dazu Individualität in komplexen Schöpfungen aus, die, ohne dabei einem Schema zu folgen, eine Vielzahl verschiedener Gestaltungselemente dergestalt miteinander verbinden, dass sie in Wechselwirkung miteinander treten. Ein Gebilde ist demnach umso eher individuell, je komplexer der Schöpfer die Gestaltungselemente durch Sinnbeziehungen miteinander verknüpft hat, auch wenn diese sich nur unvollkommen begrifflich ausdrücken lassen (*Schaefer*, S. 149).

142 Angesichts dessen wird sich die Individualität eines Werkes der bildenden Künste am ehesten unproblematisch feststellen lassen, wenn es sich um ein Werk der „freien Künste" handelt, da in diesem Bereich die eingangs genannten Ausschlusskriterien meist völlig fehlen und **jedwede Ausdrucksform die Vermutung der Individualität** gewinnen wird.

143 Demgegenüber kommt bei **Werken der angewandten Kunst** der Vorprüfung auf Negativkriterien besondere Bedeutung zu. Häufig ist dadurch der Spielraum, innerhalb dessen sich überhaupt gestalterische Freiheit entfalten kann, relativ gering. Zugleich darf daraus nicht vorschnell geschlossen werden, relativ kleine Unterschiede zwischen verschiedenen Gestaltungen seien schlechterdings insignifikant. Wie stark gerade in diesem Bereich eine Gestaltung wirken kann, zeigt sich häufig erst, wenn sie im Wege der industriellen Vervielfältigung massenhaft im Alltag auftaucht. Hier prägt sich die Individualität auch dem Laien – wenn auch unbewusst – in einem Maße ein, dass er an solche Originale angelehnte Gestaltungen (die ihrerseits ausreichende Individualität aufweisen mögen), sofort als unterschiedlich erkennt. Bei Werken der angewandten Kunst kommt hinzu, dass zwischen technisch-bedingten und künstlerischen Gestaltungsmerkmalen zu differenzieren ist; Individualität kann nur dort bestehen, wo die Gestaltung nicht durch technische Erfordernisse vorgegeben ist, sondern noch Raum für eine künstlerische Leistung besteht (BGH GRUR 2012, 58, 60 Tz. 19 f. – *Seilzirkus*). Bei Gebrauchsgegenständen kann sich die Individualität also nicht aus den technischen Merkmalen selbst, sondern nur daraus ergeben, wie diese darüber hinaus noch künstlerisch gestaltet worden sind, wobei diese Gestaltung auch „in klarer Linienführung, ohne schmückendes Beiwerk" geschaffen worden sein kann (BGH GRUR 2012, 58, 60 Tz. 22 f. und 62 Tz. 36 – *Seilzirkus*). Auch vgl. Rn. 45a.

144 Bei **Werken der Baukunst** und bei Raumgestaltungen ganz generell wird sich gestalterische Komplexität im oben beschriebenen Sinne am ehesten darin ausdrücken, ob die verschiedenen Teile der Gestaltung eine „kompositorische Funktion" innerhalb der Raumform aufweisen, je stärker alle Bestandteile miteinander verknüpft sind und daher die Änderung eines einzelnen Teils die Umarbeitung eines größeren Umfelds oder sogar des ganzen Objekts nach sich ziehen würde, desto individueller ist eine solche Gestaltung (*Schaefer* S. 149).

145 c) **Gestaltungshöhe:** Die Gestaltungshöhe ist bei **Werken der bildenden Kunst** grundsätzlich niedrig, sodass auch einfachste Zeichnungen und schlichte Gestaltungen als kleine Münze urheberrechtlichen Schutz genießen (BGH GRUR 2014, 175, 176 Tz. 18 – *Geburtstagszug*; BGH GRUR 1995, 581, 582 – *Silberdistel*; Dreier/Schulze/*Schulze*[5] Rn. 153; Loewenheim/*Gernot Schulze*[2] § 9 Rn. 104; Schricker/Loewenheim/*Loewenheim*[5] Rn. 139; Wandtke/Bullinger/ *Bullinger*[4] Rn. 84).

146 Demgegenüber hat die Rechtsprechung die Schutzuntergrenze bei **Werken der angewandten Kunst** traditionell sehr viel höher angesetzt als bei Werken der bildenden Kunst. Urheberrechtlicher Schutz sollte bei Werken der angewandten Kunst erst dann bestehen, wenn eine die durchschnittliche Designertätigkeit deutlich überragende Leistung vorliege (BGH GRUR 1995, 581, 582 – *Silberdistel*). Zur Begründung wurde hierfür angeführt, dass mit dem eingetragenen Design (bis 31.12.2013 Geschmacksmuster) ein unterhalb des Urheberrechts angesiedeltes Schutzrecht bestehe, über das der Schutz der kleinen Münze auch im Bereich der angewandten Kunst gewährleistet werde (die bisherigen Anforderungen wiedergebend BGH GRUR 2014, 175, 176 Tz. 18 – *Geburtstagszug*;

früher grundlegend BGH GRUR 1995, 581, 582 – *Silberdistel;* OLG Köln GRUR-RR 2010, 139 – *Weißbierglas mit Fußballkugel;* OLG Nürnberg GRUR-RR 2001, 225, 227 – *Dienstanweisung;* Dreier/Schulze/*Schulze*[5] Rn. 160; Loewenheim/*G. Schulze*[2] § 9 Rn. 98; *Schricker* FS Kreile S. 715, 715 f.; *Ulmer* GRUR Ausl. 1959, 1, 2).

Das Bundesverfassungsgericht hat zwar die erhöhten Schutzanforderungen, die **147** die Rechtsprechung an Werke der angewandten Kunst gestellt hat, verfassungsrechtlich nicht beanstandet, weil sie den verfassungsrechtlichen Vorgaben des Art. 14 Abs. 1 GG (hierzu vgl. UrhG Einl. Rn. 66) gerecht werde und auch keine willkürliche, gegen Art. 3 Abs. 1 GG verstoßende Ungleichbehandlung durch niedrigere Schutzgrenzen für andere Werkarten vorliege (BVerfG GRUR 2005, 410, 411 – *Das laufende Auge).* Die insoweit herangezogene Rechtfertigung mit dem Designgesetz (bis 31.12.2013 Geschmacksmustergesetz) verfing aber nicht, weil der Schutz des eingetragenen Designs teilweise andere Schutzvoraussetzungen als der Urheberrechtsschutz besitzt (Neuheit und Eigenart; s. a. LG Hamburg GRUR-RR 2009, 123, 127 – *Gartenstühle* und LG Hamburg GRUR-RR 2009, 211, 212 – *Bauhaus-Klassiker;* vgl. Einl. UrhG Rn. 78 ff.), nur durch erhebliche Investitionen erreicht werden kann (Anmelde- und Verlängerungsgebühren, gegebenenfalls Kosten eines Patent- oder Rechtsanwalts) und darüber hinaus auch viel kürzer ist (maximal 25 Jahre).

Der BGH hat die alte Rechtsprechung endgültig aufgegeben (BGH GRUR **148** 2014, 175, 177 Tz. 26 – *Geburtstagszug).* Für Werke der angewandten Kunst genügt nunmehr, dass sie eine Gestaltungshöhe erreichen, die es nach Auffassung der für Kunst empfänglichen und mit Kunstanschauungen einigermaßen vertrauten Kreise rechtfertigt, von einer „künstlerischen" Leistung zu sprechen (BGH GRUR 2014, 175, 177 Tz. 26 – *Geburtstagszug).* Die geänderte Rechtsprechung hatte sich bereits durch die beiden vorangegangenen Entscheidungen *Seilzirkus* und *Lernspiele* angedeutet, wo das selbe Kriterium der künstlerischen Leistung bereits hervorgehoben worden war, die bisherige Rechtsprechung aber noch nicht ausdrücklich aufgegeben wurde (BGH GRUR 2012, 58, 60 Tz. 17 – *Seilzirkus;* BGH GRUR 2011, 803, 805 Tz. 31 – *Lernspiele),* vor allem, weil in der Entscheidung *Seilzirkus* der urheberrechtliche Schutz für das zugrundeliegende Klettergerüst schon daran scheiterte, dass seine ästhetische Wirkung dem Gebrauchszweck geschuldet und daher rein technisch bedingt war (BGH GRUR 2012, 58, 62 Tz. 33 – 36 – *Seilzirkus).* Der BGH hat die Änderung seiner Rechtsprechung (zur umfangreichen Kritik hieran in der Rechtsprechung s. unsere 11. Aufl. Rn. 146 ff.) zwar nicht mit dem europäischen Werkbegriff des EuGH und den europäischen Vorgaben durch die erwähnten Richtlinien (vgl. Rn. 32) begründet, weil er der Auffassung ist, das europäische Recht einer besonderen Gestaltungshöhe im Bereich der angewandten Kunst nicht entgegenstehe (BGH GRUR 2014, 175, 177 Tz. 27 ff. – *Geburtstagszug).* Er hielt jedoch eine Neubewertung im Hinblick auf die Neugestaltung des Geschmacksmusterrechts (seit 1.1.2014 Designrecht) durch das Reformgesetz vom 12.3.2004 für erforderlich; Geschmacksmuster (seit 1.1.2014 eingetragenes Design) und Urheberrecht würden nicht mehr in einem Stufenverhältnis zueinander stehen, weil der Schutz des Geschmacksmusters (seit 1.1.2014 des eingetragenen Designs) keine bestimmte Gestaltungshöhe mehr voraussetze, sondern bestünden unabhängig nebeneinander (BGH GRUR 2014, 175, 178 Tz. 33 ff. – *Geburtstagszug).* Für Werke der angewandten Kunst sollen nun keine höheren Anforderungen an die Gestaltungshöhe als bei Werken der zweckfreien Kunst mehr gestellt werden; jedoch könne die ästhetische Wirkung der Gestaltung einen Urheberrechtsschutz nur dann begründen, soweit sie nicht dem Gebrauchszweck geschuldet ist, sondern auf einer künstlerischen Leistung beruht (BGH GRUR 2014, 175, 179 Tz. 41 – *Geburtstagszug;* s. a. OLG Nürnberg GRUR 2014, 1199, 1201 – *Kicker-Stecktabelle).* Deshalb soll nach wie vor *„eine nicht zu geringe Gestaltungshöhe zu fordern"* sein (BGH GRUR 2014, 175, 179 Tz. 40 – *Geburtstagszug*). Die Aufgabe der bisherigen Rechtsprechung des BGH ist im Übrigen auch rückwirkend erfolgt, weil die Neubewertung nach Auffassung des BGH bereits mit Inkrafttreten des neuen GeschmMG am 1.6.2004 (seit 1.1.2014 DesignG) zu erfolgen gehabt hätte; sie gilt daher für alle urheberrechtlichen Verwertungshandlungen und auch für eventuelle Ansprüche auf Zahlung einer angemessenen Vergütung nach § 32 oder einer weiteren Beteiligung nach § 32a, die seit dem 1.6.2004 vorgenommen worden sind (BGH GRUR 2014, 175, 179 Tz. 42 – *Geburtstagszug*; zur damit im Zusammenhang stehenden Verjährungsproblematik s. BGH GRUR 2016, 1291, 1295 Tz. 39 ff. – *Geburtstagskarawane*. Zur Kritik an der rückwirkenden Änderung der Rechtsprechung in einem so zentralen Punkt wie der Frage der Schutzfähigkeit s. *Wilhelm Nordemann/Axel Nordemann* FS Fezer S. 777, 782 f).

149   Der Ansatzpunkt des BGH ist nachvollziehbar, weil Werke der angewandten Kunst in § 2 Abs. 1 Nr. 4 UrhG als Unterfall der Werke der bildenden Kunst aufgeführt werden („Werke der bildenden Künste einschließlich der Werke … der angewandten Kunst…") und daher durchaus vertretbar ist, ihnen nur dann einen Schutz zu gewähren, wenn es sich bei ihnen um eine künstlerische Leistung handelt. Durch die Aufgabe des Kriteriums des deutlichen Überragens der Durchschnittsgestaltung ist zwar nunmehr anerkanntermaßen auch im Bereich der Werke der angewandten Kunst die kleine Münze geschützt (BGH GRUR 2014, 175, 176 Tz. 18 und 177 Tz. 26 – *Geburtstagszug*). Allerdings liegen bei vielen Werken der angewandten Kunst technische oder dem Gebrauchszweck geschuldete Grundlagen vor, so dass der Spielraum für eine künstlerische Gestaltung regelmäßig eingeschränkt ist und die künstlerischen Gestaltungselemente erst von den technischen oder dem Gebrauchszweck geschuldeten gedanklich separiert werden müssen (BGH GRUR 2014, 175, 179 Tz. 49; BGH GRUR 2012, 58, 62 Tz. 33–36 – *Seilzirkus*; s. a. *Wilhelm Nordemann/Axel Nordemann* FS Fezer 777, 781 f.). Während also die Durchschnittsgestaltung jetzt nicht mehr relevant ist und damit auch unterschiedliche Gestaltungsleistungen im Bereich der angewandten Kunst fortan als kleine Münze urheberrechtlich geschützt sind (BGH GRUR 2014, 175, 177 Tz. 26 – *Geburtstagszug*; s. a. *Wilhelm Nordemann/Axel Nordemann* FS Fezer S. 777, 782; a. A. wohl *Bisges* GRUR 2015, 540, 541) und es auch auf den Herstellungsaufwand nicht ankommt (a. A. wohl *Bisges* GRUR 2015, 540, 545), ist mithin Werken der angewandten Kunst ein Urheberrechtsschutz nach Nr. 4 zu gewähren, wenn sie nach Abzug der technischen oder einem Gebrauchszweck geschuldeten Elemente künstlerisch gestaltet worden sind.

150   Allerdings sollte dies nicht dazu verführen, nunmehr kritiklos jeder Gestaltung im Bereich der angewandten Kunst einen Schutz zu gewähren. Denn das Kriterium des deutlichen Überragens der Durchschnittsgestaltung, das bisher gegolten hatte, unterscheidet sich nicht nur quantitativ, sondern auch qualitativ von der nunmehr erforderlichen künstlerischen Gestaltung (s. *Wilhelm Nordemann/Axel Nordemann* FS Fezer S. 777, 783). Denn ein Produktdesigner beispielsweise muss nicht nur die ästhetische Gestaltung eines Produktes berücksichtigen, sondern auch die Gebrauchsfähigkeit, die technische Funktion, den Herstellungsprozess und die Produktionskosten (s. *Hackenberg* FS Nordemann II S. 25 ff.). Er konnte deshalb auch außerhalb des Bereichs der rein künstlerischen Gestaltung eine überdurchschnittliche Gestaltungsleistung erbringen. Technische Elemente und die von der Funktion vorgegebene Form bleiben jedoch zukünftig unberücksichtigt (BGH GRUR 2014, 175, 179 Tz. 41 – *Geburtstagszug*). Es ist deshalb wahrscheinlich, dass dort, wo Gestaltungsleistungen aus dem Bereich der angewandten Kunst bislang in quantitativer Hinsicht an den Schutzvoraussetzungen gescheitert waren, weil die künstlerische Gestaltung den Durchschnitt nicht deutlich überragte, nunmehr urheberrechtlich geschützt sind wie etwa die *Silberdistel* in BGH GRUR 1995, 581, 582 oder *Das Laufende Auge* in BVerfG GRUR 2005, 410, 410, aber Gestaltungen, bei denen der Gebrauchszweck im Vordergrund steht wie etwa bei dem *Tripp-Trapp-Stuhl* trotz den Durchschnitt überragender Gestaltungsleistung keine ausreichend erkennbare künstlerische Gestaltung vorliegt (s. zur Problematik und zur Neubewertung insgesamt *Wilhelm Nordemann/Axel Nordemann* FS Fezer S. 777, 783 ff. und zum Tripp-Trapp-Stuhl OLG Hamburg ZUM-RD 2002, 181, 187 ff. sowie BGH GRUR 2009, 856, 858, Tz. 21 – *Tripp-Trapp-Stuhl*, EuGH GRUR-Int. 2014, 1043, 1045 Tz. 18 ff. *Hauck/Stokke* und japanischer OGH GRUR-Int. 2017, 269, 270 f. – *Tripp Trapp* m. Anm. *Atsuhiro Furuta*). Die Änderung wird sich deshalb wahrscheinlich eher im Bereich der dekorativen Gestaltungen auswirken, beispielsweise im Rahmen der Gestaltung von Applikationen für Bekleidungsstücke oder auch bei Schmuck. Die bloß handwerkliche Gebrauchsgrafik wird nach wie vor vom Urheberrechtsschutz ausgeschlossen bleiben und nur einem designrechtlichen Schutz zugänglich sein.

Als ausreichende künstlerische Leistung und damit als Werk der angewandten Kunst wurden im Anschluss an die neue BGH-Rechtsprechung eine Geburtstagskarawane aus verschiedenen bekannten Tieren in bunten Farben bestehenden Kerzen zur Dekoration eines Geburtstagstisches (OLG Schleswig GRUR-RR 2015, 1, 4 f. – *Geburtstagszug II*) sowie eine mit der Darstellung einer Landschaft mit Hirschen versehene Urne anerkannt (OLG Köln GRUR-RR 2015, 275, 276 – *Airbrush-Urnen*); der jedenfalls im Urheberrecht nun berühmte Geburtstagszug blieb allerdings ungeschützt (OLG Schleswig GRUR-RR 2015, 1, 3 f. – *Geburtstagszug II*). Auch eine Fußball-Stecktabelle genügte den geringeren Anforderungen, die nunmehr an die Gestaltungshöhe zu stellen sind (OLG Nürnberg GRUR 2014, 1199, 1201 f. – *Kicker-Stecktabelle*). Ein Logo, das aus einer Buchstaben- und Zahlenfolge im Stile eines Graffitis besteht, kann ebenfalls urheberrechtlich geschützt sein (OLG München ZUM-RD 2015, 190). **150a**

Mit der Neubestimmung der Schutzvoraussetzungen für Werke der angewandten Kunst hat sich zugleich ihr Schutzumfang verändert: Während die kleine Münze grundsätzlich einen geringeren Schutzumfang besitzt (vgl. §§ 23/24 Rn. 29a), kommt bei Werken der angewandten Kunst, die einem Gebrauchszweck dienen, noch hinzu, dass die technischen Gestaltungselemente und ihre von der Funktion vorgegebene Form nicht nur bei der Bestimmung der urheberrechtlichen Schutzfähigkeit, sondern auch bei ihrem Schutzumfang unberücksichtigt bleiben müssen; Einzelheiten hierzu bei §§ 23/24 Rn. 76 ff. **150b**

Bei **Werken der Baukunst** schließlich ist die Gestaltungshöhe erreicht, wenn im Ergebnis nicht nur ein rein handwerkliches oder routinemäßiges Schaffen vorliegt, sondern die individuelle Gestaltung eines Architekten eine Form gefunden hat, also eine ästhetische, über die rein technische, zweckgebundene Lösung hinausgehende Leistung von individueller Eigenart gegeben ist. Die Rechtsprechung ist insoweit etwas uneinheitlich: Während meist die Zuerkennung des Urheberrechtsschutzes für Bauwerke eher großzügig gehandhabt worden ist (BGH GRUR 1982, 369, 370 – *Allwetterbad* für ein prägendes Zeltdach; BGH GRUR 1973, 663, 664 – *Wählamt* für eine Fassadengestaltung; BGH GRUR 1957, 391, 392 f. – *Ledigenheim*; OLG Frankfurt GRUR 1986, 244, 244 – *Verwaltungsgebäude*), wurde teilweise aber auch ein deutliches Überragen der Durchschnittsgestaltung verlangt (OLG Oldenburg GRUR-RR 2009, 6, 7 – *Blockhausbauweise*, Schutz verneint; OLG München GRUR 1987, 290, 290 f. – *Wohnanlage*, Schutz dennoch bejaht). Dafür, dass das Bauwerk zumindest aus der Masse des alltäglichen Bauschaffens herausragen bzw. eine „gewisse" Gestaltungshöhe erreicht werden muss: BGH GRUR 2008, 984, **151**

985 – *St. Gottfried* und BGH GRUR 1982, 107, 109 – *Kirchen-Innenraumge-staltung*; OLG Düsseldorf ZUM-RD 2016, 368, 371 – *Fassadenarbeiten*; OLG Stuttgart ZUM 2011, 173, 179 – *Stuttgart 21*; LG München I ZUM-RD 2008, 158, 164 [Fassadengestaltung]; LG Leipzig GRUR-RR 2012, 273, 274 – *Kulturpalast*. Wie bei jeder Werkart kann auch bei Bauwerken die Kombination allgemein bekannter, gemeinfreier Gestaltungselemente urheberrechtsschutzfähig sein, wenn dadurch eine besondere eigenschöpferische Wirkung und Gestaltung erzielt wird (st. Rspr. s. nur BGH GRUR 1989, 416, 417 – *Bauaußenkante*; BGH GRUR 1988, 690, 692 – *Kristallfiguren*; OLG Oldenburg GRUR-RR 2009, 6, 7 – *Blockhausbauweise*; auch vgl. Rn. 27 f.). Für den Bereich der Baukunst muss aber ebenfalls die einheitliche, niedrige Schutzuntergrenze des Urheberrechts gelten, insbesondere nach BGH GRUR 2014, 175, 177 Tz. 26 – *Geburtstagszug* (vgl. Rn. 150a), sodass auch die kleine Münze der Werke der Baukunst urheberrechtlichen Schutz genießt. Für Werke der Baukunst wird in Zukunft ebenso wie für Werke der angewandten Kunst zu gelten haben, dass sie nur dann urheberrechtlich geschützt sind, wenn ihnen eine künstlerische Leistung zugrunde liegt (BGH GRUR 2014, 175, 177 Tz. 26 – *Geburtstagszug*). Denn auch die Baukunst ist wie die angewandte Kunst urheberrechtlich nur ein Unterfall der bildenden Kunst (vgl. Rn. 150b). Dies schließt jedoch nicht aus, dass übliche Wohnhäuser und einfache Zweckbauten, die sich in einer für Architekten üblichen Konstruktionslösung erschöpfen, vom Schutz ausgeschlossen bleiben (OLG Karlsruhe GRUR 1985, 534, 535 – *Architektenplan*); insoweit fehlt es schlicht an einer individuellen, künstlerischen Gestaltung, die auch bei der kleinen Münze vorliegen muss.

152 d) **Entwürfe:** Die besondere Nennung der Entwürfe in § 2 Abs. 1 Nr. 4 hat allenfalls klarstellende Funktion. So wie jedes unvollendete Fragment oder Werkteil (vgl. Rn. 51) nur dann geschützt ist, wenn es als solche Werkqualität besitzt, kann auch der Entwurf zu einem Gemälde – etwa Werner Tüpkes 1:10-Urbild zu seinem gewaltigen *Bauernkriegs-Panorama* in Bad Frankenhausen (s. hierzu LG Erfurt ZUM-RD 1997, 23, 23 ff.) –, das Gipsmodell zu einer Bronzefigur oder die Entwurfszeichnung eines Architekten nur vom UrhG privilegiert sein, wenn dessen Voraussetzungen gegeben sind. Dabei kommt es nicht darauf an, dass die individuelle Eigenart des nach dem Entwurf geplanten Werkes in diesem schon ihren Niederschlag findet, wie Schricker/Loewenheim/*Loewenheim*[5] Rn. 180 unter Hinweis auf die Rechtsprechung des Bundesgerichtshofs meinen; es genügt, dass der Entwurf für sich allein genommen Werkqualität hat. Im Bereich der **Werke der Baukunst** ist zu beachten, dass die Planung des Architekten das Werk der Baukunst selbst ist. Das fertige Gebäude stellt dann lediglich die Vervielfältigung des Architektenplanes dar (BGH GRUR 2003, 231, 234 – *Staatsbibliothek*; BGH GRUR 1999, 230, 231 – *Treppenhausgestaltung*; OLG Hamm GRUR-RR 2012, 192, 193 – *Musiktheater im Revier*; Schricker/Loewenheim/*Loewenheim*[5] Rn. 180 a. E.).

153 e) **Mischformen:** Mischformen von Werken der bildenden, der angewandten und der Baukunst hat es zu allen Zeiten gebeten: Das Herrmannsdenkmal im Teutoburger Wald bei Detmold, die Siegessäule im Berliner Tiergarten, der Arc de Triomphe in Paris und vieles mehr. Auch die Land-Art vermischt raumgestaltende Architektur mit skulpturähnlichen Formen. Beispiele für Mischformen mit anderen Werkarten des Katalogs des § 2 Abs. 2 sind Happenings (BGH GRUR 1985, 529; vgl. Rn. 169), verfremdete Fotos (OLG Koblenz GRUR 1987, 435 – *Verfremdete Fotos*; vgl. Rn. 197) und das Filmwerk als Gesamtkunstwerk (vgl. Rn. 201). Gerade die Mischformen zeigen, welche Unzuträglichkeiten und Abgrenzungsschwierigkeiten dadurch entstehen, dass die Rechtsprechung an die einzelnen Kunstarten unterschiedliche Schutzfähigkeitsvoraussetzungen stellt: Ein von einem bildenden Künstler geschaffenes abstraktes Gemälde könnte ebenso für eine Tapetengestaltung Verwendung finden wie

Plakatentwürfe berühmter Künstler gerahmt und wie Werke der bildenden Künste aufgehängt werden können; soll ein und dieselbe Gestaltung wirklich je nach Verwendungszweck der niedrigen Schutzuntergrenze der Werke der bildenden Kunst und dann plötzlich der hohen Schutzuntergrenze der Werke der angewandten Kunst unterworfen werden? Zutreffend kritisch Dreier/Schulze/*Schulze*[5] Rn. 153 unter Vergleich von OLG Hamburg GRUR-RR 2005, 181, 182 – *Weinlaubblatt* [Bildmarke als Werk der bildenden Kunst] und BGH GRUR 1995, 581, 582 – *Silberdistel* [Ohrclips als Werke der angewandten Kunst]; *Loewenheim* GRUR Int. 2004, 765, 766; *Schricker* GRUR 1986, 815, 818. Diese Diskussionen dürften sich allerdings in Anbetracht der neuesten Rechtsprechung des BGH erledigt haben (vgl. Rn. 150a f. und BGH GRUR 2014, 175, 177 Tz. 26 – *Geburtstagszug*).

f) Einzelfälle: Alltägliche Gebrauchsgegenstände waren als Werke der angewandten Kunst nach der Rechtsprechung grundsätzlich nur dann urheberrechtsschutzfähig, wenn sie die Durchschnittsgestaltung deutlich überragen (OLG München GRUR-RR 2011, 54 – *Eierkoch*; OLG München ZUM-RD 2011, 97). Heute sind sie dann urheberrechtlich geschützt, wenn sie künstlerisch gestaltet sind (s. BGH GRUR 2014, 175, 177 Tz. 26 – *Geburtstagszug*; zu Bauwerken vgl. Rn. 151). Bloß durchschnittlich gestaltete Alltagsgegenstände sind demgegenüber regelmäßig nicht urheberrechtlich geschützt (OLG Nürnberg ZUM-RD 2000, 114, 116 – *dreidimensionale Form*). Erst recht gilt dies für solche Gebrauchsgegenstände, die überhaupt keine künstlerische Ausgestaltung erfahren haben (OLG Hamburg WRP 1980, 159, 161 – *Toilettensitz* [nachgehend BGH GRUR 1982, 371 – *Scandinavia* – aber nicht mehr zum UrhR]; OLG München GRUR 1957, 145 – *Gießkanne*; LG Düsseldorf GRUR 1966, 156, 157 – *Bienenkorbspardose*). **154**

Ausstellungen sind, wenn sie sich nicht auf die Präsentation mehr oder weniger zufällig zusammengetragener Objekte beschränken, sondern die Auswahl und Anordnung von Exponaten, Texten und Bildern individuell gestaltet wurde, grundsätzlich als Werke der bildenden Kunst gem. § 2 Abs. 1 Nr. 4 UrhG schutzfähig (LG München I ZUM-RD 2003, 492, 499 – *Jemen-Ausstellung*). Das Konzept der Ausstellung, also ihre Anlage und die kommunikative Grundgestaltung, die Anordnung der Stellflächen und ihr Aufbau, den Besucher hindurchzuführen, unterfallen vergleichbar Bühnenbildern, Werken der Innenarchitektur und Werken der Gartenkunst der Nr. 4; die Ausstellung selbst, d. h. Sammlung und Auswahl der Exponate, unterfällt dem Sammelwerkschutz des § 4 (vgl. § 4 Rn. 10 ff.). **155**

Bahnhöfe: Sowohl der Berliner Hauptbahnhof als auch der Stuttgarter Hauptbahnhof wurden von der Rechtsprechung als urheberrechtlich geschützte Bauwerke eingestuft (OLG Stuttgart ZUM 2011, 173, 179 – *Stuttgart 21*; LG Berlin GRUR 2007, 964, 966 f. – *Berliner Hauptbahnhof*). **155a**

Banknoten und **Briefmarken** fallen unter § 2 Abs. 1 Nr. 4 (*Häde* ZUM 1991, 536, 539 zu Banknoten; LG München I GRUR 1987, 436, 436 – *Briefmarke*; OGH ÖBl. 1975, 150, 151; BGer GRUR Int. 1974, 295, 295 – *Werbung mit Banknoten*). Sie werden auch nicht etwa mit ihrer amtlichen Ingebrauchnahme nach § 5 Abs. 2 gemeinfrei (vgl. § 5 Rn. 25). **156**

Möbel und andere Gebrauchsgegenstände im **Bauhausdesign** sowie andere Design-Klassiker wurden aufgrund ihres regelmäßig hohen ästhetischen Anspruchs und ihres oftmals hohen Maßes an Originalität von der Rechtsprechung bisher immer für schutzfähig befunden (BGH GRUR 2017, 793, 794 Tz. 17 – *Mart-Stam-Stuhl*; BGH GRUR 1981, 820, 822 – *Stahlrohrstuhl II* [Mart Stam]; BGH GRUR 1961, 635, 638 – *Stahlrohrstuhl I* [Mart Stam]; RG GRUR 1932, 892, 894 – *Mart-Stam-Stuhl*; OLG München GRUR-RR 2011, **156a**

54, 55 – *Eierkoch* [Wilhelm Wagenfeld]; KG GRUR 2006, 53 – *Bauhaus-Glasleuchte II* [Wilhelm Wagenfeld]; OLG Düsseldorf ZUM-RD 2002, 419, 423 – *Breuer-Hocker*; OLG Frankfurt GRUR 1998, 141, 141 f. – *Macintosh-Entwürfe*; KG GRUR 1996, 968, 968 f. – *Möbel-Nachbildungen* [Le Corbusier]; OLG Frankfurt GRUR 1994, 49, 50 f. – *Macintosh-Möbel*; OLG Düsseldorf GRUR 1993, 903 – *Bauhaus-Leuchte* [Wilhelm Wagenfeld]; OLG Köln GRUR 1990, 356, 357 – *Freischwinger* [Mart Stam]; OLG Frankfurt GRUR 1981, 739, 740 f. – *Lounge-Chair* [Charles Eames]; OLG Düsseldorf GRUR 1971, 415, 415 f. – *Studio 2000* [sog. „Tütensessel" von Verner Panton]; LG Hamburg GRUR-RR 2009, 211 – *Bauhaus-Klassiker* [Freischwinger von Mies van der Rohe und Sitzmöbel von Marcel Breuer]). Allerdings ist auch hier grds. zu differenzieren zwischen den technisch bedingten und den künstlerischen Gestaltungsmerkmalen (vgl. Rn. 143).

156b **Brunnen** sind bei entsprechender individueller Gestaltung als Werke der bildenden Kunst schutzfähig (OLG Hamm BeckRS 2011, 08476).

156c Pläne für ein Wohnhaus in **Blockhausbauweise** vgl. Rn. 189a.

157 **Bühnenbilder** gehören zu den Raumformen im engeren Sinne und sind als Werke der Innenarchitektur geschützt (BGH GRUR 1986, 458, 458 f. – *Oberammergauer Passionsspiele I*; LG Düsseldorf UFITA 77 [1976], 282, 284 – *Zimmerschlacht*; LAG Berlin GRUR 1952, 100, 101 und UFITA 24 [1957], 134, 140 – *Tod eines Handlungsreisenden*; LG Köln UFITA 18, [1954], 374, 378 – *Urfaust*; BOSchG Frankfurt *Erich Schulze* SchG 3, 16 – *Oper*; Sack JZ 1986, 1015; rechtsvergleichend für die deutschsprachigen Länder *Hodick* FuR 1982, 298). Die Anforderungen des Bundesgerichtshofs, der eine die durchschnittliche Gestaltertätigkeit deutlich überragende Leistung verlangt hat (BGH GRUR 1986, 458, 459 – *Oberammergauer Passionsspiele I*), waren allerdings überzogen und dürfen auch im Hinblick auf Bühnenbilder nicht mehr zur Anwendung kommen, nachdem der BGH seine entsprechende Rechtsprechung zu Werken der angewandten Kunst aufgegeben hat (BGH GRUR 2014, 175, 177 Tz. 26 – *Geburtstagszug*). Bühnenbilder sind daher urheberrechtlich zu schützen, wenn sie das Ergebnis einer künstlerischen Gestaltung sind (entsprechend BGH GRUR 2014, 175, 177 Tz. 26 – *Geburtstagszug*).

158 **Collagen** wird regelmäßig urheberrechtlicher Schutz als Werk der bildenden Kunst zukommen, selbst wenn sie lediglich aus der Zusammenfügung von zwei Fahnen bestehen, weil die Schutzanforderungen grundsätzlich sehr gering sind und im Bereich der bildenden Kunst gerade auch die kleine Münze Schutz genießt (KG GRUR-RR 2002, 49, 49 f. – *Vaterland*).

158a **Computergrafiken** können, wenn sie künstlerische Individualität erkennen lassen, als Werke der bildenden oder der angewandten Kunst gemäß § 2 Abs. 1 Nr. 4 UrhG geschützt sein (OLG Köln GRUR-RR 2010, 141, 142 – *3D-Messestände*; OLG Hamm GRUR-RR 2005, 73, 74 – *Web-Grafiken*; OLG Köln GRUR-RR 2010, 141, 142 – *Computergrafiken*; zur Unterscheidung bildender Kunst und angewandter Kunst vgl. Rn. 139). Wie bei jeder Werkart reicht es hierfür nicht aus, dass die Erstellung der Grafiken durch die manuelle Eingabe von Befehlen sehr aufwändig ist (Köln GRUR-RR 2010, 141, 142 – *3D-Messestände*). Steht die praktisch-technische Bildaussage im Vordergrund, kommt alternativ auch ein Schutz nach § 2 Abs. 1 Nr. 7 UrhG in Betracht (OLG Köln GRUR-RR 2010, 141, 142 – *3D-Messestände* mit Einordnung als wissenschaftlich-technische Darstellung, Schutz jedoch mangels ausreichender individueller Gestaltung verneint; OLG Hamm GRUR-RR 2005, 73, 74 – *Web-Grafiken* mit Einordnung als Werke der bildenden Künste, Schutz allerdings verneint, weil Fotografien lediglich im Rahmen normalen handwerklichen Könnens verfremdet worden seien; auch vgl. Rn. 215). Ein Schutz nach Maßgabe der §§ 69a ff UrhG scheidet aus, da die grafische Benutzeroberfläche und damit Computergrafik keine Ausdrucksform eines Computerprogramms i. S. v. Art. 1 Abs. 2 der Software-RL ist, der mit § 69a Abs. 2 S. 1 UrhG ins deutsche Recht umgesetzt wurde (EuGH GRUR Int. 2011, 148 Tz. 51 – *Benutzeroberfläche*; s. a. OLG Karlsruhe GRUR-RR 2010, 234, 235 – *Reisebürosoftware*; hierzu auch vgl. § 69a Rn. 29).

Engel sind zwar nach dem Katechismus der Katholischen Kirche rein geistige Geschöpfe (deutsche Ausgabe 1993, vgl. Rn. 329), können aber nach OLG Düsseldorf zu Recht Gegenstand einer persönlichen geistigen Schöpfung sein; Engelsfiguren dienen auch keinem Gebrauchszweck und sind daher Werke der bildenden Künste (OLG Düsseldorf GRUR-RR 2008, 117, 118 f. – *Engelsfigur*). Auch vgl. Rn. 161. **158b**

Etiketten vgl. Rn. 189. **158c**

Fahrzeuge können als Werke der angewandten Kunst in ihrer äußeren Gestaltung ebenfalls urheberrechtlich geschützt sein wie dies beispielsweise den neuen im Jahr 1996 vorgestellten Straßenbahnen der Stadt Hannover zuerkannt worden ist, weil sie eine besondere gestalterische Leistung aufwiesen, die sich in der erreichten besonderen Harmonie der Gesamtgestaltung mit stark gerundeter Vorderfront und großzügig geschwungener Seitenwand zu einer klar gegliederten, in sich ausgewogenen und eleganten Großform verschmolzen hatte (BGH GRUR 2002, 799, 800 – *Stadtbahnfahrzeug*; OLG Celle GRUR-RR 2001, 125, 125 f. – *Stadtbahnwagen*). Als Werk der angewandten Kunst musste die Hannoversche Straßenbahn allerdings damals die Hürde eines deutlichen Überragens des Durchschnittskönnens eines Designers überspringen (OLG Celle GRUR-RR 2001, 125, 125 – *Stadtbahnwagen*); heute ist sie geschützt, wenn sie künstlerisch gestaltet wurde (BGH GRUR 2014, 175, 177 Tz. 26 – *Geburtstagszug*). **159**

Fanartikel zu Fußballmannschaften können als Werke der angewandten Kunst gem. Nr. 4 urheberrechtlich geschützt sein, werden aber häufig nur einen geringen Schutzumfang besitzen (OLG Köln ZUM 1999, 484, 486 – *Minidresse*). **160**

Auch die **Fassadengestaltung** eines Gebäudes kann als Werkteil urheberrechtlich geschützt sein, wenn sie hinreichend individuell ist (OLG Düsseldorf ZUM-RD 2016, 368, 371 – *Fassadenarbeiten*). Früher musste sie aus der Masse des alltäglichen Bauschaffens herausragen (BGH GRUR 1973, 663, 664 – *Wählamt*; RGZ 82, 333, 336 – *Fassadengestaltung*; BGH GRUR 1988, 533, 534 – *Vorentwurf II*; LG München I ZUM-RD 2008, 158, 164); heute ist sie geschützt, wenn sie künstlerisch gestaltet wurde (BGH GRUR 2014, 175, 177 Tz. 26 – *Geburtstagszug*). **160a**

Figuren sind fast stets als Werke der bildenden Kunst anerkannt worden, gleichgültig ob sie mit Mitteln der Malerei oder Grafik (beispielsweise Struwwelpeter, Max und Moritz, Asterix), in dreidimensionaler Form (Hummel-Figuren, Schlümpfe), in graphischer und dreidimensionaler Form (Micky Maus, Donald Duck, Bambi, Marwin) oder gar in digitaler Form (Puckman, Donkey Kong Junior, Lara Croft) geschaffen wurden. Daran ändert die Tatsache nichts, dass sie heutzutage von vornherein mit dem Ziel ihrer weitestmöglichen gewerblichen Verwertung geschaffen zu werden pflegen (was für andere Bereiche des modernen Kunstschaffens ebenso zutrifft); sie lassen sich nicht gebrauchen, sondern nur betrachten. Angewandte Kunst und damit designrechtsfähig sind nur Gebrauchsgegenstände in Figurengestalt und Spielfiguren; auch die zuletzt genannten Beispiele haben jedoch in aller Regel Werkqualität. Die Rechtsprechung hat deshalb Figuren durchweg den Urheberrechtsschutz nach § 2 Abs. 1 Nr. 4 zuerkannt (BGH GRUR 2004, 855, 857 – *Hundefigur*; BGH GRUR **161**

1995, 47, 48 – *Rosaroter Elefant*; BGH GRUR 1994, 191, 192 – *Asterix-Persiflagen*; BGH GRUR 1994, 207, 208 – *Alcolix*; BGH GRUR 1988, 690, 692 f. – *Kristallfiguren*; BGH GRUR 1980, 235, 236 – *Play-Family*; BGH GRUR 1974, 669, 671 – *Tierfiguren* [für Gebrauchsgegenstände], BGH GRUR 1970, 250, 251 – *Hummel-Figuren III*; BGH GRUR 1960, 144, 145 – *Bambi*; BGH GRUR 1958, 500, 501 und 1960, 251, 252 – *Mecki Igel I und II*; BGH GRUR 1952, 516, 517 – *Hummel-Figuren I*). Die Instanzgerichte judizieren entsprechend wie der BGH (OLG Düsseldorf GRUR-RR 2008, 117, 118 ff. – *Engelsfigur*; OLG München GRUR-RR 2008, 37, 39 – *Pumuckl-Illustrationen II*; OLG Karlsruhe ZUM 2000, 327, 329 – *Nilpferdfiguren*; OLG Köln NJW 2000, 2212, 2212 – *Gieß-Adler*; OLG Hamburg GRUR 1991, 207, 208 – *ALF*, bestätigt durch BGH GRUR 1992, 697, 698 – *ALF*; OLG München ZUM 1990, 186 – *Mausfigur*; OLG Hamburg ZUM 1989, 359, 360 – *Pillhuhn*; OLG Saarbrücken GRUR 1986, 310, 311 – *Bergmannsfigur*; OLG Frankfurt GRUR 1984, 520 – *Schlümpfe II*; KG *Erich Schulze* KGZ 49, 5 – *Gartenzwerg*; OLG München GRUR 1977, 555, 556 – *Eddi*). Nur dort wird die Schutzfähigkeit verneint, wo in einem bestimmten Stil gearbeitet wurde, eine individuelle Eigenart aber nicht erkennbar ist bzw. nur Nachbildungen gemeinfreier Plastiken vorgenommen worden sind (BGH GRUR 1966, 503, 505 – *Apfel-Madonna*; OLG Koblenz GRUR 1967, 262, 263 f. – *Barockputten*; unzutreffend allerdings OLG Schleswig GRUR 1985, 289, 290 – *Tonfiguren*, wo trotz fehlenden Gebrauchszwecks erhöhte Anforderungen gestellt wurden). Für **virtuelle** Figuren gilt nichts besonderes; auch sie sind im Regelfall als Werke der bildenden Kunst geschützt (*Schulze* ZUM 1997, 77, 85).

162   Werke der **Filmarchitektur** sind als Werke der Baukunst nach Nr. 4 geschützt, wenn die Gestaltung über die bloß zweckmäßige Anordnung von Filmkulissen und Requisiten hinausgeht; stand ein ausreichend großer Gestaltungsspielraum für die Gestaltung und Ausstattung der Filmbauten zur Verfügung, wird regelmäßig von einem Urheberrechtsschutz auszugehen sein (LG München I ZUM 2002, 71, 72 – *Der Zauberberg*; bestätigt durch BGH GRUR 2005, 937, 938 – *Der Zauberberg* und OLG München NJW 2003, 675, 677 – *Der Zauberberg*).

163   **Fußböden** können, sofern sie schöpferisch gestaltet wurden und sich von der Masse des alltäglichen Bauschaffens abheben, also nicht nur das Ergebnis eines rein handwerklichen routinemäßigen Schaffens darstellen, Urheberrechtsschutz als Bauwerk genießen (LG Leipzig ZUM 2005, 487, 492 – *Fußboden in einem Museumssaal*: Schutz verneint).

164   **Gartenanlagen** und **Gartenskulpturen** sind als Werke der Baukunst grundsätzlich einem Urheberrechtsschutz nach der Nr. 4 zugänglich (KG ZUM 2001, 590, 591 – *Gartenanlage*; OLG Düsseldorf GRUR 1990, 189, 191 – *Grünskulptur*; LG Frankenthal GRUR 2005, 577, 577 – *Grassofa*; *Schaefer* S. 150 ff.; Schricker/Loewenheim/*Loewenheim*[5] Rn. 175 a. E.). Allerdings wird man verlangen müssen, dass eine ästhetische, über die bloß zweckgebundene Lösung hinausgehende Leistung von individueller Eigenart geschaffen worden ist, beispielsweise dadurch, dass ein aussagekräftiger Dialog zwischen der historischen Gestalt von den Innenhof bildenden Fassaden eines Gebäudes und der Innenhofgestaltung mit künstlerischen Mitteln ins Werk gesetzt wird (KG ZUM 2001, 590, 591 – *Gartenanlage*).

164a   **Gartenmöbel** sind als Werke der angewandten Kunst grundsätzlich schutzfähig. Welche Anforderungen hierbei an die Gestaltungshöhe zu stellen sind, hat das LG Hamburg jedoch offen gelassen, da die streitgegenständlichen Gartenstühle auch den hohen Anforderungen der höchstrichterlichen Rechtsprechung entsprachen (LG Hamburg GRUR-RR 2009, 123, 127 – *Gartenstühle*). Heute können auch Gartenmöbel urheberrechtlich geschützt sein, wenn sie künstlerisch gestaltet wurden (BGH GRUR 2014, 175, 177 Tz. 26 – *Geburtstagszug*).

Gebäude, Gebäudeteile und Innenräume sind einem Urheberrechtsschutz dann **165**
zugänglich, wenn sie nicht nur Ergebnis rein handwerklichen oder routinemäßigen Schaffens sind, sondern durch die individuelle Gestaltung eines Architekten eine Form gefunden haben, ohne dass es auf den Gebäudezweck ankäme
(grundlegend BGH GRUR 1957, 391, 392 f. – *Ledigenheim*; s. weiter BGH
GRUR 1982, 369, 370 – *Allwetterbad*; BGH GRUR 1980, 853, 854 – *Architektenwechsel*; BGH GRUR 1973, 663, 664 – *Wählamt*). Einem Kirchenschiff
ist dabei ebenso der Schutz zuerkannt worden wie einer Kirchen-Innenraumgestaltung (BGH GRUR 2008, 984, 985 – *St. Gottfried*; BGH GRUR 1982, 107,
109 – *Kirchen-Innenraumgestaltung*; OLG München GRUR-RR 2001, 177,
178 f. – *Kirchenschiff*), nicht jedoch der räumlichen Anordnung von Altar, Ta-
bernakel, Ambo und Marienstatue im Chorraum und im Seitenschiff einer
Pfarrkirche, weil sich die ästhetische Wirkung nur aus der künstlerischen Gestaltung der Einzelelemente ergab, die Anordnung aber nicht als Gesamtkunstwerk anzusehen war (OLG Karlsruhe GRUR 2004, 233, 233 f. – *Kirchenchor-
raum*). Dabei muss keinesfalls ein Gebäude mit künstlerischen Verzierungen
geschaffen worden sein, das schon allein optisch extrem auffällig ist wie etwa
das Hundertwasser-Haus (BGH GRUR 2003, 1035, 1036 – *Hundertwasser-
Haus* und OLG München ZUM 2001, 76, 78 – *Hundertwasser-Haus*). Vielmehr genügen auch Gebäude, die schlicht und einfach unter Verwendung klarer Formen gestaltet sind, den Anforderungen für den Bauwerkschutz, wenn
sie individuell gestaltet sind. Früher mussten sie sich von der Masse des alltäglichen Schaffens abheben (LG Hamburg GRUR 2005, 672, 673 f. – *Astra-Hochhaus*; LG München I GRUR-RR 2004, 1, 3 – *Lagerhalle*), heute sind sie urheberrechtlich geschützt, wenn sie künstlerisch gestaltet wurden (BGH GRUR
2014, 175, 177 Tz. 26 – *Geburtstagszug*). Minimallösungen ohne ästhetischen
Anspruch und Originalität bleiben demgegenüber ungeschützt (OLG Saarbrücken GRUR 1999, 420, 423 – *Verbindungsgang*). Auch der Mehrzwecksaal
des Dresdner Kulturpalastes blieb ungeschützt, weil er keine gestalterischen
Elemente aufwies, an denen er von anderen Sälen unterschieden werden konnte
(LG Leipzig GRUR-RR 2012, 273, 275 – *Kulturpalast*). Zu beachten ist, dass
die Planung des Architekten das Werk der Baukunst selbst ist; das fertige Werk,
also das Gebäude, die Fassade oder die Innenraumgestaltung – stellt lediglich
eine Vervielfältigung des Architektenplanes dar (BGH GRUR 2003, 231, 234 –
Staatsbibliothek; BGH GRUR 1999, 230, 231 – *Treppenhausgestaltung*; OLG
Hamm GRUR-RR 2012, 192, 193 – *Musiktheater im Revier*). Auch vgl.
Rn. 168a.

Grabmale sind bei Vorliegen individueller Eigenart Kunstwerke (OLG Mün- **166**
chen UFITA 56 [1970], 315, 319 f. – *Grabdenkmal*).

Graffiti-Werke sind jedenfalls dann, wenn es sich um bildliche Gestaltungen **167**
von individueller Ausdruckskraft handelt, als Werke der bildenden Kunst geschützt. Dies trifft insbesondere für entsprechende Bemalungen der Berliner
Mauer zu (BGH GRUR 1995, 673, 675 – *Mauer-Bilder*). Sofern es sich allerdings bei Graffiti um bloße Schmierereien handelt, die sich in Zahlen, Buchstaben oder Wörtern erschöpft, scheidet wohl auch ein Schutz als „kleine Münze"
regelmäßig aus. Auch vgl. Rn. 174. Ein Logo, das aus einer Buchstaben- und
Zahlenfolge im Stile eines Graffitis besteht und zur Kennzeichnung von Basket-
ballmützen verwendet wurde, kann als angewandte Kunst nach der Rechtspre-
chungsänderung nunmehr bereits bei einer geringen Gestaltungshöhe urheberrechtlich geschützt sein (OLG München ZUM-RD 2015, 190 – *Graffiti-Logo*).

Handy-Logos können als Werke der bildenden Kunst urheberrechtlichen **168**
Schutz genießen, sofern sie nicht vollkommen banal und ohne ein Mindestmaß
an Individualität und Aussagekraft gestaltet worden sind (OLG Hamburg
ZUM 2004, 386, 386 – *Handy-Logos*).

168a   **Industriebauten** und andere kommerzielle Gebäude können als Werke der Baukunst nach § 2 Abs. 1 Nr. 4 geschützt. Früher wurde für den Schutz vorausgesetzt, dass sich das geplante Bauwerk von der Masse des alltäglichen Bauschaffens abhebt und nicht nur Ergebnis eines rein handwerklichen routinemäßigen Schaffens darstellt (OLG Celle GRUR-RR 2011, 250 [Ausstellungshalle, Schutz bejaht]; LG München I ZUM 2009, 172, 178 [Entwurf eines Neubaus für die Sammlung Beyerle in München, Schutz bejaht]; LG Köln ZUM-RD 2008, 88, 89 f. m. w. N. [Produktionshalle, Schutz verneint, und Verwaltungsgebäude, Schutz bejaht]). Ebenso hielt das OLG Hamburg den Entwurf und das Nutzungskonzept für die städtebauliche Neugestaltung eines Gebietes im Kölner Hafenbereich u. a. mit Brücken und Kranhäusern als Werk der Baukunst für schutzfähig (OLG Hamburg ZUM-RD 2007, 59 ff. Tz. 45 f. – *Kranhäuser*). s. nachfolgend BGH GRUR 2009, 1046 – *Kranhäuser*. Einzelheiten zum Schutz der Werke der Baukunst bei Rn. 151.

168b   **Innenraumgestaltung** vgl. Rn. 165.

168c   Durch ihre schlichte Gestaltung auffallende **Kaminöfen** sind als Werke der angewandten Kunst geschützt (OLG Köln GRUR-RR 2010, 89 – *Kaminofen*).

168d   **Kircheninnenräume** vgl. Rn. 165.

168e   **Klettergerüste** für Kinder können als Werke der angewandten Kunst gem. § 2 Abs. 1 Nr. 4 UrhG geschützt sein; sind ihre Gestaltungsmerkmale jedoch allein technisch bedingt und nicht auch künstlerisch gestaltet, bleiben sie ungeschützt (BGH GRUR 2012, 58, 60 Tz. 17 ff. – *Seilzirkus*). Auch vgl. Rn. 45a.

169   **Kunstprojekte** und **Happenings** sind als Werke der bildenden Kunst auch dann urheberrechtlich geschützt, wenn sie nicht „dauerhaft" sind wie dies etwa beim verhüllten Berliner Reichstag oder einer nicht-aufgezeichneten Kunstaktion von *Joseph Beuys* der Fall war (BGH GRUR 2002, 605, 605 – *verhüllter Reichstag*; KG GRUR 1997, 128, 128 – *verhüllter Reichstag I*; OLG Düsseldorf GRUR 2012, 173, 175 – *Beuys-Fotoreihe*; BGH GRUR 2014, 65, 70 Tz. 30 – *Beuys-Aktion* [Das OLG Düsseldorf hatte zunächst offen gelassen, in welche Werkkategorie die Kunst-Aktion fiel. Der BGH hat das Urteil aufgehoben und die Zuordnung zu einer Werkkategorie verlangt, aber nur, weil es sich um ein Werk handelte, das vor dem Inkrafttreten des UrhG am 1.1.1966 geschaffen worden ist; nach aktuellem Recht gilt dies nicht]). Bei einem Happening kann allerdings fraglich sein, ob anstelle eines Werkes der bildenden Kunst ein pantomimisches Werk nach Nr. 3 anzunehmen ist (für Werk der bildenden Kunst KG GRUR 1984, 507 – *Happening*; Tendenz zum pantomimischen Werk BGH GRUR 1985, 529, 529 – *Happening*); die Frage der Einordnung spielt allerdings bei der Beurteilung der Schutzfähigkeit keine Rolle. Die Auftritte von zwei **Performance-Darstellern** in immer gleicher ausgewählter Pose, auffallender Bekleidung und mit aufwendiger Schminke als „künstlerisches Zwillingspaar" ist weder als Happening noch sonst als Werk der bildenden Kunst geschützt (LG Hamburg ZUM 1999, 658, 659 – *Eva & Adele* gegen die Vorinstanz AG Hamburg ZUM 1998, 1047, 1048 – *Eva & Adele*). Da es dabei wohl nicht um die Gestaltung der Auftritte selbst oder dessen, was dort vorgetragen wurde, ging, sondern um den urheberrechtlichen Schutz für die von den Darstellern selbst verkörperten Menschen, musste ein Schutz folgerichtig ausscheiden: Die Idee bleibt grundsätzlich frei (s. im Übrigen ausführlich *Raue* GRUR 2000, 951, 953 ff., der sich ausdrücklich für einen urheberrechtlichen Schutz von „living creatures" wie *Eva & Adele* stark macht). Sowohl die **Kunstinstallation** „HHole (for Mannheim) 2006-∞", eine multimediale und multidimensionale Rauminstallation, als auch die **Lichtinstallation** „P" sind als Werke der bildenden Kunst urheberrechtlich geschützt (OLG Karlsruhe GRUR

2017, 803, 805 – *HHole [for Mannheim]*; OLG Karlsruhe ZUM-RD 2017, 600, 605 – *Lichtinstallation*).

Lampen mussten, weil sie Gebrauchszwecken dienen, als Werke der angewand- **170** ten Kunst nach der bisherigen Rechtsprechung die Durchschnittsgestaltung deutlich überragen, um urheberrechtlich geschützt zu sein (bejaht: BGH GRUR 1972, 38, 39 – *Vasenleuchter*; OLG Düsseldorf GRUR 1993, 903, 906 f. – *Bauhausleuchte* [Wilhelm Wagenfeld]; verneint: BGH GRUR 1979, 332, 336 – *Brombeerleuchte*; OLG Düsseldorf GRUR 1954, 417 – *Knickfaltlampe*). Heute sind sie urheberrechtlich geschützt, wenn sie künstlerisch gestaltet wurden (BGH GRUR 2014, 175, 177 Tz. 26 – *Geburtstagszug*).

Das **Layout** von Zeitungen und Zeitschriften, aber auch von Prospekten und **171** Büchern kann ebenfalls urheberrechtlichen Schutz genießen als Werk der ange- wandten Kunst. Allerdings setzte die Rechtsprechung bislang ein deutliches Überragen der Durchschnittsgestaltung voraus (KG ZUM-RD 1997, 466 – *Zeitschriften-Layout*). Heute ist ein Layout geschützt, wenn es künstlerisch gestaltet wurde (BGH GRUR 2014, 175, 177 Tz. 26 – *Geburtstagszug*).

Lehr- und Lernmittel fallen meist unter § 2 Abs. 1 Nr. 1 oder Nr. 4, können **171a** alternativ aber auch Nr. 7 zuzuordnen sein. In einer jüngeren Entscheidung hat der BGH die Kontrollgeräte eines **Lernspiels** als Werke der angewandten Kunst eingeordnet, sie jedoch mangels individuell-künstlerischer Gestaltung für nicht schutzfähig gehalten (BGH GRUR 2011, 803, 805 Tz. 31 – *Lernspiele*). In Kombination mit den Übungsheften ist der BGH jedoch von einem Urheber- rechtsschutz nach § 2 Abs. 1 Nr. 7 UrhG ausgegangen (BGH GRUR 2011, 803, 806 Tz. 42 f. – *Lernspiele*; nachfolgend mit ausführlicher Begründung OLG Köln GRUR-RR 2013, 5 – *bambinoLÜK II*; vgl. Rn. 221).

Logos, Marken und **Signets** können zwar kleine Kunstwerke sein, unterfallen **172** dennoch aber regelmäßig dem Schutz der Werke der angewandten Kunst und mussten daher bisher die Durchschnittsgestaltung deutlich überragen, um urhe- berrechtlichen Schutz zu genießen (BVerfG GRUR 2005, 410, 410 f. – *Das laufende Auge*; OLG Düsseldorf ZUM-RD 1998, 438, 438 – *Rinderkopf*; OLG Köln GRUR 1986, 889, 890 – *ARD-1*; LG Hamburg GRUR-RR 2005, 106, 109 – *SED-Emblem*). Da eine Marke grundsätzlich Gebrauchszwecken dient, ist die Einordnung von Gestaltungen, die Marken zugrunde liegen, als Werke der bildenden Kunst unzutreffend (so aber OLG Hamburg GRUR-RR 2005, 181, 182 – *Weinlaubblatt*). Heute sind Marken einem urheberrechtlichen Schutz als Werke der angewandten Kunst zugänglich, wenn sie künstlerisch gestaltet worden sind (BGH GRUR 2014, 175, 177 Tz. 26 – *Geburtstagszug*). Das wird aber nur bei wenigen Signets und Logos der Fall sein: Dem *Laufen- den Auge* wird man eine künstlerische Leistung attestieren können, der *ARD 1* wohl eher nicht. In Österreich, wo Signets als Werke der bildenden Künste in Form der Gebrauchsgrafik eingeordnet werden, waren die Schutzanforde- rungen schon bisher ganz offensichtlich geringer (Schutz für einen grafisch aus- gestalteten Schriftzug zuerkannt: OGH ÖBl. 2000, 130, 131 – *Zimmermann FITNESS*).

Kunstwerkschutz für die von einem Maskenbildner geschaffene **Maske** kann **173** nicht deshalb grundsätzlich geleugnet werden, weil er am lebenden Menschen arbeitet und das Original, also die Maske selbst, nur von kurzer Lebensdauer ist (BGH GRUR 1974, 672, 674 – *Celestina*; *Haberstumpf* Rn. 87).

Bemalte Teile der Berliner **Mauer** genießen regelmäßig Schutz als Werke der **174** bildenden Kunst (BGH GRUR 2017, 390, 391 Tz. 15 – *East Side Gallery*; BGH GRUR 2007, 691, 692 – *Staatsgeschenk*; BGH GRUR 1995, 673, 675 – *Mauer-Bilder*). Vgl. Rn. 167.

175 Messestände sind von der Rechtsprechung nicht als Werke der Baukunst, sondern als Werke der angewandten Kunst angesehen worden mit der Folge, dass ein deutliches Überragen der Durchschnittsgestaltung vorausgesetzt wurde; die Gestaltung eines Messestandes, die sich gegenüber dem vorbekannten Formengut überhaupt nicht abhob, genügte diesen Anforderungen nicht (LG Düsseldorf GRUR-RR 2003, 38, 39 – *Messestand*). Heute sind auch Messestände urheberrechtlich geschützt, wenn ihnen eine künstlerische Leistung zugrunde liegt (BGH GRUR 2014, 175, 177 Tz. 26 – *Geburtstagszug*).

176 Modeerzeugnisse dienen stets Gebrauchszwecken und mussten daher, um die von der Rechtsprechung geforderte Gestaltungshöhe zu erreichen, als Werke der angewandten Kunst die Durchschnittsgestaltung deutlich überragen. Heute sind sie zu schützen, wenn ihnen eine künstlerische Leistung zugrunde liegt (BGH GRUR 2014, 175, 177 Tz. 26 – *Geburtstagszug*), was noch am ehesten für Applikationen auf Bekleidungsstücken der Fall sein dürfte, beispielsweise grafische Darstellungen von Figuren, Tieren oder sonstigen Gegenständen. Allerdings können nicht nur Haute-Couture-Modelle, sondern auch Konfektionsmodelle den Urheberrechtsschutz erreichen, wenn sie wegen einer neuartigen Linienführung oder der originellen Zusammenstellung mehrerer Elemente schöpferisch sind (BGH GRUR 1955, 445, 445 – *Mantelmodell*; LG Leipzig GRUR 2002, 424, 425 – *Hirschgewand*). Der BGH hat einen Urheberrechtsschutz für Modeerzeugnisse stets verneint, früher aber einen ergänzenden wettbewerbsrechtlichen Leistungsschutz aus §§ 3, 4 Nr. 3 UWG (früher: §§ 3, 4 Nr. 9 bzw. § 1 UWG) zugebilligt, allerdings regelmäßig nur für ein oder zwei Saisons, selten auch für längere Zeiträume (BGH GRUR 2006, 79, 81 Tz. 29 ff. – *Jeans*; BGH GRUR 1984, 453, 454 – *Hemdblusenkleid*; BGH GRUR 1973, 478, 479 – *Modeneuheit*; OLG München WRP 1991, 514, 516 f. – *Jeanshose*; OLG Hamburg GRUR 1986, 83, 83 f. – *Übergangsbluse*). Einzelheiten bei *Köhler/Bornkamm*[35] § 4 Rn. 3.67; *Nordemann* Rn. 1643 f.). Wegen des heute existierenden Schutzes eines nicht-eingetragenen Gemeinschaftsgeschmacksmusters nach Art. 11 GemGeschmMVO ist der ergänzende Schutz über das UWG für Modeerzeugnisse wohl überholt (s. Götting/Axel Nordemann/*Axel Nordemann*[3] § 4 Rn. 3.84). Textilmuster fallen entsprechend dem Schutz von Modeerzeugnissen normalerweise aus dem Schutz heraus (BGH GRUR 1983, 377, 378 – *Brombeer-Muster*; BGH GRUR 1967, 315, 316 – *skaicubana*; OLG Frankfurt WRP 2015, 1253, 1254 – *Tapetenmuster*; OLG Celle GRUR 1958, 405, 406 – *Teppichmuster*; Schutz bejaht allerdings von KG UFITA 87 [1980], 299, 304 f. – *Leonard-Muster* und LG München I *Erich Schulze* LGZ 156, 3 – *Henry Rousseau*). Sogar **Modellzeichnungen** hat OLG Hamburg *Erich Schulze* OLGZ 89, 1 – *Kleine Münze* den urheberrechtlichen Schutz versagt, obwohl sie als solche nicht gebraucht, sondern nur betrachtet werden können. Da sie wohl regelmäßig künstlerisch gestaltet sein werden, sind sie heute als urheberrechtlich geschützt anzuerkennen (BGH GRUR 2014, 175, 177 Tz. 26 – *Geburtstagszug*).

177 Möbel sind infolge des im Vordergrund stehenden Gebrauchszweckes der Beurteilung als Werk der angewandten Kunst zu unterwerfen mit der Folge, dass sie nur dann urheberrechtlichen Schutz genießen, wenn sie künstlerisch gestaltet worden sind (BGH GRUR 2014, 175, 177 Tz. 26 – *Geburtstagszug*; früher wurde ein deutliches Überragen der Durchschnittsgestaltung verlangt, s. BGH GRUR 2004, 941, 942 – *Metallbett*; OLG Hamburg GRUR 2002, 419, 419 f. – *Move*; OLG Hamburg ZUM-RD 2002, 181, 187 – *Kinderhochstuhl*; OLG Düsseldorf ZUM-RD 2002, 419, 422 – *Breuer-Hocker*; in Frage gestellt von LG Hamburg GRUR-RR 2009, 123 – *Gartenstühle* und LG Hamburg GRUR-RR 2009, 211, 212 – *Bauhaus-Klassiker* vgl. Rn. 164a). Bei der Beurteilung der Werkqualität von Möbeln ist allerdings nicht entscheidend, ob die beteiligten Verkehrskreise die Möbelstücke als Kunstwerke oder nur zum praktischen

Gebrauch kaufen (BGH GRUR 1987, 903, 904 – *Le Corbusier-Möbel* m. w. N.). Ferner kann keine Berücksichtigung finden, ob das Möbelstück Beachtung in Fachkreisen und der übrigen Öffentlichkeit gefunden hat und in Kunstmuseen oder Kunstausstellungen gezeigt worden ist (a. A. wohl BGH GRUR 1987, 903, 904 – *Le Corbusier-Möbel*); auch Möbelstücke, die noch keine Wertschätzung in Kunstkreisen erfahren haben, sind selbstverständlich dem Urheberrechtsschutz zugänglich, weil es allein auf eine objektive Betrachtung ankommt, ob die erforderliche Gestaltungshöhe erreicht worden ist und nicht auf die Wertschätzung von Kunstkreisen (OLG Hamburg GRUR 2002, 419, 420 – *Move*; OLG Hamburg ZUM-RD 2002, 181, 187 – *Kinderhochstuhl*). Auch bei Möbeln sind grds. die technisch-bedingten von den künstlerischen Gestaltungselementen abzugrenzen (vgl. Rn. 143).

Jedenfalls ist in der Rechtsprechung bei solchen **Möbelstücken**, die Gegenstand **178** gerichtlicher Auseinandersetzungen waren, **überwiegend Schutz als Werk der angewandten Kunst zuerkannt** worden (BGH GRUR 2017, 793, 794 Tz. 17 – *Mart-Stam-Stuhl*; BGH GRUR 2009, 856, 857 Tz. 5 – *Tripp-Trapp-Stuhl* [Kinderhochstuhl]; BGH GRUR 1987, 903, 904 f. – *Le Corbusier-Möbel*; BGH GRUR 1981, 820, 822 – *Stahlrohrstuhl II* [Mart Stam]; BGH GRUR 1981, 652, 653 – *Stühle und Tische*; BGH GRUR 1974, 740, 741 – *Sessel*; BGH GRUR 1961, 635, 638 – *Stahlrohrstuhl I* [Mart Stam]; RG GRUR 1932, 892, 894 – *Mart-Stam-Stuhl*; OLG Hamburg GRUR 2002, 419, 420 – *Move*; OLG Düsseldorf ZUM-RD 2002, 419, 423 – *Breuer-Hocker*; KG GRUR 1996, 968, 968 f. – *Möbel-Nachbildungen* [Le Corbusier]; OLG Frankfurt GRUR 1998, 141, 141 f. – *Macintosh-Entwürfe*; OLG Frankfurt GRUR 1994, 49, 50 f. – *Macintosh-Möbel*; OLG Köln GRUR 1990, 356, 357 – *Freischwinger* [Mart Stam]; OLG Frankfurt GRUR 1981, 739, 740 f. – *Lounge-Chair*; OLG Düsseldorf GRUR 1971, 415, 415 f. – *Studio 2000* [sog. „Tütensessel"]; LG Hamburg GRUR-RR 2009, 211 – *Bauhaus-Klassiker* [Sitzmöbel von Mies van der Rohe und Marcel Breuer]; LG Hamburg GRUR-RR 2009, 123 – *Gartenstühle*; s. a. OGH *Erich Schulze* Ausl. Österreich 111, 11 f. – *Le Corbusier-Liegen*), und zwar auch für ganze Möbelprogramme (OLG Frankfurt GRUR 1990, 121, 122 f. – *USM-Haller*). Nur **vereinzelt** blieb die Berufung auf § 2 Abs. 1 Nr. 4 erfolglos (BGH GRUR 1982, 305, 306 – *Büromöbelprogramm*; BGH GRUR 1981, 517, 519 – *Rollhocker*). In Österreich ist dagegen der Mart-Stam-Stahlrohrstuhl nicht geschützt (OGH *Erich Schulze* Ausl. Österreich 94, 6 und 109, 5). Für die (subjektive) Neuheit und die Frage der Gestaltungshöhe stellt der *Erich Schulze* auch bei Möbeln zu Recht auf den Zeitpunkt ihrer Entstehung ab, nicht auf denjenigen der Nachahmung; dass zu letzterem die Eigenart des fraglichen Möbelstückes schon allgemein bekannt ist, kann keine Rolle spielen (BGH GRUR 1987, 903, 905 – *Le Corbusier-Möbel*). Zum Werkschutz von Möbeln *Erdmann* FS v. Gamm S. 389; *Wandtke* UFITA 130 [1996], 57.

Für **Musiknoten** kommt allenfalls ein urheberrechtlicher Schutz der graphi- **179** schen Gestaltung des Notenbildes in Betracht (*Hanser-Strecker* UFITA 93 [1982], 13 und FS Kreile S. 269; s. auch BGH GRUR 1986, 895 – *Notenstichbilder* zum Nachahmungsschutz nach § 1 UWG a. F.). Gleichwohl kann ein Schutz als Werk der bildenden Kunst dann bestehen, wenn einzelne Noten nicht als Komposition, sondern als Gemälde oder Zeichnung und damit von vornherein als Werk der bildenden Kunst geschaffen worden sind.

Performance-Darsteller vgl. Rn. 169. **179a**

Plakate vgl. Rn. 189. **179b**

Plastiken, auch solche, die als Ausstaffierung für einen Film vorgesehen waren, **180** genießen als Werke der bildenden Kunst regelmäßig urheberrechtlichen Schutz wie beispielsweise der „Maschinenmensch" für den Film „Metropolis" von Fritz Lang von Walter Schulze-Mittendorf (OLG Hamburg GRUR-RR 2003, 33, 33 – *Maschinenmensch*). Besondere Schutzfähigkeitsanforderungen bestehen ~~selbst~~ dann nicht, wenn die Plastik zweckgebunden für einen Film geschaffen worden ist; sie bleibt dadurch ein Werk der bildenden Künste, was den Schutz der kleinen Münze einschließt.

180a Prospekte vgl. Rn. 189.

181 **Schmuck** ist einer der klassischen Bereiche der Werke der angewandten Kunst. Auch wenn BGH GRUR 1995, 581, 582 – *Silberdistel* die Urheberrechtsschutzfähigkeit für Schmuck in unerreichbare Höhen geschraubt hatte, gab es doch Schmuckstücke, deren Gestaltung den Durchschnitt so deutlich überragt, dass ihnen der Urheberrechtsschutz als Werk der angewandten Kunst nicht verwehrt werden konnte, wie dies beispielsweise bei dem Niessing-Spannring der Fall ist (OLG Düsseldorf GRUR-RR 2001, 294, 295 f. – *Niessing-Spannring*). Heute kommt es nur darauf an, ob das Schmuckstück künstlerisch gestaltet worden ist (BGH GRUR 2014, 175, 177 Tz. 26 – *Geburtstagszug*); das kann auch bei Modeschmuck gegeben sein (a. A. noch nach früheren Voraussetzungen BGH GRUR 1979, 119, 119 – *Modeschmuck*).

182 Für **Schriftzeichen** hat der Bundesgerichtshof den urheberrechtlichen Schutz ständig verneint (BGH GRUR 1958, 562, 563 – *Candida-Schrift*; BGH GRUR 1957, 291, 292 – *Europapost*; dazu Reichel GRUR 1963, 124 f. und eingehend *Gerstenberg* FS Bappert S. 153; *Gerstenberg* FS Bappert S. 53). Schricker/Loewenheim/*Loewenheim*[5] Rn. 200 verweisen zutreffend darauf, dass der Gebrauchszweck eine einfache, klare und leicht lesbare Linienführung voraussetzt, die durch die vorgegebenen Buchstabenformen weitgehend bedingt ist, was einen Schutz fast grundsätzlich ausschließen dürfte. Allerdings liegen heute vielen Schriften wegen ihrer elektronischen Verwendung auf Computern Software zugrunde, die regelmäßig den Schutzanforderungen des § 69a Abs. 3 UrhG genügen und daher jedenfalls teilweise Schutz über das zugrunde liegende Computerprogramm genießen werden (LG Köln ZUM 2000, 1099, 1100 f. – *Computerschriften-Software*; dazu auch vgl. § 69a Rn. 14 ff.).

182a Signets vgl. Rn. 172.

183 **Straßenbahnen** vgl. Rn. 159.

183a **Sessel, Stühle** und **Tische** vgl. Rn. 164a und 178.

183b **Tapetenmuster** vgl. Rn. 176.

184 **Tätowierungen** werden vor allem dann als Werke der bildenden Kunst gem. Nr. 4 urheberrechtlich geschützt sein, wenn es sich um fantasievoll gestaltete Unikate handelt; werden dagegen lediglich vorbestehende Motive ohne schöpferische Veränderungen verwendet, wie etwa Rosen, Drachen, Nixen, Totenköpfe oder ein „Geweih" oberhalb des Steißbeines, wird ein Urheberrechtsschutz regelmäßig entfallen (Einzelheiten bei *Duvigneau* ZUM 1998, 535, 540 ff.).

185 **Telefonkarten** können als Werke der angewandten Kunst ebenfalls Schutz genießen, sofern sich ihre Gestaltung nicht nur in dem Aufbringen eines Werbeslogans erschöpft (BGH GRUR 2001, 755, 757 – *Telefonkartengestaltung*).

186 **Textilmuster** vgl. Rn. 176.

187 **Vasen** sind bei künstlerischer Gestaltung wie andere Gegenstände der angewandten Kunst urheberrechtlich schutzfähig, wenn sie künstlerisch gestaltet worden sind (BGH GRUR 2014, 175, 177 Tz. 26 – *Geburtstagszug*; nach früheren Voraussetzungen Schutz bejaht: BGH GRUR 1972, 38, 39 – *Vasenleuchter*; Schutz verneint: BGH GRUR 1959, 289, 290 – *Rosenthal-Vase*). Zur Kontroverse der erhöhten Schutzanforderungen für Werke der angewandten Kunst vgl. Rn. 146 ff.

Verpackungsgestaltungen werden oft nicht künstlerisch gestaltet sein, aber **188** häufig einem Schutz als eingetragenes Design bzw. Gemeinschaftsgeschmacksmuster zugänglich sein, und zwar bei versäumter Registrierung während der ersten drei Jahre nach der Erstveröffentlichung als nicht-eingetragenes Gemeinschaftsgeschmacksmuster nach Art. 11 GemGeschmMVO (KG ZUM 2005, 230, 230 f. – *Natursalz-Produkt* m. Anm. *Boddien*). Einzelheiten vgl. Einl. UrhG Rn. 78 f.

Webgrafiken vgl. Rn. 158a.   **188a**

Werbeanzeigen, Prospekt-, Plakat- und **Etikettengestaltungen** gehören ebenfalls in **189** den Bereich der angewandten Kunst und sind deshalb nur geschützt, wenn sie künstlerisch gestaltet worden sind (BGH GRUR 2014, 175, 177 Tz. 26 – *Geburtstagszug*; s. a. vorausschauend OLG Jena GRUR-RR 2002, 379, 380 – *Rudolstädter Vogelschießen*, das einen Plakatentwurf als Werk der bildenden Kunst eingeordnet hat). Dennoch wurde Schutz auch auf der Basis der früheren Voraussetzungen häufiger zuerkannt (BGH GRUR 1961, 85, 87 – *Pfiffikus-Dose*; LG München I GRUR 1984, 737 – *Bauherrenmodell-Prospekt*; LG Berlin GRUR 1974, 412 – *Werbeprospekt*; LG Frankfurt UFITA 94 [1982], 334, 336 – *Lachende Sonne*; LG München I *Erich Schulze* LGZ 119 – *Änderung eines Werbeplakates*; OLG Hamm UFITA 28 [1959], 352, 356 – *Konservenetikett*) als abgelehnt (OLG Düsseldorf AfP 1997, 645, 647 – *Werbefotos*; OLG Hamburg GRUR 1972, 430, 431 – *Mini-Spinne*). s. im übrigen *Schricker* GRUR 1996, 815, 820.

Laut OLG Oldenburg gelten für ein einfaches **Wohnhaus** in Blockhausbauweise hohe Schutzanforderungen, wobei die notwendige eigenschöpferische **189a** Leistung auch in der innovativen und ungewöhnlichen Kombination vorbekannter Formen und Gestaltungsmittel liegen kann (OLG Oldenburg GRUR-RR 2009, 6, 7 – *Blockhausbauweise*: im konkreten Fall verneint).

Die virtuellen Bauwerke, die für die Online-Plattform „Second Life" geschaffen **189b** werden, dienen regelmäßig einem Gebrauchszweck und sind daher als Werke der angewandten Kunst einzuordnen. Sie sind deshalb bei künstlerischer Gestaltung urheberrechtlich geschützt (noch nach bisherigen Voraussetzungen Schutz verneint LG Köln MMR 2008, 556, 558 – *Virtueller Dom in Second Life*).

Zeichnungen unterstehen dann, wenn es sich um künstlerische Darstellungen **190** handelt und nicht um Gebrauchsgegenstände, den Werken der bildenden Künste; wer ein dreidimensionales Tier in eine zweidimensionale zeichnerische Darstellung umsetzt, wird regelmäßig schöpferisch tätig und genießt somit auch für die naturgetreue zeichnerische Wiedergabe von etwas in der Natur vorgefundenem urheberrechtlichen Schutz (KG GRUR-RR 2001, 292, 293 – *Bachforelle*). Das LG Frankfurt sah das detailgetreue Abzeichnen der Fotografie eines Kleckerlatzes nicht als hinreichend künstlerische Leistung, sondern als einem automatischen Vorgang angenähert an (LG Frankfurt aM. BeckRS 2017, 130653 – *Kleckerlatz*). Zur Behandlung von Zeichnungen im Rahmen von Logos und Signets vgl. Rn. 172.

5. Lichtbildwerke einschließlich der Werke, die ähnlich wie Lichtbildwerke geschaffen werden (§ 2 Abs. 1 Nr. 5)

a) Einordnung: Die Fotografien waren lange Zeit die Stiefkinder des deutschen **191** Urheberrechts. Die §§ 26, 29 KUG schützten „Werke der Photographie" nur zehn Jahre seit Erscheinen, bei Nichterscheinen bis zehn Jahre nach Ablauf des Kalenderjahres, in welchem der Urheber gestorben war. Erst durch das Gesetz vom 12.5.1940 (RGBl. I S. 758) wurden diese Fristen auf 25 Jahre verlängert. Das am 1.1.1966 in Kraft getretene UrhG beließ es bei dieser Regelung; es erweiterte den Schutz allerdings auf einfache Lichtbilder ohne Werkqualität und gewährte ihnen ein verwandtes Schutzrecht (§ 72; dort vgl. § 72 Rn. 1). Erst seit dem 1.7.1985 sind Lichtbild*werke* den anderen Werken in der Schutzdauer gleichgestellt (vgl. § 72 Rn. 2). Werke, die zu diesem Zeitpunkt schon wegen Ablaufs der Schutzfrist gemeinfrei geworden waren – also alle bis Ende 1960 erschienenen Lichtbildwerke und diejenigen, deren Urheber bis zu diesem Zeitpunkt verstorben waren –, blieben frei. Mit der Umsetzung der Schutzdauer-RL zum 1.7.1995 lebte der Schutz für diese Werke wieder auf, und zwar für alle Urheber, deren fotografische Werke zu diesem Zeitpunkt (noch) in einem Mitgliedsland der Europäischen Union geschützt waren (s. § 137f Abs. 2); das trifft für alle Urheber zu, die nach dem 1. Januar 1935 verstorben sind.

192 Anders als bei Werken der bildenden Kunst, wo es unerheblich ist, ob Kunst vorliegt (vgl. Rn. 137), muss bei einem Lichtbildwerk grundsätzlich die Vorfrage geklärt werden, ob überhaupt ein Lichtbild vorliegt, denn unter den Schutz des § 2 Abs. 1 Nr. 5 fallen nicht nur Fotografien, was man zunächst annehmen könnte, sondern auch solche Werke, die **ähnlich wie Lichtbildwerke** geschaffen werden einschließlich von Film- und Fernseheinzelbildern.

193 Ein **Lichtbild oder ein in einem ähnlichen Verfahren geschaffenes Bild** liegt immer dann vor, wenn es in einem fotografischen oder der Fotografie in Wirkungsweise und Ergebnis ähnlichen Verfahren hergestellt worden ist (Loewenheim/*Axel Nordemann*[2] § 9 Rn. 128; *Axel Nordemann* S. 63 f.; Schricker/Loewenheim/*Loewenheim*[5] Rn. 208 f.; *Ulmer*, Urheber- und VerlagsR[3] S. 153 und 511; Bisges/*Bisges* Kap. 1 Rn. 128). Dies schließt herkömmliche fotografische Verfahren ebenso ein wie elektronische Aufnahmen; ob also auf herkömmlichem Film fotografiert wurde oder ein digitaler Chip verwendet worden ist, spielt grundsätzlich keine Rolle (so schon BGH GRUR 1962, 470, 472 – *AKI*). Nach diesseitiger Auffassung können deshalb computergestützt gezeichnete Bilder nicht als lichtbildähnlich eingestuft werden (OLG Köln GRUR-RR 2010, 141, 142 – *3D-Messestände*; OLG Hamm GRUR-RR 2005, 73, 74 – *Web-Grafiken;* Loewenheim/*Axel Nordemann*[2] § 9 Rn. 128; Axel *Nordemann* S. 65; a. A. Dreier/Schulze/*Schulze*[5] Rn. 200 m. w. N. zum Streitstand). Ansonsten müsste man alle Bilder, die einzeln wie eine Fotografie wirken, als lichtbildähnlich dem Lichtbildschutz unterstellen, also beispielsweise auch Schöpfungen der realistischen Malerei. Deshalb überzeugt auch der Vergleich von *Schulze* zu den Videospielen nicht, der daraus, dass die gesamte Bildfolge eines Videospiels als filmähnliches Werk urheberrechtlichen Schutz nach § 2 Abs. 1 Nr. 6 genießen kann, schließt dass dann das einzelne am Bildschirm entstehende Bild als Filmeinzelbild dem Lichtbildschutz zu unterstellen ist (Dreier/Schulze/*Schulze*[5] Rn. 200). § 2 Abs. 1 Nr. 5 hatte die (damals herkömmliche) Fotografie im Auge und wollte Modernisierungen der Technik nicht vom Schutz ausnehmen (durch BGH GRUR 1962, 470, 472 – *AKI* war bereits ein rein elektronisch aufgenommenes Fernseheinzelbild als Werk der Fotografie geschützt worden), bestimmt aber nicht Schöpfungen, die von ihrer Entstehungsweise eher Zeichnungen ähneln, aus dem Schutzbereich der Werke der bildenden Künste nach Nr. 4 oder der Darstellungen wissenschaftlicher oder technischer Art nach Nr. 7 herauslösen.

194 Bereits seit BGH GRUR 1962, 470, 472 – *AKI* ist anerkannt, dass auch **Film- und Fernseheinzelbilder** als Lichtbildwerke urheberrechtlichen Schutz genießen können (RegE UrhG 1962 – BT-Drs. IV/270, S. 101 s. a. BGH GRUR 2014,

363, 365 Tz. 20 – *Peter Fechter*; KG ZUM-RD 2012, 321, 325 – *Peter-Fechter-Filmsequenz*). Voraussetzung ist allerdings, dass sie als Ergebnis eines Abbildungsvorgangs entstanden sind, was die Einzelbilder von Zeichentrickfilmen und computeranimiert produzierten Filmen vom Fotografieschutz ausschließt (Loewenheim/*Axel Nordemann*[2] § 9 Rn. 129). Sind die Film- und Fernseheinzelbilder deshalb individuell, weil ihnen fotografische Gestaltungsmittel zugrunde liegen (hierzu vgl. Rn. 197), genießen sie Schutz als Lichtbildwerke; sind sie nicht fotografisch gestaltet worden oder folgt die Individualität allein aus der Wahl des Aufnahmezeitpunktes, der beim Filmeinzelbild aufgrund des technischen Aufnahmeprozesses automatisch festgelegt wird, sind sie lediglich als einfache Lichtbilder gem. § 72 geschützt (KG ZUM-RD 2012, 321, 325 – *Peter-Fechter-Filmsequenz*; Loewenheim/*Axel Nordemann*[2] § 9 Rn. 153; anders: Dreier/Schulze/*Schulze*[5] Rn. 197, die davon ausgehen, dass die Einzelbilder von Filmwerken immer als Lichtbildwerke einzustufen seien). Der Lichtbildschutz einzelner Bilder eines Films nach § 72 erstreckt sich nicht nur auf die Verwertung der Bilder in Form von Fotos, sondern auch auf die Verwertung der Bilder in Form des Films (BGH GRUR 2014, 363, 365 Tz. 21 ff. – *Peter Fechter*; vgl. § 72 Rn. 13).

Auch Filmeinzelbilder aus reinen Laufbildern, also Bildfolgen und Bild- und Tonfolgen, die keine Filmwerke sind (§ 95; auch vgl. Rn. 206 ff.), können **195** Lichtbildwerke sein, weil auch die Einzelbilder eines einfachen Laufbildes, das nicht filmisch gestaltet wurde und deshalb kein Filmwerk ist, fotografisch gestaltet sein können (Loewenheim/*Axel Nordemann*[2] § 9 Rn. 154). Die dann entstehende Schutzfrist-Abgrenzungsproblematik ist bislang nicht gelöst (der Schutz des Einzelbildes als Lichtbildwerk würde mit 70 Jahren *post mortem auctoris* erheblich länger laufen als der Schutz des Laufbildes mit 50 Jahren nach dem Erscheinen des Bildträgers gem. §§ 95, 94 Abs. 3). Zu beachten ist ferner, dass die Rechte zur filmischen Verwertung der bei der Herstellung eines Filmwerkes entstehenden Lichtbilder und Lichtbildwerke gem. § 89 Abs. 4 ausschließlich beim Filmhersteller liegen; vgl. § 89 Rn. 35, 57 ff.

b) Individualität: Das Kriterium der *persönlichen* Schöpfung (vgl. Rn. 21 f.) **196** schließt Zufallsfotografien vom urheberrechtlichen Schutz aus. Nur dann, wenn ein Mensch für die Fotografie ursächlich gewesen ist und etwas gestaltet hat, kann ein Lichtbildwerk vorliegen (Loewenheim/*Axel Nordemann*[2] § 9 Rn. 131). Der Fotograf, der zwar normalerweise mit etwas Vorbestehendem gestaltet, also am Motiv arbeitet, das ihm die Natur vorgibt und sich im Rahmen seiner Gestaltung auch noch eines technischen Apparates bedient, besitzt dennoch nahezu unbegrenzte Gestaltungsmöglichkeiten unter Einsatz seines „Auges" und – in der modernen Computerwelt der heutigen Zeit – auch noch nach der Aufnahme mit entsprechender Bildbearbeitungs-Software (EuGH GRUR 2012, 166, 168 Tz. 91 – *Painer*). Individualität einer Fotografie liegt immer dann vor, wenn sie eine **Aussage** enthält, **die auf Gestaltung beruht** (Loewenheim/*Axel Nordemann*[2] § 9 Rn. 134; Schricker/Loewenheim/*Loewenheim*[5] Rn. 213; *Axel Nordemann* S. 105 f.).

Die **Gestaltung** kann beispielsweise in der allgemeinen Bildorganisation (Ausgewogenheit der Bildgestaltung, Unterdrückung des „optischen Rauschens", **197** Platzierung des Motives im „goldenen Schnitt"), in dem Bildwinkel (sowie Ausschnitt, Brennweite, Standpunkt, Perspektive etc.), der Linien und Linienführung (kompositorischer Einsatz optischer Linien), der Flächen und Formen (kompositorischer Einsatz optischer Flächen und Formen), dem Licht und der Beleuchtung (Licht und Schatten, Helligkeitsverteilung), in Farben und Farbkontrasten (Farbharmonie und Farbwirkung), dem Aufnahmezeitpunkt (insbesondere Wahl des richtigen Zeitpunktes), im Format oder in experimentellen Gestaltungen (Verfremdung, Fotomontagen, Farbmanipulationen), aber auch in der Auswahl des Aufnahmeortes, eines bestimmten Kameratyps oder -objektivs sowie in der Wahl von Blende und Zeit sowie weiterer Feineinstellungen liegen (EuGH GRUR 2012, 166, 168 Tz. 91 – *Painer*; BGH GRUR 2003, 1035, 1037 – *Hundertwasser-Haus*; KG ZUM-RD 2012, 321, 325 – *Peter-Fechter-Filmsequenz*; OLG Hamburg GRUR 1999, 717, 717 f. – *Wagner-Familienfotos*; OLG Hamburg ZUM-RD 1997, 217, 219 f. – *Troades*; OLG Düsseldorf GRUR 1997, 49, 51 – *Beuys-Fotografien*; OLG München ZUM 1997, 388, 390 – *schwarze Sheriffs*; LG Berlin GRUR-RR 2014, 439 f. – *Weiße Rose*; s. a. BGer GRUR Int. 2004, 1042, 1044 f. – *Bob Marley-Foto*; weitere Einzelheiten und Erläuterungen bei Loewenheim/*Axel Nordemann*[2] § 9 Rn. 136 ff.; *Axel Nordemann* 136–183). Die Gestaltung einer Fotografie kann auch noch nach der Aufnahme bspw. mit Hilfe einer Bildbearbeitungssoftware erfolgen (EuGH GRUR 2012, 166, 168 Tz. 91 – *Painer*). Zwar können die Auswahl des Motivs und des Bildwinkels auf das Motiv oder des Bildausschnittes, den das Motiv zeigt, Gestaltungselemente eines Lichtbildwerkes sein. Dies darf allerdings nicht den Blick dafür verstellen, dass das Motiv als solches grundsätzlich frei bleibt, wenn es in der Natur vorgefunden und nicht verändert wurde (vgl. Rn. 49a und vgl. §§ 23/24 Rn. 38, so auch OLG Hamburg ZUM-RD 1997, 217, 221 – *Troades*; LG Düsseldorf GRUR-RR 2011, 203, 204 – *Beuys-Aktion*; LG Hamburg ZUM 2009, 165, 167 – *Mauerspringer*). Schafft der Fotograf erst das Motiv, indem er beispielsweise ein Stillleben, einen Akt oder eine sonstige Pose von Menschen kreiert, oder verändert/verfremdet er das Bild später, kann hierin eine individuelle Gestaltung liegen, die zu einem Schutz als Lichtbildwerk führt (BGH GRUR 2003, 1035, 1037 – *Hundertwasser-Haus*; OLG Köln GRUR 2000, 43, 44 – *Klammerpose*; OLG Koblenz GRUR 1987, 435, 435 f. – *Verfremdete Fotos* [allerdings Schutz als Werk der bildenden Künste angenommen]).

198 **c) Gestaltungshöhe und Abgrenzung zum verwandten Schutzrecht für einfache Lichtbilder (§ 72):** Seit der Umsetzung der Schutzdauer-RL ist der Werkbegriff des § 2 Abs. 2 für Lichtbildwerke im Sinne von deren Art. 6 auszulegen (BGH GRUR 2000, 318, 318 – *Werbefotos*; OLG Düsseldorf WRP 2015, 1150, 1152 – *Stierkämpfer*; LG Berlin GRUR-RR 2014, 439 f. – *Weiße Rose*). Art. 6 der Schutzdauer-RL wiederholt wörtlich Art. 1 Abs. 3 der Software-RL, den der deutsche Gesetzgeber ebenso wörtlich – allerdings mit der bedeutungslosen Einfügung eines „insbesondere"- Halbsatzes – in § 69a Abs. 3 übernommen hat (vgl. § 69a Rn. 1). Eine Fotografie erreicht daher den Schutz als Lichtbildwerk gem. § 2 Abs. 1 Nr. 5, wenn sie das Ergebnis der eigenen geistigen Schöpfung ihres Urhebers darstellt; andere Kriterien zur Bestimmung der Schutzfähigkeit sind nicht anzuwenden, insbesondere keine qualitativen oder ästhetischen (Art. 6 Schutzdauer-RL; § 69a Abs. 3 zu Computerprogrammen). Dies bedeutet, dass es eines besonderen Maßes an schöpferischer Gestaltung definitiv nicht bedarf (BGH GRUR 2000, 318, 318 – *Werbefotos*; OLG Düsseldorf WRP 2015, 1150, 1152 – *Stierkämpfer*) und damit letztendlich auch durchschnittliche und unterdurchschnittliche fotografische Gestaltungen als Lichtbildwerke Schutz genießen, sofern eine unterscheidbare Gestaltung vorliegt und ein anderer Fotograf das Foto möglicherweise anders gestaltet hätte (s. a. *Axel Nordemann/Heise* ZUM 2001, 128, 136 f.; LG Berlin GRUR-RR 2014, 439 f. – *Weiße Rose*), also den Blickwinkel, den Ausschnitt oder die Beleuchtung anders gewählt, einen anderen Geschehensmoment festgehalten, die abgebildeten Personen anders gruppiert oder das Foto zu einem anderen Zeitpunkt aufgenommen hätte. Für den einfachen Lichtbildschutz des § 72 bleiben danach nur technische Fotos, bei denen jeder Fotograf mit denselben Fähigkeiten und Kenntnissen dasselbe Ergebnis, nämlich eine technisch einwandfreie Wiedergabe, erzielen muss, also etwa Reproduktionen der Bestände von Gemäldegalerien, Maschinenfotos, Fotos der Kriminalpolizei für die Verbrecherkartei, kartografische Luftaufnahmen und – im Regelfall – Passbilder aus Fotoautomaten; das reine „Knipsbild", bei dem es nur darum ging, Menschen oder Objekte irgendwie auf das Bild zu bekommen, dürfte hierher ebenfalls gehören, auch wenn einfache Urlaubsbilder, wenn sie etwas gestaltet worden sind, bereits dem Werkschutz nach § 2 Abs. 1 Nr. 5 unterfallen.

Da es keine Lücke zwischen Lichtbildwerkschutz nach § 2 Abs. 1 Nr. 5 und **199** dem Schutz der einfachen Lichtbilder nach § 72 geben kann, ist der Werkcharakter einer Fotografie im Wege einer **negativen Abgrenzung** zu bestimmen: Jede Fotografie, die mehr als ein einfaches Lichtbild ist, muss ein Lichtbildwerk sein, also alles, was über die rein technische Abbildung hinausgehend zumindest geringfügig gestaltet wurde und ein anderer Fotograf anders aufgenommen hätte, ist Lichtbildwerk und nach § 2 Abs. 1 Nr. 5 zu schützen (vgl. Rn. 41 ff. und OLG Nürnberg GRUR-RR 2001, 225, 226 f. – *Dienstanweisung* zur Bestimmung der Individualität eines wissenschaftlichen Sprachwerkes im Wege einer negativen Abgrenzung; Loewenheim/*Axel Nordemann*[2] § 9 Rn. 176 zu Filmwerken mit vergleichbarer Problematik; OGH ZUM-RD 2002, 281, 284 – *EUROBIKE* mit ausdrücklicher Auseinandersetzung zur Rechtslage in Deutschland und dem Ergebnis, dass es genügt, wenn ein anderer Fotograf die Aufnahme anders gemacht hätte; BGer GRUR Int. 2004, 1042, 1043 ff. mit ausführlicher Auseinandersetzung zu den Anforderungen, die an den Fotografieschutz in der Schweiz gestellt werden).

Alle Lichtbildwerke genießen grundsätzlich auch **Schutz als einfache Lichtbilder** **200** gem. § 72, sodass während der ersten 50 Jahre seit Erscheinen bzw. Aufnahme bei Nichterscheinen, also der Schutzdauer des verwandten Schutzrechtes (vgl. § 72 Rn. 27 f.), an sich gar nicht entschieden werden muss, ob Schutz nach § 2 Abs. 1 Nr. 5 oder nach § 72 besteht. Allerdings ist der Schutzumfang des einfachen Lichtbilds nach § 72 UrhG der Natur der Sache nach begrenzt, weil Lichtbilder nicht individuell sind, sodass bei einfachen Lichtbildern ein Schutz gegen Bearbeitungen regelmäßig nicht gegeben sein wird (vgl. § 72 Rn. 20 f.). Erst dann, wenn die Schutzdauer aus § 72 abgelaufen ist oder ein Schutz gegen Bearbeitung in Frage steht, muss demnach festgestellt werden, ob ein Schutz nach § 2 Abs. 1 Nr. 5 UrhG besteht. Steht der Schutz eines Ausschnittes eines Lichtbildwerkes in Frage und besitzt der Ausschnitt selbst keine schöpferischen Elemente (zum Schutz von Werkteilen vgl. Rn. 51), wird für den Ausschnitt allerdings regelmäßig ein Schutz als einfaches Lichtbild in Frage kommen (vgl. § 72 Rn. 20 a. E.).

6. Filmwerke einschließlich der Werke, die ähnlich wie Filmwerke geschaffen werden (§ 2 Abs. 1 Nr. 6)

a) Einordnung: Filmwerke nehmen im UrhG in mehrfacher Hinsicht eine Son- **201** derstellung ein: Vorbestehende Werke – Roman, Drehbuch, Exposé, Treatment und gegebenenfalls vorbestehende Musik – werden unter Verwendung von Elementen anderer Werkarten – Bilder, Sprache, Musik und Kunst – sowie den Leistungen ausübender Künstler – Schauspieler, Filmmusiker – zu einem Gesamtkunstwerk miteinander verbunden. Das Filmwerk ist dabei grundsätzlich ein „**Mehrurheberwerk**", also ein Werk, an dem regelmäßig mehrere Urheber – Regisseur, Drehbuchautor, Dialogautor, Filmkomponist, Kameraleute, Beleuchter, Filmtonmeister, Mischtonmeister und Cutter – schöpferisch beteiligt sind. Dabei sind nur die vorgenannten Personen Miturheber im Sinne von § 8; die Schauspieler (und die Filmmusiker) sind ausübende Künstler und erhalten ein verwandtes Schutzrecht gem. § 72. Keine Miturheberschaft besteht zwischen den Urhebern des Filmwerkes und den Urhebern der vorbestehenden Werke, weil diese als solche selbstständig verwertbar bleiben (s. a. § 89 Abs. 3, dort vgl. § 89 Rn. 56); zwischen dem Filmwerk und den vorbestehenden Werken entsteht auch keine Werkverbindung im Sinne von § 9 UrhG, weil das Filmwerk die vorbestehenden Werke grundsätzlich bearbeitet – § 23 S. 2 – und die vorbestehenden Werke auf der Bearbeitungsstufe als Filmwerk untrennbar miteinander verbunden sind (vgl. § 8 Rn. 15). Schließlich entsteht zugunsten des Filmherstellers noch ein verwandtes Schutzrecht nach § 94 und sind besondere die urhebervertragsrechtlichen Bestimmungen in den §§ 88 (Recht zur Verfilmung) und 89 ff. (Rechte am Filmwerk) zu beachten.

202 Beim Filmwerk ist also grundsätzlich zu **differenzieren** zwischen
– den **vorbestehenden Werken** wie Roman, Drehbuch, Exposé, Treatment oder vorbestehender Musik, die in ihrem Schutz unberührt bleiben (§ 89 Abs. 3);
– dem **Filmwerk selbst**, das als „Gesamtkunstwerk" die vorbestehenden Werke bearbeitet (§ 23 S. 2);
– den verschiedenen **Filmurhebern** und ihren Rechten, zwischen denen Miturheberschaft gem. § 8 besteht;
– den **ausübenden Künstlern** und ihren Rechten nach §§ 73 ff.;
– dem verwandten Schutzrecht des **Filmherstellers** nach § 94;
– den **Filmeinzelbildern**, die Lichtbildwerke nach Nr. 5 sein können und regelmäßig einfache Lichtbilder nach § 72 sind (vgl. Rn. 194 f.);
– und schließlich den besonderen **urhebervertragsrechtlichen** Bestimmungen im Verhältnis zu den Urhebern vorbestehender Werke einerseits (§ 88) und den an der Filmherstellung Mitwirkenden andererseits (§§ 89 ff.).

203 **Film** im Sinne von § 2 Abs. 1 Nr. 6 ist die Bild- oder Bildtonfolge, die den Eindruck eines bewegten Bildes entstehen lässt (Loewenheim/*Axel Nordemann*[2] § 9 Rn. 161; Schricker/Loewenheim/*Katzenberger/Reber*[5] Vor §§ 88 ff. Rn. 20). Auf die Art der Herstellung kommt es nicht an; Stumm- und Tonfilme, Schwarz-Weiß- und Farbfilme, Geruchs- und plastische Filme werden ebenso geschützt wie Filmwerke, die statt auf Celluloidfilm im Ampex- oder Magnettonverfahren oder unter Einsatz digitaler Techniken produziert werden; es ist auch gleichgültig, ob das Filmwerk fixiert oder nur live gesendet wird (zu letzterem ausdrücklich RegE UrhG 1962 – BT-Drs. IV/270, S. 97 f.; zum Fernseh-Livebild BGH GRUR 1962, 470, 472 – *AKI*). Ob ein fotografisches oder fotografie-ähnliches Verfahren verwendet wurde, ist ebenso wenig entscheidend wie, ob eine Aufnahme eines Ausschnittes der Wirklichkeit vorliegt (so zu ersterem aber Schricker/Loewenheim/*Loewenheim*[5] Rn. 212; zu letzterem *v. Hartlieb/Schwarz* Kap. 59 Rn. 3), weil andernfalls Zeichentrick-, computeranimierte oder am Computer erzeugte Filme oder auch Computerspiele (dazu unten vgl. Rn. 204) keine Filmwerke sein könnten (Loewenheim/*Axel Nordemann*[2] § 9 Rn. 161). Inhalt, Zweck oder Dauer sowie die Erstellungsart sind für einen Schutz nach Nr. 6 irrelevant: Dokumentarfilme, Spielfilme, Videofilme, Fernsehsendungen, Videoclips oder Werbespots, Zeichentrickfilme oder computeranimierte Filme sind ebenso dem Schutz als Filmwerk zugänglich (Loewenheim/*Axel Nordemann*[2] § 9 Rn. 162; Schricker/Loewenheim/*Katzenberger/Reber*[5] Vor §§ 88 ff. Rn. 21) wie regiegestützt unter Verwendung mehrerer Kameras produzierte (Live-) Übertragungen von Fußballspielen.

204 **Werke, die ähnlich wie Filmwerke geschaffen werden,** sind in der Nr. 6 in erster Linie nur der sprachlichen Vervollständigung halber genannt, da es auf die Herstellungsart ohnehin nicht ankommt (vgl. Rn. 203). Als Beispiel für „ähnliche" Werke galten bisher die Bildschirm-, Video- und Computerspiele, die allerdings unmittelbar als Filmwerke einzustufen sind, wenn sie die erforderliche Gestaltungshöhe erreichen (vgl. Rn. 206 ff.; ebenso: *Schack, Urheber- und UrhebervertragsR*[7] Rn. 245, 732). Dies wird regelmäßig zu bejahen sein (BayObLG GRUR 1992, 508, 508 f. – *Verwertung von Computerspielen*; OLG Köln GRUR 1992, 312, 313 – *Amiga-Club*; LG Berlin GRUR-RR 2014, 490 – *Seriennummer*; *Bullinger/Czychowski*, GRUR 2011, 19, 23; *Loewenheim* FS Hubmann S. 307; *Wil-*

helm Nordemann GRUR 1981, 891; Schricker/Loewenheim/*Loewenheim*[5] Rn. 220; *Reuter* GRUR 1997, 23; verneint von LG Köln MMR 2008, 556, 557 m. Anm. *Psczolla* [*Virtueller Dom in Second Life*] für die durch die Fortbewegung im virtuellen Raum von „Second Life" entstehenden virtuellen Bildsequenzen). Gleichwohl hat die ältere Rechtsprechung den Herstellern nur das Leistungsschutzrecht des § 94 zugebilligt (OLG Frankfurt GRUR 1984, 509, 509 f. – *Donkey Kong Junior II*; OLG Frankfurt GRUR 1983, 757, 757 f. – *Donkey Kong Junior I*; OLG Frankfurt GRUR 1983, 753, 754 f. – *Pengo*; OLG Hamburg GRUR 1990, 127, 128 – *Super Mario III*; OLG Hamburg GRUR 1983, 436, 437 f. – *Puckman*). Ähnlich wie ein Filmwerk wird auch die Tonbildshow geschaffen, bei der parallel zu Dia-Aufnahmen ein Tonband mit darauf abgestimmten Texten und Musik abläuft (OLG Frankfurt UFITA 90 [1981], 192, 196 – *Kalle – Portrait eines Unternehmens*; vgl. Vor §§ 88 ff. Rn. 13).

b) Individualität: Nach der Rechtsprechung kann sich die individuelle Prägung ei- **205** nes Filmwerkes nicht nur aus der Art der Filmaufnahme in der Herstellungsphase ergeben, sondern auch aus der Auswahl, Anordnung und Sammlung des Stoffes sowie der Art der Zusammenstellung der einzelnen Bildfolgen in der sog. Post-Production-Phase (s. BGH GRUR 1984, 730, 732 – *Filmregisseur*; BGH GRUR 1953, 299, 302 – *Lied der Wildbahn I*; KG ZUM-RD 2012, 321, 323 – *Peter-Fechter-Filmsequenz*; OLG Hamburg GRUR-RR 2010, 409, 410 – *Konzertfilm*; KG GRUR-RR 2010, 372, 373 – *Musikvideoclip* m. w. N.). Die Individualität eines Filmwerkes kann des Weiteren in der dramaturgisch durchgearbeiteten Handlung (BGH GRUR 1984, 730, 733 – *Filmregisseur*), der szenischen Gestaltung, der gewählten Kameraperspektive oder eines bestimmten Kontrastes, im gewählten Bildausschnitt, der Verwendung einer bestimmten Sprache zur Bildfolge und dem Einsatz von Ton und Musik, schließlich in der Ausgestaltung der Charaktere selbst, also beispielsweise der Kostüme, liegen (Loewenheim/*Axel Nordemann*[2] § 9 Rn. 167 ff.; Schricker/Loewenheim/*Loewenheim*[5] Rn. 220 ff.; *Strasser* S. 50 ff.; *v. Hartlieb/Schwarz* Kap. 59 Rn. 6). Eine bloß schematische Aneinanderreihung von Lichtbildern, bei der kein Einfluss auf die Lichtgestaltung oder die Bildfolge genommen wird, sondern nur eine chronologische Abfolge von Ereignissen festhält wie bspw. das dokumentarische Festhalten des Abtransports des niedergeschossenen *Peter Fechter* an der Berliner Mauer am 17.8.1962 genügt hierfür nicht (KG ZUM-RD 2012, 321, 323 f. – *Peter-Fechter-Filmsequenz*). Keinen Schutz als Filmwerk können pornografische Filme beanspruchen, die sich in der Darstellung lediglich sexueller Vorgänge erschöpfen (LG München I GRUR-RS 2013, 11436 – *Flexible Beauty*).

c) Gestaltungshöhe und Abgrenzung zum verwandten Schutzrecht für Laufbil- 206 der (§§ 95, 94): Wie im Bereich der Fotografie hat der Gesetzgeber auch im Bereich des Films dem Filmwerk den einfachen Film ohne Werkqualität zur Seite gestellt, den er – sprachlich wenig geglückt – als *Laufbild* bezeichnet und an dem ein verwandtes Schutzrecht zugunsten des Filmherstellers gewährt wird (§§ 95, 94; vgl. BGH Urt. v. 6.12.2017 – I ZR 186/16, BeckRS 2017, 141957 – *Konferenz der Tiere*). Wie bei den Lichtbildwerken genießt somit jedes Filmwerk automatisch auch Schutz als Laufbild. Da das Laufbild die organisatorischen und wirtschaftlichen Leistungen des Filmproduzenten schützen soll und deshalb unabhängig von einer etwaigen Individualität besteht, die also für den Schutz als Laufbild nicht erforderlich ist, stellt der Laufbildschutz keinen „Unterbauschutz" für Filme geringer Gestaltungshöhe dar; Filme geringer Gestaltungshöhe bleiben als „kleine Münze" dem Schutz als Filmwerk zugeordnet (Loewenheim/*Axel Nordemann*[2] § 9 Rn. 174; Schricker/Loewenheim*Loewenheim*[5] Rn. 222; a. A. *v. Hartlieb/Schwarz* Kap. 59 Rn. 11).

Die **Anforderungen** an die Gestaltungshöhe eines Filmwerkes sind damit denk- **207** bar **gering**: Jeder Film, der – und sei es auch noch so geringfügig – gestaltet worden ist, genießt Schutz als Filmwerk gem. § 2 Abs. 1 Nr. 6. Lediglich dann, wenn jede Individualität ausscheidet, weil mit derselben Kamera, in derselben Position jeder andere dieselben Bilder zwangsläufig hätte machen müssen, wie das für Wochenschaumaterial und andere Mitschnitte tatsächlicher Vorgänge wie Bühnenaufführungen (OLG Koblenz *Erich Schulze* OLGZ 93, 6 f), Konzerte (LG Köln *Erich Schulze* LGZ 208, 5) und Naturvorgänge (BGH GRUR 1953, 299, 301 – *Lied der Wildbahn*) der Fall sein kann, liegt Laufbild- und kein Werkschutz vor. Durch die filmische Bearbeitung solchen Materials (Schnitt, Unterlegung mit Sprache und Musik) kann aber wiederum ein Filmwerk – wenn auch meist im Bereich der kleinen Münze – entstehen (für Wochenschauen eingehend *Wandtke* UFITA 132 [1996], 31 und LG München I ZUM-RD 1998, 89, 91 ff.). Freilich wird heute bei einem Konzertmitschnitt oder der Übertragung eines Sportereignisses wie etwa eines Fußballspiels nicht nur mehr eine Kamera fest installiert, die das Ganze dann „abfilmt", sondern wird unter Einsatz einer Vielzahl von Kameras und Mikrofonen durch einen Regisseur regelmäßig eine schöpferische Zusammenstellung der von den einzelnen Kameras gelieferten Szenen zu einem Gesamtwerk, das eine einzelne Kamera so nicht aufnehmen könnte und der einzelne Zuschauer auch so in der Wirklichkeit nicht wahrnehmen könnte, geschaffen, sodass davon auszugehen ist, dass solche Übertragungen von Konzerten oder Sportereignissen regelmäßig Werkqualität nach § 2 Abs. 1 Nr. 6 UrhG haben werden. So bejahte das OLG München die Werkqualität einer Aufnahme eines Konzerts von Marlene Dietrich aus dem Jahre 1972, bei der aus zwei Konzertabenden mit identischem Programm von jedem gesungenen Titel nur eine Interpretation für den Film ausgewählt wurde und die einzelnen Titel zu einer Gesamtsequenz zusammengeschnitten wurden (OLG München GRUR-RR 2017, 417, 419 – *Marlene Dietrich*). Wird ein Werk der Musik in einem Konzert aufgeführt und von dem Konzert eine filmische Aufzeichnung angefertigt, wird das aufgeführte Werk der Musik lediglich vervielfältigt im Sinne von § 16, nicht aber bearbeitet im Sinne von § 23 (BGH GRUR 2006, 319, 321 Tz. 25 und Tz. 29 – *Alpensinfonie*); das ist aber unabhängig von der Frage zu sehen, ob der filmische Mitschnitt selbst als Filmwerk oder als Laufbild anzusehen ist.

208 Da es wie bei den Fotografien keine Lücke zwischen dem Werkschutz und dem Schutz über das verwandte Schutzrecht geben kann, ist die Beantwortung der Frage, ob ein Filmwerk vorliegt, im Wege einer **negativen Abgrenzung** vorzunehmen: Erschöpft sich die Aufnahme in der schematischen Aneinanderreihung von Lichtbildern, wobei die Wirklichkeit die Ablaufregie bestimmt hat und der Kameramann keinen gestalterischen Einfluss etwa auf die Bildfolge, die Kameraführung oder die Lichtgestaltung nehmen konnte, ist die Gestaltungshöhe zu verneinen (KG Berlin ZUM-RD 2012, 321). Alles, was über das reine Laufbild, also die reine Bild- und Bildtonfolge, bei der sich die erbrachte Leistung in Organisation und Finanzierung erschöpft, hinausgeht und somit gestalterische Elemente erkennen lässt, ist Filmwerk und nach § 2 Abs. 1 Nr. 6 UrhG zu schützen (Loewenheim/*Axel Nordemann*[2] § 9 Rn. 176 f.; zu Lichtbildwerken vgl. Rn. 199; zu wissenschaftlichen Sprachwerken ähnlich OLG Nürnberg GRUR-RR 2001, 225, 226 f. – *Dienstanweisung*).

209 Soweit **kurze Ausschnitte** aus Filmen betroffen sind, die eigentlich insgesamt als Filmwerk anzusehen sind, gelten die Grundsätze für den Schutz von Werkteilen (vgl. Rn. 51), d. h. der Filmausschnitt, der übernommen worden ist, muss für sich betrachtet mehr als ein bloßes Laufbild darstellen, also gestalterische Elemente besitzen, die auch den kurzen Ausschnitt als Filmwerk erscheinen lassen (bejaht bei OLG Hamburg GRUR 1997, 822, 825 – *Edgar-Wallace-Filme*; verneint von KG ZUM-RD 2012, 321, 323 f. – *Peter-Fechter-Filmsequenz*). Dabei gibt es keine bestimmbare Grenze im Sinne einer Mindestlänge oder Vergleichbarem, die eine Bestimmung ermöglichen würde, weil auch in sehr kurzen Filmausschnitten schon Gestaltungselemente eines Filmwerks enthalten sein können. Je kürzer allerdings ein Filmausschnitt ist, um so eher wird er lediglich ein Laufbild im Sinne von § 95 sein; bei Ausschnitten aus Spielfilmen wird eher auch in kurzen Ausschnitten Werkqualität zu erblicken sein, bei Ausschnitten aus Dokumentarfilmen liegt auch bei längeren Ausschnitten noch nahe, von einem Laufbild auszugehen. Nach der aktuellen Rechtsprechung des BGH sind beim Laufbild im Sinne von § 95 bereits kleinste Partikel eines Filmträgers geschützt; der BGH begründet dies damit, dass § 94 dem Filmträgerhersteller das Ergebnis einer besonderen unternehmerischen Leistung zuordnet und es keinen Teil des Filmträgers gibt, auf den nicht ein Teil dieser Leistung entfällt und der daher nicht geschützt ist (BGH BeckRS 2017, 141957 Tz. 19 – *Konferenz der Tiere*).

7. Darstellungen wissenschaftlicher oder technischer Art, wie Zeichnungen, Pläne, Karten, Skizzen, Tabellen und plastische Darstellungen (§ 2 Abs. 1 Nr. 7)

a) Einordnung: Die Werkkategorie der **Darstellungen wissenschaftlicher oder**   **210** **technischer Art** ist dadurch gekennzeichnet, dass sie der Informations- oder Wissensvermittlung über einen dargestellten Gegenstand in den Bereichen der Technik dient (KG GRUR-RR 2002, 91, 92 – *Memokartei*; Wandtke/Bullinger/ *Bullinger*[4] Rn. 131). Erforderlich ist die Vermittlung von Information im Sinne einer Belehrung oder Unterrichtung durch grafische oder räumliche Darstellung, wobei die Begriffe der Wissenschaft und Technik, die in erster Linie der Abgrenzung zur bildenden Kunst dienen, weit auszulegen sind (BGH GRUR 2011, 803, 806 Tz. 43 – *Lernspiele*; KG GRUR-RR 2002, 91, 92 – *Memokartei*; OLG Köln ZUM 1999, 404, 408 – *Overlays*; OLG München GRUR 1992, 510, 510 – *Rätsel*; Schricker/Loewenheim/*Loewenheim*[5] Rn. 226; Wandtke/ Bullinger/*Bullinger*[4] Rn. 132 f.). Darstellungen wissenschaftlicher oder technischer Art können der zeichnerische Teil von DIN-Normen, Karten, Stadtpläne, Konstruktions- und andere technische Zeichnungen, Bildzeichen und Piktogramme, Baupläne und Flughafenpläne, Benutzeroberflächen von Computerprogrammen, Fotografien, wissenschaftliche Schaubilder, medizinische, biologische oder mathematische Modelle, aber auch Tabellen sein. Ebenso fällt hierunter auch die Vermittlung einfachster wissenschaftlicher Erkenntnisse an Kinder mittels Lernspielen (BGH GRUR 2011, 803, 806 Tz. 43 – *Lernspiele*); Einzelfälle hierzu ab Rn. 214.

Darstellungen wissenschaftlicher oder technischer Art müssen Informationen   **211** im Sinne einer Belehrung oder Unterrichtung vermitteln, und zwar mit dem Ausdrucksmittel der **grafischen oder räumlichen Darstellung** (BGH GRUR 1993, 34, 35 – *Bedienungsanweisung*; OLG Nürnberg GRUR 2014, 1199, 1200 f. – *Kicker-Stecktabelle*; KG GRUR-RR 2002, 91, 92 – *Memokartei*). Dies bedeutet, dass die Einordnung in den Schutz nach Nr. 7 einerseits von der Art der Darstellung und andererseits von ihrem Zweck abhängt: Ein der Belehrung und der Unterrichtung auf dem Gebiet der Wissenschaft oder Technik dienender Text kann nur ein Sprachwerk sein und unterfällt deshalb der Nr. 1 (vgl. Rn. 118); eine Zeichnung kann jedoch, je nach dem, zu welchem Zweck sie entstanden ist, in drei unterschiedliche Werkkategorien fallen: Ist sie „zweckfrei" entstanden, ist sie den Werken der bildenden Kunst gem. Nr. 4 Alt. 1 zuzuordnen (vgl. Rn. 190); dient die Zeichnung einem Gebrauchszweck und soll sie zudem das ästhetische Empfinden ansprechen, wäre sie als Werk der angewandten Kunst aufzufassen und unterfiele Nr. 4 Alt. 2 (vgl. Rn. 172 und OLG Nürnberg GRUR 2014, 1199, 1200 f. – *Kicker-Stecktabelle*); dient sie schließlich der Vermittlung eines belehrenden oder unterrichtenden Inhalts, wäre sie den Darstellungen wissenschaftlicher oder technischer Art gem. Nr. 7 zuzuordnen.

212 b) **Individualität:** Die Individualität einer Darstellung wissenschaftlicher oder
technischer Art kann sich immer nur aus der Darstellung, von Form und Art
der Sammlung, Einteilung und Anordnung des verwendeten Materials sowie
schließlich auch aus der Gesamtkonzeption ergeben, mit der durch die individuelle Auswahl des Dargestellten und die Kombination von (regelmäßig bekannten) Methoden gestaltet worden ist; der dargestellte Gegenstand selbst,
also der wissenschaftliche oder technische Inhalt, bleibt ebenso frei wie die
zugrunde liegende Lehrmethode und kann somit bei der Ermittlung der Individualität auch nicht berücksichtigt werden (BGH GRUR 2011, 803, 807
Tz. 50 – *Lernspiele*; BGH GRUR 1998, 916, 917 – *Stadtplanwerk*; BGH
GRUR 1979, 464, 465 – *Flughafenpläne*; BGH GRUR 1976, 434, 435 – *Merkmalklötze*; KG ZUM 2014, 969 – *Urteilsanalyse*; KG GRUR-RR 2002, 91,
92 – *Memokartei*; OLG Hamm GRUR 1980, 287, 288 – *Prüfungsformulare*;
AG Oldenburg MMR 2015, 541, 542; Loewenheim/*Schulze*[2] § 9 Rn. 194;
Schricker/Loewenheim/*Loewenheim*[5] Rn. 228 f.).

213 c) **Gestaltungshöhe:** Erzeugnissen dieser Werkart hat schon das Reichsgericht urheberrechtlichen Schutz nur dann versagt, wenn Gedanken, Inhalt und Formgebung durch die Verhältnisse so unmittelbar vorgegeben gewesen sind, dass von
verschiedenen Verfassern im Wesentlichen das gleiche Ergebnis zu erwarten war
(RG GRUR 1943, 356, 358 m. w. N. aus seiner älteren Rechtsprechung). Auch
der Bundesgerichtshof stellt im Bereich des § 2 Abs. 1 Nr. 7 ausdrücklich **geringe
Anforderungen** an die Schutzfähigkeit; danach reicht es aus, dass eine individuelle
Geistestätigkeit in der Darstellung zum Ausdruck kommt, mag auch das Maß an
Eigentümlichkeit, an eigentümlicher Prägung gering sein; die kleine Münze genießt somit uneingeschränkt Schutz (BGH GRUR 2011, 803, 808 Tz. 62 – *Lernspiele*; BGH GRUR 2005, 854, 856 – *Karten-Grundsubstanz*; BGH GRUR 1998,
916, 917 – *Stadtplanwerk*; BGH GRUR 1993, 34, 35 – *Bedienungsanweisung*;
BGH GRUR 1991, 529, 530 – *Explosionszeichnungen*). Das entspricht der von
uns in Rn. 37 ff. generell für alle Werkarten für zutreffend gehaltenen Schutzuntergrenze. Dabei ist es nicht erforderlich, dass dem Urheber einer Darstellung wissenschaftlicher oder technischer Art ein großer Gestaltungsfreiraum zur Verfügung
gestanden hat; auch dann, wenn der Gestaltungsfreiraum sehr eng begrenzt gewesen ist – wie etwa bei einer Katasterkarte – darf kein zu enger Maßstab an die urheberrechtliche Schutzfähigkeit angelegt werden und ist demgemäß bei einer eigentümlichen Gestaltung Urheberrechtsschutz zuzuerkennen (BGH GRUR 1998,
916, 917 – *Stadtplanwerk*; OLG Düsseldorf WRP 2014, 1236, 1237 – *Werbetext
für Robe*). Das folgt bereits aus der Zweckbezogenheit wissenschaftlicher und
technischer Darstellungen, die den Spielraum für eine individuelle Gestaltung in
der Regel von vornherein einengt (BGH GRUR 2011, 803, 808 Tz. 62 – *Lernspiele*; BGH GRUR 1991, 529, 529 f. – *Explosionszeichnungen*; BGH GRUR
1987, 360, 361 – *Werbepläne*). Zu beachten ist in diesem Zusammenhang der
enge Schutzumfang von Werken, die nur über ein geringes Maß an Individualität
verfügen (st. Rspr. BGH GRUR 2011, 803, 808 Tz. 63 – *Lernspiele*; BGH GRUR
1991, 529, 530 – *Explosionszeichnungen*; BGH GRUR 1987, 360, 361 – *Werbepläne*).

214 d) **Einzelfälle: Bildzeichen** und **Piktogramme** sind geschützt, wenn sie eine vom
bisher üblichen abweichende, individuell geprägte Gestaltung aufweisen (OLG
Braunschweig GRUR 1955, 205, 206 – *Hamburg geht zu E...*; OLG Frankfurt
Erich Schulze OLGZ 201, 6 – *Kunstszene Frankfurt am Main*; Schweiz. OGer
ZH GRUR Int. 1984, 539, 539 – *Stadtplan Zürich*; Beispiele bei *Gernot
Schulze* S. 249 ff.).

215 Die grafische **Benutzeroberfläche** eines Computerprogramms, beispielsweise in
Form einer **Bildschirmmaske,** kann nach § 2 Abs. 1 Nr. 7 UrhG geschützt sein,
wenn die grafische Gestaltung im Vordergrund steht und diese durch ein Mindest-

maß an individueller Gestaltung, die sich vom alltäglichen handwerklichen Schaffen abhebt, gekennzeichnet ist (OLG Karlsruhe GRUR-RR 2010, 234, 235 – *Reisebürosoftware*). Der EuGH geht demgegenüber davon aus, dass für die Benutzeroberfläche eines Computerprogramms keine besonderen Anforderungen an die Schutzfähigkeit bestehen, sondern Schutz zu gewähren ist, wenn es sich um eine eigene geistige Schöpfung des Urhebers handelt (EuGH GRUR Int. 2011, 148, 151 Tz. 45 – *Benutzeroberfläche*). Das bedeutet, dass in diesem Bereich gerade auch die kleine Münze Schutz genießt (vgl. Rn. 7a und 32). Gleiches gilt für **Computergrafiken**, soweit sie der Belehrung und Unterrichtung dienen und die praktisch-technische Bildaussage im Vordergrund steht. Bei Letzteren kommt alternativ auch ein Schutz nach der Nr. 4 in Betracht, wenn sie „zweckfrei" als Werke der bildenden Kunst aufzufassen sind oder als Werk der angewandten Kunst einem Gebrauchszweck dienen sollen (zur Unterscheidung bildender Kunst und angewandter Kunst vgl. Rn. 139; OLG Köln GRUR-RR 2010, 141, 142 – *3D-Messestände* mit Einordnung als wissenschaftlich-technische Darstellung, Schutz jedoch mangels ausreichend individueller Gestaltung verneint; OLG Hamm GRUR-RR 2005, 73, 74 – *Web-Grafiken* mit Einordnung als Werke der bildenden Künste, Schutz allerdings verneint, weil Fotografien lediglich im Rahmen normalen handwerklichen Könnens verfremdet worden seien). Die speziellen Regelungen der §§ 69a ff. UrhG sind demgegenüber auf die grafische Benutzeroberfläche nicht anwendbar (EuGH GRUR Int. 2011, 148, 151 Tz. 48, 51 – *Benutzeroberfläche*). Hierzu vgl. Rn. 158a und vgl. § 69a Rn. 29.

Daten können zwar Datenbankwerken und einfachen Datenbanken zum   **216**
Schutz nach § 4 und § 87a ff. verhelfen, sind jedoch selbst regelmäßig nicht urheberrechtlich geschützt, weil Daten für sich keinen Werkcharakter aufweisen; denn die Ausdrucksform beispielsweise einer Zahl erschöpft sich regelmäßig in ihrem gedanklichen Inhalt, ohne ein Gestaltungselement zu besitzen (OLG Hamburg GRUR 2000, 319, 320 – *Börsendaten*). Dennoch kann eine Datenbank auch geschützt sein gegen die Entnahme einzelner Daten, nämlich dann, wenn die entnommenen Daten entweder einen wesentlichen Teil der Datenbank darstellen oder unwesentliche Teile entnommen werden und dies einer normalen Auswertung der Datenbank zuwiderläuft oder die berechtigten Interessen des Datenbankherstellers unzumutbar beeinträchtigt (§ 87b Abs. 1 S. 2; dort vgl. § 87b Rn. 5, 21 ff.). Zum Schutz von Datenbanken im Übrigen s. die Kommentierung zu § 4.

Bei **Fahrscheinen** wurde Werkqualität verneint (BGH GRUR 1959, 251, 252 –   **217**
Einheitsfahrschein).

Fahr- und Flugpläne lassen in der Regel zu wenig Spielraum für eine individu-   **218**
elle Gestaltung und bleiben daher im Normalfall ungeschützt (OLG Hamburg UFITA 51 [1968], 383, 391 f. – *Flugpläne*).

Grafische Darstellungen im Rahmen von Computerprogrammen, die der Ver-   **219**
mittlung von Informationen über einen dargestellten Gegenstand dienen, sind ebenfalls dem Schutz als Darstellungen wissenschaftlicher oder technischer Art zugänglich, beispielsweise sogenannte „Overlays" in einer computergestützten Planungs- und Verkaufshilfe für Büromöbelprogramme (OLG Köln ZUM 1999, 404, 408 – *Overlays*).

Ein Konzept zur Kalkulation und Finanzierung von Biogas-Anlagen über Publi-   **219a**
kumsfonds kann nach LG München I Schutz genießen, wobei die schöpferische Leistung in der anschaulichen Aufbereitung der technischen Sachverhalte und der Beschreibung der Biogas-Anlage liegen kann, die im konkreten Fall in einer auch für Laien verständlichen Sprache und in übersichtlicher Darstellung kurz, prägnant und sachlich erfolgte (LG München I GRUR-RR 2008, 74 – *Biogasfonds*).

220 **Landkarten und Stadtpläne** sind von der Rechtsprechung stets als geschützt anerkannt worden, wobei darauf hinzuweisen ist, dass die schöpferischen Züge eines Stadtplanes oder einer Landkarte in der Gesamtkonzeption (Darstellungsmittel wie Farbgebung, Beschriftung oder Symbolgebung und Darstellungsmethode wie z.B. die Generalisierung) liegen können, aber nicht müssen; auch dann, wenn die Gesamtkonzeption der Gestaltung keine schöpferischen Züge aufweist, wie dies beispielsweise bei der Erarbeitung eines einzelnen topografischen Kartenblatts der Fall sein kann, können dem Urheber noch für die Erreichung des Urheberrechtsschutzes genügend große Spielräume verblieben sein (BGH GRUR 2005, 854, 856 – *Karten-Grundsubstanz*; BGH GRUR 1998, 916, 917 – *Stadtplanwerk*; BGH GRUR 1988, 33, 35 – *topografische Landeskarten*; BGH GRUR 1965, 45, 46 – *Stadtplan*; OLG Düsseldorf WRP 2014, 1236, 1237 – *Werbetext für Robe*; OLG Stuttgart GRUR 2008, 1084, 1084 f. – *TK 50*; OLG Frankfurt GRUR 1988, 816, 817 – *Stadtpläne*; s. a. OGer ZH GRUR Int. 1984, 539 – *Stadtplan Zürich*). Hierbei ist zu beachten, dass bei Karten mit einem nur geringen Maß an schöpferischer Individualität auch nur ein entsprechend enger Schutzumfang abgeleitet werden kann (BGH GRUR 2005, 854, 856 – *Karten-Grundsubstanz*; BGH GRUR 1988, 33, 35 – *topografische Landeskarten*). Geschützt sind auch die Vorstufen und Entwürfe zu kartografischen Gestaltungen, auch wenn diese für Verbraucher noch nicht benutzbar sind (BGH GRUR 2005, 854, 856 – *Karten-Grundsubstanz*). Nicht geschützt sind lediglich die rein handwerksmäßige Darstellung des bereits Vorbekannten (BGH GRUR 1998, 916, 918 – *Stadtplanwerk*; OLG Stuttgart GRUR 2008, 1084, 1084 f. – *TK 50*) sowie Darstellungen, die den Vorgaben der Natur vollständig entsprechen (OLG Stuttgart GRUR 2008, 1084, 1085 – *TK 50*).

221 **Lehr- und Lernmittel** fallen meist schon unter § 2 Abs. 1 Nr. 1 oder Nr. 4. Sie erfüllen, soweit Nr. 7 einschlägig ist, regelmäßig die Anforderungen an den Werkschutz (*Wilhelm Nordemann* NJW 1970, 881). Für ein **Lernspiel** zur Mengenlehre aus Dreiecken, Quadraten und Kreisen in verschiedenen Größen und Farben hat BGH GRUR 1976, 434, 435 – *Merkmalklötze* die Werkqualität allerdings zu Unrecht verneint (vgl. Rn. 213). Der BGH hielt die LÜK-Lernspiele nach § 2 Abs. 1 Nr. 7 UrhG für schutzfähig, weil sie der Vermittlung von belehrenden oder unterrichtenden Informationen mithilfe graphischer oder plastischer Darstellungen dienen und der Form nach eine persönliche, sich vom alltäglichen Schaffen im betroffenen Bereich abhebende, geistige Schöpfung darstellen (BGH GRUR 2011, 803, 806 Tz. 42 f.– *Lernspiele*: Schutzfähigkeit nur für die Einheit aus Übungsheften und Kontrollgeräten, da die Kontrollgeräte selbst keine Informationen vermittelten, vgl. Rn. 171 und nachfolgend ausführlich OLG Köln GRUR-RR 2013, 5, 7 ff. – *bambinoLÜK II*).

222 **Merkblätter** und andere belehrende Drucksachen werden ebenfalls normalerweise in ihren grafischen Elementen nach der Nr. 7 geschützt sein, zumindest als kleine Münze; ihre sprachlichen Bestandteile unterfallen der Nr. 1 (OLG Nürnberg GRUR 2002, 607, 607 – *Merkblätter für Patienten*).

223 Die zeichnerischen Teile von **Patentanmeldungen** werden zumindest als kleine Münze regelmäßig Schutz genießen, weil der Erfindungsgegenstand normalerweise genügend Freiraum für eine zeichnerische Darstellung bieten wird; zum Schutz von Patentanmeldungen als wissenschaftliche Schriftwerke vgl. Rn. 93.

224 **Plastische Darstellungen,** also medizinische Modelle oder solche für den naturwissenschaftlichen Unterricht sind ebenfalls im Regelfall geschützt (*Gernot Schulze* S. 253 f.; Schricker/Loewenheim/*Loewenheim*[5] Rn. 242).

225 Entsprechendes gilt für **Schaubilder** (LG Berlin *Erich Schulze* LGZ 125, 3 f.).

Tabellen können zwar grundsätzlich Darstellungen wissenschaftlicher oder 226
technischer Art nach Nr. 7 sein; sind sie jedoch über die Informationen, die sie
enthalten, und die für eine Tabelle üblichen Gestaltungselemente hinaus nicht
individuell gestaltet worden, genießen sie auch nicht als kleine Münze Schutz
(KG GRUR-RR 2002, 91, 92 – *Memokartei*; OLG Köln ZUM-RD 1998, 547,
551 – *statistische Durchschnittsberechnung bezüglich Honorarabrechnung von
Ärzten*).

Bestandteile von Web-Seiten können Darstellungen wissenschaftlicher oder 227
technischer Art im Sinne der Nr. 7 sein, aber auch Schriftwerke, Werke der
bildenden Kunst, Werke der angewandten Kunst, Lichtbildwerke oder Datenbanken beinhalten; sie können auch insgesamt als Multimediawerke anzusehen
sein (vgl. Rn. 116 und 231).

Darstellungen nach Nr. 7 im Bereich der **Werbung** sind im Einzelfall als ge- 228
schützt angesehen worden (BGH GRUR 1987, 360, 362 – *Werbepläne*; anders
OLG Hamburg UFITA 59 [1971], 297, 302 ff. – *Werbeinformation*); auch vgl.
Rn. 117.

Zeichnungen haben in der Regel Werkqualität (BGH GRUR 2000, 226, 226 – 229
Planungsmappe; BGH GRUR 1993, 34, 35 – *Bedienunsanweisung*; BGH
GRUR 1991, 529, 531 – *Explosionszeichnungen*; BGH GRUR 1985, 129,
130 – *Elektrodenfabrik*; BGH GRUR 1956, 284, 284 – *Rheinmetall-Borsig II*;
OLG Hamm GRUR 1989, 501, 501 f. – *Sprengzeichnungen*; OLG Frankfurt
GRUR 1989, 589, 589 f. – *Eiweißkörper*; LG München I GRUR 1989, 503,
503 f. – *BMW-Motor*; OGH GRUR Int. 1984, 43 – *Segelyacht*; anders BGH
GRUR 1979, 464, 465 – *Flughafenpläne*; OLG München OLGZ 219, 5 –
Segelyacht Miranda; OLG München ZUM 1994, 728, 729 – *Schemazeichnun-
gen*; OLG Hamm GRUR 1981, 130, 130 f. – *Preislisten-Druckvorlage*).

8. Nicht genannte Werkarten

Der Werkkatalog des § 2 Abs. 1 ist nicht abschließend („insbesondere"), so- 230
dass auch andere, dort nicht genannte Werkarten urheberrechtlichen Schutz
genießen können (vgl. Rn. 11 und Loewenheim/*Hoeren*[2] § 9 Rn. 261; Schri-
cker/Loewenheim/*Loewenheim*[5] Rn. 94). Entsprechend ist es jedenfalls dann,
wenn mit Sicherheit gesagt werden kann, dass eine bestimmte Schöpfung ein
Werk der Kunst im Sinne von § 1 UrhG ist, nicht notwendig, es einer bestimmten Werkkategorie in § 2 Abs. 1 UrhG zuzuordnen, bspw. bei einer Kunst Aktion von *Joseph Beuys* (OLG Düsseldorf GRUR 2012, 173, 174 und 175 –
Beuys-Fotoreihe; von der Vorinstanz offen gelassen: LG Düsseldorf GRUR-
RR 2011, 203, 204 – *Beuys-Aktion*; vorher schon BGH GRUR 1985, 529 –
Happening). Lediglich bei einem Werk, das vor dem Inkrafttreten des UrhG
am 1.1.1966 geschaffen worden ist, kann es auf die genaue Einordnung in eine
Werkkategorie ankommen, weil Bühnenwerke nach § 1 Abs. 2 LUG schriftlich
oder auf andere Weise festgelegt sein mussten (s. BGH GRUR 2014, 65, 70
Tz. 31 ff. – *Beuys-Aktion*; der BGH hat OLG Düsseldorf GRUR 2012, 173 –
Beuys-Fotoreihe daher aufgehoben).

a) Multimediawerke: Multimediawerke verknüpfen Text, Ton, Bilder, Daten, 231
Computerprogramme, Filme und oft auch Musik mittels digitaler Techniken
zu einem Gesamtkunstwerk, das im Einzelfall, aber nicht immer auf den Betrachter und Hörer wie ein Filmwerk wirken kann, aber jedenfalls anders als
ein Filmwerk geschaffen wird und deshalb in die nicht genannten Werkarten
einzustufen ist (Dreier/Schulze/*Schulze*[5] Rn. 243 a. E.; Loewenheim/*Hoeren*[2]
§ 9 Rn. 264 ff.; Wandtke/Bullinger/*Bullinger*[4] Rn. 151). Bei einer grundsätzlich
niedrigen Schutzuntergrenze genießt auch die kleine Münze der Multimediawerke einschränkungslos Schutz (Wandtke/Bullinger/*Bullinger*[4] Rn. 152). Bei-

spiele für Multimediawerke sind etwa Multimedialexika auf CD-ROM, interaktive Computerspiele, aber auch Internet-Homepages. Die Kategorie der Multimediawerke wird von der Rechtsprechung aufgrund ihrer Unbestimmtheit nur dann herangezogen, wenn sich das Werk nicht einer der in § 2 Abs. 1 UrhG ausdrücklich genannten Werkart zuordnen lässt (OLG Köln GRUR-RR 2010, 141, 142 – *3D-Messestände*; LG Köln MMR 2008, 556 [Virtueller Dom in Second Life]). So versagte das OLG Köln in einer Entscheidung zu virtuellen Darstellungen von Messeständen den Rückgriff auf die Werkart der Multimediawerke für eine Computergrafik mit dem Argument, dass die höheren Schutzanforderungen für Werke der angewandten Kunst nach § 2 Abs. 1 Nr. 4 UrhG nicht durch die Kategorie der Multimediawerke unterlaufen werden dürften (OLG Köln GRUR-RR 2010, 141, 142 – *3D-Messestände*). Von den Multimediawerken sind die virtuellen Werke zu unterscheiden, die keine eigenständige Werkart bilden (hierzu vgl. Rn. 234b).

232 b) **Fernsehshows:** Das **Format einer Fernsehshow** ist ebenso wie ein Multimediawerk nicht eindeutig unter eine der sieben Werkkategorien des § 2 Abs. 1 UrhG subsumierbar. Der BGH definiert das Format einer Fernsehshow als die Gesamtheit aller ihrer charakteristischen Merkmale, die geeignet sind, die Folgen der Show ungeachtet ihres jeweils unterschiedlichen Inhalts als Grundstruktur zu prägen und damit zugleich dem Publikum zu ermöglichen, sie ohne weiteres als Teil einer Sendereihe zu erkennen (BGH GRUR 2003, 876, 877 – *Sendeformat* m. Anm. *v. Berking* GRUR 2004, 109; *Heinkelein/Fey* GRUR Int. 2004, 378, 384 f.). Das Format einer Fernsehshow kann zwar eine Vielzahl von Gestaltungselementen besitzen, die auf individueller geistiger Tätigkeit beruhen; ein Urheberrechtsschutz für Fernsehshowformate kommt jedoch dennoch grundsätzlich nicht in Betracht, weil Gegenstand des Urheberrechtsschutzes nur das Ergebnis der schöpferischen Formung eines bestimmten Stoffes sein kann, Fernsehformate aber Vorgaben darstellen, anhand derer gleichartige andere Stoffe erst noch gestaltet werden sollen (BGH GRUR 2003, 876, 878 – *Sendeformat*). Das **Konzept für eine Fernsehshow** kann allerdings urheberrechtlichen Schutz genießen (OLG München ZUM 1999, 244, 246 f. – *Augenblix*; Loewenheim/*Axel Nordemann*[2] § 9 Rn. 33), wenn sie eine stoffliche Gestaltung enthält. **Fernsehserien** sind ebenfalls normalerweise urheberrechtlich geschützt, weil sie durch eine sich fortlaufende entwickelnde Handlung gekennzeichnet sind, die maßgeblich von dem Beziehungsgeflecht der auftretenden Personen und dem Milieu, dem diese zugeordnet werden, geprägt sind; letztendlich liegt Fernsehserien also eine Fabel zugrunde, die nach den allgemeinen Grundsätzen zum Schutz solcher Sprachwerke urheberrechtlichen Schutz genießen kann (BGH GRUR 2003, 876, 878 – *Sendeformat*), und zwar auch als kleine Münze. s. zum Schutz von **Fernsehsendungen** im Übrigen *Degmair* GRUR Int. 2003, 204, 205; *Berking* S. 213 f.; *Holzporz* S. 22; *Litten* MMR 1998, 412; *Lausen* S. 14 f.; *v. Have/Eickmeier* ZUM 1994, 269, 269 f.).

233 c) **Werbekonzepte:** Ob **Werbekonzepte** urheberrechtlichen Schutz genießen können, ist umstritten (dafür: maßgeblich *Schricker* GRUR Int. 2004, 923, 925 ff. und GRUR 1996, 815, 823 f.; ihm folgend Dreier/Schulze/*Schulze*[5] Rn. 244; BeckOK UrhR/*Ahlberg*[18] Rn. 25; vermittelnd *Sosnitza* ZUM 1998, 631, 637 ff.; dagegen OLG Köln GRUR-RR 2010, 140 – *DHL im All*; *Hertin* GRUR 1997, 799, 804 ff., insb. 815; *Schack*, Urheber- und UrhebervertragsR[7] Rn. 250; ausdrücklich offen gelassen von LG Mannheim GRUR-RR 2010, 462 – *Thalia verführt zum Lesen*). Richtigerweise wird man wohl differenzieren müssen: Die Werbeidee, die Werbemethode, der Werbestil oder eine bestimmte Werbetechnik dürfen entsprechend dem urheberrechtlichen Grundsatz, das Methode, Stil, Manier und Technik frei bleiben müssen, nicht für die Begründung eines urheberrechtlichen Schutzes von Werbekonzepten herangezogen werden; sie bleiben frei (so auch *Schricker* GRUR Int. 2004, 923, 927).

Allerdings können Werbekonzepte sehr wohl individuell geprägt sein und vor allem dann urheberrechtlichen Schutz genießen, wenn über die bloße Idee hinausgehend ein schriftliches oder bildhaftes Konzept erarbeitet worden ist, aus dem – vergleichbar einem Exposé oder Treatment beim Film – der Ablauf der Werbekampagne oder der einzelnen Werbemaßnahme, die Zusammenstellung der einzelnen Werbemaßnahmen und ihre Reihenfolge, Mitwirkende, zu verwendende Botschaften, Handlungsabläufe von Werbespots oder Werbeaktionen und Vergleichbares dargestellt werden (ähnlich *Sosnitza* ZUM 1998, 631, 638; s. a. *Schricker* GRUR Int. 2004, 923, 925).

d) Schemata: Das **Gliederungsschema eines Briefmarkenkatalogs**, also das von   **234**
dem Briefmarkenkatalog, der ein Sammelwerk im Sinne von § 4 darstellen kann (vgl. § 4 Rn. 10 ff., 22, 27), losgelöste Gliederungssystem wird regelmäßig nicht ausreichend schöpferisch sein, wenn lediglich altbekannten Gliederungssystemen gefolgt wurde (OLG München ZUM-RD 2003, 306, 310 – *Briefmarkenkatalog*). Ohnehin wird man bei Gliederungssystemen davon ausgehen müssen, dass Idee, Lehre und vorbekannte Gliederungssystematiken grundsätzlich frei bleiben, sodass ein Schutz für das System als solches kaum jemals in Frage kommen wird. Zu unterscheiden ist hiervon allerdings das auf der Basis des Gliederungssystems entstandene wissenschaftliche Sprachwerk (§ 2 Abs. 1 Nr. 1) oder Sammelwerk (§ 4), das selbstverständlich einem Urheberrechtsschutz regelmäßig zugänglich ist, wenn in der Formulierung, der Darstellung oder der Auswahl, Einteilung und Anordnung des Stoffes Individualität liegt (vgl. Rn. 212 f. sowie vgl. § 4 Rn. 12).

e) Kunst Aktionen: Soweit eine Kunst Aktion jedenfalls generell als Werk der   **234a**
Kunst im Sinne von § 1 UrhG angesehen werden kann, ist es für die Zuerkennung des Schutzes nicht erforderlich, eine solche Aktion auch einer bestimmten Werkkategorie des § 2 Abs. 1 UrhG zuzuordnen. So sah das OLG Düsseldorf eine im Rahmen einer Live Sendung des ZDF im Jahr 1964 dargebotene Aktion des Künstlers *Joseph Beuys* mit dem Titel „Das Schweigen von Marcel Duchamp wird überbewertet" als Werk der Kunst im Sinne von § 1 UrhG an und ließ es hierfür genügen, Ausdrucksmittel der Kunst wie Handlungsabläufe in einem besonders arrangierten Raum und die Verwendung einer so merkwürdigen Hervorbringung wie einer Fettecke an einem Holzverschlag in zwei durch eine Filzdecke getrennten Schichten und eines mit Margarine verlängerten Spazierstocks festzustellen (OLG Düsseldorf GRUR 2012, 173, 175 – *Beuys-Fotoreihe*; von der Vorinstanz offen gelassen: LG Düsseldorf GRUR-RR 2011, 203, 204 – *Beuys-Aktion*; vorher schon BGH GRUR 1985, 529 – *Happening*). Lediglich bei einem Werk, das vor dem Inkrafttreten des UrhG am 1.1.1966 geschaffen worden ist, kann es auf die genaue Einordnung in eine Werkkategorie ankommen, weil Bühnenwerke nach § 1 Abs. 2 LUG schriftlich oder auf andere Weise festgelegt sein mussten (s. BGH GRUR 2014, 65, 70 Tz. 31 ff. – *Beuys-Aktion*; der BGH hat OLG Düsseldorf GRUR 2012, 173 – *Beuys-Fotoreihe* daher aufgehoben).

f) Virtuelle Werke: Keine eigene Werkkategorie bilden die virtuellen Werke.   **234b**
Dass im virtuellen Raum urheberrechtlich geschützte Werke entstehen können, stellt das LG Köln in seinem Urteil zum virtuellen Kölner Dom auf der Online-Platform „Second Life" klar (LG Köln MMR 2008, 556). Bezüglich der Schutzfähigkeit virtueller Werke bestehen keine Besonderheiten gegenüber nicht-virtuellen Werken. Es kommt somit darauf an, ob diese dem Schutz einer der § 2 UrhG genannten Werkarten unterfallen (LG Köln MMR 2008, 556). Abzustellen ist hierbei nach Ansicht des LG Köln nicht auf den dem Werk zugrunde liegenden Binärcode, sondern auf die mit den Mitteln Sprache, Bild und Ton vermittelte gedankliche Aussage (LG Köln MMR 2008, 556; s. a. *Loewenheim* GRUR 1996, 830, 832).

V. Prozessuales

1. Prüfung der Schutzfähigkeit

235 Der Werkbegriff des Abs. 2 ist ein **unbestimmter Rechtsbegriff**, der der Ausfüllung und Konkretisierung im Einzelfall entweder in tatsächlicher oder in rechtlicher Hinsicht bedarf. Ob eine Schöpfung ein urheberrechtlich geschütztes Werk ist, kann deshalb – innerhalb des vom Gesetz vorgegebenen einheitlichen Rahmens – noch in der Revisionsinstanz nachgeprüft werden (BGH GRUR 1961, 635, 637 – *Stahlrohrstuhl I*; BVerwG NJW 1966, 2374, 2376 – *Die Rechnung ohne den Wirt*). Der Bundesgerichtshof macht von diesem Recht auch regelmäßig Gebrauch (vgl. BGH GRUR 2005, 854, 855 – *Karten-Grundsubstanz*; BGH GRUR 2004, 855, 856 – *Hundefigur*; BGH GRUR 2003, 876, 877 f. – *Sendeformat*; BGH GRUR 2002, 958, 959 – *Technische Lieferbedingungen*). Allerdings besitzt die Beurteilung der Rechtsfrage, ob ein potentielles Werk eine persönliche geistige Schöpfung gem. § 2 beinhaltet oder nicht, eindeutig eine **Tatsachengrundlage**: Die schöpferischen Elemente des Werkes, die zur Beurteilung des urheberrechtlichen Schutzes herangezogen werden müssen, der vorbekannte Formenschatz und auch das Können des Durchschnittsgestalters sowie die Frage, ob es deutlich überragt wurde, sind tatsächliche Voraussetzungen, die Subsumption unter die Tatbestandsmerkmale des § 2 dann die Rechtsanwendung. Die Feststellung der tatsächlichen Voraussetzungen ist den Instanzgerichten vorbehalten; sie unterliegen auch der Parteidisposition und können unstreitig gestellt werden (BGH GRUR 1991, 533, 533 – *Brown Girl II*). Die Rechtsanwendung unterliegt allerdings der Amtsprüfung und ist damit der Parteidisposition entzogen (BGH GRUR 1991, 533, 533 – *Brown Girl II*; Dreier/Schulze/*Schulze*[5] Rn. 69). Es ist deshalb auch nicht möglich, das Erreichen der Gestaltungshöhe vertraglich zu vereinbaren oder unstreitig zu stellen; zwar kann der Beklagte oder Antragsgegner jederzeit den Tatsachenvortrag des Klägers oder Antragstellers unstreitig stellen, jedoch muss der Kläger oder Antragsteller genügend Tatsachen für das Erreichen der Gestaltungshöhe vorgetragen haben, da die Beurteilung, ob die Gestaltungshöhe erreicht ist und damit ein Urheberrechtsschutz vorliegt, wie erwähnt der Amtsprüfung unterliegt und somit der Parteidisposition entzogen ist. Im Vertragsverhältnis ist es allerdings möglich, die entsprechende Anwendbarkeit des Urheberrechts für den Fall des Fehlens eines urheberrechtlichen Schutzes vertraglich zu vereinbaren, insbesondere eine detaillierte Nutzungsvereinbarung mit Bestimmungen zu Nutzungsart, Nutzungsumfang, Nutzungszweck und zu zahlender Vergütung für diesen Nutzungsumfang zu treffen; der Vergütungsanspruch besteht dann unabhängig von der Schutzfähigkeit des Vertragsgegenstands (KG ZUM 2005, 230, 231 – m. Anm. *Boddien*; *Huon/Härting* ITRB 2006, 266, 267). Solche Vereinbarungen wirken dann allerdings nur *inter partes* und entfalten – anders als das Urheberrecht – keine (dingliche) Wirkung gegenüber Dritten (zur dinglichen Wirkung des Urheberrechts vgl. Vor §§ 28 ff. Rn. 2 und vgl. Vor §§ 31 ff. Rn. 32, 62 ff.).

2. Darlegungs- und Beweislast

236 Für die Frage der Beweislast im Hinblick auf die Schutzfähigkeit des Werkes folgt die Rechtsprechung zwar den allgemeinen Regeln des Zivilprozessrechts, sieht allerdings einige Erleichterungen zugunsten des Urhebers vor, um ihn nicht zu überfordern: Der Kläger muss grundsätzlich beweisen, dass das Werk, auf das er seine Klage stützt, urheberrechtlich schutzfähig ist; dazu gehört grundsätzlich die konkrete Darlegung der die Urheberrechtschutzfähigkeit begründenden Elemente sowie die Einhaltung des gebotenen Abstandes zum vorbekannten Formengut (BGH GRUR 2012, 58, 61 Tz. 24 – *Seilzirkus*; BGH GRUR 1991, 449, 450 – *Betriebssystem*; BGH GRUR 1981, 820, 822 – *Stahlrohrstuhl II*; BGH GRUR 1974, 740, 741 – *Sessel*). Allerdings wird der Urheber dem regelmäßig schon dadurch nachkommen, dass er **das Werk vorlegt** (BGH GRUR 1981, 820, 822 – *Stahlrohrstuhl II*), vor allem, wenn sich die Gestaltungselemente durch bloße Betrachtung des Gegenstandes oder von Fotografien davon ohne weiteres erkennen lassen (BGH GRUR 2012, 58, 61 Tz. 25 – *Seilzirkus*; BGH GRUR 2008, 984, 985 Tz. 19 – *St. Gottfried*; BGH GRUR 2003, 231, 233 – *Staatsbibliothek*). Wer sich zur Verteidigung auf vorbekanntes Formengut beruft, muss dies durch Vorlage von konkreten Entgegenhaltungen darlegen und hierfür Beweis antreten (BGH GRUR 2002, 958, 960 – *Technische Lieferbedingungen*; BGH GRUR 1991, 531, 533 – *Brown Girl I*; BGH GRUR 1981, 820, 822 – *Stahlrohrstuhl II*). Die Rechtsprechung möchte so verhindern, dass der Urheber infolge der Schwierigkeit, ästhetisch wirkende Formen überhaupt mit Mitteln der Sprache auszudrücken und den vorbekannten Formenschatz wirklich erschöpfend darzulegen, überfordert wird (BGH GRUR 2008, 984, 985 Tz. 19 – *St. Gottfried*; BGH GRUR 1991, 449, 450 – *Betriebssystem*; BGH GRUR 1981, 820, 822 – *Stahlrohrstuhl II*). Sind die schöpferischen Elemente eines Werkes allerdings nicht „mit dem bloßen Auge" erkennbar, vermittelt sich der urheberrechtliche Schutz also nicht aufgrund einer Betrachtung des Objektes, sondern erschließt sich erst infolge weiterer Erkenntnisse, muss der Kläger eine verständliche Beschreibung der schöpferischen Elemente liefern, die dem Richter eine Beurteilung der urheberrechtlichen Schutzfähigkeit ermöglicht; dies wird insbesondere bei Computerprogrammen regelmäßig notwendig sein (BGH GRUR 1991, 449, 450 f. – *Betriebssystem*). Dasselbe gilt dann, wenn die urheberrechtliche Schutzfähigkeit eines Gebrauchsgegenstands als Werk der angewandten Kunst in Frage steht: Da solche Gebrauchsgegenstände regelmäßig bestimmten technischen Anforderungen genügen müssen und technisch bedingte Gestaltungsmerkmale aufweisen, muss der Kläger insoweit genau und deutlich darlegen, inwieweit der Gebrauchsgegenstand über seine von der Funktion vorgegebene Form hinaus künstlerisch gestaltet worden ist (BGH GRUR 2012, 58, 61 Tz. 25 – *Seilzirkus*). s. a. LG Köln GRUR-RR 2010, 165 – *Fantasy-Rollenspiel* zur erweiterten Darlegungslast bei Rollenspielen.

Die Anforderungen an die Darlegungslast hängen weiter auch von der **Zielsetzung der geltend gemachten Ansprüche** ab: Wo die Urheberrechtsverletzung in einer Vervielfältigung gesehen wird, wird eine Herausarbeitung aller einzelnen schöpferischen Elemente regelmäßig entbehrlich sein, wenn der Gesamteindruck des Werkes einen bestehenden Urheberrechtschutz ergibt (BGH GRUR 1991, 449, 451 – *Betriebssystem*); wo allerdings Schutz gegenüber einer Bearbeitung begehrt wird oder nur ein Werkteil entnommen wurde, müssen gerade die schöpferischen Elemente dargelegt und herausgearbeitet werden, die konkret übernommen worden sein sollen (BGH GRUR 1991, 533, 534 – *Brown Girl II*; BGH GRUR 1988, 812, 814 – *Ein bisschen Frieden*). Es kommt deshalb zwar häufig, aber eben nicht immer auf den **Gesamteindruck** an, den das Werk hervorruft; steht nur die Übernahme einzelner Elemente bzw. von Werkteilen in Streit, sind diese einzeln zu betrachten (deshalb wohl zu weit gehend BGH GRUR 1991, 449, 450 – *Betriebssystem*; Dreier/Schulze/*Schulze*[5] Rn. 67).   **237**

Schließlich hängen die Anforderungen an die Darlegungs- und Beweislast auch davon ab, welche **Gestaltungshöhe** für die einzelne Werkart gilt und wie weitgehend ein Werk gestaltet wurde: Ist der Schutz der „kleinen Münze" anerkannt und somit die Gestaltungshöhe generell niedrig, wird ohnehin fast immer ein Urheberrechtsschutz vorliegen, zumindest als kleine Münze; sind Werke aus solchen Kategorien umfangreich, „mithin komplex", gestaltet worden, streitet sogar eine tatsächliche Vermutung für ihre Schutzfähigkeit (BGH GRUR 2005, 860, 861 – *Fash 2000*). Je höher allerdings die Schutzhürde der Gestaltungshöhe liegt und je einfacher sich die Gestaltung darstellt, umso mehr muss der   **238**

Kläger auch vortragen und unter Beweis stellen (Dreier/Schulze/*Schulze*[5] Rn. 71).

239 Die Anforderungen an die Darlegungs- und Beweislast für die Schutzfähigkeit eines Werkes lassen sich in den folgenden Stufen zusammenfassen:

240 Bei **niedriger Gestaltungshöhe und komplexen Werken** genügt die Vorlage des Werkes; es spricht dann eine tatsächliche Vermutung für die Schutzfähigkeit, die der Beklagte widerlegen muss (BGH GRUR 2005, 860, 861 – *Fash 2000*). Dies gilt für alle Werkarten, bei denen die kleine Münze einschränkungslos Schutz genießt, also beispielsweise im Bereich der literarischen Sprachwerke, der Computerprogramme (hierfür ausdrücklich BGH GRUR 2005, 860, 861 – *Fash 2000*), der Werke der Musik, bei Werken der bildenden Kunst oder bei Filmwerken.

241 Bei **niedriger Gestaltungshöhe und normal gestalteten Werken** bestehen je nach Werkart unterschiedliche Anforderungen an die Darlegungs- und Beweislast: Neben der notwendigen Vorlage des Werkes muss der Kläger je nach dem, ob sich die schöpferischen Merkmale des Werkes aufgrund einer Betrachtung des Objektes ergeben oder erst aus weiteren Erkenntnissen erschließen, mehr oder weniger vortragen (Dreier/Schulze/*Schulze*[5] Rn. 71; HK-UrhR/*Dreyer* Rn. 145 ff.). Bei Schriftwerken, Werken der bildenden Kunst, Lichtbildwerken oder Filmwerken werden sich die schöpferischen Elemente regelmäßig aus der Betrachtung ergeben, sodass bereits die Vorlage des Werkes normalerweise ausreichend ist. Bei Werken der Musik wird man neben einer Vorlage in Notenschrift auch eine Wiedergabe des Werkes auf einem Tonträger verlangen müssen, bei Computerprogrammen schließlich muss der Kläger eine verständliche Programmbeschreibung, aus der sich die schöpferischen Elemente ergeben, liefern (BGH GRUR 1991, 449, 450 – *Betriebssystem*; BGH GRUR 1981, 820, 822 – *Stahlrohrstuhl II*).

242 Selbst bei **niedriger Gestaltungshöhe** wird man allerdings in solchen Fällen, wo nur eine **einfache Gestaltung** vorliegt – also ein Werk der „kleinen Münze" – und sich für den Richter die schöpferischen Besonderheiten des Werkes nicht ohne weiteres aus einer Betrachtung erschließen, eine nähere Darlegung der die Schutzfähigkeit begründenden Elemente sowie auch des Abstandes zum vorbekannten Formenschatz verlangen müssen. Dies kann beispielsweise der Fall sein bei Werken der Popmusik, die ganz häufig als „kleine Münze" an der unteren Grenze zur Schutzfähigkeit liegen (BGH GRUR 1991, 533, 533 f. – *Brown Girl II*; BGH GRUR 1988, 812, 814 – *Ein bisschen Frieden*). **Zu Gunsten der** GEMA wird allerdings generell vermutet, dass die Werke, an denen sie Rechte wahrnimmt, urheberrechtlich geschützt sind (BGH GRUR 1988, 296, 297 – GEMA-*Vermutung IV*; BGH GRUR 1986, 66, 67 – GEMA-*Vermutung II*); infolge der massenhaften Nutzung von Musikwerken und der kollektiven Wahrnehmung der Rechte durch die GEMA wäre eine Einzelfallprüfung der Schutzfähigkeit zu aufwendig (Dreier/Schulze/*Schulze*[5] Rn. 74).

243 Bei solchen Werkarten schließlich, bei denen es regelmäßig auch eine Vielzahl nicht-schöpferischer, **rein handwerklicher** Ausführungsformen gibt – wie beispielsweise bei Werken der angewandten Kunst und solchen der Baukunst (vgl. Rn. 151) – muss der Kläger im einzelnen darlegen und beweisen, worin die schöpferischen Elemente des Werkes liegen und dass eine künstlerische Leistung vorliegt (Werke der angewandten Kunst) bzw. sie nicht nur Ergebnis rein handwerklichen oder routinemäßigen Schaffens sind (Bauwerke). Bei Gebrauchsgegenständen muss insb. grundsätzlich genau und deutlich dargelegt werden, inwieweit er über seine von der Funktion vorgegebene Form hinaus künstlerisch gestaltet worden ist (vgl. Rn. 236 und BGH GRUR 2012, 58, 61 Tz. 25 – *Seilzirkus*).

3. Sachverständigengutachten

Überall dort, wo der Richter die Frage der Schutzfähigkeit des Werkes nicht **244** aufgrund eigener Sachkenntnis zu beurteilen vermag, muss er ein Sachverständigengutachten einholen (HK-UrhR/*Dreyer* Rn. 142). Dies ist beispielsweise häufig bei Werken der Popmusik geschehen (BGH GRUR 1991, 533, 533 f. – *Brown Girl II*; BGH GRUR 1988, 812, 814 – *Ein bisschen Frieden*) oder unzutreffender Weise unterblieben (BGH GRUR 2015, 1189, 1194 Tz. 60 ff. – *Goldrapper*), aber auch bei Computerprogrammen meist notwendig (BGH GRUR 1991, 449, 450 f. – *Betriebssystem*), es sei denn, es läge eine sehr komplexe Gestaltung vor; dann gilt eine tatsächliche Vermutung für die Schutzfähigkeit (vgl. Rn. 240 und BGH GRUR 2005, 860, 861 – *Fash 2000*). Für die Feststellung der Schöpfungshöhe eines Werkes der Baukunst ist die Hinzuziehung eines Sachverständigen regelmäßig nicht erforderlich, da hierfür nach der Rechtsprechung der ästhetische Eindruck maßgeblich sein soll, den das Werk nach dem Durchschnittsurteil des für Kunst empfänglichen und mit Kunstfragen einigermaßen vertrauten Menschen vermittelt (BGH GRUR 2008, 984, 985 – *St. Gottfried* und BGH GRUR 1982, 107, 109 – *Kirchen-Innenraumgestaltung*; OLG Stuttgart ZUM 2011, 173, 179 – *Stuttgart* m. w. N.). Die Einholung eines Sachverständigengutachtens kann sich gleichwohl im Normalfall nur auf die Feststellung der tatsächlichen Grundlagen beziehen (BGH GRUR 2015, 1189, 1194 Tz. 63 – *Goldrapper*); die rechtliche Bewertung muss der Richter regelmäßig aufgrund seiner eigenen (urheberrechtlichen) Fachkenntnisse selbst vornehmen. S. hierzu die ausführliche Auseinandersetzung und rechtliche Bewertung der tatsächlichen Grundlagen eines Sachverständigengutachtens zur Gestaltungshöhe eines Bauwerkes in LG Leipzig GRUR-RR 2012, 273, 274 ff. – *Kulturpalast*.

§ 3 Bearbeitungen

¹Übersetzungen und andere Bearbeitungen eines Werkes, die persönliche geistige Schöpfungen des Bearbeiters sind, werden unbeschadet des Urheberrechts am bearbeiteten Werk wie selbstständige Werke geschützt. ²Die nur unwesentliche Bearbeitung eines nicht geschützten Werkes der Musik wird nicht als selbstständiges Werk geschützt.

Übersicht

I. Allgemeines

1. Bedeutung, Sinn und Zweck der Norm, systematische Stellung im Gesetz

1 § 3 stellt klar, dass Bearbeitungen eines Werkes wie selbstständige Werke geschützt werden, wenn sie persönliche geistige Schöpfungen des Bearbeiters sind; die „Zutaten", die der Bearbeiter dem Originalwerk hinzugefügt hat, müssen also für sich betrachtet den Werkbegriff des § 2 erfüllen. Es handelt sich bei Bearbeitungen nicht um eine eigenständige Werkkategorie oder Werkart, sondern nur um eine bestimmte Form eines Werkes; mithin können auch von jeder Werkart Bearbeitungen vorliegen. Das eigene Urheberrecht des Bearbeiters ist aber lediglich ein **abhängiges Recht**, weil er gem. § 23 für die Veröffentlichung oder Verwertung seiner Bearbeitung – im Ausnahmefall auch schon für die Herstellung – die Zustimmung des Urhebers benötigt (vgl. §§ 23/24 Rn. 1 ff. sowie zur systematischen Einordnung der Bearbeitung vgl. Rn. 5 ff.).

2. Früheres Recht

2 Vor dem Inkrafttreten des UrhG am 1. Januar 1966 stellten § 2 Abs. 1 S. 2 LUG und § 15 Abs. 2 KUG klar, dass auch der Bearbeiterurheber für die von ihm hervorgebrachten Werke Schutz genießt; § 15 Abs. 2 Hs. 2 KUG hob außerdem die Abhängigkeit des Bearbeiterurheberrechts von der Einwilligung des Urhebers des Originalwerkes hervor. § 3 sollte insoweit sachlich keine Änderung zum früheren Recht bringen (RegE UrhG 1962 – BT-Drs. IV/270, S. 38). § 3 S. 2 ist erst durch die Urheberrechtsnovelle 1985 neu in das Gesetz eingefügt worden (vgl. Rn. 32).

3. EU-Richtlinien

3 Im Hinblick auf den Werkbegriff ist das Urheberrecht in der Europäischen Union nur stückweise harmonisiert (vgl. § 2 Rn. 7). Die insoweit ergangenen Software-RL zu Computerprogrammen, Schutzdauer-RL zur Schutzdauer des Urheberrechts (Harmonisierung im Bereich des Werkbegriffs zu Fotografien) und Datenbank-RL zu Datenbanken enthalten jeweils keine ausdrücklichen Klarstellungen, dass auch Bearbeitungen von Computerprogrammen, Fotografien und Datenbanken Werkschutz genießen; nach allgemeinen urheberrechtlichen Grundsätzen ist dies jedoch selbstverständlich (Walter/*Walter* Art. 1 Software-RL Rn. 30).

4. Internationales Urheberrecht

4 Gem. Art. 2 Abs. 3 **RBÜ** genießen Übersetzungen, Bearbeitungen, musikalische Arrangements und andere Umarbeitungen eines Werkes der Literatur oder Kunst den gleichen Schutz wie Originalwerke; sie müssen damit ebenso wie die Originalwerke Werkqualität aufweisen (*Wilhelm Nordemann/Vinck/Hertin* Art. 2 RBÜ Rn. 4). Art. 2 RBÜ stellt klar, dass das Bearbeiterurheberrecht ein abhängiges ist; der Schutz besteht nur unbeschadet der Rechte des Urhebers

des Originalwerks. Die **TRIPS** beziehen über Art. 9 die Art. 1 bis 21 RBÜ mit
Ausnahme von Art. 6bis RBÜ vollständig ein, sodass der Schutz der Bearbeitung auch über die TRIPS gewährleistet ist. Das WUA schließlich sagt über
den Schutz der Bearbeitung nichts. Aus allgemeinen urheberrechtlichen Grundsätzen – die Bearbeitung ist keine eigenständige Werkkategorie oder Werkart,
sondern nur eine bestimmte Form eines Werkes (vgl. Rn. 1) – sowie der Erwähnung des Filmwerkes in Art. I WUA, das immer die Bearbeitung vorbestehender Werke beinhaltet (vgl. § 2 Rn. 201), ist jedoch zu schließen, dass auch
durch Art. I WUA der Schutz der Bearbeitung gewährleistet wird.

II.　Systematische Einordnung der Bearbeitung

1.　Doppelcharakter der Bearbeitung

Die Bearbeitung hat gleich in dreifacher Hinsicht eine Art „Doppelcharakter"　**5**
(ähnlich Schricker/Loewenheim/*Loewenheim*[5] Rn. 2, die von „doppelter Rege-
lungsaufgabe" sprechen): Sie **schützt einerseits den Bearbeiter gegenüber Dritten** und gewährt ihm an seiner Bearbeitung das selbe Monopolrecht wie einem
Originalurheber, also einschränkungslos alle Urheberpersönlichkeits- und Verwertungsrechte. Andererseits ist das Urheberrecht des Bearbeiters aber ein **abhängiges Recht**, weil der Bearbeiter gem. § 23 für die Veröffentlichung oder
Verwertung – teilweise sogar schon für die Herstellung (vgl. §§ 23/24 Rn. 17) –
seiner Bearbeitung die Zustimmung des Urhebers des bearbeiteten Werkes benötigt, solange diese noch geschützt ist (s. OLG München GRUR-RR 2016,
62, 65 – *„Heute"-Jingle*). Die Reichweite des Bearbeitungsrechts des Originalurhebers gem. § 23 bestimmt zugleich den Schutzumfang des Urheberrechts
gegenüber jüngeren Werken; sind sie lediglich als freie Benutzungen des Originalwerkes einzuordnen (§ 24), fallen sie aus dem Bearbeitungsrecht heraus und
können frei verwertet werden.

Einen Doppelcharakter besitzt die Bearbeitung aber auch noch in anderer Hin-　**6**
sicht: Da es sich bei Bearbeitungen wie erwähnt nicht um eine eigenständige
Werkkategorie handelt, ist jede Bearbeitung notwendigerweise einer der in § 2
Abs. 1 genannten Werkkategorien zuzuordnen. Beispiele anhand der beiden
wichtigsten und deshalb auch im Gesetz ausdrücklich genannten Fälle der Bearbeitung: **Spielfilme** sind regelmäßig sowohl Bearbeitungen der vorbestehenden Werke wie beispielsweise Roman, Drehbuch, Exposé und Treatment (§ 23
S. 2) als auch Filmwerke gem. § 2 Abs. 1 Nr. 6; **Übersetzungen** sind zugleich
Bearbeitungen gem. § 3 und Sprachwerke i. S. d. § 2 Abs. 1 Nr. 1. Dass Übersetzer somit Werkschaffende sind, bedeutet jedoch nicht, dass sie bezüglich
ihrer Beteiligung am Verwertungserlös den Originalurhebern zwingend gleichzustellen sind, was sich in der Praxis in niedrigeren Vergütungssätzen für Übersetzer niederschlägt. Die abweichenden Übersetzer-Vergütungssätze sind nicht
Ausdruck fehlender Anerkennung der schöpferischen Leistung der Übersetzer.
Vielmehr trägt die Rechtsprechung des BGH zur Übersetzervergütung der in
der Regel nachgeordneten schöpferischen und wirtschaftlichen Relevanz der
Übersetzung gegenüber dem Originalwerk Rechnung (BGH GRUR 2011, 328,
331 Tz. 21 f. – *Destructive Emotions*; s. a. BFH ZUM-RD 2010, 382, 383 zur
steuerrechtlichen Ungleichbehandlung von Übersetzern und Autoren, die u. a.
mit Verweis auf den Gesetzeswortlaut von § 3, der von „Bearbeitung" und
nicht von „Schaffung" eines Werkes spricht, begründet wird; a. A. *Wandtke*
NJW 2010, 771, 777).

Schließlich besitzt die Bearbeitung auch noch in dritter Hinsicht einen Doppel-　**7**
charakter: In ihr kommt nämlich sowohl die Individualität der Bearbeitung
(ansonsten wäre sie keine persönliche geistige Schöpfung im Sinne von § 2) als
auch die des bearbeiteten Originalwerkes (ansonsten läge keine Bearbeitung

gem. § 23 vor, sondern nur eine freie Benutzung gem. § 24) zum Ausdruck (*Gounalakis* GRUR 2004, 996, 997; *Schack*, Urheber- und UrhebervertragsR[7] Rn. 268).

2. Bearbeitung, gemeinfreie Vorlagen und freie Benutzung

8 Eine Bearbeitung im Rechtssinne setzt voraus, dass ein **schutzfähiges** – nicht unbedingt noch geschütztes – **Originalwerk** bearbeitet wird. Wer aus alltäglichen Briefen, Zeitungsnachrichten oder tatsächlichen Begebenheiten einen Roman gestaltet, ist also nicht Bearbeiter, sondern **Originalurheber**. Bearbeiter ist dagegen auch derjenige, der ein nicht mehr geschütztes Werk bearbeitet, weil auch er auf Basis einer Vorlage arbeitet. Er hat lediglich den Vorteil, seine Bearbeitung ohne Rücksicht auf das vorbestehende Werk auswerten zu können: Solche Bearbeiter, die seine Schöpfung verwenden, kollidieren mit seinem Bearbeiterurheberrecht; greifen sie allerdings auf das ungeschützte Originalwerk zurück und schaffen so eine eigenständige Bearbeitung, kann dies der erste Bearbeiter nicht verhindern, weil die von beiden Bearbeitern verwendete Vorlage gemeinfrei ist. An gemeinfreien Werken können also mehrere Bearbeitungen bestehen, die unabhängig voneinander verwertet werden können.

9 **Keine Bearbeitung** im Rechtssinne liegt ferner vor, wenn das Originalwerk lediglich als Anregung zu neuem, selbstständigen Werkschaffen gedient hat, also in **freier Benutzung** verwendet worden ist (§ 24 Abs. 1). Die freie Benutzung hat sich so weit vom Originalwerk entfernt, dass seine Wesenszüge darin verblassen und ein neues, selbstständiges Werk entstanden ist, das ohne Zustimmung des Originalurhebers veröffentlicht und verwertet werden darf (Einzelheiten vgl. §§ 23/24 Rn. 41 ff.). Wer frei benutzt im Sinne von § 24 Abs. 1, bearbeitet also nicht im Sinne der §§ 3, 23; er schafft ein selbstständiges, unabhängiges Werk im Sinne von § 2.

3. Bearbeitung anderer Werkkategorien

10 Keine Bearbeitung, sondern Originalschaffen ist gegeben, wo ein Werk als Anregung oder Vorlage zu urheberrechtlichem Schaffen in einer anderen Werkgattung benutzt wird, sofern die **Wesenszüge der jeweiligen Werkgattungen grundverschieden** sind: Richard Strauß' Tondichtungen *Till Eulenspiegels lustige Streiche* und *Don Quichotte* waren nicht etwa Bearbeitungen gemeinfreier Sprachwerke, sondern eigenständig geschaffene Musikwerke, weil die Wesenszüge eines Musikwerkes notwendigerweise andere sind als die eines Sprachwerkes, die in einer Komposition kaum erhalten bleiben können. Deshalb stellt beispielsweise zwar das auf einem Roman basierende Libretto einer Oper eine Bearbeitung des Romans dar, nicht aber die Musik; Sprachwerk als Bearbeitung und Musik als eigenständige Schöpfung sind lediglich miteinander im Sinne von § 9 verbundene Werke (vgl. § 9 Rn. 10). Dort, wo allerdings die **gestalterischen Wesenszüge** von einer Werkgattung in eine andere übertragbar sind, sind auch **verschiedene Werkarten untereinander bearbeitungsfähig**. Dies gilt zunächst für solche Werkarten, die Handlungen oder **Geschehensabläufe** beinhalten: So geht schon das Gesetz davon aus, dass ein Filmwerk gem. § 2 Abs. 1 Nr. 6 normalerweise die Bearbeitung eines Sprachwerkes gem. § 2 Abs. 1 Nr. 1 ist (§ 23 S. 2). Ferner kann ein Sprachwerk auch durch ein pantomimisches Werk bearbeitet werden, weil Handlungen und Geschehnisse aus einem Sprachwerk auch durch Tanzbewegungen, Gebärden und Mimik beispielsweise in einem Ballett, das auf einer Handlung aufbaut, wiedergegeben werden können. Schließlich sind die **bildlichen Künste**, also Werke der bildenden Künste (§ 2 Abs. 1 Nr. 4), Werke der Fotografie (§ 2 Abs. 1 Nr. 5), Filmwerke (§ 2 Abs. 1 Nr. 6) und bildliche Darstellungen wissenschaftlicher oder technischer Art (§ 2 Abs. 1 Nr. 7) **untereinander bearbeitungsfähig**. So kann die Herstellung eines Gemäldes nach einer Skulptur ebenso eine Bearbeitung sein wie nach einem Foto (RGZ 169, 108, 114 – *Lichtbild*; LG München I GRUR 1988, 36, 37 f. – *Hubschrauber mit Damen*; zudem vgl. §§ 23/24 Rn. 84).

Die **Verfilmung** bearbeitet grundsätzlich mehrere Werkkategorien und ist deshalb sowohl ein **einheitliches Gesamtkunstwerk** (vgl. § 2 Rn. 201 f.) als auch eine Bearbeitung der darin verwendeten Sprach-, Ton- und Bildwerke (zu vorbestehenden Werken bei Filmwerken vgl. § 2 Rn. 202). Ein Filmwerk entsteht allerdings nur, wenn eine individuelle Gestaltung vorliegt (vgl. § 2 Rn. 205); nur dann entsteht auch eine Bearbeitung. Die bloße Filmaufnahme einer Bühnenaufführung oder eines Konzertes mit unbewegter Kamera ist keine Bearbeitung, sondern eine Vervielfältigung (§ 16 Abs. 2) (vgl. § 2 Rn. 207 sowie BGH GRUR 2006, 319, 321 f. Tz. 30 f. – *Alpensinfonie*; Schricker/Loewenheim/*Loewenheim*[5] Rn. 35. **11**

Daraus, dass die Verfilmung als Bearbeitung insbesondere des zugrunde liegenden Sprachwerkes anerkannt ist, folgt zugleich, dass **Sprachwerke auch durch die anderen bildlichen Werkkategorien bearbeitet werden können**: Ist beispielsweise das Aussehen einer Romanfigur oder eines Handlungsortes in einem Roman mit den jeweiligen charakteristischen Eigenheiten hinreichend konkret und individuell beschrieben, kann die Romanfigur oder der Handlungsort auch dadurch bearbeitet werden, dass sie im Wege der Zeichnung illustriert oder im Wege der (arrangierten) Fotografie visualisiert werden; Voraussetzung ist natürlich jeweils, dass die charakteristischen, den Urheberrechtsschutz begründenden individuellen Merkmale der Vorlage in der Zeichnung oder der Fotografie nicht verblassen, sondern noch erkennbar sind (vgl. § 2 Rn. 102 und OLG München GRUR-RR 2008, 37, 39 – *Pumuckl-Illustrationen II*). **12**

4.   Bearbeitung der Bearbeitung

Der Bearbeiter ist grundsätzlich Urheber der Bearbeitung. Dabei ist gleichgültig, ob es sich um die Bearbeitung eines Originalwerkes oder um die Bearbeitung einer Bearbeitung eines Originalwerkes handelt; auch der Bearbeiter der dritten und vierten Stufe bleibt Urheber seiner Bearbeitung. Die **Beispiele** hierfür sind Legion: Kafkas berühmtes Werk *Das Schloß*, nach dem Roman einer tschechischen Autorin geschrieben, wurde von Max Brod dramatisiert. Das Drama bildete wiederum die Vorlage für ein Opernlibretto. Aus dem autobiografischen Roman *Die Trapp-Familie* der Baronin Augusta Maria Trapp wurde ein Filmdrehbuch von Georg Hurdalek, das dann seinerseits zur Vorlage für das erfolgreiche Broadway-Musical *The Sound of Music* diente; das Musical wiederum wurde verfilmt. **13**

5.   Titelschutz

Die rechtliche Gleichstellung der Bearbeitung mit einem selbstständigen Werk gem. § 3 erstreckt sich auch auf den Kennzeichenschutz des § 5 Abs. 3 MarkenG (vgl. § 2 Rn. 53). Gibt der Bearbeiter oder der Verwerter der Bearbeitung dieser einen vom Original abweichenden Titel, steht ein nach § 5 Abs. 3 MarkenG entstehendes Titelschutzrecht dem Bearbeiter oder seinem Verwerter zu (zur Rechtsinhaberschaft am Werktitel vgl. § 88 Rn. 91 f.). Das folgt zwar nicht daraus, dass ein bearbeiteter Titel des Originalwerkes oder ein ganz neu geschaffener Titel für die Bearbeitung etwa selbstständigen urheberrechtlichen Schutz genießen würde, weil Werktitel aufgrund ihrer Kürze regelmäßig nicht urheberrechtlich geschützt sein werden (vgl. § 2 Rn. 53). Jedoch ergibt sich aus dem Grundgedanken von § 3, dass die Bearbeitung eben wie ein selbstständiges Werk geschützt werden soll, was auf das Werktitelrecht des § 5 Abs. 3 MarkenG, das einen Werkschutz nicht zur Voraussetzung hat, entsprechend anzuwenden ist. Dasselbe folgt im Übrigen auch aus § 5 Abs. 3 MarkenG und der Akzessorietät zwischen Werktitel und zugrunde liegendem Werk: Der Werkti- **14** telschutz ist davon abhängig, dass ein konkreter Werktitel im geschäftlichen Verkehr für ein konkretes Werk benutzt wird. Der Werktitel der Bearbeitung wird aber nicht für das Originalwerk, sondern eben für die Bearbeitung benutzt. Der Titel der Bearbeitung darf deshalb ohne Zustimmung des Bearbeiterurhebers (oder sonstigen Rechtsinhabers des Titelschutzrechtes) **nicht für andere Verwertungsarten des Originalwerkes verwendet werden** (Beispiele: Der vom Original abweichende Titel der deutschen Übersetzung eines Romans darf nicht ohne Zustimmung für die deutsche Synchronfassung des nach dem Original gedrehten Filmes verwendet werden; der Titel der deutschen Synchronfassung des nach dem Original gedrehten Filmes darf nicht ohne Zustimmung für die später erscheinende deutsche Übersetzung des Originalromans Verwendung finden). Die Begründung, die das Kammergericht seinerzeit für seine abweichende Auffassung (KG UFITA 30 [1960], 222 – *Und das am Montagmorgen*) gegeben hat, überzeugt insoweit nicht.

III. Tatbestand

1. Persönliche geistige Schöpfung

15 Bearbeiter im Rechtssinne ist – wie nach § 2 Abs. 2 – nur, wer eine persönliche geistige Schöpfung hervorbringt. Rein handwerkliche Veränderungen eines Originals werden nicht nach § 3 geschützt. Wer kein schutzfähiges Werk, sondern freies Material bearbeitet, ist im Rechtssinne nicht Bearbeiter, sondern Originalurheber (vgl. Rn. 8). Der Bearbeiter kann seine eigene schöpferische Leistung nur dann selbstständig verwerten, wenn das Original nicht mehr geschützt ist; im Übrigen ist er an die Einwilligung von dessen Urheber gebunden (vgl. Rn. 5).

16 Die Bearbeitung muss von einer natürlichen Person stammen (vgl. § 2 Rn. 21); maschinelle Übersetzungen beispielsweise sind grundsätzlich vom urheberrechtlichen Schutz ausgeschlossen (*Ullmann* FS Erdmann S. 221, 230 f.). Anders ist dies allerdings dann, wenn der Computer lediglich als Hilfsmittel für die Übersetzung eingesetzt wird und der Übersetzer der „Herr" seiner Tätigkeit bleibt (*Ullmann* FS Erdmann S. 221, 230 f.).

17 Eine **Schöpfung** kann auch im Falle der Bearbeitung nur vorliegen, wo etwas (subjektiv) Neues geschaffen wird, d. h. die Bearbeitung einen geistigen Abstand zum Original herstellt (vgl. § 2 Rn. 26 f.); der Bearbeiter muss also dem Originalwerk etwas Schöpferisches hinzugefügt oder es schöpferisch verändert haben.

2. Gestaltungshöhe

18 Für Bearbeitungen gelten keine eigenen Anforderungen an die Gestaltungshöhe; **vielmehr folgen die Anforderungen an die Gestaltungshöhe bei Bearbeitungen denjenigen, die an die zugrunde liegende Werkart zu stellen sind** (BGH GRUR 2000, 144, 145 – *Comic-Übersetzungen II*; BGH GRUR 1991, 533, 533 – *Brown Girl II*; BGH GRUR 1972, 143, 144 f. – *Biografie: Ein Spiel*; BGH GRUR 1968, 321, 324 – *Haselnuß*). Ist also für das bearbeitete Originalwerk ein großzügiger Maßstab an den urheberrechtlichen Schutz anzulegen und auch die kleine Münze geschützt, genügt auch für die Bearbeitung gem. § 3 ein geringer Grad individuellen Schaffens (BGH GRUR 2000, 144, 145 – *Comic-Übersetzungen II*; a. A. *Lühring* WRP 2003, 1269, 1284: „muss über Masse des Alltäglichen hinausragen"). Nach diesseitiger Auffassung und der geänderten Rechtsprechung im Bereich der angewandten Kunst (vgl. Rn. 148) gilt dies grundsätzlich für alle Werkarten ohne Ausnahmen (vgl. § 2 Rn. 30 ff.); das früher erforderliche „doppelte Überragen" ist nicht mehr erforderlich (s. unsere 11. Aufl. Rn. 18). Es erscheint auch ohne Weiteres als gerechtfertigt, an

Bearbeitungen i. S. v. § 3 keine besonderen Anforderungen an die Gestaltungshöhe zu stellen und die kleine Münze ebenfalls zu schützen: Der Übersetzer
eines wissenschaftlichen oder technischen Sprachwerkes kann regelmäßig nicht
rein mechanisch übersetzen, sondern benötigt wie ein literarischer Übersetzer
ein besonderes Einfühlungsvermögen und eine gewisse sprachliche Ausdrucks-
fähigkeit (so BGH GRUR 2000, 144, 144 – *Comic-Übersetzungen II* zum literarischen Übersetzer); er muss das wissenschaftliche oder technische Sprachwerk in lesbarer, verständlicher und genauer Form in eine andere
(wissenschaftliche oder technische) Fachsprache übersetzen, was regelmäßig
eine individuelle Leistung erfordert, der der urheberrechtliche Schutz nicht versagt werden darf. Voraussetzung ist natürlich auch hier, dass ein Gestaltungsspielraum vorhanden war und dieser auch ausgenutzt worden ist (vgl. § 2
Rn. 40 f.). Denn die rein routinemäßige Bearbeitung ohne vorhandenen Gestaltungsspielraum oder ohne Ausnutzung eines etwa vorhandenen Spielraumes
stellt keine persönliche geistige Schöpfung dar und führt nicht zum Erreichen
der Gestaltungshöhe (OLG München ZUM 2004, 845, 847 – *Vor meiner Zeit*).

Die Anforderungen an die Gestaltungshöhe bei Bearbeitungen sind **entgegen**   **19**
h. M. grundsätzlich **nicht davon abhängig, wie individuell das bearbeitete Ori-**
ginalwerk gestaltet worden ist, weil es auf die schöpferische Leistung des Bearbeiters ankommt und nicht darauf, wie ausgeprägt schöpferisch der Originalurheber tätig war (ebenso Wandtke/Bullinger/*Bullinger*[4] Rn. 17 f.; a. A. BGH
GRUR 1972, 143, 144 f. – *Biografie: Ein Spiel*; Dreier/Schulze/*Schulze*[5]
Rn. 11; Loewenheim/*Hoeren*[2] § 9 Rn. 215; Schricker/Loewenheim/*Loewen-*
heim[5] Rn. 15; *Lührig* WRP 2003, 1269, 1283). Die Gegenauffassung beruht
möglicherweise auf einem Missverständnis zwischen dem Schutz der Bearbeitung nach § 3 und der Abgrenzung zwischen Bearbeitung und freier Benutzung
nach §§ 23/24: Im Rahmen der Letzteren ist es in Anwendung der Blässetheorie
des BGH in der Tat von entscheidender Bedeutung, wie individuell das Originalwerk ist; je ausgeprägter die Individualität des Originalwerkes ist, umso
weiter ist sein Schutzumfang und umso schwerer wird es für den Bearbeiter,
frei zu benutzen, weil die individuellen Züge des benutzten Originalwerkes
sehr viel seltener verblassen werden als beispielsweise bei Werken der kleinen
Münze (vgl. §§ 23/24 Rn. 49). Dass die für eine schutzfähige Bearbeitung erforderliche eigene schöpferische Ausdruckskraft bei einem Originalwerk von
erheblicher Eigenprägung schwerer zu erzielen sein soll als bei einem Werk von
geringerer Individualität (so aber BGH GRUR 1972, 143, 144 – *Biografie:*
Ein Spiel), ist eine nur schwer begründbare Behauptung: Höchst individuell
gestaltete Romane erfordern erst Recht, dass der Übersetzer „den Sinngehalt
vollständig erfasst und auch die Zwischentöne des Originals wiedergibt" (BGH
GRUR 2000, 144, 144 – *Comic-Übersetzungen II*; *Ullmann* FS Erdmann
S. 221, 221 f.). BGH GRUR 2005, 148, 150 – *Oceano Mare* hebt deshalb zu
Recht hervor, dass die Übersetzung das Original in der literarischen Qualität
sogar noch übertreffen könne. **Abzustellen ist mithin allein auf die schöpferi-**
sche Leistung des Bearbeiters; das Originalwerk und seine schöpferische Eigenart steuern nicht die Anforderungen an die Individualität der Bearbeitungsleis-
tung (ebenso *Ullmann* FS Erdmann S. 221, 222; Wandtke/Bullinger/*Bullinger*[4]
Rn. 17 f.).

Ob die **unzulässige Entnahme einer Melodie** im Sinne von § 24 Abs. 2 als Bear-   **20**
beitung aufzufassen ist und somit die Gestaltungshöhe erreicht oder nur als
(unzulässige) sonstige Umgestaltung ohne eigenständigen Schutz angesehen
werden kann, hängt vom Einzelfall ab: Wird die Melodie weitgehend unverändert entnommen und einem neuen Werk der Musik zugrunde gelegt, liegt Vervielfältigung (§ 16), gegebenenfalls auch andere Umgestaltung (§ 23 S. 1 Alt. 2)
vor (vgl. §§ 23/24 Rn. 27 f.); wird die entnommene Melodie verändert, dürfte,
solange sie in dem neuen Werk erkennbar bleibt, Bearbeitung vorliegen (§ 23

S. 1 Alt 1). § 24 Abs. 2 enthält mit seinem starren Melodienschutz insoweit lediglich eine Klarstellung der Abgrenzung zwischen Bearbeitung (§ 23) und freier Benutzung (vgl. §§ 23/24 Rn. 54; s. a. Dreier/Schulze/*Schulze*[5] § 24 Rn. 44); eine „verbotene freie Benutzung" kann es nicht geben (vgl. §§ 23/24 Rn. 27 f. und 54; a. A. unsere 9. Aufl. § 3 Rn. 16 und § 24 Rn. 12).

3. Beispiele für Bearbeitungen

21   Bearbeitungen lassen sich in **3 Fallgruppen** einordnen, in denen stets, im Regelfall und nur ausnahmsweise eine Bearbeitung vorliegt:

22   a) **Stets eigene geistige Leistung des Bearbeiters:** Die meisten Formen der Bearbeitung setzen stets eine eigene geistige Leistung des Bearbeiters voraus. Hierher gehören insbesondere die Dramatisierung eines Romans und die Episierung eines Bühnenwerkes oder eines Gedichtes, die Umgestaltung eines Romans oder eines Bühnenwerkes zu einem Gedicht, die Fortsetzung eines literarischen Werkes, die Herstellung eines Filmdrehbuchs und dessen Verfilmung, die Umsetzung eines Romans in einen Comic-Strip-Text (OLG Hamburg GRUR 1965, 689 – *Goldfinger*), die Jazz-Improvisation (LG München I ZUM 1993, 432, 432 f.), die Schaffung einer Plastik nach einem Gemälde, eines Gemäldes nach einem Werk der Bau- oder Bildhauerkunst oder einer Schwarz-Weiß-Zeichnung nach einem Gemälde. In diesen Fällen ist, wenn keine freie Benutzung (§ 24) vorliegt, die Bearbeitung stets als persönliche geistige Schöpfung des Bearbeiters geschützt. Stets ist es auch als Bearbeitung anzusehen, wenn einem Filmwerk eine neue Musik unterlegt wird (BGer GRUR Int. 1972, 25, 29 – *Goldrausch I*). Das selbe gilt für das Nachstellen des Motivs eines fremden Lichtbildwerks: Ist das Motiv seinerseits schöpferisch gestaltet worden, so ist der zweite Fotograf Bearbeiter (BGH GRUR 2003, 1035, 1037 – *Hundertwasser-Haus*; OLG Köln GRUR 2000, 43, 44 – *Klammerpose*; OGH GRUR Int. 1995, 162, 163 – *Landschaft mit Radfahrern*); trifft das nicht zu, liegt also freie Benutzung vor, ist der Fotograf Originalurheber (OLG Hamburg ZUM-RD 1997, 217, 219 – *Troades*). Zum Schutz des Motivs vgl. §§ 23/24 Rn. 38.

23   b) **In der Regel eigene geistige Leistung des Bearbeiters:** Andere Formen der Bearbeitung erfordern wenigstens in der Regel eine eigene geistige Leistung des Bearbeiters, so die Herstellung einer Übersetzung (vgl. Rn. 19 und vgl. § 2 Rn. 114 sowie BGH GRUR 2000, 144, 144 – *Comic-Übersetzungen II*) oder eines Film-Treatments, die Fertigung eines Klavierauszuges zu einem Orchesterwerk, die Schaffung eines Potpourris im weiteren Sinne, das vorgegebene Melodien zwar zur Grundlage hat, sie aber zu einem neuen Klangbild auflöst und verarbeitet (Beispiel: Rheinbergers *Akademische Festouvertüre* oder die Ouvertüre *Flotte Burschen* von Franz von Suppé), im Gegensatz dazu das Potpourri im engeren Sinne, das sich auf die Aneinanderreihung von Musikstücken mit Überleitungen beschränkt und deshalb zur dritten Gruppe gehört (vgl. Rn. 24). Auch die neue Erscheinung der digitalen Bearbeitung von Filmen (Näheres *Reuther* GRUR 1997, 23) erfordert in der Regel eine schöpferische Tätigkeit, vor allem dann, wenn Schwarz-Weiß-Filme koloriert werden, aber auch, wenn Formatanpassungen erfolgen („pan & scan"), die Filmmusik in einen Dolby-Surround-Sound umgestaltet wird oder Bildfehler „repariert" werden. In allen diesen Fällen ist fast stets davon auszugehen, dass eine schutzfähige Bearbeitung vorliegt. Nur wo sich die Übersetzung in einer wörtlichen Übertragung eines ganz einfachen Textes, das Treatment in einem Auszug nach Art einer Inhaltsangabe erschöpft, der Klavierauszug das etwa für kleine Besetzung geschriebene Originalwerk bis in die letzte Begleitnote hinein einfach überträgt oder Bildfehler einfach retuschiert, nicht aber kreativ ausgeglichen werden, ist der Bearbeitungscharakter ausnahmsweise zu verneinen.

c) **Einzelfall einer persönlichen geistigen Schöpfung:** In der dritten Gruppe der **24** Bearbeitungen kann im Einzelfall eine persönliche geistige Schöpfung vorliegen, ohne dass eine Vermutung dafür bestünde. Die Zusammenfassung der Kernaussagen einer langen Urteilsbegründung in wenigen Leitsätzen kann, wenn sie gelingt, eine große Leistung sein. Schreibt der Leitsatzverfasser dagegen nur die Kernsätze mehr oder weniger wörtlich ab, gehört dies in den Bereich des Alltäglichen und führt nicht zu einer Bearbeitung (BGH GRUR 1992, 382, 385 – *Leitsätze*; OLG Köln GRUR-RR 2009, 164, 165 – *Nichtamtlicher Leitsatz*; in beiden Fällen lag Bearbeitung vor). Die Instrumentierung einer Melodie kann eine schöpferische Leistung hohen Grades darstellen (Beispiel: Hector Berlioz' Orchesterbearbeitung des Klavierstücks *Aufforderung zum Tanz* von Carl Maria v. Weber). Dagegen kann landläufige Routinearbeit vorliegen, wenn Orchesterwerke routinemäßig verändert werden (Uminstrumentierungen, Änderungen in der Partitur); nicht jeder Dirigent, der in der Partitur zu *Don Giovanni* „herumverbessert", ist deshalb schon ein Bearbeiter Mozarts. Das selbe gilt für bloße Veränderungen an der Dynamik einer Komposition; sie führen in der Regel nicht zur Annahme einer Bearbeitung (LG Berlin ZUM 1999, 252, 254 – *E-Musik*). Auch wer ein Potpourri durch Aneinanderreihung unveränderter Melodien mit kurzen landläufigen Überleitungen zusammenstellt, die dem üblichen Schema entsprechen, in ihrer Art bekannt und leicht nachvollzogen werden können, vollbringt keine persönliche geistige Leistung. Wer dagegen in der Art der Auswahl und Zusammenstellung von Melodien, in ihrer durch Überleitungen bewirkten Verbindung zu einem harmonischen Ganzen oder in der Färbung des Klangbildes durch Tonart- und Instrumentenwahl etwas Eigenartiges schafft, ist Bearbeiter. Auch in diesen Fällen wird man ein bescheidenes Maß geistig-schöpferischer Tätigkeit genügen lassen müssen, also im Zweifel davon auszugehen haben, dass eine schutzfähige Bearbeitung vorliegt.

4. **Beispiele für Umgestaltungen nicht schöpferischer Art**

In den folgenden Fällen der Veränderung oder Umgestaltung eines Werkes liegt **25** in der Regel keine Bearbeitung vor:

a) **Herauslösen einzelner Werkteile:** Das Herauslösen einzelner Werkteile (z. B. **26** Kürzungen an einem Roman, einem Bühnenstück, einem Film; Streichungen an einer Opernpartitur; Herausstellung von Ausschnitten aus einem Gemälde) stellt regelmäßig nur eine quantitative Verringerung, aber keine qualitative Veränderung des Werkes dar. Die Kürzung eines Drehbuches durch den Regisseur ist daher ebenso wenig als Bearbeitung geschützt wie die gekürzte Veröffentlichung gerichtlicher Entscheidungen (OLG Köln UFITA 87 [1980], 331, 332 f. – *Der 4. Platz*; für Urteile schon *Wilhelm Nordemann/Hertin* NJW 1971, 688 gegen KG UFITA 2 [1929], 557 – *Bearbeitung* und RGZ 121, 357, 364 – *Rechentabellen*; zu Leitsätzen vgl. Rn. 24). Anders ist dies nur dann, wenn durch Streichungen die Aussage des so bearbeiteten Werkes verändert wird (etwa Erwin Piscators Streichungen an Hochhuths *Stellvertreter*). War die *Emser Depesche* ein urheberrechtlich geschütztes Werk, würde ihre Veränderung durch bloße Streichungen Bismarcks keine Bearbeitung gewesen sein. Eine kurze Inhaltsangabe zu einem Werk kann dagegen die Qualität einer Bearbeitung erreichen (BGH GRUR 2011, 134, 136 Tz. 26 f. – *Perlentaucher*; RGZ 129, 252, 256 – *Operettenführer*; vgl. Rn. 73). Eine Bearbeitung liegt auch dann vor, wenn ein Zeichner von Figuren eines Kollegen bestimmte charakteristische Einzelheiten und Stilelemente entlehnt und diese seinen eigenen Figuren einfügt (LG Hamburg *Erich Schulze* LGZ 128, 10). Schließlich kann im Bereich der digitalen Bildbearbeitung das Herausstellen eines bestimmten Bildausschnittes durch ein digitales Ausschneiden Bearbeitung sein, wenn dadurch der Bildausschnitt selbst schöpferisch verändert wird oder überhaupt erst der Schritt vom einfachen Lichtbild zum Lichtbildwerk gelingt (vgl. § 2 Rn. 197).

27   b) **Kopie eines Gemäldes oder einer Skulptur:** Die Kopie eines Gemäldes oder einer Skulptur, mag sie noch so geschickt gemacht sein, ist eine Vervielfältigung, aber keine Bearbeitung (BGH GRUR 1965, 503, 505 – *Apfel-Madonna*). Auch wer die Partitur eines chinesischen Musikwerks in unsere Notenschrift überträgt, bearbeitet das Werk nicht, sondern vervielfältigt es nur. Deshalb ist die Aussetzung der nur mit Ziffern angedeuteten Generalbassstimme in Noten, wie man sie gelegentlich in Neuausgaben von Musikwerken des Barocks findet, keine Bearbeitung; sie verdeutlicht den Willen des Komponisten, ohne sein Werk zu ändern (zur Abgrenzung Komponist/Interpret s. *Overrath* UFITA 29 [1959], 336 ff. und Intergu-Schriftenreihe Heft 11, S. 40 ff.). Ebenso ist ein Metallgießer, der nach Vorlagen des Künstlers die Metallformen für eine Bronzeplastik anfertigt, weder Miturheber noch Bearbeiter (OLG Köln FuR 1983, 348 – *Metallgießer*; vgl. § 8 Rn. 4). Zur Restaurierung eines Bauwerks vgl. § 39 Rn. 34 f.

28   c) **Bloße Änderung von Größenverhältnissen:** Die bloße Änderung der Größenverhältnisses eines Werkes ist keine Bearbeitung (BGH GRUR 2010, 628, 630 – *Vorschaubilder*; BGH GRUR 1965, 503, 505 – *Apfel-Madonna*). Das gleiche gilt für die **Umsetzung von Entwurfszeichnungen in die dreidimensionale Form:** Wer ein Gebäude nach einem Architektenplan errichtet, bearbeitet den Architektenplan nicht, sondern vervielfältigt ihn (BGH GRUR 2003, 231, 234 – *Staatsbibliothek*; BGH GRUR 1999, 230, 231 – *Treppenhausgestaltung*; zudem vgl. § 2 Rn. 152). Das selbe gilt im Fall von Möbeln (OLG Frankfurt GRUR 1998, 141, 143 – *Macintosh-Entwürfe*; *Traub* UFITA 80 [1977], 159), für die Verwendung anderer Werkstoffe sowie für Änderungen in der Bild-Text-Montage bei Druckwerken (BGH GRUR 1990, 669, 673 – *Bibelreproduktion*), sofern nicht die Layout-Gestaltung ausnahmsweise schöpferische Züge tragen sollte (vgl. § 2 Rn. 171).

29   d) **Neutextierung eines Musikstückes:** Die Neutextierung eines Musikstückes, zu dem bisher ein anderer Text vorlag, kann niemals Bearbeitung sein, weil das Musikwerk unverändert bleibt und das mit ihm verbundene Sprachwerk (Text) nicht geändert, sondern ersetzt wird. Es liegt vielmehr eine neue Werkverbindung vor (unzutreffend *Deutsch* GRUR 1965, 7; dagegen schon *Gast* GRUR 1965, 292 und *Bussmann* FS Möhring II S. 233; s. a. BGH GRUR 1978, 305, 306 – *Schneewalzer*).

5. Werkinterpretationen

30   Keine Bearbeitung ist ferner die bloße Interpretation eines Werkes: Der Vortrag von Schiller-Balladen, mag er noch so sehr von der Persönlichkeit des Vortragenden geprägt sein, ist nur nach § 73 geschützt. Der Weltruhm, den Karajans Aufnahmen der Beethoven Sinfonien genießen, macht den Dirigenten nicht zum Bearbeiter Beethovens. Ebenso wenig konnte ein Sänger durch eine „Modernisierung" der Komposition „You're my heart, you're my soul" von Dieter Bohlen über den sogenannten „Falsett-Stil" Bearbeiterurheberrechte erwerben (KG GRUR-RR 2004, 129, 130 – *Modernisierung einer Liedaufnahme*). Wo jedoch über die Interpretation hinaus eine urheberrechtlich relevante Bearbeitung stattfindet, stehen Leistungsschutz und Urheberschutz der Bearbeitung nebeneinander (Schricker/Loewenheim/*Loewenheim*[5] Rn. 20. Beispiel: Der Jazzmusiker, der eine Komposition von Louis Armstrong spielt und improvisiert, ist für seinen Vortrag der Armstrong-Komposition ausübender Künstler, für seine Improvisation Bearbeiter-Urheber.

31   Die von einem **Bühnenregisseur** erarbeitete Textfassung ist nach § 3, seine Inszenierung dagegen, mag sie noch so großartig sein, nur nach § 73 geschützt. Bloße Textrevisionen wie kleine Streichungen oder Änderungen oder andere Arbeiten zur Sprachglättung sieht BGH GRUR 1972, 143, 145 – *Bio-*

grafie: Ein Spiel nicht als Bearbeitung an (zweifelnd *Dietz* UFITA 72 [1975], 1, 39). Die Literatur zu der Frage, ob und wann der Theaterregisseur Bearbeiter-Urheber an der von ihm eingereichten Werkfassung ist, ist zahlreich (*Wandtke* UFITA 2016/I, 135 ff.; Dreier/Schulze/*Schulze*[5] Rn. 23; Loewenheim/*Hoeren*[2] § 9 Rn. 218; Schricker/Loewenheim/*Loewenheim*[5] Rn. 21.; Wandtke/Bullinger/*Bullinger*[4] Rn. 26; *Schack*, Urheber- und UrhebervertragsR[7] Rn. 250). Maßgeblich muss sein, ob eine *eigene werkschöpferische Leistung* (nicht nur eine interpretatorische) anzunehmen ist (so mit Recht OLG Köln UFITA 87 [1980], 321, 324 – *Der 4. Platz* und OLG Dresden NJW 2001, 622, 623 – *Die Cscárdásfürstin*; LG Leipzig ZUM 2000, 331, 333 – *Die Csárdásfürstin*). Zu beachten ist ferner, dass im Gegensatz zum Bühnenregisseur der **Filmregisseur** regelmäßig Film(Mit-)urheber und damit auch zugleich Bearbeiter der vorbestehenden Werke ist (vgl. § 2 Rn. 201); das folgt schon aus § 65 Abs. 2, wo der Regisseur ausdrücklich als Filmurheber genannt ist (vgl. § 65 Rn. 6).

6.   Unwesentliche Bearbeitung eines Werkes der Musik (S. 2)

S. 2 ist durch die Urheberrechtsnovelle 1985 neu in das Gesetz eingefügt **32** worden. **Unwesentliche Bearbeitungen eines musikalischen Werkes** (nur eines solchen), das nicht oder nicht mehr geschützt ist, sollen ihrerseits **keinen Werkcharakter** haben. S. 2 enthält damit lediglich eine **Klarstellung**: Unwesentliche Bearbeitungen eines Werkes der Musik, also solche, die nicht schöpferischer Natur sind, werden nicht mit einem Bearbeiterurheberrecht belohnt: Wer eine Komposition lediglich etwas modernisiert und den Gesangsstil oder nur die Dynamik verändert, ist kein Bearbeiterurheber (KG GRUR-RR 2004, 129, 130 – *Modernisierung einer Liedaufnahme*; LG Berlin ZUM 1999, 252, 254). Die Vorschrift ist wegen ihrer lediglich klarstellenden Funktion **nicht verfassungswidrig** (so aber noch unsere 9. Aufl. Rn. 26); bestehende Zweifel lassen sich durch eine verfassungskonforme Auslegung in der vorgenannten Hinsicht überwinden (ebenso Dreier/Schulze/*Schulze*[5] Rn. 28; Schricker/Loewenheim/*Loewenheim*[5] Rn. 28; etwas anders wohl Wandtke/Bullinger/*Bullinger*[4], die in Rn. 31 davon sprechen, der Gesetzgeber dürfe Einschnitte in den Eigentumsschutz zugunsten der Allgemeinheit vornehmen). Hintergrund der Regelung ist, dass der Gesetzgeber zugunsten von Heimatvereinen, Trachtengruppen und anderen volkstümlichen Vereinigungen nur unwesentlich bearbeitete traditionelle Musikstücke von einem Bearbeiterurheberrecht und damit wohl auch der GEMA-Vermutung freihalten wollte (Dreier/Schulze/*Schulze*[5] Rn. 28; Loewenheim/*Hoeren*[2] § 9 Rn. 221; Schricker/Loewenheim/*Loewenheim*[5] Rn. 28; Wandtke/Bullinger/*Bullinger*[4] Rn. 32). Ob die Klarstellung insoweit tatsächlich hilft, darf bezweifelt werden: Die „überlieferten melodischen, harmonischen und rhythmischen Grundmuster der Volksmusik" (BeschlE RAusschuss RegE ÄndG 1985 – BT-Drs 10/3360 S. 18) bilden die Grundlage des gesamten kompositorischen Schaffens der Pop-, Rock-, Schlager- und sonstigen Unterhaltungsmusik, sodass sie kaum als verlässliches Kriterium für die Beurteilung einer Schutzfähigkeit als Bearbeitung herhalten können. Beispiel: **Elvis Presley's Wooden Heart**, basierend auf dem deutschen Volkslied *Muß i denn zum Städtele hinaus*. Außerdem kommt die GEMA-Vermutung bereits dann zur Anwendung, wenn an dem fraglichen Abend eine einzige Bearbeitung zum Vortrag kommt (s. Dreier/Schulze/*Schulze*[5] Rn. 28). In Anbetracht der lediglich klarstellenden Funktion von S. 2 ist die Wortwahl etwas unglücklich: Anstelle von „unwesentliche Bearbeitung" hätte man in Anlehnung an § 23 S. 2 besser von einer „Umgestaltung" sprechen sollen; damit wäre klargestellt gewesen, dass nur nicht-schöpferische Veränderungen gemeint sind (zur Abgrenzung zwischen Bearbeitung und anderer Umgestaltung vgl. §§ 23/24 Rn. 8 ff.). Der Gesetzgeber sollte das gelegentlich korrigieren.

IV. Inhalt des Rechtes

1. Schutzgegenstand

33 a) **Recht des Urhebers der Vorlage:** Bearbeitungen werden *unbeschadet des Urheberrechts am bearbeiteten Werk* geschützt. Damit ist klargestellt, dass Bearbeitungen kein vom Originalwerk losgelöstes Eigenleben führen, sondern **abhängige Nachschöpfungen** sind. Der Bearbeiter braucht deshalb zwar nicht zur Herstellung der Bearbeitung, wohl aber zu ihrer Veröffentlichung und Verwertung stets die Einwilligung (d. h. die vorherige Zustimmung, § 183 BGB) des Originalurhebers (§ 23 S. 1); nur in einigen Sonderfällen, insbesondere zur Verfilmung, ist die Einwilligung schon *vor* der Herstellung erforderlich (§ 23 S. 2, dort vgl. §§ 23/24 Rn. 17 ff.; zur Beschränkung der Einwilligung vgl. §§ 23/24 Rn. 13 ff.). Eine Bearbeitung, die die Wesenszüge des Originals verändert, ist als **Entstellung** nur dann von der Zustimmung des Urhebers gedeckt, wenn er einer so weitgehenden Bearbeitung zugestimmt hatte (vgl. §§ 23/24 Rn. 13; vgl. § 14 Rn. 22 ff.).

34 b) **Schutzgegenstand:** Ein Bearbeiterurheberrecht entsteht nur an der Bearbeitung selbst, d. h. **an dem eigentlichen Beitrag des Bearbeiters.** Der Herausgeber einer mehrsätzigen Sonate aus der Barockzeit, der im zweiten Satz einzelne fehlende Passagen ergänzt, erwirbt den Schutz des § 3 nur für diese Passagen; die Nutzung der übrigen Sätze (oder des zweiten Satzes mit anderen Ergänzungen) bleibt für jedermann frei (Achtung: es könnte aber ein Sonderschutz nach § 71 bestehen). Verwendet ein Komponist ein gemeinfreies Volkslied für einen Schlager, so ist für ihn nur das geschützt, was er selbst an schöpferischen Zutaten erbracht hat. Jeder andere kann das Volkslied ebenfalls verwenden, wenn er dabei die schöpferischen Merkmale der ersten Bearbeitung vermeidet. Alle drei Werke – das ungeschützte Original und die beiden Bearbeitungen – stehen dann unabhängig in ihren Nutzungsmöglichkeiten nebeneinander (BGH GRUR 1991, 531 und 533 – *Brown Girl I* und *II*).

2. Abhängigkeit des Rechts

35 Bearbeitungen werden **wie selbstständige Werke** geschützt. Auch die Bearbeitung oder Umgestaltung einer Bearbeitung darf also nur mit Einwilligung des Erstbearbeiters verwertet werden (vgl. Rn. 1 und 13). Letzterer bedarf umgekehrt zur Veröffentlichung und Verwertung der Weiterbearbeitung der Einwilligung des Urhebers (vgl. §§ 23/24 Rn. 1 und 13).

36 Wie der Bearbeiter bei der Veröffentlichung und Verwertung seiner Bearbeitung an die Einwilligung des **Originalurhebers** gebunden ist, so kann dieser ebenso wenig ohne **Einräumung entsprechender Nutzungsrechte durch den Bearbeiter** dessen Bearbeitung veröffentlichen und verwerten (BGH GRUR 1972, 143, 146 – *Biografie: Ein Spiel*; BGH GRUR 1962, 370, 373 – *Schallplatteneinblendung*). Die Erlaubnis zur Aufführung des Bühnenstücks *Der Prozess* wäre nicht nur von den Erben Franz Kafkas, der den zugrunde liegenden Roman geschrieben hatte, sondern auch von denen des Bühnenautors Max Brod einzuholen; auch bei einer Verfilmung der Bühnenfassung oder deren Übersetzung wäre die Mitwirkung der Erben Brods erforderlich.

37 Aus dem Zustimmungsrecht folgt als dessen negative Komponente das **Verbotsrecht des Bearbeiters** bei unerlaubter Veröffentlichung oder Verwertung seiner Bearbeitung. Er kann jedem, selbst dem Originalautor, verbieten, die Bearbeitung ohne seine Einwilligung zu nutzen (BGH GRUR 1955, 351, 353 f. – GEMA).

38 Der Schutz der Bearbeitung wie ein selbstständiges Werk ist die logische Voraussetzung dafür, dass die **Bearbeitung eines gemeinfreien Werkes** vollen Urheberrechtschutz genießt. Wäre die Bearbeitung nicht selbstständig geschützt, sondern ihr Schutz von dem des Originalwerkes abhängig, so wäre sie mit diesem gemeinfrei. Die Regelung des § 3 hat zur Folge, dass beispielsweise die Schutzdauer für die Übersetzung der Dramen Shaws durch Siegfried Trebitsch nicht nach dem Todesjahr Shaws (1950), sondern nach dem Todesjahr Trebitschs (1956) berechnet wird.

V. Prozessuales

Vgl. § 2 Rn. 235 ff. Zur Beweislast im Rahmen der Abhängigkeit vom Original **39** werk des Urhebers vgl. §§ 23/24 Rn. 92 ff.

§ 4 Sammelwerke und Datenbankwerke

(1) Sammlungen von Werken, Daten oder anderen unabhängigen Elementen, die aufgrund der Auswahl oder Anordnung der Elemente eine persönliche geistige Schöpfung sind (Sammelwerke), werden, unbeschadet eines an den einzelnen Elementen gegebenenfalls bestehenden Urheberrechts oder verwandten Schutzrechts, wie selbständige Werke geschützt.

(2) [1]Datenbankwerk im Sinne dieses Gesetzes ist ein Sammelwerk, dessen Elemente systematisch oder methodisch angeordnet und einzeln mit Hilfe elektronischer Mittel oder auf andere Weise zugänglich sind. [2]Ein zur Schaffung des Datenbankwerkes oder zur Ermöglichung des Zugangs zu dessen Elementen verwendetes Computerprogramm (§ 69a) ist nicht Bestandteil des Datenbankwerkes.

I. Allgemeines

1. Sinn und Zweck

1 Sobald mehrere Urheber ihre Werke zu einer Sammlung verbinden, entsteht die Frage, ob derjenige, der diese Verbindung steuert und insb. eine Auswahl trifft und die Anordnung entwirft, selbst etwas Schutzfähiges schafft. Man denke an die Kompilatoren der bereits Jahrhunderte existierenden Enzyklopädien, an die dem Volksmund abgelauschten Märchen der Gebrüder Grimm, an die allgemeinem Kulturgut zugehörende Rezepte in Kochbüchern zu Nationalküchen oder an die liebevolle Vereinigung von Sonetten verschiedenster Dichter in Anthologien. Bei der Frage der Schutzwürdigkeit derartiger Zusammenstellungen geht es nicht um den Schutz des einzelnen Werkes oder eines sonstigen Gegenstandes – diese werden nach den allgemeinen Regeln geschützt (s. die Formulierung in Abs. 1 „[...] unbeschadet eines an den einzelnen Elementen [...]") – es geht vielmehr um **einen Akt der Auswahl** einzelner Elemente aus einer Vielzahl und ihrer gewillkürten, einem nicht zufälligen Prinzip folgenden Anordnung. Daher erfüllt § 4 nur eine **klarstellende Funktion** im Verhältnis zur allgemeinen Regelung des § 2.

2. Früheres Recht

2 Das Urheberrechtsgesetz nennt das Ergebnis derartigen Schaffens „Sammelwerk". Frühere Gesetze stellten mit vergleichbaren Anforderungen ein solches bereits durch § 4 LUG und § 6 KUG unter Schutz.

3. EU-Recht

3 Die aktuelle Fassung des § 4 beruht auf Art. 7 des sog. IuKDG **vom 13.6.1997** (zu diesem Gesetz und seinem Hintergrund vgl. Vor §§ 87a ff. Rn. 8 ff.), das der **Umsetzung der Datenbank-RL** in das IuKDG diente und am 1.1.1998 in Kraft getreten ist. Art. 7 IuKDG hat in Umsetzung dieser Richtlinie das Datenbankrecht neu strukturiert. Die Datenbank-RL war notwendig geworden, da insb. mit der Entwicklung der Digitalisierung und gerade auch des Internets neue Arten von Sammlungen entstanden waren, die der Regelung bedurften: elektronische Datenbanken. Nach altem deutschen Recht waren diese zwar als von § 4 umfasst betrachtet worden, sofern sie die entsprechende Gestaltungshöhe erreichten. Wurde diese nicht erreicht, kam immerhin Schutz nach Wettbewerbsrecht in Betracht. Einer gesonderten Regelung hätte es im deutschen Urheberrechtsgesetz daher nicht zwingend bedurft. Das Recht anderer europäischer Staaten erwies sich allerdings nicht als derart flexibel, sodass im Rahmen der europäischen Rechtsangleichung die Datenbank-RL erlassen wurde. Diese sah zum einen explizit den Urheberechtsschutz von Datenbanken mit Schöpfungscharakter vor und führte zum anderen einen Schutz sui generis von Datenbanken ohne diese Schöpfungshöhe ein. „Datenbanken", die Werkcharakter haben, sind nun in § 4 Abs. 2 geregelt. Einfache Datenbanken ohne Werkqualität wurden trotz des Richtlinien- und Begriffszusammenhanges aufgrund des unterschiedlichen Schutzgegenstandes in den §§ 87a ff. geregelt. Zu den technischen Details von Datenbanken, ihrer Begriffsbestimmung und den Hintergründen vgl. § 87a Rn. 3 f. Zur Datenbank-RL und deren Umsetzung *Flechsig* ZUM 1997, S. 577; *Haberstumpf* GRUR 2003, 14; *Vogel* ZUM 1997, 592 sowie ausführlich aus der Hand eines der „Autoren" der Datenbank-RL: *Gaster* und *Wiebe/Leupold*, Recht der elektronischen Datenbanken.

Darüber hinaus war es nach deutschem Recht zuvor für notwendig gehalten **4** worden, dass die **Elemente** eines Sammelwerkes **selbst Werkcharakter** hatten (unsere 8. Aufl./*Vinck* Rn. 1 m. w. N.; Schricker/Loewenheim/*Loewenheim*[4] Rn. 6). Indem die Neufassung des § 4 in Folge der Richtlinie auch Sammlungen bloßer Daten und Fakten („unabhängige Elemente") erstreckte, reicht nunmehr aus, dass das **Sammelwerk** nur aus **nicht schutzfähigen Elementen** besteht (vgl. Rn. 18 ff.). Warum dann allerdings der Unterfall der Datenbankwerke, die sich nur durch das zusätzliche Merkmal der besonderen Anordnung unterscheiden, noch eigens in Abs. 2 erwähnt werden musste, bleibt unklar (zur Abgrenzung vgl. Rn. 27 ff.).

Anders als das Sammelwerk des Abs. 1 ist das **Datenbankwerk** eine **originäre** **5** **Schöpfung des EU-Gesetzgebers** und geht unmittelbar auf die Datenbank-Richtlinie zurück (Art. 3 Abs. 1 Datenbank-RL). § 4 Abs. 2 ist daher zweifelsohne richtlinienkonform auszulegen (zu dieser Frage bei dem Oberbegriff der Sammelwerke vgl. Rn. 13 und allg. sogleich vgl. Rn. 6). Nach dieser sind Sammlungen, einschließlich der Datenbanken, dann als Sammelwerke (Datenbankwerke) geschützt, wenn sie aufgrund der Auswahl oder Anordnung des Stoffes eine eigene geistige Schöpfung ihres Urhebers darstellen. Wesentliche Vorgabe der Richtlinie ist, dass bei der Bestimmung, ob eine Datenbank für diesen Schutz in Betracht kommt, keine anderen Kriterien als die eigene geistige Schöpfung ihres Urhebers (zu diesen Begriffen vgl. Rn. 27 ff.) anzuwenden sind.

Jedenfalls für die Teile des § 4, die auf die Datenbank-RL zurückgehen, ist eine **6** **richtlinienkonforme Auslegung** vorgegeben (Dreier/Schulze/*Dreier*[5] Rn. 2; a. A. Schricker/*Loewenheim*[2] Rn. 4 und 30: nur hinsichtlich Abs. 2; Schricker/Loewenheim/*Loewenheim*[4] Rn. 4 differenzierend: „[…] soweit die Änderungen auf der Datenbank-RL beruhen, es empfiehlt sich aber eine einheitliche Anwendung der Vorschrift"; noch deutlicher: beide Absätze richtlinienkonform nunmehr Schricker/Loewenheim/*Leistner*[5] Rn. 8). Zu den Detailfragen hierzu vgl. Rn. 13.

4. Internationale Konventionen

Sammelwerke sind bereits nach der ersten Fassung der **RBÜ** von 1908 **interna- 7 tional geschützt.** Ursprünglich erwähnte die Schutzgegenstandsumschreibung des Art. 2 Abs. 2 RBÜ i. d. F. von 1908 auch „Sammlungen von Werken der Literatur oder Kunst, die wegen der Auswahl oder der Anordnung des Stoffes geistige Schöpfungen darstellen, sind als solche geschützt, unbeschadet der Rechte der Urheber an jedem einzelnen der Werke, die Bestandteile dieser Sammlungen sind". Im Jahr 1948 wurde diese Bestimmung in einen separaten Absatz überführt (seit 1967 Art. 2 Abs. 5 RBÜ).

Dem Wortlaut Art. 2 Abs. 5 RBÜ zufolge sind **Sammlungen** von Werken, je- **8** doch **nicht solche bloßer Daten** (Datenbanken), von Art. 2 Abs. 5 RBÜ erfasst. Art. 10. 2 TRIPS weicht im Wortlaut von Art. 2 Abs. 5 RBÜ zwar leicht ab, indem er "compilations of data or other material" schützt, entfaltet aber grundsätzlich den gleichen Schutzumfang wie Art. 2 Abs. 5 der RBÜ. Um nach RBÜ und TRIPS als Sammelwerk geschützt zu sein, ist es durch die Erweiterung auf „data and other material" zumindest nicht mehr notwendig, dass die Elemente der Sammelwerke selbst Werkcharakter haben (zu dieser Diskussion im alten deutschen Recht vgl. Rn. 4).

1996 wurden RBÜ und TRIPS im Bereich des Urheberrechts durch den WIPO- **9** Urheberrechtsvertrag ergänzt (WIPO Copyright Treaty, WCT), ein Sonderabkommen im Sinne des Art. 20 RBÜ (vgl. Vor §§ 120 ff. Rn. 23). Der WCT beinhaltet in Art. 5 WCT nur den Schutz von Datenbankwerken in Übereinstimmung mit dem bereits durch RBÜ und TRIPS gewährten Umfang. Der **Versuch der EU**, einen sui generis Schutz auch international zu verankern, scheiterte bislang (vgl. Vor §§ 87a ff. Rn. 18 f.).

II. Tatbestand

1. Sammelwerke (Abs. 1)

10 **a) Begriff:** Der Begriff des Abs. 1 trägt seine Definition in sich: Erforderlich für ein Sammelwerk ist eine **planvolle schöpferische Sammlung** bestimmter Gegenstände, die sich von einer Ansammlung unterscheidet. Er ist also durch zweierlei charakterisiert: einmal durch die Art und Weise der Sammlung (vgl. Rn. 11 ff.), zum anderen der Gegenstand der Sammlung (vgl. Rn. 16 ff.).

11 **b) Art und Weise der Sammlung – Auswahl und Anordnung:** § 4 Abs. 1 (und auch Abs. 2) schützt nicht etwa den Inhalt der Sammlung, sondern die Art und Weise der Sammlung selbst. Damit generiert § 4 einen **eigenständigen Schutzgegenstand**, unabhängig und eigenständig von dem Schutz, den die einzelnen Elemente des Sammelwerkes aufgrund eigener Schöpfungshöhe genießen mögen (vgl. Rn. 35). Die Frage, ob der Akt der Herstellung von Sammelwerken dem literarischen und wissenschaftlichen Schaffen zuzuordnen sind und damit den entsprechenden Werkarten des § 2 Abs. 1 (so *Haberstumpf*[2] Rn. 162; Schricker/Loewenheim/*Loewenheim*[4] Rn. 3, 14; *Ulmer*, Urheber- und VerlagsR[3] § 29 I 2) oder ob es (Literatur, Wissenschaft, Musik) durch die Werkgattung der in ihrem aufgenommenen Werke bestimmt wird (*Schierholz/Müller* FS Nordemann II S. 115), ist nach der Änderung des Wortlautes des Abs. 1 wohl nicht mehr nur akademischer Natur, da es nunmehr als Argument dafür herangezogen wird, Sammlungen tatsächlicher Gegenstände (Schmetterlinge, Porzellan etc.) nicht in den Schutzbereich des § 4 einzubeziehen (Schricker/Loewenheim/*Loewenheim*[4] Rn. 7 ausführlich hierzu vgl. Rn. 26).

12 **c) Persönliche geistige Schöpfung aufgrund Auswahl oder Anordnung:** Da Gegenstand des Schutzes die Struktur des Sammelwerkes ist, also dessen Auswahl oder Anordnung, *nicht* der Inhalt, muss diese Struktur eine persönliche geistige Schöpfung darstellen (§ 2 Abs. 2), um als Werk i. S. d. Urheberrechts anerkannt zu werden. Die den Inhalt bildenden **Elemente** nehmen **am Schutz** nach § 4 *nicht* teil. Die **Individualität** muss in der **Auswahl** oder der **Anordnung der unabhängigen Elemente** zum Ausdruck kommen. Unter Auswahl versteht sich das Sammeln, Sichten, Bewerten, Zusammenstellen unter Berücksichtigung besonderer Auslesekriterien; die schöpferische Leistung liegt in der Entscheidung, welche Elemente in das Sammelwerk aufgenommen werden sollen (*Berger* GRUR 1997, 169, 173). Die schöpferische Leistung kann sich damit auch aus der **Konzeption der Informationsauswahl** und **-vermittlung** ergeben (BGH GRUR 1987, 704, 705 f. – *Warenzeichenlexika*; BGH GRUR 1999, 923, 924 – *Tele-Info-CD*). Diese fehlt z. B. bei der sich zwangsläufig ergebenden Liste der besonders erfolgreichen Poplieder, der sog. Charts (BGH GRUR 2005, 857, 858 – *HIT BILANZ*), ist allerdings gegeben bei einer auch mit Hilfe statistischer Größen, wie der Abdruckhäufigkeit, ermittelten Gedichtliste (BGH GRUR 2007, 685 – *Gedichtliste I*) oder auch bei Aufsätzen in Zeitschriften (erstaunlich apodiktisch: OLG München MMR 2007, 525, 526 – *subito*). Dass eine Auswahl vollständig ist, darf u. E. gerade kein Grund sein, die Schutzfähigkeit generell abzusprechen (so aber OLG Düsseldorf MMR 1999, 729, 731 – *Zulässigkeit von Frames*), denn auch die Anordnung kann schöpferisch sein. Unter **Anordnung** ist hingegen das **Zusammenfügen** der zuvor ausgewählten Elemente zu verstehen.

13 **d) Anforderungen an erforderliche Schöpfungshöhe:** Anders als bei den in Abs. 2 geregelten Datenbankwerken (s. ErwG 15 Datenbank-RL; vgl.

Rn. 27 ff.) gibt der Richtliniengeber für die Sammelwerke **nichts zur Schöpfungshöhe vor** (vgl. § 2 Rn. 19 ff.). Nach ErwG 15 Datenbank-RL sollen die Kriterien, ob eine Datenbank für den urheberrechtlichen Schutz in Betracht kommt, darauf beschränkt sein, dass der Urheber mit der Auswahl oder Anordnung des Inhalts der Datenbank eine eigene geistige Schöpfung vollbracht hat. Dieser Schutz bezieht sich auf die Struktur der Datenbank. Allerdings dürfte die damit verbundene Frage, ob die geringen EG-rechtlichen Anforderungen an die Schöpfungshöhe bei Datenbankwerken (nur „eigene" geistige Schöpfung oder die strengere deutsche „persönliche" geistige Schöpfung) auch für Sammelwerke gelten, eher **praktisch wenig relevant** sein. Denn der BGH hat auch schon bislang an die Auswahl und Anordnung bei Sammelwerken **keine gesteigerten Anforderungen** gestellt, wie er dies lange Zeit z. B. bei Computerprogrammen tat (BGH GRUR 1992, 382, 384 – *Leitsätze*). Auch wenn betont wird, dass die kleine Münze Schutz genießt (Schricker/Loewenheim/ *Leistner*[5] Rn. 21), genügt eine eher handwerkliche, schematische oder routinemäßige Auswahl oder Anordnung gerade nicht (BGH GRUR 1954, 129, 130 – *Besitz der Erde*; OLG Nürnberg GRUR 2002, 607 – *Stufenaufklärung nach Weissauer*). Dennoch hat der BGH diese Grenze – jedenfalls nach § 4 a. F. – bei seiner Entscheidung zu einer Telefonbuch-CD-ROM nicht als erreicht angesehen, denn im dort entschiedenen Fall gab es keine Spielräume bei der Auswahl der Datensätze, sondern lediglich bei der Einheitlichkeit der Einordnung und Darstellung (BGH GRUR 1999, 923, 924 – *Tele-Info-CD*). Ebenso entschied das OLG Hamburg, das einer alphabetischen und chronologischen Auflistung von bestimmten Börsendaten die Schöpfungshöhe absprach (OLG Hamburg GRUR 2000, 319, 320 – *Börsendaten*). Umgekehrt reichte dem OLG Frankfurt die regionale Untergliederung Deutschlands in bestimmte Segmente, die auf höchst verschiedenen Faktoren beruhte, aus (OLG Frankfurt MMR 2003, 45, 46 – *IMS-Health*). Wenn die in der Datenbank enthaltenen Informationen notwendiger Weise vollständig sein müssen, schließt das den Datenbankwerkschutz nicht aus (so zu Recht: Berger/Wündisch/*Schwarz-Gondek*/ *Richert*[2] § 23 B. Rn. 33).

e) Entscheidungspraxis: Die z. T. bereits soeben erwähnte **Entscheidungspraxis** **14** (hier wird nur noch die nach der Umsetzung der Datenbank-RL referiert) verdeutlicht dies. Auch wenn eine Sammlung **Vollständigkeit** anstrebt – wie dies wohl fast alle Sammlungen in ihrem Bereich tun – lässt dies eine schöpferische Tätigkeit nicht unmöglich werden (BGH MMR 2011, 104 Tz. 38 – *Markenheftchen*). Denn letztere kann dann in der Auswahl der zu sammelnden Gesamtmenge liegen (OLG Nürnberg GRUR 2002, 607 – *Stufenaufklärung nach Weissauer*; OLG Hamburg GRUR 2000, 319, 320 – *Börsendaten*; OLG Hamburg ZUM 1997, 145, 146 – *Hubert Fichte Biografie*; KG NJW-RR 1996, 1066, 1067 – *Poldok*; LG München I ZUM-RD 2003, 492, 499 – *Jemen-Ausstellung*; **gedruckte Seminarunterlagen**, die einzelne Beiträge, Fotos und Darstellungen wissenschaftlich-technischer Art geschickt auswählen und anordnen, und damit über die bloße Summe der Inhalte der einzelnen Elemente hinausgehen, können ein Sammelwerk darstellen (OLG Frankfurt GRUR-RR 2015, 200 – *Seminarunterlagen*; **thematische Sammlung von Fotos** von Helmut Newton: BGH GRUR 2013, 1219 – *SUMO*; zu Beispielen elektronischer Datenbanken aus der Rechtsprechung auch *Haberstumpf* GRUR 2003, 14, 19 ff.; Dreier/Schulze/*Schulze*[5] Rn. 12). Ein **gedrucktes Lexikon** genießt den Schutz nach § 4 ebenso wie sein **Internet-Pendant**: OLG Hamburg GRUR 2001, 831 – *Roche-Medizin-Lexikon*; LG Hamburg CR 2000, 776 – *Roche-Medizin-Lexikon* (Vorinstanz). Die in einem **kritischen Apparat zu einer Bibelausgabe** liegende individuelle Zusammenstellung von Textkonstitutionen oder verschiedenen Lesarten kann ebenfalls die Anforderungen an die Gestaltungshöhe erfüllen (*Gounalakis* GRUR 2004, 996, 1000). Andererseits ist es zwar nicht

erforderlich, dass die einzelnen Elemente (hier: **Blätter einer Loseblattsammlung**) fest verbunden sind; dennoch kann bei loser Aneinanderreihung nach
Ansicht des OLG Nürnberg die Anordnung zweifelhaft sein (OLG Nürnberg
GRUR 2002, 607 – *Stufenaufklärung nach Woiccauer*). Weitere Entscheidungen: OLG Düsseldorf GRUR 1997, 49 – *Arbeitshinweise* für die Veranlagungs-
tätigkeit für eine **Zusammenstellung** von organisatorischen **Veranlagungs-
grundsätzen** einer Oberfinanzdirektion; LG Mannheim GRUR-RR 2004, 196 –
Freiburger Anthologie für eine **Gedichtsammlung**, die auch mit Hilfe statistischer Mechanismen ausgewählt wurde (dazu die Revisionsentscheidung BGH
GRUR 2007, 685 – *Gedichtliste I* und die Entscheidung des EuGH GRUR
2008, 1077). Moderne Formen von Sammelwerken können sein: **Linksammlungen** (LG Köln ZUM-RD 2000, 304 – *kidnet.de*; die der Frage des sog.
Screen Scraping, also des Auslesens fremder Flugpläne zur Gestaltung eigener
Internet-Angebote, zugrunde liegenden Daten wurden – soweit ersichtlich –
nicht unter Sammelwerkschutz diskutiert (daher vgl. § 87b Rn. 23).

15 Diskutiert wurde auch, ob **Websites als Sammelwerk** zu qualifizieren sind (zum
Diskussionsstand Wandtke/Bullinger/*Marquardt*[4] Rn. 13 ff., der zu Recht davon ausgeht, dass dies i. d. R. kaum der Fall sein dürfte, weil es an einer schöpferischen Auswahl und Anordnung von Elementen fehlen dürfte). I. d. R. dürfte
es bei Webseiten sogar an der Unabhängigkeit der Elemente (dazu vgl.
Rn. 24 ff.) fehlen, denn die Elemente auf einer Webseite dürften gerade erst aus
einem inhaltlichen Gewebe heraus Sinn ergeben. Zum Schutz von Websites
allgemein vgl. § 2 Rn. 116, 231. Zu einem Beispiel, dass Texte einer Website
nach § 2 Abs. 1 Nr. 1 schutzfähig sein können, LG Berlin ZUM-RD 2006,
573. Die Schöpfung, die in der Anordnung liegen kann, kann sich auch in
der Gestaltung der Zugangs- und Abfragemöglichkeiten manifestieren (OLG
Düsseldorf MMR 1999, 729, 731 – *Zulässigkeit von Frames*).

16 **f) Gegenstand eines Sammelwerkes: Werke, Daten, Elemente: – aa) Werke:** Gegenstand einer Sammlung können zunächst **Werke** sein; deren Voraussetzungen
richten sich nach § 2. Während die alte Fassung des § 4 für Sammelwerke
forderte, dass sie aus Werken oder „anderen Beiträgen" bestanden, woraus
die h. M. ableitete, dass letztere ebenfalls Werkqualität haben müssen (unsere
8. Aufl./*Vinck* Rn. 1 m. w. N.; Schricker/Loewenheim/*Loewenheim*[1] Rn. 6), reichen nach der heutigen Fassung durch das IuKDG „unabhängige Elemente",
d. h. **nicht schutzfähige Elemente** aus. Es ist heute also zweifelsfrei nicht erforderlich, dass die Elemente die in den Werkkategorien unterschiedlich angesetzte
Schöpfungshöhe (zu Werken der angewandten Kunst vgl. § 2 Rn. 145 ff.) erreichen (Dreier/Schulze/*Dreier*[5] Rn. 9). Ebenfalls ist für die Werke i. S. d. § 4 **nicht
erforderlich**, dass sie in zeitlicher Hinsicht **noch geschützt** sind (dazu Dreier/
Schulze/*Dreier*[5] Rn. 9) oder im Einzelfall nach den fremdenrechtlichen Regelungen der §§ 120 ff. in **Deutschland Schutz genießen**, denn es sind eben – wie
betont – auch urheberrechtlich schutzunfähige Elemente von § 4 erfasst.

17 **bb) Daten und Elemente – eine Begriffsbestimmung:** Art. 1 Abs. 2 Datenbank-
RL hat den Werken „**Daten**" und „**Elemente**" zur Seite gestellt, Begriffe, die
das Urheberrecht bislang nicht kannte und deren **rechtliche Einordnung** nicht
geklärt ist (zum Sachbegriff von Daten vgl. § 69c Rn. 36 ff. und Bröcker/Czy-
chowski/Schäfer/*Czychowski*, § 13 Rn. 16 f.). Auch von der Rechtsprechung
werden die Begriffe „Elemente" und „Daten" nicht klar auseinander gehalten.
So wurden Datum, Uhrzeit und Identität einer Fußballmannschaft abwech-
selnd unter „Daten" und unter „unabhängige Elemente" subsumiert (EuGH
GRUR 2005, 254, 255 – *Fixtures-Fußballspielpläne II*). Es bedarf daher u. E.
einer genaueren **Begriffsbestimmung** von „Daten", gerade auch in **systematischer Auslegung** im Verhältnis zu dem Begriff der „Elemente".

Elemente sind nach dem Duden (Bd. 3, 1999, „Element") die Grundbestand- **18**
teile oder Komponenten eines sinnvollen Ganzen. Nach der vorsokratischen
Naturphilosophie diente das Wort „Element" zur Bezeichnung der letzten,
nicht mehr weiter – im Gegensatz zu „Atomen" nicht quantitativ, sondern –
qualitativ aufteilbaren Urstoffe des Seins (zu den Schriften des Empedokles und
Demokrit s. *Hirschberger* I 1 4A, S. 38). In der Chemie wird mit „Element"
auch noch heute ein mit chemischen Mitteln nicht weiter zerlegbarer Stoff
bezeichnet. „Element" bezeichnet daher den **kleinsten qualitativ zu beschreibenden Bestandteil eines Ganzen**. Über einen etwaigen Informationsgehalt sagt
dieser Begriff also noch nichts aus.

In Abgrenzung dazu könnte man „Daten" bzw. das „Datum" als **kleinste logische** **19**
Einheit eines Ganzen mit Informationswert betrachten. In der Informatik wird mit
dem Wort „Datenfeld" z. B. die kleinste adressierbare logische Einheit innerhalb
einer aus Datensätzen bestehenden Datei bezeichnet (*Brockhaus* „Datenfeld"
Bd. 1, S. 839). Die Übertragung dieser Begrifflichkeit aus der Informatik auf den
Rechtsterminus „Daten" bietet sich insb. in Hinblick auf den Entstehungszusam-
menhang der Datenbank-RL an, denn diese entstand auch und vor allem des
Schutzes elektronischer Datenbanken wegen (vgl. Rn. 3). Weiterhin sollte die Definition von „Daten" um der begrifflichen Klarheit willen eng gefasst werden. Der
Begriff „Daten" entstammt insb. aus dem Funktionszusammenhang der Informationstechnologie: So besteht insb. eine funktionelle Nähe zur „Datenbank". Datenbanken unterscheiden sich von Sammlungen beliebiger Elemente dadurch, dass
sie die informationstechnologischen Mittel zur Verarbeitung der einzelnen Elemente besitzen, aus denen sie bestehen (EuGH GRUR 2005, 254, 255 – *Fixtures-
Fußballspielpläne II*). „**Daten**" sind daher Elemente, denen die Eigenschaft der informationstechnologischen Verarbeitungsfähigkeit zukommt. Dreier/Schulze/
Dreier[5] Rn. 9 definiert unter Verweis auf *Bensinger* S. 125, Daten als „formalisierte Darstellung von Fakten, Konzeptionen oder Instruktionen, die zur menschlichen oder maschinellen Kommunikation geeignet ist". Diese weite Definition, die
auch die menschliche Verarbeitung mit einbezieht, erscheint uns zu weit, da sie
eine genaue Abgrenzung von den „Elementen" erschwert. Indem man „Daten"
auf Elemente mit informationstechnologischer Prozessierbarkeit reduziert, ist
dem Schutzinteresse an Daten ausreichend Rechnung getragen. Alle anderen
„menschlich" verarbeitbaren Gegenstände eines Sammelwerkes können durch
den Auffangbegriff „Elemente" geschützt sein.

Aus dem logischen Verhältnis von Oberbegriff zu Teilbegriff ergibt sich, dass **20**
der Oberbegriff zwar alle Eigenschaften des Unterbegriffes umfasst, darüber
hinaus aber Gegenstände erfasst, die diese Eigenschaften nicht aufweisen. Während „Daten" also als Qualität einen **informationstechnologischen prozessierbaren Informationswert** besitzen müssen, können „Elemente" zwar einen Informationswert haben, dieser ist aber **nicht informationstechnologisch
verarbeitbar** oder sie haben schon keinen Informationswert. Als Oberbegriff
können „Elemente" zwar i. d. S. verarbeitbar sein, z. B. durch den menschlichen
Verstand. Der Begriff erfasst aber auch Elemente, die diese Verarbeitungsfähigkeit nicht aufweisen. Dies ergibt sich aus dem normativen Zusammenhang
zum Schutzgegenstand des § 4, dem Sammelwerk: Sammelwerke müssen nicht
unbedingt die Eigenschaft der Verarbeitungsfähigkeit ihrer Elemente aufweisen, sie können dies wie im Sonderfall der Datenbank. In Anlehnung an dieses
Verhältnis von Sammelwerk zu Datenbank, könnte man das Verhältnis Elemente – Daten fassen: Elemente können, aber müssen nicht verarbeitungsfähig
sein, um Gegenstand eines Sammelwerkes zu sein, da Verarbeitungsfähigkeit
nur eine Sondereigenschaft einer bestimmten Fallgruppe eines Sammelwerks
und von Sammelwerkgegenständen ist. „Elemente" trifft daher als Oberbegriff
zu „Daten" keine Aussage über zusätzliche Qualitäten des kleinsten möglichen
Bestandteiles des Sammelwerkes.

21 Eine derartige Unterscheidung zwischen „Element" und „Daten" wird unterstützt durch die **amtliche Begründung**, die den ursprünglichen Begriff der „Beiträge" durch die neutralere Formulierung der „unabhängigen Elemente" in Übereinstimmung mit Art. 1 Abs. 2 der Datenbank-RL ersetzt (RegE IuKDG = BT-Drs. 13/7385, S. 51), während der Begriff „Daten" der technischen Fortentwicklung von Informationsverarbeitung geschuldet ist. Weiterhin spricht für eine derartige Unterscheidung, dass dem Begriff des „unabhängigen Elementes" eine **Auffangfunktion** zukommen soll (Dreier/Schulze/*Dreier*[5] Rn. 10). Dies ergibt sich aus der systematischen Stellung in der Norm als letztem Begriff in der Aufzählung. Sinn und Zweck ist, dass durch diesen Begriff Gegenstände in den Schutzbereich des § 4 inkorporiert werden sollen, die zuvor als nicht erfasst galten, da sie keinen Werkcharakter (mehr) hatten, z. B. Werke nach Ablauf der Schutzdauer oder Werke, die nach §§ 120 ff. nicht in den Genuss deutschen Urheberrechts kommen, aber auch andere Elemente außer Daten, welche die erforderliche Schöpfungshöhe nach § 2 Abs. 2 nicht erreichen. Diese Auffangfunktion kann der Begriff der „Elemente" nicht entfalten, wenn bereits „Elemente" als Daten informationellen Gehalts zu definieren (Schricker/Loewenheim/*Loewenheim*[4] Rn. 6). Dies würde dem Begriff „Elemente" seinen weiteren Begriffshof nehmen. Unter den Begriff der Elemente fallen daher auch alle anderen Schutzgegenstände des Urheberrechts, die nicht Werke sind, also z. B. Leistungen, die verwandten Schutzrechten unterfallen.

22 Als Beispiel für ein „Element", das kein Datum wäre, könnte man an den Farben- bzw. Stoffkatalog der lieferbaren Sofabezüge eines Möbellieferanten denken. Kleinstes jeweiliges Element des Kataloges sind die einzelne Farbe und der einzelne Stoff. Der Katalog bzw. seine Elemente gewinnen erst dann einen prozessierbaren Informationswert, wenn dem jeweiligen Stoff z. B. in einer computerverarbeitbaren Datei eine Warennummer zugeordnet wurde. Die als Datei gespeicherten und prozessierbaren Stoff- und Farbnummern sind als Daten geschützt, während die fühl- und sichtbaren Einheiten (Farben und Stoffe) des Katalogs als Elemente zu charakterisieren sind. Dateien wie Kataloge würden als eigenständige Sammelwerke jeweils Schutz genießen können bei ausreichender Schöpfungshöhe. Beispielhaft seien hier auch die Untersuchungen von *Gounalakis* GRUR 2004, 996, 1000 genannt. Dieser analysierte den kritischen Apparat zu einer Bibelausgabe in Hinblick auf seine Schutzfähigkeit als Sammelwerk. Der kritische Apparat dokumentierte u. a. Textrekonstruktion und die heutige Konstitution des Textes, außerdem bezeichnete er Quellen und abweichende Lesarten. Diese Inhalte qualifizierte *Gounalakis* als „Daten" und den kritischen Apparat insgesamt als Sammelwerk. Mangels einer **genauen Definition** von „Daten" bzw. „Elementen" ist leider nicht nachvollziehbar, warum eine Subsumtion unter den Begriff „Daten" erfolgte. Während man eine Quellenangabe wohl noch als formalisierte Darstellung einer Information, nämlich als einem bestimmten Muster folgende Angabe der Herkunft einer Information, also als „Datum" i. S. *Dreiers* betrachten kann, ist es fraglich, inwiefern eine andere Lesart einer Textstelle formalisiert sein soll. Nach unserer Definition handelt es sich sowohl bei Quellenangabe als auch bei alternativer Lesart um ein unabhängiges „Element".

23 **Zusammenfassend** ist also davon auszugehen, dass „Daten" die kleinsten Bestandteile mit informationstechnologisch prozessierbarem Informationswert eines zur Informationsverarbeitung gedachten Sammelwerkes sind, während der weitere (Ober-) Begriff der „Elemente" alle diejenigen Gegenstände umfasst, die Bestandteil eines Sammelwerkes sein können.

24 **cc) Unabhängigkeit der Elemente:** Angesichts der Weite dieses Begriffes der „Elemente" bedarf es der **Einschränkung durch den Begriff der Unabhängigkeit** der Elemente. Würde man als „Element" jegliches, auch jedes in einem inhaltlichen Kontext zusammenhängende, Element zulassen, könnte man auch auf die Idee kommen, ein Musikstück als Sammelwerk seiner einzelnen Töne zu verstehen. Dies wollte bereits der Richtliniengeber verhindern. In ErwG 17 der Datenbank-RL wird explizit die Aufzeichnung eines „audiovisuellen, kinematographischen, literarischen oder musikalischen Werkes" vom Anwendungsbereich der Richtlinie ausgeschlossen (Walter/*v. Lewinski* Art. 1 Datenbank-RL Rn. 18 unter Verweis auf ErwG 17 Datenbank-RL). Sinn und Zweck der Voraussetzung der Unabhängigkeit ist es, dass bereits als Werke geschützte Gegenstände wie Bücher, Filme oder Musikstücke nicht auch als Sammelwerke ihrer einzelnen Bestandteile geschützt werden. Kennzeichnend für das Verhältnis derartiger Werke und ihrer Elemente ist, dass die **Elemente ihren Sinn erst aus dem einheitlichen inhaltlichen Konzept gewinnen,** das dem Werk zugrunde liegt. Um bei dem Benutzer des Werkes Sinn zu erzeugen, muss dieses inhaltliche Konzept als Ganzes wahrgenommen werden: Sinn der Worte und Sätze eines Buches ergeben sich aus dem Plot, der Eindruck, den Töne und Pausen erzeugen können, ergibt sich erst durch die Komposition. Die kleinsten Bestandteile eines Werkes sind in ihrem konkreten Sinn von dessen inhaltlichem Geflecht abhängig.

Für ein **Sammelwerk** wird daher vertreten, dass – in Abgrenzung zu Büchern oder Musikstücken – die Elemente **nicht erst aus einem inhaltlichen Gewebe heraus,** sondern unabhängig voneinander, aus sich selbst heraus, **Sinn ergeben** (Dreier/Schulze/*Dreier*[5] Rn. 10; Schricker/Loewenheim/*Leistner*[5] Rn. 17 f.; Walter/*v. Lewinski* Art. 1 Datenbank-RL Rn. 18; *Leistner* S. 46 ff.). Für Sammelwerke mit den Beiträgen verschiedener Autoren passt diese Definition problemlos. Es kann aber sein, dass auch bei Sammelwerken die Einzelelemente erst aus dem einem Sammelwerk zugrunde liegenden Anordnungsprinzip Sinn erzeugen. Dann tritt zur Abgrenzung zum einheitlichen Werk ergänzend hinzu, dass das Anordnungsprinzip eines Sammelwerkes ein überwiegend formales, strukturelles ist und weiterhin, dass das Sammelwerk nicht als Ganzes wahrgenommen werden muss, um dieses unterliegende Strukturprinzip zu enthüllen. **25**

Dies lässt sich am **Beispiel** von **Postleitzahlen** erläutern: Ebenso wenig wie eine einzelne Note ergibt auch die Nummer 14469 für sich zunächst einen Sinn. In einer Sammlung von vielen fünfstelligen Nummern, welche jeweils Teilbereichen in Orten derartige Zahlen zuordnet, ergibt die Zahl 14469 aus diesem Zuordnungsprinzip heraus den Sinn, Post z. B. zur Helene-Lange-Straße in Potsdam gelangen zu lassen. Wenn also klar ist, dass es sich bei der fünfstelligen Zahl um eine Postleitzahl handelt, trägt die Postleitzahl die Information zur geographischen Identifikation eines bestimmten räumlich abgegrenzten Teils eines Ortes in sich. Dasselbe gilt für Postfachadressen oder Großkundennummern. Der Sinn erschließt sich nicht erst aus der Lektüre der gesamten Sammlung der Postleitdaten und einem sich aus dieser Gesamtlektüre ergebenden inhaltlichen Geflechts, sondern aus der Grundinformation, dass es sich um Postleitzahlen handelt und dem Verständnis des formalen Anordnungsprinzips von Zuordnung der Zahl zu einem Ort. Der Nutzen von Postleitzahlen liegt daher anders als für Töne oder Wörter nicht in ihrem funktionalen Beitrag zu einem inhaltlich kohärenten Gewebe, sondern in ihrer Sammlung, möglicherweise der formalen Zuordnung zu anderen Elementen und des methodisch ermöglichten Zugriffs auf die Einzelgegenstände der Sammlung. **26**

Einen Hinweis zum Begriff der Unabhängigkeit bietet in diesem Zusammenhang ErwG 20 Datenbank-RL: Er bezieht ausdrücklich sog. **Indexierungssysteme** in den Datenbankschutz mit ein. Der Richtliniengeber hatte also erkannt, dass durchaus zwischen einer Sammlung von Tönen oder Sätzen, die aus dem Schutzbereich herausgehalten werden sollen, und durch alphanummerische Zusammenstellung verbundener Systeme – wie Indexierungssystemen – unter- **27** schieden werden muss. Der Grund hierfür liegt bei näherer Betrachtung auch auf der Hand: Solche Indexierungssysteme, wie etwa der Michel-Katalog (Durchnummerierung aller in Deutschland je herausgegebenen Briefmarken), weisen eben kein inhaltliches Gewebe auf, wie dies ein aus Tönen zusammengesetztes Musikstück tut. Oder einfach gesprochen: Den Michel-Katalog erfasst der Nutzer nicht in seiner Gesamtheit als ihn vom Inhalt und der Form interessierende Informationssammlung, sondern der Wert eines solchen Indexierungssystem liegt im Zusammentragen und Anordnen der Elemente. Oder, noch einfacher: Man liest einen solchen Katalog nicht als Buch oder hört ihn wie ein Musikstück.

28 Daraus ergibt sich nun auch die Definition von „unabhängig": Unabhängig sind die Elemente, wenn es sich um **einzelne, selbstständig sinnhaltige Einheiten** handelt. Sofern das einzelne Element diesen Sinn nicht schon in sich erzeugt, schadet es der Unabhängigkeit nicht, wenn der Sinn durch ein formales Anordnungsprinzip erzeugt wird. Dies ergibt sich aus der Parallelität zu dem Begriff der „Daten". Daten sind unabhängige Elemente, da sie jeweils einen für sich sinnigen Informationswert tragen. Auch bei Daten ergibt sich der weitere Verwendungssinn häufig erst aus den zugrunde liegenden Programmsätzen. Der **EuGH** formuliert dies für Datenbanken so, dass dadurch eine Sammlung erfasst wird, die Werke, Daten oder andere Elemente umfasst, die sich voneinander trennen lassen, **ohne dass der Wert ihres Inhaltes dadurch beeinträchtigt wird** (EuGH GRUR Int. 2005, 239, 241 – *Fixtures-Fußballspielpläne I*; EuGH GRUR 2005, 254, 255 – *Fixtures-Fußballspielpläne II*). Dem ist der BGH zu Recht gefolgt (BGH GRUR 2005, 940, 941 – *Marktstudien*). Leider hat der **EuGH** das **Tatbestandsmerkmal** der Unabhängigkeit ohne Not in einer Entscheidung über die Schutzfähigkeit topografischer Karten (allerdings zu §§ 87a ff.) **nahezu aufgegeben.** Der EuGH wertete geografische Daten (Koordinaten bestimmter Punkte der Erdoberfläche, also z. B., dass sich an einer bestimmten Stelle Wald oder ein See befindet) als unabhängige Elemente (EuGH GRUR 2015, 1187 Tz. 25 f. – *Freistaat Bayern ./. Verlag Esterbauer GmbH*). Der BGH hatte in seinem Vorlagebeschluss noch versucht, diese über die Zweckbestimmung von topografischen Landkarten und den vom typischen Nutzer zu erwartenden Gebrauch aus der Unabhängigkeit herauszudefinieren (BGH GRUR 2014, 1197 – *TK 50* und nach der EuGH Entscheidung dann BGH GRUR 2016, 930 – *TK 50 II* sowie Anmerkung von *Czychowski* GRUR-Prax 2016, 333; dazu *Leistner* GRUR 2016, 42; Schricker/Loewenheim/*Leistner*[5] Rn. 29).

29 **dd) Sammlung realer Objekte als Sammelwerk:** Ob hingegen auch eine **Sammlung realer Objekte** (wie **Herbarien, Porzellansammlungen** oder gar Sammlungen **lebender Tiere wie Zoos** oder eine **Ausstellung von Kunstwerken**) als unabhängige Elemente anzusehen ist (so Dreier/Schulze/*Dreier*[5] Rn. 10), erscheint uns in dieser Pauschalität fraglich (ausführlich nun dazu *Waitz*, Die Ausstellung als urheberrechtlich geschütztes Werk). Einerseits würden damit die Sammlungen der Museen Deutschlands einen unerwarteten Zugewinn an Schutz erlangen (OLG Düsseldorf *Erich Schulze* OLGZ 246; LG München I ZUM-RD 2003, 492, 499 – *Jemen-Ausstellung*: Schutzfähigkeit einer archäologischen Ausstellung mit einer Vielzahl ausgestellter Objekte und Texttafeln sowie einer komplexen Gliederung bejaht; a. A. aber Schricker/Loewenheim/*Loewenheim*[4] Rn. 6: nur bei künstlerischer Anordnung Kunstwerkschutz nach § 2 Abs. 1 Nr. 4; nunmehr befürwortend Schricker/Loewenheim/*Leistner*[5] Rn. 15; zum alten Recht *Ulmer*, Urheber- und VerlagsR[3] § 29 I 2). Andererseits würde damit der Schutz auf Gegenstände erstreckt (Stichwort: Zoo), für deren Schutz § 4 bzw. § 87a (weil es im Falle des Zoos sicherlich an einer persönlichen geistigen Schöpfung in der Zusammenstellung der Tiere fehlt, es sei denn, dem Zoo läge eine neuartige thematische Konzeption zugrunde) ersichtlich

nicht geschaffen wurde. U. E. muss man differenzieren: Das gestalterische Konzept einer Ausstellung kann selbstverständlich Schutz nach § 2 Abs. 1 Ziff. 4 oder auch § 7 Abs. 2 genießen (vgl. § 2 Rn. 155); selbiges gilt für Ausstellungstexte oder -illustrationen (dann § 2 Abs. 1 Ziff. 1 oder 4, Abs. 2). Die Objekte einer Ausstellung werden jedoch nur dann als Elemente eines Sammelwerkes betrachtet werden können, wenn sie „Elemente" im Sinn der EU-Richtlinie sind. Auch § 4 Abs. 1 ist diesbezüglich richtlinienkonform auszulegen, da das Wort „Elemente" in Abs. 1 in Umsetzung der Richtlinie erfolgte. „Elemente" tritt als neutralerer Begriff an die Stelle von „Beiträgen" (RegE IuKDG – BT-Drs. 13/7385 S. 51). Die in ErwG 17 Datenbank-RL aufgelisteten Beispiele für „unabhängige Elemente" umfassen Texte, Bilder, Töne, Fakten, Daten. Eine Erweiterung des Schutzbereiches des § 4 war bezüglich rein faktischer Gegenstände weder vom Richtlinien- noch vom Gesetzgeber beabsichtigt, zumal eine derartige Erweiterung nicht notwendig ist, um ausreichenden Schutz eines Konzeptes der Ansammlung von Gegenständen zu gewährleisten. Selbstverständlich bleibt dann noch die Frage zu beantworten, ob die Anordnung dieser Elemente eine persönliche geistige Schöpfung darstellt (vgl. Rn. 12). Denn der einer Ausstellung zugrunde liegende Kombinationsgedanke (dazu *Schaefer* S. 121 f.) bezieht sich auf die ausgestellten Daten (also z. B. die Art und Weise des Bauens eines Baumeisters des Neuen Bauens), sodass unzweifelhaft „Elemente" vorliegen.

ee) Mindestanzahl an Elementen: Die Frage, welche Mindestanzahl von Elementen erforderlich ist, damit eine rechtlich geschützte Sammlung entsteht, ist bisher wenig beachtet worden (nunmehr Schricker/Loewenheim/Leistner[5] Rn. 10: Kriterium ist alleine die persönliche geistige Schöpfung, Zahl nicht entscheidend). Dies ist insb. deshalb erstaunlich, weil die Entnahme eines Teiles, der kleiner wäre als die Mindestmenge, stets ohne Verletzung möglich wäre, da insoweit der entnommene Teil selbst nicht schutzfähig wäre (i. d. S. Dreier/Schulze/*Dreier*[5] Rn. 15, andeutungsweise OLG München MMR 2007, 525, 526 – *subito*). Auch die gesetzliche Regelung zum Investitions-Schutzrecht des Datenbankherstellers gem. § 87b lässt nicht die Entnahme einzelner Elemente genügen. Leider lässt sich all dies nicht anhand der Rechtsprechung und Literatur im Hinblick auf Sammel- oder Datenbankwerke quantifizieren. Schricker/Loewenheim/*Loewenheim*[4] Rn. 18 spricht von zwei bis drei Gedichten aus einer Gedichtsammlung, die bzw. deren Titel ohne weiteres entnommen werden dürften. In der Tat wäre es nicht ganz ausgeschlossen, dass sich bereits in vier bis fünf Elementen Individualität ausdrücken könnte. Wenn es um die Schutzbegründung aufgrund der Auswahl geht, stellt sich die Frage, in welchem Verhältnis die Zahl der Gesamtheit aller zur Verfügung stehenden Elemente, aus denen ausgewählt wird und die Zahl der tatsächlich ausgewählten Elemente zueinander stehen müssen. Soweit ersichtlich hat sich der BGH GRUR 1992 382, 384 – *Leitsatz* erstmals mit der Frage, allerdings eher indirekt, befasst. Anhaltspunkte liefert diese Entscheidung nur insofern, als der BGH bei einer Verwendung von acht Elementen aus 63 insgesamt keine Verletzung gesehen hat. Zugleich hat der BGH unter insofern billigendem Verweis auf die Entscheidung des Berufungsgerichtes ausgeführt, dass die Sachlage möglicherweise anders zu beurteilen wäre, wenn in der Anordnung ggf. in Verbindung mit der Auswahl eine persönliche geistige Schöpfung vorgelegen hätte. Die Möglichkeit, dass auch in einer Auswahl und/oder Kombination von acht Elementen eine solche persönliche geistige Schöpfung liegen könnte, ist also durchaus nicht ausgeschlossen. Ähnlich unsicher ist die Quellenlage bei der Frage, wie viele Elemente erforderlich sind, um für die Anordnung selbstständigen Schutz begründen zu können. Anhaltspunkte liefert die Datenbank-RL in der ErwG 19. Dieser nimmt die Zusammenstellung mehrerer Aufzeichnungen musikalischer Darbietungen auf einer CD aus dem Anwendungsbereich

30

der Richtlinie aus. Immerhin ging der Richtliniengeber offenbar davon aus, dass für die 10–24 Titel einer gewöhnlichen CD grds. kein Werkschutz als Sammelwerk im Sinne des § 4 in Betracht käme, ohne dies allerdings kategorisch auszuschließen. Möglicherweise wollte der Richtliniengeber an dieser Stelle den Schutz aber auch wegen des inhaltlichen Gewebes (vgl. Rn. 25) vereinheitlichen. Nach alledem lassen sich u. E. gute Argumente dafür finden, dass z. B. die Anordnung von sechs bis zwölf Titeln von Musikspiellisten pro Stunde bei Radiosendern kaum das für eine persönliche geistige Schöpfung und damit das für den Werkschutz erforderliche Niveau erreichen dürfte. Im Streitfall muss ggf. durch Sachverständigengutachten belegt werden, dass die Spannbreite dessen, was bereits durch Branchenübungen vorgegeben ist, hinreichend groß ist und so Raum für eine persönliche Schöpfung lässt.

2. Datenbankwerke (Abs. 2)

31 a) **Begriff und Schutzvoraussetzungen:** § 4 Abs. 2 setzt ein Sammelwerk voraus, also eine Sammlung von Werken, Daten oder anderen unabhängigen Elementen (vgl. Rn. 16 ff.), die eine persönliche geistige Schöpfung aufgrund Auswahl oder Anordnung (vgl. Rn. 12) darstellt. Der EuGH definiert Auswahl und Anordnung (beim Datenbankwerk) mittlerweile dadurch, dass der Urheber der Datenbank ihre Struktur verleiht (EuGH GRUR 2012, 386, Tz. 32 – *Football Dacato/Yahoo*). Auch wenn bereits beim Oberbegriff des Sammelwerkes diskutiert wird, ob **geringere Anforderungen an die Schöpfungshöhe** zu stellen sind, als bei sonstigen Werkgattungen (vgl. Rn. 13), ist jedenfalls bei Datenbankwerken durch die klare **Vorgabe der Richtlinie** davon auszugehen, dass „nur" eine eigene geistige Schöpfung vorliegen muss, die sich allein danach bestimmen soll, dass *Originalität im Sinne einer geistigen Schöpfung* (ErwG 15, 16) vorliegt. Andere Kriterien sollen daneben nicht herangezogen werden. Aufgrund der Formulierung des ErwG 15 Datenbank-RL als „Soll"- und nicht als „Muss"-Vorgabe ist zwar grundsätzlich davon auszugehen, dass allein das Vorhandensein von **Individualität, nicht** aber eine **besondere Gestaltungshöhe** für die Schutzfähigkeit von Datenbankwerken ausreichend ist. Da diese Vorgabe jedoch kein Pendant im Wortlaut des § 4 Abs. 2 gefunden hat, ist den Gerichten im Einzelfall ermöglicht, höhere Anforderungen an die Schutzfähigkeit zu stellen, sofern besondere Gründe für die Notwendigkeit der richtlinienkonformen Auslegung überwiegen. Insbesondere in Hinblick auf die noch geringer angesetzten Voraussetzungen der Schutzhöhe von Datenbanken ergibt sich hier der Raum für eine Schutzumfangsabgrenzung zwischen § 4 und §§ 87a ff. Allerdings stützen Kläger ihre Klage seit Umsetzung der Richtlinie oftmals lediglich auf den Schutz aus den §§ 87a ff., so dass die Frage der Schutzfähigkeit als Datenbankwerk von den Gerichten nicht entschieden werden muss (Dreier/Schulze/*Dreier*[5] Rn. 14).

32 All dies bedeutet, dass für die Frage des Werkschutzes von Datenbankwerken eine eigene, vom allgemeinen Werkbegriff des § 2 Abs. 2 **abweichende, Werkdefinition** zugrunde zu legen ist (BeckOK UrhR/*Ahlberg*[16] Rn. 12; Schricker/ Loewenheim/*Loewenheim*[4] Rn. 30 unter Verweis auf die parallele Problematik bei den §§ 69a ff. UrhG: RegE 2. ÄndG – BT-Drs. 12/4022, S. 8, die von einem „Stück europäisches Urheberrecht innerhalb des UrhG" spricht). Es reicht also schlichte Individualität für einen Werkschutz aus (*Haberstumpf*[2] Rn. 172 unter Verweis auf gleiche Anforderungen für Sammelwerke Rn. 165; Schricker/Loewenheim/*Loewenheim*[4] Rn. 37 f.; *Leistner* S. 268 ff.). Abgelehnt wurde **beispielhaft** eine derartige Leistung bei **Fachdatenbanken**, bei denen der **Themenkreis vorgegeben** ist und die auf **Vollständigkeit** angelegt sind, z. B. Verzeichnis aller Einwohner eines Ortes, ohne dass eine zusätzliche Ordnungsfunktion eingefügt wird; hier fehle es an einer individuellen Auswahl (*Berger* GRUR 1997, 169/173; *Wiebe* CR 1996, 198, 201; *Haberstumpf*[2] Rn. 108). Die Individualität in der Anordnung liegt bei **elektronischen Datenbanken** daher auch **weniger in der Datenorganisation** selbst, da die Anordnung der Daten im Speichermedium i. d. R. technisch vorgegeben ist oder durch Computerprogramme bestimmt wird, die nach § 4 Abs. 2 S. 2 gerade nicht Bestandteile des Datenbankwerkes sind. **Individualität** kann aber im **Zugangs- und Abfragesystem** liegen (*Berger* GRUR 1997, 169, 174 f.). Dies ist nur dann nicht der Fall, wenn notwendige oder übliche Zugangs- und Abfragemethoden verwendet werden. Eine schöpferische Leistung kann aber in der **Art und Weise der Zugangs- und Abfragemöglichkeiten** liegen, in deren Eleganz, Leichtigkeit oder Benutzerfreundlichkeit (OLG Düsseldorf MMR 1999, 729, 730; OLG Frankfurt GRUR-RR 2005, 299, 301 – *Online-Stellenmarkt*), die sich auch durch die Abbildung auf dem Bildschirm ausdrücken kann (Schricker/Loewenheim/*Loewenheim*[4] Rn. 39.

Individualität kann sich daher nur dort entfalten, wo die Entscheidung für oder gegen eine konkrete Gestaltung aus Gründen der Logik, künstlerischer oder ästhetischer Gesichtspunkte erfolgt (zu diesen Kriterien Walter/*v. Lewinski* Art. 1 Datenbank-RL Rn. 20 m. w. N.). Deswegen scheidet **individuelles Werkschaffen** nur dort aus, wo **33**
– es allein um die **Anwendung von Fachkenntnissen** und **Erfahrungssätzen** geht (BGH GRUR 1991, 130, 133 – *Themenkatalog*, mit weiteren Nachweisen; BGHZ 94, 276, 285 – *Inkasso-Programm*; BGH GRUR 1986, 739, 740 – *Anwaltsschriftsatz*) oder
– die Auswahl und Anordnung des dargebotenen Stoffes **durch zwingende Kriterien** vorgezeichnet ist (BGH GRUR 1987, 704, 706 linke Spalte unten – *Warenzeichenlexika*) oder
– es sich um einen Aufbau und eine Darstellungsart handelt, die **aus wissenschaftlichen Gründen geboten** oder in Fragen des behandelten Gebiets **weitgehend üblich (ist)** und deren Anwendung deshalb nicht als eigentümliche geistige Leistung angesehen werden kann (BGH GRUR 1984, 659, 661 – *Ausschreibungsunterlagen*).
Weder geistige Anstrengungen noch Sachkenntnis sind für den Werkbegriff entscheidend, auch nicht, ob den Daten eine wesentliche Bedeutung hinzugefügt wurde und auch der Aufwand (ohne dass er Auswirkung auf die Originalität hat) ist nicht entscheidend (EuGH GRUR 2012, 386 – *Football Dacato/Yahoo*).

b) Systematisch und methodisch angeordnete Elemente: Zum Begriff der Elemente vgl. Rn 17 ff. Die einzelnen Elemente des Datenbankwerkes müssen systematisch oder methodisch angeordnet sein. Dies ist dann der Fall, wenn sie **nach bestimmten Ordnungskriterien** zusammengestellt sind; ausreichend ist aber eine Zusammenstellung nach Ordnungsgesichtspunkten, die den Zugriff auf die einzelnen Elemente ermöglicht (BeckOK UrhR/*Ahlberg*[16] Rn. 20; Schricker/Loewenheim/*Leistner*[5] Rn. 53. **34**

Anerkannt ist, dass eine Sammlung von Daten nur **dann nicht** als systematisch/methodisch geordnet gilt, wenn es sich um eine **willkürliche** und **unstrukturierte Datenanhäufung** handelt (OLG München GRUR-RR 2001, 228, 229 – *Übernahme fremder Inserate*; KG GRUR-RR 2001, 102, 102 – *Stellenmarkt*; Walter/*v. Lewinski* Art. 1 Datenbank-RL Rn. 18 f.; *Leistner* S. 53 ff.). Ausgeschlossen werden sollen also nur Sammlungen von Daten, bei welchen der **Zufall eine Rolle spielt** (Walter/*v. Lewinski* Art. 1 Datenbank-RL Rn. 20 u. v. a. *Leistner* GRUR Int. 1999, 824 und das **World-Wide-Web** des Internets als nicht schutzfähige Datenanhäufung). Beispielhaft sei hier auch genannt der **Stellenmarkt einer Tageszeitung**, der den beiden oben genannten Entscheidungen zugrunde lag. Auch eine nach **ästhetischen** Kriterien angeordnete Datenbank kann systematisch und methodisch sortiert sein. Soweit auch nicht-schöp- **35** ferische Arbeiten bei der Auswahl anfallen, müssen diese nicht vom Urheber erbracht werden (BGH GRUR 2007, 685 – *Gedichttitelliste*; Dreier/Schulze/ *Dreier*[5] Rn. 19)

36   c) Einzeln mit Hilfe elektronischer Mittel oder anders zugänglich: Schließlich müssen die Elemente einzeln zugänglich sein. Zugänglichkeit bedeutet, unter Berücksichtigung der Anordnungskriterien auf die Elemente zugreifen zu können und sie abzufragen. Dieses Tatbestandsmerkmal soll verhindern, dass Elementeinheiten, die bereits in ihrer Einheitlichkeit geschützt sind (z. B. ein Buch als literarisches Werk aus einzelnen Worten), noch zusätzlich dem Datenbankschutz unterfallen (Dreier/Schulze/*Dreier*[5] Rn. 18). Bei einer elektronischen Datenbank kann der Zugang zu den Daten durch Recherche online oder offline erfolgen (Schricker/Loewenheim/*Leistner*[5] Rn. 57).

37   d) Abgrenzungen von Computerprogrammen und zu einfachen Datenbanken: Abs. 2 S. 2 stellt klar, dass Computerprogramme, die zur Schaffung einer Datenbank angewandt werden oder den Zugang zu ihr ermöglichen, nicht am Schutz des § 4 Abs. 2 teilnehmen. Das dürfte nach der Logik des individuellen Schutzgegenstandes eigentlich selbstverständlich sein. Man könnte aber geneigt sein, beim Vertrieb von insb. elektronischen Datenbanken im Bundle z. B. mit einem Thesaurus von einem einheitlichen Schutzgegenstand auszugehen oder aber das Abfragecomputerprogramm zur Begründung der Schutzfähigkeit des Datenbankwerkes heranzuziehen. Dem beugt diese Regelung vor. Zu Recht wird darauf hingewiesen, dass diese Trennung vertragsrechtliche Fragen aufwerfen kann; etwa wenn ein Nutzer einer Datenbank von seinem Vertragspartner, dem Datenbankanbieter, nicht die erforderlichen Nutzungsrechte für das zur Abfrage der Datenbank notwendige Computerprogramm verschafft bekommen hat (so Dreier/Schulze/*Dreier*[5] Rn. 21; zu diesen vertragsrechtlichen Fragen zusammengefasst bei den vertragsrechtlichen Ausführungen zu einfachen Datenbanken überblicksartig vgl. § 87e Rn. 9 ff.).

3. Inhaber des Urheberrechts am Sammelwerk, Datenbankwerk

38   Wer die geistige **Leistung des Anordnens** oder **Auswählens** vollbringt, ist der **Schöpfer** (§ 7) des Sammelwerkes oder auch des Datenbankwerkes. Dies können mehrere sein; dann kann **Miturheberschaft** vorliegen (vgl. Rn. 45). Es hat sich eingebürgert, dass man den Urheber eines Sammelwerkes als **Herausgeber** bezeichnet (Schricker/Loewenheim/*Loewenheim*[4] Rn. 24. Hierbei muss es sich nicht um den Begriff des Herausgebers handeln, den § 10 Abs. 2 S. 1 im Blick hat (vgl. § 10 Rn. 43 ff.). Es schadet für die Urhebereigenschaft des Auswählenden und Anordnenden nicht, wenn **Dritte mehr routinemäßige Vorarbeiten** – wie Vereinheitlichung für eine statistische Auswertung – ohne den eigentlich Kreativen, als die Person, die auswählt, aber nach dessen Vorgaben vornehmen (BGH GRUR 2007, 685 – *Gedichtliste I*).

4. Urheber- und Leistungsschutzrechte an den einzelnen Elementen

39   § 4 Abs. 1 spricht davon, dass Sammelwerke unbeschadet eines an den einzelnen Elementen gegebenenfalls bestehenden Urheberrechts oder verwandten Schutzrechts geschützt werden. Die „verwandten Schutzrechte" hat der Gesetzgeber erst anlässlich der Umsetzung der Datenbank-RL aufgenommen. Dies sollte aber lediglich der Klarstellung dienen (RegE IuKDG – BT-Drs. 13/7385, S. 13), denn auch bisher berührte der Schutz an der Auswahl und Anordnung nicht den Schutz an den Elementen. Allerdings wird zu Recht darauf hingewiesen, dass eine gesonderte Verwertung dieser Elemente im Einzelfall vertraglich eingeschränkt sein kann (Schricker/Loewenheim/*Loewenheim*[4] Rn. 27); dies ist z. B. im Fall der Aufnahme einzelner Artikel in eine Zeitschrift denkbar. § 38 enthält für diesen Spezialfall sogar eine gesetzliche Auslegungsregel. Eine parallele Vorschrift für die Datenbankwerke enthält § 4 Abs. 2 nicht. Da diese aber nur einen Unterfall der Sammelwerke darstellen, gilt für sie dasselbe. Dabei ist bei Beliehenen oder anderen gesetzlich Beauftragten auf die genaue Reichweite des gesetzlichen Auftrages zu achten: Der Deutsche Wetterdienst (DWD) hat zwar eine gesetzliche Aufgabe zur Bereithaltung, Archivierung und Dokumentation meteorologischer Daten und Produkte (§ 4 Abs. 1 Nr. 9 DWDG), jedoch nur gegenüber Luftverkehrsteilnehmern zur meteorologischen Sicherung der Luftfahrt (§ 4 Abs. 1 Nr. 2 DWDG). Andere Private dürfen daher die Daten des DWD nicht unentgeltlich verwenden (OLG Köln MMR 2007, 443–446 – *Deutscher Wetterdienst*). Vgl. § 5 Rn. 12.

5. Schutzumfang

Der Schutzumfang von Sammelwerken unterscheidet sich zwar nicht prinzipiell **40** von anderen Werken. Allerdings muss man beachten, dass **nur die Übernahme des Schutzgegenstandes**, also die Auswahl und Anordnung, urheberrechtliche Ansprüche auslösen kann. Die **Übernahme einzelner Elemente reicht nicht.** Damit stellt sich aber das Problem der Abgrenzung, das § 87b für die einfachen Datenbanken mit einem „nach Art und Umfang wesentlichen Teil" gesetzlich festlegt. Der BGH hatte dieses Abgrenzungsmerkmal bereits vor Einführung der §§ 87a ff. annähernd vergleichbar definiert (BGH GRUR 1992, 382, 384 – *Leitsätze*: die Auswahl oder Anordnung **ganz oder in wesentlichen Teilen übernimmt**). Die Rechtsprechung hat seitdem betont, dass eine solche Übernahme eines wesentlichen Teils erst dann vorläge, wenn die übernommenen Bestandteile ihrerseits die geschützte Auswahl oder Anordnung widerspiegeln (BGH GRUR 2007, 685 – *Gedichttitelliste I*; OLG Hamburg *Erich Schulze* OLGZ 229 – *Brigitte-Rezepte*; OLG Frankfurt UFITA 59/1971, 306, – *Taschenbuch für Wehrfragen*; KG GRUR 1973, 602, 603 – *Hauptmann-Tagebücher*; KG GRUR-RR 2004, 228, 235 – *Ausschnittdienst*). Noch prägnanter formuliert es der BGH nun, dass der übernommene Teil so weitgehend **Ausdruck der individuellen Auswahlkonzeption** des Urhebers des Sammelwerks sein muss, dass er noch einen gem. § 4 selbständig schutzfähigen Teil seines Sammelwerkes darstellt (BGH GRUR 2013, 1219 Tz. 57 – *SUMO* unter Verweis auf BGH GRUR 2007, 685 – *Gedichttitelliste I* und die hiesige Auffassung). Zum Umfang von Übernahmen vgl. Rn. 30. Zum Begriff der **Entnahme** bei einfachen Datenbanken vgl. § 87b Rn. 12 ff.

6. Zeitlicher Anwendungsbereich, Schranken

In zeitlicher Hinsicht kennen die Änderungen in § 4 **keine Übergangsregeln.** **41** Also gelten die neuen Regelungen für Datenbankwerke erst seit dem Inkrafttreten des IuKDG am 1.1.1998. Die durch das IuKDG eingeführte zeitliche Übergangsvorschrift des § **137g** betrifft nur die Sondervorschrift zu Schrankenbestimmungen für Datenbankwerke gem. § 55a und die neuen Bestimmungen für einfache Datenbanken in §§ 87a ff. Die Möglichkeit der **Privatkopie nach § 53** ist durch dessen Abs. 5 für elektronische Datenbankwerke **eingeschränkt.**

III. Prozessuales

Die Benennung eines Herausgebers eines Sammelwerkes nimmt grundsätzlich **42** **nicht an der Vermutungswirkung des § 10 Abs. 1 teil.** Zu Gunsten des Urhebers eines Sammelwerkes, der lediglich als Herausgeber bezeichnet wird, wirkt zunächst lediglich die Vermutung der Prozessstandschaft nach § 10 Abs. 2. Eine Vermutung zugunsten des Urhebers, der als Herausgeber bezeichnet ist, wenn er nicht als „Herr des Unternehmens" (vgl. Rn. 38) im Sinne der Wahrnehmung einer bloßen kaufmännischen Tätigkeit mitgewirkt hat, gibt es nicht (OLG Frankfurt UFITA 59/1971, 306, 311 – *Hauptmann-Tagebücher*).

43 Wie allgemein muss der Anspruchsteller das Werk, hier also das Sammel- oder
Datenbankwerk, vorlegen, um das Gericht in die Lage zu versetzen, entscheiden zu können, ob es schutzfähig ist oder nicht. Dies allein wird bei elektronischen Datenbankwerken allerdings wohl nicht ausreichen, denn alleine mit
dem Datenträger wird das Gericht wenig anfangen können. Der Anspruchsteller muss die **schutzbegründenden Elemente offen legen** und darlegen, inwieweit
Spielraum für individuelles Schaffen in Bezug auf diese schutzbegründenden
Elemente bestand und genutzt wurde (*Haberstumpf* GRUR 2003, 14, 22).

IV. Verhältnis zu anderen Normen

1. Sammelwerk als Unternehmen/Schutz nach UWG und MarkenG

44 Neben der Erstellung des Sammelwerkes durch Auswahl und Anordnung
selbst, muss für die drucktechnische Herstellung, Verbreitung und Bewerbung
des Sammelwerkes – und wohl i. d. R. auch bei einem Datenbankwerk – eine
beachtliche **wirtschaftlich-organisatorische Leistung** erbracht werden. Diese
Leistung wird nach § 4 **nicht gesondert** geschützt. Allerdings anerkennt die
Rechtsprechung diese Leistung und gewährt für die vermögenswerten Rechte
und Interessen, die an diese Tätigkeiten des Herausbringens eines Sammelwerkes geknüpft sind, Schutz durch ein **eigenständiges Recht am Unternehmen**
(BGH GRUR 1955, 199, 200 – *Sport-Wette*: Erteilung einer Ausnahmelizenz
zur Herausgabe eines Druckerzeugnisses durch die britische Militärregierung;
BGH GRUR 1968, 329, 331 – *Der kleine Tierfreund*; OLG Frankfurt GRUR
1986, 242, 242 f. – *Gesetzessammlung*). Dieser Schutz umfasst den Charakter,
die Ausstattung, den Titel und den „Goodwill" (zu weiteren Vermögensposten
des „Rechts am Unternehmen" s. *Schricker*, VerlagsR³ § 41 Rn. 14) und wird
gewährleistet über UWG (nach BGH GRUR 1980, 227, 232 – *Monumenta
Germaniae Historica* z. B. durch §§ 16 Abs. I und 3 UWG a. F.) bzw. bei Verletzung des Titels nunmehr direkt aus §§ 5 Abs. 3, 15 MarkenG (Dreier/Schulze/
*Dreier*⁵ Rn. 22 f.; Schricker/Loewenheim/*Leistner*⁵ Rn. 67: *„Sammelwerk als
Unternehmen"*).

2. Abgrenzungen zur Miturheberschaft u. a.

45 Von der **Miturheberschaft nach** § 8 unterscheidet sich das Sammelwerk dadurch, dass die Miturheber aus einzelnen, nicht gesondert verwertbaren Beiträgen ein **einheitliches Werk** schaffen. Die jeweiligen Beiträge der Miturheber
richten sich dabei maßgeblich auf die inhaltliche Gestaltung ihres Beitrages
zum Werk bzw. auf das Einheitswerk. Der **Schöpfer eines Sammelwerkes** wird
hingegen **nicht inhaltlich tätig**, sondern bestimmt lediglich die Struktur des
Werkes durch Auswahl oder Anordnung der Einzelbeiträge. Natürlich beeinflussen Struktur und inhaltliche Schwerpunktsetzung durch Beitragsauswahl
die inhaltliche Aussage eines Gesamtwerkes. Diese erschließt sich dem Nutzer
eines Sammelwerkes aber nicht unmittelbar, sondern erst durch Wahrnehmung
der Strukturierungsleistung.

46 Davon zu unterscheiden ist die Frage, in welchem **Verhältnis** die **Verfasser der
Einzelbeiträge** eines Sammelwerkes **zueinander bzw. zum Urheber des Sammelwerkes** stehen. Natürlich können inhaltliche Einzelbeiträge zu einem Sammel-
werk in Miturheberschaft geschaffen werden. Ebenso kann ein Sammelwerk in
Miturheberschaft entstehen, wenn mehrere an Auswahl und Anordnung der
Einzelbeiträge beteiligt sind (s. zu einem Beispiel OLG Frankfurt GRUR-RR
2015, 200 Tz. 34 – *Seminarunterlagen*). Allein die Tatsache jedoch, dass ein
Beitrag in ein Sammelwerk inkorporiert wird, erzeugt weder zwischen den aufgenommenen Autoren Miturheberschaft noch eine solche zum Urheber des
Sammelwerkes. *Walser* und *Grass* werden weder Miturheber an ihren jeweili-
gen Geschichten, nur weil sie in einer Kompilation deutscher Autoren stehen,

noch an der Kompilation selbst, wenn sie nicht einen Beitrag nach Maßgabe von § 4 geleistet haben.

Aus dieser Trennung von Urheberschaft an dem aufgenommenen Werk und **47** Urheberschaft am Sammel-/Datenbankwerk ergibt sich auch, dass die Aufnahme eines urheberrechtlich geschützten Werkes oder sonstigen urheberrechtlichen Schutzgegenstandes in ein Sammelwerk der **Zustimmung des Berechtigten** bedarf, wenn darin eine urheberrechtliche Verwertungshandlung nach §§ 15 ff. liegt (BGH GRUR 1973, 216 – *Handbuch moderner Zitate* und im Detail dazu Schricker/Loewenheim/*Leistner*[5] Rn. 41; Wandtke/Bullinger/*Marquardt*[4] Rn. 18). *Schack* spricht insoweit von einer „abhängigen Schöpfung" (*Schack*, Urheber- und Urhebervertragsrecht[7] Rn. 289).

I. d. R. liegt auch **keine Werkverbindung nach** § 9 zwischen den Einzelbeiträgen **48** der Verfasser vor. Von der wissenschaftlichen Ausgabe nach § 70 unterscheiden sich Sammelwerke dadurch, dass die Auswahl oder Anordnung der Beiträge beim Sammelwerk eine persönlich geistige Schöpfung i. S. d. § 2 Abs. 2 darstellt, während die wissenschaftliche Edition nachgelassener Werke/Texte keine schöpferische Leistung erfordert (vgl. § 70 Rn. 15).

3. Verhältnis zu §§ 87a ff.

Die Datenbankwerke in § 4 Abs. 2 sind in engem Zusammenhang mit dem **49** **kleinen Schutzrecht für Datenbanken,** dem sui generis Recht der §§ 87a ff., zu sehen (vgl. Rn. 3; vgl. § 87a Rn. 22 f.). Das Verhältnis zum Schutz einfacher Datenbanken nach §§ 87a ff. ist einfach beschrieben: Eine Datenbank kann Werkcharakter haben, damit nach § 4 geschützt sein, aber auch zusätzlichen Schutz nach §§ 87a ff. genießen, wenn die dortigen Voraussetzungen – insb. die wesentliche Investition – vorliegen. Das klingt nur auf den ersten Blick widersprüchlich, ist es aber nicht, denn beide Schutzregimes haben unterschiedliche Schutzzwecke. Während § 4 die persönliche geistige Schöpfung, also den Schaffensakt, schützt, dient §§ 87a ff. im Wesentlichen dem Schutz der Investition. Ein solcher paralleler Schutz kann auch ganz praktische Konsequenzen haben. Sofern bei einer Datenbank durch fortlaufende neue wesentliche Investitionen die Schutzfrist des Datenbankrechts immer neu in Gang gesetzt wird (§§ 87a Abs. 1 S. 2, 87d), kann sie theoretisch ewig geschützt sein, während sie nach den allgemeinen Vorschriften (§§ 64 ff.) gemeinfrei würde. Das bedeutet also, dass **beide Schutzinstrumente nebeneinander** eingreifen können (RegE IuKDG – BT-Drs. 13/7385, S. 13; BGH GRUR 2007, 685 – *Gedichtliste I*; Dreier/Schulze/*Dreier*[5] Rn. 3; Schricker/Loewenheim/*Loewenheim*[4] Rn. 32). Dabei kann es auch vorkommen, dass die Inhaberschaft an diesen beiden Rechten auseinanderfällt. Auch das ist nichts Ungewöhnliches im Urheberrecht, so können z. B. Rechte eines ausübenden Künstlers und eines Tonträgerherstellers an einem Tonträger auseinanderfallen.

4. Weitere Vorschriften

Bezüglich der Rechtsbeziehungen zwischen den Urhebern der Einzelbeiträge **50** und dem Herausgeber bzw. Verleger finden auf Sammelwerke neben § 4 die Vorschriften des §§ 38, 34 Abs. 2 sowie 41, 43–46 VerlG Anwendung (Schricker/Loewenheim/*Loewenheim*[3] Rn. 4). Natürlich sind **Ansprüche aus UWG** denkbar (vgl. Vor §§ 87a ff. Rn. 26 ff.).

§ 5 Amtliche Werke

(1) Gesetze, Verordnungen, amtliche Erlasse und Bekanntmachungen sowie Entscheidungen und amtlich verfasste Leitsätze zu Entscheidungen genießen keinen urheberrechtlichen Schutz.

(2) Das Gleiche gilt für andere amtliche Werke, die im amtlichen Interesse zur allgemeinen Kenntnisnahme veröffentlicht worden sind, mit der Einschränkung, dass die Bestimmungen über Änderungsverbot und Quellenangabe in § 62 Abs. 1 bis 3 und § 63 Abs. 1 und 2 entsprechend anzuwenden sind.

(3) [1]Das Urheberrecht an privaten Normwerken wird durch die Absätze 1 und 2 nicht berührt, wenn Gesetze, Verordnungen, Erlasse oder amtliche Bekanntmachungen auf sie verweisen, ohne ihren Wortlaut wiederzugeben. [2]In diesem Fall ist der Urheber verpflichtet, jedem Verleger zu angemessenen Bedingungen ein Recht zur Vervielfältigung und Verbreitung einzuräumen. [3]Ist ein Dritter Inhaber des ausschließlichen Rechts zur Vervielfältigung und Verbreitung, so ist dieser zur Einräumung des Nutzungsrechts nach Satz 2 verpflichtet.

Übersicht

I. Allgemeines

1. Systematik, Sinn und Zweck

1 Auch Äußerungen des Staates können urheberrechtlich geschützt sein, sofern die Schutzvoraussetzungen der §§ 2 bis 4 erfüllt sind. Jedoch **entzieht § 5** bestimmten amtlichen Werken den **Urheberrechtsschutz.** Dabei verfolgt § 5 ein **Stufenmodell:** Zunächst sind **bestimmte amtliche Werke nach Abs. 1 überhaupt nicht geschützt;** an ihnen bestehen weder Verwertungsrechte (§§ 15 ff.) noch Urheberpersönlichkeitsrechte (§§ 12 bis 14) noch sonstige Rechte (§§ 25 bis 27). Sie können urheberrechtlich beliebig genutzt, verändert oder mit einer anderen Urheberbezeichnung versehen werden; gerade in letzterem Fall kommen aber Ansprüche nach anderen gesetzlichen Regelungen, z. B. nach UWG, in Betracht (vgl. Rn. 46). **Andere amtliche Werke nach Abs. 2** genießen einen **sehr begrenzten** urheberrechtlichen **Schutz durch Änderungsverbot** (§ 62) und **Pflicht zur Quellenangabe** (§ 63), ansonsten dürfen aber auch sie frei genutzt werden. **Abs. 3** stellt klar, dass **private**

Normwerke am Urheberrechtsschutz teilnehmen, wenn Gesetze, Verordnungen, Erlasse oder amtliche Bekanntmachungen auf sie verweisen, ohne ihren Wortlaut wiederzugeben. Über dies regelt Abs. 3 **Zwangslizenzen** an (urheberrechtlich geschützten) privaten Normwerken. Zur Anwendbarkeit auf **Leistungsschutzrechte** (verwandte Schutzrechte) vgl. Rn. 44. Nach seiner **systematischen Stellung** ist § 5 eigentlich **keine Schrankenbestimmung**, die in den §§ 44a ff geregelt sind. Da § 5 jedoch eine Ausnahme vom Werkschutz der §§ 2–4 darstellt, kann sie inhaltlich durchaus als Schranke aufgefasst werden, was vor allem europarechtliche Probleme aufwirft (eingehend vgl. Rn. 6).

Die Regelungen des § 5 erscheinen als eine in einem demokratischen Rechts-　**2**
staat unerlässliche Einschränkung des Urheberrechts. **Ziel des § 5** ist es, eine freie Nutzbarkeit und damit eine größtmögliche „**Publizität für alle Äußerungen der Staatsgewalt zu schaffen**" (BVerfG GRUR 1999, 226, 230 – *DIN-Normen*), die **für die Amtsausübung von Bedeutung** sind (BGH GRUR 2006, 848 Tz. 14 – *Vergaberichtlinie*). Ohne den freien Zugang zu den geltenden Rechtsnormen aller Art, zu den Entscheidungen der Gerichte und zu anderen amtlichen Äußerungen könnte der Bürger sich kaum rechtstreu verhalten oder politisch tätig werden; beides setzt deren Kenntnis voraus. Insoweit sind insbesondere das Informationsgrundrecht des Art. 5 Abs. 1 S. 1 GG und die allgemeine Handlungsfreiheit des Art. 2 Abs. 1 GG betroffen. § 5 dient damit einem Gemeinwohlziel von hohem Rang und ist schon deshalb eine verfassungsgemäße **Bestimmung von Inhalt und Schranken des (geistigen) Eigentums** i. S. d. Art. 14 Abs. 1 S. 2 GG (BVerfG GRUR 1999, 226, 229 – *DIN-Normen*) bzw. Art. 17 Abs. 2 EU-GR-Charta. Das gilt mit dem BVerfG, wenn der Urheber der amtlichen Veröffentlichung zugestimmt hat (BVerfG GRUR 1999, 226, 229 – *DIN-Normen*). Offengelassen hat das BVerfG allerdings, ob § 5 mit seiner sehr weitgehenden Wirkung auch dann **verfassungsgemäß** ist, wenn die amtliche Veröffentlichung ohne Zustimmung des Urhebers erfolgte. Das ist anzunehmen, weil schon aus Gründen des Verkehrsschutzes eine fehlende Zustimmung des Urhebers unbeachtlich sein muss, wenn das Werk ansonsten alle Voraussetzungen als amtlich erfüllt und damit für die Allgemeinheit frei nutzbar sein muss; in Betracht kommt jedoch eine Entschädigung aufgrund enteignungsgleichen Eingriffs (eingehend vgl. Rn. 41). Der besonders weitreichende Schutzausschluss des § 5 und die damit verbundene mögliche enteignungsgleiche Wirkung lassen allerdings eine zurückhaltende Anwendung des § 5 als angezeigt erscheinen. Nur wenn die vorgenannten öffentlichen Interessen eine größtmögliche Publizität des Werkes zwingend erfordern, kann sein Anwendungsbereich eröffnet sein (*Schricker* GRUR 1991, 645, 647; Schricker/Loewenheim/*Katzenberger/Metzger*[5] Rn. 18). Die in Abs. 1 genannten amtlichen Werke erfordern eine solche Publizität, sodass sich das Augenmerk der **verfassungskonformen Auslegung** auf Abs. 2 und dort auf den unbestimmten Rechtsbegriff „im amtlichen Interesse zur allgemeinen Kenntnisnahme veröffentlicht" konzentriert. Im Hinblick auf Abs. 2 muss das amtliche Interesse an der freien Veröffentlichung zwar nicht besonders dringlich und unabweisbar sein; es muss aber nach Art und Bedeutung der Information gerade darauf gerichtet sein, dass der Nachdruck oder die sonstige Verwertung des die Information vermittelnden Werkes jedermann freigegeben wird (BGH GRUR 1988, 33, 35 – *Topographische Landeskarten*); Einzelheiten vgl. Rn. 26.

§ 5 versucht, eine **besondere Spannungslage** zu regeln. Einerseits muss das　**3**
UrhG das Urheberrecht als geistiges Eigentumsrecht nach Art. 14 GG, 17 Abs. 2 EU-GR-Charta beachten. Andererseits hat an amtlichen Werken die Öffentlichkeit ein besonderes Nutzungsinteresse (vgl. Rn. 2). Deshalb ist es erforderlich, im Rahmen einer **sorgfältigen Auslegung des § 5** alle Interessen in einen angemessenen Ausgleich zu bringen. Das findet seinen Niederschlag entweder im Tatbestand oder in den Rechtsfolgen. Ausgangspunkt für die Auslegung

sollte sein, dass § 5 als Ausnahme vom Grundsatz des Schutzes geistigen Eigentums und insbesondere Abs. 2 mit seinen unbestimmten Rechtsbegriffen als **Ausnahmevorschrift eng auszulegen** ist (BGH GRUR 1988, 33, 35 – *Topographische Landeskarten*; BGH GRUR 1982, 37, 40 – *WK-Dokumentation*; Wandtke/Bullinger/*Marquardt*[4] Rn. 3; Schricker/Loewenheim/*Katzenberger*[4] Rn. 5, 15 m. w. N.; HK-UrhR/*Dreyer*[3] Rn. 42 zu § 5 Abs. 2). Genauso wie für die Schrankenregelungen der §§ 44a ff. sollte bei der Auslegung von § 5 allerdings etwas anderes gelten, wenn auf beiden Seiten grundrechtliche Positionen aufeinander prallen. Dann sind diese im Wege der **praktischen Konkordanz** zu lösen und unverhältnismäßige Beschränkungen zu vermeiden (BVerfG GRUR 2012, 389 Tz. 10 – *Kunstausstellung im Online-Archiv*, zur Schrankenregelung des § 50). In solchen Fällen verbietet sich die Anwendung der Regel, dass § 5 eng auszulegen ist, genauso wie die umgekehrte Regel nicht gilt, dass dem konkurrierenden Grundrecht grundsätzlich der Vorrang vor dem nach Art. 14 GG, Art. 17 Abs. 2 EU-GR-Charta geschützten Urheberrecht einzuräumen ist (BVerfG GRUR 2012, 389 Tz. 17 – *Kunstausstellung im Online-Archiv*). Wegen des verfassungsrechtlichen Ausgangspunktes des § 5 (vgl. Rn. 2) wird es häufig zu solchen grundrechtlichen Konkurrenzlagen kommen. Da § 5 eine völlige Herausnahme aus dem Urheberschutz anordnet, muss die Abwägung sorgfältig erfolgen, vor allem wenn der Urheber oder ein privates Unternehmen als Grundrechtsträger betroffen ist. Demgegenüber ist für die öffentliche Hand (einschließlich privater Unternehmen, deren alleiniger Anteilseigner die öffentliche Hand ist) zu beachten, dass sie nicht grundrechtsfähig ist, wenn sie öffentliche Aufgaben wahrnimmt (BVerfG NJW 2012, 1339 Tz. 26 ff. m. w. N.; offen bei bloßer Mehrheitsbeteiligung an einem privaten Unternehmen). Nutzer können auch die **Schrankenregelungen der §§ 44a** in Anspruch nehmen. Bei der Abwägung ist deshalb zu fragen, ob die Schrankenregelungen der §§ 44a ff. die Nutzerinteressen hinreichend befriedigen und ob darüber hinaus eine Urheberrechtsfreiheit nach § 5 erforderlich ist. Eine **analoge Anwendung** von Abs. 1 und Abs. 2 scheidet im Regelfall aus (BGH GRUR 2007, 500 Tz. 17 – *Sächsischer Ausschreibungsdienst*; BGH GRUR 1984, 117, 119 – *VOB/C*). Im Regelfall kann – bei Beachtung der Vorgabe einer engen Auslegung und ggf. der praktischen Konkordanz – schon durch eine insbesondere schutzzweckorientierte Auslegung des § 5 eine analoge Anwendung vermieden werden (Schricker/Loewenheim/*Katzenberger/Metzger*[5] Rn. 26; s. a. VGH Mannheim GRUR 2013, 821 Tz. 41 f. – *Juris Monopol*). Für nach Auslegung noch verbleibende Regelungslücken kommt eine analoge Anwendung ausnahmsweise in Betracht. Ein generelles Analogieverbot besteht nicht (BGH GRUR 2007, 500 Tz. 17 – *Sächsischer Ausschreibungsdienst*; VGH Mannheim GRUR 2013, 821 Tz. 42 – *Juris Monopol*; Dreier/Schulze/*Dreier*[5] Rn. 3; HK-UrhR/*Dreyer*[3] Rn. 10; Schricker/Loewenheim/*Katzenberger/Metzger*[5] Rn. 25; a. A. Wandtke/Bullinger/ *Marquardt*[4] Rn. 3; unsere 10. Aufl./*Wilhelm Nordemann* Rn. 15; BeckOK UrhR/*Ahlberg*[16] Rn. 3). Jedoch dürfte die Frage der Analogiefähigkeit vor allem für Leistungsschutzrechte oder Rechte außerhalb des UrhG (z. B. Geschmacksmusterrechte, körperliches Eigentum, Persönlichkeitsrechte) Bedeutung erlangen; im Werkbereich des UrhG (§§ 2 bis 4) stehen schon die konventionsrechtlichen Verpflichtungen Deutschlands (vgl. Rn. 7) einer analogen Anwendung entgegen (HK-UrhR/*Dreyer*[3] Rn. 10; Schricker/Loewenheim/ *Katzenberger/Metzger*[5] Rn. 27). Insbesondere zur analogen Anwendung auf einfache Datenbanken vgl. § 87a Rn. 35.

2. Früheres Recht

4 **Bis zum 31.12.1965** galt für amtliche Werke die Regelung in § **16 LUG**. Danach trat gem. § 129 Abs. 1 S. 1 die Regelung des § 5 in Kraft. Nach § 16 LUG war „der Abdruck von Gesetzbüchern, Gesetzen, Verordnungen, amtlichen Erlassen und Entscheidungen sowie von anderen zum amtlichen Gebrauche hergestellten amtlichen Schriften" zulässig. Systematisch erscheint § 16 LUG eher als Schrankenbestimmung (zu § 5 vgl. Rn. 1), war sie doch zwischen § 15 Abs. 2 LUG (zulässige Vervielfältigung zum persönlichen Gebrauch) und § 17 LUG (zulässige Wiedergabe und Vervielfältigung von Reden und Vorträgen) angesiedelt. Der Anwendungsbereich des § 16 LUG war auch sehr viel enger, weil er sich – anders als § 5 – nur auf eine Ausnahme vom Vervielfältigungsrecht und auch nur auf „Schriften" bezog (zu § 16 LUG und seinen Vorgängernormen *Katzenberger* GRUR 1972, 686, 691 f.). Vertragliche Rechtseinräumungen für Werke, die ab 1.1.1966 gem. § 5 gemeinfrei wurden, sollten entsprechend den Regelungen zu Leereinräumungen behandelt werden, also kündbar sein (vgl. Vor §§ 31 ff. Rn. 174; s.a. BGH GRUR 1988, 33, 34 f. – *Topographische Landeskarten*).

Während der Geltungsdauer des UrhG nach 1966 ist § 5 durch das **Gesetz zur**   **5**
Regelung des Urheberrechts in der Informationsgesellschaft v. 10.9.2003 (**in Kraft getreten am 13.9.2003**) materiell-rechtlich **geändert** worden. Zunächst wurden bestimmte in § 5 Abs. 3 S. 1 genannte private Normwerke dem urheberrechtlichen Schutz unterstellt, während sie vor der Gesetzesänderung als amtliche Werke keinen Urheberrechtsschutz genossen (vgl. 29 ff.). Neu hinzugefügt wurden in § 5 Ab. 3 S. 2 und S. 3 Bestimmungen für eine Zwangslizenz vom Inhaber der Rechte an solchen privaten Normwerken (vgl. Rn. 35 ff.). Im Hinblick auf diese Änderungen existiert **keine Übergangsvorschrift**. Bei nach § 5 Abs. 3 S. 1 n. F. **unberechtigter Nutzung von privaten Normwerken** gilt Folgendes: Teilweise wird vertreten, dass die Übergangsvorschrift des § 129 Abs. 1 S. 1 Anwendung finde; dies hätte zur Folge, dass bis 13.9.2003 urheberrechtsfreie Normwerke auch danach noch gemeinfrei wären (*Schulze-Hagen/ Fuchs* BauR 2005, 1 ff.; Dreier/Schulze/*Dreier*[5] Rn. 17; wohl auch Schricker/ Loewenheim/*Katzenberger*[4] § 137j Rn. 8; offener aber *ders.* § 5 Rn. 87). Der Rückgriff auf § 129 kann aber schon deshalb nicht überzeugen, weil § 129 auf den Stichtag 1.1.1966 abstellt und nur dafür eine Übergangsregelung beinhaltet. Eine Analogie scheidet mangels Regelungslücke aus. Denn die Regelungslücke kann durch Art. 170 EGBGB gefüllt werden. Gem. Art. 170 EGBGB ist danach zu fragen, wann das Schuldverhältnis, in dessen Rahmen es auf die geänderten Bestimmungen ankommt, entstanden ist. Danach kann privaten Normwerken gem. § 5 Abs. 3 S. 1 ab 13.9.2003 urheberrechtlicher Schutz zukommen, auch wenn sie vorher gemeinfrei waren. Für **Schadensersatzansprüche** kommt es danach auf den Zeitpunkt der Verletzungshandlung an (vgl. § 97 Rn. 4a). Lag sie vor dem 13.9.2003, scheiden Schadensersatzansprüche aus. Für **Unterlassungsansprüche** gilt jedoch anderes: Da er auf die Abwehr künftiger Rechtsverstöße gerichtet ist, kann ein Unterlassungsanspruch nur begründet sein, wenn auf der Grundlage des zum Zeitpunkt der Entscheidung geltenden Rechts Unterlassung verlangt werden kann; es gilt also § 5 n. F. Zudem muss die Handlung zum Zeitpunkt ihrer Begehung urheberrechtswidrig gewesen sein, weil es anderenfalls an der Wiederholungsgefahr fehlt (vgl. § 97 Rn. 4a). Für **Beseitigungsansprüche** kann nichts anderes gelten, weil auch sie eine andauernde Verletzung beseitigen sollen. Im Hinblick auf **Kontrahierungsansprüche** nach § 5 Abs. 3 S. 2 und S. 3 n. F. kann eine Lizensierung erst ab 13.9.2003 verlangt werden. Schadensersatzansprüche wegen Verweigerung der Lizensierung kommen erst ab 13.9.2003 in Betracht.

3.   EU-Recht und Internationales Recht

§ 5 hat **keine spezielle EU-rechtliche Grundlage**, sodass insoweit auch keine   **6**
richtlinienkonforme Auslegung in Frage kommt; das gilt auch für § 5 Abs. 3; er wurde bloß anlässlich der Umsetzung der Info-RL eingefügt, basiert aber nicht auf ihr. Ein europarechtliches **Spannungsverhältnis** der deutschen Regelung in § 5 Abs. 1 und Abs. 2 zur Einschränkung des urheberrechtlichen Schut-

zes kann sich zur Info-RL ergeben. Dort wurden Ausnahmen und Beschränkungen in Art. 5 Info-RL einheitlich definiert und **den Mitgliedsstaaten verboten, andere „Ausnahmen und Beschränkungen"** neben den in Art. 5 Info-RL erwähnten einzuführen (dazu vgl. Vor §§ 44a ff. Rn. 6). Das soll „ein reibungsloses Funktionieren des Binnenmarktes" gewährleisten (ErwG 31 Info-RL). Amtliche Werke sind in den „Ausnahmen und Beschränkungen" des Art 5 Info-RL nicht erwähnt. Die Regelungen in den EU-Mitgliedsstaaten zu den amtlichen Werken sind – entgegen dem Regelungsziel der Info-RL – uneinheitlich. Einige Mitgliedsstaaten nehmen amtliche Werke nicht – wie Deutschland – vom Urheberrechtsschutz aus, sondern lassen das Urheberrecht in der staatlichen Institution entstehen, die die Schaffung des Werkes veranlasst hat. Danach stellt sich die Frage, ob § 5 Abs. 1 und Abs. 2 richtlinienkonform sind. Dafür könnte sprechen, dass die Info-RL Schutzeinschränkungen für amtliche Werke nicht behandelt, obwohl die unterschiedlichen nationalen Regelungen bei ihrem Inkrafttreten bekannt waren und die Info-RL dennoch dazu schweigt. Auch gehört § 5 systematisch zu den Bestimmungen, die die grundsätzliche Unterschutzstellung als urheberrechtliches Werk regeln. Demgegenüber betrifft Art. 5 Info-RL nur „Ausnahmen und Beschränkungen" bei einmal gewährtem Schutz. Bei genauerem Hinsehen erscheint diese systematische Unterscheidung aber als etwas zweifelhaft, weil auch die Regelung in § 5 Abs. 1 und Abs. 2 als „Ausnahme" auf einem einmal gewährten Schutz als Werk gem. §§ 2 bis 4 aufsetzt (s. z.B. die Prüfungsreihenfolge in BGH GRUR 2002, 958, 959 f. – *Technische Lieferbedingungen*). Von einem – europarechtlich gesehen – Gleichlauf von § 5 mit Schrankenbestimmungen scheint auch der BGH auszugehen, wenn er die Regelung in Art. 6 Abs. 2 Datenbank-RL, die auf typische nationale Schrankenregelungen abstellt, auch auf § 5 anwendet (BGH GRUR 2007, 500 Tz. 20 – *Sächsischer Ausschreibungsdienst*). Die **europarechtliche Konformität von § 5 Abs. 1 und Abs. 2** kann danach als **nicht zweifelsfrei** angesehen werden, so dass eine Vorlage nach Art. 267 AEUV möglich ist. – Demgegenüber erscheint die **Rückausnahme in § 5 Abs. 3 S. 1 UrhG** als europarechtskonform. Die **EU-Verordnung 1025/2012** zur europäischen Normung geht von einem urheberrechtlichen Schutz von Normen in der EU aus, wenn sie in Art. 6 Abs. 1 lit. e) und f) in bestimmten Fällen den Normungsorganisationen die kostenlose Gewährung der Nutzung bzw. Sonderpreise für die Nutzung der privaten Normwerke vorgibt. Die **Zugangsrechte nach Art. 6 EU-Verordnung 1025/2012** stehen insoweit neben § 5 Abs. 3 S. 2 UrhG. Auch werden das **wettbewerbliche Vorsorgeprinzip des Art. 106 Abs. 1 i.V.m. Art. 102 AEUV** (OLG Hamburg v. 27.7.2017 – 3 U 220/15 Kart –, juris Tz. 185 ff. – *DIN-Normen*) und das **beihilferechtliche Durchführungsverbot des Art. 107 Abs. 1 AEUV** (OLG Hamburg v. 27.7.2017 – 3 U 220/15 Kart –, juris Tz. 192 – *DIN-Normen*) nicht durch § 5 Abs. 3 verletzt. – Soweit Europarecht dem deutschen Recht über verschiedene **EU-Richtlinien** vorschreibt, **Zugang zu staatlichen Informationen** zu gewähren, führt das nicht zu einer Anwendung des § 5 auf solche staatlichen Informationen, wenn die EU-Richtlinien die Regeln zum geistigen Eigentum unberührt lassen (BGH GRUR 2007, 137 Tz. 21 – *Bodenrichtwertsammlung*, dort zur PSI-RL, umgesetzt im IWG; zum IWG vgl. Rn. 26).

7   Art. 2 Abs. 4 RBÜ (ggf. mit **Art. 9 Abs. 1 S. 1 TRIPS**, vgl. Vor §§ 120 ff. Rn. 12 ff., 17 ff.) erlaubt nationale Beschränkungen nur für „amtliche Texte". Es kann zwar nicht angenommen werden, dass darunter nur Sprachwerke fallen sollen (*v. Ungern-Sternberg* GRUR 1977, 766, 769; *Wilhelm Nordemann/Vinck/Hertin* RBÜ, Art. 2/Art. 2bis Rn. 12; Schricker/Loewenheim/*Katzenberger/Metzger*[5] Rn. 20 m. w. N.). Bei anderen als Sprachwerken ist aber konventionsrechtlich etwas Zurückhaltung geboten; konventionskonform sollte nur eine Anwendung des § 5 auf amtliche Werke sein, die Texten in ihrer Publizität für Äußerungen der Staatsgewalt vergleichbar sind (*v. Ungern-Sternberg* GRUR 1977, 766, 769). Ist das nicht der Fall, können sich deren verbandsangehörige (ausländische) Urheber gegenüber § 5 auf das ihnen günstigere Konventionsrecht berufen.

Internationalprivatrechtlich erfolgt die Anknüpfung des § 5 nach dem **8** **Schutzlandprinzip** (eingehend vgl. Vor §§ 120 ff. Rn. 59 ff.). § 5 findet also nur Anwendung auf Nutzungshandlungen, die in Deutschland als Schutzland vorgenommen werden. Während sich Vervielfältigungs- und Verbreitungshandlungen (§§ 16, 17) territorial noch gut abgrenzen lassen, ist das für eine öffentliche Zugänglichmachung im Internet gem. § 19a etwas komplexer (vgl. § 104a Rn. 13; vgl. Vor §§ 120 ff. Rn. 67 ff.). Nach Schutzlandrecht knüpfen sich auch die weiteren materiell-rechtlichen Fragen des § 5 an. Der Regelungszweck des § 5 geht lediglich dahin, Publizität für alle **Äußerungen der für Deutschland relevanten Staatsgewalt** zu schaffen (zum Schutzzweck des § 5 vgl. Rn. 2). Es kann sich also auch um Äußerungen außerdeutscher, insbesondere supranationaler Stellen handeln, sofern sie für die Staatsgewalt in Deutschland relevant werden. **Amtliche Werke nach Abs. 1** sind aber nur solche Gesetze, Verordnungen, amtliche Erlasse und Bekanntmachungen sowie Entscheidungen und amtlich verfasste Leitsätze zu Entscheidungen, die **einen hinreichenden Inlandsbezug** haben. Beispielsweise direkt wirkende EU-Verordnungen und zumindest mittelbar wirkende EU-Richtlinien, die (auch) für Deutschland gelten, sind Normen im Sinne des Abs. 1 (HK-UrhR/*Dreyer*[3] Rn. 12), genauso wie die verschiedenen Fassungen der RBÜ, von TRIPS oder anderer internationaler Abkommen mit Relevanz für Deutschland (Schricker/Loewenheim/*Katzenberger/Metzger*[5] Rn. 41). Demgegenüber besteht für ausländische Gesetze, die für die Staatsgewalt in Deutschland irrelevant sind, nach dem Regelungszweck des § 5 Abs. 1 in Deutschland Urheberrechtsschutz. Entscheidungen des EuGH zum EU-Recht sind in Deutschland urheberrechtsfrei, genauso Entscheidungen des Britischen High Court zu einer europarechtlichen Frage, jedoch nicht zu einer rein britisch-rechtlichen Frage. Andere amtliche Werke im Sinne des § 5 Abs. 2 sind Werke, die dem amtlichen Interesse zur allgemeinen Kenntnisnahme (auch) *in Deutschland* dienen.

II. Tatbestand

§ 5 verfolgt für den Urheberrechtsschutz amtlicher Werke ein differenziertes **9** **Stufenmodell:** Nach Abs. 1 sind bestimmte Werke, die dort aufgezählt sind (Gesetze, Verordnungen, amtliche Erlasse und Bekanntmachungen sowie Entscheidungen und amtlich verfasste Leitsätze zu Entscheidungen) völlig urheberrechtsfrei. Abs. 2 fungiert als Auffangnorm zu Abs. 1: „Andere amtliche Werke" nach Abs. 2 sind ebenfalls grundsätzlich vom Schutz ausgenommen, sofern sie „im amtlichen Interesse zu allgemeinen Kenntnisnahme veröffentlicht" worden sind. Allerdings sind Änderungsverbot (§ 62) und Pflicht zur Quellenangabe (§ 63) zu beachten. Abs. 3 enthält eine Klarstellung zu Abs. 1: Private Normwerke nehmen am Urheberrechtsschutz teil, wenn Gesetze, Verordnungen, Erlasse oder amtliche Bekanntmachungen i. S. d. Abs. 1 auf sie verweisen, ohne ihren Wortlaut wiederzugeben. Daneben regelt Abs. 3 Zwangslizenzen an solchen (urheberrechtlich geschützten) privaten Normwerken.

1. Amtliche Werke nach Abs. 1

a) **Werke, insbesondere Werkart:** Gesetze, Verordnungen, amtliche Erlasse und **10** Bekanntmachungen sowie Entscheidungen und amtlich verfasste Leitsätze zu Entscheidungen sind nach Abs. 1 vom Urheberrechtsschutz ausgenommen. Auf die Werkart kommt es nicht an; es werden **alle Werke** (§§ 2–4) erfasst, die in

den vorgenannten amtlichen Werken enthalten sind, also **nicht nur Schriftwerke** gem. § 2 Abs. 1 Nr. 1 (a. A. LG Berlin ZUM-RD 2012, 399 – *Loriot-
Briefmarken*; *Schricker* GRUR 1991, 645, 656; Dreier/Schulze/*Dreier*[5] Rn. 4;
BeckOK UrhR/*Ahlberg*[16] Rn. 10 ff.). Alles andere würde in Gesetzen, Verordnungen, amtlichen Erlassen und Bekanntmachungen enthaltene Darstellungen
wissenschaftlicher oder technischer Art gem. § 2 Abs. 1 Nr. 7 (z. B. Bebauungspläne in amtlichen Satzungen, vgl. Rn. 15; technische Zeichnungen in Gesetzen, Verordnungen oder Entscheidungen) oder dort enthaltene Lichtbildwerke
gem. § 2 Abs. 1 Nr. 5 (z. B. Fotos in Gerichtsentscheidungen, vgl. Rn. 13) außerhalb des § 5 Abs. 1 stellen, was offensichtlich nicht seinem Zweck entspricht. Auch der BGH ist in seiner Entscheidung *DIN-Normen* davon ausgegangen, dass die DIN-Normen als Werke „nach § 2 Abs. 1 bzw. Nr. 7" unter
§ 5 Abs. 1 fallen können (BGH GRUR 1990, 1003 f.). Zur Anwendbarkeit auf
Leistungsschutzrechte (verwandte Schutzrechte) vgl. Rn. 44.

11 **b) Amtliche Werke:** Ohne dass der Wortlaut dies exakt widerspiegelt, muss es
sich nach dem Sinn und Zweck (vgl. Rn. 2) durchweg um **amtliche Werke**
handeln. Amtlich sind Werke, wenn für ihren Inhalt erkennbar **eine mit der
Erfüllung öffentlicher, hoheitlicher Aufgaben betraute Stelle** verantwortlich ist
(BGH GRUR 2009, 852 Tz. 31 – *Elektronischer Zolltarif*; BGH GRUR 1992,
382 – *Leitsätze*; BGH GRUR 1982, 37, 40 – *WK-Dokumentation*; OLG Köln
GRUR-RR 2002, 161, 162). Dazu rechnen neben **staatlichen Ämtern und Behörden** auch die sonstigen **Körperschaften, Anstalten oder Stiftungen des öffentlichen Rechts** (einschließlich öffentlich-rechtlichen Gemeinden und öffentlich-rechtlichen **Kirchen**, öffentlich-rechtliche Krankenkassen). Weiter sind das
die staatlichen Gerichte, nicht aber private Gerichte (wie private Schiedsgerichte, private Vereins- oder Verbandsgerichtsbarkeit). Ob es sich um eine amtliche Tätigkeit auf **Bundes-, Landes- oder Kommunalebene** handelt, ist unerheblich, es sind sogar amtliche Tätigkeiten auf **internationaler** Ebene erfasst
(vgl. Rn. 8). Bei **Datenbanken** kommt es darauf an, ob die Zusammenstellung
der Daten amtlichen Charakter hat; irrelevant bleibt, ob die einzelnen Inhalte
der Datenbank amtlich sind (BGH GRUR 2009, 852 Tz. 32 – *Elektronischer
Zolltarif*; jedoch zur Anwendbarkeit des § 5 auf Datenbanken vgl. Rn. 44).

12 Die von Abs. 1 erfassten Werke können auch dann amtlichen Charakter haben,
wenn sie **von Privaten erstellt** wurden, aber **einem Amt als eigene amtliche
Erklärung zugerechnet** werden können (BGH GRUR 2009, 852 Tz. 31 – *Elektronischer Zolltarif*). Für diese Zurechnung muss auf **alle Umstände des Einzelfalls** abgestellt werden (BGH GRUR 1987, 166, 167 – *AOK-Merkblatt*; Schri-
cker/Loewenheim/*Katzenberger/Metzger*[5] Rn. 33). Eine gewichtige Bedeutung
kommt schon aus Gründen des Verkehrsschutzes dem Nutzerhorizont zu, insbesondere ob das Amt die äußerlich erkennbare Verantwortung übernommen
hat (BGH GRUR 1972, 713, 714 – *Im Rhythmus der Jahrhunderte*). Die amts-
internen Verhältnisse fließen nach der Rechtsprechung ebenfalls ein, z. B. die
Entstehung des Werkes und die Art seiner Übernahme durch das Amt (BGH
GRUR 1987, 166, 167 – *AOK-Merkblatt*); sie sollten aber nur geringes Gewicht erhalten, jedenfalls schon aus Gründen der Rechtssicherheit nicht entscheidend sein (Schricker/Loewenheim/*Katzenberger/Metzger*[5] Rn. 33). Auch
auf die Wirksamkeit des Innenverhältnisses kann es nicht entscheidend ankommen. Erfolgt die Nutzung durch das Amt unerlaubt, beseitigt das nicht die
Anwendung des § 5 (vgl. Rn. 41). Deshalb ist es fragwürdig, wenn der BGH
einen amtlichen Charakter verneinte, weil zwischen dem Amt und dem Urhebern keinerlei Vertragsbeziehungen bestanden und das Amt Werkstücke selbst
erst käuflich erworben hatte (BGH GRUR 1987, 166, 167 – *AOK-Merkblatt*);
es hätte vielmehr gefragt werden müssen, ob das aus Nutzersicht erkennbar
war. Danach können **staatlich beliehene Personen des Privatrechts** (*Katzenberger* GRUR 1972, 686, 687; *v. Ungern-Sternberg* GRUR 1977, 766, 767 Rn. 7),

also etwa die technischen Überwachungsvereine (TÜV), amtlich tätig werden. Das Gleiche gilt, wenn eine **Privatperson aufgrund vertraglicher Vereinbarung mit einem Amt** eine amtliche Aufgabe erfüllt, die anderenfalls ein Amt erfüllen müsste (BGH GRUR 2009, 852 Tz. 31 - *Elektronischer Zolltarif*). So verliert eine amtliche Veröffentlichung beispielsweise nicht dadurch ihren amtlichen Charakter, dass das Amt mit der Veröffentlichung einen privaten Verlag betraut (s. BGH GRUR 2007, 500 Tz. 13 – *Sächsischer Ausschreibungsdienst*). Zu Zurechnungsfragen vgl. Rn. 13. Zu privaten Normungseinrichtungen vgl. Rn. 29 ff. Die **politischen Parteien** sind keine staatlichen Stellen in diesem Sinne. Eine **unabhängige Kommission**, die frei von staatlichen Weisungen tätig wird, ist kein Amt und schafft keine amtlichen Werke, auch wenn sie von einem Ministerium oder einer Stadtverwaltung ins Leben gerufen und aus Haushaltsmitteln finanziert wird (BGH GRUR 1982, 37, 40 – *WK-Dokumentation*). Das Gleiche gilt für Arbeitskreise aus privaten Experten, die ein Ministerium gegründet hat und die Regelwerke – wie z. B. bestimmte technische Lieferbedingungen – ausgearbeitet haben. Selbst wenn in amtlichen Verlautbarungen die Regelwerke in Bezug genommen wurden, sind sie nicht zu amtlichen Werken geworden, wenn es an einer hoheitlichen Willensbekundung des Ministeriums für Verkehr fehlte, wonach es die Regelwerke als verbindliche Regelungen in Kraft setzen wolle (BGH GRUR 2002, 958, 960 – *Technische Lieferbedingungen*). **Private Normwerke der privaten Normungsorganisationen** (ISO, CEN, DIN etc.) sind im Regelfall ebenfalls keine staatlichen Normen (eingehend vgl. Rn. 30a). Über dies fehlt es wegen der bloßen Vermutungswirkung solcher Normen auch am regelnden Charakter mit Außenwirkung, vgl. Rn. 16. Private Normen können zu staatlichen Normen werden, wenn sie in den Text der staatlichen Norm aufgenommen werden und nicht bloß auf sie verwiesen wird, vgl. Rn. 33. **Allgemeine Geschäftsbedingungen**, die von (privaten) Verbänden erstellt wurden, werden nicht deshalb amtliche Werke, weil sie behördlich genehmigt werden müssen (Mestmäcker/Schulze/*Obergfell* Rn. 23); denn die Verbände erfüllen mit der Formulierung der AGB keine amtliche Aufgabe; es kann allenfalls eine (konkludente) Nutzungsrechtseinräumung an die Verbandsmitglieder oder an die Allgemeinheit gegeben sein (vgl. § 31 Rn. 136 ff.). Anders kann es liegen, wenn Allgemeine Geschäftsbedingungen durch staatliche Stellen festgelegt oder für allgemeinverbindlich erklärt werden (Schricker/Loewenheim/*Katzenberger/Metzger*[5] Rn. 51; Mestmäcker/Schulze/*Obergfell* Rn. 23: analoge Anwendung von Abs. 1) oder sie in Gesetzen, Verordnungen, Erlassen und amtlichen Bekanntmachungen in ihrem Wortlaut wiedergegeben werden. Wird in Gesetzen, Verordnungen, Erlassen und amtlichen Bekanntmachungen lediglich auf sie verwiesen, ohne ihren Wortlaut wiederzugeben, gilt die Sonderregelung des § 5 Abs. 3 (vgl. Rn. 29 ff.). Private **Übersetzungen** fremdsprachlicher amtlicher Gesetzestexte oder Entscheidungen, selbst wenn diese für sich genommen amtliche Werke gem. Abs. 1 sind (vgl. Rn. 8), sind im Hinblick auf die Übersetzung nicht nach Abs. 1 vom Urheberrecht frei. Umgekehrt werden aber amtliche Übersetzungen privater Regelwerke zu amtlichen Werken.

Wegen der gebotenen engen Auslegung gerade gegenüber privaten Urhebern (vgl. **13** Rn. 3) ist die **Zurechnung** privater Werke zu Amtsträgern jedoch in einigen Fällen **einzuschränken**. Private Werke werden nicht in allen Fällen, in denen sie in amtliche Werke nach Abs. 1 aufgenommen werden, urheberrechtsfrei. **Private Werke, die in amtliche Werke aufgrund der Schrankenbestimmungen der §§ 44a ff. aufgenommen werden, fallen nicht unter Abs. 1.** Sie bleiben zugunsten des Urhebers geschützt (OLG Braunschweig v. 6.7.2010, Az. 2 U 28/10, verfügbar bei juris Tz. 2 ff. – *Kühnen II*; LG Köln ZUM 2010, 987, 990; Schricker/Loewenheim/*Katzenberger/Metzger*[5] Rn. 37 m. w. N.). Denn **das Amt macht sie sich nicht hinreichend inhaltlich zu Eigen.** Sie sind für sich genommen keine eigenen amtlichen Erklärungen. **Zitiert** beispielsweise **ein amtliches Werk ein privates Werk** erlaubterweise nach § 51, so wird das private Werk nicht nach § 5 Abs. 1 frei. Es darf von Dritten ohne Zustimmung des Urhebers nur wiederum **im Kontext des amtlichen Werkes,** ansonsten aber nur als Zitat oder im Rahmen der sonstigen Schranken des Urheberrechts verwertet werden (OLG Braunschweig v. 6.7.2010, Az. 2 U 28/10, verfügbar bei juris Tz. 5 f. – *Kühnen II*; LG Köln ZUM 2010, 987, 990). Ein anderes Beispiel sind **private Werke,** die gem. der Schranke „Rechtspflege und öffentliche Sicherheit" (§ 45) in Entscheidungen aufgenommen werden. Es erschiene kaum als verfassungskonform, einen Bearbeiterurheber eines Gedichts (§ 3), der wegen unerlaubter Verwertung der Bearbeitung eines anderen Gedichts verurteilt wird (§ 23) und dessen Gedicht im Urteil als konkrete Verletzungsform abgedruckt ist, gar keinen Urheberrechtsschutz mehr zuzusprechen, also wegen § 5 Abs. 1 Verlegern zu erlauben, das Werk in Gedichtbänden frei zu nutzen. Das Gleiche gilt, wenn eine urheberrechtsfähige Explosionszeichnung in einer Entscheidung gem. § 45 wiedergegeben wird; die Nutzung ohne Einwilligung des Urhebers in einem wissenschaftlichen Fachbuch ist zulässig, wenn die Zeichnung im Kontext der Entscheidung genutzt wird (OLG Braunschweig v. 6.7.2010, Az. 2 U 28/10, verfügbar bei juris Tz. 5 f. – *Kühnen II*). Isoliert darf das private Werk nur genutzt werden, wenn die Nutzung ihrerseits nach den §§ 44a ff. erlaubt ist (z. B. §§ 45, 51). Im Einzelfall ist nicht entscheidend, ob das Amt bei seiner Nutzung die Schrankenbestimmungen eingehalten hat. Entscheidend ist allein, ob für Dritte erkennbar ist, dass das Amt sich das Werk nicht zu eigen macht, sondern sich für die Nutzung auch nur auf Schrankenbestimmungen des UrhG bezieht (Nutzerhorizont, vgl. Rn. 12). – Andere **Einschränkungen** gelten **nach Abs. 3,** wenn auf **private Normwerke** lediglich Bezug genommen, aber ihr Wortlaut nicht im amtlichen Werk wiedergegeben wird (vgl. Rn. 29 ff.).

14 c) **Werke mit regelndem Inhalt (Gesetze, Verordnungen, Erlasse, Bekanntma chungen, Entscheidungen, Leitsätze):** Gesetze, Verordnungen, amtliche Erlasse und Bekanntmachungen sowie Entscheidungen und amtlich verfasste Leitsätze zu Entscheidungen nach Abs. 1 zeichnen sich dadurch aus, dass sie jeweils **Werke mit regelndem Inhalt** sind (BGH GRUR 2007, 137 Tz. 14 – *Bodenrichtwertsammlung*), wobei die **Regelung entweder normativ oder einzelfallbezogen** sein kann. Alle vorgenannten Begriffe des Abs. 1 UrhG sind keine verwaltungsrechtlichen, sondern **urheberrechtliche Begriffe,** die entsprechend dem Zweck der Vorschrift auszulegen sind (s. BGH GRUR 2007, 137 Tz. 14 – *Bodenrichtwertsammlung*; BGH GRUR 2006, 848 Tz. 14 – *Vergaberichtlinie*; VGH Mannheim GRUR 2013, 821 Tz. 39 ff. – *Juris Monopol*). Zweck des § 5 Abs. 1 ist für eine vom Urheberrecht ungehinderte Publizität von Äußerungen der Staatsgewalt zu sorgen, die für Amtsausübung von Bedeutung ist (vgl. Rn. 2).

15 Als **Gesetze** oder **Verordnungen** sollten deshalb alle Werke der Legislative oder Exekutive verstanden werden, die **allgemeinverbindliche Regelungen mit Außenwirkung** enthalten und für die deshalb eine vom Urheberrecht unbeschränkte Publizität erforderlich ist. Das sind **alle Gesetze im formellen und im materiellen Sinne** von Bundes- oder Landesgesetzgebern, damit nach dem Regelungszweck des Abs. 1 alle allgemeinverbindlichen normativen Regelungen staatlicher Autorität mit Außenwirkung erfasst werden können (str.: wie hier Dreier/Schulze/*Dreier*[5] Rn. 5; für eine Beschränkung auf formelle Gesetze: *Leydecker* GRUR 2007, 1030, 1031; *v. Ungern-Sternberg* GRUR 1977, 766, 770; HK-UrhR/*Dreyer*[3] Rn. 12 f.; Schricker/Loewenheim/*Katzenberger/Metzger*[5] Rn. 40 m. w. N.). Nicht jedes materielle Gesetz ist ein formelles Gesetz (z. B. nicht Verordnungen oder öffentlichrechtliche Satzungen), nicht jedes formelle Gesetz ein materielles (z. B. nicht ein Haushaltsgesetz). Zwar spricht die separate Erwähnung der „Verordnung" im Wortlaut des Abs. 1 für eine Beschränkung auf formelle Gesetze (*Leydecker* GRUR 2007, 1030, 1031); beide Gesetzesarten erfordern aber eine unbeschränkte

Publizität, weil sie allgemeinverbindliche normative Regelungen der staatlichen Autorität darstellen. Der Wortlaut scheint danach eher dem Bestreben des Gesetzgebers geschuldet zu sein, eine möglichst umfassende Anwendung von Abs. 1 auf allgemeinverbindliche Normen aller Art mit Außenwirkung sicherzustellen. Verordnungen sind nicht nur Verordnungen im formellen Sinne, sondern auch damit gleichzusetzende **öffentlich-rechtliche Satzungen**, die auf **Bundes-, Landes- oder Kommunalebene** gelten (Schricker/Loewenheim/*Katzenberger/Metzger*[5] Rn. 40). Dazu zählen auch Bebauungspläne (Schricker/Loewenheim/*Katzenberger/Metzger*[5] Rn. 69). Auf EU-Ebene fallen ferner **EU-Richtlinien und EU-Verordnungen** unter § 5 Abs. 1 (vgl. Rn. 8). Das Gleiche muss für **internationale Rechtsnormen** gelten, die entweder unmittelbare Geltung in Deutschland haben oder zumindest die Auslegung deutschen oder europäischen Rechts beeinflussen (vgl. Rn. 8). Ausländische Gesetze oder Verordnungen, die keine Regelung mit zumindest mittelbarer Wirkung für Deutschland aufweisen, scheiden jedoch aus. **Für allgemeinverbindlich erklärte Tarifverträge** (§ 5 TVG) rechnen unter Abs. 1, da sie Gesetze im materiellen Sinne sind (h.M; statt aller HK-UrhR/*Dreyer*[3] Rn. 13; Schricker/Loewenheim/*Katzenberger/Metzger*[5] Rn. 50 m. w. N.; Mestmäcker/Schulze/*Obergfell* Rn. 22 m. w. N.; *Rehbinder/Peukert*[17] § 30 Rn. 612; a. A. aber *Leydecker* GRUR 2007, 1030, 1033, der darauf hinweist, dass weniger als 1 % der Tarifverträge für allgemeinverbindlich erklärt werden). Das BAG (NJW 1969, 861, 862) und die herrschende Literatur (*Rehbinder* UFITA 80 [1977], 73, 79; *Samson* DVR 1977, 201, 204; *v. Gamm* GRUR 1969, 593, 595; *Rehbinder/Peukert*[17] § 30 Rn. 612; Dreier/Schulze/*Dreier*[5] Rn. 7; Schricker/Loewenheim/*Katzenberger/Metzger*[5] Rn. 50; Mestmäcker/Schulze/*Obergfell* Rn. 22) rechnen auch den normativen Teil **einfacher Tarifverträge** dazu, insbesondere weil sie kraft gesetzlicher Anordnung gem. § 4 TVG gelten. Das ist mit dem klaren Wortlaut und dem Zweck des § 5 Abs. 1 unvereinbar; ein Vertrag zwischen juristischen Personen des Privatrechts ist kein amtliches Werk (gl. A. *Leydecker* GRUR 2007, 1030, 1033; HK-UrhR/*Dreyer*[3] Rn. 13). § 4 TVG regelt nur die Wirkung des normativen Teils eines privatrechtlichen Vertrages, macht den Vertrag aber noch nicht zu einem amtlichen Normwerk. In der – vom TVG nicht angeordneten – Veröffentlichung von Tarifverträgen kann allerdings die konkludente Einräumung (einfacher) Nutzungsrechte an jedermann liegen (§ 32 Abs. 3 S. 3).

Amtliche Erlasse und **Bekanntmachungen** sollen nach dem Willen des § 5 **16** Abs. 1 urheberrechtsfrei sein, wenn ihnen eine normative oder einzelfallbezogene **rechtliche Regelung mit Außenwirkung** zukommt (BGH GRUR 2006, 848 Tz. 14 – *Vergaberichtlinie*). Nur bei solchen rechtlichen Regelungen liegt ein derartiges öffentliches Interesse an der ungehinderten Nutzung vor, dass die Ausnahme vom Urheberrechtsschutz nach Abs. 1 gerechtfertigt ist. Auch hier ist Wortlaut – wie bei Gesetzen und Verordnungen, vgl. Rn. 13 – nach dem Zweck des Abs. 1 zu verstehen; auf eine ausdrückliche Bezeichnung als „amtliche Bekanntmachung" o. ä. kommt es genauso wenig an (Schricker/Loewenheim/*Katzenberger/Metzger*[5] Rn. 45) wie auf die öffentlich-rechtliche Einordnung als Erlass oder Bekanntmachung (BGH GRUR 2006, 848 Tz. 14 – *Vergaberichtlinie*). Erfasst werden deshalb **Verwaltungsvorschriften aller Art** mit rechtlicher Regelung und Außenwirkung. Keinen **regelnden Inhalt** enthalten **Zusammenfassungen tatsächlicher und rechtlicher Verhältnisse** (BGH GRUR 2007, 137 Tz. 15 – *Bodenrichtwertsammlung*), auch wenn sie staatlich gelenkt sind. Das gilt selbst dann, wenn sie auf regelnde Inhalte Einfluss haben, z. B. wenn sie als Indiz, als tatsächliche Vermutung oder zumindest vom Gericht nach § 287 ZPO herangezogen werden können. Selbst wenn sie **eine normativ geregelte Vermutung auslösen**, soll nach der Rechtsprechung ein regelnder Inhalt ausscheiden, wenn diese Vermutung durch Beweisführung widerlegt werden kann (BGH GRUR 2007, 137 Tz. 15 – *Bodenrichtwertsammlung*). Das erscheint jedoch als zu weitgehend, weil eine Umkehr der Darlegungs- und

Beweislast eine hinreichende Regelung mit Außenwirkung darstellt. Bodenrichtwertsammlungen waren nach der Rechtsprechung ohne regelnden Inhalt
für die Wertermittlung nach BewG, solange der Steuerpflichtige nach § 145
Abs. 3 S. 3 BewG a. F. einen abweichenden Wert nachweisen durfte und die
individuellen Verhältnisse maßgeblich blieben (BGH GRUR 2007, 137
Tz. 15 – *Bodenrichtwertsammlung*). Nach der Neufassung von § 145 Abs. 3
S. 3 BewG ist ein solcher abweichender Beweis allerdings zumindest zu Lasten
des Steuerpflichtigen nicht mehr möglich, so dass jetzt ein regelnder Inhalt
anzunehmen ist. Mangels Regelungscharakter soll ein qualifizierter Mietspiegel
kein amtlicher Erlass sein (OLG Stuttgart GRUR-RR 2010, 369, 371 – *Mietspiegel*), sondern nur eine Sammlung tatsächlicher Inhalte; nach § 558d Abs. 3
BGB löst ein solcher Spiegel aber eine gesetzliche Vermutung im Hinblick auf
die Höhe der ortsüblichen Vergleichsmiete aus, so dass aus der Umkehr der
Darlegungs- und Beweislast eine Regelung mit Außenwirkung geschlossen werden kann. Keinen regelnden Inhalt haben einfache Mietspiegel (§ 558a Abs. 2
Nr. 1 BGB). Keine regelnde Außenwirkung sollten nach der vorgenannten
Rechtsprechung auch **Normen besitzen, die von einer (privaten) Normungsor-
ganisation aufgestellt** wurden und die eine bestimmte **gesetzliche Vermutung**
auslösen, z. B. die harmonisierte Norm EN 13242:2002 zu Gesteinskörnungen
im Baubereich nach Art. 4 Abs. 1 Verwaltungsvorschriften-Bauprodukte-RL.
Zur Auslegung solcher (privater) Normen (zum privaten Charakter vgl.
Rn. 12) mögen die Gerichte baurechtlich berufen sein (EuGH v. 26.10.2016,
C-613/14 = NJW 2017, 311 – *James Elliott . /. Irish Asphalt*); das ändert aber
nichts daran, dass sie *urheberrechtlich* nicht unter § 5 Abs. 1 UrhG fallen,
wenn mit der Rechtsprechung ein regelnder Charakter verneint wird. Vergabe-
richtlinien, die in einem Handbuch zusammengefasst sind, stellen aber einen
urheberrechtsfreien regelnden amtlichen Erlass dar, wenn ihnen die Weisung an
andere staatliche Stellen entnommen werden kann, dass sie bei allen staatlichen
Bauvorhaben zugrunde zu legen sind. Die Weisung kann dabei auch in eine
Bitte eingekleidet sein (BGH GRUR 2006, 848 Tz. 16 – *Vergaberichtlinie*).
(Indirekte) regelnde **Außenwirkung** können **auch behördeninterne Vorschriften**
haben, insbesondere wenn sie behördenintern verbindlich sind und damit von
jedem, der einen Bauauftrag erhalten möchte, beachtet werden müssen (BGH
GRUR 2006, 848 Tz. 17 – *Vergaberichtlinie*). Eine Veröffentlichung ist also
für die Außenwirkung nicht zwingend; die behördeninterne Vorschrift muss
lediglich in Kraft gesetzt sein (vgl. Rn. 19). Es beseitigt deshalb die Außenwirkung nicht, wenn Vorschriften erklärtermaßen nur für den internen Dienstgebrauch bestimmt sind (a. A. und in Abweichung zur vorgenannten späteren
BGH-Rechtsprechung: OLG Düsseldorf ZUM-RD 1997, 373, 378). Ebenso
sind regelnde **Hirtenbriefe** von Kirchen amtliche Erlasse, wenn die Kirchen
Körperschaften des öffentlichen Rechts sind (Art. 140 GG i. V. m. Art. 137
Abs. 5 WRV; *Ulmer*, Urheber- und VerlagsR[3] S. 169; Schricker/Loewenheim/
Katzenberger/Metzger[5] Rn. 43).

17 Zu **Entscheidungen** gem. § 5 Abs. 1 zählen alle **Regelungen des Einzelfalls von
staatlichen Stellen**. Beispiele sind **gerichtliche Urteile, Beschlüsse und Verfügungen** bzw. **behördliche Bescheide.** Eine genaue Abgrenzung, wann eine normative
Regelung (dann Verordnung amtlicher Erlass oder Bekanntmachung) und wann
eine Regelung des Einzelfalls (dann Entscheidung) einer staatlichen Stelle vorliegt, ist im Rahmen des § 5 Abs. 1 nicht erforderlich, weil beide Sachverhalte
von § 5 Abs. 1 erfasst sind. Keine Rolle spielt, ob die Entscheidung veröffentlicht wurde; auch unveröffentlichte Entscheidungen sind frei (zum Zeitpunkt
des Schutzentfalls vgl. Rn. 19). Auch Anlagen zu einer Entscheidung (z. B. die
konkrete Verletzungsform, auf die im Unterlassungstenor einer urheberrechtlichen Entscheidung verwiesen wird) fallen unter § 5 Abs. 1. Zur Entscheidung
gehören auch Fotos oder technische Zeichnungen, die sie enthält, weil § 5

Abs. 1 nicht auf Schriftwerke beschränkt ist (vgl. Rn. 10); aber vgl. Rn. 13. Allerdings gilt für Entscheidungen, die private Werke Dritter nutzen, eine Einschränkung: Soweit die Gerichtsakte nicht aus Entscheidungen besteht, greift § 5 Abs. 1 nicht (HK-UrhR/*Dreyer*[3] Rn. 29); der Anwaltsschriftsatz in der Akte ist also kein amtliches Werk (BGH GRUR 1986, 739, 740 – *Anwaltsschriftsatz*), ggf. ist aber § 45 als Schranke zu prüfen. Ausnahmsweise wird jedoch die Antragsschrift zu einem amtlichen Werk nach Abs. 1, wenn die einstweilige Verfügung auf sie zur Begründung Bezug nimmt und sie mit der Verfügung verbindet (LG Köln ZUM 2010, 987 für die übliche Formulierung: „Die einstweilige Verfügung war aus den Gründen der verbundenen Antragsschrift nebst Anlagen zu erlassen"). Etwas anderes gilt aber, wenn eine Entscheidung nur auf einen Schriftsatz Bezug nimmt, ohne ihn als Begründungsersatz bei gleichzeitiger Verbindung mit der Entscheidung zu nutzen. Inhalte des Patent-, Gebrauchsmuster-, Geschmacksmuster- oder Markenregisters fallen allenfalls unter Abs. 2 (vgl. Rn. 23), während die Entscheidung über die Schutzgewährung eine Entscheidung nach Abs. 1 ist. Entscheidungen privater Gerichte (z.B. von Verbänden, Schiedsgerichte) sind nicht nach Abs. 1 frei (zur Amtlichkeit vgl. Rn. 11 ff.). Auch private Übersetzungen fremdsprachiger Gerichtsentscheidungen sind im Hinblick auf die Übersetzung keine amtlichen Werke. **Amtlich verfasste Leitsätze** sind alle Leitsätze zu Entscheidungen, für deren Inhalt ein Amt verantwortlich ist. Das ist der Fall, wenn der Entschließung des Gerichts, eine Entscheidung mit Leitsatz zu veröffentlichen, eine entsprechende gesetzliche oder verwaltungsinterne Regelung zugrunde liegt. Das ist aber nicht Voraussetzung, weil es genügt, dass die Leitsätze dem Amt zumindest zuzurechnen sind (BGH GRUR 1992, 382, 385 – *Leitsätze*). Eine Zuordnung in diesem Sinne ist regelmäßig dann anzunehmen, wenn das Werk von einem Bediensteten des Amtes geschaffen ist. Die Abgrenzung kann im Einzelfall durchaus schwierig sein, wenn amtliche „Entscheider" in Doppelfunktion auch privat, z.B. für eine private Zeitschrift, tätig werden. Entscheidend ist dabei, ob durch die Formulierung der Leitsätze das Gericht oder die Behörde dem Informationsbedürfnis der interessierten Öffentlichkeit nachkommen (BGH GRUR 1992, 382, 385 – *Leitsätze*). Amtliche Leitsätze liegen danach vor, wenn in einer privaten Zeitschrift für dort veröffentlichte Entscheidungen vom Berichterstatter des jeweiligen Spruchkörpers regelmäßig Leitsätze formuliert und nach Billigung durch diesen Spruchkörper zur Veröffentlichung freigegeben werden, weil der Verfasser dann den Spruchkörper „repräsentiert" (BGH GRUR 1992, 382, 385 – *Leitsätze*). Insoweit ist auch unschädlich, dass der Verfasser der Leitsätze eine Nebentätigkeit ausübt und dafür durch die Zeitschrift vergütet wird. Anders kann es aber liegen, wenn das Veröffentlichen der Leitsätze ohne vorherige Abstimmung oder Billigung des Spruchkörpers aufgrund einer wissenschaftlichen oder redaktionellen Tätigkeit eines Mitgliedes des Spruchkörpers erfolgt (BGH GRUR 1992, 382, 385 – *Leitsätze*). Soweit ein Mitarbeiter des Amtes tätig geworden ist, aus dem die Entscheidung stammt, darf der Nutzer ohne anderweitigen Hinweis davon ausgehen, dass die Leitsätze den Spruchkörper repräsentieren, was dann zu einem Entfall des Verschuldens auf Seiten des Nutzers führt (HK-UrhR/*Dreyer*[3] Rn. 33). Leitsätze, die von nicht den Spruchkörper repräsentierenden Wissenschaftlern oder Redakteuren formuliert wurden, fallen ohnehin nicht unter § 5 Abs. 1. Die Leitsätze der *juris*-Datenbank können ab 1985, als der Betreiber privatisiert wurde, in keinem Fall amtliche Werke nach Abs. 1 darstellen; auch davor scheidet eine Urheberrechtsfreiheit aus, weil behördeninterne Leitsätze nicht unter § 5 Abs. 1 fallen (eingehend: *Ullmann* FS juris S. 133, 139; Schricker/Loewenheim/*Katzenberger*/*Metzger*[5] Rn. 49). Genauso wie amtliche Leitsätze sind **amtliche Orientierungssätze** des BVerfG, die von seiner Dokumentationsstelle verfasst werden, zu behandeln, auch wenn sie nicht ausdrücklich von § 5 Abs. 1 genannt werden (VGH Mannheim GRUR 2013, 821 Tz. 41 – *Juris Monopol*).

18 **d) Befugnis der amtlichen Stelle: Keine Rolle** für eine Anwendung des § 5 Abs. 1 **spielt,** ob eine **Befugnis der amtlichen Stelle** gegeben war (BGH GRUR 2006, 848 Tz. 18 – *Vergaberichtlinie*; a. A. noch OLG Düsseldorf ZUM-RD 1997, 373, 378). Auch ohne Gesetzgebungszuständigkeit verabschiedete Gesetze oder ohne Befugnis getroffene amtliche Erlasse sind amtliche Werke. Ob der **Urheber der Nutzung** seines Werkes als amtliches Werk **zugestimmt** hat, ist ebenfalls unerheblich; der Urheber ist darauf beschränkt, gegen die staatliche Stelle Ansprüche geltend zu machen (str., vgl. Rn. 41). – Von einer unerlaubten Nutzung als amtliches Werk zu unterscheiden ist der Fall, dass sich ein amtliches Werk das Werk eines privaten Dritten **nicht zu eigen macht,** sondern es lediglich **im Rahmen der Schrankenbestimmungen der §§ 44aff.** nutzt. Dann tritt kein Urheberrechtsverlust ein (vgl. Rn. 13).

19 **e) Zeitpunkt der Gemeinfreiheit:** Amtliche Werke im Sinne des § 5 Abs. 1 werden erst zu einem bestimmten **Zeitpunkt** urheberrechtsfrei. Anders als Abs. 2 stellt Abs. 1 allerdings nicht auf eine Veröffentlichung ab. Vielmehr ist auf das **Wirksamwerden des regelnden Inhalts** des amtlichen Werkes abzustellen. Gesetze und Verordnungen werden damit erst dann frei, wenn sie verkündet sind; Entscheidungen werden frei, wenn sie (durch Verkündung oder Zustellung) wirksam geworden sind (HK-UrhR/*Dreyer*[3] Rn. 31; Dreier/Schulze/*Dreier*[5] Rn. 5; Schricker/Loewenheim/*Katzenberger*/*Metzger*[5] Rn. 46). Rechtsbeständigkeit ist nicht Voraussetzung; auch später abgeänderte, aufgehobene, nicht wirksam verkündete oder gar nichtige amtliche Werke sind urheberrechtsfrei.

20 **f) Rechtsfolgen:** An Abs. 1 sind sehr weitgehende **Rechtsfolgen** geknüpft: Sie sind grundsätzlich **völlig urheberrechtsfrei.** Es bestehen weder Verwertungsrechte (§§ 15 ff.) noch Urheberpersönlichkeitsrechte (§§ 12 bis 14) noch sonstige Rechte (§§ 25 bis 27). Irgendeine Beschränkung der Urheberrechtsfreiheit auf den Zweck des regelnden Inhalts besteht nicht. Urheberrechtsfreie Gesetzestexte oder Gerichtsentscheidungen können also auch zu rein ästhetischen Zwecken in Form der bildenden Kunst genutzt werden, wegen § 145 Abs. 3 BewG zur Steuerveranlagung urheberrechtsfreie Bodenrichtwerte sind auch für eine Nutzung außerhalb des Steuerbereichs frei. Alle amtlichen Werke nach Abs. 1 können also urheberrechtlich beliebig genutzt, verändert oder mit einer anderen Urheberbezeichnung versehen werden; gerade in letzterem Fall kommen aber Ansprüche nach anderen gesetzlichen Regelungen, z. B. nach UWG, in Betracht (vgl. Rn. 46). – Private Werke, die **in amtliche Werke aufgrund der Schrankenbestimmungen der §§ 44a ff. aufgenommen** werden, fallen nicht unter Abs. 1 (vgl. Rn. 13).

2. Andere amtliche Werke nach Abs. 2

21 Abs. 2 erklärt auch alle **anderen amtlichen Werke** für frei, sofern sie im amtlichen Interesse **zur allgemeinen Kenntnisnahme veröffentlicht** sind. Für sie gelten allerdings die Ge- und Verbote der §§ 62 Abs. 1 bis 3 und 63 Abs. 1 und 2 entsprechend (**Änderungsverbot, Quellenangabegebot,** dazu vgl. Rn. 28).

22 **a) Werke, insbesondere Werkart:** Schon nach dem Wortlaut des Abs. 2 werden **alle Werke** (§§ 2–4) erfasst. Auf die Werkart kommt es also nicht an. Zur Anwendbarkeit auf **Leistungsschutzrechte** (verwandte Schutzrechte) vgl. Rn. 44.

23 **b) Andere amtliche Werke:** Amtliche Werke sind Werke, für deren **Inhalt** erkennbar **ein Amt verantwortlich** ist oder die **einem Amt zuzurechnen** sind. Als amtliches Werk ist ein Werk insbesondere dann einem Amt zuzurechnen, wenn es zwar von einer Privatperson erstellt, es aber auf Grund vertraglicher Vereinbarung mit einem Amt eine Aufgabe – etwa die Veröffentlichung bestimmter

Informationen – erfüllt, die andernfalls das Amt unmittelbar erfüllen müsste (BGH GRUR 2009, 852 Tz. 31 – *Elektronischer Zolltarif*). Eingehend vgl. Rn. 11. Wie für § 5 Abs. 1 muss die **Zurechnung zu einem Amt** als amtliches Werk **ausnahmsweise einschränkend ausgelegt** werden, wenn **private Werke lediglich aufgrund der Schrankenbestimmungen der §§ 44a ff. in amtliche Werke aufgenommen werden.** Eine solche amtliche Nutzung lässt das Urheberrecht nicht nach § 5 Abs. 2 entfallen, weil mit dem Regelungszweck des § 5 Abs. 2 kein spezifisches Verbreitungsinteresse besteht, sie in die Gemeinfreiheit zu entlassen. Denn sie macht sich das Amt nicht inhaltlich zu Eigen, sie sind für sich genommen keine eigenen amtlichen Erklärungen (ausführlich vgl. Rn. 13 zu § 5 Abs. 1). Ein Beispiel sind **urheberrechtlich geschützte Marken,** die im Register zur allgemeinen Kenntnisnahme veröffentlicht sind. Es wäre übermäßig und nicht vom Regelungszweck des Abs. 2 gedeckt, wenn der Urheber durch die veröffentlichte Markenanmeldung oder -registrierung seinen gesamten urheberrechtlichen Schutz verlöre. Die behördliche Nutzung ist hier durch § 45 gedeckt. Die Nutzung der Marke außerhalb der §§ 44a ff. bleibt indes der Zustimmung des Urhebers vorbehalten, insbesondere ihre übliche Nutzung als Unterscheidungs-, Qualitäts- und Werbezeichen. Gleiches muss für veröffentlichte Muster gelten. Etwas anderes gilt jedoch für **amtlich bekannt gemachte Patentanmeldungen;** sie verlieren als amtliches Werk ihren Schutz vollständig, weil das spezifische Verbreitungsinteresse gerade eine vollständige Urheberrechtsfreiheit erfordert (Schricker/Loewenheim/*Katzenberger/Metzger*[5] Rn. 37).

Andere amtliche Werke sind Werke (§§ 2–4), die nicht unter Abs. 1 fallen. Das **24** sind zunächst alle amtlichen Werke, die nicht Gesetze, Verordnungen, amtliche Erlasse und Bekanntmachungen sowie Entscheidungen und amtlich verfasste Leitsätze zu Entscheidungen nach Abs. 1 sind (dazu vgl. Rn. 12 ff.), also **keine** (normativen oder einzelfallbezogenen) **Regelungen enthalten.** Auf die Werkart kommt es nicht an, sodass z. B. gem. § 2 **Sprachwerke aller Art** (auch Computerprogramme), **Werke** der bildenden und der **angewandten Kunst,** der **Baukunst mit den dazugehörigen Entwürfen, Fotowerke, Filmwerke** und alle **schöpferischen Leistungen technischer und wissenschaftlicher Art,** für sich genommen urheberrechtlich relevante **Bearbeitungen** nach § 3 (z. B. Übersetzungen) und **Sammelwerke sowie Datenbanken** nach § 4 in Betracht kommen. Zu Leistungsschutzrechten vgl. Rn. 44. Allerdings können auch Gesetze, Verordnungen, amtliche Erlasse und Bekanntmachungen sowie Entscheidungen und amtlich verfasste Leitsätze zu Entscheidungen unter Abs. 2 fallen, wenn sie noch nicht wirksam geworden sind. Denn dann greift Abs. 1 (noch) nicht (vgl. Rn. 17). Es muss aber sorgfältig geprüft werden, ob die weiteren Voraussetzungen des Abs. 2, insbesondere eine Veröffentlichung und ein hinreichendes amtliches Interesse, gegeben sind. Insbesondere kommen **Gesetzesentwürfe** für eine Anwendung des Abs. 2 in Betracht (vgl. Rn. 27).

c) Veröffentlichung: Damit Abs. 2 greift, muss das amtliche Werk **veröffent- 25 licht** sein. Insoweit gilt § 6 Abs. 1 (BGH GRUR 1986, 739, 740 – *Anwaltsschriftsatz*; BVerwG GRUR-RR 2016, 137 Tz. 32; allg. M. auch in der Lit., s. nur Mestmäcker/Schulze/*Obergfell* Rn. 32). s. die Kommentierung zu § 6 und insbesondere vgl. § 6 Rn. 10 ff. Der Begriff der Veröffentlichung in § 6 Abs. 1 ist enger als der der öffentlichen Wiedergabe (§ 15 Abs. 2) und erfasst nicht das Zugänglichmachen nur für einen begrenzten Personenkreis (vgl. § 6 Rn. 10). Deshalb sind Werke, die nur **für den internen amtlichen Gebrauch** bestimmt sind, **noch nicht veröffentlicht.** Neben geheimen Unterlagen und internen Dienstanweisungen bleiben also auch Informationsrundschreiben an nachgeordnete Dienststellen urheberrechtlich geschützt; sie können nur nach § 5 Abs. 1 urheberrechtsfrei sein (vgl. Rn. 14). Das Gleiche gilt für Werke, die **für den behördlichen Umgang mit individuellen Dritten bestimmt** sind, z. B. Materialien der Parlamentsverwaltung für Abgeordnete (BVerwG GRUR-RR 2016, 137 Tz. 32) oder anderer Behörden für Abgeordnete sowie zuständige behördliche Dienststellen (OLG Köln GRUR-RR 2016, 59, 60 – *Afghanistanpapiere*, dort sogar Kennzeichnung mit „VS – nur für den Dienstgebrauch"), Verträge mit Dritten, Anwaltsschriftsätze in Gerichtsakten (BGH GRUR 1986, 739, 740 – *Anwaltsschriftsatz*) oder Bauvorlagen.

26 **d) Im amtlichen Interesse zur allgemeinen Kenntnisnahme:** Die Veröffentlichung im amtlichen Interesse zur allgemeinen Kenntnisnahme erfordert eine Interessenabwägung, in der alle Umstände des konkreten Einzelfalls gegeneinander abzuwägen sind (BGH GRUR 2007, 137 Tz. 18 – *Bodenrichtwertsammlung*). Allerdings schlägt hier der Ausnahmecharakter des § 5 durch (vgl. Rn. 3). Das öffentliche Interesse muss gegenüber dem Verwertungsinteresse des Verfassers des Werkes überwiegen und die möglichst weite und von Urheberrechten freie Verbreitung erfordern. Diese Voraussetzung ist bei amtlichen Werken nach Abs. 2 (also ohne wirksamen regelnden Inhalt, vgl. Rn. 12 ff.) nicht ohne weiteres erfüllt. Nicht genügend ist das allgemeine Interesse, das die Allgemeinheit an jeder Veröffentlichung einer Behörde hat. Vielmehr muss ein sog. spezifisches Verbreitungsinteresse vorliegen, das nach Art und Bedeutung der Information gerade darauf gerichtet ist, dass der Nachdruck oder die sonstige Verwertung des die Information vermittelnden Werks für jedermann freigegeben wird (BGH GRUR 2007, 137 Tz. 17 – *Bodenrichtwertsammlung*; BGH GRUR 1988, 33, 35 – *Topographische Landeskarten*; BGH GRUR 1984, 117, 119 – *VOB/C*; BVerwG GRUR-RR 2016, 137 Tz. 33). Ein spezifisches Verbreitungsinteresse ergibt sich für sich genommen noch nicht aus den Informationsrechten nach InformationsweiterverwendungsG (IWG), InformationsfreiheitsG (IFG), UmweltinformationsG (UIG) oder VerbraucherinformationsG (VIG). Aus dem Recht auf Zugang zu einer Information folgt nicht, dass das Werk, das diese Information enthält, i. S. v. § 5 Abs. 2 UrhG zur allgemeinen Kenntnisnahme veröffentlicht worden ist (zum IWG: BGH GRUR 2007, 137 Tz. 21 – *Bodenrichtwertsammlung*; BVerwG GRUR-RR 2016, 137 Tz. 33; *Altmeppen/Kahlen* MMR 2006, 499, 500; zu den übrigen Gesetzen: Schricker/ Loewenheim/*Katzenberger/Metzger*[5] Rn. 6 und Fn. 12; eine andere Frage ist jedoch, ob die öffentliche Hand sich bei Bestehen von Urheberrechtsschutz auf eigene Rechte berufen kann, um Informationsansprüche abzuwehren, dazu vgl. Rn. 46). Auch aus EU-Richtlinien, die diesen Informationszugangsgesetzen zugrunde liegen, ergibt sich nichts anderes, wenn die EU-Richtlinien die Regeln zum geistigen Eigentum unberührt lassen (BGH GRUR 2007, 137 Tz. 21 – *Bodenrichtwertsammlung*, dort zur PSI-RL, umgesetzt im IWG; vgl. Rn. 6). Vielmehr kommt es auf den Inhalt der Information an. Je wichtiger die Information ist, desto eher liegt das spezifische Verbreitungsinteresse vor. Ist die Information weniger bedeutsam, wird die Abwägung in der Regel ergeben, dass die allgemeine Kenntnisnahme bereits durch eine erfolgte amtliche Veröffentlichung sichergestellt ist, ohne dass zusätzlich eine urheberrechtsfreie Verbreitung und öffentliche Wiedergabe durch jedermann erforderlich wäre (BGH GRUR 2007, 137 Tz. 18 – *Bodenrichtwertsammlung*). Zu berücksichtigen ist dabei, ob gesetzliche Bestimmungen staatliche oder private Anbieter ohnehin zwingen, die Information zu veröffentlichen und an Dritte – ggf. gegen Entgelt – weiterzugeben, wie dies z. B. für staatliche Stellen im Hinblick auf Bodenrichtwerte (BGH GRUR 2007, 137 Tz. 20 – *Bodenrichtwertsammlung*) oder für private Stellen für Telefonverzeichnisse der Fall ist (HK-UrhR/*Dreyer*[3] Rn. 58, unter Verweis auf BGH GRUR 1999, 923, 926 – *Tele-Info-CD*). Bei der Abwägung ist auch zu fragen, ob die Schrankenregelungen der §§ 44a ff. die Nutzerinteressen hinreichend befriedigen. Für die Feststellung eines spezifischen Verbreitungsinteresses ist das Vorliegen eines dringlichen, unabweisbaren amtlichen Interesses an der Kenntnisgabe des Werkes gegenüber der Allgemeinheit aber nicht Voraussetzung (Dreier/Schulze/*Dreier*[5] Rn. 9; HK-UrhR/*Dreyer*[3] Rn. 55; Wandtke/Bullinger/*Marquardt*[4] Rn. 17; a. A. OLG Köln ZUM-RD 2001, 280, 282 – *Gies-Adler*; Schricker/Loewenheim/*Katzenberger/Metzger*[5] Rn. 60); der Zivilrichter könnte nicht nachprüfen, ob ein gegebenes amtliches Interesse „dringend" oder gar „unabweisbar" ist. Im Regelfall sind Informationen zur Gefahrenabwehr so wichtig, dass das spezifische Verbreitungsinteresse gegeben ist (BGH GRUR 2007, 137 Tz. 18 – *Bodenrichtwertsammlung*; BVerwG GRUR-RR 2016, 137 Tz. 34). Das Gleiche sollte gelten, wenn sich aus der Natur der amtlichen Veröffentlichung das spezifische Verbreitungsinteresse ergibt; ein Beispiel wären die öffentlichen Patentregister, die gerade dazu dienen sollen, dass sich die Öffentlichkeit über den Schutzrechtsstand informieren kann. Bei allgemeinen Informationen aus dem Bereich der Daseinsvorsorge soll die Interessenabwägung nach dem Bundesgerichtshof „in der Regel" gegen eine Urheberrechtsfreiheit sprechen (BGH GRUR 2007, 137 Tz. 18 – *Bodenrichtwertsammlung*; noch weitergehender Mestmäcker/Schulze/*Obergfell* Rn. 33: Daseinsvorsorge kein amtliches Interesse gem. § 5). Das erscheint als etwas zu pauschal. Grundsätzlich kann das spezifische Verbreitungsinteresse auch als das Interesse verstanden werden, welches der Staat an der Erfüllung seiner sozialstaatlichen Verpflichtung zur Daseinsvorsorge hat (Art. 20 Abs. 1 GG); allerdings ist in Fällen der Veröffentlichung aus Gründen der Daseinsvorsorge eine besondere sorgfältige Interessenabwägung unter Beachtung des § 5 Abs. 2 als Ausnahmevorschrift bzw. nach dem Grundsatz der praktischen Konkordanz (vgl. Rn. 3) anzustellen (ähnlich *Schack*, Urheber- und UrheververtragsR[7] Rn. 586).

e) **Beispiele für amtliche Werke nach § 5 Abs. 2:** Als Mittel der **Gefahrenabwehr** 27
Fahndungsplakate oder Internetinformationen der Polizei über die gesetzliche Ausrüstung von Fahrrädern (OLG Düsseldorf ZUM-RD 2007, 521 – *Fahrradausrüstung*; Schricker/Loewenheim/*Katzenberger/Metzger*[5] Rn. 63). **Rechtserhebliche Informationen**, die wegen ihrer Bedeutung für das Verständnis und die Auslegung von amtlichen Normen oder Entscheidungen i. S. d. Abs. 1 beliebig genutzt werden müssen, z. B. (veröffentlichte) **amtliche Gesetzesmaterialien** (Mestmäcker/Schulze/*Obergfell* Rn. 35; BeckOK UrhR/*Ahlberg*[16] Rn. 21; Schricker/Loewenheim/*Katzenberger/Metzger*[5] Rn. 62 m. w. N.; *Schack*, Urheber- und UrheververtragsR[7] Rn. 585), insbesondere also Bundestagsdrucksachen zum Gesetzgebungsverfahren, veröffentlichte **Tätigkeitsberichte von Behörden** (Tätigkeitsbericht des Bundeskartellamtes, von Regulierungsbehörden, im Regelfall aber nicht unveröffentlichte Berichte, die nur für den Dienstgebrauch bestimmt sind: OLG Köln GRUR-RR 2016, 59, 60 *Afghanistanpapiere*). **Pressemitteilungen** von Gerichten und Behörden fallen regelmäßig unter Abs. 2 (Schricker/Loewenheim/*Katzenberger/Metzger*[5] Rn. 63). Bei kommunalen Informationen, die über das Internet veröffentlicht werden (z. B. über sog. **Ratsinformationssysteme**) kommt es auf den Inhalt und eine sorgfältige Interessenabwägung im Einzelfall an (vgl. Rn. 26), sofern es sich nicht schon um amtliche Werke nach Abs. 1 handelt (vgl. Rn. 14). Veröffentlichte **Offenlegungs-, Auslege-** und **Patentschriften** sind urheberrechtsfrei, weil ein spezifisches Verbreitungsinteresse besteht, sie beim rechtlich relevanten Verhalten berücksichtigen zu können (*v. Ungern-Sternberg* GRUR 1977, 766, 768 Fn. 20 mit Nachweisen; Mestmäcker/Schulze/*Obergfell* Rn. 34; HK-UrhR/*Dreyer*[3] Rn. 63), unveröffentlichte Patentanmeldungen fallen aber nicht darunter (ferner vgl. § 2 Rn. 93). Zum **Marken-** und **Musterregister** vgl. Rn. 25. **Allgemeine Informationen aus dem Bereich der Daseinsvorsorge** weisen demgegenüber oft **nicht** das erforderliche spezifische Verbreitungsinteresse auf. Z. B. fallen nicht unter Abs. 2 (amtliche) **Statistiken, Berichte** (wie Grundstücksmarktberichte und Bodenrichtwertsammlungen, so BGH GRUR 2007, 137 Tz. 20 – *Bodenrichtwertsammlung*), weil insoweit ihre amtliche Veröffentlichung genügt. Ein qualifizierter Mietspiegel ist kein amtliches

Werk i. S. d. § 5 Abs. 2, weil es an einer Veröffentlichung zur allgemeinen Kenntnisnahme und damit an einem spezifischen Verbreitungsinteresse fehlt (OLG Stuttgart GRUR-RR 2010, 369, 371 – *Mietspiegel*). Bei amtlichen **Plänen** und **Karten** ist dagegen zu differenzieren: Sie bleiben urheberrechtlich geschützt (BGH GRUR 2007, 137 Tz. 20 – *Bodenrichtwertsammlung*; eingehend: BGH I GRUR 1988, 33, 35 – *Topographische Landeskarten*, im Anschluss an die RegE UrhG 1962 – BT-Drs. IV/270, S. 39; *Ulmer*, Urheber- und VerlagsR[3] S. 171; *Katzenberger* GRUR 1972, 686, 693; *Stephan Schmidt* FuR 1984, 245, 249), es sei denn, ihre Veröffentlichung dient der Gefahrenabwehr: Veröffentlicht eine Stadtverwaltung eine Karte zur Kennzeichnung gefährlicher Badestellen in den städtischen Gewässern oder einen Plan der Marathonstrecke, die von den Autofahrern möglichst gemieden werden soll, dann liegt das im spezifischen Verbreitungsinteresse der Allgemeinheit; solche amtliche Werke fallen unter Abs. 2 (ebenso schon RegE UrhG 1962 – BT-Drs. IV/270, S. 39). Pläne und Karten können auch unter Abs. 1 fallen, z. B. Bebauungspläne (vgl. Rn. 10, 13), **Fahrpläne und Fernsprechbücher** dagegen seit der Privatisierung von Bahn und Post nicht mehr, da sie nicht von einem *Amt* stammen (BGH GRUR 1999, 923, 926 – *Tele-Info-CD*) und wohl ohnehin eine amtliche Veröffentlichung genügen würde. Eine bloße amtliche Veröffentlichung genügt auch für **Programme amtlicher Kultureinrichtungen** (Theater, Konzert etc.). Ausgestellte amtliche **Modelle** (z. B. in den Schaukästen ausgestellte Modelle der Stadtplanungsbehörden) sollten in der Regel auch geschützt sein, weil hier die amtliche Veröffentlichung und die Schrankenregelungen (z. B. § 50) genügen. **Anders** ist es aber für **Informationen, die wichtig zur Grundrechtsverwirklichung** sind. **Merkblätter**, die die wichtigsten Regelungen für den Umgang mit ihnen enthalten, sollten danach urheberrechtsfrei sein (Schricker/Loewenheim/*Katzenberger/Metzger*[5] Rn. 63: soweit sie rechtserheblich sind; von BGH GRUR 1987, 166, 167 – *AOK-Merkblatt*, nicht entschieden), genauso wie **Filmwerke** mit wichtigem Grundrechtsbezug (z. B. ein amtlich hergestellter Film über die Gesetzgebungsarbeit des Bundestages oder über die Gefahren des Rauchens, a. M. *von Ungern-Sternberg* GRUR 1977, 766, 769; Schricker/Loewenheim/*Katzenberger/Metzger*[5] Rn. 66) oder wichtige reine **Informationsschriften** ohne Rechtserheblichkeit (z. B. der *Sexualkundeatlas* des Bundesgesundheitsministeriums). Die **Nationalhymne** als solche sollte auch urheberrechtsfrei sein (*v. Ungern-Sternberg* GRUR 1977, 766, 769; a. A. Mestmäcker/Schulze/*Obergfell* Rn. 37; Schricker/Loewenheim/*Katzenberger/Metzger*[5] Rn. 69), nicht-amtliche Bearbeitungen (§ 3) bleiben aber geschützt. Bei **Briefmarken** fehlt demgegenüber entgegen LG München I GRUR 1987, 436 – *Briefmarke* das von Abs. 2 vorausgesetzte spezifische Verbreitungsinteresse. Sie fielen deshalb schon früher nicht unter die Freigabe (wie hier: LG Berlin ZUM-RD 2012, 399 – *Loriot-Briefmarken* m. w. N.; *Schricker* GRUR 1991, 645, 652 f.; Loewenheim/*Götting*[2] § 31 Rn. 10). Gleiches gilt für **Banknoten**. Sie werden nicht zur ungehinderten Vervielfältigung und Verbreitung (Ordnungswidrigkeit gem. § 128 Abs. 1 Nr. 1 OWiG), sondern zum allgemeinen Gebrauch im Geldverkehr herausgegeben (*Häde* ZUM 1991, 536, 539; Schricker/Loewenheim/*Katzenberger/Metzger*[5] Rn. 68; Mestmäcker/Schulze/*Obergfell* Rn. 36 unter Hinweis auf die Regeln der EZB zur Zulässigkeit von Abbildungen von Euro-Banknoten v. 20.3.2003, abrufbar unter www.bundesbank.de).

28   **f) Rechtfolgen:** Rechtfolge des § 5 Abs. 2 ist die **grundsätzliche urheberrechtliche Gemeinfreiheit** des amtlichen Werkes. Die Freistellung amtlicher Werke vom Urheberrecht bedeutet, dass ihren Urhebern auch **kein Urheberpersönlichkeitsrecht**, insbesondere kein Nennungsrecht gem. § 13 und kein Verbotsrecht für Änderungen gem. § 14 zusteht (OLG Düsseldorf ZUM-RD 2007, 521, 522 – *Fahrradausrüstung*; Schricker/Loewenheim/*Katzenberger/Metzger*[5] Rn. 89; Mestmäcker/Schulze/*Obergfell* Rn. 45; HK-UrhR/*Dreyer*[3] Rn. 60; a. A. Loewenheim/*Götting*[2] § 31 Rn. 13; *Schack*, Urheber- und Urheberver-

tragsR[7] Rn. 586). Das **Änderungsverbot** und das **Quellenangabegebot** gem.
§§ 62, Abs. 1 bis Abs. 3 und 63 Abs. 1 und Abs. 2 sind nur „entsprechend"
anwendbar, entfalten also **nur Wirkung zugunsten der amtlichen Stelle**, die die
Veröffentlichung nach § 5 Abs. 2 vornimmt (so auch RegE UrhG 1962 – BT-
Drs. IV/270, S. 39). Verstöße lösen nur Ansprüche der amtlichen Stelle nach
§§ 97 ff. aus. Das schließt die Anwendbarkeit des Rechts gegen den unlauteren
Wettbewerb unter mehreren Nutzern solcher Werke nicht aus (BGH GRUR
1999, 923, 925 f. – *Tele-Info-CD* für die unmittelbare Übernahme der Verlags-
leistung durch einen anderen Verleger). – § 5 Abs. 2 muss **ausnahmsweise einschränkend ausgelegt** werden, wenn **private Werke lediglich aufgrund der
Schrankenbestimmungen der §§ 44a ff. in amtliche Werke aufgenommen werden** (vgl. Rn. 13).

3. Rückausnahme für private Normwerke (Abs. 3)

Die Regelung des Abs. 3 wurde mit dem **UrhG InfoG vom 10.9.2003** (BGBl. I   **29**
1774) eingeführt; er hat allerdings mit der Info-RL, deren Umsetzung das
Gesetz diente, nichts zu tun. Die Info-RL enthält keine spezifischen Regelungen zu amtlichen Werken oder privaten Normwerken. Zur zeitlichen Anwendbarkeit des Abs. 3 vgl. Rn. 5. Den **Anstoß für die Regelung** bildete die
Entscheidung *DIN-Normen* des BGH im Jahr 1990 (BGH GRUR 1990, 1003,
1004 – *DIN-Normen*; bestätigt durch BVerfG GRUR 1999, 226 – *DIN-Normen*). Danach verloren private Normwerke ihren Urheberrechtsschutz, wenn
Gesetze oder andere regelnde amtliche Normwerke gem. Abs. 1 sie sich durch
eine (amtliche) Bezugnahme zu Eigen machen und die privaten Normen dadurch eine gewisse Außenwirkung erhalten. Diese Bezugnahme könne auch
durch bloße Verweisung auf private Normwerke geschehen, ohne dass sie
in den Wortlaut des amtlichen Normwerkes inkorporiert seien, sondern sie
lediglich im Anhang oder in einer allgemein zugänglichen Quelle (z. B. in
einer von einem Verleger beziehbaren Publikation) abgedruckt seien. Mit dieser weitreichenden Befreiung der privaten Normwerke vom Urheberrechtsschutz war indes die Finanzierungsgrundlage für die Arbeit von privaten Normungsorganisationen in Deutschland (DIN, VDE etc.) oder international
(z. B. ISO) gefährdet. Der Gesetzgeber des § 5 Abs. 3 erkannte ein berechtigtes Interesse der privaten Normungsorganisationen („verdienstvolle Gremien") an, ihre **Arbeit durch eine Nutzungsvergütung zu finanzieren**. Ferner
sei zu verhindern, dass „durch die anderenfalls drohende Einschränkung der
Selbstfinanzierung solcher Gremien hohe staatliche Subventionen erforderlich
werden" (RegE UrhG Infoges – BT-Drs. 15/38, S. 16). Außerdem hätte gedroht, dass private internationale oder ausländische Normungsorganisationen ihre Normen deutschen Institutionen nicht mehr ohne Urheberrechtsschutz zur Verfügung gestellt hätten (eingehend Loewenheim FS Nordemann
II, S. 51, 53). Der Gesetzgeber führte deshalb private Normwerke wieder einem grundsätzlichen urheberrechtlichen Schutz zu. Nur wenn private Normwerke in den Wortlaut des amtlichen Normwerkes inkorporiert werden, soll
der Urheberrechtsschutz entfallen. Der Nutzer soll nicht Ausschließlichkeitsrechten Privater „an einem Teil der Gesetzesvorschriften ausgesetzt werden"
(RegE UrhG Infoges – BT-Drs. 15/38, S. 16). **Verfassungsrechtliche Bedenken
gegen § 5 Abs. 3 bestehen nicht.** § 5 Abs. 3 ist kein verfassungswidriges Ein-
zelfallgesetz, insbesondere zu Gunsten des DIN, weil noch zahlreiche andere
begünstigte Normungsorganisationen existieren (OLG Hamburg v.
27.7.2017 – 3 U 220/15 Kart –, juris Tz. 178 ff. – *DIN-Normen*). Zum Publi-
zitätsgebot vgl. Rn. 33. Zur **europarechtlichen Konformität** des § 5 Abs. 3
oben vgl. Rn. 6.

a) Private Normwerke: Nur private Norm*werke* fallen unter § 5 Abs. 3. Private   **30**
Normen – wie ISO-Normen, DIN-Normen, Lieferbedingungen etc. – müssen

also urheberrechtlich geschützt sein. Ein solcher Schutz kann insbesondere als **Schriftwerk** (vgl. § 2 Rn. 77) und **als wissenschaftliche und technische Darstellung** (vgl. § 2 Rn. 210 ff.) sowie nach §§ 2, 3, 4 bestehen. Nach einer Ansicht soll der urheberrechtliche Schutz dabei allein aus §§ 2, 3, 4 UrhG entnommen werden (OLG Hamburg v. 27.7.2017 – 3 U 220/15 Kart –, juris Tz. 121 – *DIN-Normen*; Vorinstanz: LG Hamburg CR 2016, 223 juris Tz. 4 / ff.; dort auch umfassend zu den Schutzvoraussetzungen nach § 2). Daran ist zutreffend, dass § 5 Abs. 3 keine selbständig schutzbegründende Wirkung zukommt. Allerdings muss die Auslegung der §§ 2, 3, 4 im Licht von § 5 Abs. 3 UrhG durchgeführt werden, für den der Gesetzgeber im Regelfall von einem urheberrechtlichen Schutz privater Normen ausgegangen ist (RegE UrhG Infoges – BT-Drs. 15/38, S. 16; vgl. Rn. 29). Es dürfen also keine so strengen Maßstäbe angelegt werden, dass der urheberrechtliche Schutz nicht mehr die Regel ist und damit als Finanzierungsgrundlage entfällt.

30a **Privat** sind solche Normwerke, wenn sie bei Schöpfung nicht als amtliches Werk zu qualifizieren sind. Normungsorganisationen wie ISO, DIN oder VDE sind für sich genommen erst einmal privat. Sie sind in privater Rechtsform organisiert und sind auch nicht aus anderen Gründen als amtlich zu qualifizieren. Ihre Publikationen können dann ausnahmsweise amtlichen Charakter erhalten, wenn sie einem Amt als eigene amtliche Erklärung zuzurechnen sind. Das kann entweder durch staatliche Beleihung oder dadurch geschehen, dass Privatperson aufgrund vertraglicher Vereinbarung mit einem Amt Aufgaben erfüllt, die anderenfalls ein Amt erfüllen müsste (vgl. Rn. 12). Auch das sollte nach der Einführung des § 5 Abs. 3 nach dem Willen des Gesetzgebers grundsätzlich für private Normungsorganisationen nicht angenommen werden, weil ansonsten die Ergebnisse ihrer Arbeit keinen Urheberrechtsschutz genießen könnten (OLG Hamburg v. 27.7.2017 – 3 U 220/15 Kart –, juris Tz. 131 ff. – *DIN-Normen*; anders möglicherweise vor Einführung des § 5 Abs. 3; s. *v. Ungern-Sternberg* GRUR 1977, 766, 767; *Reichel* GRUR 1977, 774, 776; *Stephan Schmidt* FuR 1984, 245; *Kirchner* GRUR 1985, 676, 678; unsere 10. Aufl./*Wilhelm Nordemann* Rn. 6; s. aber BGH GRUR 1984, 117, 118 – *VOB/C* und GRUR 1990, 1003 – *DIN-Normen*, wo der amtliche Charakter der DIN-Norm als solcher grundsätzlich verneint wurde). Das gilt für europäische Normen des CEN (Comité Européen de Normalisation = Europäisches Komitee für Normung) selbst dann, wenn sie im Rahmen der EU-Verordnung 1025/2012 entstehen und sogar gem. Art. 10 von der Europäischen Kommission beauftragt werden können. Art. 1 Verordnung 1025/2012 enthält „Vorschriften für die Zusammenarbeit zwischen europäischen Normungsorganisationen, nationalen Normungsorganisationen, den Mitgliedsstaaten und der Kommission, für die Erarbeitung von europäischen Normen und Dokumenten der europäischen Normung für Produkte und für Dienstleistungen zur Unterstützung von Rechtsvorschriften und von politischen Maßnahmen der Union, für die Identifizierung referenzierbarer technischer IKT-Spezifikationen sowie für die Finanzierung europäischer Normung und Beteiligung der Interessenträger an europäischer Normung". Die Verordnung enthält damit keine Regelung staatlichen Handelns, sondern sie gibt privatem Handeln von Normungsorganisationen einen Rechtsrahmen. Sie stellt insbesondere sicher, dass am privaten Prozess der Normung alle Interessen hinreichend beteiligt werden. Zwar sind die Gerichte zur Auslegung solcher Normen zuständig, wenn sie gesetzliche Vermutung auslösen (EuGH v. 26.10.2016, C-613/14 = NJW 2017, 311 – *James Elliott . /. Irish Asphalt*); das ändert aber nichts daran, dass sie *urheberrechtlich* nicht unter § 5 Abs. 1 UrhG fallen. Sie können damit nur dann zu amtlichen Normwerken werden, wenn sie sich der amtliche Normgeber zu Eigen macht, indem er sie in den Wortlaut von amtlichen Normen inkorporiert (dazu vgl. Rn. 33).

Über dies liegen auch die **sonstigen Voraussetzungen des § 5 Abs. 1 oder Abs. 2** **30b**
nicht vor, selbst wenn man die Entstehung von Normwerken – entgegen den
vorstehenden Ausführungen – als amtlich ansehen würde. Im Hinblick auf § 5
Abs. 1 ist zu bedenken, dass in staatlichem Recht referenzierte Normen – wenn
überhaupt – nur eine **Vermutungswirkung** auslösen; es fehlt damit den referen-
zierten Normen nach der Rechtsprechung am regelnden Charakter mit Außenwirkung gem. § 5 Abs. 1 UrhG, vgl. Rn. 16. Im Hinblick auf **§ 5 Abs. 2** besteht
für eine Gemeinfreiheit **kein hinreichendes spezifisches Verbreitungsinteresse**
(vgl. Rn. 26). Es besteht kein allgemeines öffentliches Interesse, DIN-Normen
und vergleichbare Normen anderer Normungsorganisationen urheberrechtsfrei
zu veröffentlichen. Vielmehr wollte der Gesetzgeber bei Schaffung des § 5
Abs. 3 Normungsorganisationen gerade Urheberrechtsschutz zu billigen, um
eine (auch teilweise) Finanzierung der Normungsarbeit durch Rechtevergabe
zu ermöglichen (OLG Hamburg v. 27.7.2017 – 3 U 220/15 Kart –, juris
Tz. 136 ff. – *DIN-Normen*, speziell zur Normungsarbeit des DIN); ferner vgl.
Rn. 29.

b) Urheberrechtlicher Schutz für private Normwerke (Abs. 3 S. 1): Abs. 3 S. 1 **31**
enthält eine spezielle Regelung zum urheberrechtlichen Schutz von privaten
Normwerken. Sie bleiben urheberrechtlich geschützt, wenn Gesetze, Verordnungen, Erlasse oder amtliche Bekanntmachungen auf sie verweisen, ohne ihren Wortlaut wiederzugeben.

Gesetze, Verordnungen, Erlasse oder amtliche Bekanntmachungen sind re- **32**
gelnde amtliche Normen (ausführlich dazu vgl. Rn. 14 ff.).

Damit sie urheberrechtlich geschützt bleiben, dürfen die regelnden Normen **33**
nach Abs. 3 S. 1 nur auf private Normwerke **verweisen, ohne ihren Wortlaut**
wiederzugeben. Sofern ihr Wortlaut wiedergegeben wird, entfällt der Urheberrechtsschutz, weil sie hinreichend in das amtliche Normwerk inkorporiert werden. Der Nutzer soll nicht Ausschließlichkeitsrechten „an einem Teil der Gesetzesvorschriften ausgesetzt werden" (RegE UrhG Infoges – BT-Drs. 15/38,
S. 16). Der Gesetzgeber wollte damit die BGH-Entscheidung *DIN-Normen*
(BGH GRUR 1990, 1003, 1004) korrigieren, die eine Urheberrechtsfreiheit
auch durch bloße amtliche Verweisung auf private Normwerke angenommen
hatte, z. B. wenn sie **lediglich im Anhang oder in einer allgemein zugänglichen**
Quelle abgedruckt waren (vgl. Rn. 29). Damit erscheint es als zutreffend, von
einem Urheberrechtsschutz auszugehen, wenn das private Normwerk lediglich
im Anhang oder in einer anderen Quelle (z. B. in einer von einem Verleger
beziehbaren Publikation) wiedergegeben ist (Dreier/Schulze/*Dreier*[5] Rn. 15;
Schricker/Loewenheim/*Katzenberger/Metzger*[5] Rn. 80; HK-UrhR/*Dreyer*[3]
Rn. 66). Das ist heute auch die Regel; insbesondere der Gesetzgeber verwendet
grundsätzlich in der Praxis nur noch die Verweisungstechnik. Ein Beispiel ist
die Produktsicherheits-RL, umgesetzt durch das deutsche ProdSiG. Richtlinie
und deutsches Gesetz verweisen auf private Normen; die aktuellen Verweise
(Fundstellen) werden regelmäßig im Amtsblatt der Europäischen Union veröffentlicht, ohne dass die Normen dort selbst veröffentlicht würden. § 5 Abs. 3
S. 1 bleibt auch dann anwendbar, wenn ein **Verweis** auf private Normwerke
zur **Begründung einer gesetzlichen Vermutungswirkung** führt (LG Hamburg
CR 2016, 223 juris Tz. 76). Zusätzlich ist daran zu erinnern, dass Normen
(als Zusammenfassungen tatsächlicher und rechtlicher Verhältnisse), bei deren
Erfüllung eine Vermutung nach einer staatlichen Norm ausgelöst wird, die aber
durch abweichenden Beweis widerlegt werden kann, ohnehin schon keinen regelnden Gehalt haben. Ein Schutzentfall nach § 5 Abs. 1 scheidet aus (BGH
GRUR 2007, 137 Tz. 15 – *Bodenrichtwertsammlung;* oben vgl. Rn. 16), so
dass eine Anwendung von § 5 Abs. 3 S. 1 auf solche privaten Normen sogar
als überflüssig erscheint. Unter § 5 Abs. 3 S. 1 fallen ferner **Unterverweise** (Ver-

weise auf Verweise), also Verweise einer amtlichen Norm gem. Abs. 1 auf einen Verweis in einer anderen amtliche Norm gem. Abs. 1, der dann wiederum auf ein privates Normwerk ohne Wiedergabe des Wortlautes verweist (so im Fall BVerwG v. 29.6.2012, Az. 3 B 85/11, 3 B 85/11 (3 C 21/12), verfügbar bei juris: Verweis auf einen Verweis in einer EU-Richtlinie). Die Wiedergabe des Wortlautes der privaten Norm in einer **Fußnote** zum amtlichen Normtext genügt nicht, um den Urheberrechtsschutz entfallen zu lassen. Eine andere und urheberrechtlich irrelevante Frage (vgl. Rn. 19) ist allerdings, ob durch die (ggf. komplexe) Verweisungstechnik eine wirksame Verkündung der amtlichen Norm gegeben ist (dazu BVerwG a. a. O.). Das Gleiche gilt für die Frage, ob dem verfassungsrechtlichen Publizitätserfordernis (Rechtsstaatsprinzip Art. 20 Abs. 3 GG) genüge getan ist; denn die Anwendbarkeit des § 5 Abs. 3 kann nicht von der Veröffentlichungspraxis der Normungsinstitution abhängen (wohl a. A. und für die Möglichkeit einer verfassungskonformen Auslegung: LG Hamburg CR 2016, 223 juris Tz. 81). Für DIN-Normen wird das Publizitätserfordernis durch die Möglichkeit der Einsichtnahme in die Normwerke in den bundesweit eingerichteten Auslegestellen für DIN-Normen allerdings ohnehin erfüllt (BVerwGE 147, 100 Rn. 22 ff.; OLG Hamburg v. 27.7.2017 – 3 U 220/15 Kart –, juris Tz. 172 ff. – *DIN-Normen*; genauso Vorinstanz LG Hamburg CR 2016, 223 juris Tz. 83).

34 Als nicht überzeugend erscheint es, generell allen privaten Normwerken Urheberrechtsschutz zuzubilligen, die **ohne Zustimmung des Urhebers oder Rechteinhabers** in ein amtliches Normwerk aufgenommen wurden, auch soweit sie in den Wortlaut einer amtlichen Norm inkorporiert wurden (so aber *Loewenheim* FS Nordemann II, 51, 55). Die Begründung zur Einführung des § 5 Abs. 3 spricht eher dafür, wie bei allen anderen amtlichen Normwerken der Zustimmung des Urhebers oder Rechteinhabers keine Bedeutung zuzumessen (vgl. Rn. 41). Nach dem Willen des Gesetzgebers soll der Nutzer gerade nicht Ausschließlichkeitsrechten Privater an einem Teil der Gesetzesvorschriften ausgesetzt werden (RegE UrhG Infoges – BT-Drs. 15/38, S. 16).

35 c) **Zwangslizenz vom Urheber (Abs. 3 S. 2):** Für den Fall, dass Gesetze, Verordnungen, Erlasse oder amtliche Bekanntmachungen (dazu vgl. Rn. 14 ff.) **auf private Normwerke** lediglich **verweisen**, ohne ihren Wortlaut wiederzugeben (vgl. Rn. 33), gilt eine Zwangslizenz nach Abs. 3 S. 2. Die Zwangslizenz ist auf diesen Anwendungsbereich beschränkt. Sie gilt deshalb nicht für private Normwerke, auf die nicht mindestens in den vorgenannten amtlichen Normwerken verwiesen wird. Damit die Zwangslizenzen des § 5 Abs. 3 Anwendung finden, muss es sich um einen **amtlichen Verweis** handeln (BGH GRUR 2006, 848 Tz. 20 – *Vergaberichtlinie*; BGH GRUR 1984, 117, 118 f. – *VOB/C*; zur Entstehungsgeschichte des § 5 Abs. 3 vgl. Rn. 29). Dies bedeutet, dass die Behörde mit dem Verweis dem privaten Normwerk amtliche Normqualität gem. Abs. 1 verleiht, also eine normierende Regelung mit zumindest indirekter Außenwirkung schaffen wollte (vgl. Rn. 14 ff.). Zwangslizenzen in anderen Szenarien – z. B. bei fehlendem Regelungsgehalt des Verweises oder bei einem fehlenden Verweis – können sich allenfalls aus anderen Bestimmungen ergeben, z. B. aus Kartellrecht (vgl. Rn. 46).

36 Der Anspruch **besteht nur zugunsten von Verlegern**. Nach einer Auffassung umfasst das alle Verleger, die unter den Verlegerbegriff des VerlG fallen. Das sind alle Unternehmen, die ein Werk zur Vervielfältigung und Verbreitung auf eigene Rechnung in Verlag nehmen (*Loewenheim* FS Nordemann II, S. 51, 56; ferner s. die Kommentierung zu § 1 VerlG, insbesondere vgl. § 1 VerlG Rn. 5). Das soll auch Unternehmen umfassen, die ausschließlich elektronische Produkte anbieten und die Normen dann zumindest offline vervielfältigen und verbreiten wollen, z. B. auf CD-ROM, sowie Gelegenheitsverleger, also wohl auch solche, die lediglich private Normwerke (ggf. auch erstmals) vervielfältigen und verbreiten wollen (Schricker/Loewenheim/*Katzenberger/Metzger*[5] Rn. 83). Ein Anspruch Privater auf Lizensierung kann aus § 5 Abs. 3 S. 2 jedoch nicht abgeleitet werden.

Der Nutzungsrechtsumfang der Zwangslizenz bezieht sich nur auf das Recht zur **Vervielfältigung** (§ 16) und **Verbreitung** (§ 17). Der Urheber ist nicht verpflichtet, lediglich eine Lizenz zur Verbreitung einzuräumen, weil sich die Zwangslizenz nur auf eine Lizenz zur Vervielfältigung und Verbreitung bezieht; wegen der Erschöpfung des Verbreitungsrechts (vgl. § 17 Rn. 24 ff.) sollte dies kaum praktisch relevant werden. **Nicht umfasst** ist die **öffentliche Wiedergabe** gem. §§ 15 Abs. 2, 19–22 (HK-UrhR/*Dreyer*[3] Rn. 67; Mestmäcker/Schulze/ *Obergfell* Rn. 54; Wandtke/Bullinger/*Marquardt*[4] Rn. 27; Schricker/Loewenheim/*Katzenberger/Metzger*[5] Rn. 83). Im Übrigen muss die Lizenz zu „angemessenen Bedingungen" in inhaltlicher, räumlicher und zeitlicher Hinsicht erteilt werden (*Loewenheim* FS Nordemann II, S. 51, 56). Insoweit besteht ein Diskriminierungsverbot. Das bedeutet, dass der Lizenzgeber verpflichtet ist, gleiche Fälle gleich zu lizensieren. Inhaltlich bezieht sich der Lizensierungsanspruch auf alle Nutzungsarten im Rahmen einer Vervielfältigung und Verbreitung, also z. B. Buch, Zeitschrift, Zeitung, elektronische offline-Medien wie CD-ROM, also auch das traditionelle (offline) Verlagsgeschäft. Die Praxis geht allerdings dahin, dass die Rechteinhaber oft eine öffentliche Zugänglichmachung (§ 19a) dann ebenfalls lizensieren, wenn es um verlagstypische Nutzungen geht, z. B. eine eBook-Nutzung. Darauf besteht aber kein Anspruch. Es handelt sich um ein **einfaches Nutzungsrecht**, schon damit alle interessierten Verleger in den Genuss der Lizenz kommen können (*Loewenheim* FS Nordemann II, S. 51, 56; Mestmäcker/Schulze/*Obergfell* Rn. 54; Schricker/Loewenheim/*Katzenberger/Metzger*[5] Rn. 86). Das schließt zwar für sich genommen eine Übertragung des einfachen Nutzungsrechts (§ 34) oder seine Unterlizensierung (§ 35) nicht aus (str., vgl. § 31 Rn. 87). Es erscheint jedoch als angemessen, **keine Möglichkeit der Weitergabe der Rechte** in der Zwangslizenz vorzusehen (i. E. genauso *Loewenheim* FS Nordemann II, S. 51, 56). Dritte können selbst um eine Zwangslizenz nachsuchen. **Räumlich** kann die Zwangslizenz sich jedoch nur auf eine Nutzung in Deutschland beziehen, weil § 5 das Schutzlandrecht in Deutschland regeln will (vgl. Rn. 8). **Zeitlich** besteht Anspruch auf eine angemessene Lizenzzeit, deren Verlängerung beliebig häufig beansprucht werden kann, solange das relevante amtliche Normwerk, das lediglich auf private Normwerke verweist, in Kraft ist und die übrigen Voraussetzungen des § 5 Abs. 3 S. 1 erfüllt sind. Tritt das amtliche Normwerk außer Kraft, erlischt auch der Anspruch auf Zwangslizenz. Ein **Bearbeitungsrecht** kann im Regelfall nicht beansprucht werden; das gilt vor allem für Bearbeitungen, die den Inhalt des privaten Normwerkes verändern würden; der Rahmen des § 39 steht dem Lizenznehmer jedoch zur Verfügung. Normungsorganisationen als Rechteinhaber haben auch regelmäßig ein berechtigtes Interesse, Bearbeitungen abzulehnen, weil sie den Inhalt der Norm verändern können. Allerdings besteht der Lizensierungsanspruch auch bei **Verbindung des (unveränderten) Normwerkes mit einem anderen Werk**. Da die Rechtinhaber im Regelfall das Geschäft mit der Nutzung der Norm als solcher selbst betreiben (z. B. der DIN über die Tochtergesellschaft Fa. Beuth Verlag GmbH), geht es in der Praxis meist um die Inkorporierung von Normen in andere verlagstypische Publikationen.

37

Da die Zwangslizenz zu „angemessenen Bedingungen" gewährt werden muss, darf der Urheber für die Zwangslizenz nicht mehr als eine **angemessene Vergütung** verlangen. Hierfür ist auf § 32 Abs. 2 S. 2 abzustellen (*Loewenheim* FS Nordemann II, S. 51, 56; Schricker/Loewenheim/*Katzenberger/Metzger*[5] Rn. 86), nach dem die Vergütung angemessen ist, die im Zeitpunkt des Vertragsschlusses dem entspricht, was im Geschäftsverkehr nach Art und Umfang

38

der eingeräumten Nutzungsmöglichkeit, insbesondere nach Dauer und Zeitpunkt der Nutzung, unter Berücksichtigung aller Umstände üblicher- und redlicherweise zu leisten ist (Einzelheiten vgl. § 32 Rn. 33 ff.). Besonderheiten ergeben sich aus dem Regelungszweck des § 5 Abs. 3, der die Finanzierung der privaten Normungsarbeit sichern soll (vgl. Rn. 29). Die Vergütung muss also eine Höhe erreichen, damit dieser Zweck erreicht wird (*Loewenheim* FS Nordemann II, S. 51, 57). Die üblicherweise geforderten Vergütungen, die diesen Zweck bislang erfüllten, haben deshalb die Vermutung der Angemessenheit für sich (ähnlich *Loewenheim* FS Nordemann II, S. 51, 57; Schricker/Loewenheim/*Katzenberger/Metzger*[5] Rn. 86).

39   Rechtsfolge des § 5 Abs. 3 S. 2 ist **keine automatische Einräumung der Nutzungsrechte, sondern lediglich ein schuldrechtlicher Anspruch** auf Lizensierung. Nach zutreffender Ansicht scheitern **Unterlassungsansprüche** nicht am Grundsatz von Treu und Glauben (§ 242 BGB), auch wenn eine Pflicht nach § 5 Abs. 3 S. 2 zur Nutzungsrechtseinräumung besteht. Vielmehr muss notfalls auf Nutzungsrechtseinräumung geklagt werden. Insoweit gilt nichts anderes als für vertragliche oder kartellrechtliche Ansprüche auf Zwangslizensierung, dazu vgl. Vor §§ 31 ff. Rn. 265 ff. Solche kartellrechtlichen und vertraglichen Kontrahierungsansprüche bleiben neben § 5 Abs. 3 S. 2 anwendbar, vgl. Rn. 46. Insbesondere **kartellrechtliche Ansprüche auf Kontrahierung** zu angemessenen Entgelten kommen gegen private Normungsorganisationen in Betracht, die im Hinblick auf den Bezug der Normen (Inhalte und/oder Rechte) in einer marktbeherrschenden Stellung stehen. Sie verfügen sogar über ein Monopol, wenn ein Bezug der Normen oder der Rechte daran nur über sie möglich ist (OLG Hamburg v. 27.7.2017 – 3 U 220/15 Kart –, juris Tz. 188 – *DIN-Normen*). Die Europäische Normungsorganisation CEN (vgl. Rn. 30a) ist insoweit befugt, für Normen, die der europäischen Normungsarbeit entspringen, die Rechte ausschließlich an ihre nationalen Mitglieder zu vergeben und ihnen vorzuschreiben, sie nur gegen Entgelt zu nutzen und zu lizenzieren. Das verstößt nicht gegen Art. 101 AEUV (OLG Hamburg v. 27.7.2017 – 3 U 220/15 Kart –, juris Tz. 195 ff. – *DIN-Normen*); zum Kartellverbot allgemein vgl. Vor §§ 31 ff. Rn. 151 ff. – Zur zeitlichen Anwendbarkeit vgl. Rn. 5.

40   **d) Zwangslizenz vom Verwerter (Abs. 3 S. 3):** Die Zwangslizenz richtet sich gegen einen Dritten, wenn er Inhaber des **ausschließlichen Rechts** zur Vervielfältigung und Verbreitung ist. Eine einfache Rechtseinräumung durch den Urheber genügt also nicht. Hat der Urheber die ausschließlichen Nutzungsrechte zur Vervielfältigung und Verbreitung nur räumlich, zeitlich oder inhaltlich beschränkt eingeräumt, richtet sich der Anspruch auf Einräumung auf die Rechte (z. B. Nutzungsarten), über die der Urheber verfügt hat, sofern ansonsten der Urheber der Zwangslizenz unterworfen wäre. Es entspricht der Praxis, dass private Normungsorganisationen wie beispielsweise das DIN alle relevanten ausschließlichen Nutzungsrechte zur Vervielfältigung und Verbreitung von den beteiligten Urhebern erwerben, sodass sich in diesen Fällen der Anspruch gegen die private Normungsorganisation richtet. Allerdings geben diese die Rechte teilweise an private Verlage weiter, die dann Anspruchsgegner im Sinne des § 5 Abs. 3 S. 3 werden. – Im Übrigen gilt nichts anderes als für die Zwangslizenz vom Urheber, vgl. Rn. 35 ff.

4.   Ansprüche des Rechteinhabers bei fehlender Zustimmung zur Nutzung als amtliches Werk

41   Nach der zutreffenden Auffassung hat der Urheber oder ein sonstiger Rechteinhaber keine Ansprüche gegen den Nutzer amtlicher Werke. § 5 greift vielmehr **unabhängig davon, ob eine Zustimmung zur Nutzung als amtliches Werk** im Sinne des § 5 Abs. 1, Abs. 2 oder Abs. 3 vorliegt (str.: gl. A. *Stieper* GRUR 2003, 398, 402 ff.; HK-UrhR/*Dreyer*[3] Rn. 26; Schricker/Loewenheim/*Katzen-*

berger/Metzger[5] Rn. 36; zweifelnd BeckOK UrhR/*Ahlberg*[16] Rn. 1 und 24; *Lo-ewenheim* FS Sandrock, S. 618; *ders.*, FS Nordemann II S. 51, 55; **offen:** BVerfG GRUR 1999, 226, 229 – *DIN-Normen*, sowie BGH GRUR 2006, 848 Tz. 19 – *Vergaberichtlinie*). Das rechtfertigt sich schon aus Gründen des **Verkehrsschutzes.** Der Nutzer amtlicher Werke kann den Entstehungsprozess amtlicher Werke nicht nachvollziehen und kann deshalb nicht das Risiko der fehlenden Zustimmung tragen. Über dies besteht kein nennenswertes Insolvenzrisiko des Amtes (HK-UrhR/*Dreyer*[3] Rn. 26). Als Anspruch kommt vor allem ein **Schadensersatzanspruch** nach Art. 34 GG i. V. m. § 839 BGB (*Stieper* GRUR 2003, 398, 404 f., dort auch Details zur Berechnung; ferner vgl. § 97 Rn. 182), ein **Entschädigungsanspruch** nach den Grundsätzen der enteignungsgleichen Eingriffe (*Stieper* GRUR 2003, 398, 405) oder ein **Anspruch aus ungerechtfertigter Bereicherung** (HK-UrhR/*Dreyer*[3] Rn. 26) in Betracht. Bei der Berechnung kann der durch § 5 bewirkte Rechtsverlust in Anschlag gebracht werden. Als Schadensersatz kann in Abweichung von § 249 BGB nur auf Geldersatz geklagt werden; der Rechteinhaber kann nicht verlangen, dass die Nutzung des amtlichen Werks rückgängig gemacht wird (*Stieper* GRUR 2003, 398, 404). Auch ein Anspruch auf Beseitigung oder Unterlassung greift nicht, sobald § 5 Anwendung findet. Vor Wirksamwerden des amtlichen Werkes nach Abs. 1 oder Veröffentlichung des amtlichen Werkes nach Abs. 2 bestehen jedoch Unterlassungs- und Beseitigungsansprüche, weil zu diesem Zeitpunkt § 5 noch keine Wirkung entfaltet (vgl. Rn. 19 und vgl. Rn. 25); dementsprechend großzügig sollten die Erstbegehungsgefahr für den vorbeugenden Unterlassungsanspruch (vgl. § 97 Rn. 39 f.) und ggf. auch der Verfügungsgrund für ein einstweiliges Verfügungsverfahren (vgl. § 97 Rn. 198 ff.) angenommen werden. – Von einer unerlaubten Nutzung als amtliches Werk zu unterscheiden ist der Fall, dass sich ein amtliches Werk das Werk eines privaten Dritten **nicht zu Eigen macht,** sondern es lediglich **im Rahmen der Schrankenbestimmungen der** §§ **44a ff.** nutzt. Dann tritt kein Urheberrechtsverlust ein (vgl. Rn. 13).

III. Prozessuales

§ 5 Abs. 1 und Abs. 2 stellen eine Ausnahme vom Urheberrechtsschutz dar. **42** Wer sich darauf beruft, trägt deshalb grundsätzlich die **Darlegungs- und Beweislast.** § 5 Abs. 3 S. 1 stellt wiederum eine Ausnahme der Ausnahme dar, sodass hier die Darlegungs- und Beweislast beim Urheber oder Rechteinhaber liegt, der die Ausnahme für sich reklamiert.

Für die **Zwangslizenzen** der § 5 Abs. 3 S. 2 und S. 3 liegt die **Darlegungs- und** **43** **Beweislast** wiederum beim Anspruchsteller. Im Hinblick auf die zu zahlende angemessene Vergütung kann ein **unbezifferter Zahlungsantrag** gestellt werden, dessen Bestimmung in das Ermessen des Gerichts gestellt wird (vgl. § 32 Rn. 133); ferner vgl. Rn. 39 zur Überwindung des Verbotsrechts bei Angebot der Lizenznahme. Da es um gesetzliche Kontrahierungsansprüche und bei Verweigerung um eine unerlaubte Handlung geht, kann nicht nur an den allgemeinen und besonderen **Gerichtsständen** der §§ 12 ff. ZPO vorgegangen werden, sondern auch am Gerichtsstand des § 32 ZPO. Hier sollte – wie für andere gesetzliche Kontrahierungsansprüche – als Handlungs- oder Erfolgsort auch ein Gerichtsstand am Sitz des Lizenznehmers gegeben sein (zum GWB Immenga/Mestmäcker/*Schmidt*[4] Band 2, Teil 1 § 87 GWB Rn. 38 ff.).

IV. Verhältnis zu anderen Vorschriften

§ 5 findet auf **Leistungsschutzrechte (verwandte Schutzrechte)** grundsätzlich **44** Anwendung. Für wissenschaftliche Ausgaben (§ 70 Abs. 1) und Lichtbilder

(§ 72 Abs. 1) ergibt sich dies bereits aus der Komplettverweisung auf die Vorschriften des Teils 1, zu denen auch § 5 gehört. Eine ausdrückliche Verweisung auf § 5 findet sich ferner in § 71 Abs. 1 S. 3 (nachgelassene Werke). Für alle übrigen Leistungsschutzrechte fehlt es an einer ausdrücklichen Verweisung. Insoweit kann § 5 analog angewendet werden, vgl. Rn. 3 zur Analogiefähigkeit des § 5. Insoweit ist allerdings die gleiche enge Auslegung des § 5 geboten wie bei Werken. Insbesondere muss eine Amtlichkeit der Leistung vorliegen (vgl. Rn. 11 ff.). Zur analogen Anwendung des § 5 auf die **Leistungsschutzrechte des einfachen Datenbankherstellers** vgl. § 87a Rn. 35. Auch auf Rechte außerhalb des UrhG – wie z. B. **Designrechte (GemGeschmMVO, DesignG), körperliche Eigentumsrechte, Persönlichkeitsrechte** – kann § 5 analog angewendet werden, wenn der Regelungszweck des § 5 dies verlangt und insbesondere die erforderliche Amtlichkeit gegeben ist. Auch die Schrankenbestimmungen der §§ 44a ff. werden analog z. B. auf körperliche Eigentumsrechte angewendet (BGH GRUR 2011, 323 Tz. 12 – *Preußische Schlösser und Gärten*). Die Einbruchstelle für § 5 UrhG ist § 903 BGB.

45 Die **Schrankenbestimmungen der §§ 44a ff.** stehen in einem Austauschverhältnis zu § 5. Soweit Schrankenbestimmungen speziellere Regelungen enthalten, gehen sie vor, wenn klar ist, dass sie eine abschließende Regelung bilden sollen (wohl weitergehend: Schricker/Loewenheim/*Katzenberger/Metzger*[5] Rn. 11, der für alle amtlichen Nutzungen, die in den Schrankenbestimmungen geregelt sind, Urheberrechtsschutz gewähren will). Das gilt z. B. für Schulfunksendungen (§ 47). Überdies können Schrankenbestimmungen eine enge Auslegung des § 5 bedingen. Sind sie anwendbar und ermöglichen eine hinreichende Nutzung der urheberrechtlich geschützten Inhalte, ist § 5 im Zweifel eng auszulegen; zu § 5 Abs. 2 und dort zum spezifischen Verbreitungsinteresse vgl. Rn. 26. Nutzen Ämter Werke Privater unter Berufung auf die Schrankenbestimmungen, werden solche Werke nicht vollständig nach § 5 frei (vgl. Rn. 13).

46 Neben die **Zwangslizenzen** des § 5 Abs. 3 S. 2 und S. 3 treten **Kontrahierungsansprüche aus anderen Vorschriften**, z. B. aus VGG (ehemals UrhWahrnG), aus Vertrag oder aus Kartellrecht (eingehend vgl. Vor §§ 31 ff. Rn. 83 ff.). Zur marktbeherrschenden Stellung von Normungsorganisationen oben vgl. Rn. 39. Die Bestimmungen des § 5 Abs. 3 sind nicht abschließend. Die Regelungen des § 5 schließen auch nicht die Anwendung des **Lauterkeitsrechts** aus, insbesondere des UWG. Es kann irreführend gem. §§ 3, 5 Abs. 1 S. 2 Nr. 1 und Nr. 3 UWG sein, mit einer falschen Quellenangabe im Hinblick auf urheberrechtsfreie amtliche Werke zu werben. Kontrahierungsansprüche können sich auch aus **InformationsweiterverwendungsG (IWG), InformationsfreiheitsG (IFG), UmweltinformationsG (UIG)** oder **VerbraucherinformationsG (VIG)** ergeben, wenn urheberrechtlicher Schutz besteht und der Inhaber des Rechts der zur Information Verpflichtete ist. Jedenfalls soweit nicht Urheberrechte außenstehender Dritter betroffen sind, ist es der Behörde in aller Regel versagt, ein bestehendes urheberrechtliches Schutzrecht gegen Informationszugangsansprüche zu wenden (BVerwG GRUR-RR 2016, 137 Tz. 38; *Schnabel* K&R 2011, 626, 629; *Heuner/Küpper* JZ 2012, 801, 805; *Wiebe/Ahnefeld*, CR 2015, 127, 129; *Ramsauer* AnwBl 2013, 410, 414 f., auch eingehend auf andere urheberrechtliche Fragen; Dreier/Schulze/*Dreier*[5] Einl. Rn. 41b).). Ein genereller Vorrang eines der Behörde zugewiesenen Urheberrechts folgt aus § 6 S. 1 IFG also nicht. Es sind allerdings Fallgestaltungen denkbar, in denen die nutzungsberechtigte Behörde insbesondere wegen der Eigenart des geschützten Werks ein anerkennenswertes Interesse am Schutz des Urheberrechts geltend machen kann (BVerwG GRUR-RR 2016, 137 Tz. 42). Das kommt insbesondere in Betracht, wenn das Urheberrecht eine wirtschaftliche Verwertungsmöglichkeit für die Behörde eröffnet (BVerwGE GRUR-RR 2016, 137 Tz. 42). Speziell zum Gleichbehandlungsanspruch aus § 3 IWG s. VGH Mannheim GRUR 2013,

821 Tz. 35 ff. – *Juris Monopol*, dort mit Hinblick auf die Überlassung von Entscheidung durch das BVerfG mit Orientierungssätzen. Zu den Informationsrechten nach IWG, IFG, UIG oder VIG ferner vgl. Rn. 26.

§ 6 Veröffentlichte und erschienene Werke

(1) Ein Werk ist veröffentlicht, wenn es mit Zustimmung des Berechtigten der Öffentlichkeit zugänglich gemacht worden ist.

(2) ¹Ein Werk ist erschienen, wenn mit Zustimmung des Berechtigten Vervielfältigungsstücke des Werkes nach ihrer Herstellung in genügender Anzahl der Öffentlichkeit angeboten oder in Verkehr gebracht worden sind. ²Ein Werk der bildenden Künste gilt auch dann als erschienen, wenn das Original oder ein Vervielfältigungsstück des Werkes mit Zustimmung des Berechtigten bleibend der Öffentlichkeit zugänglich ist.

I. Allgemeines

1. Bedeutung, Sinn und Zweck der Norm, systematische Stellung im Gesetz

§ 6 enthält die **Legaldefinition**en für die beiden Regelsachverhalte, die ein Werk **1** nach seiner Entstehung für den Rechtsverkehr relevant werden lassen: seine Veröffentlichung (Abs. 1) und sein Erscheinen (Abs. 2). Zwar genießt es den Schutz des Urheberrechts schon von seiner Schöpfung an (§§ 1 bis 4); erst mit seiner Übergabe an die Öffentlichkeit entfaltet es jedoch seine inhaltliche Wirkung, und Konflikte persönlichkeitsrechtlicher oder verwertungstechnischer Art können entstehen.

Die Veröffentlichung ist die einfache, das Erscheinen die qualifizierte Form des **2** Wechsels eines Werkes aus dem – ausschließlichen – Zugangsbereich seines

Schöpfers in denjenigen der Öffentlichkeit: Während für erstere keine besonderen Voraussetzungen gegeben sind, es vielmehr genügt, dass das Werk der Öffentlichkeit *zugänglich* ist, wie auch immer dieser Zugang aussehen mag (Abs. 1), ist das *Erscheinen* eines Werkes erst gegeben, wenn Werkexemplare in genügender Anzahl sowohl *hergestellt* als auch *der Öffentlichkeit angeboten* oder sonst in Verkehr gebracht worden sind (Abs. 2).

3 Beides, die Veröffentlichung ebenso wie das Erscheinen, setzt die **Zustimmung des Berechtigten** – also des Urhebers oder des Verwerters, dem er die entsprechenden Nutzungsrechte eingeräumt hat – voraus. Ohne sie treten die Rechtsfolgen der Veröffentlichung und/oder des Erscheinens eines Werkes nicht ein: Der Raubdruck eines Romanskripts oder die unerlaubte Uraufführung einer Komposition von *Richard Strauß*, die im Archiv einer Musikhochschule gefunden wurde, berühren die Rechtsposition des Urhebers oder seiner Erben als solche ebensowenig wie die Veräußerung seiner Text- oder Notenmanuskripte durch den Testamentsvollstrecker. **Anders** steht es allerdings mit **Werken der bildenden Künste gem. Abs. 2 S. 2:** Ein bisher unbekanntes Aquarell von *Emil Nolde* aus dem Nachlass eines Industriellen dürfen dessen Erben ohne die Zustimmung der Stiftung Seebüll öffentlich ausstellen (§ 44 Abs. 2 UrhG) und damit deren Erstveröffentlichungsrecht aus § 6 Abs. 1 zum Erlöschen bringen. Zur Frage, ob dies auch auf Lichtbildwerke anwendbar ist, vgl. Rn. 25a.

4 Veröffentlichung und Erscheinen stehen daher in einem **Spezialitätsverhältnis** zueinander. Ein erschienenes Werk ist auch immer zugleich veröffentlicht, nicht jedes veröffentlichte Werk aber auch zugleich erschienen. Die stärkere Verselbständigung des Werkes und der Kontrollverlust, der mit der Übergabe der Vervielfältigungsstücke an die Allgemeinheit eintritt, rechtfertigen die unterschiedliche Reichweite der Rechtsfolgen von Veröffentlichung und Erscheinen; so sind vom Zeitpunkt des Erscheinens an die ausschließlichen Nutzungsrechte des Urhebers weitergehend als durch die bloße Veröffentlichung des Werkes zugunsten bestimmter Werknutzungen beschränkt (BGH GRUR 1963, 213, 215 f. – *Fernsehwiedergabe von Sprachwerken*).

2. Früheres Recht

4a Der Begriff des Erscheinens geht wohl auf den Verlagshandel zurück; *Allfeld* hat deshalb ein Werk dann als Erschienen angesehen, wenn es im Verlagshandel herausgegeben, d.h. in einer Vielzahl öffentlich angeboten ist und Abzüge von dem fertigen Drucksatz oder der sonstigen Vervielfältigungsvorrichtung, wenn auch nur in geringer Zahl, für den Verkauf an das Publikum bereit gewesen ist (*Allfeld* § 7 Anm. 2). Zwar fanden sich sowohl im LUG als auch im KUG an zahlreichen Stellen Bezugnahmen auf die Veröffentlichung oder das Erscheinen, jedoch ohne diese Begriffe im Einzelnen zu definieren. Allerdings ist auch seinerzeit bereits das Erscheinen als eine qualifizierte Form der Veröffentlichung aufgefasst worden, ohne dass allerdings immer klar zwischen Veröffentlichung und Erscheinen unterschieden worden ist (s. z.B. *Elster* § 20 II lit. c [S. 174 f.]). Das wird auch deutlich an § 35 LUG: Dort war geregelt, dass dann, wenn das Gesetz bestimmte Rechtsfolgen an das Erscheinen, die anderweitige Veröffentlichung oder die öffentliche Mitteilung des wesentlichen Inhaltes eines Werkes knüpfte, nur eine solche Veröffentlichung oder Mitteilung in Betracht komme, die der Berechtigte bewirkt habe; das Gesetz fasste insoweit also das Erscheinen und die anderweitige Veröffentlichung wieder unter dem Oberbegriff der Veröffentlichung zusammen. Der Gesetzgeber des UrhG wollte die bisherige Rechtsauffassung nicht ändern, aber keine Zweifel mehr darüber bestehen lassen, was unter Veröffentlichung und Erscheinen des Werkes zu verstehen ist und hat deshalb mit § 6 die entsprechenden Definitionen eingeführt (s. RegE UrhG 1962 – BT-Drs. IV/270, S. 40).

3. EU-Richtlinien

Auch die EU-Richtlinien unterscheiden zwischen Veröffentlichung und Erscheinen, folgen allerdings in der Terminologie weitgehend den internationalen Konventionen: Wenn deshalb bspw. in Art. 3 Abs. 1 und 2 Schutzdauer-RL von der Veröffentlichung der Darbietung eines ausübenden Künstlers oder eines Tonträgers gesprochen wird, ist damit das Erscheinen im Sinne des deutschen Rechts gemeint, wird von öffentlicher Wiedergabe gesprochen, ist darunter die Veröffentlichung zu verstehen (s. Walter/*Walter* Vor Art. 1 Schutzdauer-RL Rn. 8 f.). Diese Terminologie ist auch in der Neufassung von Art. 3 Schutzdauer-RL durch die Schutzdaueränderungs-RL beibehalten worden. Auch im europäischen Recht hängen die Rechtswirkungen der Veröffentlichung und des Erscheinens von der Zustimmung des Berechtigten ab; das wird jeweils dadurch klargestellt, dass Veröffentlichung (= Erscheinen gem. § 6 Abs. 2 UrhG) und öffentliche Wiedergabe (= Veröffentlichung gem. § 6 Abs. 1 UrhG) jeweils „erlaubterweise" von statten gegangen sein müssen (s. Walter/*Walter* Vor Art. 1 Schutzdauer-RL Rn. 10). Weitere Einzelheiten zum Zusammenhang dieser Begriffe in den internationalen Konventionen sogleich vgl. Rn. 5. **4b**

4. Internationales Urheberrecht

a) Konventionsrecht: Keine der einschlägigen internationalen Konventionen unterscheidet wie das deutsche Recht zwischen der Veröffentlichung und dem Erscheinen eines Werkes. Vielmehr wird – in englischsprachigen Fassungen – einheitlich der Begriff *publications* verwendet und unter einem *published work* stets ein solches verstanden, das den von Abs. 2 gestellten Anforderungen an ein *erschienenes* Werk entspricht. *Publications* stimmt demgemäß mit dem deutschen Begriff des *Erscheinens* überein. So genügt für die Entstehung des Urheberrechtsschutzes in allen Mitgliedstaaten der RBÜ die erste *publication* eines Werkes in einem Verbandsland (Art. 3 Abs. 1 Buchst. b Abs. 3 der Pariser Fassung). Entsprechend gilt für das WUA (Artt. II Abs. 1 und IV), den WCT (Art. 2 lit. e, Art. 3 Abs. 1 und 2), für TRIPS (Art. 1 Abs. 3 S. 1) und für den WPPT (Artt. 2 lit e und 3 Abs. 1 und 2). Soweit amtliche Übersetzungen in die deutsche Sprache existieren, findet sich darin an entsprechender Textstelle stets der Begriff des Erscheinens oder dessen Umschreibung nach den dazu erforderlichen tatsächlichen Vorgängen (Einzelheiten bei Schricker/Loewenheim/*Katzenberger/Metzger*[5] Rn. 58 f.). **5**

Die drei für das deutsche Urheberrecht bedeutsamen Bestimmungen sind die folgenden: **6**
– **Art. 3 Abs. 3 RBÜ** lautet wie folgt:

> *Unter „veröffentlichten Werken" sind die mit Zustimmung ihrer Urheber erschienenen Werke zu verstehen, ohne Rücksicht auf die Art der Herstellung der Werkstücke, die je nach der Natur des Werkes in einer Weise zur Verfügung der Öffentlichkeit gestellt sein müssen, die deren normalen Bedarf befriedigt. Eine Veröffentlichung stellt nicht dar: Die Aufführung eines dramatischen, dramatisch-musikalischen oder musikalischen Werkes, die Vorführung eines Filmwerks, der öffentliche Vortrag eines literarischen Werkes, die Übertragung oder die Rundfunksendung von Werken der Literatur oder Kunst, die Ausstellung eines Werkes der bildenden Künste und die Errichtung eines Werkes der Baukunst.*

– Entsprechendes regelt Art. VI WUA, der wie folgt lautet:

> *Eine „Veröffentlichung" im Sinn dieses Abkommens liegt vor, wenn das Werk in einer körperlichen Form vervielfältigt und der Öffentlichkeit durch Werkstücke zugänglich gemacht wird, die es gestatten, das Werk zu lesen oder sonst mit dem Auge wahrzunehmen.*

Art. VI WUA verlangt also Vervielfältigung *und* Verbreitung für den Begriff der „Veröffentlichung". Werke, die nicht vervielfältigt und verbreitet, son-

dern nur ausgestellt worden sind, bleiben unveröffentlicht im Sinne von Art. VI WUA (s. *Wilhelm Nordemann/Vinck/Hertin* Art. VI WUA Rn. 1).
– Schließlich definiert Art. 3 (lit. d) des Rom-Abkommens den Begriff der Veröffentlichung als

Das Angebot einer genügenden Anzahl von Vervielfältigungsstücken eines Tonträgers an die Öffentlichkeit.

Ein im Sinne des deutschen UrhG *veröffentlichtes* Werk kann somit im Sinne der internationalen Konventionen als *unveröffentlicht* („unpublished") anzusehen sein, weil das Erscheinen eine qualifizierte Form der Veröffentlichung darstellt und der Begriff der Veröffentlichung in den internationalen Konventionen regelmäßig nur diese qualifizierte Form der Veröffentlichung, nämlich das Erscheinen, meint. Mit Recht empfiehlt demgemäß *Sterling*, im urheberrechtlichen Sprachgebrauch „publication" mit „Erscheinen" und „Veröffentlichung" mit dem unspezifischen Begriff der „dissemination" zu übersetzen (*Sterling* Rn. 4.10).

7 Angesichts der rasch zunehmenden Bedeutung des **Internets** für die Verfügbarmachung von Werken ist Streit darüber entstanden, ob die Online-Bereitstellung einer zum Download geeigneten Datei schon eine *publication* im Sinne des internationalen Sprachgebrauchs mit der Folge eines urheberrechtlichen Schutzes im Bereich aller internationalen Konventionen sei (dafür *Thum* GRUR Int. 2001, 9, 10 und *Klass* GRUR Int. 2007, 373, 378 ff.; dagegen *Schack* GRUR 2007, 639, 645; jedenfalls für eine Klarstellung der Abkommenstexte: *Sterling* Rn. 4.10; i. Ü. Dreier/Schulze/*Dreier*[5] Rn. 16; *v. Lewinski* GRUR Int. 1997, 667, 672; Schricker/Loewenheim/*Katzenberger/Metzger*[5] Rn. 59). Wir neigen der zuerst genannten Ansicht zu; vgl. Rn. 21.

8 Der „normale" Bedarf, der durch eine *publication* i. S. v. Art. 3 Abs. 3 S 1 RBÜ und offenbar ebenso von Art. 3 (d) des Rom-Abkommens und Art. 2e WPPT gedeckt sein muss, ist, soweit es noch um die bisher gebräuchliche Buchproduktion geht, jeweils nach Werkart, Verbreitungsweg und Marktbesonderheiten zu bestimmen. So reichen die für den Verleih normalerweise benötigten Kopien eines Kinofilms oder die früher für die Auswertung im Fernsehen normalerweise benötigten Ampexbänder eines Fernsehfilmes aus, um das Werk als veröffentlicht anzusehen (*Wilhelm Nordemann/Vinck/Hertin* RBÜ Art. 3 Rn. 2). Der normale Bedarf nach RBÜ ist dann nicht befriedigt, wenn das Werk nur im Untergrund oder nur unter der Hand verbreitet wird, weil die im Umlauf befindlichen Exemplare dann nur für eingeweihte Kreise, nicht aber für die Allgemeinheit frei zugänglich und erreichbar sind (Britischer High Court of Justice GRUR Int. 1973, 117 – *August 1914*).

9 **b) Kollisionsrecht:** Für Werke von **Ausländern,** deren Heimatland nicht durch einen Staatsvertrag mit der Bundesrepublik Deutschland verbunden ist, entsteht der Schutz nach dem UrhG im Wesentlichen nur dann, wenn diese **erstmals im Inland erschienen** sind; allein die §§ 12–14 kommen ihnen stets zugute (§ 121). Hier oder in einem anderen der RBÜ oder dem WUA angehörigen Land ansässige Staatenlose und Flüchtlinge sind allerdings Deutschen gleichgestellt (§§ 122, 123).

II. Tatbestand

1. Veröffentlichung (Abs. 1 S. 1)

10 **a) Begriff der Veröffentlichung:** Veröffentlicht im Sinne des § 6 ist ein Werk erst dann, wenn, die Zustimmung des Berechtigten vorausgesetzt (vgl. Rn. 3), theoretisch **jedermann von ihm Kenntnis nehmen kann,** also auf der Straße, in einer öffentlichen Veranstaltung, im Radio, am Fernseher, über das Internet am PC, durch Aufnahme in eine Ausstellung oder in eine öffentliche Bibliothek oder durch Veröffentlichung eines Angebots von Vervielfältigungsstücken (vgl. Rn. 11 ff.).

b) **Einzelfälle:** Dabei kann es entscheidend auf die Situation im Einzelfall an-   **11** kommen:
– Vorlesungen an Universitäten und gleichartigen Einrichtungen, zu denen eigentlich nur Hochschulangehörige Zutritt haben, sind oftmals in der Praxis öffentlich, weil niemand die große Zahl der Zuhörer kontrollieren kann und will; Seminare dagegen sind es nicht.
– Auch größere Fachkongresse sind öffentlich, selbst wenn eine Eingangskontrolle stattfindet, weil letztlich jeder Interessierte sich über ein Mitgliedsunternehmen den Zutritt verschaffen kann; die Sitzung eines Expertengremiums, das nach einem Referat eine Stellungnahme erarbeitet, ist dagegen nicht öffentlich (so schon *Ulmer*, Urheber- und VerlagsR[3] § 32 I).
– Entsprechendes gilt bei Bühnendarbietungen für die Mitglieder der Theatergemeinde oder der Volksbühne: Niemand kann wissen, ob der Sitznachbar Mitglied ist oder die Eintrittskarte von einem solchen erhalten hat (Schricker/Loewenheim/*Katzenberger/Metzger*[5] Rn. 13 m. w. N.). Eine Lesung oder szenische Darbietung vor geladenen Gästen dagegen ist nicht öffentlich.
– Darbietungen vor einem individuell ausgewählten Kreis von Schülern oder Mitarbeitern sind nicht öffentlich (BGH GRUR 1956, 515 f. – *Tanzkurse*; LG Kassel *Erich Schulze* LGZ 174).
– Der Versand von Werkstücken an einen ausgewählten Kreis von Empfängern ist gleichwohl dann Veröffentlichung, wenn er nicht mit der Bitte um lediglich private Kenntnisnahme verbunden ist und die Anzahl der Empfänger klein – nicht mehr als etwa 25 – bleibt; ein an zahlreiche Subskribenten als „Privatdruck" vertriebenes Buch ist in jedem Falle veröffentlicht (OLG München GRUR 1990, 446 f. – *Josefine Mutzenbacher*).
– Eine Filmvorführung zu Testzwecken vor Filmverleihern und Kinobesitzern ist öffentlich, wenn auch Angehörige und Freunde zugelassen sind (LG Berlin UFITA 8 [1935], 111 f.).
– Das Versenden einer Unterrichtung des Parlaments über die Auslandseinsätze der Bundeswehr nach § 6 Abs. 1 ParlBG ausschließlich an ausgewählte Abgeordnete des Deutschen Bundestages, Referate im Bundesministerium der Verteidigung und anderen Bundesministerien sowie nachgeordneten Dienststellen (OLG Köln GRUR-RR 2016, 59, 61 – *Afghanistan Papiere*) ist dagegen genauso wenig öffentlich wie die Übergabe von Ausarbeitungen der wissenschaftlichen Dienste des Bundestages an den auftraggebenden Abgeordneten (BVerwG NJW 2015, 3258, 3261 Tz. 32).

c) **Sonstige Voraussetzungen:** Auf **Ausmaß und Dauer des Veröffentlichungs-**   **12** **akts** kommt es allerdings nicht an. Ein Werk, das nur ein einziges Mal öffentlich gezeigt, vorgetragen, aufgeführt oder vorgeführt worden ist, ist ebenso veröffentlicht wie eine Diplomarbeit, die in einer Bibliothek in der früheren DDR eingestellt und dort registriert war (BPatG GRUR 1989, 189 – *Diplomarbeit*). Eine vorherige oder gleichzeitige Festlegung ist Werkes ist nicht erforderlich (vgl. § 2 Rn. 23); ein Stegreifgedicht oder eine Improvisation am Klavier, die erst durch ihre Mitteilung an die Außenwelt Werkcharakter erhalten, können daher schon mit ihrer Entstehung veröffentlicht sein.

Stets muss freilich **das Werk als solches veröffentlicht** sein; seine bloße Vorstel-   **13** lung in einer Feierstunde macht nur seine Existenz, nicht seinen Inhalt öffentlich (OLG Zweibrücken GRUR 1997, 363, 364 – *Jüdische Friedhöfe*; Ausnahme § 44 Abs. 2, vgl. Rn. 3). Entsprechendes gilt etwa für die Vorstellung eines neuen Bühnen- oder Filmwerks in einer Pressekonferenz vor der Uraufführung. Zum **Verbrauch** des Veröffentlichungsrechts durch eine konkrete Art oder Form der Veröffentlichung vgl § 12 Rn. 10.

14 Was den Veröffentlichungsbegriff in § 6 Abs. 1 UrhG angeht, bereiten Internet-Veröffentlichungen keine besonderen Probleme. Denn „veröffentlicht" ist ein Werk bereits dann, „wenn es mit Zustimmung des Berechtigten der Öffentlichkeit zugänglich gemacht worden ist", gleich ob dies in körperlicher oder unkörperlicher Form geschieht. Entscheidend ist allein, dass das Werk der Öffentlichkeit zugänglich ist, d. h. wahrgenommen werden *kann;* ob und wie oft es danach *online* abgerufen wird, spielt keine Rolle (*Schack* GRUR 2007, 639, 644).

2. Erscheinen (Abs. 2 S. 1)

15 **a) Allgemeines:** Nur im klassischen Bereich des Erscheinens von Werken der Literatur, von Musiknoten – dort fast nur noch im Bereich der sog. Ernsten Musik –, von Bildbänden, Filmwerken und wissenschaftlich-technischen Darstellungen kommt **Abs. 2** noch zu einer seinem Wortlaut entsprechenden Anwendung. Die Bestimmung kennt zwei Arten des Erscheinens, von denen das **Inverkehrbringen** die Hauptform darstellt; aber auch seine Vorstufe, das **Angebot an die Öffentlichkeit**, genügt. Beide setzen allerdings voraus, dass Vervielfältigungsstücke **in genügender Anzahl** bereits **hergestellt** worden sind; eine öffentliche Einladung zu Bestellungen, die dann erst Anlass zur Produktion sein sollen, bewirkt das Erscheinen noch nicht (RegE UrhG 1962 – BT-Drs. IV/270, S. 40; OLG Frankfurt WRP 2015, 1253, 1254), ist aber, weil § 17 Abs. 1 die Herstellung nicht voraussetzt, Verbreitungshandlung (BGH GRUR 1991, 316, 317 – *Einzelangebot*). Wird ein Werk nach seiner Art dem interessierten Publikum durch sogenannte Werkvermittler zugänglich gemacht, kann bereits die Übergabe einiger weniger Werkstücke oder sogar nur eines einzigen Werkstücks ausreichen, den voraussichtlichen Publikumsbedarf zu decken und damit im Sinne des § 6 Abs. 2 S. 1 UrhG ein Erscheinen des Werkes zu bewirken (BGH GRUR 2016, 1048, 1051 Tz. 36 – *An Evening with Marlene Dietrich*). Entscheidend ist, ob der Berechtigte mit der Übergabe des Werkes an den Werkvermittler alles seinerseits Erforderliche getan hat und es nur noch von der Leistung des Vermittlers und dem Interesse des Publikums abhängt, dass das Werk in der angesprochenen Öffentlichkeit bekannt wird (BGH GRUR 2009, 942, 945 Tz. 35 – *Motezuma*); Einzelheiten vgl. § 71 Rn. 3, 16 f., 32 ff.).

16 Das **Erscheinen** ist stets nur dort bewirkt, wo die Voraussetzungen des Abs. 2 S. 1 zutreffen. Das Angebot der gedruckten Partitur eines Musicals auf dem US-Markt ist noch kein Angebot an die Öffentlichkeit der Europäischen Union und des EWR (§ 17 Abs. 2; vgl. § 17 Rn. 17, 22). Allerdings ist für Letzteres das Vorhandensein eines inländischen Vertriebsmittelpunktes nicht Voraussetzung; es genügt, dass vom Ausland her in den Binnenmarkt angeboten und/ oder geliefert wird (BGH GRUR 1980, 227, 229 f. – *Monumenta Germaniae Historica*). Die Frage ist wegen § 121 Abs. 1 bedeutsam (vgl. Rn. 1 a. E.).

17 **b) Festlegung des Werkes:** Der Begriff des **Erscheinens** setzt – im Anschluss an BGH GRUR 1963, 213, 215 *Fernsehwiedergabe von Sprachwerken* – eine **Festlegung des Werkes** voraus; Vervielfältigungsstücke sind ohne Festlegung nicht denkbar. Eine bestimmte Art der Festlegung ist jedoch nicht vorgeschrieben. Im Gegenteil umfasst der in § 16 normierte Begriff der „Vervielfältigung" jede körperliche Festlegung des Werks, die geeignet ist, es dem menschlichen Sinnen auf irgendeine Weise unmittelbar oder mittelbar wahrnehmbar zu machen (so schon RegE UrhG 1962 – BT-Drs. IV/270, S 47; BGH GRUR 1991, 449, 453 – *Betriebssystem*; KG GRUR-RR 2004, 228, 231 – *Ausschnittdienst*). Zum Erscheinen von Serien, Fortsetzungswerken usw. vgl. § 38 Rn. 9 ff.

Eine Digitalisierung des Werkes ist ebenso eine Festlegung wie seine Speiche- **18**
rung auf einem beliebigen Datenträger gleich welcher technischen Gestalt, also
von der Schall- und Bildplatte über das Magnetband und die Diskette bis zur
Festplatte des Computers, den DVD- und CD-Brenner und deren Produkte,
den Scanner und was immer noch an Neuem erfunden werden mag (für die
Digitalisierung OLG Hamburg GRUR-RR 2002, 249, 251 – *Handy-Klingeltöne*; für die Speicherung auf Datenträgern schon BGH GRUR 1999, 325,
327 – *Elektronische Pressearchive* und KG GRUR-RR 2004, 228, 231 – *Ausschnittdienst*; zu beiden Bereichen auch die gesamte, bei Schricker/Loewen-
heim/*Loewenheim*[5] Rn. 17 bis 19 wiedergegebene Literatur). Auch die Eingabe
digitalisierter Bilder in elektronische Bildarchive kann als Erscheinen einzustufen sein; die Sendung eines Films genügt jedoch als Veröffentlichung der Filmeinzelbilder in unkörperlicher Form nicht (BGH GRUR 2014, 363, 366
Tz. 35 – *Peter Fechter*).

c) Angebot an die Öffentlichkeit: Da ein **Angebot** der Öffentlichkeit gegenüber **19**
genügt, ist das **Erscheinen** bereits **vollendet,** wenn eine **ausreichende Anzahl**
von Exemplaren zur Vermietung oder zum Verleihen **bereitgestellt** wird (vgl.
Rn. 2). Das ist von Bedeutung bei den sog. Leihromanen, die nur an Leihbüchereien verkauft werden, bei Notenmaterialien, die nur vermietet werden, und
bei Filmkopien, die den Filmtheatern zur öffentlichen Vorführung angeboten
werden. Auch eine Zeitungsanzeige reicht aus, selbst wenn noch kein einziges
Exemplar verkauft ist (BGH GRUR 1975, 447, 448 – *Te Deum; Schiefler*
UFITA 48 [1966], 81, 93 f.; *Riedel*, UrhRG Rn. B 1). Ein *Angebot* muss aber
jedenfalls vorliegen; der Verleih einer einzigen Filmkopie nur zur Vorführung
auf einem Filmfestival genügt ebenso wenig wie die bloße Bemusterung des
Handels mit sog. Vorwegexemplaren noch nicht hergestellter Tonträger (OLG
Frankfurt ZUM 1996, 697, 701 f.; Schricker/Loewenheim/*Katzenberger/Metz-
ger*[5] Rn. 40).

d) Werke in elektronischer Form: Bei solchen ist zwischen zwei Sachverhalten **20**
zu unterscheiden: Auf neue Werke, die **auf Medienträgern** wie CD-ROM,
DVD, CDR, Disketten oder sonstigem Trägermaterial festgehalten sind, ist § 6
Abs. 2 einschränkungslos anwendbar. Eine genügende Anzahl solchen Materials muss hergestellt und entweder schon in Verkehr gebracht oder der Öffentlichkeit wenigstens angeboten sein, damit die darauf festgehaltenen Werke als
erschienen anzusehen sind.

Werden bisher nicht erschienene Werke dagegen **ausschließlich auf elektroni-** **21**
schem Wege – also insbesondere im Internet – angeboten, so liegt zwar ein
„Angebot an die Öffentlichkeit" i. S. d. § 6 Abs. 2 vor; eine „Herstellung" von
Werkexemplaren hat jedoch noch nicht stattgefunden. Insoweit ist zu unterscheiden: Wenn das elektronisch in das Internet eingestellte Werk dort nur
online angesehen oder angehört werden kann, ohne dass auch ein Herunterladen ermöglicht wird, genügt dies für das Erscheinen nicht, da dann keine dauerhaften Vervielfältigungsstücke entstehen können. Solche Werke werden daher
„nur" der Öffentlichkeit zugänglich gemacht und fallen daher unter die Veröffentlichung nach Abs. 1 (vgl. Rn. 14). Anders ist dies jedoch dann, wenn das
Werk im Internet auch zum Herunterladen bereitgehalten wird: Dann darf sich
jeder Interessent, der mit dem Rechteinhaber einig geworden ist, im Wege des
„Herunterladens" eine Kopie selbst herstellen. Wenn dies – wie es stets zu
geschehen pflegt – prinzipiell jedermann tun darf, falls er die Bedingungen für
den Download akzeptiert, so ist allerdings exakt diejenige Situation verwirklicht, die der Gesetzgeber von 1965 dem Begriff des „Erscheinens" unterstellen
wollte: Jedermann kann ein eigenes Werkexemplar erwerben, weil ein entsprechendes Angebot des Rechtsinhabers an die Öffentlichkeit vorliegt. Die Bereithaltung des Speicherinhalts zum Abruf genügt zur Deckung jeglichen Bedarfs

(ebenso Dreier/Schulze/*Dreier*[5] Rn. 16; Spindler/Schuster/*Wiebe*[3] Rn. 14; Wandtke/Bullinger/*Marquardt*[4] Rn. 29; HK-UrhR/*Dreyer* Rn. 63; *Süßenberger/Czychowski* GRUR 2003, 489; offen gelassen in BGH GRUR 2015, 258, 261 Tz. 43 – *CT-Paradies*; a. A. *Schack* GRUR 2007, 639, 644; Schricker/Loewenheim/*Katzenberger/Metzger*[5] Rn. 56). Zum Thema *Online-Publikationen* s. ferner: *Dietz* GRUR Int. 1975, 341, 343; *Goebel/Hackemann/Scheller* GRUR 1986, 362; *Süßenberger/Czychowski* GRUR 2003, 489, 491; *Heinz* S. 249–251.

22 **e) In genügender Anzahl:** Welche Anzahl von Vervielfältigungsstücken außerhalb des rein elektronischen Bereichs „genügt", sagt das Gesetz nicht. Die Begr RegE (RegE UrhG 1962 – BT-Drs. IV/270, S. 46) versteht darunter eine zur Deckung des normalen Bedarfs genügende Anzahl. Diese kann freilich extrem unterschiedlich sein: Für den neuen Kriminalroman einer bekannten Autorin bedarf es einer Erstauflage von – mindestens – mehreren tausend Exemplaren, um auch nur den „ersten Ansturm" der Leserschaft zu befriedigen. Die Anzahl der Pflichtexemplare von Dissertationen, die von deren Verfassern abzuliefern sind, wird von den deutschen Universitäten nach den Bedürfnissen des Leihverkehrs der öffentlichen Bibliotheken festgelegt; dafür genügen in aller Regel 50 Exemplare (*Hubmann* GRUR 1980, 537, 540 m. w. N.; *Schack*, Urheber- und UrhebervertragsR[7] Rn. 264).

23 Auch bei Tonträgern, die noch als solche angeboten werden, also vor allem bei CD's, genügt es, dass „dem interessierten Publikum ausreichend Gelegenheit zur Kenntnisnahme des Werkes" gegeben wird. BGH GRUR 1981, 360, 362 – *Erscheinen von Tonträgern* sah dies für solche wiederum bei 50 Exemplaren als gegeben an. Entsprechendes wird für Bildtonträger zu gelten haben. Bei Filmkopien dagegen ließ der BGH zu Recht schon 8 Exemplare für die Kino- und Fernseh-Verwertung genügen (BGH. GRUR Int. 1973, 49, 51 – *Goldrausch II*).

24 **f) Art des Inverkehrbringens:** Diese ist gleichgültig; Vermieten und Verleihen genügt (RegE UrhG 1962 – BT-Drs. IV/270, S. 40; BGH GRUR 1975, 447, 448 – *Te Deum*. Zu dem Spezialfall von Vermiet-Bild- oder Tonträgern vgl. § 78 Rn. 8). Es ist nicht einmal nötig, dass die Vervielfältigungsexemplare der Öffentlichkeit unmittelbar zur Verfügung gestellt werden; es reicht aus, dass sie der *Verwertung in der Öffentlichkeit zugeführt* werden, z. B. durch Sendung der Ton- oder Bildträger (BGH GRUR 1981, 360, 362 – *Erscheinen von Tonträgern*). Jedenfalls muss sich das Inverkehrbringen aber an die *Öffentlichkeit* richten. Verleihen an einem Freund genügt nicht, auch nicht die rein konzerninterne Warenverschiebung (BGH GRUR 1986, 668, 669 – *Gebührendifferenz IV*).

3.   Werke der bildenden Künste (Abs. 2 S. 2)

25 **Ein Werk der bildenden Künste** gilt zunächst dann als erschienen, wenn die Voraussetzungen von Abs. 2 S. 1 erfüllt sind, wenn also mit Zustimmung des Berechtigten Vervielfältigungsstücke davon in genügender Anzahl der Öffentlichkeit angeboten oder in Verkehr gebracht worden sind, beispielsweise über einen Ausstellungskatalog, einen Kunst-Kalender, Poster oder Postkarten. Daneben gilt es jedoch nach Abs. 2 S. 2 auch dann als erschienen, wenn das Original oder ein Vervielfältigungsstück mit Zustimmung des Berechtigten bleibend der Öffentlichkeit zugänglich ist, wenn es also dauerhaft bspw. in einem Museum ausgestellt oder einem anderen öffentlich zugänglichen Ort gezeigt wird. Der Bundestag hat die Fassung, die diese Bestimmung im RegE erhalten hatte, geringfügig geändert und an die Stelle der Worte „bleibend öffentlich ausgestellt ist" die Worte **„bleibend der Öffentlichkeit zugänglich ist"** gesetzt. Damit sollte klargestellt werden, dass Gemälde und Plastiken

nicht nur dann als erschienen anzusehen sind, wenn sie in den Ausstellungsräumen der Museen zur Schau gestellt werden, sondern auch dann, wenn sie
in anderer Form für die Dauer der Öffentlichkeit zugänglich sind, z. B. durch
Aufnahme in das Magazin eines Museums (RAusschuss UrhG 1962 – BT-
Drs. IV/3401 S. 2), aber auch durch seine bleibende Darbietung an einem
öffentlichen Weg, einer Straße oder einem Platz (§ 59; BGH GRUR 1995, 673,
676 – *Mauer-Bilder;* dazu *Omsels* GRUR 1994, 162). Eine vorübergehende
Ausstellung durch eine Galerie oder als Leihgabe im Museum reicht nicht aus
(unzutreffend OLG Frankfurt GRUR 1994, 49, 51 – *Mackintosh-Möbel,* wo
schon die Präsentation auf einer Möbelmesse als ausreichend angesehen
wurde). Das Wort „bleibend" ist entsprechend § 59 Abs. 1 S. 1 auszulegen
(vgl. § 59 Rn. 4). Nach dieser Vorschrift bestimmt sich, ob sich das Werk
bleibend an einem öffentlichen Standort befindet, danach, ob der Verfügungsberechtigte den Willen hat, es wieder fortzuschaffen (vgl. § 59 Rn. 8 und BGH
GRUR 2002, 605, 606 – *Verhüllter Reichstag* sowie *Hess* FS Nordemann I
S. 89, 94). Ein solcher Willen ist bei der vorübergehenden Ausstellung durch
eine Galerie oder bei der Leihgabe an ein Museum regelmäßig zu unterstellen.
Auch das Bühnenbild zu einer bestimmten Inszenierung ist nicht als erschienen
anzusehen, weil es nur so lange der Öffentlichkeit zugänglich ist, als diese im
Spielplan steht. Vgl. § 59 Rn. 8 zum Stichwort „*bleibend".* Zum Begriff des
Originals vgl. § 26 Rn. 10 f.

Die Sonderform des Erscheinens gem. Abs. 2 S. 2 gilt **nicht für Lichtbildwerke**   **25a**
(a. A. unsere 10. Aufl./*Wilhelm Nordemann* Rn. 3), weil Abs. 2 S. 2 zunächst
ausdrücklich nur die Werke der bildenden Künste erwähnt, § 2 Abs. 1 aber
zwischen Werken der bildenden Künste in der Nr. 4 und Lichtbildwerken in
der Nr. 5 unterscheidet; hätte der Gesetzgeber also für die von den Werken
der bildenden Künste unterschiedliche Werkkategorie der Lichtbildwerke die
Sonderform des Erscheinens in § 6 Abs. 2 S. 2 für anwendbar erklären wollen,
hätte er die Lichtbildwerke neben den Werken der bildenden Künste ausdrücklich erwähnen müssen. Bei Lichtbildwerken ist im Vergleich zu Werken der
bildenden Künste aber auch die Situation eine andere: Während Werke der
bildenden Künste nur als Original in die Öffentlichkeit treten und Vervielfältigungsstücke davon oft erst zu einem späteren Zeitpunkt durch Ausstellungska-
taloge, Bildbände, Poster oder Postkarten hergestellt werden, tritt die Fotografie normalerweise bereits als Vervielfältigungsstück in die Öffentlichkeit: Die
weit überwiegende Mehrzahl der Fotografien, die veröffentlicht werden, werden in Zeitungen, Zeitschriften, Werbeanzeigen, Bildbänden oder Plakaten
erstmals in einer größeren Auflage reproduziert und *erscheinen* dadurch gem.
Abs. 2 S. 1.

Demgegenüber sind **Werke der Baukunst** und **Werke der angewandten Kunst**   **25b**
gem. 2 Abs. 1 Nr. 4 nur ein Unterfall der Werke der bildenden Künste (vgl. § 2
Rn. 150b). Die Sonderform des Erscheinens nach § 6 Abs. 2 S. 2 gilt deshalb
auch für sie (ebenso Dreier/Schulze/*Dreier*[5] Rn. 18; Schricker/Loewenheim/
Katzenberger/Metzger[5] Rn. 48).

4.   Veröffentlichung oder Erscheinen des Teiles eines Werkes

Ist ein **Teil eines Werkes** veröffentlicht oder erschienen, so treten die Wirkun-   **26**
gen des § 6 nur für diesen Teil ein (OLG München UFITA 41 [1964], 211).
Das Gleiche gilt für die Bearbeitung mit der Maßgabe, dass nur die in der
Bearbeitung enthaltenen Elemente des Originalwerkes mit als veröffentlicht
bzw. erschienen anzusehen sind. In der Veröffentlichung eines nach einem Roman gedrehten Films liegt also noch keine Veröffentlichung des Romans als
Sprachwerk. Da eine Übersetzung stets alle wesentlichen Elemente des Originals enthält, stellt § 121 Abs. 1 S. 2 für seinen Wirkungsbereich ihr Erscheinen
ausdrücklich dem Erscheinen des Originals gleich (vgl. § 121 Rn. 9 ff.; Näheres

bei *Hirsch* Ehrengabe Ulmer S. 169 ff.). Die frühere Ausnahme des § 67 für Lieferungswerke ist mit dem 3. ÄndG 1995 beseitigt worden (vgl. § 67 Rn. 2).

5. Mit Zustimmung des Berechtigten

27 Ohne die **Zustimmung des Berechtigten** kann ein Werk rechtlich weder veröffentlicht werden noch erscheinen, anders ausgedrückt: Ein ohne Zustimmung veröffentlichtes oder sogar erschienenes Werk gilt rechtlich als nicht veröffentlicht oder erschienen (KG *Erich Schulze* KGZ 56 – *Zilleball*: ungenehmigte Verwendung von Zille-Reproduktionen als Balldekoration; Dreier/Schulze/ *Dreier*[5] Rn. 17). Liegt die Zustimmung nur für einen Teil des Werkes vor, so gilt sie nur für diesen (*Schiefler* UFITA 48 [1966], 81, 98 f.; Schricker/Loewenheim/*Katzenberger/Metzger*[5] Rn. 26). Im Streitfall trifft denjenigen, der die Veröffentlichung bzw. das Erscheinen behauptet, die Beweislast, wie aus der Verwendung eines Konditionalsatzes im Gesetzestext („wenn…") hervorgeht.

28 **Berechtigter** ist zunächst der Urheber oder sein Rechtsnachfolger. Mit der Vergabe von Nutzungsrechten, deren Auswertung die Veröffentlichung des Werkes und/oder sein Erscheinen voraussetzt, verfügt er in aller Regel zugleich über das Recht dazu (statt aller: Schricker/Loewenheim/*Katzenberger/Metzger*[5] Rn. 27; Dreier/Schulze/*Dreier*[5] Rn. 9). Berechtigter ist dann der Nutzungsrechtsinhaber. Zur Zustimmung des Berechtigten im Rahmen des Schutzes nachgelassener Werke gem. § 71 vgl. § 71 Rn. 14.

29 Eine **Beschränkung der Zustimmung** zur Veröffentlichung **ist** schon begrifflich **ausgeschlossen**: Ist ein Werk einmal der Öffentlichkeit zugänglich gemacht worden, so ist es veröffentlicht, wann, wo und auf welche Weise das auch immer geschehen sein mag (ebenso schon *Schiefler* UFITA 48 [1966], 81, 90, 98 gegen *Hoffmann* UFITA 14 [1941], 352, 354; wie hier inzwischen die h. M., Nachweise bei Dreier/Schulze/*Dreier*[5] Rn. 9). Die Rechtswirkungen des Abs. 1 treten also auch dann auf der ganzen Welt ein, wenn ein Kunstwerk nur einmal für wenige Stunden auf einer entlegenen Insel im Pazifik der allgemeinen Öffentlichkeit zugänglich war. Dass das Veröffentlichungsrecht des § 12 Abs. 1 einem Dritten unter Bedingungen eingeräumt werden kann (vgl. Rn. 10), hat allerdings die Folge, dass die Zustimmung unter Umständen gänzlich fehlt, wenn diese missachtet wurden (*Schiefler* UFITA 48 [1966], 81, 89; Schricker/ Loewenheim/*Katzenberger/Metzger*[5] Rn. 26). War der Urheber nur mit der Uraufführung innerhalb der Salzburger Festspiele im Juli/August einverstanden, wird das Werk dann aber erst im September im Rahmen der Berliner Festspiele uraufgeführt, so treten die Rechtswirkungen des Abs. 1 nicht ein.

III. Rechtsfolgen

1. Rechtsfolgen der Veröffentlichung

30 Mit der ersten **Veröffentlichung** des Werkes
– erlöschen sowohl das dahingehende Recht des Urhebers aus § 12, ob und wie sein Recht zu veröffentlichen ist, sog. „Erstveröffentlichungsrecht" (bei Miturhebern ist § 8 Abs. 2 zu beachten), als auch das Ausstellungsrecht an Werken der bildenden Künste und Lichtbildwerken aus § 18;
– werden die unter § 5 Abs. 2 fallenden amtlichen Werke gemeinfrei;
– erfolgt in zahlreichen Fällen die Freigabe der Werknutzung für bestimmte Zwecke im Interesse der Allgemeinheit (§§ 46 Abs. 1 S. 1, 48, 50, 51 Nr. 1 und 2, 52 Abs. 1, 59, 60a Abs. 1, 60b Abs. 1, 61 Abs. 1 und 2; die Schrankenregelung der Privatkopie des § 53 Abs. 1 ist nach BGH GRUR 2014, 974, 975 Tz. 13 – *Porträtkunst* dagegen auch auf unveröffentlichte Werke anwendbar).

Eine Zwangsvollstreckung in die dem Urheber oder seinem Rechtsnachfolger **31** gehörenden Originalwerke bildender Kunst ist nur zulässig, soweit diese veröffentlicht sind (§§ 114 Abs. 2 Nr. 3 und 116 Abs. 2 Nr. 1).

Der Schutz anonymer oder pseudonymer Werke, deren Urheber unbekannt **32** geblieben ist, erlischt, falls sie überhaupt veröffentlicht wurden, siebzig Jahre danach (§ 66 Abs. 1).

Die §§ 49 Abs. 2, 51 Nr. 2 gestatten die Werkverwertung und die Zitierfreiheit **33** von Zeitungsartikeln und Rundfunksendungen (§ 49) ohne Zustimmung des Berechtigten nur in Bezug auf veröffentlichte Werke.

Darüber hinaus hat die Veröffentlichung auch Auswirkungen auf andere Vor- **34** schriften des UrhG, bei denen die Veröffentlichung nicht ausdrücklich erwähnt, jedoch vorausgesetzt wird, wie die Regelungen zu Schulfunksendungen (§ 47), zur öffentlichen Rede (§ 48), zu Zeitungsartikeln und Rundfunksendungen (§ 49 Abs. 1), zur Ton- und Bildberichterstattung, zur Vervielfältigung und öffentlichen Wiedergabe durch Geschäftsbetriebe (§ 56) und zu Katalogbildern (§ 58).

Wird mit einer rechtswidrigen Verwertung gleichzeitig das Veröffentlichungs- **35** recht verletzt, steht dem verletzten Urheber gem. § 97 Abs. 2 auch eine Entschädigung in Geld zu, wenn und soweit dies der Billigkeit entspricht.

2. Rechtsfolgen des Erscheinens

Erst das **Erscheinen** eines Werkes lässt zumindest nach dem Gesetzeswortlaut **36** für die dort in der üblichen Weise als Urheber bezeichnete Person die gesetzliche Vermutung der Urheberschaft entstehen (§ 10 Abs. 1). § 10 ist jedoch im Hinblick auf die Regelung des Art. 5 Enforcement-RL richtlinienkonform dahingehend auszulegen, dass die Vermutungen, die die Norm aufstellt, unabhängig davon gelten, ob ein Werk veröffentlicht, erschienen oder unveröffentlicht geblieben ist (vgl. § 10 Rn. 9).

Beiträge zu Sammlungen dürfen vom Urheber, falls nicht anders vereinbart, **37** schon ein Jahr nach deren Erscheinen anderweit erneut publiziert werden (§ 38 Abs. 1 S. 2).

Das Werk darf ohne Zustimmung auch gem. § 51 Nr. 3 zitiert, im Rahmen des **38** § 52 Abs. 2 öffentlich wiedergegeben und gem. § 53 Abs. 2 Nr. 4a vervielfältigt werden. Zulässig ist zudem der Kopienversand auf Bestellung nach § 60e Abs. 5.

Für Werke von **Ausländern**, deren Heimatland insoweit nicht durch einen **39** Staatsvertrag mit der Bundesrepublik Deutschland verbunden ist, entsteht der Schutz nach dem UrhG im Wesentlichen nur dann, wenn diese **erstmals im Inland erschienen** sind; allein die §§ 12–14 kommen ihnen stets zugute (§ 121). Hier ansässige Staatenlose und Flüchtlinge sind allerdings Deutschen gleichgestellt (§§ 122, 123).

Im Fall des Erscheinens ist der Schutz des Urhebers in Hinblick auf die **40** Zwangsvollstreckung noch geringer als bei der Veröffentlichung: Die Einschränkung des § 115 Abs. 1, dass die Zwangsvollstreckung wegen Geldforderungen in das Urheberrecht nur mit Einwilligung des Urhebers erfolgen darf, gilt für ein erschienenes Werk nicht. Zudem kann auch gegen den Rechtsnachfolger des Urhebers eines erschienenen Werkes ohne dessen Einwilligung gem. § 116 Abs. 2 vollstreckt werden.

Abschnitt 3 Der Urheber

§ 7 Urheber

Urheber ist der Schöpfer des Werkes.

Übersicht   Rn.

I. Allgemeines

1 § 7 ist neben §§ 1 und 2 eine der Kernvorschriften des UrhG. Ergänzt wird § 7 durch § 29 Abs. 1, wonach das Urheberrecht als solches nicht übertragbar, lediglich vererbbar ist. Übertragen werden können lediglich Nutzungsrechte. So regelt § 7 die Zuordnung des Urheberrechts an den Schöpfer, bei dem es bis zu dessen Tod verbleibt (§ 29 Abs. 1).

2 Die Regelung des § 7 macht deutlich, dass sich der deutsche Gesetzgeber für einen **umfassenden Schutz des Werkschöpfers** entschieden hat. Während andere Rechtsordnungen vorsehen, dass die Rechte an der Schöpfung auch anderen, beispielsweise dem Auftraggeber, und auch juristischen Personen, zustehen können, kann nach deutschem Recht Inhaber des Urheberrechtes allein der Schöpfer sein. Er kann dieses Recht im Übrigen nicht veräußern, lediglich Nutzungsrechte an diesem einräumen (§ 29 Abs. 1, zum anglo-amerikanischen Recht, bei dem beispielsweise im Rahmen der *work for hire*-Doktrin sämtliche Rechte beim Auftraggeber und nicht beim Urheber liegen vgl. § 29 Rn. 4; *Wilhelm Nordemann/Jan Bernd Nordemann* FS Schricker II S. 473 ff.). Eine ähnliche, abgeschwächte Sonderbehandlung der geistig Tätigen findet sich ebenso in anderen Gesetzen des Immaterialgüterrechts. So hat nach § 6 PatG der Erfinder das Recht auf das Patent, nach § 37 Abs. 1 PatG auf Erfinderbenennung. Dies mag nicht nur auf den Belohnungsgedanken (s. *Rehbinder/Peukert*[17] Rn. 123, 352; Schricker/Loewenheim/*Loewenheim*[5] Einl. Rn. 11 ff., *Klass* GRUR Int. 2008, 546, 551 ff.) zurückzuführen sein, sondern auch gerade im Urheberrecht Ausfluss von dessen naturrechtlicher Begründung sein, wonach das Urheberrecht aus der Natur der Sache entsteht, sodass das Werk auch dem zustehen soll, der es geschaffen hat (BGH GRUR 1955, 492, 502 – *Grundig-Reporter*). Jedenfalls steht der Schutz von mit der Werksschöpfung zusammenhängenden Investitionen, anders als im anglo-amerikanischen Copyright (s. *Rehbinder/Peukert*[17] Rn. 124), im deutschen Urheberrecht an nachgeordneter Stelle.

1. Sinn und Zweck

3 Die Regelung in § 7 knüpft an die Generalklausel des § 1 an und füllt diese aus. § 2 regelt, welche Werke unter den Schutz durch das UrhG fallen, die

Zuordnung der Inhaberschaft regelt § 7. § 11 bestimmt den Inhalt des Urheberrechts im Weiteren, sodass der Urheber nicht nur im Hinblick auf finanzielle Aspekte geschützt ist, sondern vor allem auch bezüglich seiner geistigen und persönlichen Beziehungen zum Werk. Die Bindung zwischen Schöpfer und Werk ist im deutschen Recht so stark ausgestaltet, dass das Urheberrecht als solches nicht übertragbar ist (§ 29 Abs. 1).

2. Internationales Recht

a) Zweiteilung der urheberrechtlichen Welt: Die urheberrechtliche Welt ist **4** zweigeteilt. Dem anglo-amerikanischen Copyright-System, welches eher einen Investitionsschutz und damit Belohnung des wirtschaftlichen Risikos im Rahmen des Schöpfungsprozesses verfolgt, steht das kontinentaleuropäische *droit d'auteur*-System gegenüber, bei dem Schutzgegenstand zunächst der Werkschöpfer ist. Ausfluss dieses Schutzansatzes ist beispielsweise die fehlende Übertragbarkeit des Urheberrechts als solches. Übertragbar sind lediglich Nutzungsrechte. Das Urheberrecht als solches entsteht und verbleibt beim Werkschöpfer (§ 29 Abs. 1). Kommt von daher einem Filmhersteller nach US-amerikanischem oder kanadischem Recht ein originäres Urheberrecht zu, ist dies jedoch mit dem infolge des Schutzlandprinzips anwendbaren Schöpferprinzip des § 7 nicht vereinbar, so dass das nach US-Recht bestehende Urheberrecht in ein ausschließliches Nutzungsrecht umzudeuten ist (OLG Köln WRP 2015, 773, 774 (Rn. 8) – *Reasonable Doubt*; vgl. Vor §§ 88 ff. Rn. 24).

b) RBÜ: In der RBÜ findet sich der Begriff „Urheber" in der Urfassung von **5** Art. 2 Abs. 1 und 4 RBÜ. Aufgrund der unterschiedlichen Auffassungen in den Mitgliedsstaaten wurde es aber stets abgelehnt, diesen Begriff näher zu fassen. Gleichwohl ergibt sich aus System und Werkbegriff der RBÜ, dass sie ebenso vom Schöpferprinzip ausgeht (*Wilhelm Nordemann/Vinck/Hertin* RBÜ Art. 2 Rn. 7).

c) Urheberrechtsbegriff der EU: Auch auf europäischer Ebene existiert bislang **6** keine Richtlinie zur Harmonisierung des Urheberbegriffes, obwohl gerade in diesem Bereich die vorgenannten Copyright- und Urheberrechtssysteme aufeinandertreffen. Die bislang existierenden EU-Richtlinien lassen eine Tendenz nicht erkennen. Beispielsweise enthält Art. 5a EU Enforcement-RL eine Urheberrechtsvermutung, ähnlich wie sie in § 10 zugunsten der natürlichen Person enthalten ist. Auf der anderen Seite räumt Art. 5b auch dem Inhaber verwandter Schutzrechte, darunter ebenso juristischen Personen, eine Inhabervermutung ein. Art. 2 Abs. 1 S. 1 Software-RL und Art. 4 Abs. 1 Datenbank-RL wiederum enthalten eine Ermächtigung an die Mitgliedsstaaten, auch juristischen Personen die Urheberschaft einzuräumen. Inwiefern es auch in diesem Bereich zu einer Harmonisierung kommt, bleibt abzuwarten.

II. Tatbestand

1. Schöpfung

In § 7 ist das **Schöpfungsprinzip** niedergelegt. Danach ist derjenige Inhaber **7** des Urheberrechts, der das Werk geschaffen bzw. geschöpft hat. Schöpfung ist **Realakt** und von subjektiven Vorstellungen des Handelnden unabhängig. Es kommt somit nicht darauf an, ob dieser tatsächlich ein urheberrechtlich geschütztes Werk schaffen wollte oder nicht (s. BGH GRUR 1961, 635, 638 – *Stahlrohrstuhl;* OLG Frankfurt GRUR 1993, 116 – *Le Corbusier-Möbel*). Ausschlaggebend ist allein, dass etwas, nämlich das Werk, entstanden ist. Wesen der Schöpfung ist ein innerer Vorgang, der sich nach außen manifestiert und an dessen Ende, oftmals auch nur als Zwischenschritt, ein Werk i. S. v. § 2 steht. Solche Handlungen sind keine Willenserklärungen und unterliegen folglich nicht den Voraussetzungen der §§ 104 ff. BGB.

2. Der Schöpfer des Werkes

8   Da der **Schöpfungsakt Realakt** ist, ist weder ein rechtsgeschäftlicher Wille erforderlich, noch müssen die Tatbestandsvoraussetzungen einer Willenserklärung verwirklicht sein. Ebenso wenig ist von Belang, inwiefern der Schöpfungsakt in Rechte Dritter eingreift. In diesen Fällen hat dann zwar der betroffene Dritte, wie beispielsweise als Inhaber eines Eigentumsrechtes, Ansprüche auf Unterlassung und ggf. Beseitigung (s. zu sog. Graffiti: Möhring/Nicolini/*Arlberg*[2] Rn. 3). Aus einer solchen Betroffenheit lassen sich jedoch keine Befugnisse zur Verwertung des Werkes herleiten (BGH GRUR 1995, 673, 676 – *Mauer-Bilder*).

9   Schöpfer i. S. d. § 7 ist nur der **Mensch**. Da Schöpfungsakt Realakt ist, ist aber weder Rechts- noch Geschäftsfähigkeit des Handelnden erforderlich. Somit kann auch ein Geisteskranker, Geistesschwacher und sonst wie in der Geschäftsfähigkeit Beschränkter Schöpfer nach § 7 sein, ebenso ein Kind. Ebenso kann ein Medium, das Botschaften eines Dritten – im konkreten Fall Jesus – empfängt und niederschreibt, Urheber sein (OLG Frankfurt GRUR 2014, 863, 864 f. – *Jesus-Wachträumerin*; LG Frankfurt aM. v. 17.4.2013 – 2–06 O 424/12). **Juristische Personen** können dagegen kein Werkschöpfer sein, lediglich Inhaber von abgeleiteten Nutzungsrechten an dem entstandenen Werk (BGH GRUR 2015, 258 Tz. 41 – *CT-Paradies*; OLG Frankfurt WRP 2015, 999, 1001 f.; *Thielcke/v. Bechtolsheim* GRUR 2003, 754). Ebenso wenig können **Maschinen** Urheber i. S. v. § 7 sein. Allerdings ist nicht ausgeschlossen, dass aufgrund der Bedienung einer Maschine durch den Menschen, ein geschütztes Werk nach § 2 entsteht. Sofern aufgrund der technischen Beherrschung der Maschine durch den Menschen ein Werk entsteht, d. h. eine schöpferische Gestaltung durch menschliches Handeln, so kann dieses Ergebnis schutzfähig sein, und der entsprechende Bediener der Maschine Urheber i. S. d. § 7 (s. OLG München ZUM 1992, 202, 203; *Kühn* ZUM 1994, 278 ff.). Dies spielt bspw. eine Rolle bei Schaffen von Werken, bei denen sich der Schöpfer einer Software bedient. Hier ist in der Regel nicht der Programmierer, sondern der Anwender Urheber, wenn das entstandene Werk auf einen Gestaltungsakt des Schöpfers zurückführen ist. U. U. kann bei einer komplexen Verknüpfung oder Einbindung von bestimmten Features der Software auch der Software-Programmierer (Mit-)Urheber sein.

3. Beteiligung Dritter

10   Von der Schöpfung abzugrenzen sind bloße Schöpfungsanregungen. Die Schöpfung eines Werkes entsteht häufig nicht im luftleeren Raum, sondern oftmals aufgrund von **Anregung** oder **sonstiger Beteiligung** Dritter, sei diese direkt oder indirekt. Die Anregung selbst kann unbewusst erfolgen, beim Schöpfer gleichwohl einen Gestaltungsakt in Gang setzen. Unabhängig von der Frage, inwiefern solche Werke in Rechte Dritter eingreifen (vgl. Rn. 8), so ist jedenfalls nur derjenige Schöpfer i. S. d. § 7, der einen **schöpferischen Beitrag zum Werk** selber geleistet hat. Keine solche schöpferischen Beiträge sind einfache, rein sichtende oder ordnende Tätigkeiten (BGH GRUR 2007, 685, 687 – *Gedichttitelliste I*), ebenso wenig einfache Ideen, die später im Werk ihren Niederschlag gefunden haben (BGH NJW 1947, 1848 – *Nacktaufnahmen*). Ist allerdings aus der Idee oder Anregung eines anderen bereits das Werk konkret ersichtlich, steht dem Anregenden das Urheberrecht auch an dieser „fertigen" Schöpfung zu (BGH GRUR 1963, 40, 41 f. – *Straßen – Gestern und Morgen*). Der Umsetzende ist dann u. U. Miturheber, kann aber auch „nur" ausführender Gehilfe sein. Die Abgrenzung kann im Einzelfall schwierig sein (s. zur Entwurfsskizze zu einer Skulptur: OLG München GRUR-RR 2010, 161, 162 – *Bronzeskulptur*) und führt häufig zu Beweisproblemen, da der Anregende, auch wegen der Urheberrechtsvermutung nach § 10 seinen Schöpfungsbeitrag darzulegen und zu beweisen hat. Ausschlaggebend ist, ob der Anregende oder Ideengeber das Werk schon so deutlich skizziert hat, dass der „Schöpfer" dazu nur Ausführender ist, oder eben nicht (im Übrigen vgl. § 8 Rn. 5 f.; OLG München GRUR-RR 2010, 161, 162 – *Bronzeskulptur*). Kein Urheber ist folglich der an vorgegebene Zeichenschlüssel und Musterblätter gebundene Hersteller von Karten, wenn er diese ohne einen eigenen Spielraum für individuelle kartografische Leistungen erstellt hat und die das Kartenbild prägenden Merkmale und Gestaltungselemente allein vom Urheber des zu Grunde liegenden Zeichenschlüssels erdacht wurden (BGH GRUR 2014, 772 Tz. 9 f. – *Online-Stadtplan*).

Das Urheberrecht an Werken, die ein **Ghostwriter** schreibt, steht nach § 7 dem **11** Ghostwriter zu. Dieser allein ist Schöpfer und damit Urheber, wenn die Schöpfung allein auf ihn zurückzuführen ist. Zwar kann der Auftraggeber vertraglich den Ghostwriter dazu verpflichten, als Urheber bezeichnet zu werden und sich entsprechend die Nutzungsrechte an dem Werk einräumen lassen. Urheber bleibt aber trotz aller vertraglichen Regelungen nach wie vor der Ghostwriter (s. zur Ghostwriter-Vereinbarung: *Groh* GRUR 2012, 870 ff.). Urheber ist weiterhin nicht nur der Schöpfer eines Originalwerkes, sondern auch der **Bearbeiter** (§§ 3, 23) der Urheber an einem **Sammelwerk** (§ 4) und ebenso der **Miturheber** (§ 8). Urheber wird aber nicht der Arbeitgeber eines Schöpfers, selbst wenn es sich um eine natürliche Person handeln sollte. Der Arbeitgeber kann sich zwar im Rahmen des Angestelltenverhältnisses die Nutzungsrechte an dem geschaffenen Werk übertragen lassen (s. OLG Köln GRUR 1953, 499 – *Kronprinzessin Cäcilie*), nicht aber – wegen § 29 Abs. 1 – das Urheberrecht selber. Vermutungen über eine solche Inhaberschaft an Verwertungsrechten sehen § 59b Abs. 1 für Computerprogramme, ähnlich § 88 für Filme, vor.

4. Rechtsfolgen

Der Schöpfungsakt ist ein Realakt, sodass das Urheberrecht stets in der Person **12** des Schöpfers entsteht. Dieser Schöpfer genießt wiederum Urheberrechtsschutz nach den Rahmenbedingungen des UrhG bis zum Auslauf der Schutzfristen, die in §§ 64 ff. geregelt sind. Auf die Urheberschaft kann **nicht verzichtet** werden (s. Wandtke/Bullinger/*Grunert*[3] § 31 Rn. 1; Dreier/Schulze/*Schulze*[4] § 29 Rn. 10). Dagegen ist ein Verzicht auf die Ausübung einzelner urheberrechtlicher Nutzungsrechte im konkreten Einzelfall ebenso möglich, wie darauf, Urheberrechtsverletzungen zu verfolgen, mithin darauf, Ansprüche aus den §§ 97 ff. geltend zu machen. Dagegen ist ein einseitiger Verzicht des Urhebers auf seine gesamten urheberrechtlichen Ansprüche, einschließlich zukünftiger Ansprüche, nicht möglich, da ein solcher zu einem vollständigen Rechtsverzicht des Urhebers führen würde, der als solcher, wie gesagt, unzulässig ist (s. BGH GRUR 1995, 673, 676 – *Mauer-Bilder*; Schricker/Loewenheim/*Ohly*[5] § 29 Rn. 15; LG Hamburg ZUM 2010, 541, 544; hierzu vgl. § 29 Rn. 12). Ebenso wenig verzichtbar ist im Kern das Recht auf Anerkennung der Urheberschaft (OLG München ZUM 2011, 422, 427 – *Tatort-Vorspann*), wobei auch hier im Einzelfall es dem Urheber freisteht, sein Recht im Einzelfall geltend zu machen (OLG München ZUM 2003, 964, 967 – *Pumuckl*).

Das Schöpferprinzip gilt ebenso in **Arbeits- und Dienstverhältnissen** (§ 43). **13** Aufgrund des Schöpferprinzips verbleibt das Urheberrecht so stets beim Schöpfer, selbst wenn dieser sich aufgrund vertraglicher Abreden schon vor der Schöpfung selber verpflichtet haben sollte, die entstandenen urheberrechtlichen Nutzungsrechte auf Dritte zu übertragen, beispielsweise durch einen Arbeits-, Dienst- oder auch Werkvertrag. Der Arbeitgeber bzw. Auftraggeber wird nicht Inhaber des Urheberrechts, sondern lediglich Nutzungsberechtigter von abgeleiteten Rechten, den urheberrechtlichen Nutzungsrechten (LG Köln GRUR-RR. 2015, 55, 57 – *Afghanistanpapiere*; LG Köln ZUM 2010, 369, 370). Aufgrund vertraglicher Abreden kann der Schöpfer sich auch dazu verpflichten, auf die Nennung als Urheber zu verzichten, bspw. im Rahmen eines Ghostwriter-Vertrages (vgl. Rn. 11; zum Ghoswriter-Vertrag: *Groh* GRUR 2012, 870 ff.).

III. Beteiligung Mehrerer bei Schöpfung des Werkes

14 Sind mehrere am Schöpfungsakt beteiligt, so hängt es von dem Grad der **Beteiligung** ab, wer Schöpfer und damit Urheber i. S. v. § 7 ist (dazu vgl. Rn. 10). Beschränkt sich die Beteiligung des Dritten auf die Umsetzung von Vorgaben des Urhebers, und leistet dieser keinen eigenen Schöpfungsbeitrag, ist der Dritte kein Urheber (s. BGH GRUR 1952, 257 – *Krankenhauskartei*). Von daher ist beispielsweise der Metallgießer einer Statue nach Vorlagen (OLG Köln FuR 1983, 348) kein Urheber, ebenso wenig der Modelleur, der lediglich einen fremden Entwurf umsetzt (OLG Hamm ZUM-RD 2002, 71, 74 – *Wackelkopfhund*; s. aber OLG München ZUM 2010, 186, 188 – *Bronzeskulptur*) sowie die Mitwirkenden an einem Happening, deren Beiträge sich auf die Ausführung von Anweisungen beschränken (BGH GRUR 1985, 529 – *Happening*, LG Düsseldorf ZUM-RD 2010, 696, 697; s. a. OLG Düsseldorf GRUR 2012, 173, 174 – *Beuys-Fotoreihe*; LG Düsseldorf GRUR-RR 2011, 203). Beschränkt sich die Mitarbeit eines wissenschaftlichen **Assistenten** auf das Sammeln von Material, Auflisten von Verzeichnissen oder lediglich redaktionellen Korrekturen, so ist der Assistent mangels eigenem Schöpfungsbeitrag kein Urheber i. S. d. § 7 (Dreier/Schulze/*Schulze*[5] Rn. 9). Hat dagegen der Dritte einen eigenen Schöpfungsbeitrag geleistet, so kann er Miturheber nach § 8 sein. Liegt der „Schöpfungsbeitrag" des Dritten darin, dass er derart präzise Angaben gemacht hat, dass dem Schöpfer die Möglichkeit eigener schöpferischer Tätigkeit bei der Ausformung genommen wurde, so ist dieser Dritte eigentlicher Schöpfer und damit Urheber (dazu vgl. Rn. 10). Der Dritte kann außer Miturheber nach § 8 auch Urheber verbundener Werke nach § 9 sein, abhängig von seinem Beitrag zur Schöpfung bzw. der Verbindung des oder der entstandenen (eigenständigen) Werk(e) (vgl. § 8 Rn. 2 ff. und vgl. § 9 Rn. 8 f.).

IV. Prozessuales

15 Derjenige, der die Urheberschaft an einem Werk für sich in Anspruch nimmt, hat nach den allgemeinen **Darlegungs- und Beweislastregeln** nachzuweisen, dass er das Werk geschaffen hat, mithin Schöpfer ist. § 10 enthält eine Beweislastregel zugunsten des Urhebers. Nach § 10 Abs. 1 wird derjenige, der auf den Vervielfältigungsstücken eines erschienenen Werkes oder auf dem Original eines Werkes der bildenden Künste in der üblichen Weise als Urheber bezeichnet ist, bis zum Beweis des Gegenteils als Urheber des Werkes angesehen. Der Verkehr muss in dieser Bezeichnung die Bezeichnung einer natürlichen Person erkennen (BGH GRUR 2015, 258 Tz. 41 – *CT-Paradies*). Liegt keine der in § 10 Abs. 1 genannten Konstellationen vor, so trifft den Urheber die Beweislast nach den allgemeinen Grundsätzen. Nichtbestreiten kann dabei zur Anerkennung der Urheberschaft im Prozess führen (OLG Hamburg ZUM-RD 1999, 80, 83). Wird die Urheberschaft substantiiert behauptet, reicht es nicht aus, sie mit Nichtwissen zu bestreiten, sondern der Verletzer muss substantiiert darlegen, wer weshalb Urheber sein soll (OLG Köln NJW-RR 2016, 165, 166 – *Afghanistanpapiere*). Der Nutzer eines Werkes, der nicht Urheber ist, muss lückenlos beweisen, dass er die erforderlichen Rechte vom Urheber erworben hat, und wenn dessen Urheberschaft bestritten ist, dass dieser tatsächlich Urheber ist.

Gelingt der Beweis der Urheberschaft, so besteht eine tatsächliche Vermutung **16** dafür, dass der Urheber auch **Alleinurheber** ist. Will ein Dritter diese Vermutung erschüttern, so hat er nach den allgemeinen Regeln darzulegen und zu beweisen, dass er ebenso Schöpfer, mithin Urheber ist (OLG Hamburg GRUR-RR 2003, 33, 34 – *Maschinenmensch*).

Sind Werke ausländischer Urheber berührt, so gilt das Territorialitätsprinzip. **17** Deutsches Recht ist danach auf die Frage der Entstehung, der Rechtsinhaberschaft und auch der Übertragbarkeit des Urheberrechts anzuwenden (BGH GRUR 1999, 152, 153 – *Spielbankaffäre*; *Schulze* GRUR 1994, 855, 870; Dreier/Schulze/*Schulze*[5] Rn. 12; allgemein: *Klass* GRUR Int. 2007, 373 ff. und GRUR Int. 2008, 546 ff.). Das Schöpferprinzip des § 7 ist folglich dann auch hinsichtlich ausländischer Werke zwingendes Recht.

§ 8   Miturheber

(1) Haben mehrere ein Werk gemeinsam geschaffen, ohne dass sich ihre Anteile gesondert verwerten lassen, so sind sie Miturheber des Werkes.

(2) [1]Das Recht zur Veröffentlichung und zur Verwertung des Werkes steht den Miturhebern zur gesamten Hand zu; Änderungen des Werkes sind nur mit Einwilligung der Miturheber zulässig. [2]Ein Miturheber darf jedoch seine Einwilligung zur Veröffentlichung, Verwertung oder Änderung nicht wider Treu und Glauben verweigern. [3]Jeder Miturheber ist berechtigt, Ansprüche aus Verletzungen des gemeinsamen Urheberrechts geltend zu machen; er kann jedoch nur Leistung an alle Miturheber verlangen.

(3) Die Erträgnisse aus der Nutzung des Werkes gebühren den Miturhebern nach dem Umfang ihrer Mitwirkung an der Schöpfung des Werkes, wenn nichts anderes zwischen den Miturhebern vereinbart ist.

(4) [1]Ein Miturheber kann auf seinen Anteil an den Verwertungsrechten (§ 15) verzichten. [2]Der Verzicht ist den anderen Miturhebern gegenüber zu erklären. [3]Mit der Erklärung wächst der Anteil den anderen Miturhebern zu.

I.   Allgemeines

Wesen der Miturheberschaft ist, dass aufgrund gewollter Zusammenarbeit **1** mehrerer Schöpfer ein einheitliches Werk entsteht, wobei die Beteiligten ihre Werkbeiträge der Gesamtidee der Schöpfung eines Werkes unterordnen, die einzelnen Werksbeiträge für sich nach § 2 Abs. 2 schutzfähig und nicht gesondert verwertbar sind (BGH GRUR 2009, 1046 Tz. 38 – *Kranhäuser*; OLG Düsseldorf ZUM-RD 2016, 368, 372 – *Fassadenarbeiten*). Dagegen schöpft bei der Urheberschaft nach § 7 nur ein Einzelner. Der von einem gemeinsamen Willen getragene einheitliche Schöpfungsprozess muss nicht notwendigerweise gleichzeitig erfolgen, sondern kann auch zeitversetzt vollzogen werden. Aufgrund der Schöpfung eines einheitlichen Werkes kann nicht jeder individuell über seinen Anteil am gemeinsamen Werk verfügen. Die Rechte und Pflichten der beteiligten Miturheber ergeben sich aus § 8. Verbinden mehrere ihre individuellen Werke zu einem gemeinsamen Werk, so gilt § 9 UrhG. Im Unterschied zur Miturheberschaft, bei der ein einheitliches Werk gemeinsam geschaffen wird, wobei die Werkbeiträge nicht gesondert verwertbar sind, werden im Rahmen des § 9 mehrere, bestehende, individuelle Werke miteinander zu einer Einheit verbunden. Wird ein existierendes Werk bearbeitet, ohne dass dies von einer gemeinsamen Schöpfungsidee getragen ist, so liegt eine Bearbeitung vor, deren Verwertung sich nach §§ 3, 23 richtet.

II. Miturheberschaft

1. Gemeinsame Schöpfung

2 Ein Werk wird gemeinsam geschaffen, wenn mehrere Schöpfer zum Zwecke seiner Entstehung zusammenarbeiten, wobei jeder einzelne Schöpfer seinen eigenen, schutzfähigen Beitrag zur Schöpfung leistet (BGH GRUR 2009, 1046 Tz. 38 – *Kranhäuser*; BGH GRUR 2000, 231, 233 – *Staatsbibliothek*; BGH GRUR 1994, 39, 40 ff – *Buchhaltungsprogramm*; BGH GRUR 1985, 529 – *Happening*; BGH GRUR 1963, 40, 41 – *Strassen Gestern und Morgen*). Liegt der Beitrag unterhalb der Schöpfungsgrenze, so ist der Mitwirkende **Gehilfe**, nicht aber (Mit-)Urheber (zum Gehilfen vgl. § 7 Rn. 10, 14). Der Grad der Zusammenarbeit im Rahmen der Schöpfung kann sehr unterschiedlich sein. Nicht notwendig ist, dass die Handelnden jeden Schöpfungsakt gemeinsam vollziehen, es kann auch genügen, dass jeder Schöpfer auf den gemeinschaftlichen Zweck des Schaffens eines Werks hinarbeitet, wobei der einzelne Werkbeitrag auch auf dem des anderen Miturhebers aufbauen kann. Selbst ein geringer eigener Werkbeitrag begründet die Miturheberschaft, wie bspw. die Schöpfung eines Werkteiles, wenn dieser selber schutzfähig ist (BGH GRUR 2009, 1046 Tz 43 – *Kranhäuser*). Voraussetzung ist aber, dass die Beteiligten in **Unterordnung hinter die Gesamtidee** handeln (OLG Düsseldorf ZUM-RD 2016, 368, 372 – *Fassadenarbeiten*; OLG Düsseldorf GRUR-RR 2005, 2 – *Beuys-Kopf*; KG GRUR-RR 2004, 129, 130). Ebenso wenig ist erforderlich, dass alle Schöpfungsbeiträge zeitgleich vollzogen sind. Auch zeitlich versetzte Beiträge können genügen (BGH GRUR 2005, 860, 862 f. – *Fest2000*). In diesem Fall kann die Abgrenzung zur **Werkverbindung** nach § 9 schwierig sein. Entscheidend ist die gesonderte Verwertbarkeit der einzelnen Werkbeiträge. Nur wenn sich die Anteile nicht gesondert verwerten lassen, liegt Miturheberschaft am Werk vor, ansonsten Verbindung der einzeln geschaffenen Werke nach § 9 (BGH GRUR 2015, 1189 Tz. 15 – *Goldrapper*; BGH GRUR 2009, 1046 Tz. 38 f. – *Kranhäuser*). Aufgrund ihrer gesonderten Verwertbarkeit erfüllen somit der Text und die Musik eines Musikstücks die Voraussetzungen der Miturheberschaft nicht (BGH GRUR 2015, 1189 Tz. 15 – *Goldrapper*). Miturheberschaft ist auch möglich, wenn einer der (Mit-)Urheber während der Entstehung des Werkes stirbt. (BGH GRUR 2003, 665, 668 – *Staatsbibliothek*).

2. Miturheber

3 Miturheber i. S. d. § 8 ist nur, wer einen eigenen, persönlichen (Teil-)Schöpfungsbeitrag geleistet hat, sodass Miturheber nur derjenige ist, dessen Werkbeitrag die Schöpfungshöhe des § 2 Abs. 2 erreicht. Ansonsten liegt allenfalls Gehilfenschaft vor.

Miturheber ist insbesondere nicht der **Gehilfe**, d. h. derjenige Schaffende, der **4** lediglich konkrete Anweisungen anderer befolgt und so keine eigene Schöpfungsleistung einbringt (s. BGH GRUR 1985, 529 – *Happening*; LG Düsseldorf ZUM-RD 2010, 696; vgl. § 7 Rn. 10, 14). Im Einzelfall kann die Abgrenzung schwierig sein. Im Fall der **Lehre und Forschung an Hochschulen**, kann es Abgrenzungsprobleme geben bei der Frage, ob der beauftragte Assistent bzw. wissenschaftliche Mitarbeiter nur Gehilfe des auftraggebenden Hochschullehrers ist oder aufgrund eines eigenverantwortlichen Schöpfungsbeitrags sogar Miturheber. Beschränkt sich die Tätigkeit im Sammeln von Material, Durchführung von Experimenten, Anfertigen von Register und Skizzen oder auf redaktionelle Änderungen des fertigen Werkes (OLG Hamburg UFITA 23 [1957], 222, 225 – *Werland Rezepte*; BGH GRUR 1972, 143, 145 – *Biografie: Ein Spiel*), so liegt lediglich Gehilfenschaft vor, wenn es sich um eine untergeordnete Tätigkeit handelt, die eine eigene schöpferische Leistung nicht ermöglicht. Wird der Assistent bzw. wissenschaftliche Mitarbeiter aber mit eigenverantwortlichen Arbeiten, wie dem Erstellen einzelner Kapitel, betraut oder werden eigenständige Werke, wie beispielsweise Seminararbeiten, in das Werk übernommen, so liegt Miturheberschaft vor (LG München I UFITA 35 [1961], 223, 226 – *Die Zerstörung der Person*). Ggf. kann auch Bearbeitung i. S. v. §§ 23, 24 gegeben sein. Nennt der Hochschullehrer den Namen des mitwirkenden Urhebers nicht, kann ein Plagiat vorliegen (BGH GRUR 1978, 244 – *Ratgeber für Tierheilkunde*).

Wird ein Werk nur in Auftrag gegeben, so liegt keine Miturheberschaft des **5** **Auftraggebers** nach § 8 UrhG vor, wenn sich die Auftragserteilung lediglich im Allgemeinen erschöpft und keine konkreten Vorgaben enthält, oder der Schöpfer von der Vorgabe ganz erheblich abweicht (OLG München GRUR-RR 2010, 161, 162 – *Bronzeskulptur*).

Anders kann es im Fall des **Ideenanregers** sein, der ebenso Auftraggeber sein **6** kann. Beschränkt sich die Tätigkeit des Ideengebers in der Mitteilung von bloßen Tipps, die als solche nur unkonkrete Ideen sind, so liegt keine Miturheberschaft mangels Schöpfungsleistung vor. Ideen als solche sind nicht geschützt (vgl. § 2 Rn. 44; LG München ZUM-RD 2009, 134, 155 – *Die Wilden Kerle*). Damit ist allein der Empfänger der Idee Urheber (BGH GRUR 1995, 47, 48 – *Rosaroter Elefant*; OLG München GRUR 1956, 432, 434 – *Solange Du da bist*). Stellt allerdings der Inhalt der „Idee" wiederum eine schutzfähige Leistung dar, so nimmt derjenige, der die Idee aufnimmt und weiterentwickelt, eine Bearbeitung i. S. v. § 3 vor (offen gelassen in OLG München GRUR-RR 2010, 161, 162 – *Bronzeskulptur*). Führt der Handelnde die Idee dagegen nur aus, ohne einen eigenen Schöpfungsbeitrag zu leisten, so ist der Ideengeber Alleinurheber, der andere nur Gehilfe ohne eigene Gestaltungsmöglichkeit (LG Düsseldorf ZUM-RD 2010, 696, 697). Wer folglich aufgrund einer ihm von einem Dritten mitgeteilten Fabel, die für sich bereits ein geschütztes Werk ist, einen Roman, ein Drehbuch oder auch sonstiges Werk schafft, ist Bearbeiter der Fabel und gleichzeitig (Allein-)Urheber des durch die Bearbeitung geschaffenen Werkes (OLG Köln GRUR 1983, 499 – *Kronprinzessin Cäcilia*, das allerdings Miturheberschaft annimmt; BGH GRUR 1978, 244, 245 – *Ratgeber für Tierheilkunde*; OLG München ZUM 1990, 186, 190 – *Mausfigur*; s. a. LG München ZUM-RD 2009, 134, 153, 154 – *Die Wilden Kerle*). Nimmt dagegen jemand aufgrund von Anregungen, Ideen und anderen Vorgaben Dritter bezüglich des gemeinsam geschaffenen Werkes bestimmte eigene schutzfähige Leistungen vor, selbst wenn diese noch so geringfügig sind, oder weicht er deutlich in eigenschöpferischer Leistung von den Vorgaben ab, so besteht grundsätzlich Miturheberschaft (BGH GRUR 1994, 39, 40 – *Buchhaltungsprogramm*; OLG München GRUR-RR 2010, 161, 162 – *Bronzeskulptur*).

7 Gemeinsames Schaffen i. S. d. § 8 ist nur auf **derselben Werkstufe** möglich. Deshalb besteht keine Miturheberschaft, wenn ein bereits geschütztes Werk umgestaltet und bearbeitet wird. Der **Bearbeiter** ist nicht Miturheber, sondern Alleinurheber der Bearbeitung, die für sich Schutz nach § 3 genießt. Von daher kann derjenige, der ein Fragment vollendet, nicht Miturheber sein, sondern Alleinurheber der Vollendung. Diese Konstellation ist von der zeitlich versetzten gemeinsamen Schöpfung zu unterscheiden, die anders als bei Vollendung eines Fragments durch einen Dritten, durch einen gemeinsamen Schöpfungswillen aller beteiligten Urheber getragen ist (dazu oben vgl. Rn. 2). Dies ist insbesondere im Hinblick auf die Schutzfrist des § 65 Abs. 1 UrhG von Bedeutung, nach dem das Urheberrecht am gemeinsamen Werk nach § 8 erst 70 Jahre nach dem Tod des längstlebenden Miturhebers erlischt, während bei Alleinurheberschaft die Schutzfrist für jeden Urheber gesondert läuft (s. zur Schutzfristenharmonisierung *Flechsig* ZUM 2012, 227 ff.). Richtigerweise wird man im Fall der kreativen Gemeinschaftsentwicklung, sei es im Bereich der **Open-Source-Software**, im **Creative Common Fall** (s. *Goldstein* GRUR Int. 2006, 901; *Wielsch* JIPITEC 2010, 96) oder Projekte wie **Wikipedia**, im digitalen Bereich nicht von Miturheberschaft nach § 8 im Regelfall ausgehen können, sondern von Bearbeitung i. S. v. § 3. Denn obwohl die Beteiligten sich über eine gemeinsame Aufgabe, bspw. dem Schaffen einer Online-Enzyklopädie, wenn auch vielleicht nur konkludent verständigt haben, und sie ihre Beiträge unter diese Gesamtidee unterordnen, sodass eine Gemeinschaftlichkeit i. S. v. § 8 schon vorliegt, so sind die Einzelbeiträge der Schöpfer häufig schon eigenständige Werke, seien es Artikel, Sprachwerke oder Computerprogramme nach § 2 Abs. 1 Nr. 1, die gesondert verwertet werden können. Nur für den Fall, dass eine solche gesonderte Verwertung nicht möglich ist, weil bspw. ein Artikel von mehreren gleichzeitig, auch zeitversetzt, erstellt wird, kann Miturheberschaft i. S. v. § 8 vorliegen.

8 Anders ist es, wenn der Schöpfer eines **unvollendeten Werkes** bei Vollendung dieses mit einem anderen zusammenarbeitet. Leistet der andere dann im Rahmen der gemeinsamen Vollendung einen eigenen schöpferischen Beitrag, sodass nicht bloß Gehilfenschaft gegeben ist, liegt Miturheberschaft i. S. v. § 8 vor. Entscheidend ist, dass die Mitwirkung, auch im Vorstadium, als unselbstständiger, nicht abspaltbarer, aber schöpferischer Beitrag zum einheitlichen Schöpfungsprozess der Werkvollendung geleistet wird. Der Unterschied zum vorerwähnten Fragment (vgl. Rn. 7) liegt darin, dass auch der Schöpfer des unvollendeten Werkes sich dem einheitlichen Schöpfungswillen bei Vollendung unterwirft. Somit hat jeder Miturheber in Unterordnung unter die gemeinsame Gesamtidee die Beiträge zu erbringen. Unschädlich ist, wenn jeder Miturheber den schöpferischen Beitrag selbständig erbringt, vorausgesetzt sie erfolgen in Unterordnung unter die gemeinsame Gesamtidee (s. BGH GRUR 1994, 39, 40 – *Buchhaltungsprogramm*; BGH GRUR 1959, 335, 336 – *Wenn wir alle Engel wären*). Entscheidend kommt es somit darauf an, ob die einzelnen Beiträge, selbst wenn diese für sich selbständig geschaffen werden, mit dem Willen zum Schaffen eines gemeinsamen Werkes erbracht werden (s. Schricker/Loewenheim/*Pfeider*[5] Rn. 7, 9). Nur dann liegt Miturheberschaft vor, andernfalls ist jeder allein Urheber seines schöpferischen Beitrags, und es liegt ggf. Bearbeitung i. S. v. § 3 vor (vgl. Rn. 1).

9 Im Falle des **Ghostwritings** ist zu unterscheiden (hierzu vgl. § 7 Rn. 11; allgemein zum Ghostwriter: *Groh* GRUR 2012, 870 ff.). Erstellt der Ghostwriter das Werk selbstständig, so ist dieser Alleinurheber. Verwendet er allerdings Ideen, Skizzen oder Vorentwürfe des Werkes, die für sich wiederum einen schutzfähigen Beitrag darstellen, so liegt Miturheberschaft dann vor, wenn Auftraggeber und Ghostwriter ihre schöpferischen Beiträge im Rahmen des einheitlichen Schöpfungsprozesses der Werkvollendung geleistet haben. Liegt ein solcher Wille zur gemeinsamen Schöpfung insbesondere des Ghostwriters nicht vor, so ist jeder für sich Alleinurheber und der Ghostwriter Bearbeiter i. S. v. § 3 der Ideen, Vorentwürfe etc. des Auftraggebers, die bereits für sich schutzfähig sind.

Die **Urheberrechtsvermutung des § 10** ist auch im Verhältnis zwischen **Miturhebern** anwendbar (BGH GRUR 1994, 39, 40 – *Buchhaltungsprogramm*; BGH GRUR 1991, 456, 457 – *Goggolore*). Von daher wird, wer als Urheber üblicherweise auf dem Werk-Original bezeichnet ist, bis zum Nachweis des Gegenteils als Miturheber vermutet (BGH GRUR 2009, 1046 Tz. 25 – *Kranhäuser*). Ist nur ein bestimmter Teil des Werkes mit dem Namen des Miturhebers benannt, so beschränkt sich die Vermutung der Inhaberschaft auf diesen Teil (BGH GRUR 1991, 456, 458 – *Goggolore*; OLG München ZUM 1990, 186, 188 – *Mausfigur*). **Darlegungs- und Beweislast** für die Miturheberschaft trägt derjenige, der sich darauf beruft. Ist von daher auf dem Werk nur ein einziger Urheber benannt, so muss der Miturheber nach den allgemeinen Regeln darlegen und beweisen, dass auch er einen Schöpfungsbeitrag für das einheitliche Werk geleistet hat (OLG München ZUM 1999, 653, 655 – *Rechte am Drehbuch zu „M"*; OLG Nürnberg ZUM 1999, 656, 657 – *Museumsführer*; OLG Köln ZUM 1999, 404, 409 – *Overlays*), mithin die Voraussetzungen für die Miturheberschaft vorliegen. Umgekehrt trifft denjenigen, der die Vermutung der Miturheberschaft widerlegen will, die Darlegungs- und Beweislast für seine Alleinurheberschaft, d. h. das Fehlen der Urheberschaft des anderen Teils (BGH GRUR 2009, 1046 Tz. 42 – *Kranhäuser*; BGH ZUM 2012, 141 Tz. 3, 6 – *Der Frosch mit der Maske II*; BGH GRUR 2011, 714 Tz. 56 – *Der Frosch mit der Maske*).

10

3. Einheitliches Werk

Miturheberschaft setzt voraus, dass ein **einheitliches Werk** geschaffen wurde, bei dem die Anteile der beteiligten Urheber sich nicht gesondert verwerten lassen (BGH GRUR 2009, 1046 Tz. 38 – *Kranhäuser*). Ist eine gesonderte Verwertung möglich, so liegt keine Miturheberschaft i. S. v. § 8 vor, sondern Urheberschaft an einem verbundenen Werk i. S. v. § 9 (vgl. § 9 Rn. 4). Die Frage, inwiefern Anteile eines einheitlichen Werkes **gesondert verwertbar** sind, ist nicht immer leicht zu beantworten, wobei ausschlaggebend nicht etwa die subjektive Vorstellung der Schöpfer ist, sondern allein die objektive Möglichkeit der gesonderten Verwertbarkeit (BGH GRUR 2009, 1046 Tz. 39 – *Kranhäuser*). Unproblematisch sind Fälle, bei denen die Miturheber das Werk gemeinsam geschaffen, weil sie es beispielsweise zusammen geschrieben haben. Lassen sich aber gesonderte Werkbeiträge der Schöpfer trennen, so kommt es darauf an, inwiefern diese getrennten Teile als selbständiges Werk für sich verwertbar sind (BGH GRUR 1959, 335, 336 – *Wenn wir alle Engel wären*). Dabei kommt es nicht darauf an, ob eine gesonderte Verwertung tatsächlich wahrscheinlich ist, weil bspw. diese Art der Werke nicht (mehr) nachgefragt ist. Ausschlaggebend ist die theoretische Möglichkeit der Verwertung (Schricker/Loewenheim/*Peifer*[5] Rn. 5; Bisges/*Bisges* Kap. 1 Rn. 311). Sind einzelne Teile oder Abschnitte eines Werkes ihrer Natur nach gesondert verwertbar, so muss unterschieden werden: Sind die Urheber der Teilschöpfungen voneinander völlig selbständig, sodass bspw. keiner dem anderen bei seiner Schöpfung hineinredet, mithin Konzeption und Gestaltung seines Teils selber bestimmen darf und ist nur eine Art Generallinie vorgegeben, an die sich alle halten sollen, so liegt nur eine Werkverbindung i. S. v. § 9 vor. Sind die Voraussetzungen des § 4 gegeben, so liegt ein Sammelwerk vor. Kennzeichen für die Selbständigkeit des Abschnittes, also für eine Werkverbindung i. S. d. § 9, kann auch sein, dass sich die einzelnen Teilbeiträge des Werkes zum Teil widersprechen oder andere Auffassungen vertreten (a. A. Schricker/Loewenheim/*Peifer*[5] Rn. 6). Für Miturheber-

11

schaft spricht, dass im Rahmen einer gemeinsamen Entscheidung, bspw. im Rahmen von Redaktionskonferenzen, einheitliche Linien festgelegt werden, nach der die endgültige Fassung jedes Abschnitts bestimmt wird. Maßgebend für die Frage, ob ein einheitliches Werk vorliegt oder ein verbundenes Werk nach § 9, ist der Zeitpunkt der Entstehung des Werkes (Dreier/Schulze/*Schulze*[5] Rn. 4). Somit führt die nachträgliche Bekanntheit eines Werkes, das beispielsweise aus Text und Musik besteht, zwar dazu, dass dieses vom Verkehr als untrennbare Einheit empfunden wird. Eine solche Verkehrsauffassung begründet aber noch keine Werkverbindung i. S. v. § 8, da die Teile des „Werkes", d. h. Text und Musik, nach wie vor selbständig verwertet werden können. Nach Schöpfung des Werks eingetretene Änderungen haben auf den Charakter als einheitliches Werk keine Auswirkungen (s. zur früheren Auffassung BGH GRUR 1964, 326, 330 – *Subverleger*).

12 Ein einheitliches Werk ist nicht nur dann gegeben, wenn die Beiträge **nebeneinanderstehen**, und die Arbeitsteilung so horizontal erfolgt. Ein einheitliches Werk kann auch dann entstehen, wenn die Beiträge im Schöpfungsprozess bis zur Werkvollendung **nacheinander erfolgen**, bspw. als Vor-, Zwischen- und Endstufe des Werkes (vertikale Arbeitsteilung) (Schricker/Loewenheim/*Peifer*[5] Rn. 7; BGH GRUR 2006, 860, 862, 863 – *FASH 2000*; BGH GRUR 1994, 39, 40 – *Buchhaltungsprogramm*).

13 Werke **unterschiedlicher Werkgattungen**, die verbunden sind, sind i. d. R. kein einheitliches Werk, sondern ein verbundenes Werk i. S. v. § 9 (s. BGH GRUR 1993, 334, 335 – *Bedienungsanweisung*; für eine Werkverbindung, welche aus Text, Fotos und Zeichnungen bestand: LG München ZUM-RD 2009, 134, 155 – *Die Wilden Kerle*). Von daher liegt beispielsweise bei einer Oper kein einheitliches Werk vor, sondern ein verbundenes Werk, da sich hier Musik, Libretto und Text gesondert verwerten lassen. Dasselbe gilt für Lieder. Allerdings werden künftig in Umsetzung der Schutzdaueränderungs-RL die Werke „Komposition mit Text" als urheberrechtliches Werk einzuordnen sein (hierzu unten vgl. Rn. 14 und *Flechsig* ZUM 2012, 227, 234).

14 **Musikkomposition mit Text:** Art. 1 Abs. 1 Schutzdaueränderungs-RL, der Art. 1 Schutzdauer-RL ergänzt, bestimmt, dass Textverfasser und Komponisten eines Musikstückes Miturheber sind, sofern beide Beiträge eigens für die betreffende Musikkomposition mit Text geschaffen wurden. Die Schutzdauer dieser „Musikkomposition mit Text" erlischt 70 Jahre nach dem Tod des zuletzt überlebenden Miturhebers, d. h. Verfassers oder Komponisten. Obwohl die Schutzdaueränderungs-RL vornehmlich die Harmonisierung von Schutzfristen bezweckt, führt die Verwendung des Begriffs „Miturheber" durch den europäischen Gesetzgeber zu einer materiellen Änderung des deutschen Urheberrechts. Denn seit der Reichsgerichtsentscheidung *Die Afrikanerin* (RGZ 67, 84, s. a. RegE UrhG 1962 – BT-Drs. IV/270, S. 42) wird eine Komposition mit Text wegen der gesonderten Verwertbarkeit als verbundenes Werk nach § 9 und nicht als miturheberrechtliches Werk angesehen (s. bspw. BGH ZUM 2008, 953 Tz. 10 – *Musical Starlight*; LG Hamburg ZUM-RD 2010, 331, 341). Somit erfolgt im Rahmen der Schutzdaueränderungs-RL eine Änderung des materiellen Rechts im Hinblick auf die Einordnung einer Musikkomposition mit Text, soweit Musik und Text eigens für dieses Werk geschaffen wurden. Dies geht so aus der in § 65 erfolgten Umsetzung nicht eindeutig hervor.

15 Eine Ausnahme gilt für **Filmwerke**. Ein Filmwerk ist als Gesamtkunstwerk (vgl. § 2 Rn. 202) eine Verschmelzung von Werken mehrere Urheber zu einer Einheit. Hier lassen sich die Leistungen der Filmurheber, vor allem Regisseur, Kameramann, Cutter etc., nicht gesondert verwerten, sodass typischerweise Miturheberschaft gegeben ist (s. BGH GRUR 2011, 714 Tz. 56, 67 – *Der Frosch* *mit der Maske*; zur Stellung des Filmproduzenten: *Schwarz/Hansen* GRUR 2011, 109 ff.). Etwas anderes gilt für gesondert verwertbare Teile des Filmwerkes, wie bspw. das Drehbuch oder die Filmmusik. Wird dagegen ein anderes Werk filmisch aufgezeichnet, wie bspw. ein Konzert, so liegt Vervielfältigung der insofern unveränderten Musik vor, nicht hingegen ein verbundenes Werk und schon gar kein einheitliches Werk (BGH GRUR 2006, 319, 321 Tz. 30 – *Alpensymphonie*).

III. Gesamthandsgemeinschaft

1. Grundsatz

Miturheberschaft begründet kein Rechtsgeschäft, sondern ist Realakt, der auf **16** der gemeinsamen Schöpfung des Werkes beruht (vgl. § 7 Rn. 9). Folglich ist nicht erforderlich, dass die einzelnen Werkschaffenden sich über ein Rechtsgeschäft verpflichten, ein einheitliches Werk zu schaffen. Die Gesamthandsgemeinschaft der Miturheber nach § 8 Abs. 2 entsteht kraft Gesetzes (BGH GRUR 2012, 1022 Tz. 20 – *Kommunikationsdesigner*; OLG Frankfurt ZUM 2006, 332, 334 –*Gesetzliche Schuldverhältnisse in Form einer Verwertungsgemeinschaft*). Das frühere Recht ging noch von einer Bruchteilsgemeinschaft aus (§§ 741 ff. BGB). Rechtlich handelt es sich bei der Miturheberschaft nach § 8 um eine **Gesamthandsgemeinschaft**, auf die ergänzend die **Vorschriften der GbR** (§§ 705 ff BGB) anwendbar sind. Zweck dieser GbR ist die Verwaltung der Verwertungsrechte an dem einheitlichen Werk. Die Gemeinschaft endet mit Ablauf der Schutzfrist des Werkes (vgl. Rn. 7). Die Rechte und Pflichten der Miturheber ergeben sich aus Abs. 2 sowie Abs. 4. Grundsätzlich ist danach jeder Miturheber bei der Verwertung des Werkes an die anderen Miturheber gebunden. Der Miturheber kann, schon wegen § 29 sowie Abs. 1, nicht isoliert über seinen Urheberrechtsanteil verfügen. Auch bei der Übertragung von Nutzungsrechten ist jeder an die weiter beteiligten Miturheber gebunden.

Der Miturheber kann jedoch auf seinen **Anteil an den Verwertungsrechten** **17** nach Abs. 4 S. 1 verzichten (Näheres hierzu unten, vgl. Rn. 28), selbst formlos. Verzichtet ein Miturheber, so wächst sein Anteil den weiteren Miturhebern zu (Abs. 4). Der wirksame Verzicht setzt eine Erklärung gegenüber den anderen Miturhebern voraus (Abs. 4, S. 3). Durch die Regelung des Abs. 4 ist zugleich klargestellt, dass andere Verfügungen über die Verwertungsrechte nicht zulässig sind. Einem Dritten kann somit der Anteil des Miturhebers an seinen Verwertungsrechten nicht abgetreten werden (s. BGH GRUR 1959, 335, 337 – *Wenn wir alle Engel wären*). Der Anteil ist ebenso wenig pfändbar. Allerdings sind Geldforderungen des Miturhebers an die Gemeinschaft auf Ausschüttung wegen Nutzung der Verwertungsrechte abtretbar und damit auch pfändbar.

Aus der **Gesamthandsgemeinschaft** ergibt sich, dass die Miturheber nur ge- **18** meinsam, und zwar einstimmig, über Veröffentlichung, Verwertung und ggf. Änderungen (im Fall der Bearbeitung nach § 3) des Werkes, einschließlich jeder darauf gerichteten Maßnahme beschließen können (Abs. 2, S. 1; OLG Frankfurt ZUM 2006, 332, 334 – *Gesetzliches Schuldnerverhältnis* m. w. N.). Somit unterliegen nicht nur der Abschluss oder die Änderung von Verwertungsverträgen, sondern auch deren Beendigung durch Kündigung, Rücktritt oder Rückruf dem Einstimmigkeitserfordernis. Hat sich im Laufe der Verwertung die Überzeugung bei einem der Miturheber geändert, so muss er notfalls die anderen Miturheber auf Einwilligung in den Rückruf verklagen, wenn diese einer Änderung nicht zustimmen. Unter Einwilligung ist vorherige Zustimmung i. S. v. § 183 Abs. 1 BGB zu verstehen (BGH GRUR 2012, 1022 Tz. 18 – *Kommunikationsdesigner*).

2. Handlungen des einzelnen Urhebers

19 Eine **Ausnahme von dem Einstimmigkeitserfordernis** sieht Abs. 2 S. 3 vor. Danach ist jeder Miturheber berechtigt, Ansprüche aus Verletzung des gemeinsamen Urheberrechts geltend zu machen, wobei er Leistungen dann nur an alle Miturheber verlangen kann. Dies gilt auch für Schadensersatzklagen, ebenso wie für die Feststellung der Schadensersatzpflicht, die nur gegenüber allen beteiligten Miturhebern getroffen werden kann (BGH GRUR 2011, 714 Tz. 63, 64 – *Der Frosch mit der Maske*). Dagegen kann jeder Miturheber Ansprüche auf Auskunftserteilung und Rechnungslegung im eigenen Namen und allein für sich geltend machen, da hierdurch die Rechtsstellung der anderen Miturheber nicht berührt wird, die Ansprüche ja auch nur vorbereitenden Charakter haben (BGH GRUR 2011, 714 Tz. 46 – *Der Frosch mit der Maske*; OLG Düsseldorf ZUM-RD 2009, 182, 185; OLG Köln ZUM 2009, 237, 242, 243; KG BeckRS 2012, 09120 für die Aktivlegitimation des Arbeitsgebers). Ebenso kann gegen die Verletzung seines eigenen Persönlichkeitsrechts jeder Miturheber selbständig vorgehen, auch gegen die weiteren Miturheber (OLG München ZUM 2011, 422, 425 – *Tatort-Vorspann*). Das Urheberpersönlichkeitsrecht steht jedem einzelnen Miturheber unabhängig von den anderen Miturhebern zu. Die Regelung des Abs. 2 S. 1 steht dem nicht entgegen, da die Gesamthand sich lediglich auf das Recht zur Veröffentlichung, Verwertung und Änderung des Werkes bezieht (s. OLG Düsseldorf ZUM-RD 2016, 368, 372 – *Fassadenarbeiten*; OLG Hamburg GRUR-RR 2009, 249 – *Handy-Klingeltöne*; OLG Nürnberg ZUM 1999, 656 f.; Schricker/Loewenheim/*Peifer*[5] Rn. 10 m. w. N.). In Abs. 2 S. 1 sind lediglich die in §§ 15 ff. geregelten Verwertungsrechte erwähnt, sowie die in § 12 geregelten Veröffentlichungs- und Änderungsrechte, nicht aber die sonstigen **Urheberpersönlichkeitsrechte.** Im Übrigen kann durch eine Entstellung des Werkes auch nur einer der Miturheber in seinem Urheberpersönlichkeitsrecht betroffen sein. Auch das Geltendmachen gesetzlicher Vergütungsansprüche bleibt jedem einzelnen Miturheber überlassen. Vergütungsansprüche werden durch Verwertungsgesellschaften wahrgenommen, mit denen jeder Miturheber einen Wahrnehmungsvertrag schließt. Die Verwertungsgesellschaften verteilen dann die Ansprüche mehrerer Berechtigter schon im Hinblick auf § 27 VGG an die betroffenen Miturheber nach deren Beteiligung. Ein solcher Wahrnehmungsvertrag wird aber nur dann wirksam, wenn ein einstimmiger Beschluss aller Mitglieder vorliegt, dass das Werk auch tatsächlich verwertet werden soll (OLG Frankfurt ZUM 2006, 332 – *Gesetzliches Schuldverhältnis*). Den **Anspruch auf angemessene Vergütung nach § 32a Abs. 1 oder 2 S. 1** kann jeder Urheber allein zu seinen Gunsten geltend machen, einschließlich des diesen Anspruch vorbereitenden Auskunftsanspruches (BGH GRUR 2012, 496 Tz. 17 – *Das Boot*), unabhängig davon, ob jeder Miturheber einen gesonderten Verwertungsvertrag (so BGH GRUR 2012, 496 Tz. 20 f. – *Das Boot*) oder die Miturheber einen einheitlichen Verwertungsvertrag geschlossen hatten (s. a. OLG München ZUM 2011 422, 426 – *Tatort-Vorspann*; vgl. § 32 Rn. 142; a. A. *Berger* ZUM 2010, 90, 94; *Poll* ZUM 2009, 611, 619). Auf einen solchen Anspruch ist ebenso wenig die Vorschrift des Abs. 2 S. 3 anwendbar, auch nicht analog, da der Anspruch aus § 32 weder eine Verwertungs- noch sonstige Handlung ist, die unter diese Vorschrift fällt, im Übrigen auch kein Schadensersatzanspruch, mit diesem auch nicht vergleichbar, ist (BGH GRUR 2012, 496 Tz. 20 f. – *Das Boot*). Haben die Miturheber eine GbR zur Verwertung des Werkes geschlossen, deren alleinige Gesellschafter sie sind, können sie vom Verwerter nach § 31 Abs. 1 S. 3 die Einwilligung zur Vertragsänderung verlangen, um eine angemessen Vergütung zu erzielen (BGH GRUR 2012, 1022 Tz. 21 – *Kommunikationsdesigner*). Lässt sich die Einstimmigkeit zwischen den Miturhebern nicht herstellen, so kann nur in dem Fall, dass ein Urheber grundlos und wider Treu und Glauben seine Einwilligung zu einer Verwertungsmaßnahme verweigert, dieser von den übrigen auf Einwilli-

gung verklagt werden (Abs. 2 S. 2). Es geltend die allgemeinen Darlegungs-
und Beweislastregeln, d. h. die anderen Miturheber müssen darlegen und beweisen, dass der verweigernde Miturheber grundlos und wider Treu und Glauben handelt. Nur eine rechtskräftige Entscheidung ersetzt die fehlende Zustimmung des Miturhebers. Das Gesetz spricht ausdrücklich von Einwilligung,
somit vorheriger Zustimmung (§ 183 BGB) (BGH GRUR 2012, 1022 Tz. 18 –
Kommunikationsdesigner). Diese muss zeitlich somit schon vor Vornahme der
Handlung, d. h. Veröffentlichung, Verwertung oder Änderung liegen. Für Maßnahmen, die das Urheberpersönlichkeitsrecht des widersprechenden Miturhebers tangieren, gilt insofern nichts anderes, soweit dieses den Beschränkungen
des Abs. 2 S. 1 unterliegt (dazu oben). Das Veröffentlichungsrecht (§ 12) ist in
Abs. 2 S. 2 ausdrücklich erwähnt. Ein treuewidriges Verhalten liegt beispielsweise vor, wenn der Miturheber sich gegen rechtliche oder rechtlich gebotene
Zusätze an der Urheberrechtsbezeichnung sperrt, oder sich sachlich gebotenen
Änderungen widersetzt, ohne die das Werk nicht mehr erfolgversprechend verwertet werden könnte (Dreier/Schulze/*Schulze*[4] Rn. 18). Es verstößt auch dann
gegen Treu und Glauben i. S. v. Abs. 2 S. 2, wenn eine Kamerafrau ihr Filmmaterial abliefert und sich später gegen dessen Veröffentlichung stellt (OLG Köln
GRUR-RR 2005, 337, 338 – *Dokumentarfilmmassaker*).

Eine weitere Ausnahme vom Einstimmigkeitsprinzip bildet das **Notverwal-**   **20**
tungsrecht nach § 744 Abs. 2 BGB. Danach können Maßnahmen, die zur Erhaltung der Substanz, des wirtschaftlichen Werts oder der uneingeschränkten
Verwertbarkeit des Werkes notwendig sind, von jedem Miturheber auch ohne
Zustimmung der anderen allein vorgenommen werden. Ein Anwendungsfall
dieser Ausnahme ist vor allem die Kündigung aus wichtigem Grund, selbst
wenn das Kündigungsrecht nur für einen Miturheber gilt, weil für ihn die Fortsetzung des Dauerschuldverhältnisses unzumutbar geworden ist (BGH GRUR
1990, 443, 446 – *Musikverleger IV*). Die Fortdauer des unzumutbaren Zustandes könnte bis zum Vorliegen der Einwilligung aller Miturheber nach dem
Einstimmigkeitsprinzip unter Umständen die uneingeschränkte Verwertbarkeit
des Werkes in zeitlicher Hinsicht gefährden. Auch könnte das Kündigungsrecht
in Folge Zeitablaufs verloren gehen (vgl. Vor §§ 31 ff. Rn. 142 f.). Dem betroffenen Urheber steht somit unter bestimmten Voraussetzungen das Recht zur
fristlosen Kündigung kraft Notverwaltungsrecht aus § 744 Abs. 2 BGB allein
zu.

Nach der BGH-Entscheidung *Musikverleger III* (BGH GRUR 1982, 41, 43,   **21**
bestätigt durch BGH GRUR 1982, 743, 744 – *Verbundene Werke*), ist dagegen
eine **fristlose Kündigung** im Rahmen eines Notverwaltungsrechts ausgeschlossen, wenn kein Anhaltspunkt dafür ersichtlich ist, dass der Verwerter in Folge
des Zerwürfnisses seine Auswertungspflicht nicht mehr erfülle, weil dies dann
nicht eine zur Erhaltung des Gemeinschaftsgegenstandes notwendige Maßnahme sei. Dem Verwerter steht stattdessen eine angemessene Frist zu, die vom
Tatrichter im Einzelfall zu bestimmen ist, innerhalb derer er die Zustimmung
der anderen Urheber einholen kann und muss. Der Kündigungsgrund müsse
dann aber bis zum Vorliegen der Zustimmung bestehen bleiben. Wählt man
diesen Lösungsweg (so wohl auch Dreier/Schulze/*Schulze*[5] Rn. 17), so bedeutet
dies tatsächlich eine Verschärfung der Voraussetzung der fristlosen Kündigung
seitens der Miturheber in all den Fällen, in denen dem Verwerter eine Mehrheit
von Urhebern gegenübersteht. Dieser Verwerter ist hierdurch ungerechtfertigt
besser gestellt. Faktisch bedeutet dies auch, dass der Urheber z. T. über Jahre
hinaus, nämlich bis zur rechtskräftigen Entscheidung, an einen vertragsun-
treuen Verwerter gebunden ist, was auf der einen Seite diesen ohne Grund
begünstigt, auf der anderen Seite die außerordentliche Kündigung im Interesse
der Miturheber außerordentlich erschwert.

22 Nach Abs. 2 S. 3 wird das Notverwaltungsrecht über die in § 744 Abs. 2 BGB geregelten Fälle hinaus auf **jede Verfolgung von Rechtsverletzungen** erweitert. In der Praxis wird diese Ausnahmevorschrift vor allem dann relevant, wenn zur Verhinderung weiterer Rechtsverletzungen Eile geboten ist. Hierzu zählen bspw. Fälle von einstweiligen Verfügungen, wobei die Ermächtigung des Abs. 2 S. 3 nach dem Wortlaut nicht nur auf dringende Fälle beschränkt ist. Inhaltlich handelt es sich um eine **gesetzliche Prozessstandschaft**, auf die sich nur der Miturheber berufen kann. (BGH GRUR 1995, 212, 213 – *Videozweitauswertung III*; OLG Nürnberg ZUM 1999, 656, 657), nicht aber auch der Inhaber abgeleiteter Rechte, wie bspw. Lizenznehmer eines Miturhebers (s. aber KG BeckRS 2012, 09120). Dieser muss die Zustimmung sämtlicher Miturheber einholen, um gegen Rechtsverletzungen vorzugehen (OLG Frankfurt MMR 2003, 45, 47 – *IMS Health*). In einem solchen Fall handelt der Lizenznehmer nicht im eigenen Namen, sondern nur als Bevollmächtigter (LG München I ZUM 1999, 332, 336 – *Miturheberschaft des Kameramanns*). Dabei ist die gesetzliche Prozessstandschaft des Abs. 2 S. 3 nicht auf Unterlassungsansprüche beschränkt, sondern umfasst in gleicher Weise Leistungsklagen, sodass der Miturheber ebenso auf Schadensersatzzahlung klagen kann. Im Gegensatz zu Unterlassungsklagen, die jeder Miturheber im eigenen Namen geltend machen kann (OLG Düsseldorf ZUM-RD 2009, 182, 185), kann er im Fall einer Leistungsklage die Leistung nur von allen fordern. Dies gilt ebenso für die Schadensersatzpflicht, die nur gegenüber allen gemeinsam festgestellt werden kann (BGH GRUR 2011, 714 Tz. 63 f. – *Der Frosch mit der Maske*; OLG Düsseldorf ZUM-RD 2009, 182, 185). Prozessrechtlich bedeutet dies, dass mit Einreichung der Klage, jeder weitere Miturheber an der gerichtlichen Verfolgung desselben Streitstandes gehindert ist, da ihm die Einrede der Rechtshängigkeit entgegensteht (§ 261 Abs. 3 Nr. 1 ZPO). Auch unterbricht die Klage eines Miturhebers die Verjährung gegenüber allen, das Anerkenntnis gegenüber nur einem Miturheber wirkt für alle (§§ 204, 209 BGB). Die Verwirkung wirkt gegenüber allen anderen betroffenen Miturhebern. Ebenso wie die Unterlassungsklage kann auch die vorbereitende Auskunfts- und Rechnungslegungsklage von jedem Miturheber allein und zur Erfüllung ihm gegenüber geltend gemacht werden, da insofern der Schutzbereich des § 8 Abs. 2 nicht tangiert ist (BGH GRUR 2011, 714 Tz. 46 – *Der Frosch mit der Maske*; OLG Köln ZUM 2009, 237, 243). Die Regelung des Abs. 2 S. 3 gilt aber nur für Ansprüche aus Verletzungen des gemeinsamen Urheberrechts und nicht auch für andere Ansprüche, beispielsweise auf angemessene Beteiligung nach § 32a (BGH GRUR 2012, 496 Tz. 20 f. – *Das Boot*; BGH GRUR 2012, 1022 Tz. 21 – *Kommunikationsdesigner*; vgl. § 32 Rn. 142 und vgl. Rn. 19). Wegen der unterschiedlichen Interessenslage scheidet auch eine analoge Anwendung von Abs. 2 S. 3 aus, sodass der klagende Miturheber die Leistung alleine für sich verlangen kann (BGH GRUR 2012, 496 Tz. 21 – *Das Boot*).

23 Werden Ansprüche aus dem **Urheberpersönlichkeitsrecht** geltend gemacht, gilt zwar das vorstehend Gesagte. Der einzelne Miturheber hat dann aber individuelle Ansprüche, wenn ausschließlich seine persönlichen Beziehungen zum Werk als (Mit-)Urheber tangiert werden (OLG München ZUM 2011, 422, 427 – *Tatort-Vorspann*). Dies ist beispielsweise bei der Verletzung nur seines Rechts auf Nennung nach § 13 der Fall, ebenso wie bei der Verletzung des Rechts auf Zugang aus § 25, was ein jedem Miturheber zustehendes, höchstpersönliches Recht ist (OLG Düsseldorf GRUR 1969, 550, 551 – *Geschichtswerk für Realschulen*; *Schack*, Urheber- und UrhebervertragsR[7] Rn. 320). In diesem Fall braucht der Urheber sich bei der Rechtsverfolgung nicht mit den anderen (Mit-)Urhebern abstimmen.

24 Die **Aufhebung der Gesamthandsgemeinschaft** ist nicht möglich, da sie zu einer Zerstörung des Werkes führen würde. Die Gesamthandsgemeinschaft endet erst mit Ablauf der letzten Schutzfrist nach §§ 64, 65 Abs. 1 UrhG, und zwar mit Ablauf von 70 Jahren nach dem Tod des längstlebenden Miturhebers.

3. Abweichende Vereinbarung

Haben die Miturheber eine Vereinbarung geschlossen, die die Verwertung des **25** Werkes mit umfasst, so ist diese ein **GbR-Vertrag**, der den Vorschriften des §§ 705 ff. BGB unterliegt (BGH GRUR 2012, 1022 Tz. 19 f. – *Kommunikationsdesigner*). Der gemeinsame Zweck liegt in der Verwertung des einheitlichen Werkes. Im Innenverhältnis können die Miturheber beispielsweise über Umfang und Art der Verwertung des Werkes sich verständigen, über die Verteilung der Erträge aus der Verwertung, über Art und Umfang der internen Beschlussfassung sowie der Stellvertretung nach außen. Dabei müssen alle Miturheber im Gegensatz zum Schöpfungsakt selber, der ja Realakt ist (dazu vgl. § 7 Rn. 7), geschäftsfähig sein. Diese Miturheberschaftsgesellschaft ist als GbR von der Miturheberschaftsgemeinschaft, die kraft Gesetzes entsteht, zu unterscheiden. Als GbR besitzt sie eigene Rechtspersönlichkeit und kann bspw. Verträge mit Dritten abschließen (BGH GRUR 2012, 1022 Tz. 20 – *Kommunikationsdesigner*). Die Dispositionsfreiheiten finden dort ihre Grenze, wo die Urheberpersönlichkeit eines Miturhebers betroffen ist (BGH GRUR 1998, 673, 677 – *Popmusik*; Schricker/Loewenheim/*Peifer*[5] Rn. 13; *Schack*, Urheber- und UrhebervertragsR[7] Rn. 323; Bisges/*Bisges* Kap. 1 Rn. 319). Da das Urheberrecht als solches nach § 29 Abs. 1 nicht übertragbar ist, können in das Gesellschaftsvermögen der GbR nur Nutzungsrechte eingebracht werden (*Sontag* S. 73 f.). Die Kündigung der Gesellschaft richtet sich nach § 723 BGB. Liegt keine solche abweichende Vereinbarung in Form eines GbR-Vertrags vor, so können die Miturheber **nur gemeinschaftlich** handeln, wobei sie jede beliebige Verfügung über Rechte am gesamten Werk treffen können, die auch einem Alleinurheber zustehen (vgl. Vor §§ 28 ff. Rn. 2 sowie § 31 Rn. 5 ff.).

Eine ergänzende Anwendung der Vorschriften der §§ 705 ff. BGB auf die Mit- **26** urheberschaft kommt dann in Betracht, wenn die Miturheber einen Vertrag zur gemeinsamen Schöpfung des Werkes geschlossen haben. Fehlt eine Vereinbarung zwischen den Miturhebern, kommen nur die Vorschriften der §§ 741 ff. BGB über die Gemeinschaft zur Anwendung. Der Schöpfungsakt auch der Miturheber ist Realakt (vgl. § 7 Rn. 9), der einen Vertrag nicht voraussetzt (Schricker/Loewenheim/*Peifer*[5] Rn. 10 ff.; Möhring/Nicolini/*Ahlberg*[2] Rn. 15a; Wandtke/Bullinger/*Thum*[3] Rn. 22; *Sontag* S. 15 ff. und *Werner* BB 1982, 280; a. A. *v. Gamm* Rn. 13). Besteht Streit darüber, ob ein Handelnder tatsächlich Miturheber ist, so muss dieser die Klage auf Anerkennung seiner Miturheberschaft gegen alle Miturheber geltend machen. Das Bestehen einer Gemeinschaft oder Gesellschaft kann nur einheitlich festgestellt werden, § 62 ZPO (OLG Karlsruhe, GRUR 1984, 812 – *Egerlandbuch*).

4. Verteilung der Erträge

Nach Abs. 3 werden die Erträge aus der Nutzung unter den Miturhebern **27** grundsätzlich nach dem Umfang deren Mitwirkung an der Werkschöpfung verteilt, es sei denn, die Miturheber haben eine anderslautende Vereinbarung getroffen. Der Gesetzgeber geht somit davon aus, dass die Urheber – vernünftigerweise – eine Einigung im Hinblick auf die Verteilung der Nutzungserträge schließen, was angesichts der Schwierigkeiten im Hinblick auf die Bestimmung des **Umfangs des Schöpfungsbeitrags** jedes Miturhebers vernünftig ist. Somit richtet sich die Verteilung der Erträge zunächst nach einer Vereinbarung i. S. v. Abs. 3, 2. Hs. unter den Miturhebern (BGH ZUM 1998, 405), wobei Umfang und Form der Verteilung von dem tatsächlichen Mitwirkungsumfang des einzelnen Miturhebers an der Schöpfung auch abweichen kann (Schricker/Loewenheim/*Peifer*[5] Rn. 19; Dreier/Schulze/*Schulze*[5] Rn. 25; Bisges/*Bisges* Kap. 1 Rn. 317). Liegt eine solche Vereinbarung nicht vor, so erfolgt die Verteilung nach Abs. 3 anhand des tatsächlichen Beitrags der Miturheber an der Schöpfung. Dabei kommt es auf den Gesamtumfang der Mitarbeit an, einschließlich notwendiger Vorarbeiten, wie der Sichtung von Quellmaterial, abschließende Gesamtredaktion des Werkes etc. (RAusschuss UrhG 1962 – BT-Drs. IV/3401 S 3; LG Mannheim ZUM 2005, 915/917). Oft lässt sich aber der Umfang der Mitarbeit nicht mehr nachvollziehen, sodass dann von den Gerichten der Schöpfungsbeitrag anhand von Anhaltspunkten nach Billigkeit geschätzt werden muss (OLG Hamburg *Erich Schulze* OLGZ 207, 6). Liegen solche ausreichenden Anhaltspunkte nicht vor, so nimmt die Rechtsprechung **im Zweifel gleiche Anteile** an. Zwar tritt die Auslegungsregel des § 742 BGB, nach der im Zweifel den Teilhabern gleiche Anteile zustehen, hinter der Vorschrift des § 8 Abs. 3 als lex generalis zurück. Ihr Rechtsgedanke soll aber als Beweislastregel herangezogen werden können (OLG Hamburg *Erich Schulze* OLGZ 207, 7; Schricker/Loewenheim/*Peifer*[5] Rn. 19). Die Vermutung des § 10 findet auf die Bestimmung des Schöpfungsbeitrags am gemeinsamen Werk nach Abs. 3 keine Anwendung (OLG Hamburg *Erich Schulze* OLGZ 207, 6). Ebenso werden Schadensersatzzahlungen für die Verletzung des gemeinsamen Werkes nach dem Umfang der schöpferischen Leistung nach Abs. 3 zwischen den Miturhebern aufgeteilt (BGH GRUR 2012, 141 Tz. 11 – *Der Frosch mit der Maske II*).

5. Verzicht

28 Ein Verzicht auf den Anteil an Verwertungsrechten nach § 15 steht jedem Miturheber nach Abs. 4 zu. Er wird erst wirksam, wenn er allen Miturhebern gegenüber mündlich erklärt oder allen gegenüber in anderer Form zugegangen ist (§ 130 BGB). Der Verzicht unterliegt keiner Formvorschrift, sodass er mündlich, darüber hinaus sogar sinngemäß oder stillschweigend (§ 133 BGB) erfolgen kann. Vereinzelt wird im Interesse des Urheberschutzes im Hinblick auf § 31a Schriftform gefordert (Schricker/Loewenheim/*Peifer*[5] Rn. 17; wie hier Dreier/Schulze/*Schulze*[5] Rn. 26). Die Erklärung des Verzichts hat gegenüber allen Miturhebern nach Abs. 4 S. 2 zu erfolgen. Im Einzelfall ist aber stets zu prüfen, ob ein solcher Verzicht, gerade auch wegen dessen Tragweite, tatsächlich auch gewollt ist. Der Gesetzgeber bezweckte mit Abs. 4 eine Erleichterung der Auswertung des Werkes in all den Fällen, in denen eine große Zahl von Miturhebern oft nur unbedeutend am Werk beteiligt ist und so deren Verzicht die Zusammenfassung der Verwertungsrechte in der Hand einiger weniger Miturheber ermöglicht (RegE UrhG 1962 – BT-Drs. IV/270, S 41), was die Verwertung des Werkes erheblich erleichtert. Deshalb sind §§ 31 bis 39 auf die Verzichtserklärung nicht anwendbar. Der Verzicht umfasst pauschal alle Verwertungsrechte, erstreckt sich auf das Bearbeitungsrecht, schließt Ansprüche aus den §§ 36, 39 ebenso wie das Rückrufsrecht des § 41 aus und gilt ebenso für erst später bekannt werdende Nutzungsarten (s. hierzu Schricker/Loewenheim/*Peifer*[5] Rn. 17). Auch schließt der Verzicht den Verzicht auf die gesetzlichen Vergütungsansprüche im Zweifel mit ein (Schricker/Loewenheim/*Peifer*[5] Rn. 17). Ein weitergehender Verzicht ist nicht möglich, insbesondere erfasst er nicht das **Urheberrechtspersönlichkeitsrecht** (s. OLG München ZUM 2011, 422, 427 – *Tatort-Vorspann*). Allerdings kann der Miturheber für einzelne Nutzungen auf sein Nutzungsrecht nach § 13 verzichten (LG Hamburg ZUM 2010, 541, 544). Ebenso wenig kann der Miturheber wegen § 29 Abs. 1 nicht auf das Urheberrecht als solches verzichten, Abs. 4 spricht folgerichtig auch nur von Verwertungsrechten nach § 15. Das Anwachsen des Anteils an der Schöpfung aufgrund des Verzichts erfolgt nach dem Verhältnis der bisherigen Anteile der übrigen Miturheber analog § 743 BGB (ebenso Schricker/Loewenheim/*Peifer*[5] Rn. 17; Dreier/Schulze/*Schulze*[4] Rn. 28; Wandtke/Bullinger/*Thum*[4] Rn. 50).

IV. Ablauf der Schutzfrist

Da die Miturheber ein einheitliches Werk geschaffen haben, kann auch die **29**
Schutzfrist für dieses nur einheitlich ablaufen. Nach § 65 Abs. 1 wird das gemeinschaftlich geschaffene Werk somit erst 70 Jahre nach dem Tod des längstlebenden Miturhebers gemeinfrei (BGH GRUR 2012, 1022 Tz. 18 – *Kommunikationsdesigner*; s. zur Auswirkung der Schutzdaueränderungs-RL auf die
Bestimmung der Schutzfristen von Musikkompositionen mit Text: *Flechsig*
ZUM 2012, 227 ff.).

V. Ausübende Künstler

Schöpferisch tätig werden oft ausübende Künstler, wie beispielsweise Konzert- **30**
musiker mit dem Dirigenten oder die Schauspieler im Rahmen der Bühnenaufführung eines Werkes. Obwohl hier ein gemeinsames Schaffen gegeben ist, ist
in diesen Konstellationen § 8 nicht einmal analog anwendbar. Der Gesetzgeber
wollte im Rahmen der §§ 73 ff. Umfang und Dauer des Rechts der ausübenden
Künstler unabhängig von den Grundsätzen des Urheberrechts regeln. Von daher unterliegen die ausübenden Künstler auch nicht einer ähnlichen Verwer-
tungsbeschränkung, wie dies § 8 für die Miturheber vorsieht (s. zu Einzelheiten
zum Zusammenfallen von Werkschöpfung und Werkdarbietung: *Wild/Sala-
gean* ZUM 2008, 580 ff.).

§ 9 Urheber verbundener Werke

**Haben mehrere Urheber ihre Werke zu gemeinsamer Verwertung miteinander
verbunden, so kann jeder vom anderen die Einwilligung zur Veröffentlichung,
Verwertung und Änderung der verbundenen Werke verlangen, wenn die Einwilligung dem andern nach Treu und Glauben zuzumuten ist.**

Übersicht

I. Allgemeines

Wesen der Werkverbindung nach § 9 ist, dass **voneinander selbständige Werke zu** **1**
einer Einheit zusammengefasst werden, ohne dass ein neues Werk entsteht (BGH
GRUR 2009, 1046 Tz. 38 – *Kranhäuser*). Eine solche Werkverbindung ist bei einigen Werkarten die Regel. So stellen typische Werkverbindungen die Verbindung
von Musik und Text bei Liedern bzw. Libretto, Text und Musik bei Opern und

Operetten dar (s. BGH ZUM 2008, 953 Tz. 10 – *Musical Starlights*; BGH GRUR 1962, 256 – *Im Weissen Rössl*; LG Hamburg ZUM-RD 2010, 331, 341; OLG Hamburg NJW-RR 1995, 238, 239; im Übrigen zur möglichen Neubewertung durch die Vorgaben der Schutzdaueränderungs-RL vgl. § 8 Rn. 14 und *Flechsig* ZUM 2012, S 227 ff.), bei der Zusammenstellung von Texten und Fotografie in Bildbänden (s. zu Ausstellungskatalog: OLG Düsseldorf GRUR 1997, 49, 51 – *Beuys-Fotografien*; LG München I GRUR RR 2009, 218). Weitere Fälle der Werkverbindung sind Verbindung von Sprachwerken mit Illustrationen (s. LG München ZUM-RD 2009, 134, 155 – *Die wilden Kerle*), oder mit Darstellung wissenschaftlich oder technischer Art im Rahmen naturwissenschaftlicher oder technischer Literatur, ferner von Werken der Musik mit Werken der Tanzkunst beim Ballett. Typischerweise werden bei der Werkverbindung nach § 9 Werke unterschiedlicher Werkarten verbunden (LG München ZUM-RD 2009, 134, 155 – *Die Wilden Kerle* m. w. N.). In Abgrenzung zur Miturheberschaft nach § 8 ist Wesen der Werkverbindung die Selbständigkeit der verbundenen Einzelwerke (BGH GRUR 2009, 1046 Tz. 38 – *Kranhäuser*). Diese selbständigen Werke werden zum Zwecke ihrer gemeinsamen Verwertung miteinander verbunden, wobei durch die Werkverbindung i. S. d. § 9 eine **GbR** mit den beteiligten Urhebern entsteht (näher dazu vgl. Rn. 12 ff.). Dabei regelt § 9 nicht Voraussetzung und Zustandekommen der Werkverbindung, sondern lediglich ihre Rechtsfolge. Nach § 9 kann jeder beteiligte eigenständige Urheber vom anderen eigenständigen Urheber die Einwilligung zur Veröffentlichung, Verwertung und Änderung des verbundenen Werkes grundsätzlich verlangen, es sei denn, diese Einwilligung ist nach Treu und Glauben nicht zumutbar. Nach dem klaren Wortlaut der Vorschrift § 9 regelt sie **allein die Ansprüche der Urheber untereinander**; Ansprüche der Urheber gegen Dritte wegen Eingriffs in die Werkverbindung sind dagegen nicht Gegenstand der Regelung (BGH GRUR 2015, 1189 Tz. 20 – *Goldrapper*). Nach der aktuellen Rechtsprechung des BGH kann der Urheber eines verbundenen Werks, z. B. eines Liedtextes, auf der Grundlage dieser Regelung keine Ansprüche gegen einen Dritten herleiten, dem von dem Urheber eines anderen verbundenen Werks, z. B. einer Komposition eines Musiktitels, unter Verstoß gegen seine schuldrechtlichen Treuepflichten dem Textdichter gegenüber die Verwertung gestattet worden ist (BGH GRUR 2015, 1189 Tz. 22 – *Goldrapper*; dazu vgl. Rn. 25). § 9 enthält dispositives Recht und kann durch vertragliche Vereinbarung, im Rahmen eines GbR-Vertrages nach § 705 ff. abgeändert oder ersetzt werden (Schricker/Loewenheim/*Peifer*[5] Rn. 2; Dreier/Schulze/*Schulze*[5] Rn. 28; Wandtke/Bullinger/*Thum*[4] Rn. 2, 15, 22; *Ulmer*, Urheber- und VerlagsR[3] § 35 II 1).

2   Die GbR-Vorschriften nach § 705 ff. BGB sind ergänzend zu § 9 anwendbar, da es sich bei der Werkverbindung um eine **GbR** handelt. Grundsätzlich gehen aber andere vertragliche Vereinbarungen zwischen den beteiligteb Urhebern § 711 BGB und auch § 9 vor (Schricker/Loewenheim/*Peifer*[5] Rn. 3).

II.   Tatbestand

1.   Begriff der Werkverbindung

3   Eine Werkverbindung i. S. v. § 9 liegt vor, wenn **mehrere selbständige Werke, die gesondert verwertbar sind, verbunden und dadurch gemeinschaftlich verwertet** werden (BGH GRUR 2009, 1046 Tz. 38 – *Kranhäuser*), vorausgesetzt, die beteiligten Urheber haben der gemeinsamen Verwertung zugestimmt. Die Rechtsfolge des § 9 setzt somit ein wirksames Rechtsgeschäft, mit allen hierfür erforderlichen Voraussetzungen voraus (Schricker/Loewenheim/*Peifer*[5] Rn. 7; Dreier/Schulze/*Schulze*[5] Rn. 6). Wird ein Werk ohne Zustimmung des Urhebers verwertet, so unterliegt dieser betroffene Urheber nicht den Beschränkungen aus § 9 (Dreier/Schulze/*Schulze*[5] Rn. 6) da dieser nicht durch rechtsgeschäftliche Werkverbindung gebunden ist.

2. Abgrenzung

Im Gegensatz zur Miturheberschaft, bei der **nur ein Werk entsteht, das mehrere** **4**
Urheber gemeinsam geschaffen haben (vgl. § 8 Rn. 2 ff.) handelt es sich bei der
Werkverbindung i. S. v. § 9 um die Verbindung von Werken, die selbständig
voneinander verwertbar sind. Dabei kommt es nicht auf die subjektive Vorstellung der Schöpfer, sondern auf die objektive Möglichkeit einer gesonderten
Verwertung an (BGH GRUR 2010, 1046 Tz. 39 – *Kranhäuser*). Lediglich zum
Zweck der gemeinsamen Verwertung schließen sich die Urheber zusammen,
ohne dass im urheberrechtlichen Sinne ein neues über die Werkverbindung
hinausgehendes eigenes Werk entsteht. Werden allerdings die einzelnen Werke
zum Zweck der Werkverbindung so stark bearbeitet, dass hieraus ein eigenständiges, schutzfähiges Werk entsteht, liegt Miturheberschaft an diesem neu
entstandenen Werk nach § 8 vor. Dagegen werden zwar bei der **Bearbeitung**
(§§ 3, 23) zwei Schöpfungen, nämlich Originalwerk und dessen Bearbeitung,
gemeinsam verwertet. Diese Schöpfungen sind aber keine wie bei der Werkverbindung selbständig verwertbaren Werke, da die Bearbeitung ein abhängiges
Recht ist (vgl. § 3 Rn. 1). Die Bearbeitung ist von dem bearbeiteten Werk abhängig, ohne dieses gar nicht denkbar, sodass eine eigenständige Verwertung
vor allem der Bearbeitung nicht möglich ist. Von daher liegt auch keine Werkverbindung i. S. v. § 9 vor bei Werken, die im Rahmen von Modellen der kreativen Gemeinschaftsentwicklung (hierzu vgl. § 8 Rn. 7; vgl. Vor §§ 31 ff.
Rn. 330b), sei es nun **Open-Access-Software**, oder Projekte wie **WIKIPEDIA**,
bearbeitet werden. In diesen Fällen wird ein bestehendes Werk bspw. ein Computerprogramm oder ein Artikel umgestaltet, sodass ein bestehendes Werk bearbeitet und dadurch ein neues Werk entsteht. Ist der ursprüngliche Teil, der
bearbeitet wird, noch kein vollendetes Werk i. S. v. § 2, sondern wird erst durch
Zusammenarbeit mit dem weiteren Urheber vollendet, dann kann Miturheberschaft nach § 8 vorliegen (vgl. § 8 Rn. 8). In der Praxis ist die Abgrenzung
zwischen Werkverbindung und Miturheberschaft schwierig. Werkverbindung
liegt insbesondere dann vor, wenn es möglich ist, die einzelnen Schöpfungsbeiträge jedem Urheber für sich gesondert zuzuordnen und zu verwerten (BGH
GRUR 2009, 1046 Tz. 38 – *Kranhäuser*).

Sammelwerke und **Sammlungen** (§§ 4, 38) sind dagegen lediglich faktische **5**
Werkverbindungen, bei denen keine Rechtsbeziehung zwischen den einzelnen
Urhebern untereinander bestehen. Sie stellen keine Werkverbindung i. S. d. § 9
dar (Schricker/Loewenheim/*Peifer*[5] Rn. 6; Dreier/Schulze/*Schulze*[5] Rn. 11). In
der Regel werden die vertraglichen Vereinbarungen zwischen Herausgebern
und Urhebern, etwas für die Herausgeber eines Sammelbandes oder einer Festschrift, geschlossen. Eine Rechtsbeziehung zwischen den betroffenen Urhebern
besteht in der Regel nicht. Von daher können die beteiligten Urheber bei einer
solchen faktischen Werkverbindung den verweigernden Urheber nach § 9 auf
Einwilligung zur weiteren Nutzung nicht in Anspruch nehmen. In der Regel
wird dies der Herausgeber tun müssen (s. zu einem Einzelfall BGH GRUR
1982, 743, 744 – *Verbundene Werke*, der in diesem Fall doch § 9 anwendet).

Werkverbindung ist grundsätzlich nur bei geschützten Werken möglich. Von **6**
daher kann ein Beitrag, der entweder nicht schutzfähig ist, oder dessen Schutzfrist schon abgelaufen ist, nicht Gegenstand einer Werkverbindung i. S. v. § 9
sein (Dreier/Schulze/*Schulze*[5] Rn. 4; Schricker/Loewenheim/*Peifer*[5] Rn. 4). Dasselbe gilt für die Verbindung von Werken eines deutschen und eines ausländischen Urhebers. Nur dann, wenn auch der Beitrag des ausländischen Urhebers
geschützt ist, beispielsweise unter den Voraussetzungen der §§ 120, 121, ist
eine Werkverbindung i. S. v. § 9 möglich. Die Werkverbindung besteht so lange,
wie mehr als ein verbundenes Werk noch geschützt ist. Soweit die Schutzdauer
eines oder mehrerer der verbundenen Werke abgelaufen ist, so besteht auch

die Werkverbindung nach § 9 UrhG nicht fort, d. h. die in § 9 vorgesehene Rechtsfolge der Rücksichtnahme entfällt insofern. Die Verpflichtung aus § 9 gilt dann nur noch für die verbleibenden Urheber der Werkverbindung. Läuft die Schutzfrist lediglich noch für ein Werk bei ursprünglich mehreren Werken, so entfällt die Verpflichtungen aus § 9 UrhG ganz. Der gebliebene Urheber muss dann auf keinen der weiteren Urheber mehr Rücksicht nehmen. In Umsetzung von Art. 1 Abs. 1 Schutzdaueränderungs-RL wird die deutsche Regelung allerdings so angepasst werden müssen, dass die bislang als Werkverbindung eingeordnete Musikproduktion mit Text, sei es ein Lied, eine Oper oder Musical, soweit die Beiträge eigens füreinander geschaffen wurden, als miturheberrechtliches Werk zu qualifizieren sein, sodass deren Schutzfrist gemeinsam bestimmt ist (vgl. § 8 Rn. 14; *Flechsig* ZUM 2012, 227 ff.).

7 Im Rahmen der Werkverbindung können nicht nur Werke **unterschiedlicher Werkarten** miteinander verbunden werden (LG München ZUM-RD 2009, 134, 155 – *Die Wilden Kerle*), sondern auch Werke der **gleichen Werkgattung** (Schricker/Loewenheim/*Peifer*[5] Rn. 5; *Ulmer*, Urheber- und VerlagsR[3] § 35 I 1; Dreier/Schulze/*Schulze*[5] Rn. 3). Somit ist eine Werkverbindung bspw. nicht nur zwischen Musik und Text, wie bei Liedern (zu deren Einordnung als miturheberrechtliches Werk vgl. § 8 Rn. 14), möglich, sondern auch bei Zusammenführung mehrerer Textpassagen im Rahmen eines größeren Liederzyklus oder einer Oper. Ebenso möglich ist, dass zwei selbständige Werke **desselben Urhebers** miteinander verbunden werden. In diesem Fall kommt § 9 dann zur Anwendung, wenn die Rechte an den verbundenen Werken verschiedenen Personen zustehen, bspw. verschiedenen Erben desselben Urhebers (Schricker/Loewenheim/*Peifer*[5] Rn. 4, *v. Gamm* Rn. 3; *Schack*, Urheber- und UrhebervertragsR[7] Rn. 327, Fn. 75; a. A. Möhring/Nicolini/*Ahlberg*[2] Rn. 6; Wandtke/Bullinger/*Thum*[4] Rn. 3). Obwohl § 9 ausdrücklich von „mehreren Urhebern" spricht, ist es interessengerecht, gerade bei der Rechtsnachfolge desselben Urhebers, auf die Regelungen des § 9 zurückzugreifen, da nicht nur die Interessenlage gleich ist, sondern die Zielrichtung der Bestimmung, im Sinne einer Erleichterung der Verwertung einer Werkverbindung, ebenso erzielt wird.

3. Verbindung zur gemeinsamen Verwertung

8 § 9 setzt voraus, dass die Urheber sich zur gemeinsamen Verwertung ihrer Werke miteinander verbinden. Hierunter ist ein **Vertrag zwischen den beteiligten Urhebern** zu verstehen, und nicht nur der tatsächliche Vorgang des Zusammenfügens der beteiligten Werke (zur faktischen Werkverbindung vgl. Rn. 5). Die Urheber verabreden sich im Rahmen eines Rechtsgeschäftes dazu, ihre Werke nicht einzeln, sondern gemeinsam zu verwerten (Dreier/Schulze/*Schulze*[5] Rn. 6; *Ulmer*, Urheber- und VerlagsR[3] § 35 II 1; *v. Becker* ZUM 2002, 581 f.; *Seibt/Wichmann* GRUR 1995, 562 f.; OLG Hamburg ZUM 1994, 738 f. – *We are Europe*; a. A. Möhring/Nicolini/*Ahlberg*[2] Rn. 14 ff.). Voraussetzung für eine wirksame Werkverbindung nach § 9 ist, dass sämtliche Voraussetzungen eines wirksamen Rechtsgeschäfts vorliegen. Auch dies unterscheidet Urheberschaft an verbundenen Werken von miturheberrechtlichen Werken, die durch Realakt begründet werden (vgl. § 8 Rn. 16). D. h. die beteiligten Urheber, die ja nicht geschäftsfähig sein müssen, da die Schöpfung selber wiederum Realakt ist (vgl. § 7 Rn. 9), müssen **eine wirksame Willenserklärung** abgegeben haben, wobei bei beschränkt Geschäftsfähigen die Einwilligung des gesetzlichen Vertreters (§§ 107, 108 BGB) erforderlich ist. Liegen die Wirksamkeitsvoraussetzungen eines Rechtsgeschäfts nicht vor, so tritt die Rechtsfolge des § 9 ebenso wenig ein (*Ulmer*, Urheber- und VerlagsR[3] § 35 II 1). Dann liegt nur eine faktische Verbindung zwischen den betroffenen Werken vor. Da das Rechtsgeschäft der Werkverbindung keiner Formvorschrift unterliegt, ist stillschweigender Abschluss möglich (Wandtke/Bullinger/*Thum*[4] Rn. 5; Schricker/Loewenheim/*Peifer*[5] Rn. 7). Ebenso kann der Urheber sich vertreten lassen, sodass die Vereinbarung dann unmittelbar zwischen den beteiligten Urhebern zustande kommt (§ 164 BGB) (Wandtke/Bullinger/*Thum*[4] Rn. 6; *Seibt/Wichmann* GRUR 1995, 562, 564; OLG Hamburg ZUM 1994, 738 f. – *We are Europe*). Insofern kann das auch stillschweigend zum Ausdruck gebrachte Einverständnis der Urheber mit einer Werkverbindung genügen (OLG Hamburg ZUM 1994, 738 f. – *We are Europe*; *Seibt/Wichmann* GRUR 1995, 562, 564). Nach der vom OLG Hamburg entschiedenen Konstellation kann es somit auch ausreichen, wenn ein Werbelied im Auftrag einer Werbeagentur komponiert und dann mit dem Text eines Dritten verbunden wird (OLG Hamburg ZUM 1994, 738, 739). Das Einverständnis zur Werkverbindung kann folglich auch gegenüber Dritten, ebenso stillschweigend, erteilt werden, sodass es dann einer zusätzlichen Absprache zwischen den Urhebern nicht bedarf (Dreier/Schulze/*Schulze*[5] Rn. 8 mit Hinweis auch auf OLG Frankfurt GRUR 2004, 144, 145 – *Künstlerexklusivvertrag*; *Seibt/Wichmann* GRUR 1995, 562, 564).

Voraussetzung für § 9 ist aber, dass die Vereinbarung zur gemeinsamen Verwertung zwischen den Urhebern zustande kommt. Bloße Vereinbarungen zwischen dem Urheber und einem Dritten erfüllen nicht den Tatbestand des § 9 UrhG (Schricker/Loewenheim/*Peifer*[5] Rn. 7; Dreier/Schulze/*Schulze*[5] Rn. 7). In diesen Fällen kommt es dann nur zu einer faktischen Werkverbindung, die nicht den Verwertungsbeschränkungen des § 9 unterliegt (vgl. Rn. 5).   **9**

4. Rechtsfolgen

Zweck der Verbindung ist, dass die verbundenen Werke in der konkreten Verbindung **gemeinsam genutzt** werden. So überträgt dann auch derjenige Urheber, der sich mit den anderen beteiligten Urhebern im Rahmen einer Werkverbindung zu einer gemeinsamen Verwertung verabredet, gleichzeitig auch die hierfür erforderlichen Rechte zur gemeinsamen Verwertung. Der Umfang der Rechteeinräumung richtet sich dann nach Ziel und Inhalt der Werkverbindung, sodass die betroffenen Urheber nicht pauschal Rechte einräumen. Vielmehr gilt auch im Verhältnis der Urheber zueinander die **Zweckübertragungslehre** (vgl. § 31 Rn. 108 ff.) sodass Verwertungsrechte nur insofern von den betroffenen Urhebern in die Werkverbindung eingebracht werden, als dies zur gemeinsamen Verwertung der verbundenen Werke notwendig ist (Schricker/Loewenheim/*Peifer*[5] Rn. 9). Da sich durch die Werkverbindung auch der Charakter der einzelnen verbundenen Werke ändert, weil das Werk nicht mehr für sich allein steht, sondern mit den weiteren verbundenen Werken in einen anderen und neuen Zusammenhang gebracht wird, ist die Verwertung im Rahmen einer Werkverbindung eine eigenständige Nutzungsart für das einzelne Werk, für das der Urheber das entsprechende Nutzungsrecht auch gesondert einräumen kann (Dreier/Schulze/*Schulze*[5] Rn. 6; OLG München ZUM 1991, 432, 433 f. – *Gaby wartet im Park*; OLG Hamburg ZUM 1994, 738, 739 – *We are Europe*; LG München I ZUM 1993, 283, 291).   **10**

Wird ein Werk mit einem anderen Werk nur **faktisch verbunden** (zur faktischen Werkverbindung vgl. Rn. 5), unterliegt der Urheber keinerlei Beschränkung. Er kann sein Werk uneingeschränkt weiterverwenden und sich auch gegen eine derartige Verbindung zur Wehr setzen (Dreier/Schulze/*Schulze*[5] Rn. 6). Es bleibt allein dem Urheber überlassen, ob er sein Werk mit einem anderen oder mehreren Werken verbinden will. Werkverbindung i. S. v. § 9 setzt somit eine vorherige Zustimmung (§ 183 BGB) des betroffenen Urhebers voraus (Dreier/Schulze/*Schulze*[5] Rn. 6; *Schulze* ZUM 1993, 255, 267). Fehlt diese, ist § 9 nicht anwendbar.   **11**

III. Gesellschaft bürgerlichen Rechts

1. Gemeinsames Handeln

12 Durch die rechtsgeschäftliche Vereinbarung der betroffenen Urheber zur gemeinsamen Verwertung wird eine Verwertungsgemeinschaft begründet, die **Gesellschaft bürgerlichen Rechts** (GbR) ist (BGH GRUR 1982, 41, 42 – *Musikverleger III*; BGH GRUR 1982, 743, 744 – *Verbundene Werke*; OLG Hamburg ZUM 1994, 738, 739 – *We are Europe*; LG München I ZUM 2002, 748, 751 – *Camina Burana*; Schricker/Loewenheim/*Peifer*[5] Rn. 9; *Schack*, Urheber- und UrhebervertragsR[7] Rn. 329; *Ulmer*, Urheber- und VerlagsR[3] § 35 II 1; *v. Becker* ZUM 2002, 581, 582; a. A. Wandtke/Bullinger/*Thum*[4] Rn. 7; Möhring/Nicolini/*Ahlberg*[2] Rn. 14 ff.; s. a. BGH GRUR 1973, 328, 329 – *Musikverleger II*). Die rechtsgeschäftliche Vereinbarung der betroffenen Urheber ihre Werke gemeinsam zu verwerten, verfolgt damit einen gemeinsamen Zweck i. S. v. § 705 BGB. Auf die in § 9 geregelte Verwertungsgemeinschaft sind somit die Regeln des § 705 ff BGB nach Maßgabe der getroffenen Vereinbarung anwendbar, allerdings eingeschränkt durch die Eigenheiten des Urheberrechts, wie bspw. der Zweckübertragungslehre (vgl. Rn. 10). Grundsätzlich sind die Urheber frei, von den Regelungen des § 705 ff. BGB abweichende Vereinbarungen zu treffen, die häufig zur Erleichterung der gemeinsamen Verwertung sinnvoll sind (Dreier/Schulze/*Schulze*[5] Rn. 28). In die Verwertungsgemeinschaft bringen die Urheber ihre Verwertungsrechte an den betroffenen Werken entweder als einfache oder als ausschließliche Nutzungsrechte ein (*Schack*, Urheber- und UrhebervertragsR[7] Rn. 329; Schricker/Loewenheim/*Peifer*[5] Rn. 9). Der Umfang der eingebrachten Rechte richtet sich nach der Zweckübertragungslehre (vgl. Rn. 10). Der Urheber überträgt von daher im Zweifel nicht mehr Rechte, als zur Erfüllung des jeweiligen Vertragszwecks erforderlich, d. h. zur gemeinsamen Verwertung der Werke notwendig ist. Da somit durch die Werkverbindung nach § 9 nur solche Verwertungsrechte der Urheber betroffen werden, die für die gemeinsame Verwertung erforderlich sind, bleibt der Urheber im Hinblick auf das Einzelwerk **darüber hinaus in der Verwertung frei**, sodass er das Einzelwerk ohne Zustimmung der übrigen Urheber grundsätzlich in jeder beliebigen Weise selbständig nutzen kann (*Ulmer*, Urheber- und VerlagsR[3] § 35 II 1; Dreier/Schulze/*Schulze*[5] Rn. 25; LG Hamburg ZUM-RD 2010, 331, 341). Eine Grenze für die „freie Verwertung" besteht nur dort, wo diese Sinn und Zweck der Werkverbindung, vor allem der gemeinsamen Verwertung, zuwiderläuft. So ist der Urheber eines Einzelwerks bspw. daran gehindert, seine Melodie mit einem neuen Text zu versehen, weil diese Verbindung der bisherigen Werkverbindung Konkurrenz machen würde (OLG München ZUM 1991, 432, 433, 434 – *Gaby wartet im Park*; ungenau OLG Hamburg ZUM 1994, 738, 739, 740 – *We are Europe*; *Seibt/Wichmann* GRUR 1994, 562, 565; einschränkend LG München ZUM-RD 2009, 134, 157 – *Die Wilden Kerle* für eine Verbindung zwischen Text und Illustration). Die Werkverbindung führt somit zu einer Art Wettbewerbsverbot zwischen den beteiligten Urhebern (zu Wettbewerbsverboten im UrhR generell vgl. Vor §§ 31 ff. Rn. 45 ff.). Die gesellschaftliche Verbindung zwischen den beteiligten Urhebern aufgrund der gemeinsamen Verwertung begründet wechselseitige Treuepflichten in Bezug auf die gemeinsame Verwertung des verbundenen Werkes (OLG Hamburg ZUM 1994, 738, 739; LG Hamburg ZUM-RD 2010, 331, 341; Schricker/Loewenheim/*Peifer*[5] Rn. 10; *Seibt/Wichmann* GRUR 1995, 562, 564). Diese haben ihre besondere Ausprägung in § 9 gefunden, wobei im Einzelfall eine Interessenabwägung notwendig sein kann (*Seibt/Wichmann* GRUR 1995, 562, 564 f.). Da die Rechteübertragung der Urheber im Rahmen der Werkverbindung der Zweckübertragungslehre unterliegt, werden im Zweifel nur einfache Nutzungsrechte in die Verwertungsgemeinschaft eingebracht (§ 31 Abs. 2).

Die in die Verwertungsgemeinschaft eingebrachten einzelnen Verwertungs- **13**
rechte (§§ 15, 23) – das Urheberrecht ist nicht übertragbar (§ 29) – bilden das
Gesellschaftsvermögen i. S. v. § 718 BGB. Dabei kann die Rechteübertragung
auch stillschweigend erfolgen (BGH GRUR 1973, 328, 329 – *Musikverleger
II*; BGH GRUR 1964, 326, 330 – *Subverleger*; Schricker/Loewenheim/*Peifer*[5]
Rn. 9). Im Zweifel werden nach der Zweckübertragungslehre nur die Rechte
eingebracht, die zur gemeinsamen Verwertung nach § 9 erforderlich sind (vgl.
Rn. 10). Die **Verwaltung des Gesellschaftsvermögens**, hier besonders die Vergabe von Nutzungsrechten sowie die Einwilligung zur Bearbeitung der verbundenen Werke, steht nach §§ 709, 714 BGB den beteiligten Urhebern, ebenso
wie die Vertretung, gemeinschaftlich zu. Zu jeder Rechteeinräumung an der
Werkverbindung ist somit die Zustimmung eines jeden beteiligten Urhebers
erforderlich (BGH GRUR 1982, 41, 42 – *Musikverleger III*; BGH GRUR
1982, 743, 744 – *Verbundene Werke*; Wandtke/Bullinger/*Thum*[4] Rn. 25; Schri-
cker/Loewenheim/*Peifer*[5] Rn. 11). Unter Geschäftsführung sowie Vertretung
fallen unter anderem der Abschluss von Verträgen, wie bspw. Verlagsverträgen
über verbundene Werke (BGH GRUR 1972, 328, 329 – *Musikverleger III*)
sowie die Auflösung dieser Verträge durch Kündigung (BGH GRUR 1982,
743/744 – *Verbundene Werke*; OLG Frankfurt aM. GRUR 2004, 144, 145 –
Künstlerexklusivvertrag). Ebenso gehört die Verfolgung von Rechtsverletzungen hierzu, soweit die in die Verwertungsgemeinschaft eingebrachten Rechte
im Hinblick auf das verbundene Werk betroffen sind (Schricker/Loewenheim/
Peifer[5] Rn. 11).

Für die **außerordentliche Kündigung** von Verwertungsverträgen mit Dritten **14**
über das verbundene Werk ist die zweiwöchige Kündigungsfrist des § 626
Abs. 2 BGB nicht anwendbar. Dies würde durch das Zustimmungserfordernis
aller betroffenen Urheber die Kündigung ungerechtfertigt erschweren. Dem
einzelnen Urheber ist aber eine angemessene Frist zur Beschaffung der erforderlichen Zustimmung der übrigen Urheber einzuräumen (BGB GRUR 1982, 41,
43 – *Musikverleger III*), sofern der Urheber nicht über das Notverwaltungsrecht nach § 744 BGB die Verträge kündigen kann. Liegt kein solcher Fall der
Notgeschäftsführung vor, so muss der Kündigungsgrund zum Zeitpunkt der
späteren Kündigung noch fortbestehen (BGB GRUR 1982, 41, 43 – *Musikverleger III*).

Sperrt sich einer der betroffenen Urheber willkürlich der Verwertung, so be- **15**
stimmt § 9, dass jeder Urheber von dem anderen die **Einwilligung** zur Veröffentlichung, Verwertung oder Änderung des verbundenen Werkes oder der insofern bestehenden Nutzungsverträge verlangen kann. Einwilligung i. S. v. § 9
bedeutet vorherige Zustimmung (§ 183 BGB; s. BGH GRUR 2012, 1022
Tz. 18 – *Kommunikationsdesigner*), sodass die beabsichtigte Maßnahme erst
nach Rechtskraft einer Verurteilung des widersprechenden Urhebers erfolgen
kann (§ 894 ZPO). Unter Verwertung i. S. v. § 9 ist nicht nur die Ausübung,
sondern auch die Einräumung von Nutzungsrechten an Dritte zu verstehen,
sodass der sich widersetzende Urheber von den übrigen Urhebern auch zur
Einwilligung zum Abschluss eines bestimmten Vertrages oder dessen Kündigung (BGH GRUR 1982, 743, 744 – *Verbundene Werke*) belangt, und sollte
er sich dem widersetzen, verklagt werden kann. Der Anspruch auf Einwilligung
nach § 9 hängt davon ab, ob die Einwilligung dem widersprechenden Urheber
nach Treu und Glauben zuzumuten ist, was mittels einer Interessenabwägung
festgestellt werden muss. (BGH GRUR 1982, 743, 744 – *Verbundene Werke*;
OLG Hamburg ZUM 1994, 738, 739 – *We are Europe*). Im Rahmen dieser
Interessenabwägung ist **vom Zweck der Werkverbindung** auszugehen, der alle
beteiligten Urheber verpflichtet, diese entsprechende Verwertung zu fördern
(*Seibt/Wichmann* GRUR 1995, 562, 564). Zu berücksichtigen ist also auf der
einen Seite, ob und in welchem Umfang die Verweigerung der Einwilligung die

Verwertung beeinträchtigt, wobei auch die Möglichkeit anderweitiger Verwertungen eine Rolle spielen kann. Andererseits sind die Gründe zu berücksichtigen, aus denen der betroffene Urheber die Einwilligung verweigert, welche urheberpersönlichkeitsrechtliche und auch finanzielle Gründe sein können (Schricker/Loewenheim/*Peifer*[5] Rn. 15). In der Rechtsprechung wurden als begründete Verweigerung der Einwilligung anerkannt sowohl materielle Gründe, wie die Befürchtung eines Textdichters im Fall der Zustimmung zur gemeinschaftlichen Kündigung vom bisherigen Verleger keine Textaufträge mehr zu erhalten, und somit insofern keine Einnahmen erzielen zu können. Ebenso wenig würden nicht-materielle Gründe anerkannt, wie bspw. die Treue aufgrund jahrelanger Bindung zum Verlag, der den Textdichter gefördert hat (BGH GRUR 1982, 743, 744 – *Verbundene Werke*; zur Vorinstanz LG München I GRUR 1979, 153, 154 – *Exklusivvertrag*). Die Einwilligung ist auch dann nach Treu und Glauben unzumutbar, wenn durch die geforderte Änderung die Verwertbarkeit der verbundenen Werke beeinträchtigt wird (OLG Hamburg ZUM 1994, 738, 739 – *We are Europe*). Eine beabsichtigte Verwertungshandlung ist dann immer dem widersprechenden Urheber zuzumuten, wenn die im Einzelfall vorzunehmende Interessenabwägung ergibt, dass die Interessen der anderen Urheber vorrangig sind (BGH GRUR 1982, 743, 744 – *Verbundene Werke*). Nur ausnahmsweise kann das Eigeninteresse eines Beteiligten vorrangig sein, wobei Zweifel zu Lasten der klagenden Partei gehen.

2. Handlungen des einzelnen Urhebers

16 Sind **Maßnahmen zur Werterhaltung** der verbundenen Werke erforderlich, so steht es jedem Urheber im Rahmen des Notverwaltungsrechts nach § 744 Abs. 2 BGB analog alleine zu, entsprechend notwendige Maßnahmen zu treffen (BGH GRUR 1982, 41, 43 – *Musikverleger III*; BGH GRUR 1982, 743, 744 – *Verbundene Werke*; Dreier/Schulze/*Schulze*[5] Rn. 22; Wandtke/Bullinger/*Thum*[4] Rn. 26; Schricker/Loewenheim/*Peifer*[5] Rn. 11). Das **Notverwaltungsrecht** bildet eine Ausnahme vom Einstimmigkeitsprinzip für Handlungsentscheidungen einer GbR und wird vor allem bei fristlosen Kündigungen von Verträgen praktisch bedeutsam, die zur gemeinsamen Verwertung der verbundenen Werke mit Dritten geschlossen wurden (BGH GRUR 1982, 41, 43 – *Musikverleger III*). Das Notverwaltungsrecht steht Kraft Gesetz jedem einzelnen Urheber zu (hierzu die Erwägungen zum Fall der Miturheberschaft vgl. § 8 Rn. 22, die ebenso auf Werkverbindungen zutreffen). Weiter kann jeder einzelne Urheber gegen Rechtsverletzungen durch Dritte im Rahmen des Notverwaltungsrechts vorgehen. Auch in diesem Fall ist, sofern dies zur Werterhaltung der verbundenen Werke erforderlich ist, die Zustimmung der anderen Urheber nicht erforderlich. Darüber hinaus ist zur Erleichterung der Rechtsverfolgung für alle Rechtsverletzungen § 8 Abs. 2 S. 3 analog auch für verbundene Werke unter dem Gesichtspunkt des *a majore ad minus* anwendbar (s. unsere 10. Aufl./ *Wilhelm Nordemann* Rn. 26).

17 Nach § 709 Abs. 2 BGB ist es möglich, ein **Mehrheitsstimmrecht** vertraglich zu vereinbaren. Auch ist die Bestellung eines geschäftsführenden Gesellschafters, der allein entscheidet, zulässig (§ 710 BGB).

18 Der Abschluss des Rechtsgeschäftes, das eine Verwertungsgemeinschaft nach § 9 begründet, verpflichtet die beteiligten Urheber zu gegenseitiger Rücksichtnahme (bspw. LG Hamburg ZUM-RD 2010, 331, 341). Dies bedeutet, dass keiner der beteiligten Urheber sich über die Interessen des anderen hinwegsetzen darf, auch muss jeder auf die Interessen des oder der jeweils anderen Rücksicht nehmen. Dies führt dazu, dass jeder zur Einwilligung in die Veröffentlichung und die Änderungen sowie Verwertungen der verbundenen Werke verpflichtet ist, so wie es § 9 vorsieht, wenn ihm dies nach Treu und Glauben zuzumuten ist. Ausschlaggebend ist Ziel und Zweck der gemeinsamen Verwertung des verbundenen Werkes. Berühren die beabsichtigten Maßnahmen diesen Zweck, so unterliegen die betroffenen Urheber der Pflicht zur Rücksichtnahme, außerhalb des Zweckes der gemeinsamen Verwertung der verbundenen Werke sind die Urheber aber frei (LG München ZUM-RD 2009, 134, 157 – *Die Wilden Kerle*; vgl. Rn. 12).

IV. Beendigung der Verwertungsgemeinschaft

1. Beendigung durch Zweckerreichen

Die Verwertungsgemeinschaft besteht so lange, wie der **Zweck der Verbindung zur gemeinsamen Verwertung** anhält. Werden von daher Fotografien und Textbeiträge zu einem Ausstellungskatalog zusammengefügt, dann erledigt sich der Zweck dieser Verwertungsverbindung mit dem Ende der Ausstellung. Weitere Nutzungen sind dann von der Werkverbindung nicht betroffen (OLG Düsseldorf GRUR 1997, 49, 51 – *Beuys-Fotografien*). Häufig werden verbundene Werke aber mit dem Zweck der gemeinsam dauernden Verwertung verbunden (BGH GRUR 1973, 328, 330 – *Musikverleger II*). Dies ist bspw. dann der Fall, wenn die betroffenen Werke von vornherein zur gemeinsamen Verwertung geschaffen werden, bspw. für die Oper werden Text und Musik gleichzeitig nach vorheriger Verständigung verfasst und komponiert, wobei diese Verbindung zukünftig in Umsetzung der Schutzdaueränderungs-RL als miturheberrechtliches Werk einzuordnen ist (vgl. § 8 Rn. 14 m. w. N.). Erfolgt die Verbindung erst nachträglich, weil bspw. der Komponist für sein fertiges Musikstück einen Text in Auftrag gibt, so ist im Zweifel davon auszugehen, dass eine dauernde Verbindung zwischen den Urhebern beabsichtigt war (Schricker/Loewenheim/*Peifer*[5] Rn. 12; Dreier/Schulze/*Schulze*[5] Rn. 23; a. A. *v. Gamm* Rn. 12 und *Schack*, Urheber- und UrhebervertragsR[7] Rn. 329). Bei einer solchen dauernden Verbindung ist die Verwertungsgemeinschaft für die Dauer des Urheberrechts eingegangen. Sie endet, wenn das erste der verbundenen Werke gemeinfrei wird (§ 726 BGB; *Ulmer*, Urheber- und VerlagsR[3] § 35 II 4; jedoch zur Auswirkung der Schutzdaueränderungs-RL vgl. § 8 Rn. 14). Sind von der Verbindung mehr als zwei Werke betroffen, so kann die Gesellschaft unter den restlichen Urhebern bestehen bleiben, vorausgesetzt, die Urheber haben sich hierüber verständigt (Schricker/Loewenheim/*Peifer*[5] Rn. 12). Die Gesellschaft erlischt dann endgültig, wenn nur ein Werk aufgrund Schutzablauf aller anderen betroffenen Werke als einzig noch geschütztes übrig bleibt (hierzu oben vgl. Rn. 6). Die Verwertungsgemeinschaft endet entgegen der Auslegungsregel des § 727 Abs. 2 BGB nicht mit dem **Tod eines der betroffenen Urheber**. Sie wird vielmehr mit dessen Erben fortgesetzt (Dreier/Schulze/*Schulze*[5] Rn. 23; Wandtke/Bullinger/*Thum*[4] Rn. 28; *v. Becker* ZUM 2002, 581, 586; Schricker/ Loewenheim/*Peifer*[5] Rn. 12). Rechnet der geschäftsführende Gesellschafter (§ 710 BGB) nicht oder nicht ordentlich ab, so kann er nach § 712 BGB abberufen werden. Grund zur Auflösung der Verwertungsgemeinschaft nach § 9 ist dies jedoch nicht.

2. Kündigung aus wichtigem Grund

Da die Verwertungsgemeinschaft für eine bestimmte Zeit eingegangen wurde, ist sie vorher **nur aus wichtigem Grund gem. § 723 BGB kündbar.** Im Zweifel ist die Gesellschaft für den Zeitpunkt bis zum Ablauf der jeweiligen Schutzfristen der betroffenen Werke, z. T. auch für einen bestimmten Zeitpunkt, eingegangen, bspw. bei Verbindungen für bestimmte Inszenierungen (Schricker/Loewenheim/*Peifer*[5] Rn. 12). Eine solche Kündigung sollte aber *ultima ratio* bleiben (Schricker/Loewenheim/*Peifer*[5] Rn. 13; Dreier/Schulze/*Schulze*[5] Rn. 24; Wandtke/Bullinger/*Thum*[4] Rn. 30). Liegt noch keine Werkverbindung nach § 9 vor, weil bspw. sich die Urheber erst zur Verbindung ihrer selbständig geschaf-

19

20

fenen Werke verabredet haben, und die zu verbindenden Werke u. U. noch gar nicht alle geschaffen wurden, so besteht auch noch keine Verwertungsgemeinschaft i. S. v. § 9, sondern lediglich eine einfache Gesellschaft bürgerlichen Rechts, die auch ohne Vorliegen eines wichtigen Grunds jederzeit gekündigt werden kann, wobei dies nicht zur Unzeit geschehen darf (§ 723 Abs. 1 BGB). Erlischt die Schutzfrist jeder der Werke, so endet ebenso die Werkverbindung (dazu oben vgl. Rn. 6). Ist die Werkverbindung dagegen vollzogen, so ist die Kündigung aus wichtigem Grund *ultima ratio* und nur dann regelmäßig möglich, wenn die gemeinsame Verwertung der verbundenen Werke sachlich unmöglich oder erheblich erschwert wird. Dabei sind die Interessen der beteiligten Urheber gegeneinander abzuwägen (Schricker/Loewenheim/*Peifer*[5] Rn. 13; Dreier/Schulze/*Schulze*[5] Rn. 24; Wandtke/Bullinger/*Thum*[4] Rn. 30). Da sich die beteiligten Urheber zur Verbindung ihrer Werke zusammengefunden haben, somit das verbundene Werk im Vordergrund steht, bilden **persönliche Streitigkeiten** zwischen den Urhebern keinen Grund zur außerordentlichen Kündigung. Nicht die Urheber als Personen, sondern ihre verbundenen Werke sind Gegenstand der Werkverbindung und damit Grundlage für die Verwertungsgemeinschaft i. S. v. § 9. Dagegen liegt eine erhebliche Erschwerung, die zur außerordentlichen Kündigung berechtigt, insbesondere dann vor, wenn die Verwertung eines der verbundenen Werke in einer neuen Werkverbindung zu wesentlich höheren Einnahmen führen würde und eine Änderung des Werkes, das die Beeinträchtigung verursacht, keine Abhilfe schaffen würde (KG UFITA 11 [1938], 281 – *Tantiemengarantie*; a. A. Wandtke/Bullinger/*Thum*[4] Rn. 18 und 30; Schricker/Loewenheim/*Peifer*[5] Rn. 13; Dreier/Schulze/*Schulze*[5] Rn. 24). Der betroffene Urheber darf nicht durch die Werkverbindung daran gehindert werden, sein Werk gewinnbringender zu vermarkten. Allerdings wird man hier für den Kündigungsgrund ein ganz erhebliches Missverhältnis zwischen der Möglichkeit der Einnahme im Rahmen der Werkverbindung auf der einen und außerhalb dieser auf der anderen Seite anerkennen müssen, ansonsten würde die anzustellende Interessenabwägung nicht so eindeutig für den betroffenen Urheber ausfallen und eine Kündigung rechtfertigen. Denn die durch die Werkverbindung betroffenen Urheber unterliegen aufgrund der gegenseitig bestehenden Treuepflichten einer Art **Wettbewerbsverbot** (oben vgl. Rn. 12). Die beteiligten Urheber haben so aufeinander Rücksicht zu nehmen, und finanzielle Interessen haben dadurch zunächst zurückzutreten. Die obliegende Treuepflicht kann aber nicht zu einer finanziellen Entäußerung des betroffenen Urhebers führen, sodass für den Fall des erwähnten ganz erheblichen Missverhältnisses eine außerordentliche Kündigung dann gerechtfertigt ist, die in diesem Sinne dann aber ebenfalls nur *ultima ratio* sein kann.

21   Zwar ist nach § 725 BGB die **Kündigung durch Gläubiger** einzelner Urheber denkbar, praktisch aber ausgeschlossen. Nach § 113 ist die Zwangsvollstreckung in Nutzungsrechte des betroffenen Urhebers nur mit dessen Einwilligung möglich. Eine solche Einwilligung würde den Interessen der Verwertungsgemeinschaft an der Fortführung dieser zuwiderlaufen, sodass eine einseitige Kündigung nicht möglich ist.

V. Rechtsfolgen

22   Haben die Urheber eine Verwertungsgemeinschaft nach § 9 zur gemeinsamen Verwertung ihrer eigenständigen Werke begründet, so **unterliegen sie einer allgemeinen Rücksichtnahmepflicht** auf die jeweils anderen Urheber, sofern dies vom Zweck der Werkverbindung umfasst ist (oben vgl. Rn. 12). Außerhalb des Zwecks der Werkverbindung sind die Urheber in der Verwertung frei (LG München ZUM-RD 2009, 134, 157 – *Die Wilden Kerle*). Nach § 9 kann jeder von dem jeweils anderen beteiligten Urheber die Einwilligung zur Veröffentli-

chung, Verwertung und Änderung verlangen, wenn dem anderen dies nach
Treu und Glauben zuzumuten ist. Der Anspruch ist einklagbar und nach § 894
ZPO vollstreckbar. Er geht dem gesellschaftlichen Mitwirkungsanspruch vor
(BGH GRUR 1982, 743, 744 – *Verbundene Werke*). Letztlich umfasst die Ein-
willigung solche Handlungen, die für eine Nutzung der verbundenen Werke
erforderlich sind und den Urhebern zugemutet werden können, was je nach
Werkart und der zugrundeliegenden Vereinbarung durch Abwägung der jeweiligen Interessen der Beteiligten festzustellen ist (Dreier/Schulze/*Schulze*[5] Rn. 13;
Schricker/Loewenheim/*Peifer*[5] § 10 Rn. 15; oben vgl. Rn. 15). Unter **Veröffentlichen** i. S. v. § 9 ist das Recht der Öffentlichkeitzugänglichmachung i. S. v. § 6
Abs. 1 zu verstehen. Unter Verwertung sind in erster Linie die in § 15 ff. genannten Verwertungsrechte zu verstehen, einschließlich der (rechtsgeschäftlichen) Wahrnehmung dieser Rechte, wie Abschluss und Kündigung von Verwertungsverträgen (BGH GRUR 1982, 743, 744 – *Verbundene Werke*), ebenso
das Geltendmachen der gesetzlichen Vergütungsansprüche, einschließlich der
Anmeldung eines Werks zur Wahrnehmung durch eine Verwertungsgesellschaft
(OLG Hamburg ZUM 1994, 738, 739; zum Ganzen Schricker/Loewenheim/
Peifer[5] § 10 Rn. 14). Unter **Änderung** i. S. v. § 9 ist jede Veränderung des Werkes zu verstehen, die notwendig ist, um die verbundenen Werke gemeinsam
verwerten zu können (Dreier/Schulze/*Schulze*[5] Rn. 16). Diesbezüglich wird der
betroffene Urheber aber nur solchen Änderungen zustimmen müssen, die auch
in Anbetracht seiner Rücksichtnahmepflicht gegenüber den anderen beteiligten
Urhebern seine Urheberrechtspersönlichkeit nicht verletzen und die für die
Werkverbindung zwingend erforderlich sind.

Die Urheber der Werkverbindung sind verpflichtet, solchen Maßnahmen zuzu-   **23**
stimmen, die ihnen nach Treu und Glauben zuzumuten sind. Das Gesetz spricht
von **Einwilligung**, d. h. vorherige Zustimmung (§ 183 BGB) (i. Ü. vgl. § 8
Rn. 18 ff.; BGH GRUR 2012, 1022 Tz. 18 – *Kommunikationsdesigner*; Schri-
cker/Loewenheim/*Peifer*[5] Rn. 15; a. A. Möhring/Nicolini/*Ahlberg*[2] Rn. 21).
Welche Maßnahmen im Rahmen der Einwilligung nach § 9 zumutbar sind,
richtet sich nach einer Interessenabwägung, die sich am Zweck der Werkverbindung auf der einen sowie den Interessen der beteiligten Urheber dieser
Werkverbindung und den Individualinteressen des sich der Einwilligung Wider-
setzenden auf der anderen Seite orientieren (zum Ganzen vgl. Rn. 15).

VI. Schutzfrist

Anders als bei einem einheitlichen Werk nach § 8 gibt es für die Werkverbin-   **24**
dung nach § 9 **keine einheitliche Schutzdauer**. Das verbundene Werk nach § 9
zeichnet sich dadurch aus, dass einzelne selbständige Werke miteinander verbunden werden. Ist diese Verbindung als solche selber nicht schutzfähig und
damit kein eigenständiges Werk (vgl. Rn. 4), so ist für jedes der verbundenen
Werke die Schutzdauer gesondert zu berechnen. Dies hat zur Folge, dass unter
Umständen die Schutzfrist des einen verbundenen Werkes früher abläuft als
die andere, was auf die Verwertungsgemeinschaft Auswirkungen hat (hierzu
vgl. Rn. 19). Dies führt dazu, dass nach Ablauf der Schutzfrist an einem Werk
der betroffene Urheber bzw. dessen Erben an der weiteren Nutzung des verbundenen Werkes nicht mehr beteiligt sind (Dreier/Schulze/*Schulze*[5] Rn. 26 m.
Hinw. auf *Schricker* GRUR Int. 2001, 1015, 1017). Im Hinblick auf die
Schutzfrist von Musikkompositionen mit Text, die füreinander geschaffen wurden, wird es insofern zu einer Änderung der Rechtslage kommen, als diese
zukünftig als miturheberrechtliches Werk anzusehen sind und die Schutzfrist
entsprechend einheitlich nach § 65 Abs. 1 ablaufen wird (zum Ganzen vgl. § 8
Rn. 14; *Flechsig* ZUM 2012, 227 ff.).

VII. Prozessuales

25 Verweigert ein Urheber die Einwilligung nach § 9, so muss dieser von den weiteren beteiligten Urhebern **auf Einwilligung verklagt werden;** verweigern mehrere ihre Einwilligung, so sind diese einfache Streitgenossen nach § 61 ZPO, wobei die Entscheidungen gegenüber den einzelnen Streitgenossen unterschiedlich sein können, weil im Rahmen der individuellen Zumutbarkeit der Einwilligung die für jeden Fall separat vorzunehmende Interessenabwägung (dazu oben vgl. Rn. 15, 22) unterschiedlich ausfallen kann (Möhring/Nicolini/ *Ahlberg*[2] Rn. 31). Sind mehrere Urheber Kläger, so sind diese ebenso einfache Streitgenossen nach § 61 ZPO. Eine entsprechende Befugnis des einzelnen Urhebers, das gemeinsame Interesse geltend zu machen, so wie dies § 8 Abs. 2 vorsieht, besteht für die Werkverbindung nach § 9 nicht (Möhring/Nicolini/ *Ahlberg*[2] Rn. 31). Die Vollstreckung erfolgt gem. § 894 ZPO, sodass mit Rechtskraft des Urteils die Einwilligungserklärung gegenüber der Klagepartei als erteilt gilt. Bisher sprach viel für die Berechtigung jedes beteiligten Urhebers der Werksverbindung zur Verfolgung von Rechtsverletzungen des verbundenen Werkes, ggf. zusammen mit den anderen betroffenen Urhebern, selbst wenn nicht nur die Verletzung seines verbundenen Werkes, sondern auch die des anderen verbundenen Werkes betroffen ist. Aus der Werkverbindung ergibt sich nach dieser Auffassung die Aktivlegitimation des eigentlich nicht betroffenen Urhebers (OLG München ZUM 1991, 432, 433; LG Hamburg ZUM-RD 2010, 331, 341; Dreier/Schulze/*Schulze*[5] Rn. 22; a.A. BGH GRUR 2015, 1189 f. Tz. 23 – *Goldrapper*; Wandtke/Bullinger/*Thum*[4] Rn. 36). Anders sieht dies jedoch der BGH, nach dem sich die Aktivlegitimation des Urhebers eines verbundenen Werks nicht aufgrund der Verletzung einer Werkverbindung ergibt (BGH GRUR 2015, 1189 Tz. 16 ff. – *Goldrapper*). Bei einer Werkverbindung i.S.d. § 9 verbleibe es bei dem Recht eines jeden Urhebers, allein gegen Rechtsverletzungen vorzugehen (BGH GRUR 2015, 1189 Tz. 39 – *Goldrapper*). Nach dem klaren Wortlaut der Vorschrift des § 9 regele sie jedoch allein die Ansprüche der Urheber untereinander; Ansprüche der Urheber gegen Dritte wegen Eingriffs in die Werkverbindung seien dagegen nicht Gegenstand der Regelung (BGH GRUR 2015, 1189 Tz. 20 – *Goldrapper*). Nach der aktuellen Rechtsprechung des BGH kann der Urheber eines verbundenen Werks, z.B. eines Liedtextes, auf der Grundlage dieser Regelung daher keine Ansprüche gegen einen Dritten herleiten, dem von dem Urheber eines anderen verbundenen Werks, z.B. einer Komposition eines Musiktitels, unter Verstoß gegen seine schuldrechtlichen Treuepflichten dem Textdichter gegenüber die Verwertung gestattet worden ist (BGH GRUR 2015, 1189 Tz. 22 – *Goldrapper*). Die in § 9 geregelte schuldrechtliche Sonderverbindung zwischen den Urhebern von zur gemeinsamen Verwertung verbundenen, ansonsten aber selbständig verwertbaren Werken könne ohne klare gesetzliche Grundlage nicht derart verdinglicht werden, dass die Verbindung der Werke selbst werkgleich Dritten gegenüber geschützt ist (BGH GRUR 2015, 1189 Tz. 23 – *Goldrapper*).

§ 10 Vermutung der Urheber- oder Rechtsinhaberschaft

(1) Wer auf den Vervielfältigungsstücken eines erschienenen Werkes oder auf dem Original eines Werkes der bildenden Künste in der üblichen Weise als Urheber bezeichnet ist, wird bis zum Beweis des Gegenteils als Urheber des Werkes angesehen; dies gilt auch für eine Bezeichnung, die als Deckname oder Künstlerzeichen des Urhebers bekannt ist.

(2) [1]Ist der Urheber nicht nach Abs. 1 bezeichnet, so wird vermutet, dass derjenige ermächtigt ist, die Rechte des Urhebers geltend zu machen, der auf den Vervielfältigungsstücken des Werkes als Herausgeber bezeichnet ist. [2]Ist kein Herausgeber angegeben, so wird vermutet, dass der Verleger ermächtigt ist.

(3) ¹Für die Inhaber ausschließlicher Nutzungsrechte gilt die Vermutung des Abs. 1 entsprechend, soweit es sich um Verfahren des einstweiligen Rechtsschutzes handelt oder Unterlassungsansprüche geltend gemacht werden. ²Die Vermutung gilt nicht im Verhältnis zum Urheber oder zum ursprünglichen Inhaber des verwandten Schutzrechts.

Übersicht

I. Allgemeines

1. Sinn und Zweck der Norm, Stellung im Gesetz

Der Urheber schafft in der Regel allein, ohne dass ihm für den Schöpfungsvorgang Zeugen oder andere Beweismittel zur Verfügung stehen; er wird sozusagen nur persönlich geistig tätig (s. § 2 Abs. 2). Ein Urheber kann deshalb häufig den Nachweis, dass er und nicht ein anderer das Werk geschaffen hat, nur sehr schwer erbringen (BGH GRUR 2003, 228, 230 – *P-Vermerk*). § 10 stellt ihm deshalb eine **Beweiserleichterung** zur Seite: Wenn er auf einem erschienenen Vervielfältigungsstück seines Werkes oder auf dem Original eines Werkes der bildenden Künste in der üblichen Weise als Urheber bezeichnet ist, wird zu seinen Gunsten vermutet, dass die Verbindung zwischen Bezeichnung und Vervielfältigungsstück bzw. Original zutrifft, der so Bezeichnete also der Urheber des so gekennzeichneten Werkes ist. Wer das bestreitet, muss den Vollbeweis des Gegenteils erbringen. § 10 stellt also **gesetzliche Vermutungen** auf, die zu einer **Umkehr der Beweislast** im Prozess führen; Zweifel gehen zu Lasten des Beweisbelasteten (vgl. Rn. 23). Infolge **richtlinienkonformer Auslegung** auf der Grundlage von Art. 5 Enforcement-RL (vgl. Rn. 9) und in direkter Anwendung

1

von Art. 15 RBÜ (vgl. Rn. 11) gelten die Vermutungen von § 10 nicht nur dann, wenn der Name auf den Vervielfältigungsstücken eines erschienenen Werkes angegeben worden ist, sondern immer schon dann, wenn die Namensnennung auf einem Werkstück erfolgt ist; veröffentlicht oder gar erschienen muss das Werk nicht sein (vgl. Rn. 9, vgl. Rn. 11 und 15).

2 Für **pseudonyme Werke** stellt § 10 Abs. 1 Hs. 2 eine entsprechende Vermutung auf. Für **anonyme Werke** gilt nach Abs. 2, dass die Vermutung zugunsten des auf den Vervielfältigungsstücken bezeichneten Herausgebers (S. 1) oder, wenn kein Herausgeber angegeben ist, zugunsten des bezeichneten Verlegers (S. 2) gilt.

3 Schließlich gilt die Vermutung des Abs. 1 nicht nur für den Urheber, sondern gem. Abs. 3, der durch das UmsG Enforcement-RL vom 7.7.2008 (BGBl. I 2008, S. 1191 vom 11.7.2008) zum 1.9.2008 eingeführt wurde, auch für **Inhaber ausschließlicher Nutzungsrechte**, allerdings nur in zwei Fällen und mit einer Einschränkung: Der Verleger oder ein anderer Inhaber ausschließlicher Nutzungsrechte kann sich auf die Vermutung nur im einstweiligen Verfügungsverfahren oder im Zusammenhang mit Unterlassungsansprüchen berufen; sie gilt nicht im Verhältnis zum Urheber oder zum ursprünglichen Inhaber des verwandten Schutzrechts. Abs. 3 gilt damit nicht nur für Inhaber ausschließlicher Nutzungsrechte an Urheberrechten, sondern auch für solche an verwandten Schutzrechten (vgl. Rn. 5 und 61).

4 § 10 gilt für alle Werkarten und für alle Werkstufen, also auch für Fragmente und andere unvollendete Werke sowie für Bearbeitungen (BGH GRUR 2003, 231, 233 – *Staatsbibliothek*; BGH GRUR 1991, 456, 457 – *Goggolore*).

5 Im Bereich der **verwandten Schutzrechte** gilt § 10 direkt nur, wenn die Interessenlage des Inhabers des verwandten Schutzrechtes und die Ausgestaltung des Rechtes dem Urheberrecht vergleichbar ist, also zugunsten des Verfassers einer wissenschaftlichen Ausgabe gem. § 70 Abs. 1 und zugunsten des Lichtbildners gem. § 72 Abs. 1 (Wandtke/Bullinger/*Thum*[4] Rn. 3). Für die übrigen verwandten Schutzrechte war § 10 bislang nicht – und auch nicht analog – anwendbar, weil die Sachlage insoweit als anders beurteilt wurde, insbesondere weil im Bereich der verwandten Schutzrechte für Tonträgerhersteller, Sendeunternehmen und Filmhersteller der Nachweis der in der eigenen Sphäre erbrachten Unternehmerleistung normalerweise viel einfacher geführt werden könne als der des geistigen Schaffens eines einzelnen Urhebers (BGH GRUR 2003, 228, 231 – *P-Vermerk*). Infolge einer entsprechenden Vorgabe durch Art. 5 lit. b) Enforcement-RL hat allerdings das UmsG Enforcement-RL vom 7.7.2008 (BGBl. I 2008, 1191 vom 11.7.2008), das zum 1.9.2008 in Kraft getreten ist, für die Inhaber der übrigen verwandten Schutzrechte eine maßgebliche Änderung gebracht: § 71 Abs. 1 S. 3 für das verwandte Schutzrecht an nachgelassenen Werken, § 74 Abs. 3 für die ausübenden Künstler, § 81 S. 2 für den Veranstalter, § 85 Abs. 4 für die Tonträgerhersteller, § 87 Abs. 4 für die Sendeunternehmen, § 87b Abs. 2 für die Datenbankhersteller und § 94 Abs. 4 für die Filmhersteller enthält nunmehr einen **ausdrücklichen Verweis**, dass § 10 Abs. 1 entsprechend gilt.

2. Früheres Recht

6 Höchst umständlich verlangte § 7 **LUG** bei einem erschienenen Werk die Angabe des Verfassernamens auf dem Titelblatt, in der Zueignung, in der Vorrede oder am Schluss. Nur wenn diese Bedingungen erfüllt waren, wurde vermutet, dass der Genannte Urheber des Werkes sei. Bei aufgeführten und vorgetragenen Werken galt die Vermutung für denjenigen, der bei der Ankündigung der Aufführung oder des Vortrages als Verfasser bezeichnet worden war. § 9 KUG sah für die gleiche Vermutung immerhin als ausreichend an, dass auf einem Werke der bildenden Kunst oder Photographie der Name eines Urhebers angegeben oder durch kenntliche Zeichen ausgedrückt wurde. Die Beweiserleichterung galt jedoch nicht, wenn der Urheber sich hinter einem Pseudonym verbarg (§ 7 Abs. 2 LUG, § 9 Abs. 2 KUG). Demgegenüber ist es seit dem Inkrafttreten des § 10 Abs. 1 gleichgültig, ob eine pseudonyme Bezeichnung des Verfassers erfolgt (§ 10 Abs. 1 Hs. 2). Mit Recht verweist schon die Begr RegE UrhG 1962 (BT-Drs. IV/270, S. 42) darauf, dass das Publikum den Urheber häufig nur unter seinem Künstlernamen kennt *(Klabund* für Hentschke, *Grock* für Wettach, *Werner Egk* für Meyer, *Rideamus* für Fritz Oliven und unzählige Fälle mehr). Es wäre ungerecht, vom Werkschöpfer zu verlangen, dass er sein Pseudonym, das möglicherweise Weltruf oder doch weite Verkehrsgeltung gewonnen hat, nur deshalb lüftet, um in den Genuss der Urhebervermutung zu kommen.

§ 7 Abs. 3 LUG hatte die Beweiserleichterung auch auf die Nennung bei der **7** **Ankündigung öffentlicher Aufführungen oder Vorträge** erstreckt. Der Gesetzgeber von 1965 hat diese Regelung mit der – kaum nachvollziehbaren – Begründung gestrichen, der Urheber könne in diesen Fällen nicht in gleichem Maße die Richtigkeit der Namensangabe überwachen, sodass unrichtige Angaben nicht ausgeschlossen werden könnten (RegE UrhG 1962 – BT-Drs. IV/270, S. 42). Immerhin kann von einer **tatsächlichen Vermutung** dahin ausgegangen werden, dass, wer auf Theaterzetteln, Plakaten und in Zeitungsanzeigen als Urheber bezeichnet wird, dies auch ist *(Ulmer*, Urheber- und VerlagsR[3] S. 188; ferner OLG Köln AfP 1991, 430, 431).

Das Gesetz zur Verbesserung der Durchsetzung von Rechten des geistigen Eigentums vom 7.7.2008 (BGBl. I 2008, S. 1191 vom 11.7.2008), das zum **8** 1.9.2008 in Kraft getreten ist, hat für § 10 mit dem neuen Abs. 3 eine Wirkung der Vermutung auch zugunsten des ausschließlichen Nutzungsrechtsinhabers im einstweiligen Verfügungsverfahren und für Unterlassungsansprüche gebracht (vgl. Rn. 55 ff.). Ferner ist die Lücke, dass die Vermutung von § 10 Abs. 1 früher für die meisten Inhaber von verwandten Schutzrechten nicht galt, nunmehr geschlossen worden, in dem diese Vorschriften § 10 Abs. 1 für entsprechend anwendbar erklären (vgl. Rn. 5).

3. EU-Richtlinien

Art. 5 Enforcement-RL schafft zugunsten des Urhebers (lit. a) und der Inhaber **9** verwandter Schutzrechte (lit. b) die Vermutung, dass derjenige, der auf dem **Werkstück in der üblichen Weise als Urheber** angegeben ist, mangels Gegenbeweises als solcher gilt (entsprechend für Inhaber verwandter Schutzrechte). Soweit eine entsprechende Vermutung für verwandte Schutzrechte im UrhG größtenteils nicht bestand, sind die entsprechenden Vorschriften durch das UmsG Enforcement-RL vom 7.7.2008 (BGBl. I 2008, S. 1191 vom 11.7.2008) mit Wirkung vom 1.9.2008 ergänzt worden (vgl. Rn. 5). Der Gesetzgeber hätte ferner besser daran getan, auch § 10 Abs. 1 der Vorgabe von Art. 5 Enforcement-RL anzupassen: Art. 5 Enforcement-RL gilt für die Angabe des Namens des Urhebers auf Werkstücken **unabhängig davon, ob diese veröffentlicht oder erschienen** i. S. v. § 6 UrhG oder gar unveröffentlicht geblieben sind; schon Erwägungsgrund 19 zur Enforcement-RL stellt klar, dass die Rechtsvermutung „ab dem Zeitpunkt der Werkschöpfung besteht", Art. 5 enthält konsequenterweise auch keine Beschränkung auf veröffentlichte oder erschienene Werke. Demgegenüber soll nach § 10 Abs. 1 die Vermutung jedoch nur dann gelten, wenn der Name des Urhebers auf den Vervielfältigungsstücken eines erschienenen Werkes angegeben ist; das bleibt insoweit eindeutig hinter der Richtlinie zurück. Die Auffassung des Gesetzgebers, hinsichtlich der Urheber entspreche das deutsche Recht bereits mit § 10 den Vorgaben der Richtlinie (RegE UmsG

Enforcement-RL – BT-Drs. 16/5048, S. 47), ist deshalb ersichtlich nicht zutreffend. Nur im Bereich der Werke der bildenden Künste genügt nach deutschem Recht auch die Angabe des Namens des Urhebers auf dem Original eines Werkes unabhängig davon, ob es veröffentlicht, erschienen oder unveröffentlicht geblieben ist. § 10 ist daher richtlinienkonform dahingehend auszulegen, dass die Vermutungen, die die Norm aufstellt, unabhängig davon gelten, ob ein Werk veröffentlicht, erschienen oder unveröffentlicht geblieben ist (ebenso: LG Frankfurt aM. ZUM-RD 2009, 22, 23; s. a. *Spindler/Weber* ZUM 2007, 257, 258; GRUR-Stellungnahmen v. 28.4.2006 GRUR 2006, 483, 484 und v. 21.5.2007 GRUR 2007, 856; Dreier/Schulze/*Schulze*[5] Rn. 6a; Schricker/Loewenheim/*Loewenheim/Peifer*[5] Rn. 7; a. A. *Grünberger* GRUR 2006, 894, 900; Wandtke/Bullinger/*Thum*[4] Rn. 17). Entsprechendes folgte nach früherem Recht auch schon aus Art. 15 RBÜ (vgl. Rn. 11).

4. Internationale Konventionen

10 Art. 15 RBÜ enthält umfangreiche Vermutungsregelungen: Nach Art. 15 Abs. 1 S. 1 gelten die Urheber mangels Gegenbeweises als solche, wenn ihr Name in der üblichen Weise auf dem Werkstück angegeben ist; gem. Art. 15 Abs. 1 S. 2 gilt dies auch für Pseudonyme, sofern kein Zweifel über die wahre Identität des Urhebers besteht. Für Filmwerke gilt gem. Art. 15 Abs. 2 die Vermutung zugunsten der natürlichen oder juristischen Person, die in der üblichen Weise auf dem Werkstück angegeben ist. Entsprechende Vermutungen gelten für den Verleger im Falle anonymer Werke (Art. 15 Abs. 3), für nichtveröffentlichte Werke, deren Urheber unbekannt ist, gilt in Art. 15 Abs. 4 eine Sonderregelung.

11 Art. 15 RBÜ ist ein **Mindestrecht**, auf das sich die Verbandsurheber der RBÜ in der Bundesrepublik Deutschland berufen können, selbst wenn eine entsprechende inländische Regelung fehlt (*Wilhelm Nordemann/Vinck/Hertin* Art. 15 RBÜ Rn. 1). Sie gewährt die Urhebervermutung für alle Werke, gleichgültig ob sie erschienen sind oder nicht (*Wilhelm Nordemann/Vinck/Hertin* Art. 15 RBÜ Rn. 1; a. A. Wandtke/Bullinger/*Thum*[4] Rn. 17; Dreier/Schulze/*Schulze*[5] Rn. 6 f.), und lässt es auch für Werke der bildenden Kunst genügen, dass der Name des Urhebers in der üblichen Weise auf dem *Werkstück* angegeben ist. Da die Mindestrechte der RBÜ in der Bundesrepublik für alle Verbandsurheber mit Ausnahme solcher gelten, für die die Bundesrepublik Ursprungsland ist (Art. 5 Abs. 4 RBÜ), brauchen jedenfalls Verbandsausländer vor den deutschen Gerichten auf die Ungereimtheiten des § 10 nicht Bedacht zu nehmen (*Wilhelm Nordemann/Vinck/Hertin* Art. 15 RBÜ Rn. 1). Nur die Deutschen selbst und die Urheber der hier zuerst erschienenen Werke könnten noch von § 10 benachteiligt sein. Allerdings ist bei einer Kollision älteren Landesrechts mit jüngerem Konventionsrecht, wenn der Gesetzgeber des Ratifizierungsgesetzes keinen gegenteiligen Willen hat erkennen lassen, anzunehmen, dass das ältere stillschweigend durch das jüngere Recht modifiziert wurde; denn der nationale Gesetzgeber dürfte in der Regel kein Interesse daran haben, Ausländer besser zu behandeln als Inländer (Nachweise bei *Wilhelm Nordemann/Vinck/Hertin* Einl. 32; zur Problematik der Art. 5, 15 RBÜ s. Näheres dort Art. 5 Rn. 4 und 8 und Art. 15 Rn. 1–5). Deshalb gehen wir davon aus, dass **§ 10 seit Inkrafttreten der Pariser Fassung der RBÜ** in der Bundesrepublik Deutschland am 10.10.1974 (Copyright 1974, 156) auch für Inländer und Angehörige solcher Staaten, die Inländern gleichgestellt sind (vgl. § 120 Rn. 1) oder sonst Inländerbehandlung beanspruchen können (vgl. § 121 Rn. 2), **mit den Erleichterungen des Art. 15 RBÜ gilt.** Das Problem besteht allerdings heute nicht mehr, weil Art. 5 Enforcement-RL eine entsprechende Vermutung enthält und § 10 UrhG jedenfalls richtlinienkonform ausgelegt werden muss (vgl. Rn. 9).

12 Für die Anwendung des Art. 15 RBÜ kommt es auf das an, was im **Ursprungsland** des Werkes **üblich** ist (*Wilhelm Nordemann/Vinck/Hertin* Art. 15 RBÜ

Rn. 2). Deshalb hätte OLG München AfP 1995, 503, 504 – *Gründer* den Klagevortrag, im Ursprungsland Kalifornien reiche auch die Angabe des Urhebers
im Copyright-Vermerk für die Vermutung aus, nicht einfach mit dem Hinweis
übergehen dürfen, in Deutschland werde unter diesem Vermerk regelmäßig der
Verlag aufgeführt. Ein solcher würde auch in den USA entsprechend bezeichnet
werden; die Angabe des Namens einer natürlichen Person weist auch dort auf
den Urheber, nicht auf den Verleger hin (im Ergebnis ebenso OLG Köln ZUM
1999, 404, 409 – *Overlays*; Schricker/Loewenhein/*Loewenheim*/*Peifer*[5] Rn. 9;
Dreier/Schulze/*Schulze*[5] Rn. 13; Wandtke/Bullinger/*Thum*[4] Rn. 16).

Der ©-Vermerk hatte nach **Art. III Abs. 1 WUA** den Zweck, Formerfordernisse **13**
für die Erlangung urheberrechtlichen Schutzes als erfüllt anzusehen, wenn er
korrekt angegeben war, d. h. auf das Zeichen © Name und Jahreszahl in einer
Weise und an einer Stelle angebracht waren, dass sie den Vorbehalt des Urheberrechts genügend zum Ausdruck brachten. Zwar hat Art. III WUA heute
seine Bedeutung im Sinne der Erfüllung von Registrierungsformalitäten weitgehend verloren, weil sich der Grundsatz der RBÜ, dass Urheberrechtschutz nicht
von Formalitäten abhängen darf, schließlich durch die TRIPS durchgesetzt hat
(vgl. Vor §§ 120 ff. Rn. 26 ff.). Dennoch ist es heute vielfach üblich, die Urheberbezeichnung in Form eines ©-Vermerkes auf den Werkstücken anzubringen.
Die Bedeutung des ©-Vermerkes ist somit darauf reduziert, dass er eine der
möglichen üblichen Formen darstellt, wie der **Angabe des Urhebers im Rahmen
von § 10 Abs. 1** Genüge getan werden kann (zutr. LG Hamburg, Urt. V.
20.7.2012, Az.: 308 O 76/11 UA S. 18 ff. – *Der Zauberer von Oz*; a. A. OLG
HamburgWRP 2017, 1267, 1273 ff. – *DIN-Normen*). Demgegenüber ist dem
auf Art. 5 GTA zurückgehenden P-Vermerk bislang keine der Vermutungsregel
des § 10 entsprechende Wirkung zuerkannt worden (vgl. Rn. 5 und BGH
GRUR 2003, 228, 231 – *P-Vermerk*). Nachdem jedoch § 10 Abs. 1 nunmehr
gem. § 85 Abs. 4 für das verwandte Schutzrecht des Tonträgerherstellers entsprechend gilt, ist die vorzitierte Entscheidung des BGH überholt; man wird
nun nicht umhin kommen, den P-Vermerk auf einem Tonträger oder seiner
Verpackung als Bezeichnung des Tonträgerherstellers in der üblichen Art und
Weise anzuerkennen (vgl. § 85 Rn. 71, 73).

II. Tatbestand

1. Vermutung der Urheberschaft (Abs. 1)

a) Vervielfältigungsstücke oder Originale: Die Vermutungen des § 10 gelten **14**
nach dem **Gesetzeswortlaut** nur für erschienene Werke bzw. für Originale von
Kunstwerken (zu diesen Begriffen vgl. § 6 Rn. 15 ff. und vgl. § 26 Rn. 9 ff.).
Wer geltend machen will, dass ein anderer sein zwar veröffentlichtes, aber nur
in wenigen Exemplaren zum internen Gebrauch vervielfältigtes Manuskript
plagiiert oder ein von ihm vorgetragenes Gedicht heimlich mitgeschrieben und
verbreitet oder ein öffentlich aufgeführtes oder gesendetes Werk mitgeschnitten
habe oder wer nicht mehr das Original, sondern nur einen Abzug hat, müsste
nachweisen, dass es sich tatsächlich um ein von ihm selbst geschaffenes Werk
handelt. Auch die Mitglieder einer Jazzband, deren Improvisationen von anderen kopiert wurden, müssten einen solchen Nachweis führen. Urheber von
Werken, die nur im Internet veröffentlicht werden, beispielsweise in einem
Blog, könnten sich nie auf die Urheberschaftsvermutung des § 10 berufen. Die
Nachwuchskünstlerin, die auf Youtube ein selbst komponiertes und von ihr
selbst dargebotenes Musikwerk einstellt, müsste also nach dem Gesetzeswortlaut des § 10 Abs. 1 so lange die Urheberschaft an diesem Werk nachweisen,
bis es ihr Song zu einem Hit gebracht hat und sich deshalb dann ein Tonträgerhersteller findet, der CDs davon produziert. Nach der neuen Rechtsprechung
des BGH kann es die Urheberschaftsvermutung nach § 10 Abs. 1 jedoch bereits

begründen, wenn eine Person auf einer Internetseite als Urheber bezeichnet wird; das Hochladen einer elektronischen Datei auf die Festplatte des Servers genüge zur Herstellung eines Vervielfältigungsstücks (BGH GRUR 2015, 258, 260 Tz. 35 – *CT-Paradies*; vgl. Rn. 15a).

15 Sowohl Art. 15 RBÜ als auch Art. 5 Enforcement-RL gelten aber ohnehin nicht nur für erschienene Werke oder Originale von Werken der bildenden Kunst, sondern für alle Werkstücke, egal, ob sie erschienen, nur veröffentlicht oder unveröffentlicht geblieben sind (vgl. Rn. 9 und 11). Da der deutsche Gesetzgeber es bedauerlicherweise im Umsetzungsgesetz zur Enforcement-RL, dem Gesetz zur Verbesserung der Durchsetzung von Rechten des geistigen Eigentums vom 7.7.2008 (BGBl. I 2008, S. 1191 vom 11.7.2008), versäumt hat, § 10 an die Vorgabe der Richtlinie (und damit auch an die von Art. 15 RBÜ) anzupassen, ist § 10 **zwingend richtlinienkonform** dahingehend auszulegen, dass es **nicht darauf ankommt, ob ein Werk erschienen, veröffentlicht oder unveröffentlicht ist** (ebenso: OLG Hamm MMR 2012, 119, 120 – *Fotografien in Dissertation*; LG Frankfurt aM. ZUM-RD 2009, 22, 23; *Spindler/Weber* ZUM 2007, 257, 258; GRUR-Stellungnahmen v. 28.4.2006 GRUR 2006, 483, 484 und v. 21.5.2007 GRUR 2007, 856; Dreier/Schulze/*Schulze*[5] Rn. 6a; Schricker/Loewenheim/*Loewenheim/Peifer*[5] Rn. 7; Bisges/*Bisges* Kap. 1 Rn. 349; offen lassend: BGH GRUR 2015, 258, 261 Tz. 44 – *CT-Paradies*; a. A. *Grünberger* GRUR 2006, 894, 900; Wandtke/Bullinger/*Thum*[4] Rn. 17). Vielmehr gilt § 10 immer dann, wenn der Name des Urhebers in der üblichen Weise auf dem Werk angegeben ist (Art. 5 lit. a Enforcement-RL spricht in der dt. Sprachfassung unzutreffend von „Werkstück"; in der englischen und französischen Sprachfassung heißt es jedoch nur „on the work" bzw. „sur l'oeuvre", sodass auch nur im Internet veröffentlichte Werke erfasst werden; vgl. Rn. 9). Dies galt allerdings auch vorher schon infolge des durch Art. 15 RBÜ statuierten entsprechenden Mindestrechtes, auf das sich auch der Inländer berufen konnte (vgl. Rn. 11).

15a Konsequenter Weise erfasst § 10 Abs. 1 auch Urheberbezeichnungen auf unkörperlichen Erscheinungsformen eines Werkes, insbesondere bei der Wiedergabe von Werken im Internet. Das LG Frankfurt und das LG Potsdam schlussfolgerten ohnehin aus der gebotenen richtlinienkonformen Auslegung von § 10 Abs. 1, dass die Urheberschaftsvermutung auch durch eine Urheberbenennung auf unkörperlichen Erscheinungsformen eines Werkes i. S. v. § 15 Abs. 2 ausgelöst werden kann (LG Potsdam BeckRS 2010, 30226; LG Frankfurt aM. ZUM-RD 2009, 22, 23). Vervielfältigung bedeutet zwar eine körperliche Festlegung des Werkes, s. § 15 Abs. 1 (st. Rspr. s. nur BGH GRUR 2015, 258, 260 Tz. 34 – *CT-Paradies*; BGH GRUR 2009, 845, 846 Tz. 16 – *Internet-Videorecorder*; BGH GRUR 1991, 449, 453 – *Betriebssystem*; BGH GRUR 1983, 28, 29 – *Presseberichterstattung und Kunstwerkwiedergabe II* m. w. N.). Der **BGH** geht dagegen zutreffend davon aus, dass ein Vervielfältigungsstück i. S. v. § 10 Abs. 1 auch dann vorliegt, wenn das Werk nur in das Internet gestellt wurde, da das **Einstellen in das Internet** eine Übertragung des Werkes auf eine Vorrichtung zur wiederholbaren Wiedergabe von Bild- und Tonfolgen und damit eine Vervielfältigung (§ 16 Abs. 2) – also die **Herstellung eines Vervielfältigungsstücks** (§ 16 Abs. 1) – des Werkes voraussetze (BGH GRUR 2015, 258, 260 Tz. 35 – *CT-Paradies*). Indem eine elektronische Datei eines Lichtbildes auf die Festplatte eines Servers hochgeladen werde, um sie auf diese Weise in das Internet einzustellen, werde damit ein Vervielfältigungsstück des Lichtbildes hergestellt (BGH GRUR 2015, 258, 260 Tz. 35 – *CT-Paradies*). Nach der neuen Rechtsprechung des BGH kann es die Urheberschaftsvermutung nach § 10 Abs. 1 also bereits begründen, wenn eine Person auf einer Internetseite als Urheber bezeichnet wird (s. bereits OLG Köln WRP 2014, 977, 979 Tz. 17 – *Photovoltaik-Datenbanken*; LG Berlin ZUM-RD 2011, 416, 417; abweichend noch unsere 11. Aufl. Rn. 15a: Lediglich Beweiserleichterung).

Fehlt eine Urheberbezeichnung, können u. U. zugunsten des Urhebers die Re-   **15b**
geln über den Anscheinsbeweis eingreifen (LG München I MMR 2008, 622,
623). So spricht es beispielsweise für die Urheberschaft eines Fotografen, wenn
er die später von einem Dritten genutzten Fotos diesem zuvor auf einem Speichermedium übergeben hat und er dem Gericht die gesamte Fotoserie vorlegen
kann (LG München I MMR 2008, 622, 623). Gleiches gilt, wenn ein Fotograf
mehrere Original-Fotonegative mit Copyright-Vermerk vorlegen kann, die erkennbar aus derselben Serie wie das streitgegenständliche Foto ohne Copyright-Vermerk stammen (AG Düsseldorf NJOZ 2010, 685, 686).

b) In üblicher Weise als Urheber: Die Stelle, auf der die Verfasserangabe er-   **16**
folgt, oder die Form, wie dies zu erfolgen hat, ist durch § 10 nicht vorgeschrieben. Es genügt, dass die Verfasserbezeichnung, sei es mit dem wahren Namen
oder dem bekannten Pseudonym des Autors, **in der üblichen Weise** aus dem
Werk ersichtlich ist. Hierfür muss die Bezeichnung zum einen an einer Stelle
angebracht sein, wo bei derartigen Werken üblicherweise der Urheber angegeben wird, und zum anderen inhaltlich erkennen lassen, dass sie den Urheber
dieses Werkes benennt (BGH GRUR 2015, 258, 260 Tz. 37 – *CT-Paradies*).
Das ist bei **Büchern** die Titelseite oder auch – vor allem für Übersetzer – deren
Rückseite, das Impressum oder der Buchrücken (OLG München GRUR 1988,
819 f. – *Goggolore*; KG ZUM 2002, 291, 292, BGH GRUR 1998, 680 ff. –
Comic-Übersetzungen); der Copyright-Vermerk (zutr. LG Hamburg, Urt. V.
20.7.2012, Az.: 308 O 76/11 UA S. 18 ff. – *Der Zauberer von Oz*; a. A. OLG
Hamburg WRP 2017, 1267, 1273 ff. – *DIN-Normen*; OLG München AfP
1995, 503 f. – *Gründer*; vgl. Rn. 13 a. E.); das Vor- oder Nachwort; bei **Broschüren** ebenfalls das Impressum, sofern die Einzelbeiträge keine Urheberbenennung enthalten (OLG Düsseldorf MMR 2008, 779); bei **Aufsätzen** die Ti-
telunterzeile, der Schluss oder die erste Fußnote, wobei jedoch eine bloße
Danksagung in einer einleitenden Fußnote nicht ausreicht, um die Urhebervermutung auszulösen (OLG Frankfurt aM. ZUM-RD 2010, 391, 393); bei **Noten** zwischen Überschrift und Notenbild (BGH GRUR 1986, 887, 888 – *BORA
BORA*); bei **Schallplatten** das Label oder die Umhüllung (LG Kiel GRUR-RR
2005, 181 f. – *Fotodateien*), heute zugunsten des Tonträgerherstellers auch der
bloße P-Vermerk (vgl. Rn. 13; a. A. zum früheren Recht: BGH GRUR 2003,
228, 230 f. – *P-Vermerk*); bei **Bauzeichnungen** der Architektenvermerk (OLG
Hamm GRUR-RR 2012, 192, 193 – *Musiktheater im Revier*). Im Bereich der
Bauwerke ist allerdings zu beachten, dass die Vermutungswirkung von Abs. 1
nur dann greift, wenn sich der Architektenvermerk auf den für den Bau verwendeten Plänen und Entwürfen selbst findet und nicht lediglich auf Ur-
sprungsplänen oder -entwürfen, die für den Bau am Ende gar nicht verwendet
worden sind (OLG Hamm GRUR-RR 2012, 192, 193 – *Musiktheater im Revier*). Für erschienene **Computerprogramme** genügt ein (eindeutiges) Kürzel in
der Kopfleiste der Maskenausdrucke und die Urheberangabe im Impressum
des Benutzerhandbuchs (BGH GRUR 1994, 39, 40 – *Buchhaltungsprogramm)*.
Bei **Werken der bildenden Künste** ist seit Jahrhunderten das *pinxit* üblich; es
reicht auch nach der Neuregelung aus („Künstlerzeichen"), selbst wenn es –
wie bei Werbeanzeigen häufig – nur aus Buchstaben oder Zahlen besteht (LG
München I *Erich Schulze* LGZ 41, 6). Die Urheber von **Abbildungen in einem
Buch** (Zeichnungen, Lichtbilder) werden meist unter den Zeichnungen oder
Fotos, auf der zweiten Titelseite oder in einer Übersicht am Schluss genannt.
Bei **Filmen** ist die Nennung im Vor- oder Nachspann üblich (OLG Hamburg
GRUR-RR 2003, 33, 34 – *Maschinenmensch*). In diesem Zusammenhang ist
zu beachten, dass allein aus der Nennung als Regisseur und der Ankündigung,
es handele sich um einen „P-Film" im Vorspann eines Filmwerkes keine Vermu-
tung der Alleinurheberschaft des genannten Regisseurs folgt (OLG Köln
GRUR-RR 2009, 208, 211 – *Frosch mit der Maske, Dr. Mabuse u. Winnetou*).

Zwar ist der Regisseur in erster Linie als Filmurheber zu sehen (BGH GRUR 1991, 133, 135 – *Videozweitauswertung*). Aufgrund der Vielzahl an unterschiedlichen urheberrechtlich relevanten Leistungen, die in einem Filmwerk zusammenfließen – hier wären neben dem Beitrag des Regisseurs, insbesondere die Leistungen von Kameramann, Cutter, Mischtonmeister und Filmarchitekt, Drehbuchautor und dem Komponisten der Filmmusik zu nennen – kann jedoch keine allgemeine Vermutung der Alleinurheberschaft des Regisseurs aus § 10 Abs. 1 folgen (OLG Köln GRUR-RR 2009, 208, 211 – *Frosch mit der Maske, Dr. Mabuse u. Winnetou*). Bei Spielfilmen erfolgt die Nennung des ausschließlichen Rechtsinhabers außerdem üblicherweise durch einen ©-Vermerk entweder im Vor- oder Abspann oder auf der DVD, Blu-ray bzw. den jeweiligen Covern (LG Hamburg, Urt. V. 20.7.2012, Az.: 308 O 76/11 UA S. 18 ff. – *Der Zauberer von Oz*). Im Bereich der **Fotografie** wird üblicherweise im Zusammenhang mit der Veröffentlichung der Fotografie in einer Zeitung, einer Zeitschrift oder einem Buch der Name des Fotografen angegeben, auf Abzügen findet sich die Urheberangabe üblicherweise auf der Rückseite (zu Letzterem s. OLG Düsseldorf ZUM 2012, 327, 328 – *Embedded Content* wohl irrtümlicherweise in Anwendung von Abs. 2). Enthält ein Lichtbild einen Copyright-Vermerk, der eine natürliche Person bezeichnet, kann bei Abwesenheit anderer Urhebervermerke davon ausgegangen werden, dass diese Person auch der Urheber ist (OLG Köln GRUR 2015, 167, 169 – *Creative-Commons-Lizenz*). Erforderlich ist nicht nur, dass die Bezeichnung tatsächlich einer natürlichen Person zuzuordnen ist, sondern auch, dass sie vom Verkehr als Hinweis auf eine natürliche Person verstanden wird (BGH GRUR 2015, 258, 261 Tz. 41 – *CT-Paradies*). Allgemein wird man davon auszugehen haben, dass jede nicht gerade völlig versteckte Stelle noch als „üblich" im Sinne des Gesetzes anzusehen ist, wenn sie nur so gewählt wurde, dass der Urheber **ohne Schwierigkeiten und eindeutig erkennbar** ist (allg. M.; Nachweise bei Schricker/Loewenheim/ *Loewenheim/Peifer*[5] Rn. 8; s. a. BGH GRUR 2009, 1046, 1047 Tz. 28 – *Kranhäuser*). In Zweifelsfällen ist zugunsten des Urhebers, d. h. zugunsten einer Anwendung des § 10, zu entscheiden (vgl. Rn. 1, 23 und vgl. § 1 Rn. 1).

17 Ist ein Werk **zunächst ohne** Urheberangabe erschienen, diese aber in einer späteren Auflage oder Ausgabe nachgeholt worden, so gilt die Vermutungsregel des Abs. 1 zugunsten des nunmehr genannten Urhebers, falls nicht etwa inzwischen ein anderer Urheber in der von Abs. 1 vorausgesetzten Weise genannt wurde. Im letzteren Falle streitet die Vermutung des Abs. 1 für denjenigen Urheber, der zuerst benannt worden ist (BGH GRUR 1986, 887, 888 – *BORA BORA*). Zur Priorität vgl. Rn. 24, zur Prioritätsverhandlung vgl. Rn. 79.

18 Die Vermutungen gelten auch im Verhältnis mehrerer **Miturheber,** Mitherausgeber oder Mitverleger zu Dritten (BGH GRUR 1986, 887, 888 – *BORA BORA*; BGH GRUR 1994, 39, 40 – *Buchhaltungsprogramm*; OLG Frankfurt GRUR-RR 2015, 200, 201 – *Seminarunterlagen*; OLG München GRUR-RR 2016, 62, 65 – „*Heute*"-*Jingle*) sowie zueinander (BGH GRUR 2009, 1046, 1047 Tz. 25 – *Kranhäuser*; BGH GRUR 1994, 39, 40 – *Buchhaltungsprogramm*; BGH GRUR 1959, 335, 336 – *Wenn wir alle Engel wären*; OLG Hamm GRUR-RR 2012, 192, 193 – *Musiktheater im Revier*; OLG Köln ZUM 1999, 404, 409 – *Overlays*; OLG München ZUM 1990, 186, 188 – *Mausfigur*). Sind zunächst mehrere als Miturheber genannt worden, so muss derjenige von ihnen, der nachträglich behauptet, er sei **Alleinurheber,** dies beweisen. Das gilt auch für den neben anderen Personen als Filmurheber genannten Filmregisseur. Dieser kann zwar unter Umständen Alleinurheber eines Filmwerkes sein. § 10 Abs. 1 UrhG enthält jedoch in Anbetracht der Vielzahl an Beiträgen, aus denen sich ein Filmwerk in der Regel zusammensetzt, keine Vermutung der Alleinurheberschaft zugunsten des Regisseurs (OLG Köln GRUR-RR 2009, 208, 211 – *Frosch mit der Maske, Dr. Mabuse u. Winnetou*; vgl. Rn. 16);

ebenso ist derjenige beweispflichtig, der behauptet, Miturheber an einem Werk zu sein, das allein unter dem Namen eines anderen erschienen ist. Ebenso schon BGH GRUR 1959, 335, 336 – *Wenn wir alle Engel wären*; OLG München *Erich Schulze* OLGZ 7, 5 – *Säuglingspflege*; *Riedel*, UrhRG Rn. B1, S. 5; *v. Gamm* Rn. 10; *Riesenhuber* GRUR 2003, 187, 190. Die Vermutung der Miturheberschaft mehrerer in üblicher Weise als Urheber bezeichneter Personen greift jedoch nur dann, wenn die gesetzlichen Voraussetzungen der Miturheberschaft vorliegen, d. h. sich die einzelnen Anteile der am Werkschaffen beteiligten Personen nicht gesondert verwerten lassen, s. § 8 Abs. 1. Haben mehrere Personen lediglich jeweils selbständig verwertbare Anteile zur gemeinsamen Verwertung verbunden und sind auf dem verbundenen Werk als Urheber genannt, streitet § 10 Abs. 1 nicht für eine Miturheberschaft der Einzelurheber am Gesamtwerk (s. BGH GRUR 2009, 1046, 1049 Tz. 38 – *Kranhäuser*; zum Tatbestandsmerkmal der gesonderten Verwertbarkeit vgl. § 8 Rn. 11, vgl. Rn. 20a).

Da § 10 auch bei richtlinienkonformer Auslegung (vgl. Rn. 9) entsprechend   **19** Art. 5 lit. a Enforcement-RL nur für die Angabe „auf dem Werkstück" gilt, gelten die Beweiserleichterungen des § 10 nicht für die Ankündigung öffentlicher Aufführungen oder Vorträge, wie dies noch § 7 Abs. 3 LUG vorgesehen hatte (vgl. Rn. 7). Denn ein **Theaterzettel**, ein **Plakat** oder eine **Zeitungsanzeige** ist **kein Werkstück** im Sinne der Vorschrift. Immerhin kann aber von einer tatsächlichen Vermutung ausgegangen werden, dass derjenige, der im Zusammenhang mit einer öffentlichen Aufführung oder einem Vortrag als Urheber bezeichnet wird, dies auch ist (*Ulmer*, Urheber- und VerlagsR³ S. 188; ferner OLG Köln AfP 1991, 430, 431).

c) Reichweite der Urhebervermutung: Die Vermutung erstreckt sich grundsätz-   **20** lich auf die Urheberschaft des nach § 10 Bezeichneten an dem Werk, das in dem Werkstück, das die Bezeichnung trägt, verkörpert ist (zum Begriff „Original" vgl. § 26 Rn. 10 f.). Voraussetzung ist, dass die Urheberbezeichnung tatsächlich einer natürlichen Person zuzuordnen ist und dass sie vom Verkehr als Hinweis auf eine natürliche Person verstanden wird (BGH GRUR 2015, 258, 261 Tz. 41 – *CT-Paradies*). Es geht somit um die Zuordnung eines konkreten Werkschaffens zu einer bestimmten natürlichen Person als Urheber. So erstreckt sich beispielsweise die Vermutungswirkung eines Architektenvermerks auf einem Architektenplan nur auf die in diesem Plan verkörperten Gestaltungen und nicht auch auf das Gebäude, das unter Benutzung des Plans errichtet wurde, wenn und soweit es vom Plan abweicht (BGH GRUR 2003, 231, 233 – *Staatsbibliothek*; OLG Hamm GRUR-RR 2012, 192, 193 – *Musiktheater im Revier*; Schricker/Loewenheim/*Loewenheim/Peifer*⁵ Rn. 10). Zu beachten ist, dass sich die Urhebervermutung nicht auf das Vorliegen der Werkeigenschaft bezieht, sondern § 10 Abs. 1 vielmehr ausdrücklich voraussetzt, dass ein Werk i. S. v. § 2 Abs. 2 geschaffen wurde (BGH GRUR 1998, 376, 378 – *Coverversion*; KG ZUM 2002, 291, 292; Schricker/Loewenheim/*Loewenheim/Peifer*⁵ Rn. 10; BeckOK UrhR/*Ahlberg*¹⁸ Rn. 35). Zu weitgehend verlangt jedoch OLG Hamm, dass derjenige, der sich als Miturheber auf die Vermutung nach Abs. 1 berufen wolle, dennoch zumindest einen geringfügigen eigenschöpferischen Beitrag zu dem gemeinsamen Werk darlegen müsse (OLG Hamm GRUR-RR 2012, 192, 193 – *Musiktheater im Revier*). Denn § 10 bezweckt das glatte Gegenteil; Urheber und Miturheber sollen gerade nicht mehr darlegen und beweisen müssen, welche oder dass sie überhaupt schöpferische Beiträge zu dem Werk geleistet haben. BGH GRUR 2009, 1046, 1050 Tz. 43 – *Kranhäuser*, worauf sich OLG Hamm zum Beleg seiner Auffassung beruft, sagt dort auch nur allgemein, dass ein geringfügiger eigenschöpferischer Beitrag zu einem gemeinsamen Werk die Miturheberschaft begründe, aber nichts darüber, dass der nach § 10 Abs. 1 bezeichnete Miturheber dies gesondert darzulegen habe, um sich auf die Vermutung berufen zu können. Vielmehr lässt sich aus dem Zusammenhang der *Kranhäuser*-Entscheidung des BGH entnehmen, dass es dort lediglich um eine mögliche sekundäre Darlegungslast des Miturhebers ging (vgl. Rn. 23 und BGH GRUR 2009, 1046, 1049 f. Tz. 42 – *Kranhäuser*).

20a Wie weit die Vermutung der Urheberschaft aus § 10 Abs. 1 UrhG im Einzelnen reicht, richtet sich nach den Besonderheiten des jeweiligen Falles (BGH GRUR 2009, 1046, 1048 Tz. 32 – *Kranhäuser*). Zwar wird sich die Vermutung regelmäßig auf den Inhalt des Werkes erstrecken. Etwas anderes kann sich jedoch insbesondere aus dem Werkcharakter ergeben: So erstreckt sich die Urhebervermutung bei einem Sammelwerk i. S. v. § 4 UrhG lediglich darauf, dass die an üblicher Stelle genannte Person den im Sammelwerk enthaltenen Stoff ausgewählt und zusammengestellt hat, nicht jedoch, dass diese Person die Einzelbeiträge auch inhaltlich verfasst hat (BGH GRUR 2009, 1046, 1048 Tz. 32 – *Kranhäuser*; OLG Frankfurt GRUR-RR 2015, 200, 201 – *Seminarunterlagen*). Gleiches gilt für die Verfasserangabe auf der schöpferischen Bearbeitung einer gemeinfreien Fabel, die keine Urhebervermutung hinsichtlich des Inhalts der gemeinfreien Fabel auslöst, sondern sich lediglich auf die Sprachgestaltung bezieht (BGH GRUR 2009, 1046, 1048 Tz. 32 – *Kranhäuser*; BGH GRUR 1991, 456, 457 – *Goggolore*). Auch einschränkende Angaben im Urhebervermerk, wie beispielsweise eine besondere Funktion der als Urheber genannten Person oder die Bezeichnung eines bestimmten Werkteiles, grenzen die Vermutung aus § 10 Abs. 1 entsprechend ein (BGH GRUR 2009, 1046, 1049 Tz. 34 – *Kranhäuser*; BGH GRUR 1991, 456, 458 – *Goggolore*: Wenn der Urheber selbst angibt, er habe von ihm gesammelte Sagen nacherzählt, begründet das nur die Vermutung seiner Urheberschaft an der äußeren Form). Hingegen führt es nicht zu einer Einschränkung der Urhebervermutung, wenn mehrere Personen in üblicher Weise als Urheber auf einer Werkverbindung genannt sind, ohne dass sich aus dem Urhebervermerk ergibt, welchen Beitrag die genannten Personen jeweils zum Gesamtwerk geleistet haben. In diesem Fall wird vermutet, dass die als Urheber bezeichneten Personen gleichberechtigte Miturheber an den zum Gesamtwerk verbundenen Einzelwerken sind (BGH GRUR 2009, 1046, 1048 f. Tz. 33 – *Kranhäuser*; BGH GRUR 1986, 887, 888 – *BORA BORA*). In jedem Falle gilt die Urhebervermutung nur zugunsten des Urhebers, nicht gegen ihn (vgl. Rn. 21).

20b Wie gezeigt streitet die Vermutung aus § 10 Abs. 1 zugunsten der in der üblichen Weise als Urheber bezeichneten Person. Bei entsprechendem Nachweis der vermittelnden Rechtekette kommt sie daneben mittelbar auch dem Rechtsnachfolger zugute; dieser muss dann nicht die Urheberschaft der bezeichneten Person beweisen, sondern nur noch den Rechtsübergang auf ihn (unklar insoweit OLG Hamm GRUR-RR 2012, 192, 193 – *Musiktheater im Revier*, wo offenbar davon ausgegangen wird, dass die eine Miturheberschaft ihres Vaters aus übergegangenem Recht geltend machende Tochter eigenschöpferische Beiträge ihres Vaters darzulegen habe, um sich auf die Vermutung von § 10 Abs. 1 berufen zu können, was aber wohl gerade nicht verlangt werden kann; insoweit vgl. Rn. 20). Sind mehrere Personen in üblicher Weise als Urheber bezeichnet, wird nach § 10 Abs. 1 deren Miturheberschaft vermutet, sofern sich die einzelnen Anteile der am Werkschaffen beteiligten Personen nicht gesondert verwerten lassen, s. § 8 Abs. 1 (s. BGH GRUR 2009, 1046, 1049 Tz. 38 – *Kranhäuser* und vgl. Rn. 18). Handelt es sich dagegen lediglich um eine Werkverbindung, wird gleichberechtigte Miturheberschaft der in üblicher Weise genannten Personen an den Einzelwerken vermutet (BGH GRUR 1986, 887, 888 – *BORA BORA*, vgl. Rn. 20). Die Urhebervermutung gilt insbesondere **auch im vertraglichen Verhältnis** zum Nutzer: Ist beispielsweise der Urheber an einem beim Verleger eingereichten Manuskript zu einem Roman als solcher bezeichnet, muss der Verleger beweisen, dass ein anderer der Urheber ist. Auf sein Rechtsverhältnis zu demjenigen, der das Erscheinen seines Werks veranlasst hat, also insbesondere auf seine – von § 6 Abs. 2 vorausgesetzte – Zustimmung dazu, kommt es insoweit nicht an. Vielmehr genügt für die Anwendbarkeit des § 10 zugunsten dessen, der als Urheber genannt ist, die Nennung als solcher (*Riesenhuber* GRUR 2003, 187, 188).

Die Vermutung gilt nur zugunsten, **nicht zu Lasten** des genannten Urhebers. **21** Wird jemand zu Unrecht als solcher bezeichnet, ihm also gleichsam ein fremdes geistiges Kind untergeschoben, so braucht er seine Nicht-Urheberschaft nur zu erklären, nicht aber zu beweisen (allg. M., Nachweise bei Schricker/Loewenheim/*Loewenheim/Peifer*[5] Rn. 4; vgl. Rn. 71).

Förmliche Vorgaben für den Urhebervermerk bestehen nicht. Der Urheber **22** kann die Angabe in Form des ©-**Vermerkes** vornehmen (vgl. Rn. 13), er kann aber auch jede andere Art und Weise verwenden, sofern aus dieser klar hervorgeht, dass er der Urheber des Werkes ist.

d) Bis zum Beweis des Gegenteils: Beide Absätze stellen **gesetzliche Vermutun- 23 gen** auf, die zu einer **Umkehr der Beweislast** im Prozess führen: Wer behauptet, dass der als Urheber Bezeichnete das Werk nicht – oder nicht allein – geschaffen habe (Abs. 1), oder dass bei anonymen Werken der als Herausgeber oder Verleger Bezeichnete nicht berechtigt sei, Ansprüche aus dem Urheberrecht geltend zu machen, muss das beweisen. **Zweifel** gehen zu seinen Lasten. Etwas ungenau sprach der Bundesgerichtshof bei § 10 früher von *tatsächlichen* Vermutungen (BGH GRUR 1991, 456, 457 – *Goggolore*; BGH GRUR 1994, 39, 40 – *Buchhaltungsprogramm*). Solche bezeichnen aber die *nicht* im Gesetz geregelten, sich aus Erfahrungssätzen ergebenden Vermutungen, die durch einfachen Gegenbeweis erledigt werden können, also nicht zur Beweislastumkehr führen, wie die sog. GEMA-Vermutung. Eingehend *Allner* S. 21 ff., 36 f., 39, 56 f.; wie hier schon *Ulmer*, Urheber- und VerlagsR[3] S. 188; s. aber inzwischen BGH GRUR 1986, 887, 888 – *BORA BORA* und GRUR 2002, 332, 334 – *Klausurerfordernis*; OLG Hamburg AfP 1987, 691, 692; OLG Koblenz GRUR 1987, 435, 436 – *Verfremdete Fotos*; LG Hamburg v. 12.3.2010 – 324 O 962/08 UA S. 12 ff. – *Die Feuerzangenbowle*; *Schack*, Urheber- und UrhebervertragsR[7] Rn. 309. Möglich ist, dass denjenigen, der sich auf die Urhebervermutung beruft, aufgrund der Schwierigkeiten für die beweisbelastete Partei, die Nichturheberschaft zu beweisen, im Rahmen des Zumutbaren eine sekundäre Darlegungslast „hinsichtlich der für seine Urheberschaft sprechenden Umstände trifft" (angesprochen aber letztendlich offen gelassen von BGH GRUR 2009, 1046, 1049 f. Tz. 42 – *Kranhäuser*; vgl. Rn. 15a).

Die Behauptung des Urhebers, er habe das ihm zugesprochene Werk nicht bzw. **23a** nicht allein geschaffen, entkräftet die Urhebervermutung aus § 10 Abs. 1. Anders ist es jedoch zu beurteilen, wenn die Erben des Urhebers derartiges behaupten. Zum einen hat der Urheber nach seinem Tod keinerlei Möglichkeiten mehr, sich gegen die Infragestellung seiner Urheberschaft zu verteidigen. Zum anderen könnten die Erben durch die Behauptung ihrer eigenen Miturheberschaft an Werken des Verstorbenen die Schutzdauer willkürlich verlängern (LG München I ZUM 2009, 871, 874 ff.).

e) Priorität: Für die Inanspruchnahme der Vermutungen gilt der **Grundsatz der 24 Priorität:** Unter mehreren verwendeten Urheberbezeichnungen hat die *erste* Vorrang (OLG Hamburg GRUR-RR 2001, 121, 123 – *Cat Stevens*; OLG München ZUM 2011, 512, 514; *v. Gamm* Rn. 10c; Schricker/Loewenheim/*Loewenheim/Peifer*[5] Rn. 10). Das gilt jedenfalls im Verhältnis der als Urheber bezeichneten Personen untereinander. Im Verhältnis zu Dritten hält das LG München I § 10 Abs. 1 UrhG jedoch auch zugunsten eines später bezeichneten Urhebers für anwendbar (LG München I ZUM 2009, 871, 874). Der Nachweis der Priorität kann durch eine sogenannte „Prioritätsverhandlung" bei einem Notar oder Rechtsanwalt erbracht werden (vgl. Rn. 79).

25 f) Decknamen, Pseudonyme und Künstlerzeichen (Abs. 1 Hs. 2): – aa) Allgemeines: In Abs. 1 werden Künstlerzeichen oder Pseudonyme der wahren Urheberbezeichnung gleichgestellt. Beide sind zu allen Zeiten von großer kulturgeschichtlicher Bedeutung gewesen. Die Gründe dafür sind vielfältig. Nach Anlass und Wirkung haben wir folgende Fälle zu unterscheiden:

26 Zunächst zwingen familiäre Rücksichten manche Autoren dazu, unter einem Pseudonym zu schreiben. Der Name der Familie soll nicht mit dem möglicherweise revolutionierenden Werk eines Familienmitgliedes in Verbindung gebracht werden. Rudolf Ditzen gab dies selbst als Grund dafür an, dass er sich den Namen des Grimmschen Märchenpferdes *Fallada* zulegte. Aus den gleichen Erwägungen ließen so namhafte Literaten wie Joseph v. Eichendorff (als *Florens*), der Romantiker de la Motte-Fouqué, (als *Pellegrin*), Wilhelm Raabe (als *Jakob Corvinus*), Hugo von Hofmannsthal (als *Loris* oder *Theophil Morren*) ihre Erstlingswerke unter einem Decknamen erscheinen. Der Schauspieler Freiherr von Wangenheim degradierte sich auch als Verfasser seiner Selbstbiographie vom Baron zum bloßen „von" und wurde als *Eduard von Winterstein* berühmt. Der adlige Lyriker Nikolaus Franz Niembsch Edler von Strehlenau publizierte seine wirklich edle Dichtkunst unter dem bürgerlichen Namen *Nikolaus Lenau*. Die Baronin Karen Blixen-Fineke schrieb unter *Tania Blixen*.

27 *Auch* **berufliche Rücksichten** bewegen zur Wahl des Decknamens: Der Pfarrer Albert Bitzius machte aus Rücksicht auf seine oberste Kirchenbehörde seine Werke unter dem Tarnnamen *Jeremias Gotthelf* weltberühmt. Hermann Dannenberger veränderte seinen Namen zum Pseudonym *Eric Reger*, da ihm eine Nebenbeschäftigung als Schriftsteller im Pressebüro der Firma Krupp untersagt war.

28 Ferner führt **Furcht vor Verspottung** gelegentlich zur Wahl eines Decknamens: Wilhelm Häring machte sich zu *Willibald Alexis*, um Anspielungen auf seinen Familiennamen zu entgehen. Alfred Kempner nannte sich, der ewigen Anspielungen auf seine angebliche Tante Friderike Kempner, die gefühlsselige Kitschdichterin, müde, *Alfred Kerr*. Der Österreicher Richard Engländer wählte wegen der törichten Anspielungen auf seinen eine andere Staatsangehörigkeit andeutenden Familiennamen das Pseudonym *Peter Altenberg*.

29 *Auch* **Allerweltsnamen** wirken oft hinderlich auf dem Wege zum Ruhm. Die Kulturgeschichte verzeichnet nur wenige große Künstler, denen trotz eines solchen Namens der Erfolg treu war (z. B. Conrad Ferdinand Meyer oder Wilhelm Müller – der „Griechenmüller" –). Die meisten wichen auf Namenszusätze aus, wie Hoffmann *von Fallersleben*, oder sie nahmen mehr oder weniger radikale Änderungen vor, wie *Gustav Meyrink* statt Gustav Meyer, *Otto Ernst* statt Otto Ernst Schmidt, oder *Kasimir Edschmidt* statt Eduard Schmidt.

30 **Humoristen** wählen Decknamen, die sich lustig anhören und auf den Charakter der Werke hinweisen: Alexander Rosenfeld machte sich unter *Roda-Roda*, der Rechtsanwalt Fritz Oliven unter *Rideamus*, Alfred Richard Meyer unter *Munkepunke*, Kurt Fuß unter *Wendelin Überzwerch*, der Arzt Hans Erich Blaich unter *Dr. Owlglass* (englisch = Eulenspiegel) und *Ratatöskr*, Samuel Langhorne Clemens unter *Mark Twain* weltberühmt.

31 Noch häufiger als der Verzicht eines adligen Schriftstellers auf sein Prädikat ist der umgekehrte Fall: **Klangvolle Namen** üben eine große Anziehungskraft auf Künstler aus. Franz Bonn machte sich zum Freiherrn v. Rachwitz oder v. Münchberg, Gabriele Rapagnetta zu Gabriele d'Annunzio. Bei Kriminalro-

man-Autoren ist die Wahl englisch klingender Pseudonyme gebräuchlich. Auch Musiker passen die Urheberbezeichnung vielfach dem Genre ihres Werkes an: Bayerische Volksmusik unter *Sepp Holzer,* argentinische Tangos unter *Rafaelo Gonzales,* Hillbilly-Musik unter *Joe Carter* usw.

Gelegentlich prägt auch der Volksmund Pseudonyme nach Art wohlgelungener **Spitznamen,** die der Träger dann übernimmt und zum Weltruhm trägt: Den Namen des griechischen Malers Dominicos Theotokópulos konnte kein Spanier aussprechen, darum nannte man ihn einfach „den Griechen", *El Greco,* womit er auch seine einzigartigen Gemälde signierte. **32**

Politischer Druck, z. B. im Dritten Reich die Nichtzugehörigkeit zur „Reichsschrifttumskammer", zwang manche Autoren, auf Pseudonyme auszuweichen. So publizierte Erich Kästner in der nationalsozialistischen Zeit unter *Robert Neuner.* **33**

Gelehrte pflegen ihre „ungezogenen Musenkinder" hinter Pseudonymen zu verstecken. So veröffentlichte der Philosoph Salomon Friedländer Schnurren und Grotesken unter *Mynona* (der Umkehrung von anonym), der frühere Leiter des Inselverlages Prof. Anton Kippenberg seine heiteren Schüttelreime unter *Benno Papentrigk* (dem Ergebnis einer eigenen Namensschüttelung). C. W. Ceram („Götter, Gräber und Gelehrte") ist „nur" Kurt Marek. **34**

Serienromane (Beispiel: *Jerry Cotton*) werden häufig unter Pseudonymen geschrieben, die der Verlag und nicht der Urheber prägt. Dabei wird das Pseudonym meist für eine bestimmte **Romangattung** benutzt. Die Arbeiten des Urhebers können so je nach ihrem Inhalt unter verschiedenen Pseudonymen erscheinen, während andererseits dasselbe Pseudonym von verschiedenen Autoren benutzt wird. Diese **Sammelpseudonyme** verstoßen nicht gegen die Grundsätze des Urheberpersönlichkeitsrechts (OLG Hamm GRUR 1967, 260, 261 – *Irene von Velden*). Die Ansicht von OLG Hamm a. a. O., rechtlich sei ein unter Sammelpseudonym erschienenes Werk als anonym zu betrachten, ist verfehlt; die Tatsache, dass es von mehreren Autoren benutzt wird, ändert an seiner Eigenschaft als Pseudonym nichts. Insbesondere besteht kein Anlass, in diesem Falle nach § 10 Abs. 2 eine Vermutung zugunsten des Herausgebers oder Verlegers entstehen zu lassen. Die Benutzung eines Sammelpseudonyms durch mehrere Autoren hat lediglich zur Folge, dass der einzelne Autor sich nicht auf die Vermutung des Abs. 1 berufen kann (wie hier *v. Gamm* Rn 8; *Riedel,* UrhRG Rn. B1 S. 6; *Ulmer,* Urheber und VerlagsR³ S. 188; Schricker/ Loewenheim/*Loewenheim/Peifer⁵* Rn. 5). **35**

Verwertungsgesellschaften können verlangen, dass der Verwerter ein von ihm angegebenes Pseudonym **aufdeckt,** damit sie in der Lage sind, ihre Ausschüttungspflicht gegenüber dem damit bezeichneten Berechtigten zu erfüllen (LG Berlin GRUR 1971, 229 – *Bert Brac*). **36**

bb) Anwendung: Pseudonyme und Künstlerzeichen stehen der wahren Urheberbezeichnung nach der ausdrücklichen Regelung des Abs. 1 nur dann gleich, wenn sie **als Zeichen oder Deckname bekannt** sind. Die Formulierung des Gesetzes ist in doppelter Hinsicht verunglückt: **37**

Nach dem Gesetzestext muss **die Bezeichnung „als Deckname … des Urhebers bekannt"** sein. Dem Wortsinne nach muss die Öffentlichkeit also wissen, dass es sich um ein Pseudonym handelt und dass sich dahinter gerade dieser Urheber verbirgt. Beides ist in der Regel nicht der Fall. Außer einigen Fachleuten weiß heute niemand, dass *Hans Fallada* in Wahrheit Rudolf Ditzen, *Ferdinand Bruckner* in Wahrheit Theodor Tagger, *Joachim Ringelnatz* in Wahrheit Hans Bötticher hieß, und dass *Gabriele d'Annunzio* von Geburt kein „Erzengel der **38**

Verkündigung", sondern ein Rapagnetta ("Rübchen") war. Gerade diese Fälle wollte der Gesetzgeber mit der Neuregelung auch tatsächlich erfassen (RegE UrhG 1962 – BT-Drs. IV/270, S. 42). Es kommt also nur darauf an, dass das Pseudonym oder Künstlerzeichen überhaupt bekannt ist.

39   Auch **Erich Kästner**, der aus begreiflichen Gründen während des Dritten Reiches das Pseudonym *Robert Neuner* wählte, hätte für seine damals erschienenen Werke im Streitfalle den Nachweis führen müssen, dass er sie selbst geschrieben habe, weil im Nachkriegsdeutschland niemand mehr diesen Decknamen kannte. Urheber, die so zahlreiche Pseudonyme verwenden, dass diese gar nicht alle bekannt sein können (*Voltaire*, in Wahrheit Françoise Cedige Varceus Marie Arouet, benutzte rund 200 Tarnnamen), würden den Rechtsvorteil des § 10 niemals für sich in Anspruch nehmen können. Urheberrechtsprozesse von Pseudonym-Autoren würden kaum noch ohne demoskopische Umfragen über die Bekanntheit des Pseudonyms entschieden werden können; dieser Einwand ist allzu bequem, als dass ihn sich ein Verletzer entgehen ließe. Dem Gesetzgeber ging es jedoch gerade darum, die Rechtsstellung der Pseudonym-Autoren zu verbessern, statt sie zu verschlechtern (RegE UrhG 1962 – BT-Drs. IV/270, S. 42). Es muss daher genügen, wenn der Träger eines nicht bekannten Decknamens oder Künstlerzeichens im Streitfall nachweist, dass es sich um seine Bezeichnung handelt. Ist ihm dies gelungen, so steht ihm die Vermutung des Abs. 1 im vollen Umfange zur Seite. Diese Auslegung entspricht auch der konventionsrechtlichen Regelung (zu deren Vorrang vgl. Rn. 11): Art. 15 Abs. 1 S. 2 RBÜ lässt es genügen, wenn "das vom Urheber angenommene Pseudonym keinen Zweifel über seine Identität aufkommen lässt" (a. M. *Riedel*, UrhRG Rn. 1, S. 4).

40   Der Bekanntheit des Pseudonyms i. S. v. § 10 Abs. 1 Hs. 2 gleichzustellen ist im Übrigen die Eintragung des wahren Namens des Urhebers zu dem unter einem Pseudonym geschaffenen Werk in der **Urheberrolle** gem. § 138. Zu pseudonymen Werken im Übrigen vgl. § 66 Rn. 6.

41   Wenn, wie es vor allem bei Sammelwerken (§ 4) vorkommt, eine **juristische Person als Urheber** (z. B. als "Herausgeber") bezeichnet ist, gilt für diese die Vermutung des Abs. 1 nicht, da nur der natürliche Mensch Urheber sein kann (vgl. § 7 Rn. 1, 9 ff.). Juristische Personen können sich jedoch auf die Ermächtigungsvermutung im Falle anonymer Werke gem. § 10 Abs. 2 (vgl. Rn. 43 ff.) und im einstweiligen Verfügungsverfahren oder im Zusammenhang mit Unterlassungsansprüchen auf die Vermutung der Inhaberschaft ausschließlicher Nutzungsrechte nach § 10 Abs. 3 berufen (vgl. Rn. 55 ff.). Für die Anwendbarkeit von Abs. 1 unschädlich ist jedoch ein Copyright-Vermerk, der das einzelkaufmännische Gewerbe einer natürlichen Person ausweist, da dies im Ergebnis auf eine natürliche Person verweist (LG Frankfurt aM. ZUM-RD 2009, 22, 23). Ebenso wird, wenn im Urhebervermerk eine nicht-rechtsfähige Abteilung einer juristischen Person genannt ist, die Urheberschaft der dahinter stehenden juristischen Person vermutet (OLG Köln ZUM 2010, 269, 270).

42   Der Künstlername genießt innerhalb des Verkehrs, für den er bestimmt ist, den **Schutz des Namensrechtes** aus § 12 BGB, jedoch weder Urheber- noch Markenschutz (OLG Nürnberg *Erich Schulze* OLGZ 9 m. w. N.; OLG Hamm GRUR 1967, 260 – *Irene von Velden*).

2. Vermutung der Ermächtigung (Abs. 2)

43   **a) Allgemeines:** Abs. 2 schafft eine Vermutung entsprechend Abs. 1 zugunsten des auf den Vervielfältigungsstücken bezeichneten **Herausgebers** oder, wenn dieser nicht angegeben ist, zugunsten des **Verlegers**, aber nur dann, wenn "der Urheber nicht nach Abs. 1 bezeichnet" ist. Abs. 2 gilt daher **nur für anonyme**

Werke (RegE UrhG 1962 – BT-Drs. IV/270, S. 42; zu anonymen Werken vgl. § 66 Rn. 6; unklar OLG Düsseldorf ZUM 2012, 327, 328 – *Embedded Content*, das davon spricht, der Kläger sei als Fotograf der beiden Aufnahmen anzusehen, dann aber die Vermutung der Rechtsinhaberschaft auf Abs. 2 stützt).

Die Vermutung des Abs. 2 bringt nicht zum Ausdruck, setzt aber offenbar als **44** selbstverständlich voraus, dass ein Werk nur dann im Rechtssinne als anonym anzusehen ist, wenn die Anonymität **von seinem Urheber** *gewollt* ist. Lässt eine Zeitung die auf den aktuellen Fotos angebrachte Urheberbezeichnung beim Abdruck einfach weg – wie dies etwa der SPIEGEL bis vor etlichen Jahren grundsätzlich getan hat –, so fehlt zwar der äußere Anhaltspunkt für die Vermutung des Abs. 1 mit der Folge, dass die Vermutung des Abs. 2 eingreift; die Fotos sind jedoch noch keine anonymen Werke mit der Rechtsfolge etwa des § 66. Die sich aus § 64 ergebende Rechtsstellung kann nur der Rechtsinhaber aufgeben, nicht aber ein Nutzer ihm nehmen; vgl. § 66 Rn. 8. War der Urheber z. B. auf der Rückseite des bei dem Verleger eingereichten Fotos bezeichnet, kann sich der Urheber – auch gegenüber dem Verleger – auf die Vermutung nach Abs. 1 berufen (vgl. Rn. 20).

In der Kulturgeschichte hat die gewollte Anonymität stets die entscheidende **45** Rolle gespielt. Nur bei sehr alten, längst gemeinfreien Werken beruht die Anonymität vielfach nicht auf der Absicht des Verfassers, sondern auf der **Art der Überlieferung.** Die zahlreichen Handschriften und Gemälde unbekannter Meister, aber auch die Sagen, Märchen und Volkslieder, die jahrhundertelang nur durch mündliche Überlieferung bewahrt wurden, legen dafür beredtes Zeugnis ab.

Junge Autoren schicken ihre **Erstlingswerke** in die Welt, um ihren Widerhall **46** zu erproben, ohne sich zur geistigen Vaterschaft bekennen zu müssen: Goethe ließ *Götz von Berlichingen* und *Werthers Leiden,* Schiller seine *Räuber,* Klopstock seine *Oden* und die ersten Gesänge seines *Messias,* Herder seine *Kritischen Wälder,* Fichte seinen *Versuch einer Kritik aller Offenbarung,* Kleist seine *Familie Schroffenstein,* Annette von Droste-Hülshoff ihre frühen Gedichte anonym erscheinen. Später bekannten sich alle Autoren zur Urheberschaft dieser „geistigen Findelkinder".

Scharfe **Satiren,** politische **Streitschriften,** Pamphlete, kritische Abrechnungen **47** mit Missständen der Zeit veranlassen zur Verschweigung der Verfassernamen. So verschwieg Ulrich von Hutten seine Verfasserschaft des zweiten Teils der *Dunkelmänner-Briefe.* Der Nürnberger Buchhändler Johann Philipp Palm gab die Schrift *Deutschland in seiner tiefen Erniedrigung* anonym heraus und weigerte sich standhaft, den Namen des Autors zu nennen, sodass ihn Napoleon durch ein Kriegsgericht zum Tode verurteilen und erschießen ließ. Die Blätter der *Weißen Rose* wurden von den Geschwistern Scholl, dem Philosophie-Professor Huber und ihren Freunden anonym verteilt und brachten allen Beteiligten den Tod, nachdem ihre Urheberschaft ermittelt worden war.

Die Flucht in die Anonymität wird aber auch als besonderes **Lockmittel** ge- **48** wählt, um Aufmerksamkeit zu erregen. So ließ 1890 der Eigenbrötler Dr. Julius Langbehn das Werk *Rembrandt als Erzieher* mit der Verfasserangabe „Von einem Deutschen" erscheinen und erregte ungeheures Aufsehen. Allein das Rätselraten, wer der „Rembrandt-Deutsche" sei – man riet auf Nietzsche, Lagarde, Hinzpeter u. a. –, vom Verfasser listig geschürt, zog immer neue Leserschichten an. Als das Interesse an dem Werk zu erlahmen begann, verfasste *Langbehn* unter der Bezeichnung „Ein Wahrheitsfreund" eine unglaubliche Lobhudelei, indem er das Buch – sein eigenes Werk also – als schön, fremd und duftend wie eine Rose und doch vertraut, lieb und bescheiden wie das erste Veilchen im Frühling pries und als das Buch eines Dichters und Feldherrn bezeichnete, das deutsche Besonnenheit und deutsche Kühnheit paare (*Quercu* S. 243).

49 Gelegentlich wird auch die Anonymität von **anerkannten Schriftstellern** gewählt, um eine objektive Prüfung zu gewährleisten und den Magnetismus des großen Namens auszuschalten. So reichte der zu seiner Zeit berühmte Dramatiker Friedrich Halm das Stück *Der Fechter von Ravenna* beim Burgtheater ohne Verfasserangabe ein, sah sich jedoch in eine heftige Fehde mit einem Unbekannten namens Bacherl verwickelt, der die Urheberschaft für sich in Anspruch nahm.

50 b) **Anwendung:** Die Vermutung des Abs. 2 für anonyme Werke (RegE UrhG 1962 – BT-Drs. IV/270, S. 43, spricht irrig vom *„Urheber eines anonymen oder pseudonymen Werkes"*; aber letztere fallen stets unter Abs. 1 Hs. 2; unklar OLG Düsseldorf ZUM 2012, 327, 328 – *Embedded Content*, das davon spricht, der Kläger sei als Fotograf der beiden Aufnahmen anzusehen, dann aber die Vermutung der Rechtsinhaberschaft auf Abs. 2 stützt) gilt auch zugunsten solcher Herausgeber oder Verleger, die **juristische Personen** sind, weil es sich hier nur um die Wahrnehmung, nicht um die Inhaberschaft des Urheberrechts handelt (vgl. § 7 Rn. 1, 9 ff.). An den Fall, dass der Herausgeber seinerseits ein Pseudonym führt, hat der Gesetzgeber offenbar nicht gedacht. Ein sachlicher Grund, diesen Fall anders als bei Abs. 1 zu behandeln, besteht nicht. Es ist deshalb davon auszugehen, dass sich auch bei Verwendung eines Pseudonyms durch den Herausgeber an der Vermutung des Abs. 2 nichts ändert, wenn der Nachweis erbracht wird, dass das Pseudonym diesem Herausgeber zusteht.

51 Die Vermutung richtet sich gegen den Urheber selbst, wenn dieser **nachträglich** hervortritt. Er muss dann nachweisen, dass er das Werk geschaffen hat. Gelingt ihm dies, so ist die Vermutung des Abs. 2 in vollem Umfange ausgeräumt; der Herausgeber oder Verleger kann sich dann nicht etwa auf sie für seine Behauptung berufen, der Urheber habe ihm die Nutzungsrechte zur Geltendmachung überlassen.

52 Ob der als solcher bezeichnete **Herausgeber** dies auch tatsächlich ist oder nur seinen Namen hergegeben hat, spielt für die Anwendbarkeit des Abs. 2 keine Rolle (RegE UrhG 1962 – BT-Drs. IV/270, S. 42), kann aber Irreführung nach UWG sein (zum § 3 UWG a. F.: KG WRP 1977, 187, 189 f. – *Köhnlechner*).

53 Die übliche Bezeichnung des Herausgebers oder des Verlegers kann in Form eines ©-Vermerkes geschehen (vgl. Rn. 13), aber auch in anderer Art und Weise, die hinreichend deutlich macht, dass der so bezeichnete als Herausgeber oder Verleger zur Geltendmachung der Rechte ermächtigt ist.

54 Abs. 2 stellt einen Fall der gesetzlichen Prozessstandschaft dar (*v. Gamm* Rn. 13; Schricker/Loewenheim/*Loewenheim/Peifer*[5] Rn. 12).

3. Vermutung der Inhaberschaft ausschließlicher Nutzungsrechte (Abs. 3)

55 a) **Allgemeines:** Durch das Gesetz zur Verbesserung der Durchsetzung von Rechten des geistigen Eigentums vom 7.7.2008 (BGBl. I 2008, S. 1191 vom 11.7.2008) ist an § 10 der neue Abs. 3 angefügt worden, nach dem die Vermutung des Abs. 1 nunmehr auch für **Inhaber ausschließlicher Nutzungsrechte** gilt, allerdings nur im **einstweiligen Verfügungsverfahren** oder im Zusammenhang mit **Unterlassungsansprüchen** und **nicht im Verhältnis zum Urheber** oder zum ursprünglichen Inhaber des verwandten Schutzrechts. Art. 5 Enforcement-RL enthielt keine entsprechende Vorgabe. Der Gesetzgeber war jedoch der Auffassung, dass es Sinn und Zweck der Richtlinie rechtfertigten, auch die Inhaber der ausschließlichen Nutzungsrechte mit der Vermutung der Rechtsinhaberschaft bezogen auf ihr Nutzungsrecht auszustatten, um dem Bemühen, Rechte durchzusetzen und Produktpiraterie zu bekämpfen, besser gerecht werden zu können (RegE UmsG Enforcement-RL – BT-Drs. 16/5048, S. 47).

b) Anwendung: Abs. 3 gilt zunächst zugunsten **aller Inhaber ausschließlicher** **56** **Nutzungsrechte** (zur Aktivlegitimation im Prozess vgl. § 97 Rn. 127, 132 ff.). Die „klassischen" Inhaber ausschließlicher Nutzungsrechte sind der **Verleger** (vgl. § 8 VerlG Rn. 3 und vgl. Einl. VerlG Rn. 4, 10), der **Filmhersteller** (vgl. § 88 Rn. 45 ff.; außerdem vgl. § 89 Rn. 31), der **Arbeitgeber** eines Software-Urhebers (vgl. § 69b Rn. 11, 13 f.) und häufig auch übrige Arbeitgeber (vgl. § 43 Rn. 44).

Die Vermutungsregelung des Abs. 3 bedingt, dass der ausschließliche Nutzungs- **57** rechtsinhaber in entsprechender Anwendung von Abs. 1 **in üblicher Weise auf einem Werkstück** als solcher bezeichnet ist. Die Gesetzesreform ist hier jedoch leider wenig durchdacht worden: Während ein Urheber durch einen Urhebervermerk nach Abs. 1 nach außen hin für sich reklamieren kann, dass er das Urheberrecht an dem Werkstück für sich in Anspruch nimmt und es insoweit nur ein „Ja oder Nein" geben kann, sind die Fragen der Nutzungsrechtseinräumung sehr vielschichtig: Das Nutzungsrecht kann ausschließlich oder einfach vergeben werden, es kann inhaltliche, räumliche und zeitliche Beschränkungen besitzen, es können sogar an ein und dem selben Werk für unterschiedliche Nutzungsarten jeweils gesonderte ausschließliche Nutzungsrechte bestehen (vgl. § 31 Rn. 1, 63 f.; s. a. OLG Hamburg WRP 2017, 1267, 1273 ff. – *DIN-Normen*). Beim Verleger (§ 8 VerlG), dem Filmhersteller (§§ 88 Abs. 1 und 89 Abs. 1) sowie dem Software-Arbeitgeber (§ 69b) folgt schon aus der gesetzlichen Regelung, dass es nur einen ausschließlichen Nutzungsrechtsinhaber gibt und wie weit im Zweifel das ausschließliche Nutzungsrecht anwendbar ist. Insoweit ist § 10 Abs. 3 also unproblematisch anwendbar. Wo dies jedoch nicht der Fall ist, wo sich also der Umfang der ausschließlichen Nutzungsrechtseinräumung – und sei es auch nur im Zweifel – nicht aus dem Gesetz ergibt, bereitet die Anwendung von § 10 Abs. 3 erhebliche Schwierigkeiten (s. a. OLG Hamburg WPR 2017, 1267, 1273 ff. – *DIN-Normen*). Man wird deshalb zu fordern haben, dass sich auf die Vermutungsregelung von Abs. 3 nur derjenige ausschließliche Nutzungsrechtsinhaber berufen kann, der einerseits als solcher auf dem Werkstück verzeichnet ist und andererseits darlegen kann, dass in derartigen **üblicherweise** in derartigen Fallgestaltungen auch ausschließliche Nutzungsrechte eingeräumt werden. Das dürfte allerdings die Anwendbarkeit von Abs. 3 außerhalb der genannten Bereiche Verleger, Filmhersteller und Software-Arbeitgeber sowie mit Abstrichen übrige Arbeitgeber erheblich entwerten (s. hierzu auch OLG Hamburg WRP 2017, 1267, 1273 ff. – *DIN-Normen*).

Der Inhaber eines ausschließlichen Nutzungsrechtes kann sich nach Abs. 3 auf **58** die Vermutungsregelung des Abs. 1 **nur im einstweiligen Verfügungsverfahren oder im Zusammenhang mit Unterlassungsansprüchen** berufen. Für das einstweilige Verfügungsverfahren bedeutet dies zunächst, dass die Vermutung für **alle Ansprüche,** die im einstweiligen Verfügungsverfahren geltend gemacht werden können, gilt, keinesfalls also nur für den Unterlassungsanspruch, wie sich aus dem Gesetzeswortlaut klar ergibt („oder"). Die Beweislastumkehr des § 10 gilt deshalb für den ausschließlichen Nutzungsrechtsinhaber **im einstweiligen Verfügungsverfahren** neben dem Unterlassungsanspruch auch für den Auskunftsanspruch bei offensichtlicher Rechtsverletzung (§ 101 Abs. 7; vgl. § 101 Rn. 103), für den Anspruch auf Vorlage von Urkunden zur Sicherung offensichtlich bestehender Schadensersatzansprüche (§ 101b Abs. 3; vgl. § 101b Rn. 34) sowie schließlich für den Anspruch auf Sequestration durch einen Gerichtsvollzieher (vgl. § 98 Rn. 38).

Im **Hauptsacheverfahren** gilt die Vermutung und damit die Beweislastumkehr **59** zugunsten des ausschließlichen Nutzungsrechtsinhabers nur, soweit Unterlassungsansprüche in Frage stehen. Für die übrigen, im Hauptsacheverfahren anhängig gemachten sogenannten „Annexansprüche" (d. h. die Ansprüche auf Auskunft, Schadensersatz, Vernichtung, Rückruf und Überlassung, auf Vorlage und Besichtigung sowie Bekanntmachung des Urteils, §§ 97–103) gilt die Vermutungsregelung nicht. Insoweit hat der ausschließliche Nutzungsrechtsinhaber den Vollbeweis zu erbringen, dass er tatsächlich der Inhaber der ausschließlichen Nutzungsrechte ist.

60   Abs. 3 gilt nach seinem Wortlaut **nicht im Verhältnis zwischen dem ausschließlichen Nutzungsrechtsinhaber und dem Urheber.** Bei Streitigkeiten im Vertragsverhältnis beispielsweise zwischen Verleger und Autor muss also der Verleger den Nachweis der ausschließlichen Nutzungsrechtseinräumung erbringen; **zugunsten des Urhebers gilt allerdings** insoweit die **Vermutung** nach Abs. 1 (vgl. Rn. 20). Entsprechendes gilt im Bereich der verwandten Schutzrechte.

61   Abs. 3 gilt nicht nur für die Inhaber ausschließlicher Nutzungsrechte an Urheberrechten, sondern **auch** für solche **an verwandten Schutzrechten.** Dies folgt aus Abs. 3 S. 2 Alt. 2, der klarstellt, dass die Vermutung nicht im Verhältnis zwischen dem ausschließlichen Nutzungsrechtsinhaber und dem ursprünglichen Inhaber des verwandten Schutzrechtes gilt. Soweit ein verwandtes Schutzrecht **übertragen** worden ist, gilt Abs. 3 außerdem auch zugunsten des neuen Inhabers des verwandten Schutzrechtes, vorausgesetzt natürlich, dass er in der üblichen Weise nach Abs. 1 auf dem Werkstück angegeben ist. Dies folgt allerdings bereits unmittelbar aus den jeweiligen Verweisungsvorschriften bei den (übertragbaren) verwandten Schutzrechten, die § 10 Abs. 1 ohnehin für entsprechend anwendbar erklären.

62   Die lediglich beschränkte Anwendung der Vermutungsregelung zugunsten des ausschließlichen Nutzungsrechtsinhabers begründet der Gesetzgeber damit, dass **Missbräuchen** begegnet werden sollte (RegE UmsG Enforcement-RL – BT-Drs. 16/5048, S. 47). Das leuchtet allerdings nicht so ganz ein: Gerade die einstweilige Verfügung ist bei der Durchsetzung von Rechten des geistigen Eigentums die „schärfste Waffe"; wegen der häufig gegebenen Dringlichkeit gerade einer schnellen Beseitigung einer Urheberrechtsverletzung, insbesondere in Fällen der Produktpiraterie, dürfte eine Mehrzahl der Verfahren im einstweiligen Verfügungsverfahren abgewickelt werden, ohne dass es noch zu einem Hauptsacheverfahren kommt. Die fehlende Vermutungswirkung nach Abs. 3 wird also auf einige wenige Fälle beschränkt bleiben, in denen hauptsächlich (noch) um Schadensersatz gestritten wird. Auch der Wunsch des Gesetzgebers, Missbräuchen begegnen zu wollen, ist nicht wirklich nachvollziehbar; Prozessbetrug ist auch ohne eine Beschränkung der Vermutungsregelung wie in Abs. 3 strafbar.

62a   **c) In der üblichen Weise:** Ausreichend dürfte auch hier zunächst der ©-Vermerk sein, sofern sich aus den Umständen ergibt, dass er sich auf die Rechteinhaberschaft bezieht und diese üblicherweise bei einem Unternehmen wie dem angegebenen liegt. Ist dies nicht gerichtsbekannt, wird allerdings derjenige, der sich auf die Vermutung nach Abs. 3 beruft, die Üblichkeit darzulegen haben. **Einzelfälle:** Im Bereich des **Buchverlages** ist allgemein bekannt, dass der Autor dem Verleger üblicherweise die ausschließlichen Nutzungsrechte einräumt, wie es bereits aus § 8 VerlG folgt, und zwar normalerweise auch pauschal für alle Auflagen (vgl. § 5 VerlG Rn. 5). Im Bereich der **Software** und der **Games** werden ebenfalls üblicherweise den herstellenden Unternehmen die ausschließlichen Rechte zustehen, was im Bereich angestellter Programmierer und anderer Kreativer bei der Erstellung von Computerprogrammen und Computerspielen schon aus § 69b folgt. Der **Filmproduzent** kann sich mit einem ©-Vermerk regelmäßig sowohl auf die Vermutung der (abgeleiteten) ausschließlichen

Rechtsinhaberschaft am Filmwerk (§ 89 Abs. 1) gem. Abs. 3 als auch auf die originär-eigene Rechtsinhaberschaft am verwandten Schutzrecht des Filmherstellers gem. § 94 und damit auf die Vermutung gem. Abs. 1 berufen. In üblicher Weise erfolgt dabei die Angabe des ©-Vermerkes im Vor- oder Abspann des Kinofilms, der insoweit als Vervielfältigungsstück im Sinne von Abs. 1 gilt, sowie auch auf DVDs, Blue-Rays und deren Covern (s. zu Letzterem LG Hamburg v. 20.7.2012 – 308 O 76/11 UA S. 18 ff. – *Der Zauberer von Oz*). Zur Anwendbarkeit der Vermutungsregel des Abs. 1 auf das verwandte Schutzrecht des Filmherstellers gem. § 94 vgl. § 94 Rn. 54a. Da im Bereich der **Musik** die ausschließlichen Nutzungsrechte an Komposition und Text regelmäßig bei der GEMA bzw. ihren ausländischen Schwesterverwertungsgesellschaften liegen, beziehen sich ©- oder ℗-Vermerke des **Tonträgerherstellers** hier regelmäßig zunächst auf das eigene verwandte Schutzrecht nach § 85 und die Übertragung der verwandten Schutzrechte der ausübenden Künstler nach §§ 73, 77 und 78; für die eigene Rechtsposition nach § 85 kann sich der Tonträgerhersteller dann auf die Vermutung nach Abs. 1, für die abgeleitete Rechtsposition der ausübenden Künstler auf die Vermutung nach Abs. 3 berufen. Im Bereich der **Fotografie** kann die Vermutung nach Abs. 3 ebenfalls eingreifen, wenn bspw. auf der Rückseite einer Fotografie oder im Zusammenhang mit ihrer Veröffentlichung neben dem Namen des Fotografen noch der Name einer Bildagentur angegeben ist, weil Fotografen, die ihre Bilder bei Bildagenturen eingeliefert haben, diesen regelmäßig ausschließliche Nutzungsrechte einräumen (vgl. Vor §§ 31 ff. Rn. 414 und Loewenheim/*Axel Nordemann*[2] § 73 Rn. 6).

4. Tatsächliche Vermutung der Rechtsinhaberschaft außerhalb von § 10

Die Gerichte haben im Übrigen immer wieder tatsächliche Vermutungen für die Rechtsinhaberschaft anerkannt, wenn alle Anhaltspunkte dafür sprachen, dass der Anspruchsteller der Rechtsinhaber war und der Anspruchsgegner dem nicht substantiiert entgegentreten konnte, insbesondere keine konkreten Einzelfallbezogenen Anhaltspunkte für Zweifel an der Rechteinhaberschaft vorgetragen hat. Solche tatsächlichen Vermutungen können sich bspw. aus einer **Registrierung bei der GEMA** als Inhaberin der Musikverlagsrechte an einer bestimmten Komposition (s. OLG Hamburg GRUR-RR 2008, 282 – *Anita*), aus der Eintragung eines Tonträgerherstellers als Lieferant eines Musiktitels in der Katalogdatenbank, die für den Einzelhandel als zentraler Einkaufskatalog dient (BGH GRUR 2016, 176, 177 Tz. 20 – *Tauschbörse I*) oder einer **Eintragung als Rechteinhaberin beim US-amerikanischen *Register of Copyrights*** ergeben (s. LG Hamburg v. 20.7.2012 – 308 O 76/11 UA S. 21 ff. – *Der Zauberer von Oz*). Letzteres gilt insbesondere, wenn die US-Copyright Registrierung als „work made for hire" erfolgt ist, weil bei einem „work made for hire" nach US-amerikanischem Urheberrecht das Recht originär beim Arbeitgeber oder Auftraggeber entsteht (vgl. Vor §§ 88 ff. Rn. 111; vgl. Vor §§ 120 ff. Rn. 84; Loewenheim/*Axel Nordemann*[2] § 13 Rn. 1 f.; *Jan Bernd Nordemann* JCSUSA, Vol. 53, No. 3–4, 2006, 603, 605, 609). Entsprechend gilt eine solche tatsächliche Vermutung durch die US-Copyright-Registrierung aber nicht nur zugunsten des Verwerters im Rahmen von Rechteketten, sondern auch zugunsten von Urhebern und Miturhebern, wenn diese auf dem Original oder auf Vervielfältigungsstücken eines Werkes nicht in der üblichen Weise bezeichnet, aber bei dem U.S. Copyright Office als Urheber oder Miturheber des Werkes registriert sind. Der Anspruchsgegner kann eine solche tatsächliche Vermutung nicht dadurch entkräften, dass er die Rechteinhaberschaft lediglich pauschal, unsubstantiiert oder mit Nichtwissen bestreitet (s. OLG Hamburg GRUR-RR 2008, 282, 283 – *Anita*). Vielmehr ist der Nachweis der vollständigen Rechtekette durch den Anspruchsteller erst dann erforderlich, wenn der Anspruchsgegner substantiiert Zweifel an der Rechteinhaberschaft des Anspruchstellers oder gar eine eigene Rechteposition darlegen kann (BGH GRUR 2016, 176,

62b

177 f. Tz. 20 – *Tauschbörse I*; OLG Hamburg GRUR-RR 2008, 282 – *Anita*;
LG Hamburg v. 20.7.2012 – 308 O 76/11 UA S. 22 ff. – *Der Zauberer von
Oz*). Hierdurch soll ein unzumutbares Erschweren der Rechtsdurchsetzung
durch ein bloßes Bootreiten mit Nichtwissen verhindert werden (BGH GRUR
2016, 176, 177 Tz. 20 – *Tauschbörse I*).

III. Kunstfälschung und Urhebernennung

1. Allgemeines

63 Kunstfälschungen sind ein **Sonderfall des anonymen wie des pseudonymen
Werkes:** Der Urheber verschweigt nicht nur seinen Namen und versteckt sich
auch nicht nur hinter einem Decknamen, sondern schiebt den Namen eines
anderen vor. Kunstfälschungen wurden in so gut wie allen Kunstgattungen vom
Altertum bis in die Neuzeit geübt. Besonders beliebt sind sie auf dem Gebiet
der bildenden Künste. Wir nennen als Beispiele Alceo Dossena, einen Steinmet-
zen aus Cremona, der antike und mittelalterliche Skulpturen fälschte; die Fälschung niederländischer Meister wie Jan Vermeer durch Hans van Meegeren;
den Berliner van Gogh-Fälscherprozess 1930/31 und aus jüngster Zeit die von
Dietrich Fey und Lothar Malskat 1945 bis 1952 gefälschten Wandmalereien
in der Marienkirche zu Lübeck (Einzelheiten dazu bei *Locher* S. 171 ff.).

64 Aus der Literatur sind besonders die **Fälschung** der *Fabeln des Phädrus,* einer
Trostschrift Ciceros, angeblicher Gedichte des 15. Jahrhunderts durch Thomas
Chatterton, die Shakespeare-Fälschungen durch Ireland und Collier bekannt
geworden. Der Grieche Constantin Simonides fälschte Handschriften vom
Berge Athos, eine ganze ägyptische Königsgeschichte, die er einem verschollenen Historiker *Uranios* zuschrieb. Zahlreiche weitere Beispiele finden sich bei
Braun, Schutzlücken-Piraterie). In den meisten Fällen handeln solche Fälscher
in betrügerischer Absicht und schlagen Kapital aus ihren Werken unter Vor-
spiegelung ihrer „Echtheit". In anderen Fällen sind politische, kulturhistorische
und religiöse Motive maßgebend.

65 **Politisch** verhängnisvoll waren die *Protokolle der Weisen von Zion,* die Adolf
Hitler ausdrücklich in seinem Buch *Mein Kampf* zur Grundlage seiner antijüdi-
schen Rassenhetze machte. Sie waren 1903 in Russland von einem gewissen
Sergej Milus veröffentlicht worden, der behauptete, sie von einem Freund, Ma-
jor Suchotin, erhalten zu haben. Ein Mitarbeiter Ludendorffs veröffentlichte
sie in Deutschland und machte die Juden für die deutsche Niederlage im Ersten
Weltkrieg mitverantwortlich. Als wirklicher Fälscher wurde der Oberst Rasch-
kowski, Leiter der Auslandsabteilung der russischen Geheimen Staatspolizei,
entlarvt, der sie mit drei Helfern zustande brachte, um die Juden zu vernichten
(s. im Übrigen *Quercu* S. 66 ff.). Aus neuerer Zeit sei an die Fälschung der sog.
Hitler-Tagebücher durch Conrad Kujau erinnert; Helmut Dietl drehte über
diese Vorgänge den bedeutendsten deutschen Film der Jahre 1991/1992
(Schtonk).

66 Andere Fälscher versuchen dem **Mangel kulturgeschichtlicher Quellen** ihres
Volksstammes abzuhelfen. So erfand James McPherson im 18. Jahrhundert einen
altkeltischen Volksdichter aus dem 3. nachchristlichen Jahrhundert namens *Ossian,* unter dessen Namen er altgälische Rhapsodien herausgab, die so vorzüglich
gebastelt waren, dass Herder und Goethe (der in seinem *Werther* Ossian über Homer stellt) auf ihn hereinfielen. Wenzeslaw Hanka half dem Fehlen tschechischer
Sprachaltertümer durch die Fälschung der *Königshofer Handschrift* ab, die er in
„teutscher Übersetzung eines Herrn Swoboda" herausgab, und die erst viel später
als deutschfeindliches Machwerk entschlüsselt wurde. Der holländische Gymnasi-
allehrer Ottema ließ die *Ura-Linda-Chronik* in altfriesisch mit niederländischer

Übersetzung erscheinen und gab sie als echtes Sprachdokument aus dem 13. Jahrhundert aus; sie erwies sich später als Fälschung des Cornelis Over de Linden, wurde aber noch zu Beginn der Naziherrschaft von Hermann Wirth als „älteste Quelle der nordischen Geistesgeschichte" der „jüdisch-orientalischen Umwertung der universalen Lichtgottreligionen" entgegengesetzt, also zur Rechtfertigung des nordischen Sendungsbewusstseins benutzt.

Aus **theologisch-historischem Interesse** wurden auch in frühchristlichen Zeiten   **67** Schriften erfunden, wie die *Pilatusakten* und der *Briefwechsel zwischen Paulus und Seneca,* die *constantinische Schenkung* des 8. und die *pseudo-isidorischen Dekretalen* des 9. Jahrhunderts. Man prägte dafür den milden Ausdruck der „Pseudepigraphie", die sich aber nach unserer heutigen Anschauung als glatte Kunstfälschung darstellt.

Die zahlreich anzutreffenden Übereinstimmungen von **Melodien** zeitgenössi-   **68** scher Komponisten mit (meist klassischen) gemeinfreien Musikwerken gehören wohl eher in den Bereich der unbewussten Entlehnung (vgl. §§ 23/24 Rn. 62 f.). Wir nennen hier Peter Kreuders *Sag zum Abschied leise Servus* (aus dem 3. Akt der Operette *Blindekuh* von Johann Strauß Sohn), Werner Richard Heimanns *Du bist das süßeste Mädel der Welt* (Zwischenspiel aus der Operette *1001 Nacht* von Johann Strauß Sohn) und das Lied *An der Donau, wo der Wein blüht* von Theo Mackeben und Franz Grothe *(Herztöne-Walzer* von Johann Strauß Vater). Peter Kreuder, der dem Komponisten der DDR-Hymne, Hanns Eisler, öffentlich den Vorwurf machte, seinen Evergreen *Good-bye Johnny* plagiiert zu haben (FuR 1977, 200, 272), musste sich entgegenhalten lassen, dass er selbst sich an die Athalia-Ouvertüre von Mendelssohn angelehnt habe. Aber auch die Klassiker sind der Gefahr von Entlehnungen nicht immer entronnen: Das Quartett *Erlieg ich einem Zauber* in Rossinis Oper *La Cenerentola* (1817) ist mit dem Finale des 1. Bildes *Mir ist so wunderbar* aus Beethovens *Fidelio* (1805) nahezu identisch.

Ein Sonderfall der Kunstfälschung lag vor etlichen Jahren dem LG Berlin zur   **69** Entscheidung vor: Der Maler Schröder-Sonnenstern signierte gegen eine Flasche Schnaps für Kopisten, die seinen unverwechselbaren Stil treffend nachzuahmen verstanden, leere Leinwände, die dann nachträglich bemalt und als Schröder-Sonnenstern-Originale über einen geschäftstüchtigen Galeristen abgesetzt wurden. Näheres bei *Hamann* S. 12.

In neuerer Zeit ist die (Un-) Sitte entstanden, **Nachgüsse** von Modellen verstor-   **70** bener Künstler herzustellen und auf den Markt zu bringen (über Einzelheiten und Verfahren berichtet *Heinbuch* NJW 1984, 15, 18 f.). Soweit sie von den Berechtigten als posthume Kopien gekennzeichnet werden, ist dagegen allenfalls unter künstlerischen, keinesfalls ausnahmsweise aber unter rechtlichen Gesichtspunkten etwas einzuwenden (z. B. dann, wenn den Erwerbern des Originals oder der Originalserie Singularität zugesichert war, *Heinbuch* a. a. O. S. 20). Wer jedoch, was schon durch bloßes Unterlassen eines dauerhaften gegenteiligen Hinweises am Werkexemplar geschehen kann, den Eindruck erweckt, es handele sich um ein Original (zu diesem Begriff vgl. § 26 Rn. 10 f.), betrügt.

Auch im Falle der Kunstfälschung deckt sich der Wortlaut des § 10 nicht mit den   **71** Absichten des Gesetzgebers. Nimmt man Abs. 1 wörtlich, so muss der unglückliche Künstler, der seinen guten Namen auf einem fremden Machwerk prangen sieht und sich dagegen wehrt, beweisen, dass dieses Sonntagsgemälde oder dieser Kitschroman *nicht* von ihm sei, da für den Fälscher die Vermutung des Gesetzes streitet, und zwar als pseudonymes Werk gem. § 10 Abs. 1 Hs. 2. Das ist in aller Regel ein objektiv unmögliches Unterfangen; ein negativer Beweis lässt sich nur im Ausnahmefall führen. Der Gesetzgeber kann dies nicht gewollt haben. Er wollte mit § 10 den Schutz des Urhebers verstärken, nicht aber verschlechtern. Es ist also davon auszugehen, dass die **Vermutung des Abs. 1 nur zugunsten, nicht aber zu Ungunsten des Urhebers** gilt und der Urheber in einem solchen Fall seine Nicht-Urheberschaft nur zu erklären braucht (vgl. Rn. 21). Zum Problem des sog. „Droit de Non-Paternité" vgl. § 13 Rn. 11.

72 An der Urheberstellung des Fälschers ändert sich durch die Fälschung nichts. Er hat zwar nicht die Vermutung des § 10 für sich, kann aber, wenn er sein Urheberrecht beweisen kann, jede Verletzung verfolgen.

2. Rechtsfolgen der Kunstfälschung

73 Der betroffene **Künstler selbst** kann sich zunächst wegen Verletzung seines **Namensrechts** (§ 12 BGB) zur Wehr setzen, und zwar auch dann, wenn das fremde Werk unter einem von ihm bekanntermaßen früher oder noch jetzt benutzten Pseudonym erschien (st. Rspr. seit RGZ 101, 226, 230; unklar OLG Hamburg UFITA 48 [1966], 292). Für Künstlerzeichen dürfte § 12 BGB analog anzuwenden sein. Daneben kommen die wettbewerbsrechtlichen Vorschriften der §§ 3, 4, 5 UWG in Betracht, evtl. § 4 Nr. 2 UWG (in der Verbreitung eines Romans unter dem Namen eines andern liegt die Tatsachenbehauptung, der andere habe ihn geschrieben; das kann, wenn der Roman schlecht ist, kreditschädigend wirken). Soweit der Name nicht unmittelbar erscheint, sondern nur Hinweise gegeben werden, die auf die Urheberschaft des betroffenen Künstlers deuten, kommt eine Verletzung des **allgemeinen Persönlichkeitsrechts** (Art. 1, 2 Abs. 1 GG in Verbindung mit § 823 Abs. 1 BGB) in Betracht; es verletzt die Würde und Unantastbarkeit des freien Menschen, wenn ihm ein fremdes geistiges Kind untergeschoben wird (a. M. BGH GRUR 1960, 346, 347 – *Der Nahe Osten rückt näher,* wo zwar von der Verletzung „allgemeiner persönlicher Belange" gesprochen, aber nur ein wettbewerbsrechtlicher Schutz zugebilligt wird; wie hier KG UFITA 48 [1966], 274, 275 – *Die goldene Stimme* und *Neumann-Duesberg* UFITA 50 [1967], 464; für untergeschobene Äußerungen auch BVerfG NJW 1980, 2070 – *Eppler* und BVerfG GRUR 1980, 1087 – *Heinrich Böll* sowie OLG Hamburg ZUM 1986, 474, 475 f.).

74 Eine Verletzung des **Urheberpersönlichkeitsrechts** des ausgebeuteten Künstlers durch Kunstfälschungen wurde früher allgemein – auch von uns – verneint, weil nicht *seine* Werke betroffen seien (§ 11), es sei denn, der Fälscher hätte eine Kopie oder Nachahmung hergestellt (§§ 16, 23). Für den Künstler selbst ist es auch kaum von Bedeutung, auf welche Art des Persönlichkeitsrechts er seine Ansprüche stützen kann. **Nach dem Tode** insbesondere bedeutender bildender Künstler reicht der Schutz von deren *Oeuvre* durch § 12 BGB und durch das allgemeine Persönlichkeitsrecht jedoch nicht aus, weil ein solcher nur ihren Angehörigen (§ 60 Abs. 3) zusteht, die Verwertung ihres urheberrechtlichen Schaffens aber bei den *Erben* liegt, oftmals also bei Stiftungen; er läuft ganz leer, wenn keine Angehörigen des Künstlers mehr vorhanden sind. Der Fall BGH GRUR 1995, 668 – *Emil Nolde* macht das augenfällig: Nur weil der 1956 verstorbene Maler wenige Jahre vor seinem Tod noch einmal geheiratet hatte und seine zweite Frau noch lebte, konnte die *Stiftung Seebüll Ada und Emil Nolde,* bei der die Urheberrechte liegen, mit deren Ermächtigung den Anspruch auf Entfernung der falschen Signatur von einem fremden, im Stil Noldes gemalten Aquarell durchsetzen. Dabei sind Fälschungen, wie der Bundesgerichtshof selbst feststellt, jedenfalls dann *grundsätzlich geeignet, das künstlerische Gesamtbild nachhaltig zu verzerren,* wenn sie in Verkehr gebracht werden (BGH GRUR 1995, 668, 699 – *Emil Nolde*). Durch diese Beeinträchtigung sind also die berechtigten geistigen und persönlichen Interessen des Künstlers an seinem eigenen (Gesamt-) Werk beeinträchtigt, die von seinen Erben wahrgenommen werden. Verletzt ist damit zwar nicht § 13, wohl aber § 14 (a. A. LG München I ZUM 2006, 664, 665). In der Literatur wird das Problem lebhaft diskutiert: *Richard-Junker* GRUR 1988, 18; *Löffler* NJW 1993, 1421; *Jacobs* FS Piper S. 679; *Wilhelm Nordemann* GRUR 1996, 737;

Pietzker GRUR 1997, 414, 415 f.; Dreier/Schulze/*Schulze*[5] § 13 Rn. 16, 32; Wandtke/Bullinger/*Bullinger*[4] § 13 Rn. 14 ff.; *Schack*, Urheber- und Urhebertragsrecht[7] Rn. 43, 340.

Andere Urheber sowie deren **Verbände** (§ 8 UWG) können der Fälscherkonkurrenz mit Hilfe des Wettbewerbsrechts (§§ 1, 3, 5 UWG) das Handwerk legen, soweit der Fälscher eine geschäftliche Handlung iSd § 2 Nr. 1 UWG vornimmt, d. h. mit dem Ziel handelt, zugunsten des eigenen oder eines fremden Unternehmens den Absatz seines Produktes zu fördern. Das wird stets der Fall sein: Willibald Alexis veröffentlichte seine beiden ersten Romane *Walladmor* und *Schloss Avalon* nur deshalb mit dem erfundenen Zusatz „frei nach dem Englischen des Walter Scott", um dessen Ruf für den Absatz seiner Werke zu nutzen, und Karl Gutzkow erreichte den erhofften Erfolg bei seinen Zeitgenossen, indem er in gleicher Weise den Namen *Edward George Bulwer (Die letzten Tage von Pompeji)* dafür verwendete. Auch wo die Fälschung aus politischen oder sonst immateriellen Gründen erfolgt, liegt das Merkmal „zu Zwecken des Wettbewerbs" vor, da ohne die Tarnung, d. h. bei Kenntlichmachung der Unechtheit, niemand diese Produkte kaufen oder sonst anerkennen würde. **75**

Der hereingefallene **Verleger** oder **Kunsthändler** sowie die **Käufer** des gefälschten Werkes können den Fälscher aus unerlaubter Handlung auf Schadenersatz in Anspruch nehmen (§ 823 Abs. 2 BGB in Verbindung mit der zutreffenden Strafnorm). Eine dem Werk beigegebene falsche Expertise ist im Rechtssinne ein Mangel des Werkes, der Schadensersatzansprüche aus § 437 Nr. 3 BGB auslöst (schon zum früheren § 463 BGB: BGH GRUR 1973, 152, 153 – *Madonna mit Kind*). Der Kunsthändler kann diese Rechtsfolge nicht formularmäßig in seinen Allgemeinen Vertragsbedingungen ausschließen (§ 307 BGB; anders noch – schon damals zu Unrecht – BGH GRUR 1975, 612, 614 – *Jawlensky* mit ablehnender Anm. von *Reimer* GRUR 1975, 614; wie hier auch *v. Hoyningen-Huene* NJW 1975, 962 und *Heinbuch* NJW 1984, 15, 22 m. w. N.; für grobe Fahrlässigkeit auch OLG Hamm NJW 1994, 1967 – *Carl Schuch*; a. M. *Löhr* GRUR 1976, 411). Auch ob das Objekt ein **Original** ist oder nicht, ist eine Beschaffenheitsvereinbarung im Sinne des § 434 Abs. 1 S. 1 BGB (so schon *Heinbuch* NJW 1984, 15, 17 ff.). **76**

Die Kunstfälschung ist **strafbar**. In Betracht kommen vor allem Betrug (§ 263 StGB) und Urkundenfälschung (§ 267 StGB), aber auch strafbare Werbung (§ 16 UWG) und ein Verstoß gegen § 107 Nr. 2 (vgl. § 107 Rn. 3 ff.). Einzelheiten bei *Locher* S. 175 ff, *Katzenberger* GRUR 1982, 715 und *Löffler* NJW 1993, 1421. **77**

IV. Prozessuales

1. Umkehr der Beweislast

Alle Absätze des § 10 stellen gesetzliche Vermutungen auf, die zu einer Umkehr der Beweislast im Prozess führen. Einzelheiten vgl. Rn. 23. Zur tatsächlichen Vermutung vgl. Rn. 62 b. **78**

2. Notarielle oder rechtsanwaltliche Prioritätsverhandlung

In der urheberrechtlichen Praxis gibt es die sog. „Prioritätsverhandlung", die notariell, aber auch rechtsanwaltlich stattfinden kann. In ihr versichert der Urheber oder ausübende Künstler, ein bestimmtes Werk oder eine bestimmte Aufnahme geschaffen bzw. eingespielt zu haben. Der Notar oder Rechtsanwalt nimmt dann mit dem Tag der Prioritätsverhandlung die Erklärung und eine Kopie des Werkes bzw. der Aufnahme zu seinen Akten und vermerkt das Datum, an dem er diese Unterlagen erhalten hat. Bei der Prioritätsverhandlung ist darauf zu achten, dass der Urheber oder ausübende Künstler **seinen Namen** **79** in der üblichen Weise auf dem hinterlegten Werkstück vermerkt hat. Dann tritt die Vermutungswirkung des § 10 ein. Ferner ermöglicht die Prioritätsverhandlung einen Nachweis darüber, wann der Urheber sein Werk oder der ausübende Künstler seine Aufnahme hinterlegt hatte (Hasselblatt/*Axel Nordemann*/*Czychowski* § 43 Rn. 15; Bisges/*Bisges* Kap. 1 Rn. 341). Ein **Muster** für eine solche Prioritätsverhandlung, das sowohl für einen Notar als auch für einen Rechtsanwalt geeignet ist, findet sich im Münchener Vertragshandbuch/*Wilhelm Nordemann*/*Jan Bernd Nordemann* Bd. 3 Form IX.1.

Abschnitt 4 **Inhalt des Urheberrechts**

Unterabschnitt 1 **Allgemeines**

§ 11 **Allgemeines**

[1]**Das Urheberrecht schützt den Urheber in seinen geistigen und persönlichen Beziehungen zum Werk und in der Nutzung des Werkes.** [2]**Es dient zugleich der Sicherung einer angemessenen Vergütung für die Nutzung des Werkes.**

Übersicht   Rn.

I. Allgemeines

1. Sinn und Zweck

1   Die Bestimmung in S. 1 bringt zum Ausdruck, dass das Urheberrecht sowohl dem Schutz der ideellen als auch der materiellen Interessen des Urhebers dient und dass beide, Persönlichkeitsrecht und Vermögensrecht (Verwertungsrechte), eine untrennbare Einheit bilden (*Marcel Schulze*, Mat. UrhRG S. 430). Urheberrecht ist also die **Gesamtheit aller Rechtsbeziehungen des Schöpfers zu seinem Werk** (§ 1). Damit folgt das Gesetz der **monistischen Theorie** und verankert diese auch gesetzlich. Diese ist die heute herrschende Grundauffassung vom Urheberrecht als *einheitlichem* Immaterialgüterrecht (so schon RegE UrhG 1962 – BT-Drs. IV/270, S. 43 f.; *v. Gamm* Einf. Rn. 28; Schricker/Loewenheim/*Loewenheim*/*Peifer*[5] Rn. 3; *Haberstumpf*[2] Rn. 2; *Schack*, Urheber- und UrhebervertragsR[7] Rn. 22 f.; BeckOK UrhR/*Kroitzsch*/*Götting*[14] Rn. 5; eingehend *Boytha* FS Kreile S. 109), allgemeinverständlich auch als geistiges Eigentumsrecht bezeichnet. Rechte und Befugnisse des Urhebers gründen sich damit immer sowohl auf Persönlichkeits- als auch auf Vermögensrechte (Mestmäcker/Schulze/*Kirchmaier* Rn. 1). Im **Gegensatz** dazu steht die **dualistische Vorstellung** vom *selbstständigen Nebeneinander* der Vermögens- und Persönlichkeitsrechte und im **Gegensatz** zur **Werkherrschaftstheorie** von *Hirsch* (UFITA 22 [1956], 165 und 36 [1962], 19), die vereinzelt seit einiger Zeit etwa von *Bosse*, Autorschaft ist Werkherrschaft; wieder propagiert wird, s. a. die Nachweise bei *Rehbinder*/*Peukert*[17] Rn. 50; Einzelheiten zum Meinungsstreit bei *Ulmer*, Urheber- und VerlagsR[3] S. 112 ff.

Am anschaulichsten ist zur **Erläuterung** der monistischen Theorie **das Bild** *Ulmer*, Urheber- und VerlagsR[3] S. 116 **vom Baum:** Das Urheberrecht ist der Stamm, der seine Kraft aus den materiellen und ideellen Interessenssphären als den Wurzeln zieht, während die urheberrechtlichen Befugnisse den Ästen und Zweigen vergleichbar sind, die aus dem Stamm erwachsen. Zu den aus dem Stammrecht abgezweigten Befugnissen gehören die Nutzungsrechte (§§ 31 ff.) ebenso wie das Einwilligungsrecht zur Bearbeitung und Umgestaltung (§ 23), aber auch die mit den Nutzungsrechten teilweise vermengten urheberpersönlichkeitsrechtlichen Befugnisse der §§ 12–14, 25, 39, 41, 42, 63. Vermögens- und Persönlichkeitsbefugnisse als Bestandteile des einheitlichen Stamms ziehen ihre Kraft „bald aus beiden, bald vorwiegend aus einer der Wurzeln". **2**

Die **Intensität,** mit der die einzelnen **Rechte mit dem Stammrecht** verbunden sind, **ist** durchaus **unterschiedlich.** Während sich die **urheberpersönlichkeitsrechtlichen** Befugnisse in ihrem Kern gar nicht (Unübertragbarkeit des Stammrechts und der Verwertungsrechte s. § 29 S. 2; vgl. Vor §§ 28 ff. Rn. 1; vgl. Vor §§ 31 ff. Rn. 33 ff.), im Übrigen aber nur mit Einschränkungen vom Urheberrecht lösen lassen, sind die **rein vermögensrechtlichen Nutzungsbefugnisse** in der vielfältigsten Weise verkehrsfähig (vgl. Vor §§ 31 ff. Rn. 33 ff.). Gemeinsam ist allen Befugnissen, dass sie **dem Stammrecht** letztendlich in einer mehr oder weniger engen Weise **verbunden bleiben** und **nach ihrer Lösung** vom außenstehenden Nutzungsberechtigten **dem Stammrecht wieder uneingeschränkt anwachsen** (vgl. Vor §§ 31 ff. Rn. 111 ff.). Auch die im Urhebervertragsrecht geltende **Einschränkung des Abstraktionsprinzips** (vgl. § 31 Rn. 30 ff.) hat in der Ableitung des Nutzungsrechts aus dem einheitlichen, beim Urheber verbleibenden Stammrecht ihre Ursache. **3**

2. Entstehungsgeschichte

Die **neue Bestimmung in S. 2** ist durch das UrhVG **im Jahr 2002 neu aufgenommen** worden. Allerdings wurde die Änderung erst durch den Rechtsausschuss vorgeschlagen; der ursprüngliche Regierungsentwurf enthielt keine Änderung in § 11 (RegE UrhVG 2002 – BT-Drs. 14/7564). Das Gesetz folgte damit dem „Vorschlag aus der Medienwirtschaft für ein Urhebervertragsrecht" vom 10.4.2001 (BeschlE RAusschuss UrhVG 2002 – BT-Drs. 14/8058, S. 17 sowie der Vorschlag selber unter http://www.urheberrecht.org/UrhGE-2000, abgerufen am 4.7.2011). Letzterer wollte die nun Gesetz gewordene Änderung in § 11 allerdings als Substitut für einen eigenen Anspruch verstanden wissen. Der nunmehr in § 11 S. 2 normierte Grundsatz, dass der Urheber an dem wirtschaftlichen Nutzen, der aus seinem Werk gezogen wird, angemessen zu beteiligen ist, ergibt sich als tragender Leitgedanke des Urheberrechts bereits aus der Lehre vom geistigen Eigentum und findet seine verfassungsrechtliche Grundlage in Art. 14 GG. Er war bereits vom Reichsgericht anerkannt: RGZ 118, 282, 285–287 – *Musikantenmädel*; RGZ 123, 312, 317 – *Wilhelm Busch*; *Erdmann* GRUR 2002, 923, 924 m. w. N.). Auch war ein **allgemeiner Auslegungsgrundsatz,** wonach der Urheber im Zweifel beanspruchen könne, für jede wirtschaftliche Nutzung seines Werkes ein Entgelt zu erhalten, **ohnehin bereits ständige Rechtsprechung** (*Wilhelm Nordemann* § 11 Rn. 1 f. m. w. N. aus der st. Rspr.). **4**

3. EU-Recht/Internationales

Die diversen EU Richtlinien haben aus verständlichen Gründen, da dazu EU-Richtlinien nicht vorgesehen sind, die theoretischen Grundlagen des kontinentaleuropäischen Urheberrechts nur kursorisch erwähnt, zumal trotz der gewissen Einheitlichkeit Kontinentaleuropas im Verhältnis zum Anglo-Amerikanischen Copyright-System viele Unterschiede im Detail existieren. Allerdings sei Schutzdauer-RL ErwG 10 erwähnt, die regelt, dass das Urheberrecht und die **5** verwandten Schutzrechte die Aufrechterhaltung und Entwicklung der Kreativität im Interesse der Autoren sichert, aber nicht alleine dieser, sondern auch der Kulturindustrie, der Verbraucher und der ganzen Gesellschaft. In der Info-RL ErwG 10 ist explizit festgehalten, dass Urheber und ausübende Künstler für die Nutzung ihrer Werke eine angemessene Vergütung erhalten müssen. s. zu internationalen Zusammenhängen auch *Dietz* ZUM 2001, 276, 278. Die EU Kommission hat in Vorbereitung des Richtlinien-Vorschlags über das Urheberrecht im digitalen Binnenmarkt vom 14.9.2016 (COM (2016) 593 final) eine **Studie zur Vergütung von Urhebern und ausübenden Künstlern** für die Verwertung ihrer Werke und die Aufzeichnung ihrer Darbietungen in Auftrag gegeben und veröffentlicht (MARKT/2013/080/D – SMART 2015/0093). Das Institute for Information Law at the University of Amsterdam vergleicht darin rechtliche und ökonomische Vergütungsregelungen in den Mitgliedsstaaten und identifiziert verschiedene Vor- und Nachteile der existierenden Systeme. Wesentliche Ergebnisse waren die monierte mangelnde Transparenz von Vergütungsregelungen im Verhältnis zu den eingeräumten Rechten. Vor allem eine hohe Komplexität der Vertragsbedingungen mache es Urhebern und ausübenden Künstlern schwer, die ihnen zustehende Vergütung zu identifizieren oder diese durchzusetzen, weil es ihnen an Auskunftsrechten mangele. Weiter wurde die strukturell schwächere Verhandlungsposition der Urheber betont, die in den Mitgliedsstaaten mit verschiedenen Mitteln begegnet werden, z. B. Regelungen für nachträgliche Korrektur der Vergütung oder besondere Regelungen bei Verträgen über zukünftige Werke. Schließlich wird auf die Bedeutung kollektive Mechanismen in der Vergütungsregelung verweisen. Einige dieser Überlegungen werden in dem o. g. Richtlinien-Vorschlag aufgegriffen, finden sich aber auch schon in der Novelle des deutschen Urhebervertragsrecht aus 2016 (z. B. vgl. § 32d Rn. 1 ff.).

II. Tatbestand

1. Normzweckbestimmung mit Leitbildfunktion (S. 2)

6 Rechtsnatur und Funktion des Satzes 2 sind weitgehend **ungeklärt**: Obwohl in § 32 bereits ein Vertragsanpassungsanspruch nach individualvertraglicher Inhaltskontrolle vorgesehen ist, hat der Gesetzgeber ihn zusätzlich, wohl als **bindende Deklaration ohne direkten Anspruchscharakter**, aufgenommen (*Erdmann* GRUR 2002, 923, 924: Leitbildfunktion für AGB-Kontrolle, zugleich bloßer Programmsatz; Schricker/Loewenheim/*Loewenheim/Peifer*[5] Rn. 2: Normzweckbestimmung; *Hucko* S. 158; *Zentek/Meinke* S. 23; Wandtke/Bullinger/*Bullinger*[4] Rn. 3: Leitbild, Mestmäcker/Schulze/*Kirchmaier* Rn. 4: Normzweckbestimmung mit Leitbildfunktion; a. A. *Haas* Rn. 135: nur Programmsatz). Inwiefern § 11 S. 2 neben § 32 daher eine **eigenständige Funktion** erfüllt, ist noch **ungeklärt**: Er soll wohl insbesondere dazu dienen, die Vorschriften des Gesetzes zur angemessenen Vergütung wie §§ 11 S. 2, 32 und 32a auch im Rahmen der **AGB-Kontrolle** anzuwenden (BeschlE RAusschuss UrhVG 2002 – BT-Drs. 14/8058, S. 17 f.; *Erdmann* GRUR 2002, 924). Die Gesetzesbegründung geht davon aus, dass dort, wo eine Inhaltskontrolle nicht stattfindet, wohl weil es sich bei den Klauseln um Preisvereinbarungen handelt, zwar auch weiterhin keine AGB-Kontrolle stattfindet, dann aber ggf. §§ 32, 32a eingreifen können (BeschlE RAusschuss UrhVG 2002 – BT-Drs. 14/8058, S. 17 f.; *Erdmann* GRUR 2002, 924). In allen anderen Fällen würde das Leitbild des § 11 S. 2 zu berücksichtigen sein. Die Funktion des § 11 S. 2 im Rahmen des § 32 wird sich wohl maßgeblich aus seinem Normbefehl, den Urheber für alle Nutzungen angemessen zu beteiligen, ergeben. § 11 S. 2. ist daher als Normzweckbestimmung mit Leitbildfunktion im Hinblick auf die soziale Funktion des Urheberrechts einzuordnen. Die ersten Urteile zu § 32 zur angemessenen Übersetzervergütung zeigten, dass in Unsicherheit über die Kriterien des § 32 von den Gerichten häufig der Beteiligungsgrundsatz des § 11 S. 2 herangezogen wurde (LG Hamburg ZUM 2006, 683, 685; LG München I ZUM 2006, 164, 168; LG München I ZUM 2006, 159, 162; LG München ZUM 2006 154, 157; LG München ZUM 2006, 73, 77), obwohl dieser nicht – wie im Professorenentwurf vorgesehen – zum maßgeblichen Kriterium in § 32 bestimmt wurde (*Hahn* ZUM 2006, 688). Insofern stellt sich § 11 S. 2 nicht als leerer Programmsatz dar, sondern als wichtiger Orientierungspunkt für § 32. Weiterhin ist das Leitbild des § 11 Abs. 2 auch zur Auslegung anderer Gesetze herangezogen worden, wie z. B. zum UWG (LG Berlin K&R 2007, 588). Keinesfalls aber kann über **AGB-Kontrollverfahren** nach § 1 UKlaG eine als unangemessen eingestufte Vergütungsabrede richterlich auf ihre Angemessenheit überprüft werden (BGH GRUR 2012, 1031 Tz. 28 – *Honorarbedingungen Freie Journalisten*; *v. Westphalen* AfP 2008, 23 ff.; *Castendyk* AfP 2010, 434 ff.). Hierfür steht die Individualklagemöglichkeit nach § 32 zur Verfügung (so LG München I ZUM 2010, 825; abweichend Berufungsurteil OLG München ZUM 2011, 576). Einige Gerichte hingegen sahen dies vor der zitierten BGH-Entscheidung anders und stuften Klauseln, die eine Pauschalvergütung vereinbaren oder Rechte mit einer Hauptvergütung als „abgegolten" bezeichnen, als Verstoß gegen § 307 BGB i. V. m. § 11 S. 2 UrhG ein (so OLG München ZUM 2011, 576; LG Hamburg ZUM 2010, 72; LG Rostock ZUM 2010, 828, 830 f.; offen lassend aber LG Hamburg ZUM 2010, 818, 823, da es dort um das „Ob" einer Vergütung ging, die wohl kontrollfähig ist (dazu sogleich, vgl. Rn. 7).

Da Vergütungsfragen zumeist **Preisvereinbarungen** enthalten, sind diese der **7** AGB-Kontrolle entzogen (§ 307 Abs. 3 BGB), wenn sie die Vergütung unmittelbar regeln (allg. Rechtsprechung zum AGB-Recht: BGH NJW 1999, 864; BGH NJW 2002, 2386; nunmehr ausdrücklich zum Urheberrecht: BGH GRUR 2012, 1031 Tz. 28 – *Honorarbedingungen Freie Journalisten*). **Anders** sieht dies die Rechtsprechung aber für sog. **Preisnebenabreden** (Palandt/*Grüneberg*[75] § 307 Rn. 47 ff.). Es ist daher denkbar, dass § 11 S. 2 z. B. bei AGB-Klauseln, die die Fälligkeit regeln oder die bestimmte Nebenkosten als abzugsfähig bestimmen, Anwendung findet. Nach LG Berlin K&R 2007, 588 ff. und der Berufungsentscheidung KG ZUM 2010, 799, 802 unterfällt die Frage, **ob der Urheber überhaupt eine Gegenleistung** erhalte, nach gesetzlicher Verankerung des Leitgedankens des § 11 S. 2 durchaus der Inhaltskontrolle nach AGB (ebenso wohl auch LG Rostock ZUM 2010, 828, 830 f. für eine Klausel, die bestimmte Nebenrechte mit einem Haupthonorar als „abgegolten" bezeichnete und die Berufungsentscheidung OLG Rostock ZUM 2012, 706 sowie OLG München ZUM 2011, 576, zu „Buy-Out-Vereinbarungen" im Bereich des Journalismus). Das verneint das OLG Köln für die Unentgeltlichkeit der Nutzungsrechtseinräumung nach den AGB des Amazon Marketplace (OLG Köln CR 2015, 391 – *Produktfotos bei Amazon*). Indem Klauseln, die z. B. bei fehlendem Urhebervermerk „gesonderte Ansprüche" verbieten oder „sonstige Nutzungen" nur „nach Absprache" vergütet wissen wollen, die Pflicht zur Entrichtung eines zusätzlichen Nutzungsentgeltes zur Disposition stellten, verstießen sie gegen § 307 Abs. 2 Ziff. 1, Abs. 3 BGB i. V. m. § 11 S. 2. 11, S. 2.

2. Praktische Anwendung

Neben diesen theoretischen Grundlagen, die in § 11 verankert sind, enthält **8** die Bestimmung einige **praktisch relevante Begleitfolgen**. Indem § 11 jegliche Nutzung des Werkes dem Urheber vorbehält, unterstellt er prinzipiell auch den **Werkgenuss** dem Urheberrecht (Dreier/Schulze/*Schulze*[5] Rn. 4). Erst § 15 Abs. 2 reduziert diese unkörperliche Nutzung auf die Wiedergabe und nimmt daher die weite Grundentscheidung des § 11 zurück. Zu Recht wird daher von einem umfassenden Urheberrecht gesprochen. Dieses ist so ausgestaltet, dass bei neuen Nutzungsarten die neu entstehenden Rechte „dem Kern anwachsen"; umgekehrt fallen aber auch alle Rechte, für die die Nutzungsmöglichkeit gleich

aus welchem Rechtsgrund endet, wieder auf diesen Kern zurück (Dreier/
Schulze/*Schulze*[5] Rn. 4 f.). Einen neuen Anwendungsbereich geben einzelne
Landgerichte § 11 in sog. Filesharing-Fällen (zu diesen Fallkonstellationen: vgl.
§ 97 Rn. 229 ff., § 101 Rn. 54 ff.). In den dortigen Auskunftsverfahren werden
i. d. R. digitale Dateien als Beweisunterlagen vorgelegt. Wenn es sich lediglich
um teilweise vollständige Dateien, die nicht „lauffähig" sind, handelt (also
kann man z. B. die Musik, die in der Datei verkörpert sein soll, nicht hören),
sollen diese für die geltend gemachten Ansprüche nicht ausreichen, da § 11 nur
bei vollständigen, „lauffähigen" Werken schütze und der Fall gerade nicht mit
der Rechtsprechung des BGH zu Musikfragmenten (BGH ZUM 2009, 219 –
Metall-auf-Metall) vergleichbar sei (LG Frankenthal ZUM-RD 2016, 147,
148). Diese Anwendung des § 11 scheint uns eher zweifelhaft.

III. Anwendbarkeit von AGB-Recht auf Urhebervertragsrecht?

9 Unberührt hiervon dürfte aber die **generelle Frage der Anwendbarkeit des AGB-
Rechts** auf Urheberrechtsverträge sein. Bekanntlich war die Rechtsprechung des
Bundesgerichtshofs lange Zeit zurückhaltend, vorformulierte und einseitig gestellte Urheberrechtsverträge mit Auslegungsregeln wie § 31 Abs. 5 an den Regeln
des AGB-Rechts, hier insbesondere der Inhaltskontrolle nach der Generalklausel
(§ 9 AGBG a. F., nunmehr § 307 BGB), zu messen (BGH GRUR 1984, 45 – *Honorarbedingungen Sendevertrag*). In letzter Zeit deutete sich aber bereits an, dass es
keineswegs sicher war, dass die Rechtsprechung noch an ihrer vom Bundesgerichtshof vorgegebenen strengen früheren Auffassung uneingeschränkt festhalten
würde (OLG Zweibrücken ZUM 2001, 346, 347 – *ZDF-Komponistenverträge*;
LG München I K&R 1999, 522, 523 – *Focus-TV*; KG ZUM 2010, 799; OLG
Hamm v. 27.1.2011 – I-4 U 183/10, OLG Karlsruhe v. 9.3.2010 – 6 U 181/10;
OLG Hamburg GRUR-RR 2011, 293, 301 – *Buy-out mit Pauschalabgeltung*;
OLG Hamburg BeckRS 2012, 20335; OLG München GRUR-RR 2011, 401 –
Printmediarechte; OLG Rostock ZUM 2012, 706; OLG Thüringen v. 9.5.2012 –
2 U 61/12, verfügbar bei juris). Eine zwischenzeitliche Entscheidung des BGH ließ
glauben, dass der BGH auf diese Linie „umschwenkt" (BGH ZUM 2010, 796 ff. –
Half Life 2, der eine Klausel des Verbots des „Verkaufs" eines Benutzerkontos für
AGB-rechtlich zulässig hielt, diese aber auch an §§ 17, 69c Nr. 3 S. 2 UrhG
prüfte). Die Rechtsprechung hatte sogar die Leitnorm des § 11 fruchtbar gemacht:
Eine AGB-Klausel sei unwirksam, mit der die inhaltliche Gestaltung eines Filmes
allein nach den Vorstellungen und Weisungen des Produzenten zu erfolgen hat und
der Regisseur damit „zum reinen Erfüllungsgehilfen des Produzenten" gemacht
wird; dies sei mit der grundsätzlichen gesetzgeberischen Entscheidung in
§ 11 nicht vereinbar (LG München I ZUM 2000, 414, 417 – *Down Under*). Der
BGH ist dem allen aber nicht gefolgt (BGH GRUR 2012, 1031 Tz. 28 – *Honorarbedingungen Freie Journalisten*). Im Einzelnen zum Verhältnis des Urheberrechts
zum AGB-Recht vgl. Vor §§ 31 ff. Rn. 192 ff. und auch bereits an dieser Stelle
Schricker/Loewenheim/*Loewenheim*/*Peifer*[5] Rn. 8. In dieselbe Richtung gehen
auch das LG Berlin und das KG (LG Berlin K&R 2007, 588; Berufungsentscheidung: KG ZUM 2010, 799, 802) sowie das LG Rostock (LG Rostock ZUM 2010,
828, 830 f. und OLG Rostock ZUM 2012, 706). Dies berücksichtigt aber die oben
(vgl. Rn. 6 f.) dargestellte Rechtsprechung des BGH zur AGB-Festigkeit von Vergütungsabreden nicht hinreichend. Daher hat der BGH dies auch nunmehr zu
recht eingeschränkt und jedenfalls den Übertragungszweckgedanken des § 31
Abs. 5 UrhG der AGB-Kontrolle entzogen sowie die Vergütungsabrede kontrollfrei gestellt: BGH GRUR 2012, 1031 Tz. 28 – *Honorarbedingungen Freie Journalisten* und im Detail dazu vgl. Vor §§ 31 ff. Rn. 206 und *Jan Bernd Nordemann*
NJW 2012, 3121 ff. *Peifer* sieht das Potential des § 11 S. 2 noch nicht als ausgeschöpft an (Schricker/Loewenheim/*Loewenheim*/*Peifer*[5] Rn. 10).

Unterabschnitt 2   **Urheberpersönlichkeitsrecht**

Vorbemerkung §§ 12 bis 14

Übersicht   Rn.

I.   Allgemeines

Der Schutz der Persönlichkeit des Urhebers beschränkt sich nicht auf die in   **1**
§§ 12–14 aufgezählten Rechte. Neben diesen Urheberpersönlichkeitsrechten
im engeren Sinne (vgl. Rn. 3) enthält das UrhG noch weitere Normen, welche
die ideellen und geistigen Interessen des Urhebers schützen (vgl. Rn. 6). Hinzu
kommt das allgemeine Persönlichkeitsrecht (vgl. Rn. 12).

II.   Urheberpersönlichkeitsrecht

Der Urheber hinterlässt in jedem Werk Spuren seiner **Persönlichkeit** (§ 2   **2**
Abs. 2: „Werke sind [nur] persönliche geistige Schöpfungen"), sodass zwischen
ihm und seinem Werk stets ein geistiges Band besteht. Die persönlichkeitsrechtliche Prägung des Urheberrechts zeigt sich schon darin, dass dieses anders als
die gewerblichen Schutzrechte (z. B. Marke, Patent, Geschmacksmuster) nur
einer natürlichen, nicht einer juristischen Person zustehen kann. Die geistige
Verbindung zwischen Urheber und Werk wird auch nicht dadurch aufgehoben,
dass der Urheber Dritten die Verwertung seines Werkes gestattet.

1.   Urheberpersönlichkeitsrechte im engeren Sinne

Das Urheberpersönlichkeitsrecht im engeren Sinne findet seine Ausprägung in   **3**
den §§ 12–14: Das **Veröffentlichungsrecht** nach § 12 Abs. 1 gibt dem Urheber
das Recht, über die (Erst-)Veröffentlichung seines Werkes zu entscheiden. Er
kann es von der öffentlichen Kenntnisnahme fernhalten und zugleich als Erster
den Inhalt des Werkes öffentlich mitteilen, § 12 Abs. 2. § 13 S. 1 gewährt dem
Urheber ein uneingeschränktes **Recht auf Anerkennung seiner Urheberschaft**.
Er kann zudem bestimmen, ob und wie das Werk zu bezeichnen und er als
Urheber zu benennen ist, § 13 S. 2. § 14 gewährt dem Urheber einen Schutz
vor entstellenden und verfälschenden Eingriffen in das Werk.

Im **europäischen Recht** ist das Urheberpersönlichkeitsrecht bislang nicht kodi-   **4**
fiziert (ausführlich dazu *Asmus*, Die Harmonisierung des Urheberpersönlichkeitsrechts in Europa; *Metzger* FS Schricker II, S. 455 ff.; *Klass* ZUM 2015,
290 sowie die Übersicht bei Schricker/Loewenheim/*Dietz/Peukert*[4] Rn. 22a,
dort auch Hinweise zu Ansätzen in der Rspr. des EuGH sowie einzelner Richtlinien). Zur Begründung wird auf die Kompetenzen und die eher wirtschaftlich

geprägten Ziele der Europäischen Union verwiesen. Allerdings sind die im Recht der Mitgliedstaaten vorhandenen Unterschiede im Schutzniveau des UPR sehr wohl geeignet, den freien Warenverkehr in Europa zu beinträchtigen. So mag die Verfilmung eines Buches in einem Mitgliedstaat wegen Entstellung des Originalwerks unzulässig, in einem anderen dagegen rechtlich nicht zu beanstanden sein (so *Metzger* FS Schricker II S. 455 ff. unter Hinweis auf OLG München GRUR 1986, 460 – *Die unendliche Geschichte*). In der Rechtspraxis unterschiedlich gehandhabt wird auch die Einblendung von Werbefenstern oder -botschaften in Spielfilmen. Schließlich mag in dem einen Mitgliedstaat eine Fotografie ohne, in dem anderen nur mit Urheberbenennung abgedruckt oder ausgestrahlt werden. Die europäische Harmonisierung des UPR ist nicht nur geboten, sie fällt auch in die Zuständigkeit der EU. Durch die unterschiedlich ausgeprägten urheberpersönlichkeitsrechtlichen Befugnisse können sich zwischen den Mitgliedstaaten erheblich unterschiedliche Anforderungen für den Verkehr mit urheberrechtlich geprägten Waren- und Dienstleistungen ergeben. Nach Art. 114 AEUV ist der Gemeinschaftsgesetzgeber deshalb befugt, die erforderlichen Harmonisierungsmaßnahmen zu treffen, um damit einhergehende Beeinträchtigung des gemeinsamen Binnenmarktes zu beseitigen.

5 Das UPR ist in gewissen Grenzen auf **konventionsrechtlicher Ebene** anerkannt: Art. 6bis Abs. 1 RBÜ enthält die im deutschen Recht in §§ 13, 14 geregelten Rechte des Urhebers.

2. Urheberpersönlichkeitsrecht im weiteren Sinne

6 Das Urheberpersönlichkeitsrecht im weiteren Sinne beruht auf dem das gesamte Urheberrecht prägenden Gedanken des Schutzes der ideellen, nämlich geistigen und persönlichen Interessen des Urhebers (Schricker/Loewenheim/*Dietz/Peukert*[4] Rn. 8), deren Schutz auch § 39 (Änderungsverbot), § 25 **Abs. 1** (Zugangsrecht), § 42 **Abs. 1 S. 1** (Rückruf wegen gewandelter Überzeugung) sowie § 63 (Pflicht zur Quellenangabe) gewährleisten. Eine randscharfe Abgrenzung des Urheberpersönlichkeitsrechts im engeren oder weiteren Sinne ist nicht möglich (BeckOK UrhR/*Kroitzsch/Götting*[16] § 11 UrhG Rn. 5). Eine Hilfestellung kann die Überlegung bieten, dass die persönlichkeitsbezogenen Rechte von den Verwertungsrechten in §§ 15 ff. abzugrenzen sind. Tatsächlich ist eine klare Trennung aber auch dann nicht immer möglich: So schützt das Veröffentlichungsrecht nach § 12 auch das Vermögen, obwohl es den Persönlichkeitsrechten zugeordnet ist (s. *Schack*, Urheber- und UrhebervertragsR[7] Rn. 364), und das Bearbeitungsrecht nach § 23 ist ein Verwertungsrecht, welches auch dem Persönlichkeitsschutz dient (vgl. §§ 23/24 Rn. 8).

3. Anwendungsbereich

7 Das Urheberpersönlichkeitsrecht ist bei allen Werkarten und Werknutzungen anwendbar. Bezüglich der verwandten Schutzrechte ist es zum Teil entsprechend anwendbar: Für wissenschaftliche Ausgaben vgl. § 70 Rn. 18, zu Lichtbildern, wo § 14 nur eingeschränkt anwendbar ist, vgl. § 72 Rn. 16 f. Bei nachgelassenen Werken steht dem Rechtsinhaber kein Urheberpersönlichkeitsrecht zu (vgl. § 71 Rn. 28 gegen Dreier/Schulze/*Schulze*[5] Rn. 4).

4. Praktische Bedeutung des Urheberpersönlichkeitsrechts

8 Das Gesetz schützt das Urheberpersönlichkeitsrecht umfänglich, was angesichts des Auftrages in § 11 durchaus angemessen ist. Die Wissenschaft betont die herausgehobene Stellung des Urheberpersönlichkeitsrechts (*Schack*, Urheber- und UrhebervertragsR[7] Rn. 353; *Ulmer*, Urheber- und VerlagsR[3] § 38 II 1), in der Praxis sind die Verwertungsrechte (§§ 15–22) weitaus wichtiger. Nicht zu verkennen ist, dass Urheberpersönlichkeitsrechte mitunter auch als Vehikel für **pekuniäre und strategische Interessen** eingesetzt werden. Dem Fotografen, dessen Namen bei Abdruck seiner Fotografie nicht genannt wurde, mag es im Einzelfall weniger um die Nennung (§ 13), sondern um den Erhalt des 100%-igen Lizenzzuschlags gehen, den die Rspr. in diesen Fällen gewährt (vgl. § 13 Rn. 30). Dem Architekt mag die geplante Umgestaltung eines von ihm geschaffenen Gebäudes eigentlich gleichgültig sein, er möchte jedoch den Auftrag dazu oder zumindest eine Entschädigung erhalten und beruft sich auf den Integritätsschutz nach § 14. Teilweise wurde der Integritätsschutz des Architekten auch zur Verhinderung städtebaulicher Maßnahmen herangezogen (s. zum Bauprojekt „Stuttgart 21": OLG Stuttgart GRUR-RR 2011, 56 – *Stuttgart 21*).

5. Das Urheberpersönlichkeitsrecht im Rechtsverkehr

Aufgrund seiner höchstpersönlichen Eigenart verbleibt das Urheberpersönlichkeitsrecht mit dem Urheberrecht stets beim Rechtsinhaber (§ 29 Abs. 1); nur **9** an Verwertungsrechten kann er Nutzungsrechte einräumen (§ 31 Abs. 1). Eine entsprechende gesetzliche Regelung für Urheberpersönlichkeitsrechte fehlt. Dennoch sind auch die praktisch notwendigen Rechtsgeschäfte über Urheberpersönlichkeitsrechte im beschränkten Umfang möglich, was schon § 39 Abs. 1 2. Hs. zeigt, der die Möglichkeit schuldrechtlicher Gestattungen bezüglich des Urheberpersönlichkeitsrechts voraussetzt. Eine ausdrückliche gesetzliche Regelung war in § 39 ProfE I noch vorgesehen, verschwand aber während des Gesetzgebungsverfahrens.

Auch urheberpersönlichkeitsrechtliche Befugnisse können **mit dinglicher Wir-** **10** **kung** auf den Nutzungsberechtigten gebunden mitübertragen werden, damit dieser die ihm eingeräumten Verwertungsrechte auch tatsächlich nutzen kann (Dreier/Schulze/*Schulze*[5] Rn. 12; *Schack*, Urheber- und UrhebervertragsR[7] Rn. 637 m.w.N. in Fn. 156; a.A. unsere 9. Aufl./*Hertin* Rn. 144 – lediglich schuldrechtliche Gestattung möglich). So impliziert die Einräumung des Vervielfältigungs- und Verbreitungsrechts die Übertragung der Ausübungsbefugnisse des Veröffentlichungsrechts (BGH GRUR 1955, 201 – *Cosima Wagner*) und mit dem Aufführungsrecht wird auch das Recht zur Änderung eingeräumt (§ 39 Abs. 2, *Schack*, Urheber- und UrhebervertragsR[7] Rn. 637). Ein **umfassender Vorausverzicht** auf die urheberpersönlichkeitsrechtlichen Befugnisse ist jedoch nicht möglich.

6. Postmortaler Urheberpersönlichkeitsschutz

Nach § 28 Abs. 1 UrhG ist das Urheberrecht vererblich, was auch das Urheberpersönlichkeitsrecht beinhaltet. Mit Ablauf der 70-jährigen Schutzfrist *p.m.a.* gem. **11** § 64 enden auch die urheberpersönlichkeitsrechtlichen Befugnisse (vgl. § 64 Rn. 18 sowie vgl. § 14 Rn. 6 zu Besonderheiten beim Entstellungsschutz). Zum Umfang des postmortalen Urheberrechtspersönlichkeitsschutzes vgl. § 30 Rn. 10.

III. Verhältnis des Urheberpersönlichkeitsrechts zum allgemeinen Persönlichkeitsrecht

1. Übersicht zum allgemeinen Persönlichkeitsrecht

Die Rechtsprechung erkennt ein ungeschriebenes allgemeines Persönlichkeitsrecht an (BGH NJW 1958, 827 – *Herrenreiter*; BGH GRUR 1955, 197 – **12** *Leserbrief*). Es schützt das Recht des Einzelnen auf Achtung seiner personalen und sozialen Identität sowie auf Entfaltung seiner individuellen Persönlichkeit (Palandt/*Sprau*[76] § 823 Rn. 86 m.w.N.). Folgende Fallgruppen haben sich herausgebildet (MüKo BGB/*Rixecker*[7] Anh. zu § 12 Rn. 58 ff.):
1. Schutz vor unberechtigter Bildnisherstellung und -verbreitung (a.a.O. Rn. 58–93)
2. Schutz vor Angriffen auf Ehre und persönliche Integrität (a.a.O. Rn. 94–102)
3. Schutz vor Identitätsentstellung (a.a.O. Rn. 103–106)

4. Schutz vor dem Eindringen in den persönlichen Bereich (a. a. O. Rn. 107–126)
5. Schutz vor Erhebung und Verarbeitung von wahren personenbezogenen Informationen (a. a. O. Rn. 127–160)
6. Schutz der Person vor unbefugter Nutzung der Persönlichkeit (a. a. O. Rn. 161–163).

2.   Schnittmengen

13   In einigen Fällen können sich Schnittmengen aus den Schutzbereichen von Urheberpersönlichkeitsrecht und allgemeinem Persönlichkeitsrecht ergeben: Da jedes Werk auch Teile der Schöpferpersönlichkeit enthält (vgl. Rn. 1), bestehen Überschneidungen mit der zweiten Fallgruppe (Schutz von Ehre und Integrität), etwa wenn der Architekt sein allgemeines Persönlichkeitsrecht verletzt sieht, weil sein Werk nicht gebaut wird (BVerfG NJW 2005, 590). Auch Werkkritik kann beide Rechte verletzen: Die Bezeichnung von Bölls Oeuvre als „häufig widerwärtiger Dreck" ist unzulässige Schmähkritik (BVerfG NJW 1993, 1462), die Urheber und allgemeines Persönlichkeitsrecht tangiert. Die dritte Fallgruppe des APR (Identitätsentstellung) schützt unter anderem vor dem Unterschieben falscher Aussagen (MüKo BGB/*Rixecker*[7] Anh. zu § 12 Rn. 103 f.). Namentlich gehören dazu Zitate, die nicht oder nicht in dieser Weise getätigt wurden (BVerfG NJW 1993, 2925). Es liegt auf der Hand, dass angeblich aus einem Werk entnommene Zitate zugleich das Urheber- und das allgemeine Persönlichkeitsrecht berühren können. Bezüglich der vierten Fallgruppe könnten Überschneidungen dann vorliegen, wenn ein intimes Selbstbildnis des Urhebers gegen dessen Willen veröffentlicht wird. Die sechste Fallgruppe schließlich schützt den Urheber von Texten auch vor der rücksichtslosen Verwertung zur Verfolgung kommerzieller Interessen (MüKo BGB/*Rixecker*[7] Anh. zu § 12 Rn. 162 a. E.), sodass auch hier Schnittmengen bestehen.

3.   Grundsätzlicher Vorrang des Urheberpersönlichkeitsrechts

14   Als Spezialregelung geht das Urheberpersönlichkeitsrecht dem allgemeinen Persönlichkeitsrecht des Urhebers grundsätzlich vor (Schricker/Loewenheim/*Dietz/ Peukert*[4] Rn. 15 m. w. N.). In Einzelfällen kann das allgemeine Persönlichkeitsrecht ergänzend herangezogen werden, wenn durch das UrhG ungewollte Lücken verbleiben, nämlich bei fehlendem urheberrechtlichen Schutz (s. BGH GRUR 1955, 197 – *Leserbrief*). Die in diesem Zusammenhang ebenfalls thematisierten Altfälle bezüglich Werken, die vor Inkrafttreten des UrhG am 1.1.1966 geschaffen wurden (s. § 143 Abs. 2) sind aufgrund Zeitablaufs irrelevant.

15   Ebenfalls kein Fall des Urheber-, sondern allenfalls des allgemeinen Persönlichkeitsrechts ist das *droit de non-paternité*, also des **Anerkennens der Nicht-Urheberschaft**. Das Unterschieben von Werken kann das allgemeine Persönlichkeitsrecht, nicht aber das Urheberpersönlichkeitsrecht bezüglich der zum Oeuvre gehörenden Werke verletzen (BGH GRUR 1995, 668, 670 – *Emil Nolde*).

4.   Schutzdauer des allgemeinen Persönlichkeitsrechts

16   Auch das allgemeine Persönlichkeitsrecht überdauert den Tod und kann danach von den Angehörigen des Verstorbenen geltend gemacht werden (zuletzt BGH NJW 2009, 751, 752 – *Theaterstück „Ehrensache"*; BGH GRUR 2007, 168, 169 – *kinski-klaus.de*; BGH GRUR 2006, 606 – *Postmortaler Persönlichkeitsschutz*; BGH GRUR 1995, 668 – *Emil Nolde* jeweils m. w. N.; OLG Stuttgart GRUR-RR 2011, 56 – *Stuttgart 21*; MüKo BGB/*Rixecker*[7] Anh. § 12 Rn. 45 ff.). Postmortal geschützt wird zum einen der allgemeine Achtungsanspruch, der dem Menschen als solchem zusteht, zum anderen der sittliche, personale und soziale Geltungswert, den die Person durch ihre eigene Lebensleistung erworben hat (BGH NJW 2009, 751, 752 – *Theaterstück „Ehrensache"*). Hinsichtlich der **vermögenswerten Bestandteile** des allgemeinen Persönlichkeitsrechts hat der BGH zwischenzeitlich entschieden, dass diese analog § 22 S. 3 KUG 10 Jahre nach dem Tod erlöschen (BGH GRUR 2007, 168, 169 – *kinski-klaus.de*). Wie lange die ideellen Bestandteile des APR geltend gemacht werden können, ist dagegen nicht abschließend geklärt. Sie dauern bei einem bekannten Maler wenigstens 30 Jahre (BGH GRUR 1995, 668, 670 – *Emil Nolde*). Erforderlich ist, dass die das Recht durchsetzenden Angehörigen noch eine persönliche Betroffenheit darlegen können.

§ 12　Veröffentlichungsrecht

(1) Der Urheber hat das Recht zu bestimmen, ob und wie sein Werk zu veröffentlichen ist.

(2) Dem Urheber ist es vorbehalten, den Inhalt seines Werkes öffentlich mitzuteilen oder zu beschreiben, solange weder das Werk noch der wesentliche Inhalt oder eine Beschreibung des Werkes mit seiner Zustimmung veröffentlicht ist.

Übersicht

I.　Allgemeines

1.　Bedeutung, Sinn und Zweck der Norm

§ 12 regelt zwei selbständige Urheberpersönlichkeitsrechte. Abs. 1 räumt dem **1** Urheber das Recht ein, über das „Ob" und „Wie" der Veröffentlichung seines Werkes zu entscheiden (**Veröffentlichungsrecht**). Nach Abs. 2 ist ihm ferner vorbehalten, als Erster den Inhalt seines Werkes öffentlich mitzuteilen, solange weder das Werk noch der wesentliche Inhalt oder eine Werkbeschreibung mit seiner Zustimmung veröffentlicht wurden (**Mitteilungsrecht**).

Beide Rechte schützen die Verfügungsgewalt des Urhebers über sein Werk: Hält **2** er es noch für unfertig oder für ihn belastend, dann will er es nicht aus seiner Privatsphäre entlassen und sich der öffentlichen Diskussion aussetzen. Erst mit der Entscheidung für eine Veröffentlichung macht der Urheber sein Werk zum Gegenstand des Rechtsverkehrs; dabei führt die Veröffentlichung unwiderruflich zu bestimmten wirtschaftlichen Beschränkungen des Urheberrechts im Rahmen der Schrankenvorschriften der §§ 44a ff. (vgl. § 6 Rn. 30 ff.). Vor diesen Nachteilen möchte das Veröffentlichungsrecht den Urheber schützen. Das Recht ist persönlichkeits- und vermögensrechtlicher Natur (BGH GRUR 1955, 201, 204 – *Cosima Wagner*). Eine gegen den Willen des Urhebers erfolgende Veröffentlichung kann regelmäßig nicht mit verfassungsrechtlichen Erwägungen, insb. der **Meinungs- und Pressefreiheit** (Art. 5 Abs. 1), gerechtfertigt werden (KG GRUR-RR 2008, 188 – *Günter-Grass-Briefe* zum Abdruck politisch brisanter Briefe in einer Tageszeitung; Einzelheiten dazu vgl. Vor §§ 44a ff. Rn 5 f.). Eine Ausnahme bildet § 45 UrhG, der zugunsten von Rechtspflege und öffentlicher Sicherheit auch die Veröffentlichung unveröffentlichter Werke, z. B. von Fahndungsfotos, zustimmungsfrei gestattet (vgl. § 45 Rn. 5). Das von **Behörden** und **öffentlichen Einrichtungen** für dienstlich erstellte Werke ihrer Mitarbeiter wahrgenommene Veröffentlichungsrecht kann durch die Zugangsrechte nach dem **Informationsfreiheitsgesetz** (IFG) eingeschränkt sein (s. BVerwG GRUR 2016, 137, Tz. 38 – *Dokumentation für zu Guttenberg*; dogmatisch verfehlt dagegen VG Dresden, Urt. v. 21.4.2016 – 3 K 1371/12 (juris): Veröffentlichung zulässig, wenn öffentliches Interesse an Veröffentlichung dem Nichtveröffentlichungsinteresse des Urhebers überwiegt). Umgekehrt verleiht das Recht nach § 12 auch öffentlichen Einrichtungen eine Handhabe, gegen das **Leaking** und die Veröffentlichung vertraulicher Dokumente vorzugehen (s. OLG Köln GRUR 2016, 59 ff. – *Afghanistan-Papiere* zur Veröffentlichung militärischer Lageberichte). BGH, Beschluss vom 1.6.2017 – I ZR 139/15 (OLG Köln, LG Köln); Vorlage an den EuGH.

3 Bildet das Veröffentlichungsrecht (Abs. 1) damit einerseits eine **Grundnorm des Urheberrechts** (Schricker/Loewenheim/*Dietz/Peukert*[4] Rn. 1), erlangt es andererseits nur selten selbständige Bedeutung. Denn die unautorisierte Werkveröffentlichung verletzt regelmäßig auch materielle Verwertungsbefugnisse des Urhebers (§§ 15 ff.), die ihm ebenfalls entsprechende Verbotsrechte zuweisen. Eine Ausnahme bildet die körperliche Ausstellung von unveröffentlichten Werken, die nicht durch § 18 erfasst wird, z. B. von Briefen oder wissenschaftlichen Darstellungen (vgl. § 18 Rn. 5). Dagegen hat das Mitteilungsrecht nach Abs. 2 durchaus eigenständige Bedeutung, weil die durch Dritte erfolgende Preisgabe des Werkinhalts (z. B. die Schilderung von Details eines mit Spannung erwarteten Fortsetzungsromans) nicht zwingend die Verwertungsbefugnisse des Urhebers an seinem Werk verletzt (vgl. Rn. 18).

4 Einen **Anspruch auf Veröffentlichung** vermag § 12 nicht zu begründen; der Urheber bleibt insoweit auf vertragliche Ansprüche beschränkt (KG GRUR 1981, 742, 743 – *Totenmaske*; Schricker/Loewenheim/*Dietz/Peukert*[4] Rn. 1; *Schack*, Urheber- und UrhebervertragsR[7] Rn. 368).

2. Anwendungsbereich

5 Das Veröffentlichungsrecht gilt für alle Werkarten (RegE UrhG 1962 – BT-Drs. IV/270, S. 44), einschließlich von Werkteilen, sofern diese für sich schutzfähig sind (OLG Zweibrücken GRUR 1997, 363, 364 – *Jüdische Friedhöfe*), wie auch für nachträgliche (schutzfähige) **Bearbeitungen** des bereits veröffentlichten Werkes (Wandtke/Bullinger/*Bullinger*[4] Rn. 6; Dreier/Schulze/*Schulze*[5] Rn. 6; OLG Düsseldorf GRUR 2012, 173 – *Beuys-Fotoreihe*). Bei den **Leistungsschutzrechten** können sich nur die Verfasser wissenschaftlicher Ausgaben (§ 70) und die Lichtbildner (§ 72) auf die Rechte nach § 12 berufen, die Inhaber anderer Leistungsschutzrechte dagegen nicht (Dreier/Schulze/*Schulze*[5] Rn. 2).

3. Konventions- und Fremdenrecht

6 Im Konventionsrecht fehlt eine § 12 entsprechende Bestimmung; Art 6bis RBÜ regelt nur die in §§ 13, 14 enthaltenen Aspekte des Urheberpersönlichkeitsrechts. § 121 Abs. 6 gewährt allerdings auch **Ausländern** ungeachtet ihrer Staatsangehörigkeit und völkerrechtlicher Vereinbarungen die Urheberpersönlichkeitsrechte nach §§ 12 ff.; insoweit mag für einzelne Ausländer das Veröffentlichungsrecht durchaus eigenständige Bedeutung haben (Schricker/Loewenheim/*Dietz/Peukert*[4] Vor §§ 12 ff. Rn. 25b), nämlich wenn ihnen die Berufung auf die Verwertungsrechte nach § 15 versagt bleibt.

Zur bislang fehlenden **EU-Harmonisierung** des Persönlichkeitsrechts vgl. Vor **7**
§§ 12 ff. Rn. 4. Zum Recht in anderen EU-Mitgliedstaaten Schricker/Loewenheim/*Dietz/Peukert*[4] Rn. 3 sowie die umfassenden Nachweise bei *Schack*, Urheber- und UrhebervertragsR[7] Rn. 351 f.

II. Veröffentlichungsrecht (Abs. 1)

1. Inhalt und Schutzumfang

§ 12 Abs. 1 räumt dem Urheber das Recht ein zu bestimmen, ob und wie sein   **8**
Werk veröffentlicht wird. Der **Begriff der Veröffentlichung** ist selbst nicht in
§ 12, sondern in § 6 Abs. 1 geregelt (vgl. § 6 Rn. 1). Danach ist ein Werk veröffentlicht, wenn es mit Zustimmung des Urhebers der Öffentlichkeit zugänglich
gemacht wurde. Der Öffentlichkeitsbegriff in § 6 Abs. 1 ist enger als die nur
für die Verwertungsrechte der öffentlichen Wiedergabe geltende Legaldefinition der Öffentlichkeit in § 15 Abs. 3 (wohl h. M.: Schricker/Loewenheim/
Katzenberger[4] § 6 Rn. 9 ff.; Schricker/Loewenheim/*Dietz/Peukert*[4] Rn. 8;
Wandtke/Bullinger/*Bullinger*[4] Rn. 7; *Schack*, Urheber- und UrhebervertragsR[7]
Rn. 262). Dies gebietet die unterschiedliche Interessenlage: Während mit Rücksicht auf die Verwertungsinteressen des Urhebers eine öffentliche Wiedergabe
i. S. d. § 15 Abs. 3 bereits vorliegt, wenn nur wenige nicht durch persönliche
Beziehungen miteinander verbundene Personen das (veröffentlichte) Werk
wahrnehmen können (vgl. § 15 Rn. 39 ff.), hat der Urheber im Anwendungsbereich des § 12 gerade umgekehrt ein Interesse daran, dass ihm das Veröffentlichungsrecht möglichst lange erhalten bleibt (zum Verlust bzw. Verbrauch vgl.
Rn. 11). Deshalb gestatten § 12 Abs. 1 und § 6 Abs. 1 dem Urheber, die Wirkung seines Werkes im kleinen Kreis zu testen (Schricker/Loewenheim/*Dietz/
Peukert*[4] Rn. 8) ohne des Veröffentlichungsrechts verlustig zu werden, selbst
wenn dadurch eine öffentliche Wiedergabe nach § 15 Abs. 3 erfolgt (zu weitgehend allerdings Wandtke/Bullinger/*Bullinger*[4] Rn. 7: Veröffentlichung erst,
wenn das Werk ohne Einschränkung grundsätzlich jedermann zugänglich gemacht worden ist). Die Grenzen dieser Befugnis sind Fragen des Einzelfalles.
Zu **Beispielen** vgl. Rn. 11 und vgl. § 6 Rn. 11.

Das Recht nach § 12 beschränkt sich nach ganz überwiegender Auffassung auf   **9**
die **Erstveröffentlichung** des Werkes (OLG Köln GRUR-RR 2005, 337, 338 –
Dokumentarfilm Massaker; OLG Zweibrücken GRUR 1997, 363, 364 – *Jüdische Friedhöfe*; OLG München NJW-RR 1997, 493, 494 – *Ausgleich Nichtvermögensschaden*, alle Entscheidungen jeweils ohne nähere Begründung; *Strömholm* GRUR 1963, 350, 358; Dreier/Schulze/*Schulze*[5] Rn. 6; Schricker/
Loewenheim/*Dietz/Peukert*[4] Rn. 7; Wandtke/Bullinger/*Bullinger*[3] Rn. 9;
Schack, Urheber- und UrhebervertragsR[7] Rn. 366; zur Gegenmeinung sogleich). Erscheint das Werk später erneut in anderer Form gegen den Willen
des Urhebers (z. B. Veröffentlichung des Schriftstücks im Internet, Verfilmung),
sind nur die Verwertungs- und Bearbeitungsrechte des Urhebers betroffen,
nicht jedoch das Veröffentlichungsrecht (vgl. Rn. 21). Das Veröffentlichungsrecht hat damit den Charakter eines **Einmalrechts**, welches sich **durch Ausübung verbraucht.** Die Gegenauffassung, die dem Urheber unter Hinweis auf
den Wortlaut von Abs. 1 (das „Wie" der Veröffentlichung) das Veröffentlichungsrecht auch für nachfolgende Formen der Veröffentlichung zuerkennt
(LG Berlin GRUR 1983, 761, 762 – *Porträtbild*; unsere 9. Aufl./*Hertin* Rn. 10;
v. Gamm Rn. 7) widerspricht dem Schutzzweck des § 12. Die Vorschrift
möchte den Urheber davor bewahren, ein nicht für die Öffentlichkeit
bestimmtes oder unfertiges Werk an die Öffentlichkeit gelangt. Gegen alle
nachfolgenden Veröffentlichungen wird er bereits umfassend durch die Verwertungsrechte nach §§ 15 ff., aber auch durch die Rechte nach § 14 (Entstellungsschutz) und § 23 (Bearbeitungen) geschützt.

10 Entsprechend beschränkt sich auch das dem Urheber nach Abs. 1 vorbehaltene „Wie" der Werkveröffentlichung auf die Erstveröffentlichung. Der Urheber kann allein festlegen, an welchem Ort, zu welchem Zeitpunkt und in welcher Form (z. B. Lesung, Aufführung, Vervielfältigung, Kino oder Video) das Werk erstmalig veröffentlicht wird. Sofern die Form vertraglich nicht ausdrücklich festgelegt ist, ist sie im Wege der Auslegung sowie unter Berücksichtigung der Grundsätze von Treu und Glauben zu ermitteln (ähnlich OLG Köln GRUR-RR 2005, 337, 338 – *Dokumentarfilm Massaker*). Die gebotene Auslegung kann auch ergeben, dass der Urheber dem Verwerter die Entscheidungsbefugnis überlassen hat, in welcher Form die Veröffentlichung erfolgen soll. Gerade bei Bestellwerken setzen die auch im Urhebervertragsrecht geltenden Grundsätze von Treu und Glauben (§ 242 BGB) dem Veröffentlichungsrecht Grenzen (OLG Köln GRUR-RR 2005, 337, 338 – *Dokumentarfilm Massaker*; dazu auch LG Leipzig ZUM 2006, 893, 894 – *Glockenzier*; KG NJW-RR 1986, 608, 609 – *Abnahme des fertigen Films durch Regisseur*).

10a Auch Mitarbeitern von **Behörden** und **öffentlichen Einrichtungen** steht für ihre im dienstlichen Auftrag erstellten Werke (soweit diese keine amtlichen Werke i. S. v. § 5 sind) das Recht nach § 12 zu; sie räumen ihrem Dienstherrn aber die Nutzungsrechte ein, die dieser zur Erfüllung seiner Aufgaben benötigt (BGH, GRUR 2011, 59 – *Lärmschutzwand*) Dazu gehört auch das Veröffentlichungsrecht zur Gewährung von Zugangsrechten nach dem Informationsfreiheitsgesetz (s. BVerwG GRUR 2016, 137, Ls. 2 – *Dokumentation für zu Guttenberg*). Umgekehrt können sich Behörden wie Privatleute unter Berufung auf das Erstveröffentlichungsrecht gegen das **Leaking** von vertraulichen (urheberrechtlich geschützten) Dokumenten wehren (s. OLG Köln GRUR 2016, 59 ff. – *Afghanistan-Papiere*). Den Leaking-Plattformen und anderen Verbreitern helfen die Schrankenregelungen nach §§ 44a ff. in der Regel nicht, weil diese weitgehend nur für rechtmäßig veröffentlichte Werke gelten.

2. Ausübung und Verbrauch des Veröffentlichungsrechts

11 Das Veröffentlichungsrecht nach Abs. 1 erlischt bzw. verbraucht sich erst mit dem **Realakt** der Veröffentlichung. Der Urheber kann es jedoch bereits vorher ausüben. Dies geschieht meist nicht ausdrücklich, sondern stillschweigend im Zusammenhang mit der rechtsgeschäftlichen **Einräumung von Nutzungsrechten** (OLG München ZUM 2000, 767, 700; Dreier/Schulze/*Schulze*[5] Rn. 9). Räumt der Autor dem Verleger das Recht zur Verwertung seines Werkes ein, z. B. durch körperliche Verbreitung (§ 17) oder öffentliche Wiedergabe (§§ 15 Abs. 2, 19 ff.), und übergibt er dem Verleger das fertige Manuskript, übt er in diesem Moment das Veröffentlichungsrecht aus. Solange aber das zu erstellende Werk noch nicht vorhanden ist, ist eine Vorausverfügung über das Veröffentlichungsrecht nicht möglich (OLG Köln GRUR-RR 2005, 337, 338 – *Dokumentarfilm Massaker*, OLG München ZUM 2000, 767, 701). Die Ausübung des Veröffentlichungsrechts setzt also die **Vollendung** des Werkes voraus (s. a. *Reupert* S. 120). Die **Zweckübertragungslehre** (vgl. § 31 Rn. 108 ff.) ist entsprechend anwendbar, wenn im Falle einer Weggabe des Werkes durch den Urheber Zweifel über die Ausübung des Veröffentlichungsrechts bestehen (BGH GRUR 1955, 201, 204 f. – *Cosima Wagner*; BGH GRUR 1977 551, 554 – *Textdichteranmeldung*; LG Leipzig ZUM 2006, 893, 894 – *Glockenzier*; Wandtke/Bullinger/*Bullinger*[4] Rn. 10). Weitere **Beispiele**: Veröffentlichung verneint bei Einsichtnahme in Gutachten des wissenschaftlichen Dienstes des Bundestages (VG Berlin K&R 2012, 141); durch Einführung eines Gutachtens in einen Prozess unter Ausschluss der Öffentlichkeit (LG Berlin FamRZ 2007, 1324); durch Zusendung von privaten Briefen an einen Minister (KG GRUR-RR 2008, 188 – *Günter-Grass-Briefe*) bzw. eine Zeitungsredaktion (KG NJW 1995, 3392, 3394 – *Botho Strauß*); durch die Eingliederung von Dokumenten in ein Stadtarchiv, welches nur Personen mit nachgewiesenem Interesse zugänglich ist (OLG Zweibrücken GRUR 1997, 363 – *Jüdische Friedhöfe*).

Die Ausübung des Veröffentlichungsrechts ergibt sich ansonsten meist aus den **12** Umständen. Beispiel ist die – auch vorübergehende – öffentliche Präsentation des Werkes. Von Bedeutung ist die Fiktion des § **44 Abs.** 2: Veräußert der Urheber ein Originalwerk der bildenden Künste oder das Original eines Lichtbildwerkes, so begibt sich der Urheber seines Veröffentlichungsrechts, wenn er keine anderslautende Vereinbarung getroffen hat. Der Erwerber des Werkoriginals ist nämlich dazu berechtigt, das Originalwerk öffentlich auszustellen, sofern der Urheber sich dies nicht ausdrücklich vorbehalten hat (vgl. § 44 Rn. 9). Daraus folgt im Umkehrschluss, dass außerhalb des Anwendungsbereichs des § 44 Abs. 2 der Urheber durch einen **bloßen Verkauf** seines bislang unveröffentlichten Werkes nicht zwingend der Veröffentlichung zustimmt. Veräußert der Komponist die handschriftliche Partitur oder eine Demo-Version seiner unveröffentlichten Komposition, wird er über das Recht nach § 12 nur verfügen wollen, wenn er dem Erwerber zugleich Nutzungsrechte an der Komposition einräumt. Dies ist Frage des Einzelfalls (Wandtke/Bullinger/*Bullinger*[4] Rn. 12 zur Frage, ob ein Innenarchitekt mit Übergabe seines Werkes an den Bauherrn der Veröffentlichung zustimmt). Ein **Widerruf** der einmal erteilten Zustimmung zur Veröffentlichung ist nur vor der tatsächlichen Veröffentlichung und nur entsprechend §§ 41/42 UrhG möglich (ebenso Dreier/Schulze/*Schulze*[5] Rn. 12; Schricker/Loewenheim/*Dietz/Peukert*[4] Rn. 17; a. A. KG NJW 1995, 3392, 3394 – *Botho Strauß*, das von einer freien Widerruflichkeit der erteilten Einwilligung ausgeht). Die Annahme einer freien Widerruflichkeit der Zustimmung würde die tatsächliche Nutzbarkeit gleichzeitig eingeräumter Verwertungsrechte gefährden (vgl. Vor §§ 12 ff. Rn. 10). Daher muss ein Gleichlauf zum Rückruf von Nutzungsrechten bestehen. Durch die eingeschränkte Möglichkeit des Rückrufs nach §§ 41/42 UrhG ist den persönlichkeitsrechtlichen Interessen des Urhebers auch mit Blick auf das Veröffentlichungsrecht ausreichend Rechnung getragen.

Durch die Ausübung des **Mitteilungsrechts** nach Abs. 2 (Bekanntgabe des bloßen **13** Werkinhalts) verbraucht sich das Veröffentlichungsrecht noch nicht (vgl. Rn. 19). Vielmehr muss das Werk als solches mit Zustimmung des Urhebers veröffentlicht worden sein (OLG Zweibrücken GRUR 1997, 363, 364 – *Jüdische Friedhöfe*: kein Verbrauch durch öffentliche Vorstellung eines Werkes im Rahmen einer Feierstunde und Besprechung in der Tagespresse). Werden nur **Werkteile** veröffentlicht (z. B. der 1. Akt eines Theaterstücks oder Ausschnitte aus einem Musical) verbraucht sich das Veröffentlichungsrecht nur hinsichtlich dieser Werkteile (OLG München ZUM 2000, 767, 771 f. für einzelne Teile eines Filmwerkes).

3. Veröffentlichungsrecht von Miturhebern

Miturheber können das Veröffentlichungsrecht nur gemeinsam ausüben, § 8 **14** Abs. 2 Abs. 1. Ein einzelner Miturheber darf jedoch seine Einwilligung zur Veröffentlichung nicht wider Treu und Glauben verweigern, § 8 Abs. 2 S. 2. Dies ist insb. bei Auftragsproduktionen im Filmbereich der Fall, für die der Miturheber vom Besteller eine Vergütung für seine vertraglich vereinbarte Werkleistung erhalten hat (OLG Köln GRUR-RR 2005, 337, 338 – *Dokumentarfilm Massaker*). Entspricht die geschaffene Werkleistung dem im Vorfeld Vereinbarten, kann der Miturheber die Veröffentlichung nicht unter Hinweis auf sein Veröffentlichungsrecht torpedieren. Verweigert er die Zustimmung, müssen die anderen Miturheber oder der Verwerter diese gegebenenfalls einklagen (Dreier/Schulze/*Schulze*[5] § 8 Rn. 16).

4. Folgen der Rechtsverletzung

Wird das Werk ohne Zustimmung des Urhebers veröffentlicht, wird dieser des **15** Veröffentlichungsrechts nach Abs. 1 nicht verlustig (allg. M.: OLG Köln

GRUR-RR 2005, 337, 338 – *Dokumentarfilm Massaker*; Schricker/Loewenheim/*Dietz/Peukert*[4] Rn. 7; BeckOK UrhR/*Kroitzsch/Götting*[16] Rn. 14). Er kann von dem Verletzer nicht nur Beseitigung und Unterlassung, ggf. auch den Rückruf verbreiteter Werkexemplare, verlangen, sondern bleibt weiterhin berechtigt, anderen die Veröffentlichung seines Werkes zu verbieten.

III. Das Recht der öffentlichen Inhaltsmitteilung oder -beschreibung (Abs. 2)

1. Inhalt und Schutzumfang

16 Nicht nur das vollständige Werk oder einzelne Werkteile unterliegen dem Veröffentlichungsrecht. § 12 Abs. 2 behält dem Urheber auch das Recht vor, als Erster der Öffentlichkeit den Inhalt seines Werkes mitzuteilen oder zu beschreiben, solange weder das Werk noch der wesentliche Inhalt oder eine Beschreibung des Werkes mit seiner Zustimmung veröffentlicht wurden. Praktisch bedeutsam ist dies für **Vorankündigungen** neu erscheinender Werke, etwa eines Romans, Spielfilms oder einer wissenschaftlichen Abhandlung. Dem Urheber bleiben nur solche Mitteilungen exklusiv vorbehalten, die die **schutzfähigen Inhalte** seines unveröffentlichten Werkes preisgeben (LG Berlin BeckRS 2007, 13628 – *Veröffentlichung eines Gutachtens*; Schricker/Loewenheim/*Dietz/Peukert*[4] Rn. 24; Dreier/Schulze/*Schulze*[5] Rn. 21). Dies sind etwa bei einem Roman oder Spielfilm die – auch sehr grobe – Darstellung der Handlung (Inhaltsmitteilung) oder im Fall eines Kunstwerkes die in Worte gefasste Beschreibung der formgebenden Züge (Werkbeschreibung, z. B. „Skulptur eines Pferds mit Reiter"). Maßgeblich ist, ob sich die Öffentlichkeit anhand der Mitteilung oder Beschreibung bereits ein ungefähres Bild über den Werkinhalt machen kann (HK-UrhR/*Dreyer*[2] Rn. 23).

17 Die Preisgabe **schutzunfähiger Inhalte** des Werkes fällt dagegen nicht unter das Erstmitteilungsrecht (Schricker/Loewenheim/*Dietz/Peukert*[4] Rn. 24). Dazu gehören die äußeren Umstände des Werkes. Wer nur den Titel oder das Thema eines Romans (z. B. „historisches Schiffsunglück"), dessen Umfang, das Erscheinungsdatum oder die Namen der mitwirkenden Schauspieler eines Spielfilms verrät, verletzt nicht das Mitteilungsrecht des Urhebers. Insoweit helfen nur weitergehende Geheimhaltungsvereinbarungen.

18 Mitteilungsrecht (Abs. 2) und Veröffentlichungsrecht (Abs. 1) bestehen **selbstständig nebeneinander** (vgl. Rn. 13). Stellt der Urheber den Inhalt seines Werkes öffentlich vor (z. B. Vorankündigung, Trailer, Lesung von Auszügen) führt dies noch zu keinem Verbrauch des Veröffentlichungsrechts nach Abs. 1 (OLG Zweibrücken GRUR 1997, 363, 364 – *Jüdische Friedhöfe*; Schricker/Loewenheim/*Dietz/Peukert*[4] Rn. 26; HK-UrhR/*Dreyer*[2] Rn. 19).

2. Verbrauch

19 Wie Abs. 1 gewährt Abs. 2 dem Urheber nur das Recht zur Erstmitteilung (vgl. Rn. 9). Ist mit seiner Zustimmung eine Mitteilung bzw. Beschreibung des wesentlichen Inhalts erfolgt, ist das Recht nach § 12 Abs. 2 verbraucht. Die Differenzierung zwischen „Inhalt" (Hs. 1) und „wesentlicher Inhalt" (Hs. 2) führt dazu, dass dem Urheber zwar jede Inhaltsmitteilung vorbehalten ist, aber nur die Mitteilung des wesentlichen Inhalts zum Verbrauch des Rechts führt (Schricker/Loewenheim/*Dietz/Peukert*[4] Rn. 26). Folglich kann der Urheber den Verbrauch seines Mitteilungsrechts verzögern, indem er nur lückenhafte Details oder das Werkthema, nicht jedoch den vollständigen Inhalt preisgibt (Dreier/Schulze/*Schulze*[5] Rn. 23).

20 Für die Merkmale der **Zustimmung** des Urhebers und der **Veröffentlichung** gelten die Ausführungen zu Abs. 1 entsprechend (vgl. Rn. 8).

Ist das Mitteilungsrecht verbraucht, können auch Dritte den Inhalt des Werkes in **21** eigenen Worten öffentlich mitteilen oder beschreiben. Insoweit gelten die allgemeinen Regelungen, insbesondere §§ 23/24 UrhG (s. BGH GRUR 2011, 134 – *Perlentaucher* und BGH ZUM 2011, 242, 247 – *Notiz zur SZ* jeweils zur Zulässigkeit von Zusammenfassungen von Buchrezensionen). Praktisch bedeutsam wird dies für Zusammenfassungen (**Abstracts**) von Werken, z. B. Rezensionen oder Fachaufsätzen. In den vorgenannten Entscheidungen *Perlentaucher* und *Notiz zur SZ* hat der BGH dazu klargestellt, dass das Mitteilungsrecht einen zusätzlichen Schutz des Urhebers vor der Veröffentlichung seines Werkes begründet, nicht aber – im Umkehrschluss – eine Beschränkung seiner Rechte nach der Veröffentlichung (für ein solches Verständnis als Schranke, jeweils in unterschiedlicher Tendenz: *Haberstumpf*[2] Rn. 205; Büscher/Dittmer/Schiwy/*Haberstumpf*[3] Rn. 13; Schricker/Loewenheim/*Dietz/Peukert*[4] Rn. 29; *Müsse* S. 141; weitere Nachweise bei BGH GRUR 2011, 134 Tz. 47 – *Perlentaucher*). Für die Zulässigkeit einer weiteren Inhaltsmitteilung des Werkes, z. B. bei dem Abstract einer Buchrezension, kommt es darauf an, ob ein **hinreichender Abstand zum Originalwerk** eingehalten wird (zur Abgrenzung zw. freier Benutzung und Bearbeitung vgl. §§ 23/24 Rn. 40 ff.). Stellt die Zusammenfassung eine Bearbeitung oder Umgestaltung (§ 23 S. 1) des Originalwerkes dar, ist sie nur mit Einwilligung des Urhebers zulässig. Dem Verfasser einer Zusammenfassung steht die ganze Bandbreite der sprachlichen Ausdrucksmöglichkeiten zur Verfügung, um ein fremdes Schriftwerk **in eigenen Worten** zusammenzufassen (BGH GRUR 2011, 134 Tz. 50 – *Perlentaucher*). An der Übernahme der im jeweiligen Fachbereich gebräuchlichen Formulierungen ist er nicht gehindert (BGH a. a. O. unter Verweis auf BGH GRUR 1981, 352 – *Staatsexamensarbeit*; s. zu den Vorinstanzen: OLG Frankfurt ZUM 2008, 233 und LG Frankfurt ZUM 2007, 65 zu *Perlentaucher*; OLG Frankfurt GRUR 2008, 249 zu *Notiz zur SZ*; s. a. LG Hamburg GRUR-RR 2004, 66, 59 – *Harry Potter* für ein Lehrbuch zu einem Harry-Potter-Roman).

III. Prozessuales

Wer das Veröffentlichungsrecht nach Abs. 1 geltend macht, muss **darlegen und beweisen**, dass das Werk noch unveröffentlicht oder nicht rechtmäßig veröffentlicht ist (*Erich Schulze* KGZ 56, S. 11 für das Ausstellungsrecht). Da es sich insoweit um eine negative Tatsache handelt, die einem Vollbeweis nicht zugänglich ist, muss der Berechtigte zumindest die Umstände vortragen, warum es bislang zu einer (rechtmäßigen) Veröffentlichung nicht gekommen ist. Es liegt dann an dem Prozessgegner, die für das *Positivum* (= Veröffentlichung) sprechenden Umstände substantiiert darzulegen (Einzelheiten Zöller/*Greger*[31] Vor § 284 Rn. 24 m. w. N.). Im Einstweiligen Verfügungsverfahren kann der Urheber die fehlende Veröffentlichung durch eidesstattliche Versicherung glaubhaft machen.

Steht die rechtswidrige Veröffentlichung durch Dritte unmittelbar bevor, kann **23** der Berechtigte sein Verbotsrecht im Wege **des vorbeugenden Unterlassungsanspruchs** nach § 97 Abs. 1 und des Einstweiligen Verfügungsverfahrens nach § 935 ff. ZPO durchsetzen (vgl. § 97 Rn. 39 f. und vgl. § 97 Rn. 198 ff.). Dabei sind an die Glaubhaftmachung keine allzu strengen Anforderungen zu stellen, weil ansonsten das Veröffentlichungsrecht praktisch nicht durchsetzbar wäre.

IV. Verhältnis zu anderen Vorschriften

§ 18 gewährt den Urhebern von bildenden Kunstwerken sowie Lichtbildern **24** das Recht, ihre bislang unveröffentlichten Werke erstmals öffentlich zur Schau zu stellen. Das Recht ergänzt das Veröffentlichungsrecht (vgl. § 18 Rn. 1 ff.), kann jedoch selbständig geltend gemacht werden.

25 Zum Verhältnis der Verwertungsbefugnisse des Urhebers nach §§ 15 ff. zum Veröffentlichungsrecht vgl. Rn. 3.

26 Zur möglichen Einschränkung des Veröffentlichungsrechts durch verfassungsrechtliche Erwägungen, insbesondere durch die Meinungs- und Pressefreiheit, vgl. Rn. 2, vgl. Vor §§ 44a ff. Rn. 5 f. sowie KG NJW 1995, 3392, 3395 – *Botho Strauß*; OLG Hamburg GRUR 2000, 146 – *Berufungsschrift*; KG GRUR-RR 2008, 188 – *Günter-Grass-Briefe* m. w. N.

§ 13   Anerkennung der Urheberschaft

[1]Der Urheber hat das Recht auf Anerkennung seiner Urheberschaft am Werk. [2]Er kann bestimmen, ob das Werk mit einer Urheberbezeichnung zu versehen und welche Bezeichnung zu verwenden ist.

Übersicht   Rn.

I.   Allgemeines

1.   Bedeutung und Aufbau der Vorschrift

1 § 13 gewährt dem Urheber in S. 1 einen Unterlassungsanspruch gegen Personen, die seine Urheberschaft leugnen. Zugleich will die Vorschrift verhindern, dass der Urheber diesen Unterlassungsanspruch benötigt: Durch das in S. 2 speziell normierte Recht auf Benennung sollen Zweifel an der Urheberschaft gar nicht erst aufkommen. Auf diese Weise sichert § 13 das Urheberpersönlichkeitsrecht, weil jedes Aberkennen der Urheberschaft das Band zwischen dem Urheber und seinem Werk (vgl. Vor §§ 12 ff. Rn. 2) beeinträchtigt (Dreier/Schulze/*Schulze*[5] Rn. 1). Neben diesem ideellen Interesse hat das Recht aus § 13 für den Urheber auch materielle Bedeutung: Die Urheberbezeichnung kann Werbewirkung entfalten und Folgeaufträge nach sich ziehen (KG ZUM-RD 2012, 331; LG Berlin ZUM 1998, 673, 674 und LG Düsseldorf GRUR 1993, 664 – *Urheberbenennung bei Foto*; Wandtke/Bullinger/*Bullinger*[4] Rn. 1).

2.   Früheres und internationales Recht

2 Bereits im Recht des KUG und LUG stand dem Urheber nach §§ 13, 19 Abs. 2 KUG bzw. § 18 Abs. 1 S. 2 LUG das Recht auf Anbringen einer Urheberbezeichnung zu, s. a. §§ 12 KUG, 9 LUG und 44 VerlG. Die Anerkennung der Urheberschaft ist Mindestrecht nach Art. 6bis RBÜ. Zur fehlenden EU-Harmonisierung des Urheberpersönlichkeitsrechts vgl. Vor §§ 12 ff. Rn. 4.

3. Verwandte Schutzrechte

Zur Anwendbarkeit von § 13 auf die Inhaber verwandter Schutzrechte vgl. **3**
Rn. 6.

II. Tatbestand

1. Recht auf Anerkennung der Urheberschaft (S. 1)

Der Urheber kann gem. § 13 S. 1 die Anerkennung seiner Urheberschaft ver- **4**
langen und Dritte hindern, sich diese anzumaßen. Die Vorschrift ermöglicht
ihm, gegen **Plagiatoren** vorzugehen und die wahre Urheberschaft festzustellen.

a) **Berechtigte:** Das Recht steht jedem Urheber zu, mag er auch als Angestellter **5**
tätig sein oder in einer Branche, in der die Benennung unüblich ist (BGH
GRUR 1995, 671 – *Namensnennungsrecht des Architekten*; vgl. Rn. 12 zum
Verzicht). Es gilt auch für Miturheber (BGH GRUR 1972, 713 – *Im Rhythmus
der Jahrhunderte*; OLG Karlsruhe GRUR 1984, 812) und Urheber des bearbeiteten Werks (BGH GRUR 2002, 799, 800 – *Stadtbahnfahrzeug*) sowie Personen, die keine untergeordnete Hilfstätigkeit leisten (OLG München ZUM
2000, 404, 407 – *Literaturhandbuch* zur wissenschaftlichen Hilfskraft). Wird
das Werk neu aufgelegt und überarbeitet, so besteht für die Altautoren der
Nennungsanspruch zumindest solange, wie das Werk noch von ihrem Wirken
geprägt ist (Schricker/Loewenheim/*Dietz/Peukert*[4] Rn. 18).

Leistungsschutzberechtigte sind nur dann berechtigt, wenn das Recht explizit **6**
auf sie anwendbar ist. Dafür spricht der Wortlaut und § 74 arg e contrario.
Neben dem **ausübenden Künstler** (§ 74 Abs. 1 S. 2) steht das Recht dem **Verfasser wissenschaftlicher Ausgaben** zu, auf den §§ 12–14 entsprechend anwendbar sind (§ 70 Abs. 1, BGH GRUR 1978, 360 – *Hegel-Archiv*) sowie
praktisch besonders wichtig dem **Lichtbildner** (vgl. § 72 Rn. 16). Keinen Anspruch auf Nennung hat der Rechtsinhaber nach § 71 (vgl. § 71 Rn. 27 a. E.).

Keinen Anspruch haben wegen der urheber*persönlichkeits*rechtlichen Prägung **7**
des Rechts **Herausgeber**, die nicht zugleich Urheber sind (die Benennung des
Herausgebers ist aber keine Anmaßung der Urheberschaft, OLG Nürnberg
GRUR 2002, 607, 608 – *Stufenaufklärung nach Weissauer*), Verlage und juristische Personen (LG Berlin GRUR 1990, 270 – *Satellitenfotos*; Dreier/Schulze/
Schulze[3] Rn. 14). Soweit vereinzelt vertreten wird, ein Recht des Unternehmens
auf Nennung könne mit dem Authentizitätsinteresse der Öffentlichkeit begründet werden (Schricker/Loewenheim/*Dietz/Peukert*[4] Rn. 1 a. E. m. w. N.) geht
dies fehl, weil ein Interesse des Einen kein Recht des Anderen zu begründen
vermag. Schutz gegen fehlende Authentizität gewährt § 3 i. V. m. § 4 Nr. 2, 9,
§ 5 UWG (vgl. Rn. 34), gerade auch für die Öffentlichkeit (§ 1 S. 1, 2. Var.
UWG).

Nicht auf § 13 berufen kann sich ferner der **Eigentümer** eines Werkexemplars, **8**
der zum Zwecke der Wertsteigerung die Aufnahme in eine Werkliste wünscht
(OLG Hamm GRUR-RR 2005, 177, 178 – *Stilleben Karl Hofer*). Einzelfälle:
Beim Interview ist der Interviewer und nicht der Antwortende Urheber (AG
Frankfurt aM. ZUM-RD 2006, 479 = AfP 2006, 283), auch der Autor von
Tarifverträgen ist zu benennen (*Leydecker* GRUR 2007, 1030).

b) **Inhalt:** Das Recht auf Anerkennung der Urheberschaft enthält positive Leis- **9**
tungs- und negative Abwehransprüche. Der Urheber kann
– sich jederzeit auf seine Urheberschaft berufen,
– das Bestreiten seiner Urheberschaft abwehren und
– der Anmaßung der Urheberschaft durch Dritte entgegentreten.

10 Bestreiten der Urheberschaft ist schon die Nichtangabe des Urhebers des Originalwerks bei einem bearbeiteten Werk (BGH GRUR 2002, 799, 801 – *Stadtbahnfahrzeug*). Kein Bestreiten ist aber die Angabe des Bearbeiters neben dem Urheber des erlaubter Weise bearbeiteten Werkes, auch wenn unklar ist, ob die Bearbeitung schutzfähig ist (OLG Hamburg ZUM 2004, 483, 486 f. zum Fall einer GEMA-Anmeldung). Wer sich selbst nicht zu seinem Werk bekannt hat (z. B. durch Signieren), kann nicht verlangen, als Urheber genannt zu werden, solange die Nutzung nicht in Verwertungsbefugnisse (§§ 15 ff.) eingreift (BGH GRUR 2007, 691, 693 – *Staatsgeschenk* für die Präsentation von Gemälden auf der Berliner Mauer anlässlich eines Festakts).

11 Vom Schutzzweck des § 13 nicht erfasst ist das *droit de non-paternité*, also das Recht, sich gegen das **Unterschieben fremder Werke** zu wehren (BGH GRUR 1995, 668 – *Emil Nolde* m. krit. Anm. *Wilhelm Nordemann* GRUR 1996, 737; a. A. wohl LG München I ZUM 2006, 664 – *Cover-Gestaltung*). Dies gilt selbst dann, wenn man das Oeuvre als „das Werk" i. S. v. S. 1 fasst. Denn mit dem Zuordnen eines weiteren Werkes zum Oeuvre wird die Urheberschaft daran nicht bestritten. Es bleibt nur die Möglichkeit, aufgrund des allgemeinen Persönlichkeitsrechts gegen das Unterschieben vorzugehen (Schricker/Loewenheim/*Dietz/Peukert*[4] Rn. 11 m. w. N.) und das Werk auszutafeln, also öffentlich die Nichturheberschaft zu erklären.

12 c) **Verzicht:** Dem Urheber steht es frei, sein Namensnennungsrecht zeitweise oder dauerhaft nicht auszuüben (s. OLG Frankfurt GRUR 2015, 374, 376 – *Hessenlöwe*). Davon zu unterscheiden ist der Fall eines dauerhaften und unwiderruflichen Verzichts. Dieser ist (zu Recht) kaum möglich. Als Ausfluss des Urheberpersönlichkeitsrechts ist das Namensnennungsrecht im Kern unverzichtbar (Dreier/Schulze/*Schulze*[5] Rn. 24).

13 Abzulehnen ist die teilweise vertretene Auffassung, die Einschränkung gem. § 63 Abs. 2 S. 1 UrhG sei auf § 13 analog anwendbar (so *Rehbinder* ZUM 1991, 220, 225). Die insofern nötige Regelungslücke lässt sich nicht damit begründen, dass es bei § 13 an einer sozialadäquaten Begrenzung des Benennungsrechts fehle (BGH GRUR 1995, 671, 672 – *Namensnennungsrecht des Architekten*, a. A. *Rehbinder* a. a. O.). Die Befürworter der Analogie übersehen, dass die Einschränkung in § 63 Abs. 2 S. 1 ganz wesentlich der Tatsache geschuldet ist, dass die Quellenangabe nach § 63 umfangreich sein kann (vgl. § 63 Rn. 8). Wenn in § 63 nur die Angabe des Namens und nicht die Angabe der – oft sperrigen – Quelle angeordnet wäre, würde es die Einschränkung des § 63 Abs. 2 S. 1 nicht geben.

14 Der Urheber kann sich in gewissem Rahmen (einzel-)vertraglich verpflichten, sein Recht nicht geltend zu machen (zur Unwirksamkeit eines formularmäßigen, allgemeinen Verzichts auf das Namensnennungsrechts s. OLG Hamburg GRUR-RR 2011, 293 – *Buy-out mit Pauschalabgeltung*). Verkehrsgewohnheiten und allgemeine Branchenübungen sollen das Benennungsrecht nicht per se einschränken können. Bestehen diese aber lange und sind sie den Parteien bekannt, so vereinbaren die Parteien konkludent eine entsprechende Beschränkung des Namensnennungsrechts (BGH GRUR 1995, 671, 672 – *Namensnennungsrecht des Architekten*). Beweisbelastet für die Branchenübung *und* die Kenntnis des Urhebers von ihr ist der Verwerter (Dreier/Schulze/*Schulze*[5] Rn. 28). Nach zutreffender Auffassung scheidet die Berufung auf eine Branchenübung aus, wenn diese eine soziale Unsitte darstellt und das Ungleichgewicht zu Lasten des Urhebers perpetuiert (LG München I ZUM 1995, 57, 58; s. a. OGH GRUR Int. 2004, 159; Schricker/Loewenheim/*Dietz/Peukert*[4] Rn. 25; BeckOK UrhR/*Kroitzsch/Götting*[16] Rn. 22; Dreier/Schulze/*Schulze*[5] Rn. 26; Wandtke/Bullinger/*Bullinger*[4] Rn. 25; *Schack*, Urheber- und UrhebervertragsR[7] Rn. 377; kritisch mit beachtlichen Argumenten *Radmann* ZUM 2001, 788, 791). Derartig bewertende Korrekturen führen nicht zu größerer Rechtsunsicherheit (so HK-UrhR/*Dreyer*[2] Rn. 31. Grenze erst bei Sittenwidrigkeit nach § 138) als die ohnehin wacklige Konstruktion des konkludenten Verzichts. Die Benennung des Urhebers ist die gesetzliche Regel; die Parteien haben es selber in der Hand, eine ausdrückliche Regelung für die Urheberbenennung zu treffen. Nach alledem muss für einen **konkludent vereinbarten Verzicht** dreierlei vorliegen: (1) Die Parteien müssen Kenntnis (2) von einer existierenden Branchenübung haben, (3) die keine soziale Unsitte ist.

Branchenüblich fehlt die Urheberbenennung bei Wappen oder Hoheitszeichen (OLG Frankfurt GRUR 2015, 374, 376 – *Hessenlöwe*) bei der Serienfertigung von Gebrauchsgegenständen des Kunstgewerbes, in Arbeits- oder Dienstverhältnissen (nicht jedoch bei Journalisten), natürlich beim Ghostwriter und in Grenzen auch bei angestellten Architekten und Anwälten (HK-UrhR/*Dreyer*[2] Rn. 33). Bei Fotografen ist in der Portraitfotografie regelmäßig, in der Werbefotografie je nach den Umständen des Einzelfalles ein Verzicht üblich. Eine Bewerbung, in der der Fotograf des Bewerbungsfotos genannt wird, würde beim potentiellen Arbeitgeber eher für Irritationen sorgen. Ähnliches gilt für Fotografien von Mitarbeitern, die eigens für die Homepage oder eine Image-Broschüre eines Unternehmens erstellt werden. Bei **Comics** besteht keine Branchenübung, den Urheber nicht zu benennen (OLG München GRUR-RR 2004, 33, 34 – *Pumuckl-Illustrationen*; LG München I ZUM-RD 2009, 116 zur Darstellung der grafischen Figur des „Pumuckl" auf den Internetseiten einer Rundfunkanstalt). Im Fernsehbereich soll es branchenüblich sein, die Urheber eines völlig untergeordneten Beitrags nicht im Vor- bzw. Abspann zu bezeichnen (s. OLG München GRUR-RR 2011, 245 für den Urheber des Vorspanns einer bekannten Fernsehserie). Dies gilt aber nur insoweit, als sich für den betreffenden Beitrag bereits eine Branchenübung herausgebildet hat (wegen der Seltenheit des Auftretens verneint von OLG München GRUR-RR 2008, 37, 43 für die Illustratorin einer später verfilmten Romanfigur – *Pumuckl-Illustrationen II*).   **15**

Mit der Feststellung einer Branchenübung ist über die Frage der **sozialen Unsitte** noch nichts gesagt. Dass das Weglassen der Urheberbezeichnung eine solche ist, ist insbesondere dann anzunehmen, wenn dem Aufbringen der Bezeichnung keine tatsächlichen oder rechtlichen Hindernisse entgegenstehen. So wird sich der Produzent seriengefertigter Gebrauchskunst kaum auf die Branchenübung berufen können, wenn es ihm technisch möglich ist, jedes Werkstück mit einem individuellen Produktnamen zu bedrucken. Zumindest auf der Verpackung ist dies Standard. Dann leuchtet nicht ein, warum dort nicht der Name des Designers aufgebracht werden kann.   **16**

Beim **angestellten Schriftsteller** wird das Namensnennungsrecht regelmäßig unproblematisch umsetzbar sein. Es ist nicht ersichtlich, wieso der Verzicht bei diesem keine soziale Unsitte sein sollte. Bei angestellten Architekten und Anwälten ist die Branchenübung dann keine soziale Unsitte, wenn aus berufsrechtlichen Gründen der Urheber nicht in Erscheinung treten darf. So mag der anstellende Architekt die Zeichnungen als die seinen ausgeben, wenn sein Angestellter nicht bauvorlageberechtigt oder prüfbefreit ist. Der Anwalt, der nicht Angehöriger der Außensozietät ist, muss auf die Namensnennung unter dem – ausnahmsweise schutzfähigen – Schriftsatz verzichten, weil er ihn nicht unterschreiben darf. Wenn die Branchenübung aber keine berufsrechtlichen Gründe hat, ist sie auch beim angestellten Freiberufler eine Unsitte.   **17**

Insbesondere in den Naturwissenschaften sind **Ehrenautorenschaften** üblich. Es handelt sich um meist lange Listen angeblicher Autoren, bei denen der erst-   **18** genannte regelmäßig am weitesten vom Werk entfernt ist und der Letztgenannte der Urheber ist. Sie dienen der Hochstufung der Genannten in „citation indices" (*Ohly* FS Dietz S. 155). Die Ehrenautorenschaft ist mit dem System des Urheberrechts unvereinbar und abzulehnen (*Ohly* a. a. O. S. 155, deutlich auch *Schack*, Urheber- und UrhebervertragsR[7] Rn. 373 m. w. N. in Fn. 56; ausführlich zur Bedeutung des Namensnennungsrechts in der Wissenschaft *Waiblinger* S. 110 ff.). Zu Auswüchsen auch im juristischen Bereich *Leuze* GRUR 2006, 552.

19 Davon zu unterscheiden ist die **Ghostwriterabrede**. Ging es bei den genannten Konstellationen um konkludente Abreden, die auf einer Branchenübung fußen, liegt bei der Ghostwriterabrede ein ausdrücklicher, gewollter Ausschluss des Namensnennungsrechts vor. Sie kann deshalb nur nach § 138 Abs. 1 BGB wegen Sittenwidrigkeit nichtig sein (s. OLG Frankfurt GRUR 2010, 221; ausführlich *Groh* GRUR 2012, 870). Insofern ist zu unterscheiden: Zum einen gibt es Abreden, nach denen sich der Urheber niemandem zu erkennen gibt, in denen sich aber auch niemand als Urheber ausgibt. Dies ist zum Beispiel bei den Schreibern politischer Reden der Fall. Nur naive Zuhörer werden davon ausgehen, dass Spitzenpolitiker ihre Reden stets selbst schreiben, dennoch mag der betroffene Politiker ein Interesse daran haben, dass der Urheber nicht bekannt wird (weil er auch für den politischen Gegner schreibt). Solche Abreden sind grundsätzlich zulässig. Sie stellen einen **schuldrechtlichen Verzicht** dar (*Groh* GRUR 2012, 870, 872 f. m. w. N. auch zur Gegenauffassung). Zum anderen kann die Abrede auch darin bestehen, dass sich der Urheber nicht zu erkennen gibt, damit sich ein anderer der Urheberschaft berühmen kann. Diese Abreden werden regelmäßig sittenwidrig sein gem. § 138 Abs. 1 BGB, weil die Abnehmer getäuscht werden (Schricker/Loewenheim/*Dietz/Peukert*[4] Rn. 28, etwas zurückhaltender BeckOK UrhR/*Kroitzsch/Götting*[16] Rn. 24).

20 Im Fall einer wirksamen Ghostwriterabrede wird teilweise vertreten, der Urheber dürfe auf gezielte Nachfragen die Urheberschaft einräumen, weil es keine Verpflichtung zur Lüge geben könne (so Schricker/Loewenheim/*Dietz/Peukert*[4] Rn. 9, ähnlich BeckOK UrhR/*Kroitzsch/Götting*[16] Rn. 24). Dies ist zweifelhaft. Der Urheber, der vertragsbrüchig werden will, müsste sich nur lange genug gezielt fragen lassen, um sein Ziel zu erreichen. Der Urheber muss nicht lügen, sondern kann schweigen, solange er nicht als Zeuge aussagen soll. Abzulehnen ist die wohl herrschende Auffassung, eine (wirksame) Geheimhaltungsverpflichtung sei analog §§ 40 Abs. 1 S. 2, 41 Abs. 4 S. 2 UrhG nach Ablauf von fünf Jahren kündbar (so OLG Frankfurt GRUR 2010, 221, 223; OLG München ZUM 2003, 964, 967; Schricker/Loewenheim/*Dietz/Peukert*[4] Rn. 28; Dreier/Schulze/*Schulze*[5] Rn. 31). Für eine solche Analogie fehlt es bei der Ghostwriterabrede an einer vergleichbaren Interessenlage. Weder führt die längerfristige Bindungswirkung der Ghostwriterabrede für den Urheber zu nicht absehbaren wirtschaftlichen Folgen (vgl. § 40 Rn. 1) noch berührt sie berechtigte Verwertungsinteressen (vgl. § 41 Rn. 1; überzeugend *Groh* GRUR 2012, 870, 872). Die Ansprüche nach § 32a bleiben dem (wahren) Urheber im Innenverhältnis mit dem Namensträger unbenommen.

20a Anders als im Fall des Vervielfältigungsrechts (vgl. § 16 Rn. 23) kann das urheberrechtliche **Erschöpfungsprinzip** nicht auf das Benennungsrecht des Urhebers ausgedehnt werden. Wenn ein Händler mit Zustimmung des Urhebers in Verkehr gebrachte Produkte unter Nutzung von Abbildungen bewirbt, bleibt er weiterhin zur Urheberbenennung verpflichtet (s. OLG München GRUR-RR 2010, 411, 412 – *Pumuckl-Illustrationen III* für die Abbildung eines DVD-Covers, auf der die geschützte Pumuckl-Figur zu sehen war). Für den Handel und die notwendige bildliche Bewerbung von Werken der angewandten Kunst (Möbel, Leuchten, Merchandise-Artikel) erweist sich die Urheberbenennung allerdings kaum als praktikabel, sie wird durch den Urheber auch nicht erwartet. Im Fall von Katalogabbildungen mag meist eine Branchenübung existieren (vgl. Rn. 15), nach der der Urheber stillschweigend auf die Urheberbenennung verzichtet, mag sie für das Produkt selbst geschuldet sein.

2. Bezeichnungsrecht (S. 2)

Nach S. 2 darf der Urheber (vgl. Rn. 5) bestimmen, **ob und wie** seine Urheberschaft zu benennen ist. **21**

a) **Das Werk:** Der Urheber darf bestimmen, ob und wie „das Werk" zu bezeichnen ist. Gemeint ist eine Bezeichnung nicht nur auf dem Original, sondern auch auf Werkstücken (BGH GRUR 1995, 671, 672 – *Namensnennungsrecht des Architekten*), einschließlich von Abbildungen (OLG München GRUR-RR 2010, 412 – *Pumuckl-Illustrationen III*). Als Ort der Bezeichnung ist bei körperlichen Exemplaren grundsätzlich der übliche Ort zu wählen (Dreier/Schulze/ *Schulze*[3] Rn. 20), bei Fotografien und Artikeln also regelmäßig direkt darunter. Bei Fotografien in Büchern genügt meist ein Fotonachweis im Impressum. Auch kann der Urheber keinen Nachweis auf dem Titelblatt verlangen, sondern allenfalls auf der Umschlagseite innen. Bei kurzen Berichten genügt die Angabe eines Kürzels, wenn dieses im Impressum erläutert wird. In jedem Fall muss eine eindeutige Zuordnung möglich sein (LG München I ZUM 1995, 57, 58). Der Urheber mag im Fall von Abbildung seines Werkes auf einem Produkt ggf. ein berechtigtes Interesse daran haben, auf dem Endkundenprodukt selbst und nicht nur auf einer Handelsverpackung genannt zu werden (LG München I ZUM-RD 2011, 313, 315 zur Nennung der Urheberin der grafischen Figur des „Pumuckl" auf der Verpackung von Lutschern). Zu den Besonderheiten des Bezeichnungsrechts im **Verlagswesen** vgl. § 14 VerlG Rn. 3. **22**

Bei unkörperlichen Werken ist der Urheber anzukündigen. Dies kann im Vor- *oder* Nachspann (zum „oder" ausdrücklich OLG München GRUR-RR 2008, 37, 43 – *Pumuckl-Illustrationen II*) eines Filmes geschehen, bei Radiobeiträgen genügt die mündliche Ankündigung. Auch die Benennung im Booklet oder der Verpackung einer CD oder DVD genügt. Auch bei einer Audio-CD erwartet niemand, dass der Künstler mündlich angekündigt wird, nicht einmal im Radio ist dies noch üblich. Bei Fehlen einer Parteivereinbarung ist die Art, in der die vom Urheber gewählte Bezeichnung anzubringen ist, anhand einer umfassenden Bewertung von Urheber- und Verwerterinteressen zu bestimmen (OLG München GRUR-RR 2008, 37, 43 – *Pumuckl-Illustrationen II*). **23**

Inwiefern bei Vorabankündigungen, etwa im Videotext oder den Electronic Programm Guides (EPG), den Verwerter eine Pflicht zur Urheberbenennung trifft, hängt von den technischen Möglichkeiten ab. Wenn eine solche Ankündigung ohne weiteres möglich ist, wird man eine Pflicht des Verwerters annehmen müssen. Soweit ersichtlich, sind derartige Ankündigungen zurzeit nur im Videotext und auch dort nur bei Filmen, nicht aber z. B. bei Serien, üblich. Keine Schuldner des Anspruchs aus § 13 sind Dritte, z. B. Verleger von Programmzeitschriften. Allerdings dürfte der Verwerter hier aufgrund einer vertraglichen Nebenpflicht im Verhältnis zum Rechtsinhaber verpflichtet sein, die Filmdaten an die Redaktion so vollständig zu übermitteln, dass diese zumindest in die Lage versetzt wird, alle Urheber zu benennen. **24**

Problematischer als Fälle, in denen das Werk die Sendung ist, sind **Werke in Sendungen oder Filmen.** Dies können etwa in einen Film oder einer Sendung eingeblendete Gemälde, Fotos und insbesondere Melodien sein. Man denke insofern nur an die in Nachrichtensendungen eingeblendeten Portraitfotos, die neben oder hinter dem Sprecher erscheinen, während über die abgebildete Person berichtet wird. In solchen Fällen wird eine Benennung kaum möglich und **25** daher auch untunlich sein (LG München I UFITA 100 [1985], 292, 294: Bildzitate in der Sendung „Monitor"; s. aber OLG München GRUR-RR 2008, 37, 43 – *Pumuckl-Illustrationen II* Abbildung einer Comic-Zeichnung im Studiohintergrund und BGH GRUR 2007, 691 *Staatsgeschenk*: Benennungsrecht offen gelassen für Übergabe eines Werks bei einem Staatsakt ohne Nutzungshandlung). Die Einschränkungen sind hier weniger im Interesse des Verwerters als im Interesse der eigentlichen Urheber. Denn wenn in einem z. B. in Berlin spielenden Film der Urheber jedes abgefilmten Gebäudes genannt werden müsste, gingen die eigentlichen Urheber im Abspann noch weiter unter. Eine Benennungspflicht wird man allenfalls dann annehmen können, wenn das abgefilmte Werk zentrale Bedeutung für den Film hat.

26 b) **Urheberbezeichnung:** Neben dem „Ob" darf der Urheber auch das „Wie" der Bezeichnung bestimmen. Er darf zwischen Vor- und Familienname, Künstlernamen, Pseudonym oder Künstlerzeichen (OLG München GRUR 1969, 146 zur Signatur des Grafikers) wählen und kann die Angabe seiner Funktion (Regisseur, Autor, pp.) verlangen (Schricker/Loewenheim/*Dietz/Peukert*[4] Rn. 14). Weitere Angaben, insbesondere Kontaktdaten (Anschrift, Telefonnummer, Homepage, etc.) werden von § 13 S. 2 nicht gefordert (Dreier/Schulze/*Schulze*[5] Rn. 19), mag auch die Nennung einer Internetadresse oftmals sinnvoll erscheinen.

27 Von der Urheberbezeichnung zu unterscheiden sind die **Quellenangabe nach** § 63 (zum notwendigen Umfang vgl. § 63 Rn. 6 ff.) und der Copyright-Vermerk: Dieser besteht regelmäßig aus einem © mit Jahresangabe und Inhaber. Er war bis zum Beitritt der USA zur RBÜ dort notwendig und wird in Deutschland oft als Hinweis auf den Urheber nach deutschem Recht missverstanden. Er ersetzt nicht die Urheberbenennung und kann nicht auf Basis von § 13 gefordert werden (s. OLG München AfP 1995, 503, 504 – *Gründer*). Den Rechteinhabern steht es aber frei, die Verwertung ihrer Werke von der Anbringung dieses Hinweises abhängig zu machen, was insbesondere Verlage und Verwertungsgesellschaften tun.

28 Aus § 13 erwächst neben dem Recht auf Nennung auch jenes auf Nichtbenennung. Der Urheber kann über § 13 Anonymitätsschutz erlangen, der von der Strafnorm in § 107 UrhG flankiert wird. Indes kann er nicht Dritten das Lüften seines Geheimnisses verbieten.

III. Rechtsfolgen bei Verletzung – Prozessuales

1. Unterlassung und Beseitigung

29 Unterbleibt die Urheberbenennung, kann der Verletzte Unterlassung verlangen, d. h. die Beendigung der Werknutzung ohne Anbringen der Bezeichnung. Er muss nicht schon im Antrag bezeichnen, wie er benannt werden möchte (HK-UrhR/*Dreyer*[2] Rn. 14 m. w. N.). Rechtsverletzungen können bereits in einem frühen Stadium unterbunden werden, z. B. im Fall von Werbemaßnahmen und sonstigen Ankündigungen, bei denen die Urheberbezeichnung nicht oder nicht hinreichend angegeben ist (Schricker/Loewenheim/*Dietz/Peukert*[4] Rn. 8). Im Einzelfall kann ein Vertriebsverbot unverhältnismäßig sein, nämlich wenn dem Urheberbenennungsrecht nur durch Neuherstellung einer Auflage Rechnung getragen werden kann (z. B. einzelnes Foto im Lexikon). Meist wird aber das Einfügen von Errata möglich und auch ausreichend sein.

2. Schadensersatz

30 Nach vorherrschender Rechtsprechung erhält der Fotograf bei schuldhafter Missachtung des Urheberbenennungsrecht nach § 97 Abs. 2 S. 3 einen materi-

ellen Schadensersatz in Form eines **100%-igen Zuschlag** auf die für die Foto-
nutzung zu zahlende Lizenzgebühr (OLG München ZUM 2000, 404, 407;
OLG Düsseldorf ZUM 1998, 668, 673; LG Berlin ZUM 1998, 673; LG Düsseldorf GRUR 1993, 664 – *Urheberbenennung bei Foto*; LG München I ZUM
1995, 57, 58; AG Frankfurt aM. ZUM-RD 2006, 479, 481; für Zuschlag in
Höhe von 50 %: AG Hamburg-Mitte ZUM 2006, 586, 588; weitere Nachweise vgl. § 97 Rn. 101). Diese Rechtsprechung gilt auch für einfache Lichtbilder (LG München I ZUM 2000, 519, 522), Kunstmaler (LG München I *Erich
Schulze* LGZ Nr. 219), Werke der angewandten Kunst (LG Leipzig ZUM 2002,
315, 317 – *Hirschgewand*) und Werke der Literatur (OLG München ZUM
2000, 404, 407 – *Literaturhandbuch*; LG Frankfurt ZUM-RD 2009, 22 zur
Übernahme von Homepagetexten). Das KG hat einen vergleichbaren Aufschlag
in Höhe von 50 % auch für die unberechtigte Nutzung von Kartenausschnitten
im Internet zugesprochen (KG ZUM-RD 2012, 331). Die rechtliche Begründung ist unterschiedlich: Verwiesen wird teilweise – meist zu unkritisch und
geradezu tautologisch – auf entsprechende Vergütungssätze oder Vertragsemp-
fehlungen, insbesondere den Honorarempfehlungen der Mittelstandsgemeinschaft Foto-Marketing (**MFM-Richtlinien**), die entsprechende Zuschläge bei
unterlassener Urheberbenennung vorsehen. Bisweilen wird auch das Konstrukt
einer Vertragsstrafe gewählt (so OLG Düsseldorf ZUM 1998, 668, 673; dem
zustimmend LG Köln ZUM-RD 2008, 213; Brandenburgisches Oberlandesgericht GRUR-RR 2009, 413). Richtig ist, dass der Zuschlag Fotografen und
Künstlern einen materiellen Ausgleich dafür gewähren soll, dass diese auf die
Werbewirkung der Urheberbenennung verzichten müssen und ihnen **Folgeaufträge** entgehen (BGH GRUR 2015, 780, Tz. 39 – *Motorradteile*; LG Berlin
ZUM 1998, 673, 674; LG Düsseldorf GRUR 1993, 664 – *Urheberbenennung
bei Foto*; zudem vgl. § 97 Rn. 101 m. w. N.). Keineswegs darf der zu zahlende
Schadensersatz **Strafcharakter** haben, sondern muss sich an den Regeln der
Lizenzanalogie (vgl. § 97 Rn. 86 ff.) orientieren.

Dass aber bei unterlassener Urheberbenennung stets ein Zuschlag in Höhe von   **31**
100 % auf das Grundhonorar zu zahlen ist, nur weil dies Honorarempfehlungen vorsehen, ist zweifelhaft. Der Verletzer muss zumindest einwenden können,
dass im konkreten Fall eine niedrigere Lizenzgebühr angemessen wäre, worüber ggf. Beweis zu erheben ist (BGH GRUR 2006, 136, 138 – *Pressefotos*
und Urt. v. 6.10.2005 – I ZR 267/02 bei *juris*). Das Gericht hat nicht nur die
Lizenzgebühr unter Würdigung aller Umstände des Einzelfalls zu schätzen (zur
Schadensberechnung durch Lizenzanalogie vgl. § 97 Rn. 86 ff.), sondern auch
den materiellen Ausgleich wegen unterbliebener Urheberbenennung (s. OLG
Braunschweig ZUM 2012, 482, 488: kein Aufschlag für die unberechtigte Nutzung von Produktfotografien ohne Urheberbenennung in privaten Ebay-Aukti-
onen; kritisch gegenüber 100 % Zuschlag auch OLG Hamm GRUR 2016,
188, 192 – *Beachfashion*). Maßgebend für die Schätzung, weil Grundlage für
den Anspruch, ist die **tatsächliche Werbewirkung** des Fotos für den Fotografen,
welche das Gericht zu untersuchen hat. Systemfremd ist die rechtliche Einstufung des Zuschlags als Vertragsstrafe (so aber OLG Düsseldorf ZUM 1998,
668, 673; dem zustimmend LG Köln ZUM-RD 2008, 213; Brandenburgisches
Oberlandesgericht GRUR-RR 2009, 413 alle rein von der Rechtsfolgenseite
argumentierend), da eine solche immer einer ausdrücklichen Vereinbarung bedarf (s. MüKo BGB/*Gottwald*[7] § 339 Rn. 4).

Typische **Einzelfälle**: Hat der Verlag keine Nutzungsrechte an der Fotografie   **32**
erworben und unterbleibt auch die Urheberbenennung, so ist die Verdoppelung
der Lizenzgebühr gerechtfertigt, wenn die Urheberbenennung branchenüblich
ist (z. B. Kunst- und Pressefotografie, Illustrationen). Ist dagegen die Urheberbenennung branchenunüblich und hätten die Parteien im Fall einer vertraglichen Einigung unter Berücksichtigung aller Umstände darauf verzichtet,

kommt auch kein Zuschlag in Betracht. **Verzichtet** der Urheber auf die Benennung (7 B, Werbefotografie), überschreitet aber der Verwerter den vereinbarten **Nutzungszeitraum**, so ist ein materieller Ausgleich wegen fehlender Urheberbenennung nur zu gewähren, wenn anzunehmen ist, der Fotograf hätte einer Verlängerung des Nutzungszeitraums ohne Urheberbenennung nicht oder nicht für die gleiche Gebühr zugestimmt (in diesem Sinne wohl auch OLG Braunschweig ZUM 2012, 482; OLG Hamburg GRUR-RR 2010, 378 – *FOOD-Fotografie*; LG Kassel ZUM-RD 2011, 250; LG München I ZUM-RD 2012, 224, die jeweils den vorangegangenen vertraglichen Vereinbarungen zwischen den Parteien oder der bisherigen Praxis des Fotografen eine vordergründige Bedeutung bei der Schätzung einer angemessenen Lizenzgebühr (§ 287 ZPO) einräumen). Bei Fotografien hat sich der Schadensersatzanspruch wegen unterlassener Urheberbenennung regelmäßig dann nicht an den **MFM-Richtlinien** zu orientieren, wenn das Foto kostenlos – wie in den Geschäftsmodellen vieler **Fotoportale** – unter bloßer Urheberbenennungspflicht lizenziert werden konnte (KG Berlin, Beschl. v. 7.12.2015 – 24 U 111/15 bei *juris*). In diesem Fall ist davon auszugehen, dass der Fotograf gerade nicht MFM-Sätze erzielen kann. Von einem 100 %-Zuschlag auf das Nutzungshonorar ist nicht auszugehen, wenn die tatsächliche Werbewirkung des Fotos für den Fotografen gering ist (OLG Hamm GRUR-RR 2016, 188, 192 – *Beachfashion* für Internetauftritt einer Einzelhändlerin mit nur lokalem Ladengeschäft).

3. Auskunft

33 Zur Berechnung seines Schadensersatzanspruch kann der betroffene Urheber Auskunft über den Umfang der Rechtsverletzung verlangen (z. B. Nennung der Auflagenhöhe, Nutzungszeiträume, etc.; Einzelheiten vgl. § 101 Rn. 10 ff.). Der Drittauskunftsanspruch nach § 101 Abs. 2 steht dem Urheber auch bei (alleiniger) Verletzung seines Rechts nach § 13 S. 2 zu (OLG Hamburg GRUR-RR 2007, 381 – *BetriebsratsCheck*).

IV. Verhältnis zu anderen Vorschriften

34 Die Falschbezeichnung des Urhebers ist eine Herkunftstäuschung und unlauter gem. § 3 i. V. m. § 4 Nr. 2, 9, § 5 UWG. Handelt der Täter vorsätzlich, kommt Betrug (§ 263 Abs. 1 StGB) in Betracht (*Schack*, Urheber- und UrhebervertragsR[7] Rn. 378 a. E.). Eine Urkundenfälschung gem. § 267 StGB scheidet jedoch aus, weil das Anbringen der eigenen Bezeichnung unter einem nicht vom Unterzeichnenden stammenden Werk keine unechte Urkunde herstellt, sondern eine (straflose) schriftliche Lüge.

35 Für Änderungen nach § 44 VerlG ist die fehlende Pflicht zur Benennung Voraussetzung; auch zu den Folgen vgl. § 44 VerlG Rn. 1 ff.

36 Ein Verlag kann gem. § 5 MarkenG Rechte an einem Verlagspseudonym erlangen (*Schack*, Urheber- und UrhebervertragsR[7] Rn. 372). Dessen Angabe ersetzt die Benennung gem. § 13 nicht, diese wird jedoch in solchen Fällen regelmäßig abbedungen sein (zur Ghostwriter-Abrede vgl. Rn. 11).

37 Der Anspruch, als Entdecker einer bestimmten wissenschaftlichen Erkenntnis genannt zu werden, findet keine Grundlage im Urheberrecht, sondern im allgemeinen Persönlichkeitsrecht (*Plander* UFITA 76 [1976], 25, 56, 65).

§ 14   Entstellung des Werkes

Der Urheber hat das Recht, eine Entstellung oder eine andere Beeinträchtigung seines Werkes zu verbieten, die geeignet ist, seine berechtigten geistigen oder persönlichen Interessen am Werk zu gefährden.

Übersicht

I. Allgemeines

1. Sinn und Zweck

Das UrhG geht davon aus, dass es das souveräne Recht des Urhebers ist, Form **1** und Inhalt seines Werkes selbst zu bestimmen (s. §§ 12, 23). Deswegen gewährt § 14 dem Urheber einen Anspruch darauf, dass das von ihm geschaffene Werk, in dem seine individuelle künstlerische Schöpferkraft ihren Ausdruck gefunden hat, der Öffentlichkeit nur in seiner unveränderten individuellen Gestaltung zugänglich ist (BGH GRUR 1999, 230, 231 – *Treppenhausgestaltung*). Zwischen dem Urheber und seinem Werk besteht eine besondere Beziehung, sodass **Veränderungen des Werkes in der Regel dem Urheber zugerechnet** werden (BGH GRUR 1989, 106, 108 – *Oberammergauer Passionsspiele II*; BGH GRUR 1971, 525, 526 – *Petit Jacqueline*; RegE UrhG 1962 – BT-Drs. IV/270, S. 45). Vor diesem Hintergrund wird nicht das Werk als solches geschützt, sondern **das geistige und persönliche Interesse des Urhebers**, dass die Öffentlichkeit das Werk nur so zu sehen bekommt, wie er es zur Veröffentlichung vorgesehen hatte (zutreffend *Schack*, Urheber- und UrhebervertragsR[7] Rn. 380: „Integritätsschutz des Urhebers"). Nur insoweit schützt § 14 UrhG die Unversehrtheit des Werkes (zur **Vernichtung** des Werkes vgl. Rn. 31 ff.).

2. Früheres Recht

Schon vor Schaffung des Integritätsschutzes in § 14 UrhG im Jahr 1965 nahm **2** die Rechtsprechung ein entsprechendes Recht in Anlehnung an Art. 6bis der Berner Übereinkunft an (RGZ 79, 397 – *Felseneiland mit Sirenen*; BGH NJW 1954, 1404, 1405 – *Schacht-Briefe*; ausführlich Schricker/Loewenheim/*Dietz/ Peukert*[4] Rn. 6 f.).

3. EU-Recht und internationales Recht

Zur **fehlenden EU-Harmonisierung** des Urheberpersönlichkeitsrechts vgl. Vor **3** §§ 12 ff. Rn. 4.

4 In der **Berner Übereinkunft** wurde das Entstellungsverbot erstmals anlässlich
der Rom-Konferenz 1928 durch Art. 6bis Abs. 1 in den Vertragstext aufgenommen. Die damalige Fassung lautete: „Dem Urheber bleibt, unabhängig von
seinen vermögensrechtlichen Befugnissen und selbst nach deren Abtretung, das
Recht gewahrt, die Urheberschaft am Werke für sich in Anspruch zu nehmen
und ferner sich jeder Entstellung, Verstümmelung oder sonstigen Änderung des
Werkes zu widersetzen, die seiner Ehre oder seinem guten Rufe nachteilig sein
sollte“. Die endgültige Pariser Fassung der RBÜ (1971), der Deutschland 1974
beigetreten ist (BGBl. 1973 II. S. 1069), unterscheidet sich im Wesentlichen
dadurch, dass in Art. 6bis Abs. 1 am Ende der Nebensatz „seiner Ehre oder
seinem Ruf nachteilig sein könnten“ in den Plural und in das Konditional
gesetzt wurde. Das sollte zum Ausdruck bringen, dass sich der letzte Relativsatz auch auf Entstellung, Verstümmelung und sonstige Änderung bezieht
(Schricker/Loewenheim/*Dietz/Peukert*[4] Rn. 8). Aufgrund der gebotenen kon-
ventionskonformen Auslegung kann für § 14 nichts anderes gelten (Schricker/
Loewenheim/*Dietz/Peukert*[4] Rn. 8), sodass Verbotsrecht aus § 14 auch im Falle
einer entstellenden Beeinträchtigung unter dem Vorbehalt einer Interessenabwägung steht.

II. Integritätsschutz

1. Schutzbereich und -dauer

5 **Schutzobjekt** sind grundsätzlich alle Werke (§ 2), Bearbeitungen (§ 3), Datenbankwerke (§ 4) sowie die entsprechenden Vervielfältigungsstücke.

6 **Schutzberechtigt** ist der Urheber. Bei dessen Tod geht das Recht auf die Erben
über (s. § 28 Rn. 5 ff.). Machen **Rechtsnachfolger** von dem Recht nach § 14
Gebrauch, sind allein die Interessen des Urhebers ausschlaggebend. Die Interessen des Urhebers können im Laufe der Zeit an Bedeutung verlieren (BGH
GRUR 1989, 106 – *Oberammergauer Passionsspiele II*; BGH GRUR 2008,
984 – *St. Gottfried*; BGH GRUR 2012, 172 – *Stuttgart 21*; *Schack* GRUR
1985, 352, 354; Schricker/Loewenheim/*Dietz/Peukert*[4] Vor §§ 12 ff. Rn. 31).
Bearbeitungen eines Werkes **nach dem Tode** des Urhebers sind nicht alleine
deswegen Entstellungen, weil der Urheber sie nicht durch letztwillige Verfügung gestattet hat. Dadurch würden nach der Auffassung des Gesetzgebers die
Erben in ihrer Verfügung über das Werk zu stark beschränkt (RegE UrhG
1962 – BT-Drs. IV/270, S. 45). Ist aber umgekehrt eine konkrete Bearbeitung
des Werkes vom Urheber genehmigt worden, so können auch die Rechtsnachfolger davon nicht abrücken. Eine andere Beurteilung ist denkbar, wenn neue
Umstände hinzutreten, mit denen der Urheber nicht rechnete oder rechnen
brauchte.

7 Das Recht aus § 14 ist **unveräußerlich und kann weder abgetreten noch lizen-
ziert werden.** Der Urheber kann während der ganzen Dauer seines Urheber-
rechts Entstellungen bzw. andere Beeinträchtigungen seines Werkes verbieten.
Das gilt auch dann, wenn er die Verwertung seines Werkes durch Dritte be-
schränkt oder unbeschränkt gestattet hat (RegE UrhG 1962 – BT-Drs. IV/270,
S. 45; BGH GRUR 1986, 458, 459 – *Oberammergauer Passionsspiele*; BGH
GRUR 1971, 269, 271 – *Das zweite Mal*). Unter Berufung auf § 14 kann der
Urheber einem Dritten, dem er ein Nutzungsrecht eingeräumt hat, aber solche
Änderungen grundsätzlich nicht verwehren, die zur bestimmungsgemäßen
Nutzung des Werkes erforderlich oder jedenfalls üblich und daher vorseh-
bar sind (BGH GRUR 2009, 395 – *Klingeltöne für Mobiltelefone*; zuvor be-
reits: KG ZUM-RD 2005, 381, 385 – *Die Weber*). Aus der Vereinbarung einer
nicht näher bestimmten Veränderungsbefugnis (z. B. für den Entwurf eines Gebäudes) wird man aber kein („Blanko“-)Einverständnis auch in entstellende

Veränderungen des Planungsentwurfs ziehen können (s. LG Berlin GRUR 2007, 964, 968 – *Hauptbahnhof Berlin*).

Eine zeitliche Begrenzung ergibt sich aufgrund des Ablaufs der urheberrechtlichen Schutzfrist (vgl. § 64 Rn. 11 ff.). **8**

2. Entstellung

Ausgangspunkt für die Auslegung des Begriffs „Entstellung" ist zunächst das **9** begriffliche Verständnis (BGH GRUR 1958, 80). Erforderlich ist eine die Wesenszüge des Werks **tiefgreifend verändernde, verfälschende, verzerrende oder zerstückelnde Einwirkung, sodass das Werk eine andere Aussage, Färbung oder Tendenz erhält** (BGH GRUR 1986, 458, 459 – *Oberammergauer Passionsspiele*; BGH GRUR 1982, 107, 109 – *Kirchen-Innenraumgestaltung*; BGH GRUR 1954, 80, 81 – *Politische Horoskope*; KG GRUR 2004, 497, 498 – *Schlacht um Berlin*; OLG München NJW 1996, 135 – *Herrenmagazin*; OLG München GRUR 1986, 460, 461 – *Unendliche Geschichte*).

Die „Entstellung" ist **nach objektiven Kriterien** auszulegen (OLG Frankfurt **10** NJW 1976, 678, 679; KG UFITA 58 [1970] 285, 289 – *Farbgebung*; KG UFITA 59 [1971] 279, 283 – *Kriminalspiel*). Entscheidend ist der Eindruck, den das Werk nach dem Durchschnittsurteil des „für Kunst empfänglichen und mit Kunstdingen einigermaßen vertrauten Menschen vermittelt" (BGH GRUR 1982, 107, 110 – *Kirchen-Innenraumgestaltung*). Nicht ausreichend ist hingegen, dass der Urheber alleine aus seiner subjektiven Sicht eine Entstellung des Werkes annimmt (BGH a. a. O.; LG München I ZUM-RD 2000, 308, 310 – *Rundfunkmäßige Nutzung von Werken der bildenden Kunst*).

Anknüpfungspunkt der Entstellung ist immer das Werk in der aus objektiver **11** Sicht konkret durch den Urheber bestimmten Form (LG Mannheim GRUR 1997, 364 – *Freiburger Holbeinpferd*; Schricker/Loewenheim/*Dietz/Peukert*[4] Rn. 21; Wandtke/Bullinger/*Bullinger*[4] Rn. 6). Es findet keine Auslegung anhand eines abstrakten künstlerischen Qualitätsbegriffs statt. Deswegen ist es nicht erforderlich, dass das Werk in seiner künstlerischen Qualität abgewertet wird (BGH GRUR 1989, 106, 107 – *Oberammergauer Passionsspiele II*; OLG München GRUR 1986, 460, 461 – *Unendliche Geschichte*).

3. Andere Beeinträchtigung

Das Tatbestandsmerkmal der „anderen Beeinträchtigung" ist der **Oberbegriff** **12** **zur Entstellung** (OLG München ZUM 1996, 165, 166 – *Dachgauben*; KG ZUM 2001, 590, 591 – *Gartenanlage*; Schricker/Loewenheim/*Dietz/Peukert*[4] Rn. 19; Dreier/Schulze/*Schulze*[5] Rn. 5). Erfasst werden alle Eingriffe, die aus objektiver Sicht direkt oder indirekt verändernd auf das Werk einwirken und die Interessen des Urhebers gefährden können (BGH GRUR 1989, 106, 107 – *Oberammergauer Passionsspiele II*; OLG München GRUR 1993, 332, 333 – *Christoph Columbus*; Schricker/Loewenheim/*Dietz/Peukert*[4] Rn. 21 f.). Das können verändernde Eingriffe mit vom Urheber nicht (mehr) nach § 23 bzw. § 39 genehmigtem Bearbeitungscharakter sein (s. BGH GRUR 1989, 106, 107 – *Oberammergauer Passionsspiele II*). Erfasst sind auch Einwirkungen, die das Werk in einen beeinträchtigenden Zusammenhang stellen. Diese **Umfeldeinwirkungen** müssen die ursprünglich konzipierte Wahrnehmung des Werkes in ihrer Wirkung hemmen, behindern, einschränken oder schmälern (Wandtke/Bullinger/*Bullinger*[4] Rn. 3). Zu solchen indirekten Eingriffen gehört beispielsweise die Präsentation von Werken an einem dem Grundcharakter des Objektes zuwiderlaufenden Ort (s. OLG Frankfurt, Urt. v. 12.7.2016 – 11 U 133/15 (juris); OLG Köln GRUR-RR 2010, 182, 183 – *Pferdeskulptur*; OLG Frankfurt ZUM 1996, 97, 99 – *René Magritte*; OLG Karlsruhe v. 14.5.1985 – 6 U 236/85 – *Junge Alb*; s. a. Russ ZUM 1995, 32, 34) oder die beeinträchtigende Veränderung der Umgebung, in der das Werk liegt (s. OLG Hamm ZUM-RD 2011, 343; OLG Köln GRUR-RR 2010, 182 – *Entstellung durch Verbringung an einen anderen Ort*; VG Berlin NJW 1995, 2650 – *Verhüllter Reichstag*; Schricker/Loewenheim/*Dietz/Peukert*[4] Rn. 24 f.). Anders als das allgemeine Änderungsverbot (vgl. §§ 23/24 Rn. 3) setzt der Entstellungsschutz in § 14 keinen Eingriff in die Substanz des Werkes voraus (BGH GRUR 1982, 107 – *Kirchen-Innenraumgestaltung*).

13 Eine Entstellung oder Beeinträchtigung des Werkes liegt **nicht** vor, **wenn die Substanz durch Gebrauch oder anderweitig im Laufe der Zeit verfällt.** Ausweislich der Gesetzesbegründung soll der Urheber nicht einmal das Recht haben, Instandsetzungsarbeiten an seinem Werk selbst auszuführen, wenn es sich im Eigentum eines anderen befindet (s. a. *Schack* GRUR 1983, 56, 57). Allerdings wird der Eigentümer in den Fällen, in denen er die Instandsetzung angeht, eine Entstellung des Werkes zu meiden haben (s. RG GRUR 1943, 187, 188 – *Fabrikerweiterungsbau*; BGH GRUR 1974, 675 – *Schulerweiterung*; LG Berlin UFITA 31 [1960] 258 – *Hotel Eden*; s. BeckOK UrhR/*Kroitzsch/Götting*[16] Rn. 27). Ist das erschwert oder unmöglich, kommt es auf die Abwägung der berechtigten Interessen des Eigentümers bzw. des Urhebers im konkreten Einzelfall an (vgl. Rn. 30).

4. Berechtigte Interessen

14 Im Vordergrund steht das Interesse des Urhebers an der Erhaltung der individuellen schöpferischen Eigenart und Integrität seines Werkes. Anders als Art. 6bis RBÜ stellt § 14 darauf ab, dass die Entstellung oder andere Beeinträchtigung des Werkes geeignet sein muss, **die berechtigten geistigen oder persönlichen Interessen** des Urhebers am Werk zu gefährden. Hierdurch soll zum Ausdruck gebracht werden, dass nicht der allgemeine Persönlichkeitsrechtsschutz betroffen ist, sondern der Schutz des geistigen und persönlichen „Bandes", das zwischen dem Urheber und seinem Werk besteht. Der Gesetzgeber hielt es wegen der **Unbestimmtheit des UPR** nach § 14 für erforderlich, den Umfang dieses Rechts durch das Erfordernis einer Interessenabwägung zu **begrenzen** (RegE UrhG 1962 – BT-Drs. IV/270, S. 45). Zu der Frage, ob auch die Existenz des Werkes an sich ein berechtigtes persönliches oder geistiges Interesse des Urhebers darstellt vgl. Rn. 31 ff. zur Werkvernichtung.

5. Gefährdung der Interessen

15 Die berechtigten Interessen des Urhebers sind gefährdet, wenn die theoretische Möglichkeit der Verletzung der Urheberinteressen besteht. Weder braucht eine konkrete Gefährdung noch gar ein Schaden eingetreten zu sein. Liegt eine Entstellung bzw. Beeinträchtigung vor, so **indiziert** das grds. die Gefährdung der berechtigten Interessen des Urhebers (OLG München GRUR-Int 1993, 323, 333 – *Christoph Columbus*; *Honschek* GRUR 2007, 944, 946; *Wallner* S. 135; *Paschke* GRUR 1984, 858, 865). § 14 nimmt auf die besondere Empfindlichkeit Einzelner keine Rücksicht (Schricker/Loewenheim/*Dietz/Peukert*[4] Rn. 29). Entscheidend ist, ob jeder andere vernünftige Urheber den Eingriff als zur Gefährdung geeignet angesehen hätte.

16 Erforderlich für die Interessengefährdung ist, dass die **Öffentlichkeit** von der Beeinträchtigung des Werkes Kenntnis erlangt oder innerhalb der urheberrechtlichen Schutzfrist erlangen kann (RGZ 79, 397, 402 – *Felseneiland mit Sirenen*; *Honschek* GRUR 2007, 944, 946; *Schack*, Urheber- und UrhebervertragsR[7] Rn. 388). Das ist der Fall, wenn ein unbestimmter und unkontrollierbarer Personenkreis Kenntnis von der Beeinträchtigung des Werks erlangen könnte. Das wird nur in den seltenen Fällen zu verneinen sein, in denen die Änderung des Werkes sich lediglich und auch nur auf Dauer im privaten Bereich abspielt (Wandtke/Bullinger/*Bullinger*[4] Rn. 8). Das Reichsgericht hat eine Gefährdung des Integritätsinteresses auch dann bejaht, als es um ein Fresko im Treppenhaus eines Privathauses ging, weil nicht ausgeschlossen war, dass die Öffentlichkeit später das Fresko sehen können würde (RGZ 79, 397 – *Felseneiland mit Sirenen*).

Überwiegend wird das **Tatbestandsmerkmal der Gefährdung der Interessen le-**   **17**
diglich bei „anderen Beeinträchtigungen", nicht hingegen bei Vorliegen einer „Entstellung" des Werkes geprüft, sodass der Urheber im Falle einer Entstellung nicht darlegen müsste, dass der Eingriff seine persönlichen Interessen an dem Werk verletzt (s. BGH GRUR 1999, 230 – *Treppenhausgestaltung*; BGH GRUR 1989, 106 ff. – *Oberammergauer Passionsspiele II*; BGH GRUR 1974, 675 – *Schulerweiterung*; BGH GRUR 1982, 107, 109 – *Kirchen-Innenraumgestaltung*; OLG München ZUM 1996, 165 – *Dachgauben*; Wandtke/Bullinger/ *Bullinger*[4] Rn. 9). Diese Ansicht wird bestritten (OLG Stuttgart GRUR-RR 2011, 56, 58 – *Stuttgart 21*; OLG München IBR 2008, 97 – *Entstellung von Schulgebäuden durch einen Erweiterungsbau*; OLG Frankfurt NJW 1976, 678, 679 – *Götterdämmerung*; Schricker/Loewenheim/*Dietz/Peukert*[4] Rn. 19).

Gegen die Erforderlichkeit einer Darlegung der Interessengefährdung bei Werk-   **18**
entstellungen wird vorgebracht, dass es sich bei einer Entstellung um eine besonders schwere Form der Beeinträchtigung handle, bei der das Gesetz eine Interessengefährdung unterstelle (Wandtke/Bullinger/*Bullinger*[4] Rn. 9). Hierfür findet sich aber weder im Wortlaut noch in der Gesetzesbegründung ein Anknüpfungspunkt. Vielmehr gibt es Fälle, in denen eine Beeinträchtigung die Interessen des Urhebers schwerwiegender gefährdet als eine Entstellung, etwa wenn ein Werk – an sich unentstellt – auf einer Musikkompilation mit rechtsradikalem Liedgut veröffentlicht wird (vgl. Rn. 45). Eine Beschränkung der Prüfung der Interessengefährdung auf „andere Beeinträchtigungen" würde zudem eine **kaum zu bewältigende Differenzierung zwischen „Entstellungen" und „andere Beeinträchtigungen"** erfordern (Schricker/Loewenheim/Dietz/Peukert[4] Rn. 20). Denn der Unterschied zwischen der Entstellung und der anderen Beeinträchtigung ist allenfalls graduell (OLG München ZUM 1991, 540, 542 – *U2*; Dreier/Schulze/*Schulze*[5] Rn. 8). Soweit vereinzelt argumentiert wird, der Urheber könne gem. § 39 Abs. 1 eine Werkänderung verbieten, ohne seine berechtigten Interessen darzulegen, sodass die Hürde hier gegenüber einem Nutzungsberechtigten niedriger läge als gegenüber einem Nichtberechtigten im Rahmen des § 14 (Wandtke/Bullinger/*Bullinger*[4] Rn. 9), würde das nicht erklären, warum dieser **Wertungswiderspruch** gerade bei der Entstellung und nicht auch bei anderen Beeinträchtigungen virulent werden sollte.

Ausschlaggebend dafür, den Relativsatz auch auf Entstellungen anzuwenden,   **19**
ist letztlich die gebotene **verfassungskonforme Auslegung der Vorschrift**. Das Erfordernis einer Interessenabwägung (vgl. Rn. 21 ff.) ergibt sich aus dem Gebot der **Verhältnismäßigkeit**. Besonders anschaulich ist das bei der Anwendung von § 14 im Spannungsfeld zwischen Urheber und Eigentümerrechten (vgl. Rn. 30). Die sich widerstreitenden Grundrechtspositionen des Urhebers (Art. 14 GG und Art. 2 I, 1 I GG) mit denen des Eigentümers (Art. 14 GG) sind auch bei Entstellungen in Einklang zu bringen (*Honschek* GRUR 2007, 944, 946). Das gilt gleichermaßen, wenn – wie etwa bei Parodien oder Paraphrasen – Meinungs- bzw. Kunstfreiheit (Art. 5 GG) berührt sind (vgl. Rn. 50 f.). Eine Interessenabwägung zur verfassungskonformen, verhältnismäßigen Anwendung von § 14 erfordert immer die Prüfung, welche Interessen des Urhebers konkret gefährdet sind. Der Gesetzgeber hat das Erfordernis der Interessenabwägung ausdrücklich damit begründet, dass der Umfang des Urheberpersönlichkeitsrechts aus § 14 zu begrenzen sei (RegE UrhG 1962 – BT-Drs. IV/270, S. 45). Zwischen der „Entstellung" und der „anderen Beeinträchtigung" hat er dabei nicht unterschieden.

20   Im Ergebnis ist deshalb sowohl bei „Entstellungen" als auch bei „anderen Beeinträchtigungen" erforderlich, dass **geistige oder persönliche Interessen des Urhebers konkret gefährdet sind** (o. a. OLG Frankfurt NJW 1976, 678, 679 – *Götterdämmerung*; Schricker/Loewenheim/*Dietz/Peukert*[4] Rn. 19; *Schack*, Urheber- und UrhebervertragsR[7] Rn. 380; anders unsere 9. Aufl./*Hertin* Rn. 5). Folge dieses Erfordernisses ist eine **dreistufige Prüfungsabfolge** von § 14: Zunächst ist die Entstellung/Beeinträchtigung zu untersuchen, gefolgt von der Prüfung einer Interessengefährdung und schließlich ist eine Interessenabwägung vorzunehmen (ebenso Schricker/Loewenheim/*Dietz/Peukert*[4] Rn. 18 ff.; Dreier/Schulze/*Schulze*[5] Rn. 9 ff.).

6. Interessenabwägung

21   Geht der Urheber gegen Entstellungen und andere Beeinträchtigungen seines Werkes vor, kollidieren seine Interessen oftmals mit denjenigen des Sacheigentümers, Besitzers oder sonstiger Bearbeiter oder Nutzer. Obwohl in § 14 **nicht ausdrücklich vorgesehen**, sind die gefährdeten berechtigten Interessen des Urhebers immer gegen die berechtigten Interessen des Anspruchsgegners **abzuwägen** (h. M., statt vieler: *Goldmann* GRUR 2005, 639, 642 m. w. N.; Dreier/Schulze/*Schulze*[5] Rn. 8). Bei dieser Interessenabwägung mit den berechtigten Interessen Dritter sind also **Änderungs-, Nutzungs-, Besitz- oder Eigentumsrechte** am Werk bzw. am Werkexemplar zu berücksichtigen. Die Interessenabwägung muss **auch** stattfinden, **wenn der Eingreifende kein eigenes Recht an dem Werk hat.** Andernfalls liefen die Freiheiten nach §§ 23, 51, 58, 62 leer (s. *Schack*, Urheber- und UrhebervertragsR[7] Rn. 400; Wandtke/Bullinger/*Bullinger*[4] Rn. 11). Freilich führt eine fehlende Nutzungs- oder Änderungsbefugnis dazu, dass die Interessenabwägung tendenziell zugunsten des Urhebers ausfällt. Insbesondere der **Urheberrechtsverletzer** kann sich nicht auf irgendwelche auf dem Grundsatz von Treu und Glauben basierende Freiräume berufen (vgl. § 39 Rn. 32).

22   Bei der Interessenabwägung ist zu berücksichtigen, dass der Urheber ohne Hinzutreten besonderer Umstände von einer vormals erteilten **Zustimmung zu einer konkreten Änderung des Werkes** im Rahmen von § 14 nur eingeschränkt abrücken kann (BGH NJW 1989, 384, 385 – *Oberammergauer Passionsspiele II*; Wandtke/Bullinger/*Bullinger*[4] Rn. 12; Schricker/Loewenheim/*Dietz/Peukert*[4] Rn. 11c). Das ist praktisch äußerst erheblich, weil (auch berechtigte) Änderungen eine Entstellung bzw. andere Beeinträchtigung i. S. v. § 14 darstellen können. Zudem geht die Verwertung eines Werkes oftmals mit Anpassungen oder Änderungen des Werks einher (BGH GRUR 2009, 395, 397 – *Klingeltöne für Mobiltelefone*; BGH GRUR 1971, 35, 37 – *Maske in Blau*; OLG Frankfurt NJW 1976, 678, 679 – *Götterdämmerung*). Für die Berücksichtigung einer Änderungsbefugnis im Rahmen der Interessenabwägung ist es entscheidend, ob diese **Änderungsbefugnis mit dem an sich unveräußerlichen Integritätsschutz in Einklang** zu bringen ist.

23   Im Regelfall besteht schon unabhängig von § 14 ein Änderungsverbot. Lediglich wenn eine abweichende Vereinbarung getroffen worden ist, sind Änderungen zulässig (vgl. § 39 Rn. 15). Die Einräumung eines **Änderungs- und Bearbeitungsrechts** kann allerdings nicht weiter gehen, als es der unverzichtbare Kern von § 14 erlaubt. Der Urheber kann nie vollständig in genereller Form, schon gar nicht formularmäßig (s. § 307 II Nr. 1 BGB) auf seine Rechte aus § 14 verzichten (BGH GRUR 1971, 269, 271 – *Das zweite Mal*; *Honschek* GRUR 2007, 944, 945). Das gilt erst recht für (vermeintlich) stillschweigend eingeräumte Befugnisse. Für die Einräumung des Änderungsrechts gilt grundsätzlich die Zweckübertragungsbestimmung des § 31 Abs. 5 (vgl. § 31 Rn. 108 ff.), sodass sich eine Änderungsbefugnis auch stillschweigend aus dem Vertragszweck ergeben kann (etwa für das Arbeits- oder Dienstverhältnis: Dreier/Schulze/

Schulze[5] Rn. 21; i. Ü. vgl. § 39 Rn. 16). Aber diese Zustimmungsfiktion findet ihre Grenze in § 14. Wenn die Änderung so weit geht, dass darin eine Entstellung liegt, kann der Urheber auch nicht nach Treu und Glauben (§ 39 Abs. 2) verpflichtet sein, sie hinzunehmen. Zulässig sind daher nur Vereinbarungen, die sich auf eine hinreichend konkretisierbare, zumindest in groben Zügen absehbare Änderung beziehen, deren Folgen überschaubar sind (OLG Celle BauR 1986, 601 – *Architektenvertrag*; OLG München GRUR 1986, 460 – *Unendliche Geschichte*; LG München I FuR 1980, 217, 218; Schricker/Loewenheim/ *Dietz/Peukert*[4] Rn. 11). Solche Vereinbarungen sind grds. auch dann gültig, wenn sie durch **berechtigte Dritte**, wie etwa die Verwertungsgesellschaft GEMA, abgeschlossen werden (Schricker/Loewenheim/*Dietz/Peukert*[4] Rn. 11a m. w. N.). Liegen die genannten Voraussetzungen vor, so gebieten es sowohl **Rechtssicherheit** als auch das Gebot von Treu und Glauben (venire contra factum proprium), dass sich der Änderungs- bzw. Nutzungsbefugte auf eine konkret erteilte Zustimmung auch im Rahmen von § 14 berufen kann.

Eine Einwilligung in entstellende Änderungen ist in jedem Fall durch den **Verzicht auf** die Geltendmachung eines **bereits entstandenen Abwehranspruchs** möglich (*Schulze* NZBau 2007, 611, 612; *Goldmann* GRUR 2005, 639, 646).   **24**

Der **Grad der Öffentlichkeit** ist in die Interessenabwägung einzustellen, soweit das erkennbare Auswirkungen auf die Reputation des Urhebers hat. Je höher der Grad der öffentlichen Wahrnehmung ist, desto eher besteht die Gefahr, dass das Ansehen des Urhebers in Mitleidenschaft gezogen wird (BGH GRUR 1971, 35, 38 – *Maske in Blau*; BGH UFITA 60 [1971], 312, 317 – *Petite Jaqueline*; Wandtke/Bullinger/*Bullinger*[4] Rn. 20; *Paschke* GRUR 1984, 858, 866).   **25**

Für eine höhere Interessengefährdung spricht, wenn ein Werk mit **schöpferischer Eigenart** betroffen und/oder wenn gerade in die individuellen Bestandteile (und nicht lediglich die gemeinfreien Elemente) ändernd eingegriffen wird (s. BGH GRUR 2008, 984, 988 – *St. Gottfried*; BGH GRUR 1974, 675 – *Schulerweiterung*; OLG Stuttgart GRUR-RR 2011, 56, 58 – *Stuttgart 21*; OLG München GRUR 1986, 460, 461 – *Die unendliche Geschichte*).   **26**

Zwar wird die Berücksichtigung einer abstrakten künstlerischen Qualität im Rahmen der Auslegung des Tatbestandsmerkmals „Entstellung" bzw. „andere Beeinträchtigung" abgelehnt (s. etwa BGH GRUR 1999, 230 – *Wendeltreppe*; OLG Hamm ZUM-RD 2001, 443, 445 – *Stahlplastik*; KG Berlin ZUM 2001, 590, 592 – *Gartenanlage*; *Honschek* GRUR 2007, 944, 946). Andererseits berücksichtigt die Rechtsprechung durchaus den **Rang der Werke mit Blick auf das künstlerische Ansehen des Urhebers** (BGH GRUR 1989, 106, 107 – *Oberammergauer Passionsspiele II*; BGH GRUR 1982, 107 ff. – *Kirchenraumgestaltung*; OLG Stuttgart GRUR-RR 2011, 56, 59 – *Stuttgart 21*; OLG München GRUR 1986, 460, 461 – *Unendliche Geschichte*; a. A. Wandtke/Bullinger/ *Bullinger*[4] Rn. 17). Eine Interessengefährdung ist insoweit umso eher anzunehmen, je höher der Ruf des betroffenen Urhebers einzustufen ist.   **27**

In die Interessenabwägung ist **der konkrete Gebrauchszweck** des Werkes einzustellen. Das ist insbesondere geboten, wenn gerade der vom Urheber eingestellte Gebrauchszweck bestimmte Veränderungen erforderlich macht (BGH GRUR 2012, 172 – *Stuttgart 21*; BGH GRUR 2008, 984, 988 – *St. Gottfried*; BGH GRUR 1974, 675 ff. – *Schulerweiterung*; s. a. OLG Nürnberg UFITA 25 [1958] 361, 367; *Honschek* GRUR 2007, 944, 947). Insoweit sind die Zweckbestimmung und der **Sachzusammenhang** der Werkschöpfung im Rahmen der Interessenabwägung einzubeziehen (BGH GRUR 2012, 172 – *Stuttgart 21*; BGH GRUR 2008, 984, 988 – *St. Gottfried*; BGH GRUR 1971, 269, 271 – *Das zweite Mal*; OLG Frankfurt, Urt. v. 12.7.2016 – 11 U 133/15 (juris); OLG   **28**

Hamm ZUM-RD 2001, 443, 444 – *Stahlplastik*; Wandtke/Bullinger/*Bullinger*[4] Rn. 18)

29   Einfluss auf die Interessenabwägung hat ebenfalls die (qualitative und quantitative) **Intensität des Eingriffs** (s. BGH GRUR 2008, 984, 988 – *St. Gottfried*; OLG Stuttgart GRUR-RR 2011, 56, 59 – *Stuttgart 21*; KG ZUM 1986, 470, 473; Schricker/Loewenheim/*Dietz/Peukert*[4] Rn. 30). Je intensiver die Beeinträchtigung bzw. Entstellung ist, desto höhere Anforderungen sind an die gegenüberstehenden Interessen des Eingreifenden zu stellen. So verhält es sich beispielsweise, wenn **besonders viele Werkexemplare** entstellt werden (*Honschek* GRUR 2007, 944, 947) oder in ein **Werkoriginal** eingegriffen wird (Schricker/Loewenheim/*Dietz/Peukert*[4] Rn. 16). Insbesondere eine **Irreversibilität** der Entstellung bzw. anderen Beeinträchtigung kann gegen ein Recht auf den Eingriff in das Werk sprechen. Bei Unikaten wiegt ein unumkehrbarer Eingriff umso schwerer.

30   Aus dem **Eigentum an einem Werkstück** hat der Eigentümer gem. § 903 BGB grds. das umfassende Recht, mit der Sache nach Belieben zu verfahren. Der Integritätsschutz wird allerdings ungeachtet der Eigentumsverhältnisse durch § 14 gewährt. Insoweit stehen das persönliche Urheberrecht und das Sacheigentum am Werkexemplar nebeneinander in einem **Spannungsverhältnis**, ohne dass einem von beiden von vorne herein ein höherer Rang zustände (RGZ 79, 397, 402 – *Felseneiland mit Sirenen*; s. a. *Schack* GRUR 1983, 56). Aus diesem Grund ist für jeden Einzelfall zu entscheiden, welche berechtigten Interessen inwieweit konkret überwiegen. Allerdings besteht eine Wechselwirkung zwischen den genannten Interessen insoweit, als dass etwa ein geringerer Rang des Werks bzw. ein weniger dringenderes Nutzungs-/Änderungsinteresse des Eigentümers jeweils den Ausschlag geben können (s. *Goldmann* GRUR 2005, 639, 642). Praktisch relevant wird das insbesondere bei Werkoriginalen bzw. Unikaten im Bereich der bildenden Künste (s. Dreier/Schulze/*Schulze*[5] Rn. 25; Wandtke/Bullinger/*Bullinger*[4] Rn. 14; i. Ü. vgl. Rn. 29). Zu der Einbeziehung eines konkreten Gebrauchszwecks in die Interessenabwägung bereits oben, vgl. Rn. 28. Bei **aufgedrängter Kunst** (etwa Graffiti) geht die Interessensabwägung regelmäßig zugunsten des Urhebers aus (s. LG Berlin ZUM 2012, 507, 509 zur Entfernung von Mauerbildern in der East Side Gallery).

30a   Mit Blick auf den **postmortalen Persönlichkeitsschutz** ist zu beachten, dass die Urheberinteressen Jahre oder Jahrzehnte nach dem Tod des Urhebers nicht notwendig dasselbe Gewicht haben wie zu seinen Lebzeiten (s. BGH GRUR 2012, 172 – *Stuttgart 21*; BGH GRUR 1989, 106, 107 – *Oberammergauer Passionsfestspiele II*).

7. Werkvernichtung

31   Ob die **vollständige Vernichtung** des Werks durch den Urheber aufgrund § 14 untersagt werden kann, ist noch nicht höchstrichterlich entschieden und seit langem umstritten (dazu ausführlich *Jänecke*, Das Urheberrechtliche Zerstörungsverbot gegenüber dem Sacheigentümer; *Schmelz* GRUR 2007, 565 ff.). In der **Rechtsprechung** wird ein solcher **Abwehranspruch überwiegend verneint** (OLG Schleswig ZUM 2006, 426 – *Kubus Balance*; KG GRUR 1981, 742, 743 – *Totenmaske*; LG Mannheim GRUR-RR 2015, 515, 517 – *HHole*; LG Hamburg GRUR 2005, 672, 674 – *Astra-Hochhaus*; LG München I FuR 1982, 510 und 513 – *ADAC-Hauptverwaltung*; LG Berlin *Erich Schulze* LGZ 64, 10 – *Hotel Eden*; s. a. die Erläuterungen bei *Schmelz* GRUR 2007 zu OLG Frankfurt, Urt. v. 28.10.1994 – 25 U 118/94 (n. v.) – *Documenta*; offengelassen durch LG Berlin ZUM 2012, 507, 509 bei Vernichtung eines Bildes auf der Berliner Mauer). Schon das Reichsgericht hatte in der berühmten Entscheidung *Felseneiland mit Sirenen* darauf hingewiesen, dass es dem Eigentümer im Regelfall nicht versagt sei, ein Kunstwerk völlig zu vernichten (RGZ 79, 397, 401 – *Felseneiland mit Sirenen*).

Teile der Literatur und der Rechtsprechung kritisieren dagegen die Ablehnung eines Abwehranspruchs gegen vollständige Vernichtung (s. OLG Hamm ZUM-RD 2001, 443 – *Stahlplastik/Mindener Keilstück*; zur Vorinstanz LG Bielefeld *Schmelz* GRUR 2007, 565, 566; *Schack* GRUR 1983, 56 ff.; Schricker/Loewenheim/*Dietz/Peukert*[4] Rn. 38; HK-UrhR/*Dreyer*[3] Rn. 47; differenzierend Dreier/Schulze/*Schulze*[5] Rn. 27 und *Schack*, Urheber- und UrhebervertragsR[7] Rn. 397 f. m.w.N bei Bauwerken). Dabei wird teilweise argumentiert, dass wenn schon die Entstellung abgewendet werden dürfe, dieses „erst recht" – „schärfste Form der Beeinträchtigung" für eine Zerstörung gelten müsse (*Schack* GRUR 1983, 56, 57). Diese Auffassung würdigt nicht hinreichend den Sinn und Zweck von § 14. Die Vorschrift schützt, wie – also in welcher Gestalt (BGH GRUR 1971, 37 – *Maske in Blau*) – die Öffentlichkeit das Werk des Urhebers zu sehen bekommen soll, **nicht ob das Werk der Öffentlichkeit zur Verfügung steht** (auch aus den §§ 12, 28 folgt kein Veröffentlichungsanspruch, vgl. § 12 Rn. 4; vgl. § 18 Rn. 9). Die Entstellung bzw. Beeinträchtigung des Werks soll nämlich nicht dem Urheber zugerechnet werden können (s. RegE UrhG 1962 – BT-Drs. IV/270, S. 45). Die Vernichtung des Werks lässt den Anknüpfungspunkt für eine dem Urheber zurechenbare Verfälschung entfallen (s. a. Wandtke/Bullinger/*Bullinger*[4] Rn. 23 f.). Das ist auch der Grund dafür, warum der Urheber sogar einen Anspruch auf Vernichtung eines entstellten Werkes haben kann (vgl. Rn. 76).   **32**

Der **Gesetzgeber** hat mit Rücksicht auf die Entscheidung *Felseneiland mit Sirenen* des RG durchaus erkannt, dass ein Schutz gegen die Vernichtung von Werken denkbar gewesen wäre. Er hat sich aber ausweislich der Gesetzesbegründung sogar im Bereich der bildenden Künste **gegen einen solchen Schutz entschieden** (RegE UrhG 1962 – BT-Drs. IV/270, S. 45). Für die Fälle, in denen ein öffentliches Interesse an dem Fortbestand des Werkes besteht, sei das private Urheberrecht das falsche Instrument (RegE UrhG 1962 a. a. O.). Aus diesen Gründen fehlt es nach unserer Auffassung bei einer vollständigen Vernichtung an einer Entstellung oder anderen Beeinträchtigung, die die berechtigten Interessen des Urhebers zu gefährden geeignet wäre (so auch *Goldmann* GRUR 2005, 639, 643; a. A. BeckOK UrhR/*Kroitzsch/Götting*[15] Rn. 24; anders noch unsere 9. Aufl./*Hertin* Rn. 18). Der Urheber, dem sein Werk besonders am Herzen liegt, ist nicht daran gehindert, ein vertragliches Vernichtungsverbot einzugehen oder das Werk gar nicht erst einem anderen zu übereignen.   **33**

Dagegen ist § 14 bei der **teilweisen Vernichtung** anwendbar. Denn hierin ist in der Regel mit Blick auf die überbleibenden Teile des Werks eine Entstellung zu bejahen (OLG Stuttgart GRUR-RR 2011, 56 – *Stuttgart 21*; OLG München ZUM 2001, 339, 344 – *Abriss eines Kirchenschiffs*; OLG München ZUM-RD 1998, 87, 89 – *Pfarrkirche in Baierbrunn*). Das ist insbesondere dann der Fall, wenn der Rest des Werks wegen der äußeren Merkmale immer noch an das frühere Werk erinnert (OLG München a. a. O.; Dreier/Schulze/*Schulze*[5] Rn. 29) oder eine gestalterischen Wechselbeziehung zwischen verbleibenden und zu entfernendem (Gebäude-) Teil besteht (so LG Leipzig ZUM 2012, 821, 825 zum Abriss eines Mehrzwecksaals im Kulturpalast Dresden). Nicht erforderlich ist, dass das übriggebliebene Teilwerk noch für sich gesehen hinreichende **Schöpfungshöhe** erreicht. Denn geschützt ist nach wie vor das Werk in seiner ursprünglichen Form (Wandtke/Bullinger/*Bullinger*[4] Rn. 26).   **34**

Ebenso kann der öffentlich inszenierte **Vorgang der Vernichtung** eine Beeinträchtigung gem. § 14 darstellen (verneint für den Abriss des Lenin-Denkmals: LG Berlin LKV 1992, 312 ff. – *Lenin-Denkmal*). Zu Recht wurde auf das Beispiel der Bücherverbrennungen im Dritten Reich hingewiesen (*Schack*, Urheber- und Urhe-   **35** bervertragsR[7] Rn. 397). Hier wird die Vernichtung geradezu inszeniert und das Werk nicht nur beseitigt, sondern zu einer vernichtungsbedürftigen (entarteten) Kunst degradiert.

III. Einzelfälle

1. Schriftwerke

36 Bei Schriftwerken wird eine Entstellung bzw. Beeinträchtigung bejaht, wenn entweder die **sprachliche Form oder der Inhalt verfälscht** werden. Das kann bereits bei wesentlichen Kürzungen der Fall sein (s. RGZ 102, 134, 141 – *Strindberg-Übersetzung*; *Schack*, Urheber- und UrhebervertragsR[7] Rn. 382). Die **Abwandlung einer einzigen Szene** einer Romanvorlage in der Verfilmung kann genügen, den Charakter des gesamten Romans zu entstellen (OLG München GRUR 1986, 460 – *Unendliche Geschichte*). Allerdings kann der Integritätsschutz aufgrund der gebotenen Interessenabwägung im Ergebnis dennoch zu verneinen sein (OLG München a. a. O.). Eine Beeinträchtigung wurde abgelehnt für die Veranstaltung eines Malwettbewerbs „Eine Freundin für Pumuckl" ohne Zustimmung der Urheberin der literarischen Figur „Pumuckl" (LG München I GRUR-RR 2008, 44, 45 – *Eine Freundin für Pumuckl II*). Ebenfalls keine Verletzung von § 14 UrhG wurde im Abdruck zweier Zeilen eines Gedichts im Vorsatz eines Begleitbands zu einer Ausstellung gesehen, bei dem ein Komma gestrichen und der Text in drei unterschiedliche Sprachen übersetzt wurde (LG München I ZUM 2009, 678).

37 Aber auch ohne eine inhaltliche Veränderung des Schriftwerks selbst kann das Recht aus § 14 verletzt sein. Das ist beispielsweise dann der Fall, wenn das Schriftwerk in einen **herabwürdigenden Sachzusammenhang** gestellt wird (vgl. Rn. 45; KG NJW-RR 1990, 1065, 1066 – *Neues Deutschland*; LG Düsseldorf ZUM 1986, 158). Inwieweit die Veränderung eines Werks durch die berechtigte **Arbeit eines Lektors** § 14 unterfällt, hängt von den Umständen des Einzelfalls, insbesondere der vertraglichen Grundlage der Arbeit ab (Wandtke/Bullinger/*Bullinger*[4] Rn. 54). Auch die Änderung von eingereichten Texten eines freien Journalisten durch die Zeitschriftenredaktion kann eine Entstellung darstellen, soweit keine Änderungsbefugnis vereinbart wurde (LG Hamburg GRUR-RR 2010, 460).

38 Bei der **Paraphrase** von Schriftwerken wird ein bestehendes Werk in eine andere Stilgattung umgewandelt (z. B. von Vers in Prosa oder umgekehrt). Die Paraphrase ist in erster Linie unter Aspekten der Bearbeitung (§ 23) zu bewerten.

2. Bühnenwerke

39 Bei der **Inszenierung von Bühnenwerken** ist die Grenze zur Entstellung bzw. Beeinträchtigung nicht alleine deswegen überschritten, weil der Inhalt des Stücks oder die Art und Weise der Darstellung von den Vorstellungen des Autoren abweicht. Erforderlich ist vielmehr, dass der Charakter des Bühnenstücks tiefgreifend verändert wurde (Wandtke/Bullinger/*Bullinger*[4] Rn. 58). Das hat die Rechtsprechung beispielsweise für gegeben angesehen, wenn das charakterliche Wesen der Hauptpersonen wesentlich geändert wurde (BGHZ 55, 1 – *Maske in Blau*).

40 Bei der Abwägung zwischen den **berechtigten Interessen des Urhebers und des Regisseurs** muss eingestellt werden, dass der Regisseur einen hinreichenden künstlerischen Freiraum braucht, um das Werk des Urhebers schöpferisch zu inszenieren (Wandtke/Bullinger/*Bullinger*[4] Rn. 58). Insbesondere ist im Einzelfall zu berücksichtigen, ob räumliche oder finanzielle Beschränkungen die Inszenierung des Bühnenwerks wesentlich erschweren (OLG Frankfurt aM. NJW

1976, 677, 678 f. – *Götterdämmerung*; BGH GRUR 1971, 35, 37 – *Maske in Blau*). Andererseits ist das Bestreben, die Inszenierung dem vermeintlichen Geschmack des Publikums unterzuordnen, für sich alleine nicht anerkennenswert (OLG Frankfurt aM. NJW 1976, 677, 678 f. – *Götterdämmerung*). Gleichwohl kann bei einer in Fachpresse und dem Publikum völlig durchgefallenen Inszenierung die Interessenabwägung zur Gestattung maßvoller Anpassungen führen (OLG Frankfurt aM. a. a. O.).

Die Rechtsprechung erachtet die **Inszenierungsleistung des Regisseurs** teilweise als **41** schöpferisches Werk, welches in den Schutzbereich von § 14 fällt (OLG Frankfurt aM. NJW 1976, 677 – *Götterdämmerung*; LG Frankfurt aM. UFITA 77 [1976], 199 – *Götterdämmerung*; OLG Dresden ZUM 2000, 955 – *Csárdásfürstin*; LG Leipzig ZUM 2000, 331 – *Csárdásfürstin*; OLG München ZUM 1996, 598 – *Iphigenie in Aulis*). Wird der urheberrechtliche Schutz der Regieleistung bejaht, so kann der Regisseur es grundsätzlich als Entstellung seines Werkes verbieten, wenn die Theaterleitung nach Abnahme seiner Inszenierungsleistung das Werk nochmals wesentlich ändert. Bei der Interessenabwägung ist dabei zu berücksichtigen, dass die Theaterleitung bereits bei der Auswahl des Regisseurs und im Rahmen der Vorarbeiten des Stücks hinreichend Gelegenheit hat, das Inszenierungswerk zu beeinflussen. Sofern die Regieleistung des Theaterregisseurs keinen urheberrechtlichen Werkschutz genießt, bietet § 75 Schutz. Da auch hier eine Interessenabwägung vorzunehmen ist (vgl. § 75 Rn. 16 ff.), dürften die Ergebnisse im Wesentlichen gleich sein. Der Integritätsschutz von Regisseuren spielt in der Praxis ohnehin keine besondere Rolle (s. Strukturgutachten Theater und Orchester für den Deutschen Bundestag, K-Drs. 15/285, S. 33).

3. Werke der Musik und Sprache

Entstellungen von Musik- oder Sprachstücken (Hörspiele, -bücher) sind denk- **42** bar, wenn das Stück **verändert, zerstückelt oder mit anderen Werken kombiniert** wird. Ähnlich wie bei Bühnenwerken (BGH, Beschl. v. 11.5.2017 – I ZR 147/16 (OLG Jena) Urheberpersönlichkeitsrechtverletzung durch Verwendung von Musik im Wahlkampf – *Die Höhner* (§ 14 UrhG); BGHZ 55, 1 – *Maske in Blau*) kann auch bei einem für die Verfilmung bestimmten Dialogbuch die Änderung der Charaktere oder die Änderung der Atmosphäre sowie der Handlungsstruktur die Aussage des Werkes entstellend verändern (KG UFITA 59 [1971], 279, 283 – *Kriminalspiel*; s. a. OLG Frankfurt aM. ZUM 1989, 353 – *Der Wald*). Denn bei Sprachwerken ist **nicht nur die Form der Sprache sondern auch der Inhalt des Sprachwerkes vor Entstellung geschützt** (s. KG GRUR 1926, 441, 442 – *Alt-Heidelberg*; *Kitz* GRUR-RR 2007, 217, 218).

Das **Ersetzen** von wesentlichen Teilen der Originalfilmmusik kann als Entstel- **43** lung bzw. Beeinträchtigung i. S. v. § 14 angesehen werden (OLG München ZUM 1992, 307, 310 – *Christoph Columbus*), während die Rechte des ursprünglichen Filmkomponisten nicht verletzt werden, wenn lediglich kurze Filmausschnitte in einen neuen eigenständigen Film (nebst neuer Vertonung) integriert werden (OLG Hamburg GRUR 1997, 822, 826 – *Edgar-Wallace-Filme*; LG Hamburg ZUM 1995, 683, 684).

Weitgehend entschieden sind Fragen der etwaigen Werkentstellung durch das An- **44** gebot von **Klingeltönen für mobile Telefongeräte** (s. BGH GRUR 2009, 395 – *Klingeltöne für Mobiltelefone*; BGH GRUR 2010, 920 – *Klingeltöne für Mobiltelefone II*; zum vorherigen Streitstand: *Castendyk* ZUM 2005, 9; *Hertin* K&R 2004, 101 ff.; *Poll* MMR 2004, 67). Die Verwendung eines – nicht für diesen Verwendungszweck geschaffenen – Musikwerkes als Klingelton ist eine Entstellung oder eine andere Beeinträchtigung des Werkes im Sinne des § 14 UrhG, die geeignet ist, die berechtigten geistigen oder persönlichen Interessen des Urhebers am Werk zu gefährden (s. BGH GRUR 2009, 395, 397 – *Klingeltöne für Mobiltele-*

fone). Handy-Klingeltöne stellen meist eine verkürzte Version des Originalliedes dar und klangen zumindest früher wegen der beschränkten technischen Möglichkeiten der Mobiltelefone erheblich anders als das Original. Vor allem wird das Musikwerk für einen Zweck verwendet, für den es ursprünglich nicht gedacht war. Nach Ansicht des BGH liegt eine Entstellung bereits darin, dass ein eventuell bestehender Spannungsbogen des Musikwerkes durch das Annehmen des Telefongesprächs abgebrochen wird (s. BGH GRUR 2009, 395, 397 – *Klingeltöne für Mobiltelefone*). Auf die Qualität des Klingeltons kommt es damit nicht zwingend an. Der Spielraum des Urhebers, gegen entsprechende Entstellungen erfolgreich vorzugehen, war aber in der Praxis mit Blick auf die **Verwertungshandlungen der GEMA** eingeschränkt, soweit die Rechteeinräumung gegenüber der GEMA aufgrund eines **Berechtigungsvertrages in den Fassungen von 2002 bis 2008** erfolgt war. Durch die uneingeschränkte Einräumung der Rechte zur Nutzung als Klingelton in diesen Fassungen des Berechtigungsvertrages konnte sich der Rechteinhaber solchen Änderungen grundsätzlich nicht unter Berufung auf § 14 UrhG verwehren, die zur bestimmungsgemäßen Nutzung des Werkes erforderlich oder jedenfalls üblich und daher vorhersehbar sind (s. BGH GRUR 2009, 395, 399 – *Klingeltöne für Mobiltelefone*; i. d. S. zur Fassung des Berechtigungsvertrags vom 28./29. Juni 2005 ausdrücklich BGH ZUM 2010, 883). Erst seit der Fassung des **Berechtigungsvertrages** aufgrund der Beschlüsse der ordentlichen Mitgliederversammlung **vom 23./24. Juni 2009** sieht der Berechtigungsvertrag in § 1h) Abs. 4 für die Nutzung musikalischer Werke als Klingelton ausdrücklich ein **zweistufiges Lizenzierungsverfahren** vor (nach dem Vorbild der Individualvereinbarung, welche der Entscheidung BGH GRUR 2010, 920, 923 – *Klingeltöne für Mobiltelefone II* zugrunde lag). Demnach bleiben die urheberpersönlichkeitsrechtlichen Befugnisse aus §§ 14, 23 UrhG beim Urheber, während der GEMA die verwertungsrechtlichen Befugnisse zur Wahrnehmung übertragen werden. Die Nutzung eines Musikwerkes als Klingelton bedarf nach dieser Regelung neben der Lizenzierung durch die GEMA in jedem Einzelfall zusätzlich der Zustimmung durch den Urheber. Diese Art der Aufteilung von urheberpersönlichkeitsrechtlichen und verwertungsrechtlichen Befugnissen wurde vom BGH explizit gebilligt (BGH GRUR 2010, 920, 923 – *Klingeltöne für Mobiltelefone II*; a. A. zuvor noch: Schricker/Loewenheim/*Dietz/Peukert*[4] Rn. 11a). Soweit vom Nutzer für die Erteilung der urheberpersönlichkeitsrechtlichen Bewilligung eine Vergütung zu zahlen ist, hat die GEMA dies bei der Gestaltung ihres Tarifs für die Einräumung des Verwertungsrechts (§ 39 VGG, ehemals § 13 UrhWahrnG) zu berücksichtigen, um zu verhindern, dass ein zweistufiges Lizenzierungsverfahren im Ergebnis höhere Lizenzgebühren zur Folge hat (BGH GRUR 2010, 920, 924 – *Klingeltöne für Mobiltelefone II*).

45 Werden Musikstücke **mit anderen Werkarten verbunden**, so kann eine Entstellung bzw. Beeinträchtigung vorliegen, wenn das Lied in Zusammenhang mit radikalpolitischen, pornographischen, gewaltverherrlichenden o. ä. polarisierend veröffentlicht wird (OLG Frankfurt aM. GRUR 1995, 215, 216 – *Springtoifel*; s. a. KG NJW-RR 1990, 1065, 1066 – *Neues Deutschland*; zur Verwendung von Samples: *Spieß* ZUM 1991, 524 ff.; *Müller* ZUM 1999, 555 ff.). Ausreichend ist es hingegen noch nicht, dass ein Lied auf einem Sampler mit anderen Liedern zusammen veröffentlicht wird (s. i. Ü. OLG Hamburg GRUR-RR 2002, 153, 159 – *Der grüne Tisch*). Hinzukommen müssen besondere Umstände, wie der genannte radikalpolitische Einschlag des Tonträgers.

4.   Werke der bildenden Künste

46 Bei Werken der bildenden Künste kann sich die Entstellung durch **Verstümmeln, Übermalen, Zerteilen, unsachgemäße Restauration** oder auch durch **nachhaltige Veränderung des Formates** (bei Grafik) **oder des Volumens** (z. B. Vergrößerung einer Miniaturplastik) ergeben (BGH GRUR 1999, 230 – *Wen-*

deltreppe; RGZ 79, 397 – *Felseneiland mit Sirenen*; LG Mannheim GRUR 1997, 364, 365).

Insbesondere wenn die einzelnen Werkteile gerade in ihrer (ästhetischen oder inhaltlichen) Zusammenstellung vom Urheber gewollt sind (**Installationen**), stellt das **Trennen oder Neuanordnen dieser Teile** eine Entstellung des Werkes dar (LG München FuR 1982, 510 – *ADAC-Hauptverwaltung*; Wandtke/Bullinger/*Bullinger*[4] Rn. 42). Genauso wie eine Zerstückelung oder Trennung einzelner Bestandteile eines Werkes der bildenden Kunst eine Entstellung darstellen kann, kann auch eine **nicht gewollte Verbindung** verschiedener Werke einem entstellenden Eingriff gleichkommen (BGH WRP 2002, 552, 556 – *Unikatrahmen*). Gleiches gilt für vermeintliche Vervollständigungen. So wurde etwa das **Ausfüllen** absichtlich offener Pyramidenstümpfe einer Skulptur mit Kies und Beton als Entstellung angesehen (OLG Celle NJW 1995, 890, 891). **47**

Eine Beeinträchtigung eines Werkes der bildenden Kunst kann unter besonderen Umständen auch in der Verlegung an einen anderen Ort zu sehen sein. Das ist dann der Fall, wenn gerade die **örtliche Nähe Teil der vom Urheber gewollten Konzeption** ist. Das ist beispielsweise bei Denkmälern, die an Ereignisse an dem Aufstellungsort erinnern sollen denkbar. Gleiches gilt, wenn das Werk gerade wegen seines Wechselspiels mit der Umgebung, etwa bestimmter anderer Gebäude, am Aufstellungsort geschaffen wurde (OLG Frankfurt, Urt. v 12.7.2016 – 11 U 133/15 (juris); OLG Hamm ZUM-RD 2001, 443, 444 – *Stahlplastik*; KG Berlin ZUM 2001, 590, 591 – *Gartenanlage*; im konkreten Fall abgelehnt durch OLG Köln GRUR-RR 2010, 182, 183 – *Pferdeskulptur*). **48**

Ähnlich verhält es sich, wenn das Werk in einem **entstellenden Sachkontext** der Öffentlichkeit zugänglich gemacht wird (Schricker/Loewenheim/*Dietz/Peukert*[4] Rn. 25). Das betrifft beispielsweise radikale Formen der Ausstellung des Werks. So kann eine Hängung eines Bildes dicht an dicht mit hunderten anderen Bildern vor einer gewellten grauen Plastikfolie eine unzulässige Entstellung darstellen (Wandtke/Bullinger/*Bullinger*[4] Rn. 49). Allerdings ist hier, ähnlich wie bei der Frage der Inszenierung eines Bühnenstücks durch den Regisseur, im Rahmen der Interessenabwägung zu berücksichtigen, dass auch der Aussteller ein berechtigtes Interesse an der konkreten Ausstellungsform haben kann. **49**

Besonders problematisch ist im Bereich der bildenden Kunst der Umgang mit **Parodien**. Denn auch wenn Parodien eine eigene schöpferische Höhe aufweisen, so ist es doch oftmals ihr Mittel oder Zweck, das ursprüngliche Werk zu entstellen. An einer Entstellung bzw. Beeinträchtigung wird es daher in aller Regel nicht fehlen. Nur dann, wenn sich die Parodie auf das Gesamtwerk, also den Stil eines Urhebers als Ganzes bezieht, greift nicht § 14, sondern das allgemeine Persönlichkeitsrecht als Schutzmechanismus (*Ruijsenaars* GRUR Int. 1993, 918, 929 m. w. N.). Im Rahmen von § 14 **entscheidet sich die Frage des Integritätsschutzes gegen Parodien** letztlich bei der **Interessenabwägung**. Hierbei ist den berechtigten Interessen des Urhebers v. a. das **Recht auf Meinungs- und Kunstfreiheit** anderer gegenüberzustellen. Zwar braucht der Urheber Entstellungen seines Werkes nicht alleine deshalb hinzunehmen, weil damit eine kritische Auffassung über die künstlerische Bedeutung dieses Werkes oder der Werkgattung, der es angehört, zum Ausdruck gebracht werden soll (BGH GRUR 1971, 35, 38 – *Maske in Blau*). Eine Grundregel aber, nach der die Verletzung des Urheberpersönlichkeitsrechts aufgrund einer Entstellung häufig schwerer wiegt als die mit ihr einhergehende, nicht gestattete Nutzung des ursprünglichen Werkes, erscheint willkürlich (ähnlich Schricker/Loewenheim/ *Dietz/Peukert*[4] Rn. 29; a. A. Wandtke/Bullinger/*Bullinger*[4] Rn. 39). Die konträre Ansicht unterschätzt, dass **Parodien von der Öffentlichkeit in der Regel gerade nicht dem Urheber zugerechnet werden** (Dreier/Schulze/*Schulze*[5] **50**

Rn. 24). **Diese Zurechnung ist aber zwingende Grundlage des Integritätsschutzes** (RegE UrhG 1962 – BT-Drs. IV/270, S. 45; ähnlich Schricker/Loewenheim/*Dietz/Peukert*[4] Rn. 32; zudem vgl. Rn. 1; a. A. *Honschek* GRUR 2007, 944, 947). In den meisten Fällen geht der Betrachter davon aus, dass dem Urheber die Entstellung gar nicht recht sein wird. Entsprechend ist auch die weniger strenge Beurteilung der Rechtsprechung bei der Abgrenzung von § 23 zu § 24 bei der Interessenabwägung im Rahmen des § 14 zu berücksichtigen (BGH GRUR 1994, 191, 193 – *Asterix-Persiflagen*; BGH GRUR 1994, 206, 208 – *Alcolix*; *Ruijsenaars* GRUR Int. 1993, 918, 930; Schricker/Loewenheim/*Dietz/Peukert*[4] Rn. 11d). Parodien sind vielfach selbständige, in freier Benutzung hervorgebrachte Werke und können dann von dem betroffenen Urheber nicht aus § 14 verfolgt werden.

51   Werke der bildenden Kunst, die sich **kommentierend oder paraphrasierend** mit geschützten Werken anderer Urheber auseinandersetzen, beanspruchen unter dem Aspekt der Kunstfreiheit einen noch größeren Freiraum als Parodien. § 14 steht derartigen Werkformen regelmäßig nicht entgegen, da die Werkinteressen des kommentierten oder paraphrasierten Urhebers durch solche Auseinandersetzungen, selbst wenn sie kritisch angelegt sind, eher gefördert als beeinträchtigt werden.

52   Eine unzulässige Entstellung eines Werkes liegt dann nicht vor, **wenn das Publikum erkennen kann**, dass ein Werk der bildenden Kunst in einer Fernsehsendung durch filmtechnische Mittel verfremdet wurde (LG München I ZUM-RD 2000, 308, 311; a. A. Wandtke/Bullinger/*Bullinger*[4] Rn. 50). Denn dann rechnet die Öffentlichkeit die entstellte Version nicht dem Urheber zu. Das ist aber gerade Kern des Schutzes von § 14 (RegE UrhG 1962 – BT-Drs. IV/270, S. 45; a. A. Wandtke/Bullinger/*Bullinger*[4] Rn. 50). Entsprechendes gilt gerade bei Parodien (vgl. Rn. 50).

53   Jedenfalls für Werke der bildenden Künste nimmt der Gesetzgeber ausdrücklich **kein Vernichtungsverbot** an (vgl. Rn. 33). Das gilt selbst für den Fall, dass an ihrer Erhaltung ein öffentliches Interesse bestehen sollte. Denn nach Ansicht des Gesetzgebers ist die Erhaltung kulturell wertvoller Kunstwerke nicht Aufgabe des privatrechtlichen Urheberrechts, sondern des zum Gebiet des öffentlichen Rechts gehörenden Denkmalschutzes (RegE UrhG 1962 – BT-Drs. IV/270, S. 45). Der **Vorgang der Vernichtung** in der Öffentlichkeit kann nur in ganz besonderen Ausnahmefällen eine Entstellung darstellen (vgl. Rn. 35).

54   Der Gesetzgeber hat sich bewusst dagegen entschieden, dem Urheber eines Werkes der bildenden Künste das Recht zu geben, **Instandsetzungsarbeiten** an seinem Werk selbst vorzunehmen. Soweit aber bei der Instandsetzung das Werk entstellt wird, kann der Urheber sich nach § 14 wehren (RegE UrhG 1962 – BT-Drs. IV/270, S. 45).

55   Wenn Werke der bildenden Künste **restauriert** werden, ist eine Entstellung bzw. Beeinträchtigung jedenfalls dann nicht gegeben, wenn Beschädigungen oder altersbedingte Verfallerscheinungen handwerklich einwandfrei ausgeglichen werden. Die Betonung liegt hier auf dem Aspekt des Ausgleichens, also Wiederherstellens. Besonders kritisch zu prüfen sind vermeintliche „Verbesserungen" des Werkes, insbesondere des Werkmateriales (s. Dreier/Schulze/*Schulze*[5] Rn. 26). Unter besonderen Umständen kann jeder Versuch der Restaurierung unzulässig sein, insbesondere wenn der Urheber gerade den Verfall des Werkes eingeplant hatte (Wandtke/Bullinger/*Bullinger*[4] Rn. 44).

56   **Kunstwerkfälschungen und Plagiate** (vgl. § 13 Rn. 4 bzw. vgl. nach §§ 23/24 Rn. 1 ff.) beeinträchtigen das Original, wenn die Kopie ihrerseits handwerkliche Fehler aufweist oder einen sonst entstellenden Eindruck hinterlässt (s.

Wandtke/Bullinger/*Bullinger*[4] Rn. 40). Nichts anderes gilt für **stümperhafte Vervielfältigungen** (s. *Dietz* ZUM 1993, 310, 317; *Schack*, Urheber- und UrhebervertragsR[7] Rn. 382).

Graffiti, wenn es die erforderliche Schutzhöhe erreicht, unterfällt dem Schutz-   **57**
bereich von § 14. Denn § 14 unterscheidet nicht danach, wie das Werk hergestellt wurde, insbesondere nicht, ob dabei fremde Eigentumsrechte verletzt
wurden. Aus diesem Grund darf Graffiti zwar etwa von den Hauswänden entfernt, also vollständig vernichtet, werden. Andererseits dürfen die Bilder nicht
entstellt, sondern höchstens komplett übermalt werden (BGH GRUR 1995,
673, 675 – *Mauer-Bilder*; ferner *Schack*, Urheber- und UrhebervertragsR[7]
Rn. 399). Die Interessensabwägung (vgl. Rn. 21) geht jedoch regelmäßig zugunsten des Eigentümers aus (s. a. LG Berlin ZUM 2012, 507 zur Entfernung
von „aufgedrängten" Bildern auf der Berliner Mauer).

5. Fotografien und Filmwerke

Entstellungen bzw. Beeinträchtigungen von Fotografien sind beispielsweise als   **58**
Veröffentlichungen von **Fotoausschnitten und als (digitale) Nachbearbeitungen
(Retuschen)** denkbar (BGH GRUR 1971, 525, 526 – *Petite Jacqueline*; OLG
Köln *Erich Schulze* OLGZ 129 – *Mein schönstes Urlaubsfoto*; LG München
ZUM 1995, 57, 58). Genauso wie bei Fotografien sind auch Entstellungen
bzw. Beeinträchtigungen bei Filmwerken durch die (zunehmend digitale) Nachbearbeitung denkbar. So kann die vom Urheber nicht bewilligte **Nachkolorierung** (ähnlich: **Color-Timing**) eines Filmes (s. *Platho* GRUR 1987, 424;
Wandtke/Bullinger/*Bullinger*[4] Rn. 61; *Schulze* GRUR 1994, 855 ff.; LG Kopenhagen GRUR Int. 1998, 336) oder schwerwiegende **Formatänderungen** unzulässige Entstellung sein. Eine Entstellung von Filmwerken kann auch bei **exzes-
siven Werbeunterbrechungen, verfälschenden Aufteilungen, veränderten
Szenenabfolgen** und Herausschneiden von Nackt- oder Gewaltszenen zu sehen
sein (s. a. *Schack*, Urheber- und UrhebervertragsR[7] Rn. 402 f.). Hat beispielsweise der Urheber gerade eine Erzählstruktur, die sich durch viele Rückblenden
auszeichnet, gewollt, so liegt eine Entstellung vor, wenn der Film in einer chronologischen Abfolge gezeigt wird. Gleiches gilt, wenn der Regisseur in seinem
Film keine **Off-Stimme** (Voice-Over) vorgesehen hatte, diese aber nachträglich
ohne seine Bewilligung eingefügt wird.

Bei der Beurteilung von Entstellungen bzw. Beeinträchtigungen durch Verfil-   **59**
mungen bzw. bei Änderungen von Verfilmungen gilt im Rahmen von § 14 wegen § 93 ein besonderer Beurteilungsmaßstab. Der **Schutz des Urhebers ist danach auf gröbliche Entstellungen bzw. Beeinträchtigungen beschränkt**
(BeckOK UrhR/*Kroitzsch/Götting*[16] Rn. 18; Wandtke/Bullinger/*Bullinger*[4]
Rn. 61; *Schulze* GRUR 1994, 855 f.). Der Maßstab für die gröbliche Entstellung ist objektiv (vgl. Rn. 10). Gröblich ist eine Entstellung oder Beeinträchtigung dann, **wenn über den konkret geänderten Teil hinaus der geistig-ästhetische Gesamteindruck des Werkes entstellt wird** (KG GRUR 2004, 497, 498 –
Schlacht um Berlin; OLG München GRUR 1986, 460, 462 – *Die unendliche
Geschichte*). Die Voraussetzungen für den Schutz gegen Entstellungen liegen
beim Filmwerk vor, wenn eine völlige Verkehrung des ursprünglichen Sinngehalts des Filmwerks bzw. des ihm zugrundeliegenden Werks oder eine völlige
Verunstaltung von urheberrechtlich wesentlichen Teilen des Films oder Werks
entgegen den Intentionen der Urheber- oder Leistungsschutzberechtigten stattfindet (KG GRUR 2004, 497, 499 – *Schlacht um Berlin*; OLG München
GRUR 1986, 460, 461 – *Die unendliche Geschichte*; *Götting* ZUM 1999, 3,
8). Soweit für Lichtbilder (§ 72 Abs. 1) und wissenschaftliche Ausgaben (§ 70
Abs. 1) die urheberrechtlichen Vorschriften mitsamt des § 14 für anwendbar
erklärt werden, führt das, soweit es den Filmbereich betrifft, auch dort zu einer
Modifikation durch § 93 (vgl. § 93 Rn. 7).

60   Der Urheber ist **während der Filmherstellung und Verwertung des Filmwerkes vor Entstellungen** geschützt. Dementsprechend findet auch der großzügigere Maßstab des § 93 schon während des Herstellungsprozesses Anwendung, wenn die schöpferische Leistung entstellend verändert wird (OLG München ZUM 2000, 767, 772 – *down under*). Die Abmilderung des Entstellungsverbotes zugunsten des Filmherstellers gilt ferner sowohl für die Erst- als auch für die **Zweitauswertung** eines Filmes (hierzu ausführlich vgl. § 93 Rn. 9).

61   Das bloße **Verkürzen eines Filmes** muss nicht zwangsläufig zu seiner unzulässigen Entstellung führen, solange der Sinngehalt nicht völlig verkehrt wird und der Film auch nicht anderweitig verunstaltet ist (s. KG GRUR 2004, 497 ff.; OLG Frankfurt aM. GRUR 1989, 204, 206 – *Wüstenflug*). Filmwerkkürzungen zum Zwecke des **Jugendschutzes** und die Anpassung an ausländische Verhältnisse zur dortigen Verwertung (**Untertitel, Synchronisation**) dienen der sachgerechten, filmischen Verwertung (s. a. *Schack*, Urheber- und UrhebervertragsR[7] Rn. 402). Sie sind jedenfalls dann vom Urheber hinzunehmen, wen sie von geringer Intensität sind (ausführlich vgl. § 93 Rn. 18 ff.).

6.   Internet und Software

62   Fast sämtliche Werkarten können aufgrund des technischen Fortschritts mittlerweile im Internet (zumindest mittelbar) veröffentlicht werden. Es gilt aber auch im Internet grundsätzlich **das gleiche Schutzniveau wie bei anderen Veröffentlichungsformen** (Wandtke/Bullinger/*Bullinger*[4] Rn. 62). Daher sind insbesondere Entstellungen durch digitale Nachbearbeitungen nicht ohne Hinzutreten besonderer Umstände zu dulden. Solange der Urheber zu einer entstellenden Nachbearbeitung und Veröffentlichung nicht ausdrücklich zugestimmt hat, kann diese untersagt werden. Eine mutmaßliche Einwilligung des Urhebers aufgrund der bloßen Tatsache, dass er ein Werk im Internet veröffentlicht hat, ist nicht gerechtfertigt. Ähnlich wie bei der Veröffentlichung von Handy-Klingeltönen mit Zustimmung des Urhebers werden hier aber Ausnahmen gerechtfertigt sein, wenn das Werk aufgrund technischer Umstände und in nicht-erheblicher Weise angepasst wird. Das ist beispielsweise bei der Veränderung der Auflösung von digitalen Fotografien denkbar (s. a. Wandtke/Bullinger/*Bullinger*[4] Rn. 62). Diese Grenze ist freilich überschritten, wenn das Foto durch den Verlust der Qualität nur noch eine plumpe Version des beabsichtigten Originals ist (s. OLG Hamburg ZUM 1995, 430; zur Frage einer Entstellung literarischer Werke durch die Google Buchsuche: *Ott* GRUR Int. 2007, 562, 564; zu sog. „Deep-Links": HK-UrhR/*Dreyer*[2] Rn. 67).

63   Auch **Software** unterfällt grundsätzlich dem Schutzbereich des § 14 (s. § 69a Abs. 4). Die meisten Computerprogramme dienen allerdings **Gebrauchszwecken.** Hier hat der Integritätsschutz eine sehr beschränkte praktische Bedeutung (s. Schricker/Loewenheim/*Dietz/Peukert*[4] Rn. 11d). Denkbar ist gleichwohl, dass beispielsweise die Veränderung eines **Open Source Programms** die **ursprüngliche Version** entstellt und dadurch die berechtigten Interessen des Urhebers gefährdet (*Metzger* GRUR Int. 1999, 839, 844). Die Reputation des Programmierers wird als die entscheidende Entlohnungskomponente des Urhebers im Open Source Bereich angesehen. Auch hier gilt das unter Rn. 23 Gesagte: Zwar kann (und will) der Urheber auch bei Open Source Software durch das Einräumen der Nutzungs- und Veränderungsbefugnis nicht aller Rechte aus § 14 verlustig gehen. Andererseits begründet die Einräumung der (etwa aufgrund der „General Public License" üblichen) Befugnisse im Rahmen der Interessenabwägung eine zu beachtende Duldungspflicht des Urhebers (*Metzger* GRUR Int. 1999, 839, 845).

7.   Bauwerke

64   **Herausragende praktische Bedeutung** hat der Integritätsschutz von § 14 im Verhältnis zwischen dem Architekten und Bauherrn erlangt (dazu ausführlich *Binder/Kosterhon* S. 100 ff.; *Elmenhorst/von Brühl* GRUR 2012, 126; *Neuen-*

feld BauR 2011, 180; *Oberbergfell* GRUR Prax 2010, 233; *Steinbeck* GRUR 2008, 988; *Honscheck* GRUR 2007, 944). § 14 kann den Architekten vor Entstellungen bzw. Beeinträchtigungen des Bauwerkes schützen, insbesondere wenn die ursprüngliche Planung durch den Bauherrn **genehmigt** war **und** das Bauwerk **bereits errichtet** worden ist (s. a. Wandtke/Bullinger/*Bullinger*[4] Rn. 27; *Goldmann* GRUR 2005, 639, 645 f.).

Nicht abschließend geklärt ist, inwiefern der Bauherr **bis zur abschließenden**   **65** **Errichtung** in die Planung des Architekten eingreifen darf. Die Beantwortung dieser Frage wird u. a. davon abhängen, ob der Architekt dem Bauherrn eine Änderungsbefugnis eingeräumt hat und inwieweit die Planung bereits von dem Bauherrn genehmigt war (s. *Werner* IBR 2007, 253). Solange noch kein schutzfähiges Bauwerk fertiggestellt ist, kommt nur die **Schutzfähigkeit des Entwurfes** in Betracht (§ 2 I Nr. 4 UrhG; BGH GRUR 1999, 230 – *Treppenhausgestaltung*). Dieser kann aber nur entstellt oder beeinträchtigt werden, **wenn** von ihm durch (Teil-) Realisation **Gebrauch gemacht wird** *(Schulze* NZBau 2007, 611, 614; s. a. *Binder/Kosterhon* S. 104 f.). Das Begehren, dass ein unvollständiger Bau vervollständigt wird, ist von § 14 grundsätzlich nicht gedeckt (s. dazu: § 649 BGB; HK-UrhR/*Dreyer*[2] Rn. 58).

Vorfrage des Integritätsschutzes bei Bauwerken ist zunächst, welche konkreten   **66** Teile der bauwerklichen Planung Urheberrechtsschutz genießen (hierzu *Schulze* NZBau 2007, 537 f.). Regelmäßig umfasst dieser Schutz die **Struktur des Baukörpers und seine Fassade**. Das **Innere des Gebäudes** ist oftmals lediglich bezüglich des **Eingangsbereiches oder der Treppenhäuser** geschützt. Das ist aber immer eine Frage des Einzelfalls. Denn u. U. können auch die Innenräume oder andere Teile des Gebäudes urheberrechtlich geschützt sein (BGH GRUR 1999, 230 – *Wendeltreppe*; i. Ü. vgl. § 2 Rn. 165). **Entstellungen** sind nicht nur durch **direkte bauliche Eingriffe** möglich, sondern auch durch **Anpassungen der Farbgebung, der Materialen und der Oberflächenstrukturen.** Allerdings kommt es auch hier auf eine gewisse Erheblichkeit der Veränderung an. So hat das OLG Frankfurt beispielsweise die Abdeckung eines Dachs mit Kupfer als Entstellung verneint, weil damit keine erhebliche ästhetische Veränderung einherging (OLG Frankfurt aM. GRUR 1986, 244; ähnlich OLG München ZUM 1996, 165, 167 zur Veränderung von Dachgauben; LG Berlin GRUR 2007, 964 – *Hauptbahnhof*). Verneint wurde auch eine Entstellung im Innenraum eines Museums durch Einsetzen eines Steinbodens statt eines Holzparketts (LG Leipzig ZUM 2005, 487, 493). Den Farbanstrich eines Hauses darf der Eigentümer nur dann ändern, wenn darin kein schöpferisches Gestaltungselement liegt (BGH NJW 1971, 556, 557 – *Farbanstrich* gegen KG *Erich Schulze* KGZ 45, 7).

Im Rahmen der Entstellung bzw. Beeinträchtigung kommt es auf die konkreten   **67** Abweichungen von den Plänen des Architekten an. Nicht entscheidend ist, ob etwaige Änderungen eine **ästhetische oder sonstige „Verbesserung"** darstellen (s. BGH GRUR 1999, 230 – *Wendeltreppe*; OLG Hamm ZUM-RD 2001, 443, 445 – *Stahlplastik*; KG Berlin ZUM 2001, 590, 592 – *Gartenanlage*; LG Mannheim GRUR 1997, 364, 365 – *Freiburger Holbein-Pferd*). Entscheidend ist, ob überhaupt eine erhebliche Veränderung eingetreten ist (BGH GRUR 1974, 675 – *Schulerweiterung*). Unter diesem Gesichtspunkt kann auch das Anbringen einer großen Werbereklame eine Entstellung der Gebäudefassade bedeuten (Wandtke/Bullinger/*Bullinger*[4] Rn. 31). Keine Entstellung bzw. andere Beeinträchtigung des Bauwerks hat die Rechtsprechung darin gesehen, dass bei einem Kircheninnenraum eine andere als die ursprünglich geplante Kirchenorgel aufgebaut wurde (BGH GRUR 1982, 107, 109 – *Kirchen-Innenraumgestaltung*; s. a. OLG München ZUM-RD 1998, 87, 89 – *Pfarrkirche in Baierbrunn*). Hingegen hat die Rechtsprechung die Entstellung bejaht, als ein

Aufzugsschacht in massivem Mauerwerk statt in Glas gebaut wurde (KG ZUM 1997, 208, 211 – *Transparenter Fahrstuhlschacht*).

68 Der Schutz des ursprünglichen Entwurfes des Architekten wird nicht dadurch beeinträchtigt, dass die **bauliche Veränderung selbst urheberrechtlich geschützt** ist. In einem solchen Kollisionsfall geht die Integrität des Gebäudes als Gesamtwerk des ursprünglichen Urhebers vor (BGH GRUR 1999, 230 – *Wendeltreppe*). Deswegen hat die Rechtsprechung auch das Aufstellen einer entstellenden Stahlplastik in einer urheberrechtlich geschützten Gartenanlage für unzulässig gehalten (KG NJW-RR 2001, 1201, 1202 – *Detlev Rohwedder-Haus*; s. a. BGH GRUR 1999, 230, 231 – *Treppenhausgestaltung*).

69 Wie bei anderen Werkarten stellt die **vollständige Vernichtung** eines Bauwerkes keine Entstellung dar (vgl. Rn. 33; RGZ 79, 387 – *Felseneiland mit Sirenen*; LG München NJW 1983, 1205 – *ADAC Hauptverwaltung II*). Etwas anderes gilt nur für den **Teilabriss** mit Blick auf den Eindruck, den der übrig gebliebene Teil auf das ursprüngliche Gesamtwerk hinterlässt. Von einem vollständigen Abriss wird bereits dann ausgegangen, wenn das Gebäude bis auf die Grundkonstruktion des Kernelements abgerissen worden ist (LG Hamburg GRUR 2005, 672, 674).

70 Ob die jeweiligen Entstellungen vom Architekten hinzunehmen sind, entscheidet sich letztlich in der Abwägung mit den **berechtigten Interessen des Bauherrn**. Besonders berechtigt sind **sicherheitsrelevante Interessen** des Bauherrn. Deswegen sind in der Regel solche Änderungen zulässig, die eine greifbare Gefährdung (etwa bei akuter Baufälligkeit) der Benutzer des Gebäudes verhindern (Wandtke/Bullinger/*Bullinger*[4] Rn. 32). Entsprechendes muss auch gelten, wenn sich die ursprünglich vorgesehene Bauausführung als zu gefährlich für die Bauarbeiter herausstellt. Zulässig sind auch Änderungen bei Bestehen **unanfechtbarer behördlicher Gebote** (OLG Nürnberg UFITA 25 [1958], 361, 365 f. – *Reformationsgedächtniskirche* meint allerdings zu Unrecht, dass dem Eigentümer die Anfechtung einer behördlichen Anordnung im Verwaltungsstreitverfahren nicht zugemutet werden könne). Bei erforderlichen Änderungen aufgrund behördlicher (v. a. der Bauaufsicht) und gerichtlicher Entscheidungen ist dem Urheber, soweit er dazu persönlich unter zumutbaren Bedingungen in der Lage ist, Gelegenheit zu geben, die geänderte Gestaltung entsprechend festzulegen (OLG Celle ZUM 1994, 437, 438 – *durch und durch*).

71 Eine Entstellung ist nach den allgemeinen Auslegungsregeln auch dann vom Architekten hinzunehmen, wenn sie durch den konkreten – erst recht vorab bekannten – Gebrauchszweck angezeigt sind (BGH NJW 1974, 1384; OLG München NJWE-MietR 1996, 116). Denn für den Bauherrn steht der Gebrauchszweck des zu errichtenden Gebäudes in aller Regel im Vordergrund (Ausnahme: überwiegend künstlerische Gestaltungsarchitektur wie im Falle der Berliner Philharmonie oder in dem Fall OLG Celle ZUM 1994, 437, 438 für ein öffentlich aufgestelltes Kunstwerk). Der Architekt muss, weil das unmittelbar aus dem Zweck seiner Beauftragung folgt, solche Änderungen nach Treu und Glauben dulden, die zur **Erhaltung oder Verbesserung des Gebrauchszwecks** erforderlich sind (z. B. Anpassung an neue Bauvorschriften, Materialien, veränderte Bedürfnisse oder technische Modernisierung, *Nahme* GRUR 1966, 474, 476). So muss ein Architekt ein Weniger an Lichteinfall in ein von ihm konzipiertes Atrium hinnehmen, wenn das im Rahmen einer erforderlichen Schulgebäudeerweiterung zu besorgen war (BGH GRUR 1974, 675 – *Schulerweiterung*; andererseits: LG Berlin UFITA 4 [1930], 258 – *Hotel Eden*). Vergleichbar hiermit ist von der Rechtsprechung für zulässig erachtet worden, dass ein Bauherr Sonnenjalousien entgegen der Planung des Architekten umbaute, weil sich das Gebäude andernfalls unzumutbar aufheizte (OLG Hamm BauR

1984, 298 f. – *Metalljalousetten*). Es spricht also grundsätzlich nichts gegen das nachtägliche schonende Installieren von Klimaanlagen, Lüftungen oder zusätzlicher Beleuchtung (s. *Goldmann* GRUR 2005, 639, 643). Das **Erfordernis des schonenden Eingriffs** (s. BGH GRUR 1974, 675, 678 – *Schulerweiterung*) kann aber beispielsweise gebieten, das Auswechseln mit schallgedämpften Fenstern unter Beibehaltung der ursprünglich Drei-Flügel Bauweise der Fenster vorzunehmen (LG Hamburg BauR 1991, 645, 646 – *Fenster*). Ist dem Architekten bewusst, dass ein von ihm entworfener Innenraum zu religiösen Zwecken genutzt werden soll, muss er damit rechnen, dass sich wandelnde Überzeugungen hinsichtlich der Gestaltung des Gottesdienstes das Bedürfnis nach einer entsprechenden Umgestaltung des Kircheninnenraums entstehen lassen (BGH GRUR 2008, 984, 988 – *St. Gottfried*). Dient ein Gebäude öffentlichen Zwecken, können auch öffentliche Gemeininteressen in die Abwägung einfließen (s. BGH GRUR 2012, 172 in Anschluss an OLG Stuttgart GRUR-RR 2011, 56, 63 f. – *Stuttgart 21*).

Ist eine Entstellung von vorne herein nur als **Interimslösung** konzipiert worden, **72** so haben die Interessen des Architekten in der Regel zurück zu stehen, weil das Werk des Urhebers dann nicht auf Dauer verfälscht wird (BGH NJW 1982, 641 – *Kirchen-Innenraumgestaltung*).

Nicht abschließend geklärt ist die Frage, inwieweit **wirtschaftliche Interessen** **73** des Bauherrn beim Bau des Werkes in die Interessenabwägung einzufließen haben (s. hierzu *Goldmann* GRUR 2005, 639, 642). In der Regel berücksichtigt die Rechtsprechung aber wirtschaftliche Interessen, wenn die Bausumme andernfalls überschritten würde und die baulichen Veränderungen nicht zu gravierend sind (s. etwa OLG Saarbrücken GRUR 1999, 420, 426 – *Verbindungsgang*; KG ZUM 1997, 208, 213 – *Transparenter Fahrstuhlschacht*). Die Entstehung ganz unverhältnismäßig hoher Kosten braucht der Eigentümer nicht hinzunehmen, um die Interessen des Urhebers zu wahren (LG Berlin *Erich Schulze* LGZ 65, 6 – *Rathaus Friedenau*). Beispielsweise ist das angenommen worden, als aus Kostengründen statt eines Flachdaches ein gering geneigtes Dach gebaut wurde (LG Gera BauR 1995, 866; s. LG Berlin *Erich Schulze* LGZ 65, 6 – *Rathaus Friedenau*). Das sollte erst recht so sein, wenn ein Flachdach Wasserschäden an dem Bauwerk begünstigt (OLG Frankfurt GRUR 1986, 244 – *Verwaltungsgebäude*). Die Frage der Abwägung mit den wirtschaftlichen Interessen des Bauherrn standen auch in dem spektakulären Verfahren des Architekten Meinhard von Gerkan des neuen Berliner **Hauptbahnhofs** gegen die Deutsche Bahn (LG Berlin GRUR 2007, 964 – *Hauptbahnhof*; Anm. von *Obergfell/Elmenhorst* ZUM 2008, 23; *Schulze* NZBau 2007, 611, 614; *Werner* IBR 2007, 253) im Mittelpunkt der Abwägung. Der Architekt hatte u. a. gegen den Einbau von Flachdecken in der unterirdischen Bahnhofshalle geklagt. Das LG Berlin sah darin einen Eingriff in die geistige Substanz des Werks gem. § 14 UrhG, weil das den Gesamteindruck des Werks mehr als unerheblich verändere. Das war nach Ansicht des LG vom Urheber nicht hinzunehmen, da der Bauherr insbesondere keine hinreichenden wirtschaftlichen Zwänge für den Einbau gerade der flachen Decke bewiesen hatte.

Nicht abschließend geklärt ist, welche Folgen es hat, wenn der Architekt seine **74** Einwände gegen Änderungen erst kenntlich macht, **nachdem die Arbeiten begonnen haben bzw. abgeschlossen wurden**. Für den Schutz des Bauherrn spricht, dass dieser bereits in den Bau investiert hat und vergebliche Aufwendungen riskiert (OLG Nürnberg UFITA 25 [1958], 361, 368 – *Turmhelme*). Umgekehrt sind Überrumpelungssituationen denkbar, in denen der Urheber nicht rechtzeitig Kenntnis von den Änderungen erlangt (*Honschek* GRUR 2007, 944, 948). Mit Blick auf diese generelle Interessenslage sollte der allgemeine Verwirkungsgrundsatz nach § 242 BGB nur dann greifen, wenn der Architekt ersichtlich ohne nachvollziehbaren Grund mit der Geltendmachung seines Rechts zugewartet hat. Dem Architekten steht dabei grundsätzlich auch die Möglichkeit zur Seite im Wege des einstweiligen Rechtsschutzes einen vorläufigen Baustopp zu erreichen (LG München I ZUM-RD 2008, 493).

IV. Rechtsfolgen und Prozessuales

75 Im Vorfeld oder während der Entstellung bzw. Beeinträchtigung steht dem Urheber bzw. dessen Rechtsnachfolger ein (vorbeugender) Anspruch auf **Unterlassung** zu (zur Erstbegehungs- bzw. Wiederholungsgefahr und auch i. Ü. vgl. § 97 Rn. 29 ff.). Ist die Entstellung bereits eingetreten, steht dem Urheber in der Regel ein **Beseitigungsanspruch** zu (BGH GRUR 1995, 670, 671 – *Emil Nolde*). Bei einem Bauwerk kann der Urheber dann unter Umständen den Rückbau bzw. den Teilabriss des entstellenden Teils verlangen (s. LG Berlin UFITA 4 [1930], 258 – *Hotel Eden*; RGZ 79, 379 – *Felseneiland mit Sirenen*; aber: OLG Nürnberg UFITA 25 [1958], 361 – *Reformations-Gedächtniskirche*; OLG München ZUM-RD 1998, 87, 89 – *Pfarrkirche in Baierbrunn*). Voraussetzung ist jedoch, dass die daraus dem Urheber erwachsenden Vorteile in einem zumutbaren Verhältnis zu den dem Bauherrn erwachsenden Nachteilen stehen (s. LG Berlin GRUR 2007, 964 – *Hauptbahnhof*). Es kann aus Sicht des Urhebers deshalb geboten sein im Wege des einsteiligen Rechtsschutzes vorzugehen, da mit Fortschreitendem Umbau eine Verschiebung der Interessenlage denkbar wäre (LG München I ZUM-RD 2008, 493).

76 Der Beseitigungsanspruch kann sich auch auf eine **Vernichtung** des entstellten Werkes oder der entstellten Vervielfältigungsstücke konkretisieren (vgl. § 97 Rn. 56). Das kommt insbesondere dann in Betracht, wenn die Entstellung irreversibel ist und die Vernichtung die einzig verbleibende Möglichkeit scheint, die Interessen des Urhebers zu schützen. Letzteres wird v. a. dann zu bejahen sein, wenn das entstellte Werk jederzeit der Öffentlichkeit zugänglich ist.

77 Kommen im Rahmen der Interessenabwägung weder eine Beseitigung noch eine Vernichtung in Betracht, so verbleibt dem Urheber gem. § 13 S. 2 immer noch das Recht, dass sein **Name nicht im Zusammenhang mit dem Werk genannt** wird (OLG Saarbrücken UFITA 79 [1977], 364, 366 – *Politische Geschichte des Saarlandes*; Dreier/Schulze/*Schulze*[5] Rn. 42).

78 Teilweise wird aus § 14 auch der Anspruch des Architekten hergeleitet, im Einzelfall vor dem Abriss oder Umbau aufgrund eines entsprechenden **Auskunftsanspruchs Zugang zur Dokumentation** zu erhalten (s. Schricker/Loewenheim/ *Dietz/Peukert*[4] Rn. 40; Wandtke/Bullinger/*Bullinger*[4] Rn. 34; *Honschek* GRUR 2007, 944, 948 m. w. N.; a. A. wohl KG ZUM 1997, 208, 212 – *Transparenter Fahrstuhlschacht*; s. a. OLG Celle ZUM 1994, 437, 438 – *durch und durch*; LG Berlin ZUM 1997, 758, 761 – *Barfuß ins Bett*; vgl. Rn. 13). Abzulehnen ist ein Anspruch des Architekten auf Einschaltung in die Umbauarbeiten (ebenso BeckOK UrhR/*Kroitzsch/Götting*[16] Rn. 27).

79 **Schadensersatzansprüche** aus den §§ 14, 97 kommen nur dann in Betracht, wenn ein Vermögensschaden vorliegt. Das wird bei Entstellungen meistens nicht der Fall sein. Denn die Entstellung bedeutet für den Urheber in aller Regel einen immateriellen, ideellen Schaden (BeckOK UrhR/*Kroitzsch/Götting*[16] Rn. 29). Nur ausnahmsweise wird der Urheber beweisen können, dass ihm aufgrund der konkreten Entstellung bestimmte Aufträge oder konkrete Werbeeinnahmen entgangen sind (BGH GRUR 1981, 676 – *Architektenwerbung*). Immaterieller Schadensersatz (**Schmerzensgeld**) steht dem Urheber nur zu, wenn die Entstellung seines Werkes zu schwerwiegenden und nachhaltigen Verletzungen des Urheberpersönlichkeitsrechts geführt hat (OLG Hamburg

GRUR 1990, 36; BeckOK UrhR/*Kroitzsch*/*Götting*[16] Rn. 30). Abzulehnen ist eine Schadensberechnung im Wege der **Lizenzanalogie** (OLG Hamm BeckRS 1991, 31006725 – *Siegerlandhalle*; LG München BauR 2005, 1683; BeckOK UrhR/*Kroitzsch*/*Gotting*[16] Rn. 30; hierzu s. a. BGH GRUR 1973, 663 – *Wählamt*; BGH GRUR 1962, 105 – *Ginseng Wurzel*).

Die **Darlegungs- und Beweislast** für die Entstellung oder andere Beeinträchtigung und inwieweit diese berechtigte Interessen gefährden, trifft den Urheber. Die entgegenstehenden Interessen, insbesondere Änderungs- oder Nutzungsbefugnisse hat der Anspruchsgegner darzulegen und zu beweisen. **80**

V. Verhältnis zu anderen Vorschriften

§ 14 steht in engem sachlichem Zusammenhang mit § 23 und § 39. Insbesondere §§ 39 und 14 stehen selbständig nebeneinander (vgl. Rn. 23). Ebenso laufen § 14 und § 23 parallel, denn eine Entstellung kann durch Umgestaltung oder Bearbeitung erfolgen, nicht aber durch zulässige freie Benutzung (vgl. §§ 23/24 Rn. 4a). Entstellungen oder andere Werkbeeinträchtigungen stellen nicht immer, jedoch oftmals eine **Werkänderung oder Bearbeitung** dar. Das ist jedenfalls dann so, wenn nicht ausschließlich auf das Umfeld des Werkes eingewirkt wird, also nicht nur die Umstände der Nutzung zu einer Beeinträchtigung der Werkintegrität führen. Bei Werkänderungen bzw. Bearbeitungen ist daher § 39 immer ergänzend zu § 14 zu prüfen (s. BGH GRUR 1982, 107, 109 – *Kirchen-Innenraumgestaltung*; *Honschek* GRUR 2007, 944, 945). Zwar stellt nicht jede unzulässige Änderung auch eine Entstellung des Werkes dar. Gleichwohl ist eine erteilte bzw. nicht erteilte Änderungsbefugnis durch den Urheber immer im Rahmen der Interessenabwägung bei § 14 zu berücksichtigen (vgl. Rn. 22). Umgekehrt bestimmen die Grenzen der Überschreitung zu einer Entstellung i. S. v. § 14 die Reichweite auslegungsbedürftiger Änderungsbewilligungen des Urhebers im Rahmen von § 39 (OLG Düsseldorf GRUR 1979, 318). Die Rechtsprechung umgeht häufig eine Abgrenzung von § 14 und § 39 und stellt allgemein auf das allgemein geltende Änderungsverbot (vgl. §§ 23/24 Rn. 3 f.) ab (s. nur BGH GRUR 2008, 984, 956 – *St. Gottfried*; OLG Stuttgart GRUR-RR 2011, 56, 58 – *Stuttgart 21*; OLG Köln GRUR-RR 2010, 182, 183 – *Pferdeskulptur*). **81**

Das Recht nach § 14 als Teil des Urheberpersönlichkeitsrechts ist von dem **allgemeinen Persönlichkeitsrecht** (s. § 823 I BGB, Art. 2 I, 1 I GG bzw. § 823 II BGB, § 185 StGB) zu unterscheiden (RegE UrhG 1962 – BT-Drs. IV/270, S. 45). Beide Rechte stehen **nebeneinander**. Die Verletzung des allgemeinen Persönlichkeitsrechts kommt beispielsweise bei ehrverletzender Kritik des Werks in Betracht (*Honschek* GRUR 2007, 944, 946). **82**

Die §§ 62 Abs. 2 bis 4, 75, 93 bzw. § 44 VerlG sind als Konkretisierungen/ Modifikation des § 14 für den jeweiligen Bereich vorrangig. **83**

Unterabschnitt 3 Verwertungsrechte

§ 15 Allgemeines

(1) Der Urheber hat das ausschließliche Recht, sein Werk in körperlicher Form zu verwerten; das Recht umfasst insbesondere
1. **das Vervielfältigungsrecht (§ 16),**
2. **das Verbreitungsrecht (§ 17),**
3. **das Ausstellungsrecht (§ 18).**

(2) [1]Der Urheber hat ferner das ausschließliche Recht, sein Werk in unkörperlicher Form öffentlich wiederzugeben (Recht der öffentlichen Wiedergabe). [2]Das Recht der öffentlichen Wiedergabe umfasst insbesondere
1. das Vortrags-, Aufführungs- und Vorführungsrecht (§ 19),
2. das Recht der öffentlichen Zugänglichmachung (§ 19a),
3. das Senderecht (§ 20),
4. das Recht der Wiedergabe durch Bild- oder Tonträger (§ 21),
5. das Recht der Wiedergabe von Funksendungen und von öffentlicher Zugänglichmachung (§ 22).

(3) [1]Die Wiedergabe ist öffentlich, wenn sie für eine Mehrzahl von Mitgliedern der Öffentlichkeit bestimmt ist. [2]Zur Öffentlichkeit gehört jeder, der nicht mit demjenigen, der das Werk verwertet, oder mit den anderen Personen, denen das Werk in unkörperlicher Form wahrnehmbar oder zugänglich gemacht wird, durch persönliche Beziehungen verbunden ist.

Übersicht

I. Allgemeines

1. Zweck und Wesen der Verwertungsrechte

1 Die in §§ 15–22 geregelten Verwertungsrechte bilden die wichtigste Grundlage dafür, dass der Urheber aus seinem Werk **wirtschaftlichen Nutzen** ziehen kann. Sie verleihen dem Urheber das **ausschließliche** (absolute) **Recht**, über die Verwertung des Werkes zu bestimmen. Dies bedeutet zweierlei: Zum einen kann der Urheber bestimmen, ob und auf welche Weise das Werk verwertet werden sollen (**positives Benutzungsrecht**). Zum anderen ermöglichen ihm die Verwertungsrechte, anderen die Nutzung seines Werkes zu verbieten, soweit sie dies ohne seine Erlaubnis tun (**negatives Benutzungsrecht**). Wer das Werk ohne Zustimmung des Urhebers verwertet, d. h. in die Ausschließlichkeitsrechte nach §§ 15 ff. eingreift, macht sich, wenn er schuldhaft handelt, schadensersatzpflichtig und bei vorsätzlichem Handeln sogar strafbar (so ausdrücklich RegE UrhR 1962 – BT-Drs. IV/270, S. 28).

Der Zweck der Verwertungsrechte ist dabei nicht so sehr, andere von der Nut-   **2**
zung des Werkes auszuschließen; die Verbotsansprüche geben dem Urheber
aber die rechtliche Handhabe dafür, Art und Umfang der Nutzung seines Werkes zu überwachen und diese von der Zahlung einer Vergütung abhängig zu
machen (so wörtlich RegE UrhG 1962 – BT-Drs. IV/270, S. 20). Dies geschieht,
indem der Urheber anderen durch die **Einräumung von Nutzungsrechten** die
Nutzung, d. h. die Vervielfältigung, Verbreitung oder öffentliche Wiedergabe
seines Werkes gegen Entgelt gestattet (zu Einzelheiten vgl. § 31 Rn. 5 ff.), sofern er die Verwertung nicht selber durchführen möchte. Überschreitet der Verwerter die ihm eingeräumten Befugnisse, kann der Urheber ihn insoweit auf
Unterlassung und Schadensersatz in Anspruch nehmen (§ 97 Abs. 1). Er kann
die eigenmächtig vorgenommene Nutzungserweiterung aber auch nachträglich
genehmigen. Der (negative) Verbotsanspruch wird in diesem Fall durch eine
(positive) Nutzungsrechtseinräumung ersetzt.

Bilden die Verwertungsrechte einerseits die Grundlage dafür, dass der Urheber   **3**
aus seinem Werk wirtschaftlichen Nutzen ziehen kann, so dienen sie andererseits auch seinen **ideellen Interessen**, da sie ihm die Entscheidung vorbehalten,
durch wen und in welcher Weise verwertet werden soll. Die Verwertungsrechte
sind damit keine reinen Vermögensrechte, sondern haben zugleich **persönlichkeitsrechtlichen Gehalt** (Schricker/Loewenheim/*v. Ungern-Sternberg*[4] Rn. 2
m. w. N.).

2. Schutzsystem der Verwertungsrechte

a) **Lückenloser Schutz:** Anders als noch § 11 LUG und § 15 KUG, die dem   **4**
Urheber nur bestimmte, einzeln benannte Verwertungsbefugnisse zuwiesen,
geht § 15 von dem Grundsatz aus, dass möglichst **jede Art der Werknutzung**
der Kontrolle des Urhebers unterliegen soll (RegE UrhG 1962 – BT-Drs. IV/
270, S. 44 f.). Dies geschieht, indem § 15 sowohl für die Fälle der körperlichen
Verwertung (Abs. 1) als auch der unkörperlichen Verwertung (Abs. 2) jeweils
generalklauselartig bestimmt, dass der Urheber das ausschließliche Recht hat,
das Werk zu verwerten. Die in Abs. 1 und Abs. 2 aufgezählten Rechtekataloge
sind damit **nur beispielhaft** und **nicht abschließend** (beachte die Formulierung
„insbesondere“). Neue, bislang unbekannte oder auf **technischen Neuerungen**
beruhende Verwertungsformen, welche keinem der ausdrücklich aufgeführten
Verwertungsrechte (§§ 16–22) zugeordnet werden können, lassen sich als **unbenannte Nutzungsrechte** in § 15 eingliedern (sog. „Innominatfall“; anerkannt
durch BGH GRUR 1997, 215 – *Klimbim*). § 15 gewährt auf diese Weise einen
lückenlosen und umfassenden Schutz.

Prominentes Beispiel eines solchen **Innominatfalls** waren die durch den Sieges-   **5**
zug des Internet und die neuen **Online-Medien** entstandenen Verwertungsmöglichkeiten. Bis zum UrhG Infoges v. 10.9.2003 bereitete es erhebliche Schwierigkeiten, die Bereitstellung eines urheberrechtlich geschützten Werkes auf
einem Internet-Server in den Katalog der Verwertungsrechte nach §§ 15 ff. einzuordnen. Diese Schwierigkeiten waren im Wesentlichen damit begründet, dass
die im UrhG so klar angelegte Unterscheidung zwischen Verwertung in körperlicher (Abs. 1) und unkörperlicher Verwertung (Abs. 2) zu verschwimmen
drohte. So ist die Online-Darbietung eines Werkes einerseits eine mit der Sendung (§ 20) vergleichbare öffentliche Wiedergabe, andererseits führt sie zu einer Verbreitung (§ 17) von körperlichen Werkstücken (Dateien) an die abrufenden Nutzer (zum damaligen Streitstand vgl. § 19a Rn. 1; Dreier/Schulze/
Dreier[5] § 19a Rn. 3). Der Gesetzgeber hat diese Frage schließlich dadurch gelöst, dass er im Zuge der Umsetzung der Info-RL und WIPO-Verträge durch

das UrhG Infoges im Jahr 2003 das neue **Recht der öffentlichen Zugänglichma-
chung** (§ 19a) in den Kanon der urheberrechtlichen Verwertungsrechte ein-
fügte. Bis dahin hatte man die Online-Nutzung urheberrechtlich geschützter
Werke als (noch) unbenanntes Recht der öffentlichen Wiedergabe eingeordnet
(BGH GRUR 2003, 958, 962 – *Paperboy*; KG ZUM 2002, 828; LG Hamburg
MMR 2003, 559, 560 – *thumbnails*; LG München ZUM 2000, 418, 421 –
Midi-Files). Kein Innominatfall liegt allerdings vor, wenn eine bisher schon
übliche Nutzungsmöglichkeit durch den technischen Fortschritt nur erweitert
und verbessert wird, ohne sich dadurch in ihrem Wesen aus Sicht des Endver-
brauchers, deren Werknutzung letztlich durch das System der §§ 15 ff. erfasst
werden soll, entscheidend verändern (BGH GRUR 1997, 215, 217 – *Klimbim;*
Beispiel: z. B. Umstieg von VHS auf DVD für Home Video Vertrieb).

6 **b) Mehrstufiges Schutz- und Verwertungssystem:** Der vielzitierte Grundgedanke
des Urheberrechts besteht darin, dass der Urheber tunlichst an jeder wirtschaftlichen Verwertung seines Werkes angemessen zu beteiligen ist (st. Rspr. seit BGH
NJW 1955, 1276, 1277 – *Grundig-Reporter,* aus jüngerer Zeit: BGH GRUR
2010, 628 Tz. 27 – *Vorschaubilder;* BGH GRUR 2005, 937, 939 – *Zauberberg;*
BGH GRUR 2003, 416, 418 – *CPU-Klausel;* BGH GRUR 2002, 605 f. – *Verhüllter Reichstag;* BGH GRUR 2002, 246, 248 – *Scanner;* BGH GRUR 2001,
51, 52 – *Parfumflakon;* BGH GRUR 1999, 707, 712 – *Kopienversanddienst;*
BGH GRUR 1999, 928, 931 – *Telefaxgeräte;* BGH, Urt. v. 21.9.2017 – I ZR
11/16 (OLG Hamburg) Keine Urheberrechtsverletzung bei Bildersuche durch
Suchmaschinen – *Vorschaubilder III* (§ 15 II UrhG). Entsprechend sind die Verwertungsrechte der §§ 15 ff. so ausgestaltet, dass bei mehrstufiger Werknutzung
grundsätzlich jede Nutzungsstufe der Verwertungsbefugnis des Urhebers unterliegt und dieser daran wirtschaftlich zu beteiligen ist (BGH GRUR 1982, 102,
103 – *Masterbänder*), gleichviel ob sie privat, öffentlich oder gewerbsmäßig erfolgt (BGH NJW 1955, 1276, 1277 – *Grundig-Reporter*). Ein **Beispiel:** Erteilt
der Komponist dem Konzertveranstalter seine Zustimmung, seine Komposition
öffentlich aufzuführen (Aufführungsrecht, § 19 Abs. 2), so verfügt der Veranstalter noch nicht über das Recht, die Aufführung aufzuzeichnen (Vervielfältigung,
§ 16) und sie als Tonträger zu verbreiten (Verbreitungsrecht, § 17). Dazu bedarf
es jeweils der gesonderten Rechtseinräumung. Selbst wenn diese erfolgt, muss
auch das Tanzlokal, welche den Tonträger im Handel rechtmäßig erworben hat,
das erforderliche Wiedergaberecht erwerben (§ 21), um die Komposition öffentlich abzuspielen. Auf diese Weise wird der Urheber **auf jeder Verwertungsstufe
beteiligt.** Das gilt selbst dann, wenn die Nutzungshandlung mittelbar bereits
durch eine Vergütung aus einer vorangegangenen Werkverwertung desselben
Nutzers erfasst war. So partizipiert der Urheber bspw. an der Kabeleinspeisung
und -weitersendung seines Werkes selbst dann (§§ 20, 20b), wenn er von der
Fernsehanstalt bereits eine Vergütung für die flächendeckende Sendung seines
Werkes im Rundfunkgebiet erhalten hat (vgl. § 20b Rn. 20). Einen Grundsatz,
dass Doppelvergütungen zu vermeiden sind, gibt es *de lege lata* nicht (HK-UrhR/
Dreyer[3] Rn. 4).

7 Angesichts des mehrstufigen Systems der Verwertungsbefugnisse lassen sich
insbesondere die Rechte der öffentlichen Wiedergabe (§ 15 Abs. 1 Nr. 1 bis 5)
in **Erst- und Zweitverwertungsrechte** unterteilen. Letztere bezeichnen Werknutzungen, „denen jeweils eine dem Urheber vorbehaltene Werkverwertung bereits vorausgegangen" ist (RegE UrhG 1962 – BT-Drs. IV/270, S. 46). Typische
Zweitverwertungsrechte sind §§ 21, 22 sowie § 20b. Der öffentlichen Wiedergabe (§ 22) einer Radiosendung (z. B. zur musikalischen Unterhaltung der
Gäste in einem Ladenlokal) geht zuvor, dass der Radiosender von der GEMA
als zuständiger Verwertungsgesellschaft die Senderechte erworben hat. Beide
Nutzungsvorgänge, d. h. Sendung und öffentliche Wiedergabe des Titels, sind
vergütungspflichtig.

Die Unterscheidung zwischen Erst- und Zweitverwertungsrechten ist rechtlich **8**
eher belanglos, sie lässt sich auch nicht streng durchhalten (HK-UrhR/*Dreyer*[2]
Rn. 43): So geht auch den als Erstverwertung bezeichneten Nutzungsvorgängen häufig eine erlaubnispflichtige Werknutzung voraus. So ist bspw. die als
Erstverwertung erachtete Filmvorführung (§ 19 Abs. 4) ohne vorherige Vervielfältigung des Filmträgers (§ 16) gar nicht denkbar.

c) Rechtsinhaberschaft und Übertragbarkeit: Ursprünglicher Rechteinhaber **9**
der Verwertungsrechte nach §§ 15 ist der Urheber als Schöpfer des Werkes.
Dies gilt auch für Arbeitnehmer (vgl. § 43 Rn. 9 f.). Wie das Urheberrecht als
Ganzes sind die Verwertungsrechte zwar vererblich (§ 28), ansonsten aber
nicht übertragbar. Der Urheber kann nach §§ 29 Abs. 2, 31 ff. anderen lediglich das Recht einräumen, das Werk für einzelne oder alle Verwertungsarten
zu nutzen (zu Einzelheiten vgl. § 31 Rn. 5 ff.). Selbst im Fall einer denkbar
umfassenden Rechtseinräumung (*„Buy-out"*), verbleiben die Verwertungsrechte jedoch in ihrem Kernbestandteil bei dem Urheber (Schricker/Loewen-
heim/*v. Ungern-Sternberg*[4] Rn. 4).

3. Grenzen der Verwertungsbefugnisse
Von dem Grundsatz, dass möglichst jede Art der Nutzung eines Werkes der **10**
Kontrolle des Urhebers unterliegen soll (vgl. Rn. 6), kennt das UrhG mehrere
Ausnahmen:

a) Erschöpfungsgrundsatz: Nach § 17 **Abs. 2** erschöpft sich das Verbreitungs- **11**
recht innerhalb von EU und EWR mit der rechtmäßigen Erstverbreitung; Werkstücke, die mit Zustimmung des Berechtigten dort erstmals in den Verkehr gebracht wurden, dürfen weiterverbreitet werden, ohne die weitere Zustimmung
des Urhebers hierfür einholen zu müssen (zu Einzelheiten vgl. § 17 Rn. 24 ff.).
Das Prinzip der mehrstufigen Verwertung (vgl. Rn. 6) findet damit seine Grenze
an der **Erstverbreitung** (s. bereits RegE UrhG 1962 – BT-Drs. IV/270, S. 45).
Von dieser Erschöpfung machen die §§ 17 Abs. 3, 26 und 27 wiederum Ausnahmen für die Fälle der Vermietung und des Verleihs sowie der Weiterveräußerung
von Kunstwerken. Nach h. M. ist der **Erschöpfungsgrundsatz** auf andere Verwertungsrechte, insb. die Rechte der öffentlichen Wiedergabe, nicht anzuwenden
(BGH GRUR 2000, 699, 701 – *Kabelweitersendung*; BGH GRUR 2000, 51,
53 – *Parfumflakon*; Schricker/Loewenheim/*v. Ungern-Sternberg*[4] Rn. 31 ff. und
vor §§ 20 Rn. 13 f m. w. N.; *Schack*, Urheber- und UrhebervertragsR[7] Rn. 430,
454). Eine Ausnahme besteht im Hinblick auf den durch öffentliche Zugänglichmachung erfolgten Vertrieb von Software (EuGH GRUR 2012, 904 – *UsedSoft*),
jedoch nicht für den Online-Vertrieb sonstiger digitaler Inhalte, z. B. von Musik
oder Filmen (zu Einzelheiten vgl. § 17 Rn. 26).

b) Schrankenregelungen: Darüber hinaus errichtet der 6. Abschnitt des 1. Teils **12**
(§§ 44a-63) eine Reihe von Schranken, die das absolute Herrschaftsrecht des
Urhebers über sein Werk für bestimmte Ausnahmefälle relativieren. Sie sind
für den Urheber wirtschaftlich teils gar nicht (§§ 51, 55–57), teils nur von
geringfügiger Bedeutung (§§ 45, 47, 48); in einigen Regelungen wurden über-
geordnete Interessen der Allgemeinheit sowie der Wissenschaft und Forschung – gelegentlich zu weitgehend – berücksichtigt (§§ 52 Abs. 1, 52a, 52b,
58, 59, 60). Die wohl bekanntesten Schrankenregelungen sind die „Privatkopie", die das Kopieren fremden Geistesguts zum privaten Gebrauch erlaubt
(§ 53), sowie das Zitatrecht (§ 51). Bei erheblicher wirtschaftlicher Relevanz
der Beschränkung sucht das Gesetz einen – nicht immer angemessenen – Ausgleich durch die Gewährung von **gesetzlichen Vergütungsansprüchen** (§§ 45a
Abs. 2 S. 1; 46 Abs. 4, 47 Abs. 2 S. 2, 49 Abs. 1 S. 2, 52 Abs. 1 S. 2 und Abs. 2,
52a Abs. IV; 52b Abs. 3; 53a Abs. 2; 54 Abs. 1, 54a Abs. 1) oder durch Einführung einer **Zwangslizenz** (§ 42a).

13   c) **Werkgenuss:** Der bloße Genuss und passive Gebrauch des Werks durch den
Verbraucher werden durch die urheberrechtlichen Verwertungsbefugnisse des
Urhebers nicht erfasst. Dies gilt für das Benutzen eines Computerprogramms
ebenso wie für das Lesen eines Buches, das Anhören einer Musik-CD, das
Betrachten eines Kunstwerks oder eines Videofilms (Beispiel nach BGH GRUR
1991, 449, 453 – *Computerprogramm*). Selbst gegen den Besitz und das Abspielen einer – ohne die Zustimmung des Rechteinhabers erstellten – Raubkopie kann der Urheber nicht vorgehen (anders für Computerprogramme § 69f
Abs. 1 und das Herunterladen (da Vervielfältigung) eines Werkes aus dem Internet). Verwertungsbefugnisse des Urhebers sind erst betroffen, wenn der Verbraucher den reinen Werkgenuss verlässt und beginnt, die Kopie zu vervielfältigen (§ 16), öffentlich anzubieten (§ 17) oder abzuspielen (§ 21, s. BGH GRUR
2006, 319 – *Alpensinfonie* zum Umfang des Verwertungsverbots nach § 96
Abs. 1).

14   Abgesehen vom Vervielfältigungsrecht, welche jede Form der Vervielfältigung
erfasst, greifen sämtliche Verwertungsrechte erst bei einer **Verwertung des Werkes in der Öffentlichkeit.** Daraus lässt sich indes kein Grundsatz ableiten, dass
das Urheberrecht stets vor der Privatsphäre halt machen müsste (so zutreffend
Schack, Urheber- und UrhebervertragsR[7] Rn. 412 unter Verweis auf BGH
NJW 1955, 1276, 1277 – *Grundig-Reporter*). Die gesetzgeberische Entscheidung, den Werkgenuss von den Befugnissen des Urhebers freizustellen, beruht
letztlich nur auf der Erwägung, die Verwertungsrechte grundsätzlich bei den
Handlungen der Werkvermittler anzusetzen und nicht bei den Endverbrauchern, deren Handlungen sich nur schwer kontrollieren lassen (*Schack*, Urhe-
ber- und UrhebervertragsR[7] Rn. 412).

4.   Richtlinienkonforme Auslegung

15   Auch im Urheberrecht gilt der Vorrang der europäischen Auslegung. Das be-
deutet, dass Vorschriften des deutschen Urheberrechts, die auf europäischem
Recht beruhen oder europarechtliche Regelungen erfahren haben, im Lichte
dieses Rechts auszulegen sind. Zu einer Übersicht zu den bislang ergangenen
EU-Richtlinien mit unmittelbarem Bezug zum Urheberrecht vgl. Einl. UrhG
Rn. 37 ff. Diese Richtlinien betreffen vielfach auch einzelne Verwertungsrechte,
so etwa die Verwertung (Vervielfältigung, Verbreitung und Bearbeitung) von
Computerprogrammen (Software-RL 91/250/EWG v. 14.5.1991), das in
§ 17 geregelte Vermiet- und Verleihrecht (Vermiet- und Verleih-RL 92/100/
EWG v. 19.11.1992), die Rechte der Satelliten- und Kabelsendung nach §§ 20,
20a und 20b (Satelliten- und Kabel-RL 93/83/EG v. 6.10.1993), die Verwertungsrechte des Datenbankherstellers nach §§ 87a ff. (Datenbank-RL 96/9/EG
v. 11.3.1996), das Folgerecht nach § 26 (Folgerechts-RL 2001/84/EG v.
13.10.2001), sowie vor allem auch das Vervielfältigungsrecht (§ 16), Verbreitungsrecht (§ 17) und die Rechte der öffentlichen Wiedergabe (Art. 3 Abs. 1
Info-RL 2001/29/EG v. 22.6.2001). Die Verwertungsrechte sind **richtlinienkonform** auszulegen und dürfen grundsätzlich nicht erweitert werden (EuGH
GRUR 2014, 360 Tz 41 – *Svensson*), d. h. es sind die entsprechenden Artikel
und Erwägungsgründe der jeweiligen Richtlinie bei der Auslegung heranzuziehen und bei Zweifeln dem EuGH nach Art. 234 EGV zur Vorabentscheidung
vorzulegen, was der BGH regelmäßig tut (zuletzt etwa BGH I ZR 139/15 v.
1.6.2017 – *Afghanistan Papiere*; BGH GRUR 2013, 818 – *Die Realität*; BGH
GRUR 2012, 1136 – *Breitbandkabel*; BGH GRUR 2011, 1012 – *PC II*; BGH
GRUR 2011, 227 – *Donner*; BGH GRUR 2011, 418 – *Usedsoft*; BGH GRUR
Int. 2010, 532 – *Bob Dylan*; BGH GRUR 2009, 840 – *Le-Corbusier-Möbel
II*). Darüber hinaus sind die bestehenden Gesetze schon vor Ablauf der in einer
Richtlinie vorgesehenen Umsetzungsfrist richtlinienkonform auszulegen (st.
Rspr.: EuGH NJW 2006, 2465, Rn. 123 – *Adeneler/ELOG*; BGH GRUR

2007, 708, 711, Rn. 38 – *Internet-Versteigerung II;* BGH GRUR 1998, 824, 826 – *Testpreisangebot;* s. a. Vorlagebeschluss BGH GRUR 2011, 1012 Tz. 9 ff. – *PC II* im Fall konkreter zeitlicher Festlegungen), erst Recht, nachdem die Richtlinie in nationales Recht umgesetzt wurde.

Der in § 15 Abs. 3 definierte Rechtsbegriff der **öffentlichen Wiedergabe** darf **16** angesichts umfänglicher, freilich keinesfalls konsistenter Rechtsprechung des EuGH zur Auslegung der öffentlichen Wiedergabe nach **Art. 3 Abs. 1 Info-RL** als überholt gelten (Einzelheiten vgl. Rn. 30 ff.).

II. Die einzelnen Verwertungsrechte

Die Verwertungsrechte des Urhebers fasst § 15 zusammen in dem Recht zur **17** Verwertung des Werkes in körperlicher Form (§ 15 Abs. 1) und dem Recht in unkörperlicher Form (§ 15 Abs. 2). Die Aufzählung ist nicht abschließend, der Rechtekatalog ist nur beispielhaft (vgl. Rn. 4).

1. Verwertung in körperlicher Form (Abs. 1)

Nach Abs. 1 hat der Urheber die ausschließlichen Rechte zur Verwertung seines **18** Werkes in körperlicher Form. Darunter sind nach der Amtlichen Begründung alle Verwertungsformen zu verstehen, die unmittelbar das **Original oder Vervielfältigungsstücke** des Werkes zum Gegenstand haben (RegE UrhG 1962 – BT-Drs. IV/270 S. 46); es geht also um Akte, durch die das Werk körperlich festgelegt oder körperliche Festlegungen der Öffentlichkeit zugänglich gemacht werden. Erfasst werden sowohl die **Erstfixierung des Werkes** auf einen Datenträger jeglicher Art (der Konzertmitschnitt ist Vervielfältigung, § 16), jede weitere Vervielfältigung des Werkes bzw. hergestellten Datenträger, sowie deren Verbreitung an die Öffentlichkeit (§ 17).

Vervielfältigungsrecht (§§ 15 Abs. 1 Nr. 1, 16): Vervielfältigung ist jede kör **19** perliche Festlegung eines Werkes, die geeignet ist, das Werk den menschlichen Sinnen auf irgendeine Weise unmittelbar oder mittelbar wahrnehmbar zu machen (RegE UrhG 1962 – BT-Drs. IV/270, S. 27; so auch schon zum LUG BGH NJW 1955, 1276, 1277 – *Grundig-Reporter;* zuletzt etwa BGH GRUR 2017, 793, Tz. 41 – *Mart-Stam-Stuhl;* OLG Düsseldorf GRUR 2012, 173, 176 – *Beuys-Fotoreihe;* BGH GRUR 1983, 28, 29 – *Presseberichterstattung und Kunstwerkwiedergabe II*). Für die Annahme der Vervielfältigung ist gleichgültig, welches technische Verfahren dem Vervielfältigungsvorgang zugrunde liegt und welche technischen Mittel erforderlich sind, um das Werk wahrnehmbar zu machen. Selbst kurzweilige Speicherungen im Arbeitsspeicher eines PC unterfallen dem Vervielfältigungsbegriff (vgl. § 16 Rn. 13). Ebenso erfasst das Recht die Herstellung von Kopien in eine andere Festlegungsform (sog. **Dimensionenwechsel**), z. B. die Fotografie einer Skulptur oder eines sonstigen Kunstwerks, die Reproduktion von Musik in Notenform, oder die Realisierung eines Bauwerks nach urheberrechtlich geschützten Plänen (Einzelheiten § 16 Rn. 10a).

Verbreitungsrecht (§§ 15 Abs. 1 Nr. 2, 17): Während das Vervielfältigungs **20** recht Nutzungshandlungen erfasst, durch die neue Werkstücke hergestellt werden, behält das Verbreitungsrecht dem Urheber das Recht vor, diese Werkstücke (Originale oder Vervielfältigungsstücke) der Öffentlichkeit, also Nutzern außerhalb der privaten Sphäre des Besitzers, zugänglich zu machen. Wenngleich das Verbreitungsrecht gegenüber dem Vervielfältigungsrecht selbständig ist (das Recht zur Vervielfältigung berechtigt noch nicht zur Verbreitung), werden im Rechtsverkehr beide Rechte – oftmals stillschweigend – gemeinsam eingeräumt. Für den Verleger ist das Vervielfältigungsrecht zur Herstellung der vereinbarten Druckauflage wertlos, solange er diese nicht absetzen darf. Das

Verbreitungsrecht unterliegt der Erschöpfung, § 17 Abs. 2: Die mit Zustimmung des Urhebers im Geltungsbereich von EU und EWR verbreiteten Werkexemplare können von ihren Besitzern weiterveräußert werden. Davon ausgenommen sind die Vermietung und der Verleih (§ 17 Abs. 3).

21 **Ausstellungsrecht (§§ 15 Abs. 1 Nr. 3, 18):** Ausstellen ist das öffentliche Zur-Schau-Stellen eines körperlichen vorhandenen Werkstücks. Original oder Kopien des Werkes werden also einem unmittelbar anwesenden Personenkreis gezeigt, wie dies typischerweise bei einer Kunst- oder Fotoausstellung der Fall ist. Der Gesetzgeber hat das Ausstellungsrecht jedoch auf bislang **unveröffentlichte Werke** beschränkt, weshalb das Recht weitgehend bedeutungslos ist bzw. eher negativ einen Verwertungsbereich ausschließt: Die Ausstellung seines veröffentlichten (Kunst-) Werkes kann der Urheber nicht verbieten, er erhält dafür nicht einmal eine Vergütung (zur Kritik vgl. § 18 Rn. 3).

2. Verwertung in unkörperlicher Form (Abs. 2)

22 Das Wesen der unkörperliche Verwertung besteht darin, dass das Werk für den Betrachter **nur wahrnehmbar gemacht** wird, sei es, dass es im Theater aufgeführt (Aufführungsrecht, § 19 Abs. 2), im Fernsehen gesendet (Senderecht, § 20) oder im Internet zum Abruf bereitgestellt wird (Recht der Zugänglichmachung, § 19a). Das Recht beschränkt sich aber auf **öffentliche Wiedergaben**. Im privaten Kreis ist die Werkwiedergabe frei (zum Öffentlichkeitsbegriff und der in der Praxis schwierigen Abgrenzung zur privaten Wiedergabe vgl. Rn. 34 ff.). Die einzelnen Verwertungsrechte sind in dem Katalog des § 15 Abs. 2 Nr. 1 bis 5 bzw. §§ 19–22 geregelt. Die Aufzählung ist nicht abschließend (vgl. Rn. 4) und lässt Raum für weitere – unbenannte – unkörperliche Werkwiedergaben (vgl. Rn. 5 zum „Innominatfall").

23 **Vortrags-, Aufführungs- und Vorführungsrecht (§§ 15 Abs. 2 Nr. 1, 19):** Die in § 19 geregelten Rechte zeichnen sich sämtlich dadurch aus, dass das Werk einem **unmittelbar anwesenden Publikum** öffentlich zu Gehör gebracht wird. In den Fällen des Vortrags- (§ 19 Abs. 1) und Aufführungsrechts (§ 19 Abs. 2) geschieht dies jeweils durch persönliche Darbietung, d. h. *live* durch ausübende Künstler. Beide Rechte umfassen nach § 19 Abs. 3 auch das Recht, Vorträge und Aufführungen zeitgleich in andere Räume zu übertragen und wahrnehmbar zu machen. Das Vorführungsrecht (§ 19 Abs. 4) ist schließlich das Recht, Werke der bildenden Künste, Lichtbildwerke, Filmwerke oder Darstellungen wissenschaftlicher Art durch technische Einrichtungen öffentlich wahrnehmbar zu machen. Typische Beispiele sind die Filmvorführung im Kino oder der Diavortrag. Auch hier muss die Wiedergabe gegenüber einem unmittelbar anwesenden Publikum erfolgen, wodurch sich das Vorführungsrecht wiederum von der Sendung (§ 20) und öffentlichen Zugänglichmachung (§ 19a) unterscheidet (vgl. § 19 Rn. 27 ff; vgl. § 20 Rn. 2, 17 ff.).

24 **Recht der öffentlichen Zugänglichmachung (§§ 15 Abs. 2 Nr. 2, 19):** Das im allgemeinen Sprachgebrauch häufig als „Online-Recht" bezeichnete Recht der öffentlichen Zugänglichmachung wurde durch das UrhG Infoges v. 10.9.2003 (BGBl. I S. 1774) in den Kanon der unkörperlichen Verwertungsrechte eingeführt (zum Hintergrund vgl. Rn. 5). Es verleiht dem Urheber das Recht, Werke insbesondere in digitalen Netzen wie dem Internet zum Abruf bereit zu halten und zu übermitteln. Das Gesetz drückt dies in der Weise aus, dass das Werk der Öffentlichkeit in der Weise zugänglich gemacht wird (*„making available"*), dass es von Mitgliedern der Öffentlichkeit **von Orten und Zeiten ihrer Wahl** zugänglich ist. Durch diese Formulierung wird der Verwertungsbereich auf Abrufdienste (sog. **Pull-Dienste**) beschränkt, bei denen es dem Nutzer obliegt, *ob* und *zu welcher Zeit* er das angebotene Werk abrufen möchte (Beispiele: klassische Internet-Webangebote, Video-on-Demand). **Push-Dienste** (z. B. Live-Streaming, Internetradio) unterfallen dagegen dem Senderecht nach § 20 (zu Einzelheiten der Abgrenzung vgl. § 19a Rn. 14 ff.).

Senderecht (§§ 15 Abs. 2 Nr. 3, 20, 20a, 20b): Das Senderecht wird in § 20 da-   **25** hin definiert, Werke durch Funk, wie Ton- und Fernsehrundfunk, Satellitenrundfunk, Kabelfunk oder ähnliche technische Mittel der Öffentlichkeit zugänglich zu machen. Gegenüber den anderen Rechten der öffentlichen Wiedergabe, insbesondere den Rechten aus § 19, zeichnet sich das Senderecht durch die **Distanz** zwischen dem Sendenden und dem wahrnehmenden Zuhörer aus, wie dies für den gesamten klassischen Bereich des Rundfunks (Radio, Fernsehen) typisch ist. Vom Recht der Zugänglichmachung (§ 19a) unterscheidet es sich wiederum dadurch, dass das Werk den Empfängern nicht on demand, sondern **gleichzeitig zu einer vom Sendenden festgelegten Zeit** wahrnehmbar gemacht wird (Einzelheiten § 20 Rn. 13). Sendung ist nicht nur die *Erst*sendung, sondern auch die Weitersendung, einschließlich der Weiterleitung von **Hotelvideos** (vgl. § 20 Rn. 17 ff.), welche für die Kabelweitersendung in § 20b eine Sonderregelung erfahren hat.

Die Rechte der **Wiedergabe durch Bild- und Tonträger** (§ 21) sowie der **Wieder-**   **26** **gabe von Funksendungen und von öffentlicher Zugänglichmachung** (§ 22) sind typische Zweitverwertungsrechte (vgl. Rn. 7). Ihnen ist eine Erstverwertung durch den Urheber bereits vorangegangen, indem er bspw. seine Zustimmung zur Herstellung eines Tonträgers erteilt hat. Erfasst wird durch § 21 insb. das öffentliche Abspielen von Musik, etwa in Gaststätten, Arztpraxen, Wartehallen, Kaufhäusern, usw., von § 22 dagegen die öffentliche Wiedergabe von Funksendungen (§ 20), z. B. des laufenden Radio- oder Fernsehprogramms in Gaststätten, und auf öffentlicher Zugänglichmachung beruhenden Wiedergaben. Die öffentliche Vorführung von Filmen oder Lichtbildern (z. B. Dia-Vortrag) unterfällt dagegen dem Vorführungsrecht nach § 19 Abs. 4 (vgl. § 19 Rn. 27; str. für Wiedergabe von mitgeschnittenen Funksendungen und Online-Downloads).

III. Öffentlichkeit (Abs. 3)

1. Allgemeines

Abs. 3 enthält eine **Legaldefinition** der öffentlichen Wiedergabe. Die Bestim-   **27** mung legt damit fest, wann eine Wiedergabe des Werkes nach § 15 Abs. 2 Nr. 1 bis 5 als privat oder öffentlich anzusehen ist. Nur im letzteren Fall bedarf die Wiedergabe der Zustimmung des Urhebers. Die Definition der Öffentlichkeit gilt unmittelbar nur **für alle Arten der unkörperlichen Werkwiedergabe des Abs. 2** (RegE UrhG 1962 – BT-Drs. IV/270, S. 47; Schricker/Loewenheim/ *v. Ungern-Sternberg*[4] § 15 Rn. 59; Dreier/Schulze/*Dreier*[4] Rn. 38). Für Abs. 1 ist die Begriffsdefinition allenfalls entsprechend anwendbar (BGH GRUR 1991, 316, 317 – *Einzelangebot*, der für § 17 Abs. 1 den Öffentlichkeitsbegriff des § 6 Abs. 1 verwendet).

Der in Abs. 3 definierte, sich nur auf die Verwertungsrechte nach Abs. 2 bezie-   **28** hende Begriff der Öffentlichkeit ist weiter als die in § 6 Abs. 1 formulierte Legaldefinition der Veröffentlichung (str., wie hier *Schack*, Urheber- und UrhebervertragsR[6] Rn. 444 und Schricker/Loewenheim/*Katzenberger*[4] § 6 Rn. 11 ff. m. w. N. zum Streitstand). Während nämlich im Anwendungsbereich der § 6 Abs. 1 und § 12 Abs. 1 der Urheber davor geschützt werden soll, schon durch ein erstes „Testen" seines unveröffentlichtes Werkes das persönlichkeitsrechtliche Veröffentlichungsrecht nach § 12 zu verlieren, soll § 15 Abs. 3 nach seinem Schutzzweck gerade auch Wiedergaben in kleinem Raum erfassen (vgl. § 12 Rn. 8).

2. (Überholte) Legaldefinition der öffentlichen Wiedergabe nach Abs. 3

29 Der nachfolgend erläuterte Öffentlichkeitsbegriff nach Abs. 3 ist durch die Rechtsprechung des EuGH zum Recht der öffentlichen Wiedergabe nach **Art. 3 Abs. 1 Info-RL** (dazu sogleich vgl. Rn. 35 ff.) und die dazu ergangene Rechtsprechung nationaler Gerichte **faktisch überholt** und nur noch eingeschränkt anwendbar. Das Unionsrecht verbietet den Mitgliedstaaten auch, einen weitergehenden Schutz der öffentlichen Wiedergabe vorzusehen (BGH GRUR 2014, 360, Tz. 41 – *Svensson*), wobei *de lege lata* die RL nur Nutzungshandlungen harmonisiert, bei denen das Publikum nicht unmittelbar am Ort der Wiedergabe anwesend ist (Einzelheiten vgl. Rn. 35)).

30 Die sprachlich ungelenke, bisweilen auch tautologische (*Schack*, Urheber- und UrhebervertragsR[7] Rn. 443) Begriffsdefinition der (unkörperlichen) öffentlichen Wiedergabe lässt sich wie folgt zusammenfassen: Die Wiedergabe des Werkes muss **für eine Mehrzahl von Personen bestimmt** sein, welche der **Öffentlichkeit angehören** (Abs. 3 S. 1). Letzteres ist der Fall, wenn die Personen, für die die Wiedergabe bestimmt ist, weder zu der das Werk wiedergebenden Person (den „Verwerter", in § 15 Abs. 3 a. F. „Veranstalter" genannt) noch untereinander **durch persönliche Beziehungen verbunden** sind (Abs. 3 S. 2).

31 Es kommt nach diesem Begriffsverständnis weniger auf die schiere Anzahl der Personen an, denen das Werk wahrnehmbar gemacht oder zugänglich gemacht wird, sondern auf deren persönliche Verbundenheit. So kann die Wiedergabe vor zwei Personen öffentlich sein (etwa Fahrstuhlmusik), die vor einer aus Hunderten von Personen bestehenden Hochzeitsgesellschaft dagegen rein privat (*Schack*, Urheber- und UrhebervertragsR[7] Rn. 443 unter Hinweis auf OGH EvBl 1998 Nr. 105 – *Hochzeitsfeier*; AG Bochum GRUR-RR 2009, 166). In Einzelnen galt nach dieser (veralteten) Rechtspraxis folgendes:

32 **a) Für eine Mehrzahl von Personen bestimmt:** Die Wiedergabe muss für eine Mehrzahl von Personen bestimmt sein. Mit dieser Formulierung („bestimmt") bringt das Gesetz zum Ausdruck, dass es auf den bestimmungsgemäßen Adressatenkreis ankommt (Schricker/Loewenheim/*v. Ungern-Sternberg*[4] Rn. 68). Es ist also eher unerheblich, ob die Wiedergabe tatsächlich von einer Mehrzahl von Personen wahrgenommen wird (BGH GRUR 1994, 797 – *Verteileranlagen*). Auch eine Homepage, die zwar frei zugänglich ist, aber nachweislich nie aufgerufen wird, wird der Öffentlichkeit zugänglich gemacht. Umgekehrt schließt die gesetzliche Formulierung eine „zufällige Öffentlichkeit" aus (RegE UrhG Infoges – BT-Drs. 15/38, S. 17): Eine musikalisch begleitete private Gartenparty bleibt auch dann privat, wenn zwangsläufig Nachbarn und Zaungäste die Musik wahrnehmen. Maßgebend ist der **objektiv zu bestimmende Wille des Verwerters**, wer mit der Wiedergabe erreicht werden soll, nicht wer sie tatsächlich wahrnimmt (so wie hier differenzierend: Schricker/Loewenheim/*v. Ungern-Sternberg*[4] Rn. 68; rein subjektiv: *v. Gamm* § 15 Rn. 16; dagegen eher allein auf die tatsächliche Wahrnehmung abstellend Wandtke/Bullinger/*Heerma*[4] Rn. 19; Dreier/Schulze/*Dreier*[5] Rn. 46 jeweils unter Verweis auf LG Frankfurt aM. GRUR-RR 2005, 180; AG Kassel NJW-RR 2000, 493; Öffentlichkeit verneinend bei Musikwiedergabe aus dem Hinterzimmer AG Konstanz v. 26.4.2007 – 4 C 104/07; AG Erfurt GRUR-RR 2002, 16; AG Bad Oldesloe v. 18.12.1998 – 2 C 684/98).

33 Der BGH hat bei seiner früheren Rechtsprechung offen gelassen, ob bereits zwei Personen eine „Mehrzahl von Personen" i. S. d. § 15 Abs. 3 darstellen (BGH GRUR 1986, 875, 876 – *Zweibettzimmer im Krankenhaus*). In der Literatur wurde dies unter Hinweis auf den Wortlaut überwiegend bejaht (Dreier/Schulze/*Dreier*[5] Rn. 40; *Schack*, Urheber- und UrhebervertragsR[7] Rn. 443; Wandtke/Bullinger/*Heerma*[4] Rn. 20; „wenige Personen" ohne genaue Bezifferung Schricker/Loewenheim/*v. Ungern-Sternberg*[4] Rn. 67). Durch die EuGH-Rechtsprechung (vgl. Rn. 41: „ziemlich große Zahl von Personen") ist die Rechtsprechung überholt (s. BGH GRUR 2016, 278 – *Hintergrundmusik in Zahnarztpraxen*).

b) **Persönliche Verbundenheit:** Das wichtigere Kriterium zur Bestimmung der   **34** Öffentlichkeit ist in der deutschen Legaldefinition das Merkmal der persönlichen Verbundenheit. Das Gesetz stellt darauf ab, ob diejenigen Personen, an die sich die Wiedergabe richtet (vgl. Rn. 32), mit dem Werkverwerter (Veranstalter) oder untereinander durch persönliche Beziehungen verbunden sind. Dies ist im Wesentlichen eine Tatfrage (st. Rspr. seit BGH GRUR 1955, 549, 550; ferner BGH GRUR 1984, 734, 735 – *Vollzuganstalten*; GRUR 1983, 562, 563 – *Zoll- und Finanzschulen*; GRUR 1975, 33, 34 – *Alterswohnheim*; GRUR 1972, 614 – *Landesversicherungsanstalt*; GRUR 1962, 201 – *Rundfunkempfang im Hotelzimmer*; BGH GRUR 1961, 97, 99 – *Sportheim*). Die Rechtsprechung dazu war zahlreich und im Ergebnis bei der Annahme der persönlichen Verbundenheit eher zurückhaltend. Diese erforderte zwar keine familiären oder freundschaftlichen Beziehungen der Beteiligten (BGH GRUR 1986, 875, 876 – *Zweibettzimmer im Krankenhaus*; BGH GRUR 1975, 33, 34 – *Alterswohnheim*; OLG München ZUM 1986, 482; LG Oldenburg GRUR 2006, 177 – *Beachparty im Bullenstall*). Irgendwelche persönlichen Beziehungen, die noch keine Verbundenheit begründen, reichten jedoch nicht aus (Schricker/Loewenheim/*v. Ungern-Sternberg*[4] Rn. 75). Unzureichend waren dagegen Beziehungen, die im Wesentlichen nur in einer gemeinsamen **technischen Werknutzung** stehen (so Begr RegE UrhG Infoges – BT-Drs. 15/38, S. 17 zu File-Sharing-Systemen im Internet, dazu vgl. § 19a Rn. 13, 18). Die Rechtsprechung nahm persönliche Beziehungen immer dann an, wenn unter allen Beteiligten ein gegenseitiger Kontakt besteht, der „bei allen das Bewusstsein hervorruft, persönlich verbunden zu sein". Diese können ggf. auch beim erstmaligen Zusammentreffen begründet werden (BGH GRUR 1956, 515, 518 – *Tanzkurse*), wobei das bloße sachbezogene Interesse (z. B. für den Musikstil oder ein bestimmtes Film-Genre) regelmäßig ebenso wenig ausreicht wie das „Bewusstsein in einer Gemeinschaft zu leben" (Schricker/Loewenheim/*v. Ungern-Sternberg*[4] Rn. 76 unter Hinweis auf BGH GRUR 1975, 33, 34 – *Alterswohnheim*). Zu (weitgehend veralteten) **Einzelfällen** im Anwendungsbereich der Legaldefinition vgl. Rn. 45 ff.

c) **Gleichzeitigkeit der Wiedergabe nicht erforderlich:** Nach einer früher weit   **35** verbreiteten Meinung sollte eine Wiedergabe nur dann öffentlich sein, wenn das Werk gleichzeitig einer Mehrzahl von Personen zugänglich gemacht wurde (BGH GRUR 1991, 316, 317 – *Einzelangebot*; OLG München MMR 1998, 365, 367; s. noch Schricker/*v. Ungern-Sternberg*[2] Rn. 59). Tatsächlich ist das Erfordernis der Gleichzeitigkeit nur von Lehre und Rechtsprechung in das Schweigen des Gesetzes „hineingelesen" worden, weil bis zum Siegeszug des Internets und der netzvermittelten Abrufdienste zeitversetzte (sukzessive) Formen der Zugänglichmachung nicht bekannt waren (Einzelheiten bei *Schricker*, UrhR InfoGes, S. 126 ff.). Spätestens durch die Umsetzung der WIPO-Verträge (Art. 8 Abs. 1 WCT und Art. 10, 14 WPPT) und der Info-RL sowie der Einfügung des neuen Rechts der Zugänglichmachung in § 19a (vgl. Rn. 5) ist unstreitig, dass es auf eine Gleichzeitigkeit der Wiedergabe bzw. Wahrnehmung nicht ankommt. Da der Wortlaut des § 15 Abs. 3 ohne weiteres **sukzessive Wiedergaben** umfasst, konnte der Gesetzgeber bei Neufassung des § 15 Abs. 3 (vgl. Rn. 28) davon absehen, eine entsprechende Klarstellung aufzunehmen (Begr RegE UrhG Infoges – BT-Drs. 15/38, S. 17).

3.   Überlagerung durch Unionsrecht

Im **Unionsrecht** ist das Recht der öffentlichen Wiedergabe von Werken in   **36** Art. 3 Abs. 1 Info-RL geregelt. Die Regelung lautet:

„Die Mitgliedstaaten sehen vor, dass den Urhebern das ausschließliche Recht zusteht, die drahtgebundene oder drahtlose öffentliche Wiedergabe ihrer Werke einschließlich der öffentlichen Zugänglichmachung der Werke in der Weise, dass sie Mitgliedern der Öffentlichkeit von Orten und zu Zeiten ihrer Wahl zugänglich sind, zu erlauben oder zu verbieten."

Eine weitgehend ähnliche Regelung sieht Art. 3 Abs. 2 Info-RL für die Inhaber einzelner **verwandter Schutzrechte** vor. Erfasst werden jeweils nur „drahtgebundene oder drahtlose" öffentliche Wiedergaben, d. h. nur Wiedergaben an eine Öffentlichkeit, die nicht an dem (Ursprungs-)Ort der Wiedergabe anwesend ist (ErwG Nr. 23 der Info-RL), wie dies typischer Weise bei der Rundfunkübertragung (§ 20) oder Online-Zugänglichmachung (§ 19a) der Fall ist. **Nicht umfasst** durch das Unionsrecht ist dagegen die öffentliche Wiedergabe gegenüber einem **anwesenden Publikum**, d. h. insbesondere die in § 19 Abs. 1 (Vortrag), § 19 Abs. 2 (Aufführung), § 19 Abs. 4 (Vorführung) und § 21 (Tonträgerwiedergabe) geregelten Formen der Werkwiedergaben. Dennoch hat sich der BGH für eine **einheitliche Auslegung** der Rechte der öffentlichen Wiedergabe ausgesprochen, da nicht erkennbar sei, dass der nationale Gesetzgeber die Werkformen der öffentlichen Wiedergabe einem unterschiedlichen Öffentlichkeitsbegriff unterwerfen wolle (BGH GRUR 2016, 71, Tz. 38 – *Ramses* für das Recht der Kabelweitersendung nach § 87 Abs. 1 Nr. 1 Fall 1; kritisch dazu und differenzierend *Grünberg* GRUR 2016, 977). Zumindest aus praktischer Sicht macht ein einheitlicher Öffentlichkeitsbegriff Sinn (zustimmend auch *Jan Bernd Nordemann* GRUR 2016, 245), wenngleich die kasuistisch geprägte Auslegungspraxis des EuGH (dazu sogleich) wenig Hoffnung auf eine einheitliche Rechtsanwendung gibt.

37 Was öffentliche und private Werkwiedergaben sind, sagt Art. 3 Abs. 1 Info-RL nicht; dazu finden sich allenfalls in den Erwägungsgründen der RL einige Hinweise. Der EuGH hat seit 2006 in mindestens 10 Urteilen zum Recht der öffentlichen Wiedergabe Stellung bezogen (EuGH GRUR 2007, 325 Tz. 33 – *SGAE/Rafael*; EuGH GRUR 2012, 156 – *FAPL/Murphy*; EuGH GRUR 2012, 593 – *SCF/Del Corso*; EuGH GRUR 2013, 500 – *ITV Broadcasting*; EuGH GRUR 2014, 360 – *Svensson*; EuGH GRUR 2014, 473 Rn. 26 – *OSA/Kureinrichtung*; EuGH GRUR 2014, 1196 – *Bestwater/Mebes*; GRUR 2016, 60 – *SBS/Sabam*; EuGH GRUR 2016, 684 – *Reha Training/GEMA*; GRUR 2016, 1152 – *GS Media /Sanoma*). Darin hat der EuGH eine **Rechtspraxis** entwickelt, die erkennbar vom **deutschen Verständnis der öffentlichen Wiedergabe abweicht**. Sie wird ersetzt durch eine **Einzelfallbetrachtung**, bei der „mehrere Kriterien zu berücksichtigen [sind], die unselbständig und miteinander verflochten sind. Sie sind einzeln und in ihrem Zusammenwirken mit den anderen Kriterien anzuwenden, da sie – je nach Einzelfall – in sehr unterschiedlichem Maße vorliegen können" (EuGH GRUR 2012, 593, Tz. 79 – *SCF/Del Corso*). Tatsächlich ist es kaum möglich, auf der Grundlage der ergangenen Entscheidungen eine allgemein gültige Definition der öffentlichen Wiedergabe herauszuarbeiten, auch wenn der BGH insb. in seiner Entscheidung *Ramses* einen solchen Versuch unternommen hat (BGH GRUR 2016, 71, Tz. 38 – *Ramses*).

38 **Zweistufige Prüfung:** Nach dem Begriffsverständnis des EuGH vereint der Begriff der öffentlichen Wiedergabe zwei kumulative Tatbestandsmerkmale: *Erstens* muss eine „Handlung der Wiedergabe" (eines Werkes oder einer geschützten Leistung) vorliegen, *zweitens* eine öffentliche Wiedergabe (s. EuGH GRUR 2016, 684 Rn. 37 – Reha Training/GEMA).

39 a) **Handlung einer Wiedergabe:** Erste Vorrausetzung ist die „**Handlung einer Wiedergabe**". Diese sei jede Übertragung geschützter Werke oder Leistungen unabhängig vom eingesetzten technischen Mittel oder Verfahren (EuGH GRUR 2016, 60 Rn. 16 – *SBS/SABAM*; EuGH GRUR 2016, 684, R. 38 – *Reha*

Training/GEMA). Jede Übertragung, die nach einem **spezifischen technischen Verfahren** erfolgt, muss grundsätzlich vom Urheber des betreffenden Werkes erlaubt werden (EuGH a. a. O.). Ergänzt wird die Voraussetzung des spezifischen technischen Verfahrens noch von der Voraussetzung, dass der Wiedergebende in voller Kenntnis der Folgen seines Verhaltens tätig werden muss, um Dritten einen Zugang zum geschützten Werk zu verschaffen, den diese ohne sein Tätigwerden nicht hätten. Bejaht hat der EuGH diese Voraussetzung nicht nur in den Fällen des Bereitstellens von Fernsehgeräten in Hotelzimmern oder Reha-Zentren (EuGH GRUR 2007, 325 Tz. 33 – *SGAE/Rafael*; EuGH GRUR 2016, 684 – *Reha Training/GEMA),* sondern auch für das Setzen eines Hyperlinks auf ein fremdes Online-Angebot (EuGH GRUR 2014, 360 – *Svensson*; GRUR 2014, 1196 – *Bestwater /Mebes*; allg. zur Haftung des Linksetzers vgl. § 97 Rn. 165 ff.). Der BGH hat seine frühere Auffassung, wonach nur der Anbieter des verlinkten Inhalts, nicht jedoch der Linksetzer selbst eine öffentliche Zugänglichmachung nach § 19a vornimmt (GRUR 2003, 958 – *Paperboy*), aufgegeben und entschieden, dass die Verlinkung keine Verletzung des Rechts nach § 19a, sondern als Verletzung eines unbekannten Rechts der öffentlichen Wiedergabe nach § 15 Abs. 2 einzustufen ist (BGH GRUR 2016, 171 Tz. 18 – *Die Realität II).* Keine Handlung einer Wiedergabe liegt dagegen vor, wenn das spezifische technische Verfahren für die Übertragung rein technischer Natur ist und der Übertragende sich als bloßer Verteiler „nicht in einer autonomen Stellung im Verhältnis zum Ausgangs-Unternehmen" befindet (EuGH GRUR 2016, 60 Rn. 32 – *SBS/SABAM).*

b) Öffentliche Wiedergabe: In einem zweiten Schritt prüft der EuGH, ob die **40** Wiedergabe geschützter Werke auch **öffentlich** erfolgt. Dazu hat der EuGH unterschiedliche Kriterien entwickelt, die er in einer Einzelfallpraxis mitunter unterschiedlich, teilweise sogar widersprüchlich gewichtet:

aa) Unbestimmte Zahl potentieller Adressaten: Der Begriff der Öffentlichkeit **41** ist nur bei einer unbestimmten Zahl potenzieller Adressaten und einer „**ziemlich großen Zahl von Personen**" erfüllt. Dabei muss die kumulative Wirkung beachtet werden. Es kommt darauf an, wie viele Personen gleichzeitig oder nacheinander Zugang zu demselben Werk haben. Erfolgt eine Wiedergabe lediglich gegenüber individuellen und bestimmten Gewerbetreibenden, scheidet eine Öffentlichkeit aus. Letzteres soll etwa der Fall sein, wenn ein Sendeunternehmen an einzelne Lizenznehmer seine Programme sendet, damit diese sie an ihre eigenen Abonnenten gegen Entgelt weitersenden können (EuGH GRUR 2016, 60 Rn. 22 f. – *SBS/SABAM).* Insoweit ergibt sich eine deutliche Abweichung zur Legaldefinition und Rechtspraxis nach Abs. 3, bei der Öffentlichkeit auch bei sehr wenigen Empfängern vorliegt, sofern sie nicht persönlich verbundene waren (vgl. Rn. 34). Wann eine „ziemlich große Zahl" vorliegt, wird aus der Rechtsprechung des EuGH nicht ganz klar: Zwar bezeichnet der EuGH eine Wiedergabe gegenüber Hotelgästen, Gaststättengästen oder Gästen einer Kureinrichtung als öffentlich (EuGH GRUR 2014, 473 Rn. 26 – *OSA/Kureinrichtung;* für Reha-Zentren EuGH GRUR 2016, 684 – *Reha Training/GEMA),* die Wiedergabe gegenüber Patienten in einem Zahnarztwartezimmer hingegen nicht (EuGH GRUR 2012, 593 Rn. 85 – *SCF/Corso;* folgend BGH GRUR 2016, 278 Rn. 43 ff. – *Hintergrundmusik in Zahnarztpraxen).* In *Ramses* hat der BGH eine öffentliche Wiedergabe verneint (GRUR 2016, 245), obgleich der durch eine Kabelweiterleitung in eine Wohnlage angesprochene (bestimmte) Personenkreis immerhin 343 Wohneinheiten betraf. Dem BGH zufolge, ergibt sich aus der EuGH-Rechtsprechung nicht, dass ein bestimmter Kreis von Empfängern aus wenigen Personen bestehen müsse (BGH, GRUR 2016, 71 Tz. 60 ff. – *Ramses).*

bb) Neues Publikum: Der EuGH verlangt ferner für die Öffentlichkeit der Wie- **42** dergabe, dass diese ein neues Publikum erreicht. Ein neues Publikum ist ein

Kreis von Personen, der von den Inhabern der Rechte an den geschützten Werken ursprünglich bei der Zustimmung zur Nutzung durch Wiedergabe nicht berücksichtigt wurde (s. EuGH GRUR 2016, 684, Rn. 45 – *Reha Training/ GEMA*; EuGH GRUR 2012, 156, Rn. 197 – *FAPL/Murphy*, GRUR 2007, 225, Rn. 40 u. 42 – *SGAE/Rafael*). Einfach ausgedrückt: Erfolgte die Wiedergabe an ein Publikum, an das der Rechteinhaber nicht dachte, als er die urspr. Wiedergabe erlaubte? Insbesondere bei Weitersendungen kommt es damit auf eine Kausalitätsprüfung an: Können die betreffenden Personen ohne die Wiedergabehandlung grundsätzlich nicht in den Genuss des ausgestrahlten Werkes kommen, obwohl sie sich im Sendegebiet der Sendung aufhalten, dann liegt ein neues Publikum vor (s. in diesem Sinne EuGH GRUR 2007, 225, Rn. 42 – *SGAE/Rafael* sowie EuGH GRUR 2012, 156, Rn. 195 – *FAPL/Murphy*). Dabei wird vorausgesetzt, dass das Publikum, für das die Wiedergabe in diesen Einrichtungen vorgenommen wird, nicht bloß zufällig „erreicht" wird, sondern, dass sich deren Betreiber gezielt an sie wenden (s. in diesem Sinne EuGH GRUR 2012, 593, Rn. 91 – *SCF/Corso*). Seit *Svensson* ist geklärt, dass im Internet ein **Link auf eine erlaubte öffentliche Wiedergabe,** die völlig frei zugänglich ist, kein neues Publikum erreicht und damit urheberrechtlich irrelevant ist (EuGH GRUR 2014, 360, Rn. 34). Der verlinkte Inhalt ist auch ohne den Link für jedermann abrufbar. Anders verhält es sich bei **Links auf urheberrechtswidrig angebotene Werke.** Hier nimmt die Unionsrechtsprechung eine differenzierende Betrachtung vor, wobei – dogmatisch unsauber – die Kenntnis des Linksetzer eine entscheidende Rolle spielt: Sei erwiesen, dass der Betreffende wusste oder hätte wissen müssen, dass der von ihm gesetzte Hyperlink Zugang zu einem unbefugt angeboten Werk verschafft – weil er bspw. von dem Urheberrechtsinhaber darauf hingewiesen wurde –, so sei die Bereitstellung dieses Links eine „öffentliche Wiedergabe" (EuGH GRUR 2016, 1152, Rn. 49 – *GS Media/Sanoma*). Damit verschwimmt aus deutscher Sicht die eigentlich rein objektiv festzustellende Wiedergabehandlung mit subjektiven Elementen der Störerhaftung (dazu vgl. § 97 Rn. 154 ff.). Der EuGH geht indes gar einen Schritt weiter: Wenn **Hyperlinks mit Gewinnerzielungsabsicht** gesetzt werden, kann von dem Linksetzer erwartet werden, dass er die erforderlichen Nachprüfungen vornimmt, um sich zu vergewissern, dass das betroffene Werk auf der Website, zu der die Hyperlinks führen, nicht unbefugt veröffentlicht wurde, so dass zu vermuten ist, dass „ein solches Setzen von Hyperlinks in voller Kenntnis der Geschütztheit des Werks und der etwaig fehlenden Erlaubnis der Urheberrechtsinhaber zu seiner Veröffentlichung im Internet vorgenommen wurde" (EuGH a. a. O. Rn. 51 – *GS Media/Sanoma*). Zur Haftung von Plattformen und sonstigen Hostprovidern als Täter, Teilnehmer und Störer vgl. § 97 Rn. 145 ff.

43 Die Voraussetzung des „neuen Publikums" braucht allerdings nicht geprüft zu werden, wenn die nachfolgende Wiedergabe nach **einem spezifischen technischen Verfahren** erfolgt, welches sich von demjenigen der ursprünglichen Wiedergabe unterscheidet. In solchen Fällen bedarf grundsätzlich jede Wiedergabe des Werkes der Erlaubnis des Urhebers (EuGH GRUR 2013, 500 Rb. 24–26, 39 – *ITV Broadcasting*; EuGH GRUR 2016, 60 Rn. 17 f. – *SBS/SABAM*). Entsprechend sei etwa eine Kabelweitersendung nach BGH GRUR 2016, Tz. 553 – *Ramses* ein anderes spezifisches technisches Verfahren, so dass die öffentliche Wiedergabe daran nicht scheitere, dass die Sendung auch so empfangen werden könne.

44 cc) **Erwerbszweck:** Ein weiteres Prüfungskriterium ist schließlich, ob die betreffende Nutzungshandlung Erwerbszwecken dient. Der Erwerbszweck sei allerdings keine zwingende Voraussetzung für das Vorliegen einer öffentlichen Wiedergabe und kann für die Einstufung einer Weiterverbreitung als Wiedergabe auch unerheblich sein (BGH GRUR 2016, 71 Rn. 49 – *Ramses* unter Hinweis auf EuGH GRUR 2007, 225, Rn. 88 – *SGAE/Rafael* und GRUR 2013, 500, Rn. 42 f. – *ITV Broadcasting/TVCH*, EuGH a. a. O. Rn. 49 – *Reha Training/ GEMA*: „zwar mit Sicherheit nicht ausschlaggebend, aber auch nicht unerheblich“).

4. Einzelfälle

Die bis 2014 ergangene Entscheidungspraxis zur öffentlichen Wiedergabe ist **45** nur noch eingeschränkt anwendbar. Insbesondere bei der Wiedergabe von Musik oder Filmen in Einrichtungen kommt es nicht mehr auf das Merkmal der persönlichen Verbundenheit der Anwesenden an, sondern es sind die o. g. Kriterien des EuGH heranzuziehen. Dies wird auch für die von Unionsrecht eigentlich nicht erfassten Fälle der **Wiedergabe gegenüber einem anwesenden Publikum** gelten, weil der BGH das Recht einheitlich für alle Wiedergabeformen anwenden möchte (vgl. Rn. 35).

Wiedergabe in Einrichtungen: Die (alte) gerichtliche Fallpraxis zu § 15 Abs. 3 war **46** eher urheberfreundlich und tendiert dazu, die Existenz persönlicher Beziehungen auch für die Bewohner oder Angehörigen von (eher geschlossenen) Einrichtungen zu verneinen, soweit dort in Gemeinschaftsräumen urheberrechtlich geschützte Werke wiedergegeben werden. Verneint wurde die persönliche Verbundenheit etwa für das Abspielen von Werken in Gemeinschaftsräumen eines **Seniorenwohnheims** (BGH GRUR 1975, 33, 34 – *Alterswohnheim)*, bei **Vereinsfeiern** (BGH GRUR 1961, 97, 98 – *Sportheim)* und **Feiern größerer Betriebe** (BGH GRUR 1955, 549, 550), bei Festlichkeiten in **Sanatorien** (BGHZ 58, 262, 264 – *Landesversicherungsanstalt)*, in Aufenthaltsräumen von **Schulen** (BGH GRUR 1983, 562, 563 – *Zoll- und Finanzschulen)* oder in **Strafanstalten** (BGH GRUR 1964, 734, 735 – *Vollzugsanstalten)*, bei **Tanzkursen oder -veranstaltungen,** wo die Teilnehmer mehr oder weniger zufällig zusammenkamen (OLG München ZUM 1986, 482 f.; OLG Frankfurt ZUM 1987, 91, 93; anders bei Tanzkursen für einen ausgewählten Schülerkreis BGH GRUR 1956, 515/517 – *Tanzkurse)* sowie bei **Hochschulvorlesungen** (OLG Koblenz NJW-RR 1987, 899, 700 für Musikwiedergabe). Öffentliche Wiedergabe war auch ohne weiteres das für Besucher bestimmte Abspielen von Musik in **Gaststätten, Arztpraxen** (LG Leipzig ZUM-RD 1998, 390) **Ladengeschäften,** usw., selbst wenn diese ggf. nur zur **Demonstration von Audio- und Fernsehgeräten** erfolgt (§ 56 Abs. 1 *arg e contrario*; weitere Nachweise insb. auch zur untergerichtlichen Rechtsprechung bei Schricker/Loewenheim/*v. Ungern-Sternberg*[4] Rn. 79 f.). Die Fälle, in denen die Rechtsprechung die persönliche Verbundenheit der anwesenden Personen bejaht hat, sind deutlich in der Minderheit: Tanzkurse für einen ausgewählten Schülerkreis (BGH GRUR 1956, 515, 517 – *Tanzkurse)*, Fernsehwiedergabe im Zweibettzimmer eines Krankenhauses (BGH GRUR 1996, 875 – *Zweibettzimmer im Krankenhaus)*, Fernsehwiedergabe für den kleinen Kreis des Heimpersonals zweier Müttergenesungsheime (LG Kassel *Erich Schulze* LGZ 114, 1), der Wiedergabe von Filmen in einer Schulklasse (LG München InstGE 4, 283), Aufführung von Musik auf einem Lotsenball (AG Bremen v. 11.5.2001 – 7 C 263/00) oder einer Hochzeit mit 600 Gästen (AG Bochum GRUR-RR 2009, 166). Öffentliche Wiedergabe wird in der überwiegenden Praxis auch verneint, wenn die Musik eher zufällig und leise aus dem Hinterzimmer oder der Werkstatt eines Ladenlokals hervordringt, d. h. nicht für die Besucher bestimmt ist (a. A. dagegen wohl OLG Frankfurt GRUR-RR 2006, 180 für die Werkstatt eines Optikers).

Wo zukünftig die Grenze zwischen (erlaubnisfreier) privater und (zustim- **47** mungspflichtiger) öffentlicher Wiedergabe liegt lässt sich anhand der EuGH-Rechtsprechung kaum sicher prognostizieren: Für die **Musikwiedergabe in Zahnarztpraxen** hat der EuGH die öffentliche Wiedergabe abgelehnt (EuGH GRUR 2012, 593, Rn. 97 – *SCF*: Nicht geeignet, die Attraktivität der Praxis zu erhöhen; folgend BGH GRUR 2016, 278 – *Hintergrundmusik in Zahnarzt-*

praxen) für ein **Reha-Zentrum** (EuGH GRUR 2016, 684 – *Reha Training/GEMA*) und eine **Kureinrichtung** (GRUR 2014, 473 – *OSA*) dagegen bejaht. Danach ist zu erwarten, dass die Rechtsprechung neben der Personenanzahl insbesondere darauf abstellen wird, ob durch die Werkwiedergabe die Attraktivität von Leistungen erhöht werden und *dadurch* Erwerbszwecke erfüllt werden. Die eher begleitende, vom Kunden nicht erwartete und letztlich auch nicht den Warenabsatz fördernde Wiedergabe von Hintergrundmusik in zumindest kleinen **Ladengeschäften** wird regelmäßig als nicht-öffentlich einzustufen sein; anders sollte es für **Restaurants, Kneipen, Sportbars** (EuGH GRUR 2012, 156 – *FAPL*) und erst Recht für **Diskotheken** sein. Der gemeinsame Videoabend im **Seniorenwohnheimen** erhöht ebenfalls die Attraktivität der Einrichtung und dient mittelbar Erwerbszwecken, doch wird die Anzahl der Teilnehmer nicht ausreichen, um Öffentlichkeit zu begründen.

5. Darlegungs- und Beweislast

48 Umstritten ist, wer nach der Neufassung des § 15 Abs. 3 durch das UrhG Infoges v. 10.9.2003 die Darlegungs- und Beweislast für die Öffentlichkeit der Wiedergabe trägt. Die in der alten Fassung zu Beginn des 2. Hs. verwendete Formulierung „es sei denn" (vgl. Rn. 28) legte den Schluss nahe, dass der Verwerter im Streitfall darlegen und beweisen muss, dass die Wiedergabe nicht öffentlich ist (so zu § 15 Abs. 3 a.F. OLG München ZUM 1986, 482, 483; OLG Frankfurt NJW-RR 1986, 1056; unsere 9. Aufl./*Wilhelm Nordemann* Rn. 4). Nach der jetzigen Legaldefinition in Abs. 3 S. 1 trägt dagegen der Kläger die Darlegungs- und Beweislast, dass die Personen, für die die Wiedergabe bestimmt, der Öffentlichkeit angehören (wie hier Schricker/Loewenheim/*v. Ungern-Sternberg*[4] Rn. 77; Dreier/Schulze/*Dreier*[4] Rn. 37; a.A. HK-UrhR/*Dreyer*[2] Rn. 64; ohne nähere Begründung auch LG Oldenburg GRUR-RR 2006, 177 und AG Bochum GRUR-RR 2009, 166, 167). Dem Rechteinhaber können allerdings im Prozess Darlegungs- und Beweiserleichterungen zu Gute kommen, wenn es um die Aufklärung von Tatsachen geht, die in den Kenntnis- und Verantwortungsbereich des Verwerters fallen (Schricker/Loewenheim/*v. Ungern-Sternberg*[4] Rn. 77 unter Hinweis auf BGH GRUR 2003, 800, 803 – *Schachcomputerkatalog*; BGH GRUR 2000, 820, 822 – *Space Fidelity Peep Show*). Dies gilt gerade für die Frage, ob die teilnehmenden Personen durch persönliche Beziehungen verbunden sind oder nicht. In der Praxis dürfte sich damit nicht viel ändern.

§ 16 Vervielfältigungsrecht

(1) Das Vervielfältigungsrecht ist das Recht, Vervielfältigungsstücke des Werkes herzustellen, gleichviel ob vorübergehend oder dauerhaft, in welchem Verfahren und in welcher Zahl.

(2) Eine Vervielfältigung ist auch die Übertragung des Werkes auf Vorrichtungen zur wiederholbaren Wiedergabe von Bild- oder Tonfolgen (Bild- oder Tonträger), gleichviel ob es sich um die Aufnahme einer Wiedergabe des Werkes auf einen Bild- oder Tonträger oder um die Übertragung des Werkes von einem Bild- oder Tonträger auf einen anderen handelt.

I. Allgemeines

1. Bedeutung, Sinn und Zweck der Norm

Das urheberrechtliche Vervielfältigungsrecht nach § 16 gehört zum Kanon der **1** klassischen Verwertungsrechte. Trotz seiner langen Tradition hat es im Zuge der Digitalisierung der Werkvermittlung einen erheblichen **Bedeutungszuwachs** erlebt, der sich in einer Fülle von Rechtsprechung niederschlägt. Streitig ist dabei meist weniger, *ob* eine Vervielfältigung vorliegt, sondern *wem* diese zuzurechnen ist oder ob sie durch Schrankenregelungen (§§ 44a ff.) gerechtfertigt werden kann.

Das Vervielfältigungsrecht behält dem Urheber die Entscheidung vor, ob und **2** in welcher Form weitere Exemplare (Kopien) seines Werkes hergestellt werden dürfen. Denn mit jeder Vervielfältigung vergrößert sich der Kreis derjenigen, die das Werk lesen, hören oder sonst wie wahrnehmen können (**Multiplikationseffekt**). Die **Digitalisierung** verstärkt dieses Phänomen. Egal, wie oft ein Werk digital kopiert, abgerufen, hochgeladen oder weitergeleitet wird, immer entsteht ein identischer Klon der Ausgangskopie, welches Vorlage für weitere Vervielfältigungen bildet. § 16 soll die umfassende Beteiligung des Urhebers an diesen Vervielfältigungsvorgängen gewährleisten und unterstellt sie jeweils seinem Vorbehalt.

2. Früheres Recht und Rechtsentwicklung

Die Begriffsbestimmung des Vervielfältigungsrechts in **Abs. 1** fand sich bereits **3** in § 15 Abs. 1 LUG sowie § 17 KUG (ausführlich zur Normgeschichte *Schrader/Weber* UFITA 2011, 494, 495 und Schricker/Loewenheim/*Loewenheim*[4] Rn. 3 f.). **Abs. 2** wurde aufgenommen, um die durch § 2 LUG eingetretene Verwirrung der urheberrechtlichen Begriffe endgültig zu beseitigen (RegE UrhG 1962 – BT-Drs. IV/270, S. 47; der Gesetzgeber des LUG hatte die Herstellung von Tonträgern einer Bearbeitung gleichgestellt). Trotz der rasanten technischen Entwicklung bedurfte es nur geringfügiger Anpassungen der Begriffsdefinition. Mit dem UrhG Infoges wurde Abs. 1 dahin präzisiert, dass auch **vorübergehende Vervielfältigungen** dem Verwertungsrecht unterfallen. Dies erfolgte nur zur Klarstellung und im Hinblick auf die Schrankenregelung des § 44a (vgl. Rn. 13 f.). Anregungen, die Begriffe Bild- und Tonträger um den weiteren Terminus **Datenträger** zu ergänzen (so *Dreier* ZUM 2002, 28, 30), wurden dagegen nicht aufgegriffen, da diese nach einhelliger Meinung bereits durch die Begriffe Bild- und Tonträger erfasst werden.

§ 16 gilt auch für Werke, die vor dem Inkrafttreten des UrhG (1.1.1966) ge- **4** schaffen wurden (§ 129 Abs. 1). Eine Übergangsregelung enthält § 136.

3. EU-Richtlinien

Umfang und Gegenstand des Vervielfältigungsrechts werden durch die zum **5** Urheberrecht ergangenen EU-Richtlinien beeinflusst (zum Gebot der **richtlini-**

enkonformen Auslegung der Verwertungsrechte vgl. § 15 Rn. 15). Regelungen wurden zunächst für besondere Bereiche getroffen, so z. B. für Computerprogramme (Art. 4 (a) Software-RL 91/250/EWG v. 14.5.1991), Datenbanken (Art. 5 (a) Datenbank-RL 96/9/FG v, 11.3.1996) und die verwandten Schutzrechte (Art. 7 Vermiet- und Verleih-RL 92/100/EWG v. 19.11.1992, aufgehoben durch Art. 11 Abs. 1 (a) der Info-RL). Zu beachten sind dabei jeweils auch die Erwägungsgründe der Richtlinie.

6 Eine umfassende Definition des Vervielfältigungsbegriffs enthält nunmehr Art. 2 Info-RL 2001/29/EG v. 22.6.2001. Danach ist das Vervielfältigungsrecht das ausschließliche Recht, *„die unmittelbare oder mittelbare, vorübergehende oder dauerhafte Vervielfältigung auf jede Art und Weise und in jeder Form ganz oder teilweise zu erlauben oder zu verbieten"*. Der deutsche Gesetzgeber hat die Richtlinienregelung dadurch in das deutsche Recht umgesetzt, dass er durch das UrhG Infoges in § 16 Abs. 1 die Worte „ob vorübergehend oder dauerhaft" eingefügt hat. Inhaltliche Änderungen waren damit nicht verbunden, weil schon zuvor **vorübergehende Vervielfältigungen** von § 16 erfasst wurden (BGH GRUR 1991, 449, 453 – *Betriebssystem;* zu Einzelheiten vgl. Rn. 13 f.).

4. Internationale Konventionen

7 Das Vervielfältigungsrecht, die *magna charta* der urheberrechtlichen Verwertungsrechte, wird gewährleistet durch alle großen internationalen Urheberrechtsabkommen: Art. 9 Abs. 1 und Art. 14 Abs. 1 RBÜ, Art. IVbis WUA, Art. 7 WCT und Art. 11 WPPT, Art. 14 TRIPS.

5. Verwandte Schutzrechte

8 Das Vervielfältigungsrecht steht den Inhabern der Leistungsschutzrechte für Wissenschaftliche Ausgaben (§ 70), nachgelassene Werke (§ 71), Lichtbilder (§ 72) sowie dem ausübenden Künstler (§ 77 Abs. 2), Veranstalter (§ 81), Tonträgerhersteller (§ 85 Abs. 1), Sendeunternehmen, Datenbankhersteller (§ 87b Abs. 1) sowie Filmhersteller (§ 94 Abs. 1) zu. Dabei ergeben sich jeweils spezifische Besonderheiten (s. a. vgl. Rn. 18a). Eine eigenständige Regelung hat das Vervielfältigungsrecht für **Computerprogramme** in § 69c erfahren.

II. Tatbestand

1. Vervielfältigungsbegriff (Abs. 1)

9 Der Begriff der Vervielfältigung ist umfassend: Vervielfältigung ist die Herstellung einer oder mehrerer körperlicher Festlegungen, die geeignet sind, das Werk den menschlichen Sinnen auf irgendeine Weise wiederholt unmittelbar oder mittelbar wahrnehmbar zu machen (RegE UrhG 1962 – BT-Drs. IV/270, S. 47; st. Rspr. seit BGH GRUR 1955, 492, 494 – *Grundig-Reporter;* ferner BGH GRUR 2001, 51, 52 – *Parfumflakon;* BGH GRUR 1991, 449, 453 – *Betriebssystem;* BGH GRUR 1983, 28, 29 – *Presseberichterstattung und Kunstwerkwiedergabe II;* BGH GRUR 1982, 102, 103 – *Masterbänder*). Das Erfordernis der körperlichen Festlegung charakterisiert die Vervielfältigung als körperliches Verwertungsrecht und grenzt sie von den unkörperlichen Wiedergaberechten der §§ 19–22 ab. Innerhalb dieser Körperlichkeitsgrenze geht das Gesetz von einem umfassenden und weiten Vervielfältigungsbegriff aus, was auch durch § 16 Abs. 2 deutlich wird.

10 Vervielfältigung ist bereits die **erste körperliche Festlegung** des Werkes (Erstfixierung), etwa das **Mitstenografieren** eines frei gehaltenen Vortrages oder der **Mitschnitt** einer live dargebotenen, spontanen Improvisation in einem Konzert (s. für Erstaufnahmen BGH GRUR 1982, 102, 103 – *Masterbänder,* BGH

GRUR 1985, 529 – *Happening*). Für die Aufnahme auf Bild- oder Tonträger folgt dies bereits unmittelbar aus der Formulierung des Abs. 2. Auch die **erste Errichtung eines Bauwerks** nach urheberrechtlich geschützten Entwürfen eines Architekten ist Vervielfältigung (BGH GRUR 1988, 533, 655 – *Vorentwurf II*; BGH GRUR 1980, 853, 854 – *Architektenwechsel*; BGH GRUR 1981, 196, 197 – *Honorarvereinbarung*; BGH GRUR 1957, 391, 394 – *Ledigenheim*). Gleiches gilt für die **Wiederherstellung eines zerstörten Originals**, nicht jedoch die bloße Reparatur einer Beschädigung, die dessen Identität unberührt lässt (Schricker/Loewenheim/*Loewenheim*[4] Rn. 15). Vervielfältigung ist auch die **zweidimensionale Abbildung** (z. B. eine Fotografie oder Zeichnung) eines urheberrechtlich geschützten dreidimensionalen Objekts, z. B. eines Kunst- oder Bauwerks (BGH GRUR 2003, 1035, 1036 – *Hundertwasser-Haus*; BGH GRUR 1983, 28, 29 – *Presseberichterstattung und Kunstwerkwiedergabe II*; BGH GRUR 2001, 51, 52 – *Parfumflakon*, aber vgl. Rn. 23); ebenso die Abbildung eines modisch anspruchsvollen Kleides in einer Pressemappe (LG Leipzig GRUR 2002, 424, 425 – *Hirschgewand*), oder das Herstellen von Werbematerial mit Abbildungen eines Stuhlmodells (BGH I ZR 92/16 Urteil v. 23.2.2017 Tz. 41 – *Mark-Stam-Stuhl*). Eine Vervielfältigung liegt auch vor, wenn ein Poster eines geschützten Kunstwerkes mittels eines speziellen Verfahrens auf Leinwand übertragen wird (EuGH GRUR 2015, 256 Rn. 27 *Allposters/Pictoright*). In der Fernsehaufzeichnung eines Konzerts liegt eine Vervielfältigung des Musikwerks (BGH GRUR 2006, 319 – *Alpensinfonie*). Dagegen ist die Fotografie einer Tanzszene keine Vervielfältigung eines Werkes der Tanzkunst (LG München GRUR 1979, 852 – *Godspell*; a. A. Schricker/Loewenheim/*Loewenheim*[4] Rn. 14). Weitere **Beispiele** für Vervielfältigungen: Händisches Abschreiben eines Textes, Videoaufnahme einer Theater- oder Filmaufführung, Ausdrucken eines Werkes (BGH GRUR 2008, 245 Tz. 9 – *Drucker und Plotter*) wie auch das Einscannen (BGH GRUR 2002, 246, 247 – *Scanner*), Versand durch Telefax (BGH GRUR 1999, 928, 930 – *Telefaxgeräte*) oder E-Mail (OLG München MMR 2007, 525, 527 – *subito*; KG GRUR-RR 2004, 228 – *Ausschnittsdienst*).

Aus Vorstehendem ergibt sich, dass Vervielfältigung nicht nur die identische **11** Reproduktion, sondern auch die Festlegung des Werkes **in veränderter Form** ist, etwa in einen **anderen Werkstoff** (z. B. Metall statt Papier), in eine **andere Dimension** (z. B. die Fotografie oder Mikroverfilmung von Gemälden und Skulpturen) oder in **eine andere Größe** (BGH GRUR 2010, 628. Tz. 17 – *Vorschaubilder*; BGH GRUR 1990, 669, 673 – *Bibelreproduktion*). Gleiches gilt, wenn ein Werk oder Werkteile (z. B. Textpassagen) in ein anderes Werk integriert werden. Davon abzugrenzen sind **Bearbeitungen** und **Umgestaltungen** des Originalwerks i. S. d. § 23 (vgl. §§ 23/24 Rn. 8 ff. zur Abgrenzung). Diese fallen nicht unter das Vervielfältigungsrecht und sind daher nicht als Vervielfältigungsstücke des Originalwerkes anzusehen (str., wie hier BeckOK UrhR/*Kroitzsch/Götting*[16] Rn. 10; HK-UrhR/*Dreyer*[3] Rn. 9; a. A. *Plassmann* S. 61 ff.; Schricker/Loewenheim/*Loewenheim*[4] Rn. 8 und § 23 Rn. 3; *Schrader/Weber* UFITA 2011, 494, 506; differenzierend Dreier/Schulze/*Schulze*[5] Rn. 5 Wandtke/Bullinger/*Heerma*[4] Rn. 7: § 23 ist *lex specialis* zu § 16; Vervielfältigung des Originals bejahend BGH GRUR 1963, 441, 443 – *Mit Dir allein* zum LUG, bestätigt durch BGH GRUR 2014, 65, 70 – *Beuys-Aktion*). Würde es sich bei Bearbeitungen um Vervielfältigungen handeln, wäre die Regelung in § 23 S. 1, dass jede Verwertung oder Veröffentlichung einer Bearbeitung – im Gegensatz zu deren bloßen Herstellung – nur mit Einwilligung des Urhebers des bearbeiteten Werkes zulässig ist, überflüssig (BeckOK UrhR/*Kroitzsch/Götting*[16] Rn. 10; dagegen *Schrader/Weber* UFITA 2011, 494, 506: Vervielfältigung als überwölbendes Schutzprinzip). Der Urheber könnte über das Vervielfältigungsrecht bereits die Erstellung einer Bearbeitung verbieten, was § 23 S. 1

gerade ausschließt. Entsprechend ist die **Vervielfältigung einer Bearbeitung**, z. B. einer nicht genehmigten Übersetzung, nicht gleichzeitig eine Vervielfältigung des Originals, sondern greift in das Verwertungsverbot des § 23 S. 1 UrhG ein.

12   Auch die **digitale Speicherung** von Werken, gleich ob Erstspeicherung (Digitalisierung durch Scannen) oder das Kopieren von einem Speichermedium in ein anderes, ist eine Festlegung, die es mittelbar, nämlich durch entsprechende Soft- und Hardware, gestattet, sie mit den menschlichen Sinnen wahrzunehmen, und mithin Vervielfältigung. Erfasst werden Werkspeicherungen auf **beliebigen digitalen Datenträgern**, z. B. Disketten, Bändern, CD-R, DVD-R, USB-Sticks, Flash-Medien, Servern, Festplatten, Datenbanken, Telefonspeichern, Decodern, usw. Jeweils entstehen Festlegungen, die dazu geeignet sind, das Werk den menschlichen Sinnen mittelbar, nämlich durch Ausgabe auf Bildschirmen, Benutzeroberflächen, Displays, usw. wahrnehmbar zu machen (dazu Rn. 16).

13   Unerheblich für den Vervielfältigungsbegriff ist die **Dauer der körperlichen Festlegung**. Dies gilt spätestens seit der mit dem UrhG Infoges in Abs. 1 eingefügten Klarstellung „vorübergehend", entsprach aber bereits vorher der überwiegenden Auffassung (BGH GRUR 1991, 449, 453 – *Betriebssystem*). Hauptanwendungsbeispiel ist die **Zwischenspeicherung** eines Werkes im **Arbeitsspeicher** (BGH GRUR 1994, 363, 365 – *Holzhandelsprogramm*; KG GRUR-RR 2004, 228 – *Ausschnittdienst*; LG Hamburg GRUR-RR 2004, 313, 315 – *thumbnails*) oder **Cache** eines Computers oder Servers. Denn auch die nur flüchtige, ggf. nur wenige Sekunden dauernde Festlegung eines Werkes oder geschützten Werkteils im Arbeitsspeicher hat den Sinn, die Betrachtung des Werkes zu ermöglichen und seine Eignung für eine mögliche weitere Nutzung zu prüfen; das wäre nicht denkbar, wenn es den menschlichen Sinnen nicht wahrnehmbar gemacht würde (Vervielfältigung bejahend bereits KG GRUR-RR 2004, 228, 231 – *Ausschnittdienst*; OLG Hamburg GRUR 2001, 831 – *Roche Lexikon Medizin*; OLG Köln GRUR-RR 2001, 97, 99 – *Suchdienst für Zeitungsartikel*). Damit ist auch das bloße **Browsing** (Abrufen) von Internet-Webseiten Vervielfältigung (OLG Hamburg GRUR 2001, 831 – *Roche Lexikon Medizin*; LG Hamburg GRUR-RR 2004, 313, 315 – *thumbnails*; *Spindler* GRUR 2002, 105, 107; *Hoeren* MMR 2000, 515, 516; *Schack* JZ 1998, 753, 755; Schricker/Loewenheim/*Loewenheim*[4] Rn. 21; Dreier/Schulze/*Schulze*[5] Rn. 13; Wandtke/Bullinger/*v. Welser*[4] § 44a Rn. 3). Zu weiteren Nutzungsvorgängen im Internet, etwa dem **Streaming**, vgl. Rn. 26 ff., vgl. § 19a Rn. 15 ff. und vgl. § 44a Rn. 18 ff.

14   Abzugrenzen von der kurzfristigen Festlegung im Arbeitsspeicher ist die **Bildschirmanzeige** der Inhalte selbst, also die vorübergehende Fixierung auf dem Monitor. Diese ist, ebenso wie die bloße Wahrnehmung, keine Vervielfältigung, weil das Körperlichkeitskriterium nicht erfüllt ist (s. schon BGH GRUR 1991, 449, 453 – *Betriebssystem*). Demgegenüber hat der EuGH die Werkwiedergabe auf Fernsehbildschirmen als (flüchtige) Vervielfältigung eingeordnet (EuGH ZUM 2011, 811 Tz. 165 ff. – *FAPL*). Die Abgrenzung ist nicht einfach, weil die Flüssigkristalle moderner Flachbildschirme – im Gegensatz zur Bildröhre – als körperliche Festlegung angesehen werden können, wobei jedes Bild nur für einen winzigen Moment festgehalten, d. h. das (Film)Werk allenfalls sukzessiv vervielfältigt wird. Praktisch entschärft wird das Problem durch § 44a, nach der solche **ephemeren Zwischenspeicherungen**, etwa in Decodern, Arbeitsspeichern, Caches, Puffern, Proxy-Servern und sonstigen Zwischenspeichern, nicht dem Zustimmungsvorbehalt des Urhebers bedürfen. Im Ergebnis unterfallen daher noch so flüchtige Festlegungen unter den Vervielfältigungsbegriff, für eine Korrektur sorgt erst § 44a (so auch im Fall ZUM 2011, 811, Tz. 165 ff. – *FAPL/Murphy*; Einzelheiten bei § 44a Rn. 8 ff.). Nicht unter § 16 fällt das **Routing** (vgl. Rn. 31).

Der Zweck der Vervielfältigung spielt keine Rolle. Erfasst werden sowohl Ver-   **15**
vielfältigungen zu privaten als auch zu gewerblichen Zwecken. Begrenzt wird
das Vervielfältigungsrecht allein über die – meist zweckbezogenen – Urheber-
schranken der §§ 44a (vgl. Rn. 24 f.). Auch Festlegungen, welche nur der Herstellung weiterer Vervielfältigungsstücke dienen, sind mindestens vorübergehende Vervielfältigungen. Dies betrifft etwa zur Tonträgerherstellung
produzierte Masterbänder (BGH GRUR 1982, 102, 103 – *Masterbänder*), aber
auch Druckstöcke, Negative, Matrizen (Dreier/Schulze/*Schulze*[5] Rn. 8) sowie
Dateien, die für den späteren E-Mail-Versand erstellt werden (KG GRUR-RR
2004, 228, 230 – *Ausschnittsdienst*).

Die körperliche Festlegung des Werkes muss geeignet sein, dass Werk **unmittel-**   **16**
bar oder jedenfalls mittelbar wahrnehmbar zu machen. Problematisch ist dies
nahezu ausschließlich im digitalen Bereich. Insbesondere bei **rein technisch be-**
dingten Zwischenspeicherungen konnte dies vor dem UrhG Infoges 2003 in
Frage gestellt werden; die Neuformulierung hat insoweit Klarheit gebracht.
Problematisch ist das Merkmal bei digitalen Teilstücken, etwa bei **nicht abge-**
schlossenen Downloads von Musik- oder Filmdateien über das Internet, etwa
in Filesharing-Plattformen oder von Download-Servern. Hierbei ist jedoch
maßgeblich, dass auch mittelbare Wahrnehmbarmachung genügt und es nicht
auf den erforderlichen technischen Aufwand ankommt (BeckOK UrhR/*Kro-*
itzsch/Götting[16] Rn. 5; *Brinkel* S. 101 f.; *Bosak* CR 2001, 176, 178). Da aber
auch kleinere Teilstücke von Film- oder Musikdateien mit gängiger Software
wahrnehmbar gemacht werden können, liegt eine Vervielfältigung regelmäßig
schon vor Abschluss des Downloads bzw. sogar unmittelbar nach dessen Initiierung vor. Entscheidend, ist ob die Wahrnehmbarmachung – ungeachtet des
Aufwands – technisch möglich ist.

Welcher menschliche Sinn angesprochen wird, ist darüber hinaus gleichgültig;   **17**
neben dem Auge (Buch, Bild, Film usw.) und dem Gehör (Musik, Vortrag usw.)
kommt etwa auch der Tastsinn (Blindenschrift) in Betracht. Ein Beispiel für
unmittelbare Wahrnehmbarkeit ist das Buch, Beispiele für **mittelbare** Wahrnehmbarkeit bilden im analogen Bereich die Schallplatte, die das Werk erst
unter Zuhilfenahme eines Plattenspielers hörbar werden lässt. Im **digitalen Sek-**
tor wird die Wahrnehmbarmachung schließlich immer mittelbarer Natur sein,
da es für die Wahrnehmbarkeit mit menschlichen Sinnen stets zunächst der
Umwandlung in analoge Signale (sog. *Digital-Analog-Wandlung*) bedarf.

2. Werk und Werkteile

Abs. 1 spricht von Vervielfältigungsstücken *„des Werkes"*. Erfasst werden   **18**
nicht nur Festlegungen des vollständigen Werkes, sondern auch die Vervielfältigung **einzelner Werkteile**. Die Größe oder auch das Verhältnis des entlehnten
Werkteils zum Werkganzen ist dabei irrelevant (BGH GRUR 1953, 299, 301 –
Lied der Wildbahn I; BGH GRUR 1959, 197 – *Verkehrskinderlied*; OLG
Hamburg GRUR 2001, 831 – *Roche Lexikon Medizin*; OLG Köln GRUR
2001, 97, 98 – *Suchdienst für Zeitungsartikel*). Maßgeblich ist allein die **eigen-**
ständige Schutzfähigkeit des entlehnten Werkteils nach den allgemeinen Regeln, d. h. dieser muss für sich genommen (noch) eine persönlich geistige
Schöpfung darstellen, § 2 Abs. 2. Daher kann auch das sog. **Sound-Sampling,**
d. h. die Übernahme kleiner Teile eines Musikwerkes, eine Vervielfältigung
nach § 16 darstellen (BGH GRUR 2009, 403 – *Metall auf Metall* für das Tonträgerherstellung; KG GRUR-RR 2004, 129 – *Modernisierung einer*
Liedaufnahme; Dreier/Schulze/*Schulze*[5] Rn. 9; Schricker/Loewenheim/*Loewen-*
heim[4] Rn. 14). Weitere **Beispiele:** Übernahme von Textpassagen (LG München
I ZUM-RD 2011, 562 für Teile von Zeitungsartikel), Übernahme oder Nachstellen einer Szene aus einem Film-, Theater- oder Tanzwerk (für Filmausschnitt
OLG Hamburg GRUR 1997, 822, 825 – *Edgar-Wallace-Filme*); Verwendung

von Teilen eines Lichtbild-, Kunst- oder Bauwerks. Werden **schutzunfähige (Werk-) Teile** vervielfältigt, greift das Recht nach § 16 nicht (s. z. B. LG Frankfurt GRUR 1996, 125. Kein Schutz für den einem Schlager entnommenen Refrain „tausend Mal berührt, tausend Mal ist nix passiert") In **Peer-to-Peer-Systemen** liegt eine Vervielfältigung nicht erst mit dem vollständigen Abschluss eines Werkdownloads vor, sondern bereits bei der Speicherung erster Teilstücke, etwa eines Filmwerks (vgl. Rn. 16). Dass Werkteile, die als solche den allgemeinen Schutzvoraussetzungen nach § 2 Abs. 2 genügen, unter § 16 fallen, hat der Gesetzgeber als selbstverständlich vorausgesetzt, wie § 46 Abs. 1 S. 1, § 52a, § 53 Abs. 2 Nr. 4a lit. a, Abs. 3 und Abs. 5 sowie – im Umkehrschluss – § 51 Nr. 2 belegen. Allerdings ist gerade im digitalen Bereich immer zu überprüfen, ob der vervielfältigte Teil wahrnehmbar ist (vgl. Rn. 16 f.).

18a   Auch im Bereich der **Leistungsschutzrechte** (vgl. Rn. 8), erstreckt sich das Vervielfältigungsrecht auf **Teile** der geschützten Leistung, z. B. den Ausschnitt einer Tonträgeraufnahme (BGH GRUR 2009, 403 – *Metall auf Metall* für das Sound Sampling), eines Films, Laufbilds (BGH GRUR 2008, 693 – *TV-Total*) oder einer Sendung (BGH GRUR 2012, 1062 – *Elektronischer Programmführer*). Dabei besteht die – für die Praxis der Rechtsverfolgung bedeutsame – Besonderheit, dass eine Prüfung, ob der übernommene Teil für sich (Werk-)Schutz genießt, nicht stattfindet. Ein Eingriff in das Recht des Tonträgerherstellers (§ 85 Abs. 1 S. 1) ist bereits dann gegeben, wenn einem Tonträger kleinste Tonfetzen entnommen werden, mag dieser Tonfetzen auch keinen Schutz als Werkteil genießen (BGH GRUR 2009, 403 Tz. 14 – *Metall auf Metall*). Gleiches gilt für die Übernahme von **Filmsequenzen**, etwa eines kurzen Interviewausschnitts (BGH GRUR 2008, 693 Tz. 21 – *TV-Total* für Verwertung fremden Sendematerials). Den Vorwurf eines Wertungswiderspruchs (Tonträger- und Filmhersteller würden besser gestellt als Urheber) hat der BGH wiederholt zutreffend zurückgewiesen. Leistungsschutz und Urheberschutz betreffen unterschiedliche Schutzgüter: Gegenstand des Leistungsschutzes ist nicht die weniger schöpferische Leistung des Urhebers, dessen Beitrag keine Werkqualität erreiche, sondern die anders geartete wirtschaftliche und organisatorische Leistung des (Film-) Herstellers (so BGH GRUR 2008, 693 Tz. 21 – *TV-Total*).

3. Verfahren/Hersteller

19   Die **Art des Vervielfältigungsverfahrens** ist für die Frage des Eingriffs nach dem eindeutigen Wortlaut des § 16 Abs. 1 irrelevant. Erfasst sind jegliche Vervielfältigungstechniken, seien sie analoger oder digitaler Natur (BGH GRUR 1999, 325, 327 – *elektronische Pressearchive*; BGH GRUR 2002, 246, 247 – *Scanner*; Dreier/Schulze/*Schulze*[5] Rn. 7). Die Vervielfältigung muss überdies nicht maschinell erfolgen, auch manuelle Vorgänge wie etwa das Abschreiben eines Werkes werden von § 16 erfasst. Keine Rolle spielt ferner, ob die Vervielfältigung auf Distanz oder direkt vor Ort erfolgt. Auch über elektronische Datennetze oder Telefonverbindungen (Telefax) hergestellte Kopien sind Vervielfältigungen (BGH GRUR 1999, 928, 930 – *Telefaxgeräte*; weitere Beispiele vgl. Rn. 26 ff.). Gleiches gilt für **Datenübertragungen** über Infrarot- oder Bluetoothschnittstellen an Mobiltelefonen oder anderen mobilen Endgeräten, etwa Smartphones, PDAs, usw.

19a   Streitig ist oftmals weniger, *ob* eine Vervielfältigung vorliegt, sondern *wem* diese zugerechnet werden kann. Denn nur der **Hersteller** der Vervielfältigung kommt vordergründig als Täter und Anspruchsgegner einer Urheberrechtsverletzung in Betracht, während Mitwirkende ggf. nur als (Mit-)Störer haften (BGH GRUR 2009, 845 Tz. 18 – *Internet-Videorecorder*; zu Einzelheiten der Passivlegitimation vgl. § 97 Rn. 144 ff.). Bedeutung erlangt die Herstellereigenschaft auch bei den unterschiedlichen Schrankenregelungen des § 53 Abs. 1

S. 1 und S. 2: Privatkopien werden nur eingeschränkt privilegiert, wenn sie durch andere hergestellt werden. Oftmals mag es nahe liegen, durch eine wertende Betrachtungen die Herstellereigenschaft zu ermitteln (s. z. B. LG Braunschweig ZUM-RD 2006, 396, 398). Der BGH befürwortet indes eine **technische Betrachtungsweise**: Hersteller einer Vervielfältigung sei allein derjenige, der die körperliche Festlegung technisch bewerkstellige. Ohne Bedeutung sei dabei, wenn sich der Hersteller technischer Hilfsmittel bediene, die von Dritten – ggf. entgeltlich – zur Verfügung gestellt werden (BGH ZUM 2009, 765 Tz. 15 ff. – *Save.TV* unter Berufung auf BGHZ 134, 250, 261 – *CB-Infobank I*; BGHZ 14, 13, 21 – *Kopienversanddienst*; Dreier/Schulze/*Schulze*[5] § 53 Rn. 14). Entsprechend ist bei einem öffentlich zugänglichen **CD-Kopierautomaten**, mit dem mitgebrachte CDs ohne Hilfestellung des Aufstellers auf ebenfalls mitgebrachte Rohlinge kopiert werden, nicht der Automatenaufsteller, sondern der Kunde als Hersteller der Vervielfältigungsstücke anzusehen (s. OLG München GRUR-RR 2003, 365, 366). Gleiches gilt für virtuelle **Online-Videorecorder**, die dem Nutzer die Aufzeichnung von Fernsehsendungen ermöglichen. Nur der Nutzer ist Hersteller der Vervielfältigung, sofern er die Aufzeichnung vollständig automatisch auslöst (OLG Dresden MMR 610, 611 – *save.tv* im Anschluss an BGH ZUM 2009, 765 – *Save.tv*). Zu **Hyperlinks** vgl. Rn. 30.

4. Anzahl

Die **Anzahl der Vervielfältigungsstücke** spielt keine Rolle; auch wer nur eine einzige Bandaufnahme mitschneidet oder nur eine Bildkopie herstellt, vervielfältigt (BGHZ 18, 44, 46 – *Fotokopie*; ganz allg. M.: Wandtke/Bullinger/*Heerma*[4] Rn. 5; Dreier/Schulze/*Schulze*[5] Rn. 8; Schricker/Loewenheim/*Loewenheim*[4] Rn. 11; *Schack*, Urheber- und UrhebervertragsR[7] Rn. 417). Die Anzahl der Vervielfältigungen mag ein Indiz dafür sein, dass es sich nur um eine Kopie zum privaten Gebrauch (§ 53) handelt. Nicht unter das Vervielfältigungsrecht fällt dagegen die bloße Nutzung oder auch Ausstellung eines vorbestehenden Werkstücks. § 16 erfordert die Entstehung eines neuen Werkstücks (Schricker/Loewenheim/*Loewenheim*[4] § 16 Rn. 11). **20**

5. Übertragung auf Bild- und Tonträger (Abs. 2)

Mit der Klarstellung in Abs. 2 hat der Reformgesetzgeber 1965 das Vervielfältigungsrecht für die fortschreitende technische Entwicklung geöffnet. Ursprüngliche Intention war dabei, die zuvor schon von der Rechtsprechung vertretene Auffassung zu kodifizieren, nach der die **Herstellung von Schallplatten** sowie **Tonband- oder Filmaufnahmen** eines Werkes nicht dem Bearbeitungsrecht, sondern dem Vervielfältigungsrecht zuzuordnen sind (RegE UrhG 1962 – BT-Drs. IV/270, S. 47; zuvor bereits BGH GRUR 1955, 492, 494 – *Grundig-Reporter*). **21**

Der Begriff des Bild- und Tonträgers geht über die bekannten klassischen (analogen) Kopiermedien (Ton- und Viedeobänder, Bildplatten, Microfiche) weit hinaus und erfasst insbesondere sämtliche Formen **digitaler Datenträger**. Vervielfältigung ist die Übertragung auf **Festplatte** (LG München ZUM-RD 2003, 607) ebenso wie auf **Diskette, CD-R, DVD, DVD-R, Flash-Speicher, USB-Sticks, Server, Chips** oder sonstige Trägermaterialien. Das ist unstreitig (so schon BGH GRUR 1991, 449, 453 – *Betriebssystem*; Dreier/Schulze/*Schulze*[5] Rn. 17; Schricker/Loewenheim/*Loewenheim*[4] Rn. 17). Erfasst ist nicht allein die Erstspeicherung, sondern auch die digitale Werkkopie, worunter beispielsweise auch die Übertragung von **Handy-Klingeltönen** (OLG Hamburg GRUR 2006, 323 – *Handy-Klingeltöne II*; *Poll* MMR 2004, 67; zur Schutzfähigkeit vgl. § 2 Rn. 131) von einem Endgerät zum nächsten, vor allem aber die zahlreichen denkbaren Verwertungshandlungen im Internet (vgl. Rn. 26 ff.) fallen. **22**

III. Grenzen des Vervielfältigungsrechts

1. Erschöpfung

23 Eine unmittelbare **Erschöpfung** des Vervielfältigungsrechts kennt das UrhG nicht, auch eine analoge Anwendung von § 17 Abs. 2 scheidet aus (BGH GRUR 2001, 51, 53 – *Parfumflakon*). Allerdings kann der Verkäufer eines urheberrechtlich geschützten Gegenstands nicht daran gehindert werden, diesen zu Verkaufszwecken werblich darzustellen (z. B. durch ein Foto), auch wenn damit eine Vervielfältigung nach § 16 Abs. 1 verbunden ist (BGH GRUR 2001, 51, 53 – *Parfumflakon*). Die gilt ungeachtet möglicher urheberrechtlicher Schrankenregelungen (z. B. der Katalogbildfreiheit, § 58) oder ggf. stillschweigend erteilter Nutzungsrechtseinräumungen. Der BGH begründet dies zutreffend damit, dass der mit § 17 Abs. 2 verfolgte Zweck der **Verkehrsfähigkeit** der Ware (vgl. § 17 Rn. 25) auch für werbliche Maßnahmen gelten müsse. Könnte der Hersteller mit Hilfe des Urheberrechts eine übliche werbende Ankündigung des Produkts unterbinden, wäre ihm ein Instrument zur Kontrolle des Weitervertriebs an die Hand gegeben, über das er im Interesse der Verkehrsfähigkeit der mit seiner Zustimmung in Verkehr gebrachten Waren gerade nicht verfügen soll (so ausdrücklich BGH GRUR 2001, 51, 53 – *Parfumflakon*). Wer bspw. eine Wagenfeld-Tischlampe besitzt (zum Urheberschutz BGH GRUR 2007, 871, 874 – *Wagenfeld-Leuchte*; OLG Hamburg GRUR 1999, 714 – *Bauhaus-Leuchte*) und sie verkaufen möchte, darf diese fotografieren und entsprechende Abbildungen zum Zwecke des Verkaufs verbreiten. Dies schließt eine Online-Nutzung der Fotografie (z. B. Angebot auf Auktionsplattform) mit ein. Voraussetzung ist jeweils, dass die Abbildung **zu Verkaufszwecken** erfolgt (dazu auch LG Berlin ZUM-RD 2007, 421, 422 für § 58) und der Nutzer zur Weiterverbreitung des abgebildeten Produkts berechtigt ist. Nicht gerechtfertigt ist es dagegen, Fotografien anderer, etwa des Herstellers des Werks der angewandten Kunst, zu verwenden.

2. Schranken

24 Die Reichweite des Vervielfältigungsrechts wird durch zahlreiche Schrankenregelungen im 6. Abschnitt im 1. Teil begrenzt. Erwähnung findet das Vervielfältigungsrecht in §§ 44a-51, 53, 55–60 und damit in nahezu allen Schrankenbestimmungen. Von erheblicher wirtschaftlicher Bedeutung und rechtspolitischer Sprengkraft ist die **Privatvervielfältigung** nach § 53, die trotz massiver gegenläufiger Forderungen auch nach der Novelle des 2. Korbs vom 26.10.2007 (BGBl. I S. 2513) auf **digitale Vervielfältigungen** anwendbar bleibt (vgl. § 53 Rn. 17). Allerdings hat die Schranke durch die Novellierungen eine bedeutsame Einschränkung dahingehend erfahren, dass Vervielfältigungen aus offensichtlich rechtswidrig hergestellten (§ 16) oder öffentlich zugänglich gemachten (§ 19a) Vorlagen nicht von § 53 gedeckt sind. Werden z. B. Spielfilme, Software oder Musiktitel in **Filesharing-Systemen** oder über **Shareoster** öffentlich zugänglich gemacht, dürfte für den Download die Privilegierung regelmäßig entfallen (Einzelheiten vgl. § 53 Rn. 19 ff.).

25 Bereits mit dem UrhG Infoges wurde § 44a eingefügt, der auf Art. 5 Abs. 1 Info-RL zurückgeht. Die Schranke erlaubt vorübergehende Vervielfältigungshandlungen, die lediglich flüchtig oder begleitend sind, einen integralen und wesentlichen Teil eines technischen Verfahrens darstellen, keine eigenständige wirtschaftliche Bedeutung haben und im Wesentlichen der Netzübertragung dienen (im Einzelnen s. § 44a). Legitimiert werden in erster Linie Zwischenspeicherung im Arbeitsspeicher, insb. das **Browsing** (Wandtke/Bullinger/*Heerma*[4] Rn. 20; s. aber KG GRUR-RR 2004, 228, Ls. 7 – *Ausschnittsdienst*), **Caching** und **Routing**, letzteres soweit es überhaupt von § 16 erfasst wird (s. a. ErwG 33 Info-RL). Nicht anwendbar ist § 44a auf **Computerprogramme**, da insoweit § 69d eigenständige Regelungen vorsieht.

IV. Weitere Einzelfälle bei Online-Nutzungen

§ 16 ist einschlägig bei der Speicherung von Werken auf **digitalen Datenträgern**   **26**
aller Art (vgl Rn. 22). Auch die Speicherung auf **Online-Servern**, der sog. **Upload**, fällt hierunter, selbst wenn dadurch zugleich ein Eingriff in § 19a verwirklicht wird. Als bloß inzidente Vorbereitungshandlung zur öffentlichen Zugänglichmachung ist die durch den Upload erfolgende Vervielfältigung indes
keine selbstständige, als solche lizenzierbare Nutzungsart (OLG München
ZUM 2010, 709 – *myvideo* mit Anm. *Melichar*; *Schaefer* ZUM 2010, 150).
Ebenso ist die Hinterlegung von Audio-Dateien auf Hostservern für das sog.
Podcasting (vgl. § 19a Rn. 21) Vervielfältigung. Schließlich ist die **Digitalisierung** eines analogen Werkexemplars, z. B. das Scannen, selbst Vervielfältigung
und nicht etwa Bearbeitung im Sinne des § 23 (BGH GRUR 2002, 246, 247 –
Scanner; KG GRUR 2002, 252, 253 – *Mantellieferung*; Schricker/Loewenheim/
Loewenheim[4] Rn. 18 m. w. N.). Gleiches gilt für den **Ausdruck** eines digital
übermittelten Werkes, also die Rückübertragung in ein analoges Format (BGH
GRUR 2008, 245 Tz. 16 – *Drucker und Plotter*; Schricker/Loewenheim/*Loewenheim*[4] Rn. 19 m. w. N.). Zu kurzfristigen **Zwischenspeicherungen**, etwa im
Arbeitsspeicher oder Cache eines Computers vgl. Rn. 13 f.

Eine (vorbereitende) Vervielfältigung ist die Herstellung kleinformatiger Vor-   **27**
schaubilder (**Thumbnails**) durch Internet-Suchmaschinen (BGH GRUR 2010,
628 Tz. 17 – *Vorschaubilder*; Bearbeitung annehmend Vorinstanz OLG Jena
ZUM 2008, 522, 523, zweifelhaft). Sind die Vorschaubilder z. B. in Trefferlis-
ten zum Abruf verfügbar, macht der Suchmaschinenbetreiber die abgebildeten
Werke überdies öffentlich zugänglich, § 19a. Dieser Eingriff kann jedoch durch
eine konkludente, schlichte **Einwilligung** des Rechtsinhabers gedeckt sein, sofern er bzw. der Betreiber der betroffenen Internetseite diese für den Zugriff auf
Suchmaschinen zugänglich macht und von Schutzmaßnahmen absieht (BGH
GRUR 2010, 628 Tz. 36 – *Vorschaubilder*; BGH ZUM 2012, 478, Ls. 1 –
Vorschaubilder II m.w.N; zu Einzelheiten vgl. § 19a Rn. 22). Dies gilt entspre-
chend für die – die Online-Wiedergabe nur vorbereitende – vorangegangene
Vervielfältigung auf dem Server der Suchmaschine.

Vervielfältigungen durch den Empfänger sind **Downloads**, ganz gleich von wel-   **28**
chen Servern oder über welche Systeme sie erfolgen. Das gilt auch für das bloße
Browsing (= Abruf) von Internetseiten, bei dem wenigstens im Arbeitsspeicher
des Nutzers eine temporäre Kopie entsteht (vgl. Rn. 13 f.). In **Peer-to-Peer-Netzen** findet eine Vervielfältigung zunächst als Vorfeldhandlung auf Anbieterseite
statt, wenn das fragliche Werk auf der Festplatte im Freigabeordner gespeichert
und die Kopie dann öffentlich zugänglich gemacht wird (dazu auch vgl. § 19a
Rn. 18). Erst Recht ist der Download eine Vervielfältigung durch den Empfänger, weil das angebotene Werk, wie beim gängigen Download von einem Web-
server, auf die eigene Festplatte kopiert wird (*Brinkel* S. 98 ff.; *Dustmann*
S. 209; *Jan Bernd Nordemann/Dustmann* CR 2004, 380, 381; *Spindler* JZ
2002, 60, 61). Demnach stellt auch das Herunterladen von Client-Software für
Online-Spiele auf ein Speichermedium bzw. das Hochladen auf den Arbeitsspeicher weiterer Computer eine unzulässige Vervielfältigung dar (OLG Dresden MMR 2015, 402, 403). Bei der Nutzung von **Streaming-Angeboten**, z. B.
YouTube oder illegalen Filmportalen, entstehen Zwischenspeicherungen der
abgerufenen Inhalte im Empfangsgerät. Sie sind jedenfalls dann Vervielfältigungen i. S. v. § 16, wenn das gestreamte Werk vollständig im Arbeitsspeicher
kopiert wird (progressiver Download) oder die jeweils im Puffer gespeicherten
Segmente bis zum Überschreiben durch neue Daten Werkteilqualität aufweisen
(instruktiv *Stieper* MMR 2012, 12, 13 vor dem Hintergrund der *FAPL*-Ent-
scheidung des EuGH ZUM 2011, 811; eher ablehnend *Koch* GRUR 2010,
574, 575). Nur bei sehr kurzen Segmenten, die keine schutzfähigen Werkteile

sind (vgl. Rn. 18), käme es darauf an, ob auch deren *sukzessiver* Download bei wertender Betrachtung als Vervielfältigung des ganzen Werkes oder Werkteiles anzusehen ist (dafür *Busch* GRUR 2011, 4496, 499; ablehnend *Stieper* MMR 2012, 12, 14 m. w. N.; die Frage kann bei Leistungsschutzrechten wohl dahinstehen; ausführlich vgl. § 44a Rn. 23 ff.). In der Aufzeichnung von Fernsehsendungen durch **Online-Videorekorder** in individuelle Serverplätze liegt eine Vervielfältigung, für die allein der Nutzer als Hersteller (vgl. Rn. 19a) anzusehen ist, sofern er die Aufzeichnung vollständig automatisch auslöst (OLG Dresden MMR 610, 611 – *Save.tv* im Anschluss an BGH ZUM 2009, 765 – *Save.tv*; ausführlich *Kianfar*, DSRI-Tagungsband 2011, 211 ff. und *Neurater* GRUR 2011, 691, 694). Demgegenüber nimmt der Betreiber des Dienstes eine (Weiter-)Sendung des Sendesignals nach § 20 vor, jedoch keine öffentliche Zugänglichmachung nach § 19a (BGH ZUM 2009, 765 Tz. 24, 31 – *Save.tv*; BGH GRUR 2009, 845 Tz. 25, 33 – *Internet-Videorecorder*; Einzelheiten auch bei § 19a Rn. 25 und § 20 Rn. 13 f.).

29 Wird ein Inhalt per **E-Mail** verschickt, begründet dies eine Vervielfältigung (OLG München MMR 2007, 525, 527 – *subito*; KG GRUR-RR 2004, 228 – *Ausschnittsdienst*; OLG Köln GRUR 2000, 414, 416 – GRUR/GRUR Int.), die dem **Versender zuzurechnen ist**, da der Empfänger den Empfang und Herstellvorgang letztlich nicht kontrollieren kann (zum Begriff des Herstellers Rn. 19a). Dies gilt unabhängig davon, ob der Empfänger die E-Mail nur via Webmailer abruft oder sich eines Mail-Clients bedient, da auch in letzterem Fall dem Empfänger keine Herrschaft über die Versendung zukommt (ebenso Wandtke/Bullinger/*Heerma*[4] Rn. 23; KG GRUR-RR 2004, 228 – *Ausschnittsdienst*; a. A. noch KG ZUM 2002, 828, 831 – *Versendung von Pressespiegeln per Email*).

30 **Keine Vervielfältigung** und auch keine Verbreitung ist das Setzen eines **Hyperlinks** auf einen Inhalt (dazu auch vgl. § 19a Rn. 23). Dies gilt auch für sog. **Deep-Links** (a. A. wohl Dreier/Schulze/*Schulze*[5] Rn. 14), also die Verweisung auf eine untere Ebene einer Webseitenstruktur (BGH GRUR 2003, 958, Ls. 2 – *Paperboy*; LG Erfurt ZUM 2007, 566, 567; *Reinemann/Remmertz* ZUM 2012, 216, 221 f. m.w.N). Der Hyperlink verweist zwar auf einen anderen Inhalt, muss jedoch erst durch den Nutzer aktiviert werden, damit es zu einer Vervielfältigung des adressierten Inhalts im Arbeitsspeicher des Empfängers kommt. Mit dem Setzen eines Hyperlink wird zwar die Wahrscheinlichkeit von zukünftigen Abrufen des verlinkten Inhalts (= Vervielfältigungen) erhöht, dieser aber noch nicht vervielfältigt. Für die Frage, wer Hersteller einer Vervielfältigung ist (vgl. Rn. 19a), kommt es allein auf eine technische Betrachtung an (BGH GRUR 2009, 845 Tz. 16 – *Internet-Videorecorder*; BGH ZUM 2009, 765 Tz. 15 – *Save.TV*; nachfolgend OLG Dresden MMR 2011, 610 – *save.tv* alle zu Online-Videorekordern). Die Haftung des Linksetzers für rechtswidrige Inhalte ist daher im Zusammenhang mit § 16 allein unter dem Gesichtspunkt der **Störerverantwortlichkeit** zu bewerten (so auch GRUR 2003, 958, 961 – *Paperboy*; Einzelheiten § 97 Rn. 165 f.). Etwas anderes mag für **Inline-Links, Framing** und **Embedded Content** gelten, durch die externe Inhalte unmittelbar in die eigene Webseite eingebunden werden, was bei Grafiken und Fotos häufig der Fall ist. Werden die eingebundenen externen Inhalte automatisch und ohne Zutun des Nutzers abgerufen, ist die dadurch auf Seiten des Nutzers bewirkte Vervielfältigung bereits durch den Betreiber der Webseite veranlasst worden. Dieser übt antizipiert die Herrschaft über die Vervielfältigung aus und greift – ähnlich wie bei der Versendung von E-Mails (Rn. 29) – selbst in das Recht nach § 16 ein (ähnlich OLG Hamburg GRUR 2001, 831, 832 – *Roche Lexikon Medizin*; LG Hamburg MMR 2000, 761, 763 – *Zulässigkeit des Frame-Linking*; Dreier/Schulze/*Schulze*[5] Rn. 14; a. A. LG München MMR 2003, 197 – *Framing III*). Dies gilt dann nicht, wenn die Einbindung in der Weise erfolgt, dass für den Abruf noch ein Link durch den Nutzer aktiviert werden muss (Beispiel: eingebundenes YouTube Video). Zur str. Frage der öffentlichen Zugänglichmachung durch Embedded Content vgl. § 19a Rn. 20; zur Umgehung von technischen **Schutz-maßnahmen zur Verhinderung von Deep Links** vgl. § 19a Rn. 23 ff.

Einen Grenzfall bildet das sog. **Routing**, also die Übertragung der Daten im   **31** Internet. Wird ein Inhalt im Internet übertragen, wird er durch das Übertragungsprotokoll in eine Vielzahl kleinerer Pakete gesplittet, welche unabhängig voneinander über verschiedene Server zum Empfänger geleitet und erst dort wieder zusammengesetzt werden. Die Einordnung des Routings in § 16 wird überwiegend abgelehnt, allerdings mit unterschiedlichen Begründungsansätzen. Soweit auf die temporäre Natur oder ein fehlendes Beteiligungsbedürfnis des Rechtsinhabers abgestellt wird, kann dies mit der Neuformulierung in Abs. 1 sowie der Einführung der Schranke nach § 44a nicht mehr überzeugen. Jedoch ist angesichts der geringen Größe der einzelnen Datenpakte regelmäßig die **Schutzfähigkeit** dieser Werkteile fraglich (so auch Schricker/Loewenheim/*Loewenheim*[4] Rn. 23; Hoeren/Sieber/Holznagel/*Ernst* Teil 7.1. Rn. 61 m.w.N) und es fehlt daneben an der Möglichkeit der **Wahrnehmbarmachung.**

V. Praxis der Rechtewahrnehmung

Das Vervielfältigungsrecht steht selbstständig neben den anderen Verwertungs-   **32** rechten. Bei der **Rechtseinräumung** wird das entsprechende Nutzungsrecht gleichwohl vielfach im Rahmen eines Gesamtpaketes eingeräumt. So ist das Vervielfältigungsrecht essentieller Bestandteil des **Verlagsrechts** (s. § 1 VerlG). Aus dem Vertragszweck kann sich ergeben, dass mit der Einräumung des Vervielfältigungsrechts auch das Verbreitungsrecht eingeräumt wird (BeckOK UrhR/*Kroitzsch*/*Götting*[16] Rn. 21), umgekehrt gilt diese Vermutung indes regelmäßig gerade nicht. Wer das Recht zur **Online-Nutzung** nach § 19a hat, erwirbt inzident das Recht zur vorbereitenden Vervielfältigung, weil ohne Upload des Werkes auf den Server (= Vervielfältigung) ein Bereithalten zum Abruf nicht möglich ist. Als untergeordnete Vorbereitungshandlung ist der Upload deshalb keine selbständige, als solche lizenzierbare Nutzungsart (OLG München ZUM 2010, 709, 711, mit krit. Anm. Melichar). Praktisch bedeutsam ist die – mitunter im Widerspruch zu § 16 Abs. 2 UrhG stehende – Auslegungsregel des § 37 **Abs. 2**, wonach im Zweifel mit der Einräumung des Vervielfältigungsrechts nicht die Einräumung zur Übertragung auf Bild- oder Tonträger verbunden ist. Werden die **„fernsehmäßigen Rechte"** eingeräumt, sind davon regelmäßig nicht die körperlichen Verwertungsrechte umfasst, sodass eine Vervielfältigung etwa zur **Videoauswertung** nicht von der Rechtseinräumung gedeckt ist. (OLG Düsseldorf GRUR-RR 2002, 121, 122 – *Das weite Land*). Aus der Übernahme eines Einzelauftrags zur **Erstellung eines Vorentwurfs** für ein Bauwerk durch einen Architekten kann regelmäßig noch nicht auf die Einräumung urheberrechtlicher Nutzungsbefugnisse, insb. des **Nachbaurechts**, geschlossen werden (BGH GRUR 1984, 656 – *Vorentwurf*). Wer zur körperlichen Verbreitung von Werken im Rahmen des § 17 UrhG berechtigt ist, darf auch Vervielfältigungen im Rahmen der üblichen Bewerbung dieser Produkte, also insb. **Produktabbildungen in Werbeprospekten** vornehmen (BGH GRUR 2001, 51 – *Parfumflakon*; vgl. Rn. 23). Vgl. § 31 Rn. 5 ff. zu Einzelheiten der Rechtseinräumung.

Das Vervielfältigungsrecht wird angesichts seiner wirtschaftlichen Bedeutung   **33** im Regelfall individuell durch den Urheber selbst wahrgenommen. Für einzelne Werkarten gibt es jedoch gewichtige Ausnahmen. So haben die **Musikurheber** das ihnen zustehende mechanische Aufnahme- und Vervielfältigungsrecht der GEMA zur Wahrnehmung übertragen (§ 1 lit. h BerechtigungsV GEMA). Für die CD-Produktion einer Konzertaufnahme muss der Tonträgerhersteller damit die Aufnahme- und Vervielfältigungsrechte des Komponisten bei der GEMA, die der ausübenden Künstler (§ 77 Abs. 2) dagegen bei diesen selbst einholen. Grundlage bildet insoweit ein von der Deutsche Landesgruppe der IFPI mit der GEMA ausgehandelter Gesamtvertrag. Auch die in der VG BildKunst vertretenen **bildenden Künstler** und **Fotografen** haben dieser das Vervielfältigungsrecht zur Wahrnehmung übertragen (§ 1 lit. l) bis o) WahrnehmungsV VG BildKunst für die Berufsgruppen I und II). Die Verwertungsgesellschaften sind auch zuständig, soweit der Urheber aufgrund der Schrankenregelungen nach §§ 44a ff. Vervielfältigungen zwar hinnehmen muss, diese ihm dafür aber einen Vergütungsanspruch gewähren (z.B. §§ 45a Abs. 2; 46 Abs. 4, 47 Abs. 2 S. 2, 49 Abs. 1 S. 2, 53a Abs. 2; 54 Abs. 1, 54a).

§ 17   Verbreitungsrecht

(1) Das Verbreitungsrecht ist das Recht, das Original oder Vervielfältigungsstücke des Werkes der Öffentlichkeit anzubieten oder in Verkehr zu bringen.

(2) Sind das Original oder Vervielfältigungsstücke des Werkes mit Zustimmung des zur Verbreitung Berechtigten im Gebiet der Europäischen Union oder eines Vertragsstaates des Abkommens über den Europäischen Wirtschaftsraum im Wege der Veräußerung in Verkehr gebracht worden, so ist ihre Weiterverbreitung mit Ausnahme der Vermietung zulässig.

(3) [1]Vermietung im Sinne der Vorschriften dieses Gesetzes ist die zeitlich begrenzte, unmittelbar oder mittelbar Erwerbszwecken dienende Gebrauchsüberlassung. [2]Als Vermietung gilt jedoch nicht die Überlassung von Originalen oder Vervielfältigungsstücken
1. von Bauwerken und Werken der angewandten Kunst oder
2. im Rahmen eines Arbeits- oder Dienstverhältnisses zu dem ausschließlichen Zweck, bei der Erfüllung von Verpflichtungen aus dem Arbeits- oder Dienstverhältnis benutzt zu werden.

Übersicht   Rn.

I.　Allgemeines

1.　Wesen und Bedeutung, Übersicht

Während das Vervielfältigungsrecht dem Urheber die Entscheidung vorbehält, **1**
ob, wie und in welcher Anzahl sein Werk vervielfältigt werden darf, vermag er
kraft seines Verbreitungsrechts darüber bestimmen, ob und in welcher Weise
die hergestellten Werkstücke der Öffentlichkeit zugänglich gemacht werden
dürfen. Das Verbreitungsrecht ist dabei ein **selbständiges Verwertungsrecht**:
Wer zur Vervielfältigung eines Werkes berechtigt ist, darf die hergestellten
Werkstücke noch nicht in den Verkehr bringen, soweit sich aus Sinn und
Zweck der getroffenen Vereinbarung nicht etwas anderes ergibt (eine solche
Regelung enthält etwa § 1 VerlG). Erst recht kann der Urheber über § 17 die
Verbreitung **rechtswidrig hergestellter** Werkexemplare unterbinden (vgl. § 96
Rn. 4 ff.), er kann sie aber ggf. auch genehmigen. Die Weitergabe von Werkstü-
cken innerhalb der persönlichen Sphäre des Besitzers kann der Urheber dage-
gen nicht verhindern (BGH GRUR 2007, 691, 692 Tz. 27 – *Staatsgeschenk*).
§ 17 erfasst nur Handlungen, die sich an die **Öffentlichkeit** richten.

Über das Verbreitungsrecht kann der Urheber den Vertrieb der Werkstücke **2**
steuern. Er kann bspw. die Verbreitung auf ein bestimmtes Gebiet beschränken,
sie zeitlich befristen oder sie an sachliche Vorgaben knüpfen (z. B. Vertrieb
nur in Fachgeschäften). Diese **Steuerungsfunktion** wird in zweierlei Hinsicht
begrenzt: Zum einen beschränkt sich das Recht nach § 17 auf die **Erstverbreitung**. Hat der zur Verbreitung Berechtigte Werkstücke innerhalb von EU oder
EWR im Wege der Veräußerung in den Verkehr gebracht, so ist deren Weiterverbreitung zulässig, **Abs. 2**. Das Verbreitungsrecht ist durch die Erstverbreitung **erschöpft** (Einzelheiten vgl. Rn. 24 ff.). Weitere Nutzungshandlungen, mit
Ausnahme der Vermietung, kann der Urheber nicht mehr beeinflussen. Zum
anderen sind dem Urheber bei der inhaltlichen Ausgestaltung des Verbreitungsrechts Grenzen gesetzt (vgl. Rn. 20 ff.). Diese ergeben sich vordergründig aus
Bedürfnissen des Wirtschaftsverkehrs und der zwingenden Durchsetzung des
Erschöpfungsgrundsatzes. So darf der zur Verbreitung Berechtigte den Erwerber eines Werkstücks nicht einmal im Wege schuldrechtlicher Vereinbarungen
an der Weiterveräußerung hindern. Unzulässig ist bspw. eine Vereinbarung,
Software nur als Zubehör mit einem neuen PC vertreiben zu dürfen (BGH
GRUR 2001, 153, 154 – *OEM-Version*).

Abs. 3 regelt das in Umsetzung der Vermiet- und Verleih-RL 92/100/EWG **3**
durch das 3. ÄndG v. 23.6.1995 (BGBl. I S. 842) geschaffene **Vermietrecht**. Es
bleibt von der Erschöpfung nach Abs. 2 ausgenommen. Auch nach der Veräußerung körperlicher Werkstücke bleibt dem Urheber das (alleinige) Recht vorbehalten, diese zu vermieten (Einzelheiten vgl. Rn. 36 ff.).

2.　Internationale Konventionen und EU-Harmonisierung

In der **RBÜ** und dem **WUA** wird das Verbreitungsrecht nicht als eigenständiges **4**
Verwertungsrecht erwähnt; es wird mittelbar durch das Vervielfältigungsrecht
erfasst (Art. 8 RBÜ). Dagegen enthalten Art. 6 WCT für Urheber und Art. 8
WPPT für ausübende Künstler eine ausdrückliche Regelung des Verbreitungsrechts. Beide Vorschriften weisen jeweils in Abs. 2 auf die Möglichkeit der
Erschöpfung des Rechts hin. Ausgestaltung und Reichweite der Erschöpfung
bleiben ausdrücklich dem Recht der Vertragsstaaten überlassen.

Im **Europäischen Gemeinschaftsrecht** findet sich eine allgemeingültige Rege- **5**
lung für das Verbreitungsrecht sowie dessen Erschöpfung in Art. 4 Info-RL
(zur gebotenen gemeinschaftsrechtskonformen Auslegung der Verwertungsrechte vgl. § 15 Rn. 15). Die Regelung dient der Umsetzung von Art. 6 WCT
und Art. 8 WPPT, welche bei der Auslegung zu berücksichtigen sind (EuGH

ZUM 2008, 508, 510 Tz. 31 – *Peek & Cloppenburg/Cassina*). Ihr Wortlaut („[…] *dass den Urhebern in Bezug auf das Original ihrer Werke oder auf Vervielfältigungsstücke davon das ausschließliche Recht zusteht, die Verbreitung an die Öffentlichkeit in beliebiger Form durch Verkauf oder auf sonstige Weise zu erlauben oder zu verbieten*") entspricht inhaltlich § 17, weshalb der deutsche Gesetzgeber anlässlich der Umsetzung der Info-RL durch das UrhG Infoges v. 10.9.2003 zu Recht keinen Umsetzungsbedarf sah (Schricker/Loewenheim/*Loewenheim*[4] Rn. 2). Anders als das deutsche Recht erfasst der Wortlaut des Unionsrechts aber nicht das (bloße) **Angebot** von Werkexemplaren, weshalb sich der BGH zu einer Vorlage an den EuGH veranlasst sah (BGH GRUR 2013, 1137 – *Marcel Breuer*; EuGH GRUR 2015, 665 – *Dimensione / Knoll*). Durch die Info-RL wird das **Verbreitungsrecht vollständig harmonisiert**, weshalb die Mitgliedstaaten das dadurch begründete Schutzniveau weder unter- noch überschreiten dürfen (s. BGH GRUR 2017, 793, Tz. 20 – *Mart-Stam-Stuhl*, m. w. N.). Über die Reichweite des Verbreitungsrechts hat der EuGH in den Vorlageverfahren C-456/06 (EuGH ZUM 2008, 518 – *Peek & Cloppenburg/Cassina*), C-5/11 (EuGH GRUR 2012, 817 – *Donner*) und C-516/13 (EuGH GRUR 2015, 665 – *Dimensione/Knoll*) entschieden. Die Urteile führten teilweise zu einer Änderung der deutsche Auslegungspraxis (Einzelheiten vgl. Rn. 14, 16). Art. 4 Abs. 2 Info-RL kodifiziert den Grundsatz der **gemeinschaftsweiten Erschöpfung** (zur Reichweite EuGH GRUR 2015, 256 – *Allposters/Pictoright*; EuGH GRUR Int. 2007, 237 – *Laserdisken*). Für den Bereich der Vermietung und des Verleihs von Werkstücken hatte bereits die Vermiet- und Verleih-RL 92/100/EG v. 27.11.1992 umfassende Regelungen getroffen. Art. 4c Software-RL 91/260/EWG enthält eine speziell für **Computerprogramme** geltende Regelung des Verbreitungsrechts, welche in § 69c Nr. 3 umgesetzt wurde. Vgl. § 69c Rn. 32 zur Erschöpfung des Verbreitungsrechts an Kopien eines Computerprogramms und der diesbezüglichen Entscheidungspraxis des EuGH und BGH.

3. Verwandte Schutzrechte

6 Das Verbreitungsrecht wird allen Inhabern verwandter Schutzrechte nach §§ 70 ff. gewährt (z. B. ausübende Künstler: § 77 Abs. 2, Tonträgerhersteller: § 85 Abs. 1 S. 1, Sendeunternehmen: § 87 Abs. 1 Nr. 2, Datenbankhersteller: § 87b Abs. 1, Filmhersteller: § 94 Abs. 1 S. 1). Eine gesonderte Regelung, einschließlich zur Erschöpfung, findet es in § 69c Nr. 3 für **Computerprogramme**.

II. Verbreitungsrecht (Abs. 1)

7 Begriff und Reichweite des Verbreitungsrechts sind unter Berücksichtigung der gemeinschaftsrechtlichen Regelung des Verbreitungsrechts in Art. 4 Info-RL zu bestimmen (vgl. Rn. 5). Da diese wiederum auf Art. 6 WCT beruht (vgl. Rn. 5), sind auch die konventionsrechtlichen Vorgaben zu beachten (EuGH ZUM 2008, 508, 510 Tz. 31 – *Peek & Cloppenburg/Cassina*).

1. Körperliche Werkstücke

8 Gegenstand einer Verbreitung können nur körperliche Werkstücke sein, wie nicht nur die Einordnung von § 17 in § 15 Abs. 1 („in körperlicher Form"), sondern auch der Text des § 17 Abs. 1 selbst ergibt („Original oder Vervielfältigungsstücke"). Das Angebot oder das Inverkehrbringen müssen sich auf ein – ggf. noch herzustellendes – **körperliches Werkexemplar** beziehen (RegE UrhG 1962 – BT-Drs. IV/270, S. 47; BGH GRUR 1995, 673, 676 – *Mauer-Bilder*; BGH GRUR 1986, 742 – *Videofilmvorführung*; GRUR 1972, 141 – *Konzertveranstalter*; GRUR 1954, 216 – *Lautsprecher-Übertragung*; allg. Ansicht auch im Schrifttum). Andernfalls ist das Verbreitungsrecht nicht einschlägig; die – unkörperliche – Vorführung eines Films (§ 19 Abs. 4) greift solange nicht in das Verbreitungsrecht ein, wie der Filmträger den Zuschauern nicht selbst zum Erwerb angeboten wird (zur Abgrenzung von Verbreitungsrecht und Vorführungsrecht BGH GRUR 1986, 742, 743 – *Videofilmvorführung*).

Körperliche Werkstücke sind auch bloße **Datenträger** wie CDs, DVDs, Disketten, Festplatten, usw. (vgl. § 16 Rn. 10 ff.). Dass sie Vorprodukte sind, die dem Endnutzer nicht unmittelbar, sondern nur mittelbar den Werkgenuss ermöglichen, haben sie mit den Ton- und Bildtonträgern des § 16 Abs. 2 gemeinsam. Dagegen fällt die **Online-Datenübertragung** selbst dann nicht unter § 17, wenn sie dazu bestimmt ist, beim Empfänger auf der Festplatte des Computers oder anderen Trägermedien ein Vervielfältigungsexemplar zu erstellen, wie z.B. beim Download von Filmen, Musik oder Software. Derartige Abrufangebote fallen unter § 19a UrhG, wobei strittig ist, ob die heruntergeladenen Werkstücke ggf. der Erschöpfung unterliegen können (Einzelheiten vgl. § 19a Rn. 28 ff.). Entspr. fällt das unkörperliche Versenden von Aufsätzen durch eine Bibliothek per **Fax** oder **E-Mail** – im Gegensatz zum Postversand – nicht unter das Verbreitungsrecht (OLG München MMR 2007, 525, 528 – *Subito*; dazu auch vgl. § 19a Rn. 26). Sie sind Vervielfältigung. **9**

Strittig ist, ob und unter welchen Voraussetzungen sich das Verbreitungsrecht an dem online übermittelten Werkexemplar analog § 17 Abs. 2 erschöpfen kann, insbesondere wenn der Download den Offline-Erwerb eines körperlichen Werkexemplars substituieren soll. Zu Einzelheiten vgl. § 19a Rn. 28 ff. **10**

2. Verbreitungshandlung

Als Verbreitungshandlung nennt Abs. 1 sowohl das **Inverkehrbringen von Werkstücken** als auch deren **Angebot an die Öffentlichkeit**. Letztere Alternative erfasst bereits eine Vorstufe des Inverkehrbringens (BGH GRUR 2013, 1137, Tz. 19; – *Marcel Breuer*). BGH GRUR 2007, 871, 873 Tz. 29 – *Wagenfeld-Leuchte*; KG GRUR 1991, 174 – *Videoraubkassetten*). Auch inländische **Werbemaßnahmen**, die (nur) zum Erwerb von Werkstücken im Ausland auffordern, sind Verbreitung (EuGH GRUR 2015, 665 – *Dimensione/Knoll*; BGH GRUR 2016, 490 – *Marcel-Breuer-Möbel II*; BGH GRUR 2016, 487, Tz. 32 – *Wagenfeld-Leuchte II*). Beide Verbreitungshandlungen – Inverkehrbringen bzw. Angebot an die Öffentlichkeit – stehen selbständig nebeneinander (BGH GRUR 2007, 871, 873 Tz. 29 – *Wagenfeld-Leuchte*; BGH GRUR 1991, 316, 317 – *Einzelangebot*; Schricker/Loewenheim/Loewenheim[4] Rn. 7). Nicht erforderlich ist, dass das Verbreiten **gewerbsmäßig** erfolgt; die gebotene Ausklammerung privater Überlassungen aus dem Verbreitungsbegriff erfolgt vielmehr über das Merkmal der Öffentlichkeit. **11**

a) Öffentlichkeit: Jede Verbreitung setzt die Beteiligung einer **Öffentlichkeit** voraus. Reine private Weitergaben unterfallen dem Verbreitungsrecht nicht (BGH GRUR 2007, 691, 692 Tz. 27 – *Staatsgeschenk*). Der Begriff der Öffentlichkeit ist § 15 Abs. 3 zu entnehmen, allerdings mit den sich aus der Natur des körperlichen Verbreitungsrechts ergebenden Abweichungen, also nur in entsprechender Anwendung (BGH GRUR 1991, 316, 317 – *Einzelangebot*): Einerseits genügt eine Mehrzahl von Personen, die nicht i. S. v. § 15 Abs. 3 persönlich untereinander verbunden sind. Andererseits kann es für § 17 Abs. 1 nicht auf die gleichzeitige Anwesenheit jener Mehrzahl von Personen ankommen, für die der Vortrag oder die Aufführung nach § 19 oder die Sendung nach § 20 bestimmt sein sollen (vgl. § 15 Rn. 35); ein Inverkehrbringen ist auch im Wege der Einzelverbreitung der Werkstücke möglich (BGH GRUR 1991, 316, 317 – *Einzelangebot*; OLG Köln GRUR 1992, 312, 313 – *Amiga-Club*). Für § 17 Abs. 1 genügt deshalb **das Heraustreten des Anbietenden aus der internen Sphäre in die Öffentlichkeit** (BGH GRUR 1991, 316, 317 – *Einzelangebot*; ähnlich BGH GRUR 2007, 691, 692 Tz. 27 – *Staatsgeschenk*). **12**

13 Wer dagegen im privaten Kreis, also unter Freunden, Verwandten oder den engsten Arbeitskollegen, ein Werk ausleiht, verschenkt, tauscht oder sogar verkauft oder sich dazu erbietet, bleibt unterhalb der Verbotsschwelle des § 17 Abs. 1, kann dies also tun, ohne ein entsprechendes Nutzungsrecht vom Urheber erwerben zu müssen (meist liegt ohnehin bereits Erschöpfung nach Abs. 2 vor). Keine Verbreitungshandlung sind mangels Öffentlichkeit auch rein **konzerninterne Warenbewegungen** und die Weitergabe zum Vertrieb an ein konzernangehöriges Unternehmen (BGH GRUR 2007, 691, 692 Tz. 27 – *Staatsgeschenk;* GRUR Int. 1986, 724 – *Gebührendifferenz IV*). Gleiches gilt selbst für die interne Abgabe an einen einzelnen **Angestellten** (KG GRUR 1983, 174, 175 – *Videokassetten*).

14 **b) Angebot an die Öffentlichkeit:** Während die deutsche Regelung des Verbreitungsrechts ausdrücklich das Angebot von Werkexemplaren erwähnt, fehlt im Wortlaut von Art. 4 Info-RL (*„durch Verkauf oder auf sonstige Weise"*) eine entsprechende Regelung. Auf die Vorlagefrage des BGH (GRUR 2013, 1137 – *Marcel Breuer)* hat der EuGH klargestellt, dass im Interesse eines hohen Schutzniveaus das Verbreitungsrecht bereits **Angebote zum Erwerb** oder gezielte Werbung umfasst, auch wenn nicht erwiesen ist, dass es dadurch zu einem Verkauf kommt, sofern die **Werbung zum Erwerb anregt** (EuGH GRUR 2015, 665, Rn. 35 – *Dimensione/Knoll;* anschließend BGH GRUR 2016, 490 – *Marcel-Breuer-Möbel II*). Die **bisherige deutsche Rechtspraxis** ist damit weitgehend bestätigt: Angebote an die Öffentlichkeit (Abs. 1 Alt. 1) liegen nicht nur vor, wenn ein Werkstück auf Ausstellungen (s. OLG Düsseldorf GRUR 1983, 760, 761 – *Standeinrichtung oder Ausstellung*), in Ladengeschäften, Leihbüchereien, Katalogen aller Art (OLG Frankfurt GRUR-RR 2006, 43, 45 – *Panther mit Smaragdauge*) Prospekten, Inseraten oder in sonstiger Form jedermann zum Erwerb angeboten wird, sondern schon dann, wenn ein privater Sammler von Computerspielen auf die Tauschanzeige eines ihm unbekannten Dritten diesem ein Tauschangebot macht; dass es sich um einen einmaligen Vorgang und einen einzelnen Angebotsempfänger handelt, ändert nichts daran, dass damit in das Verbreitungsrecht der Urheber der Spiele eingegriffen wird (BGH GRUR 1991, 316, 317 – *Einzelangebot*). Auch eine **Bibliothek**, die Fachkreisen die Herstellung und Lieferung der von diesen zu privaten wissenschaftlichen Zwecken benötigten Kopien aus Büchern und Zeitschriften anbietet, tritt damit aus der internen Sphäre in die Öffentlichkeit und verbreitet (OLG München MMR 2007, 525, 528 – *Subito;* s. § 53a zum Kopienversand auf Bestellung). Erfolgen Verkauf und Eigentumsübertragung der Werkstücke im **Ausland**, wird aber dessen Erwerb im Inland beworben, wird diesbezüglich das Verbreitungsrecht verletzt (BGH GRUR 2016, 490, Tz. 33 f. – *Marcel-Breuer-Möbel II*). Der Spediteur, der die rechtsverletzende Produkte, etwa italienische Designermöbel, in das Inland verbringt, haftet als Gehilfe oder Mittäter (BGH GRUR 2016, 487, Rn. 38 ff. – *Wagenfeld-Leuchte II*).

15 Öffentlich angeboten werden kann schon, was **erst noch hergestellt** werden soll (BGH GRUR 1991, 316, 317 – *Einzelangebot;* BGH GRUR 1999, 797, 711 – *Kopienversand*). Da § 17 Abs. 1 nur ein Angebot, nicht auch dessen Annahme voraussetzt, genügt zur Verwirklichung des Verbreitungstatbestandes auch **ein erfolgloses Angebot**, wenn und sofern es nur **gezielt zum Erwerb** beworben wurde (BGH GRUR 2016, 490, Tz. 34 – *Marcel-Breuer-Möbel II)* BGH GRUR 1991, 316, 317 – *Einzelangebot;* OLG Frankfurt GRUR-RR 2006, 43, 45 – *Panther mit Smaragdauge*). Ein allgemein gehaltenes Angebot nicht näher bestimmter Werke kann dagegen § 17 nicht tangieren, weil jede Rechtsverletzung schon begrifflich die Verletzung eines *bestimmten* Rechts voraussetzt (KG GRUR 1983, 174, 175 – *Videoraubkassetten*). Besonderheiten gelten jedoch für die Präsentation von Produkten auf **Messen und Ausstellungen:** Daraus folgt nicht ohne weiteres, dass der Aussteller das Produkt gezielt bewirbt, um die Messebesucher zu dessen (späteren) Erwerb im Inland anzuregen. Erfolgt ein Hinweis, dass das Produkt nicht bestellt werden kann, liegt keine Verbreitungshandlung, auch nicht unter dem Gesichtspunkt der **Erstbegehungsgefahr** vor (BGH GRUR 2017, 793, Ls. – *Mart-Stam-Stuhl*; zum UWG bereits BGH GRUR 2015, 603, Rn. 19 – *Keksstangen*; allgemein zur Erstbegehungsgefahr bei Urheberrechtsverletzungen vgl. § 97 Rn. 39 f.).

Eigentumsübertragung: Die Verbreitungshandlung muss **inhaltlich** auf die **Übertragung des Eigentums** des angebotenen Werkstücks gerichtet sein. Diese – von früherer deutscher Rechtspraxis abweichende – Vorgabe leitet sich aus der Entscheidung des EuGH in dem Vorlageverfahren C-456/06 ab (EuGH ZUM 2008, 508 Tz. 36 – *Peek & Cloppenburg/Cassina* zur Vorlage BGH GRUR 2007, 50, 51 – *Le Corbusier-Möbel*). Wer der Öffentlichkeit lediglich den Gebrauch eines Werkstückes ermöglichen, es jedoch nicht veräußern will, begeht keine Verbreitungshandlung i. S. v. Art. 4 Info-RL. Danach liegt in dem bloßen **Ausstellen** von (plagiierten) Polstermöbeln ohne Verkaufsabsicht in der Ruhezone eines Bekleidungsgeschäfts sowie eines Schaufensters keine Verbreitungshandlung (EuGH ZUM 2008, 508, 510 f. – *Peek & Cloppenburg/Cassina*; überholt damit die frühere Praxis OLG Köln GRUR-RR 2007, 1, 3 und KG GRUR 1996, 968, 969, ebenfalls für die Ausstellung von Le Corbusier-Möbeln in der Lounge einer Kunsthalle bzw. Zimmern eines Hotels). **Keine Verbreitung** ist danach die **bloße Besitz- und Gebrauchsüberlassung.** Der BGH ist dieser Vorgabe gefolgt und hat seine frühere Rechtsprechung aufgegeben (BGH GRUR 2009, 840 Tz. 19 ff. – *Le-Corbusier-Möbel II*; BGH ZUM-RD 2009, 531 Tz. 16 – *Zigarren-Lounge*; dazu überwiegend kritisch *v.* Welser GRUR Int. 2008, 596; *Goldmann/Möller* GRUR 2009, 551; *Stieper* ZGE 2011, 227, 234; Berger ZUM 2012, 353, 355). Diese Rechtsprechung ist im Hinblick auf das Ausstellungsrecht nach § 18 konsequent (die Ausstellung *veröffentlichter* Werke soll von den §§ 15 ff. ausgenommen sein), bedingt jedoch, dass **Verleih und Vermietung von Plagiaten** nicht mehr durch Verbreitungsrecht erfasst werden und das in Abs. 3 geregelte Vermietrecht keinen Unterfall der Verbreitung darstellt. Dadurch entstehen gerade für den Bereich der angewandten Kunst **Schutzlücken** (vgl. Rn. 41), weshalb Teile der Literatur die Fälle der Gebrauchs- und Besitzüberlassung weiterhin einem unbenannten Verwertungsrecht nach § 15 Abs. 1 unterwerfen möchten (*v.* Welser GRUR Int. 2008, 596, 597 f.; *Berger* GRUR 2012, 353, 356; ähnlich *Goldmann/Möller* GRUR 2009, 551, 557; Dreier/Schulze/*Schulze*[5] Rn. 4a). Dagegen spricht, dass Art. 4 Abs. 1 Info-RL keinen Mindestschutz vorsieht, sondern den Verbreitungsbegriff vollständig harmonisiert (vgl. Rn. 5; zustimmend Schricker/Loewenheim/*Loewenheim*[4] Rn. 8; ablehnend die Gegenansicht).

Das Angebot an die Öffentlichkeit muss sich an die **inländischen Verkehrskreise** richten. Wo die Veräußerung stattfindet, ist unerheblich. Eine Verbreitungshandlung liegt deshalb auch vor, wenn bspw. Möbel auf einer deutschsprachigen Internetseite und in deutschen Printmedien beworben werden, die Veräußerung der angebotenen Werke aber – im Wege einer Umgehung – im Ausland erfolgen soll, wo das Werkstück ggf. urheberrechtlich nicht geschützt ist (BGH GRUR 2016, 490 – *Marcel-Breuer-Möbel II*; BGH GRUR 2007, 871, 873 – *Wagenfeld-Leuchte*; ebenso *Schricker* EWiR 2005, 187, 188; *Gottschalk* IPRax 2006, 135, 137). Der Rechtsinhaber braucht es nicht hinzunehmen, dass durch derartige Angebote ein die Verwertung seines Rechts in Deutschland beeinträchtigender Geschäftsverkehr gefördert wird, weil sich das Angebot letztlich auf die Bedarfsbefriedigung in Deutschland richtet (so bereits BGH GRUR 2007, 871, 873 Tz. 31 – *Wagenfeld-Leuchte*). Bei einem grenzüberschreitenden Verkauf von Möbeln liegt ein Verbreiten in Deutschland auch vor, wenn der Eigentumsübergang und der Wechsel der Verfügungsgewalt nicht in Deutschland erfolgen (EuGH GRUR 2012, 817 Tz. 36 – *Donner* und nachfolgend BGH GRUR 2013, 62 Tz. 47 f. – *Italienische Bauhausmöbel*; Besprechung bei *Stieper* ZGE 2011, 227, 237 ff.).

18 c) Inverkehrbringen: Ein Werk wird in den Verkehr gebracht, indem es an die Öffentlichkeit veräußert, verkauft oder verschenkt, also auch verteilt, versandt oder sonst weggegeben, vermietet oder verliehen wird. Die Überlassung eines einzelnen Exemplars genügt (BGH GRUR 1991, 316, 317 – *Einzelangebot*; BGH GRUR 1985, 129 – *Elektrodenfabrik*). Ob hinter solchem Tun altruistische oder Erwerbszwecke stehen, ist ohne Bedeutung; auch wer aus ideellen Gründen nach Feierabend ein Flugblatt verteilt, in dem ein fremdes Werk enthalten ist, greift in die Rechtssphäre von dessen Urheber ein. Mit dem **Versand,** also der Entlassung des Werkstücks aus der internen Sphäre, wird das Inverkehrbringen ebenso bewirkt (OLG Hamburg GRUR 1972, 375, 376 – *Polydor II*).

19 Ein „Inverkehrbringen" liegt in gemeinschaftsrechtskonformer Auslegung nur vor, wenn dadurch die **Eigentumsverhältnisse** am Werkstück wechseln, wie dies typischerweise bei Veräußerungsgeschäften oder Schenkungen der Fall ist. Das bloße Zurschaustellen oder die Nutzungsmöglichkeit, z. B. das Aufstellen von Polstermöbeln in den Ruhezonen eines Ladengeschäfts oder in Hotelzimmern, genügen nicht (ausführlich vgl. Rn. 16). Ebenso wenig liegt in dem Zurschaustellen und der nur symbolischen Übergabe eines Werkstückes anlässlich eines Festaktes eine Verbreitungshandlung i. S. v. § 17 Abs. 1 (BGH GRUR 2007, 691, 692 Tz. 29 – *Staatsgeschenk* zur symbolischen Übergabe von Segmenten der Berliner Mauer). Verbreitung im Sinne von § 17 Abs. 1 sind nicht mehr **Vermietung** und **Verleih** des Werkstücks, weil der Erwerber nur vorübergehend die Verfügungsgewalt erlangt und kein Eigentum daran erwirbt (a. A. noch unsere 10. Aufl. unter Würdigung EuGH ZUM 2008, 508, 510 – *Peek & Cloppenburg/Cassina*; die nachfolgenden Entscheidungen des BGH lassen keinen Spielraum mehr zu; zur Kritik auch die Nachweise vgl. Rn. 14; zur früheren Rechtspraxis s. etwa BGH GRUR 1972, 141 – *Konzertveranstalter*; GRUR 1986, 736 – *Schallplattenvermietung*). Die Vermietung stellt damit keinen Unterfall des Inverkehrbringens (mehr) dar (vgl. Rn. 36).

3. Beschränkte Einräumung des Verbreitungsrechts

20 Das Verbreitungsrecht kann, wie die anderen Verwertungsrechte auch, in zeitlicher, räumlicher oder gegenständlicher Hinsicht **beschränkt** eingeräumt werden (allg. zur Einräumung von Nutzungsrechten vgl. § 31 Rn. 5 ff.). Es handelt sich um **dinglich wirksame** Beschränkungen, die auch gegenüber Dritten wirksam sind. Gleichwohl kann das Verbreitungsrecht nicht beliebig aufgespalten bzw. beschränkt werden: z. B. Verbreitungsrecht nur für Berlin-Charlottenburg, Belieferung nur an Buchhandlungen mit mind. 100m² Verkaufsfläche), sondern nur in der Weise, dass es **nach der Verkehrsauffassung klar abgrenzbar ist** und **wirtschaftlich und technisch eine einheitliche und selbständige Nutzungsart** ist (BGH GRUR 2005, 937, 939 – *Der Zauberberg*; BGH GRUR 2003, 416, 418 – *CPU-Klausel*; BGH GRUR 2001, 153, 154 – *OEM-Version*; BGH GRUR 1992, 310, 311 – *Taschenbuch-Lizenz*; zu Einzelheiten und weiteren Nachweisen vgl. § 31 Rn. 46 ff.). Beschränkungen, die über die Erstverbreitung hinausgehen, sind generell unzulässig. Im Einzelnen gilt:

21 **Zeitliche Beschränkungen** des Verbreitungsrechts sind – auch mit dinglicher Wirkung – beliebig möglich. Sie bedeuten, dass nach Ablauf des Nutzungsvertrages keine Vervielfältigungsstücke mehr angeboten und in den Verkehr gebracht werden dürfen. Die vereinbarte Zeitspanne kann sehr kurz (z. B. Verbreitung nur während der Fußball-WM) oder sehr lang (z. B. für die gesetzliche Dauer des Urheberrechts) sein. Nach Ablauf des Nutzungsvertrages fällt das Verbreitungsrecht an den Urheber bzw. Berechtigten zurück. Hat der Verleger oder Nutzungsrechtsinhaber bis dahin nicht alle Exemplare verkaufen können, bleibt ihm nichts anderes übrig, als sie zu vernichten oder dem Berechtigten zum Kauf anzudienen, sofern sich nach den Grundsätzen von Treu und Glauben nicht etwas anderes ergibt (zum Wiederaufleben des Verbreitungsrechts bei Remission OLG Karlsruhe GRUR 1979, 771, 773 – *Remission*). Eine zeitliche Begrenzung kann sich auch durch vereinbarte Auflagen- oder Stückzahlen ergeben (Dreier/Schulze/*Schulze*[5] Rn. 21). Wurde die vereinbarte Anzahl an Werkstücken verkauft, so endet das Recht zur Verbreitung automatisch (s. § 29 Abs. 1 VerlG).

Räumliche Beschränkungen sind mit dinglicher Wirkung nur zulässig, wenn sie nicht zur Aufspaltung eines Staats- und Rechtsgebiets führen (dazu allg. vgl. § 31 Rn. 46 ff.). Das Verbreitungsrecht kann daher für Deutschland oder – wie im Verlagswesen häufig – für den deutschsprachigen Raum, nicht jedoch für einzelne Bundesländer, Städte oder Gemeinden eingeräumt werden. Werden solche Beschränkungen bei der Einräumung des Verbreitungsrechts vereinbart, so haben sie **nur schuldrechtliche Wirkung**, nicht jedoch dingliche Wirkung (BGH GRUR 2005, 48, 49 – *man spricht deutsh*; BGH GRUR 2003, 699, 702 – *Eterna*; Schricker/Loewenheim/*Loewenheim*[4] Rn. 21; Dreier/Schulze/*Schulze*[5] Rn. 20; vgl. § 31 Rn. 47 f.). Dagegen sind dinglich wirksame Aufteilungen des Verbreitungsrechts zwischen einzelnen Staaten, insb. innerhalb von EU und EWR, zulässig (a. A. für EU/EWR Dreier/Schulze/*Schulze*[5] Rn. 20). Dabei ist jedoch der Grundsatz der **gemeinschaftsweiten Erschöpfung** nach Abs. 2 zu beachten (vgl. Rn. 24): Ein in den Niederlanden mit Zustimmung des Urhebers verkauftes Werkstück (= Erstverbreitung) darf nach Deutschland eingeführt und dort zum Verkauf angeboten werden (anders, wenn das Werkstück in den USA erworben wurde, da keine Erschöpfung). Dies hat zur Konsequenz, dass das Verbreitungsrecht innerhalb von EU/EWR nur noch eingeschränkt seine vertriebssteuernden Funktionen erfüllen kann. Parallelimporte und Reimporte sind ohne weiteres möglich.   **22**

Problematisch sind insbesondere **inhaltliche Beschränkungen** des Verbreitungsrechts. Sie begrenzen die Nutzungsrechtseinräumung auf bestimmte wirtschaftliche Formen der Verwertung. Das Spektrum denkbarer Vereinbarungen ist groß: Sie reichen von Vertriebsbindungen (Vertrieb nur an Supermärkte, Videotheken, Fachgeschäfte, usw.), Vorgaben an die Erscheinungsweise des Werks (z. B. Sammel- oder Einzelausgabe, Compilation, usw.) bis zu Warenkoppelungen (z. B. Vertrieb nur mit PC). Als **zulässig** wird u. a. Folgendes angesehen: die Aufspaltung des Verbreitungsrechts in Einzelausgabe, Gesamtausgabe und Ausgabe in einem Sammelwerk (dies ergibt sich bereits aus § 4 VerlG), die getrennte Vergabe der Verbreitungsrechte für den Vertrieb über Buchgemeinschaften und über den Sortimentsbuchhandel (BGH GRUR 1959, 200, 201 – *Heiligenhof*; BGH GRUR 1968, 152, 153 – *Angélique*), die Beschränkung auf Taschenbuchausgaben (BGH GRUR 1992, 310, 311 – *Taschenbuch-Lizenz*) oder vertriebsgebundene Sonderausgaben (z. B. Beilage zu einer Zeitschrift) gegenüber Hardcoverausgaben (BGH GRUR 1990, 669, 671 – *Bibelreproduktion*). **Unzulässig** ist es dagegen, das Verbreitungsrecht an Computerprogrammen dahin einzuschränken, dass der Einsatz nur auf einem bestimmten Rechner (BGH GRUR 2003, 416, 418 – *CPU-Klausel*) oder die Abgabe nur an den Fachhandel gestattet werden (BGH GRUR 2001, 153, 154 – *OEM-Version*). Unzulässig sind ferner jegliche Preisbindungen (*Schack*, Urheber- und UrhebervertragsR[6] Rn. 609, z. B. Verbreitungsrecht nur für Verkauf ab € 25,-) sowie Bindungen, die den Weitervertrieb der Ware und damit den Erschöpfungsgrundsatz nach Abs. 2 unterlaufen sollen (z. B. Verkaufsverbote; s. a. BGH GRUR 1986, 736, 737 – *Schallplattenvermietung* zu Verboten der Vermietung).   **23**

III. Erschöpfung (Abs. 2)

1. Bedeutung und Anwendungsbereich

24 Nach dem vielzitierten Grundgedanken des Urheberrechts ist der Urheber tunlichst an *jeder* Nutzung seines Werkes wirtschaftlich zu beteiligen (BGH GRUR 1995, 673, 675 – *Mauer-Bilder* m. w. N.). Das UrhG sichert diesen Anspruch durch ein – überwiegend als Verbotsrecht ausgestaltetes – absolutes Verwertungsrecht (Einzelheiten vgl. § 15 Rn. 1 ff.), welches nicht nur jede *Art* der Nutzung, sondern auch ihren *Umfang* und damit auch *jede Wiederholung* derselben Nutzung von seinem Willen abhängig macht: Nicht nur die erste Vervielfältigung, sondern auch nachfolgende Reproduktionen sind Teil seines Rechts. Der Zustimmung des Urhebers bedarf nicht nur die Erstsendung eines Fernsehfilms, sondern auch die Kabelweiterleitung des empfangenes Sendesignals (§ 20b). An sich gilt dieser Grundsatz auch für das Verbreitungsrecht. Demgemäß machten weder § 11 Abs. 1 LUG noch § 15 Abs. 1 KUG eine dem heutigen § 17 Abs. 2 entsprechende Einschränkung. Aber schon damals beschränkte sich das Verbreitungsrecht auf die **Erstverbreitung**. Mit ihr waren alle weiteren Verbreitungsakte abgegolten. Die urspr. aus dem Patentrecht hergeleitete Erschöpfungslehre setzte sich auch in der Rspr. des Reichsgerichts durch (RGZ 63, 394, 398 – *Koenigs Kursbuch*); der Bundesgerichtshof nahm sie als feststehend auf (BGHZ 5, 116, 120 – *Parkstraße 13*). Er begründete die Erschöpfung damit, dass der Rechtsinhaber durch eigene Benutzungshandlungen das ihm eingeräumte Verbreitungsrecht ausgenutzt und damit **verbraucht** habe, sodass die nachfolgenden Verbreitungsakte nicht mehr von Schutzrecht erfasst seien (BGH GRUR 1988, 373, 374 – *Schallplattenimport III*; BGH GRUR 1988, 201, 206 – *Kabelfernsehen II*; BGH GRUR 1982, 100, 101 – *Schallplattenexport*). Durch die Erschöpfung entfällt auch die Möglichkeit, die Art und Weise des Weitervertriebs einzuschränken (OLG Frankfurt aM. CR 2009, 423, 424).

25 Die Erschöpfung dient vor allem grundlegenden **Interessen des Warenverkehrs**. Könnte der Rechtsinhaber, wenn er das Werkstück verkauft oder seine Zustimmung zur Veräußerung gegeben hat, noch dessen Weiterverbreitung verhindern oder beeinflussen, wäre dadurch der Warenverkehr in unerträglicher Weise behindert (so ausdrücklich BGH GRUR 2001, 51, 54 – *Parfumflakon*; BGH GRUR 1995, 673, 676 – *Mauer-Bilder* unter Berufung auf RGZ 63, 394, 397 – *Koenigs Kursbuch*; umfassend zur rechtstheoretischen Begründung der Erschöpfungslehre Berger AcP 201 [2001] 411, 418 ff.; *Loewenheim* GRUR Int. 1996, 307; *Joos* S. 32). Entsprechend hat insbesondere die Rspr. des EuGH zur Warenverkehrsfreiheit nach Art. 28, 30 EGV die urheberrechtliche Erschöpfungslehre beeinflusst. Der EuGH bewertet in st. Rspr. jede Ausübung von geistigen Eigentumsrechten, die darauf abzielt, die Einfuhr eines Erzeugnisses zu behindern, welches mit Zustimmung des Schutzrechtsinhabers bereits in einem Mitgliedstaat rechtmäßig in den Verkehr gebracht wurde, als unzulässige, den freien Warenverkehr beschränkende Maßnahme (EuGH GRUR Int. 1989, 668, 669 – *Warner Brothers/Christiansen*; EuGH GRUR Int. 1982, 372, 376 – *Polydor/Harlequin*; EuGH GRUR Int. 1981, 229 – *Gebührendifferenz II*; EuGH GRUR Int. 1971, 450 – *Deutsche Grammophon/Metro*). Der von dem EuGH entwickelte Grundsatz der **gemeinschaftsweiten Erschöpfung** wurde schließlich durch Art. 9 Abs. 2 Vermiet- und Verleih-RL sowie Art. 4 Abs. 2 Info-RL gemeinschaftsrechtlich kodifiziert und ist in Deutschland durch § 17 Abs. 2 geschriebenes Recht geworden.

26 Besteht damit an der sachlichen Rechtfertigung der Erschöpfung kein Zweifel, bleibt sie dennoch eine **Ausnahme**. Einen **allgemeinen Erschöpfungsgrundsatz**, der über das Verbreitungsrecht hinaus auf andere Verwertungsrechte Anwendung findet, gibt es nicht (ganz h. M.: BGH GRUR 2001, 51, 53 – *Parfumflakon*; Schricker/Loewenheim/*Loewenheim*[4] Rn. 45, *Schack*, Urheber- und UrhebervertragsR[7] Rn. 430; Dreier/Schulze/*Schulze*[5] Rn. 30). Insbesondere können sich die Rechte der öffentlichen Wiedergabe, etwa das Senderecht (§ 20) und das der öffentlichen Zugänglichmachung (§ 19a), nicht erschöpfen. Was im Internet zum Abruf angeboten oder im Radio gesendet wird, kann also nicht auf CD kopiert und auf diese Weise weiterverbreitet werden. Eine Ausnahme wird für den Fall diskutiert, wenn die **Online-Übermittlung** eines Werkes den Erwerb eines körperlichen Werkexemplars **substituieren** soll, wie z. B. beim entgeltpflichtigen Download von Musik, Filmen oder Software (ablehnend u. a. OLG Stuttgart GRUR-RR 2012, 243; OLG Frankfurt CR 2009, 423, 424; LG Bielefeld GRUR-RR 2013, 281 – *Hörbuch*; LG Berlin GRUR-RR 2009, 329 – *Musikdownloadportal*; Einzelheiten vgl. § 19a Rn. 28 ff.). Den Erschöpfungsgrundsatz hat die Rspr. ferner für die Abbildung (= Vervielfältigung) eines urheberrechtlich geschützten Gegenstandes angewendet, damit dieser nicht nur verkauft, sondern auch adäquat beworben werden kann (BGH GRUR 2001, 51, 53 – *Parfumflakon;* ähnlich LG München I ZUM 2009, 681, 685; Einzelheiten vgl. § 16 Rn. 23).

Zur Erschöpfung des Verbreitungsrechts bei **Computerprogrammen** vgl. § 69c   **26a**
Rn. 31 ff.

2. Voraussetzungen der Erschöpfung

Die Erschöpfung tritt nur ein, wenn das Original oder Vervielfältigungsstücke   **27**
des Werkes (vgl. Rn. 28) mit Zustimmung des zur Verbreitung Berechtigten (vgl. Rn. 33) innerhalb der EU oder des EWR (vgl. Rn. 31) im Wege der Veräußerung in den Verkehr gebracht werden (vgl. Rn. 29 f.).

a) Original oder Vervielfältigungsstücke: Gegenstand der Erschöpfung können   **28**
nur **körperliche Werkstücke** sein (vgl. Rn. 26). Dies sind auch Datenträger aller Art (CD, DVD, Festplatten, VHS, Schallplatten, usw.), einschließlich solcher, die fester Bestandteil eines Computers, eines EDV-Systems oder einer sonstigen Anlage sind. Für Computerprogramme ist der Erschöpfungsgrundsatz in § 69c gesondert geregelt. Befinden sich auf einem PC vorinstallierte Software oder sonstige urheberrechtlich geschützte Werke, können der PC oder ggf. isoliert die Festplatte weiterveräußert werden, nicht jedoch eine vom PC-Käufer hergestellte Sicherungskopie des Datenträgers. Die Erschöpfungswirkung beschränkt sich stets auf das **konkret in den Verkehr gebrachte Werkstück**, nicht auf Vervielfältigungen davon (EuGH GRUR 2015, 256, Rn. 46 – *Allposters/Pictoright*; BGH GRUR 1993, 34, 36 – *Bedienungsanweisung;* s. a. BGH GRUR 2005, 940, 942 – *Marktstudien* für den Inhalt einer Datenbank). Auf den Erschöpfungseinwand kann sich nicht berufen, wer das mit Zustimmung des Berechtigten in den Verkehr gebrachte Exemplar nur als (herstellungsinternes) **Trägermedium** nutzt, um daraus eine Reproduktion auf einem anderen Medium herzustellen, selbst wenn dadurch das Trägermedium ersetzt wird (EuGH GRUR 2015, Rn. 41 ff. – *Allposters/Pictoright*). Hat dagegen der PC-Hersteller die Installationssoftware separat auf einem Datenträger ausgeliefert, kann diese weiterveräußert werden. Schuldrechtliche Verpflichtungen, die eine solche Weiterveräußerung verhindern sollen, sind unwirksam (BGH GRUR 2001, 153, 154 – *OEM-Version*; ausführlich vgl. § 69c Rn. 50, 54 ff.).

b) Inverkehrbringen durch Veräußerung: Erschöpfung tritt nur beim Inverkehr-   **29**
bringen der Werkstücke durch **Veräußerung** ein. Erfasst wird damit jede Übereignung und Entäußerung des Eigentums an den Werkstücken durch den Berechtigten (BGH GRUR 2005, 505 – *Atlanta*; BGH GRUR 1995, 673, 677 – *Mauer-Bilder*). Der Begriff der Veräußerung ist jedoch nicht auf Rechtsgeschäfte i. S. v. § 433 BGB beschränkt. Darunter fällt vielmehr jede **endgültige Aufgabe der Verfügungsgewalt** durch den Berechtigten (*Ulmer*, Urheber- und VerlagsR[3] § 47 I 2), also auch aufschiebend bedingte Eigentumsübertragungen

mit Ausnahme der bloßen Sicherungsübereignung (Dreier/Schulze/*Schulze*[5] Rn. 26; Schricker/Loewenheim/*Loewenheim*[4] Rn. 50); bei letzterer will der Rechtsinhaber die Kontrolle über den Verbleib der Werkstücke gerade nicht aufgeben, sondern vielmehr behalten. **Schenkung** oder **Tausch** führen deshalb, wenn öffentlich geschehen, zur Erschöpfung, **Verleih und Vermietung** dagegen nicht (Begr RegE UrhG – IV/270, S. 48; OLG Köln ZUM-RD 2010, 636, 639: keine Erschöpfung bei mietweise überlassener Software). Wird die Veräußerung per Remission rückgängig gemacht, lebt das Verbreitungsrecht wieder auf (OLG Karlsruhe GRUR 1979, 771, 772 – *Remission*; zustimmend *Schricker* VerlagsR[3] § 28b).

30 **Kein Inverkehrbringen** durch Veräußerung liegt bei rein privaten oder konzern-internen Veräußerungen vor, sofern dadurch die Werkstücke noch nicht auf den Markt kommen (BGH GRUR 2007, 691, 692 Tz. 27 – *Staatsgeschenk*; BGH GRUR 1986, 668, 669 – *Gebührendifferenz IV*; BGH GRUR 1982, 100, 101 – *Schallplattenexport*). Veräußert etwa zum Zwecke des Vertriebs ein in England ansässiger Hersteller DVDs an seine deutsche Tochter, so ist mit diesem Geschäft noch keine Erschöpfung eingetreten. Keine Veräußerung ist ferner der gesetzliche Eigentumsübergang nach § 946 ff. BGB, da in diesen Fällen die Gründe für eine Erschöpfung, nämlich das bewusste „Freilassen" durch den Berechtigten, nicht vorliegen. So hat nach dem Fall der **Berliner Mauer** diese zwar einen neuen Eigentümer gefunden, die Künstler, welche die Mauer bemalt hatten, dadurch jedoch nicht ihr Verbreitungsrecht verloren (BGH GRUR 1995, 673, 676 – *Mauer-Bilder*: „von der Freigabe eines verkehrsfähigen Werkexemplars kann kein Rede sein"; dagegen *Schack* JZ 1995, 839; *Omsels* GRUR 1994, 162 ff.). Keinesfalls tritt Erschöpfung durch das bloße Kaufangebot ein; die Veräußerung muss vollzogen sein.

31 c) **Im Gebiet der EU oder des EWR:** Erschöpfung tritt (nur) ein, wenn das Inverkehrbringen des Werkstücks innerhalb des Gebietes der Europäischen Union oder des Europäischen Wirtschaftsraums (dazu gehören neben den EU-Staaten Island, Liechtenstein und Norwegen) erfolgt. Mit dieser Regelung hat der Gesetzgeber dem vom EuGH entwickelten Grundsatz der gemeinschaftsweiten Erschöpfung (vgl. Rn. 22) Rechnung getragen (RegE 3. ÄndG – BT-Drs. 13/115, S. 12). Maßgeblich ist der **Ort des Inverkehrbringens**, auf den Herstellungsort kommt es nicht an (BGH GRUR 1981, 362, 364 – *Schallplattenimport*). Wurden die Werkstücke außerhalb von EU und EWR erstmalig mit Zustimmung des Berechtigten in den Verkehr gebracht, erschöpft sich daran das Verbreitungsrecht nicht (Dreier/Schulze/*Schulze*[5] Rn. 35; Schricker/Loewenheim/*Loewenheim*[4] Rn. 56). Auf diese Weise können die Berechtigten Reimporte aus Drittstaaten wirksam unterbinden. Dies gilt selbst dann, wenn der Drittstaat eine weltweite Erschöpfung anerkennt. Anders als § 17 Abs. 2 bestimmen Art. 9 Abs. 2 Vermiet- und Verleih-RL sowie Art. 4 Abs. 2 Info-RL ausdrücklich, dass Erschöpfung „nur" mit der Erstverbreitung des geschützten Gegenstandes in der Gemeinschaft eintritt.

32 d) **Zustimmung des Berechtigten:** Entscheidendes Merkmal für den Eintritt der Erschöpfung ist, ob das in EU/EWR erfolgte Inverkehrbringen der Werkstücke durch Veräußerung mit der Zustimmung des Berechtigten erfolgte. Fehlt es daran, so ist die (Weiter-)Verbreitung rechtswidrig. Die Zustimmung kann grundsätzlich auf zweierlei Weise erfolgen: Entweder der Urheber veräußerst selbst das betreffende Werkstück oder – in der Praxis der Regelfall – er räumt einem Verwerter (Produzent, Hersteller, Verlag, usw.) das Recht ein, es in EU/EWR zu veräußern oder entsprechende Lizenzen an Dritte einzuräumen (**mehrstufige Rechtseinräumungen**). Entscheidend ist, ob derjenige, der das Werk letztlich in den Verkehr bringt, „zur Verbreitung berechtigt ist", d.h. sich auf eine entsprechende Lizenzkette bis hin zum Urheber berufen kann. Die Zustim-

mung muss für das (Staats)gebiet bestehen, in der das erstmalige Inverkehrbringen erfolgt. Setzt also ein Lizenznehmer, dem das Verbreitungsrecht nur für einen bestimmten EU-Staat eingeräumt wurde, Werkstücke vertragswidrig in einem anderen EU-Staat ab, erschöpft sich an diesen Werkstücken das Verbreitungsrecht nicht (a. A. Schricker/Loewenheim/*Loewenheim*[4] Rn. 55).

Ähnlich verhält es sich mit **Nachbildungen von Werken der angewandten**   **33**
Kunst, die in einem anderen EU-Land keinen Urheberschutz genießen und dort ohne Zustimmung des Urhebers bzw. seiner Rechtsnachfolger in den Verkehr gebracht werden können. Bekannte Fälle aus der Rspr. betreffen *Wagenfeld*-Leuchten und Polstermöbel von *Le Corbusier,* die – nach bestrittener Auffassung – in Italien keinen Schutz genießen sollen. Das rechtmäßige Inverkehrbringen derartiger Nachbildungen in Italien führt nicht dazu, dass in Deutschland, wo ein urheberrechtlicher Schutz zuerkannt wurde (KG GRUR 2006, 53, 54 – *Bauhaus-Glasleuchte II* unter Berufung auf OLG Düsseldorf GRUR 1993, 903 – *Bauhausleuchte*) das Verbreitungsrecht erschöpft ist (BGH GRUR 2007, 871, 873 Tz. 28 ff. – *Wagenfeld-Leuchte*). Es fehlt an der erforderlichen Zustimmung des zur Verbreitung Berechtigten; dagegen sprechen auch nicht Vorgaben des freien Warenverkehrs nach Art. 28 EGV, da die Verschiedenheiten in den nationalen Rechtsordnungen hinnehmbar und der Urheberrechtschutz eine sachliche Rechtfertigung nach Art. 30 EGV bildet (BGH GRUR 2007, 871, 874 Tz. 36 – *Wagenfeld-Leuchte* unter Berufung auf EuGH GRUR Int. 1989, 319 Rn. 12– *EMI Electrola/Patricia Im- und Export*).

Die Zustimmung des Berechtigten muss für das **konkrete Werkstück** vorliegen.   **34**
Überschreitet der Lizenznehmer vereinbarte Produktionsmengen, erschöpft sich das Verbreitungsrecht nicht an den lizenzwidrig hergestellten Exemplaren (ebenso Schricker/Loewenheim/*Loewenheim*[4] Rn. 57). Genauso verhält es sich mit Werkstücken, die der Lizenznehmer erst **nach Ablauf des Lizenzzeitraums** in den Verkehr bringt (Dreier/Schulze/*Dreier*[5] Rn. 38).

e) **Darlegungs- und Beweislast:** Die Darlegungs- und Beweislast für den Eintritt   **35**
der Erschöpfung nach § 17 Abs. 2 trägt derjenige, der sich auf die Erschöpfung beruft (BGH GRUR 2005, 505 – *Atlanta*; BGH GRUR 1985, 924, 926 – *Schallplattenimport II*). Dieser muss für das konkret in Rede stehende Werkstück nachweisen, dass es mit Zustimmung des Berechtigten bereits veräußert und im EU/EWR-Raum in den Verkehr gebracht wurde. Dem Verbreiter müssen dafür Beweiserleichterungen, so z. B. die Vermutungsregel des § 1006 BGB (BGH GRUR 2005, 505, 506 – *Atlanta*) zu Gute kommen, da er die Sphäre des Urhebers bzw. zur Verbreitung Berechtigten nicht kennt. Kann der Verbreiter plausibel darlegen, dass es sich um rechtmäßige Vervielfältigungsstücke (keine Plagiate) handeln muss, die am Markt angeboten wurden, obliegt es dem Berechtigten, das Gegenteil nachzuweisen.

IV. Vermietrecht (Abs. 3)

1. Bedeutung und Anwendungsbereich

Die Erschöpfung des Verbreitungsrechts (vgl. Rn. 24 ff.) hat zur Konsequenz,   **36**
dass der Erwerber eines Werkstücks berechtigt ist, frei darüber zu verfügen, insbesondere es weiterzuverbreiten. Eine solche Weiterverbreitung liegt auch in der Vermietung des Werkstücks (BGH GRUR 1985, 131, 133 – *Zeitschriftenauslage beim Friseur*). Bis zur Umsetzung der Vermiet- und Verleih-RL 92/100/EWG durch das 3. ÄndG v. 23.6.1995 (BGBl. I S. 842) stand es daher jedermann frei, erworbene Werkstücke, etwa Musik-CDs und Videos, zu vermieten. Tonträgerhersteller konnten dies auch nicht dadurch verhindern, indem sie die Schallplatten mit Aufklebern versahen, die eine solche Vermietung ausdrück-

lich untersagten. Derartige Hinweise liefen nach Auffassung des BGH dem Erschöpfungsgrundsatz zuwider und seien urheberrechtlich unbeachtlich (BGH GRUR 1986, 736, 737 – *Schallplattenvermietung*).

37 Nach der gesetzlichen Neuregelung ist das Vermietrecht von der Erschöpfung ausgenommen. Der Rechtsinhaber bleibt auch nach der Veräußerung von CDs, DVDs, Büchern, Noten und anderen Werkträgern befugt, mit Wirkung gegenüber dem Erwerber zu bestimmen, ob eine Vermietung stattfinden darf. Das Vermietrecht ist ein selbständiges, von sonstigen Verbreitungsformen **dinglich abspaltbares Verwertungsrecht**. Seine Einführung verstößt nicht gegen das Recht auf freie Berufsausübung (EuGH GRUR Int. 1998, 596, 597 f. – *Metronome Music/Music Point Hokamp* zu der Vorlage des LG Köln ZUM 1996, 708).

38 Das Vermietrecht findet auf alle in § 2 Abs. 1 genannte Werkarten Anwendung, ist wirtschaftlich aber in erster Linie für Musik, Filme, Bücher und Software von Bedeutung. Für die Vermietung von Computerprogrammen ist die im Umsetzung der Software-RL 91/250/EWG geschaffene Regelung in § 69c Nr. 3 UrhG *lex specialis* (vgl. § 69c Rn. 88). Das Vermietrecht steht ferner den Inhabern der verwandten Schutzrechte nach den §§ 70 ff., insb. den Tonträger- und Filmherstellern (§ 85 Abs. 1, § 94 Abs. 1), nicht jedoch den Sendeunternehmen, zu (§ 87 Abs. 1 Nr. 2). **Zusätzliche Bedeutung** hat das Vermietrecht erlangt, nachdem der EuGH und ihm folgend der BGH Handlungen, die keine Eigentumsübertragung eines Werkstücks bezwecken, nicht als Verbreitungshandlung im Sinne von Abs. 1 einordnen (vgl. Rn. 16).

2. Vermietung

39 Vermietung ist nach der Legaldefinition des § 17 Abs. 3 jede **zeitlich begrenzte, unmittelbar oder mittelbar Erwerbszwecken dienende Gebrauchsüberlassung**. Der Begriff ist weit zu verstehen und nicht auf zivilrechtliche Mietverhältnisse i. S. d. §§ 535 ff. BGB beschränkt, z. B. wenn ein Mietzins nicht geschuldet wird (so audrückl. RegE 3. ÄndG – BT-Drs. 13/115, S. 12; Dreier/Schulze/*Schulze*[5] Rn. 44; Schricker/Loewenheim/*Loewenheim*[4] Rn. 33). Maßgebend ist, ob bei **wirtschaftlicher Betrachtung** Ziel und Wesen einer Vermietung erreicht werden, nämlich ob die Gebrauchsüberlassung dem Benutzer eine uneingeschränkte Werknutzung ermöglicht (und er deshalb als potentieller Käufer von Werkexemplaren ausfällt) und sie den wirtschaftlichen Interessen des Vermieters dient (BGH GRUR 2001, 1036, 1037 – *Kauf auf Probe*; BGH GRUR 1989, 417, 418 – *Kauf mit Rückgaberecht*). Deshalb liegt eine Vermietung auch vor, wenn Videotheken oder CD-Vermietläden in Clubs oder Vereine umorganisiert werden, um dem Vermietrecht zu entgehen (RegE 3. ÄndG – BT-Drs. 13/115, S. 12). Auch als **Kauf auf Probe** getarnte Vermietungen fallen darunter (BGH GRUR 2001, 1036, 1037 – *Kauf auf Probe*; BGH GRUR 1989, 417, 418 – *Kauf mit Rückgaberecht*). Durch die Erfassung **mittelbarer Erwerbszwecke** dienender Gebrauchsüberlassungen kann eine Vermietung auch dann vorliegen, wenn der Vermieter für die Gebrauchsüberlassung kein Entgelt fordert, sich aber einen Imagegewinn und Werbeeffekt verspricht.

40 Überlassen Galerien gegen Entgelt Kunstwerke, etwa an Unternehmen zur repräsentativen Ausschmückung ihrer Räumlichkeiten, ist diese Überlassung eine Vermietung i. S. v. § 17 Abs. 3 (Dreier/Schulze/*Schulze*[5] Rn. 50; *Jacobs* GRUR 1998, 246). Dagegen fällt die Überlassung von Kunstwerken zu Ausstellungszwecken (z. B. der Leihverkehr von Museen) nicht darunter, weil Gegenstand der Ausstellung eine Präsenznutzung ist (§ 18). Die Ausleihtätigkeiten öffentlicher Bibliotheken fallen nicht unter § 17 Abs. 3, weil diese keinerlei gewerblichen Interessen verfolgen. Insoweit gilt allein § 27 Abs. 2.

3. Ausnahmen

Die Vermietung urheberrechtlich geschützter **Gebäude** ist vom Vermietrecht ausgenommen (**Abs. 3 Nr. 1**). Denn bei ihrer Vermietung steht nicht ihre Eigenschaft als Kunstwerk, sondern ihre Eignung zur Wohn- oder sonstigen Nutzung im Vordergrund (RegE 3. ÄndG – BT-Drs. 13/115, S. 12). Derselbe Ausschlussgrund gilt für das kostbare Geschirr auf dem Tisch des Restaurants, das Designsofa im Hotelzimmer und andere Werke der **angewandten Kunst** (Abs. 3 Nr. 1). Dadurch besteht eine **Schutzlücke**, weil nach neuerer Rspr. der Verbreitungsbegriff nur Handlungen erfasst, die auf eine Eigentumsübertragung gerichtet sind (vgl. Rn. 16). Möbel- und Leuchtenplagiate dürfen danach zwar nicht verkauft (da Verbreitung nach Abs. 1), aber – ggf. sogar langfristig – vermietet werden (kritisch zu Recht *Goldmann/Möller* GRUR 2009, 551, 557). Dagegen helfen m. E. nicht einmal der Rückgriff auf das Inominatrecht nach § 15 Abs. 1, weil die Ausnahme nach Abs. 3 Nr. 1 zwingend ist, ggf. aber wettbewerbsrechtliche Ansprüche. Werden dagegen Pläne, Modelle oder Fotografien von Bauwerken oder Werken der angewandten Kunst vermietet, geht es nicht mehr um deren Nutzung als Sachobjekt, sondern um den immateriellen Werkgenuss. In diesen Fällen greift die Ausnahme nicht (RegE 3. ÄndG – BT-Drs. 13/115, S. 12). **41**

Innerhalb eines **Dienst- oder Arbeitsverhältnisses** überlassene Werke (Abs. 3 Nr. 2) sind dann frei, wenn deren Benutzung zur Erfüllung dienstlicher Verpflichtungen der *ausschließlicheZweck* der Gebrauchsüberlassung ist. Dies betrifft in erster Linie die Bestände von Werkbüchereien, in denen Fachliteratur für die betriebliche Nutzung vorhandenen ist (RegE 3. ÄndG – BT-Drs. 13/115, S. 112). Sie sollen als reine Arbeitsbibliotheken aus dem Kreis der vergütungspflichtigen Bibliotheken herausgenommen werden (so schon BGH GRUR 1972, 617, 619 – *Werkbücherei*). **42**

4. Vertragspraxis

Insb. die Filmhersteller üben das Vermietrecht meist in der Weise aus, dass sie speziell gekennzeichnete DVD-Versionen mit Vermietrecht („*for rental*") an die Videotheken verkaufen. Ihr Preis ist höher als der der normalen Verkaufsversion der DVD. Der Käufer einer solchen Version erwirbt das Recht, die DVD zu vermieten, regelmäßig allerdings nur für die Länder, für die die Verbreitung der DVD bestimmt ist. Deutsche Videotheken sind deshalb nicht berechtigt, im Ausland erworbene DVDs mit Vermietrecht (z. B. im Vereinigten Königreich erhältliche Originalfassungen amerikanischer Spielfilme) im Inland zur Vermietung anzubieten. **43**

§ 18   Ausstellungsrecht

Das Ausstellungsrecht ist das Recht, das Original oder Vervielfältigungsstücke eines unveröffentlichten Werkes der bildenden Künste oder eines unveröffentlichten Lichtbildwerkes öffentlich zur Schau zu stellen.

Übersicht

I. Allgemeines

1 Das Ausstellungsrecht wurde erst mit dem Urheberrechtsgesetz von 1965 eingeführt und gilt seitdem unverändert (zur Rechtshistorie *Beyer* S. 41). Es gewährt dem Urheber das Recht, sein **unveröffentlichtes** Werk der bildenden Kunst bzw. Lichtbildwerk durch öffentliche Ausstellung zu verwerten. Systematisch gehört das Ausstellungsrecht neben dem Vervielfältigungs- und Verbreitungsrecht zu den **körperlichen Verwertungsrechten** (§ 15 Abs. 1 Nr. 3), da die Ausstellung die Darbietung eines körperlichen Werkstücks voraussetzt: Original oder Kopie des Werkes müssen körperlich vorhanden sein und dem Publikum zur Betrachtung angeboten werden (Schricker/Loewenheim/*Vogel*[4] Rn. 17; irreführend BGH GRUR 1995, 673, 675 – *Mauer-Bilder*, der die Ausstellung als Wiedergabe i. S. v. § 15 Abs. 2 einordnet).

2 Die **praktische Bedeutung** des Ausstellungsrechts ist gering, da der Urheber bereits aufgrund des Veröffentlichungsrechts (§ 12 Abs. 1) über das *Ob* und *Wie* der Werkveröffentlichung bestimmen kann (vgl. § 12 Rn. 8 ff.). Veröffentlicht der Urheber sein Kunstwerk, erlischt das Ausstellungsrecht (BGH GRUR 1995, 673, 675 – *Mauer-Bilder* spricht von „Erschöpfung"). Es ist damit seiner Rechtsnatur nach weniger ein Verwertungsrecht, sondern nur ein **Verbotsrecht**, welches das persönlichkeitsrechtliche Veröffentlichungsrecht ergänzt (*Schack*, Urheber- und UrhebervertragsR[7] Rn. 441). Das Ausstellungsrecht erfährt überdies durch **§ 44 Abs. 2** eine wichtige Einschränkung: Veräußert der Urheber das Original seines – bislang unveröffentlichten – Werkes, ohne sich gegenüber dem Erwerber das Ausstellungsrecht ausdrücklich vorzubehalten, ist fortan dieser berechtigt, das Werk auszustellen (zu Einzelheiten vgl. § 44 Rn. 1 ff.).

3 In Wirklichkeit begründet § 18 eher den **negativen Ausschluss** eines Verwertungsbereichs, nämlich der Ausstellung veröffentlichter Kunstwerke in Museen und Galerien. Von einer Erstreckung des Ausstellungsrechts auf veröffentlichte Werke hatte der Gesetzgeber seinerzeit wegen der Befürchtung abgesehen, der Kunsthandel könne unbillig behindert werden, wenn für die Ausstellung in Schaufenstern oder Ausstellungsräumen stets die Zustimmung des Urhebers eingeholt werden müsse, zumal mit Ausstellungen keine nennenswerten Einnahmen zu erzielen seien (RegE UrhG 1962 – BT-Drs. IV/270, S. 280). Letzteres Argument vermag angesichts der Einnahmeerfolge zahlreicher Ausstellungen zeitgenössischer Kunst kaum zu überzeugen. Indes mutet es seltsam an, wenn selbst Postkartenhändler für die öffentliche Darbietung ihrer Ware eine Ausstellungsvergütung entrichten müsste. In Betracht kommt deshalb **de lege ferenda** allenfalls die Einführung eines **gesetzlichen Vergütungsanspruchs** gegen die Veranstalter von kommerziellen Ausstellungen ohne Verkaufscharakter. Entsprechenden Forderungen (etwa *Kühl* K&R 2004, 76, 78; *Wilhelm Nordemann* K&R 1999, 29; *Beyer* S. 112; Schricker/Loewenheim/*Vogel*[4] Rn. 9 m. w. N.) hat das Bundesjustizministerium jedoch zuletzt im Rahmen der Diskussionen um den 2. Korb eine Absage erteilt (s. RefE 2. Korb vom 27.9.2004, S. 43). In Österreich wurde 2001 eine entsprechende Vergütungsregelung (§ 16b ÖstUrhG a. F.) bereits nach wenigen Jahren wieder abgeschafft (dazu *Walter* GRUR Int. 2001, 602).

4 Im **Konventionsrecht** und **EU-Harmonisierungsrecht** hat das Ausstellungsrecht bislang keinen Niederschlag gefunden. Als besondere Form des Veröffentlichungsrechts nach § 12 kommt es jedoch gem. § 121 Abs. 6 uneingeschränkt und ohne Rücksicht auf Gegenseitigkeit auch Ausländern zu Gute (Dreier/Schulze/*Schulze*[5] Rn. 3; Schricker/Loewenheim/*Vogel*[4] Rn. 20). Aufgrund des **Territorialitätsprinzips** (vgl. Vor §§ 120 ff. Rn. 59) kann es nur durch eine Verletzungshandlung, d. h. Ausstellung, im Inland verletzt werden (OLG München

GRUR 1990, 677 – *Postervertrieb*; s. a. BGH GRUR 2007, 691, 693 Tz. 36 – *Staatsgeschenk* zur Ausstellung von Mauersegmenten).

Nicht zu verwechseln ist das Verwertungsrecht mit dem **Recht an einer Ausstel-**   **4a**
lung: Diese kann aufgrund ihres künstlerischen Konzepts und der individuellen
Auswahl und Anordnung ggf. selbst als Sammelwerk nach § 4 Abs. 1 schutzfähig sein (LG München I ZUM-RD 2003, 492, 494 – *Jemen-Ausstellung*; LG
Kassel Urt. v. 7.11.2008 – 12 O 4157/07 Tz. 24 (juris) für documenta; Dreier/
Schulze/*Dreier*[5] Rn. 17; zurückhaltend *Schack*, Kunst und Recht[2] Rn. 697
m. w. N.), sodass den Ausstellungsmachern daran ein eigenes Urheberrecht zusteht. Gleiches gilt für den Ausstellungskatalog. Schon die Kunstfreiheit nach
Art. 5 Abs. 3 gebietet es, den Schutzumfang dieses Rechts am „Ausstellungs-
werk" auf im Wesentlichen identische Übernahmen zu begrenzen.

II. Einzelerläuterungen

1. Schutzvoraussetzungen

Das Ausstellungsrecht gilt nur für unveröffentlichte **Werke der bildenden**   **5**
Künste (Gemälde, Skulpturen, Grafiken, etc.), **Lichtbildwerke** sowie – auf-
grund der Verweisung des § 72 Abs. 1 – für **einfache Lichtbilder**, mithin für
Fotografien aller Art. Keine Anwendung findet § 18 auf andere Werkarten oder
Leistungen (Schricker/Loewenheim/*Vogel*[4] Rn. 14; BeckOK UrhR/*Kroitzsch/
Götting*[16] § 18 UrhG Rn. 6; a. A. Dreier/Schulze/*Schulze*[5] Rn. 8). Dagegen
spricht nicht nur der eindeutige Wortlaut, sondern auch die Schranke des § 44
Abs. 2, die ebenfalls nur auf Werke der bildenden Künste und Lichtbildwerke
Bezug nimmt (vgl. § 44 Rn. 11). Urheber anderer Werkarten, etwa von Sprach-
oder Musikwerken oder wissenschaftlichen Darstellungen, bleiben gleichwohl
nicht schutzlos. Sie können die Veröffentlichung ihrer Werke über das – für
alle Werkarten geltende – Veröffentlichungsrecht nach § 12 Abs. 1 untersagen.
Für eine Erweiterung des Schutzbereichs von § 18 besteht damit kein Anlass.

Das Ausstellungsrecht besteht nur für **unveröffentlichte Werke**. Es erlischt,   **6**
wenn das Werk das erste Mal mit Zustimmung des Berechtigten der Öffentlichkeit zugänglich gemacht wurde (BGH GRUR 1995, 673, 675 – *Mauer-Bilder*).
Es gilt der – gegenüber § 15 Abs. 3 engere (vgl. § 15 Rn. 29) – Öffentlichkeitsbegriff des § 6 Abs. 1 (Schricker/Loewenheim/*Vogel*[4] Rn. 14): Das Werk ist
bereits **veröffentlicht**, wenn es einer Mehrzahl von Personen zur Schau gestellt
wurde, die weder untereinander noch zum Veranstalter persönlich verbunden
sind. Die Art und Weise sowie Dauer der **öffentlichen Werkpräsentation** spielt
keine Rolle: Sie kann in körperlicher oder unkörperlicher Form erfolgt sein,
beispielsweise in einem Katalog, im Internet, auf einer einmaligen Veranstaltung oder an einem frei zugänglichen Ort (Schaukästen, Plakat, Wand, etc).
Keine Vorveröffentlichung liegt vor, wenn ein Exponat nicht freizugänglich ist,
sondern nur Bekannten oder einem im Vorfeld ausgewählten Fachpublikum
gezeigt wird. Keine Veröffentlichung ist ferner die bloße Veräußerung des
Werkoriginals. In diesem Fall geht aber das Ausstellungsrecht gemäß § 44
Abs. 2 auf den Erwerber über, sofern der Urheber dies beim Verkauf nicht
ausdrücklich ausgeschlossen hat (zu Einzelheiten vgl. § 44 Rn. 9 ff.).

Nur die **rechtmäßige**, d. h. mit Zustimmung des Berechtigten, erfolgte **Veröf-**   **7**
fentlichung, führt zum Erlöschen des Ausstellungsrechts. Kann der Urheber
darlegen, dass er einer Vorveröffentlichung nicht zugestimmt (Beispiel: Der Galerist des Künstlers handelt eigenmächtig), bleibt ihm das Verbotsrecht erhalten
(zur Darlegungs- und Beweislast vgl. Rn. 13). Künstler, die ihre unveröffentlichten Werke Dritten anvertrauen, sollten diese ggf. mit eindeutigen Vermerken (z. B. „Nicht zur Veröffentlichung") versehen, damit ihr Verhalten im

Rechtsverkehr nicht als Zustimmung zur Veröffentlichung gewertet werden kann.

2. Schutzumfang

8 § 18 gewährt dem Berechtigten das ausschließliche Recht, das – bislang unveröffentlichte – Werk öffentlich zur Schau zu stellen. Zur-Schau-Stellen ist jedes öffentliche Zugänglichmachen zur unmittelbaren Wahrnehmung des **körperlichen Werkstücks**. Das Werkstück muss körperlich vorhanden sein. Keine Ausstellung ist die unkörperliche Wiedergabe des Werks, z. B. die Ausstrahlung im Rundfunk oder die Wiedergabe im Internet (Dreier/Schulze/*Schulze*[5] § 18 Rn. 4 ff.;). Das Ausstellungsrecht besteht sowohl am Original wie auch an allen Vervielfältigungsstücken des unveröffentlichten Werkes. Ist das Kunstwerk bereits veröffentlicht, erfolgt aber dessen **Ausstellung gegen den Willen des Urhebers**, kann dieser sich nicht auf § 18 berufen. Ihm hilft allenfalls das Verbreitungsrecht (§ 17 Abs. 1), sofern die Ausstellung nicht nur die bloße Präsentation, sondern den Verkauf des ausgestellten Kunstwerks bezweckt (BGH GRUR 2009, 840, 841 Tz. 18 ff. – *Le-Corbusier-Möbel II*; LG Köln GRUR-RR 2009, 47 – *Italienische Caffè-Bars*; zu diesem engeren Verbreitungsbegriff vgl. § 17 Rn. 14) und daran noch keine Erschöpfung eingetreten ist (vgl. § 17 Rn. 24 ff.). Wird das Werk in einem entstellenden Sachkontext ausgestellt, ist ggf. das Entstellungsverbot nach § 14 einschlägig (vgl. § 14 Rn. 48 f.).

9 Der Urheber hat **keinen Anspruch auf Ausstellung** seines unveröffentlichten Werkes. Veräußert er das Original und behält er sich gegenüber dem Erwerber das Ausstellungsrecht vor (s. § 44 Abs. 2), steht ihm kein Anspruch auf Herausgabe zum Zwecke der Ausstellung zu (KG v. 22.5.1981 – 5 U 2295/81 GRUR 1981, 742, 743 – *Totenmaske*). Der Urheber hat gem. § 25 lediglich ein **Recht auf Zugang zum Werkstück**, soweit dies zur Herstellung von Vervielfältigungen erforderlich ist. Möchte er sicherstellen, das Original auch nach dessen Veräußerung ausstellen zu können, muss er mit dem Erwerber entsprechende vertragliche Vereinbarungen treffen.

10 Eine **Verpflichtung zur Ausstellung** des – veröffentlichten oder unveröffentlichten Werkes – kann nur durch Vertrag begründet werden. Wer sich bereit erklärt, gegen Überlassung der Werke die Herstellung des Ausstellungskatalogs und die Bewerbung der Ausstellung zu übernehmen, handelt nicht nur aus Gefälligkeit, sondern ist zur Ausstellung verpflichtet (OLG Düsseldorf NJW-RR 1999, 1001, 1002 ff.). Hält der Galerist die Vereinbarung nicht ein, stehen dem Künstler Schadensersatzansprüche zu. Zum Ausstellungsvertrag vgl. Vor §§ 31 Rn. 383.

11 Für die **Einräumung von Nutzungsrechten** am Ausstellungsrecht gelten allgemeine Regeln; sie hat jedoch kaum eigenständige wirtschaftliche Bedeutung. Denkbar ist allein der Fall, dass die Veröffentlichung eines bislang unbekannten Werkes vom Kunstpublikum bereits mit großem Interesse erwartet wird und der Berechtigte einem Veranstalter das Recht zur Erstausstellung einräumt (*Beyer* S. 47). Im Übrigen wird der Urheber meist stillschweigend und unter Anwendung der Zweckübertragungslehre (vgl. § 31 Rn. 108 ff.) über das Ausstellungsrecht verfügen, weil das Kunstwerk ansonsten für den vereinbarten Zweck nicht nutzbar sein wird. Wer etwa dem Galeristen sein Werk zum Zwecke des Verkaufs anvertraut, räumt diesem neben dem Verbreitungsrecht im Zweifel auch das Ausstellungsrecht ein, weil ohne vorangehende Ausstellung in der Galerie der Vertragszweck nicht erreicht werden kann.

12 Das Ausstellungsrecht wird durch den Künstler bzw. Berechtigten selbst wahrgenommen; die für den Kunstbereich maßgebliche **Verwertungsgesellschaft** VG BildKunst übernimmt diesen Bereich nicht.

III. Prozessuales

Zur **Darlegungs- und Beweislast**, ob das Werk noch unveröffentlicht oder nicht **13** rechtmäßig veröffentlicht ist, gelten die Ausführungen zum Veröffentlichungsrecht nach § 12 entsprechend, vgl. § 12 Rn. 22.

Im Fall der Verletzung des Ausstellungsrechts stehen dem Berechtigten alle An- **14** sprüche nach §§ 97 ff. zur Verfügung. Für die Bezifferung etwaiger **Schadenser-satzansprüche** im Wege der Lizenzanalogie (vgl. § 97 Rn. 86 ff.) kann die Ver-gütungspraxis für die Ausstellung veröffentlichter Werke (Leihgebühren) nur teilweise Anhaltspunkte bieten. Die Summe ist mindestens um das Doppelte zu erhöhen, weil nur auf diese Weise der – faktisch irreparablen – Veröffentli-chung des Werkes Rechnung getragen werden kann.

IV. Verhältnis zu anderen Vorschriften

Das Ausstellungsrecht kann zusätzlich neben dem Veröffentlichungsrecht nach **15** § 12 geltend gemacht werden (vgl. § 12 Rn. 24). Das Ausstellungsrecht wird durch § 44 **Abs.** 2 weiter beschränkt (vgl. Rn. 2; weiterhin vgl. § 44 Rn. 9 ff.). Wird von der rechtswidrigen Ausstellung ein weiteres Exemplar hergestellt, ist nicht das Ausstellungsrecht, sondern das Vervielfältigungsrecht nach § 16 betroffen (OLG Düsseldorf *Erich Schulze* OLGZ 246 – *Wanderausstellung über Ostdeutschland*). Die Ausstellung veröffentlichter Werke ist eine Verbrei-tungshandlung nach § 17 **Abs.** 1, sofern sie auf den Verkauf bzw. die Besitz-übertragung gerichtet ist (vgl. Rn. 8 und vgl. § 17 Rn. 14), ansonsten ist sie urheberrechtsfrei.

§ 19 Vortrags-, Aufführungs- und Vorführungsrecht

(1) Das Vortragsrecht ist das Recht, ein Sprachwerk durch persönliche Darbie-tung öffentlich zu Gehör zu bringen.

(2) Das Aufführungsrecht ist das Recht, ein Werk der Musik durch persönliche Darbietung zu Gehör zu bringen oder ein Werk öffentlich bühnenmäßig darzu-stellen.

(3) Das Vortrags- und das Aufführungsrecht umfassen das Recht, Vorträge und Aufführungen außerhalb des Raumes, in dem die persönliche Darbietung stattfindet, durch Bildschirm, Lautsprecher oder ähnliche technische Einrich-tungen öffentlich wahrnehmbar zu machen.

(4) [1]Das Vorführungsrecht ist das Recht, ein Werk der bildenden Künste, ein Lichtbildwerk, ein Filmwerk oder Darstellungen wissenschaftlicher oder tech-nischer Art durch technische Einrichtungen öffentlich wahrnehmbar zu ma-chen. [2]Das Vorführungsrecht umfasst nicht das Recht, die Funksendung oder öffentliche Zugänglichmachung solcher Werke öffentlich wahrnehmbar zu ma-chen (§ 22).

Übersicht

I. Allgemeines

1 Die in § 19 geregelten Rechte (Vortrags-, Aufführungs- und Vorführungsrecht) sind trotz ihrer Zusammenfassung in eine Bestimmung **selbständige Verwertungsrechte**. Ihnen ist jeweils gemein, dass das Werk – anders als im Fall der Sendung (§ 20) oder öffentlichen Zugänglichmachung (§ 19a) – einem **unmittelbar anwesenden Publikum** in unkörperlicher Form dargeboten wird: Das **Vortragsrecht** (Abs. 1) betrifft die persönliche (Live)Darbietung eines Sprachwerkes; das **Aufführungsrecht** (Abs. 2) **regelt** die (Live-)Darbietung von Musikwerken sowie Bühnenaufführungen. Bei der **Vorführung** (Abs. 4) ist das Publikum zwar ebenfalls unmittelbar vor Ort, jedoch erfolgt die Werkwiedergabe nicht durch persönliche Darbietung, sondern durch technische Einrichtungen, z. B. die Wiedergabe eines (Film-)Datenträgers. Schließlich bleibt dem Urheber nach Abs. 3 vorbehalten, Vorträge (Abs. 1) oder Aufführungen (Abs. 2) durch technische Mittel auch außerhalb des Raumes zu übertragen und wahrnehmbar zu machen.

2 Das Vortrags-, Aufführungs- und Vorführungsrecht waren vor dem Inkrafttreten des UrhG in § 11 LUG und § 15 KUG geregelt, erfassten dabei aber auch die – heute in § 21 und § 22 geregelte – öffentliche Wiedergabe des Werkes durch Tonträger sowie von Funksendungen (weitere Einzelheiten zur Rechtsgeschichte und UrhG-DDR bei Schricker/Loewenheim/*v. Ungern-Sternberg*[4] Rn. 3). In der **RBÜ** wird das Vortragsrecht durch Art. 11ter Abs. 1 RBÜ, das Aufführungsrecht durch Art. 11 Abs. 1 RBÜ gewährleistet. Die Vorführung eines Filmwerks wird durch Art. 14bis Abs. 1, Art. 14 Abs. 1 Nr. 2 i.V.m Art. 11ter Abs. 1 RBÜ geschützt. Das im **Unionsrecht** in Art. 3 Abs. 1 Info-RL geregelte Recht der öffentlichen Wiedergabe ist für die Auslegung der Rechte nach § 19 UrhG bedeutungslos, da es sich – ebenso wie Art. 8 WCT – nur auf Wiedergaben bezieht, die mit einem Übertragungsvorgang verbunden sind („… drahtgebundene und drahtlose öffentliche Wiedergabe"). Gleichwohl erscheint es unter dem Gesichtspunkt der jüngsten EuGH Rechtsprechung sachgerecht, einheitliche Maßstäbe an die Auslegung des Öffentlichkeitsbegriffs des § 19 zu stellen (vgl. Rn. 6).

II. Vortragsrecht (Abs. 1)

Das Vortragsrecht ist das Recht, ein Sprachwerk durch persönliche Darbietung   **3**
öffentlich zu Gehör zu bringen.

1. Sprachwerk

Das Vortragsrecht besteht für alle Sprachwerke i. S. d. § 2 Abs. 1 Nr. 1 (zu   **4**
Einzelheiten vgl. § 2 Rn. 54 ff.). Dazu gehören nicht nur literarische und wissenschaftliche Werke, sondern auch – Urheberrechtschutz jeweils vorausgesetzt – Briefe, Reden, Tagebücher oder gar Werbetexte und Gebrauchsanweisungen. Erschöpft sich der Vortrag nicht nur in der bloßen Lesung des
Sprachwerks, sondern wird durch **szenische Elemente** untermalt (z. B. Bewe-
gungsarrangements, Spielelemente), unterfällt die Wiedergabe des Textes nicht
dem Vortragsrecht, sondern dem Aufführungsrecht nach Abs. 2, 2. Alt. (zur
Abgrenzung vgl. Rn. 17 ff. sowie ausführlich Wandtke/Bullinger/*Erhardt*[4]
Rn. 10). Die Unterscheidung ist insoweit von praktischer Bedeutung, weil das
Vortragsrecht von der – dem Kontrahierungszwang unterliegenden – VG Wort
wahrgenommen wird, während das Recht zur bühnenmäßigen Darstellung des
Sprachwerks beim Urheber bzw. Bühnenverleger verbleibt. Sprachwerk ist
schließlich auch der **Liedtext** eines Musiksongs. In der nicht-bühnenmäßigen
Darbietung von **vertonten Sprachwerken** (z. B. Oratorien, Liedern und Schlagern) sind damit zwei Nutzungsarten enthalten (Schricker/Loewenheim/*v. Ungern-Sternberg*[4] Rn. 4; Dreier/Schulze/*Dreier*[5] Rn. 5; a. A. BeckOK UrhR/*Kro-
itzsch/Götting*[16] Rn. 3): Die Darbietung des Textes ist Vortrag (Abs. 1), die der
Musik ist Aufführung (Abs. 2 1. Alt.). Zur Rechtewahrnehmung in diesem Fall
durch die GEMA vgl. Rn. 15 a. E.

2. Persönliche Darbietung

Vortrag i. S. d. UrhG ist nur die persönliche Darbietung eines Sprachwerkes.   **5**
Dies bedeutet nicht, dass der Urheber bzw. Berechtigte das Werk persönlich
(selbst) vorzutragen hat. Mit der Angabe „persönlich" wollte der Gesetzgeber
nur zum Ausdruck bringen, dass die Wiedergabe eines Sprachwerks mittels
Bild- oder Tonträger oder in einer Rundfunksendung kein Vortrag im Rechtssinne ist. Vielmehr muss der Darbietende das Sprachwerk dem anwesenden
Publikum **unmittelbar** (live) **zu Gehör bringen.** Unbeachtlich ist nach allg. M.,
wenn er sich dabei technischer Hilfsmittel (Mikrofon, Lautsprecher, usw.) zur
Klangverstärkung bedient (Dreier/Schulze/*Dreier*[5] Rn. 6; Schricker/Loewen-
heim/*v. Ungern-Sternberg*[4] Rn. 6). Eine persönliche Darbietung liegt nach
Abs. 3 auch dann noch vor, wenn die Live-Darbietung durch technische Hilfsmittel (Kabel, Funk, etc.) zeitgleich in andere Räume übertragen wird (z. B.
Übertragung einer Uni-Vorlesung in einen anderen Hörsaal; zur Abgrenzung
zur Sendung vgl. Rn. 26). **Keine persönliche Darbietung** liegt dagegen vor,
wenn der Vortrag zunächst nur im Studio auf Bild- oder Tonträger aufgezeichnet wird und später ohne Anwesenheit des Sprechers dem Publikum vorgeführt wird (a. A. Schricker/Loewenheim/*v. Ungern-Sternberg*[4] Rn. 5; *Gentz*
GRUR 1974, 328, 330). Hier ist § 21 einschlägig. Keine Darbietung liegt
ferner bei bloßen **Proben** vor, weil es an Zuhörern fehlt, an die das Werk
gerichtet ist.

3. Öffentlichkeit

Dem Urheber bleibt nur die **öffentliche,** persönliche Darbietung seines Vortra-   **6**
ges vorbehalten. Der EuGH hat neue Kriterien zur einheitlich unionsrechtlichen Auslegung des Begriffs der „öffentlichen Wiedergabe" und damit zur Auslegung des Öffentlichkeitsbegriffs geschaffen (EuGH GRUR 2016, 60,
Rn. 15 ff. – *SBS/SABAM*; EuGH NJW 2016, 239 Rn. 35 ff. – *Rehabilitationszentrum*). Er prüft die öffentliche Wiedergabe zweistufig: Erst die „Handlung

der Wiedergabe" und separat davon die „Öffentlichkeit". Den Öffentlichkeitsbegriff prüft der EuGH nach drei Voraussetzungen: Ob eine unbestimmte Anzahl potenzieller Adressaten vorliegt, ob die Wiedergabe zu Erwerbszwecken
erfolgt und ob sie ein neues Publikum erreicht. Eine genauere Differenzierung
der Voraussetzungen ist vom EuGH nicht erfolgt (ausführlich zur Diskussion
vgl. § 15 Rn. 27 ff.). Auch wenn es beim EuGH stets um die Öffentlichkeit
eines abwesenden Publikums geht, erscheint es sachgerecht, den Begriff der
„öffentlichen Wiedergabe" innerhalb des § 19 ebenfalls nach den vom EuGH
aufgestellten Kriterien auszulegen.

4. Kollektive Rechtewahrnehmung

7 Das Vortragsrecht an erschienenen Werken wird in Deutschland durch die
Verwertungsgesellschaft Wort wahrgenommen, s. § 1 Nr. 9 WahrnehmungsV
VG Wort. Gehört der Urheber der VG Wort an, können Verwerter also dort
die etwa für eine Buchlesung erforderlichen Rechte einholen (Meldeformulare verfügbar über www.vgwort.de). Die Tarife sind nach dem Fassungsver-
mögen des Veranstaltungsraums und der Höhe des Eintrittsgeldes gestaffelt.
Die Wahrnehmung des Vortragsrechts durch die VG Wort ist gem. § 1 Nr. 9
WahrnehmungsV **nicht-exklusiv**: Der Berechtigte behält das Recht, den Vortrag entweder selber zu halten oder Dritten das Recht dazu einzuräumen.
Schriftstellern bleibt damit unbenommen, ihre eigenen Werke öffentlich zu
lesen, ohne eine Vergütung an die VG Wort zu entrichten (Zur Passivlegitimation bei Rechtsverletzungen vgl. Rn. 34). Szenische Lesungen aus wortdramatischen Sprachwerken sind dagegen nicht von der VG Wort, sondern
vom Rechteinhaber bzw. Bühnenverlag zu genehmigen. Gleiches gilt für dramatische Gestaltungen literarischer Texte (Wandtke/Bullinger/*Erhardt*[4]
Rn. 10).

8 Durch den WahrnehmungsV VG Wort stimmt der Urheber der **Vorausabtretung** seiner Rechte auch an künftigen Sprachwerke zu (s. § 2 S. 1 WahrnehmungsV). Eine spätere Einräumung des exklusiven Nutzungsrechts aus § 19
Abs. 1 an den Verleger ist dadurch wirkungslos.

5. Gesetzliche Schranken

9 Einschlägige Schrankenregelungen sind § 48 Abs. 1 Nr. 2, § 51 und vor allem
§ 52 Abs. 1: Dient der Werkvortrag keinem Erwerbszweck und müssen die
Zuhörer kein Entgelt zahlen, kann der Berechtigte den Vortrag nicht untersagen. Der Veranstalter bleibt jedoch zur Zahlung einer Vergütung verpflichtet
(§ 52 Abs. 1 S. 2). Die Vergütung ist an die VG WORT zu entrichten, ungeachtet, ob der jeweilige Autor ihr angehört oder nicht. Die Vergütungssätze entsprechen in ihrer Struktur den Tarifen für kommerzielle Werkvorträge (vgl.
Rn. 7), sind jedoch um bis zu 25% ermäßigt. In den Fällen des § 52 Abs. 1
S. 3 entfällt die Vergütungspflicht vollständig (bei Werkvorträgen in Schulen
und Bildungseinrichtungen wird es häufig bereits an der Öffentlichkeit der
Werkwiedergabe fehlen, vgl. Rn. 6). Wer nur auszugsweise das Werk eines anderen vorträgt, um sich damit inhaltlich auseinanderzusetzen, mag sich ggf.
auf das Zitatrecht nach § 51 Nr. 2 berufen können.

6. Abgrenzung zu anderen Verwertungsrechten

10 Zur Abgrenzung mit dem Aufführungsrecht an vertonten Sprachwerken und
bühnenmäßigen Aufführung vgl. Rn. 4. § 19 schützt nur den Vorgang der persönlichen Darbietung (Erstverwertung). Die **Aufnahme, Vervielfältigung** oder
Verbreitung eines Vortrages (Zweitverwertung) verletzen nicht das Vortragsrecht, sondern ggf. die Rechte aus § 16 (zur **Erstfixierung** des Vortrages vgl.
§ 16 Rn. 10) und § 17. Die öffentliche Wiedergabe des aufgezeichneten Vortrags durch Bild- oder Tonträger unterfällt § 21.

III. Aufführungsrecht (Abs. 2)

§ 19 Abs. 2 enthält **zwei selbständige Verwertungsrechte**: Das Recht, ein Werk **11**
der Musik durch persönliche Darbietung (jedoch nicht-bühnenmäßig) aufzuführen (Abs. 2 1. Alt.) sowie das Recht, Werke aller Art öffentlich bühnenmä
ßig darzustellen. Die Unterscheidung ist im Hinblick auf die Lizenzierung von
Musik- und Theaterveranstaltungen von zentraler Bedeutung: Während das als
kleines Recht bezeichnete Recht der öffentlichen Musikdarbietung unproblematisch bei der – dem Kontrahierungszwang unterliegenden (§ 34 Abs. 1 VGG,
ehemals § 11 Abs. 1 UrhWahrnG) – GEMA eingeholt werden kann, wird das
große Recht der bühnenmäßigen Darstellung eines (Musik-)Werkes individuell
durch den Urheber bzw. seinem Bühnenverleger wahrgenommen. Die Abgrenzung zwischen beiden Rechten bereitet in der Praxis regelmäßig Probleme (zu
Einzelheiten vgl. Rn. 17 ff.; ausführlich und zur Vergütungspraxis im Bühnenbereich Wandtke/Bullinger/*Erhardt*[4] Rn. 14, 18 ff).

1. Öffentliche Musikdarbietung

a) Sachliche Kongruenz zum Vortragsrecht: Das Recht, Musikwerke (zum Be- **12**
griff vgl. § 2 Rn. 122 ff.) durch persönliche Darbietung öffentlich zu Gehör zu
bringen (Abs. 2 1. Alt), unterscheidet sich gegenüber dem Vortragsrecht nach
Abs. 1 nur insoweit, als kein Sprachwerk dargeboten wird (vgl. Rn. 4 ff.). Im
Übrigen sind die Rechte **sachlich deckungsgleich.**

b) Abgrenzung: Eine persönliche Darbietung des Musikwerks liegt nur vor, **13**
wenn die Musiker das Werk **unmittelbar** (live) ihrem Publikum öffentlich vortragen (vgl. Rn. 5). Erfolgt die Aufführung im Studio zum Zwecke der Herstellung von Tonträgern oder späterer öffentlichen Wiedergabe, gelten allein
§§ 16, 17 bzw. §§ 20 ff. Keine persönliche Darbietung und damit zustimmungsfrei ist das **gemeinsame Musizieren und Singen.** Vielzitiertes Schulbeispiel ist das Singen von Wandergruppen (Schricker/Loewenheim/*v. Ungern-
Sternberg*[4] Rn. 15; *Rehbinder*[16] Rn. 215). Ebenfalls keine persönliche Darbietung, sondern vergütungsfreie Kulthandlung ist das Singen der Gemeinde beim
Gottesdienst, einschließlich der musikalischen Begleitung (RegE ÄndG 1985 –
BT-Drs. 10/837, S. 15 f.; Schricker/Loewenheim/*v. Ungern-Sternberg*[4] Rn. 15
m. w. N.; nicht berücksichtigt durch GEMA-Tarif WR-K1 für die Nutzung von
Musik in Gottesdiensten). Dagegen fällt der **Fangesang** im Fußballstadion unter § 19a, weil die Fans nicht nur für sich selbst singen (ausführlich dazu *Völtz*
UFITA 2011, 685 ff; Dagegen unterfällt beim **Karaoke-Singen** das Abspielen
der Musik über einen Tonträger § 21, das Singen des Liedtextes ist Vortrag
§ 19 Abs. 1 (a.A. *Matsukawa*, UFITA 132 (1996) 5: bloßer gemeinsamer
Werkgenuss). Erfolgt die Wiedergabe des Musikwerks **bühnenmäßig** (zum Begriff vgl. Rn. 17 ff.), gilt allein § 19 Abs. 2 2. Alt.

c) Rechtewahrnehmung durch die GEMA: Das Recht der öffentlichen, konzer- **14**
tanten (jedoch nicht bühnenmäßigen) Musikdarbietung wird in aller Regel
nicht von den Urhebern bzw. Musikverlagen selbst, sondern von der GEMA
nach Maßgabe ihres mit den Berechtigten abgeschlossenen **Berechtigungsvertrages** (abrufbar unter www.gema.de) wahrgenommen. Aufgrund ihres lückenlosen Systems von Gegenseitigkeitsverträgen mit ausländischen Verwertungsgesellschaften wird zugunsten der GEMA vermutet, dass sie zumindest im
Bereich der Tanz- und Unterhaltungsmusik die **Aufführungsrechte für sämtliche Werke** besitzt (sog. **GEMA-Vermutung;** BGH GRUR 1986, 62, 63 –
GEMA-Vermutung I; BGH GRUR 1986, 66, 69 – *GEMA-Vermutung II;* zu
Einzelheiten s. unsere 11. Aufl./*Wirtz* § 13c UrhWahrnG Rn. 1 ff.). In der Praxis darf sich der Konzertveranstalter deshalb darauf verlassen, durch Meldung
der Veranstaltung bei der GEMA und deren – pauschalen, nicht auf einzelne
Titel bezogene – Rechtevergabe die erforderlichen Rechte für alle Titel einge-

holt zu haben (§ 40 Abs. 1 VGG, ehemals § 13a Abs. 1 UrhWahrnG). Der GEMA wäre jedenfalls der Streit zu verkünden, sollte sich nachträglich herausstellen, dass sie doch nicht die Aufführungsrechte für einen Titel wahrnimmt. Analog § 13b Abs. 2 2. Alt UrhWahrnG (jetzt § 42 Abs. 2 S. 2 VGG) hat die GEMA dann den Werknutzer von jeglichen Ansprüchen freizustellen.

15 Die GEMA hat für den Bereich der konzertanten Musikdarbietung eine Reihe von **Tarifen** aufgestellt, um den unterschiedlichen Gegebenheiten auf Seiten der Konzertveranstalter Rechnung zu tragen (z. B. Einmal- oder Vielfachnutzer). Die Vergütungshöhe berechnet sich in erster Linie nach **Art der aufgeführten Werke** (z. B. E- oder U-Musik), der **Dauer und Art der Veranstaltung** (z. B. Vereinsfest oder Platzkonzert), der **Größe des Veranstaltungsorts** sowie die **Höhe des Eintrittsgelds.** Nach der Praxis der GEMA muss der Veranstalter erst *nach* der Veranstaltung eine Aufstellung über die bei der Veranstaltung benutzten Werke übersenden. Die Aufstellung dient vordergründig der Verteilung des Vergütungsaufkommens an die Berechtigten, wie auch der Überprüfung, ob die aufgeführten Werke tatsächlich durch die GEMA wahrgenommen werden. Bei **vertonten Sprachwerken** (vgl. Rn. 4) zieht die GEMA im Auftrag der VG Wort die Vergütung für den Vortrag (Abs. 1) des Liedtextes ein.

16 d) Schranken: Das Aufführungsrecht findet insb. seine Schranke an § 52 Abs. 1. Wenn und soweit der Veranstalter weiterhin zur Zahlung einer Vergütung verpflichtet bleibt (zu Einzelheiten vgl. § 52 Rn. 18 ff.), ermäßigen sich die GEMA-Tarife deutlich. Die GEMA verlangt auch dann eine Meldung der Veranstaltung, wenn die Veranstaltung in den Bereich des § 52 Abs. 1 S. 3 fällt und eine Vergütung nicht zu zahlen ist.

2. Bühnenmäßige Aufführung

17 a) Begriff: Eine **bühnenmäßige Aufführung** liegt vor, wenn ein Werk durch ein für das Auge oder für Auge und Ohr bestimmtes **bewegtes Spiel im Raum** dargeboten wird (st. Rspr: BGH GRUR 2008, 1081 Tz. 12 – *Musical Starlight*; GRUR 2000, 228, 230 – *Musical-Gala* unter Bezugnahme auf BGH GRUR 1960, 606, 608 – *Eisrevue II* zu § 11 Abs. 2 LUG; *Ulmer*, Urheber- und VerlagsR[3] S. 248). Der Zuschauer erlebt die Handlung und kann den Gedankeninhalt nachvollziehen. Kostümierung, Bühnenbilder und Requisiten sind nicht erforderlich. Unerheblich ist auch, ob die handelnden Personen selbst auftreten oder mit Werkzeugen arbeiten (Marionetten- und Puppentheater). Ebenso wenig ist von Bedeutung, ob es sich um ein *Bühnenwerk* handelt (so noch § 11 Abs. 2 LUG); auch ein Versepos (Goethes *Hermann und Dorothea*), ein Briefwechsel (Shaws Korrespondenz mit der Schauspielerin Campbell als *Geliebter Lügner*) oder ein epischer Dialog (*Rameaus Neffe* von Diderot) werden bühnenmäßig aufgeführt, wenn sie als bewegtes Spiel dargeboten werden. Ein Musical muss nicht als Ganzes aufgeführt werden oder gar für den Zuschauer erkennbar sein; es reicht aus, wenn durch Aufführung eines einzigen Songs der gedankliche Inhalt eines Bestandteils erkennbar wird (BGH GRUR 2008, 1081 Tz. 12, 15 f. – *Musical Starlight*; OLG Hamburg ZUM-RD 1998, 11, 13 – *Andrew-Lloyd-Webber Musical-Gala*). Bedeutsam ist dies für „Best of Musical" Veranstaltungen, bei denen von verschiedenen Musicals jeweils nur ein Titel gespielt, durch szenische Darstellungen aber der gedankliche Inhalt zumindest eines Bestandteils des Musicals vermittelt wird. Eine bühnenmäßige Aufführung liegt schließlich *auch* vor, wenn Schlagerlieder zwar selbst nur konzertant aufgeführt werden, jedoch so in die Handlung eines Musicals integriert werden, dass man sie nicht als selbständige Einlagen, sondern nur als unselbständige Teile des Gesamtbühnenwerkes verstehen kann. (OLG Hamburg OLGR 2004, 13, 15 – *Mamma Mia*; ferner BGH GRUR 2000, 228, 230 – *Musical-Gala*; BGH GRUR 1960, 604, 605 – *Eisrevue I*; BGH GRUR 1960, 606, 607 f. – *Eisrevue II*; BGH GRUR 1962, 256 – *Im weißen Rößl*).

Keine bühnenmäßige Aufführung ist die bloße Lesung eines Bühnenstückes, **18** selbst wenn sie in vollendeter Form durch Schauspieler mit verteilten Rollen geschieht. Sie bleibt Vortrag im Sinne des Abs. 1 (OLG Dresden UFITA 1 [1928], 686 ff.; Wandtke/Bullinger/*Erhardt*[4] Rn. 10 m. w. N.). Nur konzertante Darbietung liegt vor, wenn aus Musical, Operetten, Opern stammende Werke in einem „Bunten Operettenabend" ohne bewegtes Spiel aufgeführt werden (OLG Braunschweig ZUM 1989, 134). Eine bloß konzertante Aufführung liegt auch dann vor, wenn ein Musikstück nach dem Schluss eines Musicals, dessen Ende durch einen Moderator klargestellt wird, nach einer Pause mit anders kostümierten Darstellern ohne Bühnenbild im Rahmen eines Coverkonzerts aufgeführt wird (LG Hamburg GRUR-RS 2016, 06464, Rn. 21 ff.). Bloße **rhythmische Bewegungen** zur Musik, einschließlich von Tanzeinlagen, machen einen Konzertauftritt noch zu keiner Bühnenaufführung. Dem Publikum muss ermöglicht werden, die Darstellung einer Begebenheit zu verfolgen.

b) Erfasste Verwertungshandlungen und Abgrenzung: Das Recht der bühnen- **19** mäßigen Aufführung eines Werkes umfasst im Prinzip **alle Werkarten** i. S. d. § 2 Nr. 2, nicht nur Sprach- und Musikwerke. Faktisch ist eine bühnenmäßige Darstellung aber im Übrigen nur noch für pantominische Werke denkbar (Schricker/Loewenheim/*v. Ungern-Sternberg*[4] Rn. 16). § 19 Abs. 2 2. Alt. erfasst wie das Vortrags- und (konzertante) Aufführungsrechts nur **persönliche Live-Darbietungen**. Die – auch erstmalige – Aufzeichnung der Bühnenaufführung kann der Berechtigte nach § 16, die Verbreitung der Aufzeichnung nach § 17 und deren öffentliche Wiedergabe nach § 21 verbieten. Das Festhalten von Teilen der Aufführung auf Bild- und Tonträger und deren filmische Einblendung in bühnenmäßige Aufführungen des Werkes fällt unter das Vorführungsrecht des Abs. 3. Es wird durch den Abschluss eines branchenüblichen Bühnenaufführungsvertrages auch nicht gedeckt (BGH GRUR 1971, 35, 40 – *Maske in Blau).* Die bühnenmäßige Darstellung muss jedoch Werkqualität i. S. v. § 2 Abs. 2 aufweisen. Werden in einer Bühnenaufführung nur einzelne Szenen aus einem anderen Werk entlehnt, muss der gezeigte **Werkteil,** für den die Rechte beansprucht werden, schutzfähig sein (vgl. § 2 Rn. 51). In diesen Fällen kann auch § 51 einschlägig sein (vgl. § 51 Rn. 31 und beispielhaft BVerfG GRUR 2001, 149 für die weitgehende Übernahme eines Brecht-Werkes). Wie bei allen Wiedergaberechten auch, muss die bühnenmäßige Aufführung schließlich **öffentlich** sein. Es gelten die Ausführungen zu § 15 Abs. 3 (vgl. § 15 Rn. 27 ff.).

c) Praxis der Rechtswahrnehmung: Die Lizenzierungspraxis bereitet mitunter **20** erhebliche Probleme und führt immer wieder zu Streit zwischen Werknutzern, Bühnen- und Musikverlegern und der GEMA. Ausgangspunkt und unbestritten ist, dass das Recht der bühnenmäßigen Aufführung von (wortdramatischen) Sprachwerken, dramatisch-musikalischen Werken sowie Tanzwerken durch die Urheber selbst, d. h. in aller Regel durch ihre Bühnenverleger ausgeübt wird. Die GEMA klammert gemäß § 1a) S. 1 BerechtigungsV die *„bühnenmäßige Aufführung dramatisch-musikalischer Werke, sei es vollständig, als Querschnitt oder in größeren Teilen"* ausdrücklich von ihrer Wahrnehmung aus. Wer also ein Theaterstück, eine Oper oder ein Musical aufführen möchte, muss sich ausschließlich an den Berechtigten, nicht an die GEMA oder VG WORT, wenden. Für die in öffentlich-rechtlicher Trägerschaft stehenden Theater richtet sich der Geschäftsverkehr mit den Bühnenverlegern im Wesentlichen nach der **Regelsammlung Bühne** (abgedruckt bei *Delp,* Publizistik Nr. 795; ausführlich dazu Wandtke/Bullinger/*Erhardt*[4] Rn. 22, 26). Die Aufführungsrechte sind nach BGH GRUR 2000, 228, 229 f – *Musical-Gala* aber auch dann bei den Musikverlegern einzuholen, wenn ein Musiktitel, der gar nicht als dramatisch-musikalisches Musikwerk geschaffen wurde, nunmehr bühnenmäßig aufgeführt wird (z. B. Verwendung eines Schlagers im Musical). Die GEMA hat hier nach § 1a) BerechtigungsV keine Rechte an der bühnenmäßigen Aufführung erworben. Darüber hinaus kann die Vertanzung eines konzertanten Musik-werks auch **persönlichkeitsrechtliche Belange** des Komponisten berühren und dessen Zustimmung erfordern (*Staats* S. 122).

21   Dagegen lizenziert die GEMA gemäß § 1a) Abs. 2, 1. Alt. BerechtigungsV die Aufführung von **Bühnenmusiken,** sofern diese **nicht integrierender Bestandteil** des Bühnenwerks und auch nicht Bestandteil eines dramatisch-musikalischen Werkes sind. Typisches Beispiel sind nicht bühnenmäßig aufgeführte Musikein-lagen oder Untermalungen im Sprechtheater (GEMA **Vergütungssätze BM** für die Nutzung von Musikeinlagen in Bühnenwerken und Bühnenmusik). Eben-falls dem Wahrnehmungsbereich der GEMA nach § 1a) Abs. 2 1. Alt. Berechti-gungsV unterfallen nicht integrierende Musikeinlagen in Revuen, Operetten, Possen und Lustspielen. Dies sind das Bühnengeschehen unterbrechende Mu-sikstücke, welche mit dem Bühnengeschehen in keinem unmittelbaren Zusam-menhang stehen (Gegenbeispiel dazu OLG Hamburg OLGR 2004, 13, 1–*Mamma Mia*). Die von der GEMA aufgestellten „**Vergütungssätze U-Bühne**" für die Nutzung von Rechten an Bühnenaufführungen aus vorbestehenden Werken des Kleinen Rechts im Zusammenhang mit Shows, Compilation Shows, Revuen etc." erfassen dagegen Werknutzungen auf der Grenze zwi-schen großem und kleinem Recht. Erfasst werden Fällen, in denen – nicht als dramatisch-musikalische Werke geschaffene – Musiktitel so in die Bühnenauf-führung integriert sind, dass sie als auch selbst als bühnenmäßig aufgeführt anzusehen sind. Zur Abgrenzung von großen und kleinen Rechten in den USA Court of Appeal GRUR Int. 1973, 118 – *Jesus Christ Superstar.*

IV. Bildschirm- und Lautsprecherübertragung (Abs. 3)

1. Bedeutung und systematische Einordnung

22   Nach Abs. 3 steht dem Urheber auch das Recht zu, über eine etwaige **Bild-schirm- und Lautsprecherübertragung** des Vortrags oder der Aufführung seines Werkes **außerhalb des Ortes der Darbietung** zu entscheiden (ein entsprechendes Recht steht auch den mitwirkenden ausübenden Künstlern zu, § 74). Entgegen dem Wortlaut ist dieses Recht nicht in der Einräumung des Vortrags- oder Aufführungsrechts enthalten, wie § 37 Abs. 3 und die Gesetzesbegründung (RegE UrhG 1962 – BT-Drs. IV/270, S. 49) klarstellen. Die Übertragung eines Konzerts auf die Großleinwand an einen andern Ort bedarf vielmehr der ge-sonderten Erlaubnis des Rechtsinhabers. § 19 Abs. 3 begründet damit ein **eige-nes,** wenngleich nur als **Annex** zum Aufführungs- oder Vortragsrecht bestehen-des („ohne Aufführung auch keine Übertragung") Verwertungsrecht (allg. M.: Dreier/Schulze/*Dreier*[5] Rn. 14; BeckOK UrhR/*Kroitzsch/Götting*[16] Rn. 31 ff.; Schricker/Loewenheim/*v. Ungern-Sternberg*[4] Rn. 34). Abs. 3 gilt nicht nur für die Übertragung von Vorträgen und konzertanten Musikdarbietungen, sondern auch für bühnenmäßige Aufführungen (Abs. 2 2. Alt.). Unterschiede ergeben sich indes für die Rechtewahrnehmung (vgl. Rn. 25).

2. Erfasste Verwertungshandlungen

23   Der Begriff **Raum** ist untechnisch zu verstehen, wie schon die Entstehungs-geschichte der Vorschrift ergibt (Einzelheiten bei Schricker/Loewenheim/*v. Un-gern-Sternberg*[4] Rn. 32); er erfasst alle Orte, die mit dem Ort der persönlichen Darbietung (Abs. 1 und 2) nicht in Verbindung stehen; auch Platzkonzerte oder andere **Open-air-Veranstaltungen** dürfen deshalb nicht ohne Zustimmung des Berechtigten anderswohin übertragen werden. Ihre Verstärkung durch Mikro-fon und Lautsprecher oder ihre Projektion auf Großleinwände **innerhalb des Veranstaltungsortes** wird aber bereits durch die Rechte nach Abs. 1 und 2 er-fasst (allg. M.: Schricker/Loewenheim/*v. Ungern-Sternberg*[4] Rdnr. 31; entspre-chend auch die Lizenzierungspraxis der GEMA). Gegenstand der (Bild-

schirm-)Übertragung können die Werkdarbietung als Ganzes, aber auch bloße Nah- und Einzelaufnahmen der Künstler sein. Die Verwendung einer **Übertitelungsanlage** zur unterstützenden Wiedergabe des Textes eines Musicals (ggf. als Übersetzung) fällt dagegen nicht unter Abs. 3, sondern ist eine gesondert zu lizenzierende Vervielfältigung nach § 16 (Wandtke/Bullinger/*Erhardt*[4] Rn. 47; a. A. *Bolwin* ZUM 2003, 1008 f.).

§ 19 Abs. 3 erlaubt nur den Einsatz von **technischen Einrichtungen,** wie Lautsprecher, Kabel, Bildwände, Monitore, etc., die die persönliche Darbietung **zeitgleich an einen anderen Ort** übertragen und wahrnehmbar machen. Erfolgt die Übertragung zeitversetzt durch Abspielen einer Aufzeichnung (z. B. bei der After-Show-Party) ist § 21 einschlägig. Ebenso wenig bietet § 19 Abs. 3 eine Grundlage dafür, Darbietungen live über Funk, Fernsehen oder Internet zu übertragen, um sie praktisch einen unbegrenzten Zuhörerkreis zugänglich zu machen. Das Recht bleibt auf Übertragungen beschränkt, die die Darbietung ohne zwischengeschaltete Aufzeichnungen an einen anderen, räumlich umrissenen Veranstaltungsort – ungeachtet dessen Größe (auch Stadien) – übertragen (weiter einschränkend Wandtke/Bullinger/*Erhardt*[4] Rn. 48). **24**

3.   Praxis der Rechtewahrnehmung

Werden **bühnenmäßige Aufführungen** im Sinne von Abs. 2 2. Alt (Musicals, **25** Theater, etc.) zeitgleich an andere Orte übertragen, sind die Rechte dafür bei den Urhebern bzw. den Bühnen- und Musikverlagen einzuholen (zur diesbezüglichen Vertragspraxis nach der **Regelsammlung Bühne** Wandtke/Bullinger/*Erhardt*[4] Rn. 49). Für **konzertante Musikdarbietungen** werden die Rechte nach § 19 Abs. 3 dagegen durch die GEMA wahrgenommen (§ 1c) BerechtigungsV). Die GEMA hat insoweit keinen eigenen Tarif aufgestellt, sondern erhöht die für die Einholung des Aufführungsrechts jeweils zu zahlende Vergütung (s. etwa die Tarife VK(G) und U-T). Die VG WORT nimmt ausweislich ihres Wahrnehmungsvertrages (Stand: Juli 2004) die Rechte aus § 19 Abs. 3 für Sprachwerke nicht wahr.

4.   Abgrenzung zu anderen Verwertungsrechten

Die öffentliche Wiedergabe von Aufzeichnungen der persönlichen Darbietung **26** durch Bild- oder Tonträger unterfällt § 21, ihre (Live-) Einspeisung in Fernseh- oder Funknetze § 20 (vgl. Rn. 24). Werden Live-Darbietungen auf Bildschirme in den VIP-Suiten eines Stadions weitergeleitet, ist Abs. 3 anwendbar; handelt es sich dagegen um eine Aufzeichnung des Konzerts, liegt Sendung vor (BGH GRUR 1994, 45, 46 – *Verteileranlagen).* Das Gleiche gilt für das Live-Streaming einer Konzerts oder eines Bühnenstücks über das Internet (vgl. § 20 Rn. 13). Von § 22 ist Abs. 3 wie folgt abzugrenzen: § 22 setzt die Existenz eines Sendevorgangs i. S. d. §§ 20, 20a voraus, der durch einem Empfänger öffentlich wiedergegeben wird (Musterbeispiel: Fernsehgeräte in Gaststätten). § 19 Abs. 3 regelt dagegen die bloße zeitgleiche Übertragung einer (Live-) Darbietung an einen anderen Ort ohne Mithilfe einer öffentlichen Sendung. Überträgt der Veranstalter eines im Fernsehen ausgestrahlten Live-Konzerts dieses auf Großleinwände an einem anderen Ort (z. B. der auf der Hamburger Reeperbahn auf Großleinwänden jährlich übertragene Eurovision-Song Contest) und verwendet er zu diesem Zweck das Fernsehsendesignal, ist § 22 und nicht § 19 Abs. 3 einschlägig.

V.   Vorführungsrecht (Abs. 4)

1.   Gegenstand und Abgrenzung

Das **Vorführungsrecht** nach Abs. 4 ist das Recht, Werke der bildenden Künste **27** (§ 2 Abs. 1 Nr. 4), Lichtbildwerke (§ 2 Abs. 1 Nr. 5), Filmwerke (§ 2 Abs. 1

Nr. 6) sowie Darstellungen wissenschaftlicher oder technischer Art (§ 2 Abs. 1 Nr. 7) durch technische Einrichtungen wahrnehmbar zu machen. Typische Beispiele sind die Filmvorführung im Kino, der Dia-Vortrag aber auch die öffentliche Powerpoint-Präsentation wissenschaftlicher Darstellungen. Von der Sendung (§ 20) und der öffentlichen Zugänglichmachung (§ 19a) eines Werkes unterscheidet sich die Vorführung dadurch, dass bei ihr – wie auch den anderen in § 19 genannten Rechten – die Zuschauer an einem **gemeinsamen Ort versammelt** sind und das vorgeführte Werk **zur gleichen Zeit** wahrnehmen (dazu BGH GRUR 1994, 45, 46 – *Verteileranlagen*). Keine Vorführung liegt nach Abs. 4 S. 2 ferner vor, wenn Funksendungen oder unter § 19a fallende Online-Angebote öffentlich wiedergegeben werden (z. B. Fernsehwiedergabe in der Gaststätte). Hier ist § 22 einschlägig. § 19a erfasst jedoch auch Fälle, in denen im Fernsehen ausgestrahlte Filme aufgezeichnet und später wiedergegeben werden (anders die h. M., die dann § 22 anwenden möchte; dazu vgl. § 22 Rn. 6). Gleiches gilt, wenn im Kino digitale Filmkopien gezeigt werden, die die Kinobetreiber zuvor von einem (gesicherten) Online-Angebot des Filmverleihers (§ 19a) heruntergeladen haben.

28 Das Vorführungsrecht gilt nur für die in Abs. 4 genannten Werkarten (§ 2 Abs. 1 Nr. 4–7). Die öffentliche Wahrnehmbarmachung von **Sprach-, Musik- und choreographischen Werken** (§ 2 Abs. 1 Nr. 1–3) durch technische Einrichtungen ist anderweitig geregelt, nämlich durch Abs. 3 sowie § 21 (zu Einzelheiten vgl. § 21 Rn. 6 f.). Diese Trennung hat zur Konsequenz, dass insbesondere bei der **Vorführung eines Spielfilms unterschiedliche Verwertungsrechte eingeholt** werden müssen: Die öffentliche Wiedergabe von Drehbuch und Filmmusik unterfällt § 21, die des Filmwerks dagegen § 19 Abs. 4 (s. Schricker/Loewenheim/*v. Ungern-Sternberg*[4] Rn. 38; Wandtke/Bullinger/*Erhardt*[4] Rn. 57; Dreier/Schulze/*Dreier*[5] Rn. 16; v. Hartlieb/Schwarz/*Reber*[4] Kap. 45 Rn. 1; offengelassen durch LG München I ZUM 1993, 289, 292). Die Gegenauffassung, wonach die Wiedergabe der Filmmusik und des Texts ebenfalls dem Vorführungsrecht unterfalle (*Ulmer*, Urheber- und VerlagsR[3] § 52 I; *Rehbinder*[16] Rn. 274, 348), berücksichtigt nicht, dass die Filmmusik nach § 89 Abs. 3 nur zu den benutzten Werken gehört und niemals Teil des Filmwerks wird (*Schack*, Urheber- und UrhebervertragsR[7] Rn. 316). Wer das **Filmvorführungsrecht** erwerben möchte, muss deshalb unterschiedliche Rechte bei verschiedenen Vertragspartnern einholen (zu Einzelheiten vgl. Rn. 32).

2. Erfasste Verwertungshandlungen

29 **Vorführung** ist jede öffentliche Wahrnehmbarmachung der in Abs. 4 aufgeführten Werke durch **technische Einrichtungen**. Darunter fallen Abspielgeräte und Projektoren jeglicher Art, die Bilder oder Bildfolgen für den Betrachter wahrnehmbar machen können (z. B. DVD-Player, Dia-Projektor, PC, Beamer, Informationsdisplays, Mikrofilmlesegeräte, etc.). Werden bei einem Live-Konzert (Abs. 2 1. Alt) oder einer bühnenmäßigen Aufführung (Abs. 2 2. Alt.) über einen Projektor zugleich Bilder eingespielt, liegt insoweit eine Vorführung vor, welche als solche – vorbehaltlich der Frage der Werkverbindung – zu lizenzieren ist. Die Ausstrahlung von Filmen im Fernsehen ist keine Vorführung, sondern Sendung (vgl. Rn. 27), Video-on-demand Angebote unterfallen regelmäßig § 19a (vgl. § 19a Rn. 17). Werden in Kinos Filme öffentlich vorgeführt, die zuvor aufgrund öffentlicher Zugänglichmachung heruntergeladen worden sind (z. B. bei Online-Distribution aktueller Kinofilme durch den Verleiher), liegt hinsichtlich des Filmwerks eine Filmvorführung nach Abs. 4 vor (dazu auch vgl. § 22 Rn. 6).

30 Dem Urheber bleibt nur die **öffentliche Vorführung** seines Werkes vorbehalten. Es gilt der Öffentlichkeitsbegriff des § 15 Abs. 3 (zu Einzelheiten vgl. § 15 Rn. 27 ff.). Nicht öffentlich ist die Vorführung eines Spielfilms im Freundes-

und Bekanntenkreis. Bejaht wurde die Öffentlichkeit dagegen bereits bei hausinternen Vorführungen in **Altenheimen** (BGH GRUR 1975, 33, 34 – *Altenheim*), **Gefängnissen** (BGH GRUR 1984, 734, 35 – *Vollzugsanstalten*) und mehrtägigen **Seminarveranstaltungen** (BGH GRUR 1983, 562, 563 – *Zoll- und Finanzschulen*), weil in diesen Fällen der Grad der persönlichen Verbundenheit unter den Zuschauern noch nicht ausreichend sei. Die bloße Zugehörigkeit zu einer bestimmten Gruppe reicht nicht. **Keine öffentliche Vorführung** liegt dagegen vor, wenn sich die Zuschauer zwar untereinander unbekannt sind, jedoch nicht am Ort der Vorführung **versammelt** sind und die Wiedergabe **gemeinsam wahrnehmen**. Schulbeispiel sind **Videos**, die zeitgleich durch eine Verteileranlage an die einzelnen Zimmer eines Hotels übertragen werden und von dort aus empfangen werden können. Hier greift nicht § 19 Abs. 4, sondern das Senderecht nach § 20 ein (BGH GRUR 1994, 45, 46 – *Verteileranlagen*; ebenso Dreier/Schulze/*Dreier*[5] Rn. 18; Schricker/Loewenheim/*v. Ungern-Sternberg*[4] Rn. 41 m. w. N. auch zur Gegenauffassung).

3. Schranken

Vgl. Rn. 6 (Kommentierung zum Aufführungsrecht). **31**

4. Rechtewahrnehmung

Da bei der **Filmvorführung** unterschiedliche Werke und Verwertungsrechte betroffen sind (vgl. Rn. 28), ist zu differenzieren: Das Vorführrecht an den **Laufbildern** wird durch den Berechtigten selbst, üblicherweise durch die vom Filmhersteller eingesetzte Verleihfirma, wahrgenommen. Diese schließt mit den Filmtheatern sogenannte **Filmbestellverträge** ab, welche die – im Übrigen mietvertraglichen – Modalitäten der Vorführung regeln (zu Einzelheiten ausführlich v. Hartlieb/Schwarz/*Klingner*[4] Kap. 177 ff.). Für die § 21 unterfallende Wiedergabe der **Filmmusik** ist dagegen die GEMA wahrnehmungsberechtigt (§ 1f BerechtigungsV GEMA; BGH GRUR 1977, 42 – *Schmalfilmrechte*), wenn und sofern die Komponisten ihr die Rechte zur Wahrnehmung eingeräumt haben (sprachlich verwirrend spricht die GEMA vom Filmvorführungsrecht, gemeint ist nur die Musik). Dies ist insbesondere bei US-Produktionen häufig nicht der Fall, weil die Filmkomponisten dem Filmhersteller nicht nur das Filmherstellungs- (dazu vgl. Vor §§ 88 ff. Rn. 86, 110), sondern auch das Vorführungsrecht eingeräumt haben (GEMA-Vermutung für das Vorführungsrecht bei Filmmusik dagegen bejaht durch BGH GRUR 1977, 42, 43 – *Schmalfilmrechte*; OLG Köln GRUR 1983, 568, 569 – *Video-Kopieranstalt*). In der Praxis schließen die Filmtheater mit der GEMA Pauschalverträge ab. Nach dem Tarif T-F „Kino“ haben die Filmtheater 1,25 % ihres Nettoumsatzes aus Kartenverkäufen an die GEMA zu zahlen. Soweit durch die Filmvorführung schließlich auch **Sprachwerke** (Dialoge, Drehbuch) wiedergegeben werden, ist die VG Wort ausweislich § 1 Nr. 11 WahrnehmungsV VG Wort zur Wahrnehmung berechtigt. Diese „ruht“ jedoch zur Zeit (Merkblatt VG WORT Juli 2004, abzurufen unter vgwort.de). **32**

VI. Prozessuales

1. Aktivlegitimation

Der Urheber bleibt auch dann zur Verfolgung seiner Rechte aus § 19 berechtigt, wenn er diese einer Verwertungsgesellschaft exklusiv zur Wahrnehmung übertragen hat, weil er am Vergütungsaufkommen der Verwertungsgesellschaft beteiligt ist (BGH NJW 1957, 220, 221 – *Europapost*; BGH GRUR 1960, 251, 252 – *Mecki-Igel II*; BGH NJW 1992, 2824 – *Alf*). Umgekehrt ist die Verwertungsgesellschaft aufgrund ihrer Sachbefugnis nicht nur berechtigt, sondern nach § 9 VGG (ehemals § 6 UrhWahrnG) mitunter auch **33** verpflichtet, gegen Rechtsverletzungen vorzugehen. Nach BGH GRUR 1994, 800, 801 – *Museumskatalog* müssen jedoch die Voraussetzungen der Prozessstandschaft vorliegen, wenn die Verwertungsgesellschaft nur das Inkasso für ausländische Verwertungsgesellschaften vornimmt. Einzelheiten zur Aktivlegitimation vgl. § 97 Rn. 127 ff.; zur Vermutung der Sachbefugnis der Verwertungsgesellschaften s. unsere 11. Aufl./*Wirtz* § 13c UrhWahrnG Rn. 1 ff.

2. Passivlegitimation

34 Passivlegitimiert sind nicht nur die das Werk unmittelbar Vortragenden bzw. Aufführenden, sondern gerade auch der Veranstalter. Veranstalter im Sinne des § 42 Abs. 2 S. 2 VGG (ehemals § 13b Abs. 1 UrhWahrnG) ist, wer die Veranstaltung angeordnet hat und durch dessen ausschlaggebende Tätigkeit sie ins Werk gesetzt ist (s. BGH GRUR 2015, 987 – *Trassenfieber*; BGH GRUR 1956, 515, 516 – *Tanzkurse*; BGH GRUR 1960, 606, 607 – *Eisrevue II*) bzw. der für die Veranstaltung organisatorisch oder finanziell verantwortlich ist (s. BGH NJW 1971, 2173, 2174 – *Konzertveranstalter*; OLG München GRUR 1979, 152 – *Transvestiten-Show*) bzw. der auf die Programmgestaltung einen maßgeblichen Einfluss hat (s. KG GRUR 1959, 150, 151 – *Musikbox-Aufsteller*). Stellt bspw. ein Theaterbetreiber neben dem Veranstaltungssaal eine gastronomische Bewirtung der Veranstaltungsbesucher zur Verfügung, vereinnahmt die sich daraus ergebenden Erlöse und bewirbt die Veranstaltung in seinem Veranstaltungskalender, wirkt er als Veranstalter an der Aufführung mit und kann als Mittäter für Urheberrechtsverletzungen haften (BGH GRUR 2015, 987 – *Trassenfieber*). Event-Agenturen, die im Auftrag eines Unternehmens Feiern ausrichten, haften wenigstens als Mitveranstalter (LG Köln ZUM 2010, 906, 908 in Anlehnung an den Veranstalterbegriff nach § 81). Nach OLG Hamburg GRUR 2001, 832 – *Tourneeveranstalter* haftet selbst derjenige für die GEMA-Gebühren, der auf die Organisation einer Tournee keinen Einfluss hat, aufgrund einer erfolgsabhängigen Umsatzbeteiligung aber ein eigenes wirtschaftliches Interesse an der Tournee hat (zweifelhaft). Dagegen ist der bloße Vermieter von Räumlichkeiten, in denen es zur Aufführung von Musikwerken kommt, nicht Veranstalter und Mittäter der Urheberrechtsverletzung (LG Düsseldorf ZUM-RD 2012, 598). Zur Passivlegitimation vgl. § 97 Rn. 146.

VII. Verhältnis zu anderen Verwertungsrechten

35 Vgl. Rn. 10, 13, 24, 26, 27 f.

§ 19a Recht der öffentlichen Zugänglichmachung

Das Recht der öffentlichen Zugänglichmachung ist das Recht, das Werk drahtgebunden oder drahtlos der Öffentlichkeit in einer Weise zugänglich zu machen, dass es Mitgliedern der Öffentlichkeit von Orten und zu Zeiten ihrer Wahl zugänglich ist.

Übersicht

I. Allgemeines

1. Systematische Einordnung und Entstehungsgeschichte

Das durch die Urheberrechtsnovellierung 2003 eingeführte Recht der öffentlichen Zugänglichmachung wurde zur Vermeidung von Lücken und Abgrenzungsproblemen im Bereich der Online-Verwertung geistiger Werke geschaffen (RegE UrhG Infoges – BT-Drs. 15/38, S. 16 f.). Auch vor Einführung von § 19a wurde der Großteil der jetzt erfassten Verwertungshandlungen als Eingriff qualifiziert, wobei umstritten war, welches Verwertungsrecht einschlägig sein sollte – überwiegend wurde ein unbenannter Fall der öffentlichen Wiedergabe nach § 15 Abs. 2 angenommen (BGH GRUR 2003, 958, 962 – *Paperboy*; KG ZUM 2002, 828; LG Hamburg MMR 2004, 558, 560 – *thumbnails*; LG München ZUM 2000, 418, 421 – *Midi-Files*; ausführlich zum Streitstand Loewenheim/*Hoeren*[2] § 21 Rn. 54 ff. m. w. N.; Dreier/Schulze/*Dreier*[5] Rn. 3). Systematisch bildet das neu geschaffene Recht gemäß § 15 Abs. 2 Nr. 2 einen **Unterfall der öffentlichen Wiedergabe**. **1**

Eingeführt wurde § 19a durch das UrhG Infoges in Umsetzung von Art. 3 Abs. 1 und 2 der Info-RL. Die Richtlinienbestimmung geht ihrerseits auf die WIPO-Verträge von 1996, nämlich Art. 8 WCT (*„right of communication to the public"*) sowie Art. 10 und 14 WPPT (*„right of making available"*) zurück (zur Entstehungsgeschichte ausführlich Schricker/Loewenheim/*v. Ungern-Sternberg*[4] Rn. 11 ff., 22 ff. sowie Walter/*v. Lewinski*, S. 1016 ff.). Im übrigen Konventionsrecht, insb. in der RBÜ, findet § 19a keine Entsprechung. Von dem Recht auf öffentliche Zugänglichmachung nach § 19a ist das in § 69c Nr. 3 vorgesehene ausschließliche Verbreitungsrecht für Computerprogramme zu unterscheiden, das seine Grundlage in Art. 4 Abs. 1 c) Software-RL hat, die **2** der Info-RL als spezielleres Recht vorgeht (s. EuGH GRUR 2012, 904, Tz. 51 – *UsedSoft*). Zur gemeinschaftsrechtlichen Zulässigkeit des in § 69c Nr. 4 überschießend geregelten Rechts auf öffentliche Zugänglichmachung vgl. § 69c Rn. 34.

2.   Regelungsintention und Terminologie

3   Das Recht der öffentlichen Zugänglichmachung wurde geschaffen, um den gewandelten Verwertungsmodalitäten der Online-Kommunikation gerecht zu werden (s. a. ErwG 25 Info-RL). Die klassischen urheberrechtlichen Verwertungsrechte konnten die netzvermittelte Übertragung dogmatisch nur unsauber und wirtschaftlich oft nicht sachgerecht erfassen. Problematisch war dabei weniger die Frage des Eingriffs selbst, konnte dieser zumindest über das Innominatrecht des § 15 Abs. 2 ohne größere Probleme bejaht werden (vgl. Rn. 1). Es waren vielmehr die urheberrechtlichen **Schrankenbestimmungen**, insb. § 52 a. F., deren Anwendung hinsichtlich der Online-Bereitstellung oft zu wirtschaftlich nicht haltbaren bzw. unerwünschten Ergebnissen führte. Bei der Einordnung von Sachverhalten in § 19a ist daher immer auch dessen Regelungskontext, insb. die gegenüber § 15 Abs. 2 deutlich verengten Schrankenbestimmungen (dazu vgl. Rn. 30 ff.) zu berücksichtigen.

4   Die sprachlich sperrige Bezeichnung „öffentliche Zugänglichmachung" beruht auf einer wortlautorientierten Übertragung aus den WIPO-Verträgen und der Info-RL, die das Recht als *„communication to the public"* bzw. *„making available to the public"* beschreiben. Die gewöhnungsbedürftige Terminologie hat den Vorteil einer präzisen Abgrenzbarkeit gegenüber anderen Verwertungsrechten. So wird der im Gesetzgebungsverfahren ebenfalls diskutierte Begriff der „Übertragung" bereits anderweitig verwendet und wäre im Übrigen zu eng, da die Zugänglichmachung bereits vor der eigentlichen Übertragung beginnt (vgl. Rn. 9). Ungenau ist der in der Vertragspraxis häufig verwendete Begriff „Online-Recht", da die Online-Verwertung urheberrechtlich geschützter Werke auch andere Verwertungsrechte betreffen kann. Ein Beispiel bildet das echte Internet-Fernsehen („Live-Streaming"), welches dem Senderecht nach § 20 unterfällt (vgl. Rn. 25; zu Problemen in der Vertragspraxis etwa *Neurauter* GRUR 2011, 691; *Gounalakis* ZUM 2009, 447; *Poll* GRUR 2007, 476 sowie die Nachweise in Rn. 24).

5   Im Übrigen ist das Recht der öffentlichen Zugänglichmachung „technologieneutral" gefasst und nicht ausschließlich auf den Bereich des Internet beschränkt (so ausdrücklich RegE UrhG Infoges – BT-Drs. 15/38, S. 16 f.).

3.   Anwendbarkeit auf Leistungsschutzrechte

6   Der Gesetzgeber hat das Recht der öffentlichen Zugänglichmachung konsequent in das UrhG integriert und auch auf sämtliche Leistungsschutzrechte erstreckt. Es steht gem. § 78 Abs. 1 Nr. 1, Abs. 2 Nr. 3 dem **ausübenden Künstler**, gem. § 85 Abs. 1 dem **Tonträgerhersteller** (OLG Stuttgart GRUR-RR 2008, 289; OLG Hamburg MMR 2006, 173, 174 – *staytuned*), gem. § 87 Abs. 1 Nr. 1 dem **Sendeunternehmen** (OLG Hamburg GRUR-RR 2006, 148, 150 – *Cybersky*) sowie gem. § 94 Abs. 1 dem **Filmhersteller** zu. Obwohl in § 87b Abs. 1 nicht ausdrücklich erwähnt, kann sich auch der **Datenbankhersteller** auf § 19a berufen (Wandtke/Bullinger/*Thum/Hermes*[4] § 87b Rn. 52 f.). Dies folgt aus der Umsetzung von Art. 7 Abs. 2 lit b der Datenbank-RL und ist systematisch an den auch in § 87b verwendeten Begriff der öffentlichen Wiedergabe anzuknüpfen, dessen Unterfall die öffentliche Zugänglichmachung bildet. Auch dem **Presseverleger** steht nach § 87f Abs. 1 das ausschließliche Recht zur öffentlichen Zugänglichmachung mit Ausnahme einzelner Wörter und kleinster Textausschnitte zu.

II. Tatbestand

1. Zugänglich machen

Zugänglich ist ein Werk, wenn die **abstrakte Möglichkeit des Abrufs** besteht.   **7**
Ob dieser tatsächlich erfolgt, ist für § 19a irrelevant. Kein Rolle spielt ferner,
wie lange und unter welchen konkreten Umständen ein Inhalt zugänglich war.
§ 19a ist selbst dann einschlägig, wenn ein geschützter Inhalt auf einer kaum
beachteten Webseite nur für wenige Minuten online war (a. A. Wandtke/Bullin-
ger/*Bullinger*[4]Rn. 9) oder wenn der Inhalt auf einem Server nach Löschung des
Direktlinks nur noch hinterlegt war und nur durch die Eingabe einer bestimmten URL abgerufen werden konnte (s. OLG Hamburg GRUR-RR 2010, 425;
KG ZUM-RD 2010, 595; LG Hamburg ZUM 2009, 251; AG München ZUM-
RD 2011, 374). Diese strikte Auslegung ist für die praktische Handhabung
des Rechts und die Beweisführung unerlässlich. Versehentliche Bereitstellungen
urheberrechtlich geschützter Inhalte sind keine Frage des § 19a, sondern müssen über das Verschulden im Rahmen von § 97 berücksichtigt werden (vgl.
§ 97 Rn. 61 ff.). Bei Werken, die bei Share- oder **File Hostern** (z. B. Rapidshare)
hinterlegt wurden und nur durch Eingabe einer anonymisierten URL abzurufen
sind, erfolgt die Zugänglichmachung dagegen (erst) durch die Veröffentlichung
dieser URL, insbesondere als Link (s. OLG Hamburg GRUR-RR 2012, 353;
OLG Düsseldorf ZUM 2011, 252). Diejenigen, die derartige Links bereithalten
(z. B. illegale Film- und Musikportale), greifen selbst in das Recht nach § 19a
ein.

Die Zugänglichmachung nach § 19a setzt nicht voraus, dass der Nutzer die   **8**
Verfügungsgewalt über das jeweilige Werk gewinnen kann. Da § 19a nur allge-
mein von Zugänglichmachung spricht, genügt auch die bloße **Wahrnehmbar-
machung** (OLG Hamburg ZUM 2009, 414 – *staytuned III*; OLG Stuttgart
GRUR-RR 2008, 289; OLG Hamburg MMR 2006, 173, 174 – *staytuned*; LG
Hamburg GRUR-RR 2004, 313, 315 – *thumbnails*).

Die Zugänglichmachung beginnt damit nicht erst, wenn es tatsächlich zu Abru-   **9**
fen kommt und endet nicht schon mit dem erfolgreichen Upload auf den Server
(s. EuGH GRUR 2012, 1245 Tz. 34 – *Dataco/Sportradar*). Der **Uploadvor-
gang** (der als die Zugänglichmachung vorbereitende Vervielfältigung unter § 16
fällt, OLG München ZUM 2010, 709; LG München I ZUM 418, 422 – *MIDI-
Files*; OLG Köln GRUR-RR 2006, 5 – *Personal Video Recorder*) und die nachfolgende weitere **Bereithaltung** bilden vielmehr eine **einheitliche Verwertungshandlung**, sodass eine selbstständige Lizenzierung nicht in Frage kommt (OLG
München ZUM 2010, 709; vorgehend LG München I ZUM 2009, 788; zustimmend *Schaefer* ZUM 2010, 150; Loewenheim/*Hoeren*[2] § 21 Rn. 52; kritisch *Melichar* ZUM 2010, 713 und *Jani* ZUM 2009, 722: Aufspaltbarkeit
bejahend).

2. Drahtgebunden oder drahtlos

Mit den Alternativen der drahtgebundenen bzw. drahtlosen Zugänglichma-   **10**
chung stellt § 19a klar, dass das Recht der Zugänglichmachung grds. **technologieneutral** ausgestaltet ist (RegE UrhG Infoges – BT-Drs. 15/38, S. 16 f.). Die
Zugänglichmachung kann über Telefonleitungen oder andere drahtgebundene
Übertragungswege wie auch über lokale Funknetze (WLAN) oder Mobilfunk-
netze (LTE, UMTS, GRPS etc.) erfolgen (Wandtke/Bullinger/*Bullinger*[4] Rn. 5).
Ebenso wenig ist § 19a auf das Internet beschränkt. Die Vorschrift ist bewusst
offen gehalten für neue technische Entwicklungen und greift insb. nicht auf die
Terminologie des § 20 zurück, sondern verwendet einen umfassenderen Begriff.
Jedoch ergeben sich gerade deswegen gewisse Abgrenzungsfragen zum Sende-
recht des § 20 (vgl. Rn. 39).

3. Von Orten und zu Zeiten ihrer Wahl

11 Nach der Definition des § 19a umfasst das Recht die Möglichkeit, den Mitgliedern der Öffentlichkeit das Werk zu Orten und zu Zeiten ihrer Wahl zugänglich zu machen. Die Formulierung dient zum einen der Erfassung der sog. **sukzessiven Öffentlichkeit**, welche sich im früheren Recht nur schwer unter den Öffentlichkeitsbegriff subsumieren ließ, wonach das Werk *gleichzeitig* von einer Mehrzahl von Personen wahrgenommen werden musste (vgl. § 15 Rn. 35). Zum anderen ermöglicht das Tatbestandsmerkmal eine Abgrenzung gegenüber anderen Verwertungsrechten, insb. dem Senderecht (§ 20) und den anderen unkörperlichen Verwertungsrechten (§§ 19, 21, 22). Zu Einzelheiten der Abgrenzung vgl. Rn. 14 ff., 39 sowie vgl. § 15 Rn. 22 ff. Dem Wortlaut von § 19a ist damit zwar zu entnehmen, dass für die Adressaten der Zugänglichmachung eine Wahlmöglichkeit sowohl in Bezug auf den Zeitpunkt, als auch auf den Ort des Zugriffs bestehen muss. Dies bedeutet jedoch nicht, dass Ort und Zeit des Zugriffs beliebig sein müssen, da andernfalls nicht hinnehmbare Schutzlücken entstünden, die mit dem Regelungsziel von § 19a nicht vereinbar wären (vgl. Rn. 3). Mit der Einführung von § 19a sollten jegliche Formen von Abrufdiensten erfasst werden, die sich in Abgrenzung von der herkömmlichen Sendung durch eine fehlende Linearität von Angebot und Abruf auszeichnen. Ein Inhalt ist Nutzern daher erst dann nicht mehr von Orten ihrer Wahl zugänglich, wenn der Zugriff auf einen oder einige wenige eng eingegrenzte Orte begrenzt ist. So dürfte etwa bei der Beschränkung des Zugriffs auf einen stationären Rechner in einer Bibliothek keine öffentliche Zugänglichmachung vorliegen. Insoweit dürfte im Anwendungsbereich der Schrankenbestimmung aus § 52b entgegen der Ausführungen in der Gesetzesbegründung häufig kein Eingriff in das Recht aus § 19a vorliegen (s. a. Wandtke/Bullinger/*Bullinger*[4] Rn. 8). Der Zugriff über ein internes Netzwerk im gesamten räumlichen Bereich einer Bibliothek ist dahingegen als öffentliche Zugänglichmachung zu qualifizieren, da den Nutzern in Bezug auf den Ort des Zugriffs eine Wahlmöglichkeit gegeben wird. Auf den räumlichen Umfang des Netzwerkes kann es insoweit nicht maßgeblich ankommen.

4. Öffentlichkeit

12 Grundlegende Bedeutung für die Reichweite des Verwertungsrechts kommt dem Begriff der Öffentlichkeit zu. Dieser erfährt in § 15 Abs. 3 zwar eine Legaldefinition. Der weitgehend harmonisierte Begriff der öffentlichen Wiedergabe hat jedoch durch die Rechtsprechung des EuGH zwischenzeitlich eine autonome unionsrechtliche Auslegung erfahren, die sich mit der Legaldefinition in § 15 Abs. 3 nur teilweise deckt. § 15 Abs. 3 dürfte sich daher als Maßstab für das Vorliegen einer Öffentlichkeit der Zugänglichmachung weitgehend überholt haben (Einzelheiten s. die ausführliche Kommentierung zum Öffentlichkeitsbegriff zu § 15). § 19a nimmt auf den Begriff der Öffentlichkeit gleich doppelt Bezug: Das Werk muss der Öffentlichkeit in der Weise zugänglich gemacht werden, dass es Mitgliedern der Öffentlichkeit von Orten und Zeiten ihrer Wahl zugänglich ist. Im Ergebnis stellt das Verwertungsrecht damit auf die **Gruppenzugehörigkeit der Adressaten** ab: Weder muss das Werk für jedermann oder gar weltweit abrufbar sein, noch kommt es darauf an, ob diejenigen, die es tatsächlich abgerufen haben, Mitglieder der Öffentlichkeit sind. Maßgebend ist allein, ob der **potentielle Adressatenkreis**, dem das Werk zugänglich gemacht wird und der es hätte abrufen *können*, Mitglieder der Öffentlichkeit umfasst. Wo hier die Grenze zu ziehen ist, ist jeweils Tatfrage und anhand der Rechtsprechung zum Öffentlichkeitsbegriff zu entscheiden (Nachweise s. die ausführliche Kommentierung zum Öffentlichkeitsbegriff zu § 15). Die europäische Rechtsprechung setzt hierfür einen zahlenmäßig unbestimmten Personenkreis voraus und verlangt als Mindestumfang eine ziemlich große Zahl potentieller Adressaten. Um eine „unbestimmte Zahl potentieller Adressaten" handelt es sich, wenn die Wiedergabe für Personen allgemein erfolgt, also nicht auf besondere Personen beschränkt ist, die einer privaten Gruppe angehören (s. EuGH GRUR 2016, 60 Tz. 21 – *SBS/SABAM*; EuGH GRUR 2014, 360 Tz 21 – *Svensson/Retriever Sverige*; EuGH GRUR 2013, 500 Tz. 32 – *ITV Broadcasting/TVC*; EuGH GRUR 2012, 593 Tz. 84 – *SCF/Del Corso*; EuGH GRUR 2012, 597 Tz. 33 – *PPL/Irland*; sich dem anschließend BGH GRUR 2016, 278 Rn. 31 – *Hintergrundmusik in Zahnarztpraxen*; BGH GRUR 2016, 71 Rn. 46 f. – *Ramses*). Das Fehlen einer persönlichen Verbundenheit zum Anbieter gemäß § 15 Abs. 3 S. 2 dürfte zwar weiterhin einen Fall fehlender Öffentlichkeit darstellen, da eine persönliche Verbundenheit zum Anbieter gegen die Annahme einer unbestimmten Vielzahl von Adressaten spricht. Die persönliche Verbundenheit zwischen Anbieter und Adressat kann jedoch nicht mehr als allein maßgebliches Kriterium für die Zuordnung der potentiellen Adressaten zur Öffentlichkeit erachtet werden (s. BGH GRUR 2016, 278 Rn. 20 ff. – *Hintergrundmusik in Zahnarztpraxen*; BGH GRUR 2016, 71 Rn. 65 – *Ramses*, WEG von 343 Parteien ist „private Gruppe"). Eine weitere zentrale Voraussetzung für eine öffentliche Wiedergabe im Zusammenhang mit der öffentlichen Zugänglichmachung ist das Erfordernis eines neuen Publikums (s. nur EuGH GRUR 2016, 60. Tz. 27 – *SBS/SABAM*; EuGH GRUR Int. 2011, 1063 Tz. 197 – *Murphy* m. w. N.). Der Gerichtshof schränkt die ausschließliche Bestimmungsbefugnis des Rechteinhabers im Vergleich zur Legaldefinition in § 15 Abs. 3 deutlich ein, indem er jedenfalls für den Fall, dass es sich um eine abhängige Wiedergabe (z. B. durch Weitersendung oder Verlinken) handelt und für die nachfolgende Wiedergabe des Werkes kein von der ursprünglichen Zugänglichmachung unterschiedliches technisches Verfahren genutzt wird, eine zustimmungsbedürftige öffentliche Wiedergabe nur dann annimmt, wenn das Werk durch die nachfolgende Wiedergabe einem „neuen" Publikum zugänglich wird, welches der Rechteinhaber nicht berücksichtigt hat, als er die ursprüngliche Wiedergabe erlaubte.

Aufgrund dieses grundlegenden Wechsels der Beurteilungskriterien im Hinblick auf den Öffentlichkeitsbegriff muss eine Vielzahl der bislang zur Frage der Öffentlichkeit einer Zugänglichmachung ergangenen nationalen Entscheidungen einer erneuten Bewertung nach Maßgabe des europäischen Öffentlichkeitsbegriffs unterzogen werden. Es verbietet sich insoweit eine pauschale Bezugnahme auf Entscheidungen, denen der Öffentlichkeitsbegriff nach § 15 Abs. 3 zugrunde liegt. An die Stelle der persönlichen Verbundenheit der potentiellen Adressaten der Zugänglichmachung als Abgrenzungskriterium zur Öffentlichkeit tritt die Abgrenzbarkeit der Gruppe der Adressaten zur Allgemeinheit (s. BGH GRUR 2016, 71 Rn. 66 – *Ramses*). Daran fehlt es weiterhin bei – ohnehin anonymen – **Filesharing-Systemen** oder Internet-Communities. Die Frage der Öffentlichkeit wird dahingegen immer dann zu problematisieren sein, wenn sich die Gruppe der potentiellen Adressaten durch außerhalb der Werknutzung liegende Kriterien von der Allgemeinheit abgrenzen lässt und die Entscheidung zur Zugehörigkeit zu dieser Gruppe nicht im Wesentlichen der Entscheidung des Nutzers obliegt (s. zur freien Zugänglichkeit von Hotelzimmern: EuGH, GRUR 2012, 597 Tz. 41 – *PPL/Irland*. **13**

Die Öffentlichkeit fehlt weiterhin bei sog. **virtuellen Videorecordern**, d. h. Diensten, die auf Bestellung Fernsehsendungen aufzeichnen, die der Besteller (und nur er) zeitversetzt in seinem persönlichen Account abrufen kann (BGH GRUR 2009, 845 Rn. 26 f. – *Internet-Videorecorder I*; vorgehend OLG Dresden MMR 2007, 664, 665; nachgehend OLG Dresden GRUR-RR 2011, 413 – *save.tv*; LG Braunschweig ZUM-RD 2006, 396; a. A. OLG Köln GRUR-RR 2006, 5 – *Personal Video Recorder; Dreier* ZUM 2011, 2, 6). Für die Einordnung unter § 19a ist dabei unerheblich, ob die für den Kunden persönlich abrufbare Kopie der Sendung von einem vorher erstellten Master gefertigt wurde oder seine Kopie sofort ohne Zwi- **13a** schenschritt individuell abgespeichert wird (zweifelhaft daher LG München I ZUM 2012, 1003 n. rkr.). Diese Differenzierung kann nur bei der Frage relevant sein, ob es sich auch bei der Masterkopie noch um eine Privatkopie im Sinne von § 53 Abs. 1 handelt (insoweit vgl. § 53 Rn. 9 ff.). Zum Eingriff in das Senderecht durch die Weiterleitung der Sendesignale an den „Persönlichen Videorecorder" des Kunden vgl. § 20 Rn. 10.

III. Praktischer Anwendungsbereich

14 Der praktische Anwendungsbereich des Rechts auf öffentliche Zugänglichmachung folgt maßgeblich aus dessen Charakter als Abrufübertragungsrecht. Erfasst werden vordergründig **Pull-Dienste**, die vor der Urheberrechtsnovelle 2003 nur lückenhaft in den Kanon der §§ 15 ff. eingeordnet werden konnten (s. a. RegE UrhG Infoges – BT-Drs. 15/38, S. 1, 16). Dagegen fallen **Push-Dienste** und ähnliche Angebote, bei denen nicht der Nutzer, sondern der Anbieter den Zeitpunkt des Abrufs und der Wahrnehmung bestimmt, regelmäßig nicht unter § 19a (vgl. Rn. 24 f.; Loewenheim/*Hoeren*[2], § 21 Rn. 63; Wandtke/Bullinger/*Bullinger*[4] Rn. 30; differenzierend Dreier/Schulze/*Dreier*[5] Rn. 10; zum Ganzen auch *Poll* GRUR 2007, 467; *Schack* GRUR 2007, 639).

1. Erfasste Werknutzungen

15 a) **World Wide Web (WWW):** Klassischer Anwendungsbereich des § 19a ist die Bereitstellung urheberrechtlich geschützter Inhalte auf Internet-Webseiten jeglicher Art. Unerheblich ist, ob der jeweilige Inhalt jemals abgerufen wurde oder nur für kurze Zeit verfügbar gewesen ist (vgl. Rn. 7).

16 b) **Intranet und geschlossene Plattformen:** Unter Geltung der Legaldefinition in § 15 Abs. 3 war die Bereitstellung urheberrechtlich geschützter Inhalte in unternehmens-, verbands- oder universitätsinternen Netzwerken (Intranet) regelmäßig als öffentliche Zugänglichmachung anzusehen (Dreier/Schulze/*Dreier*[5] Rn. 7). Zwar ist der Nutzerkreis abgegrenzt und bestimmbar, jedoch vermochte die bloße Betriebszugehörigkeit oder das gemeinsame Interesse an der Werknutzung die erforderliche persönliche Verbundenheit der Nutzer i. S. v. § 15 Abs. 3 nicht zu begründen (ähnlich KG ZUM 2002, 828, 831 für den E-Mail-Versand von Presseartikeln an die Mitarbeiter; vgl. Rn. 12; zu elektronischen Pressespiegeln BGH ZUM 2002, 240). Am Maßstab des Öffentlichkeitsbegriffs des EuGH ist die Abgrenzung der öffentlichen zur nicht-öffentlichen Zugänglichmachung im Intranet maßgeblich nach der Bestimmtheit des Adressatenkreises vorzunehmen. Eine Öffentlichkeit ist entsprechend anzunehmen, wenn der Zugriff auf die Inhalte des Intranets nicht auf einen bestimmten Kreis zugelassener Nutzer beschränkt ist, sondern auch Außenstehende Zugriff auf das interne Netzwerk haben (s. auch Wandtke/Bullinger/*Bullinger*[4] Rn. 24). Für eine quantitative Grenze, bei der unabhängig von der Bestimmtheit des Adressatenkreises in jedem Fall von einer Öffentlichkeit auszugehen ist, gibt es bislang keine Anhaltspunkte in der Rechtsprechung (s. BGH GRUR 2016, 71 Rn. 65 ff. – *Ramses*, der selbst bei einer WEG mit 343 Mitgliedern eine Öffentlichkeit aufgrund Bestimmtheit ablehnte). Für eine engere Auslegung kann letztlich auch nicht die Schranke des § 52a Abs. 1 Nr. 2 herangezogen werden, die die Zugänglichmachung von Werken an einen abgegrenzten Personenkreis (= Öffentlichkeit) erlaubt (anders noch unsere 11. Aufl.), da § 52a Abs. 1 Nr. 2 zwar auf die Befugnis zur Schaffung einer nationalen Wissenschaftsschranke in Art. 5 Abs. 3 Buchst. Info-RL zurückgeht, in seiner konkreten Ausgestaltung jedoch keine europäische Grundlage hat. Eine einschränkende Auslegung des Öffentlichkeitsbegriffs ist jedoch weiterhin über die Frage der Bestimmtheit des Adressatenkreises möglich und geboten. Auch wenn der Zugriff auf ein Intranet nur Mitgliedern einer bestimmten Gruppe möglich ist und Außenstehende formal keinen Zugang zu den entsprechenden Inhalten haben, ist eine Öffentlichkeit daher anzunehmen, wenn der Zugang zu der Gruppe der Zugangsberechtigten z. B. durch bloße Anmeldung letztlich beliebigen Personen möglich ist (s. EuGH, GRUR 2012, 597 Tz. 41 – *PPL/Irland*, für die freie Zugänglichkeit von Hotelzimmern; LG München I ZUM 2016, 558 Rn. 72, für eine nur Abonnenten zugängliche Onlineplattform). Dies gilt insbesondere, wenn der Zugang zu den entsprechenden Inhalten ein wesentlicher Beweggrund für die Zugehörigkeit zu dem Kreis der Zugriffsberechtigten Adressaten ist oder wenn die Gewährung des Zugangs zu diesem Personenkreis einem Erwerbsinteresse dient. Ein Erwerbsinteresse ist nach der europäischen Rechtsprechung zwar keine Voraussetzung für die Annahme einer öffentlichen Wiedergabe, kann jedoch ein gewichtiges Indiz für eine öffentliche Wiedergabe darstellen (s. EuGH GRUR 2016, 1152 Tz. 51 *GS Media/Sanoma*; EuGH GRUR 2012, 593 Tz. 88 – *SCF/Del Corso*; EuGH GRUR 2012, 597 Tz. 36 – *PPL/Irland*; BGH GRUR 2016, 278 Rn. 40 – *Hintergrundmusik in Zahnarztpraxen*). Unter dieser Prämisse lässt sich beispielsweise die Öffentlichkeit einer Inhalteplattform nicht deshalb verneinen, weil diese nur angemeldeten Mitgliedern zugänglich ist, soweit jedenfalls die Mitgliedschaft einer unbestimmten Zahl von Personen offen steht. Ebenso werden Plattformen, mit denen direkt oder über Werbefinanzierung eine Gewinnerzielungsabsicht verfolgt wird regelmäßig als öffentlich zu betrachten sein. Grenzbereiche bestehen dort, wo sich, wie z. B. in einem unternehmensinternen Intranet, die Gruppe der Zugriffsberechtigten Adressaten auf die bestimmte jedoch einer ständigen Fluktuation unterworfenen Belegschaft beschränkt. In diesem Fall ginge es zu weit, aus der bloßen Möglichkeit einer Bewerbung auf Stellenanzeigen eine Unbestimmtheit des Adressatenkreises zu folgern. Dabei muss auch berücksichtigt werden, dass der Zugang zum Intranet des Unternehmens regelmäßig eine bloße Begleiterscheinung jedoch kein maßgebliches Entscheidungskriterium für die Mitgliedschaft in der Gruppe der Zugriffsberechtigten ist. Soweit das unternehmensinterne Netzwerk daher Außenstehenden (auch ehemaligen Mitarbeitern) unzugänglich ist, wird man hier nicht mehr von einer öffentlichen Zugänglichmachung ausgehen können. Eine ähnliche Problematik existiert beispielsweise im internen Netzwerk einer Universität. Hier erscheint es naheliegender, aufgrund der Vielzahl der zugriffsberechtigten Personen und des grundsätzlich offenen Zugangs zu Studienplätzen eine unbestimmte Öffentlichkeit anzunehmen (BGH GRUR 2014, 549 Rn. 18, noch vor Übernahme des Öffentlichkeitsbegriffs des EuGH).

c) On-Demand-Dienste: Die auch außerhalb des Internet anzutreffenden On-Demand-Dienste fallen unter den Anwendungsbereich des § 19a, wenn und soweit der Nutzer die zum Abruf bereit gestellten Inhalte (z. B. Filme, Musik, Datenbankinhalte) **zu Zeiten seiner Wahl** („on-demand") abrufen kann (s. Sachverhalte in OLG Stuttgart NJW 2008, 1605, 1606; OLG Hamburg ZUM 2009, 414 – *staytuned III*; OLG Hamburg MMR 2006, 173, 164 – *staytuned*; LG Leipzig ZUM 2006, 763; zum Sonderfall des Near-on-Demand vgl. Rn. 24). Insb. die Filmwirtschaft hat für die Online-Distribution von Spielfilmen und TV-Serien mit Hilfe der DRM-Technik ganz unterschiedliche, wirtschaftlich eigenständige „on-demand"-Modelle entwickelt. So kann der Nutzer beim **Video-on-demand** i. e. S. den abgerufenen Film gegen Entgelt nur einmal abrufen und wahrnehmen (**pay-per-view**) oder jedenfalls nur für einen begrenzten Zeitraum (z. B. 48 h) abspielen. Entspricht dieses Modell damit eher dem „Ausleihen" eines Films in einer Videothek, ruft der Nutzer beim **Download-to-Own** eine dauerhaft abspielbare Kopie des Films ab, die er ggf. auch auf DVD brennen kann (deshalb auch „**Electronic-Sell-Through**" genannt). Wenngleich alle Distributionsmodelle § 19a unterfallen, ist die Unterscheidung in der Verwertungs- und Lizenzierungspraxis der Studios von erheblicher Bedeutung. Ähnliche Vertriebsstrukturen haben sich mittlerweile auch im zunächst von

17

Electronic-Sell-Through-Modellen geprägten Musikbereich entwickelt, wo sich aber Flatrate basierte Hybrid-Dienste, welche Streaming- und Download-Optionen kombinieren zunehmend durchsetzen.

17a   Zur urheberrechtlichen Einstufung **virtueller Videorekorder** vgl. Rn. 13.

18   **d) Peer-to-Peer-Dienste (sog. Filesharing):** § 19a erfasst auch das Angebot von Dateien in Peer-to-Peer-Systemen (OLG Hamburg MMR 2005, 453, 454 – *Rammstein*; LG Hamburg MMR 2007, 131, 132; ausführlich zum Ganzen *Brinkel* S. 12 ff; *Jan Bernd Nordemann/Dustmann* CR 2004, 380 ff.). Wer anderen Teilnehmern dieser Tauschplattformen den Abruf der auf dem eigenen PC bereitgehalten Musik- oder Videodateien gestattet, macht diese öffentlich zugänglich. Unerheblich ist, ob der jeweilige Nutzer durch die Software zur Freigabe gezwungen wird oder diese bewusst aktiviert, weil bei § 19a die Frage des Eingriffs nur objektiv zu bestimmen ist (vgl. Rn. 7). Bedeutung hat dies in erster Linie für Koppelsysteme (z. B. eDonkey), die den Download von Dateien mit dem Angebot verknüpfen, indem der Nutzer schon während des Downloadvorgangs die bereits herunter geladenen Dateifragmente anderen Nutzern schon wieder zum Abruf zur Verfügung stellt (dazu *Jan Bernd Nordemann/Dustmann* CR 2004, 380 ff.) Zur Haftung für Filesharing, insbesondere durch Internetanschlussinhaber, Betreiber eines WLAN und Provider vgl. § 97 Rn. 170 ff. Zu Auskunftsansprüchen gegen Access Provider vgl. § 101 Rn. 55 ff.

19   **e) FTP (file-transfer-protocol):** Einschlägig ist § 19a für die Hinterlegung von Inhalten auf einem Server, der Mitgliedern der Öffentlichkeit einen Zugriff via FTP ermöglicht. File Transfer Protocol (s. a. Loewenheim/*Hoeren*[2] § 21 Rn. 65) ist ein klassischer Pull-Dienst, der den Abruf der hinterlegten Dateien zu beliebigen Zeiten ermöglicht. Entsprechendes gilt für den Betrieb eines **Cloud-Computing**-Dienstes. Auch hier werden Inhalte zum jederzeitigen Abruf bzw. Software zur jederzeitigen Nutzung zur Verfügung gehalten. Ob es sich dabei um *öffentliche* Zugänglichmachung handelt, entscheidet sich nach dem Personenkreis, der Zugriff auf die jeweilige Cloud hat (zum Begriff der Öffentlichkeit vgl. Rn. 12 ff.).

20   **f) Streaming-Media:** Ebenfalls § 19a zuzuordnen sind on-demand Streaming-Angebote (OLG Köln GRUR-RR 2006, 5 – *Personal Video Recorder*; OLG Hamburg ZUM 2009, 414 – *staytuned III*; OLG Hamburg MMR 2006, 173, 174 – *staytuned*), wie z.B. YouTube. Die hier angebotenen Audio- oder Videodateien können beliebig oft und zeitversetzt abgerufen werden, sind aber nicht zum Download bestimmt. § 19a setzt indes nicht voraus, dass der Nutzer die Verfügungsgewalt über den Inhalt erlangt (OLG Hamburg MMR 2006, 173, 174 – *staytuned*; vgl. Rn. 8). Keine öffentliche Zugänglichmachung, sondern **Sendung i. S. v.** § 20 ist das sog. **Live-Streaming**, bei dem sich der Nutzer zu einem festgelegten Zeitpunkt nur in das laufende Programm einschalten kann, ohne den Ablauf beeinflussen zu können (LG München ZUM 2001, 260, 263; LG Hamburg ZUM 2005, 844, 866; *Stieper* MMR 2011,12, 16; *Koch* GRUR 2010, 574; *Büscher/Müller* GRUR 2009, 558; *Schack* GRUR 2007, 639; Schricker/Loewenheim/*v. Ungern-Sternberg*[4] vor §§ 20 ff. Rn. 7; a. A. zurückhaltend Dreier/Schulze/*Dreier*[5] § 20 Rn. 16; zu Einzelheiten vgl. Rn. 24 f.).

21   **g) Podcasting:** Auch das Podcasting (zusammengesetzt aus „Broadcasting" und „iPod"), d. h. die Bereitstellung von Audio- und Videodateien über Online-Abonnements, unterfällt § 19a (ebenso *Poll* GRUR 2007, 476, 481; Schricker/Loewenheim/*v. Ungern-Sternberg*[4] § 20 Rn. 46). Es weist die Besonderheit auf, dass der Podcast-Anbieter die Information über die Verfügbarmachung, also über Inhalt und Speicherort der jeweiligen Datei, aktiv via sog. **RSS-Feeds** vermittelt. Zwar könnte man diese RSS-Feeds selbst als Push-Dienst und damit

Sendung (§ 20) einordnen. Auf diese kommt es jedoch für die Bereithaltung des eigentlichen Inhalts nicht an, denn die Einbindung in den RSS-Feed ermöglicht lediglich das Abonnement der verfügbar gemachten Inhalte, nicht aber den Abruf selbst. Es bleibt dabei, dass der Nutzer den Titel zu Zeiten seiner Wahl abruft.

h) Thumbnails: Thumbnails sind verkleinerte Vorschaubilder, die insb. in den 22 Ergebnislisten von (Bilder-)Suchmaschinen eingeblendet werden, um dem Nutzer eine Vorschau über den ermittelten Inhalt zu gewähren. Die Bereitstellung dieser Vorschaubilder ist eine eigene Verwertungshandlung i. S. v. § 19a (BGH GRUR 2010, 628 Ls. 1 – *Vorschaubilder*; BGH GRUR 2012, 602 Tz. 13 – *Vorschaubilder II*). Allerdings sieht der BGH in dem Einstellen der Abbildungen eines Werkes in das Internet, ohne diese gegen das Auffinden durch Suchmaschinen zu sichern, ein Einverständnis mit der Wiedergabe dieser Werke in Vorschaubildern einer Suchmaschine (s. BGH a. a. O.; LG Hamburg Urt. v. 3.8.2016 – 308 O 96/13 Rn. 26 ff.).

2.   Nicht erfasste Nutzungen

a) Hyperlinks: Wer durch das Setzen von Hyperlinks auf andere Webseiten 23 verweist, erleichtert dadurch zwar den Zugang zu urheberrechtlich geschützten Werken, nimmt selbst grundsätzlich aber keine urheberrechtlich relevante Verwertungshandlung i. S. v. § 19a vor, soweit das Werk auf der verlinkten Webseite für die Allgemeinheit frei zugänglich hinterlegt ist (so bereits BGH GRUR 2003, 958, 961 f. – *Paperboy*; bestätigt durch BGH GRUR 2013, 818 Tz. 24; *Dustmann* S. 188 f.; *Plaß* WRP 2000, 599, 602; *Nolte* ZUM 2003, 540, 541 f.;). Auf Grundlage der europäischen Rechtsprechung (EuGH GRUR 2014, 360 – *Nils Svenson*; EuGH GRUR 2014, 1196 – *BestWater International*, EuGH GRUR 2016, 1152 – *GS Media/Sanoma*), die sich auch der BGH zu Eigen gemacht hat (BGH GRUR 2016, 171 – *Die Realität II*), ist für die urheberrechtliche Einschätzung von Hyperlinks, ob Inhalte mit Zustimmung des Rechteinhabers zugänglich gemacht wurden, in erster Linie maßgeblich, ob durch das Verlinken dieses Inhalts ein neues Publikum angesprochen wird, also ein Publikum, welches der Rechteinhaber mit der ursprünglichen Zugänglichmachung nicht erreichen wollte (s. BGH GRUR 2016, 171 Rn. 26 – *Die Realität II* m. w. N.). Soweit die verlinkten Inhalte mit Zustimmung des Rechteinhabers ohne technische Beschränkungen für die Allgemeinheit zugänglich sind, stellt ein Verlinken auf diese Inhalte daher keine eigene öffentliche Zugänglichmachung dar (s. OLG München ZUM 2016, 1057 – *Kein Vollgas*, zur Umgehung einer „Metered Paywall", das allerdings die Relevanz der Zugangsbeschränkung für die urheberrechtliche Einschätzung zu verkennen scheint). Dies gilt grundsätzlich auch für sog. **Deep-Links**, bei denen unter Umgehung der vorgelagerten Startseite direkt auf den dahinterliegenden Inhalt verwiesen wird (so bereits BGH GRUR 2003, 958 – *Paperboy*). Bei Zurverfügungstellung von bereits frei im Internet verfügbaren Inhalten auf einer eigenen Webseite nicht per Link, sondern mittels einer auf einem Server hinterlegten Werkkopie geht der BGH zu Recht von einer neuen Öffentlichkeit aus, da der Rechteinhaber der Nutzung seines einmal im Internet genutzten Werkes ansonsten weitgehend schutzlos gegenüber stünde (s. BGH Vorlagebeschluss an den EuGH vom 23.2.2017 GRUR 2017, 514 – *Cordoba*). Das Verlinken wird auf Grundlage der europäischen Rechtsprechung jedoch auch nicht dadurch zur öffentlichen Zugänglichmachung, dass der Rechteinhaber im Zusammenhang mit den verlinkten Inhalten durch bloßen Hinweis ein Verlinken der Inhalte untersagt (offen gelassen durch BGH GRUR 2016, 171 Rn. 35 – *Die Realität II*). Ein solcher Hinweis ändert nichts daran, dass der Rechteinhaber die Inhalte bereits selbst an beliebige Personen freigegeben hat, so dass das Verlinken dieser Inhalte kein neues Publikum adressiert (a. A. wohl BGH GRUR 2016, 171

Rn. 35 – *Die Realität II*). Ein wertendes Regulativ eröffnet sich jedoch durch den der europäischen Rechtsprechung zu entnehmenden Grundsatz, dass es für die Frage der Öffentlichkeit einer Wiedergabe nicht unerheblich ist, ob diese Erwerbszwecken dient (s. nur EuGH GRUR 2016, 1152 Tz. 38 – *GS Media/Sanoma* m. w. N.). Um eine angemessene Beteiligung des Urhebers an der Kommerzialisierung seines Werkes zu gewährleisten, muss für das Verlinken eines Inhalts deshalb jedenfalls dann von einer zustimmungsbedürftigen öffentlichen Zugänglichmachung ausgegangen werden, wenn dieser Verweis auf die verlinkten Inhalte als gesonderte Dienstleistung darauf abzielt, Nutzer anzuziehen und so für eigene Erwerbszwecke zu instrumentalisieren (in diese Richtung gehend EuGH Urt. v. 26.4.2017, C-527/15 – *Filmspeler*, Tz. 51, EuGH GRUR 2012, 597 Tz. 43 ff. – *PPL/Ireland*; EuGH GRUR Int. 2011, 1063 Tz. 204 f. – *Murphy*). Dies kann insbesondere bei der Einbindung des Inhalts in die eigene Webseite im Wege des **Framing** von Relevanz sein. Ebenso wie im Rahmen der Ausstrahlung von Inhalten per Rundfunk (s. insoweit EuGH GRUR Int. 2011, 1063 Tz. 198. – *Murphy*) ist auch bei der Zurverfügungstellung von Inhalten im Internet grundsätzlich davon auszugehen, dass der Rechteinhaber nur eine private Nutzung seines Werkes ermöglichen möchte, so dass die Einbindung der Inhalte in kommerzielle Webseiten als ein gesonderter Akt der öffentlichen Zugänglichmachung zu bewerten ist.

23a Einen eigenen Akt der öffentlichen Zugänglichmachung nimmt in jedem Fall derjenige vor, der unter Umgehung von technischen Schutzmaßnahmen, die den Zugang zu einem im Internet angebotenen Werk (z. B. im Rahmen von Abonnementangeboten) auf einen bestimmten Personenkreis einschränken sollen, einen unmittelbaren Zugriff auf ein geschütztes Werk ermöglicht (so bereits BGH GRUR 2011, 56 – *Session-ID*). In diesem Fall wird der Inhalt durch das Verlinken einem erweiterten Personenkreis und damit einem neuen Publikum zugänglich gemacht, so dass auf Grundlage des europäischen Öffentlichkeitbegriffs von einer öffentlichen Zugänglichmachung auszugehen ist (EuGH GRUR 2014, 360 Tz. 31 – *Nils Svenson*).

23b Eine öffentliche Zugänglichmachung von frei zugänglichen Inhalten durch bloße Verlinkung kann außerdem vorliegen, wenn die verlinkten Inhalte ohne Zustimmung des Rechteinhabers unrechtmäßig zur Verfügung gestellt wurden. Insoweit ist der EuGH jedoch nicht der Auffassung des BGH gefolgt, der im Falle einer unrechtmäßigen Zugänglichmachung der verlinkten Inhalte stets von einer eigenen öffentlichen Zugänglichmachung durch den Verlinkenden ausgehen wollte (s. BGH GRUR 2016, 171 Rn. 34 – *Die Realität II*; dazu vgl. § 97 Rn. 166a). Der Gerichtshof geht hier einen vor dem Hintergrund der deutschen Rechtsdogmatik nur schwer nachvollziehbaren Weg, welcher erkennbar von dem Bestreben nach einem Interessenausgleich getragen ist. So macht der Verlinkende in einem solchen Fall das Werk zwar grundsätzlich öffentlich zugänglich, da es an einer Zustimmung des Rechteinhabers für die freie Zugänglichkeit des Werkes fehlt. Es soll jedoch trotzdem keine öffentliche Wiedergabe im Sinne von Art. 3 Abs. 1 Info-RL vorliegen, soweit der Verlinkende weder weiß noch hätte wissen müssen, dass die verlinkten Inhalte ohne Zustimmung des Rechteinhabers zugänglich gemacht wurden (EuGH GRUR 2016, 1152 Tz. 48 – *GS Media/Sanoma*). Einschränkend stellt der Gerichtshof im Einklang mit den strengen Sorgfaltsanforderungen an gewerbliche Nutzer nach der deutschen Rechtsprechung klar, dass von demjenigen, der einen Hyperlink zu Erwerbszwecken setzt, erwartet werden kann, dass er sich vorab darüber informiert, ob die verlinkten Inhalte mit Zustimmung des Rechteinhabers zur Verfügung gestellt wurden (EuGH GRUR 2016, 1152 Tz. 51 – *GS Media/Sanoma*). Auf dieser Grundlage liegt bei einem Verlinken unrechtmäßig eingestellter Inhalte stets eine eigene öffentliche Zugänglichmachung durch den Verlinkenden vor, wenn dieser aufgrund einer entsprechenden Notifizierung oder aufgrund der besonderen Umstände wusste oder hätte wissen müssen, dass es sich bei den verlinkten Inhalten um unrechtmäßige Angebote handelt oder wenn die Zurverfügungstellung des Links Erwerbszwecken dient (sehr weitgehend eine Haftung des Linksetzenden auch bei lediglich mittelbarem Erwerbszweck bejahend LG Hamburg GRUR-Prax 2017, 19 Rn. 45 ff.). Entgegen der bisher vorherrschenden Auffassung ist daher insbesondere in Bezug auf die Verlinkung offensichtlich rechtsverletzender Download- und Streamingangebote auf sog. Linking-Plattformen regelmäßig von einer eigenen öffentlichen Zugänglichmachung durch den Verlinkenden auszugehen. Das Vorhalten eines Links auf rechtswidrige Inhalte konnte bereits bislang darüber hinaus eine Haftung als Störer begründen (BGH GRUR 2004, 693, 695 – *Schöner Wetten*). Der EuGH hat jedoch deutlich weitergehend zwischenzeitig auch einen eigenen Akt der öffentlichen Zugänglichmachung und damit eine täterschaftliche Haftung auch für alle diejenigen Personen bejaht, die in voller Kenntnis der Sachlage ihren Kunden Zugang zu geschützten Werken gewähren und mit dieser Begründung das bloße Angebot einer Plattform, auf der dem Zweck der Plattform entsprechend Dritte Links zu offenkundig rechtswidrigen Filmstreams setzen, als eigenen Akt der öffentlichen Zugänglichmachung angesehen (s. EuGH Urt. v. 14. Juni 2017, C-610/15 – *Stichting Brein ./. Ziggo et al*, Tz. 34). Auch das Angebot von Multimediageräten, auf denen über vorinstallierte Add-Ons auf rechtswidrig eingestellte Filmstreams zugegriffen werden konnte, sah der EuGH als eigenen Akt der öffentlichen Zugänglichmachung an (s. EuGH a. a. O. – *Filmspeler*, Tz. 53). Der EuGH scheint damit die in der deutschen Urheberrechtsdogmatik feinteilig entwickelte und ausbalancierte Differenzierung zwischen einer Haftung als Täter, Teilnehmer oder Störer deutlich in Richtung einer täterschaftlichen Haftung gerückt zu haben, indem er eine täterschaftliche Haftung entwickelt, die weitgehend an eine bloße Förderungshandlung und einen Willen zur Ermöglichung des öffentlichen Zugangs zu rechtswidrig eingestellten Inhalten abstellt (zu Einzelheiten vgl. § 97 Rn. 165 ff.).

b) Frames und Inline-Links: Ob die Nutzung von **Frames** bzw. **Inline-Links**, bei denen die auf einer anderen Webseite hinterlegten Inhalte durch den Browser des Nutzers mittels eines Frames unmittelbar in die Darstellung der eigenen Webseite, Social-Media Chronik oder eines Tweets einbezogen werden, eine eigene Nutzungshandlung des Linksetzenden darstellt, war zeitweise umstritten (ablehnend: OLG Köln MMR 2013, 192 – *Kirschkerne*; OLG Köln MMR 2012, 552; KG WRP 2012, 1002; Schricker/Loewenheim/*v. Ungern-Sternberg*[4] Rn. 46; *ders.* GRUR 2012, 224, 227; *Conrad* CR 2013, 305, 314; *Ott* MMR 2007, 260, 263 f.; bejahend: OLG Düsseldorf ZUM 2012, 327; LG München I ZUM 2007, 224; Dreier/Schulze/*Dreier*[5] Rn. 6a; *Schulze* ZUM 2011, 2, 10). Die Frage wurde im Rahmen einer Vorlagenentscheidung des BGH (BGH GRUR 2013, 818 – *Die Realität I*) mittlerweile durch den EuGH in der Weise entschieden, dass es für die rechtliche Betrachtung keinen Unterschied macht, ob auf fremde Inhalte im Wege eines einfachen Hyperlink oder im Wege des Framing verwiesen wird (EuGH GRUR 2014, 1196 Tz. 17 – *BestWater International*; BGH GRUR 2016, 171 Rn. 27 – *Die Realität II*). Insoweit kann also auf obige Ausführungen zu Hyperlinks verwiesen werden.

c) ASIN: Die Nutzung urheberrechtlich geschützter Inhalte, insbesondere Produktbeschreibungen und Fotografien durch das Anhängen an fremde Amazonangebote mittels der durch Amazon vergebenen ASIN wird in der Rechtsprechung uneinheitlich bewertet. Teilweise wird eine eigene Handlung des Anhängenden nach § 19a mit der Begründung abgelehnt, dass sich das Werk nicht in der Zugriffssphäre des Anhängenden befinde (OLG München GRUR-RR 2016, 316 Rn. 31). Das Erfordernis einer solchen Zugriffsmöglichkeit ist jedoch nicht mit den Grundsätzen vereinbar, die der Rechtsprechung des EuGH

23c

23d

zur urheberrechtlichen Behandlung von Verlinkungen zu entnehmen ist und wurde entsprechend auch durch den BGH in der vom OLG München herangezogenen Entscheidung aufgegeben (BGH GRUR 2016, 171 – *Die Realität II*). Andere Gerichte gehen von einer mittäterschaftlichen Handlung des Anhängenden nach § 19a neben dem Plattformanbieter Amazon aus (OLG Köln GRUR 2015, 880 Rn. 39 – *Softairmunition*, im Ergebnis jedoch offen lassend, da eine rechtswirksame Einwilligung durch die Amazon-AGB angenommen wurde). Berücksichtigt man, dass beim Anhängen an eine fremde ASIN letztlich keine neue Angebotsseite erstellt wird, sondern lediglich der Anhängende als weiterer Anbieter für das ursprüngliche Produktangebot erscheint, stellt sich bereits die Frage, ob die Inhalte überhaupt durch den Anhängenden zugänglich gemacht werden. Jedenfalls wird man auf Grundlage des europäischen Öffentlichkeitsbegriffs zu dem Schluss kommen, dass die Inhalte keinem „neuen Publikum" zugänglich gemacht werden, soweit die Nutzung der Inhalte in dem ursprünglichen Angebot mit Zustimmung des Rechteinhabers erfolgt. Das Anhängen an das fremde Angebot erfolgt hier zwar zu Erwerbszwecken. Da es sich jedoch letztlich für alle über die ASIN verbundenen Verkäufer um dasselbe Produktangebot handelt, erscheint es unbillig, allein aus dem Erwerbszweck auf eine öffentliche Zugänglichmachung zu schließen. Entsprechend fehlt es beim Anhängen an eine fremde ASIN bereits an einer urheberrechtlich relevanten Handlung des Anhängenden nach § 19a. Auf die nachgelagerte Frage, ob hierfür eine Zustimmung auf Grundlage der Amazon-AGB vorliegt, kommt es daher nicht an. Wurden die urheberrechtlich geschützten Inhalte bereits durch den ursprünglichen Produkteinsteller ohne die erforderliche Zustimmung genutzt, muss man in konsequenter Anwendung der Rechtsprechung des EuGH hingegen zu dem Schluss kommen, dass demjenigen, der sich per ASIN an das rechtsverletzende Angebot anhängt und damit die Inhalte gewerblich nutzt, regelmäßig eine Prüfpflicht obliegt, die zur Annahme einer eigenen Handlung nach § 19 a führt (vgl. Rn. 23b; EuGH GRUR 2016, 1152 Tz. 51 – *GS Media/Sanoma*).

24 **d) Push-Dienste:** Nicht abschließend geklärt ist die urheberrechtliche Einordnung von Push-Diensten, also allen Übermittlungsdiensten, die dem Empfänger nicht passiv den Abruf der Inhalte ermöglichen, sondern diese aktiv übermitteln. Beispiel für derartige Dienste sind **Webcasting, Simulcasting** sowie **Near-on-demand-Dienste** und sämtliche Formen des **Internetrundfunks** (im Einzelnen *Bäcker/Höfinger* ZUM 2013, 623; *Poll* MMR 2011, 226; *ders.* GRUR 2007, 476 ff.; *Schulze* ZUM 2011, 2; *Weber* ZUM 2009, 460; *Klatt* CR 2009, 517; *Schack* GRUR 2007, 639 ff.; *Schwarz* ZUM 2000, 816). Alle genannten Dienste zeichnen sich dadurch aus, dass sie sich einerseits nicht auf die bloße Verfügbarmachung beschränken, andererseits aber nicht die für den klassischen Rundfunk typische Streuwirkung erzielen. Angesichts der zwischen den einzelnen Diensten bestehenden Unterschiede verbietet sich eine generalisierende Einordnung.

25 **Internetradio, Webcasting, Near-on-Demand:** Für echtes Internetradio oder -fernsehen (IPTV/WebTV/MobileTV), bei der sich der Nutzer im Internet in ein laufendes Programm einwählt (**Webcasting**), greift § 19a nicht ein (ebenso **Simulcasting** = zeitgleiche Übertragung über Rundfunk und Internet). Hier steht die Push-Übermittlung derart im Vordergrund, dass das Tatbestandsmerkmal *„von Orten und zu Zeiten ihrer Wahl"* nicht mehr als erfüllt angesehen werden kann (*Schack* GRUR 2007, 639, 641; *Poll* GRUR 2007, 480; *Fringuelli* S. 223 f.; Schricker/Loewenheim/*v. Ungern-Sternberg*[4] vor §§ 20 ff. Rn. 7; Loewenheim/*Schwarz/Reber*[2] § 21 Rn. 76). Dies gilt selbst dann, wenn das Webcasting mitgeschnitten werden kann. Ebenfalls nicht § 19a, sondern dem Senderecht zuzuordnen sind **Near on-Demand-Dienste** (*Schack* GRUR 2007, 639, 641; *Reinbothe* GRUR Int. 2001, 733, 736; *Kröger* CR 2001, 316,

318; a. A. Dreier/Schulze/*Dreier*[5] Rn. 10; ebenso LG München ZUM 2001, 260 noch zum alten Recht; differenzierend nach Intervallmodus Wandtke/Bullinger/*Bullinger*[4] Rn. 19 ff.). Auch hier kann der Adressat nicht frei über den Zeitpunkt des Werkgenusses entscheiden, sondern sich nur in Intervallen, z. B. zu jeder vollen Stunde, in den Stream eines populären Films einwählen. Für diese Dienste, wie auch das **Live-Streaming** (vgl. Rn. 20), ist § 20 einschlägig.

e) **E-Mail:** Beim E-Mailversand urheberrechtlich geschützter Werke an Freunde   **26** oder Bekannte fehlt es bereits am erforderlichen Öffentlichkeitsbezug (Wandtke/Bullinger/*Bullinger*[4] Rn. 31; ablehnend auch für Kopienversanddienste OLG München ZUM 2007, 347, 357 – *Subito*); die Weitergabe kann jedoch eine unzulässige Vervielfältigung darstellen. Aber auch im Fall der Versendung massenhafter E-Mails an einen weiten Nutzerkreis, etwa mittels einer Verteilerliste, greift nur § 16, nicht § 19a nicht ein (Schricker/Loewenheim/*v. Ungern-Sternberg*[4] § 20 Rn. 49; Wandtke/Bullinger/*Bullinger*[4] Rn. 31; a. A. LG Berlin AfP 2001, 339; Dreier/Schulze/*Dreier*[5] Rn. 7; *Schulze* ZUM 2011, 2, 6; *Schack* GRUR 2007, 639, 642). Denn ähnlich wie im Fall der Push-Dienste (vgl. Rn. 24) hat der Empfänger der E-Mail keinen Entscheidungsspielraum hinsichtlich des „Ob" und des „Wie" des Empfangs. Wird dagegen dem Empfänger der E-Mail darin nur mitgeteilt, dass der Abruf eines Werkes vom Server möglich ist (gängig bei Newslettern), greift für das Werk – nicht für die E-Mail – § 19a ein.

f) **InternetAccess und Host Providing:** Diensteanbieter, die ihren Kunden den   **27** Zugang zum Internet und damit auch zu urheberrechtlich geschützten Inhalten vermittelten (**Access Provider**), machen diese nicht selbst öffentlich zugänglich i. S. v. § 19a. Dies ist wie bei Hyperlinks (vgl. Rn. 23) allein der Anbieter des fraglichen Inhalts. Anders urteilen könnte man im Hinblick auf **Host Provider**, die die Inhalte im Kundenauftrag auf ihren Servern zum Abruf bereithalten. Indes stellt ErwG Nr. 27 der Info-RL klar, dass „die bloße Bereitstellung der Einrichtungen, die eine Wiedergabe ermöglichen oder bewirken, [...] selbst keine Wiedergabe darstellt" (ähnlich auch die Vereinbarte Erklärung der WIPO-Konferenz zu Art. 8 WCT; Einzelheiten s. *Dustmann* S. 74). Zur Haftung von Plattformen und sonstigen Hostprovidern als Täter, Teilnehmer und Störer vgl. § 97 Rn. 145 ff.

IV. Erschöpfung

Nach Art. 3 Abs. 3 Info-RL unterliegt das Recht der öffentlichen Zugänglich-   **28** machung nicht der Erschöpfung. Den Nutzern bleibt es entsprechend verwehrt, das mit Zustimmung des Berechtigten herunter geladene Werk ihrerseits öffentlich zugänglich zu machen.

Spätestens mit der Entscheidung *UsedSoft* (EuGH GRUR 2012, 2565 – *Used-*   **29** *Soft*) wurde jedoch die Frage der (teilweisen) Erschöpfung urheberrechtlicher Ausschließungsbefugnisse aufgrund der erstmaligen unkörperlichen Zurverfügungstellung mit Zustimmung des Rechteinhabers neu befeuert. Tatsächlich spricht bei einer eingehenden Auseinandersetzung mit der Rechtsprechung des EuGH zum Verhältnis der Binnenmarktregeln zum Urheberrecht viel dafür, dass dieser die Grundsätze, welche er der Entscheidung *UsedSoft* zugrunde legt, ohne weiteres auch auf Sachverhalte außerhalb des spezifischen Regelungsgehalts der Software-RL anwenden wird (s. hierzu eingehend auf Grundlage eines unmittelbar aus den Grundfreiheiten abgeleiteten Erschöpfungsgedanken: *Engels* S. 100 ff., 123 ff.; eine Übertragung mit unterschiedlicher Begründung ebenfalls befürwortend: *Hoeren/Jakopp* MMR 2014, 646; *Ganzhorn* CR 2014, 492; *Redeker* CR 2014, 73; *Peifer* AfP 2013, 89; *Malevanny*

CR 2013, 422; *Hartmann* GRUR Int. 2012, 980; *Hoeren/Försterling* MMR 2012, 642; *Hilty* CR 2012, 625; *Schneider /Spindler* CR 2012, 489; Dreier/ Schulze/*Dreier*[5] § 69c Rn. 24a; a. A.: OLG Hamburg GRUR-RR 2015, 361 – *eBook-AGB*; OLG Hamm GRUR 2014, 853 – *Hörbuch-AGB*; OLG Stuttgart GRUR-RR 2012, 243 – *Hörbuch-AGB*; *Bäcker/Höfinger* ZUM 2013, 623; *Kloth* GRUR-Prax 2013, 239; *Krüger/Biehler/Apel* MMR 2013, 760; *Stieper* ZUM 2012, 668).

29a Die Entscheidung *UsedSoft* befasst sich jedoch nicht mit der Erschöpfung des Rechts zur öffentlichen Zugänglichmachung. Eine Weitergabe der digitalen Werkkopie ist nach *UsedSoft* nur zulässig, wenn sichergestellt ist, dass die ursprünglich inverkehrgebrachte Kopie unbrauchbar gemacht wurde, so dass eine Mehrfachnutzung ausgeschlossen ist (EuGH GRUR 2012, 2565 Tz. 70, 78 – *UsedSoft*). Damit ist klargestellt, dass die zulässige Weitergabe einer digitalen Werkkopie nach *UsedSoft* gerade keine öffentliche Zugänglichmachung ist, da kein Zugriff durch eine unbestimmte Vielzahl von Nutzern ermöglicht wird (s. hierzu eingehend *Engels* S. 132 f.). Unabhängig von der Frage der Übertragbarkeit der Grundsätze der Entscheidung *UsedSoft* ist daher weiterhin festzuhalten, dass das Recht des Rechteinhabers, sich einer öffentlichen Zugänglichmachung seines Werkes ohne seine Zustimmung zu erwehren, durch das erstmalige Inverkehrbringen des Werkes – gleich in welcher Form – nicht eingeschränkt wird.

V. Schranken

30 Das Recht der öffentlichen Zugänglichmachung wird durch folgende Regelungen eingeschränkt: § 46 (Sammlungen für Kirchen-, Schul- und Unterrichtsgebrauch), § 48 (öffentliche Reden), § 49 (Zeitungsartikel und Rundfunkkommentare), § 50 (Bild- und Tonberichterstattung), § 51 (Zitat), § 52a (Öffentliche Zugänglichmachung für Unterricht und Forschung), § 52b (Wiedergabe an elektronischen Leseplätzen) § 56 (Vervielfältigung und öffentliche Wiedergabe durch Geschäftsbetriebe), § 57 (Unwesentliches Beiwerk) (s. BGH GRUR 2015, 667 Rn. 15 – *Möbelkatalog*) § 58 (Katalogbildfreiheit), § 59 (Panoramafreiheit), § 61 (verwaiste Werke). Bedeutsam für die Reichweite des § 19a ist in erster Linie § 52 Abs. 3, der klarstellt, dass die allgemeine Schranke des § 52 (öffentliche Wiedergabe ohne Erwerbszweck) keine Anwendung auf die öffentliche Zugänglichmachung findet (vgl. § 52 Rn. 8).

VI. Praxis der Rechtswahrnehmung

1. Allgemeines

31 Die Online-Verwertung urheberrechtlich geschützter Werke bewegt sich im Spannungsfeld zwischen individueller und kollektiver Rechtewahrnehmung (zum Ganzen Hoeren/Sieber/Holznagel/*Müller* 7.5. Rn. 29 ff.). Einerseits eröffnet die moderne Digitaltechnik dem Berechtigten verstärkte Möglichkeiten der Individuallizenzierung. Durch den Einsatz von Digital-Rights-Management Systemen (ausführlich vgl. § 95a Rn. 29 f.) kann er nicht nur die unkontrollierte Weiterverbreitung seines Werkes verhindern, sondern den Umfang der Nutzung genau festlegen und für jede Form der Nutzung eine Vergütung erzielen. Andererseits besteht aus Sicht der Online-Anbieter – nicht anders als für einen Radiosender (§ 20) oder einen Konzertveranstalter (§ 19 Abs. 2) – ein erhebliches Bedürfnis für eine möglichst zentrale Einholung der erforderlichen Nutzungsrechte (sog. **One-Stop-Shopping**), einschließlich des Rechts der öffentlichen Zugänglichmachung. Ein individualvertraglicher Direktvertrieb von insb. audiovisuellen Werken ist oftmals gar nicht möglich: Der Tonträgerhersteller mag für den Vertrieb seines Repertoires die Rechte nach § 85 haben, jedoch benötigt er ggf. auch die Online-Rechte an vorbestehenden Werken, z. B. des Komponisten und Textdichters. Die Rolle der Verwertungsgesellschaften ist hier unentbehrlich.

Entsprechend haben die Verwertungsgesellschaften erhebliche Anstrengungen un- **32** ternommen, ihren Wahrnehmungsbereich auf die digitalen Rechte, einschließlich des Rechts der öffentlichen Zugänglichmachung, zu erweitern. Dabei agierten sie bisweilen sehr unglücklich. So lizenzierte 1999 die VG Wort an Unternehmen das Recht, Presseartikel in Intranets einzustellen, obgleich sie dazu aufgrund ihres bestehenden Wahrnehmungsvertrags gar nicht berechtigt war (BGH GRUR 2002, 963 – *Elektronischer Pressespiegel*). Auch die GEMA stellte sich zunächst auf den Standpunkt, sie verfüge bereits aufgrund der Auffangklausel des § 1 lit. h BerechtigungsV über die Rechte für neuartige Verwertungsarten. Da indes § 31 Abs. 4 a. F. auch im Verhältnis zwischen Urheber und den Verwertungsgesellschaften gilt (BGH GRUR 1986, 62, 65 – GEMA-*Vermutung I*; BGH GRUR 1988, 296, 298 – GEMA-*Vermutung IV*; OLG Hamburg ZUM 2002, 480, 481 – *Handy-Klingelton*), waren die Verwertungsgesellschaften gezwungen, nachzulizenzieren. Dies ist zwischenzeitlich durch Satzungsänderungen und Erweiterung der Wahrnehmungsverträge geschehen, wobei sich erhebliche Unterschiede bei den einzelnen Verwertungsgesellschaften zeigen.

2.   Wahrnehmungsbefugnisse der Verwertungsgesellschaften

a) Musik: Im Bereich der Musik hat die GEMA (gema.de) durch sogenannte **33** „Klarstellungen" ihren Berechtigungsvertrag sukzessive um die Online-Rechte erweitert: Gemäß § 1 lit. h BerechtigungsV GEMA ist der GEMA u. a. das Recht eingeräumt, Werke der Tonkunst in Datenbanken, Dokumentationssystemen oder in Speicher ähnlicher Art einzubringen sowie elektronisch oder in ähnlicher Art zu übermitteln. Diese Rechte gehen allerdings erst mit schriftlicher Zustimmung der einzelnen Berechtigten auf die GEMA über. Dem dürfte der Großteil gefolgt sein. So haben insb. die Major-Musikverlage der GEMA im Wege eines Memorandum-of-Understanding (MoU) die Wahrnehmung der digitalen Nutzungsrechte gestattet. Entsprechend hat die GEMA für die Online-Nutzung ihres Repertoires zahlreiche Tarife aufgestellt, etwa für Podcasting, Music-On-Demand, Hintergrundmusik, Webradio usw. Demgegenüber haben die Tonträgerhersteller der GVL bislang nur vereinzelt die Online-Rechte für einige spezifische Nutzungsformen zur Wahrnehmung eingeräumt. Im Übrigen bevorzugen sie eine individuelle Rechtewahrnehmung. Dies bedeutet z. B., dass ein Musik-Downloadportal sich die Komponistenrechte bei der GEMA einholen kann, die Rechte der Tonträgerhersteller dagegen individuell erwerben muss.

b) Sprachwerke: Die für den Bereich der Sprachwerke maßgebende VG Wort **34** nimmt ausweislich ihrer Wahrnehmungsverträge (Stand: 10. September 2016) nur in eingeschränktem Umfang das Recht nach § 19a wahr. Dazu gehört gemäß § 1 Nr. 18 b) WahrnehmungsV das Recht, auf Ton- oder Bildtonträgern aufgezeichnete Sprachwerke (z. B. Hörbücher) durch Video- oder Radio-ondemand Dienste öffentlich zugänglich zu machen, wenn und solange die entsprechende Rechtseinräumung nicht schon durch Individual- oder Tarifverträge erfolgt ist. Ferner nimmt die VG Wort gemäß § 1 Nr. 19 WahrnehmungsV das Recht wahr, die in Sammlungen oder Sammelwerken erschienenen Beiträge öffentlich zugänglich zu machen, sofern der Verleger der Sammlung dieses Recht nicht selbst vom Autor erworben hat. Voraussetzung ist ferner, dass der Verleger der Sammlung das Online-Produkt entweder selbst herausbringt oder seine Einwilligung zur Nutzung gegeben hat. Erfasst wird damit im Wesentlichen nur der Fall, dass ein Verleger etwa von Periodika diese nunmehr auch im Internet zum Abruf anbieten möchte, er aber aufgrund von § 31 Abs. 4 a. F. nicht über die erforderlichen Nutzungsrechte nach § 19a an den

Beiträgen verfügt. Gehört der jeweilige Autor der VG Wort an, kann der Verleger das Recht dort erwerben. Für Funksendungen nimmt die VG Wort gemäß Ziff. 5 b) WahrnehmungsV das Recht zur öffentlichen Zugänglichmachung (§ 22 UrhG) wahr, nach Ziff. 6 WahrnehmungsV die Vervielfältigung und Verbreitung elektronischer Pressespiegel. Ferner enthält Ziff. 25 WahrnehmungsV die Übertragung des Rechts vergriffene Werke in digitaler Form öffentlich zugänglich zu machen und Ziff. 26 WahrnehmungsV das Recht der vollständigen und unveränderten öffentlichen Zugänglichmachung (Spiegelung) von Telemedienangeboten von Sendeunternehmen durch Kabelunternehmen in Breitbandkabelnetzen. Im Übrigen gibt die VG Wort der individuellen Rechtseinräumung den Vorrang. Seit dem 1.1.2007 haben Autoren die Möglichkeit, reine Internet-Texte der VG Wort zu melden und dafür eine Vergütung zu erhalten. Sie partizipieren dabei an den Einnahmen aus den gesetzlichen Vergütungsansprüchen (z. B. Privatkopie).

35 c) **Bildende Kunst und Fotografie:** Die für diesen Bereich zuständige VG Bild-Kunst (www.bildkunst.de) hat schon sehr früh auf die digitale Herausforderung durch Tarife für neue Nutzungsarten reagiert. Die VG BildKunst nimmt nach den Wahrnehmungsverträgen für die **Berufsgruppen I (Bildende Kunst)** und **II (Fotografie, Illustration und Design)** unter anderem folgende Rechte wahr:
  – das Recht der Vervielfältigung, Verbreitung, öffentlichen Wiedergabe und Archivierung von einzelnen erschienen Werken in herkömmlichen und/oder elektronischen Pressespiegeln (§ 1 Nr. 1 lit. g WahrnehmungsV);
  – das Recht, in wissenschaftlichen Zeitschriften und Zeitungen erschienene Beiträge im Wege der Retrodigitalisierung zu vervielfältigen und die digitalen Kopien öffentlich zugänglich zu machen (§ 1 Nr. 1 lit. i WahrnehmungsV);
  – das Recht der öffentlichen Zugänglichmachung von Werken, die in Büchern veröffentlicht sind, soweit die Zugänglichmachung in Internetsuchprogrammen erfolgt, die Bücher auszugsweise zugänglich machen und der Zusammenhang der Werke mit den Texten und dem Seiten-Layout der Bücher erhalten bleibt und die Bücher weder vollständig noch auszugsweise zum Download angeboten werden (§ 1 Nr. 1 lit. m WahrnehmungsV).

35a Für die **Berufsgruppe I** zusätzlich das Senderecht gemäß § 20 UrhG einschließlich des Rechts der grenzüberschreitenden Satellitensendung gemäß § 20a UrhG für alle Werke und Lichtbilder sowie das Recht der öffentlichen Zugänglichmachung der Programme, welche diese Werke enthalten, gem. § 19a UrhG durch Video-on-demand-Portale einschließlich Mediatheken (§ 1 Nr. 2 Lit. c WahrnehmungsV).

35b Für die **Berufsgruppe II** zusätzlich das Senderecht gemäß § 20 UrhG einschließlich des Rechts der grenzüberschreitenden Satellitensendung gemäß § 20a UrhG für alle Sendungen von Werken und Lichtbildern, die in Büchern veröffentlicht wurden sowie das Recht der öffentlichen Zugänglichmachung der Programme, welche diese Werke enthalten, gem. § 19a UrhG durch Video-on-demand-Portale einschließlich Mediatheken (§ 1 Nr. 3 lit. b WahrnehmungsV).

35c Für die **Berufsgruppe III (Filmurheber)** nimmt die VG BildKunst nach § 1 lit. i WahrnehmungsV das Recht wahr, in analogen Formaten hergestellte audiovisuelle Werke zu digitalisieren und diese Versionen von audiovisuellen Werken zu senden, öffentlich wiederzugeben oder anderweitig elektronisch zu übermitteln.

35d Nach § 1 lit. j WahrnehmungsV obliegt ihr außerdem die Aufgabe, für Urheber audiovisuelle Werke in Datenbanken zu speichern und das Recht, diese gespeicherten Werke aus diesen Datenbanken elektronisch zu übermitteln. Diese Rechte fallen jedoch an den Urheber zurück, soweit sie im Rahmen von Tarifverträgen den Verwertern eingeräumt wurden. Welche Künstler von der VG

BildKunst vertreten werden, kann der Webseite der VG BildKunst entnommen werden. Zur Wahrnehmung der VG BildKunst im Filmbereich und den Streit mit dem ZDF Hoeren/Sieber/Holznagel/*Müller* 7.5. Rn. 131 ff.

VII. Prozessuales

Prozessual ist zu beachten, dass ein wegen Eingriffs in § 19a in Anspruch genommener Verwerter keinen **Entlastungsbeweis** dahingehend führen kann, das Werk sei tatsächlich nicht abgerufen worden. Da § 19a bereits die Vorfeldhandlung erfasst, spielt dies jedenfalls für den Eingriff selbst keine Rolle, kann aber bei der Bemessung etwaiger Schadensersatzansprüche berücksichtigt werden (HK-UrhR/*Dreyer*³ Rn. 13).

36

Der **Beweis der tatsächliche Abrufbarkeit des Werkes** ist vom Anspruchsteller zu führen. In der Praxis geschieht dies üblicherweise über protokollierte Testdownloads und ggf. eidesstattliche Versicherungen.
Zur Möglichkeit einer Anschlussinhaberbestimmung auf Basis einer festgestellten IP-Adresse vgl. § 101 Rn. 72.

37

Sowohl für die Bestimmung des **Gerichtsstandes** (vgl. § 105 Rn. 6 ff.) als auch für die **kollisionsrechtliche Betrachtung** (vgl. vor §§ 120 ff. Rn. 58 ff.) ist die Frage maßgeblich, an **welchem Ort** eine öffentliche Zugänglichmachung stattfindet. Nach den Vorgaben des EuGH ist dies jedenfalls an den Orten der Fall, an die sich das Angebot zum Abruf bestimmungsgemäß richtet (EuGH GRUR 2012, 1245 Tz. 39 – *Dataco/Sportradar*; LG Hamburg Urt. v. 19.6.2015 – 308 O 161/13, dass die bloße Abrufbarkeit eines fremdsprachlichen Angebots im Inland für die Begründung des internationalen Zuständigkeit ausreichen lässt). Da § 19a verschiedene Handlungen beinhaltet, die eine einheitliche Verwertungshandlung bilden (vgl. Rn. 9), findet die öffentliche Zugänglichmachung aber jedenfalls auch am Standort des Servers statt, wo mit dem Upload und dem Bereithalten der entsprechenden Daten wesentliche Teilhandlungen der Zugänglichmachung verortet sind. Auch ohne ausdrückliche Erwähnung ist aufgrund des geltenden Schutzlandprinzips grundsätzlich von einer Beschränkung des Klageantrags auf eine öffentliche Zugänglichmachung im Inland auszugehen (LG Berlin Urt. v. 24.4.2014 – 16 O 466/13).

37a

VIII. Verhältnis zu anderen Vorschriften

Soweit durch die digitale Einspeisung eines Werkes auf einen Server (Upload) zugleich eine Vervielfältigung i. S. v. § 16 erfolgt, wird diese durch § 19a konsumiert und bildet keinen eigenständigen Eingriff. Gleiches gilt für die – zumeist ephemeren – Vervielfältigungen, die durch die bloße Wahrnehmung des zugänglich gemachten Werkes im Arbeitsspeicher des PC entstehen. Diese sind für den Fall einer rechtmäßigen Handlung jedenfalls von der Schrankenregelung in § 44a gedeckt. Speichert dagegen der Nutzer den jeweiligen Inhalt dauerhaft ab, liegt eine eigenständige, vom Nutzer veranlasste Vervielfältigungshandlung vor, welche jedoch regelmäßig nach § 53 privilegiert ist.

38

Das **Senderecht** (§§ 20, 20a) ist dem Wortsinn nach ebenso wie § 19a ein Recht am öffentlichen Zugänglichmachen des Werkes. Der wesentliche Unterschied besteht im **Zeitmoment**. Dort, wo der Empfänger über den Zeitpunkt des Werkgenusses selbst entscheidet (*„von Orten und Zeiten seiner Wahl"*), greift i. d. R. § 19a. Das Senderecht betrifft dagegen lineare Nutzungshandlungen, bei denen das Werk durch einen Sendevorgang zeitgleich der Öffentlichkeit wahrnehmbar gemacht wird. Die **Auswahl der Inhalte** sowie die **Verantwortung für den Sendevorgang** einschließlich des Zeitpunkts liegen ausschließlich in der Hand des Sen-

39

denden (vgl. § 20 Rn. 13). Auch bei den Near-on-Demand Diensten (vgl. Rn. 25), bei denen das Programm in Intervallen ständig wiederholt wird, begibt sich der jeweilige Nutzer in den laufenden Empfang der ausgestrahlten Inhalte.

§ 20 Senderecht

Das Senderecht ist das Recht, das Werk durch Funk, wie Ton- und Fernseh-rundfunk, Satellitenrundfunk, Kabelfunk oder ähnliche technische Mittel, der Öffentlichkeit zugänglich zu machen.

Übersicht

I. Allgemeines

1. Bedeutung und Wesen des Senderechts

1 Obwohl das Senderecht zu den jüngeren, erst im 20. Jahrhundert entstandenen Verwertungsrechten zählt – Hörfunk kennt man erst seit 1922, Fernsehen gibt es in Deutschland (nach ersten Versuchen 1936) erst seit 1952 –, hat diese Verwertungsform seit ihrer ersten gesetzlichen Regelung in Deutschland 1965 geradezu eine Revolution erlebt, was ihre Ausdehnung und ihre technische Veränderung und Vervollkommnung angeht: von der KW-, MW- und LW-Übermittlung mit schlechter Wiedergabequalität und mittleren Reichweiten über die UKW-Sendung in besserer Qualität, aber geringerer Reichweite zu Kabel und Satellit, die beides entscheidend verbessern, und inzwischen weiter zum digitalen Sendebetrieb und internetbasierte Sendeformen, die sogar die **interaktive Mitwirkung** des Sendepublikums ermöglichen. Das Senderecht dürfte weiterhin das wirtschaftlich bedeutendste Verwertungsrecht im Bereich der öffentlichen Wiedergabe sein, auch wenn § 19a unterfallende Onlineabruf-dienste in der persönlichen Nutzung eine immer größere Rolle spielen. Das Senderecht wird im Bereich der Musik und Literatur weitgehend **kollektiv durch Verwertungsgesellschaften**, im Filmbereich dagegen überwiegend indivi-duell durch den Rechteinhaber selbst wahrgenommen (zu Einzelheiten vgl. Rn. 20 ff.).

2 Das Senderecht ist eine **spezielle Form der unkörperlichen öffentlichen Wieder-gabe an Abwesende.** Das Werk wird der Öffentlichkeit durch **Funk** (vgl. Rn. 10) zugänglich gemacht, und zwar in der Weise, dass der Sendende (zum Begriff vgl. Rn. 16) den Ablauf des Sendeprogramms und damit den **Zeitpunkt der Empfangbarkeit** des Werks bestimmt: Anders als die durch § 19a erfassten

Abrufdienste (*on demand*) ist die Sendung für das Publikum nur zu dem **vom Sendenden festgelegten Zeitpunkt (linear) empfangbar** (vgl. Rn. 13 und vgl. § 19a Rn. 14 ff. zu Einzelheiten der Abgrenzung), Das Publikum kann sich – wie für Radio und Fernsehen typisch – nur in die laufende Sendung einschalten, mag es die Sendung auch zunächst nur, etwa per Videorecorder, aufzeichnen und dann zeitversetzt wahrnehmen (zu den Online-Videorecordern vgl. Rn. 10). Von den anderen öffentlichen Wiedergaberechten nach § 19 sowie den Zweitverwertungsrechten nach §§ 21, 22 unterscheidet sich das Senderecht dadurch, dass das Sendepublikum nicht an einem Ort versammelt ist, sondern typischerweise jeder für sich die Sendung an eigenen Empfangsgeräten wahrnimmt.

Dem Senderecht unterfallen alle **drahtgebundenen** oder **drahtlose** Werkübertra- **3** gungen, d. h. der terrestrische Rundfunk, Sendungen per Satellit, Kabel, Mobilfunk (GPRS, UMTS) oder über das Internet (Live-Streaming, vgl. § 19a Rn. 20). Auch die **Weitersendung** eines bereits gesendeten Werkes, etwa die Einspeisung des empfangenen Sendesignals in Kabelnetze oder Verteileranlagen, ist Sendung i. S. d. § 20. Abzugrenzen ist die Sendung dagegen von dem bloßen **Empfang** (Einzelheiten vgl. Rn. 17 ff.). Dieser ist urheberrechtlich frei (s. EuGH GRUR 2012, 156 Tz. 171 – *Murphy*), sofern er nicht in der Öffentlichkeit stattfindet (dann greift § 22 ein).

2. Europäische Satellitensendung (§ 20a) und Kabelweitersendung (§ 20b)

Abzugrenzen ist das Senderecht von der in § 20a geregelten europäischen Satel- **4** litensendung sowie der Kabelweitersendung nach § 20b. Beide Vorschriften wurden in Umsetzung der Satelliten- und Kabel-RL durch das 4. ÄndG 1998 (BGBl. I S. 902) in das UrhG eingefügt. Danach findet auf europäische Satellitensendungen ausschließlich § 20a Anwendung (RegE 4. ÄndG – BT-Drs. 13/4796, S. 9). Ob eine solche vorliegt, richtet sich nach der Legaldefinition des § 20a Abs. 3. Umgekehrt bleibt § 20 auf Satellitensendungen anwendbar, die nicht von § 20a erfasst werden. Wenngleich die europäische Satellitensendung ein selbständiges, von anderen Sendeformen **dinglich abspaltbares Verwertungsrecht** ist (Schricker/Loewenheim/*v. Ungern-Sternberg*[4] Rn. 18; Wandtke/Bullinger/*Ehrhard*[4] vor §§ 20–20b Rn. 2 f.; differenzierend Dreier/Schulze/*Dreier*[5] Rn. 2), geht sie sachlich nicht über § 20 hinaus. Auch die europäische Satellitensendung und die Kabelweiterleitung (§ 20b) sind (Unterfälle der) Sendung. Entsprechend werden beide Rechte nicht gesondert in dem Rechtekatalog des § 15 Abs. 2 aufgeführt.

§ 20b stellt klar, das auch die zeitgleiche Weiterleitung des Sendesignals (= **5** Erstsendung) in Kabelnetze und Mikrowellensysteme Sendung ist. Zugleich ordnet die Vorschrift die Verwertungsgesellschaftspflichtigkeit des Rechts an. Dadurch wird gewährleistet, dass die Kabelunternehmen sämtliche für die Kabeleinspeisung benötigten Rechte zentral erwerben können (vgl. § 20b Rn. 3, 14 ff.).

3. Internationale Konventionen und EU-Harmonisierung

Konventionsrechtlich ist das Recht der drahtlosen Sendung in Art. 11bis Abs. 1 **6** RBÜ geregelt; das Recht für drahtgebundene Sendungen ist dagegen unübersichtlich auf zahlreiche Einzelvorschriften verteilt: Art. 11 Abs. 1 Nr. 2, 11bis Abs. 1 Nr. 2; 11ter Abs. 1 Nr. 2; 14 Abs. 2 und 14bis Abs. 1 S. 2 i. V. m. Art. 14 Abs. 1 Nr. 2, Art. 14bis Abs. 2 lit. b RBÜ (sehr ausführlich Schricker/Loewenheim/*v. Ungern-Sternberg*[4] vor §§ 20 ff. Rn. 32 ff. m. w. N.). Ein umfassendes Recht der drahtlosen oder drahtgebundenen öffentlichen Wiedergabe gewährt den Urhebern **Art. 8 WCT**. Es erfasst sowohl Sendungen als auch die öffentliche Zugänglichmachung i. S. v. § 19a, nicht jedoch Werkwiedergaben, die unmittelbar gegenüber dem anwesenden Publikum erfolgen, wie etwa im deutschen Recht das Vortrags-, Aufführungs- und Vorführungsrecht nach § 19 (Schricker/Loewenheim/*v. Ungern-Sternberg*[4] vor §§ 20 ff. Rn. 47 m. w. N.). Ausübenden Künstler und Tonträgerhersteller gewährt **Art. 15 WPPT** einen Vergütungsanspruch für die Sendung ihrer Leistungen.

7 Die europäische Satelliten- und Kabel-RL trifft insbesondere Regelungen zu den Rechten an der grenzüberschreitenden Satellitenübertragung und Kabelweiterverbreitung und wurde in Deutschland durch § 20a und § 20b umgesetzt (zu Einzelheiten vgl. § 20a Rn. 4 f.; vgl. § 20b Rn. 5; ausführlich Walter/*Dreier* S. 399 f; zur Umsetzung *Hillig* UFITA 138 [1999] 5 m. w. N.). Eine umfassende Regelung der öffentlichen Wiedergabe enthält Art. 3 Abs. 1 der Info-RL; sie umfasst – ebenso wie der nahezu wortgleiche Art. 8 WCT – sowohl das Senderecht als auch das Recht der öffentlichen Zugänglichmachung. Eine Änderung des Senderechts im UrhG war durch die Info-RL nicht veranlasst.

4. Schranken

8 Beschränkt werden die Senderechte nach § 20 und § 20a durch § 45 **Abs. 3** (Rechtspflege); **48 Abs. 1** (Öffentliche Reden), § 49 **Abs. 1** und **Abs. 2** (Zeitungsartikel und Rundfunkkommentare); § **50** (Bild- und Tonberichterstattung über Tagesereignisse); § **51** (Zitate), § **57** (Unwesentliches Beiwerk) und § **59 Abs. 1** (Werke an öffentlichen Plätzen). § **52** (Öffentliche Wiedergabe zu nicht gewerblichen Zwecken) findet dagegen auf Funksendungen ausdrücklich keine Anwendung (§ 52 Abs. 3).

5. Anwendbarkeit auf Leistungsschutzrechte

9 Das Senderecht wird uneingeschränkt den Inhabern der Leistungsschutzrechte nach § 70 (Wissenschaftliche Ausgaben), § 71 (Nachgelassene Werke), § 72 (Lichtbilder), § 87b **Abs. 1** (Datenbanken), § 94 **Abs. 1** (Filme), § 95 (Laufbilder) sowie den Sendeunternehmen nach § 87 **Abs. 1 Nr. 1** für die Weitersendung ihrer Sendungen gewährt. Den ausübenden Künstlern gewährt § 78 **Abs. 2 Nr. 1** nur einen Vergütungsanspruch für die Sendung ihrer Darbietung, sofern für die Wiedergabe ein erlaubterweise erschienener Bild- oder Tonträger verwendet wird (anders Live-Auftritte). An dem Vergütungsaufkommen ist der Tonträgerhersteller zu beteiligen (§ 86).

II. Tatbestand

1. Funk

10 Sendung ist die öffentliche Zugänglichmachung des Werkes durch **Funk**. Dies ist nach der Amtl. Begr. jede Übertragung von Zeichen, Tönen oder Bildern durch elektromagnetische Wellen, die von einer Sendestelle ausgesandt werden und an anderen Orten von einer beliebigen Zahl von Empfangsanlagen aufgefangen und wieder in Zeichen, Töne oder Bilder zurückverwandelt werden können (RegE UrhG 1962 – BT-Drs. IV/270, S. 50; ebenso BGH GRUR 1982, 727, 730 – *Altverträge*). Der Sendebegriff ist **denkbar weit**. Erfasst werden **alle Funkarten**, d. h. drahtgebundene oder drahtlose Übertragungswege, auch über das offene **Internet**; die im Gesetzestext vorgenommene Bezugnahme auf (terrestrischen) Ton- und Fernsehfunk, Satelliten- und Kabelfunk ist nur beispielhaft und nicht abschließend wie schon durch den Zusatz „oder ähnliche Mittel" deutlich wird. Ohne Bedeutung ist auch, ob die Übertragung des Sendesignals analog, digital oder verschlüsselt erfolgt und ob sich um eine **Erstsendung** oder eine **Weitersendung** eines empfangenen Sendesignals handelt. Die Weiterleitung einer Radiosendung oder eines Videos in einzelne Zimmer über einer Verteileranlage ist Sendung (BGH GRUR 1994, 45, 46 – *Verteileranlagen*; BGH GRUR 1994, 797 – *Verteileranlage im Krankenhaus*; EuGH GRUR 2007, 225 Tz. 46 – *SGAE*; zu Einzelheiten vgl. Rn. 17 ff.), sofern der Kreis der

Empfänger der Öffentlichkeit angehört (hierzu unten Rn. 15, 18). Gleiches gilt, wenn die Betreiber von **Online-Videorecordern** das Sendesignal von Fernsehprogrammen aufgreifen, konvertieren und in die Speicherplätze der Nutzer zum späteren Abruf weiterleiten (BGH GRUR 2009, 845 Tz. 28 ff. – *Internet-Videorecorder*; im Nachgang OLG Dresden GRUR-RR 2011, 413 – *save.tv* und BGH GRUR 2013, 618 Tz. 41 – *Internet-Videorecorder II*; s. a. OLG München MMR 2011, 106; zum Ganzen etwa *Niebler/Schuppert* CR 2013, 384; *Kianfar* GRUR-RR 2011, 393; *Poll* MMR 2011, 226; *Neurauter* MMR 2011, 106). Keine Sendung ist die bloße Zurverfügungstellung von Empfangsgeräten in einem Hotel zum Empfang frei empfangbarer terrestrischer Signale, soweit hierfür keine Weitersendung der zentral empfangenen Sendesignale erfolgt (BGH GRUR 2016, 697 Rn. 15 – *Königshof*). Ebenfalls Sendung ist der Betrieb eines **Mehrkanaldienstes** (Multi-Channel-Services), der auf verschiedenen digitalen Kanälen gleichzeitig eine Vielzahl von (Musik-) Sendungen ausstrahlt und dem Empfänger durch digitale Zusatzinformationen ggf. erleichterte Aufnahmemöglichkeiten einräumt (BGH GRUR 2004, 669, 670 – *Musikmehrkanaldienst*).

2. Zugänglich machen

Der Begriff des Zugänglichmachen ist inhaltlich identisch mit dem des § 19a   **11** (vgl. § 19a Rn. 7 ff.). Unerheblich ist, ob die Sendung tatsächlich von einem oder mehreren Endnutzern empfangen wird; entscheidend ist allein, dass ihnen die Möglichkeit gegeben ist, das betreffende Werk zu empfangen und wahrzunehmen (BGH GRUR 1996, 875, 876 – *Zweitbettzimmer im Krankenhaus*). Dies setzt die Existenz entsprechender Empfangsgeräte voraus. Der Öffentlichkeit zugänglich gemacht werden auch verschlüsselte oder übertragene Sendungen (Pay-TV), sofern eine unbestimmte Mehrzahl von Personen in der Lage ist, das Werk mittels Decoder zu entschlüsseln. Keine Rolle spielt, ob und ggf. in welcher Form der Zuhörer das Werk mitschneiden kann (Schricker/Loewenheim/*v. Ungern-Sternberg*[4] Rn. 10).

Von dem **zu Gehör bringen** des Werkes in § 19 Abs. 1, 2 und der **Wahrnehm-**   **12** **barmachung** in §§ 19 Abs. 4, 21, 22 unterscheidet sich die Zugänglichmachung dadurch, dass die Empfänger typischer Weise die Sendung **nicht gemeinsam**, sondern an verschiedenen Orten und jeweils für sich an eigenen Empfangsgeräten wahrnehmen. Die Funksendung zeichnet sich – bereits technisch bedingt – durch ein gewisses **Distanzelement** aus. Die Live-Übertragung eines Konzerts an einen anderen Veranstaltungsort (z. B. Übertragung über Großbildleinwände) unterfällt § 19 Abs. 3 (Einzelheiten vgl. § 19 Rn. 10, 26).

3. Gleichzeitigkeit des Empfangs

Von § 19a unterscheidet sich die Sendung dadurch, dass die Mitglieder der   **13** Öffentlichkeit das angebotene Werk nicht zu Zeiten ihrer Wahl abrufen und wahrnehmen (*on demand*), sondern sich nur in das **laufende Sendeprogramm** einschalten können (allg. M.: OLG Stuttgart NJW 2008, 1605, 1606; *Schulze* ZUM 2011, 2, 3; *Poll* MMR 2011, 226, 228; *Gounalakis* ZUM 2009, 447, 450; *Hoeren* MMR 2008, 139, 142; *Schack* GRUR 2007, 639, 641; Schricker/Loewenheim/*v. Ungern-Sternberg*[4] Rn. 45 m. w. N.). Der **Sendende bestimmt den Zeitpunkt der Übermittlung** sowie die zeitliche Reihenfolge der Programmbestandteile durch das vom ihm ausgestrahlte Sendesignal. Abgrenzungsschwierigkeiten bestehen insbesondere bei internetgestützten Diensten (zu Einzelheiten der Abgrenzung vgl. § 19a Rn. 14 ff.). Die Ausstrahlung von Fernseh- und Radioprogrammen (**Web-Radio** oder **IPTV**) über das Internet fällt nur dann unter das Senderecht, wenn sich die Nutzer in ein laufendes – ggf. auch zeitversetztes – Sendeprogramm einschalten können (Live-Streaming) (*Schack* GRUR 2007, 639, 641; *Poll* GRUR 2007, 476, 480). Die Anwendung des

Senderechts wird auch nicht dadurch ausgeschlossen, wenn durch das Internet-Streaming des Sendesignals systembedingte Zwischenspeicherungen erforderlich sind (*Schack* GRUR 2007, 639, 641; diese fallen ohnehin unter die Schranke des § 44a) oder der Nutzer den Stream anhalten, kurzfristig zurückspulen oder abspeichern kann (anders noch unsere 10. Aufl.). Sendung liegt auch vor, wenn das Fernsehprogramm zeitgleich an eine Mehrzahl von Kunden (als einer Öffentlichkeit) auf deren individuelle Speicherplätze überträgt (BGH GRUR 2013, 618 Tz. 40 ff. – *Internet-Videorecorder II*; BGH GRUR 2009, 845 Tz. 28 ff. – *Internet-Videorecorder*). Zwar rufen die Nutzer die Aufzeichnung erst später individuell ab, maßgebend ist jedoch, dass die Weiterleitung (= Sendung) in die Speicherplätze gleichzeitig erfolgt.

14 Bei einer zeitgleichen, unveränderten und vollständigen Übertragung des Sendeprogramms über das offene Internet (**Simulcasting**) greift zwar § 20 (*Poll* MMR 2011, 226, 229); nicht aber § 20b, da diese Regelung nur die Einspeisung des Sendeprogramms in klassische Kabel- und Mikrowellensysteme erfasst (LG Hamburg ZUM 2009, 582, 585 – *Zattoo*; zu Einzelheiten und zur Gegenmeinung vgl. § 20b Rn. 13). Dies hat zur Konsequenz, dass entsprechende Internetdienste die Rechte nicht oder nicht allein bei den Verwertungsgesellschaften erwerben können. Werden Rundfunkprogramme über die Webseite des Senders zum späteren, individuellen Abruf bereitgehalten, ist allein § 19a einschlägig.

4. Öffentlichkeit

15 Das Senderecht ist nur betroffen, wenn Mitglieder der Öffentlichkeit die Möglichkeit haben, die Sendung wahrzunehmen. Der Begriff der Öffentlichkeit erfährt in § 15 Abs. 3 zwar eine Legaldefinition. Der weitgehend harmonisierte Begriff der öffentlichen Wiedergabe hat jedoch durch die Rechtsprechung des EuGH zwischenzeitlich eine autonome unionsrechtliche Auslegung erfahren, die sich mit der Legaldefinition in § 15 Abs. 3 nur teilweise deckt (s. die ausführliche Kommentierung zum Öffentlichkeitsbegriff zu vgl. § 15 Rn. 27 ff.). Der Begriff der Öffentlichkeit verlangt insbesondere eine unbestimmte Zahl möglicher Adressaten und als Mindestmaß eine ziemlich große Zahl von Personen. Um eine „unbestimmte Zahl potentieller Adressaten" handelt es sich, wenn die Wiedergabe für Personen allgemein erfolgt, also nicht auf besondere Personen beschränkt ist, die einer privaten Gruppe angehören (s. EuGH GRUR 2016, 60 Tz. 21 – *SBS/SABAM*.; EuGH GRUR 2014, 360 Tz 21 – *Svensson/Retriever Sverige*; EuGH GRUR 2013, 500 Tz. 32 – *ITV Broadcasting/TVC*; EuGH GRUR 2012, 593 Tz. 84 – *SCF/Del Corso*; EuGH GRUR 2012, 597 Tz. 33 – *PPL/Irland*; sich dem anschließend BGH GRUR 2016, 278 Rn. 31 – *Hintergrundmusik in Zahnarztpraxen*; BGH GRUR 2016, 71 Rn. 46 f. – *Ramses*). Entsprechend richtet sich ein durch Endnutzer nicht unmittelbar empfangbares, an ein Unternehmen zur späteren Weitersendung übersandtes Sendesignal nicht an die Öffentlichkeit (EuGH GRUR 2016, 60 Tz. 21 – *SBS/SABAM*; EuGH GRUR 2006, 50 Tz. 37 – *Lagardère Active Broadcast*). Das Fehlen einer persönlichen Verbundenheit zum Anbieter gemäß § 15 Abs. 3 S. 2 dürfte zwar weiterhin einen Fall fehlender Öffentlichkeit darstellen, da eine persönliche Verbundenheit zum Anbieter gegen die Annahme einer unbestimmten Vielzahl von Adressaten spricht. Die persönliche Verbundenheit zwischen Anbieter und Adressat kann jedoch nicht mehr als allein maßgebliches Kriterium für die Zuordnung der potentiellen Adressaten zur Öffentlichkeit erachtet werden (s. BGH GRUR 2016, 278 Rn. 20 ff. – *Hintergrundmusik in Zahnarztpraxen*; BGH GRUR 2016, 71 Rn. 65 – *Ramses*, WEG von 343 Parteien ist „private Gruppe"). Aufgrund dieses grundlegenden Wechsels der Beurteilungskriterien im Hinblick auf den Öffentlichkeitsbegriff, muss eine Vielzahl der bislang ergangenen nationalen Entscheidungen zur Frage der Öffentlichkeit einer Zugänglichmachung einer erneuten Bewertung nach Maßgabe des europäischen Öffentlichkeitsbegriffs unterzogen werden. Es verbietet sich insoweit eine pauschale Bezugnahme auf Entscheidungen, denen der Öffentlichkeitsbegriff nach § 15 Abs. 3 zugrunde liegt.

III. Einzelfragen

1. Ausübung des Senderechts – Passivlegitimation

Sendender und damit zur Einholung des Nutzungsrechts nach § 20 verpflichtet **16** ist der, unter dessen **Kontrolle und Verantwortung** die Aussendung der programmtragenden Signale erfolgt (Dreier/Schulze/*Dreier*[5] Rn. 11). Dies sind im Regelfall nur die Sendeanstalt oder im Fall des § 20b die Kabelgesellschaft, die jeweils darüber entscheiden, welche Programme an eine Öffentlichkeit weitergeleitet werden, nicht dagegen derjenige, der erforderliche technische Vorrichtungen bereitstellt und betreibt (BGH GRUR 2010, 530 Tz. 23 – *Regio-Vertrag*; BGH GRUR 1988, 206, 209 – *Kabelfernsehen II*), wie z. B. der Betreiber eines **Funkmasts** oder **Leitungsnetzes**. Letztgenannte können bei rechtswidrigen Funksendungen allenfalls als Störer in Anspruch genommen werden, sofern ihnen im Hinblick auf das konkrete Sendeprogramm die Verletzung von Prüfpflichten zur Last gelegt werden kann, was kaum der Fall sein dürfte (zu Einschränkungen der Störerhaftung durch Prüfpflichten vgl. § 97 Rn. 154 ff.). Passivlegitimiert sind im Fall von senderechtspflichtigen Verteiler- und Gemeinschaftsantennenanlagen (vgl. Rn. 18) deren Betreiber.

2. Abgrenzung Weitersendung und Empfang

Auch die Weitersendung des empfangenen Sendesignals an Mitglieder der Öf- **17** fentlichkeit ist Sendung. Dies leuchtet ohne weiteres ein für die **Einspeisung** eines Sendeprogramms in ein Kabelnetz oder das Internet, wodurch dieses – zeitversetzt oder zeitgleich – auch außerhalb des terrestrischen Versorgungsbereichs einer Rundfunkanstalt von weiteren Bevölkerungskreisen empfangen werden kann. Aus § 20b ergibt sich, dass *jede* zeitgleiche, unveränderte Kabelweitersendung eines Programms der Zustimmung der Urheber bedarf, ganz gleich ob die Empfänger dieses auch terrestrisch hätten empfangen können (vgl. § 20b Rn. 10 und BGH GRUR 2012, 1136 – *Breitbandkabel* mit Vorlagefrage an den EuGH). Als Recht der öffentlichen Wiedergabe unterliegt das Senderecht **keiner Erschöpfung** (BGH GRUR 2000, 699, 671 – *Kabelweitersendung*; Schricker/Loewenheim/*v. Ungern-Sternberg*[4] vor §§ 20 ff. Rn. 13). Deshalb kann auch die hausinterne Weiterleitung von Radio- oder Fernsehprogrammen über Verteileranlagen grds. Sendung sein (s. EuGH GRUR 2012, 597 – *PPL/Irland*; EuGH GRUR 2007, 225 – *SGAE/Rafael*). Maßgeblich für die Öffentlichkeit einer solchen Weitersendung ist anders als in früheren Entscheidungen nicht mehr die persönliche Verbundenheit der potentiellen Empfänger (s. etwa BGH GRUR 1994, 45, 46 – *Verteileranlagen*; BGH GRUR 1994, 797 – *Verteileranlage im Krankenhaus*; OLG Hamm GRUR 2007, 379, 380 – *Kabelfernsehen im Hotelzimmer*), sondern das Vorliegen einer Öffentlichkeit nach dem unionsrechtlichen Öffentlichkeitsbegriff, was jedoch aufgrund der bereits bislang vorgenommenen wertenden Betrachtung (BGH GRUR 2010, 530 Tz. 19 – *Regio-Vertrag*; BGH GRUR 1994, 45, 46 – *Verteileranlage*; KG GRUR-RR 2010, 414 – *Breitbandkabel*; LG Hamburg ZUM 2004, 232, 233; Schricker/Loewenheim/*v. Ungern-Sternberg*[4] Rn. 35 m. w. N. zum Öffentlichkeitsbegriff bei Weitersendungen *Riesenhuber* ZUM 2012, 433) häufig zu den gleichen Ergebnissen führen wird.

Abzugrenzen ist danach weiterhin die zustimmungspflichtige Weitersendung von **18** dem **urheberrechtsfreien Empfang**. Auch in einem Einfamilienhaus liegt rein technisch eine Weitersendung vor, wenn das über Kabel oder Antenne empfangene Sendesignal in einzelne Zimmer geleitet wird. Fehlt es in diesem Beispiel noch am Merkmal der Öffentlichkeit, liegt mit dem EuGH bei einer Weiterleitung von Sendesignalen in die Zimmer eines Hotels eine Weitersendung vor, da der Zugang beliebiger Personen zu den Dienstleistungen des Hotels maßgeblich auf einer persönlichen Entscheidung des Gastes beruht (EuGH GRUR 2012, 597 Tz. 33 ff. – *PPL/Irland*; EuGH GRUR 2007, 225 Tz. 37 – *SGAE/Rafael*). Interessant ist in Bezug auf diese Entscheidungen des Gerichtshofs, dass der EuGH im Zusammenhang mit der Weitersendung von Sendesignalen allein aus der Tatsache, dass es sich bei dem Weitersendenden und dem ursprünglichen Sender um unterschiedliche Personen handelt, auf das Vorliegen eines neuen Publikums schließt (s. EuGH GRUR 2007, 225 Tz. 40 – *SGAE/Rafael*; EuGH GRUR 2012, 597 Tz. 51 – *PPL/Irland*). Dies erscheint vor dem Hintergrund der Rechtsprechung des Gerichtshofs zum Verlinken von Onlineinhalten nicht konsequent und legt nahe, dass der Gerichtshof seine Entscheidung im Wesentlichen auf eine wertende Abwägung stützt, wobei auch der mit der Werknutzung verfolgte Erwerbszweck eine entscheidende Rolle spielt (so auch BGH GRUR 2016, 71 Rn. 59 – *Ramses*). Bei Weiterleitung von über eine **Gemeinschaftsantenne** empfangenen Fernsehsignalen an 343 Einheiten einer WEG fehlt es an einer Öffentlichkeit, da anders als bei Hotelgästen die Empfänger in ihrer Eigenschaft als Bewohner der Wohnanlage gegenüber der Allgemeinheit abgegrenzt sind, unabhängig von einer gewissen Fluktuation der potentiellen Empfänger (BGH GRUR 2016, 71 Rn. 69 ff. – *Ramses*). Dies muss unabhängig von der Zahl der angeschlossenen Wohnungen richtigerweise auch für entsprechende Mietwohnanlagen gelten, in welchen durch die Hausverwaltung über eine zentrale Gemeinschaftsantenne die Fernsehsignale in alle angeschlossenen Mietwohnungen verteilt werden. Auch hier bilden die Bewohner der Wohnungen eine hinreichend abgegrenzte private Gruppe (s. auch BeschlE RAusschuss UrhG 4. ÄndG – BT-Drs. 13/9856, S. 3 f.; LG Kiel v. 15.2.2005 – 1 S 116/04, Rz. 11). Insbesondere kann aus wertender Betrachtung aus einer teilweisen Fluktuation des Bewohnerkreises nicht auf die Öffentlichkeit der Weitersendung geschlossen werden, da über die Begrenzung der Weitersendung auf die jeweiligen Mieter eine hinreichende Abgrenzung von der Allgemeinheit besteht (a. A.: AG Charlottenburg Urt. v. 8.9.2016 – 218 C 165/16, mit wenig überzeugender Abgrenzung zu BGH – *Ramses*). Eine öffentliche Weitersendung ist allerdings anzunehmen, wenn ein Verein mit dem (Haupt-)Zweck der Weiterleitung von Fernsehsignalen an seine Mitglieder die über eine Gemeinschaftsantennenanlage empfangenen Fernsehsignale weiterleitet (LG Leipzig ZUM 2016, 553; LG Halle ZUM 2016, 1069 LG Potsdam ZUM 2016, 564, für eine entsprechend agierende GbR). Insoweit ist allein der freiwillige Zusammenschluss zum Zwecke des Empfangs der weitergeleiteten Signale im Rahmen einer wertenden Betrachtung der Weitersendung nicht geeignet, die Empfänger als private Gruppe von der Allgemeinheit abzugrenzen, auch wenn sich der Tätigkeitsbereich des Vereins auf ein bestimmtes Wohngebiet beschränkt. Dies gilt erst recht, wenn mit der Weitersendung zusätzlich ein Erwerbszweck verfolgt wird.

Der Besitzer eines Empfangsgeräts, der – wie der Betreiber eines Hotels oder der Inhaber der Gastwirtschaft – im Rahmen einer frei zugänglichen Dienstleistung ein zusätzliches Publikum in die Lage versetzt, das Werk anzuhören und anzusehen, gibt das Werk für ein neues Publikum öffentlich wieder (EuGH GRUR 2007, 225 Tz. 41 f. – *SGAE/Rafael*; EuGH GRUR 2012, 156 Tz. 197 ff. – *FAPL/Murphy*; ferner EuGH GRUR 2012, 593 – *SCF* und GRUR 2012, 597 – *PPL/Irland*; zusammenfassend *v. Ungern-Sternberg* GRUR 2012, 576).

19 **Weitere Einzelfälle:** Anders als bislang (BGH GRUR 1994, 45, 46 f. – *Verteileranlagen*), wird man die Weiterleitung von Sendesignalen in die **Haftäume einer Justizvollzugsanstalt** nach den unionsrechtlichen Öffentlichkeitsbegriff nicht mehr als öffentliche Weitersendung betrachten können, da die Insassen ebenso wie die Bewohner einer WEG eine hinreichend zur Allgemeinheit abgegrenzte private Gruppe bilden und mit der Weitersendung der Sendesignale in die Haftäume auch kein Erwerbszweck verfolgt wird. Auch in Bezug auf **Seniorenheime** wird man aufgrund der mit einer langfristigen Wohnraummiete vergleichbaren Interessenlage von einer hinreichend abgegrenzten privaten Gruppe von Bewohnern ausgehen können, so dass die Weitersendung von Hörfunk- und Fernsehsignalen in die Zimmer der Bewohner keine öffentliche Wiedergabe darstellt. Die Weiterleitung von Fernsehsignalen in die **Patientenzimmer eines Krankenhauses** stellt dahingegen weiterhin eine öffentliche Weitersendung dar (s. hierzu bereits BGH GRUR 1994, 797). Die Wahl des Krankenhauses ist in vielen Fällen eine freie Entscheidung des Patienten. Die Ermöglichung des Empfangs von Fernseh- und Hörfunksendungen stellt daher eine zusätzliche Dienstleistung des Krankenhauses dar, die sich auf die Attraktivität des Krankenhauses auswirkt (s. EuGH GRUR 2016, 684 Tz. 63 – *REHA-Training/GEMA*; EuGH GRUR 2012, 597 Tz. 44 – *PPL/Irland*). Die Weiterleitung von Fernsehsignalen in **Hotelzimmer** dürfte ebenfalls stets als Sendung i. S. v. § 20 anzusehen sein, soweit nicht lediglich der Empfang mittels einer terrestrischen Antenne ermöglicht wird (s. hierzu BGH GRUR 2016, 697 – *Königshof*). Das Gleiche gilt für die Weiterleitung von Fernsehsignalen in Ferienwohnungen von einer zentrale Empfangseinrichtung (s. bereits LG Kiel v. 15.2.2005 – 1 S 116/ 04 Tz. 11).

IV. Praxis der Rechtswahrnehmung

Im Bereich der **Musik** wird das Senderecht seit jeher nicht durch die Berechtigten selbst, sondern durch Verwertungsgesellschaften wahrgenommen. Der GEMA sind gemäß § 1 lit. b) und d) BerV-GEMA die Rechte der **Hörfunk- und Fernsehsendung** von den Berechtigten übertragen worden. Auf diese Weise können die Verwerter, insb. Radio- und Fernsehanstalten aber auch Webradio-Anbieter, die für ihre Sendungen erforderlichen Rechte zentral bei der GEMA einholen. Dabei werden die verwendeten Musikwerke nicht einzeln lizenziert; vielmehr räumt die GEMA den Anbietern das Senderecht pauschal für das gesamte GEMA-Repertoire ein (Tarife abrufbar unter gema.de). Die Höhe der Vergütung richtet sich vordergründig nach dem Musikanteil des Sendeprogramms sowie dem Verbreitungsgebiet des Senders. Ausgenommen von der Rechtswahrnehmung durch die GEMA sind die Senderechte an **dramatisch-musikalischen Werken** sowie das Recht zu Benutzung des Werkes in Werbespots (§ 1 lit. k BerechtigungsV GEMA); dazu LG Hamburg GRUR 1991, 599. Für Filmmusik ist die Wahrnehmung der der GEMA nur auflösend bedingt bis auf Widerruf eingeräumt (§ 1 lit. i BerechtigungsV-GEMA). **20**

Im Bereich der **Sprachwerke** und **Darstellungen wissenschaftlicher und technischer Art** nimmt die VG Wort ebenfalls nur die „kleinen Senderechte" wahr (s. § 1 Nr. 9 WahrnehmungsV VG Wort). Ausgenommen bleiben szenische oder bildliche Darstellungen sowie Lesungen aus dramatischen Werken. Überdies beschränkt sich die Rechtswahrnehmung auf die Fernsehnutzung bis zu 10 Minuten und die Hörfunknutzung bis zu 15 Minuten (§ 1 Nr. 9 WahrnehmungsV VG Wort). Für die Radiosendung eines längeren Audiobooks muss der Sender damit die Rechte direkt beim Verlag erwerben. **21**

Im Bereich der wortdramatischen und dramatisch-musikalischen Werke (Theater, Opern, Musicals) sind die Senderechte bei den Berechtigten, d. h. regelmäßig den Verlagen, geblieben. Grundlage für die Vertrags- und Lizenzierungspraxis bildet insb. die „Regelsammlung Verlage/Rundfunk für Hörfunk und Fernsehen". Sie sieht eine inhaltlich, zeitlich und räumlich beschränkte Übertragung des Senderechts vor (Einzelheiten zur Vertragspraxis bei Wandtke/Bullinger/*Ehrhard*[4] Rn. 8 ff.). **22**

23 Die VG BildKunst nimmt für die von ihr vertretenen **bildenden Künstler** und **Fotografen** das Senderecht wahr, für Fotografen allerdings nur insoweit, als ihre Werke in Büchern erschienen sind (§ 1 Ziff. 3 lit. b WahrnehmungsV Bild-Kunst für die Berufsgruppen I und II). Ihre Wahrnehmungsbefugnisse erstrecken sich auch auf die Digitalisierung analoger Filmwerke sowie deren Online-Sendung, Wiedergabe oder anderer Online-Übermittlung. Die sich daraus ergebenden Abgrenzungsschwierigkeiten zu den Online-Rechten der Sendeanstalten, vor allem für die unter § 19a fallenden Abrufdienste (*on demand*), sind Gegenstand einer Abgrenzungsvereinbarung v. 10./23.1.2001.

24 Die Senderechte an **Filmwerken** (Spielfilme, TV-Serien, usw.) werden weitgehend individuell durch die Berechtigten, d. h. insbesondere durch die Produzenten wahrgenommen. Zur Vertragspraxis mit Drehbuchautoren bei Auftragsproduktionen Wandtke/Bullinger/*Ehrhard*[4]Rn. 8 ff.

§ 20a   Europäische Satellitensendung

(1) Wird eine Satellitensendung innerhalb des Gebiets eines Mitgliedstaates der Europäischen Union oder Vertragsstaates des Abkommens über den Europäischen Wirtschaftsraum ausgeführt, so gilt sie ausschließlich als in diesem Mitgliedstaat oder Vertragsstaat erfolgt.

(2) [1]Wird eine Satellitensendung im Gebiet eines Staates ausgeführt, der weder Mitgliedstaat der Europäischen Union noch Vertragsstaat des Abkommens über den Europäischen Wirtschaftsraum ist und in dem für das Recht der Satellitensendung das in Kapitel II der Richtlinie 93/83 EWG des Rates vom 27. September 1993 zur Koordinierung bestimmter urheber- und leistungsschutzrechtlicher Vorschriften betreffend Satellitenrundfunk und Kabelweiterverbreitung (ABl. EG Nr. L 248 S. 15) vorgesehene Schutzniveau nicht gewährleistet ist, so gilt sie als in dem Mitgliedstaat oder Vertragsstaat erfolgt,
1. in dem die Erdfunkstation liegt, von der aus die programmtragenden Signale zum Satelliten geleitet werden, oder
2. in dem das Sendeunternehmen seine Niederlassung hat, wenn die Voraussetzung nach Nummer 1 nicht gegeben ist.
[2]Das Senderecht ist im Fall der Nummer 1 gegenüber dem Betreiber der Erdfunkstation, im Fall der Nummer 2 gegenüber dem Sendeunternehmen geltend zu machen.

(3) Satellitensendung im Sinne von Abs. 1 und 2 ist die unter der Kontrolle und Verantwortung des Sendeunternehmens stattfindende Eingabe der für den öffentlichen Empfang bestimmten programmtragenden Signale in eine ununterbrochene Übertragungskette, die zum Satelliten und zurück zur Erde führt.

I.   Allgemeines

1.   Bedeutung und Aufbau der Vorschrift

1 Satelliten versorgen nicht nur einen ungleich größeren Empfangsbereich als terrestrische Sender; sie lassen sich auch von jedem beliebigen Teil der Erde aus anpeilen mit der Folge, dass über Erdfunkstationen aus Staaten mit niedrigem oder faktisch nicht durchsetzbarem Urheber- und Leistungsschutz in Staaten mit hohem Schutzniveau hinein gesendet werden kann. Das führte zu Überlegungen, auf Satellitensendungen nicht – oder nicht nur – das Recht des Staates anzuwenden, von dessen Boden die Sendung ausging (*a quo*), sondern auch – oder nur – das Recht der jeweiligen Empfangsstaaten (*ad quem*). Die letztere Auffassung ist nach ihrem prominentesten Vertreter, dem früheren WIPO-Generaldirektor Arpad Bogsch, benannt und hat als **Bogsch-Theorie** auch in der Judikatur, vor allem in Österreich, Zustimmung gefunden (OGH GRUR Int. 1991, 920, 923 – *Tele-Uno II* und ZUM 1993, 634, 636; OLG München ZUM 1995, 328, 332; LG Stuttgart GRUR Int. 1995, 412, 413 – *Satelliten-Rundfunk*; *Katzenberger* GRUR Int. 1983, 895, 913; *Schricker* GRUR Int. 1984, 592; *Schack*, Urheber- und UrhebervertragsR[7] Rn. 1069).

Die *Bogsch*-Theorie hat freilich zur Konsequenz, dass Programmveranstalter die Verwertungsrechte nicht nur für den **Sendeort**, sondern auch für alle Empfangsländer einholen müssten. Dies hätte in Europa die Anwendbarkeit einer Vielzahl von Rechtsordnungen für einen einzigen Sendevorgang und damit Rechtsunsicherheit bei allen Beteiligten bedeutet (s. ErwG 7 Satelliten- und Kabel-RL). Deswegen bestimmt **Abs. 1**, entsprechend Art. 1 Abs. 2 lit. b) Satelliten- und Kabel-RL, dass für Satellitensendungen, die **innerhalb der EU und des EWR** ausgeführt werden, nur *eine* Rechtsordnung – nämlich diejenige des Staates, in dem die „Eingabe" nach **Abs. 3** stattfindet (Sendeort) – zur Anwendung kommt (sog. **Sendelandprinzip**). **Abs. 2** soll die Rechteinhaber davor schützen, dass Sendungen in Länder außerhalb der EU und des EWR, die nicht das in der Satelliten- und Kabel-RL vorgesehene Schutzniveau gewährleisten, verlagert werden. In diesen Fällen gilt die Sendung als in dem Mitgliedstaat erfolgt, in dem die Erdfunkstation liegt, von dem aus die programmtragenden Signale zum Satelliten geleitet werden oder in dem das Sendeunternehmen seine Niederlassung hat, wenn die Erdfunkstation nicht in einem Mitgliedstaat oder Vertragsstaat liegt. Abs. 3 enthält eine gesetzliche Definition der Satellitensendung. **2**

Die Europäische Satellitensendung ist gegenüber der (einfachen) Sendung **ein selbstständiges, mit dinglicher Wirkung abspaltbares Verwertungsrecht** (Schricker/Loewenheim/*v. Ungern-Sternberg*[4] Rn. 18; differenzierend, aber mit gleichem Ergebnis Dreier/Schulze/*Dreier*[5] Rn. 4); das Recht kann unabhängig von einem Nutzungsrecht zur Durchführung erdgebundener Sendungen vergeben werden (BGH GRUR 2005, 320, 323 – *Kehraus*, zu § 20 a. F.). Inhaltlich geht § 20a aber nicht über den Sendebegriff des § 20 hinaus, weshalb das Recht auch nicht in dem Rechtekatalog des § 15 Abs. 2 genannt wird. § 20a konkretisiert in erster Linie nur den Umfang des Rechterwerbs, der bei einer grenzüberschreitenden Satellitensendung erforderlich ist. Die Satellitensendung ist im Vergleich zur terrestrischen Sendung keine neue Nutzungsart im Sinne von § 31 Abs. 4 (BGH GRUR 1997, 25 – *Klimbim*). **3**

2. Europäisches Recht und Umsetzung

§ 20a beruht auf der Satelliten- und Kabel-RL. Vordergründiges Ziel der Richtlinie war es, den Sendeunternehmen den Rechteerwerb zu vereinfachen, wenn sie ihr Programm grenzüberschreitend über Satellit ausstrahlen, und dadurch grenzüberschreitende Satellitenprogramme zu fördern. Durch das in der Richtlinie festgeschriebene **Sendelandprinzip** (Art. 1 Abs. 2 lit. b) müssen Programmanbieter, welche ihr Programm grenzüberschreitend in mehrere Länder ausstrahlen, nur noch die Rechte im bzw. für das Sendeland erwerben. Zugleich schafft die Richtlinie – als Vorraussetzung für das Sendelandprinzip – innerhalb der EU ein **einheitliches Schutzniveau**, sodass es im Prinzip gleichgültig ist, in welchem Mitgliedstaat der Rechteerwerb stattfindet. **4**

5 Die Richtlinie wurde – verspätet – durch das 4. ÄndG 1998 durch Einfügung von §§ 20a, 20b umgesetzt. Die Richtlinie ist bei Auslegungsfragen heranzuziehen (zur richtlinienkonformen Auslegung der Verwertungsrechte vgl. § 15 Rn. 15 f.); bei Unklarheiten kommt ein Vorlageverfahren an den EuGH gem. Art. 267 AEUV in Betracht. Eine Übergangsbestimmung findet sich in § 137h UrhG: § 20a ist auf Altverträge, die vor dem 1.6.1998 geschlossen wurden, erst ab dem 1.1.2000 anzuwenden (vgl. § 137h Rn. 1 ff. für Einzelheiten).

3. Anwendungsbereich

6 § 20a gilt entsprechend für die Inhaber von **Leistungsschutzrechten**, soweit ihnen ein Senderecht gewährt wird (UrhG 4. ÄndG – BT-Drs. 13/4796, S. 9). Dies sind die Verfasser wissenschaftlicher Ausgaben (§ 70), Herausgeber nachgelassener Werke (§ 71), Lichtbildner (§ 72), ausübende Künstler (§ 78 Abs. 1 Nr. 2), Veranstalter (§ 81), Sendeunternehmen (§ 87 Abs. 1 Nr. 1), Datenbankhersteller (§ 87b Abs. 1) sowie Filmhersteller (§ 94 Abs. 1), nicht jedoch die Tonträgerhersteller.

7 § 20a **gilt nicht** – auch nicht analog – für Verwertungsformen, die keine Satellitensendung sind (BGH GRUR 2003, 328, 331 – *Sender Felsberg*). Keine Anwendung findet § 20a deshalb auf die digitale Distribution urheberrechtlich geschützter Werke über das **Internet** und andere netzvermittelte Abrufdienste (allg. M., s. nur Dreier/Schulze/*Dreier*[5] Rn. 5 m. w. N.), selbst wenn diese sich – wie etwa im Bereich der Mobilkommunikation – teilweise der Satellitenübertragung bedienen. Zwar haben auch Internet-Anbieter nachvollziehbar ein Interesse daran, die für die öffentliche Zugänglichmachung von Werken (§ 19a) erforderlichen Rechte nur in einem Land einzuholen. Trotz der europaweiten Rechtsharmonisierung des Rechts der Zugänglichmachung durch die Info-RL besteht aber – anders als bei der Satellitensendung – noch kein einheitlicher Rahmen für die Wahrnehmung und Lizenzierung der Rechte (Dreier/Schulze/*Dreier*[5] Rn. 5). So wird das Recht nach § 19a teilweise individuell, teilweise kollektiv wahrgenommen (vgl. § 19a Rn. 31 ff.). Für die Ausweitung des Sendelandprinzips auf das Internet liegen die Voraussetzungen noch nicht vor (zu den diesbezüglichen Erwägungen der Europäischen Kommission s. Mitteilung v. 24.5.2011, KOM (2011) 287, S. 12 f. sowie das Grünbuch über den Online-Vertrieb über audiovisuelle Werke in der Europäischen Union, KOM (2011) 427/3, S. 10).

II. Einzelerläuterungen

1. Sendung innerhalb der EU und des EWR (Abs. 1)

8 Abs. 1 normiert das **Sendelandprinzip** (vgl. Rn. 2) für Satellitensendungen, die innerhalb der Europäischen Union oder eines Vertragsstaates des EWR ausgeführt werden. In diesem Fall muss der Programmanbieter die für die Satellitensendung erforderlichen Rechte (nur) in dem und für das Land einholen, von dem aus die Sendung erfolgt (**Sendeland**). Was eine Satellitensendung ist und *welches Land* in diesem Fall als Sendeland anzusehen ist, definiert Abs. 3 (vgl. Rn. 13). Dies ist nicht der Ort, von dem aus die Signale technisch zum Satelliten abgestrahlt werden (sog. **Erdfunkstelle**), sondern von dem aus die Aussendung kontrolliert, verantwortet und in eine ununterbrochene Übertragungskette zum Satelliten übermittelt werden (Einzelheiten vgl. Rn. 13).

2. Umgehungsprävention (Abs. 2)

9 Abs. 2 regelt – nur teilweise – die Fälle, in denen die Satellitensendung (Abs. 3) nicht in einem EU- oder EWR-Staat, sondern in einem Drittstaat erfolgt, welches für das Recht der Satellitensendung das in Kapitel II der Satelliten- und Kabel-RL erforderliche **Schutzniveau nicht gewährleistet**. Abs. 2 fingiert hier für zwei konkrete Fälle den Ort der Satellitensendung nach Abs. 3 als innerhalb der EU oder des EWR gelegen (Umgehungsprävention), sodass es bei der Anwendung des europäischen Schutzniveaus bleibt:

Abs. 2 Nr. 1 regelt den Fall, dass das Sendeunternehmen zwar außerhalb von EU und EWR ansässig ist, sich aber für die Sendung nach Europa einer im EU/EWR-Raum liegenden **Erdfunkstelle** bedient, die – zeitgleich und ohne jeden Einfluss auf die Sendung – die von ihr empfangenen Signale an den Satelliten weitergibt. In diesem Fall ist – abweichend von Abs. 3 – der Sendeort das Land, in dem die Erdfunkstelle liegt. Ansprüche wegen der Sendung sind nach dem Recht und vor den Gerichten des EU- oder EWR-Staates geltend zu machen, in dem die Station liegt. Sie richten sich gegen den Betreiber der Station, nicht gegen den eigentlich verantwortlichen Sender im Ausland. **10**

Abs. 2 Nr. 2 regelt den Fall, dass sich das in einem Drittstaat mit niedrigem Schutzniveau ansässige Sendeunternehmen zwar keiner im EU/EWR-Raum liegenden Erdfunkstelle bedient, dort jedoch über eine **Niederlassung** verfügt. Der Begriff der Niederlassung ist im Interesse eines effektiven Urheberrechtschutz nicht eng i. S. v. § 13 ff. HGB und Art. 5 Abs. 5 EuGVVO oder gar einer registerrechtlichen Eintragung zu verstehen; es genügen schon gewisse organisatorische oder technische Bezüge zum EU/EWR-Raum (so allgemein zu Abs. 2: RegE 4. ÄndG – BT-Drs. 13/4796, S. 12). Dies ist etwa der Fall, wenn sich das Sendeunternehmen dort Agenturen zur Vermarktung von Werbeplätzen bedient oder bei wertender Betrachtung dort seinen wesentlichen geschäftlichen Tätigkeiten nachgeht. Zutreffend weist Dreier/Schulze/*Dreier*[5] Rn. 10 darauf hin, dass aber für eine all zu extensive Auslegung des Begriffs der Niederlassung im deutschen Recht kein Bedarf besteht: Richtet sich der ausländische Sender nach Deutschland, so gilt zumindest nach der Empfangsland- bzw. *Bogsch*-Theorie (vgl. Rn. 1) ohnehin das Recht des Empfangslandes, mithin deutsches Recht. Im Übrigen bleibt es im Anwendungsbereich des Abs. 2 Nr. 2 dabei, dass sich die Ansprüche der Urheber und Rechtsinhaber gegen das ausländische Sendeunternehmen, nicht gegen die Niederlassung, richten. Der Gerichtsstand kann dagegen gemäß § 32 ZPO (Ort der unerlaubten Handlung) in Deutschland liegen. **11**

Keine Regelung trifft Abs. 2 S. 1 für den Fall, dass das ausländische Sendeunternehmen weder über eine Erdfunkstation (Nr. 1) noch über eine Niederlassung (Nr. 2) im EU/EWR-Raum verfügt. In diesen Fällen ist zu differenzieren: Gewährt das Drittland Urhebern und Leistungsschutzberechtigten (insb. Sendeunternehmern, Film- und Tonträgerhersteller, ausübende Künstler) ein Schutzniveau, welches Kapitel II der Satelliten- und Kabel-RL entspricht (maßgebend dafür dürfte die **tatsächliche gelebte Rechtspraxis** – Normen und deren Durchsetzbarkeit – sein), ist die Satellitensendung (allein) nach dem Recht dieses Drittlands zu beurteilen, mögen sie auch im Inland empfangen werden (arg ex contr § 20a Abs. 3; ebenso Dreier/Schulze/*Dreier*[5] Rn. 11; dazu auch vgl. vor §§ 120 ff. Rn. 71). Wird das Schutzniveau dagegen nicht erreicht, bleibt es für die Bestimmung des Sendeortes bei allgemeinen Regeln, d. h. der Anwendung der Empfangsland- bzw. *Bogsch*-Theorie (s. Dreier/Schulze/*Dreier*[5] Rn. 11; Schricker/Loewenheim/*Katzenberger*[4] vor §§ 120 ff. Rn. 143). **12**

3. Definition der Satellitensendung (Abs. 3)

Abs. 3 definiert **Gegenstand und Umfang** der Satellitensendung. Sie ist die unter der Kontrolle und der Verantwortung des Sendeunternehmens stattfindende **Eingabe** der für den öffentlichen Empfang bestimmten programmtragenden Signale in eine ununterbrochene Übertragungskette, die zum Satelliten und von dort wieder zurück zur Erde führt. Dadurch ist klargestellt, dass die als Satellitensendung bezeichnete Funkart die **gesamte ununterbrochene Übertragungs-** **13** kette von der Eingabe des Werkes bis zu ihrem Ende zum Gegenstand hat. Unerheblich ist, ob die Ausstrahlung an einen Direktsatelliten oder einen Fernmeldesatelliten erfolgt, bei dem die Funksignale verschlüsselt sind, die Entschlüsselung jedoch durch Decoder, die vom Sendeunternehmen der Öffentlichkeit angeboten werden, erfolgt (s. Art. 1 Abs. 2 c Satelliten- und Kabel-RL). Das Ergebnis entspricht der Sendung über Direktsatelliten, bei dem die ausgestrahlte Sendung von der Öffentlichkeit direkt empfangen werden kann (Art. 1 Abs. 1 sowie ErwG 13 Satelliten- und Kabel-RL). Nutzungshandlungen, die der Satellitenübertragung dagegen **nachgeschaltet** sind, wie z. B. terrestrische oder kabelgebundene (Weiter-)Sendungen des empfangenen Signals, sind dagegen nicht mehr Teil der Satellitensendung (EuGH GRUR Int. 2005, 819 Tz. 34 ff. – *Lagardère Active Broadcast*; BGH GRUR 2003, 328, 331 – *Sender Felsberg*; s. a. Art. 1 III, 8 Satelliten- und Kabel-RL).

14   Zugleich regelt Abs. 3, **wer** die Satellitensendung vornimmt, d. h. wer die erforderlichen Rechte einholen muss, und – im Zusammenspiel mit Abs. 1 – **in welchem Land** die Sendung erfolgt bzw. zu lizenzieren ist. **Sendender** ist, wer die Sendung unter seiner Kontrolle hat *und* für sie verantwortlich zeichnet *und* die programmtragenden Signale auf den Weg zum Satelliten schickt, ohne dass der Weg der Signale durch die eigenständige Entscheidungsbefugnis eines Dritten unterbrochen wird. Letzteres bedeutet nicht, dass die Signalübertragung von der Eingabe bis zum Satelliten keine – technisch oder organisatorisch bedingte – zeitliche Unterbrechung erfahren darf (Schricker/Loewenheim/*v. Ungern-Sternberg*[4] Rn. 15). Entscheidend ist, wer die weitere **Organisations- und Entscheidungsgewalt** über die Sendung hat, d. h. wer auch nach der technisch bedingten Unterbrechung des Sendesignals die Kontrolle darüber hat.

15   **Beispielsfälle:** Strahlt ein deutscher Programmanbieter zunächst eine in Österreich liegende Erdfunkstelle an, die sodann zeitgleich („ununterbrochen") an einen Satelliten weitersendet, der seinerseits zurück zur Erde ausstrahlt, ist und bleibt Sendender allein der deutsche Anbieter und deutsches Recht ist anwendbar. Gleiches gilt aber auch, wenn der deutsche Sender der Erdfunkstelle das Programm per Datenfernübertragung liefert, diese die Daten zunächst aufbereitet und anschließend zeitlich versetzt das Programm an den Satelliten abstrahlt (a. A. unsere 9. Aufl./*Wilhelm Nordemann*[9] Rn. 2; Schricker/Loewenheim/*v. Ungern-Sternberg*[4] Rn. 15 für die Lieferung des Programms per Kurier; wie hier Dreier/Schulze/*Dreier*[5] Rn. 14). Werden dagegen gelieferte Programmbestandteile in ein eigenes Sendeprogramm übernommen, so ist Sendender nur der das Programm übernehmende Anbieter. Maßgebend ist letztlich eine **wertende Betrachtung,** wer objektiv die Verantwortung für die Ausstrahlung der Satellitensendung übernimmt und diese technisch auf den Weg bringt oder bringen lässt. Wird ein Programm durch mehrere Sendeanstalten gleichzeitig ausgestrahlt, so etwa beim European Song Contest im Rahmen der European Broadcasting Union (EBU), sendet jedes dieser Unternehmen im Sinne des Abs. 3, da jede Sendeanstalt die Eingabe des Programms in die Übertragungskette veranlasst hat (ähnlich Schricker/Loewenheim/*v. Ungern-Sternberg*[4] Rn. 18). Keine Satellitensendung sind **nachgeschaltete Nutzungshandlungen,** auch wenn sie originär auf einer Satellitensendung beruhen. Werden Signale per Satellit empfangen, um sie terrestrisch weiterzusenden, liegt für Letzteres keine Satellitensendung (mehr) vor (BGH GRUR 2003, 328 – *Sender Felsberg*). § 20a ist mangels Öffentlichkeit der Sendung nicht einschlägig, wenn die Sendung per Satellit über ein nicht für die Öffentlichkeit bestimmtes Signal an eine terrestrische Sendestation übermittelt wird (s. EuGH GRUR Int. 2005, 819 Tz. 34 ff. – *Lagardère Active Broadcast*, auch Vorliegen einer ununterbrochenen Übertragungskette ablehnend). In diesem Fall ist nur die terrestrische Sendestation Sendender im Sinne von § 20.

§ 20b Kabelweitersendung

(1) ¹Das Recht, ein gesendetes Werk im Rahmen eines zeitgleich, unverändert und vollständig weiterübertragenen Programms durch Kabelsysteme oder Mikrowellensysteme weiterzusenden (Kabelweitersendung), kann nur durch eine Verwertungsgesellschaft geltend gemacht werden. ²Dies gilt nicht für Rechte, die ein Sendeunternehmen in Bezug auf seine Sendung geltend macht.

(2) ¹Hat der Urheber das Recht der Kabelweitersendung einem Sendeunternehmen oder einem Tonträger- oder Filmhersteller eingeräumt, so hat das Kabelunternehmen dem Urheber gleichwohl eine angemessene Vergütung für die Kabelweitersendung zu zahlen. ²Auf den Vergütungsanspruch kann nicht verzichtet werden. ³Er kann im Voraus nur an eine Verwertungsgesellschaft abgetreten und nur durch eine solche geltend gemacht werden. ⁴Diese Regelung steht Tarifverträgen, Betriebsvereinbarungen und gemeinsamen Vergütungsregeln von Sendeunternehmen nicht entgegen, soweit dadurch dem Urheber eine angemessene Vergütung für jede Kabelweitersendung eingeräumt wird.

I. Allgemeines

1. Bedeutung und systematische Einordnung

Das in **Abs. 1 S. 1** definierte Recht der Kabelweitersendung ist ein **eigenständiges Verwertungsrecht.** Zwar wird es tatbestandlich bereits durch das Senderecht nach § 20 erfasst (vgl. § 20 Rn. 4, 17), sodass Abs. 1 S. 1 im Wesentlichen nur die **Bedeutung einer Legaldefinition** der Kabelweitersendung zukommt. Aus der gesonderten Nennung des Rechts der Kabelweitersendung folgt jedoch, dass dieses ein **eigenständiges Nutzungsrecht** ist, welches von den sonstigen Formen der Sendeverwertung nach § 20 mit dinglicher Wirkung abgespaltet werden kann (Dreier/Schulze/*Dreier*⁵ Rn. 1; anders noch, aber überholt BGH GRUR 1997, 215 – *Klimbim*). **Zweck** des § 20b ist indes weniger, dem Urheber (neue) Rechte an die Hand zu geben, sondern den Kabelunternehmen die **Modalitäten des Rechteerwerbs** zu vereinfachen, indem das Recht der Kabelweitersendung der Verwertungsgesellschaftenpflicht unterworfen wird.   **1**

Die Kabelweitersendung ist ein **Zweitverwertungsrecht** (RegE 4. ÄndG – BT-Drs. 13/4796, S. 7; a. A. *Conrad* GRUR 2003, 561, 567), da es einen anderen Nutzungsvorgang, nämlich den der Erstsendung über Ton- oder Fernsehrundfunk, Satellitenrundfunk, Kabelfunk oder ähnliche technische Mittel, voraussetzt. Es ist von der Kabel*erst*sendung, bei der das Programm von den Sendeunternehmen selbst unmittelbar in das Kabelnetz geleitet wird, ebenso zu unterscheiden wie von einer Weitersendung, die zwar per Kabel, aber zeitlich versetzt und möglicherweise inhaltlich verkürzt oder sonst verändert erfolgt (RegE 4. ÄndG – BT-Drs. 13/4796, S. 13); beide sind nicht Gegenstand des § 20b, der nur die **zeitgleiche, unveränderte und vollständige Weiterleitung** des   **2**

Sendeprogramms betrifft (Rn. 12). In technischer Hinsicht beschränkt sich § 20b *de lege lata* auf Weitersendungen per **Kabel- oder Mikrowellensysteme,** was angesichts der Existenz moderner drahtloser wie drahtgebundener Übertragungstechnologien wie dem Internet Kritik erfahren hat. Gefordert wird eine technikneutrale Neufassung des § 20b (Einzelheiten Rn. 13).

3 Der zugleich durch Abs. 2 S. 3 angeordneten **Verwertungsgesellschaftspflicht** liegt die Erwägung zugrunde, dass sich das Recht der Kabelweitersendung wegen der Notwendigkeit einer zeitgleichen, unveränderten und vollständigen Übernahme der Erstsendung typischerweise einem einzelvertraglichen Rechteerwerb verschließt und pauschale Rechtseinräumungen erfordert (so RegE 4. ÄndG – BT-Drs. 13/4796, S. 7). Die Kabelunternehmen sollen die für die Einspeisung ganzer Programme erforderlichen Rechte möglichst aus einer Hand bekommen können. Überdies soll im Interesse der Kabelunternehmen die Rechtsausübung nicht von Rechteinhabern, die keiner Verwertungsgesellschaft angehören (sog. „Außenseiter"), blockiert werden (ErwG 28 Satelliten- und Kabel-RL).

4 Der in **Abs. 2** gewährte gesetzliche **Vergütungsanspruchs** soll die Urheber und Leistungsschutzberechtigten davor schützen, ihr Kabelweitersendungsrecht dem Sendeunternehmen oder Produzenten ohne angemessene zusätzliche Vergütung einzuräumen. Die Gesetzesbegründung (RegE 4. ÄndG – BT-Drs. 13/4796, S. 13 f.) bezeichnet diesen Gerechtigkeitsgedanken, der dem deutschen Urheberrecht zugrunde liegt, ausdrücklich als *Verpflichtung,* der der Gesetzgeber mit der Neuregelung entsprechen wolle.

2. Entstehungsgeschichte und Hintergrund

5 § 20b Abs. 1 wurde mit Wirkung zum 1.6.1998 durch das 4. ÄndG 1998 (BGBl. I S. 902; verfügbar auf www.frommnordemann.de) zur Umsetzung der Satelliten- und Kabel-RL eingefügt. Erklärtes Ziel der Richtlinie ist es, den Kabelunternehmen den Erwerb der Rechte zur zeitgleichen, unveränderten Weiterleitung **grenzüberschreitender Sendungen** in Kabelnetzen oder vergleichbaren Systemen zu erleichtern. Statt eine Vielzahl von Einzelrechten bei den jeweiligen Rechteinhabern für jedes (weiter-)gesendete Werk erwerben zu müssen, genügt die **pauschale Lizenzierung** der Kabelweiterleitung bei der jeweils zuständigen Verwertungsgesellschaft (Art. 9 Satelliten- und Kabel-RL). Konsequenterweise hat der deutsche Gesetzgeber bei Umsetzung der Richtlinie – welche nur für grenzüberschreitende Kabelweitersendungen gilt – auch die Rechte der Weiterleitung **inländischer Programme** verwertungsgesellschaftspflichtig gemacht (s. RegE 4. ÄndG – BT-Drs. 13/4796, S. 13 f.: Kein sachlicher Grund für Ungleichbehandlung ersichtlich). Dies entsprach im Übrigen der tatsächlichen Praxis, da die Weitersenderechte in Deutschland schon seit Jahren im Wege kollektiver Vereinbarungen von den Verwertungsgesellschaften wahrgenommen wurden.

6 Abs. 1 S. 2 – ebenfalls einer Vorgabe der Richtlinie folgend – nimmt die Rechte der Sendeunternehmen (Rundfunkanstalten), die diese in Bezug auf ihre eigenen Sendungen erworben haben (z. B. Eigenproduktionen), von der Verwertungsgesellschaftspflicht aus (zu Einzelheiten vgl. Rn. 18).

7 Der Vergütungsanspruch nach Abs. 2 beruht nicht auf einer Vorgabe der Richtlinie, sondern stellt eine nur auf nationaler Ebene durchgesetzte Verbesserung der Rechtsstellung der Urheber dar, die seit Jahren Kritik erfahren hat (vgl. Rn. 20). Durch den zum 1.1.1998 in Kraft getretenen 2. *Korb* der Urheberrechtsreform wurde Abs. 2 S. 4 geändert, wonach nunmehr auch Gemeinsame Vergütungsregeln im Sinne von § 36 Vorrang gegenüber dem Vergütungsanspruch haben.

3. Anwendungsbereich

In den Genuss der Rechte nach § 20b kommen nicht nur Urheber, sondern **8**
auch die **Verfasser wissenschaftlicher Ausgaben** (§ 70 Abs. 1), **Herausgeber**
nachgelassener Werke (§ 71 Abs. 1 S. 1), **ausübende Künstler** (§ 78 Abs. 4),
Sendeunternehmen (§ 87 Abs. 1 und Abs. 4), **Filmhersteller** (§ 94 Abs. 4) und
die **Hersteller von Laufbildern** (§ 95 i. V. m. § 94 Abs. 4). Ausdrücklich ausgenommen sind Sendeunternehmen im Hinblick auf ihre eigenen Sendungen,
Abs. 1 S. 2.

Nach der **Übergangsregelung** des § 137h Abs. 3 besteht der gesetzliche Vergü- **9**
tungsanspruch (Abs. 2) nur bei Verträgen über die Einräumung des Kabelweitersenderecht, die nach dem 1.6.1998 abgeschlossen wurden. Dies führt zu
einer nennenswerten Schlechterstellung von Rechtsinhabern, die vor Inkrafttreten der Gesetzesänderung den Sendeanstalten oder Tonträger- oder Filmherstellern das Kabelweiterleitungsrecht im Wege eines – formularmäßig damals üblichen – Buy-Outs eingeräumt haben. Sie erhalten keine Beteiligung an den
Einnahmen aus der Kabelweitersendung. Entsprechend findet Abs. 1 keine Anwendung auf Ansprüche, die aus Rechtsverletzungen vor dem 1.6.1998 hergeleitet werden (BGH GRUR 2000, 699, 700 – *Kabelweiterübertragung*).

II. Begriff der Kabelweitersendung

1. Gesendetes Werk

Die Kabelweiterleitung nach § 20b Abs. 1 setzt zwingend eine *Erst*sendung des **10**
Werkes i. S. v. §§ 20, 20a voraus. Keine Rolle spielt dagegen, ob die *Erst*sendung mit Zustimmung des Berechtigten oder mit welchen Mitteln (Funk, Kabel, Satellit, Internet, etc.) erfolgte. Der BGH geht bis zuletzt davon aus, dass
keine *Erst*sendung, sondern eine vergütungspflichtige *Weiter*sendung vorliegt,
wenn die Kabelübertragung **innerhalb des Versorgungsbereichs des Rundfunk-**
unternehmens erfolgt, d. h. dort auch terrestrisch empfangen werden kann
(BGH GRUR 2012, 1136 Tz. 21 – *Breitbandkabel* mit Vorlagefrage an den
EuGH; BGH GRUR 1998, 206, 209 – *Kabelfernsehen II*; BGH GRUR 1994,
209 – *Verteileranlagen*; offengelassen von BGH GRUR 2000, 699, 700 – *Kabelweitersendung* m. w. N.; zur Gegenauffassung und Rechtslage im Ausland;
a. A. *Mand* GRUR 2004, 397 m. w. N.). In anderen Ländern, so z. B. in Österreich (§ 17 Abs. 3 S. 2 ÖstUrhG) und dem Vereinigten Königreich (Sec 73
Abs. 2 bis 4 Copyright, Designs and Patent Act 1988) ist diese dagegen urhe-
berrechts- und vergütungsfrei.

2. Weiterleitung im Rahmen eines Programms

Welchen Anforderungen eine Sendung genügen muss, damit sie als Programm **11**
i. S. d. § 20b Abs. 1 anzusehen ist, ist im UrhG nicht definiert. Aus den Erwägungsgründen der zugrunde liegenden Richtlinie (vgl. Rn. 5), wonach die Erleichterung der Kabelweitersendung auch politischen, kulturellen und sozialen
Zielen diene, mag man ableiten (so Schricker/Loewenheim/*v. Ungern-Sternberg*[4] Rn. 10), dass darunter nur ein gestaltetes Mischprogramm zu verstehen
ist. Allzu hohe Anforderungen an den Gestaltungsgrad sind nicht zu stellen
(so auch HK-UrhR/*Dreyer*[2] Rn. 5), sodass selbst die bloße Aneinanderreihung
thematisch abgestimmter Musiktitel den Begriff des Programms erfüllt (ähnlich
auch Dreier/Schulze/*Dreier*[5] Rn. 7). Kein Programm i. S. v. § 20b ist dagegen
die bloße Weitersendung eines einzelnen Werkes (Dreier/Schulze/*Dreier*[5]
Rn. 7), weshalb m. E. die Betreiber von Internet-Videorecordern, die ihren Nutzern die individuelle Aufzeichnung von Fernsehsendungen, etwa Spielfilmen
ermöglichen, die erforderlichen Weitersenderechte nicht nach § 20b erwerben
können (vgl. Rn. 12 ff.).

12   Durch das Erfordernis der **zeitgleichen, unveränderten und vollständigen Wei-**
terübertragung werden sog. „Rosinenprogramme", d. h. Sendungen, die nur
einzelne Teile eines Programms oder gar einzelne Werke übernehmen, aus dem
Anwendungsbereich von § 20b herausgenommen (HK-UrhR/*Dreyer*[2] Rn. 6).
Wer aus vorhandenen Sendungen lediglich ein eigenes Programm („Best of")
machen möchte oder ein Programm zwar zeitgleich in ein Kabelnetz einspeist,
es jedoch – etwa mit Werbeeinblendungen – verändert, kann sich die Rechte
für die Kabeleinspeisung dieser selbstgestalteten Programme nicht bei der Verwertungsgesellschaft holen. Die Weiterleitung muss zeitgleich mit dem Empfang erfolgen (BGH GRUR 2009, 845 Tz. 32 – *Internet-Videorecorder*). § 20b
bleibt seinem Schutzzweck nach auf die **rein technische Einspeisung eines laufenden Sendeprogramms** in ein Kabelnetz beschränkt. Diese liegt indes auch
vor, wenn die Sendung des Programms aus Gründen, die mit dem Programm
nichts zu tun haben, nicht vollständig oder dauerhaft stattfindet (Schricker/
Loewenheim/*v. Ungern-Sternberg*[4] Rn. 6). Der BGH hat bei **Internet-Videore-
kordern** die Weiterleitung einzelner Sendungen in die Speicherplätze der Nutzer
„nur" als einfache Weitersendung im Sinne von § 20 bzw. § 87 Abs. 1 Nr. 1
Fall 1 bewertet, nicht als Kabelweiterleitung (BGH GRUR 2009, 845
Tz. 31 ff. – *Internet-Videorecorder*; offengelassen in BGH GRUR 2013, 618
Tz. 53 – *Internet-Videorecorder II*; a. A. *Berberich* ZUM 2013, 562, 563 und
wohl auch Dreier/Schulze/*Dreier*[5] Rn. 9). Gegen die Anwendung von § 20b
spricht, dass auf Wunsch der Nutzer nur einzelne Sendebestandteile, z. B. ein
Spielfilm, in die Speichernetze übertragen werden.

13   § 20b beschränkt sich tatbestandlich auf die Weiterleitung von Programmen
durch **Kabelsysteme und Mikrowellensysteme.** Letztere haben in Deutschland
bislang keine Bedeutung erlangt. **Kein Kabelsystem** ist das **Internet.** Wer ein
Rundfunksignal zeitgleich per IP-Protokoll und Datenstreaming auf PC oder
mobile Geräte senden möchte (zur Abgrenzung zum Video-on-Demand vgl.
§ 19a Rn. 20, 25), kann sich die erforderlichen Rechte nicht über § 20b durch
eine Verwertungsgesellschaft einräumen lassen (LG Hamburg ZUM 2009, 582,
585 – *Zattoo*; zustimmend Dreier/Schulze/*Dreier*[5] Rn. 9; Schricker/Loewen-
heim/*v. Ungern-Sternberg*[4] Rn. 4; wohl auch *Neurauter* GRUR 2011, 691;
a. A. *Hillig* ZUM 2009, 895, 896; *Weber* ZUM 2009, 460; *Hoeren* MMR
2008, 139, 142; *Ory* ZUM 2007, 7, 9 für Handy-TV; für analoge Anwendung
Poll GRUR 2007, 476, 480; offen gelassen von OLG Köln GRUR-RR 2006,
5 – *Personal Video Recorder*). Zwar weisen die Kabel- und Interneteinspeisung
technologisch Ähnlichkeiten auf; der europäische Richtliniengeber wird aber
1993 kaum daran gedacht haben, die räumlich eher begrenzte Kabelweiterleitung eines Sendeprogramms mit dessen weltweiten Weiterverbreitung per Internet gleichzusetzen und letztere ebenfalls – trotz ihrer überragenden wirtschaftlichen Bedeutung – einer kollektiven Verwertung zu unterwerfen (so auch die
Empfehlung der EU-Kommission, KOM (2002) 430 final, S. 15; s. a. die Überlegungen in § 20a Rn. 7). Eine technologieneutrale Fassung des § 20b mag im
Hinblick auf Dienste wie *Zattoo* wünschenswert sein, sie entspricht aber nicht
der geltenden Rechtslage. **Abzugrenzen** von der Weiterleitung von fremden
Fernsehsignalen über das offene Internet wie im Fall *Zattoo* ist das echte **IPTV,**
d. h. die lineare Verbreitung von Fernsehprogrammen in geschlossenen DSL-
Netzen. Die DSL-Netze bilden beim IPTV ein bloßes technisches Äquivalent
zu den klassischen Breitbandkabelnetzen. Die Nutzung dieser DSL-Netze zur
zeitgleichen TV-Übertragung ist Kabelweiterleitung im Sinne von § 20b (*Neurauter* ZUM 2011, 691, 692).

13a   **Weitersendender** ist und das Recht nach § 20b benötigt, wer darüber entscheidet, welche Funksendungen in das Kabel eingespeist und an eine Öffentlichkeit
weitergeleitet werden, nicht dagegen derjenige, der lediglich die dafür erforderlichen technischen Vorrichtungen bereitstellt und betreibt (BGH GRUR 2010,

530 Tz. 23 – *Regio-Vertrag*; folgend OLG Brandenburg GRUR-RR 2013, 89, 91 n. rkr.). Zur Frage, wann bei einer Kabelweitersendung des Sendeprogramms an einzelne Haushalte die erforderliche **Öffentlichkeit** im Sinne von § 15 Abs. 3 erreicht ist („Wohneinheitengrenze"), ausführlich dazu *Riesenhuber* ZUM 2012, 433.

III. Verwertungsgesellschaftspflicht – Vertragspraxis

Das Recht auf Kabelweitersendung kann nach § 20b Abs. 1 nur durch eine Ver-　**14** wertungsgesellschaft geltend gemacht werden. Entsprechend sehen die **Wahrnehmungsverträge** aller Verwertungsgesellschaften ausnahmslos entsprechende Rechtseinräumungen vor (z. B. § 1c WahrnehmungsV BildKunst; § 1 Nr. 7 WahrnehmungsV VG Wort; § 1 Abs. 1 Nr. 2 i) WahrnehmungsV GVL Künstler; bei der GEMA erfolgt die Übertragung nicht durch den BerechtigungsV, sondern durch gesondertes Mandat). Viele Verwertungsgesellschaften haben sich zu Inkasso- und Verhandlungsgemeinschaften zusammengeschlossen; so sind z. B. VG BildKunst, GWFF, GÜFA, VGF, AGICOA in der Zentralstelle für die Wiedergabe von Fernsehrechten (**ZWF**) vereinigt, wobei das Inkasso wiederum durch die GEMA besorgt wird. Die VG Media (vgmedia.de) ist eine Verwertungsgesellschaft, die für zahlreiche private Hörfunk- und Fernsehunternehmen (z. B. RTL, ProSiebenSat1 sowie weitere Mitglieder des VPRT) deren Rechte nach § 20b Abs. 1 wahrnehmen. Auf der Seite der Kabelnetzbetreiber vertritt insb. die **ANGA** (anga.de) die Interessen der Kabelnetzbetreiber.

Entsprechend erfolgt in der Praxis die Einräumung der Kabelweitersenderechte　**15** über **Gesamtverträge** zwischen den Rechteinhabern einerseits (Verwertungsgesellschaften, Sendeunternehmen und andere Rechteinhaber) und den zusammengeschlossenen Kabelnetzbetreibern andererseits (sog. **Kabelglobalverträge**). Sie bieten den Vorteil, dass der Kabelnetzbetreiber sämtliche für die Programmeinspeisung erforderlichen Rechte mit einem Vertragsverhältnis erwerben kann und Außenseiteransprüche nicht fürchten muss. Der Einigungsprozess ist aufgrund der Vielzahl der Beteiligten allerdings erheblich schwieriger und langwieriger als Individualverträge. Lange Zeit wichtigster Vertrag war der Kabelglobalvertrag mit der Deutschen Bundespost, später Deutsche Telekom AG („DTAG"), vom 21.11.1991, der zum 31.12.2001 gekündigt, zunächst aber de facto weiter geführt wurde. Am 19.12.2002 konnte ein neuer Kabelglobalvertrag zwischen den durch die Verwertungsgesellschaften AGICOA, GEMA, GVL, GÜFA, VFF, VGF, VG BildKunst und VG Wort vertretenen Rechteinhabern, sämtlichen öffentlich-rechtlichen Sendeanstalten sowie einigen privaten Sendern einerseits sowie den Nachfolgegesellschaften der DTAG und regionalen Kabelnetzbetreibern andererseits ausgehandelt werden. Das Inkasso wurde der GEMA übertragen. Nicht gebunden waren daran die in der VG Media vertretenen privaten Sender, welche im April 2003 einen separaten Vertrag („Regio-Vertrag") mit den Kabelnetzbetreibern abschlossen (zum Ganzen s. Loewenheim/*Castendyk*[2] § 75 Rn. 326 ff.; *Spindler* MMR Beilage 2/2003, S. 1 ff.; s. a. den Streitfall BGH GRUR 2010, 530 – *Regio-Vertrag* mit den Vorinstanzen LG Bochum ZUM 2007, 403 sowie OLG Hamm GRUR-RR 2007, 379).

Die Verwertungsgesellschaftspflicht bedeutet nicht, dass der Urheber das ihm　**16** originär zustehende Weitersenderecht nicht an einen Verwerter (z. B. Film- oder Tonträgerhersteller oder Sendeunternehmen) **abtreten** kann. Dies entspricht weiterhin gängiger Praxis. Ausgeschlossen ist nach Abs. 1 S. 1 nur die individuelle, d. h. nicht durch eine Verwertungsgesellschaft erfolgende, Geltendmachung des Rechts gegen den Kabelnetzbetreiber (Dreier/Schulze/*Dreier*[5] Rn. 13).

Soweit durch die vorgenommene Kabelweitersendung Rechte von **Außensei-**　**17**
tern betroffen sind, die ihre Rechte nicht in eine VG eingebracht haben, können

diese das Recht nicht selbst gegenüber dem Kabelnetzbetreiber geltend machen. Ihnen stehen nur Vergütungsansprüche gegen die jeweilige Verwertungsgesellschaft entsprechend dem Verteilungsschlüssel zu (zur Verjährung der Ansprüche s. § 50 Abs. 2 VGG, ehemals § 13 Abs. 4 UrhWahrnG). Der Verwertungsgesellschaft steht deshalb gemäß § 42 Abs. 3 VGG (ehemals § 13b Abs. 3 UrhWahrnG) auch die **Vermutung der Sachbefugnis** zur Wahrnehmung der Rechte der Außenseiter zu (Dreier/Schulze/*Dreier*[5] Rn. 10).

18   **Ausnahme für Sendeunternehmen:** Von der Verwertungsgesellschaftspflicht nach **Abs. 1 S. 2** ausgenommen sind die Rechte, die dem Sender an seinen eigenen Produktionen (Spielfilme, Talkshows, Nachrichtensendungen, etc.) zustehen. Dazu gehören nicht nur die originären Rechte der Sendeunternehmen nach § 87, sondern auch die Rechte, die ihnen von den Urhebern (z. B. Drehbuchautoren, Filmkomponisten) eingeräumt wurden (vgl. Rn. 19 ff.). Nach § 87 Abs. 4 sowie § 92 Abs. 2 VGG (ehemals § 14 Abs. 1 Nr. 2 UrhWahrnG) sind jedoch Sendeunternehmen und Kabelgesellschaften gegenseitig verpflichtet, einen Vertrag über die Kabelweitersendung i. S. d. Abs. 1 S. 1 zu angemessenen Konditionen abzuschließen. Durch diese faktische Gleichsetzung der Sendeunternehmen mit den Verwertungsgesellschaften wird das Recht der Sendeunternehmen an der Kabelweitersendung ebenfalls im Kern zu einem bloßen Vergütungsanspruch abgemindert (v. Hartlieb/Schwarz/*Reber* Kap. 46 Rn. 5).

IV. Vergütungsanspruch (Abs. 2)

19   Hat der Urheber bzw. Berechtigte das Recht der Kabelweiterleitung einem Sendeunternehmen oder einem Tonträger- oder Filmhersteller eingeräumt, so steht ihm **gegen das Kabelunternehmen** ein gesetzlicher, unverzichtbarer und nur durch eine Verwertungsgesellschaft geltend zu machender **Vergütungsanspruch** zu. Für den Fall der Rechtseinräumung an andere Verwerter, z. B. an einen Verlag, sieht das Gesetz den Vergütungsanspruch nicht vor (a. A. Schricker/Loewenheim/*v. Ungern-Sternberg*[4] Rn. 4, der sich unter Berufung auf die Zielsetzung der Vorschrift und der Verhinderung v. Umgehungshandlungen für eine analoge Anwendung ausspricht).

20   Mit dem gesetzlichen Vergütungsanspruch soll sichergestellt werden, dass die Urheber an den Erlösen der Kabelweiterleitung auch tatsächlich beteiligt werden (RegE 4. ÄndG – BT-Drs. 13/4796, S. 14). So ist es trotz des Abs. 1 möglich und nach wie vor in der Praxis üblich, dass Filmschaffende das Recht an der Kabelweitersendung ihres Werkes dem Produzenten bzw. der Sendeanstalt übertragen, dafür aber keine oder keine angemessene Vergütung direkt von dem Verwerter erhalten. Darin hat der Gesetzgeber ein Indiz gesehen, dass der Urheber als strukturell schwächere Partei zu schützen ist und ihm einen eigenständigen – von der individuellen Rechtseinräumung losgelösten – Vergütungsanspruch zugebilligt (RegE 4. ÄndG – BT-Drs. 13/4796, S. 10 f.; aufrechterhaltend beim 2. Korb BT-Drs. 13/4796, S. 10 f). In der Praxis kann Abs. 2 zu einer **Doppelzahlung** an den Urheber führen: Er erhält sowohl eine, ggf. nutzungsabhängige, Vergütung von dem Verwerter als Gegenleistung für die Rechtseinräumung des Rechts nach § 20b Abs. 1; als auch wird er an den (Pauschal)zahlungen beteiligt, die die Kabelnetzbetreiber für die Kabelweitersendung seines Werkes an eine Verwertungsgesellschaft zahlen mussten. Von Teilen der Literatur wird deshalb seit Jahren die Abschaffung des Vergütungsanspruchs gefordert (vor allem *Götting* S. 39 f; *Gounalakis* NJW 1999, 545, 546; *Conrad* GRUR 2003, 561; *Mand* ZUM 2003, 812; für die Beibehaltung dagegen *Erhardt* ZUM 2004, 300). Der Gesetzgeber hat sich diesen Forderungen bislang verschlossen, zuletzt im Rahmen des 2. Korbes (s. RegE 2. Korb – BT-Drs. 16/1828, S. 22).

Die Beteiligten haben es freilich selbst in der Hand, durch den Abschluss von Vergütungsvereinbarungen i. S. v. § 36 UrhG den Vergütungsanspruch gemäß Abs. 2 S. 4 auszuschließen (vgl. Rn. 22).

Der Vergütungsanspruch des Urhebers ist **unverzichtbar** und kann im Voraus **21** nur an eine Verwertungsgesellschaft abgetreten werden (**Abs. 2 S. 3 und S. 4**). Dadurch wird verhindert, dass der Urheber – als Ausgleich für eine vom Verwerter für die Einräumung des Rechts erhaltene oder ihm zukünftig zustehende Zahlung – den Vergütungsanspruch an den Verwerter abtritt.

Tarifverträge, Betriebsvereinbarungen und **gemeinsame Vergütungsregeln** von **22** Sendeunternehmen schließen den gesetzlichen Vergütungsanspruch aus, *wenn und soweit* sie dem Urheber eine angemessene Vergütung für jede Kabelweitersendung einräumen (**Abs. 2 S. 4**). Ist letzteres der Fall, sind Ansprüche der Urheber und Berechtigten durch Verwertungsgesellschaften gegenüber den Kabelunternehmen ausgeschlossen. Der Gesetzgeber erkennt damit im Wege des Vorrangs an, dass die Berechtigten über kollektive Vereinbarungen eine angemessene Vergütung für die Kabelweiterleitung erhalten haben und die – auf der besonderen Schutzbedürftigkeit der Berechtigten beruhende – Notwendigkeit des gesetzlichen Anspruchs entfällt. Letztlich kann dies aber nur im Rahmen der Gesamtvertragsverhandlungen zwischen Verwertungsgesellschaften und Kabelunternehmen anteilmäßig berücksichtigt werden, weil die Berechtigten bereits im Voraus über den Vergütungsanspruch an ihre jeweilige VG verfügt haben (ebenso Dreier/Schulze/*Dreier*[5] Rn. 16). Eine Übersicht abgeschlossener Tarifverträge gibt Loewenheim/*Castendyk*[2] § 75 Rn. 226 f.).

V. Prozessuales

Zur Geltendmachung des Kabelweitersendungsrechts gegenüber dem Kabelunternehmen ist ausschließlich die Verwertungsgesellschaft berechtigt, der der **23** betroffene Urheber angehört. Hat dieser sich keiner Verwertungsgesellschaft angeschlossen, stehen ihm nur Vergütungsansprüche gegen die Verwertungsgesellschaft, die *Rechte dieser Art wahrnimmt,* entsprechend deren Verteilungsschlüssel zu (§ 42 Abs. 3 VGG, ehemals § 13b Abs. 3 UrhWahrnG).

Die Verwertungsgesellschaft kann für die Durchsetzung von Unterlassungsansprüchen gegen Kabelweitersendungen sofort gerichtliche Hilfe Anspruch neh- **24** men. Die gilt im Verhältnis zwischen Sende- und Kabelunternehmen auch im Hinblick auf die Rechte nach §§ 20b Abs. 1 S. 2, 87 Abs. 4. Der vorherigen Anrufung der Schiedsstelle bedarf es nicht, da die dies vorschreibende Regelung der §§ 92 Abs. 2, 128 Abs. 1 S. 2 VGG (ehemals §§ 14 Abs. 1 Nr. 2, 16 Abs. 1 UrhWahrnG) nur für die Ausgestaltung des Vertragsabschlusses gilt (OLG Dresden GRUR 2003, 601, 602 f. – *Kontrahierungszwang*).

§ 21 Recht der Wiedergabe durch Bild- oder Tonträger

[1]Das Recht der Wiedergabe durch Bild- oder Tonträger ist das Recht, Vorträge oder Aufführungen des Werkes mittels Bild- oder Tonträger öffentlich wahrnehmbar zu machen. [2]§ 19 Abs. 3 gilt entsprechend.

Übersicht

I. Allgemeines

1. Bedeutung und systematische Einordnung

1 § 21 ist ein sog. **Zweitverwertungsrecht** (zum Begriff vgl. § 15 Rn. 7); es setzt eine dem Urheber bereits vorbehaltene Erstverwertung, nämlich die Vervielfältigung seines Werkes durch Herstellung eines Bild- oder Tonträgers (§ 16 Abs. 2) voraus. Weitergehend soll der Urheber jedoch auch daran partizipieren, wenn der – mit oder ohne seine Zustimmung hergestellte – Bild- oder Tonträger öffentlich wiedergegeben wird. Das Recht ist damit Ausfluss des Grundsatzes, dass der Urheber „tunlichst an jeder wirtschaftlichen Verwertung seines Werkes angemessen zu beteiligen ist" (Einzelheiten vgl. § 15 Rn. 6).

2 Wichtigster Anwendungsfall in der Praxis ist die öffentliche Wiedergabe urheberrechtlich geschützter Musik durch Abspielen von Ton- oder Bildträgern aller Art, bspw. in Tanzlokalen, Imbissen, Kaufhäusern, Bahnhöfen, Arztpraxen oder öffentlichen Plätzen. Die Vorführung von Filmträgern fällt dagegen unter § 19 Abs. 4 (vgl. Rn. 6). Das Recht wird typischerweise durch **Verwertungsgesellschaften**, insbesondere durch die GEMA und die VG Wort, wahrgenommen (vgl. Rn. 13). Seiner Natur nach ist § 21 ein **Recht der öffentlichen Wiedergabe** des Werkes in **unkörperlicher Form**, § 15 Abs. 2 Nr. 5.

2. Früheres Recht

3 Das Recht der Wiedergabe durch Bild- und Tonträger wurde in der jetzigen Fassung durch das UrhG von 1965 eingeführt. § 22a LUG hatte noch – als Ausnahme zu § 11 Abs. 2 LUG – die öffentliche Wiedergabe von Musik auf rechtmäßig hergestellten Tonträgern für frei erklärt; die Bestimmung wurde jedoch vom Bundesgerichtshof angesichts der inzwischen erlangten Bedeutung dieser Nutzungsart restriktiv ausgelegt (BGH NJW 1954, 305, 306 – *Schallplatten-Lautsprecher-Übertragung;* BGH GRUR 1960, 619 ff. – *Künstlerlizenz-Schallplatten*) und von § 21 ganz beseitigt (zum früheren Recht *Krüger-Nieland* GRUR 1957, 535, 538).

3. Konventions- und Gemeinschaftsrecht

4 Im Konventionsrecht findet § 21 seine Entsprechung in Art. 11 Abs. 1 Nr. 1 und Art. 11ter Abs. 1 Nr. 1 RBÜ. Das in Art. 3 Abs. 1 Info-RL geregelte Recht der öffentlichen Wiedergabe erfasst dagegen nach ErwG Nr. 23 nur Wiedergaben an die Öffentlichkeit, die „an dem Ort, wo die Wiedergabe ihren Ursprung nimmt, nicht anwesend ist", was bei § 21 gerade nicht der Fall ist (Schricker/Loewenheim/*v. Ungern-Sternberg*[4] Rn. 3 m. w. N.; anders dagegen für Fernsehwiedergaben in Gaststätten EuGH NJW 2012, 213 Tz. 207 – *Football Association Premier League*).

4. Anwendbarkeit auf verwandte Schutzrechte

5 Das Zweitverwertungsrecht des § 21 steht nur den Urhebern des Werkes, d. h. den Komponisten, Textdichtern, Autoren, usw. zu. Den ausübenden Künstlern, die das Werk zum Zwecke der Tonträgerherstellung vorgetragen bzw. aufgeführt haben, billigt § 78 Abs. 2 Nr. 2 nur einen Vergütungsanspruch zu, an dem sie die Tonträgerhersteller nach § 86 zu beteiligen haben (zu Einzelheiten vgl. § 78 Rn. 27 ff. und vgl. § 86 Rn. 1 ff.). Zur Wahrnehmungs- und Einziehungspraxis vgl. Rn. 13. Daneben ist § 21 auch für die Rechtinhaber nach § 70 (wissenschaftliche Ausgaben) sowie § 71 (nachgelassene Werke) anwendbar, dürfte aber zumindest im ersten Fall kaum praktische Bedeutung haben.

II. Einzelerläuterungen

1. Vorträge oder Aufführungen des Werkes

Das Verwertungsrecht greift nur ein, wenn **Vorträge** (§ 19 Abs. 1) oder **Aufführ**- **6** **rungen** (§ 19 Abs. 2) durch das Abspielen von Bild- oder Tonträgern öffentlich wiedergegeben werden. Gegenstand des Rechts sind damit die Werke, die Gegenstand eines Vortrages oder einer Aufführung sein können, d. h. **Sprachwerke** (§ 2 Abs. 1 Nr. 1), **Musikwerke** (§ 2 Abs. 1 Nr. 2) und **choreografische Werke** (§ 2 Abs. 1 Nr. 3); für die Wiedergabe der übrigen Werkarten des § 2 Abs. 1 Nr. 4–7, d. h. insbesondere von Filmwerken, durch Bild-/Tonträger ist das Vorführungsrecht nach § 19 Abs. 4 einschlägig (vgl. § 19 Rn. 27 ff.). Bei Filmvorführungen erfasst § 21 jedoch die öffentliche Wiedergabe der mit dem Film verbundenen **Filmmusik** sowie des **Drehbuchs** (vgl. § 19 Rn. 28, dort auch zur Gegenauffassung).

Die auf den Bild- oder Tonträgern aufgezeichneten Vorträge oder Aufführun- **7** gen müssen selbst nicht öffentlich erfolgt sein (allg. M.; Schricker/Loewenheim/ *v. Ungern-Sternberg*[4] Rn. 3). § 21 setzt also nicht voraus, dass in dem aufgezeichneten Vortrag bzw. der Aufführung selbst schon eine Verwertungshandlung nach § 19 Abs. 1, 2 lag. Vielmehr genügt jede beliebige Wiedergabe eines Musik- oder Sprachwerkes.

2. Wahrnehmbarmachung durch Bild- und Tonträger

Die Wahrnehmbarmachung muss durch **Bild- oder Tonträger** erfolgen. Insoweit **8** gilt die Legaldefinition des § 16 Abs. 2. Erfasst werden analoge und digitale Datenträger jeglicher Art, die für die Wiedergabe von Text und Musik geeignet sind (Schallplatten, Kassetten, Film- und Videobänder, digitale Speicher, etc.). So fällt auch die öffentliche Wiedergabe von Texten mittels einer PowerPoint-Präsentation in den Anwendungsbereich von § 21 (für Fotografien gilt § 19 Abs. 4). Gleiches gilt, wenn der Urheber gar keine Zustimmung zur Herstellung des verwendeten Bild- oder Tonträgers erteilt hat. Die öffentliche Wiedergabe von Raubkopien unterliegt indes dem absoluten Verbot des § 96 Abs. 1.

Ein Wahrnehmbarmachen liegt nur vor, wenn das Werk **tatsächlich** unmittelbar **9** **für die menschlichen Sinne wahrnehmbar wiedergegeben wird.** Insoweit unterscheidet sich § 21 von der Sendung (§ 20) und öffentlichen Zugänglichmachung (§ 19a), für die nur die Möglichkeit der Wahrnehmung bestehen muss. § 21 – nicht § 22 – ist auch einschlägig, wenn Musik aus dem Radio oder per Internet-Download auf einen Tonträger aufgenommen und die Aufzeichnung später öffentlich wiedergegeben wird (zur Gegenauffassung vgl. § 22 Rn. 6).

3. Öffentlichkeit

Nur die öffentliche Wiedergabe der Bild- oder Tonträger unterfällt § 21. Es gilt **10** daher grundsätzlich der Öffentlichkeitsbegriff des § 15 Abs. 3 (zu Einzelheiten vgl. Rn. 27). Auch in Bezug auf § 21 UrhG stellt sich jedoch die Frage, ob abweichend der durch den EuGH autonom bestimmte europäische Öffentlichkeitsbegriff Anwendung findet. Das Recht zur öffentlichen Wiedergabe im Sinne des Art. 3 Abs. 1 Info-RL umfasst grundsätzlich nur die Wiedergabe an eine Öffentlichkeit, die nicht an dem Ort anwesend ist, an dem die Wiedergabe ihren Ursprung nimmt (BGH GRUR 2016, 71, Tz. 32 – RAMSES; ErwG 23

Info-RL). Jedoch spricht das Gebot der einheitlichen Auslegung des nationalen Rechts dafür, die Wertungen des unionsrechtlichen Öffentlichkeitsbegriffs auch auf den Öffentlichkeitsbegriff des § 21 UrhG anzuwenden (BGH GRUR 2016, 71, Tz. 38 – *RAMSES*). Andernfalls käme es zu einer dogmatisch und praktisch schwer nachvollziehbaren und unbilligen Differenzierung zum Senderecht, insbesondere in Bezug auf die Wiedergabe von Film- und Musikwerken im öffentlichen Raum (z. B. in Geschäftsräumen). Das Abspielen von CDs auf einer privaten Party unterfällt weiterhin ebenso wenig § 21 wie der gemeinsame Werkgenuss im Zweitbettzimmer eines Krankenhauses (BGH GRUR 1996, 875 – *Zweibettzimmer im Krankenhaus* für die Fernsehwiedergabe nach § 22) oder in einer Arbeitsgruppe eines Betriebs. Dagegen ist § 21 regelmäßig anwendbar beim Abspielen von Musik in Cafés, Imbissen, Wartezimmern, öffentlichen Plätzen, Flugzeugen (s. insoweit die Kommentierung zu vgl. § 20 Rn. 18 f. und vgl. § 22 Rn. 9). § 21 setzt wie § 19 voraus, dass der Empfängerkreis **an einem Ort versammelt** ist und die Werkwiedergabe **gemeinsam wahrnimmt** (vgl. § 19 Rn. 20; zur der Modifizierung dieser Rechtsprechung durch EuGH GRUR 2007, 225 – *SGAE/Rafael* vgl. § 22 Rn. 10). Die Weiterleitung von Videos in die Hotelzimmer unterfällt daher nicht § 21, sondern dem Senderecht nach § 20 (BGH GRUR 1994, 45, 46 – *Verteileranlagen*; ebenso GRUR 2009, 845, 848 Tz. 31 – *Internet-Videorecorder* für die Weiterleitung von Fernsehprogrammen über das Internet). Gleiches gilt für das Abspielen von Musik in Telefonwarteschleifen.

4. Entsprechende Anwendung von § 19 Abs. 3

11 Die Verweisung auf § 19 Abs. 3 besagt, dass die öffentliche Wiedergabe nur mit besonderer Erlaubnis räumlich außerhalb der Veranstaltung stattfinden darf. Der vom Tonband gespielte *Sportpalastwalzer* beim Sechs-Tage-Rennen darf also nur in der Halle selbst, nicht auch davor beim Kartenverkauf an den Kassen zu Gehör gebracht werden bzw. muss gesondert lizenziert werden (vgl. § 19 Rn. 22 ff.).

5. Schranken

12 Das Recht der Wiedergabe durch Bild- oder Tonträger unterliegt sämtlichen Schranken (§§ 44a ff.), die für das Recht der öffentlichen Wiedergabe gelten. Wichtigste Anwendungsfälle sind § 51 (Zitatrecht), § 52 (Veranstaltungen ohne Erwerbszweck und Gottesdienste) sowie § 56 (Wiedergabe in Geschäftsbetrieben).

III. Praxis der Rechtswahrnehmung

13 Da den Urhebern die effektive Wahrnehmung ihres Rechts nach § 21 weitgehend unmöglich ist, wird es seit jeher kollektiv von Verwertungsgesellschaften wahrgenommen (s. § 1 lit. c), g) BerechtigungsV GEMA und § 1 Nr. 3a) WahrnehmungsV VG Wort). Für die öffentliche Tonträgerwiedergabe hat die GEMA eine Vielzahl von Tarifen entwickelt, um der mitunter sehr unterschiedlichen Intensität der Werknutzung Rechnung zu tragen (Einzelheiten *Becker/Riesenhuber*[2], Kap 10, Rn. 123, 126 ff). So gibt es bspw. Tarife für die Wiedergabe von Musik in Arztpraxen (Tarif BT-Br), Ballettschulen (WR-T-Bal), und Table-Dance-Lokalen (WR-N) wie auch für Trauungen (WR-Hz) und Bestattungen (WR-Best). Die GEMA zieht über diese Tarife von den Werknutzern auch die Vergütungsansprüche der ausübenden Künstler (§ 78 Abs. 2 Nr. 2) im Auftrag der GVL ein (vgl. § 78 Rn. 3, 15). Für die – vergleichsweise weniger bedeutsame – öffentliche Wiedergabe von Sprachtonträgern ist die VG Wort zuständig. Die Wahrnehmung des Filmvorführungsrechts durch die VG Wort für die öffentliche Wiedergabe des Drehbuchs ruht zurzeit (vgl. § 19 Rn. 32).

IV. Prozessuales

Zunächst vgl. § 19 Rn. 33 f. Die Ausführungen dort gelten entsprechend. Zur **14** sog. GEMA-Vermutung s. unsere 11. Aufl./*Wirtz* § 13c UrhWahrnG Rn. 1 ff. Zur Schadensersatzhöhe bei fehlender Lizenzierung, insb. dem GEMA-Verletzerzuschlag, vgl. § 97 Rn. 98.

V. Abgrenzung zu anderen Verwertungsrechten

Zur Abgrenzung mit dem Rechten aus § 19 vgl. § 19 Rn. 10, 13, 24, 26. Vom **15** Senderecht (§§ 20–20b) unterscheidet sich § 21 dadurch, dass das Werk dem Empfänger unmittelbar (vor Ort) wahrnehmbar gemacht werden muss, wohingegen beim Senderecht die bloße Empfangbarkeit genügt (vgl. § 20 Rn. 11 f.) und das Publium typischerweise nicht an einem Ort versammelt ist, sondern die Sendung über Empfangsgeräte wahrnimmt. Zur Abgrenzung mit § 22 vgl. § 22 Rn. 1. Zur öffentlichen Wiedergabe rechtswidrig hergestellter Tonträger vgl. § 96 Rn. 4 ff.

§ 22 Recht der Wiedergabe von Funksendungen und von öffentlicher Zugänglichmachung

¹Das Recht der Wiedergabe von Funksendungen und der Wiedergabe von öffentlicher Zugänglichmachung ist das Recht, Funksendungen und auf öffentlicher Zugänglichmachung beruhende Wiedergaben des Werkes durch Bildschirm, Lautsprecher oder ähnliche technische Einrichtungen öffentlich wahrnehmbar zu machen. ²§ 19 Abs. 3 gilt entsprechend.

Übersicht

I. Allgemeines

1. Bedeutung, Sinn und Zweck der Norm

§ 22 behält dem Urheber das Recht vor, darüber zu entscheiden, ob sein bereits **1** gesendetes Werk nochmals dadurch verwertet werden darf, dass die Sendung über Bildschirm, Lautsprecher usw. optisch und akustisch öffentlich wahrnehmbar gemacht wird. Es handelt sich – wie im Fall des § 21 – um ein **Zweitverwertungsrecht** (vgl. § 21 Rn. 1), nur mit dem Unterschied, dass kein Bild- oder Tonträger, sondern eine Sendung (§ 20) oder ein Online-Programm (§ 19a) öffentlich wiedergeben werden. Schulbeispiel ist der Gastwirt, der zur Unterhaltung seiner Gäste das laufende Fernseh- oder Radioprogramm einschaltet. Er benötigt das Nutzungsrecht aus § 22, welches er bei Verwertungs-gesellschaften einholen kann (vgl. Rn. 13).

2. Früheres Recht

2 Das erst mit dem UrhG 1965 eingeführte Recht fand im alten LUG keinen Vorgänger. Das Reichsgericht hielt diese Wiedergabe deshalb für erlaubnisfrei (RGZ 136, 377, 384 ff.), während der BGH sie zu Recht als selbständige Werk-nutzung für erlaubnispflichtig ansah (BGH GRUR 1960, 627, 628 – *Künstlerli-zenz-Rundfunk;* BGH GRUR 1962, 470, 473 – *AKI* und BGH GRUR 1963, 213 – *Fernsehwiedergabe von Sprachwerken).* Letzteres ist Gesetz geworden.

3 Im Zuge der Umsetzung der Info-RL durch die UrhG-Novelle 2003 (BGBl. S. I 1774) und der Einführung des neuen Rechts der öffentlichen Zugänglichma-chung (§ 19a) wurde § 22 dahin erweitert, dass dem Urheber nicht nur die öffentliche Wahrnehmbarmachung von **Funksendungen** (§ 20), sondern auch von auf **öffentlicher Zugänglichmachung** beruhenden Wiedergaben (§ 19a) vorbehalten blieb. Dies ist sachgerecht, weil ansonsten etwa ein Kneipier seinen Gästen erlaubnis- und vergütungsfrei aus dem Internet on-demand übertragene Filme zeigen könnte (sofern man nicht das Inominatrecht des § 15 Abs. 2 an-wenden möchte)

3. Internationale Konventionen und EU-Richtlinien

4 Eine § 22 inhaltlich entsprechende konventionsrechtliche Regelung findet sich in § 11bis Abs. 1 Nr. 3 RBÜ. Im WCT und WPPT wird das Recht mittelbar durch das allgemeine Recht der öffentlichen Wiedergabe (Art. 8 WCT, Art. 10, 14 WPPT) erfasst (a. A. *Ullrich* ZUM 2008, 112, 114). Gleiches gilt für Art. 3 Abs. 1 Info-RL, wie der EuGH NJW 2012, 213 Tz. 183 ff – *FAPL* für die Wiedergabe von Rundfunksendungen in Gaststätten bejaht hat. Das nach ErwG Nr. 23 der Info-RL für die öffentliche Wiedergabe i. S. v. Art. 3 Abs. 1 erforderliche Distanzelement bejaht der EuGH, indem er für den (Ur-sprungs-)Ort der Wiedergabe nicht den auf den Fernseher in der Gaststätte, sondern die Rundfunkstation abstellt (ablehnend dagegen noch Schricker/Loe-wenheim/*v. Ungern-Sternberg*[4] Rn. 6 und § 15 Rn. 55). Die EuGH-Entschei-dung, wie zuvor bereits das *SGAE*-Urteil (vgl. Rn. 10), führt leider zu Unschär-fen in der Abgrenzung von §§ 22, 20 und 20b (dazu *Ullrich* ZUM 2008, 112, 114).

4. Verwandte Schutzrechte

5 § 22 gilt auch für die Inhaber der Leistungsschutzrechte nach § 70 (Wissen-schaftliche Ausgaben), § 71 (nachgelassene Werke) sowie § 72 (Lichtbilder). Kein Ausschließlichkeitsrecht, sondern nur einen Vergütungsanspruch gewährt § 78 Abs. 2 Nr. 3 den ausübenden Künstlern für die öffentliche Wiedergabe ihrer Leistungen durch Funksendungen. Der Filmhersteller erwirbt nach § 89 Abs. 1 nicht die Rechte nach § 22 (zur Gegenauffassung vgl. § 89 Rn. 42 m. w. N., wohl übersehen von OLG Frankfurt ZUM 2005, 477, 480). Sendeun-ternehmen, deren eigenes Programm öffentlich wiedergegeben wird (Public Viewing), gewährt § 87 Abs. 1 Nr. 3 ein begrenztes Ausschließlichkeitsrecht.

II. Einzelerläuterungen

1. Vorangegangene Erstverwertung

6 Das Recht aus § 22 erfasst **Werke aller Art** (§ 2 Abs. 1 Nr. 1 bis 7), die gemäß § 20 oder § 20a per Funk gesendet oder gemäß § 19a öffentlich zugänglich gemacht werden. § 22 knüpft also zwingend an eine **vorbestehende Erstverwer-tung** i. S. v. §§ 19a, 20 an (Schricker/Loewenheim/*v. Ungern-Sternberg*[4] Rn. 7), wobei keine Rolle spielt, ob diese vom Berechtigten genehmigt wurde oder

nicht (s. auch das Verwertungsverbot in § 96 Abs. 2). Liegt weder eine Funksendung noch eine öffentliche Zugänglichmachung des Werkes vor, ist der Anwendungsbereich des § 22 nicht eröffnet. Werden im Rundfunk gespielte Mu-
sik- oder Filmwerke aufgezeichnet oder aus dem Internet heruntergeladen und
erst später in der Öffentlichkeit abgespielt, wird diese Wiedergabe durch
§ 21 bzw. im Fall von Filmen durch § 19 Abs. 4 erfasst (a. A. Dreier/Schulze/
Dreier[5] Rn. 6; *Schack*, Urheber- und UrhebervertragsR[7] Rn. 466; Schricker/Lo-
ewenheim/*v. Ungern-Sternberg*[4] Rn. 8, alle unter Berufung auf OLG Frankfurt
GRUR 1989, 203, 204 – *Wüstenflug;* ferner OLG Frankfurt ZUM 2005, 477,
479). Ein bei iTunes heruntergeladener Spielfilm (§ 19a) ist hinsichtlich seiner
öffentlichen Wiedergabe nicht anders zu behandeln, als wenn er als DVD erworben wurde. Die Gegenauffassung, welche bei der Wiedergabe von Aufzeichnungen § 22 anwenden möchte, riskiert einen Wertungswiderspruch, weil
dann die öffentliche Spielfilmwiedergabe auf Veranstaltungen, sofern auf Fernsehaufzeichnungen oder Online-Downloads beruhend, unter § 52 Abs. 1 fällt,
was § 53 Abs. 3 für öffentliche Filmvorführungen nach § 19 Abs. 4, nicht jedoch für § 22 ausschließt, vgl. § 52 Rn. 31. § 22 setzt damit als ungeschriebenes Tatbestandsmerkmal voraus, dass der Handelnde **den laufenden Sende-**
(§ 20) **bzw. Abrufvorgang** (§ 19a) öffentlich wiedergibt. Für den Bereich des
Internet ist dies bspw. bei „Streaming"-Angeboten der Fall.

Für den Begriff der Funksendung bzw. der öffentlichen Zugänglichmachung **7**
vgl. § 20 Rn. 10 ff. bzw. vgl. § 19a Rn. 7 ff.

2. Wahrnehmbarmachung

Wahrnehmbar gemacht wird das Werk, wenn es unmittelbar für die menschli- **8**
chen Sinne wiedergegeben wird (BGH GRUR 1996, 856, 857 – *Zweibettzimmer im Krankenhaus*). Die bloße Existenz eines Fernsehers oder Radios in
einer Gaststätte oder Hotels reicht nicht aus (s. EuGH GRUR 2007, 225, 227,
Tz. 32 ff. – *SGAE)*; sie kann aber ggf. Erstbegehungsgefahr begründen.

3. Öffentlichkeit

Da der Gerichtshof Handlungen nach § 22 unter Art. 3 Abs. 1 Info-RL fasst, **9**
ist auch im Rahmen von § 22 zwingend der unionsrechtliche Öffentlichkeitsbegriff zugrunde zu legen. Zum Begriff der **Öffentlichkeit** s. die ausführliche
Kommentierung zu vgl. § 15 Rn. 27 ff. sowie die Einzelfallkommentierung zu
vgl. § 20 Rn. 18 f. § 22 ist wie die Rechte aus §§ 19, 21 nur einschlägig, wenn
die Teilnehmer der Öffentlichkeit an einem Ort versammelt sind und die empfangene Sendung bzw. Wiedergabe für sie **gemeinsam wahrnehmbar** ist (BGH
GRUR 1996, 875, 877 – *Zweibettzimmer im Krankenhaus*, keine Öffentlichkeit, da Patienten durch persönliche Beziehungen verbunden*)*. Entscheidend ist
also, ob diejenigen, die das Werk **an dem gleichen Empfangsgerät** wahrnehmen,
als Öffentlichkeit anzusehen sind (Dreier/Schulze/*Dreier*[5] Rn. 9). § 22 greift
deshalb nicht, wenn in Hotels oder Krankenhäusern die Gäste jeweils für sich
in den einzelnen Zimmern fernsehen oder Radio hören, ggf. aber bei Kopfhör-
erübertragungen in Zügen und Flugzeugen (Büscher/Dittmer/Schiwy/*Haberstumpf*[3] § 21 Rn. 10; letzteres ablehnend dagegen Schricker/Loewenheim/*v.
Ungern-Sternberg*[4] Rn. 11).

An dieser Auffassung kann auch im Hinblick auf die *SGAE*-Entscheidung des **10**
EuGH GRUR 2007, 225, 227 festgehalten werden. Soweit der EuGH feststellte, dass eine öffentliche Wiedergabe i. S. v. Art. 3 Abs. 1 Info-RL vorliegt,
wenn der Hotelier in den Zimmern das Fernsehsendesignal verbreitet, entspricht dies der deutschen Rechtslage. Diese bewertet die Wiedergabe nur als
Sendung (§ 20) bzw. Weitersendung (§ 20b), sofern das Sendesignal in die Hotelzimmer geleitet wird (BGH GRUR 1994, 45, 46 – *Verteileranlagen*, OLG
Köln GRUR-RR 2007, 305, 306 – *Fernsehen in Hotelzimmern per Kabelnetz;*

weitere Einzelheiten vgl. § 20 Rn. 20 sowie ausführlich zur Abgrenzung *Ullrich* ZUM 2008, 112). Allerdings liegt nach der *SGAE*-Entscheidung öffentliche Wiedergabe auch vor, wenn sich die Fernsehgeräte in den Hotelzimmern eigener Empfangsantennen bedienen. Hier muss § 20 entsprechend angewendet werden (ebenso *Ullrich* ZUM 2008, 112, 121)

10a   Dass die wertende Einzelfallbetrachtung des Öffentlichkeitsbegriffs durch den Gerichtshof einen erheblichen Grad an Rechtsunsicherheit für die beteiligten Verkehrskreise mit sich bringt, wird insbesondere daraus deutlich, dass die Wiedergabe von Hörfunksendungen in einer Zahnarztpraxis keine öffentliche Wiedergabe darstellen soll (EuGH GRUR 2012, 593 – *SCF/Del Corso;* BGH GRUR 2016, 278), wohingegen die Wiedergabe von Fernsehsendungen in einem REHA-Zentrum als öffentliche Wiedergabe eingestuft wurde (EuGH GRUR 2016, 684 – *REHA-Training/GEMA*). Der Gerichtshof begründet diese unterschiedliche Einschätzung damit, dass im Fall der Hintergrundmusik in Zahnarztpraxen die Patienten einer solchen Wiedergabe im Allgemeinen keine Bedeutung beimesse, so dass diese Wiedergabe nicht geeignet sei die Attraktivität der Praxis zu erhöhen. Dahingegen stelle die Wiedergabe von Fernsehsendungen in einem REHA-Zentrum eine zusätzliche Dienstleistung dar, welche die Attraktivität der Einrichtung zu beeinflussen geeignet sei (EuGH GRUR 2016, 684 Tz. 63 – *REHA-Training/GEMA*). Der wertenden Betrachtung des Gerichtshofs liegt offenkundig der Gedanke zugrunde, dass der Urheber grundsätzlich an jeder kommerziellen Auswertung seines Werkes beteiligt werden soll. Die durch den EuGH vorgenommene Differenzierung nach der durch den Gerichtshof frei bestimmten Relevanz der Wiedergaben für die Patienten erscheint jedoch willkürlich und kann nicht überzeugen. Es leuchtet bereits nicht ein, warum ein Zahnarzt in seiner Praxis Hintergrundmusik abspielen sollte, wenn er nicht der Überzeugung wäre, seine Praxis hierdurch für die Patienten attraktiver zu machen. Auch wenn der Bundesgerichtshof sich in Bezug auf die Wiedergabe von Rundfunksendungen in Zahnarztpraxen aufgrund der Entscheidung des Gerichtshofs nachvollziehbar gebunden fühlte (BGH GRUR 2016, 278) macht die Entscheidung des Gerichtshofs in Sachen *REHA-Training/GEMA* deutlich, dass sich diese nicht ohne weiteres auf unterschiedlich gelagerte Sachverhalte übertragen lässt, so dass es der nationalen Rechtsprechung obliegt, im Einzelfall wertend zu beurteilen, ob bei einer Wiedergabe von Werken in öffentlich zugänglichen Räumlichkeiten eine öffentliche Wiedergabe vorliegt. Dabei wird man davon ausgehen müssen, dass die Wiedergabe von Werken im gewerblichen Umfeld in aller Regel dem Zweck dient, die Attraktivität der eigenen Waren und Dienstleistungen zu fördern. Entsprechend stellt die Wiedergabe von Rundfunksendungen in frei zugänglichen Räumen an beliebige Kunden weiterhin regelmäßig eine öffentliche Wiedergabe gemäß § 22 dar (s. insoweit auch EuGH GRUR 2012, 597 – *PPL/Irland*, zur Wiedergabe von Rundfunksendungen in Hotelzimmern).

4. Anwendung von § 19 Abs. 3

11   Vergleiche zunächst die Erläuterungen in § 19 Abs. 3, die entsprechend gelten. Die Verteilung eines zentral empfangenen Fernseh- oder Radiosignals in einzelne Räume fällt nur dann unter § 22 S. 2 i.V.m. § 19 Abs. 3, wenn die vor einem einzelnen (!) Empfangsgerät versammelten Personen als Öffentlichkeit anzusehen sind. Ansonsten gilt allein § 20 (vgl. § 20 Rn. 11).

5. Schranken

12   Das Verwertungsrecht nach § 22 unterliegt den Schrankenregelungen der §§ 44a ff., soweit diese für die öffentliche Wiedergabe von Werken gelten (Schricker/Loewenheim/*v. Ungern-Sternberg*[4] Rn. 1). Von praktischer Bedeutung ist in erster Linie die **keinem Erwerbszweck dienende öffentliche Wieder-**

gabe (§ 52 Abs. 1 S. 1, zu Einzelheiten, insb. der eher zurückhaltenden Rechtsprechung, vgl. § 52 Rn. 9 ff. sowie die Fallübersicht bei Schricker/Loewenheim/*Melichar*[4] § 52 Rn. 14). **Geschäftsbetriebe, die Rundfunkgeräte und für die öffentliche Zugänglichmachung geeignete Geräte** (z. B. PCs, Settop-Boxen, Media-Center, usw.) vertreiben, können sich auf die Schranke des § 56 Abs. 1 berufen, sofern die Werkwiedergabe auf diesen Geräten zu Vorführzwecken erfolgt.

III. Praxis der Rechtewahrnehmung

Wie im Fall von § 21 wird das Recht der öffentlichen Wiedergabe von Funksendungen weitgehend kollektiv durch Verwertungsgesellschaften (zu einer Übersicht s. unsere 11. Aufl./*Wirtz* Einl. UrhWahrnG Rn. 1 ff.) wahrgenommen. Die Berechtigungs- und Wahrnehmungsverträge sehen entsprechende Rechtseinräumungen zugunsten der Verwertungsgesellschaften vor (z. B. § 1 lit. e) BerechtigungsV GEMA; § 1 Nr. 3b WahrnehmungsV VG Wort; § 1 lit. e) WahrnehmungsV BildKunst für die Berufsgruppen I und II). Da bei der Wiedergabe von Hörfunk- und Fernsehsendungen die unterschiedlichsten Werkarten betroffen sind, für deren Wahrnehmung an sich unterschiedliche Verwertungsgesellschaften zuständig sind, haben die Verwertungsgesellschaften untereinander **Inkasso-Vereinbarungen** getroffen, um die Rechtevergabe zu zentralisieren. So haben die VG Wort und die GVL das Inkasso für die von ihnen wahrgenommenen Rechte an die GEMA übertragen. VG BildKunst, GÜFA, VGF und GWFF haben für die Wahrnehmung der Rechte nach § 22 die Zentralstelle für die Wiedergabe von Film- und Fernsehwerken (ZWF) gegründet. Das Inkasso wird durch die VG BildKunst vorgenommen (Tarife abrufbar unter www.bild-kunst.de). **13**

IV. Prozessuales

Zu prozessualen Fragen vgl. § 19 Rn. 33 f. Die dortigen Ausführungen gelten entsprechend. Zur Widerlegung der sog. GEMA-Vermutung s. unsere 11. Aufl./*Wirtz* § 13c UrhWahrnG Rn. 1 ff. Zur Schadensersatzhöhe, insb. dem GEMA-Verletzerzuschlag, vgl. § 97 Rn. 98 ff. **14**

V. Abgrenzung zu anderen Verwertungsrechten

Vgl. Rn. 6 und vgl. § 21 Rn. 15. Die Anmerkungen dort gelten entsprechend. **15**

§ 23 Bearbeitungen und Umgestaltungen

[1]**Bearbeitungen oder andere Umgestaltungen des Werkes dürfen nur mit Einwilligung des Urhebers des bearbeiteten oder umgestalteten Werkes veröffentlicht oder verwertet werden.** [2]**Handelt es sich um eine Verfilmung des Werkes, um die Ausführung von Plänen und Entwürfen eines Werkes der bildenden Künste, um den Nachbau eines Werkes der Baukunst oder um die Bearbeitung oder Umgestaltung eines Datenbankwerkes, so bedarf bereits das Herstellen der Bearbeitung oder Umgestaltung der Einwilligung des Urhebers.** [3]**Auf ausschließlich technisch bedingte Änderungen eines Werkes nach § 60d Abs. 1, § 60e Abs. 1 sowie § 60f Abs. 2 sind die Sätze 1 und 2 nicht anzuwenden.**

§ 23 wurde durch das UrhWissG 2017 mit Wirkung zum 1. März 2018 geändert. Zur bis dahin geltenden Fassung s. unsere 11. Aufl.

§ 24   Freie Benutzung

(1) Ein selbständiges Werk, das in freier Benutzung des Werkes eines anderen geschaffen worden ist, darf ohne Zustimmung des Urhebers des benutzten Werkes veröffentlicht und verwertet werden.

(2) Abs. 1 gilt nicht für die Benutzung eines Werkes der Musik, durch welche eine Melodie erkennbar dem Werk entnommen und einem neuen Werk zugrunde gelegt wird.

Übersicht

I.   Allgemeines

1.   Bedeutung, Sinn und Zweck der Norm, systematische Stellung im Gesetz

Die Vervielfältigung als direkteste Form der Wiederholung eines Werkes ist **1** immer dem Urheber vorbehalten (§§ 15 Abs. 1 Nr. 1, 16) – mit Ausnahme vertraglicher Regelungen und der Schrankenbestimmungen (z. B. § 53). Liegt nicht nur eine Vervielfältigung vor, sondern eine Bearbeitung oder andere Umgestaltung des urheberrechtlich geschützten Werks, besitzt der Urheber nur noch das Recht, die Verwertung der Bearbeitungen seines Werkes zu kontrollieren; lediglich in Ausnahmefällen bedarf schon die Herstellung der Bearbeitung seiner Zustimmung. Das **Bearbeitungsrecht** ist damit das Recht des Urhebers, die Veröffentlichung oder Verwertung von Bearbeitungen oder anderen Umgestaltungen des Werkes zu erlauben oder zu verbieten. Es muss insoweit abgegrenzt werden zu § 3, nach dem der Bearbeiter an seinen „Zutaten" ein eigenes Bearbeiterurheberrecht erhält, sofern die Zutaten für sich genommen eine persönliche geistige Schöpfung darstellen (vgl. § 3 Rn. 1). Das eigene Urheberrecht des Bearbeiters ist ein abhängiges Recht, weil er gem. § 23 für die Veröffentlichung oder Verwertung seiner Bearbeitung – im Ausnahmefall schon für die Herstellung – die Zustimmung des Urhebers benötigt (dazu auch vgl. § 3 Rn. 5 und 33).

Auch wenn das Bearbeitungsrecht in § 15 nicht ausdrücklich aufgeführt wird, **2** handelt es sich bei § 23 entgegen der h. M. um ein **besonderes Verwertungsrecht** und nicht nur um eine bloße Regelung des Schutzumfangs (wie dies Schricker/Loewenheim/*Loewenheim*[5] Rn. 1 und Wandtke/Bullinger/*Bullinger*[4] Rn. 1 annehmen; wie hier schon § 13 Abs. 3 des UrhG-Entwurfs von 1932, abgedr. bei *Marcel Schulze*, Mat. UrhG S. 279). Denn § 23 behält dem Urheber die Veröffentlichung und Verwertung von Bearbeitungen ausschließlich vor, wozu aber nicht nur das Veröffentlichungsrecht gem. § 12 und sämtliche Verwertungsrechte der §§ 15–22 gehören, sondern wiederum auch das Bearbeitungsrecht gem. § 23 selbst; denn es ist anerkannt, dass der Urheber des Originalwerkes erlauben oder verbieten kann, dass Bearbeitungen einer Bearbeitung veröffentlicht oder verwertet werden (z. B. BGH GRUR 1991, 531, 532 f. – *Brown Girl I*; BGH GRUR 1991, 533, 533 f. – *Brown Girl II*). § 23 regelt zwar auch den Schutzumfang des Urheberrechts, aber nicht nur: Erst § 24 begrenzt den Schutzumfang in Abgrenzung zu § 23. Systematisch richtig hat deshalb das UrhG das Bearbeitungsrecht aus § 23 im 4. Abschnitt beim Inhalt des Urheberrechts auch nicht einem eigenen Kapitel zugeordnet wie etwa die sonstigen Rechte in den §§ 25–27, sondern den Verwertungsrechten. Da schließlich Art. 8, 12 und 14 Abs. 1 Nr. 1 RBÜ im Zusammenhang mit bestimmten Formen der Bearbeitung jeweils ein ausschließliches Recht des Urhebers vorgeben (vgl. Rn. 4), ist § 23 mithin als **selbständiges, ausschließliches Verwertungsrecht** des Urhebers einzuordnen (ebenso Dreier/Schulze/*Dreier*[5] Rn. 9; *Schack*, Urheber- und UrhebervertragsR[7] Rn. 468; ähnlich *Ulmer*, Urheber- und VerlagsR[3] S. 268 zur Übersetzung).

3 Das Bearbeitungsrecht des Urhebers ist in ein Verhältnis zu dem im Urheberrecht vorausgesetzten **allgemeinen Änderungsverbot** zu setzen, nach dem sowohl der Nutzungsberechtigte als auch der Eigentümer des Werkoriginals grundsätzlich keine in das fremde Urheberrecht eingreifenden Änderungen an dem ihm gehörenden Original vornehmen dürfen (vgl. § 39 Rn. 2 und BGH GRUR 1982, 107, 109 – *Kirchen-Innenraumgestaltung*; BGH GRUR 1974, 675, 676 – *Schulerweiterung*). Soweit § 23 S. 1 die Herstellung einer Bearbeitung ohne Zustimmung des Urhebers erlaubt (vgl. Rn. 15 f.), ist die Vorschrift deshalb von § 39 und § 14 abzugrenzen: Da § 39 die Werkintegrität schützt und damit nur die Verwertung der Originalfassung des Werkes betrifft (vgl. § 39 Rn. 3), ist nach § 23 nur die Herstellung einer Bearbeitungsfassung erlaubt, nicht aber einer solchen Bearbeitung, die in die Integrität des Originals eingreift, also das Werkoriginal selbst verändert (a. A. offenbar Dreier/Schulze/*Schulze*[5] § 23 Rn. 26 und Wandtke/Bullinger/*Bullinger*[4] § 23 Rn. 23). Die Gegenauffassung berücksichtigt insoweit nicht, dass der Urheber ansonsten wegen der grundsätzlichen Herstellungsfreiheit einer Bearbeitung gem. § 23 S. 1 die Herstellung von „Bearbeitungsfassungen" am Werkoriginal, beispielsweise einem Gemälde, nicht verhindern könnte, es sei denn, es läge eine Entstellung oder eine andere seine geistigen oder persönlichen Interessen am Werk gefährdende Beeinträchtigung gem. § 14 vor (deshalb auch für eine entsprechende Interessenabwägung Dreier/Schulze/*Schulze*[5] § 23 Rn. 26; Wandtke/Bullinger/*Bullinger*[4] § 23 Rn. 23). Richtigerweise sind für Änderungen am Original nur die §§ 39 und 14 einschlägig, nicht aber § 23. Demgegenüber gilt die Vorschrift des § 14 nicht nur für Entstellungen oder Beeinträchtigungen des Werkoriginals, sondern kommt auch im Fall von Entstellungen oder anderen Beeinträchtigungen an Vervielfältigungsstücken zur Anwendung, und zwar insbesondere bei Werken der Baukunst, wo das Gebäude grundsätzlich ohnehin nur eine Vervielfältigung des Architektenplanes darstellt (vgl. Rn. 20 und vgl. § 2 Rn. 140 und 152 sowie BGH GRUR 2003, 231, 234 – *Staatsbibliothek*; BGH GRUR 1999, 230, 231 – *Treppenhausgestaltung*; BGH GRUR 1982, 107, 109 – *Kirchen-Innenraumgestaltung*, oder dann, wenn die Vervielfältigung eines Gemäldes in einem bemalten Rahmen vertrieben wird, wodurch es sich auf dem Rahmen quasi fortsetzt (BGH GRUR 2002, 532, 534 – *Unikatrahmen*). Im Übrigen vgl. § 14 Rn. 9 ff.

4 Das Gegenstück zur Bearbeitung stellt die sogenannte „**freie Benutzung**" gem. § 24 dar, nach der ein selbständiges Werk, das in freier Benutzung des Werkes eines anderen geschaffen worden ist, ohne Zustimmung des Urhebers des benutzten Werkes veröffentlicht und verwertet werden kann. Auch wenn § 24 durch den Gesetzgeber systematisch den Verwertungsrechten zugeordnet worden ist, handelt es sich doch der Sache nach um eine Schranke des Urheberrechts (BGH GRUR 2009, 403, 405 Tz. 21 – *Metall auf Metall*; BVerfG GRUR

2016, 690, 691 Tz. 68 ff., 78 – *Metall auf Metall*), weil die freie Benutzung das Bearbeitungsrecht des Urhebers nach § 23 gesetzlich begrenzt. Die Abgrenzung zwischen Bearbeitung und freier Benutzung bestimmt damit – wie erwähnt – zugleich den Schutzumfang des Urheberrechts.

Ein **Werkoriginal** kann grundsätzlich nicht „frei benutzt" werden, weil schon   **4a**
§ 23 auf Veränderungen am Werkoriginal nicht anwendbar ist (vgl. Rn. 3). Ob deshalb **Veränderungen** am Werkoriginal zulässig sind oder nicht, richtet sich ausschließlich nach §§ 39 und 14 (dazu auch vgl. § 39 Rn. 3). Schließlich ist darauf hinzuweisen, dass die freie Benutzung eines Werkes nach § 24 niemals eine Entstellung oder sonstige Beeinträchtigung i. S. v. § 14 sein kann (OLG München ZUM-RD 2008, 149, 149 – *Bildschirmschoner*); wer frei benutzt, kann von dem älteren Werk nicht so weit Gebrauch gemacht haben, dass er es im urheberrechtlichen Sinne entstellt.

§ 24 ist auf **verwandte Schutzrechte** nicht unmittelbar anwendbar, da die Vor-   **4b**
schrift nach ihrem Wortlaut die Benutzung des *Werkes* eines anderen voraussetzt (BGH GRUR 2009, 403, 405 Tz. 20 – *Metall auf Metall*; BGH GRUR 2008, 693, 694 Tz. 24 – *TV-Total*). Zwar verweisen §§ 70 Abs. 1, 71 Abs. 1 S. 3 und 72 Abs. 1 UrhG für wissenschaftliche Ausgaben, nachgelassene Werke und Lichtbilder auf § 24. Unklar ist jedoch, ob § 24 auch auf solche Leistungen entsprechend anwendbar ist, bei denen ein solcher Verweis fehlt. Bejaht man die entsprechende Anwendung von § 24 auch in diesen Fällen, bleibt zu klären, wie diese angesichts der unterschiedlichen Schutzrichtungen von Urheberrecht und verwandten Schutzrechten praktisch umzusetzen ist (hierzu auch vgl. Rn. 29a und 52a). Der BGH hat in zwei jüngeren Urteilen die entsprechende Anwendbarkeit von § 24 auf Laufbilder schlicht konstatiert (BGH GRUR 2008, 693, 694 f. Tz. 24 ff. – *TV-Total*; BGH GRUR 2000, 703, 704 – *Mattscheibe*; *Vogel* FS Loewenheim S. 367 ff.; vgl. Rn. 52a und vgl. § 95 Rn. 27). Nach Auffassung des BGH ist § 24 auch bei Eingriffen in das Tonträgerherstellerrecht grundsätzlich entsprechend heranzuziehen (BGH GRUR 2009, 403, 405 Tz. 21 – *Metall auf Metall*; BGH, GRUR 2013, 614, 615 Tz. 13 – *Metall auf Metall II*; zu den Ausnahmen sogleich). Auch das BVerfG hat die analoge Anwendung von § 24 als vertretbar angesehen (BVerfG GRUR 2016, 690, 694 Tz. 94 – *Metall auf Metall*). Zur Begründung verweist der BGH einerseits auf die Schrankenregelung in § 85 Abs. 4, die § 24 als spezielle Schranke miterfasse und andererseits auf Sinn und Zweck der Regelung der freien Benutzung. Grundgedanke des § 24 sei, eine kulturelle Fortentwicklung durch eine zulässige Benutzung geschützter Werke zu ermöglichen. Dies werde konterkariert, wenn nur der Urheber eine freie Benutzung seines Werkes dulden müsste, der Tonträgerhersteller jedoch *jedwede* Benutzung seines Tonträgers durch Dritte untersagen könnte (BGH GRUR 2009, 403, 405 Tz. 21 – *Metall auf Metall*). Hieraus leitet der BGH zugleich ab, dass § 24 dann *nicht* entsprechend anwendbar sei, wenn derjenige, der den fremden Tonträger verwenden möchte, selbst in der Lage ist, die darauf enthaltenen Tonfolgen und Klänge einzuspielen, da dieser dann nicht zur Fortentwicklung des Kulturschaffens auf die Übernahme der geschützten Tonfolgen und Klänge angewiesen sei (BGH GRUR 2009, 403, 405 Tz. 23 – *Metall auf Metall*; zu den genauen Voraussetzungen zur Möglichkeit der Selbsteinspielung vgl. Rn. 74). Das BVerfG hat allerdings die Voraussetzung, ob derjenige, der den fremden Tonträger verwenden möchte, selbst dazu in der Lage ist, die darauf enthaltenen Tonfolgen und Klänge einzuspielen, als verfassungswidrig angesehen und die Entscheidungen des BGH aufgehoben (BVerfG GRUR 2016, 690, 694 Tz. 94 – *Metall auf Metall*). Entgegen der Auffassung des BGH kann somit auch die Übernahme geschützter Elemente zur Ersparnis eigener Aufwendungen von § 24 gedeckt sein (zur Kritik s. *Duhanic* GRUR Int. 2016, 1007). Nach Auffassung des BVerfG kann die Verwendung von gleichwertig nachspielbaren Samples eines Tonträgers nicht generell von der Erlaubnis des Tonträgerherstellers abhängig gemacht werden, da dies dem künstlerischen

Schaffensprozess nicht hinreichend Rechnung trage und die künstlerische Betätigungsfreiheit sowie die kulturelle Fortentwicklung einschränke (BVerfG GRUR 2016, 690, 694 Tz. 96 ff. – *Metall auf Metall*). Das Nachspielen könne sehr aufwendig sein und das Kriterium der gleichwertigen Nachspielbarkeit zu erheblicher Unsicherheit führen (BVerfG GRUR 2016, 690, 694 Tz. 100 – *Metall auf Metall*). Die Übernahme von Ausschnitten als Mittel des künstlerischen Ausdrucks überwiege bei der nach Art. 5 Abs. 3 S. 1 GG erforderlichen kunstspezifischen Betrachtung den Eingriff in das Tonträgerherstellerrecht (BVerfG GRUR 2016, 690, 695 Tz. 107 – *Metall auf Metall*; kritisch *Duhanic* GRUR Int. 2016, 1007). Nach Auffassung des BGH ist auch § 24 Abs. 2 entsprechend anzuwenden, sodass bei erkennbarer Übernahme einer Melodie die Berufung auf § 24 versagt bleibe (BGH GRUR 2009, 403, 406 Tz. 24 – *Metall auf Metall*). Näheres zum Melodienschutz vgl. Rn. 53 ff. Trotz der unterschiedlichen Schutzrichtungen von Urheberecht und verwandten Schutzrechten sollen nach Auffassung des BGH bei der entsprechenden Anwendung von § 24 auf Leistungen keine anderen Anforderungen gelten als bei der unmittelbaren Anwendung der Vorschrift (BGH GRUR 2008, 693, 694 Tz. 25 – *TV-Total*; BGH GRUR 2000, 703, 704 – *Mattscheibe*; BGH GRUR 2009, 403, 406 Tz. 25 – *Metall auf Metall*). Entscheidend ist danach, ob trotz der Übereinstimmungen zwischen älterem und jüngeren Werk ein selbständiges Werk geschaffen wurde (BGH GRUR 2008, 693, 694 f. Tz. 25 und 27 – *TV-Total*), d. h. die entlehnten eigenpersönlichen Züge des älteren Werkes müssen angesichts der Eigenart des neuen Werkes verblassen (BGH GRUR 2009, 403, 406 Tz. 25 – *Metall auf Metall*; BGH GRUR 2008, 693, 695 Tz. 29 – *TV-Total*; BGH GRUR 1999, 984, 987 – *Laras Tochter*; BGH GRUR 1994, 206, 208 – *Alcolix*).

4c   Gegen die Auffassung des BGH bestehen außer den dargestellten, vom BVerfG vorgebrachten verfassungsrechtlichen auch systematische Bedenken: Zunächst hebt der BGH in der *Metall auf Metall*-Entscheidung zutreffend hervor, dass das verwandte Schutzrecht für Tonträger und der Urheberrechtsschutz für Musikwerke unterschiedliche Schutzgüter besitzen, weil § 85 den Schutz der wirtschaftlichen, organisatorischen und technischen Leistung des Tonträgerherstellers zum Gegenstand hat, während das Urheberrecht die persönliche geistige Schöpfung des Komponisten schützt; beim verwandten Schutzrecht des Tonträgerherstellers stelle deshalb regelmäßig die Entnahme selbst kleinster Tonpartikel einen Eingriff in das Recht dar (BGH GRUR 2009, 403, 404 f. Tz. 14 u. 16 – *Metall auf Metall*). Das passt nicht recht zu § 24, der die Benutzung eines älteren Werkes ausdrücklich erlaubt, also bestimmte Benutzungsformen eines älteren Werkes gerade nicht als Eingriff in die geschützte Rechtsposition behandelt. Auch die Anwendung der Blässetheorie (vgl. Rn. 43) auf das verwandte Schutzrecht des Tonträgerherstellers (BGH GRUR 2009, 403, 406 Tz. 25 – *Metall auf Metall*) überzeugt nicht, weil sie eine geschützte, kreative Leistung voraussetzt, das verwandte Schutzrecht des Tonträgerherstellers aber nur die wirtschaftliche, organisatorische und technische Leistung des Tonträgerherstellers zum Gegenstand hat. Allerdings ist die hinter der analogen Anwendung von § 24 stehende Idee des BGH durchaus richtig, nämlich bei einer Art „Verblassen" der Leistung des Tonträgerherstellers in einem neuen Werk oder einer neuen Leistung z. B. dann, wenn nur kleinste Tonfetzen übernommen worden sind, die im neuen Werk oder der neuen Leistung überhaupt nicht mehr ohne weiteres erkennbar sind, eine Ausnahme vom verwandten Schutzrecht nach § 85 zu schaffen. Anstelle einer analogen Anwendung von § 24 erscheint allerdings die Annahme einer Bagatellschwelle *sui generis* insoweit überzeugender. Auch das BVerfG betont, dass nicht nur eine analoge Anwendung von § 24 in Betracht komme, sondern eine verfassungskonforme Erlaubnis der Nutzung von Tonaufnahmen zu Zwecken des Samplings ohne vorherige Lizenzierung auch durch eine einschränkende Auslegung von § 85 Abs. 1 S. 1 erreicht werden könne, wonach das Sampling erst dann einen Eingriff in das Tonträgerherstellerrecht darstellt, wenn die wirtschaftlichen Interessen des Tonträgerherstellers in erheblicher Weise berührt werden (BVerfG GRUR 2016, 690, 695 Tz. 110 – *Metall auf Metall*). Weitere Einzelheiten vgl. § 85 Rn. 49a.

2.   Früheres Recht

Gem. § 12 Abs. 1 LUG erstreckten sich die ausschließlichen Befugnisse des **5** Urhebers auch auf Bearbeitungen des Werkes, worunter gem. § 12 Abs. 2 LUG insbesondere Übersetzungen, Rückübersetzungen, Dramatisierungen, Instrumentierungen, die Übertragung auf Tonträger und die Verfilmung gehörten. In Abgrenzung zur unfreien Bearbeitung sah § 13 LUG entsprechend § 24 UrhG die freie Benutzung vor. In § 15 Abs. 2 KUG wurde das Bearbeitungsrecht als Nachbildungsrecht bezeichnet, ergänzt in § 15a KUG um einen Schutz des Bühnenbildes und der dargestellten Begebenheiten bei Filmwerken gegen die bildliche Wiedergabe der dargestellten Handlung in geänderter Gestaltung. Die freie Benutzung eines Werkes war gem. § 16 KUG zulässig. Die §§ 23, 24 UrhG entsprechen den vorgenannten Regelungen in LUG und KUG, § 23 verzichtet lediglich auf eine Aufzählung der einzelnen Bearbeitungsarten wie sie in § 12 Abs. 2 LUG vorgesehen war (RegE UrhG 1962 – BT-Drs. IV/270, zu § 23 – Bearbeitungen und Umgestaltungen, S. 51 und zu § 24 – freie Benutzung, S. 51 f.). Der bereits über § 13 Abs. 2 LUG gewährte besondere Schutz für Melodien sollte zunächst nicht in das UrhG übernommen werden, weil dem musikalischen Schaffen nicht ungerechtfertigt enge Grenzen gezogen werden sollten (RegE UrhG 1962 – BT-Drs. IV/270 zu § 24 – freie Benutzung, S. 51 f.). Die Regelung wurde dann aber dennoch inhaltlich unverändert in § 24 Abs. 2 UrhG übernommen (Näheres Schricker/Loewenheim/*Loewenheim*[5] § 24 Rn. 31, dazu unten vgl. Rn. 53 ff.). Nach früherem Recht war außerdem eine Übertragung des Bearbeitungsrechts möglich (§§ 8 Abs. 3 LUG, 10 Abs. 3 KUG); § 29 Abs. 1 UrhG schließt dies heute aus.

3.   EU-Richtlinien

Das Bearbeitungsrecht und die freie Benutzung sind nicht grundsätzlich gemein- **6** schaftsweit harmonisiert, sondern lediglich partiell: So harmonisiert Art. 4 lit. b Software-RL das ausschließliche Recht des Rechtsinhabers, die Übersetzung, Bearbeitung, das Arrangement und andere Umarbeitungen eines **Computerprogramms** sowie die Vervielfältigung der damit erzielten Ergebnisse zu gestatten (umgesetzt in § 69c Nr. 2 UrhG, vgl. § 69c Rn. 3; Näheres bei Walter/*Blocher* Art. 4 Software-RL Rn. 22). Ferner ist auch dem Urheber einer **Datenbank** gem. Art. 5 lit. b Datenbank-RL das ausschließliche Recht vorbehalten, die Übersetzung, Bearbeitung, Anordnung und jede andere Umgestaltung seiner Datenbank vorzunehmen oder zu erlauben (nicht gesondert umgesetzt, weil über § 23 UrhG gedeckt, der allerdings insoweit richtlinienkonform auszulegen ist; s. Walter/*v. Lewinski* Art. 5 Datenbank-RL Rn. 28). Ausdrückliche Bestimmungen über die freie Benutzung enthalten weder die Software-RL noch die Datenbank-RL. Zwar bezeichnen Walter/*Walter* (Art. 9 Software-RL Rn. 3) die Rechte zur Herstellung von Sicherungskopien in Art. 5 Abs. 2 Software-RL, zum Analysieren eines Programms in Art. 5 Abs. 3 Software-RL sowie zum Dekompilieren in Art. 6 Software-RL als „softwarespezifische freie Nutzungen". Jedoch sind diese Rechte nicht der freien Benutzung in § 24 vergleichbar, sondern eher gesetzlichen Schranken entsprechende Ausnahmen vom Vervielfältigungsrecht, weil bei der Erstellung einer Sicherungskopie, dem Analysieren eines Programms sowie dem Dekompilieren zwar Vervielfältigungsvorgänge entstehen, jedoch das Programm als solches nicht im Sinne einer Bearbeitung verändert wird (vgl. Vor §§ 69a ff. Rn. 4, 12). Bei der Beurteilung der urheberrechtlichen Zulässigkeit von **Parodien** ist die vollständige Harmonisierung durch Art. 5 Abs. 3 lit. k Info-RL zu berücksichtigen; zwar hat der deutsche Gesetzgeber keine nach Art. 5 Abs. 3 lit. k Info-RL mögliche eigenständige Schrankenregelung geschaffen, die Parodie ist aber in ihrer Wirkung als Schutzschranke der Sache nach durch § 24 Abs. 1 in seiner Auslegung durch die Rechtsprechung umgesetzt; § 24 Abs. 1 ist also insoweit richtlinienkonform auszulegen, als es um die urheberrechtliche Zulässigkeit von Parodien geht (BGH GRUR 2016, 1157, 1159 f. Tz. 24 – *Auf fett getrimmt*; vgl. Rn. 50 und 89).

6a   Ob das Bearbeitungsrecht und damit auch die Abgrenzung zur freien Benutzung tatsächlich nur punktuell und nicht insgesamt EU-weit harmonisiert sind, ist neuerdings zweifelhaft: Liegt, wie vom BGH neuerdings erweiternd angenommen, in jeder Bearbeitung zugleich eine Vervielfältigung des Originalwerks (vgl. Rn. 8 ff.), könnte sich die EU-weite Harmonisierung des Vervielfältigungsbegriffs auch auf den Schutzumfang des Urheberrechts auswirken (s. *Jan Bernd Nordemann* FS *Mathias Schwarz* S. 97, 99 ff.). Das BVerfG hat deshalb den BGH ausdrücklich dazu aufgefordert, diese Frage durch den EuGH klären zu lassen (BVerfG GRUR 2016, 690, 696 Tz. 112 ff. – *Metall auf Metall*), aber für den Fall der unionsweiten Harmonisierung auf einen effektiven unionsrechtlichen Grundrechtsschutz hinzuwirken; bei der Auslegung der Info-RL sei die in Art. 13 S. 1 EU-GR-Charta gewährleistete Kunstfreiheit auf der einen und das gem. Art. 17 Abs. 2 EU-GR-Charta geschützte geistige Eigentum auf der anderen Seite gegeneinander abzuwägen (BVerfG GRUR 2016, 690, 696 Tz. 120 – *Metall auf Metall*). Der BGH ist dem inzwischen nachgekommen (BGH GRUR 2017, 895 – *Metall auf Metall III*).

4. Internationale Konventionen

7   In der RBÜ gibt es eine generelle und zwei spezielle Bestimmungen zur Bearbeitung: Gem. Art. 12 RBÜ genießt der Urheber das ausschließliche Recht, Bearbeitungen, Arrangements und andere Umarbeitungen seines Werkes zu erlauben. Art. 8 RBÜ regelt Entsprechendes für das Recht, das Werk zu übersetzen oder die Übersetzung zu erlauben; Art. 14 Abs. 1 Nr. 1 RBÜ schließlich gewährt dem Urheber das ausschließliche Recht, die filmische Bearbeitung zu erlauben. § 23 vereint dies in einer Vorschrift, ohne jedoch die Übersetzungen ausdrücklich zu nennen; eine Klarstellung, dass Übersetzungen Bearbeitungen eines Werkes sind, findet sich jedoch in § 3 S. 1. Eine ausdrückliche Bestimmung zur freien Benutzung enthält die RBÜ nicht; sie überlässt die Abgrenzung der Bearbeitung von der freien Benutzung vielmehr im Einzelfall dem Recht des Schutzlandes über Art. 5 Abs. 2 S. 2 RBÜ (*Wilhelm Nordemann/Vinck/Hertin* Art. 12 RBÜ Rn. 1). Art. 9 Abs. 1 der **TRIPS** bezieht die Art. 1–21 der RBÜ mit Ausnahme von Art. 6bis RBÜ vollständig in seinen Schutz ein, sodass er auch das Bearbeitungsrecht umfasst. Eine besondere Bestimmung zur freien Benutzung enthalten auch die TRIPS nicht. Allerdings folgt die Zulässigkeit von Bestimmungen zur freien Benutzung und damit auch von § 24 aus Art. 5 Abs. 2 S. 2 RBÜ einerseits und Art. 13 TRIPS andererseits. Art. IVbis Abs. 1 S. 2 WUA bezieht in den grundlegenden Schutz, der durch Art. I WUA gewährt wird, auch Werke „in einer erkennbar dem ursprünglichen Werk abgeleiteten Form" und damit Bearbeitungen ein; die Vorschrift nimmt damit zugleich die freie Benutzung vom Konventionsschutz aus (*Wilhelm Nordemann/Vinck/Hertin* Art. IVbis WUA Rn. 4). Letzteres folgt auch aus Art. IVbis Abs. 2 WUA, wonach Ausnahmen der durch Art. I WUA gewährten grundlegenden Rechte „dem Geist und den Bestimmungen" des WUA nicht widersprechen dürfen; die freie Benutzung eines Werkes in einer Art und Weise, die es nicht bearbeitet, gehört jedoch zu den urheberrechtlichen Grundsätzen (vgl. Rn. 27 ff.).

II. Bearbeitungsrecht

1. Terminologie: Bearbeitungen, andere Umgestaltungen, Änderungen und freie Benutzung

8   Immer dann, wenn ein Werk verändert wird, als Grundlage oder Anregung für ein neues Werk dient, stellt sich die Frage, ob der Urheber des benutzten Werkes demgegenüber Rechte geltend machen kann. Im UrhG finden sich insoweit Vorschriften an drei verschiedenen Stellen, wobei jeweils mit **unterschiedlicher**

Terminologie gearbeitet wird: § 3 stellt klar, dass „Übersetzungen und andere Bearbeitungen eines Werkes, die persönliche geistige Schöpfungen des Bearbeiters sind", wie selbständige Werke geschützt sind. § 23 gewährt dem Urheber das Recht, Veröffentlichungen oder Verwertungen von „Bearbeitungen oder anderen Umgestaltungen des Werkes" erlauben oder verbieten zu dürfen; das Bearbeiterurheberrecht des § 3 ist damit zugleich abhängig vom Urheberrecht des Schöpfers des Originalwerkes. Schließlich spricht § 39 davon, dass der Inhaber eines Nutzungsrechtes das Werk, den Titel oder die Urheberbezeichnung „nicht ändern" dürfe, sofern nichts anderes vereinbart sei und legt dem Urheber auf, „Änderungen des Werkes und seines Titels", zu denen er seine Einwilligung nach Treu und Glauben nicht versagen dürfe, hinnehmen zu müssen. Vollkommen zustimmungsfrei kann gem. § 24 Abs. 1 „ein selbständiges Werk, das in freier Benutzung des Werkes eines anderen geschaffen worden ist", veröffentlicht oder verwertet werden. Diese Vorschriften setzen alle voraus, dass es irgendeine Veränderung am Originalwerk gegeben hat. Demgegenüber liegt eine Vervielfältigung als direkteste Form der Wiederholung eines Werkes gem. § 16 zunächst vor, wenn keine Veränderungen vorgenommen werden, sondern das Werk unverändert kopiert worden ist (vgl. § 16 Rn. 2, 9 ff. und Schricker/Loewenheim/*Loewenheim*[5] § 23 Rn. 3). Das gilt auch für die lediglich verkleinerte, ansonsten aber unveränderte Wiedergabe von Bildern durch Internetsuchmaschinen in sog. Thumbnails (s. BGH GRUR 2010, 628, 630 – *Vorschaubilder*). Der BGH sieht die Vervielfältigung darüber hinaus als Grundfall einer Bearbeitung an. Jede Bearbeitung oder andere Umgestaltung nach § 23, soweit sie körperlich festgelegt ist, sei zugleich eine Vervielfältigung i. S. d. § 16. Darüber hinaus seien Vervielfältigungen aber nicht nur identische Nachbildungen, sondern auch in einem weiteren Abstand vom Original liegende Werkumgestaltungen, die über keine eigene schöpferische Ausdruckskraft verfügten und sich daher trotz einer vorgenommenen Umgestaltung noch im Schutzbereich des Originals befänden, weil dessen Eigenart in der Nachbildung erhalten geblieben sei und ein übereinstimmender Gesamteindruck bestünde (BGH GRUR 2014, 65, 70 Tz. 36, 38 – *Beuys-Aktion*). Nach Auffassung des BGH soll eine Vervielfältigung vorliegen, wenn der jeweilige Gesamteindruck der Werke übereinstimmt; weist die Vervielfältigung wesentliche Veränderungen auf, ist weiterhin zu prüfen, ob eine Bearbeitung oder Umgestaltung vorliegt; hierzu ist festzustellen, welche objektiven Merkmale die schöpferische Eigentümlichkeit des benutzen Werks bestimmen und durch Vergleich zu ermitteln, ob in der neuen Gestaltung eigenschöpferische Züge des älteren Werks übernommen worden sind (BGH GRUR 2014, 65, 70 Tz. 36 ff. – *Beuys-Aktion*). Als Bearbeitung oder Umgestaltung sah der BGH den Fall an, dass ein geschütztes Werk unverändert in ein neues Werk so integriert wird, dass es nach Art eines „Gesamtkunstwerkes" als dessen Teil erscheint, beispielsweise wenn ein unverändertes Werk gerahmt und durch die Art und Weise der Bemalung des Rahmens „fortgesetzt" wird (BGH GRUR 2002, 532, 534 – *Unikatrahmen*). Der Urheber kann sich zudem u. U. aus seinem Urheberpersönlichkeitsrecht, Entstellungen und andere Beeinträchtigungen zu verbieten, die seine berechtigten oder persönlichen Interessen am Werk gefährden (§ 14), zur Wehr setzen (BGH GRUR 2002, 532, 534 – *Unikatrahmen*). Das Beschneiden eines Lichtbilds stellt jedenfalls dann eine Umgestaltung dar, wenn dadurch die Bildaussage verändert wird (OLG Köln GRUR 2015, 167, 170 – *Creative-Commons-Lizenz*).

9 Während der BGH die Unterscheidung in der Terminologie zwischen Bearbeitungen (§§ 3, 23) und Umgestaltungen (§ 23) weitgehend ignoriert und beide Begriffe überwiegend synonym verwendet (Beispiel: BGH GRUR 2014, 65, 70 Tz. 36 ff. – *Beuys-Aktion*; BGH GRUR 1990, 669, 673 – *Bibelreproduktion*; etwas differenzierter in BGH GRUR 2002, 532, 534 – *Unikatrahmen*; OLG Düsseldorf GRUR

2012, 173, 176 – *Beuys-Fotoreihe* stellt sogar den Begriff der Umgestaltung in den Vordergrund und grenzt diesen dann von der freien Benutzung nach § 24 UrhG ab) und auch Teile der Literatur die **Abgrenzung** für entbehrlich halten, da § 23 sowohl Bearbeitungen als auch Umgestaltungen dem Genehmigungsvorbehalt des Urhebers unterstelle (HK-UrhR/*Dreyer* § 23 Rn. 5; Bisges/*Nennen* Kap. 2 Rn. 297), ging der Gesetzgeber davon aus, dass der Bearbeiter die Identität des Originalwerkes unberührt lassen und ihm „dienen" wolle, während der Umgestalter nicht das Originalwerk zur Geltung bringen, sondern das Ergebnis seiner Arbeit als eigenes Werk ausgeben wolle (Plagiat) oder bei dem Versuch gescheitert sei, das fremde Werk frei zu benutzen (RegE UrhG 1962 – BT-Drs. IV/270 S. 51); dem haben sich wiederum Teile der Literatur angeschlossen (Dreier/Schulze/*Schulze*[5] § 23 Rn. 5; Schricker/Loewenheim/*Loewenheim*[5] § 23 Rn. 4). Nach neuer Rspr. des BGH soll eine Vervielfältigung nun auch noch eine in einem weiteren Abstand vom Original liegende Werkumgestaltung sein können, die über keine schöpferische Ausdruckskraft verfügt, in der aber die Eigenart des Originals erhalten bleibt und zu dem ein übereinstimmender Gesamteindruck besteht (BGH GRUR 2014, 65, 70 Tz. 36 – *Beuys-Aktion*); Bearbeitung und Umgestaltung sollen besondere Fälle der Vervielfältigung darstellen (BGH GRUR 2016, 1157, 1159 Tz. 17 – *auf fett getrimmt*). Wir halten diese Unterscheidungen jedoch für systematisch unrichtig: Vervielfältigung ist gem. § 16 das Recht, Vervielfältigungsstücke des Werkes herzustellen; es handelt sich um eine oder mehrere körperliche Festlegungen, die geeignet sind, das Werk den menschlichen Sinnen auf irgendeine Weise wiederholt unmittelbar oder mittelbar wahrnehmbar zu machen (RegE UrhG 1962 – BT-Drs. IV/270, S. 47; vgl. § 16 Rn. 9). Das setzt nach unserem Verständnis zunächst voraus, das es sich um das unveränderte Original handelt; denn es soll *das Werk* wahrnehmbar gemacht werden, nicht etwas, das verändert wurde und erst recht nicht etwas, das sogar *in einem weiteren Abstand vom Original* entfernt liegt (vgl. § 16 Rn. 11; a. A. BGH GRUR 2014, 65, 70 Tz. 36 – *Beuys-Aktion*). Das UrhG trennt außerdem zwischen Vervielfältigung gem. § 16 einerseits und Bearbeitung sowie Umgestaltung gem. § 23 andererseits. Es ordnet an, dass in den meisten Fällen die Herstellung der Vervielfältigung zustimmungsfrei angefertigt werden darf; erst die Veröffentlichung und die Verwertung der Bearbeitung oder Umgestaltung sind erlaubnisabhängig, § 23 S. 1. Allerdings ist nicht zu verkennen, dass in jeder Bearbeitung oder Umgestaltung auch Gestaltungselemente des Original-Werkes erhalten bleiben, die mit der Vervielfältigung der Bearbeitung mit vervielfältigt werden; deshalb wird die körperliche Festlegung der Bearbeitung auch zu Recht als ihrem Wesen nach eine Vervielfältigung des Originalwerks in bearbeitet Form bezeichnet (*Ulmer*, Urheber- und VerlagsR S. 270) und ordnet § 23 S. 1 an, dass die Verwertung der Bearbeitung oder Umgestaltung zustimmungspflichtig ist – Verwertung schließt aber das Vervielfältigungsrecht ein (vgl. Rn. 25). Es geht aber zu weit, Bearbeitung und Umgestaltung als besondere Fälle der Vervielfältigung zu bezeichnen (so aber BGH GRUR 2016, 1157, 1159 Tz. 17 – *auf fett getrimmt*; ähnlich BGH GRUR 2015, 1189, 1192 Tz. 41 – *Goldrapper*; BGH GRUR 2014, 65, 70 Tz. 38 – *Beuys-Aktion*). Das sind sie nach der Systematik des Gesetzes nämlich nicht; vielmehr handelt es sich bei § 23 um ein eigenständiges Verwertungsrecht. Darüber hinaus ist die freie Benutzung nichts weiter als eine gesteigerte Form der Bearbeitung; sie liegt vor, wenn die Bearbeitung so weitgehend ist, dass ein neues selbständiges Werk entsteht (§ 24 Abs. 1). Wem es bei der Umarbeitung eines Werkes nicht gelingt, die Steigerungsstufe der freien Benutzung zu erreichen, der bleibt Bearbeiter. Wer ferner unter Veränderung des Werkes ein Plagiat begeht, nimmt wiederum nichts weiter als eine Bearbeitung unter gleichzeitiger Behauptung der Urheberschaft vor (vgl. Rn. 60). Auch das Plagiat selbst kann urheberrechtlich geschützt sein – wenn die „Zutaten" des Plagiators persönliche geistige Schöpfung sind (§ 3); die andere Umgestaltung ist aber in § 3 nicht erwähnt, sodass § 3 auf der einen Seite eine Lücke enthielte. Auf der anderen Seite enthielte aber auch § 23, wenn man ihn dem Gesetzgeber folgend anwenden würde, eine Lücke: Es gibt Änderungen an einem Werk, die die Qualität einer persönlichen geistigen Schöpfung nicht erreichen (vgl. § 3 Rn. 25 ff.); es ist offensichtlich, dass auch sie dem Genehmigungsvorbehalt des Urhebers unterstellt werden sollen. Wären Bearbeitung und Umgestaltung nichts anderes als besondere Formen der Vervielfältigung, unter die auch Veränderungen am Original-Werk fielen, die den Gesamteindruck nicht veränderten, hätte es der ausdrücklichen Erwähnung der Umgestaltung in § 23 S. 1 überhaupt nicht bedurft.

Die Frage löst sich von selbst, wenn man als Vervielfältigung nur unveränderte   **10** Reproduktionen des Originals oder eines Teiles davon und unter „**anderen Umgestaltungen**" im Sinne von § 23 diejenigen Veränderungen des Original-werkes versteht, die noch **keine persönliche geistige Schöpfung** sind, also gewissermaßen eine Stufe unterhalb der Bearbeitung stehen(a. A. BGH GRUR 2014, 65, 70 Tz. 36 – *Beuys-Aktion*). Dann harmonieren auch § 16, § 23 und § 24, § 3 und § 39: Die unveränderte Reproduktion des Werkes unterfällt dem Vervielfältigungsrecht (§ 16). Änderungen gleich welchen Ranges bedürfen der Erlaubnis des Urhebers (§§ 23, 39 Abs. 1), soweit nicht durch sie selbständige Werke hervorgebracht werden (§ 24 Abs. 1) oder der Urheber die Änderungen nach Treu und Glauben dulden muss (§ 39 Abs. 2). In Abgrenzung zur Vervielfältigung (§ 16) stellt der Begriff der Änderung (§ 39) letztendlich den Oberbegriff zur Werkverwertung in veränderter Form dar. Liegt eine Änderung vor, die keine schöpferische Tätigkeit beinhaltet, ist lediglich eine Umgestaltung gegeben (§ 23). Ist die Änderung schöpferisch, liegt eine Bearbeitung vor (§§ 23, 3), egal, ob sie als „Plagiat" (vgl. Rn. 59 ff.) zu bezeichnen ist oder nicht. Ist die Änderung so weitgehend, dass das geänderte Werk nur noch Anregung zu freiem Werkschaffen war, ist eine freie Benutzung gegeben (§ 24). Dann bleiben Untersuchungen dahingehend, ob die neue Gestaltung den selben Gesamteindruck aufweist wie das Original und damit die Anwendung der Blässetheorie auch dort, wo sie hingehören, nämlich allein in die Abgrenzung zwischen abhängiger Bearbeitung nach § 23 und freier Benutzung nach § 24 (vgl. Rn. 41 ff.) und nicht in eine Untersuchung, ob noch eine Vervielfältigung nach § 16 vorliegt (a. A. BGH GRUR 2014, 65, 70 Tz. 36 – *Beuys-Aktion*).

2. Doppelcharakter der Bearbeitung

Zum Doppelcharakter der Bearbeitung vgl. § 3 Rn. 5 ff.   **11**

3. Gegenstand der Bearbeitung

Während der Begriff der Bearbeitung voraussetzt, dass ein Originalwerk bearbei-   **12** tet wird, bei dem unerheblich ist, ob noch Urheberrechtsschutz besteht oder dieser abgelaufen ist (vgl. § 3 Rn. 8), setzt das Bearbeitungsrecht gem. § 23 zwangsläufig voraus, dass der Urheberrechtschutz des Originalwerkes noch besteht; nur dann kann nämlich sein Urheber noch ein Recht besitzen, die Veröffentlichung und Verwertung der Bearbeitung gem. § 23 S. 1 bzw. bereits die Herstellung der Bearbeitung gem. § 23 S. 2 zu gestatten. Für gemeinfreie Werke ist § 23 damit ebenso irrelevant wie in solchen Fällen, in denen zwar das ältere Werk (noch) urheberrechtlich geschützt ist, aber der entlehnte und bearbeitete Werkteil gemeinfrei ist (vgl. Rn. 46 f.). Nach dem im Rahmen der Reform durch das am 1. März 2018 in Kraft tretende UrhWissG 2017 (BGBl. I S. 2541) angefügten § 23 S. 3 sind § 23 S. 1 und 2 auch nicht auf ausschließlich technisch bedingte Änderungen eines Werkes beim Text und Data Mining nach § 60d Abs. 1 und bei formatwandelnden Änderungen im Rahmen der Langzeitarchivierung eines Werkes nach § 60e Abs. 1 anzuwenden.

4. Einwilligung des Originalurhebers

Infolge des Charakters des Bearbeitungsrechtes als selbständiges ausschließli-   **13** ches Verwertungsrecht (vgl. Rn. 2) bedeutet Einwilligung im Sinne von § 23 nichts anderes als **Nutzungsrechtseinräumung**, die den §§ 31 ff. folgt, so-

dass auch das Bearbeitungsrecht als einfaches oder ausschließliches Recht sowie räumlich, zeitlich oder inhaltlich beschränkt eingeräumt werden kann
(§ 31 Abs. 1 S. 2) und die Zweckübertragungslehre (§ 31 Abs. 5) Anwendung
findet (BGH GRUR 1986, 458, 459 – *Oberammergauer Passionsspiele*; Dreier/
Schulze/*Schulze*⁵ Rn. 10 ff. (insbes. 10, 11, 13); Schricker/Loewenheim/*Loewenheim*⁵ Rn. 24; Wandtke/Bullinger/*Bullinger*⁴ Rn. 8). Nach § 37 Abs. 1 verbleibt jedoch das Bearbeitungsrecht im Zweifel beim Originalurheber; allerdings ist eine stillschweigende Einräumung des Bearbeitungsrechtes möglich,
wenn sich dies gem. § 31 Abs. 5 aus dem Vertragszweck ergibt (BGH GRUR
1986, 458, 459 – *Oberammergauer Passionsspiele*). Die Einwilligung, d. h. die
Nutzungsrechtseinräumung, kann konkludent erfolgen und ist als Verfügungsgeschäft ihrer Natur nach nicht frei widerruflich (OLG Düsseldorf NJW 2014,
3455 Tz. 19 – *Ready-Made de lHistoire dans Café de Flore*). Das OLG Düsseldorf hat auf die Einwilligung nach § 23 S. 1 die bürgerlich-rechtlichen Rechts-
scheinvorschriften des Vertretungsrechts angewendet und angenommen, dass
ein Künstler durch eine Praxis des gelegentlichen Direktverkaufs von Gemälden
durch seine Mitarbeiter den Rechtsschein der Einwilligung begründet (OLG
Düsseldorf NJW 2014, 3455, 3456 Tz. 23 – *Ready-Made de lHistoire dans
Café de Flore*).

14   Einwilligung bedeutet gem. § 183 BGB zwar vorherige Zustimmung und damit
auch vorherige Rechtseinräumung. Das heißt aber nicht, dass eine zunächst
rechtswidrig veröffentlichte bzw. verwertete (§ 23 S. 1) oder hergestellte (§ 23
S. 2) Bearbeitung nicht etwa nachträglich legalisiert werden könnte. Vielmehr
kann der Urheber die Bearbeitung nachträglich genehmigen und damit das
Bearbeitungsrecht auch noch nach begonnener Veröffentlichung, Verwertung
oder Herstellung rückwirkend (§ 184 Abs. 1 BGB) auf den Zeitpunkt der Veröffentlichung bzw. Verwertung (§ 23 S. 1) oder Herstellung (§ 23 S. 2) einräumen.

14a Zu beachten ist ferner, dass Urheber von Musikwerken der GEMA im Berechtigungsvertrag in der Fassung der Jahre 2002 und 2005 regelmäßig sämtliche
Rechte einräumen, die zur Umgestaltung und Verwertung ihrer Werke als Klingeltöne für Mobiltelefone erforderlich sind. Hiervon erfasst ist jede Digitalisierung oder anderweitige Umgestaltung zu Klingeltönen, die bereits bei Abschluss des Berechtigungsvertrags üblich und vorhersehbar war. Hält sich die
Umgestaltung in diesem Rahmen, ist für die Nutzung des jeweiligen Musikwerkes als Klingelton eine GEMA-Lizenz ausreichend und bedarf es keiner zusätzlichen Einwilligung des Urhebers (BGH GRUR 2009, 395, 397 f. – *Klingeltöne
für Mobiltelefone*). Der Berechtigte kann der GEMA das Recht zur Nutzung
von Werken der Tonkunst als Klingeltöne für Mobiltelefone jedoch auch unter
dem Vorbehalt einräumen, dass der Lizenznehmer der GEMA in jedem Einzelfall vor Beginn der Nutzung eine ihm von dem Berechtigten zur Wahrung der
Urheberpersönlichkeitsrechte der Komponisten erteilte Benutzungsbewilligung
vorzulegen hat (BGH GRUR 2010, 920, 923 – *Klingeltöne für Mobiltelefone
II*; OLG Hamburg ZUM-RD 2010, 260, 264).

5.   Herstellungsfreiheit

15   Bearbeitungen und andere Umgestaltungen sind – mit den Ausnahmen des § 23
S. 2 – in der Herstellung frei. Da die körperliche Festlegung der Bearbeitung
ihrem Wesen nach eine Vervielfältigung des Originalwerks in bearbeiteter Form
darstellt (*Ulmer*, Urheber- und VerlagsR S. 270; weitergehend BGH GRUR
2016, 1157, 1159 Tz. 17 – *auf fett getrimmt*; BGH GRUR 2014, 65, 70
Tz. 36 – *Beuys-Aktion*: Bearbeitung und Umgestaltung sind besondere Formen
der Vervielfältigung – zur Kritik hieran vgl. Rn. 9 f.), stellt § 23 S. 1 insoweit
eine Ausnahme vom Vervielfältigungsvorbehalt des Urhebers gem. § 16 dar.
Jedermann darf also ein Originalwerk verändern, wie er es will, solange er das

geänderte Werk nicht veröffentlicht (vgl. Rn. 23 f.) oder verwertet (vgl. Rn. 25). Die Freiheit der Herstellung schließt die Freiheit ihrer körperlichen Festlegung ein. Wenn der Gesetzgeber es lediglich hätte zulassen wollen, Änderungen gedanklich vorzunehmen, ohne sie zu fixieren, so hätte es des § 23 nicht bedurft: Im demokratischen Rechtsstaat ist die Gedankenfreiheit verbürgt. Allerdings ist die Festlegung aus § 23 nur einmal zulässig; die Herstellung von Abschriften ist Vervielfältigung und damit Verwertung (§ 15 Abs. 1 Nr. 1; vgl. Rn. 25).

Der Zweck der Herstellung und damit der ersten Festlegung ist gleichgültig. **16** Es kommt mithin nicht darauf an, ob die Herstellung der Bearbeitung zu privaten oder zu geschäftlichen Zwecken erfolgt (RegE UrhG 1962 – BT-Drs. IV/ 270, S. 51).

6. Ausnahmen von der Herstellungsfreiheit

Die Herstellungsfreiheit gilt für alle Werkarten mit Ausnahme der ausdrücklich **17** in § 23 S. 2 Genannten: Bereits für die Herstellung einer Bearbeitung oder anderen Umgestaltung ist die Zustimmung des Urhebers erforderlich, wenn es sich um eine Verfilmung, um die Ausführung von Plänen oder Entwürfen eines Werkes der bildenden Künste, um den Nachbau eines Werkes der Baukunst oder schließlich um die Bearbeitung oder Umgestaltung eines Datenbankwerkes handelt.

Die Herstellung der **Verfilmung** ist gleichzusetzen mit dem Beginn der Dreharbeiten (vgl. § 88 Rn. 48 sowie § 90 S. 2; gl. A. Dreier/Schulze/*Schulze*[5] Rn. 20; Schricker/Loewenheim/*Loewenheim*[5] Rn. 19; Bisges/*Nennen* Kap. 2 Rn. 327). Wer ein Exposé, Treatment oder Drehbuch erstellt oder Filmmusik komponiert, beginnt also noch nicht mit der Herstellung des Filmwerkes; bearbeitet er dadurch vorbestehende Werke, benötigt er hierfür noch nicht die Einwilligung des Originalurhebers. **18**

Werden Pläne oder Entwürfe eines Werkes der **bildenden Künste** ausgeführt, **19** kann hierin eine Vervielfältigung liegen (vgl. § 2 Rn. 149 und BGH GRUR 2003, 231, 234 – *Staatsbibliothek*); dafür ist stets die Einwilligung des Urhebers erforderlich, eine Berufung auf das Privileg der Privatkopie ist gem. § 53 Abs. 7 ausgeschlossen (vgl. § 53 Rn. 9, 39). § 23 S. 2 schließt insoweit die Lücke, die entstanden wäre, wenn im Zuge der Ausführung von Plänen oder Entwürfen eines Werkes der bildenden Künste Veränderungen vorgenommen werden.

Im Bereich der Werke der **Baukunst** ist § 23 S. 2 leider unscharf: So soll nur **20** der Nachbau eines Werkes der Baukunst von der Herstellungsfreiheit ausgenommen sein: Da das Bauwerk in den Plänen niedergelegt ist und als Immaterialgut von dem errichteten Gebäude unterschieden werden muss, ist die Umsetzung des Planes in ein Gebäude in unveränderter Form Vervielfältigung, in veränderter Form Bearbeitung (vgl. § 2 Rn. 149 und BGH GRUR 2003, 231, 234 – *Staatsbibliothek*). Es darf daher weder die Vervielfältigung eines Werkes der Baukunst noch seine Bearbeitung vom Zustimmungsvorbehalt des Urhebers ausgenommen sein, weil die Architekten ansonsten Umsetzungen ihrer Bauwerke in Gebäude zu privaten Zwecken (§ 53 Abs. 1) oder auch in bearbeiteter Form nicht verhindern könnten. Soweit deshalb § 53 Abs. 7 und § 23 S. 2 von „Nachbau" sprechen, schließt der Begriff des Nachbaus die Umsetzung des Planes in ein Gebäude im Wege der Vervielfältigung (§ 53 Abs. 7) oder der Bearbeitung (§ 23 S. 2) ein. Wer nur ein Modell eines Werkes der Baukunst bastelt, baut es nicht nach (vgl. § 53 Rn. 39). Damit bliebe die Herstellung des Modells zustimmungsfrei, nicht aber seine Veröffentlichung oder Verwertung (ebenso Schricker/Loewenheim/*Loewenheim*[5] Rn. 20).

21 Bei **Datenbankwerken** ist zu beachten, dass zwischen dem Inhalt der Datenbank einerseits und Auswahl und Anordnung der Elemente andererseits unterschieden werden muss; lediglich letzteres ist Gegenstand des Schutzes am Datenbankwerk (vgl. § 4 Rn. 11 und Walter/*v. Lewinski* Art. 5 Datenbank-RL Rn. 9). Übersetzungen oder Bearbeitungen des Inhalts der Datenbank fallen deshalb unter die Herstellungsfreiheit nach § 23 S. 1; lediglich dann, wenn die Struktur der Datenbank einer Veränderung unterworfen wird und damit eine Änderung bzw. Umgestaltung der Datenbank selbst vorliegt, bedarf bereits die Herstellung der Zustimmung des Urhebers (Schricker/Loewenheim/*Loewenheim*[5] Rn. 21; Walter/*v. Lewinski* Art. 5 Datenbank-RL Rn. 9).

22 Nicht übersehen werden sollte, dass auch bei der Bearbeitung eines **Computerprogramms** gem. § 69c Nr. 2 bereits die Herstellung dem ausschließlichen Recht des Urhebers unterliegt (vgl. § 69c Rn. 20).

7. Veröffentlichung

23 Der Begriff der Veröffentlichung folgt aus § 12 Abs. 1 i. V. m. § 15 Abs. 3: Der Urheber bestimmt das Ob und das Wie der Veröffentlichung (§ 12 Abs. 1). Öffentlichkeit ist nur dann gegeben, wenn sich die Handlung an eine Mehrzahl von Personen richtet, die nicht mit der die Handlung vornehmenden Person durch persönliche Beziehungen verbunden ist (§ 15 Abs. 3). Wer ein englischsprachiges Weihnachtsgedicht übersetzt und zu Weihnachten im Kreis seiner Familie vorträgt, veröffentlicht die Übersetzung nicht, weil seine Familienmitglieder mit ihm durch persönliche Beziehungen verbunden sind; eine Veröffentlichung läge aber beispielsweise vor, wenn er die Übersetzung des Gedichtes nach Weihnachten auf seine Internet-Familienhomepage einstellt, weil dann der Zugang durch die Öffentlichkeit eröffnet ist (§§ 15 Abs. 3, 19a; Einzelheiten zum Öffentlichkeitsbegriff vgl. § 15 Rn. 27 ff.).

24 Streitig ist, ob eine Bearbeitung oder andere Umgestaltung im Sinne von § 23 S. 1 noch im Rechtssinne gem. § 12 Abs. 1 veröffentlicht werden kann, wenn das bearbeitete Originalwerk bereits veröffentlicht gewesen ist. Beispiel: Ein englischsprachiger Roman erscheint erst einige Monate später in seiner deutschen Übersetzung. Es wird insoweit die Auffassung vertreten, dass das Veröffentlichungsrecht gem. § 12 Abs. 1 mit der Erstveröffentlichung des Originalwerkes verbraucht sei und an Bearbeitungen sowie anderen Umgestaltungen kein separates (neues) Veröffentlichungsrecht bestehen könne (*Ulmer*, Urheber- und VerlagsR[3] § 56 I 2 S. 266; daran anschließend HK-UrhR/*Dreyer*[3] Rn. 9; Möhring/Nicolini/*Ahlberg*[3] Rn. 11). Dreier/Schulze/*Schulze*[5] haben insoweit jedoch zutreffend darauf hingewiesen, dass der Urheber gem. § 12 nicht nur darüber bestimmen darf, ob sein Werk veröffentlicht wird, sondern auch, wie die Veröffentlichung stattfinden soll (Dreier/Schulze/*Schulze*[5] Rn. 17). Da mit jeder bearbeiteten oder anderweitig umgestalteten Werkfassung eine neue Werkform entsteht, muss der Urheber jeweils gesondert darüber entscheiden dürfen, ob diese neue Werkform im Sinne eines „Wie" seines Ursprungswerkes veröffentlicht werden soll oder nicht. Ansonsten würde auch die Erwähnung der Veröffentlichung in § 23 S. 1 weitgehend leer laufen: Da fast alle Werke, die bearbeitet oder anderweitig umgestaltet werden, bereits in ihrer Originalfassung vorveröffentlicht worden sind, würde das Recht des Urhebers, die Veröffentlichung einer Bearbeitung oder anderen Umgestaltung zu erlauben, weitgehend leer laufen. Wir schließen uns deshalb der Auffassung an, dass das Recht, die Veröffentlichung einer bearbeiteten oder anderweitig umgestalteten Werkfassung zu kontrollieren, auch dann besteht, wenn das **Originalwerk bereits veröffentlicht** war (BGH GRUR 2011, 135, 139 Tz. 48 – *Perlentaucher*; OLG Düsseldorf GRUR 2012, 173, 176 – *Beuys-Fotoreihe*; Dreier/Schulze/ *Schulze*[5] Rn. 17; Wandtke/Bullinger/*Bullinger*[4] Rn. 7; Schricker/Loewenheim/ *Loewenheim*[5] Rn. 17). Der Streit ist allerdings eher akademischer Natur: Jede

Veröffentlichungshandlung wird ganz zwangsläufig in eines der Verwertungs-rechte der §§ 15 ff. eingebunden sein, sodass mit einer Veröffentlichung der bearbeiteten oder anderweitig umgestalteten Werkfassung auch immer eine Verwertung im Sinne von § 23 S. 1 verbunden sein wird; eine Veröffentlichung außerhalb der Verwertungsrechte der §§ 15 ff. ist nicht vorstellbar (vgl. § 12 Rn. 8 ff.).

8. Verwertung

Verwertung bedeutet nicht „gewerbliche Verwertung" in dem Sinne, dass mit dem bearbeiteten oder anderweitig umgestalteten Werk Einkünfte erzielt wer-den sollen. Vielmehr bezieht sich der Begriff der Verwertung in § 23 S. 1 auf die **Verwertungsrechte** der §§ 15 ff. und meint damit alle körperlichen und unkörperlichen Verwertungsrechte, und zwar ohne Ausnahme. Auch das Bear-beitungsrecht gem. § 23 selbst ist ein Verwertungsrecht (vgl. Rn. 2) und unter-fällt damit dem Bearbeitungsrecht, d. h. der Originalurheber kann auch die Bearbeitung der Bearbeitung kontrollieren. Beispiel: Die polnische Übersetzung eines englischen Originalromans wird nicht auf Basis der englischen Vorlage erstellt, sondern auf Basis der deutschen Übersetzung; die polnische Werkfas-sung wird dann ganz zwangsläufig nach wie vor die individuellen gestalteri-schen Merkmale des englischen Originalromans enthalten (für weitere Beispiele s. § 3 Rn. 13). Hinzuweisen ist ferner darauf, dass Verwertung im Sinne von § 23 S. 1 nicht nur die in § 15 ausdrücklich benannten Verwertungsarten meint, sondern auch alle möglicherweise dort nicht Genannten oder zukünftig erst Entstehenden; denn sowohl § 15 Abs. 1 im Hinblick auf die körperliche Werkverwertung als auch § 15 Abs. 2 im Hinblick auf die unkörperliche Werk-verwertung enthalten jeweils nur „insbesondere"-Aufzählungen der einzelnen Verwertungsrechte und sind damit nicht abschließend (vgl. § 15 Rn. 4 so-wie Dreier/Schulze/*Schulze*[5] Rn. 18 und Schricker/Loewenheim/*Loewenheim*[5] Rn. 16). **25**

9. Einzelfälle

Vgl. § 3 Rn. 21 ff. sowie vgl. Rn. 69 ff. **26**

III. Schutzumfang des Urheberrechts

1. Stufensystem des Schutzumfangs

Die Abgrenzung zwischen unfreier Bearbeitung gem. § 23 und freier Benut-zung gem. § 24 markiert den Schutzumfang des Urheberrechts: Der Urheber kann nur das mit seinem Ausschließlichkeitsrecht kontrollieren, was noch Bearbeitung im Sinne von § 23 darstellt; ist sein Werk nur noch als Anregung zu neuem, selbständigen Werkschaffen verwendet worden, ist dies frei. Die freie Benutzung ist mithin nichts anderes als der Superlativ in der Steigerung Vervielfältigung – Umgestaltung – Bearbeitung – freie Benutzung (dazu vgl. Rn. 10). Allen ist gemeinsam, dass sie ein anderes Werk (Original oder Bear-beitung, vgl. § 3 Rn. 8) zur Grundlage haben; sie unterscheiden sich nur durch den Grad der Zugrundelegung. Der Begriff der freien Benutzung lässt sich daher nur durch ihre Abgrenzung von der Bearbeitung gewinnen: Freie Benutzung ist, was nicht mehr Bearbeitung ist. Das Kennzeichen der Bearbei-tung ist ihre Abhängigkeit vom Originalwerk; dieses wird weiterentwickelt oder umgeformt, bleibt in seinem Wesenskern, seinen Grundzügen jedoch erhalten. Die freie Benutzung löst sich dagegen von der Vorlage und schafft ein neues Werk mit neuem Wesenskern und neuen, eigenen Grundzügen, eben ein selbständiges Werk. Der Gesetzgeber definiert diesen Begriff selbst als „völlig selbständige Neuschöpfung" (RegE UrhG 1962 – BT-Drs. IV/270, S. 51 f.). **27**

28 Zur Verdeutlichung sei das **Stufenverhältnis** nochmals wie folgt wiedergegeben:

Vervielfältigung ↓	Originalwerk wird kopiert, ohne dass daran eine Veränderung vorgenommen wird. (a. A. BGH GRUR 2014, 65, 70 Tz. 36 – *Beuys-Aktion*, wonach eine Vervielfältigung auch noch eine in einem weiteren Abstand vom Original liegende Werkumgestaltung sein könne; hierzu vgl. Rn. 8 ff.). Betroffen ist das Vervielfältigungsrecht des Originalurhebers, § 16.
Umgestaltung ↓	Änderung des Originalwerkes, die nicht schöpferisch ist. Es ist das Bearbeitungsrecht des Original-Urhebers betroffen (§ 23), der Umgestalter erhält kein eigenes Bearbeiterurheberrecht, weil er selbst nicht schöpferisch tätig war (§ 3). Ein Nutzungsberechtigter kann sich auch ohne entsprechende Nutzungsrechtseinräumung (§§ 29 Abs. 2, 31) unter Umständen darauf berufen, nach Treu und Glauben zu der Änderung in Form der Umgestaltung berechtigt gewesen zu sein (§ 39 Abs. 2).
Bearbeitung ↓	Änderung des Originalwerkes, die schöpferisch ist. Es ist das Bearbeitungsrecht des Original-Urhebers betroffen (§ 23), der Bearbeiter erhält ein eigenes Bearbeiterurheberrecht (§ 3), das aber abhängig von dem Urheberrecht des Urhebers des Originalwerkes ist (§ 23). Ein Nutzungsberechtigter kann auch ohne entsprechende Nutzungsrechtseinräumung (§§ 29 Abs. 2, 31) in seltenen Ausnahmefällen geltend machen, nach Treu und Glauben zu der Bearbeitung berechtigt gewesen zu sein (§ 39 Abs. 2).
Freie Benutzung	So weitgehende Änderung des Originalwerkes, dass dieses nur noch als Anregung zu eigenem, freien Werkschaffen gedient hat. Das neue Werk kann frei verwertet werden (§ 24 Abs. 1), es ist selbständig und unabhängig von dem anregenden Werk urheberrechtlich geschützt (§ 2).

29 Man muss sich darüber im Klaren sein, dass die Abgrenzung zwischen Bearbeitung und freier Benutzung häufig nur sehr schwierig zu treffen ist. Weitgehende Übereinstimmungen der Werke legen nach menschlicher Erfahrung zwar in der Regel die Annahme nahe, dass der Urheber des jüngeren Werkes das ältere Werk benutzt hat; jedoch kann er eben auch nur die im älteren Werk vorhandenen gemeinfreien Gestaltungselemente verwendet haben, sodass in diesem Fall trotz weitgehender Übereinstimmungen keine Urheberrechtsverletzung vorliegt (Beispiele: BGH GRUR 2011, 134, 136 Tz. 20 – *Perlentaucher*; BGH GRUR 2004, 855, 857 – *Hundefigur*). Umgekehrt kann eine Urheberrechtsverletzung vorliegen, wenn es so scheint, als würden die Übereinstimmungen nur im gemeinfreien Bereich liegen, sich jedoch herausstellt, dass der verwendete gemeinfreie historische Stoff doch in der Fantasie des Urhebers verändert wurde und in dieser Form urheberrechtlich geschützt ist (Beispiel: LG Hamburg GRUR-RR 2003, 233, 234 ff. – *Die Päpstin*). Zur Beweislast vgl. Rn. 92 ff.

29a § 24 kann wie oben beschrieben (vgl. Rn. 4b und 4c) auch für die Bestimmung des Schutzumfangs der verwandten Schutzrechte entsprechend herangezogen werden (BGH GRUR 2009, 403, 405 Tz. 21 – *Metall auf Metall*; BGH GRUR 2008, 693, 694 f. Tz. 24 ff. – *TV-Total*; BGH GRUR 2000, 703, 704 – *Mattscheibe*; vgl. Rn. 4a). Jedoch ist hierbei zu beachten, dass die geschützten Leistungen regelmäßig einen wesentlich geringeren schöpferischen Gehalt aufweisen als Werke. Dementsprechend gering ist auch der Schutzumfang der jeweiligen Leistung, da die wenigen schöpferischen Züge regelmäßig eher in der nachgeschaffenen Leistung verblassen werden (BGH GRUR 2014, 175, 177 Tz. 41 – *Geburtstagszug*; BGH GRUR 2008, 693, 695 Tz. 35 – *TV-Total*; BGH GRUR 2000, 703, 706 – *Mattscheibe*; Dreier/Schulze/*Schulze*[5] § 24 Rn. 10). Zwar kann hieraus nicht geschlussfolgert werden, dass die Übernahme von Laufbildern mit geringer Eigenart regelmäßig unter § 24 fällt, da insbesondere bei der unveränderten Übernahme ein strenger Maßstab anzulegen ist (BGH GRUR 2008, 693, 695 Tz. 35 f. – *TV-Total*; BGH GRUR 2000, 703, 704 – *Mattscheibe*). Dennoch dürften kleinere Veränderungen regelmäßig ausreichen, um den Schutzbereich des § 23 zu verlassen und eine freie Benutzung nach § 24 anzunehmen. Der Befürchtung, dass damit die freie Benutzung bei Leistungen in deutlich weitergehendem Umfang zulässig wäre als bei urheberrechtlich geschützten Werken, indem fremde Leistungen zur Ersparnis eigener Aufwendungen einfach mit leichten Veränderungen übernommen werden (Dreier/Schulze/*Schulze*[5] § 24 Rn. 10; Schricker/Loewenheim/*Loewenheim*[5] § 24 Rn. 19), ist der BGH zunächst ausdrücklich entgegengetreten: Sinn und Zweck des § 24 bilden nicht nur den Grund, sondern auch die Grenze für die entsprechende Anwendung von § 24 auf das Tonträgerherstellerrecht. Hieraus leitet der BGH ab, dass § 24 seinem Grundgedanken entsprechend, eine kulturelle Fortentwicklung zu ermöglichen, nicht entsprechend anwendbar sei, wenn der Übernehmende die geschützte Leistung selbst herstellen kann und ihn allein wirtschaftliche Erwägungen hiervon abhalten; in diesem Fall sei er nicht auf die Übernahme zur Fortentwicklung des Kulturschaffens angewiesen (BGH GRUR 2009, 403, 405 Tz. 23 – *Metall auf Metall*). Das BVerfG hat allerdings die Frage, ob derjenige, der den fremden Tonträger verwenden möchte, selbst dazu in der Lage ist, die darauf enthaltenen Tonfolgen und Klänge einzuspielen, als verfassungswidrig angesehen und die Entscheidungen des BGH aufgehoben (BVerfG GRUR 2016, 690, 694 Tz. 94 – *Metall auf Metall*). Entgegen der Auffassung des BGH kann somit auch die Übernahme geschützter Elemente zur Ersparnis eigener Aufwendungen von § 24 gedeckt sein. Nach Auffassung des BVerfG kann die Verwendung von gleichwertig nachspielbaren Samples eines Tonträgers nicht generell von der Erlaubnis des Tonträgerherstellers abhängig gemacht werden, da dies dem künstlerischen Schaffensprozess nicht hinreichend Rechnung trage und die künstlerische Betätigungsfreiheit sowie die kulturelle Fortentwicklung einschränke (BVerfG GRUR 2016, 690, 694 Tz. 96 ff. – *Metall auf Metall*). Das Nachspielen könne sehr aufwendig sein und das Kriterium der gleichwertigen Nachspielbarkeit zu erheblicher Unsicherheit führen (BVerfG GRUR 2016, 690, 694 Tz. 100 – *Metall auf Metall*). Die Übernahme von Ausschnitten als Mittel des künstlerischen Ausdrucks überwiege bei der nach Art. 5 Abs. 3 S. 1 GG erforderlichen kunstspezifischen Betrachtung den Eingriff in das Tonträgerherstellerrecht (BVerfG GRUR 2016, 690, 695 Tz. 107 – *Metall auf Metall*; kritisch *Duhanic* GRUR Int. 2016, 1007). Zur Kritik an der analogen Anwendung von § 24 auf das verwandte Schutzrecht des Tonträgerherstellers vgl. Rn. 4c.

2. Frei benutzbares Material

Eine Fülle von Material darf der künstlerisch Schaffende auch ohne § 24 frei benutzen: **30**

a) **Die gesamte Menschheitsgeschichte:** Dazu gehören alle historisch überlieferten Ereignisse und Geschehnisse des Tages. An wirklichen Geschehnissen erwächst kein Urheberrecht. Deshalb ist das gelebte Leben einer Persönlichkeit urheberrechtsfrei. Jedermann kann es beschreiben, dramatisieren, verfilmen, soweit er dabei nicht das allgemeine Persönlichkeitsrecht des Dargestellten verletzt (dazu vgl. Vor §§ 12 ff. Rn. 4 und BGH GRUR 2005, 788, 788 ff. – *Esra*). Es ist ein weit verbreiteter Irrglaube, man könne die „Story seines Lebens" an eine Illustrierte verkaufen mit der Folge, dass diese daran ein Ausschließlichkeitsrecht erwerbe. Man kann an den selbst geschriebenen Memoiren, die als Sprachwerk (§ 2 Abs. 1 Nr. 1, Abs. 2 UrhG) geschützt sind, ausschließliche Nutzungsrechte einräumen; ihr Tatsachengehalt ist und bleibt frei (BGH GRUR 1955, 201, 203 – *Cosima Wagner*). **31**

b) **Alles, was dem gemeinen Volksgut zugerechnet werden kann:** Volkslieder, Märchen, Sagen, Gedichte oder Volksweisen. Zu beachten ist allerdings, dass etwas, das vermeintlich dem gemeinen Volksgut angehört, verschollen gewesen sein kann, mit der Folge, dass derjenige, der es erscheinen lässt, ein verwandtes Schutzrecht nach § 71 erhält. **32**

c) **Gegenstände und Verlautbarungen:** Gegenstände und Verlautbarungen, die keine persönlichen geistigen Schöpfungen darstellen und deshalb keine Werke im Urheberrechtssinne sind. Eine Sammlung besonders merkwürdiger Zei- **33**

tungsanzeigen oder Druckfehler in Zeitungsartikeln, die Verarbeitung eines alltäglichen Briefwechsels zu einem Roman, die bildliche Darstellung von Gegenständen in der Natur und die musikalische Verwertung von Vogelstimmen
erzeugen erst ein schutzfähiges Werk, haben es aber nicht zur Grundlage. Der
Zeitungsverleger, der Briefschreiber oder der Sacheigentümer können dem
Künstler deshalb die Benutzung nicht verbieten.

34 **d) Ideen, Theorien, wissenschaftliche Lehren und Forschungsergebnisse:**
Ideen, Theorien, wissenschaftliche Lehren und Forschungsergebnisse auch
wenn sie in geschützten Werken enthalten sind. Sie müssen frei sein und frei
bleiben, wenn die geistige Auseinandersetzung nicht unmöglich gemacht werden soll. Jedermann kann sie beschreiben, kritisieren und weiterentwickeln;
nur die Form, in die sie ihr Schöpfer gegossen hat, ist für ihn urheberrechtlich
geschützt (vgl. § 2 Rn. 43 und zur Abgrenzung der freien Idee von der geschützten Fabel vgl. § 2 Rn. 44, 47, 57 f., 101).

35 **e) Von der Funktion des Gegenstands vorgegebene oder technisch bedingte
Formen:** Von der Funktion des Gegenstands vorgegebene oder technisch bedingte Formen sind ebenso vom Urheberrechtsschutz ausgeschlossen wie Erfindungen; das Urheberrecht schützt die schöpferische Ausgestaltung, nicht aber
das technische Gedankengut, eine technische Konstruktion oder den in einer
Schöpfung verkörperten Konstruktionsgedanken (BGH GRUR 2014, 175,
177 Tz. 41 – *Geburtstagszug*; BGH GRUR 2012, 58, 60 Tz. 19 f. – *Seilzirkus*; OLG Hamburg GRUR-RR 2001, 289, 290 – *Nachbau einer Faxkarte*,
nachfolgend BGH GRUR 2002, 1046, 1047 – *Faxkarte*, aber lediglich zum
Besichtigungsanspruch aus § 809 BGB und damit das OLG bestätigend;
Dreier/Schulze/*Schulze*[5] § 1 Rn. 6 und § 2 Rn. 47). Die technische Grundlage, die Funktionalität einer Gestaltung, kurzum alle technisch bedingten
Merkmale einer Schöpfung bleiben also immer urheberrechtsfrei (vgl. § 2
Rn. 45a und BGH GRUR 2014, 175, 177 Tz. 41 – *Geburtstagszug*; BGH
GRUR 2012, 58, 60 Tz. 19 f. – *Seilzirkus*); ob der in ihnen verkörperte Kons-
truktionsgedanke schöpferisch ist, ist eine Frage der technischen Schutzrechte und nicht des Urheberrechts (OLG Hamburg GRUR-RR 2001, 289,
290 – *Nachbau einer Faxkarte*). Abgrenzungsschwierigkeiten können insofern wohl vor allem bei Werken der angewandten Kunst und Werken der
Baukunst entstehen: Das, was im Rahmen der Gestaltung technisch bedingt
ist, muss bei der urheberrechtlichen Beurteilung unberücksichtigt bleiben;
nur das, was der Urheber auf der Basis der technischen Funktion bei vorhandener künstlerischer Gestaltungsfreiheit noch künstlerisch quasi „on top“
gestaltet hat, kann urheberrechtlich relevant sein (vgl. § 2 Rn. 45a und 143
sowie BGH GRUR 2014, 175, 177 Tz. 41 – *Geburtstagszug* ;BGH GRUR
2012, 58, 60 ff. Tz. 19 f., 22 f. und 36 – *Seilzirkus*).

36 **f) Alles gemeinfrei gewordene Geistesgut der Vergangenheit:** Darunter fallen
diejenigen Werke des Katalogs aus § 2, die wegen Schutzfristablaufs gemeinfrei
geworden sind (zu den Rechtsfolgen der Gemeinfreiheit vgl. § 64 Rn. 18 ff.).
Das gilt ebenso für anonyme und pseudonyme Werke mit ihrer kürzeren
Schutzfrist (§ 66; Vorsicht, es könnte eine Eintragung in der Urheberrolle bestehen, vgl. § 66 Rn. 1, 10) und die gemeinfrei gewordenen Leistungen, an denen
ein verwandtes Schutzrecht bestanden hat. Gemeinfreie Laufbilder dürfen deshalb ebenso im Rahmen neuer Filmproduktionen verwendet werden wie etwa
Bilder alter Meister in Werbeanzeigen. Was an sich gemeinfrei ist, aber verschollen war, kann jedoch Gegenstand eines verwandten Schutzrechts nach
§ 71 UrhG sein (Beispiel: Die *Himmelsscheibe von Nebra*, die etwa 3.600 Jahre
alt ist, aber fast ebenso lange im Boden verborgen war und an der durch ihr
Erscheinen im Jahr 2002 ein verwandtes Schutzrecht nach § 71 mit einer 25-
jährigen Schutzdauer entstanden ist, vgl. § 71 Rn. 20).

g) Freiheit von Stil, Manier, Methode und Motiv: Frei benutzbar sind ferner   **37**
die Elemente des Werkes, die dem Urheber zur Darstellung verholfen haben,
wie etwa Stil, Manier, Methode, Technik, Klangfärbung, Eigenart der Instru-
mentation oder einer bloßen Anleitung zur Formgestaltung (BGH GRUR 1988,
690, 693 – *Kristallfiguren*; BGH GRUR 1977, 547, 550 – *Kettenkerze*; KG
GRUR-RR 2002, 91, 92 – *Memokartei*; OLG München ZUM-RD 2008, 149,
149 – *Bildschirmschoner*; Dreier/Schulze/*Schulze*[5] § 2 Rn. 45; Schricker/Loe-
wenheim/*Loewenheim*[5] § 2 Rn. 71). Der BGH hat insoweit bereits frühzeitig
die Rechtsprechung des Reichsgerichts bestätigt, dass es eine Hemmung der
allgemeinen künstlerischen Entwicklung bedeuten würde, wenn abstrakte Eigenschaften eines Werkes dem ausschließlichen Recht des Urhebers vorbehalten bleiben würden (BGH GRUR 1952, 516, 517 – *Hummel-Figuren*). Das
OLG Köln geht deshalb bedenklich weit, wenn es die Verwendung von typischen und allseits bekannten Gestaltungselementen des Malers *Joan Miró* auf
Verpackungen für Kosmetikartikel als unzulässige Bearbeitung und Umgestaltung der Werke angesehen hat, obwohl nicht nachgewiesen werden konnte,
dass bestimmte Werke als Vorlage gedient hatten. Für die Annahme einer abhängigen Bearbeitung sollte vielmehr genügen, dass durch die Verwendung der
typischen Gestaltungselemente des Künstlers Miró der Eindruck erweckt werden sollte, es handele sich um Werke genau dieses Künstlers (OLG Köln ZUM-
RD 1997, 386, 388 f. – *Parfums Miró*; s. a. OLG Köln ZUM 2007, 140, 141).
Dies widerspricht jedoch dem Wortlaut von § 23, der von Bearbeitungen oder
Umgestaltungen *des* Werkes spricht und damit ein konkretes Werk in Bezug
nimmt und nicht etwa das Gesamtwerk eines Künstlers. In einem jüngeren
Urteil grenzt das OLG Köln seine Rechtsprechung ein, indem es klar stellt,
dass die Übernahme von Stilmitteln eines berühmten Künstlers für sich genommen noch nicht zu einer Urheberrechtsverletzung führe, selbst wenn die übernommene Gesamtschau an Motiven, Farben oder Formen eines Künstlers bislang einzigartig in der Kunstgeschichte gewesen ist (OLG Köln GRUR-RR
2010, 140, 141 – *DHL im All*).

Dasselbe gilt für die dem Werk zugrunde liegende **Idee** und das künstlerische   **38**
Motiv; beide sind nicht für sich schutzfähig, sondern nur in ihrer konkreten
Ausgestaltung im Werk, wobei es aber vielfach ausreichend ist, wenn sie sich
zu einer Fabel oder Skizze verdichtet haben (BGH GRUR 1977, 547, 550 –
Kettenkerze; BGH GRUR 1963, 40, 41 – *Straßen – gestern und morgen*; BGH
GRUR 1959, 379, 381 – *Gasparone*). Hat der Künstler sein Motiv selbst geschaffen, wie dies beispielsweise bei arrangierten Fotografien der Fall sein
kann, kann in der Übernahme der wesentlichen Gestaltungselemente dieses
„künstlich" geschaffenen Motivs eine Urheberrechtsverletzung liegen (zutr.
OLG Köln GRUR 2000, 43, 44 – *Klammerpose*; s. a. in OLG Düsseldorf
GRUR 2012, 173, 176 – *Beuys-Fotoreihe*). Hat der Fotograf jedoch etwas in
der Natur oder sonst wie Vorgefundenes fotografiert und nicht „am Motiv"
selbst, sondern die individuelle Schöpfung erst mit den Mitteln der Fotografie
in seinem Fotoapparat oder anschließend bei der Nachbearbeitung gestaltet
(zu den Gestaltungselementen der Fotografie vgl. § 2 Rn. 197), bleibt das Motiv frei und kann mithin Gegenstand einer weiteren Fotografie sein (OLG Hamburg ZUM-RD 1997, 217, 221 – *Troades*; zu weitgehend LG Mannheim ZUM
2006, 886, 887 – *Karlssteg mit Münster*; gl. A. wohl *Bullinger/Garbers-v.*
Boehm GRUR 2008, 24, 30). Weitere Einzelfälle vgl. Rn. 83 f.

h) Bearbeitung und freie Benutzung anderer Werkarten: Sind die Wesenszüge   **39**
von zwei Werkarten grundverschieden, kann grundsätzlich das Werk einer anderen Kategorie frei verwendet werden: Wer ein Gemälde nach einer Sinfonie
schafft, wer einen Tanz nach einem Gedicht schreibt, wer einen Roman vertont,
ohne den Gang der Handlung des Romans zu übernehmen, sondern eine Sinfonie darüber schreibt, übernimmt regelmäßig nicht die Wesenszüge des Romans,

sondern benutzt frei; anders ist dies aber bei einer Oper, die auch den Handlungsstrang des Romans übernimmt. Wo allerdings die gestalterischen Wesenszüge einer Werkgattung in eine andere Werkgattung übertragbar sind, entfällt die freie Benutzbarkeit und ist jeweils im Einzelfall festzustellen, ob die den Urheberrechtsschutz begründenden Gestaltungselemente übernommen worden sind: So war die Übertragung der Roman-Figur der „Pippi-Langstrumpf" in die Werkkategorie der angewandten Kunst in Form von Karnevalskostümen, die einzelne äußere Merkmale der literarischen Figur „Pippi-Langstrumpf" aufweisen, eine freie Benutzung, weil nicht alle auch charakterlichen Elemente der Roman-Figur, die ihren Schutz ausmachen, übernommen worden waren (BGH GRUR 2014, 258, 261 f. Tz. 42 ff. – *Pippi-Langstrumpf-Kostüm*). Ein Gemälde nach einer Fotografie kann freie Benutzung sein, wenn die Verteilung von Licht und Schatten in der Fotografie, die gerade ihre besondere Erotik ausmachte und betonte, im Gemälde nahezu ganz verschwunden ist (OLG Hamburg NJW 1996, 1153, 1154 – *Power of Blue*), während unfreie Bearbeitung regelmäßig dann vorliegt, wenn der Wesenskern und die Gestaltungselemente der Fotografie, beispielsweise lachende Mädchen in einer bestimmten Körperposition, auch im Gemälde erhalten bleiben (LG München I GRUR 1988, 36, 37 – *Hubschrauber mit Damen*).Weitere Einzelheiten vgl. § 3 Rn. 10 ff.

3. Abgrenzung zwischen abhängiger Bearbeitung gem. § 23 und freier Benutzung gem. § 24

40   **a) Allgemeines:** § 23 gewährt dem Urheber das ausschließliche Recht, Veröffentlichungen oder Verwertungen von Bearbeitungen oder anderen Umgestaltungen des Werkes erlauben oder verbieten zu dürfen; demgegenüber erlaubt § 24 die Veröffentlichung und Verwertung eines selbständigen Werkes, das in freier Benutzung des Werkes eines anderen geschaffen worden ist. Beide Bestimmungen haben also zur Voraussetzung und sind auch überhaupt nur dann einschlägig, wenn ein älteres Werk tatsächlich benutzt worden ist; bei § 23 wird es umgestaltet oder bearbeitet, bei § 24 frei verwendet.

41   **b) Blässetheorie:** Für die Abgrenzung zwischen abhängiger Bearbeitung gem. § 23 und freier Benutzung gem. § 24 hat der Bundesgerichtshof die sog. „Blässetheorie" entwickelt. Sie setzt bei der Bestimmung einer freien Benutzung an und kennzeichnet diese wie folgt:

42   (1) Es muss sich um eine **selbständige Leistung** handeln. Wenn das Originalwerk lediglich umgestaltet worden ist, ohne dass der Bearbeiter selbst eine persönliche geistige Schöpfung im Sinne von § 2 Abs. 2, die zu einem Bearbeiterurheberrecht gem. § 3 führen würde, erbracht hat, liegt grundsätzlich eine abhängige Bearbeitung vor und keine freie Benutzung, weil in einem solchen Fall kein neues, selbständiges Werkschaffen entstanden ist (BGH GRUR 2000, 703, 704 – *Mattscheibe*; BGH GRUR 2000, 144, 144 – *Comic-Übersetzungen II*; BGH GRUR 1999, 984, 984 – *Laras Tochter*; BGH GRUR 1992, 382, 384 f. – *Leitsätze*; BGH GRUR 1981, 520, 522 – *Fragensammlung*; BGH GRUR 1972, 143, 144 f. – *Biografie: Ein Spiel*; LG Hamburg GRUR-RR 2004, 65, 66 – *Literatur-Werkstatt Grundschule*). Eine **Ausnahme** gilt nach der aktuellen Rechtsprechung des BGH für die freie Benutzung von **Parodien, Karikaturen und Pastiches**, die wegen der insoweit maßgeblichen unionsrechtskonformen Auslegung von § 24 Abs. 1 keine persönliche geistige Schöpfung im Sinne von § 2 Abs. 2 voraussetzt (BGH GRUR 2016, 1157, 1160 Tz. 28 – *Auf fett getrimmt*; vgl. Rn. 50 und 89 f.).

43   (2) Die schöpferische Eigentümlichkeit des benutzten Werkes muss gegenüber der Eigenart des neu geschaffenen Werkes **verblassen**, wobei kein zu milder Maßstab anzulegen ist (BGH GRUR 2002, 799, 800 f. – *Stadtbahnfahrzeug*;

BGH GRUR 1999, 984, 987 – *Laras Tochter*; BGH GRUR 1994, 191, 193 – *Asterix-Persiflagen*). Das Kriterium des „Verblassens" wird vom BGH zunächst durchaus in einem wörtlichen Sinne angewandt: Eine freie Benutzung liegt danach vor, wenn die aus dem geschützten älteren Werk entlehnten eigenpersönlichen Züge in dem neuen Werk in einem sehr wörtlichen Sinne verblassen, also so zurücktreten, dass das ältere Werk in dem neuen nur noch schwach und in urheberrechtlich nicht mehr relevanter Weise durchschimmert (BGH GRUR 2016, 1157, 1159 Tz. 20 – *Auf fett getrimmt*; BGH GRUR 2014, 258, 261 Tz. 38 – *Pippi-Langstrumpf-Kostüm*; BGH GRUR 1994, 191, 193 – *Asterix-Persiflagen*; BGH GRUR 1994, 206, 208 – *Alcolix*). Liegt ein solches „direktes" Verblassen nicht vor und bleiben deutliche Übernahmen erkennbar, kann ein Verblassen nur dann angenommen werden, wenn trotzdem das jüngere Werk zu dem Originalwerk und dessen entlehnten eigenpersönlichen Zügen noch einen so großen „inneren" Abstand einhält, dass es seinem Wesen nach als selbständig angesehen werden kann (BGH GRUR 2016, 1157, 1159 Tz. 22 – *Auf fett getrimmt*; BGH GRUR 2014, 258, 261 Tz. 39 – *Pippi-Langstrumpf-Kostüm*; BGH GRUR 2003, 956, 958 – *Gies-Adler*; BGH GRUR 1999, 984, 987 – *Laras Tochter*; BGH GRUR 1994, 191, 193 – *Asterix-Persiflagen*; BGH GRUR 1994, 206, 208 – *Alcolix*). Das kann beispielsweise für Fälle der Parodie oder Satire gelten (vgl. Rn. 40 und BGH GRUR 2016, 1157, 1159 Tz. 22 – *Auf fett getrimmt*; BGH GRUR 2000, 703, 704 – *Mattscheibe*; BGH GRUR 1999, 984, 987 – *Laras Tochter*; BGH GRUR 1994, 191, 193 – *Asterix-Persiflagen*; BGH GRUR 1994, 206, 208 – *Alcolix*). In Fällen, in denen das Verblassen nicht in einem wörtlichen Sinne vorliegt, sondern nur ein „innerer" Abstand dazu führt, dass eine freie Benutzung vorliegt, muss jedoch immer eine schöpferische Auseinandersetzung des jüngeren Werkes mit dem älteren vorliegen, um den „inneren" Abstand herzustellen; der BGH bezeichnet dies als *künstlerische Auseinandersetzung* (BGH GRUR 2016, 1157, 1159 Tz. 22 – *Auf fett getrimmt*; BGH GRUR 1994, 191, 193 – *Asterix-Persiflagen*; BGH GRUR 1994, 206, 208 – *Alcolix*; s. a. BGH GRUR 1999, 984, 987 – *Laras Tochter*; BGH GRUR 1961, 631, 632 – *Fernsprechbuch*; BGH GRUR 1958, 402, 404 – *Lili Marleen*). Bei der Beurteilung, ob die schöpferischen Elemente des älteren Werks verblassen, sind bei musikalischen Werken insbesondere auch Tempoveränderungen, Transponierungen und der teilweise Einsatz eines Equalizers zu berücksichtigen; dagegen kommt es nicht darauf an, dass nichtschöpferische Elemente wiedererkennbar bleiben (BGH GRUR 2015, 1189, 1198 Tz. 109 – *Goldrapper*). Auch ein sog. „Genre-Sprung" aus der Musikrichtung des „Gothic" hin zum „Rap" kann einen Gesichtspunkt darstellen, der für die Annahme eines Abstandes des neuen Werks zu den entlehnten eigenpersönlichen Zügen des älteren Werks spricht (BGH GRUR 2015, 1189, 1198 Tz. 111 – *Goldrapper*).

(3) Es muss also ein auf werkschaffender Tätigkeit beruhendes neues Werk **44** entstehen, das fremde Werk darf lediglich die **Anregung** für das eigene Werkschaffen darstellen (BGH GRUR 2002, 799, 800 f. – *Stadtbahnfahrzeug*; BGH GRUR 1999, 984, 987 – *Laras Tochter*; BGH GRUR 1994, 191, 193 – *Asterix-Persiflagen*; BGH GRUR 1994, 206, 208 – *Alcolix*; BGH GRUR 1961, 631, 632 – *Fernsprechbuch*).

c) **Prüfungsschritte:** Der Vergleich ist grundsätzlich nach dem Gesamteindruck **45** vorzunehmen, und zwar in den folgenden Schritten (nach Dreier/Schulze/*Schulze*[5] § 24 Rn. 11 ff.):

(1) **Auszugehen** ist von den objektiven Merkmalen, die die **schöpferische Eigen-** **46** **tümlichkeit** des Originalwerks prägen, und der **Grad der Individualität** ist zu ermitteln (Schutzumfang des Originalwerks: BGH GRUR 2016, 1157, 1159 Tz. 21 – *Auf fett getrimmt*; BGH GRUR 2015, 1189, 1195 Tz. 72 – *Goldrap-*

per; BGH GRUR 2014, 65, 69 Tz. 38 – *Beuys-Aktion*; BGH GRUR 2011, 803, 806 f. Tz. 48 – *Lernspiele*; BGH GRUR 2004, 855, 857 – *Hundefigur*; BGH GRUR 1994, 191, 192 – *Asterix-Persiflagen*; OLG München GRUR-RR 2016, 62, 66 – „*Heute*"-*Jingle*; OLG Zweibrücken GRUR-RR 2016, 141 142 – *Piano-Lehrbuch*; OLG Nürnberg GRUR 2014, 1199, 1202 – *Kicker-Stecktabelle*); dabei ist das, was gemeinfrei ist, lediglich eine Idee darstellt, einen bestimmten Stil oder ein Motiv, was technisch bedingt ist oder dem gemeinen Volksgut zugehörig ist; kurzum alles, was der Urheber, dessen Werk benutzt worden ist, nicht über sein Urheberrecht monopolisieren kann (vgl. Rn. 30 ff.), auszuscheiden und unberücksichtigt zu lassen. Ist nur ein Werkteil betroffen, muss der konkrete Werkteil für sich betrachtet urheberrechtlich geschützt sein (vgl. § 2 Rn. 51).

47   (2) Sodann ist nach den **Übereinstimmungen** (nicht nach den Abweichungen!) bezüglich der den schöpferischen Grad des Originalwerks prägenden Merkmale zu fragen (BGH GRUR 2016, 1157, 1159 Tz. 21 – *Auf fett getrimmt*; BGH GRUR 2015, 1189, 1195 Tz. 72 – *Goldrapper*; BGH GRUR 2014, 65, 69 Tz. 38 – *Beuys-Aktion*; BGH Urteil GRUR 2011, 803, 806 f. Tz. 48 – *Lernspiele*; BGH GRUR 2011, 134, 136 Tz. 20 – *Perlentaucher*; BGH GRUR 2004, 855, 857 – *Hundefigur*; BGH GRUR 2003, 786, 787 – *Innungsprogramm*; BGH GRUR 1994, 191, 193 – *Asterix-Persiflagen*; OLG München GRUR-RR 2016, 62, 66 f. – „*Heute*"-*Jingle*; OLG Zweibrücken GRUR-RR 2016, 141 142 f. – *Piano-Lehrbuch*; OLG Nürnberg GRUR 2014, 1199, 1202 – *Kicker-Stecktabelle*).

48   (3) Bleibt dann nach dem Gesamteindruck noch die **Eigenart des Originals** unter Berücksichtigung des Grades seiner Individualität im neuen Werk erhalten, liegt eine abhängige Bearbeitung vor; **verblasst** das ältere Werk im jüngeren und hat es nur als Anregung für selbständiges Werkschaffen gedient, ist eine freie Benutzung gegeben. Bei der Frage, ob eine freie Benutzung vorliegt, ist **kein zu milder Maßstab** anzulegen (dazu bereits vgl. Rn. 27 sowie BGH GRUR 2002, 799, 800 f. – *Stadtbahnfahrzeug*; BGH GRUR 1999, 984, 987 – *Laras Tochter*; BGH GRUR 1994, 191, 193 – *Asterix-Persiflagen*; OLG Hamburg GRUR-RR 2007, 222, 223 – *Clowns & Heroes*).

49   d) **Schutzbereich:** Der Vergleich der Übereinstimmungen im schöpferischen Bereich markiert jeweils die Grenzlinie zwischen Bearbeitung und freier Benutzung (BGH GRUR 1994, 191, 192 – *Asterix-Persiflagen*; BGH GRUR 1991, 533, 534 – *Brown Girl II*). Übereinstimmungen im nicht-schöpferischen – also im gemeinfreien – Bereich sind irrelevant (BGH GRUR 2015, 1189, 1198 Tz. 109 – *Goldrapper*). Je geringer die Eigentümlichkeit des Originalwerkes ist, desto enger ist zwangsläufig sein Schutzbereich. Bei nur **gering schöpferischen** Werken kann sich daher der Schutzumfang auf die Vervielfältigung oder auf Umgestaltungen, die nur ganz geringfügige Veränderungen vornehmen, beschränken; **sehr individuelle** Werke können auch gegen weiter entfernt liegende Bearbeitungen geschützt sein (BGH GRUR 2011, 803, 808 Tz. 63 – *Lernspiele*; BGH GRUR 1991, 531, 532 – *Brown Girl I*; Schricker/Loewenheim/*Loewenheim*[5] § 24 Rn. 10). Bei Werken der angewandten Kunst ist zu berücksichtigen, dass die infolge der „Geburtstagszug"-Entscheidung des BGH (BGH GRUR 2014, 175 – *Geburtstagszug*; vgl. § 2 Rn. 150a) reduzierten Anforderungen an die Schöpfungshöhe zu einem entsprechend engeren Schutzbereich führen, so dass bereits verhältnismäßig geringfügige Abweichungen eine freie Benutzung begründen können (OLG Nürnberg GRUR 2014, 1199, 1102 – *Kicker-Stecktabelle*; vgl. Rn. 82). Zu beachten ist, dass es immer nur auf solche Übereinstimmungen ankommen kann, die für sich betrachtet im Originalwerk selbständigen urheberrechtlichen Schutz genießen (BGH GRUR 2011, 134, 136 Tz. 20 – *Perlentaucher*; BGH GRUR 2004, 855, 857 – *Hundefigur*; Dreier/

Schulze/*Schulze*[5] § 24 Rn. 14; Loewenheim/*Loewenheim*[2] § 8 Rn. 13). **Historischer Stoff** bleibt deshalb frei benutzbar, nicht jedoch Hinzufügungen oder Ausformungen des historischen Stoffs, die der Phantasie des Urhebers entstammen und für sich betrachtet urheberrechtlich geschützt sind (s. die insoweit sehr instruktive Entscheidung LG Hamburg GRUR-RR 2003, 233, 234 ff. – *Die Päpstin*). Bei wissenschaftlichen Sprachwerken bleibt deshalb die wissenschaftliche Theorie, die im Originalwerk dargestellt wird, immer frei benutzbar, weil sie nicht am Urheberrechtsschutz teilhat, während bei einem Roman im Gegensatz hierzu auch ein weitgehender Schutz des Inhalts, also der Fabel und der im Roman spielenden Charaktere, gegeben ist (vgl. § 2 Rn. 101 sowie OLG Hamburg GRUR-RR 2004, 285, 286 f. – *Markentechnik* zu wissenschaftlichen Sprachwerken und BGH GRUR 1999, 984, 987 – *Laras Tochter* zu Romanen). Auch **technisch bedingte Merkmale** nehmen nicht am Schutzumfang des Urheberecht teil (vgl. Rn. 35 und BGH GRUR 2012, 58, 60 ff. Tz. 19 f. – *Seilzirkus*). Ebenso müssen in der Natur vorgefundene und vorbekannte Gestaltungselemente grundsätzlich frei bleiben; bei einem Vergleich von zwei Hunde-Comicfiguren ist deshalb auch zu prüfen, inwieweit festgestellte Übereinstimmungen zwischen Gestaltungsmerkmalen der dargestellten Hunderassen Comic-typische Übertreibungen oder naturgegebene Merkmale sind (BGH GRUR 2004, 855, 857 – *Hundefigur*). Gleiches gilt für allgemein übliche Formulierungen der Alltagssprache. So muss auch bei der weitgehenden Übernahme von Originaltextstellen in Abstracts von Buchrezensionen in jedem Einzelfall geprüft werden, ob die übernommenen Textstellen aus allgemein gebräuchlichen und damit gemeinfreien Formulierungen bestehen oder ob diese hinreichend individuell und damit geschützt sind (BGH GRUR 2011, 134, 136 Tz. 20 und 141 Tz. 72 – *Perlentaucher*).

e) Äußerer und Innerer Abstand: Kann kein genügender äußerer Abstand im **50** Sinne eines wirklichen Verblassens festgestellt werden (vgl. Rn. 43), sondern ist das ältere Werk vielmehr deutlich erkennbar und unübersehbar verwendet worden, muss mit dem BGH ein sog. „innerer Abstand" im Sinne einer **künstlerischen Auseinandersetzung** vorliegen (vgl. Rn. 43). Das kann im Falle von Parodie, Satire oder Karikatur vorliegen, aber auch in anderen Fällen künstlerischer Auseinandersetzung gegeben sein (BGH GRUR 2016, 1157, 1159 Tz. 22 – *Auf fett getrimmt*; BGH GRUR 2003, 956, 958 – *Gies-Adler*; BGH GRUR 1999, 986, 987 – *Laras Tochter*; BGH GRUR 1994, 206, 208 – *Alcolix*). In allen diesen Fällen ist jedoch stets ein deutlicher innerer Abstand erforderlich; dieser kommt regelmäßig in einer antithematischen Behandlung des parodierten Werkes oder des durch das benutze Werk dargestellten Gegenstands zum Ausdruck (BGH GRUR 2016, 1157, 1159 Tz. 23 – *Auf fett getrimmt*; BGH GRUR 2003, 956, 958 – *Gies-Adler*). Allerdings muss keine antithematische Auseinandersetzung mit dem Werk selbst vorliegen, die zum Ausdruck gebrachten Gesichtspunkte des Humors oder der Verspottung müssen sich nicht auf das ursprüngliche Werk selbst richten, sondern es reicht aus, dass die an das Werk erinnernde Bearbeitung eine Verspottung zum Ausdruck bringt (BGH GRUR 2016, 1157, 1160 f. Tz. 33–35 – *Auf fett getrimmt*; EuGH GRUR 2014, 972, 973 Tz. 20 f. – *Deckmyn und Vrijheidsfonds/Vandersteen u. a.*). Das LG Hamburg bezieht sich auf die neuere BGH-Rechtsprechung und nimmt im Hinblick auf die Kunstfreiheit einen hinreichenden inneren Abstand auch ohne antithematische Auseinandersetzung für die Integration des Ausschnitts eines Lichtbildwerks in ein neues Kunstwerk mit eigenständigem künstlerischen Charakter an (LG Hamburg GRUR-RS 2017, 122476 und BeckRS 2017, 119414). Bei der Beurteilung von Parodien ist die vollständige Harmonisierung durch das Unionsrecht zu berücksichtigen; zwar hat der deutsche Gesetzgeber keine nach Art. 5 Abs. 3 lit. k Info-RL mögliche eigenständige Schrankenregelung geschaffen, die Parodie ist aber in ihrer Wirkung als Schutzschranke der Sache nach durch § 24 Abs. 1 in seiner Auslegung durch die Rechtsprechung umgesetzt; § 24 Abs. 1 ist also insoweit **richtlinienkonform auszulegen**, als es um die urheberrechtliche Zulässigkeit von Parodien geht (BGH GRUR 2016, 1157, 1159 f. Tz. 24 – *Auf fett getrimmt*). Der Begriff Parodie ist demnach ein eigenständiger Begriff des Unionsrechts (EuGH GRUR 2014, 972, 973 Tz. 17 – *Deckmyn und Vrijheidsfonds/Vandersteen u. a.*; BGH GRUR 2016, 1157, 1160 Tz. 25 – *Auf fett getrimmt*). Seiner aktuellen Rechtsprechung (BGH GRUR 2016, 1160 Tz. 25 – *Auf fett getrimmt*) legt der BGH daher die EuGH-Rechtsprechung zugrunde, nach der „die wesentlichen Merkmale der Parodie darin bestehen, zum einen an ein bestehendes Werk zu erinnern, gleichzeitig aber ihm gegenüber wahrnehmbare Unterschiede aufzuweisen". Zum anderen soll die Parodie einen Ausdruck von Humor oder eine Verspottung darstellen. Der Begriff Parodie hängt nicht von der Voraussetzung ab, dass sie einen eigenen ursprünglichen Charakter hat (EuGH GRUR 2014, 972, 974 Tz. 33 – *Deckmyn und Vrijheidsfonds/Vandersteen u. a.*). Für die freie Benutzung von **Parodien, Karikaturen und Pastiches** bedarf es deshalb nach der aktuellen Rechtsprechung des BGH wegen der insoweit maßgeblichen unionsrechtskonformen Auslegung von § 24 Abs. 1 auch **keiner persönlichen geistigen Schöpfung** im Sinne von § 2 Abs. 2 (BGH GRUR 2016, 1157, 1160 Tz. 28 – *Auf fett getrimmt*). Zudem ist bei der Anwendung der Schutzschranke der Parodie ein **angemessener Ausgleich** zu wahren zwischen den Rechten und Interessen des Rechtinhabers auf der einen und der freien Meinungsäußerung des Nutzers eines geschützten Werkes auf der anderen Seite (BGH GRUR 2016, 1157, 1161 Tz. 37 – *Auf fett getrimmt*; EuGH GRUR 2014, 972, 974 Tz. 26 – *Deckmyn und Vrijheidsfonds/Vandersteen u. a.*). Das OLG Hamburg (OLG Hamburg ZUM 2015, 577, 580 ff. – *Promis auf fett getrimmt*) hatte einer solche Interessenabwägung nicht ausreichend Rechnung getragen, indem es die Entstellung eines Lichtbildes durch die Veränderung der Abbildung einer Prominenten dergestalt, dass diese fettleibig wirkt, als eine Parodie und freie Benutzung nach § 24 Abs. 1 wertete. Der BGH sah die berechtigten geistigen und persönlichen Interessen des Urhebers durch die Entstellung des Werkes i. S. v. § 14 als in besonderem Maße betroffen an (BGH GRUR 2016, 1157, 1161 Tz. 38 – *Auf fett getrimmt*).

51 In der BGH-Entscheidung *Asterix-Persiflagen* sind die Geschichten und Zeichnungen als unfreie Bearbeitungen angesehen worden, die lediglich verfremdeten, lustig sein sollten oder andere, nicht in Bezug zu Asterix und Obelix stehende Aussagen enthielten (Beispiele aus der Entscheidung in GRUR 1994, 191: Titelblatt [S. 192] mit Asterix und Obelix als Rockern, Geschichte „Die große Mauer" [S. 195 f.] mit Asterix und Obelix als DDR-Grenzsoldaten, Geschichte „Die Rückkehr des Obelix" (S. 199 f.] mit Asterix am Grab des Obelix oder den beiden Zeichnungen „Asterix und die Zeichen der Zeit" [S. 205] und „Isterix und das Atomkraftwerk" [S. 206]), während die Geschichten und Zeichnungen, die entweder Asterix und Obelix selbst parodierten, in denen eine eigenständige politische Aussage aus dem neuen Werk selbst folgte und in einer eigenständigen, neuen Geschichte lediglich noch Anknüpfungspunkte vorhanden waren, als freie Benutzung eingestuft wurden (Beispiele aus der Veröffentlichung in GRUR 1994, 191: Die Zeichnung „Obelix in Moskau" [S. 196 f.], die Geschichte „Kleines Arschloch" [S. 197 f.], die Zeichnung von Uli Stein [S. 200 f.] oder die Geschichte „Zwei Rocker in Bonn" [S. 201 f.]). Bisher galt die „Faustregel": Je deutlicher und weitgehender die Übernahmen waren, um so stärker mussten sich Parodie, Satire und Karikatur mit dem älteren Werk selbst künstlerisch auseinandersetzen; wurde das ältere Werk nur noch in einem unbedingt notwendigen Rahmen erkennbar gemacht, konnte es schon eher auch mit politischen Aussagen verbunden werden, sofern diese aus der Zeichnung oder Geschichte selbst Ausdruck fanden. Nach der neuen BGH-

Rechtsprechung muss keine antithematische Auseinandersetzung mit dem Werk selbst mehr vorliegen, sondern es reicht aus, dass die Parodie an das bestehende Werk erinnert, gleichzeitig aber ihm gegenüber wahrnehmbare Unterschiede aufweist und Humor oder eine Verspottung zum Ausdruck bringt (BGH GRUR 2016, 1157, 1160 f. Tz. 33–35 – *Auf fett getrimmt*; EuGH GRUR 2014, 972, 973 Tz. 20 f. – *Deckmyn und Vrijheidsfonds/Vandersteen u. a.*; vgl. Rn. 50). Die Asterix und Obelix-Parodien wären daher heute wohl anders zu entscheiden. Im Auge behalten muss man immer auch, dass die Kunstfreiheit und die Kunst als Ausdrucksmittel der politischen Auseinandersetzung sowie die Meinungsfreiheit nicht unbotmäßig beschränkt werden dürfen (BGH GRUR 2016, 1157, 1160 f. Tz. 33 – *Auf fett getrimmt*; BGH GRUR 2003, 956, 958 – *Gies-Adler*; BGH GRUR 1994, 191, 194 – *Asterix-Persiflagen*). Einzelfälle zu Parodie und Satire vgl. Rn. 89 f.

Entgegen der Auffassung des OLG Frankfurt (GRUR 2008, 249, 251 f. – *Abstracts*) ist für die Frage, ob **Zusammenfassungen von Buchrezensionen** freie Benutzungen oder abhängige Bearbeitungen des Originaltextes darstellen, kein Sondermaßstab heranzuziehen (BGH GRUR 2011, 134, 137 Tz. 32 – *Perlentaucher*). Das OLG Frankfurt ging in seiner Entscheidung irrigerweise davon aus, dass der Zweck eines Abstracts, den Inhalt der Originalrezension so genau wie möglich mitzuteilen, es erfordere, dass die Eigenheiten der Originalrezension erkennbar bleiben (OLG Frankfurt GRUR 2008, 249, 251 – *Abstracts*). Da deshalb regelmäßig kein genügender äußerer Abstand zwischen Originalrezension und Abstract bestehe, käme es auf den sog. „inneren Abstand" an, wobei das Kriterium der antithematischen Behandlung „naturgemäß" nicht anwendbar sei, da das Abstract bezwecke, den Originaltext inhaltlich wiederzugeben (OLG Frankfurt GRUR 2008, 249, 251 f. – *Abstracts*). Folglich entwickelte das OLG Frankfurt besondere Kriterien für die Abgrenzung von § 23 und § 24 für Zusammenfassungen von Buchrezensionen. Der BGH lehnte dies mit der Begründung ab, dass eine Inhaltszusammenfassung es nicht erfordere, dass die Eigenheiten der Originalrezension erkennbar bleiben (BGH GRUR 2011, 134, 137 Tz. 35 – *Perlentaucher*). Würden dennoch Originaltextstellen übernommen, sei nach allgemeinen Maßstäben zu ermitteln, ob die Zusammenfassung trotz dieser Übereinstimmungen in der Gesamtschau einen so großen äußeren Abstand zum Originalwerk einhalte, dass es als selbständiges Werk anzusehen sei (BGH GRUR 2011, 134, 137 f. Tz. 37 – *Perlentaucher*). Allein das Anliegen, den Inhalt des Originaltexts so genau wie möglich wiederzugeben, befreie den Verfasser des Abstracts nicht davon, ein selbständiges Werk schaffen zu müssen (so auch OLG Köln GRUR-RR 2010, 143, 146 – *Wie ein Tier in einem Zoo* zu einem Theaterstück, das ein möglichst authentisches Portrait des Künstlers Klaus Kinski beinhalten sollte und deshalb mit zahlreichen Originaltextstellen aus Werken Kinskis versehen war).

51a

f) Bewusste oder unbewusste Entlehnung: Die Abgrenzung zwischen unfreier Bearbeitung und freier Benutzung besitzt auch eine subjektive Komponente im Sinne eines subjektiven Tatbestandes: Da schon der Werkbegriff keine objektive, sondern lediglich eine subjektive Neuheit voraussetzt (vgl. § 2 Rn. 26), kann auch im Rahmen der §§ 23 und 24 nur dann eine abhängige Bearbeitung vorliegen, wenn der Urheber des jüngeren Werkes bewusst oder zumindest unbewusst auf das ältere Werk zurückgegriffen hat. Ansonsten kann er es nicht „bearbeitet" haben, sondern ist selbständig werkschaffend tätig gewesen; dann könnte allenfalls eine **Doppelschöpfung** vorgelegen haben (BGH GRUR 1988, 812, 814 – *Ein bisschen Frieden*; BGH GRUR 1971, 266, 268 – *Magdalenenarie*). Die Voraussetzungen an diesen subjektiven Tatbestand dürfen allerdings nicht überspannt werden: Stimmen zwei Werke in ihren schöpferischen Elementen weitgehend überein, streitet ein Anscheinsbeweis dafür, dass der Urheber des jüngeren Werkes das ältere Werk zumindest unbewusst verwendet hat

52

(BGH GRUR 1988, 812, 814 f. – *Ein bisschen Frieden*; BGH GRUR 1971, 266, 268 – *Magdalenenarie*). Die insoweit ergangene Rechtsprechung betraf fast ausschließlich Werke der Musik (Einzelheiten vgl. Rn. 49, 57), gilt aber für alle Werkarten entsprechend. Im Übrigen zum Begriff des Plagiats im Falle der bewussten Entlehnung vgl. Rn. 59 ff., zum Begriff der Kryptomnesie als unbewusste Entlehnung vgl. Rn. 62, zur Doppelschöpfung vgl. Rn. 64 ff. und schließlich zur Beweislastverteilung vgl. Rn. 92 ff. Das subjektive Erfordernis im Rahmen der §§ 23 und 24 darf nicht mit einem Verschulden verwechselt werden und hat nichts mit dem Begriff der Fahrlässigkeit gemein; vgl. Rn. 63 und 96.

52a g) **Entsprechende Anwendung der Blässetheorie auf verwandte Schutzrechte** (vgl. Rn. 4b und 29a): Nach Auffassung des BGH ist bei der entsprechenden Anwendung von § 24 auf Laufbilder und das Tonträgerherstellerrecht zu prüfen, ob ein selbständiges Werk entstanden ist (BGH GRUR 2008, 693, 695 Tz. 27 – *TV-Total*; BGH GRUR 2009, 403, 406 Tz. 25 – *Metall auf Metall*). Hierbei ist in entsprechender Anwendung der Blässetheorie zu ermitteln, ob das neue Werk einen ausreichenden Abstand zu den benutzten Tonträgerelementen bzw. zu den übernommenen Laufbildern wahrt (BGH GRUR 2008, 693, 695 Tz. 29 – *TV-Total*; BGH GRUR 2009, 403, 406 Tz. 25 – *Metall auf Metall*). Dass die übernommenen Elemente regelmäßig eine geringere eigenschöpferische Prägung aufweisen, stehe dem Vergleich nicht entgegen, ob das neue Werk zu den übernommenen Leistungselementen einen so großen Abstand halte, dass es seinem Wesen nach als selbstständig anzusehen sei, wobei bei identischer Übernahme ein strenger Maßstab anzulegen sei (s. BGH GRUR 2008, 693, 695 Tz. 36 – *TV-Total*; BGH GRUR 2009, 403, 406 Tz. 25 – *Metall auf Metall*; kritisch hierzu: *Vogel* FS Loewenheim 367, 374 ff.). Bei Laufbildern ist der neue Beitrag mit den verwendeten Elementen des alten Beitrags, soweit er mit diesem in einem inneren Zusammenhang steht, zu vergleichen (BGH GRUR 2008, 693, 695 Tz. 31 – *TV-Total*; BGH GRUR 2000, 703, 704 – *Mattscheibe*). Eine freie Benutzung kann sich hierbei beispielsweise aus einer kritischen Auseinandersetzung mit den Originallaufbildern ergeben (BGH GRUR 2008, 693, 695 Tz. 33 ff. – *TV-Total*: § 24 abgelehnt; BGH GRUR 2000, 703, 706 – *Mattscheibe*: § 24 bejaht). Einzelheiten vgl. § 95 Rn. 27. Bei übernommenen Tonträgerelementen kommt eine freie Benutzung bei genügendem äußeren Abstand zwischen Vorlage und neu erstelltem Tonträger in Betracht, hierzu vgl. § 85 Rn. 4a. Verwirrend ist insoweit die undifferenzierte Terminologie des BGH, der immer wieder von Werken spricht, wo eigentlich Leistungen gemeint sind (s. beispielsweise BGH GRUR 2008, 693, 695 Tz. 29 – *TV-Total*; BGH GRUR 2009, 403, 406 Tz. 25 – *Metall auf Metall*). Zur Kritik an der analogen Anwendung von § 24 auf das verwandte Schutzrecht des Tonträgerherstellers durch den BGH vgl. Rn. 4c.

4. **Schutz der Melodie (§ 24 Abs. 2)**

53 § 24 Abs. 2 enthält eine besondere Bestimmung für Werke der Musik: Eine freie Benutzung soll danach nicht vorliegen, wenn eine Melodie dem älteren Werk erkennbar entnommen und einem neuen Werk zugrunde gelegt wird. Man bezeichnet diese Sonderbestimmung weitläufig als „starren Melodienschutz".

54 a) **Klarstellende Funktion:** Die Vorschrift ist vielfach kritisiert worden, weil sie den Freiraum im Bereich der Musik zu stark verenge und insbesondere im Bereich der klassischen Musik zu einer unerträglichen Beschränkung der Freiheit kompositorischen Schaffens führe (so noch unsere 9. Aufl./*Vinck* Rn. 12 f.; Loewenheim/*Loewenheim*[2] § 8 Rn. 17 („starrer Melodienschutz"); *Schack*, Urheber- und UrhebervertragsR[7] Rn. 277; differenzierend Schricker/Loewenheim/*Loewenheim*[5] Rn. 31). Damit dürfte der Vorschrift jedoch Unrecht getan

werden: Im Rahmen der Abgrenzung zwischen Bearbeitung und freier Benutzung ist ohnehin zu fragen, welche objektiven Merkmale die schöpferische Eigentümlichkeit des Originalwerks prägen und ob die so ermittelte schöpferische Eigentümlichkeit im neu geschaffenen Werk verblasst oder nicht (vgl.
Rn. 27 und 41 ff.). Eine Melodie aus einem älteren Werk, die im jüngeren Werk
erkennbar bleibt, wird darin aber auch kaum verblassen, sodass § 24 Abs. 2
nicht als Ausnahmebestimmung für Musikwerke angesehen werden kann, sondern der Vorschrift eher eine Klarstellungsfunktion zukommt (zutr. Dreier/
Schulze/*Schulze*[5] Rn. 44; Bisges/*Nennen* Kap. 2 Rn. 320). Die Vorschrift darf
ferner nicht dazu verleiten, bei Werken der Musik ausschließlich auf Übereinstimmungen in der Melodie abzustellen; Musikwerke können auch durch andere Gestaltungsmerkmale (vgl. § 2 Rn. 128) bearbeitet werden (Dreier/
Schulze/*Schulze*[5] Rn. 44). Allerdings muss natürlich auch dann, wenn kein Fall
der Melodieentnahme im Sinne von § 24 Abs. 2 vorliegt, immer noch eine
Übereinstimmung des Gesamteindruckes im schöpferischen Bereich vorliegen
gem. § 23; ansonsten liegt eine freie Benutzung eines Musikwerkes gem. § 24
Abs. 1 vor (OLG München ZUM 2000, 408, 409 f. – *Superstring/Green Grass
Grows*).

b) Melodie: Melodie ist eine geschlossene, geordnete, charakteristische Ton-   **55**
folge (s. a. BGH GRUR 1988, 810, 811 – *Fantasy*; BGH GRUR 1988, 812,
814 – *Ein bisschen Frieden*), die allerdings nicht „singbar" sein muss (so noch
v. *Gamm* Rn. 17). Ein Motiv ist noch keine Melodie (OLG München ZUM
2000, 408, 409 – *Superstring/Green Grass Grows*), kann aber Gegenstand
einer Bearbeitung im Sinne von § 23 sein.

c) Urheberrechtlicher (Teil-)Schutz: Im Rahmen von § 24 Abs. 2 ist allerdings   **56**
nicht Melodie gleich Melodie. Denn die Entnahme einer Melodie im urheberrechtlichen Sinne setzt voraus, dass die Melodie urheberrechtlich geschützt ist,
d. h. die an ein Werk der Musik zu stellenden Anforderungen an eine persönliche geistige Schöpfung gem. § 2 Abs. 2 erfüllt sind (vgl. § 2 Rn. 131; BGH
GRUR 1991, 531, 532 – *Brown Girl I*; BGH GRUR 1988, 812, 813 f. – *Ein
bisschen Frieden*; OLG München ZUM 2000, 408, 409 f. – *Superstring/Green
Grass Grows*). Zwar ist die erforderliche Gestaltungshöhe gering, sodass insbesondere Melodien der kleinen Münze urheberrechtlich geschützt sind (vgl. § 2
Rn. 131). Erreicht eine Tonfolge jedoch schon wegen ihrer Kürze nicht einmal
den Schutz der kleinen Münze (wie dies beispielsweise bei OLG München
ZUM 2000, 408, 409 ff. – *Superstring/Green Grass Grows* der Fall war) oder
handelt es sich um eine vorbekannte, gemeinfreie Melodie, kann keine Urheberrechtsverletzung vorliegen. Baut die ältere Melodie auf gemeinfreiem Schaffen auf, sind nur die Elemente der Melodie relevant im Rahmen der Er-
kennbarkeitsprüfung zu berücksichtigen, die nicht vorbekannt waren, sondern
von dem Komponisten geschaffen worden sind (BGH GRUR 1991, 531, 532 –
Brown Girl I; BGH GRUR 1991, 533, 534 f. – *Brown Girl II*). Gegebenenfalls
kann das Deutsche Volksliedarchiv, Institut für internationale Popularliedforschung, Silberbachstraße 13, 79100 Freiburg i. Brsg. zu Rate gezogen werden
(www.dva.uni-freiburg.de).

d) Bewusste oder unbewusste Entnahme: Ein Fall der Melodieentnahme im   **57**
Sinne von Abs. 2 kann ferner nur dann vorliegen, wenn der Komponist der
neuen Melodie die ältere Melodie gekannt und bewusst oder unbewusst darauf
zurückgegriffen hat (BGH GRUR 1988, 812, 814 – *Ein bisschen Frieden*; BGH
GRUR 1988, 810, 811 – *Fantasy*; BGH GRUR 1971, 266, 268 – *Magdalenenarie*). Anderenfalls könnte allenfalls eine Doppelschöpfung vorliegen, wie es
noch BGH GRUR 1971, 266 – *Magdalenenarie* und das Kammergericht als
Vorinstanz zu BGH GRUR 1988, 812 – *Ein bisschen Frieden* angenommen
hatten. Die Hürde hierfür setzt der BGH jedoch relativ hoch an: Angesichts

der Vielfalt der individuellen Schaffensmöglichkeiten auf künstlerischem Gebiet erscheine eine weitgehende Übereinstimmung von Werken, die auf selbständigem Schaffen beruhten, nach menschlicher Erfahrung nahezu ausgeschlossen (BGH GRUR 1988, 812, 814 f. – *Ein bisschen Frieden*; BGH GRUR 1971, 266, 268 – *Magdalenenarie*), sodass nicht nur gewichtige Gründe für die Annahme einer zufälligen **Doppelschöpfung** sprechen müssen, sondern dann, wenn im schöpferischen Bereich weitgehende Übereinstimmungen zwischen zwei Melodien bestehen, regelmäßig ein Anscheinsbeweis für eine Melodieentnahme im Sinne von § 24 Abs. 2 streitet (BGH GRUR 1988, 812, 815 – *Ein bisschen Frieden*; BGH GRUR 1971, 266, 268 – *Magdalenenarie*). Im Fall *Magdalenenarie* hat der BGH angenommen, dass es sich bei der jüngeren Komposition *Tanze mit mir in den Morgen* („Mitternachtstango") lediglich um eine zufällige Doppelschöpfung des Liedes der Magdalena aus dem 2. Aufzug „Oh schöne Jugendtage" der Oper *Der Evangelimann* von Wilhelm Kienzl handele (BGH GRUR 1971, 266, 268 f. – *Magdalenenarie*), im Fall *Ein bisschen Frieden* wollte der BGH einer entsprechenden Feststellung durch das Kammergericht allerdings nicht so recht glauben, weil der Komponist des jüngeren Schlagers *Ein bisschen Frieden* offenbar die beiden älteren Schlager *Un Canto de Galicia* sowie *Alle Liebe dieser Erde* gehört hatte und daher wenn auch nicht von einem bewussten, aber doch von einem unbewussten Rückgriff auf die im Gedächtnis gebliebene ältere Melodie ausgegangen werden könne (BGH GRUR 1988, 812, 815 – *Ein bisschen Frieden*). Im Übrigen vgl. Rn. 64 f. sowie die Anm. v. *Schricker* in GRUR 1988, 815 f.).

5. Plagiat, Kryptomnesie, Doppelschöpfung und gleiche gemeinfreie Quelle

58 Die Annahme einer unfreien Bearbeitung im Sinne von § 23 und damit auch einer erkennbaren Melodieentnahme gem. § 24 Abs. 2 setzt voraus, dass der Urheber des jüngeren Werkes das ältere Werk gekannt und bei seinem Schaffen darauf zurückgegriffen hat; hierbei ist es unerheblich, ob dieser Rückgriff bewusst oder unbewusst erfolgte (BGH GRUR 1988, 812, 813 f. – *Ein bisschen Frieden*, BGH GRUR 1988, 810, 811 – *Fantasy*; BGH GRUR 1971, 266, 268 – *Magdalenenarie*); KG ZUM 2015, 696, 698. Da weitgehende Übereinstimmungen zwischen zwei Werken in der Regel die Annahme nahelegen, dass der Urheber des jüngeren Werkes das ältere Werk benutzt hat, finden insoweit die Regeln des **Anscheinsbeweises** Anwendung für das Vorliegen einer unfreien Bearbeitung gem. § 23 und einer Melodieentnahme gem. § 24 Abs. 2 (Einzelheiten vgl. Rn. 64 und vgl. Rn. 94). In den Fällen der bewussten Urheberrechtsverletzung spricht man von einem Plagiat, bei Fällen unbewussten Handelns von Kryptomnesie. Das Gegenstück hierzu ist die (unbewusste) Doppelschöpfung. Übereinstimmungen zwischen zwei Werken können aber auch auf der gleichen gemeinfreien Quelle beruhen.

59 **a) Plagiat:** Der römische Dichter Martial nannte seinen Kollegen Fidentinus einen *plagiarius*, einen erbärmlichen Seelenverkäufer, nach dem dieser seine Gedichte als eigene Geisteskinder öffentlich vorgetragen und verbreitet hatte. Er sah in seinen Gedichten Sklaven, die er mit der Veröffentlichung freilasse; wer sich ihrer bemächtige, begehe Menschenraub (*plagium*). Aus dieser lateinischen Bezeichnung ist das französische Wort *le plagiat* geworden, das sich die deutsche Sprache als Fremdwort einverleibt hat. Der Laie versteht darunter auch heute noch „geistigen Diebstahl" und trifft damit den Kern der Sache: Plagiat ist die bewusste Aneignung fremden Geistesgutes. Zur Entstehung und Verwendung des Begriffes s. *Waiblinger* S. 19 ff.

60 Aneignung heißt **Behauptung der Urheberschaft** (*Ulmer*, Urheber- und VerlagsR[3] S. 273 bezeichnet es als „Anmaßung der Urheberschaft"). Auch der Dieb, der sich eine Sache durch Wegnahme aneignet, maßt sich damit die Stellung des Eigentümers an (§ 242 StGB). Plagiator ist also nur, wer – wie Fidenti-

nus – ein fremdes Produkt als eigenes ausgibt (BGH GRUR 1960, 500, 503 – *Plagiatsvorwurf*; OLG Köln GRUR-RR 2003, 26, 27 – *Taschenlampe*). Zu berücksichtigen ist jedoch, dass der Begriff Plagiat im UrhG nicht vorkommt. Gleichwohl wird er in Rechtsprechung und Literatur gebraucht; die Verwendung beschränkt sich dabei nicht auf das Urheberrecht. Vielmehr wird der Plagiatsbegriff auch in Entscheidungen auf den Gebieten des Presse- und Wettbewerbsrechts, des Gewerblichen Rechtsschutzes sowie in verwaltungsrechtlichen Urteilen auf dem Gebiet des Hochschulrechts verwandt (s. OLG Hamburg ZUM-RD 2007, 125; OLG Hamburg MarkenR 2009, 329; OLG München GRUR-RR 2004, 309 – *Billiges Plagiat*; VGH Baden-Württemberg NVwZ-RR 2009, 285, 286; für weitere Nachweise aus der Rechtsprechung s. *Waiblinger* S. 36 f.). Weder in der urheberrechtlichen Rechtsprechung noch auf anderen Rechtsgebieten konnte sich jedoch ein einheitliches Verständnis des Plagiatsbegriffs durchsetzen. Der Begriff wird vielmehr als Oberbegriff für verschiedene Verletzungstatbestände ohne präzise rechtliche Einordnung gebraucht. Auch in der urheberrechtlichen Literatur existiert kein einheitliches Verständnis über den Plagiatsbegriff (s. *Waiblinger* S. 38 f. mit zahlreichen Nachweisen). Gemeinsam ist den **urheberrechtlichen Definitionen des Plagiats**, dass sie die Nutzung eines fremden geschützten Werkes (oder Werkteils) unter Anmaßung der Urheberschaft fordern. Werden etwa nur einzelne Formulierungen aus einem wissenschaftlichen Werk übernommen, die für sich betrachtet urheberrechtlich nicht geschützt sind, ist dies urheberrechtlich irrelevant. Zu Recht weist *Schack* darauf hin, dass aus der bloßen Identität von Textteilen noch lange keine Urheberrechtsverletzung folge (s. *Schack*, Wissenschaftsplagiat S. 85). Eine andere Frage ist es, ob derartige Übernahmen gegen wissenschaftsrechtliche oder -ethische Zitiernormen verstoßen (hierzu vgl. Rn. 60a). Ein Plagiat im urheberrechtlichen Sinne begeht damit jeder, der ohne Einwilligung des Urhebers des älteren geschützten Werkes (oder Werkteils) bewusst eine Umgestaltung, eine Bearbeitung oder eine Melodieentnahme vornimmt und anschließend als sein eigenes Werk ausgibt. Wer unberechtigt umgestaltet, bearbeitet oder nachdruckt, aber den Verfasser des Originalwerkes nennt oder wer ohne Einwilligung des Originalurhebers Teile von dessen Komposition für eine eigene Bearbeitung verwendet, den Originalkomponisten aber wenigstens angibt, begeht zwar eine Urheberrechtsverletzung, aber kein Plagiat. Umgekehrt ist auch derjenige ein Plagiator, der zwar die Einwilligung des Originalurhebers zur Bearbeitung eingeholt hat, dann aber die benutzte Quelle verschweigt, also das Werk als sein eigenes ausgibt; das Vorliegen einer Urheberrechtsverletzung gründet sich dann allerdings nicht auf §§ 23 oder 24 Abs. 2, sondern auf § 13 (vgl. § 13 Rn. 9 ff.).

Zum Plagiat im Wissenschaftsrecht vgl. Nach §§ 23/24 Rn. 1 ff.   **60a**

Der Begriff des **Selbstplagiats** ist eine *contradictio in adjectu*. Das Selbstplagiat   **61**
erfreut sich zwar gerade im Bereich der Unterhaltungsmusik – neu komponierte Popsongs sind häufig nichts anderes als Bearbeitungen vorbestehender Kompositionen des selben Komponisten – und manchmal auch in der urheberrechtlichen Literatur durchaus einer gewissen Beliebtheit (der Verfasser will sich davon nicht ausnehmen). Selbstplagiate sind jedoch im Rahmen der §§ 23, 24 nicht relevant, weil jeder sein eigenes Geistesgut wieder verwenden und bearbeiten darf; bei den §§ 23 und 24 geht es ausschließlich um die Umgestaltung, Bearbeitung und freie Benutzung fremden Geistesgutes. Das Selbstplagiat kann gleichwohl urhebervertragsrechtlich problematisch sein, weil der Urheber durch die Veröffentlichung und Verwertung einer Umgestaltung oder Bearbeitung eines seiner Werke in daran eingeräumte ausschließliche Nutzungsrechte eingreifen oder gegen ein vertraglich vereinbartes Wettbewerbsverbot verstoßen kann (zur Zulässigkeit solcher Wettbewerbsverbote OLG München ZUM 2007, 751 ff. – *Schullehrwerk* sowie vgl. Vor §§ 31 ff. Rn. 45 ff.).

62   **b) Kryptomnesie (unbewusste Entlehnung):** Der Vorwurf, ein Plagiat begangen zu haben, kann sich nur gegen denjenigen richten, der sich bewusst fremdes Geistesgut angeeignet hat. Wer früher Gehörtes oder Gelesenes, das er vergessen zu haben glaubt und das ihm beim Komponieren oder Schreiben wieder einfällt, ahnungslos für einen eigenen Geistesblitz hält und verwendet, nimmt nur eine sog. unbewusste Entlehnung vor. Sie ist keinesfalls nur eine Erfindung ertappter Plagiatoren, die nach einer Ausrede suchen. Vielmehr kennt die Psychologie seit langem den Vorgang, dass aufgenommene Eindrücke in das Halbdämmer des Unterbewusstseins absinken, um dann bei Gelegenheit als eigene Empfindung, als Intuition wieder aufzutauchen. Carl Gustav Jung (Zur Psychologie und Pathologie sogenannter okkulter Phänomene, Diss. Zürich 1902, S. 110) umschreibt diese Erscheinung, die von Flournoy erstmals als Kryptomnesie bezeichnet wurde, wie folgt: „Man versteht darunter das Bewusstwerden eines Gedächtnisbildes, welches aber nicht primär als solches erkannt wird, sondern eventuell als sekundär auf dem Wege der nachträglichen Wiedererkennung oder des abstrakten Raisonnements. Charakteristisch für die Kryptomnesie ist, dass das auftauchende Bild nicht die Merkmale des Gedächtnisbildes an sich trägt …“. Jung weist in diesem Zusammenhang auf eine unbewusste Entlehnung hin, die Nietzsche im *Zarathustra* bei Justinus Kerner genommen habe und die auf einer Lektüre beruhen müsse, die Nietzsche als 12–15 jähriger Knabe vornahm.

63   Die unbewusste Entlehnung unterscheidet sich vom Plagiat dadurch, dass ihr das **subjektive Merkmal** der bewussten Aneignung fremden Geistesgutes **fehlt**. Es ist seit langem anerkannt, dass für die Annahme einer unfreien Bearbeitung gem. § 23 oder einer Melodieentnahme gem. § 24 Abs. 2 auch die unbewusste Benutzung des älteren Werkes genügt (BGH GRUR 1988, 812, 813 f. – *Ein bisschen Frieden*; BGH GRUR 1988, 810, 811 – *Fantasy*; BGH GRUR 1971, 266, 268 – *Magdalenenarie*). Vorsatz, noch nicht einmal Fahrlässigkeit sind für das Vorliegen einer Bearbeitung oder Melodieentnahme nicht erforderlich; es genügt die unbewusste, auch nicht auf Fahrlässigkeit beruhende Entlehnung (die aus § 97 folgenden Unterlassungs-, Beseitigungs- und Auskunftsansprüche sind ebenfalls verschuldensunabhängig, für den Schadensersatzanspruch ist jedoch Fahrlässigkeit erforderlich; im Einzelnen vgl. § 97 Rn. 61 ff.).

64   **c) Doppelschöpfung:** Eine dritte Variante der Übereinstimmung zweier Werke ist die Doppelschöpfung (dazu vgl. § 2 Rn. 26). Sie liegt vor, wenn zwei Urheber völlig unabhängig voneinander zwei gleiche oder bloß so ähnliche Werke geschaffen haben, dass das eine als Bearbeitung oder Umgestaltung des anderen erscheint. In diesem Fall werden beide Werke nebeneinander geschützt. Das Urheberrechtsgesetz kennt keinen Prioritätsgrundsatz. Geschützt wird die im Schöpfungsakt liegende persönliche Leistung; da sie bei beiden Urhebern vorliegt, müssen beide den gleichen Schutz genießen. Jedoch ist die vermutete Doppelschöpfung wegen der Fülle an Eindrücken und neuen Kenntnissen, die jeder Schriftsteller auf dem Gebiete der Literatur, jeder Komponist im Bereich der Musik und jeder bildende Künstler in seinem Arbeitsgebiet täglich neu erfährt und meist alsbald wieder vergisst, in den meisten Fällen entweder die Ausrede für ein Plagiat oder in Wahrheit unbewusste Entlehnung. Sie ist so sehr Ausnahme, dass es sich hier rechtfertigt, dem Urheber des später veröffentlichten Werkes die Beweislast für ihr Vorliegen aufzubürden: Liegen Übereinstimmungen im schöpferischen Bereich vor, streitet regelmäßig der Anscheinsbeweis für das Vorliegen einer unfreien Bearbeitung oder einer unzulässigen Melodienentnahme; der Anscheinsbeweis ist nur dann als ausgeräumt anzusehen, wenn nach den Umständen ein anderer Geschehensablauf nahe liegt, mit dem sich die Übereinstimmungen auch auf andere Weise als durch ein Zurückgreifen des Urhebers des jüngeren Werkes auf das ältere erklären lassen (BGH GRUR 1988, 812, 814 – *Ein bisschen Frieden*; BGH GRUR 1971, 266, 268 f. – *Mag-*

dalenenarie; LG Hamburg ZUM 2015, 699, 701). Nur wo also die – möglicherweise in das Unterbewusstsein abgetauchte – Kenntnis von dem älteren Werk ausgeschlossen erscheint, ist Doppelschöpfung anzunehmen. Der BGH spricht insoweit davon, dass für die Annahme einer zufälligen Doppelschöpfung „schon gewichtige Gründe" sprechen müssten (BGH GRUR 1988, 812, 815 – *Ein bisschen Frieden*); *Schricker* nennt die zufällige Doppelschöpfung einen *weißen Raben, dessen man kaum je habhaft wird* (*Schricker* GRUR 1988, 815, 815).

Die Annahme einer Doppelschöpfung kommt noch am ehesten dort in Betracht, wo das Schaffen im Originalwerk als **kleine Münze** einzuordnen ist, also nur eine geringe Individualität aufweist und eine gewisse Ferne in den Gestaltungen vorliegt, während sich die Übereinstimmungen mit einer nahe liegenden Gestaltung erklären lassen, beispielsweise, weil vergleichbare Gestaltungselemente auch schon in anderen älteren Werken enthalten gewesen sind (Doppelschöpfung angenommen wurde deshalb in BGH GRUR 1971, 266, 268 f. – *Magdalenenarie* zugunsten der Komposition *Tanze mit mir in den Morgen* [„Mitternachtstango"], in OLG Frankfurt WRP 2015, 1253, 1254 – *Tapetenmuster* zugunsten eines Tapetenmusters, bei dem Fasanenfedern in Reihen unter jeweiliger Verdeckung der Federkiele der darunter liegenden Federn nach dem Zufallsprinzip in Handarbeit vollflächig verklebt wurden sowie in KG GRUR-RR 2002, 49, 50 – *Vaterland* zugunsten einer Darstellung der deutschen Flagge mit einem blauen Davidstern gegenüber einer älteren Gestaltung, die die deutsche Flagge mit Elementen der Flagge des Staates Israel und dort wiederum mit dem Davidsstern kombinierte; in LG Hamburg ZUM 2015, 699, 701 ff. wurde der Anscheinsbeweis für das Vorliegen einer unfreien Bearbeitung als ausgeräumt angesehen, da sich die Übereinstimmungen zweier Melodien auch auf andere Weise als durch das Zurückgreifen des Schöpfers der neuen Melodie auf die ältere erklären ließen). Meist wird allerdings der Einwand der Doppelschöpfung lediglich als „Ausrede" verwendet und dringt deshalb auch vor Gericht nicht durch (BGH GRUR 1988, 812, 814 f. – *Ein bisschen Frieden*; BGH GRUR 1983, 377, 379 – *Brombeer-Muster*; OLG Hamburg GRUR 2002, 419, 420 – *Move*; KG GRUR-RR 2001, 292, 294 – *Bachforelle*; OLG Köln GRUR 2000, 43, 44 – *Klammerpose*). **65**

d) Gleiche gemeinfreie Quelle: Außerhalb der voranstehend verwendeten Dreiteilung – Plagiat – unbewusste Entlehnung – Doppelschöpfung – stehen diejenigen Fälle, in denen zwei Autoren die gleiche gemeinfreie Quelle benutzt haben. Dabei ist das Verhältnis zum gemeinfreien Werk unproblematisch: Die Zustimmungserfordernisse der §§ 23 und 24 Abs. 2 setzen urheberrechtlichen Schutz voraus und sind deshalb hier nicht weiter relevant. Schwieriger jedoch ist die Beurteilung des Verhältnisses der beiden Nachschöpfungen zueinander. Selbst wenn beide als freie Benutzungen des gemeinfreien Originals anzusehen sind, können sie untereinander so ähnlich sein, dass die eine als Bearbeitung der anderen erscheint. Hier ist scharf zu trennen: **66**

Die **gemeinfreien Bestandteile** beider Nachschöpfungen sind und bleiben frei; sie werden nicht etwa dadurch erneut urheberrechtlich geschützt, dass sie in eine Nachschöpfung aufgenommen werden (LG Hamburg GRUR-RR 2003, 233, 234 ff. – *Die Päpstin*; KG ZUM 2015, 696, 698 – *Hinterm Horizont*). Deshalb kann sie jedermann selbst dann wiederholen, wenn er sie nur aus der Nachschöpfung kennt (*Ulmer*, Urheber- und VerlagsR[3] S. 275 f.). Wer also eine moderne, noch geschützte Übersetzung von Homers *Ilias* als Vorlage für eine Verfilmung des Werkes benutzt, verletzt das Urheberrecht des Übersetzers nicht, wenn er sich darauf beschränkt, die gemeinfreie Fabel zu verfilmen; übernimmt er jedoch neben gemeinfreien Elementen einer historischen Sage auch Ausformungen des historischen Stoffs, die der Phantasie des Urhebers **67** des älteren Werkes entstammen und deshalb für sich betrachtet urheberrechtlich geschützt sind, liegt eine (Teil-) Urheberrechtsverletzung vor (LG Hamburg GRUR-RR 2003, 233, 234 ff. – *Die Päpstin*). Allerdings kann in Ausnahmefällen der erste Nachschöpfer ein verwandtes Schutzrecht gem. § 71 besitzen (LG Magdeburg GRUR 2004, 672, 673 – *Die Himmelsscheibe von Nebra*).

68 Dagegen ist, falls eine **Bearbeitung** durch den ersten Nachschöpfer vorliegt, diese – nur diese – nach § 3 geschützt. Wer also das karibische Volkslied *There's a brown girl in the ring* bearbeiten möchte, muss darauf zurückgreifen und darf nicht auf der Basis einer vorher geschaffenen Bearbeitung des gemeinfreien Liedes arbeiten (BGH GRUR 1991, 531, 531 ff. – *Brown Girl I*; BGH GRUR 1991, 533, 533 ff. – *Brown Girl II*).

6. Einzelfälle

69 a) **Sprachwerke, wie Schriftwerke, Reden und Computerprogramme** (§ 2 **Abs. 1 Nr. 1**): Wer die in einem **Roman** erzählte Geschichte unter Übernahme wesentlicher, charakteristischer Gestalten daraus fortschreibt, kann sich regelmäßig nicht auf eine freie Benutzung berufen; das Fortsetzungswerk zu „Dr. Schiwago" war beispielsweise keine künstlerisch eigenständige Verarbeitung und Auseinandersetzung mit dem Originalwerk und hielt den notwendigen inneren Abstand dazu nicht ein (BGH GRUR 1999, 984, 987 f. – *Laras Tochter*, Vorinstanz: OLG Karlsruhe ZUM 1996, 810, 814 ff. – *Laras Tochter*). Dass bei literarischen Werken nicht nur ihre konkrete Form urheberrechtlich geschützt ist, sondern vom Schutzumfang des Urheberrechts auch die Kernfabel mit umfasst wird, beurteilt das OLG München entsprechend und hat die Übernahme der Fabel des Romans „*Das doppelte Lottchen*" von *Erich Kästner* in ein Filmwerk trotz vorgenommener Veränderungen im Handlungsgefüge und zusätzlicher individueller Handlungsstränge als Urheberrechtsverletzung angesehen (OLG München ZUM 1999, 149, 151 f. – *Das doppelte Lottchen*). Das kann so weit gehen, dass in der Übertragung einer Romanfigur mit ihren charakteristischen Eigenheiten in eine Zeichnung eine Bearbeitung liegt (OLG München GRUR-RR 2008, 37, 39 – *Pumuckl-Illustrationen II*; dazu vgl. § 3 Rn. 12). Auch ein einzelner Charakter eines Sprachwerks kann selbstständigen Urheberrechtsschutz genießen (vgl. § 2 Rn. 57); allerdings stellt die Übertragung der Roman-Figur der „Pippi-Langstrumpf" in ein Karnevalskostüm eine freie Benutzung dar, weil nicht alle auch charakterlichen Elemente der Roman-Figur, die den Urheberrechtsschutz begründen, übernommen worden sind (BGH GRUR 2014, 258, 262 Tz. 44 ff. – *Pippi-Langstrumpf-Kostüm*). Auch die Umgestaltung des Romans *Harry Potter und der Stein der Weisen* in ein Lehrerhandbuch für die Grundschule kann als abhängige Bearbeitung anzusehen sein, wenn zwar nicht wörtliche Textübernahmen erfolgten, aber doch eigenpersönlich geprägte Bestandteile und formbildende Elemente des Originals übernommen worden sind; der Bildungsauftrag der Schulen konnte dabei ebenso wenig wie Art. 5 Abs. 3 S. 1 GG eine erweiternde Annahme einer freien Benutzbarkeit gem. § 24 rechtfertigen (LG Hamburg GRUR-RR 2004, 65, 67 – *Literatur-Werkstatt Grundschule*).

70 **Historischer**, in einem Roman verarbeiteter **Stoff** bleibt immer frei benutzbar; Hinzufügungen oder Ausformungen des historischen Stoffs, die der Fantasie des Urhebers entstammen und somit für sich betrachtet urheberrechtlich geschützt sind, führen jedoch, wenn sie übernommen werden, zur Annahme einer abhängigen Bearbeitung (LG Hamburg GRUR-RR 2003, 233, 234 ff. – *Die Päpstin*). Wer ein achtseitiges Skript eines **Wirtschaftsbestsellers** herstellt und verbreitet, das in der inhaltlichen Gestaltung dem Wirtschaftsbestseller folgt, seine maßgeblichen Kerninhalte im Einzelnen zusammenfasst und diese für den Leser zur schnelleren Information aufbereitet, nimmt nach der Auffassung des OLG Frankfurt eine zustimmungsbedürftige Bearbeitung i. S. v. § 23 UrhG vor, weil in der Kurzfassung Inhalt, Aufbau und Gedankenführung des Originals übernommen worden seien (OLG Frankfurt ZUM-RD 1998, 561, 562 f. – *8-Seiten-Skript*). Auch das OLG Brandenburg hat sich dahin geäußert, dass § 23 und nicht § 24 UrhG einschlägig sei, wenn **Textpassagen aus Bühnenwerken** originalgetreu übernommen worden seien, da § 24 nicht zur Legalisierung von Plagiaten führen solle und sich das neu geschaffene Werk deshalb von dem benutzten Werk lösen müsse (OLG Brandenburg ZUM-RD 1997, 483, 484 – *Stimme Brecht*; s. a. BVerfG GRUR 2001, 149, 150 ff. – *Germania 3*).

Eine Verletzung des Bearbeitungsrechts gem. § 23 liegt vor, wenn über eine   **71** Plattform Onlineübersetzungen aus einem geschützten **Lateinwörterbuch** angeboten werden (OLG München GRUR 2007, 419, 420 – *Lateinlehrbuch*). In einem ähnlich gelagerten Fall hat das LG München eine unfreie Bearbeitung erkannt, wenn Übersetzungen eines geschützten Latein-Lehrbuches über Internetseiten unautorisiert vertrieben werden (LG München ZUM 2006, 255, 257 f. – *Übersetzungsdienst „Cursus Continuus"*). Der BGH hat einer **Fragensammlung** mit medizinischen Fachfragen Werkqualität zugesprochen, weil der Fragenkatalog wissenschaftliche und literarische Qualität aufwies; die wesentliche Übernahme des Fragenkatalogs durch einen Dritten in ein medizinisches Fachbuch stellte eine unfreie Bearbeitung dar (BGH GRUR 1981, 520, 521 f. – *Fragensammlung*). Auf eine unfreie Benutzung hat das OLG Nürnberg zu wissenschaftlichen Sprachwerken entschieden, die sich gegenüberstehende **Dienstanweisungen** an das Krankenpflegepersonal enthielten, in weiten Passagen wörtlich übereinstimmten und im Übrigen bloß umformuliert waren, ohne dass sich an dem Sinn etwas änderte (OLG Nürnberg GRUR-RR 2001, 225, 227 f. – *Dienstanweisung*). Ebenso verletzte ein **Theaterstück** über Klaus Kinsky, in dem fast zu einem Drittel auf urheberrechtlich geschützte Originaltext-passagen aus dessen Büchern und Interviews zurückgegriffen wurde, dessen Bearbeitungsrecht aus § 23, da die übernommenen Passagen nur geringfügig durch Auslassungen, Einfügungen und Umstellungen verändert wurden und auch die Herauslösung der Textpassagen aus ihrem ursprünglichen Kontext und die Einfügung in den neuen Zusammenhang des Theaterstücks nicht dazu führte, dass die Originaltexte im Theaterstück verblassten (OLG Köln GRUR-RR 2010, 143, 145 – *Wie ein Tier in einem Zoo*). Auch die zahlreichen textlichen Änderungen in der **Reportage** eines freien Autors durch den Verlag wurden als abhängige Bearbeitung gewertet, da trotz zahlreicher Abweichungen in Satzstellung und Formulierung der Aufbau, die Erzählstruktur und der Handlungsfaden übernommen wurden (LG Hamburg GRUR-RR 2010, 460 – *Plan B*). Zur abhängigen Bearbeitung einer **Spielesoftware** bei Übernahme von 5 % des Quellcodes s. OLG Düsseldorf MMR 2009, 215; Einzelheiten vgl. § 69c Rn. 22.

Ob unfreie Bearbeitung oder freie Benutzung vorliegt, ist nicht zwingend vom   **72** äußeren oder inneren Abstand abhängig. Auch eine Einwilligung kann zu einer „freien" Bearbeitung führen, die jedoch nach OLG Hamburg fehlt, wenn sich die Parteien zwar dem Grunde nach über die Rechtseinräumung geeinigt hätten, aber die vorgesehene Einigung über die Honoraraufteilung nicht zu Stande gekommen ist, sodass im Zweifel keine Einwilligung vorlag und die Verwertung des nach einer Geschichte von Michael Ende geschriebenen Librettos für eine **Kinderoper** scheiterte (OLG Hamburg ZUM 2001, 507, 511 f. – *Kinderoper*). Eine Umgestaltung hat das OLG München erkannt, indem eine **Zeitungsanzeige** i.R.d Werbung für Immobilienverkäufe mit dem Slogan „Meine Neue hat mehr Balkon" geschaffen wurde und im weiteren Verlauf durch eine neu beauftragte Werbeagentur unter Anlehnung des vorigen Slogans „Meine Neue rechnet sich" und „Unsere Neue rechnet sich" mit ebenso roter Grundfarbe ersetzt wurde (OLG München NJW-RR 1994, 1258, 1258 – *Zeitungsanzeige*).

73   Das OLG Hamburg hat bei **Drehbüchern** eine freie Benutzung angenommen: Zum einen entsprachen sich die dramaturgischen Ausgestaltungen der Drehbücher nicht und zum anderen war von einem gemeinfreien Tatsachenstoff auszugehen (OLG Hamburg GRUR-RR 2007, 222, 224 – *Clowns & Heroes*). Fakten und tatsächliche Geschehnisse unterliegen auch nach OLG München der freien Benutzung, sodass die **Biographie eines Straftäters** und die in der Biographie zugrunde gelegten zusammengestellten Fakten nicht urheberrechtlich geschützt waren und daher frei benutzt werden konnten; der mit erheblicher Mühe und Ausdauer gesammelte Stoff änderte an der freien Benutzung nichts (OLG München ZUM 1995, 427, 428 – *Interview mit einem Straftäter*; ebenso für einen **auf historischen Quellen aufbauenden Roman**: OLG München ZUM-RD 2010, 37, 41 ff. – *Tannöd*: Soweit die Darstellung über historisch belegte Fakten hinausging, waren die hinzugefügten Einzelelemente nicht schöpferisch. Auch bei unterstellter Schutzfähigkeit der Gesamtstruktur des historischen Romans war von einer freien Benutzung auszugehen, da der Beklagte diese nicht übernommen hatte). Sind alle wesentlichen Gestaltungselemente eines **Librettos für ein Musical** bereits in den historischen Ereignissen, in einer Autobiografie und in eingearbeiteten Originalsongtexten angelegt und ist darüber hinaus die szenische und sprachliche Gestaltung eines bereits bestehenden Librettos, die dessen urheberrechtliche Schutzfähigkeit begründet, nicht übernommen worden, liegt keine unfreie Bearbeitung vor (KG ZUM 2015, 696, 698 f. – *Hinterm Horizont*). Der BGH und vorhergehend das OLG Köln haben in dem Setzen von „**deep links**" durch eine Suchmaschine, die zu den Originalartikeln eines Verlages führen, keine unfreie Bearbeitung erblickt, weil der in das Netz gestellte Beitrag nicht verändert wurde und die über die Suche kurz angerissenen Schlagwörter wie Kurzausschnitte lediglich zum Zwecke des Hinweises zitiert waren, aber den Originaltext nicht veränderten (BGH GRUR 2003, 958, 958 – *Paperboy*; OLG Köln GRUR-RR 2001, 97, 99 – *Paperboy*, ebenso LG München CR 2002, 452, 452 – *Pressespiegel/Internet-Suchdienst*; ähnlich auch zur juristischen Fachpresse und einem juristischen Informationsdienst OLG Frankfurt ZUM-RD 2003, 532, 533 f. – *Abstracts*). Buchrezensionen genießen regelmäßig allein aufgrund ihrer sprachlichen Gestaltung urheberrechtlichen Schutz, sodass eine **Zusammenfassung** in eigenen Worten eine freie Benutzung der Originalrezension gemäß § 24 Abs. 1 darstellt (BGH GRUR 2011, 134, 137 Tz. 37 – *Perlentaucher*). Werden hingegen Originaltextstellen übernommen, muss geprüft werden, ob das jeweilige Abstract trotz dieser Übernahmen einen genügenden äußeren Abstand zur Originalrezension einhält und damit ein gegenüber der Originalrezession selbständiges Werk ist oder nicht (BGH GRUR 2011, 134, 141 Tz. 72 – *Perlentaucher*). Bei einem Umfang der Originalrezension von etwa einer DIN-A4-Seite stellen jedoch allein die Auswahl der Textstellen für die Zusammenfassung und ein möglicherweise abweichender Aufbau der Abstracts noch keine erhebliche schöpferische Leistung dar (BGH GRUR 2011, 134, 137 f. Tz. 37, 41 f. – *Perlentaucher*). Ebenfalls nicht maßgeblich ist, ob das neue Werk dazu geeignet oder bestimmt ist, das ältere zu ersetzen, da dieses Kriterium nichts über die schöpferische Selbständigkeit des neuen Werks gegenüber dem älteren besage (BGH GRUR 2011, 134, 138 Tz. 45 – *Perlentaucher*). Es kommt somit auf den Gesamteindruck und den Anteil der Übereinstimmungen der eigenschöpferischen Elemente beider Werke an. Eine freie Benutzung stellte auch die Herstellung weiterer Folgen zu einer **Fernsehserie** dar, wenn diese auf keinem Drehbuch des Autors beruhten, der lediglich zu früheren Folgen Drehbücher entworfen hatte. Die bloße Anlehnung der Filmfigur an die früheren Folgen war keine Bearbeitung im Sinne einer Nachschöpfung, sondern in der Gesamtschau wegen des Abweichens des Tatgeschehens eine freie Benutzung i. S. v. § 24; denn das Schaffen einer Romanfigur, die sich nicht wesentlich von alltäglichen Handlungssträngen und Charakterzügen abhebe, könne nicht monopolisiert werden (KG ZUM 2003, 867, 870 – *Anna Marx*). Auch die Veröffentlichung einer **Beschreibung von 16 Würfelspielen** eines Spieleautors wurde als freie Benutzung der Originalspielbeschreibungen gewertet, da sie mit eigenen Worten erfolgte und sich lediglich inhaltlich an den Beschreibungen des Originalurhebers orientierte (LG Mannheim ZUM-RD 2009, 96, 100 – *Würfelspiel*).

b) Werke der Musik (§ 2 Abs. 1 Nr. 2): Wird ein Werk der Musik als **Klingelton** auf einige Takte gekürzt und digital bearbeitet, liegt regelmäßig eine abhängige Bearbeitung vor; daneben kann allerdings auch noch eine Entstellung und damit eine Persönlichkeitsrechtsverletzung gem. § 14 vorliegen (BGH GRUR 2010, 920, 921 Tz. 12 – *Klingeltöne für Mobiltelefone II*; BGH GRUR 2009, 395, 397 – *Klingeltöne für Mobiltelefone*; LG Hamburg ZUM-RD 2006, 294, 300 – *Handy-Klingelton*). Das OLG München hat die Nutzung eines Ausschnittes aus dem Chorstück „*O Fortuna*" aus den „Carmina Burana" von Carl Orff für einen **Werbespot** als unfreie Benutzung gemäß § 24 Abs. 2 UrhG eingestuft (OLG München ZUM 1997, 275, 278 – *O Fortuna*). Ebenso hielten das LG Hamburg und das OLG Hamburg die Übernahme mehrerer Passagen aus verschiedenen Kompositionen einer französischen Band in **Songs des Sängers Bushido** für eine unfreie Bearbeitung i. S. v. § 23 UrhG (LG Hamburg ZUM-RD 2010, 331, 339; OLG Hamburg ZUM-RD 2013, 428, 435 f.). Der BGH hat das Urteil aufgehoben und zurückverwiesen; mangels ausreichender, rechtsfehlerfreier Feststellungen zur schöpferischen Eigentümlichkeit der übernommenen Sequenzen konnte nicht beurteilt werden, ob es sich um eine unzulässige Bearbeitung oder um eine freie Benutzung handelt (BGH GRUR 2015, 1189, 1192, 1195 Tz. 40, 72 – *Goldrapper*). Bei der Beurteilung, ob die schöpferischen Elemente des älteren Werks verblassen, seien bei musikalischen Werken insbesondere auch Tempoveränderungen, Transponierungen und der teilweise Einsatz eines Equalizers zu berücksichtigen; dagegen komme es nicht darauf an, dass nichtschöpferische Elemente wiedererkennbar bleiben (BGH GRUR 2015, 1189, 1198 Tz. 109 – *Goldrapper*). Auch ein sog. „Genre-Sprung" vom „Gothic" zum „Rap" könne einen Gesichtspunkt darstellen, der für die Annahme eines Abstandes des neuen Werks zu den entlehnten eigenpersönlichen Zügen des älteren Werks spricht (BGH GRUR 2015, 1189, 1198 Tz. 111 – *Goldrapper*). Bushido hatte die übernommenen Passagen in Instrumentierung, Rhythmus und Melodie unverändert gelassen und sie lediglich durch Transposition in andere Tonarten und/oder Anpassung des Tempos verändert und mit Schlagzeugrhythmen und Sprechgesang überlagert. Die Variation der Tempi reichte von leichten Veränderungen bis hin zum Abspielen der entnommenen Passagen in doppelter Geschwindigkeit (sog. „Mickymaus-Verzerrungseffekt"). Sprechgesang und Schlagzeug setzten in den meisten Liedern erst nach einigen Takten ein und verstummten einige Takte vor Ende der Stücke, sodass zu Beginn und am Ende der Songs die übernommenen Passagen deutlich hörbar waren. Im Bereich des **Musik-Samplings** hatte der BGH zunächst entschieden, dass es für die Frage, ob eine freie Benutzung vorliegt, darauf ankommt, ob die auf einem Tonträger aufgezeichnete Tonfolge selbst einzuspielen möglich ist (BGH GRUR 2009, 403, 405 – *Metall auf Metall*). In der Entscheidung BGH GRUR 2013, 614, 616 – *Metall auf Metall II* präzisierte der BGH seine Entscheidung *Metall auf Metall* hinsichtlich der genauen Voraussetzungen zur Möglichkeit der Selbsteinspielung der übernommenen Tonsequenz. Nunmehr hat das BVerfG allerdings die Entscheidungen des BGH aufgehoben und die Frage, ob derjenige, der den fremden Tonträger verwenden möchte, selbst in der Lage ist, die darauf enthaltenen Tonfolgen und Klänge einzuspielen, als verfassungswidrig angesehen (BVerfG GRUR 2016, 690, 694

Tz. 94 – *Metall auf Metall*). § 24 könne auch für die Bestimmung des Schutzumfangs der verwandten Schutzrechte und damit für das Tonträgerherstellerrecht entsprechend herangezogen werden (BGH GRUR 2009, 403, 405
Tz. 21 – *Metall auf Metall*; BVerfG GRUR 2016, 690, 694 Tz. 94 – *Metall auf
Metall*; vgl. Rn. 4b und 4c). Entgegen der Auffassung des BGH könne aber
auch die Übernahme geschützter Elemente zur Ersparnis eigener Aufwendungen von § 24 gedeckt sein. Nach Auffassung des BVerfG kann die Verwendung
von gleichwertig nachspielbaren Samples eines Tonträgers nicht generell von
der Erlaubnis des Tonträgerherstellers abhängig gemacht werden, da dies dem
künstlerischen Schaffensprozess nicht hinreichend Rechnung trage und die
künstlerische Betätigungsfreiheit sowie die kulturelle Fortentwicklung einschränke (BVerfG GRUR 2016, 690, 694 Tz. 96 ff. – *Metall auf Metall*). Das
Nachspielen könne sehr aufwendig sein und das Kriterium der gleichwertigen
Nachspielbarkeit zu erheblicher Unsicherheit führen (BVerfG GRUR 2016,
690, 694 Tz. 100 – *Metall auf Metall*). Die Übernahme von Ausschnitten als
Mittel des künstlerischen Ausdrucks überwiege bei der nach Art. 5 Abs. 3 S. 1
GG erforderlichen kunstspezifischen Betrachtung den Eingriff in das Tonträgerherstellerrecht (BVerfG GRUR 2016, 690, 695 Tz. 107 – *Metall auf Metall*;
kritisch *Duhanic* GRUR Int. 2016, 1007).

74a   Weitere Beispiele: Stimmen zwei **Techno-Musiktitel** lediglich in einer nicht urheberrechtlich geschützten Folge von fünf Tönen überein, lassen sich im Übrigen aber urheberrechtlich relevante gestalterische Gemeinsamkeiten nicht feststellen, liegt ein Fall der freien Benutzung vor und nicht ein solcher der
Melodieentnahme gem. § 24 Abs. 2 (OLG München ZUM 2000, 408, 409 ff. –
Superstring/Green Grass Grows). Eine freie Benutzung ist dann anzuerkennen,
wenn ein vorbekanntes **Volkslied** um weitere Textpassagen erweitert wird und
diese Erweiterung textlich als Anregung für ein nachgeschaffenes Werk dient,
obgleich 2 Zeilen identisch übernommen wurden (BGH GRUR 1991, 531,
532 – *Brown Girl I*). Das OLG Hamburg hat es grundsätzlich als Verletzung
des Urheberrechts des **Filmkomponisten** angesehen, wenn bei der Verwendung
urheberrechtlich geschützter Filmausschnitte die ursprüngliche Musik entfernt
und zum Teil durch neue Musik ersetzt wurde, im konkreten Fall aber eine
Verletzung verneint, weil der Filmkomponist aufgrund des geringen Anteils
der Filmmusik für den Urheberrechtsschutz der Filmausschnitte aufgrund ihrer
Kürze jedenfalls seine Zustimmung zur Änderung gem. § 39 UrhG aufgrund
von Treu und Glauben nicht verweigern durfte (OLG Hamburg GRUR 1997,
822, 825 – *Edgar Wallace-Filme*). Das LG München hat in der Übernahme
eines **Refrainteils** (Tonfolge) freie Benutzung nach § 24 UrhG bejaht, weil dem
jüngeren Bearbeiter das ältere Werk nicht bekannt war und wegen nicht nennenswerter Bekanntheit des älteren Werkes auch der Anscheinsbeweis nicht
zum Tragen kam; es wurde daher eine unabhängige Doppelschöpfung zuerkannt (LG München ZUM 2003, 245, 246 f. – *Get Over You/Heart Beat*).
Wird eine **Sinfonie** notengetreu auf einem Live-Mitschnitt aufgeführt, der in
gestalteter Schnittfolge Blicke auf das Publikum, den Dirigenten, einzelne Mu-
sikergruppen oder Musiker des Orchesters sowie den Konzertsaal enthält, und
dazu eine DVD produziert, liegt keine urheberrechtsverletzende Bearbeitung
der Sinfonie im Sinne von § 23 vor, da das Werk der Musik dadurch nur vervielfältigt (§ 16 UrhG), nicht aber bearbeitet wird im Sinne einer Verfilmung
(BGH GRUR 2006, 319, 321 f. – *Alpensinfonie*). Die Weiterentwicklung und
Modernisierung des „Heute"-Jingles als Erkennungsmelodie der ZDF-Nach-
richten-Sendungen wurde vom OLG München mangels urheberrechtlich relevanter melodischer oder harmonischer Übereinstimmungen als freie Benutzung
bewertet (OLG München GRUR-RR 2016, 62, 66 f. – *„Heute"-Jingle*).

75   c) **Pantomimische Werke einschließlich der Werke der Tanzkunst (§ 2 Abs. 1
Nr. 3):** Das LG Frankenthal hat die Übernahme wesentlicher, individueller Ele-

mente (Choreographie, Kostüme etc.) der Bühnenshow „E.M." in eine andere Verwandlungs-Parodieshow nicht als freie Bearbeitung, sondern als Verletzung des nach § 2 Abs. 1 Nr. 3 geschützten pantomimischen Werks angesehen, auch wenn die Reihenfolge der parodierten Personen zum Teil verändert worden war und zudem auch Persönlichkeiten parodiert wurden, die in der „E."-Show überhaupt nicht vorkamen (LG Frankenthal BeckRS 2014, 11534).

d) Werke der bildenden Künste einschließlich der Werke der Baukunst und der angewandten Kunst und Entwürfe solcher Werke (§ 2 Abs. 1 Nr. 4): – **aa) Werke der bildenden Künste:** Der BGH hat es als Bearbeitung von Werken der bildenden Kunst des Künstlers *Friedensreich Hundertwasser* angesehen, wenn frei verkäufliche Kunstdrucke in **bemalten Rahmen** veräußert werden und durch die Art und Weise der Bemalung der Rahmen neue „Gesamtkunstwerke" entstanden sind, also die Hundertwasser-Bilder auf dem Rahmen fortgesetzt wurden (BGH GRUR 2002, 532, 534 f. – *Unikatrahmen*). Das OLG Köln hat in der Verwendung von typischen und allseits bekannten Gestaltungselementen von *Joan Miró* auf Verpackungen für **Kosmetikartikel** eine unzulässige Bearbeitung und Umgestaltung der Werke dieses Künstlers gesehen, obwohl nicht nachgewiesen werden konnte, dass bestimmte Werke als Vorlage gedient hatten. Wenn typische Stilelemente aus dem Werkfundus in einer Weise genutzt würden, dass der Eindruck entstehe, es handle sich bei dem so geschaffenen Werk um ein Bild von Joan Miro, liege eine Bearbeitung vor; dies gelte erst recht, wenn auch noch die Produkte mit dem Namen Miro bezeichnet und so der Betrachter endgültig auf die Assoziation zu dessen Werken gestoßen werde (OLG Köln ZUM-RD 1997, 386, 388 – *Parfums Miró*; s. a. OLG Köln ZUM 2007, 140, 141; Kritik: vgl. Rn. 37). Weder abhängige Bearbeitung noch freie Benutzung, sondern lediglich Vervielfältigung (§ 16 UrhG) ist die sog. „**echte Fälschung**", bei der die Gemälde möglichst identisch nachgemalt werden (OLG Hamburg NJW-RR 1999, 1133, 1135 – *Nachgemalte Gemälde*). Als eine unfreie Bearbeitung hat das LG Erfurt den nachgemalten Ausschnitt „**Lebensbrunnen**" aus dem Bad Frankenhauser „**Bauernkriegspanorama**" angesehen, weil der nachschaffende Künstler die die Individualität des Ursprungsausschnittes prägende Anordnung der überwiegenden Anzahl von Personen hinter dem Brunnen, fast alle Ausgestaltungsmerkmale und auch die Ordnung der Personen zueinander identisch übernommen hatte; dadurch sei der ästhetische Gesamteindruck nicht verändert worden (LG Erfurt ZUM-RD 1997, 23, 25 – *Bauernkriegs-Panorama*).

Bei zwei **Hundefiguren** hatte der BGH Zweifel, ob die Übereinstimmungen zwischen der Hunde-Comicfigur einerseits und einer plastischen Hundefigur sowie einer Spardose in Hundeform andererseits wirklich ausreichend sind, um eine abhängige Bearbeitung nach § 23 anzunehmen, weil die Übereinstimmungen durch die Natur vorgegeben sein konnten und hat die Sache zur weiteren Aufklärung an das Berufungsgericht zurückverwiesen (BGH GRUR 2004, 855, 857 – *Hundefigur*: dazu vgl. Rn. 49). Zeichnungen von **Flusspferdfiguren** („Happy Hippos") hat das OLG Karlsruhe als freie Benutzung im Sinne von § 24 Abs. 1 von älteren Nilpferdfiguren angesehen, weil die Ähnlichkeiten im Wesentlichen nur hinsichtlich solcher Merkmale gegeben seien, die durch die Anlehnung an die von der Natur vorgegebene Form eines Nilpferdes entstanden oder bei der Herstellung vermenschlichter Nilpferde allgemein üblich seien (OLG Karlsruhe ZUM 2000, 327, 330 – *Nilpferdzeichnungen*). Die jüngere von zwei **Bärenfiguren**, die beide ihre Arme nach oben gestreckt hielten, hielt das OLG Hamm für eine freie Benutzung der älteren, da die Körperhaltung der Bären nicht urheberrechtsschutzfähig war und das jüngere Werk die schöpferischen Elemente des älteren Werkes wie die naturnahe Gestaltung des Kopfes im Gegensatz zum abstrakt gehaltenen Körper nicht mitübernommen hatte (OLG Hamm BeckRS 2011, 07903).

76

77

78 Im Fall „*Gies-Adler*" hatte die Zeitschrift Focus den vom Maler und Bildhauer *Ludwig Gies* geschaffenen **Bundesadler** für die aktuelle politische Berichterstattung verfremdet und nach Geldscheinen mit seinen Krallen greifen lassen. Darin sah der BGH eine freie Benutzung i. S. v. § 24 Abs. 1 UrhG. Zwar müssten mit der Rechtsprechung die individuellen Züge des älteren Werks in dem neuen Werk „verblassen". Allerdings liege auch dann schon eine freie Benutzung vor, wenn die Übereinstimmungen dadurch gerechtfertigt sind, dass eine antithematische politische Behandlung zwingend größere Übereinstimmungen zwischen beiden Werken erfordere (BGH GRUR 2003, 956, 957 – *Gies-Adler*). Das OLG Frankfurt bewertete **aus Babyköpfen bestehende Bildmotive**, die u. a. durch die Art der Frisur und Teufelshörner suggerieren, dass es sich um ein eigenwilliges, teils verschmitztes, teils trotziges älteres Kleinkind handelt, gegenüber der Vorlage, die den Eindruck eines niedlichen, uneingeschränkt freundlichen Babys assoziiert, als freie Benutzung (OLG Frankfurt WRP 2014, 1103, 1106); das ist allerdings zweifelhaft, weil nicht auf Frisur und Accessoires hätte abgestellt werden müssen, sondern auf die Wiedererkennbarkeit anhand der individuell gestalteten Gesichtszüge. Das OLG Köln hat betont, dass das Gericht aus eigener Sachkunde die Abgrenzung zwischen § 23 und § 24 UrhG vornehmen könne und bejahte eine freie Benutzung, obgleich eine Grafik, die eine **Hexenfigur** zeigte, in eine Plastik übertragen wurde. Denn die Plastik weise erhebliche Abweichungen auf, indem die Plastik wesentliche bewegende Merkmale der Hexe wie wehendes Haar und Umhang, krallenartige Hände, angsteinflößenden Gesichtsausdruck und eine nach vorn gerichtete Bewegung weglieud, sodass die Plastik im Gegensatz zur Grafik nicht bedrohlich wirkte (OLG Köln ZUM-RD 2003, 573, 574 – *Hexenfigur*). Demgegenüber hielt das OLG Düsseldorf den jüngeren zweier **Bronzeengel** für eine abhängige Bearbeitung des älteren, da bei der Gestaltung des jüngeren Engels zahlreiche von der Engelsgestalt nicht vorgegebene und damit schöpferische Gestaltungselemente des älteren Engels, wie Körperhaltung und Ordensbekleidung übernommen wurden, sodass auch die dickere Gestalt des nachgeahmten Engels nichts daran zu ändern vermochte, dass in der Bearbeitung das Original weiterhin durchschien (OLG Düsseldorf ZUM 2008, 140, 143 f.)

78a Das LG München I hielt eine begehbare und als Sitzfläche benutzbare **Rauminstallation aus** neben- und übereinander angeordneten transparenten Kunststoffbällen, die mit einem Netz aus miteinander verflochtenen **Kabelbindern** überdeckt wurden, für eine freie Benutzung einer nicht begehbaren Rauminstallation, die eine amorphe Hügellandschaft ohne erkennbaren Zweck darstellte und ebenfalls aus neben- und übereinander angeordneten Füllkörpern bestand, die von einer Luftpolsterfolie überdeckt wurden, in die eine Vielzahl von Kabelbindern der Länge nach gesteckt wurden, sodass der Eindruck eines Flokati-Teppichs bzw. einer Grasnarbe entstand (LG München I ZUM-RD 2008, 446, 448). Ebenso wurde ein **hinterbeinloser Stuhl**, bestehend aus einer eckigen Metallschiene, als freie Benutzung eines hinterbeinlosen Stahlrohrstuhls gewertet, da die einzige Gemeinsamkeit in der Hinterbeinlosigkeit beider Stühle bestand, die übrige Gestaltung jedoch sowohl in der Form als auch im Material erheblich voneinander abwich (LG Düsseldorf BeckRS 2010, 03454). Zur unfreien Bearbeitung eines **Gartenstuhls** und einer **Gartenbank aus Holz** s. LG Hamburg GRUR-RR 2009, 123, 127 f. – *Gartenstühle*.

78b Zur fotografischen Dokumentation einer Kunstaktion von *Joseph Beuys* vgl. Rn. 91.

79 Eine freie Benutzung und den sehr seltenen Fall einer **Doppelschöpfung** hat das KG bejaht: Die Gestaltung eines Davidsterns auf der deutschen Fahne sei absolut nahe liegend gewesen, weshalb der grundsätzlich gegen eine Doppelschöpfung sprechende Anscheinsbeweis widerlegt sei, zumal auch nicht überwiegend wahrscheinlich sei, dass die Personen, die das jüngere Werk gestaltet hätten, das ältere Werk vorher kannten (KG GRUR-RR 2002, 49, 50 – *Vaterland*). Zur Doppelschöpfung vgl. Rn. 64 f.

bb) Werke der Baukunst: Das KG hat entschieden, dass die Prägung einer Ab-   **80** bildung des **verhüllten Reichstages** auf einer Gedenkmedaille als zustimmungspflichtige Bearbeitung i. S. v. § 23 UrhG anzusehen sei, weil die Medaille vor allem die durch die Umhüllung vollkommen veränderte Außengestalt des Reichstages übernommen habe; die dabei hinzugefügte Quadriga und das angedeutete Brandenburger Tor als Zusätze seien nicht geeignet, den erforderlichen Abstand zu schaffen (KG GRUR 1997, 128, 129 – *Verhüllter Reichstag I*). Ein beauftragter Architekt, der während eines Bauvorhabens Planzeichnungen zur **Fassadengestaltung** anfertigt (Vorentwurf), kann sich bei fehlender Nutzungsrechtseinräumung auf § 23 berufen, wenn später die Fassade nach den Vorgaben des Architekten durch den Bauherren gestaltet wird (OLG Jena BauR 1999, 672, 674 f. – *Fassadengestaltung*). Gleiches gilt für einen Architekten, dessen **Entwurfsplanung für ein Verwaltungsgebäude** in Form einer frei schwebenden roten Box ohne dessen Einwilligung in ihren wesentlichen prägenden konzeptionellen Gestaltungselementen beim Bau des Gebäudes übernommen wurde (LG Köln ZUM-RD 2008, 88, 91).

Keine abhängige Bearbeitung stellt es aus Sicht des OLG Hamm dar, wenn ein   **81** Architekt Entwürfe für den **öffentlichen Wohnungsbau** in der Grundkonzeption (Raumaufteilung, rechteckiger Grundriss) eines anderen Architekten übernimmt und in seiner weiteren Ausführung die Seitenansicht u. a. anders gestaltet als der vorherige Plan, indem er die Fenster anders anordnet und das Dach asymmetrisch gestaltet (OLG Hamm GRUR 1967, 608, 610 f. – *Baupläne*). Das OLG Frankfurt hatte den Entwurf und die Umsetzung einer weiteren späteren Entwurfsidee zu einer **Gedenkstätte** zu begutachten und hat befunden, dass die Übereinstimmung in beiden Entwürfen, die darin lag, die Namen der ermordeten Juden auf einer Friedhofsmauer zu verewigen, als Idee nicht urheberrechtlich geschützt ist und der Erstentwurf nicht bearbeitet wurde; im Übrigen wich die weitere äußere Gestaltung des späteren Entwurfes von dem Erstentwurf ab (OLG Frankfurt GRUR 1992, 699, 699 – *Friedhofsmauer*).

cc) Werke der angewandten Kunst: Bei Werken der angewandten Kunst ist   **82** zunächst zu beachten, dass **technisch bedingte** Gestaltungsmerkmale von den künstlerisch gestalteten getrennt werden müssen und technisch bedingte Gestaltungsmerkmale nicht am urheberrechtlichen Schutz teilhaben (BGH GRUR 2012, 58, 60 ff. Tz. 19 f. und 25 – *Seilzirkus*). Der BGH hat die gestalterische Fortentwicklung von Entwürfen für die neue Hannoveraner **Straßenbahn** als Bearbeitung und nicht als freie Benutzung angesehen, weil der den Gesamteindruck besonders prägende Krümmungsverlauf der Seitenwand, verbunden mit der sehr deutlichen Anlehnung bei der Gestaltung des Triebwagenkopfes und dessen gestalterische Einbindung in die Gesamtform des Fahrzeugäußeren kaum verändert worden sei und gewisse Unterschiede die Übereinstimmungen in der den Gesamteindruck prägenden, vom Designer des Vorentwurfs besonders schöpferisch gestalteten Grundform des Wagenäußeren unberührt lassen würden (BGH GRUR 2002, 799, 801 – *Stadtbahnfahrzeug*). Die in der Fernsehzeitung „tv DIGITAL" veröffentlichte **Fußball-Bundesliga-Stecktabelle** wurde als freie Benutzung der Fußball-Stecktabelle des Fußballmagazins „kicker" angesehen, obwohl die Merkmale des Originals weitgehend übernommen wurden, da die nicht zweckbedingten ästhetischen Gestaltungselemente Abweichungen aufwiesen und die übernommenen Merkmale dem Gebrauchszweck geschuldet waren und keine schöpferische Eigentümlichkeit begründeten; hierbei wurden die infolge der „Geburtstagszug"-Entscheidung des BGH (BGH GRUR 2014, 175 – *Geburtstagszug*; vgl. § 2 Rn. 150a) reduzierten Anforderungen an die Schöpfungshöhe bei Werken der angewandten Kunst berücksichtigt; die kleine Münze besitzt einen entsprechend engen Schutzbereich, so dass bereits verhältnismäßig geringfügige Abweichungen eine freie Benutzung begründen können (OLG Nürnberg GRUR 2014, 1199, 1102 – *Kicker-Stecktabelle*). Das nachgeahmte Model einer **Leuchte** von *Wilhelm Wagenfeld*, das in allen wesentlichen Teilen, v. a. wegen der Verwendung der Opalglasglocke, dem Original entsprach, war unfreie Bearbeitung (KG GRUR 2006, 53, 55 – *Bauhaus-Glasleuchte II*). Ebenfalls als unfreie Bearbeitung eingeordnet wurde eine nachgeahmte grafisch gestaltete Urne, deren Gesamtbild durch das übernommene Motiv eines silhouettenartig dargestellten Hirsches vor einer offenen Tallandschaft unter einem leicht bewölkten Himmel geprägt war und die nur in Details vom Original abwich (OLG Köln GRUR-RR 2015, 275, 276 f. – *Airbrush-Urnen*). Gleiches wurde für einen nachgeahmten **Eierkocher** von *Wilhelm Wagenfeld* entschieden, bei dem das schlichte, formschöne Design des Originals insgesamt übernommen wurde, sodass die leichten Veränderungen an Füßen und Deckel des Nachahmermodells nicht ins Gewicht fielen (OLG München GRUR-RR 2011, 54, 55 f. – *Eierkoch*). Ebenso wurde der Nachbau eines **Kaminmodells**, bei dem das prägende Design wie insbesondere die auffällige Reduzierung auf Zylinder- und Rechteckform mit dem Kontrast von Zwei- und Dreidimensionalität in der Kaminvorderansicht, sowie die ungewöhnlich große Glasfront, die wie ein großer, schwebender Flachbildschirm wirkte, übernommen wurde, als abhängige Bearbeitung i. S. v. § 23 eingestuft (OLG Köln GRUR-RR 2010, 89, 90 – *Kaminofen*). Auch ein **Kinderhochstuhl**, der mit dem Tripp-Trapp-Hochstuhl nahezu vollständig in Grundform, Aufbau und Abmessungen übereinstimmte, wurde als abhängige Bearbeitung gemäß § 23 gewertet. Am übereinstimmenden Gesamteindruck beider Stühle und der in der Bearbeitung durchscheinenden charakteristischen „L"-Form des Originals vermochten auch die zusätzlich eingefügten Stützstreben des zweiten Kinderhochstuhls, die den frei schwebenden Eindruck des Originals minderten, nichts zu ändern (BGH GRUR 2009, 856, 858 f. – *Tripp-Trapp-Stuhl*). Die Übereinstimmungen bei einem jüngeren und einem älteren, urheberrechtlich geschützten **Ring** hat das OLG Düsseldorf als freie Bearbeitung angesehen, weil das wesentliche künstlerische Merkmal des älteren Ringes in dem „Schweben" des in dem aufgebrochenen Ring eingespannten Brillanten gesehen wurde, was in dem jüngeren Ring übernommen worden war (OLG Düsseldorf GRUR-RR 2001, 294, 297 – *Niessing-Spannring*). Das OLG Köln hat in der Nachahmung von Fanartikeln, die der Originalgröße und den Proportionen wie der menschlichen Anatomie folgen, keine abhängige Bearbeitung i. S. v. § 23 UrhG der verkleinerten **Sportartikel** gesehen, da diese erheblich von der Nachahmung abwichen (OLG Köln ZUM 1999, 484, 487 – *mini-dress/Fanartikel*). Ebenso ging das OLG Köln bei der Übernahme der Idee, eine **Fußballkugel** in den Fuß eines **Weißbierglases** einzusetzen, von einer freien Benutzung des Originals aus, da die Nachahmung die prägenden künstlerischen Züge des Originals wie beispielsweise dessen schlanken Fuß und die schlanke Glasform nicht übernommen hatte (OLG Köln GRUR-RR 2010, 139, 139 f. – *Weißbierglas mit Fußballkugel*). Auch im Falle der übernommenen Idee des Vorgängerwerkes, eine **Fotocollage** mit Motiven von hungernden und verzweifelten Menschen aus Dritte-Welt-Ländern mit einer fototechnischen Abbildung eines Feuerlöschers zu gestalten, stellt eine solche Verwendung desselben Gestaltungskonzeptes und damit keine Übernahme der wesentlichen Grundzüge der Gestaltungsmerkmale des ersten Werkes dar (OLG Hamburg GRUR-Prax 2012, 584 – *Feuerlöscher*). Die Übertragung der **„Pippi-Langstrumpf"**-Romanfigur aus einem Sprachwerk in ein Werk der angewandten Kunst in Form von Karnevalskostümen, die einzelne äußere Merkmale der literarischen Figur „Pippi-Langstrumpf" aufweisen, stellt eine freie Benutzung dar, weil nicht alle Urheberrechtsschutz begründenden auch charakterlichen Merkmale von Pippi

Langstrumpf mit übernommen worden waren (BGH GRUR 2014, 258, 262 Tz. 44 ff. – *Pippi-Langstrumpf-Kostüm*). Das OLG Frankfurt hat eine freie Benutzung und den sehr seltenen Fall einer **Doppelschöpfung** zugunsten eines **Tapetenmusters** bejaht, bei dem Fasanenfedern in Reihen unter jeweiliger Verdeckung der Federkiele der darunter liegenden Federn nach dem Zufallsprinzip in Handarbeit vollflächig verklebt wurden; die Verwendung naturalistischer Motive, wie Blumen und Tiere, sei im Bereich der Gestaltung von Mustern für Stoffe und Tapeten grundsätzlich gebräuchlich; da der geistig-schöpferische Gehalt der Tapete im untersten Bereich des Werkschutzes anzusiedeln sei, sei es nicht unwahrscheinlich, dass ein Dritter auf die Idee komme, Federn desselben Vogels vollflächig unter Verdeckung der optisch störenden Federkiele zu verkleben (OLG Frankfurt WRP 2015, 1253, 1254 – *Tapetenmuster*).

e) Lichtbildwerke einschließlich der Werke, die ähnlich wie Lichtbildwerke   83 geschaffen werden (§ 2 Abs. 1 Nr. 5): Wird eine **gestellte und alsdann fotografierte Pose** in allen wesentlichen Elementen übernommen, sodass das nachgeahmte Lichtbildwerk deutliche Übereinstimmungen aufweist und Abweichungen in Details den Gesamteindruck unberührt lassen, liegt eine unfreie Benutzung vor (männliche Rückenansicht ohne Kopf mit waagerecht ausgebreiteten Armen und einer Tänzerin, die den Körper des dort abgebildeten Mannes mit Armen und Beinen umklammert). Die Beweislast einer Doppelschöpfung oblag dem jüngeren Urheber, obgleich für die Widerlegung des Anscheinsbeweises ausreiche, dass der Schöpfer des späteren Werkes darlegen und beweisen könne, dass er die nach der Lebenserfahrung zu vermutende Kenntnis von dem älteren Werk nicht hatte (OLG Köln GRUR 2000, 43, 44 – *Klammerpose*). Ebenso eine abhängige Bearbeitung nahm das LG Mannheim an, obwohl kein gestelltes, sondern nur ein in der **Natur vorgefundenes Motiv** fotografiert worden war (LG Mannheim ZUM 2006, 886, 887 – *Karlssteg mit Münster*; bedenklich: vgl. Rn. 38).

Anders entschieden hat das OLG Hamburg in einem Fall, bei dem eine **Szene   84 aus einem Theaterstück nachgestellt** erneut fotografiert wurde: Niemand sei gehindert, ein fotografisch abgebildetes Motiv nachzustellen und ebenfalls zu fotografieren; das OLG stellte aber klar, dass das abgebildete Motiv nicht auf einem künstlerischen Arrangement des Fotografen beruhen dürfe und die übernommenen Elemente selbst nicht urheberrechtlich geschützt sein dürfen. Grundsätzlich seien Motiv, Stil, Manier, Vorgehensweise oder Einsatz einer bestimmten fotografischen Technik urheberrechtlich nicht geschützt; allein die Wahl des gleichen Bildausschnitts nehme der nachschaffenden Fotografie nicht die gem. § 24 UrhG erforderliche Eigenständigkeit, sodass eine freie Benutzung vorliege (OLG Hamburg ZUM-RD 1997, 217, 221 – *Troades*). Das LG München hat entschieden, dass ein **aus einem Lichtbild hergestelltes Gemälde** zwar ein selbständiges Werk sei, aber gleichwohl eine abhängige Bearbeitung i. S. v. § 23 UrhG vorliege, wenn der Wesenskern der Fotografie – hier die lachenden Mädchen in einer bestimmten Körperposition – erhalten bleibt und lediglich durch Weglassen sowie Hinzufügen von Details weiter entwickelt wird (LG München I GRUR 1988, 36, 37 – *Hubschrauber mit Damen*). Eine freie Benutzung hat schließlich das OLG Hamburg in einem Fall angenommen, bei dem ein Maler ein **Aktfoto** aus dem Fotoband „Big Nudes" von *Helmut Newton* als Vorlage benutzt hatte, jedoch bei der Gestaltung seines Bildes von der Fotografie abgewichen war, indem er einen blauen statt weißen Hintergrund wählte, den Akt in schwarzer Farbe wiedergab und mit einem gelben Quadrat vom Knie bis zum Nabel bedeckte; so war von der Nacktheit und der Erotik der Vorlage im gemalten Bild nichts mehr erkennbar (OLG Hamburg NJW 1996, 1153, 1154 – *Power of Blue*). **Thumbnails** stellen keine unzulässige Bearbeitung i. S. v. § 23 UrhG dar, da sie das Original nicht verändern (BGH GRUR 2010, 628, 630 – *Vorschaubilder*; LG Bielefeld ZUM 2006, 652,

653 – *thumbnails*; zudem vgl. Rn. 8). Demgegenüber ist aber die Veröffentlichung eines Lichtbildes, auf dem ein kleines Lichtbild zu sehen ist („**Lichtbild im Lichtbild**"), eine abhängige Bearbeitung des kleinen Lichtbildes, da dieses gegenüber dem Gesamtlichtbild nicht verblasste (KG ZUM 2010, 883, 884). Eine **aus dem Hauptmotiv eines Lichtbildes erstellte Plastik** sowie Lichtbilder dieser Plastik sind demgegenüber als freie Benutzungen des Originallichtbildes i. S. v. § 24 UrhG gewertet worden, da der Fotograf lediglich ein vorgefundenes Motiv abgebildet hatte, für das er keinen urheberrechtlichen Schutz beanspruchen konnte und zwischen Fotografie und Plastik aufgrund der unterschiedlichen Werkart und der Herauslösung des Hauptmotivs aus seinem konkreten räumlichen und zeitlichen Umfeld ein so großer Abstand bestand, dass die Plastik ein gegenüber der Fotografie selbständiges Werk darstellte (LG Hamburg NJOZ 2010, 682, 683 f. – *Mauerspringer*; dazu vgl. Rn. 38 und vgl. § 2 Rn. 197). Ebenso wurde die **Übernahme des Hauptmotivs dieses Lichtbildes in eine Collage** als freie Benutzung des Originalwerks „Mauerspringer" gewertet, da der Sprung hierauf in einen völlig anderen Kontext, nämlich einer Phantasielandschaft aus Brandenburger Tor, Pariser Platz, Siegessäule und Fernsehturm, gestellt wurde (AG Charlottenburg ZUM-RD 2010, 373, 375). Eine abhängige Bearbeitung nach § 23 hat das OLG Düsseldorf für ein Lichtbild angenommen, das einen **Bildausschnitt des Originals mit dessen zentralem Motiv** eines Stierkämpfers zeigt und lediglich eine schon aufgrund seiner blassen Farben zurücktretende Abbildung eines Tanzpaares danebenstellt (OLG Düsseldorf WRP 2015, 1150, 1152 f. – *Stierkämpfer*).

85 f) **Filmwerke einschließlich der Werke, die ähnlich wie Filmwerke geschaffen werden** (§ 2 Abs. 1 Nr. 6): Zur entsprechenden Anwendbarkeit von § 24 auf Laufbilder i. S. v. § 95 UrhG vgl. Rn. 4a, 29a, 52a und vgl. § 95 Rn. 27.

86 Das OLG Köln hat für Materialien zu Filmen, die aus **Einzelbildern** und einem **kommentierenden Satz** bestanden, eine unfreie Benutzung abgelehnt, weil die Einfügung der Kommentierung unter die stehenden Bilder diese nicht verändere, sondern lediglich das Schaffen von schriftlichem Begleitmaterial vorliege (OLG Köln GRUR-RR 2005, 179, 179 – *Schulfernsehen online*). Das OLG München hielt einen mittels **Computeranimation erstellten Bildschirmschoner** für eine freie Benutzung eines Animationsfilmes, da die im Bildschirmschoner übernommene Idee, die Frontfassade eines Hauses mit seinen 144 Fenstern als Bildschirm zu nutzen, wobei die Fenster als Pixel fungierten, die hell oder dunkel geschaltet wurden, nicht schutzfähig war (OLG München ZUM-RD 2008, 149, 149). Demgegenüber hat das OLG München die **Einbettung** von mit Zuschauern einer Filmtour **nachgedrehten Szenen** in Originalszenen des Münchener **Tatorts** „Viktualienmarkt" für eine unfreie Bearbeitung des Drehbuchs und des Original-Fernsehfilms gehalten (OLG München ZUM 2008, 520).

87 g) **Darstellungen wissenschaftlicher oder technischer Art, wie Zeichnungen, Pläne, Karten, Skizzen, Tabellen und plastische Darstellungen** (§ 2 Abs. 1 Nr. 7): Werden **Stadtplanausschnitte** auf der eigenen Homepage beispielsweise eines Gasthauses verwendet, stellt dies regelmäßig eine abhängige Bearbeitung im Sinne von § 23 dar (OLG Hamburg GRUR-RR 2006, 355, 356 – *Stadtkartenausschnitt*). Ebenso ist die Übernahme einer Vielzahl urheberrechtlich geschützter Merkmale topografischer Landeskarten in eine Radtourenkarte auch bei Anreicherung der Radkarte mit zusätzlichen Informationen für Radreisende eine abhängige Bearbeitung, wenn sich ein übereinstimmender Gesamteindruck ergibt (OLG Stuttgart GRUR 2008, 1084, 1086 und Leitsätze – *TK 50*). Ob eine abhängige Bearbeitung oder freie Benutzung von Teilen eines urheberrechtlich schutzfähigen **Stadtplanes** vorgelegen hat, vermochte der BGH wegen mangelnder Klärung der Übereinstimmungen, ob eigenschöpferische Elemente des Planes in einer Gesamtschau der Pläne übernommen wurden, nicht entscheiden und verwies die Sache an die Vorinstanz zurück (BGH GRUR 1998, 916, 917 f. – *Stadtplanwerk*).

Planungs- und Verkaufshilfen für Möbel als technische Darstellung stellen un- **88** freie Bearbeitungen dar, wenn sie sich kaum von den Overlays des Original-Urhebers v. a. in ihrer typischen graphischen Darstellung der Möbelhöhe (Säulenform) und Farbgebung unterscheiden (OLG Köln ZUM 1999, 404, 406 f. – *Overlays*).

Die aus Übungsheften und Kontrollgeräten bestehenden **Lernspiele** miniLÜK, **88a** bambinoLÜK und pocketLÜK sind als Darstellungen wissenschaftlicher oder technischer Art nach der Nr. 7 geschützt, weil sie in ihrer Kombination wissenschaftliche Erkenntnisse sichtbar machen und mit dem Ausdrucksmittel der grafischen und plastischen Darstellung belehrende oder unterrichtende Informationen vermitteln (BGH GRUR 2011, 803, 806 Tz. 41 ff. – *Lernspiele* und nachfolgend OLG Köln GRUR-RR 2013, 5, 7 ff. – *bambinoLÜK II*); sie besitzen sogar eine beträchtliche schöpferische Eigentümlichkeit (OLG Köln GRUR-RR 2013, 5, 8 – *bambinoLÜK II*). Die nachahmenden Lernspiele Logolino Junior, Logolino und Taschen Logolino waren als abhängige Bearbeitungen anzusehen, weil die wesentlichen Gestaltungselemente insbesondere der Kontrollgeräte der Original LÜK-Lernspiele übernommen worden waren, so dass vorhandene Unterschiede bei den Übungsheften nicht ins Gewicht fielen; entscheidend bei der Übernahme waren insbesondere die übereinstimmenden Zahlen der Kontrollplättchen und ihre Anordnung, die grafische Ausgestaltung der Plättchenrückseiten mit geometrischen Mustern und schließlich die Gestaltung der Plättchenvorderseiten (s. im Einzelnen OLG Köln GRUR-RR 2013, 5, 10 ff. – *bambinoLÜK II*; vorangehend BGH GRUR 2011, 803, 808 Tz. 63 – *Lernspiele*).

h) Parodie und Satire: Im Fall von Parodie und Satire kann eine **freie Benutzung** **89** angenommen werden, **wenn** hierbei **eine antithematische Auseinandersetzung mit dem zu parodierenden Werk erfolgt.** Eine bloße **Verfremdung des Original-werkes ohne eigentliche inhaltliche und damit schöpferische Auseinandersetzung mit dem Originalwerk,** beispielsweise durch weitgehende Übernahme der Comicfiguren des Originalwerks auf das Titelblatt einer Comic-Zeitschrift, sah der BGH als **nicht ausreichend** an (BGH GRUR 1994, 191, 193 – *Asterix-Persiflagen*; Einzelheiten vgl. Rn. 51). Mit der gleichen Begründung nahm das OLG München eine Verletzung des Bearbeiterurheberrechts aus § 23 durch die Verwendung des Titelfotos einer Boulevardzeitschrift auf dem Titelblatt eines Nachrichtenmagazins an. Das Originalfoto, auf dem ein bekannter Politiker beim Baden mit seiner Geliebten abgebildet war, wurde lediglich in einen über-lebensgroßen Stahlhelm eingefügt und mit einem am Verhalten des abgebilde-ten Politikers Anstoß nehmenden Titel versehen, ansonsten aber unverändert belassen, sodass mangels kritischer Auseinandersetzung mit dem Originalwerk kein selbständiges Werk geschaffen wurde (OLG München ZUM 2003, 571, 574). Nach der **aktuellen Rechtsprechung des BGH** muss allerdings keine anti-thematische Auseinandersetzung mit dem Werk selbst mehr vorliegen, die zum Ausdruck gebrachten Gesichtspunkte des Humors oder der Verspottung müs-sen sich nicht auf das ursprüngliche Werk selbst richten, sondern es reicht aus, dass die an das Werk erinnernde Bearbeitung eine Verspottung zum Ausdruck bringt (BGH GRUR 2016, 1157, 1160 f. Tz. 33–35 – *Auf fett getrimmt*; EuGH GRUR 2014, 972, 973 Tz. 20 f. – *Deckmyn und Vrijheidsfonds/Vandersteen u. a.*). Bei der Beurteilung von Parodien ist die vollständige Harmonisierung durch das Unionsrecht zu berücksichtigen. Zwar hat der deutsche Gesetzgeber keine nach Art. 5 Abs. 3 lit. k Info-RL mögliche eigenständige Schrankenrege-lung geschaffen, die Parodie ist aber in ihrer Wirkung als Schutzschranke der Sache nach durch § 24 Abs. 1 in seiner Auslegung durch die Rechtsprechung umgesetzt; § 24 Abs. 1 ist also richtlinienkonform auszulegen, soweit es um die urheberrechtliche Zulässigkeit von Parodien geht (BGH GRUR 2016, 1157, 1159 f. Tz. 24 – *Auf fett getrimmt*). Der Begriff Parodie ist demnach ein eigenständiger Begriff des Unionsrechts (EuGH GRUR 2014, 972, 973 Tz. 17 – *Deckmyn und Vrijheidsfonds/Vandersteen u. a.*; BGH GRUR 2016, 1157, 1160 Tz. 25 – *Auf fett getrimmt*). Seiner aktuellen Rechtsprechung (BGH GRUR 2016, 1157, 1160 Tz. 25 – *Auf fett getrimmt*) legt der BGH daher die EuGH-Rechtsprechung zugrunde, nach der „die wesentlichen Merkmale der Parodie darin bestehen, an ein bestehendes Werk zu erinnern, gleichzeitig aber ihm gegenüber wahrnehmbare Unterschiede aufzuweisen". Außerdem soll sie einen Ausdruck von Humor oder eine Verspottung darstellen. Der Begriff der Parodie hängt dabei nicht davon ab, dass die Parodie einen eigenen ursprünglichen Charakter hat (EuGH GRUR 2014, 972, 974 Tz. 33 – *Deckmyn und Vrijheidsfonds/Vandersteen u. a.*). Für die freie Benutzung von Parodien, Karikaturen und Pastiches bedarf es wegen der insoweit maßgeblichen unionsrechtskonformen Auslegung von § 24 Abs. 1 auch keiner persönlichen geistigen Schöpfung im Sinne von § 2 Abs. 2 mehr (BGH GRUR 2016, 1157, 1160 Tz. 28 – *Auf fett getrimmt*). Zudem ist bei der Anwendung der Schutzschranke der Parodie ein angemessener Ausgleich zu wahren zwischen den Rechten und Interessen des Rechteinhabers auf der einen und der freien Meinungsäußerung des Nutzers eines geschützten Werkes auf der anderen Seite (BGH GRUR 2016, 1157, 1161 Tz. 37 – *Auf fett getrimmt*; EuGH GRUR 2014, 972, 974 Tz. 26 – *Deckmyn und Vrijheidsfonds/Vandersteen u. a.*). Das OLG Hamburg (OLG Hamburg ZUM 2015, 577, 580 ff. – *Promis auf fett getrimmt*) hatte einer solchen Interessenabwägung nicht ausreichend Rechnung getragen, indem es die Entstellung eines Lichtbildes durch die Veränderung der Abbildung einer Prominenten dergestalt, dass diese fettleibig wirkt, als eine Parodie und freie Benutzung nach § 24 Abs. 1 wertete. Der BGH sah vielmehr die berechtigten geistigen und persönlichen Interessen des Urhebers durch die Entstellung des Werkes i. S. v. § 14 als in besonderem Maße betroffen an (BGH GRUR 2016, 1157, 1161 Tz. 38 – *Auf fett getrimmt*).

90 Auch die unveränderte Übernahme des vorbestehenden Werkes im Rahmen einer parodistischen Zielsetzung kann als freie Benutzung im Sinne von § 24 Abs. 1 angesehen werden; dabei ist unerheblich, ob die in dem jüngeren Werk gestaltete satirische Kritik daneben, geschmacklos, bösartig, gehässig, ungerechtfertigt oder sittenwidrig ist (BGH GRUR 2000, 703, 704 f. – *Mattscheibe*; anders jedoch OLG Frankfurt ZUM 2005, 477, 480 – *TV-total*). Auch Erwägungen der **Pressefreiheit** können zur Zulässigkeit einer Benutzung führen: Das OLG Köln hat zwar die leicht veränderte Darstellung des Bundesadlers aus dem Bundestag zu Bonn auf einem Zeitschriftentitelblatt noch als Bearbeitung gem. § 23 angesehen, weil wesentliche Züge des Originals übernommen worden seien. Dennoch lag keine Urheberrechtsverletzung vor, weil sich die Beklagte auf die Pressefreiheit gem. Art. 5 Abs. 1 GG berufen durfte, der die §§ 45 ff. UrhG nicht ausreichend Geltung verschafften (OLG Köln NJW 2000, 2212, 2213 – *Bundesadler*). Der BGH sah dies im Ergebnis nicht anders, ordnete die Verwendung jedoch als freie Benutzung gem. § 24 ein, weil der Bundesadler parodistisch wiedergegeben worden und darin der Ausdruck der politischen Auseinandersetzung zu sehen sei, die durch Art. 5 Abs. 1 GG bekräftigt werden würde (BGH GRUR 2003, 956, 957 – *Gies-Adler*).

91 i) **Nicht genannte Werkarten:** Da der Werkkatalog des § 2 Abs. 1 UrhG nicht abschließend ist („insbesondere"), genießen weitere unbenannte Werkarten den urheberrechtlichen Schutz, soweit ihnen die notwendige eigene geistige Schöpfung zuzuschreiben ist (vgl. § 2 Rn. 11). Auch einem **Exposé zu einer Fernsehserie** kann daher eine individuelle Prägung zukommen, sodass eine unfreie Bearbeitung vorliegt, wenn das Exposé in seinen schutzfähigen Bestandteilen in einem anderen Werk übernommen wird. Dies ist allerdings dann nicht der Fall, wenn lediglich allgemein formulierte Ideen und Handlungsansätze übereinstimmen, da es Ideen an der Schutzfähigkeit fehlt und lediglich die konkrete sprachliche Ausformulierung Schutz genießt (OLG München GRUR 1990, 674, 675 f. – *Forsthaus Falkenau*). Ein **Fernsehformat**, hier eine Gameshow mit einem bestimmten Ratespielkonzept (Erraten von Werbespots), kann urheberrechtlichen Schutz nach § 2 Abs. 2 UrhG genießen (vgl. § 2 Rn. 232). Eine unfreie Bearbeitung liegt allerdings nicht schon dann vor, wenn keine werkgeschützten Bestandteile (hier die Spielvarianten bzw. Spielrunden als bloße Ideen) übernommen wurden (OLG München ZUM 1999, 244, 246 f. – *Fernseh-Ratespiel*). Der auf rotem Hintergrund gedruckte **Werbeslogan** „Meine neue hat mehr Balkon", der als Zeitungsanzeige i. R.d Werbung für Immobilienverkäufe geschaltet wurde und aufgrund seiner sprachlichen und optischen Gestaltung Urheberrechtsschutz genießt, wurde durch zwei Werbeanzeigen einer neu beauftragten Agentur mit den Formulierungen „Meine Neue rechnet sich" und „Unsere Neue rechnet sich" auf ebenso roter Grundfarbe i. S. v. § 23 UrhG abhängig umgestaltet. (OLG München NJW-RR 1994, 1258, 1258 – *Zeitungsanzeige*). Ob die fotografische Dokumentation eines **Happenings** von Joseph Beuys abhängige Bearbeitung oder freie Benutzung war, ist letztendlich offen geblieben, nachdem das OLG Düsseldorf noch von einer Bearbeitung ausgegangen war (OLG Düsseldorf GRUR 2012, 173, 176 – *Beuys-Fotoreihe*). Der BGH war jedoch der Auffassung, dass die die schöpferische Eigenart des Happenings bestimmenden Gestaltungselemente nicht ausreichend festgestellt worden waren und sich auch nicht mehr feststellen ließen; es fehlte daher an einer tragfähigen Grundlage für die Prüfung, ob die fotografische Dokumentation eine Bearbeitung oder eine freie Benutzung darstelle (BGH GRUR 2014, 65, 71 Tz. 40 ff. – *Beuys-Aktion*). Demgegenüber nahm das OLG Köln für die DHL-Werbekampagne „DHL im All", die an ein **konkret ausgestaltetes Werbekonzept** einer von DHL beauftragten Werbeagentur angelehnt wurde, eine freie Benutzung i. S. v. § 24 Abs. 1 an, da die prägenden eigenschöpferischen Bestandteile des Konzepts nicht übernommen wurden. Insbesondere das Projektlogo, Grafiken, Fotomontagen und das als Sonderedition im Rahmen der Kampagne gestaltete DHL-Paket wichen erheblich vom vorgeschlagenen Werbekonzept ab, sodass das ursprüngliche Konzept lediglich als Anregung für ein selbständiges Werkschaffen von DHL diente (OLG Köln GRUR-RR 2010, 140, 141 – *DHL im All*).

IV. Prozessuales

1. Beweislast

Entsprechend den allgemeinen Grundsätzen trägt der Inhaber der Rechte an dem **92** älteren Werk grundsätzlich die Beweislast für die tatsächlichen Voraussetzungen der Urheberrechtsverletzung, d. h. der Antragsteller bzw. Kläger muss darlegen und Beweis dafür antreten, dass die Voraussetzungen einer abhängigen Bearbeitung gem. § 23 oder einer unzulässigen Melodieentnahme gem. § 24 Abs. 2 vorliegen (Einzelheiten zur allgemeinen Beweislastverteilung vgl. § 97 Rn. 26 ff., 106, 143 sowie zur Beweislastverteilung für die Schutzfähigkeit vgl. § 2 Rn. 236 ff.). Dazu gehört zunächst die **Schutzfähigkeit** des älteren Werkes und auch sein **Schutzumfang**, der sich regelmäßig aus dem Abstand zum vorbekannten Formengut ergibt; der Kläger kommt dem in der Regel durch die Vorlage seines Werkes nach (vgl. § 2 Rn. 236 und BGH GRUR 2002, 958, 960 – *Technische Lieferbedingungen*; BGH GRUR 1981, 820, 822 – *Stahlrohrstuhl II*). Soweit das ältere Werk und die beanstandete Bearbeitungshandlung unter die Herstellungsfreiheit des § 23 S. 1 fallen, erstreckt sich die Darlegungs- und Beweislast auch auf das Vorliegen einer Veröffentlichung oder Verwertung (bei Erstbegehungsgefahr nur drohende Veröffentlichung oder Verwertung). Bei Werken der angewandten Kunst kommt als Besonderheit hinzu, dass bei Gebrauchsgegenständen, die bestimmten technischen Anforderungen genügen müssen und technisch bedingte Gestaltungsmerkmale aufweisen, vom Kläger genau und deutlich dargelegt werden muss, inwieweit der Gebrauchsgegenstand über seine von der Funktion vorgegebene Form hinaus künstlerisch gestaltet worden ist (BGH GRUR 2012, 58, 61 Tz. 25 – *Seilzirkus*) und dass die Gestaltungselemente, die in der jüngeren Gestaltung übernommen worden sind, ebenfalls nicht technisch bedingt sind, sondern künstlerisch frei gestaltet werden konnten. Sind die die schöpferische Eigenart des älteren Werkes bestimmenden Gestaltungselemente nicht ausreichend festgestellt worden und können diese wie bspw. bei einem mehr als 50 Jahre zurückliegenden Happening von *Joseph Beuys* auch nicht mehr festgestellt werden, fehlt es regelmäßig an einer tragfähigen Grundlage für die Prüfung, ob eine Bearbeitung oder eine freie Benutzung vorliegt, eben weil Bearbeitung nur vorliegen kann, wenn die die schöpferische Eigenart des älteren Werkes bestimmenden Merkmale nicht verblasst sind (vgl. Rn. 41 ff.); dies geht aufgrund seiner Darlegungslast für die Anspruchsvoraussetzungen zu Lasten des Klägers (BGH GRUR 2014, 65, 72 Tz. 50 – *Beuys-Aktion*).

93 Soweit sich der Beklagte damit **verteidigt**, dass entweder der Urheber des älteren Werkes auf vorbekanntes Formengut zurückgegriffen habe oder er selbst auf der Basis eines anderen, zeitlich älteren und/oder gemeinfreien Werkes geschaffen hat, liegt die Beweislast für die damit im Zusammenhang stehenden Tatsachen einschließlich des Aussehens und der Beschaffenheit des älteren Drittwerkes bzw. der gemeinfreien Elemente bei ihm (BGH GRUR 1991, 531, 533 – *Brown Girl I*; BGH GRUR 1981, 820, 823 – *Stahlrohrstuhl II*). Im Bereich der Musik mag insoweit eine Anfrage beim bzw. ein Gutachtenauftrag an das Deutsche Volksliedarchiv, Institut für internationale Popularliedforschung, Silberbachstraße 13, 79100 Freiburg i.Brsg. hilfreich sein (www.dva.uni-freiburg.de).

94 Ist das ältere Werk urheberrechtlich geschützt und lassen die Übereinstimmungen im schöpferischen Bereich (Einzelheiten zur Prüfungsreihenfolge vgl. Rn. 45 ff.) die Annahme einer Urheberrechtsverletzung zu, streitet zugunsten des Klägers ein **Anscheinsbeweis** dafür, dass auch in subjektiver Hinsicht der Tatbestand der Bearbeitung gem. § 23 bzw. der Melodieentnahme gem. § 24 Abs. 2 vorliegt, d. h. das ältere Werk bei der Schaffung des neuen Werkes – bewusst oder unbewusst – benutzt worden ist (BGH GRUR 1988, 812, 814 – *Ein bisschen Frieden*; BGH GRUR 1988, 810, 811 – *Fantasy*; BGH GRUR 1971, 266, 268 – *Magdalenenarie*). Dabei besteht zwischen dem Umfang der Übereinstimmungen und dem Anscheinsbeweis eine Abhängigkeit: Je weniger Übereinstimmungen bestehen, desto schwächer wird der Anscheinsbeweis, je mehr Übereinstimmungen vorhanden sind, desto stärker wirkt er (BGH GRUR 1988, 812, 815 – *Ein bisschen Frieden*). Wenn sich der Beklagte also darauf beruft, sein jüngeres Werk sei in Wahrheit eine zufällige Doppelschöpfung, weil er das ältere Werk nicht verwendet habe, muss er zwar nicht den Vollbeweis erbringen (was auch in der Praxis regelmäßig kaum möglich wäre; zu weitgehend daher noch unsere 9. Aufl./*Vinck* Anh. § 24 Rn. 11 und unter Berufung hierauf OLG Köln GRUR 2000, 43, 44 – *Klammerpose*). Jedoch wird er zumindest darlegen und beweisen müssen, dass er, wenn das ältere Werk veröffentlicht war, die nach der Lebenserfahrung zu vermutende Kenntnis des älteren Werkes nicht hatte; Zweifel gehen zu seinen Lasten (zutr. insoweit OLG Köln GRUR 2000, 43, 44 – *Klammerpose*). Zur Doppelschöpfung im Übrigen vgl. Rn. 64 f.

95 Zugunsten desjenigen, der auf den Vervielfältigungsstücken eines erschienenen Werkes oder auf dem Original eines Werkes der bildenden Künste in der üblichen Weise **als Urheber bezeichnet** ist, wird bis zum Beweis des Gegenteils vermutet, dass er der Urheber des Werkes ist (§ 10); die Vermutung gilt bis zum Beweis des Gegenteils (vgl. § 10 Rn. 1, 23 f. und BGH GRUR 1986, 887, 888 – *BORA BORA*). Die Vermutung erstreckt sich auch darauf, dass das Werk von ihm selbst geschaffen worden ist, also seines Geistes Kind ist, was zugleich bedeutet, dass die Urheberschaftsvermutung auch zu weiten Teilen den Werkinhalt erfasst (BGH GRUR 1991, 456, 457 – *Goggolore*). Jedoch hängt es vom Charakter des Werkes ab, wie weitgehend die Urheberschaftsvermutung auch den Inhalt des Werkes umfasst; hat jemand beispielsweise eine gemeinfreie Fabel bearbeitet, erstreckt sich die Urheberschafsvermutung regelmäßig nur auf die eigenschöpferische Sprachgestaltung, nicht aber auf die Fabel nach der gemeinfreien Geschichte (BGH GRUR 1991, 456, 457 – *Goggolore*). In solchen Fällen wird der Urheber darlegen und beweisen müssen, welche Elemente der seiner Geschichte oder seinem Roman zugrunde liegenden Fabel nicht gemeinfrei sind, d. h. aus seiner Fantasie stammen (s. insoweit beispielsweise BGH GRUR 1991, 456, 458 – *Goggolore*; LG Hamburg GRUR-RR 2003, 233, 234 ff. – *Die Päpstin*).

2. Verschulden

Die Annahme einer abhängigen Bearbeitung gem. § 23 oder einer Melodieent- **96** nahme gem. § 24 Abs. 2 hängt nicht von einem Verschulden ab; es genügt, wenn das ältere Werk unbewusst benutzt worden ist (dazu oben vgl. Rn. 63).

3. Nachprüfbarkeit im Revisionsverfahren

Ob abhängige Bearbeitung, Melodieentnahme oder freie Benutzung vorliegt, **97** ist **Rechtsfrage**, die vom BGH uneingeschränkt nachprüfbar ist (BGH GRUR 2002, 958, 959 – *Technische Lieferbedingungen*; BGH GRUR 1961, 635, 637 – *Stahlrohrstuhl I*) und von ihm auch regelmäßig nachgeprüft wird (s. nur BGH GRUR 2014, 65, 69ff Tz. 27 ff. – *Beuys-Aktion*). Die Ermittlung der hierfür erforderlichen **Tatsachengrundlage** obliegt allerdings natürlich den Tatsacheninstanzen (Beispiele: BGH GRUR 1991, 533, 534 f. – *Brown Girl II*; BGH GRUR 1991, 531, 533 – *Brown Girl I*; BGH GRUR 1988, 812, 815 f. – *Ein bisschen Frieden*). Sind die die schöpferische Eigenart des älteren Werkes bestimmenden Gestaltungselemente nicht ausreichend festgestellt worden und können diese wie bspw. bei einem mehr als 50 Jahre zurückliegenden Happening von *Joseph Beuys* auch nicht mehr festgestellt werden, geht dies aufgrund seiner Darlegungslast für die Anspruchsvoraussetzungen zu Lasten des Klägers (BGH GRUR 2014, 65, 72 Tz. 50 – *Beuys-Aktion*).

V.   Verhältnis zum wettbewerbsrechtlichen Leistungsschutz

Gem. §§ 3, 4 Nr. 3 UWG handelt insbesondere unlauter, wer Waren oder **98** Dienstleistungen anbietet, die eine **Nachahmung der Waren** oder Dienstleistungen eines Mitbewerbers sind, wenn er eine vermeidbare Herkunftstäuschung der Abnehmer über die betriebliche Herkunft herbeiführt, die Wertschätzung der nachgeahmten Ware oder Dienstleistung unangemessen ausnutzt oder beeinträchtigt oder die für die Nachahmung erforderlichen Kenntnisse oder Unterlagen unredlich erlangt hat (früher § 4 Nr. 9 UWG 2008). Als ungeschriebenes Tatbestandsmerkmal muss seit jeher eine **„wettbewerbliche Eigenart"** des älteren Produktes vorliegen (s. aus der aktuellen Rspr. nur BGH GRUR 2007, 984, 985 Tz. 14 – *Gartenliege*; BGH GRUR 2007, 339, 342 Tz. 24 – *Stufenleitern*; BGH GRUR 2001, 251, 253 – *Messerkennzeichnung*).

Dieser sog. „ergänzende wettbewerbsrechtliche Leistungsschutz" ist grundsätz- **99** lich gegenüber einem durch das UrhG gewährten Sonderrechtsschutz **nachgiebig**, soweit die Tatbestandsvoraussetzungen und **Wertungen des Urheberechts identisch** mit denen des wettbewerbsrechtlichen Leistungsschutzes sind (Köhler/Bornkamm/*Köhler*[35] § 4 UWG Rn. 3.7; Gloy/Loschelder/Erdmann/*Eck*[4] § 56 Rn. 4); das UrhG ist insoweit *lex specialis* zum UWG. **Dabei entspricht der wettbewerbsrechtliche Begriff der Nachahmung weitgehend dem der urheberrechtlich relevanten Bearbeitung** (Harte-Bavendamm/Henning-Bodewig/*Sambuc*[4] § 4 Nr. 3 UWG Rn. 37; jurisPK-UWG/*Ullmann*[2] § 4 Nr. 3 UWG Rn. 50). Fehlt es deshalb an einer urheberrechtsverletzenden Handlung, wird man regelmäßig auch die wettbewerbsrechtliche Übernahme verneinen müssen und kann nur noch **ausnahmsweise** – vgl. Rn. 100 – § 4 Nr. 3 UWG anwenden (BGH GRUR 2006, 493, 495 Tz. 28 – *Michel-Nummern*), und zwar dann, wenn besondere Begleitumstände vorliegen, die außerhalb des sondergesetzlichen Tatbestandes liegen, nämlich die Herbeiführung einer vermeidbaren Täuschung der Abnehmer über die betriebliche Herkunft gem. § 4 Nr. 3 lit. a UWG, die unangemessene Ausnutzung oder Beeinträchtigung der Wertschätzung der nachgeahmten Ware gem. § 4 Nr. 3 lit. b UWG oder die unredliche Kenntniserlangung gem. § 4 Nr. 3 lit. c UWG (s. BGH GRUR 2016, 725, 726 Tz. 12 ff. – *Pippi-Langstrumpf-Kostüm II*; BGH GRUR 2012, 58, 62 Tz. 41 f. – *Seilzirkus*). Denn der wettbewerbsrechtliche Leistungsschutz muss die urheberrechtliche Wertung grundsätzlich hinnehmen, darf also über die bewusste Begrenzung der gewährten Rechte durch das UrhG nicht hinausgehen (BGH GRUR 1987, 814, 816 – *Die Zauberflöte*; MüKo UWG/*Wiebe* § 4 Nr. 9 UWG Rn. 33; Ohly/Sosnitza/*Ohly*[5] § 4 UWG Rn. 3/17). Das ist auch bei **Patent** und **Marke** nicht anders: Der Bundesgerichtshof hat in seiner Rechtsprechung zum ergänzenden wettbewerbsrechtlichen Leistungsschutz klargestellt, dass der Stand der Technik frei benutzbar bleiben muss (BGH GRUR 2002, 820, 822 – *Bremszangen*; BGH GRUR 2002, 275, 276 f. – *Noppenbahnen*; BGH GRUR 2002, 86, 90 – *Laubhefter*; s. neuerdings in einem urheberrechtlichen Fall BGH GRUR 2012, 58, 63 Tz. 46 – *Seilzirkus*). Dies entspricht dem Rechtsgedanken, den der EuGH für die Beurteilung der Schutzfähigkeit dreidimensionaler Marken anwendet: Art. 3 Abs. 1 lit. e der Markenrechts-RL – entsprechend § 3 Abs. 2 MarkenG – soll verhindern, dass der Schutz des Markenrechts seinem Inhaber ein Monopol für technische Lösungen oder Gebrauchseigenschaften einer Ware einräumt; es soll vermieden werden, dass der durch das Markenrecht gewährte Schutz über den Schutz der Zeichen hinausgeht (EuGH GRUR 2002, 804, 809 Tz. 78 f. – *Philips ./. Remington*). Auch die Auffassung des BGH, im Rahmen der freien Benutzbarkeit des Standes der Technik dürfe der Übernehmende nicht auf das Risiko verwiesen werden, es mit einer anderen technischen Lösung zu versuchen (BGH GRUR 2002, 86, 90 – *Laubhefter*; s. neuerdings in einem urheberrechtlichen Fall BGH GRUR 2012, 58, 63 Tz. 46 – *Seilzirkus*), findet sich in der Rechtsprechung des EuGH zur Schutzfähigkeit dreidimensionaler Marken wieder: Die wesentlichen funktionellen Merkmale der Form einer Ware, die nur der technischen Wirkung zuzuschreiben sind, schließen ein aus dieser Form bestehendes Zeichen auch dann von der Eintragung aus, wenn die fragliche technische Wirkung durch andere Formen erzielt werden kann (EuGH GRUR 2002, 804, 809 Tz. 83 – *Philips ./. Remington*). Der Sonderrechtsschutz des Urheberrechts ist also gegenüber dem ergänzenden wettbewerbsrechtlichen Leistungsschutz, aus dem keine weiterreichenden Rechtsfolgen hergeleitet werden, vorrangig und schließt ihn grundsätzlich aus (BGH GRUR 1992, 697, 699 – *ALF*).

100   In der Literatur ist allerdings streitig, ob eine Handlung, die den Tatbestand der Urheberrechtsverletzung nicht erfüllt, und zwar insbesondere, weil urheberrechtlich von einer **freien Benutzung** gem. § 24 UrhG auszugehen ist, dennoch über den Tatbestand des ergänzenden wettbewerbsrechtlichen Leistungsschutzes gem. § 4 Nr. 3 UWG sanktioniert werden kann (dafür Köhler/Bornkamm/*Köhler*[35] § 4 UWG Rn. 9.7; dagegen Ohly/Sosnitza/*Ohly*[5] § 4 UWG Rn. 3/17). Die Antwort ist im Spannungsfeld zwischen beiden Gesetzen zu suchen: Während das UrhG eine schöpferische Leistung zugunsten des Urhebers monopolisiert, aber im Interesse der kulturellen Fortentwicklung den Schutzumfang des Urheberrechts dadurch begrenzt, dass die freie Benutzung eines urheberrechtlich geschützten Werkes gem. § 24 UrhG ausdrücklich gestattet ist, besteht im UWG der Grundsatz der Nachahmungsfreiheit (Köhler/Bornkamm/*Köhler*[35] § 4 UWG Rn. 3.3; Ohly/Sosnitza/*Ohly*[6] § 4 UWG Rn. 3/2). Nur wenn die besonderen, in § 4 Nr. 3 UWG genannten Umstände der vermeidbaren Herkunftstäuschung, der unangemessenen Ausnutzung oder Beeinträchtigung der Wertschätzung des nachgeahmten Produktes oder der unredlichen Erlangung von Kenntnissen und Unterlagen hinzutreten, kann das Wettbewerbsrecht von der grundsätzlich bestehenden Nachahmungsfreiheit abweichen und einen ergänzenden Leistungsschutz gewähren (s. a. BGH GRUR 2016, 725, 726 Tz. 12 ff. – *Pippi-Langstrumpf-Kostüm II*; BGH GRUR 2012, 58, 62 f. Tz. 41 f. – *Seilzirkus*). Hierzu ist im Wettbewerbsrecht anerkannt, dass eine **Wechselwirkung** besteht zwischen dem Nachahmungstatbestand und den zwingend erforderlichen zusätzlichen Unlauterkeitsmerkmalen, und zwar dergestalt, dass dann, wenn die Anlehnung sehr weitgehend ist, die zusätzlichen Unlauterkeitsmerkmale nicht so ausgeprägt erscheinen müssen und umgekehrt im Falle einer weiter entfernt liegenden Anlehnung sehr stark ausgeprägte zusätzliche Unlauterkeitsmerkmale gegeben sein müssen, um in den Anwendungsbereich von § 4 Nr. 3 UWG zu gelangen (BGH GRUR 2007, 984, 985 Tz. 14 – *Gartenliege*; BGH GRUR 2007, 339, 342 Tz. 24 – *Stufenleitern*; BGH GRUR 2001, 251, 253 – *Messerkennzeichnung*). Deshalb folgt das Tatbestandsmerkmal der Nachahmung in § 4 Nr. 3 UWG auch nicht ganz streng dem Begriff der Bearbeitung in § 23 UrhG (grundsätzlich vgl. Rn. 99); vielmehr kann etwas, das urheberrechtlich als freie Benutzung zu qualifizieren ist, durchaus als Nachahmung im Sinne von § 4 Nr. 3 UWG wettbewerbswidrig sein, wenn die hinzutretenden besonderen Umstände so stark ausgeprägt sind, dass sich die freie Benutzung im Sinne von § 24 UrhG ausnahmsweise dennoch als wettbewerbswidrige Handlung herausstellt, beispielsweise wenn ein Produkt, das urheberrechtlich als freie Benutzung eines Originals anzusehen ist, in einer Produktverpackung oder mittels einer Werbung vertrieben wird, die so stark an die Produktverpackung oder die Werbung des Originals angelehnt ist, dass die beteiligten Verkehrskreise einer vermeidbaren Herkunftstäuschung (§ 4 Nr. 3 lit. a UWG) erliegen. Eine Nachahmung i. S. v. § 4 Nr. 3 UWG liegt allerdings nur dann vor, wenn nicht die Leistung eines Dritten, sondern eine eigene Leistung angeboten wird; im Angebot eines Faschingskostüms nach der Romanfigur der „Pippi Langstrumpf" lag deshalb keine Nachahmung im wettbewerbsrechtlichen Sinne, weil dadurch nicht die literarische Leistung von Astrid Lindgren nachgeahmt wurde und die Klägerin sich nicht auf die Nachahmung eines konkreten Merchandisingproduktes berufen hatte (BGH GRUR 2016, 725, 727 Tz. 18 ff. – *Pippi-Langstrumpf-Kostüm II*).

Aus den voranstehenden Grundsätzen sind die **folgenden weiteren Schlüsse** zu ziehen: Liegt ein Urheberrechtsschutz nicht vor, weil die Schutzfrist abgelaufen ist oder er aus anderen Gründen z. B. wegen fehlender Gestaltungshöhe oder wegen fehlendem Inlandsschutz nicht besteht, muss das UWG diese urheberrechtliche Wertung zwingend berücksichtigen und **darf die Nachahmung als solche nicht verbieten**. Ist urheberrechtlicher Schutz gegeben, aber die jüngere Gestaltungsform keine Bearbeitung im Sinne von § 23 UrhG, sondern lediglich eine freie Benutzung des älteren Werkes gem. § 24 UrhG, wird im Normalfall ein wettbewerbsrechtlicher Schutz gem. § 4 Nr. 3 UWG ausscheiden; lediglich dann, wenn die weiteren Unlauterkeitsmerkmale so stark ausgeprägt sind, dass trotz der grundsätzlich bestehenden Nachahmungsfreiheit und der urheberrechtlichen Wertung einer freien Benutzung noch ein wettbewerbswidriges Verhalten vorliegt, weil die beteiligten Verkehrskreise beispielsweise einer Her-

101

kunftstäuschung unterliegen und der Vertreiber des jüngeren Produktes keine
genügenden Anstrengungen unternommen hat, diese zu vermeiden, sie möglicherweise sogar provozieren wollte, kann der ergänzende wettbewerbsrechtliche Leistungsschutz eingreifen.

102 In allen diesen Fällen ist allerdings **unbedingt zu differenzieren**: Wegen der
urheberrechtlichen Wertung und der im Wettbewerbsrecht bestehenden Nachahmungsfreiheit darf die Nachahmung nicht mehr *per se* verboten werden,
sondern nur wegen der die Unlauterkeit begründenden zusätzlichen wettbewerbsrechtlichen Merkmale (vermeidbare Herkunftstäuschung, Rufausnut-
zung oder -beeinträchtigung, unredliche Erlangung von Kenntnissen und Unterlagen); fallen diese weg, z. B. weil der Vertreiber des jüngeren Produkts
genügende Maßnahmen zur Vermeidung der Herkunftstäuschung ergreift, darf
das Produkt legal vertrieben werden. Antrag und Tenor sind deshalb entsprechend zu konkretisieren.

103 Der ergänzende wettbewerbsrechtliche Leistungsschutz ist **endlich** und darf
grundsätzlich nicht über die zeitliche Schranke des Sonderrechtsschutzes hinausgehen (BGH GRUR 2005, 349, 352 – *Klemmbausteine III*). Ist ein Werk
wegen Schutzfristablaufs gemeinfrei geworden, wird deshalb ein ergänzender
wettbewerbsrechtlicher Leistungsschutz regelmäßig zu verneinen sein.

104 Zum Verhältnis von § 4 Nr. 3 UWG und den Sonderschutzrechten im Übrigen
s. Götting/Nordemann/*Axel Nordemann*[2] § 4 Nr. 3 UWG Rn. 3.21 ff.; *Nordemann*[11] Rn. 706 ff.; Wilkof/Basheer/*Axel Nordemann/Aaron* Rn. 16.10ff.

Nachbemerkung Plagiat im Wissenschaftsrecht

Übersicht   Rn.

I.   Vorbemerkung

1 Auch wenn das mediale Interesse an Wissenschaftsplagiaten nach den spekta-
kulären Fällen von Spitzenpolitikern wie zu Guttenberg und Schavan in letzter
Zeit nachgelassen zu haben scheint, beschäftigen Plagiatsvorwürfe und deren
Aufklärung den Wissenschaftsbetrieb immer noch in einigem Umfang. Ihren
Ausgang nehmen Plagiatsfälle heute häufig auf Internetplattformen wie z. B.
„VroniPlag", auf denen Dissertationen oder Habilitationen anonym untersucht
und als mögliche Plagiate bewertet werden. Nach eigenen Angaben der Internetplattform VroniPlag überprüft das Portal pro Jahr über 100 wissenschaftli-
che Arbeiten (überwiegend Dissertationen) anonym. Nach dem Jahresbericht
des von der Deutschen Forschungsgemeinschaft (DFG) ins Leben gerufenen
Ombudsmanns für die Wissenschaft für das Jahr 2015 machten Anfragen zu
Plagiaten mit einem Viertel der Gesamtanfragen den zahlmäßig größten Teil
aller Anfragen aus, gefolgt von Anfragen zur Autorschaft und der Benachteili-

gung wissenschaftlichen Nachwuchses (s. Jahresbericht 2015 des Ombudsmanns für die Wissenschaft, abrufbar unter www.ombudsmann-fuer-die-wis-
senschaft.de). In der Regel geht es bei Plagiatsfällen in der Wissenschaft nicht
in erster Linie um die Verletzung des Urheberrechts. Während das Urheberrechtsgesetz den Begriff des Plagiats nicht kennt (s. hierzu ausführlich Dreier/
Ohly/*Schack* S. 82 f. sowie *Waiblinger* S. 35 ff.), enthalten hochschulrechtliche
Regelungen zum Umgang mit wissenschaftlichem Fehlverhalten sowie entsprechende Regelwerke außeruniversitärer Forschungseinrichtungen einen eigenen,
über den Schutz des Urheberrechts hinausgehenden, Plagiatstatbestand. Im Folgenden sollen dieser wissenschaftsrechtliche Plagiatstatbestand, die hochschulrechtlichen Mechanismen zur Aufklärung von Plagiatsvorwürfen sowie die
möglichen Rechtsfolgen überblicksartig beleuchtet werden.

II. Wissenschaftsrechtliche Regeln gegen wissenschaftliches Fehlverhalten

1. Hintergrund: Empfehlungen der Deutschen Forschungsgemeinschaft und Hochschulrektorenkonferenz

Aus Anlass eines besonders schwerwiegenden Falles wissenschaftlichen Fehl-   **2**
verhaltens (Datenfälschung in der Medizin) setzte die DFG 1997 die international zusammengesetzte Expertenkommission „Selbstkontrolle in der Wissenschaft" ein, um Ursachen von Unredlichkeit im Wissenschaftssystem
nachzugehen und Empfehlungen zur Sicherung wissenschaftlicher Selbstkontrolle zu verabschieden. In den von der DFG als Denkschrift veröffentlichten Empfehlungen (Denkschrift „Sicherung guter wissenschaftlicher Praxis" der DFG von 1998, in der ergänzten Fassung von 2013 abrufbar unter
www.dfg.de, nachfolgend „DFG-Empfehlungen") wurden Hochschulen und
außeruniversitäre Forschungsinstitute aufgefordert, sogenannte „Regeln guter wissenschaftlicher Praxis" zu formulieren und ihre Mitglieder darauf zu
verpflichten. Hierzu sollten allgemeine Grundsätze wissenschaftlichen Arbei-
tens gehören, wie etwa die Gebote, lege artis zu arbeiten, Resultate zu dokumentieren sowie „strikte Ehrlichkeit im Hinblick auf die Beiträge von Partnern, Konkurrenten und Vorgängern zu wahren". Hochschulen und
Forschungseinrichtungen wurde ferner aufgegeben, Verfahren zum Umgang
mit Vorwürfen wissenschaftlichen Fehlverhaltens auszugestalten und dabei
insbesondere Tatbestände zu definieren, die in Abgrenzung zu den Regeln
guter wissenschaftlicher Praxis als „wissenschaftliches Fehlverhalten" einzustufen seien. Die DFG nannte hier neben der Erfindung und Fälschung von
Daten ausdrücklich das „Plagiat", ohne dies näher zu konkretisieren (DFG-
Denkschrift, S. 23, Empfehlung 8, s. zu den DFG-Empfehlungen ausführlich
Apel, S. 314 ff.; *Rupp* FS Leuze S. 437, 441 ff.; *Lippert*, WissR 2000, 210,
215). Parallel zur Initiative der DFG, die 1998 sogar die Vergabe von Fördermitteln an die Umsetzung der DFG-Empfehlung geknüpft hatte, erarbeitete
die Max-Planck-Gesellschaft (MPG) eigene Regelwerke zum Umgang mit
wissenschaftlichem Fehlverhalten. Die 1997 vom Senat der MPG verabschiedete „Verfahrensordnung bei Verdacht auf wissenschaftliches Fehlverhalten"
(vom 14. November 1997, geändert am 24. November 2000, nachfolgend
„MPG-Verfahrensordnung") führte ein detailliert ausgestaltetes zweistufiges
Prüfungsverfahren für Fälle des Verdachts auf wissenschaftliches Fehlverhalten ein. Insbesondere enthielt die MPG-Verfahrensordnung einen Katalog
von Verhaltensweisen, die als wissenschaftliches Fehlverhalten anzusehen
sind sowie einen Katalog möglicher Sanktionen. Neben der vorgenannten
Verfahrensordnung verabschiedete die MPG im Jahr 2000 „Regeln zur Sicherung guter wissenschaftlicher Praxis", die für sämtliche in der Forschungsar-
beit der MPG Tätige verbindliche Grundregeln guter wissenschaftlicher

Praxis zusammenfasste. Auf Anregung der DFG erarbeitete die Hochschul-rektorenkonferenz (HRK) schließlich eine Muster-Verfahrensordnung für Hochschulen, welche sie 1998 in Form einer „Empfehlung zum Umgang mit wissenschaftlichem Fehlverhalten in den Hochschulen" verabschiedete (Empfehlung des 185. Plenums vom 6. Juli 1998, nachfolgend „HRK-Emp-fehlung"). Die HRK-Empfehlung lehnte sich dabei stark an die erwähnten Regelwerke der MPG an, um einen Gleichlauf der Verfahren zum Umgang mit wissenschaftlichem Fehlverhalten für alle Wissenschaftler unabhängig von ihrem Wirkungsort zu ermöglichen. Die HRK gab den Hochschulen auf, die vorgeschlagenen Regeln zum Umgang mit wissenschaftlichem Fehlverhal-ten zügig umzusetzen.

2.   Kodifikationswelle an Hochschulen und Forschungseinrichtungen

3   Innerhalb weniger Jahre führte dies zu einer regelrechten Kodifikationswelle in der deutschen Wissenschaftslandschaft. Bis heute dürften nahezu alle Hochschulen, Fachhochschulen und außeruniversitären Forschungseinrich-tungen die Empfehlungen der DFG und HRK durch die Verabschiedung von „Regeln guter wissenschaftlicher Praxis" und entsprechenden Verfahrens-ordnungen zum Umgang mit wissenschaftlichem Fehlverhalten umgesetzt ha-ben. Rechtstechnisch sind erhebliche Unterschiede bei der Umsetzung durch die Hochschulen zu beobachten. Wohl überwiegend dürften die Hochschulen die Regelwerke als Satzungen implementiert haben (so etwa exemplarisch die Humboldt-Universität zu Berlin: „Satzung über die Grundsätze der Hum-boldt-Universität zu Berlin zur Sicherung guter wissenschaftlicher Praxis und über den Umgang mit Vorwürfen wissenschaftlichen Fehlverhaltens" vom 25. Juni 2002). Andere Hochschulen setzten die Empfehlung von DFG und HRK nicht im Wege der Satzung um, sondern verabschiedeten entsprechende „Richtlinien" oder „Leitlinien" (s. etwa „Richtlinien der Ludwig-Maximili-ans-Universität München zur Selbstkontrolle in der Wissenschaft" vom 16. Mai 2002, zuletzt geändert am 30. September 2014 oder die „Leitlinien guter wissenschaftlicher Praxis und Grundsätze für das Verfahren bei vermu-tetem wissenschaftlichen Fehlverhalten" der Ruhr-Universität Bochum vom 10. Februar 2016). Neben Hochschulen und Fachhochschulen haben auch zahlreiche außeruniversitäre Forschungseinrichtungen (wie z. B. das Deut-sche Krebsforschungszentrum, Heidelberg (DKFZ) sowie das Deutsche Zen-trum für Luft- und Raumfahrt e. V., Köln (DLR)), wissenschaftliche Dachor-ganisationen, Akademien sowie wissenschaftliche Verbände und Vereine Regeln guter wissenschaftlicher Praxis sowie Verfahrensregelung zum Um-gang mit wissenschaftlichem Fehlverhalten verabschiedet. Dabei ist darauf hinzuweisen, dass – trotz im Einzelfall bestehender Unterschiede – die Regel-werke der verschiedenen Einrichtungen weitgehend deckungsgleich sind. Dies betrifft insbesondere den hier im Fokus stehenden Tatbestand des Plagi-ats als Unterfall wissenschaftlichen Fehlverhaltens sowie die Ausgestaltung der Verfahren zum Umgang mit Vorwürfen wissenschaftlichen Fehlverhal-tens. Im Folgenden wird daher überwiegend auf die entsprechenden Vorbil-der, insbesondere auf die MPG-Verfahrensordnung und die HRK-Empfeh-lung, Bezug genommen.

3.   Das Plagiat als Tatbestand wissenschaftlichen Fehlverhaltens

4   Anders als das Urheberrechtsgesetz enthalten die hier im Überblick darge-stellten wissenschaftsrechtlichen Satzungen und Richtlinien zum Umgang mit wissenschaftlichem Fehlverhalten einen **eigenen Plagiatstatbestand**. Er ist dort als Unterfall des wissenschaftlichen Fehlverhaltens vorgesehen, dem zentralen Begriff dieser wissenschaftsrechtlichen Regelwerke. Trotz der im Einzelnen bestehenden Unterschiede der einzelnen Satzungen, Richtlinien und Empfehlungen, enthält der überwiegende Teil der Regelwerke dieselbe

Definition wissenschaftlichen Fehlverhaltens. So bestimmt die MPG-Verfahrensordnung, gewissermaßen das Vorbild sämtlicher seither ergangener Regelwerke, dass wissenschaftliches Fehlverhalten dann vorliegt, „wenn in einem wissenschaftserheblichen Zusammenhang bewusst oder grob fahrlässig Falschangaben gemacht werden, geistiges Eigentum anderer verletzt oder sonst wie deren Forschungstätigkeit beeinträchtigt wird" (MPG-Verfahrensordnung, s. dort Anlage 1, Ziffer I; wortwörtlich oder mit geringfügigen sprachlichen Abweichungen übernommen z. B. in Ziffer B.1 HRK-Empfehlung sowie § 4 Richtlinien LMU München). An diese allgemeine Definition schließt sich in den Regelwerken ein in mehrere Tatbestandsgruppen aufgegliederter, nicht abschließender Katalog konkret benannter Verhaltensweisen, die als wissenschaftliches Fehlverhalten eingestuft werden. Dazu gehören insbesondere Falschangaben (Erfinden und Verfälschen von Daten etc.), Verletzung des geistigen Eigentums (Unterfall Plagiat), die nicht gerechtfertigte Beeinträchtigung von Forschungstätigkeit anderer (z. B. Beschädigen, Zerstören oder Manipulieren von Versuchsanordnungen etc.) sowie die Beseitigung von Primärdaten. Bei dem Tatbestand des Plagiats handelt es sich also um einen Unterfall der Tatbestandsgruppe „**Verletzung geistigen Eigentums**". Nach dem Wortlaut der Muster-Verfahrensordnung der HRK, die von Hochschulen und Forschungseinrichtungen im Regelfall im Wortlaut übernommen wurde, kommt als wissenschaftliches Fehlverhalten danach insbesondere in Betracht die „Verletzung geistigen Eigentums in Bezug auf ein von einem anderen geschaffenes **urheberrechtliches geschütztes Werk** oder von anderen stammende **wesentliche wissenschaftliche Erkenntnisse, Hypothesen, Lehren oder Forschungsansätze**" durch „**die unbefugte Verwertung unter Anmaßung der Autorschaft (Plagiat)**" (s. Ziffer B.1.b HRK-Empfehlung). Neben dem vorgenannten Plagiatstatbestand werden als weitere tatbestandsmäßige Verletzungen geistigen Eigentums die „Ausbeutung von Forschungsansätzen und Ideen, insbesondere als Gutachter (Ideendiebstahl)", „die Anmaßung oder unbegründete Annahme wissenschaftlicher Autor- oder Mitautorschaft", „die Verfälschung des Inhalts" sowie „die unbefugte Veröffentlichung und das unbefugte Zugänglichmachen gegenüber Dritten, solange das Werk, die Erkenntnis, die Hypothese, die Lehre oder der Forschungsansatz noch nicht veröffentlicht sind" genannt (s. Ziffer B.1.b. HRK-Empfehlung).

Nach dem wissenschaftsrechtlichen Plagiatstatbestand kommen mehrere Objekte einer „unbefugten Verwertung unter Anmaßung der Autorschaft (Plagiat)" in Betracht: Genannt wird zunächst die unbefugte Verwertung eines von einem anderen geschaffenen urheberrechtlich geschützten Werkes. Diese erste Tatbestandsalternative überschneidet sich in ihrem Regelungsgehalt mit dem Schutz des Urheberrechts. Wer ein urheberrechtlich geschütztes Werk unter Anmaßung der Urheberschaft unbefugt verwertet, sei es dass er einen urheberrechtlich geschützten Text oder Teil eines Textes ohne Namensnennung (und außerhalb der Schrankenvorschriften, insbesondere der Zitierfreiheit) nutzt, erfüllt sowohl den Tatbestand einer Urheberrechtsverletzung (§§ 97 Abs. 1, 13 UrhG) als auch den Tatbestand wissenschaftlichen Fehlverhaltens. Im Rahmen dieser ersten Tatbestandsalternative finden also urheberrechtliche Wertungen Eingang in den wissenschaftsrechtlichen Plagiatstatbestand. **5**

Der Plagiatstatbestand geht jedoch in seiner zweiten Tatbestandsalternative weit über die unbefugte Verwertung urheberrechtlich geschützter Werksubstanz hinaus. Als weitere Objekte der unbefugten Verwertung werden „von anderen stammende wesentliche wissenschaftliche Erkenntnisse, Hypothesen, Lehren oder Forschungsansätze" genannt. Während wissenschaftliche Erkenntnisse, Hypothesen, Lehren oder Forschungsansätze als solche in der Regel **6** urheberrechtlich ungeschützt sind (s. hierzu grundlegend BGH GRUR 1981, 352 – *Staatsexamensarbeit*), dürfen sie nach dem wissenschaftsrechtlichen Plagiatstatbestand nicht unbefugt unter Anmaßung der Autorschaft verwertet werden. Der wissenschaftsrechtliche Plagiatstatbestand verpflichtet einen Wissenschaftler also, nahezu jede Benutzung fremden Geistesgutes offenzulegen, will er sich nicht dem Vorwurf wissenschaftlichen Fehlverhaltens aussetzen. Nach dem Wortlaut gilt dies jedenfalls für von anderen stammende „wesentliche" wissenschaftliche Erkenntnisse, Hypothesen, Lehren oder Forschungsansätze. Diese einschränkende Tatbestandsqualifikation („wesentlich") scheint in der Diskussion um Plagiatsvorwürfe in der Wissenschaft häufig übersehen zu werden.

7   Wie die Aufklärung und Aufarbeitung aktueller Plagiatsfälle zeigt, bergen beide Tatbestandsalternativen des wissenschaftsrechtlichen Plagiatsbegriffs in der Praxis Schwierigkeiten.

8   Im Hinblick auf die erste Tatbestandsalternative (unbefugte Verwertung eines urheberrechtlich geschützten Werkes) wird häufig übersehen, dass einzelne Sätze oder Satzteile oftmals gar keinen urheberrechtlichen Schutz genießen, da ihnen die erforderliche Schöpfungshöhe fehlt. Zu Recht weist *Schack* insoweit darauf hin, dass aus der bloßen Identität von Textteilen noch lange keine Urheberrechtsverletzung folgt (Dreier/Ohly/*Schack*, S. 81, 85). Handelt es sich also bei den übernommenen Textteilen schon gar nicht um urheberrechtlich geschützte Werksubstanz, scheidet ein Plagiat aus. Doch insbesondere der Einsatz von sog. Plagiatserkennungssoftware scheint häufig das Gegenteil zu suggerieren. Unter Verweis auf den Einsatz solcher Software werden oftmals Plagiatsvorwürfe allein aufgrund von textlichen Übereinstimmungen erhoben. Zu Recht wird der flächendeckende Einsatz von Plagiatserkennungssoftware kritisch gesehen (s. Dreier/Ohly/*Dreier/Ohly*, S. 154, 165 ff.). *Weber-Wulff* weist nach Tests von (wohl bis 2012) auf dem Markt verfügbarer Plagiatssoftware darauf hin, dass die Software keine Plagiate, sondern allenfalls Kopien fremder Texte erkennen und damit lediglich immer nur Indizien für Stellen liefern kann, bei denen es sich um Plagiate handeln könnte (Dreier/Ohly/*Weber-Wulff*, S. 135, 151 f.).

9   Schwieriger noch als die Frage, ob die Übernahme eines Textes urheberrechtlich unzulässig ist, dürfte in der Praxis die Beantwortung der Frage sein, ob in einem Werk von anderen stammende „wesentliche wissenschaftliche Erkenntnisse, Hypothesen, Lehren oder Forschungsansätze" (so die zweite Tatbestandsalternative) unbefugt verwendet werden. Der Einsatz von Plagiatserkennungssoftware scheint hier von vornherein ungeeignet. Doch auch für Untersuchungskommissionen in Plagiatsfällen bestehen hier erhebliche Auslegungsschwierigkeiten, nicht zuletzt weil es keine objektiven Maßstäbe für die Beantwortung der Frage gibt, was unter einer „wesentlichen" wissenschaftlichen Erkenntnis, Hypothese oder Lehre zu verstehen ist. Zutreffend wird in der Literatur darauf hingewiesen, dass „fachspezifische Binsenwahrheiten" (Dreier/Ohly/*Rieble*, S. 31 f., 46) oder „sedimentiertes Lexikonwissen" (*Gärditz*, WissR 2013, 3, 6) nicht nachweispflichtig seien. Doch die Grenzen zwischen unzulässigem Plagiat und zulässiger Wiedergabe von Vorbestehendem sind im Fluss und werden sich nicht pauschal ziehen lassen. Zu Recht wird jedoch kritisiert, dass es an Leitlinien zur Abgrenzung der unzulässigen Übernahme wissenschaftlicher Ideen von deren zulässiger Fortentwicklung fehlt (so Dreier/Ohly/*Dreier/Ohly*, S. 155, 177, die jedoch für den Bereich der Rechtswissenschaft auf die hilfreichen „Empfehlungen zur wissenschaftlichen Redlichkeit bei der Erstellung rechtswissenschaftlicher Texte" des Deutschen Juristen-Fakultätentags (DJFT) von 2012 sowie das gemeinsame Positionspapier „Gute wissenschaftliche Praxis für das Verfassen wissenschaftlicher Qualifika-

tionsarbeiten" des Allgemeinen Fakultätentags (AFT) sowie der Fakultätentage
und des Deutschen Hochschulverbands (DHV) hinweisen).

Der Plagiatstatbestand der wissenschaftsrechtlichen Regelwerke enthält keine   **10**
spezifischen Vorgaben im Hinblick auf den erforderlichen subjektiven Tatbestand. Allerdings liegt nach der (dem Unterfall des Plagiats) übergeordneten
Definition wissenschaftlichen Fehlverhaltens solches nur dann vor, wenn in
einem wissenschaftserheblichen Zusammenhang „vorsätzlich oder grob fahrlässig" Falschangaben gemacht werden, geistiges Eigentum anderer verletzt
oder sonst wie deren Forschungstätigkeit beeinträchtigt wird (Ziffer B.1. HRK-
Empfehlung). Nach der Systematik des Tatbestands wissenschaftlichen Fehlverhaltens ist also davon auszugehen, dass auch der Unterfall des Plagiats Vorsatz
oder grobe Fahrlässigkeit erfordert.

4.   Rechtsfolgen/Sanktionierung des (wissenschaftsrechtlichen) Plagiats

a) **Zweistufiges Prüfungsverfahren:** Hochschulen und Forschungseinrichtun-   **11**
gen wurden von DFG und HRK auch aufgegeben, Verfahren zum Umgang
mit Vorwürfen wissenschaftlichen Fehlverhaltens zu etablieren. Im Rahmen
der erlassenen Regelwerke wurden Verfahrensgremien – in der Regel Untersu-
chungsausschuss oder Kommission genannt – geschaffen, die in einem förmlichen Untersuchungsverfahren feststellen, ob wissenschaftliches Fehlverhalten
vorliegt oder nicht (s. ausführlich zur Verfahrensgestaltung *Schiffers*, wissenschaftliches Fehlverhalten an staatlichen Hochschulen). Diese Verfahrensgremien werden tätig, wenn an sie Vorwürfe wissenschaftlichen Fehlverhaltens
herangetragen werden, sei es durch Angehörige der Hochschule oder Forschungseinrichtungen, durch den Ombudsmann für die Wissenschaft oder
durch anonym operierende Plattformen wie VroniPlag, die sich der Aufdeckung von Plagiaten verschrieben haben. Den rechtlichen Handlungsspielraum von Kommissionen für den Umgang mit wissenschaftlichem Fehlverhalten hat das Bundesverwaltungsgericht bereits mit Urteil vom 11. Dezember
1996 umrissen (BVerwG, Az.: 6 C 5/95 = BVerwGE 102, 304–316). Danach
darf eine solche Kommission „nur dann und nur gegenständlich begrenzt
tätig werden", „wenn und soweit gegen einen Wissenschaftler schwerwiegende Vorwürfe erhoben werden, etwa dass er verantwortungslos gegen
grundlegende Prinzipen der Wissenschaftlichkeit verstoßen oder die Forschungsfreiheit missbraucht habe oder dass seinen Arbeiten der Charakter
der Wissenschaftlichkeit nicht nur im Einzelnen oder nach der Definition bestimmter Schulen, sondern systematisch abzusprechen sei" (s. BVerwG,
a. a. O., Tz. 41). Vor dem Hintergrund dieser einschränkenden Rechtsprechung des Bundesverwaltungsgerichts bestehen daher bereits gewisse Zweifel,
ob Untersuchungskommissionen überhaupt befugt sind, Plagiatsverfahren zu
führen, bei denen lediglich vereinzelte Verstöße gegen Zitiernormen in Rede
stehen und nicht erkennen lassen, dass einer Arbeit der Charakter der Wissenschaftlichkeit per se abgesprochen werden kann.

Nach dem Vorbild der HRK-Empfehlung (1998) sind die Verfahren in der   **12**
Regel zweistufig ausgestaltet. Im Rahmen einer Vorprüfung soll die Kommission dem vom Verdacht des Fehlverhaltens Betroffenen unverzüglich Gelegenheit zur Stellungnahme geben; danach prüft sie, ob sich der Verdacht wissenschaftlichen Fehlverhaltens hinreichend bestätigt oder ob ein vermeintliches
Fehlverhalten vollständig aufgeklärt werden kann. Ist dies nicht der Fall, wird
ein förmliches Untersuchungsverfahren eingeleitet (s. zum Ablauf nach der
Musterverfahrensordnung Ziffer C.IV HRK-Empfehlung). Entscheidet sich die
Kommission zur Eröffnung eines förmlichen Untersuchungsverfahrens, ist dies
der Hochschulleitung mitzuteilen. Die Kommission berät über den Fall in nicht
öffentlicher mündlicher Verhandlung und prüft in freier Beweiswürdigung, ob
wissenschaftliches Fehlverhalten vorliegt. Nach der HRK-Empfehlung ist dem

Wissenschaftler in geeigneter Weise Gelegenheit zur Stellungnahme zu geben; auf Wunsch ist er mündlich anzuhören. Betroffene können hier auch eine Vertrauensperson, z. B. einen Rechtsanwalt, als Beistand hinzuziehen.

13 Kommt die Kommission zu dem Ergebnis, dass wissenschaftliches Fehlverhalten nicht erwiesen ist, stellt sie das Verfahren ein. Ergibt die Prüfung jedoch, dass wissenschaftliches Fehlverhalten hinreichend erwiesen ist, legt die Kommission der Hochschulleitung oder dem Präsidium einen Abschlussbericht und eine Empfehlung für das weitere Vorgehen vor (s. etwa § 10 der Richtlinien der LMU München vom 30. September 2014 oder § 12 Abs. 8 der Satzung der Humboldt-Universität zu Berlin zur Sicherung guter wissenschaftlicher Praxis und über den Umgang mit Vorwürfen wissenschaftlichen Fehlverhaltens vom 25. Juni 2002). Nach der Rechtsprechung des OVG Berlin-Brandenburg handelt es sich bei derartigen Abschlussberichten von Untersuchungskommissionen einer Hochschule, in denen wissenschaftliches Fehlverhalten festgestellt wird, nicht um Verwaltungsakte, da es ihnen sowohl an einem Regelungsgehalt als auch an der erforderlichen Auswirkungen fehlt (s. OVG Berlin-Brandenburg NVwZ 2012, 1491–1496, Tz. 35 ff.; s. hierzu auch *Gärditz*, WissR 2013, 3, 15). Sie sind nach dieser Entscheidung also nicht im Wege der Anfechtungsklage nach § 42 VwGO justiziabel.

14 **b) Feststellungsbefugnis der Untersuchungskommissionen:** Im Hinblick auf die Sanktionierung wissenschaftlichen Fehlverhaltens ist zunächst darauf hinzuweisen, dass sich die Befugnisse der Untersuchungskommissionen wie gezeigt im Wesentlichen darauf beschränken, wissenschaftliches Fehlverhalten förmlich festzustellen. Sie sind nicht befugt, rechtliche Sanktionen – wie etwa die Entziehung eines akademischen Grades oder der Lehrbefugnis – gegenüber dem betroffenen Wissenschaftler zu verhängen. Allerdings wird zu Recht auf die erheblichen „weichen Sanktionen" der Untersuchungskommissionen hingewiesen (s. *Schulze-Fielitz*, WissR 2004, 100, 119 ff. sowie *Apel*, S. 418). In der Tat kann allein die Tatsache der Durchführung eines Untersuchungsverfahrens sowie die ggf. bestehende Medienberichterstattung eine erhebliche belastende Sanktionswirkung für den Betroffenen mit sich bringen.

15 **c) Empfehlungsbefugnis der Kommission für weiteres Vorgehen:** Im Hinblick auf das von der Kommission im Falle festgestellten wissenschaftlichen Fehlverhaltens zu empfehlenden „weitere Vorgehen" enthalten die meisten hochschulrechtlichen Satzungen und Regelwerke nach dem Vorbild der MPG-Verfahrensverordnung Kataloge möglicher Sanktionen und Konsequenzen (s. z. B. Anlage 2 der MPG-Verfahrensordnung). Es werden dort arbeitsrechtliche (z. B. Abmahnung, außerordentliche und ordentliche Kündigung, Vertragsauflösung etc.), akademische (z. B. Entzug akademischer Grade, Entzug der Lehrbefugnis), beamtenrechtliche, zivilrechtliche und strafrechtliche Konsequenzen erwähnt (s. zum Strafrecht Dreier/Ohly/*Kudlich* S. 117 f. sowie zur Diskussion um ein neues Promotions- und Prüfungsstrafrecht *Linke* NvWZ 2015, 327). Die Aufzählung der in Betracht kommenden Sanktionen soll den Hochschulen und Forschungseinrichtungen als „Orientierungshilfe" für die Frage dienen, welche weiteren rechtlichen Schritte gegen den betroffenen Wissenschaftler eingeleitet werden könnten (s. Vorbemerkung Anlage 2 der MPG-Verfahrensordnung). Dabei ist darauf hinzuweisen, dass sämtlichen in den Katalogen aufgezählten Sanktionen gemeinsam ist, dass sich ihr Tatbestand nicht auf wissenschaftliches Fehlverhalten als solches stützt. Die vorgenannten Sanktionen werden in den jeweils gesetzlich geregelten Verfahren getroffen, beruhen auf eigenen Voraussetzungen und sind auch nicht kraft Tatbestandswirkung an die Feststellung wissenschaftlichen Fehlverhaltens gebunden (s. hierzu *Apel*, S. 419 sowie *Stegemann-Boehl*, WissR 1996, 139, 153 ff.). Auch die in den Satzungen oder Richtlinien aufgeführten akademischen Konsequenzen (Entzug des Doktorgrades oder der Lehrbefugnis) knüpfen nicht an die förmliche Feststellung wissenschaftlichen Fehlverhaltens an. Auch hier gilt, dass diese Sanktionen nur von den jeweils zuständigen Organen in den entsprechenden, speziell geregelten Verfahren verhängt werden können. Der Entzug akademischer Grade beispielsweise ist in den Landeshochschulgesetzen oder den Promotionsordnungen der Hochschulen geregelt und kann nur von dem Körperschaften ausgesprochen werden, die den akademischen Grad verliehen haben. Beispielsweise kann nach § 34 Abs. 7 Berliner Hochschulgesetz ein akademischer Grad vom Leiter der Hochschule wieder entzogen werden, wenn sich nachträglich herausstellt, dass er durch Täuschung erworben worden ist, die wesentlichen Voraussetzungen für die Verleihung nicht vorlagen, der Inhaber der Verleihung eines akademischen Grades unwürdig war oder er sich durch späteres Verhalten der Führung eines akademischen Grades unwürdig erwiesen hat. Auf die Feststellung „wissenschaftlichen Fehlverhaltens" im Sinne der Satzungen und Richtlinien kommt es also für die Frage des Entzugs eines Doktorgrades nicht an (zur Entziehung von Doktorgraden s. exemplarisch OVG Nordrhein-Westfalen, Urteil vom 10. Februar 2016, Az.: 19 A 991/12, zitiert nach juris sowie OVG Berlin-Brandenburg, Urteil vom 12. Mai 2016, Az.: OVG 5 B 11.15; s. zur Entziehung akademischer Grade im Schrifttum *Tiedemann* ZRP 2010, 53 sowie *Nebendahl/Rönnau* VBZ 1988, 873). Festzuhalten bleibt, dass die förmliche Feststellung wissenschaftlichen Fehlverhaltens durch die zuständigen Untersuchungskommissionen keine Feststellungswirkung für Sanktionen der allgemeinen Rechtsordnung zu begründen vermag, wie beispielsweise für das Verfahren zur Entziehung akademischer Grade (zur Rechtslage im Arbeits- oder Beamtendisziplinarrecht s. ausführlich *Gärditz* WissR 2013, 3, 30 m. w. N.). Hat jedoch einmal eine Untersuchungskommission wissenschaftliches Fehlverhalten förmlich festgestellt, wird man einer solchen Feststellung für weitere rechtliche Verfahren (wie beispielsweise zur Entziehung des Doktorgrades) eine gewisse Indizwirkung nicht absprechen können.

Überdies sehen einige Verfahrensordnungen auch „wissenschaftsspezifische" **16** Sanktionsmaßnahmen vor, die von den zuständigen Leistungsorganen der Hochschulen oder Forschungseinrichtungen eingeleitet werden können, wie etwa die Unterrichtung anderer wissenschaftlicher Einrichtungen, Verlage, Fördereinrichtungen oder die Benachrichtigung der Öffentlichkeit (s. etwa Anlage 2 Ziffer V der MPG-Verfahrensordnung). Nach dem Modell der MPG-Verfahrensordnung sehen zahlreiche Regelwerke auch eine Verpflichtung zum Widerruf fehlerbehafteter Publikationen in Fällen der Verletzung geistigen Eigentums vor (s. Anlage 2 Ziffer V MPG-Verfahrensordnung). Danach soll der Wissenschaftler verpflichtet sein, das fehlerbehaftete Werk zurückzurufen, soweit es noch nicht veröffentlicht ist; bei bereits veröffentlichten Werken soll der Autor zu einer Richtigstellung verpflichtet sein. In der Praxis scheint dies jedoch häufig nicht umgesetzt zu werden. Unter dem Stichwort „Folgewirkung von Plagiaten" berichtet der Ombudsmann für die Wissenschaft in seinem Jahresbericht 2015, dass die Instanzen zur Einhaltung guter wissenschaftlicher Praxis für gewöhnlich nicht weiter tätig werden, wenn ein Plagiat entdeckt und die verantwortliche Person sanktioniert worden ist. Die plagiierten Texte seien meist weiterhin online und in Bibliotheken verfügbar, ohne dass dort auf das Fehlverhalten und den eigentlichen Autor verwiesen wurde, so dass sich der Fehler in den Zitierungen dieser Texte fortsetze (s. Ombudsmann für die Wissenschaft, Jahresbericht 2015, abrufbar unter www.ombudsmann-fuer-die-wissenschaft.de). Der Ombudsmann regt daher an, dass sich die Fehlverhaltenskommissionen, die Hinweise auf ein Plagiat prüften, sich im Fall von nicht mit Rechtsmitteln angegriffenen positiven Ergebnissen direkt an die Landesbibliotheken oder die betreffenden Zeitschriften wenden, in denen die Arbeit online veröffentlicht worden sei; bei online erschienenen Beiträgen müsse sicherge-stellt werden, dass ein entsprechender Vermerk der Publikation unmittelbar zugefügt würde (a. a. O. S. 5 f.).

Unterabschnitt 4   **Sonstige Rechte des Urhebers**

§ 25   Zugang zu Werkstücken

(1) Der Urheber kann vom Besitzer des Originals oder eines Vervielfältigungs-stückes seines Werkes verlangen, dass er ihm das Original oder das Verviel-fältigungsstück zugänglich macht, soweit dies zur Herstellung von Vervielfäl-tigungsstücken oder Bearbeitungen des Werkes erforderlich ist und nicht berechtigte Interessen des Besitzers entgegenstehen.

(2) Der Besitzer ist nicht verpflichtet, das Original oder das Vervielfältigungs-stück dem Urheber herauszugeben.

I. Allgemeines

1.   Sinn und Zweck der Norm, Stellung im Gesetz

1   Das **Zugangsrecht** des Urhebers ist Ausfluss seines Urheberpersönlichkeitsrech-tes (BGH GRUR 1952, 257, 258 – *Krankenhauskartei*) und ermöglicht ihm, sich Zugang zu einem Werkstück zu verschaffen, das sich im Besitz eines ande-ren befindet; dem Urheber soll so ermöglicht werden, sein Werk ungehindert zu verwerten, wenn er kein Original und auch kein Vervielfältigungsstück da-von mehr besitzt oder aus anderen Gründen der Zugang zur Vervielfältigung oder Bearbeitung des Werkes erforderlich ist (RegE UrhG 2016 – BT-Drs. IV/270, S. 52). Das Zugangsrecht dient aber nicht nur dem Schutz der Verwer-tungsinteressen des Urhebers, sondern schützt beispielsweise auch das Interesse des Urhebers an der Katalogisierung und Dokumentation seiner Werke (OLG Nürnberg ZUM-RD 2003, 260, 266); das Zugangsrecht ist daher **zweckneut-ral** (vgl. Rn. 13).

1a   Aus dem urheberpersönlichkeitsrechtlichen Kern des § 25 lässt sich auch die Pflicht des Galeristen ableiten, dem Urheber die Namen der Erwerber seiner Werke zu nennen, um ihm zu ermöglichen, seine ideelle Verbindung zum Werk aufrecht zu erhalten und insbesondere von seinem Zugangsrecht überhaupt Gebrauch machen zu können. Dieses Recht tritt neben den Auskunftsanspruch des Urhebers gegen den Galeristen aus § 384 Abs. 2 Hs. 1 HGB i. V. m. dem Galerievertrag und überlagert diesen, sodass der Urheber auch nach Ablauf der angemessenen Frist i. S. v. § 384 Abs. 2 HGB noch Auskunft begehren kann (LG Hamburg ZUM-RD 2008, 27, 28).

Dogmatisch ist das Zugangsrecht den **Vorlegungsrechten** der §§ 809 ff. BGB **2** und neu § 101a UrhG zuzuordnen. Es kann daher auch im Wege der Einstweiligen Verfügung durchgesetzt werden (OLG Düsseldorf GRUR 1969, 550, 551 – *Geschichtsbuch für Realschulen*). Das Zugangsrecht besteht für alle Werkformen, auch für digitale Aufzeichnungen (*Schricker*, UrhR InfoGes, S. 99), ist aber in erster Linie für Werke der bildenden Kunst und der Baukunst von praktischer Bedeutung, weil der Urheber bei Werken der bildenden Kunst regelmäßig das Original veräußert und er bei Werken der Baukunst häufig ein Interesse daran haben wird, das von ihm entworfene Gebäude im fertigen Zustand durch fotografische Vervielfältigung zu dokumentieren (vgl. Rn. 19).

Das Zugangsrecht ist als Kernbestandteil des Urheberpersönlichkeitsrechtes **3** **unverzichtbar** (BGH GRUR 1952, 257, 258 – *Krankenhauskartei*; Dreier/Schulze/*Schulze*[5] Rn. 2; Schricker/Loewenheim/*Vogel*[5] Rn. 7, 22). Zur Ausübung des Zugangsrechts vgl. Rn. 9.

Das Zugangsrecht des § 25 darf nicht verwechselt werden mit dem Recht des **4** Urhebers oder des Nutzungsberechtigten, den Zugang zu einem Werk mit **technischen Schutzmaßnahmen** zu beschränken, um vom Rechtsinhaber nicht genehmigte Handlungen zu verhindern oder einzuschränken; dafür kennt das UrhG in den §§ 95a ff. Sonderbestimmungen.

2. Früheres Recht

Das Zugangsrecht ist erst durch das UrhG gesetzlich anerkannt worden; LUG **5** und KUG kannten keine vergleichbaren Bestimmungen. Die Rechtsprechung hat jedoch auch schon früher das Zugangsrecht des Urhebers aus seinem unveräußerlichen Urheberpersönlichkeitsrecht hergeleitet (BGH GRUR 1952, 257, 258 – *Krankenhauskartei*; RegE UrhG 2016 – BT-Drs. IV/270, S. 52).

3. EU-Richtlinien

Es gibt keine EU-Richtlinien, die den Zugang des Urhebers zu Werkstücken **6** vergleichbar der Regelung in § 25 harmonisieren würden.

4. Internationale Konventionen

Weder RBÜ noch WUA oder TRIPS enthalten eine § 25 vergleichbare Regelung. Zur Anwendbarkeit von § 25 im internationalen Umfeld vgl. Rn. 10. **7**

II. Tatbestand

1. Urheber

Nach dem Wortlaut des Gesetzes ist anspruchsberechtigt nur der Urheber selbst **8** oder sein Erbe als Rechtsnachfolger (§ 30), aber auch jeder Miturheber und jeder Urheber einer Werkverbindung (OLG Düsseldorf GRUR 1969, 550, 551 – *Geschichtsbuch für Realschulen*). Das Zugangsrecht gilt **nicht für Nutzungsberechtigte**. Zwar ist teilweise die Forderung erhoben worden, das Zugangsrecht *de lege ferenda* auch auf Nutzungsberechtigte zu erweitern, weil die Leistung des Verpflichteten nur in einem Gewähren des Zugangs bestehe und dieser nur verlangt werden könne, wenn er erforderlich ist, sowie berechtigte Interessen des Besitzers nicht entgegen stehen (unsere 9. Aufl./*Wilhelm Nordemann* Rn. 1). Da es sich bei dem Zugangsrecht jedoch um einen Bestandteil des Urheberpersönlichkeitsrechtes handelt (vgl. Rn. 1 und 3) und der Nutzungsberechtigte daran nicht teilhat, passt eine solche Erweiterung schon aus dogmatischen Gründen nicht. Sie erscheint aber auch nicht erforderlich: Das Zugangsrecht besteht nur für den Fall, dass der Zugang zur Herstellung von Vervielfältigungsstücken oder von Bearbeitungen des Werkes erforderlich ist; benötigt der Nutzungsberechtigte dafür einen Zugang zu einem Werkstück, kann er sich an den Urheber oder dessen Rechtsnachfolger wenden, der ihm dann den Zugang vermitteln kann (dazu sogleich).

9 Auch wenn das Zugangsrecht zum Kern des Urheberpersönlichkeitsrechtes gehört (vgl. Rn. 3), muss der Urheber es **nicht persönlich ausüben**, sondern kann Dritte, zu denen ein Nutzungsberechtigter, aber beispielsweise auch ein professioneller Fotograf oder ein Fachmann für die Anfertigung von Reproduktionen, gehören kann, mit der Ausübung beauftragen (Wandtke/Bullinger/*Bullinger*[4] Rn. 3). Dasselbe gilt für Miturheber oder Erbengemeinschaften: Sie können einen Miturheber, einen Miterben, eine Stiftung, die sich um die Bewahrung des künstlerischen Erbes des Urhebers kümmert, aber auch einen beliebigen Dritten **bevollmächtigen**, das Zugangsrecht gegenüber dem Besitzer geltend zu machen. Eine persönliche Anwesenheit des Urhebers ist bei dem Zugang nicht erforderlich, es sei denn, ein berechtigtes Interesse des Besitzers würde den Zugang durch eine andere Person als den anderen Urheber ausschließen (vgl. Rn. 17). Dass der Urheber sich einer Hilfsperson bedient oder den Zugang durch eine Hilfsperson durchführen lässt, ist zu trennen von der Frage, dass das Zugangsrecht als Kern des Urheberpersönlichkeitsrechtes nicht auf Dritte übertragen oder von Dritten ausgeübt werden kann (vgl. Rn. 3 und 8 sowie Dreier/Schulze/*Schulze*[5] Rn. 5; HK-UrhR/*Dreyer* Rn. 24; Loewenheim/*Dietz*[2] § 17 Rn. 1; Schricker/Loewenheim/*Vogel*[5] Rn. 21; Wandtke/Bullinger/*Bullinger*[4] Rn. 3).

2. Besitzer des Originals oder eines Vervielfältigungsstückes des Werkes

10 Anspruchsverpflichteter ist **nur der Eigen- oder Fremdbesitzer**, nicht aber der Besitzdiener, weil dieser kein eigenes Besitzrecht hat. Auf das Eigentum kommt es grundsätzlich nicht an; der Urheber kann das Zugangsrecht auch gegenüber einem solchen Fremdbesitzer durchsetzen, der den Besitz von ihm selbst ableitet, beispielsweise wenn der Urheber Originale von Entwurfszeichnungen an einen Nutzungsberechtigten übergeben hat, das Eigentum daran aber bei ihm verblieben ist (zur regelmäßig fehlenden Eigentumsübertragung im Zusammenhang mit der Nutzungsrechtseinräumung vgl. § 44 Rn. 1, 6 ff.). Die Anwendbarkeit von § 25 im **internationalen** Umfeld richtet sich nach dem Recht des Schutzlandes, weil es sich dabei nicht um einen vertraglichen, sondern um einen gesetzlichen Anspruch handelt. Da sich der Schutz des deutschen UrhG nur auf das deutsche Staatsgebiet erstreckt, ist § 25 zunächst auf solche Originale oder Vervielfältigungsstücke anwendbar, die in Deutschland belegen sind. Da § 25 aber letztendlich beim Besitz anknüpft, dürfte sich die Anwendbarkeit von § 25 auch auf solche Originale oder Vervielfältigungsstücke erstrecken, die zwar im Ausland belegen sind, deren Besitz aber von Deutschland aus ausgeübt wird. Beispiel: Ein deutscher Galerist mit Geschäftssitz in Berlin betreibt eine Zweigstelle auf Mallorca; der Urheber kann das Zugangsrecht auch für dort belegene Originale oder Vervielfältigungsstücke geltend machen.

3. Zugänglich machen (Abs. 1), keine Pflicht zur Herausgabe (Abs. 2)

11 Der Besitzer braucht dem Urheber das Werkstück **nicht herauszugeben** (Abs. 2); es genügt, wenn er es ihm **zugänglich** macht, d. h. ihm die tatsächliche Möglichkeit verschafft, Vervielfältigungsstücke oder Bearbeitungen herzustellen. Er muss dem Urheber also ggf. Zutritt zu dem Raum gewähren, wo sich das Werkstück befindet, oder den Verwahrer anweisen, dem Urheber den Zutritt zu gestatten (z. B. zum Banksafe). Dabei soll sich nach der 8. Auflage (unter unzutreffender Berufung auf OLG Hamburg *Erich Schulze* OLGZ 174, 8 = UFITA 81 [1978], 257, 262) der **Umfang des Zugangsrechts** auf diejenigen Teile des Werkes, die eine künstlerische Gestaltung aufweisen, beschränken. Das kann schon deshalb nicht richtig sein, weil das Gesetz den Zugang zum *Original* oder *Vervielfältigungsstück*, also **zum Werk als Ganzem,** vorsieht. Da fast jedes Werk eine Kombination gemeinfreier und geschützter Elemente darstellt (vgl. § 2 Rn. 28), wäre andernfalls der Streit der Beteiligten darüber, was der Urheber zu sehen bekommen müsse und was nicht, und damit der Leerlauf des § 25 in der Praxis vorprogrammiert. Besonders gelagerte Ausnahmefälle, in denen das Zugangsverlangen des Urhebers sich als rechtsmissbräuchlich darstellt, – Beispiel: Der Architekt eines großen Geschäftshauskomplexes, von dem allein die Außenansicht Werkcharakter haben kann, will auch sämtliche Kellerräume einschließlich der Heizungsanlage besichtigen – regeln sich von selbst über die vom Gesetz geforderte Interessenabwägung (vgl. Rn. 19).

Wo der bloße **Zugang nicht ausreicht,** um die Vervielfältigung oder Bearbeitung zu ermöglichen, muss das Werkstück dorthin verbracht werden, wo die Herstellung möglich ist (z. B. zu einer Kopieranstalt [s. § 811 Abs. 1 BGB] oder zu einer Kunstgießerei, s. KG GRUR 1983, 507, 508 – *Totenmaske II*). Da der Besitzer zur Herausgabe an den Urheber nicht verpflichtet ist, bestimmt er diesen dritten Ort selbst und kann seinerseits alle Maßnahmen treffen, um eine Beeinträchtigung des Werkstückes oder einen Missbrauch des Zugangsrechts zu verhindern (z. B. durch persönliche Überwachung des Herstellungsvorgangs). Etwa entstehende **Kosten** hat der Urheber dem Besitzer zu erstatten und auf Verlangen vorzuschießen; er trägt auch das Risiko für Verlust, Beschädigung oder sonstige Beeinträchtigung des Werkstückes und hat dem Besitzer allen etwa daraus entstehenden Schaden ohne Rücksicht auf sein Verschulden zu ersetzen (analog § 811 Abs. 2 BGB i. V. m. § 101a Abs. 4 und 5 UrhG).

4. Zugänglich machen zur Vervielfältigung und Bearbeitung

Den Zugang kann der Urheber nur zur Herstellung von Vervielfältigungen oder Bearbeitungen, nicht zu anderen Zwecken, z. B. um das Werkoriginal auszustellen, verlangen (OLG Düsseldorf ZUM-RD 2016, 368, 375 – *Fassadenarbeiten*; KG GRUR 1981, 742, 743 – *Totenmaske*). Der **Zweck** der Herstellung ist gleichgültig. Ob die Vervielfältigung oder Bearbeitung wirtschaftlich sinnvoll ist oder „nur" ideellen Interessen des Urhebers dient, interessiert wegen des urheberpersönlichkeitsrechtlichen Einschlags des Zugangsrechtes nicht (*Rehbinder/Peukert*[17] Rn. 420). Der Urheber kann deshalb den Zugang auch zur Katalogisierung und Dokumentation seiner Werke verlangen (OLG Nürnberg ZUM-RD 2003, 260, 266). Das ist zwar keine Vervielfältigung und Bearbeitung im eigentlichen Sinne, darin jedoch als Minus enthalten, weil die ungehinderte Verwertung auch solcher Werke, von denen der Urheber das Original und auch kein Vervielfältigungsstück mehr besitzt, gerade Schutzzweck des § 25 ist (vgl. Rn. 1) und es eine notwendige Voraussetzung dafür darstellt, dass sich der Urheber Klarheit darüber verschaffen kann, welche Originale oder Vervielfältigungsstücke existieren und von welchen er sich Vervielfältigungen anfertigen will (OLG Nürnberg ZUM-RD 2003, 260, 266).

Bei Werken der Baukunst stellen grundsätzlich die Pläne, die der Architekt entworfen hat, bereits das Original des Werkes dar. Das Gebäude ist regelmäßig lediglich die Vervielfältigung des Planes (vgl. § 2 Rn. 152), gegebenenfalls auch dessen Bearbeitung, sofern im Zuge der Bauausführung Veränderungen vorgenommen wurden (vgl. §§ 23/24 Rn. 20). Da sich bei Werken der Baukunst zwar das Vervielfältigungsstück schon von der Dimension her vom Werkoriginal maßgeblich unterscheidet – das Werkoriginal, der Plan, ist zweidimensional, während das Vervielfältigungsstück, also das Gebäude, regelmäßig dreidimensional ist – hat der Urheber des Bauwerkes ein über § 25 geschütztes Interesse daran, das Gebäude sowohl während der Bauphase als auch nach Fertigstellung zu Dokumentationszwecken fotografisch zu vervielfältigen.

15 Zugänglich machen **zur Bearbeitung** heißt nicht, dass der Urheber das Werkstück des Besitzers bearbeiten dürfte; das würde dem ausschließlichen Eigentums- bzw. Besitzrecht widersprechen. Er darf nur Vervielfältigungsstücke herstellen, die er ihrerseits bearbeitet oder die schon während der Herstellung eine Bearbeitung erfahren haben. Am Werkstück des Besitzers darf der Urheber nicht die geringste Kleinigkeit ändern.

5. Erforderlichkeit

16 Die Zugänglichmachung muss **erforderlich** sein, um die Herstellung der Vervielfältigung oder Bearbeitung zu bewirken. Das trifft dann zu, wenn eine **andere Möglichkeit** der Herstellung **nicht besteht** (z. B. es gibt nur noch dieses eine Werkstück) oder dem Urheber **nicht zugemutet** werden kann (z. B. das einzige weitere Exemplar befindet sich in einer Bibliothek in einem anderen Erdteil oder in einem sonst schwer zugänglichen Gebiet). Eine andere Möglichkeit besteht nicht, wenn zwar noch eine Reihe von Werkstücken vorhanden ist, diese sich aber sämtlich ebenso in Privathand befinden wie das Werkstück des in Anspruch genommenen Besitzers. Wollte man hier die Erforderlichkeit verneinen, so könnte jeder Besitzer den Urheber an einen anderen Besitzer verweisen, sodass dieser im Ergebnis keine Zugangsmöglichkeit hätte. Der Urheber kann in diesem Falle vielmehr nach seiner Wahl einen beliebigen Besitzer in Anspruch nehmen; eine andere Möglichkeit, auf die er sich verweisen lassen müsste, besteht nur, wenn das Werkstück dort der Öffentlichkeit zugänglich ist (z. B. in einer Bibliothek, einem Museum, auf einem öffentlichen Platz usw.).

6. Interessenabwägung

17 Der Besitzer braucht den Zugang nicht zu ermöglichen, soweit seine eigenen berechtigten Interessen entgegenstehen. Diese Interessen können auch materieller Art sein (OLG Düsseldorf GRUR 1969, 550, 551 – *Geschichtsbuch für Realschulen)*. Damit ist nach dem Merkmal „erforderlich" (vgl. Rn. 16) ein weiterer Hinweis des Gesetzgebers auf die Notwendigkeit einer **Güter- und Interessenabwägung im Einzelfall** gegeben. Als Beispiel für das Vorhandensein eines berechtigten Interesses nennt RegE UrhG 2016 – BT-Drs. IV/270, S. 52 den Fall, dass es sich um eine nur für den Besitzer persönlich angefertigte Arbeit handele. Das kann jedoch so allgemein nicht zutreffen: Das berühmte Porträt der Schauspielerin Tilla Durieux, das Auguste Renoir seinerzeit auf Bestellung ihres damaligen Ehemannes Paul Cassirer für diesen persönlich gemalt hat, gehört seit seiner Veröffentlichung nicht mehr der Privatsphäre an, sodass weder Tilla Durieux noch Paul Cassirer daraus ein berechtigtes Interesse an der Verhinderung der Vervielfältigung hätten herleiten können. **Im Regelfall** wird danach ein überwiegendes Interesse des Besitzers, den Zugang zu versagen, **nur bei unveröffentlichten Arbeiten** in Betracht kommen. Daneben kann es nur in Sonderfällen ein solches Interesse geben: Eine Dame, von der im Alter von 20 Jahren ein Akt gemalt wurde, könnte trotz Veröffentlichung des Gemäldes dem Maler den Zugang verweigern, wenn dieser aus aktuellem Anlass (die gemalte Person wäre etwa Ministerin geworden) dieses Bild vervielfältigen und verbreiten wollte. Auch die Erwägung, dass das vorhandene Werkstück durch die Vervielfältigung oder Bearbeitung seinen materiellen Wert verlieren könnte, kann ein berechtigtes Interesse begründen. Der Verlust seiner Eigenschaft als Unikat genügt dafür allerdings in der Regel dann nicht, wenn die Vervielfältigungsstücke als solche gekennzeichnet werden (KG GRUR 1983, 507, 508 f. – *Totenmaske II)*.

Im Allgemeinen **überwiegen** die schutzwürdigen Interessen des Urhebers an der **18** ungehinderten Verwertung (vgl. Rn. 1 und OLG Düsseldorf GRUR 1969, 550, 550 f. – *Geschichtsbuch für Realschulen*). Dass der Urheber bei Gelegenheit des Zugangs **Rechtsverletzungen des Besitzers** (z. B. unerlaubte Änderungen am Werk) entdecken könnte, ist jedenfalls kein Grund zur Verweigerung des Zugangsrechts (so aber OLG Düsseldorf GRUR 1979, 318, 318 – *Treppenwangen* unter Verletzung auch des § 809 BGB; diese Vorschrift greift allenfalls dann nicht durch, wenn berechtigte Geheimhaltungsinteressen des Vorlagepflichtigen berührt werden, OLG Düsseldorf GRUR 1983, 741, 743 – *Geheimhaltungsinteresse und Besichtigungsanspruch I*). Ebenso tritt das **Interesse einer Fotoagentur am Besitz von Unikaten** gegenüber dem Zugangsrecht ihrer angestellten Fotografen zur Vervielfältigung der Fotografien für den Privatgebrauch zurück (OLG München MDR 1993, 1194). Auch das Interesse des kommissarisch für den Urheber handelnden Galeristen nach **Kundenschutz und Vermeidung zukünftiger Direktgeschäfte zwischen dem Urheber und dem Abnehmer** des Werkes rechtfertigt nicht die Verweigerung des Zugangsrechts des Künstlers zu seinem Werk, da die Pflicht zur Nennung des Erwerbers auch vertraglich abbedungen werden kann und der Galerist jedenfalls nach Beendigung des Kommissionsgeschäfts kein unmittelbares Eigeninteresse mehr daran hat, die Verwertung des Werkes durch Vermittlung von Kuratorenanfragen an die Erwerber weiter zu fördern (LG Hamburg ZUM-RD 2008, 27, 28).

Bei **Werken der Baukunst** kann im Rahmen der Interessenabwägung auch zu **19** berücksichtigen sein, welche Teile des Bauwerkes urheberrechtlichen Schutz genießen (vgl. Rn. 11): Der Urheberarchitekt kann beispielsweise regelmäßig nicht den Zugang zum Inneren eines Gebäudes verlangen, wenn er lediglich die Außenfassade gestaltet hat. Da die schutzwürdigen Interessen des Urhebers an der ungehinderten Verwertung regelmäßig überwiegen, fällt die Interessenabwägung aber im Zweifel, ob ein bestimmter Teil des von dem Architektenurheber geplanten Gebäudes urheberrechtlich geschützt ist oder nicht, zugunsten des Urhebers aus, solange nur ein Teil zweifelsfrei urheberrechtlich geschützt ist. Denn das Zugangsrecht des § 25 gewährt den Zugang zum Original oder Vervielfältigungsstück als Ganzem (vgl. Rn. 11).

7. Vereitelung des Zugangsrechts durch Vernichtung

Den Eigentümer eines Bildes trifft keine Verpflichtung, dieses zu erhalten, nur **20** weil der Urheber einmal sein Zugangsrecht ausüben könnte. Ein Beispiel aus neuerer Zeit ist das Bildnis von Winston Churchill, das seinen Angehörigen missfiel (vgl. § 14 Rn. 31 ff.). Es wäre jedoch ein Fall der unzulässigen Rechtsausübung, würde der Eigentümer gerade dann das Gemälde vernichten wollen, wenn der Maler sein Zugangsrecht ausüben will (vgl. § 14 Rn. 14 ff.).

III. Prozessuales

Die **Beweislast** für die **Erforderlichkeit** trifft nach dem Wortlaut („...soweit ... **21** dies ... erforderlich ist ...") den Urheber. Dieser müsste im Streitfall also (negativ!) beweisen, dass *keine* zumutbare anderweitige Möglichkeit der Herstellung gegeben ist, was denkgesetzlich meist unmöglich ist. Praktisch würde damit jeder Prozess aus § 25 an der Beweislast scheitern; das Zugangsrecht stünde nur auf dem Papier. Das kann der Gesetzgeber nicht gewollt haben. Deshalb genügt eine Darlegung der Gründe, aus denen sich die Erforderlichkeit mit hinreichender Wahrscheinlichkeit entnehmen lässt. Die Beweislast dafür, dass die Inanspruchnahme gerade dieses Werkstücks **nicht erforderlich** ist, trifft den **Besitzer**; das folgt ebenfalls aus dem Wortlaut der Vorschrift („... soweit ... nicht berechtigte Interessen des Besitzers entgegenstehen."). Im Interesse der tatsächlichen Verwirklichung des Zugangsrechts gehen Zweifel zu seinen Lasten (ebenso Schricker/Loewenheim/*Vogel*[5] Rn. 15; Dreier/Schulze/*Schulze*[5] Rn. 20; BeckOK UrhR/*Freudenberg*[18] Rn. 41; a. A. HK-UrhG/*Dreyer* Rn. 11: volle Beweislast des Urhebers mit Beweiserleichterungen; im Ergebnis ähnlich: Wandtke/Bullinger/*Bullinger*[4] Rn. 13). Das Zugangsrecht kann auch im Wege der einstweiligen Verfügung durchgesetzt werden (vgl. Rn. 2).

§ 26 Folgerecht

(1) [1]Wird das Original eines Werkes der bildenden Künste oder eines Lichtbildwerkes weiterveräußert und ist hieran ein Kunsthändler oder Versteigerer als Erwerber, Veräußerer oder Vermittler beteiligt, so hat der Veräußerer dem Urheber einen Anteil des Veräußerungserlöses zu entrichten. [2]Als Veräußerungserlös im Sinne des Satzes 1 gilt der Verkaufspreis ohne Steuern. [3]Ist der Veräußernde eine Privatperson, so haftet der als Erwerber oder Vermittler beteiligte Kunsthändler oder Versteigerer neben ihm als Gesamtschuldner; im Verhältnis zueinander ist der Veräußernde allein verpflichtet. [4]Die Verpflichtung nach Satz 1 entfällt, wenn der Veräußerungserlös weniger als 400 Euro beträgt.

(2) [1]Die Höhe des Anteils des Veräußerungserlöses beträgt:
1. 4 Prozent für den Teil des Veräußerungserlöses von bis zu 50.000 Euro,
2. 3 Prozent für den Teil des Veräußerungserlöses von 50.000,01 bis 200.000 Euro,
3. 1 Prozent für den Teil des Veräußerungserlöses von 200.000,01 bis 350.000 Euro,
4. 0,5 Prozent für den Teil des Veräußerungserlöses von 350.000,01 bis 500.000 Euro,
5. 0,25 Prozent für den Teil des Veräußerungserlöses über 500.000 Euro.
[2]Der Gesamtbetrag der Folgerechtsvergütung beträgt höchstens 12.500 Euro.

(3) [1]Das Folgerecht ist unveräußerlich. [2]Der Urheber kann auf seinen Anteil im Voraus nicht verzichten.

(4) Der Urheber kann von einem Kunsthändler oder Versteigerer Auskunft darüber verlangen, welche Originale von Werken des Urhebers innerhalb der letzten drei Jahre vor dem Auskunftsersuchen unter Beteiligung des Kunsthändlers oder Versteigerers weiterveräußert wurden.

(5) [1]Der Urheber kann, soweit dies zur Durchsetzung seines Anspruchs gegen den Veräußerer erforderlich ist, von dem Kunsthändler oder Versteigerer Auskunft über den Namen und die Anschrift des Veräußerers sowie über die Höhe des Veräußerungserlöses verlangen. [2]Der Kunsthändler oder Versteigerer darf die Auskunft über Namen und Anschrift des Veräußerers verweigern, wenn er dem Urheber den Anteil entrichtet.

(6) Die Ansprüche nach den Absätzen 4 und 5 können nur durch eine Verwertungsgesellschaft geltend gemacht werden.

(7) [1]Bestehen begründete Zweifel an der Richtigkeit oder Vollständigkeit einer Auskunft nach Absatz 4 oder 5, so kann die Verwertungsgesellschaft verlangen, dass nach Wahl des Auskunftspflichtigen ihr oder einem von ihm zu bestimmenden Wirtschaftsprüfer oder vereidigten Buchprüfer Einsicht in die Geschäftsbücher oder sonstige Urkunden so weit gewährt wird, wie dies zur Feststellung der Richtigkeit oder Vollständigkeit der Auskunft erforderlich ist. [2]Erweist sich die Auskunft als unrichtig oder unvollständig, so hat der Auskunftspflichtige die Kosten der Prüfung zu erstatten.

(8) Die vorstehenden Bestimmungen sind auf Werke der Baukunst und der angewandten Kunst nicht anzuwenden.

Übersicht

I. Allgemeines

1. Sinn und Zweck

Das Folgerecht stellt nach der Intention des historischen Gesetzgebers eine finan-   **1**
zielle Kompensation für eine in der Natur der Werke der bildenden Kunst begründete faktische Benachteiligung der bildenden Künstler dar (RegE UrhG 1962 –
BT-Drs. IV/270, S. 52). Während Autoren oder Musiker bei zunehmender Beliebtheit ihrer Werke an der verstärkten Nachfrage durch Vervielfältigungen, Aufführungen oder Funksendungen finanziell teilhaben können, führt eine zunehmende Wertschätzung von Kunstwerken in erster Linie zu Preissteigerungen der
Werkoriginale: Junge, noch unbekannte Künstler müssen ihre Bilder häufig zu
sehr geringen Preisen verkaufen. Der französische Maler *Jean-François Millet* hat
eines seiner Werke zu Lebzeiten für 1200 Francs verkauft, während es nach seinem Tod für eine Million Francs weiterveräußert wurde. Der Marktwert der
Werke von *Joseph Beuys* hat sich seit seinem Tode nahezu verzehnfacht.

Jede Weiterveräußerung eines Originals eines Kunstwerkes ist daher als urhe-   **2**
berrechtlich relevanter Nutzungsvorgang zu werten, an welchem dem Urheber
eine wirtschaftliche Beteiligung gebührt (*Katzenberger* S. 11 f.; *ders.* GRUR Int.
1973, 660, 662 f.; GRUR Int. 1997, 309/310).

2. Das Folgerecht in der EU

Zur Behebung des Schutzgefälles innerhalb der EU – eine Reihe von Mitglied-   **3**
staaten sah vorher kein Folgerecht vor – ist 2001 die sog. Folgerechts-RL des
Europäischen Parlaments und des Rates vom 27.9.2001 (Nr. 2001/84/EG; abrufbar unter http://eur-lex.europa.eu) ergangen, die auch für die EWR–Staaten
verbindlich ist (zu Entstehung und Tragweite *Pfennig* ZUM 2002, 194 ff.; *Katzenberger* GRUR Int. 2004, 20 ff.; *Handig* ZUM 2006, 546 ff.). Die Bundesrepublik Deutschland hat sie verspätet – mit dem Bundesgesetz vom 10.11.2006
(BGBl. I S. 2587) – zum 19.11.2006 umgesetzt. Zur Entstehungsgeschichte
des Folgerechts ausführlich Schricker/Loewenheim/*Katzenberger/Schierholz*[5]
Rn. 7 ff.

4 Ob mit der Einführung des Folgerechts in allen Mitgliedstaaten der Europäischen Union eine Harmonisierung tatsächlich erreicht wurde, ist noch unklar. Heute haben alle Mitgliedsstaaten der EU die Richtlinie in nationales Recht umgesetzt, wobei die Länder, die bislang noch kein Folgerecht kannten, die Neuregelung erst zum 1.1.2010, unter bestimmten Voraussetzungen sogar erst zum 1.1.2012 einzuführen brauchten (Art. 8 Abs. 2 und 3). Letzterer Regelung liegt ein politischer Kompromiss zugrunde, um insbesondere Großbritannien zur Einführung des Folgerechts überhaupt bewegen zu können. Zudem gewährt die Richtlinie den Mitgliedsstaaten einen Entscheidungsspielraum hinsichtlich der Untergrenze des Verkaufspreises bis zu € 3000. Deutschland hat nach Intervention der Künstlerverbände den folgerechtsfreien Sockelbetrag von im Regierungsentwurf ursprünglich vorgesehenen € 1000 auf € 400 herabgesetzt, während Großbritannien einen folgerechtsfreien Sockelbetrag von € 1000 eingeführt hat. Da es sich um niedrige Beträge handelt, wird in ErwG 22 Folgerechts-RL jedoch angenommen, dass dieser Umsetzungsspielraum sich nicht nennenswert auf das ordnungsgemäße Funktionieren des Binnenmarktes auswirken werde. Die Gesamtsumme der Zahlungen auf das Folgerecht belief sich in Großbritannien 2007 auf 18 Mio. Pfund; Ausschüttungen erfolgten allerdings nur an diejenigen Berechtigten, die gemeldet waren. Zur Umsetzung und Praxis des Folgerechts in den Mitgliedsstaaten der EU eingehend *Peukert*, Folgerechts-RL; *Weller* ZEuP 2008, 252 ff.; *Lück* GRUR Int. 2007, 884 ff.; zum Folgerecht in Australien s. *Wagner* GRUR Int. 2011, 388 ff.

5 Veränderungen gegenüber der deutschen Gesetzeslage vor der Richtlinie betreffen insbesondere die Einführung einer degressiven Staffelung des Abgabeanteils mit zunehmendem Kaufpreis, einer Anhebung des folgerechtsfreien Schwellenwertes von € 50 auf € 400 sowie einer Kappungsgrenze bei € 12.500 als maximalem Abgabebetrag (vgl. Rn. 28 ff.). Insgesamt ist also durch die Richtlinie der Kreis der Folgerechtsinhaber geschrumpft und die Abgabenhöhe drastisch gesenkt worden. Die Einbußen der Künstler durch die sehr viel niedrigeren Abgabesätze im nationalen Bereich sollten allerdings dadurch zumindest teilweise aufgewogen werden, dass aufgrund der Umsetzung der Richtlinie deutsche Künstler nun im ganzen europäischen Ausland ihr Folgerecht einfordern können.

3. Internationales Recht

6 a) **Konventionsrecht:** Die weltweit bedeutendsten Kunsthandelsstandorte neben Großbritannien, nämlich die USA (mit Ausnahme von Kalifornien) und die Schweiz verlangen keine Folgerechtsabgabe. Das internationale Recht kennt allerdings bereits seit langem das Folgerecht *(droit de suite)*. Der Urheberrechtsgesetzgeber von 1965 folgte bei der Schaffung des § 26 der von Art. 14 bis RBÜ Brüssel vorgeschlagenen Regelung und dem Beispiel Frankreichs. Art. 14 Abs. 1 der Pariser Fassung von 1971 der Revidierten Berner Übereinkunft zum Schutz von Werken der Literatur und Kunst (RBÜ) lautet wie folgt:

> *„Hinsichtlich der Originale von Werken der bildenden Künste und der Originalhandschriften der Schriftsteller und Komponisten genießt der Urheber – oder nach seinem Tod die von den innerstaatlichen Rechtsvorschriften dazu berufenen Personen oder Institutionen – ein unveräußerliches Recht auf Beteiligung am Erlös aus Verkäufen eines solchen Werkstücks nach der ersten Veräußerung durch den Urheber."*

7 b) **Folgerecht bei Auslandsbezug:** Ausländern aus der EU steht schon seit dem Beitritt ihres Heimatlandes zur Gemeinschaft das Folgerecht in Deutschland ohne Rücksicht darauf zu, ob es in das eigene nationale Recht eingeführt ist oder nicht; die abweichende Regelung des § 121 Abs. 5 verstieß insoweit gegen das Diskriminierungsverbot des Art. 7 des EWG-Vertrages (heute Art. 18 AEUV) (vgl. Vor §§ 120 ff. Rn. 2 und vgl. § 120 Rn. 2). Seit dem Inkrafttreten der Neufassung des § 120 Abs. 2 am 1.7.1995 gilt dieses Privileg auch für

Angehörige der EWR-Staaten. **Kollisionsrechtlich** genügt es für die Anwendbarkeit des deutschen § 26 UrhG, ist jedoch wegen des Territorialitätsprinzips (dazu vgl. Vor §§ 120 ff. Rn. 59 ff.) auch erforderlich, dass ein Teil des umfassenden Veräußerungsvorgangs (dazu Rn. 19) – wie z. B. der Abschluss des Kausalgeschäfts unter Beteiligung eines Kunsthändlers oder Vermittlers i. S. d. § 26 Abs. 1 oder ein Teil des dinglichen Geschäfts – **im Inland** stattfindet, weil auch im Rahmen des Verbreitungsrechts, an das das Folgerecht anknüpft, Vorbereitungshandlungen der eigentlichen Verbreitung den Tatbestand des § 17 Abs. 1 erfüllen können (BGH GRUR 2008, 989 ff. – *Sammlung Ahlers*, im Ls. und Tz. 28 ff.). Insofern genügt z. B. die Unterzeichnung des Kaufvertrages durch einen Vertragspartner im Inland (BGH GRUR 2008, 989 ff. – *Sammlung Ahlers*, im Ls.). Sprechen Indizien für eine Eigentumsübertragung im Inland, so muss ggf. der Veräußernde nachweisen, dass der Veräußerungsvorgang nicht zum Teil im Inland stattgefunden hat (ebenfalls zur Sammlung Ahlers OLG Frankfurt GRUR 2005, 1034 ff. – *Folgerechtsauskunft*, im Ls.). In seiner Entscheidung *Folgerecht bei Auslandsbezug* (BGH GRUR 1994, 798, 799 f.) hatte der Bundesgerichtshof den Verkauf von Werken *Joseph Beuys'* aus einer inländischen Sammlung über ein ausländisches Aktionshaus noch für folgerechtsfrei erklärt, obwohl die deutsche Tochtergesellschaft von *Christies* London in das Geschäft unterstützend eingeschaltet war (s. auch LG Düsseldorf NJW-RR 1991, 1193; zur Kritik *Pfefferle* GRUR 1996, 338; s. ferner *Siehr* IPRax 1992, 29; *Katzenberger* GRUR Int. 1992, 567).

II. Tatbestand

Der Tatbestand des § 26 enthält den **Folgerechtsanspruch**, der von dem Urhe- **8** ber bzw. seinem Erben während der urheberrechtlichen Schutzdauer gegenüber dem Veräußerer des Originals als Anspruchsgegner selbst oder durch eine Verwertungsgesellschaft geltend gemacht werden kann, sowie einen seine Durchsetzung flankierenden **Auskunftsanspruch**. Das Folgerecht ist eine vermögensrechtliche Befugnis des Urhebers ohne urheberpersönlichkeitsrechtliche Komponente. Dieser Charakter des Folgerechts wird in der RL ausdrücklich betont (ErwG 2 Folgerechts-RL).

1. Sachlicher Anwendungsbereich: Original eines Werkes der bildenden Künste

Dem Folgerecht unterliegt allein das **Original** eines Werkes der bildenden **9** Künste; eine Beteiligung an der wirtschaftlichen Verwertung von Vervielfältigungsstücken erhält der Urheber bereits über § 16. Insofern knüpft das Folgerecht an das dem Urheber zustehende Verbreitungsrecht nach § 17 UrhG an (BGH GRUR 2008, 989 Tz. 33 – *Sammlung Ahlers*).

Original ist **jede reproduktionsfähige Erstfixierung**, die entweder unmittelbar **10** vom Urheber selbst stammt oder unter seiner Aufsicht – Art. 2 Abs. 2 S. 1 der Folgerechts-RL sagt „Leitung", was offenbar dasselbe meint – von Dritten hergestellt wurde. Damit umfasst der Begriff des „künstlerischen Originals" alle handelbaren künstlerischen Gattungen: Sowohl **Unikate** (Gemälde und Werke der Malerei, Bildhauerei, Installationen, Arbeiten auf Papier, Skizzen, Entwürfe etc.) als auch limitierte und autorisierte **Editionen** (Druckgraphiken, Güsse, Fotografien) oder **Multiples**. Nach dem Wortlaut des S. 2 derselben Bestimmung in der deutschen Übersetzung *müssen* letztere Werkexemplare *in der Regel nummeriert, signiert oder vom Künstler auf andere Weise ordnungsgemäß autorisiert sein*. Das kann nur heißen, dass im Regelfall eine **Signatur** oder eine Nummerierung durch den Künstler selbst (Beispiel: „Nr. 7 von 30 Exemplaren") erforderlich ist; fehlt im Ausnahmefall beides, so ist der Nachweis einer Bestimmung des fraglichen Werkexemplars zu einem Original durch den Künstler selbst unabdingbar. Bei Werken der Video- oder Medienkunst, bei denen der Erwerber teilweise Sicherungskopien herstellen darf, ist nur dann von einem Original in diesem Sinne auszugehen, wenn es sich um eine limitierte Auflage handelt; in aller Regel ist die (Original-)Verpackung durch den Künstler signiert und entsprechend gekennzeichnet.

11 Unter den gleichen Voraussetzungen ist jeder **Abguss** einer Plastik **von der Originalform** als Original anzusehen (*Katzenberger* S. 92). **Posthum** hergestellte Abgüsse oder Abzüge sind niemals Originale (vgl. § 10 Rn. 70; Schricker/Loewenheim/*Katzenberger/Schierholz*[5] Rn. 28). Da i. d. R. davon auszugehen ist, dass der Urheber die Vervielfältigungsstücke selbst hergestellt hat, trägt der die Beweislast, der das Gegenteil behauptet (vgl. § 1 Rn. 4; ebenso *Locher* S. 70). Zum zollrechtlichen Originalbegriff EuGH ZUM 1989, 182 – *Originalsteindrucke.*

12 **Lichtbildwerke** werden schon seit Jahren auf dem Kunstmarkt wie Werke der bildenden Künste gehandelt, in dem sie in beschränkter, nummerierter Auflage und signiert veräußert werden (Schricker/Loewenheim/*Katzenberger/Schierholz*[5] Rn. 20; Walter/*Walter* Art. 2 Folgerechts-RL Rn. 9). Infolge einer entsprechenden Vorgabe durch Art. 2 Abs. 1 Folgerechts-RL, der unter „Originale von Kunstwerken" ausdrücklich auch die Lichtbildwerke fallen lässt, bestimmt § 26 Abs. 1 nunmehr ebenso ausdrücklich, dass die Vorschrift nicht nur für Originale von Werken der bildenden Künste, sondern eben auch für Lichtbildwerke gilt.

13 Das Folgerecht gilt nach Abs. 8 **nicht** für Werke der **Baukunst** und – *a maiore ad minus* – deren Entwürfe sowie für die Werke der **angewandten Kunst** und deren Entwürfe (zu Gebrauchsgraphik, Kunstgewerbe und ähnlichen Bereichen vgl. § 2 Rn. 137 ff.). Preise für Immobilien richten sich vor allem nach Art der Nutzung und Lage, für Gebrauchsgegenstände spielen Designentwicklungs- und Produktionskosten eine Rolle. Künstlerische Gesichtspunkte treten hier bei der Preisgestaltung in den Hintergrund. Jedenfalls sind Preissteigerungen bei solchen Werken i. d. R. nicht auf eine Höherbewertung der schöpferischen Leistung des Urhebers zurückzuführen (RegE UrhG 1962 – BT-Drs. IV/270, S. 53; *Schiefler* UFITA 31 [1960] 177, 204). Die Beweislast dafür, dass es sich um ein Werk der Baukunst oder der angewandten Kunst handelt, trägt der Veräußernde. Es handelt sich wie bei der Freigrenze des Abs. 1 S. 4 um eine rechtshindernde Tatsache .

14 Allerdings ist mit den in Art. 2 Abs. 1 Folgerechts-RL genannten **Tapisserien**, **Keramiken** und **Glasobjekten** ein Teil der Erzeugnisse angewandter Kunst in das Folgerecht einbezogen worden. § 26 Abs. 1 ist entsprechend **richtlinienkonform** auszulegen. Die ausdrückliche Nennung dieser Gestaltungsformen im Text der Richtlinie legt die Annahme nahe, dass Werke der angewandten Kunst vom Folgerecht nicht mehr grundsätzlich ausgeschlossen werden sollten, zumal ein solcher Ausschluss in den Erwägungsgründen der Richtlinienvorschläge von 1996 und 1998 noch vorgesehen war, später aber fallengelassen wurde (i. E. ebenso Walter/*Walter* Abs. 2 Folgerechts-RL Rn. 7; für nationale Regelungsfreiheit in dieser Frage *Schmidt-Werthern* S. 110). In streitigen Einzelfällen wird es demnach weniger von der kategorialen Zuordnung als von der Auslegung des Begriffs des Originals abhängen, ob ein Objekt durch das Folgerecht erfasst wird oder nicht (*Katzenberger* GRUR Int. 2004, 24).

15 In Hinblick auf die Einbeziehung von **Originalhandschriften** von Schriftstellern und Komponisten ergibt sich gegenüber dem deutschen Recht vor der Richtlinie kein Unterschied, da die Richtlinie diese aus der Harmonisierung ausnimmt und eine Regelung den Nationalstaaten anheim stellt (ErwG 8). Es bleibt nach deutschem Recht also dabei, dass diese zumindest nicht dem Tatbestand des § 26 unterfallen.

2.   Personeller Anwendungsbereich: Anspruchsinhaber und -gegner

Anspruchsinhaber ist der Urheber oder nach dessen Tod seine Rechtsnachfol-   **16**
ger (§ 28 UrhG; Art. 6 Abs. 1 Folgerechts-RL). Wer Rechtsnachfolger eines
verstorbenen Urhebers ist, bestimmt sich auch nach der Richtlinie durch das
Erbrecht der Mitgliedstaaten (Erwägungsgrund 27).

Anspruchsgegner ist grundsätzlich der Veräußernde, nicht der Vermittler des   **17**
Verkaufs. Veräußernder ist, wer *im eigenen Namen* veräußert, auch wenn er
etwa nur Kommissionär ist (OLG München GRUR 1979, 641, 642 – *Kommissionsverkauf*; ErwG 25 Folgerechts-RL).

§ 26 Abs. 1 S. 1 setzt die durch Art. 1 Abs. 4 S. 2 Folgerechts-RL eröffnete   **18**
Möglichkeit um, dass daneben eine vom Veräußerer verschiedene natürliche
oder juristische Person als Vermittler allein oder gemeinsam mit dem Veräußerer für die Zahlung der Folgerechtsvergütung haftet. Erfolgt der Erwerb von
einer Privatperson unter Beteiligung eines Kunsthändlers oder Versteigerers,
so haften beide als **Gesamtschuldner** (§ 421 BGB; zur gesamtschuldnerischen
Haftung mit dem Kommittenten OLG München GRUR 1979, 641, 642 –
Kommissionsverkauf; *Katzenberger* S. 104 ff.), wobei allerdings im Innenverhältnis – abweichend von § 426 Abs. 1 S. 1 BGB – der Veräußerer allein haftet,
§ 26 Abs. 1 S. 3 2. Hs. UrhG.

**3.   Entstehen des Folgerechtsanspruches durch Weiterveräußerung (Abs. 1
S. 1)**

Das Folgerecht entsteht nur, wenn an der **Weiterveräußerung** professionelle   **19**
Vermittler oder Verkäufer von Kunstobjekten als Veräußerer, Vermittler oder
Erwerber beteiligt sind, § 26 Abs. 1 S. 1. Gemäß Art. 1 Abs. 2 Folgerechts-RL
sind darunter *alle Weiterveräußerungen, an denen Vertreter des Kunstmarkts
wie Auktionshäuser, Kunstgalerien und allgemein Kunsthändler als Verkäufer,
Käufer oder Vermittler beteiligt sind,* zu verstehen. Der Begriff des **Kunsthändlers** ist weit zu verstehen (BGH GRUR 2008, 989 Tz. 15 – *Sammlung Ahlers*);
darunter fällt, wer – als natürliche oder als juristische Person – den An- und
Verkauf von Kunstwerken als Erwerbsquelle betreibt bzw. aus eigenem wirtschaftlichem Interesse an der Veräußerung von Kunstwerken beteiligt ist (BGH
GRUR 2008, 989 ff. – *Sammlung Ahlers*, im Ls.). Kunsthändler i. S. d. § 26
kann deshalb auch sein, wer Sammler bei dem Kauf und Verkauf von Kunstwerken berät und hierfür eine Provision erhält (BGH GRUR 2008, 989 ff. –
Sammlung Ahlers, im Ls.). Der Begriff der **Veräußerung** i. S. d. § 26 umfasst
nicht allein das dingliche Verfügungsgeschäft, sondern den gesamten, aus dem
schuldrechtlichen Verpflichtungs- und dem dinglichen Verfügungsgeschäft bestehenden Veräußerungsvorgang (BGH GRUR 2008, 989 Tz. 31 f. – *Sammlung
Ahlers*). Veräußerung ist dabei ist jede Form der entgeltlichen Eigentumsübertragung, also auch eine gemischte Schenkung (weitergehend AG Bremervörde
NJW 1990, 2005; Schricker/Loewenheim/*Katzenberger/Schierholz*[5] Rn. 32),
ein Tausch oder eine Eigentumsübertragung als Erfüllung eines Vermächtnisses.
Ausreichend ist es grundsätzlich, wenn der Kunsthändler an irgendeinem Teil
dieses Veräußerungsvorgangs beteiligt war.

Vom Folgerecht ausgenommen sind daher die Erstveräußerung durch den Ur-   **20**
heber selbst sowie Weiterveräußerungen ausschließlich unter Privatpersonen
als Veräußerer und Erwerber und ohne Vermittlung durch den Kunsthandel.
Erfüllt der Erbe des Urhebers ein von diesem ausgesetztes Vermächtnis durch
Übertragung des Eigentums an dem Werk auf einen Kunsthändler als Vermächtnisnehmer, so liegt Erstveräußerung vor; dagegen liegt zwar nicht in der
Vererbung durch den Ersterwerber, wohl aber in der Eigentumsübertragung
durch dessen Erben auf einen Kunsthändler, dem der Ersterwerber das Werk
vermacht hat, eine Weiterveräußerung (§ 2174 BGB). Nach Erwägungsgrund

18 Folgerechts-RL zählen zu den vom Folgerecht ausgenommenen, rein privaten Veräußerungen auch solche durch Privatpersonen an **Museen**, die nicht auf Gewinn ausgerichtet und der Öffentlichkeit zugänglich sind, solange ein solcher Museumsankauf nicht durch einen Kunsthändler vermittelt wird.

21 Die mit der Richtlinie eröffnete Möglichkeit, die erste Weiterveräußerung nach direktem Ankauf vom Künstler innerhalb von drei Jahren von der Folgerechtspflicht auszunehmen (Art. 1 Abs. 3 Folgerechts-RL), wurde im deutschen Recht nicht umgesetzt, da bereits auf freiwilliger Basis derartige Verkäufe jedenfalls durch Galerien nicht belastet wurden (*Pfennig* ZUM 2002, 195, 199). Hintergrund ist, dass sog. „Promotionsgalerien" begünstigt werden sollen, die Werke unmittelbar vom Künstler erwerben, anstatt sie in Kommission zu nehmen, und beim Weiterverkauf keine nennenswerten Gewinne erzielen.

22 **Vermittlung** liegt stets dann vor, wenn der Kunsthändler oder Versteigerer die Veräußerung durch Herstellen der Verbindung Verkäufer – Käufer aktiv (BGH GRUR-RR 2011, 291 f. – *Sammlung Ahlers II*) gefördert hat (z. B. durch Ausstellung des Werkes, Aufnahme in einen Katalog, Hinweis an Kunden usw.). Ein Kunsthändler ist also nicht bereits deshalb Vermittler, weil er durch den Veräußerer als möglicher Erwerber des Kunstwerks angesprochen wird oder eine Gesellschaft für den Erwerb der Kunstwerke gründet (BGH GRUR-RR 2011, 291 f. – *Sammlung Ahlers II*; so aber OLG Frankfurt v. 5.5.2009 – 11 U 63/03 Tz. 15, verfügbar bei juris; Dreier/Schulze/*Schulze*[5] Rn. 16). Vielmehr muss der Kunsthändler eine Vermittlungsleistung erbracht haben, die für den Abschluss des Kaufvertrages zwischen Veräußerer und Erwerber ursächlich war (BGH a. a. O.). Insofern kann es ausreichen, wenn der Kunsthändler oder Versteigerer einen Hinweis auf das Kunstwerk gegeben oder das Werk in seinen Katalog oder eine entsprechende Verkaufsausstellung aufgenommen hat (BGH GRUR 2008, 989 Tz. 15 – *Sammlung Ahlers*; Schricker/Loewenheim/*Katzenberger/Schierholz*[5] Rn. 34; Dreier/Schulze/*Schulze*[5] Rn. 16; Wandtke/Bullinger/*Bullinger*[4] Rn. 14). Ob die Gegenleistung des Erwerbers durch die Hände des Kunsthändlers gegangen ist und ob er überhaupt etwas für die Vermittlung erhalten hat, ist gleichgültig; auch kostenlose Gefälligkeitsvermittlung durch einen Kunsthändler i. S. d. § 26 ist Vermittlung, auch um eine Umgehung des § 26 zu vermeiden. Ein **Kunstberater** ist Vermittler in diesem Sinne, soweit er für seine Leistung eine Provision erhält, also nicht lediglich gutachterlich tätig wird.

23 **Versteigerer** i. S. d. § 26 ist jeder, der eine öffentliche Versteigerung tatsächlich durchführt, also nicht nur der gewerbsmäßige Versteigerer (§ 34b GewO), sondern auch der Gerichtsvollzieher (§ 814 ZPO), der Notar (§ 20 Abs. 3 BNotO), die für die Versteigerung von Fundsachen zuständige Behörde (§ 977 BGB), schließlich auch jeder, der überhaupt Kunstwerke versteigert, wie z. B. derjenige, der anlässlich des Berliner Juristenballs Kunstwerke für einen wohltätigen Zweck versteigert. Auch Verkäufe oder Versteigerungen über das Internet lassen den Folgerechtsanspruch entstehen.
Als **Erwerber** ist ein Kunsthändler an der Veräußerung nur beteiligt, wenn er das Kunstwerk persönlich bzw. – wenn Kunsthändler in diesem Sinne eine juristische Person ist – unmittelbar selbst erwirbt (OLG Frankfurt, Urteil vom 5.5.2009, 11 U 63/03, verfügbar bei juris; offen gelassen in BGH GRUR-RR 2011, 291 f. – *Sammlung Ahlers II*).

24 Der **Eigentumsübergang** muss als endgültig gewollt sein; Sicherungsübereignung und treuhänderische Übertragung lösen keinen Anspruch aus § 26 aus (Schricker/Loewenheim/*Katzenberger/Schierholz*[5] Rn. 30). Der Folgerechtsanspruch **entsteht** nicht erst mit der Zahlung des Veräußerungserlöses, sondern schon **mit der Veräußerung** (Schricker/Loewenheim/*Katzenberger/Schierholz*[5] Rn. 37). An diese knüpft der Gesetzeswortlaut an („wird ... weiterveräußert");

der Veräußerungserlös ist nur Bemessungsgrundlage. Wann und wieviel später tatsächlich gezahlt wird, ist insoweit bedeutungslos (Schricker/Loewenheim/*Katzenberger/Schierholz*[5] Rn. 37; Dreier/Schulze/*Schulze*[5] Rn. 18, Wandtke/Bullinger/*Bullinger*[4] Rn. 16; aber vgl. Rn. 26.

4. Anteil am Veräußerungserlös

Es gibt zwei Möglichkeiten, den Anteil des Urhebers am Erlös am Original zu ermitteln: Man kann den Urheber entweder an dem Weiterveräußerungserlös ohne Rücksicht darauf beteiligen, ob der Weiterveräußerer einen Gewinn erzielt oder sogar einen Verlust erlitten hat (Erlösanteilsystem), oder man beteiligt den Urheber lediglich dann, wenn der Veräußerer Gewinn gemacht hat (Gewinnanteilsystem; zu den Ansätzen in den nationalstaatlichen Regelungen in der EU vor dem Inkrafttreten der Richtlinie: *Katzenberger* GRUR Int. 2004, 23). Die Richtlinie wie das deutsche Recht folgen dem **Erlösanteilsystem.** Ob durch die Weiterveräußerung ein Mehrerlös (Gewinn) gegenüber dem Betrag erzielt wird, den der Veräußerer seinerseits für den Erwerb hatte aufwenden müssen, ist bedeutungslos (so schon Begr RegE UrhG 1962 – BT-Drs. IV/270 zu § 26, S. 53). **25**

Der Berechnung des Urheberanteils ist der tatsächlich gezahlte **Bruttopreis** ohne Abzug z. B. der Steuern zugrundezulegen. Die etwa vom Erwerber zusätzlich gezahlte Versteigerungsgebühr (Aufgeld) bleibt ebenso außer Betracht wie eine etwaige Kommission zu Lasten des Verkäufers (Abgeld). Es gilt vielmehr stets der sog. **Hammerpreis** (so nun auch Art. 1 Abs. 1 und Art 5 Folgerechts-RL (a. M. *Gerstenberg* Rn. 6; wie hier Schricker/Loewenheim/*Katzenberger/Schierholz*[5] Rn. 37). Ist im Kaufvertrag nicht die volle Summe angegeben, richtet sich die Beteiligung des Urhebers gleichwohl nach der wahren Höhe der Gegenleistung. Der Urheber muss sich von seiner Vergütung nicht abziehen lassen, was etwa der Kunsthändler dem Veräußerer für seine Tätigkeit berechnet, wie Provisionen, Versicherungs- und Transportkosten und andere Transaktionskosten der Weiterveräußerung. Wird der Kaufpreis nicht oder nicht vollständig gezahlt, was ggf. von dem Veräußerer zu beweisen ist (Dreier/Schulze/*Schulze*[5] Rn. 18), so ist dies nach wohl h. M. grundsätzlich unerheblich; der Folgerechtsanspruch entsteht in voller Höhe des vereinbarten Preises (Schricker/Loewenheim/*Katzenberger/Schierholz*[5] Rn. 37; Dreier/Schulze/*Schulze*[5] Rn. 18). Dies gilt vor allem dann, wenn sich der Veräußerer nicht um die Zahlung oder die Rückabwicklung bemüht (Dreier/Schulze/*Schulze*[5] Rn. 18). Ggf. muss der Veräußerer dem Urheber den Folgerechtsanteil des nicht gezahlten Kaufpreises abtreten (so Dreier/Schulze/*Schulze*[5] Rn. 18). Beim **Tausch** wird der Urheberanteil nach dem Geldwert der Gegenleistung berechnet. **26**

Die **Zahlungen** aus dem Folgerecht beruhen auf einer gesetzlichen Verpflichtung, nicht auf einer Leistung des Urhebers, und sind daher **nicht umsatzsteuerpflichtig** (*Hoelscher* GRUR 1991, 800, 804), aber natürlich Einkommen im steuerlichen Sinne und daher einkommensteuerpflichtig. **27**

5. Folgerechtsfreier Sockelbetrag, Staffelung und Kappung

Die EU-Richtlinie hat zu einschneidenden Veränderungen der Höhe des Abgabebetrages geführt. Der durch eine Gesetzesnovelle im Jahre 1972 eingeführte Mindestbetrag des Weiterveräußerungserlöses, ab dem der Folgerechtsabgabeanspruch entsteht (**folgerechtsfreier Sockelbetrag**), ist von € 50 auf € 400 angehoben worden. Unter einem Weiterveräußerungswert von € 400 ist also keine Abgabe zu entrichten. Diese Anhebung soll nach ErwG 22 Folgerechts-RL vor allem Galerien und Kunsthändler entlasten, die sich für jüngere, noch nicht marktstarke Künstler engagieren. Faktisch kommt ein niedriger Sockelbetrag vor allem Urhebern preisgünstiger Kategorien von Kunstwerken, wie Druckgraphik und Fotografien zugute (*Katzenberger* GRUR Int. 1973, 660, 665). **28**

Zudem dient ein Sockelbetrag aber auch dem Zweck, unverhältnismäßige Erhebungs- und Verwaltungskosten zu vermeiden.

29   Anstelle des vorher durchgängig zu zahlenden Prozentsatzes von 5% wurde mit der Umsetzung der EU-RL eine degressiv zum Verkaufspreis verlaufende Beteiligung (**gestaffelte Anteilssätze**) am jeweiligen Weiterveräußerungserlös (Verkaufspreis) unterteilt in fünf Tranchen eingeführt, die von 4% bis zu 0,25% im Bereich der teureren Kunstwerke abfällt. Je höher also der Verkaufserlös eines Kunstwerkes, umso niedriger fällt die prozentuale Folgerechtsabgabe aus. Die Prozentsätze sind aus der Richtlinie übernommen worden.

30   Der Gesamtbetrag der Folgerechtsvergütung je veräußertem Werk wurde zugleich auf maximal € 12.500 begrenzt (**Kappungsgrenze**, § 26 Abs. 2 S. 2; Art. 4 Abs. 1 Folgerechts-RL). Aus dieser Kappungsgrenze oder Deckelung ergibt sich, dass die mit 0,25% vergütungspflichtige Erlös- bzw. Preistranche ab € 500.001,- bis € 2.000.000,- reicht und Erlösteile über diesem Betrag zu keiner Beteiligung der Urheber mehr führen. ErwG 23 Folgerechts-RL zufolge sollte durch die sukzessive Minderung des Anteilssatzes durch Staffelung und Kappungsgrenze die Belastung der Veräußerer von hochpreisigen Kunstwerken gemindert werden, um der **Gefahr einer** Umgehung der gemeinschaftlichen Bestimmungen durch **Handelsverlagerung** ins folgerechtsfreie Ausland entgegenzuwirken (so schon Richtlinienvorschlag v. 13.3.1996, KOM (96) 97 endg., S. 3 ff./14 ff./21; Walter/*Walter* Art. 4 Folgerechts-RL Rn. 1).

6. Unverzichtbarkeit zukünftiger Ansprüche

31   Das Folgerecht ist zwar vererblich (§ 28), im Übrigen aber unveräußerlich (**Abs. 3**). Ist der Anspruch fällig geworden (mit der Veräußerung, vgl. Rn. 24), so kann er allerdings sowohl abgetreten wie gepfändet werden; der Urheber kann dann auch auf ihn verzichten.

7. Auskunftsansprüche

32   a) **Vorgeschichte des Auskunftsanspruches:** Geschäfte mit Kunstgegenständen werden i. d. R. als **Kommissionsgeschäfte** (§ 383 HGB) abgewickelt; der Kunsthändler veräußert im eigenen Namen auf Rechnung eines häufig ungenannt bleibenden Veräußerers. Nach dem ursprünglichen Wortlaut des § 26 in der Fassung von 1965 konnte der bildende Künstler seinen Anspruch nur gegen den Veräußerer geltend machen. Da dieser nicht bekannt war, hätte nur eine allgemeine Auskunftspflicht des Kunsthändlers helfen können; eine solche wurde aber mangels gesetzlicher Grundlage von einem beachtlichen Teil der Literatur (*Gerstenberg* Rn. 5; *Locher* S. 147) schlechthin verneint. BGH GRUR 1971, 519, 522 – *Urheberfolgerecht/Pechstein* gab dann zwar einen Auskunftsanspruch gegen den Kunsthändler wegen eines bestimmten einzelnen Verkaufsvorganges; da die große Mehrzahl der Verkäufe sich aber nicht in öffentlichen Versteigerungen mit jedermann zugänglichen Katalogen abspielt, der bildende Künstler also von ihnen nichts erfährt, lief § 26 praktisch weiterhin leer. Zur Durchsetzung des Folgerechts hat die Novelle 1972 mit dem damaligen Abs. 3 und 4 (jetzt **Abs. 4 und 5**) einen qualifizierten **Auskunftsanspruch** eingeführt.

33   b) **Auskunft über Weiterveräußerungen (Abs. 4):** Nach dem aktuellen **Abs. 4** kann die Verwertungsgesellschaft für die ihr angeschlossenen bildenden Künstler (ehemals § 6 UrhWahrnG) allgemein eine Liste aller Verkaufsfälle fordern. Nach Abs. 6 kann grundsätzlich nur eine Verwertungsgesellschaft die Auskunftsansprüche aus Abs. 4 und 5 geltend machen; abweichende Vereinbarungen sind jedoch nach richtiger Auffassung zulässig, sodass der Kunsthändler sich unmittelbar gegenüber dem Urheber zur Erteilung der Auskünfte verpflichten kann (Dreier/Schulze/*Schulze*[5] Rn. 28 unter Berufung auf AG München GRUR 1991, 606, 607 – *Folgerecht*). Auch nach der Auffassung, die Abs. 6

als nicht abdingbar ansieht, ist aber jedenfalls eine Vereinbarung, durch die ein Kunsthändler ausnahmsweise durch Vertrag mit dem Künstler oder seinen Erben eine jährliche Auskunftspflicht übernommen hat, rechtswirksam, denn Abs. 6 betreffe nur den gesetzlichen Auskunftsanspruch.

Dieser allgemeine Auskunftsanspruch war bis zur Umsetzung der Folgerechts-RL auf das abgelaufene Kalenderjahr beschränkt, welches dem Auskunftsersuchen voranging (s. dazu BGH GRUR 2008, 989 Tz. 18 ff. – *Sammlung Ahlers*). Die Frist beträgt nun in Umsetzung des Art. 9 Folgerechts-RL drei Jahre. Diese Frist wird nicht nach Kalenderjahren berechnet, sondern vom Zeitpunkt der jeweiligen Weiterveräußerung an. Die Verwertungsgesellschaft bzw. der Urheber selbst (s. o.) muss den rechtzeitigen Zugang des Auskunftsverlangens beim Kunsthändler beweisen (OLG Frankfurt ZUM 2005, 653, 658; zur Rechtzeitigkeit auch BGH GRUR 2008, 989 Tz. 19 ff. – *Sammlung Ahlers*).

c) Auskunft über Name und Adresse des Veräußerers sowie Höhe des Veräußerungserlöses (Abs. 5 S. 1): Nach Abs. 5 S. 1 kann der Urheber durch seine Verwertungsgesellschaft (Abs. 6; s. oben Rn. 33) nähere Angaben über den Veräußerer und den Erlös verlangen, soweit dies zur Durchsetzung des Zahlungsanspruchs erforderlich ist. Anlass dazu sind die Besonderheiten des Kunstmarktes: Aus den Katalogen der Versteigerer lassen sich regelmäßig Anschrift oder Name des Veräußerers nicht entnehmen. Der Handel muss zudem dem Wunsch vieler Veräußerer entsprechen, anonym zu bleiben. Auf letzteres nimmt sogar der Gesetzgeber Rücksicht (§ 4 der Verordnung über gewerbsmäßige Versteigerungen vom 12.1.1961 [BGBl. I S. 43] i. d. F. vom 1.6.1976, BGBl. I S. 1346). Danach darf der Veräußerer verdeckt mit Deckworten, Buchstaben oder Zahlen angegeben werden. Solange der Kunsthändler oder Versteigerer den Folgerechtsanteil selbst entrichtet und sich damit von der Auskunftspflicht befreit, ist der Anspruch aus Abs. 5 S. 1 nicht durchsetzbar. **34**

Der Anspruch auf Nennung des Namens, der Anschrift und des Veräußerungserlöses aus Abs. 5 steht selbständig neben dem allgemeinen Auskunftsanspruch des Abs. 4. Er setzt nicht voraus, dass der Veräußerungsfall durch eine Auskunft gem. Abs. 4 bekannt geworden ist. Die VG oder der Urheber selbst (oben Rn. 33) kann daher sofort den Anspruch aus Abs. 5 S. 1 geltend machen, wenn ihr eine Weiterveräußerung bekannt ist. **35**

Im Gegensatz zu dem allgemeinen Anspruch nach Abs. 4 war der Anspruch nach Abs. 5 in der bis zum 18.11.2006 geltenden Regelung nicht auf das abgelaufene Kalenderjahr beschränkt (Dreier/Schulze/*Schulze*[5] Rn. 27). Mit der Umsetzung der Folgerechts-RL gilt die Drei-Jahres-Frist nun auch für den Auskunftsanspruch nach Abs. 5. **36**

d) Verweigerung der Auskunft bei Zahlung des Anteils (Abs. 5 S. 2): Den weitergehenden Anspruch aus **Abs. 5** auf Auskunft über die Anschrift des Veräußerers darf der Kunsthändler verweigern, wenn er den Veräußerungserlös offen legt und den dem Urheber zustehenden Anteil zahlt. Hat er sich gegenüber seinem Auftraggeber zur Wahrung der Anonymität verpflichtet, so folgt daraus die Verpflichtung diesem gegenüber, den Urheber zu befriedigen. Die Mitteilung der Anschrift des Veräußerers an die Verwertungsgesellschaft wäre dann Vertragsbruch. Eine sinnvolle Regelung ist es, wenn der Kunsthandel und die Versteigerer bei Zusicherung der Anonymität durch den Auftraggeber zur Auszahlung des Anteils ermächtigt werden (Schricker/Loewenheim/*Katzenberger/Schierholz*[5] Rn. 40). **37**

e) Einsicht in die Geschäftsbücher (Abs. 7): Die am 1.1.1973 in Kraft getretene Neuregelung wurde von Befürchtungen des Kunsthandels begleitet, das verkaufswillige Publikum werde in die Schweiz oder nach Großbritannien abwandern, wo das *droit de suite* noch nicht verwirklicht war, wenn die Geheimhaltung des Namens des Auftraggebers nicht gewährleistet sei (RAusschuss UrhG ÄndG 1972 – **38**

BT-Drs. VI/3264, S. 2). Um diesem – an sich verständlichen – Anliegen zu entsprechen, nahm der Rechtsausschuss des Bundestages in der Schlussberatung ohne erneute Anhörung der Urheberseite noch eine Änderung des (heutigen) Abs. 7 vor (a. a. O. S. 3 ff.), die allerdings die Praktikabilität des Ganzen erneut in Frage stellte: Der Kunsthändler darf nach der Gesetz gewordenen Regelung (ursprünglich Abs. 6, seit dem 16.11.2007 Abs. 7) den Prüfer, der *begründeten* Zweifeln an der Richtigkeit seiner Auskünfte nachgehen soll, selbst bestimmen; die Verwertungsgesellschaft muß den Prüfer jedoch, wenn er nichts findet, bezahlen; anderenfalls liegen die Kosten bei dem Kunsthändler (krit. *Wilhelm Nordemann* GRUR 1973, 1, 2; *Katzenberger* UFITA 68 [1973], 71). **Begründete Zweifel** liegen vor, wenn nachweislich Anhaltspunkte für die Unvollständigkeit oder Unrichtigkeit einer Auskunft vorliegen (zur entsprechenden Anwendung des § 26 Abs. 7 im Bereich der §§ 54g, 54h UrhG s. BGH GRUR 2004, 420 f. – *Kontrollbesuch*). Der Einsichtsanspruch kann – anders als die Auskünfte nach Abs. 4 und 5, oben Rn. 33 – nur durch eine Verwertungsgesellschaft, in der Praxis in der Regel die VG BildKunst, geltend gemacht werden, Abs. 7. Darüber hinaus ist die VG BildKunst von den gesetzlichen Auskunftsansprüchen allerdings weitgehend unabhängig. Schon nach der Rahmenvereinbarung von 1980 müssen zumindest die in ihr vereinigten Kunstmarktvertreter die benötigten Angaben freigeben. Wer teilnimmt, hat nur stichprobenartige Überprüfungen zu erwarten. Kunsthändler und Versteigerer, die an der Rahmenvereinbarung nicht teilnehmen, sehen sich den gesetzlichen Auskunftsansprüchen gegenüber (Schricker/Loewenheim/*Katzenberger/Schierholz*[5] Rn. 41).

8. Verwertungsgesellschaftspflichtigkeit der Wahrnehmung (Abs. 6)

39 Gemäß Art. 6 Abs. 2 Folgerechts-RL können die Mitgliedstaaten vorsehen, dass die Wahrnehmung des Folgerechts obligatorisch oder fakultativ einer Verwertungsgesellschaft übertragen wird. ErwG 28 Folgerechts-RL ist zu entnehmen, dass die Mitgliedstaaten eine transparente und effiziente Arbeitsweise der Verwertungsgesellschaften gewährleisten sollen und dafür sorgen müssen, dass Urheber aus anderen Mitgliedstaaten die ihnen zustehenden Folgerechtsvergütungen erhalten. Regelungen und Vereinbarungen der VG über die Verteilung der Folgerechtsvergütungen werden durch die Richtlinie nicht berührt.

Der deutsche Gesetzgeber hat dies im Grundsatz in Abs. 6 vorgesehen (dazu oben Rn. 33). Durch die Einschaltung einer VG wird der Auskunftsanspruch für beide Seiten praktikabel. Die bildenden Künstler brauchen nicht mehr einzeln die Kunsthändler zu befragen. Zugleich kommen die Händler und Versteigerer in die vorteilhafte Lage, mit einer Stelle allein abrechnen zu können. Die VG nimmt den Händlern die schwierige Prüfung der Legitimation des Anspruchsberechtigten und seiner Erben ab. Die Urheberrechtsnovelle 1985 begründete zudem für Verwertungsgesellschaften die gesetzliche Vermutung ihrer **Wahrnehmungsbefugnis**, die heute in § 48 VGG geregelt ist, nur durch den (vollen) Gegenbeweis widerlegt werden kann und auch für Auskunftsansprüche ausländischer Urheber gilt (Schricker/Loewenheim/*Katzenberger/Schierholz*[5] Rn. 38; Dreier/Schulze/*Schulze*[5] Rn. 29). Die VG BildKunst braucht dem Kunsthändler daher nicht sämtliche Wahrnehmungsverträge mit den jeweils betroffenen Urhebern vorzulegen. Sie kann im Übrigen nach § 2038 Abs. 1 S. 2, 2. Hs. BGB auch dann vollständige Auskunft verlangen, wenn sie etwa nur mit einem von mehreren Miterben (BGH GRUR 1982, 308, 310 – *Kunsthändler*) oder nur mit einem von mehreren Miturhebern einen Wahrnehmungsvertrag geschlossen hat (Dreier/Schulze/*Schulze*[5] Rn. 29).

III. Verjährung

40 Die regelmäßige Verjährungsfrist (§§ 195, 199 BGB) beträgt 3 Jahre; die in § 26 Abs. 4 genannte Frist betrifft nur den Auskunfts-, nicht jedoch den Zahlungsanspruch. Hat der Urheber ohne grobe Fahrlässigkeit keine Kenntnis von der Veräußerung, verjähren die Ansprüche in 10 Jahren (§ 199 Abs. 4 BGB). Die Frist beginnt mit jeder Weiterveräußerung eines Werkes für den hieraus herrührenden Anspruch neu (Dreier/Schulze/*Schulze*[5] Rn. 32; Wandtke/Bullinger/*Bullinger*[4] Rn. 21) und läuft jeweils ab dem Ende des betreffenden Kalenderjahres, nicht ab dem Zeitpunkt der Veräußerung, § 199 Abs. 1 BGB.

IV. Wahrnehmungspraxis

Die gesetzliche Regelung ist in der Praxis durch die kollektiven Zusammenschlüsse **41** von Künstlern und Vertretern des Kunstmarktes maßgeblich modifiziert.

Auf der einen Seite tritt der Künstler häufig der VG BildKunst bei und beauftragt **42** diese mit der treuhänderischen Wahrnehmung seiner Ansprüche. Im Jahr 2017 vertritt die VG BildKunst nach eigenen Angaben über 58.000 deutsche und ausländische Künstler, darunter weit mehr als 10.000 hinsichtlich des Folgerechts (Quelle: www.bildkunst.de). Zum Verteilungsplan der VG BildKunst www.bildkunst.de und Schricker/Loewenheim/*Katzenberger/Schierholz*[5] Rn. 15.

Auf der anderen Seite wählten auch Kunstversteigerer, Kunsthändler, Galeristen oder Editeure häufig den Weg in die kollektive Vertretung. Für sie war die **43** **Ausgleichsvereinigung Kunst** geschaffen worden, die jedoch zum 31.12.2014 aufgelöst worden ist. Hierbei handelte es sich um einen Zusammenschluss von Kunsthändlern, Galeristen und Auktionatoren – bzw. von deren jeweiligen Verbänden – sowie der VG BildKunst auf Grundlage eines „Rahmenvertrages" aus dem Jahr 1980 (aktuell in der Fassung vom 30.11.2011), der als eine Art Verwaltungseinheit bei der VG BildKunst geführt wurde. Der Beitritt zu dieser AV Kunst bot den Vertretern des Kunstmarktes den Vorteil, die Abgaben, die sich aus dem Folgerecht und aus dem Künstlersozialversicherungsgesetz ergaben, gebündelt in Form einer Pauschale ausgehend vom jeweiligen Jahresumsatz abzuführen. Nähere Informationen s. unsere 11. Aufl. Rn. 43 ff.

§ 27 Vergütung für Vermietung und Verleihen

(1) [1]Hat der Urheber das Vermietrecht (§ 17) an einem Bild- oder Tonträger dem Tonträger- oder Filmhersteller eingeräumt, so hat der Vermieter gleichwohl dem Urheber eine angemessene Vergütung für die Vermietung zu zahlen. [2]Auf den Vergütungsanspruch kann nicht verzichtet werden. [3]Er kann im Voraus nur an eine Verwertungsgesellschaft abgetreten werden.

(2) [1]Für das Verleihen von Originalen oder Vervielfältigungsstücken eines Werkes, deren Weiterverbreitung nach § 17 Abs. 2 zulässig ist, ist dem Urheber eine angemessene Vergütung zu zahlen, wenn die Originale oder Vervielfältigungsstücke durch eine der Öffentlichkeit zugängliche Einrichtung (Büchereien, Sammlung von Bild- oder Tonträgern oder anderer Originale oder Vervielfältigungsstücke) verliehen werden. [2]Verleihen im Sinne von Satz 1 ist die zeitlich begrenzte, weder unmittelbar noch mittelbar Erwerbszwecken dienende Gebrauchsüberlassung; § 17 Abs. 3 Satz 2 findet entsprechende Anwendung.

(3) Die Vergütungsansprüche nach den Absätzen 1 und 2 können nur durch eine Verwertungsgesellschaft geltend gemacht werden.

Übersicht

I. Allgemeines

1. Sinn und Zweck; Überblick

1 Die **Vermietung** von urheberrechtlich geschützten Werken stellt eine bedeutsame Verbreitungshandlung dar, die einer Vielzahl von Personen den Werkgenuss einzelner Werkexemplare bietet. Zwar ist sie gem. § 17 Abs. 3 von dem Erschöpfungsgrundsatz des § 17 Abs. 1 ausgenommen und das Verbreitungsrecht als Ausschließlichkeitsrecht mit entsprechenden Verbotsrechten ausgestaltet, sodass der Urheber durchaus eine Kontrolle über diese Verbreitungshandlungen hat. Gleichwohl stellt es eher die Ausnahme dar, dass der Urheber aufgrund einer vertraglichen Abrede mit dem Vermieter an den **Mieteinnahmen** beteiligt wird.

Im Gegensatz zu dem Vermietrecht unterliegt das **Verleihrecht** dem Erschöpfungsgrundsatz des § 17 Abs. 1, sodass Werke, sofern sie gem. § 17 Abs. 2 zuvor rechtmäßig in den Verkehr gebracht wurden, grundsätzlich frei im Wege des Verleihens verbreitet werden können, ohne dass sich der Urheber dem widersetzen könnte, geschweige denn hierfür eine vertragliche Vergütung erhält.

2 Dem trägt die Vorschrift des § 27 Rechnung: Im Wege dieses **gesetzlichen Vergütungsanspruches** soll sichergestellt werden, dass der Urheber jedenfalls für die **Vermietung von Bild- und Tonträgern** sowie das **Verleihen** von Werken durch öffentlich zugängliche Einrichtungen eine **angemessene Vergütung** erhält. Entsprechende Vergütungsansprüche stehen – über Verweisungsvorschriften (vgl. Rn. 10 und 23) – auch bestimmten **Leistungsschutzberechtigten** zu.

3 § 27 **Abs. 1 S. 1** statuiert hinsichtlich der Vermietung von Bild- und Tonträgern einen gem. S. 2 **unverzichtbaren Vergütungsanspruch** gegen den **Vermieter von Bild- oder Tonträgern**, der gem. S. 3 im Voraus nur an eine Verwertungsgesellschaft abgetreten werden kann. **Abs. 2 S. 1** begründet einen gesetzlichen Vergütungsanspruch für das Verleihen von Werken durch die **Öffentlichkeit zugängliche Einrichtungen** gegen diese, wobei hiervon die in § 17 Abs. 3 S. 2 genannten Überlassungen ausgenommen sind. Beide gesetzlichen Vergütungsansprüche können gem. **Abs. 3** nur durch eine Verwertungsgesellschaft geltend gemacht werden.

2. Früheres Recht; europäisches Recht

Vor Inkrafttreten des UrhG war das „Verleihen" von Werken von dem Katalog der ausschließlich dem Urheber zustehenden Rechte ausdrücklich ausgenommen (§ 11 Abs. 1 S. 1 LUG sowie § 15 Abs. 1 S. 1 KUG: „die ausschließliche Befugnis erstreckt sich nicht auf das Verleihen"). Die „**Vermietung**" war damals ebenso wenig geregelt wie gesetzliche Vergütungsansprüche für beide Verbreitungsformen (Vermieten und Verbreiten). Das UrhG **1965** beinhaltete in § 27 eine erste Vergütungspflicht für die Vermietung „zu Erwerbszwecken des Vermieters", wovon jedoch weder öffentliche und kirchliche Bibliotheken noch Werkbüchereien (BGH GRUR 1972, 617, 618 f. – *Werkbücherei*) betroffen waren; das Verleihen fand im Gesetzestext der ersten Fassung des UrhG gar keine Erwähnung.   **4**

Mit dem 1. ÄndG 1972 setzten die Urheberorganisationen unter Führung des Verbands deutscher Schriftsteller (VS) einen „**Bibliotheksgroschen**" (auch „**Bibliothekstantieme**" genannt) durch (§ 27), der von allen der Öffentlichkeit zugänglichen Einrichtungen (Büchereien, Schallplattensammlungen oder Sammlungen anderer Vervielfältigungsstücke) zu zahlen war. Vergütungspflichtig war nicht nur jedes Verleihen und Vermieten durch der **Öffentlichkeit zugängliche Einrichtungen,** sondern auch das Vermieten und Verleihen **zu Erwerbszwecken.** Letzteres blieb allerdings angesichts der restriktiven Rspr. zunächst nahezu bedeutungslos (Ausnahme: Lesezirkel: KG GRUR 1975, 87 – *Lesezirkelmappen* und KG GRUR 1978, 241 – *Verwertungsgesellschaft*), bis mit Beginn der 1980er Jahre die **Vermietung von Videokassetten** Einzug nahm.

Im Zuge der Umsetzung der ersten **Vermiet- und Verleih-RL** aus dem Jahr 1992 wurde mit dem 3. ÄndG 1995 die Vorschrift des § 27 neu gefasst. Die Regelungen in Bezug auf das Verleihrecht wurden nach Abs. 2 verschoben. Neben sprachlichen Änderungen wurde die Vergütungspflicht auf das Verleihen durch der Öffentlichkeit zugängliche Einrichtungen beschränkt; die Pflicht zur Vergütung für das Verleihen zu Erwerbszwecken entfiel. Zugleich erfuhr Abs. 1, der sich jetzt ausschließlich mit der Vermietung befasst, weitreichende Änderungen, die im Zusammenhang mit der Novellierung des § 17 zu verstehen sind. Dem Urheber stehen nach der Neufassung des § 17 Ausschließlichkeits- und Verbotsrechte hinsichtlich der Vermietung zu. Als besonders schutzbedürftig hat man den Urheber lediglich noch in dem Fall der Einräumung des Vermietrechts an einen Tonträger- oder Filmhersteller erachtet, um ihn vor dem „Verhandlungsübergewicht des Produzenten" zu schützen (Amtl. Begr. *Marcel Schulze*, Mat. UrhG S. 910). Entsprechend Art. 4 Abs. 2 Vermiet- und Verleih-RL ist der gesetzliche Vergütungsanspruch unverzichtbar (Abs. 1 S. 2).   **5**

II. Anspruchsvoraussetzungen und -inhalt

1. Vermietung von Bild- und Tonträgern (Abs. 1)

a) Bild- oder Tonträger: Der gesetzliche Vergütungsanspruch des Abs. 1 für die Vermietung greift nur, soweit die Vermietung von **Bildträgern** oder **Tonträgern** im Sinne des **§ 16 Abs. 2** (selbstverständlich einschließlich der „**Bild- und Tonträger**" im Sinne des § 94 Abs. 1) betroffen sind. Vgl. § 16 Rn. 21 f., zu dem Begriff des Tonträgers vgl. § 85 Rn. 9 ff., zu den Bildträgern und Bild-/Tonträgern vgl. § 94 Rn. 32 ff. Insbesondere zählen hierzu CDs, DVDs, Blu-ray-Discs, Videokassetten usw.   **6**

Auf **andere Werkträgerformen** ist Abs. 1 nicht anwendbar. Nicht unter die Vorschrift fallen etwa **Video-On-Demand**-Angebote („Online-Videotheken") einschließlich „**Download to Rent**"-Angebote (DTR), im Rahmen derer Film und Musik nicht körperlich auf Datenträgern, sondern elektronisch (online) zur Verfügung gestellt werden und somit keine Bild- oder Tonträger vermietet werden.

Ebenso wenig ist die Vermietung von **Computerprogrammen** von Abs. 1 erfasst, auch wenn sie auf Datenträgern wie DVD, CD usw. gespeichert sein mögen. Ein Datenträger, auf dem ein Computerprogramm gespeichert ist, ist kein Bild- oder Tonträger im Sinne des § 16 Abs. 1. Obschon die Vermietung von Computerprogrammen – nicht zuletzt im Bereich von Spielkonsolen – durchaus eine hohe Relevanz aufweist, sieht das UrhG einen gesetzlichen Vergütungsanspruch für die Vermietung von Computerprogrammen nicht vor. s. hinsichtlich der Vermietung von Computerprogrammen die **Sonderbestimmung § 69c Nr. 3.**

7   **b) Einräumung des Vermietrechts:** Der Urheber muss das Vermietrecht an einem Bild- oder Tonträger dem Tonträgerhersteller oder Filmhersteller (die EU-Verleih- und Vermiet-RL sprechen statt von einem Filmhersteller von einem „Filmproduzenten") eingeräumt haben. Hinsichtlich des **Vermietrechts** gilt die Definition des § 17 Abs. 3 (s. die Kommentierung dort § 17 Rn. 36 ff.). Das Vermietrecht beinhaltet das Recht, einem Dritten zu einem unmittelbaren oder mittelbaren Erwerbszweck den Ton- bzw. Bildträger zeitlich begrenzt zum Gebrauch zu überlassen. Zu dem Begriff des **Tonträgerherstellers** vgl. § 85 Rn. 40 ff; zu dem **Filmhersteller** vgl. Vor §§ 88 ff. Rn. 22.

8   Üblicherweise räumen die bei der Herstellung eines Films (etwa Filmurheber, Schauspieler, Regisseure, Kameraleute usw.) oder einer Tonproduktion (Komponisten, Sänger, Musiker usw.) beteiligten Personen dem jeweiligen „Produzenten" (Filmhersteller bzw. Tonträgerhersteller) vertraglich umfassende ausschließliche Nutzungsrechte an ihren Leistungen bzw. Leistungsergebnissen ein, so in der Regel auch das Vermietrecht. Im Bereich der Filmproduktion sind auch die **gesetzlichen Vermutungsregeln** zu beachten, wonach davon auszugehen ist, dass der Filmurheber (§ 89 Abs. 1), der Urheber eines zu verfilmenden vorbestehenden Werkes (§ 88 Abs. 1) und die ausübenden Künstler (§ 92 Abs. 1) dem Filmhersteller im Zweifel ausschließliche Nutzungsrechte einräumen. Ob hierbei in dem Verhältnis Urheber/Produzent für die Einräumung des Vermietrechts vertraglich eine **gesonderte Vergütung** vereinbart wurde oder nicht, ist **unerheblich**; der sich aus Abs. 1 ergebene Vergütungsanspruch, der sich nicht gegen den „Produzenten", sondern gegen den Vermieter richtet, fällt gerade unbeschadet einer dahingehenden Vereinbarung mit dem Ton-/Filmhersteller an („hat der Vermieter *gleichwohl*... zu zahlen.").

9   **c) Vermietung:** Vergütungspflichtig ist die Vermietung von Bild- und Tonträgern, also deren zeitlich begrenzte, unmittelbar oder mittelbar Erwerbszwecken dienende Gebrauchsüberlassung (§ 17 Abs. 3). Einzelheiten zu dem Begriff des Vermietens: § 17 Rn. 39 ff. Der urheberrechtliche Begriff des Vermietens ist **nicht deckungsgleich** mit dem **zivilrechtlichen Mietbegriff** der §§ 535 ff. BGB (s. etwa BGH GRUR 1989, 417, 418 – *Kauf mit Rückgaberecht* sowie § 17 Rn 39); es kommt nicht darauf an, ob der Werknutzer an den Vermieter für die Nutzung ein Entgelt („Mietzins") zahlt, sondern vielmehr darauf, ob die Gebrauchsüberlassung bei wirtschaftlicher Betrachtung den wirtschaftlichen Interessen des Vermieters dient (vgl. § 17 Rn. 39; *Schulze* ZUM 2006, 543, 543). Dies deckt sich mit den Vorgaben der Vermiet- und Verleih-RL, die in der Definition des Begriffes Vermieten – in Abgrenzung zu dem Verleihen – von einem (unmittelbaren oder mittelbaren) **„wirtschaftlichen oder kommerziellen Nutzen"** spricht (Artikel 1 Abs. 2 Vermiet- und Verleih-RL).

10 **d) Vergütungsanspruch: – aa) Anspruchsinhaber:** Anspruchsinhaber ist der **Urheber**, der dem Tonträgerhersteller oder dem Filmhersteller das Vermietrecht eingeräumt hat. Über Verweisungen steht der Vergütungsanspruch darüber hinaus den folgenden **Leistungsschutzrechtsinhabern** zu:
– Ausübende Künstler (§ 77 Abs. 2 S. 2)
– Lichtbildner (§ 72 Abs. 1)

– Verfasser wissenschaftlicher Ausgaben (§ 70 Abs. 1)
– Herausgeber nachgelassener Werke (§ 71 Abs. 1 S. 3)
Nicht zu den Anspruchsberechtigten zählen weitere Leistungsrechtsinhaber, wie der Datenbankhersteller i. S. d. § 87a Abs. 2, der Tonträgerhersteller, der Filmhersteller und das Sendeunternehmen.

bb) Anspruchsschuldner: Anspruchsschuldner ist derjenige, der den Tonträger **11** bzw. Bildträger vermietet im Sinne des § 17 Abs. 3, also der Vermieter. Bei dem Vergütungsanspruch des Abs. 1 handelt es sich um einen vermögensrechtlichen Anspruch eigener Art (BGH GRUR 1986 736, 738 – *Schallplattenvermietung*; LG Oldenburg GRUR 1996, 487, 488 – *Videothek-Treffpunkt*; *Erdmann* FS Brandner 361, 366) rein **schuldrechtlicher** und nicht deliktischer **Natur** (Dreier/Schulze/*Schulze*[5] Rn. 10). Daher kommt eine **gesamtschuldnerische Haftung** mehrerer Vermieter gem. § 840 BGB **nicht** in Betracht (LG Oldenburg GRUR 1996, 487, 488 – *Videothek-Treffpunkt;*).

cc) Unverzichtbarkeit: Zum Schutze des Urhebers (bzw. des Leistungsschutz- **12** rechtsinhabers) bestimmt Abs. 1 S. 2, dass der Begünstigte auf den sich aus Abs. 1 S. 1 ergebenen Anspruch **nicht verzichten** kann. Eine entgegenstehende vertragliche Vereinbarung ist insoweit unwirksam.

dd) Eingeschränkte Abtretbarkeit (S. 3): Grundsätzlich ist der Vergütungsan- **13** spruch gegen den Vermieter gem. §§ 398 ff. BGB an Dritte **frei abtretbar**, allerdings nur, wenn und soweit er zum Zeitpunkt der Abtretung noch nicht entstanden ist. Lediglich **im Voraus** – also vor dessen Entstehung – kann er gem. Abs. 1 S. 3 nur an eine **Verwertungsgesellschaft** abgetreten werden. Eine Abtretung des Anspruches nach dessen Entstehung dürfte aber schon mit Blick darauf, dass er gem. Abs. 3 ausschließlich durch eine Verwertungsgesellschaft geltend gemacht werden kann, kaum relevant sein (so zutreffend Schricker/Loewenheim/*Loewenheim*[5] Rn. 10).

ee) Höhe der Vergütung: Zur **Höhe der Vergütung** unten vgl. Rn. 25 f. **14**

2. Verleihen von Werken (Abs. 2)

a) Verleihen (S. 2): Abs. 2 S. 2 beinhaltet eine Legaldefinition des Begriffes **15** „Verleihen". Danach ist das Verleihen die zeitlich begrenzte, weder unmittelbar noch mittelbar Erwerbszwecken dienende Gebrauchsüberlassung. Anders als Abs. 1 (Vermieten) umfasst Abs. 2 (Verleihen) **sämtliche Werkarten** und **sämtliche Werkträger**, ist also nicht auf Ton- bzw. Bildträger beschränkt. Ausgenommen hiervon sind gem. S. 2, letzter Hs. – wie bei dem Vermieten – die besonderen Überlassungen des § 17 Abs. 3 S. 2: Als Verleihen im Sinne des S. 2 gilt nicht die Überlassung von Originalen oder Vervielfältigungsstücken von Bauwerken und Werken der angewandten Kunst und auch nicht deren Überlassung im Rahmen eines Arbeits- oder Dienstverhältnisses zu dem ausschließlichen Zweck, bei der Erfüllung von Verpflichtungen aus dem Arbeits- oder Dienstverhältnis benutzt zu werden. Die Inanspruchnahme eines Restaurants, das seine Gäste in Corbusier-Möbeln mit Rosenthal-Geschirr (Werke der angewandten Kunst) bewirtet (ein Fall des § 17 Abs. 3 S. 2 Nr. 1) wäre ebenso wenig angebracht wie eine Vergütungspflicht in dem Fall, dass ein Arbeitgeber seinen Arbeitnehmern urheberrechtlich geschützte Arbeitsmittel (z. B. Konstruktionszeichnungen) zur Verfügung stellt (§ 17 Abs. 3 S. 2 Nr. 2). Auch **Werk- und Betriebsbüchereien** können mit Blick auf § 17 Abs. 3 S. 2 Nr. 1 vergütungsfrei betrieben werden, sofern die Werke ausschließlich zur beruflichen Nutzung verliehen werden.

Die **Gebrauchsüberlassung** beinhaltet das Zuverfügungstellen des Werkexemp- **16** lars in einer Weise, die eine uneingeschränkte und wiederholbare Werknutzung in einer Weise ermöglicht, dass der Kauf eines eigenen Vervielfältigungsstückes vielfach unterbleiben wird (s. BGH GRUR 1989, 417, 418 – *Kauf mit Rückgaberecht*). Damit unterfällt auch die Gebrauchsüberlassung in **Präsenzbibliotheken** dem Begriff des Verleihens (str.; wie hier: LG München I GRUR-RR 2003, 300, 303 – *Bibliothekstantiemen*; Dreier/Schulze/*Schulze*[5] Rn. 17; Schricker/ Loewenheim/*Loewenheim*[5] Rn. 17; BeckOK UrhR/*Freudenberg*[16] Rn. 43; *Erdmann* FS Brandner, S. 361, 369; a. A. z. B. Wandtke/Bullinger/*Heerma*[4] Rn. 11). Zwar ist es nach dem ErwG 13 der Vermiet- und Verleih-RL sowie dem ErwG 10 der Vermiet- und Verleih-RL „der Klarheit halber wünschenswert", u. a. die „Einsichtnahme an Ort und Stelle" von dem Begriff des Verleihens auszuschließen. Abgesehen davon, dass dieser Gedanke in den materiellen Teil des Richtlinientexts selbst weder bei der Definition des Begriffes „Verleihen" noch sonst eingeflossen ist, erscheint es mit Blick auf den Normzweck nicht gerechtfertigt, eine Gebrauchsüberlassung in Präsenzbibliotheken von der Vergütungspflicht auszunehmen, da auch in diesem Fall den Nutzern Werke zum unmittelbaren **intensiven Werkgebrauch** überlassen werden. Im Vergleich zu der „Ausleihe" von Büchern aus Bibliotheken unterscheidet sich die Überlassung in Präsenzbibliotheken weder in der Art noch in der Intensität, sondern bestenfalls in dem Ort des Werkgenusses. Ob der Benutzer hinsichtlich des Buches, das er aus dem Regal nimmt, Besitzer oder nur Besitzdiener wird, kann nicht entscheidend sein, da er jedenfalls (urheberrechtsrelevanten) Gebrauch von ihm macht.

17 **Art, Umfang und Intensität** der Werknutzung sind unter Berücksichtigung des Schutzzwecks der Norm maßgebliche Faktoren bei der Prüfung der Anwendbarkeit der Norm. Maßgeblich ist, ob die zeitliche Überlassung eines Werkexemplars einen Kauf durch den Nutzer ersetzt und den Nutzer von dem Erwerb deshalb abhält (Dreier/Schulze/*Schulze*[5] Rn. 20). Hiervon ist etwa bei dem Auslegen von Zeitschriften in **Warteräumen**, z. B. beim Friseur oder in einer Arztpraxis, regelmäßig nicht auszugehen, da die **zufällige Gelegenheit** des „Durchblätterns" einer Zeitschrift im Zuge z. B. eines Friseur- oder Arztbesuches, also des eher flüchtigen Werkgenusses, einen Erwerb des Werkes regelmäßig nicht ersetzt. Die Art und die Intensität einer derartigen Werknutzung ist mit einer Gebrauchsüberlassung wie z. B. in einer Bibliothek nicht vergleichbar (ebenso Dreier/Schulze/*Schulze*[5] Rn. 20; BeckOK UrhR/*Freudenberg*[16] Rn. 39 und 43; s. zur alten Rechtslage: BGH GRUR 1985, 131 – *Zeitschriftenauslage beim Friseur* und BGH GRUR 1985, 134 – *Zeitschriftenauslage in Wartezimmern*). Zu der teilweise vorgenommenen Einordnung des Auslegens von Zeitschriften als **Vermieten** s. Rn. 19.

18 **Kein Erwerbszweck:** Das Verleihen unterscheidet sich von der Vermietung durch das Erfordernis, dass die Gebrauchsüberlassung **keinem Erwerbszweck** dienen darf, und zwar weder unmittelbar noch mittelbar. s. a. die Kommentierung bei § 17, vgl. § 17 Rn. 39 f. Ist ein Handeln zum Erwerbszweck gegeben, liegt – da das Vermietrecht der Erschöpfung nicht unterliegt (§ 17 Abs. 2) – eine **zustimmungsbedürftige Vermietung** vor. Eine Vermietung im urheberrechtlichen Sinne setzt nicht voraus, dass der Nutzer für die Werknutzung ein Entgelt im Sinne eines Mietzins zahlt (vgl. Rn. 9). Entscheidend ist vielmehr, ob die Gebrauchsüberlassung zu einem unmittelbaren oder mittelbaren **wirtschaftlichen** oder **kommerziellen Nutzen** erfolgt (dann Vermieten) oder nicht (dann Verleihen), s. Art. 1 Abs. 2 und 3 Vermiet- und Verleih-RL). Nach dem 14. ErwG der Vermiet- und Verleih-RL soll allein die Zahlung eines Entgeltes durch den Nutzer, das das für die **Deckung der Verwaltungskosten** der Einrichtung erforderliche Maß nicht überschreitet, nicht für die Annahme eines kommerziellen Charakters genügen. Auf die Rechtsform des Verleihers kommt es bei alledem nicht an; auch öffentlich-rechtliche Einrichtungen können im Einzelfall mit der Gebrauchsüberlassung von Werken wirtschaftliche Interessen verfolgen.

Teilweise wird in dem Auslegen von **Zeitschriften in Warteräumen** (hierzu bereits Rn. 17) eine – mittelbar den Erwerbszwecken dienende – **Vermietung** gesehen (BeckOK UrhR/*Freudenberg*[16] Rn. 39) und daher ein Vermieten bejaht. Dem kann gleichwohl jedenfalls in den typischen Fällen der Warteraum-Auslage (der Arzt oder Friseur kauft ein Zeitschriftenexemplar und legt es aus) nicht gefolgt werden (so auch Schricker/Loewenheim/*Loewenheim*/*Vogel*[5] § 17 Rn. 65; *Jacobs* GRUR 1998, 246, 249). Wegen der geringen Intensität der Werknutzung liegt bei einer derartigen Zeitschriftenauslage schon kein urheberrechtlich relevantes Verleihen vor (s. Rn. 17). Dann aber kommt auch kein Vermieten in Betracht, das sich von dem Verleihen lediglich durch das Merkmal des „zu Erwerbszwecken dienen" unterscheidet. Hinzu kommt, dass das Auslegen von Zeitschriften in Warteräumen zwar im Rahmen einer gewerblichen Tätigkeit erfolgen mag; die Handlung des Auslegens von Zeitschriften flankiert jedoch bestenfalls die den Erwerbszwecken dienenden Tätigkeiten (Friseurdienstleistungen, Arztdienstleistungen usw.). s. hierzu auch EuGH GRUR 2012, 593 Tz. 98 – *SCF Consorzio fonografici*/*Marco Del Corso* in Bezug auf den fehlenden „Erwerbszweck" bei der Wiedergabe von Tonträgern in einer Arztpraxis: „*Eine Wiedergabe von Tonträgern gehört nicht zur Zahnbehandlung.*" In dieser Entscheidung geht es zwar nicht um die Überlassung eines Vervielfältigungsstückes, sondern um eine öffentliche Wiedergabe von Tonträgern (so völlig zutreffend BeckOK UrhR/*Freudenberg*[16] Rn. 39). Die sich bei der öffentlichen Wiedergabe in Arztpraxen, Friseursalons usw. stellende Frage des Erwerbszwecks ist indes vergleichbar mit Frage des Erwerbszwecks im Kontext des Verleihens von Werkexemplaren in demselben Umfeld. Abzustellen ist darauf, ob der Auslegende aus der Werknutzung einen wirtschaftlichen Nutzen ziehen kann, der mit der Attraktivität und daher der größeren Frequentierung der Einrichtung verbunden ist (EuGH GRUR 2016, 684 Tz. 51 – *Reha Training*/*GEMA*, ebenfalls im Kontext der öffentlichen Wiedergabe von TV-Sendungen in einer Reha-Klinik). Hiervon kann bei dem Auslegen von Zeitschriften in Warteräumen in der Regel nicht ausgegangen werden; die Auslage von Zeitschriften erhöht im Allgemeinen nicht die Attraktivität eines Warteraums.

19

Von dem vergütungspflichtigen Verleihen im Sinne des Abs. 1 umfasst sind grundsätzlich auch (entgeltfreie) Überlassungen von Kopien digitaler Bücher (**Verleih von E-Books**), wenn während der Verleihzeit jeweils nur eine einzige „Verleih-Kopie" angefertigt werden und der Nutzer seine Kopie nach Ablauf der Verleihzeit nicht mehr nutzen kann (s. EuGH GRUR 2016, 1266, Tz. 54 – *VOB*/*Stichting*). Sind diese Voraussetzungen erfüllt, ist die Situation des Verleihens von E-Books unmittelbar vergleichbar mit dem Verleihen gedruckter Werke: Das Verleihen ist befristet und erlaubt die Werknutzung jeweils nur durch einen einzigen Nutzer, wie dies auch beim Verleih eines gedruckten Buches der Fall ist.

19a

b) Erschöpftes Verbreitungsrecht: Abs. 2 kommt nur in Bezug auf Originale und Vervielfältigungsstücke zur Anwendung, deren Weiterverbreitung gem. § 17 Abs. 2 zulässig ist, also nur soweit eine **Erschöpfung** des Verbreitungsrechts eingetreten ist. Sofern das Original oder Vervielfältigungsstück nicht zuvor mit Zustimmung des zur Verbreitung Berechtigten rechtmäßig in den Verkehr gebracht wurde, ist das Verbreitungsrecht nicht verbraucht und ein Verleihen unzulässig. Einzelheiten zu der Erschöpfung s. § 17 Rn. 27 ff.

20

c) der Öffentlichkeit zugängliche Einrichtung: Die Vergütungspflicht des Abs. 2 wird durch ein Verleihen von Werken durch eine der Öffentlichkeit zugängliche Einrichtung ausgelöst. Bei der Bestimmung des Begriffs „der **Öffentlichkeit** zugänglichen Einrichtungen" ist zum einen auf § 15 Abs. 3, zum anderen auf die in Abs. 2 S. 1 angeführten **Beispiele** (Bücherei, Sammlung von Bild- oder

21

Tonträgern oder anderer Originale oder Vervielfältigungsstücke) unter gleichzeitiger Berücksichtigung der Vermiet- und Verleihrichtlinien, die von einem „öffentlichen Verleihwesen" sprechen, abzustellen. Ob die Einrichtung von einem privaten oder von einem öffentlich-rechtlichen Träger betrieben wird ist unerheblich; entscheidend ist vielmehr, ob die Einrichtung die Werke an eine Mehrzahl von Mitgliedern der Öffentlichkeit verleiht, die weder mit der Einrichtung noch untereinander durch **persönliche Beziehungen** verbunden sind (s. RAusschuss 1. ÄndG – BT-Drs. VI/3264, S. 5; Schricker/Loewenheim/*Loewenheim*[5] Rn. 18; Dreier/Schulze/*Schulze*[5] Rn. 19). Dies ist bei öffentlichen Bibliotheken (z. B. Staatsbibliotheken, Stadtbibliotheken, Universitätsbibliotheken, Kirchenbibliotheken usw.) wie auch Mediatheken der Fall. Die gemeinsame Behörden- oder Betriebszugehörigkeit allein schafft noch keine persönliche Verbundenheit in dem vorstehenden Sinne, sodass auch Instituts-, Seminar-, Gerichts- und Werkbüchereien hierunter fallen können.

22   Der Verleih durch **Privatbibliotheken**, die der Öffentlichkeit nicht zugänglich sind, ist nicht vergütungspflichtig. Die Abgrenzung zu öffentlichen Bibliotheken kann im Einzelfall schwierig sein. Jedenfalls ist eine Einrichtung nur dann der Öffentlichkeit zugänglich, wenn ihr Zweck der Öffentlichkeit zur Kenntnis gebracht wird; dafür reicht es nicht aus, dass die Einrichtung im Internet „aufspürbar" ist (OLG Hamburg ZUM 2003, 501, 503 – *Verteilungsplan Bibliothekantiemen der* VG Wort).

23   d) Vergütungsanspruch: – aa) Anspruchsinhaber: Anspruchsinhaber ist der **Urheber** des verliehenen Werkes. Darüber hinaus steht ein Vergütunganspruch über entsprechende Verweisungen auch den folgenden **Leistungsschutzrechtsinhabern** zu:
- – Ausübende Künstler (§ 77 Abs. 2 S. 2)
- – Lichtbildner (§ 72 Abs. 1)
- – Tonträgerhersteller (§ 85 Abs. 4)
- – Filmhersteller (§ 94 Abs. 4)
- – Datenbankhersteller (§ 87b Abs. 2)
- – Verfasser wissenschaftlicher Ausgaben (§ 70 Abs. 1)
- – Herausgeber nachgelassener Werke (§ 71 Abs. 1 S. 3)

24   bb) Anspruchsschuldner: Anspruchsschuldner ist der derjenige, der die Werke bzw. Werkexemplare **verleiht**. Wie bei dem Anspruch des Abs. 1 handelt es sich auch bei dem Vergütungsanspruch nach Abs. 2 um einen **schuldrechtlichen Anspruch**, sodass eine gesamtschuldnerische Haftung **mehrerer Verleiher** gem. § 840 BGB nicht in Betracht kommt (dazu oben vgl. Rn. 11).

3. Höhe der Vergütung

25   Der Vermieter hat für die Vermietung der Ton- bzw. Bildträger und der Verleiher für das Verleihen von Werkexemplaren eine **Vergütung in angemessener Höhe** zu zahlen. Der europäische Richtliniengeber überlässt es insoweit den Mitgliedstaaten, den unbestimmten Rechtsbegriff der angemessenen Vergütung auszufüllen. Der EuGH betont aber, dass der Begriff einheitlich auszulegen sei und jeder Mitgliedsstaat für sein Gebiet die Kriterien festsetze, die am besten geeignet sind, die Beachtung dieses Gemeinschaftsbegriffs innerhalb der vom Gemeinschaftsrecht gezogenen Grenzen zu gewährleisten (EuGH GRUR 2003, 325 Tz. 38 – *SENA/NOS*).

26   Da der Anspruch nur durch eine **Verwertungsgesellschaft** geltend gemacht werden kann (s. Rn. 27 f.), bestimmt sich die Höhe des tatsächlichen Entgelts nach den von den Verwertungsgesellschaften gem. § 38 VGG festgesetzten **Tarifen** bzw. nach den gem. § 35 VGG geschlossenen **Gesamtverträgen**. In der Regel werden als Berechnungsgrundlage für die festzusetzenden Tarife die geldwerten

Vorteile herangezogen, die durch die Verwertung erzielt wurden (§ 39 Abs. 1 S. 1 VGG); die Verwertungsgesellschaft soll bei der Tarifgestaltung und bei der Einziehung der tariflichen Vergütung auf religiöse, kulturelle und soziale Belange der zur Zahlung der Vergütung Verpflichteten einschließlich der Belange der Jugendpflege angemessen Rücksicht nehmen (§ 39 Abs. 3 VGG). Die Auszahlung erfolgt aufgrund eines pauschalierten Verteilungsverfahrens (s. hierzu Dreier/Schulze/*Schulze*[5] Rn. 29 sowie Schricker/Loewenheim/*Loewenheim*[5] Rn. 19 ff.).

4. Verwertungsgesellschaftspflicht (Abs. 3)

Die Ansprüche aus Abs. 1 und 2 können nicht durch den Urheber bzw. den Leis- **27** tungsschutzberechtigten selbst, sondern nur durch eine Verwertungsgesellschaft **geltend gemacht werden.** Die Anspruchsberechtigten müssen ihre Ansprüche also zuvor den Verwertungsgesellschaften treuhänderisch zur Wahrnehmung einräumen und ihre Werke melden. Gem. § 49 Abs. 1 VGG wird vermutet, dass die Verwertungsgesellschaft die Rechte aller Berechtigten wahrnimmt.

Die Vergütungsansprüche nach § 27 Abs. 1 werden von der **Zentralstelle für** **28** **Videovermietung (ZVV)** geltend gemacht. Aktuelle Gesellschafter sind GEMA, VG Wort, VG BildKunst, GÜFA, GWFF, VGF und GVL. Unter der Geschäftsführung der GEMA schließt die ZVV mit den Videotheken Tarifverträge ab und verantwortet über die GEMA-Bezirksdirektionen das Inkasso. Die in diesen Verträgen gestaffelten Vergütungen sind abhängig von dem Gesamtbestand der zur Vermietung angebotenen Bildtonträger je Betrieb. Der auf den jeweiligen Rechteinhaber entfallende Betrag wird anhand der bei den Videotheken zum Vermieten vorhandenen Bild-/Tonträger ermittelt, wobei unterstellt wird, dass die Bild-/Tonträger jeweils vier Jahre im Markt befindlich sind.

Für den Einzug der Bibliothekstantieme nach § 27 Abs. 2 ist die **ZBT (Zentral-** **29** **stelle Bibliothekstantieme)** zuständig, die von den Verwertungsgesellschaften VG WORT, VG BildKunst, GEMA, GVL, VGF, GWFF, VFF und VG Musikedition gegründet wurde. Die ZBT hat mit Bund und Ländern einen Gesamtvertrag über die Abgeltung der Ansprüche nach Abs. 2 abgeschlossen, der alle Verleihvorgänge durch öffentliche Bibliotheken abdeckt. Kostenträger der Tantieme sind die Träger der Einrichtungen, also Bund und Länder (Einigungsvorschlag der Schiedsstelle ZUM 1997, 944). In der Regel verhandelt die ZBT alle zwei Jahre mit den Kultusministerien über eine Erhöhung des Pauschalbetrages; als Orientierungspunkt gelten dabei vor allem die Ausleihzahlen und der Lebenshaltungskostenindex. Dieser Betrag wird nach Abzug der Verwaltungskosten der VG Wort auf die Urheber ausgeschüttet. Das geschieht nach einem jährlich vom Deutschen Bibliotheksverband und der VG Wort festgestellten Schlüssel, der durch Auszählung der Ausleihen an ausgewählten Bibliotheken ermittelt wird.

III. Prozessuales

Herrscht hinsichtlich der Angemessenheit der Vergütung Streit, werden die Ta- **30** rife von der Schiedsstelle (§§ 92 ff. VVG), danach auch gerichtlich (§ 128 VVG) überprüft. Haben sich die Parteien allerdings auf einen Tarif geeinigt, so findet eine nachträgliche Angemessenheitskontrolle durch die Gerichte nicht statt (BGH GRUR 1984, 52, 54 – *Tarifüberprüfung I*).

IV. Verhältnis zu andere Vorschriften

Die Vergütungsansprüche nach Abs. 1 und Abs. 2 finden durch Verweisung **31** entsprechend Anwendung auf die in Rn. 23 genannten Leistungsschutzberechtigten.

Abschnitt 5 Rechtsverkehr im Urheberrecht

Unterabschnitt 1 Rechtsnachfolge in das Urheberrecht

Vorbemerkung §§ 28 bis 30

1 Die zentrale Regelung des 5. Abschnitts „Rechtsverkehr im Urheberrecht" findet sich nicht – wie es nahe liegend gewesen wäre – bereits in § 28, sondern erst in § 29 Abs. 1: Das Urheberrecht ist grundsätzlich **weder als Ganzes noch in seinen Teilen übertragbar.** Der Urheber soll vielmehr gem. § 29 Abs. 2 einem anderen die **Verwertung** seines Werkes nur dadurch überlassen können, dass er ihm ein vom Urheberrecht abgeleitetes **Nutzungsrecht einräumt** (RegE UrhG 1962 – BT-Drs. IV/270, S. 30).

2 **Nutzungsrechte** gestatten anderen mit (dinglicher) Wirkung gegenüber jedermann die Nutzung des Werkes. Der Nutzungsrechtseinräumung des Urhebers und der Weiterübertragung von Nutzungsrechten sind die §§ 31 bis 44 sowie verschiedene Spezialregelungen zu besonderen Werkarten gewidmet, z. B. zu Filmwerken (§§ 88 ff.), zu Datenbankwerken (§ 55a) oder für Computerprogramme (§§ 69d, 69e, 69g). Ferner verweist § 29 Abs. 2 auch auf die Möglichkeit der schuldrechtlichen Gestattung sowie auf Rechtsgeschäfte über Urheberpersönlichkeitsrechte nach § 39. Das UrhG enthält jedoch **keine Regelungen über bestimmte Vertragstypen.** Es beschränkt sich auf Regelungen zur Einräumung, zur Vergütung und zum Rückruf von Nutzungsrechten und umfasst keine Bestimmungen zu Willenserklärungen, zum Abschluss des Vertrages oder zu Leistungsstörungen. Das UrhG 1965 behielt sich eine gesonderte detaillierte Regelung des Urhebervertragsrechts vor (RegE UrhG 1962 – BT-Drs. IV/270, S. 56), die bis heute allerdings nicht erfolgte (zur „kleinen" Lösung durch die Urhebervertragsrechtsreform 2002 vgl. Vor §§ 31 ff. Rn. 17). Gesetzlich geregelt sind in Deutschland allein **verschiedene Typen des Verlagsvertrages im VerlG** (vgl. Einl. VerlG Rn. 1 ff.). Zu Nutzungsrechten allgemein vgl. Vor §§ 31 ff. Rn. 1 ff. Zu Verträgen des Urhebers zur Einräumung von Nutzungsrechten (primäres Urhebervertragsrecht) vgl. Vor §§ 31 ff. Rn. 32 ff.; zu Verträgen von Verwertern untereinander (sekundäres Urhebervertragsrecht) vgl. Vor §§ 31 ff. Rn. 223 ff. Die urhebervertragsrechtlichen Bestimmungen der §§ 31 bis 44 sind teilweise auch auf Leistungsschutzberechtigte anwendbar, vgl. Vor §§ 31 ff. Rn. 215 ff.

3 Der 5. Abschnitt enthält im Übrigen noch Regelungen zur **Rechtsnachfolge in das Urheberrecht.** Danach ist das Urheberrecht vererblich, **§ 28 Abs. 1.** Die Ausübung des Urheberrechts darf gemäß § 28 Abs. 2 einem Testamentsvollstrecker übertragen werden. Überdies ist eine Übertragung in Erfüllung einer Verfügung von Todes wegen oder im Weg der Erbauseinandersetzung ausnahmsweise zulässig (§ 29 Abs. 1). Der Rechtsnachfolger, der das Urheberrecht auf einem der genannten Wege erwirbt, ist dem verstorbenen Urheber grundsätzlich gleichgestellt, § 30.

§ 28   Vererbung des Urheberrechts

(1) Das Urheberrecht ist vererblich.

(2) ¹Der Urheber kann durch letztwillige Verfügung die Ausübung des Urheberrechts einem Testamentsvollstrecker übertragen. ²§ 2210 des Bürgerlichen Gesetzbuchs ist nicht anzuwenden.

I. Allgemeines

1. Sinn und Zweck

Der Grundsatz, dass das Urheberrecht nicht auf andere Personen übertragen **1** werden kann (§ 29 Abs. 1), erfährt durch § 28 Abs. 1 eine Ausnahme. Im Erbfall kann das Urheberrecht den Inhaber wechseln. Das gilt nicht nur für eine Vererbung durch den Urheber, sondern auch für eine Vererbung durch die Erben und die weitere Vererbung durch sie. Die Erben nehmen dabei grds. die gleiche Rechtsstellung ein wie der Urheber, sie rücken deshalb nicht nur in die wirtschaftlichen Rechte, sondern auch in die aus dem Urheberpersönlichkeitsrecht fließenden Befugnisse ein (§ 30). § 28 Abs. 1 regelt lediglich die **Vererbung** des Urheberrechts, nicht die davon zu unterscheidende **Verfügung von Todes wegen** (§ 29 Abs. 1). Die Möglichkeit einer Testamentsvollstreckung für die Ausübung von Urheberrechten sieht § 28 Abs. 2 vor; gleichzeitig wird angeordnet, dass die zeitliche Grenze des § 2210 BGB (30 Jahre) nicht gilt. Denn das Urheberrecht besteht bis 70 Jahre nach dem Tod des Urhebers (§ 64).

2. Früheres Recht

Für **Erbfälle bis 31.12.1965** sahen § 8 Abs. 1 LUG und § 10 Abs. 1 KUG in **2** Übereinstimmung mit § 28 Abs. 1 vor, dass das Urheberrecht vererblich ist. Eine wichtige Abweichung des früheren Rechts ergibt sich jedoch für die **Erbschaft des Staates als gesetzlicher Erbe.** Nach der Regelung in § 28 Abs. 1 kann jede natürliche oder juristische Person – auch der Fiskus – Erbe sein (vgl. Rn. 7). § 8 Abs. 2 LUG und § 10 Abs. 2 KUG schlossen hingegen für Erbfälle bis 31.12.1965 (§ 129 Abs. 1) den Fiskus als gesetzlichen Erben aus (dazu *Fromm* NJW 1966, 1244); bei gesetzlicher Erbschaft durch den Fiskus wurden solche Werke gemeinfrei. Der Schutz lebte wegen § 129 Abs. 1 auch nicht wieder unter dem UrhG auf. Die Regelung in LUG und KUG beruhte auf dem Misstrauen, der Staat sei nicht in der Lage, vom Urheberrecht in geeigneter Weise Gebrauch zu machen (RegE UrhG 1962 – BT-Drs. IV/270, S. 55) und entzog sie u. erhebliche wirtschaftliche Werte nicht nur dem Fiskus, sondern auch den Nachlassgläubigern. Ein Beispiel ist die bekannte Drehbuchautorin *Thea von Harbou* (z. B. Drehbuch für den *Fritz-Lang*-Film „M – Eine Stadt sucht einen Mörder", 1931, wobei die Miturheberschaft *Fritz Langs* unklar ist: OLG München ZUM 1999, 653 – *M – Eine Stadt sucht einen Mörder*), die 1954 ohne Erben starb, sodass das Land Berlin gesetzlicher Erbe wurde und ihr Urheberrecht in die Gemeinfreiheit fiel (wohl übersehen von OLG München ZUM 1999, 653, 656 – *M – Eine Stadt sucht einen Mörder*). Das Urheberrecht löste sich allerdings nur insoweit auf, als es dem Erblasser noch zustand (Schricker/Loewenheim/*Ohly*[5] Rn. 4), also nicht an Dritte übertragen (unter KUG und LUG möglich, vgl. § 29 Rn. 2) oder als Nutzungsrecht eingeräumt war.

Nach **DDR-Recht (Erbfälle bis 2.10.1990)** gingen gem. § 33 Abs. 2 UrhG- **3** DDR die Befugnisse des Urhebers „nach den allgemeinen Vorschriften des Erbrechts" auf den Erben über. Dabei war auch möglich, dass eine juristische Person erbt (§ 33 Abs. 6 UrhG-DDR), jedoch war dann die Schutzfrist verkürzt auf 50 Jahre nach Veröffentlichung. Der Nachlass „bedeutender" Künstler, Schriftsteller und Wissenschaftler konnte zudem gem. § 35 Abs. 1 UrhG-DDR einem besonderen (staatlichen) Schutz unterstellt werden, mit dem insbesondere die Wahrnehmung der Urheberrechte an dem Nachlass für die Erben verbunden sein konnte (§ 35 Abs. 2 UrhG-DDR). Vermögensrechtliche Ansprüche blieben den Erben jedoch erhalten (§ 35 Abs. 3 UrhG-DDR).

3. EU-Recht, Internationales Recht, Verfassungsrecht

4 Weder EU-Recht noch die Internationalen Urheberrechtsabkommen regulieren die Vererbung des Urheberrechts, sodass insoweit **keine Vorgaben** bestehen. **Grundrechtliche Vorgaben** ergeben sich allerdings aus der Garantie für Geistiges Eigentum in Art. 17 Abs. 2 EU-GR-Charta und aus Art. 14 GG; innerhalb der Schutzfrist (§ 64 ff.) muss verfassungsrechtlich im Grundsatz eine Vererblichkeit sichergestellt sein. *Ohly* (Schricker/Loewenheim/*Ohly*[5] Rn. 5) weist zutreffend darauf hin, dass ohne Vererblichkeit ein Fortbestehen des Urheberrechts über den Tod des Urhebers hinaus sinnlos wäre. Zum **internationalen Privatrecht** und Urhebererbrecht vgl. Vor §§ 120 ff. Rn. 65a sowie BGH GRUR 1997, 236, 237 – *Verlagsverträge*; sehr ausführlich auch OLG München GRUR-RR 2010, 161, 162 – *Bronzeskulptur*, zum Rumänen Constantin Brancusi: Anknüpfung der Frage der Vererblichkeit des Urheberrechts nach deutschem Recht, Anknüpfung der konkreten Erbfolge nach dem Rechte der Staatsangehörigkeit.

II. Tatbestand

1. Vererblichkeit des Urheberrechts (Abs. 1)

5 Der Urheber hat zwei Möglichkeiten, sein Urheberrecht zu vererben: Durch **Testament** (§§ 2064 ff. BGB) oder durch **Erbvertrag** (§§ 2274 ff. BGB). Hinterlässt der Urheber keines von beiden, wird das Urheberrecht entsprechend der **gesetzlichen Erbfolge** vererbt (§§ 1922 ff. BGB). Inhaltlich kann der Urheber die Erben mit einer Verfügung von Todes wegen – Vermächtnis oder Auflage – beschweren (vgl. § 29 Rn. 9).

6 Geht das Urheberrecht auf eine **Erbengemeinschaft** über, so finden auf die Rechtsbeziehungen der Miterben untereinander nicht etwa die Regeln der Miturheberschaft gem. § 8, sondern die §§ 2032 ff. BGB Anwendung (BGH GRUR 1997, 236, 237 – *Verlagsverträge*; BGH GRUR 1982, 308, 310 – *Kunsthändler*). Das bedingt grundsätzlich eine gemeinschaftliche Verwaltung des Nachlasses durch die Miterben; Nutzungsrechte können nur gemeinschaftlich gem. § 2040 Abs. 1 BGB eingeräumt, Kündigungen von Verträgen mit Verwertern nur gemeinschaftlich ausgesprochen werden (BGH GRUR 1997, 236, 237 – *Verlagsverträge)*, wofür auch zeitlich aufeinander folgende Einzelerklärungen genügen, sofern sich die Einzelakte zu einer einheitlichen Erklärung ergänzen. Möglich ist eine nachträgliche Genehmigung der Kündigung durch einen vollmachtlosen Vertreter durch alle Miterben gem. § 180 S. 2 BGB (BGH GRUR 1997, 236, 237 – *Verlagsverträge*). Bei ungeteilter und verstreuter Erbengemeinschaft kann eine Kündigung von Verlagsverträgen aus wichtigem Grund auch nach Ablauf von 18 Monaten ab Kenntnis noch zulässig sein (OLG München ZUM-RD 1997, 505, 507 – *Hans Heinz Ewers*). Zum Notgeschäftsführungsrecht des einzelnen Miterben gem. § 2038 Abs. 1 BGB durch Einbringen von Rechten in eine Wahrnehmungsgesellschaft BGH GRUR 1982, 308 – *Kunsthändler*. Zu Erbauseinandersetzung und Urheberrecht vgl. § 29 Rn. 10.

7 Erbe kann jede **natürliche** oder **juristische Person** des öffentlichen Rechts (also auch der Fiskus bei unbekannten Erben, § 1936 BGB) oder des privaten Rechts (GmbH, AG, Genossenschaft, Stiftung, e. V. etc.) sowie jede andere einer juristischen Personen angenäherte Personenvereinigung werden, die erbfähig ist, z. B. OHG (§ 124 Abs. 1 HGB), KG (§§ 161 Abs. 2, 124 Abs. 1 HGB), Partnerschaftsgesellschaft (§ 7 Abs. 2 PartGG) sowie nach herrschender Auffassung BGB-Gesellschaft (zur Erbfähigkeit MüKo BGB/*Leipold*[6] § 1923 Rn. 31 m. w. N.) und nicht rechtsfähiger Verein (zur Erbfähigkeit MüKo BGB/*Arnold*[7] § 54 BGB Rn. 25 ff. m. w. N.). Damit kann ein wichtiger Grundsatz des deutschen Urheberrechts, dass nur eine natürliche Person Urheber und damit Urheberrechtsinhaber sein kann (vgl. § 7 Rn. 9), im Erbfall durchbrochen werden, wenn eine juristische Person oder eine ihr angenäherte Personenvereinigung als Erbe eingesetzt wird. – Nach früherem Recht war das noch anders; hier konnte der Fiskus als gesetzlicher Erbe nicht erben (vgl. Rn. 2).

Die Erbeinsetzung **juristischer Personen und erbfähiger Personenvereinigungen**   **8**
eröffnet jedoch besondere Fragestellungen, wenn diese **aufhören zu existieren**.
In solchen Fällen kann das Urheberrecht nicht rechtsgeschäftlich an eine andere Person übertragen werden, weil das nur bei Erfüllung einer Verfügung von Todes wegen oder bei Erbauseinandersetzung zulässig ist (§ 29 Abs. 2). Ansonsten kann das Urheberrecht nur vererbt werden (§ 28 Abs. 1). Nicht betroffen von diesem Übertragungsverbot ist jedoch die Rechtsnachfolge gemäß UmwG bei **Verschmelzung, Aufspaltung, Vermögensübertragung** oder Formwechsel gem. § 1 Abs. 1 UmwG. Denn hier findet eine gesetzliche Rechtsnachfolge statt (Wandtke/Bullinger/*Block*[4] Rn. 9 m. w. N.). Anders ist dies jedoch teilweise bei **Liquidation**. Bei Stiftungen (§§ 80 ff., insbesondere § 83 BGB) oder eingetragenen Vereinen (§§ 21 ff., 55 ff. BGB) erscheint das Problem zwar überwindbar. Der gesetzlich angeordnete Vermögensanfall an die in der Verfassung der Stiftung bzw. der Satzung des Vereins bezeichneten Personen (§ 88 bzw. §§ 45 Abs. 1, 46 BGB) kann wie eine Erbschaft analog § 28 Abs. 1 behandelt werden. Dafür spricht auch, dass bei einem Anfall an den Fiskus die Vorschriften über den Fiskus als gesetzlichen Erben Anwendung finden, §§ 88 S. 2, 46 S. 1 BGB (Loewenheim/*Axel Nordemann*[2] § 23 Rn. 18). Bei Kapitalgesellschaften, insbesondere GmbH oder AG, und erbfähigen Personenvereinigungen gilt jedoch etwas anderes. Die Vermögensverteilung bei Auflösung erfolgt rechtsgeschäftlich (§ 72 GmbHG, § 271 AktG, §§ 145 ff., 161 Abs. 2 HGB, § 10 PartGG, §§ 730 ff. BGB), sodass nicht mehr von einem „Erbfall" gesprochen werden kann und eine analoge Anwendung von § 28 Abs. 1 UrhG ausscheidet (Loewenheim/*Axel Nordemann*[2] § 23 Rn. 19; Wandtke/Bullinger/ *Block*[4] Rn. 9; a. A. Dreier/Schulze/*Schulze*[5] § 29 Rn. 6). Als Konsequenz bleibt das Urheberrecht dauerhaft bei der Gesellschaft; sie kann erst endgültig aufgelöst werden (und muss so lange im Liquidationsstadium bleiben), bis das Urheberrecht aufgrund Schutzfristablauf erloschen ist.

Der Urheber kann **verschiedene Urheberrechte an verschiedenen Werken** ge-   **9**
trennt vererben. Eine **Teilvererbung** des Urheberrechts – Vererbung nur bestimmter Verwertungsrechte oder bestimmter Urheberpersönlichkeitsrechte an bestimmte Erben – erscheint nicht möglich (Loewenheim/*Axel Nordemann*[2] § 23 Rn. 21; Schricker/Loewenheim/*Ohly*[5] Rn. 7; wohl auch Wandtke/Bullinger/*Block*[4] Rn. 4). Denn das Urheberrecht ist einheitlich. Eine Vererbung kann jedoch so erfolgen, dass der Urheber das Urheberrecht (an einem Werk) insgesamt ungeteilt vererbt, er jedoch zusätzlich davon **abspaltbare Nutzungsrechte getrennt** vererbt. Insoweit gilt für die Abspaltung von Nutzungsrechten nichts anderes als für vertragliche Abreden zu Lebzeiten (vgl. § 29 Rn. 14 ff.; vgl. § 31 Rn. 1 ff.), so dass auch in der Vererbung die Aufteilung der Nutzungsarten an verschiedene Erben erst dort ihre Grenze findet, wo dies aus Gründen des Verkehrsschutzes notwendig ist (vgl. § 29 Rn. 21; vgl. § 31 Rn. 11 f.). Eine letztwillige Verfügung, nach der der Urheber beispielsweise seinem Sohn das Vervielfältigungsrecht an seinem Roman vererbt, seiner Tochter aber das Verfilmungsrecht, wäre danach so auszulegen, dass Sohn und Tochter gemeinsam (Erbengemeinschaft) Inhaber des Urheberrechts sind, der Sohn jedoch sämtliche Erträgnisse aus der Vervielfältigung und die Tochter aus der Verfilmung

allein ziehen darf (Loewenheim/*Axel Nordemann*[2] § 23 Rn. 21). In anderen Konstellationen mag auch eine Auslegung angezeigt sein, dass ein Erbe nicht Mitinhaber des Urheberrechts wird, sondern ihm lediglich ein vom Urheberrecht im Erbfall abzuspaltendes Nutzungsrecht für eine bestimmte abgrenzbare Nutzungsart (vgl. § 31 Rn. 46 ff.) vererbt wurde (Schricker/Loewenheim/*Schricker/Ohly*[5] Rn. 7).

9a   Das **Urheberecht** wird so vererbt, **wie es sich beim Erblasser zum Zeitpunkt der Erbschaft befand** (Schricker/Loewenheim/*Ohly*[5] Rn. 8). Dinglich wirksame Rechtseinräumungen zu Lebzeiten (vgl. § 29 Rn. 14 ff.) belasten das vererbte Urheberrecht. Der Erbe tritt in die zugrundeliegenden Verträge ein, die der Urheber abgeschlossen hat; der Erbe kann also z. B. die durch den Urheber ausgehandelte Vergütung beanspruchen. Ferner vgl. § 30 Rn. 9.

10   Das **Urheberrecht** kann **mehrfach vererbt** werden. Nach dem Wortlaut des § 28 Abs. 1 kann nicht nur der Urheber, sondern jeder Inhaber des Urheberrechts das Urheberrecht vererben, also auch der Erbe des Urhebers, der Erbeserbe, ein Vermächtnisnehmer, der Erbe des Vermächtnisnehmers oder der Inhaber nach Erbauseinandersetzung.

11   Zum **Umfang des Urheberrechts nach Vererbung** vgl. § 30 Rn. 8 ff. Insb. bleiben durch den Urheber eingeräumte Nutzungsrechte (vgl. § 31 Rn. 5 ff.) bestehen und wirken auch gegen den Rechtsnachfolger. Der Urheber oder ein anderer Inhaber des Urheberrechts kann die Ausübung des Urheberrechts durch Auflagen gegenüber seinen Erben beschränken (vgl. § 30 Rn. 12).

2. Testamentsvollstreckung (Abs. 2)

12   In letztwilligen Verfügungen kann der Urheber nach § 28 Abs. 2 S. 1 die Ausübung des Urheberrechts einem Testamentsvollstrecker übertragen. Insoweit sei auf die §§ 2197 ff. BGB verwiesen. Die Testamentsvollstreckung kann auf die Verwaltung des Urheberrechts beschränkt werden (§ 2208 Abs. 1 S. 2 BGB). Eine Ausnahme sieht das UrhG in § 28 Abs. 2 S. 2 für die zeitliche Grenze der Testamentsvollstreckung vor. Diese wird von 30 Jahre (§ 2210 BGB) auf 70 Jahre erhöht, um eine Testamentsvollstreckung über die gesamte Schutzfrist des § 64 zu ermöglichen. Ordnet der Urheber Testamentsvollstreckung an, ohne diese zeitlich zu befristen, so ist grundsätzlich davon auszugehen, dass die Vollstreckung über die gesamte Schutzfrist von 70 Jahren angeordnet ist (Loewenheim/*Axel Nordemann*[2] § 23 Rn. 14). Allerdings ist das Amt des Testamentsvollstreckers nicht vererblich und erlischt mit dem Tod des Testamentsvollstreckers (§ 2225 BGB), sodass eine Nachfolgeregelung für den Testamentsvollstrecker empfehlenswert ist.

13   Die Anordnung der Testamentsvollstreckung kann gem. § 2208 BGB beschränkt sein. Das ermöglicht, die Testamentsvollstreckung auf die Urheberrechte oder einzelne Werke zu beschränken, weil jedes Urheberrecht ein eigenständiger Nachlassgegenstand ist. Ferner kann eine Beschränkung nach der herrschenden Auffassung auch lediglich für einzelne Rechte (urheberrechtliche Verwertungs- oder Persönlichkeitsrechte) erfolgen (*Ulmer*, Urheber- und VerlagsR[3] § 81 II 2; Schricker/Loewenheim/*Schricker/Ohly*[5] Rn. 16; Wandtke/Bullinger/*Block*[4] Rn. 15). Das erscheint als zweifelhaft, weil sich solche Rechte, solange sie Teil des Urheberrechts und nicht als Nutzungsrechte dinglich wirksam abgespalten sind (vgl. § 31 Rn. 5 ff.), in der Praxis nicht zuverlässig voneinander abgrenzen lassen (zur Teilvererbung vgl. Rn. 9).

14   Der Wortlaut des § 28 Abs. 2 S. 1 erlaubt eigentlich keine Übertragung der Ausübung an einen Testamentsvollstrecker durch den Erben des Urheberrechts. Relevant wird dies allein für die Möglichkeit nach S. 2, über die Frist des § 2210 BGB hinauszugehen. Mit Recht wird eine Anwendung des § 28 Abs. 2

S. 2 auch auf den Erben des Urheberrechts befürwortet (Schricker/Loewenheim/*Schricker*/*Ohly*[5] Rn. 17; Wandtke/Bullinger/*Block*[4] Rn. 23; a. A. *Fromm* NJW 1966, 1244, 1245), weil § 30 eine Gleichstellung des Rechtsnachfolgers mit dem Urheber anordnet.

III. Prozessuales

Die Erbschaft des Urheberrechts begründet grundsätzlich die **Aktivlegitima-** **15** **tion** des oder der Erben (vgl. § 30 Rn. 8 ff., dort auch zu den Ausnahmen; vgl. § 97 Rn. 127 ff.). Der Erbe muss seine Erbschaft zur Begründung seiner **Aktivlegitimation** in einem Prozess, insbesondere gem. §§ 97 ff., darlegen und ggf. beweisen. Die Vermutungstatbestände des § 10 gelten nicht für die Frage der Inhaberschaft des Urheberrechts durch einen Nicht-Urheber, z. B. einen Erben. Grundsätzlich kann nach § 2039 Abs. 1 BGB **jeder Miterbe** einzeln einen Anspruch im Hinblick auf den Nachlass im eigenen Namen geltend machen. Selbst ein Widerspruch der übrigen Miterben gegen die Klageerhebung lässt die Klagebefugnis unberührt (OLG Hamm ZUM 2006, 641). Nur dann ist keine Klagebefugnis gegeben, wenn der geltend gemachte Anspruch noch von weiteren Gestaltungsmaßnahmen der Miterben abhängt, sodass dann eine **gemeinschaftliche Verwaltung des Nachlasses** stattfindet (§ 2038 Abs. 2 BGB). Das scheidet jedoch für **Unterlassungs- und Beseitigungsansprüche** im Regelfall aus, weil es nur um die Aktualisierung der bestehenden Herrschaftslage geht (OLG Hamm ZUM 2006, 641). Ansonsten ist bei Ansprüchen zu prüfen, ob ausnahmsweise vom Grundsatz der gemeinschaftlichen Verwaltungs- und Verfügungsbefugnis abgewichen werden darf (§§ 2038 Abs. 2, 2040 BGB). In jedem Fall kann ein Miterbe bei anderen Ansprüchen als Unterlassung oder Beseitigung immer nur Leistung an alle Miterben geltend machen (OLG Hamm ZUM 2006, 641). Der **Testamentsvollstrecker**, dem der Urheber gemäß § 28 Abs. 2 S. 1 UrhG durch letztwillige Verfügung die Ausübung des Urheberrechts übertragen hat, ist aus dem Urheberrecht aktivlegitimiert. Eine Aktivlegitimation des eigentlichen Erben scheidet wegen § 2212 BGB aus (BGH GRUR 2016, 487 Tz. 27 – *Wagenfeld-Leuchte II*). Für den Fall, dass die Erben oder der Testamentsvollstrecker die verletzten ausschließlichen Nutzungsrechte einem Dritten eingeräumt haben, gelten die allgemeinen Regeln zur Aktivlegitimation der Erben bzw. des Testamentsvollstreckers (vgl. § 97 Rn. 128; zum Testamentsvollstrecker BGH GRUR 2016, 487 Tz. 26 f. – *Wagenfeld-Leuchte II*).

IV. Verhältnis zu anderen Vorschriften, insbesondere zu Leistungsschutzrechten

Leistungsschutzrechte vererben sich nach den Vorschriften des BGB, sofern sie **16** frei **übertragbar** sind. Die freie Übertragbarkeit gilt für die Rechte an nachgelassenen Werken, der ausübenden Künstler, der Tonträgerhersteller, der Sendeunternehmen und der Filmhersteller einschließlich Laufbildhersteller aufgrund ausdrücklicher Festlegung durch das UrhG (§§ 71 Abs. 2, 79 Abs. 1 S. 1, 85 Abs. 2 S. 1, 87 Abs. 2 S. 1, 94 Abs. 2 S. 1, 95), für Datenbanken und Veranstalter gilt dies auch ohne ausdrückliche Regelung (Schricker/Loewenheim/*Vogel*[5] Vor §§ 87a ff. Rn. 32). Für das Leistungsschutzrecht des ausübenden Künstlers existiert aber eine Ausnahme: Die Persönlichkeitsrechte gem. §§ 74, 75 können nicht nach BGB vererbt werden. Vielmehr stehen die Rechte nach dem Tod des ausübenden Künstlers seinen Angehörigen (§ 60 Abs. 2) zu. Nur das Recht an **wissenschaftlichen Ausgaben** und das **Lichtbildrecht** sind nicht übertragbar, sodass eine Vererbung allein nach BGB nicht möglich ist. Wegen der Verweisung auf den gesamten ersten Teil des UrhG (§ 70 Abs. 1; § 72 Abs. 1) finden die §§ 28 bis 30 jedoch Anwendung (Schricker/Loewenheim/Schricker/*Ohly*[5] Rn. 18; Wandtke/Bullinger/*Block*[4] Rn. 10). – Der **Erbfall nach einem Nutzungsberechtigten** (§§ 29 Abs. 2, 31 ff.) richtet sich ausschließlich nach BGB.

§ 29 Rechtsgeschäfte über das Urheberrecht

(1) Das Urheberrecht ist nicht übertragbar, es sei denn, es wird in Erfüllung einer Verfügung von Todes wegen oder an Miterben im Wege der Erbauseinandersetzung übertragen.

(2) Zulässig sind die Einräumung von Nutzungsrechten (§ 31), schuldrechtliche Einwilligungen und Vereinbarungen zu Verwertungsrechten sowie die in § 39 geregelten Rechtsgeschäfte über Urheberpersönlichkeitsrechte.

Übersicht

I. Allgemeines

1. Sinn und Zweck

1 Der in § 29 Abs. 1 niedergelegte **Grundsatz der Unübertragbarkeit des Urheberrechts** zählt zu Kerngedanken, die das deutsche Urheberrecht prägen (RegE UrhVG 2002 – BT-Drs. 14/7564, S. 30). Trotz dieses Grundsatzes bleiben allerdings Rechtsgeschäfte möglich, die Dritten eine Nutzung gestatten. Abs. 2 listet die wichtigsten Rechtsgeschäfte auf: konstitutive **Nutzungsrechtseinräumungen** (§ 31), **schuldrechtliche Abreden** und **Rechtsgeschäfte über Urheberpersönlichkeitsrechte** (§ 39). Überdies enthält Abs. 1 die einzigen Ausnahmen vom Grundsatz der Unübertragbarkeit: **Verfügungen von Todes wegen** oder die **Übertragung an Miterben bei Erbauseinandersetzung**. Ansonsten kann das Urheberrecht (als solches) nur durch Vererbung den Inhaber wechseln (§ 28).

2. Früheres Recht

Nach § **10 Abs.** 3 KUG und § **8 Abs.** 3 LUG (zur Differenzierung vgl. Vor **2**
§§ 31 ff. Rn. 14) war das Urheberrecht noch übertragbar, sodass Verträge und
Verfügungen **bis 31.12.1965** (§ 132 Abs. 1 und Abs. 2) eine **Übertragung des
Urheberrechts** vorsehen konnten (*Haupt* ZUM 1999, 899; *Eggersberger,* Die
Übertragbarkeit des Urheberrechts in historischer und rechtsvergleichender
Sicht). Gem. § 137 Abs. 1 S. 1 wird eine nach altem Recht zulässige Übertragung des Urheberrechts in eine Einräumung von Nutzungsrechten nach
§ 31 umgedeutet. Allerdings galt auch nach altem Recht schon der allgemeine
Übertragungszweckgedanke, der auf Übertragungen von Urheberrechten Anwendung fand (BGH GRUR 1960, 197 – *Keine Ferien für den lieben Gott*;
RGZ 123, 312, 318 f. – *Wilhelm Busch*; RGZ 134, 198, 201 – *Schallplattenrecht*), sodass i. d. R. nicht das gesamte Urheberrecht nach KUG bzw. LUG
übertragen wurde (vgl. Vor §§ 31 ff. Rn. 15; zu bei Vertragsschluss unbekannten Nutzungsarten vgl. § 31 Rn. 172 ff.). Für Verträge bis 31.12.1965 fanden
auch in der **DDR** LUG und KUG Anwendung. Jedoch dürften DDR-Altverträge parallel mit § 137 Abs. 1 S. 1 UrhG in ausschließliche Nutzungsrechtseinräumungen umzudeuten sein. Denn ab 1.1.1966 ordnete § 95 Abs. 2 S. 2
UrhG-DDR an, dass die Bestimmungen des UrhG-DDR bei Festlegungen gelten, die den Bestimmungen des UrhG-DDR widersprechen. § 19 Abs. 1 UrhG-
DDR kannte jedoch einen Grundsatz der Unübertragbarkeit, der vergleichbar
mit § 29 Abs. 1 UrhG war (BGH GRUR 2001, 826, 827 – *Barfuß ins Bett*,
zur fehlenden Möglichkeit des originären Erwerbs des Urheberrechts durch
Betriebe auch nach UrhG-DDR). Zur Verlängerung der Schutzfrist in den
neuen Ländern durch die Wiedervereinigung vgl. § 1 EV Rn. 2.

Das **UrhVG 2002** hat § 29 geändert. Die bis dahin gültige Version (§ 132 **3**
Abs. 3) lautete: „Das Urheberrecht kann in Erfüllung einer Verfügung von Todes wegen oder an Miterben im Wege der Erbauseinandersetzung übertragen
werden. Im Übrigen ist es nicht übertragbar." Damit erfolgte im Hinblick auf
den heutigen Abs. 1 lediglich eine redaktionelle Umformulierung. Der neue
Abs. 2 dient lediglich der Klarstellung, welche Rechtsgeschäfte – wie nach bisherigem Recht – zulässig sind, und hat ebenfalls keinen ändernden Charakter
(RegE UrhVG 2002 – BT-Drs. 14/7564, S. 5 i. V. m. BT-Drs. 14/6433, S. 14).

3. EU-Recht und Internationales Recht

Das **EU-Recht** macht bislang keine ausdrücklichen Vorgaben dazu, ob und **4**
inwiefern Urheberrechte übertragbar sein bzw. Nutzungsrechte daran eingeräumt werden dürfen. Entsprechend unübersichtlich ist der Stand der nationalen Urheberrechtsordnungen in den Mitgliedsstaaten (eingehend *Dietz*
Rn. 503 ff.; *Eggersberger,* Die Übertragbarkeit des Urheberrechts in historischer und rechtsvergleichender Sicht; zum Stand des europäischen Urhebervertragsrechts vgl. Vor §§ 31 ff. Rn. 24 f.). In jedem Fall gibt EU-Recht aus seiner
Systematik vor, dass der **Hauptregisseur als Filmurheber** oder Filmmiturheber
anzuerkennen ist (EuGH GRUR 2012, 489 Tz. 47 – *Luksan/van der Let*).
Auch die EU hat sich damit – wie Deutschland – insoweit für ein System entschieden, in dem das **Schöpferprinzip** gilt und es nicht möglich ist, dass andere
als Urheber behandelt oder ihm seine „Verwertungsrechte abgesprochen" werden, namentlich das Vervielfältigungsrecht, das Recht zur Ausstrahlung über
Satellit und jedes andere Recht zur öffentlichen Wiedergabe im Sinne des EU-
Rechts (EuGH GRUR 2012, 489 Tz. 67 ff. – *Luksan/van der Let*, unter Berufung auf Art. 2 und 3 Info-RL, Art. 1 und 2 Kabel- und Satelliten-RL; vgl. Vor
§§ 88 ff. Rn. 25). Nutzungsrechte darf er jedoch einräumen. Denkbar ist, dass
das Schöpferprinzip nach der Systematik des EU-Rechts danach auch für andere Urheber als nur den Hauptregisseur gilt. – Die **internationalen Urheberrechtsabkommen** (vgl. Vor §§ 120 ff. Rn. 12 ff.) machen auch keine klaren Vor-

gaben. Bspw. in den USA ist eine Übertragung des Urheberrechts anerkannt; es kann sogar originär bei Unternehmen entstehen, insb. nach der sog. „work for hire" Doktrin (dazu *Wilhelm Nordemann/Jan Bernd Nordemann* FS Schricker II S. 473 ff.; *Jan Bernd Nordemann* JCUSA 2006, 603).

5 Im **Internationalen Urheberprivatrecht** entscheidet das **Schutzlandprinzip**, ob deutsches Urheberrecht auf die Frage der Übertragbarkeit des Urheberrechts bzw. der grundsätzlichen Einräumbarkeit von Nutzungsrechten anwendbar ist (vgl. Vor §§ 120 ff. Rn. 59 ff.; ferner BGH GRUR 2015, 1189 Tz. 36 – *Goldrapper*, m. w. N.). Deutsches Recht ist Schutzlandrecht, wenn sich der Rechteinhaber auf einen urheberrechtlichen Schutz in Deutschland beruft. – Muss deutsches Urheberrecht herangezogen werden, sind nach ausländischem Urheberrecht zulässige Übertragungen von Urheberrechten in eine nach deutschem Recht zulässige Einräumung von ausschließlichen Nutzungsrechten umzudeuten. Ein Beispiel ist eine Übertragung des Urheberrechts nach US-Vertragsstatut (OLG Düsseldorf ZUM 2006, 326, 328 – *Breuer Hocker*; Loewenheim/*Axel Nordemann*² § 23 Rn. 4; *Straßer/Stumpf* GRUR Int. 1997, 801, 806; *Drewes* S. 77; Schricker/Loewenheim/*Spindler*⁵ § 31a Rn. 7; Schricker/Loewenheim/ *Katzenberger/Metzger*⁵ vor §§ 120 ff. Rn. 154; auch *Wilhelm Nordemann/Jan Bernd Nordemann* FS Schricker II S. 473 ff.; *Jan Bernd Nordemann* JCUSA 2006 603, 53; dort jeweils zur Umdeutung eines originären Rechtserwerbs durch ein Unternehmen nach der US „work-for-hire"-Doktrin). Die Umdeutung ist schon mit Blick auf § 137 Abs. 1 S. 1 erlaubt, der dies für Übertragungen des Urheberrechts nach KUG und LUG ausdrücklich anordnet (vgl. Rn. 2).

II. Tatbestand

1. Grundsatz der Unübertragbarkeit des Urheberrechts (Abs. 1)

6 a) **Urheberrecht:** Das Urheberrecht ist das umfassende, dem Urheber aus der Schöpfung seines Werkes zustehende Recht. Aus ihm fließen **sowohl persönlichkeitsrechtliche als auch vermögensrechtliche Befugnisse.** Die persönlichkeitsrechtlichen Befugnisse werden insbesondere in §§ 12 bis 14 und die vermögensrechtlichen Befugnisse in §§ 15 bis 24 sowie § 69c, sonstige Rechte in §§ 25 bis 27 beschrieben. Diese **Doppelnatur** ist im gesamten Urhebervertragsrecht zu beachten. Die persönlichkeitsrechtlichen und die vermögensrechtlichen Aspekte als getrennte und eigenständige Teile des Urheberrechts zu begreifen (sog. dualistische Theorie), erscheint überholt. Das geltende UrhG und die mit ihr ganz h. M. sind der monistischen Theorie gefolgt. Danach ist das Urheberrecht eine eng verbundene Einheit aus persönlichkeitsrechtlichen und vermögensrechtlichen Interessen des Urhebers (dazu Dreier/Schulze/*Schulze*⁵ § 11 Rn. 2; Schricker/Loewenheim/*Ohly*⁵ Rn. 1; *Rehbinder/Peukert*¹⁷ § 2 Rn. 51). Plastisch veranschaulicht das die sog. Baumtheorie (nach *Ulmer*, Urheber- und UrheververtragsR³ S. 114): Das Urheberrecht ist als Stamm eines Baumes zu verstehen, dessen Wurzeln sowohl Persönlichkeits- als auch Vermögensrechte bilden. Äste und Zweige stellen die urheberrechtlichen Befugnisse dar, die ihre Kraft aus beiden Wurzeln ziehen. So haben die auf wirtschaftliche Verwertung ausgerichteten Nutzungsrechte einen persönlichkeitsrechtlichen Einschlag, wie auch umgekehrt aus der Verletzung von persönlichkeitsrechtlichen Befugnissen vermögensrechtliche Ansprüche entstehen können.

7 b) **Unübertragbarkeit:** Nach § 29 Abs. 1 ist das Urheberrecht grds. nicht übertragbar. Die enge persönlichkeitsrechtliche Bindung an den Schöpfer des Werkes schlägt wegen der Untrennbarkeit von Persönlichkeits- und Verwertungsrechten auf das Urheberrecht als Ganzes durch. Ausnahmen sieht das UrhG lediglich bei Erfüllung einer Verfügung von Todes wegen (vgl. Rn. 9) oder bei Übertragung an Miterben im Rahmen einer Erbauseinandersetzung (vgl.

Rn. 10) vor. Das Urheberrecht kann ferner im Wege der Erbfolge den Inhaber wechseln (vgl. § 28 Rn. 5 ff.). Die Unübertragbarkeit gilt für die persönlichkeitsrechtlichen und vermögensrechtlichen Befugnisse gleichermaßen. Daher erfolgt die wirtschaftliche Verwertung nicht durch Übertragung der Verwertungsrechte der §§ 15 bis 24. Vielmehr erlaubt § 29 Abs. 2 eine Belastung der unübertragbaren Rechte mit abgeleiteten und gegenüber jedermann („dinglich") wirkenden Nutzungsrechten (§ 31). Diese Nutzungsrechte können nach Entstehung und mit Zustimmung des Urhebers übertragen oder wiederum mit neuen Nutzungsrechten belastet werden (§§ 34, 35). Regelt ein Vertrag, dass das Urheberrecht nicht übertragen wird, so spricht dies eine Selbstverständlichkeit aus; eine Einräumung von Nutzungsrechten ist gemäß § 31 Abs. 5 (Übertragungszweckgedanke) aber möglich, auch wenn der Vertrag dazu schweigt (vgl. Rn. 25 f.; vgl. § 31 Rn. 122 f.). Über wirtschaftliche Befugnisse können ferner rein schuldrechtliche Abreden getroffen werden (vgl. Rn. 24 f.). Persönlichkeitsrechtliche Befugnisse können nach § 39 Gegenstand von Rechtsgeschäften sein, wie § 29 Abs. 2 ausdrücklich vorsieht.

c) Auslegung anders lautender Verträge: Trotz der Unübertragbarkeit taucht in urheberrechtlichen Verträgen oft die Formulierung auf, die Parteien würden die Übertragung (oder Einräumung) des Urheberrechts vereinbaren. Solche Vereinbarungen sind regelmäßig gemäß §§ 133, 157 BGB unabhängig von ihrem Wortlaut auszulegen. Das gilt auch für AGB-Verträge. Geht es **bei Verträgen mit dem Urheber** nach dem Vertragszweck um eine Nutzungserlaubnis durch den Urheber, liegt eine Auslegung als **Nutzungsrechtseinräumung** nach § 31 nahe (Loewenheim/*Axel Nordemann*[2] § 23 Rn. 3). Diese Nutzungsrechtseinräumung beinhaltet nicht von vornherein alle erdenklichen Nutzungsrechte, sondern ist insb. vor dem Hintergrund des **§ 31 Abs. 5** zu sehen (vgl. § 31 Rn. 108 ff.). Nach ausländischem Vertragsstatut zulässige und deshalb gewollte Übertragungen des Urheberrechts sind bei Anwendung deutschen Schutzlandrechts in eine Einräumung ausschließlicher Nutzungsrechte umzudeuten (vgl. Rn. 5). Nur in sehr seltenen Fällen wird eine Vertragsauslegung dazu führen, dass eine Übertragung des Urheberrechts Vertragsgegenstand ist. In Betracht kommen die Fälle einer Zulässigkeit der Übertragung nach § 29 Abs. 1; zur Erfüllung einer Verfügung von Todes wegen vgl. Rn. 9; zur Übertragung an Miterben im Wege der Erbauseinandersetzung vgl. Rn. 10; zur Vererbung vgl. § 28 Rn. 5 ff. Ergibt die Auslegung in einem anderen Fall ausnahmsweise, dass eine Übertragung nach deutschem Vertragsstatut gewollt war, liegt eine Nichtigkeit nach § 134 BGB vor; das Schicksal des Vertrages richtet sich nach § 139 BGB. Ansonsten dürfen auch die **Erben** das Urheberrecht nicht übertragen, sodass auch ihre Vereinbarungen grds. wie eben dargestellt auszulegen sind. Enthalten **Verträge zwischen Verwertern** eine „Übertragung des Urheberrechts", so liegt eine Auslegung, dass dies wirklich gewollt ist, noch ferner, weil der Lizenzgeber noch nicht einmal Inhaber des Urheberrechts ist. Vielmehr muss hier die schwierige Auslegungsfrage beantwortet werden, ob eine Einräumung weiterer Nutzungsrechte gem. § 35 (sog. Tochter- und Enkelrechte, vgl. Rn. 22) oder eine (translative) Übertragung von Nutzungsrechten (§ 34) gemeint ist. Für eine Übertragung spricht, wenn die eine Vertragspartei nach dem Vertragszweck ohne eigene Nutzungsrechte für die betreffende Nutzungsart bleiben soll (vgl. § 34 Rn. 9).

8

d) Erfüllung einer Verfügung von Todes wegen: Der Urheber kann die Erben mit einem **Vermächtnis** (§§ 2147 ff. BGB) oder mit einer **Auflage** (§§ 2192 ff. BGB) belasten. Diese Verfügungen von Todes wegen können sich auf das **Urheberrecht als Ganzes** beziehen, z. B. das Urheberrecht an einem Gemälde oder an einem Roman. Zur Erfüllung von Vermächtnis und Auflage dürfen die Erben gemäß § 29 Abs. 1 das Urheberrecht übertragen. Der Urheber kann die Erben aber auch lediglich mit der **Einräumung von Nutzungsrechten** beschwe-

9

ren (§ 31); insoweit sei auf die Ausführungen zur Teilvererbung verwiesen
(§ 28 Rn. 9). Eine Rückübertragung durch den Vermächtnisnehmer auf die Erben nach Erfüllung des Vermächtnisses ist nicht zulässig (Schricker/Loewen-
heim/*Ohly*[5] Rn. 14; Loewenheim/*Axel Nordemann*[2] § 23 Rn. 16; a. A. unsere
9. Aufl./*Hertin* Rn. 3). Eine Rückübertragung kann keine „Erfüllung" des Vermächtnisses sein. Eine Ausnahme sollte aber für Vergleiche gemacht werden,
wenn in einem Rechtsstreit unklar ist, ob die Übertragung wirksam ist (in diese
Richtung auch Loewenheim/*Axel Nordemann*[2] § 23 Rn. 16).

10 **e) Erbauseinandersetzung:** Setzt sich eine Erbengemeinschaft auseinander, kann
das Urheberrecht übertragen werden. Die Übertragung darf aber **nur an Miterben** erfolgen, wie § 29 Abs. 1 ausdrücklich anordnet. Auch hier ist eine Rückübertragung auf die Erbengemeinschaft nicht erlaubt, es sei denn im Rahmen
eines Vergleichsschlusses bei Streit über die Wirksamkeit der Übertragung (vgl.
Rn. 9).

11 **f) Verzicht:** § 8 Abs. 4 gestattet dem **Miturheber**, zugunsten der anderen Miturheber auf sein Urheberrecht zu verzichten. Daneben ist ein Verzicht auf **Ansprüche** unproblematisch, die **bereits entstanden** sind. Erlassverträge (§ 397
BGB) oder prozessrechtliche Verzichte (§ 306 ZPO) sind insoweit möglich. Das
gilt auch für die gesetzlichen Vergütungsansprüche, für die nur „im Voraus"
eine Unverzichtbarkeit vorgesehen ist (§§ 20b Abs. 2, 26 Abs. 2, 27 Abs. 1,
63a und die jeweilige Kommentierung dazu).

12 Ansonsten ist die Möglichkeit eines **einseitigen Verzichts** des Urhebers auf das
gesamte Urheberrecht einschließlich künftiger Ansprüche differenziert zu sehen. Richtigerweise ist das Urheberrecht insgesamt unverzichtbar, weil es auch
nicht übertragbar ist (BGH GRUR 1995, 673, 675 – *Mauerbilder*; *Schack*,
Urheber- und UrheververtragsR[7] Rn. 347 f.; Schricker/Loewenheim/*Ohly*[5]
Rn. 15). Das gilt auch dann, wenn der Urheber fremdes Eigentum zum Aufbringen seiner Werke nutzt, z.B. übliche Graffitis anonym auf Hauswände
sprüht (a. A. und für einen Verzicht auf das Urheberrecht: *Erdmann* FS Piper
S. 662; Dreier/Schulze/*Schulze*[5] § 44 Rn. 9); vgl. § 44 Rn. 4. Jedoch kann der
Urheber insoweit auf eine **wirtschaftliche Verwertung** seines Urheberrechts verzichten, als er auch Nutzungsrechte (§ 31) einräumen könnte, beispielsweise
durch einen Aufdruck auf Werkstücken „Vervielfältigung erwünscht" oder
„Sendung freigegeben". Unzutreffend wäre es, einen solchen Verzicht generell
auszuschließen (so aber *v. Gamm* Rn. 6). Denn er ist der **Einräumung eines
einfachen Nutzungsrechts an die Allgemeinheit** gleichzusetzen (*Wilhelm Nordemann* GRUR 1969, 127, 128; *Schack*, Urheber- und UrheververtragsR[7]
Rn. 348; Dreier/Schulze/*Schulze*[5] Rn. 10; Schricker/Loewenheim/*Ohly*[5]
Rn. 18), die zulässig ist, wie §§ 32 Abs. 3 S. 3, 32a Abs. 3 S. 3 und 32c Abs. 3
S. 2 zeigen. Eine Annahme des Verzichts ist nach § 151 S. 1 BGB entbehrlich
(*Schack*, Urheber- und UrheververtragsR[7] Rn. 348). Viel zu weitgehend wäre
es aber, einen Verzicht des Urhebers auf ein vollständiges Verwertungsrecht
(und nicht nur auf ein Nutzungsrecht; zur Abgrenzung vgl. Rn. 14 ff.) zu erlauben (so aber wohl BGH GRUR 1995, 673, 675 – *Mauerbilder).* Damit finden
auf den Verzicht Anwendung: § 31 Abs. 5 (Übertragungszweckgedanke; insb.
einschränkende Auslegung von pauschalen Erklärungen wie z.B. „Nutzung
erlaubt"), § 31a (Schriftform bei der Einräumung von Rechten an unbekannten
Nutzungsarten), § 37 (z.B. im Zweifel Bearbeitungsrecht beim Urheber) und
§ 38. § 32 Abs. 1 ist jedoch gemäß § 32 Abs. 3 S. 3 genauso wenig wie §§ 40,
40a, 41 und 42 anwendbar. Der Urheber kann auch von einem einmal erklärten Verzicht Abstand nehmen, insbesondere von der Einräumung eines einfachen Nutzungsrechts an die Allgemeinheit gem. §§ 32 Abs. 3 S. 3, 32a Abs. 3
S. 3 und 32c Abs. 3 S. 2. Dann besteht allerdings Sukzessionsschutz für diejenigen, die vorher vom Urheber Rechte abgeleitet haben (§ 33 Rn. 8). Für **Urhe-**

berpersönlichkeitsrechte sollte ebenso gelten, dass ein Verzicht insoweit möglich ist, als auch Rechtsgeschäfte gemäß § 39 abgeschlossen werden können (im Ergebnis genauso: Dreier/Schulze/*Schulze*[5] Rn. 11; Loewenheim/*Axel Nordemann*[2] § 23 Rn. 10; Schricker/Loewenheim/*Ohly*[5] Rn. 18), also die Eingriffe hinreichend konkret und vorhersehbar sind (eingehend vgl. § 39 Rn. 22 ff.). Zu **Creative Commons** vgl. Vor §§ 31 ff. Rn. 330b f.; speziell zu **Open Source Software** vgl. GPL Rn. 1 ff.

Vom einseitigen Verzicht des Urhebers ist der **zweiseitig vereinbarte Verzicht**   **13** des Urhebers auf **künftige Ansprüche** zu unterscheiden. Auch diesen kann der Urheber eingehen. Es existieren jedoch verschiedene zwingende Normen im UrhG, die einen solchen Verzicht ausschließen: §§ 20b Abs. 2, 26 Abs. 2, 27 Abs. 1, 63a für gesetzliche Vergütungsansprüche; §§ 32, 32a im Hinblick auf die vertragliche Vergütung wegen § 32b, genauso § 32c Abs. 3 für Ansprüche nach Abs. 1 und Abs. 2; Rückrufsrechte gemäß §§ 34 Abs. 5 S. 1, 41 Abs. 4 (a. F. für Verträge bis 28. Februar 2017); Haftung nach § 34 Abs. 5 S. 1; Kündigungsrecht gemäß § 40 Abs. 2 S. 1. Für Verträge ab 1. März 2017 erlauben die §§ 32d Abs. 3, 32d Abs. 3, 40a Abs. 4, 41 Abs. 4 einen zweiseitigen Verzicht nur im Rahmen von gemeinsamen Vergütungsregeln nach § 36.

2.   Zulässige Rechtsgeschäfte (Abs. 2)

a) Unterscheidung zwischen Nutzungsrechten, schuldrechtlicher Gestattung   **13a** **und Rechtsgeschäften über Urheberpersönlichkeitsrechte:** § 29 Abs. 2 unterscheidet zwischen der Einräumung von Nutzungsrechten (§ 31), schuldrechtlichen Einwilligungen und Vereinbarungen zu Verwertungsrechten sowie den in § 39 geregelten Rechtsgeschäften über Urheberpersönlichkeitsrechte. Nutzungsrechtseinräumungen und schuldrechtliche Gestattungen schließen sich gegenseitig aus, weil eine Nutzungsrechtseinräumung grundsätzlich dinglich und nicht bloß schuldrechtlich wirkt (vgl. Rn. 24; vgl. § 31 Rn. 11 ff.). Demgegenüber steht das Rechtsgeschäft über Urheberpersönlichkeitsrechte neben der Nutzungsrechtseinräumung (oder der bloßen schuldrechtlichen Gestattung). Der Urheber kann einem anderen **ein Nutzungsrecht** an seinem Werk **einräumen, ohne** ihm zugleich die **Befugnis zur Geltendmachung urheberpersönlichkeitsrechtlicher Ansprüche** zu erteilen (BGH GRUR 2010, 920 Tz. 35 – *Klingeltöne für Mobiltelefone II*; OLG Hamburg ZUM-RD 2010, 260, 268). Beide Rechte sind voneinander abspaltbar (vgl. § 31 Rn. 64b). So kann ein Urheber einer Verwertungsgesellschaft die Vervielfältigungs- und öffentlichen Wiedergaberechte als Klingelton einräumen, sich aber die Zustimmung zur Nutzung als Handyklingelton aus persönlichkeitsrechtlichen Gründen (§ 14) vorbehalten (BGH GRUR 2010, 920 Tz. 35 – *Klingeltöne für Mobiltelefone II*). Die sich aus dem umfassenden Urheberrecht ergebenden persönlichkeitsrechtlichen und vermögensrechtlichen Befugnisse müssen nicht in einer Hand liegen.

b) Nutzungsrechte: – aa) Begriff: Nutzungsrechte sind **gegenständliche,** mithin   **14** **absolut wirkende Rechte** (vgl. § 31 Rn. 8). Nutzungsrechte gestatten also dem Inhaber die Nutzung des Werkes gegenüber jedermann und **berechtigen Dritte** zur Nutzung des Werkes in dem jeweils erlaubten Umfang. Sie werden konstitutiv durch den Urheber mit Verfügung über das Urheberrecht eingeräumt. Gegenüber dem Verwertungsrecht sind die Nutzungsrechte selbständige Rechtspositionen. Sie entstehen durch Abspaltung vom Verwertungsrecht. Solange der Urheber selbst die wirtschaftliche Nutzung des Werkes vornimmt, die Verwertungsrechte also unbelastet in seiner Hand sind, treten Nutzungsrechte nicht gesondert in Erscheinung. Werden diese jedoch vom Verwertungsrecht abgespalten, entstehen sie erstmals in den Händen eines Dritten. **Terminologisch sind Verwertungsrechte also die Nutzungsrechte des Urhebers selbst, die Nutzungsrechte jedoch solche Dritter.**

15 **bb) Ausgangspunkt: Verwertungsrechte:** Das Verwertungsrecht ist – als vermögensrechtliche Seite des Urheberrechts – das **ausschließliche Recht** des Urhebers **zur Nutzung** seines Werkes. Es weist dem Urheber die Nutzungsbefugnis an seinem Werk positiv zu und gibt ihm negativ die Befugnis zur Abwehr einer unerlaubten Nutzung durch Dritte. Der Begriff bezieht sich dabei auf eine Nutzung durch den Urheber selbst, also noch ohne Berücksichtigung von Nutzungserlaubnissen für Dritte. Man sollte deshalb insb. dann nicht von „Verwertungsrecht" sprechen, wenn es sich um vom Urheber abgeleitete Nutzungserlaubnisse für Dritte handelt. Eine Verwertung des Werkes kann in den **verschiedenen Formen** erfolgen. Die §§ 15 bis 24 differenzieren dabei nach körperlicher (§ 15 Abs. 1) und unkörperlicher öffentlicher Wiedergabe (§ 15 Abs. 2); zu beachten ist hierbei auch das Bearbeitungsrecht (§ 23). Die §§ 16 bis 24 normieren beispielhaft und nicht abschließend (s. die Formulierung „insbesondere" in § 15 Abs. 1 2. Hs. bzw. § 15 Abs. 2 S. 2) die geläufigsten Arten einer Verwertung, so etwa im Bereich der körperlichen Verwertungsarten die Vervielfältigung des Werkes (§ 16), die Verbreitung (§ 17), die Ausstellung (§ 18); im Bereich der unkörperlichen öffentlichen Wiedergabe das Recht zu Vortrag, Aufführung und Vorführung (§ 19), die öffentliche Zugänglichmachung (§ 19a), Senderechte und bestimmte Erweiterungen auf Kabel und Satellit (§§ 20 bis 20b), die öffentliche Wiedergabe von Vorträgen oder Aufführungen (§ 21) sowie von Funksendungen (§ 22).

16 Wie das Urheberrecht als Ganzes sind die Verwertungsrechte als solche **nicht übertragbar** (§ 29, Ausnahmen §§ 28, 29 Abs. 1 2. Hs.). Die wirtschaftliche Nutzung des Werkes kann daher nicht dadurch erfolgen, dass sich der Urheber seiner Verwertungsrechte entäußert, sondern nur durch ihre Belastung mit Nutzungsrechten (vgl. Rn. 14). Verwertungsrechte sind wie auch das Urheberrecht nicht verzichtbar; eine Ausnahme regelt § 8 Abs. 4 für den Miturheber. **Auslegung anderslautender Verträge:** Bestimmt ein Vertrag, dass Verwertungsrechte übertragen oder eingeräumt würden, darf diese Vereinbarung gemäß §§ 133, 157 BGB als Nutzungsrechtseinräumung ausgelegt werden (parallel für die Übertragung des Urheberrechts vgl. Rn. 8).

17 **cc) Entstehung Nutzungsrecht durch Einräumung:** Die Begründung eines Nutzungsrechts erfolgt nicht translativ durch Übertragung eines bereits bestehenden Nutzungsrechts, sondern konstitutiv durch Einräumung mittels Belastung des unübertragbaren Verwertungsrechts als Stammrecht und Neuentstehung des Nutzungsrechts in den Händen eines Dritten (RegE UrhG 1962 – BT-Drs. IV/270, S. 30; Dreier/Dreier/*Schulze*[5] § 31 Rn. 11; Schricker/Loewenheim/*Ohly*[5] § 31 Rn. 9; Loewenheim/*Loewenheim/Jan Bernd Nordemann*[2] § 26 Rn. 1) Hierbei wird das Verwertungsrecht als Teil eines einheitlichen Urheberrechts durch die Abspaltung der Nutzungsbefugnis und die Neuentstehung des Nutzungsrechts in den Händen des neuen Inhabers belastet, was eine Verfügung über das Urheberrecht darstellt.

18 Wird die Einräumung eines Nutzungsrechts **terminologisch nicht korrekt** als „Übertragung" eines Nutzungsrechts bezeichnet, so ist dies gemäß §§ 133, 157 BGB als Nutzungsrechtseinräumung **auszulegen** (BGH GRUR 2013, 618 Tz. 26 ff. – *Internet-Videorecorder II*). Entsprechendes gilt im Regelfall für die Übertragung des Urheberrechts (vgl. Rn. 8) bzw. des Verwertungsrechts (vgl. Rn. 6).

19 **dd) Umfang („Nutzungsarten"):** Nutzungsrechte können mit unterschiedlichem Umfang eingeräumt werden. Sie können **einfacher** Natur sein, was dem Inhaber lediglich eine positive Nutzungsbefugnis gewährt, oder **ausschließlicher** Natur, was ihm neben der positiven Nutzung die Möglichkeit der Abwehr sämtlicher Nutzungen durch Dritte und den Urheber selbst eröffnet (§ 31

Abs. 2, 3). Zudem sind räumliche, zeitliche und inhaltliche Beschränkungen für bestimmte **Nutzungsarten** möglich (§ 31 Abs. 1 S. 2). Nutzungsrechte sind deshalb von ihrem Zuschnitt her nicht an die Verwertungsrechte (§§ 15 bis 24; vgl. Rn. 14) gebunden. Der Begriff der Nutzungsart ist danach nicht mit dem des Verwertungsrechts identisch. Denn eine Nutzungsart kann einerseits mehrere Verwertungsrechte umfassen, beispielsweise enthält das Verlagsrecht an einer Buchnormalausgabe das Vervielfältigungs- und das Verbreitungsrecht. Andererseits kann eine Nutzungsart enger als das Verwertungsrecht sein. So umfasst im vorgenannten Beispiel das Verlagsrecht an der Buchnormalausgabe nicht das Vervielfältigungs- und Verbreitungsrecht an einer Luxus- oder Taschenbuchausgabe.

Etwas verwirrend ist, dass der Begriff der **Nutzungsart gemäß § 31 Abs. 1 S. 1**   **20** **nicht identisch** mit dem Begriff der **Nutzungsart gemäß § 31a** ist (str., vgl. § 31a Rn. 21). Von der Einräumung eines Nutzungsrechts mit dinglicher Wirkung ist eine rein schuldrechtliche Gestattung der Nutzung abzugrenzen (vgl. Rn. 24 f.). Erstere gibt dem Inhaber das Recht gegenüber jedermann zur Nutzung des Werkes, letztere lediglich gegenüber dem Urheber.

ee) **Grenzen:** Die Einräumung von Nutzungsrechten kennt gewisse Grenzen der   **21** **Aufspaltbarkeit in Nutzungsarten** aus Gründen der Rechtsklarheit und des Verkehrsschutzes (vgl. § 31 Rn. 11 ff.); eine rein schuldrechtliche Gestattung bleibt hier möglich (vgl. Rn. 24 f.). Der **Übertragungszweckgedanke** als Auslegungsregel (§ 31 Abs. 5) setzt einer Einräumung keine wirklichen rechtlichen Grenzen, zwingt aber u. U. faktisch zu einer genaueren Spezifizierung der Nutzungsarten. Anderenfalls werden die Rechte nur in dem Umfang eingeräumt, wie es der Zweck des Nutzungsvertrags erfordert (vgl. § 31 Rn. 126 ff.). Grenzen für die Einräumung von Nutzungsrechten ergeben sich aus weiteren Vorschriften zwingenden Rechts. Rechte an unbekannten Nutzungsarten (§ 31a) bzw. an einigen zukünftigen Werken (§ 40) müssen **schriftlich** eingeräumt werden. Ein Nutzungsrecht kann nicht in der Weise eingeräumt werden, dass der Urheber auf seine **Ansprüche** auf angemessene Vergütung (§ 32), aus dem Bestsellerparagraphen (§ 32a), für später bekannt gewordene Nutzungsarten (§ 32c UrhG) oder auf die gesetzlichen Vergütungsansprüche der §§ 20b, 27 und 63a **im Voraus verzichtet**. § 34 Abs. 5 sieht vor, dass der Urheber auf das **Rückrufsrecht** des § 34 Abs. 3 und die Haftung des Erwerbers eines Nutzungsrechts nach § 34 Abs. 4 nicht im Voraus verzichten kann. Gemäß § 40 Abs. 2 ist das **Kündigungsrecht** für die Verpflichtung zur Rechtseinräumung an künftigen Werken (§ 40 Abs. 1 S. 2) unverzichtbar. Gleiches gilt nach § 41 Abs. 4 (a. F. für Verträge bis 28. Februar 2017; für Verträge ab 1. März 2017 Verzicht möglich in gemeinsamen Vergütungsregeln) für das Rückrufsrecht wegen Nichtausübung sowie nach § 42 Abs. 2 für das Rückrufsrecht wegen gewandelter Überzeugung.

ff) **Übertragung von Nutzungsrechten; Tochter- und Enkelrechte:** Besteht be-   **22** reits ein Nutzungsrecht, ist dessen **Weiterübertragung** mit Zustimmung des Urhebers möglich (§ 34 Abs. 1); zur Abgrenzung von der Einräumung vgl. § 34 Rn. 9. Bei ausschließlichen Nutzungsrechten können unter der gleichen Voraussetzung weitere **abgeleitete Rechte** eingeräumt werden (§ 35). Man spricht dann von **Enkelrechten**; die auf der ersten Stufe vom Urheberrecht abgeleiteten Rechte heißen **Tochterrechte**. Bei Erlöschen des Nutzungsrechts fällt die Nutzungsbefugnis automatisch an den Urheber zurück (str., vgl. § 31 Rn. 30 ff.). Ebenso ist ein Rückruf der Rechte möglich (§§ 41, 42). Unter den Voraussetzungen des § 40a kann es außerdem zu einem teilweisen Rückfall von Rechten kommen, so dass beim Empfänger nur einfache Rechte verbleiben. In all diesen Regelungen äußert sich die enge Verbundenheit des Nutzungsrechts mit dem Verwertungsrecht als Stammrecht.

23 gg) **Heimfall des Nutzungsrechts an den Urheber:** Endet der Nutzungsvertrag des Urhebers, fallen grundsätzlich die eingeräumten Nutzungsrechte automatisch an den Urheber zurück; sie müssen nicht gesondert zurück übertragen werden (str., vgl. § 31 Rn. 30 ff.). Das gilt nicht für die Nutzungsrechte, die der Vertragspartner des Urhebers an Dritte weitergegeben hat (str., vgl. § 31 Rn. 34). Das Nutzungsrecht kann ferner auch aus anderen Gründen an den Urheber heimfallen, beispielsweise bei Verzicht des Nutzungsberechtigten oder wenn dieser aufhört zu existieren (str., vgl. Vor §§ 31 ff. Rn. 156 ff.).

24 c) **Schuldrechtliche Gestattung:** Neben der gegenständlichen Nutzungsrechtseinräumung existieren noch weitere Formen der Nutzungserlaubnis. Dies ist zunächst die rein schuldrechtliche Gestattung, die **nur zwischen den Vertragsparteien** gilt. Diese kann anstelle einer gegenständlichen, gegenüber jedermann wirkenden Nutzungsrechtseinräumung vereinbart werden (allg. A., Schricker/Loewenheim/*Ohly*[5] Rn. 28; Loewenheim/*Loewenheim/Jan Bernd Nordemann*[2] § 25 Rn. 15). Ihre Nachteile sind die **fehlende Wirkung gegenüber Dritten** sowie ihre **Unübertragbarkeit** und die deswegen mangelnde Verkehrsfähigkeit. Auch der **Sukzessionsschutz des § 33** findet wegen des nur schuldrechtlichen Charakters **keine Anwendung.** § 31a findet aber schon aus Gründen des Umgehungsschutzes Anwendung genauso wie §§ 32 bis 32c, 36 und 39. In Zweifelsfällen entscheidet eine Auslegung nach dem allgemeinen **Übertragungszweckgedanken** (vgl. § 31 Rn. 121). Nach dem Zweck des Vertrages wird eine schuldrechtliche Gestattung nur **in Ausnahmefällen** anzunehmen sein. Dass der Nutzungsberechtigte kein Interesse an einer Weitergabe der Nutzungsbefugnis hat und keinerlei Sicherung gegenüber Ansprüchen Dritter benötigt, ist ein seltener Fall geringer Nutzungsintensität. Danach ist die Gewährung von Aufbrauchfristen nach unberechtigter Vervielfältigung grds. keine nur schuldrechtliche Gestattung, weil der Aufbrauchende insb. das Interesse einer Einbeziehung in § 33 hat (a. A. Dreier/Schulze/*Schulze*[5] § 31 Rn. 8). In der Praxis kommen schuldrechtliche Gestattungen deshalb vor allem dann vor, wenn das Gesetz keine dingliche Wirkung wegen der **Grenzen der Aufspaltbarkeit** von Nutzungsrechten mehr zulässt. Die schuldrechtliche Abrede kann insoweit einen kleineren Zuschnitt haben als ein gegenständliches Recht. Sie kann auch einen Zuschnitt aufweisen, der ein Nebeneinander von gegenständlichem Recht und rein schuldrechtlich wirkender Abrede erlaubt. Das kann gegeben sein bei Verabredung eines bestimmten Vertriebsweges für eine äußerlich nicht veränderte Buchnormalausgabe, z. B. nur über Kaffeefilialgeschäfte, oder für die Absprache, als Unterlizenznehmer nur bestimmte öffentlich-rechtliche Rundfunkanstalten zuzulassen (OLG München GRUR 1996, 972 – *Accatone*; str., zu weiteren Beispielen vgl. § 31 Rn. 11 f.). Die schuldrechtliche Wirkung kann insoweit neben einer dinglichen Wirkung der Nutzungsberechtigung stehen, wenn die Vertragsauslegung (insb. § 31 Abs. 5 UrhG, § 139 BGB) dies zulässt. – Rein schuldrechtlich wirken Rechtevergaben, die sich nicht auf Urheberrecht, sondern auf ein **bloßes Hausrecht** stützen wie z. B. vom Veranstalter eines Fußballspiels eingeräumte Rechte (OLG Hamburg GRUR-RR 2007, 181 – *Slowakischer Fußball*).

25 Eine nicht gegenständlich, also nicht gegenüber jedermann wirkende Gestattung ist daneben ein **einseitiges Einverständnis des Urhebers** (Schricker/Loewenheim/*Ohly*[5] Rn. 29; Loewenheim/*Loewenheim/Jan Bernd Nordemann*[2] § 25 Rn. 16). Das einseitige Einverständnis umfasst die vorherige **Einwilligung** (**§ 183 BGB**) und die **nachträgliche Genehmigung** (**§ 184 BGB**). Sie erfolgt ohne Gegenleistung für den Urheber (Schricker/Loewenheim/*Ohly*[5] Rn. 29), umfasst aber – anders als §§ 32 Abs. 3 S. 3, 32a Abs. 3 S. 3, 32c Abs. 3 S. 2 – keine dingliche Nutzungsrechtseinräumung. Ferner ist sie frei widerruflich (Schricker/Loewenheim/*Ohly*[5] Rn. 29). **Sie kommt deshalb in der Praxis kaum vor.** Nicht ausdrückliche Vereinbarungen sollten schon wegen § 32 Abs. 1 nur in großen Ausnahmefällen dahin ausgelegt werden, dass ein einseitiges Einverständnis vorliegt. Das Einverständnis unterliegt den Regeln über Willenserklärungen und kann sich grds. auf alle Nutzungsformen und -arten beziehen (Loewenheim/*Loewenheim/Jan Bernd Nordemann*[2] § 25 Rn. 16). Ausdrücklich als „Einverständnis" (oder „Einwilligung" oder „Genehmigung") bezeichnete zweiseitige Vereinbarungen bedürfen der Auslegung, insbesondere wenn sie nicht frei widerruflich sein sollen (Schricker/Loewenheim/*Ohly*[5] Rn. 29); in Betracht kommen eine schuldrechtliche Gestattung (vgl. Rn. 24) oder eine dingliche Nutzungsrechtseinräumung (vgl. Rn. 14 ff.). – Vom einseitigen Einverständnis **zu unterscheiden** sind bloß **rechtfertigende Einwilligungen**. Während sich das einseitige Einverständnis auf ein Rechtsgeschäft bezieht, das sonst unwirksam wäre, betrifft die rechtfertigende Einwilligung die Gestattung einer sonst rechtsverletzenden Handlung (Schricker/Loewenheim/*Ohly*[5] Rn. 29); zur rechtfertigenden Einwilligung vgl. § 97 Rn. 24 ff.

d) Rechtsgeschäfte über Urheberpersönlichkeitsrechte: Zu Rechtsgeschäften **26** über Urheberpersönlichkeitsrechte vgl. § 39 Rn. 22 ff. und vgl. Vor §§ 12 ff. Rn. 9 f.

III. Verhältnis zu anderen Vorschriften

Zu Leistungsschutzrechten vgl. § 28 Rn. 16. Für **Rechtsgeschäfte des bloß Nut-** **27** **zungsberechtigten** mit Dritten gilt das UrhG grundsätzlich nicht, weil es lediglich die Rechtsbeziehungen des Urhebers regeln will; zum Vertragsrecht für solche Verträge zwischen Verwertern vgl. Vor §§ 31 ff. Rn. 223 ff. Allerdings strahlen insbesondere die §§ 34, 35 auch auf Verträge zwischen Verwertern aus.

§ 30 Rechtsnachfolger des Urhebers

Der Rechtsnachfolger des Urhebers hat die dem Urheber nach diesem Gesetz zustehenden Rechte, soweit nichts anderes bestimmt ist.

Übersicht

I. Allgemeines

1. Sinn und Zweck

Grundsätzlich soll dem Rechtsnachfolger des Urhebers das Urheberrecht in **1** demselben Umfang zustehen wie dem Urheber. Über die gesamte Schutzfrist von 70 Jahren nach dem Tod des Urhebers (§ 64) bleibt das Urheberrecht damit gleich und verblasst nicht, erlischt dann allerdings von einem Tag auf den anderen vollständig.

2. Früheres Recht

2   Auch § 8 Abs. 1 LUG und § 10 Abs. 1 KUG sahen **bis 31.12.1965** vor, dass das Recht des Urhebers auf die Erben übergeht. Insoweit sollte nichts anderes gelten als nach § 30 UrhG. Daneben konnte das **Urheberrecht** gem. **§ 8 Abs. 3 LUG und § 10 Abs. 3 KUG** bereits **zu Lebzeiten übertragen** werden (eingehend vgl. § 29 Rn. 2). Das bedeutete jedoch nach der einschlägigen Rechtsprechung keine Gleichstellung mit dem Urheber. Denn auch bei der unbeschränkten Übertragung ging das Urheberrecht nicht als unteilbare Einheit auf den Erwerber über, sondern wurde nur als Inbegriff der Befugnisse übertragen (RGZ 123, 312, 318 f. – *Wilhelm Busch*). Damit war der neue Inhaber des Urheberrechts eher einem Nutzungsberechtigten vergleichbar. Dementsprechend hat § 137 Abs. 1 S. 1 für Altverträge auch die Inhaber des Urheberrechts nach § 8 Abs. 3 LUG und § 10 Abs. 3 KUG zu bloßen Nutzungsberechtigten erklärt. Auf sie ist deshalb § 30 nicht anwendbar.

3   Für DDR-Altfälle bis 31.12.1965 galten ebenfalls LUG und KUG. Das danach in Kraft getretene UrhG-DDR sah in § 33 Abs. 2 vor, dass die Befugnisse des Urhebers nach den allgemeinen Vorschriften des Erbrechts auf die Erben übergehen. Auch insoweit ist also grds. davon auszugehen, dass die Erben dieselbe Rechtsstellung haben wie der Urheber. Allerdings konnte der Nachlass unter besonderen staatlichen Schutz gestellt werden, §§ 34, 35 UrhG-DDR. Zu den Übergangsbestimmungen im Einigungsvertrag zu § 35 UrhG-DDR ferner vgl. § 4 EV Rn. 1 ff.

3. EU-Recht und Internationales Recht

4   Vgl. § 28 Rn. 4.

II. Tatbestand

1. Rechtsnachfolger des Urhebers

5   Rechtsnachfolger des Urhebers sind alle Erben des Urheberrechts im Ganzen gemäß § 28, also der Erbe oder die Miterben entweder durch **Testament oder durch Erbvertrag** oder durch **gesetzliche Erbfolge** (vgl. § 28 Rn. 5 ff.). Ferner kann Rechtsnachfolge nach § 29 Abs. 1 durch Verfügung von Todes wegen **(Vermächtnis oder Auflage)** oder durch **Auseinandersetzung einer Erbengemeinschaft** eintreten (vgl. § 29 Rn. 10), sofern dadurch das Urheberrecht im Ganzen übertragen wird. Erbschaft oder Erwerb des Urheberrechts müssen nicht zwingend vom Urheber erfolgen; innerhalb der Schutzfrist kann sich jeder Inhaber des Urheberrechts gemäß §§ 28, 29 Abs. 1 auf die Wirkungen des § 30 berufen. Rechtsnachfolger gem. § 30 ist danach auch der Erbe des Erben des Urhebers oder der Vermächtnisnehmer, der in Erfüllung einer Verfügung von Todes wegen von den Erbeserben des Urhebers das Urheberrecht erhält.

6   Wem durch Rechtsgeschäft (§ 31), durch Erbgang (vgl. § 28 Rn. 5 ff.) oder durch Vermächtnis, Auflage oder Erbauseinandersetzung nicht das Urheberrecht im Ganzen, sondern nur **Nutzungsrechte** eingeräumt oder andere in § 29 Abs. 2 genannte Befugnisse gewährt werden, ist kein Rechtsnachfolger gemäß § 30. Erforderlich ist die Inhaberschaft des Urheberrechts. Zur **Teilvererbung des Urheberrechts** vgl. § 28 Rn. 9.

7   § 30 findet auch auf den Fall des **§ 8 Abs. 4** (Verzicht des Miturhebers auf Verwertungsrechte und zugunsten des anderen Miturhebers) Anwendung. Der begünstigte Miturheber ist allerdings nur im Hinblick auf die ihm zugefallenen Verwertungsrechte Rechtsnachfolger gemäß § 30 (Schricker/Loewenheim/*Ohly*[5] Rn. 3).

2.   Grundsätzlich gleiche Befugnisse

Der Rechtsnachfolger rückt grds. in die **volle Rechtsstellung** des Urhebers ein;   **8**
mehrere Inhaber des Urheberrechts sind gemeinsam Rechtsnachfolger; zur Erbengemeinschaft vgl. § 28 Rn. 6. Der Rechtsnachfolger nimmt nicht nur die
Verwertungsrechte (§§ 15–23) des Urhebers, sondern auch dessen **Urheberpersönlichkeitsrechte** (§§ 12–14) und die sonstigen Rechte (§§ 25–27) wahr. Der
Rechtsnachfolger kann also sämtliche von § 29 Abs. 2 zu Lebzeiten zugelassenen Rechtsgeschäfte vornehmen. **Eigene Interessen des Rechtsnachfolgers,** die
nicht durch die Rechtsnachfolge (also die Erbschaft, §§ 1922 ff. BGB) vermittelt sind, können insoweit allerdings **nicht berücksichtigt** werden (BGH GRUR
1989, 106, 107 – *Oberammergauer Passionsspiele II*; OLG Stuttgart GRUR-
RR 2011, 56 Tz. 98 (juris) – *Stuttgart 21*).

Insbesondere kann der Urheber aus den ihm zustehenden Verwertungsrechten   **9**
zu Lebzeiten **Nutzungsrechte** abspalten (vgl. § 29 Rn. 14 ff.). Bei der Vergabe
von Nutzungsrechten steht der Rechtsnachfolger grds. genauso wie der Urheber: **Das Urheberrecht wird in der Lage vererbt, in der es sich beim Erblasser
im Todeszeitpunkt befand** (OLG Düsseldorf ZUM-RD 2007, 465, 470 – *Die
drei ???*; Schricker/Loewenheim/*Ohly*[5] § 28 Rn. 8). Der Rechtsnachfolger kann
nur die Rechte einräumen, die der Urheber noch nicht vergeben hat (§ 33).
Nutzungsrechte, die der Urheber nicht vergeben hat, stehen dem Rechtsnachfolger zu, beispielsweise Rechte, die wegen des Übertragungszweckgedankens
(§ 31 Abs. 5) beim Urheber verblieben sind.

Im Hinblick auf **Urheberpersönlichkeitsrechte** ordnet § 30 ebenfalls eine   **10**
Gleichstellung des Rechtsnachfolgers mit dem Urheber an (Schricker/Loewen-
heim/*Ohly*[5] Rn. 4; HK-UrhR/*Kotthoff*[3] Rn. 3; Dreier/Schulze/*Schulze*[5] Rn. 4;
Wandtke/Bullinger/*Block*[4] Rn. 2; BeckOK UrhR/*Spautz/Götting*[16] Rn. 1; Loe-
wenheim/*Axel Nordemann*[2] § 23 Rn. 22; *Ulmer*, Urheber- und UrhebervertragsR[3] S. 356). Der Rechtsnachfolger ist nicht an die ideellen Interessen des
Urhebers gebunden (a. A. *Clément* S. 62 ff.; *Schack, Urheber- und UrhebervertragsR*[7] Rn. 651; dagegen insb. wegen fehlender Kontrollinstanz zu Recht
Dreier/Schulze/*Schulze*[5] Rn. 4; genauso Schricker/Loewenheim/*Ohly*[5] Rn. 7
m. w. N. zum Streitstand), sodass er insb. unbegrenzt Rechtsgeschäfte nach
§ 39 vornehmen oder die Urheberpersönlichkeitsrechte selbst ausüben kann.
Er hat insoweit völlige Freiheit. Er kann das Pseudonym lüften, ein anonymes
Werk benennen oder die Werke des Erblassers bis zur Unkenntlichkeit bearbeiten. Eine Grenze besteht allerdings im **allgemeinen Persönlichkeitsrecht**
(§ 823 Abs. 1 BGB) des Urhebers, das vom Urheberpersönlichkeitsrecht zu
unterscheiden ist (BGH GRUR 1995, 668, 670 – *Emil Nolde*). Sofern das
allgemeine Persönlichkeitsrecht nicht auch beim Rechtsnachfolger liegt, können Angehörige des Urhebers als Inhaber des allgemeinen Persönlichkeitsrechts des Urhebers gegen den Rechtsnachfolger vorgehen (Schricker/Loewen-
heim/*Ohly*[5] Rn. 12; Dreier/Schulze/*Schulze*[5] Rn. 6; Loewenheim/*Axel
Nordemann*[2] § 23 Rn. 22). Das kann der Fall sein bei einer Ehrverletzung
des Urhebers, die über den Schutzbereich des Urheberpersönlichkeitsrechts
hinausgeht, z. B. bei Kunstfälschung, die nur über das allgemeine Persönlichkeitsrecht erfasst werden kann (BGH GRUR 1995, 668, 670 – *Emil Nolde*). –
Nicht gerechtfertigt erscheint es, dem Rechtsnachfolger den **immateriellen
Schadensersatz** des § 97 Abs. 2 S. 4 vorzuenthalten (a. A. OLG Düsseldorf
GRUR-RR 2013, 278, 279 – *Ganztagsrealschule*; OLG Hamburg NJW-RR
1995, 562, 563 – *Ile de France*; *Schack* GRUR 1985, 352, 358; Wandtke/
Bullinger/*v. Wolff*[4] § 97 Rn. 85; wie hier dagegen LG Mannheim GRUR 1997,
364, 366 – *Freiburger Holbein-Pferd*, allerdings ohne Erwähnung des Streit-
standes; *Heinig* ZUM 1999, 291; Schricker/Loewenheim/*Ohly*[5] Rn. 8; Dreier/
Schulze/*Schulze*[5] Rn. 5 unter zutreffendem Verweis auf Art. 41 TRIPS; HK-

UrhR/*Kotthoff*[3] Rn. 5; HK-UrhR/*Meckel*[3] § 97 Rn. 16; BeckOK UrhR/*Reber*[16] UrhG § 97 Rn. 129). Auch eine Differenzierung danach, ob der immaterielle **Schadensersatz** zu Lebzeiten des Urhebers entstanden ist und nur dann den Anspruch auch zugunsten des Rechtsnachfolgers zu gewähren (so unsere 9. Aufl./*Hertin* Rn. 6), ist nicht angezeigt. Aus dem Wortlaut des § 97 Abs. 2 S. 4 lässt sich eine solche Einschränkung jedenfalls nicht ablesen. Auch enthält der RegE UrhG 1965 den Hinweis, dass der Anspruch wegen der Vererblichkeit des ihm zugrunde liegenden Urheberpersönlichkeitsrechts auf die Erben übergehen kann (RegE UrhG 1962 – BT-Drs. IV/270, S. 104). Das belegt gerade, dass auch der Gesetzgeber den Rechtsnachfolgern uneingeschränkt Ansprüche nach § 97 Abs. 2 S. 4 gewähren wollte. Über dies ergibt sich eine nach Art. 14 GG, Art. 17 Abs. 2 EU-GR-Charta, Art. 41 TRIPS bedenkliche Sanktionslücke (Dreier/Schulze/*Schulze*[5] Rn. 5 zu Art. 41 TRIPS; Schricker/Loewenheim/*Ohly*[5] Rn. 8).

3. Ausnahmen des UrhG

11 § 30 ordnet die Gleichstellung des Rechtsnachfolgers mit dem Urheber an, „soweit nichts anderes bestimmt ist". Solche anderen Bestimmungen finden sich im UrhG wie folgt: **Das Widerrufsrecht** bei Einräumung von Rechten an **unbekannten Nutzungsarten** gemäß § 31a Abs. 1 S. 3 steht nur dem Urheber zu; es erlischt mit seinem Tod (§ 31a Abs. 2 S. 3). Das **Rückrufsrecht wegen gewandelter Überzeugung** ist in seiner Ausübung für den Rechtsnachfolger erheblich erschwert, weil der Rechtsnachfolger nachweisen muss, dass der Urheber vor dem Tod zum Rückruf berechtigt gewesen wäre und an der Erklärung des Rückrufs gehindert war oder dies letztwillig verfügt hat (§ 42 Abs. 1 S. 2). **Änderungen an Sprachwerken**, die **für den Kirchen-, Schul- oder Unterrichtsgebrauch** erforderlich sind, bedürfen nur dann der Einwilligung des Rechtsnachfolgers, wenn dieser Angehöriger des Urhebers ist oder das Urheberrecht aufgrund letztwilliger Verfügung des Urhebers erworben hat (§ 62 Abs. 4 S. 2). Schließlich ist die **Zwangsvollstreckung wegen Geldforderungen** gegen den Rechtsnachfolger erleichtert (§ 115 Abs. 1 S. 2). Einschränkungen für **immaterielle Schadensersatzansprüche gemäß** § 97 Abs. 2 S. 4 bestehen hingegen nicht (vgl. Rn. 10).

4. Ausnahmen durch Anordnung des Urhebers (Auflagen)

12 Der Urheber selbst kann den Rechtsnachfolger in der Ausübung des Urheberrechts beschränken, und zwar durch Auflagen. Die Vollziehung der Auflage können gemäß § 2194 BGB der Erbe, der Miterbe sowie derjenige, der beim Wegfall des Rechtsnachfolgers an dessen Stelle getreten wäre, und bei Vorliegen des öffentlichen Interesses auch die zuständige Behörde verlangen. Solche Auflagen können zunächst die **Urheberpersönlichkeitsrechte** betreffen. Der Urheber kann anordnen, dass seine Werke unter einem bestimmten Pseudonym oder anonym erscheinen müssen (§ 13), dass gar keine oder bestimmte Änderungen am Werk nicht vorgenommen werden dürfen (§ 14) oder sie erst zu einem bestimmten Zeitpunkt – oder gar nicht – veröffentlicht werden dürfen. Berühmte Beispiele sind Band 3 *Gedanken und Erinnerungen* von Bismarck, der seine Erben verpflichtete, diesen erst nach dem Tod Wilhelms II. zu veröffentlichen. Auch Cosima Wagner verpflichtete ihre Tochter Eva Chamberlain, ihre Tagebücher, die ihre Beziehungen zu Richard Wagner behandelten, erst mehrere Jahrzehnte nach ihrem Tod zu veröffentlichen (BGH GRUR 1955, 201, 204 – *Cosima Wagner*). Ferner kann der Urheber auch die Ausübung der **Verwertungsrechte** mit Auflagen beschränken. Letztwillig kann z. B. die Veröffentlichung eines Werkes als Taschenbuch untersagt werden oder ein Werk zu verfilmen. *Arthur Schnitzler* verbot letztwillig die öffentliche Aufführung seines *Reigen*. Daran hielten sich die Erben, erlaubten aber die nicht ausdrücklich verbotene Verfilmung mehrfach.

III. Prozessuales

Vgl. § 28 Rn. 15. **13**

IV. Verhältnis zu anderen Vorschriften, insbesondere zu Leistungsschutzrechten

Die Regelung des § 30 gilt wie folgt für **Leistungsschutzrechte:** Nur das Recht **14** an **wissenschaftlichen Ausgaben** und das **Lichtbildrecht** sind nicht übertragbar (vgl. Vor §§ 31 ff. Rn. 218 ff.); wegen der Verweisung auf den gesamten ersten Teil des UrhG (§ 70 Abs. 1; § 72 Abs. 1) findet § 30 unmittelbar Anwendung (Schricker/Loewenheim/*Ohly*⁵ § 28 Rn. 18; Wandtke/Bullinger/ *Block*⁴ § 28 Rn. 10). Für die übrigen Leistungsschutzrechte fehlt es an einer Verweisung auf § 30. Jedoch sind diese übrigen Leistungsschutzrechte schon zu Lebzeiten übertragbar. Das gilt für die **Rechte an nachgelassenen Werken, der ausübenden Künstler, der Tonträgerhersteller, der Sendeunternehmen, der Presseverleger** und der **Filmhersteller** einschließlich **Laufbildhersteller** aufgrund ausdrücklicher Festlegung durch das UrhG (§§ 71 Abs. 2, 79 Abs. 1 S. 1, 85 Abs. 2 S. 1, 87 Abs. 2 S. 1, 87g Abs. 1 S. 1, 94 Abs. 2 S. 1, 95). Für Datenbanken ist das auch ohne ausdrückliche Regelung anerkannt (Schricker/ Loewenheim/*Vogel*⁵ vor §§ 87a ff. Rn. 32), genauso für die Veranstalterrechte (vgl. § 81 Rn. 20). Erbe oder Erwerber rücken danach vollständig in die Rechtsposition des Leistungsschutzberechtigten ein, sodass – im gewährten Umfang des Leistungsschutzrechts – § 30 analog gilt, also sämtliche Rechte auch dem Erwerber zustehen, soweit nicht anderes im UrhG bestimmt ist. Hier existiert für das Leistungsschutzrecht des ausübenden Künstlers eine Ausnahme: Die Persönlichkeitsrechte gemäß §§ 74, 75 können wegen § 76 S. 4 nicht beliebig übertragen oder vererbt werden. Vielmehr stehen die Rechte nach dem Tod des ausübenden Künstlers seinen Angehörigen (§ 60 Abs. 2) zu.

Unterabschnitt 2 **Nutzungsrechte**

Vorbemerkung §§ 31 bis 44

Übersicht Rn.

I. Allgemeines

1. Sinn und Zweck des Urhebervertragsrechts

a) Überblick: Der **Urheber** verwertet nur in Ausnahmefällen sein Werk selbst. **1**
Vielmehr erfolgt die **Verwertung urheberrechtlich geschützter Werke regelmäßig
durch Verwerter** (RegE UrhG 1962 – BT-Drs. IV/270, S. 28). Der Schriftsteller
überlässt zur Verwertung sein Manuskript einem Buchverlag, der Komponist
seine Symphonie einem Musikverlag, der Regisseur seinen Spielfilm einem Film-

produzenten, der Programmierer seine Software dem Auftraggeber oder der Architekt seine Pläne dem Bauherrn. Damit Verwerter urheberrechtliche Werke nutzen dürfen, muss der Urheber ihnen die erforderlichen Rechte verschaffen. Diese **Rechteverschaffung durch den Urheber** regelt das Urhebervertragsrecht. Dabei ist zunächst zu beachten, dass das Urheberrecht als solches gem. § 29 grundsätzlich nicht übertragbar ist. Zulässig ist jedoch die Belastung des Urheberrechts durch die Einräumung von Nutzungsrechten sowie andere vertragliche Gestaltungen der Nutzung, § 29 Abs. 2. Das UrhG enthält insoweit umfassende Regelungen für die Einräumung von Nutzungsrechten, deren Vergütung sowie Rückrufsregelungen für eingeräumte Nutzungsrechte. Allgemeine Regelungen hierzu finden sich in den §§ 31 bis 44 neben besonderen Bestimmungen für bestimmte Werkarten wie Computerprogramme (§§ 69a bis § 69d) oder Filmwerke (§§ 88 bis 90, § 93). Darauf beschränkt sich das UrhG allerdings auch. Das UrhG will keine bestimmten Vertragstypen regeln. Deshalb enthält es keine weitergehenden Regelungen als zur Einräumung, Vergütung und dem Rückruf von Nutzungsrechten; insbesondere zu Willenserklärungen, dem Abschluss des Vertrages und zu Leistungsstörungen sagt das UrhG nichts.

2   Häufig werden die dem ersten Verwerter eingeräumten **Rechte an andere Verwerter weitergegeben.** Der Buchverleger will nur die Hardcoverausgabe verlegen und gibt die ihm vom Urheber eingeräumten Taschenbuchrechte an einen Subverleger weiter, der Musikverlag gestattet einem Filmproduzenten, die Symphonie für einen Spielfilm zu verwenden. Das Urhebervertragsrecht umfasst danach auch den weiteren Rechtsverkehr mit Nutzungsrechten. Ausdrücklich im UrhG geregelt ist jedoch grundsätzlich nur, ob und inwieweit der Urheber in diesen weiteren Rechtsverkehr einzubeziehen ist. Das gilt insbesondere für die Frage der Zustimmung des Urhebers bei Weiterübertragung eingeräumter Nutzungsrechte (§ 34) bzw. bei Einräumung von (weiteren) Nutzungsrechten an Nutzungsrechten (§ 35). Nur ausnahmsweise können einzelne Institute des Urhebervertragsrechts auch für den **Rechtsverkehr zwischen Verwertern** herangezogen werden, beispielsweise der Übertragungszweckgedanke (vgl. Rn. 238), der Sukzessionsschutz des § 33 oder mit Einschränkungen § 88 (vgl. § 88 Rn. 25). Für bestimmte Nutzungsrechte gelten Sonderregelungen, beispielsweise die Kontrahierungspflicht für Kabelnetzbetreiber und Sendeunternehmen gemäß § 87 Abs. 5, die auch den Rechtsverkehr mit eingeräumten Nutzungsrechten betrifft.

3   Die Regelungen der §§ 31 bis 44 gelten überdies teilweise für die von den Urheberrechten zu unterscheidenden **Leistungsschutzrechte des UrhG.** Am umfassendsten ist die Geltung zugunsten der Verfasser wissenschaftlicher Ausgaben (§ 70) und der Lichtbildner (§ 72). Auch ausübende Künstler profitieren gemäß § 79 mit einigen Einschränkungen von den §§ 31 ff. Nur eine lückenhafte Verweisung besteht für die Veranstalterleistung (§ 81 S. 2), die Leistung des Tonträgerherstellers (§§ 85 Abs. 2 S. 3), des Sendeunternehmens (§ 87 Abs. 2 S. 3), des Presseverlegers (§ 87g Abs. 1 S. 2) und des Filmherstellers (§ 94 Abs. 2 S. 3) einschließlich des Laufbildherstellers (§ 95 i. V.m § 94 Abs. 2 S. 3). Im Hinblick auf das Leistungsschutzrecht bei nachgelassenen Werken (§ 71) und des Datenbankherstellers (§§ 87a ff.) findet gar keine Verweisung auf die §§ 31 bis 44 statt, eine entsprechende Anwendung ist dennoch teilweise möglich (vgl. Rn. 217 ff.).

4   **Zusammenfassung:** Aufgabe des Urhebervertragsrechts ist es danach grundsätzlich, den Verkehr mit Nutzungsrechten für urheberrechtlich geschützte Werke einschließlich seiner Vergütung im Hinblick auf den Urheber sowie teilweise für Leistungsschutzberechtigte zu regeln. Für weitere vertragsrechtliche Fragen, die sich aus dem jeweiligen Vertragstyp ergeben, muss auf Regelungen außerhalb des UrhG zurückgegriffen werden, z. B. auf das VerlG oder das BGB (vgl. Rn. 163 ff.).

b) **Grundsatz der Vertragsfreiheit:** Das Urhebervertragsrecht ist Teil des allge-   **5**
meinen bürgerlichen Vertragsrechts. Es gilt damit grundsätzlich der Gedanke
der Vertragsfreiheit bei der Gestaltung des Rechtsverkehrs mit Nutzungsrechten, § 311 Abs. 1 BGB (Dreier/Schulze/*Schulze*[5] Rn. 4; Loewenheim/*Loewen-
heim/Jan Bernd Nordemann*[2] § 26 Rn. 75; *Schack*, Urheber- und UrhebervertragsR[7] Rn. 1077).

c) **Einschränkungen zugunsten des Urhebers:** Im Verhältnis **Urheber und Ver-**   **6**
werter ist der Grundsatz der Vertragsfreiheit stark aufgeweicht, vor allem wenn
es um Vereinbarungen zu Lasten des Urhebers geht. Nicht alle Normen, die
einen Regelungsrahmen für Nutzungsverträge mit Urhebern bilden sollen, sind
dispositiv. Dass den Parteien eine Regelung insoweit teilweise aus den Händen
genommen wird, begründet der Gesetzgeber des UrhG mit einem besonderen
Schutzbedürfnis des Urhebers.

Zunächst schützt gemäß § 11 S. 1 das Urheberrecht den Urheber in seinen   **7**
geistigen und persönlichen Beziehungen zum Werk. Sinn des Urheberrechts –
einschließlich des Urhebervertragsrechts – ist es insoweit, dem Urheber die
rechtliche Grundlage dafür zu geben, **Art und Umfang der Nutzung seines**
Werkes zu überwachen; möglichst jede Art der Nutzung soll der Kontrolle des
Urhebers unterliegen (RegE UrhG 1962 – BT-Drs. IV/270, S. 28). Dies hat der
Gesetzgeber zum Anlass genommen, verschiedene Bestimmungen zum Schutz
des Urhebers und seiner Kontrollmöglichkeiten einzuführen, die naturgemäß
die Vertragsfreiheit beschränken. Zu nennen sind § 29 (keine Übertragung des
Urheberrechts), §§ 34 Abs. 5, 41 Abs. 4, 42 Abs. 2 (kein Vorausverzicht auf
Rückrufrechte), § 40a (Recht zur anderweitigen Verwertung nach zehn Jahren
bei pauschaler Vergütung) und für Verträge bis 31.12.2007 das Verbot der
Einräumung unbekannter Nutzungsarten (§ 31 Abs. 4 a. F.; aber nunmehr vgl.
§ 137l Rn. 1 ff.). In beschränktem Umfang gilt dies auch für den Übertragungszweckgedanken (§ 31 Abs. 5), der dem Verwerter zumindest eine Spezifizierungslast aufbürdet, wenn er sich Rechte pauschal einräumen lassen will, die
er für die Erfüllung des Vertragszweckes eigentlich nicht benötigt. § 40 Abs. 2
S. 1 enthält ein wechselseitiges Verbot – also für Urheber und Verwerter – auf
eine Kündigung bei Verträgen über zukünftige Werke zu verzichten.

Außerdem enthält § 11 S. 2 seit dem UrhVG 2002 die ausdrückliche Verpflich-   **8**
tung des UrhG zugunsten des Urhebers, eine angemessene **Vergütung** des Urhebers
sicherzustellen. Im Urheberrecht findet sich jedoch nach Auffassung des Gesetzgebers des UrhVG 2002 regelmäßig eine strukturelle Unterlegenheit der Urheber gegenüber Verwertern. Oftmals sei die Vergütung von letzterer diktiert, und der gewöhnliche Urheber, dessen Werke noch nicht allzu bekannt sind und auf dessen
Person es für die Vermarktung nicht primär ankommt, habe keine Wahl als anzunehmen oder es zu lassen (RegE UrhVG 2002 – BT-Drs. 14/7564, S. 5 i. V. m. BT-
Drs. 14/6433, S. 9; *Schricker* IIC 2004, 850). Der Gesetzgeber führte deshalb mit
der Urhebervertragsrechtsreform ein unabdingbares (§ 32b) Recht des Urhebers
auf angemessene vertragliche Vergütung (§§ 32 f.) ein. Das stellt eine ganz erhebliche Durchbrechung des Prinzips der Vertragsfreiheit zugunsten des Urhebers –
und des Prinzips *pacta sunt servanda* – dar, weil der Preis einer der wichtigsten
Vertragsparameter ist. Ergänzt werden diese Regelungen durch Auskunftsansprüche des Urhebers (§§ 32d und 32e), durch eine besondere Privilegierung von gemeinsamen Vergütungsregeln von Urhebern und Vewertern (§§ 36, 36a, 36b, 36c)
sowie durch im Voraus unverzichtbare (§ 63a) gesetzliche Vergütungsansprüche
des Urhebers (§§ 26 Abs. 2, 27 Abs. 1, 46 Abs. 4, 47 Abs. 2, 49 Abs. 1, 52, 54
Abs. 1, 54a Abs. 1 und 2).

Zu Gunsten des Urhebers bestehen ferner Durchbrechungen der Vertragsfreiheit   **9**
im VGG (früher:UrhWahrnG). Der Urheber hat gemäß § 9 **VGG** einen **Anspruch**

auf **Wahrnehmung** bestimmter Rechte durch Verwertungsgesellschaften, sofern eine wirksame Wahrnehmung durch den Urheber nicht möglich ist.

10   d) **Einschränkungen zugunsten von Leistungsschutzberechtigten:** Aufgrund entsprechender Verweisung gelten die vorerwähnten Einschränkungen der Vertragsfreiheit durch das UrhG in den §§ 31 bis 44 in großem Umfang auch für die leistungsschutzberechtigten Verfasser wissenschaftlicher Ausgaben, Lichtbildner und ausübenden Künstler (eingehend vgl. Rn. 217 ff.). Die übrigen Leistungsschutzberechtigten kommen nur ausnahmsweise in den Genuss des sie privilegierenden und die Vertragsfreiheit einschränkenden Vertragsrechts (eingehend vgl. Rn. 217 ff.).

11   e) **Einschränkungen bei Verträgen zwischen Verwertern:** Der Grundsatz der Vertragsfreiheit gilt jedoch grundsätzlich für den **Rechtsverkehr zwischen Verwertern** untereinander. Als Ausnahme sei beispielsweise auf § 87 Abs. 5 verwiesen. Das UrhG enthält im Übrigen nur ausnahmsweise Regelungen für Verträge zwischen Verwertern, z. B. die analoge Anwendung des § 88 auf Filmstoffverträge (vgl. § 88 Rn. 25) sowie bestimmte Übergangsbestimmungen (§§ 137 Abs. 2, 3 und 4, 137b Abs. 2 und 3, 137c Abs. 2 und 3, 137f Abs. 4 sowie § 137j Abs. 4). Ferner bestehen nach VGG (früher: UrhWahrnG) für die Verwertungsgesellschaften Einschränkungen der Vertragsfreiheit, beispielsweise ein Wahrnehmungszwang gemäß § 9 VGG und eine Kontrahierungspflicht nach § 34 Abs. 1 VGG.

12   f) **Einschränkungen zugunsten des Verkehrsschutzes:** Neben den vorerwähnten Einschränkungen der Vertragsfreiheit primär aus Gründen des Urheberschutzes gelten noch weitere Einschränkungen der Vertragsfreiheit, allerdings eher aus Gründen des Verkehrsschutzes. Absolut (gegenüber jedermann) wirkende Nutzungsrechte können nur an **klar abgrenzbaren Nutzungsarten** begründet werden (vgl. § 31 Rn. 11 f.). Auch kann mit absoluter Wirkung gegenüber jedermann nicht zum Gegenstand einer Parteivereinbarung gemacht werden, ob ein Werk **Werkqualität** hat und damit dem absoluten Urheberrechtsschutz unterfällt (OLG Karlsruhe GRUR 1984, 521, 522 – *Atari-Spielcassetten*; ferner vgl. § 2 Rn. 235). **Urheberrechtliche Kontrahierungspflichten** können sich im Tonträgerbereich für den Urheber aus § 42a ergeben.

13   g) **Grenzen der Vertragsfreiheit außerhalb des UrhG:** Für die Vertragsfreiheit bestehen außerdem die bekannten Grenzen aus anderen Regelungen außerhalb des Urheberrechts. Zunächst gelten die Grenzen des Rechts der AGB gemäß **§§ 305 ff. BGB** (vgl. Rn. 192 ff.) sowie der **§§ 134, 138 BGB** (vgl. Rn. 50 ff.). Außerdem sei auf kartellrechtliche Bestimmungen verwiesen (vgl. Rn. 56 ff.).

2. Früheres Recht und Übergangsvorschriften

14   a) **Vor dem UrhG 1965 (Altverträge):** Vor Inkrafttreten des UrhG zum 1.1.1966 galten LUG (abrufbar www.frommnordemann.de) und KUG (abrufbar www.frommnordemann.de). Aufgrund der Übergangsregelung des **§ 132** müssen **LUG und KUG** auf **Verträge** weiter angewendet werden, die **bis zum 31.12.1965 geschlossen** wurden (sog. Altverträge). Ausnahmen gelten nur für §§ 32a, 41 und 42 (vgl. § 132 Rn. 1 ff.). Der Anwendungsbereich von LUG und KUG bestimmte sich nach der einschlägigen Werkart. Das LUG regelte Schriftwerke, Vorträge, Reden, Werke der Tonkunst, Abbildungen wissenschaftlicher oder technischer Art (§ 1 LUG). In den Regelungsbereich des KUG fielen Werke der bildenden Kunst (einschließlich Bauwerke und Kunstgewerbe) sowie Werke der Photographie (einschließlich Filmwerken), §§ 1 bis 3 KUG. Entwürfe zu Werken, die nach KUG Urheberrechtsschutz genossen, wurden nicht nach LUG, sondern nach KUG geschützt (§ 4 KUG).

15   Nach LUG und KUG war das **Urheberrecht** noch **übertragbar,** § 8 Abs. 3 LUG und § 10 Abs. 3 KUG. Für den Fall einer Übertragung bestanden allerdings gewisse (dispositive) Einschränkungen. So bestimmten § 9 LUG und § 12 KUG, dass der Erwerber mangels anderweitiger Vereinbarung nicht das Recht hat, an dem Werk selbst, an dessen Titel und an der Bezeichnung des Urhebers etwas zu ändern. Dabei blieben allerdings Änderungen zulässig, für die der Berechtigte seine Zustimmung nach Treu und Glauben nicht versagen konnte (so auch § 39 UrhG). Zusätzlich enthielt § 14 LUG noch eine Regelung, dass verschiedene Nutzungsrechte im Zweifel beim Urheber verbleiben, z. B. das Übersetzungsrecht, das Dramatisierungsrecht, das Bearbeitungsrecht bei Musikwerken, das mechanische Wiedergaberecht und das Verfilmungsrecht (dazu *Haupt* ZUM 1999, 898). Die Einräumung von Nutzungsrechten am Urheberrecht war rudimentär geregelt. § 8 Abs. 3 LUG und § 10 Abs. 3 KUG enthielten zumindest die Bestimmung, dass das Urheberrecht auch „beschränkt auf ein bestimmtes Gebiet" übertragen werden konnte. Damit kannten LUG und KUG durchaus ein auf eine bestimmte Nutzungsart beschränkte Verschaffung von Rechten. Auch enthielt zumindest § 10 Abs. 4 KUG eine Vermutungsregel, dass die Überlassung des Eigentums an einem Werk keine Rechtsübertragung nach sich zieht (s. hierzu § 44 Abs. 1 UrhG; vgl. § 44 Rn. 4 ff.). Spezifischere Regelungen existierten nicht, sieht man einmal von speziellen Vermutungsregeln ab, die § 11 KUG für Sammelwerke vergleichbar mit § 38 UrhG aufstellte; zu originären Urheberrechten an einem Sammelwerk gem. § 4 LUG OLG München GRUR-RR 2010, 157 – „*Der Angriff*"/„*Völkischer Beobachter*"; s. a. die Kommentierung zu § 134 UrhG. Insbesondere die **Zweckübertragungslehre** (damals noch nicht „Übertragungszweckgedanke" genannt) war nicht kodifiziert, wurde aber vom RG schon früh zum Schutz des Urhebers entwickelt (vgl. § 31 Rn. 113). Es gab **kein Verbot der Einräumung von Rechten an unbekannten Nutzungsarten**. Gleichwohl wurde die Einräumung von Rechten an unbekannten Nutzungsarten durchaus restriktiv gemäß ungeschriebener Zweckübertragungslehre gehandhabt (vgl. § 31a Rn. 5; dazu ferner *Jan Bernd Nordemann* FS Nordemann II S. 193, 198 ff.). Außerdem sei auf die folgenden Erläuterungswerke zu LUG und KUG verwiesen: *Allfeld*, Das Urheberrecht an Werken der Literatur und der Tonkunst, *Goldbaum*, Urheberrecht und Urhebervertragsrecht[3], *Marwitz/Möhring*, Das Urheberrecht an Werken der Literatur und der Tonkunst in Deutschland, *Osterrieth/Marwitz*, Das Urheberrecht an Werken der bildenden Künste und der Photographie[2], *Rintelen*, Urheberrecht und Urhebervertragsrecht und *Voigtländer/Elster/Kleine*, Die Gesetze, betreffend das Urheberrecht an Werken der Literatur und der Tonkunst sowie an Werken der bildenden Kunst und der Photographie[4].

b) UrhG 1965: Mit dem Inkrafttreten des UrhG vom 9.9.1965 zum 1.1.1966   **16**
(§§ 132, 143) war eine etwas umfassendere Kodifikation des Urhebervertragsrechts als in LUG und KUG verbunden. Ausgangspunkt war nun allerdings die grundsätzliche Unübertragbarkeit des Urheberrechts (§ 29 S. 2). Das unübertragbare Urheberrecht konnte fortan nur noch mit Nutzungsrechten belastet werden. Die §§ 31 bis 44 enthielten hierzu verschiedene Regelungen. Die Vergütung war nur in § 36 a. F. teilweise geregelt, und zwar für Fälle, in denen die Vergütung des Urhebers in einem groben Missverhältnis zu den Erträgen aus dem Werk stand (sog. Bestsellerparagraph). Die §§ 31 bis 44 UrhG verstand schon der Gesetzgeber 1965 nicht als umfassende Regelung des Urhebervertragsrechts; er plante vielmehr, im Anschluss an das UrhG ein „Urhebervertragsgesetz" auszuarbeiten. Der Gesetzgeber verzichtete deshalb auf eine Regelung von einzelnen branchenbezogenen Urheberrechtsverträgen. Er wollte nur grundlegende allgemeingültige Bestimmungen sowie Regelungen kodifizieren, die aus Gründen des Urheberschutzes „besonders vordringlich" waren (RegE UrhG 1962 – BT-Drs. IV/270, S. 56). Die Auseinandersetzung über eine weitergehende Regelung des Urhebervertragsrechts ging deshalb nach Inkrafttreten des UrhG weiter.

c) Urhebervertragsrechtsnovelle 2002: Nach langer und kontroverser Diskus-   **17**
sion (etwa *Däubler-Gmelin* ZUM 1999, 265; *Kreile* ZUM 2001, 300; *Pöppel-*

mann K&R 1999, 1; *Wilhelm Nordemann* GRUR 1991, 1; *Dietz* FS Schricker I
S. 1, 8) erfuhr das UrhG im Jahr 2002 eine Novelle durch UrhVG vom 22.3.2002
(BGBl. I 1155), das die angemessene wirtschaftliche Beteiligung an der Verwertung der Werke verbessern sollte. Der Gesetzgeber entschied sich auf Grundlage
des sog. Professorenentwurfes (GRUR 2000, 765 ff.) mit einigen Änderungen vor
allem im Vergütungsbereich für eine kleine Lösung mit punktuellen Verbesserungen (zust. *Schack* GRUR 2002, 853). Von einer umfassenderen Kodifikation eines
Urhebervertragsrechts auch für einzelne Verwertungsverträge (im Bewusstsein um
die Unvollständigkeit des UrhG wiederholt gefordert, s. nur *Ulmer*, UrhebervertragsR, passim; *Hubmann* GRUR 1978, 468; *Wilhelm Nordemann* GRUR 1991,
1; *Schricker* GRUR Int. 1983, 446; vgl. Vor §§ 28 ff. Rn. 1 ff.) wurde abgesehen,
da eine große Lösung wohl an den zu unterschiedlichen Verhältnissen in den einzelnen Branchen gescheitert wäre. Die Reform brachte u. a. eine ausführlichere
Regelung des Übertragungszweckgedankens in § 31 Abs. 5. Mit dem neu geschaffenen § 11 S. 2, der eine **angemessene Vergütung** zum Zweck des Urheberrechtes
erhebt, bekommt dieses Prinzip jetzt Leitbildfunktion für die AGB-Kontrolle (vgl.
§ 31 Rn. 180). Weiterhin hat der Urheber nun einen **Anspruch auf angemessene
Vergütung** (§ 32). Die bislang hohe Schwelle des „Bestsellerparagraphen"
§ 36 a. F. wurde abgesenkt (§ 32a n. F.). Das 2002 geänderte Urhebervertragsrecht
gilt grundsätzlich nicht für die **bis zum 1.7.2002 abgeschlossenen Altverträge** (vgl.
§ 132 Rn. 15 ff., dort auch zu den Ausnahmen).

18   d) **Gesetz zur Regelung des Urheberrechts in der Informationsgesellschaft** („1.
Korb"): Der sog. „1. Korb" der weiteren Urheberrechtsreform (auch UrhG
Infoges; BGBl. I S. 1774) brachte neue Regelungen zumeist außerhalb des eigentlichen Urhebervertragsrechts. Umgesetzt wurden hauptsächlich die zwingenden Vorgaben der Info-RL . Seine wichtigsten Neuerungen waren z. B. die
Schaffung des § 19a, der das Recht des öffentlichen Zugänglichmachens als
Verwertungsrecht regelt, die Anpassung einiger Schrankenbestimmungen (etwa
die neuen §§ 44a, 45a, 52a, sowie Änderungen der §§ 50, 52, 53, die Neufassung des Schutzes ausübender Künstler in den §§ 73 ff. und die Schaffung der
§§ 95a bis 95d; dazu *Czychowski* NJW 2003, 2409; *Schippan* ZUM 2003,
678; *Dreier* ZUM 2002, 28; *Bayreuther* ZUM 2001, 829).

19   e) „**2. Korb**": Die mit dem „1. Korb" begonnene Anpassung des deutschen
Urheberrechts an die Entwicklungen im Bereich der Informations- und Kommunikationstechnologie wurde mit dem „**2. Korb**" fortgeführt. Das Verbot der
Einräumung von Rechten an unbekannten Nutzungsarten (§ 31 Abs. 4 a. F.)
ist zugunsten eines bloßen Schriftformgebotes mit eingeschränktem Widerrufsrecht für den Urheber (§ 31a) und Anspruch auf angemessene Vergütung
(§ 32c) für Verträge ab 1.1.2008 entfallen. Für Filmverträge wurden die Vermutungen der §§ 88, 89 auf unbekannte filmische Nutzungsarten erweitert.
Für einige Altverträge vom 1.1.1966 bis 31.12.2007 kann ein Nacherwerb
von Rechten an unbekannten Nutzungsarten stattfinden (§ 137l). Klargestellt
wurde ferner, dass z. B. bei Open Source Software ein Vergütungsverzicht erfolgen kann (§ 32a Abs. 3 S. 2). Zum 2. Korb *Zypries* ZUM 2005, 98; *Kreile*
ZUM 2005, 112; *Pakuscher* ZUM 2005, 127; *Langhoff/Oberndörfer/Jani*
ZUM 2007, 593.

19a   f) **Unabdingbares Zweitveröffentlichungsrecht für Wissenschaftler 2014:** Das
„Gesetz zur Nutzung verwaister und vergriffener Werke und einer weiteren
Änderung des Urheberrechtsgesetzes" hat urhebervertragsrechtlich die Einführung des § 38 Abs. 4 UrhG zum 1.1.2014 gebracht; danach haben Wissenschaftler unter bestimmten Voraussetzungen ein unabdingbares Zweitveröffentlichungsrecht.

19b   g) **Gesetz zur Verbesserung zur verbesserten Durchsetzung des Anspruchs der
Urheber und ausübenden Künstler auf angemessene Vergütung 2017:** Am

1. März 2017 (s. § 132) ist eine umfassende Reform und Ergänzung der vergütungsrechtlichen Bestimmungen der §§ 32 ff. UrhG in Kraft getreten. Das Gesetz führt zwei gesetzliche Auskunftsansprüche zum Vertragsrecht ein, die neuen §§ 32d und 32e. Mit diesen kann der Urheber bei entgeltlicher Einräumung oder Übertragung eines Nutzungsrechts einmal pro Jahr Auskunft und Rechenschaft über den Umfang der Werknutzung einschließlich der gezogenen Erträge und Vorteile verlangen. Des Weiteren verstärkt das Gesetz die Privilegierung von gemeinsamen Vergütungsregeln: Das Gesetz enthält Änderungen zum Verfahren bei gemeinsamen Vergütungsregeln (§§ 36, 36a UrhG), ein eigenes Verbandsklagerecht bei Verstoß gegen gemeinsame Vergütungsregeln nach §§ 36b UrhG und spricht bestimmte individualrechtliche Folgen bei Nichtbeachtung von gemeinsamen Vergütungsregeln aus. Nach einem neuen § 40a UrhG „Recht zur anderweitigen Verwertung nach 10 Jahren bei pauschaler Vergütung" fallen ausschließlich durch den Urheber eingeräumte Nutzungsrechte in die nicht-Exklusivität. Frühestens fünf Jahre nach Einräumung des Nutzungsrechts oder nach Ablieferung des Werkes können die Parteien eine Ausschließlichkeit für die gesamte Dauer der Nutzungsrechtseinräumung vereinbaren. Ein vertragliches Abweichen von den Regelungen in § 40a UrhG ist ansonsten nur durch eine gemeinsame Vergütungsregel oder Tarifvertrag möglich. Auch die Möglichkeit, von den Regelungen der § 41 Abs. 1 bis 3 UrhG abzuweichen, ist im neuen § 41 Abs. 4 UrhG auf gemeinsame Vergütungsregeln oder Tarifverträge beschränkt worden. Der Gesetzgeber wollte dadurch Druck machen, dass mehr gemeinsame Vergütungsregeln bzw. Tarifverträge im Urheberrechtsbereich abgeschlossen werden (RegE UrhG 2016 – BT-Drs. 18/8625, S. 18). Die Gesetzesreform betrifft ferner das Recht der ausübenden Künstler (Reform des § 79 und Einführung des neuen § 79b) und Stoffverträge im Filmbereich (Reform des Rechts auf Wiederverfilmung – Remakerecht, § 88 Abs. 2 S. 2), s. jeweils dort.

3. DDR-Urhebervertragsrecht

20

Das in der DDR geltende Gesetz über das Urheberrecht ist gemäß Art. 8 Einigungsvertrag mit Wirkung vom 3.10.1990 außer Kraft getreten. Mit diesem Zeitpunkt wurde das bundesdeutsche Recht inklusive des UrhG global auf die DDR durch Art. 8 EV übergeleitet. Gemäß Anlage I EV Kap. III E Abschnitt II Nr. 2, die besondere Bestimmungen für das Urheberrecht enthält, ist das UrhG auch auf die vor dem Beitritt geschaffenen Werke anwendbar. Damit gilt für urheberrechtliche Sachverhalte – so etwa die Frage, ob und durch wen zuvor Werke überhaupt geschaffen wurden – das Urheberrecht der BRD (BGH GRUR 2001, 826, 827 – *Barfuß ins Bett*; s.a. die Kommentierung zum Einigungsvertrag). Das ist anders für das **Urhebervertragsrecht** und die Einräumung von Nutzungsrechten. Für **Verträge**, die in der Zeit **vor dem 3.10.1990** abgeschlossen wurden, gilt gem. Art. 232 § 1 EGBGB **das bisherige Recht der DDR** (sog. **DDR-Altverträge**). Die Auslegung der Verträge richtet sich also nach dem Urhebervertragsrecht der damaligen DDR (BGH GRUR 2001, 826, 828 – *Barfuß ins Bett*; s. BGH GRUR 1999, 152, 154 – *Spielbankaffäre*; KG ZUM-RD 1999, 484, 486 – *Flüstern und Schreien*; KG ZUM 1999, 154, 155; KG ZUM 1999, 415, 416).

21

Bis 31.12.1965 waren dort **LUG und KUG** anwendbar (allgemein zu LUG und KUG vgl. Rn. 14 f.) sowie das **VerlG** (Bezirksgericht Leipzig NJ 1965, 587 ff. zum KUG; *Katzenberger* GRUR Int. 1993, 2, 3; *Püschel* GRUR 1992, 579, 579). Danach fand das **UrhG-DDR** Anwendung, § 97 Abs. 1 UrhG-DDR. Allerdings konnte das bis 31.12.1965 geltende Recht auch für Altverträge bis 31.12.1965 zurückgedrängt werden, wenn dessen Festlegungen dem neuen UrhG-DDR widersprachen (§ 95 Abs. 2 S. 2). Das gilt beispielsweise für die mangelnde Übertragbarkeit des Urheberrechts unter Lebenden, wie sie nach

LUG und KUG, nicht jedoch nach UrhG-DDR möglich war (vgl. § 29 Rn. 2). Das UrhG-DDR enthielt eine sehr umfassende Regelung des Urhebervertragsrechts im 8. Abschnitt und dort in den §§ 38 bis 72 UrhG-DDR. Der 1. Unterabschnitt betraf die allgemeinen Bestimmungen, während die übrigen Unterabschnitte Regelungen für Vertragsarten aufstellten (§§ 46 bis 72 UrhG-DDR). Als allgemeine zivilrechtliche Regelungen sind gemäß Art. 232 § 1 EGBGB für bis zum 31.12.1975 geschlossene Verträge das BGB, ab dem 1.1.1976 das ZGB-DDR anzuwenden. Für solche Verträge, die grenzübergreifend nach den Kollisionsnormen des IPR beurteilt werden mussten, sind gemäß Art. 236 § 1 EGBGB auf vor dem Beitritt abgeschlossene Vorgänge die damals jeweils gültigen Kollisionsnormen anzuwenden.

22 Dort, wo das Urhebervertragsrecht der DDR mit **zwingenden Vorschriften des bundesdeutschen UrhG** (z. B. §§ 31 Abs. 4 a. F., 36 a. F., 40, 41, 42 UrhG) kollidiert, wird teilweise für eine Anwendung des UrhG plädiert. Das wird auf den ordre-public Vorbehalt des Art. 6 bzw. auf Art. 34 EGBGB gestützt (Wandtke/Bullinger/*Wandtke*[4] EVtr Rn. 39), teilweise auch auf eine Korrektur über **§ 242 BGB** (Dreier/Schulze/*Dreier*[5] vor EV Rn. 10). Das ist nur insoweit überzeugend, als auch bei Altverträgen, die unter bundesdeutsches Recht fallen, jedoch vor Inkrafttreten des (bundesdeutschen) UrhG am 1.1.1966 abgeschlossen wurden, eine Anwendung der vorerwähnten Vorschriften erfolgt. Ansonsten würden DDR-Verträge besser behandelt als bundesdeutsche Verträge. Die Übergangsvorschriften des § 132 UrhG sehen die Anwendung verschiedener urhebervertragsrechtlicher Institute des UrhG für Altverträge vor, z. B. im Hinblick auf §§ **40, 41 und 42 UrhG**. Der **Bestsellerparagraph** des § 36 UrhG a. F. ist auf DDR-Altverträge nicht anwendbar (KG ZUM-RD 1999, 484, 486 – *Flüstern und Schreien*); § 32a UrhG n. F. kann allerdings gemäß § 132 Abs. 3 S. 2 UrhG auf DDR-Altverträge Anwendung finden, sofern die Bestseller-Sachverhalte nach dem 28.3.2002 entstanden sind. Eine dem § 31 Abs. 4 a. F. (vgl. § 31a Rn. 11) vergleichbare Regelung für **unbekannte Nutzungsarten** gab es nach DDR-Urhebervertragsrecht nicht, sodass – wie nach bundesdeutschem Recht vor 1966 – Rechte an unbekannten Nutzungsarten eingeräumt werden konnten (BGH GRUR 1999, 152, 154 – *Spielbankaffäre*; KG ZUM-RD 2000, 384, 389 – *Defa-Trickfilme*). Allerdings ist der **Übertragungszweckgedanke** zu beachten, der auch im Urheberrecht der DDR galt (OLG München ZUM 2000, 61, 64 – *Das kalte Herz*; *Püschel* GRUR 1992, 579, 581; *Wandtke* GRUR 1991, 263, 266 unter Verweis auf §§ 20 Abs. 2, 50 Abs. 1, § 54 Abs. 2 und § 67 Abs. 2 UrhG-DDR; Wandtke/Bullinger/*Wandtke*[4] EVtr Rn. 53 ff., insbesondere unter Verweis auf § 39 lit. a) UrhG-DDR; zu Übertragungszweckgedanke und DDR-Altverträgen vgl. § 31 Rn. 115).

23 Urheberrechtliche Verträge vor der Wiedervereinigung können nach den Grundsätzen der Lehre vom **Wegfall der Geschäftsgrundlage** zu korrigieren sein. Das gilt insbesondere, wenn **Nutzungsrechte** vor der Einheit **auf das jeweilige ehemalige Staatsterritorium** von DDR einerseits bzw. BRD andererseits **räumlich beschränkt** eingeräumt wurden. Das betrifft insbesondere das Verbreitungsrecht (vgl. Rn. 106) und das Senderecht (vgl. Rn. 105). Zur Rechtsnachfolge bei DDR-Institutionen auch vgl. Rn. 157.

4. EU-Recht

24 Der AEUV enthält **keine urhebervertragsrechtlichen Regelungen**; auch einschlägige urhebervertragsrechtliche Verordnungen gibt es nicht. Das nationale Urheberrecht der Mitgliedsstaaten ist zwar teilweise durch **EU-Richtlinien** harmonisiert. Diese Richtlinien regulieren jedoch **das allgemeine Urhebervertragsrecht in den §§ 31 bis 44 nicht.** Vielmehr enthalten sie nur punktuelle Regelungen für spezielle urhebervertragsrechtliche Sachverhalte. Beispiele: vertragliche Abspaltbarkeit mit dinglicher Wirkung des Vermietrechts vom Verbreitungsrecht gemäß Art. 2 Abs. 1 Vermiet- und Verleih-RL, umgesetzt in § 17 Abs. 2 UrhG; Vermutung, dass der ausübende Künstler sein Vermietrecht an den Filmproduzenten abgetreten hat gemäß Art. 3 Abs. 5 Vermiet- und Verleih-RL, umgesetzt in § 92 UrhG; unverzichtbares Recht des Urhebers oder ausübenden Künstlers auf angemessene Vergütung für Vermietung gemäß Art. 4 Vermiet- und Verleih-RL, umgesetzt in § 27 UrhG; vertragsrechtliche Regelungen zur Begleitung der Schutzfristverlängerung für musikalische ausübende Künstler und Tonträgerhersteller gem. punktuelle Harmonisierung der vertraglichen Einräumung des Satellitensende- und des Kabelweitersenderechts gemäß Satelliten- und Kabel-RL, umgesetzt in §§ 20a, 20b UrhG; zwingender Charakter der §§ 69d und 69e UrhG bei Nutzungsvereinbarungen für Computerprogramme gemäß Art. 9 Abs. 1 S. 2 Software-RL, umgesetzt in § 69g Abs. 2 UrhG; zwingender Charakter bestimmter Regelungen bei Nutzungsvereinbarungen für Datenbanken gemäß Art. 8 Abs. 1 Datenbank-RL; Harmonisierung des Vervielfältigungsrechts, Verbreitungsrechts und des Rechts der öffentlichen Zugänglichmachung gemäß Art. 2 bis 4 Info-RL, soweit erforderlich umgesetzt in §§ 16, 17, 19a UrhG, was zumindest mittelbare Auswirkung auf die Formulierung von Urheberrechtsverträgen hat.

Neben unmittelbar urheberrechtlichen EU-Richtlinien wirken noch allgemeine, **25** nicht speziell urheberrechtliche Institute des EU-Rechts auf das deutsche Urhebervertragsrecht. Zu nennen sind **Warenverkehrs- und Dienstleistungsfreiheit** (Art. 34 und 56 AEUV), die vor allem für eine Erschöpfung von Rechten von Bedeutung sind (vgl. § 17 Rn. 24 ff.). Grenzen für das Urhebervertragsrecht setzen überdies das **EU-Kartellrecht** gemäß Art. 101 AEUV (vgl. Rn. 56 ff.) und Art. 102 AEUV (vgl. Rn. 265 ff.).

5. Internationales Recht

Deutschland ist durch **zweiseitige internationale Verträge** sowie durch **mehrsei-** **26** **tige internationale Konventionen** bei der Gestaltung seines nationalen Urheberrechts in verschiedenen Hinsichten gebunden (dazu ausführlich vgl. Vor §§ 120 ff. Rn. 4 ff.). Grundsätzlich enthalten jedoch weder die zweiseitigen Verträge noch die Konventionen Regelungen zum allgemeinen Urhebervertragsrecht.

In internationalen Sachverhalten kann sich die Frage stellen, ob und inwieweit **27** das deutsche Urhebervertragsrecht Anwendung findet. Damit ist das **internationale Urheberprivatrecht** angesprochen (hierzu allgemein wie zum zwingenden internationalen Charakter einzelner Bestimmungen vgl. Vor §§ 120 ff. Rn. 58 ff.; s. a. § 32b). Zu den internationalprivatrechtlichen Aspekten des DDR-Urhebervertragsrechts vgl. Vor §§ 120 ff. Rn. 89.

6. Verhältnis zu anderen urhebervertragsrechtlichen Vorschriften

a) **VerlG:** Dem UrhG fehlt bislang eine Regelung für einzelne Vertragstypen. **28** Einzig gesetzlich geregelter Vertragstyp ist der Verlagsvertrag, für den das VerlG von 1901 gilt. Das ab 1966 geltende UrhG hat das wesentlich ältere VerlG unangetastet gelassen. Das Verhältnis des UrhG zum VerlG ist dennoch komplex (Schricker/Loewenheim/*Ohly*[5] Rn. 18). Zusammenfassend gilt: Wo das VerlG eine gegenüber dem UrhG präzise, spezielle Regelung beinhaltet, ist diese heranzuziehen, soweit die Bestimmungen des UrhG nicht entgegenstehen; im Übrigen ist das VerlG in seinen Begriffen, Rechtsinstituten und seiner Auslegung von dem jeweils geltenden UrhG abhängig (eingehend vgl. Einl. VerlG Rn. 11 ff.; ferner Loewenheim/*Nordemann-Schiffel/Jan Bernd Nordemann*[2] § 64 Rn. 14).

b) **Verwandte Schutzrechte (Leistungsschutzrechte):** Neben den eigentlichen **29** Urheberrechten kennt das UrhG noch „verwandte Schutzrechte" (auch „Leis-

tungsschutzrechte"), die im zweiten Teil (§§ 70 bis 87e) und teilweise im dritten Teil (§§ 94, 95) geregelt sind. Geschützt sind bestimmte **wissenschaftliche
Ausgaben** (§ 70), bestimmte **nachgelassene Werke** (§ 71), **Lichtbilder** (§ 72),
die Leistung **ausübender Künstler** (§§ 73 ff.), die **Veranstalterleistung** (§ 81),
die Leistung des **Tonträgerherstellers** (§§ 85 f.), des **Sendeunternehmens** (§ 87),
des **Datenbankherstellers** (§§ 87a ff.), des **Presseverlegers** (§ 87f ff.) und des
Filmherstellers (§ 94) einschließlich des **Laufbildherstellers** (§ 95). Auch im
Hinblick auf verwandte Schutzrechte findet in der Praxis ein reger Rechtsverkehr statt. Es ergeben sich jedoch – je nach Leistungsschutzrecht – Unterschiede
zu den Urheberrechten. Im Einzelnen sei auf die Darstellung des primären Vertragsrechts der Leistungsschutzberechtigten verwiesen (vgl. Rn. 215 ff.).

II. Keine Regelung von Vertragstypen im UrhG

30   Das UrhG enthält keine Regelungen über bestimmte Vertragstypen. Es beschränkt sich auf **Regelungen zur Einräumung, zur Vergütung und zum Rückruf von Nutzungsrechten** und umfasst keine Bestimmungen zu Willenserklärungen, zum Abschluss des Vertrages oder zu Leistungsstörungen. Das UrhG
1965 sparte dies für eine gesonderte detaillierte Regelung des Urhebervertragsrechts auf (RegE UrhG 1962 – BT-Drs IV/270, S. 56), die bis heute allerdings
nicht erfolgte (zur „kleinen" Lösung durch die Urhebervertragsrechtsreform
2002 vgl. Rn. 16). Gesetzlich geregelt sind in Deutschland allein verschiedene
Typen des **Verlagvertrages im VerlG**; s. die separate Kommentierung hierzu.

31   Allerdings existieren zahlreiche jeweils **branchenspezifische Tarif- und Normverträge**, denen auch rechtliche Bedeutung für die Beurteilung von Verträgen
zukommen kann (vgl. Rn. 296 ff.). Daneben sind **Musterverträge** für die einzelnen Werkarten des Urheberrechts publiziert (vgl. Rn. 302 ff.).

III. Verträge des Urhebers (primäres Urhebervertragsrecht)

32   Das Urheberrecht liegt grundsätzlich unveräußerlich beim Urheber (§ 29). Der
Urheber kann zur vertraglichen Gestattung der Nutzung durch Dritte sein Ur-
heberrecht mit Nutzungsrechten für bestimmte Nutzungsarten belasten (vgl.
Rn. 33). Im Regelfall sind diese Nutzungsrechte dinglicher Natur (vgl. § 31
Rn. 87, 92); sie sind verkehrsfähig und können grundsätzlich auch Dritte zur
Nutzung berechtigen. **Ausgangspunkt des Urhebervertragsrechts** ist deshalb die
Nutzungsvereinbarung mit dem Urheber; dies wird auch als **primäres Urhebervertragsrecht** bezeichnet (im Anschluss an *Dietz* S. 1 f.); zum primären Urhebervertragsrecht des nach UrhG Leistungsschutzberechtigten vgl. Rn. 215 ff.
Der weitere Rechtsverkehr mit dinglichen Nutzungsrechten **zwischen Verwertern** durch Weiterübertragung oder Einräumung weiterer Nutzungsrechte an
den Nutzungsrechten kann als **sekundäres Urhebervertragsrecht** bezeichnet
werden (dazu ausführlich vgl. Rn. 223 ff.).

1. Einräumung von Nutzungsrechten

33   Die Einräumung von Nutzungsrechten durch den Urheber erfolgt nicht durch
Übertragung von in den Händen des Urhebers bereits bestehenden Nutzungsrechten, sondern durch konstitutive Einräumung an den Nutzungsberechtigten
als Folge einer Belastung des Stammrechtes mit der Befugnis Dritter zur Nutzung (vgl. § 29 Rn. 17 f. zur Dogmatik). Grundsätzlich sind – wie im gesamten
deutschen Zivilrecht – die Einräumung der Nutzungsrechte als **Verfügung** von
der **Verpflichtung** dazu zu trennen (sog. **Trennungsprinzip**); ausführlich vgl.
§ 31 Rn. 29 ff. Das **Abstraktionsprinzip** gilt allerdings nur sehr **eingeschränkt**.
Insbesondere ist grundsätzlich bei Verträgen des Urhebers keine Rückübertra-

gung der Nutzungsrechte erforderlich, weil bei Entfallen des Verpflichtungsgeschäfts die Nutzungsrechte **automatisch an den Urheber zurückfallen.** Das gilt allerdings nicht für an Dritte weitergegebene Rechte (zum Ganzen vgl. § 31 Rn. 30 ff.). Nutzungsrechte können bei der Einräumung gem. § 31 Abs. 1 S. 2 mit **inhaltlichen, zeitlichen und räumlichen Beschränkungen** versehen werden. Die vertragliche Gestaltungsfreiheit, einen individuellen Umfang zuzuschneiden, besteht bei Nutzungsrechten aber **nicht grenzenlos** (vgl. § 31 Rn. 11 f.). Es kann erforderlich sein, dass der Urheber einer Nutzung seines Werkes **doppelt** zustimmt, einmal wegen der **wirtschaftlichen Verwertung** und einmal wegen der **urheberpersönlichkeitsrechtlichen Wirkungen** der Nutzung (vgl. § 29 Rn. 13a). Ein **gutgläubiger Erwerb** von Nutzungsrechten scheidet aus (vgl. § 31 Rn. 42).

2. Zwingendes Recht des UrhG bei der Einräumung von Nutzungsrechten

Das UrhG enthält verschiedene Regelungen, die bei Verträgen über die Einräu-   **34**
mung von Nutzungsrechten nicht abdingbar sind. Eine in der Praxis wichtige zwingende Regelung war für Verträge vom 1.1.1966 bis 31.12.2007 § 31 Abs. 4. Danach war die Einräumung **unbekannter Nutzungsarten** sowie Verpflichtungen hierzu unwirksam (vgl. § 31a Rn. 6 ff.). Nach § 137l können solche Rechte unter bestimmten Voraussetzungen aber zum 1.1.2008 nacherworben sein. Für Verträge ab 1.1.2008 sieht § 31a eine zwingende Schriftform sowie Widerrufsrecht und angemessene Vergütung (§ 32c) vor.

Für nicht näher bestimmte **künftige Werke** stellt § 40 Abs. 1 ein zwingendes   **35**
Schriftformgebot für die Verpflichtung zur Rechtseinräumung auf. Für solche Werke besteht auch ein unabdingbares Kündigungsrecht für beide Seiten, § 40 Abs. 2. Nach § 40a UrhG **fallen** für Verträge ab 1.3.2017 (s. § 132) ausschließlich durch den Urheber **gegen ein Pauschalentgelt eingeräumte Nutzungsrechte nach Ablauf von 10 Jahren zwingend in die nicht-Exklusivität.** Frühestens fünf Jahre nach Einräumung des Nutzungsrechts oder nach Ablieferung des Werkes können die Parteien eine Ausschließlichkeit für die gesamte Dauer der Nutzungsrechtseinräumung vereinbaren. Ein vertragliches Abweichen von den Regelungen in § 40a UrhG ist ansonsten nur durch eine gemeinsame Vergütungsregel oder Tarifvertrag möglich. Ferner kann der **Erschöpfungsgrundsatz gemäß § 17 Abs. 2** als zwingendes Recht wirken und dagegen gerichtete vertragliche Abmachungen außer Kraft setzen (dazu vgl. § 31 Rn. 15 ff.). Weitere zwingende Regelungen sind das **Rückrufsrecht** (§ 34 Abs. 5), die **Haftung des Erwerbers eines Nutzungsrechts** (§ 34 Abs. 5), das **Rückrufsrecht wegen Nichtausübung** (§ 41 Abs. 4) und **gewandelter Überzeugung** (§ 42 Abs. 2). Zu erwähnen sind ferner die **Schrankenbestimmungen** des UrhG (§§ 44a ff.). Spezielle Regelungen für bestimmte Werkarten enthalten § 55a für Datenbankwerke und § 69g Abs. 2 für Computerprogramme.

Auch bestimmte **Vergütungsansprüche des Urhebers** sind nicht dispositiv   **36**
(§§ 32, 32a, 32c und die gesetzlichen Vergütungsansprüche der §§ 20b Abs. 2 S. 2, 26 Abs. 2 S. 1, 27 Abs. 1 S. 2, 63a S. 1). Dasselbe gilt für bestimmte Vergütungsansprüche aus den zeitlichen Übergangsvorschriften der §§ 137 ff.

Verschiedene Ansprüche sind zwingend **verwertungsgesellschaftspflichtig,** ins-   **37**
besondere § 20b (Vergütung Kabelweitersenderecht), § 26 (Folgerecht), § 27 (Vergütung für Vermieten und Verleihen), § 49 (Vergütung für Vervielfältigung und Verbreitung in Rundfunkkommentaren und Zeitungsartikeln), § 52a (Öffentliche Zugänglichmachung für Unterricht und Forschung), § 52b (Wiedergabe von Werken an elektronischen Leseplätzen in öffentlichen Bibliotheken, Museen und Archiven), § 53a (Kopienversand auf Bestellung), §§ 54 ff. (Leermedien- und Geräteabgabe), §§ 77, 27 bzw. 78, 20b (ausübende Künstler) sowie § 137l (Vergütung für unbekannte Nutzungsarten).

3. Übertragungszweckgedanke

38 Soweit in einem Vertrag über die Einräumung von Nutzungsrechten keine ausdrückliche Vereinbarung über deren Umfang getroffen wurde, erfolgt diese nur in dem Umfang, den der mit Vertrag verfolgte Vertragszweck erfordert, sog. Übertragungszweckgedanke. Er ist in § 31 Abs. 5 geregelt. Der Übertragungszweckgedanke bestimmt bei fehlender ausdrücklicher Regelung den Umfang der Einräumung von Nutzungsarten (S. 1), das „Ob" der Nutzungsrechtseinräumung (S. 2), die Einräumung einfacher oder ausschließlicher Nutzungsrechte (S. 2), wie weit Nutzungsrecht und Verbotsrechte reichen (S. 2) und welchen anderen inhaltlichen, räumlichen oder zeitlichen Einschränkungen das Nutzungsrecht unterliegt (S. 2). Dazu ausführlich vgl. § 31 Rn. 108 ff. Darüber hinaus existiert auch noch ein **allgemeiner Übertragungszweckgedanke**, der nicht normiert ist. Es handelt sich dabei um eine übergesetzliche Auslegungsregel, die außerhalb der Anwendbarkeit des § 31 Abs. 5 bei der Auslegung von Verträgen des Urhebers hilft, z. B. bei der Auslegung der Frage des Eigentums an den Werkstücken, oder bei der Auslegung der Einwilligung im allgemeinen Persönlichkeitsrecht wie beispielsweise bei Modellverträgen heranzuziehen ist (zum Ganzen vgl. § 31 Rn. 118 ff.).

4. Dispositive Regeln und Auslegungsregeln für die Nutzungsrechtsvereinbarung

39 §§ 34, 35 als **dispositive Regelung** knüpfen die Übertragung bzw. Einräumung abgeleiteter Nutzungsrechte an die Zustimmung des Urhebers. Bei Fehlen einer ausdrücklichen Regelung gibt das UrhG daneben auch **einige Auslegungsregeln** vor. Nach § 31 Abs. 3 S. 2 kann der Inhaber eines ausschließlichen Nutzungsrechts im Zweifel auch dem Urheber die Nutzung untersagen. Nach § 37 verbleibt das Recht zur Einwilligung in Bearbeitung und Verwertung durch Bild- und Tonträger im Zweifel beim Urheber. § 38 trifft Vermutungsregelungen für Beiträge in Sammlungen, § 39 für den Fall der Änderung des Werkes, des Titels sowie der Urheberbezeichnung. Gemäß § 44 Abs. 1 erfolgt mit der Veräußerung des Werkoriginals allein noch keine Nutzungsrechtseinräumung. Nach § 44 Abs. 2 ist aber bei Werken der bildenden Kunst oder bei Lichtbildwerken im Zweifel ein Ausstellungsrecht eingeräumt. Für den Filmbereich enthalten die §§ 88, 89, 92 weitere Vermutungsregelungen. Als Vermutung wirken auch verschiedene zeitliche Übergangsbestimmungen, z. B. die §§ 137 Abs. 1 S. 2 und Abs. 2, 137a Abs. 2, 137b Abs. 2, 137c Abs. 2, 137f Abs. 4.

40 Neben diesen urheberrechtlichen Auslegungsregeln gelten die **allgemeinen Auslegungsregeln** nach BGB. Verträge sind nach §§ 133, 157 BGB so auszulegen, wie es Treu und Glauben mit Rücksicht auf die Verkehrssitte erfordern. Dafür ist der wirkliche Wille der Parteien zu erforschen, wofür in erster Linie der von den Parteien gewählte **Wortlaut** und der dem Wortlaut zu entnehmende objektiv erklärte Parteiwille entscheidend ist (BGH GRUR 2014, 258 Tz. 11 – *Pippi-Langstrumpf-Kostüm*; BGH GRUR 2013, 1213 Tz. 18 – *SUMO*). Für die Richtigkeit einer **Vertragsurkunde** spricht eine Vermutung (BGH GRUR 2001, 1164, 1165 – *buendgens*). Ansonsten gilt der **Auslegungsgrundsatz „einer nach beiden Seiten hin interessengerechten Vertragsauslegung"** (BGH GRUR 2014, 258 Tz. 11 – *Pippi-Langstrumpf-Kostüm*; BGH GRUR 2013, 1213 Tz. 32 – *SUMO*; BGH GRUR 2010, 1093 Tz. 20 – *Concerto de Aranjuez*). Einen allgemeinen **Auslegungsgrundsatz „im Zweifel für den Urheber" gibt es** deshalb **nicht**. Ferner kann bei der Auslegung von Verträgen auch immer das **nachträgliche Verhalten der Parteien** zu berücksichtigen sein (BGH GRUR 2013, 1213 Tz. 46 – *SUMO*; BGH GRUR 2010, 1093 Tz. 19 – *Concerto de Aranjuez*). Dies kann zwar den objektiven Vertragsinhalt nicht mehr beeinflussen, hat aber Bedeutung für die Ermittlung des tatsächlichen Willens und das tatsächliche Verständnis der Vertragsparteien. Eine Auslegung, dass die Parteien entgegen dem Wortlaut mit der Vereinbarung einen anderen wirklichen Willen verbunden haben, ist auch denkbar, wenn die Parteien **offensichtlich rechtlich unzutreffende Begriffe** verwendet haben, insbesondere bei Übertragungen des Urheberrechts (vgl. § 29 Rn. 8), von Verwertungsrechten (vgl. § 29 Rn. 16) oder des Nutzungsrechts (vgl. § 34 Rn. 8 ff.). Die Darlegungs- und Beweislast liegt dann aber bei dem, der sich darauf beruft (BGH GRUR 2007, 693, 694 f. – *Archivfotos*).

5. Auswertungspflicht des Verwerters

Den Verwerter kann über dies eine Auswertungspflicht treffen. Für **Verlagsverträge** ergibt sich dies aus § 1 S. 2 VerlG (vgl. § 32 VerlG Rn. 3 ff.). Keine Auswertungspflicht besteht gemäß § 47 VerlG bei Bestellverträgen, also wenn dem Urheber das zu schaffende Werk nach Inhalt und Art und Weise der Behandlung genau vorgegeben wird, es sich um die Mitarbeit an einem enzyklopädischen Werk handelt oder nur Hilfs- oder Nebenarbeiten für das Werk eines anderen vorliegen (vgl. § 47 VerlG Rn. 1). Im UrhG existiert demgegenüber **keine geschriebene Regelung.** Außerhalb des Verlagsrechts kann eine Auswertungspflicht jedoch durch **Auslegung** auch ohne ausdrückliche Abrede im Vertrag gewonnen werden (Dreier/Schulze/*Schulze*[5] § 31 Rn. 61; Schricker/Loewenheim/*Ohly*[5] Vor §§ 31 ff. Rn. 64).   **41**

Eine **Beteiligungsvergütung spricht im Zweifel für eine Auswertungspflicht.**   **42**
Denn für den Fall, dass der Vertragspartner nicht auswertet, ginge der nur am Erlös beteiligte Urheber leer aus. Es entspricht aber i. d. R. nicht den Vorstellungen der vertragsschließenden Parteien, dass die Gegenleistung für die Einräumung der Nutzungsrechte an dem zu schaffenden Werk von einem Umstand abhängt, dessen Vorliegen allein vom Willen des Schuldners beeinflusst werden kann (für Filmverträge, allerdings zwischen Verwertern: BGH GRUR 2003, 173, 175 – *Filmauswertungspflicht*; BGH GRUR 1951, 471 – *Filmverwertungsvertrag*; OLG München ZUM 2000, 1093, 1096 – *Pinocchio*; *Obergfell*, Filmverträge S. 153; im Tonträgerbereich: BGH UFITA 86 (1980), 240, 243; zum Aufführungsvertrag BGHZ 13, 115, 118; im Verlagsbereich zur Abgrenzung von Verlags- und Bestellvertrag BGH GRUR 2005, 148, 150 – *Oceano Mare*; ferner – zum Patentrecht – BGH GRUR 2000, 138 – *Knopflochnähmaschinen*). Dass der das Recht Einräumende bestimmte Vorkosten (insb. die Kosten für die Werbung und die Herstellung von Vervielfältigungsstücken) zu tragen hat, spricht insoweit zusätzlich für eine Auswertungspflicht (BGH GRUR 2003, 173, 175 – *Filmauswertungspflicht*, allerdings für einen Vertrag zwischen Verwertern). Nach Ansicht des BGH soll die Vereinbarung eines **Pauschalhonorars**, also einer erfolgsunabhängigen Einmalvergütung, nicht in gleicher Weise ein Indiz für das Fehlen einer Auswertungspflicht sein. Denn die Vereinbarung einer solchen Vergütung könne häufig Ausdruck der wirtschaftlichen Kräfteverhältnisse sein, die es dem Verleger erlauben, eine solche Art der Vergütung durchzusetzen, ohne dass dies notwendig mit einer untergeordneten Bedeutung des Werkes einhergehen müsse (BGH GRUR 2005, 148, 150 – *Oceano Mare*, für den Verlagsbereich). Bei der danach erforderlichen **Einzelfallabwägung** muss aber das dem Urheber zustehende (unverzichtbare) Recht auf **Rückruf der Nutzungsrechte gemäß § 41** berücksichtigt werden, das seine wirtschaftlichen Interessen im Regelfall hinreichend sichert. Jedoch können **urheberpersönlichkeitsrechtliche Belange** des Urhebers den Ausschlag für eine Auswertungspflicht geben. Dies ist nach dem BGH insbesondere dann der Fall, wenn das Interesse des Urhebers nicht nur auf eine Gegenleistung, sondern auch oder gerade darauf gerichtet ist, dass sein Werk erscheint und damit einer größeren Öffentlichkeit zugänglich gemacht wird (BGH GRUR 2005, 148, 150 – *Oceano Mare*, für den Verlagsbereich). **Entsprechend** der Regelung in § 47 VerlG kann außer-

halb des Verlagsbereiches außerdem eine Auswertungspflicht fehlen, wenn dem Urheber das Werk künstlerisch genau vorgegeben wird oder nur Hilfs- und Nebenarbeiten für das Werk eines anderen vorliegen. Denn die Interessenlage des Verwerters, in diesen Fällen nicht zu einer Auswertung verpflichtet zu sein, entspricht der des Verlegers (*Schricker*, VerlagsR^3 § 47 Rn. 26, unter Berufung auf OLG Karlsruhe GRUR 1984, 522 – *Herrensitze in Schleswig-Holstein*, für Fotografien in Zeitschriften; vgl. § 47 VerlG Rn. 4). Bei bestimmten Werkgattungen, z. B. der bildenden Kunst, erscheint die Bestellkonstellation aber als grundsätzlich ausgeschlossen, weil dem Künstler hier im Regelfall ein größerer Gestaltungsfreiraum verbleibt (*Schricker*, VerlagsR^3 § 47 Rn. 25). Allenfalls für Hilfs- und Nebenarbeiten kommt dann eine Bestellkonstellation in Frage.

43   Besteht eine Auswertungspflicht, richtet sich ihr **Umfang** nicht allein nach einem für den Urheber optimalen wirtschaftlichen Ergebnis. Vielmehr darf der Verwerter die Interessen anderer Urheber, deren Werke er parallel verwertet, und sein Interesse einer dauerhaften Zusammenarbeit mit seinen Abnehmern berücksichtigen, sodass die Auswertungspflicht insoweit eingeengt sein kann (BGH GRUR 2003, 173, 175 – *Filmauswertungspflicht* zur einschränkten Auswertungspflicht des Filmverleihers wegen Rücksichtnahmepflichten gegenüber den Kinobesitzern; zustimmend *Oberbergfell* ZUM 2003, 292, 295). Kann der Verwerter den Erscheinungstermin selbst bestimmen, so ist er zur Drucklegung in angemessener Zeit verpflichtet (OLG Frankfurt GRUR 2006, 138 – *Europa ohne Frankreich?*). Jedoch besteht bei langfristigen Nutzungsverträgen (z. B. für die gesamte Schutzfrist) keine vertragliche Verpflichtung des Verwerters, dass er sich ständig auch für nicht mehr gängige Werke (z. B. Unterhaltungsmusik) einsetzen muss und dass er gezwungen werden könnte, hierfür unter Umständen nicht unerhebliche Mühen und Kosten nutzlos aufzuwenden (BGH GRUR 1970, 40, 42 – *Musikverleger I*); ein Rückruf nach § 41 bleibt aber möglich.

44   Als **Rechtsfolge** kann der Urheber auf Erfüllung klagen oder die Rechte wegen Nichterfüllung gelten machen (vgl. Rn. 170 ff.). Außerdem stehen dem Urheber Unterlassungsansprüche zu, wenn der Verwerter anstelle des Werkes ein anderes Werk verwertet, z. B. eine andere Romanübersetzung in das Deutsche (BGH GRUR 2005, 148, 150 – *Oceano Mare*, für den Verlagsbereich). Das gilt aber nur bei echter Substitution des einen durch das andere Werk, nicht bei bloßer Konkurrenz (z. B. zwei juristische Kommentare), weil der Verwerter dann grundsätzlich in der Lage ist, beide Werke nebeneinander auszuwerten. Schließlich kann bei Verletzung der Auswertungspflicht auch eine außerordentliche Kündigung aus wichtigem Grund in Betracht kommen, wenn ein Dauerschuldverhältnis gegeben ist (vgl. Rn. 115 ff.). Im Filmbereich ist eine Kündigung allerdings wegen § 90 S. 1 ausgeschlossen (vgl. § 90 Rn. 9 f.). Daneben ist bei ausschließlichen Nutzungsrechten auch ohne Vereinbarung einer Auswertungspflicht das Rückrufsrecht des Urhebers wegen Nichtausübung gemäß § 41 einschlägig.

6.   Enthaltungspflichten (Wettbewerbsverbote)

45   Die **Einräumung ausschließlicher Nutzungsrechte nach** § 31 Abs. 3 S. 1 begründet eine Enthaltungspflicht für den Urheber, es sei denn, § 31 Abs. 3 S. 2 findet Anwendung (vgl. § 31 Rn. 91 ff.). Ferner kann durch eine Gestaltung des räumlichen oder zeitlichen Umfangs der Nutzungsrechtseinräumung eine Enthaltungspflicht für den Urheber erreicht werden. Nutzungsrechtlich gestaltete Enthaltungspflichten wirken grundsätzlich dinglich, also gegenüber jedermann (vgl. § 31 Rn. 11 ff.). Zur Abgrenzung von dinglich wirkenden Nutzungsrechtsgestaltungen und bloß schuldrechtlich wirkenden Enthaltungspflichten vgl. § 31 Rn. 94 ff.

Auch außerhalb der Einräumung ausschließlicher Nutzungsrechte sind Enthal- **45a**
tungspflichten (Wettbewerbsverbote) denkbar. Sie sind im UrhG jedoch grundsätzlich – von § 88 Abs. 2 S. 2 für das Wiederverfilmungsrecht abgesehen –
nicht ausdrücklich geregelt. Eine Enthaltungspflicht für den Urheber kann sich
jedoch **ungeschrieben aus § 242 BGB** ergeben. Das setzt allerdings im Regelfall
stets voraus, dass der Urheber einem anderen ausschließliche Rechte (vgl. § 31
Rn. 91 ff.) eingeräumt hat, weil nur dann ein berechtigtes Interesse des anderen
denkbar ist.

Eine Verletzung einer **ungeschriebenen Enthaltungspflicht** ist angenommen **46**
worden, wenn der **Urheber** ein **ähnliches Werk** publiziert, das geeignet ist,
mit dem vertragsgegenständlichen Werk in Wettbewerb zu treten (BGH GRUR
1985, 1041, 1042 – *Inkasso-Programm*). Eine solche Wettbewerbsituation
scheidet aber bei der **reinen Kunst** ohne Gebrauchszweck (z. B. Werke der Literatur, Werke der bildenden Kunst, der Musik, Filmwerke) im Regelfall aus
(eingehend vgl. Rn. 267 ff. zur Marktabgrenzung). Ausnahmen können für Bearbeitungen des Werkes gelten, z. B. für einen Director's Cut. Ein Urheber, der
seinen Roman verlegen lässt, darf zwar an einen Filmproduzenten die Stoffrechte nach § 88 z. B. für die Erstellung und Nutzung eines Drehbuchs geben,
nicht jedoch die Rechte zur Veröffentlichung des Drehbuchs auch in Erzähl-
form. Ferner kann eine Ausnahme gemacht werden, wenn der Inhalt sekundär
ist, sondern sich das Werk – wie das andere Werk – über seine aufwändige
Ausstattung verkauft (OLG Frankfurt ZUM 2006, 566, 567). Bei **Gebrauchszwecken dienender Kunst** ist eine Konkurrenzsituation wegen der erhöhten
Austauschbarkeit weniger restriktiv anzunehmen. So kann beispielsweise bei
Sachbüchern ein Verstoß gegen eine Enthaltungspflicht gegeben sein, wenn das
neue Werk den **gleichen thematischen Gegenstand** behandelt und sich an **denselben Abnehmerkreis** wendet (BGH GRUR 1973, 426, 427 – *Medizin-Duden*). Das löst allerdings nur vertragliche Ansprüche gegen den Urheber aus
(OLG Köln ZUM-RD 2012, 337, 341 – *Newton Bilder*). Die Verletzung absoluter Rechte nach Urheberrecht ist grundsätzlich nicht ersichtlich. Anderes gilt
nur, wenn es sich bei dem Konkurrenzwerk um eine unfreie Bearbeitung handelt, der Urheber der Nutzung des Dritten nicht zugestimmt hat, der Urheber
jedoch dem Verwerter umfassende Rechte eingeräumt hat und deshalb der Verwerter zur Gewährleistung eines wirksamen Schutzes seiner Rechte auch gegen
solche – ihm auch selbst nicht gestatteten Bearbeitungen – vorgehen kann.
Dann erfasst das negative Verbotsrecht des Verwerters auch solche illegalen
Bearbeitungen (BGH GRUR 1999, 984, 985 – *Laras Tochter*); vgl. § 31
Rn. 21 ff. Deliktische Ansprüche gegen Dritte aus UWG kommen nur unter
besonderen Voraussetzungen in Betracht, z. B. bei Verleitung zum Vertragsbruch gemäß §§ 3, 4 Nr. 10 UWG (dazu allgemein BGH GRUR 1994, 447,
448 – *Sistierung von Aufträgen; Nordemann*[11] Rn. 584 ff.; zu einem Sachverhalt aus dem Verlagsbereich KG NJWE-WettbR 1998, 269, 270 f.; zu § 4 Nr. 9
UWG: OLG Köln ZUM-RD 2012, 337, 342 – *Newton Bilder*).

Eine Wettbewerbssituation und damit eine Verletzung **ungeschriebener Ent- 47
haltungspflichten** kann weiter dadurch entstehen, dass der Urheber **für dasselbe Werk** bei ihm verbliebene **konkurrierende Nutzungsrechte** vergibt. Das
wird von § 31 Abs. 3 S. 1 nicht erfasst, wenn das ausschließliche Nutzungsrecht nicht für die konkurrierende Nutzungsart eingeräumt wurde. Dennoch
kommt eine ungeschriebene Enthaltungspflicht wegen vertragswidriger Konkurrenz in Betracht; das gilt für alle Kunstformen. So begründet etwa das
Verfilmungsrecht für ein Bühnenstück eine zeitlich begrenzte Enthaltungspflicht für die Vergabe von Fernsehrechten, wenn diese die Auswertung beeinträchtigen können (BGH GRUR 1969, 364 – *Fernsehauswertung;* zum **Filmbereich** und insb. zu den dort gelten **Sperrzeiten** ausführlich vgl. Vor §§ 88 ff.
Rn. 75). Insbesondere im Filmbereich ist die Frage der Enthaltungspflicht für

die erneute Vergabe eines **Verfilmungsrechts in** § 88 Abs. 2 S. 2 ausdrücklich geregelt. Im Zeitungsbereich besteht keine Enthaltungspflicht für Redakteure, ihre Zeitungsarktikel in Buchform zu veröffentlichen (LG München I MMR 2014, 697 Tz. 54 (juris) – *Buchrezensionen*). Besondere Regelungen hierzu finden sich auch im VerlG, z. B. in § 9 Abs. 2 VerlG (s. die Kommentierung dort). In einem Verlagsvertrag begründet § 2 VerlG die Pflicht für den Verfasser, während der Dauer des Verlagsverhältnisses das ausschließlich lizenzierte Werk nicht selbst zu verwerten. Diese Enthaltungspflicht bezieht sich normalerweise nur auf das vertragsgegenständliche Werk in der vereinbarten Nutzungsart (vgl. § 2 VerlG Rn. 5). Bei Verletzung von Enthaltungspflichten durch Vergabe konkurrierender Nutzungsarten soll nach einer verbreiteten Auffassung nicht nur ein **vertraglicher Anspruch** bestehen. Vielmehr sei auch ein **urheberrechtlicher (deliktischer) Anspruch gegen Dritte** möglich, weil das negative Verbotsrecht insoweit weiter reiche als die positive Benutzungserlaubnis und auch Nutzungen innerhalb der Enthaltungspflicht des Urhebers umfasse (str., vgl. § 31 Rn. 20 ff.).

48 Enthaltungspflichten können auch ausdrücklich **vertraglich verabredet** werden, sofern nicht schon § 31 Abs. 3 eingreift. Gehen solche Abreden über das nach dem Übertragungszweckgedanken bestehende negative Verbotsrecht (vgl. § 31 Rn. 144) hinaus, wirken sie nur relativ zwischen den Vertragsparteien. Sie stehen ohnehin im Spannungsfeld zur Schaffensfreiheit des Künstlers und sind tendenziell eng auszulegen. Jedenfalls bei klassischer (reiner, also zweckfreier) Kunst scheidet ein Wettbewerbsverhältnis zwischen den Kunstwerken im Regelfall aus (eingehend vgl. Rn. 267 ff. zur Marktabgrenzung), sodass Wettbewerbsverbote dort nach § 307 Abs. 2 BGB, § 138 BGB (vgl. Rn. 50) und § 1 GWB, Art. 101 AEUV (vgl. Rn. 55 ff.) nichtig sein können (Loewenheim/*Loewenheim/Jan Bernd Nordemann*[2] § 62 Rn. 15). Entfällt ein Wettbewerbsverhältnis nachträglich, entfällt auch ein vereinbartes Verbot (OLG Hamburg GRUR-RR 2003, 95, 96 – *GesO-Kommentar II*). Eine Enthaltungspflicht entfällt jedoch nicht mit fortschreitender Vertragslaufzeit, sodass eine formularmäßig vereinbarte Pflicht über die gesamte Vertragslaufzeit nicht unzulässig ist (a. A. OLG München ZUM 2007, 751, 753 – *Englisch-Schullehrwerk*). Eine formularmäßige Enthaltungspflicht begegnet aber bei nur einfacher Rechtseinräumung grundsätzlich Bedenken. – **Nachvertragliche Wettbewerbsverbote** werden meist ausdrücklich vertraglich verabredet; sie können aber auch ungeschrieben gelten, wenn sie nach Treu und Glauben (§ 242 BGB) unverzichtbar sind. Sie sind sittenwidrig, wenn sie in räumlicher, gegenständlicher und zeitlicher Hinsicht das notwendige Maß überschreiten (BGH NJW 2009, 1751 Tz. 24 f. – *Subunternehmervertrag II*, dort auch zur geltungserhaltenden Reduktion; ausführlich auch Loewenheim/Meessen/Riesenkampff/Kersting/Meyer-Lindemann/*Jan Bernd Nordemann*[3] GRUR Rn. 84).

49 Die obigen Ausführungen zu Wettbewerbsverboten und Enthaltungspflichten gelten auch für **Herausgeber von Sammelwerken**, die keine Werke gemäß § 2 abliefern (OLG Frankfurt ZUM 2006, 566, 577). – Jedoch lassen sich die Ausführungen nur bedingt auf die **Enthaltungspflichten des Verwerters** gegenüber dem Urheber übertragen (vgl. § 2 VerlG Rn. 39). Neben einer ausdrücklichen Vereinbarung kann auch hier § 242 BGB Grundlage für eine ungeschriebene Enthaltungspflicht sein. Grundsätzlich ist es einem Verwerter aber nicht verwehrt, zum gleichen Thema Werke verschiedener Autoren zu vermarkten. Etwas anderes kann sich bei steigender Konkurrenz zwischen den Werken wegen enger thematischer Ähnlichkeit oder eines weiten Umfangs einer ausdrücklichen vertraglichen Enthaltungspflicht auf Urheberseite ergeben (Dreier/Schulze/*Schulze*[5] Rn. 45). Ein Verlag, der für einen Herausgeber eine Zeitschrift verlegt und dafür selbst Anzeigen akquiriert, darf Anzeigen der Konkurrenz des Herausgebers mangels anderweitiger Abreden annehmen; die Grenze

verläuft erst dort, wo der Herausgeber (oder seine Mitglieder) verhöhnt werden (OLG Düsseldorf AfP 2009, 508 – *Technische Überwachung*).

7.   § 134 BGB (Verstoß gegen gesetzliches Verbot)

Urheberrechtsverträge können nichtig sein, wenn sie gegen ein gesetzliches **50** Verbot verstoßen, § 134 BGB. Zu fragen ist, ob der Sinn und Zweck des Verbotsgesetzes die Nichtigkeit erfordert. Das ist der Fall bei einem Wahrnehmungsvertrag über strafbare Pornographie mit einer Verwertungsgesellschaft (OLG Hamburg GRUR 1980, 998 – *Tiffany*) oder einem Verleihvertrag über einen für öffentliche Aufführungen vorgesehenen Spielfilm strafbar-pornographischen Inhaltes (BGH GRUR 1981, 530, 531 – *PAM-Kino*). Eine bloße Jugendgefährdung genügt demgegenüber nicht (BGH GRUR 1960, 447, 448 – *Comics*). Vergütungsabreden in Agenturverträgen (vgl. Rn. 325 ff.) können gegen gesetzliche Verbote des SGB III verstoßen, sofern es um Vermittlung von „Arbeitsuchenden" geht (OLG Hamburg ZUM 2008, 144, 145). Enthält der Vertrag eine Verpflichtung zur (unerlaubten) Rechtsberatung, ist der Vertrag insgesamt gem. § 134 BGB nichtig (OLG Köln ZUM-RD 2010, 270, 272, allerdings noch zum früheren RBerG). Regelmäßig sind wegen Fehleridentität Verpflichtungs- und Verfügungsgeschäft des Urhebers nichtig (Wandtke/Bullinger/*Wandtke/Grunert*[4] Vor §§ 31 ff. Rn. 119). Auch ohne Fehleridentität würde es bei Unwirksamkeit des Verpflichtungsgeschäfts zu einem Rechterückfall bereits eingeräumter Nutzungsrechte an den Urheber kommen (str., vgl. § 31 Rn. 30 ff.).

8.   § 138 BGB (Sittenwidrigkeit)

Nichtigkeit kann sich ferner gemäß § 138 BGB aus dem sittenwidrigen Charak- **51** ter eines Rechtsgeschäfts ergeben. **Maßstab** für dessen Beurteilung ist eine **Gesamtwürdigung** aller objektiven und subjektiven Umstände. Sittenwidrigkeit liegt dann vor, wenn das Geschäft nach seinem aus der Zusammenfassung von **Inhalt, Beweggrund und Zweck** zu entnehmenden Gesamtcharakter mit den guten Sitten nicht zu vereinbaren ist. Im Hinblick auf Urheberverträge geht es regelmäßig um eine nicht mehr zumutbare Einschränkung des Selbstbestimmungsrechts einer Vertragspartei, zumeist des Urhebers. Nach der Entscheidung des BVerfG *Xavier Naidoo* (GRUR 2005, 880) wird man sogar sagen müssen, dass die Gewährleistung der Selbstbestimmung aus Art. 2 Abs. 1 GG fließt. Denn nach BVerfG setzt Art. 2 Abs. 1 GG voraus, dass die Bedingungen der Selbstbestimmung des Einzelnen auch tatsächlich gegeben sind. Wenn auf Grund einer besonders einseitigen Aufbürdung von vertraglichen Lasten und einer erheblich ungleichen Verhandlungsposition der Vertragspartner ersichtlich sei, dass in einem Vertragsverhältnis ein Partner (hier: Tonträgerunternehmen) ein solches Gewicht habe, dass er den Vertragsinhalt faktisch einseitig bestimmen könne, sei es Aufgabe der Gerichte, auf die Wahrung der Grundrechtsposition beider Vertragspartner hinzuwirken, um zu verhindern, dass sich für einen Vertragsteil die Selbstbestimmung in eine Fremdbestimmung verkehrt (BVerfG GRUR 2005, 880 – *Xavier Naidoo*, dort 2. Ls.). Ferner könne die Kunstfreiheit nicht vom Verwerter, der kommerzielle Interessen verfolgt, gegen die Kunstfreiheit des Künstlers selbst eingewandt werden, weil die Kunstfreiheit des Produzenten gegenüber dem Urheber eine dienende Funktion habe (BVerfG GRUR 2005, 880 – *Xavier Naidoo*; insoweit OLG Karlsruhe ZUM 2003, 785 bestätigend).

Der Charakter eines Vertrages als sittenwidrig muss auch mit Blick auf die **52** **Person des Benachteiligten** gewürdigt werden. BGH *Im weißen Rößl* (GRUR 1962, 256, 257) stellt darauf ab, dass der Urheber bereits ein berühmter Komponist im reifen Alter von über 40 Jahren gewesen sei. Auch spricht gegen eine Sittenwidrigkeit, wenn die Parteien – anwaltlich vertreten – mehrere Monate bis zum Vertragsschluss verhandelt haben (OLG Hamburg ZUM 2008, 144, 147). Für eine Sittenwidrigkeit ist **kein Bewusstsein der Sittenwidrigkeit** und keine Schädigungsabsicht erforderlich; es genügt vielmehr, wenn der Handelnde die Tatsachen kennt, aus denen die Sittenwidrigkeit folgt. Dem steht es gleich, wenn sich jemand bewusst oder grob fahrlässig der Kenntnis erheblicher Tatsachen verschließt. Maßgeblich ist der Zeitpunkt des Vertragsschlusses (BGH GRUR 1962, 256, 257 – *Im weißen Rößl*).

53   Die **Branchenüblichkeit** führt dann zu einem Ausschluss der Sittenwidrigkeit, wenn die Branchenübung auf der Grundlage gleichgewichtiger Verhandlungen entstanden ist. Beispielsweise **Tarifverträge** (vgl. Rn. 296) und **Normverträge** (vgl. Rn. 298) haben insoweit Bedeutung für die Beurteilung von Verträgen nach § 138 BGB (Loewenheim/*Jan Bernd Nordemann*[2] § 64 Rn. 19; s. a. BGH GRUR 1957, 387, 389 – *Clemens Laar*).

54   Eine erste Fallgruppe bildet das **auffällige Missverhältnis** von Leistung und Gegenleistung. Seit der Urhebervertragsrechtsreform 2002 (vgl. Rn. 17) ist diese Fallgruppe aber ihres Hauptanwendungsbereiches beraubt. Denn § 32 garantiert seitdem zumindest für den Urheber eine angemessene Vergütung, sofern es sich nicht um einen Altvertrag gem. § 132 Abs. 3 S. 2 und S. 3 handelt. Der breiter anwendbare § 32a (im Vergleich zu § 36 a. F.) gilt sogar für Altverträge gem. § 132 Abs. 3 S. 1. Damit wird § 138 BGB im Hinblick auf Vergütungsfragen nicht mehr angewendet. Die speziellen §§ 32, 32a, 32c, die den Nutzungsvertrag – anders als § 138 BGB – bestehen lassen und nur die Vergütung anpassen, gehen vor (ferner vgl. § 32 Rn. 152). Schon vor der Urhebervertragsrechtsreform 2002 lag ein auffälliges Missverhältnis nicht vor, wenn bei der Rechtseinräumung gegen Pauschalentgelt der spätere außergewöhnliche Erfolg des Werkes nicht vorauszusehen war (BGH GRUR 1962, 256, 257 – *Im weißen Rößl*); heute wird dieser Fall abschließend über § 32a erfasst. Mithin kann sich das (sittenwidrige) auffällige Missverhältnis nur noch auf Fälle einer sittenwidrigen finanziellen Belastung (in der Praxis regelmäßig des Urhebers, ausnahmsweise aber auch des Verwerters) beziehen. Bei einem Künstlervertrag ist Sittenwidrigkeit anzunehmen, wenn der Künstler die Produktionskosten zu tragen hat und zusätzlich in der Anfangsphase mit den Promotionskosten belastet wird (BGH GRUR 1989, 198, 201 – *Künstlerverträge*). **Mittelbare Vorteile des Benachteiligten sind zu berücksichtigen** (BGH GRUR 1962, 256, 257 – *Im weißen Rößl*: Dort waren aus der umfassenden Einräumung von Bühnenaufführungsrechten erhebliche Vorteile für die Auswertung der kleinen Aufführungsrechte, der Notenverlagsrechte, der mechanischen Rechte und der Senderechte zu erwarten und wurden tatsächlich erzielt). Weiter verstößt es auch nicht gegen § 138 BGB, wenn ein Komponist für eine Filmmusik kein Erstellungshonorar bekommt, es aber aufgrund seiner GEMA-Mitgliedschaft wahrscheinlich ist, dass er in erheblichem Maße **GEMA-Gelder** (insbesondere wegen der Sendung des Films) erhält (*Kyre* UFITA 2011, 81, 106); kommt es nicht zu einer Sendung, kann der Urheber aus Wegfall der Geschäftsgrundlage (§ 313 BGB) zumindest den Werklohn beanspruchen (*Kyre* UFITA 2011, 81, 108).

55   Als zweite wesentliche Fallgruppe kann der **Knebelungscharakter** eines Vertrages Ausgangspunkt für eine Sittenwidrigkeit sein. Ein Beispiel ist ein Vertrag, durch den ein Autor und dessen Erben auf Dauer bis zum Ablauf der Schutzfrist von jeder Einwirkung auf die Verwertung seiner wesentlichen Werke und auch persönlichkeitsrechtlicher Befugnisse (etwa Änderungen) abgeschnitten wird und der ihn der Wirkung nach urheberrechtlich für immer entmündigt (LG Berlin GRUR 1983, 438, 439 – *Joseph Roth*). Gleiches gilt für eine **Optionsklausel** in einem Verlagsvertrag, die den Verfasser eines Werkes für sein gesamtes zukünftiges Schaffen verpflichtet, **ohne** zeitliche und gegenständliche

Beschränkung alle künftigen Werke zuerst einem bestimmten Verleger ohne angemessene Gegenleistung anzubieten, weil es für den Urheber eine außerordentlich hohe Hürde aufbaut, mit anderen Verwertern in Verhandlung zu treten, wenn der bisherige Verlag die Option ausüben und den Vertrag an sich ziehen kann (BGH GRUR 1957, 387, 389 – *Clemens Laar*). Etwas anderes gilt dann, wenn die Option sich nur auf das nächste Werk bezieht und daher den Autor **nicht dauerhaft bindet** (KG NJWE-WettbR 1998, 269, 270). Denkbar ist darüber hinaus das Zusammenspiel einer **Mehrzahl von** für sich genommen noch nicht eindeutig sittenwidrigen **Umständen,** wie im Falle eines Künstlervertrags etwa eine umfassende Weisungsbefugnis des Produzenten gegenüber dem Künstler, der diesen weitgehend in seiner **künstlerischen Freiheit beschränkt** und ihm die Entscheidungsbefugnis über Art, Dauer und Inhalt seiner Tätigkeit unter fast völligem Ausschluss fast jeglicher Mitspracherechte nimmt; dies in Verbindung mit einer ungünstigen Vergütungsregelung und einer einseitig gestalteten **Laufzeitregelung,** die es dem Produzenten ermöglicht, den Vertrag bei Erfolg fast beliebig zu verlängern und bei Misserfolg **kurzfristig zu kündigen,** erscheint als sittenwidrig (OLG Karlsruhe ZUM 2003, 785). Das gilt aber nicht für einen **Managementvertrag,** der eine unerfahrene Sängerin und Schauspielerin in Art, Dauer und Inhalt der künstlerischen Tätigkeit weitgehend vom Manager abhängig macht und die Vergütungs- und Abrechnungsfragen ebenfalls weitestgehend zugunsten des Managers regelt (LG Berlin ZUM 2007, 754). Denn der Künstlerin stand der Weg einer kurzfristigen Kündigung über § 627 **BGB** offen (dessen Ausschluss im Fall als Formularabrede nicht wirksam vereinbart werden konnte; so zutreffend LG Berlin ZUM 2007, 754, 757). Nachvertragliche Vergütungspflichten sind ebenfalls nicht sittenwidrig, wenn sie sich an dem orientieren, was der Manager während der Vertragslaufzeit akquiriert hat (OLG Hamburg ZUM 2008, 144, 147). Eine Klausel, nach der ein Filmregisseur im Konfliktfall während des Produktionsprozesses auf die Geltendmachung von Unterlassungsansprüchen im **einstweiligen Rechtsschutz verzichten** soll, ist sittenwidrig, weil ihm damit die Kontrolle über die Erstveröffentlichung gemäß § 12 (LG München I ZUM 2000, 414, 415) und ihm ferner die Möglichkeit genommen wird, sich gegen Vertragsverletzungen zur Wehr zu setzen (OLG München ZUM 2000, 767, 770 – *Down Under*). Zu Ausnahmen von diesem Grundsatz vgl. Rn. 211. Eine große Gruppe der Fallpraxis machen außerdem **Konkurrenzverbote** aus. Sie sind daneben auch nach **Art. 101 AEUV** und **§ 1 GWB** zu beurteilen (ausführlich vgl. Rn. 56 ff.). Die Bewertung läuft dabei weitgehend parallel, d. h. eine nicht freigestellte Wettbewerbsbeschränkung ist grundsätzlich sittenwidrig. Eine Beurteilung über § 138 BGB hat jedoch aus Sicht des Benachteiligten den Vorteil, dass die Frage der Spürbarkeit der Wettbewerbsbeschränkung (ungeschriebenes Tatbestandsmerkmal bei Art. 101 AEUV und § 1 GWB) bei § 138 BGB grundsätzlich irrelevant bleibt.

9.   **Verbot wettbewerbsbeschränkender Vereinbarungen (Art. 101 AEUV, § 1 GWB)**

a) Unternehmenseigenschaft von Urhebern und Leistungsschutzberechtigten: **56** Auch auf Urheberrechtsverträge ist das **Kartellrecht** anwendbar. Sie sind deshalb insb. an Art. 101 AEUV und § 1 GWB zu messen, sofern sie spürbare Wettbewerbsbeschränkungen (z. B. Wettbewerbsverbote, Preisfestsetzungen) zu Lasten des Urhebers oder des Verwerters enthalten. Denn Urheber, ausübende Künstler und sonstige nach dem UrhG Leistungsschutzberechtigte sind regelmäßig Unternehmen i. S. d. § 1 GWB bzw. des Art. 101 AEUV. Nach der Rechtsprechung liegt die künstlerische Betätigung allerdings als solche außerhalb des geschäftlichen Verkehrs; sie sei nicht als unternehmerisch zu qualifizieren. Erst wenn der Künstler oder Wissenschaftler das Werk wirtschaftlich verwerte, nehme er am Geschäftsverkehr teil (Immenga/Mestmäcker/*Zimmer*[5], GWB, § 1 Rn. 69 m. w. N. zur Rechtsprechung; Loewenheim/Meessen/Riesenkampff/

Kersting/Meyer-Lindemann/*Jan Bernd Nordemann*[3] GRUR Rn. 75). Unternehmenseigenschaft kommt danach beispielsweise **Komponisten** und **Textdichtern** zu, soweit ihre Tätigkeit auf die wirtschaftliche Verwertung des künstlerischen Schaffens gerichtet ist (BGH GRUR 1988, 782, 784 – GEMA-*Wertungsverfahren*; KG GRUR-RR 2010, 320, 324 – GEMA-*Verteilungsplan*). Auch Leistungsschutzberechtigte wie z. B. Sänger sind insoweit Unternehmen i. S. d. Kartellrechts (OLG München WuW/E OLG 2504, 2505). Aber auch die künstlerische Betätigung als solche kann nicht grundsätzlich kartellrechtlich irrelevant sein. Die Vereinbarung zwischen Künstlern, dass ein bestimmtes Werk gar nicht entstehen soll, z. B. weil der andere Künstler einen Preisverfall für ein eigenes Werk befürchtet, ist eine für den geschäftlichen Verkehr und den darin stattfindenden Wettbewerb relevante Handlung. Nur wenn eine Verwertung des Gegenstandes der Abrede zwischen Künstlern ohnehin nicht möglich ist (z. B. Spontankunst, die danach sofort vernichtet wird) oder wenn die Abrede von Künstlern ihre Rechtfertigung ausschließlich im künstlerischen Bereich findet, sollte das Kartellrecht mit Rücksicht auf Art. 5 Abs. 3 GG grundsätzlich zurückstehen (Loewenheim/Meessen/Riesenkampff/Kersting/Meyer-Lindemann/*Jan Bernd Nordemann*[3] GRUR Rn. 75).

57 Dass die Marktteilnahme im künstlerischen Bereich teilweise **nur gelegentlich** erfolgt, ist für die Annahme der Unternehmenseigenschaft unschädlich (BGH NJW 1980, 1046, 1046 – *Berliner Musikschule*). Als Unternehmen ist auch der Rundfunkredakteur angesehen worden, der sich nebenberuflich als **Sänger** betätigt (OLG München GRUR 1981, 614, 615). Ein Verstoß gegen § 1 GWB kann dann aber an der **Spürbarkeit** scheitern (vgl. Rn. 81). **Anders** liegt es, wenn der Urheber oder Leistungsschutzberechtigte seine Leistung aufgrund eines **Dienst- oder Arbeitsvertrages** erbringt. Als abhängiger Arbeitnehmer ist er in diesem Fall vom Anwendungsbereich des GWB ausgenommen (Immenga/Mestmäcker/*Zimmer*[5], GWB, § 1 Rn. 70; Loewenheim/Meessen/Riesenkampff/Kersting/Meyer-Lindemann/*Jan Bernd Nordemann*[3] GRUR Rn. 76). So hat das Bundeskartellamt entschieden, dass Filmdarsteller, die in einem Arbeits- oder Dienstverhältnis stehen, nicht als Unternehmer anzusehen sind (BKartA WuW/E 502, 506 – *Gagenstoppabkommen* = BB 1962, 978, 978).

58 b) **Anwendungsraum des Kartellrechts:** Nicht jede Wettbewerbsbeschränkung in Verträgen des Urhebers kann vom Kartellrecht erfasst werden. In der Natur des Urheberrechts liegt vor allem ein Schutz vor imitierendem Wettbewerb. Der Spielraum für eine Anwendung des Kartellrechts auf urheberrechtliche Verträge hat sich seit Inkrafttreten des GWB bzw. des Art. 101 AEUV (früher Art. 85 EWG-Vertrag) aber ständig vergrößert. Jedenfalls ist die sog. Inhaltstheorie spätestens mit Abschaffung der §§ 17, 18 GWB a. F. durch die 7. GWB-Novelle 2005 überholt (*Jan Bernd Nordemann* GRUR 2007, 203, 204). Nach der Inhaltstheorie können Wettbewerbsbeschränkungen, die sich aus dem Inhalt des Urheberrechts (oder Leistungsschutzrechts) ergeben, nicht vom Kartellrecht sanktioniert werden. Vielmehr wird heute zwischen Bestand und Ausübung des Urheber- oder Leistungsschutzrechts unterschieden. **Das Kartellrecht kann nur die Ausübung erfassen.** Zur Beantwortung der Frage, ob die Ausübung zulässig ist, findet eine **Interessenabwägung unter besonderer Berücksichtigung des spezifischen Gegenstandes des Schutzrechts** statt (EuGH GRUR 2012, 156 rn. 107 – *Football Association Premier League Ltd. Und Murphy*; EuGH Slg. 1966, 321, 394 – *Grundig/Consten*; EuGH Slg. 1971, 497, 499 – *Deutsche Grammophon*; EuGH Slg. 1982, 2015, 2061 – *Maissaatgut*; ferner Schröter/Jakob/Klotz/Mederer/*Gaster*[2], Art. 101 AUEV Rn. 1061 f. m. w. N.; Loewenheim/Meessen/Riesenkampff/ Kersting/Meyer-Lindemann/*Jan Bernd Nordemann*[3] GRUR Rn. 11). Allerdings ist der Ausgangspunkt – der spezifische Gegenstand des Schutzrechts – wie bei der Inhaltstheorie der Inhalt des Schutzrechts (genauso *Sack* WRP 1999, 592, 599; *Jan Bernd Nordemann*

GRUR 2007, 203, 205). Je enger die wettbewerbsbeschränkende Regelung mit dem Inhalt des Schutzrechts verbunden ist, desto weniger Rechtfertigungsaufwand bedarf es, um die Abrede als kartellrechtlich unbedenklich einzustufen. Daraus ergeben sich im Detail viele komplexe Fragestellungen im Verhältnis von Urheberrecht zu Kartellrecht bei wettbewerbsbeschränkenden Vereinbarungen, wie nachfolgend aufgezeigt wird:

c) Regelung urheberrechtlicher Vereinbarungen in einer Gruppenfreistellungs-   **59**
verordnung?: Seit der 7. GWB-Novelle 2005 existiert in § 2 GWB die Legalausnahme vom Verbot wettbewerbsbeschränkender Vereinbarungen gemäß § 1 GWB. Gleiches gilt in zwischenstaatlichen Sachverhalten nach EU-Verordnung 1/ 2003 auch für Art. 101 AEUV. Das System der Legalausnahme zwingt die beteiligten Unternehmen zu einer Selbsteinschätzung, ob die Abrede Art. 101 AEUV bzw. § 1 GWB verletzt. Behördliche Freistellungen gibt es grundsätzlich nicht mehr. Die Praxis sucht deshalb anderweitig nach Rechtssicherheit, insbesondere in einer sog. **EU-Gruppenfreistellungsverordnung** (im Folgenden GVO). Diese GVOen stellen Gruppen von eigentlich wettbewerbsbeschränkenden Vereinbarungen von den Verboten des Art. 101 AEUV bzw. § 1 GWB frei (s. § 2 Abs. 2 GWB). Urheberrechtliche Verträge werden jedoch nur teilweise von GVOen erfasst.

Zu nennen ist vor allem die **GVO betreffend Technologietransfervereinbarungen**   **60**
(TT-GVO; Verordnung (EU) Nr. 316/2014 der Kommission vom 21. März 2014 über die Anwendung von Artikel 101 Abs. 3 des Vertrags über die Arbeitsweise der Europäischen Union auf Gruppen von Technologietransfer-Vereinbarungen), die die Lizenzierung von Technologie kartellrechtlich reguliert. In der Tat kann die TT-GVO direkt auch auf urheberrechtliche Vereinbarungen wettbewerbsbeschränkender Natur angewendet werden – allerdings nur für bestimmte Werkarten. Die Regelungen der TT-GVO gelten für die Lizenzierung urheberrechtlich geschützter **Software** (Art. 2 i. V. m. Art. 1 Abs. 1 b) vii) und c) TT-GVO); insbesondere zur „General Public License" (GPL – „Open Source") vgl. GPL Rn. 24. Eine gewisse Regulierung von urheberrechtlichen Lizenzen für die insoweit relevanten Werkarten kann sich ferner daraus ergeben, dass die TT-GVO auch Geschmacksmusterlizenzen (Designlizenzen) erfasst, sofern es sich um gleichzeitig urheberrechtlich geschütztes **Design** handelt; das dürfte aber im Regelfall aufgrund der restriktiven Rechtsprechung zum urheberrechtlichen Schutz angewandter Kunst ausscheiden (vgl. § 2 Rn. 137 ff.).

Auf **andere Werkarten** findet die TT-GVO nach ihrem Wortlaut lediglich An-   **61**
wendung, wenn eine Rechtseinräumung durch einen Urheber im Rahmen einer (im Sinne des Art. 1 Abs. 1 lit c) TT-GVO) sich unmittelbar auf die Produktion oder den Verkauf der Vertragsprodukte bezieht. Die Freistellung soll Rechtseinräumungen privilegieren, die dem Lizenznehmer ermöglichen, die lizenzierten Technologierechte besser zu verwerten. Sofern eine Rechtseinräumung sich unmittelbar auf die Nutzung, den Verkauf oder den Weiterverkauf von Waren und Dienstleistungen bezieht und nicht den Hauptgegenstand der Vereinbarung darstellt, fällt die urheberrechtliche Lizenzvereinbarung unter die **Vertikal-GVO** (Art. 2 Abs. 3 Vertikal-GVO – Verordnung der Kommission Nr. 330/ 2010 vom 20. April 2010 über die Anwendung von Artikel 101 Abs. 3 des Vertrags über die Arbeitsweise der Europäischen Union auf Gruppen von vertikalen Vereinbarungen und abgestimmten Verhaltensweisen). Die **Europäische Kommission** will darüber hinausgehend bei der Prüfung von Urheberrechtslizenzen für die „Produktion von Vertragsprodukten" nach Artikel 101 AEUV die in der TT-GVO und in den Leitlinien zur TT-GVO aufgestellten Grundsätze im Allgemeinen anwenden (Europäische Kommission, Leitlinien Technologietransfer, Tz. 48). Auch wenn die Formulierung etwas unklar bleibt, ist davon auszugehen, dass „Produktion von Vertragsprodukten" auch Vertragsprodukte meint, die rein urheberrechtlich lizenziert ist. Gemeint sind offenbar urheber-

rechtliche Lizenzen für den **Weiterverkauf (Vervielfältigung gemäß § 16 UrhG und Verbreitung gemäß § 17 Abs. 1 und Abs. 2 UrhG). Diese Auffassung der Europäischen Kommission kann nicht überzeugen.** Die generelle Anwendung der TT-GVO einschließlich der Leitlinien zumindest auf Lizenzen für den Weiterverkauf für alle Werkarten ist systemwidrig (*Jan Bernd Nordemann* GRUR 2007, 203, 205; Kersting/Meyer-Lindemann/*Jan Bernd Nordemann*[3] GRUR Rn. 81; die Ausführungen der Kommission ohne Diskussion übernehmend *Kreutzmann* WRP 2006, 453, 458; zumindest die Wertungen der TT-GVO übernehmend OLG Frankfurt WuW/E DE-R 2018, 2022 – *Harry Potter*). Genauso wie bei der Einräumung anderer Nutzungsrechte ergeben sich auch bei der Einräumung von Vervielfältigungs- und Verbreitungsrechten wegen des spezifischen, von einer besonderen Verbindung des Urhebers zu seinem Werk geprägten Schutzgegenstandes des Urheberrechts gegenüber der Lizenzierung von Patenten oder anderen gewerblichen Schutzrechten abweichende Antworten, z. B. bei der Zulässigkeit von vertikalen und horizontalen Preisregelungen in Verträgen mit Urhebern. Auch nach der Europäischen Kommission finden die Rechtsgedanken der TT-GVO bei der Einräumung von Rechten zur unkörperlichen Verwertung, insbesondere zur öffentlichen Wiedergabe (§ 15 Abs. 2 UrhG), keine Anwendung.

62 **d) Spezifischer Schutzgegenstand:** Wettbewerbsbeschränkungen in urheberrechtlichen Lizenzen beurteilen sich gemäß §§ 1, 2 Abs. 1 GWB, Art. 101 AEUV seit der Aufgabe der Inhaltstheorie nach dem spezifischen Gegenstand des Urheberrechts unter Abwägung mit den Interessen des Kartellrechts (vgl. Rn. 58). Der spezifische Gegenstand des dem Urheber zustehenden Urheberrechts soll nach § 11 UrhG die Persönlichkeit des Urhebers schützen und ihm die wirtschaftliche Verwertung seiner Werke unter seiner Kontrolle ermöglichen (RegE UrhG 1962 – BT-Drs. IV/270, S. 28 f.). § 11 S. 2 UrhG stellt seit dem UrhVG 2002 klar, dass das Urheberrecht auch die angemessene Vergütung für die Nutzung des Werkes sichern soll. Auf EU-Primärrechtsebene ist anerkannt, dass das Urheberrecht oder das Leistungsschutzrecht (bzw. davon abgeleitete ausschließliche Nutzungsrechte) dem Inhaber das Recht gewährt, sich gegen Rechtsverletzungen zur Wehr zu setzen (EuGH GRUR 2012, 817 Tz. 36 – *Donner*) oder den geschützten Gegenstand gegen Zahlung einer Vergütung zu lizensieren (EuGH GRUR 2012, 156 Tz. 107 – *Football Association Premier League Ltd. und Murphy*; EuGH NJW 1994, 375, 376 – *Phil Collins*; BGH GRUR Int. 1981, 229, 231 – *Gebührendifferenz II*). **Allgemein ist ein subjektiv geprägtes, legitimes Bestimmungsrecht des Urhebers anzuerkennen, nach den jeweiligen Besonderheiten des Werkes die optimale Nutzungsstrategie selbst zu definieren** (OLG Frankfurt WuW/E DE-R 2018, 2022 – *Harry Potter*; *Jan Bernd Nordemann* GRUR 2007, 203, 205; *Loewenheim* UFITA 79 [1977], 175, 195 ff.; Immenga/Mestmäcker/*Ullrich*[5], EU/Teil 2, GRUR A Rn. 24). Einer bestimmten „Marktrationalität" muss der Urheber bei der Festlegung seiner Nutzungsstrategie nicht folgen, weil der spezifische Schutzgegenstand eben einen starken persönlichkeitsrechtlichen Einschlag hat. Als generelle Regel sollten solche Begrenzungen tendenziell kartellrechtsfest sein, die nach dem UrhG mit dinglicher Wirkung, also mit Wirkung gegenüber jedermann, abgespalten werden können, weil der spezifische Schutzgegenstand gerade in dieser dinglich-rechtlichen Aufspaltungsmöglichkeit zum Ausdruck kommt (*Loewenheim* UFITA 79 [1977], 175, 197; *Kreile* ZUM 2012, 177, 184; *Jan Bernd Nordemann* GRUR 2007, 203, 206; *Schricker*, VerlagsR[3] Einl. Rn. 39). Das ist aber nur eine Tendenz; es ist stets zu fragen, ob die Bindung Ausfluss der legitimen Bestimmungsinteressen des Urhebers ist. Die kartellrechtlichen Interessen können insoweit im Rahmen der **Interessenabwägung** berücksichtigt werden, die sowieso dafür anzustellen ist, ob eine dingliche Abspaltung des Nutzungsrechts zulässig ist (Loewenheim/Meessen/Riesenkampff/Kersting/Meyer-Lindemann/

*Jan Bernd Nordemann*³ GRUR Rn. 24; *Loewenheim* UFITA 79 [1977], 175, 197 f.). Denn dinglich eigenständige Nutzungsrechte sind nur für solche Nutzungsarten zulässig, die nach der Verkehrsauffassung hinreichend klar abgrenzbar und wirtschaftlich-technisch als einheitlich und selbstständig anzusehen sind (dazu vgl. § 31 Rn. 11 f.). Eine Grenze wird kartellrechtlich dann zu ziehen sein, wenn die Aufspaltung der Rechte in zeitlicher, räumlicher oder inhaltlicher Form zu einem **unangemessen überhöhten Entgelt** führt. Denn das Urheberrecht dient nicht der Sicherung der höchstmöglichen, sondern nur der angemessenen Vergütung (EuGH GRUR 2012, 904 Tz. 63 – *UsedSoft/Oracle*; EuGH GRUR 2012, 156 Tz. 108 – *Premier League/Murphy*; *Kreile* ZUM 2012, 177, 185).

e) Zeitlich und quantitativ begrenzte Rechtseinräumung: Zeitliche Beschrän-   **63**
kungen sind dinglich abspaltbar (vgl. § 31 Rn. 53 ff.) und sollten damit tendenziell kartellrechtsneutral sein (*Jan Bernd Nordemann* GRUR 2007, 203, 206). Gleiches gilt für quantitative Beschränkungen (z. B. nur eine Auflage gemäß § 5 Abs. 1 VerlG; maximale Anzahl von Exemplaren, Aufführungen oder Ausstrahlungen; dazu vgl. § 31 Rn. 57). Sie bestimmen regelmäßig den Leistungsumfang des Urhebers und sind deshalb im Hinblick auf den spezifischen Schutzgegenstand gerechtfertigt (*Immenga/Mestmäcker/Ullrich*³, EG-Wettbewerbsrecht, Abschnitt VIII.D.II.1a) Rn. 13; *Jan Bernd Nordemann* GRUR 2007, 203, 206; Loewenheim/Meessen/Riesenkampff/Kersting/Meyer-Lindemann/*Jan Bernd Nordemann*³ GRUR Rn. 82). Auch die TT-GVO erlaubt solche „Outputbeschränkungen" (Art. 4 Abs. 1 lit. b), weil sie in urheberrechtlichen Nutzungsverträgen regelmäßig nicht wechselseitig sein werden.

f) Räumlich begrenzte Rechtseinräumung: Räumliche Beschränkungen sind re-   **64**
gelmäßig durch das Urheberrecht privilegiert, soweit sie sich auf das geschützte Gebiet beziehen (OLG Frankfurt WuW/E DE-R 2018, 2023 – *Harry Potter*; OLG Frankfurt ZUM-RD 2008, 173, 177 m. w. N., auch zur Gegenauffassung; Loewenheim/Meessen/Riesenkampff/Kersting/Meyer-Lindemann/*Jan   Bernd Nordemann*³ GRUR Rn. 83 m. w. N.). Die räumliche Exklusivität gehört zum Inhalt des Urheberrechts und ist mit dinglicher Wirkung abspaltbar, § 31 Abs. 1 S. 2 UrhG. Zu beachten sind insoweit nach – fragwürdiger – Auffassung der Europäischen Kommission allerdings die Beschränkungen, die die TT-GVO in Art. 4 für Wettbewerbsbeschränkungen zu Lasten des Lizenznehmers aufgrund räumlich begrenzter Nutzungsrechteinräumung vorsieht (OLG Frankfurt WuW/E DE-R 2018, 2023 – *Harry Potter*); das gilt zumindest für die Einräumung des Vervielfältigungs- und Verbreitungsrechts für den Verkauf von Werken, weil die Europäische Kommission auf solche Lizenzen die TT-GVO grundsätzlich anwenden will (vgl. Rn. 61). Privilegiert ist auch die aus der ausschließlichen Lizenzerteilung folgende Beschränkung des Lizenzgebers, selbst nicht in dem Gebiet tätig zu sein, § 31 Abs. 3 S. 2 UrhG. Diese Ausschließlichkeitswirkung gegenüber dem Urheber ist Teil des spezifischen Schutzgegenstands des Urheberrechts (*Jan Bernd Nordemann* GRUR 2007, 203, 206; a. A., jedoch nur für gewerbliche Schutzrechte ohne Erwähnung von Urheberrechten, *Christoph* S. 112 m. w. N., insb. unter Berufung auf EU-Kommission WuW/E EV 623, 624 – *AOIP/Beyard*). Auch die TT-GVO erlaubt eine solche Beschränkung des aktiven oder passiven Verkaufes des Lizenzgebers, sofern – wie regelmäßig – Urheber und Lizenznehmer nicht in einem Wettbewerbsverhältnis zu einander stehen, Art. 4 Abs. 2 TT-GVO. Unabhängig vom Kartellrecht wird im Übrigen schon urheberrechtlich eine dingliche Aufspaltung des Verbreitungsrechts innerhalb des Staatsgebietes im Interesse der Rechtssicherheit und -klarheit nicht zugelassen (vgl. § 31 Rn. 11 f.).

Die Einräumung von Verbreitungsrechten im Hinblick auf **körperliche Waren**   **65**
rechtfertigt außerdem nicht territoriale Beschränkungen, sobald die Ware einmal

mit Zustimmung des Rechteinhabers in Verkehr gebracht wurde. Dann ist das **Urheberrecht erschöpft** und Beschränkungen der weiteren Verbreitung innerhalb der EU verstoßen gegen Art. 28 und 30 EG (*EuGH* Slg. 1971, 487, 500 – *Deutsche Grammophon/Metro*; *EuGH* Slg. 1982, 329, 346 – *Polydor/Harlequin*; *EuGH* Slg. 1989, 79, 96 – *EMI/Patricia*). Sie können damit grundsätzlich auch nicht ohne Verstoß gegen Art. 101 AEUV, § 1 GWB vereinbart werden (*EuGH* GRUR Int. 1982, 477 – *Maissaatgut*). Ausnahmsweise können sie allerdings erlaubt sein, z. B. nach der Vertikal-GVO. Kartellrechtlich unzulässig ist eine Beschränkung des Lizenznehmers bei Einfuhr, Verkauf und Verwendung ausländischer **Decodiervorrichtungen**, die den Zugang zu einem codierten Satellitenfunkdienst aus einem anderen Mitgliedsstaat ermöglichen. Es verletzt Art. 101 AEUV, dass die Premier League als Rechteinhaberin dem griechischen Lizenznehmer verbot, Decodiervorrichtungen für den Empfang der griechischen Sendungen mit Premier League Inhalten auch außerhalb Griechenlands zu verkaufen (*EuGH* GRUR 2012, 156 Tz. 134 ff. – *Premier League/Murphy*). Damit ist die Praxis der territorial begrenzten Vergabe von Nutzungsrechten innerhalb der EU in gewisser Weise in Frage gestellt, das gilt zumindest bei EU-weiter Abstrahlung von Fernsehsignalen, beispielsweise durch Satellit. Für **unkörperliche Verwertungen** ist es hingegen anerkannt, dass der Rechtsinhaber das Gebiet für die Nutzung – auch innerhalb der EU – aufteilen kann. Unkörperliche Verwertungen sind z. B. das Vorführrecht und das Senderecht. Insoweit scheidet dann auch eine Erschöpfung der Urheberrechte aus (*EuGH* Slg. 1980, 881, 903 – *Coditel I* für das Vorführrecht; *BGH* GRUR 2000, 699, 700 – *Kabelweitersendung* für das Senderecht), sodass grundsätzlich kartellrechtsfest Gebietsaufteilungen stattfinden können. Für Online-Verwertungsbeschränkungen im Internetvertrieb findet ebenfalls eine Erschöpfung nicht statt, und zwar weder für Internetsendungen („Webcasting") noch für die während der Online-Nutzung mit Zustimmung des Rechtsinhabers hergestellten Vervielfältigungen (str., vgl. § 15 Rn. 11 sowie *Jan Bernd Nordemann* GRUR 2007, 203, 206 m. w. N.). Gegen eine Erschöpfung spricht insoweit der eindeutige Wortlaut der Erwägungsgründe (Ziff. 29) der Info-RL, s. a. Art. 3 Abs. 3 Info-RL. Ohne Erschöpfung droht aber keine Neutralisierung von Begrenzungen in der Nutzungsrechtseinräumung wie z. B. der nur territorial begrenzten Einräumung. Trotz der vorgenannten *Premier League*-Entscheidung des EuGH ist die Verpflichtung des Lizenznehmers, technische Maßnahmen zur räumlichen Beschränkung der Internetnutzung gem. § 19a anzuwenden, kartellrechtskonform, weil technische Mittel zur räumlichen Beschränkung des Abrufs im Internet nicht mit (körperlich handelbaren) Decodiervorrichtungen vergleichbar sind (vgl. § 31 Rn. 50).

66 g) **Inhaltlich begrenzte Rechtseinräumung:** Grundsätzlich kartellrechtlich legal ist eine inhaltliche **Aufspaltung nach** den im UrhG aufgezählten **Verwertungsrechten** (§§ 15 ff. UrhG); das Gesetz gibt diese als spezifischen Schutzgegenstand bereits vor.

67 Gleiches gilt für die vom Gesetz ausdrücklich erwähnte Möglichkeit, die **Rechte ausschließlich** – auch unter Ausschluss des Urhebers selbst – **an Dritte zu vergeben** (§ 31 Abs. 3 UrhG). Der damit verbundene Ausschluss Dritter und des Urhebers von der Nutzung haftet dem spezifischen Schutzgegenstand unmittelbar an und ist deshalb auch kartellrechtlich im Regelfall privilegiert (*EuGH* Slg. 1988, 2605, 2630 – *Warner Bros/Christiansen*; *Fikentscher* FS *Schricker* I S. 158 f.; *Loewenheim/Meessen/Riesenkampff/Kersting/Meyer-Lindemann/Jan Bernd Nordemann*[3] GRUR Rn. 84). Wenn die Ausschließlichkeitsbindung jedoch übermäßig lang ist und sie zu einer spürbaren Verfälschung des Wettbewerbs führt, können § 1 GWB und Art. 101 AEUV ausnahmsweise eingreifen. Die Ausschließlichkeit eines filmischen Vorführungsrechts darf nicht über einen Zeitraum hinausgehen, dessen Dauer nach den Bedürfnissen der lizenzgebenden Filmindustrie angemessen ist. Dabei spielen die Konkurrenzsituation zu anderen Medien (Kino zu Fernsehen), die Amortisationszeit für notwendige Verwerterinvestitionen (Synchronisation, Untertitelung), Finanzierungsbedingungen und andere berechtigte Erwartungshaltungen eine Rolle (EuGH Slg. 1982, 3381 – *Coditel/Ciné-Vog Films II* = GRUR Int. 1983, 175; ferner EuGH Slg. 1980, 881 – *Coditel/Ciné-Vog Films I* = GRUR Int. 1980, 606). Eine Ausschließlichkeit für einen Zeitraum von weniger als einem Jahr nach der Kinouraufführung war danach nicht zu beanstanden, und eine Einspeisung in das belgische Fernsehkabelnetz durfte auf der Grundlage des ausschließlichen belgischen Vorführrechts untersagt werden.

Ferner erwähnt § 31 Abs. 1 S. 1 UrhG die Möglichkeit, **Nutzungsrechte nur**   **68** **für bestimmte Nutzungsarten** einzuräumen. Es ist danach grundsätzlich kartellrechtsfest möglich, urheberrechtliche Vervielfältigungs- und Verbreitungsrechte nur für eine bestimmte Nutzungsart, z. B. Hardcover Buchausgabe, einzuräumen. Einer solchen Einräumung ist eigen, dass der Lizenznehmer die Lizenz nicht für eine andere Nutzungsart, z. B. Taschenbücher, einsetzen darf (BGH GRUR 1992, 310, 311 – *Taschenbuch-Lizenz*; KG GRUR 1991, 596, 598 f. – *Schopenhauer-Ausgabe*; vgl. § 31 Rn. 10) und damit insoweit ein **Wettbewerbsverbot für den Lizenznehmer** besteht. Entscheidend ist, dass sich das Werk in der anderen Nutzungsart äußerlich von anderen Nutzungsarten unterscheiden muss. Insoweit kann beispielsweise der Vertrieb von Buchnormalausgaben bei unveränderter äußerer Form über Kaffeefilialgeschäfte nicht als eigenständiges buchnahes Nebenrecht mit dinglicher Wirkung abgespalten werden (vgl. § 31 Rn. 65 ff.; dort auch zu anderen dinglich abspaltbaren Nutzungsarten). Entsprechende schuldrechtliche Verwendungsbeschränkungen des Lizenznehmers sollten aber dennoch kartellrechtlich Bestand haben, wenn sie von berechtigten Interessen des Urhebers gedeckt sind, einen bestimmten Ort des ersten Inverkehrbringens auszuschließen. Beschränkungen einer Nutzung auf private **Endverbraucher** sind möglich und deshalb auch im Regelfall kartellrechtsfest. Anderes gilt teilweise für die Beschränkung der gewerblichen Nutzung von Vervielfältigungsstücken auf Endverbraucher; auch eine kartellrechtliche Privilegierung durch GVOen ist nicht ersichtlich. Zu beachten ist ferner der **urheberrechtliche Erschöpfungsgrundsatz** für das Verbreitungsrecht (§ 17), der auch **für Nutzungsarten** gilt: Wenn das Werk in einer bestimmten Nutzungsart einmal in Verkehr gebracht wurde, darf es ohne Beschränkung auf die Nutzungsart weiter verbreitet werden (BGH GRUR 2001, 153, 155 – *OEM-Version*; KG ZUM 2001, 592, 594 – *Postkarten in Pralinenschachteln*; OLG Hamburg GRUR-RR 2002, 125 – *Flachmembranlautsprecher*; OLG München GRUR-RR 2002, 89 – *GfK Daten)*; so dürfen auf dem Markt befindliche Postkarten als Deckel in Pralinenschachteln eingelegt und mit der Verpackung verschweißt werden, ohne dass (dinglich begründete) urheberrechtliche Ansprüche bestehen könnten (KG ZUM 2001, 592, 594 – *Postkarten in Pralinenschachteln*). Eine urheberrechtliche Rechtfertigung für entsprechende vertragliche Verbote scheidet also aus. Die Vertikal-GVO stellt aber solche Beschränkungen gemäß § 2 Abs. 2 GWB von § 1 GWB frei (EU-Kommission, Leitlinien für vertikale Wettbewerbsbeschränkungen, Tz. 41; offen gelassen von BGH GRUR 2001, 153, 155 – *OEM-Version*), sofern sie auf das Geschäft anwendbar ist (dazu Art. 2 Abs. 3 Vertikal-GVO).

Ein Wettbewerbsverbot haftet dem spezifischen Schutzgegenstand dann nicht   **69** ohne weiteres an, wenn dem Urheber oder dem Verwerter **Wettbewerbsverbote außerhalb der Verwertung des betroffenen Werkes** auferlegt werden, also z. B. eine Verpflichtung für den Urheber, keinen anderen juristischen Kommentar zum selben Gesetz anderweitig zu veröffentlichen oder eine ebensolche Verpflichtung für den Verleger (vgl. Rn. 45 ff. zu Enthaltungspflichten). Solche Wettbewerbsverbote sind kartellrechtlich privilegiert, wenn sie für eine sachgerechte Werkverwertung und die Erfüllung des urheberrechtlichen Treuegedankens erforderlich sind (*Gottschalk* ZUM 2005, 359, 364; *Fikentscher* FS Schricker I S. 165; *Schricker*, VerlagsR³ § 2 Rn. 8; *Jan Bernd Nordemann* GRUR 2007, 203, 207). Die Grenze liegt dort, wo das neue Werk im Hinblick auf Gegenstand, Abnehmerkreis, Art und Umfang dem alten Werk keine Konkurrenz machen würde (BGH GRUR 1973, 426, 427 – *Medizin-Duden*; s. Loewenheim/*Nordemann-Schiffel*/*Jan Bernd Nordemann*² § 64 Rn. 131 ff; enger wohl *Schricker*, VerlagsR³ § 2 Rn. 8, der eine „schwere" Beeinträchtigung oder eine Unmöglichkeit der Vermarktung verlangt). Im Bereich der reinen Kunst (ohne Gebrauchszweck), z.B. der Belletristik, erscheint es insoweit kaum als gerechtfertigt, einem Autor die Verpflichtung aufzuerlegen, keine anderen Romane bei anderen Verlagen zu veröffentlichen, weil hier grundsätzlich kein Konkurrenzverhältnis entsteht, sondern der neue Roman regelmäßig sogar den Absatz des alten befördert (Loewenheim/*Nordemann-Schiffel*/*Jan Bernd Nordemann*² § 64 Rn. 131). Die Verletzung des Treuegedankens war auch zweifelhaft im Hinblick auf die Verpflichtung vier berühmter italienischer Opernsänger, die sich im Rahmen einer Filmproduktion zur Exklusivität verpflichtet hatten und noch nicht einmal bei einer Live-Übertragung zur 2000-Jahr-Feier der Mailänder *Scala* singen durften (EU-Kommission, 12. Wettbewerbsbericht 1982, Tz. 90 – *RAI/Unitel*). Auch die TT-GVO lässt zumindest Wettbewerbsverbote für den Lizenznehmer grundsätzlich zu, scheint jedoch Wettbewerbsverboten für den Lizenzgeber eher skeptisch gegenüberzustehen (Loewenheim/Meessen/Riesenkampff/Kersting/Meyer-Lindemann/*Schweda*/*Giesen*³ TT-GVO Rn. 219 ff.). Sofern begleitende Wettbewerbsverbote für den Lizenzgeber notwendig, also dem Vertrag immanent sind, stellen sie schon keine Wettbewerbsbeschränkung dar und bedürfen deshalb nicht der Freistellung durch die GVO. **Optionsklauseln**, mit denen Verwerter Urheber für künftige Werke an sich binden, können ebenfalls für den Urheber wettbewerbsbeschränkend wirken. Sie sind gerechtfertigt, wenn das optionierte Werk in die vorbeschriebene Treuepflicht des Autors fällt (*Fikentscher* FS Schricker I S. 172; *Schricker*, VerlagsR³ § 2 Rn. 7; Loewenheim/*Nordemann-Schiffel*/*Jan Bernd Nordemann*² § 64 Rn. 132).

70 **Kopplungen der Rechtseinräumung**, die marktschließende Wirkung haben, können zunächst bei Erfüllung von Marktmachttatbeständen auf Verwerterseite nach §§ 19, 20 GWB, Art. 102 AEUV kartellrechtlich bedenklich sein (vgl. Rn. 267 ff.). Außerdem kommt eine Anwendung von Art. 101 AEUV, § 1 GWB in Betracht (*Loewenheim* UFITA 79 [1977], 175, 183 ff.; *Jan Bernd Nordemann* GRUR 2007, 203, 208), und zwar insb. in folgenden Fällen: Zunächst kann der Nutzungsvertrag die Einräumung des Hauptrechts mit einer umfassenden Nebenrechtseinräumung koppeln, beispielsweise eine Kopplung des Hauptrechts Buch als Hardcover mit Nebenrechten für Dramatisierung und Verfilmung. Grundsätzlich kann eine solche urheberrechtlich dinglich anerkannte und deshalb tendenziell vom spezifischen Schutzgegenstand gedeckte Kopplungsstrategie nicht kartellrechtswidrig sein. Viele Verwerter, die sich Nebenrechte nicht zur eigenen Nutzung einräumen lassen, sind sehr erfolgreich als „Agenten" bei der Weitervermittlung dieser Rechte tätig; sie partizipieren auch regelmäßig finanziell daran. Sofern die Einräumung von „zu vielen" Rechten an Verwerter teilweise im individuellen Vertragsverhältnis nicht als gerechtfertigt erscheint, müssen das Urhebervertragsrecht (insbesondere Kündigung wegen Verletzung der Ausübungspflicht, vgl. Rn. 41 ff.; Rückrufsrecht nach § 41 UrhG) und das AGB-Recht (vgl. Rn. 192 ff.) helfen. Das Kartellverbot gemäß Art. 101 AEUV, § 1 GWB kann erst eingreifen, wenn die Kopplung von Haupt- und Nebenrechtseinräumung ausnahmsweise eine echte Marktschließung bewirkt. Eine solche marktschließende Wirkung hatte nach Auffassung des BKartA die Praxis des sog. Blockbuchens von Kinofilmen, bei der Kinos bei Verleihern nur ganze Blöcke von Filmen bestellen konnten, die dann das Kinoprogramm vollständig abdeckten (BKartA Tätigkeitsbericht 1968, S. 78; Tätigkeitsbericht 1970, S. 83; ferner Tätigkeitsbericht 1963, S. 59, und Tätigkeitsbericht 1964, S. 44; zum Ganzen ausführlich *Loewenheim* UFITA 79 [1977], 175, 183 ff.). In diesen Zusammenhang gehört auch die Entscheidung der EU-Kommission, in der sie ein Rechtepaket in Form einer Sendelizenz an die *ARD* durch *MGM/UA* für mehr als 20 Jahre und für 1500 Hollywood-Filme als wettbewerbsbeschränkend nach Art. 101 AEUV beurteilte, weil eine große Anzahl von Filmen für einen sehr langen Zeitraum dem Markt entzogen wurde (EU-Kommission GRUR Int. 1991, 216 – *DEGETO Filmeinkauf* = ABl. L 1989, 284, 36; zum parallelen Problem bei Sportrechten Loewenheim/Meessen/Riesenkampff/Kersting/Meyer-Lindemann/*Jan Bernd Nordemann*[3] GRUR Rn. 108 ff.).

Weitere Beispiele für grundsätzlich **kartellrechtsfeste Klauseln: Unterlizenz-** **und Übertragungsverbote** (§§ 34, 35 UrhG), wenn die Person des Verwerters – wie regelmäßig – von Bedeutung ist (OLG Frankfurt WuW/E DE-R 2018, 2025 – *Harry Potter*; *v. Gamm* GRUR Int. 1983, 409). Auch die TT-GVO, die die EU-Kommission im Rahmen von urheberrechtlichen „Weiterverkaufs"-Lizenzen generell anwenden will (dazu vgl. Rn. 61), lässt ein Verbot der Unter-lizenzierung zu. Zulässig sollten auch ein **Verbot von Bearbeitungen** (§§ 23, 39 UrhG) oder **Qualitätsvorgaben** bei der Herstellung von Vervielfältigungsstü-cken sein, sofern die Qualität nicht erkennbar irrelevant ist. Letzteres kann es zulässig machen, das Internet als Nutzungsart auszuschließen, beispielsweise wenn ein Werk der bildenden Kunst, das sonst nur auf Kunstblättern vervielfäl-tigt und verbreitet wird, droht, über das Internet in weniger aufwändiger Form reproduziert zu werden. Zulässig sind auch **Abreden zur Erhaltung und Sicher-** **stellung des Schutzgegenstandes. Verwertungspflichten** sind regelmäßig durch den spezifischen Schutzgegenstand des Urheberrechts gerechtfertigt, weil sie die gewünschte Nutzung durch Dritte gewährleisten; Verlagsverträgen ist sie sogar immanent (§§ 1 S. 2, 14, 17 VerlG). Genauso sind Vereinbarungen über die **zwingende Anwendung technischer Schutzmaßnahmen** gemäß §§ 95a ff. UrhG regelmäßig kartellrechtsfest (*Jan Bernd Nordemann* GRUR 2007, 203, 208).   **71**

h) Konditionenbindungen (für Zweitverträge): Gemäß Art. 101 AEUV, § 1 GWB besteht ein grundsätzliches Verbot, die Konditionen für einen Zweitver-trag in einem Erstvertrag festzulegen. Wendet man wie die EU-Kommission zumindest für „Weiterverkaufs"-Lizenzen (zweifelhaft, vgl. Rn. 61) die TT-GVO an, sind Konditionenbindungen in „Weiterverkaufs"-Lizenzen für die weiteren Lizenznehmer in der Lizenzkette grundsätzlich freigestellt.   **72**

Unabhängig davon ergeben sich aber auch ohne die Heranziehung der TT-GVO aus dem **spezifischen Schutzzweck des Urheberrechts** umfassende Aus-nahmen vom kartellrechtlichen Verbot der Konditionenbindung. Die Kontrolle der Konditionen von Zweitverträgen kann Ausdruck des legitimen Bestim-mungsrechts des Urhebers sein. Denn sein Kontrollanspruch bezieht sich auch auf die Weiterübertragung bzw. Weitereinräumung von Nutzungsrechten (RegE UrhG 1962 – BT-Drs. IV/270, S. 28). Sofern eine Einräumung von Nut-zungsrechten an Dritte (sog. Enkelrechte, § 35 UrhG) oder eine Übertragung von Nutzungsrechten (§ 34 UrhG) vertraglich zugelassen ist, können die Kon-ditionen mit diesen Dritten in einem noch abzuschließenden Zweitvertrag schon im Erstvertrag zwischen Urheber und Erstlizenznehmer vereinbart wer-den, sofern die Konditionenbindung Ausdruck der zulässigen dinglichen Ab-spaltung von Nutzungsrechten ist. Ist eine **Bearbeitung** nur in einem ganz be-stimmten Rahmen zulässig, so kann der Dritte im Zweitvertrag an diesen Rahmen gebunden werden. Wird ein Nutzungsrecht nur zeitlich begrenzt ein-geräumt, kann schon im Erstvertrag festgelegt werden, dass auch im Zweitver-trag dieser Zeitraum nicht überschritten wird. Völlig üblich und mit Rücksicht   **73** auf § 13 S. 2 UrhG auch grundsätzlich zulässig sind Konditionenbindungen für den Lizenznehmer, durch die sich dieser verpflichtet, seinen Sublizenznehmern aufzuerlegen, den **Urheber in angemessener Form** zu benennen. Auch die TT-GVO lässt Kennzeichnungspflichten zugunsten des Lizenzgebers zu (Loewenheim/Meessen/Riesenkampff/Kersting/Meyer-Lindemann/*Schweda/Giesen*[3] TT-GVO Rn. 146). Außerdem kann der Lizenznehmer verpflichtet werden, bestimmte **technische Schutzmaßnahmen** (§§ 95a ff. UrhG) in der Lizenzkette weiterzugeben. Problematischer ist demgegenüber eine die Lizenzkette **durchlaufende Bindung, die über den dinglich abspaltbaren Bereich hinausgeht.** Für äußerlich nicht veränderte Buchnutzungsarten, die also nicht dinglich abspaltbar sind (vgl. § 31 Rn. 66), kann sich eine Zulässigkeit von durchlaufenden Vertriebsbindungen nicht aus Urheberrecht, sondern nur aus anderen Gründen ergeben, z. B. aus der GVO für Vertikalvereinbarungen. Ferner erlaubt die TT-GVO im Rahmen von urheberrechtlichen „Weiterverkaufs"-Lizenzen nach Auffassung der EU-Kommission (vgl. Rn. 61) die Etablierung von selektiven Vertriebssystemen durch den Lizenzgeber, also Urheber, Art. 4 Abs. 2 TT-GVO.

74   Zu beachten ist ferner der **urheberrechtliche Erschöpfungsgrundsatz,** der auch für Nutzungsarten gilt: Wenn das Werk in einer bestimmten Nutzungsart einmal in Verkehr gebracht wurde, darf es ohne Beschränkung auf die Nutzungsart weiter verbreitet werden (BGH GRUR 2001, 153, 155 – *OEM-Version;* KG ZUM 2001, 592, 594 – *Postkarten in Pralinenschachteln;* OLG Hamburg GRUR-RR 2002, 125 – *Flachmembranlautsprecher;* OLG München GRUR-RR 2002, 89 – *GFK Daten*). Durchlaufende Bindungen zur Sicherung der Verwendung in der ursprünglichen Nutzungsart sind also nicht urheberrechtlich zu rechtfertigen, weil der spezifische Schutzgegenstand des Urheberrechts erschöpft ist. So entschied das OLG Düsseldorf (GRUR 1990, 188, 189 – *Vermietungsverbot*) vor der Einführung des Vermietrechts in § 17 Abs. 2 UrhG zutreffend, dass das Vermietrecht nicht dinglich abgespalten werden konnte, weil das Urheberrecht mit dem ersten Verbreiten erschöpft war (hierzu BGH GRUR 1986, 736, 737 – *Schallplattenvermietung,* bestätigt durch BVerfG GRUR 1990, 183 – *Vermietungsvorbehalt*); wer deshalb seinem Abnehmer vorschrieb, dass dieser wiederum seine Abnehmer verpflichtete, ihrerseits nicht zu vermieten, verstieß gegen das kartellrechtliche Konditionenbindungsverbot. Allenfalls können andere Bestimmungen wie die Vertikal-GVO heute eine Zulässigkeit herbeiführen. Zur **Praxis von Verlegern,** (ggf. neben der (beschränkten) Einräumung urheberrechtlicher Nutzungsrechte) das körperliche **Notenmaterial nur reversgebunden zu vermieten,** kartellrechtlich eingehend vgl. Rn. 352 ff. und Loewenheim/Meessen/Riesenkampff/Kersting/Meyer-Lindemann/*Jan Bernd Nordemann*[3] GRUR Rn. 85; ferner *ders.* GRUR 2007, 203, 209). Zu den Konditionenbindungen (z. B. Offenlegung des Quellcodes) im Softwarebereich im Rahmen der „**General Public License**" (GPL – „Open Source") vgl. GPL Rn. 30 ff.

75   Bei **mittelbaren Urheberrechtsverletzungen** kann der mittelbare Verletzer verpflichtet werden, im Vertikalverhältnis zum unmittelbaren Verletzer seinen Verletzungsbeitrag zu unterlassen. Ein Beispiel wäre der urheberrechtlich unzulässige Vertrieb eines Gerätes, mit dem der Abnehmer Urheberrechtsverletzungen begeht. Der Verkäufer dürfte gegenüber dem Urheber versprechen, den Abnehmer zu binden, das Gerät nicht urheberrechtsverletzend einzusetzen (s. das – inzwischen durch Einführung der Privatkopie urheberrechtlich überholte – Beispiel in BGHZ 42, 118 – *Personalausweise;* BGH GRUR 1964, 91 – *Tonbänder-Werbung;* BGH GRUR 1984, 55 – *Kopierläden Tonbänder-Werbung;* BGH GRUR 1984, 55 – *Kopierläden*).

76   i) **Preisbindungen:** Wettbewerbsbeschränkungen im Hinblick auf den Preis sind kartellrechtlich regelmäßig in besonderem Maße sensibel. Es bildet sich ein besonderes Spannungsverhältnis. Um zu generalisierungsfähigen Aussagen zu gelangen, sollte zwischen einer (vertikalen) Einflussnahme auf den Marktpreis bei der Verwertung und der horizontalen Möglichkeit der Kartellierung durch Urheber unterschieden werden.

In vertikaler Richtung besteht nach zutreffender Ansicht kein urheberrechtlich **77** zu rechtfertigendes Preisbestimmungsrecht des Urhebers (*Loewenheim* UFITA 79 [1977], 175, 206; *Jan Bernd Nordemann* GRUR 2007, 203, 210; a.A. *Fikentscher* FS Schricker I S. 171). Der Urheber hat grundsätzlich nicht das Recht zur Preisbindung der zweiten Hand. Das Kartellrecht – und nicht das Urheberrecht – sieht die Möglichkeit der Preisbindung für Zeitungen, Zeitschriften und vergleichbare Verlagserzeugnisse bzw. den Zwang der Preisbindung für Bücher und vergleichbare Verlagserzeugnisse für Verleger vor. Der Urheber ist daraus weder berechtigt noch verpflichtet. Der Urheber hat urheberrechtlich gesehen nur ein schutzwürdiges Interesse an angemessener Vergütung durch den Verwerter. Diesem Interesse lässt sich durch seine Vergütungsvereinbarung mit dem Verwerter zu einer zwingend angemessenen Vergütung hinreichend begegnen (§ 32 UrhG). Auch der Bestsellerparagraph des § 32a UrhG zeigt, dass der Urheber ohne Einfluss auf den Preis der Nutzung beim Endverbraucher ist; sind die Erträgnisse aus der Nutzung aber hinreichend groß, muss der Urheber daran beteiligt werden. Mithin scheiden Preisvorgaben im Verhältnis des Urhebers zum Erstlizenznehmer für einen Zweitvertrag beim Absatz von Lizenzprodukten durch den Erstlizenznehmer oder Preisvorgaben für den Zweitlizenznehmer als eine nach Art. 101 AEUV, § 1 GWB unzulässige Preisbindung aus. Beispielsweise Preisbindungen in Filmbestellverträgen sind damit unzulässig (BKartA Tätigkeitsbericht 1965, 56; Tätigkeitsbericht 1967, 77; weitere Beispiele bei *Loewenheim* UFITA 79 [1977], 175, 180). Auch die Vorgabe der Kostenlosigkeit in der „General Public License" (GPL – „Open Source") für weitere Glieder in der Lizenzkette erscheint als kartellrechtlich fragwürdig (dazu vgl. GPL Rn. 21 ff.). Preisempfehlungen und Höchstpreisvereinbarungen sind uneingeschränkt möglich; das gilt zumindest für Vervielfältigungs- und Verbreitungslizenzen zur Veräußerung von urheberrechtlich geschützten Werken, auf die nach Auffassung der EU-Kommission die TT-GVO anwendbar ist (vgl. Rn. 61). Art. 4 Abs. 2 lit. a) TT-GVO erlaubt zwischen Nicht-Konkurrenten solche Preisempfehlungen genauso wie Höchstpreisvereinbarungen. Auch Mindestlizenzgebühren für den Lizenznehmer oder Stücklizenzen sind insoweit unbedenklich und stellen keine indirekte Preisbindung dar (Loewenheim/Meessen/Riesenkampff/Kersting/Meyer-Lindemann/*Schweda/Giesen*[3] TT-GVO Rn. 180; Loewenheim/Meessen/Riesenkampff/Kersting/Meyer-Lindemann/*Jan Bernd Nordemann*[3] GRUR Rn. 87). Allerdings ist eine Verpflichtung zur Zahlung von Lizenzgebühren auf der Grundlage aller Produktverkäufe (unabhängig davon, ob das lizenzierte Werk genutzt wird) kartellrechtlich eine Kernbeschränkung (Europäische Kommission, Leitlinien Technologietransfer, 2014, Rn. 101). Das gilt nicht nur für sachlich, sondern auch für räumlich oder zeitlich fehlenden Schutz. Unbedenklich sind solche Vereinbarungen nur, wenn der fehlende Schutz nicht von vornherein feststeht und dem Lizenznehmer das Recht zur Kündigung des Lizenzvertrages innerhalb einer angemessenen Frist im Hinblick auf den Teil hat, der nicht vom Schutz erfasst ist (EuGH GRUR Int. 1990, 458 – *Ottung*; EuGH GRUR 2016, 917 Tz. 39 ff. – *Genentech/ Sanofi-Aventis*). Zu Leerübertragungen auch vgl. Rn. 174.

Komplex zu beurteilen sind Konstellationen, in denen das Interesse des Urhe- **78** bers relevant wird, durch (vertikale) Preisvorgaben zu verhindern, dass der Urheber ohne jede Vergütung bleibt. Dieses Interesse scheint im Hinblick auf §§ 11 S. 2, 32 UrhG kartellrechtlich privilegiert. Deshalb darf die Europäische Normungsorganisation CEN (vgl. § 5 Rn. 30a) für private Normen, die der europäischen Normungsarbeit entspringen, die Rechte ausschließlich an ihre nationalen Mitglieder vergeben und ihnen vorzuschreiben, sie nur gegen Entgelt zu nutzen und zu lizenzieren. Denn das stellt sicher, dass die Urheber der Normen angemessen an den Früchten ihrer Arbeit beteiligt werden (OLG Hamburg v. 27.7.2017 – 3 U 220/15 Kart –, juris Tz. 195 ff. – DIN-Normen). Das ist auch dann zutreffend, wenn Urheber privater Normwerke nicht unmittelbar vergütet werden, jedoch die Entgeltlichkeit sicherstellt, dass sie keine Zuschüsse zur Finanzierung der Normungsarbeit leisten müssen. Im Bühnenbereich können üblicherweise für den Urheber treuhänderisch tätige Bühnenverlage einen Erlaubnisvorbehalt für Aufführungen vereinbaren, für die die Bühne kein Entgelt verlangt, sofern der Urheber nur über eine Einnahmebeteiligung vergütet wird. Im Verlagsbereich gelten wegen § 21 VerlG weitere Einschränkungen. Der Verleger ist zwar in der Festsetzung der Höhe des Ladenpreises frei. Er darf den Preis aber nicht ohne Zustimmung des Urhebers erhöhen. Die Zustimmung des Urhebers zur Ermäßigung des Preises benötigt der Verleger, wenn berechtigte Interessen des Urhebers entgegenstehen. Das ist regelmäßig bei der Verramschung der Fall, also einer vollständigen Aufhebung des Ladenpreises nach BuchpreisbindungsG und Abgabe des Werkes an moderne Antiquariate oder Nicht-Buchhändler zum beschleunigten Absatz. Die Verramschung widerspricht regelmäßig den berechtigten Urheberinteressen gemäß § 21 S. 2 VerlG, weil der Eindruck entsteht, das Werk sei auf normalem Wege unverkäuflich (Schack, Urheber- und UrhebervertragsR[7] Rn. 1164; Loewenheim/Nordemann-Schiffel/Jan Bernd Nordemann[2] § 64 Rn. 153; s. a. die Kommentierung zu § 21 VerlG).

79 **In horizontaler Richtung** hat der deutsche Gesetzgeber im Urheberrecht eine spezielle Möglichkeit der Kartellierung geschaffen. Sie verdrängt das nationale Kartellverbot des § 1 GWB. Es besteht die Möglichkeit für Urheberverbände bzw. Verbände der ausübenden Künstler einerseits und für Verwerterverbände andererseits, **gemeinsame Vergütungsregeln** aufzustellen (§ 36 UrhG). Beide Seiten stellen Unternehmensvereinigungen (zur Unternehmenseigenschaft vgl. Rn. 56 f.) dar, sodass es sich eigentlich um Preiskartelle handelt, die der Gesetzgeber des UrhVG 2002 aber bewusst vom Kartellverbot des § 1 GWB freigestellt hat (RegE UrhVG 2002 – BT-Drs. 14/7564, S. 5 i. V. m. BT-Drs. 14/6433, S. 12). Allerdings konnte der deutsche Gesetzgeber keine Freistellung nach **Art. 101 AEUV** anordnen. Deshalb wurde die Auffassung vertreten, die Regelung des § 36 UrhG verstoße gegen Art. 101 AEUV (Tolkmitt GRUR 2016, 564, 566 ff. m. w. N. zum Meinungsstand; Ory/Cole/Thomas S. 47, 74 f.; Dörr/Schiedermeier/Haus K&R 2001, 608, 613 ff. sowie Gounalakis/Heinze/Dörr/Dörr, S. 231, 272; Schmitt GRUR 2003, 294; zweifelnd auch Schack GRUR 2002, 853, 857; für eine Konformität mit Art. 101 AEUV: Drexl FS Schricker II S. 651, 667). Jedoch will das UrhG über die Preiskartellierung des § 36 UrhG auch die besondere, persönliche Beziehung des Urhebers bzw. ausübenden Künstlers zum Werk bzw. zur Leistung schützen (§ 11 S. 2 UrhG). Eine angemessene Vergütung ist auch EU-rechtlich als spezifischer Schutzgegenstand anerkannt (oben vgl. Rn. 62). Die Möglichkeit der Kartellierung wird also vom spezifischen Schutzgegenstand des Urheberrechts vorgegeben (Jan Bernd Nordemann GRUR 2007, 203, 210). Im Rahmen einer umfassenden Interessenabwägung ist nunmehr festzustellen, ob kartellrechtliche Interessen dennoch Vorrang beanspruchen. Da mit horizontalen Preisabsprachen eine kartellrechtliche Kernbeschränkung und zugleich auch eine bezweckte Wettbewerbsbeschränkung erfolgt (Tolkmitt GRUR 2016, 564, 567; Ory/Cole/Thomas S. 47, 74 f.), muss diese Interessenabwägung besonders sorgfältig durchgeführt und die kartellrechtlichen Bedenken müssen sehr ernst genommen werden. Letztlich wird jede gemeinsame Vergütungsregel im Einzelfall zu prüfen sein (Loewenheim/Meessen/Riesenkampff/Kersting/Meyer-Lindemann/Jan Bernd Nordemann[3]

GRUR Rn. 88; wesentliche Wettbewerbsbeschränkungen prognostiziert *Schmitt* GRUR 2003, 294, 295). Für eine kartellrechtliche Rechtfertigung spricht insoweit, dass die Kartellierung das strukturelle Ungleichgewicht zwischen Urhebern und Verwertern ausgleichen soll und damit eine Rolle einnimmt, die der für Tarifverträge anerkannten Bereichsausnahme nahe kommt. Diese Bereichsausnahme gilt auch für Scheinselbständige (EuGH v. 4.12.2014, C-413/13 Rn. 31 ff. – *FNV Kunsten Informatie en Media* = GRUR Int. 2015, 384). Es ist jedoch nicht der Regelfall, dass gemeinsame Vergütungsregeln Scheinselbständige betreffen. Scheinselbstädige sind nur solche Personen, die sich in einer vergleichbaren Situation wie die Arbeitnehmer befinden, also ihr Verhalten auf dem Markt nicht selbständig bestimmen, sondern vollkommen abhängig von ihrem Auftraggeber sind, weil sie keines der finanziellen und wirtschaftlichen Risiken aus dessen Geschäftstätigkeit tragen und als Hilfsorgan in das Unternehmen eingegliedert sind (EuGH v. 4.12.2014, C-413/13 Rn. 31 ff. – *FNV Kunsten Informatie en Media*). Je weniger vergleichbar die Situation der Urheber mit Scheinselbständigen ist, desto mehr spricht dies für eine Anwendung des Art. 101 AEUV. Denkbar ist auch, Art. 167 AEUV (Förderung kulturellen und künstlerischen Schaffens) und Art. 3 EUV (Schutz und Entwicklung des kulturellen Erbes) in die Interessenabwägung gegen eine Anwendung von Art. 101 AEUV einzustellen, wenn die Werkart dies hergibt (generell zweifelnd: *Tolkmitt* GRUR 2016, 564, 569). Für einen Vorrang des Art. 101 AEUV spricht, wenn die gemeinsame Vergütungsregel relevante marktschließende Effekte für Wettbewerb aus anderen Mitgliedsstaaten hat, weil Art. 101 AEUV in besondrem Maß einen marktintegrativen Schutzzweck hat. Wenn beispielsweise Designern aus Polen die Möglichkeit genommen wird, durch Preiswettbewerb auf dem deutschen Markt Fuß zu fassen, weil die Marktpreise durch gemeinsame Vergütungsregeln zementiert sind, so spricht dies entscheidend für eine kartellrechtliche Unzulässigkeit von gemeinsamen Vergütungsregeln.

Verschiedentlich existieren **unverbindliche Preisempfehlungen** für Nutzung von urheberrechtlich geschützten Werken. Bekanntestes Beispiel ist die **Regelsammlung Verlage (Vertriebe)/Bühnen**, die unverbindliche Preisempfehlungen für die Nutzung von Bühnenwerken enthält. Außerdem fasst sie die üblichen Geschäftsgepflogenheiten zwischen treuhänderisch für die Autoren tätigen Bühnen- und Medienverlagen einerseits sowie den öffentlich-rechtlich beherrschten Theatern und einigen Privattheatern andererseits zusammen (derzeit aktuell ist die Kölner 2008; dazu auch vgl. Rn. 342). Allein die Unverbindlichkeit nimmt der horizontal veranlassten Preisabstimmung zwar nicht den Charakter einer Wettbewerbsbeschränkung. Die horizontal veranlasste Preisangleichung ist jedoch den Urhebern zuzurechnen, weil die Bühnen- und Medienverlage die Rechte nur treuhänderisch für die Urheber an Theater einräumen und dafür an den Einnahmen des Urhebers beteiligt werden (Loewenheim/*Schlatter*[2] § 72 Rn. 32; *Ulmer*, Urheber- und VerlagsR[3] S. 407 f.; *Beilharz* S. 32). Unabhängig davon, ob die Regelsammlung schon als gemeinsame Vergütungsregel nach § 36 UrhG angesehen werden kann (im Einzelnen streitig: dafür *Flechsig/Hendricks* ZUM 2002, 423, 424 f.; Loewenheim/*Schlatter*[2] § 72 Rn. 39; dagegen Dreier/Schulze/*Schulze*[5] § 36 Rn. 22; Wandtke/Bullinger/*Ehrhardt*[4] § 19 Rn. 23), nimmt sie damit an der Privilegierung des § 36 UrhG teil, weil sie mindestens als „weniger" von dessen spezifischem Schutzgegenstand umfasst ist (Loewenheim/Meessen/Riesenkampff/Kersting/Meyer-Lindemann/*Jan Bernd Nordemann*[3] GRUR Rn. 88; dem folgend: Wandtke/Bullinger/*Ehrhardt*[4] § 19 Rn. 23). Keine gemeinsamen Vergütungsregeln und damit keine Preiskartelle sind bloße **Markterhebungen** (Marktübersichten) über die Lizenzpreise für urheberrechtlich geschützte Leistungen; sie können gerade im Hinblick auf Schadensersatzansprüche, die auf der Grundlage einer angemessenen Lizenzgebühr berechnet werden, größere praktische Bedeutung erlangen. Ein

80

Beispiel sind die „**MFM-Bildhonorare**", eine Marktübersicht über angemessene Nutzungshonorare im Fotobereich (dazu BGH GRUR 2006, 136 – *Pressefotos*; ferner *Jan Bernd Nordemann* ZUM 1998, 642).

81 **j) Spürbarkeit:** Genauso wie andere wettbewerbsbeschränkende Abreden können Vereinbarungen mit oder unter Urhebern kartellrechtlich am ungeschriebenen Tatbestandsmerkmal der Spürbarkeit zu messen sein (dazu Loewenheim/Meessen/Riesenkampff/Kersting/Meyer-Lindemann/*Jan Bernd Nordemann*[3] GRUR Rn. 89 ff.). Im Regelfall werden Wettbewerbsbeschränkungen eines Urhebers in (vertikalen) Verträgen mit einem Verwerter kaum die relevanten Spürbarkeitsgrenzen von 15% überschreiten, wie sie beispielsweise in der Bagatellbekanntmachung der EU-Kommission niedergelegt sind. Urheber sind größtenteils „Einmann-Unternehmen", die nur über eine begrenzte Leistungsfähigkeit verfügen (*Gottschalk* ZUM 2005, 359, 364; *Werberger* S. 69; *Schricker*, VerlagsR[3] Einl. Rn. 55). Nur für sehr bekannte Urheber mit sehr großem Markterfolg kann danach isoliert von einer Spürbarkeit ihnen auferlegter Wettbewerbsbeschränkungen ausgegangen werden. Allerdings ist die „Bündeltheorie" anwendbar. Bindet also ein Verwerter sehr viele Urheber parallel, kann sich daraus die Spürbarkeit ergeben (*Jan Bernd Nordemann* GRUR 2007, 203, 211). Verpflichtet umgekehrt der Urheber den Verleger in wettbewerbsbeschränkender Weise, kann die Spürbarkeitsgrenze auch ohne Rückgriff auf die Bündeltheorie schneller erreicht sein, wenn der Verlag die erforderlichen Marktanteile überschreitet. Für Kernbeschränkungen, z.B. horizontale oder vertikale Preisabreden, können niedrigere als die allgemeinen Spürbarkeitsschwellen gelten. Es sei auf die – allerdings für Gerichte unverbindliche – Bagatellbekanntmachung der Kommission verwiesen (Europäische Kommission, Bekanntmachung über Vereinbarungen von geringer Bedeutung, die im Sinne des Artikels 101 Abs. 1 des Vertrags über die Arbeitsweise der Europäischen Union den Wettbewerb nicht spürbar beschränken (De-minimis-Bekanntmachung), ABl. C 291 vom 30.8.2014).

82 **k) Schriftform:** Für Verträge bis zum 31.12.1998 enthielt § 34 GWB a.F. ein Schriftformgebot für wettbewerbsbeschränkende Vereinbarungen (BGH GRUR 2004, 73, 73 – *Filterstäube*). Jedoch könnte das Schriftformgebot auch für Verträge bis zum 31.12.1998 zumindest in zwischenstaatlichen Sachverhalten durch die VO EG/1/2003 entfallen sein, die den Vorrang der Beurteilung nach Art. 101 AEUV auch für Altverträge vorschreibt; der EG-Vertrag hat niemals ein Schriftformgebot für eine Wirksamkeit von wettbewerbsbeschränkenden Abreden gefordert.

10. Kontrahierungsansprüche

83 Das Urhebervertragsrecht ist als Teil des allgemeinen bürgerlichen Vertragsrechts vom Gedanken der **Vertragsfreiheit** bei der Einräumung und des Umfanges von Nutzungsrechten getragen, § 311 Abs. 1 BGB (vgl. Rn. 5 ff.). Deshalb kommt eine Verpflichtung zur Einräumung von Nutzungsrechten nur **ausnahmsweise** in Betracht. Üblicherweise spricht man hier von **Zwangslizenzen.**

84 **a) Urheberrechtliche Zwangslizenzen:** Eine Zwangslizenz kann sich zunächst aus § 42a ergeben. § 42a gewährt dabei gegen den Urheber eines musikalischen Werkes einen Anspruch auf Nutzungsrechtseinräumung **zur Herstellung und Verbreitung eines Tonträgers**, sofern bereits vorher ein solches Nutzungsrecht einem Dritten eingeräumt wurde (im Einzelnen die Kommentierung zu § 42a). Die Durchsetzung erfolgt notfalls durch einstweilige Verfügung, § 42a Abs. 6 S. 2 (OLG München GRUR 1994, 119 – *Beatles CDs*). Ferner findet sich eine urheberrechtliche Zwangslizenz in § 5 **Abs. 3** im Hinblick auf amtlichen Werken ähnliche **private Normwerke**. Für zwangsweise (§ 20b) oder freiwillig durch den Urheber in VGen eingebrachte Rechte gewährt § 34 **Abs. 1 VGG**

(früher: § 11 UrhWahrnG) eine Pflicht zur Rechtseinräumung durch die **Verwertungsgesellschaft**. Umgekehrt sieht § 9 VGG (früher: § 6 UrhWahrnG) vor, dass der Urheber einen Anspruch auf Wahrnehmung gegenüber der einschlägig tätigen Verwertungsgesellschaft haben kann. Schließlich soll noch auf § 87 Abs. 5 hingewiesen werden, der für **Sende- und Kabelunternehmen eine gegenseitige Verpflichtung** vorsieht, sich Lizenzen für eine Kabelweitersendung einzuräumen. Nach seinem ausdrücklichen Wortlaut kann die Bestimmung damit allerdings nicht zu einem Kontrahierungsanspruch gegenüber dem Urheber führen. Keine Zwangslizenzen, sondern Regeln für den automatischen Erwerb bestimmter Nutzungsrechte enthalten die **Übergangsbestimmungen** in den §§ 137 ff.

b) Kartellrechtliche Zwangslizenzen: Gesetzliche Kontrahierungsansprüche au- **85** ßerhalb des Urheberrechts können sich ferner aus den allgemeinen kartellrechtlichen Regelungen der §§ 19, 20 GWB bzw. Art. 102 AEUV ergeben. Dass einzelne Zwangslizenzen bereits im UrhG bzw. im VGG geregelt sind (vgl. Rn. 84), schließt die **Anwendbarkeit der allgemeinen kartellrechtlichen Bestimmungen** gegenüber marktmächtigen Unternehmen nicht aus (BGH GRUR 2012, 1062 Tz. 30 – *Elektronischer Programmführer*; BGH GRUR 2004, 966, 970 – *Standard-Spundfass* für § 24 PatentG; KG GRUR-RR 2010, 320, 324 – GEMA-*Verteilungsplan*; *Heinemann* ZWeR 2005, 198, 201; a.A. Gemeinschaftskommentar GWB/*Köpfle/Leo*[5] § 19 Rn. 2466). Denn §§ 5 Abs. 3, 42a, 87 Abs. 5 UrhG bzw. § 34 Abs. 1 VGG verfolgen keine damit vollständig gleich gelagerten Regelungszwecke; sie setzen auch nicht die tatsächliche Feststellung von Marktmacht voraus.

Unternehmenseigenschaft der Urheber oder Leistungsschutzberechtigten: Die **86** Anwendung der kartellrechtlichen Missbrauchstatbestände scheitert ferner nicht an einer Unternehmenseigenschaft der Urheber oder Leistungsschutzberechtigten. Diese ist vielmehr im Regelfall gegeben (dazu vgl. Rn. 56 f.).

Marktabgrenzung und Marktmacht; Missbrauch: Da im Regelfall solche kar- **87** tellrechtlichen Kontrahierungsansprüche gegen Verwerter (und nicht gegen den Urheber) gestellt werden, erfolgt eine Kommentierung beim sekundären Urhebervertragsrecht (vgl. Rn. 265 ff.).

c) Vertragliche Kontrahierungsansprüche: Neben gesetzlichen Kontrahierungs- **88** ansprüchen kommen auch vertragliche Kontrahierungsansprüche in Betracht. Diese setzen allerdings eine bestehende vertragliche Vereinbarung zwischen den Parteien voraus. Im Regelfall führt dies dann zu einer Änderung der bisherigen Einräumung, sodass vertragliche Kontrahierungsansprüche bei der Änderung der Nutzungsrechtseinräumung erörtert werden; vgl. Rn. 93 ff.

d) Rechtsfolge (keine automatische Einräumung): Nach zutreffender Ansicht **89** scheitern **Unterlassungsansprüche** nicht am Grundsatz von Treu und Glauben (§ 242 BGB), auch wenn eine kartellrechtliche oder vertragliche Pflicht zur Nutzungsrechtseinräumung besteht. Vielmehr muss notfalls auf Nutzungsrechtseinräumung geklagt werden (BGH GRUR 2009, 694 Tz. 22 ff. – *Orange-Book-Standard* zum Patentrecht und m.w.N. zum Streitstand; BGH GRUR 1998, 376, 378 – *Cover Version*; *Schack*, Urheber- und UrhebervertragsR[7] Rn. 901; Loewenheim/*Loewenheim/Jan Bernd Nordemann*[2] § 26 Rn. 76; Dreier/Schulze/*Schulze*[5] § 42a Rn. 19; zu vertraglichen Kontrahierungsansprüchen: BGH GRUR 2002, 248, 252 – *Spiegel-CD-ROM*; BGH GRUR 1997, 215 – *Klimbim*; a.A. *Heinemann* ZWeR 2005, 198, 200; *Wirtz/Holzhäuser* WRP 2004, 683, 693 f.; *Kühnen* FS Tilmann S. 513, 523). Anderenfalls würden Fälle der Zwangslizenz mit der gesetzlichen Lizenz (vgl. Rn. 92) gleichgestellt (wie hier BGH GRUR 2002, 248, 252 – *Spiegel-CD-ROM*, für vertragliche Kontrahierungsansprüche). Allerdings hat die **europäische und deutsche**

Praxis im Kartellrecht Kriterien entwickelt, nach denen Unterlassungsansprüche doch **ausnahmsweise** ausscheiden können. Das gilt vor allem im Patentrecht und dort bei standard-essentiellen Patenten (EuGH v. 16.7.2015, C-170/13 – *Huawei Technologies*; Europäische Kommission, Beschl. v. 29.4.2014, AT. 39985 Rn. 280 ff. – *Motorola*; Europäische Kommission, Beschl. v. 29.4.2014, AT.39939 Rn. 55 ff. – *Samsung*; abweichend BGH GRUR 2009, 694 Tz. 22 ff. – *Orange-Book-Standard*, dort Ls. 1–3; auf urheberrechtliche Fälle angewendet durch: BGH GRUR 2013, 618 Tz. 51 ff. – *Internet-Videorecorder II*; zum Ganzen: Loewenheim/Meessen/Riesenkampff/Kersting/Meyer-Lindemann/*Huttenlauch/Lübbig*[3] Art. 102 AEUV Rn. 268 ff.) Der Zwangslizenzeinwand kann auch von der Schiedsstelle zu berücksichtigen sein, wenn es um Zwangslizenzen durch VGen geht (BGH GRUR 2013, 618 Tz. 45 ff. – *Internet-Videorecorder II*).

90 Anders als für Unterlassungsansprüche ist für **Schadensersatzansprüche** das Bestehen eines Lizenzierungsanspruchs gleich welcher Art jedoch grundsätzlich relevant. Denn als Schaden kann nur der Betrag ersetzt verlangt werden, der entstanden wäre, wenn der Schadensersatzgläubiger sich rechtmäßig verhalten hätte, also die Lizenz gegen angemessene Vergütung gewährt hätte (BGH GRUR 2004, 966, 970 – *Standard-Spundfass*). Das setzt nicht zwingend – wie beim Unterlassungsanspruch – auch ein unbedingtes ausreichendes Angebot des Verletzers voraus, an das er sich bei seiner eigentlich verletzenden Benutzung hält (anders aber BGH GRUR Int. 2011, 165 Tz. 22 – *GSM-Wandler*).

91 e) **Prozessuales:** I. d. R. wird die Durchsetzung der Kontrahierungsansprüche über einen Feststellungsantrag erfolgen. Ein Leistungsantrag stieße im Fall des auf Belieferung gerichteten Vertragsschlusses nebst „angemessener Vergütung" der Bestimmtheit an seine Grenzen (zum Kartellrecht BGH WUW/E 1885, 1886 – *adidas*), sodass in diesem Fall ein hinreichendes Feststellungsinteresse i. S. d. § 256 Abs. 1 ZPO vorliegt (BGH WUW/E 1567 – *Nordmende).* In solchen Fällen muss auch die Geltendmachung der Feststellung im Einstweiligen Verfügungsverfahren möglich sein, weil ansonsten eine zügige Durchsetzung der Ansprüche ausgeschlossen wäre und die Kontrahierungsansprüche mehr oder weniger zu Schadensersatzansprüchen degradiert wären (Loewenheim/*Loewenheim/Jan Bernd Nordemann*[2] § 26 Rn. 77; *Vogg* NJW 1993; a. A. und ausnahmslos gegen die Zulässigkeit von Feststellungsverfügungen Zöller/*Vollkommer*[31], ZPO, § 940 Rn. 8 „Gesellschaftsrecht"; genauso *Ahrens*[8] Kap. 48 Rn. 1 ff. mit grundsätzlichen Erwägungen aus dem Charakter des Einstweiligen Rechtsschutzes; außerdem wie dort für das Gesellschaftsrecht OLG Celle ZIP 1989, 1552).

11. Gesetzliche Lizenzen, Zustimmungs- und Vergütungsfreiheit

92 Von den Kontrahierungsansprüchen zu unterscheiden sind **gesetzliche Lizenzen**. Sie gewähren ein Nutzungsrecht ohne vorherige Einräumung durch den Urheber, sehen jedoch eine Vergütung für den Urheber vor. Beispiele sind §§ 45a, 46, 47 Abs. 2, 49 Abs. 1 S. 2 1. Alt., 52, 52a, 53, 54 ff. Keine gesetzlichen Lizenzen sind Schranken des Urheberrechts, die eine **vollständige Zustimmungs- und Vergütungsfreiheit der Nutzung** gewähren (§§ 44a, 45, 47 Abs. 1, 48, 49 Abs. 1 S. 2 2. Alt und Abs. 2, 50, 51, 52 Abs. 1 S. 2, 55, 56, 57, 58, 59 und 60).

12. Anspruch auf Änderung der Einräumung

93 Die Nutzungsrechtseinräumung des Urhebers kann durch Vereinbarung beider Parteien **einverständlich** wie jeder andere Vertrag **geändert**, jedoch nicht einseitig nachträglich beschränkt werden (OLG München ZUM 2005, 838). Auch **ohne Konsens der Parteien** kann der Vertrag im Hinblick auf den Umfang der Rechtseinräumung abzuändern sein.

a) **Vertragliche Anbietungspflicht** („**first offer**" Verpflichtung): Einige Nut-   **93a**
zungsverträge sehen eine vertragliche Anbietungspflicht des Urhebers gegenüber seinem Vertragspartner vor („**first offer**" Verpflichtung). Dagegen ist –
auch AGB-rechtlich – nichts einzuwenden, wenn ohnehin nach dem Zivilrecht
ein Kontrahierungsanspruch besteht (unten vgl. Rn. 94 ff.). Schwieriger sind
die Fälle zu beurteilen, in denen ansonsten kein Anspruch aus § 242 BGB bestünde. Auch hier sollten indes vertragliche Anbietungspflichten zugelassen
werden. Das gilt insbesondere für Rechte, die nach § 31 Abs. 4 UrhG a. F.
sowie nach § 40a und § 88 Abs. 2 nicht bei Vertragsschluss erworben werden
konnten.

b) **Anspruch aus § 242 BGB:** Ein **Kontrahierungsanspruch** kann sich im Aus-   **94**
nahmefall aus **Treu und Glauben** (§ 242 BGB) ergeben (BGH GRUR 2002,
248, 252 – *Spiegel-CD-ROM*; LG München I MMR 2000, 291, 292 – *Focus
TV*, das auch eine Analogie zu § 9 UrhG bemüht; ferner *Katzenberger* AfP
1997, 434, 441). Das erfordert eine Abwägung aller Umstände des Einzelfalles
(BGH GRUR 2002, 248, 252 – *Spiegel-CD-ROM*) und setzt in jedem Fall das
Angebot einer angemessenen Vergütung für die zusätzlichen Rechte voraus
(KG GRUR 2002, 252, 256 – *Mantellieferung*). Die Anbietungspflicht kann
im Arbeitsverhältnis weiter reichen als bei Freischaffenden (OLG Nürnberg
ZUM 1999, 656, 657 – *Museumsführer*). Ein Verstoß gegen Treu und Glauben
muss **zwischen den Vertragspartnern** vorliegen. Daher stellt die Praxis bei
Wahrnehmungsverträgen, das nicht eingeräumte Bearbeitungsrecht unter ein
Zustimmungserfordernis der Urheber zu stellen, keinen Verstoß gegen Treu
und Glauben dar, auf den sich Verwerter berufen können, die kein Vertragspartner des Wahrnehmungsvertrages sind (*v. Einem* ZUM 2005, 540, 545 f.;
a. A. *Castendyk* ZUM 2005, 9, 18).

Hauptanwendungsfall sind **bei Vertragsschluss unbekannte Nutzungsarten,**   **95**
wenn eine Einräumung von Nutzungsrechten an deren damaliger Unbekanntheit scheiterte (§ 31 Abs. 4 a. F., vgl. § 31a Rn. 6 ff.) und der Vertragszweck
ohne die Nacheinräumung erheblich beeinträchtigt würde. Das kann der Fall
sein, wenn die früher unbekannte Nutzungsart in Konkurrenz zu bekannten
und eingeräumten Rechten tritt, den Urheber aber eine Enthaltungspflicht trifft
(vgl. Rn. 47). Einige Fälle erledigt ab 1.1.2008 allerdings § 137l (der allerdings
zwischen Verwertern im Regelfall nicht wirkt, dazu vgl. Rn. 278). Ansprüche
aus § 242 BGB werden etwa im **Pressebereich** für die nachträgliche Rechtseinräumung für **Online-Ausgaben** angenommen, wenn eine wirtschaftliche Beteiligung erfolgt und wenn keine schwerwiegenden Gründe in der Person des Autors dagegen geltend gemacht werden können (*Rath-Glawatz/Dietrich* AfP
2000, 222, 227; s. a. KG GRUR 2002, 252, 256 – *Mantellieferung*), sofern
nicht schon § 137l greift. Weitere Anwendungsfälle sind § **40a und § 88 Abs. 2
S. 2** mit ihrem Rechterückschritt in die Nicht-Exklusivität, wenn bei Rechtevergabe an einen Dritten eine relevante Konkurrenz entstehen würde, den Urheber
eine Enthaltungspflicht trifft (vgl. Rn. 47) und der Verwerter dem Urheber eine
(zusätzliche) angemessene Vergütung anbietet; allerdings muss es dabei bleiben,
dass es sich um Ausnahmefälle handelt, es muss deshalb ein hinreichend
schutzwürdiger Vertrauenstatbestand auf Werknutzerseite gegeben sein; dazu
vgl. § 40a Rn. 25 und vgl. § 88 Rn. 88a.

Die Grenzen der Anwendung von Treu und Glauben sind nicht schon dann   **96**
erreicht, wenn der betroffenen Vertragspartei bei Vertragsschluss die Möglichkeit bestand, die Rechte zu erwerben (z. B. die neue Nutzungsart war bekannt),
weil § 242 BGB durchaus auch helfen kann, um **Nachlässigkeiten bei Vertragsschluss** zu korrigieren (a. A. LG München I MMR 2000, 291, 292 – *Focus
TV*). Das gilt insb. dann, wenn der Vertragspartner des Urhebers seinerseits
Rechte im üblichen Umfang an Dritte gewährt hat, der Urheber aber keine so

weitgehende Rechtseinräumung eingegangen ist. Beispielsweise kann ein Verleger, der das Recht zur „Verfilmung" in dem in der Praxis heute üblichen, über § 88 hinausgehenden Rechtekatalog (z. B. auch für Merchandising) an einen Filmproduzenten einräumt, vom Urheber eine Nacheinräumung verlangen, wenn nicht sachliche Gründe des Urhebers dem entgegenstehen und die fehlende Einholung vom Urheber wirklich nur auf einer Nachlässigkeit des Verlegers beruht.

97 Neben der Einräumung von Verwertungsrechten kann § 242 BGB auch als Abwehr gegen eine **Verwertungsblockade** ins Feld geführt werden. Das ist der Fall, wenn ein Filmurheber sich auf die mangelnde Einräumung des Veröffentlichungsrechts (§ 12 Abs. 1) beruft, gleichzeitig aber vom Filmproduzenten das volle Honorar für die Werkschöpfung verlangt und dadurch die Verwertung auch zu Lasten anderer Urheber und Leistungsschutzberechtigter blockiert wird (OLG Köln GRUR-RR 2005, 337, 338 – *Dokumentarfilm Massaker* unter Verweis auch auf § 8 Abs. 2 S. 2). Gleiches gilt, wenn Rechte an einem Lichtbildwerk zwar für das Cover einer Musik-LP und -MC, nicht jedoch für die heute dominierende Musik-CD eingeräumt wurden und deshalb eine Verweigerung der Rechtseinräumung zu einer Blockade der Verwertung (unter Verwendung des bisherigen Covers) führen würde; der Urheber hat dann nur einen Anspruch auf zusätzliche Vergütung (OLG Hamburg GRUR 2000, 45, 48 – *Streicheleinheiten*).

98 Auch für die Ermittlung der **Rechtsfolge** ist eine umfassende Interessenabwägung im Einzelfall erforderlich. Verbot **§ 31 Abs. 4 a. F.** (vgl. § 31a Rn. 6 ff.) bei Vertragsschluss wegen Unbekanntheit der Nutzungsart eine Rechtseinräumung, kann § 242 BGB das nicht einfach später übergehen. Ansonsten käme § 242 BGB einer Zwangslizenz nach Bekanntwerden der Nutzungsart gleich (BGH GRUR 2002, 248, 251 – *Spiegel CD-ROM*). Wie bei urheberrechtlichen oder kartellrechtlichen Kontrahierungsansprüchen begründet § 242 BGB deshalb für die Einräumung von Rechten an früher unbekannten Nutzungsarten als Rechtsfolge allein eine schuldrechtliche Verpflichtung zur Rechtseinräumung, ohne die eine Nutzung illegal ist (BGH GRUR 2002, 248, 251 – *Spiegel CD-ROM*; KG GRUR 2002, 252, 256 – *Mantellieferung*). Schadensersatzansprüche des Rechtsinhabers sind jedoch bei Anspruch auf Rechtseinräumung ausgeschlossen (zu den Kontrahierungsansprüchen vgl. Rn. 90). **Anderes gilt**, wenn die Verweigerung der Einräumung schon bei Vertragsschluss gegen § 242 BGB verstieße, z. B. im genannten Fall der **Verwertungsblockade**. Insoweit ist durch § 242 BGB bereits der Unterlassungsanspruch gesperrt (so auch OLG Köln GRUR-RR 2005, 337, 338 – *Dokumentarfilm Massaker*; OLG Hamburg GRUR 2000, 45, 48 – *Streicheleinheiten*); Schadensersatzansprüche scheiden ohnehin aus. Ansonsten können Unterlassungsansprüche auch bei entsprechender Anwendung der kartellrechtlichen Praxis zu standardessentiellen Patenten ausnahmsweise ausscheiden, vgl. Rn. 89.

99 **Abzugrenzen** sind die **Fälle des § 39 Abs. 2**. Danach sind Änderungen des Werkes oder des Titels, zu denen der Urheber seine Zustimmung nach Treu und Glauben nicht verweigern kann, auch ohne zusätzliche Nutzungsrechtseinräumung zulässig, sodass es keiner Klage auf Zustimmung bedarf.

100 c) **Störung der Geschäftsgrundlage, § 313 BGB:** Eine Änderung des Vertrages und die Anpassung des Umfangs gewährter Nutzungsrechte kann sich aus den nun in § 313 BGB niedergelegten Grundsätzen über die Störung der Geschäftsgrundlage ergeben. Die Anpassung des Vertrages geht einem Rücktritt oder einer Beendigung vor, § 313 Abs. 3 BGB (BGH GRUR 1990, 1005, 1007 – *Salome I*; BGH GRUR 1996, 763 – *Salome II*; BGH GRUR 1997, 215, 219 – *Klimbim*).

aa) Verhältnis zu anderen Vorschriften: Der Wegfall der Geschäftsgrundlage ist **101** als Rechtsinstitut trotz seiner Kodifikation in § 313 BGB **subsidiär** (Wandtke/Bullinger/*Wandtke/Grunert*[4] Rn. 17; Schricker/Loewenheim/*Ohly*[5] Vor §§ 31 ff. Rn. 75). Vorrangig ist neben speziellen gesetzlichen Regelungen (z. B. § 137l UrhG) eine ggf. mögliche **ergänzende Vertragsauslegung**, z. B. ein vertraglicher Anspruch aus § 242 BGB auf Einräumung von Nutzungsrechten (vgl. Rn. 94 ff.) oder eine Feststellung gemeinsamer Inhaberschaft bei nicht eindeutig verteilten Rechten (BGH GRUR 2005, 320, 322 f. – *Kehraus;* ebenso die Vorinstanz OLG München ZUM-RD 2002, 77, 85 – *Kehraus*, wenn auch mit anderem Auslegungsergebnis).

bb) Voraussetzungen: Eine Anpassung des Nutzungsvertrages kommt unter **102** folgenden Voraussetzungen in Betracht, § 313 Abs. 1 BGB: (1) Die Umstände, die zur Grundlage des Vertrages geworden sind, müssen sich nach Vertragsschluss schwerwiegend geändert haben (§ 313 Abs. 1 BGB) oder sie müssen von Anfang an gefehlt haben (§ 313 Abs. 2 BGB). (2) Die Parteien hätten bei Vorhersehen dieser Umstände den Vertrag nicht oder anders geschlossen. (3) Ein Festhalten an dem Vertrag wäre unter Berücksichtigung aller Umstände des Einzelfalls unzumutbar. Dazu gehört auch, dass die Änderung der Umstände weder durch eine Vertragspartei verschuldet wurde noch sie im Risikobereich einer Vertragspartei liegt. Derjenige, der selbst die entscheidende Veränderung der Verhältnisse bewirkt hat, darf sich also nicht darauf berufen (BGH GRUR 2005, 320, 325 – *Kehraus*). Wer eigenmächtig statt der vereinbarten 6teiligen Serie eine 8teilige Serie herstellt, kann nicht eine Störung der Geschäftsgrundlage geltend machen (BGH GRUR 1993, 595 – *Hemmingway-Serie*). Regelmäßig wird zwischen **objektiver und subjektiver Geschäftsgrundlage** unterschieden, wobei beide eine gemeinsame Schnittmenge haben. Objektive Geschäftsgrundlage sind dabei Ereignisse wie Naturkatastrophen, Kriege oder die Deutsche Einheit, während als subjektive Geschäftsgrundlage bestimmte Vorstellungen der Parteien erfasst werden sollen. Aufgrund des das gesamte Schuldrecht beherrschenden Grundsatzes der Vertragtreue und daraus resultierenden Möglichkeiten der Vertragsauslegung kann das Institut des Wegfalls der Geschäftsgrundlage nicht leichtfertig angewendet werden, sondern nur dann, wenn es zur Vermeidung untragbarer, mit Recht und Gerechtigkeit schlechthin nicht vereinbarer und damit der betroffenen Vertragpartei nicht zumutbaren Folgen unabweisbar erscheint (BGH GRUR 2005, 320, 325 – *Kehraus*; BGH GRUR 1997, 215, 219 – *Klimbim).*

cc) Anwendungsfälle: Meist führt im Urheberrecht eine **Störung im Äquivalenzverhältnis** zu Erwägungen, über § 313 BGB eine Vertragsanpassung vorzunehmen (BGH GRUR 1990, 1005 – *Salome I*; BGH GRUR 1996, 763 – *Salome II*; ferner OLG München ZUM 1988, 581). Das kann aber nur ausnahmsweise angenommen werden. **Nicht genügend** sind: Verschlechterung des Absatzes während **Kriegszeiten** (BGH GRUR 1954, 129, 131 – *Besitz der Erde*; ferner OLG Köln GRUR 1950, 579, 584) oder eine **nachträglich anfallende Mehrwertsteuer**, weil sie im Risikobereich des Steuerpflichtigen liegt (BGH GRUR 2003, 84 – *Videofilmverwertung*).

Hauptanwendungsgebiet des Institutes war eine nachhaltige Veränderung der **104** politisch-geografischen Situation, wie sie durch die Deutsche Wiedervereinigung eintrat. Die Parteien, die vor der Wende Verträge geschlossen hatten, waren regelmäßig vom Fortbestand der DDR ausgegangen, sodass aufgrund des für die Vertragsparteien unerwarteten Eintritts der **Deutschen Einheit** eine Störung des wirtschaftlichen Austauschverhältnisses eintrat. Die Folgen für Urheberrechtsverträge sind im Einigungsvertrag nicht geregelt und bewusst der Rechtsprechung überlassen worden (BGH GRUR 1997, 215, 218 – *Klimbim*). Der Wegfall der Geschäftsgrundlage ist auch auf vertragliche Schuldverhältnisse, die in der DDR begründet wurden, anwendbar (BGH GRUR 2001, 826, 830 – *Barfuß ins Bett*).

105   Eine **Anpassung des Vertrages** (und ein daraus folgender Anspruch auf Einräumung) kommt etwa in Betracht, wenn eine Fernsehanstalt der ARD die **Senderechte** nur für die alten Bundesländer besitzt, nach der Wiedervereinigung aber allein mit diesem räumlichen Umfang ihre dem Vertragszweck entsprechende Aufgabe, das Gemeinschaftsprogramm der ARD zu gestalten, nicht mehr zumutbar erfüllen kann. Insbesondere muss eine Anpassung erfolgen, wenn eine Ausstrahlung in östliche Bundesländer über Kabel verhindert werden könnte. Die Anpassung ist auf eine Vergrößerung des Nutzungsbereiches gerichtet (BGH GRUR 1997, 215, 219 – *Klimbim*; *Schwarz* ZUM 1997, 94, 95). Eine Anpassung kommt auch in Betracht, wenn die Senderechte auf alte und neue Bundesländer aufgeteilt sind und keine der beiden Parteien eine Sendung durch Kabel oder Satellit vornehmen kann, ohne die Rechte der jeweils anderen Partei zu verletzen. Die Parteien müssen sich dann wechselseitig lizensieren. Im Rahmen der insoweit erforderlichen Vertragsanpassung kann u. U. gegen angemessene Beteiligung am Erlös das Recht zur Einspeisung der Programmsignale in die Kabelnetze der neuen Länder eingeräumt werden (OLG München ZUM-RD 2002, 77, 85 – *Kehraus*; wegen anderer Vertragsauslegung nicht entschieden durch BGH GRUR 2005, 320, 325 – *Kehraus*). Für das terrestrische und das Kabelsenderecht erhält der Lizenzgeber für die neuen Bundesländer 20%; bei der Nutzung der Satellitensenderechte kann der Empfang nicht territorial begrenzt werden, sodass ein Aufschlag in Betracht kommt, wenn andere Rechte des Lizenzgebers außerhalb der Neuen Bundesländer beeinträchtigt werden (s. OLG München ZUM 2010, 719 – *Kehraus*, dort wurden 10% Aufschlag angenommen). In Abgrenzung zu seinen Entscheidungen zur räumlichen Ausdehnung von Senderechten nach der deutschen Wiedervereinigung (insb. BGH GRUR 1997, 215, 219 – *Klimbim*) verweigert der BGH aber eine Vertragsanpassung, wenn es neben der räumlichen Erweiterung auch um eine sachliche Erweiterung der Rechtseinräumung geht. Im Fall *Kehraus* (BGH GRUR 2005, 320, 325) war anders als in *Klimbim* nicht Gegenstand eine bloß räumliche Erweiterung schon eingeräumter erdgebundener Fernsehnutzungsrechte für die alte Bundesrepublik und Berlin (West) auch auf das Gebiet der ehemaligen DDR nach der Wiedervereinigung. Der Co-Produzent begehrte auch sachlich mehr Rechte, nämlich ihm bislang noch nicht zustehende Satellitenrechte, die außerdem noch weltweit hätten eingeräumt werden müssen (BGH GRUR 2005, 320, *325* – *Kehraus*).

106   Eine **Vertragsanpassung scheidet** auch **aus** in Sachverhalten, in denen eine Koexistenz der unterschiedlichen räumlichen Rechte auf dem Gebiet der Bundesrepublik und der DDR zumutbar ist. Dann bleibt es nach der Wiedervereinigung bei den gespaltenen Lizenzgebieten. Allein die deutsche Einheit führt daher im Hinblick auf das **Verbreitungsrecht** für körperliche Vervielfältigungsstücke nicht zu einer räumlichen Erstreckung der Nutzungsrechte auf den jeweils anderen Teil Deutschlands (BGH MMR 2010, 336 Tz. 19 – *Der Name der Rose*; BGH GRUR 1997, 215, 219 f. – *Klimbim*; OLG Hamm GRUR 1991, 907, 908 – *Strahlende Zukunft*). Ebenso erfolgt keine Vertragsanpassung, wenn sich das auswertbare Lizenzgebiet bei Rechten, die das damalige Fernsehen der DDR für die BRD einräumte, nicht vergrößert hat und der Urheber (ein Regisseur) eine für damalige Verhältnisse angemessene Vergütung erhielt (BGH GRUR 2001, 826, 830 – *Barfuß ins Bett*).

107   Die Anwendung der Grundsätze über die Störung der Geschäftsgrundlage kommt auch in Betracht, wenn neue, **bei Vertragsschluss unbekannte Nutzungsarten** später für die Verwertung große Bedeutung erlangen oder wenn **neue, aber bekannte Nutzungsarten** nicht in den Vertrag einbezogen wurden.

Allerdings werden diese Fälle begrenzt über § 137l, ansonsten auch über eine (vorrangige, § 313 Abs. 3 BGB und vgl. Rn. 101) Vertragsauslegung gelöst (hierzu vgl. Rn. 98). Auch ein **technischer Fortschritt** (wie die Entwicklung von Kabel- und Satellitenfernsehen) kann grundsätzlich eine Störung der Geschäftsgrundlage auslösen. Ein Lizenzvertrag, der einem Fernsehsender die Ausstrahlung lizenzierter Filme für ein bestimmtes (deutschsprachiges) Vertragsgebiet erlaubt, während die Ausstrahlung durch **Satelliten** weit darüber hinaus geht, kann den technischen Veränderungen angepasst werden, indem der erweiterten Ausleuchtzone durch eine Erhöhung der Lizenzgebühr über den Wegfall der Geschäftsgrundlage Rechnung getragen wird (OLG Frankfurt GRUR Int. 1996, 247 – *Satellit erweitert Lizenzgebiet*).

Ein **Tonträgerproduktionsvertrag** zwischen Künstler und Tonträgerproduzenten bildet nicht die Geschäftsgrundlage für den Bestand eines Verlagsvertrages über Kompositionen und Texte bei einem vom Tonträgerhersteller auszuwählenden Verlagspartner (OLG Frankfurt ZUM 2003, 957, 958). Hat ein Verleger im Jahre 1937 einen Subverlagsvertrag geschlossen, weil er als Verfolgter des Nationalsozialismus auswandern musste und die Verwertungsmöglichkeiten der Werke nicht selbst ausschöpfen konnte, und ersetzen die Vertragsparteien diesen Vertrag im Jahre 1960 durch eine modifizierte Subverlagsvereinbarung, so kann sich der Originalverleger im Jahre 1982 nicht unter Hinweis auf seine frühere **politische Verfolgung** auf den Wegfall der Geschäftsgrundlage berufen (OLG München ZUM 1987, 297). Vergütungsnachforderungen des Urhebers gemäß §§ 32, 32a führen im Regelfall nicht zur Störung der Geschäftsgrundlage zwischen Produzenten und Sendeanstalt (*Hoeren* FS Nordemann II S. 181, 182 ff.). Steht bei der Rechtseinräumung in einem **Vertrag über eine Musikaufnahme** noch nicht fest, ob es bei einer Aufführung überhaupt zu einem **Mitschnitt** kommen wird, so kann das nicht zur Störung der Geschäftsgrundlage führen (ArbG Dresden ZUM 2005, 418). **108**

dd) Rechtsfolgen: Grundsätzlich findet eine **Vertragsanpassung** statt. Führt der Wegfall der Geschäftsgrundlage dazu, dass **Nutzungsrechte zusätzlich eingeräumt** werden müssen, wird der Umfang der gegenständlichen Einräumung zunächst nicht berührt. Rechtsfolge ist grundsätzlich nur ein schuldrechtlicher Anspruch auf Vertragsanpassung (zu Ausnahmen vgl. Rn. 89). Es bedarf einer weiteren Einräumung, ansonsten liegt bei Nutzung eine Rechtsverletzung vor (BGH GRUR 2002, 248, 252 – *Spiegel-CD-ROM*; BGH GRUR 1997, 215 – *Klimbim*). Allerdings schließt ein Anspruch auf Vertragsänderung aus, dass ein Schadensersatzanspruch gegen den Gläubiger des Änderungsanspruches geltend gemacht werden kann. Zur **prozessualen Durchsetzung** des Änderungsanspruches sei auf die Ausführungen zu den Kontrahierungsansprüchen verwiesen (vgl. Rn. 91). Ist die Rechtsfolge eine **Reduzierung der Rechtseinräumung**, schlägt dies allerdings wegen des fehlenden Abstraktionsprinzips im Urheberrecht (vgl. § 31 Rn. 30 ff.) direkt auf die Rechtseinräumung durch (so auch Schricker/Loewenheim/*Ohly*[5] Vor §§ 31 ff. Rn. 78). Der Nutzungsberechtigte verliert also automatisch seine Rechte an den Urheber mit Eintritt des Wegfalls der Geschäftsgrundlage. **109**

Nur wenn die (vorrangige) **Vertragsanpassung** nicht möglich ist, kommt bei Dauerschuldverhältnissen eine **Kündigung** oder ansonsten ein **Rücktritt** als Rechtsfolge in Betracht, § 313 Abs. 3 BGB (s. a. BGH GRUR 1997, 215, 219 – *Klimbim*; BGH GRUR 1996, 763 – *Salome II*; BGH GRUR 1990, 1005, 1007 – *Salome I*). **110**

13. Erlöschen der Einräumung von Nutzungsrechten

a) Allgemeines: Nutzungsrechte können zum einen durch **Wegfall des Verfügungsgeschäfts**, also der Nutzungsrechtseinräumung als solcher, erlöschen. Zum **111**

anderen kann ein Erlöschen von Nutzungsrechten auch durch den **Wegfall des** (schuldrechtlichen) **Verpflichtungsgeschäfts** bewirkt werden. Denn damit verliert die Nutzungsrechtseinräumung ihre Rechtswirkung. Es kommt zu einem automatischen Rechterückfall (im Einzelnen str., vgl. § 31 Rn. 30 ff.). Dieser Rechterückfall wird im urheberrechtlichen Sprachgebrauch auch als „**Heimfall**" von Rechten an den Urheber bezeichnet. Der Heimfall von Nutzungsrechten führt zu deren Erlöschen in den Händen des Berechtigten und zur Aufhebung der Belastung des Urheberrechts als Stammrecht mit dem betreffenden Nutzungsrecht. Der Kreis seiner Verwertungsrechte wird wieder komplettiert (zum Heimfall Schricker/Loewenheim/*Ohly*[5] Vor §§ 31 ff. Rn. 98, § 31 Rn. 18). Grund für das Erlöschen kann eine **Vereinbarung** (vgl. Rn. 113), der **Ablauf der Schutzfrist** (vgl. Rn. 114), die **Ausübung von Gestaltungsrechten** (vgl. Rn. 115 ff.) oder ein sonstiger Heimfallgrund (Verzicht, Wegfall Erwerber (str.), Insolvenz, vgl. Rn. 156 ff.) sein. Bei der Ausübung von Gestaltungsrechten ist zu beachten, dass ihre **unbegründete Ausübung** eine Schadensersatzpflicht auslösen kann, wenn die Ausübung nicht „plausibel" war (BGH NJW 2009, 1262 Tz. 20).

112   Der Grund für den Wegfall des Verpflichtungs- oder Verfügungsgeschäfts betrifft möglicherweise **nur einzelne Rechte**. Dann hat eine Vertragsauslegung stattzufinden, ob das Geschäft im Hinblick auf die übrigen Rechte aufrechterhalten bleibt. Wenn **abtrennbare Teile** eines einheitlichen Geschäftes betroffen sind und die Parteien es auch ohne den nichtigen Teil abgeschlossen hätten, stellt sich die Frage der Anwendbarkeit des § **139 BGB**, um das Geschäft zumindest teilweise aufrecht zu erhalten. Ein Tonträgerproduktionsvertrag zwischen Künstler sowie Tonträgerproduzenten einerseits und ein Verlagsvertrag über Kompositionen und Texte bei einem vom Tonträgerhersteller auszuwählenden Verlagspartner andererseits stellen kein einheitliches Rechtsgeschäft i. S. d. § 139 BGB dar (OLG Frankfurt ZUM 2003, 957, 958). Auch ein Rechterückruf nach § 41 bezieht sich grundsätzlich immer nur auf das ausschließliche Recht, das nicht oder nicht hinreichend durch den Verwerter ausgeübt wurde (vgl. § 41 Rn. 41). Bei der außerordentlichen Kündigung wegen Erschütterung der Vertrauensgrundlage ist zu fragen, ob sich die Erschütterung der Vertrauensgrundlage auch auf nicht betroffene Werke, für die ebenfalls ein Vertrag besteht, bezieht und damit die Kündigung darauf ausgedehnt werden kann (vgl. Rn. 139).

113   b) **Vereinbarung:** Nutzungsverträge können von vornherein für eine **bestimmte Zeitdauer** (z. B. 5 Jahre) geschlossen werden; mit deren Ablauf enden sie (vgl. § 31 Rn. 53 ff.). Eine Befristung ist auch die Abrede, dass die Nutzung „**bis zum Ablauf der gesetzlichen Schutzfrist**" erfolgen soll. Wenn die **Schutzfrist gemäß UrhG nach Vertragsschluss geändert** wurde, sind die Auslegungsregeln in § 137 Abs. 2, 3 und 4, § 137b Abs. 2 und 3, § 137c Abs. 2 und 3, § 137f Abs. 4 zu beachten. Endet für Werke ausländischer Urheber aus konventionsrechtlichen Gründen vorübergehend der Urheberrechtsschutz in Deutschland, ist nicht davon auszugehen, dass auch der Nutzungsvertrag beendet ist (BGH GRUR 2001, 1135, 1138 – *Lepo Sumera*). Zu Rechtseinräumungen über die Schutzfrist hinaus vgl. Rn. 114. Über dies gelten außer zeitlichen Befristungen alle anderen zivilrechtlichen Gestaltungsmöglichkeiten bei Vertragsschluss für eine Beendigung der Nutzungsrechtseinräumung, z. B. **auflösende Bedingung** (§ 158 Abs. 2 BGB), **quantitative Begrenzung** der Nutzungsrechtseinräumung (3 Sendungen, 4 Aufführungen, Vervielfältigung und Verbreitung von 1000 Exemplaren usw.), vgl. § 31 Rn. 57. Außerdem können die Parteien jederzeit einen **Aufhebungsvertrag** schließen (Wandtke/Bullinger/*Wandtke/Grunert*[4] Rn. 8).

114   c) **Ablauf der Schutzfrist:** Mit Ablauf der Schutzfrist erlöschen die Nutzungsrechte (BGH GRUR 2001, 1135, 1138 – *Lepo Sumera*; *Ulmer*, Urheber- und

VerlagsR[3] S. 347). Ein Verpflichtungsgeschäft, in dem die Vereinbarung einer Rechteeinräumung über die Schutzfrist hinaus getroffen wurde (sog. **Leerübertragung** oder besser Leereinräumung oder **Einräumung eines Scheinrechts**), ist im Gegensatz zur früheren, umstrittenen Rechtslage bei anfänglicher Unmöglichkeit (§ 306 BGB a. F., nun § 311a Abs. 1 BGB) nicht nichtig, sondern wirksam und kündbar (BGH GRUR 2012, 910 Tz. 17 – *Delcantos Hits*; s. ferner BGH GRUR 1993, 40, 41 f. – *Keltisches Horoskop*; auch vgl. Rn. 174). Die erforderliche Auslegung des Vertrages kann sogar ergeben, dass der Vertrag unkündbar auch nach Ende der Schutzfrist so lange läuft, wie der Vertragspartner Nutzungsentgelte Dritter vereinnahmt (LG München I ZUM 2007, 674, 678, für ein Beteiligungshonorar des gemeinfreien Librettisten gegenüber dem noch geschützten Komponisten). Die Parteien können allerdings die Rechtsfolgen anders regeln, z. B. dem Rechtegeber für eine Entgeltpflicht die Darlegungs- und Beweislast auferlegen, dass Schutz besteht (BGH GRUR 2012, 910 Tz. 21 ff. *Delcantos Hits*); zur Haftung des Veräußerers, zu den Rechten des Erwerbers und zur Vertragsgestaltung *Wündisch* GRUR 2012, 1003, 1004 ff.; ferner zu Leistungsstörungen vgl. Rn. 163 ff.

d) Kündigung: Urheberrechtliche Nutzungsverträge können gekündigt werden,   **115** wenn sie **Dauerschuldverhältnisse** sind (vgl. Rn. 165). Das Gleiche gilt für Werkverträge während des Erstellungszeitraumes, wenn es sich insoweit um ein längerfristig angelegtes Vertragsverhältnis handelt (OLG Stuttgart ZUM-RD 2007, 80, 84, für eine Filmproduktion). Zur unbegründeten Kündigung und Schadensersatz vgl. Rn. 111.

aa) Ordentliche Kündigung: Eine ordentliche Kündigung kommt zunächst in   **116** Betracht, wenn die Parteien eine solche im Nutzungsvertrag privatautonom **vereinbart** haben. Sie kann von äußeren Ereignissen, Zeitablauf und Kündigungsfristen abhängig gemacht werden.

Ist keine explizite Kündigungsklausel vereinbart, entscheidet die **Vertragsausle**   **117** **gung** (BGH GRUR 1986, 91, 93 – *Preisabstandklausel*, dort verneint). Eine ordentliche Kündigungsmöglichkeit für eine Vertragspartei ohne ausdrückliche vertragliche Abrede kann nur bestehen, wenn der Nutzungsvertrag **keine zeitliche Begrenzung** hat; im Falle einer Laufzeitabrede hingegen ist sie – wie § 542 BGB für den Mietvertrag regelt – ausgeschlossen. Solche Laufzeitbegrenzungen können explizit im Vertrag geregelt sein, etwa durch Bestimmung eines Enddatums, sie können aber auch allgemeinen Formulierungen wie „bis zum Ablauf der Schutzfrist" entnommen werden. Demgegenüber deutet „zeitlich unbeschränkt" eher auf keine feste Laufzeit hin (Loewenheim/*Jan Bernd Nordemann*[2] § 26 Rn. 15).

Ein Kündigungsrecht analog § 544 BGB für Urheberrechtsverträge mit einer   **118** längeren Laufzeit als 30 Jahren besteht nach deren Ablauf **nicht** (Loewenheim/ *Jan Bernd Nordemann*[2] § 26 Rn. 15; a. A. *Fink-Hooijer* S. 182 ff.). Für eine Analogie fehlt es an einer Regelungslücke; im Zuge der Reform des Urhebervertragsrechtes 2002 wurde eine in § 32 Abs. 5 RegE vorgesehene dementsprechende Regelung (RegE UrhVG 2002 – BT-Drs. 14/7564, S. 5 i. V. m. BT-Drs. 14/6433, S. 15) nicht in das UrhG aufgenommen (Schricker/Loewenheim/*Ohly*[5] Vor §§ 31 ff. Rn. 86).

Ist das Rechtsverhältnis der Parteien ausnahmsweise als **Dienstvertrag** zu quali   **119** fizieren (dazu vgl. Rn. 167), sei auf § 621 BGB hingewiesen. Für **Werkverträge** gilt § 649 BGB (eingehend OLG Stuttgart ZUM-RD 2007, 80, 85 f.).

Eine spezielle Regelung trifft § **40 Abs. 1 S. 2**: Verträge über künftige Werke   **120** können nach Ablauf von 5 Jahren mit einer Frist von 6 Monaten gekündigt

werden; dieses Recht ist unabdingbar (§ 40 Abs. 2). Andere Kündigungsgründe
bleiben unberührt (vgl. § 40 Rn. 22 ff.).

121 bb) **Außerordentliche Kündigung: (1) Aus wichtigem Grund** (§ 314 BGB): Ist
der Nutzungsvertrag als **Dauerschuldverhältnis** ausgestaltet (im Einzelnen vgl.
Rn. 165) oder handelt es sich zumindest um ein längerfristiges Vertragsverhältnis (OLG Stuttgart ZUM-RD 2007, 80, 84 für einen Werkvertrag während der
Produktion), kann er aus wichtigem Grund **stets außerordentlich** gekündigt
werden, § 314 BGB (auch vor Einführung des § 314 BGB durch die Schuldrechtsreform BGH GRUR 1990, 443, 445 – *Musikverleger IV*; BGH GRUR
1982, 41, 43 – *Musikverleger III*). Eine Kündigung kann auch im Zeitpunkt
zwischen Angebot und Annahme erfolgen, weil der Kündigende an sein Angebot nicht stärker als an einen abgeschlossenen Vertrag gebunden sein kann
(OLG Stuttgart ZUM-RD 2007, 80, 83 f.).

122 Ein **wichtiger Grund** für eine Kündigung liegt vor, wenn dem kündigenden Teil
unter Berücksichtigung aller Umstände des Einzelfalls und unter Abwägung
der beiderseitigen Interessen die Fortsetzung des Vertragsverhältnisses bis zur
vereinbarten Beendigung oder bis zum Ablauf einer Kündigungsfrist **nicht zugemutet** werden kann, § 314 Abs. 1 S. 2 BGB (BGH GRUR 2001, 1134,
1138 – *Lepo Sumera*; BGH GRUR 1997, 236, 238 – *Verlagsverträge*; BGH
GRUR 1984, 754, 756 – *Gesamtdarstellung rheumatischer Krankheiten*; BGH
GRUR 1982, 41, 43, 45 – *Musikverleger III*; BGH GRUR 1977, 551, 553 –
Textdichteranmeldung; BGH GRUR 1959, 51, 53 – *Subverlagsvertrag*). Als
Grund kommen danach sowohl die wesentliche **Erschütterung der Vertrauens-
grundlage** für die Fortsetzung des Vertrages als auch nachhaltige **Leistungsstö-
rungen** in Frage. Es ist nicht ersichtlich, warum die Regelung des § 314 BGB
für urheberrechtliche Verträge lediglich zum Zuge kommen sollte, wenn eine
Störung der Vertrauensgrundlage gegeben ist (so aber Dreier/Schulze/*Schulze*[5]
Rn. 85 ff. unter unzutreffender Berufung auf BGH GRUR 1977, 551, 553 –
Textdichter, die ohnehin durch § 314 BGB überholt wäre; unzutreffend ferner
OLG Stuttgart ZUM-RD 2007, 80, 84). Die Grenzen zwischen Kündigungen
wegen Störung des Vertrauensverhältnisses allein und Störungen im Leistungsbereich, die derart nachhaltig sind, dass sie auch die Vertrauensgrundlage erfas-
sen, können aber fließend sein (Wandtke/Bullinger/*Wandtke/Grunert*[4] Rn. 13).

123 Der Grund kann sowohl in **einzelnen gravierenden Verstößen** als auch in einer
Summe für sich genommen geringerer, auch zeitlich zurückliegender Verstöße
liegen (BGH GRUR 1990, 443, 445 – *Musikverleger V*; BGH GRUR 1982,
41, 43, 45 – *Musikverleger III*; OLG Schleswig ZUM 1995, 867, 873 – *Werner*). Es kommt hier auch auf die Vertragslaufzeit an: bei kurzer Laufzeit kann
u. U. ein erstmaliger Verstoß genügen (OLG München ZUM-RD 2000, 60,
63 – *Vorlesungsverzeichnis*).

124 Die fristlose Kündigung ist **ultima ratio**, um den Grundsatz der Gültigkeit ge-
schlossener Verträge („pacta sunt servanda“) nicht zu unterlaufen (OLG Celle,
ZUM 1986, 213, 217 – *Arno Schmidt*; Dreier/Schulze/*Schulze*[5] Rn. 84; Schri-
cker/Loewenheim/*Ohly*[5] Vor §§ 31 ff. Rn. 86 m. w. N.). Daher muss in jedem
Fall eine strenge **Verhältnismäßigkeitsprüfung** vorgenommen werden, ob die
Voraussetzungen einer fristlosen Kündigung wirklich gegeben sind und die vertragsgemäße Zusammenarbeit beider Parteien nicht durch andere mildere
Maßnahmen gewährleistet werden kann. Eine solche **mildere Maßnahme** ist
die **vorherige Abmahnung** mit Kündigungsandrohung (§ 314 Abs. 2 BGB), zu
der der Kündigende grundsätzlich verpflichtet ist (BGH GRUR 1984, 754,
756 – *Gesamtdarstellung rheumatischer Krankheiten*; BGH GRUR 1974, 789,
792 – *Hofbräuhaus-Lied*). Das gilt insbesondere dann, wenn sich ein Mitarbeiter falsch verhält, die Kündigung jedoch gegenüber einer personenverschiede-

nen Gesellschaft auszusprechen wäre, um den Gesellschaftern Gelegenheit zu geben, auf den Mitarbeiter einzuwirken (OLG Stuttgart ZUM-RD 2007, 80, 84). Eine Abmahnung ist auch dann notwendig, wenn sich der andere für sein Fehlverhalten unmittelbar danach entschuldigt (OLG Stuttgart ZUM-RD 2007, 80, 85). Einer Abmahnung bedarf es aber ausnahmsweise nicht, wenn – bei Gründen im Vertrauensbereich – das künftige Verhalten an der Zerstörung der Vertrauensgrundlage nichts mehr zu ändern vermag (§ 314 Abs. 2 S. 2 BGB i. V. m. § 323 Abs. 2 Nr. 3 BGB; BGH GRUR 1971, 35, 40 – *Maske in Blau;* OLG München ZUM-RD 2000, 60, 64 – *Vorlesungsverzeichnis;* am Beispiel eines Warenzeichenlizenzvertrages BGH GRUR 1992, 112, 114 – *pulp wash*) oder wenn – bei Gründen im Leistungsbereich – der andere Teil seine Leistung endgültig verweigert oder eine fristgebundene Leistung nicht erbringt (§ 314 Abs. 2 S. 2 BGB i. V. m. § 323 Abs. 2 Nr. 1 und Nr. 2 BGB). Milderes Mittel kann es auch sein, nicht erfüllte Ansprüche gerichtlich durchzusetzen, soweit das zumutbar ist (BGH GRUR 1982, 41, 45 – *Musikverleger III;* BGH GRUR 1974, 789, 792 f. – *Hofbräuhaus-Lied;* OLG Schleswig ZUM 1995, 867, 873 – *Werner*).

Ein **Verschulden** des Vertragspartners ist für einen Kündigungsgrund nicht erforderlich (BGH GRUR 1977, 551, 553 – *Textdichteranmeldung*). Allerdings ist es im Rahmen der Einzelfallbetrachtung regelmäßig relevant, weil ein schuldhaftes Handeln z. B. geeignet ist, das Vertrauen in die Vertragstreue des Partners nachhaltig zu erschüttern (Schricker/Loewenheim/*Ohly*[5] Vor §§ 31 ff. Rn. 87; zum Vorliegen eines wichtigen Grundes im Einzelfall: OLG München ZUM-RD 2008, 410, 412; OLG Hamm GRUR-RR 2008, 154 – *Copyrightvermerk*). Eigenes (Mit-) Verschulden des Kündigenden schließt das Kündigungsrecht nicht zwingend aus (BGH GRUR 1959, 51, 53 – *Subverlagsvertrag*); es ist jedoch im Rahmen der Interessenabwägung zu berücksichtigen und führt im Regelfall zu einem Entfall des Kündigungsgrundes, wenn der Kündigende den Kündigungsgrund überwiegend zu vertreten hat (BGH NJW 1981, 1264, 1265, zu einem (Buchenholzspäne-) Lieferungs- und Abnahmevertrag). Die Zurechnungsregel des **§ 278 BGB** gilt nicht ohne weiteres. Vielmehr hängt ein Kündigungsrecht beispielsweise bei Einschaltung eines Subverlegers durch einen Originalverleger „in der Regel davon ab, wie der Originalverleger sich daraufhin verhält, insbesondere ob er das Verhalten des Subverlegers deckt oder für Abhilfe sorgt" (BGH GRUR 1964, 326, 331 – *Subverleger*).

125

Die Grundsätze der **Verdachtskündigung** sind anwendbar (BGH GRUR 1977, 551, 553 – *Textdichteranmeldung,* unter Berufung auf die Rechtsprechung des BAG). Nicht nur eine erwiesene Tat, die von der Rechtsordnung missbilligt wird, sondern auch schon der dringende Verdacht, eine solche Tat begangen zu haben, kann einem urheberrechtlichen Nutzungsvertrag die Vertrauensgrundlage entziehen oder das Vertragsverhältnis unzumutbar belasten. In solchen Fällen ist es nicht nur möglich, sondern auch notwendig, eine auf Verdacht gestützte außerordentliche Kündigung zuzulassen (BGH GRUR 1977, 551, 553 – *Textdichteranmeldung*). Das setzt aber voraus, dass der Verdacht **objektiv** durch konkrete Tatsachen **begründet** ist und der Verdächtigte durch sein Verhalten **erhebliche Gründe** für den Verdacht **gegeben** hat. Auf ein Verschulden kann es dabei allenfalls insoweit ankommen, als es um die Begründung der Verdachtsmomente geht. Entscheidend bleibt, ob das Vertrauensverhältnis derart erschüttert ist, dass ein gedeihliches Zusammenwirken der Parteien nach den Gesamtumständen nicht mehr zu erwarten steht; das kann aber grundsätzlich auch dann der Fall sein, wenn es an einem Verschulden fehlt (BGH GRUR 1977, 551, 553 – *Textdichteranmeldung,* unter Berufung auf BGH GRUR 1959, 51, 53 – *Subverlagsvertrag*). Auch **vor Beginn des Vertrages** liegende, dem Kündigenden zunächst unbekannte Umstände können zur Kündigung berechtigen (BAG NJW 2002, 162).

126

127 Das **Nachschieben** von Kündigungsgründen, die erst nach Klageerhebung entstehen, ist zulässig (Loewenheim/*Loewenheim/Jan Bernd Nordemann*[2] § 26 Rn. 18 unter Verweis auf BGH GRUR 1997, 610, 612 – *Tinnitus-Masker*, für einen Patentlizenzvertrag).

128 **(2) Einzelfälle Leistungsstörungen:** Ist der Kündigungsgrund schwerpunktmäßig im Bereich Leistungsstörung angesiedelt, so kann eine **gerichtliche Durchsetzung** von daraus folgenden Ansprüchen gegenüber der Kündigung **vorrangig** sein, wenn das zumutbar ist (BGH GRUR 1982, 41, 45 – *Musikverleger III*; BGH GRUR 1974, 789, 792 f. – *Hofbräuhaus-Lied*; zum Patentlizenzvertrag auch BGH GRUR 1997, 610, 611 – *Tinnitus Masker*). Auch eine fehlende **Nachfristsetzung** kann gegen einen Kündigungsgrund sprechen. Ein Beispiel bildet die (unwirksame) Kündigung durch einen Verleger, der keine Nachfristsetzung mit Kündigungsandrohung gegenüber einem Autor ausgesprochen hatte, der mit seinem medizinischen Werk von einem bei der Bestellung abgesprochenem Themenkatalog abgewichen war (BGH GRUR 1984, 754, 756 – *Gesamtdarstellung rheumatischer Krankheiten*).

129 Eine große Gruppe bilden zunächst die Fälle unrichtiger oder unzureichender **Abrechnungen** und mangelnde Förderung durch unzureichende Kontrolle der Abrechnung des eingeschalteten Subverlegers in einem Verlagsvertrag (BGH GRUR 1974, 789, 793 – *Hofbräuhaus-Lied*); langjährige und trotz vielfacher Mahnungen nicht abgestellte schwerwiegende Mängel bei den Abrechnungen im Rahmen eines Künstlervertrages (OLG Köln ZUM-RD 1998, 450, 451 – *Alarm, Alarm*), wiederholter Abrechnungsverzug eines Filmauswerters (LG München I ZUM –RD 2009, 619) oder fehlende Abrechnung bei gleichzeitiger Vernichtung von Unterlagen, selbst wenn der Nachlasspfleger sich nicht legitimiert hat, weil für den Verleger die einfache Möglichkeit bestanden hätte, sich beim zuständigen Nachlassgericht zu informieren (BGH NJW 1997, 1150 – *Hans Heinz Ewers*). Grundsätzlich ist im Abrechnungsbereich aber vor einer Kündigung vorrangig eine Vertragserfüllung durchzusetzen, insbesondere dann, wenn nur geringe Beträge ausstehen (OLG München ZUM 2002, 485, 488 – *Mentales Schlankheitstraining*). Bedeutung hat in diesem Zusammenhang auch, ob in Zukunft eine korrekte Abrechnung erfolgen wird, etwa weil die bisherigen Fehler eher auf Nachlässigkeit als auf planmäßigem Vorgehen beruhen und die Durchsetzung der Erfüllung den Vertragspartner zu mehr Sorgfalt anhalten wird; insoweit ist zunächst Erfüllung zu fordern (OLG München ZUM 2001, 173, 179 – *Friedrich Hollaender*). Zur fristlosen Kündigung ist allerdings ein Bühnenautor berechtigt, wenn er bei einem Bühnenverlagsvertrag (Wahrnehmungsvertrag) **nicht** über bevorstehende Neuinszenierungen **unterrichtet** wird, 5 Verträge durch den Verleger bereits geschlossen wurden und der Urheber dadurch für eine längere Zeit außer Stand gesetzt wurde, die Richtigkeit der Verlagsabrechnungen zu überprüfen (OLG München GRUR 1980, 912, 913 – *Genoveva*).

130 Auch eine ständige unpünktliche **Honorarzahlung** im Rahmen eines Verlagsvertrages trotz Abmahnung über einen Zeitraum von 3 bzw. 4 Jahren hinweg kann einen wichtigen Grund für eine Kündigung darstellen (OLG Köln GRUR 1986, 679 – *Unpünktliche Honorarzahlung*), genauso wie fehlende Abrechnungen und ausgebliebene Zahlung von Lizenzgebühren aus einem Verlagsvertrag während eines Zeitraumes von 10 Jahren, dann soll sogar eine Abmahnung entbehrlich sein (OLG Düsseldorf ZUM 1998, 61, 64 – *Mart Stam*).

131 Ferner kann **unzureichende Rechtswahrnehmung** einen Grund zur Kündigung geben, so etwa wenn ein Musikverleger der Pflicht zur Verbreitung nicht nachkommt (BGH GRUR 1970, 40, 42 – *Musikverleger I*), oder (zusätzlich zu unrichtiger Abrechnung) eine mangelnde Förderung im Rahmen eines Verlagsvertrages erfolgt, weil der eingeschaltete Subverleger nicht hinreichend kontrolliert wird (BGH GRUR 1974, 789, 793 – *Hofbräuhaus-Lied*). Genauso wie im Patentrecht (BGH GRUR-RR 2009, 284 Tz. 21 – *Nassreiniger*) sollte es auch im Urheberrecht für eine Unzumutbarkeit der Fortsetzung ausreichend sein, wenn das Scheitern einer wirtschaftlichen Verwertung darauf beruht, dass der Verwerter **unzulängliche oder untaugliche Versuche zur Nutzung des Werkes** unternimmt. Ein Verschulden des Verwerters ist unbeachtlich, solange aus der objektiven Sicht des Urhebers eine Besserung in absehbarer Zeit nicht zu erwarten ist und weitere Umstände hinzutreten, die das Vertrauen in den Verwerter zusätzlich erschüttern. Die bloße Nichtausübung des Nutzungsrechtes ohne Verletzung einer Ausübungspflicht ist demgegenüber noch kein Grund zur Kündigung, zumal dem Urheber dann auch Rückrufrechte (§ 41) zustehen können. Im Filmbereich ist eine außerordentliche Kündigung wegen Verletzung von Ausübungspflichten wegen § 90 S. 1 nicht möglich (vgl. § 90 Rn. 9 f.).

Auf Seiten des Verlegers besteht ein außerordentliches Kündigungsrecht, wenn **132** der **Urheber die Rechte** bereits **anderweitig vergeben** hat oder ein **Plagiat** vorliegt. Dann liegt i. d. R. auch Nichterfüllung mit den sich daraus ergebenden Sekundäransprüchen vor (vgl. Rn. 171 ff.). Zu Leistungsstörungen von Verlagsverträgen s. a. die Kommentierungen zu §§ 30 VerlG.

(3) Einzelfälle Erschütterung der Vertrauensgrundlage: Für eine **Erschütterung** **133** **der Vertrauensgrundlage** ist im Wege der erforderlichen Einzelfallprüfung zunächst relevant, ob die Verträge einen starken **persönlichen Einschlag** haben. Bei Verträgen, die über einen wirtschaftlichen Leistungsaustausch hinaus eine enge Vertrauensbeziehung voraussetzen, ist das persönliche Vertrauensverhältnis eher erschütterbar als eine **rein wirtschaftliche Beziehung,** bei der ein Festhalten am Vertrag jedenfalls länger zumutbar ist (Dreier/Schulze/*Schulze*[5] Rn. 86). Nutzungsverträge mit Urhebern über künstlerische Werke ohne Gebrauchszweck (Belletristik, Lyrik, Musik, Film etc.) dürften regelmäßig einen solchen persönlichen Einschlag haben, weil die wirtschaftliche Nutzung des Werkes im Regelfall Persönlichkeitsrechte des Urhebers berührt. Bei anderen Werken mit Gebrauchszweck (z. B. Gebrauchstexte wie Bedienungsanleitungen, AGBs; angewandte Kunst) kann hingegen die wirtschaftliche Verwertung allein maßgeblich sein. Allerdings setzt die Durchführung eines Nutzungsvertrages nicht notwendig persönliche Harmonie zwischen den Parteien voraus (BGH GRUR 1998, 673, 679 – *Popmusikproduzenten*, für einen Musikverlagsvertrag); auch sind gewisse Meinungsverschiedenheiten im Rahmen langfristiger Verträge nie vollständig auszuschließen (OLG Frankfurt ZUM 2006, 566, 568). Entscheidend ist, ob die Fortsetzung des Vertragsverhältnisses für eine Partei unzumutbar ist.

Die Vertrauensgrundlage ist beispielsweise unzumutbar zerstört bei einem **tief-** **134** **greifenden Zerwürfnis** im Rahmen eines Musikverlagsvertrages mit enger persönlicher Bindung, verbunden mit ehrverletzenden Äußerungen in der Öffentlichkeit und Verletzung der Fürsorgepflicht (BGH GRUR 1982, 41, 45 – *Musikverleger III*). Das Vertrauensverhältnis in einem Musikverlagsvertrag kann auch dadurch zerstört werden, dass der Verleger die **fachlichen und menschlichen Fähigkeiten** einer Miturhebers **in Frage stellt,** zudem **Beleidigungen** und unsubstantiierte **Vorwürfe strafbarer Handlungen** ausspricht, was eine ordnungsgemäße verlegerische Betreuung nicht mehr erwarten lässt (BGH GRUR 1990, 443, 446 – *Musikverleger IV*). Gleiches gilt, wenn sich der Verleger eines Musikverlagsvertrages selbst fälschlicherweise unter Pseudonym als Textdichter für Musikwerke des Komponisten bei der GEMA anmeldet (BGH GRUR 1977, 551, 554 – *Textdichteranmeldung*). Richtigerweise genügt ein intensiver und mehr als belangloser gerichtlicher **Rechtsstreit zwischen den Parteien** zur fristlosen Kündigung (OLG München ZUM 1987, 297, 300), weil im Regelfall ein solcher gerichtlicher Streit Ausdruck auch eines persönlichen Zerwürfnisses ist (aber vgl. Rn. 124 zum milderen Mittel des Prozesses).

135 Schaltet ein Musikverleger zunächst ohne den Willen des Urhebers einen **Subverleger** ein, dessen Vertrauensverhältnis mit dem Urheber wegen öffentlicher Äußerungen nachhaltig gestört ist, und hält der Musikverleger dann dennoch am Subverleger fest, kann das Grund für eine Kündigung sein (BGH GRUR 1964, 326, 331 – *Subverleger*). Bei Vorliegen einer fristlosen Kündigung des **Arbeitsverhältnisses zwischen Verwerter und Urheber** liegt aber nicht automatisch auch ein Kündigungsgrund für den Nutzungsvertrag vor. Anders kann dies bei enger Verknüpfung von Arbeitsverhältnis und Nutzungsvertrag sein (BGH GRUR 1990, 443, 444 – *Musikverleger IV*).

136 Zur Kündigung berechtigen **gravierende unerlaubte Änderungen des Werkes** im Rahmen einer „modernisierten" Bühnenaufführung (BGH GRUR 1971, 35, 40 – *Maske in Blau*). Ein Kündigungsgrund kann auch bei Versendung **nicht autorisierter Werbeschreiben** im Namen des Vertragspartners des Verlagsvertrages vorliegen, wobei bei kurzer Laufzeit des Vertrages hier auch ein erstmaliger Verstoß genügen soll (OLG München ZUM-RD 2000, 60, 63 – *Verlagsverzeichnis*).

137 Bei einer gleichsam **erzwungenen Rechtsvergabe** besteht ein Kündigungsrecht auch bei sonst ordnungsgemäßer Vertragsdurchführung wegen der überwiegenden Interessen des Urhebers an einer eigenständigen Rechtsvergabe und Beendigung der Bevormundung. Das gilt beispielsweise bei **Abschaffung des Außenhandelsmonopols** der ehem. UdSSR (BGH GRUR 2001, 1134 – *Lepo Sumera*; LG Hamburg ZUM 2009, 667, 673). Das Kündigungsrecht endet allerdings nach einer angemessenen Frist, die im Fall wohl rund 5 Jahre lief (s. BGH GRUR 2001, 1134 Tz. 54 (juris) – *Lepo Sumera*).

138 **Auf Verwerterseite** kann ein Herausgebervertrag aus wichtigem Grund fristlos gekündigt werden, wenn der Herausgeber bei der Einreichung seines eigenen Autorenbeitrags (hier: zu einem Lehrbuch) verschweigt, dass dieser **schon in einem anderen Verlag** vorveröffentlicht worden ist (KG NJW-RR 1992, 758). Grundsätzlich berechtigt daneben auch ein Verhalten des Autors zur Kündigung durch den Verwerter, das zu **negativer öffentlicher Meinung** führt (LG Passau NJW-RR 1992, 759).

139 **(4) Erstreckung auf andere Werke und Verträge, Verträge Dritter:** Die außerordentliche Kündigung ist ultima ratio und erfordert eine strenge Verhältnismäßigkeitsprüfung (vgl. Rn. 124). Die Kündigung gilt danach grundsätzlich **nur für das jeweilige Vertragsverhältnis** (BGH GRUR 1977, 551, 554 – *Textdichteranmeldung*). Sind mehrere Werke in einem Vertrag zusammengefasst und betrifft der Kündigungsgrund nur ein Werk, ist nur eine **Teilkündigung** zulässig. Der Kündigungsgrund kann jedoch – auch wenn er nur aus einem Vertragsverhältnis herrührt oder nur im Hinblick auf ein Werk gegeben ist – zum Wegfall der Vertrauensgrundlage für **mehrere Verträge** führen. Das Vertrauen des Kündigenden in die Redlichkeit des Vertragspartners muss in einem solchen Ausmaß erschüttert sein, dass ihm ein Festhalten an den Verträgen nicht mehr zuzumuten ist. Das ist im Regelfall dann gegeben, wenn der die fristlose Kündigung rechtfertigende Grund seine Ursache nicht in Besonderheiten des einzelnen Vertrages oder Werkes, sondern in einem Verhalten des Partners findet, durch das der Kündigende sein Vertrauen in die gesamte Tätigkeit – und nicht nur hinsichtlich der unmittelbar betroffenen Werke oder Verträge – verloren hat (BGH GRUR 1977, 551, 554 – *Textdichteranmeldung*). Danach kann ein Verleger, dem durch einen Urheber ein Plagiat abgeliefert wurde, auch andere Verlagsverträge für noch zu erstellende Manuskripte kündigen, wenn das Plagiat mehr als unerheblich ist.

Komplex ist die Situation, wenn von einer Kündigung auch **Dritte betroffen**   **140** sind, beispielsweise bei Kündigung durch einen Urheber andere Urheber. Ist das Vertrauensverhältnis zu den anderen Urhebern nicht gestört, muss eine sorgfältige Abwägung auch mit den Interessen der anderen Urheber erfolgen, ob eine Kündigung tunlich ist. Das gilt insbesondere bei verbundenen Werken nach § 9 (BGH GRUR 1982, 743, 744 – *Verbundene Werke*; vgl. § 9 Rn. 8 ff.). s. a. die Kommentierung zu § 31a Abs. 3, vgl. § 31a Rn. 72 ff. Der Rechtsgedanke aus § 31a Abs. 3 sollte bei Ausübung von Gestaltungsrechten auch außerhalb der unbekannten Nutzungsarten greifen.

(5) Kündigungserklärung: Die **Wirksamkeit** einer Kündigungserklärung als einseitiger Willenserklärung bemisst sich nach den Vorschriften des Allgemeinen **141** Teil des BGB (insbesondere §§ 104 ff. BGB). Die Kündigungserklärung ist mit Zugang wirksam, § 130 BGB. Insbesondere kann die Kündigung nach § 174 **BGB** zurückgewiesen werden, wenn sie durch einen Vertreter (z. B. Anwalt!) ohne Vorlage der Vollmachtsurkunde ausgesprochen wird. Die Einhaltung einer besonderen Form ist nicht nötig, auch wenn Schriftform mit Zugangsnachweis aus Beweisgründen hilfreich ist. Bei Vertragsabschluss durch **mehrere Urheber** (Miturheber nach § 8 oder verbundene Werke nach § 9) kann eine Kündigung nur durch alle gemeinsam ausgesprochen werden (BGH GRUR 1982, 743 – *Verbundene Werke*; BGH GRUR 1982, 41 – *Musikverleger III*; OLG Frankfurt ZUM 2003, 957, 959). Ein Vertragspartner kann Vertretungsmacht von den anderen zur Kündigung Berechtigten erhalten. In Fällen des § 9 kann ein Urheber ausnahmsweise dann alleine kündigen, wenn ihm abweichend von § 709 Abs. 1 BGB (zur Anwendung der §§ 705 ff. BGB bei § 9 vgl. § 9 Rn. 28) ein alleiniges Geschäftsführungsrecht zugebilligt wurde (BGH GRUR 1982, 743, 744 – *Verbundene Werke*), was in der Praxis aber kaum vorkommt. Ggf. muss die Mitwirkung durch Klage auf Einwilligung durchgesetzt werden (dazu im Fall des § 9 BGH GRUR 1982, 743, 744 – *Verbundene Werke*; im Einzelnen und zum Notverwaltungsrecht *Fink-Hooijer* S. 166 ff., 176 ff.; zur Einschränkung des Kündigungsrechts bei Betroffenheit Dritter auch vgl. Rn. 139). Zur Kündigung durch eine **ungeteilte Erbengemeinschaft** vgl. § 28 Rn. 6. Eine fristlos aussprechbare Kündigung kann auch auf einen bestimmten – aber wegen des erforderlichen wichtigen Grundes nicht allzu **zukünftigen** – Zeitpunkt hin ausgesprochen werden. Die Kündigung kann **nur für einen Vertrag insgesamt** erklärt werden. Die gesonderte Kündigung nur für einzelne Rechtseinräumungen innerhalb eines Vertrages ist nicht möglich.

(6) Kündigungsfrist: Die Kündigung kann nur innerhalb einer **angemessenen** **142** **Frist** ab dem Zeitpunkt erfolgen, in dem der Berechtigte von den Gründen Kenntnis erlangt. Diese Frist ist nicht starr zu bemessen, sondern muss den Umständen des **Einzelfalles** angemessen sein (§ 314 Abs. 3 BGB). Zu kurz bemessen ist jedenfalls die 2-Wochen-Frist des § 626 BGB (BGH GRUR 2001, 1134 – *Lepo Sumera*; BGH GRUR 1990, 443, 446 – *Musikverleger IV*; BGH GRUR 1982, 41, 43 – *Musikverleger III*), es sei denn, es liegt ein reiner Dienstvertrag vor. Vielmehr ist dem Verletzten aufgrund der Besonderheiten des jeweiligen Vertrages vor einer fristlosen Kündigung eine hinreichend an den Umständen des Einzelfalles zu bemessende Frist zu eigenen **tatsächlichen Ermittlungen** und nach deren Abschluss weiterhin zur Prüfung der **Rechtslage** zuzubilligen (BGH GRUR 1990, 443, 446 – *Musikverleger IV*; BGH GRUR 1982, 41 – *Musikverleger III*; BGH GRUR 1977, 551, 554 – *Textdichteranmeldung*). Zur Nachprüfung kann Zeit für **Überlegung** hinzutreten (OLG Frankfurt ZUM 1989, 39, 42). Das Kündigungsrecht entfällt, wenn durch Zeitablauf der **unmittelbare Zusammenhang** zwischen Vertragsstörung und Kündigung verloren geht. Dann liegt der Schluss nahe, die Gründe aufgrund fortgesetzter Zusammenarbeit können nicht so schwerwiegend gewesen sein, dass die weitere Vertragsdurchführung nunmehr unzumutbar wäre.

143 Als zulässige Kündigungsfristen wurden etwa anerkannt: **4 Wochen** nach Protest und Überlegung (BGH GRUR 1971, 35, 40 – *Maske in Blau*); fast **5 Monate** bei Überprüfung strafrechtlicher Vorwürfe (BGH GRUR 1977, 551, 554 – *Textdichteranmeldung*); **16 Monate** bei ungeteilter und verstreuter Erbengemeinschaft (OLG München ZUM-RD 1997, 505, 507 – *Hans Heinz Ewers*), nicht aber 9 bis 12 Monate ohne besondere Gründe (LG Passau NJW-RR 1992, 759).

144 (7) **Spezialregelungen (VerlG, § 627 BGB):** Für die außerordentliche Kündigung gelten teilweise spezielle Vorschriften: § 18 Abs. 1 VerlG ermöglicht dem Verleger bei **Fortfall des Zweckes** des Werkes nach Vertragsschluss, sich aus dem Vertrag zu lösen. Gleiches gilt im Falle eines Beitrages zu einem **Sammelwerk**, das nicht zustande kommt (§ 18 Abs. 2 VerlG). Dem Verfasser der Beiträge zu einem Sammelwerk steht das Recht zur Kündigung zu, wenn das Werk innerhalb eines Jahres nicht zustande kommt, § 45 Abs. 1 VerlG. Die Regelungen sind abdingbar. s. die separate Kommentierung zum VerlG.

145 Bei einer besonderen **Vertrauensstellung** im Rahmen eines **Dienstverhältnisses** kann eine Kündigung unter den Voraussetzungen des § 627 BGB ohne das Erfordernis eines wichtigen Grundes ausgesprochen werden, was etwa bei Managern und Promotern von Künstlern relevant werden kann (BGH NJW 1983, 1191 – *Künstlerbetreuung*; vgl. § 1 VerlG Rn. 5). Bei einem Verlagsvertrag kommt aber eine Kündigung nach § 627 BGB nicht in Betracht, sondern nur aus wichtigem Grund (s. BGH GRUR 2010, 1093 Tz. 14 ff. – *Concierto de Aranjuez*, dort auch zur Abgrenzung des Verlagsvertrages vom Dienstverhältnis nach § 627 BGB).

146 (8) **Rechtsfolge:** Der **Zeitpunkt des Wirksamwerdens der Kündigung** ist durch den Kündigenden **bestimmbar**; er kann, muss aber nicht fristlos kündigen (Schricker/Loewenheim/*Schricker/Loewenheim*[4] § 31 Rn. 61; zur Kündigung allgemein jetzt Schricker/Loewenheim/*Ohly*[5] Vor §§ 31 ff. Rn. 79 ff., 97). Die Frist muss ggf. jedoch so bemessen sein, dass sie den wichtigen Grund für die Kündigung nicht konterkariert. Berechtigte Interessen an einer zeitlich begrenzten Fortführung sind zu berücksichtigen, z. B. bei Kündigung durch den Verwerter ein Aufbrauch vorhandener Bestände. Die Kündigung führt zur Beendigung des Vertragsverhältnisses zum Zeitpunkt des Wirksamwerdens der Kündigung („**ex nunc**"). Es erfolgt **keine Rückabwicklung**, etwa hinsichtlich gezahlter Honorare oder übergebener Hilfsmittel (BGH GRUR 1982, 369, 371 – *Allwetterbad*; LG München I ZUM 2005, 336, 339 – *Pierrot*). Die eingeräumten Nutzungsrechte fallen ab Wirksamwerden der Kündigung automatisch an den Urheber zurück (sog. Rechterückfall; im Einzelnen str., vgl. § 31 Rn. 30 ff.), z. B. an einer im Vertrieb befindlichen Musikkassette (OLG Köln ZUM-RD 1998, 450, 453 – *Alarm, Alarm*). Auch gibt ein gekündigter Produktionsvertrag nicht die Befugnis zur Verwertung eines noch nicht fertiggestellten Filmes oder zur Herstellung anderer Schnittfassungen (LG München I ZUM 2005, 336, 340 – *Pierrot*). In zeitlicher Hinsicht gilt der Rechterückfall aber nur für die Zeit nach der Kündigung, nicht für die Vergangenheit, weil das Vertragsverhältnis bis zur Kündigung wirksam ist. Der Vertrag stellt bis zum Zeitpunkt der Kündigung auch den Rechtsgrund für erbrachte Leistungen und eingeräumte Nutzungsrechte dar.

147 Der Rückfall von Nutzungsrechten nach Kündigung „ex nunc" an den Urheber umfasst grundsätzlich auch alle **abgeleiteten Rechte** (str., vgl. § 31 Rn. 34). Sofern der BGH in der Entscheidung *Allwetterbad* (BGH GRUR 1982, 369, 371 – *Allwetterbad*) betont, der Wegfall der Rechtseinräumung ex nunc lasse Nutzungsrechte nicht automatisch an den Urheber zurückfallen, so gilt diese Rechtsprechung nur für Verträge zwischen Verwertern (vgl. § 31 Rn. 31). Der

Urheber kann jedoch in gewissem Umfang zustimmen, dass auch bei Rückfall der Rechte die abgeleiteten Rechte bestehen bleiben (vgl. § 31 Rn. 37). Zu weiteren **Vertragsgestaltungen**, um für den Sublizenzgeber das Risiko zu verringern, vgl. § 31 Rn. 38 f. sowie Loewenheim/*Loewenheim/Jan Bernd Nordemann*[2] § 62 Rn. 24 m. w. N.

e) Rücktritt: Sämtliche Nutzungsverträge – bei Dauerschuldverhältnissen, die   **148** schon vollzogen sind, gelten gewisse Einschränkungen, BGH NJW 2002, 1870 – können durch Rücktritt beendet werden. Das Recht zum Rücktritt kann privatautonom vertraglich **vereinbart** und an bestimmte Umstände geknüpft werden. Daneben gelten die allgemeinen **gesetzlichen** Rücktrittsgründe des BGB, etwa bei Nichtleistung die §§ 323, 346 ff. BGB, bei gravierenden Verletzungen von Nebenpflichten auch die §§ 324, 346 ff. BGB, bei Unmöglichkeit der Leistung die §§ 326 Abs. 5, 323, 346 ff. BGB bzw. §§ 326 Abs. 1 S. 1, 326 Abs. 4, 346 ff. BGB. Solange die vertraglich vereinbarte Leistung noch möglich ist, gilt der **Vorrang der Nacherfüllung**, der den Rücktrittsberechtigten grundsätzlich zur Nachfristsetzung verpflichtet. Ausführlich zu Leistungsstörungen und den sich daraus ergebenden Rücktrittsrechten vgl. Rn. 170 ff., auch zur Rückgewähr der übrigen Leistungen. Zum unbegründeten Rücktritt und Schadensersatzansprüchen vgl. Rn. 111.

Besondere Rücktrittsrechte enthält das **Verlagsrecht.** Die Rücktrittsrechte des   **149** VerlG sind neben den vorgenannten Rücktrittsregelungen des BGB anwendbar (LG Ulm ZUM-RD 1999, 236, 237 für § 326 BGB a. F.). Dem Urheber gibt § 32 VerlG ein Rücktrittsrecht, wenn der Verleger entgegen der Pflichten der §§ 15, 16 VerlG die vorgeschriebene Vervielfältigung und Verbreitung des Werkes unterlässt. Ebenso kann der Urheber bei Eintritt unvorhersehbarer Umstände, die den Verfasser bei Kenntnis der Sachlage und verständiger Würdigung von der Herausgabe der Werke abgehalten haben würden, vom Vertrag zurücktreten (§ 35 VerlG) wie auch in dem Fall, dass der Verleger trotz Fristsetzung durch Verfasser keine Neuauflage herausgibt (§ 17 VerlG) oder bei Insolvenz des Verlegers vor Beginn der Vervielfältigung (§ 36 Abs. 3 VerlG). Der Verleger kann sich durch Rücktritt bei nicht rechtzeitiger Ablieferung des Werkes vom Vertrag lösen (§ 30 VerlG). Ein Rücktrittsrecht ergibt sich dann auch, wenn das Werk nicht die vertragsgemäße Beschaffenheit hat (§ 31 VerlG). Die Regelungen des VerlG sind abdingbar. Die Rechtsfolgen des Rücktrittes ergeben sich aus §§ 37, 38 VerlG mit Verweis auf das BGB. s. zu den einzelnen Rücktrittsgründen des VerlG eingehend unsere separate Kommentierung des VerlG.

Ein Rücktritt verlangt eine dahingehende **Erklärung.** Eine ausdrückliche Be-   **150** zeichnung als Rücktritt ist nicht nötig; auch eine Erklärung einer „Kündigung" kann als Rücktritt ausgelegt werden, solange damit keine Rechtsunsicherheit verbunden ist (BGH GRUR 1970, 40, 43 – *Musikverleger I*).

Rechtsfolge des Rücktritts nach VerlG oder BGB ist die Vertragsabwicklung   **151** **ex tunc**, d. h. die Parteien müssen sich die seit Vertragsschluss empfangenen Leistungen grundsätzlich gemäß §§ 346 ff. BGB Zug um Zug zurückgewähren. Für den Verlagsbereich folgt dies aus § 37 VerlG, der über § 30 VerlG auch auf die Rücktrittsrechte aus §§ 31, 32 VerlG Anwendung findet (für § 32 VerlG: *Schricker*, VerlagsR[3] §§ 37/38 Rn. 1). Für den Verlagsbereich ordnet die Bestimmung des § 38 **VerlG** eine Annäherung an die Rechtsfolgen der Kündigung an, die nur mit Wirkung für die Zukunft („ex nunc") gilt (vgl. Rn. 146), sofern der Verfasser das Werk zum Zeitpunkt des Rücktritts schon ganz oder zum Teil abgeliefert hatte. Der schuldrechtliche Vertrag kann je nach den Umständen des Einzelfalles teilweise aufrechterhalten bleiben; entsprechend verkürzt sind die Rückabwicklungspflichten der Vertragsparteien. Insbesondere bleiben **Nut-**

zungshandlungen des Verwerters wirksam, die dieser vor Rücktritt bereits durchgeführt hat (im Einzelnen vgl. § 38 VerlG Rn. 3 ff.). Die Regelung des § 38 VerlG ermöglicht eine einzelfallgerechte Abwägung der widerstreitenden Interessen und enthält insoweit einen allgemeingültigen urhebervertragsrechtlichen Regelungsgedanken. Dieser ist nach zutreffender Ansicht nicht auf Verlagsverträge beschränkt, sondern kann bei entsprechender Interessenlage auch auf sonstige Verträge über die Einräumung von Nutzungsrechten – mit oder ohne Ausübungspflicht – Anwendung finden (Schricker/Loewenheim/*Ohly*[5] Vor §§ 31 Rn. 96: Analoge Anwendung auf Rücktritt; Loewenheim/*Loewenheim/Jan Bernd Nordemann*[2] § 62 Rn. 25). In jedem Fall ist eine dem § 38 VerlG entsprechende Vertragsgestaltung, insbesondere außerhalb von Verlagsverträgen, formularvertraglich zulässig und ratsam.

152   Der Rückfall von Nutzungsrechten an den Urheber betrifft grundsätzlich auch alle **abgeleiteten Rechte** (str., vgl. § 31 Rn. 34). Der Urheber kann jedoch in gewissem Umfang zustimmen, dass auch bei Rückfall der Rechte die abgeleiteten Rechte bestehen bleiben (vgl. § 31 Rn. 37). Zu weiteren **Vertragsgestaltungen**, um für den Sublizenzgeber das Risiko zu verringern vgl. § 31 Rn. 38 f.

153   Auch **Nebenrechte** fallen zurück, wenn der Urheber den schuldrechtlichen Vertrag wirksam beendet, weil diese von der Zweckbindung ebenso erfasst sind wie die Hauptrechte (*Knaack* FS Schricker I S. 263, 285; *Schricker*, VerlagsR[3] § 9 Rn. 11a; *Ulmer*, Urheber- und VerlagsR[3] S. 390; Loewenheim/*Loewenheim/Jan Bernd Nordemann*[2] § 62 Rn. 23).

154   f) **Rückruf, Widerruf, Widerspruch:** Das **Rückrufsrecht** ist eine spezielle vom UrhG gewährte Möglichkeit für den Urheber zur einseitigen Beendigung von Nutzungsverträgen. Seine Ausübung führt zum Erlöschen der Nutzungsrechte mit Wirkung für die Zukunft, also „ex nunc" (LG Köln ZUM 2006, 149, 152; vgl. § 41 Rn. 40 ff.). Möglich ist ein Rückruf ausschließlicher Nutzungsrechte gemäß § 41 wegen **Nichtausübung** oder gemäß § 42 wegen **gewandelter Überzeugung.** Außerdem kann ein Rückruf nach § 34 **Abs. 3 S. 2** im Zuge der **Gesamtveräußerung des Unternehmens** erfolgen, an das der Urheber die Nutzungsrechte eingeräumt hat, wenn dem Urheber die Ausübung des Nutzungsrechts durch den Erwerber nicht zuzumuten ist. Gleiches gilt für die wesentlichen Beteiligungsverhältnisse am Nutzungsrechtsinhaber. Einem Rückruf stehen gleich der **Widerruf** des Urhebers nach § 31a Abs. 1 S. 3 für Rechte an bei Vertragsschluss unbekannten Nutzungsarten und der **Widerspruch** des Urhebers für die Einräumungsfiktion im Hinblick auf Rechte an unbekannten Nutzungsarten für bestimmte Verträge nach § 137l Abs. 1 S. 1.

155   g) **Störung der Geschäftsgrundlage:** Die Einräumung von Nutzungsrechten kann auch wegen Wegfall der Geschäftsgrundlage erlöschen (§ 313 BGB). Zu den Voraussetzungen hierzu im Einzelnen vgl. Rn. 100 ff. Ein Wegfall des Verpflichtungsgeschäfts durch Kündigung (bei Dauerschuldverhältnissen) oder Rücktritt bei Wegfall der Geschäftsgrundlage schlägt automatisch auf die Rechtseinräumung durch (vgl. § 31 Rn. 30 ff.). Allerdings sind Kündigung bzw. Rücktritt nur dann als Rechtsfolge zulässig, wenn eine Anpassung des Vertrages nicht möglich oder für einen Teil nicht zumutbar sind, § 313 Abs. 3 BGB.

156   h) **Sonstiger Heimfall (Verzicht, Wegfall Erwerber, Insolvenz):** Ein Heimfall der Nutzungsrechte an den Urheber kann erfolgen durch **Verzicht** des Nutzungsberechtigten (BGH GRUR 1966, 567, 569 – *GELU*; *Wilhelm Nordemann* GRUR 1969, 127, 128; Schricker/Loewenheim/*Ohly*[5] § 33 Rn. 19). Beachte dann aber § 33 S. 2.

157   Nicht in Betracht kommt ein Heimfall bei **Wegfall des Nutzungsberechtigten,** wenn ein Rechtsnachfolger der neue Inhaber der Nutzungsrechte wird. So

schied Heimfall für Rechte des früheren Deutschen Fernsehfunks der DDR aus, weil dessen Rechtsnachfolger die fünf neuen Bundesländer und das Land Berlin sind (BGH GRUR 2001, 826 – *Barfuß ins Bett*; a. A. *Wandtke/Haupt* GRUR 1992, 21, 26 und Wandtke/Bullinger/*Wandtke/Grunert*[4] Rn. 52). Genauso kommt es bei Tod natürlicher Personen nicht zum Heimfall, weil entweder die gesetzlichen Erben (zur Not der Fiskus als gesetzlicher Erbe) die Rechtsnachfolge antritt. Allerdings soll nach einer verbreiteten Auffassung die Beendigung der Existenz des Nutzungsberechtigten ohne (legale, §§ 34, 35) Überleitung der Rechte auf Dritte als Rechtsnachfolger, so etwa bei Liquidation und Löschung einer GmbH wegen Insolvenz ohne Vergabe der Nutzungsrechte durch den Insolvenzverwalter (OLG Köln GRUR-RR 2010, 149, 151 – *Kalk-Lady*; OLG München ZUM 1994, 360, 361 – *Deutsche Jagd*; *Hubmann* Anm. zu *Erich Schulze* BGHZ 160, 17 – *Triumph des Willens*) oder freiwilliger Geschäftsaufgabe (OLG Hamburg NJW-RR 1999, 1495), ebenfalls zu einem Heimfall der Nutzungsrechte an den Urheber führen. Das erscheint als zweifelhaft. Nutzungsrechte sind Vermögenswerte, die im Wege der Liquidation verwertet werden können. Sie der in Liquidation befindlichen Person durch Heimfall zu entziehen, erscheint nicht gerechtfertigt. Dem Urheber stehen im Fall der Nichtausübung auch ausreichende Gestaltungsrechte aus § 41 oder im Fall der Ausübungspflicht zusätzlich die Kündigung wegen Pflichtverletzung zu, um die Nutzungsrechte zurückzuholen.

Bei der **Insolvenz des Lizenznehmers** gewährt § 36 VerlG dem Urheber ein **158** Rücktrittsrecht vom Verlagsvertrag, wenn noch nicht mit der Vervielfältigung begonnen wurde. Zur Rechtslage außerhalb der Anwendbarkeit des VerlG vgl. Nach § 119 Rn. 4 ff.; zum Fall der **Insolvenz des Urhebers** vgl. Nach § 119 Rn. 2 f.

14. Vergütung des Urhebers

a) **Angemessene Vergütung des Urhebers:** Dem Urheberrecht liegt in wirt- **159** schaftlicher Hinsicht der – nun in § 11 S. 2 niedergelegte – Gedanke zugrunde, dass der **Urheber angemessen vergütet** werden soll, insbesondere angemessen an den wirtschaftlichen Erträgen seines Werkes beteiligt wird, was auch vor der Normierung schon allgemein anerkannt war (BGH GRUR 2002, 248, 251 – *Spiegel-CD-ROM*; BGH GRUR 1979, 637, 638 – *White Christmas*; BGH GRUR 1974, 786, 787 – *Kassettenfilm*). Diese angemessene Vergütung wird sowohl für vertragliche als auch für gesetzliche Vergütungsansprüche des Urhebers durch verschiedene Regelungen des UrhG gewährleistet.

b) **Vertragliche Vergütungsansprüche:** Erträge aus der Verwertung seiner **160** Werke erwirtschaftet der Urheber sehr selten selbst, sondern überlässt die Auswertung seiner Werke gegen Entgelt den Verwertern. Die vertragliche Vergütung wird zwischen Urheber und Verwerter grundsätzlich privatautonom vereinbart. Seit der Urhebervertragsrechtsreform 2002 schützt § 32 dabei ausdrücklich den Urheber als schwächere Vertragspartei und gewährt nicht nur einen Anspruch des Urhebers auf die vertraglich vereinbarte Vergütung (§ 32 Abs. 1 S. 1) bzw. auf angemessene Vergütung bei Fehlen einer Vergütungsabrede (§ 32 Abs. 1 S. 2), sondern auch einen Anspruch auf Vertragsanpassung, wenn die vereinbarte Vergütung unangemessen ist (§ 32 Abs. 1 S. 3), im Einzelnen vgl. § 32 Rn. 1 ff. Ferner wurde § 32a reformiert, der eine weitere Vergütung des Urhebers bei erfolgreicher Werkverwertung vorsieht. Zu unterscheiden ist dabei der unterschiedliche Bezug von § 32 und § 32a: Während ersterer ab Vertragsschluss („ex ante") eine angemessene Vergütung sichern soll, richtet sich letzterer auf eine nachträgliche („ex post") Erhöhung der Vergütung bei nachträglicher Äquivalenzstörung (vgl. § 32 Rn. 151; weiterhin vgl. § 32a Rn. 47). Mit dem „2. Korb" für Verträge ab 1.1.2008 neu eingeführt wurde § 32c, der einen (sogar gesetzlichen) Anspruch des Urhebers auf angemessene

Vergütung für den Fall der Nutzung bislang unbekannter Nutzungsarten regelt. Die zeitlichen **Übergangsvorschriften** des UrhG in §§ 137 ff. enthalten teilweise Vermutungsregeln für (vertragliche) Vergütungsansprüche des Urhebers, teilweise auch gesetzliche Vergütungsansprüche des Urhebers. Die **AGB-Kontrolle** ist nach § 307 Abs. 3 S. 1 BGB auf die Höhe der Vergütung als Hauptleistung nicht anzuwenden (vgl. Rn. 206; ferner *Schricker*, VerlagsR³ Einl. Rn. 15; Loewenheim/*Loewenheim/Jan Bernd Nordemann*² § 61 Rn. 1).

161 **c) Gesetzliche Vergütungsansprüche:** Gesetzliche Vergütungsansprüche gewähren die § 20b Abs. 2 (Kabelweitersendung), § 26 (Folgerecht), § 27 Abs. 1, Abs. 2 S. 1 (Vermietung und Verleihen), § 46 Abs. 4 (Sammlungen für Kirchen-, Schul- oder Unterrichtsgebrauch), § 47 Abs. 2 S. 2 (Schulfunksendungen), § 49 Abs. 1 S. 2 (Zeitungsartikel und Rundfunkkommentare), § 52 Abs. 1 S. 2, Abs. 2 S. 2 (Öffentliche Wiedergabe), §§ 54, 54a (Geräte- und Leerkassettenabgabe). Auf sie kann der Urheber grundsätzlich nicht im Voraus verzichten, §§ 20b Abs. 2 S. 2, 26 Abs. 2 S. 1, 27 Abs. 1, 63a S. 1. Das gilt auch für bestimmte Vergütungsansprüche nach den zeitlichen Übergangsbestimmungen, §§ 137 ff. Für ausübende Künstler ist teilweise eine entsprechende Geltung der gesetzlichen Vergütungsansprüche angeordnet, § 78 Abs. 2 und 3 sowie § 83.

162 **d) Rechnungslegung:** Ein Anspruch des Urhebers auf Auskunft und Rechnungslegung ergibt sich im Verlagsbereich aus § 24 VerlG, für gesetzliche Vergütungsansprüche teilweise aus dem UrhG (insbesondere § 26 Abs. 3 und 4 und § 54f, sonst aus § 242 BGB (BGH GRUR 1980, 272, 232 – *Monumenta Germaniae Historica*). Der Urheber kann grundsätzlich immer dann, wenn aufgrund nachprüfbarer Tatsachen klare Anhaltspunkte für einen Anspruch bestehen, Auskunft und gegebenenfalls Rechnungslegung verlangen, um im Einzelnen die weiteren Voraussetzungen dieses Anspruchs ermitteln und die zu zahlende Vergütung berechnen zu können (OLG Nürnberg ZUM-RD 1999, 126, 128; OLG Hamm NJW-RR 1990, 1148). Eine solche Auskunftpflicht besteht in jedem Rechtsverhältnis, und zwar immer dann, wenn der Berechtigte in entschuldbarer Weise über Bestehen und Umfang seines Rechts im Ungewissen, der Verpflichtete hingegen in der Lage ist, unschwer solche Auskünfte zu erteilen (RGZ 158, 377, 379; BGHZ 10, 385, 387; BGH GRUR 1986, 62, 64 – *GEMA-Vermutung I*; BGH GRUR 2002, 602, 603 – *Musikfragmente*). Für Verträge ab 1.3.2017 besteht für Urheber ein unverzichtbarer Anspruch auf jährliche Auskunft und Rechenschaft gegen den Vertragspartner (§ 32d) bzw. gegen den Verwerter in der Lizenzkette (§ 32e). Das soll dem Urheber ermöglichen zu überprüfen, ob ihm Vergütungsansprüche nach §§ 32, 32a, 32c zustehen, ohne dass die bisherigen Voraussetzungen (klare Anhaltspunkte für solche Ansprüche) vorliegen müssen.

15. Allgemeines Vertragsrecht und Leistungsstörungen

163 An künstlerischen Leistungen und deren Verwertungsformen besteht eine unvorstellbare Formvielfalt. Die Vorschriften der §§ 31 ff. regeln dabei nur, unter welchen Voraussetzungen und in welchem Umfang der Urheber (bzw. originäre Inhaber von Leistungsschutzrechten, vgl. Rn. 215 ff.) ein Nutzungsrecht einräumen kann. Sie beinhalten aber keinerlei schuldrechtliche Vorgaben für einen typisierten Vertrag zur Werknutzung. Es findet sich im UrhG kein eigenständiges Urhebervertragsrecht. Allein für den Verlagsvertrag lassen sich dem **VerlG** weitergehende Regelungen für Verlagsverträge entnehmen. Da die Vorschriften des UrhG rudimentär und die des VerlG teilweise lückenhaft sind, werden die dispositiven **Regelungen des BGB** herangezogen (Loewenheim/*Jan Bernd Nordemann*² § 59 Rn. 20; dazu Schricker/Loewenheim/*Ohly*⁵ Vor §§ 31 ff. Rn. 58; Dreier/Schulze/*Schulze*⁵ Rn. 8), insbesondere was das Zustandekommen (§§ 145 ff. BGB), die Auslegung von Verträgen (§§ 133, 157 BGB) oder Leistungsstörungen (§§ 320 ff., §§ 434 ff., §§ 633 ff. BGB) betrifft.

a) Anwendbares Schuldrecht: Urheberrechtliche Nutzungsverträge werden üb- **164**
licherweise nach ihrem Vertragsgegenstand eingeordnet, wie etwa Verlagsverträge, Filmverträge, Musikverträge etc. Diese Klassifizierung nach dem Gegenstand bietet sich an, weil eine Einordnung nach typologischen Gesichtspunkten
von der jeweils konkreten Vertragsgestaltung abhängt: Kaufvertrag gemäß
§§ 433 ff. BGB endgültige Leistungsüberlassung; Mietvertrag gemäß §§ 535 ff.
BGB zeitweise Überlassung; Werkvertrag Herstellung und Überlassung gegen
Entgelt. Der Nutzungsvertrag ist keinem dieser Vertragstypen unmittelbar zuzurechnen; vielmehr liegt ein Vertrag eigener Art vor, der ähnlich dem patentrechtlichen Lizenzvertrag verschiedene Vertragsarten in sich vereinen kann (nur
für den Filmverwertungsvertrag BGHZ 2, 331– *Filmverwertungsvertrag*). Auf
die urheberrechtlichen Nutzungsverträge ist das dispositive Gesetzesrecht der
Vertragstypen des BGB anzuwenden, wobei jeweils im Einzelfall zu prüfen ist,
inwieweit die Regelungen ihrer Typologie nach für die jeweils gewählten Vertragsgestaltungen passen (BGH GRUR 1989, 68, 70 – *Präsentbücher*). Innerhalb eines Vertrages kann bei den anzuwendenden Vorschriften nach verschiedenen vertraglich geschuldeten Leistungen differenziert werden (BGH GRUR
1966, 390 – *Werbefilm*; Dreier/Schulze/*Schulze*[5] Rn. 5). Die Bezeichnung des
Vertrages wirkt sich allenfalls indiziell auf die Rechtsnatur aus (BGH GRUR
2005, 148, 150 – *Oceano Mare*; OLG München ZUM 2001, 427, 432 – *Seide*
zu einem geschlossenem „Bestellvertrag" i. S. d. § 47 VerlG). Speziell zu Auswirkungen des neuen Schuldrechts *Manz/Ventroni/Schneider* ZUM 2002, 409.

Bei längerfristiger und dauernder Werknutzung kommt die Anwendung von **165**
Miet- und **Pacht**recht (§§ 535 ff. BGB; 581 ff. BGB) in Betracht. Für ein solches
Dauerschuldverhältnis sprechen z. B. dauernde Einnahmebeteiligung und lau-
fende Abrechnung des Verwerters (BGH GRUR 1964, 326, 329 – *Subverleger*;
BGH GRUR 1997, 610, 611 – *Tinnitus-Masker* für einen Patentlizenzvertrag;
Loewenheim/*Jan Bernd Nordemann*[2] § 59 Rn. 22). Ein Dauerschuldverhältnis
liegt dann **nicht** vor, wenn die Parteien eine auf Dauer gerichtete Einräumung
der Nutzungsbefugnis vereinbaren, die einer **Zuordnungsänderung** gleichkommt (Loewenheim/*Jan Bernd Nordemann*[2] § 59 Rn. 22 f.) Angesichts der
Tatsache, dass ein Rückfall der Rechte immer möglich ist, gibt in erster Linie
der Parteiwille den Ausschlag. Auch auf die Gegenleistung kann abgestellt werden. Ein pauschales einmaliges Entgelt spricht gegen den Dauerschuldcharak-
ter. In einem solchen Fall kann **Kaufrecht** anwendbar sein (*Castendyk* ZUM
2007, 169, 175; a. A. und gegen jede Anwendbarkeit von Kaufrecht auf Lizenz-
beziehungen LG Hamburg ZUM 1999, 858, 859; *Groß*[11] A II. 2. Rn. 20).
Jedenfalls nach den §§ 433 ff. BGB richtet sich die Übertragung von Rechten
durch Verfügung von Todes wegen (§ 29 Abs. 1). Bei einer **Schenkung** kann
auf die §§ 516 ff. BGB zurückgegriffen werden; auch ein **Tausch** ist möglich
(KG ZUM 1987, 293, 295 – *Sterndeuter II*).

Erst noch zu schaffende Werke, auf deren körperliche Ablieferung es ankommt, **166**
deren Träger also mehr darstellen als „Verpackungsmaterial", sind i. d. R. als
Werklieferungsverträge nicht vertretbarer Sachen gemäß § 651 S. 3 BGB anzusehen (BGH GRUR 1966, 390, 390 f. – *Werbefilm*; BGH GRUR 1956, 234 –
Gedächtniskapelle für künstlerische Baubestandteile; offengelassen jedoch von
BGH GRUR 2003, 1065, 1066 – *Antennenmann* für Werbefilme). Ist die Ablieferung einer Verkörperung Nebensache und steht der geistige Schaffensprozess im Vordergrund, ist hingegen nur **Werkvertragsrecht** anwendbar (BGH
GRUR 1984, 754 – *Gesamtdarstellung rheumatischer Krankheiten* für eine
medizinische Publikation; BGH GRUR 1985, 1041–1043 – *Inkasso-Programm*
für Computersoftware; OLG Stuttgart ZUM-RD 2007, 80, 84 für ein Filmwerk; OLG Hamburg ZUM-RD 1998, 557 – *Dr. Monika Lindt* für einen Dreh-
buchvertrag; OLG Karlsruhe GRUR 1984, 522, 523 – *Herrensitze in Schleswig-Holstein* für Fotografien in Zeitschriften; LG München I ZUM-RD 2005,

81 für die Erstellung einer Homepage). Auch Bestellverträge gemäß § 47 VerlG sind Werkverträge.

167 Steht der Urheber in einem **dienst-** oder **arbeitsvertrag**lichen Verhältnis, können dessen Regelungen auch für die Einräumung von Nutzungsrechten relevant werden. Insbesondere muss in einem solchen Fall ein etwaig existierender Tarifvertrag beachtet werden (vgl. § 43 Rn. 34 ff.).

168 **Auftragsrecht** (§§ 662 ff. BGB) bzw. **Geschäftsbesorgungsrecht** (§ 675 BGB) findet insbesondere auf Wahrnehmungsverträge ergänzende Anwendung. Im Übrigen kann Auftragsrecht anzuwenden sein, wenn Urheberrechtsverträge mit unentgeltlichem Charakter abgeschlossen werden (Schricker/Loewenheim/*Ohly*[5] Vor §§ 31 ff. Rn. 60; Loewenheim/*Jan Bernd Nordemann*[2] § 59 Rn. 26). Handelt es sich um eine entgeltliche Geschäftsbesorgung auf der Grundlage eines Dienst- oder Werkvertrages, so gilt § 675 BGB, beispielsweise bei einer Auftragskomposition (OLG Düsseldorf *Erich Schulze* OLGZ 157). **Kommissionsverträge** kommen als Kommissionsverlagsverträge vor, nach denen der Verleger das Werk zwar im eigenen Namen, aber für Rechnung des Verfassers herstellt und verbreitet. Das Gewinn- und Verlustrisiko trägt dann ausschließlich der Verfasser, während der Verleger eine vertraglich fest vereinbarte, wenn auch mitunter nach dem Gewinn zu berechnende Vergütung erhält (*Schricker*, VerlagsR[3] § 1 Rn. 74; Loewenheim/*Jan Bernd Nordemann*[2] § 59 Rn. 27). Kommissionsverträge finden sich ferner im Verhältnis zwischen bildendem Künstler und Galerie: die Galerie veräußert die Werke des bildenden Künstlers im eigenen Namen, aber für seine Rechnung (LG Hamburg ZUM-RD 2008, 27, 28; Loewenheim/*Gernot Schulze*[2] § 70 Rn. 16 f.). Soweit die Galerie solche Kommissionsgeschäfte – wie regelmäßig – gewerbsmäßig betreibt, finden §§ 383 bis 406 HGB sowie ergänzend § 675 BGB Anwendung (Loewenheim/ *Jan Bernd Nordemann*[2] § 59 Rn. 27; s. a. *Schricker*, VerlagsR[3] § 1 Rn. 74).

169 Nach **Gesellschaftsrecht** kann sich die Einbringung von Nutzungsrechten in eine Gesellschaft, z. B. ein Architekturbüro, richten (BGH GRUR 1996, 121 – *Pauschale Rechtseinräumung*). Bei Miturhebern (§ 8) kann eine GbR mit dem Zweck der Werkverwertung vorliegen (*v. Becker* ZUM 2002, 581, 585; Schricker/Loewenheim/*Loewenheim/Peifer*[5] § 8 Rn. 13; Loewenheim/*Loewenheim/ Jan Bernd Nordemann*[2] § 61 Rn. 18), ebenso bei einer Vereinbarung zweier Künstler über die Zusammenarbeit bei der Schaffung von Werken der Unterhaltungsmusik und die gemeinsame Verwertung der so entstandenen Werke, verbunden mit einer Einbringungspflicht der Nutzungsrechte unabhängig von der Frage der Urheberschaft im einzelnen Fall (BGH GRUR 1998, 673 – *Popmusikproduzenten*). s. ferner die Kommentierungen zu §§ 8, 9.

170 **b) Leistungsstörungen:** Für die gesetzliche Regelung von Gewährleistung und Haftung bei Leistungsstörungen finden sich spezielle Regeln allein im VerlG für Verlagsverträge (s. §§ 30 ff. VerlG), nicht aber im UrhG, was einen Rückgriff auf das BGB erforderlich macht. Je nach der typologischen Einordnung des Nutzungsvertrages bzw. der konkret gestörten Leistungen (vgl. Rn. 164 ff.) und Art der Störung sind die jeweils passenden Regelungen des BGB anzuwenden.

171 **aa) Nichterfüllung von Hauptpflichten:** Die schuldrechtliche **Hauptpflicht des Urhebers** liegt in der **Rechteverschaffung.** Diese kann daran scheitern, dass beispielsweise das Werk **nicht hergestellt** wurde oder **nicht schutzfähig** ist, weswegen kein Urheberrecht entsteht, an dem Nutzungsrechte eingeräumt werden könnten. Rechte können auch schon **anderweitig vergeben** worden sein. Dem Urheber fehlt die Verfügungsbefugnis, wenn er ein schon vergebenes ausschließliches Nutzungsrecht mehrmals einräumen will, anders aber bei einfachen Nutzungsrechten, die nebeneinander bestehen können (vgl. § 31

Rn. 86 ff.). Ein gutgläubiger Erwerb kommt in erstem Fall nicht in Betracht (vgl. § 31 Rn. 42), wohl aber kann eine Heilung gemäß § 185 Abs. 2 BGB durch Genehmigung des Berechtigten oder den (Rück)Erwerb des Rechtes durch den Nichtberechtigten erfolgen. Keine Nichterfüllung liegt vor, wenn der Urheber die versprochenen Rechte einräumt, die Nutzung der Rechte jedoch Rechte Dritter verletzt (Plagiat); dann ist die Rechtsmängelhaftung einschlägig (zur Abgrenzung von Nichterfüllung und Rechtsmangel vgl. Rn. 177). Ansonsten kann als Hauptpflicht des Urhebers auch noch die Verschaffung von **Eigentum und/oder Besitz** bestehen; grundsätzlich räumt der Urheber aber gemäß § 44 Abs. 1 Nutzungsrechte in solchen Fällen nicht ein, es sei denn, der Übertragungszweckgedanke (vgl. § 31 Rn. 126 ff.) gebietet ein anderes Ergebnis. Die Folgen einer Nichtleistung des Urhebers ergeben sich aus den §§ 280 ff., 320 ff., 275, 311a BGB (zu den Rechtsfolgen so auch *Manz/Ventroni/Schneider* ZUM 2002, 409, 413; Loewenheim/*Loewenheim/Jan Bernd Nordemann*[2] § 62 Rn. 2 ff.).

Ist die **Rechtseinräumung** prinzipiell noch **möglich**, gelten für **Verzug** durch **172** schuldhafte Nichtleistung trotz Möglichkeit der Leistung, Einredefreiheit, Fälligkeit und Mahnung die allgemeinen Vorschriften, wonach der **Verzögerungsschaden** gefordert werden kann (§§ 280 Abs. 1, Abs. 2, 286 BGB); ferner kann nach erfolgloser Fristsetzung ein **Rücktritt** erfolgen (§ 323 BGB) oder **Schadensersatz** statt der Leistung (§§ 280 Abs. 1, Abs. 3, 281 BGB) verlangt werden. Der Rechteempfänger kann auch die **Einrede des nicht erfüllten Vertrages** (§ 320 Abs. 1 BGB) geltend machen, wenn der Rechtegeber nicht darlegen und ggf. beweisen kann, dass er Inhaber weitergebbarer Rechte ist und sich so gegen Zahlungsansprüche wehren (LG München I ZUM-RD 2011, 641). Daneben (§ 30 Abs. 4 VerlG) tritt das Rücktrittsrecht aus § 30 VerlG, das – wie das alte Schuldrecht – weiterhin eine Ablehnungsandrohung verlangt. Zu den Folgen eines Rücktritts vgl. Rn. 148 ff. Daneben (§ 325 BGB) besteht ein Anspruch auf Schadensersatz gemäß §§ 280 Abs. 1, Abs. 3, 283 BGB.

Unmöglichkeit liegt regelmäßig bei **anderweitiger Einräumung der Rechte** vor, **173** § 275 Abs. 1 BGB. Etwas anderes gilt nur, wenn der Rechteinhaber bereit ist, dem Gläubiger das Recht einzuräumen (Palandt/*Grüneberg*[76] § 275 Rn. 25 m. w. N.). Für den Fall, dass der Urheber das Leistungshindernis kannte oder hätte kennen müssen, gewährt § 311a Abs. 2 BGB dem Verwerter einen Schadens- oder Aufwendungsersatzanspruch, wobei der Urheber nachweisen muss, dass er seine Unkenntnis nicht zu vertreten hatte. Der Verwerter kann sich hier dadurch schützen lassen, dass er mit dem Urheber, der über den Bestand der Rechte am ehesten informiert ist, eine Garantiehaftung vereinbart (RegE SchuldRModernG 2002 – BT-Drs. 14/6857, S. 54; *Manz/Ventroni/Schneider* ZUM 2002, 409, 413; Loewenheim/*Loewenheim/Jan Bernd Nordemann*[2] § 62 Rn. 7; Dreier/Schulze/*Schulze*[5] Rn. 31). In Formularverträgen dürfte das allerdings problematisch sein (zum AGB-Recht vgl. Rn. 212). **Verschulden** liegt jedenfalls dann vor, wenn der Urheber sich etwaiger rechtlicher Risiken bewusst ist. Aus der Sicht des Verwerters sollten diese in den Vertrag aufgenommen werden (so auch § 1 Ziff. 4 des zwischen dem Börsenverein des Deutschen Buchhandels e. V. und dem Verband deutscher Schriftsteller (VS) abgeschlossenen Normvertrages, abgedruckt bei *Schricker*, VerlagsR[3] S. 825). Da der Verwerter dann allerdings das Risikobewusstsein mit dem Urheber teilt, droht eine Anwendung des § 254 BGB (BGH NJW 1990, 1106; ferner *Manz/Ventroni/Schneider* ZUM 2002, 409, 413), die aber durch eine alleinige Risikoübernahme des Urhebers individualvertraglich ausgeschlossen werden kann. Außerdem kann der Verwerter ohne Fristsetzung vom Vertrag zurücktreten (§ 326 Abs. 5 BGB).

Gleichgestellt mit der subjektiven Unmöglichkeit des Urhebers wegen anderweitiger Einräumung der Rechte sind gemäß § 275 Abs. 1 BGB auch alle Fälle **174** der objektiven Unmöglichkeit, z. B. **anfängliche Schutzunfähigkeit** oder **Ablauf der Schutzfrist** oder auch Einräumung von Rechten an einer **unbekannten Nutzungsart** (§ 31 Abs. 4 a. F.; vgl. § 31a Rn. 6 ff.). Verträge, in denen ein Scheinrecht übertragen wird (sog. **Leerübertragungen** oder besser Leereinräumungen oder **Scheineinräumungen**), sind aber wirksam, § 311a Abs. 1 BGB. Im früheren Schuldrecht wurde, um die Nichtigkeitsfolge des § 306 BGB a. F. zu vermeiden, der Grundsatz der Leerübertragung angewandt. Nach ihm war ein Vertrag wirksam, wenn der Vertragsgegenstand prinzipiell sonderrechtlich schutzfähig war und der Erwerber eine **wirtschaftliche Vorzugsstellung** erlangte. Stellte sich heraus, dass die Schutzvoraussetzungen nicht erfüllt waren, führte das zur Aufhebung des Vertrages durch **Kündigung** (BGH GRUR 1993, 40, 42 – *Keltisches Horoskop*; LG Hamburg ZUM 2009, 667, 672; LG Oldenburg GRUR 1996, 481, 484 – *Subventions-Analyse-Programm*). Auch heute sollten in solchen Fällen einer wirtschaftlichen Vorzugsstellung die neuen Haftungsregeln zurücktreten und die zu § 306 BGB a. F. entwickelten Grundsätze weitergelten (BGH GRUR 2012, 910 Tz. 17 – *Delcantos Hits*; Loewenheim/*Loewenheim/Jan Bernd Nordemann*[2] § 62 Rn. 7; anders *Schack*, Urheber- und UrhebervertragsR[7] Rn. 1154, der gerechte Ergebnisse über eine Anwendung der Regeln zur Störung der Geschäftsgrundlage gemäß § 313 BGB, ggf. mit Anpassung der Lizenzgebühren, erreichen will). Eine wirtschaftliche Vorzugsstellung kann sich beispielsweise daraus ergeben, dass der Einräumungsempfänger das Scheinrecht eine gewisse Zeit unangefochten und respektiert von den Mitbewerbern ausnutzen konnte. Erfolgt das über einen langen Zeitraum, kommt auch bei einer Kündigung kein Anspruch auf Ersatz nicht amortisierter Investitionen in Frage (LG Hamburg ZUM 2009, 667, 672). Bei hinreichender Spürbarkeit (vgl. Rn. 81) können sich allerdings **kartellrechtliche Bedenken** ergeben, eine Scheineinräumung als wirksam zu behandeln (oben vgl. Rn. 77). Die Parteien können allerdings die **Rechtsfolgen abweichend regeln**, z. B. dem Rechtegeber für eine Entgeltpflicht die Darlegungs- und Beweislast auferlegen, dass Schutz besteht (BGH GRUR 2012, 910 Tz. 21 ff. – *Delcantos Hits*). Will der Verwerter vermeiden, dass er die Gegenleistung allein wegen wirtschaftlicher Vorzugsstellung schuldet, so kann er ferner vertraglich ausdrücklich klarstellen, dass der Vertrag für den Fall des bloßen Scheinrechts unwirksam ist oder zumindest ein Kündigungsrecht besteht.

175 Die **Verwerterseite** schuldet als Hauptleistung zumeist die Zahlung einer Vergütung. Teilweise tritt noch eine Auswertungspflicht hinzu (zur einer vereinbarten Verwertungspflicht vgl. Rn. 41). Bei Verletzung von Hauptpflichten gilt gegenüber dem allgemeinen Vertragsrecht nichts Besonderes. Die Verletzung von Hauptpflichten führt – soweit nicht Vorschriften der einzelnen Vertragsarten des Besonderen Teils des Schuldrechts einschlägig sind (vgl. Rn. 164 ff.) – zur Anwendung der §§ 280 ff., 320 bis 326, 275, 311a BGB. Für den Verlagsbereich gilt die (dispositive) Sonderregelung des § 32 VerlG, der auf § 30 VerlG verweist. Sofern die Werkverwertung zu den Hauptpflichten zählt, fällt die Haftung des Werkverwerters wegen Nichterfüllung regelmäßig mit dem Entstehen des Rückrufrechts nach § 41 UrhG zusammen, sofern es sich um eine ausschließliche Rechtseinräumung handelt; s. § 41 zu Einzelheiten.

176 **bb)** Mängelgewährleistung: Die Regelung der Mängelgewährleistung für urheberrechtliche Verträge ist komplex, weil es eine schuldrechtliche Regelung nur für Verlagsverträge und auch dort nicht vollständig gibt (vgl. Rn. 163).

177 Für die Mängelgewährleistung im Hinblick auf die **Verpflichtung zur Einräumung von Nutzungsrechten** zu Lasten des Urhebers gilt Folgendes: Für den häufigsten Fall von **Rechtsmängeln** kommt stets die kaufrechtliche Regelung der §§ 433 Abs. 1, 435 ff. BGB zur Anwendung, auch wenn der Vertrag ansonsten Pacht- oder Mietrecht unterstellt ist (BGH GRUR 2003, 1065, 1066 –

Antennenmann; BGH GRUR 1951, 471, 473 – *Filmverleihvertrag*; *Castendyk* ZUM 2007, 169, 175 m. w. N.; *Schack*, Urheber- und UrhebervertragsR[7] Rn. 1072; Loewenheim/*Loewenheim/Jan Bernd Nordemann*[2] § 62 Rn. 9). Das lässt sich aus §§ 445, 493 BGB a. F. herleiten, die die entsprechende Anwendung der kaufrechtlichen Gewährleistungsvorschriften vorsahen, sofern Verträge auf eine Belastung einer Sache gegen Entgelt gerichtet waren. Diese Bestimmungen wurden durch die Schuldrechtsreform 2002 zwar abgeschafft, jedoch nur, weil der Gesetzgeber sie für „selbstverständlich" hielt (FraktionsE SchuldRModernG 2002 – BT-Drs. 14/6040, S. 203, 207 und 242). Mithin wollte er die Rechtslage nicht ändern. Ausnahmsweise findet Kaufrecht nicht auf die Rechtsmängelgewährleistung Anwendung, wenn der Rechtsmangel zum Entzug des tatsächlichen Gebrauches des Werkstückes führt; dann sind die §§ 581 Abs. 2, 536 Abs. 3 BGB heranzuziehen, wenn auf den Vertrag – wie regelmäßig – Miet- und Pachtrecht angewendet werden kann (vgl. Rn. 165).

Abgrenzung zwischen einer Verletzung der **Rechtsverschaffungspflicht** (Nicht- **178** erfüllung) einerseits und einem **Rechtsmangel** (Schlechterfüllung) andererseits: Eine **Verletzung der Rechtsverschaffungspflicht** liegt vor, wenn der Erwerber Nutzungsrechte überhaupt nicht erwirbt, beispielsweise weil der Urheber sie schon anderweitig vergeben hat. Von einem **Rechtsmangel** ist demgegenüber auszugehen, wenn der Urheber zwar Rechte einräumt, aber diese mit Rechten Dritter belastet sind. Das gilt nicht nur, wenn wenige ersetzbare Teile des Werkes betroffen sind, z. B. wenn die gekaufte Software in Teilen eine urheberrechtlich geschützte Software eines Dritten übernimmt oder ein Manuskript in unerlaubter Weise Lichtbildwerke eines Dritten enthält. Vielmehr liegt ein Rechtsmangel auch vor, wenn das gesamte Werk wegen Rechten Dritter nicht mehr legal absetzbar ist (so wohl auch *Schack*, Urheber- und Urhebervertragsr[7] Rn. 1155; ferner BGH NJW 1990, 1106). Als unzutreffend erscheint es, die Erstellung von Werken, die mit Rechten Dritter belegt sind, bloß als **Nebenpflichtverletzung** (§ 280 Abs. 1 BGB) und dort als Verletzung der allgemeinen Informationspflicht einzuordnen (so jedoch LG Bochum MMR 2017, 200, für die Erstellung einer Homepage mit nicht dafür lizenzierten Fotos aus dem „Fundus" des Webdesigners). Die Abgrenzung ist insbesondere für die Verjährung bedeutsam, weil die Ansprüche wegen Nichterfüllung (Regelverjährung nach § 195 BGB) anders verjähren als Ansprüche wegen Schlechterfüllung (2 Jahre gemäß § 438 Abs. 1 Nr. 3 i. V. m. § 453 BGB); zur Verlängerung der Verjährung durch AGB vgl. Rn. 212.

Die meisten Urheberrechtsverträge enthalten zur Klarstellung eine ausdrückli- **179** che Klausel, dass der Urheber für Rechtsmängel haftet (zum AGB-Recht vgl. Rn. 212). Sofern der Urheber eine entsprechende **Haftung ausschließen** möchte, z. B. weil der Verleger die Problematik kennt und das Risiko übernehmen will, kann die Rechtsmängelhaftung des Urhebers eingeschränkt oder abbedungen werden. Eine Formulierung könnte lauten: „Der Urheber haftet nicht dafür, dass das Werk frei von Rechten Dritter ist". Bei positiver Kenntnis des Urhebers von möglichen Problemen im Hinblick auf Rechte Dritter sollte jedoch eine Risikoverlagerung auf den Verwerter nur stattfinden, wenn der Urheber den Verwerter vorher über das Risiko aufgeklärt hat.

Für die **Sachmängelhaftung an der gelieferten Sache** gilt Folgendes: Es bestehen **180** urheberrechtliche Sondervorschriften nur für den Verlagsbereich (§ 31 VerlG). Auf Verträge über die **Übereignung urheberrechtlich geschützter Werke** ist im Regelfall **Kaufrecht** anzuwenden (§§ 434 ff. BGB), auf bestellte Werke auch Werklieferungsrecht (§ 651 BGB) bzw. Werkvertragsrecht (§§ 633 ff. BGB); im Einzelnen vgl. Rn. 166. Allerdings bedingt der Vertragsgegenstand von Urheberrechtsverträgen regelmäßig eine geänderte Anwendung der Sachmängelhaftung. Für **handwerkliche Mängel** kann die Sachmängelhaftung mangels anderweitiger vertraglicher Bestimmungen uneingeschränkt zur Anwendung kommen. Will der Urheber im Rahmen einer Portraiterstellung also nicht für Materialmängel am Ölbild haften, so muss er eine solche Haftung vertraglich ausschließen. Ein Mangel kann auch die inhaltliche Unrichtigkeit eines sachlichen Textes wie einer zu erstellenden Anleitung sein (BGH NJW 1973, 843, 844) genauso wie die Unmöglichkeit bei einem Dokumentarfilm, dem dargestellten Sachverhalt zu folgen (a. A. wohl OLG Stuttgart ZUM-RD 2007, 80, 87) oder fehlende Aktualität. Jedoch können solche Mängel erst gerügt werden, wenn das Material den Anspruch erhebt, sendefähig und nicht nur bloßes Rohmaterial zu sein (OLG Stuttgart ZUM-RD 2007, 80, 87). Sind die Mängel aber durch Untätigkeit des Verwerters entstanden, kann dieser sich hierauf nicht berufen (OLG Frankfurt ZUM 2006, 58, 59 – *Europa ohne Frankreich?*). Sind beide Parteien Kaufleute, unterliegen sie der Rügepflicht des § 377 HGB (BGH GRUR 1966, 390, 391 – *Werbefilm*). Bei Kunstwerken soll allerdings gelten, dass sie „gekauft wie besehen" sind, also alle erkennbaren Mängel nicht gerügt werden können (§ 442 BGB; Loewenheim/*Gernot Schulze*[2] § 70 Rn. 11 m. w. N.). Die **fehlende Echtheit** des Kunstwerkes ist ein Sachmangel über eine vereinbarte Beschaffenheit i. S. v. § 434 Abs. 1 BGB (BGH GRUR 1975, 612, 613 – *Jawlensky*; Loewenheim/*Gernot Schulze*[2] § 70 Rn. 12 m. w. N.).

181 Im Gegensatz dazu scheidet eine Haftung des Urhebers für die **künstlerische Qualität** des Werkes regelmäßig aus. Hier stehen die Gläubigerinteressen wegen des intensiven Persönlichkeitsbezuges künstlerischen Schaffens grundsätzlich hinter dem Recht des Künstlers auf Schaffensfreiheit zurück. Der Besteller vertraut sich dem individuellen und persönlichen Stil des Schaffenden an, der die künstlerische **Gestaltungsfreiheit** auf seiner Seite hat; der Besteller muss sich vorher davon überzeugen, ob ihn das anspricht und mit den künstlerischen Eigenarten und Auffassungen vertraut machen (BGHZ 19, 382, 383 – *Kirchenfenster*; BGH GRUR 1968, 152, 153 – *Angelique*; BGH GRUR 1999, 230 – *Treppenhausgestaltung*). Die Abnahme darf jedenfalls nicht deswegen verweigert werden, weil das Kunstwerk nicht dem Geschmack des Bestellers entspricht (KG ZUM-RD 1999, 357). Es bleibt aber bei Werkverträgen die Möglichkeit der Kündigung durch den Besteller gemäß § 649 BGB (OLG Hamburg ZUM-RD 1998, 557 – *Dr. Monika Lindt*). Eine abweichende vertragliche Regelung im Hinblick auf künstlerische Mängel ist möglich. Dann kommt ein Mangel durch Abweichen von der Sollbeschaffenheit in Frage, etwa von Weisungen oder vertraglich vereinbarten künstlerischen Vorstellungen (OLG Hamburg AfP 1999, 357 ff.; OLG München ZUM 1991, 598, 600).

182 In vielen Fällen ist die **Abgrenzung** zwischen handwerklicher oder künstlerischer Qualität schwierig. So können beispielsweise gewisse Qualitätsbeeinträchtigungen in Filmkopien durchaus künstlerisch bedingt sein, z. B. wenn sog. „Spatzer" („Flecken" bei der Filmvorführung) zum künstlerischen Konzept gehören, um einem Dokumentarfilm über die 1920er Jahre eine besondere Note zu verleihen. Auch kann ein Riss in der Leinwand eines Gemäldes zum künstlerischen Konzept gehören. Allerdings muss der Urheber bei Elementen, die üblicherweise handwerkliche Mängel darstellen, vertraglich klarzustellen, dass das Element Teil des künstlerischen Konzeptes ist.

183 Die **Folgen** einer mangelhaften Leistung ergeben sich aus dem Leistungsstörungsrecht des jeweiligen Vertragstyps. Für Rechts- und Sachmängel wird das zumeist Kaufrecht, ggf. auch Werkvertragsrecht sein (vgl. Rn. 164 ff.). Die §§ 437 ff. BGB ordnen einen Vorrang der **Nacherfüllung** an, §§ 437 Nr. 1, 439 BGB, durch Nachbesserung oder Nachlieferung. Gelegenheit zur Nachbesserung ist insbesondere zu gewähren, wenn ein Rechtsmangel gegeben ist, der sich nur auf wenige ersetzbare Teile eines Werkes bezieht, z. B. Plagiat in sehr begrenztem Umfang; Persönlichkeitsrechtsverletzungen an Dritten in kleinem

Umfang. Erfolgt keine Erfüllung, kann er **mindern**, §§ 437 Nr. 2, 441 BGB, **Schadensersatz** bzw. Aufwendungsersatz gemäß § 437 Nr. 3 i. V. m. §§ 280 ff. BGB verlangen und den **Rücktritt** nach § 437 Nr. 2 i. V. m. §§ 323, 346 ff. BGB aussprechen. Daneben existiert im Verlagsbereich der dispositive § 31 VerlG, der ein Rücktrittsrecht gewährt. Bei zu langem Zuwarten und Verletzung der Sorgfaltspflicht zur Prüfung des Manuskriptes kann ein Rücktritt treuwidrig und unwirksam sein, sofern die Mängel nicht gravierend sind und beispielsweise strafrechtliche Sanktionen des Verlages auslösen würden (OLG Frankfurt ZUM 2006, 58, 59 f. – *Europa ohne Frankreich?*; dort 4 Jahre nach Vertragsschluss und Ablieferung des Manuskriptes).

Die **gesetzliche Mängelhaftung** können der Urheber und der Verwerter grundsätzlich individualvertraglich **abbedingen**. Für AGB gelten aber insbesondere die Grenzen der §§ 308 Nr. 2, 309 Nr. 4, 5, 7, 8 BGB (zum AGB-Recht vgl. Rn. 208). Unabdingbar sind die Mängelgewährleistungsvorschriften beim Verbrauchsgüterkauf (§ 474 BGB). Dass ein Verbraucher vom Unternehmer eine bewegliche Sache kauft, dürfte aber in urheberrechtlich relevanten Sachverhalten selten der Fall sein, überdies allenfalls beim Erwerb der körperlichen Werkstücke, nicht aber von Nutzungsrechten in Betracht kommen. Für das Verlagsrecht kommt im Falle der vertragswidrigen Beschaffenheit des Werkes die (dispositive) Bestimmung des § 31 VerlG zur Anwendung, die auch für Rechtsmängel gilt. Haben die Parteien das Erfordernis der Ablehnungsandrohung des § 30 Abs. 1 VerlG nicht individual- oder formularvertraglich abbedungen, so kann der Verleger seinen Rücktritts- bzw. Schadensersatzanspruch nur dann geltend machen, wenn er die – im Gegensatz zum BGB – gemäß § 30 VerlG erforderliche Fristsetzung mit einer Ablehnungsandrohung verbunden hat; dazu vgl. § 30 VerlG Rn. 5 ff.   **184**

cc) Nichterfüllung von Nebenpflichten: Die **Verletzung vorvertraglicher Pflichten** gemäß §§ 280 Abs. 1, 241 Abs. 2, 311 Abs. 2 BGB (früher: „c. i. c.") kann zu Schadensersatz verpflichten. Ein auf das negative Interesse und Ersatz von getätigten Aufwendungen in Erwartung eines Vertrages gerichteter Schadensersatzanspruch kann sich ergeben, wenn eine Partei bei Verhandlungen über einen Vertrag in zurechenbarer Weise Vertrauen in sein Zustandekommen geweckt hat und wenn es aus Umständen nicht zum Vertragsschluss kommt, die im Bereich der nicht mehr vertragswilligen Partei liegen und objektiv nicht als triftiger Grund anzusehen sind, den angebahnten geschäftlichen Kontakt scheitern zu lassen. Beispiele sind die Veranlassung, ein Werk zu schaffen, und das spätere Scheitern eines Nutzungsvertrages ohne sachlichen Grund, nachdem das Werk auf Betreiben des Verlages weitgehend fertig gestellt wurde (OLG München ZUM 2000, 965, 968).   **185**

Vertragliche Nebenpflichten sind **Nebenleistungspflichten**, die die Hauptleistung sichern und ergänzen. Dazu gehören insbesondere **Informationspflichten und Rechnungslegungspflichten**. Allerdings ist die Erstellung eines Werkes mit Werken Dritter, die keine Nutzungserlaubnis erteilt haben, keine Verletzung dieser Informationspflicht, sondern bereits ein Rechtsmangel (vgl. Rn. 178). Deshalb erfolgt die Haftung nach §§ 433 Abs. 1, 435 ff. BGB (vgl. Rn. 177) und nicht nach § 280 Abs. 1 BGB, wenn ein Webdesigner eine Homepage mit nicht dafür lizenzierten Fotos aus seinem „Fundus" erstellt (a. A. LG Bochum MMR 20017, 200). Daneben kennt § 241 Abs. 2 BGB **Rücksichtspflichten.** Wichtigste Fälle sind **Enthaltungspflichten und Wettbewerbsverbote** sowohl für den Urheber als auch für den Verwerter. Diese können ausdrücklich vereinbart werden oder stillschweigend bestehen (zum Ganzen vgl. Rn. 45 ff.). Als Nebenpflichten kommen ferner aus vertraglicher Treuepflicht **Zustimmungspflichten** zur Übertragung (§ 34 Abs. 1) oder Weitereinräumung (§ 35 Abs. 1) von Rechten wie auch Mitwirkungspflichten bei der Werkverwertung oder eine   **186**

Verpflichtung zur Zustimmung zu einer Änderung in Betracht, selbst wenn der Urheber nicht gemäß § 39 verpflichtet ist.

187 Als **Folgen** von Nebenpflichtverletzungen können sich Schadensersatzansprüche ergeben, und zwar aus § 280 BGB bei Schutzpflichtverletzungen als Schadensersatz neben der Leistung; bei Verletzung von Neben(leistungs)pflichten Schadensersatz statt der Leistung nach § 280 Abs. 1, 3 i. V. m. § 281 BGB; ebenso bei gravierenden Schutzpflichtverletzungen aus §§ 280 Abs. 1, 3, 282 BGB. Ein Rücktritt kommt bei Nichterfüllung von Neben(leistungs)pflichten nach § 323 BGB in Betracht, bei Verletzung von Schutzpflichten aus § 324 BGB. Häufig wird die Einhaltung von Nebenpflichten durch die **Vereinbarung von Vertragsstrafen** abgesichert (§§ 339 ff. BGB). Dies gilt insbesondere für Unterlassungspflichten wie Enthaltungsverpflichtungen und Wettbewerbsverbote. Bei Verwendung Allgemeiner Geschäftsbedingungen ist dabei § 307 i. V. m. § 309 Nr. 5 und 6 BGB zu beachten. Ein wiederholter Verstoß kann ferner die Vertragsfortsetzung unzumutbar machen und bei Dauerschuldverhältnissen (vgl. Rn. 165) deshalb gemäß § 314 BGB **Kündigungsrechte** auslösen. Sollten Nebenpflichten so wichtig sein, dass schon ein einmaliger oder jedenfalls ein wiederholter Verstoß trotz Abmahnung die Kündigung auslösen soll, so empfiehlt sich eine ausdrückliche vertragliche Regelung. Ansonsten entsteht ein Kündigungsrecht erst mit Unzumutbarkeit, die nicht ohne weiteres bei wiederholtem, geschweige denn bei erstmaligem Verstoß anzunehmen ist (vgl. Rn. 124).

188 c) **Rechteheimfall und Rückgewähr:** Sofern Urheber oder Verwerter ihre vertraglichen Pflichten verletzen, existieren für den jeweiligen Vertragspartner verschiedene Möglichkeiten, die Vereinbarung über die Einräumung von Nutzungsrechten zu beenden. Zu nennen sind neben der **Kündigung** aus wichtigem Grund für Vereinbarungen, die nach ihrer Natur Dauerschuldverhältnisse sind (§ 314 BGB und § 45 VerlG; im Einzelnen vgl. Rn. 121 ff.), die besonderen **Rücktrittsmöglichkeiten** des Verlagsrechts (zum Rücktritt wegen nicht rechtzeitiger Lieferung s. § 30 VerlG; zum Rücktritt wegen eines Werkes von nicht vertragsmäßiger Beschaffenheit s. § 31 VerlG; zum Rücktritt wegen nicht vertragsmäßiger Vervielfältigung oder Verbreitung s. § 32 VerlG), das Rücktrittsrecht aus § 323 BGB (vgl. Rn. 148 ff.) sowie die **Rückrufsrechte** nach §§ 41, 42 und 34 Abs. 3 UrhG.

189 Für das Schicksal der dem Verwerter eingeräumten **Nutzungsrechte** macht es keinen Unterschied, nach welcher der genannten Bestimmungen der Vertrag beendet wird. Rechtsfolge ist jeweils der **Rückfall (Heimfall)** der Nutzungsrechte an den Urheber (str., im Einzelnen vgl. § 31 Rn. 30 ff.). Neben den vom Urheber eingeräumten Nutzungsrechten (**Tochterrechte**) fallen auch die an Nutzungsrechten eingeräumten weiteren Nutzungsrechte (**Enkelrechte**) an den Urheber zurück. Erfasst die Rechtsfolge auch die Beendigung des Verpflichtungsgeschäfts im Hinblick auf die Einräumung von Nebenrechten (vgl. Rn. 139 und vgl. Rn. 151), erhält der Urheber auch die Nebenrechte automatisch zurück. Die Beendigung der Rechtseinräumung durch den Urheber birgt damit für den Verwerter bei der Einräumung weiterer Nutzungsrechte (Enkelrechte) die **Gefahr einer haftungsauslösenden Verletzung seiner Vertragspflichten** gegenüber dem Dritten in sich. Um dies zu vermeiden, sind verschiedene **Vertragsgestaltungen** möglich (vgl. § 31 Rn. 37 ff.).

190 Anders als für den Verbleib der Nutzungsrechte sind die Rechtsfolgen der Vertragsbeendigung für die **Rückabwicklung sonstiger Leistungen**, die von den Vertragsparteien wechselseitig erbracht wurden, geregelt. So wird das Vertragsverhältnis für den Fall, dass die vergleichsweise engen Voraussetzungen der **Kündigung** aus wichtigem Grund erfüllt sind (vgl. Rn. 121 ff.), lediglich mit Wirkung für die Zukunft („ex nunc") beendet. Es findet keine Rückabwicklung statt (BGH, GRUR 1982, 369, 371 – *Allwetterbad*), d.h. es muss weder der Urheber das empfangene Honorar zurückzahlen, noch ist der Verwerter verpflichtet, für die Vertragsabwicklung empfangene Hilfsmittel oder sonstige Gegenstände zurückzugewähren. Der Rechteinhaber darf insbesondere auch nach Kündigung eine nicht rückzahlbare Mindestgarantie behalten (LG München I ZUM-RD 2011, 641). Rechtsfolge des **Rücktritts** nach §§ 30 ff. VerlG oder § 323 BGB ist die Vertragsabwicklung ex tunc, d.h. die Parteien müssen sich alle bereits empfangenen Leistungen prinzipiell gemäß §§ 346 ff. BGB Zug um Zug zurückgewähren. Für den Verlagsbereich ordnet die Bestimmung des § 38 VerlG eine Annäherung an die Rechtsfolgen der Kündigung an, sofern der Verfasser das Werk zum Zeitpunkt des Rücktritts schon ganz oder zum Teil abgeliefert hatte. Der schuldrechtliche Vertrag kann je nach den Umständen des Einzelfalles teilweise aufrechterhalten bleiben; entsprechend verkürzt sind die Rückabwicklungspflichten der Vertragsparteien. Diese Regelung ermöglicht eine einzelfallgerechte Abwägung der widerstreitenden Interessen und enthält insoweit einen **allgemeingültigen urhebervertragsrechtlichen Regelungsgedanken,** der nach zutreffender Ansicht nicht auf Verlagsverträge beschränkt ist, sondern bei entsprechender Interessenlage auch auf sonstige Verträge über die Einräumung von Nutzungsrechten – mit oder ohne Ausübungspflicht – Anwendung finden kann.

16. Verwirkung vertraglicher Ansprüche

Die Verwirkung vertraglicher Ansprüche beurteilt sich nach den allgemeinen Grundsätzen des § 242 BGB (zu den deliktischen Ansprüchen aus §§ 97 ff. vgl. § 102 Rn. 11 ff.). Erforderlich ist also ein Vertrauenstatbestand auf Seiten des Schuldners, der nicht vorliegt, wenn vertragliche Ansprüche noch gar nicht entstanden waren (BGH GRUR 1985, 378, 380 – *Illustrationsvertrag*) oder der Schuldner davon ausgeht, der Gläubiger habe vom Anspruch keine Kenntnis (BGH GRUR 2000, 144, 145 – *Comic-Übersetzungen II*). Kenntnis des Gläubigers ist nicht zwingend Voraussetzung, sofern er bei objektiver Beurteilung Kenntnis hätte haben können (BGHZ 25, 47, 53; anders BAG NJW 1978, 723, 724 f., offen BGH GRUR 2000, 144, 145 – *Comic-Übersetzungen II*; Nachw. bei Palandt/*Grüneberg*[76] § 242 Rn. 95; wohl a. A. Dreier/Schulze/*Schulze*[5] Rn. 113). Das Zeitmoment ist für Ansprüche auf Vertragsstrafe gegeben, wenn drei oder sogar fünf Jahre nach außergerichtlicher Forderung mit der Klage gewartet wird (OLG Frankfurt GRUR 1996, 996 – *Vertragsstrafeanspruch*). Bei Zahlungsansprüchen sollte die miet- und pachtrechtliche Rechtsprechung entsprechend herangezogen werden. Bei Mietminderung geht die Rechtsprechung von einer Verwirkung nach Ablauf von 3 Jahren (BGH NJW-RR 2003, 727), teilweise auch schon nach 2 Jahren (LG Frankfurt aM. WuM 2003, 30) oder sogar nach 4 bis 6 Monaten (LG München I NZM 2002, 779) aus. Dient die Nutzungsvergütung dem Unterhalt, kann vergleichend auf die dafür einschlägige Fallpraxis zurückgegriffen werden (z. B. BGH NJW-RR 2004, 649: Verwirkung eines titulierten Anspruchs schon nach einem Jahr). Entscheidend ist jedoch immer der Einzelfall, insbesondere die Gründe für die fehlende Geltendmachung. Zur Verwirkung von Gestaltungsrechten BGH GRUR 2002, 280, 282 – *Rücktrittsfrist*.

17. Recht der Allgemeinen Geschäftsbedingungen (AGB)

Häufig zu finden sind **Formularverträge,** die für jeden individuellen Vertragsabschluss die Einräumung von Rechten vereinfachen sollen. Ihr unübersehbarer Nutzen liegt in der Ersparnis des Aufwandes, für jeden ähnlichen Vertrag mit hohen Transaktionskosten Bedingungen zu entwerfen. Der Schutz des anderen Vertragsteils – im Regelfall des Urhebers – wird durch die Vorschriften der §§ 305 ff. BGB gewährleistet, die auch auf urheberrechtliche Nutzungsverträge grundsätzlich Anwendung finden (BGH GRUR 2014, 556 Tz. 8 ff. – *Rechte-*

191

192

einräumung Synchronsprecher; BGH GRUR 2012, 1031 Tz. 12 ff. – *Honorar-bedingungen Freie Journalisten*; BGH GRUR 2005, 148 – *Oceano Mare*; BGH GRUR 2003, 416 – *CPU-Klausel*). Für die Wirksamkeit von AGB ist deren wirksame Einbeziehung in den Vertrag erforderlich (§ 305 Abs. 2 BGB), das Fehlen eines Überraschungsmomentes (§ 305c Abs. 1 BGB) sowie einer entgegenstehenden Individualvereinbarung, die auch mündlicher Natur sein kann (§ 305b BGB). Abstrakte Inhaltskontrollverfahren sind nach §§ 3, 4 Nr. 11 UWG und nach UKlaG denkbar. – Zur AGB-Kontrolle von Unterlassungsverträgen, die auf vorformulierten Unterlassungserklärungen beruhen, vgl. § 97 Rn. 221b.

193   a) **Anwendbarkeit:** In **zeitlicher** Hinsicht können die §§ 305 ff. BGB nur auf Verträge angewendet werden, die **nach dem 31.12.2001** abgeschlossen (Art. 229 § 5 EGBGB), fortgesetzt (s. OLG Frankfurt NJW 1987, 1650) oder verändert (BGH NJW 1985, 971) wurden. Ansonsten finden die Regelungen des AGBG Anwendung. Die Regelungen der §§ 305 ff. BGB und des AGBG laufen weitgehend parallel, so dass die Anwendungsfrage offen bleiben kann. Das AGBG galt gemäß § 23 Abs. 1 AGBG allerdings nicht für Arbeitsverträge (s. BGH GRUR 2005, 937, 939 – *Der Zauberberg*), während die §§ 305 ff. BGB ausdrücklich auch diese erfassen (§ 310 Abs. 4 S. 2 BGB). Insbesondere für Arbeitsverträge kann sich also die Frage der zeitlichen Geltung der §§ 305 ff. BGB stellen. Auf Verträge **vor dem Inkrafttreten des AGBG (1.4.1977)** findet das AGBG ebenfalls keine Anwendung (OLG Stuttgart *Erich Schulze* OLGZ 312, 9). Fehlt es zeitlich an einer Anwendbarkeit des AGBG, gelten diese Regelungen auch nicht entsprechend (Art. 229 § 3 EGBGB, § 28 AGBG). Allerdings können die vor Inkrafttreten des AGBG entwickelten Grundsätze der AGB-Kontrolle herangezogen werden, die zumindest eine vergleichbare Inhaltskontrolle erlauben (OLG München ZUM 2000, 61, 66 – *Paul Verhoeven*; *Jan Bernd Nordemann* FS Nordemann II S. 193, 207).

194   Inhaltlich erfasst die AGB-Kontrolle mit Ausnahme von § 309 Nr. 9 BGB (s. 2. Hs.) auch **Wahrnehmungsverträge** unabhängig vom Mitgliedschaftsstatus, weil die Klauseln des Berechtigungsvertrages individualvertraglicher und nicht körperschaftlicher Natur sind (BGH GRUR 2013, 375 Tz. 13 ff. – *Missbrauch des Verteilungsplans*; BGH GRUR 2009, 395 Tz. 40 – *Klingeltöne für Mobiltelefone I*; BGH GRUR 2005, 757, 759 – *PRO-Verfahren*; BGH GRUR 2002, 332, 333 – *GEMA-Klausurerfordernis*; *Castendyk* ZUM 2007, 169, 170; *Schack*, Urheber- und UrhebervertragsR[7] Rn. 1088; Loewenheim/*Melichar*[2] § 47 Rn. 22a). s. dazu im Übrigen die Kommentierungen zum VGG. Ein weiterer wichtiger Anwendungsfall sind Nutzungsrechtseinräumungen nach **Creative Commons**, vgl. Rn. 330b.

195   In persönlicher Hinsicht sind freischaffende Urheber regelmäßig **Unternehmer** i. S. d. § 14 BGB (zum kartellrechtlichen Unternehmensbegriff vgl. Rn. 56 f.), sodass die AGB-Kontrolle gemäß § 310 Abs. 1 BGB nur eingeschränkt möglich ist. Bei besonderer Schutzbedürftigkeit kann das durch eine schärfere Inhaltskontrolle nach § 307 BGB kompensiert werden (Dreier/Schulze/*Schulze*[5] Rn. 14; *Schack*, Urheber- und UrhebervertragsR[7] Rn. 1088). Bei Anwendung des früheren AGBG auf den Vertrag ist aber zu beachten, dass hier für eine eingeschränkte Anwendung auf die Kaufmanneigenschaft abgestellt wurde, die Urheber i. d. R. nicht erfüllen (Schricker/Loewenheim/*Schricker/Loewenheim*[4] Vor §§ 28 ff. Rn. 32). Nach § 23 Abs. 1 AGBG waren die Regelungen in **Arbeitsverhältnissen** nicht anwendbar, sodass das AGBG für Arbeitsverträge, die zeitlich nicht unter die §§ 305 ff. BGB fallen (dazu vgl. Rn. 193), nicht gilt (BGH GRUR 2005, 937, 939 – *Der Zauberberg*). Gemäß § 310 Abs. 4 S. 2 BGB ist nunmehr die AGB-Kontrolle auch in Arbeitsverhältnissen anzuwenden, wenngleich die dortigen Besonderheiten berücksichtigt werden müssen.

Das Gleiche sollte für **arbeitnehmerähnliche Personen** gelten (ebenso *Castendyk* ZUM 2007, 169, 170; Wandtke/Bullinger/*Wandtke/Grunert*[4] Rn. 98; Schricker/Loewenheim/*Ohly*[5] Vor §§ 31 ff. Rn. 37; zweifelnd Dreier/Schulze/*Schulze*[5] Rn. 14, allerdings unter Verweis auf BGH GRUR 1984, 45, 47 – *Honorarbedingungen: Sendevertrag*, die vor Erstreckung der AGB-Kontrolle auf Arbeitsverträge erging).

b) Einbeziehung: Die Einbeziehung der AGB in den Vertrag gemäß § 305 **196** Abs. 2 BGB erfordert einen **Hinweis** auf die Geltung der AGB und die Möglichkeit zumutbarer **Kenntnisnahme** nebst Einverständnis in deren Geltung. Der Hinweis kann mündlich oder schriftlich erfolgen. Auch eine **telefonische** Beauftragung kann ausreichen. So kann eine Einbeziehung aufgrund stillschweigendschlüssigen Verhaltens bei einer telefonisch begründeten Vertragsbeziehung in folgendem Fall angenommen werden: eine 12-jährige Zusammenarbeit wurde stets so gehandhabt, dass zunächst fernmündlich der Auftrag erteilt und nachträglich der Umfang der Rechtsübertragung schriftlich festgelegt wurde. Die einzelnen telefonischen Beauftragungen des Klägers stellten danach quasi einen „Abruf" dar, der einem laufenden Leistungserbringungsverhältnis ähnlich ist (BGH GRUR 1984, 119, 120 f. – *Synchronisationssprecher*; *Castendyk* ZUM 2007, 169, 171 m. w. N. zum Meinungsstand; krit. Wandtke/Bullinger/ *Wandtke/Grunert*[4] Rn. 101). Im **Internet** verwendete AGB werden Vertragsbestandteil, wenn sie über einen auf der Bestellseite gut sichtbaren Link aufgerufen und ausgedruckt werden können (BGH NJW 2006, 2976, 2977), nicht aber, wenn der Vertrag auf anderem Wege zustande kommt, ohne dass ausdrücklich auf die Online-AGB hingewiesen wird (OLG Hamburg ZUM 2002, 833, 835).

c) Unklarheitenregelung: Nach der Regelung des § 305c **Abs. 2 BGB** gehen **197** Zweifel bei der Bedeutung einer Klausel zu Lasten des Verwenders. Wenn keine Auslegungszweifel bestehen, weil in den AGB eine genaue Bestimmung getroffen wurde, ist diese Regel freilich wirkungslos (*Schack*, Urheber- und UrhebervertragsR[7] Rn. 1083). Bei Unklarheit, ob der Verwerter in einem Übersetzungsvertrag eine Auswertungspflicht übernommen hat, ist im Zweifel von einer solchen Pflicht auszugehen (BGH GRUR 2005, 148 – *Oceano Mare*).

Besondere Fragen wirft das **Verhältnis** der AGB-rechtlichen **Unklarheitenregel** **198** zum **Übertragungszweckgedanken** auf (im Einzelnen vgl. § 31 Rn. 108 ff.). § 305c Abs. 2 BGB und der Übertragungszweckgedanke sind grundsätzlich zwar nebeneinander anwendbar. Jedoch sind bei der konkreten Vertragsauslegung die Wertungen des Übertragungszweckgedankens vorrangig zu beachten. Das gilt jedenfalls bei **AGB, die vom Verwerter verwendet werden**. Die von § 305c Abs. 2 BGB angeordnete Auslegung stets zu Lasten des Verwerters kann hier überhaupt nur greifen, wenn unter vorheriger Beachtung des jeweiligen Vertragszweckes noch Spielraum für eine Unklarheit verbleibt. Dort, wo solche Zweifel nicht bestehen, kann von einer Verdrängung des § 305c Abs. 2 BGB durch die Auslegungsvorgaben des Übertragungszweckgedankens gesprochen werden (*Kuck* GRUR 2000, 285, 287; a. A. Wandtke/Bullinger/*Wandtke/Grunert*[4] Rn. 105). Erfolgt die Nutzungsrechtseinräumung durch **AGB des Urhebers** (oder eines sonstigen Nutzungsrechtsinhabers), erhält § 305c Abs. 2 BGB hingegen Vorrang vor § 31 Abs. 5 UrhG, so dass im Zweifel von einer Nutzungsrechtseinräumung auszugehen ist. Ansonsten würde der Urheber als AGB-Verwender durch die Anwendung des (urheberfreundlichen) Übertragungszweckgedankens privilegiert, und seine unklaren AGB blieben ohne Konsequenzen. Das gilt insbesondere – aber nicht nur – bei **Creative Commons oder anderen Open-Content Lizenzen** (dazu allgemein vgl. Rn. 330b). Hier gilt ohnehin der Grundgedanke des § 31 Abs. 5 UrhG, die Rechte tendenziell beim Urheber zu belassen, um eine angemessene Beteiligung an der wirtschaftlichen

Verwertung des Werkes zu sichern, nicht uneingeschränkt, weil im Gegenteil tendenziell eine möglichst weitgehende Verbreitung des Werkes erlaubt werden sollte (OLG Köln GRUR 2015, 167, 171 – *Creative Commons-Lizenz*).

199   **d) Überraschende Klauseln:** Kein Bestandteil des Vertrages werden Klauseln i. S. d. § 305c Abs. 1 BGB, die schon objektiv so ungewöhnlich sind, dass der Vertragspartner mit ihnen nicht zu rechnen brauchte (Wandtke/Bullinger/*Wandtke/Grunert*[4] Rn. 102). Hierzu ist ein gewisser Überrumpelungseffekt nötig (BGH NJW 1987, 1885), für dessen Bestimmung auf den Durchschnittsurheber abzustellen ist (*Jan Bernd Nordemann* NJW 2012, 3121, 3121; Schricker/Loewenheim/*Ohly*[5] Rn. 40; Wandtke/Bullinger/*Wandtke/Grunert*[4] Rn. 103). Das Überraschungsmoment kann durch einen individuellen Hinweis ausgeschlossen werden (BGH NJW 1996, 191; BGH NJW 1997, 2677). Branchenübung spricht gegen eine Überraschung. So ist es nicht überraschend, dass ein Filmsynchronisationssprecher auch Schallplattenrechte einräumt (BGH GRUR 1984, 119, 121 – *Synchronisationssprecher*; *Kuck* GRUR 2000, 285, 286). Auch sind Buy-Out-Klauseln (umfassende Rechteeinräumung gegen einmaliges Pauschalentgelt; vgl. Rn. 330) heute noch vielen Branchen üblich, sodass sie dort nicht überraschend sein können (*Castendyk* ZUM 2007, 169, 171). Nutzungseinschränkungen für Endnutzer im Hinblick auf digitale Nutzungen von Dateien sind üblich und nicht überraschend (*Zurth* S. 235), z. B. das Verbot der Weitergabe einer Datei an Dritte (LG Bielefeld GRUR-RR 2013, S. 281, 282; s. a. OLG Hamm GRUR 2014, 853, 861). Ein Abweichen vom gesetzlichen Leitbild (z. B. § 31 Abs. 5, § 88) kann neben der Inhaltskontrolle auch für § 305c Abs. 1 BGB bedeutsam sein (OLG Frankfurt aM. GRUR 1984, 515, 516 – *Übertragung von Nutzungsrechten*). Überraschend war dort die Klausel einer Druckerei, die Verwertung des Werkes bei Zahlungsverzug selbst zu übernehmen. Das Gleiche gilt für Nutzungsbeschränkungen, die dem Vertragszweck (§ 31 Abs. 5) diametral entgegenstehen (*Zurth* S. 235). Überraschend kann es auch sein, wenn sich sog. User-Generated-Content-Plattformen (z. B. YouTube oder Facebook) für den Content vom User Nutzungsrechte einräumen lassen, die über die für die Plattformnutzung erforderlichen Rechte hinausgehen (*Solmecke/Dam* MMR 2012, 71; *Berberich* MMR 2010, 736; *Jan Bernd Nordemann* NJW 2012, 3121, 3121). Nicht überraschend ist die Einräumung eines einfachen, unbefristeten und unentgeltlichen Nutzungsrechts an Online-Plattformen durch Händlern an dort eingestellten Werbefotos, die dann auch für die Nutzung für andere (ggf. konkurrierende) Angebote auf der Plattform durch Dritte genutzt werden dürfen. Das gilt selbst dann, wenn sich ein Dritter an ein bestehendes Angebot mit dem gleichen EAN- bzw. GTIN-Code anhängt (s. OLG Köln, ZUM 2015, 511, 514 ff. – *Produktfotos bei Amazon*, dort allerdings ohne Prüfung des § 305c Abs. 1 BGB). **Bei abstrakter AGB-Kontrolle** in Verfahren nach UWG oder UKlaG kommt § 305c BGB keine Bedeutung zu (LG Berlin, ZUM-RD 2008, 18, 22 – *Springer-Honorarregelungen*; *Jan Bernd Nordemann* NJW 2012, 3121, 3121).

200   **e) Vorrang der Individualabrede:** Eine Individualabrede hat Vorrang vor AGB, § 305b BGB (OLG Karlsruhe UFITA 92 [1982], 229, 232). Eine solche liegt aber nur vor, wenn der AGB-Verwender dem anderen Teil die Klausel ernsthaft und für den anderen Teil erkennbar zur Disposition stellt. Eine bloße Erläuterung ohne Verhandlungsbereitschaft genügt nicht (BGH NJW 2005, 1040, 1041). Die Darlegungs- und Beweislast liegt beim Verwender.

201   **f) Transparenzgebot:** Außerdem sei noch AGB-rechtlich auf das **Transparenzgebot** des § 307 Abs. 1 S. 2 BGB hingewiesen. Insoweit droht eine Unwirksamkeit von Klauseln, die für den Urheber nicht klar und verständlich formuliert sind. Die Gerichte sind hier durchaus streng (kritisch dazu *Soppe* GRUR 2012, 1039, 1040). Beispielsweise beurteilte der BGH eine Vergütungsklausel als intransparent, „jedenfalls" bestimmte Rechte in die bezahlte Pauschalvergütung einbeziehen. Dabei werde nicht hinreichend klar, welche Sachverhalte nicht vergütungsmäßig abgegolten seien (BGH GRUR 2012, 1031 Tz. 37 – *Honorarbedingungen Freie Journalisten*; weitere Beispiele s. BGH a. a. O. Tz. 38 und 59; eingehend *Schippan* ZUM 2012, 771, 776 ff.; s. ferner BGH GRUR 2014, 556 Tz. 24 – *Rechteeinräumung Synchronsprecher*).

g) Inhaltskontrolle: Kern der §§ 305 ff. BGB ist die Inhaltskontrolle der §§ 307 ff. BGB. Die speziellen Klauselverbote der §§ 308, 309 BGB sind nur selten anwendbar, zumal der Urheber regelmäßig Unternehmer i. S. d. § 14 BGB sein wird, sodass die AGB-Kontrolle gemäß § 310 Abs. 1 BGB nur eingeschränkt greift (vgl. Rn. 195). Zumeist wird auf § 307 BGB zurückzugreifen sein (BGH GRUR 2012, 1031 Tz. 29 ff. – *Honorarbedingungen Freie Journalisten*; zum AGBG: BGH GRUR 1984, 45, 48 – *Honorarbedingungen: Sendevertrag*). Überblick über die AGB-Kontrolle von urheberrechtlichen Nutzungsverträgen gem. § 307 BGB bei *Jan Bernd Nordemann* NJW 2012, 3121. Zur AGB-Kontrolle von **Unterlassungsverträgen**, die auf vorformulierten Unterlassungserklärungen beruhen, vgl. § 97 Rn. 221b.   **202**

Bestimmungen in AGB sind bei unangemessener Benachteiligung unwirksam (§ 307 Abs. 1 S. 1 BGB). Die unangemessene Benachteiligung kann sich aus einem Widerspruch zu einem gesetzlichen Leitbild (§ 307 Abs. 2 Nr. 1 BGB) oder zu wesentlichen Vertragspflichten (§ 307 Abs. 2 Nr. 2 BGB) ergeben.   **203**

aa) Umfang der Nutzungsrechtseinräumung: Der Umfang der Rechtseinräumung ist nach der Rechtsprechung des BGH **nur sehr begrenzt kontrollfähig**. Die **Auslegungsregeln des UrhG** sind danach **kein gesetzliches Leitbild** gem. § 307 Abs. 2 Nr. 1 BGB (BGH GRUR 2014, 556 Tz. 11 ff. – *Rechteeinräumung Synchronsprecher*; BGH GRUR 2012, 1031 Tz. 16 ff. – *Honorarbedingungen Freie Journalisten*, str. dort m. w. N. zum Streitstand; BGH GRUR 1984, 45, 48 – *Honorarbedingungen: Sendevertrag*; *Jan Bernd Nordemann* NJW 2012, 3121, 3122; *Kuck* GRUR 2000, 285, 288 f.). Danach scheidet beispielsweise ein Rückgriff auf die Auslegungsregeln der § 31 Abs. 5 (**Übertragungszweckgedanke**) und des § 37 Abs. 1 (im Zweifel kein Bearbeitungsrecht) für die AGB-Kontrolle aus (BGH GRUR 2014, 556 Tz. 11 – *Rechteeinräumung Synchronsprecher*; BGH GRUR 2012, 1031 Tz. 16 ff. – *Honorarbedingungen Freie Journalisten*). Gleiches gilt für §§ 88 Abs. 1, 89 Abs. 1 (BGH GRUR 2014, 556 Tz. 15 ff. – *Rechteeinräumung Synchronsprecher*; BGH GRUR 1984, 45, 48 – *Honorarbedingungen: Sendevertrag*). Die Differenzierung zwischen dispositivem Recht, das die AGB-Kontrolle erlaubt, und Auslegungsregel wird teilweise als künstlich abgelehnt (*Berberich* WRP 2012, 1055, 1057; Schricker/Loewenheim/*Ohly*⁵ Rn. 49), weil statt der Auslegungsregel mit gleichem gesetzgeberischem Ziel auch dispositives Recht hätte verwendet werden können. **Einzelfälle:** Zur AGB-Kontrolle des Umfangs der Nutzungsrechtseinräumung nach dem Übertragungszweckgedanken vgl. § 31 Rn. 179 ff. Zur Gestaltung des **Rückrufsrechts** vgl. § 41 Rn. 48 ff. sowie zu „general public license" (Open-Source-Software) vgl. GPL Rn. 1 ff. Sehr streitig ist die Frage, ob und inwieweit die **Zustimmung nach §§ 34, 35** durch AGB erteilt werden kann (vgl. Rn. 41 ff.).   **204**

Der Umfang der Rechtseinräumung kann jedoch bei vorformulierten **Einräumungen, die urheberpersönlichkeitsrechtlich relevant sind,** kontrolliert werden (vgl. Vor §§ 12 ff. Rn. 9 f; vgl. § 13 Rn. 12 ff.; vgl. § 39 Rn. 15 ff.; ferner *Jan Bernd Nordemann* NJW 2012, 3121, 3122 ff.). Die urheberpersönlichkeitsrechtlichen Regelungen in den §§ 12 bis 14 sind mehr als bloße Auslegungsregeln.   **205**

bb) Vergütungsabreden: Im Urheberrecht hat Leitbildfunktion i. S. d. § 307 Abs. 2 Nr. 1 BGB insbesondere der seit der Urhebervertragsrechtsreform 2002   **206**

in § 11 S. 2, §§ 32 ff. niedergelegte **Grundsatz einer angemessenen Vergütung** (RegE UrhVG 2002 – BT-Drs. 14/7564, S. 5 i. V. m. BT-Drs. 14/6433, S. 9; BeschlE RAuschuss UrhVG 2002 – BT-Drs. 14/8058, S. 1, 18; Wandtke/Bullinger/*Wandtke/Grunert*⁴ Rn. 108; Loewenheim/*Jan Bernd Nordemann*² § 60 Rn. 3), vgl. § 11 Rn. 7. Nach der Rechtsprechung des Bundesgerichtshofes unterliegt die **unmittelbare Preisabrede** zwischen den Parteien aber dennoch nicht der AGB-Kontrolle, sondern ist als privatautonomes Verhandlungsergebnis **kontrollfrei** (BGH GRUR 2012, 1031 Tz. 29 ff. – *Honorarbedingungen Freie Journalisten*; eingehend *Jan Bernd Nordemann* NJW 2012, 3121, 3124; *Berberich* WRP 2012, 1055, 1058). Eine Korrektur von unmittelbaren Vergütungsvereinbarungen kann danach nur über §§ 32, 32a, 32c erfolgen; eine mittelbare Korrekturmöglichkeit gewährt § 36b. Damit konnte die Einräumung eines unentgeltlichen (einfachen und unbefristeten) Nutzungsrechts an Online-Plattformen durch Händlern an dort eingestellten Werbefotos, die dann auch für die Nutzung für andere (ggf. konkurrierende) Angebote auf der Plattform durch Dritte genutzt werden dürfen, auch nicht an § 307 BGB, §§ 11, 32 UrhG scheitern (s. aber OLG Köln ZUM 2015, 511, 514 ff. – *Produktfotos bei Amazon*, das nur aus Sachverhaltsgründen einen Verstoß gegen § 307 BGB ausschließt). Auch wenn gemeinsame Vergütungsregeln (vgl. § 36 Rn. 5 ff.) existieren, kommt keine AGB-Kontrolle von Formularverträgen in Betracht (*Ory* ZUM 2017, 457, 459). Bloß **mittelbare Preisabreden** können nach § 307 BGB unwirksam sein. Nach dem KG kann beispielsweise eine Abrede, die die Vergütung für eine Sekundärnutzung von einer weiteren Absprache der Parteien vorbehält, nach § 307 Abs. 1 BGB unwirksam sein. Auch kommt ein Verstoß gegen AGB-Recht bei einer Klausel in Betracht, nach der das vereinbarte Honorar pauschal um 50% gekürzt wird, wenn eine Auftragsarbeit aus nicht vom Verlag zu vertretenen Gründen zum vorgesehenen Zeitpunkt nicht veröffentlicht wird (KG ZUM 2010, 799; dazu *Jan Bernd Nordemann* NJW 2012, 3121, 3125). Eingehend zur AGB-Kontrolle von Vergütungsvereinbarungen vgl. § 11 Rn. 9, vgl. § 32 Rn. 124. Zur AGB-Kontrolle der Regelungen zum Verteilungsplan von VGen s. BGH GRUR 2013, 375 Tz. 16 ff. – *Missbrauch des Verteilungsplans*.

207 cc) **Abnahme bei Auftragswerken:** Wirksam ist eine Klausel, in der sich der Abnehmer eines nach individuellen Vorgaben gefertigten Auftragswerkes die Abnahme nach billigem Ermessen gegenüber dem Urheber vorbehält (OLG Hamburg ZUM-RD 1998, 557, 559 – *Dr. Monika Lindt*). Dies hatte im konkreten Fall zur Konsequenz, dass mangels Abnahmeverpflichtung des Produzenten eine jederzeitige Kündigungsmöglichkeit nach § 649 BGB für den Produzenten ohne Nachbesserungsmöglichkeit für den Urheber bestand. Dem Urheber bleibt danach grundsätzlich nur der Vergütungsanspruch gemäß § 649 BGB, den der Produzent auch zugunsten einer angemessenen Entschädigung abbedingen kann (OLG Hamburg ZUM-RD 1998, 557, 559 – *Dr. Monika Lindt*).

208 dd) **Gesetzliche Mängelhaftung:** Die gesetzliche Mängelhaftung können der Urheber und der Verwerter grundsätzlich individualvertraglich **abbedingen**. Für AGB gelten aber insbesondere die Grenzen der §§ 308 Nr. 2, 309 Nr. 4, 5, 7, 8 BGB. Unabdingbar sind die Mängelgewährleistungsvorschriften beim Verbrauchsgüterkauf (§ 474 BGB).

209 ee) **Vertragslaufzeit:** § 309 Nr. 9 BGB verbietet bei bestimmten Dauerschuldverhältnissen mehr als zweijährige Laufzeiten, stillschweigende Vertragsverlängerungen um ein Jahr und eine längere Kündigungsfrist als drei Monate vor Ablauf des Vertrages. Die Regelung ist jedoch entgegen der Überschrift nicht auf typische Dauerschuldverhältnisse wie Miete und Pacht anwendbar; sie erfasst nur Kauf-, Werk- und Dienstverträge, sofern diese auf eine regelmäßige

Erbringung von Leistungen gerichtet sind. Da urheberrechtliche Nutzungsverträge als Dauerschuldverhältnisse eher dem Pachtrecht zuzuordnen sind (vgl. Rn. 165), scheidet im Regelfall eine Anwendung aus (a.A. wohl *Castendyk* ZUM 2007, 169, 172, jedoch ohne nähere Begründung). Für Wahrnehmungsverträge mit Verwertungsgesellschaften stellt das § 309 Nr. 9 BGB ausdrücklich klar. Der Ausschluss des **Kündigungsrechtes nach** § 627 BGB in AGB ist unwirksam (für einen Managementvertrag LG Berlin ZUM 2007, 754, 757, unter Berufung auf BGH WM 2005, 1667).

ff) Wettbewerbsverbote: Wettbewerbsverbote für den Urheber oder den Verwerter sind formularmäßig nur dann möglich, wenn auch ungeschrieben eine Enthaltungspflicht bestünde, was insbesondere eine ausschließliche Rechtseinräumung an den Verwender voraussetzt (vgl. Rn. 45). Nach OLG Düsseldorf GRUR-RR 2002, 121, 122 – *Das weite Land* darf eine Sendeanstalt wegen unangemessener Benachteiligung eine Nutzung in einer bestimmten Nutzungsart (Video) durch den lizenzgebenden Produzenten nicht formularmäßig von ihrer Zustimmung abhängig machen, wenn die Sendeanstalt nicht das Recht an der betreffenden Nutzungsart eingeräumt wurde. Das sollte auch für Verträge des Urhebers mit einem Verwerter gelten. Zur formularmäßigen Verlängerung und Ausweitung von Enthaltungspflichten des Stoffurhebers im Filmbereich vgl. § 88 Rn. 88 f. **210**

gg) Verzicht auf Unterlassungsansprüche: Ein Verzicht auf Unterlassungsansprüche durch AGB vor Beendigung der Produktion und Erstveröffentlichung des Filmes in einem Regievertrag ist unwirksam (LG München I ZUM 2000, 414, 416 – *Down Under*), es sei denn, dass eine Abnahme in Teilen schon stattgefunden hat (OLG München ZUM 2000, 767, 771 f. – *Down Under*; gegen jeden, auch individualvertraglichen Verzicht *Grün* ZUM 2004, 733, 735, für urheberpersönlichkeitsrechtliche Ansprüche). Der Verzicht auf eine Geltendmachung im Einstweiligen Verfügungsverfahren durch Urheber kann hingegen dann wirksam sein (ebenso *Castendyk* ZUM 2007, 169, 177), wenn ein Verwerter hohe Vorlaufkosten (wie z.B. im Filmbereich regelmäßig der Filmproduzent) hat und er deshalb ein berechtigtes Interesse hat, dem Urheber das (durchaus in der Praxis häufig angewandte) „Erpressungspotential" des Einstweiligen Verfügungsverfahrens zu nehmen, die Vermarktung sofort zu stoppen. **211**

hh) Haftungsabreden: Bei **Rechtegarantien** kann in Formularverträgen, die Kaufverträge sind, keine **verschuldensunabhängige Schadensersatzhaftung** des Lizenzgebers vereinbart werden (BGH NJW 2006, 47; *Castendyk* ZUM 2007, 169, 175; Schricker/Loewenheim/*Ohly*[5] Rn. 51). Formularmäßig wird man aber den verschuldensabhängigen Ersatz des Vertrauensschadens vereinbaren können, weil auch der Gesetzgeber eine analoge Anwendung des § 122 BGB bei unverschuldeter anfänglicher objektiver Unmöglichkeit für möglich hält (FraktionsE SchuldRModernG 2002 – BT-Drs. 14/6040, S. 165; *Canaris* JZ 2001, 499, 508; *Manz/Ventroni/Schneider* ZUM 2002, 409, 413 m. Fn. 50). Eine verschuldensabhängige Rechtegarantie ist auch nicht für Nutzungsverträge möglich, die entsprechend Pacht- und Mietverträgen zu behandeln sind (a.A. *Castendyk* ZUM 2007, 169, 175; zur Einordnung von urheberrechtlichen Nutzungsverträgen vgl. Rn. 164 ff.). Denn die kaufrechtlichen Regeln über die Rechtsmängelhaftung gelten grundsätzlich auch für Pacht- und Mietverträge (vgl. Rn. 177). Die zweijährige **Verjährung** (vgl. Rn. 178) kann nicht formularmäßig auf 10 Jahre verlängert werden. Zulässig sind höchstens vier Jahre, 10 Jahre allenfalls bei fehlender Kenntnis des Rechtsmangels (*Castendyk* ZUM 2007, 169, 176). **Schadensersatzpauschalen** für Beschädigungen und Vertragsstrafen für das Ausschalten von Zugangssicherungsmaßnahmen sowie Mietzahlungen für das Überschreiten einer vereinbarten Ansichtszeit sind zwar **212**

grundsätzlich möglich (OLG München ZUM-RD 1998, 113, 115; LG Hamburg AfP 1986, 352 – *Blockierungshonorar für Dias*). Für unwirksam befunden wurden aber Allgemeine Geschäftsbedingungen, die bei Verlust des Werkstückes einen pauschalen Schadensersatz ohne die Möglichkeit des Nachweises eines geringeren Schadens anordneten, **§ 309 Nr. 5 lit. b BGB** (OLG Köln AfP 1991, 543; s. a. LG Hamburg ZUM 2004, 148 – *unangemessene Blockierungsgebühr*). Das Gleiche gilt bei Schadensersatzpauschalen im Zusammenhang mit Schleichwerbeverboten bei Fernsehauftragsproduktionen (*Castendyk* ZUM 2007, 169, 172). Pauschalierter Schadensersatz in Form einer **Vertragsstrafe** ist der Höhe nach nur dann wirksam, wenn die Pauschale den nach dem gewöhnlichen Lauf der Dinge zu erwartenden Schaden nicht übersteigt; bei Verstößen gegen ein Kopierverbot für erworbene Schulungsvideo-Kassetten war für den Einzelfall eine Vertragsstrafe von DM 50.000 Ende der 1990iger Jahre zu hoch (OLG Hamburg ZUM-RD 1999, 459, 460 – *Video-Lehrprogramm*). AGB-rechtlich nicht zu beanstanden ist eine Klausel, aufgrund derer der Lizenzgeber im Falle einer rechtswidrigen Nutzung des Lizenznehmers einen **Verletzerzuschlag** in Höhe von 100 % auf die Lizenzgebühr fordern kann (LG Köln ZUM 2015, 77).

213   **ii) Verwertungsgesellschaften:** Unwirksam ist die Verpflichtung von Mitgliedern durch die GEMA als Verwertungsgesellschaft im Musikbereich, an einer **Klausur zur Feststellung ihrer kompositorischen Fähigkeiten** teilzunehmen. Im Interesse der Mitglieder, deren Rechte sie treuhänderisch wahrnimmt, kann die Verwertungsgesellschaft zwar gehalten sein, soweit möglich Mitglieder vom Wertungsverfahren auszuschließen, die zu den Einnahmen nichts oder nur unwesentlich beitragen und auch keine kulturell bedeutenden Werke schaffen, die nach dem Gebot der §§ 26 Nr. 4, 32 Abs. 1 VGG bei der Verteilung gefördert werden sollen. Die konkrete Regelung ist nach der Rechtsprechung des BGH zu unbestimmt und damit unwirksam gemäß § 9 Abs. 2 Nr. 2 AGBG (heute § 307 Abs. 2 Nr. 2 BGB), wenn sie sämtliche Bedingungen, unter denen die Klausur zu leisten ist, der freien Gestaltung durch die Verwertungsgesellschaft überlässt (insbesondere des Gegenstands der Prüfung, der Person der Prüfer, des Ortes und der Dauer der Prüfung; BGH GRUR 2002, 332 – *Klausurerfordernis*).

214   **h) Rechtsfolgen:** Bei **Nichtigkeit einer Vertragsklausel** bleibt der **Vertrag im Übrigen** gemäß § 306 BGB **wirksam** (OLG Frankfurt ZUM 2003, 957, 958). Eine **geltungserhaltende Reduktion** der einzelnen Klausel kommt aber **nicht in Betracht** (OLG Frankfurt GRUR 1984, 515 – *Übertragung von Nutzungsrechten*). Wenn sich eine Klausel nur teilweise unwirksam ist und die **Klausel teilbar** ist, kann der wirksame Teil überleben. Das gilt vor allem für wirksame Rechtseinräumungsklauseln, die schon aus Gründen des Schutzes des Rechtsverkehrs überleben sollten.

IV. Verträge des Leistungsschutzberechtigten (primäres Urhebervertragsrecht)

215   Neben den eigentlichen Urheberrechten kennt das UrhG noch „verwandte Schutzrechte" (auch „Leistungsschutzrechte"), die im zweiten Teil (§§ 70 bis 87e) und teilweise im dritten Teil (§§ 94, 95) geregelt sind. Geschützt sind bestimmte **wissenschaftliche Ausgaben** (§ 70), bestimmte **nachgelassene Werke** (§ 71), **Lichtbilder** (§ 72), die Leistung **ausübender Künstler** (§§ 73 ff.), die **Veranstalterleistung** (§ 81), die Leistung des **Tonträgerherstellers** (§§ 85 f.), des **Sendeunternehmens** (§ 87), des **Datenbankherstellers** (§§ 87a ff.), des **Presseverlegers** (§§ 87f ff.) und des **Filmherstellers** (§ 94) einschließlich des **Laufbildherstellers** (§ 95).

Auch im Hinblick auf verwandte Schutzrechte findet in der Praxis ein reger **216** Rechtsverkehr statt. Eine Regulierung dieses Rechtsverkehrs erfolgt jedoch nicht durchgängig nach §§ 31 bis 44. Vielmehr kommt es darauf an, ob eine **Nutzungsrechtseinräumung oder eine Übertragung des Leistungsschutzrechts** Gegenstand des Vertrages ist.

1. Nutzungsrechtseinräumung: (Teil-)Verweisung auf §§ 31 bis 44

Bei allen verwandten Schutzrechten kann das Recht durch die Einräumung von **217** Nutzungsrechten belastet werden (vgl. Rn. 33 für Nutzungsrechte am Urheberrecht). **§ 31 Abs. 1 bis Abs. 3 und Abs. 5 (Übertragungszweckgedanke)** gelten kraft ausdrücklichen Verweises auch für wissenschaftliche Ausgaben (§ 70 Abs. 1), Lichtbilder (§ 72 Abs. 1), ausübende Künstler (§ 79 Abs. 2 S. 2), Veranstalter (§ 81 S. 2), Tonträgerhersteller (§ 85 Abs. 2 S. 3), Sendeunternehmen (§ 87 Abs. 2 S. 3), Presseverleger (§ 87g Abs. 1 S. 2), Filmhersteller (§ 94 Abs. 2 S. 3) und Laufbildhersteller (§§ 95, 94 Abs. 2 S. 3). Bei nachgelassenen Werken und Datenbanken, für die es an einem Verweis fehlt, gelten die §§ 31 Abs. 1 bis Abs. 3 und Abs. 5, § 33 und § 38 analog (Schricker/Loewenheim/ *Vogel*[5] Vor §§ 87a ff. Rn. 33 für Datenbanken). Insoweit kann also auf die Ausführungen oben zum primären Urhebervertragsrecht der Urheber verwiesen werden (zur Einräumung von Nutzungsrechten vgl. Rn. 33 und zum Übertragungszweckgedanken vgl. Rn. 38). Insbesondere die Anwendung des Übertragungszweckgedankens gemäß § 31 Abs. 5 hat für die Einräumung von Leistungsschutzrechten die Konsequenz, dass das Abstraktionsprinzip nicht gilt und bei Beendigung oder Nichtigkeit des Verpflichtungsgeschäfts auch die eingeräumten Rechte automatisch an den Leistungsschutzberechtigten zurück fallen (für ausübende Künstler OLG Karlsruhe ZUM-RD 2007, 76, 78; zum Ganzen ausführlich vgl. § 31 Rn. 30 ff.; anders ist dies jedoch bei Übertragung der Leistungsschutzrechte, vgl. Rn. 220). Die Auslegungsregeln der §§ 33 und 38 gelten ebenfalls für alle Leistungsschutzrechte bei Nutzungsrechtseinräumung. § 31a bzw. § 31 Abs. 4 a. F. (**unbekannte Nutzungsarten**) entfalten nur aufgrund ausdrücklichen Verweises für Leistungsschutzrechte Wirkung (BGH GRUR 2003, 234, 235 – *EROC III*), also nur für wissenschaftliche Ausgaben (§ 70 Abs. 1) und Lichtbilder (§ 72 Abs. 1). Auch die §§ 34, 35 (Zustimmungsrechte bei Weiterübertragung bzw. weiterer Einräumung), § 37 (verschiedene Vermutungsregelungen bei Verträgen über die Einräumung von Nutzungsrechten), § 39 (Änderungen des Werkes), § 40 (künftige Werke), die beiden Rückrufsrechte in §§ 41 und 42 sowie die Regelung für Arbeits- und Dienstverhältnisse des § 43 finden wegen ansonsten fehlender Verweisung nur auf wissenschaftliche Ausgaben, Lichtbilder und ausübende Künstler Anwendung. Das Gleiche gilt für § 44 (Nutzungsrechtseinräumung bei Veräußerung des Originals).

2. Übertragung des Leistungsschutzrechts

Die **meisten verwandten Schutzrechte** sind – im Gegensatz zum Urheberrecht, **218** vgl. § 29 Rn. 7 – **übertragbar.** Für die Rechte an nachgelassenen Werken, der ausübenden Künstler, der Tonträgerhersteller, der Veranstalter und der Filmhersteller einschließlich Laufbildhersteller ist das ausdrücklich festgelegt (§§ 71 Abs. 2, 79 Abs. 1 S. 1, 85 Abs. 2 S. 1, 87 Abs. 2 S. 1, 87g Abs. 1 S. 1, 94 Abs. 2 S. 1, 95). Für Datenbanken gilt dies auch ohne ausdrückliche Vorschrift (Schricker/Loewenheim/*Vogel*[5] Vor §§ 87a ff. Rn. 32). Nur das Recht an wissenschaftlichen Ausgaben (Wandtke/Bullinger/*Thum*[4] § 70 Rn. 23) und das Lichtbildrecht sind nicht übertragbar.

Die **§§ 31 bis 44 gelten** für eine Übertragung des Leistungsschutzrechts **nicht.** **219** Die entsprechende Verweisung bei den Leistungsschutzrechten bezieht sich nur auf den Fall der Nutzungsrechtseinräumung. Denn werden verwandte Schutzrechte übertragen, erfolgt dies grundsätzlich **translativ,** sodass die Regelungen der §§ 31 ff. nicht passen. Daraus ergeben sich einige wichtige Abweichungen im Vergleich zum primären Vertragsrecht der Urheber.

220 Bei Übertragung von Leistungsschutzrechten gilt – anders als bei der Einräumung von Nutzungsrechten – das **Abstraktionsprinzip** uneingeschränkt; das Schicksal des Verpflichtungsgeschäfts teilt also nicht automatisch das Schicksal des Verpflichtungsgeschäfts (vgl. § 31 Rn. 30 ff.). Für die Praxis wichtig ist auch, dass **bereits erfolgte weitere Verfügungen über das Recht** wirksam bleiben, also kein Heimfall der Rechte bei Unwirksamkeit des ersten Verpflichtungs- oder Verfügungsgeschäfts auch zu Lasten weiterer Erwerber der Rechte stattfindet (hierzu allgemein vgl. § 31 Rn. 34). Die Übertragung muss nicht in vollem Umfang erfolgen, sie kann begrenzt werden. Der (insoweit nicht kodifizierte) **allgemeine Übertragungszweckgedanke** kann nach zutreffender Auffassung dabei helfen, in Zweifelsfällen den Umfang der Übertragung zu ermitteln (BGH GRUR 1960, 197, 199 – *Keine Ferien für den lieben Gott*; OLG Hamburg ZUM-RD 1999, 80, 85; vgl. § 31 Rn. 112).

220a Für Verträge ab 1.3.2017 sieht § 79 Abs. 2a für das **Leistungsschutzrecht des ausübenden Künstlers** eine Ausnahme von der Regel vor, dass die §§ 31 bis 44 nicht bei Übertragung von Leistungsschutzrechten gelten. Auf Übertragungen nach § 79 Abs. 1 sind vielmehr die §§ 31, 32 bis 32b, 32d bis 40, 41, 42 und 43 entsprechend anzuwenden (s. die Kommentierung bei § 79).

3. Vergütung

221 Die **Vergütungsregelungen** der §§ 31 ff., insbesondere §§ 32, 32a, 32b, 36, 36a, finden mangels ausdrücklicher Verweisungsnorm grundsätzlich **keine Anwendung** auf Leistungsschutzrechte. Die wichtigste **Ausnahme** bilden **ausübende Künstler,** deren verwandte Schutzrechte mit der Urhebervertragsrechtsreform 2002 den Urheberrechten angenähert wurden. Deshalb findet sich in § 79 Abs. 2 S. 2 auch die ausdrückliche Anordnung, die Regelungen der §§ 32, 32a, 32b zum Schutz einer angemessenen Vergütung bzw. der weiteren Vergütung (Bestseller) auch auf ausübende Künstler anzuwenden (im Einzelnen vgl. § 79 Rn. 68 ff.). Für Verträge ab 1.3.2017 bezieht § 79 Abs. 2a die Ansprüche nach §§ 32, 32a auch im Fall der Übertragung ein (vgl. Rn. 220a). Außerdem sind die vorerwähnten Vergütungsregelungen wegen der grundsätzlichen Verweisung auf den ersten Teil des UrhG auch auf **wissenschaftliche Ausgaben** (§ 70 Abs. 1) und auf **Lichtbilder** (§ 72 Abs. 1) anwendbar.

4. Verbot wettbewerbsbeschränkender Vereinbarungen (Art. 101 AEUV, § 1 GWB)

222 Spätestens durch die Urhebervertragsrechtsreform 2002 wurden die Leistungsschutzrechte der ausübenden Künstler den Urheberrechten angenähert. Den ausübenden Künstlern stehen Persönlichkeitsrechte zu, die – grundsätzlich genauso wie bei Urheberrechten – Wettbewerbsbeschränkungen rechtfertigen können. Auch hat der ausübende Künstler wie der Urheber tendenziell **ein legitimes Bestimmungsrecht, nach dem jeweiligen Besonderheiten des Werkes die optimale Nutzungsstrategie für jede Nutzungsart selbst zu definieren** (*v. Gamm* GRUR Int. 1983, 403, 407; *Bungeroth* GRUR 1976, 454, 464 f.; *Fikentscher* FS Schricker I S. 181; *Schricker,* VerlagsG² Einl. Rn. 58; *Jan Bernd* Nordemann GRUR 2007, 203, 211; Loewenheim/Meessen/Riesenkampff/Kersting/Meyer-Lindemann/*Jan Bernd Nordemann*³ GRUR Rn. 92; a. A. noch Immenga/Mestmäcker/*Emmerich*⁴, GWB, § 20 Rn. 358, und *Loewenheim* UFITA 79 [1977], 175, 200, 203). Das gilt grundsätzlich auch für Filmproduzenten (§ 94), Tonträgerhersteller (§ 85), Sendeunternehmen (§ 87), Veranstalter (§ 81), Datenbankhersteller (§ 87b), Lichtbildner (§ 72), Verfasser wissenschaftlicher Ausgaben (§ 70) und für denjenigen, der nachgelassene Werke erstmals erscheinen lässt (§ 71). Der spezifische Schutzgegenstand der vorerwähnten Leistungsschutzrechte ist jedoch regelmäßig auf bestimmte Verwertungsrechte begrenzt und erlaubt deshalb nicht, dem Inhaber des Leistungsschutzrechts – vergleichbar dem Urheber (vgl. Rn. 62) – ein generelles legitimes Bestimmungsrecht zuzuerkennen, nach den jeweiligen Besonderheiten des Werkes die optimale Nutzungsstrategie für jede nur erdenkliche Nutzungsart selbst zu definieren. Beispielsweise der Filmhersteller verfügt nur über das Vervielfältigungs-, das Verbreitungsrecht, das Recht der öffentlichen Funksendung und das Recht der öffentlichen Zugänglichmachung. Das Vortrags-, Aufführungs- und Vorführungsrecht stehen ihm nicht zu; darauf zielende Wettbewerbsbeschränkungen wären nicht vom spezifischen Schutzgegenstand erfasst. Zum spezifischen Schutzgegenstand des Rechts der ausübenden Künstler gehört auch die Zahlung einer angemessenen Vergütung (§§ 79 Abs. 2, 32), sodass eine Kartellierung durch Vereinbarung gemeinsamer **Vergütungsregeln** trotz Art. 101 AEUV jedenfalls derzeit grundsätzlich möglich sein dürfte (§§ 79 Abs. 2, 36); eingehend vgl. Rn. 79 zu Urheberverträgen. Wettbewerbsbeschränkungen in Verträgen müssen allerdings **spürbar** sein; insoweit gelten die Ausführungen zu Verträgen mit Urhebern entsprechend (vgl. Rn. 81).

V.   Verträge zwischen Verwertern (sekundäres Urhebervertragsrecht)

Verträge zwischen Verwertern (sog. **sekundäres Urhebervertragsrecht**) betreffen den Verkehr mit Nutzungsrechten, die vom Urheber im sog. **primären Urhebervertragsrecht** abgeleitet wurden (vgl. Rn. 32 ff.). Außerdem existiert der Verkehr mit vom Leistungsschutzberechtigten des UrhG abgeleiteten Rechten (vgl. Rn. 215 ff.). Teilweise vergeben Verwerter aber auch in einem Akt einerseits vom Urheber abgeleitete Nutzungsrechte und andererseits eigene (originäre) Leistungsschutzrechte, sodass sich **primäres und sekundäres Urhebervertragsrecht mischen.** Sie sind dann **nebeneinander anwendbar.**   **223**

Der Rechtsverkehr zwischen Verwertern ist wirtschaftlich sehr bedeutend. Einerseits besteht eine Tendenz zur wirtschaftlichen Totalauswertung von Werken, und der mit dem Urheber kontrahierende Verwerter wird deshalb i. d. R. bestrebt sein, in möglichst großem Umfang Nutzungsrechte vom Urheber zu erwerben. Andererseits können viele Verwerter die Rechte nicht selbst in vollem Umfang nutzen; sie betätigen sich dann oft erfolgreich als **Quasi-Agenten** und geben die ihnen eingeräumten Rechte an dritte Verwerter weiter.   **224**

1.   Nutzungsrechte: Übertragung oder Einräumung (Stufung)

Für die Weitergabe des vom Urheber erworbenen Nutzungsrechts bestehen für den Verwerter zwei unterschiedliche Möglichkeiten. Erstens kann das originär vom Urheber selbst eingeräumte Nutzungsrecht **weiterübertragen** werden. Man spricht dann von sog. **Tochterrechten.** Dafür ist gemäß § 34 grundsätzlich die Zustimmung des Urhebers erforderlich, die allerdings vertraglich abbedungen werden kann (vgl. § 34 Rn. 38 ff.). Außerdem enthält § 34 Regelungen zur Haftung des Erwerbers gegenüber dem Urheber (§ 34 Abs. 4) sowie ein Rückrufsrecht für den Urheber (§ 34 Abs. 3 S. 2). Zweitens ist eine Einräumung von einem ausschließlichen Nutzungsrecht **abgeleiteter,** d. h. durch Abspaltung **neu begründeter Rechte (Enkelrecht)** denkbar. Eine solche Ableitung ist sowohl von ausschließlichen als auch von einfachen Nutzungsrechten möglich (vgl. § 35 Rn. 5). Diesbezügliche Rechte des Urhebers, insbesondere (grundsätzlich dispositive) Zustimmungsrechte, sind in § 35 geregelt.   **225**

Die Übertragung unterscheidet sich dadurch von der Einräumung, dass bei der Übertragung von Nutzungsrechten keine Nutzungsmöglichkeit beim abgebenden Verwerter mehr zurückbleibt. Demgegenüber kann die Einräumung von abgelei-   **226** teten Enkelrechten dazu führen, dass auch der abgebende Verwerter ein eigenes (dingliches) Nutzungsrecht behält, z. B. wenn das eingeräumte Enkelrecht nur einfacher Natur ist. Auch bei Einräumung ausschließlicher Enkelrechte ist indes eine dingliche Nutzungsbefugnis für den abgebenden Verwerter möglich, zumindest wenn richtigerweise die Regelung des § 31 Abs. 3 S. 2 entsprechend angewendet wird. Dementsprechend ist für eine **Auslegung** unklarer Vereinbarungen danach zu fragen, ob die Vereinbarung einen vollständigen Übergang der relevanten Nutzungsbefugnis erreichen wollte (dann eher Übertragung) oder ob der abgebende Verwerter daneben berechtigt bleiben sollte (dann eher Einräumung). Zur Differenzierung zwischen Einräumung und Übertragung vgl. § 34 Rn. 9 sowie *Jan Bernd Nordemann* FS Bornkamm S. 907).

227   Die Differenzierung zwischen Übertragung und Einräumung sollte allerdings **begrenzte praktische Bedeutung** haben. Das gilt jedenfalls dann, wenn man unabhängig davon, ob eine Übertragung oder Einräumung vorliegt, das Abstraktionsprinzip im Verhältnis der Verwerter untereinander anwendet (**str.**, im Einzelnen vgl. Rn. 231 ff.). In jedem Fall bleibt die Unterscheidung von Übertragung und Einräumung für die Frage der Haftung des Erwerbers gegenüber dem Urheber von Bedeutung, die nur nach § 34 Abs. 4 im Falle einer Übertragung, nicht aber im Falle einer Einräumung besteht, § 35 Abs. 2 (vgl. § 35 Rn. 2). Ferner ist die Differenzierung möglicherweise für § 137l von Bedeutung; eingehend *Jan Bernd Nordemann* FS Bornkamm S. 907).

2. Verpflichtungs- und Verfügungsgeschäft

228   Bei der Übertragung bzw. Einräumung von Nutzungsrechten zwischen Verwertern ist wie im übrigen deutschen Zivilrecht zwischen **Verpflichtungsgeschäft und Verfügungsgeschäft** zu trennen. Insoweit gilt nichts anderes als für das primäre Urhebervertragsrecht (Verträge mit Urhebern); dazu vgl. § 31 Rn. 29. Verletzt ein Verwerter seine Verpflichtung, ein Nutzungsrecht zu übertragen bzw. einzuräumen, haftet er nach den Vorschriften des allgemeinen Schuldrechts (zu den Leistungsstörungen vgl. Rn. 287).

3. Trennungsprinzip; Abstraktionsprinzip oder automatischer Rechterückfall?

229   In der Praxis fallen zwar Verpflichtungs- und Verfügungsgeschäft meist in einem Vertrag zusammen. Dennoch ist – wie im gesamten deutschen Zivilrecht – die Verpflichtung zur Rechtseinräumung von der Verfügung, mittels derer die Nutzungsrechte konstitutiv eingeräumt werden, zu trennen („**Trennungsprinzip**"; vgl. § 31 Rn. 29 für Verträge mit Urhebern).

230   Fraglich ist, ob für Verträge zwischen Verwertern neben dem Trennungsprinzip auch das **Abstraktionsprinzip** gilt. Nach dem Abstraktionsprinzip hängt die Wirksamkeit des Verfügungsgeschäftes (also der Rechtseinräumung) nicht von der Wirksamkeit des zugrunde liegenden Verpflichtungsgeschäftes ab. Mithin müsste bei Anwendung des Abstraktionsprinzips im Fall der Unwirksamkeit oder Beendigung des Verpflichtungsgeschäfts das eingeräumte Nutzungsrecht an den übertragenden bzw. einräumenden Verwerter isoliert zurückübertragen werden und würde nicht automatisch zurückfallen. Im Hinblick auf die Frage nach einem automatischen Rechterückfall sind drei verschiedene Sachverhalte zu unterscheiden:

231   **Rechterückfall im Verhältnis der Parteien des (beendeten) Verpflichtungsgeschäfts:** Nach Auffassung des Bundesgerichtshofes gilt das Abstraktionsprinzip grundsätzlich nicht im Verhältnis zwischen den Parteien des beendeten Verpflichtungsgeschäfts. Hier kommt es vielmehr zu einem automatischen Rechterückfall, sobald das Verpflichtungsgeschäft – aus welchen Gründen auch immer – beendet ist (BGH GRUR 2012, 916 Tz. 19 f. – *M2Trade*, unter Aufgabe

der bisherigen Rechtsprechung; Schricker/Loewenheim/*Ohly*[5] Vor §§ 31 ff.
Rn. 98, § 31 Rn. 18; zu den Konsequenzen der Aufweichung vgl. 31 Rn. 34).
Nach der Rechtsprechung des I. Zivilsenates des BGH gilt der Grundsatz des
automatischen Rückfalls bei Beendigung des Verpflichtungsgeschäfts generell
im gesamten gewerblichen Rechtsschutz und Urheberrecht, also auch im Mar-
ken- und Patentrecht (BGH GRUR 2012, 916 Tz. 20 – *M2Trade*, m. w. N. aus
der Literatur). Das erscheint als zweifelhaft; ein automatischer Rechterückfall
sollte nur für Verträge mit Urhebern („primäres Urhebervertragsrecht") angenommen werden, ansonsten sollte das Abstraktionsprinzip für Verträge zwischen Verwertern grundsätzlich gelten (wie hier *Wentel Härle* GRUR 1997, 96,
99; *Schack*, Urheber- und UrhebervertragsR[7] Rn. 591; genauso auch alle Stimmen, die generell das Abstraktionsprinzip auf Verfügungen des Urhebers anwenden wollen, vgl. § 31 Rn. 30; ferner früher BGH GRUR 1958, 504, 506 –
Die Privatsekretärin; BGH GRUR 1982, 369, 371 – *Allwetterbad*; BGH
GRUR 1990, 443, 446 a. E. – *Musikverleger IV*). Die Durchbrechung des Abstraktionsprinzips für Verträge des Urhebers kann mit den urheberschützenden
Regelungen des UrhG, insbesondere mit § 11 S. 2 und mit § 31 Abs. 5, begründet werden (vgl. § 31 Rn. 32). Ein vergleichbares Schutzbedürfnis besteht im
Verkehr zwischen Verwertern nicht.

Rechterückfall der unterlizensierten Rechte bei Beendigung der Hauptlizenz: **232**
Von der Frage des Rechterückfalls im Verhältnis der Vertragsparteien bei Beendigung des Verpflichtungsgeschäfts (auf der ersten Stufe, sog. Hauptlizenz) ist
die **weitere Frage** zu trennen, **ob der Erwerber eines abgeleiteten Rechts (auf
der zweiten Stufe,** sog. **Unterlizenz gem.** § 35) **Sukzessionsschutz** hat, dessen
Verpflichtungsgeschäft mit dem ursprünglichen (erststufigen) Rechteerwerber
Bestand hat. Dem Erwerber der Unterlizenz auf der zweiten Stufe will der BGH
im Regelfall Sukzessionsschutz gewähren (BGH GRUR 2012, 916 Tz. 23 ff. –
M2Trade, für den Fall der zweitstufigen Einräumung eines einfachen Nutzungsrechts vom Hauptlizenznehmer; BGH GRUR 2012, 914 Tz. 16 – *Take
Five*, für den Fall der zweitstufigen Einräumung eines ausschließlichen Nutzungsrechts vom Hauptlizenznehmer). Insbesondere (aber auch in anderen
Fällen) besteht Sukzessionsschutz für den Fall, dass die Hauptlizenz durch Insolvenz entfällt. Es findet eine **Interessenabwägung** im Hinblick auf Nutzungsrechtsinhaber (Unterlizenznehmer) und Hauptlizenzgeber statt. Hier ist insbesondere die **Vergütungssituation** in den Blick zu nehmen. Das Interesse des
Unterlizenznehmers überwiegt, wenn der Unterlizenznehmer den Rechtserwerb
bereits **vollständig** (z. B. mit einer einmaligen Zahlung) **vergütet** hat, selbst
wenn der Urheber daran nicht beteiligt wird. Das Vertrauen des Unterlizenznehmers, bezahlte Rechte weiter nutzen zu können, überwiegt (BGH GRUR
2012, 914 Tz. 21 – *Take Five*; BGH GRUR 2012, 916 Tz. 28 – *M2Trade*).
Allerdings kann es anders liegen, wenn der Hauptlizenznehmer eine **fortlaufende Vergütung für die Nutzung der Unterlizenz** erhält, der **Hauptlizenzgeber**
aber **leer ausgeht**. Zu Recht bezeichnet der BGH das als „unbillige Konsequenz" (so BGH GRUR 2012, 914 Tz. 20 – *Take Five*; BGH GRUR 2012,
916 Tz. 26 – *M2Trade*). Das gilt selbst dann, wenn der Unterlizenznehmer für
die Unterlizenz eine laufende Beteiligung an den Hauptlizenz*nehmer* zahlt.
Nach der Rechtsprechung des BGH hat der (erststufige) Hauptlizenzgeber in
solchen Fällen trotz des Entfalls des erststufigen Verpflichtungsgeschäfts für
die Hauptlizenz einen Anspruch aus ungerechtfertigter Bereicherung (§ 812
Abs. 1 S. 1 Fall 2 BGB) gegen den Hauptlizenznehmer (BGH GRUR 2012, 916
Tz. 26 – *M2Trade*, für den Fall der zweitstufigen Einräumung eines einfachen
Nutzungsrechts vom Hauptlizenznehmer; auch in Fällen einer ausschließlichen
Einräumung kann nichts anderes gelten). Insoweit überwiegt das Interesse des
zweitstufigen Rechteerwerbers am Fortbestand der Rechtseinräumung. Solche
Ansprüche bestehen auch im Fall der Insolvenz des Hauptlizenznehmers als

Masseverbindlichkeiten, wenn der Insolvenzverwalter die Nichterfüllung des Hauptlizenzvertrages, aber die Erfüllung des Unterlizenzvertrages wählt (BGH GRUR 2012, 916 Tz. 26 – *M2Trade*). Grundsätzlich besteht Sukzessionsschutz auch bei **Unterlizenzen zwischen verbundenen Unternehmen** (BGH GRUR 2012, 916 Tz. 34 – *M2Trade*; der Fall betraf eine konzerninterne Unterlizenz); eingehend vgl. § 31 Rn. 37. Insgesamt überzeugt der vom BGH gewährte Sukzessionsschutz; er lässt sich aber besser begründen, wenn das Abstraktionsprinzip grundsätzlich schon bei Nutzungsrechtseinräumungen zwischen Verwertern auf der ersten Stufe gilt (str., vgl. Rn. 231). Ist die Hauptlizenz ein Vertrag mit dem Urheber, kann § 11 S. 2 – allerdings nur ausnahmsweise – den Sukzessionsschutz durchbrechen (dazu vgl. § 31 Rn. 30 ff.).

233 **Rechterückfall bei Weiterübertragung von Rechten:** Bei (Weiter-)**Übertragung der Rechte** (§ 34) ist ebenfalls grundsätzlich von einem **Sukzessionsschutz des Übertragungsempfängers** auszugehen. Zwar betrafen die vorgenannten BGH-Fälle nur Unterlizenzen nach § 35 (vgl. Rn. 232). Bei Übertragung muss aber erst Recht grundsätzlich Sukzessionsschutz gewährt werden, weil hier das Interesse des Erwerbers, das Vollrecht weiter nutzen zu können, noch stärker ausgeprägt ist als das Interesse des bloßen Unterlizenznehmers. Auch hier gilt jedoch bei Erstvertrag mit dem Urheber, dass ausnahmsweise § 11 S. 2 UrhG den Sukzessionsschutz durchbrechen kann (vgl. § 31 Rn. 30 ff.). Selbst eine solche Ausnahme scheidet aber nach Drehbeginn für den **Filmbereich** wegen der *ratio legis* des § 90 S. 1 aus (vgl. § 90 Rn. 9 f.).

4. Dingliche Abspaltbarkeit und hinreichende Klarheit

234 Auch im Rechtsverkehr zwischen Verwertern können Nutzungsrechte bei der Einräumung mit **inhaltlichen, zeitlichen und räumlichen Beschränkungen** versehen werden. Insoweit gelten die oben für Urheberverträge genannten Grenzen (vgl. § 31 Rn. 11 f.).

5. Kein gutgläubiger Erwerb

235 Ein gutgläubiger Erwerb von Nutzungsrechten ist im Urheberrecht nicht möglich. Das gilt für Verträge zwischen Verwertern genauso wie für Verträge mit Urhebern, weil es in beiden Konstellationen an einem Rechtsscheinträger fehlt (dazu ausführlich vgl. § 31 Rn. 42). Der Erwerber auf der Stufe abgeleiteter Rechte ist bei automatischem Rückfall der Rechte an den Urheber wegen Entfalls der originären Nutzungsrechtseinräumung durch den Urheber auf einer früheren Stufe nicht durch guten Glauben geschützt (vgl. § 31 Rn. 34). Eine fehlende Zustimmung des Urhebers zur Einräumung weiterer Nutzungsrechte nach § 35 bzw. zur Übertragung von Nutzungsrechten nach § 34 kann ebenso wenig durch guten Glauben überwunden werden.

6. Grundsatz der Priorität der Einräumung (Sukzessionsschutz)

236 Bei Geltung des Abstraktionsprinzips (vgl. Rn. 231) und dem Fehlen der Möglichkeit eines gutgläubigen Erwerbs (vgl. Rn. 235) **gilt für die Einräumung von Nutzungsrechten zwischen Verwertern das Prioritätsprinzip** (im Gegensatz zu § 33 für Urheberverträge) **uneingeschränkt**. Hat sich der einräumende Verwerter des Nutzungsrechts bereits entäußert, setzt sich diese Verfügung gegenüber späteren durch. Das Gleiche gilt, wenn der übertragende Verwerter die Rechte vorher schon übertragen hat. Der Sukzessionsschutz betrifft **nur Nutzungsrechte mit gegenständlicher Wirkung**, keine rein schuldrechtlich wirkenden Einräumungen, etwa wenn das Nutzungsrecht an einer nicht wirtschaftlich selbständigen Nutzungsart begründet wird (Dreier/Schulze/*Schulze*[5] § 33 Rn. 4), zu rein schuldrechtlich wirkenden Nutzungserlaubnissen vgl. § 29 Rn. 24 f. Der Sukzessionsschutz ist **vertraglich nicht zwingend**; abweichende Vereinbarungen sind zulässig (Loewenheim/*Loewen-*

*heim/Jan Bernd Nordemann*² § 26 Rn. 32; zur a. F. BGH GRUR 1986, 91, 93 – *Preisabstandsklausel*).

7. Grundsatz: Keine Anwendung des UrhG und Ausnahmen

Für den Rechtsverkehr zwischen Verwertern existieren im UrhG **keine geschrie-**   **237**
benen Regeln. Zwingendes oder dispositives Recht existiert insoweit nicht. Die §§ 31 bis 44 betreffen nur die vertragliche Beziehung des Urhebers auf der ersten Stufe der Nutzungsrechtseinräumung. Auch soweit der Wortlaut dies eigentlich zuließe, sind die §§ 31 bis 44 deshalb nicht auf Vereinbarungen zwischen Verwertern anwendbar. Demgemäß besteht für Verträge zwischen Verwertern auf der Grundlage des UrhG und des VerlG **Vertragsfreiheit;** es sind nur die zwingenden bzw. dispositiven Bestimmungen sowie Auslegungsregeln zu beachten, die das allgemeine Zivilrecht bereithält, soweit es auf den Vertrag Anwendung findet (dazu vgl. Rn. 164 ff.).

Der **Übertragungszweckgedanke** des § 31 Abs. 5 ist nicht direkt auf Verträge   **238**
zwischen Verwertern anwendbar, weil er nur die Nutzungsrechtseinräumung durch den Urheber reguliert. In Form des über § 31 Abs. 5 hinaus bestehenden allgemeinen Übertragungszweckgedankens (vgl. § 31 Rn. 118) kann der Regelungsgehalt aber auch auf Verträge zwischen Verwertern angewendet werden (BGH GRUR 1960, 197, 199 – *Keine Ferien für den lieben Gott*; KG AfP 1997, 919, 921 – *Hans Fallada*; OLG München ZUM-RD 1998, 101, 106 – *Auf und davon*; OLG Düsseldorf GRUR-RR 2002, 121, 122 – *Das weite Land*). Beispiele sind die Erteilung einer Verlagslizenz durch einen Verleger an einen anderen Verleger oder die Weitergabe von Filmrechten durch einen Filmproduzenten an eine Sendeanstalt. Die Anwendung des Übertragungszweckgedankens sollte aber auf Sachverhalte beschränkt bleiben, die mit Nutzungsrechtseinräumungen durch den Urheber vergleichbar sind und nicht auf translative Übertragungen von Nutzungsrechten ausgedehnt werden, die eher dem bürgerlich-rechtlichen Rechtskauf zuzuordnen sind. Zum Übertragungszweckgedanken ausführlich vgl. § 31 Rn. 118 ff.; zum AGB-Recht vgl. Rn. 289 ff.

§ 31a bzw. § 31 Abs. 4 a. F. (**Rechte an unbekannten Nutzungsarten**) gelten nicht   **239**
für Verträge zwischen Verwertern (Loewenheim/*Loewenheim/Jan Bernd Norde-mann*² § 26 Rn. 41). Zur Unmöglichkeit bei Anwendung des § 31 Abs. 4 a. F. vgl. § 31a Rn. 10. Ansonsten richtet sich die Auslegungsfrage, ob die Verwerter die Übertragung bzw. Einräumung unbekannter Nutzungsarten vereinbart haben, nach dem allgemeinen Übertragungszweckgedanken (vgl. § 31 Rn. 118). Insoweit dürften in vielen Fällen besondere Spezifizierungslasten für den Erwerber bestehen (dazu § 31 Rn. 126 ff.; ferner *Jan Bernd Nordemann* FS Nordemann II S. 193, 201 ff.). Für §§ **32a, 32b** wird man ebenfalls eine Wirkung auf Verträge zwischen Verwertern verneinen müssen. Insbesondere die Regelung des § 32a Abs. 2 S. 2 („Die Haftung des anderen entfällt") gilt nur im Hinblick auf Ansprüche des Urhebers, nicht aber im Verhältnis der Verwerter untereinander. Deshalb ist die Haftungsregelung auch nicht etwa im Zusammenspiel mit § 32b zwingend für Verträge zwischen Verwertern (str., vgl. § 32a Rn. 37 ff.). Auch die §§ **34, 35** regeln nur die **Zustimmungsrechte des Urhebers** im Fall der Weiterübertragung bzw. Einräumung weiterer Nutzungsrechte; sie regulieren den Rechtsverkehr zwischen Verwertern nicht. Jedoch entfalten sie mittelbare Wirkung auf Verträge zwischen Verwertern insoweit, als der Erwerber prüfen muss, ob eine Zustimmung des Urhebers vorliegt. Denn die §§ 34, 35 können nicht durch guten Glauben überwunden werden. Die Regelung des § 39 Abs. 2 sollte ebenfalls auf Verträge zwischen Verwertern durchschlagen, obwohl die Regelung direkt nur für Verträge mit Urhebern gilt. Wenn der Urheber die Bearbeitung nicht verweigern kann, sondern sie ohne zusätzliche Rechtseinräumung zulässig ist, muss dies auch zwischen Verwertern gelten.

240 Auf Softwareverträge zwischen Verwertern finden jedoch die §§ 69d, 69e und 69g Abs. 2 Anwendung, weil sie lediglich auf den „Rechtsinhaber" und nicht auf den Urheber abstellen. Die urhebervertragsrechtlichen Regelungen im **zweiten Teil des UrhG** (Verwandte Schutzrechte, §§ 70 bis 87e) und im **dritten Teil des UrhG** (besondere Bestimmungen für Filme) beziehen sich nicht auf Verträge zwischen Verwertern. Eine **Ausnahme** bildet § 87 Abs. 5, der auch einen Kontrahierungsanspruch für übertragene bzw. eingeräumte weitere Nutzungsrechte beinhaltet. § 88 wird **analog** auch auf Verträge zwischen Verwertern angewendet, wenn ein Verwerter im Interesse des Urhebers mit einem Filmproduzenten Stoffverträge abschließt (vgl. § 88 Rn. 25).

241 **Ausnahmsweise** wird das Vertragsrecht zwischen Verwertern durch das UrhG auch durch die Übergangsbestimmungen für **Schutzfristverlängerungen der** §§ 137 Abs. 2, 3 und 4, 137b Abs. 2 und 3, 137c Abs. 2 und 3, 137f Abs. 4 sowie § 137j Abs. 4 reguliert, weil diese nur auf den jeweiligen Rechtsinhaber abstellen und nicht ausschließlich auf den Urheber bzw. Leistungsschutzberechtigten.

242 Ferner sucht man im VerlG vergebens Bestimmungen, die Verträge zwischen Verwertern betreffen, obwohl der Rechtsverkehr zwischen Verwertern im Hinblick auf ihnen eingeräumte Nutzungsrechte heute wirtschaftlich mindestens genauso bedeutend ist wie der Verlagsvertrag mit dem Urheber.

8.   Sublizenzierungsverbote, Weiterübertragungsverbote

243 Bei **Beteiligungsvergütung** ist davon auszugehen, dass im Zweifel **kein Recht** zur **Sublizenzierung oder Weiterübertragung** besteht. Bei der Lizenzvergabe gegen prozentuale Beteiligung bringt der Lizenzgeber – anders als bei der Lizenz gegen Festpreis – seinem Vertragspartner ein besonderes Vertrauen entgegen. Denn er ist im Interesse einer effektiven Auswertung von dessen Einsatzfähigkeit und -bereitschaft und bezüglich der Abrechnung auch von dessen Zuverlässigkeit abhängig. Insoweit gewährt nur der Zustimmungsvorbehalt die Möglichkeit, auf die für die Auswertung wesentliche Auswahl des Nutzungsberechtigten Einfluss zu nehmen (BGH GRUR 1987, 37, 38 – *Videolizenzvertrag*). Kein Sublizenzierungsverbot gilt aber für räumliche Gebiete, für die auch der Lizenzgeber weiß, dass sich der Lizenznehmer Dritter bedienen muss, weil er dort nicht (ausreichend) vertreten ist. Zur konkludenten Zustimmung zur Sublizenzierung oder Weiterübertragung vgl. § 34 Rn. 14 f. Im kaufmännischen Verkehr kann ein Sublizenzierungsrecht oder Weiterübertragungsverbot auch formularvertraglich **in AGB** vereinbart werden (dazu vgl. § 34 Rn. 42a).

244 Ein Verbot der Sublizenzierung oder Weiterübertragung **wirkt** grundsätzlich **dinglich**, d. h. der Lizenzgeber kann auch gegen Dritte vorgehen, die die Rechte trotz Verbot vom Lizenznehmer erhalten haben (BGH GRUR 2011, 411 Tz. 15 – *UsedSoft*; OLG Karlsruhe MMR 2011, 727, 729). Insoweit gilt nichts anderes als für Urheberverträge (vgl. § 34 Rn. 17).

9.   Auswertungspflichten

245 Eine praktisch wichtige Frage ist stets, ob den Lizenznehmer eine Auswertungspflicht trifft, die dann regelmäßig auch **Hauptpflicht** ist. Anders als bei Urheberverträge ergibt sich eine Auswertungspflicht bei Verträgen zwischen Verwertern nicht aus urheberrechtlichen Regelungen. Insbesondere §§ 1, 14 bis 16 VerlG gelten nicht für Verträge zwischen Verwertern. Bei Lizenzverträgen ist jedoch eine Auswertungspflicht auch **ohne ausdrückliche Vereinbarung** insbesondere dann anzunehmen, wenn eine **Beteiligungsvergütung** des Lizenzgebers vereinbart ist (für einen Filmverleihvertrag: BGH GRUR 2003, 173, 175 – *Filmauswertungspflicht*; BGH GRUR 1951, 471 – *Filmverwertungsvertrag*; OLG München ZUM 2000, 1093, 1096 – *Pinocchio*; für den Musikbereich

BGH UFITA 86 [1980], 240, 243); im Bühnenbereich BGHZ 13, 115, 118; im
Verlagsbereich, allerdings für Urheberverträge: BGH GRUR 2005, 148, 150 –
Oceano Mare; zum Patentrecht BGH GRUR 2000, 138 – *Knopflochnähmaschinen*). Der Umstand, dass der Lizenznehmer auch die so genannten Herausbringungskosten (insbesondere die Kosten für die Werbung und die Werkkopien) zu tragen hat, spricht insoweit zusätzlich für eine Auswertungspflicht
(BGH GRUR 2003, 173, 175 – *Filmauswertungspflicht*). Bei **Pauschalvergütung** ist nach der Rechtsprechung des BGH zu Urheberverträgen hingegen nicht
von einem Indiz auszugehen, dass keine Auswertungspflicht besteht. Denn die
Vereinbarung einer solchen Vergütung könne häufig Ausdruck der wirtschaftlichen Kräfteverhältnisse sein, die es dem Lizenznehmer erlaubten, eine solche
Art der Vergütung durchzusetzen, ohne dass dies notwendig mit einer untergeordneten Bedeutung der Auswertung einhergehen müsse (BGH GRUR 2005,
148, 150 – *Oceano Mare*, für den Verlagsbereich; a. a. A. für Filmverträge Loe-
wenheim/*Schwarz*/*Reber*² § 74 Rn. 268). In der Tat sollte bei Pauschalvergütung **auf den Einzelfall abgestellt** und eine umfassende Interessenabwägung
vorgenommen werden. Eine ungeschriebene Auswertungspflicht kann insbesondere dann bestehen, wenn nach dem zugrundeliegenden **Zweck des Vertrages** (unter Berücksichtigung von inhaltlichem, zeitlichem und räumlichem Umfang der Nutzungsrechtsvergabe) die **Auswertung bedeutend** war, z. B. um die
Verwertung der noch beim Lizenzgeber verbliebenen Rechte zu fördern.

Besteht eine Auswertungspflicht, richtet sich ihr **Umfang** nicht allein nach ei-   **246**
nem für den Lizenzgeber optimalen wirtschaftlichen Ergebnis. Beispielsweise
darf der Filmverleiher als Lizenznehmer die Interessen anderer Filmhersteller,
deren Filme er gleichzeitig im Verleih gehabt hat, und sein Interesse einer dauerhaften Zusammenarbeit mit den Kinobesitzern berücksichtigen, sodass die
Auswertungspflicht insoweit eingeengt sein kann (BGH GRUR 2003, 173,
175 – *Filmauswertungspflicht*; zustimmend *Obergfell* ZUM 2003, 292, 295).
Zum **AGB-Recht** vgl. Rn. 293. Zu den **Rechtsfolgen** vgl. Rn. 283, 287.

10. Enthaltungspflichten (Wettbewerbsverbote)

Die **Einräumung oder Übertragung ausschließlicher Nutzungsrechte** begründet   **247**
grundsätzlich eine sachliche Enthaltungspflicht für den Rechtegeber. Diese
wirkt dinglich, d. h. absolut gegenüber jedermann. Über dies ermöglicht die
Gestaltungsfreiheit bei der Nutzungsrechtsvergabe, auch **räumlich oder zeitlich
durch den entsprechenden Zuschnitt der Nutzungsrechte** Enthaltungspflichten
mit dinglicher Wirkung zu vereinbaren. Enthaltungsverbote sind aber auch
über die Gestaltung der Nutzungsrechtseinräumung – oder übertragung hinaus
denkbar. Zur Abgrenzung von dinglich wirkenden Nutzungsrechtsgestaltungen
und bloß schuldrechtlich wirkenden Enthaltungspflichten vgl. § 31 Rn. 94 ff.

Häufig werden in Nutzungsverträgen zwischen Verwertern Enthaltungspflich-   **247a**
ten (Wettbewerbsverbote) für den **Lizenznehmer** vereinbart. Ein solches Wett-
bewerbsverbot ist tendenziell eng auszulegen, um die Wettbewerbsfreiheit des
Lizenznehmers nicht über Gebühr einzuschränken (zum Kartellrecht vgl.
Rn. 251 ff. und zu § 138 BGB vgl. Rn. 263). Eine Enthaltungspflicht für den
Lizenznehmer kann sich auch **ungeschrieben aus § 242 BGB** ergeben (BGH
GRUR 1985, 1041, 1042 – *Inkasso-Programm*). Sie sind dann in den Vertrag
hineinzulesen, wenn sie notwendig für das Funktionieren des Vertrages sind.
Dann ist ihre Vereinbarung auch in **AGB** selbstredend zulässig. In Betracht
kommt dies vor allem dann, wenn der Lizenzgeber nur über eine **Beteiligung
vergütet** wird. Dann hat der Lizenznehmer während der Dauer des Nutzungsvertrages die Verwertungshandlungen zu unterlassen, mit denen er dem lizenzierten Werk Konkurrenz machen kann. Bei Pauschalvergütung oder Zahlung
einer nicht unerheblichen Mindestlizenz ist aber nicht ersichtlich, weshalb ein
ungeschriebenes Verbot für den Lizenznehmer im Regelfall bestehen sollte. Es

muss im Einzelfall festgestellt werden, ob eine **Konkurrenzsituation** vorliegt (dazu eingehend für Urheberverträge vgl. Rn. 46 f.).

248 Enthaltungspflichten können auch den **Lizenzgeber** treffen, insbesondere bei nur beschränkter Rechtevergabe. Enthaltungspflichten ergeben sich auch **ungeschrieben aus der vertraglichen Treuepflicht**, wofür aber im Regelfall eine ausschließliche Rechtseinräumung vorauszusetzen ist, weil sonst kaum ein berechtigtes Interesse des Lizenznehmers ersichtlich ist (*Schwarz* ZUM 2000, 816, 831 f.; Loewenheim/*Schwarz/Reber*² § 74 Rn. 257 m. w. N.; ferner BGH GRUR 1969, 364, 366 – *Fernsehauswertung* für einen Treueverstoß nach Vergabe von Bühnenrechte durch gleichzeitige Vergabe von Senderechten an Dritte; ferner vgl. Rn. 45). Ungeschriebene Verbote bestehen vor allem dann, wenn er **pauschal oder mit erheblichen Mindestlizenzen vergütet** wird und die Konkurrenz durch den Lizenznehmer die Refinanzierung durch den Lizenznehmer gefährden würde.

249 Insoweit können insbesondere **zeitliche Enthaltungspflichten (Sperrzeiten)** bestehen, in denen eine Auswertung ohne Konkurrenz durch den Lizenzgeber sein muss. Das gilt insbesondere für den Filmbereich, wo es üblich ist, dass eine zeitlich gestaffelte Auswertung in sog. Auswertungsfenstern erfolgt. Anhaltspunkte ergeben sich aus den Sperrzeiten, die der Produzent bei öffentlicher Förderung des Films gemäß § 53 ff. FFG einhalten muss (Loewenheim/*Schwarz/Reber*² § 74 Rn. 258). Zu seiner Absicherung sollte der Produzent zu sperrende Rechte aufschiebend bedingt einräumen, sodass er dinglich vor einer Nutzung geschützt ist. Möglich ist auch eine rein schuldrechtliche Verpflichtung, die Rechte nicht auszuüben; sie beschränkt Ansprüche jedoch auf den Vertragspartner, was bei vertragswidriger Weitergabe von Rechten gegenüber Dritten nicht weiterhilft (Loewenheim/*Nordemann-Schiffel/Jan Bernd Nordemann*² § 64 Rn. 82). Allerdings besteht oft das Problem, dass bei Abschluss der weiteren Auswertungsverträge der Kinostarttermin (als Beginn des Laufes der Sperrzeit) nicht feststeht. Die Praxis behilft sich hier mit einer Geltung der Sperrzeit ab Kinostart.

250 **Sachliche Enthaltungspflichten** können gelten, wenn eine direkt konkurrierende Nutzungsart nicht eingeräumt wurde (z. B. nur die Hardcover- und nicht die Taschenbuchrechte; dazu KG GRUR 1984, 526, 527 – *Trabbel für Henry*) oder bei Konkurrenz zwischen Normalausgabe, die verramscht wird, und der Buchgemeinschaftsausgabe (dazu OLG Hamm GRUR 1978, 436 – *Herz mit Paprika*; Loewenheim/*Nordemann-Schiffel/Jan Bernd Nordemann*² § 64 Rn. 82, 129), oder wenn ein direktes Konkurrenzprodukt nicht Gegenstand des Verleihvertrages war, z. B. ein Director's Cut. Für andere Werke bloß des gleichen Genres besteht aber zumindest im Bereich der reinen, nicht Gebrauchszwecken dienenden Kunst keine Enthaltungspflicht (vgl. Rn. 46 sowie Loewenheim/*Nordemann-Schiffel/Jan Bernd Nordemann*² § 64 Rn. 131 für den belletristischen Bereich). Für Gebrauchszwecken dienende Kunst (Sachbücher; angewandte Kunst) kommt ein vertragsgefährdendes Konkurrenzverhältnis eher in Frage. AGBs in einem Vertrag zwischen Filmproduzenten und Fernsehanstalt, die ersterem eine Enthaltungspflicht für den Videovertrieb auferlegen, sind allerdings wegen unangemessener Benachteiligung unwirksam, wenn das Recht dazu der Fernsehanstalt nicht eingeräumt wurde (OLG Düsseldorf GRUR-RR 2002, 121, 122 – *Das weite Land*); zum **AGB-Recht** vgl. Rn. 293. Zu den **Rechtsfolgen**, insbesondere der allein schuldrechtlichen Wirkung, vgl. Rn. 283, 287.

11. Kartellverbot (§ 1 GWB, Art. 101 AEUV)

251 Auf Verträge zwischen Verwertern finden die kartellrechtlichen Regelungen für wettbewerbsbeschränkende Vereinbarungen gemäß § 1 GWB bzw. Art. 101 AEUV grundsätzlich Anwendung. Denn die Verwerter sind **Unternehmen** i. S. d. § 1 GWB bzw. Art. 101 AEUV (zum Unternehmensbegriff vgl. Rn. 56 f.).

Urhebern steht bei der Gestaltung der Nutzungsrechtseinräumung gegenüber **252** dem Verwerter ein gewisser Gestaltungsspielraum zu, der sich über eine am spezifischen Schutzgegenstand des Urheberrechts orientierte Abwägung mit den Interesse des Kartellrechts bestimmt (ausführlich vgl. Rn. 62 ff.). Dieser **Gestaltungsspielraum** kann sich grundsätzlich auch auf Verträge zwischen Verwertern in der Rechtekette fortsetzen. Verwerter als Inhaber vom Urheber, vom ausübenden Künstler oder von sonstigen Leistungsschutzberechtigten direkt oder über Dritte indirekt abgeleiteter Rechte können sich auf den spezifischen Schutzgegenstand des (abgeleiteten) Nutzungsrechts bzw. Leistungsschutzrechts berufen, **soweit ihre Interessen mit den Interessen des Urhebers bzw. Leistungsschutzberechtigten parallel laufen** (*Loewenheim* UFITA 79 [1977], 175, 200; *Jan Bernd Nordemann* GRUR 2007, 203, 212; Loewenheim/Meessen/Riesenkampff/Kersting/Meyer-Lindemann/*Jan Bernd Nordemann*[3] GRUR Rn. 93). Zwar betrifft der spezifische Schutzgegenstand des Urheberrechts eigentlich primär die Interessen des Urhebers (bzw. die Interessen des Leistungsschutzberechtigten). Die Verwertung des Werkes hat aber grundsätzlich eine wesentliche Auswirkung für den Urheber. Urheberrecht will diese Verlagerung auf den Verwerter sogar besonders schützen, weil das UrhG grundsätzlich von einer Werkverwertung durch Dritte und nicht durch den Urheber selbst ausgeht (*Loewenheim* UFITA 79 [1977], 175, 195 f. unter Verweis auf Begr RegE UrhG 1966, abgedruckt UFITA 45 [1965], 241; Loewenheim/*Loewenheim*/*Jan Bernd Nordemann*[2] § 24 Rn. 1). Der Urheber und der ausübende Künstler haben regelmäßig nach § 32 über eine Beteiligungsvergütung oder über § 32a an einer erfolgreichen Auswertung teil. Deshalb lässt sich im Grundsatz Folgendes sagen: diejenigen **von Verwertern veranlassten Wettbewerbsbeschränkungen profitieren vom Privileg des UrhG, die dem Urheber (mittelbar) zu Gute kommen.** Eine nur abgeschwächte Wirkung der Verwertung für den Urheber kann im Rahmen der Interessenabwägung zugunsten der Anwendung des Kartellrechts Berücksichtigung finden, wobei allerdings der zwingende Charakter der §§ 32, 32a abweichende Vereinbarungen mit dem Urheber grundsätzlich ausblendet.

Dinglich abspaltbare **Beschränkungen (inhaltlich, zeitlich, quantitativ, räum-** **253** **lich)** bei der Vergabe abgeleiteter Rechte sollten danach tendenziell genauso wie bei Urhebern zulässig sein. Es sei deshalb auf die Ausführungen oben verwiesen, vgl. Rn. 58 ff. Auch eine **Konditionenbindung** ist regelmäßig kartellrechtlich nicht zu beanstanden; insoweit dürfen aber nur die (abgeleiteten) Urheberinteressen Berücksichtigung finden (vgl. Rn. 252) und nicht eigene Verwerterinteressen im Vordergrund stehen.

Fraglich erscheint, ob und inwieweit horizontale **Preiskartelle zwischen Ver-** **254** **wertern** wegen des Urheberrechtes gerechtfertigt sein können. Zunächst nimmt – genauso wie für Urheber – die Kartellierung der Verwerter am **Privileg des § 36** teil, wenn die Voraussetzungen des § 36 erfüllt sind und eine Kartellabsprache zwischen den Verwertern für den Abschluss der Vergütungsvereinbarung unmittelbar erforderlich ist. Denn § 36 erlaubt ausdrücklich auch eine Vergütungsvereinbarung „mit Vereinigungen von Werknutzern". Art. 101 AEUV tritt derzeit zurück (vgl. Rn. 79). Jedoch dürfen sich Verwerter nicht außerhalb des direkten Anwendungsbereiches des § 36 absprechen, auch wenn sie dadurch höhere Preise und damit – bei Beteiligungsvergütung des Urhebers – auch eine höhere Vergütung für den Urheber erzielen. Das erscheint nicht nach dem spezifischen Schutzzweck des Urheberrechts gedeckt, weil der spezifische Schutzzweck nur Kartelle der Urheber in gewissen Grenzen zulässt (§ 36), nicht jedoch eine Kartellierung von in die Verwertungskette eingeschalteten Personen. Ansonsten wären Preiskartelle im Urheberrecht bei Beteiligungsvergütung des Urhebers auf der ersten Stufe generell zulässig, weil sie letztlich immer dem Urheber zu Gute kommen.

255   Im Vergleich mit dem Urheber kartellrechtlich privilegiert ist der verwertende
Verleger im Hinblick auf vertikale Preisbindungen für Zeitungen, Zeitschriften,
Bücher und damit vergleichbare Erzeugnisse, weil dem Verleger ein **vertikales
Preisbestimmungsrecht nach § 30 GWB für Zeitungen und Zeitschriften** sowie
eine **Preisbestimmungspflicht nach BuchpreisbindungsG für Bücher und ver-
gleichbare Erzeugnisse** zusteht.

256   Verwerter können über dies auf Grund des UrhG **kartellrechtlich privilegiert**
sein, wenn sie **originäre Inhaber von Leistungsschutzrechten** sind. Ihnen steht
dann nach zutreffender Auffassung ein eigener spezifischer Schutzgegenstand
zur Rechtfertigung von Wettbewerbsbeschränkungen zur Seite (eingehend vgl.
Rn. 222).

257   Grundsätzlich keine Preiskartelle stellen **Markterhebungen über die Lizenzpreise**
für urheberrechtlich geschützte Leistungen dar. Im Hinblick auf Schadensersatzansprüche, die auf der Grundlage einer angemessenen Lizenzgebühr berechnet
werden (§ 97), haben sie erhebliche Bedeutung für die Praxis (vgl. § 97 Rn. 94).
Marktübersichten von Verwertern im Hinblick auf übliche Lizenzgebühren können dann an kartellrechtliche Grenzen stoßen, wenn ihnen eine Abstimmung der
konkurrierenden Verwerter zugrunde liegt, die Höhe der Lizenzgebühren darüber
anzugleichen (vertiefend Loewenheim/Meessen/Riesenkampff/Kersting/Meyer-
Lindemann/*Jan Bernd Nordemann*[3] GRUR Rn. 94). Die Erfahrungsregeln des
Deutschen Musikverlegerverbandes (DMV) wurden als empirisch begründete und
damit grundsätzlich kartellrechtneutrale Marktübersicht zur besseren Ermittlung der angemessenen Lizenzgebühr im Rahmen der Schadensersatzberechnung
nach § 97 entwickelt. Sie dürfen aber für die Musikverleger gegenüber ihren Lizenznehmern nicht „als Richtschnur für die Bemessung des Lizenzentgeltes im
Zuge der Vertragsgestaltung etabliert" sein (so aber in Moser/Scheuermann/
Schulz[6] S. 1364, deutlich einschränkend jedoch S. 1363). Eine andere grundsätzlich kartellrechtneutrale Marktübersicht stellen die „MFM-Bildhonorare" dar,
eine Marktübersicht über angemessene Nutzungshonorare im Fotobereich (*Jan
Bernd Nordemann* ZUM 1998, 642). Zur Regelsammlung Verlage (Vertriebe)/
Bühnen im Bereich Bühne vgl. Rn. 343.

258   **Absprechen** dürfen sich Verwerter unabhängig davon, ob sie eigene oder abgeleitete Rechte ausüben, im Fall der Verfolgung von klaren Rechtsverletzern,
insbesondere **zur verbandsmäßigen Piraterieverfolgung.** Das widerspricht nicht
Art. 101 Abs. 1 AEUV und § 1 GWB, zumindest sollte es nach Art. 101 Abs. 3
bzw. § 2 Abs. 1 GWB freigestellt sein (Loewenheim/Meessen/Riesenkampff/
Kersting/Meyer-Lindemann/*Jan Bernd Nordemann*[3] GRUR Rn. 95; zu **Verhal-
tenskodizes und Wettbewerbsregeln zur Piraterieverfolgung:** *Jan Bernd Norde-
mann/Waiblinger* GRUR 2015, 1070, 1071 ff.; *Lettl/Jan Bernd Nordemann*
NZKart 2014, 207 ff.). Im Urheberrecht existiert im Regelfall keine Behörde,
die die Verletzungen verfolgen würde. Insoweit scheitert eine Freistellung insbesondere nicht an der Unerlässlichkeit der Beschränkung. Genauso können konkurrierende Verwerter verabreden, dass urheberrechtsverletzender Wettbewerb
des einen unterlassen wird.

259   § 1 GWB und Art. 101 AEUV setzen als ungeschriebenes Tatbestandsmerkmal
Spürbarkeit der Wettbewerbsbeschränkung voraus (dazu Loewenheim/Mees-
sen/Riesenkampff/Kersting/Meyer-Lindemann/*Jan Bernd Nordemann*[3] GRUR
Rn. 89; Langen/Bunte/*Krauß*[12] Bd. 1 § 1 Rn. 163 ff.). Insoweit sei insbesondere
auf die sog. Bagatellbekanntmachung der EU-Kommission verwiesen (abgedruckt in WuW 2001, 705 ff.). Danach werden Horizontalvereinbarungen
(zwischen mindestens potenziellen Wettbewerbern) und Vertikalvereinbarungen (zwischen verschiedenen Marktstufen) unterschieden (Loewenheim/Mees-
sen/Riesenkampff/Kersting/Meyer-Lindemann/*Jan   Bernd   Nordemann*[3] § 3

GWB Rn. 25; Langen/Bunte/*Krauß*[12] Band 1 § 1 Rn. 178 ff. allgemein; speziell Rn. 143 ff. zu Horizonalvereinbarungen).

Für **Horizontalvereinbarungen** wie Preisabsprachen gelten 10% Marktanteil **260** des gebundenen Konkurrenten. Eine Horizontalvereinbarung kann auch bei Austauschverträgen zwischen mindestens potenziell konkurrierenden Verwertern vorliegen, beispielsweise bei einem Subverlagsvertrag, wenn der lizenzierende Verleger das subverlegte Werk auch selbst anbieten könnte oder gar (in einer anderen konkurrierenden Ausgabe) anbietet. Im Filmbereich liegt eine Horizontalvereinbarung nahe, wenn Co-Produzenten einen Gesellschaftsvertrag gemäß § 705 BGB schließen und sie auch jeder für sich den Film produzieren könnten; Austauschverträge können bei wechselseitigen DVD-Lizenzen zwischen DVD-Verwertern horizontal sein.

Bei **Vertikalvereinbarungen** ist für eine Spürbarkeit hingegen 15% Marktanteil **261** jedes der vertragsbeteiligten Unternehmen erforderlich. Ein Beispiel ist ein Verleihvertrag zwischen Filmproduzent und Verleihunternehmen, wenn der Produzent nicht über die Infrastruktur verfügt, selbst auszuleihen. Dasselbe gilt im Verhältnis zwischen Lizenzgeber und Fernsehanstalt im Hinblick auf Fernsehrechte, wenn der Lizenzgeber keinen Fernsehsender selbst betreibt. Sowohl für Horizontal- als auch für Vertikalvereinbarungen wird eine **Überschreitung der Marktanteile** um 2% während zwei aufeinander folgender Jahre toleriert. Allerdings ist die „**Bündeltheorie**" anwendbar. Erfolgt die Bindung für sehr viele Vertragspartner parallel, kann sich daraus die Spürbarkeit ergeben. Hier gilt auch eine niedrigere Schwelle von einheitlich 5%, wenn der parallel Bindende 30% Marktanteil erreicht. Zur Vertikal-GVO und Einzelfreistellungen vgl. Rn. 59 ff.

Für bestimmte Kernbeschränkungen („**Hardcore Restraints**") gelten gar keine **262** Spürbarkeitsschwellen. Das sind bei Horizontalvereinbarungen Preis und Gebietsabsprachen, wobei für urheberrechtliche Verträge insoweit die Privilegierung durch das Urheberrecht (bzw. Leistungsschutzrecht) zu beachten ist (vgl. Rn. 252 ff.). Für Vertikalvereinbarungen gilt der Katalog des Art. 4 Vertikal-GVO als Kernbeschränkung, allerdings für urheberrechtliche Verträge wiederum nur mit den wegen Urheberrechts oder Leistungsschutzrechts erforderlichen Modifikationen. Die vorerwähnten Spürbarkeitsschwellen aus der Bagatellbekanntmachung der EU-Kommission erscheinen teilweise als großzügiger als die europäische und deutsche Gerichtspraxis (so auch Schröter/Jakob/Klotz/Mederer/*Schröter*[2] Vorb. Art. 101–109 AUEV Rn. 34; s. Loewenheim/Meessen/Riesenkampff/Kersting/Meyer-Lindemann/*Jan Bernd Nordemann*[3] GRUR Rn. 89). Mangels Bindungswirkung der Bekanntmachung (**str.**; OLG München WuW/E DE-R 991, 992 – *Tankstelle Germering*; LG Frankfurt aM. WuW/E DE-R 1200, 1201 – *Autovermietungsagenturen*; *Pohlmann* WuW 2005, 1005; a. A. *Hirsch* ZWeR 2003, 233, 247) bleibt deshalb ein Restrisiko, auch wenn die Schwellen eingehalten sind.

12. § 134 BGB, § 138 BGB

Zunächst vgl. Rn. 50 zu **§ 134 BGB** bei Urheberverträgen. Mangels Schutzvor- **263** schriften im UrhG für den schwächeren Vertragsteil bei Verträgen zwischen Verwertern (vgl. Rn. 2) kann **§ 138 BGB** insoweit durchaus ein größerer Anwendungsbereich als für Urheberverträge zugebilligt werden. Maßstab für eine Beurteilung der Sittenwidrigkeit ist eine **Gesamtwürdigung** aller objektiven und subjektiven Umstände. Vgl. Rn. 51 ff.

13. Kontrahierungsansprüche

a) **Zwangslizenzen gemäß UrhG:** Das Vertragsrecht des UrhG sieht einige An- **264** sprüche auf zwangsweise Lizenzierung vor. Jedoch gilt der Anspruch des § 42a nur zu Lasten des Urhebers; der Kontrahierungsanspruch des § 34 Abs. 1 VGG gilt zu Lasten der für Urheber tätigen Verwertungsgesellschaft. § 5 Abs. 3 S. 2 ordnet allerdings richtigerweise an, dass der Lizenzierungsanspruch im Hinblick auf **private Normwerke** auch gegenüber dem Inhaber des ausschließlichen Nutzungsrechts gilt. Ferner sieht § 87 Abs. 5 vor, dass für **Sende- und Kabelunternehmen** die wechselseitige Verpflichtung besteht, sich Lizenzen für eine Kabelweitersendung einzuräumen. § 24 PatG findet im Urheberrecht keine analoge Anwendung (a. A. *Rauda* GRUR 2007, 1022, 1023 ff.), weil es wegen §§ 5 Abs. 3 S. 2, 42a, 87 Abs. 5 UrhG, 34 Abs. 1 VGG schon an einer planwidrigen Regelungslücke fehlt. Daneben fängt auch das Schrankensystem der §§ 44a ff. zahlreiche Konflikte des UrhG mit Interessen Dritter auf; einen übergesetzlichen Notstand gibt es als Schranke nicht (BGH GRUR 2003, 956, 957 – *Gies-Adler*). Ferner können die kartellrechtlichen Missbrauchstatbestände Lücken füllen (vgl. Rn. 265 ff.).

265   **b) Kartellrechtliche Zwangslizenzen:** Außerhalb des UrhG und des VGG können sich aus den allgemeinen kartellrechtlichen Regelungen der §§ 19, 20 GWB bzw. Art. 102 AEUV Ansprüche auf Lizenzierung ergeben. Zwar sind einzelne Zwangslizenzen bereits im UrhG und im VGG geregelt (vgl. Rn. 264); dadurch ist aber eine **Anwendung der allgemeinen kartellrechtlichen Bestimmungen** gegenüber marktmächtigen Unternehmen nicht ausgeschlossen (BGH GRUR 2012, 1062 Tz. 30 – *Elektronischer Programmführer*; BGH GRUR 2011, 61 Tz. 45 – *Gesamtvertrag Musikabrufdienste* für eine Anwendung von §§ 19, 20 GWB neben §§ 11, 12 UrhWahrnG (jetzt §§ 34 Abs. 1, 35 VGG); KG GRUR-RR 2010, 320, 324 – *GEMA-Verteilungsplan*; ferner BGH GRUR 2004, 966, 967 – *Standard-Spundfass* für § 24 PatentG; *Heinemann* ZWeR 2005, 198, 201; a. A. Gemeinschaftskommentar GWB/*Köpfle/Leo*[5] § 19 Rn. 246). Denn §§ 5 Abs. 3 S. 2, 87 Abs. 5 UrhG, 6, 34, 35 VGG verfolgen keine vollständig mit dem Kartellrecht gleich gelagerten Regelungszwecke; ferner setzen sie das tatsächliche Vorliegen von Marktmacht nicht voraus.

266   **aa) Unternehmenseigenschaft des Lizenzgebers:** Die Anwendung der kartellrechtlichen Missbrauchstatbestände erfordern eine **Unternehmenseigenschaft des Lizenzgebers.** An deren Vorliegen sind aber keine grundsätzlichen Zweifel angebracht, wenn es sich um einen Verwerter handelt, der außerhalb des hoheitlichen oder staatlichen Bereiches handelt (zur Abgrenzungsfunktion der Unternehmenseigenschaft Immenga/Mestmäcker/*Zimmer*[5], GWB, § 1 Rn. 23–30;   Loewenheim/Meessen/Riesenkampff/Kersting/Meyer-Lindemann/*Jan Bernd Nordemann*[3] GRUR Rn. 75).

267   **bb) Marktabgrenzung und Marktmacht:** Die allgemeinen kartellrechtlichen Regelungen enthalten keine allgemeinen Diskriminierungsverbote. Vielmehr setzen sie das Vorliegen von qualifizierter Marktmacht voraus. Insoweit ist **Marktbeherrschung** Voraussetzung für Art. 102 AEUV und §§ 18, 19 GWB. Nach § 20 Abs. 1 und Abs. 2 GWB besteht unterhalb der Schwelle der Marktbeherrschung der Schutz des Diskriminierungsverbotes zugunsten kleiner und mittlerer Unternehmen, sofern die kleinen und mittleren Unternehmen abhängig sind (sog. **Marktstärke**). Außerdem greift ein Behinderungsverbot nach § 20 Abs. 3 GWB, wenn das behindernde Unternehmen gegenüber kleinen und mittleren Unternehmen über überlegene Marktmacht verfügt.

268   Für die Feststellung von Marktbeherrschung oder Marktstärke ist zunächst eine **Marktabgrenzung** vorzunehmen. Diese erfolgt – wie üblich – in sachlicher, räumlicher und zeitlicher Hinsicht (statt aller Loewenheim/Meessen/Riesenkampff/ Kersting/Meyer-Lindemann/*Meessen/Kersting*[3] Einführung Rn. 12 ff.; Immenga/Mestmäcker/*Fuchs/Möschel*[5], GWB, § 18 Rn. 29–72; speziell zu urheberrechtlich geprägten Märkten *Hilty* GRUR 2009, 633, 635). **Sachlich** sind nach zutreffender Auffassung zwei Märkte relevant: zum einen **der betroffene Produkt- oder Dienstleistungsmarkt,** der sich nach dem herrschenden Bedarfsmarktkonzept und damit danach bestimmt, welche Produkte oder Leistungen aus Abnehmersicht als marktgleich austauschbar sind (BGH WuW/E 2150, 2153 – *Edelstahlbestecke*; s. a. Loewenheim/Meessen/Riesenkampff/Kersting/ Meyer-Lindemann/*Meessen/Kersting*[3] Einführung Rn. 14; Immenga/Mestmäcker/*Fuchs/Möschel*[5], GWB, § 1 Rn. 32 ff.). Neben der Nachfragesubstituierbarkeit ist allerdings auch die Angebotssubstituierbarkeit zu untersuchen; dafür ist auf die Wettbewerber zu blicken und danach zu fragen, ob die Wettbewerber in der Lage wären, als Reaktion auf kleine dauerhafte Preissenkungen ihr Angebot auf die relevanten Produkte umzustellen, sog. Produktumstellungsflexibilität (s. Immenga/Mestmäcker/*Körber*[5], EU/Teil 2, Art. 2 EU-FKVO Rn. 23 f.). Zum anderen wird gerade in Fällen, in denen für den Marktzutritt die Lizenzierung unerlässlich ist, auch der dem Produktmarkt vorgelagerte **Markt der Vergabe von Rechten** relevant (BGH GRUR 2004, 966, 967 – *Standard-Spundfass* für das Patentrecht; dem folgend *Heinemann* ZWeR 2005, 198, 202; *Spindler/Apel* JZ 2005, 133; zurückhaltend im Hinblick auf die Annahme von zwei getrennten Märkten *Casper* ZHR 166 (2002), 685, 703). Getrennte Märkte bilden hier unterschiedliche Nutzungsarten, sofern aus Nachfragersicht keine Austauschbarkeit gegeben ist (LG Köln ZUM-RD 2010, 283, 294: Nutzung durch TV-Kabelweitersendung und als Materialien für elektronische TV-Programmführer getrennte Märkte; s. a. BGH GRUR 2012, 1062 Tz. 32 – *Elektronischer Programmführer*). Nach der Europäischen Kommission sollen Download und Streaming von Musik jedenfalls auf der Großhandelstufe einem gemeinsamen Markt für digitale Musikangebote angehören. Diese digitalen Musikangebote bilden jedoch mit Musik auf körperlichen Trägern auf der Großhandelstufe genausowenig einen gemeinsamen sachlichen Markt wie legale und illegale Musikangebote, wobei allerdings Piraterie als benachbarter Markt einen disziplinierenden Effekt für das legale Angebot vor allem im Preisbreich aufweist (Europäische Kommission, Entscheidung v. 21.9.2012, Case No. COMP/M.6458 Rn. 99 ff., 197 ff. – *Universal Music Group/EMI Music*). Eine andere Frage ist, ob man für jedes urheberrechtlich geschützte Werk einen gesonderten sachlichen Markt bilden muss. Insoweit ist zwischen rein künstlerischen Werken ohne Gebrauchszweck (Werke der Literatur, der bildenden Kunst, der Musik, fiktionale Filmwerke) und anderen Werken mit Gebrauchszweck zu unterscheiden (*Buhrow/Jan Bernd Nordemann* GRUR Int. 2005, 407, 413; insoweit auch BVerfG GRUR 2001, 149, 152 f. – *Germania 3*, das zwischen „künstlerischen Werken" und „sonstigen Sprachwerken" unterscheidet):

Im Bereich der **reinen (klassischen) künstlerischen Werke** ohne Gebrauchszweck besteht zwar nur eine begrenzte Austauschbarkeit der Werke aus Abnehmersicht. Das gilt sogar für Werke desselben Autors. Im Verlagsbereich ist *Dürrenmatts* „Der Richter und sein Henker" für Verleger kaum austauschbar mit *Dürrenmatts* „Der Verdacht", weil die Buchhandlungen und Leser als Kunden des Verlages die Werke nicht als vollständig substituierbar ansehen, auch wenn in beiden Werken der todkranke Kommissar Bärlach die Hauptrolle spielt. Jedoch ist die kulturelle Vielfalt hier regelmäßig so groß, dass genügend alternative Werke zur Verfügung stehen. Aus Verwertersicht besteht Austauschbarkeit zwischen den einzelnen Werken, weil sie kein vollständiges Programm anbieten müssen. Ihre Kunden akzeptieren sogar, dass sie nicht sämtliche Werke eines Autors vertreten. Dementsprechend hat auch das BKartA beispielsweise beim Zusammenschluss der Buchverleger *Random House* und *Ullstein Heyne List* den Markt sachlich nicht nach einzelnen verlegten Werken abgegrenzt (BKartA, Az. B6 7/03 vom 24. November 2003, S. 17 f., abrufbar unter www.bundeskartellamt.de; KG WuW/E OLG 2825, 2832). Vielmehr

269

zählen alle Bücher der allgemeinen Unterhaltungs- und Informationslektüre zum sachlichen Markt, wobei dann wiederum Kinder- und Jugendbücher sowie fremdsprachige Bücher einen eigenen Markt bilden; außerdem wird zwischen Hardcover, Paperback und Taschenbuchausgabe unterschieden (BKartA, a. a. O.). Im Musikbereich wird der Markt ebenfalls nicht nach einzelnen Werken abgegrenzt (Europäische Kommission, Entscheidung v. 21.9.2012, Case No. COMP/M.6458 Rn. 99 ff., – *Universal Music Group/EMI Music*; s. a. *Hilty* GRUR 2009, 633, 634). Im Filmbereich besteht der sachliche Markt für den Verleih von Filmen an Lichtspieltheatern, die keine Programmkinos sind, aus neuen, erstmalig in die Filmtheater kommenden Filmen (OLG München GRUR-RR 2003, 225, 225 – *Filmverleiher*) und nicht bezogen auf den konkreten Film. Das gleiche gilt im Bereich Pay-TV (s. Europäische Kommission v. 2.4.2003, Case No. COMP/M.2876 Rn. 55 ff. – *Newscorp./Telepiu*, dort allerdings offengelassen, ob die einzelnen Genres separate Märkte sind; s. a. BKartA v. 11.4.2016, B6 – 32/15 Rn. 93 ff. – *Bundesligaübetrtragungsrechte*). Aufgrund der großen kulturellen Vielfalt kann bei einer nicht auf das konkrete einzelne Werk bezogenen Marktabgrenzung aber grundsätzlich im Bereich der klassischen künstlerischen Werke **keine marktbeherrschende oder eine marktstarke Stellung des Rechtsinhabers** vorliegen. Denkbar ist allerdings eine kollektive Marktbeherrschung verschiedener Rechteinhaber, zwischen denen kein wesentlicher Binnenwettbewerb herrscht (s. § 19 Abs. 2 S. 2 GWB). Auch ist eine **marktbeherrschende Stellung von Wahrnehmungsgesellschaften** denkbar, die eine faktische Monopolstellung für ganze Werkkategorien aufweisen, z. B. der schwedischen STIM, die in Schweden über ein faktisches Monopol für die Vergabe von Rechten an musikalischen Werken zur Fernsehsendung verfügt (EuGH GRUR 2009, 421 Tz. 17 ff. – *Kanal 5/STIM*). Ähnliches sollte in Deutschland auch für die GEMA gelten, und zwar nicht nur bei der Rechtevergabe, sondern auch im Verhältnis zu den Urhebern für den Abschluss von Berechtigungsverträgen (KG GRUR-RR 2010, 320, 324 – *GEMA-Verteilungsplan*). Zum Abschlusszwang der Wahrnehmungsgesellschaften aus Urheberrecht s. § 34 Abs. 1 VGG und die dortigen Kommentierungen. – Eine **andere sachliche Marktabgrenzung** in Form von einzelnen Werken oder Leistungen kommt dann in Betracht, wenn eine **gezielte und starke Nachfrage** der Endkunden **nach bestimmten Werken** oder Leistungen besteht (BKartA v. 11.4.2016, B6 – 32/15 Rn. 96 f. – *Bundesligaübetrtragungsrechte*).

270   Die Gefahr des Entstehens von Marktmacht durch Urheberrecht wird größer **bei Werken mit Gebrauchszweck**, weil dort eher denkbar ist, dass das urheberrechtlich geschützte Werk zu einen bedeutenden Machtposition führt, insbesondere wenn es die Funktion der „sole source" oder „single source" einnimmt (*Hilty* GRUR 2009, 633, 634, 639; *Heinemann* ZWeR 2005, 198, 202; *Buhrow/Jan Bernd Nordemann* GRUR Int. 2005, 407, 413; weitere Beispiele bei *Rauda* GRUR 2007, 1022, 1023 ff., der allerdings bedenklicherweise § 24 PatG analog im Urheberrecht anwenden will, vgl. Rn. 264). Marktbeherrschung kann hier insbesondere durch urheberrechtlichen Schutz von Schlüsseltechnologien vermittelt werden, wie sie sonst vor allem aus dem Bereich des Patentrechts bekannt sind, z. B. wenn die chemische Industrie in Deutschland nur einem bestimmten Patent entsprechende Produkte abnimmt, weil das Patent insoweit zu einer Industrienorm geworden ist (BGH GRUR 2004, 966, 968 – *Standard-Spundfass*). Private Normwerke (Schriftwerke gemäß § 2) können insoweit zu einem Schlüssel für den Marktzutritt werden und eine faktische Monopolstellung des Urhebers begründen. Deshalb gewährt § 5 Abs. 3 einen Anspruch auf Lizenzierung gegen den Urheber, um einen Preismissbrauch zu verhindern (BeschlE RAusschuss UrhG Infoges – BT-Drs. 15/837, S. 33; *Loewenheim* FS Nordemann II S. 54). Daneben kommt aber auch ein Kontrahierungsanspruch wegen marktbeherrschender Stellung in Betracht (OLG Hamburg v. 27.7.2017 – 3 U 220/15 Kart –, juris Tz. 188 – *DIN-Normen*). Auch ist ein Unternehmen marktbeherrschend, das über eine urheberrechtlich (z. B. als Datenbank gemäß §§ 87a ff.) geschützte Bausteinstruktur verfügt, die für die Präsentation von Daten über den regionalen Absatz von Arzneimitteln unverzichtbar ist (EuGH GRUR 2004, 524, 524 – *IMS/Health*). Wissenschaftliche Informationen – z. B. in wissenschaftlichen Zeitschriftenaufsätzen – können, wenn sie nur an einer Stelle veröffentlicht sind, als nicht substituierbare Informationseinheit einen eigenen Markt bilden (*Hilty* GRUR 2009, 633, 639; *Peifer* GRUR 2009, 22, 28). Urheberrechtlich geschützte TV-Programminformationen können Marktbeherrschung auf dem vorgelagerten Lizenzierungsmarkt vermitteln, wenn sie unverzichtbar sind, um eine Programmzeitschrift zu erstellen (EuGH GRUR 1995, 490, 493 – *Magill*; BGH GRUR 2012, 1062 Tz. 32 – *Elektronischer Programmführer*). Auch im Softwarebereich können marktbeherrschende Stellungen entstehen, z. B. auf dem Markt für Operating Systems für Work Group Server (EuG WuW/E EU-R 1307 – *Microsoft/Kommission*; EU-Kommission WuW/E EU-V 931, 933 – *Microsoft*). Um Monopolstellungen vorzubeugen und Wettbewerbsfreiheit für konkurrierende funktionsäquivalente Programme und auf Nebenmärkten für Ergänzungsprogramme zu fördern, erlaubt § 69e das Dekompilieren von Computerprogrammen ohne jede Zwangslizenz und ohne Vergütung (*Pilny* GRUR Int. 1995, 954; Loewenheim/*Lehmann*² § 76 Rn. 21 f.; Dreier/Schulze/*Dreier*⁵ § 69e Rn. 1; s. a. Art. 6 Software-RL). Außerdem kommen im Bereich der angewandten Kunst für Zwangslizenzen "must-match"-Fälle in Betracht, in denen Konkurrenten zum Nachbau von Ersatzteilen auf eine Urheberrechtslizenz angewiesen sind; solche Fälle spielen allerdings wegen der hohen Anforderungen an die urheberrechtliche Schutzfähigkeit (vgl. § 2 Rn. 137 ff.) regelmäßig im Geschmacksmusterrecht (EuGH GRUR Int. 1990, 141 – *Volvo/Veng*; EuGH GRUR Int. 1990, 140 – *CICRA/Régie Renault*).

cc) Missbrauch: Auch wenn danach – im Ausnahmefall – die erforderliche **271** Marktmacht vorliegen sollte, kann im Grundsatz die Ausübung von Urheberrechten (bzw. verwandten Schutzrechten) nicht missbräuchlich sein. EU- und deutsches Kartellrecht erkennen die Ausschließlichkeitswirkungen von Immaterialgüterrechten grundsätzlich an. Insoweit hat der EuGH früher – sehr eingängig – zwischen Bestand und Ausübung von Schutzrechten unterschieden (diese Terminologie ist aber inzwischen wohl leider ohne inhaltliche Konsequenzen aufgegeben, Präsident des EuGH Schwarze/*Iglesias* S. 9, 19 f.; s. a. *Höppner* GRUR Int. 2005, 457). Der **Bestand** der Immaterialgüterrechte wird **nicht angetastet.** Der Europäische Gerichtshof schreibt: "Nach gefestigter Rechtsprechung gehört das ausschließliche Recht der Vervielfältigung zu den Vorrechten des Inhabers eines Immaterialgüterrechts, sodass die Verweigerung einer Lizenz als solche keinen Missbrauch einer beherrschenden Stellung darstellen kann, selbst wenn sie von einem Unternehmen in beherrschender Stellung ausgehen sollte." (EuGH GRUR 2004, 524, 526 – *IMS/Health*; ferner EuGH GRUR Int. 1990, 141 – *Volvo/Veng*; EuGH GRUR Int. 1995, 490 – *Magill*). Die Ausschließungsbefugnis schließt deshalb das Recht ein, nicht jedem Interessenten, sondern anstelle oder neben seiner Eigennutzung nur einzelnen Bewerbern eine Lizenz zur Nutzung des Schutzrechtes zu erteilen (BGH GRUR 2004, 966, 968 – *Standard-Spundfass* für das Patentrecht). Jedoch kann die **Ausübung** des ausschließlichen Rechts durch den Inhaber unter „**außergewöhnlichen Umständen**" ein missbräuchliches Verhalten darstellen (EuGH GRUR 2004, 524, 526 – *IMS/Health*; EuGH GRUR Int. 1990, 141 – *Volvo/ Veng*; EuGH GRUR Int. 1995, 490 – *Magill*).

Die **wichtigste Fallgruppe** zur missbräuchlichen Ausübung ausschließlicher **272** Schutzrechte entspringt bislang aus dem Anwendungsbereich der sog. **Essential-Facilities-Doctrine.** Davon sind Sachverhalte umfasst, in denen Waren oder

Leistungen eines marktbeherrschenden Unternehmens zwingend erforderlich sind, um auf einem abgeleiteten Markt tätig sein zu können. In der **Entscheidung** *Magill*, in der es um eine Zwangslizenz an Programminformationen für eine Fernsehprogrammzeitschrift ging, hat der EuGH drei Voraussetzungen für einen Missbrauch definiert: (1) Die Weigerung muss ein Erzeugnis (Programminformation) betreffen, dessen Lizenzierung für die Ausübung der betreffenden Tätigkeit (Herausgabe einer Fernsehprogrammzeitschrift) unerlässlich ist, es also ohne Lizenz unmöglich ist, dieses Produkt anzubieten. (2) Damit muss jeder Wettbewerb auf diesem abgeleiteten Markt ausgeschlossen sein, obwohl dafür potentielle Nachfrage der Verbraucher bestand. (3) Die Weigerung darf nicht sachlich gerechtfertigt sein. Danach bestand im konkreten Fall eine Lizenzierungspflicht nach Art. 102 AEUV (EuGH GRUR Int. 1995, 490 – *Magill*). In der späteren **Entscheidung** *IMS/Health* (EuGH GRUR 2004, 524, 526 – *IMS/Health*) stellte der EuGH aber klar, dass seine Rechtsprechung im Fall von Immaterialgüterrechten als "Essential Facility" nur gilt, wenn **der Schutzrechtsinhaber auf dem abgeleiteten Markt nicht tätig** ist, es sich also um ein neues Produkt handelt (*Ensthaler/Bock* GRUR 2009, 1, 3; *Weck* NJOZ 2009, 1177, 1179 ff.; *Buhrow/Jan Bernd Nordemann* GRUR Int. 2005, 407, 414; *Höppner* GRUR Int. 2005, 457, 462 ff.; *Meinberg* [2006] E.I.P.R. 398). Deshalb musste im konkreten Fall auch eine Anwendung des Art. 102 AEUV scheitern. Der marktbeherrschende Anbieter einer Bausteinstruktur, die für die Präsentation von Daten über den regionalen Absatz von Arzneimitteln unverzichtbar war, war selbst auf dem abgeleiteten Markt tätig, und die Zwangslizenz hätte einen direkten Wettbewerber produziert. Insoweit stellt der EuGH also zunächst für die Möglichkeit einer Zwangslizenz zwar die Voraussetzung einer "Essential Facility" auf. Zusätzlich muss bei der Zwangslizenzierung von Immaterialgüterrechten aber beachtet werden, dass eine Lizenzierung von Konkurrenten grundsätzlich nicht verlangt werden kann. Der BGH liegt auf dieser Linie, wenn er im *Handtuchspender*-Fall (fest installierte Boxen für Papierhandtücher und Weigerung, Lizenz für andere Papierhandtuchhersteller zu vergeben) einen Missbrauch ablehnte (BGH GRUR 1987, 438, 440 – *Handtuchspender* zum Markenrecht). Denn der Markeninhaber war auf dem abgeleiteten Markt (Papierhandtücher) direkter Konkurrent. Im Fall *Microsoft* hat das EuG trotz der vorerwähnten Rechtsprechung des EuGH den Marktbeherrscher *Microsoft* verpflichtet, unter anderem dem Konkurrenten *SUN* Spezifikationen für Protokolle von Windows Work Group Servern zu liefern und eine Benutzungserlaubnis zu erteilen (EuG, WuW/E EU-R 1307, 1311 ff., 1320 – *Microsoft/Kommission* m. Anm. *Körber* WuW 2007, 1209, 1213; vorgehend EU-Kommission WuW/E EU-V 931, 936 ff. – *Microsoft*; s. a. *Ensthaler/Bock* GRUR 2009, 1, 4 f.). Das scheint sich in einem gewissen Spannungsverhältnis zu dem Grundsatz aus *IMS/Health* zu bewegen, dass grundsätzlich keine Lizenzierung an Konkurrenten erfolgen muss. In möglichem Widerspruch zu *IMS/Health* steht auch die *Standard-Spundfass*-Entscheidung des BGH (BGH GRUR 2004, 966 – *Standard-Spundfass*). Gegenstand waren patentgeschützte Spundfässer, die sich durch Abstimmung auf Verbandsebene der chemischen Industrie in Deutschland zu einer Quasi-Norm für Behältnisse zur Anlieferung von Waren an die deutsche Chemie entwickelten. Der Patentinhaber stellte selbst solche Spundfässer her, hatte aber auch Freilizenzen an dritte Konkurrenten erteilt, einer deutschen Tochtergesellschaft eines italienischen Konkurrenten jedoch verweigert. Grundsätzlich sah der BGH eine Lizenzierungspflicht aus § 20 Abs. 1 GWB, weil eine Lizenz unverzichtbar für eine Marktpräsenz war. Dass dadurch der Patentinhaber gezwungen wurde, sich selbst weiteren Wettbewerb zu schaffen, spielte – ohne Auseinandersetzung mit der genannten *IMS/Health*-Entscheidung des EuGH – keine Rolle (BGH GRUR 2004, 966, 970 – *Standard-Spundfass*, allerdings andeutend, dass er diesen möglichen Widerspruch erkannt hat, BGH a. a. O. letzter Abs.). Entscheidend war vielmehr, dass die

dings regelmäßig bei Bestehen eines Kontrahierungsanspruches **ausgeschlossen** (vgl. Rn. 90).

e) Prozessuales: Hierzu vgl. Rn. 91.   277

14. Anspruch auf Änderung der Übertragung oder Einräumung

Ein Kontrahierungsanspruch auf Änderung kann sich ausnahmsweise aus **Treu**   278
und Glauben (§ 242 BGB) ergeben. Der Bundesgerichtshof hat dies zwar nur
für die Nutzungsrechtseinräumung durch den Urheber angenommen (BGH
GRUR 2002, 248, 252 – *Spiegel-CD-ROM*; vgl. Rn. 94). Es ist jedoch nicht
ersichtlich, weshalb nicht auch zwischen Verwertern ein Anspruch auf nachträgliche Übertragung oder Einräumung (weiterer) Nutzungsrechte möglich
sein soll. Erforderlich ist eine Abwägung aller Umstände des Einzelfalles (BGH
GRUR 2002, 248, 252 – *Spiegel-CD-ROM*; *Katzenberger* AfP 1997, 434,
441). Für Einzelheiten zu Urheberverträgen vgl. Rn. 94 ff. Eine Änderung des
Vertrages und die Anpassung des Umfanges gewährter Nutzungsrechte kann
subsidiär zu § 242 BGB aus den nun in § 313 BGB niedergelegten Grundsätzen
über die **Störung der Geschäftsgrundlage** hergeleitet werden; insoweit gilt
nichts anderes als bei Verträgen mit Urhebern (vgl. Rn. 100 ff.). Zu einer Änderung der Übertragung oder Einräumung kann es gem. § 137l Abs. 1 für Verträge zwischen Verwertern für bei Vertragsschluss **unbekannte Nutzungsarten**
grundsätzlich nicht kommen (vgl. § 137l Rn. 6); denkbar ist allenfalls eine Anwendung zwischen Verwertern gem. § 137l Abs. 2 (§ 137l Rn. 32). Wer nicht
von § 137l Abs. 2 S. 1 profitiert, kann aber gegen seinen von § 137l Abs. 1
S. 1 begünstigten Vertragspartner Kontrahierungsansprüche auf Übertragung
oder Einräumung geltend machen, wenn er auf die Nutzung in der bei Vertragsschluss unbekannten Nutzungsart angewiesen ist, z. B. weil es die ihm
eingeräumten Nutzungsarten substituiert und deshalb eine Nutzung in Konkurrenz stehen würde, wo eine Enthaltungspflicht des Rechtsgebers (vgl.
Rn. 247 ff.) besteht (für Urheberverträge *Rath-Glawatz/Dietrich* AfP 2000,
222, 227; KG GRUR 2002, 252, 256 – *Mantellieferung*).

15. Erlöschen der Übertragung oder Einräumung

a) Allgemeines: Im Verhältnis von Verwertern zueinander erlöschen Nutzungs-   279
rechte beim Erwerber nicht schon dadurch, dass das **Verpflichtungsgeschäft**
wegfällt (str., vgl. Rn. 231). Betrifft der Beendigungsgrund nur das Verpflichtungsgeschäft, muss vielmehr eine **Rückabwicklung**, z. B. über Bereicherungsrecht, stattfinden. Anderes gilt im Verhältnis Urheber und Erstverwerter; bei
Wegfall des Verpflichtungsgeschäfts fällt nicht nur das auf der ersten Stufe
an den Erstverwerter eingeräumte Nutzungsrecht automatisch an den Urheber
zurück, sondern auch alle davon abgeleiteten **Nutzungsrechte weiterer Stufen**
(str., vgl. § 31 Rn. 34). Deshalb kann es zu einem Erlöschen von Nutzungsrechten auch bei Erwerb von einem Verwerter kommen, wenn die Nutzungsrechte
an den Urheber zurückfallen (zu vertraglichen Gestaltungsmöglichkeiten, die
den Rückfall verhindern oder abfedern, vgl. § 31 Rn. 36 ff.).

b) Vereinbarung: Die Einräumung oder Übertragung kann nur für eine be-   280
stimmte Zeitdauer verabredet sein. Mit deren Ablauf endet sie. Eine Befristung
ist auch die Abrede, dass die Nutzung „bis zum Ablauf der gesetzlichen Schutzfrist" erfolgen soll. Wenn die **Schutzfrist gemäß UrhG nach Vertragsschluss**
geändert wurde, sind die Bestimmungen in § 137 **Abs. 2, 3 und 4, § 137b**
Abs. 2 und 3, § 137c Abs. 2 und 3, § 137f Abs. 4, § 137j Abs. 4 zu beachten;
sie gelten nicht nur für Verträge mit Urhebern bzw. Leistungsschutzberechtigten, sondern **auch für Verträge zwischen Verwertern** (s. die Kommentierungen
dort). Zu Rechtseinräumungen über die Schutzfrist hinaus vgl. Rn. 114 (für
Verträge mit Urhebern).

281   c) **Ablauf der Schutzfrist:** Vgl. Rn. 114.

282   d) **Kündigung:** Nutzungsverträge zwischen Verwerter können gekündigt werden, wenn sie als **Dauerschuldverhältnisse** einzuordnen sind (im Einzelnen vgl. Rn. 165). Zur ordentlichen Kündigung vgl. Rn. 116 ff.

283   **Außerordentliche Kündigung:** Zunächst vgl. Rn. 121 ff. zu Verträgen mit Urhebern. Besonderheiten für Verträge zwischen Verwertern ergeben sich im Hinblick auf eine **Erschütterung der Vertrauensgrundlage** dadurch, dass ihnen – im Gegensatz zu Urheberverträgen – im Regelfall ein starker **persönlicher Einschlag** fehlt. Bei Verträgen, die über einen wirtschaftlichen Leistungsaustausch hinaus keine enge Vertrauensbeziehung voraussetzen, ist das Vertrauensverhältnis weniger schnell erschütterbar und damit ein Festhalten am Vertrag jedenfalls länger zumutbar (Dreier/Schulze/*Schulze*[5] Rn. 86). Eine hinreichende **Störung im Leistungsbereich** liegt nahe, wenn ein Verlag über ein Verlagswerk einen Lizenzvertrag mit einer Buchgemeinschaft geschlossen hat und dann der Lizenzgeber die Restauflage verramscht. Dies ist eine so gravierende Maßnahme, dass die lizenznehmende Buchgemeinschaft berechtigt ist, den Vertrag zu kündigen (OLG Hamm GRUR 1978, 436 – *Herz mit Paprika*). Schaltet ein Musikverleger einen **Subverleger** ein, dessen Vertrauensverhältnis mit dem Urheber wegen öffentlicher Äußerungen nachhaltig gestört ist, so hat der Musikverleger einen wichtigen Grund zur Kündigung des Subverlegervertrages, wenn der Urheber seinerseits bei Fortsetzung des Subverlagsvertrages einen wichtigen Grund zur Kündigung des Musikverlagsvertrages hätte (s. das Bestehen eines wichtigen Kündigungsgrundes für den Urheber wegen der Person des Subverlegers bei BGH GRUR 1964, 326, 331 – *Subverleger*).

284   e) **Störung der Geschäftsgrundlage:** Die Einräumung von Nutzungsrechten kann wegen Störung der Geschäftsgrundlage erlöschen (§ 313 BGB). Zu den Voraussetzungen im Einzelnen vgl. Rn. 100 ff. Ein Wegfall des Verpflichtungsgeschäfts durch Kündigung (bei Dauerschuldverhältnissen) oder Rücktritt bei Wegfall der Geschäftsgrundlage schlägt bei Verträgen zwischen Verwertern nicht automatisch auf die Rechtseinräumung durch (str., vgl. Rn. 231). Allerdings sind Kündigung bzw. Rücktritt nur dann als Rechtsfolge zulässig, wenn eine Anpassung des Vertrages nicht möglich oder für einen Teil nicht zumutbar sind, § 313 Abs. 3 BGB.

285   f) **Insolvenz:** Hierzu vgl. Nach § 119 Rn. 1 ff.

16.   Vergütung zwischen Verwertern

286   Für die Vereinbarung der Vergütung gelten in Verträgen zwischen Verwertern keine besonderen Einschränkungen, sondern **die allgemeinen Regeln** (z. B. § 138 BGB). Beispielsweise kann eine laufende Beteiligung mit regelmäßiger Abrechnungspflicht, eine Einmalzahlung oder eine Mischform aus beidem verabredet werden. § 32 gilt selbst dann **nicht analog**, wenn es sich um einen kleinen Verwerter mit schlechter Verhandlungsposition gegenüber der anderen Vertragspartei handelt; denn § 32 schützt ausschließlich den Urheber und über § 79 Abs. 2 den ausübenden Künstler. **Ausnahmeweise** enthalten die Übergangsregelungen in § 137 **Abs. 2, 3 und 4,** § 137b **Abs. 2 und 3,** § 137c **Abs. 2 und 3,** § 137f **Abs. 4** sowie § 137j **Abs. 4** auch Bestimmungen zur Vergütung bei **Schutzfristverlängerungen,** die auch für Verträge zwischen Verwertern gelten. Denn dort wird auf die Rechtsinhaberschaft abgestellt; auf die Eigenschaft als Urheber bzw. Leistungsschutzberechtigter kommt es nicht entscheidend an (s. die Kommentierungen dort).

17.   Allgemeines Vertragsrecht und Leistungsstörungen

287   Für Verträge zwischen Verwertern finden sich keine besonderen Regelungen im UrhG oder im VerlG (vgl. Rn. 2). Es ist deshalb auf die **allgemeinen Regeln**

des **BGB** und ggf. des **HGB** abzustellen. Vgl. Rn. 164 ff. für die Ausführungen zu den Urheberverträgen, weil im Regelfall keine Besonderheiten für Verträge zwischen Verwertern gelten. Allerdings gilt im Verlagsbereich das VerlG zwischen Verwertern nicht.

18. Verwirkung
Zur Verwirkung bei Urheberverträgen vgl. Rn. 191.   **288**

19. Recht der Allgemeinen Geschäftsbedingungen
a) Allgemeines: Zur Anwendbarkeit des AGB-Rechts (§§ 305 ff. BGB bzw. früheres AGBG) in zeitlicher Hinsicht vgl. Rn. 193 und in persönlicher Hinsicht vgl. Rn. 195; ferner zur Einbeziehung vgl. Rn. 196, zur Unklarheitenregelung vgl. Rn. 197 f., zu überraschenden Klauseln vgl. Rn. 199 und zum Transparenzgebot vgl. Rn. 201.   **289**

b) Inhaltskontrolle: Die Inhaltskontrolle richtet sich nach den §§ 305 ff. BGB. Die speziellen Klauselverbote der §§ 308, 309 BGB sind auf Formularverträge zwischen Verwertern regelmäßig nicht anzuwenden, weil Verwerter im Regelfall Unternehmer i. S. d. § 14 BGB sind (§ 310 Abs. 1 BGB). Deshalb ist auf § 307 BGB abzustellen.   **290**

Bestimmungen in AGB sind bei **unangemessener Benachteiligung** des Vertragspartners unwirksam (§ 307 Abs. 1 S. 1 BGB). Die unangemessene Benachteiligung kann sich aus einem **Widerspruch zu einem gesetzlichen Leitbild** (§ 307 Abs. 2 Nr. 1 BGB) **oder zu wesentlichen Vertragspflichten** (§ 307 Abs. 2 Nr. 2 BGB) ergeben. Nach der Rechtsprechung des BGH kann als gesetzliches Leitbild (§ 307 Abs. 2 Nr. 1 BGB) nur dispositives Gesetzesrecht herangezogen werden, nicht jedoch bloße gesetzliche Auslegungsregeln (BGH GRUR 2014, 556 Tz. 15 ff. – *Rechteeinräumung Synchronsprecher*; BGH GRUR 2012, 1031 Tz. 16 ff. – *Honorarbedingungen Freie Journalisten*; BGH GRUR 1984, 45, 48 – *Honorarbedingungen: Sendevertrag*; *Jan Bernd Nordemann* NJW 2012, 3121, 3122; *Kuck* GRUR 2000, 285, 288 f.). Für Verträge zwischen Verwertern gibt es keine gesetzlichen Auslegungsregeln im UrhG oder VerlG; denn Verträge zwischen Verwertern sind dort nicht geregelt. Eine Ausnahme bilden nur besondere Bestimmungen im Softwarebereich, z. B. §§ 69d, 69e, 69g, die analoge Anwendung von § 88 im Filmbereich und die Übergangsbestimmungen in § 137 Abs. 2, 3 und 4, § 137b Abs. 2 und 3, § 137c Abs. 2 und 3, § 137f Abs. 4, § 137j Abs. 4 (vgl. Rn. 2). Jedoch legt der BGH den Wortlaut des § 307 Abs. 2 Nr. 1 BGB erweiternd aus. „Gesetzliche Regelungen" im Sinne der Vorschrift sind nicht nur die Gesetzesbestimmungen selbst, sondern die dem Gerechtigkeitsgebot entsprechenden allgemein anerkannten Rechtsgrundsätze, d. h. auch alle ungeschriebenen Rechtsgrundsätze, die Regeln des Richterrechts oder die aufgrund ergänzender Auslegung nach §§ 157, 242 BGB und aus der Natur des jeweiligen Schuldverhältnisses zu entnehmenden Rechte und Pflichten (BGH (I. Zivilsenat) NJW 1993, 721 – *Fortsetzungszusammenhang*, unter Verweis auf BGHZ 89, 206, 211).   **291**

Der nicht kodifizierte **allgemeine Übertragungszweckgedanke** (dazu vgl. § 31 Rn. 118 ff.) kann im Rahmen der AGB-Kontrolle jedoch nach der Rechtsprechung des BGH **nicht herangezogen** werden. Schon eine AGB-Kontrolle anhand des kodifizierten Übertragungszweckgedankens für Verträge des Urhebers mit einem Verwerter (§ 31 Abs. 5) scheidet nach seiner Rechtsprechung aus (BGH GRUR 2012, 1031 Tz. 16 ff. – *Honorarbedingungen Freie Journalisten*). Der ungeschriebene Übertragungszweckgedanke sollte danach erst recht kein AGB-Maßstab sein.   **292**

Eine **Zustimmung** zur **Sublizenzierung** kann auch formularvertraglich erteilt werden; insoweit können keine strengeren Vorschriften als für Urheberverträge   **293** und dort im Hinblick auf die gesetzliche Regelung der §§ 34, 35 gelten (vgl. § 34 Rn. 41 ff.). **Auswertungspflichten und deren Fehlen** können formularvertraglich verabredet werden; sie sind regelmäßig Hauptpflichten, sodass Regelungen darüber einer AGB-Kontrolle entzogen sind. Bei **Enthaltungspflichten und Wettbewerbsverboten,** die kontrollfähige Nebenpflichten darstellen, ist jedoch eine relativ strenge Anwendung des AGB-Rechts geboten. Nach OLG Düsseldorf GRUR-RR 2002, 121, 122 – *Das weite Land* darf eine Sendeanstalt wegen unangemessener Benachteiligung eine Nutzung in einer bestimmten Nutzungsart (Video) durch den lizenzgebenden Produzenten nicht formularmäßig von ihrer Zustimmung abhängig machen, wenn der Sendeanstalt nicht das Recht an der betreffenden Nutzungsart eingeräumt wurde. Bei **Rechtegarantien** kann in Formularverträgen, die als Kaufvertrag einzuordnen sind, keine **verschuldensunabhängige Schadensersatzhaftung** des Lizenzgebers vereinbart werden (BGH NJW 2006, 47; *Castendyk* ZUM 2007, 169, 175). Anderes gilt aber für Pacht- und Mietverträge (zur Einordnung von urheberrechtlichen Nutzungsverträgen vgl. Rn. 165). Zu AGB und **Schadensersatzpauschalen** vgl. Rn. 212. Zum formularmäßigen Rückgriff auf den Lizenzgeber durch den Lizenznehmer bei Ansprüchen des Urhebers nach § 32a vgl. § 32a Rn. 40. Da eine Kontrolle des eigentlichen Leistungsgegenstandes grundsätzlich ausscheidet, kann eine zu geringe **Vergütung** des Lizenzgebers grundsätzlich nicht über AGB-Recht korrigiert werden (vgl. Rn. 206). Ansonsten auch zu **weiteren Klauseln** bei formularmäßigen Urheberverträgen vgl. Rn. 207 ff.

VI. Internationale Urheberrechtsverträge

294   Zum internationalen Privatrecht von Urheberrechtsverträgen vgl. Vor §§ 120 ff. Rn. 58 ff.

VII. Einzelne Nutzungsverträge

295   Das UrhG will **keine bestimmten Vertragstypen** regeln. Deshalb beschränkt es sich auf Regelungen zur Einräumung, Vergütung sowie Rückruf von Nutzungsrechten durch den Urheber (zum primären Urhebervertragsrecht vgl. Rn. 32 ff.). Dafür existieren allerdings neben den allgemeinen Bestimmungen (§§ 31 bis 44) auch spezielle Regelungen für bestimmte Werkarten, nämlich für Computerprogramme (§§ 69a bis 69g) und für Filmwerke (§§ 88 bis 93). Das UrhG enthält jedoch **keine Bestimmungen zu Willenserklärungen, zum Abschluss des Vertrages oder zu Leistungsstörungen.** Der Gesetzgeber wollte das alles einer gesonderten detaillierten Regelung des Urhebervertragsrechts vorbehalten (RegE UrhG 1962 – BT-Drs. IV/270, S. 56), die bis heute allerdings nicht erfolgte (zur „kleinen" Lösung das UrhVG vgl. Rn. 17). **Gesetzlich geregelt** sind in Deutschland allein **verschiedene Typen des Verlagvertrages im VerlG.** Allerdings wäre eine gesetzliche Regelung der relevanten Vertragstypen im UrhG aufwändig. Denn die Vertragspraxis zeigt, dass es keinen urheberrechtlichen Standardvertrag für alle Werkarten und Branchen geben kann.

1. Muster zur Orientierung

296   a) **Tarifverträge:** Die Einräumung von Nutzungsrechten ist tarifvertraglich möglich. Tarifverträge **existieren in zahlreichen Branchen,** in denen die Arbeitnehmer zugleich Urheber oder ausübende Künstler sind, so insbesondere in Presse, Rundfunk und Fernsehen. Solange keine Allgemeinverbindlicherklärung erfolgt, beschränkt sich die Wirkung des Tarifvertrages auf die Vertragsparteien. Da beim Aushandeln der Nutzungsbedingungen die Verhandlungspartner im Regelfall auf Augenhöhe agieren und nicht ein wirtschaftlich schwacher Urheber dem Verwerter gegenübertritt, können Regelungen in Tarifverträgen als **Indiz für die Üblichkeit von Vereinbarungen** über den Umfang der Rechtseinräumung und die Vergütung angesehen werden. Beispiele solcher Tarifverträge sind etwa der Tarifvertrag für freie arbeitnehmerähnliche Journalisten und Journalisten an Tageszeitungen, der Tarifvertrag für Film- und Fernsehschaffende, der Tarifvertrag für Designleistungen für Auftragsproduktionen im Designbereich; weitere finden sich in der Übersicht bei *Hillig*, Urheber- und Verlagsrecht und im Internet http://www.mediafon.net/tarife.php3. Hierzu ausführlich vgl. § 43 Rn. 34 ff.

b) Vergütungsregeln: In einigen Branchen haben sich die dafür zuständigen   **297** Verbände bzw. einzelne Verwerter auf Vergütungsregeln i. S. d. § 36 geeinigt (eingehend s. § 36). Wegen der zwingenden Wirkungen solcher Vergütungsregeln gemäß § 32 Abs. 2 S. 1, erscheint eine Orientierung an solchen Vergütungsregeln für die Bemessung der unteren Grenze der vertraglichen Vergütung als ratsam.

c) Normverträge: In einigen Branchen existieren Formulierungsvorschläge   **298** für Nutzungsverträge, auf die sich Urheberverbände und Verwerter verständigt haben. Sie haben nur Empfehlungscharakter und sind nicht verbindlich (BGH GRUR 1996, 763, 764 – *Salome I*). **Rechtliche Wirkung** kommt ihnen jedoch insoweit zu, als sie Rückschlüsse auf Usancen, Bräuche und Verkehrssitten zulassen. Sie sind deshalb für die Bewertung relevant, ob ein Vertrag sittenwidrig gemäß § 138 BGB ist (BGHZ 22, 347, 356 – *Clemens Laar*). Außerdem können Normverträge als Branchenübung die Lücken über eine **Auslegung nach** § 157 BGB füllen, die der konkrete Vertrag und die gesetzliche Regelung lassen (BGH GRUR 2000, 869, 871 – *Salome III*; *Pleister* GRUR Int. 2000, 673, 677; *Loewenheim/Nordemann-Schiffel/Jan Bernd Nordemann*[2] § 64 Rn. 19; *Dreier/Schulze/Schulze*[5] Rn. 12; *Schricker/Loewenheim/Ohly*[5] Vor §§ 31 ff. Rn. 22).

Normverträge existieren beispielsweise im Bereich **Verlagsverträge** für belletri-   **299** stische Werke, vergleichbare Werke sowie Kinder- und Jugendbücher (Rahmenvertrag zwischen dem Verband deutscher Schriftsteller in ver.di und dem Börsenverein des Deutschen Buchhandels e. V. vom 19.2.1999 in der ab 6.2.2014 geltenden Fassung); im Bereich Übersetzerverträge (vom 30.12.2009) und im Bereich Herausgeber und Autoren von Anthologien (vom 31.12.2009); alle vorgenannten Normverträge sind abrufbar auf http://www.mediafon.net/tarife.php3. Der Deutsche Musikverlegerverband und der Deutsche Komponistenverband haben sich auf einen Normvertrag zu Musikverlagsverträgen geeinigt: Muster des Deutschen Komponisten Verbandes für einen U-Musikverlagsvertrag, Fassung 1998, *Delp*, Verlagsvertrag[7] S. 367. Zu nennen ist außerdem die Regelsammlung der Verlage (Vertriebe)/Bühnen von 2008 (laufend aktualisiert, zuletzt 2016), die zwischen Bühnenverlagen und Bühnen ausgehandelt ist und deshalb zumindest in diesem Verhältnis den Charakter eines Normvertrages haben sollte (veröffentlicht und aus Sicht des Bühnenvereins kommentiert in: Bolwin/Sponer, Bühnen- und Orchesterrecht (Loseblatt), Heidelberg u. a., S. 2013 ff.). *Schricker/Loewenheim* meinen schließlich, dass die formell nicht mehr geltenden „Richtlinien für den Abschluss und die Auslegung von Verträgen zwischen Bildenden Künstlern und Verlegern" im Bereich des Kunstverlages (abgedruckt bei *Schricker*, VerlagsR[3] S. 845 ff.) die Praxis noch wie ein Normvertrag beeinflussen könne (Schricker/Loewenheim/*Schricker/Loewenheim*[4] Vor §§ 28 ff. Rn. 24, zweifelhaft).

d) Marktübersichten: Marktübersichten kann ebenfalls **rechtliche Bedeutung**   **300** zukommen. Das gilt allerdings nur dann, wenn sie auf **empirisch belastbarer Grundlage** eine Übersicht über die vertraglichen Usancen geben. Dann können auch sie für die Bewertung von Verträgen nach § 138 BGB und für die Auslegung von lückenhaften Verträgen nach § 157 BGB instrumentalisiert werden (vergleichbar mit Normverträgen, vgl. Rn. 298). Für die Feststellung der angemessenen Vergütung kann jedoch im Regelfall nicht unmittelbar auf die Marktübersichten zurückgegriffen werden; vielmehr muss ein Sachverständiger zur Klärung eingeschaltet werden, ob die Vergütung auch im Einzelfall angemessenen ist (BGH GRUR 2006, 136, 138 – *Pressefotos*). Das gilt jedenfalls dann, wenn der die Marktübersicht aufstellende Verband eine „Interessenvertretung der Anbieterseite" ist und Üblichkeit substantiiert bestritten wird (BGH GRUR 2006, 136, 138 – *Pressefotos*). Zur kartellrechtlichen Zulässigkeit solcher Marktübersichten durch Verbände, insbesondere wenn sie mit einer Verbandsempfehlung verknüpft sind, *Jan Bernd Nordemann* ZUM 1999, 642, dort noch zum GWB a. F., sowie Loewenheim/Meessen/Riesenkampff/Kersting/Meyer-Lindemann/*Jan Bernd Nordemann*[3] GRUR Rn. 94.

301 Ein Beispiel ist die Marktübersicht zu üblichen Vertragsklauseln und zu üblichen Vergütungen im Fotobereich der Mittelstandsgesellschaft Foto-Marketing (sog. „Bildhonorare", zu beziehen über www.bvpa.org), die auf empirischer Grundlage ermittelt werden (allerdings eine unmittelbare Berücksichtigung im Prozess zur Feststellung der angemessenen Lizenzgebühr ohne Sachverständigengutachten bei substantiiertem Bestreiten ablehnend BGH GRUR 2006, 136, 138 – *Pressefotos*). Ferner hat der Deutsche Musikverlegerverband empirisch ermittelte „Erfahrungsregeln" insbesondere zu angemessenen Lizenzgebühren bei der Verwertung von Musikverlagsrechten veröffentlicht (hierzu Moser/Scheuermann/*Schulz*[6] 1363 f.).

302 e) **Einseitige Empfehlungen und Musterverträge:** Schließlich existieren verschiedene einseitige Empfehlungen. Vertragsmuster für urheberrechtliche Nutzungsverträge sind publiziert z. B. im Münchener Vertragshandbuch, Bd. 3, XI. Urheber- und Verlagsrecht S. 825 ff.; daneben finden sich zahlreiche branchenspezifische Sammlungen von Vertragsmustern (s. dazu die Kommentierung zu den einzelnen Nutzungsverträgen). Jedoch ist bei individuell aufgestellten Vergütungsempfehlungen und Vertragsmustern stets kritisch zu fragen, mit welcher Interessenrichtung sie verfasst sind. Usancen können sie jedenfalls aufgrund ihrer einseitigen Aufstellung nicht darstellen.

2. Checkliste wesentlicher Inhalt eines Nutzungsvertrages

303 Auch wenn es wegen der unterschiedlichen Anforderungen je nach Werkart und Branche kein Muster für einen urheberrechtlichen Grundvertrag geben kann (vgl. Rn. 295), wiederholen sich regelmäßig zumindest die für einen Vertragsentwurf zu bedenkenden Punkte. Diese Punkte sind in der nachfolgenden Checkliste für den Inhalt eines allgemeinen urheberrechtlichen Vertrages aufgelistet.

1. Formerfordernisse, Vertragssprache, Vertragsrubrum
2. Vorbemerkung/Präambel
3. Vertragsgegenstand und Vertragszweck (vgl. § 31 Rn. 126 ff., auch zur Bedeutung einer präzisen Definition des Vertragszwecks)
4. Leistung des Urhebers oder Rechtsinhabers
   a) Einräumung von Nutzungsrechten oder Übertragung von Nutzungsrechten (zur Abgrenzung Einräumung und Übertragung vgl. Rn. 217 f.)
      aa) einfacher/ausschließlicher Zuschnitt (vgl. § 31 Rn. 86 ff.)
      bb) zeitlicher Zuschnitt (vgl. § 31 Rn. 53 ff.)
      cc) räumlicher Zuschnitt (vgl. § 31 Rn. 46 ff.)
      dd) quantitativer Zuschnitt (vgl. § 31 Rn. 57)
      ee) inhaltlicher Zuschnitt, insbesondere Nutzungsarten (vgl. § 31 Rn. 58 ff. und vgl. § 31a Rn. 21 ff.)
      ff) Zulässigkeit der Weitergabe der Rechte (vgl. § 34 Rn. 8 ff. und vgl. § 35 Rn. 5 ff.)

gg) Pflicht des ersten Angebots oder Optionen bei Einräumungen, die unter § 40a fallen (vgl. § 40a Rn. 23 ff.)
b) Weitere Leistungen (z. B. Ablieferung des Manuskriptes, Korrektur)
c) ggf. Mitwirkung des Verwerters (Lizenznehmers)
d) Leistungszeit und -ort
5. Gegenleistung des Verwerters (Lizenznehmers) (für Urheberverträge s. § 32)
  a) Vergütung
  b) Zahlungsmodalitäten
    aa) Fälligkeitsregelungen
    bb) Abschlagszahlungen
    cc) Auskunfts-, Rechnungslegungs- und Kontrollrechte
    dd) Zurückbehaltungs-/Leistungsverweigerungsrechte
  c) Belegexemplare
  d) Sonderregeln für Eigenbestellungen
  e) Regelung des Verzuges
6. Sicherung der Leistungen
  a) Sicherung der Leistung des Urhebers bzw. Rechteinhabers (vgl. Rn. 170 ff.)
    aa) Rechts- und Sachmängelhaftung, Garantien
    bb) Erklärungen zu Rechtevergaben an Dritte, insbesondere an Verwertungsgesellschaften
    cc) Rügepflichten, Fristen
    dd) Qualitätssicherungsvereinbarungen
    ee) Regelungen im Hinblick auf drohenden Rechterückfall (vgl. § 31 Rn. 30 ff.)
    ff) Regelungen im Hinblick auf Rechterückruf Urheber (vgl. § 41 Rn. 48 ff.)
    gg) Insolvenzrechtliche Regelungen (vgl. Nach § 119 Rn. 1 ff.)
  b) Sicherung der Leistung des Verwerters (Lizenznehmers)
    aa) Wahl des Zahlungsmittels
    bb) „Eigentumsvorbehalt" = Rechteübergang erst bei Zahlung
    cc) Auswertungspflichten (vgl. Rn. 41 ff. und vgl. Rn. 245 ff.)
    dd) Insolvenzrechtliche Regelungen (vgl. § 45 ff. Rn. 247 ff.)
  c) Wechselseitige Leistungssicherung
    aa) vertraglicher und nachvertraglicher Geheimnisschutz
    bb) Enthaltungspflichten, Wettbewerbsverbote (vgl. Rn. 116 ff. und vgl. Rn. 121 ff.)
7. Beginn, Laufzeit und Beendigung des Vertrages
  a) Vertragsbeginn Laufzeit
  b) ordentliche Kündigungsmöglichkeit (vgl. Rn. 116 ff.)
  c) außerordentliche Kündigungsmöglichkeit (vgl. Rn. 121 ff.)
  d) Rückrufsrecht wegen Nichtausübung (vgl. § 41 Rn. 48 ff.)
8. Abwicklungs- und nachvertragliche Pflichten
  a) Herausgabepflichten
  b) Abverkauf durch Verwerter (Lizenznehmer)
9. Schlussbestimmungen
  a) Rechtswahl
  b) Erfüllungsort und Gerichtsstand
  c) Schriftformklausel
  d) Salvatorische Klauseln
  e) Mediations- bzw. Schiedsregelungen

3.   Besondere Vertragsformen

a) Kurzverträge („Deal Memos"): In verschiedenen Branchen ist es üblich geworden, vor Abschluss oder sogar anstelle eines ausführlichen Urheberrechts-   **304**

vertrages nur eine Kurzfassung zu vereinbaren. Das macht insbesondere dann Sinn, wenn sich die Parteien schnell binden wollen und keine Zeit für detaillierte Verhandlungen bleibt (z. B. auf Messen). Solche Kurzverträge werden auch als „**Deal Memos**" bezeichnet. Gegen die Wirksamkeit bestehen dann keine Bedenken, wenn sie zivilrechtlich alle Voraussetzungen für einen Vertragsabschluss erfüllen, also insbesondere die **notwendigen Vertragsabreden** (essentialia negotii) enthalten (BGH GRUR 2010, 418 Tz. 14 f. – *Neues vom Wixxer*). Diese differieren je nach zugrundeliegendem BGB-Vertragstyp. Stets wird zu fordern sein, dass eine Einigung über die **Vertragsparteien und das Werk** (bzw. die urheberrechtliche geschützte Leistung) erfolgt ist, wobei allerdings Bestimmbarkeit genügt (BGH NJW 2002, 3016, 3018 zur hinreichenden Bestimmtheit eines Kinokomplex-Mietvorvertrages; BGH NJW 2002, 3322, 3322 f. zur hinreichenden Bestimmbarkeit eines Breitbandkabelanlagen-Mietvertrages; BGH NJW 2002, 3389, 3390 zur hinreichenden Bestimmbarkeit der Mietvertragsparteien bei Erbengemeinschaft); zur Bestimmbarkeit des Werkes eingehend vgl. § 40 Rn. 16 f. Eine konkrete Einigung über den **Umfang der Nutzungsrechtseinräumung** ist nicht erforderlich, sofern auf den Vertrag der Übertragungszweckgedanke in gesetzlich geregelter (§ 31 Abs. 5) oder in der allgemeinen, nicht geregelten Form Anwendung findet (dazu vgl. § 31 Rn. 118 ff.), weil dann der Umfang der Rechtseinräumung immer hinreichend bestimmbar ist. Gleiches gilt bei Anwendbarkeit der Vermutungsregeln des UrhG, z. B. nach §§ 88 ff. Auch eine Einigung über die **Vergütung** in Verträgen mit dem Urheber ist grundsätzlich wegen § 32 Abs. 1 S. 2 nicht notwendig, weil ansonsten die angemessene Vergütung geschuldet ist. Eine Ausnahme gilt aber z. B., wenn außerhalb des § 32 im sekundären Urhebervertragsrecht (Verträge zwischen Verwertern, vgl. Rn. 223 ff.) Kaufrecht (statt aller Palandt/*Weidenkaff*[76] Einf. v. § 433 BGB Titel 1. Rn. 2) oder Pachtrecht (Palandt/*Weidenkaff*[76] § 535 BGB Rn. 1) Anwendung findet, weil die Vereinbarung des Entgeltes dann notwendiger Vertragsbestandteil ist. Anderes gilt aber im Werkvertragsrecht (§ 632 Abs. 2 BGB; s. a. vor Einführung des § 32 Abs. 1 S. 2: BGH GRUR 1985, 129, 130 – *Elektrodenfabrik*).

305   Oft wird bestimmt, dass der Kurzvertrag gilt, bis eine ausführliche Regelung zwischen den Parteien verabredet ist. Dann entfaltet der Kurzvertrag volle Wirkung, auch wenn es **später nicht zum Abschluss eines Langvertrages** kommt. Die Lücken müssen über die gesetzlichen Bestimmungen (zur Anwendung der Regelungen des BGB und HGB vgl. Rn. 164 ff.) sowie ggf. über eine ergänzende Vertragsauslegung geschlossen werden. Sieht ein Kurzvertrag jedoch vor, dass lediglich eine Verpflichtung zum Abschluss eines Langvertrages besteht, handelt es sich um einen **Vorvertrag** (vgl. Rn. 309). Es kann aber auch an jeglicher Verpflichtung fehlen, wenn das Deal Memo eher einem Vertragsentwurf gleichzusetzen ist (OLG München GRUR-RR 2008, 137, 138 – *Optionsklausel*; im Einzelfall aber zu streng).

306   **b) Trennung von Werkerstellung und Einräumung („2-Stufen-Verträge"):** In zahlreichen Branchen ist es üblich, dass zunächst das Werk oder zumindest erste Entwürfe erstellt werden, bevor eine Einigung über eine Nutzungsrechtseinräumung erfolgt (eingehend OLG Köln GRUR 1986, 889 – *ARD-1*; OLG Düsseldorf GRUR 1991, 334, 335 – *Firmenlogo*). Beispiele sind Architektenverträge, die zunächst nur die Leistungsphase der Planung, jedoch noch nicht die später ggf. erfolgende Nutzungsrechtseinräumung umfassen. Auch im Werbe- und Designbereich ist es durchaus üblich, dass zunächst erste Entwürfe zur Orientierung für den Auftraggeber erstellt werden und dann erst bei Gefallen in einem zweiten Schritt Nutzungsrechte eingeräumt werden. Schließlich basieren auch zahlreiche Wettbewerbe darauf, dass die Urheber zunächst das Werk oder erste Entwürfe zur Auswahl einreichen und dann in einer zweiten Stufe mit dem Sieger eine Nutzungsvereinbarung geschlossen wird.

Die erste Stufe (Erstellung Werk) stellt im Regelfall einen Werk- oder Werkliefe- **307**
rungsvertrag dar (§§ 631 ff., 651 BGB; zur Abgrenzung vgl. Rn. 166). Ohne
abweichende Vereinbarung sind solche Verträge **entgeltpflichtig**, weil der Urheber kreativ tätig wird (BGH GRUR 1985, 129, 130 – *Elektrodenfabrik;* OLG
Düsseldorf GRUR 1991, 334, 334 – *Firmenlogo*). Es handelt sich gerade nicht
um einen – regelmäßig kostenfreien – Kostenvoranschlag. Ob und inwieweit
auf der ersten Stufe **Nutzungsrechte eingeräumt** wurden, ist Sache der Vertragsauslegung, insbesondere gemäß Übertragungszweckgedanken (vgl. § 31
Rn. 138). Wer beispielsweise bei einem Wettbewerb mit anschließender öffentlicher Präsentation der Teilnehmer mitmacht, räumt nach dem Übertragungszweckgedanken – soweit für die Entscheidung des Wettbewerbs und öffentliche
Ausstellung erforderlich – das Vervielfältigungsrecht (§ 16), das Veröffentlichungsrecht (§ 12) und das Ausstellungsrecht (§ 18) ein. Werden Planungsun-
terlagen entworfen und wechselt der Urheber später als Arbeitnehmer zum
Auftraggeber, so ist nach dem Übertragungszweckgedanken eine Nutzung zur
Akquisition von Aufträgen zulässig, wenn der Urheber dies als Arbeitnehmer
duldet (BGH GRUR 1985, 129, 130 – *Elektrodenfabrik*). Eine darüber hinausgehende Nutzung ist aber ohne Nutzungsvereinbarung nicht möglich. Beispielsweise darf der Arbeitgeber im vorerwähnten Fall nach Ausscheiden des
Urhebers aus dem Unternehmen die urheberrechtlich geschützten Pläne nicht
für den Bau einer Fabrik nutzen, ohne den Urheber zu fragen (BGH GRUR
1985, 129, 131– *Elektrodenfabrik*). Auch ein entworfenes und urheberrechtlich geschütztes Firmenlogo darf im Geschäftsverkehr nicht ohne Nutzungsvertrag verwertet werden (OLG Düsseldorf GRUR 1991, 334, 335 – *Firmenlogo*).

In der **zweiten Stufe** erfolgt dann eine Nutzungsrechtseinräumung, ggf. verbun- **308**
den mit einer weiteren Konkretisierung des Werkes. Allerdings ist diese zweite
Stufe **nur erforderlich, wenn** das erstellte Werk (erste Stufe, vgl. Rn. 166) **rechtlichen Schutz genießt**, insbesondere aus einem Urheberrecht oder einem Leistungsschutzrecht, Geschmacksmuster-, Markenrecht oder aus UWG. Ansonsten können die Entwürfe auch ohne Vertrag auf der zweiten Stufe ohne
zusätzliches Entgelt genutzt werden (OLG Köln GRUR 1986, 889 – *ARD-1*).
Die Frage der urheberrechtlichen Notwendigkeit des Abschlusses eines zweiten
Vertrages stellt sich vor allem im Werbe- und Designbereich immer wieder,
weil Werke der angewandten Kunst nur unter sehr strengen Voraussetzungen
Urheberrechtsschutz genießen (vgl. § 2 Rn. 137 ff.), es sei denn, die Entwürfe
sind anderweitig rechtlich geschützt (z. B. als nicht eingetragenes oder eingetragenes Geschmacksmuster). Allerdings kann der Entwerfer bei fehlendem rechtlichen Schutz eine **vertragliche Abrede** mit dem Auftraggeber treffen, dass der
Auftraggeber die Leistung nicht ohne Nutzungsvertrag auf der zweiten Stufe
nutzen darf. Das sollte auch formularvertraglich möglich sein, führt jedoch nur
zu einem relativen Schutz zwischen den Vertragsparteien, der nicht auf Dritte
durchgreift. Nicht zutreffend ist es, für den Vertrag auf der zweiten Stufe im
Regelfall ohne anderweitige Abrede eine Auswertungspflicht zu verneinen (so
aber Dreier/Schulze/*Schulze*[5] Rn. 167). Ob eine Auswertungspflicht besteht,
hängt vom Vertragstyp und den Umständen des Einzelfalles ab (ausführlich
vgl. Rn. 41 ff.).

c) **Vorverträge:** Durch ihn verpflichtet sich der Urheber, unter bestimmten Be- **309**
dingungen einen Nutzungsvertrag als späteren Hauptvertrag zu schließen, wobei die wesentlichen Konditionen des Hauptvertrages festgelegt sein müssen
(zu den notwendigen Vertragsinhalten zum Kurzvertrag vgl. Rn. 304). § 40 ist
zu beachten. Eine **Einräumung urheberrechtlicher Nutzungsrechte** findet aber
noch **nicht** statt; vielmehr muss darauf ggf. aus dem Vorvertrag geklagt werden.
Sofern die Details nicht im Vorvertrag festgelegt sind, gelten die gesetzlichen
Bestimmungen und ggf. eine ergänzende Vertragsauslegung. Ohne Hauptvertrag kann der Rechteinhaber bei Nutzung durch den Vertragspartner Unterlas-

sung, aber keinen Schadensersatz geltend machen (vgl. Rn. 89 ff.). Ein (konkludenter) Vorvertrag im Hinblick auf einen Verlagsvertrag kann vorliegen, wenn ein Autor darin einwilligt, einen fertigen Roman in einer Vorschau des Verlages anzukündigen.

310 d) **Verträge über künftige Werke; Bestellverträge:** Zu Verträgen über noch nicht geschaffene (**künftige**) **Werke** enthält § 40 eine Sonderregelung, insbesondere zu Schriftform und Kündigung. Teilweise sind solche Verträge sog. **Bestellverträge**, d. h. Verträge, mit denen dem Urheber das zu schaffende Werk genau vorgegeben wird, er nur an einem enzyklopädischen Werk mitarbeitet oder nur Hilfs- und Nebenarbeiten für das Werk eines anderen erbringt. Für diese enthält § 47 VerlG für den Verlag von Schrift- und Musikwerken eine eigene Regelung (s. unsere separate Kommentierung zu § 47 VerlG). Gemäß § 47 VerlG entfällt bei Bestellverträgen die Auswertungspflicht. Das sollte **auch außerhalb des Verlagsbereiches** für vergleichbare Konstellationen gelten (zur Auswertungspflicht allgemein vgl. Rn. 41 ff.).

311 e) **Optionsverträge:** – aa) **Allgemeines:** Optionsverträge sind gerichtet auf die künftige Einräumung von Rechten und begründen eine **einseitige Bindung des Optionsverpflichteten** während einer bestimmten Optionsfrist. Oft beinhalten Optionsverträge **mehrere** aufeinander folgende Optionsfristen, also mehrfache Optionen. Der Optionsverpflichtete verspricht die Einräumung von Nutzungsrechten, die durch Handlung („Ziehung") des Optionsberechtigten vollzogen wird. Abzugrenzen sind sie von bloßen Vorverträgen, die beide Vertragsparteien verpflichten (vgl. Rn. 309). Während der Optionsfrist handelt es sich um eine Vereinbarung, die aus wichtigem Grund außerordentlich gekündigt werden kann (vgl. Rn. 121 ff.).

312 Mit der Option ist **keine Nutzungsrechtseinräumung** verbunden. Während der Optionsfrist, aber vor Ausübung der Option hat der Berechtigte deshalb nicht das Recht, gemäß § 23 zustimmungspflichtige Bearbeitungen des Werkes herzustellen, um sich Klarheit über den Nutzen der Ausübung der Option zu verschaffen (BGH GRUR 1963, 441, 443 – *Mit Dir allein* für ein Filmmanuskript). Der optionsverpflichtete Rechteinhaber kann bis zur Ausübung der Option auf Unterlassung klagen. Ihm steht auch ein Schadensersatzanspruch bis zur Ausübung der Option zu. Umgekehrt gelten bei Verletzung der Pflicht zur Nutzungsrechtseinräumung aus der Optionsvereinbarung die allgemeinen Regeln, z. B. besteht bei schuldhafter Verletzung eine Schadensersatzpflicht (BGH GRUR 2010, 418 Tz. 10 – *Neues vom Wixxer*). Für **noch nicht existierende Werke** kann § 40 einschlägig sein. Der **Vertragsgegenstand** muss überdies **bestimmbar** sein (vgl. § 40 Rn. 16 f.). Das kann entweder inhaltsbezogen geschehen. Bei Optionen wird der Vertragsgegenstand häufig auch personenbezogen definiert; die Formulierung „das nächste Werk" des Optionsverpflichteten ist hinreichend bestimmbar. Die Option zum Abschluss eines Verlagsvertrages über „das nächste Werk" erfasst das Werk, das der Verfasser als erstes nach der Optionsabrede fertig stellt und für eine Veröffentlichung geeignet erachtet (BGH GRUR 1953, 497 – *Gaunerroman*). Soweit nicht anders vertraglich vereinbart, bestehen umfassende **Enthaltungspflichten** des Optionsverpflichteten. Während des Bestehens eines Optionsvertrages ist ihm jede Veröffentlichung, Verwertung einer Bearbeitung oder auch Verfilmung verboten (BGH GRUR 1963, 441, 443 – *Mit dir allein*). Der Optionsverpflichtete muss sich im Zweifel vertraglich ausdrücklich ausbedingen, dass ein mit Abschluss des Optionsvertrages abzulieferndes **Manuskript** bei Nichtausübung an ihn zurückgegeben werden muss (OLG München ZUM 2000, 66, 68 – *Tödliche Intrige*). Bei allumfassender Bindung eines Künstlers an einen Verwerter kann unter Knebelungsgesichtspunkten § 138 BGB einschlägig sein, so etwa Optionsverträge für das gesamte zukünftige Schaffen des Urhebers ohne zeitliche oder gegenständliche Beschränkung und ohne angemessene Gegenleistung (BGH GRUR 1957, 387, 389 – *Clemens Lear*; eingehend auch *Brauneck/Brauner* ZUM 2006, 513, 522; vgl. Rn. 51 ff.). Zulässig sind Optionen auf das nächste Werk (KG NJWE-WettbR 1998, 269), Grenzfälle 10-jährige Optionen für sämtliche Werke, die in diesem Zeitraum geschaffen werden. Im Zweifel ist der Vertrag restriktiv auszulegen (LG Hamburg ZUM 2002, 158, 159 f.).

bb) Kein Sukzessionsschutz für den Optionsberechtigten: Da der Optionsvertrag nur eine schuldrechtliche Verpflichtung erzeugt, die den Urheber zur Rechtseinräumung verpflichtet, ihm aber die Möglichkeit unbenommen lässt, die Rechte Dritten einzuräumen, begründet sie kein Anwartschaftsrecht, dessen Erstarken zum Vollrecht als Nutzungsrecht in den Händen des Optionsberechtigten durch den Optionsverpflichteten nicht mehr verhindert werden kann (Wandtke/Bullinger/*Wandtke*[4] § 40 Rn. 9; v. Hartlieb/Schwarz/*Schwarz*[5] Kap. 91 Rn. 3; a. A. *Brauneck/Brauner* ZUM 2006, 513, 520 zumindest für den qualifizierten Optionsvertrag). Schadensersatz muss der Optionsverpflichtete aber nur leisten, wenn der Optionsberechtigte bereit und in der Lage gewesen wäre, das Werk zu verlegen.   **313**

Zu unterscheiden ist die (nur schuldrechtlich wirkende) Option von einem dinglichen Nutzungsvertrag, mit dem durch gegenständlich wirkende **Vorausverfügung** Nutzungsrechte an noch nicht fertiggestellten Werken eingeräumt werden. Mit Fertigstellung erlangt der Verwerter dann die Nutzungsrechte, soweit das Werk nur hinreichend bestimmbar war, beispielsweise durch eine Inhaltsangabe (OLG Hamm AfP 1987, 515, 517 – *Spectrum für Fortgeschrittene*). Verpflichtung und Vorausverfügung können im Vertrag in einem Akt zusammenfallen.   **314**

cc) Übertragung der Option und der Ausübung: Eine Option, die noch nicht zum Rechtserwerb geführt hat, enthält **keine Berechtigung, optierte Nutzungsrechte** mit dinglicher Wirkung weiter **an Dritte zu übertragen oder einzuräumen** (OLG München ZUM 1995, 721, 724 – *Hanns Heinz Ewers*). Denn die Option ist nur eine schuldrechtliche Position (vgl. Rn. 312). Jedoch kann eine (schuldrechtliche) **Option an der Option** vereinbart werden.   **315**

Die **Ausübung der Option** ist i. d. R. eine höchstpersönliche Rechtshandlung (OLG München ZUM-RD 1998, 130, 138 – *Die Mädels vom Immenhof*) und deshalb im Zweifel höchstpersönlich eingeräumt, mithin ohne anderweitige Abrede nicht übertragbar (Loewenheim/*Jan Bernd Nordemann*[2] § 60 Rn. 54). Eine Ausübung kann auch stillschweigend erfolgen, z. B. durch Beginn der Dreharbeiten mit Kenntnis des Urhebers (*Brauneck/Brauner* ZUM 2006, 513, 520).   **316**

dd) Vergütung: Eine Option ist grundsätzlich von rechtlichem Vorteil für den Optionsberechtigten und deshalb **in aller Regel entgeltlich.** Üblicherweise wird für das Optionsrecht als Entgelt eine Pauschalsumme vereinbart, bei mehreren aufeinander folgenden Optionen für jede Option. Entgelte für eingeräumte Optionsrechte, die nicht ausgeübt werden oder nicht zum Abschluss eines Urheberrechtsvertrages führen, verbleiben beim Optionsverpflichteten (*Schack*, Urheber- und UrhebervertragsR[7] Rn. 1110; Loewenheim/*Jan Bernd Nordemann*[2] § 60 Rn. 54). Denn es handelt sich um das Entgelt für die Rechteblockade, nicht um eine Nutzungsvergütung im eigentlichen Sinn. Deshalb findet § 32 **(Anspruch auf angemessene Vergütung)** auf Optionsverträge mit Urhebern und ausübenden Künstlern auch keine Anwendung (vgl. § 32 Rn. 113).   **317**

ee) Einfache Optionsverträge: Einfache Optionsverträge begründen für den Optionsverpflichteten eine einseitige Anbietungspflicht für sein geschaffenes oder noch zu schaffendes Werk, ohne dass die Vertragsbedingungen des abzu-   **318**

schließenden Vertrages schon bis ins Detail festgelegt sein müssen. Aus einem einfachen Optionsvertrag ergibt sich insoweit aber nur ein **Abschlussverbot** für den Optionsverpflichteten, mit keinem Dritten zu kontrahieren, der keine günstigeren Bedingungen bietet als der Optionsberechtigte (BGH GRUR 1957, 387, 388 – *Clemens Laar*; OLG München GRUR-RR 2008, 137, 138 – *Optionsklausel*; LG München I ZUM 2007, 421, 423). Insoweit besteht die Verpflichtung, den Vertrag zuerst und auch zuletzt dem Optionsberechtigten anzubieten. Diese Angebotspflicht kann auch durch ein Angebot zum Abschluss eines kurzen Vorvertrages („Deal Memo") erfüllt werden, sofern es alles wesentlichen Vertragsbestandteile enthält (BGH GRUR 2010, 418 Tz. 14 f. – *Neues vom Wixxer*; zum Deal Memo eingehend vgl. Rn. 304). Liegt ein Angebot eines Dritten vor, kann der Optionsberechtigte es nur in dieser Form annehmen, ein Rosinenpicken ist nicht erlaubt (LG München I ZUM 2007, 421, 423). **Ohne Drittangebot** kann einfachen Optionsabreden auch ein **Abschlusszwang** mit dem Optionsberechtigten zu entnehmen sein, und zwar mangels weiterer Spezifizierung **zu angemessenen Bedingungen** (Schricker/Loewenheim/ *Peukert*[5] § 40 Rn. 17 m. w. N.; *Schack*, Urheber- und UrhebervertragsR[7] Rn. 1108). Letztlich entscheidet die Auslegung der Optionsabrede im Einzelfall. Insoweit erscheint es nicht als angebracht, zu zurückhaltend mit einer Anbietungspflicht auch ohne Drittangebot zu sein. Denn eine Option soll im Regelfall zu einer Nutzungsmöglichkeit durch den Optionsberechtigten und nicht bloß zu einem Abschlussverbot des Verpflichteten führen. Der Verpflichtete wird bei Abschluss zu „angemessenen Bedingungen" auch nicht benachteiligt, wenn er einmal eine Option eingeräumt hat (anders, mehr zugunsten des Verpflichteten: Schricker/Loewenheim/*Peukert*[5] § 40 Rn. 17. Wer seine Pflicht zum Angebot oder Abschluss schuldhaft verletzt, macht sich schadensersatzpflichtig (BGH GRUR 2010, 418 Tz. 10 – *Neues vom Wixxer*, zur Verletzung der Angebotspflicht). – Zur Frage der „günstigeren Bedingungen" *Brauneck/ Brauner* ZUM 2006, 513, 517).

319   ff) **Qualifizierte (echte oder absolute) Optionsverträge:** Bei qualifizierten Optionsverträgen sind die Bedingungen des Hauptvertrages bereits detailliert festgelegt. Sie geben dem Optionsberechtigten ein **einseitiges Gestaltungsrecht**, einen Vertrag bestimmten Inhaltes in Kraft zu setzen. Konstruktiv geschieht das entweder durch die Abgabe eines zeitlich unbegrenzt gültigen Angebotes, das der Optionsberechtigte annimmt, oder aber durch eine einseitige Erklärung, die gleichsam als Gestaltungsrecht einen schon abgeschlossenen, aber noch keine Leistungspflichten begründenden Vertrag in Kraft setzt. Wird ohne Spezifizierung eine „Option auf drei weitere Alben" in einem Nutzungsvertrag eingeräumt, handelt es sich im Zweifel um einen einfachen Optionsvertrag, der durch einseitiges Ziehen der Option keine Verpflichtungen für den Optionsverpflichteten gemäß Nutzungsvertrag auslöst; vielmehr ist der Abschluss eines gesonderten Vertrages erforderlich, für den ggf. ein Abschlusszwang des Verpflichteten besteht (LG Hamburg ZUM 2002, 158). Räumt ein Übersetzer einem Verlag die „erste Option" für französische Übersetzungsrechte für jede neue Auflage eines Buchwerkes ein, handelt es sich um eine qualifizierte Optionsklausel, Sie erlaubt dem Verlag, eine Verlängerung zu den bisherigen Konditionen zu bestimmen (LG München I ZUM 2009, 594, 596).

320   gg) **Form:** Bezieht sich die Option auf ein noch nicht näher bestimmtes künftiges Werk, ist die Formvorschrift des § 40 zu beachten, der Schriftform anordnet und ein Kündigungsrecht nach Ablauf von 5 Jahren gibt.

321   hh) **Vertragsmuster und Weiterführendes:** Zum verlagsrechtlichen Optionsvertrag vgl. § 1 VerlG Rn. 20. Vertragsmuster für eine Option auf Verfilmung: Münchener Vertragshandbuch/*Hertin*[7] Bd. 3, IX. 28. Anm. 3 S. 866 ff., zur Option im Autoren-Verlagsvertrag Münchener Vertragshandbuch/*Norde-*

mann-Schiffel[7] Bd. 3, IX. 6. Anm. 18 S. 688 ff.; *Schricker,* VerlagsR[3] § 1 Rn. 40–49; *Bock,* Die Option im Musik- und Buchverlag; *Brandi-Dohrn,* Der urheberrechtliche Optionsvertrag; *Delp,* Verlagsvertrag[8] S. 166, 170.

f) Wahrnehmungsverträge: Mit einem Nutzungsvertrag räumt der Urheber die   **322** Rechte an seinen Werken den Verwertern zur eigenen Nutzung ein. Bei Wahrnehmungsverträgen hingegen erfolgt eine Rechteeinräumung nicht zur Werknutzung durch den Vertragspartner. Vielmehr nimmt der Rechtserwerber eine Mittlerstellung zwischen Urheber und Verwertern ein. Wahrnehmungsverträge sind **Nutzungsverträge eigener Art.** Sie enthalten sowohl Elemente des Auftrages (§§ 662 ff. BGB) als auch des Gesellschafts-, Dienst-, sowie des Geschäftsbesorgungsvertrages gemäß §§ 675, 665 ff. BGB (BGH GRUR 1966, 567, 569 – *GELU*; BGH GRUR 1968, 321, 327 – *Haselnuss*; BGH GRUR 1982, 308, 309 – *Kunsthändler*). Bei Wahrnehmungsverträgen wird der Verwerter als Treuhänder des Urhebers (oder des Leistungsschutzberechtigten) tätig (BGH GRUR 2011, 720 Tz. 19 – *Multimediashow*).

Der typische Fall eines Wahrnehmungsvertrages sind **Verträge mit Verwer-**   **323** **tungsgesellschaften.** Nutzungsrechte werden einer Verwertungsgesellschaft eingeräumt, die ihrerseits als **Treuhänderin der Rechte** mit Verwertern Verträge abschließt. Eine Zustimmung des Urhebers ist hierzu entbehrlich, § 35 Abs. 2 S. 2. Verschiedene Rechte und Ansprüche sind zwingend **verwertungsgesell-** **schaftspflichtig,** insbesondere § 20b (Vergütung Kabelweitersenderecht), § 26 (Folgerecht), § 27 (Vergütung für Vermieten und Verleihen), § 49 (Vergütung für Vervielfältigung und Verbreitung in Rundfunkkommentaren und Zeitungsartikeln), § 52a (Öffentliche Zugänglichmachung für Unterricht und Forschung), §§ 54 ff. (Leermedien- und Geräteabgabe), §§ 77, 27 bzw. 78, 20b (ausübende Künstler) sowie § 137l (Vergütung für unbekannte Nutzungsarten); sie können also nur über Verwertungsgesellschaften von den Urhebern bzw. bzw. Leistungsschutzberechtigten geltend gemacht werden. Die Rechte und Pflichten eines Wahrnehmungsvertrages mit Verwertungsgesellschaften regelt das VGG (früher: UrhWahrnG); es enthält zugleich ein spezielles Vertragsrecht für Wahrnehmungsverträge mit Verwertungsgesellschaften. Der Wahrnehmungsvertrag wird deshalb dort kommentiert. Gegenüber den Urhebern unterliegen Verwertungsgesellschaften einem **Wahrnehmungszwang** (§ 9 VGG), gegenüber den Verwertern einem **Kontrahierungszwang** (§ 34 Abs. 1 VGG), nach dem sie auf Verlangen Nutzungsrechte zu angemessenen Bedingungen einräumen müssen. Auch **Bühnenverlagsverträge** enthalten Elemente eines Wahrnehmungsvertrages (vgl. Rn. 337).

Wahrnehmungsverträge und Weiterführendes: s. die Kommentierungen zum   **324** VGG.

g) Agenturvertrag, Repräsentantenvertrag: In der Praxis immer wichtiger wer-   **325** den die Rechteagenten und Künstler-Repräsentanten. Sie vermitteln die Nutzungsrechte (ggf. neben der Werkerstellung) vom Urheber zum Verwerter. Man trifft solche Mittler heute als sog. **Literaturagenten** im belletristischen Verlagsbereich. Sie vermitteln Verlagsrechte vom Autor zum Verleger oder auch Verfilmungsrechte zu Filmproduzenten. Sie sind dabei zumeist **im Interesse des Autors** tätig. Insoweit unterscheidet sich die Tätigkeit eines Agenten auch von der Tätigkeit eines Verwerters, dem umfassende Nutzungsrechte zur Weitergabe an Dritte eingeräumt wurden, auch wenn solche Verwerter regelmäßig erfolgreich für den Autor zur Vermittlung der Werkauswertung tätig sind. Sie sind jedoch im eigenen Interesse tätig. Für die Autoren kann die Einschaltung eines Fachmannes in die Verhandlungen sinnvoll sein (ebenso *Pleister* GRUR Int. 2000, 673, 680), zumal wenn die Agenten viele Urheber, z.B. Schriftsteller, vertreten und somit eine gewisse Verhandlungsmacht aufbauen können. Außerdem können Agenten aufgrund ihrer Erfahrung teilweise sehr gut beurteilen, welcher Verwerter zu welchem Autor passt. Die übliche Provision bei Literaturagenten beträgt zwischen 10% und 20%, meistens 15%, gerechnet von der Vergütung des Autors aus dem Nutzungsvertrag ohne Mehrwertsteuer. Regelmäßig ist der Agent aber nicht an Einkünften des Autors aus Lesungen, Preisgeldern, Interviews oder Stipendien beteiligt. Ferner treten Agenten auch als Vermittlungsstelle zwischen Werbeagenturen und Werbefotografen (sog. **Fotorepräsentanz**; OLG Hamburg GRUR 2006, 788 – *Werbefotograf*) oder als Repräsentanten von ausübenden Künstlern (meist dann missverständlich als „**Manager**" bezeichnet) auf. Gerade bei ausübenden Künstlern ist davon aber der „Managementvertrag" (auch „Künstlermanagementvertrag") zu unterscheiden, der nicht auf die Vermittlung von Engagements, sondern auf Förderung bzw. Aufbau des Künstlers gerichtet ist (OLG Hamburg ZUM 2008, 144, 145 f.; OLG Köln ZUM-RD 2010, 270, 271).

326 Der Agent oder Repräsentant hat in der Praxis **regelmäßig keine Vollmacht zum Abschluss von Nutzungsverträgen** für den Autor. Er vermittelt nur und verhandelt den Vertrag bis zur Unterschriftsreife. Die Einordnung dieser Tätigkeit in die gängigen Vertragstypen von BGB und HGB ist etwas schwierig. Im Regelfall sollte ein **Dienstvertrag mit Geschäftsbesorgungscharakter nach §§ 611 ff.**, 675 BGB gegeben sein (OLG Hamburg GRUR 2006, 788, 789 – *Werbefotograf*; OLG Köln ZUM-RD 2010, 270, 271). Ob auf den Vertrag ergänzend Handelsvertreterrecht gemäß §§ 84 ff. HGB anzuwenden ist, kann nur für jeden Einzelfall je nach vertraglicher Situation beantwortet werden (dazu eingehend *Martinek/Bergmann* WRP 2006, 1047, 1050 m.w.N. auch aus unveröff. Entscheidungen; *Kassung* AfP 2004, 89, 91; Moser/Scheuermann/*Michow*[6] S. 1267 ff.). Unternehmer nach § 84 Abs. 1 S. 1 HGB kann auch ein Urheber sein (zweifelnd, aber offen OLG Hamburg GRUR 2006, 788, 789 – *Werbefotograf*) und das Geschäft die Vermittlung von Nutzungsrechten (*Pleister* GRUR Int. 2000, 673, 679; Loewenheim/*Nordemann-Schiffel/Jan Bernd Nordemann*[2] § 64 Rn. 163). Der Literaturagent ist einem Handelsvertreter vergleichbar, weil er für den Urheber regelmäßig alle Nutzungsverträge entweder im Hinblick auf ein konkretes Werk oder für alle seine Werke allein im Interesse des Urhebers vermittelt und deshalb „ständig betraut" ist (*Pleister* GRUR Int. 2000, 673, 680; Loewenheim/*Nordemann-Schiffel/Jan Bernd Nordemann*[2] § 64 Rn. 163). Schutzvorschriften des HGB zugunsten des Literaturagenten sollten nur vorsichtig herangezogen werden, weil zumeist der Autor der schwächere Teil ist. Jedoch kann § 89b HGB zugunsten des Agenten Anwendung finden (*Pleister* GRUR Int. 2000, 673, 680; Loewenheim/*Nordemann-Schiffel/Jan Bernd Nordemann*[2] § 64 Rn. 163). Ist der Vertrag jedoch auf eine neutrale Vermittlertätigkeit in der Art eines für beide Seiten agierenden Maklers ausgerichtet (wie z.B. häufig bei Fotorepräsentanzen im Werbebereich), kommt eine Anwendung der §§ 84 ff. HGB und insbesondere des § 89b HGB nicht in Betracht (OLG Hamburg GRUR 2006, 788, 789 – *Werbefotograf*; kritisch dazu *Martinek/Bergmann* WRP 2006, 1047, 1050 ff.); zu Künstlervermittlungsverträgen z.B. im Musikbereich OLG Hamburg ZUM 2008, 144, 145 ff.; auch *Kassung* AfP 2004, 89, 91; Moser/Scheuermann/*Michow*[6] S. 1267 ff.

327 Bei Formularverträgen ist eine **längere Laufzeit als 2 Jahre** bedenklich, §§ 307, 310, 309 Nr. 9a BGB. Überdies findet die Kündigungsmöglichkeit des **§ 627 BGB** auf Agentur- und Repräsentationsverträge im Regelfall Anwendung (LG Berlin ZUM 2007, 754, 757; *Martinek/Bergmann* WRP 2006, 1047, 1059; *Kassung* AfP 2004, 89, 94; vgl. Rn. 55, 209). Auf überhöhte Provisionen des Agenten findet **§ 32 Abs. 1 S. 3 UrhG** keine Anwendung, auch wenn die Nutzungsvergütung des Urhebers damit geschmälert wird. Denn der Agenturvertrag ist kein Vertrag, mit dem Nutzungsrechte eingeräumt oder eine Erlaubnis zur Werknutzung gegeben würde. Helfen kann ausnahmsweise § 138 BGB (dazu vgl. Rn. 51 ff.). Bei Vermittlung von „Arbeitsuchenden" ist auch die Deckelung durch das SGB III zu beachten (OLG Hamburg ZUM 2008, 144, 145). Verpflichtungen des Repräsentanten oder Managers zur (unerlaubten) Rechtsberatung machen den Vertrag nach § 134 BGB nichtig (OLG Köln ZUM-RD 2010, 270, 272, zum früheren RBerG).

h) Kommissionsvertrag: Im urheberrechtlichen Bereich vereinzelt anzutreffen **328** sind Kommissionsverträge. Hier nutzt der **Verwerter** das Werk **im eigenen Namen**, aber **für Rechnung des Urhebers**. Das Geschäftsrisiko bleibt also beim Urheber; der Verwerter erhält eine vertraglich fest vereinbarte, mitunter auch nach dem Absatzerfolg berechnete Vergütung. Sofern nichts Abweichendes vereinbart wird, hat der **Kommissionsverwerter kein eigenes dingliches Nutzungsrecht,** kann also nicht gegen Dritte vorgehen. Außerdem bleibt der Autor grundsätzlich Eigentümer der Vervielfältigungsstücke. Ansonsten gelten die **§§ 383 bis 406 BGB und §§ 631 ff., 675 BGB.** Hauptfall im Bereich der Nutzungsverträge ist der **Kommissionsverlagsvertrag,** bei dem ein Verleger im eigenen Namen, aber für Rechnung und Risiko des Autors vervielfältigt und verbreitet (eingehend *Schricker*, VerlagsR[3] § 1 Rn. 74 ff. m. w. N.; s. a. *Loewenheim/Nordemann-Schiffel/Jan Bernd Nordemann*[2] § 64 Rn. 161). Daneben existieren Kommissionsverträge im **Bereich der bildenden Kunst** für die Veräußerung des Werkoriginals oder von Vervielfältigungsstücken durch Galeristen oder andere Kunsthändler.

i) Archivverträge: Hierzu vgl. Rn. 384 ff. bei Verträgen über bildende Kunst. **329**

j) Buy-Out-Verträge: Ein sog. **Buy-Out-Vertrag** ist eigentlich keine besondere **330** Art eines Nutzungsvertrages, sondern zeichnet sich durch eine besondere Vergütungsabrede aus. Es werden umfassende Rechte gegen Pauschalhonorar eingeräumt, was bei allen Vertragstypen denkbar ist. Probleme entstehen vor allem im Hinblick auf § 32 Abs. 1 S. 3 (vgl. § 32 Rn. 1 ff.). Für § 138 BGB bleibt jedenfalls für Verträge, auf die § 32 Anwendung findet (§ 132 Abs. 3), wenig Raum (vgl. Rn. 54). Jedoch kann eine formularmäßige Rechteeinräumung gemäß § 307 BGB nur ausnahmsweise AGB-rechtswidrig sein (vgl. § 31 Rn. 184 ff.).

k) Open Content (freie Inhalte, Creative Commons, Open Source etc.): Wie **330a** schon §§ 32 Abs. 3 S. 3, 32a Abs. 3 S. 3 und 32c Abs. 3 S. 2 bestimmen, kann der Urheber ein einfaches Nutzungsrecht „für jedermann einräumen". Der Urheber kann also im Extremfall jedermann eine Nutzung seiner Werke erlauben, ohne dass der Nutzer irgendwelche Einschränkungen beachten müsste. Insoweit handelt es sich dann um echte „**freie Inhalte**". Auch wenn die Konstruktion des Vertragsschlusses (Verpflichtungsgeschäft) und der Verfügung über die Nutzungsrechte nach wie vor als schwierig erscheint (vgl. GPL Rn. 8 f.), ist dieser Wille des deutschen Gesetzgebers anzuerkennen. Der Fall ist wie ein (mindestens vorübergehender) **Verzicht des Urhebers auf Nutzungsrechte** zu behandeln (vgl. § 29 Rn. 12). Insoweit besteht dann auch Sukzessionsschutz für den Berechtigten, falls es sich der Urheber anders überlegt und eine solche Einräumung zurückzieht (vgl. § 33 Rn. 8; s. a. *Leible/ Völzmann-Stickelbrock* S. 64 ff.).

Allerdings wollen viele Urheber die Nutzung ihrer Werke nicht ganz freigeben. **330b** Lange nachdem **Open Source im Softwarerecht** (dazu vgl. GPL Rn. 1 ff.) bereits ein etabliertes System war, entstand in den USA ein allgemeinerer Ansatz, der den Gedanken, nur bestimmte Rechte an Inhalten freizugeben, aufgriff. Dies war die Geburtsstunde von **Creative Commons** (allgemein zu der Idee *Wagner* MMR 2017, 216 ff.; *Goldstein* GRUR Int. 2006, 901; *Plaß* GRUR 2002, 670; Überblick über aktuelle Rechtsprechung bei *Dörre* GRUR-Prax 2014, 516;

s. a. OLG Köln GRUR 2015, 167 – *Creative Commons-Lizenz*). Mittlerweile handelt es sich bei der Institution, die diese „Idee" verwaltet, um eine gemeinnützige Organisation, die sich nach ihren eigenen Worten dafür einsetzt, dass das Internet ein Medium für den freien Austausch von Inhalten bleibt (http://www.creativecommons.org). Schlagwort ist, dass nicht immer „All Rights Reserved" gelten solle, sondern vielmehr nur „Some Rights Reserved". Im Grunde genommen macht der **Standardlizenzvertrag**, den Creative Commons propagiert, damit also nur von den **Möglichkeiten einer ausdifferenzierten Einräumung von Nutzungsrechten** (vgl. Rn. 32 ff.) Gebrauch. Bezeichnender Weise ist bei Creative Commons hauptsächlich von einer Internetnutzung die Rede und vom großen Interesse der Internetnutzer daran, ihre Inhalte anderen zugänglich zu machen und – indem sie die Rechte zur Weiterverwendung und Bearbeitung der Öffentlichkeit einräumen – ein Teil der wachsenden Open Access-Bewegung zu werden (http://www.creativecommons.org; zur Frage des „Access" (Zugang) ausführlich vgl. Vor §§ 87a ff. Rn. 37; vgl. Vor §§ 95a ff. Rn. 31). Derzeit aktuell ist die **Creative Commons Lizenz 4.0**, die allerdings bislang nur auf **Englisch** vorliegt. Auf **http://de.creativecommons.org** ist auch eine an das deutsche Urheberrecht angepasste Version der Creative Commons-Lizenzen veröffentlicht, deren Stand aber noch die **Creative Commons Lizenz 3.0** ist. Mit einem sog. **Lizenzierungstool** kann der Nutzer von Creative Commons sich aus einer Reihe von Lizenzelementen einen individuellen Lizenzvertrag zusammenstellen (allg. zu Open Content Lizenzen *Jaeger/Metzger* MMR 2003, 431). Es werden „Bausteine" angeboten, die mit bestimmten graphischen Symbolen („Icons") illustriert werden und insgesamt 6 Kombinationen ergeben:

Namensnennung: Erlaubt anderen, das Werk oder Bearbeitungen davon zu vervielfältigen, zu verbreiten und öffentlich wiederzugeben, wenn der Autor/Rechteinhaber genannt wird.

Namensnennung/Keine Bearbeitung: Erlaubt anderen, das Werk vervielfältigen, zu verbreiten und öffentlich wiederzugeben, wenn der Autor/Rechteinhaber genannt wird; das Werk darf aber nicht bearbeitet werden.

Namensnennung/Nicht kommerziell: Erlaubt anderen, das Werk oder Bearbeitungen davon zu nicht kommerziellen Zwecken zu vervielfältigen, zu verbreiten und öffentlich wiederzugeben, wenn der Autor/Rechteinhaber genannt wird.

Namensnennung/Keine Bearbeitung/Nicht kommerziell: Erlaubt anderen, das Werk zu nicht kommerziellen Zwecken zu vervielfältigen, zu verbreiten und öffentlich wiederzugeben, wenn der Autor/Rechteinhaber genannt wird; das Werk darf aber nicht bearbeitet werden.

Namensnennung/Nicht kommerziell/Weitergabe unter gleichen Bedingungen: Erlaubt anderen, das Werk oder Bearbeitungen davon zu nicht kommerziellen Zwecken zu vervielfältigen, zu verbreiten und öffentlich wiederzugeben, wenn der Autor/Rechteinhaber genannt wird; die Rechte dürfen nur unter einem Lizenzvertrag weitergegeben werden, der demjenigen entspricht, unter dem der Lizenzgeber selbst seinen Inhalt lizenziert hat.

Namensnennung/Weitergabe unter gleichen Bedingungen: Erlaubt anderen, das Werk oder Bearbeitungen davon zu vervielfältigen, zu verbreiten und öffentlich wiederzugeben, wenn der Autor/Rechteinhaber genannt wird; die Rechte dürfen nur unter einem Lizenzvertrag weitergegeben werden, der demjenigen entspricht, unter dem der Lizenzgeber selbst seinen Inhalt lizenziert hat.

Auch daran zeigt sich, dass die Creative Commons Lizenz grundsätzlich eine **Nutzungsrechtseinräumung im bisher bekannten Sinn** ist. Es gelten hier grundsätzlich keine Besonderheiten (vgl. Rn. 5 ff.). Bei Creative-Commons-Lizenzen bestehen im Wesentlichen dieselben rechtlichen Problemschwerpunkte wie bei der GPL. Es kommt zu keinem echten **Vertragsschluss** (zur GPL vgl. GPL Rn. 8 f.). **Kartellrechtlich** bestehen gewisse Bedenken gegen die (Preis-)Bindung,

Jan Bernd Nordemann

bei Weitergabe der Lizenz keine Entgelte zu berechnen (vgl. GPL Rn. 21 ff.). Für die **Auslegung der Creative Commons Lizenz** finden die **Regeln des UrhG** Anwendung. Das gilt für das **Urheberpersönlichkeitsrecht** und dort insbesondere für die **Nennungsverpflichtungen** des § 13. Bei Verpflichtung zur „Namensnennung" (Attribution) ist die Urheberangabe durch „Mouse-Over" keine ausreichende Urhebernennung (LG München I MMR 2015, 467). Ferner gelten die **Bestimmungen des Urhebervertragsrechts**, also ein zwingendes Recht (vgl. Rn. 34 ff.), der Übertragungszweckgedanke des § 31 Abs. 5 (vgl. Rn. 38) und die sonstigen Auslegungsregeln (vgl. Rn. 39 f.). Für die Auslegung der Creative Commons Lizenz (im Streitfall 2.0) und der Frage, welche Nutzung „kommenziell" sei, gelten allerdings Besonderheiten. § 31 Abs. 5 UrhG mit seinem Grundgedanken, die Rechte tendenziell beim Urheber zu belassen, um eine angemessene Beteiligung an der wirtschaftlichen Verwertung des Werkes zu sichern, könne im Bereich der Open-Content-Lizenzen nicht uneingeschränkt Anwendung finden, weil im Gegenteil tendenziell eine möglichst weitgehende Verbreitung des Werkes erlaubt werden solle (OLG Köln GRUR 2015, 167, 171 – *Creative Commons-Lizenz*). Daneben unterliegen die Lizenzen der **AGB-Kontrolle** gem. §§ 305 ff. BGB (OLG Köln GRUR 2015, 167, 169 ff. – *Creative Commons-Lizenz; Wagner* MMR 2017, 216, 218; *Koreng* K&R 2015, 99, 101; *Dörre* GRUR-Prax 2014, 516, 516; *Jaeger/Mantz* MMR 2014, 480, 482; *Mantz* MMR 2011, 763, 764; *Strobel* MMR 2003, 778, 780). Bei unklaren Regelungen muss deshalb gem. § 305c Abs. 2 BGB gegen den Lizenzgeber entschieden werden. Unklar war nach der Creative Commons Lizenz 2.0, ob öffentlich-rechtliche Rundfunksender kommeziell handeln (OLG Köln GRUR 2015, 167, 169 ff. – *Creative Commons-Lizenz*). Die Lizenzierung „keine Bearbeitung" erlaubte allerdings nicht, beim Beschneiden des Bildes auch die Bezeichnung des Klägers in der rechten unteren Ecke des Bildes mit einem „Copyright"-Vermerk zu entfernen (OLG Köln GRUR 2015, 167, 172 – *Creative Commons-Lizenz*). Ein weiterer Verstoß gegen die Creative Commons Lizenz 2.0 war darin zu sehen, dass der Lizenznehmer bei bloßer Nutzung eines Foto-Auschnitts nicht die Lizenz-Vorgabe eingehalten habe, darauf hinzuweisen. Es hätte geschrieben werden müssen „Ausschnitt eines Fotos von ..." oder eine sinngleiche Formulierung (OLG Köln GRUR 2015, 167, 172 – *Creative Commons-Lizenz*). Bei **Nichteinhaltung der Lizenzbedingungen** liegt eine **Urheberrechtsverletzung** vor, die Ansprüche nach §§ 97 ff. auslöst (OLG Köln GRUR 2015, 167, 169 ff. – *Creative Commons-Lizenz; LG Berlin MMR 2011, 763 m. Anm. Mantz*). Nach der Lizenz werden die Nutzungsrechte auflösend bedingt eingeräumt (§ 158 Abs. 2 BGB); sobald der Lizenznehmer gegen die Bedingungen verstößt, entfällt die Nutzungsrechtseinräumung. Das ist gegenüber Unternehmern AGB-rechtlich wirksam, gegenüber Verbrauchern bestehen dagegen Zweifel an einer Zulässigkeit nach §§ 305c Abs. 1, 307 BGB (*Dörre* GRUR-Prax 2014, 516, 517; *Wagner* MMR 2017, 216, 220 f., wohl auch für Unternehmen). Es ist umstritten, ob **Schadensersatzansprüche** der Höhe nach bestehen, wenn ein Werk ausschließlich kostenlos über Creative Commons lizenziert wird (vgl. § 97 Rn. 93a).

Es scheint einen generellen Trend zu kreativer Gemeinschaftsentwicklung zu geben, und die Open Source Idee dürfte im speziellen Feld der Computerprogrammentwicklung nur die erste Ausprägung dieses Trends gewesen sein. Sie hat wegen der spezifischen Besonderheiten der Computerprogrammentwicklung einiges für sich. Ob sie auch auf andere Werkgattungen übertragbar ist, erscheint als offen. Denn – anders als bei dem weitestgehend angestellten oder in auskömmlichen freien Mitarbeiterverhältnissen tätigen Open-Source-Softwareprogrammierern – leben viele freie Künstler und Schriftsteller in anderen Verhältnissen und sind auf die Vergütung für Nutzungsrechtseinräumungen angewiesen. Das Lizenzierungsmodell der **Creative Commons erlaubt** jedoch **330c**

keine Monetarisierung des Urheberrechts; sämtliche Bausteine (vgl. Rn. 330b) sehen kein finanzielles Entgelt für den Urheber vor. Eine relevante Quantität erreicht das Angebot an Creative Commons Lizenzen danach nur in einigen Bereichen, z. B. im Bereich der Fotografie. Eine schwierige Gemengelage – gerade wegen des fehlenden Verzichts auf urheberrechtlichen Schutz – kann bei Creative Commons entstehen, wenn Bearbeitungsrechte eingeräumt werden und es damit zu einer **Vielzahl von Urhebern** („**Massive Multiauthor Collaboration**") kommen kann (dazu § 8 Rn. 7; ferner Leible/ *Czychowski* S. 11 ff.; *Wielsch* JIPITEC 2010, 96 ff.).

4. Verlagsverträge

331 Durch den Verlagsvertrag über Schriftwerke werden Rechte zur **Vervielfältigung und Verbreitung von Werken der Literatur** gegen Entgelt eingeräumt. Auf Seiten des Verwerters besteht eine Verpflichtung zu deren Auswertung (vgl. § 1 VerlG Rn. 25). Der Verlagsvertrag ist ein eigener Vertragstypus und der einzig gesetzlich geregelte Vertragstyp urheberrechtlicher Nutzungsverträge. Für ihn stellt – wenn auch außerhalb des UrhG – das **VerlG** von 1901 einen vertragsrechtlichen Regelungsrahmen zur Verfügung. Allerdings ist das Verhältnis des VerlG zu den urhebervertragsrechtlichen Bestimmungen des UrhG (§§ 31 bis 44) komplex; keinesfalls gehen die Regelungen des VerlG als *lex specialis* den Regelungen des UrhG stets vor (im Einzelnen vgl. Einl. VerlG Rn. 11 ff.).

332 s. ansonsten zum VerlG die Kommentierung VerlG, insbesondere zum **Buchverlag** vgl. § 1 VerlG Rn. 8 ff.; zum **Zeitungs- und Zeitschriftenverlag** vgl. § 1 VerlG Rn. 11; zum **Herausgebervertrag** vgl. § 41 VerlG Rn. 9 ff; zu **Verwertungsgesellschaften** im Verlagsbereich vgl. Einl. VerlG Rn. 18 ff.; zu **Vertragsmustern** vgl. Einl. VerlG Rn. 14 ff.; zum **Bühnenverlag** vgl. Rn. 337 ff.; zum **Musikverlag** vgl. Rn. 359 ff.

5. Softwareverträge

333 a) **Überblick und Verweisung:** Computerprogramme sind – anders als die sie verkörpernden Datenträger – keine Sachen, sondern urheberrechtlich als Sprachwerk gemäß § 2 Abs. 1 Nr. 1 i. V. m. § 69a Abs. 4 geschützt. Das UrhG gewährt dem Rechteinhaber die ausschließlichen Rechte des § 69c. Deshalb müssen bei Nutzung von Software die relevanten Nutzungsrechte vom Softwareurheber erworben werden. Zu unterscheiden sind Verträge, die die Herstellung der Software mit umfassen, sog. **Softwareherstellungsverträge** (dazu vgl. § 69c Rn. 39 und vgl. § 69d Rn. 30 f.), und Verträge, die primär Nutzungsrechte vergeben, sog. **Softwarelizenzverträge** (dazu vgl. § 69c Rn. 40 ff.). Besonderheiten bei der Gestaltung von Softwareverträgen ergeben sich insbesondere bei **Open Source Software** auf der Grundlage einer General Public License (GPL); dazu ausführlich vgl. GPL Rn. 1 ff. Software kann außerdem auch als **Filmwerk** urheberrechtlich geschützt sein; das gilt insbesondere für **Computerspiele** (vgl. Vor §§ 88 ff. Rn. 12 ff.). Dann können für die Frage des Umfanges der Rechtseinräumung durch die Stoffurheber § 88 sowie durch die Filmurheber § 89 relevant werden.

334 b) **Verwertungsgesellschaften:** Verwertungsgesellschaften nehmen im Softwarebereich grundsätzlich keine Rechte wahr. Insbesondere existieren keine Rechte oder Ansprüche von Urhebern, die verwertungsgesellschaftspflichtig wären. Verwertungsgesellschaften müssen deshalb bei der Gestaltung von Softwareverträgen nicht berücksichtigt werden. Eine Ausnahme kann allerdings die Nutzung von Musik in der Software darstellen. Hier muss zunächst der Musikurheber der Softwareherstellung zustimmen; so dann nimmt insbesondere die GEMA die Rechte der Musikurheber im Hinblick auf Vervielfältigung und

Verbreitung und wohl auch im Hinblick auf On-Demand (zum Ganzen auch bei der Nutzung von Filmmusik vgl. Vor §§ 88 ff. Rn. 110) wahr.

c) Musterverträge und Weiterführendes: Vgl. § 69c Rn. 35 ff.   **335**

6. Verträge über Bühnenwerke (Bühnenverträge)

Bühnenverträge regeln die Verwertung von Werken, die bühnenmäßig aufge-   **336** führt werden können, wie Sprachwerke (Theater), Musikwerke, Werke der Tanzkunst (Ballett) sowie gemischte, z. B. musikdramatische Werke (Oper, Operette). Im Hinblick auf die Urheberrechte des Autors des Bühnenstückes sind vor allem der Bühnenverlagsvertrag (zwischen Urheber und Bühnenverlag; vgl. Rn. 337 f.) sowie der Aufführungsvertrag (zwischen dem Rechteinhaber, z. B. Bühnenverlag, und dem Werknutzer, z. B. einem Theater; vgl. Rn. 339 f.) relevant. Über dies können bei Inszenierung auch Bühnen-, Kostüm- und Maskenbildner Urheberrechte (vgl. Rn. 350) sowie ausübende Künstler in Bühnenaufführungen Leistungsschutzrechte (vgl. Rn. 351) begründen, für die die Rechte ebenfalls eingeholt werden müssen. Zu beachten ist, dass Bühnenrechte teilweise durch Verwertungsgesellschaften wahrgenommen werden (vgl. Rn. 356), was die Rechtesituation für die verwertende Bühne etwas unübersichtlich macht.

a) Bühnenverlagsverträge: Der Bühnenverlagsvertrag wird zwischen **Bühnen-**   **337** **autor und Bühnenverlag** abgeschlossen. Der Bühnenautor überlässt den Vertrieb eines Stückes treuhänderisch dem Bühnenverlag, der gleichsam zwischen Urheber und Werknutzer (z. B. Theater) zwischengeschaltet ist. Ausdruck davon ist die Vergütungsabrede, die den Bühnenverleger zur Weitergabe der Einnahmen an den Autor nach Abzug des Verlegeranteils verpflichtet. Es handelt sich um einen Vertrag eigener Art in Form eines **Wahrnehmungsvertrages** mit Elementen von Pacht-, Gesellschafts-, Dienst- oder Werkvertragsrecht und besonderem Gewicht auf entgeltlicher Geschäftsbesorgung (Dreier/Schulze/*Schulze*[5] Rn. 205; Schricker/Loewenheim/*Ohly*[5] Vor §§ 31 ff. Rn. 119; Loewenheim/*Jan Bernd Nordemann*[2] § 59 Rn. 8; zum Wahrnehmungsvertrag auch vgl. Rn. 332 ff.). Die Gewinnorientierung des Wahrnehmungsvertrages bildet einen Unterschied zu den Wahrnehmungsverträgen mit Verwertungsgesellschaften. Der Bühnenverlagsvertrag ist wegen seines treuhänderischen Charakters grundsätzlich jederzeit gemäß **§ 627 BGB** für den Urheber kündbar (Dreier/Schulze/*Schulze*[5] Rn. 207 unter Berufung auf LG München I UFITA 90 [1981], 227, 229). Auch wenn von Bühnen*verlag* (weniger missverständlich: „Bühnenvertrieb") die Rede ist, unterfällt der Bühnenverlagsvertrag **nicht** dem VerlG. Nur wenn eine Auswertungspflicht (vgl. Rn. 338) vereinbart ist, können verlagsrechtliche Bestimmungen herangezogen werden (*Rossbach/Joos* FS Schricker I S. 333, 336; Dreier/Schulze/*Schulze*[5] Rn. 206).

Als **Hauptrecht** räumt der Autor dem Bühnenverleger ausschließliche Nut-   **338** zungsrechte zur Aufführung dramatischer Werke (z. B. Schauspiel) oder musikalisch-dramatischer Werke (z. B. Oper, Musical) oder von Werken der Tanzkunst (Ballett) ein. Hierzu muss der Bühnenverlag ggf. die Vervielfältigung und Verbreitung von Text- und Notenmaterial vornehmen, Dritten die Rechte zur Nutzung anbieten, die erforderlichen Texte und Noten überlassen und den Urheber hierüber informieren. Aus der **Förderungspflicht** folgt, dass sich der Bühnenverlag um Aufführungen bemühen muss. Es besteht **aber keine Auswertungspflicht** des Bühnenverlages, es sei denn, es ist im Einzelfall etwas anderes vereinbart. Ähnlich wie in einem echten Wahrnehmungsvertrag ist der Bühnenverlag zur Einziehung der Tantiemen und zur Abführung einer Vergütung an den Urheber verpflichtet; der Verleger ist im Regelfall prozentual an den Einnahmen beteiligt (meist 25 % der Aufführungstantiemen insbesondere beim Sprechtheater). Üblicherweise werden Bühnenverlagen auch umfassende Nebenrechte eingeräumt, insbesondere Übersetzungs-, Vertonungs-, Verfilmungs-rechte, Aufzeichnungsrechte sowie die dazugehörigen Offline- und Online-Ver-triebsrechte.

339 b) **Aufführungsverträge:** Der Aufführungsvertrag wird zwischen dem Rechtein-haber und dem Veranstalter (z. B. Theatern) geschlossen. Auch er ist ein **Nut-zungsvertrag eigener Art**, auf den je nach konkreter Ausgestaltung Pacht-, Ge-sellschafts-, Werk- oder Verlagsrecht Anwendung finden kann (BGHZ 13, 115 – *Platzzuschüsse*; Dreier/Schulze/*Schulze*[5] Rn. 208).

340 **Urheber mit Bühne (vorbestehende Werke):** Bühnen können den Aufführungs-vertrag zunächst direkt mit dem Urheber schließen. Handelt es sich um ein vorbestehendes Werk, werden dem Veranstalter die Aufführungsrechte an dem Werk gegen Vergütung eingeräumt, oftmals mit zeitlicher und räumlicher Be-grenzung. Regelmäßig sind die Veranstalter zur Aufführung verpflichtet. Teil-weise wird auch noch die Einräumung von Aufzeichnungs-, Senderechten und Rechten der öffentlichen Zugänglichmachung, teilweise auch von Verbrei-tungsrechten auf DVD oder Video vereinbart. Allerdings sind Aufführungsver-träge des Urhebers mit einer Bühne über vorbestehende Werke eher selten. Der Regelfall ist die Wahrnehmung der Aufführungsrechte über **Bühnenverlage**, die dann mit den Bühnen kontrahieren (vgl. Rn. 337 f.). Das gilt allerdings nicht für den Bereich **Choreographie**, in dem Bühnenverlage bislang kaum tätig und vielmehr die Urheber Vertragspartner der Bühnen sind.

341 **Urheber mit Bühne (Auftragswerke):** Regelmäßig ohne Beteiligung eines Büh-nenverlegers schließt ein Urheber direkt mit einer Bühne Verträge über die Schaffung eines Bühnenwerkes, das dann **uraufgeführt** wird (sog. Auftrags-werke). Sie kommen vor allem im Sprech- und Musiktheater vor. Daneben sind choreographische Werke sogar im Regelfall Auftragswerke, weil sie nicht in einsamer kreativer Tätigkeit des Urhebers auf dem Papier entstehen, sondern im Ballettsaal vom Choreographen und Einbeziehung der Tänzer erarbeitet werden (Loewenheim/*Schlatter*[2] § 72 Rn. 48). Für Auftragswerke kann das **Schriftformgebot** des § 40 UrhG anwendbar sein, wenn das in Auftrag gege-bene Werk gar nicht oder nur der Gattung nach bestimmt ist. Ansonsten gilt für die Rechteeinräumung das zu Verträgen über vorbestehende Werke Gesagte (vgl. Rn. 340). Allerdings haben Auftragswerke einen besonderen **werkvertrag-lichen Einschlag**. Regelmäßig ist der Urheber zur Fertigstellung in einer be-stimmten Frist verpflichtet, muss das Aufführungsmaterial übergeben und an bestimmten Proben teilnehmen. Neben der Nutzungsvergütung erhält er ein (i. d. R. pauschales) Auftragshonorar für die Herstellung des Werkes und eine Aufwandsentschädigung je Probe. Bei choreographischen Werken, die regelmä-ßig erst im Ballettsaal entstehen, erfolgt die Perpetuierung des Werkes in Tanz-schrift-Notation oder durch Videoaufnahmen, je nach Vereinbarung (Loewen-heim/*Schlatter*[2] § 72 Rn. 50); die Übergabe von Aufführungsmaterial entfällt.

342 **Bühnenverlag mit Bühne ("RS Bühne"):** Für Aufführungsverträge haben der Verband der Deutschen Bühnen- und Medienverlage e. V. und der Deutsche Bühnenverein – Bundesverband Deutscher Theater e. V. mit der Regelsamm-lung Verlage(Vertrieb)/Bühnen ("**RS Bühne**") einen Normvertrag abgeschlos-sen (zur Bedeutung von Normverträgen vgl. Rn. 298 f.). Er enthält die Ge-schäftsgepflogenheiten beim Abschluss von Aufführungsverträgen. Die RS Bühne existiert seit den 1970er Jahren; aktuell ist die **RS Bühne Köln 2008** (laufend aktualisiert, zuletzt 2016) nebst einem Musteraufführungsvertrag und einem Mustermaterialmietvertrag (veröffentlicht und aus Sicht des Bühnenver-eins kommentiert in: *Bolwin/Sponer/Schröder/Schmalbauch* S. 2013 ff.). Die RS Bühne Köln 2008 gilt für Aufführungsverträge ab der Spielzeit 2008/2009. Davor geschlossene Aufführungsverträge richten sich nach der **RS Bühne Köln**

2005. Unabhängig von ihrer Fassung gilt die RS Bühnen für öffentlich-rechtliche Bühnen, Regiebetriebe der öffentlichen Hand sowie für bestimmte privatrechtlich organisierte Bühnen, insbesondere bei Empfang von öffentlichen Subventionen. Keine Anwendung findet die RS Bühne auf die professionellen freien Theater sowie auf Amateurtheater wie z. B. freie Gruppen sowie Schultheater (hierzu vgl. Rn. 345). Außerdem ist die RS Bühne für die bühnenmäßige Aufführung choreographischer Werke nicht einschlägig.

Sehr wichtig ist die RS Bühne zunächst für die Darstellung der **Vergütungs-**   **343** **usancen** im Bühnenbereich; es wird zwischen öffentlich-rechtlichen Bühnen (einschließlich Regiebetrieben) und Privattheatern differenziert; die Vergütung berechnet sich zumeist als Prozentsatz der Roheinnahme, die im Einzelnen definiert ist. Im Einzelnen zum Vergütungssystem vgl. § 32 Rn. 101 f. Kartellrechtlich sind die mit der RS Bühne im Vergütungsbereich einhergehenden Wettbewerbsbeschränkungen im Hinblick auf Art. 101 AEUV und § 1 GWB wegen §§ 11 S. 2, 36 privilegiert, soweit die Kartellierung einen positiven Effekt für die Urhebervergütung hat (Loewenheim/Meessen/Riesenkampff/Kersting/ Meyer-Lindemann/*Jan Bernd Nordemann*[3] GRUR Rn. 88; dem folgend Wandtke/Bullinger/*Ehrhardt*[4] § 19 Rn. 23; vgl. Rn. 252). Das ist grundsätzlich für alle Regelungen anzunehmen, weil die Bühnenverleger treuhänderisch für die Urheber tätig sind und die Urheber insbesondere an den Einnahmen des Bühnenverlegers beteiligt sind. Auch die Präambel der RS Bühne 2008 nimmt ausdrücklich auf den gesetzlichen Anspruch des Urhebers auf angemessene Vergütung gemäß § 32 Bezug. Eine Vergütungsregel gemäß § 36 ist die RS Bühne damit aber nicht, weil Urheberverbände keine Partei der Vereinbarung sind (Wandtke/Bullinger/*Ehrhardt*[4] § 19 Rn. 23; Dreier/Schulze/*Schulze*[5] § 36 Rn. 22; für eine Einbeziehung in § 36 wegen der treuhänderischen Bindung *Thüsing* GRUR 2002, 203, 204; *Flechsig/Hendricks* ZUM 2002, 423, 424).

Die RS Bühne enthält darüber hinaus auch die Geschäftsgepflogenheiten für   **344** die **Rechteeinräumung**. Regelmäßig wird ein Aufführungsrecht für ein bis zwei Spielzeiten eingeräumt, und zwar in ausschließlicher Form (nicht nur bei anderen Aufführungen als Uraufführungen und deutschen Erstaufführungen; so aber Wandtke/Bullinger/*Ehrhardt*[4] § 19 Rn. 28, obwohl § 1 Musteraufführungsvertrag RS Bühne 2008 ein ausschließliches Aufführungsrecht vorgibt). Die Aufführungsrechte werden örtlich beschränkt auf den Einzugsbereich des Theaters gewährt. Es besteht eine Aufführungspflicht der Bühne. Sofern ausschließliche Aufführungsrechte eingeräumt sind, darf der Bühnenverlag auch das Vortragsrecht nicht anderweitig vergeben. Nicht gestattet ohne vorherige Einwilligung des Verlages sind Bearbeitungen des Stückes, insbesondere Einfügung anderer Texte oder eine nicht geschlechterspezifische Rollenbesetzung. Neben Aufführungsrechten werden der Bühne eingeräumt: Abdruckrechte für „kurze Auszüge" des Textes bzw. der Noten im Programmheft (soweit der Bühnenverlag über die Rechte verfügen kann); Übertitelung in elektronischer Form gegen zusätzliche Vergütung; Aufzeichnung auf Bild- und/oder Tonträger einschließlich Vervielfältigung für theatereigene Nutzungen (Realisierung der bühnenmäßigen Darstellung, z. B. Proben; Archiv) gegen zusätzliche Vergütung; Verbreitung dieses Trägers mit einem Vervielfältigungsstück je Mitwirkendem für seine Bewerbung bei Dritten, sofern Träger nur zur Beurteilung ihrer künstlerischen Leistungen genutzt wird; Verbreitung und öffentliches Zugänglichmachen der Aufnahme als Werbung für die Aufführung mit maximal 10 Minuten Gesamtlänge; Nutzung im Rahmen des § 50 ist ausdrücklich gestattet. Darüber hinaus gehende Sende-, Video/DVD- und On-Demand-Rechte im Hinblick auf Aufzeichnungen der bühnenmäßigen Aufführung. Eine Weiterübertragung oder weitere Einräumung der Rechte an Dritte ist ohne Zustimmung des Verlages unzulässig. Nach Vergabe von Bühnenrechten kann die Einräumung von Verfilmungsrechten für Bühnenstück treuwidrig sein, wenn die bühnenmäßige Auswertung beeinträchtigt wird (BGH GRUR 1969, 364 – *Fernsehauswertung*); vgl. Rn. 247 ff.

345 **Bühnenverlag mit Bühne (freie und Amateurtheater):** Für freie Theater und Amateurtheater gilt die RS Bühne nicht. Es existiert auch kein anderes Regelwerk. Es wird im Regelfall nur ein einfaches Aufführungsrecht vereinbart, das örtlich auf den Einzugsbereich der Bühne begrenzt ist. Zeitlich beschränkt sich die Nutzungsrechtseinräumung auf eine Spielzeit, wenn nichts anderes vereinbart ist. Es besteht im Regelfall Aufführungspflicht. Über die Aufführung hinausgehende Rechte werden ohne anderweitige Abrede grundsätzlich nicht eingeräumt. Üblicherweise erfolgt die Nutzungsvergütung pauschal. Wird nach Einnahmen abgerechnet, gehören auch Spenden- und Sponsorengelder dazu. Die Sätze schwanken um 10% für wort-dramatische Werke und um 13% für musik-dramatische Werke (Wandtke/Bullinger/*Ehrhardt*[4] § 19 Rn. 25).

346 **Gastspielverträge:** Mit **Gastspielverträgen** werden von gastierenden Bühnen erarbeitete Bühnenproduktionen an anderen Bühnen zur Aufführung gebracht. Dabei schuldet die gastierende Bühne die gesamte Bühnenvorstellung, d. h. die Inszenierung mit kostümierten Darstellern (einschließlich Reisekosten), Bühnenbild und die Einholung der für die jeweilige Aufführung erforderlichen Rechte; insoweit liegt der schuldrechtliche Schwerpunkt auf Werkvertrag. Die gastierende Bühne erhält teilweise ein Pauschalhonorar je Vorstellung, in einigen Fällen kombiniert mit einer Erfolgsbeteiligung abhängig von der Auslastung des bespielten Hauses; in anderen Fällen ist die gastierende Bühne auch prozentual an den Roh-Einnahmen beteiligt. Die bespielte Bühne muss üblicherweise ein spielfertiges Haus bereithalten, also insbesondere die Bühnentechnik, das Catering, die Garderoben, die Einlasskontrolle. Außerdem trägt die bespielte Bühne wegen ihrer Ortskenntnis meist die Werbung und Öffentlichkeitsarbeit. Ist ausnahmsweise mit Verwertungsgesellschaften abzurechnen (z. B. bei kleinen Rechten vgl. Rn. 348), erledigt dies üblicherweise die bespielte Bühne, weil mit Verwertungsgesellschaften nach Zuschauerzahl abgerechnet wird (Loewenheim/*Schlatter*[2] § 72 Rn. 62). Bei Gastspielen ist wichtig, dass die gastierende Bühne über die relevanten örtlichen Aufführungsrechte verfügt. Die RS Bühne findet Anwendung, sofern die gastierende Bühne zu den Bühnen der RS Bühne zählt (vgl. Rn. 342); der Musteraufführungsvertrag RS Bühnen 2008 enthält in § 1 Abs. 2 eine gesonderte Einräumung für das Aufführungsrecht bei Gastspielen, das regelmäßig nur nicht-ausschließlich gewährt wird. Bei Landesbühnen gilt nach der RS Bühne etwas anderes: sie haben im Regelfall auch ohne gesonderte Einräumung die räumlichen Rechte für die „üblichen regionalen Abstecherbühnen", allerdings ohne Aufführungspflicht.

347 **Tourneeverträge:** Gastspielverträge werden als **Tourneeverträge** bezeichnet, wenn die gastierende Bühne nicht nur mit der bespielten Bühne, sondern auch noch parallel mit anderen bespielten Bühnen für zeitlich versetzte Aufführungen Verträge abschließt. In aller Regel stellt in diesen Fällen aber die gastierende Bühne das Werbematerial, weil sich für die bespielte Bühne wegen der geringen Zahl an Vorstellungen die eigene Herstellung nicht lohnen würde. In einigen Fällen besitzt die gastierende Bühne das Aufführungsrecht nicht; dann muss die bespielte Bühne mit dem Rechteinhaber (regelmäßig Bühnenverlag) einen gesonderten Tourneeaufführungsvertrag nur über das Aufführungsrecht schließen. Die gastierende Bühne mietet oder kauft dann lediglich das Material vom Bühnenverleger.

348 **Veranstalter mit GEMA („kleines Recht"):** Die Verwertung von Werken auf der Bühne wird dadurch etwas verkompliziert, dass jedenfalls für Musikwerke die Aufführungsrechte teilweise von der Verwertungsgesellschaft GEMA wahrgenommen werden. Insoweit ist die berühmte Unterscheidung zwischen „großem" und „kleinem" Recht relevant. Für die **nichtdramatische Aufführung von Musikwerken** als sog. „kleines" Recht (im Gegensatz zum – großen – dramatischen Recht) nimmt die GEMA die Rechte wahr. Der Vertragsschluss erfolgt hier also nicht mit einem Bühnen- oder Musikverlag, sondern mit der diese Rechte wahrnehmenden Verwertungsgesellschaft GEMA; im Einzelnen vgl. § 19 Rn. 20 f.

c) Sendeverträge, Video- und DVD-Verträge: Zum Sendevertrag allgemein vgl.   **349**
Rn. 372 bei Rundfunkverträgen, im Übrigen vgl. Vor §§ 88 ff. Rn. 97 ff. Die Sendung von **vorbestehenden Bühnenwerken** in dramatischer Form („großes" (Sende-)Recht, vgl. § 19 Rn. 20 f.) wird von den Bühnenverlagen oder den Autoren selbst wahrgenommen. Der Verband Deutscher Bühnen- und Medienverlage e. V. hat sich mit den öffentlich-rechtlichen Rundfunkanstalten mit der Regelsammlung Rundfunk/Verlage für Hörfunk und Fernsehen (**RS Hörfunk, RS Fernsehen**) auf Normverträge (vgl. Rn. 298 f.) geeinigt (RS Bühne veröffentlicht und aus Sicht des Bühnenvereins kommentiert in: Bolwin/Sponer, Bühnen- und Orchesterrecht (Loseblatt), Heidelberg u. a., 2013 ff.; zum Ganzen ebenfalls ausführlich Wandtke/Bullinger/*Ehrhardt*[4] § 20 Rn. 8d). Diese Regelsammlung enthält insbesondere Bestimmungen zur Vergütung (im Einzelnen vgl. § 32 Rn. 102). Sie ist jedoch keine Vergütungsregel nach § 36 (vgl. Rn. 343); kartellrechtlich ist sie privilegiert, soweit die Kartellierung einen positiven Effekt für die Urhebervergütung hat (Loewenheim/Meessen/Riesenkampff/Kersting/Meyer-Lindemann/*Jan Bernd Nordemann*[3] GRUR Rn. 88; dem folgend Wandtke/Bullinger/*Ehrhardt*[4] § 19 Rn. 23; vgl. Rn. 343). Ferner sehen die RS Hörfunk und die RS Fernsehen eine inhaltlich, zeitlich und räumlich beschränkte Einräumung des Senderechts vor, wobei Wiederholungen gegen zusätzliche Vergütung grundsätzlich zulässig sind. Das **nicht-dramatische** („**kleine**", vgl. Rn. 348) **Senderecht** wird im musikalischen Bereich von der GEMA wahrgenommen (§ 1 lit. b) und d) GEMA-BerechtigungsV). Im Wortbereich nimmt die VG Wort das „kleine" Senderecht nur beschränkt auf 10 Minuten Fernseh- und 15 Minuten Hörfunknutzung wahr (§ 1 Nr. 7 WahrnehmungsV VG Wort), ansonsten liegen die „kleinen" Rechte bei den Verlagen bzw. den Autoren. Nach BGH GRUR 1969, 364, 366 – *Fernsehauswertung* kann es **treuwidrig** sein, nach **Vergabe** von Bühnenrechten Senderechte an Dritte zur gleichzeitigen Nutzung zu vergeben. Allerdings gilt insoweit nur eine **angemessene Sperrfrist**, nach deren Ablauf die Rechte auch anderweitig vergeben werden können (vgl. Rn. 247 ff.).

d) Verträge mit Bühnen-, Kostüm- und Maskenbildnern: Bühnenbildnern, aber   **350**
auch Kostüm- und Maskenbildnern kann im Rahmen der Inszenierung von Bühnenstücken urheberrechtlicher Schutz zukommen (vgl. § 2 Rn. 157). Die aufführende Bühne muss dann von diesen die relevanten Nutzungsrechte erwerben. Im Regelfall erfolgt der Rechteerwerb über den Arbeitsvertrag, weil üblicherweise Bühnen-, Kostüm- und Maskenbildner Angestellte der aufführenden Bühne sind (Loewenheim/*Schlatter*[2] § 72 Rn. 69). Für den Umfang der Nutzungsrechtseinräumung sei auf § 43 (vgl. § 43 Rn. 35) und auf den Tarifvertrag „Normalvertrag Bühne (NV Bühne)" vom 15.10.2002 (zuletzt geändert 15.1.2006) verwiesen. In anderen Fällen ohne Arbeitnehmerstatus richtet sich der Umfang der Nutzungsrechtseinräumung – bei Fehlen spezifischer Abreden – nach dem Übertragungszweckgedanken gem. § 31 Abs. 5 und üblichem Bühnenbrauch. Dabei ist im Regelfall von ausschließlichen und zeitlich unbegrenzten Rechten der Bühne auszugehen, weil das Interesse der Bühne überwiegt, „ihre" Inszenierung nicht bei der Konkurrenz wieder zu finden. Räumlich geht die Rechtseinräumung jedenfalls dann über den Konkurrenzkreis der Bühne hinaus, wenn die Bühne üblicherweise Gastspiele oder Tourneen veranstaltet. s. ausführlich zum Umfang der Nutzungsrechtseinräumung bei angestellten und freien Bühnen-, Kostüm- und Maskenbildnern: Loewenheim/

Schlatter[2] § 72 Rn. 69 ff.; Kurz/Kehrl/Nix/*Kurz*[1] 13. Kap. Rn. 67 ff.; zur Vergütung nach NV Bühne vgl. § 32 Rn. 101 f.

351   **e) Verträge mit ausübenden Künstlern:** Darsteller, die Bühnenwerke aufführen, sind als ausübende Künstler durch das UrhG geschützt (§§ 73 ff.). In zahlreichen Fällen sind sie Arbeitnehmer; für sie gelten in vielen Fällen Tarifverträge (vgl. § 43 Rn. 34 ff.), insbesondere der „NV Bühne" vom 15.10.2002 (zuletzt geändert 15.1.2006); nur für Orchestermusiker gilt mit dem „Tarifvertrag für die Musiker in den Kulturorchestern (TVK)" ein separater Tarifvertrag. Daneben existieren allerdings auch noch einige Haustarifverträge, § 101 Abs. 4 NV Bühne. Im Übrigen gelten die Regelungen zum Vertragsrecht der ausübenden Künstler (vgl. § 79 Rn. 13 ff.).

352   **f) Materialmiete:** Neben der Einräumung von Rechten zur Aufführung wird üblicherweise ein Mietvertrag mit dem Bühnen- oder Musikverlag über das körperliche Aufführungsmaterial (Textbücher, Notenmaterial etc.) abgeschlossen, weil es sich für den Veranstalter selten lohnt, für wenige Aufführungen das Material käuflich zu erwerben. Dabei wird in einem sog. **Revers** regelmäßig die Pflicht vereinbart, das Material nur für die eingeräumten Nutzungsrechte zu verwenden. Jede andere Nutzung steht unter Genehmigungsvorbehalt mit weiterer Vergütung, z. B. die Nutzung zur Sendung oder zur öffentlichen Zugänglichmachung. Eine Weitervermietung an Dritte ist ebenfalls regelmäßig verboten. Die RS Bühne 2008 (vgl. Rn. 342 ff.) als Normvertrag (vgl. Rn. 298 f.) enthält entsprechende Regelungen einschließlich einem Mustermaterialmietvertrag. Überdies existiert auch in der „Regelsammlung Musikverlage – Rundfunk/Kleines Recht" (zu finden in *Delp*, Publizistik[2] Nr. 797 (Regelsammlung Bühnenverlage/Rundfunk – Fernsehen) eine als „Materialentschädigung" bezeichnete Bestimmung einer zusätzlichen Vergütung für Nutzungen, die über Aufführungen hinausgehen (*Hillig/Blechschmidt* ZUM 2005, 505 ff.; *Helmer* UFITA 2006/I, 7, 152). Auch der Deutsche Musikverlegerverband (DMV) hat ein entsprechendes Muster-Materialmietrevers entwickelt. Zum Mietrevers des DMV eingehend *Hillig/Blechschmidt* ZUM 2005, 505 ff.; *Helmer* UFITA 2006/I, 7, 73 ff.; *Rehbinder* FS Roeber S. 321 ff.; Dreier/Schulze/*Schulze*[5] Rn. 212 ff.).

353   **Dingliche Wirkung** entfaltet das Revers im Hinblick auf das **Vervielfältigungs- und Verbreitungsrecht** am Material selbst (§§ 16, 17, 96), sofern das zugrundeliegende **Werk noch urheberrechtlich geschützt** ist. Vertragswidrige Vervielfältigungen in Deutschland (auch privater Natur, § 53 Abs. 4!) sind zugleich Urheberrechtsverletzungen. Das Gleiche gilt für eine vertragswidrige Weitervermietung oder einen vertragswidrigen Weiterverkauf des Materials in Deutschland, weil das Verbreitungsrecht nicht durch den Vermietvorgang erschöpft ist (Dreier/Schulze/*Schulze*[5] Rn. 215 unter zutreffendem Hinweis auf die seit Änderung des § 17 überholte Entscheidung des LG Hamburg GRUR 1967, 150, 151 – *Appollon musagéte*). Die mangelnde EU-weite Erschöpfung des Verbreitungsrechts in Form des Vermietrechts macht es übrigens auch urheberrechtswidrig, im EU-Ausland erworbenes oder gemietetes Material an Bühnen im Inland zu vermieten. Anders ist es jedoch, wenn rechtmäßig im Ausland von einer Bühne oder einem Orchester hergestelltes Material im Inland von diesen selbst zur Aufführung genutzt wird, weil dann weder eine unzulässige Verbreitung noch ein Verstoß gegen § 96 gegeben ist (BGH GRUR 1972, 141, 142 – *Konzertveranstalter*; Dreier/Schulze/*Schulze*[5] Rn. 215). Für Aufführungen aufgrund rechtswidrig hergestellten Materials haftet der Veranstalter als Störer für die Urheberrechtsverletzung gemäß § 96 nach BGH GRUR 1972, 141, 142 – *Konzertveranstalter* nur, wenn die GEMA nicht die Aufführungsrechte wahrnimmt (also bei Aufführung dramatischer Werke, sog. großes Recht, vgl. Rn. 348). Fehlt es an einem urheberrechtlichen Schutz des zugrundeliegenden Werkes wegen Ablaufs der Schutzfrist, können auch aus §§ 8, 3, 4 **Nr. 9 UWG** keine deliktischen Ansprüche hergeleitet werden, jedenfalls dann nicht, wenn das Werk schon mehr als 50 Jahre gemeinfrei ist (BGH GRUR 1986, 895, 896 – *Notenstichbilder*).

Sieht man von den dargestellten Einschränkungen des Vervielfältigungs- und **354** Verbreitungsrechts für das Notenmaterial selbst ab, wirkt das Revers grundsätzlich nur **schuldrechtlich** (LG Hamburg GRUR 1967, 150, 151 – *Appollon musagéte*; *Hillig/Blechschmidt* ZUM 2005, 505, 508 *Helmer* UFITA 2006/I, 7, 98 f.). Insbesondere eine Vervielfältigung und Verbreitung als Tonträger (sog. mechanische Rechte) kann nicht unter eine dinglich relevante Einschränkung gestellt werden, dass das Material des Verlegers nicht genutzt wird (BGH GRUR 1965, 323, 325 – *Cavalleria rusticana*, für von der GEMA wahrgenommene mechanische Rechte). Auch ein Aufnahmeverbot auf Tonträger wirkt nur schuldrechtlich. Lediglich der Vertragspartner des Bühnen- oder Musikverlegers setzt sich bei Verstoß Ansprüchen aus. Deshalb kann der Bühnen- oder Musikverleger auch keinen Schadensersatz in Höhe der üblichen Materialentschädigung bei reverswidriger Nutzung des Materials verlangen, wenn die relevanten urheberrechtlichen Nutzungsrechte von Verwertungsgesellschaften (z. B. kleine Aufführungsrechte und mechanische Rechte für musikalische Werke durch GEMA, vgl. Rn. 348) und nicht vom Bühnen- oder Musikverlag eingeholt werden (BGH GRUR 1965, 323, 325 – *Cavalleria rusticana*). Nur wenn der Verlag die Rechte selbst wahrnimmt (z. B. großes Aufführungsrecht durch Bühnenverlag, vgl. § 19 Rn. 20 f.), kann der Verlag einen vertraglichen Schadensersatzanspruch in Höhe der üblichen Materialentschädigung geltend machen (BGH GRUR 1966, 570 – *Eisrevue III*). Rein schuldrechtlich wirken die Abreden auch, wenn es sich um Notenmaterial für urheberrechtlich gemeinfreie Werke handelt. – Es muss noch abschließend geklärt werden, ob die vorstehende Auffassung, dass nicht urheberrechtlich begründete Verwendungsbeschränkungen nur schuldrechtlich und nicht dinglich wirken, im Widerspruch zum Bildrecht steht. Dort ist anerkannt, dass der Grundstückeigentümer nicht nur kontrollieren kann, ob sein Grundstück betreten werden darf, um sein Grundstück zu fotografieren. Er kann auch vorgeben, dass solche Fotografien nur zu privaten Zwecken, nicht aber zu gewerblichen Zwecken genutzt werden (BGH GRUR 2011, 323 Tz. 11 ff. – *Preußische Schlösser und Parkanlagen* m. w. N.); über dies kann er gegen Dritte (als Störer) vorgehen, die unerlaubt gewerbliche Aufnahmen vervielfältigen und verbreiten (BGH GRUR 1975, 500 – *Schloß Tegel*). Allerdings erscheint die Erlaubnis, ein Grundstück zum Fotografieren zu betreten, nicht als vergleichbar mit einem Besitz von Notenmaterial zur Veranstaltung von Aufführungen. Das muss schon aus Gründen des Verkehrsschutzes gelten, weil der Eigentümer eines Grundstückes, von dem aus fotografiert wurde, einfacher zu ermitteln ist als ein Verlag, dessen Notenmaterial für eine Aufnahme genutzt wird.

Allerdings begegnen jedenfalls **die schuldrechtlich wirkenden Abreden** teilweise **355** **kartellrechtlichen Bedenken** (*Helmer* UFITA 2006/I, 7, 110 ff.; Loewenheim/Meessen/Riesenkampff/Kersting/Meyer-Lindemann/*Jan Bernd Nordemann*[3] GRUR Rn. 85; zur Rechtslage vor der 7. GWB-Novelle 2005 *Hillig/Blechschmidt* ZUM 2005, 505, 510). Das Verbot in dem Revers, das Material nur für bestimmte Nutzungshandlungen zu verwenden, ist grundsätzlich eine wettbewerbsbeschränkende Verwendungsbeschränkung gemäß § 1 GWB, Art. 101 Abs. 1 AEUV. Sie ist auch nicht aufgrund Urheberrechts kartellrechtlich privilegiert (dazu allgemein vgl. Rn. 251 ff. und *Helmer* UFITA 2006/I, 7, 111 ff.; Loewenheim/Meessen/Riesenkampff/Kersting/Meyer-Lindemann/*Jan Bernd Nordemann*[3] GRUR Rn. 79 ff.), weil sie nicht die urheberrechtliche Rechtseinräumung, sondern einen davon zu unterscheidenden körperlichen Vermietvorgang betrifft. Das Gleiche gilt, wenn die Vermietung von Notenmaterial an Dritte mit Konditionenbindungen einhergeht, z. B. Weitergabe von Aufnahmen auf der Grundlage des Materials nur bei Vergütungsverpflichtung Dritter gegenüber dem Bühnenverleger. In Betracht kommt jedoch eine Freistellung nach § 2 GWB. Eine Freistellung gemäß § 2 Abs. 2 GWB in Verbindung mit der Vertikal-GVO scheidet im Regelfall aus, weil die Vertikal-GVO auf Vermietvorgänge (EU-Kommission, Leitlinien Vertikal-GVO, Tz. 25; Loewenheim/Meessen/Riesenkampff/Kersting/Meyer-Lindemann/*Jan Bernd Nordemann*³ GRUR Rn. 85 m. w. N.) oder – falls die Einräumung von Nutzungsrechten Hauptgegenstand ist – wegen Art. 2 Abs. 3 Vertikal-GVO nicht anwendbar ist. Für Verwendungsbeschränkungen in Form von Wettbewerbs- oder Kundenschutz gelten die allgemeinen Regeln; ob danach insbesondere eine Verwendungsbeschränkung oder Konditionenbindung im Hinblick auf das betreffende Werk unzulässig ist, hängt von einer Beurteilung der wettbewerblichen Situation ab (§ 2 Abs. 1 GWB, Art. 101 Abs. 3 AEUV). Es erscheint zwar als zweifelhaft, den sachlich relevanten Markt für jedes Werk gesondert abzugrenzen (vgl. Rn. 267 ff.; dafür *Hillig/Blechschmidt* ZUM 2005, 505, 511, jedenfalls für Werke der E-Musik; dagegen wie hier: *Helmer* UFITA 2006/I, 7, 118 f.) und damit ein Monopol für den Bühnenverleger zu konstruieren, wenn er das Material als einziger anbietet. Jedoch ist der Substitutionswettbewerb eingehend zu untersuchen. Werden auch vergleichbare Werke nur mit einer gleichlautenden Reversbindung angeboten (z. B. jeweils auf der Grundlage des Muster-Materialmietreverses des Deutschen Musikverleger-Verbandes), kann eine Kartellrechtswidrigkeit nicht mehr von vornherein ausgeschlossen werden. Bei entsprechender Marktmacht des Vermieters (zur Marktabgrenzung vgl. Rn. 267 ff.) kommt ferner eine Anwendung der Vorschriften über den Missbrauch der marktbeherrschenden Stellung oder jedenfalls der Missbrauch von Marktstärke jeweils im Vertikalverhältnis in Betracht, § 19, 20 GWB (einen Missbrauch befürwortend, allerdings ausgehend von einem engen, auf das einzelne Werk der E-Musik begrenzten sachlichen Markt, *Hillig/Blechschmidt* ZUM 2005, 505, 512; eingehend auch *Helmer* UFITA 2006/I, 7, 122 ff.). Zusätzlich kann noch die Frage gestellt werden, ob **formularmäßige Verwendungsbeschränkungen** gegen **§ 307 Abs. 2 Nr. 2 BGB** verstoßen (bejahend *Hillig/Blechschmidt* ZUM 2005, 505, 513).

356   g) **Verwertungsgesellschaften:** Im Bereich des Aufführungsrechts (vgl. Rn. 348) und des Senderechts (vgl. Rn. 349) werden die Rechte an Bühnenwerken teilweise von Verwertungsgesellschaften wahrgenommen.

357   h) **Musterverträge und Weiterführendes:** Muster für Bühnen-Aufführungsvertrag Münchener Vertragshandbuch/*Vinck/Erhardt*⁷ Bd. 3, IX. 47 A, S. 1126 ff.; Muster-Aufführungsvertrag für dramatische Werke (Normvertrag): Regelsammlung Verlage(vertriebe)/Bühnen Fassung 2008 (laufend aktualisiert, zuletzt 2016), veröffentlicht und aus Sicht des Bühnenvereins kommentiert in: *Bolwin/Sponert/Schröder/Schmalbauch* S. 2013 ff. Umfassende Darstellung bei Loewenheim/*Schlatter*² § 72 (Bühnenverträge); Kurz/Kehrl/Nix/*Kurz*¹; ferner *Beilharz*, Der Bühnenvertriebsvertrag als Beispiel eines urheberrechtlichen Wahrnehmungsvertrages; *Rossbach/Joss* FS Schricker I S. 333, 360

7. Verträge über Musikwerke (Musikverträge)

358   Musikverträge zielen auf die Auswertung von musikalischen Werken oder Leistungen. Die Rechtesituation ist für den nicht branchenerfahrenen Verwerter etwas komplex. Denn je nach Vertrags- und Nutzungsart muss sich der Verwerter die relevanten urheberrechtlichen Werknutzungsrechte von verschiedenen Rechteinhabern einräumen lassen. In Betracht kommen Urheber, Musikverlag oder Verwertungsgesellschaft. Die Lage verkompliziert sich weiter dadurch, dass je nach dem Gegenstand der Nutzung nicht nur vom Urheber abgeleitete Nutzungsrechte eingeholt werden müssen, sondern auch Leistungsschutzrechte (z. B. der ausübenden Künstler, Tonträgerhersteller, Veranstalter) relevant sein können.

a) **Musikverlagsverträge:** Beim Musikverlag erwirbt der Musikverleger mit dem **359**
Verlagsrecht umfassende Nutzungsrechte, von denen er jedoch praktisch regelmäßig nur zwei **Hauptrechte** tatsächlich selbst wahrnimmt: Das **Papierge-**
schäft, also das Recht zu Vervielfältigung gemäß § 16 und Verbreitung gemäß
§ 17 Abs. 1 von Notenmaterial und das sog. **Große Recht,** also das Recht der
bühnenmäßigen Aufführung dramatisch-musikalischer Werke (so umschrieben
in der Ausnahmeregelung des § 1 Buchst. h GEMA-BerechtigungsV); zum großen Recht und Bühnenverlagsverträgen vgl. Rn. 348. Ausländische Musikverlage lassen sich häufig über deutsche Verlage vertreten, und zwar im Wege
von **Subverlagsverträgen,** wie sie selbst sich häufig im Ausland mittels solcher
Verträge repräsentieren lassen. Die Zahl der Gestaltungsmöglichkeiten für die
Zusammenarbeit zwischen Verlagen sind vielfältig und reichen von **Editionen**
und **Co-Editionen** über das **Subverlagswesen** bis zu **Administrationsvereinba-**
rungen (Moser/Scheuermann/*Lichte*[6] 1067–1090; Dreier/Schulze/*Schulze*[5]
Rn. 228; *Karow,* Die Rechtsstellung des Subverlegers im Musikverlagswesen;
zur Zustimmung des Urhebers hierzu vgl. § 35 Rn. 9). Auf die Auswertung des
Hauptrechts – nicht aber auf die unten genannten Nebenrechte – sind gemäß
§ 1 VerlG die Regelungen des Verlagsrechtes anzuwenden (BGH GRUR 1965,
325 – *Cavalleria Rusticana*); im Übrigen s. die Kommentierung zu § 1 VerlG.
Insbesondere besteht damit eine Auswertungspflicht, s. § 1 S. 2 VerlG. Die Herstellung von Vervielfältigungsstücken auf Abruf kann für die Erfüllung der
Vervielfältigungs- und Verbreitungspflichten genügen (BGH GRUR 1988, 303,
305 – *Sonnengesang;* Dreier/Schulze/*Schulze*[5] Rn. 222). Dem Verleger wird
eine Förderungspflicht und Auswertungslast aufgebürdet, die ihn beispielsweise zu absatzfördernder Werbung verpflichtet. Kommt er dieser nicht nach,
besteht u. U. für den Urheber gemäß § 32 VerlG ein Rücktrittsrecht (BGH
GRUR 1970, 40, 44 – *Musikverleger I;* OLG München ZUM 2001, 173, 179 –
Holländer), das neben den Rechten aus § 41 steht. Zudem ist er zur Verwaltung der Einkünfte und Ausschüttung vereinbarter Anteile an den Urheber verpflichtet. Zur **Vergütung** des Hauptrechts vgl. § 32 Rn. 98 ff.

Nebenrechte: Neben dem Papiergeschäft – und mit viel größerer wirtschaftli-   **360**
cher Bedeutung – werden dem Musikverleger zumeist auch Nebenrechte an der
Verwertung von **Musikwerken** wie Aufführung, Sendung, Tonträgerherstellung
und -verbreitung (sog. mechanische Rechte) oder öffentliche Zugänglichma
chung im Internet (sog. Online Rechte) mit eingeräumt. Im Gegensatz zum
Papiergeschäft, das durch den Verwerter selbst wahrgenommen wird, werden
die „mechanischen Rechte" wie Vervielfältigung und Verbreitung von Tonträgern, das Recht der öffentlichen Zugänglichmachung im Internet, aber auch
Aufführungs- und Senderechte, die alle den wirtschaftlichen Kern der Verwertung eines Musikwerkes ausmachen, regelmäßig von der GEMA wahrgenommen. Hat der Urheber seinen GEMA-Berechtigungsvertrag mit seiner umfassenden Rechtseinräumung (auch hinsichtlich künftiger Werke) vor dem
Verlagsvertrag unterzeichnet, verfügt also der Musikverlag über die Rechte gar
nicht, sondern ist nur – über die Verlagsbeteiligung bei der GEMA – an den
Ausschüttungen der GEMA beteiligt (OLG München WRP 2006, 611 (Ls.) =
OLGR München 2006, 398–400 (Ls. und Gründe); s. Loewenheim/*Czychow-*
ski[2] § 68 Rn. 27). Die Vergütung der Urheber und Verleger bemisst sich nach
den GEMA-Verteilungsplänen. Nach einer Entscheidung des Kammergerichts
sind allerdings solche Bestimmungen von Verteilungsplänen als AGB nach
§ 307 Abs. 1 S. 1, Abs. 2 Nr. 1 BGB unwirksam. Eine Ausschüttung der durch
die treuhänderische Wahrnehmung von Rechten und Ansprüchen der Berechtigten erzielten Einnahmen an Verleger als nicht originär Berechtigte könne
nicht mit der Erwägung gerechtfertigt werden, das sei materiell leistungsge-
recht, weil die betreffenden Musikverlage schützenswerte Leistungen erbracht
hätten. Es sei allein Sache des Gesetzgebers zu entscheiden, ob und inwieweit

die verlegerische Leistung Vergütungsansprüche begründe (KG ZUM 2017, 160; dazu Flechsig GRUR-Prax 2017, 47). Das erscheint als zweifelhaft, weil es nicht um gesetzliche Vergütungsansprüche gem. UrhG ging. Die Vorausabtretung von Vergütungsansprüchen wird insoweit nicht vom UrhG reguliert und ist zulässig. Für gesetzliche Vergütungsansprüche s. die gesonderte Kommentierung, vgl. § 63a Rn. 1 ff.

361 Die verschiedenen Nutzer des GEMA-Repertoires erwerben bei der GEMA (einfache) Nutzungsrechte auf vertraglicher Grundlage: Für Vervielfältigung und Verbreitung von Tonträgern wird der Normalvertrag für die phonographische Industrie (Tonträger) zugrunde gelegt (zu finden in Moser/Scheuermann/*Valbert*[6] S. 931 ff.).

362 Die GEMA ist jedoch hinsichtlich der vorgenannten Nutzungen nur zur Wahrnehmung verpflichtet; die Förderungspflicht durch Werbung und dgl. obliegt weiterhin dem Musikverlag (Dreier/Schulze/*Schulze*[5] Rn. 221). Darin liegt die Rechtfertigung für seine Beteiligung an den GEMA-Erlösen. Für den Verleger besteht außerdem die Verpflichtung, für eine umfassende Auswertung durch die GEMA zu sorgen. Regelmäßig muss für die Verwertung einer Bearbeitung die Zustimmung von den Musikverlagen eingeholt werden. Gleiches gilt für die filmische Nutzung (sog. Synchronisationsrecht) als **Filmmusik**; vgl. Vor §§ 88 ff. Rn. 110. Zur **Nebenrechtsvergütung** vgl. § 32 Rn. 59 ff.

363 **b) Künstlerverträge:** Zunächst vgl. § 79 Rn. 13 ff.: Die Rechte ausübender Künstler (§§ 73 ff., insbesondere § 79) werden durch **Künstlerverträge** mit den Künstlern eingeräumt. Vertragspartner des Künstlers ist entweder ein (Film- oder Tonträger-) Hersteller, Veranstalter oder Sendeunternehmen. Der Rechtsnatur nach handelt es sich um Verwertungsverträge eigener Art (s. BGH GRUR 1989, 198, 201 – *Künstlerverträge*). Denkbar ist auch ein Bandübernahmevertrag zwischen dem Produzenten und dem Tonträgerhersteller, wonach letzterer von einem Masterband weitere Tonträger fertigt (Bandübernahme-Mustervertrag in Münchener Vertragshandbuch/*Hertin*[7] Bd. 3, IX. 25 A. S. 840). Bei besonders bekannten Künstlern kann der Künstlervertrag in einen weitergehenden Managementvertrag übergehen, der eine exklusive Betreuung beinhaltet und gem. § 627 BGB jederzeit kündbar ist (LG Berlin ZUM 2007, 754, 757; zu Managementverträgen und § 138 BGB vgl. Rn. 51 ff.). Freilich kann – in anderer Richtung – auch eine geringere Verpflichtung vereinbart werden, die sich in der Vervielfältigung und ggf. Verbreitung ohne jegliche Absatzförderung erschöpft. Meist besteht eine exklusive Bindung eines Künstlers an den Tonträgerhersteller. Eine einseitige wirtschaftliche Belastung des Künstlers kann sittenwidrig sein (vgl. § 79 Rn. 71 ff.). Ist eine Auswertungspflicht vereinbart (dazu allgemein vgl. Rn. 41 ff.), kann auf die Regelungen des Verlagsrechts zurückgegriffen werden. – Außerdem schließen Künstler Agenturverträge und Managementverträge auch mit Werknehmern, die nicht Tonträgerhersteller sind. Die Regelungen des SGB III können hier für den Agenturvertrag, nicht aber für den Managementvertrag die Vergütungshöhe begrenzen (dazu und zur Abgrenzung zwischen beiden Vertragsarten OLG Hamburg ZUM 2008, 144, 145). Rechte ausübender Künstler werden auch zu einem gewissen Teil von VGen wahrgenommen, insb. durch die GVL (www.gvl.de).

364 **c) Veranstalter- und Bühnenverträge:** Veranstaltern stehen in gewissem Umfang eigene Leistungsschutzrechte zu (§ 81). So ist denkbar, dass die geschützte Leistung eines Veranstalters (z. B. bei Live-Mitschnitt) genutzt wird. Zum Vertragsrecht vgl. § 81 Rn. 20 ff.

365 Bei **öffentlicher Aufführung** sind außerdem die Rechte der **Musikurheber** relevant. Sie werden von der GEMA wahrgenommen, sofern es sich nicht um eine bühnenmäßige Aufführung dramatisch-musikalischer Werke handelt (vgl. Rn. 348).

d) Verträge mit Tonträgerherstellern: Für die Vervielfältigung und Verbreitung von Tonträgern sowie deren öffentliche Zugänglichmachung stehen dem Hersteller des Tonträgers ausschließliche Leistungsschutzrechte gemäß § 85 sowie Beteiligungsansprüche für öffentliche Wiedergaben gemäß § 86 zu. Zum Vertragsrecht vgl. § 85 Rn. 59 ff. **366**

e) Verträge über Musikvideos: Schwierig ist die Situation bei der Produktion von Musikvideos. Hier müssen zunächst die relevanten **musikalischen Rechte** der Musikurheber, ausübenden Künstler und Tonträgerhersteller eingeholt werden. Die Rechteeinräumung erfolgt teilweise über Verwertungsgesellschaften, z. B. durch GEMA und GVL. Das Recht, die Bilder mit der Musik zu verknüpfen, wird allerdings im Regelfall (einmalig) durch die Musikurheber bzw. Musikverlage als Rechteinhaber ausgeübt (sog. **Filmherstellungsrecht** oder Synchronisationsrecht; vgl. Vor §§ 88 ff. Rn. 110). Bei Eigen- und Auftragsproduktionen im Fernsehbereich kann das Recht ausnahmsweise über die GEMA erworben werden (v. Kreile/Becker/Riesenhuber/*Staudt*[2] Kap. 10 Rn. 263, S. 360). Bei der Aufzeichnung einer Konzertaufführung, z. B. durch das Fernsehen, wird das dargebotene Musikwerk nach der Rechtsprechung des BGH nicht verfilmt. Das Werk der Musik werde dadurch nur vervielfältigt, nicht bearbeitet. Allerdings stellt der Vervielfältigungsakt, mit dem das Werk in den Film eingebracht wird, nach dem BGH eine eigene Nutzungsart dar. Das Recht behalten sich die Verlage regelmäßig (von der oben genannten Ausnahme bei Fernseh-Eigenproduktionen abgesehen) vor (bzw. rufen es aus der GEMA zurück), weshalb es nicht von der GEMA erworben werden kann (BGH GRUR 2006, 319 – *Alpensinfonie*; zw., zur Kritik vgl. § 88 Rn. 55). Allerdings sind ggf. bestehende Leistungsschutzrechte (z. B. ausübende Künstler, Sendeunternehmen, Filmhersteller) von den Rechteinhabern einzuholen. Nach der einmal erteilten Zustimmung kann es allerdings auf allen folgenden Auswertungsstufen nicht mehr geltend gemacht werden (BGH GRUR 1994, 41, 43 – *Videozweitauswertung II*). **367**

Bei Musikvideos, die zugleich ein Filmwerk darstellen, sind außerdem die **filmischen Rechte** zu beachten. Es gelten für die Einräumung der Rechte der Stoffurheber (z. B. Scriptautor) § 88, der Filmurheber (z. B. Regisseur, Kameramann) § 89 und der ausübenden Künstler im Film § 92. Im Hinblick auf den hergestellten Film erfolgt eine Wahrnehmung durch Verwertungsgesellschaften hauptsächlich im Hinblick auf die gesetzlichen Vergütungsansprüche der beteiligten Urheber, ausübenden Künstler und Filmhersteller (§ 94 Abs. 4). **368**

f) Verwertungsgesellschaften: Für Musikurheber (und Musikverlage bei verlegten Werken) nimmt die GEMA umfassend Rechte wahr; s. den GEMA Berechtigungsvertrag, abrufbar unter www.gema.de. Das gilt vor allem für das „kleine" (vgl. Rn. 348) Aufführungsrecht, das Vorführrecht (insb. zu Filmverträgen vgl. Vor §§ 88 ff. Rn. 110), das Senderecht, das Recht der öffentlichen Zugänglichmachung und die mechanischen Rechte (Vervielfältigung und Verbreitung von Ton- und Bildtonträgern). Außerdem nimmt die GEMA die gesetzlichen Vergütungsansprüche wahr (§ 63a). Für Leistungsschutzberechtigte (ausübende Künstler, Tonträgerhersteller) erfolgt eine Wahrnehmung in geringerem Umfang durch die GVL (vor allem gesetzliche Vergütungsansprüche, s. www.gvl.de). Neben der gesetzlichen Sendevergütung wird insbesondere die Vergütung für die öffentliche Wiedergabe erschienener Tonträger wahrgenommen. An diesen Vergütungen sind die Tonträgerhersteller über § 86 beteiligt. **369**

g) Musterverträge und Weiterführendes: Normvertrag im Bereich Musikverlag des Deutschen Musik Verleger-Verbandes e. V. mit dem Deutschen Komponis- **370**

tenverband; Moser/Scheuermann/*Lichte*[6] S. 1067 (Musikverlagsvertrag); Moser/Scheuermann/*Sasse*[6] S. 1303 (Videoclipvertrag); Moser/Scheuermann/ *Schulz*[6] S. 1342 (Werbemusikvertrag); *ders.*, a. a. O. S. 1380 (Filmmusikvertrag); weitere Musikverlagsverträge in Münchener Vertragshandbuch/*Czychowski* bzw. *Hertin*[7] Bd. 3, u. a.: IX. 20. (Oper), IX. 16. (U-Musik), IX. 30. (Filmmusik). Ferner: *Rossbach/Joos* FS Schricker I S. 333, 340 ff.; Fischer/ Reich/*Reich* S. 241 ff.; Loewenheim/*Czychowski*[2] § 68 (Musikverlagsverträge); Loewenheim/*Rossbach*[2] § 69 (Tonträgerherstellungsverträge und benachbarte Musikverträge); *Will-Flatau*, Rechtsbeziehungen zwischen Tonträgerproduzent und Interpret aufgrund eines Standardexklusivvertrages. Zu Künstlerverträgen im Detail vgl. § 79 Rn. 13 ff.

8. Filmverträge

371 Dazu ausführlich vgl. Vor §§ 88 ff. Rn. 46 ff. Filme können auch interaktive **Computerprogramme** sein, z. B. Computerspiele mit bewegten Bildern; insoweit überschneiden sich dann Software- und Filmurheberrecht (vgl. Vor §§ 88 ff. Rn. 12).

9. Rundfunkverträge

372 **a) Fernsehen:** Im Fernsehbereich schließen Rundfunkveranstalter zur Akquisition von Content zunächst umfassend Filmverträge. Bei **Eigenproduktionen** sind die §§ 88, 89, 92 und 94 einschlägig. Filmwerke im Sinne der §§ 88 ff. sind insoweit nicht nur Spielfilme oder Serien, sondern auch Shows, politische Magazine, Nachrichtensendungen etc. (vgl. Vor §§ 88 ff. Rn. 8 ff.). Meist erfolgt die Rechtseinräumung bei Eigenproduktionen durch Arbeitsvertrag, insbesondere in Verbindung mit Tarifverträgen (§ 43). Auch bei **unechten Auftragsproduktionen** sollten die §§ 88 ff. einschlägig sein (vgl. Vor §§ 88 ff. Rn. 64). Zu **Produktionsvorbereitungs- und Produktionsentwicklungsverträgen** vgl. Vor §§ 88 ff. Rn. 65, auf die ebenfalls § 88 anwendbar sein kann. Häufig beteiligt sich die Rundfunkanstalt auch als **Co-Produzentin** (vgl. Vor §§ 88 ff. Rn. 55) oder vergibt **(echte) Auftragsproduktionen** (vgl. Vor §§ 88 ff. Rn. 57 ff.). Daneben schließt die Rundfunkanstalt auch reine **Lizenzverträge**, insb. im Hinblick auf die Einholung von Senderechten (zu Sendelizenzen vgl. Vor §§ 88 ff. Rn. 97 ff.). Die Rundfunkanstalt muss teilweise Rechte auch von **Verwertungsgesellschaften** erwerben, insbesondere im Musikbereich (vgl. Rn. 369). Der Rundfunkanstalt kann als Sendeunternehmen gemäß § 87 ein **eigenes Leistungsschutzrecht** zustehen, das bei anderweitiger Auswertung der Funksendung bei der Rundfunkanstalt erworben werden muss.

373 **b) Hörfunk:** Beim Hörfunk ist die Vertragsstruktur etwas anders. Die Nutzungsrechte an der Radiomusik werden regelmäßig von den musikalischen Verwertungsgesellschaften GEMA und GVL erworben. Wortbeiträge sind meistens Eigenproduktionen, sodass die Sender die relevanten Rechte der Urheber und ausübenden Künstler regelmäßig über Arbeits- und Tarifverträge erwerben (§ 43). Ansonsten gelten verschiedene Hörfunkhonorarbedingungen, z. B. der ARD-Anstalten. Kooperieren die ARD-Anstalten derart, dass sie Kriminalhörspiele unter redaktioneller Leitung eines Senders zeitgleich ausstrahlen, so liegt kein „gemeinsames Hörfunkprogramm" vor. Denn eine einzelne Sendung kann kein Programm ausmachen. Damit war ein Wiederholungshonorar an Urheber bzw. Leistungsschutzberechtigte zu zahlen (AG Frankfurt aM. Urt. v. 7.11.1997 – Az. 30 C 817/97 – 47, zit. nach *Axel Nordemann/Jan Bernd Nordemann/Czychowski* NJW 1998, 422, 429 m. Fn. 91). Ferner sei auf die aktuelle Regelsammlung Verlage/Rundfunk – Hörfunk –, auch genannt **RS Hörfunk**, zwischen dem Verband der Bühnen- und Medienverlage und den öffentlich-rechtlichen Rundfunkanstalten verwiesen (zu beziehen über den Verband, s. www.buehnenverleger.de). Sie regelt – wie die parallele RS Fernsehen, vgl. Rn. 349 – die **Nutzung der Urheberrechte vorbestehender wortdramatischer und musikdramatischer Werke im öffentlich-rechtlichen Hörfunk.** Aus der RS Hörfunk ergeben sich übliche Vergütungen auch für Scripts, die Drehbüchern im Filmbereich vergleichbar sind; im Detail zu den daraus ersichtlichen Vergütungen vgl. § 32 Rn. 103 f. Teilweise werden bestimmte Programmteile, z. B. Nachrichten, von den Rundfunkanstalten extern zugekauft. Insoweit sei auf die Ausführungen zu Auftragsproduktionen oder Sendelizenzverträgen verwiesen (vgl. Vor §§ 88 ff. Rn. 57 ff., 97 ff.). Allerdings gelten die §§ 88, 89 in keinem Fall, auch nicht analog, weil Gegenstand der Produktion kein „Film" ist.

c) Verwertungsgesellschaften: Verwertungsgesellschaften nehmen im Rundfunkbereich umfassend Rechte wahr. Dies gilt namentlich für die Sendung von Musik (im Fernsehbereich vgl. Vor §§ 88 ff. Rn. 97 ff., im Hörfunk vgl. Rn. 373). Die Sendung von kurzen nicht-dramatisierten Texten (bis 10 Minuten im Fernsehen, bis 15 Minuten im Hörfunk) ist gegenüber der VG Wort zu vergüten (§ 1 Nr. 7 Wahrnehmungsvertrag VG-Wort). (Fernseh-)Senderechte an Werken der bildenden Künste vergibt im Regelfall die VG BildKunst, für bestimmte ihrer Berufsgruppen allerdings nur begrenzt (§ 1 lit. c Wahrnehmungsvertrag der VG BildKunst). Zu gesetzlichen Vergütungsansprüchen vgl. Vor §§ 88 ff. Rn. 113.   **374**

d) Musterverträge und Weiterführendes: Mustervertrag für Sendeverträge Münchener Vertragshandbuch/*Hertin/Ehrhardt*[7] Bd. 3, IX. 37A. – 39; ausführlich *v. Olenhusen*, Kommentar und Handbuch mit Vertragsmustern; Loewenheim/*Castendyk*[2] § 75 zu Sendeverträgen; v. Hartlieb/Schwarz/*Castendyk*[5] Kap. 257 Rn. 1 ff.   **375**

[derzeit leer]   **376**

10. Verträge über bildende Kunst

a) Herstellung eines Originals (Kunstwerkvertrag): Verträge im Bereich der bildenden Kunst können auf die Herstellung eines Werkes der bildenden Kunst als Original gerichtet sein. Es handelt sich um einen **Werklieferungsvertrag** (§ 651 S. 3 BGB), weil die Lieferung der nicht vertretbaren Werksache (Original) Hauptsache ist (BGH GRUR 1966, 390, 390 f. – *Werbefilm*; BGH GRUR 1956, 234 – *Gedächtniskapelle* für künstlerische Baubestandteile). Zunächst ist der Künstler gem. § 950 Abs. 1 BGB im Regelfall Sacheigentümer (anders in Arbeitsverhältnissen, wo der Arbeitgeber als Hersteller gilt; so auch Wandtke/Bullinger/*Wandtke/Grunert*[4] Rn. 55). Nach Fertigstellung besteht aber regelmäßig eine Pflicht zur Übereignung des Kunstwerkes. Zu Gewährleistungsansprüchen vgl. Rn. 176 ff. Für **handwerkliche Mängel** gilt nichts Besonderes (vgl. Rn. 180). **Künstlerische Mängel** können wegen der Gestaltungsfreiheit des Künstlers jedoch grundsätzlich gar nicht gerügt werden (eingehend vgl. Rn. 181).   **377**

Vom Erwerb des (körperlichen) Originals zu trennen ist die Frage, welche **Nutzungsrechte** dem neuen Eigentümer eingeräumt werden. Beim Verkauf des Werkoriginals gehen mit dem Übergang von Eigentum und Besitz Nutzungsrechte nicht automatisch über (§ 44 **Abs. 1**), sondern müssen eingeräumt werden. Das Gleiche gilt nach der zutreffenden herrschenden Auffassung auch bei Veräußerung von Vervielfältigungsstücken (vgl. § 44 Rn. 6). Eine Ausnahme bildet das **Ausstellungsrecht**, das gem. § 44 Abs. 2 im Zweifel bei Veräußerung mit eingeräumt wird. Außerdem ist nach Veräußerung durch den Urheber sein Verbreitungsrecht gem. § 17 Abs. 2 erschöpft. Schließlich gilt für **Porträtwerke** die Schranke des § 60 zugunsten des Abgebildeten bzw. seiner Angehörigen, sodass eine Verwertung durch Abfotografieren auch ohne Rechteeinräumung   **378** durch den Künstler zulässig ist. Im Übrigen ist für den Umfang der Nutzungsrechtseinräumung bei Veräußerung auf die Bestimmungen des Übertragungszweckgedankens gem. § 31 Abs. 5 zurückzugreifen. Bei Einräumung von Nutzungsrechten über die Regel des § 44 hinaus kann das **Schriftformgebot des § 40** bestehen. Für die **Vergütung** der Nutzungsrechtseinräumung dienen die Tarife der VG BildKunst als Anhaltspunkt (erhältlich über www.bildkunst.de), s. a. LG München I *Erich Schulze* LGZ 219; vgl. § 32 Rn. 106.

379 b) **Herstellung von Kopien (Kunstwerkvertrag):** Häufig existiert von einem Kunstwerk nicht nur ein Original, sondern es werden Abzüge durch den Künstler hergestellt. **Bei bestimmten Werken** der bildenden Kunst ist es allerdings **nicht üblich**, identische Reproduktionen herzustellen, beispielsweise ein Ölbild zweimal zu malen. Insoweit hat der Besteller dann nicht nur **Unterlassungsansprüche** (zu Enthaltungspflichten vgl. Rn. 45 ff.), sondern auch Ansprüche wegen **Sachmängelgewährleistung**, wenn der Charakter als Unikat vereinbarte Beschaffenheit nach § 434 Abs. 1 S. 1 BGB war.

380 Das Herstellen von Kopien ist **üblich** bei anderen Kunstformen, z. B. bei Bronzen und Grafiken. Bei Grafiken werden im Regelfall die Zahl der Reproduktionen und die laufende Nummer vermerkt; eine Erweiterung der so vermerkten Auflage ist ein Sachmangel gem. § 434 Abs. 1 S. 1 BGB. Fraglich ist, bis zu welcher Auflage noch von „**Original**" gesprochen werden kann. Das ist sowohl für die Sachmängelgewährleistung (fehlender Originalcharakter kann Sachmangel gem. § 434 Abs. 1 BGB sein; BGH GRUR 1975, 612, 613 – *Jawlensky*; Loewenheim/*Gernot Schulze*[2] § 70 Rn. 12 m. w. N.) sowie für das Folgerecht gem. § 26 (Folgerecht nur bei Veräußerung des Originals) von Bedeutung. Zum Charakter als „Original" vgl. § 26 Rn. 9 ff. Ansonsten sei für Mängelgewährleistung und die Frage der Nutzungsrechtseinräumung auf die Ausführungen zur Herstellung des Originals verwiesen (vgl. Rn. 377 f.).

381 c) **Verkauf von Kunstwerken, Kunsthandel, Versteigerung:** Vorbestehende Originale oder Vervielfältigungsstücke werden aus dem Atelier des Urhebers oder von dritten Eigentümern veräußert. Häufig liegt ein **Kaufvertrag gem. §§ 433 ff. BGB** vor. Für **Sachmängel** soll beim Kunsthandel der Grundsatz „**gekauft wie besehen**" gelten (§ 442 BGB; *Schack*, Kunst und Recht[2] Rn. 380; Loewenheim/*Gernot Schulze*[2] § 70 Rn. 11 m. w. N.), sodass erkennbare Mängel nach Gefahrübergang (Übergabe des Kunstgegenstandes an den Käufer) nicht mehr gerügt werden können. Die **fehlende Echtheit (Fälschung)** des Kunstwerkes ist ein Sachmangel über eine vereinbarte Beschaffenheit i. S. v. § 434 Abs. 1 BGB (BGH GRUR 1975, 612, 613 – *Jawlensky*: Fehler nach § 459 Abs. 1 BGB a. F.; Ebling/Marcel Schulze/*Gernot Schulze*[2] S. 240 Rn. 21; *Schack*, Kunst und Recht[2], Rn. 381; s. zum Handel mit Kunstfälschungen auch *Raue/Hollaenders* GRUR 2014, 98 ff.; *Garbers-von Boehm* GRUR-Prax 2013, 507). Zur Beantwortung der Frage, ob die Echtheit als Beschaffenheit versprochen wurde, sind alle Umstände des Einzelfalls zu berücksichtigen. Einer auf einer Kunstauktion zu einem erheblichen Ausrufpreis als museal angebotene Skulptur, die entgegen einer im Auktionskatalog erfolgten Zuschreibung zu einer in früherer Zeit liegender Stilepoche eine neuzeitliche Fälschung ist, fehlt die bei derartigen Kunstgegenständen zu erwartende Eignung als Sammlerstück und Wertanlage; sie ist deshalb mangelhaft (BGH GRUR 2014, 96 Rn. 13). Die Regelung in den Versteigerungsbedingungen eines Auktionshauses, wonach der Käufer gegen das Auktionshaus keine Einwendungen oder Ansprüche wegen Sachmängeln erheben kann, verstößt gegen § 309 Nr. 7 Buchst. a BGB und ist deshalb insgesamt unwirksam (BGH GRUR 2014, 96 Rn. 15 m. w. N.). Ein niedriger Kaufpreis (1/4 des üblichen Mindestkaufpreises) kann dagegen sprechen, der Käufer habe dafür einstehen wollen, das Bild sei echt (OLG Karlsruhe K&R 2013, 188 Rn. 38, juris). Ein relevanter Fehler eines unsignierten Kunstobjekts, für das eine Expertise vorgewiesen wird, liegt nicht schon deshalb vor, weil das Werk nicht im Werkverzeichnis für den Künstler enthalten ist. Etwas anderes gilt nur, wenn eine solche Beschaffenheit bei Vertragsabschluss vereinbart wurde (OLG Karslruhe a. a. O. Rn. 34, juris). Bei Verhandlungen über den Erwerb eines Kunstobjekts besteht keine (vor-)vertragliche Nebenpflicht des Verkäufers, ungefragt die Erwerbsumstände mitzuteilen (OLG Karlsruhe a. a. O. Rn. 23, juris). Bei Weiterveräußerung unter Beteiligung eines Kunsthändlers oder Versteigerers stehen dem Künstler die Ansprüche aus dem **Folgerecht nach § 26** zu. Zur **Nutzungsrechtseinräumung** bei Veräußerung durch den Künstler und deren Vergütung vgl. § 31 Rn. 136, vgl. § 44 Rn. 8 sowie die Kommentierung zu § 32.

Weitere Vertragstypen kommen vor allem vor bei **Vertretung des Künstlers durch einen Kunsthändler oder Galerie.** Dann erfolgt der Verkauf im Namen des Händlers, aber für Rechnung des Künstlers (**Kommissionsvertrag** gem. §§ 383 ff. HGB, 611, 675 BGB, LG Hamburg ZUM-RD 2008, 27, 28; vgl. Rn. 168). Möglich ist auch ein bloßer Vermittlungsvertrag (zum Agenturvertrag vgl. Rn. 325). Die Provision des Händlers/Galeristen beträgt 10% bis 50% vom Verkaufpreis. Häufig bindet sich der Künstler **exklusiv** an eine Galerie oder einen Händler; dann besteht im Zweifel eine jederzeitige Kündigungsmöglichkeit nach **§ 627 BGB** (Loewenheim/*Gernot Schulze*[2] § 70 Rn. 18 m. w. N.). Auch ist für künftige Werke § 40 mit seinem **Schriftformgebot** und seiner **Kündigungsmöglichkeit** anwendbar, weil zumindest beim Kommissionsvertrag durch den Künstler das Verbreitungsrecht eingeräumt wird. Der Künstler kann bei fehlendem Verkaufserfolg das Verbreitungsrecht auch zurückrufen (§ 41). **Absprachen** zwischen Künstler und Händler im Hinblick auf den **Verkaufspreis** sind an **§ 1 GWB, Art. 101 AEUV** zu messen. Eine Verpflichtung des Händlers gegenüber dem Künstler, bestimmte Preise einzuhalten, ist wegen des regelmäßig eigenunternehmerischen Handelns des Händlers als Kommissionär nicht mit § 1 GWB vereinbar (Ebling/Marcel Schulze/*Gernot Schulze*[2] S. 239; s. a. Loewenheim/Meessen/Riesenkampff/*Jan Bernd Nordemann*[3] GRUR Rn. 87); allerdings ist die Spürbarkeit in vielen Fällen zu verneinen (zur Spürbarkeit vgl. Rn. 81). Das Gleiche gilt für den umgekehrten Fall, dass ein Händler den Künstler verpflichtet, Eigenverkäufe zu einem bestimmen Mindestpreis durchzuführen. Der Künstler hat gegen seine Galerie einen Auskunftsanspruch aus § 384 Abs. 2 HGB im Hinblick auf die abgeschlossenen Geschäfte; das schließt wegen § 25 eine namentliche Identifizierung des Käufers ein (LG Hamburg ZUM-RD 2008, 27, 28). Für Verträge ab 1.3.2017 (s. § 132) ist über dies an einen Anspruch nach § 32d zu denken.

382

d) Ausstellung (Verkauf): Galerien stellen Kunstwerke üblicherweise aus, um sie zu verkaufen. Werden die Kunstwerke vom Künstler geliefert, schließt dieser einen Ausstellungsvertrag mit der Galerie. Regelungsbedürftig sind die Fragen des Bestehens einer **Ausstellungspflicht,** der **Werbeaufwendungen** (wer trägt sie, Mitwirkung des Urhebers), des **Transportes** und dessen Versicherung (z. B. Hintransport übernimmt Künstler, Rücktransport Galerie). Auch muss die **Haftung während der Ausstellung** geregelt werden (Haftungsbeschränkung Galerie auf grobe Fahrlässigkeit; wer erhält bei Versicherung im Versicherungsfall in welcher Höhe die Versicherungssumme). Wichtig sind ferner Ansprachen im Hinblick auf die weitere Veräußerung. Insoweit erfolgt i. d. R. ein **Kommissionsverkauf** durch die Galerie, teilweise auch eine **bloße Vermittlung** (im Einzelnen vgl. Rn. 382). Im Zweifel sind bei solchen Verträgen (örtlich auf den Ort der Ausstellung begrenzte; bei Originalen ausschließliche) **Ausstellungsrechte** (§ 44 Abs. 2) sowie räumlich unbegrenzte (bei Originalen ausschließliche) **Verbreitungsrechte** eingeräumt. Mit dem Recht zur Ausstellung wird auch das Recht erworben, die ausgestellten Werke in einem Katalog gemäß § 58 zu nutzen.

383

384 e) **Ausstellung (Leihgabe, Artotheken, Archive):** Sog. Artotheken vermieten Kunstwerke zur öffentlichen und privaten Ausstellung. Kunstwerke werden über dies zur öffentlichen Ausstellung an Museen oder Galerien (mit und ohne Entgelt) verliehen. Zunächst sei auf die Ausführungen oben zu den regelungsbedürftigen Punkten eines Ausstellungsvertrages verwiesen. Ergänzend gelten die Regelungen des Miet- bzw. Leihrechts mit der urheberrechtlichen Besonderheit, dass der Verleiher bzw. Vermieter über das **Vermietrecht gem. § 17 Abs. 3** verfügen muss, um es an den Vertragspartner weiterzugeben. Das Vermietrecht hat jedoch der Eigentümer im Regelfall ohne gesonderte Rechtseinräumung nicht. Es erschöpft sich auch nicht mit Veräußerung durch den Künstler (s. § 17 Abs. 2). Bei einer Leihgabe zur Ausstellung durch den Rechteinhaber (z. B. Urheber) selbst ist von einer stillschweigenden Rechteinräumung nach dem Übertragungszweckgedanken gem. § 31 Abs. 5 auszugehen. Für ihre Mitglieder sowie für Mitglieder von ausländischen Schwesterorganisationen verfügt die VG BildKunst über diese Rechte (vgl. Rn. 388).

385 Teilweise erfolgen auch sog. **Dauerleihgaben (Dipositumverträge)**, die neben der Besitzverschaffung gleichzeitig eine Archivierungs- und Konservierungsleistung des neuen Besitzers beinhalten. Dipositumverträge sind keine Leihverträge gem. §§ 598 ff. BGB, sondern gegenseitig verpflichtende Dauerschuldverhältnisse mit Elementen aus Miete, Verwahrung und Auftrag (BGH GRUR 1988, 398 f. – *Archivvertrag*; KG ZUM 1986, 552 f.; ausführlich *Haberstumpf* FS Nordemann II S. 167, 169, 171 m. w. N.; a. A. *Sieger* ZUM 1986, 529: Leihe). Solche Verträge sind auf einer besonderen Vertrauensgrundlage geschlossen, können also auch bei **fester Vertragslaufzeit** bei Vorliegen eines wichtigen Grundes gekündigt werden, z. B. bei Zerrüttung der Vertrauensgrundlage (§ 314 BGB, zur Kündigung aus wichtigem Grund vgl. Rn. 121 ff.). Kein wichtiger Grund ist eine anderweitige, wirtschaftlich bessere Verwertungsmöglichkeit (KG ZUM 1986, 554). Bei einer **unbestimmten Vertragslaufzeit** besteht daneben ein ordentliches Kündigungsrecht, allerdings erst nach Ablauf einer angemessenen Zeit (BGH GRUR 1988, 399 – *Archivvertrag*). 20 Jahre waren angemessen, um den Nachlass eines Schriftstellers (Ödön von Horvath) zu ordnen, zu sichten und wissenschaftlich aufzuarbeiten, sodass ein ordentliches Kündigungsrecht gegeben war (BGH a. a. O.). Zum Vermietrecht vgl. Rn. 384.

386 Auch ansonsten gilt für **Archivverträge** kein einheitlicher Vertragstyp. Je nach Gestaltung kann ein Kaufvertrag, eine Schenkung (restriktive Auslegung, im Zweifel keine Schenkung bei Überlassung an Archiv ohne geldwerte Gegenleistung; OLG Nürnberg ZUM-RD 2003, 260 – *Brus-Archiv*; *Haberstumpf* FS Nordemann II S. 167, 169), ein Gesellschaftsvertrag (bei Archivierung, Sammlung, Ordnen, Redigieren und Verwertung; *Haberstumpf* FS Nordemann II S. 167, 169, unter Berufung auf OLG Nürnberg v. 9.5.2000 – 3 U 3276/99 – *Brus-Archiv*), ein Dipositumvertrag (vgl. Rn. 385) oder gar eine letztwillige Verfügung vorliegen. Für **Vervielfältigungen** sind grundsätzlich die Nutzungsrechte einzuholen; gewissen Spielraum gewährt allerdings § 53 Abs. 2 Nr. 2; zum **Vermietrecht** vgl. Rn. 384; zur **Veröffentlichungsbefugnis** s. § 12; zur **Eigentumsübertragung** bei Archivierung vgl. Nach § 44 Rn. 3 ff. und zur Beachtung von allgemeinen **Persönlichkeitsrechten** *Haberstumpf* FS Nordemann II S. 167, 177 ff. Speziell zu Fotografien auf Papier vgl. Rn. 410.

387 f) **Kunstverlag:** Beim Vertrieb von **Vervielfältigungsstücken** des Originals, die durch Dritte hergestellt werden und nicht selbst Originale sein sollen (vgl. Rn. 377 f., wird dem Vertreiber (z. B. Kunstverlag) das Recht zur Vervielfältigung und Verbreitung von Vervielfältigungsstücken eingeräumt. Nach Beendigung der Vervielfältigungshandlung erhält der Künstler das Werkoriginal zurück; das Eigentum am Original verbleibt im Zweifel beim Urheber. Auf einen solchen Vertrag kann das **VerlG** entsprechend angewendet werden, wenn der Vertrag auch im Übrigen verlagsvertragsähnliche Züge trägt, insbesondere eine **Auswertungspflicht** des Kunstverlegers besteht (*Schricker*, VerlagsR[3] § 1 Rn. 86; Loewenheim/*Jan Bernd Nordemann*[2] § 59 Rn. 7; Ebling/*Marcel Schulze/Gernot Schulze*[2] S. 263, unter Hinweis auf BGH GRUR 1976, 706, 707 – *Serigrafie*). Das ist im Zweifel bei Beteiligungsvergütung der Fall, bei Pauschalvergütung hingegen für jeden Einzelfall festzustellen (ausführlich vgl. Rn. 41 ff.). Ansonsten liegt ein atypischer Vertrag vor, der je nach vertraglicher Regelung insbesondere unter Miet- und Pachtrecht oder unter Kaufrecht fallen kann (zum anwendbaren Schuldrecht vgl. Rn. 164 ff.). Im Übrigen sei noch auf die „Richtlinien für Abschluss und Auslegung von Verträgen zwischen bildenden Künstlern und Verlegern" von 1926 hingewiesen (abgedruckt bei *Schricker*[3], VerlagsR[3] S. 845 ff.). Sie entsprechen im Wesentlichen den Regelungen des VerlG. Sie sind seit 1936 nicht mehr verbindlich. Sie heute noch als Normvertrag oder zumindest als Auslegungs- und Orientierungshilfe anzuerkennen (so Dreier/Schulze/*Schulze*[5] Rn. 250 unter unzutreffendem Hinweis auf BGH GRUR 1985, 378, 379 – *Illustrationsvertrag*), geht daher zu weit, wenn mangels Auswertungspflicht das VerlG gerade nicht einschlägig ist (s. a. Loewenheim/*Nordemann-Schiffel/Jan Bernd Nordemann*[2] § 64 Rn. 20).

g) Verwertungsgesellschaften: Im Bereich bildende Kunst nimmt die VG Bild-Kunst (Bildende Künstler sind dort der Berufsgruppe I zugeordnet) die **gesetzlichen Vergütungsansprüche** wahr, die ohnehin nur durch Verwertungsgesellschaften geltend gemacht (§§ 27, 46, 49, 52a, 54 ff.) und im Voraus nur an sie abgetreten werden können (§ 63a). Außerdem nimmt sie neben dem Vergütungs- auch den Auskunftsanspruch des **Folgerechts** gem. § 26 wahr. Auf vertraglicher Basis sind ihr u. a. ferner folgende Rechte zur Wahrnehmung eingeräumt: **Vervielfältigung, Verbreitung und öffentliche Zugänglichmachung** (§§ 16, 17, 19a), sofern keine Nutzung in der periodischen Presse oder in Sammlungen einer größeren Anzahl von Urhebern erfolgt, allerdings nur nach Rücksprache mit den Urhebern; Vergütungsanspruch für **Ausstellung**; **Vorführrechte** gemäß § 19 Abs. 4; **Senderecht** gemäß § 20, Wiedergabe durch Bild- oder Bild-/Tonträger nach § 21, Wiedergabe von Funksendungen nach § 22, **Vermiet- und Verleihrecht** für Originale und Vervielfältigungsstücke; **Datenbanken.** s. zum gesamten Wahrnehmungsumfang den aktuellen Wahrnehmungsvertrag unter www.bildkunst.de. Die VG Bild-Kunst ist darüber hinaus aktiv als **Quasi-Agentin** tätig und administriert individuell alle oder Teile der relevanten Rechte, insbesondere für Nachlässe verstorbener Künstler. In solchen Fällen schließt die VG BildKunst mit den Rechteinhabern individuelle Verträge mit einer über den üblichen Wahrnehmungsvertrag hinausgehen Rechteeinräumung ab. Zum Kontrahierungszwang in diesen Fällen s. § 34 Abs. 1 VGG.   **388**

h) Musterverträge und Weiterführendes: „Richtlinien für Abschluss und Auslegung von Verträgen zwischen bildenden Künstlern und Verlegern" von 1926 (*Schricker*, VerlagsR[3] Anh. S. 845 ff.); Mustervertrag für Herstellung/Bestellung eines Kunstwerkes Münchener Vertragshandbuch/*Vinck/Hartung*[7] Bd. 3, IX. 60. S. 1233 (Bestellung eines Portraits); Kommissionsvertrag zwischen privatem Veräußerer und Kunsthändler Münchener Vertragshandbuch/*Vinck/Hartung*[7] Bd. 3, IX. 61. S. 1235; Versteigerungsvertrag Münchener Vertragshandbuch/*Vinck/Hartung*[7] Bd. 3, IX. 62. S. 1239; Mustervertrag für die Durchführung von Ausstellungen Münchener Vertragshandbuch/*Vinck*[6] Bd. 3, XI. 59. S. 1283; ferner Loewenheim/*Gernot Schulze*[2] § 70; die Beiträge von *Wilhelm Nordemann*, S. 55 ff.) und Ebling/*Marcel Schulze/Gernot Schulze*[2] S. 234 ff.; *Schack*, Kunst und Recht[2] Rn. 644 ff. zu Galerieverträgen, Rn. 364 ff. zu Kunstkaufverträgen.   **389**

11. Illustrationsverträge

a) Verlagsbereich: Ein Vertrag über **Illustrationen zu Texten**, deren Nutzung sich nach dem VerlG richtet (z. B. Buch, Zeitung, Zeitschrift), ist i. d. R. eben-   **390**

falls ein **Verlagsvertrag**, weil regelmäßig die Interessenlage des Vertrages über die Nutzung der Illustration der eines typischen Verlagsvertrages entspricht. Es darf aber nicht im Einzelfall ein **Bestellvertrag** vorliegen (zum Bestellvertrag s. die Kommentierung zu § 47 VerlG). Illustrationen sind dann als Bestellvertrag einzuordnen, wenn eine enge Einbindung des Illustrators in die vom Besteller (Textverleger) gezogenen Grenzen vorliegt. Das ist nicht der Fall, wenn keine konkreten Anweisungen in Bezug auf Inhalt und Gestaltung der einzelnen Illustrationen erteilt wurden und deshalb der Illustrationsleistung erhebliches Gewicht zukommt (BGH GRUR 1985, 378, 379 – *Illustrationsvertrag*; *Haupt/Kaboth/Reber/Wallenfels/Wegner*[2] 2. Kapitel Rn. 206; a. A. Wandtke/Bullinger/*Wandtke/Grunert*[4] Rn. 83: stets VerlG, wenn illustrierter Text unter das VerlG fällt). Bei Vorliegen eines Bestellvertrages entfällt insbesondere die Auswertungspflicht. Im Übrigen ist i. d. R. Werkvertragsrecht für Sachmängel und Kaufrecht für Rechtsmängel anzuwenden (allgemein vgl. Rn. 176 ff.). Eingehend zur Vergütung vgl. § 32 Rn. 107.

391   **b) Designbereich:** Außerhalb des eigentlichen Verlagsgeschäftes sollten sich Illustrationsverträge an Designverträgen, insbesondere zum Kommunikationsdesign, orientieren (dazu ausführlich vgl. Rn. 394 ff.).

392   **c) Verwertungsgesellschaften:** In der zuständigen VG BildKunst sind die Illustratoren grundsätzlich in der Berufsgruppe II organisiert. Die VG nimmt zunächst gesetzliche Vergütungsansprüche der Illustratoren wahr (§§ 27, 46, 49, 52a, 54 ff.). Daneben sind ihr auch verschiedene Rechte zur individuellen Wahrnehmung übertragen. Das gilt vor allem für den Vergütungsanspruch für **Ausstellung, Vorführrechte** gemäß § 19 Abs. 4 sowie **Senderechte**. s. im Einzelnen den Wahrnehmungsvertrag der VG BildKunst, www.bildkunst.de.

393   **d) Musterverträge und Weiterführendes:** „Richtlinien für Abschluss und Auslegung von Verträgen zwischen bildenden Künstlern und Verlegern" von 1926 (abgedruckt bei *Schricker*, VerlagsR[3] Anh. S. 845 ff.); Mustervertrag für Illustrationen im Verlagsbereich auch bei *Haupt/Kaboth/Reber/ Wallenfels/Wegner*[2] Anhang II. 4, (S. 401); ferner Loewenheim/*Gernot Schulze*[2] § 70 Rn. 60 ff.; Ebling/Marcel Schulze/*Gernot Schulze*[2] S. 253; *Schack*, Kunst und Recht[2] Rn. 845 ff. zum Vertragsrecht für Designer, Rn. 441 ff. zur Bestellung von Kunst.

12. Designverträge (angewandte Kunst), Werbeverträge

394   **a) Inhalt:** Designverträge beziehen sich grundsätzlich auf angewandte Kunst, § 2 Abs. 1 Nr. 4, weil die künstlerische Leistung einen Gebrauchszweck aufweist. Unter **Kommunikationsdesign** wird das auf Werbung und Öffentlichkeitsarbeit bezogene Design verstanden (Beispiele: Signets, Erscheinungsbild, Geschäftspapiere, Formulare, Anzeigen, Außenwerbung, Plakate, Verpackungen, Prospekte, Broschüren, Kataloge, Webdesign, Zeitungs- und Zeitschriftenlayout). Insbesondere im Zusammenhang mit Kommunikationsdesign erbringen Designer auch immer wieder **Textleistungen** (z. B. für Werbemittel wie Anzeigen, Broschüren, Prospekte, Internetauftritt, Bücher), sodass diese hier abgehandelt werden sollen, obwohl es sich nicht um angewandte Kunst, sondern um Schriftwerke gemäß § 2 Abs. 1 Nr. 1 handeln kann. Eine weitere wichtige Gruppe der angewandten Kunst ist das **Produktdesign** (Investitionsgüter wie Apparate und Maschinen, Medizintechnik und Verkehrsmittel; Konsumgüter wie Brillen, Bürobedarf, Elektronik, Geschenkartikel, Gartenartikel, Möbel, Schmuck oder Werkzeug). Ferner sind **Modedesign** (Berufsbekleidung, Freizeitkleidung, Konfektion, Wäsche) und **Textildesign** (Accessoires, Dekor, Muster, Heimtextilen, Konfektion) zu nennen. Teilweise wird auch das **Fotodesign** zu den Designverträgen gerechnet (so z. B. der Tarifvertrag AGD/SDSt, Braunschweig, 9. Auflage 2015); urheberrechtlich sind Werke der Fotografie aber gemäß § 2 Abs. 1 Nr. 5 getrennt zu behandeln (zu Fotografieverträgen vgl.

Rn. 407 ff.). Die Werbung bedient sich darüber hinaus oft **vorbestehender Werke** wie bildender Kunst, Musik, Gedichten, Fotografien; insoweit handelt es sich dann bei der Nutzungserlaubnis um reine **Werbeverträge**.

b) Vertragsstruktur: Designverträge können unterschiedlich strukturiert sein. **395** Vor allem im Bereich Kommunikationsdesign einschließlich Texterstellung, aber auch in den anderen Designbereichen geht es in einer **ersten Stufe** zunächst um die **Herstellung von Entwürfen**, aus denen der Auftraggeber wählt. Das stellt auf dieser Stufe einen Werklieferungsvertrag dar (§§ 651, 631 ff. BGB; BGH GRUR 1966, 390, 390 – *Werbefilm*). Die Vorarbeit ist üblicherweise **vergütungspflichtige Hauptleistung**. Zur Mängelgewährleistung vgl. Rn. 176 ff. Erst danach, wenn sich der Auftraggeber auf Grundlage der Entwürfe zur Realisierung z. B. eines bestimmten Entwurfes entschlossen hat, erfolgt in einer **zweiten Stufe** (ggf. nach einer weiteren Konkretisierung des Werkes) die eigentliche **Rechteeinräumung durch** einen **Lizenzvertrag**. Darauf findet teilweise Kaufrecht (insb. bei Rechtsmängeln der Nutzungsrechtseinräumung; BGH GRUR 2003, 1065, 1066 – *Antennenmann*), teilweise auch Pachtrecht Anwendung; zur Frage der anwendbaren schuldrechtlichen Bestimmungen vgl. Rn. 164 ff.; ferner zum „2-Stufen-Vertrag" vgl. Rn. 306 ff.

Teilweise bietet der Designer auch **fertig entworfene Designs** oder andere vor- **396** bestehende Werke zur Nutzung an. Das kommt vor allem im Bereich Produkt-, Mode- und Textildesign vor, kann aber auch für andere Bereiche gelten, z. B. bei Verwendung eines Gemäldes (LG München I *Erich Schulze* LGZ 219) oder eines Fotos (LG München I ZUM-RD 1997, 249) im Rahmen einer Werbeanzeige oder bei Nutzung eines Schlagers für die Rundfunkwerbung (OLG Hamburg GRUR 1991, 599, 600 – *Rundfunkwerbung*). Insoweit erfolgt dann lediglich der Abschluss eines **Nutzungsvertrages lediglich** auf der **zweiten Stufe**.

c) Einzelfragen: Rechte muss der Auftraggeber nur erwerben, wenn es sich um **397** ein geschütztes Werk handelt. **Urheberrechtsschutz scheidet** aber bei angewandter Kunst **oft aus** (vgl. § 2 Rn. 137 ff. zur angewandten Kunst). Teilweise sehen deshalb Tarifverträge eine **vertragliche Abrede** vor, dass die Designleistung als urheberrechtlich geschützt unabhängig vom Vorliegen der Voraussetzungen des § 2 zu behandeln ist. Eine solche Regelung wirkt in jedem Fall nur relativ zwischen den Vertragsparteien. Sie kann **individual-vertraglich** begründet werden; ob eine Regelung in **AGB** möglich ist, hat die Rechtsprechung noch nicht abschließend entschieden (vgl. § 2 Rn. 235).

Bei **vorbestehenden Werken**, die **zu Werbezwecken** eingesetzt werden, muss **398** grundsätzlich eine gesonderte **Nutzungsrechtseinräumung** erfolgen. Denn im Regelfall ist die Werbenutzung nicht vom ursprünglichen Vertragszweck umfasst (vgl. § 31 Rn. 159; s. z. B. OLG Hamburg GRUR 1991, 599, 600 – *Rundfunkwerbung*). Auch Verwertungsgesellschaften nehmen Werberechte regelmäßig nicht wahr; s. die Wahrnehmungsverträge der GEMA (www.gema.de; ferner OLG Hamburg GRUR 1991, 599, 600 – *Rundfunkwerbung*), der VG Wort (www.vgwort.de) oder der VG BildKunst (www.bildkunst.de). Die Werbenutzung kann auch **Urheberpersönlichkeitsrechte** tangieren, z. B. § 14 bei Abdruck bildender Kunst auf Kondomverpackungen (OLG Frankfurt ZUM 1996, 97 – *René Magritte*). Handelt es sich allerdings um ein als Werbung geschaffenes Werk, umfasst die Nutzungsrechtseinräumung nach dem Übertragungszweckgedanken regelmäßig den Werbeeinsatz (BGH GRUR 1986, 885, 886 – *Metaxa*). Bei einer Plakatgestaltung für eine jährliche Veranstaltung wird im Zweifel das Recht für eine unbegrenzte Nutzung eingeräumt, wenn das Plakat eine auswechselbare Datumsleiste hat (OLG Jena GRUR-RR 2002, 379, 381 – *Rudolstädter Vogelschießen*).

399 Gemäß Tarifvertrag AGD/SDSt (vgl. Rn. 406) hat der Designer einen **Nennungsanspruch**, der sich ansonsten in der Designbranche aber noch nicht umfassend durchgesetzt hat (s. a. VDID-Rahmenbedingungen; vgl. Rn. 406). Grundsätzlich dürfte im Design- und Werbebereich ein **Urhebernennungsanspruch** gemäß § 13 bestehen, allerdings nur für Leistungen, die wirklich urheberrechtlich geschützt sind (zum Schutz angewandter Kunst vgl. § 2 Rn. 137 ff.). Das gilt insbesondere für Fotografen (LG München I ZUM-RD 1997, 249, 253) oder Maler (LG München I *Erich Schulze* LGZ 219).

400 Über dies enthalten der **Tarifvertrag des AGD mit dem SDSt** (Braunschweig, 9. Auflage 2015), der zwischen den Mitgliedern des AGD Designerverbandes und verschiedenen (eher unbedeutenden) selbständigen Designstudios mit mindestens einem beschäftigten Designer geschlossen ist, und der (einseitige) Formulierungsvorschlag für **Rahmenbedingungen für Verträge im Industrie- und Produktdesign des Verbandes Deutscher Industriedesigner (VDID)** noch folgende erwähnenswerte Regelungen:

401 Die **Zustimmungsrechte der §§ 34, 35** bleiben dem Designer erhalten; er darf seine Zustimmung aber nicht ohne wichtigen Grund. Gegen eine solche Regelung bestehen insbesondere keine Bedenken nach AGB-Recht, weil zunächst nur das dispositive Gesetzesrecht wiederholt wird. Die Einschränkung der Zustimmungsverweigerung ist ebenfalls für beide Seiten interessengerecht. Ein wichtiger Grund, die Sublizenzierung zu verweigern, kann regelmäßig nicht bei Pauschalvergütung des Designers angenommen werden (zur Sublizenzierung auch vgl. Rn. 243 ff.), allerdings in Person des Sublizenznehmers gegeben sein. Auch bei vertraglicher Zustimmung zur Einräumung der Rechte an Dritte können die Vertragsparteien allerdings vereinbaren, dass eine Werbeagentur für die Vertragslaufzeit ausschließlich mit der Erstellung bestimmter Werbemaßnahmen betraut wird, was im Verletzungsfall Schadensersatzansprüche der Agentur auslöst (BGH GRUR 1986, 834, 838 – *Werbeagenturvertrag*). Damit wird die (eigentlich rechtlich zulässige) Weitergabe der Rechte faktisch ausgeschlossen.

402 Das Gleiche gilt für das **Bearbeitungsrecht**, sofern es in Abweichung zu § 37 gewährt wurde. Gem. AGD-Tarifvertrag bzw. Rahmenbedingungen VDID wird ein Bearbeitungsrecht nicht eingeräumt. Ob es formularmäßig vereinbart werden kann, dass bei endgültiger Einstellung der Produktion von Werken der angewandten Kunst durch den Auftraggeber der Designer automatisch alle Nutzungsrechte zurückerhält sowie alle übrigen vom Auftraggeber erworbenen und bezahlten übrigen Schutzrechte (Marken, Patente, Geschmacksmuster) übertragen werden, erscheint zumindest ohne Gegenleistung zweifelhaft (so aber Rahmenbedingungen VDID).

403 Wichtig ist ferner, dass nach AGD-Tarifvertrag bzw. Rahmenbedingungen VDID das (körperliche) **Eigentum an Entwürfen, Vorlagen**, Modellen, Zeichnungen etc. beim Designer verbleibt. Das entspricht auch der Regel im Urhebersachenrecht, nach der der Urheber im Zweifel Eigentümer solcher Materialien bleibt (vgl. Nach § 44 Rn. 3 ff.). Außerdem enthält der AGD-Tarifvertrag eine aus Sicht des Designers interessengerechte **Haftungsfreistellung** (ausgenommen Vorsatz und grobe Fahrlässigkeit) **für die wettbewerbs- und markenrechtliche Zulässigkeit** sowie Eintragungsfähigkeit seiner Entwürfe. Die vom Tarifvertrag gewählte Haftungsverteilung begegnet auch keinen Bedenken aus AGB-Recht bei Verwendung in Formularverträgen, vor allem wenn es sich um einen „Endverbraucher" handelt. Denn die Prüfung der wettbewerbs- und markenrechtlichen Zulässigkeit der eigenen Werbemittel kann im Regelfall von einem im Wettbewerb stehenden Unternehmen als Auftraggeber sogar besser eingeschätzt werden als vom Designer.

Hauptregelungspunkt des Tarifvertrages AGD/SDSt (Braunschweig, 9. Auflage **404** 2015) ist die **Vergütung**. Dazu eingehend vgl. § 32 Rn. 108 f.

d) Verwertungsgesellschaften: Designer sind im Regelfall in der VG BildKunst **405** organisiert (dort Berufsgruppe II). Im Designbereich nimmt die VG BildKunst indes regelmäßig nur **gesetzliche Vergütungsansprüche** wahr (§ 63a). Hinzu kommen die **Vorführrechte** nach § 19 Abs. 4, Wiedergaberechte nach §§ 21, 22. Außerdem erfolgt eine Wahrnehmung von **Senderechten**, wenn das Design in einem Buch veröffentlicht ist und die Schrankenregelungen keine rechtefreie Nutzung erlauben (z. B. nach § 50). Auch werden andere Sekundärrechte wie die Vervielfältigung und Verbreitung von Designs in gedruckten und digitalen offline (z. B.CD-ROM) Sammelwerken wahrgenommen, wenn keine individuelle Rechteeinräumung erfolgt ist. s. im Einzelnen den Wahrnehmungsvertrag der VG BildKunst, abrufbar unter www.bildkunst.de. Vermiet- und Verleihrechte werden wegen des Ausschlusses von Werken der angewandten Kunst vom Vermietrecht gemäß § 17 Abs. 3 nicht wahrgenommen. Die VG BildKunst ist darüber hinaus aktiv als **Quasi-Agentin** tätig und administriert **individuell** alle oder Teile der relevanten Rechte, insbesondere für Nachlässe verstorbener Designer. In solchen Fällen schließt die VG BildKunst mit den Rechteinhabern individuelle Verträge ab, deren Rechteeinräumung weit über den üblichen Wahrnehmungsvertrag hinausgeht. Zum Kontrahierungszwang in diesen Fällen s. § 34 Abs. 1 VGG.

e) Musterverträge und Weiterführendes: Tarifvertrag für Designleistungen Alli- **406** anz Deutscher Designer (AGD), Braunschweig, mit dem Verband Selbständige Design Studios (SDSt)[9], erhältlich beim AGD, www.agd.de; Honorarrechner BDG Bund Deutscher Grafik-Designer (BDG), www.bdg-designer.de; Mustervertrag Grafik-Design (Firmenlogo): *Maaßen*, Kalkulationshilfen zur Berechnung von Designhonoraren[2], *Maaßen/May/Zentek*, Designers' Contract[3], *Maaßen/Westphal/May*, Designers' Manual[4]; *Kur* FS Schricker I S. 503, 513 ff.; Loewenheim/*Gernot Schulze*[2] § 70 Rn. 97 ff.; *Zentek*, Designschutz[2].

13. Fotografieverträge

Fotografien können als Lichtbildwerk (§ 2 Abs. 1 Nr. 5) oder als einfaches **407** Lichtbild (§ 72) geschützt sein. Generell zu unterscheiden ist zwischen Auftragsarbeiten (§ 631 BGB; zur Gewährleistung für Auftragsarbeiten vgl. Rn. 176 ff.) und Lieferung von bereits erstelltem Bildmaterial, teilweise auch zur Auswahl. Bei letzterem handelt es sich um einen Vertrag sui generis, der Elemente der Leihe mit Option zum Abschluss eines urheberrechtlichen Nutzungsvertrages enthält und bei Ausübung der Option sich mit einem solchen verbindet (BGH GRUR 2002, 282 – *Bildagentur*; Loewenheim/*Axel Nordemann*[2] § 73 Rn. 22; anders *Habel/Meindl* ZUM 1993, 270, 272).

Für die **Rechteeinräumung** gibt es keine relevanten Unterschiede zwischen **408** Lichtbild und Lichtbildwerk, weil für das Lichtbild gem. § 72 Abs. 1 auf die §§ 31 bis 44 verwiesen wird. Handelt es sich um Auftragsarbeiten, erfolgt i. d. R. gemäß dem Übertragungszweckgedanken eine ausschließliche Nutzungsrechtseinräumung (OLG Celle AfP 1998, 224). Inhaltlich bezieht sich diese Nutzungsrechtseinräumung wegen des Übertragungszweckgedankens im Zweifel auf alle Rechte, an denen der Verwerter ein erhebliches Interesse hat, z. B. bei Coverfotos für „LPs" auch für „CD"-Cover; sofern die Vergütung aber bislang nur für „LPs" gezahlt wurde, kann eine zusätzliche Vergütung verlangt werden (OLG Hamburg GRUR 2000, 45, 46 ff. – *CD-Cover*). Bei von Fotografen ohne Auftrag erstellten Fotografien werden im Zweifel nur einfache Nutzungsrechte eingeräumt. Für den Umfang der Nutzungsrechtseinräumung gilt bei fehlender Spezifizierung der Übertragungszweckgedanke (vgl. § 31 Rn. 118 ff.). Einzelheiten zur **Vergütung** vgl. § 32 Rn. 110 f.

409   Das **Eigentum** am Material steht grundsätzlich dem Fotografen zu. Etwas anderes gilt, wenn er sein Foto in ein Archiv zur dauerhaften Archivierung und Nutzung ohne Hinweis auf den bloßen Leihcharakter eingebracht hat (vgl. Nach § 44 Rn. 3 ff.). Eingeräumte Nutzungsrechte können allerdings ein Recht zum **Besitz** begründen, wenn die Nutzung den Besitz erfordert (OLG Hamburg ZUM-RD 1999, 80). Der Bundesgerichtshof hat die Inhaltskontrolle des § 307 BGB angewendet, wenn die dem Journalisten verbliebene eigene Verwertungsmöglichkeit durch eine Eigentumsübertragung an den Original-Dias faktisch ausgeschlossen werde (BGH GRUR 2012, 1031 Tz. 44–46 – *Honorarbedingungen Freie Journalisten*). Dass Verwertern Originale überlassen werden, kommt in der heutigen digitalen Welt – im Pressebereich und anderswo – allerdings kaum noch vor.

410   Stellt der Rechteinhaber Bildmaterial zur Verfügung, von dem er keine Abzüge besitzt (insbesondere Originale) und wird dieses nicht rechtzeitig zurückgegeben, vereinbaren Rechteinhaber und Verwerter häufig sog. **Blockierungskosten**, die als Vertragsstrafe (OLG Hamburg AfP 1986, 336, 337 f.; LG Hamburg AfP 1986, 352, 353; *Mielke*[4] 16.4.) oder nach anderer Auffassung als pauschalierter Schadensersatz anzusehen sind (Loewenheim/*Axel Nordemann*[2] § 73 Rn. 32). Es bedarf jedoch einer Vereinbarung, die in angemessener Höhe auch in AGB erfolgen kann (*Axel Nordemann* FS Schricker I S. 477, 481; *Mielke* BVPA – Der Bildermarkt, 2007, S. 72). Sie liegen heute i. d. R. bei EUR 1,00 pro Tag (MFM-Bildhonorare 2007, S. 52), teilweise wurden auch darüber hinausgehende Beträge als AGB-fest beurteilt (DM 5/Tag: LG Hamburg AfP 1986, 352). Genauso können vertraglich auch Vertragsstrafe bzw. pauschalierter Schadensersatz für **Verlust oder Beschädigung von Bildmaterial** vereinbart werden, von dem der Rechteinhaber keine Abzüge besitzt. Die Angaben zu den üblichen Beträgen variieren und liegen bei mindestens EUR 500 (MFM-Bildhonorare 2007, S. 52), EUR 150 bis EUR 1.500 (Dreier/Schulze/*Schulze*[5] Rn. 285), EUR 250 bis EUR 1.500 (*Mielke* BVPA – Der Bildermarkt, 2007, S. 72) oder EUR 100 bis EUR 500 oder höher (Loewenheim/*Axel Nordemann*[2] § 73 Rn. 33); s. a. OLG Hamburg ZUM 1998, 665, 668. Es kann jedoch trotz Unternehmereigenschaft der Verwerter Unwirksamkeit nach § 307 BGB vorliegen, wenn laut AGB „mindestens" ein bestimmter Betrag geschuldet ist, weil dann dem Anspruchsteller der Nachweis eines höheren, dem Gegner aber kein Nachweis eines geringeren Schadens möglich ist (§ 309 Nr. 5 lit. b) BGB); auch kann die Klausel aus AGB-Recht unwirksam sein, wenn keine Öffnung für den Anspruchsgegner enthalten ist nachzuweisen, dass nach dem gewöhnlichen Lauf der Dinge die Pauschale überhöht ist (§ 309 Nr. 5 lit. a) BGB). Das OLG Köln nahm dies in einem Fall an, in dem innerhalb kürzester Zeit viele Aufnahmen gemacht wurden, die sich sehr glichen, die in technischer Hinsicht jedoch jeweils Originale waren (OLG Köln AfP 1991, 543). Die Problematik der Blockierungskosten und der Entschädigung für Verlust und Beschädigung hat sich **in der digitalen Welt** entschärft, weil kaum noch ein Rechteinhaber ohne (gleichwertige) Sicherungskopie bleibt. Dann kommen nur für die Wiederbeschaffung von Duplikaten und dort nur sehr viel geringere Sätze in Betracht (ab EUR 100 laut MFM-Bildhonorare 2007, S. 52). Wer ausnahmsweise Fotos ohne Rückbehalt einer Sicherungskopie liefert, muss darauf **hinweisen**; ansonsten begeht er seinerseits eine Nebenpflichtverletzung, die nicht durch AGB abbedungen werden kann. Bei Erwerb von (insbesondere **historischen**) **Fotografien auf Papier** ist die Vergänglichkeit des Trägermediums zu bedenken. In der Regel scheiden Mängelgewährleistungsansprüche aus bzw. sie sind innerhalb von zwei Jahren verjährt (*Seiler* K&R 2017, 2, 3). Es darf ohne Zustimmung des Fotografen keine Reproduktion und erst Recht kein neues Original (Signatur und Freigabe als Original durch den Fotografen) hergestellt werden, es sei denn, die Schutzfrist nach § 64 ff. ist abgelaufen (*Seiler* K&R 2017, 2, 4).

Anderweitige vertragliche Abreden sind möglich (eingehend *Seiler* K&R 2017, 2, 5). Auch ohne ausdrückliche Zustimmung des Fotografen darf das Foto ausgestellt werden (§ 44 Abs. 2). Für Ausstellungswerbung und –kataloge können nach § 58 Nutzungen gezogen werden. Zu Archivverträgen vgl. Rn. 386.

a) Fotojournalismus: Fotojournalisten können als Angestellte oder als arbeit-   **411** nehmerähnliche „Freie" tarifgebunden sein, sodass sich der Umfang der Nutzungsrechtseinräumung und die weiteren vertraglichen Details dann aus den einschlägigen Tarifverträgen (zu den journalistischen Tarifverträgen s. die Kommentierung zu § 43) oder aus einer gemeinsamen Vergütungsregel (dazu s. die Kommentierung zu § 36) ergeben. Ansonsten kommt vor allem Werkvertrag (bei Auftragsarbeiten) oder ein Vertrag sui generis bei Lieferung von fertigem Bildmaterial in Betracht (vgl. Rn. 407 ff.). Zur Ermittlung der angemessenen Vergütung kann nicht nur auf die Tarifverträge, sondern auch auf die MFM-Bildhonorare sowie die Tarife der VG BildKunst zurückgegriffen werden (vgl. § 32 Rn. 110 f.).

b) Fotoverlag: Geht es beim Fotoverlag um die Illustration von verlegten Tex-   **412** ten, liegen mit Illustrationsverträgen vergleichbare Sachverhalte vor, vgl. Rn. 390 ff. Teilweise werden zur Ermittlung der Vergütung aber auch die MFM-Bildhonorare herangezogen (vgl. § 32 Rn. 110 f.), die z. B. eine eigene Rubrik „Bücher" aufweisen. Auf einen solchen Vertrag kann das **VerlG** zumindest entsprechend angewendet werden, wenn der Vertrag auch im Übrigen verlagsvertragsähnliche Züge, insbesondere eine **Auswertungspflicht** des Verlegers, aufweist (*Schricker*, VerlagsR[3] § 1 Rn. 86; Loewenheim/*Jan Bernd Nordemann*[2] § 59 Rn. 7; Dreier/Schulze/*Schulze*[5] Rn. 274). Eine Auswertungspflicht besteht bei Beteiligungsvergütung des Rechteinhabers, bei Pauschalvergütung entscheidet der Einzelfall (vgl. Rn. 41 ff.).

c) Fotokunst und Fotodesign: Insoweit sei auf die Ausführungen zu Verträgen   **413** der bildenden Kunst (vgl. Rn. 377 ff.) und zu Designverträgen (vgl. Rn. 394 ff.) verwiesen.

d) Bildagentur und Bildarchive: Nutzungsverträge im Bereich der Fotografie   **414** werden oft nicht unmittelbar zwischen Fotografen und Verwertern abgeschlossen. Vielmehr sind **Bildagenturen** dazwischengeschaltet, die von den Fotografen selbst ausschließliche Nutzungsrechte erwerben, um dann ihrerseits an Nachfragende einfache Rechte zu vergeben. Heutzutage erfolgt die Auswahl teilweise schon online, wenn die Bildagenturen die Fotos öffentlich, insbesondere über Internetportale, zugänglich machen (§ 19a). Zu **Archivverträgen** ausführlich vgl. Rn. 384 ff. bei Verträgen über bildende Kunst; ferner *Haberstumpf* FS Nordemann II S. 167 ff. Zur Frage der Eigentumsverschaffung vgl. Nach § 44 Rn. 3 ff.

e) Verwertungsgesellschaften: Die gemeinsame Verwertungsgesellschaft der   **415** Bildurheber ist die VG BildKunst. Die Fotografen sind dort in der Berufsgruppe II organisiert. Primär nimmt die VG BildKunst **gesetzliche Vergütungsansprüche** wahr, also im Wesentlichen die Vergütung für Fotokopieren (§§ 53, 54 ff.), Verleih und Vermietung (§ 27), Kabelweitersendung (§ 20b) und Pressespiegel (§ 49). Hinzu kommen die **Vorführrechte** nach § 19 Abs. 4, Wiedergaberechte nach §§ 21, 22. Außerdem erfolgt eine Wahrnehmung von **Senderechten**, wenn das Foto in einem Buch veröffentlicht ist und die Schrankenregelungen keine rechtefreie Nutzung erlauben (z. B. nach § 50). Auch werden andere Sekundärrechte wie die Vervielfältigung und Verbreitung von Fotos in gedruckten und digitalen offline (z. B. CD-ROM) Sammelwerken wahrgenommen, wenn keine individuelle Rechteeinräumung erfolgt ist. Seit Erstreckung des Folgerechts gemäß § 26 auf Lichtbildwerke nimmt die VG BildKunst auch insoweit die Rechte wahr. s. im Einzelnen den Wahrnehmungsvertrag der VG

BildKunst, abrufbar unter www.bildkunst.de. Insoweit können sich also Wahrnehmungsvertrag und Bildagenturvertrag ergänzen und stehen nicht in Konkurrenz zueinander (Loewenheim/*Axel Nordemann*[2] § 73 Rn. 83). Die VG BildKunst ist darüber hinaus aktiv als **Quasi-Agentin** tätig und administriert **individuell** alle oder Teile der relevanten Rechte, insbesondere für Nachlässe verstorbener Fotografen. In solchen Fällen schließt die VG BildKunst mit den Rechteinhabern individuelle Verträge ab, deren Rechteeinräumung weit über den üblichen Wahrnehmungsvertrag hinausgeht. Zum Kontrahierungszwang in diesen Fällen s. § 34 Abs. 1 VGG.

416   f) **Vertragsmuster und Weiterführendes:** Mittelstandgemeinschaft Foto-Marketing (MFM), Bildhonorare, (Vergütungsempfehlungen, Musterverträge) erhältlich über www.bvpa.org; Tarifvertrag AGD/SDSt, Braunschweig 2011, erhältlich über www.agd.de; Tarif der VG BildKunst, erhältlich über www.bildkunst.de; *Wanckel*[4] Kapitel IV, S. 177 ff; *Axel Nordemann* FS Schricker I S. 477; Loewenheim/*Axel Nordemann*[2] § 73.

14. Bauverträge

417   a) **Allgemeines:** Bauverträge regeln die Einräumung von urheberrechtlichen Nutzungsrechten an Bauwerken über die körperliche Erstellung des Werkes hinaus und kommen demgemäß überhaupt nur dann in Betracht, wenn es sich um ein Werk der Baukunst i. S. d. § 2 Abs. 1 Nr. 4 handelt. Urheber eines solchen Werkes ist der Architekt. Der Bau ist Vervielfältigung (§ 16) und ggf. auch Bearbeitung (§ 23) der urheberrechtlich geschützten Pläne. Architektenverträge regeln danach die Nutzung von urheberrechtlich geschützten Planungsleistungen. Für sie gilt die **Honorarordnung Architekten und Ingenieure (HOAI)**. In ihr sind die zu erbringenden Leistungen des Architekten in Leistungsphasen eingeteilt, die von der Grundlagenermittlung und Vorplanung bis zur Objektbetreuung und Dokumentation reichen. Der Rechtsnatur nach handelt es sich für sämtliche Bauphasen um Werkverträge i. S. d. § 631 BGB (BGHZ 31, 224, 226 ff. – *Architektenvertrag*). Der Vertrag kann vom Bauherrn nach § 649 S. 1 BGB vorzeitig beendet werden. Nach § 649 S. 2 BGB kann der Architekt nach der neuen BGH-Rechtsprechung dann nicht mehr den Vergütungsanspruch nach HOAI minus 40% ersparter Aufwendungen berechnen (so noch BGH GRUR 1973, 663, 665 – *Wählamt*), sondern der Architekt muss konkrete prüffähige Berechnungen vorlegen (BGH NJW 1999, 418, 420). Zur Berechnung von Schadensersatzansprüchen des Architekten wegen fortgesetzter Nutzung seiner Pläne vgl. § 97 Rn. 113.

418   b) **Rechteeinräumung:** Explizite Regelungen zur Einräumung von Nutzungsrechten enthält die HOAI nicht. Für die Frage der Rechteeinräumung kommt es im Regelfall ganz auf die Auslegung nach dem Übertragungszweckgedanken (§ 31 Abs. 5) an, weil Architektenverträgen regelmäßig besondere Rechtsklauseln fehlen; zum „Ob" der Nutzungsrechtseinräumung vgl. § 31 Rn. 139 f., zur einfachen oder ausschließlichen Einräumung vgl. § 31 Rn. 142 ff. sowie zum inhaltlichen Umfang vgl. § 31 Rn. 170. Zur **Vergütung** für die Nutzungsrechtseinräumung vgl. § 32 Rn. 106 f.; zur Schadensersatzberechnung des Architekten bei fortgesetzter Nutzung seiner Pläne trotz Vertragsbeendigung vgl. § 97 Rn. 113.

419   c) **Änderungen des Bauwerkes:** Häufiger Streitpunkt sind Änderungen der Planung oder des Bauwerkes ohne Mitwirkung des Architekten. Sie sind in den Grenzen des § 39 und des § 14 zulässig (vgl. § 14 Rn. 5 ff.; vgl. § 39 Rn. 9 ff.). Gar keine Zustimmung benötigt der Bauherr, wenn nur eine freie Benutzung nach § 24 durch den Umbau gegeben ist, weil nur Elemente übrig bleiben, die keinen urheberrechtlichen Schutz genießen (LG Hamburg GRUR 2005, 672, 674 – *Astra-Hochhaus*; vgl. §§ 23/24 Rn. 30 ff.). Vorherige vertragliche Zustimmungen des Architekten zu Änderungen sind aus Sicht des Bauherrn interessengerecht. Allerdings sind abstrakte Abreden, die die Grenze der Entstellung überschreiten, im Voraus nicht zulässig (vgl. § 12 Rn. 15 ff.). Auch andere **urheberpersönlichkeitsrechtliche** Befugnisse des Architekten wie Namensnennungsrecht (§ 13) und Zugangsrecht (§ 25) sind zu beachten (s. die Kommentierungen dazu; eingehend auch *Goldmann* GRUR 2005, 639; Neuenfeld/Baden/Dohna/Groscurth/*Neuenfeld*[3] Teil III Rn. 15 ff.).

d) Verwertungsgesellschaften: Im Bereich bildende Kunst nimmt die VG Bild-   **420**
Kunst (Architekten gehören dort der Berufsgruppe I an, haben aber nur einen sehr niedrigen Organisationsgrad) die **gesetzlichen Vergütungsansprüche** wahr, die ohnehin nur durch Verwertungsgesellschaften geltend gemacht (§§ 27, 46, 49, 52a) und im Voraus nur an sie abgetreten werden können (§ 63a). Auf vertraglicher Basis sind ihr u. a. ferner folgende Rechte zur Wahrnehmung eingeräumt: **Vervielfältigung, Verbreitung und öffentliche Zugänglichmachung** (§§ 16, 17, 19a), sofern keine Nutzung in der periodischen Presse oder in Sammlungen einer größeren Anzahl von Urhebern erfolgt, allerdings nur nach Rücksprache mit den Urhebern; Vergütungsanspruch für **Ausstellung; Vorführrechte** gemäß § 19 Abs. 4; **Senderecht** gemäß § 20, Wiedergabe durch Bild- oder Bild-/Tonträger nach § 21, Wiedergabe von Funksendungen nach § 22, **Vermiet- und Verleihrecht** für Originale und Vervielfältigungsstücke (nur Pläne, § 17 Abs. 3); **Datenbanken.** s. zum gesamten Wahrnehmungsumfang den aktuellen Wahrnehmungsvertrag unter www.bildkunst.de. Allerdings sind weite Bereiche der Nutzung von Bauwerken durch § 59 urheberrechtlich frei, sodass die VG BildKunst insoweit auch keine Rechte wahrnehmen kann. Die VG Bild-Kunst ist darüber hinaus aktiv als **Quasi-Agentin** tätig und administriert **individuell** alle oder Teile der relevanten Rechte (z. B. Nachlässe verstorbener Architekten). In solchen Fällen schließt die VG BildKunst mit den Rechteinhabern individuelle Verträge mit einer über den üblichen Wahrnehmungsvertrag hinausgehen Rechteeinräumung ab. Zum Kontrahierungszwang in diesen Fällen s. § 34 Abs. 1 VGG.

e) Vertragsmuster und Weiterführendes: Zu Architektenverträgen: Neuenfeld/   **421**
Baden/Dohna/Groscurth/*Neuenfeld*[3] Teil III Rn. 115 ff. Für den Bereich Internationales Industrieanlagengeschäft Musteranlagenerrichtungsbauvertrag in Münchener Vertragshandbuch/*Rosener*[6] Bd. 4, V. 1. S. 517 sowie Münchener Vertragshandbuch/*Rosener/Kratzsch*[6] Bd. 2, Wirtschaftsrecht 1, VIII. 1. S. 1043 (Generalunternehmervertrag für Industrieanlage); *Heath* FS Schricker I S. 459; Loewenheim/*Gernot Schulze*[2] § 71.

15. Merchandising, Franchising

a) Merchandisingverträge: Merchandising ist eine Sammelbezeichnung für die   **422**
Vermarktung als zusätzliche Einnahmequelle neben der eigentlichen Primärverwertung. Es wird also der Umstand genutzt, dass das Merchandisingobjekt wirtschaftliche Attraktion auch über die Primärverwertung hinaus hat. Diese wirtschaftliche Attraktion wird im Regelfall **durch Bekanntheit** ausgelöst, sodass der **Attraktionstransfer in eine Zweitverwertung** erfolgen kann. Das Merchandisingobjekt stammt dabei ursprünglich zumeist aus dem kulturellen Bereich (bekannte Werke, bekannte Urheber, bekannte ausübende Künstler), Unterhaltungsbereich (z. B. bekannte Sportler) oder werblichen Umfeld (bekannte Kennzeichen, bekannte Produkte). Der Gegenstand von Merchandisingverträgen ist deshalb sehr unterschiedlich. Er kann Nutzungsrechte an urheberrechtlich geschützten Werken betreffen (z. B. Comicfiguren, Gemälde, Fotografien), daneben aber auch Leistungsschutzrechte, insbesondere von ausübenden Künstlern (z. B. Boygroups), Geschmacksmusterrechte gemäß § 7 DesignG bzw. Art. 1 GemGeschmMVO (z. B. Produktdesigns), Markenrechte gemäß § 4 MarkenG bzw. Art. 6 GemMVO (z. B. Wörter, Signets, dreidimensi-

onale Gestaltungen), Titelrechte gemäß § 5 Abs. 3 MarkenG (z. B. Buchtitel, Zeitschriftentitel; Namen von fiktiven Figuren; str., ausführlich Loewenheim/ *Axel Nordemann*[2] § 83 Rn. 39, 73 ff.), Unternehmensbezeichnungen nach § 5 Abs. 2 MarkenG (z. B. Firmen; Namen von realen Figuren, realen Personen und Signets bei Verkehrsgeltung als Unternehmensbezeichnung, Loewenheim/ *Schertz*[2] § 79 Rn. 23), Namensrechte gemäß § 12 BGB, Persönlichkeitsrechte (§§ 823 BGB, 22, 23 KUG) sowie Rechte gemäß ergänzendem wettbewerbsrechtlichen Leistungsschutz nach § 4 Nr. 9 UWG. Im Hinblick auf urheberrechtliche Werke ist zu beachten, dass Merchandisingprodukte meist angewandte Kunst darstellen, die nur unter bestimmten Anforderungen urheberrechtlich geschützt sind (vgl. § 2 Rn. 137 ff.).

423   Merchandisingverträge können insoweit übliche Lizenzverträge sein (**Standardmerchandising-Lizenzvertrag**). Die Vergütung erfolgt i. d. R. über eine Beteiligung des Rechteinhabers an den Erlösen des Lizenznehmers mit dem Merchandisingprodukt. Diese schwankt stark, je nach Bedeutung des genutzten Rechts für den Absatz und liegt meist zwischen 3% und 15% des Nettohändlerabgabepreises, teilweise auch darüber. Ferner erhält der Lizenzgeber oft eine Garantiesumme als Vorauszahlung bei Vertragsabschluss, die allerdings regelmäßig auf die Beteiligungsvergütung angerechnet wird. Bei Beteiligungsvergütung spricht viel für eine Auswertungspflicht des Lizenznehmers (vgl. Rn. 41 ff. und vgl. 245 f.). Ferner sind Qualitätskontrollrechte des Lizenzgebers üblich, z. B. durch Genehmigungsvorbehalte hinsichtlich herzustellender Produkte oder auch durch laufende Kontrollrechte. Denn der Lizenzgeber hat ein großes Interesse daran, seine wertvollen Merchandisingrechte nicht durch minderwertige Produkte zu beschädigen. Auch Sublizenzverbote sind deshalb die Regel (zur kartellrechtlichen Zulässigkeit von Qualitätskontrollrechten und Sublizenzverboten Loewenheim/Meessen/Riesenkampff/Kersting/Meyer-Lindemann/*Jan Bernd Nordemann*[3] GRUR Rn. 61 m. w. N.). Eine Nennungspflicht des Lizenzgebers und Schutzrechtshinweise („©", „®") sind verbreitet. Ferner sollte der Lizenzvertrag aus der Sicht des Lizenzgebers eine Freistellung für Produkthaftpflichtrisiken vorsehen, wenn seine Haftung nach § 4 Abs. 1 S. 2 ProdukthaftungsG nicht von vornherein auszuschließen ist.

424   Teilweise werden die **Merchandisingrechte** zunächst bei einem Verwerter vor Weiterlizenzierung **gebündelt**, z. B. bei Filmproduzenten, Tonträgerproduzenten oder Tonträgerherstellern, denen urheberrechtliche, leistungsschutzrechtliche und auch persönlichkeitsrechtliche Schutzpositionen zur Weitergabe an Dritte eingeräumt werden. Die Vergütung ist sehr unterschiedlich. Ein Anspruch auf angemessene Vergütung gemäß § 32 kommt lediglich im Hinblick auf die Einräumung urheberrechtlicher Nutzungsrechte (geschütztes Werk nach § 2) durch Urheber oder von Leistungsschutzrechten durch ausübende Künstler (§§ 73 ff., 79 Abs. 2) in Betracht.

425   Der Rechteinhaber schließt nicht immer direkt mit Verwertern Verträge, sondern kann auch Merchandisingagenturen zwischenschalten, die die Rechte zur Weitergabe erhalten (**Merchandisingagenturvertrag**). I. d. R. erhält die Agentur ausschließliche Rechte, um ein Höchstmaß an Auswertungsmotivation auf Seiten der Agentur sicherzustellen. Die Agentur und der Rechteinhaber teilen sich die von der Agentur erwirtschafteten Erlöse (oft 70% Rechteinhaber, 30% Agentur; Loewenheim/*Schertz*[2] § 79 Rn. 46). Ein solcher Vertrag wird als Handelsmaklervertrag gemäß § 93 HGB angesehen (*Ruijesenaars* FS Schricker I S. 597, 603; Loewenheim/*Schertz*[2] § 79 Rn. 30). Jedoch findet gar keine Vermittlung, sondern eine Rechtevergabe im eigenen Namen und auf eigene Rechnung durch die Agentur statt. Näher liegend ist deshalb ein Wahrnehmungsvertrag, weil die Agentur offensichtlich treuhänderisch als Rechteinhaberin Lizenzverträge abschließt. Insoweit ist eine Vergleichbarkeit mit Bühnenverla-

gen gegeben, die ebenfalls die Erlöse mit den Urhebern teilen (zu Wahrnehmungsverträgen vgl. Rn. 322 ff.).

b) Franchiseverträge: Urheberrechtlich relevante Vertragsgestaltungen sind **426**
denkbar auch in einem Franchisevertrag. Durch diesen überlässt der Franchise-
geber dem Franchisenehmer gegen Entgelt und u. U. gegen eine Bezugspflicht
von Waren ein ganzes Bündel von Rechten, die für den Aufbau einer dem
Produkt- oder Dienstleistungsabsatz dienenden einheitlichen corporate identity
benötigt werden. Das können auch urheberrechtlich geschützte Werke sein
(z. B. Signets, Ladeneinrichtungen). Als im Regelfall angewandte Kunst müssen
aber für einen urheberrechtlichen Schutz die besonderen Anforderungen erfüllt
sein (vgl. § 2 Rn. 137 ff.).

c) Vertragsmuster und Weiterführendes: Merchandising-Mustervertrag bei **427**
Moser/Scheuermann/*Schmidt*[6] S. 1259; Muster für einen Merchandisingver-
trag in englisch (merchandising license agreement): Pfaff/Osterrieth/*Büchner*[3]
S. 616; Muster für einen Franchisevertrag (Waren) in englisch (franchise agreement): Pfaff/Osterrieth/*Metzlaff*[3] S. 554; zu gewerblichen Schutzrechten in
Franchiseverträgen: Pfaff/Osterrieth/*Metzlaff*[3] S. 597 Rn. 1077; Muster für einen Franchisevertrag (Restaurant; Fachgeschäft): ferner allgemein Loewen-
heim/*Schertz*[2] § 79 Merchandisingverträge; *Schertz*, Merchandising; Martinek/
Semler/Flohr/*Flohr*[4] 6. Kapitel Franchisingverträge; v. Hartlieb/Schwarz/*Gottschalk*[5] Kapitel 263–265.

16. Datenbankverträge

a) Verweisung: Datenbanken können entweder als Datenbankwerk gemäß **428**
§ 4 urheberrechtlichen Schutz oder zumindest als einfache Datenbank gemäß
§§ 87a ff. durch ein Leistungsschutzrecht absoluten Schutz genießen. Die Nutzung von Datenbanken ist deshalb Teil des Lizenzverkehrs. Im Einzelnen zu
Datenbankverträgen vgl. § 87e Rn. 9 ff.; zur Vergütung vgl. § 32 Rn. 112.

b) Vertragsmuster und Weiterführendes: Vertragsmuster für Datenbankennut- **429**
zungsverträge: Loewenheim/*Koch*[2] § 77 Rn. 188; zu Online-Datenbank- und
CD-ROM-Datenbankverträgen: *Mehrings* NJW 1993, 3102; *Dreier* FS Schricker II S. 193 ff.; *Moufang* FS Schricker I S. 571; Lehmann/*Lehmann* S. 68.

17. Online-Verträge, User Generated Content, Soziale Netzwerke

a) Einordnung nach Werkart: Als Online-Verträge werden üblicherweise Ver- **430**
träge zusammengefasst, die die Nutzung von Verträgen auf individuellen Abruf
zu individuellen Zeiten sowie von individuellen Orten durch den Nutzer regeln.
Diese Nutzung unterfällt dem **Recht der öffentlichen Zugänglichmachung** nach
§ 19a, das dem Urheber und allen nach UrhG Leistungsschutzberechtigten zusteht. **Je nach Werkart** sind die Verträge unterschiedlich. In Betracht kommen z. B.
Download von eBooks (vgl. § 1 VerlG Rn. 12), individueller Abruf von Hörbüchern oder Musik aus dem Internet (vgl. Rn. 361; dazu auch *Hoenike/Hülsdunk*
MMR 2004, 59), der individuelle Abruf von Musikvideos (vgl. Rn. 362), Filmen
oder Rundfunksendungen (vgl. Vor §§ 88 ff. Rn. 90 ff.) sowie Computerspielen
(vgl. Vor §§ 88 ff. Rn. 12) aus dem Internet, der Download von Fotografien (vgl.
Rn. 407 ff.) sowie von Merchandising-Produkten (vgl. Rn. 422 ff.) oder auch die
Erstellung von Websites (vgl. Rn. 394 ff. zu Designverträgen).

User Generated Content ist heute zu einem wichtigen Merkmal des Internets **430a**
geworden. Damit sind Inhalte gemeint, die Nutzer selbst in das Netz stellen.
Sie bedienen sich dabei im Regelfall Plattformen Dritter wie **soziale Netzwerke**
(z. B. facebook), Plattformen für Videos (z. B. YouTube) und Fotos (z. B. flickr).
Oft kommt es dabei zu Urheberrechtsverletzungen; die Nutzer haften dabei als
Täter gem. § 97 ff.; zur Haftung der Plattformen für urheberrechtsverletzenden

Content vgl. § 97 Rn. 160 ff. User Generated Content umfasst aber auch die Erstellung völlig neuer oder die Benutzung von Werken Dritter mit eigenem kreativen Input, sodass der User Generated Content für sich genommen urheberrechtlich geschützt ist (zu den einzelnen Werkarten *Reinemann/Remmertz* ZUM 2012, 216, 217 ff.; insbesondere zu Fanfiction: *Knopp* GRUR 2010, 28 ff.). Der Plattformanbieter schließt mit den – oft, aber nicht immer – privat agierenden Nutzern einen Vertrag, der in der Regel der AGB-Kontrolle unterfällt. Vor allem die Nutzungsrechtseinräumung am User Generated Content zugunsten von Plattformen wie Facebook oder YouTube stehen im Focus der AGB-Kontrolle (vgl. § 31 Rn. 179 ff.).

431 Gibt es keine ausdrückliche Nutzungsrechtseinräumung, ist in Ausnahmefällen beim bewussten Zurverfügungstellen von Inhalten im Internet unter Berücksichtigung einer etwaigen Beeinträchtigung von Verwertungsmöglichkeiten auch eine **konkludente Rechteeinräumung** bzw. einseitige Genehmigung denkbar (*Berberich* MMR 2005, 145; Wandtke/Bullinger/*Wandtke/Grunert*[4] Rn. 77). Ansonsten hängt der **Umfang der Rechteeinräumung** von der Vertragsauslegung nach dem Übertragungszweckgedanken ab; vgl. § 31 Rn. 141; zur Vergütung vgl. § 32 Rn. 112.

432 Die Online-Nutzung wird häufig mit sog. **Digital Right Management (DRM)** verbunden; dadurch wird die faktische Nutzungsmöglichkeit für den Nutzer begrenzt; z. B. wird ihm nur eine temporäre Nutzung ermöglicht. Als DRM (in einem weiteren Sinne) werden über dies auch die technischen Schutzmaßnahmen gemäß §§ 95a ff. bezeichnet, die eine über den Nutzungsvertrag hinausgehende Nutzung verhindern sollen (vgl. § 95c Rn. 1 ff.).

433 **b) Vertragsmuster und Weiterführendes:** Vertragsmuster für die Erstellung einer Website und für den Erwerb von Nutzungsrechten an in einer Website aufzunehmenden Inhalten: Loewenheim/*Koch*[2] § 78 Rn. 89; Onlinelizenzvertrag zur Einräumung von einfachen Nutzungsrechten an Werken eines Verlages zum Zwecke der elektronischen Speicherung: Datenbanken, *Delp*, Verlagsvertrag[7] S. 395; zu User Generated Content und Vertragsrecht: *Berberich* MMR 2010, 736 und *Solmecke/Dam* MMR 2012, 71, allgemein dazu *Reinemann/Remmertz* ZUM 2012, 216; ferner allgemein zu Online-Verträgen: *Moufang* FS Schricker I S. 571, 582; Lehmann/*Lehmann* S. 57; Bröcker/Czychowski/Schaefer/*Wirtz* § 8.

§ 31 Einräumung von Nutzungsrechten

(1) [1]**Der Urheber kann einem anderen das Recht einräumen, das Werk auf einzelne oder alle Nutzungsarten zu nutzen (Nutzungsrecht).** [2]**Das Nutzungsrecht kann als einfaches oder ausschließliches Recht sowie räumlich, zeitlich oder inhaltlich beschränkt eingeräumt werden.**

(2) Das einfache Nutzungsrecht berechtigt den Inhaber, das Werk auf die erlaubte Art zu nutzen, ohne dass eine Nutzung durch andere ausgeschlossen ist.

(3) [1]**Das ausschließliche Nutzungsrecht berechtigt den Inhaber, das Werk unter Ausschluss aller anderen Personen auf die ihm erlaubte Art zu nutzen und Nutzungsrechte einzuräumen.** [2]**Es kann bestimmt werden, dass die Nutzung durch den Urheber vorbehalten bleibt. § 35 bleibt unberührt.**

(4) *(aufgehoben)*

(5) [1]**Sind bei der Einräumung eines Nutzungsrechts die Nutzungsarten nicht ausdrücklich einzeln bezeichnet, so bestimmt sich nach dem von beiden Partnern zugrunde gelegten Vertragszweck, auf welche Nutzungsarten es sich erstreckt.** [2]**Entsprechendes gilt für die Frage, ob ein Nutzungsrecht eingeräumt wird, ob es sich um ein einfaches oder ausschließliches Nutzungsrecht han-**

delt, wie weit Nutzungsrecht und Verbotsrecht reichen und welchen Einschränkungen das Nutzungsrecht unterliegt.

Übersicht

I. Einräumung von Nutzungsrechten (§ 31 Abs. 1 bis Abs. 3)

1. Sinn und Zweck

1   Das Urheberrecht ist – von engen Ausnahmen abgesehen – nicht übertragbar (§ 29 S. 2; vgl. § 29 Rn. 7). Nur in Ausnahmefällen nutzt der Urheber jedoch sein Werk selbst. Vielmehr bedient er sich im Regelfall Verwertern (RegE UrhG 1962 – BT-Drs. IV/270, S. 28; vgl. Vor §§ 31 ff. Rn. 1). Hierzu räumt der Urheber den Verwertern Nutzungsrechte ein (zur Terminologie und **Abgrenzung zu den Verwertungsrechten** vgl. Rn. 13 ff.). Je nach dem mit dem Vertrag verfolgten Zweck sind Art und Umfang einzuräumender Nutzungsrechte im Einzelfall höchst unterschiedlich. § 31 Abs. 1 S. 1 nennt diesen **konkreten Zuschnitt des Nutzungsrechts** „Nutzungsart". Dieser Zuschnitt kann durch räumliche, zeitliche und inhaltliche Beschränkungen gestaltet werden (§ 31 Abs. 1 S. 2). Ferner können Nutzungsrechte in einfacher (§ 31 Abs. 2) oder ausschließlicher (§ 31 Abs. 3) Form vergeben werden. Ein abschließender Katalog von Nutzungsarten ist dem UrhG, insbesondere § 31 Abs. 1 bis Abs. 3, nicht zu entnehmen. Es muss jedoch eine verkehrsfähige Nutzungsart vorliegen; vgl. Rn. 11 f. Durch die Möglichkeit des individuellen Zuschnitts von Nutzungsrechten für konkrete Nutzungsarten gem. § 31 Abs. 1 bis Abs. 3 wird dem **Grundsatz des § 11 S. 1** Rechnung getragen, wonach der Urheber in der Nutzung seines Werkes zu schützen ist. Der Urheber wird in die Lage versetzt, bei der Einräumung von Nutzungsrechten nach eigenem Ermessen zu differenzieren. Ergänzend soll der **Übertragungszweckgedanke** gem. § 31 Abs. 5 dafür sorgen, dass im Zweifel der Urheber nur im nach dem Vertragszweck notwendigen Umfang Rechte vergibt; vgl. Rn. 108 ff.

2. Früheres Recht

§ 31 Abs. 1 S. 1 wurde seit Inkrafttreten des UrhG am 1.1.1966 nicht geändert,   **2** auch nicht durch das UrhVG 2002 (BGBl. I S. 1155). Die Regelung in § 31 **Abs. 1 S. 2** zur Möglichkeit der räumlich, zeitlich oder inhaltlich beschränkten Vergabe von Nutzungsrechten war bis zum UrhVG 2002 (BGBl I S. 1155) wortgleich in § 32 zu finden. In **§ 31 Abs. 2 und § 31 Abs. 3** wurden durch das UrhVG 2002 (BGBl I S. 1155) die Definitionen von einfachem und ausschließlichem Nutzungsrecht – ohne inhaltliche Veränderung gegenüber der früheren Rechtslage – klarer gefasst und in § 31 Abs. 3 die auch vorher anerkannte eingeschränkte Ausschließlichkeit ohne Ausschluss des Urhebers in das Gesetz aufgenommen (RegE UrhVG 2002 – BT-Drs. 14/7564, S. 5 i. V. m. BT-Drs. 14/6433, S. 14).

Auf **Altverträge**, die bis zum 31.12.1965 abgeschlossen wurden, findet zwar   **3** das UrhG grundsätzlich keine Anwendung (§ 132 Abs. 1 S. 1) und auch darin enthaltene Verfügungen bleiben wirksam (§ 132 Abs. 2). Gem. § 137 Abs. 1 S. 1 wird jedoch eine nach altem Recht mögliche Übertragung von Urheberrechten in eine Einräumung von Nutzungsrechten nach § 31 Abs. 1 bis Abs. 3 umgedeutet. § 31 Abs. 1 bis Abs. 3 haben insoweit auch Bedeutung für Altverträge. Für Verträge bis 31.12.1965 galten auch in der **DDR LUG und KUG.** Ab 1.1.1966 existierte nach DDR-Recht die Möglichkeit der Einräumung beschränkter dinglich wirkender Nutzungsrechte, für bestimmte Nutzungsarten, wurde dort allerdings „Übertragung" genannt (§§ 19 Abs. 1 S. 2, 39 UrhG-DDR), sodass insoweit eine mit § 31 Abs. 1 bis Abs. 3 vergleichbare Regelung für DDR-Altverträge gilt. § 19 Abs. 1 S. 2 UrhG-DDR enthält eine Aufhebung des Abstraktionsprinzips wie das UrhG (Wandtke/Bullinger/*Wandtke*[4] EVu Rn. 29; *Stögmöller* S. 98; zum UrhG vgl. Rn. 30 ff.). Zu einer Übertragung von Urheberrechten nach DDR-Altverträgen bis 31.12.1965 vgl. § 29 Rn. 2. Zu DDR-Altverträgen und einer möglichen Vertragsanpassung nach der deutschen **Wiedervereinigung,** vgl. Vor §§ 31 ff. Rn. 100 ff.

3. EU-Recht und Internationales Recht

Eine generelle Harmonisierung des Urhebervertragsrechts hat in der **EU** noch   **4** nicht stattgefunden. Das gilt insbesondere für die Regelungen in § 31. Einige EU-Richtlinien haben aber Einfluss auf die Vertragsgestaltung; vgl. Vor §§ 31 ff. Rn. 24 f. **Internationale Urheberrechtsabkommen** enthalten grundsätzlich keine Bestimmungen zur vertraglichen Nutzungsrechtseinräumung; vgl. Vor §§ 31 ff. Rn. 26 f. In **internationalen Sachverhalten** ist allerdings stets zu fragen, ob das deutsche Urhebervertragsrecht angewendet werden kann; vgl. Vor §§ 120 ff. Rn. 58 ff. Speziell zum **Übertragungszweckgedanken** gem. § 31 Abs. 5 vgl. Rn. 117.

4. Einräumung von Nutzungsrechten (§ 31 Abs. 1 S. 1)

a) **Urheber:** Nutzungsrechte kann nach § 31 Abs. 1 S. 1 nur der Urheber ein-   **5** räumen. Als Urheber gelten insoweit auch **Miturheber** nach § 8 und **Urheber verbundener Werke** nach § 9.

Vom Urheber zu unterscheiden sind die **Inhaber von Nutzungsrechten,** die vom   **6** Urheber abgeleitet sind. Sie fallen nicht unter § 31 Abs. 1 S. 1. Sofern sie Inhaber von ausschließlichen (vgl. Rn. 91 ff.) Nutzungsrechten sind, können sie mit Zustimmung (§ 35) des Urhebers weitere abgeleitete Nutzungsrechte einräumen; § 31 Abs. 1 S. 1 gilt dann entsprechend, sodass auch § 31 Abs. 1 S. 2 und Abs. 2 und Abs. 3 entsprechend Anwendung finden; zum **Vertragsrecht zwischen Verwertern** vgl. Vor §§ 31 ff. Rn. 223 ff.

7 § 31 Abs. 1 S. 1 gilt kraft ausdrücklichen Verweises auch für die **Inhaber von verwandten Schutzrechten** (Leistungsschutzrechten) wie wissenschaftlichen Ausgaben (§ 70) und Lichtbildern (§ 72 Abs. 1), ferner für die Leistungsschutzrechte der ausübenden Künstler (§ 79 Abs. 2a für Verträge ab 1.3.2017; zur früheren Rechtslage vgl. § 79 Rn. 2 ff.), der Veranstalter (§ 81 S. 2), der Tonträgerhersteller (§ 85 Abs. 2 S. 3), des Sendeunternehmens (§ 87 Abs. 2 S. 3), des Presseverlegers (§ 87g Abs. 1 S. 2), des Filmherstellers (§ 94 Abs. 2 S. 3) und des Laufbildherstellers (§ 95 i. V.m § 94 Abs. 2 S. 3). Im Hinblick auf die Leistungsschutzrechte bei nachgelassenen Werken (§ 71) und des Datenbankherstellers (§§ 87a ff.) findet zwar keine Verweisung statt, eine entsprechende Anwendung ist aber möglich; vgl. Vor §§ 31 ff. Rn. 217. Da die **vorerwähnten** Leistungsschutzrechte mit Ausnahme der Rechte nach § 70 (wissenschaftliche Ausgaben) und § 72 (Lichtbilder) übertragbar sind, können auch andere als die originären Inhaber Nutzungsrechte gemäß § 31 Abs. 1 S. 1 einräumen.

8 b) **Nutzungsrecht:** Nutzungsrechte sind gegenständliche (dingliche) Rechte, die durch **Verfügung über das Urheberrecht** eingeräumt werden und dem Inhaber die Nutzung des Werkes gegenüber jedermann gestatten. Umgekehrt bedeutet der dingliche Charakter auch, dass Überschreitungen der positiven Nutzungserlaubnis nicht nur eine Vertragsverletzung, sondern auch eine (deliktische) Urheberrechtsverletzung darstellen (BGH GRUR 2017, 266 Tz. 46 – *World of Warcraft I*). Nutzungsrechte entstehen durch Abspaltung der Nutzungsbefugnis vom Verwertungsrecht des Urhebers direkt in den Händen Dritter und berechtigen diese zur Nutzung des Werkes; vgl. § 29 Rn. 14 ff. Das Nutzungsrecht ist vom **Urheberrecht** und **Verwertungsrecht**, die nicht übertragbar sind, zu unterscheiden. Werden Nutzungsrechte **unzutreffend** als „Urheberrechte" oder „Verwertungsrechte" **bezeichnet**, ist eine **Vertragsauslegung** gemäß §§ 133, 157 BGB möglich; das gilt auch für AGB-Verträge; vgl. § 29 Rn. 8, Rn. 16. Von einem Nutzungsrecht abgeleitete weitere Nutzungsrechte werden als **Enkelrechte** etc. bezeichnet. Kein Nutzungsrecht entsteht bei der rein **schuldrechtlich wirkenden** Gestattung; vgl. § 29 Rn. 24.

9 c) **Auf einzelne oder alle Nutzungsarten: – aa) Umfang:** Nutzungsrechte können in allen denkbaren Kombinationen von Verwertungsarten eingeräumt werden. Das Gesetz nennt als Rahmen in § 31 Abs. 1 S. 2 einfache oder ausschließliche Einräumung sowie räumliche, zeitliche und inhaltliche Beschränkungen. Die Spanne reicht dabei von einer Vergabe für eine einzige Nutzungsart bis hin zur Vergabe von Nutzungsrechten für alle Nutzungsarten, was allerdings aufgrund der Anforderungen des Übertragungszweckgedankens an die Formulierung einer solchen Vereinbarung (vgl. Rn. 118 ff.) ein eher theoretischer Fall ist.

10 bb) **Begriff der Nutzungsart:** Der Begriff der Nutzungsart bezeichnet eine **bestimmte Art und Weise** der wirtschaftlichen Nutzung. Das UrhG kennt **keinen abschließenden Katalog** von Nutzungsarten. Eine verkehrsfähige **Nutzungsart** muss als solche hinreichend **klar abgrenzbar, wirtschaftlich-technisch als einheitlich und selbständig erscheinen** (BGH GRUR 2001, 153, 154 – *OEM-Version*; BGH GRUR 1992, 310, 311 – *Taschenbuch-Lizenz*; BGH GRUR 1990, 669, 671 – *Bibelreproduktion*). Die Frage, ob eine eigenständige Nutzungsart vorliegt, ist aus der **Sicht** der **Endverbraucher** zu beantworten, weil deren Werknutzung durch das System der Nutzungsrechte letztlich erfasst werden soll (auf „Verkehrsauffassung" abstellend: BGH GRUR 2001, 153, 154 – *OEM-Version*; BGH GRUR 1992, 310, 311 – *Taschenbuch-Lizenz*; BGH GRUR 1990, 669, 671 – *Bibelreproduktion*; BGH GRUR 1997, 215, 217 – *Klimbim*, allerdings nicht zu § 31 Abs. 1, sondern zu § 31 Abs. 4 a. F.). Dieser konkrete Einsatzbereich eines Werkes ist auf Grund der Fortentwicklung technischer Möglichkeiten und Wandelung der Verbraucherbedürfnisse ständig Änderungen unterworfen. Neue technische Möglichkeiten führen zu weiteren Nutzungsarten; frühere Nutzungsarten werden u. U. nicht mehr nachgefragt. Abgrenzungskriterien sind etwa qualitative Verbesserungen oder quantitative Erweiterungen der Nutzungsmöglichkeiten, aber auch Branchenüblichkeit (so OLG Hamburg GRUR 2000, 45, das auf die in Honorarempfehlungen genannten Nutzungsarten abstellt). Die Zahl möglicher Nutzungsarten ist groß, beispielsweise für einen literarischen Stoff Hardcoverbuch, Taschenbuch, Zeitschriftenabdruck, Hörbuch auf CD, Hörbuch zum Download aus dem Internet; zu weiteren Beispielen vgl. Rn. 65 ff.

cc) Grenzen der Aufspaltbarkeit: Das Urheberrecht und von ihm abgeleitete **11** Nutzungsrechte wirken als absolute Rechte gegenüber jedermann. Bei Eingriff in diese absolute Position kann der Urheber oder Rechteinhaber vorgehen, auch wenn eine vertragliche Verbindung mit dem Verletzer nicht existiert. Bei der Einräumung von Nutzungsrechten spricht man hier von der **dinglichen** (also absoluten) **Wirkung** der Nutzungsrechtseinräumung (vgl. Rn. 8). Eine dinglich wirkende Beschränkung ist aus Gründen der **Verkehrsfähigkeit** und **Rechtsklarheit** aber nur an konkreten und hinreichend bestimmten eigenständigen Nutzungsarten möglich. Diese **Begrenzung** der dinglichen **Aufspaltbarkeit** der Verwertungsrechte in Nutzungsarten soll unübersichtliche und unklare Rechtsverhältnisse verhindern, welche die Feststellung der Rechtsinhaberschaft und den Umfang der Berechtigung nicht oder nur unter erheblichen Schwierigkeiten zulassen (BGH GRUR 1992, 310, 311 – *Taschenbuch-Lizenz*; BGH GRUR 1990, 669, 671 – *Bibelreproduktion*; OLG München GRUR-RR 2011, 1, 3 – *My Video*; dazu auch: *Müller* ZUM 2011, 13, 17 ff.; *Schaefer* ZUM 2010, 150, 152 ff.; *Ulrich* ZUM 2010, 311, 314 ff.; *Melichar* ZUM 2010, 713; *von Albrecht* ZUM 2009, 661; *Jani* ZUM 2009, 722). Das betrifft sämtliche Beschränkungsmöglichkeiten für Nutzungsarten, also räumliche, zeitliche und inhaltliche Beschränkungen. **Räumlich** kann das Verbreitungsrecht nicht kleiner als die Bundesrepublik zugeschnitten werden, andere Rechte, beispielsweise Aufführungsrechte, aber durchaus; vgl. Rn. 46 ff. **Zeitlich** ist der Verkehr an verschiedenste Einschränkungen bei der Rechtevergabe gewöhnt (Loewenheim/*Jan Bernd Nordemann*[2] § 60 Rn. 25), sodass allenfalls ungewöhnliche zeitliche Abreden wie die Nutzungsrechtseinräumung nach Sekunden oder Minuten nicht dinglich wirken können, wenn sie für den Verkehr nicht hinreichend präzise nachmessbar sind. Zur dinglichen Abspaltbarkeit von **inhaltlichen** Beschränkungen vgl. Rn. 58 ff., zu Beispielen für inhaltlich abspaltbare Nutzungsarten in den einzelnen Werkarten und Branchen vgl. Rn. 65 ff.

Eine **dinglich nicht wirksame Aufspaltung** von Nutzungsrechten muss im Wege **12** der (ergänzenden) **Vertragsauslegung angepasst werden.** Danach ist zu entscheiden, ob mit dinglicher Wirkung gar kein Recht, ein umfassenderes Recht als die eigentliche Abrede oder ein Recht geringeren Umfangs eingeräumt wurde. Es kann auch nicht davon ausgegangen werden, dass der (dinglich unzulässige) Zuschnitt des Nutzungsrechts zumindest als schuldrechtliche Abrede überlebt. Bei einer unzulässigen Abspaltung des Server-Vervielfältigungsrechts vom Recht der öffentlichen Zugänglichmachung nach § 19a (str., vgl. Rn. 64a) ist die Einräumung des Vervielfältigungsrechts irrelevant und die Einräumung des Vervielfältigungsrechts unwirksam, sodass der (vermeintliche) Inhaber nicht gegen unberechtigte Nutzer vorgehen kann (s. OLG München GRUR-RR 2011, 1, 3 – *My Video*). Bei nur schuldrechtlich wirkender Verpflichtung sind über dies die **Kontrollmöglichkeiten nach AGB-Recht** vergrößert; vgl. Rn. 179 ff. Im Bereich des Einsatzes von **Digital Rights Management (DRM)** können außerdem die angewendeten Maßnahmen dazu führen, dass der Verkehr faktisch auf eine bestimmte Nutzungsmöglichkeit beschränkt wird, selbst wenn diese nicht selbständig abspaltbar sein sollte, z. B. Vervielfältigungsrecht nur für eigene Harddisk und ein mobiles Gerät; vgl. § 95c Rn. 16.

13   dd) **Nutzungsart und Verwertungsrecht:** Ein Nutzungsrecht bezieht sich immer auf eine oder mehrere konkrete Nutzungsarten. Die Nutzungsart ist dabei **nicht** mit dem **Verwertungsrecht** gem. §§ 15 ff. **identisch** (BGH GRUR 1997, 464, 465 – *CB-infobank II*; BGH GRUR 1992, 310, 311 – *Taschenbuch-Lizenz*; BGH GRUR 1986, 62, 65 – GEMA-*Vermutung I*; OLG München GRUR-RR 2011, 1, 3 – *My Video*). Sie kann zum einen **weiter** sein, also mehrere Verwertungsrechte umfassen, wie etwa der Verlag eines Buches (Vervielfältigung gem. § 16 und Verbreitung gem. § 17) oder das Recht zur Nutzung von Filmen in Kinos (Vervielfältigung gem. § 16, Verbreitung gem. § 17, Vorführung gem. § 19 Abs. 4). Sie kann andererseits aber auch **enger** sein; so sind beispielsweise der Vertrieb von Büchern über Sortimentsbuchhandlungen und über Buchgemeinschaften selbstständige Nutzungsarten im Bereich der Verbreitung (§ 17) als Verwertungsrecht (BGH GRUR 1968, 152, 153 – *Angélique*; OLG Köln ZUM-RD 2000, 332, 335 – *Juristische Fachzeitschriften*; Loewenheim/*Loewenheim/Jan Bernd Nordemann*² § 24 Rn. 5).

14   ee) „**Nutzungsart**" nach § 31 Abs. 1 und nach § 31a: Die Begriffe der Nutzungsart in § 31 Abs. 1 und § 31a sind **nicht identisch**. Es genügt im Zusammenhang mit dem Verbot der Einräumung unbekannter Nutzungsarten nicht, dass die Nutzungsart als hinreichend klar abgrenzbare Verwertungsform gemäß § 31 Gegenstand einer selbständigen Nutzungsrechtseinräumung sein kann Der eigenständige Regelungszweck des § 31a (mit seinen anderen und wesentlichen strengeren Rechtsfolgen – Schriftform!) gebietet vielmehr eine restriktivere Auslegung. Im Einzelnen streitig, vgl. § 31a Rn. 21.

14a   Danach kann es zu dem Ergebnis kommen, dass zwar eine eigenständige Nutzungsart nach § 31, jedoch nicht nach § 31a vorliegt. Sollte für den Fall der vertraglichen Einräumung von Nutzungsrechten eine **Vertragsauslegung** erforderlich sein, ist diese auch nach dem **Übertragungszweckgedanken** durchzuführen (§ 31 Abs. 5, vgl. Rn. 108 ff.). Eine Nutzungsart, die eine andere substituiert (und die deshalb nicht eigenständig nach § 31a sein kann, z. B. CD zu LP), ist im Zweifel ebenfalls eingeräumt; vgl. Rn. 130.

15   ff) **Nutzungsart und Erschöpfung:** Bei der **Verbreitung von Werkstücken** (§ 17) kann die festgelegte Nutzungsart schnell ihre Bedeutung verlieren. Urheberrecht als flankierendes absolutes Recht steht hier wegen Erschöpfung nur auf der ersten Stufe zur Verfügung.

16   **Räumliche Erschöpfung des Verbreitungsrechtes:** Werden Werkstücke mit Zustimmung des Berechtigten in Verkehr gebracht, tritt gemäß § 17 **Abs. 2** eine Erschöpfung des Verbreitungsrechtes ein, sodass der Berechtigte den Vertrieb nicht mehr kontrollieren kann (BGH GRUR 1986, 736, 737 f. – *Schallplattenvermietung*). Die Erschöpfung wirkt in der gesamten EU und im gesamten EWR, um eine künstliche Aufteilung des Marktes zu verhindern; vgl. § 17 Rn. 24 ff. Erforderlich ist lediglich, dass das erstmalige Inverkehrbringen innerhalb des Lizenzgebietes stattfindet und sich im Rahmen der gestatteten Nutzungsart hält. Danach kann der Berechtigte die weiteren Verbreitungsakte in der EU und im EWR nicht mehr daraufhin kontrollieren, ob sie mit der ursprünglichen räumlichen Begrenzung des Nutzungsrechts im Einklang stehen oder nicht (BGH GRUR 2001, 153, 155 – *OEM-Version*). Die Erschöpfungswirkung umfasst nicht nur das Recht zur Verbreitung des Werkstückes, sondern auch das Recht der darüber hinaus gehenden

Nutzung in der Absatzwerbung, z. B. durch Vervielfältigung (Abbildung) zu Werbezwecken (BGH GRUR 2001, 51, 53 – *Parfumflakon*). Die wirtschaftlichen Auswirkungen der Erschöpfung, nämlich die fehlende Möglichkeit der Abschottung gegen Importe aus anderen EU- oder EWR-Mitgliedsstaaten, sollten bei der Vertragsgestaltung bedacht werden; sie können **das eingeräumte Nutzungsrecht wesentlich entwerten.** Zwar ist die Konstruktion von räumlich abgegrenzten Vertriebssystemen für Werkstücke nicht von vornherein ausgeschlossen, wohl aber müssen diese dann über **rein schuldrechtliche Bindungen** durchgesetzt werden und kartellrechtlich zulässig sein (s. insbesondere die EU-Gruppenfreistellungsverordnung zu Vertikalvereinbarungen). Aus dem Urheberrecht kann nicht gegen Dritte vorgegangen werden; ebenso wenig aus dem Wettbewerbsrecht, sofern keine Verleitung des Dritten zum Vertragsbruch gemäß § 4 Nr. 10 UWG vorliegt.

Inhaltliche Erschöpfung des Verbreitungsrechts: Der Erschöpfungsgrundsatz   **17** überwindet ferner inhaltliche Beschränkungen der Nutzungsart. So kann ein Computerprogramm, das mit Zustimmung des Berechtigten nur für eine bestimmte inhaltlich beschränkte Nutzungsart in Verkehr gebracht werden darf, nach dem ersten erlaubten Inverkehrbringen ohne Beschränkung auf diese Nutzungsart weiterverbreitet werden (BGH GRUR 2001, 153, 155 – *OEM-Version* m. w. N.). Noch nicht einmal dort soll eine Grenze zu ziehen sein, wo die Weiterverbreitung sich soweit von der ursprünglich vorgesehenen Nutzungsart entfernt, dass ein neues Produkt entsteht, so z. B. wenn als Postkarten mit Zustimmung des Rechtsinhabers in Verkehr gebrachte Lichtbilder als Deckel in Pralinenschachtel eingelegt und mit der Verpackung verschweißt werden (KG GRUR-RR 2002, 125/127 – *Postkarten in Pralinenschachteln*; genauso OLG Hamburg GRUR 2002, 536 – *Flachmembranlautsprecher*). Das erscheint zumindest als zweifelhaft, wenn eine solche, der ursprünglichen Nutzungsart völlig entgegengesetzte Nutzung grundsätzliche Interessen des Urhebers (s. §§ 14, 23, 39 UrhG) berührt und daher eine erneute Zustimmung des Urhebers gerechtfertigt ist.

Erweiterung der Nutzungsrechtseinräumung: Die Erschöpfung bei der Verbrei-   **18** tung kann dazu führen, dass die Nutzungsrechtseinräumung auch ohne vertragliche Nutzungsrechtseinräumung erweitert wird. Rechte für Nutzungshandlungen, die üblicherweise mit einer **Bewerbung des urheberrechtlich geschützten Werkstückes** (z. B. eines Parfumflakons) verbunden sind, erschöpfen sich ebenfalls, weil ansonsten das legal verbreitete Werkstück nicht beworben werden könnte (BGH GRUR 2001, 51, 53 – *Parfumflakon*).

Für unkörperliche Verwertungen (§ 15 Abs. 3) ist es hingegen grundsätzlich   **19** anerkannt, dass der Rechtsinhaber das Gebiet für die Nutzung – auch innerhalb der EU – aufteilen kann; vgl. § 15 Rn. 11.

gg) Positives Nutzungsrecht und negatives Verbotsrecht: Der Umfang des   **20** (ausschließlichen) Nutzungsrechts als positive Benutzungserlaubnis kann enger sein als die dinglichen (negativen) Verbotsrechte des Nutzungsberechtigten gegenüber Dritten und dem Urheber. Der Nutzungsberechtigte kann also möglicherweise dinglich mehr verbieten, als er selbst nutzen darf. Richtigerweise entscheidet darüber der Übertragungszweckgedanke gem. § 31 Abs. 5 S. 2, wie der Wortlaut seit der Urhebervertragsrechtsreform 2002 ausdrücklich anordnet. Für vor dem 1.7.2002 geschlossene Verträge (§ 132 Abs. 3 S. 1) gilt der allgemeine nicht kodifizierte Übertragungszweckgedanke, weil der Gesetzgeber mit der Neuregelung in § 31 Abs. 5 S. 2 nur die Fälle kodifizieren wollte, auf die der Übertragungszweckgedanke ohnehin über den bisherigen Wortlaut anwendbar war (RegE UrhVG 2002 – BT-Drs. 14/7564, S. 5 i. V. m. BT-Drs. 14/6433, S. 14).

Ein über das Benutzungsrecht hinausgehendes dingliches Verbotsrecht auch   **21** Dritten gegenüber soll vor allem in Betracht kommen, wenn der Urheber **Ent-**

haltungspflichten (ausführlich zu Enthaltungspflichten vgl. Vor §§ 31 ff. Rn. 45 ff., weiterhin zu § 88 Abs. 2 vgl. § 88 Rn. 89 sowie vgl. § 9 VerlG Rn. 14 ff.) gegenüber dem Nutzungsberechtigten verletzt, für dasselbe Werk keine Rechte an konkurrierenden Nutzungsarten zu vergeben (Schricker/Loewenheim/*Katzenberger/N. Reber*[5] § 88 Rn. 57; Dreier/Schulze/*Schulze*[5] § 88 Rn. 69; wohl auch Wandtke/Bullinger/*Wandtke/Grunert*[4] Vor §§ 31 ff. Rn. 117). Der BGH hat diese Frage teilweise ausdrücklich offen gelassen (BGH GRUR 1957, 614, 616 – *Ferien vom Ich*; BGH GRUR 1969, 364, 366 – *Fernsehauswertung*), teilweise aber auch bekräftigt, dass das negative Verbotsrecht nicht auf andere Nutzungsarten erstreckt werden kann (BGH GRUR 1992, 310, 311 – *Taschenbuch-Lizenz*).

22 Ohne ausdrückliche Abrede zwischen den Parteien erscheint die Einräumung eines weiter reichenden Verbotsrechts jedoch als zweifelhaft, weil der Vertragszweck kaum darauf gerichtet sein kann, dem Urheber vorbehaltene Nutzungsarten mit dinglicher Wirkung zu neutralisieren. Für den Regelfall laufen deshalb ohne abweichende Vereinbarung Benutzungsrecht und Verbotsrecht parallel. Die berechtigten Interessen des Verwerters spielen nur im Rahmen des Vertragsverhältnisses eine Rolle, was auch im Rahmen des § 32 zum Tragen kommen kann. Für eine Beschränkung der Wirkungen auf das Vertragsverhältnis spricht im Übrigen auch der Verkehrsschutz und die Rechtsklarheit, die genauso wie bei der Frage des Zuschnitts der Nutzungsart (vgl. Rn. 11) zu berücksichtigen sind. Für Dritte sind über das positive Benutzungsrecht hinausgehende Verbotsrechte aber schwierig identifizierbar, wenn sie sich aus vertraglichen Enthaltungspflichten ergeben, ohne dass dem Verwerter die Rechte eingeräumt wurden. Nur für die Enthaltungspflicht des § 88 **Abs. 2 S. 2** (Wiederverfilmungsrecht des Stoff-Urhebers) ist ein dinglicher Charakter aufgrund der eindeutigen Aussagen in den Gesetzesmaterialien anzuerkennen; vgl. § 88 Rn. 84.

23 Anderes gilt jedoch bei **illegalen Nutzungen,** die im **Interesse** sowohl **des Urhebers** als auch **des Nutzungsberechtigten** verfolgt werden. Das Verbotsrecht geht auch ohne ausdrückliche vertragliche Absprache in den Fällen über das Benutzungsrecht hinaus, in denen der Urheber dem Verwerter umfassende Rechte, jedoch Dritten keine Rechte eingeräumt hat. Hat der Urheber die andere Nutzung erlaubt, scheidet eine Ausdehnung des negativen Verbotsrechts aus (OLG Köln ZUM-RD 2012, 337, 339 – *Newton Bilder*). Die Verfolgung von Urheberrechtsverletzungen durch einen mit umfassenden Nutzungsrechten ausgestatteten Verwerter liegt jedoch aus Urhebersicht im Rahmen des Vertragszwecks, selbst wenn die von der Verletzung betroffene Nutzungsart nicht dem Verwerter eingeräumt wurde. Das Verbietungsrecht kann über das Benutzungsrecht hinausgehen, wenn dies erforderlich erscheint, um die Nutzungsbefugnis zu dem nach dem Vertrag vorausgesetzten Gebrauch wirksam zu schützen (OLG Köln ZUM-RD 2014, 376, 377). Es muss sich damit um eine **Verletzung eines inhaltlich sachnahen Rechts** handeln, damit der Verwerter hinreichend betroffen ist (Loewenheim/*Jan Bernd Nordemann*[2] § 60 Rn 40). Das ist insbesondere der Fall, wenn die Verletzungshandlung die **materiellen Interessen des Nutzungsberechtigten** berührt (OLG Köln ZUM-RD 2014, 376, 377; OLG München ZUM-RD 2013, 183, 185 – *The W. – Series 3*). So kann der Verleger des Originalwerkes gegen unautorisierte Bearbeitungen wie z. B. einen Fortsetzungsroman auf Unterlassung vorgehen, obwohl auch er diesen nicht verlegen dürfte (BGH GRUR 1999, 984, 985 – *Laras Tochter*), oder gegen Nachahmungsprodukte, zu deren Nutzung er nicht berechtigt wäre (BGH GRUR 1992, 697, 698 f. – *ALF*). Ein Verbotsrecht besteht auch umgekehrt für denjenigen, der ausschließliche Rechte an einer Bearbeitung hält, gegen die vom Urheber nicht erlaubte Nutzung des Originals oder einer Vorversion, sofern Sachnähe gegeben ist. Wenn das Recht zur Veröffentlichung von Personenfotos

Jan Bernd Nordemann

im Internet besteht, kann auch gegen deren unberechtigte Veröffentlichung in Printmedien vorgegangen werden, weil betroffene Personen sonst möglicherweise ihre Zustimmung zum Vertragsschluss verweigern und das Auswirkungen auf den Erfolg der eigenen Nutzung hat (LG München I MMR 2004, 192, 194). Das Gleiche gilt für den ausschließlichen Inhaber der DVD-Rechte, der gegen Verletzungen durch Upload in Internettauschbörsen vorgehen kann (OLG München ZUM-RD 2013, 183, 185 – *The W. – Series 3*). Wenn ein Verlag das Nutzungsrecht für das Speichern von Werken in einer elektronischen Datenbank nicht hat, sondern das Vervielfältigungsrecht für Kopien auf Papier, kann er dennoch das illegale Einscannen und Speichern durch Dritte verhindern (OLG Köln ZUM-RD 2000, 332, 336 – *Juristische Fachzeitschriften*). **Keine hinreichende Sachnähe** und damit kein negatives Verbotsrecht steht dem ausschließlich Nutzungsberechtigten jedoch zu, wenn ein Urheber zur filmischen Verwertung umfassend Rechte an einen Werknutzer eingeräumt hat; dann kann nicht gegen unautorisierte Abbildungen des Werkes in einer Zeitschrift vorgegangen werden, die in keinem konkreten Zusammenhang mit dem Film stehen (OLG Hamburg GRUR-RR 2003, 33 – *Maschinenmensch*). Auch soll ein Vorgehen aus Comic-Rechten an einer Hundefigur gegen eine plastische Darstellung des Hundes ausscheiden (BGH GRUR 2004, 855, 857 – *Hundefigur*, zw.). **Fraglich** ist, ob Voraussetzung für eine hinreichende Sachnähe und damit für ein negatives Verbotsrecht ist, dass eine **Enthaltungspflicht des Urhebers oder sonstigen Rechtegebers für die verletzten Rechte** gilt (zu Enthaltungspflichten vgl. Vor §§ 31 ff. Rn. 45 ff.; speziell für den Filmbereich vgl. Vor §§ 88 ff. Rn. 75 ff.). Nach der Rechtsprechung des OLG Köln beeinträchtigt die Verletzung von Rechten in Deutschland in Tauschbörsen an einer fremdsprachigen Fassung eines Films den Rechteinhaber nicht hinreichend, wenn er nur ausschließliche Rechte an der deutschsprachigen Version hält *und* sich der Rechtegeber die Rechte für fremdsprachige Filme ausdrücklich vorbehalten hat (OLG Köln ZUM-RD 2014, 276, 377; OLG Köln ZUM-RD 2014, 162). Das kann nicht überzeugen. Entscheidend sind nicht Enthaltungspflichten, sondern dass – neben der Berührung materieller Interessen des Anspruchstellers – die Anspruchsverfolgung auch im Interesse des Rechtegebers liegt, was bei illegalen Nutzungen in Tauschbörsen der Fall ist. Auch bei **fehlender zeitlicher positiver Benutzungserlaubnis** kommt nach den gleichen Grundsätzen ein negatives Verbotsrecht in Betracht. Voraussetzung ist jedoch, dass schon **vor Lizenzbeginn** hinreichende wirtschaftliche Interessen des zukünftigen Lizenznehmers beeinträchtigt sind (*Raitz von Frentz/Masch* UFITA 2009, 665). Das kann der Fall sein bei zukünftigen DVD-Rechten, die schon vor Lizenzbeginn durch eine illegale Nutzung im Internet wirtschaftlich beeinträchtigt werden. Erst recht kann der Inhaber des ausschließlichen Vorführungsrechts für einen Film gegen einen illegalen Upload im Internet vorgehen, wenn der Film noch im Kinofenster ist (dazu vgl. Vor §§ 88 ff. Rn. 10, 75). – Neben Verbotsansprüchen hat der Nutzungsrechteinhaber aber nur unter bestimmten Voraussetzungen auch **Schadensersatzansprüche**; vgl. § 97 Rn. 132 ff.

24   Neben dem Nutzungsberechtigten bleibt der **Urheber** stets berechtigt, Verbotsansprüche wegen illegaler Nutzung zu stellen, auch wenn er insoweit ausschließliche Nutzungsrechte eingeräumt hat; str., vgl. § 97 Rn. 128. Schadensersatzansprüche stehen ihm aber nicht ohne weiteres zu.

25   **d) Einräumung:** Die Einräumung von Nutzungsrechten ist eine **belastende Verfügung** über das Urheberrecht. Für ein eingeräumtes Nutzungsrecht wird in Anlehnung an die patentrechtliche Terminologie auch die Bezeichnung „Lizenz" verwendet. Dem Urheberrecht ist diese Bezeichnung eigentlich fremd; auch der RegE UrhG spricht nur davon, dass die Nutzungsrechtseinräumung „ähnlich wie die auf dem Gebiet des Patentrechts übliche Lizenz" sei (RegE UrhG 1962 – BT-Drs. IV/270, S. 55). Der Begriff der Lizenz hat sich allerdings im Urheberrecht für bestimmte Sachverhalte eingebürgert, insbesondere im Verlagsrecht für die Weiterübertragung oder für die Einräumung weiterer Rechte des Verlegers an Dritte z. B. „Sublizenz", „Unterlizenz". Der Sprachgebrauch ist aber nicht ganz einheitlich (Schricker/Loewenheim/*Schricker/Loewenheim*[4] Vor §§ 28 ff. Rn. 49). Zu einem Überblick zur Einräumung von Nutzungsrechten bei **Verträgen des Urhebers** vgl. Vor §§ 31 ff. Rn. 32 ff., bei **Verträgen des Leistungsschutzberechtigten** vgl. Vor §§ 31 ff. Rn. 215 ff. und bei **Verträgen zwischen Verwertern** vgl. Vor §§ 31 ff. Rn. 223 ff. Zur **stillschweigenden** Einräumung vgl. Rn. 136.

26   aa) **Verpflichtungs- und Verfügungsgeschäft:** Bei der Einräumung von Nutzungsrechten an Urheberrechten ist – wie auch im gesamten übrigen deutschen Zivilrecht – zu trennen zwischen **Verpflichtungsgeschäft und Verfügungsgeschäft.** Einerseits gibt der Nutzungsvertrag als Verpflichtungsgeschäft einer Vertragspartei den schuldrechtlichen Anspruch, von der anderen Vertragspartei die Einräumung bestimmter Nutzungsrechte an einem urheberrechtlichen Werk verlangen zu dürfen. Andererseits muss diese Verpflichtung durch ein Verfügungsgeschäft erfüllt werden; diese Verfügung ist die Einräumung der Nutzungsrechte durch Belastung des Urheberrechts, die die Nutzungsrechte unmittelbar in den Händen eines Dritten zur Entstehung bringt (Dreier/Schulze/*Schulze*[5] Rn. 17; Schricker/Loewenheim/*Ohly*[5] Rn. 1, 13; Loewenheim/*Loewenheim/Jan Bernd Nordemann*[2] § 26 Rn. 1; *Schack*, Urheber- und UrhebervertragsR[7] Rn. 587 ff.). In der Praxis fallen beide Rechtsgeschäfte meist zusammen, sodass der Nutzungsvertrag neben der Verpflichtung zur Rechtseinräumung auch deren Erfüllung durch eine entsprechende Verfügung enthält (OLG Brandenburg NJW-RR 1999, 839, 840; Loewenheim/*Loewenheim/Jan Bernd Nordemann*[2] § 26 Rn. 2).

27   **Verpflichtungsgeschäft:** Das Verpflichtungsgeschäft ist der Nutzungsvertrag zwischen Verwerter und Urheber, der im Regelfall auf die Verschaffung der im Vertrag bestimmten Nutzungsrechte für die dort bestimmten Nutzungsarten gegen Entgelt gerichtet ist und ggf. weitere dem Zweck des Vertrages dienende Abreden enthält. Das Verpflichtungsgeschäft allein führt noch nicht zu einer Änderung der Rechtslage hinsichtlich der Nutzung des Werkes. Es begründet lediglich Rechte und Pflichten und gibt lediglich einen **Anspruch auf Einräumung der vereinbarten Nutzungsrechte.** Daher stellt die **Nutzung** eines Werkes durch einen Nichtberechtigten ohne Nutzungsrecht auch dann eine **Urheberrechtsverletzung** dar, wenn dieser einen Anspruch auf Rechtseinräumung aus einem schuldrechtlichen Vertrag mit dem Urheber hat (BGH GRUR 2002, 248, 252 – *Spiegel-CD-ROM*; BGH GRUR 1998, 376, 378 – *Cover Version*; BGH GRUR 1997, 215 – *Klimbim*; *Loewenheim* GRUR 1997, 215, 220 f.; *Schwarz* ZUM 1997, 94, 95 f.; *Schack*, Urheber- und UrhebervertragsR[7] Rn. 901), jedoch kann zumindest der Schadensersatzanspruch entfallen; vgl. Vor §§ 31 ff. Rn. 89 f., dort auch zu Ausnahmen. Der **Abschluss** des Verpflichtungsgeschäfts bemisst sich nach den allgemeinen Vorschriften des BGB über Rechtsgeschäfte (§§ 104 bis 193 BGB), insbesondere über Verträge (§§ 145 bis 157 BGB; vergleiche insb. zu § 147 Abs. 2 BGB OLG Stuttgart ZUM-RD 2007, 80, 83). Es gilt der Grundsatz der **Formfreiheit** mit Ausnahme der § 31a Abs. 1 S. 1 (unbekannte Nutzungsarten) und § 40 Abs. 1 (Verpflichtung zur Einräumung von Nutzungsrechten an künftigen Werken). Die **Rechtsnatur** des dem Verpflichtungsgeschäft zugrunde liegenden Schuldverhältnisses kann vielfältig sein. Auch wenn der Verpflichtungsvertrag meist als Vertrag eigener Art bezeichnet wird (Wandtke/Bullinger/*Wandtke/Grunert*[4] Vor §§ 31 ff. Rn. 6), ist eine Typisierung nach den Vertragstypen des BGB nicht ausgeschlossen (Loewenheim/*Jan Bernd Nordemann*[2] § 59 Rn. 20 ff.). Bei Fehlen einer vertraglichen Regelung kann also oft auf die dispositiven Regelungen des BGB für den jeweils passenden Vertragstypus wie Kaufvertrag, Werkvertrag, Dienst- und

Arbeitsvertrag, Miet- und Pachtvertrag, Auftrag oder Geschäftsbesorgungsvertrag zurückgegriffen werden. Zu den Arten von Nutzungsverträgen vgl. Vor §§ 31 ff. Rn. 164 ff., zu **Leistungsstörungen** für Urheberverträge vgl. Vor §§ 31 ff. Rn. 170 ff. und für Verträge zwischen Verwertern vgl. Vor § 31 ff. Rn. 287.

Verfügungsgeschäft: Die Nutzungsrechtseinräumung selbst ist als Rechtsgeschäft, welches das Verwertungsrecht des Urhebers belastet, eine Verfügung in Erfüllung der zugrundeliegenden schuldrechtlichen Verpflichtung; vgl. Rn. 27. Für den **Abschluss** gilt das oben zum Verpflichtungsgeschäft Gesagte: Als gegenständlicher Vertrag unterliegt auch sie den Vorschriften des Allgemeinen Teils des BGB (§§ 104 bis 193 BGB). Der Grundsatz der **Formfreiheit** wird für Verfügungen nur durch § 31a Abs. 1 S. 1 eingeschränkt; § 40 Abs. 1 S. 1 gilt nur für Verpflichtungsgeschäfte im Hinblick auf künftige Werke, nicht für das Verfügungsgeschäft; das hat allerdings aufgrund der Aufweichung des Abstraktionsprinzips im Urheberrecht keine große Bedeutung in der Praxis, weil die Nichteinhaltung der Form für das Verpflichtungsgeschäft regelmäßig auf das (eigentlich formfreie) Verfügungsgeschäft durchschlägt; vgl. Rn. 30 ff. Art und Umfang der Nutzungsrechtseinräumung sind grundsätzlich frei bestimmbar. Es existiert **kein numerus clausus der Nutzungsrechte** anders als im bürgerlichen Sachenrecht (*Ulmer*, Urheber- und VerlagsR[3] S. 361 ff.; Schricker/Loewenheim/ *Ohly*[5] Rn. 27). Jedoch geht damit keine völlige Gestaltungsfreiheit im Hinblick auf den gegenständlich wirkenden Zuschnitt der Rechte einher; zu den Grenzen der Rechtseinräumung etwa im Hinblick auf Abspaltbarkeit mit gegenständlicher Wirkung; vgl. Rn. 11. Die **Verfügungsbefugnis** bei der Einräumung liegt grundsätzlich beim Urheber. Bei verbundenen Werken (§ 8 Abs. 2) steht sie den Miturhebern gemeinsam zu. Fehlt dem Veräußerer die Verfügungsmacht, kommt eine Zustimmung des Inhabers gemäß § 185 Abs. 1 BGB oder auch ein Erwerb nach § 185 Abs. 2 BGB durch nachträglichen Rechtserwerb des Veräußerers in Betracht (OLG Brandenburg NJW-RR 1999, 839, 840 – *blauäugig*). Die Einräumung kann unter einer **Bedingung** erfolgen, etwa bedingt durch Zahlung der vereinbarten Vergütung (LG München I ZUM-RD 2005, 81, 84).

28

bb) Trennungsprinzip: Auch wenn Verpflichtungs- und Verfügungsgeschäft in der Praxis oft in einem Vertrag zusammenfallen, so ist die **Verpflichtung zur Rechtseinräumung von der Verfügung**, mittels derer die Nutzungsrechte konstitutiv eingeräumt werden, **zu trennen** (*Wente/Härle* GRUR 1997, 96; Schricker/Loewenheim/*Ohly*[5] Rn. 13; Dreier/Schulze/*Schulze*[5] Rn. 16; *Schack*, Urheber- und UrhebervertragsR[7] Rn. 591). Dieses Trennungsprinzip beansprucht – genauso wie im gesamten Zivilrecht – grundsätzlich auch im Urheberrecht **allgemeine Geltung.** Das ergibt sich stellenweise schon aus dem Gesetzeswortlaut: § 31a Abs. 1 S. 1: „Rechte für unbekannte Nutzungsarten einräumt oder sich dazu verpflichtet"; § 40 Abs. 3: „wenn in Erfüllung des Vertrages Nutzungsrechte […] eingeräumt worden sind".

29

cc) Abstraktionsprinzip, insbesondere automatischer Rechterückfall: Sehr **umstritten** ist die Geltung des Abstraktionsprinzips im Urheberrecht, nach dem die Wirksamkeit des Verfügungsgeschäftes (also der Rechtseinräumung) nicht von der Wirksamkeit des zugrunde liegenden Verpflichtungsgeschäftes abhängt. Konsequenz der Anwendung des Abstraktionsprinzips wäre, dass im Fall der Unwirksamkeit oder Beendigung des Verpflichtungsgeschäfts das eingeräumte Nutzungsrecht an den Urheber gesondert zurück übertragen werden müsste. Jedoch wird in Abkehr vom Abstraktionsprinzip in Rechtsprechung und Literatur überwiegend die Auffassung vertreten, dass die Rechte bei Unwirksamkeit oder Beendigung des Verpflichtungsgeschäfts – unabhängig vom Beendigungsgrund – automatisch an den Urheber zurückfallen (BGH GRUR

30

2012, 916 Tz. 19 f. – *M2Trade*; OLG Karlsruhe ZUM-RD 2007, 76, 78; OLG Hamburg GRUR 2002, 335, 336 – *Kinderfernseh-Sendereihe*; OLG Hamburg GRUR Int. 1998, 431, 435 – *Feliksas Bajoras*; OLG Brandenburg NJW-RR 1999, 839, 840 – *Blauäugig*; LG Mannheim CR 2004, 811, 814; LG Köln ZUM 2006, 149, 152; *Kraßer* GRUR Int. 1973, 230, 235 ff.; *Forkel* S. 162 ff.; *Götting* FS Schricker I S. 70 f.; *Ulmer*, Urheber- und VerlagsR[3] S. 313 ff.; BeckOK/*Soppe*[15] Rn. 78; Schricker/Loewenheim/*Ohly*[5] Rn. 18; Wandtke/Bullinger/*Bullinger/Grunert*[4] Vor §§ 31 ff. Rn. 6, 50; Loewenheim/*Loewenheim/Jan Bernd Nordemann*[2] § 26 Rn. 3; Dreier/Schulze/*Schulze*[5] Rn. 19; HK-UrhR/*Kotthoff*[3] Rn. 18. **A. A.**, für eine Anwendung des Abstraktionsprinzips: *Schwarz/Klingner* GRUR 1998, 113; *Schack*, Urheber- und UrhebervertragsR[7] Rn. 589 ff.; Berger/Wündisch/*Berger*[2] § 1 Rn. 33; *v. Gamm* Einf. Rn. 70; *Obergfell* S. 75 ff. für Filmlizenzverträge; Schricker/Loewenheim/*Katzenberger/N. Reber*[5] § 88 Rn. 56 a. E. für Wiederverfilmungsrechte; *Wente/Härle* GRUR 1997, 96, 98 f. für jede Verfügung über den Ersterwerb von Nutzungsrechten hinaus; auch *Wallner* NZI 2002, 70, 74, *Abel* NZI 2003, 121, 126, *Grützmacher* CR 2004, 814, 815, jeweils für den speziellen Fall der Insolvenz des Urhebers und die Folgen nach § 103 InsO für bestehende Nutzungsrechte). Nach der herrschenden Auffassung sind also solche Nutzungsrechtseinräumungen bei **Insolvenz des Rechtegebers** insbesondere nicht „insolvenzfest" (eingehend *Berger* GRUR 2013, 321, 330 ff.; *Seegel* CR 2013, 205, 208 ff.; jeweils auch zu Gesetzgebungsinitiativen). Hier ist insbesondere zu prüfen, ob § 103 InsO anwendbar ist, der dem Insolvenzverwalter das Wahlrecht gibt, über das er den Lizenzvertrag zu Fall bringen kann. Im Fall eines Lizenzkaufes (Rechtekaufs) ist der Vertrag i. S. v. § 103 InsO in der Regel beiderseits erfüllt, wenn die gegenseitigen Hauptleistungspflichten ausgetauscht sind, also der Rechtegeber die Lizenz (Nutzungsrechte) eingeräumt und der Rechteempfänger den Kaufpreis entrichtet hat (BGH GRUR 2016, 201 Tz. 45 – *Ecosoil* m. w. N.). Das gilt auch bei kostenloser Einräumung von Nutzungsrechten z. B. im Konzern, es sei denn, es sind Nebenleistungspflichten der Vertragsparteien offen (BGH GRUR 2016, 201 Tz. 45 – *Ecosoil*). Als insolvenzfeste Gestaltungsmöglichkeit steht insbesondere eine aufschiebend bedingte Übertragung von Nutzungsrechten (gegen Zahlung einer einmaligen Vergütung) an den Lizenznehmer zur Verfügung (s. BGH GRUR 2006, 435 Tz. 12 ff. und 1. Ls.; Hasselblatt/*Koehler*[4] § 52 Rn. 58; *Kroós* MMR 2017, 13, 14). Diskutiert werden auch Sicherungsnießbrauch sowie Sicherungsabtretung, Verpfändung der Lizenz und Treuhand (eingehend *Kroós* MMR 2017, 13, 14 m. w. N.). Der automatische Rechterückfall bezieht sich aber nicht nur auf den Fall der Insolvenz des Rechtenehmers, sondern gilt nach der herrschenden Auffassung für jeden Beendigungsgrund.

31   Die frühere Rechtsprechung des BGH hatte **zu Verträgen zwischen Verwertern** eine andere Auffassung vertreten. Das Abstraktionsprinzip sollte danach auch für urheberrechtliche Verträge zwischen Verwertern gelten (s. BGH GRUR 1958, 504, 506 – *Die Privatsekretärin*; BGH GRUR 1982, 369, 371 – *Allwetterbad*; BGH GRUR 1990, 443, 446 a. E. – *Musikverleger IV*). Der BGH hat diese **Rechtsprechung** jetzt allerdings **aufgegeben** und geht auch bei Verträgen zwischen Verwertern davon aus, dass ein **automatischer Rechterückfall** an den einräumenden Verwerter erfolgt, wenn der schuldrechtliche Vertrag zwischen den Verwertern entfällt (BGH GRUR 2012, 916 Tz. 18 ff. – *M2Trade*). Zu solchen Verträgen zwischen Verwertern ohne Beteiligung des Urhebers vgl. Vor §§ 31 ff. Rn. 229 ff.

32   Im Hinblick auf **Verträge** zwischen **Urheber und Verwerter**, die § 31 ausschließlich regelt (zu Verträgen zwischen Verwertern, vgl. Vor §§ 31 ff. Rn. 229 ff.), streiten für einen automatischen Rechterückfall die besseren Argumente. Zunächst ist der Sinn und Zweck des UrhG, dem Urheber gem. § 11

S. 2 eine angemessene Vergütung zu verschaffen und ihn tunlichst an den wirtschaftlichen Erträgen seines Werkes zu beteiligen (RegE UrhVG 2002 – BT-Drs. 14/7564, S. 5 i. V. m. BT-Drs. 14/6433 S. 7; jedoch vgl. Rn. 109). Die Nachteile von isoliert bei Dritten ohne Verpflichtung liegenden Nutzungsrechten, deren wirtschaftliche Ausbeute unter Umständen über das Bereicherungsrecht vergütet werden müsste, liefen dem gebotenen Schutz des Urhebers entgegen. Auch systematisch ist ein automatischer Rechterückfall vertretbar. Es besteht eine enge Verknüpfung der Einräumung des Nutzungsrechtes mit dem zugrunde liegenden Schuldverhältnis als Besonderheit des Urheberrechts (grundlegend *Ulmer*, Urheber- und VerlagsR[3] S. 358). Für das Verlagsrecht ist das ausdrücklich der Regelung des § 9 VerlG zu entnehmen (so auch BGH GRUR 2012, 916 Tz. 19 – *M2Trade*): Nach ihm erlischt im Verlagsvertrag mit der Beendigung des schuldrechtlichen Verlagsvertragsverhältnisses das dingliche Verlagsrecht automatisch. Auch wenn dessen Ausnahmecharakter gegen die Übertragung dieses Rechtsgedankens auf das gesamte Urheberrecht vorgebracht (*Schack*, Urheber- und UrhebervertragsR[7] Rn. 590) und nach der Urheberrechtsreform eine planwidrige Regelungslücke bezweifelt wird (*Grützmacher* CR 2004, 814, 815; anders zu Recht Schricker/Loewenheim/*Schricker/Loewenheim*[4] § 33 Rn. 21; nach Schricker/Loewenheim/*Ohly*[5] § 33 Rn. 21 besteht das Enkelrecht trotz Wegfall des Tochterrechts fort), so ist dem gesamten Urheberrecht doch immanent, dass die Verfügung entscheidend durch den **Zweck** des zugrundeliegenden schuldrechtlichen Rechtsgeschäftes geprägt wird und daher nicht gänzlich von ihm abstrahiert werden kann. Insoweit ist nicht nur auf § 9 VerlG zu verweisen. Ausprägungen dieser Zweckbindung ziehen sich systematisch auch durch das gesamte UrhG: § 40 Abs. 3 sieht die automatische Unwirksamkeit der Verfügung bei Einräumung von Nutzungsrechten an künftigen Werken bei Beendigung des Grundgeschäftes vor Ablieferung der Werke vor. Auch das Rückrufrecht führt zum automatischen Rechterückfall (§§ 41 Abs. 5, 42 Abs. 5). Noch stärker zeigt sich das an dem **Übertragungszweckgedanken** (§ 31 Abs. 5). Dieser knüpft ausdrücklich das Verpflichtungsgeschäft über seinen „Vertragszweck" an den Umfang des Verfügungsgeschäfts. Bei fehlender oder pauschaler (schuldrechtlicher) Abrede hat der Übertragungszweckgedanke vielmehr unmittelbaren Einfluss auf das Verfügungsgeschäft und korrigiert den Umfang der dinglichen Rechtseinräumung entsprechend den Erfordernissen des schuldrechtlichen Grundgeschäftes (BGH GRUR 2012, 916 Tz. 19 – *M2Trade*), dazu vgl. Rn. 118 ff. Ließe man die gegenständlichen Rechte bei dessen Wegfall in den Händen des Erwerbers bestehen, wäre die den Rechtsumfang ausformende Zweckverbindung nicht mehr vorhanden. § 9 VerlG ist daher nicht als Sonderregelung, sondern als Ausprägung des allgemeinen Zweckbindungsgrundsatzes zu verstehen und trägt zusammen mit § 40 Abs. 3 eine **Rechtsanalogie**, die durch automatischen **Rückfall** der Nutzungsrechte mit Unwirksamkeit oder Beendigung des schuldrechtlichen Grundgeschäftes eine Rückübertragung an den Urheber entbehrlich macht. – Ausnahmsweise etwas anderes gilt im Filmbereich: Ein automatischer Rechterückfall scheidet nach Drehbeginn für den **Filmbereich** wegen der *ratio legis* des § 90 S. 1 aus (vgl. § 90 Rn. 9).

Erfasst die Beendigung des Verpflichtungsgeschäftes gemäß § 139 BGB nicht **33** nur eingeräumte Hauptrechte, sondern sämtliche Rechte, insbesondere **Nebenrechte**, fallen konsequenterweise auch die Nebenrechte an den Urheber zurück (*Schricker*, VerlagsR[3] § 9 Rn. 11a; *Ulmer*, Urheber- und VerlagsR[3] § 92 I; *Kraßer* GRUR Int. 1973, 230 ff.; *Knaak* FS Schricker I S. 263, 285). Zur Frage, ob die Beendigung den gesamten Vertrag bzw. insbesondere alle Rechte erfasst, vgl. Vor §§ 31 ff. Rn. 139.

Ob auch von Nutzungsrechten im Wege der **Unterlizenz** nach § 35 **abgeleitete** **34** zweitstufige **Nutzungsrechte (Enkelrechte)** bei einer Beendigung des Grundgeschäftes zwischen Urheber und Verwerter zusammen mit den erststufigen Hauptrechten (sog. Tochterrechte) zurückfallen, ist umstritten. Der Bundesgerichtshof gewährt grundsätzlich Sukzessionsschutz für den Erwerber abgeleiteter Enkelrechte (BGH GRUR 2012, 916 Tz. 23 ff. – M2Trade, für den Fall der zweitstufigen Einräumung eines *einfachen* Nutzungsrechts durch den Hauptlizenznehmer bei Kündigung des Hauptlizenzvertrages; BGH GRUR 2012, 914 Tz. 16 – *Take Five*, für den Fall der zweitstufigen Einräumung eines *ausschließlichen* Nutzungsrechts durch den Hauptlizenznehmer bei einvernehmlicher Beendigung des Hauptlizenzvertrages; BGH GRUR 2009, 946 Tz. 17 – *Reifen Progressiv*, für den Fall der zweitstufigen Einräumung einfacher Nutzungsrechte und des Rückrufes der Hauptlizenzrechte nach § 41 durch den Urheber; dazu *Pahlow* GRUR 2010, 112; *Scholz* GRUR 2009, 1107; *U. Reber* ZUM 2011, 855; ferner vgl. § 41 Rn. 40a). Dem folgt ein Teil der Literatur (*U. Reber* ZUM 2011, 855, 857 f.; *Schwarz/Klingner* GRUR 1998, 103; *Wente/Härle* GRUR 1997, 96, 98 f.; Büscher/Dittmer/Schiwy/*Haberstumpf*[3] § 35 Rn. 4; HK-UrhR/*Kotthoff*[2] § 35 Rn. 8; *Schack,* Urheber- und UrhebervertragsR[7] Rn. 589 ff.; im Ergebnis auch Wandtke/Bullinger/*Wandtke/Grunert*[4] § 35 Rn. 9; Dreier/Schulze/*Schulze*[5] § 33 Rn. 10; BeckOK UrhR/*Soppe*[16] Rn. 58). Insbesondere – aber nicht nur – besteht Sukzessionsschutz für den Fall, dass die Hauptlizenz durch Insolvenz entfällt (*Rauer/Ettig* WRP 2012, 1198, 1202; *Klawitter* GRUR-Prax 2012, 425, 427; *Koch* IRTB 2012, 250, 252; a. A. *Seegel* CR 2013, 205, 210 f.). Sukzessionsschutz ist grundsätzlich unabhängig davon zu gewähren, ob die Unterlizenz einfach oder ausschließlich ist, wie sich schon aus der Differenzierung des BGH in seinen beiden vorgenannten Entscheidungen *M2Trade* und *Take Five* ergibt (s. *Becker* ZUM 2012, 786, 787; ferner *Wäßle* WRP 2012, 1264, 1265). Der Sukzessionsschutz gilt grundsätzlich auch für Unterlizenzen, die an ein konzernangehöriges Unternehmen ausgerichtet wurden (BGH GRUR 2012, 916 Tz. 34 – *M2Trade*). Nach anderer Auffassung findet ein automatischer Rechterückfall auch der Enkelrechte wegen ihrer Zweckbindung an das Stammrecht statt (OLG Karlsruhe ZUM-RD 2007, 76, 78; OLG München *Erich Schulze* OLGZ 248, 3 ff.; OLG München ZUM RD 1997, 551, 553 – *Das Piano*; OLG Hamburg GRUR Int. 1998, 431, 435 – *Feliksas Bajoras*; LG Hamburg ZUM 1999, 859 – *Sesamstraße*; *Wilhelm Nordemann* GRUR 1970, 174 ff.; Schricker/Loewenheim/*Ohly*[5] Rn. 20 ff.; *Schricker,* VerlagsR[3] § 28 VerlG Rn. 27;). Völlig zutreffend stellt der BGH für die Beantwortung der Frage nach einem automatischen Rechterückfall auf eine Interessenabwägung zwischen dem Urheber und dem Nutzungsberechtigten ab (BGH GRUR 2009, 946 Tz. 17 ff., 21 – *Reifen Progressiv*; BGH GRUR 2012, 916 Tz. 23 ff. – M2Trade, dort wegen Entfall der Rechtseinräumung zwischen Verwertern Interessenabwägung zwischen dem Hauptlizenzgeber und dem Unterlizenznehmer; genauso BGH GRUR 2012, 914 Tz. 15 ff. – Take Five). Diese Interessenabwägung sollte sich – für eine größtmögliche Rechtssicherheit – an abstrakten Leitlinien, insbesondere den Regelungsvorgaben des UrhG, orientieren, konkrete Umstände des Einzelfalls (z. B. mangelnde Investitionen des Verwerters) jedoch ausblenden, soweit sie nicht ihren gesetzlichen Niederschlag (z. B. in § 41) gefunden haben.

35 Auszugehen ist zunächst vom folgendem Grundsatz: Eine Abwägung der typischerweise betroffenen Interessen ergibt, dass das Interesse der Unterlizenznehmers am Fortbestand seines Nutzungsrechts das Interesse des Hauptlizenzgebers an einem Rückfall seines Nutzungsrechts „in aller Regel" überwiegt (BGH GRUR 2012, 916 Tz. 30 – *M2Trade*). Im gewerblichen Rechtsschutz und Urheberrecht gilt der Grundsatz des Sukzessionsschutzes für den Unterlizenznehmer (BGH GRUR 2012, 914 Tz. 16 – *Take Five*). Dieser Grundsatz kann aus dem berechtigten Vertrauen des Unterlizenznehmers in den Fortbestand seines Rechts begründet werden. Der Unterlizenznehmer hat auf die Beendigung der

Hauptlizenz keinen Einfluss. Die Interessen eines Hauptlizenzgebers, der seine Zustimmung zur Unterlizensierung gibt, müssen demgegenüber grundsätzlich zurückstehen. Dieser Grundsatz gilt auch, wenn der Urheber auf der ersten Stufe Nutzungsrechte von seinem Urheberrecht abspaltet und damit Hauptlizenzgeber ist.

Für die Interessenabwägung kann jedoch aus § 33 S. 2 nichts weiter hergeleitet **36** werden (a. A. BGH GRUR 2012, 916 Tz. 24 – *M2Trade*; BGH GRUR 2012, 914 Tz. 16 – *Take Five*). § 33 S. 2 ordnet für den Fall des einseitigen Verzichts des Einräumenden den Sukzessionsschutz für den aktuellen Inhaber des Nutzungsrechts an. Damit sollte lediglich erreicht werden, dass der Inhaber vor einer einseitigen Änderung seiner Rechtsstellung geschützt wird, und zwar bei Wechsel oder Verzicht des einräumenden Inhabers des Nutzungsrechts, nicht aber des Urhebers; vgl. § 33 Rn. 11. Etwas anderes als diesen (engen) Ausnahmefall von der fehlenden Geltung des Abstraktionsprinzips wollte der Gesetzgeber damit nicht schaffen und insbesondere nicht einen generellen Sukzessionsschutz auch für Enkelrechte einführen (Schricker/Loewenheim/*Schricker/Loewenheim*[4] § 33 Rn. 21; a. A. *Reber* ZUM 2011, 855, 857 und scheinbar auch Schricker/Loewenheim/*Ohly*[5] § 33 Rn. 21).

Der Grundsatz des Sukzessionsschutzes (vgl. Rn. 35) kann allerdings ausnahms- **37** weise bei **unbilligen Vergütungskonstellationen** durchbrochen werden. Dieses Interesse des Urhebers ist durch § 11 S. 2 auch gesetzlich privilegiert. Keine solche unbillige Konstellation ist gegeben, wenn der Unterlizenznehmer den Rechtserwerb bereits **vollständig** (z. B. mit einer einmaligen Zahlung) **vergütet** hat, selbst wenn der Urheber daran nicht beteiligt wird. Das Vertrauen des Unterlizenznehmers, bezahlte Rechte weiter nutzen zu können, überwiegt (BGH GRUR 2012, 914 Tz. 21 – *Take Five*; BGH GRUR 2012, 916 Tz. 28 – *M2Trade*; eingehend *Jan Bernd Nordemann* FS Wandtke S. 187 ff.). Der Urheber kann seine berechtigten Vergütungsinteressen nach § 11 S. 2 über §§ 32, 32a, 32c wahrnehmen, ohne dass der Vertrauensschutz für den Unterlizenznehmer in den Rechtserwerb durchbrochen werden müsste. Allerdings kann es anders liegen, wenn der Hauptlizenznehmer eine **fortlaufende Vergütung für die Nutzung der Unterlizenz** erhält, der **Hauptlizenzgeber (Urheber)** aber **leer ausgeht**. Zu Recht bezeichnet der BGH das als „unbillige Konsequenz" (so BGH GRUR 2012, 914 Tz. 20 – *Take Five*; BGH GRUR 2012, 916 Tz. 26 – *M2Trade*). Ist der Urheber der Hauptlizenzgeber, wird sein Interesse, von solchen Lizenzzahlungen des Unterlizenznehmers zu profitieren, durch § 11 S. 2 untermauert. Im Regelfall bedarf es jedoch auch in solchen Konstellationen keiner Durchbrechung des Sukzessionsschutzes. Der Bundesgerichtshof hat überzeugend dem erststufigen Rechtegeber einen **Anspruch aus ungerechtfertigter Bereicherung** (§ 812 Abs. 1 S. 1 Fall 2 BGB) zugestanden, wenn der erststufige Hauptlizenznehmer laufende Einnahmen aus der zweitstufigen Unterlizenz generiert, die erststufige Hauptlizenz aber beendet ist (BGH GRUR 2012, 916 Tz. 26 – *M2Trade*, für den Fall der zweitstufigen Einräumung eines einfachen Nutzungsrechts vom Hauptlizenznehmer; auch in Fällen einer ausschließlichen Einräumung kann nichts anderes gelten; zu abweichenden Gestaltungen wie Vertragsübernahmen und Eintritt des Unterlizenznehmers in den Hauptvertrag vgl. Rn. 39a). Solche Ansprüche bestehen auch im Fall der **Insolvenz des Hauptlizenznehmers** als Masseverbindlichkeiten, wenn der Insolvenzverwalter die Nichterfüllung des Hauptlizenzvertrages, aber die Nichterfüllung des Unterlizenzvertrages wählt (BGH GRUR 2012, 916 Tz. 26 – *M2Trade*). Diese Rechtsprechung gilt auch zugunsten des Urhebers als Hauptlizenzgeber. Nur wenn solche Ansprüche, aber auch andere Ansprüche des Urhebers auf angemessene Vergütung (§§ 32, 32a, 32c) ausscheiden und der Urheber ansonsten unvergütet bliebe, kann danach eine Durchbrechung des Sukzessionsschutzes ausnahmsweise erwogen werden. Grundsätzlich besteht Sukzessionsschutz auch bei **Unterlizenzen zwischen verbundenen Unternehmen** (BGH GRUR 2012, 916 Tz. 34 – *M2Trade*; der

Fall betraf eine konzerninterne Unterlizenz). Das gilt insbesondere dann, wenn solche Unterlizenzen zu marktüblichen Bedingungen gewährt werden (was häufig schon aus steuerlichen Gründen erforderlich ist). Lizenziert ein Konzernunternehmen die Rechte als Hauptlizenznehmer ein, um sie dann im Wege der Sublizenz an konzernverbundene Unternehmen weiter zu geben, kann der Hauptlizenznehmer als „Puffer" wirken. Wenn beispielsweise alle Konzernunternehmen in die Insolvenz fallen, kommt es auf den Fortbestand der konzerninternen Sublizenz in der Insolvenz an, nicht auf den Entfall der Hauptlizenz (so die Wirkung auch in BGH GRUR 2012, 916 Tz. 4 ff – M2Trade; a. A. wohl Seegel CR 2013, 205, 210 f.). Der Sukzessionsschutz im Konzern kann aber dann durchbrochen sein, wenn die Interessenabwägung ausnahmsweise zu Lasten des Unterlizenznehmers ausgeht, denkbar z. B. bei kostenloser Konzernlizenz. – Jede Ausnahme scheidet nach Drehbeginn für den **Filmbereich** wegen der *ratio legis* des § 90 S. 1 aus (vgl. § 90 Rn. 9a). – Zum automatischen Rechterückfall im **Rechtsverkehr zwischen Verwertern** (kein Urheber, sondern Verwerter als Hauptlizenzgeber) vgl. Vor §§ 31 ff. Rn. 229 ff.

38 Sind die ausschließlichen Rechte **auf einen Dritten** nach § 34 **übertragen** worden, ist für die Beantwortung der Frage nach Sukzessionsschutz ebenfalls eine Interessenabwägung, insbesondere anhand der gesetzlichen Wertungen des UrhG (vgl. Rn. 34), vorzunehmen. Auch hier sollte für die Interessenabwägung entscheidend sein, ob der Urheber nach § 11 S. 2 in billiger Weise von der Vergütung für die Nutzung der weiterübertragenen Rechte profitiert (vgl. Rn. 35a). Der Urheber kann im Regelfall über § 34 Abs. 4 sicherstellen, dass sein Vertrag mit dem Ersterwerber notfalls durch den Übertragungsempfänger erfüllt wird. Enthält dieser Erstvertrag eine unangemessene Vergütung, kann der Urheber über §§ 32, 34 Abs. 4 Anpassung verlangen (vgl. § 34 Rn. 36). Ist das (erststufige) Verpflichtungsgeschäft mit dem Urheber entfallen und erhält der Übertragende auf der zweiten Stufe weiter eine laufende Vergütung vom Übertragungsempfänger, kann der Urheber sich zwar auf § 34 Abs. 4 nicht mehr berufen. Es kommen aber bereicherungsrechtliche Ansprüche in Betracht (vgl. Rn. 37). Ansprüche nach § 32a UrhG kann der Urheber direkt gegen den Übertragungsempfänger stellen, sofern die Vorteile bei ihm anfallen (§ 32a Abs. 2). § 32c Abs. 2 ordnet an, dass zusätzliche Vergütungsansprüche für bei Vertragsschluss unbekannte Rechte sogar stets an den Übertragungsempfänger zu richten sind. Grundsätzlich ist dem Übertragungsempfänger also Sukzessionsschutz zu gewähren, weil seine Interessen überwiegen.

39 Die Beendigung der Rechtseinräumung durch den Urheber bedingt nach der herrschenden Auffassung **kein Risiko**, dass auch die **unterlizensierten oder übertragene Rechte** an den Urheber **heimfallen**, weil grundsätzlich Sukzessionsschutz gewährt wird. Entsprechende **vertragliche Regelungen zur Absicherung des Sukzessionsschutzes** erscheinen also als überflüssig (dazu eingehend unsere 10. Aufl. § 31 Rn. 37 ff.; ferner *Wente/Härle* GRUR 1997, 96, 100 ff.).

39a Denkbar ist allerdings, dass der Hauptlizenzgeber (insbesondere der Urheber) den **Sukzessionsschutz** bei unterlizensierten oder weiterübertragenen Rechten **vertraglich ausschließen** will. Der einfachste Weg sollte die fehlende Zustimmung zur Unterlizensierung bzw. ein ausdrückliches Verbot sein, was allerdings nicht stets opportun ist. Ein Ausschluss des Sukzessionsschutzes kann außerdem dadurch erreicht werden, dass der Hauptlizenzgeber seine Rechtseinräumung unter eine entsprechende auflösende Bedingung stellt (s. *Heidenhain/ Reus* CR 2013, 273, 276; *Weber/Hölzl* NZI 2011, 432, 436; *Wente/Härle* GRUR 1997, 96, 100, dort auch Formulierungsbeispiele). Allerdings dürfte sie nur zulässig sein, sofern Recht verkehrsfähig bleibt. Dafür muss der Lizenznehmer sicher Kenntnis davon haben, wann die auflösende Bedingung eintritt. Teilweise wird eine Benachrichtigung an den Lizenznehmer gefordert (*Heiden-*

hain/Reus CR 2013, 273, 276). Auch ein Sonderkündigungsrecht für die Unterlizenz zugunsten des Hauptlizenzgebers ist denkbar (*Heidenhain/Reus* CR 2013, 273, 277). Ohne Vereinbarung einer auflösenden Bedingung für die Zustimmung zur Sublizensierung oder eines Sonderkündigungsrechts bleibt fraglich, ob der Zuschnitt eines „Sublizensierungsrechts ohne Sukzessionsschutz für die Sublizenz" dinglich wirksam verabredet werden kann (vgl. Rn. 11). Offen ist ohnehin für alle Gestaltungen, ob die vertragliche Vereinbarung eines Rechterückfalls für den Fall der Insolvenz des Lizenznehmers „insolvenzfest" verabredet werden kann (dafür: *Weber/Hölzl* NZI 2011, 432, 436). Denkbar ist ferner eine rein schuldrechtliche Gestattung, die an dritte „Subnutzer" weitergegeben werden kann, aber keinerlei „verdinglichte" Wirkung hat, insbesondere keinen Sukzessionsschutz genießt (vgl. § 29 Rn. 24 f.). Die Parteien können ferner ein Interesse daran haben, das Schuldverhältnis gem. **Bereicherungsrecht** (vgl. Rn. 37) **in ein vertragliches Schuldverhältnis** umzuwandeln. Dafür bieten sich Vertragsübernahme oder Eintritt des Unterlizenznehmers in den Hauptvertrag an (dazu: *McGuire/Kunzmann* GRUR 2014, 28, 33; *Karl/Mellulis* GRUR 2016, 755, 762).

Für **Rechtseinräumungen durch Leistungsschutzberechtigte** gelten die vorstehenden Ausführungen für **Verfasser wissenschaftlicher Ausgaben** (§ 70 Abs. 1) und **Lichtbilder** (§ 72 Abs. 1) in vollem Umfang, weil sie durch Komplettverweisungen auf den 1. Teil des UrhG wie ein Urheber zu behandeln sind. Bei konsequenter Anwendung der herrschenden Auffassung (insbesondere des Bundesgerichtshofs) sollte auch bei den anderen Leistungsschutzrechten ein automatischer Rechterückfall auf der ersten Stufe und ein Sukzessionsschutz auf allen nachgelagerten Stufen stattfinden. Das gilt insbesondere für **ausübende Künstler** (§ 79 Abs. 2a für Verträge ab 1.3.2017; zur früheren Rechtslage vgl. § 79 Rn. 2 ff.), **Veranstalter** (§ 81 S. 2), **Tonträgerhersteller** (§ 85 Abs. 2 S. 3), **Sendeunternehmen** (§ 87 Abs. 2 S. 3), **Presseverleger** (§ 87g Abs. 1 S. 2), **Filmhersteller** (§ 94 Abs. 2 S. 3) und **Laufbildhersteller** (§§ 95, 94 Abs. 2 S. 3). Denn dort erfolgt zumindest ein Verweis auf § 31 Abs. 5. Bei **nachgelassenen Werken** und **Datenbanken**, für die es an einem Verweis fehlt, gilt § 31 Abs. 5 analog (Schricker/Loewenheim/*Ohly*[5] Rn. 59 und Schricker/Loewenheim/*Vogel*[5] Vor §§ 87a ff. Rn. 33 explizit für Datenbanken). Liegt eine **Übertragung** der Leistungsschutzrechte vor, sollten nach der herrschenden Auffassung ebenfalls automatischer Rechterückfall auf der ersten Stufe und Sukzessionsschutz auf allen nachgelagerter Stufen gelten. Will man den (erststufigen) automatischen Rechterückfall jedoch mit besonderen Urheberschutzinteressen begründen, liegt insoweit eine Anwendung des Abstraktionsprinzips nahe und ein automatischer Rechterückfall fern (genauso wie bei Verträgen zwischen Verwertern über Rechte des Urhebers, vgl. Vor §§ 31 ff. Rn. 229 ff.). **40**

Für **Verträge zwischen Verwertern** vgl. Vor §§ 31 ff. Rn. 229 ff. **41**

dd) Kein gutgläubiger Erwerb: Ein gutgläubiger Erwerb von Nutzungsrechten ist im Urheberrecht nicht möglich (BGH GRUR 1959, 200, 203 – *Heiligenhof*; BGH GRUR 1952 – *Parkstraße 13*; KG ZUM 1997, 397, 398 – *Franz Hessel*; KG GRUR 2002, 252, 256 – *Mantellieferung*; *Ulmer*, Urheber- und VerlagsR[3] S. 360; Schricker/Loewenheim/*Ohly*[5] Rn. 25; Wandtke/Bullinger/*Wandtke/Grunert*[4] Vor §§ 31 ff. Rn. 47; *Schack*, Urheber- und UrhebervertragsR[7] Rn. 601). Genauso wie regelmäßig bei einer Forderungszession (§§ 413, 398 ff. BGB) und anders als beispielsweise im Sachenrecht **fehlt** hier ein Publizitäts- und **Rechtsscheinsträger** wie Besitz bzw. Besitzverschaffungsmacht bei §§ 932 ff. BGB, Eintrag im Grundbuch bei §§ 873, 892 BGB, Verbriefung in einer Urkunde bei §§ 405, 2366 BGB oder einem Wertpapier. Eine fehlende Zustimmung des Urhebers zur Einräumung weiterer Nutzungsrechte nach **42**

§ 35 oder zur Übertragung von Nutzungsrechten nach § 34 kann ebenso wenig durch guten Glauben überwunden werden.

43   **ee) Grundsatz der Priorität der Einräumung (Sukzessionsschutz):** Ohne die Möglichkeit eines gutgläubigen Erwerbs (vgl. Rn. 42) gilt für die Einräumung von Nutzungsrechten das in § 33 niedergelegte **Prioritätsprinzip.** Hat sich der Urheber eines Nutzungsrechtes entäußert, setzt sich diese Verfügung gegenüber späteren durch; vgl. § 33 Rn. 7 ff., dort insbesondere zur Kollision von Musikverlagsverträgen mit prioritätsälteren Wahrnehmungsverträgen der GEMA.

44   **ff) Auslegung bei Falschbezeichnung oder fehlender Abrede:** Die originäre Einräumung von Nutzungsrechten durch den Urheber ist **keine Übertragung.** Den Begriff der Übertragung verwendet das UrhG für die Weiterübertragung von Nutzungsrechten durch Verwerter gemäß § 34. Wird eine Einräumung von Nutzungsrechten unzutreffend als „Übertragung" bezeichnet, ist eine **Vertragsauslegung gem. §§ 133, 157 BGB, 31 Abs. 5 UrhG** wegen offensichtlicher **Falschbezeichnung** möglich. Das gilt auch für AGB-Verträge, weil im Verhältnis Urheber zu Verwerter lediglich eine Einräumung möglich ist und deshalb keine Unklarheiten aufkommen können. **Verträge zwischen Verwertern** werden für jeden Einzelfall dahin auslegen sein, ob eine Einräumung weiterer Nutzungsrechte an Nutzungsrechten (sog. Enkelrechte) oder eine (translative) Übertragung von Nutzungsrechten gemeint ist. Für eine Übertragung spricht, wenn die eine Vertragspartei nach dem Vertragszweck ohne eigene Nutzungsrechte für die betreffende Nutzungsart bleiben soll. Werden Nutzungsrechte unzutreffend als „Urheberrechte" oder „Verwertungsrechte" bezeichnet, kann das ebenfalls über §§ 133, 157 BGB korrigiert werden, und zwar auch für AGB-Verträge; vgl. § 29 Rn. 8, 16.

45   Bei **fehlender Abrede** richtet sich die Frage des „Ob" und des „Wie" der Einräumung nach dem Übertragungszweckgedanken; vgl. Rn. 108 ff.

5. Beschränkte Rechtseinräumung (§ 31 Abs. 1 S. 2)

46   **a) Räumliche Beschränkungen:** Nutzungsrechte können für ein bestimmtes räumliches Gebiet eingeräumt werden, sodass sich die Möglichkeit einer Differenzierung von Vertriebssystemen und Vertriebswegen bietet. Beispielsweise können Buch- oder Filmlizenzen nach Sprachräumen oder Schallplattenlizenzen nach Staatsterritorien getrennt vergeben werden (BGH GRUR 1988, 373 – *Schallplattenimport III*). Der Übertragungszweckgedanke als Auslegungsregel gem. § 31 Abs. 5 kann den Umfang auf die für die Erreichung des Vertragszweckes notwendige Ausdehnung festlegen, wenn es an einer ausdrücklichen Abrede fehlt (OLG Hamburg NJW-RR 1986, 996; vgl. Rn. 145 f.). Nicht zutreffend ist es deshalb, wegen des im Urheberrecht geltenden Territorialitätsgrundsatzes (das Urheberrecht endet an der jeweiligen Staatsgrenze) im Regelfall von einer Einräumung nur für Deutschland auszugehen (so aber Dreier/Schulze/*Schulze*[5] Rn. 30). Auch ohne ausdrückliche Einräumung kann ein größeres Lizenzgebiet nach dem Vertragszweck vereinbart sein. Zur **kartellrechtlichen Zulässigkeit** räumlicher Beschränkungen vgl. Vor §§ 31 ff. Rn. 56 ff., 64 f.

47   **aa) Verbreitungsrecht:** Im Interesse seiner Verkehrsfähigkeit (vgl. Rn. 11) hat das Verbreitungsrecht einen bestimmten **Mindestumfang:** Nutzungsrechte können **für Länder** (z. B. Deutschland, Frankreich, USA, Japan) und **Ländergruppen** (z. B. EU, Benelux) getrennt vergeben werden (Dreier/Schulze/*Schulze*[5] Rn. 31; Schricker/Loewenheim/*Ohly*[5] Rn. 36; Loewenheim/*Loewenheim/Jan BerndNordemann*[2] § 27 Rn. 5 und Loewenheim/*Jan BerndNordemann*[2] § 60 Rn. 23; *Schack*, Urheber- und UrhebervertragsR[7] Rn. 605; a. A. HK-UrhR/ *Dreyer*[3] Rn. 55), nicht aber beschränkt auf Bundesländer oder Städte. Auch eine Beschränkung auf alte oder neue Bundesländer ist im Interesse des Verkehrsschutzes nicht zulässig (BGH GRUR 2003, 699, 702 – *Eterna*); aber zu DDR-Altverträgen vgl. Vor §§ 31 ff. Rn. 106; vgl. Rn. 52. Innerhalb dieses Mindestumfanges ist eine räumliche Beschränkung ein übliches, technisch und wirtschaftlich eigenständiges und klar abgrenzbares Kriterium. Daneben bleibt die Möglichkeit einer schuldrechtlichen Ausgestaltung, die allein den Vertragspartner bindet.

Räumliche Beschränkungen der Nutzungsart entfalten innerhalb der EU und   **48** des EWR nur beim ersten Inverkehrbringen des Werkstückes Wirkung, sofern es mit Zustimmung des Berechtigten erfolgt. Danach tritt **Erschöpfung gemäß § 17 Abs. 2** ein und das Werkstück kann innerhalb der EU und des EWR frei verbreitet werden; vgl. Rn. 16; **Kartellrechtlich** macht Art. 4 TT-GVO bestimmte Vorgaben für die Gestaltung von Lizenzen zur Vervielfältigung und Verbreitung; vgl. Vor §§ 31 ff. Rn. 59 ff.

bb) Senderecht: Eine gegenständliche Beschränkung des Senderechts auf klei-   **49** nere räumliche Einheiten als die nationalen Grenzen ist zulässig (allg. Auffassung, siehe nur Schricker/Loewenheim/*Ohly*[5] Rn. 35 m. w. N.). Erst recht ist es möglich, das Lizenzgebiet auf die nationalen Grenzen zu beschränken, z. B. auf Deutschland, oder – was sogar üblich ist – auf alle deutschsprachigen Gebiete (Deutschland, Österreich, deutschsprachiger Teil der Schweiz, Lichtenstein, Luxemburg, „Alto Adige"). Seit der Einführung des Sendelandprinzips durch die Kabel- und Satelliten-RL (vgl. § 20a Rn. 8 ff.) ist es aber nicht mehr möglich, sich gegen eine Einstrahlung von Satellitensendungen aus dem EU-Ausland dinglich abzusichern. Das Gleiche gilt für Internetsendungen. Es wird deshalb versucht, den Sendern räumliche Exklusivität über eine exklusive Einräumung bestimmter Sprachfassungen (z. B. deutsch) zu gewähren; vgl. Vor §§ 88 ff. Rn. 102. Die Beschränkung von **Satellitensendungen** auf ein deutschsprachiges Lizenzgebiet ist nicht möglich, solange eine solche technisch nicht realisierbar ist (BGH GRUR 2005, 48, 49 – *Man spricht deutsh*; s. jedoch *Castendyk/ Kirchherr* ZUM 2005, 283, die auf die Möglichkeit von Marktaufspaltungen durch Verschlüsselungstechniken hinweisen). Etwas anderes gilt aber für eine Klausel, die einem Lizenznehmer Einfuhr, Verkauf und Verwendung ausländischer **Decodiervorrichtungen**, die den Zugang zu einem codierten Satellitenfunkdienst aus einem anderen Mitgliedsstaat ermöglichen, verbietet. Das ist eine gegen Art. 101 AEUV verstoßende Wettbewerbsbeschränkung. Es verletzt also Art. 101 AEUV, wenn die Premier League als Rechteinhaberin dem griechischen Lizenznehmer verbietet, Decodiervorrichtungen für den Empfang der griechischen Sendungen mit Premier League Inhalten auch außerhalb Griechenlands zu verkaufen (EuGH GRUR 2012, 156 Tz. 134 ff. – *Premier League/ Murphy*). Damit ist die Praxis der territorial begrenzten Vergabe von Nutzungsrechten innerhalb der EU in gewisser Weise in Frage gestellt, das gilt zumindest bei EU-weiter Abstrahlung von Fernsehsignalen, beispielsweise durch Satellit.

cc) Andere Verwertungsrechte: Für andere Verwertungsarten ist eine räumli-   **50** che Aufspaltung auch in Teile eines Staatsgebietes zulässig. Nach der Verkehrsauffassung werden die Nutzungsarten hier anders abgegrenzt als bei der Verbreitung (Loewenheim/*Jan Bernd Nordemann*[2] § 27 Rn. 7). Üblich sind beispielsweise die räumliche Beschränkung von **Filmvorführungen** auf Kinos in einer bestimmten Stadt (*Zurth* S. 252; Berger/Wündisch/*Berger*, § 1 Rn. 163; 7 *Schack*, Urheber- und UrhebervertragsR[7] Rn. 605; Dreier/Schulze/*Schulze*[5] Rn. 32). oder der **Aufführung** von Bühnenwerken auf eine Stadt (ohne Tourneerecht). Das **Recht der öffentlichen Zugänglichmachung in offenen Netzen nach § 19a**, insbesondere dem offenen Internet, kann räumlich begrenzt vergeben werden (Schricker/Loewenheim/*Ohly*[5] Rn. 38; a. A. Wandtke/Bullinger/ *Wandtke/Grunert*[4] Rn. 10; *Zurth* S. 252). Denn dieses Recht ist auch territorial differenziert nutzbar und verletzbar (im Einzelnen vgl. § 104a Rn. 13). Im Nachgang zur *Premier League*-Entscheidung des EuGH (vgl. Rn. 49) wird teilweise bezweifelt, ob Lizenznehmern für die Internetnutzung gemäß § 19a UrhG noch technische Maßnahmen zur räumlichen Beschränkung der Nutzung auferlegt werden können (*Kreile* ZUM 2012, 177, 186). Das erscheint indes als kartellrechtskonform, weil technische Mittel zur räumlichen Beschränkung des Abrufs im Internet (z. B. Geoblocking) nicht mit (körperlich handelbaren) Decodiervorrichtungen vergleichbar sind (wie hier: *Christmann* ZUM 2012, 187, 189; i. Erg. auch Schricker/Loewenheim/*Ohly*⁵ Rn. 37). Zum Kartellrecht ferner vgl. Vor §§ 31 ff. Rn. 56 ff.

51   Auch das **Vervielfältigungsrecht** kann räumlich auf bestimmte Orte beschränkt vergeben werden und muss nicht mindestens ganze Staatsgebiete umfassen, weil es verkehrsüblich ist, dass die Vervielfältigung an bestimmten Orten stattfindet. Dieses wird regelmäßig für den Sitz des Lizenznehmers eingeräumt. Der Lizenznehmer ist nicht gehindert, die eigentliche Vervielfältigung an weisungsabhängige Subunternehmer außerhalb des Lizenzgebietes zu vergeben. Ein Beispiel ist die Lohnpressung von Tonträgern außerhalb des Lizenzgebietes für einen Lizenznehmer mit Sitz im Lizenzgebiet (*Thurow* FS Kreile S. 103 ff.; Dreier/Schulze/*Schulze*⁵ Rn. 31).

52   **dd) Veränderung von Staatsgrenzen, insbesondere Wegfall der DDR:** Eine Änderung von Staatsgrenzen nach Vertragsschluss muss differenziert nach der **Zumutbarkeit** für die Vertragsparteien im Rahmen des § 313 BGB behandelt werden (dazu umfassend *Loewenheim* GRUR 1993, 934). Vor der deutschen Wiedervereinigung konnten **Verbreitungsrechte** räumlich aufgeteilt für die alten und neuen Bundesländer vergeben werden. Auch wenn das jetzt nicht mehr möglich ist (vgl. Rn. 47), bleiben solche Beschränkungen in Altverträgen wirksam (BGH MMR 2010, 336 Tz. 19 – *Der Name der Rose*; BGH GRUR 2003, 699, 702 – *Eterna*; BGH GRUR 1997, 215, 219 f. – *Klimbim*; OLG Hamm GRUR 1991, 907, 908 – *Strahlende Zukunft*). Nach rechtmäßigem erstmaligem Inverkehrbringen ist das Urheberrecht erschöpft, sodass eine Verbreitung auch in den anderen Teil Deutschlands (oder in andere EU-Staaten) erfolgen kann, § 17 Abs. 2. Auf Vergütungsebene kann das ggf. zur Vertragsanpassung über die Regeln des Wegfalls der Geschäftsgrundlage gemäß § 313 BGB führen (BGH GRUR 1997, 215, 219 – *Klimbim*). Altverträge müssen aber angepasst werden, wenn eine Fernsehanstalt der ARD die **Senderechte** nur für die alten Bundesländer besitzt, nach der Wiedervereinigung aber allein mit diesem räumlichen Umfang ihre dem Vertragszweck entsprechende Aufgabe, das Gemeinschaftsprogramm der ARD zu gestalten, nicht mehr zumutbar erfüllen kann (BGH GRUR 1997, 215, 219 – *Klimbim*). Eine Anpassung hat aber nur einen Anspruch auf Einräumung zur Folge, sodass der Anspruch z. B. ins Leere geht, wenn der Lizenzgeber die Rechte für das restliche Deutschland nicht hält. Eine Anpassung (im Sinne eines wechselseitigen Anspruches auf Einräumung) kommt auch in Betracht, wenn die Senderechte auf alte und neue Bundesländer aufgeteilt sind und keine der beiden Parteien eine Sendung durch Kabel oder Satellit vornehmen kann, ohne die Rechte der jeweils anderen Partei zu verletzen. Im Rahmen der erforderlichen Vertragsanpassung kann u. U. gegen angemessene Beteiligung am Erlös das Recht zur Einspeisung der Programmsignale in die Kabelnetze der neuen Länder eingeräumt werden (OLG München ZUM-RD 2002, 77, 85 – *Kehraus*; wegen anderer Vertragsauslegung nicht entschieden durch BGH GRUR 2005, 320, 325 – *Kehraus*). Für das terrestrische und das Kabelsenderecht erhält der Lizenzgeber für die neuen Bundesländer 20%; bei der Nutzung der Satellitensenderechte kann der Empfang nicht territorial begrenzt werden, sodass ein Aufschlag in Betracht kommt, wenn andere Rechte des Lizenzgebers außerhalb der Neuen Bundesländer beeinträchtigt werden (s. OLG München

ZUM 2010, 719 – *Kehraus*, dort wurden 10% Aufschlag angenommen).
Zum Ganzen vgl. Vor §§ 31 ff. Rn. 100 ff.

b) Zeitliche Beschränkungen: Auch zeitliche Beschränkungen sind allgemein **53**
üblich, sodass der Verkehr mit ihnen rechnet (Dreier/Schulze/*Schulze*[5] Rn. 34;
Schricker/Loewenheim/*Ohly*[5] Rn. 33; Loewenheim/*Loewenheim/Jan Bernd
Nordemann*[2] § 27 Rn. 8). Solche Beschränkungen sind deshalb verkehrsfähig
und dinglich wirksam. Die **Laufzeit** einer Nutzungsrechtseinräumung kann mit
dinglicher Wirkung für die gesamte urheberrechtliche Schutzfrist verabredet
oder nach Jahren, Monaten, Wochen oder Tagen (z. B. für eine Veranstaltung)
bemessen sein. Noch kürzere Zeiträume sind eher unüblich (Loewenheim/*Loe-
wenheim/Jan Bernd Nordemann*[2] § 27 Rn. 8; Loewenheim/*Jan Bernd Nordemann*[2] § 60 Rn. 25 ff.). Für den **Beginn** kann entweder auf eine Zeitbestimmung oder auf ein bestimmtes Ereignis abgestellt werden. Ist ein bestimmtes
Ereignis entscheidend, wird die Nutzungsrechtseinräumung häufig unter eine
Bedingung gestellt. Beispielsweise kann der Einräumende gezwungen sein, Nutzungsarten in bestimmten Zeitfenstern nicht auszuwerten (sog. **Sperrfristen,**
vgl. Vor §§ 88 ff. Rn. 75 f.). Dann sollte sich der Einräumende gegen eine vorzeitige Nutzung durch den Lizenznehmer dadurch absichern, dass er die Rechte
aufschiebend bedingt vergibt. Bei Fernsehlizenzverträgen kann z. B. die Rechtseinräumung an die Bedingung des Kinostarts geknüpft und bestimmt werden,
dass die Lizenz für Pay-TV erst 18 Monate und für frei empfangbares Fernsehen erst 24 Monate nach Kinostart beginnt. Für das **Ende** der Nutzungsrechtseinräumung kann ebenfalls eine Zeitbestimmung oder eine auflösende Bedingung vereinbart werden. Zu **Beendigungsmöglichkeiten** vgl. Vor §§ 31 ff.
Rn. 111 ff. **Bei fehlender ausdrücklicher Abrede** bestimmt sich der zeitliche
Umfang der Nutzungsrechtseinräumung nach dem Übertragungszweckgedanken; vgl. Rn. 108 ff. Ferner enthält § 38 Abs. 1 S. 2 für Beiträge zu Sammelwerken eine Vermutungsregel für eine einschränkte Ausschließlichkeit der Rechte.
Zur kartellrechtlichen Zulässigkeit zeitlicher Beschränkungen vgl. Vor §§ 31 ff.
Rn. 63.

Zeitliche Beschränkungen durch **AGB** sind regelmäßig keine überraschenden **54**
Klauseln gemäß § 305c Abs. 1 BGB (Schricker/Loewenheim/*Schricker/Loewen-
heim*[4] Vor §§ 28 ff. Rn. 88; Loewenheim/*Jan Bernd Nordemann*[2] § 60 Rn. 26).
Eine Rechtseinräumung bis zum Ende der Schutzfrist dürfte aber gegen § 305c
BGB verstoßen, wenn sie völlig außerhalb des Vertragszwecks liegt, beispielsweise für die Einräumung von Aufführungsrechten an einem Bühnenstück,
wenn das Theater im Normalfall ein Stück nur eine Spielzeit im Programm
hält. Im Filmbereich dürfte eine zeitlich unbegrenzte Rechtseinräumung dagegen dem Vertragszweck entsprechen und kaum überraschend sein (Loewen-
heim/*Jan Bernd Nordemann*[2] § 60 Rn. 26; BGH GRUR 1984, 45, 48 – *Honorarbedingungen: Sendeverträge*, der allerdings dort den zeitlich vereinbarten
Umfang als reine Leistungsbeschreibung für nicht kontrollfähig hielt). Das
Gleiche gilt auch für den Verlagsbereich (beachte aber § 38 Abs. 1 S. 2 und
Abs. 2 für Beiträge zu Sammlungen). Zur ansonsten jedoch regelmäßig fehlenden Bedeutung des Übertragungszweckgedankens als Leitbild für AGB-Kontrolle vgl. Rn. 179. Zur Frage der Auslegung des zeitlichen Umfanges von Nutzungsrechtseinräumungen bei Kopplung an die Schutzfrist, wenn diese
geändert wird, s. Loewenheim/*Jan Bernd Nordemann*[2] § 60 Rn. 27.

Auslegungsprobleme können bei der zeitlichen Beschränkung von Nutzungs- **55**
rechten entstehen, wenn Formulierungen wie „für die Dauer des gesetzlichen
Schutzrechtes" oder „Nutzungsrechtseinräumung bis zum Ablauf der gesetzlichen Schutzfrist" verwendet werden und die im Zeitpunkt der Nutzungsrechtseinräumung geltende Schutzfrist später vom Gesetzgeber geändert wird.
§§ 137 Abs. 2, Abs. 3 und Abs. 4, § 137b Abs. 2 und Abs. 3, § 137c Abs. 2

und Abs. 3, § 137f Abs. 4 enthalten hierfür Auslegungsregeln. „Im Zweifel" ist von einer Einräumung der Nutzungsrechte auch für den Verlängerungszeitraum auszugehen. Grundsätzlich entsteht auch eine Vergütungspflicht. Allerdings ordnet dies nur § 137f Abs. 4 S. 2 für die dort geregelten Fälle einschränkungslos an. Für Schutzfristverlängerungen nach §§ 137, 137b sowie 137c gilt die für die Praxis wenig befriedigende Regelung, dass zu prüfen ist, ob der Urheber bei Einräumung der Nutzungsrechte eine höhere Vergütung hätte erzielen können. Abweichend ordnet § 137a Abs. 2 für Lichtbildwerke an, dass im Zweifel die Nutzungsrechtseinräumung nicht für den Verlängerungszeitraum gilt. Daher sollte man (ausgenommen Verträge über Lichtbildwerke) vertraglich regeln, ob Schutzfristverlängerungen dem Verwerter zugute kommen und für diesen Fall auch die Frage einer gesonderten Vergütung regeln. s. im Einzelnen die Kommentierungen zu den §§ 137 ff.

56 Rechtsfolge einer ausgelaufenen Nutzungsrechtseinräumung ist der Entfall der Nutzungsmöglichkeit. Wird dennoch genutzt, liegt sowohl eine **Vertragsverletzung** als auch eine **Urheberrechtsverletzung** vor. Bei Auslaufen des Vervielfältigungs- und Verbreitungsrechts sind noch während der Lizenzzeit hergestellte Vervielfältigungsstücke rechtmäßig hergestellt und nicht zu vernichten (§ 98 Abs. 1); sie dürfen aber nicht mehr verbreitet werden (§§ 17, 96 Abs. 1). Die Vertragsparteien können abweichend ein **Aufbrauchrecht** vereinbaren. Nach § 242 BGB kann über dies ein Aufbrauchrecht gegeben sein; vgl. § 97 Rn. 53 f.

57 c) **Quantitative Beschränkungen:** Quantitative Beschränkungen werden vom Gesetz nicht ausdrücklich in § 31 Abs. 1 S. 2 erwähnt. Der Gesetzgeber wollte sie als inhaltliche Beschränkungen einordnen (RegE UrhG 1962 – BT-Drs. IV/270, S. 56 zu § 32 a. F.; dort wird die Beschränkung auf eine bestimmte Zahl an Vervielfältigungsstücken als inhaltliche Beschränkung bezeichnet). Sie sind jedenfalls als dinglich wirkende Gestaltungsmöglichkeit anerkannt und insbesondere bei Sende-, Aufführungs- und Verlagsverträgen eine häufige Beschränkungsform. Verträge können danach auf eine **bestimmte Anzahl** von Sendungen (etwa Erstausstrahlung und bestimmte Zahl von Wiederholungen, s. KG GRUR 1986, 536, 537 – *Kinderoper*), Aufführungen oder Buchauflagen bezogen sein. Für den Verlagsvertrag finden sich Regelungen zur Auflagenzahl und -höhe in den §§ 5, 29 VerlG. Nach der dispositiven Regelung des § 5 VerlG sind im Zweifel nur Nutzungsrechte zur Herstellung einer Auflage eingeräumt, anders aber bei Bestellverträgen gem. § 47 VerlG, s. BGH GRUR 1984, 528 – *Bestellvertrag*. In Zweifelsfällen entscheidet gemäß § 31 Abs. 5 der Übertragungszweckgedanke über den Umfang der quantitativen Beschränkungen; vgl. Rn. 149 ff. Zur **kartellrechtlichen Zulässigkeit** quantitativer Beschränkungen vgl. Vor §§ 31 ff. Rn. 63.

58 d) **Inhaltliche Beschränkungen:** Inhaltlich stehen den Parteien des Nutzungsvertrages umfassende Gestaltungsmöglichkeiten zu. Dem Verwerter kann ein **breiteres negatives Verbotsrecht** als das eingeräumte positive Nutzungsrecht gegenüber dem Urheber, aber auch gegenüber Dritten zustehen. Das ist vor allem denkbar bei differenzierter Aufspaltung von Nutzungsrechten durch den Urheber im Konflikt mit seinen vertraglichen Enthaltungspflichten oder wenn der Urheber ein Interesse daran hat, eine illegale Nutzung eines Dritten durch den Verwerter unterbinden zu lassen; vgl. Rn. 20 ff. Zweifelsfälle über den Umfang der inhaltlichen Beschränkungen einschließlich des Umfanges des negativen Verbotsrechts sind nach dem Übertragungszweckgedanken gemäß § 31 Abs. 5 zu entscheiden; vgl. Rn. 144. Inhaltliche Beschränkungen können bei der Verbreitung von Werkstücken wegen **Erschöpfung der Nutzungsrechte** ihre Wirkung auf der zweiten Absatzstufe verlieren, bei der unkörperlichen Verwertung hingegen nicht; vgl. Rn. 15 ff. Zur **kartellrechtlichen Zulässigkeit** inhaltlicher Beschränkungen vgl. Vor §§ 31 ff. Rn. 66 ff.

Im Bereich der inhaltlichen Beschränkungen ist das Spektrum möglicher Vereinbarungen besonders groß und damit auch der Gegensatz zwischen den Parteiinteressen an einem passgenauen Zuschnitt und dem Interesse der Allgemeinheit an Rechtssicherheit und -klarheit. Inhaltliche Beschränkungen wirken nur dinglich (absolut) über das Vertragsverhältnis hinaus, wenn die vertraglich **vereinbarte Nutzungsart nach der Verkehrsauffassung hinreichend klar abgrenzbar und eine konkrete technisch-wirtschaftlich eigenständige Verwendungsform des Werkes** ist; vgl. Rn. 11 f. Mithin kommt es zunächst darauf an, ob der Verkehr in der Lage ist, zu erkennen, dass eine technisch und wirtschaftlich eigenständige Nutzungsart vorliegt. Dann sind die vom Urheber veranlassten Beschränkungen zugunsten des Urhebers dinglich – auch gegenüber Dritten – abgesichert. Eine Abspaltbarkeit ist abzulehnen, wenn der Zuschnitt des Rechts Verkehrsschutzinteressen übermäßig beeinträchtigt. Das ist insbesondere der Fall, wenn wirtschaftlich unbedeutende Nutzungsarten abgespalten werden und dadurch für den Verkehr eine **unübersichtliche Rechtslage** entsteht (vgl. Rn. 11). Etwas anderes gilt aber, wenn die Aufspaltung **für den Verkehr erkennbare sachliche Gründe** hat, also sachlich aus Verkehrssicht nachvollziehbar ist. Zur **Rechtsfolge** dinglich unwirksamer Abspaltungen vgl. Rn. 12. **59**

Körperliche Nutzungsarten sind für den Verkehr nach ihrer **äußeren Aufmachung** unterscheidbar; aus der unterschiedlichen äußeren Aufmachung ergibt sich die technisch eigenständige Nutzung. Wirtschaftlich ist die Nutzung aus Verkehrssicht eigenständig, wenn wirtschaftliche Unterschiede im Vertrieb bestehen, z. B. anderer Preis, anderer Vertriebsweg. Dementsprechend sind auch Sonderausgaben zum ausschließlichen Vertrieb über Nebenmärkte, Buchgemeinschaften (BGH GRUR 1959, 200/202f – *Der Heiligenhof*; BGH GRUR 1968, 152/153 – *Angélique*), Kaufhäuser, Verbrauchermärkte, Versandhändler, Zeitungsverlage und Kaffeegeschäfte im Vergleich zur Buchnormalausgabe selbständig abspaltbare Nutzungsrechte, sofern die äußere Form unterschiedlich ist; sie müssen ggf. gesondert erworben werden (BGH GRUR 1990, 669/671 – *Bibelreproduktion*; *Schack*, Urheber- und UrhebervertragsR[7] Rn. 609; *Loewenheim/Nordemann-Schiffel/Jan Bernd Nordemann*[2] § 64 Rn. 68; *Schricker*, VerlagsR[3] § 28 Rn. 23). **60**

Unkörperliche Nutzungsarten sind für den Verkehr nach der **Art der Wiedergabe** technisch abgrenzbar (z. B. Vorführung, Aufführung, Sendung). Sie haben aus Verkehrssicht auch wirtschaftlich andere Parameter (z. B. anderer Preis, anderer Vertriebsweg). Sie lassen sich aus Verkehrssicht aber noch weiter unterteilen. Beispielsweise bei der öffentlichen Zugänglichmachung gem. § 19a kann noch unterschieden werden zwischen Streaming (einmalige Nutzung), vorübergehender Download und permanenter Download, weil technisch eine andere Nutzung und wirtschaftlich insbesondere ein anderer Preis verlangt wird; zu weiteren Nutzungsarten vgl. Rn. 80; zu Filmverträgen im Online-Bereich vgl. Vor §§ 88 ff. Rn. 90 ff. Der Download kann noch – z. B. bei Verwendung von Digital Rights Management (DRM, dazu s. § 95c) – nach Download auf eine Festplatte, auf ein tragbares Gerät oder das Brennen auf eine Audio-CD differenziert werden (*Hoenike/Hülsdunk* MMR 2004, 59, 66). Nicht zulässig ist eine Abspaltung des Vervielfältigungsrechts bei Einräumung des Rechts der öffentlichen Zugänglichmachung nach § 19a (str., vgl. Rn. 64a). Bei den Senderechten sind terrestrische, Kabel- und Sattelitennutzung zu unterscheiden und innerhalb dieser Gruppen weitere Unterteilungen möglich; vgl. Rn. 77 f. Zu Online-Videorecordern als eigenständige Nutzungsart vgl. Rn. 80. **61**

Inhaltlich sind ferner **Beschränkungen in der Weitergabe** schon wegen der §§ 34, 35 üblich und deshalb für den Verkehr eigenständige Nutzungsarten. Allerdings bezieht sich die dingliche Abspaltbarkeit nur auf das „Ob". Die Erlaubnis, nur an bestimmte Personen unterzulizenzieren, wirkt nur schuld- **62** rechtlich. So ist es nicht möglich, das Verbreitungsrecht auf den privaten Verbrauch zu beschränken (RegE UrhG 1962 – BT-Drs IV/270, S. 56 zu § 32 a. F.). Eine inhaltlich nicht dinglich wirkende Beschränkung ist auch die Verpflichtung, nur an „Rundfunkanstalten der ARD, des ORF, der SRG sowie dritte Programmveranstalter innerhalb des Lizenzgebietes" Sublizenzen zu vergeben. Das eröffnet keine deliktischen Ansprüche gegen den (vertragswidrig) sublizenzierten Sender (OLG München GRUR 1996, 972 – *Accatone*; a. A. *Schack*, Urheber- und UrhebervertragsR[7] Rn. 609), weil es an einem Werkbezug der Beschränkung fehlt.

63 Im Regelfall ist eine hinreichende Erkennbarkeit einer unterschiedlichen Nutzungsart für den Verkehr bei der **Bearbeitung** von Werken (einschließlich **Werkverbindung, Teilnutzung des Werkes**) ebenfalls gegeben. Das ergibt sich schon aus § 39 Abs. 1. Bearbeitungsrechte sind dann dinglich abspaltbare Nutzungsarten, wenn die Abweichung für den Verkehr erkennbar ist. Insoweit geben wir unsere bis zur 9. Auflage vertretene Auffassung auf, es handele sich um ein bloßes Zustimmungsrecht und kein Nutzungsrecht (so noch unsere 9. Aufl./*Vinck* § 23 Rn. 2; dagegen Schricker/Loewenheim/*Loewenheim*[5] § 23 Rn. 245; Dreier/Schulze/*Schulze*[5] Rn. 38; Wandtke/Bullinger/*Bullinger*[4] § 23 Rn. 8; HK-UrhR/*Dreyer*[3] § 23 Rn. 24; vgl. §§ 23/24 Rn. 2). Beispielsweise können das Recht, eine Synchronfassung eines Films und eine untertitelte Fassung herzustellen, getrennt vergeben werden (OLG Köln ZUM 2007, 401, 402). Das Gleiche gilt für das Dramatisierungsrecht, das Vertonungsrecht oder das Recht, eine Musik für einen bestimmten Film zu verwenden. Wer das Recht erwirbt, einen bestimmten Stoff wiederzuverfilmen, darf keine Filme mit anderem Inhalt, sondern nur Filme mit diesem Stoff herstellen (BGH GRUR 1957, 611, 612 – *Bel ami*). Auch das Recht auf Umgestaltung eines Werkes ist eine selbständig abspaltbare Nutzungsart, z. B. im Hinblick auf ein Bauwerk. Allerdings begrenzt § 39 Abs. 2 die Verbotsmöglichkeiten des Urhebers. Auch der Vertrieb einer „kommentierten Fremdsprachenausgabe" ist als eigene dinglich abspaltbare Nutzungsart anzusehen (LG München I GRUR-Prax 2011, 403).

64 Eine selbständige Nutzungsart ist im Regelfall auch bei **Änderung des Gebrauchszwecks** des Werkes gegeben (BGH GRUR 2017, 266 Tz. 46 – *World of Warcraft I*; kritisch *Stieper*, ZGE 2017, 539, 551: Nicht Gebrauchszweck, sondern urheberrechtlich relevante Verwendungsform entscheidend), also bei einer zweckgebundenen Nutzung zweckfrei geschaffener Kunst oder umgekehrt der zweckfreien Nutzung von zweckgebundenen Werken z. B. der angewandten Kunst. Beispiele sind die Nutzung eines zweckfreien Gemäldes zu **Werbezwecken** auf Kondomverpackungen (OLG Frankfurt ZUM 1996, 97 – *René Magritte*), von zweckfrei komponierter Musik als Werbung für ein bestimmtes Produkt (BGH GRUR 2010, 623 Tz. 18 – *Nutzung von Musik für Werbezwecke*; zu Unrecht kritisch *Riesenhuber* ZUM 2010, 137, 141) oder – umgekehrt – von Werbemusik für eine zweckfreie Nutzung auf CD. Hierzu bedarf es also einer gesonderten Einräumung von Nutzungsrechten; zulässig ist sogar die Aufspaltung von wirtschaftlichen und – sofern relevant – urheberpersönlichkeitsrechtlichen Rechten (vgl. Rn. 64b). Das gilt aber nicht für die **Eigenwerbung für das Werk**. Dieses Ankündigungsrecht ist im Verbreitungsrecht enthalten (BGH GRUR 2001, 51, 53 – *Parfumflakon*), kann aber auch für die unkörperlichen Nutzungen nicht mit dinglicher Wirkung im Vorhinein abgespalten werden, solange die Werbung unselbständige Nutzungsform bleibt und insbesondere keine Substitutionswirkungen mit anderen Nutzungsarten erzeugt. Deshalb ist mit KG GRUR 2003, 1038 – *Klaus Kinski Rezitationen* ein öffentliches Zugänglichmachen von Hörproben im Internet zur Bewerbung legal vertriebener Tonträger keine eigenständige Nutzung. Auch Filmtrailer, die Kinofilme bewerben, sind keine abspaltbaren eigenständigen Nutzungsformen, solange sie nur die Werke nutzen, die auch im Film verwendet werden. Beispielsweise Filmmusik, die legal mit dem Film verbunden ist, ist danach nur für die öffentliche Kinovorführung zu vergüten, nicht aber für die öffentliche Vorführung der Werbetrailer. Anders liegt es aber, wenn der Werbetrailer mit Musik unterlegt ist, die im Film gar nicht genutzt wird (OLG München NJW 1998, 1413, 1414 – *O Fortuna*). Zu § 31 Abs. 5 und Werbenutzung vgl. Rn. 159. Unterschiedliche Nutzungsarten wegen eines anderen Gebrauchszwecks sind auch **private und gewerbliche Nutzung** (BGH GRUR 2017, 266 Tz. 46 – *World of Warcraft I*).

Denkbar ist ferner, dass eine **Aufspaltung auf der Grundlage der vom** UrhG **64a** **unterschiedenen Verwertungsrechte (§§ 15-22)** erfolgt. Allein die im UrhG angelegte Unterscheidung der Verwertungsrechte rechtfertigt die Abspaltung jedoch nicht. Verwertungsrechte (§§ 15–22) und Nutzungsrechte sind nicht gleichzusetzen (vgl. Rn. 13). Bei der Abspaltbarkeit geht es vielmehr um Verkehrsschutzinteressen. Es dürfen keine unübersichtlichen Rechtslagen entstehen (vgl. Rn. 11). Beispielsweise **Online-Nutzungsrechte auf individuellen Abruf im Internet** lassen sich **nicht in Vervielfältigungsrechte für den Server**, von dem die Nutzer abrufen (§ 16 UrhG), einerseits **und das Recht auf öffentliche Zugänglichmachung** (§ 19a UrhG) andererseits **aufspalten.** Es gibt keine sinnvolle Nutzungsart „mechanische Vervielfältigungsrechte im Online-Bereich ohne Recht auf öffentliche Zugänglichmachung", sodass eine „unübersichtliche Rechtslage" droht (OLG München GRUR-RR 2011, 1, 3 – *My Video*; *Schaefer* ZUM 2010, 150, 152 ff.; *von Albrecht* ZUM 2009, 661; *Ulrich* ZUM 2010, 311, 314 ff.; kritisch *Müller* ZUM 2011, 13, 17 ff.; *Jani* ZUM 2009, 722; *Melichar* ZUM 2010, 713; offen BGH GRUR 2017, 390 Tz. 28 – *East Side Gallery*). Insoweit hilft es auch nichts, dass Vervielfältigungsrecht und Recht der öffentlichen Zugänglichmachung vom UrhG getrennt behandelt werden. Etwas anderes gilt aber, wenn die Aufspaltung für den Verkehr erkennbare sachliche Gründe hat, also sachlich aus Verkehrssicht nachvollziehbar ist. Das ist noch nicht deshalb der Fall, weil aufgrund von Systemunterschieden bei der Wahrnehmung von Rechten, die auf US-Urheber zurückgehen, Vervielfältigungsrecht und öffentliches Zugänglichmachungsrecht auseinanderfallen (so aber *Müller* ZUM 2011, 13, 18); denn das kann nicht zu Lasten des Verkehrs unübersichtliche Rechtslagen rechtfertigen. Vielmehr sind die Rechteinhaber intern aufgerufen, eine einheitliche Vergabe zu ermöglichen. Zur Rechtsfolge dinglich unwirksamer Abspaltungen vgl. Rn. 12.

Etwas anderes gilt jedoch für eine **Abspaltung der wirtschaftlichen Nutzungs- 64b rechte von urheberpersönlichkeitsrechtlichen Gestattungen.** Der Verkehr kann zwischen wirtschaftlichem Recht und Urheberpersönlichkeitsrecht hinreichend unterscheiden (vgl. § 29 Rn. 13a). Ein sachlicher Grund für eine Trennung liegt vor, weil der Verkehr erkennen kann, dass die getrennten Rechte unterschiedliche Ausgangspunkte haben. Ein Urheber kann einem anderen ein Nutzungsrecht an seinem Werk einräumen, ohne ihm zugleich die Befugnis zur Geltendmachung urheberpersönlichkeitsrechtlicher Ansprüche zu erteilen (BGH GRUR 2012, 1062 Tz. 15 – *Elektronischer Programmführer*; BGH GRUR 2010, 920 Tz. 35 – *Klingeltöne für Mobiltelefone II*; OLG Hamburg ZUM-RD 2010, 260, 268; Schricker/Loewenheim/*Ohly*[5] Rn. 40; a. A. und gegen eine Trennbarkeit: *Ulrich* ZUM 2010, 311, 320). Beispielsweise ist es denkbar, dass die wirtschaftlichen Nutzungsrechte für die Klingeltonverwertung (Vervielfältigung, Verbreitung, öffentliche Wiedergabe) von der GEMA wahrgenommen werden, der Urheber aber wegen des urheberpersönlichkeitsrechtlichen Einschlags (§ 14) noch separat gestatten muss (BGH a. a. O.). Auch im Werbebereich ist eine solche doppelte Lizensierung zulässig, sofern die Werbenutzung urheberpersönlichkeitsrechtlich relevant ist (so wohl auch OLG München ZUM 1997, 275, 279; dazu *Poll* WRP 2010, 219, 220 ff.). Sendeunternehmen können sich gegenüber einer VG eine Einwilligung zur Darstellung des Programmankündigungsmaterials im Internet verbunden mit Werbeinhalten vorbehalten (BGH GRUR 2012, 1062 Tz. 15 – *Elektronischer Programmführer*).

64c Folgende Beispiele aus verschiedenen Branchen:

65 aa) **Verlagsverträge:** Bei Verlagsverträgen hat die **äußere Aufmachung** entscheidenden Einfluss auf die Abspaltbarkeit als eigenständige Nutzungsart, weil sich der Verkehr an äußeren Merkmalen leicht orientieren kann. Im **Buchbereich** ist deshalb die Buchnormalausgabe eigenständige Nutzungsart (*Knaak* FS Schricker I S. 268, 272; Loewenheim/*Nordemann-Schiffel/Jan Bernd Nordemann*² § 64 Rn. 67). Die Taschenbuchausgabe ist eine selbständige Nutzungsart gegenüber der Buchnormalausgabe (BGH GRUR 1992, 310, 311 – *Taschenbuch-Lizenz*; KG GRUR 1991, 596, 598 f. – *Schopenhauer-Ausgabe*). Das Taschenbuch unterscheidet sich schon in seinem Äußeren von der Buchnormalausgabe, nämlich durch das relativ kleine Format, einen relativ kleinen Druck und den Paperbackeinband, sodass für den Verkehr die Differenzierung zur Hardcoverausgabe hinreichend klargestellt ist. Dementsprechend sind auch Sonderausgaben zum ausschließlichen Vertrieb über Nebenmärkte, Buchgemeinschaften (BGH GRUR 1959, 200, 202 f. – *Der Heiligenhof*; BGH GRUR 1968, 152, 153 – *Angélique*), Kaufhäuser, Verbrauchermärkte, Versandhändler, Zeitungsverlage und Kaffeegeschäfte im Vergleich zur Buchnormalausgabe selbständig abspaltbare Nutzungsrechte, sofern sie äußerlich unterschiedlich sind (BGH GRUR 1990, 669, 671 – *Bibelreproduktion*). Eigenständig ist eine teure DIN-A4 Jumboausgabe gegenüber einer kleineren Midi-Ausgabe zur Hälfte des Kaufpreises (OLG Köln ZUM-RD 1998, 213, 215 – *Picasso-Monografie*). Weitere Beispiele für eigenständige Nutzungsarten sind Schulbuch-, Blindenschrift- und illustrierte Ausgaben (*Schricker*, VerlagsR³ § 28 Rn. 23; Loewenheim/*Nordemann-Schiffel/Jan Bernd Nordemann*² § 64 Rn. 68; s. a. *Knaak* FS Schricker I S. 273). Das Recht von **Mikrokopie-Ausgaben** ist selbständig abspaltbar, weil es eine gravierende äußere Veränderung der Erscheinungsform des Buchwerkes mit sich bringt (*Knaak* FS Schricker I S. 273; Loewenheim/*Nordemann-Schiffel/Jan Bernd Nordemann*² § 64 Rn. 68 m.w.N.). Der Abdruck in verschiedenen **Zeitungen** mit unterschiedlichen Bezeichnungen und Leserkreisen ist selbständige Nutzungsart; dabei ist eine konzernrechtliche Verbundenheit der Zeitungen unerheblich, wenn gerade die unterschiedliche Aufmachung der Printmedien bewusst gewählt wird (KG GRUR 2002, 252, 256 – *Mantellieferung*). Auch das Recht zu sonstiger Vervielfältigung, insbesondere durch **Fotokopien**, ist eigenständig.

66 Es fehlt jedoch regelmäßig an einer eigenständigen Nutzungsart, wenn eine **äußerlich nicht unterscheidbare Ausgabe** vorliegt. Insoweit kann beispielsweise – bei unveränderter äußerer Form – der Vertrieb von Buchnormalausgaben über Kaffeefilialgeschäfte nicht als eigenständiges buchnahes Nebenrecht mit dinglicher Wirkung abgespalten werden (BGH GRUR 1990, 660, 671 – *Bibelreproduktion*). Auch für die Art und Weise der **Zusammenstellung** von Erzählungen in einem Sammelwerk wurde eine eigenständige Nutzungsart verneint (KG ZUM 1997, 397, 398 – *Ermunterungen zum Genuss/Franz Hessel*). Die Anwendung besonderer **Reproduktionstechniken** kann – wenn sich ein für den Verkehr erkennbarer Unterschied ergibt – eine eigene Nutzungsart sein, nicht aber die Festlegung eines bestimmten Druckers, letztere ist rein schuldrechtlich möglich (BGH GRUR 1976, 706 – *Serigrafie*). Deshalb ist auch „**Print-On-Demand**" im Regelfall nicht vom Buchdruckrecht abspaltbar, wenn On-Demand äußerlich das gleiche Buch gedruckt wird.

67 Selbständig sind unbearbeitete Fassungen außerhalb des Printbereichs, z. B. die nicht dramatisierte Nutzung des Werkes auf **Kassetten, CDs, DVDs** oder **Schallplatten** als **Hörbücher** (*Haupt* UFITA 2002/II, 323, 347; Loewenheim/

*Nordemann-Schiffel/Jan Bernd Nordemann*² § 64 Rn. 70). Auch die **CD-ROM**-Ausgabe ist im Vergleich zu Printmedien und Microfiche eigenständige Nutzungsart (BGH GRUR 2002, 248, 251 – *Spiegel-CD-ROM*). Gleiches gilt für Sparten-CD-ROMs mit einem bestimmtem Ressort der Zeitung gegenüber der kompletten Jahrgangs-CD-ROM (AG Hamburg ZUM-RD 2002, 261, 263), für ein **elektronisches Pressearchiv** im Verhältnis zu einem Archiv auf Papier oder Microfiche (KG GRUR 2002, 252, 254 – *Mantelliefe-rung*) oder für das **Vortragsrecht**. **E-Books** sind wegen ihrer abweichenden äußeren Erscheinungsform eigenständige Nutzungsarten (*Rehbinder/ Schmaus* ZUM 2002, 167, 170; Loewenheim/*Nordemann-Schiffel/Jan Bernd Nordemann*² § 64 Rn. 97; *Graef* Rn. 178), das Gleiche gilt für **E-Paper-Aus-gaben einer Zeitung** (LG Frankenthal ZUM-RD 2013, 138, 140; LG Stutt-gart ZUM 2009, 77, 83; wohl auch OLG Düsseldorf ZUM 2010, 663, 664). Eine andere Frage ist jedoch, ob sie auch eine eigenständige Nutzungsart nach § 31a sind; vgl. § 31a Rn. 42. **E-Mails** wurden bei der Versendung elektronischer Pressespiegel als eigenständige Nutzungsart angesehen (KG ZUM 2002, 828, 832).

68 Eine selbständig abspaltbare Nutzungsart kann auch durch **Bearbeitung** (§ 23) entstehen. Zu nennen sind das **Übersetzungsrecht** in eine andere Sprache oder eine andere Mundart, aber auch das Recht zur **Dramatisierung**, das Recht zur **Verfilmung**, das Recht zur Nutzung als **Hörspiel** und das **Vertonungsrecht** (BGH GRUR 1984, 45, 52 – *Honorarbedingungen*: Sendevertrag, dort wohl als selbständige Nutzungsart anerkannt).

69 **bb) Software:** Hierzu vgl. § 69c Rn. 47 ff.

70 **cc) Musik:** Im Bereich der **körperlichen Nutzung** (§ 15 Abs. 1) liegen dann eigenständige Nutzungsarten vor, wenn die unterschiedliche Aufmachung dem Verkehr eine Differenzierung ermöglicht. Die **Schallplatte** ist deshalb eigenstän-dig gegenüber der **Musikkassette**. Auch die **CD** stellt in diesem Sinne eine da-von selbständige Nutzungsart gem. § 31 Abs. 1 dar. Eine andere Frage ist, ob die CD gegenüber der Schallplatte eine neue Nutzungsart gem. § 31a ist; vgl. § 31a Rn. 39. **CD-Cover** und **LP/MC-Cover** jedenfalls sind selbständige Nut-zungsarten gem. § 31 Abs. 1 (OLG Hamburg GRUR 2000, 45 – *Streichelein-heiten*).

71 Bei der **unkörperlichen Nutzung** (§ 15 Abs. 2) sind die im Verkehr üblichen Ver-mittlungsformen eigenständige Nutzungsarten, also Aufführung, Sendung oder öffentliche Zugänglichmachung (dazu *Wandtke/Schäfer* GRUR Int. 2000, 187, 189; *Sasse/Waldhausen* ZUM 2000, 837; hiervon ist allerdings die Frage nach ei-ner neuen Nutzungsart gem. § 31a zu unterscheiden). Auch diese Obergruppen können aber in weitere Nutzungsarten zerfallen. Beispielsweise ist im Hinblick auf das Senderecht aus Endnutzersicht eine **Sendung über Antenne** von einer Sendung über das Internet (sog. **Webcasting**) wegen der für ihn erkennbaren unterschiedli-chen Übertragungstechnologien unterscheidbar und damit in verschiedene Rechte trennbar (jedoch vgl. Rn. 78). Bei **Musikdownload**-Plattformen, die durch **DRM** (digital rights management, s. § 95c) gesteuert sind, werden als eigenständige Nut-zungsarten gesehen das Sichern und Anhören auf einem Computer, auf einem trag-baren Gerät sowie das Brennen auf eine Audio-CD (*Hoenike/Hülsdunk* MMR 2004, 59, 66). Nicht zulässig ist eine Abspaltung des Vervielfältigungsrechts bei Einräumung des Rechts der öffentlichen Zugänglichmachung nach § 19a (str., vgl. Rn. 64a). **Hörproben** im Internet zur Bewerbung der Bestellung von Musik-CDs sind nicht eigenständig, wenn sie als Annex zur Verwertung als Musik-CD zu se-hen sind, nur kurze Ausschnitte nutzen, nicht downgeloaded werden können und kein Surrogat für den Erwerb der CD darstellen (KG GRUR 2003, 1038 – *Klaus Kinski Rezitationen*).

72 Dinglich eigenständige **Bearbeitungsrechte** sind im Musikbereich vor allem denkbar für die Verbindung von Musik und Film (sog. **Synchronisationsrecht**). Diese Nutzungsart entfaltet für den Nutzungsberechtigten allerdings nach Gestattung der Synchronisation keine weiteren Beschränkungen, sofern er sich für die konkrete Nutzung durch Vervielfältigung und Verbreitung, Vorführung, Sendung oder öffentliche Zugänglichmachung die Rechte von der GEMA holt (vgl. Vor §§ 88 ff. Rn. 110 ff.; ferner BGH GRUR 1994, 41, 42 – *Videozweitauswertung II*; LG Hamburg ZUM-RD 1997, 256, 257). Eigenständige Nutzungsarten sind die Verwendung in der **Werbung** (OLG Hamburg GRUR 1991, 599, 600 – *Rundfunkwerbung*) und für einen **TV-Trailer** (OLG München NJW 1998, 1413, 1414 – *O Fortuna*); anderes gilt aber für **Eigenwerbung** für eine (legale) Werknutzung; vgl. Rn. 64. **Handy-Klingeltöne** sind eine eigenständige Nutzungsart (OLG Hamburg GRUR-RR 2002, 249, 251 – *Handy-Klingeltöne*), die den gesamten Handlungskomplex von Herstellen durch Bearbeitung des Originalwerkes, Vervielfältigung, Upload, Zugänglichmachung und Übermittlung an den Endnutzer umfasst (*Castendyk* ZUM 2005, 9, 13). Die urheberpersönlichkeitsrechtliche Seite der Nutzung als Klingelton (§ 14) darf separat vergeben werden (vgl. Rn. 64b).

73 **dd) Film und Fernsehen:** Im **Filmbereich** *Videozweitauswertung* sind eigenständige Nutzungsarten die üblichen Auswertungsfenster Verleih zur öffentlichen Vorführung, insbesondere an Kinos, Herstellung von Videos/DVDs (BGH GRUR 1976, 382, 384 – *Kaviar*; BGH GRUR 1991, 133, 136), deren Vermietung oder Verkauf (jeweils eigenständig nach BGH GRUR 1987, 37, 39 – *Videolizenzvertrag*), öffentliche Zugänglichmachung (insbesondere via Internet), Sendung im Pay-TV oder im frei empfangbaren Fernsehen; vgl. Vor §§ 88 ff. Rn. 67 ff. Nach dem Urhebervertragsrecht der damaligen DDR wurden demgegenüber Fernsehübertragung und Vorführung im Kino derselben Nutzungsart zugeordnet (KG ZUM-RD 1999, 484, 485 – *Flüstern und Schreien*). Diese Nutzungsarten lassen sich aber noch weiter unterteilen:

74 Neben einem **Verleih** zur öffentlichen Vorführung an Kinos ist ein Verleih an Fluggesellschaften („Inflight-Rechte") selbständig abspaltbar. Der Verleih an nicht gewinnmaximierend tätige Vorführer wie Film-Clubs, Jugendheime oder öffentliche Schulen stellt ebenfalls eine selbständige Nutzungsart dar und wird meist als nicht-kommerzielle Vorführung bezeichnet, auch wenn die Vorführung dort gegen Entgelt erfolgt.

75 Für die Nutzung von Filmen auf körperlichem Bildtonträger ist grundsätzlich davon auszugehen, dass die Nutzungsarten **Video und DVD** selbständig sind, weil sie sich äußerlich unterscheiden und damit dem Verkehr eine Differenzierung ermöglicht wird. Jedoch ist es eine Frage der Vertragsauslegung, ob das Vervielfältigungs- und Verbreitungsrecht für Video auch DVDs erfasst. Das sollte regelmäßig der Fall sein; vgl. Rn. 166. Eigenständige Nutzungsart ist auch die Verbreitung einer DVD gemeinsam mit einem bestimmten Booklet. Genauso kann dinglich das DVD-Recht mit bestimmten technischen Schutzmaßnahmen abgespalten werden, sodass eine Nutzung ohne diese technischen Maßnahmen eine Urheberrechtsverletzung ist.

76 Im Bereich der **öffentlichen Zugänglichmachung** (auch: **Video-on-Demand oder VoD**) existieren verschiedene abspaltbare Nutzungsarten für die Internetnutzung wie z. B. Download zum einmaligen Ansehen (Streaming), für temporäre Kopien (Rental VoD) oder für permanente Kopien („EST" – Electronic Sell Through oder „DTO" – Download To Own). Auch die Abrechnungsform ist eine selbständig abspaltbare Nutzungsart, z. B. Zahlung je Abruf („TVoD" – Transactional VoD) oder Abruf in einem Abonnement („SVoD" – Subscription VoD); vgl. Vor §§ 88 ff. Rn. 90. Neben der Nutzungsart Internet existieren im

Online-Bereich noch weitere Nutzungsformen, die sich teilweise auf andere Datennetze als das Internet oder auf Virtual Private Networks (VPN) innerhalb des Internet stützten, beispielsweise On-Demand in Hotels und Gaststätten oder in Flugzeugen und Schiffen, die ebenfalls separat vergeben werden können, sofern die unterschiedliche technische Infrastruktur für den Endnutzer deutlich wird. Zur Abgrenzung zu Near-on-Demand vgl. § 19a Rn. 17.

Bei der **Sendung** im Fernsehen sind nach dem BGH **Kabel- und Satellitenfernse-**   **77**
hen keine eigenständigen Nutzungsarten gegenüber der terrestrischen Übertragung, weil aus der Perspektive des Endverbrauchers nur Techniken zur Ausdehnung des Empfangsbereiches verändert wurden, nicht aber die Art und Weise der Werkvermittlung (GRUR 1997, 215 – *Klimbim*; kritisch *Loewenheim* GRUR 1997, 220). Diese Entscheidung dürfte mit der Einfügung von §§ **20a,** **20b überholt** sein (Schricker/Loewenheim/*v. Ungern-Sternberg*[4] § 20a Rn. 1; Loewenheim/*Loewenheim*/*Jan Bernd Nordemann*[2] § 27 Rn. 11; a. A. LG Stuttgart GRUR Int. 2002, 442, wonach der eingeführte Begriff „Satellitenrundfunk" lediglich ein klarstellendes Beispiel für den technisch offenen Begriff „Sendung" darstelle). Mit der Übergangsbestimmung des § 137h Abs. 3 ist die Abspaltung von Kabelrechten jedenfalls ab 1.6.1998 dinglich möglich. Die Abspaltung des Satellitenrechts sollte nach § 137h Abs. 1 sogar schon für Verträge denkbar sein, die vor dem 1.6.1998 geschlossen wurden, wenn der Vertrag nur nach dem 31.12.1999 ausläuft. Fällt der Vertrag danach noch unter die *Klimbim*-Doktrin, wirkt eine isolierte Einräumung von Kabel- oder Satellitensenderechten nur schuldrechtlich. Dann ist es eine Frage der Auslegung, ob ein vollständiges Senderecht mit schuldrechtlicher Beschränkung auf Kabel und Satellit, oder nur schuldrechtliche Gestattung vorliegt.

Ferner sollte die Sendung per **Internet-TV (Live Stream,** auch **Web-TV)** eine   **78**
selbständig abspaltbare Nutzungsart sein (LG Mannheim ZUM-RD 2015, 599: selbständige Nutzungsart gegenüber Satelliten-TV; *Haedicke* ZUM 2017, 1, 4 ff.; *Poll* GRUR 2007, 476, 482 m. w. N. zum Streitstand; *Bortloff* GRUR Int. 2003, 669, 675; a. A. *Ory* K&R 2006, 303, 306; zu den technischen Voraussetzungen *Flatau* ZUM 2007, 1; s. zur Definition der Sendung über das Internet auch die Kommentierung zu § 20, ferner § 1 Ziff. 4 WahrnehmungsV GVL); insoweit ist darauf abzustellen, ob aus Sicht des Endnutzers eine Internetnutzung (Nutzung des IP-Protokolls) gegeben ist. Wirtschaftlich ist aus Endnutzersicht die Internetnutzung eigenständig, weil er dafür an einen Internetzugangsprovider zahlt. Zweifel an einer hinreichenden technischen Abgrenzbarkeit bestehen derzeit nicht, weil jeder Endnutzer weiß, über welche Technologie er empfängt (a. A. *Ory* K&R 2006, 303, 306). Das kann sich allerdings ändern, wenn die Übertragungswege verschmelzen und für den Endnutzer keine Zuordnung zu einer bestimmten Übertragungstechnologie mehr möglich ist (zustimmend Schricker/Loewenheim/*Ohly*[5] Rn. 40); getrennt vergebene Rechte bestehen dann – auch bei eigentlich vereinbarter Ausschließlichkeit – selbständig nebeneinander. Die Problematik der Abspaltbarkeit entsteht von vornherein nicht, wenn Internet-TV zusätzliche (insbesondere interaktive) Funktionalitäten gegenüber terrestrischem, Satelliten- oder Kabel-TV aufweist, weil der Verkehr dann schon deshalb unterscheiden kann. Wird das IP-Protokoll verwendet, um innerhalb eines geschlossenen Datennetzes Fernsehen anzubieten, spricht man landläufig von **IP-TV.** Die Abspaltbarkeit ist gegeben, weil der Endnutzer die andere Technologie unterscheiden kann, z. B. zwischen Kabelsendung und Sendung über das IP-Protokoll (*Haedicke* ZUM 2017, 1, 5). Wie oben dargelegt, muss das allerdings zukünftig bei Verschmelzen der Technologien und Ende der Unterscheidbarkeit für den Verbraucher nicht so bleiben. Bei IP-TV kann als Nutzungsart weiter unterschieden werden zwischen IP-TV in geschlossenen Infrastrukturen (z. B. über eine Box des Zugangsanbieters)

oder IP-TV über das allgemeine Internet (zur Einordnung unter § 20b vgl. § 20b Rn. 13), solange der Endnutzer den Infrastrukturunterschied erkennen kann.

79 Handy-TV oder Mobile-TV kann ebenfalls nur dann als selbständige Nutzungsart anerkannt werden, wenn der Endnutzer der Sendung die technische Übertragungsart als mobile Nutzung identifizieren kann. Da derzeit spezielle technische Standards benutzt werden (digital multimedia broadcasting – DMB; digital video broadcasting for handhelds – DVB-H) kann das nicht von vornherein ausgeschlossen werden. Insoweit bildet die jeweils als eigenständig erkennbare Übertragungstechnologie das Abgrenzungsmerkmal; ob der Endnutzer letztlich ein mobiles Gerät benutzt und damit wirklich eine mobile Nutzung stattfindet, ist zweitrangig (a. A. und gegen eine Eigenständigkeit *Ory* ZUM 2007, 7, 8). Wirtschaftlich liegt schon deshalb aus Nutzersicht Eigenständigkeit vor, weil spezielle Verträge oder Zusatzoptionen mit dem Mobilfunkprovider für die Nutzung abzuschließen sind. Eine eigenständige Nutzungsart liegt in jedem Fall vor, wenn die Inhalte für die mobile Nutzung und insbesondere die kleineren Bildschirme angepasst werden. Die Eigenständigkeit ergibt sich hier aus dem anderen Werkinhalt, nicht aus der Wahrnehmungsform durch den Nutzer. Genauso kann auch ein **On-Demand-Service**, der nur **über Kabelnetze** angewählt werden kann, im Vergleich zu einem Internet-On-Demand-Dienst (über IP-Protokoll) eigenständig sein, weil der Endnutzer die unterschiedlichen Übertragungstechnologien trennen kann (vgl. Rn. 78).

80 Gemäß § 20b Abs. 1 kann das **Kabelweitersenderecht** nur von Verwertungsgesellschaften geltend gemacht werden; dennoch lassen sich die Sender das Recht einräumen (s. a. § 20b Abs. 2). Weitere eigenständige Formen des Senderechts sind sog. **Near-on-Demand-Sendungen**. Sie wiederholen eine Sendung ständig, sodass der Nutzer mehr oder weniger den Zeitpunkt individuell bestimmen kann, zu dem er die Sendung sieht. Das ist von der Nutzungsart Video-on-Demand zu unterscheiden, bei der der Nutzer durch Abruf den Nutzungszeitpunkt selbst bestimmt; vgl. § 19a Rn. 17. **Pay-TV** ist eine eigenständige Nutzungsart nach § 31 Abs. 1 und wird auch oft separat vergeben. Pay-TV kann sich weiter in **pay-per-view** (pro Sendung), **pay-per-channel** (pro Kanal) und **pay-per-bouquet** (pro Bündel von Programmen) unterteilen. Teilweise findet Pay-TV ausschließlich über Kabel statt, sodass insoweit auch bloß Kabelrechte eingeräumt werden müssen. Bei **Betrieb von** virtuellen interaktiven **Videorecordern** können ebenfalls eigenständige Nutzungsarten relevant werden und separat erworben werden wie Weiterleitung des aufgefangenen Signals an Aufnahmeserver (BGH GRUR 2009, 845 Tz. 28 ff. – *Internet-Videorecorder I*; s. zu §§ 20b, 87 Abs. 5 auch OLG München ZUM 2016, 658 juris Tz. 50 ff.), das Anfertigen einer Masterkopie, um den Abruf der Nutzer zu ermöglichen (keine Privatkopie: s. BGH ZUM-RD 2013, 314 Tz. 18 f.; OLG München ZUM 2014, 813, 816 f. – *Save.TV*) oder einzelne für den Endnutzer identifizierbare Funktionen wie Instant Restart (laufende Sendung ohne vorherige Aufnahme von Anfang an).

81 **Beschränkungen in der Weitergabe** von Filmrechten können schon wegen der §§ 34, 35 dinglich verabredet werden. Nicht dinglich wirkt aber die Verpflichtung, nur an „Rundfunkanstalten der ARD, des ORF, der SRG sowie dritte Programmveranstalter innerhalb des Lizenzgebietes" Sublizenzen zu vergeben. Es sind hier keine deliktischen Ansprüche gegen den (vertragswidrig) sublizenzierten Sender gegeben (OLG München GRUR 1996, 972 – *Accatone*; a. A. *Schack*, Urheber- und UrhebervertragsR[7] Rn. 609). **Beschränkungen für Werbeunterbrechungen** von Spielfilmen (z. B. keine Alkoholwerbung) wirken grundsätzlich nur schuldrechtlich, es sei denn sie sind werkbezogen, sodass der Verkehr mit ihnen rechnet.

Verfilmungsrechte stellen ebenfalls eigenständige Nutzungsrechte zu einer Be-   **82**
arbeitung dar, die auf die Verfilmung des betreffenden Stoffes beschränkt sind
und nicht die Verfilmung eines anderen Gegenstandes erlauben. Das Gleiche
gilt für Wiederverfilmungsrechte (BGH GRUR 1957, 611, 612 – *bel ami*).
Auch das Recht zur Herstellung einer synchronisierten Fassung ist als Bearbeitungsrecht eine selbständige Nutzungsart. Zu **Filmmusik** vgl. Rn. 72.

ee) **Bildende Kunst, Illustration, Design, Foto:** Für den Bereich **bildende Kunst**   **83**
sollten insbesondere diejenigen Nutzungsarten als mit dinglicher Wirkung abspaltbar anerkannt sein, die in der Auflistung der Tarife der VG BildKunst
(www.bildkunst.de) enthalten sind. Ergänzend sei, vor allem für **Illustrationen**,
auf die oben erwähnten Nutzungsarten für Verlagsprodukte verwiesen; vgl.
Rn. 65 ff. Die verschiedenen Möglichkeiten, **Design** zu nutzen, ergeben sich für
Kommunikations-, Produkt-, Mode-, Textil- und Fotodesign aus dem Tarifvertrag AGD/SDSt (www.agd.de); vgl. Vor §§ 31 ff. Rn. 406. Für den **Fotobereich**
sei ferner auf die Nutzungsarten aus den „Bildhonoraren" der Mittelstandsgemeinschaft Fotomarketing (MFM) verwiesen, erhältlich über www.bvpa.de;
vgl. Vor §§ 31 ff. Rn. 416.

ff) **Bau:** Die wichtigste Nutzungsart ist die Vervielfältigung einer Planung zu   **84**
einem Gebäude. Nicht dinglich abspaltbar ist der Nutzungszweck des Gebäudes. Im Hinblick auf die Vermietung verbietet § 17 Abs. 3 S. 2 Nr. 1 die Abspaltung, damit der Gebrauchswert des Sachobjektes unberührt bleibt (vgl.
§ 17 Rn. 41; Dreier/Schulze/*Schulze*⁵ § 17 Rn. 48). Das verbietet es auch, andere Beschränkungen mit dinglicher Wirkung zu vereinbaren, beispielsweise
einen ausschließlichen Gebrauchszweck (z. B. Nutzung als Schule, Büro oder
Wohnung). Außerhalb der Nutzung als Gebäude gelten jedoch die üblichen
Möglichkeiten einer dinglich wirksamen Beschränkung, beispielsweise für die
Vervielfältigung und Verbreitung als körperliches Werkstück in Verlagsproduk-
ten (vgl. Rn. 65 ff.), sofern § 59 keine Urheberrechtsfreiheit gewährt. Auch das
Bearbeitungsrecht ist ein selbständiges Nutzungsrecht, das allerdings durch
§ 39 Abs. 2 einschränkt wird.

gg) **Multimedia, Online-Nutzung:** Im Bereich der neuen Medien sind Oberbe-   **85**
griffe wie digital oder Multimedia wenig aussagekräftig, da ihnen wiederum
verschiedene konkrete Nutzungsarten unterfallen und sie überdies nicht einmal
Gewähr für urheberrechtliche Schutzfähigkeit bieten (LG Köln ZUM 2005,
910). „**Multimedia**" ist wegen des allumfassenden Charakters jedenfalls keine
eigene Nutzungsart (*Hoeren* CR 1995, 710, 712; differenzierend in einzelne
Nutzungsarten auch *Loewenheim* GRUR 1996, 830; *Schwarz* GRUR 1996,
836). Gegenüber speziellen Diensten (wie etwa demand-services) hat die Online-Nutzung keine eigenständige Bedeutung, da diese nur das technische Medium bildet (*Reber* GRUR 1998, 792, 796). Im Internet bestehen vielmehr
zahlreiche Nutzungsarten, die selbständig sein können. Solche sind beispielsweise im **Musik- und Filmbereich** Sendung, öffentliche Zugänglichmachung
auf Abruf, Letztere wiederum unterteilt in Streaming, temporärer Download,
permanenter Download (zum Musikbereich vgl. Rn. 71; zum Filmbereich vgl.
Rn. 76; ferner *Czychowski* K&R 2000, 252, 253; *Bechtold* GRUR 1998, 18,
25). Wenn für Text und Bild die **Online-Nutzung** allgemein als eigenständige
Nutzungsart gesehen wird, so wird meist Bezug genommen auf Veröffentlichungen von Beiträgen und Fotos in **Printmedien** auf einer Homepage im **Internet**, die gegenüber einer Print-Ausgabe selbständig sind (KG GRUR 2002, 252,
254 – *Mantellieferung*; OLG Hamburg NJW-RR 2001, 123 – *taz*; OLG Hamburg ZUM 2000, 870, 873; KG AfP 2001, 406, 410). Genau genommen geht
es hier nicht um die Online-Nutzung allgemein, die eher allgemein auf das
Übertragungsmedium zielt und On-Demand-Dienste mit abdecken würde, sondern um die Nutzung auf einer www-Homepage als Nutzungsart. **Links,** die

lediglich ähnlich einem Lesezeichen den Zugriff auf (legal) im Internet befindliche Werke erleichtern, stellen im Regelfall keine urheberrechtlich relevante Nutzungshandlung dar und damit auch keine Nutzungsart. Zum Ganzen vgl. § 19a Rn. 23 ff. **E-Mails** wurden bei der Versendung elektronischer Pressespiegel als eigenständige Nutzungsart angesehen (KG ZUM 2002, 828, 832).

6. Einfache Nutzungsrechte (§ 31 Abs. 2)

86   Nach der **Legaldefinition** des § 31 Abs. 2 beinhaltet ein einfaches Nutzungsrecht das (positive) Recht, das Werk auf die erlaubte Art zu nutzen, ohne dass (negativ) die Nutzung durch andere ausgeschlossen ist. Das ermöglicht eine Vielzahl paralleler Verwertungshandlungen, etwa bei der Aufführung von Musikstücken oder Vorführungen von Filmen in Filmtheatern.

87   Die eingeräumten einfachen Nutzungsrechte sind **dingliche Rechte** (LG München I GRUR-RR 2004, 350 – *GPL-Verstoß*; *Scholz* GRUR 2009, 1107, 1112; *Zurth* S. 38 ff. m. w. N.; Dreier/Schulze/*Schulze*[5] Rn. 52; *v. Gamm* Rn. 11; *Ulmer*, Urheber- und VerlagsR[3] S. 368; Loewenheim/*Loewenheim/Jan Bernd Nordemann*[2] § 25 Rn. 1; *Rehbinder/Peukert*[17] Rn. 909 (quasi-dinglich); *Schack*, Urheber- und UrhebervertragsR[7] Rn. 604; offener Schricker/Loewenheim/*Ohly*[5] Rn. 47: „entzieht sich einer eindeutigen Qualifikation", mit umfassenden Nachweisen zum Meinungsstand, auch im Hinblick auf das Patentrecht; eindeutig für einen dinglichen Charakter aber Schricker/Loewenheim/ *Schricker/Loewenheim*[4] Rn. 14). Nicht nur dem Urheber, sondern **auch Dritten** kann deshalb das positive Nutzungsrecht **entgegengehalten** werden. Wir geben unsere bis zur 9. Aufl. vertretene Auffassung auf, nach der die einfachen Nutzungsrechte lediglich schuldrechtlichen Charakter haben (unsere 9. Aufl./*Hertin* §§ 31/32 Rn. 2; genauso *Pahlow* ZUM 2005, 865; *Götting* FS Schricker I S. 68; Möhring/Nicolini/*Spautz*[2] § 31 Rn. 39). Zunächst spricht die Möglichkeit der Weiterübertragung des einfachen Nutzungsrechts nach § 34 für seinen dinglichen Charakter; schuldrechtliche Gestattungen sind nicht verkehrsfähig. Auch sollte es möglich sein, Nutzungsrechte am einfachen Nutzungsrecht einzuräumen; vgl. § 35 Rn. 5. Ferner wird dieses Ergebnis durch die Neuformulierung des § 33 durch die Reform des Urhebervertragsrechts 2002 gestützt, der in den Sukzessionsschutz einfache Nutzungsrechte einbezieht. Auch bei vor dem 1.7.2002 abgeschlossenen Altverträgen (§ 132 Abs. 3) ist von einem dinglichen Charakter auszugehen, weil nach der Gesetzesbegründung keine Änderung der Rechtslage, sondern nur eine Regelung bislang analog einbezogener Sachverhalte erfolgte (RegE UrhVG 2002 – BT-Drs. 14/7564, S. 5 i. V. m. BT-Drs. 14/6433, S. 14; aber s. a. StellungN BR bei RegE UrhVG 2002 – BT-Drs. 14/7564, S. 6, wo von dem ungeklärten „gegenständlichem" Charakter von einfachen Nutzungsrechten die Rede ist). Schließlich spricht auch die veränderte Situation der Aktivlegitimation für einen dinglichen Charakter. Der Inhaber eines einfachen Nutzungsrechts erwirbt über das einfache Nutzungsrecht zumindest die Berechtigung, im Wege der gewillkürten Prozessstandschaft mit Zustimmung des ausschließlich Berechtigten Ansprüche zu stellen (vgl. Rn. 88). Ohnehin werden Abgrenzungsschwierigkeiten zwischen Nutzungsrecht und schuldrechtlicher Gestattung (vgl. § 29 Rn. 24 f.) vermieden (Loewenheim/*Loewenheim/Jan Bernd Nordemann*[2] § 25 Rn. 1).

88   Das einfache Nutzungsrecht gibt allein das positive Recht zur Vornahme der Nutzungshandlungen, jedoch **kein negatives Abwehrrecht,** wie seit der Urhebervertragsrechtsreform 2002 § 31 Abs. 2 klarstellt. Auch für Verträge vor dem 1.7.2002 (§ 132 Abs. 3) gilt aber nichts anderes, weil die Rechtslage nicht geändert wurde (BGH GRUR 1959, 200, 201 – *Heiligenhof*). Selbst wenn ein Vorgehen aus eigenem Recht ausscheidet, bleibt die Möglichkeit **gewillkürter Prozessstandschaft.** Das dafür erforderliche **eigene Interesse** an der Rechtewahrnehmung fließt grundsätzlich schon aus der Stellung als Nutzungsrechtsinhaber und seinem wirtschaftlichen Interesse, vor konkurrierenden Nutzungen unberechtigter Dritter geschützt zu werden. Ferner muss eine **Einwilligung** des Urhebers (oder des Inhabers des ausschließlichen Rechts, von dem das einfache Nutzungsrecht abgeleitet ist) eingeholt werden. Eingehend zur gewillkürten Prozessstandschaft vgl. § 97 Rn. 138 ff.

Eine **Auswertungspflicht** kann auch bei einfacher Rechtseinräumung für den Verwerter ausdrücklich vereinbart werden. Auch kann sie stillschweigend aus dem Vertrag zu entnehmen sein. Das gilt insbesondere bei Beteiligungsvergütung (ausführlich vgl. Vor §§ 31 ff. Rn. 41 ff.; a.A. Dreier/Schulze/*Schulze*[5] Rn. 54: niemals stillschweigende Auswertungspflicht). Eine **Einräumung weiterer Nutzungsrechte** (§ 35) ist möglich; vgl. § 35 Rn. 5. Es besteht **Sukzessionsschutz** (§ 33), der den Bestand gegenüber späteren Nutzungsrechten sichert, und die Möglichkeit der **Weiterübertragung** gemäß § 34.

Vermutungsregel: Nach § 38 Abs. 3 S. 1 räumt der Urheber dem Verleger oder Herausgeber für einen Zeitungsbeitrag im Zweifel nur ein einfaches Nutzungsrecht ein. **90**

7. Ausschließliche Nutzungsrechte (§ 31 Abs. 3)

Ausschließliche Nutzungsrechte berechtigen nach der Legaldefinition in § 31 **91** Abs. 3 ihren Inhaber, das Werk unter Ausschluss aller anderen Personen auf die ihm erlaubte Art zu nutzen und Nutzungsrechte einzuräumen.

a) Dingliche Wirkung: Das ausschließliche Nutzungsrecht hat dingliche Wir- **92** kung (allg. A.: BGH GRUR 1959, 200, 202 – *Heiligenhof*; Schricker/Loewenheim/*Ohly*[5] Rn. 50; Loewenheim/*Loewenheim/Jan Bernd Nordemann*[2] § 25 Rn. 3). Ihr Inhaber kann es also gegenüber jedem Dritten geltend machen. Seine Rechte erschöpfen sich nicht in der schuldrechtlichen Beziehung zum Urheber.

b) Abstufungen der Ausschließlichkeit: Die volle Ausschließlichkeit gewährt **93** dem Berechtigten das exklusive Recht zur Nutzung des Werkes in der vereinbarten Art und Weise **unter Ausschluss aller anderen Personen, auch des Urhebers.** Ohne ausdrückliche Vereinbarung spricht bei einem ausschließlichen Nutzungsrecht die **Vermutung** für diese volle Ausschließlichkeit. Wenn etwa ein Autor einem Verlag Rechte einräumt, darf er sein Werk im Zweifel nicht selbst noch verlegen.

Dinglich wirkende Einschränkungen: Davon kann gem. § 31 Abs. 3 S. 2 abge- **94** wichen werden und dem **Urheber** ein **Recht zur Nutzung** seines Werkes verbleiben. Jedoch besteht **keine Möglichkeit** für den Urheber, mit dem Inhaber des ausschließlichen Rechts zu vereinbaren, dass der Urheber ein **einfaches Nutzungsrecht** mit dinglicher Wirkung einem Dritten **zukünftig** einräumen kann. Dies würde den Charakter des Rechts als ausschließlich sprengen. Der Urheber kann sich also lediglich das Recht vorbehalten, selbst zu nutzen. Ferner besteht Sukzessionsschutz nach § 33 für den Inhaber eines vorher durch den Urheber eingeräumten einfachen Nutzungsrechts.

Schuldrechtlich wirkende Einschränkungen: Jedoch kann schuldrechtlich eine **95** **Pflicht zur Duldung der Nutzung durch bestimmte Dritte** vereinbart werden (Schricker/Loewenheim/*Ohly*[5] Rn. 49; Loewenheim/*Loewenheim/Jan Bernd Nordemann*[2] § 25 Rn. 3). Eine solche Gestaltung (schuldrechtliche Beschränkungen eines ausschließlichen Rechtes) bietet gegenüber einem nicht-ausschließlichen immerhin den Vorteil einer eigenen Klagemöglichkeit, gewährt aber keine Möglichkeit, sich gegenüber Nicht-Vertragspartnern darauf zu berufen.

95a **Abgrenzung zwischen dinglich und schuldrechtlich wirkenden Einschränkungen:** Für die Abgrenzung zwischen dinglich wirkenden Gestaltungen der Nutzungsrechtseinräumung und einer bloß schuldrechtlich wirkenden Abrede ist in erster Linie der von den Parteien gewählte Wortlaut und der dem Wortlaut zu entnehmende objektiv erklärte Parteiwille zu berücksichtigen. Weiter gilt das Gebot der nach beiden Seiten hin interessengerechten Auslegung und der Berücksichtigung des durch die Parteien beabsichtigten Zwecks des Vertrages (BGH GRUR 2013, 1213 Tz. 18 – *SUMO*). Bei unklarem Wortlaut kommt damit dem Übertragungszweckgedanken eine wichtige Rolle für die Vertragsauslegung zu. Das gilt insbesondere für die Frage, ob einfache oder ausschließliche Nutzungsrechte eingeräumt wurden (vgl. Rn. 142 f.) und wie weit diese Einräumung inhaltlich ging (vgl. Rn. 153 ff.).

96 **c) Aktivlegitimation:** Im Gegensatz zu einfachen Nutzungsrechten fließt aus dem ausschließlichen Nutzungsrecht neben der positiven Nutzungsbefugnis auch eine negative Abwehrbefugnis mit der Möglichkeit zum Verbot der Nutzung durch Dritte im Wege von **Unterlassungs- und Schadensersatzansprüchen;** eingehend vgl. § 97 Rn. 132 ff. Das **negative Verbotsrecht** des Nutzungsberechtigten kann über sein positives Benutzungsrecht hinausgehen, vor allem wenn es sich um eine illegale Nutzung handelt, die vom Urheber nicht legitimiert ist; vgl. Rn. 20 ff. Der Unterlassungsanspruch des **Urhebers** bleibt in jedem Fall neben dem Anspruch des Nutzungsberechtigten bestehen; für Schadensersatzansprüche ist der Urheber nur anspruchsberechtigt, wenn er selbst ein eigenes schutzwürdiges Interesse an der Geltendmachung hat; vgl. § 97 Rn. 128.

97 **d) Stufung:** An ausschließlichen Nutzungsrechten können **Nutzungsrechte weiterer Stufen eingeräumt** werden, die ihrerseits entweder einfache oder ausschließliche sind, § 31 Abs. 3. Man spricht dann von Enkelrechten etc.; vgl. § 29 Rn. 22. Dazu ist die **Zustimmung** des Urhebers nötig (§ 35). Zustimmungsfreiheit gilt, wenn das Recht zur Wahrung der Belange des Urhebers eingeräumt wurde (§ 35 Abs. 1 S. 2). Bedeutung erlangt die Zustimmungsfreiheit für Verwertungsgesellschaften und für Bühnenverlage (vgl. Vor §§ 31 ff. Rn. 322 ff.). Die Zustimmung kann nicht wider Treu und Glauben verweigert werden (§§ 35 Abs. 2, 34 Abs. 1 S. 2), ist als Erfordernis aber abdingbar (§§ 35 Abs. 2, 34 Abs. 5 S. 2) und im Einzelfall konkludent erteilbar, vgl. § 35 Rn. 9. Zur **Weiterübertragung** von Nutzungsrechten vgl. § 34 Rn. 8 ff.

98 **e) Vermutungsregeln:** Vermutungen für die Einräumungen eines ausschließlichen Nutzungsrechtes finden sich in § 38 **Abs. 1** (Gestattung der Aufnahme in eine periodisch erscheinende Sammlung umfasst im Zweifel ausschließliches Nutzungsrecht für Veröffentlichung und Verbreitung; s. a. die Beschränkung der Ausschließlichkeit für Zeitungen nach Erscheinen des Beitrages in § 38 **Abs. 3**), § 88 **Abs. 1** (Gestattung der Verfilmung als Nutzung des Werkes bzw. einer Bearbeitung oder Umgestaltung zur Herstellung eines Filmwerkes und dessen filmische Nutzung), § 89 **Abs. 1** (ausschließliches Recht für den Filmhersteller zur filmischen Nutzung der Rechte am Filmwerk) und § 8 **VerlG** (ausschließliches Recht zur Vervielfältigung und Verbreitung bei Verlagsvertrag). In Arbeitsverhältnissen ist im Zweifelsfall von ausschließlichen Nutzungsrechten auszugehen (Loewenheim/*Jan Bernd Nordemann*[2] § 60 Rn. 21). Zur Anwendung des Übertragungszweckgedankens auf die Frage, ob ein Nutzungsrecht einfach oder ausschließlich begründet wurde, vgl. Rn. 142 f.

98a **f) Zwingender Entfall der Ausschließlichkeit nach 10 Jahren (§ 40a):** Nach § 40a Abs. 1 kann es zu einem (zwingenden) Entfall der Ausschließlichkeit der Einräumung nach 10 Jahren kommen, wenn die Nutzungsrechtseinräumung durch den Urheber pauschal vergütet war und kein Ausschlusstatbestand nach § 40a Abs. 3 vorliegt. Frühestens fünf Jahre nach Nutzungsrechtseinräumung bzw. Ablieferung können die Vertragspartner die Ausschließlichkeit auf die gesamte Dauer der Nutzungsrechtseinräumung erstrecken (§ 40a Abs. 2). Die Regelung gilt erst für Verträge ab 1. März 2017 (§ 132 Abs. 3a S. 1). s. im Einzelnen die Kommentierung, vgl. § 40a Rn. 1 ff.

8. Weitere Formen der Nutzungserlaubnis

Anstelle eines gegenständlichen Nutzungsrechtes ist eine bloß **schuldrechtlich**   **99** **wirkende Gestattung** des Urhebers möglich, wie sie § 29 Abs. 2 seit dem UrhVG 2002 auch ausdrücklich erwähnt; vgl. § 29 Rn. 24 f.

9. AGB-Recht

Zur Anwendbarkeit des AGB-Rechts (§§ 305 ff. BGB bzw. früheres AGBG)   **100** für Verträge mit Urhebern in zeitlicher Hinsicht vgl. Vor §§ 31 ff. Rn. 193, in persönlicher Hinsicht vgl. Vor §§ 31 ff. Rn. 195, zur Einbeziehung vgl. Vor §§ 31 ff. Rn. 196, zur Unklarheitenregelung vgl. Vor §§ 31 ff. Rn. 197 f., zu überraschenden Klauseln vgl. Vor §§ 31 ff. Rn. 199, zum Transparenzgebot vgl. Vor §§ 31 ff. Rn. 201 und zur Inhaltskontrolle vgl. Vor §§ 31 ff. Rn. 202 ff. Speziell zu Verträgen zwischen Verwertern vgl. Vor §§ 31 ff. Rn. 289 ff. Im Übrigen zur Inhaltskontrolle von Nutzungsrechtseinräumungen vgl. Rn. 179 ff.

10. Allgemeines Vertragsrecht, Vertragsrecht nach Branchen, Vertragsauslegung

Zum allgemeinen Vertragsrecht für Urheberverträge vgl. Vor §§ 31 ff.   **101** Rn. 32 ff., für Verträge mit Leistungsschutzberechtigten vgl. Vor §§ 31 ff. Rn. 215 ff. und für Verträge zwischen Verwertern vgl. Vor §§ 31 ff. Rn. 223 ff. Zu den einzelnen Nutzungsverträgen nach Nutzungsart und Branchen vgl. Vor §§ 31 ff. Rn. 295 ff. Zu den Regeln der Vertragsauslegung im Urhebervertragsrecht, vgl. Vor §§ 31 ff. Rn. 39 f.

11. Prozessuales

Für die Einräumung von Nutzungsrechten ist nach allgemeinen Grundsätzen   **102** die Partei **darlegungs- und beweispflichtig**, die sich auf bestehende Nutzungsrechte zu ihren Gunsten beruft, im Verletzungsprozess im Regelfall der Beklagte. Indizielle Bedeutung für die Beweislage bei der Frage, ob durch einen Vertrag Nutzungsrechte eingeräumt wurden, kann auch eine GEMA-Registrierung des vermeintlich berechtigten Verlages haben, wenn der Rechtsinhaber einer Auswertung und damit auch der Registrierung nicht entgegengetreten ist (OLG München ZUM 2001, 173, 176 – *Hollaender*). Zur **Aktivlegitimation** und Nutzungsrechtseinräumung vgl. § 97 Rn. 132 ff.

12. Verhältnis zu anderen Vorschriften

Nach § 29 ist das **Urheberrecht grundsätzlich nicht übertragbar.** Lediglich   **103** Nutzungsrechtseinräumungen, schuldrechtliche Abreden und Rechtsgeschäfte über Persönlichkeitsrechte gemäß § 39 sind zulässig; jedoch werden vertragliche Formulierungen, nach denen das „Urheberrecht übertragen" wird, regelmäßig dahin auszulegen sein, dass eine Nutzungsrechtseinräumung gemeint ist; vgl. § 29 Rn. 8, 16.

Die Einräumung von Nutzungsrechten durch einen Vertrag ist grundsätzlich frei   **104** vereinbar. **Zwingend** ist zunächst der **Erschöpfungsgrundsatz** gem. § 17 Abs. 2; dazu vgl. Rn. 15 ff. Für unbekannte Nutzungsarten existierte für Verträge von 1996 bis 2007 ein Verbot der Einräumung von Rechten an unbekannten Nutzungsarten (§ 31 Abs. 4 a. F., vgl. § 31a Rn. 6 ff.); heute besteht nur noch ein **zwingendes Schriftformgebot** nach § 31a Abs. 1, genauso wie für Verpflichtungen zur Rechtseinräumung an nicht näher bestimmten künftigen Werken gem. § 40 Abs. 1. Für solche Werke besteht auch ein **unabdingbares Kündigungsrecht** für beide Seiten, § 40 Abs. 2. Weitere zwingende Regelungen sind das **Rückrufs-**

recht (§ 34 Abs. 5), die **Haftung des Erwerbers eines Nutzungsrechts** (§ 34 Abs. 5), das **Rückrufsrecht wegen Nichtausübung** (§ 41 Abs. 4) und **gewandelter Überzeugung** (§ 42 Abs. 2). Ferner ist die Regelung des § 40a zwingend, nach der zu einem **Entfall der Ausschließlichkeit der Einräumung nach 10 Jahren** kommt, wenn die Nutzungsrechtseinräumung durch den Urheber pauschal vergütet war und kein Ausschlusstatbestand nach § 40a Abs. 3 vorliegt, vgl. § 40a Rn. 1 ff. Zu erwähnen sind ferner die **Schrankenbestimmungen** des UrhG (§§ 44a ff.). Die Einräumung von Nutzungsrechten ist nur dort erforderlich und deren Abwehrbefugnis reicht auch nur soweit, wie die **Schranken des Urheberrechts** (§§ 44a ff.) keine Nutzung gestatten. Zur vertraglichen Abweichung von Schrankenbestimmungen vgl. Vor §§ 44a ff. Rn. 15 f. Zwingend als Auslegungsregel (wenn auch durch umfangreiche Klauselwerke außer Kraft zu setzen, vgl. Rn. 122 f.) ist der in § 31 Abs. 5 niedergelegte **Übertragungszweckgedanke**, nach dem im Zweifel ein Nutzungsrecht nur in dem Umfang eingeräumt wird, wie es der zugrunde liegende Vertrag als Verpflichtungsgeschäft unbedingt erfordert. **Spezielle Regelungen für bestimmte Werkarten** enthalten § 55a für Datenbankwerke und § 69g Abs. 2 für Computerprogramme. Auch bestimmte **Vergütungsansprüche des Urhebers** sind nicht dispositiv (§§ 32, 32a und die gesetzlichen Vergütungsansprüche der §§ 20b Abs. 2 S. 2, 26 Abs. 2 S. 1, 27 Abs. 1 S. 2, 63a S. 1). Dasselbe gilt für bestimmte Vergütungsansprüche aus den zeitlichen Übergangsvorschriften der §§ 137 ff.

105   Verschiedene Ansprüche sind zwingend **verwertungsgesellschaftspflichtig**, insbesondere § 20b (Kabelweitersenderecht), § 26 (Folgerecht), § 27 (Vergütung für Vermieten und Verleihen), § 49 (Vergütung für Vervielfältigung und Verbreitung in Rundfunkkommentaren und Zeitungsartikeln), § 52a (Öffentliche Zugänglichmachung für Unterricht und Forschung), §§ 54 ff. (Leermedien- und Geräteabgabe) sowie §§ 77, 27 bzw. 78, 20b (ausübende Künstler).

106   Bei Fehlen einer ausdrücklichen Regelung gibt das UrhG daneben auch einige **Auslegungsregeln** vor. Nach § 37 verbleibt das Recht zur Einwilligung in Bearbeitung und Verwertung durch Bild- und Tonträger im Zweifel beim Urheber. § 38 trifft Vermutungsregelungen für Beiträge in Sammlungen, § 39 für den Fall der Änderung des Werkes, des Titels sowie der Urheberbezeichnung. Gemäß § 44 Abs. 1 erfolgt mit der Veräußerung des Werkoriginals allein noch keine Nutzungsrechtseinräumung. Nach § 44 Abs. 2 ist aber bei Werken der bildenden Kunst oder bei Lichtbildwerken im Zweifel ein Ausstellungsrecht eingeräumt. Für den Filmbereich enthalten die §§ 88, 89, 92 weitere Vermutungsregelungen. Als Vermutung wirken auch verschiedene zeitliche Übergangsbestimmungen, z. B. die §§ 137 Abs. 1 S. 2 und Abs. 2, 137a Abs. 2, 137b Abs. 2, 137c Abs. 2, 137f Abs. 4.

II.   Unbekannte Nutzungsarten (§ 31 Abs. 4 a. F.; aufgehoben mit Wirkung für Verträge ab 1.1.2008)

107   Bis zum 31.12.2007 lautete § 31 Abs. 4 wie folgt:

Die Einräumung von Nutzungsrechten für noch nicht bekannte Nutzungsarten sowie Verpflichtungen hierzu sind unwirksam.

Vgl. § 31a Rn. 6 ff.; außerdem s. § 137l.

III.   Übertragungszweckgedanke – Zweckübertragungslehre (§ 31 Abs. 5)

1.   Sinn und Zweck

108   Der Übertragungszweckgedanke – auch genannt Zweckübertragungslehre – gem. § 31 Abs. 5 ist ein **Auslegungsgrundsatz** für den Umfang der vertraglichen

Nutzungsrechtseinräumung (BGH GRUR 1998, 680, 682 – *Comic-Übersetzungen*). Zur ökonomischen Analyse des Übertragungszweckgedankens, s. *Rehberg*, Intergu-Tagungsband 2009, S. 41 ff.

Die Einräumung von Nutzungsrechten erfolgt nach der BGH-Rechtsprechung **109** zum Schutz des Urhebers nur in dem Umfang, den der mit dem Vertrag verfolgte Zweck **„unbedingt" erfordert** (so BGH GRUR 2010, 623 Tz. 20 – *Restwertbörse*; BGH GRUR 2002, 248, 251 – *Spiegel-CD-ROM*; BGH GRUR 1998, 680, 682 – *Comic-Übersetzungen*; ferner BGH GRUR 1996, 121, 122 – *Pauschale Rechtseinräumung*) bzw. für das **Erreichen des Vertragszwecks „unerlässlich"** ist (BGH GRUR 2017, 266 Tz. 44 – *World of Warcraft I*). Durch den Übertragungszweckgedanken des § 31 Abs. 5 soll eine „übermäßige" Vergabe von Nutzungsrechten durch umfassende, pauschale Rechtseinräumungen an die Verwerterseite dadurch verhindert werden, dass der Umfang an den konkret verfolgten Zweck des Vertrages anpasst wird. Der Übertragungszweckgedanke ist jedoch eine bloße **Auslegungsregel**. Sie tritt zurück, sofern **eine spezifische Vereinbarung** über den Umfang der Rechtseinräumung getroffen wurde. Deshalb kann der Übertragungsweckgedanke auch einen lückenlosen Urheberschutz nicht gewährleisten (*Wandtke* FS Nordemann II S. 267, 271), zumal sie auch in der AGB-Kontrolle nur begrenzte Wirkungen entfaltet; vgl. Rn. 180. Ohnehin ist der Übertragungsweckgedanke ungeeignet, direkt auf der Vergütungsseite einzugreifen (*Gernot Schulze* GRUR 2005, 828, 829), sodass der Gesetzgeber meinte, die §§ 32, 32a und 32c zur Ergänzung schaffen zu müssen. Insoweit erscheint es seit Einführung der §§ 32, 32a, 32c auch als **überholt**, als Ziel des Übertragungszweckgedankens auszugeben, **dass der Urheber möglichst weitgehend an den Erträgen der Verwertung beteiligt werden soll** (genauso: Berger/Wündisch/*Berger*[2] § 1 Rn. 95). Der BGH hat sich dazu noch nicht klar geäußert (s. BGH GRUR 2012, 1031 Tz. 17, 21 – *Honorarbedingungen Freie Journalisten*): Einerseits bestätigt der BGH in Tz. 17 den vorgenannten Grundsatz, wie er vor Einführung der §§ 32, 32a, 32c aufgestellt wurde (z. B. BGH GRUR 1974, 786, 787 – *Kassettenfilm*). Andererseits lässt er in Tz. 21 offen, ob eine restriktive Handhabung des Übertragungszweckgedankens überhaupt diesem Grundsatz gerecht werden kann, wenn der Urheber wegen der §§ 32, 32a, 32c bei Nutzungsrechtseinräumung umfassende Vergütungsansprüche hat. Richtigerweise hat sich mit Einführung der §§ 32, 32a, 32c der Anwendungsbereich der Zweckübertragungsregel verengt, str., vgl. Rn. 133. Bei Auslegung von Verträgen über Leistungsschutzrechte, für die die §§ 32, 32a, 32c nicht gelten (also nicht Verträge über die Leistungsschutzrechte der ausübenden Künstler, Lichtbilder und wissenschaftliche Ausgaben), kommt dem Gedanken der Beteiligung an den Erträgen aus der Verwertung aber nach wie vor Bedeutung zu (s. BGH GRUR 2013, 618 Tz. 30 – *Internet-Videorecorder II*, zum Leistungsschutzrecht der Sendeunternehmen).

Die Verengung des Übertragungszweckgedankens auf den Aspekt des Urheber- **110** schutzes greift indes ohnehin zu kurz. Sie kann vielmehr jetzt (nach Einführung der §§ 32, 32a, 32c, vgl. Rn. 109) die **Rolle eines Instrumentes des allgemeinen Interessenausgleichs** spielen. Schon nach geltendem Recht ist nach dem Übertragungszweckgedanken **keinesfalls** im Zweifel **immer zugunsten** des Urhebers zu entscheiden (*Haupt* ZUM 1999, 898, 899; HK-UrhR/*Kotthoff*[3] Rn. 32; *Schricker*, VerlagsR[3] § 1 Rn. 6; a. A. Schricker/Loewenheim/*Ohly*[5] Rn. 66 *Riesenhuber* GRUR 2005, 712, 713; Wandtke/Bullinger/*Wandtke/Grunert*[4] Rn. 39). Maßgeblich ist vielmehr der Vertragszweck, der auch dem Verwerter dienen kann (BGH GRUR 2003, 234, 236 – *EROC III*; BGH GRUR 1988, 300, 301 – *Fremdenverkehrsbroschüre*; OLG Düsseldorf ZUM 2001, 795, 797 – *Schulungslizenzen*).

Beim vertikalen Interessenausgleich im Zweipersonenverhältnis darf § 31 **111** Abs. 5 indes nicht stehen bleiben. Es müssen immer auch andere Berechtigte im Blick behalten werden. Das wäre insbesondere bei Beteiligung einer **Vielzahl von Urhebern und Leistungsschutzberechtigten**, vornehmlich bei Film- oder auch Musikproduktionen, nicht befriedigend. Ihren Zweck kann sie insbesondere dann verfehlen, wenn sie alle Beteiligten in die Dilemmasituation zwingt, dass ein Einzelner wegen zu enger Auslegung der Rechtseinräumung die Auswertung komplett verhindern könnte (eingehend *Schaefer* FS Nordemann II S. 227 ff.). Das Interesse eines bloßen Bearbeiters am Zurückbehalt seiner Rechte aus § 31 Abs. 5 ist beispielsweise gering, weil er für die Nutzung seiner Rechte auf die Zustimmung des Originalurhebers angewiesen ist (Haupt/Kaboth/Reber/Wallenfels/Wegner/*Wegner*[2] 1. Kap. Rn. 128). Für die besondere Interessenlage in solchen Konstellationen mit vielen Urheber und/oder Leistungsschutzberechtigten sieht das Gesetz – sofern nicht Miturheberschaft gem. § 8 oder verbundene Werke gem. § 9 vorliegen – etwa in §§ 31a Abs. 3, 34 Abs. 1 S. 2, 93 Abs. 1 S. 2, 80 sowie 137l Abs. 4 Lösungen vor. Darüber hinaus sollte dem allgemein dadurch Rechnung getragen werden können, dass sich der Vertragszweck solcher Produktionen mit einer Vielzahl von Beteiligten aus einer bilateralen Sicht von Urheber und Verwerter löst und auch das Verwertungsinteresse anderer Urheber bzw. Rechteinhaber in den Blick nimmt, was im Zweifel zur Verwertungsmöglichkeit führt, solange nicht berechtigte Interessen eines Urhebers ausnahmsweise Vorrang haben. Für Einzelheiten sei auf die Kommentierung zu § 31a Abs. 3 verwiesen; vgl. § 31a Rn. 72 ff. Außerhalb des Anwendungsbereiches des Übertragungszweckgedankens kann zumindest ein Anspruch gegen den Urheber auf Einräumung der Nutzungsrechte nach § 242 BGB bzw. § 313 BGB bestehen; vgl. Vor §§ 31 ff. Rn. 88, 100 ff.

112   Über ihre ausdrückliche gesetzliche Regelung in **§ 31 Abs. 5 hinaus** hat der Übertragungszweckgedanke noch Bedeutung für andere Rechteweitergaben als die Einräumung von Nutzungsrechten durch den Urheber. Man spricht vom **„allgemeinen Übertragungszweckgedanken"**, soweit er nicht kodifiziert ist; ausführlich vgl. Rn. 118 ff.

112a   Nachdem **lange Zeit der Begriff „Zweckübertragungslehre"** üblich war, ist der Bundesgerichtshof seit einiger Zeit zum „Übertragungszweckgedanken" gewechselt (BGH GRUR 2012, 1031 Tz. 15 – *Honorarbedingungen Freie Journalisten*; BGH GRUR 2011, 714 Tz. 20 – *Der Frosch mit der Maske*; BGH GRUR 2011, 59 Tz. 11 – *Lärmschutzwand*; erstmals BGH GRUR 2010, 1004 Tz. 41 – *Autobahnmaut*). Sogar für die Rechtsprechung des Reichsgerichts, das den bisher geläufigen Begriff der „Zweckübertragungslehre" geprägt hat, ändert das Gericht den Sprachgebrauch (BGH GRUR 2011, 714 Tz. 20 – *Der Frosch mit der Maske*). Die begriffliche Änderung hat **keine inhaltliche Bedeutung** und ist rein sprachlich. Grund ist wohl, dass – rein sprachlich gesehen – der Zweck den Umfang der Übertragung bestimmt, der Zweck aber nicht selbst übertragen wird. Der Bundesgerichtshof ist hier allerdings auf halber Strecke stehengeblieben. Hätte er den Begriff präziser fassen wollen, müsste er *„Einräumungszweckgedanke"* heißen, weil es bei § 31 Abs. 5 – streng genommen – um den Umfang der Einräumung geht (zustimmend Schricker/Loewenheim/*Ohly*[5] Rn. 55 m.Fn. 236). Urheber können von ihrem Urheberrecht nur Nutzungsrechte einräumen; diese können erst auf einer späteren Stufe an Dritte gem. § 34 „übertragen" werden (vgl. § 29 Rn. 17 f.). Nachfolgend wird der Begriff „Übertragungszweckgedanke" und „Zweckübertragungslehre" gleichberechtigt verwendet.

2.   Früheres Recht

113   a) **Altverträge bis 31.12.1965:** Die Zweckübertragungslehre existierte als **ungeschriebene Auslegungsregel** schon im früheren Recht (LUG, KUG) **vor Inkrafttreten des UrhG** am 1.1.1966. Sie wurde von *Goldbaum* (S. 75 ff.) entwickelt und vom Reichsgericht übernommen (RGZ 118, 282, 287 – *Musi-*

kantenmädel; RGZ 123, 312, 316 ff. – *Wilhelm Busch*; RGZ 134, 198 – *Schall-plattenrechte*; RGZ 140, 231 – *Tonfilm*; zu historischen Aspekten *Haupt* ZUM 1999, 898, 899); sie erfasste auch eine nach KUG bzw. LUG zulässige Übertragung des Urheberrechts (BGH GRUR 1960, 197 – *Keine Ferien für den lieben Gott*; RGZ 123, 312, 318 f. – *Wilhelm Busch*; RGZ 134, 198, 201 – *Schallplattenrecht*), die allerdings nach § 137 Abs. 1 S. 1 in eine Nutzungsrechtseinräumung umzudeuten ist. Die – nicht im LUG und KUG kodifizierte – Zweckübertragungslehre kann mithin auf Altverträge angewendet werden, die **vor dem 1.1.1966** geschlossen wurden (BGH GRUR 1982, 727, 730 – *Altverträge*; BGHZ 9, 262, 265 – *Lied der Wildbahn I*; KG GRUR 1991, 596, 598 f. – *Schopenhauer-Ausgabe*; OLG München ZUM 2001, 173, 177).

b) UrhG 1965 und spätere Reformen: Seit dem **UrhG 1965** ist der Übertra-   **114**
gungszweckgedanke in § 31 Abs. 5 kodifiziert. Nach § 31 Abs. 5 UrhG 1965 bezog sich die gesetzliche Regelung des Übertragungszweckgedankens nur auf den Umfang der Nutzungsrechtseinräumung für bestimmte Nutzungsarten. Die **Urhebervertragsrechtsreform 2002** hat den gesetzlich geregelten Anwendungsbereich in einem neu eingefügten S. 2 wesentlich erweitert, und zwar auch auf das „Ob" der Nutzungsrechtseinräumung, auf einfache oder ausschließliche Einräumung, auf die Reichweite von Nutzungsrecht und Verbotsrecht sowie auf die Einschränkungen des Nutzungsrechts. Die neu geregelten Tatbestände wurde davor aber schon durch den (insoweit nicht kodifizierten) allgemeinen Übertragungszweckgedanken erfasst, sodass sich inhaltlich nichts geändert hat (RegE UrhVG 2002 – BT-Drs. 14/7564, S. 5 i. V. m. BT-Drs. 14/6433, S. 14) und für Altverträge **vor dem 1.7.2002** (§ 132 Abs. 3 S. 1) keine Änderungen zu beachten sind. Die **Novelle 2003 zur Informationsgesellschaft** (UrhG Infoges) hat schließlich für eine ausdrückliche Verknüpfung der meisten Leistungsschutzrechte mit § 31 Abs. 5 gesorgt (Veranstalter § 81 S. 2; Tonträgerhersteller § 85 Abs. 2 S. 3; Sendeunternehmen § 87 Abs. 2 S. 3; Presseverleger § 87g Abs. 1; Filmhersteller § 94 Abs. 2 S. 3 und § 95 i. V. m. 94 Abs. 2 S. 3), soweit diese noch nicht wegen einer umfassenden Verweisung bereits vorhanden war (wissenschaftliche Ausgaben § 70; Lichtbildner § 72). Auch das hat allerdings wegen der vorherigen Anwendung des nicht kodifizierten allgemeinen Übertragungszweckgedankens nicht zu einer inhaltlichen Änderung geführt. Seit der **Urhebervertragsrechtsreform 2016** (§ 132 Abs. 3a, Abs. 4) enthält § 79 Abs. 2a für Nutzungsverträge mit ausübenden Künstlern ab 1.3.2017 die Klarstellung, dass der Übertragungszweckgedanke nicht nur auf Rechtseinräumungen, sondern auch auf Rechtsübertragungen des ausübenden Künstlers Anwendung findet; vgl. § 79 Rn. 1. Zur früheren Rechtslage vgl. § 79 Rn. 2 ff.

c) DDR-Altverträge: Der Übertragungszweckgedanke galt auch im Urheber-   **115**
recht der **DDR** für Verträge bis 2.10.1990 (vgl. Vor §§ 31 ff. Rn. 20 ff.), auch wenn sie dort nicht ausdrücklich gesetzlich erwähnt ist (BGH GRUR 2001, 826, 828 – *Barfuss ins Bett*; OLG München ZUM 2000, 61, 64 – *Das kalte Herz*; Wandtke/Bullinger/*Wandtke/Grunert*[4] Rn. 63). Insoweit gilt nichts anderes als unter LUG und KUG, die auch die Zweckübertragungsregel nicht erwähnten. LUG und KUG fanden ohnehin auf DDR-Verträge bis 31.12.1965 Anwendung (§ 95 Abs. 2 UrhG-DDR). Zu unbekannten Nutzungsarten und DDR-Verträgen vgl. § 31a Rn. 11.

3.   EU-Recht und Internationales Recht

Das Urhebervertragsrecht ist noch nicht auf **EU-Ebene** harmonisiert. Das gilt   **116**
insbesondere auch für den Übertragungszweckgedanken. Ansonsten haben allerdings einige der urheberrechtlichen EU-Richtlinien zumindest gewissen Einfluss auf die Vertragsgestaltung; vgl. Vor §§ 31 ff. Rn. 24 f. Zum internationalen Urheberprivatrecht für Verträge vgl. Vor §§ 120 ff. Rn. 58 ff. In den zahlreichen **internationalen Abkommen**, in denen Deutschland sich verpflichtet

hat (dazu vgl. Vor §§ 120 ff. Rn. 5 ff.) findet sich keine Regelung im Hinblick auf den Übertragungszweckgedanken, sodass keine abkommenskonforme Auslegung erfolgt.

117 In internationalen Sachverhalten ist allerdings regelmäßig die Frage aufgeworfen, ob und inwieweit der deutsche Übertragungszweckgedanke gemäß § 31 Abs. 5 oder als allgemeiner Übertragungszweckgedanke nach dem **internationalen Urheberprivatrecht Anwendung** findet. Bei ausländischem Vertragsstatut, ohne dass deutsches Recht durch bloße Rechtswahl als Vertragsstatut ausscheidet (Art. 3 Rom-I-VO; Art. 27 Abs. 3, 30 Abs. 2 EGBGB), kommt eine Anwendung des § 31 Abs. 5 nicht in Betracht. § 31 Abs. 5 UrhG fällt unter das Vertragsstatut, weil er als Auslegungshilfe für Verträge dient. § 31 Abs. 5 UrhG zählt auch nicht zu den Bestimmungen, die den Sachverhalt im Sinne von Art. 9 Abs. 2 Rom-I-VO, Art. 34 EGBGB zwingend regeln (BGH GRUR 2015, 264 Tz. 45 ff. – *Hi Hotel II*; str.; zum Meinungsstreit vgl. Vor §§ 120 ff. Rn. 88). Aus dem urheberschützenden Ansatz von § 31 Abs. 5 (vgl. Rn. 108 ff.) folgt nicht der Charakter als international zwingende Norm. Noch nicht einmal nach deutschem Recht handelt es sich um eine zwingende Vorschrift (vgl. Rn. 178a, 179 ff.). Systematisch spricht gegen eine zwingende Anwendung ferner der Umkehrschluss aus § 32b UrhG, der nicht für § 31 Abs. 5 UrhG gilt (BGH GRUR 2015, 264 Tz. 52 – *Hi Hotel II*). Schließlich droht bei einer offensiven Anwendung von Artikel 9 Abs. 2 ROM-I-VO, dass Sachverhalte, die mehrere Länder berühren, denen aber einheitliche vertragliche Rechtsverhältnisse zugrunde liegen, von Gerichten in unterschiedlichen Staaten unterschiedlich beurteilt werden. Unterfällt eine Nutzungsrechtseinräumung danach einem französischen Vertragsstatut, erfolgt zur Auslegung ihrer Reichweite eine Auslegung allein nach französischen Recht ohne Berücksichtigung von § 31 Abs. 5 (BGH GRUR 2015, 264 Tz. 45 ff. – *Hi Hotel II*). Bei US-Vertragsstatut und einer nach US-Recht zulässigen Übertragung des Urheberrechts bzw. einem originären Erwerb des Urheberrechts („Copyright") durch „work for hire" werden Rechte an allen bekannten und unbekannten Nutzungsarten eingeräumt, ohne dass eine einschränkende Auslegung gem. § 31 Abs. 5 nach deutschem Recht stattfinden würde (*Jan Bernd Nordemann/Wilhelm Nordemann* FS Schricker II S. 473, 480 ff.; *Jan Bernd Nordemann* JCSUSA 53 (2006), 603, 613; ferner OLG Köln ZUM-RD 2015, 382, 383 – *Reasonable Doubt,* unter Verweis auf OLG Köln, Beschluss vom 11. November 2010, Az.: 6 W 182/10; OLG Düsseldorf ZUM 2006, 326, 328 – *Breuer-Hocker*); vgl. § 31a Rn. 12 – Rechtsvergleichend und um weitere Praxis zu erschließen, lohnt sich ein Blick nach Österreich und auf den dortigen Zweckübertragungsgrundsatz, der allerdings nicht kodifiziert ist (eingehend: *Walter* Rn. 1788 ff.).

4. Tatbestand

118 a) **Persönlicher Anwendungsbereich (Urheber, Leistungsschutzberechtigte etc.):** Nach seiner systematischen Stellung findet § 31 Abs. 5 zunächst auf Verträge des **Urhebers** Anwendung, weil die §§ 31 ff. solche Verträge regulieren; vgl. Vor §§ 31 ff. Rn. 2. Durch entsprechende Verweise gilt § 31 Abs. 5 unmittelbar auch für Nutzungsrechtseinräumungen durch **Lichtbildner** (§ 72) und für **wissenschaftliche Ausgaben** (§ 70). Nutzungsrechtseinräumungen und Übertragungen des gesamten Rechts durch ausübende Künstler sind seit der Urhebervertragsrechtsreform 2016 gemäß § 79 Abs. 2a in den Anwendungsbereich des § 31 Abs. 5 einbezogen (§ 132 Abs. 3a, Abs. 4); für Altverträge ausübender Künstler vom 14.9.2003 bis 28. Februar 2017 gilt die Verweisung auf § 31 nur für Nutzungsrechtseinräumungen; für Übertragungen des Leistungsschutzrechts vom 14.9.2003 bis 28. Februar 2017 und für frühere Altverträge bei Nutzungsrechtseinräumungen und Übertragungen des Leistungsschutzrechts gilt der allgemeine Übertragungszweckgedanke (BGH GRUR 1984, 121,

122 – *Synchronisationssprecher*; KG GRUR 2003, 1038 – *Klaus Kinski Rezitationen*), ohne dass sich dadurch für die Praxis Unterschiede ergäben. § 31 Abs. 5 gelangt ferner durch Verweisung auf die Nutzungsrechtseinräumung für die Leistungsschutzrechte des § 81 (**Veranstalter**), des § 85 (**Tonträgerhersteller**), des § 87 (**Sendeunternehmen**; dazu BGH GRUR 2013, 618 Tz. 30 – *Internet-Videorecorder II*), der §§ 87f–87h (**Presseverleger**) und der §§ 94, 95 (**Filmhersteller**) zur Anwendung. Vor 2003 galt wiederum der allgemeine Übertragungszweckgedanke (OLG Düsseldorf GRUR-RR 2002, 121, 122 – *Das weite Land*). Für **nachgelassene Werke** (§ 71) und **Datenbanken** (§§ 87a ff.) muss mangels Verweisung auf § 31 Abs. 5 der allgemeine Übertragungszweckgedanke angewendet werden (BGH GRUR 2010, 1004 Tz. 41 – *Autobahnmaut*, wendet hingegen § 31 Abs. 5 unmittelbar auf Datenbankrechte an; s. a. BGH GRUR 2013, 618 Tz. 30 – *Internet-Videorecorder II*, allg. zu Leistungsschutzrechten). Die Anwendung des allgemeinen Übertragungszweckgedankens ist ferner auch für **Verträge zwischen Verwertern**, also für die Weitergabe von Rechten auf allen Stufen, anerkannt (BGH GRUR 1976, 382, 383 – *Kaviar*; BGH GRUR 1960, 197 – *Keine Ferien für den lieben Gott*; BGH GRUR 1959, 197 – *Verkehrskinderlied*; OLG Düsseldorf GRUR-RR 2002, 121, 122 – *Das weite Land*; KG AfP 1997, 919, 921 – *Hans Fallada*).

b) **Sachlicher Anwendungsbereich** (,,**Einräumung eines Nutzungsrechts**"): Der Übertragungsweckgedanke erfasst nach dem Wortlaut des § 31 Abs. 5 die Einräumung von Nutzungsrechten; dazu allgemein vgl. Rn. 5 ff. Sie ist von Bedeutung sowohl auf schuldrechtlicher Ebene bzgl. des Umfanges, den der Urheber verpflichtet war zu gewähren, als auch auf gegenständlicher Ebene bzgl. des Umfanges, der tatsächlich gewährt wurde. Der Übertragungsweckgedanke dient nicht nur der Bestimmung des ,,**Ob**" und ,,**Wie**" der positiven Nutzungsgestattung, sondern auch der **Reichweite des negativen Verbotsrechts** des Nutzungsberechtigten (§ 31 Abs. 5 S. 2), das über die positive Nutzungserlaubnis hinausgehen kann; vgl. Rn. 144. Sie gilt auch für **Wahrnehmungsverträge** (BGH GRUR 2013, 618 Tz. 31 – *Internet-Videorecorder II*; BGH GRUR 2000, 228, 229 – *Musical-Gala*; *Riesenhuber* GRUR 2005, 712, 714, 716, der aber de lege ferenda die Inhaltskontrolle nach § 6 Abs. 1 UrhWahrnG favorisiert; a. A. noch OLG München GRUR 1983, 571, 572 – *Spielfilm-Videogramme*). Gleichwohl ist deren besondere Interessenlage bei der Anwendung des Übertragungsweckgedankens zu beachten; vgl. Rn. 171. Zu **Altverträgen vor 1966** sowie zu **DDR-Verträgen** vgl. Rn. 113 f. **119**

Der allgemeine Übertragungszweckgedanke (vgl. Rn. 112) kann nicht nur auf die Einräumung von Nutzungsrechten, sondern auch auf die **Übertragung von originären Rechten in ihrer Gesamtheit** angewendet werden. Das betrifft die **Leistungsschutzrechte** für nachgelassene Werke (§ 71), des ausübenden Künstlers (§§ 73 ff.), des Veranstalters (§ 81), des Tonträgerherstellers (§ 85), des Sendeunternehmens (§ 87), des Presseverlegers (§ 87f ff.), des Datenbankherstellers (§§ 87a ff.) und der Film- bzw. Laufbildhersteller (§§ 94, 95), die auch in ihrer Gesamtheit übertragbar sind (s. zur Übertragbarkeit die einzelnen Kommentierungen dort). Der Übertragungszweckgedanke tritt jedoch zurück, wenn eine Vollübertragung Zweck des Vertrages ist und kein Auslegungsspielraum besteht. Ferner war das **Urheberrecht** vor In-Kraft-Treten des UrhG am 1.1.1966 übertragbar, sodass bis dahin geschlossene Altverträge (§§ 132, 137) ebenfalls im Lichte des Übertragungsweckgedankens auszulegen sind (BGH GRUR 1960, 197 – *Keine Ferien für den lieben Gott*; RGZ 123, 312 – *Wilhelm Busch*; RGZ 134, 198 – *AMMRE*; RGZ 140, 255 – *Hampelmann*; *Jan Bernd Nordemann* FS Nordemann II S. 200). **120**

Über die Einräumung bzw. Übertragung von Nutzungsrechten hinaus beansprucht der allgemeine Übertragungszweckgedanke Geltung im gesamten Ur- **121** hebervertragsrecht unter Einschluss des Verlagsrechtes. So sind Vereinbarungen über **Urheberpersönlichkeitsrechte**, z. B. für das Veröffentlichungsrecht (BGHZ 15, 249, 255 f. – *Cosima Wagner*; BGH GRUR 1977, 551, 554 – *Textdichteranmeldung*), anhand des Übertragungszweckgedankens auszulegen. Der Übertragungszweckgedanke wird auch zur Auslegung rein **schuldrechtlicher Gestattungen** (vgl. § 29 Rn. 24 f.) herangezogen (Loewenheim/*Jan Bernd Nordemann*[2] § 60 Rn. 16). Im **Urhebersachenrecht** gilt der Übertragungszweckgedanke bei der Frage der Eigentumsübertragung an Werkstücken (BGH GRUR 2007, 693, 695 – *Archivfotos*; OLG München GRUR 1984, 516 – *Tierabbildungen*; begrifflich, nicht aber inhaltlich kritisch zur Heranziehung des Übertragungszweckgedankens KG ZUM-RD 1998, 9, 10 – *Werkstücke im Arbeitsverhältnis*, sowie *Ullmann* GRUR 1987, 6, 9; eingehend vgl. Nach § 44 Rn. 5). Eine Anwendung auf die **Übertragung gesetzlicher Vergütungsansprüche** ist möglich (OLG Köln GRUR 1980, 913, 915 – *Presseschau*). Außerhalb des Urheberrechts ist ferner eine Geltung im **allgemeinen Persönlichkeitsrecht** anerkannt, z. B. für das **Recht am eigenen Bild** (Schricker/Loewenheim/*Götting*[5] § 22 KUG Rn. 44 m. w. N.; Loewenheim/*Jan Bernd Nordemann*[2] § 60 Rn. 16; ferner BGH GRUR 1985, 398, 399 – *Nacktfoto*; OLG Frankfurt GRUR 1986, 614 – *Ferienprospekt*).

122 c) **Nicht ausdrücklich einzeln bezeichnet:** Der Übertragungszweckgedanke kann nur greifen, wenn die relevanten Rechte „nicht ausdrücklich einzeln bezeichnet" sind. Das ist der Fall, wenn die Parteien **gar keine Abrede** über die Rechtssituation getroffen haben. Dieser Fall ist in der Praxis nicht selten, vor allem wenn Verträge nur mündlich geschlossen werden (BGH GRUR 1998, 680, 682 – *Comic-Übersetzungen*).

123 Raum für eine Auslegung ist ferner bei **pauschalen Formulierungen.** Insoweit setzt sich bei einer zwar ausdrücklichen, aber nur pauschalen Rechtseinräumung der Übertragungszweckgedanke gegenüber dem Vertragswortlaut durch, solange die einzelnen Nutzungsarten nicht explizit aufgeführt sind (BGH GRUR 1996, 121, 122 – *Pauschale Rechtseinräumung*). Das gilt selbst dann, wenn der (pauschale) Wortlaut eindeutig ist (BGH GRUR 1996, 121 – *Pauschale Rechtseinräumung*, dort 2. Ls.). Eine dem Wortlaut nach „uneingeschränkte" Einräumung von Nutzungsrechten gibt für den tatsächlichen Umfang daher nichts her; vielmehr muss sich die Auslegung am jeweiligen Vertragszweck orientieren (BGH GRUR 1974, 786, 787 – *Kassettenfilm*). Das Gleiche gilt für die Formulierung, nach der das Werk „auf alle erdenklichen Nutzungsarten" oder „für alle bekannten Nutzungsarten" ausgewertet werden dürfe (Loewenheim/*Jan Bernd Nordemann*[2] § 60 Rn. 10). Auch eine Klausel wie die „unbegrenzte Vervielfältigung und Verbreitung" des Werkes muss sich am Vertragszweck messen lassen. Dort werden zwar zwei Verwertungsrechte genannt, welche jedoch unabhängig von den konkreten verkehrsfähigen Nutzungsarten zu sehen sind (zur terminologischen Trennung von Verwertungsrechten und Nutzungsarten vgl. Rn. 13); letztere müssen spezifiziert werden (BGH GRUR 1982, 727, 730 – *Altverträge*). Die Formulierung „für alle Auflagen" ist im Gegensatz zu „alle Ausgaben" bestimmt genug, um die Anwendung des Übertragungszweckgedankens auszuschließen (KG GRUR 1991, 596, 599 – *Schopenhauer-Ausgabe*).

124 d) **Ausschluss des § 31 Abs. 5 (Spezifizierung; unzweideutiger Parteiwille):** Faktisch führt der Übertragungszweckgedanke gem. § 31 Abs. 5 zu einer **Spezifizierungslast des Nutzungsberechtigten**; zum Prozessualen vgl. Rn. 189. Für ihre Erfüllung hat der Nutzungsberechtigte **zwei Möglichkeiten: Erstens** greift der Übertragungszweckgedanke nicht, wenn die eingeräumten **Nutzungsrechte ausdrücklich einzeln bezeichnet** werden (BGH GRUR 1996, 121, 122 – *Pauschale Rechtseinräumung*; BGH GRUR 1990, 669, 671 – *Bibelreproduktion*;

BGH GRUR 1974, 786, 787 – *Kassettenfilm*; OLG Hamburg GRUR 1991, 599, 600 – *Rundfunkwerbung*). Der Übertragungszweckgedanke kann mithin durch Vertragsgestaltung mit umfassenden Klauselkatalogen und ausdrücklich einzeln bezeichneten Rechten vermieden werden; zumindest aber bleibt für den Urheber der Warnzweck eines solchen umfassenden Kataloges, sodass sich der Urheber der Tragweite seiner Verfügung bewusst ist (*Riesenhuber* GRUR 2005, 712, 714; *Schricker* IIC 2004, 850, 853; Loewenheim/*Jan Bernd Nordemann*[2] § 60 Rn. 5). In engen Grenzen kann allerdings eine AGB-Kontrolle relevant werden; vgl. Rn. 179 ff. Ansonsten werden die vergütungsrechtlichen Konsequenzen umfassender, nicht nach dem Vertragszweck gerechtfertigter Rechtseinräumungen durch §§ 32, 32a, 32c abgemildert; für § 138 BGB bleibt grundsätzlich wenig Raum; vgl. Vor §§ 31 ff. Rn. 51 ff.

Zweitens kann der Nutzungsberechtigte alternativ – nach einer gängigen Formulierung des I. Zivilsenates des BGH – auch geltend machen, dass bei stillschweigenden Rechtseinräumungen ein **Parteiwille zur Einräumung über den Vertragszweck hinaus unzweideutig zum Ausdruck gekommen** ist, „und sei es nur aufgrund der Begleitumstände und des schlüssigen Verhaltens der Beteiligten" (BGH GRUR 2013, 1213 Tz. 19 – *SUMO*; BGH GRUR 2004, 938, 939 – *Comic-Übersetzungen III*; BGH GRUR 2000, 144, 145– *Comic-Übersetzungen II*; BGH GRUR 1998, 680, 682 – *Comic-Übersetzungen* m. w. N.). Nach dem I. Zivilsenat ist das allerdings ein **Ausnahmetatbestand**, weil im Regelfall nur bei ausdrücklicher Abrede ein Parteiwille unzweideutig zum Ausdruck komme (BGH GRUR 2004, 938, 939 – *Comic-Übersetzungen III*). Bei schriftlichen Verträgen ist auf den Wortlaut besonders zu achten (BGH GRUR 2013, 1213 Tz. 18 – *SUMO*). Die Formulierung der Voraussetzungen für die Ausnahme durch den BGH ist unglücklich, weil Begleitumstände und das schlüssige Verhalten der Parteien bereits den Vertragszweck beeinflussen, ihn insbesondere zugunsten des Nutzungsberechtigten ausdehnen können. Die Definition des Vertragszwecks durch den BGH erscheint insoweit als zu eng. Die zweite Ausschlussmöglichkeit verschmilzt vielmehr mit der Feststellung des Vertragszwecks (vgl. Rn. 126 ff. sogleich) und hat keine eigenständige Bedeutung.

125

e) Rechtsfolge (Bestimmung nach dem von beiden Parteien zugrunde gelegtem Vertragszweck): Sofern die Tatbestandvoraussetzungen erfüllt sind (Rn. 118 ff.) und kein Ausschlustatbestand (vgl. Rn. 124 f.) greift, ordnet § 31 Abs. 5 als **Rechtsfolge** an, dass der von beiden Parteien zugrunde gelegte Vertragszweck den Umfang der Nutzungsrechtseinräumung bestimmt. Maßstab für den erforderlichen Umfang ist also der **vertragliche Zweck**. Die Einräumung von Nutzungsrechten erfolgt zum Schutz des Urhebers nur in dem Umfang, den der mit Vertrag verfolgte **Zweck „unbedingt" erfordert** (so BGH GRUR 2002, 248, 251 – *Spiegel-CD-ROM*; BGH GRUR 1998, 680, 682 – *Comic-Übersetzungen*; ferner BGH GRUR 1996, 121, 122 – *Pauschale Rechtseinräumung*; BGH GRUR 2010, 623 Tz. 20 – *Restwertbörse*) bzw. für das **Erreichen des Vertragszwecks „unerlässlich"** ist (BGH GRUR 2017, 266 Tz. 44 – *World of Warcraft I*). Der Übertragungszweckgedanke wirkt jedoch nicht allein zu Lasten der Nutzungsberechtigten (*Haupt* ZUM 1999, 898, 899; HK-UrhR/*Kotthoff*[3] Rn. 32; *Schricker*, VerlagsR[3] § 1 Rn. 6; a. A. wohl generell Wandtke/Bullinger/*Wandtke/Grunert*[4] Rn. 39). Der Vertragszweck kann auch dem Verwerter dienen (BGH GRUR 2003, 234, 236 – *EROC III*; BGH GRUR 1988, 300, 301 – *Fremdenverkehrsbroschüre;* OLG Düsseldorf ZUM 2001, 795, 797 – *Schulungslizenzen*). Zweifel, ob ein gemeinsam verfolgter Zweck ermittelt werden kann, gehen allerdings zu Lasten des Verwerters. Im Zweifel verbleibt das Recht also beim Urheber (*Schack*, Urheber- und UrhebervertragsR[7] Rn. 615).

126

Man wird den **Vertragszweck** zunächst **in einer ausdrücklichen Parteivereinbarung** zu suchen haben, die auch in einer Präambel enthalten sein kann. Damit

127

ist das Risiko verbunden, dass über eine entsprechend weite Definition des Vertragszweckes der Schutzzweck des Übertragungsweckgedankens unterlaufen wird. Sehr umfassende Bestimmungen des Vertragszweckes müssen deshalb darauf überprüft werden, ob sie dem wirklichen Willen beider Vertragspartner entsprechen. Ansonsten sind sie auf ihren tatsächlichen Kern zurückzuführen (*Schricker* VerlagsR³ § 8 Rn. 5b; Schricker/Loewenheim/*Ohly*⁵ Rn. 64; Dreier/ Schulze/*Schulze*⁵ Rn. 121; Loewenheim/*Jan Bernd Nordemann*² § 60 Rn. 13). Bei Individualverträgen ist jedoch im Regelfall davon auszugehen, dass der von den Parteien verabredete Zweck auch dem Willen der Parteien entspricht. Nur bei standardisierten Formularverträgen ist Vorsicht geboten (Loewenheim/*Jan Bernd Nordemann*² § 60 Rn. 13), weil der vorformulierte Vertragszweck nicht zwingend dem wirklichen entsprechen muss. Allerdings ist zugunsten des AGB-Verwenders zu berücksichtigen, dass er zur vereinfachten Handhabung einer Vielzahl von Verträgen auf Formularverträge angewiesen ist und deshalb etwas gröbere, verallgemeinerte Beschreibungen des Zwecks möglich bleiben müssen.

128   Existiert **keine hinreichend ausdrückliche Aussage des Vertrages** zum Vertragszweck, so gilt Folgendes: Der Vertragszweck ist unter Heranziehung der §§ 133, 157 BGB festzustellen. Es ist eine **Gesamtbetrachtung** aller Umstände nach Treu und Glauben (*Schack,* Urheber- und UrhebervertragsR⁷ Rn. 616) vorzunehmen. Diese bezieht sich auf der Grundlage eines „konkret-individuellen Prüfungsmaßstabs" auf den **Einzelfall** (BGH GRUR 2012, 1031 Tz. 19 – *Honorarbedingungen Freie Journalisten*). Wegen seiner urheberschützenden Funktion bestimmt sich der Vertragszweck **aus der Sicht des Urhebers** (BGH GRUR 2002, 248, 251 – *Spiegel-CD-ROM*). Sofern Rechte Dritter betroffen sind, ist nach der hier vertretenen Auffassung über dies auch auf ihre Sicht abzustellen; vgl. Rn. 111. Stets ist der objektive Empfängerhorizont maßgebend. Deshalb kommt **Üblichkeitserwägungen** und der **Verkehrssitte** erhebliches Gewicht zu (BGH GRUR 2004, 938, 939 – *Comic-Übersetzungen III*; BGH GRUR 1986, 885, 886 – *Metaxa*). Sie sind aber nicht allein entscheidend. Vielmehr sind – wie stets bei Vertragsauslegungen – auch sämtliche **Begleitumstände** und das **schlüssige Verhalten** der Parteien relevant. Der BGH will zwar die Begleitumstände und das schlüssige Verhalten der Parteien nur bei der Frage berücksichtigen, ob eine über den Vertragszweck hinausgehende Einräumung erfolgt ist und deshalb offensichtlich davon aus, dass der Vertragszweck unabhängig davon bestimmt wird; zur Kritik vgl. Rn. 125. Im Ergebnis unterscheidet sich die hier vertretene Berücksichtigung schon bei der Auslegung des Vertragszwecks aber nicht von der Auffassung des BGH. Insbesondere muss das Auslegungsergebnis „**unzweideutig**" sein.

129   **Üblichkeit und Verkehrssitte:** Im Rahmen der Gesamtbetrachtung ist zunächst relevant, was üblicherweise nach Treu und Glauben und der Verkehrssitte zum Zweck von Verträgen des betreffenden Zuschnittes gemacht wird (BGH GRUR 1988, 300, 300 f. – *Fremdenverkehrsbroschüre*; BGH GRUR 1986, 885, 886 – *Metaxa*; OLG München ZUM-RD 1998, 101, 104 – *Auf und davon*; OLG Hamburg CR 1999, 322, 324 – *Spiegel-Ausgaben*). Entscheidender Zeitpunkt für die Feststellung der Üblichkeit ist der **Zeitpunkt des Vertragsschlusses** (BGH GRUR 1974, 786,787 – *Kassettenfilm*; Schricker/Loewenheim/*Ohly*⁵ Rn. 65). Üblich ist die Einbeziehung von bestimmten Nutzungsarten in den Vertragszweck noch nicht allein deshalb, weil die Nutzungsart bekannt ist. Vielmehr ist danach zu fragen, ob die bekannte **Nutzungsart** bereits eine solche Marktbedeutung genießt, dass sie **üblicherweise in Nutzungsverträge aufgenommen** wird. Dann ist der Rückschluss auf einen objektivierten rechtsgeschäftlichen Erklärungswillen der Vertragsparteien, insbesondere des Urhebers, erlaubt (BGH GRUR 2004, 938, 939 – *Comic-Übersetzungen III*; BGH GRUR 1974, 786, 787 – *Kassettenfilm*; ferner OLG Hamburg GRUR 1999, 45, 47 – *CD-Cover,* LG München I K&R 1999, 522, 523 – *Focus-TV;* KG GRUR 2002,

252, und die Vorinstanz LG Berlin ZUM-RD 2001, 36, 40 – *Fotos auf Inter-nethomepage*). Differenziert sind in **gemeinsamen Vergütungsregeln nach § 36 beschriebene Nutzungsrechtseinräumungen zu sehen** (s. a. die Kommentierung dazu, vgl. § 36 Rn. 5 ff.). Nach zutreffender Auffassung kommt gemeinsamen Vergütungsregeln keine Rechtssetzungskompetenz für Verträge im Hinblick auf die Nutzungsrechtseinräumung zu, sondern lediglich für deren Vergütung gem. § 32 (BGH GRUR 2016, 67, Tz. 33 – *GVR-Tageszeitungen II*). Davon gelten jedoch nach der Urhebervertragsrechtsreform 2016 für Verträge ab 1. März 2017 (s. § 132 Abs. 3a) und der damit verbundenen Regelungen in §§ 40a Abs. 4, 88 Abs. 2, 3 einige Ausnahmen. Gemeinsamen Vergütungsregeln kann jedoch für die Frage der Üblichkeit und der Verkehrssitte, also für die Anwendung der Zweckübertragungsregel, breitere Bedeutung zukommen. Das gilt jedenfalls dann, wenn die Vergütungsregel einen bestimmten Umfang der Nutzungsrechtseinräumung unterstellt und auf beiden Seiten repräsentative Verbände (und auf Verwerterseite nicht nur ein Unternehmen gem. § 36 Abs. 1 S. 1) die Vergütungsregel abgeschlossen haben. Denn dann ist zu unterstellen, dass die Parteien den üblichen Umfang zur Grundlage der Vergütungsabrede gemacht haben. Im Bereich der gesetzlichen Auslegungsregeln für einen bestimmten Umfang der Nutzungsrechtseinräumung (z. B. § 38 Abs. 3) ist die Rechtsprechung des BGH allerdings restriktiver. Der BGH verlangt trotz einer konkreten Regelung des Umfangs der Nutzungsrechtseinräumung in einer Vergütungsregel den Vortrag „tatsächlicher Anhaltspunkte", dass eine von der gesetzlichen Auslegungsregel abweichende Verkehrssitte, wie sie in der gemeinsamen Vergütungsregel niedergelegt ist, bestanden habe (BGH GRUR 2016, 67, Tz. 34 – *GVR-Tageszeitungen II*, dort zu § 38 Abs. 3 S. 1 UrhG und zu § 6 Abs. 3 GemVergRegeln für „hauptberufliche Journalisten und Journalistinnen an Tageszeitungen", abrufbar z. B. über www.bdzv.de, inzwischen jedoch durch den BDZV gekündigt). Die Zurückhaltung des BGH erscheint nicht als überzeugend. Die Repräsentativität der Vereinbarung bei Verbändebeteiligung auf beiden Seiten kann auch gesetzliche Auslegungsregeln überwinden. Beispiele für gemeinsame Vergütungsregeln, die Bedeutung für den Übertragungszweckgedanken erlangen, sind neben den Gemeinsamen Vergütungsregeln für „hauptberufliche Journalisten und Journalistinnen an Tageszeitungen" die GemVergRegeln „für Autoren belletristischer Werke in deutscher Sprache" (abrufbar über www.boersenverein.de); sie nimmt in § 2 auf den Normvertrag für den Abschluss von Verlagsverträgen (vgl. Vor §§ 31 ff. Rn. 299; s. a. unsere Kommentierung zum VerlG) Bezug, so dass dessen Nutzungsrechtseinräumung als üblich anzusehen ist. Spätestens ab Geltung der Vergütungsregel spricht sie für eine Üblichkeit; im Regelfall greifen die Vergütungsregeln allerdings länger bestehende Usancen auf, sodass sie sogar Anhaltspunkt für eine frühere Üblichkeit sein können. Insoweit können gemeinsame Vergütungsregeln, auch wenn sie zeitlich noch nicht anwendbar waren, nicht nur für die Prüfung der angemessenen Vergütung nach § 32 Abs. 2 S. 2 gewisse (rückwirkende) Bedeutung erlangen (so auch BGH GRUR 2016, 62 Tz. 16 ff. – *GVR Tageszeitung I*), sondern auch für die übliche Nutzungsrechtseinräumung. Ist eine gemeinsame Vergütungsregel ausgelaufen oder sonst wie beendet und damit zeitlich nicht mehr anwendbar, ist die Bedeutung hingegen abgeschwächter; es muss untersucht werden, ob die Vergütungsregel trotz Beendigung immer noch die Üblichkeiten in der Branche widerspiegelt. Ebenfalls Bedeutung für die Bestimmung der Üblichkeit und der Verkehrssitte kann **Tarifverträgen** zukommen (zu Beispielen vgl. Rn. 155).

Der BGH hat bei daraus folgender umfassender Rechtseinräumung – im konkreten Fall für alle Folgeauflagen gegen Pauschalhonorar – **neben der Üblichkeit** die **zusätzliche (subjektive) Voraussetzung** aufgestellt, dass sich der Urheber dieser weitreichenden stillschweigenden Einräumung bewusst („im

130

Klaren") gewesen sein muss (BGH GRUR 2004, 938, 939 – *Comic-Überset-zungen III*). Damit wird eine umfassende stillschweigende Nutzungsrechtsein-räumung nur in Ausnahmefällen vorliegen (so ausdrücklich BGH GRUR 2004, 938, 939 – *Comic-Übersetzungen III*), es sei denn, der Urheber hatte Kenntnis von der Nutzung und hat nichts unternommen (OLG Zweibrücken MMR 2015, 54, 55, das eine stillschweigende Einräumung mit Recht in folgendem Fall annimmt: Die Veröffentlichung seiner Fotos in der e-Paper-Ausgabe war dem Fotografen bekannt, und er hat sich niemals direkt beim Verleger darüber beschwert, sondern nur bei seiner Agentin, die diese Beschwerde aber nicht weitergab). Ob die Anwendung dieser zusätzlichen subjektiven Voraussetzung auch bei Beteiligungsvergütung oder bei Anwendbarkeit des § 32 gemäß § 132 Abs. 3 angezeigt ist, erscheint indes fraglich. Eine einschränkende Auslegung mit dem Übertragungszweckgedanken ist in solchen Fällen zum Schutz des Urhebers nicht erforderlich, weil ihm eine angemessene Vergütung ggf. über § 32 sicher ist. Die zusätzliche Voraussetzung sollte erst Recht für Nutzungs-rechtseinräumungen unbeachtlich sein, auf die in Gemeinsamen Vergütungsre-geln Bezug genommen wird (vgl. Rn. 129). Eine Nutzungsart, die eine andere **substituiert** (hier LP durch CD), ist im Zweifel ebenfalls eingeräumt, wenn nicht ersichtlich ist, dass nach dem Vertragszweck die Nutzung mit der Substi-tution beendet sein sollte (BGH GRUR 2003, 234, 236 – *EROC III*; OLG München GRUR-RR 2011, 303, 304 – *Blue-Ray-Disc*). Eine Auslegung kann insoweit vor allem in Konstellationen erforderlich werden, in denen eine Nut-zungsart zwar eigenständig nach § 31, jedoch wegen der Substitution keine eigenständige Nutzungsart nach § 31 darstellt, vgl. Rn. 14a.

131 Üblich kann auch die Einräumung von **unbekannten Nutzungsarten** sein (dazu ausführlich vgl. Rn. 172 ff.; ferner *Jan Bernd Nordemann* FS Nordemann II S. 203 ff.), allerdings scheitert die Einräumung durch Urheber in Verträgen ab 2008 bei fehlender ausdrücklicher Erwähnung am Schriftformgebot des § 31a Abs. 1; vgl. § 31a Rn. 53 f.

132 **Begleitumstände und schlüssiges Verhalten:** Indiz kann eine lange tatsächliche Übung der Parteien im Hinblick auf die Durchführung des konkreten Vertrages sein (BGH GRUR 1984, 528, 529 – *Bestellvertrag*). Diese kann zunächst bei der Auslegung des von Anfang an geltenden Vertragsinhaltes helfen, weil dem **nachträglichen Verhalten** bei der Ermittlung des tatsächlichen Willens und des tatsächlichen Verständnisses der Parteien Bedeutung zukommt (BGH GRUR 2013, 1213 Tz. 46 – *SUMO*; BGH GRUR 2010, 1093 Tz. 19 – *Concierto de Aranjuez*: Anerkannter Rechtsgrundsatz der Berücksichtigung des nachträgli-chen Verhaltens). So kann auch dem **Rechnungstext des Urhebers**, wenn er Aussagen zum Umfang der Einräumung enthält, Bedeutung zukommen, wenn der Nutzungsberechtigte die Rechnung in Kenntnis dieses Hinweises **bezahlt** (BGH GRUR 2015, 264 Tz. 59 – *Hi Hotel II*). Der Parteiwille kann ferner aus Hilfstatsachen wie **Geschäftskorrespondenz** geschlossen werden (OLG Frank-furt GRUR 1991, 601, 602 – *Werkverzeichnis*). Gerade eine Rechtseinräumung kann sich aber auch **nachträglich verändern**, z. B. aufgrund jahrzehntelanger Vertragshandhabung mit Abrechnung (OLG München ZUM 2001, 173, 177 – *Hollaender*). Eine nachträgliche Genehmigung von Verletzungshandlungen ist mit einer nachträglichen Einräumung von Nutzungsrechten vergleichbar und unterliegt daher den gleichen Beurteilungsmaßstäben (BGH GRUR 2000, 144 – *Comic-Übersetzungen II*).

133 Für die Zweckbestimmung kann auch auf den **übrigen Vertragsinhalt** zurück-gegriffen werden. Die **Beschreibung der eingeräumten** einzelnen **Nutzungs-rechte und Nutzungsarten** trägt zur Bestimmung des Vertragszwecks bei. Da-raus lassen sich also Anhaltspunkte für den von den Parteien verfolgten Vertragszweck entnehmen (BGH GRUR 2012, 1031 Tz. 23 – *Honorarbedin-*

gungen Freie Journalisten). Bei einer umfassenden Rechtseinräumung sollte auch der Vertragszweck entsprechend weit ausgelegt werden. Insbesondere Nutzungsarten, die nicht wörtlich eingeräumt sind, können damit über § 31 Abs. 5 erfasst sein. Ferner können aus der vereinbarten **Vergütung** Rückschlüsse auf den Rechteumfang gezogen werden. Denn der Übertragungszweckgedanke soll gerade eine angemessene Vergütung des Urhebers sicherstellen; vgl. Rn. 108. Wurde eine geringe Vergütung vereinbart, spricht dies gegen eine umfassende Rechtseinräumung (BGH GRUR 2015, 264 Tz. 59 – *Hi Hotel II*), eine bedeutende Vergütung dafür (OLG Hamburg GRUR 2000, 45, 47 – *CD-Cover*; *Jan Bernd Nordemann* FS Nordemann II S. 203; auch OLG München ZUM 2000, 61, 66 – *Paul Verhoeven*). Müsste der Nutzer eine Beteiligungsvergütung für die im Streit befindliche Nutzungsart bezahlen, ist wenig Raum für eine enge, diese Nutzungsart nicht umfassende Auslegung. Die wie Stummfilm vergütungspflichtige Nutzungsart Tonfilm war deshalb bei einer Vertragsauslegung einzubeziehen (RGZ 140, 255, 258 – *Hampelmann*). Internetnutzung ist vom Vertragszweck umfasst, wenn die Vergütungsabrede für den Ton- oder Bildtonträgerbereich anwendbar ist (*Jan Bernd Nordemann* FS Nordemann II S. 204). Wenn Urheber, z. B. Wissenschaftler, kein Vergütungsinteresse haben, sondern eher an einer möglichst weiten Verbreitung des Werkes interessiert sind, spricht das ebenfalls für eine sehr weite Auslegung der Rechtseinräumung (BGH GRUR 2002, 248, 251 – *Spiegel-CD-ROM*). Auch Urheber oder ausübende Künstler, deren künstlerischer Anteil so geringfügig ist, dass eine einmalige Pauschalvergütung in keinem Fall gegen § 32 verstößt (*Wilhelm Nordemann* § 32 Rn. 29), z. B. Statisten im Film, sollten kein hinreichendes Interesse an einem Einbehalt von Rechten nach § 31 Abs. 5 haben (*Jan Bernd Nordemann* FS Nordemann II S. 202). Wenn dem Urheber oder dem ausübenden Künstler Ansprüche auf Vertragsanpassung hin zu einer angemessenen Vergütung gemäß §§ 32, 32a, 32c zustehen, darf das nicht ausgeblendet werden. Im Grundsatz kann gesagt werden, dass die **§§ 32, 32a, 32c** tendenziell **den Umfang der Rechtseinräumung steigern** (*v. Becker* ZUM 2005, 303, 306 ff.; *Schierenberg* AfP 2003, 391, 392 ff.; a. A. Schricker/Loewenheim/*Ohly*[5] Rn. 58; offen BGH GRUR 2012, 1031 Tz. 21 a. E. – *Honorarbedingungen Freie Journalisten*). Die Verjährungsproblematik, die insbesondere für unbekannte Nutzungsarten im Hinblick auf § 32 bestand (*Jan Bernd Nordemann* FS Nordemann II S. 204), ist durch § 32c ausgeräumt. Der Umstand, dass der Urheber **Original übereignet** hat, ist kein Indiz für den Zweck einer weitreichenden Nutzungsrechtseinräumung (BGH GRUR 2015, 264 Tz. 60 – *Hi Hotel II*), was schon wegen § 44 Abs. 1 zutreffend ist (vgl. § 44 Rn. 8). Auch aus **anderen (vergleichbaren) Verträgen der Parteien** können Rückschlüsse gezogen werden; das gilt aber nicht, wenn die anderen Verträge eine andere Struktur aufwiesen, z. B. Rechte an sämtlichen Auflagen nur gegen zusätzliche Vergütung eingeräumt wurden und eine solche Vergütungsabrede im auszulegenden Vertrag fehlt (BGH GRUR 1984, 528, 529 – *Bestellvertrag*).

Ferner sollte der Vertragszweck bei Werken, an denen viele Urheber und ggf. **134** ausübende Künstler beteiligt sind, sich nicht auf eine bilaterale Sicht von Urheber (bzw. ausübendem Künstler) und Verwerter beschränken, sondern auch **Verwertungsinteressen anderer Rechteinhaber** in den Blick nehmen. Das führt im Zweifel zur Verwertungsmöglichkeit, solange nicht berechtigte Interessen eines Urhebers Vorrang haben (vgl. Rn. 111; *Schaefer* FS Nordemann II S. 234); allerdings sei auf die Regelungen der §§ 31a Abs. 3, 93 Abs. 1 S. 2, 80 sowie § 137l Abs. 4 verwiesen, die bereits einen Interessenausgleich vorsehen. **Einseitige Zweckvorstellungen** sind allerdings in keinem Fall relevant (*Schack*, Urheber- und UrhebervertragsR[7] Rn. 616). Zur Darlegungs- und Beweislast für Begleitumstände und schlüssiges Verhalten vgl. Rn. 189.

135 Pflicht zur Nacheinräumung: Wurden Rechte bei Vertragsschluss gemäß § 31 Abs. 5 nicht eingeräumt, kann der Urheber zur Nacheinräumung gegen angemessene Vergütung aus § 242 BGB bzw. § 313 BGB verpflichtet sein (BGH GRUR 2002, 248, 251 – *Spiegel-CD-ROM*; KG GRUR 2002, 252, 253 – *Mantellieferung*: dort wurde eine solche Pflicht erwogen, aber abgelehnt; ausführlich vgl. Vor §§ 31 ff. Rn. 100 ff.) oder aber im Arbeitsverhältnis aus Nebenpflichten.

136 f) Einzelfälle: – aa) „Ob" der Nutzungsrechtseinräumung (S. 2): Der Übertragungszweckgedanke bestimmt nach § 31 Abs. 5 S. 2 über das „Ob" der Nutzungsrechtseinräumung. Die Nutzungsrechtseinräumung kann durch **konkludentes Verhalten** unter Berücksichtigung der gesamten Begleitumstände erfolgen (BGH GRUR 1960, 199, 200 – *Tofifa*; BGH GRUR 1971, 362, 363 – *Kandinski II*; BGH GRUR 1999, 579, 581– *Hunger und Durst*); zur stillschweigenden Einräumung auch vgl. Rn. 128 ff. Es muss nach dem objektiven Inhalt der Erklärung **unzweideutig** zum Ausdruck gekommen sein, dass Erklärende über sein Urheberrecht in der Weise verfügen, dass er einem Dritten daran ein bestimmtes Nutzungsrecht einräumen will (BGH GRUR 2010, 628 Tz. 29 – *Vorschaubilder*; BGH GRUR 1971, 362, 363 – *Kandinsky II*). Entscheidend wird stets sein, ob **natürlicher Zweck** des Vertrages die Ausübung urheberrechtlicher Nutzungshandlungen ist. Dann muss von einer Nutzungsrechtseinräumung ausgegangen werden, z. B. bei Anfertigung von Fotos für ein LP-Cover (OLG Hamburg GRUR 2000, 45, 47 f. – *CD-Cover*), bei einem Zeitschriften-Layout (KG AfP 1997, 924, 925 – *Zeitschriften-Layout*) oder bei einem Hörspiel oder einer Komposition für eine Werbung. Bei Übergabe von Werkstücken zur Archivierung (Archivvertrag) werden dann Rechte eingeräumt, wenn der Zweck des Vertrages die urheberrechtliche Verwertung unbedingt erfordert. Auch Arbeits- und Dienstverträge, die eine Nutzung der in diesem Rahmen erstellten Werke voraussetzen, bedingen grundsätzlich die Einräumung von Nutzungsrechten an den Arbeitgeber bzw. Dienstherrn auch ohne jede ausdrückliche Abrede (BGH GRUR 2005, 860, 862 – *Fash 2000*; OLG Jena GRUR-RR 2002, 379, 380 – *Rudolstädter Vogelschießen*). Der Registrierung eines Verlages für ein Musikstück in der **GEMA-Datenbank** kommt nach Auffassung des OLG München indizielle Bedeutung dafür zu, dass ein Verlagsvertrag mit entsprechender Rechtseinräumung besteht, zumindest wenn die Registrierung jahrzehntelang vom Urheber ohne Widerspruch akzeptiert wurde (OLG München ZUM 2001, 173, 177 – *Hollaender*). Entspricht die Einräumung von Nutzungsrechten nicht dem natürlichen Zweck des Vertrages, kann eine formularmäßige Einräumung in AGB überraschend und damit unwirksam sein. – Der Übertragungszweckgedanke entscheidet ferner darüber, **wer – bei mehreren in Betracht kommenden Begünstigten – Inhaber der eingeräumten Nutzungsrechte** geworden ist. Hat ein Fotograf im Rahmen einer Auftragsarbeit für eine Werbeagentur ein Lichtbildwerk geschaffen, das die Werbeagentur allerdings nicht selbst nutzen sollte, sondern der Auftraggeber der Werbeagentur, ist der Auftraggeber der Werbeagentur Inhaber der Nutzungsrechte (OLG Köln ZUM 2010, 536, 537 – *Kalk-Lady*).

137 Nutzungsrechte können auch durch **Vorverträge** (vgl. Vor §§ 31 ff. Rn. 309), **Kurzverträge** („deal memos") (vgl. Vor §§ 31 ff. Rn. 304 f.) oder durch bloße **Geschäftskorrespondenz** vergeben werden, wenn darin eine Einigung über wesentliche Grundlagen des Vertrages erfolgte oder der übrige Inhalt durch gesetzliche Regelungen (z. B. § 5 Abs. 2 und § 22 Abs. 2 VerlG) bestimmt werden kann (OLG Frankfurt, GRUR 1991, 601, 602 – *Werkverzeichnis*). **Nachträglich** kann bei einer einverständlichen Nutzung ohne entsprechendes Nutzungsrecht von einer konkludenten Einräumung ausgegangen werden (BGH GRUR 1999, 579, 581 – *Hunger und Durst*), vor allem bei Nutzung (z. B. Aufführung) im Beisein des Urhebers. Gleiches gilt, wenn durch einen Nutzungsvertrag

Rechte für die Verwendung von Musikstücken in der Werbung nicht mit übertragen wurden, der Urheber es aber aufgrund Jahrzehnte langer Vertragshandhabung und auch Abrechnungen duldete, dass diese zunehmend an wirtschaftlicher Bedeutung gewinnende Form der Nutzung durch Weiterlizenzierung
vorgenommen wurde (OLG München ZUM 2001, 173, 177 – *Hollaender*).
Rechte sind ferner stillschweigend eingeräumt, wenn alle Bearbeiter eines Werkes dem Verwerter (hier der evangelischen Kirche) nahe standen und ihnen
ersichtlich nicht an einer eigenen Verwertung ihres Miturheberrechts gelegen ist
(LG Stuttgart GRUR 2004, 325, 327 – *Lutherbibel 1984*). Eine nachträgliche
Genehmigung von Verletzungshandlungen ist mit einer nachträglichen Einräumung von Nutzungsrechten vergleichbar und unterliegt daher den gleichen Beurteilungsmaßstäben, erfordert also einen unzweideutigen Parteiwillen (BGH
GRUR 2000, 144, 145 – *Comic-Übersetzungen II*).

Bei einem **Werkvertrag**, in dem ein urheberrechtliches Werk auf Bestellung   **138**
hin gefertigt wird, kann danach nicht automatisch von einer Rechtevergabe
ausgegangen werden. Die Anfertigung eines Werkes der bildenden Kunst oder
eines Lichtbildwerkes geht nicht mit einer über § 44 Abs. 2 hinausgehenden
Nutzungsrechtsvergabe einher, wenn der Vertragszweck nicht über eine Nutzung im Wege der Ausstellung hinausgeht. Werkverträge, vor allem im Bereich
der angewandten Kunst und der Fotografie, sind teilweise sog. „**2-Stufen-Ver-
träge**". Auf der ersten Stufe werden die Werke erstellt, aus denen sich der
Auftraggeber auf einer zweiten Stufe einzelne Werke zur Nutzung (ggf. unter
weiterer Konkretisierung des Werkes) auswählt. Nur auf der zweiten Stufe werden im Regelfall Nutzungsrechte eingeräumt; ausführlich vgl. Vor §§ 31 ff.
Rn. 306 ff. Werden mehrere Fotos einem Nutzer zur Auswahl zugesendet, erhält der Nutzer nur die Rechte an dem verwendeten Foto, nicht jedoch an den
übrigen Fotos, auch wenn der Fotograf diese nicht zurückfordert (LG München I GRUR 1970, 566). Anspruch auf kostenlose Überlassung von Nutzungsrechten aus einem **Rechtepool** hat ein aus Platzgründen von einer Ge-
richtsreportage ausgeschlossener Fotograf nur dann, wenn er ernsthaft an einer
Teilnahme an der Gerichtsverhandlung interessiert war (KG NJW-RR 1997,
789 – *Poolregelung*).

Im Bereich der Tätigkeit von **Architekten** ist die Fertigstellung eines Bauwerkes   **139**
mit Werkcharakter nach dessen Plänen eine Vervielfältigung der Pläne, im Regelfall durch Bearbeitung (§ 23 S. 2), sodass es einer Rechtseinräumung bedarf,
sofern die Realisierung nicht durch den planenden Architekten selbst erfolgt
(OLG Frankfurt GRUR-RR 2007, 307, 308 – *Mehrfamilienhaus*). Bei künstlerischen Bauten ist diese eher zurückhaltend anzunehmen (BGHZ 24, 55, 71 –
Ledigenheim), für Bauten mit gerade noch vorhandenem Werkscharakter eher
weitreichender (BGHZ 64, 145, 146 – *Wohnhausneubau*; BGH GRUR 1974,
674, 676 ff. – *Schulerweiterung*). Bei vollständiger Planung ist nach den Umständen des Einzelfalles zu bewerten, ob damit dem Bauherrn auch das Recht
zur Baufertigstellung nach seinen Plänen eingeräumt wurde (dazu BGHZ 64,
145 – *Wohnhausneubau*; BGH GRUR 1984, 656, 657 – *Vorentwurf I*, OLG
Nürnberg NJW-RR 1989, 407, 409; OLG München GRUR 1987, 290, 291 –
Wohnanlage; s. a. *Gerlach* GRUR 1976, 613; *v. Gamm* BauR 1982, 97, 113).

Für die Nutzungsrechtseinräumung durch den Architekten können auch **Leis-**   **140**
tungsphasen Bedeutung erlangen, wie sie in der HOAI geregelt sind. Ein **Vor-**
entwurf berechtigt nicht zur Verwertung als Vorlage für einen Entwurf oder
die Fertigstellung des Bauwerkes durch Dritte oder den Auftraggeber (BGH
GRUR 1957, 391 – *Ledigenheim*; BGH GRUR 1984, 656, 658 – *Vorentwurf*;
BGH GRUR 1981, 196, 197 – *Honorarvereinbarung*; anders teilweise die un-
terinstanzliche Rspr. OLG Nürnberg NJW-RR 1989, 407, 409: konkludente
Vergabe der Nutzungsrechte jedenfalls dann, wenn der Bauherr die Nutzungs-

rechte zur Durchführung des geplanten Baus benötigt; OLG München ZUM
1995, 882, 887; dagegen: Neuenfeld/Baden/Dohna/Groscurth/*Neuenfeld*[3] (15.
Lieferung 2010), Teil III Rn. 103). Keine Nutzungsrechte werden deshalb in
der Leistungsphase 2 (Vorplanung) eingeräumt, da dort erst die Umformung
der Idee in eine fassbare Ausdrucksform erfolgt, sodass der Bauherr die Arbeit
nicht ohne weiteres einem anderen Architekten auf Basis der geleisteten Vorarbeit übertragen kann. Die kreativen Elemente sind erst in späteren Bauphasen
durch die Vergütung abgegolten, spätestens mit Bezahlung der Leistungsphasen
1 bis 4 (OLG Jena BauR 1999, 672, 673 f.; so auch OLG München NJW-RR
1995, 474, das eine Einräumung bei der Realisierung von 4 der 5 vereinbarten
Leistungsphasen annimmt). Allerdings ist nur dann von einer Einräumung
durch den Architekten auszugehen, wenn er **eindeutig und von vornherein auf
die Genehmigungsplanung (also die Leistungsphasen 1 bis 4) beschränkt ist**
(BGH GRUR 2014, 73 Tz. 20 – *Altenwohnanlage*, m. w. N.). Ansonsten ist
nämlich zu unterstellen, dass der Architekt gar keine Rechte einräumt, weil er
dann mit einer eigenen Beauftragung rechnet, für die er keine Nutzungsrechte
(von sich selbst) benötigt (BGH GRUR 1973, 663, 665 – *Wählamt*; BGH
GRUR 1984, 656, 658 – *Vorentwurf I*; OLG Frankfurt GRUR-RR 2007, 307,
308 – *Mehrfamilienhaus*). Anders soll dies nach BGH (VII. Zivilsenat) sein,
wenn der Architekt **mit der Einreichung des Bauantrages beauftragt** ist, weil
dann feststehe, dass der Bau realisiert werden solle (BGH GRUR 1975, 445,
446 = BGH NJW 1975, 1165 – *Wohnungsneubau* mit kritischer Anmerkung
von *Wilhelm Nordemann*; zustimmend jedoch Neuenfeld/Baden/Dohna/Gros-
curth/*Neuenfeld*[3] (15. Lieferung 2010), Teil III Rn. 106). Auch kommt bei vorzeitiger Kündigung des Architektenvertrages dem Umstand Bedeutung zu, wer
die Kündigung zu vertreten hat. Eine vom Architekten nicht zu vertretende
Kündigung spricht dafür, dass der Architekt seine Urheberrechte geltend machen kann. Bei einer von ihm zu vertretenden Kündigung darf der Bauherr
grundsätzlich nutzen, weil der Architekt nicht auch noch für sein vertragswid-
riges Verhalten belohnt werden soll (OLG Celle BauR 1986, 601; *Werner/
Pastor*[12] Rn. 1948; Neuenfeld/Baden/Dohna/Groscurth/*Neuenfeld*[3] Teil III
Rn. 106). Der Bau eines **weiteren Bauwerkes** ist grundsätzlich nicht gedeckt
(BGH GRUR 1981, 196, 197 – *Honorarvereinbarung*; so wohl auch BGH
GRUR 2014, 73 Tz. 20 – *Altenwohnanlage*). Ferner eingehend zu Bauverträ-
gen vgl. Rn. 170.

141   Nur **ausnahmsweise** erfolgt beim bewussten Zurverfügungstellen von Inhalten
im **Internet** eine **konkludente Einräumung von Nutzungsrechten** (*Grunert/Ohst*
K&R 2001, 8, 12; Wandtke/Bullinger/*Wandtke/Grunert*[4] Vor §§ 31 ff. Rn. 77;
ähnlich *Berberich* MMR 2005, 145; zum Content-Caching *Roggenkamp* K&
R 2006, 405, 408). Die dafür erforderliche Willenserklärung setzt demnach
insbesondere voraus, dass unter Berücksichtigung der gesamten Begleitumstände nach dem objektiven Inhalt der Erklärung die (konkludente) Nutzungsrechtseinräumung **unzweideutig** zum Ausdruck gekommen ist (BGH GRUR
2010, 628 Tz. 29 – *Vorschaubilder*; BGH GRUR 1971, 362, 363 – *Kandinsky
II*). In der technischen Möglichkeit, in das Internet gestellte Werke ohne Zustimmung zu nutzen – etwa durch fehlende technische Maßnahmen nach
§§ 95a ff. –, kann noch keine Einräumung von Nutzungsrechten liegen. Bei
Abbildung von Kunstwerken mittels sog. „**Thumbnails**" in Suchmaschinen ist
allerdings von einem stillschweigenden Einverständnis desjenigen auszugehen,
der die Kunstwerke in das Internet gestellt hat (a. A. BGH GRUR 2010, 628
Tz. 29 – *Vorschaubilder*, der den Fall über eine rechtfertigende Einwilligung
löst, vgl. § 97 Rn. 25 ff.; für eine konkludente Einwilligung noch zutreffend 1.
Instanz LG Erfurt ZUM 2007, 566). Wird die Möglichkeit der kostenlosen
Nutzung im Internet explizit gewährt (z. B. durch eine Druck- oder Downloadmöglichkeit), erstreckt sich das aber nicht auf eine gewinnerzielende Nutzung

(OLG Hamburg MMR 2007, 533). – Keine Nutzungsrechte zur Verbreitung werden begründet bei einem freundschaftlichen **Tausch** von Plastiken zweier Bildhauer mit der Maßgabe, einzelne Abgüsse herzustellen (KG ZUM 1987, 293, 295 – *Sterndeuter II*).

bb) **Einfache und ausschließliche Nutzungsrechte** (S. 2): Die Zweckübertragungsregel hat nur Raum, soweit sie nicht von den §§ 38, 88, 89 UrhG und § 8 VerlG zurückgedrängt wird; zum Verhältnis vgl. Rn. 190 f. s. a. die zwingende Bestimmung des § 40a bei pauschaler Vergütung, vgl. § 40a Rn. 1 ff. Weiter muss entweder keine oder jedenfalls keine hinreichend spezifizierte Bezeichnung vorliegen. Eine Bezeichnung als „exklusiv" (statt „ausschließlich") ist hinreichend spezifiziert und eröffnet nicht den Anwendungsbereich des § 31 Abs. 5. **142**

Es existiert keine Regel, nach der im Zweifel ohne eindeutigen Wortlaut der Vereinbarung von der Einräumung nur eines einfachen Nutzungsrechts auszugehen ist. Vielmehr ist die Frage – wenn die Wortlautauslegung nichts hergibt – mit dem Übertragungszweckgedanken zu beantworten. Das gilt insbesondere für Auslegung, ob eine **ausschließliche Nutzungsrechtseinräumung oder nur eine schuldrechtliche** (bloß zwischen den Vertragsparteien wirkende) **Enthaltungspflicht** verabredet wurde (BGH GRUR 2013, 1213 Tz. 18 – *SUMO*: Gebot der nach beiden Seiten hin interessengerechten Auslegung und der Berücksichtigung des durch die Parteien beabsichtigten Zwecks des Vertrages; vgl. Rn. 94 ff.; ferner vgl. Vor §§ 31 ff. Rn. 45 ff.; für Verträge zwischen Verwertern vgl. Vor §§ 31 ff. Rn. 247 ff.). Eine Enthaltungspflicht allein begründet noch keine Ausschließlichkeit (Loewenheim/*Jan Bernd Nordemann*[2] § 60 Rn. 22). Die Nutzungsrechte für Fotos in einem **Warenkatalog** sind einfache (OLG Düsseldorf GRUR 1988, 541 – *Warenkatalogfoto*; OLG Hamm ZUM-RD 2016, 729, 734 – *Unberechtigte Weitergabe von Werbefotos an Vertriebspartner*), ebenso die Nutzung von **Plakatmotiven** eines Designers durch seinen Kunden (OLG Jena GRUR-RR 2002, 379, 380 – *Rudolstädter Vogelschießen*) oder die Nutzung von Fotos auf Internethomepages (OLG Celle ZUM-RD 2012, 534, 536 – *Framing*) oder in Gaststätten zur Dekoration, es sei denn die Fotos sind konkret Gegenstand der Corporate Identity. Die Erstellung eines **Firmenlogos** erfolgt i. d. R. ausschließlich, weil der Zweck des Vertrages auf die Schaffung eines unterscheidungskräftigen Image- und Werbeträgers gerichtet ist und diesem Zweck Verwechslungen abträglich wären (Loewenheim/*Jan Bernd Nordemann*[2] § 60 Rn. 22). Bei einem Auseinandersetzungsvertrag mit einem Verlag, der zunächst ein ausschließliches Recht besaß, führt eine unklare Bezeichnung nebst einem **Hinweis auf Rechte eines Dritten** zur Annahme eines nur einfachen Nutzungsrechts (KG ZUM-RD 1997, 81, 82 f.). Im Zweifel räumt der **Architekt** nur ein einfaches Nutzungsrecht ein (*v. Gamm* BauR 1982, 97, 104; Loewenheim/*Jan Bernd Nordemann*[2] § 60 Rn. 22); bei Einzelanfertigungen gilt am Ort des Baus allerdings ohne andere Abrede Ausschließlichkeit (a. A. *Gerlach* GRUR 1976, 613, 620), weil es nicht Zweck eines solchen Vertrages sein kann, dass am selben Ort noch ein identisches Gebäude errichtet wird (s. BGH GRUR 2014, 73 Tz. 21 – *Altenwohnanlage*: Exklusivität zumindest für das betroffene konkrete Grundstück). Eine Nutzungserlaubnis an einem **Computerprogramm** ist einfacher Natur; etwas anderes kann sich aus weiteren Umständen wie der Übertragung von Geschäftsanteilen ergeben (LG Oldenburg GRUR 1996, 481 – *Subventions-Analyse-System*). Ein Werkvertrag über die exklusive Herstellung eines an individuelle Bedürfnisse angepassten Computer-Programms mit der Nebenpflicht, die Software nicht anderweitig identisch zu verwerten, begründet ein ausschließliches Nutzungsrecht (BGH GRUR 1985, 1041, 1043 – *Inkasso-Programm*). **143**

cc) **Negative Verbotsrechte des Nutzungsberechtigten** (S. 2): Die aus einem ausschließlichen Nutzungsrecht fließenden negativen **Verbotsrechte** gegenüber **144**

Dritten können über den Umfang des positiven Nutzungsrechtes **hinaus gehen,** wenn der Vertragszweck dies erfordert. Danach ist grundsätzlich von einem Gleichlauf der Verbots- mit den Nutzungsrechten auszugehen, sofern es um ein Verbot vom Urheber erlaubter Nutzungen geht. Über die Nutzungsrechte hinausgehende Verbotsrechte können dann bestehen, wenn auch der Urheber die Nutzung nicht gestattet hat; im Einzelnen str., vgl. Rn. 20 ff.

145 dd) **Räumlicher Umfang (S. 2):** Der Übertragungsweckgedanke ist auch heranzuziehen, wenn der räumliche Umfang nicht oder nicht hinreichend spezifiziert vereinbart ist. Formulierungen „räumlich unbeschränkt" oder „ohne räumliche Begrenzung" sind danach für eine Anwendung des Übertragungsweckgedankens offen (Loewenheim/*Jan Bernd Nordemann*[2] § 60 Rn. 24); eine Rechtseinräumung für Territorien, die ersichtlich nicht zum räumlichen Gegenstand gemacht werden wollten, wäre danach ausgeschlossen. Eine **„weltweite"** Einräumung ist hingegen hinreichend spezifiziert und kann nicht einschränkend ausgelegt werden.

146 Einem **Verleger** werden im Zweifel nur die Rechte für das **bestimmungsgemäße Verbreitungsgebiet** eingeräumt. Das umfasst ggf. auch das deutschsprachige Ausland als Kernverbreitungsgebiet (OLG Hamburg NJW-RR 1986, 996), bei entsprechend großräumigem Vertragszweck auch weltweite Rechte (OLG Frankfurt GRUR-RR 2004, 99, 101 – *Anonyme Alkoholiker*). Für den räumlichen Umfang können auch **technische Gegebenheiten** wichtig sein. Wegen der grundsätzlich technisch nicht zu verhindernden weltweiten Abrufbarkeit erfolgt die Einräumung von Nutzungsrechten für das **Internet** im Regelfall weltweit. Eine **Satellitensendung** im Fernsehbereich kann technisch nicht auf deutschsprachige Gebiete begrenzt werden; deshalb scheidet eine Auslegung einer Vereinbarung zwischen Co-Produzenten, dass Fernsehsatellitenrechte nur für Deutschland eingeräumt wurden aus, selbst wenn alle Fernsehrechte – einschließlich Satellitenfernsehen – nur für die deutsche Fassung und auch nur für die deutschsprachigen Gebiete übertragen wurden (BGH GRUR 2005, 48 – *man spricht deutsh*); dazu vgl. Vor §§ 88 ff. Rn. 102.

147 ee) **Zeitlicher Umfang (S. 2):** Ohne Regelung oder zumindest Spezifizierung des zeitlichen Umfanges (z. B. nicht hinreichend spezifiziert: „zeitlich unbeschränkt") wird die Zweckübertragungsregel zur Auslegung herangezogen. Erfordert der Vertragszweck eine dauernde Nutzung des Werkes, ist mangels anderer Abrede eine zeitlich dauerhafte Rechtseinräumung anzunehmen. Die Rechtseinräumung für eine Verwertung von Grafiken in der **Werbung** ist zeitlich unbefristet, um je nach Anklang und Bedarf künftige Nachdrucke zu ermöglichen, was im Regelfall bei einer dauerhaften Bewerbung eines Tourismusobjektes zweckkonform ist (BGH GRUR 1988, 300 – *Fremdenverkehrsbroschüre*; anders bei ausdrücklicher Abrede, dass Nutzung nur für einen Katalog: LG München I ZUM-RD 2007, 208, 210). Zeitlich unbefristete Rechte werden deshalb auch am Entwurf einer Corporate Identity begründet, die als Erscheinungsbild des Unternehmens zeitlich unbegrenzt und für alle Werbemittel zur Verfügung stehen muss (OGH GRUR Int. 1994, 758 – *Corporate Identity*). Anders kann es sein, wenn nur ein konkretes Werbevorhaben, z. B. eine einmalige Anzeigenkampagne, geplant war. Für die Einräumung von Nutzungsrechten an einem LP-Cover ist eine fehlende zeitliche Befristung als dem Übertragungsweckgedanken entsprechend anzusehen (LG München I ZUM 2009, 681, 684). Der Übertragungsweckgedanke kann auch zur Klärung der Frage eingesetzt werden, ob von einem **Gesellschafter** in ein Architekturbüro **eingebrachte Nutzungsrechte nach seinem Ausscheiden** wieder an ihn zurückfallen (BGH GRUR 1996, 121 – *Pauschale Rechtseinräumung*; zum Ausscheiden aus einer Arbeitsgemeinschaft im Architekturbereich BGH GRUR 2009, 1046 Tz. 61 – *Kranhäuser*). – In einem Vertrag über die Einräumung von Nutzungsrechten an einem Film, dessen dreimalige Ausstrahlung im Fernsehen bis zu einem bestimmten Datum vereinbart wird, wurde hinsichtlich der Möglichkeit von weiteren Ausstrahlungen nach diesem Stichtag lediglich gesagt, dass die dafür zu zahlenden Beträge neu zu vereinbaren seien. Nach dem OLG München erlaubt dies nicht die Annahme, dass solche weiteren Ausstrahlungen bereits gestattet wurden und lediglich das Entgelt dafür noch einer neu zu treffenden Regelung bedürfe (OLG München ZUM-RD 2010, 327 – *Dokumentarfilm über Marlene Dietrich*). Zum automatischen Entfall der Ausschließlichkeit nach 10 Jahren aufgrund der zwingenden Regelung des § 40a Abs. 1 vgl. § 40a Rn. 1 ff.

Auf **Schutzfristverlängerungen** nach Vertragsabschluss findet § 31 Abs. 5 **148** grundsätzlich keine Anwendung, weil hierfür spezielle Tatbestände in den §§ 137 ff. zur Vertragsauslegung geschaffen worden sind. Ergänzend kann sie jedoch angewendet werden (s. die Kommentierungen dort).

ff) Quantitativer Umfang (S. 2): Der Zweckübertragungsregel gehen jeden- **149** falls grundsätzlich spezielle dispositive Regelungen vor. Eine solche enthält § 5 **Abs. 1 VerlG**, nach der der Verleger nur zu einer Auflage berechtigt ist; insbesondere für Bestellverträge gemäß § 47 VerlG gilt § 5 VerlG aber nicht. Auch kann der Übertragungszweckgedanke möglicherweise § 5 VerlG außer Kraft setzen (vgl. Rn. 191), wenn sich belegen lässt, dass auch ohne Abrede über die Auflage die Veranstaltung mehrerer Auflagen üblich war.

Bei fehlender Regelung oder fehlender Spezifizierung greift ansonsten der Über- **150** tragungszweckgedanke ein (s. a. BGH GRUR 1984, 528 – *Bestellvertrag*). Hinreichend bestimmt sind Formulierungen wie „für alle Auflagen" (KG GRUR 1991, 596/599 – *Schopenhauer-Ausgabe*: dort wird lediglich der Begriff „alle Ausgaben" als nicht hinreichend spezifisch genug nach dem Übertragungszweckgedanken verstanden, nicht jedoch die Formulierung „alle Auflagen"), „für eine unbeschränkte Zahl von Aufführungen" oder „für beliebig viele Sendungen". Anders dagegen bei Abreden wie „eine ausreichende Anzahl von Auflagen", „eine genügende Anzahl von Bühnenaufführungen" oder „Ausstrahlungen im Fernsehen in möglichst großer Zahl" (Loewenheim/*Jan Bernd Nordemann*[2] § 60 Rn. 28).

Im **Werbebereich** gelten grundsätzlich keinerlei quantitative Beschränkungen, **151** z. B. kann eine Werbebroschüre unbegrenzt neu aufgelegt werden (BGH GRUR 1988, 300 – *Fremdenverkehrsbroschüre*; dort wurde auf den geringen künstlerischen Gehalt der Werbung abgestellt, sodass auch eine Einmalzahlung für eine Rechtseinräumung genügte). Bei **Architektenverträgen** ist der **Bau eines weiteren Bauwerkes** grundsätzlich nicht in der Rechtseinräumung enthalten (BGH GRUR 1981, 196, 197 – *Honorarvereinbarung*).

Wenn im **Verlagsbereich** in früheren Verträgen die Rechte an sämtlichen Aufla- **152** gen eingeräumt wurden, so spricht dies nicht zwingend für eine solche Nutzungsbefugnis auch im neuen Vertrag, wenn die früheren Verträge eine zusätzliche Vergütungsregelung für weitere Auflagen enthielten (BGH GRUR 1984, 528, 529 – *Bestellvertrag*). **Buchillustrationen** berechtigen im Zweifel nur für eine Auflage zum Druck; auch bei Scheitern von Verhandlungen über ein zusätzliches Honorar liefert eine Fortsetzung der Illustrationsverwertung keinen Anhaltspunkt für die Einräumung weiterer Nutzungsrechte (BGH GRUR 1985, 378, 379 – *Illustrationsvertrag*). Bei **Übersetzungen** ist trotz einer bestehenden Branchenübung zur Einräumung von Nutzungsrechten für Folgeauflagen gegen Pauschalhonorar in einem Altvertrag (§ 132 Abs. 3) nur von einer Einräumung auszugehen, wenn der Urheber das Bewusstsein einer so weitreichenden Rechtseinräumung hatte, sich also darüber „im Klaren" war (BGH GRUR 2004, 938, 939 – *Comic-Übersetzungen III*), was im konkreten Fall dazu führte, dass die Nutzungsrechte für Folgeauflagen nicht eingeräumt worden waren. Bei Beteiligungsvergütung oder Anwendbarkeit des § 32 (§ 132

Abs. 3) erscheint es indes nicht als erforderlich, den Übertragungszweckgedanken derart rigoros anzuwenden. Im Falle unberechtigter Neuauflagen ist Grundlage für eine **konkludente nachträgliche Rechtseinräumung** außer der Kenntnis des Urhebers von den Neuauflagen auch seine zutreffende Einschätzung der Rechtslage, dass die Neuauflagen von der Rechtseinräumung nicht umfasst sind (BGH GRUR 2000, 144, 145– *Comic-Übersetzungen II*).

153   gg) **Nutzungsarten (inhaltlicher Umfang; S. 1):** Nach § 31 Abs. 5 S. 1 umfasst die Zweckübertragungsregel als Auslegungsgrundsatz auch den Umfang der eingeräumten Nutzungsarten. Der **Begriff der Nutzungsart** ist von dem des Verwertungsrechtes streng zu trennen und stellt die wirtschaftlich und technisch eigenständige Verwertungsform eines Werkes dar; im Einzelnen vgl. Rn. 13.

154   Im **Verlagsbereich** hat ein Verleger im Zweifel nur das Verbreitungsrecht für eine Normalausgabe im Sortimentsbuchhandel (zu den unterschiedlichen Nutzungsarten im Buchbereich vgl. Rn. 65 ff.), also nicht für Nebenausgaben wie **Buchgemeinschaftsausgaben** (BGH GRUR 1959, 200, 203 – *Heiligenhof*; BGH GRUR 1968, 152 – *Angélique*). Auch der Verfasser eines **Handbuches** der deutschen Gegenwartsliteratur räumt dem Verlag nur für ein Handbuch in der konkrete Ausgabe Rechte ein (OLG München ZUM 2000, 404, 406). Das Verlagsrecht für alle Auflagen und Ausgaben erfasst im Zweifel nicht eine **Taschenbuchausgabe**, weil „alle Ausgaben" nicht hinreichend spezifiziert nach § 31 Abs. 5 ist (KG GRUR 1991, 596, 599 – *Schopenhauer-Ausgabe*). Eine wiederholte Veröffentlichung in **Zeitungen und Zeitschriften** des Verlages ist bei entsprechend umfassendem Vertragszweck möglich (OLG Karlsruhe GRUR 1984, 522, 523 f. – *Herrensitze in Schleswig-Holstein*). Fotografien von freiberuflich tätigen Pressefotografen für Tageszeitungen durften nicht im Rahmen einer **Übernahme** durch eine **wirtschaftlich verbundene** Tageszeitung (sog. Mantellieferung) von dieser verwendet werden, solange das nicht branchenüblich war (KG GRUR 2002, 252, 253 – *Mantellieferung*; Vorinstanz LG Berlin AfP 2000, 197, 201 – *Mantellieferung*). Heute dürfte das allerdings der Fall sein. Steht nach dem Verlagsvertrag dem Verleger auch das Recht des Vorabdrucks und Nachdrucks in Zeitungen oder Zeitschriften zu, so umfasst dieses Recht nicht den Abdruck in einer gefälschten Zeitungsausgabe des „Neues Deutschland", denn diese ist keine „Zeitung" im Sinne der Vertragsbestimmung (KG ZUM 1989, 246, 247 – *Neues Deutschland*). Für Tageszeitungen kommt über dies den Gemeinsamen Vergütungsregeln für „hauptberufliche Journalisten und Journalistinnen an Tageszeitungen" (abrufbar z. B. über www.bdzv.de, inzwischen vom BDZV gekündigt) nach § 36 und den dort beschriebenen Nutzungsrechtseinräumungen Bedeutung zu (s. a. die Kommentierung dazu), die auf einen umfassenden Katalog verschiedener Nutzungsrechte für die Frage der angemessenen Vergütung Bezug nehmen und den „Erwerb weiterer Nutzungsrechte" von einer vertraglichen Vereinbarung abhängig machen; dazu vgl. Rn. 129.

155   Nutzungsrechte für **digitale Verlagsinhalte** einschließlich einer digitalen Nutzung werden nicht stillschweigend eingeräumt, wenn der betreffende Buchverlag zum Zeitpunkt des Vertragsschlusses nur im Printbereich tätig ist (OLG Frankfurt ZUM 2000, 595, 596 – *Sturm am Tegernsee*). Ein Verleger von Publikumszeitschriften hat die Rechte zur **CD-ROM-Nutzung** von Lichtbildern in Jahrgangseditionen nicht erworben, wenn er nur Rechte für die gedruckte Jahresausgabe oder Mikrofiche besitzt, weil die CD-ROM aufgrund ihrer besonderen Recherchemöglichkeiten einen eigenständigen Markt bildet (BGH GRUR 2002, 248, 251 – *Spiegel-CD-ROM*). Anders mag das bei **wissenschaftlichen** Autoren sein, weil dort weniger die Honorarforderung im Vordergrund steht, sondern eine möglichst breite Veröffentlichung, die auch eine CD-ROM-

Nutzung mit umfassen kann (BGH GRUR 2002, 248, 251 – *Spiegel-CD-ROM)*. Rechte zur **Online- oder ePaper-Nutzung von Beiträgen** eines freien Mitarbeiters durch eine Zeitung sind eingeräumt, wenn ihm bekannt war oder sein muss, dass „sein" Verlag diese Nutzungsform betreibt und er eine gewisse Dauer das Einstellen in die Online-Ausgabe widerspruchslos geduldet hat (OLG Zweibrücken MMR 2015, 54, 55; *Rath-Glawatz/Dietrich* AfP 2000, 222). In der Forderung einer Vergütung für bereits erfolgte Online-Veröffentlichungen liegt eine generelle Zustimmung zur Onlinenutzung der Werke und nicht nur eine Zustimmung für die vergüteten Werknutzungen (a. A. OLG Hamm CR 2008, 517, 520). Soweit Online-Nutzungen in den Gemeinsamen Vergütungsregeln für „hauptberufliche Journalisten und Journalistinnen an Tageszeitungen" (abrufbar z. B. über www.bdzv.de) beschrieben sind, sind sie spätestens ab Abschluss der Vergütungsregel zum 1.2.2009 als üblicherweise eingeräumt anzusehen, selbst im Zeitraum vor Inkrafttreten können sie noch eine gewisse Wirkung entfalten; vgl. Rn. 129, vgl. Rn. 154; s. ferner BGH GRUR 2016, 62 Tz. 16 ff. – *GVR Tageszeitung I*). Das gilt ohnehin dann, wenn vor Inkrafttreten der gemeinsamen Vergütungsregeln Tarifverträge bestanden wie z. B. die Manteltarifverträge Zeitschriften (1998) und Zeitungen (2003). Sie enthalten umfassende Einräumungen von Online-Rechten (Loewenheim/*Nordemann-Schiffel*² § 67 Rn. 8); das spricht sogar für eine übliche Einräumung ab diesen Zeiträumen, und zwar für angestellte und für freie Journalisten, weil für beide ein insoweit identischer Vertragszweck angenommen werden muss, soll das Archiv nicht nur aus Beiträgen angestellter Journalisten bestehen (a. A. OLG Brandenburg GRUR-RR 2012, 450, juris Tz. 70 ff.: für freie Journalisten Üblichkeit erst ab Geltung der Vergütungsregel ab 1.2.2009). Mit dem Übertragungszweckgedanken sollten solche üblichen Nutzungen bei Fehlen einer ausdrücklichen Abrede als stillschweigend eingeräumt angesehen werden. Dabei sollte unbeachtlich sein, ob sich der Urheber seiner stillschweigenden Einräumung bewusst („im Klaren") war (a. A. OLG Brandenburg GRUR-RR 2012, 450, juris Tz. 68 ff.), weil Journalisten wegen § 32 UrhG eine angemessene Vergütung sicher ist (vgl. Rn. 130). Das gilt auch dann, wenn der Journalist schon ab einem Zeitpunkt beschäftigt war, als die Online-Nutzung noch unüblich war, die Parteien aber keinen konkreten Umfang der Nutzungsrechtseinräumung festgelegt hatten; insoweit wirkt die spätere Üblichkeit über den Übertragungszweckgedanken zugunsten des Verlegers (vgl. Rn. 110). Die Frage der stillschweigenden Einräumung von Nutzungsrechten stellt sich auch bei der Nutzung von Pressebeiträgen in digitalen **Zeitungs- oder Zeitschriftenarchiven** (dazu *Rath-Glawatz/Dietrich* AfP 2000, 222, 226). Gegen eine Einräumung ist anzuführen, dass ein Archiv eine andere Funktion als die aktuelle Berichterstattung hat (deshalb eine Einräumung ablehnend: OLG Düsseldorf ZUM 2014, 242, 244). Allerdings spricht letztlich entscheidend für eine stillschweigende Einräumung, dass – genauso wie bei der Online- und ePaper-Nutzung – eine solche Nutzung seit Jahren absolut üblich ist und auch die gemeinsame Vergütungsregel „hauptberufliche Journalisten und Journalistinnen an Tageszeitungen" eine solche Nutzung vorsieht (vgl. Rn. 129). – Ist ein Beitrag auf der Internetseite eines Zeitungsverlages mit dem **„Share"-Button von Facebook** versehen, stellt das keine Zustimmung zur vollständigen Übernahme dieses Artikels dar, weil dies nur die Nutzung des Artikels über Verlinkung mit Überschrift, Kurztext als Ankündigungstext und ggf. Miniaturbild ermöglicht (LG Frankfurt aM. AfP 2015, 267).

Für das Einstellen von Verlagserzeugnissen in eine **Volltextsuche** ist zu unterscheiden. Die Volltextsuche kann einerseits der **Bewerbung** von eingeräumten Nutzungsarten dienen, z. B. der Print-Ausgabe. Das ist insbesondere anzunehmen bei einer im Internet abrufbaren, für den Nutzer kostenlosen Volltextsuche unter nur ausschnittsweiser Ansicht ohne eine den Printabsatz substituierende   **156**

Downloadmöglichkeit (zur Bewerbung von CDs genauso: KG GRUR 2003, 1038 – *Klaus Kinski Rezitationen*). Insoweit liegt schon keine dinglich abspaltbare Nutzungsart vor; vgl. Rn. 64. Jedoch ist andererseits eine eigenständige Verwertung der Volltextsuche davon nicht erfasst (KG MMR 2003, 110, 111 – *Paul und Paula*), z. B. bei Lizenzierung von Volltextsuchen gegen Entgelt an Bibliotheken, die sie wiederum ihren Kunden zur Verfügung stellt. Sofern Rechte für die vorerwähnten neuen Medien im Zeitpunkt des Vertrages unbekannt waren und unter § 31 Abs. 4 a. F. fielen, ist § 137l zu beachten.

157 Im **Bühnenbereich** ist ein allgemeines Einverständnis zur Nutzung eines Werkes als Libretto ohne Vergütungsabrede noch keine Rechtseinräumung (OLG Hamburg ZUM 2001, 507, 510 – *Kinderoper*).

158 Im **Musikbereich** sind durch eine Klausel „... ohne Einschränkung ... und zeitlich unbegrenzt das Recht, die Schallplattenaufnahmen in jeder beliebigen Weise auszuwerten" nicht nur Rechte zur Nutzung auf Schallplatte (LP), sondern auch die später bekannt gewordene **CD als technische Verbesserung** umfasst (BGH GRUR 2003, 234, 236 – *EROC III*), weil die CD die Schallplatte substituiert und der Vertragszweck keine Beendigung der Nutzung bei Ende der Schallplattennutzung anordnete. In einer Rechtseinräumung zum Vertrieb von CDs enthalten ist deren **Bewerbung**, auch wenn diese in einer anderen Nutzungsart erfolgt, weil die (Eigen-)Bewerbung keine abspaltbare Nutzungsform ist (vgl. Rn. 64); so etwa sind **Hörproben** von CDs im Internet zulässig, wenn sie der Bewerbung ihrer Verwertung dienen und nur ausschnittsweise ohne Möglichkeit zum download und Substitution der CD zur Verfügung stehen (KG GRUR 2003, 1038 – *Klaus Kinski Rezitationen*). Eine eigenständige Verwertung von Ausschnitten ist aber unzulässig (KG MMR 2003, 110, 111 – *Paul und Paula*). Music On Demand ist zwar eine eigenständige Nutzungsart nach § 31 Abs. 1; vgl. Rn. 71; vgl. § 31a Rn. 41. Bei entsprechend weiter Formulierung der Rechteklausel oder des Vertragszwecks spricht jedoch wegen der Substitutionswirkung gegenüber der CD viel dafür, eine Rechteeinräumung für die CD auch auf Music on Demand zu beziehen; parallel zu Video On Demand vgl. Rn. 164. Rechte an MC/LP-**Covergestaltungen** erstrecken sich auf CD-Cover. Bei einer CD handelt es sich lediglich um eine technisch neue Nutzungsvariante, die an die Stelle der LP getreten ist und keine zusätzliche wirtschaftliche Verwertung erlaubt hat (OLG Hamburg GRUR 2000, 45, 46 – *CD-Cover*; LG München I ZUM 2009, 681, 685; BGH GRUR 2003, 234, 236 – *EROC III*). Das OLG Hamburg will dennoch die Nutzung auf dem CD-Cover gesondert vergüten, wobei als Indiz die Branchenübung zählt, wonach Cover getrennt nach Tonträgern honoriert werden (OLG Hamburg GRUR 2000, 45, 46 – *CD-Cover*). **Künstlerfotos** für eine Schallplattenhülle können auch für den Vertrieb der Platten verwendet werden, nicht aber für die Ankündigung einer Tour (OLG Hamburg AfP 1987, 691 – *Mikis Theodorakis*). Das Recht zur Nutzung als „**Hintergrundmusik**" umfasst nicht das Verlagsrecht (Vervielfältigung und Verbreitung) und das Bühnenaufführungsrecht, sogar wenn sämtliche „rights of copyright" mit Ausnahme der GEMA-Rechte übertragen wurden (BGH GRUR 1971, 480, 481 – *Schwarzwaldfahrt*). Wird Playback-Musik für eine Sendung übergeben, ist die Einräumung auf den Zweck der Ausstrahlung der Sendung beschränkt und berechtigt nicht zu einer Videoauswertung der Sendung, selbst wenn eine Einräumung für "Filmzwecke" vereinbart war (LG München I ZUM-RD 2012, 560, 564 – *Playback-Aufnahmen*).

159 Die **Werbenutzung** ist grundsätzlich nicht vom Vertragszweck umfasst, wenn der Vertrag auf die herkömmliche Auswertung gerichtet ist und es sich nicht um ein als Werbung geschaffenes Werk handelt (vgl. Vor §§ 31 ff. Rn. 398). Das gilt sogar für Wahrnehmungsverträge (vgl. Rn. 171), sofern sie keine eindeutige Regelung enthalten: Vor dem Hintergrund des Übertragungszweckgedankens hat der Urheberberechtigte ein erhebliches Interesse daran, das Recht zur Nutzung seines Werkes zu Werbezwecken selbst wahrzunehmen und nicht an die Tarifbestimmungen oder Verteilungsschlüssel der Wahrnehmungsgesellschaft gebunden zu sein (BGH GRUR 2010, 62 Tz. 25 – *Nutzung von Musik für Werbezwecke*; eingehend *Poll* WRP 2010, 219; kritisch *Riesenhuber* ZUM 2010, 137, 142). Bei einem in den dreißiger Jahren abgeschlossenen Vertrag über die Nutzung von Musikwerken ist die Nutzung für Werbezwecke Dritter im Zweifel nicht enthalten, weil sich die kommerzielle Bedeutung einer branchenfremden werblichen Nutzung erst in den frühen sechziger Jahren entwickelte (OLG München ZUM 2001, 173, 177 – *Hollaender*). Grundsätzlich erlaubt ist die **Werbung für die erlaubte Nutzung**; das ist keine eigentliche Werbenutzung, sondern diese Werbung dient nur der Ausübung der Nutzungsbefugnis, vgl. Rn. 64. Ist die **Werbenutzung Zweck der Einräumung,** muss sie **großzügig ausgelegt** werden. Ein Signet, das für ein Unternehmen im Rahmen eines Corporate Identity Programms erstellt wurde, darf für dessen gesamte Geschäftstätigkeit auch außerhalb dieser Corporate Identity eingesetzt werden (*Walter* Rn. 1789, unter Verweis auf OGH v. 23.3.1993 – *CI-Programm*). Der Entwurf eines Signets schließt auch das Recht zur Registrierung als Marke ein (a. A. *Walter* Rn. 1789), weil es ansonsten seinen Zweck nicht erfüllen kann. Wer einen Werbefilm beauftragt, erhält im Zweifel alle relevanten urheberrechtlichen Nutzungsrechte für den werblichen Einsatz und die dazugehörigen Leistungsschutzrechte (§ 94 UrhG) vom Produzenten (BGH GRUR 1960, 609, 611 – *Wägen und Wagen*). Ein Werbespot, für den ausdrücklich im Vertrag die „TV-Nutzung" benannt ist, darf allerdings ohne zusätzlich ausdrückliche Rechtseinräumung nicht im Internet genutzt werden (OLG Köln ZUM 2010, 698, 700). Dem Urheber verbleibt selbst bei weitem Zweck der Einräumung für Werbezwecke ohne gegenteilige Abrede das Recht, den Werbefilm im Rahmen einer Dokumentation seines Lebenswerkes weiterhin zu nutzen (LG Köln NJW-RR 1999, 118); §§ 88, 89 (vgl. Rn. 160) fanden keine Anwendung, weil der Urheber selbst Produzent war. Nach dem BGH umfasst die Nutzungsart **Werbefotos** allerdings **keine Veröffentlichung** der Fotos **in redaktionellen Publikationen** (z. B. Kunstbüchern), die nicht unmittelbar, sondern nur mittelbar (als Imageträger) der Bewerbung dienten (BGH GRUR 2015, 264 Tz. 58 – *Hi Hotel II*). Das erscheint als zweifelhaft, weil heute im Regelfall auch eine mittelbare Werbung in redaktionellen Medien zu einem umfassenden Werbekonzept gehört. – Das **Recht, mit dem eigenen Werk als Referenz zu werben**, steht dem angestellten Urheber ohne gegenteilige Abrede nicht zu. Bei freien Urhebern ist eine Werbung mit früheren Arbeiten (zur Akquisition neuer Aufträge) hingegen üblich, sodass die urheberrechtlichen Nutzungsrechte beim Urheber (bzw. seinem Arbeitgeber, z. B. einer Werbeagentur) bleiben. Allerdings kann die vertragliche Abrede mit dem Kunden eine vollständige Geheimhaltung erfordern. Auch muss eine breite Veröffentlichung – z. B. im Internet – unterbleiben, wenn die Werbung des Kunden nicht mehr aktuell ist und deshalb ein berechtigtes vertragliches Interesse an der Verhinderung einer allgemeinen öffentlichen Zugänglichmachung hat.

160 Im **Film- und Rundfunkbereich** verdrängen die Auslegungsregeln der §§ 88, 89 grundsätzlich § 31 Abs. 5; vgl. § 88 Rn. 99 ff. und vgl. § 89 Rn. 67 ff. Dem Übertragungszweckgedanken kommt danach für die Auslegung abweichender Abreden Bedeutung zu; ferner gilt der Übertragungszweckgedanke vor allem für Verträge zwischen Verwertern; zu solchen Filmverträgen zwischen Verwertern vgl. Vor §§ 88 ff. Rn. 55 ff. und zu Rundfunkverträgen vgl. Vor §§ 31 ff. Rn. 372 ff. Auf **Computerspiele (Games)** sind ebenfalls die Auslegungsregeln der §§ 88, 89 vorrangig vor § 31 Abs. 5; vgl. Vor § 88 ff. Rn. 12.

161 Eine Einräumung für „**alle Rundfunk- und Filmzwecke**" an eine öffentlich-rechtliche Rundfunkanstalt umfasst **nicht** das Recht zur **Schmalfilmverwertung**

durch Vorführung auf Projektoren, weil die Vorführung in Filmtheatern den Aufgabenbereich der Rundfunkanstalten auch im Bereich der Randnutzung überschreitet (BGH GRUR 1974, 786 – *Kassettenfilm*).

162 Eine 1955 vereinbarte Vertragsklausel über die Wiedergabe eines Werkes in **Tonfilm und Rundfunk beinhaltet nicht** die **Fernsehrechte**, weil Film und Fernsehen damals getrennte Medien waren und das schon bekannte Fernsehen nicht erwähnt wurde (OLG Frankfurt ZUM 2000, 595, 596 – *Sturm am Tegernsee*). Bereits die bloße **Teilnahme an einer Fernsehtalkshow** bewirkt die konkludente Einräumung eines einfachen Nutzungsrechts für die Sendung, was auch Wiederholungssendungen und das erneute Senden von Ausschnitten umfasst (LG Berlin ZUM 2014, 251, 254).

163 Einer **Fernsehanstalt** sind durch einen Auftragsproduzenten nicht auch die Rechte für eine **körperliche Auswertung z. B. auf Video** eingeräumt, sofern bei fehlender ausdrücklicher Erwähnung im Vertrag eine entsprechende Branchenübung nicht durch die Fernsehanstalt im Zeitpunkt des Vertragsschlusses belegt werden kann (OLG München ZUM-RD 1998, 101 – *Auf und davon* für einen Vertrag aus 1989; OLG Düsseldorf GRUR-RR 2002, 121, 123 – *Das weite Land*). Im Rahmen einer erlaubten Sendung erforderliche Vervielfältigungs- und Verbreitungshandlungen sind zulässig (BGH GRUR 1977, 42, 44 – *Schmalfilmrechte*).

164 Das Gleiche gilt für das öffentliche Zugänglichmachen von **Fernsehbeiträgen auf Abruf im Internet**, wenn dies zum Zeitpunkt des Vertragsschlusses nicht üblich war (LG München I MMR 2000, 291, 292 – *Focus TV*). Eine Auswertung durch **Video on Demand** (zu den einzelnen Nutzungsarten vgl. Rn. 76) ist von der Einräumung von „Rechten in allen audiovisuellen Verfahren" zur Auswertung von Filmen in allen audiovisuellen Verfahren erfasst, wenn der Vertragszweck auf eine umfassende Rechtseinräumung im audiovisuellen Bereich gerichtet ist (OLG München NJW-RR 1998, 988 – *Video on demand*; kritisch zu Unrecht *Auktien* MMR 1998, 369). Dafür spricht die Substitutionswirkung von Video on Demand im Hinblick auf körperliche Verwertungsformen, die jedenfalls für permanentes oder temporäres Download sowie für Streaming beobachtet werden kann; vgl. Rn. 76. In der Filmbranche wird das Angebot des permanenten Downloads auch „Electronic Sell Through" (EST) genannt, was die Marktgleichheit der beiden Nutzungsarten unterstreicht. Wenn ausdrücklich nur das Senderecht eingeräumt ist, erfolgt indes keine stillschweigende zusätzliche Einräumung des Video-on-Demand-Rechts, auch nicht bloß für die „Catch-Up" Periode von 1 bis 7 Tagen nach Fernsehausstrahlung gem. § 11d Abs. 2 Nr. 1 RStV (*Wiechmann* ZUM 2014, 764, 769; s. a. *Schwarz* ZUM 2014, 758, 759).

165 **Internet-TV (Internetfernsehen)** (Sendung gem. § 20, vgl. Rn. 78) ist kein Video on Demand, allerdings ist sowohl Internetfernsehen als auch Video On Demand bei der Formulierung „alle Formen von Online-Diensten" eingeräumt (LG München I ZUM 2001, 260). Internetfernsehen ist im Nutzungsumfang enthalten, falls eine umfassende fernsehmäßige Verwertung in allen technischen Wegen Vertragszweck ist (vgl. Vor §§ 88 ff. Rn. 99), auch wenn die unterschiedlichen technischen Sendeformen für sich genommen eigenständige Nutzungsarten und theoretisch separat einräumbar sind; vgl. Rn. 77 f. Allerdings kann die Vertragsauslegung ergeben, dass nur die althergebrachten Sendetechnologien erlaubt werden sollten (LG München I NJW-RR 2000, 1148).

166 Die Nutzung auf **DVD** ist trotz der damit einhergehenden erheblichen **technischen Verbesserung** vom Vertragszweck bei einer umfassenden Rechtseinräumung („die Nutzung …, gleichviel mit welchen technischen Mitteln sie erfolgt, einschließlich … der Verwertung durch andere zurzeit bekannte Verfahren, einschließlich AV-Verfahren und -träger, gleichgültig, ob sie bereits in Benutzung sind oder in Zukunft genutzt werden") auch bei vor ihrem Bekanntwerden abgeschlossenen Verträgen umfasst (BGH GRUR 2005, 937, 939 – *Der Zauberberg*, allerdings unter Hinweis auf § 89 Abs. 1; ferner BGH GRUR 2003, 234, 236 –*Eroc III*, zur Einräumung von bei Vertragsschluss unbekannten CD-Rechten wegen umfassenden Vertragszwecks). Die DVD-Nutzung sollte jedoch auch ohne eine solche umfassende Nutzungserlaubnis vom Videokassettenrecht regelmäßig umfasst sein, weil die DVD die Videokassette ersetzt (BGH GRUR 2005, 937, 940 – *Der Zauberberg* für § 31 Abs. 4; für CD und LP mit dem gleichen Ergebnis zu § 31 Abs. 5: BGH GRUR 2003, 234, 236 – *EROC III*). Eine separate Lizenzierung findet üblicherweise auch gar nicht statt. Das Gleiche gilt auch für DVD-Lizenzen, die die technische Verbesserung in Form z. B. von Blu-ray Discs im Regelfall umfassen (OLG München GRUR-RR 2001, 303, 304 – *Blu-ray Disc*). Bei **Veräußerung** von DVDs, CDs oder ähnlichen Trägern **im herkömmlichen Einzelhandel** ist der Zweck der Nutzungsrechtseinräumung **im Zweifel auf die private Nutzung beschränkt** (BGH GRUR 2017, 266 Tz. 46 ff. – *World of Warcraft I*).

Die Nutzung von **Filmmusik** bezieht sich in der Regel nur auf die vertragsge-   **167** genständlichen Filme (BGH GRUR 1957, 611, 612 – *Bel ami*). An einer für das Fernsehen und nicht für den Filmhersteller erstellten Dokumentation zur Entstehung eines Films („**Making-of**") erwirbt der Filmhersteller grundsätzlich keine Rechte (BGH GRUR 2005, 937, 940 – *Der Zauberberg*); bei Herstellung durch den Filmhersteller stehen diese Rechte aber gemäß § 89 Abs. 1 dem Filmhersteller zu. Die Einräumung nur eines ausschließlichen Vorführungsrechtes an einem Film gestattet nicht, **einzelne Lichtbilder** nicht-filmisch zu verwenden (BGHZ 9, 262 – *Lied der Wildbahn I*); vgl. § 89 Rn. 57 ff. Wenn der Vertragszweck eine Verwertung im Kino, im Fernsehen und durch Video/DVD umfasst, kann ein **Lichtbild** zum Zweck der Werbung für einen Film nicht nur für Kino und Fernsehen (z. B. als Programmhinweis auf einer Internetplattform: OLG Köln MMR 2005, 185, 186), sondern auch als **Coverbild für Video** eingesetzt werden (OLG München ZUM 1995, 798, 800 – *Das Boot*). Das Recht zur **Abbildung** eines Werkes (hier des „Maschinenmenschen" aus Fritz Langs Metropolis) in einer **Zeitschrift** wird nicht durch einen Vertrag über Verfilmung und Vorführung eingeräumt, wenn die Abbildung nicht der Bewerbung des Filmes dient, sondern damit in keinem Zusammenhang steht (OLG Hamburg GRUR-RR 2003, 33, 35 – *Maschinenmensch*).

Lichtbildwerke bzw. Lichtbilder (Fotos) für einen besonderen Vertragszweck   **168** dürfen nicht als **Postkarten** verwertet werden (OLG München GRUR 1958, 458 – *Kirchenfotos*), Werbezeichnungen für Postkarten nicht für Plakate (OLG Hamm UFITA 28 [1959], 352, 355). Die Rechtseinräumung für einen Fotoauswahlband eines bestimmten Fotografen erstreckt sich ohne gegenteilige ausdrücklich Abrede nicht auf eine anderweitige Nutzung der Fotos in Buchform (OLG Köln ZUM-RD 2012, 337, 339 – *Newton Bilder*). Weiß der Einräumende, dass Unternehmensgegenstand des Verwerters insbesondere der Vertrieb von Postkarten ist, so umfasst der Begriff „**Merchandising**" auch die Nutzungsrechte für Postkarten (OLG Hamburg ZUM 2001, 330, 332 – *Loriot*). Zu **Werbefotos** vgl. Rn. 159. Die Rechte an Fotos für eine Veröffentlichung im **Internet** umfassen eine Veröffentlichung in Printmedien (LG München I MMR 2004, 192). Fotos, die in einem KFZ-Schadensgutachten aufgeführt sind, dürfen nicht in eine Restwertbörse im Internet eingestellt werden, um den vom Sachverständigen ermittelten Restwert zu überprüfen (BGH GRUR 2010, 623 Tz. 20 – *Restwertbörse*). Ein Fotostudio, das im Auftrag eines Kunden Portraitfotos anfertigt und dem Kunden diese Fotos sowie gegen zusätzliches Entgelt eine CD mit den Bilddateien übergibt, räumt hiermit dem Kunden nicht das Recht ein, diese Fotos auf seiner Website zu veröffentlichen. Dies gilt nach dem LG Köln selbst dann, wenn der Kunde bei Vertragsabschluss erwähnt, er wolle mit den Fotos online für seine berufliche Tätigkeit werben (LG Köln MMR 2007, 465, 466 – *Portraitfoto im Internet*, zw.).

169 Bei der **Internetnutzung** ist eine **differenzierte Betrachtung** erforderlich. Es wäre zu pauschal, generell von einer fehlenden Einräumung auszugehen, selbst wenn das Internet im Zeitpunkt des Vertragsschlusses noch nicht bekannt war. Zwar sind die unterschiedlichen Nutzungsformen im Internet durchweg eigene Nutzungsarten im Sinne des § 31 Abs. 1; dazu vgl. Rn. 85, aber auch vgl. § 31a Rn. 35 ff. Der Vertragszweck für die Nutzung des Gutachtens im Grundstückszwangsversteigerungsverfahren gem. ZVG umfasst nicht die Bewerbung des Objektes im Internet. Nach dem LG Hamburg ist es sogar unerheblich, dass eine solche Nutzung beim zuständigen Amtsgericht angeblich dem Rechtspfleger bekannte Praxis gewesen ist (LG Hamburg ZUM-RD 2010, 80). Ist der Vertragszweck jedoch auf eine umfassende Rechtseinräumung gerichtet, kann die Nutzung auch das Internet umfassen. Das gilt insbesondere bei üblicherweise als Offline- und Online-Angebot gekoppelten Nutzungen, z. B. bei Tageszeitungen; vgl. Rn. 155. Auch eine Substitutionswirkung der Internetnutzung spricht jedenfalls bei auf umfassende Nutzung gerichtetem Vertragszweck für eine bereits erfolgte Einräumung. Zu Video On Demand Download sowie für Internetfernsehen vgl. Rn. 164. Denkbar ist eine **konkludente Einräumung beim bewussten Zurverfügungstellen** von Inhalten im Internet; vgl. Rn. 141.

169a **Werke der angewandten Kunst** dürfen vervielfältigt und verbreitet werden, wenn der **Designvertrag** zu diesem Zweck geschlossen wird. Erlaubt ist dann auch die Bewerbung dieser Nutzungen (vgl. Rn. 18, vgl. Rn. 64). Neuerdings lassen sich Werke der angewandten Kunst im Wege des **3D-Drucks** (**3D Printing**, auch **Additive Manufacturing**) nutzen (allgemein zum 3D-Druck: *Jan Bernd Nordemann/Rüberg/Schaefer* NJW 2015, 1265). Beispiele sind Schmuck oder künstlerische Haushaltsgegenstände. Diese Nutzung sollte keine unbekannte Nutzungsart darstellen, sofern nur Produkte gedruckt werden, die Produkte aus herkömmlicher Produktion substituieren (vgl. § 31a Rn. 42b), so dass weder §§ 31 Abs. 4 a. F. i. V. m. § 137l noch § 31a zur Anwendung kommen (vgl. § 31a Rn. 1 ff.). In solchen Fällen erfolgt auch ein Rechtserwerb des Auftraggebers nach § 31 Abs. 5, weil der Zweck des Vertrages im Regelfall alle Fertigungsmethoden umfasst. Etwas anderes gilt jedoch für die (früher unbekannte) Nutzungsart von digitalen Produktdateien in virtuellen Welten (**Virtual Reality**), vgl. § 31a Rn. 42a).

170 Bei **Architektenverträgen** sind Abreden über Änderungen und **Umgestaltungen** zulässig, solange dem Urheber erkennbar bleibt, welchen Umfang seine Zustimmung hat (*Goldmann* GRUR 2005, 639, 645); jedenfalls deckt eine Klausel, die Umgestaltungen erlaubt, keine Entstellungen (BGH GRUR 1999, 230 – *Treppenhausgestaltung*). Zu Änderungen und Umgestaltungen von Bauwerken und der Kollision von Eigentum und Urheberrechten des Architekten s. § 14. Ferner zum „Ob" der Nutzungsrechtseinräumung vgl. Rn. 139 f. Vom Architekten eingeräumte Rechte sind **weiterübertragbar** (§ 34), wenn es sich um einen Bauträger handelt, in dessen Interesse es liegen kann, das Grundstück nebst Planung weiter zu veräußern (BGH ZUM 2013, 667 Tz. 21 – *Nutzungsrecht für einen Architekturplan*). Die Rechte räumt der Architekt räumlich exklusiv am Ort des geplanten Baus ein (vgl. Rn. 143). Auch für **Gesellschaftsverträge zwischen Architekten** kann die Zweckübertragungsregel bei pauschalen Nutzungsrechtsabreden bemüht werden, um festzustellen, ob nach Ausscheiden des Nutzungsrechte einbringenden Architekten die Rechte an Werken der Baukunst (§ 2 Abs. 1 Nr. 4) oder technischen Zeichnungen (§ 2 Abs. 1 Nr. 7) an ihn zurückfallen (im Hinblick auf die Werkart differenzierend BGH GRUR

1996, 121, 123 – *Pauschale Rechtseinräumung*; ferner BGH GRUR 2009, 1046 Tz. 61– *Kranhäuser*).

Auch für **Wahrnehmungsverträge** gilt § 31 Abs. 5; vgl. Rn. 119. Es ist zu beachten, dass die darin eingeräumten Rechte treuhänderisch für die Urheber wahrgenommen werden; s. unsere 11. Aufl. § 6 UrhWahrnG Rn. 11. Doch auch die Urheber haben ein Interesse an individueller Rechtewahrnehmung dort, wo diese möglich ist, also bei nicht-verwertungsgesellschaftspflichtigen Rechten. Der Urheberberechtigte hat ein erhebliches Interesse daran, das Recht zur Nutzung seines Werkes zu Werbezwecken selbst wahrzunehmen und nicht an die Tarifbestimmungen oder Verteilungsschlüssel der GEMA gebunden zu sein; ohne eindeutige Regelung im GEMA-Berechtigungsvertrag bleiben die Rechte deshalb beim Urheber (BGH GRUR 2010, 62 Tz. 25 – *Nutzung von Musik für Werbezwecke*; eingehend *Poll* WRP 2010, 219; kritisch *Riesenhuber* ZUM 2010, 137, 142). Auch in **Arbeits- und Dienstverhältnissen** gilt der Übertragungszweckgedanke, allerdings mit Modifikationen; s. die Kommentierung zu § 43. Das Gleiche gilt für **Gesellschaftsverträge**, wenn streitig ist, in welchem Umfang Nutzungsrechte durch Gesellschafter eingeräumt wurden und ob diese nach seinem Ausscheiden wieder an ihn zurückfallen (BGH GRUR 1996, 121, 122 – *Pauschale Rechtseinräumung*; s. a. BGH GRUR 2009, 1046 Tz. 61 – *Kranhäuser*). **171**

hh) Unbekannte Nutzungsarten, insbesondere für Altverträge bis 1965: **172** Rechte an bei Vertragsschluss unbekannten Nutzungsarten (zur Definition vgl. § 31a Rn. 21 ff.) unterliegen teilweise einer besonderen Regulierung. **Urheber** konnten solche Rechte in Verträgen **bis 31.12.1965** einräumen (BGH GRUR 2011, 714 Tz. 14 – *Der Frosch mit der Maske*). Zur Frage, wann ein Vertragsschluss bis 1965 vorliegt, vgl. § 132 Rn. 5 ff. Für Verträge vom 1.1.1966 bis 31.12.2007 war die Einräumung von Rechten an unbekannten Nutzungsarten verboten (§ 31 Abs. 4 UrhG a. F.); zum 1.1.2008 ordnete der Gesetzgeber für solche Verträge einen automatischen Rechteerwerb desjenigen an, der vorher schon alle „wesentlichen" Nutzungsrechte am Werk erworben hatte (§ 137l). Seit 1.1.2008 ist es Urhebern schriftlich wieder erlaubt, Rechte an bei Vertragsschluss unbekannten Nutzungsarten einzuräumen (§ 31a; **zur Auslegung und Formulierung von Neuverträgen** vgl. § 31a Rn. 53). **Leistungsschutzrechte** (mit Ausnahme von Lichtbildern und wissenschaftlichen Ausgaben) fielen allerdings niemals unter die Sonderreglungen des § 31 Abs. 4 a. F. oder des § 31a (vgl. § 31a Rn. 8, 19). Für sie gilt – wie für die Urheber bei Verträgen vor 1966 – der Übertragungszweckgedanke zur Beantwortung der Frage, ob solche Rechte eingeräumt sind; bei translativer Übertragung des Leistungsschutzrechts kann der Übertragungszweckgedanke ebenfalls als Auslegungshilfe angewendet werden, vgl. Rn. 120. Zur (zulässigen) Einräumung unbekannter Nutzungsarten **nach ausländischem Vertragsstatut** vgl. Rn. 117, vgl. § 31a Rn. 14. **Für unbekannte Nutzungsarten und Altverträge bis 1965 gilt Folgendes:**

Teilweise wird die Auffassung vertreten, in den meisten Fällen werde die Anwendung des Übertragungszweckgedankens auf Altverträge bis 1965 (zu Neuverträgen vgl. § 31a Rn. 53) dazu führen, dass keine Rechte an unbekannten Nutzungsarten eingeräumt wurden (BGH GRUR 1988, 296, 299 – GEMA-*Vermutung IV* unter Verweis auf RGZ 118, 282, 285 ff. – *Musikantenmädel*, auf RGZ 123, 312, 317 – *Wilhelm Busch* und auf BGHZ 11, 135, 143 – *Schallplattenlautsprecherübertragung*; ebenso *Wandtke/Holzapfel* GRUR 2004, 284). Das ist indes eher zweifelhaft (eingehend *Jan Bernd Nordemann* FS Nordemann II S. 201 ff.; **differenzierend** auch BGH GRUR 2011, 714 Tz. 14 ff. – *Der Frosch mit der Maske*). Es sind verschiedene Konstellationen denkbar, in denen auch unter Berücksichtigung des Übertragungszweckgedankens eine Einräumung von bei Vertragsschluss unbekannten Nutzungsarten **173**

erfolgen kann. Allerdings trägt derjenige, der sich auf eine Nutzungsrechtseinräumung für bei Vertragsschluss unbekannte Nutzungsarten beruft, die „volle"
Darlegungs- und Beweislast für eine Rechtseinräumung (BGH GRUR 2011,
714 Tz. 29 – *Der Frosch mit der Maske*).

174   Zunächst können die Parteien eine **ausdrückliche Vereinbarung** im Vertrag
treffen, die den Übertragungszweckgedanken außer Kraft setzt (BGH GRUR
2011, 714 Tz. 14 ff. – *Der Frosch mit der Maske*), weil für die Anwendung
des die Rechtseinräumung einschränkenden Übertragungszweckgedankens
eben kein Raum ist, wenn die einzelnen Nutzungsarten im Vertrag spezifiziert
sind; vgl. Rn. 124 f. Für Verträge vor 1966 verlangt der BGH – wenn nicht
die Vergütung für eine Einräumung spricht, vgl. Rn. 175 – eine „**eindeutige
Erklärung**". Diese liege bei Pauschalvergütung für alle Rechte nur dann vor,
wenn die Vertragspartner eine Rechtseinräumung erkennbar zum Gegenstand
von Leistung und Gegenleistung gemacht haben („ausdrücklich erörtert und
vereinbart"; so BGH GRUR 2011, 714 Tz. 39 – *Der Frosch mit der Maske*;
BGH ZUM 2011, 498 Tz. 15 – *Weltverfilmungsrechte*). Das erscheint als zu
streng (kritisch auch *Diesbach* ZUM 2011, 623). Die Rechtsprechung des BGH
führt faktisch für solche Altverträge vor 1966 zu einem Schriftformgebot für
die Einräumung von Rechten an unbekannten Nutzungsarten; ein solches
Schriftformgebot gibt es aber erst seit 1.1.2008 in § 31a (dazu vgl. § 31a
Rn. 53). Über dies muss der Übertragungszweckgedanke auch die Interessen der
übrigen Urheber und Leistungsschutzberechtigten im Auge behalten. Das gilt
gerade im Filmbereich mit vielen Urhebern und Leistungsschutzberechtigten.
Im Zweifel ist deshalb für eine Verwertungsmöglichkeit zu entscheiden (vgl.
Rn. 111). Demgegenüber will es der BGH nicht ausreichen lassen, dass die
Vertragspartner **pauschal auf außervertragliche Regelungen** – wie Tarifordnungen oder Tarifverträge – **Bezug genommen** haben, die eine Einräumung für
Rechte an unbekannten Nutzungsarten vorgesehen haben (BGH GRUR 2011,
714 Tz. 39 f. – *Der Frosch mit der Maske*). Die **Instanzrechtsprechung**, die vor
der BGH-Entscheidung erging, ist mit Recht für Verträge vor 1966 teilweise
großzügiger. Aus der Üblichkeit der Einräumung von Rechten an unbekannten
Nutzungsarten kann sich danach durchaus deren Einräumung ergeben, z. B.
weil Tarifverträge in der Branche dies als Standard vorsehen. Auch war es in
der NS-Zeit üblich, dass die Urheber von Propagandafilmen die unbekannten
Nutzungsarten einräumten (LG München I ZUM 1993, 370, 375 – *NS-Propagandafilme*). Noch nicht einmal ausdrückliche Formulierungen im Vertrag
(„Der Rechtsübergang erstreckt sich auf alle jetzigen und zukünftigen Arten,
Systeme und Verfahren der Kinematographie und deren Möglichkeiten einer
Auswertung des Films und seiner Teile") sind für den BGH ausreichend, wenn
sie in Allgemeinen Bedingungen enthalten sind, die für eine Vielzahl von Ver-
trägen formuliert wurden, solange nicht eine ausdrückliche Erörterung und
Vereinbarung nachgewiesen werden kann (BGH ZUM 2011, 498 Tz. 16 –
Weltverfilmungsrechte; mit Recht kritisch *Diesbach* ZUM 2011, 623). Im
Streitfall ging es um die bei Vertragsschluss im Jahr 1964 unbekannte Videonutzung. Das LG München I entschied demgegenüber, dass die Formulierung
„andere heute bekannte oder in Zukunft bekannte Systeme" in einem Tarifvertrag ausreichend war, die bei Vertragsschluss unbekannte Nutzungsart Video
in die Nutzungsrechtseinräumung einzubeziehen (LG München I ZUM 1999,
332, 335 mit zustimmender Anm. Schneider ZUM 2000, 310, 313). Nach dem
OLG München waren Formulierungen wie „noch nicht bekannte Verwertungs-
gebiete" oder „künftige Arten, Systeme und Verfahren der Kinematographie"
ausreichend (OLG München ZUM 2000, 61, 66 – *Paul Verhoeven*), um sämtliche unbekannten filmischen Nutzungsarten (Video im Jahr 1949) von der vertraglichen Nutzungsrechtseinräumung zu erfassen. Für den – bislang nicht vom
BGH entschiedenen – Fall eines Individualvertrages hielt das LG Hamburg die

Formulierung „Der Rechteübergang erstreckt sich auf alle jetzigen und zukünftigen Arten, Systeme und Verfahren der Auswertung des Filmes und seiner Titel inklusive Draht, Rundfunk, Television" für eine Einräumung von 1956 unbekannten Videorechten zu Recht für genügend (LG Hamburg ZUM-RD 1999, 134, 135 – *Heinz Erhardt*).

Mehr Zurückhaltung ist für **nicht-ausdrückliche (konkludente) Rechtseinräu-** **175** **mungen** geboten, d. h. für Rechteklauseln, die unbekannte Nutzungsarten nicht aufführen (ausführlich *Jan Bernd Nordemann* FS Nordemann II S. 202 ff.). Eine konkludente Rechtseinräumung ist bei Rechtseinräumungen durch Urheber nur für Verträge vor 1966 denkbar (jedoch nicht für Verträge ab 2008; vgl. § 31a Rn. 53). Nicht tragfähig für die Einräumung von (bei Vertragsschluss 1949 noch nicht üblichen, aber bekannten) Fernsehrechten ist etwa die Formulierung über „zeitlich und örtlich uneingeschränkte deutsche Verfilmungsrechte" (BGH GRUR 1969, 143, 145 – *Curt Goetz-Filme II*). Auch erfassen „alleinige Schmalfilmrechte in ihrer Gesamtheit" nicht das Fernsehsenderecht (BGH GRUR 1960, 197, 198 – *Keine Ferien für den lieben Gott*). Auch wenn es an einer ausdrücklichen Rechtseinräumung fehlt, kann sich jedoch aus anderen Umständen eine Einräumung von Rechten an bei Vertragsschluss unbekannten Nutzungsrechten ergeben. Hier ist vor allem die **Vergütungsregelung** relevant. Es spricht für eine Einräumung unbekannter Nutzungsarten, wenn der Urheber einen vertraglichen Anspruch auf eine angemessene Beteiligung an den Erlösen aus deren Verwertung in der unbekannten Nutzungsart hat (BGH GRUR 2011, 714 Tz. 25, 39 – *Der Frosch mit der Maske*, dort auch 1. Ls.; RGZ 140, 255, 258 – *Hampelmann*; *Jan Bernd Nordemann* FS Nordemann II S. 204). Wurde eine sehr hohe Pauschalvergütung gezahlt, die bei Betrachtung der bisherigen Verwertung noch eine angemessene Vergütung auch für die Nutzung in der bei Vertragsschluss unbekannten Nutzungsart gewährt, muss das auch zugunsten der Einräumung gewichtet werden. Ist eine beträchtliche Pauschalvergütung der hohen Bekanntheit des Urhebers zum Vertragsschluss zuzuschreiben, soll das gegen eine konkludente Einräumung sprechen (BGH ZUM 2011, 498 Tz. 15 f. – *Weltverfilmungsrechte*). Für die Einräumung von Rechten an unbekannten Nutzungsarten kann es ferner sprechen, wenn der Urheber, z. B. Wissenschaftler, kein **Vergütungsinteresse** hat, sondern eher an einer möglichst weiten Verbreitung des Werkes interessiert ist (s. BGH GRUR 2002, 248, 251 - *Spiegel-CD-ROM*) oder wenn die Rechtseinräumung durch Urheber oder ausübende Künstler in Rede steht, deren **künstlerischer Anteil so geringfügig** ist, dass eine einmalige Pauschalvergütung in keinem Fall gegen § 32 verstieße (s. die Kommentierung zu § 32), z. B. Statisten im Film (*Jan Bernd Nordemann* FS Nordemann II S. 202).

Wer – wie der BGH, vgl. Rn. 174, 175 – einen Erwerb von Rechten an bei **175a** Vertragsschluss unbekannten Nutzungsarten mit dem Übertragungszweckgedanken stark erschwert, sollte sich Gedanken darüber machen, wie er **ältere Werke mit vielen Urhebern ohne prohibitive Transaktionskosten für den nachträglichen Rechtserwerb** in der Verwertung hält. Für Verträge von 1966 bis 2007 hat der Gesetzgeber dieses Problem in Form des bloßen Vergütungsanspruchs mit eingeschränkter Widerspruchsmöglichkeit gerade bei einer Mehrheit von Urhebern gelöst (§ 137l). Danach bietet sich insbesondere auch für Altverträge bis 1965 eine Anwendung des Rechtsgedankens des § 137l Abs. 4 an (vgl. § 137l Rn. 31), und zwar unmittelbar aus § 242 BGB. Das gilt insbesondere für Filmwerke. Danach kann der einzelne Urheber **Unterlassungsansprüche nicht wider Treu und Glauben** ausüben und ist ansonsten auf **Vergütungsansprüche** (einschließlich sie vorbereitende Ansprüche) beschränkt. Der BGH musste dazu in den beiden o. g. Entscheidungen nicht Stellung nehmen, weil die Filmurheber in beiden Fällen nur Schadensersatzansprüche wegen unerlaubter Videonutzung, jedoch keine Unterlassung begehrt hatten (BGH

GRUR 2011, 714 Tz. 2 – *Der Frosch mit der Maske*; BGH ZUM 2011, 498 Tz. 3 – *Weltverfilmungsrechte*).

176 **ii) Weitergabe von Nutzungsrechten an Dritte:** Hierzu vgl. § 34 Rn. 12 ff. und vgl. § 35 Rn. 9.

177 **jj) Urheberpersönlichkeitsrechte:** Rechtsgeschäfte über Urheberpersönlichkeitsrechte sind grundsätzlich von Nutzungsrechtseinräumungen gem. § 31 zu unterscheiden (vgl. § 29 Rn. 13a). Soweit die **Nutzungsrechtsrechtseinräumung urheberpersönlichkeitsrechtlich relevante Nutzungen zwingend bedingt,** ist mit dem Übertragungszweckgedanken davon auszugehen, dass die **Nutzung auch urheberpersönlichkeitsrechtlich** erlaubt ist. Etwas anderes gilt nur, wenn ausdrücklich keine urheberpersönlichkeitsrechtliche Zustimmung erteilt ist. Dann kann ein doppelter Rechtserwerb erforderlich sein, insbesondere wenn der Urheber die Nutzungsrechte einem Dritten eingeräumt hat, sich aber urheberpersönlichkeitsrechtlich die Zustimmung vorbehalten hat (BGH GRUR 2012, 1062 Tz. 15 – *Elektronischer Programmführer*; BGH GRUR 2010, 920 Tz. 35 – *Klingeltöne für Mobiltelefone II*). So kann ein Urheber einer Verwertungsgesellschaft die Vervielfältigungs- und öffentlichen Wiedergaberechte als Klingelton einräumen, sich aber die Zustimmung zur Nutzung als Handyklingelton aus persönlichkeitsrechtlichen Gründen (§ 14) vorbehalten (BGH GRUR 2010, 920 Tz. 35 – *Klingeltöne für Mobiltelefone II*). Sendeunternehmen können sich gegenüber einer VG eine Einwilligung zur Darstellung des Programmankündigungsmaterials im Internet verbunden mit Werbeinhalten vorbehalten (BGH GRUR 2012, 1062 Tz. 15 – *Elektronischer Programmführer*).

177a Vereinbarungen über Urheberpersönlichkeitsrechte, z. B. für das Veröffentlichungsrecht des § 12 (BGHZ 15, 249, 255 f. – *Cosima Wagner*; BGH GRUR 1977, 551, 554 – *Textdichteranmeldung*; Goldmann GRUR 2005, 639, 644), sind anhand des Übertragungszweckgedankens auszulegen. Die Anzeige einer Zusammenstellung von Werken verschiedener – auch fremder – Urheber kann wegen des Übertragungszweckgedankens geboten sein, weil sich aus unerwünschter künstlerischer Gesellschaft persönlichkeitsrechtliche Beeinträchtigungen ergeben können (OLG Hamburg GRUR-RR 2002, 153, 159 – *Der grüne Tisch*). Das gilt insbesondere gemäß § 14 bei Musiksamplern und der Verbindung mit Musiktiteln aus der neofaschistischen Szene (OLG Frankfurt GRUR 1995, 215, 216 – *Springtoifel*). Die Ausübung urheberpersönlichkeitsrechtlicher Befugnisse gegen den Verwerter, auch wenn diese nicht eingeräumt wurden, steht aber unter dem Vorbehalt von § 242 BGB (OLG Köln GRUR-RR 2005, 337, 338 – *Dokumentarfilm Massaker*). Ferner zu Vereinbarungen über das Namensnennungsrecht, vgl. § 13 Rn. 14 ff., über das Entstellungsverbot vgl. § 14 Rn. 7, 22 ff.

178 **kk) Urhebersachenrecht:** Das Urhebersachenrecht regelt Besitz und Eigentum am Werkoriginal und an Vervielfältigungsstücken; vgl. Nach § 44 Rn. 4 ff.

178a **g) Konsequenzen für die Vertragsgestaltung:** Der Übertragungszweckgedanke hat einen starken Einfluss auf die Vertragsgestaltung im Urheberrecht. Sind bei Einräumung eines Nutzungsrechts die Nutzungsarten „nicht ausdrücklich einzeln bezeichnet" (Fehlen jeglicher Abrede oder lediglich pauschale Äußerungen), führt die Auslegung des Vertrages nach dem Übertragungszweckgedanken Art und Umfang der Rechtseinräumung stets auf das Maß zurück, das zur Erreichung des Vertragszweckes erforderlich ist (vgl. Rn. 124 f.). Deshalb muss der **Herausarbeitung des Vertragszwecks** beim Entwurf von Verträgen gesteigerte Aufmerksamkeit zu Teil werden. Eine Definition kann in der Präambel, aber auch an anderer Stelle des Vertrages erfolgen. Weiter muss bei allen Urheberrechtsverträgen, in denen nach Art und Umfang Rechte eingeräumt werden sollen, die über das nach dem Vertragszweck Erforderliche hinausgehen, (aus der Sicht des Verwerters) die Rechtseinräumung nach Art und Umfang im Einzelnen gesondert spezifiziert sein. Das bedingt die langen Kataloge von Nutzungsarten, die sich oft in urheberrechtlichen Verträgen finden. Eine Ausnahme kann allerdings aus Sicht des Werknutzers gemacht werden, wenn das UrhG Auslegungsregeln enthält, die den Übertragungszweckgedanken verdrängen und dem Werknutzer eine umfassende Nutzungsrechtseinräumung auch über den Vertragszweck hinaus vorsehen. Ein Beispiel sind Computerprogramme, die im Dienst- oder Arbeitsverhältnis erstellt werden (§ 69b). Im Filmbereich kann nach der Novellierung der Vermutungsregeln der §§ 88 Abs. 1 und 89 Abs. 1 UrhG die bisherige Vertragspraxis für die Einräumung filmischer Nutzungsrechte teilweise überdacht werden (vgl. § 88 Rn. 74). Für von § 88 Abs. 1 bzw. § 89 Abs. 1 UrhG nicht erfasste außerfilmische Rechte – z. B. Merchandisingrechte, ferner Remakerechte – bleibt beim Produzenten aber die Spezifizierungslast, weil § 31 Abs. 5 UrhG Anwendung findet. Hier muss es aus seiner Sicht also bei den umfassenden ausdrücklichen Rechteklauseln bleiben. Zur Gestaltung von Formularverträgen, vgl. Rn. 179 ff.

IV. AGB-Recht

1. Allgemeines

Verständlicherweise versuchen viele Verwerter (z. B. Verlage, Filmhersteller, Sendeunternehmen), sich über vorformulierte Vertragsmuster in einem möglichst großen Umfang Nutzungsrechte durch den Urheber einräumen zu lassen. Allgemein zum AGB-Recht für Urheberverträge, insbesondere zur Einbeziehung, zu unklaren Klauseln, überraschenden Klauseln sowie zum – in der Praxis sehr wichtigen – Transparenzgebot, vgl. Vor §§ 31 ff. Rn. 192 ff, für Verträge zwischen Verwertern vgl. Vor §§ 31 ff. Rn. 289 ff. Ein wichtiger Anwendungsfall für AGB sind Nutzungsrechtseinräumungen nach Creative Commons, vgl. Vor § 31 ff. Rn. 330b.

179

2. Übertragungszweckgedanke kein gesetzliches Leitbild

Der Umfang der Nutzungsrechtseinräumung kann dabei auch über den Zweck des Vertrages hinausgehen. Solche Rechtseinräumungen stehen in einem Spannungsverhältnis zum Übertragungszweckgedanken gem. § 31 Abs. 5, nach dem im Zweifel Rechte nur in dem Umfang eingeräumt werden, den der vom Nutzungsvertrag verfolgte Zweck erfordert; eingehend vgl. Rn. 108 ff. Fraglich ist, ob die Auslegungsregel des § 31 Abs. 5 auch für die Inhaltskontrolle als gesetzliches Leitbild gem. § 307 Abs. 2 Nr. 1 BGB zum Tragen kommt, also Nutzungsrechtseinräumungen, die über den Vertragszweck hinausgehen, an der AGB-Inhaltskontrolle scheitern. Das ist umstritten. Nach Ansicht des BGH kann der Übertragungszweckgedanke des § 31 Abs. 5 nicht als gesetzliches Leitbild für die AGB-Kontrolle herangezogen werden, weil es sich um eine bloße Auslegungsregel handele (BGH GRUR 2014, 556 Tz. 11 ff. – *Rechteeinräumung Synchronsprecher*; BGH GRUR 2012, 1031 Tz. 16, 17 – *Honorarbedingungen Freie Journalisten*; BGH GRUR 1984, 45, 49 – *Honorarbedingungen: Sendevertrag* zur Auslegungsregel des § 88 Abs. 2; ferner BGH GRUR 1984, 119, 121 – *Synchronisationssprecher*; *Jan Bernd Nordemann* NJW 2012, 3121, 3122; *Soppe* GRUR 2012, 1030, 1040; *Castendyk* ZUM 2007, 169, 172; *Kuck* GRUR 2000, 285, 288; *Schack*, Urheber- und UrhebervertragsR[7] Rn. 1086. A. A. OLG Rostock ZUM 2012, 706, 709 m. w. N.; kritisch auch *Zurth* S. 261 ff. m. w. N. zum Streitstand; *Gernot Schulze* GRUR 2012, 993, 994; *Berberich* WRP 2012, 1055, 1057; *ders.* ZUM 2006, 205, 208 ff.; *Donle* S. 269; Schricker/Loewenheim/*Ohly*[5] Vor §§ 31 ff. Rn. 48 f.; *Schricker* VerlagsR[3] Einl. Rn. 15; *Haberstumpf*[2] Rn. 267. Für Verträge zwischen Verwertern s. OLG Düsseldorf GRUR-RR 121, 122 – *Das weite Land*).

180

181   Der Auffassung des Bundesgerichtshofes ist zuzustimmen. Der Anwendungsbereich des § 31 Abs. 5 ist auf den Fall begrenzt ist, dass die Parteien für die Rechtseinräumung gerade nichts oder nur generelles vereinbart haben. Wurden mehr Rechte eingeräumt, als nach dem Vertragszweck erforderlich ist, unterfällt das der **Privatautonomie** (BGH GRUR 2012, 1031 Tz. 18 – *Honorarbedingungen Freie Journalisten*). Dem Verwerter muss auch die Möglichkeit zustehen, über den Vertragszweck hinausgehende Rechte zu erwerben, weil viele Verwerter ein berechtigtes Interesse an einer möglichst umfassenden Verwertung von Werken haben (in diese Richtung auch *Castendyk* ZUM 2007, 169, 173); sie sind hier oft über den eigentlichen Vertragszweck hinaus erfolgreich als „Agenten" für den Urheber tätig. Zweck eines Vertrages mit einem Buchverleger wird es beispielsweise sein, das Werk als Buch zu verlegen; es ist jedoch nicht ersichtlich, weshalb es grundsätzlich ausgeschlossen sein sollte, dass er zusätzlich Verfilmungsrechte über AGB erwirbt. Insoweit erscheint es als sinnvoll, dass **eine Kontrolle des eigentlichen Leistungsgegenstandes** grundsätzlich **ausscheidet**. Dieser ist einer AGB-Kontrolle grundsätzlich nicht zugänglich, § 307 Abs. 3 S. 1 BGB (eingehend *Castendyk* ZUM 2007, 169, 173; ferner *Hoeren* CR 2004, 723; *Schack*, Urheber- und UrhebervertragsR[7] Rn. 1087; einschränkend *Berberich* WRP 2012, 1055, 1059; *ders.* ZUM 2006, 205, 209). Weiter hätte eine Inhaltskontrolle über § 31 Abs. 5 UrhG deshalb Schwierigkeiten gemacht, weil der Vertragszweck in der abstrakten AGB-Kontrolle nicht hinreichend identifiziert werden kann. Der **Vertragszweck** ist **einzelfallabhängig** und kollidiert deshalb mit dem **abstrakt-generellen Maßstab der AGB-Kontrolle**, der nicht nur für die AGB-Kontrolle nach UKlaG und UWG, sondern auch für Individualverfahren gilt (BGH GRUR 2012, 1031 Tz. 19 – *Honorarbedingungen Freie Journalisten*). Es ist insoweit nicht möglich, typisierte abstrakte Interessen der Parteien im Rahmen der AGB-Kontrolle zu entwickeln (a. A. Schricker/Loewenheim/*Ohly*[5] Vor §§ 31 ff. UrhG Rn. 49); vielmehr würde solche Typisierung die Rechtssicherheit, die die Standardisierung über Formularverträge mit sich bringt, nachhaltig gefährden, wenn bei einem bestimmten Interessentypus die Inhaltskontrolle greift, bei einem anderen jedoch nicht. Die Die individuelle Gerechtigkeit ist über die Vergütungsansprüche gem. §§ 32, 32a, 32c herzustellen. Auch § 11 S. 2 ändert nichts an der Kontrollfreiheit der Nutzungsrechtseinräumung. Zwar sollte mit Einführung des § 11 S. 2 eine AGB-Kontrolle ermöglicht werden (BeschlE RAusschuss UrhVG 2002 – BT-Drs. 14/8058, S. 1, 18). Diese AGB-Kontrolle bezieht sich jedoch nicht auf eine Einschränkung der Vertragsfreiheit bei der Rechtseinräumung (BGH GRUR 2012, 1031 Tz. 21 – *Honorarbedingungen Freie Journalisten*; a. A. Schricker/Loewenheim/*Ohly*[5] Vor §§ 31 ff. UrhG Rn. 49). Es spricht sogar einiges dafür, dass § 31 Abs. 5 seit Einführung des § 11 S. 2 großzügiger auszulegen ist (vgl. Rn. 133). Jedenfalls betrifft § 11 S. 2 lediglich die Frage der Vergütung, nicht aber die Frage der Vertragsfreiheit bei der Nutzungsrechtseinräumung. Insoweit lässt sich auch zwischen Rechtseinräumung und Vergütung sauber trennen (a. A. *Berberich* WRP 2012, 1055, 1058). Eine zu geringe Vergütung in einer **unmittelbaren Preisabrede** kann aber auch nicht über die AGB-Kontrolle, sondern nur über §§ 32, 32a, 32c korrigiert werden. Denkbar ist allenfalls eine Kontrolle mittelbarer Preisabreden (eingehend *Jan Bernd Nordemann* NJW 2012, 3121, 3124 f.; ferner vgl. § 11 Rn. 7 ff., vgl. § 32 Rn. 124). Eine Kontrollfähigkeit von formularmäßigen Nutzungsrechtseinräumungen ergibt sich auch nicht dann, wenn **gemeinsame Vergütungsregeln** (dazu vgl. § 36 Rn. 5 ff.) einen bestimmten Umfang der Nutzungsrechtseinräumung vorgeben. Gegen solche Abweichungen muss im Rahmen der §§ 36b, 36c vorgegangen werden (*Ory* ZUM 2017, 457, 459); siehe die Kommentierungen hierzu.

182   Zur Klarstellung sei angemerkt, dass § 31 Abs. 5 UrhG im Rahmen der AGB-Kontrolle nur dann nicht anwendbar ist, wenn die Nutzungsarten im Einzelnen bezeichnet sind. Bei lediglich genereller Formulierung der Nutzungsrechtseinräumung bleibt § 31 Abs. 5 UWG direkt – ohne Umweg über § 307 BGB – anwendbar und führt die Nutzungsrechtseinräumung auf das nach dem Vertragszweck erforderliche Maß zurück. *Schack* will deshalb zu Recht „präzise formulierte" Klauseln für die Nutzungsrechtseinräumung durch den Urheber grundsätzlich kontrollfrei stellen (*Schack*, Urheber- und UrhebervertragsR[7] Rn. 1087).

3. Ausnahme bei Gestaltungsmissbrauch

Die generelle Kontrollfreiheit der Nutzungsrechtseinräumung im Hinblick auf § 31 Abs. 5 bedeutet indes nicht, dass nicht ausnahmsweise doch eine Inhaltskontrolle stattfinden könnte, wenn Rechte über den Vertragszweck hinaus eingeräumt werden. Die AGB-Inhaltskontrolle kann danach in **Ausnahmefällen** stattfinden, in denen ein **Gestaltungsmissbrauch** vorliegt (OLG Hamburg GRUR-RR 2011, 293, 295 – *Buy-out mit Pauschalabgeltung*; *Castendyk* ZUM 2007, 169, 175; Loewenheim/*Jan Bernd Nordemann*[2] § 60 Rn. 18). Danach kann nicht generell, sondern nur für jeden Einzelfall gesagt werden, ob wegen Gestaltungsmissbrauches eine AGB-Kontrolle erfolgen kann.

183

4. Fallgruppen Gestaltungsmissbrauch

Zunächst sollten Nutzungsrechtseinräumungen in vorformulierten Verträgen nach § 307 BGB unwirksam sein, wenn eine tatsächliche **Nutzung objektiv ausscheidet**, auch wenn sie zumindest theoretisch denkbar sind. In vielen Fällen werden solche Klauseln allerdings schon wegen § 305c Abs. 1 BGB als überraschend unwirksam sein. Als Beispiel für eine Unwirksamkeit gemäß § 307 Abs. 2 BGB sei hier das Verfilmungsrecht für ein zwanzigzeiliges Liebesgedicht erwähnt. Liebesgedichte, noch dazu solche kurzen Liebesgedichte, werden in aller Regel überhaupt nie verfilmt, sodass es dann auch gegen § 307 Abs. 2 BGB verstößt, sich solche Nebenrechte formularmäßig einräumen zu lassen (Loewenheim/*Nordemann-Schiffel/Jan Bernd Nordemann*[2] § 64 Rn. 79). Das Gleiche sollte für die Einräumung eines Dramatisierungsrechts für eine juristische Dissertation gelten. Hierher gehören auch die Fälle, in denen sich Verwerter Rechte zur Vermarktung einräumen lassen, die nicht vermarktbar sind. So kann es gegen § 307 Abs. 2 BGB verstoßen, wenn Rundfunkanstalten formularmäßig die Verlagsrechte für Filmmusik ohne besondere Vergütung an einen ihnen nahe stehenden Musikverlag einräumen lassen. Insbesondere liegt dann ein Verstoß gegen § 307 Abs. 2 BGB vor, wenn die Filmmusik gar nicht dem typischen Musikverlagsgeschäft zugeführt werden kann, weil sie nicht separat (unabhängig vom Filmwerk) verwertbar ist (ebenso für die Einbringung von Scoremusik in einen Musikverlag *Castendyk* ZUM 2007, 169, 175). Letztlich dient die Rechtseinräumung dann nur dazu, im Rahmen der von vornherein feststehenden filmischen Verwertung die Verlagsanteile bei den GEMA-Ausschüttungen zu vereinnahmen (OLG Zweibrücken ZUM 2001, 346, 347 – *ZDF-Komponistenverträge*, dort wurde allerdings auf den Aspekt der mangelnden eigenständigen Verwertbarkeit außerhalb des Films nicht entscheidend abgestellt).

184

Weiter kommt eine AGB-Kontrolle der Nutzungsrechtseinräumung insoweit in Betracht, als eine tatsächliche **Nutzung subjektiv im Hinblick auf den vertragsbeteiligten Verwerter ausscheidet**. Es ist danach zu fragen, ob die Verwertung durch die Einräumung im Grunde nur blockiert wird. Weil auf das subjektive Vermögen des Verwerters abzustellen ist, verbieten sich hier generalisierende Aussagen. Beispielsweise im Buch-Verlagsbereich ist die formularmäßige Einräumung von buchnahen Nebenrechten (Loewenheim/*Nordemann-Schiffel/Jan Bernd Nordemann*[2] § 64 Rn. 80) stets möglich, weil die Nutzung buchnaher Nebenrechte zum typischen Geschäft der Verleger gehört, z. B. Taschenbuch- oder Buchgemeinschaftsausgaben. Aber auch bei buchfernen Nebenrechten

185

(z. B. Verfilmung, Dramatisierung, Vertonung) betätigen sich viele Verleger erfolgreich als (Quasi-)Agenten ihrer Autoren bei der Verwertung der Rechte, sodass keinesfalls generell gesagt werden kann, die Einräumung von buchfernen Rechten sei kontrollfähig. In der Vertragsgestaltung von vorformulierten Verträgen bietet sich an, den subjektiven Anspruch des Verlegers, tatsächlich für eine Verwertung zu sorgen, zu substantiieren, wenn dies nach dem Geschäftsgegenstand des Verwerters zunächst zweifelhaft erscheinen mag. Die Einräumung des Rechts, **redaktionelle Beiträge** von Journalisten (ggf. nach Bearbeitung) auch **zu Werbezwecken** zu benutzen, ist kein Gestaltungsmissbrauch (OLG Hamm v. 27.1.2011, Az. I-4 U 183/10). Es kann aber ein Problem fehlender Transparenz aufkommen, wenn nicht klargestellt wird, ob die werbliche Verwendung eines Presseartikels nur für Werbung für eigene Verlagsprodukte oder auch für allgemeine Zwecke erlaubt wird (OLG Hamburg GRUR-RR 2011, 293, 301 – *Buy-out mit Pauschalabgeltung*; zum Transparenzgebot allg. vgl. Vor §§ 31 ff. Rn. 201). Auch begegnet die formularmäßige **Einräumung von Nutzungsrechten durch Architekten an Bauherrn** keinen Bedenken; es liegt grundsätzlich keine Kontrollfähigkeit vor, und ein Gestaltungsmissbrauch wird im Regelfall nicht ersichtlich sein, soweit eine Nutzung durch den Bauherrn objektiv bzw. subjektiv nicht von vornherein ausscheidet. Auf die Angemessenheit der Gegenleistung kommt es auch nicht an (a. A. Dreier/Schulze/*Schulze*[5] Vor § 31 Rn. 265 m. w. N.), zumal § 32 für Neuverträge (§ 132 Abs. 3) einen Abänderungsanspruch zwingend vorsieht.

186 Für bestimmte Werkarten gilt das gesetzliche Leitbild des Übertragungsweckgedankens nicht. Insbesondere für **Filmwerke** bestehen deshalb gegen eine umfassende filmische Rechteeinräumung an einen Filmproduzenten durch Filmurheber in AGB – angesichts des gesetzlichen Leitbildes in § 89 – ohnehin keine Bedenken (BGH GRUR 2005, 937, 939 – *Der Zauberberg*, wo allerdings AGB-Recht ohnehin keine Anwendung fand; *Jan Bernd Nordemann* NJW 2012, 3121, 3124; *Castendyk* ZUM 2007, 169, 174 f.; eingehend zum Umfang der Rechteeinräumung im Filmbereich vgl. § 88 Rn. 21 ff. und vgl. § 89 Rn. 9 ff.

5. Weitere Fälle, insbesondere unbekannte Nutzungsarten

187 Zumeist werden sich Nutzungsrechtseinräumungen für **unbekannte Nutzungsarten** in allgemeinen Geschäftsbedingungen finden (so auch in OLG München ZUM 2000, 61, 66 – *Paul Verhoeven*, und LG München I ZUM 1999, 332, 335); zu unbekannten Nutzungsarten und § 31 Abs. 5 allgemein vgl. Rn. 172 ff. Im Hinblick auf ältere Rechtseinräumungen, insbesondere in Verträgen bis 1.4.1977, scheitert eine uneingeschränkte Anwendung von AGB-Recht schon an der fehlenden Anwendbarkeit des geltenden AGB-Rechts, das auch keine entsprechende Anwendung findet (Art. 229 § 3 EGBGB, § 28 AGBG a. F.). Allerdings können die vor Inkrafttreten des AGBG entwickelten Grundsätze der AGB-Kontrolle Anwendung finden, die zumindest eine vergleichbare Inhaltskontrolle erlauben; vgl. Vor §§ 31 ff. Rn. 192 ff. Im Einzelnen zur AGB-Kontrolle der Einräumung von Rechten an unbekannten Nutzungsarten vgl. § 31a Rn. 53a.

188 **Wettbewerbsverbote** für den Urheber **durch Zustimmungsvorbehalte** des Verwerters zur Vergabe von Rechten an Dritte sind formularmäßig nur dann möglich, wenn auch ungeschrieben eine Enthaltungspflicht bestünde; vgl. Vor §§ 31 ff. Rn. 45 ff. Nach OLG Düsseldorf GRUR-RR 2002, 121, 122 – *Das weite Land* darf eine Sendeanstalt wegen unangemessener Benachteiligung eine Nutzung in einer bestimmten Nutzungsart (Video) durch den lizenzgebenden Produzenten nicht formularmäßig von ihrer Zustimmung abhängig machen, wenn der Sendeanstalt nicht das Recht an der betreffenden Nutzungsart eingeräumt wurde.

V. Prozessuales

Der Übertragungszweckgedanke löst eine Spezifizierungslast zugunsten desje-   **189**
nigen aus, der sich auf eine vom Vertragszweck abweichende Rechtseinräumung beruft; vgl. Rn. 124 f. Die **Spezifizierungslast** ist gleichzusetzen mit der
Darlegungs- und Beweislast. Der **Nutzungsberechtigte** muss die hinreichende
Spezifizierung der Nutzungsrechtseinräumung darlegen und ggf. beweisen,
wenn er sich auf ein Nutzungsrecht beruft, das außerhalb des Vertragszwecks
liegt (BGH GRUR 1996, 121, 123 – *Pauschale Rechtseinräumung*; KG GRUR
2002, 252, 255 – *Mantellieferung*). Dem sollte der Nutzungsberechtigte bei
ausdrücklicher Erwähnung des betreffenden Nutzungsrechts in der Vereinbarung genügen; vgl. Rn. 124. Bei fehlender ausdrücklicher Abrede muss der
Nutzungsberechtigte darlegen und ggf. beweisen, dass der Vertragszweck über
die konkret anstehende Nutzung hinausgeht und auf eine umfassendere Nutzung gerichtet ist. Ihm obliegt der Nachweis, dass ein Parteiwille insoweit unzweideutig – auch ohne ausdrückliche Abrede z. B. aus den Begleitumständen
und dem schlüssigen Verhalten der Beteiligten – zum Ausdruck gekommen ist
(BGH GRUR 2013, 1213 Tz. 19 – *SUMO*; BGH GRUR 2004, 938, 939 –
Comic-Übersetzungen III; BGH GRUR 2000, 144, 145– *Comic-Übersetzungen II*; BGH GRUR 1998, 680, 682 – *Comic-Übersetzungen* m. w. N.). Denn
das ist ein Ausnahmetatbestand, weil im Regelfall nur bei ausdrücklicher Abrede ein Parteiwille unzweideutig zum Ausdruck kommt (BGH GRUR 2004,
938, 939 – *Comic-Übersetzungen III*). Die Darlegungs- und Beweislast liegt
hingegen beim **Rechtsinhaber**, wenn er sich darauf beruft, dass trotz eines auf
die Rechtseinräumung gerichteten Vertragszwecks das Nutzungsrecht nicht
eingeräumt wurde. Die Nichtbeachtung des Übertragungszweckgedankens ist
Revisionsgrund (BGH GRUR 1966, 382 – *Kaviar*; BGH GRUR 1986, 885,
886 – *Metaxa*).

VI. Verhältnis zu anderen Vorschriften

Spezielle urheberrechtliche Auslegungsregeln haben grundsätzlich Vorrang vor   **190**
dem Übertragungszweckgedanken (BGH GRUR 2005, 937, 939 – *Der Zauberberg* im Hinblick auf § 89 Abs. 1). Solche sind etwa § 37 Abs. 1 (im Zweifel
behält der Urheber das Recht der Einwilligung zu Veröffentlichung oder Verwertung einer Bearbeitung), § 37 Abs. 2 (im Zweifel behält der Urheber das
Recht, das Werk auf Bild- und Tonträger zu übertragen), § 37 Abs. 3 (bei öffentlicher Wiedergabe keine Wiedergabe außerhalb des Veranstaltungsortes,
durch Bildschirm, Lautsprecher o. Ä.), § 38 Abs. 1 S. 2 (bei Aufnahme des Werkes in periodisches Sammelwerk kann der Beitrag nach einem Jahr seit Erscheinen anderweitig vervielfältigt und verbreitet werden), § 39 Abs. 1 (Unzulässigkeit von Änderungen des Werkes, Titels oder der Urheberbezeichnung;
Zulässigkeit solcher Änderungen, denen der Urheber nach Treu und Glauben
zustimmen muss), § 44 Abs. 2 (Eigentümer des Originales eines Werkes der
bildenden Kunst oder eines Lichtbildwerkes erhält im Zweifel ein Ausstellungsrecht) und §§ 88, 89 (Rechtseinräumung bei Filmherstellung; BGH GRUR
2005, 937, 939 – *Der Zauberberg*). Ein Beispiel für die ergänzende Funktion
sind Werknutzungsverträge, die nach dem Vertragszweck eine Bearbeitung erfordern (z. B. bei **Handy-Klingeltönen**). Dort umfasst die Berechtigung zur Nutzung gemäß § 31 Abs. 5 auch die Befugnis zu Änderungen nach § 39 Abs. 1,
die im konkreten Fall erforderlich sind (*Castendyk* ZUM 2005, 9, 17), sodass
§ 39 Abs. 1 zur Seite tritt. **Technische Schutzmaßnahmen gem. § 95a ff.**, die
rechtswidrig vom Nutzungsberechtigten umgangen werden, haben keinen Einfluss auf den Fortbestand der vertraglich eingeräumten Nutzungsrechte. Insoweit sind § 31 ff. und §§ 95a ff. grundsätzlich getrennt zu behandeln (OLG
Köln MMR 2017, 253); denkbar sind aber entsprechende Vertragliche Gestal-

tungen wie eine auflösende Bedingung für die Einräumung der Nutzungsrechte. Auf **Schutzfristverlängerungen** nach Vertragsabschluss findet § 31 Abs. 5 grundsätzlich keine Anwendung, weil hierfür spezielle Tatbestände in den §§ 137 ff. zur Vertragsauslegung geschaffen worden sind. Ergänzend kann sie jedoch auch hier angewendet werden. Zum Verhältnis des § 31 Abs. 5 zu §§ 32, 32a, 32c vgl. Rn. 133. Zu **zwingenden Regelungen des UrhG** vgl. Rn. 104.

191 Das Verhältnis des **VerlG** zu § 31 Abs. 5 UrhG ist komplex; vgl. Einl. VerlG Rn. 11 ff. Grundsätzlich gilt der Übertragungszweckgedanke auch im Verlagsrecht (BGH GRUR 1998, 680, 682 – *Comic-Übersetzungen*; KG GRUR 1991, 596, 598 f. – *Schopenhauer-Ausgabe*; OLG München ZUM 2000, 404, 406 – *Lexikon der deutschen Gegenwartsliteratur*; OLG Frankfurt ZUM 2000, 595, 596 – *Sturm am Tegernsee*; OLG Hamburg GRUR 2002, 335, 336 – *Kinderfernsehreihe*). Das ist allerdings dahingehend einzuschränken, dass spezielle Auslegungsregeln aus dem VerlG die Anwendung des Übertragungszweckgedankens überflüssig machen können. Nach § 1 VerlG werden regelmäßig im Verlagsvertrag Nutzungsrechte für Vervielfältigung und Verbreitung eingeräumt, nach § 8 VerlG im Zweifel als ausschließliche Rechte. In § 2 legt das VerlG im Hinblick auf Übersetzungen (Nr. 1), Dramatisierung (Nr. 2), Übertragung auf Tonträger (Nr. 4) und die Verfilmung (Nr. 5) fest, dass die Rechte hierfür im Zweifel beim Urheber bleiben. Nach § 4 VerlG ist der Verleger nicht berechtigt, ein Einzelwerk für eine Gesamtausgabe zu verwerten. § 5 Abs. 1 VerlG bestimmt, dass der Verleger grundsätzlich nur zu einer Auflage berechtigt ist. Diese Regelungen machen die Anwendung des Übertragungszweckgedankens im Regelfall überflüssig. Jedoch kann ausnahmsweise § 31 Abs. 5 ergänzend neben den vorgenannten Vorschriften anwendet werden (Loewenheim/*Jan Bernd Nordemann*[2] § 60 Rn. 8; s. a. Schricker/Loewenheim/*Ohly*[5] Rn. 59, der eine Anwendung im Verlagsrecht annimmt; HK-UrhR/*Kotthoff*[3] Rn. 131). Der Übertragungszweckgedanke wird jedoch in diesen Fällen insoweit zurückgedrängt, als der Vertragszweck nicht doch die Einräumung solcher Rechte erfordert, z. B. wenn sich der Vertragszweck nicht nur auf eine Einzelausgabe, sondern gerade auch darauf bezieht, das Einzelwerk mit anderen verlegten Werken in einer Gesamtausgabe zu kombinieren. Auch kann sich aus der Üblichkeit von Vereinbarungen, die vom VerlG abweichen, ein Vorrang des § 31 Abs. 5 ableiten; vgl. Rn. 129. Zusammenfassend kann gesagt werden, dass dem **Übertragungszweckgedanken für die Nutzungsrechtseinräumung ergänzende Bedeutung** zukommt (*Schricker*, VerlagsR[3] § 8 Rn. 5c; Loewenheim/*Nordemann-Schiffel/Jan Bernd Nordemann*[2] § 64 Rn. 26, 45; *Schweyer* S. 94 ff.).

§ 31a Verträge über unbekannte Nutzungsarten

(1) [1]Ein Vertrag, durch den der Urheber Rechte für unbekannte Nutzungsarten einräumt oder sich dazu verpflichtet, bedarf der Schriftform. [2]Der Schriftform bedarf es nicht, wenn der Urheber unentgeltlich ein einfaches Nutzungsrecht für jedermann einräumt. [3]Der Urheber kann diese Rechtseinräumung oder die Verpflichtung hierzu widerrufen. [4]Das Widerrufsrecht erlischt nach Ablauf von drei Monaten, nachdem der andere die Mitteilung über die beabsichtigte Aufnahme der neuen Art der Werknutzung an den Urheber unter der ihm zuletzt bekannten Anschrift abgesendet hat.

(2) [1]Das Widerrufsrecht entfällt, wenn sich die Parteien nach Bekanntwerden der neuen Nutzungsart auf eine Vergütung nach § 32c Abs. 1 geeinigt haben. [2]Das Widerrufsrecht entfällt auch, wenn die Parteien die Vergütung nach einer gemeinsamen Vergütungsregel vereinbart haben. [3]Es erlischt mit dem Tod des Urhebers.

(3) Sind mehrere Werke oder Werkbeiträge zu einer Gesamtheit zusammenge-fasst, die sich in der neuen Nutzungsart in angemessener Weise nur unter Verwendung sämtlicher Werke oder Werkbeiträge verwerten lässt, so kann der Urheber das Widerrufsrecht nicht wider Treu und Glauben ausüben.

(4) Auf die Rechte nach den Absätzen 1 bis 3 kann im Voraus nicht verzichtet werden.

Übersicht

I.   Allgemeines

1.   Sinn und Zweck

Die Regelung des § 31a ist eine **Schutzbestimmung zugunsten des Urhebers,** **1** die grundsätzlich im Voraus nicht vertraglich abänderbar ist (Abs. 4). Für bei Vertragsschluss unbekannte Nutzungsarten müssen die Rechte **in schriftlicher Form** erworben werden, um den Rechteerwerb vom Urheber zu **erschweren** und ihn zu **warnen.** Zu Lebzeiten des Urhebers besteht darüber hinaus auch ein **Widerrufsrecht,** das dem Urheber ermöglichen soll, die Rechtevergabe für unbekannte Nutzungsarten auch nachträglich zu revidieren (RegE 2. Korb – BT-Drs. 16/1828, S. 22). § 31a ist damit immer noch sehr urheberfreundlich ausgestaltet. Zudem wird dem Urheber ein unverzichtbarer Vergütungsan-spruch gem. § 32c gewährt. Insoweit bestehen keine Bedenken, dass das Gesetz

Urhebern erlaubt, künftige Rechte einzuräumen. Der Gesetzgeber hat seiner Schutzpflicht gegenüber dem Urheber als unterstellt schwächerer Vertragspartei hier ohne weiteres genüge getan. § 31a ist deshalb **verfassungsgemäß** (ähnlich Schricker/Loewenheim/*Spindler*[5] Rn. 11; s. a. BVerfG GRUR 2010, 332 – *Filmurheberrecht*: derzeit bestehen wegen des Grundsatzes der Subsidiarität keine durchgreifenden Bedenken, solange die Fachgerichte die Normen nicht angewendet haben; zu Unrecht an der Verfassungsmäßigkeit zweifelnd *Schulze* UFITA 2007, 641, 646).

2 **Wirtschaftlicher Schutzzweck:** Dem Urheberrecht liegt in wirtschaftlicher Hinsicht der – in § 11 S. 2 niedergelegte – Gedanke zugrunde, dass der Urheber **angemessen an den wirtschaftlichen Erträgen** seines Werkes **beteiligt** werden soll (so etwa BGH GRUR 2005, 937, 939 – *Der Zauberberg*; BGH GRUR 2002, 248, 251 – *Spiegel-CD-ROM*). § 31a soll mit § 32c verhindern, dass der Urheber den – objektiv ex ante kaum bestimmbaren – Wert dieser zukünftigen Verwertungsmöglichkeiten unterschätzt und Nutzungsrechte an ihnen gleichsam als Dreingabe zu ungünstigen Bedingungen einräumt (so schon RGZ 123, 312 – *Wilhelm Busch*). Sein Schutzbedürfnis resultiert hier aus mangelnder Information über zukünftige Entwicklungen, die ihm es erheblich erschwert, eine wirtschaftlich angemessene Gegenleistung einzufordern. Dem Urheber sollen im Ergebnis keine Mehrerträgnisse vorbehalten werden, die aus einer neuen technischen Entwicklung fließen (BGH GRUR 1997, 215, 217 – *Klimbim*; BGH GRUR 1986, 62 – *GEMA-Vermutung I*; jeweils zu § 31 Abs. 4 a. F.).

3 **Urheberpersönlichkeitsrechtlicher Schutzzweck:** Die Entscheidung, ob der Urheber mit der Nutzung in einem neuen Medium einverstanden ist, soll ihm auch aus urheberpersönlichkeitsrechtlichen Gründen bei der Entwicklung neuer Nutzungsarten vorbehalten bleiben (RegE UrhG 1962 – BT-Drs. IV/270, S. 56; BGH GRUR 2005, 937, 939 – *Der Zauberberg*; *Kitz* GRUR 2006, 548, 549; *Castendyk/Kirchherr* ZUM 2003, 751, 752; *Katzenberger* GRUR 2003, 889; Dreier/Schulze/*Schulze*[5] Rn. 4; a. A. *Schwarz* ZUM 2003, 733: nur vermögensrechtliche Interessen sind geschützt; wohl auch *Ahlberg* GRUR 2002, 313, 317). Persönlichkeitsrechtliche Aspekte kommen vor allem bei Entstellung in Betracht; insoweit ergänzt § 31a den von § 14 gewährten Schutz. Richtigerweise sind urheberpersönlichkeitsrechtliche Aspekte aber nicht bei jedem neuen Medium relevant. Der Regisseur eines Spielfilms von 1968 kann beispielsweise durch die damals unbekannte Nutzung auf Video oder zum permanenten Download im Internet nur ausnahmsweise in urheberpersönlichkeitsrechtlich relevanter Weise berührt sein, weil es wenig Filme gibt, die außerhalb einer Kinonutzung entstellt werden (denkbar aber bei Bildschirmverkleinerung und sehr anspruchsvollen Filmen, z. B. Handy-TV). Demgegenüber erscheint die Nutzung von ernster Musik als Handyklingelton aus urheberpersönlichkeitsrechtlicher Sicht grundsätzlich relevant. Insoweit ist die generelle Widerrufsmöglichkeit, die § 31a für den Urheber ohne jede weitere Voraussetzung gewährt, auch wenig differenziert und nicht sachgerecht.

4 **Interessen der Vertragspartner und der Allgemeinheit:** Die urheberschützende Funktion des § 31a steht in einem **Spannungsverhältnis** zu den berechtigten **Interessen des Vertragspartners** an einem Erhalt des Wertes der Nutzungsrechtseinräumung auch bei technischer Weiterentwicklung, insbesondere wenn der Vertragspartner umfassende Investitionen vorgenommen hat. Diese sind zu berücksichtigen (Loewenheim/*Loewenheim/Jan Bernd Nordemann*[2] § 26 Rn. 40; zu § 31 Abs. 4 a. F.: BGH GRUR 2005, 937, 939 – *Der Zauberberg*; zu Unrecht kritisch *Kitz* GRUR 2006, 546, 551). Ferner hat auch die **Allgemeinheit** ein Interesse daran, dass der technisch-wirtschaftliche Fortschritt nicht behindert wird (zu § 31 Abs. 4 a. F.: BGH GRUR 2005, 937, 939 – *Der Zauberberg*; BGH GRUR 1997, 215, 217 – *Klimbim*; *Castendyk* ZUM 2002,

332, 335; a. A. *Kitz* GRUR 2006, 546, 551). Auch der RegE zu § 31a will die „Interessen aller Beteiligten" – d. h. der Urheber ebenso wie der Verwerter und der Allgemeinheit – schützen (RegE 2. Korb – BT-Drs. 16/1828, S. 22). Bei großzügiger Anwendung des § 31a und seiner Rechtsfolgen droht eine größere Rechtsunsicherheit hinsichtlich der Möglichkeit, neue Technologien nutzen zu können. Die Rspr. neigte schon für § 31 Abs. 4 a. F. mit Recht einer **restriktiven Auslegung** zu, die nicht bei einer technischen Eigenständigkeit für das Vorliegen einer neuen Nutzungsart stehen bleibt, sondern auch eine wirtschaftliche Eigenständigkeit fordert (BGH GRUR 2005, 937, 939 – *Der Zauberberg*; BGH GRUR 1997, 215, 217 – *Klimbim*; zu Unrecht kritisch *Kitz* GRUR 2006, 546, 551, sowie Dreier/Schulze/*Schulze*[5] Rn. 38). Auch wenn § 31a etwas weniger einschneidend angelegt ist als das pauschale Verbot des § 31 Abs. 4 a. F., gilt für § 31a wegen seiner ebenfalls drastischen Konsequenzen (Unwirksamkeitsfolge bei fehlender Schriftform; Widerrufsrecht zu Lebzeiten grundsätzlich ohne sachlichen Grund) nichts anderes. Vgl. Rn. 21.

2. Früheres Recht

a) Altverträge vor 1966: Nach § 132 Abs. 1 findet § 31a **keine Anwendung** auf   **5** Verträge, die **vor dem 1.1.1966** geschlossen wurden (BGH GRUR 1999, 152, 154 – *Spielbankaffaire*). Entscheidend ist der Zeitpunkt des Vertragsschlusses. Bei Dauerschuldverhältnissen, die auf die ständige Schöpfung neuer Werke gerichtet sind, müssen davon jedoch Ausnahmen zugelassen werden. Zum Ganzen vgl. § 132 Rn. 5 ff. Die Einräumung von damals unbekannten Nutzungsrechten in Altverträgen bis 31.12.1965 richtet sich nach dem **Übertragungszweckgedanken** (vgl. § 31 Rn. 172 ff.).

b) Altverträge vom 1.1.1966 bis 31.12.2007: Mit dem 2. Korb wurde die Rege-   **6** lung des § 31 Abs. 4 a. F. abgeschafft. Sie lautete:

„Die Einräumung von Nutzungsrechten für noch nicht bekannte Nutzungsarten sowie Verpflichtungen hierzu sind unwirksam."

§ 31 Abs. 4 a. F. war – vor allem nach Anbruch des Internetzeitalters – Kritik ausgesetzt. Ein „Missstand" (so wörtlich RegE 2. Korb – BT-Drs. 16/1828, S. 22) war der häufig unterbleibende Nacherwerb von Rechten nach Bekanntwerden der Nutzungsart, weil die Urheber (bzw. ihre Erben) schwierig auffindbar waren bzw. der Nacherwerb hohe, durch die Nutzung in der früher unbekannten Nutzungsart nicht gerechtfertigte Transaktionskosten auslöste. Das hatte zur Konsequenz, dass bei technischer Fortentwicklung Werke brachlagen (s. *Castendyk/Kirchherr* ZUM 2003, 751, 753 f.; *Bornkamm* ZUM 2003, 2010, 2012; *Berger* GRUR 2005, 907, 908; speziell für den Filmbereich *Wilhelm Nordemann/Jan Bernd Nordemann* GRUR 2003, 947; gegen eine Abschaffung des § 31 Abs. 4 dennoch: *Wandtke/Holzapfel* GRUR 2004, 284, 292; *Schack* GRUR 2002, 853, 854).

Für Verträge ab 1.1.2008 entfiel § 31 Abs. 4 a. F. und wurde durch § 31a er-   **7** setzt. Für **vom 1.1.1966 bis zum 31.12.2007 abgeschlossene Verträge** (zum Fall späterer Vertragsmodifizierung vgl. Rn. 5 und OLG Hamburg ZUM 2005, 833, 837 – *Yacht-Archiv*) **gilt das Verbot des § 31 Abs. 4 a. F. fort**, jedoch ist ein Nacherwerb der Rechte an unbekannten Nutzungsarten nach **§ 137l** unter bestimmten Voraussetzungen möglich. Im Einzelnen vgl. § 137l Rn. 1 ff. Zur internationalprivatrechtlichen Geltung des § 31 Abs. 4 a. F. vgl. Rn. 14. Zum Zeitpunkt des Vertragsschlusses vgl. § 132 Rn. 5 ff.

§ 31 Abs. 4 a. F. und § 31a n. F. unterscheiden sich nur hinsichtlich der Rechts-   **8** folgen, nicht im Hinblick auf die Frage, wann eine „unbekannte Nutzungsart" vorliegt (eingehend vgl. Rn. 4). Daher kann im Fall, dass der (zeitliche) Anwendungsbereich von § 31 Abs. 4 a. F. eröffnet ist (vgl. Rn. 7 ff.), für die Beantwortung der Frage, ob eine **noch nicht bekannte Nutzungsart** vorliegt, die aktuelle Kommentierung zu § 31a herangezogen werden (vgl. Rn. 21 ff.). Auch im Hinblick auf die fehlende **Anwendbarkeit auf Leistungsschutzberechtigte** (mit Ausnahme von Lichtbildnern und Herausgebern wissenschaftlicher Ausgaben) hat sich durch § 31a nichts geändert (vgl. Rn. 19). Rechte an bei Vertragsschluss unbekannten Nutzungsarten dürfen eingeräumt oder übertragen werden. Seit der Urhebervertragsrechtsreform 2002 (UrhVG 2002) stellte die Verweisung des § 75 Abs. 4 a. F. klar, dass § 31 Abs. 4 a. F. nicht für Rechtseinräumungen durch **ausübende Künstler** galt (BGH GRUR 2003, 234, 236 – *EROC III; Schack* GRUR 2002, 853, 854 Fn. 22; *Erdmann* GRUR 2002, 923, 930). Trotz hieran geäußerter Kritik (*Krüger* ZUM 2003, 122; ähnlich auch *Wandtke* FS Nordemann II S. 267 ff.) hat auch der Gesetzgeber der Urheberrechtsreform 2003 (UrhG Infoges), die das Recht der ausübenden Künstler grundlegend reformiert hat, nichts an der Regelung geändert und sie lediglich in § 79 Abs. 2 S. 2 verschoben. Für Verträge vor Inkrafttreten des UrhVG 2002 (§ 132 Abs. 3) war eine Anwendung des § 31 Abs. 4 a. F. auf Rechtseinräumungen von ausübenden Künstlern und anderen Leistungsschutzberechtigten hingegen durchaus streitig. I. E. ist eine analoge Anwendung zugunsten Leistungsschutzberechtigter, z. B. ausübender Künstler, deshalb abzulehnen (BGH GRUR 2003, 234, 235 – *EROC III; Sasse/Waldhausen* ZUM 2000, 837, 841; *Jan Bernd Nordemann* FS Nordemann II S. 194 f.; unsere 9. Aufl./*Hertin* § 92 Rn. 4; a. A. *Ahlberg* GRUR 2002, 313, 315 ff; stillschweigend für eine analoge Anwendung des § 31 Abs. 4: KG NJW-RR 2000, 270, OLG Düsseldorf ZUM 2001, 164, OLG Köln ZUM 2001, 166 – *The Kelly Family*). Es fehlte schon immer – anders als für Lichtbildner in § 72 Abs. 1 – an einer ausdrücklichen Verweisung aus dem dritten Abschnitt des UrhG auf seinen ersten Teil. Ferner fehlt es an einer planwidrigen Regelungslücke (s. die Nachweise bei *Jan Bernd Nordemann* FS Nordemann II S. 195). Für ausübende Künstler gilt allerdings für Verträge ab 1. März 2017 (§ 132 Abs. 3a, Abs. 4; vgl. § 132 Rn. 22a ff.) die Bestimmung in § 79b, nach der der ausübende Künstler im Fall der erlaubten Nutzung von bei Vertragsschluss unbekannten Nutzungsarten Anspruch auf gesonderte angemessene Vergütung hat (vgl. § 79b Rn. 1 ff.). Des Weiteren können auch **Tonträgerhersteller** (§ 85), **Filmproduzenten** (§ 94) und **alle anderen** nach dem UrhG **Leistungsschutzberechtigten** für Verträge vor der Urhebervertragsrechtsreform sich nicht auf § 31 Abs. 4 a. F. berufen (a.A für den Tonträgerhersteller *Ahlberg* GRUR 2002, 313, 317; wie hier *Schwarz* ZUM 2000, 816, 830, *Jan Bernd Nordemann* FS Nordemann II S. 195). Denn im Gegensatz zum ausübenden Künstler fehlt diesen Leistungsschutzrechten eine ausreichende persönlichkeitsrechtliche Komponente. Sie bestehen im Grundsatz ausschließlich aus Verwertungsrechten. Diese Leistungsschutzrechte sind insoweit noch weniger vergleichbar mit den Urheberrechten als die Rechte ausübender Künstler.

9   § 31 Abs. 4 a. F. sprach nur von der „Einräumung von Nutzungsrechten" und erfasste jedenfalls die Einräumung durch den Urheber an die Verwerter. Davon gedeckt wäre genau genommen auch eine Einräumung zwischen Verwertern ohne Beteiligung des Urhebers etwa bei Nutzungsrechtseinräumungen auf nachgelagerten Stufen. Auf die Einräumung solcher **Sublizenzen** und deren Übertragung ist § 31 Abs. 4 a. F. **nicht anwendbar** (*Schwarz* ZUM 2003, 733, 734; *Jan Bernd Nordemann* FS Nordemann II S. 196). Sein Schutzzweck (vgl. Rn. 1 ff.) war personell auf den Urheber beschränkt und diente nicht den Interessen der Verwerter. Solche Verträge ohne Beteiligung des Urhebers sind an dem **Übertragungszweckgedanken** zu messen; vgl. § 31 Rn. 172 ff.

10   **Rechtsfolge** des § 31 Abs. 4 a. F. war die **Unwirksamkeit** sowohl der Einräumung als Verfügungsgeschäft als auch des Verpflichtungsgeschäfts. Das Schicksal des restlichen Teiles eines einheitlichen und teilbaren Rechtsgeschäftes – wenn etwa andere (bekannte) Rechte eingeräumt wurden – bestimmt sich nach

§ 139 BGB; ggf. muss diesbezüglich eine Rückabwicklung nach Bereicherungsrecht erfolgen. Wenn die Voraussetzungen für einen **Nacherwerb nach § 137l**
nicht vorliegen, kann den Urheber eine **Verpflichtung zur Rechtseinräumung**
treffen (vgl. Vor §§ 31 ff. Rn. 98). Konnte der **Ersterwerber** eine unbekannte
Nutzungsart wegen § 31 Abs. 4 a. F. vom Urheber **nicht erwerben**, ist Folgendes zu beachten: eine weitere Verfügung, sei es durch konstitutive Einräumung
eines Enkelrechtes oder translative Übertragung des erworbenen Nutzungsrechtes an einen Dritten, ist nicht möglich, was i. E. auf der dinglichen Ebene
für die Verwerter untereinander dieselbe Folge wie § 31 Abs. 4 a. F. hat. Unterschiede ergeben sich hingegen auf der schuldrechtlichen Ebene: Im Gegensatz
zur Rechtsfolge des § 31 Abs. 4 a. F. zwischen Urheber und Verwerter ist die
Verpflichtung zu einer unmöglichen Verfügung wirksam, was zu einer **Haftung**
des Erstverwerters nach **§ 311a BGB** führt. Nach § 311a Abs. 2 BGB ist er
zum Ersatz des entstandenen Schadens verpflichtet, wenn er seine Unkenntnis
von der Unmöglichkeit der Einräumung zu vertreten hat. Das Verschuldenserfordernis ist hier also auf die Unkenntnis von der Unbekanntheit (und damit
Uneinräumbarkeit) der Nutzungsart bezogen. Ersatzfähig ist der volle Nichter-
füllungsschaden und nicht nur der Vertrauensschaden. Freilich wird zwischen
branchenkundigen Verwertern eine Kürzung des Schadensersatzes durch Mitverschulden, § 254 BGB, in Betracht kommen. Zum **internationalen Privatrecht** und insbesondere der Frage der Anknüpfung des § 31 Abs. 4 a. F. vgl.
Rn. 14.

c) **Altverträge DDR:** Im Urheberrecht der DDR existierte ebenso wenig wie im   **11**
bundesdeutschen Recht vor 1966 ein Verbot der Einräumung von Rechten
an unbekannten Nutzungsarten. Deshalb ist eine Einräumung von Rechten an
unbekannten Nutzungsarten in Verträgen vor dem 3.10.1990 denkbar. § 31
Abs. 4 a. F. ist nicht etwa wegen des ordre-public Vorbehalts des Art. 6 bzw.
Art 36 EGBGB auf DDR-Altverträge nach dem 1.1.1966 (Inkrafttreten des
UrhG in der BRD) anwendbar (so aber Wandtke/Bullinger/*Wandtke*[4] EVtr
Rn. 39), weil der Einigungsvertrag irgendwelche Vorbehalte nicht kennt, obwohl dies möglich gewesen wäre (ausführlich vgl. Vor §§ 31 ff. Rn. 22). Allerdings ist der Übertragungszweckgedanke zu beachten, der auch im Urheber-
recht der DDR galt (vgl. § 31 Rn. 3). Er verhindert die Rechtseinräumung für
unbekannte Nutzungsarten grundsätzlich nicht (OLG München ZUM 2000,
61, 64 – *Das kalte Herz*; *Püschel* GRUR 1992, 579, 582; Wandtke/Bullinger/
Wandtke[4] EVtr Rn. 53 ff., insbesondere unter Verweis auf § 39 lit. a) UrhG-
DDR). Die Einräumung wird auch nicht dadurch in der Praxis unmöglich, dass
nur abstrakte Formulierungen möglich wären (*Haupt* ZUM 1999, 381; a. A.
Wandtke/Bullinger/*Wandtke*[4] EVtr Rn. 28); insoweit gilt nichts anderes als für
das bundesdeutsche Recht, nach dem allerdings für die Einräumung von Rechten an unbekannten Nutzungsarten besondere Anforderungen gelten (vgl. § 31
Rn. 172 ff.).

3.   **EU-Recht und internationales Recht**

Für § 31a und dort insbesondere für das Schriftformgebot diente Art. L. 131–   **12**
6 des **französischen Code** de la proprieté intellectuelle als **Vorbild** (RegE 2.
Korb – BT-Drs. 16/1828, S. 24; zum französischen Recht: *Drewes* S. 90 ff.).
Andere ausländische Rechtsordnungen sehen demgegenüber ein Verbot der
Einräumung von Rechten an unbekannten Nutzungsarten ähnlich § 31 Abs. 4
a. F. vor, z. B. Griechenland, Polen oder Tschechien. **Im US-amerikanischen
Recht** gelten jedoch keine besonderen Einschränkungen für die Einräumung
oder Übertragung von Rechten an unbekannten Nutzungsarten. Das ist viel-
mehr eine reine Frage der Auslegung des Vertragstextes (dazu *Presser/Williams/
Nelson* FS Nordemann II S. 729, 730; eingehend auch *Drewes* S. 77 ff. *Straßer/
Stumpf* GRUR Int. 1997, 801, 806). Bei Übertragung des „Copyright" als

Ganzes gehen die Rechte an unbekannten Nutzungsarten auf den Erwerber über (*Straßer/Stumpf* GRUR Int. 1997, 801, 806; *Drewes* S. 77; Schricker/ Loewenheim/*Spindler*[5] Rn. 7). Das gilt auch in work-for-hire Szenarien, in denen das „Copyright" ursprünglich beim Auftraggeber entsteht (zu Nachweisen vgl. § 31 Rn. 117). Auf **EU-Ebene** ist das Recht der unbekannten Nutzungsarten indes nicht harmonisiert; es fehlt überhaupt an einer grundsätzlichen EU-Regelung des Urhebervertragsrechts (vgl. Vor §§ 31 ff. Rn. 24 ff.). – **Konventionsrechtlich** ist das Schriftformgebot des § 31a vor dem Hintergrund des Art. 5 Abs. 2 S. 1 RBÜ (Formfreiheit des Genusses und der Ausübung der Rechte) nicht zu beanstanden (so auch Schricker/Loewenheim/*Katzenberger/Spindler*[5] § 137l Rn. 25; für Schriftformgebote im Hinblick auf Lizenzen allgemein: Wilhelm Nordemann/Vinck/Hertin/*Meyer* Art. 5 BC Rn. 7), weil die RBÜ Formvorschriften im Rechtsverkehr nicht regelt.

13 **Internationalprivatrechtlich** sollte § 31a über das Vertragsstatut angeknüpft werden, und zwar Verpflichtungs- und Verfügungsgeschäft (zur Einheitstheorie vgl. Vor §§ 120 ff. Rn. 83). Eine Anknüpfung über das Schutzlandprinzip scheidet aus. Denn sowohl Schriftformgebot als auch Widerrufsrecht sind vertraglicher Natur (eingehend vgl. Vor §§ 120 ff. Rn. 88; wie hier *Wille* GRUR Int. 2008, 389, 392; Loewenheim/*Walter*[2] § 57 Rn. 199; a. A. im Hinblick auf das Widerrufsrecht, das dort zum Schutzlandrecht gezählt wird: Schricker/Loewenheim/*Katzenberger/Metzger*[5] Vor §§ 120 ff Rn. 153, 165; Zweifel an einer Anwendung des Schutzlandrechts äußert jedoch Schricker/Loewenheim/*Spindler*[5] Rn. 8). Nach dem Schutzlandprinzip knüpfen sich nur Fragen an, die das Urheberrecht selbst oder seine Grundkonzeption betreffen (z. B. ob jemand anderes als der Urheber Schöpfer sein kann, ob das Urheberrecht übertragbar ist). Dazu gehört die Regelung des § 31a nicht, weil sie dem vertraglichen Schutz des Urhebers dient. Auch eine Eingriffsnorm im Sinne des Art. 9 Rom-I-VO und damit ein Schriftformgebot für den in Deutschland belegenen Teil der Rechte an unbekannten Nutzungsarten ist in § 31a nicht zu erkennen (*Wille* GRUR Int. 2008, 389, 392; *Schack*[7] Rn. 1291; Wandtke/Bullinger/*v. Welser*[4] § 32b Rn. 2 m. w. N.; wohl auch Schricker/Loewenheim/*Spindler*[5] Rn. 8; a. A. ohne ausdrückliche Berufung auf Art. 9: Dreier/Schulze/*Schulze*[5] Rn. 24; Büscher/Dittmer/Schiwy/*Haberstumpf*[3] Rn. 5), weil ein unbedingter Geltungswille deutschen Rechts ohne Rücksicht auf das Vertragsstatut ausscheidet. Das ergibt sich bereits daraus, dass der Gesetzgeber § 31a nicht in den Anwendungsbereich des § 32b aufgenommen hat. Zudem stellt auch Art. 10 ROM-I-VO die generelle Regel auf, dass das Zustandekommen und die Wirksamkeit des Vertrages oder einer seiner Bestimmungen nach dem Vertragsstatut zu beurteilen sind. Ein ausländisches Vertragsstatut, das die Einräumung oder Übertragung von Rechten an unbekannten Nutzungsarten an keine Formvorschriften knüpft (wie z. B. das US-amerikanische Recht, vgl. Rn. 12), setzt sich deshalb gegenüber § 31a durch. Umgekehrt gilt, dass ausländische Rechtsordnungen, die urheberfreundlicher als § 31a sind, anwendbar bleiben, weil eben das ausländische Vertragsstatut gilt.

14 Auch § 31 **Abs. 4 a. F.** wird (für Verträge vom 1.1.1966 bis 31.12.2007, vgl. Rn. 6 ff.) internationalprivatrechtlich nicht nach dem Schutzlandprinzip, sondern nach dem Vertragsstatut angeknüpft (str.: wie hier *Obergfell* K&R 2003, 118, 125; *Hilty/Peukert* GRUR Int. 2002, 643, 644; *von Frentz/Aleman* ZUM 2010, 38, 44; *Jan Bernd Nordemann/Wilhelm Nordemann* FS Schricker II S. 473, 482; Loewenheim/*Walter*[2] § 57 Rn. 199; a. A. Schricker/Loewenheim/*Katzenberger/Metzger*[5] Vor §§ 120 ff. Rn. 165; wohl auch Schricker/Loewenheim/*Spindler*[5] Rn. 8). Bei Anwendung des Vertragsstatutes scheidet auch eine zwingende Wirkung nach Art. 9 ROM-I-VO aus (genauso: *von Frentz/Aleman* ZUM 2010, 38, 44; Wandtke/Bullinger/*von Welser*[4] § 32b Rn. 2; für eine zwingende Wirkung: *Loewenheim* ZUM 1999, 923, 926; Dreier/Schulze/*Dreier*[5]

Vor §§ 120 ff. Rn. 55; für eine zwingende Anwendung wohl auch BGH GRUR 1988, 296, 298 – *GEMA-Vermutung IV*; BGH GRUR Int. 1998, 427 – *Spielbankaffaire*; ausdrücklich offen aber BGH GRUR 2001, 826, 828 – *Barfuß ins Bett*).; ferner vgl. Vor §§ 120 ff. Rn. 88. Schon mit Einführung des § 32b (i. V. m. §§ 32, 32a) war für eine zwingende Anwendung des § 31 Abs. 4 a. F. kein Raum mehr (*Jan Bernd Nordemann/Wilhelm Nordemann* FS Schricker II S. 473, 482; Wandtke/Bullinger/*von Welser*[4] § 32b Rn. 2 m. w. N.). Der Gesetzgeber des 2. Korbes 2007 hat § 31 Abs. 4 a. F. als „Missstand" (RegE 2. Korb – BT-Drs. 18/1828, S. 22) bezeichnet und im Filmbereich als „weder im Interesse der Urheber noch im Interesse der Filmproduzenten und auch nicht im Interesse der Konsumenten" gebrandmarkt (RegE 2. Korb – BT-Drs. 16/1828, S. 33), sodass eine extensive Anwendung unter Missachtung des ausländischen Vertragsstatutes internationalprivatrechtlich nicht angezeigt erscheint. Die gegenteilige Auffassung wird § 137l zu beachten haben.

II.　Tatbestand

1.　Schriftformgebot (Abs. 1 S. 1)

a) Vertrag: Zunächst muss ein Vertrag vorliegen, also eine Willensübereinstim‑　**15** mung zwischen zwei oder mehr Personen im Hinblick auf die für § 31a relevante Einräumung oder Verpflichtung. Nach seinem Sinn und Zweck setzt § 31a dabei einen wirksamen Vertrag voraus, weil nur dann der Vertrag wirtschaftliche Folgen hat. Ist ein Vertrag also schon nach anderen Bestimmungen unwirksam oder noch nicht wirksam (z. B. Fehlen einer behördlichen Genehmigung, noch nicht eingetretene aufschiebende Bedingung), kommt § 31a nicht zur Anwendung.

Der **Vertragstyp** ist grundsätzlich unerheblich. § 31a gilt danach insbesondere für　**16** **Verlagsverträge**, weil die Regelungen des UrhG in den §§ 31 bis 44 UrhG den Bestimmungen des VerlG vorgehen (vgl. Einl. VerlG Rn. 11 ff.; Loewenheim/*Nordemann-Schiffel/Jan Bernd Nordemann*[2] § 64 Rn. 14), ansonsten auch für andere übliche Urheberverträge wie die Aufführungs-, Tonträgerherstellungs- oder Merchandisingverträge, insbesondere aber auch für **Filmverträge**. Qualifizierte **Optionsverträge** (dazu allgemein vgl. Vor §§ 31 ff. Rn. 311 ff.) berechtigen den Verwerter einseitig, durch Ausübung der Option einen Vertrag bestimmten Inhalts zur Geltung zu bringen. Sie fallen dann unter § 31a, wenn die optionierte Verpflichtung die Voraussetzungen des § 31a erfüllt, also sich auf unbekannte Nutzungsarten erstreckt. Mit Einräumung der Option hat es der Urheber aus der Hand gegeben, ob er Rechte an unbekannten Nutzungsarten einräumt. **Einfache Optionsverträge** (dazu allgemein vgl. Vor §§ 31 ff. Rn. 318) erlauben dem optionsverpflichteten Urheber, den Vertragsschluss mit dem Optionsberechtigten dadurch zu vermeiden, dass ein anderer zu einem Vertragsschluss unter günstigeren Bedingungen bereit ist. Darauf ist § 31a analog anzuwenden (s. die Parallele zum Schriftformerfordernis des § 40: OLG Schleswig ZUM 1995, 867, 872; Schricker/Loewenheim/*Peukert*[5] § 40 Rn. 3 m. w. N.; Loewenheim/*Jan Bernd Nordemann*[2] § 60 Rn. 53). Hier besteht zumindest dann eine Bindung, wenn sich günstigere Bedingungen nicht finden lassen. Für **Vorverträge**, die im Gegensatz zum Optionsvertrag beide Seiten zum Abschluss eines späteren Vertrages binden, gilt § 31a ebenfalls. Auch **spätere Modifikationen** unterfallen § 31a und müssen schriftlich abgefasst werden, wenn die Modifizierung auch den materiellen Umfang der Werknutzung betrifft (OLG Hamburg ZUM 2005, 833, 837 – *Yacht-Archiv*). Das gilt wegen § 31a Abs. 3 allerdings nicht, wenn die Nutzungsart dann bereits bekannt war. Bei einem laufenden Filmabonnementvertrag und jährlicher Übersendung von sog. Freigabedokumenten mit Bestätigung der unbeschränkten Nutzung ist auf das jeweilige Datum der Bestätigung abzustellen (OLG Köln MMR 2003, 338 – *Filmmusik*). Zum Vertragsschluss ferner vgl. § 132 Rn. 5 ff.

17 **Einräumung an Verwertungsgesellschaften:** Angesichts ihrer treuhänderischen Rechtewahrnehmung, die das von § 31a geregelte Schutzbedürfnis des Urhebers in den Hintergrund drängt, liegt es nahe, § 31a nicht auf Wahrnehmungsverträge mit VGen anzuwenden. Mehr als die Erwägung, dass dem Urheber dennoch mit dem Widerrufsrecht die Entscheidung vorbehalten werden soll, ob es zu einer Verwertung überhaupt kommt und er ggf. die Chance behalten soll, an einer VG vorbei bessere Konditionen aushandeln, spricht dagegen aber der klare Wortlaut des Gesetzes. § 31a findet deshalb grundsätzlich auch auf Wahrnehmungsverträge Anwendung (Schricker/Loewenheim/*Spindler*[5] Rn. 22; Dreier/Schulze/*Schulze*[5] Rn. 17). Praktisch relevant ist das vor allem für das Widerrufsrecht, weil Wahrnehmungsverträge regelmäßig schriftlich geschlossen werden. Auch für § 31 Abs. 4 a. F. hatte der BGH eine Ausnahme zugunsten einer Einräumung an VGen abgelehnt (BGH GRUR 1986, 62, 65 – *GEMA-Vermutung I*; BGH GRUR 1988, 296, 298 – *GEMA-Vermutung IV*; a. A. noch OLG München GRUR 1983, 571, 572 – *Spielfilm-Videogramme*; kritisch auch *Castendyk* ZUM 2002, 343; *Wandtke/Holzapfel* GRUR 2004, 284, 288; *Jan Bernd Nordemann* FS Nordemann II S. 193, 196). Eine Ausnahme gilt jedoch für Rechte, die verwertungsgesellschaftspflichtig sind; hier findet § 31a keine Anwendung, und der Urheber kann eine Wahrnehmung nicht nach Abs. 1 S. 3 widerrufen (Schricker/Loewenheim/*Spindler*[5] Rn. 21; Dreier/Schulze/*Schulze*[5] Rn. 16). Ein Abschlusszwang für VGen gem. § 34 Abs. 1 VGG (früher § 11 UrhWahrnG) besteht nicht, solange die Nutzungsart nicht bekannt ist, weil erst dann ein Tarif veröffentlicht werden kann (*Schulze* UFITA 2007, 641, 658; Dreier/Schulze/*Schulze*[5] Rn. 17). Ist ein Tarif veröffentlicht, darf die Verwertungsgesellschaft widerrufliche (nicht verwertungsgesellschaftspflichtige) Rechte nur vorbehaltlich des Widerrufs vergeben, solange ein Widerruf des Urhebers möglich ist.

18 **Arbeitsverhältnisse:** Im Arbeitsverhältnis ist § 43 zu beachten. Daneben gilt § 31a (genauso zu § 31 Abs. 4 a. F.: BGH GRUR 1991, 133, 135 – *Videozweitauswertung*; OLG München GRUR 1994, 115, 116 – *Audiovisuelle Verfahren*), sodass der Arbeitgeber die Rechte grundsätzlich nur bei Wahrung der Schriftform erwirbt. Dagegen spricht auch nicht, dass das Schriftformgebot des § 40 Abs. 1 S. 1 für Arbeitsverträge, die auf die Schaffung künftiger Werke gerichtet sind, nicht gilt (vgl. § 40 Rn. 7). Im Regelfall sind Arbeitsverhältnisse jedenfalls nicht auf die Nutzung in bei Vertragsschluss unbekannten Nutzungsarten gerichtet. Dem Arbeitgeber, der auch in unbekannten Nutzungsarten auswerten will, ist der schriftliche Abschluss zuzumuten, auch wenn Arbeitsverträge sonst formfrei sind (eingehend: *Wandtke* FS Loewenheim S. 393, 395). In Arbeits- oder Tarifverträgen ist § 31a jedoch entgegen § 31a Abs. 4 **abdingbar**, sodass auch die Schriftform abbedungen werden kann (vgl. Rn. 79; str.). Auch wenn das Widerrufsrecht des § 31a nicht abgedungen wurde, besteht gleichwohl eine **Verpflichtung zur Nichtausübung** oder Zurückeinräumung aus den Nebenpflichten des Arbeitsvertrages, nach Beendigung des Arbeitsverhältnisses aus nachwirkender Pflicht (*Schmechel-Gaumé* K&R 2001, 74, 77 zu § 31 Abs. 4 a. F.). Eine Ausnahme kann gelten, wenn der Arbeitgeber kein schutzwürdiges Interesse an einer Nutzung der widerrufenen Rechte haben kann (*Schuchardt* S. 88).

19 **b) Durch den Urheber:** Die Regelung des § 31a Abs. 1 S. 1 gilt für Verträge des Urhebers; zur zeitlichen Anwendbarkeit auf **Altverträge vor 1966** und **von 1966 bis 2007** vgl. Rn. 5 ff. sowie auf **DDR-Verträge** vgl. Rn. 11. Das Schriftformgebot entfaltet Wirkung auch zugunsten der **Urhebererben** (Dreier/Schulze/*Schulze*[5] Rn. 10); lediglich das Widerrufsrecht erlischt mit dem Tod des Urhebers (§ 31a Abs. 2 S. 3). Für **einfache Lichtbilder** und für **wissenschaftliche Ausgaben** findet § 31a (und auch § 31 Abs. 4 a. F. für Verträge bis 31.12.2007) Anwendung, weil § 72 Abs. 1 bzw. § 70 Abs. 1 seit 1.1.1966 eine entsprechende Anwendung des gesamten ersten Teils, also der Vorschriften über das Urheberrecht, anordnen. Für die übrigen Leistungsschutzrechte wird hingegen ausdrücklich nicht auf § 31a verwiesen, so für: **Ausübende Künstler** (§ 79 Abs. 2a S. 2), **Veranstalter** (§ 81 S. 2), **Tonträgerhersteller** (§ 85 Abs. 2 S. 2), **Sendeunternehmen** (§ 87 Abs. 2 S. 2), **Presseverleger** (§ 87g Abs. 1 S. 2) und **Filmhersteller** (§§ 94 Abs. 2 S. 2, 95), sodass § 31a keine Anwendung findet (allg. Auffassung; Schricker/Loewenheim/*Spindler*[4] Rn. 17; Wandtke/Bullinger/*Wandtke/Grunert*[4] Rn. 4; Dreier/Schulze/*Schulze*[5] Rn. 9). Es gilt der Übertragungszweckgedanke, vgl. § 31 Rn. 172 ff. Ausübende Künstler können bei Verträgen ab 1.3.2017 (§ 132 Abs. 3a, Abs. 4) über § 79b jedoch eine gesonderte angemessene Vergütung beanspruchen, für Altverträge gelten zumindest §§ 32, 32a (Schricker/Loewenheim/*Spindler*[5] Rn. 17; Dreier/Schulze/*Schulze*[5] Rn. 9). **Bloße Inhaber von Nutzungsrechten:** Der Wortlaut des § 31a Abs. 1 spricht davon, dass der Urheber Rechte für unbekannte Nutzungsarten einräumt; auf die Einräumung zwischen Verwertern ohne Beteiligung des Urhebers etwa bei Nutzungsrechtseinräumungen auf nachgelagerten Stufen ist § 31a also nicht anwendbar (BeckOK UrhR/*Soppe*[16] Rn. 10). Allerdings können Nutzungsrechtsinhaber teilweise in die Position des Vertragspartners des Urhebers einrücken, wenn sie die unbekannten Nutzungsrechte übertragen erhalten (vgl. Rn. 62).

c) Rechte eingeräumt oder sich dazu verpflichtet: Mit Rechtseinräumung ist **20** die Verfügung über das Urheberrecht gemeint, durch die Nutzungsrechte abgespalten werden (ausführlich vgl. § 31 Rn. 5 ff.). Davon zu trennen ist das der Verfügung zugrunde liegende Verpflichtungsgeschäft (zum Trennungsprinzip vgl. § 31 Rn. 29; zur Durchbrechung des Abstraktionsprinzips aber vgl. § 31 Rn. 29). Besondere **Anforderungen an die Formulierung der Nutzungsrechtseinräumung** bzw. Verpflichtung bestehen nicht. Es genügt, pauschal von „Rechten an unbekannten Nutzungsarten" zu sprechen, jedoch müssen Rechte an unbekannten Nutzungsarten ausdrücklich angesprochen sein (vgl. Rn. 53). Eine analoge Anwendung des § 31a auf Verfügungen über **Vergütungsansprüche** aufgrund neuer, unbekannter Nutzungsarten findet nicht statt (Schricker/Loewenheim/*Melichar/Stieper*[5] Vor § 44a Rn. 45; dafür aber bei § 31 Abs. 4 a. F. wohl: Dreier/Schulze/*Dreier*[5] Vor §§ 44a ff. Rn. 17). Denn die Verfügung über Vergütungsansprüche ist in § 63a abschließend geregelt.

d) „Nutzungsart" i. S. d. § 31a: Der Begriff der Nutzungsart wird im UrhG in **21** mehreren Zusammenhängen verwendet, so etwa in § 31 Abs. 1 und Abs. 5, § 31a sowie §§ 88, 89. Der Begriff der Nutzungsart in § 31a ist dabei **gesondert** auszulegen. Insbesondere ist die Nutzungsart gem. **§ 31 Abs. 1** (vgl. § 31 Rn. 10) und die Nutzungsart nach **§ 31a nicht identisch**. Es genügt für § 31a nicht, dass die Nutzungsart als hinreichend klar abgrenzbare Verwertungsform gem. § 31 Abs. 1 Gegenstand einer dinglich auch Dritten gegenüber geltenden Nutzungsrechtseinräumung sein kann. Das war schon für den Vorgänger § 31 Abs. 4 a. F. zutreffend (BGH GRUR 1997, 215, 217 – *Klimbim*; KG GRUR 2002, 252, 254 – *Mantellieferung*; im Schrifttum war die Frage der Einheitlichkeit des Begriffes der Nutzungsart innerhalb von § 31 strittig, wie hier *Castendyk* ZUM 2002, 332, 336 m. w. N.; Loewenheim/*Loewenheim/Jan Bernd Nordemann*[2] § 26 Rn. 44; a. A. *Kitz* GRUR 2006, 546, 551; *Donhauser* S. 96 f.). Auch für § 31a kann nichts anderes gelten; die Nutzungsart nach § 31 unterscheidet sich von der Nutzungsart nach § 31a (so auch *Franz* ZUM 2017, 207, 210; *Berger* GRUR 2005, 907, 908; *Wandtke* FS Loewenheim S. 393, 396; BeckOK UrhR/*Soppe*[16] Rn. 5; a. A. *Haedicke* ZUM 2017, 1, 6; Büscher/Dittmer/Schiwy/*Haberstumpf*[3] Rn. 10 Schricker/Loewenheim/*Spindler*[5] Rn. 28; Dreier/Schulze/*Schulze*[5] Rn. 38; zurückhaltender Wandtke/Bullinger/*Wandtke/Grunert*[4] Rn. 18). Zwar ordnet § 31a – im Gegensatz zum pauschalen Verbot des § 31 Abs. 4 – „nur" die Schriftform an und erlaubt den Widerruf des Urhebers. Jedoch sind Unwirksamkeitsfolge bei mangelnder Einhaltung der Schriftform und Rückfall bei Widerruf ebenfalls sehr einschneidende Konsequenzen für die Verwertbarkeit des Werkes in neuen Technologien durch den Vertragspartner, sodass eine restriktive Auslegung sinnvoll ist (vgl. Rn. 4). Für eine **Differenzierung** zwischen der Nutzungsart nach § 31 Abs. 1 und nach § 31a sprechen auch deren unterschiedliche **Zwecke:** Für die Bestimmung der Nutzungsart nach § 31 Abs. 1 sind Verkehrsschutzaspekte entscheidend, ob eine Abspaltung der Nutzungsart mit dinglicher Wirkung zugelassen werden soll. Demgegenüber geht es bei § 31a um den Schutz des Urhebers, dabei sind allerdings auch die berechtigten Interessen des Vertragspartners und der Allgemeinheit zu berücksichtigen (zu § 31 Abs. 4 a. F.: *Castendyk* ZUM 2002, 332, 336 m. w. N.; *Loewenheim* GRUR 2004, 36, 37; zu den Schutzzwecken des § 31a vgl. Rn. 1 ff.). Durch das Auseinanderfallen der Nutzungsart nach § 31 und nach § 31a kann eine **Auslegung vertraglicher Nutzungsrechtseinräumungen** erforderlich werden, insbesondere wenn keine neue Nutzungsart nach § 31a, wohl aber eine eigenständige Nutzungsart nach § 31 vorliegt; dazu vgl. § 31 Rn. 14a, vgl. § 31 Rn. 130.

22 Danach erschöpfen sich die Anforderungen nicht in der von § 31 Abs. 1 verlangten hinreichend klar abgrenzbaren Verwendungsform (vgl. § 31 Rn. 10 ff.), sondern erfordern eine neu geschaffene **eigenständige Nutzungsart,** die sich **von den bisherigen technisch und wirtschaftlich so sehr unterscheidet,** dass eine Werkverwertung in dieser Form nur auf Grund einer eigenständigen Entscheidung des Urhebers zugelassen werden kann, wenn dem Grundgedanken des Urheberrechtes, dass der Urheber tunlichst angemessen an dem wirtschaftlichen Nutzen seines Werkes zu beteiligen ist, Rechnung getragen werden soll (BGH GRUR 1997, 215, 217 – *Klimbim*). Das ist nicht der Fall, wenn eine schon bisher übliche Nutzungsmöglichkeit durch den technischen Fortschritt erweitert und verstärkt wird, ohne sich aber dadurch in ihrem Wesen entscheidend zu verändern (BGH GRUR 2005, 937, 939 – *Der Zauberberg*; BGH GRUR 1997, 215, 217 – *Klimbim*; KG GRUR 2002, 252, 254 – *Mantellieferung*; OLG Hamburg GRUR-RR 2002, 153, 157 – *Der grüne Tisch*). Dabei ist auf die **Sicht der Endverbraucher** abzustellen (BGH GRUR 2005, 937, 939 – *Der Zauberberg*; BGH GRUR 1997, 215, 217 – *Klimbim*).

23 Als **relevanter Zeitpunkt** für die Beurteilung der Eigenständigkeit wird zutreffend der Zeitpunkt der Nutzungshandlung gesehen (BGH GRUR 1997, 215, 217 – *Klimbim*; *Schwarz* ZUM 2000, 810, 825), wobei die Beurteilung ggf. mit einer Prognose der zukünftigen Entwicklung zu verknüpfen ist (s. die Prognose zur Substitution der Videokassette durch die DVD bei BGH GRUR 2005, 937, 940 – *Der Zauberberg*). Abzulehnen ist die Auffassung, dass auf den Zeitpunkt des Vertragsschlusses abzustellen ist, um Eigenständigkeit und Bekanntheit in zeitlicher Hinsicht anzugleichen (*Castendyk* ZUM 2002, 332, 341; *Schulze* ZUM 2000, 437, 438; Dreier/Schulze/*Schulze*[5] Rn. 29). Die Eigenständigkeit muss durch Vergleich der vorbekannten mit der neuen Nutzungsform festgestellt werden. Zum Zeitpunkt des Vertragsabschlusses ist ein solcher Vergleich denklogisch ausgeschlossen. Nicht zu verwechseln ist der Zeitpunkt der Beurteilung der Eigenständigkeit mit dem Zeitpunkt der Feststellung der Unbekanntheit, die auf den Vertragsschluss erfolgen muss (vgl. Rn. 45; zutreffend Schricker/Loewenheim/*Spindler*[5] Rn. 29).

24 **Bezugspunkt** ist das **Werk in seiner konkreten Nutzungsform.** Es kommt nicht auf die abstrakt – ggf. bloß für andere Nutzungsformen – bestehenden Nutzungsmöglichkeiten an, weil § 31a sich auf die konkrete Nutzung bezieht und keine abstrakt generellen Regeln aufstellen will. Auch erlaubt nur eine Beurteilung der konkreten Nutzungsform eine angemessene Differenzierung in unterschiedlichen Anwendungsfeldern einer einheitlichen Technologie. Im Zeitschriftenbereich (Jahrgangsbände; dazu BGH GRUR 2002, 248, 252 – *Spiegel-*

CD-ROM) beurteilt sich die Neuheit einer Nutzungsart anders als bei Verwendung der DVD für Filme (dazu BGH GRUR 2005, 937, 939 – *Der Zauberberg).* Weiter darf bei der Frage, ob die (Film-)DVD gegenüber der Videokassette als technisch eigenständig anzusehen ist, nicht auf die Nutzung als DVD mit allen abstrakten Möglichkeiten, die die DVD bietet, sondern nur auf die konkret bei dem betreffenden Werk vorhandenen Nutzungsmöglichkeit abgestellt werden (a. A. OLG München GRUR 2003, 50, 53 – *Der Zauberberg,* von BGH GRUR 2005, 937, 939 f. – *Der Zauberberg* insoweit nicht kommentiert; *Loewenheim* GRUR 2004, 36, 38). Interaktivität einer Film-DVD (z. B. mit der individuellen Möglichkeit der Veränderung des Betrachtungswinkels durch den Verbraucher) ist also nur relevant, wenn auch die konkret betroffene DVD diese Interaktivität überhaupt ermöglicht. Auch der BGH stellt in *Spiegel-CD-ROM* auf die konkret vorhandenen technischen Möglichkeiten ab (BGH GRUR 2002, 248, 252 – *Spiegel-CD-ROM,* allerdings zu § 31 Abs. 5).

Für die Bestimmung der Eigenständigkeit ist eine **zweistufige** Prüfung vonnö- **25** ten, die zuerst die **technische** und dann die **wirtschaftliche** Eigenständigkeit umfasst (BGH GRUR 2005, 937, 939 – *Der Zauberberg;* BGH GRUR 1997, 215, 217 – *Klimbim;* BGH GRUR 1997, 464, 466 – *CB-infobank II).* Beide müssen **kumulativ** vorliegen; eine rein technische Verbesserung ohne wirtschaftliche Auswirkung genügt nicht (BGH GRUR 2005, 937, 939 – *Der Zauberberg;* BGH GRUR 1997, 215, 217 – *Klimbim; Loewenheim* GRUR 2004, 36, 37; *Castendyk* ZUM 2002, 332, 337; a. A. *Kitz* GRUR 2006, 546, 551). Leider wird nicht immer hinreichend genau zwischen beiden Voraussetzungen getrennt (OLG Düsseldorf ZUM 2001, 164, 166, das „schon unter technischen Gesichtspunkten" eine neue Nutzungsart bejaht). Diese **restriktive Auslegung** (Notwendigkeit von technischer *und* wirtschaftlicher Eigenständigkeit) ist geboten. Insbesondere mit dem Merkmal der wirtschaftlich eigenständigen Verwendungsform werden auch die Interessen des Vertragspartners berücksichtigt. Ansonsten würde allein eine technisch neue Verwendungsform, die eine intensivere Nutzung erlaubt und innerhalb kurzer Zeit die herkömmliche Verwendungsform verdrängt, ausreichen, um eine Rechtseinräumung, die diese neue Verwendungsform umfasst, nach § 31a unter das Schriftformerfordernis zu stellen und über das Widerrufsrecht angreifbar zu machen. Die herkömmliche Verwendungsform ließe sich nicht mehr absetzen, weil ihm keine Rechte an der neuen Verwendungsform zustünden (so zu Recht BGH GRUR 2005, 937, 939 – *Der Zauberberg,* wenn auch zum pauschalen Verbot des § 31 Abs. 4 a. F.). Dann würde aber die wirtschaftlich-technische Fortentwicklung der Werknutzung durch Herausbildung neuer, selbständig lizenzierbarer Nutzungsmöglichkeiten, deren Weiterentwicklung letztlich auch im Interesse des Urhebers liegt, behindert. Insoweit werden dessen Interessen schon durch das übrige Urhebervertragsrecht geschützt (BGH GRUR 1997, 215, 217 – *Klimbim;* BGH GRUR 1996, 121, 122 – *Pauschale Rechtseinräumung;* s. a. *Wandtke* FS Nordemann II S. 267, 271 ff.; kritisch Dreier/Schulze/*Schulze*[5] Rn. 38). Es gelten insbesondere § 31 Abs. 5 und § 32a (BGH GRUR 1997, 215, 217 – *Klimbim,* noch zu § 36 a. F.); für Verträge ab 1.6.2001 (§ 132 Abs. 3) kommt sogar noch die Anwendbarkeit des § 32 dazu.

aa) Technische Eigenständigkeit: In der Entscheidung GEMA-*Vermutung* hat **26** der I. Zivilsenat des BGH für die technische Eigenständigkeit ausreichen lassen, dass die „technischen Möglichkeiten in beträchtlichem Maße verbessert und erweitert worden sind" (BGH GRUR 1986, 62, 65 – *GEMA-Vermutung I). Klimbim* schränkte dies jedoch ein. Es reicht danach nicht aus, dass eine schon bisher übliche Nutzungsmöglichkeit durch den technischen Fortschritt erweitert und verstärkt wird, ohne sich aber dadurch **aus der Sicht des Endverbraucher in ihrem Wesen entscheidend zu verändern** (BGH GRUR 1997, 215, 217 – *Klimbim).*

27 Deshalb sind bloße **Qualitätsverbesserungen** nicht ausreichend. Satelliten- und Kabelfernsehen war noch nicht einmal technisch eigenständig gegenüber terrestrischem Fernsehen (BGH GRUR 1997, 215, 217 – *Klimbim*). Das Gleiche gilt für die Qualitätsverbesserung von Schallplatte zu CD oder der Videokassette zur DVD (*Loewenheim* GRUR 2004, 36, 38; *Schack*, Urheber- und UrhebervertragsR⁷ Rn. 624). Eine bloße Steigerung der **Bedienungsbequemlichkeit** kann eine technische Eigenständigkeit nur begründen, wenn sich dadurch aus Verbrauchersicht etwas Entscheidendes verändert. Beim Fernsehen liegt nicht etwa durch die Entwicklung der Fernbedienung sowie des Videotextes als Unterstützungsmedium eine technisch eigenständige Nutzungsform vor (*Castendyk* ZUM 2002, 332, 341). Zweifelhaft ist danach auch, ob allein die Möglichkeit des präzisen Suchens und Ansteuerns von Titeln bei der Musik-CD gegenüber der Schallplatte genügt. Aus Sicht der Verbraucher steht nach wie vor der Musikgenuss und nicht die Recherchefunktion im Vordergrund (ähnlich OLG Köln ZUM 2001, 166, 172 – *The Kelly Family*; für eine technische Eigenständigkeit der CD hingegen KG NJW-RR 2000, 270, 271; OLG Düsseldorf ZUM 2001, 164, 165). Das Gleiche gilt für die DVD im Vergleich zu Videokassette. Menü, direkte Ansteuerung von Szenen, Suchlauf usw. sind aus der ausschlaggebenden Sicht des Verbrauchers nicht geeignet, das Wesen der Nutzungsmöglichkeit entscheidend zu ändern, weil die Nutzung in Form des Abspielens des Films nur bequemer und qualitativ hochwertiger wird, der Verbraucher aber den Film wie bisher wahrnimmt (*Loewenheim* GRUR 2004, 36, 38). Bei der CD-Rom eines Zeitschriftenjahrganges im Vergleich zum Printwerk kann sich die technische Eigenständigkeit allerdings aus der enormen Platzersparnis ergeben (BGH GRUR 2002, 248, 251 – *Spiegel-CD-ROM*, zu § 31 Abs. 5).

28 Veränderungen der **Aufnahme- und Wiedergabetechnik** sind differenziert zu betrachten. Die Videotechnik erlaubte das technisch einfache Abspielen von Bildtonträgern durch den privaten Verbraucher und war deshalb eine technisch eigenständige Verwendungsform gegenüber dem Schmalfilm oder dem Fernsehen (BGH GRUR 1986, 62, 65 – *GEMA-Vermutung I*). Sie ist ferner gegeben, wenn bei Zeitschriftenjahrgangsbänden auf CD-ROM im Vergleich zur gedruckten Ausgabe eine Textrecherche als wichtige neue Nutzungsmöglichkeit zur Verfügung steht (BGH GRUR 2002, 248, 251 – *Spiegel-CD-ROM*, allerdings zu § 31 Abs. 5). Beim Vergleich Videokassette und DVD hingegen führt die Möglichkeit, auf den acht Soundspuren der DVD verschiedene Sprachversionen des Films, Kommentare des Regisseurs, abweichende Filmversionen oder Zusatzinformationen (Bonusmaterial) anzubieten, nicht zu einer aus der Sicht des Verbrauchers entscheidenden Wesensänderung. Denn der Verbraucher kann nur eine Fassung gleichzeitig wahrnehmen.

29 **Interaktive Nutzungsmöglichkeiten** können hingegen aus Sicht des Endverbrauchers die Nutzung entscheidend verändern, beispielsweise bei der DVD die Möglichkeit der Veränderung des Betrachtungswinkels (Perspektive) oder die verschiedenen Handlungsstränge, zwischen denen der Nutzer interaktiv wählen kann. Hierbei ist allerdings zu berücksichtigen, dass vor Bekanntwerden solcher interaktiven Nutzungsformen geschaffenes Filmmaterial diese Nutzungsmöglichkeiten nicht bereithält. Keine DVD, für die eine technische Eigenständigkeit gegenüber der Videokassette zu untersuchen ist, kennt also diese Interaktivität. Deshalb scheidet eine Berücksichtigung von vornherein aus (OLG *München* GRUR 2003, 50, 53 – *Der Zauberberg; Loewenheim* GRUR 2004, 36, 38). Ohnehin kommt es stets auf das konkrete Werk bei der Bestimmung der Anwendung des § 31 Abs. 4 und nicht auf die abstrakt bestehenden Nutzungsmöglichkeiten an (str., vgl. Rn. 24).

30 bb) **Wirtschaftliche Eigenständigkeit:** Die zweite Voraussetzung bildet das Erfordernis der wirtschaftlichen Eigenständigkeit. Es ist eine **Gesamtschau** anzu-

stellen. Entscheidend ist auch hier – wie bei der technischen Eigenständigkeit –
, dass aus Sicht der Verbraucher eine entscheidende Wesensänderung der wirtschaftlichen Nutzung stattgefunden haben muss.

Das **wichtigste Kriterium** zur Bestimmung der wirtschaftlichen Eigenständig- **31**
keit ist die **fehlende Substitution** der bestehenden Nutzungsarten durch die
neue Nutzungsart. Eine neue Nutzungsart liegt dann vor, sobald neue Märkte
erschlossen werden und nicht lediglich vorbekannte Nutzungsarten substituiert
werden (BGH GRUR 2005, 937, 939 – *Der Zauberberg;* OLG Hamburg,
GRUR-RR 2002, 153, 157 – *Der grüne Tisch;* Castendyk ZUM 2002, 332,
339; *Wandtke/Holzapfel* GRUR 2004, 284; Loewenheim/*Loewenheim/Jan
Bernd Nordemann*[2] § 26 Rn. 46; HK-UrhR/*Kotthoff*[3] § 31 Rn. 107; zu Unrecht kritisch *Reber* ZUM 1998, 481 ff.; *ders.* GRUR 1998, 792, 796; *Stieper/
Frank* MMR 2000, 643, 644). Ohne diese Substitutionswirkung ist das Vorliegen wirtschaftlicher Eigenständigkeit „tendenziell zu verneinen" (BGH GRUR
2005, 937, 939 – *Der Zauberberg*).

Die substituierte Nutzungsart muss allerdings **wirtschaftlich bedeutend** gewe- **32**
sen sein und Verbraucherkreise in nennenswertem Umfang erschlossen haben
(*Loewenheim* GRUR 2004, 36, 39). Das zeigt sich am Beispiel der (vorher
unbekannten) Nutzungsart Video im Gegensatz zu Schmalfilm. Erst Video
brachte den Massenmarkt für die Zweitauswertung durch Bildtonträger zum
Entstehen, Schmalfilm war nur ein Nischenprodukt; ferner gab es erst bei der
Videokassette eine Vermietung (s. BGH GRUR 1986, 62, 65 – *GEMA-Vermutung I:,* ferner *Donhauser* S. 145). Ein Gegenbeispiel ist BGH GRUR 1977,
215, 217 – *Klimbim*: Die Änderung der Übertragungsform von terrestrischem
Fernsehen zur Satellitenausstrahlung ist für Endverbraucher im Wesentlichen
mit keiner Veränderung der Rezeption verbunden; es werden keine neuen
Märkte und Verbraucherkreise erschlossen. Das Gleiche gilt für DVDs im Vergleich mit Videokassetten, weil DVDs den Absatz von Videokassetten kanniba-
lisieren und DVDs auch keine neuen Verbraucherkreise erreichen (BGH GRUR
2005, 937, 940 – *Der Zauberberg*).

Das Kriterium der Substitution ist zwar an die aus dem **Kartellrecht** bekannte **33**
Marktabgrenzung angelehnt (*Loewenheim* GRUR 2004, 36, 39 f.), jedoch darf
letztere – insbesondere bei einer engen Anwendung des Bedarfsmarktkonzeptes
(vgl. Vor §§ 31 ff. Rn. 267 ff. und die einschlägigen Kommentierungen zu § 19
GWB) – nicht unbesehen übernommen werden (s. a. BGH GRUR 2002, 248,
252 – *Spiegel-CD-ROM*), da diese eine eher statische Betrachtung beinhaltet,
die Substitution jedoch u. U. auch ein dynamischer Vorgang sein kann. Zudem
besteht die Gefahr, durch eine zu sehr am Kartellrecht orientierte Anwendung
des Bedarfsmarktkonzeptes bei der Frage, welche Güter für den Nachfrager
konkret austauschbar sind, die im Kartellrecht bestehenden Probleme bei der
Marktabgrenzung in das Urheberrecht zu tragen. Jedoch entsprechen sich die
kartellrechtliche und die urheberrechtliche Betrachtung insoweit, als es entscheidend auf die **Sicht der** Abnehmer, also hier **Endnutzer,** ankommt (BGH
GRUR 2005, 937, 940 – *Der Zauberberg*).

Im Übrigen ist jedoch im Rahmen einer Gesamtschau auch noch auf **weitere** **34**
Kriterien abzustellen. Für eine wirtschaftliche Eigenständigkeit der Nutzungsart kann ein **anderes Erscheinungsbild,** eine **neue Vertriebsstruktur mit separaten Vertriebswegen** (dazu ausführlich *Castendyk* ZUM 2002, 332, 336 ff.
m. w. N.; *Loewenheim* GRUR 2004, 36, 39) oder eine bislang **nicht erreichbare
wirtschaftliche Ausnutzbarkeit** sprechen, z. B. neben Verkauf jetzt auch Vermietung (BGH GRUR 1986, 62, 65 – *GEMA-Vermutung I,* zu Video gegenüber Schmalfilm). Dabei kommt es jedoch auf die **andere Qualität der Nutzung**
an, nicht auf deren veränderte Quantität. **Umsatzerhöhungen** und **Mehrerlöse**

auf dem gleichen Markt führen für sich genommen noch **nicht** zu wirtschaftlich eigenständiger Nutzungsart, solange qualitativ die Nutzungsformen sich in ihrem Wesen nicht entscheidend von bisherigen unterscheiden. Mehrerlöse können über § 32 und vor allem über § 32a UrhG erfasst werden, der bei Umsatzsteigerungen und bloßen technischen Verbesserungen im Falle eines auffälligen Missverhältnisses zwischen Lizenzgebühr und Verwertungseinnahmen Korrekturmöglichkeiten bietet (Loewenheim/*Jan Bernd Nordemann*[2] § 26 Rn. 46). Keine Frage einer anderen Qualität der Nutzung ist, ob die Nutzung im Internet entgeltlich oder unentgeltlich erfolgt (OLG Hamburg ZUM 2005, 833, 837 – *Yacht-Archiv*). Auch die **Vertragspraxis** kann herangezogen werden; es spricht gegen eine neue Nutzungsart, wenn nach der Vertragspraxis nach Bekanntwerden der Nutzungsart diese stets gemeinsam mit einer länger bekannten in Lizenz vergeben wird (*Castendyk* ZUM 2002, 332, 345; *Loewenheim* GRUR 2004, 36, 41).

35   cc) **Einzelfälle:** Allein die Anwendung **digitaler** statt analoger **Technik** führt für sich genommen noch nicht zu einer neuen Nutzungsart. Urheberrechtlich kommt es allein auf den konkreten Nutzungsvorgang an, nicht auf die Art der Speicherung (BGH GRUR 2002, 248, 252 – *Spiegel CD-ROM*; OLG Hamburg GRUR-RR 2002, 153, 157 f. – *Der grüne Tisch*; LG München I MMR 2001, 828, 829). Deshalb ist es auch viel zu pauschal, das **Internet** als neue Nutzungsart zu bezeichnen (*Czychowski* K&R 2000, 249; *Schuchardt* S. 44; anders aber Dreier/Schulze/*Schulze*[5] Rn. 53; Schricker/Loewenheim/*Spindler*[5] Rn. 50). Internet bildet lediglich einen Oberbegriff, sodass hinsichtlich der Nutzungsarten weiter zu **differenzieren** ist (bspw. die Nutzung in Form einer Homepage, Streaming, temporärer bzw. permanenter Download, Internet-TV etc.). „**Multimedia**" ist wegen des allumfassenden Charakters ebenfalls keine eigene Nutzungsart (*Hoeren* CR 1995, 710, 712). Auch bloß **technische Neuerungen beim Endgerät** lösen noch keine neue Nutzungsart gem. § 31a aus, sofern eine Substitution der bisherigen Nutzungen vorliegt (vgl. Rn. 32). Ein Beispiel ist die neue **Datenbrille**, die einen Bildschirm vor dem eigenen Auge ermöglicht. Nur dann kann eine neue Nutzungsart angenommen werden, wenn wirtschaftlich eigenständige Nutzungsformen neu entstehen.

36   **Fernsehen** ist eine neue Nutzungsart gegenüber Kino (Loewenheim/*Castendyk*[2] § 75 Rn. 46 unter zutreffendem Verweis auf BGH GRUR 1982, 727, 730 – *Altverträge*, dort allerdings zu § 31 Abs. 5). **Satelliten- und Kabelsendung** statt terrestrischer Übertragung ist keine neue Nutzungsart, weil für die Empfänger keine großen Unterschiede in Rezeption von terrestrischem Fernsehen zu einer anderen Übertragungsart bestehen (BGH GRUR 1997, 215 – *Klimbim*; BGH GRUR 2001, 826, 828 – *Barfuß ins Bett*; kritisch *Reber* GRUR 1998, 792, 794 mit Hinweis auf zusätzliche Kosten und wachsende Programmvielfalt). Das Gleiche dürfte für die digitale Übertragung auf terrestrischem Wege (**DVB-T**) gelten, da auch hier lediglich die Übertragungsform gewechselt hat. Die Sendung (§ 20; dazu vgl. § 20 Rn. 10) über das Internet – **Internet-Radio** (sog. **Webcasting**) oder **Internet-TV** – ist keine neue Nutzungsart (*Hoeren* CR 1995, 710, 713; *Castendyk* MMR 2000, 294, 295; HK-UrhR/*Kotthoff*[3] § 31 Rn. 115; nicht einschlägig LG München I MMR 2000, 291, 293 – *Focus TV*, da es dort um den individuellen Abruf von Fernsehsendungen gem. § 19a ging). Sie substituiert lediglich andere Sendeformen über terrestrische Antenne, Satellit oder Kabel. Deshalb war schon die Satelliten- oder Kabelsendung gegenüber der terrestrischen Ausstrahlung keine neue Nutzungsart (BGH GRUR 1997, 215, 217 – *Klimbim*). Das Gleiche gilt für **Handy-TV** oder **Mobile-TV**, solange eine Substitution anderer technischer Sendeformen im Vordergrund steht (gl. A. *Weber* ZUM 2007, 688); das steht noch nicht abschließend fest. Insbesondere wenn eigene Inhalte, die nur speziell für die mobile Nutzung hergestellt sind, gesendet werden, ist eine Substitution nicht zwingend. Auch **3D-Fernsehen** ist keine neue Nutzungsart gem. § 31a; hier wird nur die Technik – ähnlich wie beim Übergang von schwarz/weiß auf Farbe – geändert, diese Technik substituiert aber die alte 2D-Technik komplett, weil niemand beide Technologien nebeneinander nutzen wird.

Pay-TV, dessen Unterschied zum Free-TV im zusätzlichen pauschalen Entgelt **37** besteht, ist keine neue Nutzungsart (KG ZUM-RD 2000, 384, 386 f.; *Reber* GRUR 1998, 792, 797; *v. Gamm* ZUM 1994, 591, 595; *Plato* ZUM 1986, 572, 578; *Drewes* S. 105; Schricker/Loewenheim/*Spindler*[5] Rn. 48; *Rehbinder/ Peukert*[17] Rn. 944; *Schack*, Urheber- und UrhebervertragsR[7], Rn. 624; a. A. *Ernst* GRUR 1997, 592, 596; Wandtke/Bullinger/*Wandtke/Grunert*[4] Rn. 26; HK-UrhR/*Kotthoff*[3] § 31 Rn. 119; Dreier/Schulze/*Schulze*[5] Rn. 44; wohl auch Loewenheim/*Castendyk*[2] § 75 Rn. 43). Demgegenüber nimmt das LG Hamburg (GRUR-RR 2016, 68, 70 – *Hallo Spencer*) eine früher unbekannte Nutzungsart an, weil aus Sicht des Rechtegebers Pay-TV und Free-TV regelmäßig gesondert vergeben würden und kartellrechtlich unterschiedliche Märkte gegeben seien. Das berücksichtigt nicht hinreichend die enge Wechselbeziehung der Pay-TV- und Free-TV-Auswertung, die schon dadurch zum Ausdruck kommt, dass Rechtegeber im Regelfall exklusive Pay-TV-Fenster vor der Free-TV-Auswertung gewähren. Eine hinreichende Substitutionswirkung ist gegeben. Kaum jemand sieht sich einen Film erst im Pay-TV und danach noch im Free-TV an. Von Pay-TV abzugrenzen ist **pay per view** wegen des fehlenden Pauschalentgeltes; es wird nur die ausgewählte Sendung bezahlt. Auch das ist keine neue Nutzungsart gem. § 31a im Vergleich zu Pay-TV (*Eberle* GRUR 1995, 790, 798; Schricker/Loewenheim/*Spindler*[4] Rn. 48; Loewenheim/*Castendyk*[2] § 75 Rn. 43; a. A. *Schack*, Urheber- und UrhebervertragsR[7], Rn. 624). Bei Pay-TV und pay-per-view entsteht allein durch die Änderung der Vergütungsstruktur keine wirtschaftliche Eigenständigkeit.

Die Zweitauswertung von Filmen durch **Video** gegenüber **Schmalfilm** ist eine **38** neue Nutzungsart (BGH GRUR 1986, 62, 65 – *GEMA-Vermutung I*), da ein neuer Markt für die Vermarktung von Videofilmen gegenüber Schmalfilmen im Massengeschäft mit Verkauf und Vermietung erst durch die Einführung der Videotechnologie entstand. Etwas anderes gilt für **DVD** gegenüber **Video**; hier ist keine neue Nutzungsart entstanden (BGH GRUR 2005, 937, 940 – *Der Zauberberg*; BGH GRUR 2012, 496 Tz. 51 – *Das Boot*; OLG München GRUR 2003, 51, 53 f. – *Der Zauberberg*; LG München I ZUM 2003, 147 – *Die Macht der Bilder*; *Castendyk* ZUM 2002, 332, 345; *Loewenheim* GRUR 2004, 36, 38 m. w. N.; *v. Petersdorff-Campen* ZUM 2002, 74 ff.; *Lang* ZUM 2003, 150; *Stolzenburg-Wiemer* K&R 2002, 663; *Schack,* Urheber- und Urhebervertragsr[7] Rn. 624; *Donhauser* S. 145 f.; a. A. für eine neue Nutzungsart aufgrund gegenüber dem Video erweiterter Funktionalität die Vorinstanz LG München MMR 2001, 828, 829; *Reber* MMR 2001, 829; *Stieper/Frank* MMR 2000, 643; *Katzenberger* GRUR Int. 2003, 889, 893; Schricker/Loewenheim/ *Spindler*[5] Rn. 47) Auch hier liegt keine entscheidende Veränderung im Wesen der Werkauswertung vor: Wiedergabequalität, Verschleißfreiheit und höherer Bedienkomfort sind ausschließlich technischer Natur, ebenso wie der Übergang von analoger zu digitaler Technik. Dieser Gesichtspunkt allein kann auch deswegen keine Rolle spielen, weil es für den Verbraucher kaum erkennbar ist, welches der beiden Verfahren angewandt wird (OLG München GRUR 2003, 51, 53 f. – *Der Zauberberg*). Dass die DVD einen eigenständigen Massenmarkt geschaffen hat (so *Katzenberger* GRUR Int. 2003, 889, 898), darf angesichts der „Kannibalisierung" der Videokassette durch DVDs bezweifelt werden. Aus Sicht des Endverbrauchers ändern auch neue Interaktionsmöglichkeiten nichts daran, dass letztendlich auch nur der Film auf dem Bildschirm erscheint, zumal jene für die Kaufentscheidung eher Dreingabe darstellen werden, als für den Kunden ein entscheidendes Kriterium zu sein, der primär einen Film sehen will.

Danach sind auch direkt mit der DVD konkurrierende Formate wie **Blu-Ray** oder **HD-DVD** keine neuen Nutzungsarten nach § 31a (LG München I GRUR-RR 2011, 91 (Ls.), Sachverhalt und Gründe in Beck RS 2010, 24665; ohne Stellungnahme dazu Berufungsinstanz OLG München GRUR-RR 2011, 303, 304 – *Blue-Ray-Disc*). – Eine andere Frage ist allerdings, ob die Rechte für solche neuen substituierenden (und daher im Sinne des § 31a nicht unbekannten) Technologien von der Nutzungsrechtseinräumung erfasst werden, dazu ausführlich vgl. § 31 Rn. 130. Auch **3D-Video** fällt nicht unter § 31a; zum 3D-Fernsehen vgl. Rn. 36. – Als „**Stock Footage**" wird archiviertes digitales Filmmaterial bezeichnet, das in anderen Filmen zum Einsatz kommt; beispielsweise kann eine Landschaftsaufnahme aus einem Film in einen anderen Film integriert („gefootaged") werden. Hier gilt ähnliches wie beim Soundsampling im Musikbereich (vgl. Rn. 39): Damit eine neue Nutzungsart nach § 31a gegeben ist, muss nicht nur technisch, sondern auch wirtschaftlich eine neue Nutzungsform entstehen. Das Gleiche gilt für andere **digitale Ergänzungen von Filmen** wie z.B. die **digitale Komparserie**. Beispielsweise stellt das bloß vollständige Digitalisieren eines Archivfilms noch keine neue Nutzungsart dar, sofern nicht eine veränderte und bislang unbekannte Nutzungsmöglichkeit geschaffen wird. Klammerteilauswertungen sind schon lange bekannt. Insbesondere Bearbeitungen, die erst durch die Digitaltechnik möglich wurden und für die seitdem eine eigenständige Nachfrage besteht, können aber unter § 31a fallen, z.B. die Nutzung von Stock Footage in Computerspielen (vgl. Rn. 42a).

39 Im Bereich **Audio** ist die **Musik-CD** gegenüber der Vinylschallplatte – wie die DVD gegenüber der Videokassette – keine neue Nutzungsart (OLG Hamburg GRUR-RR 2002, 153, 157 f. – *Der grüne Tisch*; OLG Köln ZUM 2001, 166, 172 – *The Kelly Family*; LG Köln ZUM-RD 1999, 387 – *The Kelly Family*; LG München I ZUM 2009, 681, 685, allerdings im Rahmen von § 31 Abs. 5; *Castendyk* ZUM 2002, 332, 344; *Katzenberger* AfP 1997, 434, 440; *Rehbinder/Peukert*[17] Rn. 944; *Schack,* Urheber- und UrhebervertragsR[7] Rn. 624; wohl auch *Reber* GRUR 1998, 790, 796 **dagegen** und für eine neue Nutzungsart: KG NJW-RR 2000, 270; OLG Düsseldorf ZUM 2001, 164; *Fitzek* S. 105; *Wandtke* GRUR 2002, 1, 10; unsere 9. Aufl./*Hertin* §§ 31/32 Rn. 18; Wandtke/Bullinger/*Wandtke/Grunert*[4] Rn. 30 Dreier/Schulze/*Schulze*[5] Rn. 47; Schricker/Loewenheim/*Spindler*[5] Rn. 42). Wenn als Kriterien für eine neue Nutzungsart technische Gesichtspunkte wie etwa der Übergang von der analogen zur digitalen Abspieltechnik, das dadurch geminderte Rauschen, ein weiterer Umfang von Tonfrequenzen u. Ä. angeführt werden, so bezieht sich das allein auf die technische Ebene, nicht aber auf die kumulativ erforderliche wirtschaftliche Eigenständigkeit (unzutreffend daher OLG Düsseldorf ZUM 2001, 164, 166, das „schon unter technischen Gesichtspunkten" eine neue Nutzungsart bejaht). Entscheidend ist vielmehr, dass die Schallplatte durch die CD vom Markt verdrängt und substituiert wurde, sodass sie heute allenfalls noch ein Liebhaberstück darstellt. Insoweit spricht auch die Entscheidung des BGH *EROC III* (BGH GRUR 2003, 234, 236 – *EROC III*) gegen eine neue Nutzungsart (so auch *Krüger* FS Nordemann II S. 343, 348). Auch wenn das Gericht offen ließ, ob die CD im Vergleich zur Vinylschallplatte eine neue Nutzungsart i. S. d. § 31 Abs. 4 a. F. darstellt, war nach dem BGH jedenfalls zu beobachten, dass die CD die Vinylschallplatte wirtschaftlich mehr oder weniger vollständig substituiert habe. Dass die CD „technisch eine neue Nutzungsvariante" darstelle, sei unbeachtlich. Nach seiner eigenen Rechtsprechung liegt eine unbekannte Nutzungsart aber nicht vor, wenn die neue Nutzung die ursprüngliche Nutzung mehr oder weniger vollständig substituiert hat (vgl. Rn. 31). Dementsprechend stellt auch die Nutzung von Fotos auf **CD-Covern** zwar eine selbständige Nutzungsart nach § 31 Abs. 1 dar (OLG Hamburg GRUR 2000, 45, 47 – *Streicheleinheiten*), jedoch keine Nutzungsart gem.

§ 31a. – Das **Soundsampling**, also das digitale Erfassen von Musik und ihre vollständige oder teilweise Verwendung in unveränderter oder veränderter Form, kann nicht pauschal als neue Nutzungsart angesehen werden, weil Musik digitalisiert wurde (so aber Schricker/Loewenheim/*Spindler*[5] Rn. 43; Dreier/ Schulze/*Schulze*[5] Rn. 48). Vielmehr kommt es darauf an, ob eine nicht nur technisch, sondern auch wirtschaftlich neue Nutzungsform entsteht. Beispielsweise vermittelt das bloß vollständige Digitalisieren eines Musikstückes, ohne dass eine veränderte Nutzungsmöglichkeit geschaffen wird, keine hinreichend wirtschaftlich eigenständige Nutzung. Anders kann dies für die Nutzung in Form der Bearbeitung, insbesondere durch Verwendung kleinerer digitalisierter Teile liegen. Allerdings ist die Integration von Werkteilen in ein anderes Musikstück als solche schon lange bekannt (s. die Regelungen in § 24 Abs. 2 und in § 51 S. 2 Nr. 3).

Eine neue Nutzungsart liegt in der Auswertung von Musikwerken durch **Handyklingeltöne**. Technisch war die Nutzung von Musikwerken als Klingelton davor unbekannt. In wirtschaftlicher Hinsicht erfolgt keine Substitution. Vielmehr wurde qualitativ ein völlig neuer Markt erschlossen. Denn es steht nicht mehr das sinnlich-klangliche Erlebnis im Vordergrund, sondern die Nutzung als rein funktionales – soft sogar störendes – Erkennungszeichen, das nicht der Nutzer, sondern der Anrufer aktiviert (BGH GRUR 2009, 395, 397 Tz. 19 ff. – *Klingeltöne für Mobiltelefone II*; OLG Hamburg GRUR-RR 2002, 249, 251 – *Handy-Klingeltöne*). **40**

Music on demand und **video on demand** durch öffentliches Zugänglichmachen im Internet ist – entgegen der herrschenden Auffassung – nicht zwingend eine neue Nutzungsart gegenüber der CD bzw. der DVD (a. A. für music on demand *Wandtke/Schäfer* GRUR Int. 2000, 187, 189; *Sasse/Waldhausen* ZUM 2000, 837; *Schack*, Urheber- und UrhebervertragsR[7] Rn. 624; a. A. für video on demand: *Reber* GRUR 1998, 792, 796; *Schack*, Urheber- und UrhebervertragsR[7] Rn. 624; *Eberle* GRUR 1995, 790, 798; *Ernst* GRUR 1997, 592, 596; *v. Gamm* ZUM 1994, 591, 593; *Schwarz* ZUM 2000, 816, 828; *Drewes* S. 107 ff.; Schricker/Loewenheim/*Spindler*[5] Rn. 49; indifferenziert von „On-Demand-Angeboten im Internet" als neue Nutzungsart spricht RegE 2. Korb – BT-Drs. 16/1828, S. 33; genauso: Dreier/Schulze/*Schulze*[5] Rn. 52; **offen:** OLG München NJW-RR 1999, 988; **wie hier** dagegen *Hoeren* CR 1995, 710, 713). Zwar ist eine **technische Eigenständigkeit** gegeben, weil die Nutzung bei on demand technisch völlig anders abläuft als die Verbreitung von Trägermedien wie CD oder DVD. Jedoch deuten vorliegende Zahlen klar darauf hin, dass sich wirtschaftlich die Bedeutung von on demand zu einem großen Teil in einer Substitution der CD bzw. DVD erschöpft (das bezweifelnd Schricker/Loewenheim/*Spindler*[5] Rn. 49). Dann wäre eine **wirtschaftliche Eigenständigkeit** im Regelfall zu verneinen (BGH GRUR 2005, 937, 939 – *Der Zauberberg).* Für eine temporär begrenzte, aber beliebig häufige Nutzung kommt eine Substitution der Trägervermietung in Betracht, wie sie insbesondere im DVD-Bereich üblich ist. Eine solche Substitutionswirkung ist auch zu erwägen für reine **Streaming**angebote, die nur die einmalige Nutzung erlauben, weil gemietete DVDs eben im Regelfall nur einmalig angesehen werden. Eine wirtschaftliche Eigenständigkeit könnte auch fehlen für den Download zur permanenten und beliebig häufigen Nutzung, die seine wirtschaftliche Entsprechung im CD-Verkauf (vor allem Musik) bzw. DVD-Verkauf (vor allem Film) hat. Jedenfalls im Filmbereich wird der permanente Download deshalb auch konsequent „Electronic Sell Through" (EST) genannt. Für eine Substitution spricht im Filmbereich außerdem, dass die Auswertungsfenster für den temporären Download, das Streaming und den permanenten Download dem Auswertungsfenster für Vermietung bzw. Verkauf häufig entsprechen (vgl. Vor §§ 88 ff. Rn. 90). Auch im Musikbereich unterscheiden sich die Auswertungszeiten von Trägermedien **41**

und on demand nicht. Nach dem gegenwärtigen Erkenntnisstand sprechen die bestehenden qualitativen und wirtschaftlich relevanten Unterschiede (z. B.: ständige und sofortige Verfügbarkeit online gegen Öffnungszeiten und Wege bei Vermietung und Verkauf; Erschöpfung der Rechte bei Verbreitung von Trägermedien gegen fehlende Erschöpfung bei Online-Nutzung, dazu vgl. § 31 Rn. 15 ff.) auch nicht entscheidend für eine wirtschaftliche Eigenständigkeit. **Anders** ist es aber, wenn noch gar kein eigenständiger Markt für die separate Nutzung auf Trägermedien bestand und **erst die On-Demand-Nutzung auf individuellen Abruf eine Nutzung eröffnet.** Dies sollte insbesondere auf die Online-Archivierung von Fernsehsendungen zutreffen, deren Vertrieb auf Trägermedien nicht wirtschaftlich lohnend ist, die jedoch on demand vertrieben werden können. Beispiele sind kürzere Sendungen, insb. **Nachrichten- oder politische Magazinsendungen von zeitgeschichtlichem Interesse** (z. B. aus den 1970er Jahren), die auf Trägermedien separat nicht vermarktbar wären (LG Berlin ZUM 2014, 251, 254 – *Talkshow*). Ein anderes Beispiel sind **Theaterstücke**, die auf Video/DVD nicht vertrieben wurden, aber On-Demand angeboten werden. Hier liegt eine hinreichende wirtschaftliche Eigenständigkeit vor.

42 Auch für **Text und Foto** kann danach nicht generell gesagt werden, dass die Digitalisierung allgemein eine neue Nutzungsart darstellte (so aber Dreier/Schulze/*Schulze*[5] Rn. 49; Schricker/Loewenheim/*Spindler*[5] Rn. 46). Ebenso wenig gilt das für die Online-Nutzung (so aber *Reber* GRUR 1998, 792, 797; zu wenig differenziert auch Dreier/Schulze/*Schulze*[5] Rn. 52 f.). Es kommt auf die konkrete Nutzung und insbesondere auf deren wirtschaftliche Eigenständigkeit an (Substitutionswirkung). Neue Nutzungsarten sind **Unternehmenspräsentationen im Internet** wegen der Interaktivität und der direkten Kommunikationsmöglichkeiten. Die Nutzung von **Beiträgen** und **Fotos aus Zeitungen und Zeitschriften** auf einer **Website/www-Homepage im Internet** ist eine neue Nutzungsart (OLG Hamburg ZUM 2005, 833 – *Yacht-Archiv*; OLG Hamburg NJW-RR 2001, 123 – *digitaz*; KG AfP 2001, 406, 410; *Wilhelm Nordemann/Schierholz* AfP 1998, 365, 367; *Rehbinder/Lausen/Donhauser* UFITA 2000, 395, 403). Die Online-Ausgaben substituieren die Print-Ausgaben im Regelfall nicht, sondern ergänzen sie; ferner sind neue Nutzungsmöglichkeiten wie Archivabruf oder Verlinkung eröffnet. Ähnliches gilt für eine Nutzung als **ePaper**, das in vielen Abonnements zum Papierabonnement (nicht substituierend) hinzu gebucht werden kann. Neue Nutzungsarten können auch angenommen werden für andere Inhalte wie z. B. **Buchinhalte**, die auf individuellen Abruf im Internet verfügbar gemacht werden (VG Wort, Tarif für zuvor in gedruckter Form verlegte Sprachwerke, 2010). Damit sind auch **Online-Datenbanken**, die aus Texten (z. B. aus Zeitschriftenartikeln, Buchinhalten etc.) bestehen, neue Nutzungsarten. Solche Datenbanken substituieren das Buchgeschäft im Regelfall schon deshalb nicht, weil – anders als bei ebooks – das Buch nicht komplett, sondern nur in Teilen abrufbar ist. Eine etwas stärkere Substitutionswirkung besteht für Zeitschriften, vor allem im Abonnement; dennoch wird das Zeitschriftenabonnement, insbesondere der Bezug des einzelnen Heftes, nicht zwingend ersetzt. Keine neue Nutzungsart ist hingegen die Online-**Volltextsuche in digitalisierten Büchern zur Bewerbung** des Absatzes der gedruckten Buchausgabe, weil hier noch nicht einmal eine eigenständige Nutzungsart nach § 31 Abs. 1 vorliegt (vgl. § 31 Rn. 156). Internetgestützte Nutzungen, nachdem sie bekannt sind, werden nicht dadurch zu vormals unbekannten Nutzungsarten, weil sie mobil erfolgen können („**Mobiles Internet**"). Allein die technische Eigenständigkeit ist nicht genügend; an einer wirtschaftlichen Eigenständigkeit wird es aber im Regelfall wegen Substitution der stationären Internetnutzung fehlen; z. B. ersetzt der mobile Abruf einer juristischen Datenbank von unterwegs deren stationäre Nutzung, der Jurist erspart sich nur den Weg zu einem stationären Internetanschluss. **CD-ROM oder DVD für Text und Fotos** ist im

Vergleich zu Printmedien und Mikrofiche neue Nutzungsart (OLG Hamburg ZUM 1999, 78, 79; *Wandtke* GRUR 2002, 1, 10; *Castendyk* ZUM 2002, 332, 346; *Reber* GRUR 1998, 792, 796; *Loewenheim* GRUR 1996, 830, 835; *Wilhelm Nordemann/Schierholz* AfP 1998, 365, 367; *Schack*, Urheber- und UrhebervertragsR[7] Rn. 624; Schricker/Loewenheim/*Spindler*[5] Rn. 45; VG Wort, § 1 Abs. 2 Tarif für die On-Demand-Nutzung von zuvor in gedruckter Form verlegten Sprachwerken, 2010; a.A. *Hoeren* CR 1995, 710, 712). Der BGH hat bei einer Prüfung des § 31 Abs. 5 Gründe genannt, die auch die Begründung einer neuen Nutzungsart nach § 31 Abs. 4 tragen (BGH GRUR 2002, 248, 251 – *Spiegel CD-ROM*): Die wirtschaftliche Eigenständigkeit liegt vor wegen der neuen Möglichkeit einer multimedialen Präsentation und quali-fizierten Suchfunktionen, die etwa bei Jahresausgaben gegenüber den aufbe-wahrten Print- oder Mikroficheausgaben eine entscheidende qualitative Ände-rung der Werknutzung ermöglichen (ferner LG Hamburg AfP 1998, 944; *Katzenberger* AfP 1997, 434, 440; a.A. *Hoeren* CR 1995, 710, 712). Jahr-gangsbände von Zeitschriften auf CD-ROM haben im Vergleich zu Druckaus-gabe oder Mikrofiche ein ganz anderes Marktpotential, auf platzsparende Weise das Sammelbedürfnis zu befriedigen (dazu auch *Feldmann* ZUM 2002, 210). Nicht neu sind **publishing on demand** und **print on demand**, da lediglich die Herstellung von Werkexemplaren durch einen Verleger beschleunigt und vereinfacht ist, der Nutzer aber letztlich immer noch sein körperliches Werk-stück erhält (Loewenheim/*Jan Bernd Nordemann*[2] § 64 Rn. 96). Für die Ein-ordnung von **ebooks** gilt Folgendes: an der technischen Eigenständigkeit beste-hen zwar keine Zweifel. Es kommt darauf an, ob eine hinreichende wirtschaftliche Eigenständigkeit gegeben ist. Dafür muss präzisiert werden, was unter ebooks verstanden wird. Datenbanknutzungen (online oder offline) vor allem wissenschaftlicher Bücher (dazu oben) sind keine ebook-Nutzungen, weil hier nicht der Erwerb des kompletten Buches im Vordergrund steht. Zielt die elektronische Nutzung jedoch auf eine Nutzung des kompletten Buches, deutet einiges auf eine neue Nutzungsart hin: unterschiedliche Vertriebswege (Buchhandel gegen Online); andere Produkteigenschaften einer elektronischen Kopie, die im Gegensatz zu einem Papierbuch nichts wiegt, sodass der Leser auf seinem Endgerät hunderte von Büchern ständig bei sich tragen kann. Sollte das ebook das Papierbuch nicht nennenswert substituieren, spräche auch das für eine hinreichende wirtschaftliche Eigenständigkeit (für eine neue Nutzungs-art Loewenheim/*Nordemann-Schiffel/Jan Bernd Nordemann*[2] § 64 Rn. 97; Bröcker/Czychowski/Schäfer/*Czychowski* § 13 Rn. 219; Schricker/Loewen-heim/*Spindler*[5] Rn. 49; auch *Graef* E. Rn. 176 ff., der allerdings keinen Unter-schied zwischen Nutzungsarten nach § 31 und nach § 31a macht, vgl. Rn. 21) Die VG Wort (§ 1 Abs. 2 Tarif für die On-Demand-Nutzung von zuvor in gedruckter Form verlegten Sprachwerken, 2010) behandelt ebooks als früher unbekannte Nutzungsart.

Die Nutzung von Werken für **Computerspiele** hat in einigen Fällen eine neue Nutzungsart gem. § 31a hervorgebracht. Als hinreichend wirtschaftlich selb-ständig wird man die Verwendung von urheberrechtlich geschützten Werken in **virtuellen Welten** („**Second Life**") ansehen können, beispielsweise eines urhe-berrechtlichen geschützten Bauwerkes (s. zur virtuellen Erstellung des Kölner Doms aus Fotos LG Köln ZUM 2008, 533, dort allerdings zu § 2 UrhG) oder eines Werkes der angewandten oder bildenden Kunst; eine Substitution mit der Nutzung in der realen Welt findet hier nicht statt. Auch die Nutzung von **Schriftwerken als Story** für Computerspiele sollte im Regelfall früher eine un-bekannte Nutzungsart gewesen sein. Das Gleiche gilt für die Nutzung von digitaler **Stock Footage** aus Filmen (vgl. Rn. 38). Bloße technische Verbesserun-gen einer schon bekannten Technologie im Bereich der Computerspiele sind jedoch nicht zwingend eine neue Nutzungsart im Sinne des § 31a. Ein Beispiel

42a

ist die Nutzung in Form der **Virtual Reality** („**VR**"), wenn dies so verstanden wird, dass ein Bildschirm (z. B. über eine VR-Brille) direkt vor den Augen installiert wird; das erzeugte dreidimensionale Bild ändert sich mit der Kopfbewegung (eingehend *Franz* ZUM 2017, 207 ff.). Wird damit eine schon bekannte Nutzungsform lediglich technisch verbessert, ist eine wirtschaftliche Eigenständigkeit (vgl. Rn. 30 ff.) nicht gegeben, weil Virtual Reality insoweit andere weniger fortschrittliche Nutzungen substituiert (zutreffend *Franz* ZUM 2017, 207, 211 ff.). Eine neue Nutzungsart durch Virtual Reality ist jedoch dort möglich, wo sie für das Werk die Möglichkeit der Nutzung in Computerspielen oder anderen virtuellen Anwendungen überhaupt erst ernsthaft aufschließt oder wesentlich wirtschaftlich erweitert, z. B. weil ohne VR-Technologie wirtschaftlich keine relevante Nutzungsmöglichkeit bestand.

42b Vor allem **Werke der angewandten Kunst** lassen sich im Wege des **3D-Drucks** (**3D Printing**, auch **Additive Manufacturing**) nutzen. Beispiele sind Schmuck oder künstlerische Haushaltsgegenstände (allgemein zum 3D-Druck: *Jan Bernd Nordemann/Rüberg/Schaefer* NJW 2015, 1265). Technisch ist das 3D-Druck-Verfahren eigenständig, weil das Werk als Druckdatei digitalisiert wird und es damit technisch neuartig weltweit verteilt (z. B. Download, Email) werden kann. Außerdem erlaubt der 3D-Druck in viel stärkerem Maße eine Individualisierung der Produktion. Fraglich ist aber die wirtschaftliche Eigenständigkeit. Sofern das digitalisierte Werk (z. B. der angewandten Kunst) zum Ausdruck des Produkts genutzt wird, entsteht ein Substitut eines herkömmlich hergestellten Werkes, so dass keine hinreichende wirtschaftliche Eigenständigkeit gegeben sein sollte. Etwas anderes kann aber gelten, wenn die Produkt-Datei zu anderen Zwecken eingesetzt wird, insbesondere in virtuellen Welten (vgl. Rn. 42a) oder ein neuer Markt ohne Substitution erschlossen wird, z. B. durch die Ermöglichung des Ausdrucks von Werken der angewandten Kunst für Endverbraucher durch Foodprinter in verzehrbarer Form.

43 **e) Unbekanntheit: – aa) Kriterien:** Der BGH hat für § 31 Abs. 4 a. F. bislang offen gelassen, ob die objektivierte Sicht der Allgemeinheit, eines durchschnittlichen Urhebers oder der beiden Vertragspartner **Maßstab** ist (BGH GRUR 1991, 133, 136 – *Videozweitauswertung*). Gegen die Sicht der konkreten Vertragsparteien spricht, dass eine gewisse Typisierung für die Rechtssicherheit notwendig erscheint. Der Sinn des § 31a, den Urheber vor einer endgültigen Rechtevergabe für noch nicht überschaubare Nutzungsarten zu schützen (vgl. Rn. 1 ff.), erfordert zwingend seine Einbeziehung. Allerdings dürfen auch die Interessen der Vertragspartner und der Allgemeinheit nicht völlig ausgeblendet werden (vgl. Rn. 4). Maßgeblich ist daher der **objektivierte durchschnittliche Urheber** der entsprechenden Werkgattung (Loewenheim/*Loewenheim/Jan Bernd Nordemann*[2] § 26 Rn. 49; Dreier/Schulze/*Schulze*[5] Rn. 29; Wandtke/Bullinger/*Wandtke/Grunert*[4] Rn. 22; Schricker/Loewenheim/*Schricker*[5] Rn. 30 m. w. N.; für § 31 Abs. 4 a. F. genauso: *Castendyk* ZUM 2002, 332, 342; mit leicht individueller Tendenz hingegen OLG Köln MMR 2003, 338, 339 – *Filmmusik*, wonach bei professionellen Urhebern die maßgeblichen Verkehrskreise Kenner der Branche und nicht durchschnittliche Laien sind).

44 Eine Nutzungsart ist demnach **bekannt**, wenn sie zur Zeit des Vertragsschlusses dem durchschnittlichen Urheber der maßgeblichen Verkehrskreise zwar **nicht in allen Einzelheiten**, aber doch als praktisch durchführbare eigenständige Nutzungsart geläufig ist. Die Kenntnis der **technischen Möglichkeit** allein **reicht nicht**; vielmehr muss auch die **wirtschaftliche Bedeutung und Verwertbarkeit** erkennbar sein (BGH GRUR 1995, 212, 213 – *Videozweitauswertung III*; BGH GRUR 1991, 133, 136 – *Videozweitauswertung*). Bekanntheit ist also nicht gegeben, wenn sich die neue Nutzungsform erst in der Phase der Planung, Entwicklung oder der Erprobung ohne jeglichen praktischen Bezug befindet, ebenso wenig, wenn sich die Kenntnis der wirtschaftlichen Möglichkeiten noch auf Fachkreise beschränkt. Indizien für die Kenntnis in Urheberkreisen können etwa die erkennbare Schaffung neuer Absatzwege und die Vertragsgestaltung sein. Bekanntheit tritt nicht erst mit dem tatsächlichen wirtschaftlichen Erfolg ein (BGH GRUR 1997, 464, 465 – *CB-infobank II*).

In **zeitlicher** Hinsicht ist auf den **Vertragsschluss** abzustellen. Das gilt auch **45** bei Nachtragsvereinbarungen, solange der materielle Umfang der Werknutzung nicht in Rede steht (OLG Hamburg ZUM 2005, 833, 837 – *Yacht-Archiv*). Wenn aber bei einem laufenden Filmabonnementvertrag eine jährliche Übersendung von sog. Freigabedokumenten mit **Bestätigung** der unbeschränkten **Nutzung** erfolgt, dann ist wegen der damit jeweils – aus dem praktischen Bedürfnis, die vertraglichen Regelungen dem technischen Fortschritt anzupassen – verbundenen **vertragsändernden** Wirkung auf diese abstellen (OLG Köln MMR 2003, 338 – *Filmmusik*).

bb) **Risikogeschäfte:** Für § 31 Abs. 4 a. F. war anerkannt, dass auf sog. Risiko- **46** geschäfte die Bestimmung keine Anwendung finden sollte. Auch für § 31a erscheint das als sinnvoll (*Klöhn* K&R 2008, 77, 81; HK-UrhR/*Kotthoff*[3] Rn. 9; Dreier/Schulze/*Schulze*[5] Rn. 30; *Rehbinder/Peukert*[17] Rn. 943; wohl auch *Schack*, Urheber- und UrhebervertragsR[7] Rn. 625; a. A. *Wille* AfP 2008, 575, 576; Schricker/Loewenheim/*Spindler*[5] Rn. 32). Insbesondere das Widerrufrecht kann einschneidende Folgen für den Verwerter nach sich ziehen. Ein Risikogeschäft liegt vor, wenn drei Voraussetzungen erfüllt sind (BGH GRUR 1995, 212, 214 – *Videozweitauswertung III*; OLG München NJW-RR 1998, 335, 336; Loewenheim/*Jan Bernd Nordemann*[2] § 60 Rn. 37; krit. *Wandtke/Schäfer* GRUR Int. 2000, 187, 188): **Erstens** muss es sich um ein Geschäft über eine technisch bekannte, aber wirtschaftlich noch bedeutungslose (und damit in ihrer wirtschaftlichen Bedeutung noch nicht einschätzbare) Nutzungsart handeln. **Zweitens** muss die in Rede stehende Nutzungsart ausdrücklich und konkret im Vertrag aufgeführt sein. Konkludentes Handeln oder eine Vertragsauslegung scheiden also aus. Es genügt ferner nicht eine Wendung wie „für alle bekannten Nutzungsarten". Dem BGH reichte allerdings bei der Videoauswertung als neue Nutzungsart die Formulierung „im Wege audiovisueller Verfahren" (BGH GRUR 1995, 212, 214 – *Videozweitauswertung III*). Die neue Nutzungsart ist **drittens** konkret zu erörtern und damit erkennbar zum Gegenstand von Leistung und Gegenleistung zu machen. Das widerspricht allerdings der grundsätzlich nach der Rechtsprechung (BGH a. a. O.) bestehenden Möglichkeit formularvertraglicher Regelung (Loewenheim/*Jan Bernd Nordemann*[2] § 60 Rn. 37). Denn unter „Erörtern" ist eine eingehende Besprechung oder Diskussion zu verstehen, mithin ein persönlich geführter Gedankenaustausch (BGH GRUR 1995, 212, 214 – *Videozweitauswertung III*). Für die Vertragsgestaltung ist ratsam, dass die eingehende Erörterung in einem separaten Schriftstück, das zudem noch individuell formuliert sein muss, festgehalten wird z. B. in einem Briefwechsel, der dem Vertrag als Anlage beigefügt wird. Mündliche Erörterungen sollten – z. B. in Protokollform – schriftlich festgehalten und dem Vertrag als Anlage beigegeben werden. – Vergütungsnachforderungen des Urhebers nach § 32a bleiben auch bei Risikogeschäften möglich (*Rehbinder/Peukert*[17] Rn. 943).

cc) **Zeitpunkt des „Bekanntseins" nach Einzelfällen: Fernsehübertragungen** **47** sind bekannt seit ca. 1939, zumindest als Risikogeschäft (BGH GRUR 1982, 727, 729 – *Altverträge*; anders wegen dessen enormer wirtschaftlicher Bedeutung LG Berlin GRUR 1983, 438, 440 – *Joseph Roth*). **Kabel- und Satellitenübertragungen** sind seit Mitte der 1970er Jahre bekannt, **Pay-TV** (sofern neue Nutzungsart, vgl. Rn. 37) noch nicht in den Jahren 1981 bis 1989, wohl aber um den 28.2.1991 wegen des Sendebeginns des Bezahlsenders Premiere (LG

Hamburg GRUR-RR 2016, 68, 70 – *Hallo Spencer*; ähnlich *Ernst* GRUR 1997, 592, 596). Das Gleiche sollte für **Pay per View** gelten. Die Zweitauswertung von Filmen durch **Video** war jedenfalls 1968 unbekannt (BGH GRUR 1991, 133, 136 – *Videozweitauswertung*), angeblich auch noch 1975 (OLG München ZUM-RD 1997, 354, 357). 1977 war Video bekannt (BGH GRUR 1995, 212, 213 – *Videozweitauswertung III*; zustimmend BGH GRUR 2012, 496 Tz. 51 – *Das Boot*, unter Bezugnahme auf die tatsächlichen Feststellungen in *Videozweitauswertung III*; a. A. OLG München ZUM 1989, 146, 148), in jedem Fall 1980/81 (BGH GRUR 2012, 496 Tz. 51 – *Das Boot*). Die VG Wort (§ 1 Abs. 3 Tarif für die On-Demand-Nutzung von Bühnenwerken, 2010) geht für die Nutzung von Bühnenwerken auf Video/DVD vom 1.1.1978 als Bekanntheitszeitpunkt aus. Die **3D-Technik** ist keine neue Nutzungsart (vgl. Rn. 63); bekannt ist die Technologie spätestens seit der IFA in Berlin 2009. Das **Musikvideo** soll bis 1980 unbekannt gewesen sein (unsere 9. Aufl./*Hertin* §§ 31/32 Rn. 15). **Video on Demand** ist seit 1995 bekannt (OLG München ZUM 1998, 413, 416; zu Unrecht kritisch *Lauktien* MMR 1998, 369, 371: höchstens als Risikogeschäft; auch *Drewes* S. 128: 1997 als Zeitpunkt), weil zu diesem Zeitpunkt das öffentliche Zugänglichmachen von Werken aller Art bekannt war (so für das Internet allgemein OLG München GRUR-RR 2004, 33, 34 – *Pumuckl-Illustrationen*; s. a. OLG Hamburg NJW-RR 2001, 123, 124 – *digitaz*; VG Wort, § 1 Abs. 3 Tarif für die On-Demand-Nutzung von Bühnenwerken, 2010, geht insoweit vom 1.1.1996 aus). Als zutreffender Zeitpunkt scheidet jedenfalls 2000 offensichtlich aus (so aber Wandtke/Bullinger/*Wandtke*/*Grunert*[4] Rn. 45), wenn sich 1998 schon das OLG München mit der Nutzungsart befasste. **Music on Demand** ist ebenfalls seit 1995 bekannt (*Sasse*/*Waldhausen* ZUM 2000, 837; *Drewes* S. 128; dem folgend *Schack*, Urheber- und UrhebervertragsR[7] Rn. 624; anders aber Wandtke/Bullinger/*Wandtke*/*Grunert*[4] Rn. 45 und Dreier/Schulze/*Schulze*[5] Rn. 52: allgemein erst ab 2000). **Stock Footage im Film**, eine Art filmisches Soundsampling, das unter bestimmten Voraussetzungen unter § 31a fällt (vgl. Rn. 38), ist seit spätestens 2008 bekannt; einfache Klammerteilverwertung war es schon bei in Kraft treten des UrhG 1966.

48 Die **CD** – sofern als unbekannte Nutzungsart anzuerkennen – war unbekannt bis 1976 (OLG Hamburg GRUR-RR 2002, 153, 156 f. – *Der grüne Tisch*), bis 1979 (KG ZUM 2000, 164), wohl auch noch bis 1982 (OLG Düsseldorf ZUM 2001, 164). Das **Sampling** von Musik als digitale Verarbeitung und Einarbeitung in neue Werke war bis Mitte der 1980er nicht bekannt (unsere 9. Aufl./*Hertin* §§ 31/32 Rn. 18). **Handyklingeltöne** waren 1996 und auch noch im Jahr 1999 unbekannt (OLG Hamburg GRUR-RR 2002, 249, 250 ff., von BGH GRUR 2009, 395, 397 Tz. 19 – *Klingeltöne für Mobiltelefone I* nicht beanstandet).

49 Die Herausgabe von **Printmedien** auf **CD-ROM** soll bei **Zeitungen** ab 1988 bekannt sein, weil bereits in diesem Jahr erste CD-ROMs auf dem Markt erschienen (LG Hamburg CR 1998, 32; *Katzenberger* AfP 1997, 434, 440). Als weitere Daten werden vertreten 1989 (*Reber* ZUM 1998, 481), jedenfalls 1993/94 (KG MMR 1999, 727; unsere 9. Aufl./*Hertin* §§ 31/32 Rn. 18; *Drewes* S. 131; VG Wort, § 1 Abs. 2 Tarif für zuvor in gedruckter Form verlegte Sprachwerke: 1.1.1993). Bei der CD-ROM als Trägermedium sollte aber nach den Nutzungsmöglichkeiten und Inhalten differenziert werden (so auch Wandtke/Bullinger/*Wandtke*/*Grunert*[4] Rn. 36). CD-ROMs mit digitalisierten Fotos waren bis 1993 unbekannt (OLG Hamburg MMR 1999, 225). Die Mitte der 1990er Jahre dürfte auch bei technisch aufwändigeren CD-ROMS mit Recherchefunktion und Verlinkung die Bekanntheitsschwelle bilden. Reine Volltext-CD-ROMS ohne Recherchetools, insbesondere bei Fachzeitschriften, waren schon früher ab ca. 1989 bekannt (*Fitzek*, Die unbekannte Nutzungsart,

2000, 215 f.; a. A. *Drewes* S. 130). Sofern **ebooks** eine neue Nutzungsart darstellen, kann sie seit 1.1.2000 als bekannt angesehen werden (VG Wort, § 1 Abs. 2 Tarif für zuvor in gedruckter Form verlegte Sprachwerke, 2010; *Graef* E. Rn. 179; Loewenheim/*Jan Bernd Nordemann*² § 64 Rn. 97; Bröcker/Czychowski/Schäfer/*Czychowski* § 13 Rn. 219). Das gilt auch für **Online-Datenbanken**, die aus **ebooks** bestehen. Der Bekanntheitszeitpunkt für die **Internetnutzung** von sonstigen **Schrift- und Lichtbildwerken** (insbesondere journalistischen Beiträgen) zum individuellen Abruf ist etwas umstritten. Hier läuft die Bekanntheit von neuen Nutzungsarten für die aktuelle Ausgabe (z. B. **Zeitungswebsite, ePaper**) grundsätzlich parallel mit der Bekanntheit von **Online-Datenbanken** (**Archive**). 1980 (OLG Hamburg NJW-RR 2001, 123 – *digitaz*) und auch noch 1984 (OLG Hamburg ZUM 2005, 833, 836 – *Yacht-Archiv*) war eine solche Nutzung unbekannt, während das OLG Hamburg 1993 als Bekanntheitszeitpunkt zuneigt (OLG Hamburg ZUM 2005, 833 – *Yacht-Archiv*, unter Hinweis auf *Wilhelm Nordemann/Schierholz* AfP 1998, 365, die Bekanntwerden 1995 annehmen, letztlich vom OLG offen gelassen), die VG Wort vom 1.1.1995 ausgeht (VG Wort, § 1 Abs. 2 Tarif für zuvor in gedruckter Form verlegte Sprachwerke, 2010) und das KG 1996 als Zeitpunkt für das Bekanntwerden sieht (KG AfP 2001, 406, 410). Teilweise wird in der Literatur Bekanntheit sogar ab 1984 bejaht (*Katzenberger* AfP 1997, 434, 440; *Rath-Glawatz/Dietrich* AfP 2000, 222, 226), was indes die wirtschaftliche Bedeutung außer Acht lässt, die im Jahr 1986 jedenfalls noch nicht gegeben war (OLG Hamburg ZUM 2005, 833, 836 – *Yacht-Archiv*). Anders die **Digitalisierung von Bildern**, die eine Aufnahme in ein Archiv oder die elektronische Bearbeitung oder Einarbeitung in andere Werke (picture sampling) ermöglicht; sie ist grundsätzlich ab 1988 bekannt (*Maaßen* ZUM 1992, 338, 349). Jedoch muss ggf. weiter nach wirtschaftlichen Anwendungsbereichen differenziert werden (hierzu *Schulze* GRUR 1994, 855, 864). Die reine Speicherung von Bildern in digitaler Form hält das OLG München schon 1987 für bekannt (OLG München ZUM 1998, 413, 416), Online-Bilddatenbanken sollten ab Mitte der 1990iger Jahre bekannt sein. **Computerspiele** (vgl. Rn. 42a zum Vorliegen einer neuen Nutzungsart) gibt es seit den 1980iger Jahren; einige neue Nutzungsarten sind jedoch erst später entstanden, z. B. virtuelle Welten ("Second Life") oder Virtual Reality; für **Virtual Reality** sollte von einem Bekanntheitszeitpunkt 2012 für Spiele ausgegangen werden (s. *Franz* ZUM 2017, 207, 213), andere Anwendungen sind möglicherweise noch unbekannt. Für 3D Druck (vgl. Rn. 42b) ist eine einheitliche Aussage schwierig zu treffen; die Technologie besteht schon seit den 1980iger Jahren, hatte jedoch ihren ersten Durchbruch erst Anfang der 2000er, wobei noch nicht alle Anwendungsformen bis heute erkannt erscheinen.

f) Rechtsfolge (Schriftform): Der von § 31a Abs. 1 S. 1 angeordneten Schriftform wird genügt, wenn die Unterschrift beider Vertragsparteien auf derselben Urkunde oder wechselseitige Ausfertigungen (**§ 126 Abs. 2 BGB**) erfolgen. Ein Briefwechsel, eine einseitige Erklärung, ein Bestätigungsschreiben oder ein **Telefax** reichen nicht. Die elektronische Form nach **§ 126a BGB** wahrt jedoch die Schriftform (§ 126 Abs. 3 BGB), nicht aber die Textform gem. **§ 126b BGB** (zu Recht *de lege lata* kritisch *Berger* GRUR 2005, 907, 909; dagegen Schricker/Loewenheim/*Spindler*⁵ Rn. 64). Genügend zur Wahrung der Schriftform sind Rechteklauseln, die in einem ausdrücklich **im Vertrag bezeichneten Anhang** enthalten sind; einer gesonderten Gegenzeichnung solcher Anlagen bedarf es nicht, wenn sie dem Vertrag "zweifelsfrei" zugeordnet sind (BGH NJW 2007, 3202 Tz. 17 m. w. N. zum Mietrecht). Fraglich ist, ob die **bloße Bezugnahme** des schriftlichen Vertrages **auf anderweitige Regelungen** genügend ist, die nicht als Anlage beigefügt und nicht besonders unterschrieben sind. Hier kommt es darauf an, ob Irrtümer des Urhebers über die Erstreckung seiner

50

Rechtseinräumung auf unbekannte Nutzungsarten ausgeschlossen werden können; sie müssen deshalb im Regelfall ausdrücklich erörtert worden sein (im Ergebnis ebenso für den Übertragungszweckgedanken und die Einräumung unbekannter Rechte BGH GRUR 2011, 714 Tz. 40 – *Der Frosch mit der Maske*; zur Kritik hieran vgl. § 31 Rn. 173). Sofern bestehende Verträge um Rechte an unbekannten Nutzungsarten ergänzt werden sollen, muss nur die **Vertragsergänzung** schriftlich abgefasst werden. Nicht nur die Rechtseinräumung als solche muss schriftlich erfolgen, sondern auch damit zusammenhängende **Abreden, die den Zuschnitt des Rechts ausmachen**, also z. B. Ausschließlichkeit (§ 31 Abs. 3), Weiterübertragbarkeit (§ 34) oder das Recht zur Unterlizensierung (§ 35). Teilweise wird auch gefordert, die Vergütungsregelung für die Einräumung der künftigen Rechte müsse auch schriftlich erfolgen (Schricker/Loewenheim/*Spindler*[5] Rn. 66), was § 31a allerdings nicht hergibt.

51 Ein Verstoß gegen diese gesetzliche Formvorschrift (§ 126 BGB) führt zur **Nichtigkeit gemäß § 125 BGB.** Eine Heilung scheidet aus. Allein eine erneute Vornahme oder ggf. Bestätigung (§ 141 BGB) sind denkbar. Etwas anderes gilt allerdings **nach Bekanntwerden der Nutzungsart,** weil dann kein Schriftformgebot mehr besteht. Dann kann nach den allgemeinen Regeln (insbesondere § 31 Abs. 5) auch ohne Wahrung der Schriftform eine Einräumung erfolgen. Zum Widerrufsrecht vgl. Rn. 56.

52 Es dürfte bei Verträgen über Nutzungsrechtseinräumungen die Regel sein, dass Einräumungen und Verpflichtungen, die nach § 31a formbedürftig sind, mit formfreien Einräumungen bzw. Verpflichtungen kombiniert werden. Ein Beispiel wäre die formfreie Einräumung aller bekannten Buchrechte in einem Verlagsvertrag neben einer formbedürftigen Einräumung aller unbekannten Buchnutzungsrechte. In solchen Fällen muss bei fehlender Schriftform von **Teilnichtigkeit** ausgegangen werden. Das Schicksal des Restvertrages beurteilt sich grundsätzlich nach den Bestimmungen des § 139 BGB für die Wirksamkeit von teilnichtigen Verträgen. Danach ist von Gesamtnichtigkeit auszugehen, wenn nicht anzunehmen ist, dass das Rechtsgeschäft auch ohne den nichtigen Teil abgeschlossen worden wäre. Entscheidend ist dabei der (**hypothetische**) **Wille der Parteien.** Stellen die verbleibenden Teile des Vertrages keine "sinnvolle" Regelung mehr dar, liegt Gesamtnichtigkeit nahe. Genauso verhält es sich, wenn Verpflichtungen, von denen eine nichtig ist, in einem derart engen Zusammenhang stehen, dass mit der Unwirksamkeit der einen auch die Wirksamkeit der anderen Klausel entfallen muss (s. BGH NJW 1992, 2888 – *Freistellungsende bei Wegenutzungsrecht*). In aller Regel wird danach der formfreie Teil bestehen bleiben können, weil die Parteien bei Vertragsschluss unbekannten Nutzungsarten kaum eine derart entscheidende Bedeutung für das Schicksal des Vertrages zubilligen werden. Unabhängig von den Wertungen nach § 139 BGB bzw. einer salvatorischen Klausel kann eine Wirksamkeit nicht angenommen werden, wenn die Aufrechterhaltung des Restvertrages aus anderen Rechtsgründen eine Nichtigkeit erfordert, z. B. wegen sittenwidriger Übervorteilung der einen Seite gemäß § **138 BGB** (BGH GRUR 1994, 463, 465 – *Pronuptia II*; zur beschränkten Anwendung des § 138 BGB wegen § 32 vgl. § 32 Rn. 152) oder wenn der **Sinn der Anwendung des** § **31a** eine Nichtigkeit gebietet (zur parallelen Argumentation z. B. im Kartellrecht OLG Düsseldorf WuW/E DE-R 854, 863 – *Stadtwerke Aachen*; ferner BGH GRUR 1994, 463, 465 – *Pronuptia II* sowie OLG Düsseldorf WuW/E DE-R 661, 663 – *Tennishallenpacht*).

53 **g) Formulierung der Rechtseinräumung für unbekannte Nutzungsarten; AGB:**
Wegen der Warnfunktion des § 31a dürfte es nicht möglich sein, ohne die **ausdrückliche Erwähnung** „unbekannter" Nutzungsarten von einer ausreichenden schriftlichen Gestattung auszugehen (so auch *Schulze* UFITA 2007, 641, 661;

ähnlich *Wandtke* FS Loewenheim S. 393, 395: Mindestmaß an Erkennbarkeit aus den schriftlichen Formulierungen; großzügiger Schricker/Loewenheim/*Spindler*[5] Rn. 61, der bei Einräumung „aller" Nutzungsarten auch die Schriftform gewahrt sieht). Insoweit verdrängt § 31a den Übertragungsweckgedanken (vgl. Rn. 82). Im Hinblick auf die Formulierung ist folgendes zu bedenken: Es versteht sich von selbst, dass eine Nutzungsart, die im Zeitpunkt des Vertragsschlusses unbekannt ist, nicht im Einzelnen bezeichnet werden kann. **Abstrakte Pauschalierungen** sind hier **zulässig** (RegE 2. Korb – BT-Drs. 16/1828, S. 24; ferner *Jan Bernd Nordemann* FS Nordemann II S. 201 ff.; *Berger* GRUR 2005, 907, 908; Dreier/Schulze/ *Schulze*[5] Rn. 67; HK-UrhR/*Kotthoff*[3] Rn. 7; Büscher/Dittmer/Schiwy/*Haberstumpf*[3] Rn. 6; Schricker/Loewenheim/*Spindler*[5] Rn. 61; wohl auch *Schack,* Urheber- und UrhebervertragsR[7] Rn. 620; kritisch *Drewes* S. 31 ff.). Auch wenn die neue Nutzungsart schon technisch bekannt (aber ansonsten noch gem. § 31a unbekannt) ist, muss keine Spezifizierung erfolgen (a. A. *Wille* UFITA 2008/II, 337, 348 ff.). Der Verwerter ist Kaufmann und kein technischer Experte; der Urheber ist durch sein Widerrufsrecht ausreichend geschützt. Der Empfänger der Rechtseinräumung kommt damit also vor Bekanntwerden der Nutzungsart (im Sinne des § 31a) auch mit pauschal-abstrakten Formulierungen seiner Spezifizierungslast nach. Die Rechtsprechung zum allgemeinen Übertragungszweckgedanken (Verträge vor 1966) belegt diesen Befund; dazu vgl. § 31 Rn. 174. **Formulierungen wie „Einräumung der Nutzungsrechte (auch) für alle bei Vertragsschluss unbekannten Nutzungsarten" müssen daher ausreichend sein.** – Allerdings findet der Übertragungszweckgedanke des § 31 Abs. 5 auf eine solche pauschale Abrede Anwendung (*Wille* UFITA 2008/II, 337, 338; Büscher/Dittmer/Schiwy/*Haberstumpf*[3] Rn. 7; Dreier/Schulze/*Schulze*[5] Rn. 74). Es muss damit nicht zwingend jede unbekannte Nutzungsart erfasst sein, sondern nur (unbekannte) Nutzungsarten, die im Vertragszweck angelegt sind (ähnlich Dreier/Schulze/*Schulze*[5] Rn. 67). Wenn dem Verleger eines Theaterstückes pauschal die Rechte an unbekannten Nutzungsarten eingeräumt wurden, sich ansonsten aber der Zweck (und die ausdrücklich aufgezählten Rechte) auf eine außerfilmische Nutzung beschränken, kann davon nur die Einräumung an Rechten für unbekannte außerfilmische Nutzungsarten umfasst sein. Eine Erlaubnis für die Verwertung des Romans in einer unbekannten filmischen Nutzungsart (z. B. 1960: Video) scheidet aus. Nicht ausdrücklich erwähnt werden müssen **Änderungen und Anpassungen,** die **für die Verwertung in der unbekannten Nutzungsart** erforderlich sind; sie sind nach dem Übertragungsweckgedanken trotz § 37 Abs. 1 zulässig (a. A. wohl Dreier/Schulze/*Schulze*[5] Rn. 67; Schricker/Loewenheim/*Spindler*[5] Rn. 60), weil ansonsten die Einräumung wirkungslos bliebe. Die Parteien können von vornherein enger am Vertragszweck orientierte Abreden formulieren, die Auslegungsschwierigkeiten nach dem Übertragungsweckgedanken vermeiden; **§ 31 Abs. 1 bis 3** (einfache oder ausschließliche Rechte, Möglichkeit der räumlichen, zeitlichen und inhaltlichen Beschränkung der Rechte) bleiben **neben** § 31a anwendbar. Beispielsweise können Rechte an unbekannten Nutzungsarten inhaltlich beschränkt, also nur für den privaten Bereich vergeben werden (RegE 2. Korb – BT-Drs. 16/1828, S. 24); Filmhersteller können sich z. B. Rechte an unbekannten Nutzungsarten einräumen lassen, die auf den filmischen Bereich beschränkt sind. Ansonsten sind auch räumliche oder zeitliche Einschränkungen denkbar. – Das **Widerrufsrecht** ist zwingend und kann nicht abbedungen, aber inhaltlich ausgestaltet werden (vgl. Rn. 77).

Die Schriftform kann – wie auch sonst (s. z. B. BGH NJW 1986, 928 für die Schriftform nach § 766 BGB) – durch **Formularverträge,** die unter die **AGB-Kontrolle** fallen, gewahrt werden. Es bedarf auch keiner gesonderten Unterschrift des Urhebers unter die Formularklausel (*Jan Bernd Nordemann* NJW 2012, 3121, 3123; BeckOK UrhR/*Soppe*[16] Rn. 11; a. A. *Spindler* NJW 2008, 9, 10), sofern gem. § 126 Abs. 1 BGB die Klausel in die Urkunde aufgenommen ist. Auch ansonsten ist eine ausdrückliche Erörterung der Einräumung selbst

53a

dann nicht erforderlich, wenn nur eine Pauschalvergütung für alle Rechte vereinbart wurde (so aber *Kloth* GRUR-Prax 2011, 285; dagegen: *Jan Bernd Nordemann* NJW 2012, 3121, 3123); der Bundesgerichtshof hat dies in der Entscheidung *Der Frosch mit der Maske* lediglich für Altverträge vor 1966 gefordert (BGH GRUR 2011, 714 Tz. 39). Bei Neuverträgen ab 2008 gewährt § 32c dem Urheber stets einen unverzichtbaren Anspruch auf gesonderte Vergütung. **Überraschend gem. § 305c Abs. 1 BGB** sind Rechtseinräumungen jedenfalls dann nicht, wenn sich der Verwerter auch sonst umfassend Rechte einräumen lässt. Das galt bereits für den Zeitraum kurz nach Einführung des § 31a, der den Rechtsverkehr mit unbekannten Rechten erst ermöglichte (a. A. *Wille* GRUR 2009, 470, 473). Es ist seitdem bis heute üblich, dass umfassende Klauselwerke auch die unbekannten Nutzungsarten umfassen, z. B. in belletristischen oder wissenschaftlichen Verlagsverträgen oder in Filmverträgen. Die Unklarheitenregel des § 305c Abs. 2 BGB steht pauschalen Formulierungen nicht im Weg (*Schuchardt* S. 68). Eine **Inhaltskontrolle gem. § 307 Abs. 2 Nr. 1 BGB scheidet grundsätzlich aus** (*Jan Bernd Nordemann* NJW 2012, 3121, 3123; *Schuchardt* S. 69; a. A. LG Mannheim ZUM-RD 2012, 161). Der Gesetzgeber hat gem. §§ 31a, 32c die Einräumung von Rechten an unbekannten Nutzungsarten zugelassen, sodass sie nicht dem Leitbild des UrhG widersprechen kann. Auch zeigt die Regelung in § 137l Abs. 1, dass ein Rechteerwerb in bestimmten Konstellationen nahe liegend ist. Ausnahmsweise kann eine AGB-Kontrolle jedoch bei Gestaltungsmissbräuchen greifen (allgemein vgl. § 31 Rn. 179 ff.).

54 **h) Keine Schriftform bei entgeltfreiem einfachem Nutzungsrecht für jedermann (Abs. 1 S. 2):** Eine Schriftform wäre in der (einseitigen) Konstellation des § 31a Abs. 1 S. 2 schlechterdings nicht einhaltbar. Die Ausnahmebestimmung knüpft an die Ausnahme des § 32 Abs. 3 S. 3 an, nach der der Urheber ohne Konflikt mit § 32 unentgeltlich ein einfaches Nutzungsrecht für jedermann einräumen darf. Es sei deshalb für die einzelnen Tatbestandsmerkmale auf die Kommentierung zu § 32 (vgl. Rn. 123) verwiesen.

2. Widerrufsrecht

55 **a) Das Widerrufsrecht gem. Abs. 1 S. 3:** Der **Urheber** kann die Rechtseinräumung oder die Verpflichtung hierzu ohne Folgen widerrufen, solange keiner der unten besprochenen Ausschlussgründe (Mitteilung des Vertragspartners, Einigung über angemessene Vergütung, Tod des Urhebers) vorliegt. **Ausgenommen sind jedoch Filmstoffurheber und Filmurheber** (§§ 88, 89, dort jeweils Abs. 1 S. 2). Insbesondere bei Filmstoffurhebern kann deshalb bei nur einem einheitlichen Akt der Nutzungsrechtseinräumung nur teilweise ein Widerrufsrecht entstehen, z. B. für den Romanautor, der einerseits widerrufbare Verlagsrechte, andererseits aber nicht widerrufbare Verteilungsrechte einräumt. **Leistungsschutzberechtigten** steht das Recht nur bei ausdrücklichen Verweis auf § 31a zu, mithin nur den Lichtbildnern (§ 72 Abs. 1) und den Verfassern wissenschaftlicher Ausgaben (§ 70 Abs. 1), allen übrigen nicht. Auch für bloße Nutzungsberechtigte gilt § 31a ebenso wenig wie für den Vertragspartner des Urhebers, sodass keine „Waffengleichheit" besteht.

56 Das Widerrufsrecht bezieht sich auf „**diese Rechtseinräumung oder die Verpflichtung hierzu**". Dies meint die Einräumung (bzw. Verpflichtung) für Rechte an unbekannten Nutzungsarten. Damit müssen für einen Widerruf die strengen Voraussetzungen einer neue „Nutzungsart" gemäß § 31a vorliegen (dazu vgl. Rn. 21 ff.), die auch noch bei Vertragsschluss "unbekannt" gewesen sein muss (vgl. Rn. 43 ff.; zum „Vertragsschluss" bei späteren Änderungen vgl. Rn. 45). Weitere Voraussetzungen kennt das Widerrufsrecht nach dem Wortlaut des § 31 Abs. 1 S. 3 nicht; auch die Gesetzesbegründung spricht von „uneingeschränkt(er)" Widerrufsmöglichkeit (RegE 2. Korb – BT-Drs. 16/1828, S. 24).

Damit muss **kein sachlicher Grund** für den Widerruf vorliegen (allg. A., s. *Schuchardt* S. 84 f.; Loewenheim/*Loewenheim*/*Jan Bernd Nordemann*[2] § 26 Rn. 51); es ist irrelevant, ob dem Urheber sogar ein über die angemessene Vergütung (§ 32c) hinausgehendes Entgelt gezahlt wird oder die neue Nutzungsart urheberpersönlichkeitsrechtlich unproblematisch ist. Das ist rechtspolitisch verfehlt (de lege ferenda ebenfalls kritisch auch *Berger* GRUR 2005, 907, 909; Berger/Wündisch/*Berger*[2] § 1 Rn. 115), weil Regelungszweck des § 31a doch gerade wirtschaftliche und urheberpersönlichkeitsrechtliche Interessen des Urhebers sind (vgl. Rn. 1 ff.) und der RegE meint, dass ein späterer Widerruf eher die Ausnahme sein dürfte (RegE 2. Korb – BT-Drs. 16/1828, S. 24). Allerdings muss zumindest **bei einer Gesamtheit von Beiträgen nach Abs. 3 ein sachlicher Grund** für den Urheber gegeben sein. Über dies kann § 242 BGB das **Widerrufsrecht ausschließen** (vgl. Rn. 82), insbesondere in Fällen des *venire contra factum propium* (Schricker/Loewenheim/*Spindler*[5] Rn. 81); vertragliche Enthaltungspflichten (vgl. Vor §§ 31 ff. Rn. 45 ff.) schließen das Widerrufsrecht nicht aus, können den Urheber aber hindern, die Rechte anderweitig zu vergeben (Dreier/Schulze/*Schulze*[5] Rn. 81; gegen eine Enthaltungspflicht: Schricker/Loewenheim/*Spindler*[5] Rn. 81). Eine **Verwirkung** kommt nur unter den engen Voraussetzungen der Verwirkung im Urheberrecht in Betracht (*Schuchardt* S. 99; zu den Voraussetzungen vgl. Vor §§ 31 ff. Rn. 191). In Betracht kommt allerdings eine neue vertragliche Abrede nach Bekanntwerden der Nutzungsart, die formfrei möglich ist (vgl. Rn. 51). Kann aus dem Verhalten des Urhebers nach Bekanntwerden der Nutzungsart auf eine konkludente Rechteeinräumung geschlossen werden (vgl. § 31 Rn. 136 ff.) oder liegt sogar eine ausdrückliche Rechtseinräumung vor, entfällt das Widerrufsrecht. Zu vertraglichen Gestaltungsmöglichkeiten einer Erschwerung des Widerrufs vgl. Rn. 77 ff.

Rechtsfolge ist ein **Widerrufsrecht** des Urhebers. Es kann **jederzeit** ausgeübt   **57**
werden, also entweder im Zeitpunkt der Unbekanntheit oder nach Bekanntwerden, theoretisch sogar „eine Minute nach Vertragsschluss" (*Wandtke* FS Loewenheim S. 393, 395). Der Widerruf kann für alle unbekannten Nutzungsarten genauso **pauschal** erfolgen, wie ihre Einräumung an den Verwerter zulässig ist (RegE 2. Korb – BT-Drs. 16/1828, S. 24). Der Widerruf kann aber auch auf einzelne Rechte **beschränkt** werden (dem folgend: Schricker/Loewenheim/*Spindler*[5] Rn. 75); während der Unbekanntheit ist eine Beschränkung auf einen Widerruf z. B. nur der unbekannten filmischen Rechte denkbar, nach Bekanntwerden kann die Beschränkung dann noch spezifischer erfolgen. Möglich ist auch eine Kombination aus Rückruf unbekannter und spezifischer bekannter (bei Vertragsschluss aber unbekannter) Rechte. Der Vertragspartner muss die Rechte aber identifizieren können, die widerrufen werden. Insoweit muss der Urheber also beim Widerruf **ausreichende Angaben** machen. Ferner muss er das Werk nennen, wenn der Verwerter mehrere Werke des Urhebers verwertet, z. B. mehrere seiner Werke von einem Verleger verlegt werden. Eine Abtretung des Widerrufsrechtes ist wegen seines (auch) urheberpersönlichkeitsrechtlichen Einschlages (vgl. Rn. 3) und damit höchstpersönlichen Charakters nicht möglich, §§ 399, 413 BGB. Jedoch ist eine Bevollmächtigung Dritter durch den Urheber möglich.

Ein Widerruf verlangt eine dahingehende **Erklärung**. Die Erklärung ist **form-   **58**
frei**, unterliegt also nicht den Anforderungen des Abs. 1 S. 1 (*Schulze* UFITA 2007, 641, 669; Schricker/Loewenheim/*Spindler*[5] Rn. 74; Wandtke/Bullinger/*Wandtke*/*Grunert*[4] Rn. 71). Eine ausdrückliche Bezeichnung als Widerruf ist nicht nötig; auch die Erklärung einer „Kündigung" kann als Widerruf ausgelegt werden, solange damit keine Rechtsunsicherheit verbunden ist (dem folgend: Schricker/Loewenheim/*Spindler*[5] Rn. 74; s. BGH GRUR 1970, 40, 43 – *Musikverleger I* zur Umdeutung einer „Kündigung" in einen Rücktritt). Die **Wirksamkeit** eines Widerrufs als einseitiger Willenserklärung bemisst sich nach

den Vorschriften des Allgemeinen Teil des BGB (insb. §§ 104 ff. BGB). Die
Widerrufserklärung ist mit Zugang wirksam, § 130 BGB. Ein Versenden an die
letzte bekannte Adresse genügt also nicht, wenn sie nicht mehr stimmt (a. A.
Schulze UFITA 2007, 641, 698); die fehlende Mitteilung der aktuellen Adresse
durch den Vertragspartner kann aber Sekundäransprüche des Urhebers auslösen. Eine öffentliche Zustellung ist möglich (§§ 185 ff. ZPO; Dreier/Schulze/
Schulze[5] Rn. 92; Schricker/Loewenheim/*Spindler*[5] Rn. 78). Weiter kann der
Widerruf nach § 174 BGB zurückgewiesen werden, wenn sie durch einen Vertreter (z. B. Rechtsanwalt) ohne Vorlage der Vollmachtsurkunde ausgesprochen
wird. Zum Vertragsschluss durch **mehrere Urheber** (Miturheber oder verbundene Werke) vgl. Rn. 74.

59 Nach Widerruf fallen die **Rechte** an den Urheber **zurück**, und zwar „**ex
nunc**", also auf den Zeitpunkt des Zuganges des Widerrufs. Verpflichtungs-
und Verfügungswirkung hinsichtlich der unbekannten Nutzungsarten enden
damit (*Schuchardt* S. 95; *Berger* GRUR 2005, 907, 909; Büscher/Dittmer/
Schiwy/*Haberstumpf*[3] Rn. 14; HK-UrhR/*Kotthoff*[3] Rn. 15). Wenig überzeugend ist es, die fehlende Ausübung des Widerrufsrechts als aufschiebende
Bedingung aufzufassen und deshalb von einer Wirkung des Widerrufs „ex
tunc" (also rückwirkend) auszugehen (so aber Dreier/Schulze/*Schulze*[5]
Rn. 61, 96; *Wandtke* FS Loewenheim S. 393, 396; Wandtke/Bullinger/
Wandtke/Grunert[4] Rn. 74). Der Urheber kann das Wirksamwerden des Widerrufs („ex nunc") nach hinten verschieben, also den Widerruf „zum Jahresende" oder „nach Abverkauf" erklären. **Nutzungshandlungen** des Verwerters, **die** dieser vor Widerruf **bereits durchgeführt** hat, bleiben wirksam.
Die Gegenauffassung, die eine Wirkung „ex tunc", also auf den Einräu-
mungszeitpunkt, für den Rückfall annimmt (so *Schulze* UFITA 2007, 641,
651 f.; Schricker/Loewenheim/*Spindler*[5] Rn. 58 f.), übersieht, dass der Wortlaut für eine solche aufschiebende Bedingung („kein Widerruf") nichts hergibt. Systematisch spricht insbesondere § 32c Abs. 1 S. 3 gegen eine „ex
tunc"-Wirkung. Danach steht dem Einräumungsempfänger die (legale) Möglichkeit zu, die Rechte auch ohne Entscheidung des Urhebers, nicht zu widerrufen, zu nutzen. Sonst könnte eine (vertragliche) angemessene Vergütung
nach § 32c nicht geschuldet sein, sondern nur nach § 97 als Schadensersatz
in Form einer angemessenen Lizenzgebühr. Die Geltendmachung einer vertraglichen Vergütung neben einem deliktischen Anspruch für dieselbe Nutzungshandlung ist konstruktiv undenkbar (a. A. *Schulze* UFITA 2007, 641,
682; Schricker/Loewenheim/*Spindler*[5] Rn. 58). Wenig überzeugend ist es
auch, eine „ex tunc" Wirkung damit zu begründen, dass der Verwerter dann
die Beweislast für den Eintritt der aufschiebenden Bedingung (fehlender Widerruf) trage. § 31a schützt durchaus auch die Interessen des Vertragspartners und der Allgemeinheit an einer rechtsicheren Nutzung des Werkes in
der früher unbekannten Nutzungsart (vgl. Rn. 4). Die Urheberinteressen verdienen nur dann Vorrang, wenn der Urheber den Widerruf notfalls beweisen
kann, zumal er derjenige ist, der ihn ausspricht. Ferner zum Ganzen vgl.
§ 137l Rn. 21. Der **Bestand des übrigen Vertrages**, insbesondere die Einräumung von Rechten an bekannten Nutzungsarten gem. § 31, wird durch den
Widerruf nicht berührt. § 139 BGB gilt nicht (*Berger* GRUR 2005, 907,
909).

60 Der Urheber schuldet **keine Entschädigung**. Im Hinblick auf eine **bereits an
den Urheber gezahlte Vergütung** ist zu unterscheiden: Vergütungen für die Verpflichtung zur Einräumung bis zum Kündigungszeitpunkt verbleiben beim Urheber. Ein Beispiel ist die Vergütung für die Übernahme einer Option. Vorschusszahlungen auf zukünftige, nicht gezogene Nutzungen sind hingegen
zurückzuzahlen (*Schuchardt* S. 95; zu Unrecht zweifelnd *Verweyen* ZUM
2008, 217, 219). Fraglich erscheint, wonach sich die Rückzahlungsverpflich-

tungen richten. Insoweit ist – wie bei einer Kündigung nach § 40 – eine analoge Anwendung der §§ 346 ff. BGB vorzugswürdig (vgl. § 40 Rn. 31; für §§ 812 ff. BGB: *Verweyen* ZUM 2008, 217, 219).

Der Rückfall von Nutzungsrechten an den Urheber betrifft auch alle (vom **61** eingeräumten Nutzungsrecht) **abgeleiteten Rechte** (Enkel-, Urenkelrechte etc.). Insoweit kann – anders als bei der sonstigen Beendigung von Nutzungsrechtseinräumungen (dazu vgl. § 31 Rn. 34 ff.) – schon wegen der ratio des Widerrufsrechts kein Sukzessionsschutz gewährt werden. Zu **Vertragsgestaltungen,** vgl. § 31 Rn. 39a. Sekundäransprüche des Sublizenznehmers gegen den Sublizenzgeber kommen wegen nachträglicher Unmöglichkeit der Rechtseinräumung in Betracht, und zwar ein **Rücktrittsrecht** (§ 326 Abs. 5 i. V. m. §§ 323 ff. BGB), soweit nicht schon die Rücktrittswirkung ohne Gestaltungsakt eintritt (§ 326 Abs. 1 BGB). Daneben wird ein Anspruch auf Schadensersatz nach §§ 280 Abs. 1, Abs. 3, 283 BGB gewährt. Fraglich ist jedoch, ob dem **Sublizenzgeber** bei Widerruf des Urhebers der für einen Schadensersatzanspruch notwendige **Verschuldensvorwurf** gemacht werden kann. Das sollte zu verneinen sein, weil der Urheber von einem – gemäß § 31a Abs. 4 unverzichtbaren – gesetzlichen Recht Gebrauch macht. Individualvertraglich – nicht aber formularvertraglich – kann jedoch eine verschuldensunabhängige Garantiehaftung des Sublizenzgebers vereinbart werden (vgl. Vor §§ 31 ff. Rn. 212).

Keine Regelung enthält § 31a für den Fall des **Übergangs des gesamten Rechts** **62** **auf einen Dritten.** Das ist nicht befriedigend. Insbesondere bei endgültiger Auflösung des Vertragspartners (z. B. nach Liquidation einer juristischen Person) muss das Widerrufsrecht ausübbar bleiben. Genau aus diesen Gründen ordnet § 137l Abs. 2 bei Rechtsübertragung einen Übergang des Widerrufsgegners an (RegE 2. Korb – BT-Drs. 16/1828, S. 34); die fehlende Regelung in § 31a dürfte ein Redaktionsversehen des Gesetzgebers sein. Dafür spricht auch § 32c Abs. 2, nach dem der Dritte dem Urheber im Fall der Übertragung die angemessene Vergütung schuldet. Mithin ist von Folgendem auszugehen: Sind die Rechte auf einen Dritten übergegangen, **muss der Widerruf gegenüber dem Dritten** erfolgen (str.; a. A. Büscher/Dittmer/Schiwy/*Haberstumpf*[3] Rn. 13; Schricker/ Loewenheim/*Spindler*[5] Rn. 76: Wahlrecht für Urheber, ob Widerruf gegenüber Vertragspartner oder Drittem; bis zur Klärung der Rechtsfrage sollte der Urheber gegenüber Vertragspartner und Drittem widerrufen). Der Übergang der Rechte muss sich auf alle Rechte beziehen, die der Urheber widerrufen will; es dürfen keine widerrufenen Rechte mehr beim ursprünglichen Vertragspartner liegen. Das kann der Fall sein bei Übertragung der relevanten Rechte (§ 34). Bei bloßer Einräumung an Dritte (§ 35) ist ein solches Szenario nur ausnahmsweise denkbar. Beispielsweise können von unbegrenzt durch den Urheber gewährten Rechten an unbekannten Nutzungsarten nach Bekanntwerden an einen Dritten nur der bekannt gewordene Teil (vollständig) abgespalten und dem Dritten eingeräumt werden. Dann muss das Enkelrecht beim Dritten widerrufen werden. Ansonsten erfolgt der Rückruf beim Vertragspartner, weil der Widerruf bei ihm die Sublizensierung des Enkelrechts beseitigt (vgl. Rn. 61). – Wie bei § 137l Abs. 2 ist nicht zwingend, dass der Urheber über die Übertragung informiert wird. Allerdings besteht eine vertragliche (Neben-)**Pflicht** des ursprünglichen Vertragspartners, bei einem an ihn gerichteten Widerruf dem Urheber zu antworten und ihn **über die unverzügliche Übertragung zu unterrichten** (§ 137l Abs. 2 S. 2 analog; s. a. *Spindler/Heckmann* ZUM 2006, 620, 628). Eine Verletzung kann Schadensersatzansprüche des Urhebers gegen seinen Vertragspartner zur Folge haben; der Umfang richtet sich nach dem Vermögensnachteil des Urhebers (vgl. § 97 Rn. 70 ff.), z. B. wenn er die Rechte nach Widerruf gegen eine höhere Vergütung hätte vergeben können. Andere Berechnungsarten des Schadensersatzes als über den Vermögensnachteil (angemessene Lizenzgebühr, Verletzergewinn; vgl. § 97 Rn. 74 ff.) sind nicht denkbar. Ein Schadensersatzanspruch nach § 97 Abs. 2 kommt dann in Betracht, wenn der fehlende Widerruf urheberpersönlichkeitsrechtlich relevant ist. Nur im Einzelfall kann es treuwidrig gegenüber dem Dritten (§ 242 BGB) sein, wenn der Vertragspartner des Urhebers den Urheber auf die Widerrufsmöglichkeit aufmerksam macht und es in Folge des Widerrufs zu einem (Rückruf)-Erwerb der Rechte durch den Vertragspartner des Urhebers aufgrund einer neuen Vereinbarung mit dem Urheber kommt. Denn der Urheber verantwortet grundsätzlich den Widerruf allein.

63 **b) Erlöschen nach Mitteilung (Abs. 1 S. 4):** Der Verwerter hat nach Abs. 1 S. 4 die Möglichkeit, den Urheber zu einer Entscheidung zu zwingen, ob der Urheber widerrufen will. Diese Mitteilung ist nicht mit der Unterrichtungspflicht des Werknutzers gegenüber dem Urheber gem. § 32c Abs. 1 S. 3 zu verwechseln, die erst ab Beginn der Werknutzung besteht und sicherstellen soll, dass der Urheber seine Vergütung erhält. – Nach § 31a Abs. 1 S. 4 muss dem Urheber zunächst eine **Mitteilung** gemacht werden. Diese ist **formfrei.** Zwar spricht Abs. 1 S. 4 von „Absendung" einer Mitteilung; eine Schriftform wird aber nicht angeordnet, weil sich die Regelung zur Absendung der Mitteilung nur auf den Fall der Unerreichbarkeit des Urhebers bezieht (zustimmend: Schricker/Loewenheim/*Spindler*[5] Rn. 90). Vielmehr kann die Mitteilung auch mündlich erfolgen, z. B. bei einem persönlichen Zusammentreffen. Aus Beweisgründen sollten die Mitteilung und deren Zugang allerdings schriftlich fixiert werden. Bei **Übertragung** (nicht Einräumung eines Enkelrechts) der relevanten **Rechte auf einen Dritten** darf die Mitteilung durch den Dritten erfolgen (vgl. Rn. 62); der Wortlaut des § 31a Abs. 1 S. 4 spricht von dem „anderen", was ersichtlicher Maßen auch Dritte erfasst, an die das Recht (vertragsgemäß) übertragen oder unterlizensiert wurde (Dreier/Schulze/*Schulze*[5] Rn. 104; Schricker/Loewenheim/*Spindler*[5] Rn. 88; Wandtke/Bullinger/*Wandtke/Grunert*[4] Rn. 83). Die Mitteilung kann aber auch durch den Vertragspartner des Urhebers für den Dritten erfolgen (wie hier wohl Wandtke/Bullinger/*Wandtke/Grunert*[4] Rn. 83: Mitteilung obliege „ebenso" dem Dritten; a. A. Dreier/Schulze/*Schulze*[5] Rn. 104; Schricker/Loewenheim/*Spindler*[5] Rn. 88; die jeweils nur dem Dritten ein Mitteilungsrecht geben). Bei Erwerb des Rechts von **Verwertungsgesellschaften** gilt nichts anderes.

64 Die Mitteilung muss die Information über die beabsichtigte Werknutzung in der bei Vertragsschluss unbekannten (vgl. Rn. 43 ff.) Nutzungsart (vgl. Rn. 21 ff.) enthalten. Dafür ist erforderlich, dass die **Nutzungsart bei Mitteilung bekannt** ist (vgl. Rn. 21). Anders als im RegE vorgesehen (RegE 2. Korb – BT-Drs. 16/1828, S. 22) kommt es dafür nicht darauf an, ob der Vertragspartner mit der Ausübung der früher unbekannten Nutzungsart begonnen hat (StellungN BR bei RegE 2. Korb – BT-Drs. 16/1828, S. 38; dem folgend BeschlE RAusschuss 2. Korb – BT-Drs. 16/5939, S. 44, 46). Vielmehr genügt eine „Absicht" der Aufnahme der Nutzung. Irrelevant ist, ob der Vertragspartner später die Nutzung aufnimmt. An die **Absicht** sollten keine zu hohen Anforderungen gestellt werden, damit der Vertragspartner schon früh die für seine weiteren geschäftlichen Aktivitäten erforderliche Klarheit erzwingen kann, ob ein Widerruf erfolgt oder er mit den Rechten ggf. arbeiten kann. Eine beabsichtigte Werknutzung liegt danach vor, wenn der Vertragspartner die Nutzung als **realistische geschäftliche Option** behandelt. Der Vertragspartner darf also nicht „quasi auf Vorrat" ohne jede Aussicht auf Nutzung Mitteilungen versenden (Schricker/Loewenheim/*Spindler*[5] Rn. 87). Konkrete Vorbereitungshandlungen sind jedoch nicht erforderlich, sind aber ein Indiz für die Absicht. Als **Nutzung** gilt insoweit auch die Einräumung der Rechte an Dritte, die ihrerseits nutzen. Die Mitteilung nach § 31a Abs. 1 S. 4 und nach § 32c Abs. 1 S. 3 über die Aufnahme der Werknutzung können also auch zusammenfallen und in einem Akt zusammengefasst werden. Die Mitteilung nach § 32c schließt die Mitteilung nach § 31a sogar ein, sodass bei Mitteilung nach § 32c keine ausdrückliche Mitteilung nach § 31a erfolgen muss. Nach dem Wortlaut des S. 4 muss die Mitteilung **keine Belehrung** über deren Konsequenzen enthalten, also insbesondere nicht auf den Lauf der 3-monatigen Ausschlussfrist ab Absendung hinweisen, weil sanktionierte Belehrungspflichten einer ausdrücklichen gesetzlichen Grundlage bedürften (genauso *Klett* K&R 2008, 1, 2; HK-UrhR/*Kotthoff*[3] Rn. 18; a. A. *Schulze* UFITA 2007, 641, 665; *Wandtke* FS Loewenheim S. 393, 396; Dreier/Schulze/*Schulze*[5] Rn. 108; Wandtke/Bullinger/*Wandtke*/ *Grunert*[4] Rn. 84; einschränkend Schricker/Loewenheim/*Spindler*[5] Rn. 91: allenfalls als Treupflicht im Rahmen eines Dauerschuldverhältnisses, nicht zu Lasten eines Dritten; gegen eine solche Differenzierung spricht bei Übertragung des Rechts aber § 34 Abs. 4).

Die Mitteilung erfolgt an die **letzte dem Vertragspartner bekannte Adresse**. Im **65** eigenen Interesse hat der Urheber deshalb dafür zu sorgen, dass der Vertragspartner immer über die aktuelle Adresse verfügt (BeschlE RAusschuss 2. Korb – BT-Drs. 16/5939, S. 44). Allerdings ist der Vertragspartner zu einer **zumutbaren Recherche** verpflichtet; insoweit gilt auch eine Adresse als bekannt, die der Vertragspartner über (einschlägig tätige) Verwertungsgesellschaften erfahren kann (BeschlE RAusschuss 2. Korb – BT-Drs. 16/5939, S. 44; Schricker/Loewenheim/*Spindler*[5] Rn. 94; Dreier/Schulze/*Schulze*[5] Rn. 111; a. A. Wandtke/Bullinger/*Wandtke*/*Grunert*[4] Rn. 86). Die Verwertungsgesellschaften verletzen schon wegen § 28 Abs. 3 Nr. 1 BDSG nicht Datenschutzrecht, wenn sie die Adresse herausgeben; sie müssen aber den Vertragspartner des Urhebers informieren, dass die Adresse nur für die Mitteilung verwendet werden darf, § 28 Abs. 5 S. 3 BDSG. Weitergehende Recherchepflichten dürften den Vertragspartner in öffentlich zugänglichen Adressverzeichnissen oder über eine Internetrecherche unter Benutzung der gängigen Suchmaschinen treffen. Das Erfordernis einer zumutbaren Recherche bedingt auch, dass der Vertragspartner eine Gegenkontrolle durchführen muss, ob die Mitteilung angekommen ist; deshalb muss die (eigentlich formfreie, vgl. Rn. 63) Mitteilung gegenüber einem abwesenden Urheber so mitgeteilt werden, dass ein sicherer Rücklauf bei fehlender Aktualität der Adresse erfolgt (z. B. Einschreiben mit Rückschein). Verletzt der Verwerter seine Pflicht zur zumutbaren Recherche, ist eine Berufung auf die Rechtsfolgen des Abs. 1 S. 4 rechtsmissbräuchlich (Schricker/Loewenheim/*Spindler*[5] Rn. 94; Dreier/Schulze/*Schulze*[5] Rn. 111). – **Abweichende Vereinbarungen** zu den Recherchepflichten des Verwerters zu Lasten des Urhebers sind möglich, weil die Recherchepflicht nicht unter Abs. 4 fällt. Individualvertraglich und formularvertraglich ist deshalb insbesondere eine Verpflichtung des Urhebers denkbar, dem Verwerter ständig seine aktuelle Adresse mitzuteilen und die Verpflichtung zu weitergehenden Recherchen durch den Verwerter auszuschließen.

Nach Absendung der Mitteilung läuft eine **3-Monats-Frist**; auf den Zeitpunkt **66** des Empfangs kommt es für den Beginn der Frist nicht an. Die Absendung sollte deshalb dokumentiert werden. Zur Fristberechnung gelten die §§ 186 ff. BGB. Fällt das Fristende auf einen Samstag, Sonntag der Feiertag, endet die Frist erst am kommenden Montag (§ 193 BGB). Die Frist kann nach der Mitteilung **durch (individuelle) Parteivereinbarung** nach Absendung der Mitteilung **verkürzt** werden. Es ist nicht ersichtlich, warum der Verwerter 3 Monate warten muss, wenn der Urheber verbindlich erklärt, dass er sein Widerrufsrecht nicht ausübt (kritisch Schricker/Loewenheim/*Spindler*[5] Rn. 83).

Rechtsfolge: Mit Ablauf der Frist erlischt das Widerrufsrecht des Urhebers. **67** Erfasst ist allerdings nur die Nutzungsart, die in die Mitteilung aufgenommen ist. Insoweit ist auf den Begriff der Nutzungsart nach § 31a, nicht nach § 31 Abs. 1 abzustellen. Der Verwerter kann die gesamte Bandbreite der neuen

Technologie nutzen, auch wenn diese mehrere Nutzungsarten nach § 31 Abs. 1 hervorbringt, die in der Mitteilung nicht spezifiziert sind. Ein (wegen Bekanntheit überholtes) Beispiel: Bezöge sich die Mitteilung im Hinblick auf einen schöpferischen Beitrag in einer politischen Fernseh-Magazinsendung pauschal auf die neue Nutzungsart Internet, würde das Widerrufsrecht für alle mit der neuen Technologie Internet verbundenen vorher unbekannten Nutzungsarten erlöschen, also z. B. für On-Demand-Streaming, temporären und permanenten Download sowie Push-Technologien (vgl. Rn. 35 ff.).

68 **c) Entfall bei Einigung über Vergütung (Abs. 2 S. 1 und S. 2):** Das Widerrufsrecht entfällt, wenn sich die Parteien nach Bekanntwerden der Nutzungsart (hierzu vgl. Rn. 43 ff.) auf eine angemessene Nutzungsvergütung nach § 32c geeinigt haben (S. 1). Eine Vergütung nach § 32c steht dem Urheber zwingend zu (vgl. § 32c Rn. 1 ff.). Offensichtlich will das Gesetz also ein Erlöschen nicht vom ohnehin unverzichtbaren Vergütungsanspruch, sondern von einer **Einigung** mit dem Verwerter darüber abhängig machen. Das soll den Verwerter motivieren, eine Einigung nach § 32c mit dem Urheber zu suchen. Schriftform ist – anders als für die Nutzungsrechtseinräumung – nicht gefordert. Eine Einigung kann damit auch konkludent durch eine länger geübte Vertragspraxis zustande kommen, etwa durch jahrelange Zahlung einer Vergütung durch den Verwerter und widerspruchsloser Vereinnahmung durch den Urheber. Genügend ist nur eine Einigung, die die Vergütungshöhe des § 32c mindestens erreicht, nicht irgendeine Einigung (Schricker/Loewenheim/*Spindler*[5] Rn. 105; Dreier/Schulze/*Schulze*[5] Rn. 122; a. A. *Berger* GRUR 2005, 907, 909; HK-UrhR/*Kotthoff*[3] Rn. 19; Büscher/Dittmer/Schiwy/*Haberstumpf*[3] Rn. 16; Wandtke/Bullinger/*Wandtke/Grunert*[4] Rn. 92). Das Widerrufsrecht erlischt, sobald die Einigung über die Vergütung wirksam ist. **Aufschiebende Bedingungen** müssen also eingetreten sein. Eine **Erfüllung** wird nicht vorausgesetzt. Das Widerrufsrecht entfällt allerdings nur insoweit, wie eine Einigung getroffen wurde, der Entfall gilt also nur für die Nutzungsrechte, die Gegenstand der Einigung sind.

69 Nach S. 2 ist das Widerrufsrecht auch ausgeschlossen, wenn die Parteien die Vergütung nach einer gemeinsamen Vergütungsregel gem. § 36 vereinbaren. Entgegen dem missverständlichen Wortlaut muss es sich nicht um eine Vergütungsregel handeln, die unmittelbar zwischen den Parteien gilt. Vielmehr genügt die Abrede, einer Vergütungsregel nach § 36 zu folgen, mag diese auch zwischen Dritten abgeschlossen sein. Eine solche Einigung gem. § 36 (nicht bloß nach § 32c!) muss **nicht zwingend nach Bekanntwerden** erfolgen; auch schon davor können sich die Parteien beispielsweise auf eine angemessene prozentuale Beteiligung einigen (RegE 2. Korb – BT-Drs. 16/1828, S. 24). Vereinbarungen nach einem Tarifvertrag werden zwar vom Wortlaut nicht erwähnt, sollten aber ebenfalls erfasst sein (*Schulze* UFITA 2007, 641, 673; Dreier/Schulze/*Schulze*[5] Rn. 126).

70 **Abzugrenzen** ist die Einigung über die Vergütung nach Abs. 2 S. 1 und S. 2 von einer Neueinräumung der Rechte an einer inzwischen bekannten Nutzungsart und einer diesbezüglichen Einigung über eine Vergütung. Darauf findet Abs. 2 keine Anwendung, weil er nur bei einer Vergütungsvereinbarung unter Beibehaltung der ursprünglichen (schriftlichen) Nutzungsrechtseinräumung zum Tragen kommt.

71 **d) Erlöschen durch Tod des Urhebers (Abs. 2 S. 3):** Das Widerrufsrecht erlischt ferner mit dem Tode des Urhebers. Dessen Erben können die unbekannte Verwertungsmöglichkeit also nicht zu sich zurückholen. Nach dem RegE 2. Korb (BT-Drs. 16/1828, S. 24) gehen nach dem Tod des Urhebers die Interessen der Verwerter und der Allgemeinheit vor; das widerspricht nicht Art. 14 GG (so

aber *Frey/Rudolph* ZUM 2007, 13, 19; *Schulze* UFITA 2007, 641, 668; Dreier/
Schulze/*Schulze*⁵ Rn. 129 ff.; dagegen zu Recht Schricker/Loewenheim/*Spindler*⁵ Rn. 106), weil den Erben ein unverzichtbarer Anspruch auf Vergütung
nach § 32c zusteht. Schulze (Dreier/Schulze/*Schulze*⁵ Rn. 131) empfiehlt Urhebern, „im Alter" sämtliche Rechte an unbekannten Nutzungsarten vorsorglich
zu widerrufen, wenn ungewiss ist, ob die Erben sie beim Vertragspartner belassen möchten. Zum Begriff „Tod" MüKo BGB/*Schmitt*⁷ § 1 Rn. 19. Ein Urheber, der unter Vormundschaft oder Pflegschaft gestellt ist, kann noch widerrufen. Tritt der Tod nach Mitteilung gem. Abs. 1 S. 3, aber vor Widerruf ein, ist
das Widerrufsrecht erloschen. Bei mehreren Urhebern (§§ 8, 9) besteht das
Widerrufsrecht für den zuletzt Lebenden bis zu dessen Tod fort; zu mehreren
lebenden Urhebern vgl. Rn. 74.

e) Mehrheit von Rechtsinhabern; Keine Ausübung wider Treu und Glauben   **72**
(Abs. 3): Abs. 3 regelt den Fall des Interessenausgleichs für den Widerruf bei
einer Vielzahl von beteiligten Rechteinhabern. Das soll **Auswertungsblockaden
durch einzelne Urheber vermeiden** (RegE 2. Korb – BT-Drs. 16/1828, S. 25).
Keine Anwendung findet Abs. 3, wenn alle Urheber widerrufen, weil dann kein
Interessenausgleich erforderlich ist.

Zunächst müssen mehrere „Werke oder Werkbeiträge" zusammenkommen.   **73**
Erfasst werden **Sammelwerke** (§ 4) einschließlich **nicht schöpferische Sammlungen** (§§ 87a ff.). Auch alle **Verbindungen** von **Werken** (§ 2) mit **Leistungsschutzrechten** nach UrhG fallen darunter (RegE 2. Korb – BT-Drs. 16/1828,
S. 25: Werke oder Werkbeiträge mit anderen nach diesem Gesetz geschützten
Schutzgegenständen). Insoweit kann es also nicht nur zur Kollision mit Rechten anderer Urheber oder ausübender Künstler kommen, sondern auch mit den
unternehmerischen Leistungsschutzrechten wie z. B. des Veranstalters (§ 81),
des Tonträgerherstellers (§ 85), des Sendeunternehmens (§ 87), des Filmherstellers (§§ 94, 95) oder des Datenbankherstellers (§ 87b). Ihre originären Rechte
sind allerdings nur relevant, sofern sie noch ein berechtigtes Interesse an der
Auswertung haben; das sollte gegeben sein, solange sie zu Unterlassungsansprüchen bei unerlaubter Nutzung berechtigt wären (vgl. § 97 Rn. 129 f.). Geschützt sind aber nicht nur die ursprünglichen Rechteinhaber (Urheber, Leistungsschutzberechtigte), sondern auch (daneben) die aktuellen Inhaber der
kollidierenden Rechte, also die Nutzungsrechtsinhaber oder (bei Übertragung)
der neue Inhaber des Leistungsschutzrechts. Es erscheint nicht als opportun,
hier einfache Nutzungsrechtsinhaber (§ 31 Abs. 2) von Abs. 3 auszunehmen,
weil sie auch ein berechtigtes Interesse an einer durch den Widerruf nicht gestörten Verwertung haben können. Nicht geschützt werden aber die Inhaber
von Nutzungsrechten, die sich vom widerrufenden Urheber ableiten, weil in
diesem Verhältnis Abs. 3 keine Anwendung findet; allenfalls § 242 BGB kann
hier helfen (vgl. Rn. 82; vgl. Vor §§ 31 ff. Rn. 94 ff.). Eine solche Ableitung
liegt aber nicht vor, wenn die Leistung des anderen selbständig geschützt ist.
(Erlaubte) **Bearbeitungen**, die die Grenze des § 3 überschreiten, nehmen deshalb am Schutz des § 31a Abs. 3 teil (Dreier/Schulze/*Schulze*⁵ Rn. 136; Schricker/Loewenheim/*Spindler*⁵ Rn. 111). – Umstritten ist **der maßgebliche Zeitpunkt für die Zusammenfassung.** Zusammenfassungen, die nach der
Rechtseinräumung, aber vor dem Widerruf erfolgen, unterfallen Abs. 3 (Schricker/Loewenheim/*Spindler*⁵ Rn. 112; HK-UrhR/*Kotthoff*³ Rn. 24; Berger/
Wündisch/*Berger*² § 1 Rn. 119; a. A. Dreier/Schulze/*Schulze*⁵ Rn. 137). Die
Konfliktlage, die Abs. 3 regeln soll, wird durch den Widerruf ausgelöst, nicht
durch die Rechtseinräumung. **Unerlaubte Zusammenfassungen** von Werken
oder Leistungen werden von Abs. 3 aber nicht erfasst (Dreier/Schulze/*Schulze*⁵
Rn. 137, *Schuchardt* S 131 f.; a. A. *Berger* GRUR 2005, 907, 909). – Werkbeiträge können auch außerhalb des UrhG stehende Rechte wie **Persönlichkeitsrechte** (z. B. Erlaubnis, die eigene Lebensgeschichte zu nutzen), **Markenrechte**

(z. B. Merchandising) oder **Patentrechte** (z. B. Softwarepatent) sein (Loewen-heim/*Loewenheim*/*Jan Bernd Nordemann*[2] § 26 Rn. 56).

74   „Gesamtheit" gem. Abs. 3 meint aber **nicht** den Fall des Widerrufs und die Regelung seiner Ausübung unter **Miturhebern** gem. § 8 oder unter **Urhebern verbundener Werke gem.** § 9. **Hier gehen die speziellen Regeln der** §§ 8, 9 **der Regelung in** § 31a Abs. 3 **vor** (*Frey*/*Rudolph* ZUM 2007, 13, 19; *Spindler* NJW 2008, 9, 10; Dreier/Schulze/*Schulze*[5] Rn. 138; a. A. wohl Wandtke/Bullinger/ *Wandtke*/*Grunert*[4] Rn. 102; Berger/Wündisch/*Berger*[2] § 1 Rn. 118). In beiden Fällen kann ein Widerruf nur durch alle gemeinsam ausgesprochen werden. Insoweit ist nicht ersichtlich, weshalb für den Widerruf etwas anderes als für die Kündigung gelten sollte (zur Kündigung: BGH GRUR 1982, 743 – *Verbun-dene Werke*; BGH GRUR 1982, 41 – *Musikverleger III*; OLG Frankfurt ZUM 2003, 957, 959). Ein Vertragspartner kann Vertretungsmacht von den anderen Berechtigten erhalten. In Fällen des § 9 kann ein Urheber ausnahmsweise dann alleine widerrufen, wenn ihm abweichend von § 709 Abs. 1 BGB (zur Anwen-dung der §§ 705 ff. BGB bei § 9 UrhG vgl. § 9 Rn. 12 ff.) ein alleiniges Ge-schäftsführungsrecht zugebilligt wurde (BGH GRUR 1982, 743, 744 – *Verbun-dene Werke*), was in der Praxis aber kaum vorkommt. Ggf. muss die Mitwirkung durch Klage auf Einwilligung durchgesetzt werden (dazu im Fall des § 9 BGH GRUR 1982, 743, 744 – *Verbundene Werke*). – § 31a Abs. 3 erfasst jedoch andere Konstellationen, in denen der ansonsten einzeln zulässige Widerruf die Auswertung einer „Gesamtheit" von Werken oder Leistungen zu Lasten Dritter behindert (RegE 2. Korb – BT-Drs. 16/1828, S. 25). Beispiele sind Kompilationen von Werken im Musik- oder im Wortbereich, denen keine Werkverbindung gem. § 9 zugrunde liegt, beispielsweise verschiedene Zei-tungs- oder Zeitschriftenbeiträge, vom Verlag zusammengestellte Gedicht-sammlungen verschiedener Autoren. Außerdem sind zu nennen Gesamtheiten aus Werk und Leistungsschutzrechten, beispielsweise ein von ausübenden Künstlern auf Tonträger eingespieltes Musikwerk (§§ 2, 73 ff. und 85), ein vorgelesenes und auf Tonträger erschienenes Buch (§§ 2, 73 ff., 85), zu einer einfachen Datenbank zusammengestellte verschiedene Lichtbildwerke (§§ 2, 87b) oder eine sowohl urheber- als auch patentrechtlich geschützte Software. Die „Gesamtheit" muss nicht zwingend **vor Bekanntwerden der neuen Nut-zungsart** für eine bekannte Nutzungsart vorliegen, sondern kann erst für die Nutzung in der vorher unbekannten Nutzungsart entstehen (so auch *Berger* GRUR 2005, 907, 910). Insoweit erstreckt sich der Anwendungsbereich auch auf Gesamtheiten, die zwar geplant, aber noch nicht in der Nutzung zusam-mengefasst sind. Der Verwerter kann in der Mitteilung nach Abs. 1 S. 4 auf die Zusammenfassung und die Anwendung des Abs. 3 hinweisen.

75   Für die Ausübungsbeschränkung nach Abs. 3 muss eine Gesamtheit vorliegen, „die sich in der neuen Nutzungsart in angemessener Weise nur unter Verwen-dung sämtlicher Werke oder Werkbeiträge verwerten lässt". „**Neue Nutzungs-art**" meint dabei die bei Vertragsschluss mit dem widerrufenden Urheber unbe-kannte (vgl. Rn. 43 ff.) Nutzungsart (vgl. Rn. 21 ff.). „**Sämtliche Werke**" will diejenigen Rechteinhaber ausgrenzen, deren Beiträge nicht zwingend für eine Verwertung der Gesamtheit erforderlich sind. Dabei kommt es auf eine wirt-schaftliche Betrachtung an, weil es bei Abs. 3 um den Schutz der Verwertungs-möglichkeit geht. Jedes wirtschaftliche Interesse an einer gemeinsamen Verwer-tung erfüllt den Tatbestand. Eine Kompilation im Musik- oder Wortbereich kann insoweit grundsätzlich für sich in Anspruch nehmen, komplett ohne Werklücken auch in der neuen Nutzungsart verwertet zu werden. Eine juristi-sche Zeitschrift darf den Anspruch erheben, komplett mit allen Aufsätzen in der neuen Nutzungsart verwertet zu werden (*Spindler* NJW 2008, 9, 10), ein Schlager-Tonträger mit allen darauf enthaltenen Schlagern. Immer zwingend verbunden sind bei Werknutzung entstehende Leistungsschutzrechte, beispiels-

weise Rechte des Tonträgerherstellers, die wegen der Einspielung eines bestimmten Musikwerkes entstanden sind. Auch erscheint es wirtschaftlich im Regelfall nicht angemessen, eine patentgeschützte Software neu zu programmieren, wenn der Urheber seine urheberrechtlichen Rechte widerruft. Das Gewicht der wirtschaftlichen Interessen wird aber bei der Interessenabwägung berücksichtigt (vgl. Rn. 76).

Abs. 3 stellt in solchen Fällen das Widerrufsrecht unter den Vorbehalt von **Treu**   **76**
und Glauben, der sich in dieser Formulierung schon in anderen Vorschriften (z. B.
§§ 8 Abs. 2 S. 2, 9, 34 Abs. 1, 3, 39 Abs. 2, 80 Abs. 1 S. 2) findet, die auch darauf
zielen, Auswertungsblockaden zu vermeiden, in denen einzelne Urheber aus ihrer
Blockadeposition Kapital schlagen wollen. Fehlen Spezialregelungen, operiert die
Rechtsprechung mit § 242 BGB (OLG Köln GRUR-RR 2005, 337, 338 – *Doku-
mentarfilm Massaker*). Allerdings erlaubt das nur die Berücksichtigung von Interessen einer schuldrechtlich mit dem Urheber verbundenen Person; § 31a Abs. 3
geht hier weiter und berücksichtigt **Drittinteressen betroffener Rechteinhaber** (vgl.
Rn. 73), selbst wenn es kein schuldrechtliches Band mit dem widerrufenden Urheber gibt. **Konsumenteninteressen** berücksichtigt Abs. 3 jedoch nicht (so aber wohl
Frey/Rudolph ZUM 2007, 13, 19), weil sie nicht Teil des von Abs. 3 erfassten Interessenkonflikts sind. Treu und Glauben bedeutet zunächst, dass der **Urheber** sein
Widerrufsrecht nicht willkürlich, d. h. **nicht ohne sachlichen Grund**, ausüben darf.
Sachliche Gründe sind primär urheberpersönlichkeitsrechtliche Gründe (vgl.
Rn. 3). Wirtschaftliche Interessen beziehen sich auf die Vergütung des Urhebers
(vgl. Rn. 2; a. A. HK-UrhR/*Kotthoff*³ Rn. 26, der wegen des Anspruchs des Urhebers nach § 32c gar keine Vergütungsinteressen berücksichtigen will); sie wiegen
allerdings nicht besonders schwer, weil der Urheber nach § 32c einen (unverzichtbaren) Anspruch auf angemessene Vergütung hat. Kein durchgreifender sachlicher
Grund ist es danach in der Regel, wenn der Urheber nur deshalb zurückruft, um
selbst verwerten zu können (zweifelnd *Spindler* NJW 2008, 9, 10). Interessen anderer Urheber sind wiederum persönlichkeitsrechtlicher (insbesondere wichtig:
sein Werk verwertet zu sehen) oder wirtschaftlicher Natur (Vergütung, die regelmäßig nur bei Nutzung anfällt). Inhaber von Leistungsschutzrechten können sich,
mit Ausnahme der ausübenden Künstler, nur auf wirtschaftliche Interessen stützen. Das Gleiche gilt für bloße Nutzungsrechtsinhaber, oder Inhaber von Rechten
außerhalb des UrhG, die vor allem bei umfassenden Investitionen ein erhebliches
Interesse an der Verwertung haben. Die Interessen sind dann in einer umfassenden
Abwägung aller im Einzelfall relevanter Interessen zu gewichten. Hat ein Beteiligter wenig zum Gesamtwerk beigetragen, haben seine Interessen entsprechend geringes Gewicht (*Schuchardt* S. 135; Dreier/Schulze/*Schulze*⁵ Rn. 140; BeckOK
UrhR/*Soppe*¹⁵ Rn. 27). Die persönlichkeitsrechtlichen und wirtschaftlichen Interessen des Urhebers können sich erst nach Bekanntwerden konkretisieren. Davor
erscheint ein Widerruf des Urhebers im Regelfall als wider Treu und Glauben (Loewenheim/*Loewenheim/Jan Bernd Nordemann*² § 26 Rn. 56).

**3.   Kein Vorausverzicht auf Rechte (Abs. 4); Vereinbarungen nach
Bekanntwerden**

Die durch § 31a gewährten Rechte sind gem. Abs. 4 im Voraus unverzichtbar.   **77**
Damit ist in jedem Fall das **Widerrufsrecht des Abs. 1 S. 3** als solches gemeint,
weil es sich insoweit um ein Recht handelt. Auch **Erschwerungen der Ausübung**
des Widerrufsrechts wie Vertragsstrafen-, Schadensersatz- oder pauschale Aufwandsklauseln sollen unzulässig sein (*Spindler* NJW 2008, 9; HK-UrhR/*Kotthoff*³ Rn. 27). Das erscheint vor dem Hintergrund des Regelungszwecks des
§ 31a allerdings als zu weitgehend. § 31a will wirtschaftliche und urheberpersönlichkeitsrechtliche Interessen des Urhebers schützen (vgl. Rn. 2 f.). Deshalb
kann eine vertragliche Erschwerung der Ausübung des Widerrufsrechts zumindest dann erfolgen, wenn der Urheber ohne berechtigten wirtschaftlichen oder

urheberpersönlichkeitsrechtlichen Grund – also willkürlich – widerruft. Die **Verpflichtung zur Rückzahlung** nicht verbrauchter Vergütungen (vgl. Rn. 60) ist in keinem Fall ein Verstoß gegen Abs. 4 (*Verweyen* ZUM 2008, 217, 219; HK-UrhR/*Kotthoff*[3] Rn. 27). Die 3-Monats-Frist nach Abs. 1 S. 3 kann nach erfolgter Mitteilung durch Parteivereinbarung verkürzt werden (vgl. Rn. 66), weil die Rechte nur „im Voraus" unverzichtbar sind. Recherchepflichten des Verwerters werden gar nicht von Abs. 4 erfasst (vgl. Rn. 65).

78 Auch der **Interessenschutz Dritter nach Abs. 3** dürfte als „Recht" zu behandeln sein, das unverzichtbar ist. Das **Schriftformgebot des Abs. 1 S. 1**, das kein solches „Recht" darstellt, ist dennoch zwingend, weil der Gesetzgeber von einer fehlenden Abänderbarkeit ausgegangen ist (RegE 2. Korb – BT-Drs. 16/1828, S. 22, 24: „Vereinbarung nur schriftlich"). Auch die Erlöschensgründe sind wohl zugunsten und zu Lasten des Urhebers grundsätzlich zwingend; ansonsten würde der Verweis auch auf Abs. 2 („Absätze 1 bis 3") wenig Sinn machen. Auch die **fehlende Vererblichkeit** des Widerrufsrechts ist jedenfalls im Voraus zwingend (BeckOK UrhR/*Soppe*[15] Rn. 33).

79 Ausnahmsweise ist § 31a in **Arbeits- und Dienstverhältnissen** abdingbar. Hier gilt nichts anderes als für § 31 Abs. 4 a. F. (dazu Schricker/Loewenheim/*Rojahn*[5] § 43 Rn. 55a; *Zirkel* ZUM 2004, 626, 629; *Jan Bernd Nordemann* FS Nordemann II S. 193, 197; dagegen *Schulze* GRUR 1994, 855, 868, Dreier/Schulze/*Schulze*[5] Rn. 13; Schricker/Loewenheim/*Spindler*[5] Rn. 19; offen gelassen von BGH GRUR 1991, 133, 135 – *Videozweitauswertung;* zur Frage, ob das ausdrücklich oder konkludent erfolgen musste: *Schmechel-Gaumé* K&R 2001, 74, 75 m. w. N.). Die Abdingbarkeit bezieht sich im Rahmen des § 31a zunächst auf das Schriftformerfordernis; da man auch eine konkludente Abdingbarkeit zulassen muss, können damit in Arbeits- und Dienstverträgen auch unbekannte Rechte eingeräumt sein, ohne dass sie als solche ausdrücklich als unbekannt erwähnt sind (vgl. Rn. 53). Ferner gilt die Abdingbarkeit für das Widerrufsrecht im Ganzen oder für seine Modifikation; nach Schricker/Loewenheim/*Rojahn*[5] § 43 Rn. 55a gilt im Arbeitsverhältnis das Widerrufsrecht überhaupt nicht.

80 Das Verbot des Verzichts gilt nur „im Voraus". **Nach Bekanntwerden der Nutzungsart** (vgl. Rn. 43 ff.) können die Parteien eine **Vereinbarung** treffen, ohne dass gem. § 31a das Schriftformgebot für die Rechtseinräumung, ein Widerrufsrecht des Urhebers oder ein Vergütungsanspruch nach § 32c (wohl aber nach § 32) bestünden. Dabei ist der Vertrag über unbekannte Nutzungsarten gem. § 31a von der Neueinräumung der Rechte an einer inzwischen bekannten Nutzungsart abzugrenzen. Erforderlich erscheint mit Rücksicht auf § 31a Abs. 2 neben einer Vereinbarung der Vergütung auch eine Rechtseinräumung für die jetzt bekannte Nutzungsart. Über dies muss eine gewisse Vertragsmodifikation stattfinden (vgl. Rn. 45). Eine Einigung nach Bekanntwerden kann auch konkludent erfolgen, weil sie an keine Schriftform gem. § 31a gebunden ist; das kommt insbesondere bei langjähriger Zahlung einer Vergütung an den Urheber für die Nutzung in Betracht.

III. Prozessuales

81 Die **Darlegungs- und Beweislast** für eine Tatsache trägt nach allgemeinen zivilprozessualen Grundsätzen derjenige, der sich auf eine für ihn günstige Tatsache beruft. Daher ist es der Urheber, der das Schriftformerfordernis und damit die mangelnde Bekanntheit geltend machen und beweisen muss. Der Beweis kann insbesondere durch Sachverständigengutachten geführt werden. Der Schutzzweck des § 31a bedingt keine Absenkung der Beweisanforderungen, dass der

Nachweis ernster Zweifel an der Bekanntheit genügen würde (so aber für § 31 Abs. 4 a. F. unsere 9. Aufl./*Hertin* §§ 31/32 Rn. 10). Vielmehr ist der Urheber für Neuverträge hinreichend durch § 32c und für Altverträge (vgl. Rn. 5 ff.) durch §§ 32a, 31 Abs. 5 geschützt. Dementsprechend musste, wer die **Aktivlegitimation** eines Arbeitsgebers bestreitet, weil der Arbeitgeber wegen § 31 Abs. 4 a. F. vom Arbeitnehmerurheber keine Nutzungsrechte erworben haben könne, Anhaltspunkte darlegen, dass die Nutzungsart im Zeitpunkt des Vertragsschlusses unbekannt war (BGH GRUR 1997, 464, 465 – *CB-infobank II*). Unterfällt ein Vertrag dem Schriftformgebot nach § 31a Abs. 1 S. 1, muss aber der Vertragspartner des Urhebers darlegen und beweisen, dass die Schriftform eingehalten ist (*Schulze* UFITA 2007, 641, 663; Büscher/Dittmer/Schiwy/*Haberstumpf*[3] Rn. 18). Die Last für das Vorliegen des **Widerrufsrechts** und seiner Ausübung trägt wiederum der Urheber (Büscher/Dittmer/Schiwy/*Haberstumpf*[3] Rn. 18; a. A. Schricker/Loewenheim/*Spindler*[5] Rn. 58, allerdings wegen Einordnung des fehlenden Widerrufes als aufschiebende Bedingung, vgl. Rn. 59), während der andere Teil Erlöschensgründe nach Abs. 1 S. 3, Abs. 2 S. 1 oder Abs. 2 S. 2 ggf. zu beweisen hat. Die Darlegungs- und Beweislast für die **Versendung der Mitteilung** an den Urheber, die gem. Abs. 1 S. 4 das Widerrufsrecht ausschließt, trägt also der Verwerter. Bei mehreren Urhebern nach §§ 8, 9 muss der Widerruf gemeinsam erklärt werden; ein Vertragspartner kann Vertretungsmacht von den anderen Berechtigten erhalten. Ggf. muss die Mitwirkung durch Klage auf Einwilligung durchgesetzt werden (dazu im Fall des § 9: BGH GRUR 1982, 743, 744 – *Verbundene Werke*). Im Hinblick auf eine **Ausübung wider Treu und Glauben** nach Abs. 3 liegt die Darlegungs- und Beweislast nicht beim widerrufenden Urheber, sondern bei demjenigen, der sich auf Abs. 3 beruft. Neben dem Vertragspartner des Urhebers bzw. dem Inhaber des Nutzungsrechts nach Übertragung (vgl. Rn. 62) können alle in die Interessenabwägung einzubeziehenden Rechteinhaber (vgl. Rn. 73) **Feststellungsklage** erheben, dass der Widerruf gegen Treu und Glauben verstößt; sie haben ein ausreichendes Feststellungsinteresse nach § 256 ZPO, weil ihre Interessen durch Abs. 3 geschützt werden.

IV. Verhältnis zu anderen Vorschriften

Die allgemeinen Vorschriften der §§ 31 ff., die die Einräumung von Nutzungsrechten durch den Urheber regeln, sind grundsätzlich **neben § 31a anwendbar** (*Wille* UFITA 2008/II, 337, 338; Schricker/Loewenheim/*Spindler*[5] Rn. 12; Wandtke/Bullinger/*Wandtke/Grunert*[4] Rn. 4). Das sind insbesondere die §§ 31, 33, 34, 35, 37 **bis** 44. Für den Umfang der Rechtseinräumung für künftige Rechte kann deshalb auf § 31 **Abs. 1 bis 3** zurückgegriffen werden (einfach oder ausschließlich, räumlich, zeitlich oder inhaltlich beschränkt, vgl. Rn. 53). Da die Klausel, mit der Rechte an unbekannten Nutzungsarten eingeräumt werden, zwingend pauschal abstrakt formuliert sein muss, kann sie nach dem **Übertragungszweckgedanken** (§ 31 Abs. 5) einschränkend ausgelegt werden (vgl. Rn. 53). Nur in einer Hinsicht verdrängt § 31a den Übertragungszweckgedanken: Die Warnfunktion des Schriftformgebotes bedingt eine ausdrückliche (schriftliche) Einräumung (HK-UrhR/*Kotthoff*[3] Rn. 7). Die Einräumung von Rechten an unbekannten Nutzungsarten ist deshalb für Verträge ab 1.1.2008 nur ausdrücklich möglich (vgl. Rn. 53). Soweit nach dem Übertragungszweckgedanken bei entsprechender Beteiligungsvergütung auch eine stillschweigende Einräumung denkbar ist, kommt dies nur außerhalb der sachlichen oder zeitlichen Anwendbarkeit des § 31a in Betracht; ausführlich zum Übertragungszweckgedanken und Einräumung unbekannter Nutzungsarten vgl. § 31 Rn. 172 ff. Nur nach dem Übertragungszweckgedanken richtet sich die Frage, ob das Nutzungsrecht für technische Verbesserungen, die keine neue Nutzungsart nach § 31a sind, eingeräumt ist (vgl. § 31 Rn. 166). Den Urheber kann aus

82

§ 242 BGB bzw. § 313 BGB eine Verpflichtung zur Rechtseinräumung treffen (vgl. Vor §§ 31 ff. Rn. 94 ff.). Besteht eine solche bei Widerruf, ist die Ausübung des Widerrufs gesperrt und kann nicht erfolgen. Anderenfalls müsste der Vertragspartner umständlich auf Wiederreinräumung klagen. Zur Anwendbarkeit des § 31a auf **Leistungsschutzberechtigte** und bloße **Nutzungsberechtigte**, sowie bei Einräumungen an **Verwertungsgesellschaften**, vgl. Rn. 19 und in **Arbeitsverhältnissen** vgl. Rn. 18. Das Widerrufsrecht – nicht aber das Schriftformgebot – wird für **Filmstoffurheber** gem. § 88 Abs. 1 S. 2 und für **Filmurheber** gem. § 89 Abs. 1 S. 2 ausgeschlossen.

§ 32 Angemessene Vergütung

(1) [1]Der Urheber hat für die Einräumung von Nutzungsrechten und die Erlaubnis zur Werknutzung Anspruch auf die vertraglich vereinbarte Vergütung. [2]Ist die Höhe der Vergütung nicht bestimmt, gilt die angemessene Vergütung als vereinbart. [3]Soweit die vereinbarte Vergütung nicht angemessen ist, kann der Urheber von seinem Vertragspartner die Einwilligung in die Änderung des Vertrages verlangen, durch die dem Urheber eine angemessene Vergütung gewährt wird.

(2) [1]Eine nach einer gemeinsamen Vergütungsregel (§ 36) ermittelte Vergütung ist angemessen. [2]Im Übrigen ist die Vergütung angemessen, wenn sie im Zeitpunkt des Vertragsschlusses dem entspricht, was im Geschäftsverkehr nach Art und Umfang der eingeräumten Nutzungsmöglichkeiten, insbesondere nach Dauer, Häufigkeit, Ausmaß und Zeitpunkt der Nutzung, unter Berücksichtigung aller Umstände üblicher- und redlicherweise zu leisten ist.

(2a) Eine gemeinsame Vergütungsregel kann zur Ermittlung der angemessenen Vergütung auch bei Verträgen herangezogen werden, die vor ihrem zeitlichen Anwendungsbereich abgeschlossen wurden.

(3) [1]Auf eine Vereinbarung, die zum Nachteil des Urhebers von den Absätzen 1 bis 2a abweicht, kann der Vertragspartner sich nicht berufen. [2]Die in Satz 1 bezeichneten Vorschriften finden auch Anwendung, wenn sie durch anderweitige Gestaltungen umgangen werden. [3]Der Urheber kann aber unentgeltlich ein einfaches Nutzungsrecht für jedermann einräumen.

(4) Der Urheber hat keinen Anspruch nach Absatz 1 Satz 3, soweit die Vergütung für die Nutzung seiner Werke tarifvertraglich bestimmt ist.

Übersicht

I. Allgemeines

1. Sinn und Zweck

1 **a) Zugrunde liegender Konflikt:** Der Wunsch der Urheber nach einer Regelung zur Vergütungshöhe ist so alt wie das Urheberrecht (*Czychowski* UFITA 2000, 191). Diesem Wunsch zu entsprechen, ist Zweck der Regelung. Der Kampf einer Gesellschaft um **„gerechte" Preise** ist noch älter: *Thomas von Aquin* entwarf zurückgehend auf römisch-rechtliche Grundsätze eine Figur, die sittliche Maßstäbe in den Vordergrund stellte; er formuliert: „[...] was gegen die Tugend ist." (*Thomas von Aquin*, Summa Theologica, zitiert nach der von der Thomas-Morus-Akademie herausgegebenen Ausgabe, II. Teil des 2. Buches, Frage 77, Art. 1). Der Diskurs verharrte jedoch eher in der Theorie. Die römisch-rechtliche Diskussion war demgegenüber viel breiter, stellte die allgemeine Frage der **Vertragsgerechtigkeit** und hatte praktische Auswirkungen allerdings eher im Sinne einer Billigkeitskorrektur (dazu ausführlich und instruktiv *Göttlicher*, Iustum pretium und Vertragsgerechtigkeit (Osnabrücker Schriften zur Rechtsgeschichte 6, Göttingen 2004). Die Wirtschaftswissenschaft hingegen geht seit *Adam Smith* davon aus, dass eine *invisible hand* für die gewollte Effizienz des Systems sorgt. *Smith* schließt aus, dass diese Effizienz von dem Bemühen des Menschen um Preisgerechtigkeit abhängt. *John Stuart Mill* war in diesem Zusammenhang wohl der Erste, der erkannte, dass Gerechtigkeit und Effizienz des wirtschaftspolitischen Systems voneinander zu trennende Fragen sind. Heute gilt dies in den Hauptströmungen der Volkswirtschaftslehre nach wie vor. Allerdings entwickeln sich in den Disziplinen der Wirtschaftsethik oder der Verhandlungstheorie Denkansätze, die versuchen, die „Gerechtigkeit" wieder in die wirtschaftstheoretischen Systeme einzubeziehen.

2 Der deutsche Gesetzgeber hatte bereits in der Begründung zum Urheberrechtsgesetz von 1962 (RegE UrhG 1962 – BT-Drs. IV/270, S. 27 f.) eingeräumt, dass das Urhebervertragsrecht eingehender geregelt werden müsse (zur weiteren Geschichte der verschiedenen Anläufe einer Regelung s. nur RegE UrhVG 2002 – BT-Drs. 14/7564, S. 5 i. V. m. BT-Drs. 14/6433, S. 7 m. w. N.). 2001 hat er sich nach dem sog. **Professorenentwurf** für eine neue Art von Regelung entschieden: Dem Urheber wird ein Anspruch auf angemessene Vergütung gewährt, der in § 32 näher ausgestaltet wird (zum Urhebervertragsgesetz allgemein *Dietz* IIC 2002, 828 ff.; *Erdmann* GRUR 2002, 923; *Hertin* MMR 2002, 16 ff. mit Klauselvorschlägen; *Schmidt* ZUM 2002, 781 ff.; *Schricker* GRUR Int. 2002, 797 ff.). Die **ersten Erfahrungen** mit den neuen Regeln zeigen, dass der vom Gesetzgeber gewählte Ansatz und die Einzelfallgerechtigkeit noch nicht zusammengefunden haben (zu Details der bisherigen Entscheidungspraxis vgl. Rn. 45) getreu dem Motto: *„Der Richter sprach: [...], so weis' ich Euch von meinem Stuhle. Denkt Ihr, dass ich Rätsel zu lösen da bin? [...]"* – Lessing, Nathan der Weise, Dritter Aufzug, Fünfter Auftritt. Ob man daraus allerdings den Schluss ziehen muss, der Gesetzgeber müsse noch weiter regulierend eingreifen (so wohl Dreier/Schulze/*Schulze*[5] Rn. 1 unter Verweis auf *Gernot Schulze* GRUR 2005, 828, 832 ff., linke Spalte Mitte), erscheint vor dem Hintergrund der hier insgesamt vertretenen Auffassung mehr als fraglich. Das eigentliche Problem, nämlich die soziale Frage der Kreativen, spricht nach Jahren des Schweigens (im Jahr 1978 gab es bereits einmal eine viel diskutierte Untersuchung (*Fohrbeck/Wiesand*, Der Künstlerreport), die die Lage der Kreativen offenbarte) *Metzger* völlig zu Recht und mit den richtigen Argumenten wieder an: Obergfell/*Metzger* S. 37: Das Urhebervertragsrecht kann die brennende soziale Frage der Kreativen nicht lösen; die Gesellschaft muss breiter diskutieren, ob sie sich einen Kulturbetrieb jenseits ökonomischer Zwänge leisten will – aus unserer Sicht unbedingt ja. Das Urhebervertragsrecht als einen der wesentlichen Grundpfeiler des Urheberschutzes wird aus berufenem Mund von *Dietz* zusammengefasst: *Dietz* GRUR Int. 2015, 309. *Schulze* sieht eine Lösung in der zwingenden Begrenzung der dauerhaften Rechteeinräumung, um die Interessen zwischen Urheber und Verwerter besser auszugleichen (*Schulze* FS Matthias Schwarz S. 3). Der Gesetzgeber hat nun mit dem **Gesetz zur verbesserten Durchsetzung des Anspruchs der Urheber und ausübenden Künstler auf angemessene Vergütung** und zur Regelung von Fragen der Verlegerbeteiligung vom 23.12.2016, BGBl. I 2016, S. 3037 erneut eingegriffen und neben weiter Änderungen in § 32 auch spezielle Auskunftsansprüche (§ 32d und § 32e) eingeführt sowie ein Verbandsklagerecht bei Gemeinsamen Vergütungsregeln (§ 36b und § 36c). In der Gesetzesbegründung wird auf die nach Ansicht des Gesetzgebers nach wie vor gestörte Vertragsparität verwiesen und dass sich Kreative nach wie vor teilweise auf Vertragsbedingungen einlassen müssten, mit denen sie alle Rechte am Werk bzw. an ihren Leistungen gegen eine unangemessene Einmalzahlung aus der Hand geben („Total Buy-Outs"). Hierdurch würde eine faire Beteiligung der Urheber an der Verwertung unterlaufen, insbesondere dann, wenn mehrfache Nutzungen ohne gesonderte entsprechende Vergütung erfolgten und die Rechtseinräumung die gesamte Schutzdauer umfassten, also nicht selten einen Zeitraum von mehr als 100 Jahren (Gesetzesbegründung der Bundesregierung 18/8625 vom 1.6.2016, S. 12 unter Verweis auf *Schulze* FS Bornkamm, S. 949 ff, 960). In § 32 wurde durch diese Novelle **Abs. 2a neu eingeführt** (dazu unten Rn. 32a) und neben der Dauer auch die Häufigkeit und das Ausmaß bei den Nutzungsmöglichkeit als berücksichtigenswert aufgenommen (dazu vgl. Rn. 54).

Erfreulicherweise stellt der Gesetzentwurf – soweit ersichtlich erstmalig – **2a** nicht nur einige **rechtsvergleichende Überlegungen** (S. 15 f.) an, sondern wirft auch einen Blick auf die Sachverhaltsgrundlagen, nämlich die **ökonomische Situation** der Beteiligten, insbesondere der Kreativen (S. 15–17). Das ist vor dem Hintergrund der Rechtsprechung des BVerfG zur gestörten Vertragsparität folgerichtig (In seinen jüngeren Entscheidungen fasst das Bundesverfassungsgericht viele der älteren Entscheidungen noch einmal zusammen und spricht von einer gestörten Vertragsparität bei „strukturell ungleicher Verhandlungsstärke": BVerfG vom 6.12.2005, 1 BvR 1905/02, Tz. 74). Dies hat das Bundesverfassungsgericht auch so in seiner – soweit ersichtlich – einzigen Entscheidung aus dem Künstlerbereich aufgegriffen (BVerfG vom 27.7.2005, I BvR 2501/04, Tz. 27). Empirische Erkenntnisse zu genau dieser Sachverhaltslage offeriert die Gesetzesbegründung allerdings nicht. Das Urhebervertragsrecht ergibt in seinen unterschiedlichsten Facetten der einzelnen Urheberbranchen ein sehr unterschiedliches Bild. So gibt es erfahrene Künstler und Schriftsteller – egal ob erfolgreich oder nicht –, die sehr erfolgreich verhandeln können und es auch tun, und es gibt Künstler und Schriftsteller, die sehr unerfahren sind und jeden ihnen vorgelegten Vertrag ungeprüft und unhinterfragt unterschreiben. Die Verhandlungsstärke von Werkverwertern ist in solchen Urheberbranchen höher, in denen die Leistungen der Urheber eher austauschbar sind; mit anderen Worten: Werkverwerter in z. B. der Fernseh(film-)musikbranche können aus einer sehr großen Anzahl verhältnismäßig gleich "guter" Filmmusikkomponisten auswählen und können daher eher Druck auf diese und die von ihnen verlangten Preise ausüben als in Urheberbranchen, in denen das Angebot nicht so „groß" ist. Je erfolgreicher ein Künstler oder Schriftsteller allerdings wird, nimmt die Wahrscheinlichkeit zu, dass er (schon allein, weil er sich beraten lässt) erfolgreich mit seinen urheberrechtlichen Vertragspartnern verhandeln und Konditionen durchsetzen kann, die Newcomern nicht möglich sind. Nach besonderen Erfolgen erlangen einzelne Urheber sogar eine derart starke Marktposition, dass eher der Verwerter in die unterlegene Position gerät, auch wenn dies sicherlich Einzelfälle sind. Ein grundsätzliches markt-strukturelles Problem sämtlicher Urheberbranchen ist, dass die Vertragspartner von Urhebern im primären Urhebervertragsrecht (also die sogenannten Werkverwerter) die Masse der von ihnen verwerteten Werke dadurch finanziert, dass einige wenige dieser Werke erfolgreich sind oder gar Bestseller sind, die dann den größeren Anteil der nicht erfolgreichen Werke querfinanzieren. Daher dürfte es auch erforderlich sein, zwischen solchen Verwertern zu unterscheiden, die ein umfangreiches Portfolio übersetzter Literatur haben und solchen, bei denen nur wenige Werke übersetzt werden und bei denen möglicherweise eine zusätzliche Vergütung wegen § 32 UrhG mit Blick auf die Verhältnismäßigkeit nicht ins Gewicht fällt. Besonders im Blick zu halten ist dabei auch die Vertriebsstruktur und im Bereich der Verlage die Buchpreisbindung. Insbesondere oligopolistische Strukturen auf Nachfrageseite bei großen Handelsketten oder im Bereich des Films bei den auftraggebenden Sendern lassen Verwerter oft in eine Sandwich-Position geraten, die ihnen wenig Spielraum für Preisgestaltungen gibt. Übersetzer im Speziellen schließlich trifft die zusätzliche strukturelle Schwierigkeit, die für andere Urheber nicht besteht, dass es sich bei ihnen um nachschaffende Urheber handelt. Neben ihrer kreativen Leistung sind auch und vor allen Dingen noch die kreativen Leistungen des erstschaffenden Haupturhebers in die Betrachtung mit einzubeziehen. Diese gewissermaßen „Verdopplung" geistiger Leistung wird vom Markt aber nicht mit höheren Preisen honoriert. Bekanntlich sind deutsche Originalwerke üblicherweise mit dem gleichen Preis belegt, wie übersetzte Werke. Daher hat sich im Bereich der Übersetzer ursprünglich etabliert, dass diese mit Pauschalvergütungen pro übersetzter Seite – gewissermaßen auf dem Grundgedanken eines Werkvertrages basierend – vergütet wurden (s. zu Details der Vertragspraxis: Loewenheim/*Czychowski*[2] § 66, Rn 10 ff.). Leider finden sich in der Gesetzesbegründung zu diesen relevanten Fragen der Verhandlungssituation keine spezifischen Äußerungen, sondern nur allgemeine Aussagen zum Einkommen der Kreativen, obwohl die Gesetzesbegründung zu recht an anderer Stelle betont, dass das Urheberrecht nicht dazu da ist, ein Grundeinkommen zu sichern (S. 12).

b) Existierende Lösungsansätze: Weltweit gibt es im Wesentlichen **drei Ansätze**   **3**
zur Bestimmung der Vergütung im primären Urhebervertragsrecht: Im anglo-
amerikanischen Copyright System überließ man den Ausgleich dem Markt.
Insbesondere im Bereich des Films hat allerdings die Vertragsdisparität zwischen Filmschaffenden und Produzenten zur Gründung von sogenannten
„Guilds", einer Art Gewerkschaft von Filmschaffenden, geführt. Durch Kollektivvereinbarungen, sogenannte **guild agreements**, wird nahezu jede Verwertungsform eines Filmwerkes erfasst und die Schaffenden vergütet (*Reber*
S. 321 ff.; *ders.* GRUR 2003, 393, 396). In den **sozialistischen Staaten** wählte
man **starre Vergütungsvorgaben** (dazu *Czychowski* S. 189 ff.). Im Übrigen **korrigierte man** allzu ungerechte Ergebnisse **im Nachhinein** über **Anpassungsregeln** wie den alten deutschen Bestsellerparagrafen (§ 36 a. F.). In Frankreich
existierte seit 1957 der Grundsatz der verhältnismäßigen Beteiligung, der allerdings keine unmittelbaren Auswirkungen auf die Höhe der Vergütung gehabt
hat, sondern sich soweit ersichtlich in grundsätzlichen Erwägungen zur Struktur der Vergütung (Pauschale vs. Beteiligung) erschöpft. Einen **Überblick über
die urhebervertragsrechtlichen Regelungen in den Mitgliedstaaten der EU** gibt
die Studie „Contractual Arrangements applicable to Creators: Law and Prac-
tice of Selected Member States", erstellt 2014 im Auftrag des Europäischen
Parlaments (PE 493.041). In der Mitteilung der Europäischen Kommission zur
Strategie für einen digitalen Binnenmarkt für Europa „Schritte zu einem modernen, europäischeren Urheberrecht" vom 9. Dezember 2015 (COM(2015)
100626 final) hatte die Kommission noch dass Maßnahmen zur Sicherung einer gerechten Vergütung für Urheber und ausübende Künstlern angekündigt,
die nun in dem Vorschlag für eine Richtlinie über das Urheberrecht im digitalen
Binnenmarkt vom 14.9.2016 (COM(2016) 593 final) umgesetzt sind: Interessanterweise verzichtet die Kommission auf eine direkte preisrechtliche Regelung wie § 32 und konzentriert sich auf eine Art Bestsellerparagraf, den sie
Vertragsanpassungsmechanismus nennt (Art. 15 des Richtlinienvorschlags).

c) Bestimmungen im deutschen Recht zu ähnlichen Konfliktlagen: Das deut-   **4**
sche Recht kennt **vergleichbare Bestimmungen** (zu mit dem Begriff der „Angemessenheit" **vergleichbaren Begriffen** vgl. Rn. 34), denen auf den ersten Blick
ein ähnlicher Gedanke zugrunde liegt: Regeln die Parteien die Höhe der Vergütung für die Werkleistung eines Urhebers im Vertrag nicht, kann der Urheber
gem. **§ 632 BGB (Werkvertrag)** die übliche Vergütung verlangen; dies trifft
allerdings nur auf den Teil von Urheberrechtsverträgen zu, denen ein Werkvertrag zugrunde liegt und dann auch nur für diese Werkleistung (a. A. OLG
Hamm GRUR-RR 2003, 124 – *Werbepostkarten*, das auch die Nutzungsentgelte unter § 632 BGB rechnet). Daneben kann im Anwendungsbereich des
Verlagsgesetzes die angemessene Vergütung nach § 22 VerlG verlangt werden.
Andere Eingriffe in vertragliche Vergütungsregelungen sind die gesetzlichen Bestimmungen der Honorare von Ärzten, Architekten oder Rechtsanwälten. In
den Blick geraten auch die Regelungen zum Schutz vor überhöhten Mieten (§ 5
WiStG), die allerdings – ebenso wie der allgemeine Wuchertatbestand – eher
Ausreißer einfangen wollen, als einen allgemeinen „Anspruch auf eine ange-
messene Miete" zu formulieren.

Bei näherer Betrachtung sind all diese Fälle aber **nicht vergleichbar.** Den letzte-   **5**
ren Fällen ist gemeinsam, dass der Gesetzgeber Preisunterbietungen verhindern
wollte, um die hohe Qualität freiberuflicher Leistungen, die zum Teil – z. B. bei
Ärzten – lebenswichtig sein kann, im Interesse wichtiger Gemeinschaftsgüter
zu sichern. § 632 BGB hingegen hat keinen Schutzcharakter; er will nur Lücken
im Vertrag schließen und damit verhindern, dass ein Dissens entsteht (Palandt/
Sprau[75] § 632 Rn. 1; MüKo BGB/*Busche*[6] § 632 Rn. 2). § 22 VerlG schließlich
ist in seiner Struktur § 632 BGB nachgebildet. Am ehesten vergleichbar dürfte
§ 32 mit **§ 9 ArbnErfG** sein. Diese Regelung aus dem speziellen **Patentrecht**

für **Arbeitsverhältnisse** gewährt dem Arbeitnehmer gegenüber dem Arbeitgeber einen Anspruch auf angemessene Vergütung, wenn und sobald der Arbeitgeber eine Erfindung in Anspruch genommen hat. Dennoch hilft auch die dazu ergangene Spruchpraxis wenig, da sie auf speziellen Richtlinien beruht, die es im Urheberrecht nicht gibt und die die Besonderheiten des technischen Patentrechts berücksichtigen (s. dazu *Bartenbach/Volz*[5]). Vergleichbar scheint zudem § 23 Abs. 1 ArbnErfG, der bei Vergütungsvereinbarungen ebenfalls den Weg einer Inhaltskontrolle eröffnet „soweit sie in erheblichem Maße" unbillig sind. Allerdings ist die Rechtsfolge dort Unwirksamkeit und nicht wie hier Vertragsanpassung (*Erdmann* GRUR 2002, 923, 925).

6   In der Literatur wird auch darauf hingewiesen, dass möglicherweise die Rechtsprechung zu verschuldensabhängigen Schadensersatzansprüchen nach § 97 zur Bestimmung des Begriffes der Angemessenheit herangezogen werden kann (*Schricker* GRUR 2002 737, 738; Wandtke/Bullinger/*Wandtke/Grunert*[4] Rn. 37). Im Rahmen des § 97 wird dem Rechteinhaber Schadensersatz gegen den unberechtigten Werknutzer in Höhe einer angemessenen Lizenzgebühr gewährt (**Lizenzanalogie**; vgl. § 97 Rn. 86 ff.), auch für die Feststellung der angemessenen Vergütung im Rahmen eines Gesamtvertrages muss der Begriff der Angemessenheit konkretisiert werden (BGH GRUR 2001, 1139, 1142). Tatsächlich kann der dazu verwendete Maßstab, nämlich, was verständige Vertragspartner redlicherweise für den objektiv sachlich angemessenen Wert der Rechtsbenutzung vereinbart hätten (Schricker/Loewenheim/*Wimmers*[5] § 97 Rn. 271), im Rahmen des § 32 auch Verwendung finden. Zu Recht wird allerdings darauf hingewiesen, dass es bei der Schadensberechnung nach § 97 weniger um eine gerechte Wertung der Verhältnisse von Leistung und Gegenleistung ginge als vielmehr um eine möglichst genaue Reproduktion der Marktverhältnisse (*Schricker* GRUR 2002 737, 738). Tatsächlich ist im Rahmen der Schadensfestsetzung gem. § 97 eine Prüfungsstufe der Redlichkeit nicht vorgesehen. Es wird bei der Bestimmung auf die üblichen Tarife und Honorare abgestellt (*Dietz* ZUM 2001, 276, 279). Mangels solcher – und dies ist nicht selten der Fall – ist die Schadensfestsetzung allerdings der freien Schätzung des Gerichts nach § 287 ZPO (der in der Tat wegen § 287 Abs. 2 ZPO auch in den vermögensrechtlichen Streitigkeiten des § 32 anwendbar sein dürfte) anheimgestellt. Dieses wird jedoch bei seiner Ermessensentscheidung gerade auch einen Ausgleich anstreben, der interessengerecht ist. Insofern sind diejenigen Kriterien für § 32 interessant, die die Rechtsprechung zur Lizenzanalogie im Rahmen des § 97 gefunden hat, um in freier Schätzung zu einem Ergebnis zu kommen. Unbeachtet müssen alle Gesichtspunkte der Rechtsprechung zur Lizenzanalogie bleiben, die auf den genuin schadensrechtlichen Charakter der Bestimmung abheben (z. B. die „doppelte Lizenz", so zu Recht: Wandtke/Bullinger/*Wandtke/Grunert*[4] Rn. 37). Umgekehrt könnte die Rechtsprechung zu § 32 Einfluss auf die Festlegung der Lizenzanalogie im Schadensrecht haben: *Schricker* weist daraufhin, dass es wohl eine unangemessene Besserstellung des unberechtigten Werknutzers gegenüber dem Nutzer auf Grund eines Vertrages wäre, sollte bei der Schadensberechnung im Wege der Lizenzanalogie nicht berücksichtigt werden, was für die Korrektur vertraglicher Vergütungen gilt (*Schricker* GRUR 2002, 737, 738).

7   Schließlich kennt das Urheberrecht den Begriff der Angemessenheit aus **gesetzlichen Vergütungsansprüchen** (z. B. §§ 26 Abs. 3, 27 Abs. 1 und 2, 45a Abs. 2, 46 Abs. 4, 49 Abs. 1, 54, 54a), die i. d. R. verwertungsgesellschaftenpflichtig sind und daher der besonderen Angemessenheitsbestimmung des § 9 S. 2 VGG (§ 6 Abs. 1 UrhWahrnG a. F.) unterworfen sind. Soweit sie nicht verwertungsgesellschaftenpflichtig sind (z. B. § 46 Abs. 4), kann man allerdings nicht davon sprechen, dass sich eine Praxis zur Bestimmung der Angemessenheit herausgebildet hat, sodass sie zur Auslegung des § 32 wenig beitragen können.

2. Verfassungsrechtliche Aspekte

Die Regierungsbegründung spricht davon, dass sie mit dem Gesetz einem **ver-** **8**
fassungsrechtlichen Gebot gefolgt sei (RegE UrhVG 2002 – BT-Drs. 14/7564,
S. 5 i. V. m. BT-Drs. 14/6433, S. 7 m. w. N. unter Verweis auf BVerfG NJW
1994, 2749, 2750): Der Ausgleich gestörter Vertragsparität gehöre zu den
Hauptaufgaben des Zivilrechts. Zweifel daran, ob dies unbedingt den Gesetzgeber auf den Plan rufen muss, sind durchaus angebracht, denn mit dieser
Begründung wäre fast jeder Lebensbereich preisrechtlich regelbar. Das wiederum dürfte mit der ebenfalls verfassungsrechtlich verankerten Vertragsfreiheit schwer vereinbar sein. Dennoch hat das Bundesverfassungsrecht schon
früh entschieden, dass Preisrecht mit **Art. 14 GG** vereinbar sein kann (BVerfG
NJW 1959, 475). Damals judizierte das BVerfG, dass § 2 Abs. 1 PreisG (in der
damaligen Fassung) verfassungskonform ermächtige, Preise festzusetzen oder
zu genehmigen. Sinn der Ermächtigung war, das allgemeine Preisniveau zu sta-
bilisieren, insbesondere unangemessene Preissteigerungen zu verhindern. Schon
damals hat das BVerfG Eingriffen in die Preisfreiheit aber Grenzen gesetzt: § 2
PreisG ermächtige nur zu solchen Preisregelungen, die zur Abwehr ernsthafter,
für den gesamten Preisstand relevanter Störungen unerlässlich sind (BVerfG
NJW 1959, 475). Die Ermächtigung darf also nicht zu einer aktiven, die Preis-
und Wirtschaftsordnung umgestaltenden Wirtschaftspolitik benutzt werden.
Deshalb betont das BVerfG, dass eine Einschränkung der Privatautonomie nur
bei *fundamentalen Ungleichgewichten* zulässig ist (*Jarass/Pieroth*[11] Art. 2
Rn. 16 m. w. N.). Zudem besagt die zitierte Rechtsprechung des BVerfG keineswegs, dass der Gesetzgeber typischerweise strukturelle Unterlegenheit durch generelle Regelungen korrigieren müsse (Loewenheim/*v. Becker*[2] § 29 Rn. 7 unter
Verweis auf *Thüsing* GRUR 2002, 203, 206); es wäre denkbar gewesen, allein
den Bestsellerparagrafen als nachträgliche Korrektur deutlich aufzuwerten.
Zur Frage der verfassungsrechtlichen Zulässigkeit s. LG München I Urteil vom
15.12.2005 – 7 O 25199/04, S. 12 f. UA; offen lassend: LG Stuttgart ZUM
2010, 704, aber Zweifel andeutend für Auftragsarbeiten, bei denen nicht sicher
feststeht, ob überhaupt Urheberrechtsschutz vorliegt; auch *Grzeszick* AfP
2002, 383 ff. Einige äußern zudem verfassungsrechtliche Bedenken gegen die
persönliche Reichweite der Vermutungsregel des § 32 Abs. 2 S. 2 (*Erdmann*
GRUR 2002, 923, 925; *Thüsing* GRUR 2002, 203, 204 ff.). Das BVerfG hat
entschieden, dass weder § 32 Abs. 1, Abs. 2 noch § 132 Abs. 3 S. 3 gegen das
Grundgesetz verstößt (BVerfG v. 23.10.2013 – 1 BvR 1842/11, 1 BvR 1843/
11 – GRUR 2014, 169 – *Übersetzerhonorare*), s. aber zu den verfassungsrechtlichen Bedenken nach wie vor **oben Rn. 2a.** Die Grundrechtspositionen Berufs-
ausübungsfreiheit der Verlage einerseits und der eigentumsrechtlich geschützte
Grundsatz, den Urheber angemessen an den vermögenswerten Ergebnissen seines Schaffens zu beteiligen, sind im Wege der praktischen Konkordanz angemessen in Ausgleich zu bringen (s. Dreier/Schulze/*Schulze*[5] Rn. 1a). *Ory* arbeitet überzeugend heraus, dass dieses Verdikt aber nicht absolut gilt, sondern
nur unter den spezifischen Bedingungen, dass Verwerter z. B. über von ihren
Verbänden gestaltete GemVergRegeln an der Formulierung der Redlichkeit
mitwirken können (*Ory* AfP 2014, 23, 25). Der Gesetzgeber der Novelle aus
2016 verweist zur Begründung auf die eben genannte Entscheidung des BVerfG
und führt aus, dass die gesetzlichen Neuregelungen zu dem Anspruch auf Auskunft und Rechenschaft (§ 32d UrhG) und der Möglichkeit der anderweitigen
Verwertung nach zehn Jahren bei pauschaler Vergütung (§ 40a UrhG) bei einer
Abwägung der Intensität und des Gewichts der betroffenen Grundrechte jedenfalls gerechtfertigt seien (RegE UrhVG 2016 – BT-Drs. 18/8625, S. 19).

Bedenken bezüglich der **Unbestimmtheit der Norm** hegt das OLG München **9**
(„nicht unproblematisch": OLG München ZUM 2007, 166, 175; ZUM 2007,
314, 325; LG München I ZUM 2006 154, 156 hält die Norm für bestimmbar

durch juristische Methodik; *Ory* AfP 2006, 9, 19). Zur Verfassungsmäßigkeit der Parallelnorm für neue Nutzungsarten vgl. § 32c Rn. 4.

3. EU-Recht/Internationale Konventionen

10 Weder EU-Recht noch internationale Konventionen kennen eine vergleichbare Regelung noch gibt es **Vorgaben** zu der deutschen Regelung. Zu den Nachweisen aus Erwägungsgründen einzelner Richtlinien aber vgl. § 11 Rn. 5. Einzelne Staaten haben vergleichbare Regelungen eingeführt. Hier ist insbesondere das unter maßgeblicher Beteiligung des Münchener Max Planck Instituts entstandene Gesetz in Slowenien zu nennen (*Czychowski* S. 139 ff.). Zu **Art. 101 AEUV** und § 36 vgl. Vor §§ 31 ff. Rn. 79. Zu **kartellrechtlichen Fragen** GemVergRegeln vgl. § 36 Rn. 52.

II. Tatbestand

1. Inhalte und Struktur der Ansprüche nach § 32 auf angemessene Vergütung

11 § 32 regelt verschiedene Ansprüche des Urhebers in Abhängigkeit von der Art der Vergütungsregelung (vertraglich, unbestimmt, zu ermitteln nach Gemeinsamer Vergütungsregel, zu bestimmen nach Angemessenheit und unangemessene).

12 § 32 Abs. 1 S. 1 normiert die als Selbstverständlichkeit erscheinende Aussage, dass der Urheber für die Einräumung von Nutzungsrechten und die Erlaubnis zur Werknutzung Anspruch auf die vertraglich vereinbarte Vergütung hat. S. 1 regelt also einen **Zahlungsanspruch**, der ohne rechtstechnische Besonderheiten entsprechend den Regeln des deutschen Zivilrechts durchgesetzt werden kann. Er verdeutlicht aber auch, dass dem Urheber neben seinen vertraglichen Ansprüchen nicht noch ein zusätzlicher rein gesetzlicher Vergütungsanspruch zusteht.

13 § 32 Abs. 1 S. 2 statuiert, dass, wenn die Höhe der Vergütung nicht bestimmt ist, die angemessene Vergütung als vereinbart gilt. Dabei weicht der Terminus der „angemessenen" Vergütung bewusst von dem Begriff der „üblichen" Vergütung ab. Nach § 32 Abs. 2 S. 2 ist die **Vergütung angemessen, wenn sie üblich und redlich** (vgl. Rn. 45 ff.) ist. Nachdem Abs. 1 also den Anspruch aufgestellt hat, regelt Abs. 2 die Frage, wie die Angemessenheit der Vergütung zu bestimmen ist. **Vorrang** genießen dabei **gemeinsame Vergütungsregeln i. S. d. § 36.** Für diese besteht eine **unwiderlegliche Vermutung** dahingehend, dass eine nach einer solchen gemeinsamen Vergütungsregel ermittelte Vergütung angemessen ist. Besteht keine gemeinsame Vergütungsregel, bestimmt § 32 Abs. 2 S. 2, dass die Vergütung angemessen ist, die im Zeitpunkt des Vertragsabschlusses dem entspricht, was im Geschäftsverkehr nach **Art und Umfang der eingeräumten Nutzungsmöglichkeit**, insbesondere nach Dauer und Zeitpunkt der Nutzung unter Berücksichtigung aller Umstände **üblicher- und redlicherweise** zu leisten ist. An dieser Stelle sei bereits erwähnt, dass die Bestimmungen des § 32 **zwingend** sind; dies sowohl in inhaltlicher Hinsicht (§ 32 Abs. 3 S. 1 und 2), als auch in internationaler Hinsicht (§ 32b). Auch diese Stufe des § 32 regelt also einen **Zahlungsanspruch**. Der Anspruch bleibt dem Berechtigten auch dann erhalten, wenn die Vergütung ausdrücklich ausgeschlossen wird (und keiner der Fälle, dass eine solche angemessen ist (vgl. Rn. 115 ff.), vorliegt), sei es über § 32 Abs. 1 S. 2 (*Wilhelm Nordemann* § 32 Rn. 4 f.) oder über § 32 Abs. 3. Denn andernfalls wäre dies eine Einladung zur Umgehung; zudem handelt es sich um die Steigerungsform der Nichtregelung. I. E. dürfte die dogmatische Begründung keinen Unterschied machen. Wenn man den Weg über § 32 Abs. 1 S. 2 geht, steht dem Urheber unmittelbar ein Zahlungsanspruch zu.

Wählt man den Weg über § 32 Abs. 3, ist der entsprechende vertragliche Ausschluss unwirksam, und der Berechtigte hat wieder einen Vertrag, der keine Regelung enthält, mithin einen direkten Zahlungsanspruch.

Für den Fall, dass eine Vergütung vereinbart ist, diese aber unangemessen ist **14** (**§ 32 Abs. 1 S. 3**), steht dem Berechtigten hingegen ein Anspruch auf Einwilligung in die Änderung des Vertrages (**Anpassungsanspruch**) zu. Dabei reduziert sich dieser um den Teil, der bereits bezahlt wurde/wird (FormH v. 19.11.2001 zu RegE UrhVG 2002, S. 15). Dieser Änderungsanspruch geht ebenfalls dahin, dass dem Urheber eine angemessene Vergütung gewährt wird. In der Tat dürfte es sich bei § 32 Abs. 1 S. 3 um den Hauptanwendungsfall des gesamten Anspruchs handeln (so *Wilhelm Nordemann* § 32 Rn. 6). Hintergrund, den Berechtigten keinen Zahlungsanspruch, sondern einen Korrekturanspruch zu geben, ist, dass andernfalls gerade bei Dauerschuldverhältnissen eine praktikable Durchsetzung kaum möglich erscheint (BeschlE RAusschuss UrhVG 2002 – BT-Drs. 14/8058, S. 18). Den ebenfalls denkbaren Fall, dass eine Vergütung unangemessen, aber zu Lasten des Verwerters ist, regelt § 32 nicht (Dreier/Schulze/*Schulze*[5] Rn. 26). Er kann allenfalls über allgemeine Regeln (z. B. §§ 138, 313 BGB) gelöst werden.

§ 32 Abs. 4 bestimmt schließlich, dass **Tarifverträge** grundsätzlich Vorrang ge- **15** nießen. Zu beachten ist insoweit allerdings, dass Tarifverträge nur dann vorgehen, wenn sie Bindungswirkung entfalten, also beide Parteien Angehörige der Tarifvertragsparteien sind. Da die meisten Urheber freischaffend tätig sind, besitzen Tarifverträge im Urheberrecht eine eher untergeordnete Bedeutung (zu Details vgl. Rn. 26 ff.).

2. Rechtsnatur der Ansprüche

Die dogmatische Bestimmung der Rechtsnatur der Ansprüche hat ihren Aus- **16** gangspunkt darin, dass diese einerseits kraft Gesetz in Verträge eingreifen, andererseits diese die Verträge zur Basis des Anspruchs macht. Insofern können sowohl der **Änderungsanspruch** nach Abs. 1 S. 3 als auch der **Zahlungsanspruch** nach Abs. 1 S. 2 als gesetzliche *Änderungs*ansprüche eingeordnet werden. Die Gesetzesbegründung spricht von dem Anspruch als *gesetzlichem* Vergütungsanspruch (FormH v. 19.11.2001 zu RegE UrhVG 2002, S. 1 ff.). Dieser Zahlungsanspruch hat jedoch seine Grundlage im Vertrag. Trotz dieser vertraglichen Vereinbarung muss man wohl angesichts der klaren Vorgabe in der Gesetzesbegründung von einem **gesetzlichen Vergütungsanspruch** ausgehen (FormH v. 19.11.2001 zu RegE UrhVG 2002, S. 1 ff.; a. A. Schricker/Loewenheim/*Schricker/Haedicke*[5] Rn. 2: vertraglicher Anspruch eigener Art; in dieselbe Richtung *Erdmann* GRUR 2002, 923, 925), da er seinen Grund im Gesetz und nicht in dem (noch unkontrollierten) Vertrag hat, wenn er natürlich auch einen Vertrag voraussetzt; letztlich ist er mit Ansprüchen wie § 137c Abs. 3 i. V. m. § 137 vergleichbar, die wohl auch als gesetzliche Ansprüche verstanden werden (Schricker/Loewenheim/*Katzenberger/Ohly*[5] § 137 Rn. 13). Dogmatisch wird der Anspruch zudem als einer der seltenen gesetzlich vorgeschriebenen Fälle der objektiven Inhaltskontrolle außerhalb des AGB-Rechts eingeordnet (*Erdmann* GRUR 2002, 923, 925; *Schricker* GRUR 2002, 737, 737).

3. Persönlicher und sachlicher Anwendungsbereich

Persönlich: Dazu zunächst vgl. Rn. 141 ff., auch zur Berechtigung von **Mitur- 17 hebern.** Anspruchsberechtigt sind der **Urheber** und seine **Rechtsnachfolger.** Für **Urheber von Werken der angewandten Kunst** s. die Sonderrechtsprechung in vgl. § 132 Rn. 16. Über § 79 Abs. 2 kommen auch **ausübende Künstler** in den Genuss der Regelung. Dasselbe gilt für **Verfasser wissenschaftlicher Ausgaben** (§ 70 Abs. 1) und **Lichtbildner** (§ 72 Abs. 1), da sie „in entsprechender

Anwendung der Vorschriften des Teils 1" geschützt werden. Für weitere Inhaber verwandter Schutzrechte gilt § 32 mangels Verweisung aber nicht. § 32 ist wie § 32a nicht für Inhaber ausschließlicher Nutzungsrechte anwendbar (LG Hamburg, ZUM 2008, 530). Nicht auf § 32 können sich abgeleitete Rechteinhaber berufen; das ist völlig klar für Kapitalgesellschaften, auch wenn alleiniger Gesellschafter ein Urheber ist. Dies soll aber auch für Gesellschaften bürgerlichen Rechts gelten, deren Gesellschafter die Urheber eines Werkes sind und die gewerblich tätig ist (also nicht nur für die Schaffung des Werkes besteht) (LG Stuttgart ZUM-RD 2010, 704).

17a   **Sachlich** ist der Anspruch nur bei bestehenden Vertragsbeziehungen im **primären Urhebervertragsrecht,** also bei Verträgen mit Urheberrechtsbeteiligung (zu diesem Begriff *Dietz* S. 1 ff.), anwendbar. Dies umfasst die klassische Einräumung von Nutzungsrechten ebenso wie die bloß schuldrechtliche Gestattung (vgl. § 31 Rn. 5 ff.) sowie die einseitige Einwilligung (vgl. § 31 Rn. 5 ff.) in die Werknutzung (Schricker/Loewenheim/*Schricker/Haedicke*[5] Rn. 6 f.). Das schließt zunächst aus, dass der Anspruch auch auf die **schuldrechtlichen Grundgeschäfte** des Urhebervertragsrechts, also etwa einen **Dienst- oder einen Werkvertrag** durchschlägt. Letztere regeln sich nach den allgemeinen Bestimmungen. Das schließt aber nicht aus, dass nicht neben § 32 für die urheberrechtliche Vergütung auch § 632 BGB für die Vergütung einer etwaigen Werkleistung Anwendung findet. Im Gegenteil sollte in Verträgen, deren Inhalt zugleich die Erbringung einer Leistung wie der Übertragung von Nutzungsrechten ist, möglicherweise zwischen dem Entgelt für die Leistung und die Übertragung unterschieden werden (für Werklohn ist § 32 nicht eröffnet: LG Stuttgart ZUM 2008, 163; Dreier/Schulze/*Schulze*[5] Rn. 7). In vielen Fällen, genannt seien z. B. die Übersetzer und freien Journalisten, fallen beide Entgelte in eins, was zu einer unsauberen Vermengung der Bestimmung des angemessenen Entgeltes für beide Bereiche führt (vgl. Rn. 87 ff.; weiterhin vgl. Rn. 65 ff.). Soweit aber z. B. Arbeitsaufwand für ein Werk und Nutzungsrechtseinräumung trennbar sind, muss dies bei § 32 berücksichtigt werden (a. A. BGH GRUR 2009, 1148 Rn. 55 – *Talking to Addison* und unter Bezug darauf BGH GRUR 2012, 496 Tz. 28 – *Das Boot*, der meint, dass die Arbeitsleistung von Urhebern ohne Einräumung von Nutzungsrechten wertlos ist; diese Auffassung berücksichtigt aber nicht, dass z. B. Designer sehr wohl oft mehrere Entwürfe fertigen, die als Werklohn zu vergüten sind, und der Auftraggeber sich dann Nutzungsrechte nur für einen Entwurf einräumen lässt; s. hierzu *Czychowski* GRUR 2010, 793, 794; s. Dreier/Schulze/*Schulze*[5] Rn. 7, die unter Bezugnahme auf BGH GRUR 2009, 1148 Rn. 56 eine mittelbare Auswirkung des Arbeitsaufwandes des Urhebers auf die Nutzungsvergütung sehen; ebenso für eine lediglich mittelbare Auswirkung KG ZUM-RD 2016, 510, 515; zu § 32a s. Dreier/Schulze/*Schulze*[5] § 32a Rn. 8 sowie LG Berlin ZUM-RD 2016, 522, 529; gegen eine – selbst nur mittelbare – Heranziehung des Arbeitsaufwandes zur Ermittlung der angemessenen Vergütung Wandte/Bullinger/*Wandtke/Grunert*[4] Rn. 35, wobei sie auf das Wesen der urheberrechtlichen Vergütung als Entgelt für die Werknutzung abstellen). Beispielsweise wäre denkbar, dass ein Designer ein Signet für einen Kunden entwickelt, ohne über die Vergütung oder die Einräumung von Rechten zu reden. Er hätte dann nach § 632 BGB für seine Werkleistung Anspruch auf die übliche Vergütung, nach § 32 hingegen einen Anspruch auf angemessene Vergütung für die Nutzung z. B. auf den Geschäftspapieren und auf der Internet-Seite des Auftraggebers, da Letzterer wohl nach dem Grundsatz des Übertragungszwecks (ehemals Zweckübertragungstheorie) in einem solchen Fall recht umfassende Nutzungsrechte erwerben würde. Soweit der Anwendungsbereich des VerlG eröffnet ist, muss das Verhältnis zu § 22 VerlG geklärt werden. Da **§ 22 VerlG** etwas anderes regelt (vgl. Rn. 4), geht dieser auch nicht vor. **Fahrtkosten,** die einem Journalisten im Zusammenhang mit seiner Recherchetätigkeit entstehen, fallen nicht in den Anwendungsbereich von § 32 (BGH GRUR 2016, 67, 71 Tz. 43 – *GVR Tageszeitungen II)*. Gezahlte Arbeitgeberanteile auf **Sozialversicherungsbeiträge** stellen keine nach §§ 32, 32a zu berücksichtigende Gegenleistung für die Einräumung von Nutzungsrechten dar (KG ZUM-RD 2016, 510, 513). Schließlich sollte die Anwendung von § 32 ausgeschlossen sein, wenn der **Urheber** selbst ein **Vergütungsangebot** gemacht hat, das der Nutzer ohne Verhandlungen angenommen hat (s. LG Stuttgart ZUM 2008, 163). Ähnlich der besonderen Behandlung von Vergleichsverträgen im Kartellrecht (s. Loewenheim/Meessen/Riesenkampff/Kersting/Meyer-Lindemann/*Jan Bernd Nordemann*[3] GRUR Rn. 34), sollte die Anwendung von § 32 ausgeschlossen werden, wenn die Parteien sich nach einem Streit einvernehmlich in einem **Vergleich** auf eine Vergütung einigen (Schricker/Loewenheim/*Schricker/Haedicke*[5] Rn. 5). Voraussetzung ist aber, dass Ansprüche nach § 32 thematisiert wurden und durch den Vergleich Konflikte über die Vergütung beigelegt werden sollen. Dasselbe gilt für Situationen, in denen **sachnähere Ausgleichsmechanismen,** z. B. in Gesellschaftsverträgen, bestehen (so zu Recht Schricker/Loewenheim/*Schricker/Haedicke*[4] Rn. 5).

Anders als im Professorenentwurf ist nach einer Formulierungshilfe vom **18** 19.11.2001 der Bereich der tarifvertraglich geregelten Vergütungen aus der Anwendbarkeit des § 32 ausdrücklich herausgenommen worden; damit sollte der Tarifautonomie Rechnung getragen werden (FormH v. 19.11.2001 zu RegE UrhVG 2002, S. 17). Wenn und soweit also ein **Tarifvertrag** Regelungen zur urheberrechtlichen Vergütung enthält, ist ein Rückgriff auf § 32 nicht mehr möglich. Die Regel gilt auch für Tarifverträge **arbeitnehmerähnlicher Personen** (§ 12a TVG) wie die Gesetzesbegründung mit einer zwischenzeitlichen Streichung im Rahmen des Gesetzgebungsverfahrens klarstellt (FormH v. 19.11.2001 zu RegE UrhVG 2002, S. 20).

Nicht anwendbar ist § 32 auf **gesetzliche Lizenzen** (ProfE II UrhVG, *Marcel*   **19** *Schulze*, Mat. UrhG S. 1377; so auch Dreier/Schulze/*Schulze*[5] Rn. 9; Schricker/ Loewenheim/*Schricker/Haedicke*[5] Rn. 6; Wandtke/Bullinger/*Wandtke/Grunert*[4] Rn. 6), da dort eigenständige Ansprüche bestehen, oftmals ebenfalls auf *angemessene* Vergütung (s. z. B. § 46 Abs. 4). Der Anspruch gilt, eigentlich selbstverständlich, auch nicht gegenüber **unberechtigten Nutzern,** also Rechtsverletzern (ProfE II UrhVG, *Marcel Schulze*, Mat. UrhG S. 1377; so auch Dreier/Schulze/*Schulze*[5] Rn. 10; Wandtke/Bullinger/*Wandtke/Grunert*[4] Rn. 6). Auch das Verhältnis zwischen Urheber und Verwertungsgesellschaften ist eigenständiger Art, der Schutzkonstellation des § 32 bedarf es nicht: § 32 findet also auf **Wahrnehmungsverträge** keine Anwendung (Dreier/Schulze/*Schulze*[5] Rn. 8; Schricker/Loewenheim/*Schricker/Haedicke*[5] Rn. 4; Wandtke/Bullinger/ *Wandtke/Grunert*[4] Rn. 7). Zur Problematik der Abtretung der Ansprüche an eine Verwertungsgesellschaft vgl. Rn. 22.

4.   Entstehen, Fälligkeit, Abtretbarkeit, Verjährung und Verwirkung des Anspruches

a) Entstehen: Der Anspruch entsteht mit der Einräumung von Nutzungsrechten   **20** oder der Erteilung der Erlaubnis zur Werknutzung, d. h. zeitlich i. d. R. mit dem Datum, das bei den Unterschriften unter der jeweiligen Vereinbarung steht. Die Regierungsbegründung sah noch vor, dass der Anspruch noch nicht mit diesem Vorgang entsteht. Erforderlich war vielmehr, dass die Nutzung dann auch tatsächlich stattfindet (RegE UrhVG 2002 – BT-Drs. 14/7564, S. 5 i. V. m. BT-Drs. 14/6433, S. 15). Das hat der Rechtsausschuss geändert und ausdrücklich auf die Kritik an der Anknüpfung an die Nutzungshandlung hingewiesen (BeschlE RAusschuss – UrhVG 2002 – BT-Drs. 14/8058, S. 18). Insbesondere für die **Verjährung** spielt die Frage eine Rolle, wann der Anspruch nach § 32 entsteht und fällig wird. Grundsätzlich ist ein Anspruch entstanden, sobald er mit einer Klage geltend gemacht werden kann (BGHZ 55, 340; BGHZ 73, 365). Voraussetzung dafür ist i. d. R. nur, dass der Anspruch fällig ist (BGHZ 53, 222, 225; BGHZ 113, 193). Der Anspruch aus § 32 Abs. 1 S. 3, Abs. 2 S. 2 entsteht, wenn die vereinbarte Vergütung im **Zeitpunkt des Vertragsschlusses** nicht angemessen ist. Ein erst nach Vertragsschluss entstandenes Missverhältnis kann lediglich Ansprüche nach § 32a Abs. 1 S. 1 begründen (zum Verhältnis der beiden Ansprüche vgl. § 32a Rn. 14, 16). Auch bei laufender Werknutzung kann der Anspruch aus § 32 Abs. 1 S. 3, Abs. 2 S. 2 daher nur einmalig im Zeitpunkt des Vertragsschlusses entstehen (BGH GRUR 2016, 1291, 1293 – *Geburtstagskarawane*). Ist der Vertrag wegen unangemessener Vergütung nach § 32 Abs. 1 S. 3 anzupassen, entsteht nach anderer Ansicht der Vergütungsanspruch erst nach wirksam vollzogener – ggf. rechtskräftig festgestellter – Vertragsanpassung (Dreier/Schulze/*Schulze*[5] Rn. 90).

21   **b) Fälligkeit:** Anders als im Regierungsentwurf (RegE UrhVG 2002 – BT-Drs. 14/7564, S. 5 i. V. m. BT-Drs. 14/6433, S. 3) enthält das Gesetz keine Regelung zur **Fälligkeit** des Anpassungsanspruchs. Der Rechtsausschuss hatte diese mit der Begründung gestrichen, dass sich mangels abweichender Regelung die Fälligkeit aus § 271 BGB ergebe (BeschlE RAusschuss UrhVG 2002 – BT-Drs. 14/8058, S. 19). Nach dieser Vorschrift wird der Anspruch „sofort" fällig. Was dies genau heißt, ist bei näherer Betrachtung nicht ganz so klar. Daher ist **umstritten**, wann die Ansprüche des § 32, also der Zahlungsanspruch und der Anpassungsanspruch, **fällig** sind. Einige plädieren für eine Fälligkeit mit Vertragsschluss bzw. der Einräumung der Nutzungsrechte (Dreier//Schulze/*Schulze*[5] Rn. 11; Schmid/Wirth/Seifert/*Schmid*/*Wirth*[2] Rn. 7; so wohl auch Schricker/Loewenheim/*Schricker*/*Haedicke*[5] Rn. 27), andere lassen den Anspruch fortwährend neu fällig werden (so noch Wandtke/Bullinger/*Wandtke*/*Grunert*[1] Rn. 21; jetzt wohl wie hier Wandtke/Bullinger/*Wandtke*/*Grunert*[4] Rn. 21), *Wilhelm Nordemann* koppelt den Zahlungsanspruch an den Nutzungsbeginn, sieht den Anpassungsanspruch hingegen mit Vertragsschluss als fällig an (*Wilhelm Nordemann* § 32 Rn. 57 f.). Da der Rechtsausschuss sich ausdrücklich dafür entschieden hat, die Nutzung nicht mehr als relevanten Anknüpfungspunkt für den Anspruch zu wählen (BeschlE RAusschuss UrhVG 2002 – BT-Drs. 14/8058, S. 18), dürfte zunächst viel dafür sprechen, dass der Anspruch im Zeitpunkt der Einräumung der Nutzungsrechte fällig wird. Dies muss nicht zwingend der Zeitpunkt des Vertragsschlusses sein; es ist denkbar, dass die Einräumung der Nutzungsrechte z. B. an die Zahlung einer ersten Abschlagzahlung gekoppelt ist. Allerdings passt dies, worauf *von Becker* zu Recht hinweist, nur wenn keine Vergütung vereinbart ist oder aber eine Pauschalzahlung (Loewenheim/*v. Becker*[2] § 29 Rn. 147). Besteht die angemessene Vergütung in einer Beteiligung, entscheidet die tatsächliche Nutzung über die Fälligkeit der einzelnen Beteiligungen. Dies muss u. E. aber nicht zwingend bedeuten, dass auch der Anpassungsanspruch fortlaufend neu fällig wird. Die abstrakte Frage, ob die vereinbarte Beteiligung angemessen ist, stellt sich bereits bei Einräumung der Nutzungsrechte. Dies bedeutet, dass alle Ansprüche des § 32 zunächst mit Einräumung der Nutzungsrechte fällig werden. Eine solche Lösung führt auch keineswegs automatisch in eine Verjährungsfalle, da für die Verjährung nach BGB immer ein subjektives Element vorliegen muss (vgl. Rn. 23). **Abweichende vertragliche Regelungen** sind nur zulässig, wenn sie nicht ihrerseits gegen § 32 verstoßen (Loewenheim/*v. Becker*[2] § 29 Rn. 148; a. A. *Hertin* MMR 2003, 16, 18). Im Verlagsrecht gilt § 23 VerlG, sofern nicht derogiert.

22   **c) Abtretbarkeit des Anspruches:** Ob der Anspruch **abtretbar** ist, ist gesetzlich nicht geregelt. Im Laufe des Gesetzgebungsverfahrens wurde § 32 Abs. 4, der die Einschränkung der Abtretbarkeit ausdrücklich regelte, gestrichen, ohne dass hierfür aber eine Begründung gegeben wurde. Die Gesetzesbegründung spricht nur davon, dass der Anspruch sich einer kollektiven Wahrnehmung entzieht (RegE UrhVG 2002 – BT-Drs. 14/7564, S. 5 i. V. m. BT-Drs. 14/6433, S. 12). Erstes Gebot ist zunächst § 32 Abs. 3 S. 1 (vgl. Rn. 114 ff.), der bestimmt, dass nicht zum Nachteil des Urhebers von Abs. 1 und 2 abgewichen werden darf. Zu Recht wird man wohl differenzieren müssen (*Wilhelm Nordemann* § 32, Rn. 48 ff.): Der Vertragsänderungsanspruch nach Abs. 1 S. 3 dürfte nicht abtretbar sein, da eine Änderung eines Vertrages nur von Vertragspartnern vorgenommen werden kann (*Wilhelm Nordemann* § 32, Rn. 49). Demgegenüber steht einer Abtretung der Zahlungsansprüche nach Abs. 1 S. 1 und 2 nichts im Wege, wenn eine angemessene Gegenleistung vereinbart wird und damit Abs. 3 S. 1 Genüge getan wird (a. A. Dreier/Schulze/*Schulze*[5] Rn. 76, die eine Abtretung prinzipiell für nachteilig halten; anders beurteilen dies *Schricker/Haedicke*, die zwischen abtretbarem Vergütungsanspruch und nur mit dem Hauptrecht abtretbaren akzessorischem Nebenrecht, hier: Änderungsanspruch, unterscheiden: Schricker/Loewenheim/*Schricker/Haedicke*[5] Rn. 17; dem folgend: LG Hamburg ZUM 2008, 530 ff.). Allerdings dürfte einer Abtretung an eine Verwertungsgesellschaft (so *Wilhelm Nordemann* § 32 Rn. 50) der Wille des Gesetzgebers entgegenstehen (RegE UrhVG 2002 – BT-Drs. 14/7564, S. 5 i. V. m. BT-Drs. 14/6433, S. 12; a. A. aber Schricker/Loewenheim/*Schricker/Haedicke*[5] Rn. 18, der nur auf konstruktive Schwierigkeiten verweist, da Verwertungsgesellschaften i. d. R. ihre Rechte im eigenen Namen geltend machen), auch wenn die Gesetzesbegründung undifferenziert von „dem Anspruch nach § 32" spricht.

d) Verjährung: Das Gesetz hat die ursprünglich enthaltene eigene Regelung zur **Verjährung** nicht übernommen (BeschlE RAusschuss UrhVG 2002 – BT-Drs. 14/8058, S. 19). Es gelten damit die Regeln des allgemeinen Verjährungsrechts aus dem BGB. § 102 ist unanwendbar (Schricker/Loewenheim/*Schricker/Haedicke*[5] Rn. 44). Die regelmäßige Verjährungsfrist beträgt **drei Jahre** (§ 195 BGB). Sie beginnt am Ende des Jahres, in dem der Anspruch entstanden ist *und* der Berechtigte von den ihn begründenden Umständen Kenntnis erlangt hat oder diese ohne grobe Fahrlässigkeit erlangen müsste (§ 199 Abs. 2 BGB). Bei **Gläubigerwechsel** (z. B. durch Erbfall) kommt es für den Beginn und Lauf der Verjährung auf den Kenntnisstand des ursprünglichen Gläubigers an (BGH GRUR-RR 2017, 185 – *Derrick).* Bei Unkenntnis, die nicht auf grober Fahrlässigkeit beruht, beträgt die Verjährungsfrist **zehn Jahre** ab *Entstehung* des Anspruchs (dazu vgl. Rn. 27) – also nicht ab Ende des Jahres (§ 199 Abs. 4 BGB). Auch wenn es schwierig ist, Kenntnis von einem unbestimmten Rechtsbegriff der „Angemessenheit" zu erlangen, gibt es klare Fälle: Wenn der Urheber von seinem Berufsverband oder seinem Anwalt auf die Unangemessenheit aufmerksam gemacht wurde, dürfte die Frist sicherlich zu laufen beginnen. Dasselbe trifft zu, wenn er Kenntnis oder grob fahrlässige Unkenntnis von einer gemeinsamen Vergütungsregel hat, aus der sich die Unangemessenheit ergibt (so Dreier/Schulze/*Schulze*[5] Rn. 89; Wandtke/Bullinger/*Wandtke/Grunert*[4] Rn. 21; a. A. Loewenheim/*v. Becker*[2] § 29 Rn. 150). Die Kenntnis bezieht sich allerdings nicht auf das Vorhandensein des Anspruchs selbst, sondern auf die Tatsachen, aus denen ein Anspruch subsumiert werden kann. Somit beeinflusst ein Rechtsirrtum nicht die Verjährung (*Lorenz*, Lehrbuch zum neuen Schuldrecht, 2002, Kap. 3 § 2 Rn. 50; MüKo BGB/*Grothe*[7] § 199 Rn. 29). Insbesondere beeinflusst die falsche Gesetzesanwendung nicht den Verjährungsbeginn (jurisPK-BGB/*Lakkis*[7] § 199 Rn. 54). Ausreichend ist vielmehr die Kenntnis der den Anspruch begründenden tatsächlichen Umstände. Anders ausgedrückt: Der Urheber muss aufgrund der objektiven Umstände eine entsprechende Parallelwertung in der Laiensphäre vorgenommen haben, wonach seine vertragliche Vergütung nicht nur aus seiner subjektiven Sicht unangemessen ist (OLG München v. 17.5.2011, 6 U 2999/10, S. 30 f. UA). Der BGH hatte zu § 32a Verjährung angenommen, wenn derartig greifbare Anhaltspunkte für die Unangemessenheit der vereinbarten Vergütung bestanden, dass von grob fahrlässiger Unkenntnis anspruchsbegründender Tatsachen auszugehen wäre (BGH GRUR 2012, 1248 – *Fluch der Karibik*). Dies wird auch auf § 2 angewandt (OLG Nürnberg GRUR-RR 2015, 513 – *Jugendbuchübersetzung*; LG Hamburg ZUM 2015, 587, 588). Die Kenntnis der Branchenüblichkeit einer Vergütung oder abweichender gemeinsamer Vergütungsregeln kann ein Indiz dafür sein (OLG München v. 17.5.2011 – 6 U 2999/10, S. 31 UA). Die Rechtsprechung ist lediglich strenger, wenn die Rechtslage so unübersichtlich oder zweifelhaft war, dass selbst ein rechtskundiger Dritter diese nicht zuverlässig einschätzen könnte (BGH WM 2008, 1077, 1078; BGH LM BGB § 852 Nr. 150 (9/1999)). Ob dies bei der Angemessenheit einer Vergütung vorliegt, ist Einzelfallentscheidung. Allein die Tatsache, dass die Oberlandesgerichte und die übrigen Instanzgerichte zu einer Rechtsfrage unterschiedlich Stellung nehmen, macht die Frage nicht verjährungsrelevant „schwierig und verwickelt". Auch ist nicht zulässig, die höchstrichterliche Klärung abzuwarten (LG Bonn v. 14.5.2008 – 5 S 58/08 Tz. 15, zitiert nach juris). Erforderlich und genügend ist im Allgemeinen die Kenntnis der tatsächlichen Umstände. Dazu gehören Vertragsschluss und die Vertragsbedingungen als diejenigen tatsächlichen Umstände, die die Unangemessenheit der Vergütung im Sinne des § 32 begründen. Die zutreffende rechtliche Würdigung des bekannten Sachverhalts wird grundsätzlich nicht vorausgesetzt. Rechtlich fehlerhafte Vorstellungen des Gläubigers beeinflussen den Beginn der Verjährung deshalb in der Regel nicht (LG Hamburg ZUM 2015, 587, 591). Das heißt, dass ein Urheber weder Kenntnis von der exakten gesetzlich angemessenen Vergütung haben muss, noch hellseherische Fähigkeiten (LG Hamburg ZUM 2015, 587, 591). Der Beginn der regelmäßigen Verjährungsfrist eines Anspruchs auf angemessene Vergütung ist in Bezug auf Verwertungshandlungen von **Werken der angewandten Kunst** i. S. d. § 2 Abs. 1 Nr. 4, Abs. 2, die nach dem 1.6.2004 vorgenommen wurden, auf den 31.12.2014 hinausgeschoben. Denn erst im Jahr 2014 änderte der BGH seine Rechtsprechung zu den urheberrechtlichen Anforderungen an Werke der angewandten Kunst, die einem Geschmacksmusterschutz zugänglich sind. Zwar reicht grundsätzlich die Kenntnis der anspruchsbegründen Tatsachen für den Verjährungsbeginn aus. Dies gilt jedoch nicht bei **entgegenstehender höchstrichterlicher Rechtsprechung**, wie dies bei Werken der angewandten Kunst bis zur Entscheidung im Jahr 2014 der Fall war (BGH GRUR 2016, 1291, 1295 – *Geburtstagskarawane*). Es kommt hierbei allerdings auf die objektive Unzumutbarkeit an, nicht auf subjektive Einschätzungen des Klägers (BGH GRUR 2016, 1291, 1295 Tz. 46 – *Geburtstagskarawane*)

24   **e) Verwirkung:** In einem Fall, in dem der Urheber bewusst den Vertrag eingeht, obwohl er von der Unangemessenheit Kenntnis hat, wird man darüber nachdenken müssen, ob er seinen Anpassungsanspruch nicht **verwirkt** oder dessen Geltendmachung **treuwidrig** wäre. Allerdings wird man zu berücksichtigen haben, ob der Vertragspartner den Berechtigten möglicherweise dergestalt unter Druck setzt, dass er entweder „diesen Vertrag oder keinen" haben könne.

25   **f) Zusammenfassung:** Daraus ergeben sich **zusammenfassend** folgende Besonderheiten für die beiden Ansprüche des § 32: Der **Anspruch auf angemessene Vergütung** entsteht mit Einräumung der Nutzungsrechte; der Berechtigte kann sich aber auf Unkenntnis berufen, sofern er keine Zahlung erhalten hat oder ihm die erforderlichen Informationen übermittelt wurden bzw. die Unkenntnis als grob fahrlässig einzustufen ist. Folge ist die zehnjährige Verjährung des § 199 Abs. 2 BGB. Für Verwertungen, die laut Vertrag nicht vergütungspflichtig sind, sollte der Berechtigte den Verwerter um Auskunft über zwischenzeitlich etwa erfolgte Nutzungen bitten. Dies hemmt die Verjährung gem. § 203 BGB, denn das Auskunftsersuchen kann als konkludentes Verhandlungsangebot verstanden werden. Allerdings dürfte der Berechtigte zu solchen Anfragen nicht gezwungen sein; auch ohne sie setzt er sich nicht dem Vorwurf der groben Fahrlässigkeit aus. Grob fahrlässig könnte es hingegen sein, dass er ihm vom Vertragspartner nachweislich übersandte z. B. Verlagsinformationsbriefe, in denen über den Erfolg eines Werkes berichtet wird, nicht zur Kenntnis nimmt. Der **Anspruch auf Vertragsanpassung** entsteht ebenfalls mit Einräumung der Nutzungsrechte. Auch hier gelten die eben dargestellten Regeln der drei- und zehnjährigen Verjährung nebst Hemmung.

5.   **Vorrang des Tarifvertrages (Abs. 4)/Verhältnis zum Arbeitsrecht**

§ 32 Abs. 4 räumt Tarifverträgen Vorrang vor dem allgemeinen Anspruch nach   **26**
§ 32 Abs. 1 S. 3 ein (OLG Hamm ZUM 2016, 1049, 1054; vgl. Rn. 15). Denn sie binden nicht nur die an ihrem Abschluss beteiligten Tarifvertragspartner, sondern auch deren Mitglieder (§ 3 Abs. 1 TVG). Damit ist nicht etwa gemeint, dass Tarifverträge zwischen Verwertern und Urhebern bzw. ausübenden Künstlern nunmehr automatisch allgemeinverbindlich wären, als sie Vergütungen für urheberrechtlich geschützte Werke oder Leistungen bestimmen. Zur Indizwirkung auch außerhalb der Bindungswirkung des § 3 Abs. 1 TVG *Wilhelm Nordemann* § 32 Rn. 43.

a) **Voraussetzung für die Anwendbarkeit des Abs. 4:** Urheber und Werknutzer   **27**
müssen **tarifgebunden** sein (§ 3 Abs. 1 TVG, so ausdrücklich OLG Hamm ZUM 2016, 1049, 1054; LG Stuttgart ZUM 2009, 77). Zu Recht weisen Dreier/Schulze/*Schulze*[5] Rn. 83 f. darauf hin, dass allerdings eine tarifvertragliche Regelung auch bei nicht tarifgebundenen Parteien **eine indizielle Wirkung** für die Angemessenheit einer Vergütung entfalten kann (so nun auch BGH GRUR 2016, 62, 64 Tz. 27 – *GVR Tageszeitungen I* unter Verweis auf Dreier/Schulze/*Schulze*[5] Rn. 82 f.). Allerdings setzt dies voraus, dass derjenige, der sich darauf beruft, nachweist, dass die tatsächliche Situation mit der einer gemeinsamen Vergütungsregel nach § 36 vergleichbar war/ist und zudem nicht etwa urheberrechtsfremde Erwägungen bei der speziellen tarifvertraglichen Regelung eine Rolle gespielt haben (in diese Richtung auch Dreier/Schulze/*Schulze*[5] Rn. 84). Nach dem BGH reicht – wie bei GemVergRegel (dazu unten Rn. 31) – eine vergleichbare Interessenlage, wobei eventuell für die Frage der Angemessenheit bestehenden erheblichen Unterschieden im Einzelfall durch eine modifizierte Anwendung der GemVergRegel Rechnung zu tragen ist (BGH GRUR 2016, 62, 64 Tz. 27 – *GVR Tageszeitungen I*). Weiterhin muss der Tarifvertrag auch tatsächlich und ausdrücklich eine **Regelung der Vergütung nach § 32** für die in Rede stehende Nutzung enthalten. Ob Letzteres der Fall ist, dürfte sich nach den allgemeinen Regeln über den Zuschnitt von Nutzungsarten und -rechten bestimmen (vgl. § 31 Rn. 5 ff.). Zudem reichen bloße Regelungen über einzelne Nutzungsentgelte ohne Bezug zur Urhebervergütung nicht, erst recht nicht bloße Regelungen zum Arbeitsentgelt, die keinen urheberrechtlichen Regelungscharakter haben.

b) **Anwendbarkeit des § 32 im Arbeitsverhältnis:** Damit stellt sich aber auch   **28**
ganz allgemein die Frage der **Anwendbarkeit** des § 32 **im Arbeitsverhältnis.** § 43 enthält hierzu die allgemeine arbeitnehmerurheberrechtliche Norm; zu ihr war bislang anerkannt, dass der Lohn, den ein Arbeitnehmer erhält, auch die Einräumung von Nutzungsrechten im Rahmen der Anwendbarkeit des § 43 abgilt (OLG Hamburg GRUR 1977, 556, 558 – *Zwischen Marx und Rothschild*; Schricker/Loewenheim/*Rojahn*[5] § 43 Rn. 64). Das Gesetz enthält keine Aussage über das Verhältnis von § 32 zu § 43. Zum Spezialfall in § 69b für **angestellte Computerprogrammierer** vgl. § 69b Rn. 15. Damit stellt sich zunächst die Frage, ob § 32 im Anwendungsbereich des § 43 gilt (hierzu *Zirkel* WRP 2003, 59: § 32 kommt in Teilen auch bei Arbeitnehmern zur Anwendung). Die Entstehung des Gesetzes zum Urhebervertragsrecht ist ein wenig aufschlussreicher: Die Regierungsbegründung des neuen Urhebervertragsrechts

enthielt noch eine Neuregelung des § 43. Dort hieß es aber, dass die betriebliche Nutzung „in der Regel mit dem Lohn und Gehalt – soweit die Zahlung tatsächlich erfolgt ist – abgegolten" sei (RegE UrhVG 2002 – BT-Drs. 14/7564, S. 5 i. V. m. BT-Drs. 14/6433, S. 18). Der Bundesrat regte demgegenüber eine Regelung entsprechend dem § 69b für alle Arbeits- und Dienstverhältnisse an (RegE UrhVG 2002 – BT-Drs. 14/7564, S. 9). Die Formulierungshilfen vom 19.11.2001 sowie 14.1.2002 strichen die Änderungen in § 43. Letztere betont, dass die „[...] Grundsätze zu den Vergütungsansprüchen der Urheber in Arbeits- und Dienstverhältnissen [unberührt] bleiben" (FormH v. 14.1.2002 zu RegE UrhVG 2002, S. 25). Nach ersterer „findet sich die Regelung zum Vergütungsanspruch für Urheber in Arbeits- und Dienstverhältnissen nun in §§ 32 Abs. 4, 32a Abs. 4" (FormH v. 19.11.2001 zu RegE UrhVG 2002, S. 23). Da dort lediglich der Verweis auf Tarifverträge geregelt ist, könnte man gerade dem letzten Satz das Argument entnehmen, dass – wenn kein Tarifvertrag existiert – es keinen zusätzlichen Vergütungsanspruch gibt. Die Genese des Gesetzes ist also, wenn auch nicht völlig eindeutig, so aber doch zumindest ein Indiz für eine solche Auslegung (a. A. Dreier/Schulze/*Schulze*[5] Rn. 13; Schricker/Loewenheim/*Schricker/Haedicke*[5] Rn. 4; Wandtke/Bullinger/*Wandtke*[4] § 43 Rn. 145; wie hier i. E. *Bayreuther* GRUR 2003, 570, 574; *Berger* ZUM 2003, 173, 179; *Ory* AfP 2002, 93, 95; Loewenheim/*v. Becker*[2] § 29 Rn. 69, 120; zum Sonderfall der Anwendbarkeit des Bestsseller-Paragrafen vgl. § 32a Rn. 9; allg. vgl. § 69b Rn. 16). Das LAG Schleswig-Holstein geht davon aus, dass in der Regel das Arbeitsentgelt die Nutzungsrechte abgilt, es sei denn, das Werkschaffen erfolgt nicht in Erfüllung der Arbeitspflicht (LAG Schleswig-Holstein Urteil vom 13.11.2013, 3 Sa 160/13 Tz. 53), übersieht dabei aber dass in einem solchen Fall schon über § 43 keine Nutzungsrechte eingeräumt worden sein dürften. Will der Arbeitgeber sicher der Anwendbarkeit des § 32 „entkommen", muss er die gesetzliche Regelung der §§ 31 ff., 43 dahingehend abändern, dass er sich keine Nutzungsrechte einräumen lässt (*Zirkel* ZUM 2004, 626, 633 f.); ein Ergebnis, das praktisch kaum befriedigen dürfte. Die Novelle des Urhebervertragsrechts 2016 greift den hier dargestellten Gedanken erneut auf: Der Rechtsausschuss weist darauf hin , dass die Begründung des Regierungsentwurfs ausführe, dass es in Fällen der Nutzungsrechtseinräumung durch Arbeitnehmer nicht zu beanstanden sei, wenn die entsprechenden Leistungen pauschal in Form des Arbeitsentgeltes oder der Besoldung abgegolten würden. Dies solle nach dem Rechtsschuss nicht für befristete Kurzzeit-Arbeitsverhältnissen wie etwa bei Schauspielern für die Dauer einer Filmproduktion gelten (Bericht RAusschuss UrhVG 2016 – BT-Drs. 18/10637, S. 22). Daraus kann also geschlossen werden, dass die Bundesregierung jedenfalls davon ausgeht, dass § 32 in Arbeitsverhältnissen nur dergestalt eingeschränkt anwendbar ist, als ein Teil des Lohnentgelts in die Berechnung der angemessenen Vergütung nach § 32 einzuberechnen ist.

6. Unwiderlegliche Vermutung: Gemeinsame Vergütungsregel (§ 32 Abs. 1 i. V. m. § 36)

29 Bei der Bestimmung der angemessenen Vergütung ist zunächst zu fragen, ob eine vorrangige gemeinsame Vergütungsregel nach § 36 existiert. Ist dies der Fall, gilt die dort festgelegte Vergütung unwiderleglich als angemessen. Voraussetzung ist aber, dass diese gemeinsame Vergütungsregel **wirksam zustande gekommen** und selbst rechtlich nicht angreifbar ist (zu den (engen) Grenzen der Überprüfbarkeit einer gemeinsamen Vergütungsregel vgl. § 36 Rn. 15; auch vgl. § 36 Rn. 37 ff.). Eine weitere Prüfung der Angemessenheit der Vergütung nach § 32 Abs. 2 S. 2 ist dann versperrt. Dies gilt nach der Formulierungshilfe vom Januar 2002, die diese Änderung einführte, immer auch dann, wenn die Vergütung sich in der Spanne, die eine gemeinsame Vergütungsregel möglicherweise vorsieht, bewegt (FormH v. 14.1.2002 zu RegE UrhVG 2002, S. 15).

Voraussetzung ist lediglich, dass das **betroffene Nutzungsrecht** und seine Vergütung in der Vergütungsregel auch **ausdrücklich geregelt** werden. Es kommt darauf an, dass jeder einzelnen Nutzungsart eine konkrete Vergütung zugewiesen wird, mithin der bereits erwähnten neuen **Spezifizierungslast** (vgl. Rn. 114 ff.) nachgekommen wird (i. d. S. auch Dreier/Schulze/*Schulze*[5] Rn. 32). Vergütungen für **unbekannte Nutzungsarten** konnten bis zur Einführung des neuen § 32c nicht geregelt werden (Dreier/Schulze/*Schulze*[5] Rn. 33); ebenso genügten allgemeine Formulierungen wegen der Regel des Übertragungszwecks der erwähnten Spezifizierungslast nicht. Insofern war die Regelung des § 8 der GemVergRegel für Autoren belletristischer Werke (vgl. § 36 Rn. 29 f.) zumindest fragwürdig. Darin ist der Autor, wenn er mit dem Verlag eine nach diesen gemeinsamen Vergütungsregeln ermittelte Vergütung vereinbart, verpflichtet, dem Verlag auf dessen Verlangen die Rechte an sämtlichen zukünftig entstehenden neuen Nutzungsarten (§ 31 Abs. 4 UrhG) schriftlich einzuräumen. Der Verlag verpflichtet sich in diesem Fall im Gegenzug, den Autor an den Erlösen aus derartigen Nutzungen angemessen zu beteiligen. Die Beteiligung wird gegebenenfalls der wirtschaftlichen Entwicklung der neuen Nutzung angepasst. Seit dem 1.1.2008 ist wegen §§ 31a, 32c die Regelung unbedenklich.

Insofern gelten für gemeinsame Vergütungsregeln die allgemeinen urhebervertragsrechtlichen Grundsätze (vgl. § 36 Rn. 25). Zu den weiteren Grenzen gemeinsamer Vergütungsregeln vgl. § 36 Rn. 23 ff. Die Vergütungsregel reicht also, wenn und soweit den einzelnen Nutzungsarten eine Vergütung zugewiesen wurde. Ungeklärt bleibt, was passiert, wenn sich zwei gemeinsame Vergütungsregeln widersprechen (zu diesem Problem vgl. § 36 Rn. 34 ff.).   **30**

Auch in **zeitlicher Hinsicht** muss der Anwendungsbereich einer GemVergRegel eröffnet sein. Für Verträge z. B. belletristischer Autoren, die bis zu einem Jahr vor Geltung der Vergütungsregel geschlossen wurden, ist von einer widerleglichen Vermutungswirkung bzw. Indizwirkung der GemVergRegel auszugehen; der BGH geht von einer nur indiziellen Wirkung in solchen Fällen aus (BGH GRUR 2016, 62, 63 Tz. 21 – *GVR Tageszeitungen I*). Eine Vergütung, die in einem Jahr für angemessen gehalten wurde, wird wohl auch schon im Vorjahr angemessen gewesen sein. Eines Abzugs von den Vergütungssätzen der erst später in Kraft getretenen GemVergRegel als **Inflationsausgleich** bedarf es grundsätzlich nicht (OLG Hamm ZUM 2016, 1049, 1056). Das LG Mannheim misst den Gemeinsamen Vergütungsregeln für freie hauptberufliche Journalistinnen und Journalisten an Tageszeitungen eine indizielle Bedeutung für einen gewissen Zeitraum vor dem Inkrafttreten am 1.2.2010 bei, der jedenfalls den Zeitraum bis 1.1.2009 abdeckt. Insoweit wird eine sekundäre Darlegungslast des Anspruchsgegners bezüglich einer wesentlichen Änderung der Branchenübung oder der wirtschaftlichen Verhältnisse ausgelöst. Wesentliche Veränderungen auf dem Zeitungsmarkt sind in diesem Zeitraum allerdings nicht ersichtlich (LG Mannheim AfP 2013, 441, 443; bestätigt durch OLG Karlsruhe GRUR-RR 2015, 365, 368 – *Freier Journalist*; s. OLG Hamm ZUM 2016, 1049, 1055 für die erst seit 1.5.2013 gültige GemVergRegel für Bildbeiträge für die Jahre 2010 bis 2012). Nach dem BGH reicht für diese nur indizielle Heranziehung einer ansonsten von ihren Anwendungsvoraussetzungen nicht (vollständig) erfüllten GemVergRegel eine vergleichbare Interessenlage, wobei eventuell für die Frage der Angemessenheit bestehenden erheblichen Unterschieden im Einzelfall durch eine modifizierte Anwendung der GemVergRegel Rechnung zu tragen ist (BGH GRUR 2016, 62, 63 Tz. 21 – *GVR Tageszeitungen I*; BGH GRUR 2016, 1296, 1299 f. Tz. 32 – *GVR Tageszeitungen III*; sich dem anschließend OLG Hamm ZUM 2016, 1049, 1056). Mit der Einführung des neuen Abs. 2a dehnt der Gesetzgeber nunmehr den zeitlichen Anwendungsbereich einer GemVergRegel auch auf Verträge aus, die vor deren zeitlichen Anwendungsbereich geschlossen wurden (durch das Gesetz zur verbesserten   **31**

Durchsetzung des Anspruchs der Urheber und ausübenden Künstler auf angemessene Vergütung und zur Regelung von Fragen der Verlegerbeteiligung vom 20.12.2016, BGBl. I S. 3037).

32 Fraglich ist, ob sich die Vermutungswirkung auf alle Urheber im Geltungsbereich einer Vergütungsregel erstreckt oder nur auf diejenigen Urheber, die Mitglieder der Vergütungsregelparteien sind. Es wird zu Recht vertreten, dass die Vermutungswirkung für Nichtmitglieder der Vergütungsregelparteien zumindest widerleglich sein muss, wie auch für nicht tarifgebundene Parteien der Tarifvertrag nur indizielle Wirkung haben kann (*Erdmann* GRUR 2002, 923, 925). Eine „**Außenseiterbindung**" besteht selbst im Tarifrecht nur bei ausdrücklicher Allgemeinverbindlichkeitserklärung (*Erdmann* GRUR 2002, 923, 925). Der Eingriff in die Vertragsautonomie aller Parteien ist sonst zu schwerwiegend. Es ist im Interesse des durch die Vergütungsregel nicht gebundenen Urhebers, nicht in den Geltungsbereich einer unwiderleglichen Vermutung einbezogen zu werden. Zudem kann der einzelne Autor es bestimmen, ob er an der Vermutungswirkung teilhaben will, indem er entweder vor Vertragsschluss in eine Partei i. S. d. § 36 Abs. 1 S. 1 eintritt oder im Vertrag die GemVergRegel als Grundlage einbezieht (*Erdmann* GRUR 2002, 923, 924, *Hucko* S. 12). Keine so verstandene Vermutungswirkung kann eine GemVergRegel entfalten, die nur von einzelnen Verwertern abgeschlossen wurde (vgl. § 36 Rn. 22). Verstünde man die Vermutungswirkung anders, dürften sich auch verfassungsrechtliche Zweifel an § 32 stellen (*Ory* AfP 2014, 23, 25 und oben Rn. 8).

7. Abs. 2a

32a Die Vorschrift ist durch das **Gesetz zur verbesserten Durchsetzung des Anspruchs der Urheber und ausübenden Künstler auf angemessene Vergütung** und zur Regelung von Fragen der Verlegerbeteiligung vom 23.12.2016, BGBl. I 2016, 3037 in das Gesetz aufgenommen worden, allerdings erst durch den Rechtsausschuss. Danach regelt die Norm, dass gemeinsame Vergütungsregeln zur Ermittlung der Angemessenheit der Vergütung auch für Verträge herangezogen werden können, die vor dem zeitlichen Anwendungsbereich der gemeinsamen Vergütungsregel abgeschlossen worden sind. Das entspricht allerdings nur der Rechtsprechung des BGH (BGH GRUR 2016, 62– *GVR Tageszeitungen I*), weshalb die Frage gestattet bleibt, warum das noch normiert werden musste. Die Frage, ob gemeinsame Vergütungsregeln auch dann herangezogen werden können, wenn andere Voraussetzungen als der zeitliche Anwendungsbereich nicht vollständig erfüllt sind, bleibt von dieser Bestimmung unberührt (Bericht RAusschuss UrhVG 2016 – BT-Drs. 18/10637, S. 22).

8. Bestimmung der Angemessenheit der Vergütung (Abs. 2 S. 2)

33 Der unbestimmte Rechtsbegriff der Angemessenheit wird in § 32 Abs. 2 durch eine Einführung verschiedener Kriterien konkretisiert, anhand derer die Angemessenheit bestimmt werden soll (S. 2, vgl. Rn. 39, vgl. Rn. 50 ff.). Zu **vergleichbaren Bestimmungen** vgl. Rn. 4 f. Eine angemessene Vergütung ist nach dem Gesetz auf zwei Wegen zu bestimmen: Auf dem ersten Weg wird für die jeweilige Branche die übliche Vergütung ermittelt. Lässt sich eine übliche Vergütung ermitteln, so wird diese darauf geprüft, ob sie auch redlich ist. Für deren Prüfung sind die weiteren **Anhaltspunkte des § 32 Abs. 2 S. 2** heranzuziehen. Die Kriterien des § 32 Abs. 2 S. 2 für die **Üblich- und Redlichkeit** sind: 1. der Geschäftsverkehr, 2. die Art und der Umfang der eingeräumten Nutzungsmöglichkeiten, 3. die Dauer und der Zeitpunkt der Nutzung, wobei 4. alle Umstände Berücksichtigung finden sollen (dazu im Detail vgl. Rn. 50 ff.). Der zweite Weg wird beschritten, wenn entweder schon keine Branchenübung ermittelt werden kann, oder die festgestellte Branchenübung nicht redlich ist. Dann erfolgt die Festsetzung der angemessenen Vergütung nach billigem Ermessen des Gerichtes. Dazu sind wiederum die Kriterien des § 32 Abs. 2 S. 2 zugrunde zu legen und ein der Billigkeit entsprechendes Ergebnis zu finden (so wohl auch BeschlE RAusschuss UrhVG 2002 – BT-Drs. 14/8058, S. 18). Zu den sich daraus ergebenden prozessualen Handlungsalternativen vgl. Rn. 125 ff. Für den Fall neuer Nutzungsbereiche, die noch keine üblichen Vergütungen kennen vgl. Rn. 44.

a) Begriff der Angemessenheit: Der **Begriff der Angemessenheit** ist wie oben **34** ausgeführt im deutschen Urheberrecht seit langem bekannt (zu anderen Vorschriften, die den Begriff der Angemessenheit verwenden vgl. Rn. 4 f.). Allerdings soll hier nochmals betont werden, dass diese Angemessenheitsbegriffe nicht unbedingt gleich auszulegen sind und daher nur bedingt zur Herleitung der Angemessenheit im Rahmen des § 32 herangezogen werden können. Wohl können sich aber Ähnlichkeiten in dem zugrundeliegenden Lebenssachverhalt der jeweiligen Norm mit dem des § 32 auf die Rechtstechnik auswirken. Gemeinsam ist diesen Bestimmungen, dass sie alle Umstände des Einzelfalls berücksichtigt wissen wollen. **Verallgemeinerungen** über generell angemessene Beträge **verbieten sich** also, so auch bei § 32. Allerdings zeigt eine Norm, die in einer vergleichbaren Interessenlage steht und dort ebenfalls eine Vertragspartei, nämlich den Mieter, schützen will, wie sich der Gesetzgeber an anderer Stelle diesem Einzelfallproblem nähert: Nach § 5 Abs. 2 WiStG – das als Ordnungswidrigkeit bestimmte überhöhte Mieten ahndet – sind Entgelte unangemessen, die infolge der Ausnutzung eines geringen Angebots an vergleichbaren Räumen die üblichen Entgelte um mehr als 20 von Hundert übersteigen, die in Vergleichslagen in den letzten vier Jahren vereinbart oder geändert worden sind. Nicht unangemessen hoch sind Entgelte, die zur Deckung der laufenden Aufwendungen des Vermieters erforderlich sind, sofern sie unter Zugrundelegung der nach S. 1 maßgeblichen Entgelte nicht in einem auffälligen Missverhältnis zu der Leistung des Vermieters stehen. Auch hier zeigt sich die weiter unten (vgl. Rn. 39) detailliert beschriebene Berücksichtigung beider Interessen, insbesondere auch der Ausgaben der Vermieterseite. Zwar ist die angemessene Vergütung vom Tatrichter gem. § 287 ZPO unter Würdigung aller Umstände des Einzelfalls nach freier Überzeugung und billigem Ermessen zu bestimmen. Im Revisionsverfahren ist diese Entscheidung nur eingeschränkt darauf überprüfbar, ob das Berufungsgericht bei der Bestimmung der Vergütung von zutreffenden rechtlichen Maßstäben ausgegangen ist und sämtliche für die Bemessung der Vergütung bedeutsamen Tatsachen berücksichtigt hat, die von den Parteien vorgebracht worden sind oder sich aus der Natur der Sache ergeben (BGH GRUR 2009, 1148 – *Talking to Addison*; BGH GRUR 2016, 62, 66 Tz. 47 – *GVR Tageszeitungen I*). Für diese Schätzung spielen aber eine Reihe von **Faktoren** eine wesentliche Rolle:

aa) Zeitpunkt der Betrachtung: Die Kriterien zur Bestimmung von Üblich- und **35** Redlichkeit knüpfen in einer objektiven Betrachtungsweise **ex ante** an den **Zeitpunkt des Vertragsschlusses** an (so BeschlE RAusschuss UrhVG 2002 – BT-Drs. 14/8058, S. 18 sowie ganz h. M. in Rechtsprechung und Literatur: BGH GRUR 2009, 1148 Tz. 19 – *Talking to Addison*; OLG Hamm ZUM 2016, 1049, 1055; OLG München ZUM-RD 2007, 166, 177; LG Hamburg ZUM 2006, 683, 686 f; LG München I ZUM 2006, 73, 77; LG Hamburg ZUM 2005, 483, 485; *Jacobs* NJW 2002, 1905, 1907; *Zirkel* WRP 2003, 59, 60; *Haas* Rn. 186; *Hertin* Rn. 333; Loewenheim/*Jan Bernd Nordemann*[2] § 61 Rn. 4; HK-UrhR/*Kotthoff*[3] Rn. 28; BeckOK UrhR/*Soppe*[14] Rn. 49). Berücksichtigung finden daher nur solche Umstände, die bis zum Zeitpunkt des Vertrages bekannt waren. Allerdings gibt es Stimmen, die auch Entwicklungen nach Vertragsschluss in die Angemessenheitsprüfung einfließen lassen wollen (Wandtke/Bullinger/*Wandtke/Grunert*[4] Rn. 41 ff.; für eingeschränkte ex-ante Betrachtung bei lang zurückliegendem Vertragsschluss *v. Berger/Wegener* ZUM

2005, 695, 696; Dreier/Schulze/*Schulze*[5] Rn. 45). Es lassen sich Entwicklungen
während der Nutzung allenfalls über § 32a abfangen; andernfalls wird aus dem
Anspruch ein allgemeines Billigkeitskorrektiv, das noch größere Rechtsunsicherheit in sich trüge. Anknüpfend an den Betrachtungszeitpunkt ergibt sich,
dass bei einigen Kriterien ein Rekurs auf Fakten genommen werden kann, während bei anderen Kriterien die bei Vertragsschluss angestellten Prognosen herangezogen werden müssen. Sollten sich Prognosen nach Vertragsschluss als
unzutreffend darstellen, dürfen vom Gericht keine Prognosen an deren Stelle
gesetzt werden, die diese nachträgliche Entwicklung mit einbeziehen. In einem
solchen Fall muss die angemessene Vergütung ausgehend von den übrigen Faktoren, die bei Vertragsschluss bekannt waren, in Hinblick auf eine von diesen
ausgehenden Prognose mittels Sachverständigengutachten ermittelt werden. So
wird gewöhnlich die Werkstückzahl, z. B. Auflagenhöhe, bereits feststehen bzw.
mit dem Vertrag festgelegt. Auch ist der Werkstückverkaufspreis häufig schon
zum Zeitpunkt des Vertragsschlusses nach Verwertungsart zumindest bestimmbar: So steht bei Jugendbüchern schon im Vorfeld fest, dass nur niedrige
Brutto-Verkaufspreise verlangt werden (LG Hamburg ZUM 2006, 683, 686 f.),
was wiederum Einfluss auf die Einnahmenerwartungen und dementsprechend
auf die Vergütungshöhe hat. Bei der Bewertung der Kriterien Gewinnerwartun-
gen, Kosten oder Markterfolg an sich ist notwendig auf Erwartungen und
Prognosen im Zeitpunkt des Vertragsschlusses abzustellen (OLG München
ZUM-RD 2007, 166, 177).

36   Vorsicht ist daher geboten bei Argumenten für die nachträgliche Anpassung
des Vertrages: Tatsächlich scheint es nach einer ex post-Betrachtung zu klingen,
wenn das LG Berlin ZUM 2005, 904, 908 (gleichlautend LG Berlin ZUM
2006, 942, 946) die nachträgliche Anpassung eines Übersetzerhonorars damit
rechtfertigt, dass statt einer Erhöhung des Pauschalhonorars eine ergänzende
Absatzbeteiligung interessengerechter wäre, da so gewährleistet sei, dass der
Urheber nur insoweit vergütet werde, als dem Vertragspartner Erträge zufließen (*Beisler* ZUM 2005, 907, 908: Vermengung der „ex ante"- und „ex post"-
Betrachtung). Eine solche Beurteilung stellt sich jedoch nicht in dem Gesamtkontext der Argumentation des LG Berlin ein: Das zitierte Urteil sagt nämlich
nicht, dass eine Absatzbeteiligung immer nur dann zugebilligt wird, wenn zum
Zeitpunkt der gerichtlichen Entscheidung Erträge entstanden sind, sondern
dass im Grundsatz bereits zum Zeitpunkt des Vertragsschlusses – der in diesem
Fall vor Geltung des § 32 lag – eine Beteiligung an potentiell eintretenden Erträgen redlich ist. Maßgeblich stellt es aber darauf ab, dass es aufgrund der
Enthebung des Risikos des wirtschaftlichen Erfolgs, die mit einer Pauschalvergütung verbunden ist, eine erhebliche nachträglich einseitige Risikoverteilung
zu Lasten des Verlages wäre, ein höheres Pauschalhonorar zuzubilligen, das
zudem – im Augenblick des Vertragsschlusses – als branchenübliche Vergütung
galt.

37   **bb) Fokus der Betrachtung: Einzelfall oder Typus?:** Ungeklärt ist der spezifische Fokus der Betrachtungsweise: Die Vorgabe des Gesetzes in § 32 Abs. 2
S. 2 lässt eine **individualisierende**, primär auf die Besonderheiten des Einzelfalles abstellende (LG Hamburg ZUM 2006, 683, 685; LG Berlin ZUM 2005,
904, 906) **oder** aber eine **generalisierende**, eher an typisierten Fallgestaltungen
orientierte **Betrachtung** zu (so auch OLG München (6. Senat) ZUM 2007, 317,
324; allerdings weist *Kromer* AfP 2013, 29, 33 auf das Fehlen verlässlicher
Bezugsgrößen im digitalen Bereich hin). Für eine individualisierende Betrachtungsweise sprechen unter anderem Abs. 2 S. 2, wonach alle Umstände zu berücksichtigen sind sowie die vom Rechtsausschuss ergänzend angeführten relevanten Umstände wie konkret getätigte Investitionen, die zu erwartenden und
bereits angefallenen Kosten, Zahl der Werkstücke und die zu erzielenden Einnahmen. Dabei handelt es sich um Umstände, die durch den Einzelfall be-

stimmbar sind. Der Rechtsausschuss nennt aber mit „Marktverhältnissen" und „Risikotragung" auch Umstände, die generalisierend für ein Marktsegment bzw. eine Verwertungssituation bestimmt werden können (s. BGH GRUR 2016, 62, 65 Tz. 40 – *GVR Tageszeitungen I*; BGH GRUR 2016, 67, 69 Tz. 16 – *GVR Tageszeitungen II).* Auch spricht die Begründung der Beschlussempfehlung des Rechtsausschusses, davon, dass in einer **objektiven Betrachtungsweise ex ante** (so BeschlE RAusschuss UrhVG 2002 – BT-Drs. 14/8058, S. 18) auf die redliche Branchenübung abzustellen sei. Dies legt eher einen generalisierenden Ansatz nahe. Die Parameter der Prüfung als wenig stringente Handreichung für den Rechtsanwender kritisierend, entscheidet sich das OLG München (6. Senat) ZUM-RD 2007, 166; 175; ZUM-RD 2007, 182; 188; ZUM 2007, 308, 312; ZUM 2007 317, 324) für eine generalisierende Betrachtungsweise: § 32 Abs. 2 S. 2 verweise auf die Umstände im Zeitpunkt des Vertragsschlusses, woraus gefolgert werden könne, dass Spezifika des Einzelfalles, die sich häufig erst nach Vertragsschluss einstellen, keine Berücksichtigung finden dürfen. Die Begrenzung auf die Umstände zum Zeitpunkt des Vertragsschlusses lässt sich auch daraus erklären, dass sich anders als unter dieser zeitlichen Prämisse die Redlichkeit oder Unredlichkeit des Verwerters in der Tat nicht beurteilen ließe, denn Verwertungsverträge, die – wie meist – auf Schutzfristdauer abgeschlossen werden, haben, im statistischen Durchschnitt gesehen, eine Laufzeit von mehr als 100 Jahren (*Wilhelm Nordemann* § 32 Rn. 11). Dass sich bestimmte Kalkulationen zu Einzelfallfragen wie Einnahmen oder Werkzahl zum Zeitpunkt des Vertragsschlusses erst später als zutreffend oder nicht herausstellen, ist keine Frage des § 32, sondern des § 32a, der spätere Entwicklungen regeln soll. Weiterhin ist es durchaus üblich und nicht unmöglich, die Vergütung mit Hilfe von Prognosen bestimmter einzelfallabhängiger Kalkulationen zu Auflagenzahl oder Einnahmenerwartungen zur Grundlage des Vertrages zu machen (OLG München ZUM-RD 2007, 166, 177). Die zeitliche Begrenzung der Berücksichtigungsfähigkeit von Umständen ist daher nicht eindeutig genug, um für die eine oder andere Betrachtungsweise als Argument herangezogen zu werden.

Weiterhin verweist § 32 Abs. 2 S. 1 vorrangig auf gemeinsame Vergütungsregeln, die schon ihrer Natur nach generalisierend formuliert sind (OLG München (6. Senat) ZUM 2007, 317, 324). Daher ist auch die Betrachtungsweise in § 32 Abs. 2 S. 2 generalisierend durchzuführen. Tatsächlich kann selbst einem nach § 36 Abs. 4 nicht angenommenen Schlichtungsvorschlag eine indizielle Bedeutung im Rahmen des § 32 Abs. 2 S. 2 zukommen (BeschlE RAusschuss UrhVG 2002 – BT-Drs. 14/8058, S. 20). Auch andere Normen, bei denen der Begriff der Angemessenheit konkretisiert werden muss, verwenden eine generalisierende Perspektive, doch ist dies aufgrund des zugrundeliegenden Lebenssachverhaltes gerechtfertigt: Soweit es z. B. um die Vergütung für gesetzliche Lizenz geht, die in Tarifen oder Gesamtverträgen der Verwertungsgesellschaften konkretisiert wird oder die Lizenzierung ausschließlicher Rechte durch Verwertungsgesellschaften, kommt es notwendig zu einer Generalisierung und Typisierung (*Schricker* GRUR 2002, 737, 738). Für § 32 Abs. 2 S. 2 ist die Schlussfolgerung des OLG München jedoch nicht zwingend: Durch Umkehrschluss kann man auch zu der Auffassung gelangen, dass – sofern nicht gemeinsame Vergütungsregeln oder Tarifverträge zur Anwendung kommen – gerade **individualisierend** der **Einzelfall** betrachtet werden muss (in diese Richtung zu Recht *Schricker* GRUR 2002, 737, 738). Letztlich spricht die Vielfalt der vom Gesetzgeber verwandten Kriterien dafür, den Maßstab für die Kriterien des § 32 Abs. 2 S. 2 nicht pauschal zu bestimmen, sondern je nach der Natur der Kriterien: So stellt das LG Berlin ZUM 2005, 904, 906 zu Recht fest, dass der Umfang der Rechteeinräumung im Fokus auf die einzelfallspezifischen Besonderheiten zu bestimmen ist, da diese die Gegenleistung des Urhebers dar-

38

stellt. Hingegen befinden sich Urheber wie Verwerter in einem spezifischen Marktumfeld, das der Generalisierung zugänglich ist, sodass die zugrundeliegenden Prognosen für Kosten oder Einnahmen an diesem Maßstab zu messen sind. Leitfaden der Methodik ist daher eine Kombination beider Perspektiven: Die Vergütungsfestsetzung muss also **sowohl den Spezifika des Einzelfalles gerecht werden wie eine im Rahmen der Branchenübung generalisierbare Entscheidung** sein.

39 cc) Unterkriterien zur Feststellung der angemessenen Vergütung: Diese abstrakt anmutende Debatte entscheidet darüber, welche Unterkriterien neben bzw. zur Bestimmung des Umfangs, der Dauer und der Intensität der Nutzung in die Bewertung der angemessenen Vergütung miteinbezogen werden dürfen und welche nicht. Hintergrund der Entscheidung des OLG München ist, dass nach Klägervortrag bei der Vergütung für Übersetzer auch Umstände wie die **Schwierigkeit des zu übersetzenden Textes**, die besondere **Originalität der Übersetzung**, der **Zeitaufwand** oder die **Gewährleistung eines auskömmlichen Einkommens** Berücksichtigung finden sollten. Diese Aspekte wurden angeführt, weil bei der Vergütung von Übersetzern üblicherweise die Erstellung der Übersetzung und die Übertragung der Nutzungsrechte mit einer Pauschalsumme abgegolten werden. Tatsächlich ist noch ungeklärt, wie mit der Vermengung von Urheber- und Werkvertragsrecht umgegangen werden soll (dazu vgl. Rn. 17). Die bisherige Rechtsprechung zu Übersetzervergütungen hat eine Stellungnahme zu dieser Frage durch Ergänzung der Vergütung durch Absatzbeteiligung statt Aufgliederung des Normseitenhonorars umschifft bzw. nur gestreift (auf den Zwittercharakter der Normseitenvergütung hinweisend: OLG München (6. Senat) ZUM 2007, 317, 326; LG München I ZUM 2006, 73, 77; LG München ZUM 2006, 159, 162; LG München ZUM 2006, 154, 156; zur sauberen Trennung der einzelnen Teile eines „Werkauftrages" vgl. Rn. 17). Um irrelevante Faktoren aus der Festsetzung der angemessenen Vergütung herauszuhalten, bedarf es aber nicht der Annahme einer generalisierenden Betrachtungsweise. Das OLG München zeigt zugleich in allen Parallelverfahren (OLG München ZUM 2007, 317, 327) wie Kriterien ausgelesen werden können, indem sie jeweils zu den drei Hauptkriterien Umfang, Dauer und Intensität in Relation gesetzt werden, sprich: auf ihren Einfluss auf die Verwertungsmöglichkeiten hin untersucht werden: So sei die schöpferische Leistung des Romanciers von größerer Relevanz für die Verwertungsmöglichkeit des Werkes als die nachgeordnete des Übersetzers, Ausnahmen sind aber möglich, z.B. die Übersetzung von James Joyce „Ullysses" durch Hans Wollschläger oder Erich Frieds Übertragungen von Shakespeare (OLG München ZUM 2007, 317, 327). Insofern kann der Nachweis eines plausiblen Zusammenhanges zwischen der Bekanntheit des Autors mit der erweiterten Nutzung des Werkes = höherer Absatz ein Kriterium sein. Beispiele für die Notwendigkeit der Darlegung eines solchen Zusammenhanges zwischen Leistung des Urhebers für die Erzielung von Einnahmen aus der Verwertung enthalten die Begründungen des OLG München ZUM 2007, 308, 316, das von „Korrelation der Qualität des schöpferischen Werkes und Publikumsecho" spricht, wobei „Publikumsecho" – als pars pro toto – wohl mit Relevanz für Verbreitung, Absatz und Einnahmen ausgefächert werden kann, sowie die des LG Berlin ZUM 2006, 942, 946, die auf die Relevanz der Bekanntheit des Autors für die Auswertungsmöglichkeit der Unterlizenzierung hinweist. Anders ausgedrückt: Es ist nicht einzusehen, warum der (glückliche) Übersetzer eines englischsprachigen Welterfolgs (der einen ebensolchen Erfolg in Deutschland nahelegt) wegen eines zwingend zu vereinbarenden Absatzhonorars besser gestellt werden soll und damit gewissermaßen wenigstens einen Teil der Früchte des Originalurhebers ernten soll, als der (vielleicht sogar qualitativ bessere) Übersetzer eines wenig gelesenen aber anspruchsvollen Prosa-Textes. Dieser Situation trägt übrigens das vom Börsenverein vorgeschlagene Münchner Modell mit einem Solidarfonds Rechnung (vgl. § 36 Rn. 31).

Die signifikante Relation zu den Endpunkten Umfang, Dauer und Intensität **40** der Nutzung ist auch bei den durch den Gesetzgeber vorgeschlagenen Unterkriterien Marktverhältnisse, Investitionen, Risikotragung, Kosten, Zahl der Werkstücke oder zu erzielende Einnahmen darzulegen (FormH v. 14.1.2002 zu RegE UrhVG 2002, S. 16). Nur diejenigen Faktoren, die relevant zur Nutzung sind, können berücksichtigt werden. Es ist jedoch zu unterscheiden zwischen Kosten, die als Faktoren der Werkerstellung und solchen, die als Faktoren der Rechteeinräumung zu betrachten sind. So können z. B. Kosten, die notwendig anfallen, um die Nutzung des Werkes vorzubereiten oder erst zu ermöglichen wie z. B. für **Lektorat, Film-** bzw. **Musikschnitt** etc., in die Berechnung der angemessenen Vergütung einfließen (zur Irrelevanz der **Ausstattung des Werkes** auf die Verbreitung: OLG München (6. Senat) ZUM-RD 2007, 166, 179). **Zuschläge** auf die Vergütung freier Journalisten wegen des Risikos der Selbstständigkeit oder **Ausfallzeiten** wie Urlaub oder Krankheit sind hingegen typische Begleitfaktoren eines Werk – bzw. Dienstvertragsverhältnisses.

Ob daher auch der **zeitliche Aufwand für die Erstellung des Werkes** wirklich **41** bei § 32 zu berücksichtigen sein kann (so LG München I ZUM 2006, 73, 77; LG München I ZUM 2006, 164, 168), erscheint uns eher zweifelhaft. Gewöhnlich hat die Dauer der Herstellung des Werkes keinen Einfluss auf Umfang, Dauer oder Nutzung des Werkes. Ausnahmen könnten hier die bildenden Künstler an der Grenze zu den ausübenden Künstlern sein, wie Performance-Künstler/Tänzer, bei denen tatsächlich die Werkherstellung und die Nutzung häufig in eins fällt, da eine dauerhafte Manifestation des Werkes gerade nicht gewünscht ist. Keinesfalls hilfreich sind allerdings Vergleiche mit **Stundensätzen**, die ein Urheber aufgrund der Verwertung seiner Werke erzielt. Nicht nur sind sie verzerrend, da es schnell und langsam arbeitende Kreative gibt. Sie zielen darauf ab, dem – häufig selbstständig tätigen – Urheber ein auskömmliches Einkommen zu gewährleisten: § 32 dient jedoch nicht dazu, dem Urheber ein **angemessenes Einkommen** zu sichern, sondern lediglich ihn an der Werknutzung angemessen zu beteiligen (so auch ausdrücklich LG Berlin ZUM 2005, 901, 903; LG Berlin ZUM 2005, 904, 906; LG München I ZUM 2006, 154, 157). OLG München ZUM 2007, 308, 317; ZUM 2007, 317, 326 bringt dies auf den Punkt, indem es klarstellt, dass § 32 nicht am sozialrechtlichen Prinzip der Alimentation nach Bedürftigkeit orientiere (i. E. ebenso OLG München (29. Senat) ZUM 2007, 142, 148. 29; *Schulze* GRUR 2005, 828, 830). Nicht entscheidend ist daher, ob das sich aus der Vergütung ergebende tatsächliche Einkommen des Urhebers der angemessenen Lebensführung genügt, vgl. Rn. 90; zur daraus resultierenden Beweislastanforderungen vgl. Rn. 135 ff.

dd) Bewertung der Vertragsklauseln in Gesamtschau oder im Einzelnen: Die **42** Rechtsprechung zur Übersetzervergütung bemisst zu Recht die Angemessenheit der Vergütung in einer **Gesamtschau** aller vertraglichen Vergütungsansprüche, nicht die einzelnen Vergütungsklauseln für sich: Die Heraufsetzung des Normseitenhonorars wurde durchgehend mit der Begründung abgelehnt, dass das aus einer Pauschalsumme und einer Abgabebeteiligung bestehende Honorar insgesamt, aber nicht jeweils angemessen sein müsse (LG Berlin ZUM-RD 2007, 198; LG München I ZUM 2006, 159, 163; LG Berlin ZUM 2005, 904, 906;). a. A. ist das LG Hamburg ZUM 2006, 683, 687, welches sowohl die einzelnen Vergütungsbestandteile wie in einer Gesamtschau prüft. U. E. dürfte daher zwingend eine solche **generelle Abwägung** anzustellen sein, vgl. Rn. 56.

ee) Punktlandung oder Spanne?: Hat man mit Hilfe der Kriterien eine angemessene Vergütung ermittelt, stellt sich die Frage, ob der Urheber Anspruch auf **43**

genau diese Vergütung hat oder eine solche, die sich in einer gewissen Spanne bewegt. *Wilhelm Nordemann* wählt das Beispiel, ob die Vereinbarung einer Beteiligung des Urhebers am Buchumsatz im Verlagsvertrag, die statt der üblichen 10% vom Ladenpreis nur 9% vorsieht, schon als „nicht angemessen" anzusehen ist und damit den Anspruch des Urhebers aus Abs. 1 S. 3 auslöst (*Wilhelm Nordemann* § 32 Rn. 7). Im RegE hieß es, der Urheber habe Anspruch auf „eine" nach Art und Umfang angemessene Vergütung. Das Gesetz formuliert aber, dass „die" angemessene Vergütung geschuldet wird (§ 32 Abs. 1 S. 2 und 3). *Wilhelm Nordemann* ist daher Recht zu geben, dass eine Spanne nicht existiert; allerdings dürfte im Einzelfall eine „Punktlandung" auf der einen und einzigen angemessenen Zahl ohnehin schwierig sein und zudem ein Korrekturanspruch des Urhebers oder ausübenden Künstlers gegenüber unerheblichen Abweichungen im Einzelfall an § 242 BGB zu messen sein. Für die Anwendung eines Korridors der angemessenen Vergütung spricht die Ermittlung des angemessenen Normseitenhonorars in LG München I ZUM 2006, 154, 157.

44 **b) Begriff der Üblichkeit:** Der Rechtsausschuss spricht beim ersten Kriterium, dem der **Üblichkeit**, von **„Branchenpraxis"** (BeschlE RAusschuss UrhVG 2002 – BT-Drs. 14/8058, S. 18). *Wilhelm Nordemann* versteht hierunter eine Vergütungsregelung, die der einheitlichen Überzeugung und Übung fast aller Marktteilnehmer entspricht, anders formuliert: die auf einer gleichmäßigen, einheitlichen und freiwilligen Übung der beteiligten Kreise über einen angemessenen Zeitraum hinweg beruht (*ders.* § 32 Rn. 25 unter Verweis auf BGH NJW 1994, 659, 660 bzw. WM 1984, 1002, beide für den identischen Begriff des „Handelsbrauchs", s. § 346 HGB). Die Feststellung einer solchen Branchenpraxis wird im Einzelfall sehr schwierig sein. Möglicherweise scheidet sie bereits dann aus, wenn zwar häufig in einer bestimmten Weise verfahren wird, daneben aber abweichende Übungen bestehen (so *Wilhelm Nordemann* § 32 Rn. 25). Denn es fehlt dann an einer *einheitlichen* Praxis der Beteiligten (Staudinger/*Dilcher* §§ 133, 157 BGB Rn. 35 unter Hinweis auf RGZ 75, 338, 341 und RG JW 1938, 859). Dabei kommt es **nicht** auf die subjektive **Kenntnis** oder **Erkennbarkeit** der redlichen Branchenpraxis auf Verwerter- oder Urheberseite an (anders in sonstigen Fällen der Einbeziehung von Branchenübungen in Verträge BGH GRUR 1995, 671, 673 – *Namensnennungsrecht des Architekten*; so zu Recht *Wilhelm Nordemann* § 32 Rn. 35). Fehlt es bereits an der Üblichkeit, kommt es auf die Redlichkeit einer Vergütung nicht mehr an, denn beide Kriterien müssen kumulativ vorliegen. Dies bedeutet aber auch, dass § 32 in **neuen Verwertungsbereichen** selten Anwendung finden dürfte, da sich dort i. d. R. noch keine Üblichkeit gebildet haben kann. § 32 will eben nicht einen allgemein gerechten Preis einführen, sondern „nur" bei einer gewissen Breite im Markt zu ausgleichenden Ergebnissen beitragen (vgl. Rn. 33). Allein die Üblichkeit einer Übung lässt keine Schlüsse auf deren Redlichkeit zu (BGH GRUR 2002, 602 – *Musikfragmente*; OLG München ZUM 2007, 314, 325).

45 **c) Begriff der Redlichkeit: – aa) Abstrakte Bestimmung:** Weiteres, kumulativ erforderliches, Kriterium ist die **Redlichkeit**. Doch was ist redlich? Ist redlich = gerecht? Und wenn ja, was ist gerecht? Ist redlich das, was für einen Urheber *auskömmlich* ist? – und wenn ja, gilt dies bezogen auf die eingesetzte Arbeitszeit des Urhebers (was aber ist, wenn er besonders langsam arbeitet?)? Oder ist redlich nicht vielmehr das, was die Interessen beider Parteien, also auch die des Verwerters berücksichtigt? Der Duden definiert „redlich" als *„ehrenhaft"* (Duden, Band 8 Sinn- und Sachverwandte Wörter, 1997, Stichwort „redlich"). „Ehrenhaft" wiederum ist u. a. „rechtschaffen", „rühmenswert", „charakterfest" (Duden, Band 8 Sinn- und Sachverwandte Wörter, 1997, Stichwort „ehrenhaft"). Dem Begriff wohnt also eine **doppelte Richtung** inne, auf die Person selbst bezogen, aber auch Dritten gegenüber; Ehre ist nie denkbar ohne Reflektion durch Dritte, durch einen Bezug zu Anderen. Ein Verhalten des puren Eigennutzes ist nie ehrenhaft. Dieses Verständnis des Begriffs spiegelt sich auch in der höchstrichterlichen Rechtsprechung in anderen Zusammenhängen wider. Ein Verhalten, das bloß darauf gerichtet ist, sich Vorteile zu sichern, ist nicht redlich (BGH NJW 1996, 2652, 2653 zu § 819 BGB). Das bedeutet also, dass der Begriff der Redlichkeit die **Interessen beider Seiten** zu berücksichtigen hat (BGH GRUR 2009, 1148 Tz. 22 – *Talking to Addison*). Dies entspricht offenbar auch den gesetzgeberischen Vorstellungen im Urheberrecht, denn die Formulierungshilfe vom 14.1.2002, durch die dieser Begriff zum ersten Mal in der später Gesetz gewordenen Form in den Entwurf eingeführt wurde, spricht dies wie folgt an: „*Der Begriff der Redlichkeit berücksichtigt neben der Interessenlage der Verwerter gleichberechtigt die Interessen der Urheber und ausübenden Künstler.*" (FormH v. 14.1.2002 zu RegE UrhVG 2002, S. 16). *Wandtke/Grunert* vertreten, insoweit weder auf den höchsten denkbaren Erlös beim Verwerter, der am meisten zahlt, noch auf die schlechtesten Bedingungen der Verwertung abzustellen (Wandtke/Bullinger/*Wandtke/Grunert*[4], Rn. 29). Dem Grundsatz, den Urheber an den Erlösen seines Schaffens angemessen zu beteiligen, entspricht ein Absatzhonorar am ehesten (Wandtke/Bullinger/*Wandtke/Grunert*[4], Rn. 30).

bb) Vergleichsmarktprinzip: Die Redlichkeit bedeutet für den Richter einen (wohl zu dosierenden) Ermessensspielraum; es ist – neben der „Berücksichtigung aller Umstände" – das wesentliche Korrektiv für eine Einzelfallgerechtigkeit, sicher aber auch für eine gewisse Rechtsunsicherheit; jedenfalls solange, bis sich Präjudizien herausgebildet haben (daher erachtet *Kromer* AfP 2013, 29, 34 im non-physischen Bereich die Redlichkeitsabwägung mangels etablierter Vergütungsparameter als maßgeblich). *Wilhelm Nordemann* schlägt vor, das **Vergleichsmarktprinzip** des Kartellrechts (§ 19 Abs. 4 Nr. 2 und 3 GWB a. F. und dazu Immenga/Mestmäcker/*Fuchs/Möschel*[5] § 19 Rn. 266 ff.) für die Beurteilung der Redlichkeit fruchtbar zu machen (*Wilhelm Nordemann* § 32 Rn. 26). Dieser Gedanke wurde auch schon in Verfahren nach dem UrhWahrnG (nunmehr VGG) fruchtbar gemacht (kritisch dazu aber OLG München ZUM-RD 2003, 464, 475). Danach sollen Nutzungen derselben Werkart in anderen Branchen oder auf ausländischen Märkten, oder Nutzungen anderer Werkarten entweder im selben Bereich oder wiederum in anderen Branchen oder auf ausländischen Märkten, als Vergleichsmaßstab herangezogen werden. Hierbei ist allerdings zu beachten, dass nicht Äpfel mit Birnen verglichen werden. Das Vergleichsmarktprinzip vergleicht ein konkretes Marktergebnis mit demjenigen Marktergebnis, das bei funktionsfähigem Wettbewerb erzielt werden kann oder erzielt worden wäre (Immenga/Mestmäcker/*Fuchs/Möschel*[5] § 19 Rn. 266). Maßgeblich ist dabei nur ein Vergleich mit einem tatsächlich vorhandenen Vergleichsmarkt, und zwar entweder desselben Unternehmens auf anderen räumlichen, sachlich oder zeitlich unterschiedlichen Märkten für das *gleiche Produkt* oder anderer Unternehmen auf anderen Märkten, ebenso für das *gleiche Produkt*. Hilfreich kann das Vergleichsmarktprinzip also nur beim Vergleich gleicher Produkte sein; es wird vornehmlich beim Vergleich verschiedener räumlicher Märkte eingesetzt. Es geht folglich nicht darum, dass man Autorenhonorare mit Übersetzerhonoraren (also unterschiedliche Produkte) vergleicht, sondern allenfalls Übersetzerhonorare in Deutschland mit Übersetzerhonoraren in anderen Staaten, die allerdings vergleichbare Buchmarktbedingungen aufweisen müssen.

46

cc) Orientierung an den Verteilungsplänen von Verwertungsgesellschaften: Zu Recht wird ferner auf die **Verteilungspläne von Verwertungsgesellschaften** verwiesen (LG München I ZUM 2006, 73, 78; *Wilhelm Nordemann* § 32 Rn. 26); denn ihre Verteilungspläne können angesichts der Kontrollinstrumente des Wahrnehmungsgesetzes Beispiele für eine gleichberechtigte Berücksichtigung

47

der Interessenlage sowohl der Verwerter als auch der Urheber bzw. der ausübenden Künstler sein. Allerdings ist auch hier Vorsicht geboten. Denn die Nutzung und die Randbedingungen müssen einerseits wirklich vergleichbar sein; andererseits regeln Verteilungspläne in der Regel Sekundärverwertungen, während es bei § 32 um Primärverwertungen geht. Allerdings müssen grundlegende Bezugspunkte der Verteilungsmaßstäbe mit denen der zu beurteilenden Interessenlage vergleichbar sein: So übernimmt das OLG München den von Verwertungsgemeinschaften angewandten Tarifstrukturen Grundsatz einer am Umfang der faktischen Verbreitung des Werkes orientierten Vergütung für die Festsetzung eines angemessenen Absatzhonorars für Übersetzer, hinsichtlich der konkreten Höhe des Absatzhonorars könne indes nicht auf die Tarife der Verwertungsgesellschaften zurückgegriffen werden mangels Vergleichbarkeit der Interessenlage der Verwertungsgesellschaften und eines Verlages (OLG München ZUM 2007, 317, 327). Weiterhin sei eine Übernahme des Verteilungsschlüssel der VG Wort für die Absatzvergütung der Erstverwertung übersetzter Bücher nicht angezeigt, weil es dort um Zweitverwertungsrechte gehe, sodass der interne Verteilungsmaßstab zwischen Verlag, Autor und Übersetzer nur bei den Nebenrechten herangezogen werden könne (LG München I ZUM 2006, 73, 78; kritisch *Ory* AfP 2006, 9, 12). Einer der seltenen Fälle, in denen Tarife von Verwertungsgesellschaften Primärverwertungen regeln ist § 137l. Hierzu hat die VG Wort einen eigenen Tarif für E-Books, Online-Nutzungen, CD-ROM und DVD aufgestellt, der 17–20% des Nettoverlagserlöses im Bereich Belletristik und Jugendbuch sowie 10–20% des Nettoverlagserlöses im Bereich wissenschaftliche und Fachliteratur beträgt.

48 **dd) Orientierung an den Vergütungsregeln anderer Berufe:** Da z. B. die GemVergRegel für belletristische Autoren (vgl. § 36 Rn. 29 f.) nicht für die Urhebergruppe der Übersetzer abgeschlossen wurde, kann sie keine Vermutungswirkung i. S. d. § 32 Abs. 2 S. 1 entfalten. Die Gemeinsamen Vergütungsregeln sollen jedoch nach Ansicht der Gerichte auch auf andere Berufe Wirkung entfalten („gewisse Indizwirkung": OLG München (29. Senat) ZUM 2007, 142, 148; „Orientierungshilfe": OLG München (6. Senat) ZUM 2007, 166, 174; ZUM 2007, 308, 314; LG München ZUM 2006, 73, 78). Der BGH hat sie ausdrücklich zur Bestimmung der Angemessenheit bei Übersetzervergütungen herangezogen (BGH GRUR 2011, 328 Tz. 21 ff. – *Destructive Emotions*). So wurden die GemVergRegel belletristischer Autoren für die Ermittlung von absoluter Höhe wie Staffelstufen der angemessenen Absatzbeteiligung bei Übersetzern belletristischer Werke herangezogen. Allerdings müssten die Gemeinsamkeiten und Unterschiede der jeweiligen Berufsgruppen einbezogen werden: Die vergleichbare Struktur der Verhältnisse von Autoren und Übersetzern einerseits und den Verlagen andererseits ermögliche zwar eine Orientierung an deren Prinzipien. Wegen der dienenden Funktion, die der Übersetzer im Vergleich zu der geniun schöpferischen Leistung des Autors leiste wie der Branchenübung, Autoren mit einer alleinigen Absatzvergütung auch stärker am Risiko zu beteiligen, seien Abschläge gegenüber den Autorenvergütungsregeln gerechtfertigt (zu den Unterschieden ausführlich OLG München ZUM 2007, 317, 327; LG München I ZUM 2003, 73, 78).

49 Eine Orientierungshilfe für die Bestimmung des § 32 können allerdings auch neben den Höhen bzw. Staffelung der Vergütung insb. die in den GemVergRegeln vereinbarten Kriterien sein. So sieht die GemVergRegel belletristischer Autoren in bestimmten Ausnahmefällen eine geringere Beteiligung als 10% am Nettoladenverkaufspreis für den Autor vor. Diese Gründe umfassen: 1. die in § 36 Abs. 1 UrhG genannte Rücksicht auf **Struktur und Größe des Verwerters**, 2. die mutmaßlich geringe **Verkaufserwartung**, 3. das Vorliegen eines Erstlingswerkes (Bedeutung der **Bekanntheit des Autors**), 4. die beschränkte **Möglichkeit der Rechteverwertung**, 5. der außergewöhnliche Lek-

toratsaufwand, 6. die Notwendigkeit umfangreicher **Lizenzeinholung**, 7. der niedrige **Endverkaufspreis**, 8. genrespezifische **Entstehungs- und Marktbedingungen**. Nach § 3 Abs. 3 der GemVergRegel Belletristik ist eine Beteiligung unter 8% nur in außergewöhnlichen Ausnahmefällen zulässig, in denen besondere Umstände dies angemessen erscheinen lassen, z. B. bei besonders hohem Aufwand bei der Herstellung oder bei Werbung oder Marketing oder Vertrieb oder bei wissenschaftlichen Gesamtausgaben. All diese Kriterien sind somit von den Parteien als Faktoren der Vergütungshöhe anerkannt worden. Unberücksichtigt bleiben müssen nicht vergleichbare Vergütungsregeln (so auch z. B. Vergütung gerichtlicher Übersetzer nach ZSEG bzw. JVEG: LG Hamburg ZUM 2006, 683, 686; LG München I ZUM 2006, 159, 163; LG Berlin ZUM 2005, 901).

d) Kriterien des § 32 Abs. 2 S. 2: – aa) Tatsächliche Nutzung: Die im Folgenden näher zu beleuchtenden Kriterien bedürfen zunächst der Klarstellung, dass der Anspruch in der Regel nur bei **tatsächlicher Nutzung** eines Werkes entsteht (so ausdrücklich ProfE I UrhVG, *Marcel Schulze*, Mat. UrhG S. 1377 und RegE UrhVG 2002 – BT-Drs. 14/7564, S. 5 i. V. m. BT-Drs. 14/6433, S. 15). Die Gesetzesformulierung „[...] hat für die Einräumung von Nutzungsrechten [....] Anspruch [...]" könnte dahingehend verstanden werden, bereits letztere löse grundsätzlich den Vergütungsanspruch aus. Das kann zwar ausnahmsweise bei einer unangemessenen Pauschalzahlung der Fall sein, wird aber bei prozentualer Beteiligung erst in der Regel mit aufgenommener Nutzung der Fall sein (LG Berlin ZUM 2005, 901 geht bei tatsächlicher Nutzung, die auch bei einer Pauschalzahlung umgerechnet noch nicht zu einer nach den Maßstäben des Gerichts unangemessenen Prozentbeteiligung führt, von mangelndem Rechtsschutzbedürfnis für eine Klage aus (dazu allg. vgl. Rn. 20 ff.)). **50**

bb) Geschäftsverkehr: Für die Bestimmung der Angemessenheit ist nur entscheidend, was im **Geschäftsverkehr** üblich und redlich ist. Zur Ausfüllung dieses Tatbestandsmerkmals kann sicherlich auf das Handeln im geschäftlichen Verkehr im Marken- und Wettbewerbsrecht zurückgegriffen werden (s. die Kommentarliteratur zum MarkenG oder zum UWG). Außer Betracht dürfte auch ein Handeln bleiben, das bloße Liebhaberei ist. Wenn also eine sich selbst als Primadonna fühlende Dame ein großes Konzerthaus auf eigene Kosten anmietet und dort mit einem Orchester eine Aufführung macht, die mitgeschnitten wird, bleibt ihr Nullhonorar aus der Betrachtung der Angemessenheit ausgenommen. **51**

cc) Art der eingeräumten Nutzungsmöglichkeit: Der Gesetzgeber nennt als erstes Kriterium die **Art** der eingeräumten Nutzungsmöglichkeit. Im Regierungsentwurf hieß es noch „Art [...] der Werknutzung", in der FormH v. 19.11.2001 zu RegE UrhVG 2002 sodann „Art der [...] Befugnis". Erst durch die FormH v. 14.1.2002 zu RegE UrhVG 2002 ist der jetzt zu Gesetz gewordene Wortlaut gewählt worden. Allerdings spricht die dazugehörige Begründung nicht von „Nutzungsmöglichkeit", sondern von „Nutzung". Inhaltlich dürfte darin angesichts der verankerten ex-ante Betrachtungsweise kein wesentlicher Unterschied liegen. Unter Art sind wohl sowohl die Einteilung in ausschließliche und einfache Nutzungsrechte, als auch die verschiedenen Nutzungsarten zu verstehen, auch wenn gerade letztere natürlich eine Schnittmenge mit dem Begriff des Umfangs (dazu sogleich vgl. Rn. 53 ff.) bilden. Zeitliche und räumliche Beschränkungen dürften hierunter nicht zu fassen sein, da sie zudem ausdrücklich zusätzlich erwähnt werden. Die Einräumung von Bearbeitergenehmigungen nach § 23 hingegen dürfte wieder unter die „Art" der Nutzungsmöglichkeit fallen. **52**

dd) Umfang und Dauer der eingeräumten Nutzung: Der **Umfang** der eingeräumten Nutzungsmöglichkeit ist das zweite Kriterium. Er überschneidet sich **53**

teils mit der Art der Nutzungsmöglichkeit, als auch mit den weiteren im Gesetz genannten **zeitlichen** („Dauer") oder **räumlichen Komponenten**. Hierunter dürften zuvorderst die Nutzungsarten, aber auch die Frage, ob es sich um ausschließliche oder einfache Rechte handelt, zu verstehen sein.

54 Die **Dauer der Nutzung** ist nur als „insbesondere"-Beispiel der eingeräumten Nutzungsmöglichkeit genannt. Dabei geht die Nutzungs*möglichkeit* als Oberbegriff weiter. Auch die Dauer der Nutzungsmöglichkeit ist also von Bedeutung, wenn auch der Gesetzgeber wohl an der Praxis orientiert zu Recht die tatsächliche Nutzungsdauer als wesentliches Kriterium herausstellt. Hier geht es also um Fragen, ob der Vertrag auf Dauer der Schutzfrist abgeschlossen ist oder die Rechte nur zeitlich limitiert eingeräumt wurden. Der Rechtsausschuss stellt in seiner Beschlussempfehlung noch einmal klar, dass „[...] die Vergütung angemessen (ist), wenn sie – ermittelt im Zeitpunkt des Vertragsschlusses, freilich im Blick auf die gesamte Vertragsdauer – dem Üblichen und Redlichen entspricht" (BeschlE RAusschuss UrhVG 2002 – BT-Drs. 14/8058, S. 2). *Wilhelm Nordemann* zieht hieraus den Schluss, dass, soweit künftig noch **Pauschalhonorare** in Verwertungsverträgen vereinbart werden sollten, diese, um angemessen zu sein, den **Nutzungsmöglichkeiten** des Verwerters **während der gesamten Vertragsdauer** Rechnung tragen müssen und eine **Geldentwertungsklausel** enthalten (*Wilhelm Nordemann* § 32 Rn. 15 und 32). Letzteres dürfte in dieser Pauschalität allerdings mit § 2 Preisangaben- und Preisklauselgesetz kollidieren, der Wertsicherungsklauseln nur in engem Umfang zulässt. Neben der Dauer hat das Gesetz zur verbesserten Durchsetzung des Anspruchs der Urheber und ausübenden Künstler auf angemessene Vergütung und zur Regelung von Fragen der Verlegerbeteiligung vom 23.12.2016, BGBl. I 2016, S. 3037 auf die **Häufigkeit** und das **Ausmaß** der Nutzungsmöglichkeiten als weitere insbesondere-Kriterien aufgenommen. Hierdurch sollen Art und Umfang der eingeräumten Nutzungsmöglichkeit weiter konkretisiert und die Voraussetzungen für die Angemessenheit der Vergütung verdeutlicht werden (RegE UrhVG 2016 – BT-Drs. 18/8625, S. 25). Mit der Einfügung des Wortes „Ausmaß" soll insbesondere betont werden, dass neben der Häufigkeit, die hauptsächlich auf Wiederholungen der Nutzung auf unveränderte Art abstellt, auch die Intensität der eingeräumten Nutzungsmöglichkeiten zu beachten ist. Dies kann etwa den räumlichen Geltungsbereich der Rechtseinräumung, die Ausschließlichkeit der Nutzung und weitere relevante Aspekte zur Art und zum Umfang der eingeräumten Nutzungsmöglichkeiten betreffen (RegE UrhVG 2016 – BT-Drs. 18/8625, S. 25). Ob es dieser Änderung wirklich bedurft hätte, darf bezweifelt werden, denn auch ohne die Änderung war anerkannt, dass nicht nur jede Nutzung grundsätzlich vergütungspflichtig ist (vgl. § 11 Rn. 4 oder die hergebrachte Rspr. des RG RGZ 118, 282, 285–287 – *Musikantenmädel*; RGZ 123, 312, 317 – *Wilhelm Busch*), sondern auch alle Umstände des Einzelfalls bei der Bemessung der Vergütung zu berücksichtigen sind, mithin natürlich besonders die Intensität (Häufigkeit und Ausmaß) der Nutzung (vgl. Rn. 56 ff.).

55 ee) **Zeitpunkt der Nutzung:** Das weitere Kriterium des **Zeitpunkts der Nutzung** erscheint etwas undeutlich. Dass die nahe am Vertragsschluss liegenden geplante Nutzung (z. B. fiktive Komposition einer Ode auf den neuen Bundespräsidenten zur Aufführung beim Mahl der Demokratie am Brandenburger Tor), die einen solchen besonderen Zeitpunkt wählt, nicht bereits von den vertragsschließenden Parteien ohnehin berücksichtigt wird, erscheint selbstverständlich. Darum kann es also nicht gehen, sondern eher um in der Zukunft möglicherweise liegende besondere Nutzungssituationen. Das aber verlangt wohl prophetische Gaben. Richard Strauss und seine Vertragspartner des Salomé-Aufführungsvertrages hätten kaum das Ende der Monarchie und das Ende der damals herkömmlichen Finanzierung von Opernaufführungen voraussehen können. *Wilhelm Nordemann* betont deshalb zu Recht, dass dies für einen Beteiligungsanspruch des Urhebers, der solche Änderungen wenigstens teilweise abfedern kann, spricht (*Wilhelm Nordemann* § 32 Rn. 16 mit weiteren Beispielen).

ff) Umfassende Interessenabwägung: Schließlich verlangt das Gesetz die Be-   **56** rücksichtigung **aller Umstände**, also wohl eine **umfassende Güter- und Interessenabwägung.** Die Gesetzesbegründung gibt hierfür weitere Kriterien an die Hand: Marktverhältnisse, Investitionen, Risikotragung, Kosten, Zahl der Werkstücke oder zu erzielende Einnahmen (FormH v. 19.11.2001 zu RegE UrhVG 2002, S. 16). Das bedeutet, dass z. B. auch unterschieden werden muss, ob der urheberrechtlich geschützte **Gegenstand gegen Entgelt abgegeben wird** oder eher kein separat zu ermittelndes Entgelt erwirtschaftet (wie etwa bei Werbematerialien oder Gegenständen, deren Wert nicht in dem urheberrechtlichen Schutzgegenstand liegt (z. B. Getränkeflasche)).

So wie die Urheber daher am Erfolg einer Verwertung partizipieren sollen, haben   **57** die Verwerter ein Interesse, nicht insgesamt Werke zu verwerten, die ihnen unter dem Strich nur Verluste bringen. **Quersubventionierung** und **Mischkalkulationen** durch eine Anpassung der Beteiligung bei bestimmten Nutzungsarten (z. B. Erträgnisse aus Nebenrechtsverwertung z. B. bei Übersetzern vgl. Rn. 94 ff.) sollen daher auch weiterhin zulässig bleiben (FormH v. 19.11.2001 zu RegE UrhVG 2002, S. 16 f.; ausdrücklich anerkannt durch BGH GRUR 2009, 1148 Tz. 43 – *Talking to Addison* sowie erneut betont vom BGH, der in einer Entscheidung zu § 32a ausdrücklich auf den Unterschied zwischen § 32 und § 32a und seine entsprechenden Ausführungen zu Mischkalkulationen bei § 32 hinweist: BGH GRUR 2012, 496 Tz. 34 – *Das Boot* und OLG München (6. Senat) ZUM 2007, 308, 316; i. d. S. auch *v. Becker* ZUM 2007, 249, 253; Loewenheim/*v. Becker*[2] § 29 Rn. 30; Schricker/Loewenheim/*Schricker/Haedicke*[5] Rn. 35, soweit den Interessen der Urheber hinreichend Rechnung getragen wird, sowie Büscher/Dittmer/Schiwy/*Haberstumpf* Rn. 9).

Hierzu wird der Verwerter – soweit der Urheber die Unüblichkeit und/oder   **58** -redlichkeit substantiiert hat (zu prozessualen Fragen vgl. Rn. 135) detailliert vortragen müssen, allerdings nach Wunsch unter Wirtschaftsprüfervorbehalt (vgl. Rn. 129), um seinen berechtigten Geheimhaltungsinteressen Genüge zu tun. Hierzu gehört nicht nur die Offenlegung der **Erträge**, sondern auch eine Darstellung der **Aufwände**, die je nach Werkart natürlich unterschiedlich sein können (Dreier/Schulze/*Schulze*[5] Rn. 69 mit dem Verweis auf besonders aufwändige Ausgaben). Ein weiteres entscheidendes Element der Interessenabwägung ist die Frage der **Risikotragung** (dazu auch LG Berlin ZUM 2005, 904, 906). Trifft diese z. B. durch ein ausschließliches Beteiligungshonorar auch den Urheber, dürfte dies tendenziell höhere Beteiligungen rechtfertigen als wenn der Urheber durch nicht rückzahlbare Vorschüsse oder sonstige Festvergütungen (teilweise) abgesichert ist. Dasselbe gilt bei Extrem-Risiken, wie bei Verfilmungen, die höchste Investitionen auf Verwerterseite verursachen. Beteiligt sich der Urheber hingegen sogar an den Kostenrisiken (wie z. B. bei bestimmten Tonträgervertragstypen), muss sich dies natürlich positiv auf die Höhe der Beteiligung auswirken. Hierbei ist aber auch die **Art der Werkleistung** zu berücksichtigen. Ist diese eher abhängig und nicht selbständig verwertbar, dürfte dies eine geringere Vergütung rechtfertigen. Ob sich bei einer **Absatzbeteiligung der Prozentsatz bei höherem Absatz** zu erhöhen hat (Argument: geringere Kostenquote) oder nicht vielmehr zu verringern hat (Argument: höhere Marketing-Aufwendungen), ist nicht nur ein alter Streit aus dem Lizenzrecht, sondern dürfte auch nur im Einzelfall, der diese Argumente nachweist und abwägt, zu entscheiden sein (zu dieser Diskussion bei der Absatzbeteiligung von Übersetzern vgl. Rn. 87 ff.).

9. Die angemessene Vergütung in der Praxis des besonderen Urhebervertragsrechts

59 Der Hinweis in unseren Voraufl. (bis einschließlich 11. Aufl.), dass in den Jahren nach der Gesetzesnovelle für die **einzelnen Branchen** in verschiedenen Fallkonstellationen vielleicht übliche und redliche Vergütungsstrukturen richterrechtlich festgestellt werden würden, hat sich bislang nur teilweise bewahrheitet. Immer noch existieren nur wenige Entscheidungen. Allerdings gab es auch bislang schon einige Anhaltspunkte im Besonderen Urhebervertragsrecht (zu diesem Begriff *FS Schricker* I mit ihrem 2. Teil „Besonderes Urhebervertragsrecht im Bereich traditioneller Werkkategorie"), die hier Erwähnung finden sollen. Dabei werden wir uns an den Werkarten des § 2 Abs. 1 orientieren (zum sonstigen Überblick über die Besonderheiten im Urhebervertragsrecht der einzelnen Branchen vgl. Vor §§ 31 ff. Rn. 295 ff. und in Hasselblatt/*Axel Nordemann/Czychowski*[4] § 44 Rn. 89 ff. sowie auszugsweise auch *Haupt/Flisak* K&R 2003, 41 ff. und Loewenheim/*v. Becker*[2] § 29 Rn. 41 ff.). Wir betonen allerdings noch einmal, dass wir der Auffassung sind, dass sich eine starre Vergütungshöhe, etwa gar pro Branche oder darüber hinaus, verbietet. Für eine Recherche nach Tarifverträgen sei auf das digitale Tarifregister des Landes Nordrhein-Westfalen, abrufbar unter http://www.tarifregister.nrw.de/, abgerufen am 15.3.2017, verwiesen. Dort findet sich einerseits eine Suchfunktion, andererseits eine Auflistung von Branchen nach Alphabet, beispielsweise für Tageszeitungsverlage.

60 **a) Autoren:** Im Bereich der klassischen Medien (wie Bücher) wird i. d. R. als angemessene Vergütung eine fortlaufende Beteiligung zu zahlen sein (*Reber* GRUR 2003, 993; Dreier/Schulze/*Schulze*[5] Rn. 54), insb. wenn es sich um ein Werk handelt, das fortlaufend genutzt werden kann oder soll. Dies entspricht dem Prinzip der angemessen Vergütung des § 11 Abs. 2, wonach der Urheber an dem wirtschaftlichen Nutzen, und zwar bei jeder einzelnen Nutzung, zu beteiligen ist (BGH NJW 1999, 1953 – *Kopienversanddienst*; LG München I ZUM 2006, 154 ff.; Dreier/Schulze/*Schulze*[5] § 11 Rn. 8). Dies erkennt man auch an der amtlichen Überschrift des § 32a („weitere Beteiligung [...]") und der Gesetzesbegründung dazu, die davon spricht, „dass schon die angemessene Vergütung nach § 32 das Beteiligungsprinzip beachten wird [...]" (FormH v. 19.11.2001 zu RegE UrhVG 2002, S. 18).

61 Für **Autoren belletristischer Werke** in deutscher Sprache ist bereits zwischen ver.di und einzelnen Verlagen eine GemVergRegel vereinbart worden, downloadbar auf http://www.boersenverein.de/sixcms/media.php/976/Verg%C3%BCtungsregeln%20f%C3%BCr%20belletristische%20Autoren.pdf; abgerufen am 14.11.2016, gültig ab 1.7.2005 (im Detail vgl. § 36 Rn. 29 f.). Für die Vergütung von Verlagsverträgen im Bereich der **Belletristik** hatte sich schon vor der eben genannten Gemeinsamen Vergütungsregel eingespielt, dass der Urheber für das eigentliche Verlagsrecht, also die Vervielfältigung und Verbreitung in Hardcover-Buchform, etwa 10% des Nettoladenverkaufspreises erhält (dazu auch *Schricker* GRUR 2002, 737 ff., der von einem Maßstab spricht), etwa 5 % mit festen Steigerungsstufen bei hohen Auflagen für Taschenbuch-Ausgaben, während die Erlöse des Verlegers aus den Nebenrechten, also z. B. Taschenbuchlizenzen, i.d.R 50% bei buchnahen Nebenrechten (z. B. Übersetzung) und 40% – in Einzelfällen 30% bei buchfernen Nebenrechten (z. B. Medienrechte) betragen (zu weiteren Details Loewenheim/*Nordemann-Schiffel/Jan Bernd Nordemann*[2] § 64 Rn. 108 ff. m. w. N.). Für den Fall, dass das **Verfilmungsrecht** im Verlagsvertrag zurückgehalten wird und später eigens vergeben wird, erlösen diese sog. **Stoffrechte** in der Regel vier-, selten fünfstellige Eurobeträge für jeden Optionszeitraum, und danach für einen Fernsehfilm Pauschalen im fünfstelligen Eurobereich. Für einen Kinofilm ist ca. 1,5 %-3% des

Filmbudgets, mit Mindest- und Maximalsummen üblich, plus – häufig – einen Bonus bei Erreichen bestimmter Zuschauerzahlen. Hierzu existiert nunmehr auch die oben erwähnte GemVergRegel nach § 36 (vgl. § 36 Rn. 29 f.). Inwieweit diese Vergütungsregel auch auf nicht unterzeichnende Verlage Anwendung findet, vgl. Rn. 31 ff.

Demgegenüber ist bei **Sachbuchautoren** und Werken **wissenschaftlicher** Autoren keine Branchenübung feststellbar, da die Sachverhalte zu unterschiedlich sind (Loewenheim/*Czychowski*[2] § 65 Rn. 23 ff.). Auch ist das Vorhaben, Vergütungsregeln für die Sparte Sach-, Kinder- und Jugendbuch festzulegen, noch nicht aufgegriffen worden. Für Dissertationen, wissenschaftliche Rezensionen u. Ä. enthält § 22 Abs. 1 S. 2 VerlG eine Sonderregel, die eine Vergütungspflicht nur bei entsprechenden Umständen, nach denen eine Vergütung zu erwarten ist, annimmt. Auch wenn § 22 VerlG durch §§ 11 S. 2, 32, 32a überlagert sein dürfte, zeigt er dennoch eine gesetzgeberische Wertung auf, die bei diesen speziellen Werken Berücksichtigung finden muss. So gibt es z. B. einen Anbieter von kostenloser Studenten-Literatur, der seine Autoren an den Werbeeinnahmen, die in den Büchern geschaltet werden, beteiligt. Zu Zusatzvergütungen bei Online-Nutzung wissenschaftlicher Werke vgl. Rn. 112. Wieder anders sieht es bei **Kinderbüchern** aus, bei denen oftmals eher einfache Texte oder besondere Bilder im Vordergrund stehen. Die **Hörbuch-Verwertung** schließlich scheint noch zu jung, als dass man eine Übung feststellen könnte (zum sich entwickelnden Blindenhörbuchmarkt s. § 56). **62**

Der Verband deutscher **Drehbuchautoren** e. V. (VDD, vor 1991: Arbeitsgemeinschaft der Drehbuchautoren e. V. (AGD), führt seit 1995 Mitgliederumfragen zur Honorarhöhe durch. Die jeweiligen Ergebnisse werden im VDD eigenen Publikationsorgan „script" herausgegeben, das seit 2001 auch online erscheint und als Newsletter zu beziehen ist (VDD, http://www.drehbuchautoren.de/newsletter; zuletzt abgerufen am 9.11.2016). Alle diese Publikationen sind einseitige und unverbindliche Honorarempfehlungen von Urheberseite. Sie bieten zwar einen Überblick über die branchenüblichen Beträge, können prozessual jedoch aber erst dann indiziell für die Üblichkeit der Vergütung herangezogen werden, wenn sie empirisch belastbar sind. Informationen anzufordern bei Verband Deutscher Drehbuchautoren e. V., Charlottenstraße 95, 10969 Berlin, mail an: info@drehbuchautoren.de, www.drehbuchautoren.de. Zu Details im Zusammenhang der **Film- und Fernsehschaffenden** vgl. Rn. 103 f. **63**

Die Sendung von **vorbestehenden Bühnenwerken** in dramatischer Form („großes" (Sende-)Recht, vgl. § 20 Rn. 20 ff.) wird von den Bühnenverlagen oder den Autoren selbst wahrgenommen. Der Verband Deutscher Bühnen- und Medienverlage e. V. hat sich mit den öffentlich-rechtlichen Rundfunkanstalten mit der Regelsammlung Rundfunk/Verlage für Hörfunk und Fernsehen (**RS Hörfunk, RS Fernsehen**) auf Normverträge (vgl. Vor §§ 31 ff. Rn. 336 ff.) geeinigt (erhältlich beim Verband, www.buehnenverleger.de; s. zum Ganzen ausführlich Wandtke/Bullinger/*Ehrhardt*[3] §§ 20–20b Rn. 40 ff.). Diese Regelsammlung – eigentlich bei Abschluss durch die Verlage kein primärer Urhebervertrag, sondern eine Regelung, die dem sekundären Urhebervertragsrecht zuzuordnen ist, und damit nicht § 32 direkt unterfällt – enthält insb. Bestimmungen zur Vergütung (im Einzelnen zur Regelsammlung, auch aus kartellrechtlicher Sicht, vgl. Vor §§ 31 ff. Rn. 80 ff.; 299; 342). Sie ist jedoch keine nach § 36. Dennoch kann man der RS Hörfunk übliche Vergütungen entnehmen, so für Scripts, die Drehbüchern im Filmbereich vergleichbar sind; für die Honorierung sonstiger Stoffrechte gelten sie nur als Anhaltspunkt unter Berücksichtigung von Abschlägen (Wandtke/Bullinger/*Ehrhardt*[3] §§ 20–20b Rn. 42). Die Sendevergütungen im Hörfunkbereich orientieren sich an der erreichbaren Zuhörerzahl **64** und schwanken je nach Größe der Rundfunkanstalten. Teilweise werden bestimmte Programmteile, z. B. Nachrichten, von den Rundfunkanstalten extern zugekauft. Insoweit sei auf die Ausführungen zu Auftragsproduktionen oder Sendelizenzverträgen verwiesen (vgl. Vor §§ 88 ff. Rn. 97 ff.). Allerdings gelten die §§ 88, 89 in keinem Fall, auch nicht analog, weil Gegenstand der Produktion kein „Film" ist. Für die gleichzeitige Übernahme von Fernsehsendungen in den Hörfunk gelten gemäß RS Fernsehen 2/3 der Hörfunkentgelte als üblich. Ausführlich zu den Vertragsbeziehungen – und Vergütungssystemen – im **Bühnenbereich (Urheber mit Bühne für vorbestehende Werke und für Auftragswerke)** vgl. Vor §§ 31 ff. Rn. 337 ff.).

65 b) **Journalisten:** Im Printbereich ist zu unterscheiden zwischen den sog. „Freien" und den angestellten Journalisten. Dabei gibt es die Tätigkeitsbereiche Tageszeitungen, Zeitschriften und Agenturen. Seit dem 1. Februar 2010 gab es gemeinsame Vergütungsregeln für **freie hauptberufliche Journalistinnen und Journalisten an Tageszeitungen** (https://www.bdzv.de/fileadmin/bdzv_Vergütungsregelhaupt seite/positionen/tarifvertraege/Gemeinsame_Verg%C3%BCtungsregeln.pdf bzw. http://www.djv.de/uploads/media/Verguetungsregeln-Freie_01.pdf, hier mit FAQ, zuletzt abgerufen am 9.11.2016). Der Bundesverband Deutscher Zeitungsverleger (BDZV) hat diese Ende Februar 2017 „mit Blick auf das ab 1.3.2017 eingeführte Verbandsklagerecht" gekündigt (Pressemitteilung des BDZV vom 27.2.2017, abrufbar unter http://www.bdzv.de/nachrichten-und-service/presse/pressemitteilun gen/artikel/detail/bdzv_kuendigung_der_gemeinsamen_verguetungsregeln_zwin gend_geboten/, abgerufen am 15.3.2017. Der zuvor gefundenen Einigung zwischen Verlagen und Gewerkschaften gingen sieben Jahre andauernde Verhandlungen voraus. Die angemessene Vergütung orientierte sich in der Struktur am „Tarifvertrag für arbeitnehmerähnliche freie Journalisten an Tageszeitungen", wobei die vereinbarten Honorare nominal um sieben bis vierzehn Prozent unter denen des Tarifvertrages lagen. Es genügte für den Anwendungsbereich in persönlicher Hinsicht, dass eine hauptberufliche Tätigkeit als Journalist überhaupt vorliegt, hingegen musste der Journalist nicht hauptberuflich an Tageszeitungen tätig sein (BGH GRUR 2016, 62, 63 Tz. 19 f. – *GVR Tageszeitungen I*; OLG Köln GRUR-RR 2014, 321, 322 – *Lokalreporter*). Versicherungspflicht in der Künstlersozialversicherung war keine Voraussetzung für eine hauptberufliche Tätigkeit (LG Mannheim AfP 2013, 441, 442). Für die Berechnung der Honorarhöhe war unter Berücksichtigung des Wortlauts der Gemeinsamen Vergütungsregeln nicht auf die Gesamtauflage einer Zeitung, sondern auf die Auflagen der Teilausgaben, in denen die jeweiligen Beiträge erschienen sind, abzustellen (BGH GRUR 2016, 62, 65 Tz. 37 – *GVR Tageszeitungen I*; BGH GRUR 2016, 67, 68 Tz. 13 – *GVR Tageszeitungen II*; OLG Köln GRUR-RR 2014, 321, 322 – *Lokalreporter*). Betrug die vereinbarte Vergütung lediglich die Hälfte dessen, was die gemeinsamen Vergütungsregeln für Nachrichten und Berichte vorsehen, war sie unangemessen (LG Mannheim AfP 2013, 441, 442; bestätigt durch OLG Karlsruhe GRUR-RR 2015, 365, 368 – *Freier Journalist*). Freien Journalisten stand ein Ausfallhonorar zu, wenn der Beitrag termin- und auftragsgemäß abgeliefert, aber nicht veröffentlicht wurde (BGH GRUR 2016, 67, 69 Tz. 19 – *GVR Tageszeitungen II).*
Die Vergütung von Fotografien blieb hingegen – anders als im Tarifvertrag – einstweilen ungeregelt. Inzwischen endete das Ringen um Honorare für Bildbeiträge in Tageszeitungen mit einem Schlichterspruch. Nunmehr sind gemeinsame Vergütungsregeln für **freie hauptberufliche Fotojournalisten an Tageszeitungen** seit dem 1.5.2013 in Kraft (https://www.djv.de/fileadmin/user_upload/ Bilder/Faire_Bildhonorare_0702131.pdf, zuletzt abgerufen 14.11.2016). Die ursprünglichen Forderungen von dju und DJV für gemeinsame Vergütungsregeln sind unter http://www.mediafon.net/upload/dju_djv_empfehl_bild_tz_ zs.pdf, zuletzt abgerufen am 9.11.2016, einsehbar. Für die Angemessenheits-

prüfung einer Vergütung eines Berufsfotografen, der nicht Journalist ist, können sie nicht herangezogen werden (OLG München AfP 2015, 60, 61 f.).

aa) Festangestellte Journalisten im Printbereich: Die Vergütung des festange- **66** stellten Journalisten im Printbereich (Zeitungen und Zeitschriften) ist weitgehend durch Tarifvertragsrecht geregelt. Folgende Verträge sind zu beachten:
– Manteltarifvertrag für Redakteurinnen und Redakteure in **Tageszeitungen** vom 24.4.2014, gültig ab 1.1.2014 (Urheberrechtsübertragungsvertrag)
– Manteltarifvertrag für Redakteurinnen und Redakteure an **Zeitschriften** vom 4. November 2011, gültig ab 1.1.2010 (Urheberrechtsübertragungsvertrag)
– Gehaltstarifvertrag für Redakteurinnen und Redakteure an **Zeitschriften**, gültig ab 1.4.2016, Tariferhöhungen ab September 2016 und ab September 2017, kündbar zum 30.8.2018,
– Gehaltstarifvertrag für Redakteurinnen und Redakteure an **Tageszeitungen**, gültig ab 1.1.2016; Tariferhöhung um ca. 1,5 %, ab 1. Juni 2016 und ca. 1,6 % ab 1. August 2017; kündbar zum 31.12.2017.
Alle Verträge sind abrufbar unter https://www.djv.de/startseite/info/beruf-betrieb/uebersicht-tarife-honorare.html, abgerufen am 14.11.2016, bzw. zu beziehen beim Deutschen Journalisten Verband e. V. – Gewerkschaft der Journalistinnen und Journalisten – Geschäftsstelle Berlin, Charlottenstr. 17, 10117 Berlin , im Internet: http://www.djv.de. Die urheberrechtlichen Regelungen des Manteltarifvertrages für Redakteurinnen und Redakteure an Zeitschriften vom 4.11.2011 in §§ 12 ff. sind weitgehend identisch mit denen des §§ 17 ff. des Manteltarifvertrag für Redakteurinnen und Redakteure an Tageszeitungen vom 24.4.2014. Die **Vergütung** im Verhältnis zur Rechteübertragung ergibt sich jeweils aus dem gültigen Gehaltstarifvertrag i. V. m. dem jeweiligen Manteltarifvertrag.

Die Tarifverträge gelten für alle hauptberuflich an Tageszeitungen bzw. Zeit- **67** schriften festangestellten Redakteure und Redakteurinnen, entsprechend für Redaktionsvolontäre und -volontärinnen, sofern für diese nichts anderes bestimmt ist, sowie für die im Ausland tätigen Redakteure und Redakteurinnen. Vertragsparteien aller Verträge sind auf Verwerterseite jeweils der Verband Deutscher Zeitschriftenverleger e. V., als Vertreter der ihm angeschlossenen Mitgliedsverbände, dem Deutschen Journalisten-Verband e. V. sowie ver.di. Festangestellte Journalisten räumen dem Verlag gegen die Erstvergütung nach § 17 Abs. 1 resp. § 12 Abs. 1 des Manteltarifvertrages das ausschließliche zeitlich, räumlich und inhaltlich unbeschränkte Recht ein, Urheber- und verwandte Schutzrechte, die sie in Erfüllung ihrer vertraglichen Pflichten aus dem Arbeitsverhältnis erworben haben, vom Zeitpunkt der Entstehung an zu nutzen. Es folgt ein nahezu erschöpfender Katalog an Nutzungsrechten, insbesondere erfasst ist auch die Nutzung in Datenbanken oder die Online-Nutzung. Die nach Abs. 1 definierte **Nutzung** in **Archiven/Datenbanken** ist neben dem Verlag auch verbundenen Unternehmen wie kooperierende Verlage **vergütungsfrei** gestattet. Eine **Sondervergütung** gibt es in speziell aufgeführten Fällen, z. B. bei der Übertragung von Nutzungsrechten an Dritte oder die Nutzung der Textbeiträge in anderen Objekten desselben Verlages. Als angemessene Sondervergütung gelten 40 % des aus der Verwertung erzielten Nettoerlöses. Die Erstvergütung im Arbeitsverhältnis ergibt sich aus dem einschlägigen Gehaltstarifvertrag.

bb) Freie Journalisten im Printbereich: Das Leistungsspektrum freier Journalis- **68** ten ist weit: Es fängt an mit der Recherche von Fakten, welche Verwertung finden können in Nachrichtenform, in Glossen, Artikeln oder bei Erstellung ganzer Reportagen mit Texten und Bildern. Auch bei Zeitungen oder Zeitschriften arbeiten Freie mit. Unter http://www.djv.de/uploads/media/Hol_Dir_Dein_Tarifhonorar.pdf, zuletzt abgerufen am 9.11.2016, finden sich Empfehlungen von Gewerkschaftsseite für Honorare für die Nutzung freier journalistischer Beiträge.

69 Das Arbeitsverhältnis zwischen Freien und Verwertern ist zwar geprägt durch freie Mitarbeit in Form der Lieferung von Beiträgen, bei der das journalistische Produkt im eigenen Büro nach selbstbestimmten Zeitplänen und Arbeitsabläufen gefertigt wird, verbreitet sind aber Mischformen, bei der Leistungen auch in Arbeitsräumen und unter Integration in den Arbeitsablauf des Auftraggebers erbracht werden. Rechtlich ist das Verhältnis zwischen Journalisten entweder als Werk- oder Dienstverhältnis einzuordnen. Häufig sind Freie, die mit Dienstverträgen arbeiten, wegen der erheblichen Einbindung in den Betrieb des Auftraggebers nicht mehr als Selbstständige („freie Dienstnehmer") einzustufen, sondern als Arbeitnehmer. Entsprechend gibt es einen Tarifvertrag für alle hauptberuflich freien Journalistinnen/Journalisten, die als *arbeitnehmerähnlich* i. S. d. § 3 gelten, soweit sie für Tageszeitungen aufgrund von Dienst- oder Werkverträgen tätig sind (gültig ab 1.1.2016; Honorarerhöhungen ab 1. Juni 2016 und ab 1. August 2017, kündbar zum 31.12.2017; abrufbar auf https://www.djv.de/startseite/info/beruf-betrieb/ uebersicht-tarife-honorare.html; abgerufen am 11.11.2016).
Dieser Tarifvertrag gilt für Bild- und Textbeiträge, jedoch nur in den alten Bundesländern. Informationen für freie Journalisten sind erhältlich beim Deutscher Journalisten-Verband, Referat Freie, Charlottenstr. 17, 10117 Berlin, E-Mail: djv@djv.de, Internet: http://www.djv.de/freie. An üblichen **Vergütungsformen** für Freie gibt es die Abrechnung nach Zeilen, Seiten oder Sendeminuten, wobei hier häufig lediglich die veröffentlichten Zeilen und Seiten bzw. gesendeten Minuten abgerechnet werden, Honorare in zeitlich definierten Pauschalen (Stunden-, Tages- oder Monatssätzen) oder auf Basis von Beitrags-Pauschalen.

70 Kriterien, die Höhe der Vergütung zu bestimmen, sind nach Auffassung der Urheberseite insb. die „wirtschaftliche Positionierung des Auftraggebers im Medienmarkt" und die „Bedeutung, die dem einzelnen Auftrag bzw. der Tätigkeit zugemessen wird", vermutlich in Bezug auf die Auflagenhöhe bzw. den Absatz (Vertragsbedingungen und Honorare 2013 für die Nutzung freier journalistischer Beiträge, S. 5; abrufbar auf http://www.djv.de/uploads/media/web_ Wissen2_2013_01.pdf; zuletzt abgerufen am 9.11.2016).

71 Diese Kriterien gehen konform mit dem Sinn und Zweck des § 32 S. 1, die Intensität, Dauer und den Umfang der eingeräumten tatsächlichen Nutzung angemessen zu vergüten. Weiterhin nennt der DJV als allgemeine Kriterien für die Honorarberechnung aber auch **Arbeitsaufwand** und **Schwierigkeitsgrad des Themas** (Erforderlichkeit von Recherchen und Ankauf von Hilfsmitteln etc.), **Sachkunde** und **Bekanntheit des Verfassers, Leistung** (nahtlose Übernahmemöglichkeit, ohne nennenswerte sachliche und redaktionelle Änderungen). Zur Relevanz dieser Kriterien vgl. Rn. 41.

72 Seit dem 1. Februar 2010 sind nun gemeinsame Vergütungsregeln für **freie hauptberufliche Journalistinnen und Journalisten** an Tageszeitungen in Kraft (vgl. § 36 Rn. 32). Als weitere Orientierungshilfe für die Angemessenheit kommt die **Frankfurter Honorarliste** in Betracht (Dreier/Schulze/*Schulze*[5] Rn. 42a). In der aktuellen Frankfurter Honorarliste 2013 wurde die Ermittlung der von Zeitungsverlagen in den **neuen Ländern** an freie redaktionelle Mitarbeiter im Kalenderjahr 2012 tatsächlich gezahlten Vergütungen veröffentlicht, abrufbar unter http://www.presserecht.de/images/Beitraege/frankfurter-honorarliste-2013.pdf, abgerufen am 15.11.2016.

73 cc) **Bild- und Textjournalisten im Internet:** Nach Auffassung der Urheberseite ist von dem Grundsatz auszugehen, dass sich die Honorarsätze für Online-Beiträge in der Regel am „Muttermedium" des Onlinedienstes orientieren (Vertragsbedingungen und Honorare 2013 für die Nutzung freier journalistischer Beiträge des DJV, S. 23 ff.; abrufbar auf http://www.djv.de/uploads/media/web_ Wissen2_2013_01.pdf; zuletzt abgerufen am 9.11.2016 (im Weiteren: Honorare 2013)). Insoweit ist bei den Online-Ablegern der Tageszeitungen, Zeitschriften oder den Online-Tochterunternehmen von Rundfunksendern auf die entsprechenden Pauschalsätze oder sonstigen Konditionen für Freie der Mutterkonzerne abzustellen. Die Honorarübersicht im Tarifvertrag des Deutschen Journalisten-Verbandes DJV kann bei der Bestimmung der angemessenen Vergütung indiziell herangezogen werden. Die Gemeinsame Vergütungsregel Tageszeitungen ist hingegen auf Online-Veröffentlichungen nicht anwendbar (s. OLG Celle GRUR-RR 2016, 267, 268 – *Onlinezeitschrift*).

Mitunter enthalten bestehende **Tarifverträge** im **Rundfunk**bereich bereits **On-** **74** **line-Vergütungsregelungen:** Der Tarifvertrag über Mindestvergütungen für freie WDR-Mitarbeiter sieht Mindestvergütungen für Beiträge im Verwendungsbereich Internet (Web) mit Stand vom 1.1.2005 vor. § 3.5.1. des Manteltarifvertrags zur Einräumung von Urheberrechten beschäftigter Urheber vom 22.4.2003 zwischen ZDF, ver.di und dem Verband der Rundfunk-, Film- und Fernsehschaffender (auf Anfrage bei ver.di im ZDF, 55100 Mainz, https:// rundfunk.verdi.de, Mail: verdi-zdf@verdi.de) zufolge umfasst das eingeräumte Senderecht auch die Verwertung des Live-Streaming (zeitgleiche, unveränderte Übertragung des Programms im Internet) und „sonstigen Verbreitungsarten und/oder Trägertechniken". Nach § 5 ist auch die Verwendung der Werke in Online- und Abrufdiensten sowie Datenbanken zu Zwecken des Rundfunks wie Außerrundfunkzwecken. Der ZDF Urheberrechtstarifvertrag unterscheidet dabei zwischen drei, durch Buchstabenkombinationen gekennzeichnete Vertragstypen dem Pauschalvertrag (UP), den Vertragstypen mit voller (UO) bzw. reduzierter (UW) Zahlung von Wiederholungs- und Folgerechtsvergütungen. Nach § 17.4 S. 2 sind dem Pauschalisten bei erstmaliger Onlinenutzung 4,5% zu zahlen; dieser Satz war bis zum 31.12.2003 festgeschrieben (Protokollnotiz 14 des TV). Nach § 3.3.1. Tarifverträge über die Urheberrechte *arbeitnehmerähnlicher Personen* des WDR, des NDR und des SWR, gültig seit 1.4.2001, hat der Sender das Senderecht in analoger wie digitaler Übertragungstechnik und ist auch die Online-Nutzung im Wege des **Streaming,** des near-video-on-demand und des pay-per-view mit der Vergütung abgegolten. Die Nutzung des Werkes in Abruf- und Online-Diensten zu Rundfunkzwecken darf die Rundfunkanstalt vornehmen, wenn der Mitarbeiter dem nicht bei Auftragserteilung widerspricht (§ 3.3.3). Widerspricht er nicht, erfolgt für diese Nutzung eine Zahlung in Höhe von 4,5% der Erstvergütung. Wird die Produktion online zu außerrundfunkmäßigen Zwecken genutzt, erfolgt eine Beteiligung des Urhebers am Erlös (§ 4.6 i.V.m. 4.10). Die Herstellung eines Manuskripts ausschließlich für die Nutzung in Abruf- und Online-Diensten zu Rundfunkzwecken wird extra vergütet pro Manuskriptseite (30 Zeilen à 60 Anschläge; § 3.3.3. Fn. 4).

Die Fachausschüsse Freie Journalisten und Online-Journalismus im Deutschen **75** Journalisten-Verband (DJV) haben im Rahmen der Publikation des DJV „Vertragsbedingungen und Honorare 2013 für die Nutzung freier journalistischer Beiträge" eine Übersicht über Vertragsbedingungen und Honorare für die **Nutzung journalistischer Beiträge im Internet** im Jahr 2013 erstellt (Honorare 2013, S. 45 ff., abrufbar unter http://www.bjv.de/sites/default/files/fachgruppen/web_wissen2_20132.pdf, zuletzt abgerufen am 14.11.2016). Auch hier gilt das oben (vgl. Rn. 63) Gesagte: Die Üblichkeit muss ggfs. empirisch belegt werden.

In Betracht gezogen werden muss allerdings die durch die **Natur des Internets** **76** räumlich erweiterte Nutzung auf zumindest das gesamte deutschsprachige Ausland für deutsche Texte sowie den jeweiligen Zeitraum, in dem der Beitrag online steht, der für einen Artikel ggf. länger sein kann als z. B. bei der Tageszeitung. Ähnliche Kriterien sind z. B. den Online-Vergütungen der MFM-Empfehlung 2016 für Foto-/Bildhonorare zu entnehmen.

77 Aus diesen Erwägungen erklärt sich, warum die Rechteübertragung für die **Online-Zweitverwertung** nach Empfehlungen der MFM wie des DJV unter prozentualem Aufschlag vom Erstverwertungspreis erfolgen soll: Die oben genannten Honorare der MFM-Empfehlung 2016 für **Foto-/Bildhonorare** für digitale Nutzungen von Fotos gelten z. B. nur für Erstnutzungen in elektronischen Medien (zu Details und zu ihrer prozessualen Verwertbarkeit vgl. Rn. 111). Das Honorar für eine Online-Nutzung bemisst sich laut MFM u. a. danach, ob die Nutzung auf einer Unterseite, auf der Homepage, als Banner oder im Rahmen von Social Media erfolgt. Ein weiterer Bemessungsfaktor ist die Nutzungsdauer. Auch der DJV empfiehlt bei digitaler Zweitverwertung von Texten je nach Nutzungsart einen prozentualen Aufschlag zu berechnen. Dabei sei die Dauer der Verfügbarkeit mit einzubeziehen, da während dieser Zeit eine andere weitere Verwertung der Beiträge kaum möglich sei. Bei online nutzbaren elektronischen Archiven bzw. CD-ROM/DVD sei das ausschlaggebende Honorierungskriterium die Aufnahme eines Textes an sich. Unterschieden wird auch beim DJV nach Medium, Online-Verfügbarkeit und Dauer der Nutzung: So sei für die Aufnahme in einen Online-Dienst für bis zu einem Monat ein Aufschlag von 15% zu verlangen; bei längerer Nutzung pro Jahr zusätzlich 5%; die Aufnahme in ein kostenfrei zugängliches elektronisches Archiv sei gegen einen Aufschlag von 10% zu gewähren, in ein kostenpflichtiges elektronisches Archiv hingegen gegen einen Aufschlag von 20%; bei längerer Nutzung im jeweiligen Archiv seien anschließend zusätzlich 5% bzw. 10% Aufschlag pro Jahr zu zahlen. Die Aufnahme in eine CD-ROM/DVD müsse mit einem 10%-igen Aufschlag vergütet werden. Die vom DJV angegebenen prozentualen Aufschläge sind Mindestprozentsätze, die nach dem derzeitigen Erkenntnisstand gezahlt würden – so die Zweitverwertung überhaupt honoriert werde (Honorare 2013, S. 43 f.).

78 *[derzeit leer]*

79 **c) Journalisten im Rundfunk:** Ebenso wie im Printbereich ist bei Urhebern im Fernsehen/Rundfunk zum einen zwischen Festangestellten, arbeitnehmerähnlichen Selbstständigen sowie den „freien" selbstständigen Urhebern, meist Journalisten zu unterscheiden. Des Weiteren bestehen aber auch jeweils Regelungen für den Bereich des Privatfernsehens und des öffentlich-rechtlichen Rundfunks. Ebenso wie bei den Printmedien kann aber davon ausgegangen werden, dass sich die Höhe der Honorierung nach der „wirtschaftlichen Positionierung des Auftraggebers im Medienmarkt" und der „Bedeutung, die dem einzelnen Auftrag bzw. der Tätigkeit zukommt" bemisst (vgl. Rn. 70).

80 **aa) Öffentlich-rechtliches Fernsehen und Rundfunk (ARD):** Tarifverträge des öffentlich-rechtlichen Rundfunks im Bereich der ARD sind u. a. die folgenden:
- Tarifkatalog Mindesthonorare des Hessischen Rundfunks (Anlage zum Tarifvertrag vom 12.8.1981 über die Gewährung von Mindesthonoraren für ständig freie Mitarbeiter des Hessischen Rundfunks in der Fassung vom 1.5.2016; erhältlich per E-Mail auf Anforderung beim ver.di Landesbezirk Hessen)
- BR-Honorarrahmen für Freie Fernsehen und Hörfunk ab 1.4.2016
- Tarifvertrag über die Urheber- und die verwandten Schutzrechte der Mitwirkenden des BR ab 1.7.2002
- Tarifvertrag über die Urheberrechte arbeitnehmerähnlicher Personen des BR ab 1.7.2002

– Urheberrechts-Tarifvertrag des Deutschlandradios vom 1.4.2002, abrufbar
  unter https://deutschlandradio.verdi.de/tarifvertraege/tarife-freie, zuletzt
  abgerufen am 15.11.2016
– Tarifvertrag für auf Produktionsdauer beschäftigte Film- und Fernsehschaffende gültig ab 1.4.2016, abrufbar unter https://filmunion.verdi.de/
  ++file++56fd5d176f68440706000508/download/TV-FFS_2016-Endfassung
  -160331_web.pdf , zuletzt abgerufen am 9.11.2016
– Tarifvertrag für befristete Programmmitarbeit beim Norddeutschen Rundfunk
  Die angegebenen Tarifverträge oder Informationen sind ebenso wie die weiteren jeweiligen Tarifverträgen der öffentlich-rechtlichen Rundfunksender
  meist auf https://rundfunk.verdi.de (Infoseite von ver.di) in der Sparte „Sender" bei den jeweiligen Sendeanstalten downloadbar (Stand: 15.11.2016).
  Tarife aus den Bereichen Film, privater Rundfunk und AV sind beim ver.di-
  Projekt connexx-av, Bereich Tarifverträge zu finden. Außerdem bieten con-
  nexx.av und der Bundesverband Kamera Gagenrechner an, die nicht nur
  die erreichte Gage ausrechnen, sondern auch die Urlaubstage, die Überstun-
  denzuschläge, das Arbeitszeitkonto und die der Arbeitslosenversicherung
  zu meldenden Tage.
– Tarifverträge über die Urheberrechte *arbeitnehmerähnlicher Personen* des
  WDR, des NDR und des SWR, gültig seit 1.4.2001
  Obwohl gemeinsam zwischen den Sendern NDR, WDR, SWR und den
  Gewerkschaften ausgehandelt, zeigt die auf http://wdr.verdi.de/tarif/tarif-
  vertraege-freie am 15.11.2016 abrufbare Textversion nur den Namen des
  WDR als Tarifvertragspartei. Die beteiligten Sender haben sich wohl jeweils
  eine eigene Textversion mit ihrem Namen vorbehalten. Für *auf Produktionsdauer Beschäftigte* gilt der Tarifvertrag über die Urheberrechte arbeitnehmerähnlicher Personen nur, wenn dies im Beschäftigungsvertrag ausdrücklich vereinbart ist. Ziff. 3.1. des Tarifvertrages regelt den Umfang **der
  eingeräumten Rechte** gegen die Erstvergütung. Dieser ist recht ausführlich:
  Ein umfangreicher Katalog, der neben dem Senderecht, das auch Fernseh-
  text, near-video-on-demand, Rechte zur Übertragung im Pay-Radio oder
  Pay-per-view umfasst, umfasst auch das Vervielfältigungsrecht inklusive des
  Rechts der Übertragung auf Ton- und Bildträger bzw. Datenträger und in
  die Datenbanken des WDR, Nutzung in Abruf- und Onlinediensten, das
  Verbreitungsrecht zum Verkauf, zur Vermietung, zum Verleih, Vorführungsrecht, Ausstellungsrecht, die ausschließlichen räumlich und inhaltlich
  unbegrenzten Rechte das Werk für alle Zwecke des Rundfunks ganz oder
  teilweise im In- und Ausland beliebig oft zu benutzen und die unter Benutzung des Werkes erfolgte Sendung oder hergestellte Produktion ganz oder
  teilweise im In- und Ausland beliebig oft zu verwerten. Zeitlich ist die Nutzung je nach Werkart begrenzt (bei Exposés 2 Jahre, bei Hörfunkprodukti-
  onen drei, Fernsehproduktionen fünf, Fernsehspielen und -serien sieben)
  vom Zeitpunkt des Vertragsschlusses, bei Auftragswerken, vom Zeitpunkt
  der Abnahme an. Diese Sondernutzung soll grundsätzlich gegen **Entgelt**
  erfolgen. Daneben besteht ein Katalog zur Einräumung von Nutzungsrechten zu anderen als Rundfunkzwecken, insb. zu Zwecken der Bildungs- und
  Kulturarbeit wie die Kinofilmauswertung und audiovisuellen Verwertung
  auf Tonträgern sowie die Multimedia-Nutzung. Die Vergütung selbst ist
  der Höhe nach in dem Tarifvertrag über Mindestvergütungen der arbeitnehmerähnlichen Personen und der auf Produktionsdauer Beschäftigten des
  WDR geregelt. Es folgt in den Punkten 16.1.3–16.3.6 ein Katalog an Son-
  dervergütungen neben der Erstvergütungen für bestimmte Nutzungsarten;
  so wird für die Online-Nutzung eine Vergütung in Höhe von 4,5% der
  Erstvergütung bezahlt. Die wesentlichen Regelungen der Urheberrechtsta-
  rifverträge für freie arbeitnehmerähnliche Personen sind folgende:

- die Rundfunkanstalten dürfen in Allgemeinen Geschäftsbedingungen keine ungünstigeren Regelungen verwenden, als diejenigen, die in den Tarifverträgen vereinbart sind,
- die einmalige Vergütung sämtlicher Leistungen und Rechtsübertragungen für Sendezwecke von öffentlich-rechtlichen Rundfunkanstalten darf nur noch in den in den jeweiligen Vergütungstarifverträgen ausdrücklich dafür vorgesehenen Fällen erfolgen,
- auch diejenigen, die weiterhin Verträge erhalten, nach denen sämtliche Leistungen und Rechtsübertragungen mit einer einmaligen Vergütung abgegolten sind, erhalten zukünftig grundsätzlich Erlösbeteiligungen aus der außerrundfunkmäßigen Verwertung ihrer Werke und Produktionen,
- die Wiederholungsvergütungen für Wiederholungen in 3Sat wird in allen Anstalten auf das bisher nur im WDR übliche Niveau von 25,5% der Erstvergütung (= 34% der Wiederholungsvergütung) angehoben,
- Wiederholungen in den Programmen Kinderkanal und Phoenix werden mit einer Wiederholungsvergütung in Höhe von 15 Prozent der Erstvergütung (= 20 Prozent der Wiederholungsvergütung) bezahlt,
- Wiederholungen in ausschließlich digital ausgestrahlten und empfangbaren Programmen werden mit einer Wiederholungsvergütung in Höhe von 5,25% der Erstvergütung (= 7 Prozent der Wiederholungsvergütung) abgegolten (dieser Satz galt vom 1.1.2001 bis zum 31.12.2003),
- die Erlösbeteiligungen werden für Urheber und Leistungsschutzberechtigte Künstler auf das bisher nur beim WDR übliche Niveau in Höhe von 35% der Nettoerlöse angehoben. Zu Gunsten der Urheber werden die nach diesem Satz errechneten Erlöse zukünftig zwischen Urhebern und Leistungsschutzberechtigten je zur Hälfte geteilt (bisher: 1/4 für die Urheber, 3/4 für die Leistungsschutzberechtigten).
- Schließlich wurde geregelt, dass der volle Vergütungsanteil auch dann zu zahlen ist, wenn lediglich die Gruppe der Urheber oder die Gruppe der Leistungsschutzberechtigten Rechte an der Produktion hat.

81 **bb) Öffentlich-rechtliches Fernsehen und Rundfunk (ZDF):**
- Urhebertarifvertrag des ZDF vom 22.4.2003
- Tarifvertrag für auf Produktionsdauer Beschäftigte
- Tarifvertrag über die Beteiligung von Arbeitnehmern/innen sowie arbeitnehmerähnlichen und auf Produktionsdauer beschäftigte Personen des ZDF an den Einnahmen aus der Kabelweiterleitung der Programme.
Alle Verträge auf Anfrage bei ver.di im ZDF erhältlich, 55100 Mainz, https://rundfunk.verdi.de/, Mail: verdi-zdf@verdi.de

82 Wegen der Sende- und Programmstruktur des ZDF sind seine Regelungen nicht unbedingt mit denen der ARD-Anstalten vergleichbar. Letztere verfügen über eine eigene Verwertungskette in den Dritten Programmen. Beim ZDF können allerdings die Programme 3Sat und ARTE als strukturell angegliederte Drittverwerter betrachtet werden. Die Vergütung in Verhältnis zum Umfang der Rechteeinräumung ergibt sich aus §§ 3, 4 und 15, 17 sowie dem Einzelvertrag mit dem Urheber. Der ZDF Urheberrechtstarifvertrag unterscheidet dabei zwischen drei, durch Buchstabenkombination gekennzeichnete Vertragstypen dem Pauschalvertrag (UP), den Vertragstypen mit voller (UO) bzw. reduzierter (UW) Zahlung von Wiederholungs- und Folgerechtsvergütungen.

83 **cc) Privater Rundfunk:**
- TPR – Manteltarifvertrag für die Arbeitnehmerinnen und Arbeitnehmer in Unternehmen des privatrechtlichen Rundfunks, abrufbar unter http://www.connexx-av.de/upload/m4ff6f33241f11_verweis1.pdf, zuletzt abgerufen am 15.11.2016

- TPR – Volontärstarifvertrag (galt bis zum 31.12.2008), abrufbar unter http://www.connexx-av.de/upload/m4ff6f33241f11_verweis1.pdf, zuletzt abgerufen am 15.11.2016
- Entgelttarifvertrag privater Rundfunk (TPR) 2016–2018, Laufzeit vom 1.3.2016 – 28.2.2018, abrufbar unter https://www.djv.de/fileadmin/user_upload/Entgelttarifvertrag_TPR_2016–2018.pdf; zuletzt abgerufen am 15.11.2016
- RTL – Manteltarifvertrag RTL Television GmbH, Köln ab 1.1.2002 (gekündigt zum 31.12.2006), abrufbar unter http://www.connexx-av.de/up load/m3cea6f326b95a_verweis1.pdf; zuletzt abgerufen am 15.11.2016
- RTL – Entgelttarifvertrag RTL Television GmbH, Köln ab 1.1.2002 (gekündigt), abrufbar unter http://www.connexx-av.de/upload/m3cea6ff9864a5_verweis1.pdf, zuletzt abgerufen am 15.11.2016
- Lokalfunk Bayern – Gehaltstarifvertrag vom 13.7.2000, abrufbar unter http://www.connexx-av.de/meldung_volltext.php?akt=tarifvertraege_privat errundfunk&id=3cea67122e8ae, zuletzt abgerufen am 15.11.2016
- Lokalfunk Bayern – Manteltarifvertrag vom 11.3.1999; abrufbar auf http://www.connexx-av.de/meldung_volltext.php?akt=privaterrundfunk_tarifvertraege&id=3cea689b3d321&si=1&view=print&lang=1; zuletzt abgerufen am 9.11.2016
- Manteltarifvertrag Lokalfunk Nordrhein-Westfalen – vom 26.7.2014, abrufbar unter https://www.djv.de/fileadmin/_migrated_uploads/media/Mantelta rifvertrag_Lokalfunk_NRW_2014.pdf, zuletzt abgerufen am 15.11.2016
- Gehaltstarifvertrag Lokalfunk NRW vom 1. September 2001, abrufbar unter https://www.djv.de/fileadmin/user_upload/Infos_PDFs/Tarife_und_Ho norare/privater_Rundfunk/Gehaltstarifvertrag_Lokalfunk_NRW_2014.pdf, zuletzt abgerufen am 15.11.2016
- Gehaltstarifvertrag für Mitarbeiterinnen und Mitarbeiter im privaten Rundfunk Baden-Württemberg aus dem Jahr 2000 (Vertragspartner auf Arbeitgeberseite war die Vereinigung Südwestdeutscher Rundfunkanbieter. Nach Auskunft von ver.di-Landesbezirk Baden-Württemberg von Februar 2017 können Tarifverträge mit diesem Arbeitgeber aber nur noch in der tarifrechtlichen Nachbindung bzw. Nachwirkung sein, da ver.di mit diesem Arbeitgeber keine Tarifverträge mehr abschließt.)
- Lokalfunk Baden-Württemberg – Manteltarifvertrag vom 13.1.1998, abrufbar unter http://www.connexx-av.de/meldung_volltext.php?akt=tarif vertraege_privaterrundfunk&id=3cea6b17ef6ba, zuletzt abgerufen am 15.11.2016
- Muster-Ausbildungsvertrag für Redaktionsvolontärinnen Redaktionsvolontäre (Der Tarifvertrag für Redaktionsvolontärinnen und Redaktionsvolontäre im privaten Rundfunk TPR galt bis zum 31.12.2008.)

Übrige Verträge abrufbar auf http://www.djv.de/startseite/info/beruf-betrieb/rundfunk-und-online/privater-rundfunk.html; abgerufen am 15.11.2016.

Der TPR – Manteltarifvertrag für die Arbeitnehmerinnen und Arbeitnehmer in **84** Unternehmen des privatrechtlichen Rundfunk, Stand: 1.1.1997 (Neuabschluss am 26.3.2012 mit Änderung der Mindestlaufzeit bis 31.12.2016) – enthält in Fußnote 6 eine Protokollnotiz zu § 16. Darin vereinbarten die Tarifparteien, dass nach Abschluss dieses Tarifvertrages unverzüglich Verhandlungen über Urheber- und Leistungsschutzrechte mit dem Ziel eines baldigen Abschlusses aufgenommen werden. Zu einem derartigen Vertrag ist es bisher nicht gekommen. Im Übrigen enthalten die Tarifverträge **keine Regelungen zur Vergütung** im Verhältnis zur Übertragung der Nutzungsrechte. Insofern ist, von der Rechteübertragung im Rahmen des § 43 auszugehen als Gegenleistung für die Vergütung. Auf Initiative der Gewerkschaften ver.di sowie DJV soll an den TPR Tarifverband für den privaten Rundfunk (TPR) das Angebot gerichtet werden,

Freie Verhandlungen zu Vergütungsregeln nach dem Urhebergesetz aufzunehmen.

85 **d) Kommunikationsdienstleistungen (Werbetexte, Public Relation, Redenschreiber):** Der Texterverband, ehemals Fachverband Freier Werbetexter (FFW), ermittelt durch Honorarumfragen regelmäßig Honorare für Werbetexte und verwandte Arbeiten, die in der Broschüre Marktmonitor Werbetext beim Texterverband kostenpflichtig zu bestellen ist. Die Broschüre Marktmonitor Werbetext 2008, die Anfang 2016 noch die aktuelle Auflage des Verbandes darstellt und auch Muster-AGB für freie Werbetexter enthält, ist beim Texterverband zu bestellen. Nach Angaben des DJV beginnen die üblichen Tagessätze für spezielle Beratungsleistungen im Bereich der Kommunikation wie der Presse- und Öffentlichkeitsarbeit bei etwa € 500,00. Nach Angaben des Texterverbandes kann für einen PR-Artikel je Manuskriptseite ab € 250,00 verlangt werden. Die MFM-Empfehlung 2016 für Foto-/Bildhonorare Foto (zu Details und zu ihrer prozessualen Verwertbarkeit vgl. Rn. 111) enthält auch Empfehlungen für die Verwendung von Fotos im Rahmen werblicher Nutzung.

86 Für das Schreiben von Reden durch professionelle **Redenschreiber** gibt es noch keinen etablierten Markt, der „erhärtete Erfahrungssätze" für die Honorierung bilden konnte. Eine grobe und naturgemäß einseitige Empfehlung, was für Reden verlangt werden kann, gibt der Verband der Redenschreiber deutscher Sprache (VRdS). Auch der Texterverband teilt Honorare für das Ghostwriting mit, s. Artikel auf mediafon.net zu Empfehlungen, Honoraren und AGB, abrufbar unter https://www.mediafon.net/meldung_volltext.php3?id=4368f47e5632b&akt= empfehlungen_empfehlungen&view=&si=582aeee6ee278&lang=1, abgerufen am 15.11.2016.

87 **e) Übersetzer:** Nach langem Streit (viele der ersten Urteile zu § 32 betrafen Übersetzer) und langen Verhandlungen gibt es seit 2014 eine **Gemeinsame Vergütungsregel** zwischen ver.di und einzelnen Verlagen. Die Vergütungsregel definiert eine Honorierung für Literaturübersetzer. Sie regelt eine Mindest-Grundvergütung pro Normseite sowie eine laufende Beteiligung am Absatz der verkauften Exemplare von z. B. 1 % (abnehmend bei höheren Auflagen) bei Hardcover- und 0,5 % bei Taschenbuch-Ausgaben (abnehmend bei höheren Auflagen) sowie an Lizenzerlösen, z. B. für Taschenbücher. Die Gemeinsame Vergütungsregel ist abrufbar unter http://www.literaturuebersetzer.de/download/uebersetzer/gvr-2014.pdf zuletzt abgerufen am 15.11.2016. Im Übrigen gibt es einige einseitige Empfehlungen/Übersichten.

- Digitaler Honorarrechner auf der Website des VDÜ: Vergleich der eingegebenen Daten nach jeweiligem Vertrag (Höhe und Art der Vergütung, Beteiligung des Verlages, Auflagenart) mit dem Modell der AG Publikumsverlage und einem Vertrag mit den Konditionen.
- Honorarempfehlungen für literarische Übersetzungen der Mittelstandsgemeinschaft literarische Übersetzerinnen und Übersetzer (*Delp*, Verlagsvertrag S. 363 ff. und im Selbstverlag)
- Für Sachbuch-Übersetzer: »Auskommen mit dem Einkommen?« Marktstudie des ADÜ Nord: Verdienstmöglichkeiten und Berufsalltag freiberuflicher Dolmetscher und Übersetzer, Ergebnisse der Honorarumfrage 2004/2005 des ADÜ Nord unter freiberuflichen Übersetzern und Dolmetschern mit Unterstützung des Hamburger Marktforschungsinstitutes PhoneResearch Die GemVergRegeln soll auch für Jugendbuchübersetzer ohne Abschlag herangezogen werden können (OLG Nürnberg GRUR-RR 2015, 513 – *Jugendbuchübersetzung*).

88 Nachdem zunächst Instanzgerichte die **Kriterien der Honorarfestlegung** bei Übersetzern konturiert hatten (dazu unsere 11. Aufl. Rn. 88–95) hat der **BGH**

die **grundlegenden Leitlinien** festgelegt: Übersetzerverträge unterscheiden seit jeher zwischen **Normseitenhonorar** und – früher selten, heute wegen der BGH-Rechtsprechung i. d. R. notwendigerweise – Absatzbeteiligung des Übersetzers. Ersteres dürfte aber Werklohn sein (s. *Czychowski* GRUR 2010, 793, 794) und daher i. d. R. nicht an der Angemessenheitsprüfung des § 32 teilnehmen (s. oben ausführlich vgl. Rn. 17). Dennoch bezieht es der BGH in die Angemessenheitsprüfung ein (BGH v. 7.10.2009 – I ZR 38/07, GRUR 2009, 1148 – *Talking to Addison*; BGH v. 20.1.2011 – I ZR 19/09, ZUM 2011, 316 ff. – *Destructive Emotions*). Er geht aber von einer „ganzen Bandbreite" von angemessenen Seitenhonoraren aus (BGH v. 20.1.2011 – I ZR 19/09, ZUM 2011, 316 ff. Tz. 31 – *Destructive Emotions*). Ein Seitenhonorar von € 15,00 lag aber nach Ansicht des BGH in Kombination mit der Absatzbeteiligung (dazu Rn. 92) außerhalb dieser Bandbreite (BGH v. 7.10.2009 – I ZR 38/07, GRUR 2009, 1148 – *Talking to Addison*). Das OLG München sah im Nachgang zu diesen Entscheidungen keinen Fall, in dem ein Normseitenhonorar von € 17,50 außerhalb der vom BGH postulierten Bandbreite liege und damit zu korrigieren sei (OLG München v. 17.3.2011, 6 U 4037/07, ZUM 2011, 866, 868).

Neben dem Normseitenhonorar muss eine **Absatzbeteiligung** vorgesehen werden (BGH v. 7.10.2009 – I ZR 38/07, GRUR 2009, 1148 Tz. 19 – *Talking to Addison)*. Diese setzt erst ab einer bestimmten Auflagenhöhe (im entschiedenen Fall: 5.000 Stück) ein, was der Sache nach einer Anrechnung des Pauschalhonorars – als Vorschuss für die ersten abgesetzten Werkstücke – auf die Absatzvergütung gleichkommt. Als deren Höhe sind 0,8 % des Nettoladenverkaufspreises bei Hardcover bzw. 0,4 % bei Paperback angemessen, wenn ein Normseitenhonorar gezahlt wird (andernfalls 1 % und 0,5 %). Dies hat der BGH mittlerweile in einer neuen Entscheidung bestätigt (BGH v. 20.1.2011 – I ZR 19/09, ZUM 2011, 316 ff. – *Destructive Emotions)*. Dem folgt das OLG München (OLG München v. 17.3.2011, 6 U 4037/07, ZUM 2011, 866, 868; OLG München ZUM 2013, 47, 51). Auf die Höhe der Absatzhonorare hat es keinen Einfluss, dass das übersetzte Werk gemeinfrei ist (OLG München v. 17.5.2011, 6 U 2999/10). **89**

Schließlich regelt der BGH auch die **Anrechenbarkeit des Normhonorars auf das Absatzhonorar:** Die Beteiligung setzt erst ab dem 5.000 Exemplar ein, und er reduziert die eigentlich als angemessen betrachtete Beteiligung von 1,0 % des Nettoladenverkaufspreises bei Hardcover bzw. 0,5 % bei Paperback auf die oben genannten Prozentsätze (BGH v. 7.10.2009 – I ZR 38/07, GRUR 2009, 1148 Tz. 49 f. – *Talking to Addison)* Auch dies hat der BGH mittlerweile in einer weiteren Entscheidung bestätigt (BGH v. 20.1.2011 – I ZR 19/09, ZUM 2011, 316 ff. – *Destructive Emotions)*. **90**

Verbleibt noch die Regelung der **Nebenrechtsbeteiligung:** Hier folgte der BGH zunächst der Berechnungsmethode des 29. Zivilsenats des OLG München vom 14.12.2006 und sprach 50 % des Nettoerlöses einer Rechteeinräumung an Dritte nach Abzug der Vergütungen weiterer Rechteinhaber als angemessen zu, soweit der Erlös auf die Verwertung der Übersetzung entfällt (BGH v. 7.10.2009 – I ZR 38/07, GRUR 2009, 1148 Tz. 44 ff. – *Talking to Addison)*. Die Berechnung blieb unklar und umstritten (s. *Czychowski* GRUR 2010, 793; *Dresen* GRUR-Prax 2009, 4; *Becker* ZUM 2010, 55), in einem weiteren Urteil hat der BGH diese 50 %-Regel nun verworfen und entschieden, dass eine angemessene Beteiligung an Erlösen zu beanspruchen ist, die der Verlag dadurch erzielt, dass er Dritten das Recht zur Nutzung des übersetzten Werkes einräumt oder überträgt. Diese Beteiligung beträgt grundsätzlich ein Fünftel der Beteiligung des Autors des fremdsprachigen Werkes an diesen Erlösen. Der Erlösanteil, den der Übersetzer erhält, darf allerdings nicht höher sein als der Erlösanteil, der dem Verlag verbleibt. Soweit bei der Nutzung des übersetzten Werkes **91** von der Übersetzung in geringerem Umfang als vom Originalwerk Gebrauch gemacht wird, ist die Beteiligung des Übersetzers entsprechend zu verringern (BGH v. 20.1.2011 – I ZR 19/09, ZUM 2011, 316 ff. – *Destructive Emotions*). Dies führt dazu, dass der Übersetzer stets **ein Fünftel** des **Anteils** erhält, den der **Originalurheber** an den Lizenzerlösen erhält. Auch diese neue Regel führt aber zu Problemen, nämlich, wenn ein Hardcoververlag keinen eigenen Taschenbuchverlag besitzt (sog. Konzernverlag) und für Taschenbücher einem Dritten eine übliche Lizenz einräumt. Die dann einsetzende Beteiligung des Übersetzers nach dem Urteil *Destructive Emotions* ist höher als wenn der Verlag über einen eigenen Taschenbuchverlag verfügt und die o. g. 0,4 % Nettoladenverkaufspreis zahlt. Deshalb wurde auch gegen das Urteil Verfassungsbeschwerde eingelegt. *Jacobs* (GRUR 2011, 306 ff.) sieht in der Anwendung der „Fünftel-Formel" für die Beteiligung des Übersetzers an der Vergabe von Nebenrechten einen erheblichen Wettbewerbsnachteil für Hardcover-Verlage und hält die neue BGH-Formel für wenig ausgereift. Ob sie den Übersetzern in Zukunft helfen wird, bleibt abzuwarten.

92 Nach dem OLG München kommt eine **Abweichung von diesen Regelvorgaben** nur in Betracht, wenn das angemessene Seitenhonorar aufgrund von besonderen Erschwernissen außergewöhnlich weit von den durchschnittlichen Margen abweicht; Zu solchen Erschwernissen gehören aber nicht notwendige Recherchearbeiten, Abgleich mit den Texten literarischer Vorbilder oder Benutzung von Speziallexika (OLG München BeckRS 2011, 26294).

93 Dass Verlage durch die Einnahmen aus den Nebenrechten ihre weniger umsatzstarken Produkte finanzieren und deshalb diese Einkommensquelle nicht allzu stark geschmälert werden dürfe (**Quersubventionierung**), anerkennen zu Recht OLG München (6. Senat) v. 15.2.2007 – 7 O 21384/03, ZUM-RD 2007, 308, 316 wie LG Berlin v. 27.4.2006 – 16 O 806/04, ZUM 2006, 942, 946 (FormH v. 19.11.2001 zu RegE UrhVG 2002, 16 f.). Der BGH äußert sich hierzu nicht konkret auf den Fall bezogen, sondern nur allgemein und lässt derartige Mischkalkulationen zu (BGH v. 7.10.2009 – I ZR 38/07, GRUR 2009, 1148 Tz. 43 – *Talking to Addison)*.

94 **Nicht relevant** ist die **Einkommenssituation** der Übersetzer an sich: Zwar wurden die Übersetzer von der Gesetzesbegründung als typischerweise benachteiligte Urhebergruppe und Grund für die Einführung des § 32 genannt (RegE UrhVG 2002 – BT-Drs. 14/7564, S. 5 i. V. m. BT-Drs. 14/6433, S. 9). Der Gesetzgeber wollte damit jedoch dem Übersetzer keine Vergütung sichern, die ein durchschnittliches Arbeitseinkommen eines Lektors oder Journalisten sichert (so aber *Schulze* GRUR 2005, 828, 839). Denn für die Sicherung des Arbeitseinkommens ist das Urheberrecht schlichtweg nicht „zuständig"; es soll nur eine Abgeltung für die Nutzung des Werkes sichern. Die Erwähnung in der Gesetzesbegründung alleine dürfte darüber hinaus für die Substantiierung einer Unredlichkeit in einem Rechtsstreit nicht genügen (so aber LG Berlin), denn eine Gesetzesbegründung kann keinen Sachverhalt i. S. d. Zivilprozesses unstreitig stellen (zu dieser prozessualen Frage im Detail vgl. Rn. 135 ff.). Prägnant hat OLG München (6. Senat) v. 8.2.2007 – 6 U 5748/05 ZUM 2007, 308, 314 formuliert, dass die gesetzliche Vergütungsregel nicht auf dem sozialrechtlichen Prinzip der Alimentierung nach Bedürftigkeit beruhe, sondern auf dem bürgerlich-rechtlichen Grundsatz von Leistung und Gegenleistung (OLG München 6. Senat v. 8.2.2007 – 6 U 5748/05, ZUM 2007, 308, 314. i. E. ebenso, aber mit anderer Begründung: OLG München (29. Senat) v. 14.12.2006 – 29 U 1728/06, ZUM 2007, 142, 148; LG Berlin v. 27.4.2006 – 16 O 806/04, ZUM 2006, 942, 946; LG Berlin v. 25.10.2005 – 16 O 804/04, ZUM 2005, 901, 903; widersprüchlich LG Hamburg v. 10.2.2006 – 308 O 793/04, ZUM 2006, 683, 687 a. A. noch Wandtke/Bullinger/*Wandtke/Gru*-

nert[3] Rn. 29, die vertreten, dass eine Vergütung „redlich" sein soll, die dem Urheber unter Berücksichtigung seines Arbeitseinsatzes prinzipiell eine angemessene Lebensführung von den Erträgnissen seiner Leistung ermöglicht; nunmehr sich der Rechtsprechung anschließend Wandtke/Bullinger/*Wandtke*/*Grunert*[4] Rn. 29 m. w. N.

[derzeit leer]   **95**

[derzeit leer]   **96**

f) Computerprogrammierer: Im Bereich der Computerprogramme gibt es kei-   **97**
nerlei Übungen zur Vergütung, da die meisten Computerprogramme in komplexen Einzelprojekten erstellt werden, im Übrigen zumeist angestellte Urheber eingesetzt werden. Eine erste Entscheidung zu § 32 bei Computerprogrammen konnte mangels entsprechendem Vortrag zur Üblichkeit und Redlichkeit nichts zur Angemessenheit der Vergütung im Softwarebereich beitragen (OLG Frankfurt GRUR 2015, 784 Tz. 58 – *Objektcode*).

g) Komponisten: **98**
–   Erfahrungsregeln über die Verwertung von Nutzungsrechten, herausgegeben vom Deutschen Musikverlegerverband e. V. Loseblatt, (– mehr für das sekundäre Urhebervertragsrecht)
–   Zwischen DMV und DKV ausgehandeltes Musikverlagsvertragsmuster (mit Empfehlungen für die Regelung in Bezug auf den GEMA-Verteilschlüssel, ohne Empfehlungen für konkrete Vergütung)

Bei der Vergütung im Rahmen von **Musikverlagsverträgen** unterscheidet man   **99**
zwischen derjenigen des Urhebers für die Einräumung des Hauptrechtes und der Nebenrechte. Für einen **Titelautorenvertrag** eines normal bekannten Urhebers ohne Besonderheiten hat sich beim **Hauptrecht** eine prozentuale Beteiligung von 10% bis 15% des Nettodetailverkaufspreises eingespielt; zu beachten ist, dass eine bestimmte Anzahl Druckausgaben für Werbezwecke aus der Berechnung herausfallen (*Rossbach*/*Joos* FS Schricker I S. 344; Moser/Scheuermann/*Lichte*[6] S. 1074; Münchener Vertragshandbuch/*Czychowski*[7] Band 3 Formular IX.16). Bei den **Nebenrechten**, die regelmäßig vom Verleger nicht selbst wahrgenommen werden, hat sich eine Beteiligung von 50% an den Einnahmen des Verlegers eingespielt (*Rossbach*/*Joos* FS Schricker I S. 351; Moser/Scheuermann/*Lichte*[6] S. 1074 f.; Münchener Vertragshandbuch/*Czychowski*[7] Band 3 Formular IX.16). Hier ist allerdings zu beachten, dass für einige Nebenrechte Sonderregelungen üblich geworden sind. Dies betrifft insbesondere die Nebenrechte, bei denen der Verleger oder Dritte erhebliche Vorinvestitionen tätigen. Zu nennen ist an dieser Stelle zum Beispiel das Filmsynchronisationsrecht, bei dem *Lichte* die Höhe der vorweg abgezogenen Administrationsgebühr mit 5% bis 15% angibt (Moser/Scheuermann/*Lichte*[6] S. 1075). Im **Subverlagsbereich** gelten wiederum Besonderheiten (Moser/Scheuermann/*Lichte*[6] S. 1077 f.). (Zu weiteren Details Loewenheim/*Czychowski*[2] § 68 Rn. 40 f.). Wie sich die Vergütung bei **Filmmusikverträgen** entwickelt, bleibt abzuwarten. Derzeit besteht die Vergütung – neben den GEMA-Einnahmen – wegen des beschränkten Charakters des Vertrages, in der Regel in einer Pauschalabgeltung. Zu Vergütungsansprüchen von Komponisten bei Eigen- und Auftragsproduktionen des Fernsehens s. umfassend *Kyre* UFITA 2012, 81 ff.

Die Vergütung für **Werbenutzung von Musik** orientiert sich i. d. R. am Media-   **100**
Budget des einzelnen Spots und beträgt 1% bis 5% dieses Budgets. Wird das Musikwerk geändert, sind allerdings zusätzliche Pauschalsummen oder eine Erhöhung der prozentualen Beteiligung üblich. Soll sogar der Titel des Musikwerkes für das beworbene Produkt verwendet werden, ist ein Titelzuschlag durchaus im fünfstelligen Bereich üblich.

101 h) **Bühnenschaffende: Der Normalvertrag Bühne** (NV Bühne) vom 15.10. 2002, aktuell in der Fassung vom 24.6.2016, bindend für alle öffentlich kommunalen und Landestheater, ersetzt seit dem 1.1.2003 insgesamt 19 Tarifverträge im Bühnenbereich. Er enthält Sonderregelungen für Solisten, Bühnentechnik, Chor und Tanz, Muster für berufsspezifische Arbeitsverträge sowie Nutzungsrechtseinräumungen des Theaterdramaturgen für Beiträge zu Programmheften oder zur Übertragung der Aufführung durch Bildschirm, Lautsprecher oder ähnliche technische Einrichtungen durch die Mitwirkenden einschließlich der Werbung für die Bühne. Im Januar 2006 wurde eine Zusatzvereinbarung bezüglich der Gagenhöhen geschlossen.

102 Im **Bühnenvertriebsvertrag** erhält der Urheber in der Regel eine Vergütung, die sich an den erzielten Einnahmen des Bühnenvertriebsunternehmens orientiert. Hier sind 15% bis 25% der Einnahmen die Regel. Näheres ergibt sich aus der in Bezug genommenen Regelsammlung Bühne, die als übliche Vergütung anerkannt ist (zu weiteren Details vgl. Vor §§ 31 ff. Rn. 338; Loewenheim/ *Czychowski*[2] § 68 Rn. 52; Loewenheim/*Schlatter*[2] § 72 Rn. 55 ff.). Zu Verträgen der **Autoren mit Bühnen** vgl. Rn. 64.

103 i) **Film- und Fernsehfilmschaffende: – aa) Bestehende Honorarregelungen:** Die Urheberseite hat mit einzelnen Verbänden der Filmwirtschaft über eine GemVergRegel im Rahmen ohnehin existierender Tarifvertragsgespräche verhandelt. Diese Gespräche wurden zunächst ausgesetzt (zum Stand der Verhandlungen vgl. § 36 Rn. 33). Mittlerweile gibt es drei GemVergRegeln, eine für Film- und Fernsehregisseure, eine für Film- und Fernsehschauspieler und eine für Drehbuchautoren (vgl. § 36 Rn. 33). Die GemVergRegel für Schauspieler ist abrufbar unter https://www.bffs.de/files/2014/12/20130630_Gemeinsame-Verg%C3%BCtungsregeln-BFFS-und-ProSiebenSat1-Final1.pdf, abgerufen am 16.12.2016. Die GemVergRegel für Regisseure ist abrufbar unter http://cb-tm.de/notiz/download.php?id=88118, abgerufen am 16.12.2016. Die GemVerg-Regel für Drehbuchautoren ist abrufbar unter http://www.drehbuchauto ren.de/sites/drehbuchautoren.de/files/20140610_Vertrag_Pro7Sat1.pdf, abgerufen am 16.12.2016. Es existieren zudem Tarifverträge, allerdings ohne Regelungen der angemessenen Vergütung, und Rahmenvereinbarungen:
- dmfilm: Entgelttarifvertrag 2006
- FFS – Tarifvertrag für auf Produktionsdauer beschäftigte Film- und Fernsehschaffende – Manteltarifvertrag, Gagentarifvertrag, Tarifvertrag für Kleindarsteller, gültig ab 1.4.2016, Tarifvertrag für Schauspielerinnen und Schauspieler, gültig ab 1.4.2014, Ergänzungstarifvertrag Erlösbeteiligung Kinofilm, gültig ab 1.1.2014, abrufbar unter https://filmunion.verdi.de/ ++file++56fd5d176f68440706000508/download/TV-FFS_2016-Endfassun g-160331_web.pdf, abgerufen am 15.11.2016
- Richtlinien für die Projektfilmförderung nach §§ 24, 32, 63 FFG
- Rahmenvereinbarung für die Neuregelung der Vergütungssätze und des Vergütungssystems für Drehbuchautoren vom 3.2.2012, abgeschlossen zwischen dem ZDF und dem Verband Deutscher Bühnen- und Medienverlage
- Vergütungsmodelle für Drehbuchautoren bei ZDF-Produktionen vom 19.7.2012, abgeschlossen zwischen dem Verband der Drehbuchautoren, dem ZDF und der Allianz Deutscher Produzenten – Film & Fernsehen

Für den Bereich **Kameraleute** gibt es nun eine Gemeinsame Vergütungsregel (vgl. § 36 Rn. 32). Sie ist abrufbar unter http://www.prosiebensat1.de/uploads/ 2016/08/23/160817.Verguetungsregeln_BVK.pdf, abgerufen am 16.12.2016.

104 bb) **Kriterien der Honorarfestlegung bei Film- und Fernsehschaffenden:** Die Hauptpflicht des Filmherstellers zur Zahlung einer Vergütung kommt dieser i. d. R. als Pauschalbetrag oder aber in Form einer gestaffelten Vergütung mit

Grund- und Wiederholungshonorar nach (hierzu Loewenheim/*Schwarz/Reber*[2] § 74 Rn. 80 ff.). Dabei dürfte der Markt i. d. R. nicht mehr als 1%-5% des Gesamtbudgets eines Kinofilms für alle Rechteeinholungen hergeben (Loewenheim/*Schwarz/Reber*[2] § 74 Rn. 80 sprechen von 3,5%-5% des Gesamtbudgets bei Fernsehproduktionen; *Haupt/Flisak* K&R 2003, 41, 46 differenzieren zwischen Drehbuchautoren und Regisseuren). Interessant ist, dass die o. g. Richtlinien bei höheren Herstellungskosten durchaus niedrigere Beteiligungssätze annehmen, auch wenn möglicherweise bei aufwendigeren Filmen höhere Einnahmen erzielbar sind (zur Redlichkeit der Vergütung im Film- und Fernsehbereich *Reber* GRUR 2003, 393 ff.). Es begegnet keinen Bedenken des OLG Köln, dass für eine Kamerafrau ein **Pauschalhonorar** von € 15.000,00 vereinbart worden ist und dieses nach dem **von der Filmförderung beeinflussten Budget berechnet** worden ist (OLG Köln GRUR-RR 2005, 337, 339 – *Dokumentarfilm Massaker*).

j) Ausübende Künstler: Anders stellt sich die Lage für **ausübende Künstler** dar: **105** Die Vergütung erfolgt i. d. R. als Beteiligung am **Umsatz**. Dabei spielt als Ausgangspunkt der sogenannte Händlerabgabepreis, also der im Rahmen von Verkaufslisten festgestellte Preis, zu dem die Tonträgerfirma den Tonträger an Händler abgibt, die entscheidende Rolle. Ausgehend von dieser Basis wird die Vergütung bei den verschiedenen Sachverhalten reduziert, insbesondere für retournierte Tonträger. Bei sog. **Bandübernahmeverträgen**, also Verträgen, bei denen die Künstler die Tonaufnahme auf eigenes wirtschaftliches Risiko zunächst selber fertigen, erfolgt die Vergütung, ebenso wie im **Künstlervertrag**, in der Regel als Umsatzbeteiligung, wobei auch hier die oben dargestellten Berechnungsgrundlagen und Abzüge gelten. Anders als im Künstlervertrag ist es beim Bandübernahmevertrag allerdings üblich, einen Vorschuss an den wirtschaftlichen Produzenten zu zahlen, der auch nicht rückzahlbar ist (zu den Üblichkeiten in diesem gesamten Bereich Loewenheim/*Rossbach*[2] § 69 Rn. 30 ff., 53 ff. und 65 ff.). Niemals Vertragsgegenstand sind bei derartigen Verträgen natürlich die entsprechenden Nutzungsrechte des Komponisten, also die mechanischen Vervielfältigungsrechte; diese sind gesondert über die GEMA einzuholen. Für den verlängerten Schutzdauerzeitraum von 50 auf 70 Jahre (durch die Schutzdaueränderungs-RL) sieht diese Richtlinie, die durch das Neunte Gesetz zur Änderung des Urheberrechtsgesetzes (Inkrafttreten am 6.7.2013) umgesetzt wurde, im Falle einer bislang vereinbarten „nicht wiederkehrenden Vergütung" (also wohl buyout-Pauschalzahlung) einen **gesonderten Anspruch auf angemessene Beteiligung** in Höhe von 20% vor (Art. 1 Ziff. 2 lit. c)). Er bezieht sich auf die Einnahmen, die ein Tonträgerhersteller während des Verlängerungszeitraums aus Vervielfältigung, Verbreitung und Zugänglichmachung erzielt.

k) Bildende Künstler, Architekten, Illustratoren, Comiczeichner: Das „Ver- **106** tragswerk Bildende Kunst" der Verwertungsgesellschaft Bild-Kunst, Tarife (zu beziehen über die Fachgruppe Bildende Kunst, 10112 Berlin, kunst@verdi.de, FAX 030.6956–3656, im Internet unter http://www.bildkunst.de) enthält Ausstellungsverträge (digital/analog), Ateliermiet- und Galerievertrag, Kaufvertrag (digital/analog), Kunstmietvertrag, Vertrag Nutzung digitaler Werke im Internet. Die bildenden Künstler erhalten ihre Vergütung i. d. R. als Auftragshonorar oder über die Folgerechtseinnahmen (s. § 26). Darüber hinaus vergibt die VG BildKunst auch im primären Urhebervertragsrecht einzelne Nutzungsrechte, wie bestimmte Reproduktionsrechte oder Senderechte; zu Details s. http://www.bildkunst.de (zur vertraglichen Vergütungssituation Loewenheim/*Schulze*[2] § 70 Rn. 59 ff.). Für **Architekten** gilt zunächst die HOAI, die Mindest- und Höchstgrenzen (§ 4 HOAI) der Vergütung enthält und insofern § 32 vorgeht. Außerhalb des Anwendungsbereichs der HOAI kann der Architekt aber Vergütungen für die Einräumung von Nutzungsrechten frei vereinbaren (Loewenheim/ *Schulze*[2] § 71 Rn. 80). Zur Höhe derartiger Vergütungen gibt es aber bislang soweit ersichtlich keine Praxis.

107 Im Bereich der Illustratoren muss man wohl zwischen den verlagsgebundenen Illustrationen (hier behandelt) und den freien Designern (vgl. Rn. 108 f.), die nicht ihre Illustrationen um ihrer selbst willen z. B. in Büchern veröffentlichen (lassen), sondern z. B. als Werbedesigner für Unternehmen arbeiten, unterscheiden. Der **ICOM-Ratgeber für die Bereiche Comic, Cartoon und Illustration,** (herausgegeben von Christof Ruoss im Auftrag des Interessenverbandes Comic e.V (ICOM), 3. akt. Aufl., Stuttgart: ICOM 2002, ISBN 3–88834–922–2 enthält eine Honorarübersicht für **Illustratoren/Comic-Zeichner/Karikaturisten** aus Sicht der Urheber, Beispielverträge für Verlags-, Werk- und Kooperationsverträge, Grundinformationen zu den Bereichen Steuern, Urheberrecht, Betriebskosten und Verträge sowie Link- und Literaturlisten. Die Vergütung derartiger verlagsvertragsähnlicher Verträge (im Detail zu ihnen vgl. Vor §§ 31 ff. Rn. 390 ff.) erfolgt über eine Beteiligung am gebundenen Ladenpreis (z. B. BuchPrG), ansonsten am Abgabepreis. Bei Beteiligung am Ladenpreis erhalten alle Urheber bei Büchern in der Regel zusammen 10 % Beteiligung, und es muss im Einzelfall ermittelt werden, welchen Anteil die Illustration daran hat. Der AGD-Tarifvertrag (vgl. Rn. 108) erlaubt darüber hinaus auch eine Pauschalvergütung.

108 l) Designer:
- Vergütungstarifvertrag für Designleistungen aus dem Jahr 2015 zwischen der Allianz Deutscher Designer e. V. und SDSt (für arbeitnehmerähnliche Designer), 9. Aufl., kostenpflichtig zu beziehen über den Onlineshop auf http://www.agd.de oder die Allianz deutscher Designer (AGD) e. V. Steinstraße 3, 38100 Braunschweig, ältere Fassung auszugsweise abgedruckt in den Beck-Texten im DTV, Urheber- und Verlagsrecht; Fassung von 2006 abrufbar unter http://www.belsignum.de/fileadmin/redakteur/pdf/agd/agdtv2006.pdf, zuletzt abgerufen am 15.11.2016
- Honorare und Konditionen im Designbereich [Bund Deutscher Grafik-Designer] (Eigenpublikation des Bund Deutscher Grafik-Designer)
- Betz, Formulierungsvorschlag Vertragsmuster mit Rahmenbedingungen im Bereich Industriedesign des Verbandes Deutscher Industrie Designer (VDID), Berlin, erhältlich über www.vdid.de;
- Honorar- und Gehaltsreport Design 2014, erstellt vom BDG Berufsverband der Deutschen Kommunikationsdesigner e. V., dem VDID Verband Deutscher Industrie Designer e. V. und dem österreichischen Verband designaustria; Informationen zu Bezugsmöglichkeiten s. http://www.vdid.de/beratung/honorare.php, abgerufen am 15.11.2016.
- Etat-Kalkulator 2016 zur konzeptionellen Ermittlung des Werbeetats und überschlägigen Werbekostenberechnung, erschienen im creativ collection Verlag GmbH, Basler Landstraße 61, 79111 Freiburg (www.ccvision.de, Rubrik „Werbekosten", Menüpunkt „Etat-Kalkulator"), allerdings ausdrücklich ohne Inanspruchnahme eines Richtpreischarakters, jedoch unter Angabe verschiedenster namhafter Quellen der Werbebranche.

109 Die Vergütung orientiert sich bei **(Kommunikations-)Designverträgen,** neben der Honorierung für die Werkleistung, ebenso wie bei dem Entwurf, an der Üblichkeit, die sich etwa aus den Honorarempfehlungen des BDG oder dem Vergütungstarifvertrag der AGD ergibt. Soweit der Arbeitsaufwand für ein Designwerk und die Nutzungsrechtseinräumung trennbar sind, muss dies bei § 32 berücksichtigt werden (oben vgl. Rn. 17). Designer arbeiten für die Vergütung der Nutzungsrechtseinräumung mit einem **Faktorensystem,** das sich danach richtet, wie hoch der Aufwand für das Design war und wie das Design räumlich, zeitlich und inhaltlich genutzt werden soll. Die Honorarsätze gehen von einem Basisentwurfshonorar pro Stunde aus, auf das je nach Art und Umfang der Nutzung noch eine Nutzungsvergütung zwischen 50 und 600 Prozent aufgeschlagen wird. Im Bereich der räumlichen Nutzungsvergütung scheinen regionale, nationale, europaweite und weltweite Aufspaltungen üblich. Zeitlich unterteilt sich die Nutzung in 1 Jahr, 5 Jahre, 10 Jahre und eine unbegrenzte Nutzung. Inhaltlich differenziert die AGD lediglich zwischen einer einfachen (geringen, mittel oder umfangreichen) oder ausschließlichen Nutzung (im Einzelnen: Vergütungstarifvertrag AGD/SDSt vom 1.10.2015, Matrix der Nutzungsfaktoren, S. 27 ff.). Das Tarifwerk der AGD wurde mehrfach vor Einführung des § 32 als übliche Vergütung im Rahmen der §§ 631 ff. BGB aber auch § 97 UrhG gerichtlich anerkannt (OLG Hamm GRUR-RR 2003, 124 – *Werbepostkarten*; OLG Frankfurt NJW-RR 1997, 120). Eine GemVergRegel ist der Vergütungstarifvertrag aber nicht (so auch LG Stuttgart Beschluss ZUM 2008, 163). Auch werden Bedenken erhoben, ob die Nutzungsvergütung als Aufschlag von 50% bis 600% auf die Entwurfsvergütung realistisch ist, weil üblicherweise der durchschnittliche Anteil der Nutzungsvergütung an der Gesamtvergütung nur 35% betrage (*Maaßen*[2] S. 66). In der vorgenannten Entscheidung hat das OLG Hamm – nach Einholung eines Sachverständigengutachtens – nur einen Aufschlag von 80% toleriert (OLG Hamm GRUR-RR 2003, 124 – *Werbepostkarten*). Im Bereich **Industrie- und Produktdesign** ist dies anders; hier wird wohl neben einem aufwandsbezogenen Entwurfshonorar eine Beteiligung am Endverkaufspreis ab Lager (Nettofabrikverkaufspreis ohne Kosten für Transport, Verpackung, Versicherung und MWSt.) gezahlt; so z. B. § 3 Mustervertrag des VDID; genauso der alte AGD-Tarifvertrag 2006, S. 132, der 1,5% bis 10% (im AGD-Tarifvertrag 2015 finden diese sich allerdings nicht mehr, sondern nur noch Stundensatzvergütungen), teilweise auch mehr, als Satz angibt, allerdings auch eine Einmalvergütung berechnet nach Nutzungsumfang zulässt. Auftraggeber aus der Möbelindustrie berichten von Beteiligungsvergütungen zusätzlich zu einmaligen Entwurfsvergütungen von 0,9% bis 6%, für durchschnittliche Modelle meistens 1,5%, für erfolgreichere Produkte meistens 3%. Zudem besteht im Bereich der angewandten Kunst das Dilemma, dass ein Großteil der grafischen Leistungen urheberrechtlich gemeinfrei sein dürfte, da sie nicht die **strengen Anforderungen** der Rechtsprechung an die **Schöpfungshöhe** erfüllen (vgl. § 2 Rn. 145 ff.). Daher werden viele Klagen nach § 32 an diesem Kriterium scheitern (LG Stuttgart ZUM 2008, 163).

m) Fotografen: **110**
– Bildhonorare 2016 – Marktübersicht der üblichen Vergütungen für Bildnutzungsrechte, herausgegeben von der Mittelstandsgemeinschaft Foto-Marketing (MFM), zu beziehen bei BVPA Bundesverband professioneller Bildanbieter e. V., Bergstr. 92, 12169 Berlin, Tel.: 030/324 99 17, Fax: 030/324 70 01; E-Mail: info@bvpa.org bzw. im Online-Shop unter http://bvpa.org/shop/, zuletzt abgerufen am 15.11.2016.
– Vertragshandbuch des BFF Bund Freischaffender Foto-Designer e. V., Tuttlinger Straße 95, D-70619 Stuttgart (nunmehr BFF Berufsverband Freie Fotografen und Filmgestalter e. V., Senefelderstr. 19, D-73760 Ostfildern, E-Mail: info@bff.de, www.bff.de)
– Vergütungstarifvertrag für Designleistungen AGD/SDSt vom 1.10.2015 (zugl. auch als Vergütungsempfehlung verwendbar), s. o. Tarifverträge;
– Verwertungsgesellschaft Bild-Kunst, Tarife, zu beziehen über die VG Bild-Kunst, Weberstraße 61, 53113 Bonn oder im Internet unter http://www.bildkunst.de/vg-bild-kunst/tarife/tarife.html, zuletzt abgerufen am 15.11.2016.
Für Honorare für **Fotografien in Tageszeitungen** gibt es nun eine gemeinsame Vergütungsregel (vgl. § 36 Rn. 32).

111 Die Vertragspraxis zwischen Fotografen und ihren Nutzern unterscheidet mehrere Typen: Die Auftragsproduktion, den Bildagenturvertrag und den fotografischen Kunstverlag. Der **Bildagenturvertrag** teilt normalerweise zwischen der Bildagentur und dem Fotografen hälftig die erlangten Einnahmen der Agentur (Loewenheim/*Axel Nordemann*[2] § 73 Rn. 8). Die Höhe der von der Bildagentur mindestens zu verlangenden Honorare kann man im Vorhinein vertraglich fast nie fixieren; jedoch bieten die **Honorarempfehlungen der Mittelstandsgemeinschaft Foto-Marketing** Anhaltspunkte dafür, welches Honorar bei der Verwertung einer Fotografie durch eine Bildagentur im Normalfall erzielt wird, sodass in den Bildagenturvertrag auch eine Klausel aufgenommen werden kann, dass die Bildagentur mindestens die sich aus den MFM-Empfehlungen ergebenden Honorare verlangen muss (Einzelheiten hierzu sind erläutert bei Loewenheim/*Axel Nordemann*[2] § 73 Rn. 9). Erhält ein Fotograf von einem Verwerter einen mehr oder weniger fest umrissenen Auftrag, bestimmte Fotografien oder eine Fotografien-Serie anzufertigen, spricht man von einer Auftragsproduktion. Solche **Auftragsproduktionen** betreffen in erster Linie Reportagen für den Bereich der Presse, aber auch Werbefotografien oder das Erstellen ganzer Werbeprospekte. Hauptsächlich in diesem Bereich tätige Fotografen bezeichnen sich i. d. R. als „Foto-Designer" und haben sich im „Bund freischaffender Foto-Designer" zusammengeschlossen, der auch unverbindliche Empfehlungen allgemeiner Geschäftsbedingungen für seine Mitglieder herausgibt. Nach der Rechtsprechung des BGH muss allerdings bei substantiiertem Bestreiten der Angemessenheit der sich daraus ergebenden Tarife ein Sachverständiger eingeschaltet werden (BGH GRUR 2006, 136, 138 – *Pressefotos*). Ansonsten, z. B. bei lediglich einfachem Bestreiten mit Nichtwissen ohne Angebot eines Gegenbeweises, sollte es allerdings möglich sein, die MFM-Bildhonorare auch ohne Zwischenschaltung eines Sachverständigen als angemessen heranzuziehen (LG Berlin ZUM 1998, 673, 674 unter Bezug auf LG Düsseldorf GRUR 1993, 664, – *Urheberbenennung bei Foto*; *Jan Bernd Nordemann* ZUM 1998, 642, 644; von BGH GRUR 2006, 136, 138 – *Pressefotos* nicht entschiedene Konstellation). Je nach Foto kommen überdies die Tarife der VG BildKunst oder die Tarife Fotodesign aus dem Tarifvertrag AGB/SDSt (vgl. Rn. 109) als Anhaltspunkte in Betracht. Nach LG Stuttgart ZUM 2009, 77 können die Vergütungssätze des Tarifvertrages für arbeitnehmerähnliche freie Journalisten an Tageszeitungen die angemessene Vergütung auch für Fotobeiträge nicht tarifgebundener Urheber widerspiegeln.

112 n) **Internet:** Das Internet hat eine ganze Palette neuer Nutzungsmöglichkeiten geschaffen. Verträge, die einen urheberrechtlichen Bezug haben und bei denen § 32 eine Rolle spielen könnte, dürften der Vertrag über die **Erstellung einer Website** oder allgemein eines **Screendesigns** sein (zu diesem Vertrag Bröcker/Czychowski/Schäfer/*Czychowski* § 13 Rn. 329 ff.) oder Verträge über das **Herauf- oder Herunterladen von Daten** (dazu Bröcker/Czychowski/Schäfer/*Czychowski* § 13 Rn. 270 ff. und 285 ff.). Während erstere sich wohl am ehesten an den Bedingungen der oben beschriebenen Verträge über Designleistungen (vgl. Rn. 111) orientieren (zur Auswirkung der §§ 32, 32a auf Website-Verträge auch *Lober* K&R 2002, 526 ff.), dürfte letztere selten den Bereich des primären Urhebervertragsrechts berühren und daher für § 32 nicht relevant sein. Eine jährlich aktualisierte Honorarübersicht für das schnelllebige Marktsegment der „interaktiven Produktion" stellt die Redaktion des Brancheninformationsdienstes iBusiness (HighText-Verlag) zusammen. Inwiefern eine **Online-Datenbank-Nutzung** z. B. eines im Übrigen **gedruckt vertriebenen Buches** – was gerade bei wissenschaftlichen Publikationen verstärkt vorkommt – nach den Regeln des Hauptrechts vergütet wird oder aber als Nebenrecht abgegolten wird, ist offen. Eigentlich passen beide Vergütungsformen nicht, da sie an einen direkt dem Werk zuzuordnenden Umsatz anknüpfen, den es bei mit Pauschalen abgerechneten Online-Datenbanken in der Regel gerade nicht gibt. Für den Fall, dass es eine Möglichkeit gibt, den Umsatz werkbezogen zu erfassen, ist eine Abrechnung dem Hauptrecht entsprechend angemessener. Im Übrigen spricht viel dafür, eine gesonderte Vergütung, die entweder nutzungsabhängig ist oder pauschal erfolgt – also weder auf die Vergütung des Hauptrechts noch auf eine Nebenrechtsbeteiligung Bezug nimmt –, für angemessen zu halten (ausführlich zur Angemessenheit der Vergütung im digitalen Bereich s. *Kromer* AfP 2013, 29). In jedem Fall dürften Konvertierungskosten vorab abzugsfähig sein. Für den Fall der Nutzung durch Dritte im Wege der Lizenzvergabe dürften die allgemeinen Beteiligungen für Nebenrechte greifen, hingegen nicht bei Nutzung im Konzern, da sonst die Missbrauchsmöglichkeit zu groß ist. Für neue Nutzungsarten nach § 137l hat die VG Wort einen eigenen Tarif für E-Books, Online-Nutzungen, CD-ROM und DVD aufgestellt, der 17–20% des Netto-verlagserlöses im Bereich Belletristik und Jugendbuch sowie 10–20% des Nettoverlagserlöses im Bereich wissenschaftliche und Fachliteratur beträgt (oben vgl. Rn. 47). Erste Entscheidungen verhalten sich z. B. zur Vergütung von in Online-Magazinen veröffentlichten Artikeln (OLG Celle GRUR-RR 2016, 267 – *Onlinezeitschrift* und oben Rn. 73. Eine Pauschalvergütung von 40 bis 100 € für einen Artikel mit über 10.000 Zeichen ist danach grundsätzlich als unangemessen anzusehen (OLG Celle GRUR-RR 2016, 267 – *Onlinezeitschrift*).

o) Optionsvertrag: Auch wenn es sich beim Optionsvertrag nicht um einen Vertrag einer eigenen Werkart handelt, spielt er doch im Urhebervertragsrecht eine große Rolle (vgl. Vor §§ 31 ff. Rn. 311 ff.) und kommt im Grunde genommen bei allen Werkarten vor. Für den Optionsvertrag gelten in Bezug auf § 32 keine Besonderheiten. Solange er als reiner Optionsvertrag noch keine Möglichkeit der Werknutzung eröffnet, ist er dem Anwendungsbereich des § 32 entzogen. Soweit er hingegen als qualifizierte Option (BGHZ 22, 374) bereits Nutzungen gestattet, kann anderes gelten (Schricker/Loewenheim/*Schricker/Haedicke*[5] Rn. 15). Ob ein für die Option gewährtes Entgelt seinerseits den Regelungen des § 32 unterfällt, erscheint uns eher zweifelhaft, denn das Entgelt wird nicht für die Einräumung von Nutzungsrechten gezahlt, sondern für die Enthaltung von der Einräumung gegenüber Dritten. **113**

III. Vertragsrecht: Optionen der Vertragsgestaltung

1. Zwingende Anwendbarkeit (Abs. 3)

Die Regelungen des § 32 Abs. 1 und Abs. 2 sind zwingend. Durch die Gesetzesfassung, dass der Vertragspartner sich auf abweichende Vereinbarungen nicht berufen kann, ist festgestellt worden, dass der Nutzungsvertrag mit sonstigen Rechten und Pflichten wirksam bleibt. Dies gilt auch für Umgehungsgeschäfte, sowohl in inhaltlicher Hinsicht (§ 32 Abs. 3 S. 1 und 2), als auch in internationaler Hinsicht (§ 32b). Ein Umgehungsgeschäft kommt vor allem bei wechselseitigen Lizenzgeschäften zwischen Verwertern, beispielsweise bei Unternehmen eines Konzerns, in Betracht, wenn für die Einräumung von Rechten bewusst niedrige Vergütungen vereinbart werden, um die Beteiligung der Urheber möglichst gering zu halten. Eine solche Konstellation kann etwa vorliegen, wenn im Filmbereich eine Rundfunkanstalt die Filmherstellung auf eine Produktionstochter auslagert, die wiederum mit den Filmurhebern Buy-Out-Verträge mit der Abgeltung aller Nutzungsrechte durch Einmalzahlung schließt, während zwischen Rundfunkanstalt und Produktionstochter nur eine sehr geringe Nutzungsvergütung vereinbart wird (Wandtke/Bullinger/*Wandtke/Grunert*[4] Rn. 44). Allerdings bleiben Vergleiche zulässig, wohl aber erst ab Rechtshängigkeit der Ansprüche. **114**

2. Pauschalhonorare

115 Es sind Situationen denkbar, in denen das Interesse des Urhebers, an der Nutzung seines Werkes fortlaufend beteiligt zu werden, in aller Regel so gering ist, dass es gegenüber dem Interesse des Verwerters, mit einer Einmalzahlung den Aufwand der fortlaufenden Abrechnungen zu beseitigen, nicht mehr ins Gewicht fällt. Ebenso denkbar sind Fälle, in denen eine Beteiligung gerade dem Interesse des Urhebers zuwiderlaufen würde. In einzelnen Branchen wurde in der Vergangenheit ein großer Umfang von ausschließlichen Nutzungsrechten gegen Zahlung eines einmaligen **Pauschalhonorars** eingeräumt. Derartige Pauschalhonorare werden unter Geltung des neuen § 32 nicht per se unangemessen sein (BGH GRUR 2009, 1148 Tz. 24 – *Talking to Addison;* ebenso KG ZUM-RD 2016, 510, 514; LG Mannheim AfP 2013, 441, 444; bestätigt durch OLG Karlsruhe GRUR-RR 2015, 365, 369 – *Freier Journalist*; so auch schon LG Berlin ZUM 2005, 901, 903; LG München I ZUM 2006, 159). Voraussetzung ist nur, dass sie sich – bewertet anhand der Kriterien des § 32 (vgl. Rn. 45 ff.) – als angemessen erweisen.

116 Die Formulierungshilfe vom 14.1.2002 nennt als Beispiele Festbeträge bei Sammelwerken im Verlagsbereich oder der Werbewirtschaft (FormH v. 14.1.2001 zu RegE UrhVG 2002, S. 16), ohne dass dies aber losgelöst von der Angemessenheit in diesen Bereichen immer der Fall wäre. In der Rechtsprechung gehen die ersten Entscheidungen davon aus, dass ein Pauschalhonorar i. d. R. unangemessen ist, wenn ein Werk fortlaufend gegen Entgelt für den Nutzenden genutzt wird, es sei denn, dass besondere Gründe für die Vereinbarung eine Pauschalhonorars vorliegen (LG München I ZUM 2006, 73, 77; LG München I ZUM 2006, 159, 162; OLG München (29. Senat) ZUM 2007, 142, 147; s. nunmehr LG München I ZUM 2016, 776, 780 – *Das Boot III* unter Bezugnahme auf BGH GRUR 2009, 1148 Rn. 23 – *Talking to Addison*: erfolgsabhängige Vergütung entspricht bei fortlaufender Nutzung dem Beteiligungsgrundsatz „am besten"; ebenso KG ZUM-RD 2016, 510, 514 wie die Vorinstanz LG Berlin ZUM-RD 2016, 522, 533; s. jüngst BGH GRUR 2016, 1291, 1296 – *Geburtstagskarawane*). Dies kann so allgemein nicht gelten; vielmehr wird es auch bei solchen Verträgen auf die Höhe der Vergütung ankommen (ebenso *Erdmann* GRUR 2002, 923, 927).

117 *Wilhelm Nordemann* nennt als Beispiele für Pauschalhonorare die nur wenige Seiten umfassenden Beiträge eines Wissenschaftlers zu einigen Stichwörtern eines Konversationslexikons, oder das von einem Bildjournalisten stammende Foto, das in einem Bildband wiedergegeben wird, selbst wenn dies an prominenter Stelle – etwa auf dem Cover – geschieht (*Wilhelm Nordemann* § 32 Rn. 28 ff.). Fallkonstellationen, in denen **Pauschalhonorare angemessen** sein können, sind daher in jedem Fall: Werke, die gegenüber anderen Werken untergeordnete Bedeutung haben: Titelbildillustration; Werken die einem anderen Zweck als dem Werkgenuss dienen (Werbung); die erhöhte Praktikabilität von Pauschalen bei einer Vielzahl von Urhebern (LG München I ZUM 2006, 154 ff.). Entsprechendes dürfte gelten bei Filmwerken für die Kleindarsteller, die Mitwirkenden an Massenszenen und für die Regie-, Kamera- und sonstigen Assistenten, nicht dagegen etwa für Künstlergruppen im Sinne des § 80, weil diese von ihren Vorständen bzw. Leitern vertreten werden (*Wilhelm Nordemann* § 32 Rn. 29). Allerdings wird generell gelten, dass auch Pauschalhonorare möglich sind, solange sie eben nur angemessen hoch sind und eine § 11 Abs. 2 entsprechende Beteiligung an der Nutzung darstellen. Sollte die Nutzung wider Erwarten doch besonders erfolgreich verlaufen, muss § 32a als Korrektiv genügen.

118 Die sog. reinen **Buyout-Verträge**, die für ein einmaliges Pauschalentgelt umfassend nahezu alle Nutzungsrechte in allen Nutzungsarten dem Verwerter einräumen, sind nach Meinung einiger per se unangemessen (so allg. *Wilhelm Norde-mann* § 32 Rn. 27), wenn sie bei der üblichen Nutzungsintensität zu einer umgerechneten Beteiligung führen, die unangemessen ist. Denn dann berück-sichtigen sie nicht hinreichend das Beteiligungsprinzip, das von der Rechtspre-chung entwickelt noch einmal ausdrücklich in die Gesetzesbegründung aufge-nommen wurde (RegE UrhVG 2002 – BT-Drs. 14/7564, S. 5 i. V. m. BT-Drs. 14/6433, S. 14 unter Verweis auf RGZ 128, 102, 113 – *Schlagerliederbuch*; RGZ 134, 198, 201 – *Schallplattenrechte*). Tatsächlich wird man auch diese Buyout-Honorare an den oben ausführlich dargestellten Kriterien messen müs-sen (so auch *Schack*, Urheber- und UrhebervertragsR[7] Rn. 1096).

3. Beteiligung

Gegenüber Pauschalabgeltungen stellt sich bei einer Vergütung über eine **Betei-ligung** die Frage der Angemessenheit in sehr viel geringerem Umfang. Hier ist allerdings zu fragen, ob das Zusammenspiel von Bezugsgröße der Beteiligung, Höhe der Beteiligung und etwaige weitere Faktoren der Vergütungsbemessung (Reduktionen bei besonderen Nutzungsformen) angemessen sind. Im Verlags-bereich hat sich bei belletristischen Werken eine Beteiligung von 10% am Net-toladenverkaufspreis eingeübt (im Detail zur Verlagsbranche vgl. Rn. 60 ff.); hieraus wurde zum Teil eine allgemeine Übung der Beteiligung von 10% abge-leitet (ausführlich zur Historie und zur Reichweite der **weit verbreiteten** „10%"-**Beteiligung**: *Schricker* GRUR 2002, 737; Schricker/Loewenheim/*Schri-cker/Haedicke*[5] Rn. 34).

119

4. Kopplungen

Natürlich sind **Koppelungen von Pauschal- und Beteiligungszahlungen** ebenso denkbar, manchmal sogar besonders sinnvoll. Dies kann dann der Fall sein, wenn man zwar von einer dauerhaften Nutzung ausgeht, diese aber in den ersten Stufen der Nutzung relativ wenig abwerfen wird. Dann können Pauscha-len z. B. für die erste Auflage angemessen sein, für Folgeauflagen aber Beteili-gungen angezeigt sein.

120

5. Nebenbestimmungen

Hingegen sind u. E. sämtliche **Nebenbestimmungen**, die keine unmittelbare Auswirkung auf die Vergütung haben, dem Anwendungsbereich des § 32 ent-zogen. So wird z. T. in den veröffentlichten ersten Fällen (z. B. LG Berlin ZUM 2006, 942) eine **jährliche Honorarabrechnung** gefordert oder der Kläger macht eine **Akontozahlung** geltend (z. B. LG Berlin ZUM 2005, 904 ff. und ZUM 2006, 942 und ZUM-RD 2007, 194 ff.). § 32 greift in solchen Fällen nicht. Denn § 32 UrhG enthält einen Anspruch hinsichtlich des „Ob" und des „Wie-viel" einer Vergütung, nicht aber hinsichtlich des „Wie", also der Zahlungsmo-dalitäten. Etwas anderes kann nur gelten, wenn z. B. durch langfristige Fällig-keiten (etwa Abrechnung nur alle 5 Jahre) auch die Höhe der Vergütung indirekt betroffen ist. Weder war die richterliche Festsetzung von Verlagsver-trägen Ziel des Urhebervertragsgesetzes, noch ist es Aufgabe der Gerichte, die Verträge zwischen Übersetzern und Verlagen zu formulieren. Dies zeigt sich bereit anhand eines einfachen Umkehrschlusses aus § 110 Abs. 1 S. 1 VGG (§ 14c Abs. 1 S. 1 UrhWahrnG a. F.). Denn einzig im VGG (vormals UrhWahrnG) kennt das deutsche Urheberrecht die Aufgabe für einen richterli-chen Spruchkörper, einen Vertrag zu formulieren. Nur in den Streitfällen des § 92 Abs. 1 Ziffer 3 VGG (§ 14 Abs. 1 Ziffer 1 b UrhWahrnG a. F.) darf der Spruchkörper gem. § 110 Abs. 1 S. 1 VGG (§ 14c Abs. 1 UrhWahrnG a. F.) einen Vertrag formulieren, also bei Streitfällen über Gesamtverträge, an denen eine VG beteiligt ist. Die Gerichte haben es entsprechend abgelehnt, den Inhalt eines Vertrages anzupassen, soweit diese nicht von dem Änderungsanspruch des § 32 Abs. 1 S. 3 gedeckt waren. Ausschließlich solche Vertragsklauseln, die

121

Einfluss auf die Vergütungshöhe haben, werden vom Gericht angepasst. Nicht dazu gehören vorhandene Abrechnungs- und Zahlungsmodalitäten, Bucheinsichts- und Prüfungsrecht (LG Hamburg ZUM 2006, 683, 687). Sollte jedoch einer Vertragsanpassung um einen zusätzlichen Vergütungsanspruch wie einer vorher nicht vereinbarten Absatzbeteiligung stattgegeben werden, sind diesbezüglich **fehlende Klauseln** wie **Abrechnungs- und Fälligkeitsklauseln** ebenfalls zu ergänzen und möglichst im Klageantrag schon vorzuformulieren (so in LG Berlin ZUM 2005, 904, 907). LG München I ZUM 2006, 73, 78 entnahm die zu ergänzenden Abrechnungs- und Zahlungsmodalitäten der GemVergRegel für Autoren belletristischer Werke. Die Aufnahme einer **Abrechnungsregelung** kann sich auch aufgrund einer fortlaufenden anteiligen Vergütung ergeben (LG München I ZUM 2016, 776, 782 – *Das Boot III*).

6. Keine Vergütung

122 Die Gesetzesbegründung erwähnt schließlich zu Recht, dass es in Ausnahmefällen angemessen sein kann, dem Urheber oder sonstigen Berechtigten **überhaupt keine Vergütung** für seine kreative Leistung zu gewähren. Der klassische Anwendungsfall dürfte der Bereich des Drucks von Büchern mit Druckkostenzuschüssen sein (RegE UrhVG 2002 – BT-Drs. 14/7564, S. 5 i. V. m. BT-Drs. 14/6433, S. 14 f.), also z. B. Dissertationen (zum Verhältnis zu § 22 VerlG vgl. Rn. 62). Dabei geht es i. a. R. um Werke oder Leistungen, die für den Verwerter bei eigener Übernahme des Risikos wirtschaftlich gänzlich uninteressant wären. Demgegenüber hat der Urheber oder ausübende Künstler aber an einer Verwertung (in der Regel Einmalnutzung) ein erhebliches (meist immaterielles) Interesse. In diesem Bereich dürfte auch die Liebhaberei fallen, wie die oben bereits erwähnte Primadonna, die ihren Gesang unbedingt an den Hörer bringen will. Der Rechtsausschuss (BeschlE RAusschuss UrhVG 2002 – BT-Drs. 14/8058, S. 18) erwähnt ehrenamtliche Tätigkeiten zu gemeinnützigen Zwecken, für die der Schöpfer keine Vergütung erwartet. Einen **Sonderfall der vergütungsfreien Nutzung** betrifft die sog. Linux-Klausel in **§ 32 Abs. 3 S. 3**, wonach der Urheber unentgeltlich ein einfaches Nutzungsrecht an jedermann einräumen kann (vgl. Rn. 123). Man könnte auf die Idee kommen, aus dieser Regelung im Umkehrschluss zu schließen, das die unentgeltliche Einräumung exklusiver Nutzungsrechte oder die Einräumung einfacher Nutzungsrechte (aber nicht an jedermann) im Wege eines schuldrechtlich zugrundeliegenden **Schenkungsvertrages** gegen § 32 verstößt. Wir denken aber, dass Schenkungen, die keine Umgehungsgeschäfte darstellen zulässig sein müssen (so auch Dreier/Schulze/*Schulze*[5] Rn. 27).

7. Unentgeltliches einfaches Nutzungsrecht für jedermann (§ 32 Abs. 3 S. 3)

123 § 32 Abs. 3 S. 3 gestattet die Einräumung eines unentgeltlichen einfachen Nutzungsrechts für jedermann. Diese Formulierung wird zum Teil als verunglückt bzw. überflüssig kritisiert (*Wilhelm Nordemann* § 32 Rn. 42), denn die Einräumung eines einfachen Nutzungsrechts erfolge an jedermann nicht durch Vereinbarung, sondern durch ein einseitiges, öffentliches Angebot des Urhebers oder ausübenden Künstlers. Den Hintergrund der Formulierung nennt der Bericht des Rechtsausschusses selbst: Die z. B. von Linux gebotene Möglichkeit der freien Verwertung sogenannter Open-Source-Software (BeschlE RAusschuss UrhVG 2002 – BT-Drs. 14/8058, S. 19). Einzelne schlagen vor, § 32 Abs. 3 S. 3 auch auf Preisausschreiben anzuwenden (jurisPK-BGB/*Laukemann*[7] § 661 Rn. 35); uns erscheint dies gewagt, da die Entstehungsmaterialien eindeutig nur die Sondersituation eines „öffentlichen" Angebots wie im Open Source Bereich im Blick hatten. Die Nutzungsrechtseinräumung bei Preisausschreiben dürfte jedoch durch normalen Vertrag zustande kommen. Zu den urheberrechtlichen Fragen bei **Open-Source-Software**, aber auch **Creative Commons-**

Lizenzen (zu deren Auslegung s. OLG Köln WRP 2015, 94), und der Zulässigkeit derartiger Verpflichtung zu entgeltfreier Rechteeinräumungen vgl. GPL 1 ff. und vgl. § 29 Rn. 29 sowie vgl. Vor §§ 31 ff. Rn. 330a ff. Wer von § 32 Abs. 3 S. 3 Gebrauch macht, wird sich nicht mehr auf Ansprüche nach § 32 berufen können. Umgekehrt wird, wer einem Dritten ein Recht über § 32 Abs. 3 S. 3 einräumt, nach den Regeln der jeweiligen Lizenz (zu den verschiedenen Formen sog. Open Content Lizenz vgl. GPL Rn. 5 f.) geschützt, sofern diese Regeln nicht etwa gegen geltendes Recht verstoßen (dazu vgl. GPL Rn. 37 ff.). Das bedeutet, dass z. B. ein Urheber, der einem Anderen ein Übersetzungsrecht seines Textes unter einer Open Content Lizenz einräumt, gegen einen Dritte vorgehen kann, wenn sein Vertragspartner unter Verstoß gegen eine wirksame Regelung einer Open Content Lizenz, wonach Lizenzgebühren nicht gefordert werden dürfen, die Übersetzung doch gegen Lizenzentgelt anbietet.

IV. AGB-Recht

§ 32 nimmt eine **Inhaltskontrolle des Einzelvertrages** (bei der Vergütung!) vor (*Erdmann* GRUR 2002, 923, 925: objektive Inhaltskontrolle; Schricker/Loewenheim/*Schricker/Haedicke*[5] Rn. 1); – eine Situation, die das AGB-Recht nicht kennt; zur AGB-rechtlichen Problematik vgl. § 11 Rn. 9 und vgl. Vor §§ 31 ff. Rn. 192 ff. Das AGB-Recht nimmt gerade keine Kontrolle der Vergütungshöhe vor (vgl. § 11 Rn. 9). Da der Anspruch nach § 32 zwingend ist (vgl. Rn. 114 und § 32b) scheidet auch jedwede vertragliche Änderung im Rahmen von AGB erst recht aus (i. E. ebenso *Berger* ZUM 2003, 521, 529). Dies betrifft in erster Linie die Höhe der Vergütung, die als **Regelung der Hauptleistung** dem AGB-Recht entzogen ist (vgl. § 11 Rn. 7 und 9 m. w. N.), nicht aber zwingend für **Preisnebenregelungen**, wie Fälligkeit oder Verjährung (*Jan Bernd Nordemann* NJW 2012, 3121 sowie vgl. § 11 Rn. 7). Der BGH hat erst kürzlich wieder betont, dass formularmäßige Abreden, die die für die vertragliche Hauptleistung zu erbringende Vergütung unmittelbar bestimmen, von der gesetzlichen Inhaltskontrolle nach §§ 307 ff. BGB ausgenommen sind, da die Vertragsparteien nach dem im bürgerlichen Recht geltenden Grundsatz der Vertragsfreiheit Leistung und Gegenleistung grundsätzlich frei regeln können (BGH GRUR 2012, 1031 Tz. 28 – *Honorarbedingungen Freie Journalisten*; dem sich anschließend OLG München ZUM 2014, 424, 428). Gegen das AGB-rechtliche Transparenzgebot verstößt allerdings eine Klausel, die offenlässt, ob bereits eine Teilzahlung des vereinbarten Pauschalhonorars zur umfassenden Abgeltung der Nutzungsrechtsübertragung führt (OLG München ZUM 2014, 424, 429). Auch das OLG Köln will nicht allein wegen Unentgeltlichkeit einer Nutzungsrechtseinräumung (hier: Produktfotos auf dem sog. Amazon-Marketplace) einen AGB-Verstoß annehmen (OLG Köln CR 2015, 391). Denkbar ist aber, dass der Lizenznehmer in einem sekundären Urhebervertrag seinen Vertragspartner, den Lizenzgeber (weil in diesem Vertrag § 32 nicht gilt (vgl. Rn. 17), verpflichtet, ihn von Ansprüchen nach §§ 32 und 32a, 32c freizustellen.

124

V. Prozessuales

1. Anspruchsziele

Hat der Berechtigte eigenständig genügend Informationen gesammelt oder hat ihm der Vertragspartner diese gegeben, kann er vom Vertragspartner im Falle des § 32 Abs. 1 S. 3 eine **Vertragsänderung** verlangen. Diese sollte, muss aber nicht schriftlich vorgenommen werden. Sie war bereits aus § 36 a. F. bekannt. Eine solche Vertragsänderung reicht unzweifelhaft in die Vergangenheit und

125

wirkt anders als bei § 36 a. F. ab Vertragsschluss (Dreier/Schulze/*Schulze*[5] Rn. 28; Wandtke/Bullinger/*Wandtke/Grunert*[4] Rn. 19).

126 Widersetzt sich der Vertragspartner diesem Verlangen, kann der Berechtigte ihn – wie bei allen Dauerschuldverhältnissen, bei denen es um eine angemessene Gegenleistung über die Gesamtlaufzeit des Vertrages geht – auf **Einwilligung in die Änderung des Vertrages** (vollstreckbar nach § 894 ZPO) **verklagen**; sind nicht genügend Informationen vorhanden, muss ggf. **Auskunft** und Vertragsänderung in einer Stufenklage verbunden werden. Wie schon in der Rechtsprechung zu § 36 a. F. bisher anerkannt war, kann die Klage auf Vertragsänderung auch zugleich mit der **Zahlung**sklage verbunden werden (OLG Hamm ZUM 2016, 1049, 1054; LG Berlin ZUM 2005, 904, 906; Schricker/Loewenheim/*Schricker/Haedicke*[5] Rn. 46). Sie muss es, wenn und soweit alle notwendigen Informationen vorliegen.

127 Soweit sich aufgrund dieser Änderung ergibt, dass Zahlungsansprüche bereits **fällig** sind, kann der Berechtigte auch direkte **Zahlung** verlangen (BeschlE RAusschuss UrhVG 2002 – BT-Drs. 14/8058, S. 18 unter Verweis auf BGH GRUR 1991, 901 – *Horoskop-Kalender*). Fehlt es an einer ausdrücklichen Regelung über den Umfang der Rechteeinräumung, ist für vergangenheitsbezogene Zahlungsansprüche im Rahmen des § 32 auf die tatsächliche Übung der Parteien abzustellen (LG Mannheim AfP 2013, 441, 442). Eine **Kaufkraftanpassung** von Zahlungsansprüchen ist nicht vorzunehmen (LG München I ZUM 2016, 776, 782 – *Das Boot III*).

2. Auskunftsanspruch im Vorfeld der Klage

128 Sofern der Berechtigte unverschuldet über Bestand oder Umfang seines Rechts im Ungewissen ist, der Verpflichtete aber unschwer Auskunft geben kann, billigt die Rechtsprechung dem Urheber mittlerweile einen **gewohnheitsrechtlich anerkannten Auskunftsanspruch** zu (st. Rspr. RGZ 108, 1; BGHZ 125, 322, 329 – *Cartier-Armreif*). Dazu auch vgl. § 101 Rn. 2. Aufgrund dieses Umstandes oder als Nebenpflicht aus dem Nutzungsvertrag soll dem Berechtigten schon nach der Gesetzesbegründung des UrhVG aus 2002 ein allgemeiner Auskunftsanspruch gegen seinen Vertragspartner zur Vorbereitung des Zahlungs- oder des Anpassungsanspruchs zustehen (BeschlE RAusschuss UrhVG 2002 – BT-Drs. 14/8058, S. 18); der Gesetzgeber hatte daher bewusst auf eine eigene Regelung des Auskunftsanspruchs, die noch im Referentenentwurf enthalten war, verzichtet (FormH v. 14.1.2002 zu RegE UrhVG, S. 15). Ein solcher Anspruch ist nun aber in § 32d mit Wirkung zum 1.3.2017 doch in das Gesetz aufgenommen worden (s. dazu die **Kommentierung bei § 32d**). Der noch **verbleibende Anwendungsbereich** dieses hier kommentierten gewohnheitsrechtlichen Auskunftsanspruchs dürfte sich damit wie folgt darstellen: In zeitlicher Hinsicht ist der gewohnheitsrechtliche Auskunftsanspruch für Verträge, die vor dem 1.3.2017 geschlossen wurden, relevant (§ 132 Abs. 3a). Inhaltlich gilt der gewohnheitsrechtliche Auskunftsanspruch bei unentgeltlicher Nutzungsrechtseinräumung (zur Entgeltlichkeit bei vgl. § 32d Rn. 15 f.) und soweit Informationen beansprucht werden, die im Rahmen eines ordnungsgemäßen Geschäftsbetriebes üblicherweise nicht vorhanden sind (zu diesem Ziel des Auskunftsanspruchs nach § 32d vgl. § 32d Rn. 7), dennoch aber für eine Berechnung des Anspruchs nach § 32 erforderlich und verhältnismäßig (zu diesen Anforderungen an den Umfang bei § 101 die Nachweise der Rechtsprechung dort in Rn. 80) sind, was selten der Fall sein dürfte.

129 Zum **Umfang** und Anlass nun zunächst vgl. § 32d Rn. 1 ff., 22 ff. Soweit der Anwendungsbereich des gewohnheitsrechtlichen Auskunftsanspruchs (Rn. 128) eröffnet ist, kommt es weiterhin darauf an, um eine Ausforschung und Anfragen ins Blaue hinein zu verhindern, dass der Berechtigte wenigstens **Anhaltspunkte**

für eine Störung der Vergütungsangemessenheit vorträgt (das KG formuliert „wenn aufgrund nachprüfbarer Tatsachen klare Anhaltspunkte für einen Anspruch bestehen" KG ZUM 2010, 346, 347; so auch für das für Altfälle vergleichbare Problem in § 32a: BGH GRUR 2002, 602, 603 – *Musikfragmente*; BGH GRUR 2002, 149, 153 – *Wetterführungspläne II*; beides noch zu § 36 a. F.; nun: BGH GRUR 2012, 496 Tz. 11 – *Das Boot*). Im Falle des gewohnheitsrechtlichen Auskunftsanspruchs ist ein Anspruch auf **Rechnungslegung** (zu dessen Umfang vgl. § 101 Rn. 30) von der Rechtsprechung immer mit anerkannt worden (s. nur beispielhaft BGH GRUR 2016, 1291 – *Geburtstagskarawane*).

Ergibt die Auskunft des Vertragspartners hingegen, dass die bereits gezahlte/ vereinbarte Vergütung weiterhin angemessen ist, steht dem Berechtigten in praktischer Abwicklung des Anspruchs natürlich für die evtl. mit Hilfe eines Anwalts eingeforderte Auskunft **keine Kostenerstattung** zu; ebenso wenig wie ihm dies bei berechtigter Forderung zusteht, denn dem Auskunftsanspruch geht in einem solchen Fall keine Urheberrechtsverletzung, sondern eine Vertragsverletzung voraus: Bei dieser bestehen bekanntlich Kostenerstattungsansprüche erst bei eingetretenem Verzug (Palandt/*Grüneberg*[75] § 286 Rn. 44 ff.). Ob er selber dem Vertragspartner Kostenerstattung zu leisten hat, dürfte zumindest bei einem aus Sicht eines unabhängigen Betrachters zu Recht vorgebrachten Anspruch eher zweifelhaft sein. Missbraucht der Berechtigte diese Möglichkeit hingegen, könnte man an eine analoge Anwendung der Rechtsprechung zu Kostenerstattungsansprüchen bei offensichtlich unberechtigten Abmahnungen aus Schutzrechten denken. **130**

3. Klageantrag

Bezüglich des konkreten **Inhaltes des Klageantrages** stellt sich das Problem, dass bei Klageerhebung möglicherweise noch unklar ist, welche Vergütungshöhe als angemessene Grundlage für die Vertragsänderung herangezogen werden kann. Häufig ergibt sich diese erst nach der Auskunft (zum vorbereitenden Auskunftsanspruch vgl. Rn. 128). Der Kläger hat dann zum einen die Möglichkeit, eine der im Urheberrecht üblichen und (wohl auch in dieser neuen Konstellation) zulässigen „geteilten"/gestuften Klagen einzureichen (KG ZUM 2010, 346, 348), nämlich zunächst auf **Auskunft und Feststellung**, sodann nach Umstellung im Anschluss an die Auskunft auf konkrete Vertragsänderung. Der Berechtigte kann aber natürlich auch sogleich den konkreten Vertragsänderungsanspruch stellen; er riskiert dann allerdings möglicherweise eine Teilabweisung. Entgehen kann man dem, indem man die Höhe der konkreten Vergütung in das Ermessen des Gerichts stellt (§ 287 ZPO). **131**

Eine derartige Klage kann ohne weiteres mit einem **Zahlungsanspruch** verbunden werden, der die Teile des Honorars betrifft, die in der Vergangenheit lagen und damit bereits fällig sind (BGH GRUR 2016, 62 Tz. 34 – *GVR Tageszeitungen I*; OLG München ZUM 2007, 308, 311; OLG Hamm ZUM 2016, 1050). Auch ein **reiner Zahlungsantrag** ohne Vertragsänderungsantrag ist zulässig (BGH GRUR 2016, 1291 Tz. 20 – *Geburtstagskarawane*). Obacht ist allerdings bei weitergehenden Ansprüchen geboten, z. B. auf Vertragsänderung, mit der eine Abrechnungsregelung aufgenommen wird oder die zusätzliche Zahlung der Mehrwertsteuer. Wenn dies schon im Urhebervertrag verankert ist, laufen derartige Ansprüche leer. Ob weitergehende Vertragsänderungsansprüche, z. B. auf Zahlung eines Vorschusses oder bestimmter Abrechnungsmodalitäten begründet sind, richtet sich nach der materiellen Frage der Angemessenheit bzw. ob diese bei der Betrachtung des Missverhältnisses einzubeziehen sind (vgl. Rn. 121). Auch ist § 32 nicht etwa ein Tor zu **richterlicher Vertragsgestaltung**; diese ist vielmehr im Urheberrecht der Schiedsstelle vorbehalten (§ 105 VGG (§ 14a UrhWahrnG a. F.); vgl. Rn. 121). § 32 soll lediglich einzelne Klau- **132** seln der Vergütungsfragen ggf. korrigieren. Daher darf mit einer Klage nach § 32 auch nicht etwa ein Werklohnanspruch verbunden werden (LG Stuttgart Beschl. ZUM 2008, 163).

133   Es dürfte allerdings – entsprechend der Rechtsprechung des BGH zum alten Bestsellerparagraf – zulässig sein, eine **Abänderungsklage mit einem unbezifferten Zahlungsantrag** der sich ergebenden Nachzahlungen zu verbinden (BGH GRUR 1991, 901 – *Horoskop-Kalender*). Die Höhe der Vergütung kann auch bei solchen Konstellationen in das Ermessen des Gerichts gestellt werden; § 287 ZPO (OLG München LG Hamburg ZUM 2006, 683, 685; LG Stuttgart ZUM 2008, 163; *Erdmann* GRUR 2002, 923, 926; Schricker/Loewenheim/ *Schricker/Haedicke*[5] Rn. 46, der die Angabe einer Größenordnung verlangt – was aber bei solchen Anträgen regelmäßig schon für die notwendige Streitwertangabe erforderlich ist; a. A. OLG München ZUM 2007, 308, 315). Der Inhalt des Klageantrages ist durch den Änderungsanspruch des § 32 Abs. 1 S. 3 begrenzt: Ausschließlich solche Vertragsklauseln, die Einfluss auf die Vergütungshöhe haben, können aussichtsreich angegangen werden (vgl. Rn. 121): Nicht dazu gehören auch bei diesen Konstellationen vorhandene Abrechnungs- und Zahlungsmodalitäten, Bucheinsichts- und Prüfungsrecht (LG Hamburg ZUM 2006, 683, 687). Sollte jedoch einer Vertragsanpassung um einen zusätzlichen Vergütungsanspruch wie einer vorher nicht vereinbarten Absatzbeteiligung stattgegeben werden, sind diesbezüglich fehlende Klauseln wie Abrechnungs- und Fälligkeitsklauseln ebenfalls zu ergänzen und möglichst im Klageantrag schon vorzuformulieren (so in LG Berlin ZUM 2005, 904, 907). LG München I ZUM 2006, 73, 78 entnahm die zu ergänzenden Abrechnungs- und Zahlungsmodalitäten der Gemeinsamen Vergütungsregel für Autoren belletristischer Werke (vgl. Rn. 121). Die Aufnahme einer **Abrechnungsregelung** kann sich auch aufgrund einer fortlaufenden anteiligen Vergütung ergeben (LG München I ZUM 2016, 776, 782 – *Das Boot III*). Zinsen kann man im Falle der Geltendmachung des Änderungsanspruchs über §§ 286 Abs. 2, 288 Abs. 1 BGB nicht geltend machen, denn der Anspruch auf Einwilligung in die Vertragsänderung, durch die ihm die angemessene Vergütung gewährt wird, betrifft keine Geldschuld, die gemäß § 288 Abs. 1 BGB während des Verzuges zu verzinsen ist (BGH GRUR 2011, 328 Tz. 74 – *Destructive Emotions*; ebenso LG München I ZUM 2016, 776, 782 – *Das Boot III*; s. OLG Hamm ZUM 2016, 1049, 1057, das einen Zinsanspruch aus §§ 280 Abs. 2, 286, 288 Abs. 2 BGB ab Rechtskraft des Urteils, mit dem die Vertragsänderung eintritt, gewährt). Dies gilt auch für die Haftung des Dritten (LG München I ZUM 2016, 776, 784 – *Das Boot III*).

4.   Rechtsweg, Gerichtsstand

134   Der Rechtsweg im Fall einer Klage eines Arbeitnehmers auf Vergütung nach § 32 richtet sich gem. § 104 S. 1 UrhG und ist zu den ordentlichen Gerichten gegeben (LAG Hamm ZUM-RD 2008, 578). Der **Gerichtsstand** für Klagen gegen den Vertragspartner ergibt sich aus den allgemeinen Regeln der §§ 12 ff. ZPO (vgl. § 105 Rn. 6 ff.). Denn es handelt sich bei den Ansprüchen des § 32 nicht um solche aus unerlaubten Handlungen (zur Einordnung der Ansprüche vgl. Rn. 16). Dabei sind die ggf. bestehenden Spezialzuständigkeiten zu beachten (vgl. § 105 Rn. 2).

5.   Beweislast

135   Die **Beweislast** für das Vorliegen der Voraussetzungen des § 32, und zwar in allen Anspruchsalternativen, trifft den Urheber. Insbesondere muss er also alle Umstände vortragen, aus denen sich die Unangemessenheit der bisherigen Vergütung ergibt. Der Urheber muss **substantiiert** vortragen (zu niedrige Anforderungen daran LG München I ZUM 2006, 73, 78; zu Recht kritisch daher *Ory*

AfP 2006, 9, 10; strenger richtig LG Hamburg ZUM 2006, 683, 685; Vortrag zur Üblichkeit und Redlichkeit ist erforderlich: OLG Frankfurt GRUR 2015, 784 Tz. 58 – *Objektcode*), weshalb die vertraglich vereinbarte Vergütung der gesetzlichen Maßgabe nicht entspricht und was im konkreten Fall als Maß der Angemessenheit dienen soll (FormH v. 19.11.2001 zu RegE UrhVG 2002, S. 16; BeckOK UrhR/*Soppe*[14] Rn. 103). Erst wenn der Kläger eine ganz bestimmte Art der Vertragsanpassung begehrt – vorliegend neben Beteiligung am Absatz der Bücher auch Anhebung des Normseitenhonorars – verlangt das LG München I substantiierten Vortrag des Klägers, warum genau dieses Detail des Vertrages angepasst werden muss, um die Schwelle der Redlichkeit der vertraglichen Vergütung zu erreichen (*Ory* AfP 2006, 9,10). Der Verwerter muss dann ggf. ebenso substantiiert erwidern, z. B. also zu Fragen der Mischkalkulationen. Schließlich kann man aus den Anforderungen des Gesetzes wohl eine **neue Spezifizierungslast** ableiten: Nicht nur bei der Einräumung von Nutzungsrechten gilt diese nunmehr, sondern auch bei der Aufgliederung der Vergütung auf jede Nutzungsart.

Im Rahmen der Bestimmung der angemessenen Vergütung durch das Gericht muss der Urheber den Zusammenhang zwischen den von ihm als vergütungsrelevant behaupteten Faktoren und ihren Einfluss auf die Vergütung (Einfluss des Faktors auf Verwertungs- und Nutzungsumfang, -dauer oder -intensität) darlegen. Zwingende Kausalität zwischen den Kriterien und der tatsächlichen Nutzung sind nicht nachzuweisen, wohl aber ein plausibel nachvollziehbarer Einfluss. **136**

Offen ist, ob der Urheber im Rahmen des Prüfungspunktes „Ausgleich der Interessenlage der Verwerter" nachweisen muss, dass der Interessenausgleich **kausal** wegen des Ungleichgewichtes erfolgte, sodass der Urheber weiterhin **nachweisen** muss, warum er zum Zeitpunkt des Vertragsschlusses gehindert war, seine damals bestehende Interessenlage durchzusetzen (so *Ory* AfP 2006, 9, 10). Eine ähnliche Richtung schlägt das LG Hamburg ein, wenn es ausführt, dass es Anhaltspunkte dafür gebe, dass die Konditionen bei den Verhandlungen zwischen den Parteien zur Disposition standen. So sprächen erhebliche Herabsetzungen bei den Stückzahlen dafür, dass die Klägerin ihre Vorstellungen bei den Verhandlungen einbringen und zumindest teilweise auch durchsetzen konnte (LG Hamburg ZUM 2006, 683, 687). Doch auch wenn das LG München I definiert, dass eine unredliche Vergütung dann vereinbart worden sei, *„wenn sich in einer Branche bestimmte Usancen eingeschlichen haben, weil Werknutzer die schwächere Position der Urheber ausnutzen und letztere nicht in der Lage waren, angemessene Regelungen durchzusetzen"*, macht dies die **Ausnutzung** einer **stärkeren Vertragsposition** wohl nicht zur gesetzlichen Anspruchsvoraussetzung. Eine solche als ungeschriebene Voraussetzung zu verlangen, widerspräche der Entstehungsgeschichte, der Intention des Gesetzgebers und Sinn und Zweck der Norm (vgl. Rn. 1; weiterhin vgl. Rn. 8). Ausgehend von einem gesetzlich für strukturell ungleichgewichtig befundenen Vertragsverhältnis muss der Urheber neben dem Nachweis der Unangemessenheit der Vergütung nicht auch noch seine Schutzbedürftigkeit und Verhandlungsunfähigkeit darlegen. Allerdings kann der substantiierte Vortrag eines Verwerters (z. B. durch Verhandlungsprotokolle), dass der Urheber in den Verhandlungen seine Vorstellungen hat einfließen lassen und möglicherweise auch teilweise hat durchsetzen können, Berücksichtigung bei der Gesamtschau finden. **137**

Um die Unangemessenheit einer Vergütungsübung darzulegen, reicht ein **Verweis auf die Gesetzesbegründung nicht** aus (LG Hamburg ZUM 2006, 683, 685; *Ory* AfP 2006, 9; a. A. LG Berlin ZUM 2005, 904, 906; daran festhaltend LG Berlin ZUM 2006, 942, 945). Eine Gesetzesbegründung kann keinen Sachverhalt i. S. d. Zivilprozesses unstreitig stellen. Zudem ist eine vertraglich ver- **138** einbarte Übersetzervergütung für angemessen befunden worden (LG Hamburg ZUM 2006, 683, 685), sodass die ersten entscheidenden Gerichte zu Recht der Stellungnahme des Gesetzgebers nicht ohne Vortrag im Prozess gefolgt sind.

139 Um in den Genuss der **Vermutungsregel des § 32 Abs. 2 S. 1** (GemVergRegel) zu kommen, ist nachzuweisen, dass die Vergütungsregel wirksam zustande gekommen ist und anderweitig auch nicht rechtlich anzugreifen ist (Dreier/Schulze/*Schulze*[5] § 36 Rn. 16; *Wilhelm Nordemann* § 36 Rn. 10). Zudem muss dargelegt werden, dass die Vergütung mit Hilfe einer GemVergRegel „ermittelt" wurde, d. h. entweder qua Mitgliedschaft der Vertragsparteien in einer Vereinigung i. S. d. § 36 Abs. 1 bestimmt wird oder durch ausdrückliche und stillschweigende Einbeziehung in den Vertrag. Zu Recht wird gefordert, dass strenge Anforderungen an den Nachweis der Wirksamkeit gestellt werden (Dreier/Schulze/*Schulze*[5] § 36 Rn. 16).

140 Die **Üblichkeit** der Vergütung ist eine der Beweiserhebung – insbesondere durch Einholung von Auskünften und Sachverständigengutachten – zugängliche Tatfrage (*Erdmann* GRUR 2002, 923, 925).

6. Aktivlegitimation

141 **a) Der Alleinurheber:** Aktivlegitimiert ist in erster Linie der **Urheber,** egal ob Originalurheber oder Bearbeiter-Urheber (§ 3). Natürlich werden auch die Urheber von Werken, die Sonderregeln erfahren, erfasst, also z. B. der Computerprogramm-Urheber (§§ 2, 69a). Zu **Urhebern in Arbeits- oder Dienstverhältnissen** vgl. Rn. 27. Über § 79 Abs. 2 kommen auch **ausübende Künstler** in den Genuss der Regelung. Dasselbe gilt für **Verfasser wissenschaftlicher Ausgaben** (§ 70 Abs. 1) und **Lichtbildner** (§ 72 Abs. 1), da sie „in entsprechender Anwendung der Vorschriften des Teils 1" geschützt werden. Für weitere Inhaber verwandter Schutzrechte gilt § 32 mangels Verweisung aber nicht. Die Ansprüche sind – wie alle anderen urheberrechtlichen Ansprüche – vererbbar (§ 28 Abs. 1). **Rechtsnachfolger** des Urhebers (§ 30) stehen diesem also in Bezug auf den Anspruch nach § 32 gleich. Allerdings müssen die **Erben** eines Berechtigten nach § 211 BGB binnen sechs Monaten nach der Annahme der Erbschaft oder seit dem Zeitpunkt, von dem an der Anspruch von einem oder gegen einen Vertreter geltend gemacht werden kann, handeln, da sonst ggf. Verjährung droht. Ebenso in den Genuss des § 32 kommen Rechtsnachfolger der Verfasser wissenschaftlicher Ausgaben und Lichtbildner (Möhring/Schulze/Ulmer/Zweigert/*Schricker*, Band 2, Deutschland V/1/a, S. 16). Bei Vererbung gilt dies auch für ausübende Künstler; anders als ihre sonstigen Rechte können letztere den Anspruch aber **nichtübertragen** (§ 79 Abs. 1; zur Abtretbarkeit vgl. Rn. 22).

142 **b) Anspruchsgeltendmachung mehrerer Urheber:** Die Geltendmachung der Ansprüche **mehrerer Urheber** ist nicht gesondert geregelt. Man wird unterscheiden müssen zwischen der Frage, ob Miturheber oder Urheber verbundener Werke überhaupt einen Anspruch nach § 32 geltend machen können, und der Frage, ob einzelne dieser Urheber einen solchen Anspruch geltend machen können. Für das **Ob des Anspruchs** hat der BGH nun wie folgt entschieden: Urheber, die ihre Werke durch eine GbR verwerten, deren alleinige Gesellschafter sie sind, können Ansprüche aus § 32 in „entsprechender Anwendung" geltend machen; der BGH wendet § 32 auf diese Konstellation also nicht direkt an, sondern sieht eine Regelungslücke, die er in **analoger Anwendung** schließt (BGH GRUR 2012, 1022 Tz. 21 ff. – *Kommunikationsdesigner*). Hintergrund ist, dass die kraft Gesetz entstehende Miturheber"schaft" (der BGH formuliert „Miturhebergemeinschaft", dieser Terminus ist aber nach §§ 741 ff. BGB für die Bruchteilsgemeinschaft belegt) von der auf vertraglicher Vereinbarung beruhenden Miturhebergesellschaft zu unterscheiden ist (BGH GRUR 2012, 1022 Tz. 20 – *Kommunikationsdesigner* m. w. N.). Der BGH deutet an, dass er diese Entscheidung für alle Personengesellschaften geltend lassen will, nicht aber, wenn sich Urheber in einer Kapitalgesellschaft zusammenschließen (BGH GRUR 2012, 1022 Tz. 33 – *Kommunikationsdesigner*). Uns überzeugt das nicht vollständig, denn unseres Erachtens kommt es mehr auf die Frage an, ob die sich auf § 32 berufenden Urheber dies in ihrer Eigenschaft als Urheber und unter dem spezifischen Schutzzweck des Urheberrechts tun (dann: § 32 anwendbar) oder sie vielmehr als Kaufleute am Geschäftsleben teilnehmen, z. B. weil sie als Werbeagentur auch Rechte Dritter verwerten (dann: keine Anwendung des § 32).

Das **Wie der Geltendmachung** folgt hingegen den allgemeinen zivilrechtlichen **143** Regeln. Da die in Rede stehenden Ansprüche im Vertrag ihre Grundlage haben, auch wenn sie gesetzliche Ansprüche sind (vgl. Rn. 16), hängt ihre Geltendmachung bei mehreren Urhebern davon ab, wer auf der Urheberseite Vertragspartner des ursprünglichen Nutzungsvertrages gewesen ist: Haben Miturheber eines gemeinsames Werkes (z. B. Co-Autoren eines Romans) einen gemeinsamen Verwertungsvertrag mit dem Erstverwerter abgeschlossen, sind sie auch nur gemeinsam zur Geltendmachung der Ansprüche berechtigt (Loewenheim/*v. Becker*[2] § 29 Rn. 144; a. A. OLG München ZUM 2010, 808 – *Das Boot* und KG ZUM 2010, 346, 348; beides aber für § 32a; allg. Dreier/Schulze/ *Schulze*[5] § 8 Rn. 21 und spezifisch a. A. Dreier/Schulze/*Schulze*[5] § 32a Rn. 66 aber wohl nur für § 32a; für § 32 wohl wie hier: Dreier/Schulze/*Schulze*[5] Rn. 88); es sei denn, sie hätten eigene gesonderte Vergütungsansprüche aus dem Vertrag (Dreier/Schulze/*Schulze*[5] Rn. 88). Können sie sich auf ein Vorgehen nicht einigen, gelten die Regeln der Gesellschaft aus dem BGB. Anders sieht es aus, wenn Miturheber einzelne eigene Verträge geschlossen haben, wie dies z. B. beim Film häufig geschieht; man denke nur an den Vertrag zwischen Produzent und Kameramann oder Regisseur (so nun – allerdings für Auskunftsansprüche – BGH GRUR 2012, 496 Tz. 15 ff. – *Das Boot*, wobei der BGH offen zu lassen scheint, ob er auch bei miturheberrechtlichem Schaffen ohne gesonderte Verträge die Ansprüche aus § 32 jedem Miturheber alleine zugestehen würde). Oder im Bereich der Computerprogramme und Videospiele, bei denen die einzelnen Programmierer (wenn sie freiberuflich tätig sind) fast niemals gemeinsame Verträge schließen. In diesen Fällen kann jeder Miturheber die Ansprüche aus § 32 (oder auch § 32a) selber und für sich geltend machen, allerdings natürlich hinsichtlich der Zahlung nur in Höhe des auf ihn entfallenden (mit-)urheberrechtlichen Anteils. Entsprechendes gilt für die **Urheber verbundener Werke**, wenn sie einen gemeinsamen Verwertungsvertrag unterzeichnet haben. Dabei ist aber zu beachten, dass Miturheber (§ 8 Abs. 2 S. 2) und Urheber verbundener Werke (§ 9) zur Mitwirkung an *Änderungen* und in Bezug auf die *Verwertung* des gemeinsamen Werks oder der Werkverbindung verpflichtet sind, wenn sie anderenfalls treuwidrig (§ 242 BGB) handeln würden.

c) Gesamthand nach § 80 Abs. 1: Sofern **mehrere ausübende Künstler** gemeinsam eine Leistung erbringen, ohne dass sich ihre Anteile gesondert verwerten lassen, unterliegen sie nunmehr ebenfalls einer gesamthändischen Bindung (§ 80 Abs. 1). Diese Regelung ist durch das Gesetz zur Regelung des Urheberrechts in der Informationsgesellschaft aufgenommen worden (vgl. § 80 Rn. 1) und ersetzt die alte Regelung in § 75, die das Urhebervertragsgesetz eingeführt hatte. Nach letzterer konnten die ausübenden Künstler zur Ausübung ihrer Ansprüche aus den §§ 32, 32a eine Person bestimmen, womit klar war, dass die Ansprüche nach §§ 32, 32a auf diese Weise bei mehreren Beteiligten geltend gemacht werden konnten. Dies war aber nur *vor* Beginn der Darbietung möglich (*Wilhelm Nordemann* § 32 Rn. 53). Diese Regelung ist gestrichen worden, ohne dass der Gesetzgeber sich geäußert hätte, wie nun bei mehreren ausübenden Künstlern zu verfahren ist. Allerdings geht die Gesetzesbegründung zu § 80 n. F. wie selbstverständlich davon aus, dass die Ansprüche aus §§ 32, 32a

144

zu dem „Recht zur Verwertung" aus § 80 gehören (RegE UrhG Infoges – BT-Drs. 15/38, S. 24). Damit gilt für mehrere ausübende Künstler also das oben zu Miturhebern Gesagte. Bei anderen berechtigten Inhabern verwandter Schutzrechte fehlt eine solche gesetzliche Regelung. Man dürfte in den dortigen (wohl seltenen) Fällen aber an eine analoge Anwendung denken.

145   d) **Verbandsklage:** Ob die Möglichkeit der **Verbandsklage** besteht, ist noch nicht endgültig entschieden (dagegen: *v. Westphalen* AGP 2008, 21). Erstmals wurde diese Klagemöglichkeit von Urheberverbänden (hier des DJV) gegen Vergütungs-AGB eines Verlages (Springer Verlag AG) in Anspruch genommen (LG Berlin K&R 2007, 588).

7.   Passivlegitimation (Vertragspartner des Urhebers)

146   **Anspruchsgegner** ist der **Vertragspartner des Urhebers** (so ausdrücklich BeschlE RAusschuss UrhVG 2002 – BT-Drs. 14/8058, S. 18); dies trifft natürlich genauso auf den ausübenden Künstler und die anderen Berechtigten zu. Damit ist klargestellt, dass nur der Vertragspartner im primären Urhebervertrag (zum Begriff *Dietz* S. 1 ff.) Anspruchsgegner ist. Anspruchsverpflichteter ist **nicht** etwa auch der **Lizenzgeber** im Verhältnis zum Lizenznehmer. Es kommt nicht darauf an, ob der Vertragspartner des Urhebers das Werk selber nutzt oder einem Dritten ein Nutzungsrecht eingeräumt (so auch Dreier/Schulze/*Schulze*[5] Rn. 17). Bei diesen kann aber ein Anspruch nach § 32a in Betracht kommen (vgl. § 32a Rn. 28 ff.). Der Vertragspartner des Urhebers wird den Anspruch nach § 32 nicht dadurch verringern können, dass er mit seinem Vertragspartner eine unangemessen niedrige Vergütung vereinbart, um eine mit dem Urheber vereinbarte Beteiligung zu minimieren. Abgesehen davon, dass dies auch ihn schädigen würde, dürfte hierin ein Umgehungsgeschäft zu sehen sein, das Abs. 3 S. 1 verbietet (so Dreier/Schulze/*Schulze*[5] Rn. 17); zur Beweislast vgl. Rn. 135. Denkbar ist auch, dass man eine derart vereinbarte Vergütung schlicht als unangemessen ansieht, da sie an der falschen Bezugsgröße (Höhe der Einnahmen beim Vertragspartner des Urhebers) und nicht am Umsatz anknüpft. Sieht der primäre Urhebervertrag keine Zustimmung des Urhebers zur **Übertragung von Nutzungsrechten** vor (wie diese zu erfolgen hat, dazu vgl. § 34 Rn. 12 ff.), tut der Vertragspartner dies gleichwohl, haftet der Zweiterwerber gesamtschuldnerisch nach § 34 Abs. 4 auch für die Ansprüche aus § 32 (*Erdmann* GRUR 2002, 923, 925; vgl. § 34 Rn. 36 f.). Nach § 34 Abs. 4 UrhG besteht jedoch eine gesamtschuldnerische Haftung des Vertragspartners des Urhebers und eines dritten Verwerters auf angemessene Vergütung nach § 32 UrhG, die unabhängig von einem Auskunftsanspruch nach § 32d UrhG geltend gemacht werden kann.

8.   Einstweilige Verfügung

147   Eine Durchsetzung des Anpassungsanspruchs im Wege einer **Einstweiligen Verfügung** verbietet sich grundsätzlich angesichts der damit verbundenen Vorwegnahme der Hauptsache. Ob in äußerst seltenen Fällen einer Existenzbedrohung eine solche Leistungsverfügung (zu der grundsätzlichen Zulässigkeit solcher Zöller/*Vollkommer*[31] § 940 Rn. 6 ff. m. w. N.) denkbar ist, erscheint höchst zweifelhaft, denn das Urheberrecht ist – anders als z. B. das Arbeits- oder Mietrecht – nicht dazu da, Grundbedürfnisse zu befriedigen und schon gar nicht, einen angemessenen Beitrag zum Lebensunterhalt zu leisten (zu Recht werden daher Vergütungen für die Einräumung von Nutzungsrechten vom BFH steuerrechtlich auch streng vom Arbeitslohn getrennt: BFH GRUR 2006, 1021 – *Arbeitslohn*).

9.   Zwangsvollstreckung

148   Die Vollstreckung richtet sich nach § 894 ZPO. Der Verwerter kann nicht gezwungen werden, Betriebsgeheimnisse offenzulegen. In einem solchen Fall wird er sich auf einen **Wirtschaftsprüfervorbehalt** zurückziehen dürfen (BGH GRUR 1962, 354, 357 – *Furniergitter*; BGH GRUR 1981, 535 – *Wirtschaftsprüfervorbehalt*). Ob der Anspruch nach § 32 Abs. 1 S. 3 der **Zwangsvollstreckung** unterliegt, erscheint angesichts des klaren Schutzgesichtspunktes und zudem höchstpersönlichen Charakters zweifelhaft; anders dürfte dies beim Zahlungsanspruch zu beurteilen sein (so auch *Berger* NJW 2003, 853, 854 f.). Zum Auskunftsanspruch vgl. Rn. 129. Die Vollstreckung eines Anspruchs auf Auskunft zur Ermittlung einer angemessenen Vergütung vor Abschluss des Revisionsverfahrens bedeutet für den Schuldner grundsätzlich keinen nicht zu ersetzenden Nachteil i. S. d. § 719 Abs. 2 ZPO (BGH ZUM 2015, 53).

VI. Verhältnis zu anderen Normen

1. Übergangsrecht und Anwendbarkeit des alten „Bestsellerparagrafen"

Die **Übergangsregel** findet sich in § 132 Abs. 3 und regelt im Wesentlichen,   **149** dass der neue Anspruch erst auf Verträge anwendbar ist, die ab Inkrafttreten des Gesetzes (UrhVG 2002), also dem 1.7.2002, geschlossen wurden. Damit ist zwar die ursprünglich vorgesehene Rückwirkung des Anspruchs nach § 32 nicht aufgenommen worden (dazu *Wilhelm Nordemann* § 132 Rn. 4). Mit der Erwägung, dass sich die Verwerter angesichts der intensiven rechtpolitischen Diskussion der Thematik jedenfalls seit der Übersendung des Gesetzentwurfes der Bundesregierung an den Bundesrat am 1.6.2001 auf Änderungen hätten einstellen können (BeschlE RAusschuss UrhVG 2002 – BT-Drs 14/8058, S. 22), hat der Gesetzgeber allerdings in § 132 Abs. 3 S. 3 eine unechte Rückwirkung des § 32 UrhG für Altverträge vorgesehen. Dies ist verfassungskonform (BVerfG GRUR 2014, 169, 173 Rn. 98). § 32 findet Anwendung auf Verträge, die zwischen dem 1.6.2001 und dem 30.6.2002 geschlossen wurden, sofern – als weitere Voraussetzung – nach dem 28.3.2002 (so LG Berlin ZUM 2005, 901, 903) bzw. nach dem 30.6.2001 (so LG Berlin ZUM 2006, 942, 945) weitere Nutzungshandlungen stattfinden (BeschlE RAusschuss UrhVG 2002 – BT-Drs. 14/8058, S. 22 zu Nr. 23, vorletzter Absatz) bzw. von den eingeräumten Rechten Gebrauch gemacht worden ist (LG Berlin ZUM 2006, 942, 945). Während das OLG München ZUM 2007, 317, 324 alle Verwertungshandlungen seit Vertragsschluss – also auch solche, die vor In-Kraft-Treten des Gesetzes vorgenommen wurden – in den nach § 32 angepassten Vertrag einbezieht, reduziert das LG Berlin ZUM 2006, 942, 946 den Anspruch nach § 32 zu Recht auf Vergütungen für diejenigen Nutzungen, die nach Inkrafttreten des Gesetzes gezogen wurden (a. A. BGH GRUR 2009, 1148 Tz. 16 – *Talking to Addison*). Der BGH weist zwar zurecht darauf hin, dass es in § 132 Abs. 3 nicht „soweit", sondern „sofern" heißt; daran knüpft der Wortlaut des Gesetzes aber nur die Anwendbarkeit „auf Verträge" an; das Gesetz sagt nichts dazu, ab welchen Zeitpunkt Nutzungen in die Berechnung der Angemessenheit einzubeziehen sind. Sofern eine Vertragspartei den Vertragsschluss böswillig herausgezögert hat oder vorverlegt hat, ist denkbar, dass ein Berufen auf das neue bzw. alte Recht **rechtsmissbräuchlich** sein kann.

2. Werkvertragsrecht

Durch die Anwendung des § 32 ist § 632 BGB, der einen anderen Regelungsge-   **150** genstand hat, nicht ausgeschlossen (vgl. Rn. 4).

3. Weitere Beteiligung nach 32a

Das Verhältnis zu § 32a bleibt unklar. Letzterer dient einer „weiteren Beteili-   **151** gung", wobei nicht deutlich wird, ob der Übergang zu § 32a ein gradueller ist oder § 32a erst mit einem gewissen Abstand eingreift (dazu auch *Ory* AfP 2006, 9, 11). Es spricht jedenfalls vom Wortlaut her einiges dafür, dass

§ 32 alle Vergütungsfragen – tatsächlich wie vertraglich – erfasst, bei denen ex ante die Vergütung nicht angemessen war, während § 32a nur Änderungen in den tatsächlichen Umständen ex post erfasst (so auch *v. Becker/Wegner* ZUM 2005, 695).

4. Wegfall der Geschäftsgrundlage, Sittenwidrigkeit

152   Neben § 32 ist eine Anwendung von § 313 BGB (Wegfall der Geschäftsgrundlage) sowie § 138 BGB (Sittenwidrigkeit) denkbar (dazu BGHZ 137, 387 – *Comic-Übersetzungen I*; BVerfG GRUR 2005, 880 – *Xavier Naidoo* zu einem Künstlervertrag). Allerdings könnte § 313 BGB schon deshalb ausgeschlossen sein, weil die „Gerechtigkeit", die § 313 BGB schaffen will, in § 32 bereits über die Angemessenheit verwirklicht wird. Eine Anwendbarkeit des § 138 BGB dürfte allein wegen zu niedriger Vergütungsbestandteile ausscheiden, denn für einen solchen Fall sieht das Gesetz nun den Anspruch des § 32 vor, der trotz unterschiedlicher Rechtsfolgen vorgeht und dessen Weg vom Urheber zu beschreiten ist (in diese Richtung auch LG Stuttgart ZUM 2010, 704, das allerdings in Fällen, in denen sich die Sittenwidrigkeit nicht aus der Vergütung ergibt, eine Anwendung zu Recht nicht ausschließt). Zu dem Sonderfall bei § 32a bzw. § 36 a. F. s. unsere 11. Aufl. § 32a Rn. 52 ff.; s. weiterhin die Kommentierung zu § 79 sowie den Hinweis zu § 134 BGB in FormH v. 19.11.2001 zu RegE UrhVG 2002, S. 15.

5. Nichtanwendbarkeit des § 134 BGB

153   § 32 Abs. 3 S. 1 statuiert den Anspruch des Urhebers oder ausübenden Künstlers auf angemessene Vergütung als **zwingendes Recht** (für international-rechtliche Fragen § 32b). Damit nicht die sonst diskussionswürdige Folge des § 134 **BGB** (Nichtigkeit des Vertrages) den Urheber schlechter als mit dem Vertrag und der unangemessenen Vergütung stellen würde, vermeidet das Urhebervertragsrecht die negativen Folgen des § 134 BGB für den zu schützenden Vertragsteil: Die verbotene Regelung macht den Vertrag also **nicht nichtig** (FormH v. 19.11.2001 zu RegE UrhVG 2002, S. 15). Also ist auch ein etwa vom Urheber oder ausübenden Künstler erklärter **Verzicht** auf die Geltendmachung der ihm zustehenden Rechte aus den Absätzen 1 und 2 **wirkungslos**. Man könnte hieran die Frage anschließen, ob dann überhaupt noch ein (**gerichtlicher**) **Vergleich** über Ansprüche nach § 32, der in der Regel auch ein Nachgeben des Urhebers beinhalten wird, zulässig ist. Man wird einen solchen Vergleich aber natürlich zulassen müssen; an dieser Stelle bietet sich möglicherweise an, die Rechtsprechung zu Vergleichen in Patentstreitsachen heranzuziehen, wonach in derartigen Vergleichen auch (sonst) kartellrechtswidrige Klauseln enthalten sein dürfen, wenn dies der Klärung eines streitigen Rechtsverhältnisses dient. Nach der Rechtsprechung des BGH ist ein **Vergleich mit objektiv wettbewerbsbeschränkendem** Inhalt dann zulässig, wenn ein ernsthafter, objektiv begründeter Anlass zu der Annahme besteht, der begünstigte Vertragspartner habe einen Anspruch auf Unterlassung der durch den Vergleich untersagten Handlung, sodass bei Durchführung eines Rechtsstreits ernstlich mit dem Ergebnis zu rechnen wäre, dass dem Wettbewerber das umstrittene Vorgehen untersagt werde. Nur solche wettbewerbsbeschränkenden Abreden sind von der Nichtigkeitsfolge freigestellt, die sich innerhalb der Grenzen dessen halten, was auch bei objektiver Beurteilung ernstlich zweifelhaft sein kann (BGH GRUR 1983, 602, 603 – *Vertragsstrafenrückzahlung*; BGH GRUR 2005, 845, 848 Tz. 32 – *Abgasreinigungsvorrichtung*). Die Rechtsfolge des § 32 Abs. 3 S. 1 erfasst allerdings nur diejenigen Vertragsteile, die die **Vergütung unmittelbar oder mittelbar regeln**; nur dies ist ja zugleich der Regelungsgegenstand der Absätze 1 und 2 (*Wilhelm Nordemann* § 32 Rn. 38 mit Beispielen nicht zulässiger Klauseln). Dabei gilt auch ein besonderes **Umgehungsverbot** (§ 32 Abs. 3 S. 2); zum allgemeinen vgl. Rn. 114. Zur **Abtretung** vgl. Rn. 22.

6. Kündigung aus wichtigem Grund

Denkbar wäre schließlich, dass eine unangemessene Vergütung eine so schwer-   **154**
wiegende Vertragsverletzung darstellt, dass sie eine Kündigungsmöglichkeit
nach § 314 BGB zulässt. Dies würde aber dem Zweck des Gesetzes, das gerade
eine Spezialregelung für die Vergütung schaffen wollte, und den Bestand des
Vertrages unangetastet wissen wollte, zuwiderlaufen. Eine Anwendbarkeit des
§ 314 BGB allein wegen unangemessener Vergütung ist also abzulehnen.

7. Teilnichtigkeit

§ 139 BGB ist nach der Gesetzesbegründung trotz nichtiger Vergütungsabrede   **155**
nicht anwendbar (FormH v. 19.11.2001 zu RegE UrhVG 2002, S. 15).

8. Schenkung

Schenkungen, die keine Umgehungsgeschäfte darstellen, sind trotz § 32 zuläs-   **156**
sig, denn bei ihnen fehlt es an dem (verfassungsrechtlich begründeten) Rege-
lungsgrund (oben vgl. Rn. 2 ff.) für § 32 (s. dazu auch oben vgl. Rn. 122).

§ 32a   Weitere Beteiligung des Urhebers

(1) [1]Hat der Urheber einem anderen ein Nutzungsrecht zu Bedingungen eingeräumt, die dazu führen, dass die vereinbarte Gegenleistung unter Berücksichtigung der gesamten Beziehungen des Urhebers zu dem anderen in einem
auffälligen Missverhältnis zu den Erträgen und Vorteilen aus der Nutzung des
Werkes steht, so ist der andere auf Verlangen des Urhebers verpflichtet, in
einen Änderung des Vertrages einzuwilligen, durch die dem Urheber eine den
Umständen nach weitere angemessene Beteiligung gewährt wird. [2]Ob die Vertragspartner die Höhe der erzielten Erträge oder Vorteile vorhergesehen haben
oder hätten vorhersehen können, ist unerheblich.

(2) [1]Hat der andere das Nutzungsrecht übertragen oder weitere Nutzungsrechte eingeräumt und ergibt sich das auffällige Missverhältnis aus den Erträgnissen oder Vorteilen eines Dritten, so haftet dieser nach Maßgabe des
Absatzes 1 unter Berücksichtigung der vertraglichen Beziehungen in der Lizenzkette. [2]Die Haftung des anderen entfällt.

(3) [1]Auf die Ansprüche nach Abs. 1 und 2 kann im Voraus nicht verzichtet werden. [2]Die Anwartschaft hierauf unterliegt nicht der Zwangsvollstreckung; eine
Verfügung über die Anwartschaft ist unwirksam.

(4) [1]Der Urheber hat keinen Anspruch nach Absatz 1, soweit die Vergütung
nach einer gemeinsamen Vergütungsregel (§ 36) oder tarifvertraglich bestimmt worden ist und ausdrücklich eine weitere angemessene Beteiligung für
den Fall des Absatzes 1 vorsieht. [2]§ 32 Abs. 2a ist entsprechend anzuwenden.

Übersicht   Rn.

I. Allgemeines

1. Sinn und Zweck

1 Wie schon der funktional äquivalente § 36 a. F. soll nun § 32a n. F. den (insb. jungen und noch unbekannten) Urhebern, die ihre Werke aus wirtschaftlicher Not und rechtlicher Unerfahrenheit anderen gegen eine geringe Vergütung zur Verwertung überlassen, in besonderen Ausnahmefällen bei einer nachträglich sich als unerwartet erfolgreich ergebenden Verwertung seiner Werke eine angemessene Beteiligung sichern (RegE UrhG 1962 – BT-Drs. IV/270, S. 57). Er dient damit einer wesentlichen Funktion des Urheberrechts, nämlich der Vergütungssicherung (§ 11 S. 2) und stellt einen Fairnessausgleich zwischen erheblichen Erträgen auf der Verwerterseite und dem Beitrag des Urhebers dazu dar. Damit kommt es – in Abgrenzung zu § 32 (zu den Tücken dieser Abgrenzung vgl. Rn. 47) – maßgeblich darauf an, dass die unten näher beschriebene Änderungen im Verhältnis Nutzung ./. Vergütung nachträglich eintreten, während § 32 die Vergütung nur ex ante zum Zeitpunkt des Vertragsschlusses betrachtet. Zu **internationalen Fragen** und **Vertragsgestaltungen** vgl. § 32b Rn. 19 ff.

2. Überblick und Vergleich zur früheren Rechtslage

2 Die Vorschrift ist durch das UrhVG 2002 (vgl. § 32 Rn. 2) eingeführt worden. Sie knüpft an die sog. Bestsellerparagrafen des § 36 a. F. an (zu § 36 a. F. vgl. Rn. 52 ff.), geht aber über diesen hinaus, da sie für den Urheber zum Teil günstigere Regelungen enthält. Sie stellt zudem klar, dass schon im Rahmen des

§ 32 in der Regel eine Beteiligung zu zahlen sein wird; dies erkennt man an der amtlichen Überschrift des § 32a („weitere Beteiligung […]") und der Gesetzesbegründung dazu, die davon spricht, „dass schon die angemessene Vergütung nach § 32 das Beteiligungsprinzip beachten wird […]" (FormH v. 19.11.2001 zu RegE UrhVG 2002, S. 18). Zur Entstehungsgeschichte allg. vgl. § 32 Rn. 2 ff.

§ 36 a. F. hatte aus Sicht der Urheber im Wesentlichen **zwei Schwächen:** Erforderlich war ein grobes Missverhältnis zwischen der Vergütung, die der Urheber erhalten hatte, und den Erträgnissen des Verwerters. Damit musste der Anspruch bei unangemessen niedrigen Beteiligungsansprüchen oft ausfallen. Bei Pauschalhonoraren riss jedoch in der Regel das Informationsband mit dem Verwerter und der Urheber erfuhr kaum jemals den Umfang der Verwertung seines Werkes. Das bedeutete, dass er zunächst einen Auskunftsanspruch geltend machen musste und sich dann – weil derartige Prozesse oftmals lange dauern – der kurzen Verjährungsfrist des § 36 Abs. 2 a. F. ausgesetzt sah. Hinzu kam das nicht unwesentliche Kostenargument wegen der zu leistenden Vorschüsse an Anwälte und das Gericht. Zweite Schwäche des § 36 a. F. war, dass der Bundesgerichtshof § 36 a. F. das ungeschriebene Tatbestandsmerkmal des Unerwartetseins der Entstehung des groben Missverhältnisses entnahm (BGH GRUR 2002, 153, 154 – *Kinderhörspiele* m. w. N.). Letzteres erklärt sich mit der **Herleitung des Anspruchs,** den der BGH ausgehend von der Entstehungsgeschichte des § 36 (s. RAusschuss UrhG 1962 – BT-Drs. IV/3401) als besonderen Anwendungsfall der Lehre des Wegfalls der Geschäftsgrundlage ansah (BGH GRUR 1991, 901, 902 – *Horoskop-Kalender*; BGHZ 56, 256, 261 – *Urheberfolgerecht*; BGH GRUR 1998, 680, 683 – *Comic-Übersetzungen*: a. A. *Brandner* GRUR 1993, 173, 176: rechtlich vorgeschriebene Inhaltskontrolle). Ob diese dogmatische Verortung weiter zulässig ist, dazu schweigt die Gesetzesbegründung (für Fortgeltung *Schaub* ZUM 2005, 212, 218; *Hucko* S. 14; dagegen: *Erdmann* GRUR 2002, 923, 927 wie Wandtke/Bullinger/*Wandtke/Grunert*[4] Rn. 15). Es spricht wohl einiges dafür, dass die neue Regelung so nicht mehr eingeordnet werden kann, denn mit der Neuregelung hat der Gesetzgeber bewusst angeordnet, dass das ungeschriebene Tatbestandsmerkmal der Unerwartetheit des Erfolgs (dazu vgl. Rn. 20) keine Rolle mehr spielt. Die Rechtsprechung hatte dieses Kriterium aber gerade aus der Einordnung des § 36 a. F. als Sonderfall des Wegfalls der Geschäftsgrundlage abgeleitet. Wenn der Gesetzgeber nun anordnet, dass dieses Tatbestandsmerkmal keine Rolle mehr spielt, entfällt auch diese dogmatische Verankerung. Ebenso wie § 32, der einen noch deutlicheren vertraglichen Bezug hat (vgl. § 32 Rn. 16), ist § 32a kein vertraglicher Korrekturanspruch (a. A. Schricker/Loewenheim/*Schricker/Haedicke*[5] Rn. 5, allerdings einschränkend für den Durchgriffsanspruch gegen den Dritten in Rn. 34). **3**

Dass es im Zuge der Regelung des Urhebervertragsrechts überhaupt zu einem neuen „Bestsellerparagrafen" kam, ist dem Umstand geschuldet, dass der Gesetzgeber nicht dem „Professorenentwurf" folgte, der den neuen Anspruch auf angemessene Vergütung für jede tatsächlich stattfindende Werknutzung vorsah (FormH v. 19.11.2001 zu RegE UrhVG 2002, S. 15). Das bedeutete, dass es für die Angemessenheit der Vergütung nicht auf den Zeitpunkt der Nutzung, also oft lange Zeit nach Vertragsschluss, ankommt, sondern auf den Zeitpunkt des Vertragsschlusses (vgl. § 32 Rn. 35). Dies wiederum macht es erforderlich, für die Fälle, für die die bei Vertragsschluss vorhandene Angemessenheit sich im Laufe der langen Dauer eines langen Nutzungsvertrages z. B. aufgrund einer Veränderung des Nutzungsverhaltens etc. in eine Unangemessenheit, möglicherweise sogar in ein regelrechtes Missverhältnis, verwandelt, ein Korrektiv vorzusehen. Hintergrund dürfte auch in diesem Fall sein, dass es einer der Grundgedanken des Urheberrechts ist, Urheber und ausübende Künstler ange- **4**

messen an den wirtschaftlichen Nutzungen ihrer Arbeit, ihrer Werke und Darbietungen zu beteiligen (RegE UrhVG 2002 – BT-Drs. 14/7564, S. 5 i. V. m.
BT-Drs. 14/6433, S. 14 unter Verweis auf RGZ 128, 102, 113 – *Schlagerliederbuch*; RGZ 134, 198, 201 – *Schallplattenrechte*). Eine Regelung, die dem nicht
Rechnung trägt, wäre aber wohl in der Tat als unbillig anzusehen. Zu Recht
weist *Wilhelm Nordemann* daher darauf hin, dass eine Regelung ohne diese
„Sicherungsklausel" deshalb Stückwerk geblieben wäre, ja sie hätte sich möglicherweise dem Vorwurf ausgesetzt, dass sie die angenommene Verpflichtung
des Zivilgesetzgebers (hierzu vgl. § 32 Rn. 8) zum Ausgleich gestörter Vertragsparität missachtet habe (BVerfG NJW 1994, 2749, 2750; *Wilhelm Nordemann*
§ 32a Rn. 4). Die Gesetzesbegründung spricht daher konsequent selbst von
einem „verbesserten" Bestsellerparagrafen (FormH v. 19.11.2001 zu RegE
UrhVG 2002, S. 2); **zu verfassungsrechtlichen Fragen** der neuen §§ 32, 32a
vgl. § 32 Rn. 8 f.

3. EU-Recht/Internationale Konventionen

5   Hierzu vgl. § 32 Rn. 10. Die EU-Kommission hat 2016 einen Entwurf für eine
Richtlinie über das Urheberrecht im digitalen Binnenmarkt vorgelegt (Entwurf
einer Richtlinie über das Urheberrecht im digitalen Binnenmarkt vom
14.9.2016, COM (2016) 593 final), der in seinem Art. 15 auch eine Regelung
zu einem **Vertragsanpassungsmechanismus** vorsieht. Es bleibt abzuwarten, ob
und wie diese Regelung, die gewisse Ähnlichkeit mit § 32a aufweist, EU-Recht
wird.

II. Tatbestand

1. Inhalt

6   § 32a enthält **zwei Ansprüche**: Abs. 1 regelt den Anspruch gegen den Vertragspartner des Urhebers, also dem, dem Nutzungsrechte eingeräumt wurden; während Abs. 2 unter bestimmten Bedingungen einen Anspruch gegen Dritte gewährt (dazu unten vgl. Rn. 28 ff.). Dies ist einer der wesentlichen Unterschiede
zu § 32, der in der Regel (zu Ausnahmen vgl. § 32 Rn. 22) nur gegen den
Vertragspartner gerichtet ist. Wenn der Urheber zunächst eine angemessene
Vergütung erhalten hat, das Werk jedoch außergewöhnlich erfolgreich verwertet wird und seine Vergütung im Verhältnis zu den Erträgen und Vorteilen, die
der Verwerter aus der Nutzung des Werkes gezogen hat, dann in einem **auffälligen Missverhältnis** steht, gewährt § 32a Abs. 1 S. 1 dem Urheber Anspruch auf
eine den Umständen nach **weitere angemessene Beteiligung**. Anders als das
frühere Recht (§ 36 a. F.) fordert das Gesetz jetzt nur noch ein auffälliges und
nicht mehr ein grobes Missverhältnis. Die enge (*Wilhelm Nordemann* § 32a
Rn. 8) alte Formulierung der „Erträgnisse" ist durch „Erträge und Vorteile"
ersetzt worden, um auch geldwerte Vorteile einbeziehen zu können (BeschlE
RAusschuss UrhVG 2002 – BT-Drs. 14/8058, S. 19). Zudem ist nicht mehr
entscheidend, ob die Vertragspartner bei Vertragsschluss die erzielten Erträge
oder Vorteile vorhergesehen haben oder hätten vorhersehen können (§ 32a
Abs. 1 S. 2), womit die Rechtsprechung des Bundesgerichtshofs, der dieses
Merkmal in § 36 a. F. hineingelesen hatte (z. B. BGH GRUR 2000, 144 – *Comic-Übersetzungen II*) ausdrücklich nicht aufgenommen wird. Die Gesetzesbegründung betont schließlich, dass auf die vorhandene Rechtsprechung und Literatur zu § 36 a. F. zurückgegriffen werden kann, da die Grundstruktur des
Bestsellerparagrafen beibehalten werde (BeschlE RAusschuss UrhVG 2002 –
BT-Drs. 14/8058, S. 19).

2. Anwendbarkeit

7   **a) Zeitlich:** Die **Übergangsregel** findet sich in § 132 Abs. 3 S. 2. Es stellen sich
dabei zwei Fragen: Einerseits, ob § 32a überhaupt anwendbar ist, und anderer-

seits, wenn § 32a anwendbar ist, welche Erträgnisse und Vorteile auf der einen Seite bzw. Gegenleistungen auf der anderen Seite in seine Abwägung einzustellen sind, mithin insbesondere auch solche, die vor dem Stichtag liegen. Hierzu vgl. § 132 Rn. 18. Dabei ist auch das Verhältnis zu § 36 a. F. im Blick zu halten (dazu unten vgl. Rn. 48). Für **Urheber von Werken der angewandten Kunst** s. die Sonderrechtsprechung in vgl. § 132 Rn. 16.

b) Persönlich: Anspruchsberechtigte sind der **Urheber** und seine **Rechtsnachfol-**　**8** **ger.** Über § 79 Abs. 2 kommen auch **ausübende Künstler** in den Genuss der Regelung. Dasselbe gilt für **Verfasser wissenschaftlicher Ausgaben** (§ 70 Abs. 1) und **Lichtbildner** (§ 72 Abs. 1), da sie „in entsprechender Anwendung der Vorschriften des Teils 1" geschützt werden. Für weitere Inhaber verwandter Schutzrechte gilt § 32a mangels Verweisung aber nicht. § 32a gilt schließlich, anders als § 36 a. F., auch für Filmurheber (Dreier/Schulze/*Schulze*[5] Rn. 14). § 32a ist wie § 32 nicht für Inhaber ausschließlicher Nutzungsrechte anwendbar (LG Hamburg ZUM 2008, 530). Auch kann einem Synchronsprecher eines Darstellers in einem Filmwerk ein Nachvergütungsanspruch nicht zustehen, wenn sein Beitrag für das Gesamtwerk nur von untergeordneter Bedeutung ist, etwas weil es sich um einen aufwendig produzierten und ausgestalteten Film handelt und der betreffende Darsteller mit nur wenigen sprachlichen Beiträgen in Erscheinung tritt (KG OLG Report Ost 31/2011 Anm. 6; insoweit aufgehoben von BGH ZUM 2013, 39 – *Fluch der Karibik*, der jedenfalls bei Sprecherleistungen eines Synchronsprechers für die Person eines Hauptdarstellers eine derartige Marginalität verneint; ebenso KG ZUM-RD 2016, 510, 514). Ebenso entschied das OLG München gegen die Illustratorin des Tatort-Vorspanns, deren Animation des Vorspanns der berühmten TV-Serie für das Gesamtwerk nur von untergeordneter Bedeutung war (OLG München GRUR-RR 2011, 245 – *Tatort-Vorspann*, n. rkr.). Zur Frage, ob bei **mehreren Berechtigten** diese den Anspruch nur gemeinschaftlich geltend machen können, vgl. Rn. 45 und vgl. § 32 Rn. 142 ff.

Für angestellte **Computerprogrammierer** – wie überhaupt allgemein bei **ange-**　**9** **stellten Urhebern** – ist die Anwendbarkeit der §§ 32, 32a **umstritten** (vgl. § 32 Rn. 28; vgl. § 43 Rn. 58 ff. sowie vgl. § 69b Rn. 22 ff.; für Anwendbarkeit: Dreier/Schulze/*Schulze*[5] Rn. 16; gegen Anwendbarkeit: OLG Düsseldorf ZUM 2004, 756 zu § 36 a. F.; *Wimmers/Rode* CR 2003, 399, 404; zweifelnd *Bayreuther* GRUR 2003, 570). Die Sonderregel des alten Bestsellerparagrafen (§ 36 UrhG a. F.) hat der BGH auf angestellte Computerprogrammierer für anwendbar erklärt (BGH GRUR 2002, 149, 152 f. – *Wetterführungspläne II*; zuvor bereits so *Dreier* GRUR 1993, 781, 785.). Die Entscheidung enthält keine Begründung, warum § 36 UrhG a. F. als Norm aus dem allgemeinen Urhebervertragsrecht etwa allgemeine Geltung beanspruche, also auch im Rahmen der besonderen Bestimmungen für Computerprogramme Anwendung finde. Vielmehr spricht der BGH nur von dessen Anwendbarkeit „im Rahmen arbeitsvertraglicher Übertragungspflichten", also für § 43 UrhG (BGH GRUR 2002, 149, 152 – *Wetterführungspläne II* unter Verweis auf Schricker/Loewenheim/*Rojahn*[4] § 43 Rn. 71 und Möhring/Nicolini/*Spautz*[3] § 43 Rn. 11). Dass im Bereich der besonderen Bestimmungen für Computerprogramme die Norm des § 69b zumindest eine zusätzliche Begründung erforderlich gemacht hätte, übergeht der BGH. Es bleibt nach dem *telos* der besonderen Bestimmungen für Computerprogramme daher äußerst zweifelhaft, ob dieses Verdikt des Bundesgerichtshofs wirklich trägt (vgl. § 69b Rn. 22 ff.). Ob sie auch allgemein bei angestellten Urhebern gilt, dazu äußert sich der Bundesgerichtshof nicht. Die Lage ist also offen; es sprechen wohl die besseren Gründe gegen eine Anwendung von §§ 32 und 32a auf angestellte Programmierer (so i. E. nun auch *Wimmers/Rode* CR 2003, 399, 404 f.); ausführlich dazu *Czychowski* FS Nordemann II S. 157 ff.). Denkbar ist ferner selbstverständlich, dass ein Tarifvertrag eine besondere Vergütungspflicht einführt und damit vorgeht (s. § 32 Abs. 4; vgl. Rn. 21).

10 **c) Bindungen des Anspruchs (Abs. 3):** Der Anspruch aus § 32a ist in verschiedener Hinsicht an die Person des Urhebers gebunden. Dabei orientiert sich das Gesetz (fast) wörtlich an § 36 Abs. 3 a. F. Der Anspruch ist **nicht** in dem Sinne **übertragbar**, dass er einem Erwerber von Nutzungsrechten übertragen werden könnte (Dreier/Schulze/*Schulze*[5] Rn. 22); er ist nur im Rahmen der allgemeinen Bestimmungen (§ 28) vererbbar. Der Anspruch auf Vertragsänderung gegen den ursprünglichen Vertragspartner ist **unverzichtbar** (Abs. 3 S. 1). Das gleiche gilt für den Anspruch gegen Dritte. Diese Ansprüche sind zugleich **unveräußerlich, unpfändbar** (Abs. 3 S. 2) und **nicht abtretbar**. Anders als bei § 32 ist also auch eine Abtretung an eine Verwertungsgesellschaft nicht möglich. Ist allerdings die Vertragsänderung vollzogen und der sich daraus ergebende Zahlungsanspruch entstanden (Abs. 1) oder hat der Dritte den Zahlungsanspruch anerkannt (Abs. 2), so folgt das weitere Schicksal der nunmehr bestehenden Forderung des Urhebers oder sonstigen Berechtigten den **allgemeinen Grundsätzen**: Sie kann abgetreten, gepfändet oder verpfändet werden; der Urheber oder sonstige Berechtigte könnte auch auf sie verzichten (Dreier/Schulze/*Schulze*[5] Rn. 56 f.; *Wilhelm Nordemann* § 32a Rn. 19). Ob ein Anspruch nach § 32a geltend gemacht werden kann, wenn der Urheber von § 32 Abs. 3 S. 3 Gebrauch gemacht hat (dazu vgl. § 32 Rn. 123), erscheint zumindest zweifelhaft, denn nach dem Willen jedenfalls bestimmter **Open Content Lizenzen** schließen diese das Verlangen einer Vergütung für die Einräumung von Nutzungsrechten kategorisch aus (zu den Open Content Lizenzen vgl. GPL Rn. 5 f.).

3. Voraussetzungen

11 **a) Nutzungsrechtseinräumung:** Das Gesetz verlangt zunächst, dass zwischen Anspruchssteller und Anspruchsgegner ein vertragliches Band besteht. Der vom Professorenentwurf vorgesehene Anspruch auf angemessene Beteiligung gegen jeden Nutzer (§ 32 ProfE I) und der Ansatz, Nutzungsverträge nach 30 Jahren kündbar zu stellen, was einen eigenen Bestsellerparagraf überflüssig machte, sah dies nicht vor (ProfE I UrhVG, *Marcel Schulze*, Mat. UrhG S. 1313). Erforderlich ist mit *Dietz* (*ders.* S. 4) also ein **primärer Urheberrechtsvertrag** (zum Begriff vgl. § 32 Rn. 4) zwischen dem Urheber bzw. seinem Rechtsnachfolger und einem Verwerter. Unerheblich ist, ob dieser Vertrag einfache oder ausschließliche Nutzungsrechte einräumt, zeitlich auf Dauer der Schutzfrist oder nur für wenige Jahre geschlossen ist oder etwa auf einzelne Staaten örtlich beschränkt ist oder eine sonstige Art der erlaubten Werknutzung vorliegt (Dreier/Schulze/*Schulze*[5] Rn. 24). Für **Wahrnehmungsverträge** gilt das Korrektiv des VGG , i. Ü. wird zu Recht darauf hingewiesen, dass Verwertungsgesellschaften ohnehin ihre Erträge ganz überwiegend an die Berechtigten ausschütten und damit die besondere Interessenlage des § 32a überhaupt nicht vorliegt (Dreier/Schulze/*Schulze*[5] Rn. 17; Möhring/Schulze/Ulmer/Zweigert/*Schricker* S. 35). Eine Nutzung aufgrund **gesetzlicher Lizenzen** hindert die Anwendung des § 32a ebenso, denn es fehlt an einer vertraglichen Rechtseinräumung (Dreier/Schulze/*Schulze*[5] Rn. 19); zudem existieren dort eigene Begriffe der Angemessenheit (s. z. B. § 46 Abs. 4).

12 **b) Auffälliges Missverhältnis zu den Erträgen und Vorteilen aus der Nutzung des Werkes:** Erstes Merkmal des neuen § 32a ist das **auffällige Missverhältnis** zu den Erträgen und Vorteilen aus der Nutzung des Werkes. „Auffällig" bezeichnet ein quantitatives Kriterium, das erfüllt ist bei evidenter, erheblich ins Gewicht fallender Abweichung von der Angemessenheit (BeckOK UrhR/*Soppe*[14] Rn. 11). Anknüpfungspunkt aller Betrachtungen ist die Gegenleistung, die der Urheber für die Einräumung seiner Nutzungsrechte erhalten hat. Anders als z. B. § 433 Abs. 2 BGB, der als Gegenleistung den „Kaufpreis" verlangt, der in Geld zu entrichten ist, da ansonsten Tausch (§ 480 BGB) vorliegt, stellt § 32a solche Anforderungen nicht. Es ist also **denkbar,** dass die Gegenleistung **nicht in Geld** besteht und dennoch § 32a nicht eingreift. Freilich dürfte dies eher selten der Fall sein. § 32a wäre z. B. nicht erfüllt, wenn der berühmte Sammler dem jungen Künstler für die Einräumung bestimmter Nutzungsrechte für einen Bildband ein wertvolles Gemälde aus seiner Sammlung übereignet. Der BGH betont mittlerweile in st. Rspr. eine **vierstufige Prüfung** (teilweise wird von einer dreistufigen Prüfung gesprochen, die aber nur die ersten beiden Stufen zusammenfasst):

(1) Zunächst muss die mit dem Urheber tatsächlich vereinbarte Vergütung festgestellt werden (im folgenden: Urheber-Vergütung),

(2) sodann die vom Verwerter erzielten Erträge und Vorteile (im folgenden: Verwerter-Erträge).

(3) Daran anschließend ist die Vergütung zu bestimmen, die – im Nachhinein betrachtet – insbesondere unter Berücksichtigung der erzielten Erträge und Vorteile angemessen im Sinne des § 32 ist (im folgenden: Angemessene Vergütung).

(4) Abschließend ist zu prüfen, ob die vereinbarte Vergütung im Blick auf diese angemessene Vergütung in einem auffälligen Missverhältnis zu den Erträgen und Vorteilen steht (im folgenden: Missverhältnis).

Dies betont der BGH mittlerweile in st. Rspr. (BGH GRUR 2012, 496 Tz. 25 und 40 – *Das Boot*; BGH ZUM 2013, 39 Tz. 55 – *Fluch der Karibik*; ebenso OLG Köln GRUR-RR 2014, 323, 324 – *Alarm für Cobra 11*; OLG München ZUM 2013, 47, 50; KG GRUR Int. 2016, 1072 – *Fluch der Karibik II*; LG Köln GRUR-RR 2013, 54, 57 – *Designbücher*; LG Berlin ZUM-RD 2016, 522, 527; LG München I ZUM 2016, 776, 780 – *Das Boot III*). Ist die Vergütung nicht bereits aufgrund eines früheren Anspruchs auf angemessene Vergütung gem. § 32 Abs. 1 S. 3, Abs. 2 oder weitere Beteiligung gem. § 32a Abs. 1 S. 2 angepasst worden, ist bei der Prüfung eines auffälligen Missverhältnisses die ursprünglich vereinbarte Vergütung zu den Erträgen und Vorteilen ins Verhältnis zu setzen. Dies gilt auch dann, wenn frühere Ansprüche auf angemessene Vergütung gem. § 32 Abs. 1 S. 3, Abs. 2 oder weitere Beteiligung gem. § 32a Abs. 1 S. 2 verjährt sind BGH GRUR 2016, 1291, 1296 – *Geburtstagskarawane*).

aa) Urheber-Vergütung: Bezugspunkte des Missverhältnisses sind auf der einen   **13** Seite die **Gegenleistung,** also in der Regel das Entgelt bzw. die Vergütung, auf der anderen Seite die Erträge und Vorteile aus der Nutzung des Werkes. Der Wortlaut gibt vor, dass jede Gegenleistung eingestellt werden muss, also nicht nur die Vergütung, sondern auch etwaige ausdrücklich vereinbarte Sonderkonditionen beim Erwerb von Werkexemplaren, Übernahmen von besonderen Kosten bei der Schaffung eines Werkes (Dreier/Schulze/*Schulze*[5] Rn. 26) oder gewährte Vergünstigungen in anderen Verträgen. Ausgenommen dürften solche Leistungen des Verwerters sein, die nicht im Synallagma stehen, also etwa Leistungen für die Vermarktung (Dreier/Schulze/*Schulze*[5] Rn. 27); Letztere dürften in Fällen der regelmäßigen vertraglichen Abbedingung ohnehin eher Obliegenheiten als eigentliche Leistungspflichten sein. Auch Ausschüttungen von Verwertungsgesellschaften sind nicht zu berücksichtigen (BGH GRUR 2012, 496 Tz. 29 – *Das Boot*).

Es kommt auf die tatsächlich vereinbarte Gegenleistung an und nicht etwa auf hypothetische Gegenleistungen, die erreicht worden wären, hätte der Urheber einen Anspruch nach § 32 zuvor durchgesetzt (BGH GRUR 2016, 1291 Tz. 54 – *Geburtstagskarawane*). Der BGH wendet sich damit zu Recht klar gegen das Argument der Vorinstanz, es würden sonst die Verjährungsvorschriften (des § 32 Anspruchs) unterlaufen (BGH GRUR 2016, 1291 Tz. 55 – *Geburtstagskarawane*).

Dabei ist von dem Grundsatz auszugehen, dass eine dem Urheber gewährte Pauschalvergütung in vollem Umfang als Gegenleistung im Sinne von § 32a anzusetzen und nicht in eine außer Ansatz zu lassende Teilvergütung für die Arbeitsleistung und eine zu berücksichtigende Teilvergütung für die Einräumung des Nutzungsrechts aufzuteilen ist (KG GRUR Int. 2016, 1072, 1074 – *Fluch der Karibik II*). Im Falle einer Pauschalzahlung an den Urheber stellt sich aber die Frage, **auf welchen Zeitraum diese zu verteilen ist.** Der BGH hat sich hierzu noch nicht abschließend geäußert, sondern spricht von einer „**wertenden Betrachtung**" (BGH GRUR 2012, 496 Tz. 32 – *Das Boot*). Einzelne Gerichte wollen die Vergütung auf den Zeitraum seit Zahlung bis zur mündlichen Verhandlung verteilen (LG München I (ZK 21), Urt. v. 16.12.2015, 21 O 25511/10 – zitiert nach juris). Richtig dürfte sein zu fragen, in welchen Zeitraum das betreffende Werk üblicherweise ausgewertet wird und damit diese Vergütung z. B. bei einem Spielfilm regelmäßig auf den beschränkten Zeitraum rund um den Kinostart und nachfolgende DVD-Verwertung zu verteilen (LG München I (ZK 7) ZUM 2016, 776 –*Das Boot*). Anders ausgedrückt: Erfolgt eine Verwertung und der erhebliche Erfolg erst später, steht dem keine Vergütung mehr gegenüber, die in die Gegenüberstellung von Erträgen, Vorteilen und Vergütung einzustellen ist. Zum **Verhältnis zu § 36 UrhG a. F.** vgl. Rn. 53. Nur wenn eine Vergütung für diesen alten Anspruch schon „verbraucht" wurde, kann sie bei der hier anzustellenden Berechnung nicht mehr angesetzt werden (BGH GRUR 2012, 496 Tz. 61 – *Das Boot;* OLG München ZUM 2013, 47, 50; OLG München GRUR-RR 2013, 276 – *Das Boot II;* OLG Köln GRUR-RR 2014, 323, 324 f. – *Alarm für Cobra 11*) ; LG Köln GRUR-RR 2013, 54, 57 – *Designbücher*).

14   **bb) Verwerter-Erträge:** Gegenüberzustellen sind zum einen die **Erträge** des Verwerters oder – wie das Gesetz inkonsistent in Abs. 2 formuliert – die Erträgnisse, ohne dass damit ein Unterschied verbunden ist. Hierunter sind alle Einnahmen des Verwerters zu verstehen, abzüglich der Umsatzsteuer (und anderer abzusetzender Belastungen: BGH GRUR 1991, 901, 903 – *Horoskop-Kalender,* der dies bei der Abwägung zwischen Erträgnissen und Nutzung einstellt), ohne weitere Abzüge für andere Kosten (*Reber* GRUR 2003, 393, 396; *Schaub* ZUM 2005, 212, 218; Dreier/Schulze/*Schulze*[5] Rn. 28; Schricker/Loewenheim/*Schricker/ Haedicke*[5] Rn. 17; unsere 9. Aufl./*Hertin* § 36 Rn. 6; a. A. noch Wandtke/Bullinger/*Wandtke/Grunert*[2] Rn. 11, nunmehr Bruttoerlöse Wandtke/Bullinger/ *Wandtke/Grunert*[4] Rn. 11), mithin geht es **nicht** um den **Gewinn** (BGH GRUR 2012, 496 Tz. 33 – *Das Boot;* OLG Köln GRUR-RR 2014, 323, 325 – *Alarm für Cobra 11;* LG Berlin ZUM-RD 2016, 522, 527). Näher zum Streitstand des Begriffs der Erträge *Castendyk* ZUM 2016, 314, 315 f., der darauf verweist, dass im Filmbereich Nettoerlösbeteiligungen die Regel seien. Zurecht anders aber KG GRUIR Int. 2016, 1072, 1074 – *Fluch der Karibik II* auch unter Verweis auf die hier vertretene Auffassung, da beim Abstellen auf den Nettoerlös die Vorschrift wegen typischerweise mehrgliedriger Verwertungsketten gerade im Filmbereich leerzulaufen drohe. Allerdings spielen diese bei der gerichtlichen Neufestsetzung der Vergütung eine Rolle (Dreier/Schulze/*Schulze*[5] Rn. 28 unter Verweis auf BGH GRUR 1991, 901, 903 – *Horoskop-Kalender* (Erträgnisse i. S. d. § 36 UrhG sind Bruttoerträgnisse); BGH GRUR 2002, 153, 154/155 – *Kinderhörspiele;*), sodass durchaus ein etwaiger Verlust des Verwerters oder dessen **Mischkalkulation** berücksichtigt werden kann (a. A. LG Berlin v. 27.7.2006 – 16 O 812/04, S. 14 UA); insofern kommt es zwar bei dem Tatbestandsmerkmal der Erträge und Vorteile auf Derartiges nicht an (hierzu bereits Gesetzesbegründung zu § 36 a. F. in RegE UrhG 1962 – BT-Drs. IV/270, S. 58), wohl jedoch bei der Abwägung (dazu vgl. Rn. 18; so nun auch BGH GRUR 2012, 496 Tz. 34 – *Das Boot*)). Zum anderen gehören zu den Gegenwerten für die Abwägung des Missverhältnisses auch die **Vorteile** des Verwerters. Hierunter können wirtschaftliche und ideelle Vorteile zu

verstehen sein; es dürften aber denklogisch nur solche sein, die dem Verwerter aus dem Vertrag zufließen. Es muss sich mithin nicht um Umsatzgeschäfte handeln, sondern auch andere Verwertungshandlungen fallen hierunter (BGH GRUR 2012, 496 Tz. 41 – *Das Boot*). Die reine Durchführung des Vertrages stellt keinen Vorteil dar. Wenn sich also z. B. aus dem Urhebervertrag ergibt, dass das Recht zur Werbung eingeräumt wurde, kann die Nutzung des Werkes zu Werbezwecken nicht noch ein Vorteil sein (so nun auch KG ZUM 2010, 532, 533; a. A. wohl Dreier/Schulze/*Schulze*[5] Rn. 29 unter Verweis auf die in der Tat missverständliche Erwähnung in der FormH v. 14.1.2002 zu RegE UrhVG 2002, S. 20, die Werbung nur als Beispiel eines nicht umsatzbringenden Nutzungsvertrages kennt). Abgedeckt wird mit der Begrifflichkeit nunmehr aber auch die innerbetriebliche Verwertung (*Hagen* S. 110; Dreier/Schulze/*Schulze*[5] Rn. 29 unter Verweis auf BGH 1985, 1041, 1046 – *Inkasso-Programm*, der diese Frage in der Tat noch offen gelassen hat). Der Vorteil kann auch in **Ersparnis von Aufwendungen** liegen, z. B. fällt hierunter das Ausstrahlen eines Filmwerkes durch eine öffentlich-rechtliche Rundfunkanstalt auch ohne direkte Einnahmen (BGH GRUR 2012, 496 Tz. 41 – *Das Boot*). Ob **Werbeerlöse**, z. B. bei einer fernsehmäßigen Verwertung, bei der Berechnung der Erträgnisse zu berücksichtigen sind, ist umstritten (nein: KG ZUM 2010, 346 ff. Tz. 83 – *Der Bulle von Tölz*; ja: OLG Köln ZUM-RD 2016, 27, 28; OLG München GRUR-RR 2010, 416, 418 – *Das Boot*; LG Berlin ZUM-RD 2016, 522, 532; *Hess*, Anmerkung zu LG München I, Urteil vom 24.3.2010, 21 O 11590/09, Juris Praxisreport Wettbewerbs- und Immaterialgüterrecht 10/2010, Anm. 3; Dreier/Schulze/*Schulze*[5] Rn. 31). Der BGH scheint sie zu berücksichtigen, jedenfalls „bei der Ermittlung des Gewinns" und wendet dies analog auch auf das öffentlich-rechtliche Gebührenaufkommen an (BGH GRUR 2012, 496 Tz. 90 – *Das Boot*), auch wenn er an anderer Stelle davon spricht, dass derartige „Finanzierungshilfen" nur bei der Abwägung zu berücksichtigen sind (BGH GRUR 2012, 496 Tz. 91 – *Das Boot*). In dieselbe Richtung geht der BGH, wenn er ausführt, dass in die Beurteilung, ob greifbare Anhaltspunkte für ein auffälliges Missverhältnis bestehen, die Werbeerlöse nicht einzurechnen sind (BGH ZUM 2013, 39 Tz. 57 – *Fluch der Karibik*), diese aber in der weiteren Stufe des Verfahrens nach Bezifferung der Zahlungsansprüche einbeziehen will (BGH ZUM 2013, 39 Tz. 57 – *Fluch der Karibik*). Man wird in jedem Fall Werbeerlöse, Finanzierungshilfen und erst recht ein noch unspezifischeres Gebührenaufkommen aber nur streng wertend berücksichtigen können; je kausaler ein solcher Erlös mit dem Werk zusammenhängt, desto eher dürfte er zu berücksichtigen sein (gegen die Berücksichtigung von Filmförderung als sonstiger Vermögensvorteil *Castendyk*, ZUM 2016, 314, 316). Wenn ein Verwerter im Einzelfall gar **keinen Ertrag oder Vorteil** hat, wie z. B. bei einem Landeswappen, das der entsprechende Hoheitsträger verwendet, kann § 32a schon daran scheitern. Denn **allein** für den **ideellen Wert** ist ein Anspruch aus § 32a nicht vorgesehen (OLG Frankfurt ZUM-RD 2015, 100, 105 f.).
Erträge oder Vorteile aus einer Verwertung im **Ausland** (dafür: *Wilhelm Nordemann* § 32a Rn. 18) sind in die Abwägung jedenfalls dann einzubeziehen, wenn der zugrundeliegende Vertrag deutschem Recht untersteht (BGH ZUM 2013, 39 Tz. 56 – *Fluch der Karibik*; LG Berlin ZUM-RD 2016, 522, 527; KG GRUR Int. 2016, 1072, 1074 – *Fluch der Karibik II*). Wie die Frage des Missverhältnisses auf den gesamten Vertrag, also auch die etwaige Nutzung im Ausland, bestimmt werden muss, vgl. § 32b Rn. 5 f. Erträge und Vorteile von **Konzerngesellschaften** sind nur bei diesen zu berücksichtigen, zu dieser Sondersituation s. aber unten vgl. Rn. 32a.

cc) **Angemessene Vergütung:** Die angemessene Vergütung (3), die mit der so   **15**
ermittelten (1) Urhebervergütung und den (2) Verwerter-Erträgen abzugleichen ist, ist nach den Regeln des § 32 zu ermitteln (vgl. § 32 Rn. 33 ff. und in den einzelnen Branchen Rn. 59 ff.). Nach dem neuen § 32 Abs. 2a, auf den § **32a**

Abs. 4 S. 2 verweist (s. § 32 Rn. 32a) können GemVergRegel zur Ermittlung der Angemessenheit der Vergütung auch für Verträge herangezogen werden, die vor dem zeitlichen Anwendungsbereich der gemeinsamen Vergütungsregel abgeschlossen worden sind.

16 **dd) Missverhältnis:** Das neue Urhebervertragsrecht hat damit die Hürde für das Eingreifen der ehemals als Bestsellerparagrafen bezeichneten Norm „deutlich herabgesetzt" (FormH v. 14.1.2002 zu RegE UrhVG 2002, S. 19; BeschlE RAusschuss UrhVG 2002 – BT-Drs. 14/8058, S. 19). Danach soll im Gegensatz zur alten Rechtslage ein solches Missverhältnis „jedenfalls dann vorliegen, wenn die vereinbarte Vergütung um 100 % von der angemessenen Vergütung abweicht" (FormH v. 14.1.2002 zu RegE UrhVG 2002, S. 19; LG Berlin ZUM-RD 2007, 194, 198). Dabei erwähnt die Gesetzesbegründung ausdrücklich die Rechtsprechung des BGH (BGH GRUR 1996, 763, 765 f. – *Salome II*), an der sie nicht anknüpfen wolle (FormH v. 14.1.2002 zu RegE UrhVG 2002, S. 19). Zugleich weist sie darauf hin, dass „nach Maßgabe der Umstände [...] aber auch bereits geringere Abweichungen ein auffälliges Missverhältnis" begründen können (FormH v. 14.1.2002 zu RegE UrhVG 2002, S. 19; Schricker/Loewenheim/*Schricker/Haedicke*[5] Rn. 20, der zu Recht zur Vorsicht bei Quantifizierungen rät). Ausdrücklich Bezug nimmt der Gesetzgeber hierzu schließlich auf die Regelung des französischen Rechts in Art. 37 Code de la Propriété Intellectuelle, wonach Pauschalvergütungen zu korrigieren sind, wenn die Differenz zwischen der vereinbarten und der angemessenen Vergütung mehr als 7/12 beträgt (*Hertin* FuR 1975, 303, 310; FormH v. 14.1.2002 zu RegE UrhVG 2002, S. 19 unter Verweis auf *v. Lewinski* FS Schricker I S. 685, 697). *Wilhelm Nordemann* lässt eine Abweichung von 2/3 genügen (*ders.* § 32a Rn. 7); andere gehen von einer zulässigen Unterschreitung bis zu 20 %-30 % aus (Wandtke/Bullinger/*Wandtke/Grunert*[4] Rn. 20; Möhring/Schulze/Ulmer/Zweigert/*Schricker* S. 38). Man kann **keine starre Grenze** finden; je nach der Lage des Einzelfalls, die entscheidend in die Abwägung einfließen muss (dazu unten vgl. Rn. 18), sind Fälle denkbar, in denen weniger als 100 % ausreichen, aber auch Fälle, in denen bei 100 % Abweichung noch kein auffälliges Missverhältnis vorliegt. So hat der Bundesgerichtshof ein grobes Missverhältnis i. S. d. § 36 a. F. angenommen, wenn die Vergütung zwischen 1,4 % – 0,7 % des Erlöses betrug und die angemessene Verhütung bei mindestens 5 % des Erlöses lag (BGH GRUR 2002, 153 ff. – *Kinderhörspiele*). Demgegenüber reichte die Vereinbarung einer Vergütung, die die übliche Vergütung um 100 % unterbot (also nur 50 % der üblichen Vergütung erreichte), nicht aus, um ein grobes Missverhältnis i. S. d. § 36 a. F. zu begründen (BGH GRUR 1996, 763 ff. – *Salome II*). Mittlerweile tendiert der BGH dazu, jedenfalls bei 50 % der angemessenen Vergütung ein Missverhältnis anzunehmen: Da die gesamten Beziehungen des Urhebers zum Nutzungsberechtigten zu berücksichtigen sind, können nach Maßgabe der Umstände aber auch bereits geringere Abweichungen ein auffälliges Missverhältnis begründen (s. BGH GRUR 2012, 496 Tz. 25 – *Das Boot*; BGH ZUM 2013, 39 Tz. 55 – *Fluch der Karibik*; ebenso LG Köln GRUR-RR 2013, 54, 57 – *Designbücher*; OLG München ZUM 2013, 47, 53 (bezüglich Übersetzer) und LG Berlin ZUM-RD 2016, 522, 527, jeweils unter Bezugnahme auf BGH, a. a. O.; bestätigt durch KG ZUM-RD 2016, 510, 516; s. a. BeschlussE RAusschuss UrhVG 2002 – BT-Drs. 14/8058, S. 19).
Das Verhältnis zu § 32 ist durch BGH GRUR 2016, 1291 – *Geburtstagskarawane* geklärt: Eine Erkenntnis, dass eine ursprünglich (also aus der für § 32 relevanten ex ante Sicht) als angemessen betrachtete Vergütung aufgrund nachträglichen Erfolgs unangemessen wird, hat auf § 32 keinen Einfluss. Es kommt alleine auf den Zeitpunkt des Vertragsschlusses an (BGH GRUR 2016, 1291 Tz. 24 – *Geburtstagskarawane*). Zum Verhältnis des Anspruchs zu § 32 i.Ü, vgl. Rn. 47.

c) Beitrag muss nicht notwendig ursächlich für den Erfolg des Werkes sein: **17**
Nicht entscheidend war schon nach altem Recht, ob der Beitrag des Anspruchsinhabers **ursächlich** für den Erfolg des Werkes war (BGH GRUR 2002, 153,
154/155 – *Kinderhörspiele*; BGH GRUR 1991, 901, 903 – *Horoskop-Kalender*; OLG München ZUM 2001, 994, 999; Dreier/Schulze/*Schulze*[5] Rn 30;
Mestmäcker/Schulze/*Lindner* § 32a Anm. 2c; Schricker/Loewenheim/*Schri-
cker/Haedicke*[5] Rn. 21; Wandtke/Bullinger/*Wandtke/Grunert*[4] Rn. 14). Dies
gilt unverändert fort (FormH v. 14.1.2002 zu RegE UrhVG 2002, S. 19; ausdrücklich auch Schricker/Loewenheim/*Schricker/Haedicke*[5] Rn. 21). Allerdings
müssen die Erträgnisse auf das Werk zurückzuführen sein (KG ZUM 2010,
346, 350). Davon zu trennen ist die Frage, wer von mehreren Anspruchsberechtigten in welchem Umfang ursächlich für das Entstehen des Werkes war;
dies ist eine allgemeine Frage der Urheberschaft mehrerer am Werk (§ 8 und
§ 9). Allerdings wird zu Recht darauf hingewiesen, dass bei **untergeordneten**
Beiträgen § 32a zurückhaltend anzuwenden sein dürfte (FormH v. 14.1.2002
zu RegE UrhVG 2002, S. 19; Dreier/Schulze/*Schulze*[5] Rn. 30 unter Verweis auf
BGH GRUR 2002, 153, 156 – *Kinderhörspiele*; so auch OLG Naumburg
GRUR-RR 2006, 82, das allerdings verkennt, dass der Anspruch nach § 32a
nur dem Urheber und nicht etwa einem Unternehmen zustehen kann; im Übrigen dazu vgl. Rn. 8). Diese Abwägung dürfte wohl am ehesten bei dem sogleich
zu behandelnden Tatbestandsmerkmal der Berücksichtigung **der gesamten Beziehungen des Urhebers zu dem anderen** zu verorten sein (vgl. Rn. 18).

d) Unter Berücksichtigung der gesamten Beziehungen des Urhebers zu dem **18**
anderen: Dieses Tatbestandsmerkmal kannte schon § 36 a. F. (unsere 9. Aufl./
Hertin § 36 Rn. 6; Schricker/Loewenheim/*Schricker/Haedicke*[5] Rn. 18). Die
hierzu ergangene Rechtsprechung (BGH GRUR 1991, 901, 903 – *Horoskop-
Kalender*; BGH GRUR 2002, 153, 154/155 – *Kinderhörspiele*; BGH GRUR
2002, 602, 604 – *Musikfragmente*) gilt fort (zu diesem generellen Postulat für
den neuen § 32a: BeschlE RAusschuss UrhVG 2002 – BT-Drs. 14/8058, S. 19).
Dieses Tatbestandsmerkmal dürfte der **umfassenden Abwägung** beider beteiligter Interessen dienen (KG ZUM 2010, 346, 351). An dieser Stelle sind also
neben den Besonderheiten auf Urheberseite auch die Kostensituation des Verwerters, etwaige Verluste von ihm und die von ihm möglicherweise vorgenommene Mischkalkulation zu berücksichtigen, der BGH spricht von den Gewinn
schmälernde Aufwendungen (BGH GRUR 2012, 496 Tz. 29 – *Das Boot*; s.
LG Berlin ZUM-RD 2016, 522, 531, das unter Bezugnahme auf BGH a. a. O.
Verluste aus der Vermarktung früherer Werke des Urhebers berücksichtigt; insoweit bestätigt von KG ZUM-RD 2016, 510, 513). Zum alten Recht nannte
der Bundesgerichtshof beispielhaft das unternehmerische Risiko, die Bedeutung
der Grundidee, etwaige Beiträge des Verwerters zur Gestaltung des Werkes
(BGH GRUR 1991, 901, 903 – *Horoskop-Kalender*); gegen Berücksichtigung
des allgemeinen unternehmerischen Risikos LG Berlin ZUM-RD 2016, 522,
533; bestätigt durch KG ZUM-RD 2016, 510, 516 Das Gesetz differenziert
die **Aufwendungen** – ebenso wenig wie die Vergütung des Urhebers – nicht
nach solchen, die bei jeder Verwertung anfallen und solchen, die die betroffene
Verwertung besonders erscheinen lassen (so aber wohl Dreier/Schulze/*Schulze*[5]
Rn. 33). Bei **Verlusten** wird man zu differenzieren haben. Während bei § 32 ein
umfassender Abgleich auch mit anderen Werken anderer Urheber statthaft ist
(vgl. § 32 Rn. 57 f.; das betont nun auch der BGH, der ausdrücklich auf den
Unterschied zwischen § 32 und § 32a und seine entsprechenden Ausführungen
zu Mischkalkulationen bei § 32 hinweist: BGH GRUR 2012, 496 Tz. 34 –
Das Boot), kommt es bei § 32a nur auf etwaige Verluste mit anderen Werken
desselben Urhebers an (BGH GRUR 2012, 496 Tz. 29 – *Das Boot*; so auch
Dreier/Schulze/*Schulze*[5] Rn. 34; Schricker/Loewenheim/*Schricker/Haedicke*[5]
Rn. 18; OLG München ZUM 2001, 994, 1002). Das LG Köln betont, dass

Verluste aus nicht erfolgreichen Werken nicht allein dem Verwerter zugewiesen werden dürften, da dies dem Grundsatz der fairen Beteiligung unter Berücksichtigung der gesamten Beziehungen der Parteien widerspräche (LG Köln GRUR-RR 2013, 54, 58 – *Designbücher*). Schließlich deutet die Gesetzesbegründung an, dass an dieser Stelle auch die Frage zu entscheiden ist, wie viel Anteil der Urheber an dem Werk überhaupt hatte. Die Gesetzesbegründung spricht davon, dass § 32a bei untergeordneten Beiträgen zurückhaltend anzuwenden sein wird (BeschlE RAusschuss UrhVG 2002 – BT-Drs. 14/8058, S. 19).

19 e) **Verlangen des Urhebers:** Der Anspruch auf Vertragsänderung, den § 32a begründet, setzt voraus, dass der Urheber eine Änderung des Vertrages verlangt. Unterlässt er dies und klagt unmittelbar auf Änderung des Vertrages vor Gericht, riskiert er – wie aber allgemein in Prozessen des gewerblichen Rechtsschutzes und Urheberrechts – ein für ihn kostenpflichtiges Anerkenntnis der Gegenseite (§ 93 ZPO). Das Tatbestandsmerkmal ist also nicht im Sinne einer materiellen Anspruchsvoraussetzung zu verstehen.

20 f) **Ohne Rücksicht auf Kenntnis:** § 32a Abs. 1 S. 2 stellt klar, dass es für den Anspruch **nicht mehr darauf ankommt**, ob die Vertragspartner die Höhe der erzielten **Erträge oder Vorteile vorhergesehen haben** oder **vorhersehen können**. Damit hat der Gesetzgeber – nachdem er den reinen, nur an die tatsächliche Nutzung anknüpfenden Vergütungsanspruch des Professorenentwurfs nicht aufnehmen wollte (FormH v. 19.11.2001 zu RegE UrhVG 2002, S. 15) – jedenfalls diesem restriktiven Merkmal der Rechtsprechung (BGH GRUR 1991, 901, 902 – *Horoskop-Kalender*; BGH GRUR 1998, 680, 684 – *Comic-Übersetzungen*), das viele Verfahren des § 36 a. F. scheitern ließ, eine Absage erteilt.

21 g) **Ausschluss (Abs. 4) durch GemVergRegeln oder Tarifvertrag:** Der Gesetzgeber schließt die Ansprüche nach § 32a durch § 32a Abs. 4 aus, wenn Tarifverträge oder gemeinsame Vergütungsregeln den Belangen der Urheber hinsichtlich angemessener Vergütung Rechnung tragen. Dies gilt auch für den Fall, soweit sie **ausdrücklich** eine weitere angemessene Beteiligung für den späteren außergewöhnlichen Erfolg der Werkverwertung vorsehen, welches zu einem auffälligen Missverhältnis zwischen Vergütung und Erträgnissen sowie Vorteilen führt (Abs. 4; so auch *Wilhelm Nordemann* § 32a Rn. 20), Denn dann haben Vertreter der Berechtigten auf kollektiver Ebene die Interessen der Berechtigten bereits eingebracht.) Die Normierung muss nicht ausdrücklich die Norm des § 32a erwähnen. Die Vereinbarung eines normalen bloßen Vergütungsanspruches enthält im Zweifelsfall keine Regelung zum § 32a. Dasselbe gilt für **Tarifverträge**. Auch diese müssen also ausdrücklich den besonderen Anspruch des § 32a normieren. **Tarifverträge** gehen sogar gemeinsamen Vergütungsregeln vor. Allerdings setzen sie natürlich zusätzlich voraus, dass die Beteiligten tarifgebunden sind.

4. Praxisbeispiele

22 Die für die Angemessenheitsprüfung relevanten Bemessungskriterien für Übersetzer (vgl. § 32 Rn. 87 ff.) gelten ohne Abschlag auch für Jugendbuchübersetzungen (OLG Nürnberg GRUR-RR 2015, 513, 514 – *Jugendbuchübersetzung*).

23 Für den **Film- und Fernsehbereich** betont das KG bei einem vorgeschalteten Auskunftsanspruch, dass es für einen etwaigen Anspruch nach § 32a nicht auf die ex ante nach § 32 zu bemessenden angemessenen Vergütungen ankommt, sondern darauf, was angesichts des Erfolgs an Erträgen und Vorteilen beim Verwerter angefallen ist; im Streitfall hatte der Kläger DM 650.000,00 für sieben Drehbücher erhalten sowie DM 10.000,00 für „dramaturgische Mitarbeit" für jedes Drehbuch ab der 27. Folge, die insgesamt mit ca. DM 500.000,00 dotiert wurde. Angesichts der umfassenden Auswertung nahm das Kammergericht Anhaltspunkte für ein Missverhältnis an (KG ZUM 2010, 346, 350); dabei müssen z. B. Werbeerlöse des Verwerters nicht zwingend eine größere Rolle spielen, da diese auch auf andere Faktoren als das Werk zurückzuführen sein können. Für den Film Das Boot berücksichtigt das OLG München die vielfache Fernsehausstrahlung, allerdings nur kursorisch im Rahmen des vorbereitenden Auskunftsanspruchs; es sah bei einer Vergütung von etwa EUR 104.000 für den Chefkameramann in diesem überragend verwerteten Film klare Anhaltspunkte für einen Anspruch nach § 32a (OLG München ZUM 2010, 808 – Das Boot). Nach Ansicht des LG Berlin ist zur Ermittlung des Ausmaßes eines Übererfolges eines **synchronisierten Films** im Kino ein Vergleich mit den Besucherzahlen sämtlicher synchronisierten Filme im deutschsprachigen Raum im Erstaufführungsjahr anzustellen (LG Berlin ZUM-RD 2016, 522, 529 f.; insoweit bestätigt durch KG ZUM-RD 2016, 510, 515). Der sich daraus ergebene Faktor ist sodann mit dem angemessenen und üblichen Honorar des Synchronsprechers zu multiplizieren (LG Berlin ZUM-RD 2016, 522, 531; bestätigt durch KG ZUM-RD 2016, 510, 516). s. ein fiktives Praxisbeispiel für den Filmbereich bei *Castendyk* ZUM 2016, 314, 317 ff. Wiederholungshonorare sind nach dem LG Berlin eine geeignete Vergütung, um ein Missverhältnis bei der Vergütung eines Drehbuchautors einer Fernsehserie auszugleichen (LG Berlin ZUM-RD 2012, 281). Nach Ansicht von Wandtke/Bullinger/*Wandtke/Grunert*[4] Rn. 21 sind Pauschalvergütungen in der Filmwirtschaft nicht generell unangemessen. Entscheidend sei das Verhältnis der Pauschalvergütung zur angesichts der Werknutzung angemessenen Vergütung. Kritisch gesehen wird eine Tendenz in der Film- und Fernsehwirtschaft, den Anwendungsbereich von § 32 zu begrenzen oder ein Pauschalhonorar angesichts der branchenspezifischen Risiken als zwingend anzusehen (Wandtke/Bullinger/*Wandtke/Grunert*[4] Rn. 21 m. w. N.). Das LG Berlin hält eine nachträgliche Pauschalvergütung dann für angemessen, wenn das ursprünglich gewährte Pauschalhonorar bei einem durchschnittlich erfolgreichen Film angemessen gewesen wäre. Dies habe zur Folge, das proportional zum Übererfolg multiplizierte Pauschalhonorar als angemessen zu beurteilen (LG Berlin ZUM-RD 2016, 522, 533). Das OLG Köln zieht bei der Angemessenheitsprüfung in der Filmwirtschaft im Hinblick auf den Umfang der pauschal abgegoltenen Nutzungen auch die kalkulatorischen Vorstellungen der Vertragspartner zum Zeitpunkt des Vertragsschlusses heran (OLG Köln GRUR-RR 2014, 323, 326 – *Alarm für Cobra 11*). Für **Synchronsprecher** ist ein Honorar, das sich auch Grundhonorar und Take-Honorar zusammensetzt, angemessen, jedenfalls für durchschnittliche erfolgreiche Filme (KG GRUR Int. 2016, 1072 – *Fluch der Karibik II*)

[derzeit leer]   **24**

5.   Folgen: Änderungsanspruch

Das Gesetz gewährt dem Urheber bei Vorliegen der Voraussetzungen des § 32a   **25** keinen unmittelbaren Zahlungsanspruch, sondern einen Anspruch auf **Änderung des Nutzungsvertrages** (BeckOK UrhR/*Soppe*[14] Rn. 40; a. A. *Berger* GRUR 2003, 675, 677 f., dessen praktisches Argument in der Tat einige der Unklarheiten im Verhältnis zwischen § 32 und § 32a beseitigt, aber das weitere Problem nicht löst, wie in der Zukunft entstehende weitere Erträge erfasst werden können). Zur Verbindung dieses Anspruchs mit einem Zahlungsantrag vgl. Rn. 45. Ebenso ungeklärt ist, wie der **Tenor bzw. Antrag** im Falle des **direkten Anspruchs gegen einen Dritten** nach Abs. 2 lautet. Erste Gerichte scheinen einem Gestaltungstenor zuzuneigen; zum Teil wird aber auch ein Feststellungstenor angewandt. Uns überzeugt ein Gestaltungstenor, der selbst den entsprechenden Zahlungsanspruch konstatiert, ggfs. verbunden mit notwendigen Begleitregelungen zur Fälligkeit und zur Überprüfung der jeweiligen Abrechnung (LG München I GRUR 2016, 324 – *Das Boot III*). Ein solches Urteil auf Leistung ist unseres Erachtens auch nicht davon abhängig, ob bereits eine Zahlungssumme (in der Regel dann nur für die Vergangenheit) berechenbar ist; auch ein Urteil auf Leistung einer prozentualen Beteiligung ist denkbar. Es gestaltet damit das Rechtsverhältnis zwischen dem Urheber und dem Dritten und ersetzt den zwischen diesen nicht bestehenden Vertrag. Daneben lässt der BGH dem Urheber die, auch den erstmaligen Abschluss eines ergänzenden Vergütungsvertrages zu beantragen (BGH Beschl. v. 28.2.2017, I ZR 46/16 Tz. 29, GRUR-RR 2017, 185 – *Derrick* unter ausdrücklichem Bezug auf BGH GRUR 2016, 1291 Tz. 20 – *Geburtstagskarawane*).

26 **a) Weitere angemessene Beteiligung:** Bereits in der amtlichen Überschrift kommt zum Ausdruck, dass die Regelfolge des Anspruchs ein Anspruch auf *Beteiligung* an den Erträgnissen des Verwerters ist. Die Gesetzesbegründung formuliert „[…] meist eine weitere Beteiligung […]" (FormH v. 14.1.2002 zu RegE UrhVG 2002, S. 18). Diese Einschränkung scheint allerdings mit dem Wortlaut nicht in Einklang zu bringen: Zwar kann man aus der amtlichen Überschrift des § 32a herauslesen, dass es eine Vorschrift geben muss, die in aller Regel ebenfalls eine Beteiligung verlangt, nämlich § 32 – sonst würde der Terminus „weitere" keinen Sinn machen. Dass § 32a aber, wie die Gesetzesbegründung formuliert (FormH v. 14.1.2002 zu RegE UrhVG 2002, S. 18), nur „meist" eine Beteiligung gewährt, formuliert § 32a gerade nicht. Dort ist ausschließlich von einer Beteiligung die Rede. Daraus folgt, dass mit dem Wortlaut des § 32a kaum andere Vergütungen gemeint sein können als Beteiligungshonorare (a. A. wohl Dreier/Schulze/*Schulze*[5] Rn. 42), wobei auch wiederholt gezahlte Pauschalen natürlich Beteiligungen sind. Diese Beteiligung muss angemessen sein; zur **Definition** dieses Merkmals kann auf **§ 32 Abs. 2 S. 2** zurückgegriffen werden (vgl. § 32 Rn. 33 ff.). Die dem Urheber insoweit zu gewährende weitere angemessene Beteiligung muss schließlich nur eine solche Höhe besitzen, dass das auffällige Missverhältnis beseitigt wird (*Berger* GRUR 2003, 675, 679 f.; *Erdmann* GRUR 2002, 923, 927; Loewenheim/*v. Becker*[2] § 29 Rn. 110; a. A. Dreier/Schulze/*Schulze*[5] Rn. 42; *Wilhelm Nordemann* § 32 Rn. 7; OLG Nürnberg GRUR-RR 2015, 513, 514 – *Jugendbuchübersetzung*; LG Berlin ZUM-RD 2016, 522, 532; zum alten Recht: BGH GRUR 2002, 153, 155 – *Kinderhörspiele*: „§ 36 zielt darauf ab, dem Urheber eine noch angemessene Vergütung zuzusprechen". Das Entgelt nur soweit zu erhöhen, dass das grobe Missverhältnis entfällt, würde diesem Ziel nicht gerecht". Dass nunmehr eine „weitere" Beteiligung gem. § 32a zu zahlen ist, kann kein Argument in diesem Zusammenhang sein (so aber Dreier/Schulze/*Schulze*[5] Rn. 42), denn es besagt vom Wortlaut her schon nicht „die", sondern will in der Systematik eher den Bogen zu § 32 spannen). Es wird auch in der Praxis nie eine einzige angemessene Vergütung – gewissermaßen „den goldenen Schnitt" des Urhebervertragsrechts – geben, sondern man dürfte daher wohl von einem **Korridor** ausgehen müssen. Dann aber dürfte es im Fall des § 32a ausreichen, wenn die Anhebung in diesen Korridor erfolgt; dabei muss aber nicht zwingend der Mittelwert dieses Korridors erreicht werden (so zu Recht Loewenheim/*von Becker*[2] § 29 Rn. 110). Ausführlich zu den Übungen der **einzelnen Branchen** vgl. § 32 Rn. 59 ff. und oben die **Praxisbeispiele** vgl. Rn. 22 f.

27 **b) Verjährung:** Der Anspruch entsteht mit Vorliegen der Voraussetzung des Tatbestands, also vor allem sobald das Missverhältnis eingetreten ist (OLG Nürnberg GRUR-RR 2015, 513, 515 – *Jugendbuchübersetzung*). Lediglich ein erst nach Vertragsschluss entstandenes Missverhältnis kann Ansprüche nach § 32a Abs. 1 S. 1 begründen. Ist die vereinbarte Vergütung hingegen bereits im Zeitpunkt des Vertragsschlusses nicht angemessen, entsteht der Anspruch aus

§ 32 Abs. 1 S. 3, Abs. 2 S. 2. Bei **laufender Werknutzung** begründet jede Nutzung einen **neuen Anspruch** auf angemessene Beteiligung (BGH GRUR 2016, 1291, 1293 – *Geburtstagskarawane*). Der Anspruch auf Vertragsanpassung verjährt nach den allgemeinen Regeln der §§ 194 ff. BGB (FormH v. 14.1.2002 zu RegE UrhVG 2002, S. 20). Die regelmäßige Verjährungsfrist beträgt **drei Jahre** (§ 195 BGB). Sie beginnt am Ende des Jahres, in dem der Anspruch entstanden ist *und* der Berechtigte von den ihn begründenden Umständen Kenntnis erlangt hat oder diese ohne grobe Fahrlässigkeit erlangen müsste (§ 199 Abs. 2 BGB). Bei **Gläubigerwechsel** (z. B. durch Erbfall) kommt es für den Beginn und Lauf der Verjährung auf den Kenntnisstand des ursprünglichen Gläubigers an (BGH GRUR-RR 2017, 185 – *Derrick*). Bei Unkenntnis, die nicht auf grober Fahrlässigkeit beruht, beträgt die Verjährungsfrist **zehn Jahre** ab *Entstehung* des Anspruchs – also nicht ab Ende des Jahres (§ 199 Abs. 4 BGB). Die Sonderproblematik des § 36 Abs. 2 a. F., wonach es unklar war, ob mit der einmal für die ersten Verwertungen eingetretenen Verjährung auch ein Berufen auf alle später vorgenommenen Nutzungen ausgeschlossen war, also die Verjährung gewissermaßen eine strikte Ausschlussfrist für den gesamten § 36 a. F. war (s. die Kommentierung hierzu in unserer 9. Aufl./*Hertin* § 36 Rn. 9), ist damit obsolet. Das bedeutet, dass es nun auf die Kenntnis der Umstände, die auf ein auffälliges Missverhältnis schließen lassen, ankommt, womit die 3-Jahres-Frist in Gang gesetzt wird, oder – wenn keine Kenntnis vorliegt – die 10-Jahres Frist. Hierfür bedarf es keiner Kenntnis eines konkreten Referenzwertes zu Vergleichszwecken. Es reicht vielmehr jede Kenntnis oder grob fahrlässige Unkenntnis von einer überdurchschnittlich erfolgreichen Auswertung des Werkes. So genügt etwa die Benutzung des Wortes „Bestseller" im Gespräch zwischen Urheber und Nutzungsberechtigtem (BGH GRUR 2016, 1291, 1294 f. – *Geburtstagskarawane*) (zur Verjährungsproblematik vgl. § 32 Rn. 23). Der **Erbe** muss sich Kenntnis des Erblassers dann nicht zurechnen lassen, wenn dieser vor Inkrafttreten des § 32a verstorben ist (OLG Zweibrücken ZUM 2016, 1065; dem folgend der BGH in der Zurückweisung der Nichtzulassungsbeschwerde: BGH Beschl. v. 28.2.2017, I ZR 46/16 Tz. 26). Der Urheber ist nicht verpflichtet, die Verwertung seines Werkes zu überwachen (OLG Köln GRUR-RR 2014, 323, 327 – *Alarm für Cobra 11*; Dreier/Schulze/*Schulze*[5] Rn. 67; Wandtke/Bullinger/*Grunert*[4] Rn. 31), muss aber Hinweise zur Kenntnis nehmen (vgl. § 32 Rn. 23). Der Beginn der regelmäßigen Verjährungsfrist eines Anspruchs auf weitere Beteiligung ist in Bezug auf Verwertungshandlungen von **Werken der angewandten Kunst** i. S. d. § 2 Abs. 1 Nr. 4, Abs. 2, die nach dem 1.6.2004 vorgenommen wurden, auf den 31.12.2014 hinausgeschoben. Denn erst im Jahr 2014 änderte der BGH seine Rechtsprechung zu den urheberrechtlichen Anforderungen an Werke der angewandten Kunst, die einem Geschmacksmusterschutz zugänglich sind. Zwar reicht grundsätzlich die Kenntnis der anspruchsbegründen Tatsachen für den Verjährungsbeginn aus. Dies gilt jedoch nicht bei **unsicherer** oder zweifelhafter **Rechtslage** bzw. bei gar entgegenstehender höchstrichterlicher Rechtsprechung, wie dies bei Werken der angewandten Kunst bis zur Entscheidung im Jahr 2014 der Fall war. Dabei ist es unerheblich, ob der Urheber bereits vor dem 1.6.2004 vom Werkcharakter seines Werkes ausgegangen war (BGH GRUR 2016, 1291, 1295 – *Geburtstagskarawane*).

Der vorbereitende **Auskunftsanspruch** (dazu unten vgl. Rn. 46 ff.) verjährt **27a** selbständig zum Anpassungsanspruch (BGH ZUM 2013, 39 Tz. 22 – *Fluch der Karibik*; OLG Köln v. 6.11.2009 – I-U 47/09, 6 U 47/09, zitiert nach juris; OLG Köln GRUR-RR 2014, 323, 327 – *Alarm für Cobra 11*); allerdings kann nach Verjährung des Hauptanspruchs ein etwa noch nicht verjährter Auskunftsanspruch wegen mangelnden Rechtsschutzinteresses nicht mehr geltend gemacht werden (OLG Köln v. 6.11.2009 – I-U 47/09, 6 U 47/09, zitiert nach juris; OLG Köln GRUR-RR 2014, 323, 327 – *Alarm für Cobra 11*). Nach Ansicht von Dreier/Schulze/*Schulze*[5] Rn. 67 kann Auskunft auch für den mehr als 10 Jahre zurückliegenden Zeitraum beansprucht werden, weil auch davor liegende Nutzungen das Missverhältnis und damit noch unverjährte Vergütungsansprüche mit beeinflussen. Die Auskunft müsse überdies auch den Zeitraum vor dem 29.3.2002 umfassen, um die gezahlte Vergütung ggf. auf die Zeit vor und nach dem 29.3.2002 aufteilen zu können. Für die die Verjährung in Gang setzende Kenntnis oder grob fahrlässige Unkenntnis reicht z. B. eine solche von einer überdurchschnittlich erfolgreichen Kinoauswertung (z. B. aus allgemein zugänglichen Quellen) eines Werkes (BGH ZUM 2013, 39 Tz. 23 – *Fluch der Karibik*). Grobe Fahrlässigkeit setzt dabei einen objektiv schweren und subjektiv nicht entschuldbaren Verstoß gegen die Anforderungen der im Verkehr erforderlichen Sorgfalt voraus. Grob fahrlässige Unkenntnis liegt vor, wenn dem Gläubiger die Kenntnis fehlt, weil er die im Verkehr erforderliche Sorgfalt in ungewöhnlich grobem Maße verletzt und auch ganz naheliegende Überlegungen nicht angestellt oder das nicht beachtet hat, was jedem hätte einleuchten müssen. Ihm muss persönlich ein schwerer Obliegenheitsverstoß in seiner eigenen Angelegenheit der Anspruchsverfolgung vorgeworfen werden können. Das kann auch vorliegen, wenn der Anspruchsteller sich trotz erheblicher beruflicher Inanspruchnahme der Berichterstattung in lokaler und überregionaler Presse verschlossen hat (BGH GRUR 2016, 1291, 1294 – *Geburtstagskarawane*; BGH ZUM 2013, 39 Tz. 23 – *Fluch der Karibik*; s. OLG Köln GRUR-RR 2014, 323, 327 – *Alarm für Cobra 11*).

6. Direkter Anspruch gegen dritte Nutzer

28 Die Formulierung des § 32a Abs. 2 ist erst durch den Rechtsausschuss aufgenommen worden (BeschlE RAusschuss UrhVG 2002 – BT-Drs. 14/8058, S. 19). Er wollte damit aber lediglich der – aus seiner Sicht – „herrschenden Auffassung" zu § 36 a. F. Rechnung tragen, die bereits unter Geltung des alten Rechts einen direkten Anspruch gegen den Inhaber des Nutzungsrechts, auch wenn er nicht Vertragspartner des Urhebers war, anerkannte (zu der Begründung Schricker/*Schricker*[2] § 36 Rn. 8 m. w. N.).

29 **a) Überblick und Vergleich zur früheren Rechtslage:** § 36 a.F. (allg. zu § 36 a. F. vgl. Rn. 56) kannte keine gesetzliche Regelung eines Durchgriffs, gleichwohl erzielte die überwiegende Meinung dasselbe Ergebnis (für einen Durchgriff gegenüber Dritten etwa Dreier/Schulze/*Schulze*[5] Rn. 45). Mit § 32a Abs. 2 muss man nicht mehr eine Analogie bemühen. Der Urheber hat also einen Durchgriffsanspruch gegen den berechtigten Verwerter, der in einer Kette von Nutzungsverträgen seine Berechtigung vom Vertragspartner des Urhebers ableitet. S. 2 stellt klar, dass in einem solchen Fall die Haftung des Erst- oder Vorerwerbers der Nutzungsrechte entfällt. Der Urheber kann also verständlicherweise die **weitere Beteiligung nicht doppelt** verlangen.

30 Da in Abs. 2 keine eigenständigen Anspruchsvoraussetzungen geregelt sind, sondern lediglich zusätzliche Tatbestandsmerkmale in Bezug auf die Nutzungsrechte und das Missverhältnis, handelt es sich um eine **Rechtsgrundverweisung**. Es müssen also alle Tatbestandsvoraussetzungen des Abs. 1 gegeben sein (vgl. Rn. 11 ff.). Das bedeutet, dass insb. auch die umfassende Abwägung erfolgt, also die gesamten Beziehungen des Urhebers zu dem anderen berücksichtigt werden.

31 **b) Voraussetzungen: – aa) Nutzungsrechtsübertragung oder -einräumung:** Da zwischen dem dritten Nutzer und dem Urheber kein Vertragsverhältnis besteht, bedarf es einer gesonderten Regelung bzw. **Begründung des Durchgriffs**. Abs. 2 knüpft diese an die **Übertragung oder Einräumung von Nutzungsrechten** durch den Vertragspartner des Urhebers im primären Urhebervertrag an. Dabei ist

gleichgültig, ob der Ersterwerber des Nutzungsrechts dieses dem Zweitwerber übertragen hat oder aber selbst nur ein (einfaches) Nutzungsrecht eingeräumt hat (zu dieser Unterscheidung vgl. Vor §§ 31 ff. Rn. 33 und Loewenheim/*Jan Bernd Nordemann*² § 60 Rn. 21 ff.). In beiden Fällen entsteht der Anspruch. Natürlich setzt der Anspruch gleichwohl voraus, dass der Ersterwerber diese Rechtseinräumungen/-übertragungen überhaupt vornehmen durfte, mithin die Rechtsmacht aus dem primären Urheberrechtsvertrag überhaupt vom Urheber erhalten hatte. Andernfalls begeht der Dritte schlicht eine Urheberrechtsverletzung.

bb) Auffälliges Missverhältnis aus den Erträgnissen oder Vorteilen eines Dritten: Die weitere Voraussetzung des Durchgriffsanspruchs, nämlich das auffällige Missverhältnis aus den Erträgnissen oder Vorteilen, entspricht dem Anspruch nach Abs. 1 (vgl. Rn. 12 ff.). Allerdings ist erforderlich, dass dieses **Missverhältnis gerade bei dem Dritten** entstanden ist. Das bedeutet, dass die Gegenleistung, die der Urheber erhält, mit den Erträgnissen oder Vorteilen, die der Dritte erzielt verglichen werden muss. Anders als bei Abs. 1 spielt hier aber auch eine Rolle, welche vertraglichen Absprachen zwischen dem Vertragspartner des Urhebers und dem Dritten bzw. den weiteren Beteiligten in der Rechtekette bestehen. Denn sollten diese dazu führen, dass von den Erträgnissen oder Vorteilen beim Dritten kaum etwas bei dem Vertragspartner des Urhebers ankommt, und dieser damit den Urheber nicht angemessen beteiligen kann, kann Abs. 2 erfüllt sein. Dies dürfte die etwas kryptische Formulierung „unter Berücksichtigung der vertraglichen Beziehungen in der Lizenzkette" (dazu sogleich mehr), die auch in der Gesetzesbegründung nicht näher erläutert wird, aussagen wollen. Nicht entscheidend dürfte es sein, ob die Gegenleistung, die der Lizenzgeber in der Kette, erhält in einem angemessenen Verhältnis zu den Vorteilen und Erträgnissen des Lizenznehmers steht (so aber wohl Dreier/Schulze/*Schulze*⁵ Rn. 52).

Ein Sonderproblem entsteht bei Verwertungen zweier oder mehr Parteien in einer Lizenzkette, die einem **Konzern** angehören. Unterstellt, die von ihnen intern verrechneten Konzernpreise halten – schon aus steuerlichen Gründen – einem Drittvergleich stand, stellt sich dennoch die Frage, wie das Missverhältnis berechnet wird, wenn es erst aus der Summe zweier Verwertungen in dem Konzern entsteht. Zunächst ist wichtig, gedanklich zu trennen zwischen dem auffälligen Missverhältnis und der Frage der Haftung für die Nachforderung. Man kann zunächst durchaus das auffällige Missverhältnis insgesamt feststellen und dann anschließend festlegen, welcher Beteiligte in der Lizenzkette gegenüber dem Urheber bzw. ausübenden Künstler mit welchem Anteil an den von ihm erzielten Vorteilen haftet. Wenn allerdings demgegenüber das auffällige Missverhältnis zwischen den Beteiligten der Lizenzkette jeweils separat festgestellt wird, dann kann die Vergütung, die der Urheber bzw. ausübende Künstler erhalten hat, auch nur im Verhältnis der erzielten Einnahmen angesetzt werden. Denn anderenfalls würde die vom Urheber nur einmal erhaltene Vergütung bei der Ermittlung des auffälligen Missverhältnisses in der Summe mehrmals zu seinen Lasten in Ansatz gebracht werden, was nicht nur sinnwidrig wäre, sondern auch mit der grundsätzlichen Zielsetzung von § 32a Abs. 2, die Situation des Urhebers auch durch die Möglichkeit der Durchgriffshaftung gegenüber dritten Lizenznehmern zu verbessern, nicht in Einklang gebracht werden kann. Dann ist aber zu ermitteln, welcher Anteil von dem Urheber erhaltenen Zahlung den Erträgnissen und Vorteilen des Dritten gegenüberzustellen ist. Dabei kann es zu Schwierigkeiten kommen, wenn eine Pauschalzahlung einem Verwertungszeitraum zuzuordnen ist (dazu oben vgl. Rn. 13). Einzelne Gerichte wollen die Vergütung auf den Zeitraum seit Zahlung bis zur mündlichen Verhandlung verteilen (LG München I Urteil vom 16.12.2015, 21 O 25511/10 – *Elvis Presley II*); andere fragen richtigerweise, in welchem Zeit-

32

32a

raum das betreffende Werk üblicherweise ausgewertet wird, z. B. bei einem Spielfilm regelmäßig ein beschränkter Zeitraum rund um den Kinostart und die nachfolgende DVD-Verwertung (LG München I ZUM 2016, 776 –*Das Boot III*).

33   cc) **Unter Berücksichtigung der vertraglichen Beziehungen in der Lizenzkette:** In der Beschlussempfehlung des Rechtsausschusses, der die Formulierung aufgenommen hatte (BeschlE RAusschuss UrhVG 2002 – BT-Drs. 14/8058, S. 19), fehlt leider jeder Hinweis zu den Hintergründen. Man wird jedoch vermuten dürfen, dass der Gesetzgeber Fälle im Blick hatte, in denen gewissermaßen „nach" dem primären Urheberrechtsvertrag zwischen Urheber und Erstverwerter eine Vielzahl weiterer Lizenzverträge geschaltet ist, die sich dadurch auszeichnen, dass bei jedem Lizenznehmer nicht der „volle Ertrag" verbleibt, sondern sich die **verschiedenen Verwerter** diesen **arbeitsteilig aufteilen**; man denke nur an die Verwertungskaskade im Filmbereich. Zu den Fallstricken dieses Durchgriffsanspruchs auch *Reber* GRUR Int. 2015, 802.

34   Dies stellt den Anspruchsinhaber vor zwei Probleme: Zum einen stellt sich die Frage der **Berechnung der Höhe** des Anspruches. Einerseits sind aus Sicht des Urhebers alle Erträge und Vorteile, die aus der Nutzung des Werkes oder der Leistung erzielt worden sind, in die Berechnung einzustellen. Fraglich ist jedoch, ob der Dritte die von ihm **bezahlten Lizenzgebühren** von den Erträgnissen abziehen darf, die Erträge also Nettobezugsgröße nach Abzug der Lizenzgebühren sind (in diese Richtung *Brauner* ZUM 2004, 100, 104; Dreier/Schulze/*Schulze*[5] Rn. 52; *Haas* Rn. 312). Man könnte allerdings auch die Brutto-Variante vertreten, dass die Erträge des Dritten ohne Abzüge etwaiger Kosten mit der Vergütung des Urhebers in Beziehung gesetzt werden (in diese Richtung: *Reinhard/Diestelkötter* ZUM 2003, 273).

35   Wenn man jedoch überlegt, die Lizenzgebühren vom Anspruch abzuziehen, stellt sich die Frage, ob nicht in weiterem Umfang **Investitionen des Lizenznehmers** auf den Anspruch anrechenbar sein sollten. Gewisse Kosten des Lizenznehmers, z. B. für interessante Bewerbungskonzepte, die Lizenznutzenverwirklichungskosten, sind Investitionen, die erst die Voraussetzung für die Realisierung der Erträge, an denen der Urheber nun teilhaben will, geschaffen haben. Insofern wäre es unfair, den Urheber ohne eine Beteiligung an diesen Kosten an den Bruttoerträgen teilhaben zu lassen. Andererseits muss man bedenken, dass die vollständige Anrechenbarkeit von Investitions- bzw. Transaktionskosten auf den Anspruch des Urhebers zu einer völligen (möglicherweise missbräuchlichen) Aushöhlung desselben führen kann. Zudem hat der Lizenznehmer diese Investition getätigt, da er mit einem gewissen Investitionsprofit gerechnet hat, der maßgeblich auf den Beitrag des Urhebers zurückgeht. Es stellt sich die Frage, wer der **Anspruchsgegner in einer Lizenzkette** ist: Grundsatz ist, dass im Ergebnis jeder der beteiligten Dritten natürlich nur für seine Erträgnisse oder Vorteile haften muss (*Castendyk* ZUM 2016, 314, 317; *Berger* GRUR 2003, 675, 680 f.; *Höckelmann* ZUM 2005, 526, 530; Schricker/Loewenheim/*Schricker/Haedicke*[5] Rn. 33; a. A. *Hertin* MMR 2003, 16, 20, der wohl eine Addition befürwortet). Dieses Ergebnis kann aber erreicht werden, indem der Anspruchsinhaber gegen jeden Lizenznehmer einzeln vorgeht oder gegen einen, der im Innenverhältnis der Lizenznehmer Rückgriff nimmt.

36   Das bedeutet, der **Urheber** muss ggfs. **gegen mehrere vorgehen**. Tut er dies nicht, kann sich der allein in Anspruch Genommene damit verteidigen, bei ihm sei nur ein ganz bestimmter Teil der Erträgnisse angefallen (a. A. Dreier/Schulze/*Schulze*[5] Rn. 52 unter Verweis auf *Wilhelm Nordemann* § 32a Rn. 16; zu einer Möglichkeit der Berechnung der Erträgnisse und Vorteile *Wilhelm Nordemann* § 32a Rn. 12 ff.). Da ein derartiges Vorgehen des Anspruchsinhabers gegen alle Lizenz-

nehmer die Durchsetzung des Nachforderungsanspruchs erheblich erschwert, plädiert *Schack*, Urheber- und UrhebervertragsR[7] Rn. 1100 für eine Gesamthandhaftung mit Haftung des letzten Lizenznehmers für das Ganze („den Letzten beißen die Hunde"), der sich dann jeweils bei den anderen Lizenznehmern entweder nach vertraglich vereinbarter Freistellungsklausel für diese Fälle bzw. nach § 426 BGB in der Höhe der jeweils bei ihnen angefallenen Erträge schadlos halten kann *(Schack*, Urheber- und UrhebervertragsR[7] Rn. 1100). Nicht verstanden werden darf die Formel über die Lizenzkette in der Weise, dass nach innen etwaig existierende Regressansprüche nach außen durchschlagen (Schricker/Loewenheim/*Schricker/Haedicke*[5] Rn. 33 m. w. N.).

c) **Folgen:** Die Rechtsfolgen des Durchgriffsanspruchs sind nicht etwa eigenständig in Abs. 2 geregelt. Das Gesetz verweist lediglich auf den **Anspruch nach Abs. 1**, nimmt aber **gewisse Anpassungen** vor (vgl. Rn. 38 ff.). Es handelt sich also um eine eingeschränkte Rechtsfolgenverweisung.   **37**

aa) **Haftung des Dritten nach Maßgabe des Abs. 1:** Grundsätzlich haftet der Dritte ebenso wie der Erstverwerter. Das bedeutete, dass der Anspruch auf eine Änderung des Vertrages gerichtet wäre. Dies ist jedoch, da mit dem Dritten kein Vertrag besteht, auf den ersten Blick nicht möglich. Also spricht viel dafür, dem Urheber einen **direkten Zahlungsanspruch gegen den Dritten** zu geben (*Wilhelm Nordemann* § 32a Rn. 15; so wohl auch *Ory* AfP 2002, 93, 100; *Berger* Rn. 306; Wandtke/Bullinger/*Wandtke/Grunert*[4] Rn. 29). Sollte jedoch der primäre Urhebervertrag so ausgestaltet sein, dass damit keine dauernde Vergütungslösung für die Zukunft verbunden ist, muss man überlegen, ob dem Urheber daneben ein Vertragsanpassungsanspruch gegen seinen Vertragspartner zugebilligt wird und zugleich eine Lösung für die zukünftige Nutzung des Dritten gefunden wird. *Schulze* scheint den Abschluss eines Vertrages mit dem Dritten als Lösung zu favorisieren (*Hilty/Peukert* GRUR Int. 2002, 643, 647; Dreier/Schulze/*Schulze*[5] Rn. 48; *Haas* Rn. 316). Das LG München I sprach dem Kläger einen direkten Zahlungsanspruch gegen den Dritten zu, wobei beim Vergleich der Erträge und Vorteile des Dritten mit der Vergütung des Urhebers die vom Dritten an den Lizenzgeber zu erbringende Gegenleistung zu berücksichtigen, d. h. von seinen Erträgen abzuziehen ist. Andere Kosten dürfen hingegen nicht von den Erträgen abgezogen werden (LG München I ZUM 2016, 776, 783 – *Das Boot III*). Ein Anspruch auf Abschluss eines Vertrages bestehe nicht (LG München I ZUM 2016, 776, 786 – *Das Boot III*). Auch das LG Berlin gewährt einen unmittelbaren Zahlungsanspruch gegen den Dritten (LG Berlin ZUM-RD 2016, 522, 526). Der BGH lässt dem Urheber die Wahl: BGH Beschl. v. 28.2.2017, I ZR 46/16 Tz. 29, GRUR-RR 2017, 185 – *Derrick* unter ausdrücklichem Bezug auf BGH GRUR 2016, 1291 Tz. 20 – *Geburtstagskarawane*; entweder erstmaliger Abschluss eines ergänzenden Vergütungsvertrages oder unmittelbare Zahlung. Das wirft für die Gerichte das Problem auf, diesen Vertrag ggf. selbständig formulieren zu müssen (dazu OLG München Urt. v. 1.6.2017. 6 U 310/16 – *Elvis II*); Zum Antrag bzw. Tenor s. a. oben vgl. Rn. 25 und unten vgl. Rn. 43.   **38**

Ob unter einer **Mehrzahl von Lizenznehmern** in der Kette ein **Teil-Gesamtschuldverhältnis** entsteht (so *Wilhelm Nordemann* § 32a Rn. 16), erscheint **zweifelhaft** (so auch *Brauner* ZUM 2004, 96, 98ff). Denn für eine Gesamtschuld ist eine nahezu bestehende inhaltliche Gleichheit der Schulden erforderlich (BGHZ 43, 227, 233). An dieser dürfte es fehlen, da jeder Dritte in der Kette nur im Rahmen seiner Erträgnisse und Vorteile haftet. Daher wird der Erstverwerter seiner Pflichten entbunden, es sei denn, bei ihm entstehen eigene besondere Erträge (*Berger* GRUR 2003, 675, 681).   **39**

Es dürfte sich anbieten, bei den Vertragsverhältnissen in der eben dargestellten Lizenzkette über **Freistellungsklauseln** nachzudenken. So könnte ein Lizenzge-   **40** ber einem Lizenznehmer Nutzungsrechte einräumen; dies jedoch davon abhängig machen, dass dem Lizenznehmer kein Regress im Falle der Inanspruchnahme durch einen Urheber nach § 32a Abs. 2 zusteht. Derartige Klauseln wirken natürlich **niemals zu Lasten des Urhebers**. Ob sie im Übrigen wirksam sind, wird von verschiedenen Faktoren abhängen. So sind sicherlich die **Grenzen des AGB-Rechts** zu beachten (BGH NJW 2006, 47, 49 ff. Tz. 29 ff. und Tz. 46: verschuldensunabhängige Rückgriffsansprüche verstoßen gegen § 307 Abs. 2 Nr. 1, Abs. 1 BGB), sofern es sich um vorformulierte Verträge handelt (wohl zu allgemein *Castendyk* ZUM 2007, 169, 176 f., der von einer generellen Unwirksamkeit ausgeht, denn ob im Unternehmensverkehr diese Schutzvorschrift zugunsten der Urheber wirklich greift, erscheint zweifelhaft; für die von ihm erörterte besondere Situation der Auftragsproduzenten überzeugt die Argumentation aber). Auch sind andere Unwirksamkeitsgründe wie § 119 ff. BGB denkbar. Ob solche Vertragskonstruktionen indes per se sittenwidrig sind (so *Wilhelm Nordemann* § 32a Rn. 17; *Hoeren* FS Nordemann II S. 181, 187 und wohl auch Dreier/Schulze/*Schulze*[5] Rn. 55; Wandtke/Bullinger/*Wandtke/Grunert*[4] Rn. 30; a. A. *Reinhard/Distelkötter* ZUM 2003, 269, 275; *Schack*, Urheber- und UrhebervertragsR[7] Rn. 1100, dort Fußnote 85), erscheint zweifelhaft (differenzierend wie hier wohl auch *Höckelmann* ZUM 2005, 526, 532 „in den weitaus meisten Fällen gemäß § 138 BGB nichtig"; für situative Anwendung des Maßstabes § 138 BGB: *Erdmann* GRUR 2002, 923, 927; ebenfalls differenzierend und auf die vergleichbare Situation des Rückgriffs in der Lieferkette im Kaufrecht (478 Abs. 4 BGB) HK-UrhR/*Kotthoff*[3] Rn. 39). Denn der Lizenznehmer genießt i. d. R. nicht den Schutzbereich der §§ 32, 32a; in seinem Vertragsverhältnis zum Lizenzgeber besteht vielmehr Vertragsfreiheit im üblichen Umfang. Zudem ist sehr wohl denkbar, dass der Regressausschluss in der sonstigen Gegenleistung bereits eingepreist ist, sodass keineswegs zwingend „keine hinreichende Gegenleistung" gewährt wird, einmal dahingestellt, dass nicht jeder Pflicht in einem Vertrag eine individualisierbare Gegenleistung gegenüber stehen muss.

41 **bb) Haftungsentlassung des „anderen":** Sofern der Dritte entsprechend den eben dargestellten Regeln direkt haftet, entfällt die Haftung „des anderen", wie das Gesetz formuliert. Damit ist nicht etwa gemeint, dass in der eben dargestellten Lizenzkette immer nur der letzte haftet (so aber wohl *Wilhelm Nordemann* § 32a Rn. 16). Dies gilt aber natürlich nur, wenn bei diesem Letzten nicht etwa doch noch Erträgnisse und Vorteile anfallen. Der Urheber soll also vor „Rechteverschiebungen" geschützt werden (hierzu dient ggfs. auch § 826 BGB, s. dazu Dreier/Schulze/*Schulze*[5] Rn. 54). Gleichwohl kann er verständlicherweise die weitere Beteiligung nicht doppelt verlangen.

42 **cc) Verjährung:** Der Anspruch gegen den Dritten verjährt ebenso wie der Vertragsänderungsanspruch (dazu oben vgl. Rn. 27 m. w. N.) nach den allgemeinen Regeln der §§ 194 ff. BGB (FormH v. 14.1.2002 zu RegE UrhVG 2002, S. 20). Die regelmäßige Verjährungsfrist beträgt drei Jahre (§ 195 BGB). Sie beginnt am Ende des Jahres, in dem der Anspruch entstanden ist *und* der Berechtigte von den ihn begründenden Umständen Kenntnis erlangt hat oder diese ohne grobe Fahrlässigkeit erlangen müsste (§ 199 Abs. 2 BGB). Bei Unkenntnis, die nicht auf grober Fahrlässigkeit beruht, beträgt die Verjährungsfrist zehn Jahre ab *Entstehung* des Anspruchs – also nicht ab Ende des Jahres (§ 199 Abs. 4 BGB). Dass bedeutet, dass der Anspruch mit jedem auffälligen Missverhältnis neu entsteht. Der Anspruch auf weitere Beteiligung nach § 32a kann sogar mehrmals nacheinander entstehen, und zwar mit jedem neuen auffälligen Missverhältnis erneut (KG ZUM-RD 2016, 510, 518). Der BGH formuliert nun, dass jede Verwertung des Werkes einen neuen Anspruch begründet (BGH GRUR 2016, 1291 Tz. 23, 26 – *Geburtstagskarawane*). Die Sonderproblematik des § 36 Abs. 2 a. F., wonach es unklar war, ob mit der einmal für die ersten Verwertungen eingetretenen Verjährung auch ein Berufen auf alle später vorgenommenen Nutzungen ausgeschlossen war, also die Verjährung gewissermaßen eine strikte Ausschlussfrist für den gesamten § 36 a. F. war (s. unsere 9. Aufl./*Hertin* § 36 Rn. 9), ist damit obsolet. Das bedeutet, dass es nun auf die Kenntnis der Umstände des Tatbestandes ankommt, womit die 3-Jahres-Frist in Gang gesetzt wird, oder – wenn keine Kenntnis vorliegt – die 10-Jahres-Frist (zur Verjährungsproblematik vgl. § 32 Rn. 23). Der Urheber ist nicht verpflichtet, die Verwertung seines Werkes zu überwachen (BGH ZUM 2013, 39 Tz. 25 – *Fluch der Karibik*; Dreier/Schulze/*Schulze*[5] Rn. 67; Wandtke/ Bullinger/*Grunert*[4] Rn. 31). Zur Verjährung des Auskunftsanspruchs nach § 36 a. F. OLG Köln GRUR-RR 2004, 161.

III. Prozessuales

1. Allgemeines; Anspruchsziele

An der Technik des Anspruchs hat sich gegenüber § 36 a. F. nichts geändert.   **43** Für den **Anspruch nach Abs. 1** ist also in der Regel eine Einwilligung in die **Änderung des primären Urheberrechtsvertrages** zu verlangen, nicht unmittelbar die sich daraus ergebende Zahlung. Allerdings kann – soweit sich aufgrund dieser Änderung ergibt, dass Zahlungsansprüche bereits **fällig** sind, der Berechtigte auch direkte **Zahlung** verlangen (FormH v. 19.11.2001 zu RegE UrhVG 2002, S. 15 unter Verweis auf BGH GRUR 1991, 901, 141 – *Horoskop-Kalender*; auch vgl. § 32 Rn. 132). Steht dem Urheber ein Anspruch auf Vertragsanpassung zu, kann er schon vor Rechtskraft der Vertragsanpassung auf Zahlung der sich aus dem geänderten Vertrag ergebenden Zahlungsansprüche klagen (LG München I ZUM 2016, 776, 780 – *Das Boot III*). Willigt der andere in eine Vertragsänderung nicht ein, muss der Berechtigte ihn auf Abgabe dieser Willenserklärung verklagen. Das entsprechende Urteil wird ggf. nach § 894 ZPO vollstreckt. Für den **Anspruch nach Abs. 2 lässt** der BGH dem Urheber die Wahl, ob er entweder den erstmaligen Abschluss eines ergänzenden Vergütungsvertrages oder unmittelbare Zahlung verlangt (BGH Beschl. v. 28.2.2017, I ZR 46/16 Tz. 29, GRUR-RR 2017, 185 – *Derrick*, unter ausdrücklichem Bezug auf BGH GRUR 2016, 1291 Tz. 20 – *Geburtstagskarawane*). Das wirft für die Gerichte das Problem auf, diesen Vertrag ggf. selbständig formulieren zu müssen (dazu OLG München Urt. v. 1.6.2017. 6 U 310/16 – *Elvis II*). Zu **Zinsansprüchen** vgl. § 32 Rn. 133.

Der Berechtigte weiß bei Klageerhebung möglicherweise noch nicht, welche   **44** Vergütungsregelung, die er als Vertragsänderung verlangen müsste, angemessen ist; vielleicht ergibt sich dies erst nach der Auskunft (zum Auskunftsanspruch vgl. Rn. 46). Dann muss er eine der im Urheberrecht üblichen und (wohl auch in dieser neuen Konstellation) zulässigen „geteilten" Klagen einreichen, nämlich zunächst auf Auskunft und Feststellung, sodann im Anschluss an die Auskunft Umstellung auf konkrete Vertragsänderung. Der Berechtigte kann aber natürlich auch sogleich den konkreten Vertragsänderungsanspruch stellen; er riskiert dann allerdings möglicherweise eine Teilabweisung. Entgehen kann man dem, indem man die Höhe der konkreten Vergütung in das Ermessen des Gerichts stellt (§ 287 ZPO).

Eine derartige **Klage** kann ohne weiteres **mit einem Zahlungsanspruch verbunden**   **45** werden, der die Teile des Honorars betrifft, die in der Vergangenheit lagen und damit bereits fällig sind (BGH GRUR 1991, 901, amtlicher Leitsatz Nr. 1 – *Horoskop-Kalender* zum alten Recht; nunmehr so wohl auch OLG München WRP 2006, 611, 616 f. – *Mambo No. 5*; *Erdmann* GRUR 2002, 923, 927). Vorsicht ist allerdings bei weitergehenden Ansprüchen geboten, z. B. auf Vertragsänderung mit der eine Abrechnungsregelung aufgenommen wird oder die zusätzliche

Zahlung der Mehrwertsteuer. Wenn dies schon im Urhebervertrag verankert ist, laufen derartige Ansprüche leer. Ob weitergehende Vertragsänderungsansprüche, z. B. auf Zahlung eines Vorschusses oder bestimmter Abrechnungsmodalitäten begründet sind, richtet sich nach der materiellen Frage der Angemessenheit bzw. ob diese bei der Betrachtung des Missverhältnisses einzubeziehen sind (dazu vgl. § 32 Rn. 121). Für die Geltendmachung von **Ansprüchen mehrerer Berechtigter** zunächst vgl. § 32 Rn. 142 f. Die Situation in § 32a unterscheidet sich aber von der des § 32, da hier nicht zwingend vertragliche Bindungen zwischen den Betroffenen bestehen. Für den **Anspruch nach Abs. 1** gegen den Vertragspartner des Urhebers gilt daher das zu § 32 Gesagte: Nach der Rechtsprechung des BGH (BGH GRUR 2012, 1022 Tz. 21 ff. – *Kommunikationsdesigner*) können Miturheber oder andere Formen der Berechtigung mehrerer sich in analoger Anwendung auf § 32 (bzw. hier § 32a) berufen. Für die Frage, ob einzelne dieser Berechtigten den Anspruch nach Abs. 1 geltend machen können, gilt das zu § 32 Gesagte (vgl. § 32 Rn. 143). Für den **Anspruch nach Abs. 2** muss gelten, dass jeder Berechtigte den Anspruch eigenständig gelten machen kann, denn in dieser Konstellation fehlen vertragliche Bindungen (i. E. ebenso Dreier/Schulze/*Schulze*[5] Rn. 66; a. A. Schricker/Loewenheim/*Schricker/Haedicke*[5] Rn. 23; Loewenheim/*v. Becker*[2] § 29 Rn. 144). Für Auskunftsansprüche kann dann jeder (Mit-)urheber volle Auskunft an sich verlangen BGH GRUR 2012, 496 Tz. 13 ff. – *Das Boot*, für Zahlungsansprüche nur den auf ihn entfallenden (mit-)urheberrechtlichen Anteil. **Gerichtsstand** für Klagen gegen den Vertragspartner wegen des Vertragsänderungsanspruchs (Abs. 1) ist ebenso wie für solche gegen den Dritten (Abs. 2) regelmäßig der Sitz des Beklagten, allerdings sind Sonderzuständigkeiten wie § 23 ZPO, insbesondere auch bei der **internationalen Zuständigkeit**, denkbar, etwa wegen der Nutzungsrechte, die ein ausländischer Verwerter in Deutschland hat. Denn es handelt sich bei den Ansprüchen des § 32a nicht um solche aus unerlaubten Handlungen (zur Einordnung der Ansprüche vgl. § 32 Rn. 16). Dabei sind die ggf. bestehenden Spezialzuständigkeiten zu beachten (s. § 105). Wenn der Urheber seinen Vertragspartner und einen dessen Lizenznehmer gemeinsam in Anspruch nimmt, sind diese regelmäßig Streitgenossen; mangels gemeinschaftlichem Gerichtsstand kann auf Antrag ein gemeinsam zuständiges Gericht über §§ 36 Abs. 1 Ziff. 3, 60 ZPO bestimmt werden (OLG München GRUR-RR 2009, 319 – *Kameramann*). Zur **Zwangsvollstreckung** *Berger* NJW 2003, 853, 854: Im Anspruch auf nachträgliche Beteiligung gem. § 32a n. F. sieht er keinen Vollstreckungsgegenstand nach § 857 ZPO. Hingegen könne die Honorarforderung des Urhebers unter bestimmten Voraussetzungen gepfändet werden. Zu Fragen der **Beweislast** vgl. § 32 Rn. 135 ff.

45a   Es kann treuwidrig sein, wenn bei mehreren Anspruchsinhabern diese sich bei einem Vorgehen nicht abstimmen, sondern den Verwerter mit mehreren Verfahren überziehen. Es darf nicht die Situation entstehen, dass der Verwerter bei Inanspruchnahme durch mehrere im Ergebnis zu mehr als der insgesamt angemessenen weiteren Beteiligung verurteilt wird. Daher kann es aus prozessualen Gründen geboten sein, eine **notwendige Streitgenossenschaft** anzunehmen. Zur Aktivlegitimation im Übrigen vgl. § 32 Rn. 142 m. w. N.

2. Vorbereitender Auskunftsanspruch

46   Ebenso wie bei § 32 steht dem Berechtigten bei § 32a ein vorbereitender Auskunftsanspruch zu, sofern der Berechtigte unverschuldet über Bestand oder Umfang seines Rechts im Ungewissen ist, der Verpflichtete aber unschwer Auskunft geben kann (vgl. § 32 Rn. 128 f.). Der Gesetzgeber des UrhVG aus 2002 hatte daher bewusst auf eine eigene Regelung des Auskunftsanspruchs verzichtet (§ 32 Rn. 128). Nun aber ist er in § 32d mit Wirkung zum 1.3.2017 doch in das Gesetz aufgenommen worden (dazu vgl. § 32 Rn. 128 und die **Kommentierung bei § 32d**). Hinzu gekommen ist ein eigener direkter Auskunftsan-

spruch gegen den Dritten, gegen den sich der Anspruch nach Abs. 2 auch richten kann, nach § **32e** (s. die Kommentierung dort). Dennoch verbleibt für den
hier kommentierte gewohnheitsrechtliche Auskunftsanspruch ein **Anwendungsbereich** (vgl. § 32 Rn. 128). Soweit dieser Anwendungsbereich eröffnet
ist, ist der Auskunftsanspruch gerichtet auf die Informationen, die der Berechtigte benötigt, um seinen Anspruch nach § 32a zu berechnen. Allerdings muss
der Berechtigte aufgrund nachprüfbarer Tatsachen (z. B., dass ein Buch eine
gewisse Zeit in Bestsellerlisten stand, so LG Köln v. 8.8.2007 – 28 O 355/05)
klare Anhaltspunkte für einen Anspruch nach § 32a plausibel ebenso darlegen
wie ggf. Gründe, warum ihm eine weitere Spezifizierung der Anspruchsvoraussetzungen nicht möglich ist (BGH GRUR 2002, 602, 603 – *Musikfragmente*;
BGH GRUR 2002, 149, 153 – *Wetterführungspläne II*; beides noch zu
§ 36 a. F.; nun: BGH GRUR 2012, 496 Tz. 29 – *Das Boot*; BGH ZUM 2013,
39 Tz. 23 – *Fluch der Karibik*; OLG Köln GRUR-RR 2014, 323, 324 – *Alarm
für Cobra 11*; KG ZUM 2010, 346, 347; OLG München ZUM 2010, 808;
LG München I v. 15.5.2008 – 7 O 235/05: aufgrund nachprüfbarer Tatsachen
darlegen, dass klare Anhaltspunkte für Anspruch bestehen). Es müssen konkrete Umstände benannt werden (OLG München GRUR-RR 2013, 276 – *Das
Boot II*). Diese können z. B. eine erneute Auswertung eines Kinofilms als „Director's Cut" 15 Jahre nach Kinostart sein, eine große Zahl von Fernsehfassun-
gen und deren Ausstrahlungsdichte oder die Zahl der verkauften Video- und
DVD-Ausgaben (OLG München GRUR-RR 2013, 276 – *Das Boot II*), denn
üblicherweise endet der wesentliche Auswertungszeitraum bei Filmen in der
Regel nach einem kurzen Zeitraum von wenigen Monaten bis Jahren (LG
München I ZUM 2016, 776, 780 – *Das Boot III*). Bei einer Fernsehserie können sich greifbare Anhaltspunkte daraus ergeben, dass Lizenzvereinbarungen
mit zahlreichen ausländischen Sendeunternehmen bestehen (OLG Köln GRUR-
RR 2014, 323, 325 – *Alarm für Cobra 11*). Der Anspruch findet seine **Grenze
in der Verhältnismäßigkeit** (in diese Richtung wohl auch Dreier/Schulze/*Schul-
ze*[5] Rn. 6). Wenn die Auskunft auf andere Weise erzielbar ist, z. B. weil der
Verlag die Zahlen seiner Buchveröffentlichungen anderweitig publiziert, ist der
Anspruch nicht gegeben (LG Hamburg ZUM-RD 2010, 229). Oder wenn die
Auskunft zu einem so erheblichen Aufwand beim Nutzer führt, dass dies in
keinem Verhältnis mehr zum möglichen Ertrag steht (BGH GRUR 2012, 496
Tz. 75 – *Das Boot*: nur mit „unzumutbaren Aufwand" oder „unter Beeinträchtigung berechtigter Interessen"; ebenso OLG Köln GRUR-RR 2014, 323,
328 – *Alarm für Cobra 11*), was z. B. bei Werken mit einer Vielzahl von Urhebern denkbar ist, wird man über eine Grenze des Anspruchs nachdenken müssen. Zum **Umfang** vgl. § 101 Rn. 80 ff. Der Auskunftsanspruch eines **Drehbuchautors** gegen einen Privatsender kann sich auf drei verschiedene
Kategorien von Erträgen beziehen, und zwar auf Werbeeinnahmen des Senders,
Finanzierungshilfen wie Werbe- oder Sponsoringentgelte sowie sonstige Vorteile, die durch die mit der Produktion betriebene Werbung erzielt wurden
(OLG Köln ZUM-RD 2016, 27, 28). Der Verpflichtete ist auch zur Auskunft
über Namen und Anschriften seiner Vertragspartner und sogar zur Vorlage
entsprechender Verträge verpflichtet (BGH GRUR 2012, 496 Tz. 82 – *Das
Boot*; ausdrücklich für Unterlizenzverträge, wenn der Verpflichtete eine rechtliche Handhabe hat, die Auskunft von seinen Lizenznehmern zu verlangen: OLG
München GRUR-RR 2013, 276 – *Das Boot II*; a. A. aber LG Düsseldorf v.
24.2.2011, 4 AO 52/10, im Arbeitnehmererfindungsrecht mit dem berechtigten
Hinweis, dass sich einem Vertrag nur die abstrakte Höhe z. B. einer prozentualen Vergütung entnehmen lässt, für die konkrete Höhe benötigt man vielmehr
Lizenzabrechnungen). Zur Auskunft über wirtschaftliche Details bei **konzern-
angehörigen** Unternehmen des Verwerters vgl. § 32d Rn. 31. Bei rechtzeitigem
und substantiierten Vortrag kann ein **Wirtschaftsprüfervorbehalt** verhältnismäßig sein (vgl. § 101 Rn. 28 und BGH GRUR 2012, 496 Tz. 83 – *Das Boot*).

Wenn aufgrund nachprüfbarer Tatsachen klare Anhaltspunkte für einen Auskunftsanspruch bestehen, kann der Urheber grundsätzlich nicht nur Auskunft, sondern auch **Rechnungslegung** verlangen, um im Einzelnen die weiteren Voraussetzungen dieses Anspruchs ermitteln und die zu zahlende Vergütung berechnen zu können (KG ZUM 2010, 346, 347 und § 32 Rn. 129).Wird das Werk auch zukünftig ausgewertet, ergeben sich **Abrechnungspflichten und Zahlungstermine aus § 242 BGB**, da dem Urheber nicht zuzumuten ist, in regelmäßigen Zeitabständen erneut eine Stufenklage auf Auskunft und Zahlung zu erheben (LG München I ZUM 2016, 776, 785 – *Das Boot III*).

IV. Verhältnis zu anderen Normen

1. Angemessene Vergütung nach § 32

47 Das Verhältnis zu § 32 ist nun durch BGH GRUR 2016, 1291 – *Geburtstagskarawane* geklärt (dazu oben Rn. 13). Angesichts der amtlichen Überschrift des § 32a („weitere Beteiligung [...]") und der Gesetzesbegründung, die davon spricht, „dass schon die angemessene Vergütung nach § 32 das Beteiligungsprinzip beachten wird [...]" (FormH v. 19.11.2001 zu RegE UrhVG 2002, S. 18), wird bei einer Honorierung durch eine Beteiligung wenig Raum für eine eigenständige Anwendung von § 32a bleiben. Es existiert keine Regel, wonach die Beteiligung umso höher sein muss, je mehr die Verkaufszahlen eines Werkes ansteigen. Dieses in Lizenzvertragsverhandlungen auch in anderen Rechtsgebieten des Geistigen Eigentums, insb. dem Patentrecht, oft gehörte Argument, setzt sich nur dann durch, wenn sich die höheren Verkaufszahlen wirklich nicht etwa durch besondere Aufwendungen im Marketing und Vertrieb, die durchaus überproportional steigen können, erklären lassen. Denkbar erscheint auch, dass bei höheren Umsätzen die prozentualen Beteiligungen wegen dieser Aufwendungen des Verwerters sinken. Das kann nur im Einzelfall entschieden werden. § 32a und § 32 können also nicht parallel laufen (BGH GRUR 2016, 1291 Tz. 24 – *Geburtstagskarawane*; anders aber *Haas* Rn. 321; Loewenheim/*v. Becker*[2] § 29 Rn. 115 spricht von „Überschneidung"; wie der BGH schon *Berger* GRUR 2003, 675: streng zu trennen). § 32a ist nur anwendbar, wenn sich eine Vergütung lediglich nachträglich als unangemessen herausstellt (Dreier/Schulze/*Schulze*[5] Rn. 7; Schricker/Loewenheim/*Schricker/Haedicke*[5] Rn. 9; für Abgrenzung der Anwendung durch zeitlichen Ansatzpunkt auch *Becker/Wegener* ZUM 2005, 695).

2. Alter Bestsellerparagraf

48 Auf die **Kommentierung zu § 36 a. F. in unserer 11. Aufl.** wird zunächst verwiesen. § 36 a. F. ist nach Ablauf der Übergangsregel (vgl. Rn. 7) nicht mehr anwendbar. Wegen der vom BGH vorgenommenen Berücksichtigung sowohl der Gegenleistung als auch der Erträgnisse und Vorteile, die vor dem Stichtag 28.3.2002 liegen (vgl. § 132 Rn. 18), muss geklärt werden, ob es zu einer Kumulation der Ansprüche nach § 32a und § 36 a. F. kommen kann. Der BGH verneint dies, denn er sieht Erträgnisse und Vorteile vor dem Stichtag, die schon bei § 36 a. F. (oder den Grundsätzen des Wegfalls der Geschäftsgrundlage) Berücksichtigung fanden als „verbraucht" an (BGH GRUR 2012, 496 Tz. 60 ff. – *Das Boot*). Umgekehrt bedeutet dies, ist ein Anspruch nach § 36 a. F. nicht gestellt oder liegen seine Voraussetzungen nicht vor, können auch keine Erträgnisse und Vorteile „verbraucht" sein. Im Übrigen vgl. Rn. 52 ff. Zu diesem Verhältnis zu § 36 UrhG a. F., wenn die Vergütung für diesen alten Anspruch schon „verbraucht" wurde s. a. OLG München GRUR-RR 2013, 276 – *Das Boot II*; OLG Köln GRUR-RR 2014, 323, 324 f. – *Alarm für Cobra 11*). Zahlungen, die im Wesentlichen vor dem 31.12.2001 geleistet wurden, sind im Rahmen der Prüfung der Voraussetzungen des § 32 zu berücksichtigen. Zwar beschränkt sich der Anspruch im Sinne der Rechtsfolge auf den Zeitraum nach dem 28.3.2002. Dem Sinn und Zweck der Norm, die faire Beteiligung des Urhebers und einen Interessenausgleich zu gewährleisten, entspricht es allerdings, sowohl die Erträge und Vorteile des Verwerters als auch die Vergütungen des Urhebers aus der Zeit vor dem 28.3.2002 mit einzubeziehen (LG Köln GRUR-RR 2013, 54, 57 – *Designbücher*; s. OLG München ZUM 2013, 47, 50).

3. Geschäftsgrundlage

Der BGH hat § 36 a. F. als besonderen Anwendungsfall des Wegfalls der Geschäftsgrundlage (nunmehr kodifiziert in § 313 BGB) interpretiert (BGH GRUR 1991, 901, 902 – *Horoskop-Kalender*; BGH GRUR 1998, 680, 683 – *Comic-Übersetzungen*). Dem ist die h. M. gefolgt (Schricker/*Schricker*[2] § 36 Rn. 3; a. A.: rechtlich vorgeschriebene Inhaltskontrolle: *Brandner* GRUR 1993, 173, 176; Dreier/Schulze/*Schulze*[5] Rn. 4). Nach der h. M. kann daher das Rechtsinstitut aus dem BGB nicht neben § 36 a. F. zur Anwendung kommen (so auch Schricker/Loewenheim/*Schricker/Haedicke*[5] Rn. 10). Da der Gesetzgeber in § 32a ausdrücklich in Abs. 1 S. 2 statuiert hat, dass es auf die Frage der Unerwartetheit nicht mehr ankommt und nachdem in der Gesetzesbegründung – anders als noch zum § 36 a. F. (dort Rechtsausschuss UFITA 46/1966) – nunmehr kein Hinweis auf den Wegfall der Geschäftsgrundlage enthalten ist, ist **§ 32a als besonderer Fall der AGB- bzw. Vertrags-Inhaltskontrolle** anzusehen (so Dreier/Schulze/*Schulze*[5] Rn. 8, die zu Recht darauf hinweisen, dass angesichts der strengen Anforderungen an den Wegfall der Geschäftsgrundlage diese selten anwendbar sein dürfte; ebenso *Schack*, Urheber- und UrhebervertragsR[7] Rn. 1091, der wegen der strengen Voraussetzungen kein praktisches Interesse an § 313 BGB für den Urheber sieht). Die Gesetzesbegründung schweigt zu dieser Frage (im Detail vgl. Rn. 3; für Fortgeltung *Hucko* S. 14; dagegen: Wandtke/Bullinger/*Wandtke/Grunert*[4] § 32a Rn. 15). **49**

4. AGB-Recht

Zunächst vgl. § 32 Rn. 124. Angesichts des klaren Umgehungsverbots in Abs. 3 und § 32b sind nicht nur vertragliche Konstruktionen, sondern erst recht AGB-Konstruktionen unwirksam, die § 32a umgehen bzw. abbedingen. Zur Frage des Einflusses des AGB-Rechts auf Regressansprüche in der Lizenzkette vgl. Rn. 40. **50**

5. Weitere Bestimmungen

Denkbar bleibt allenfalls eine eingeschränkte Anwendung von § 138 BGB (Schricker/Loewenheim/*Schricker/Haedicke*[5] Rn. 10), vgl. § 32 Rn. 152. Ebenso wie § 32, der einen noch deutlicheren vertraglichen Bezug hat, ist § 32a jedenfalls kein vertraglicher Korrekturanspruch (vgl. Rn. 3 a. E.). Daher dürfte eine **Kündigung aus wichtigem Grund** von Dauerschuldverhältnissen (§ 314 BGB) wegen Verstoßes gegen § 32a ausscheiden (vgl. § 32 Rn. 152; a. A. Schricker/Loewenheim/*Schricker/Haedicke*[5] Rn. 10). Der Vergütungsanspruch aus § 137c Abs. 3 i. V. m. § 137 Abs. 3 wegen Schutzfristanpassung ist gegenüber § 32a nicht spezieller (OLG München v. 18.7.2013 – 6 U 4999/11; nach Ansicht von Dreier/Schulze/*Schulze*[5] Rn. 9 ist § 32a lex specialis zu hiervon abweichenden früheren Vergütungsregelungen; vgl. § 137 Rn. 13; jedoch vgl. § 79 Rn. 82). **51**

§ 32b Zwingende Anwendung

Die §§ 32 und 32a finden zwingend Anwendung,
1. wenn auf den Nutzungsvertrag mangels einer Rechtswahl deutsches Recht anzuwenden wäre oder

2. **soweit Gegenstand des Vertrages maßgebliche Nutzungshandlungen im räumlichen Geltungsbereich dieses Gesetzes sind.**

I.   Allgemeines

1   Im internationalen Urhebervertragsrecht, zu dessen Regelungsbereich § 32b nach heute ganz h. M. gehört (z. B. *Hilty/Peukert* GRUR Int. 2002, 643, 644; Schricker/Loewenheim/*Katzenberger*[5] Rn. 2; *Wandtke/Neu* GRUR Int. 2011, 693 ff.), können die Parteien das anwendbare Recht weitgehend frei wählen, Art. 3 Rom-I-VO (früher Art. 27 EGBGB). Das gewählte Recht regelt grundsätzlich alle Beziehungen zwischen den Parteien (zum internationalen Urhebervertragsrecht vgl. Vor §§ 120 ff. Rn. 80 ff.). Lediglich materiellrechtlich, d. h. innerstaatlich zwingende Normen des deutschen Rechts finden bei Wahl eines anderen Rechts ebensowenig Anwendung wie dann, wenn der Nutzungsvertrag mangels Rechtswahl aufgrund objektiver Anknüpfung einem anderen als dem deutschen Recht untersteht.

2   Um sicherzustellen, dass dem Urheber und dem ausübenden Künstler (§ 79 Abs. 2) der Schutz des deutschen Rechts jedenfalls dann erhalten bleibt, wenn eine enge Verbindung zum Inland besteht, erklärt § 32b – nur wenige Tage vor der endgültigen Beschlussfassung in die Gesetzesvorlage eingefügt – für zwei Fallgruppen die §§ 32, 32a auch dann für anwendbar, wenn deutsches Recht im Übrigen nicht Vertragsstatut ist: So kann der Urheber sich trotz abweichender Rechtswahl auf §§ 32, 32a berufen, wenn ohne diese Rechtswahl deutsches Recht auf den Vertrag anwendbar wäre (§ 32b Nr. 1); ist dies nicht der Fall, so kann der Urheber seinen Anspruch auf angemessene Vergütung aus §§ 32, 32a geltend machen, „soweit Gegenstand des Vertrages maßgebliche Nutzungshandlungen" im Inland sind (§ 32b Nr. 2). § 32b macht §§ 32, 32a somit zu (international zwingenden) **Eingriffsnormen** i. S. d. Art. 9 Rom-I-VO (früher Art. 34 EGBGB), indem er regelt, dass und unter welchen Voraussetzungen sich die §§ 32, 32a gegen einzelne Vorschriften des an sich berufenen ausländischen Rechts durchsetzen (ausführlich zu § 32b und dem alten Art. 34 EGBGB *Hilty/Peukert* GRUR Int. 2002, 643, 648 ff.; s. a. *Schwarz* ZUM 2010, 107 ff.; zu Art. 9 Rom-I-VO bzw. dem früheren Art. 34 EGBGB im internationalen Urhebervertragsrecht vgl. Rn. 19 ff. und vgl. Vor §§ 120 ff. Rn. 86 ff.). §§ 32, 32a greifen deshalb nur insoweit in den Nutzungsvertrag ein, als der Urheber eine angemessene Vergütung fordert.

   § 32c, den **Vergütungsanspruch des Urhebers für später bekannte Nutzungsarten**, erwähnt § 32b ebenso wenig wie die neuen **Auskunftsansprüche in §§ 32d**

und 32e. §§ 32c-32e könnten sich also allenfalls über Art. 9 Rom-I-VO (vgl. Rn. 19 ff. und vgl. Rn. 22) als international zwingende Normen gegenüber einem ausländischen Vertragsstatut durchsetzen. § 32c betrifft indes in erster Linie Individual-, nicht hingegen öffentliche oder Gemeinwohlinteressen. Dafür spricht auch die Übergangsregelung des § 137l. Ähnliches gilt für §§ 32d und e, die §§ 32, 32a unterstützen sollen. Nach der hier vertretenen Auffassung gehören die Vorschriften deshalb nicht zu dem – eng begrenzten, vgl. Rn. 19 f. – Kreis der international zwingenden Regelungen i. S. d. Art. 9 Rom-I-VO. Zwar konnte man angesichts des Regelungsgehalts und des mit § 32c verfolgten Ziels, das §§ 32, 32a gleicht – dazu vgl. § 32c Rn. 2 f. – davon ausgehen, dass es sich um ein Redaktionsversehen handelte (s. unsere Voraufl. Rn. 2). Auch bei §§ 32d und e spricht zwar einiges dafür, sie parallel zu §§ 32, 32a, die sie flankieren und in der Praxis erleichtern sollen, ebenfalls als international zwingend zu betrachten. Indes ist dies vom Gesetzgeber offensichtlich nicht gewollt und wohl richtig: Denn ein jährlicher Auskunftsanspruch (§ 32d Abs. 1) gegen den unmittelbaren Vertragspartner und in der Lizenzkette (§ 32e) auch in einem ausländischen Vertragsstatut durchzusetzen, würden einen erheblichen Eingriff bedeuten, der nach den Grundvorstellungen des Kollisionsrechts nur im Ausnahmefall vorgenommen werden darf (dazu unten vgl. Rn. 20). Da der Gesetzgeber § 32b trotz mehrerer Änderungen des UrhG – zuletzt mit dem Gesetz zur verbesserten Durchsetzung des Anspruchs der Urheber und ausübenden Künstler auf angemessene Vergütung im Dezember 2016, das u. a. die Auskunftsansprüche in §§ 32d und 32e neu einführte – nicht ergänzt oder verallgemeinert hat, liegt es nahe, dass § 32c-32e nicht zu dem kleinen Kreis international zwingender Normen gehören, sondern deren Kreis vielmehr eng begrenzt ist. *Schack* meint demgegenüber, bei § 32c handele es sich um einen gesetzlichen Vergütungsanspruch, weil er § 31 Abs. 4 a. F. folge, der wiederum die Übertragbarkeit des Urheberrechts überhaupt betreffe und deshalb dem Recht des Schutzlands unterliege. Auch § 32c finde deshalb nicht im Rahmen des Vertragsstatuts oder über Art. 34 EGBGB (heute Art. 9 Rom-I-VO), sondern als Teil der *lex loci protectionis* Anwendung (*Schack*, Urheber- und UrhebervertragsR[7] Rn. 622 Fn. 108; *ders.* FS Heldrich S. 997, 1004 zu § 31 Abs. 4 a. F.). Dies ist allerdings wenig überzeugend. Denn es ist – neben systematischen Gründen – kein Grund ersichtlich, weshalb § 32c anders zu behandeln sein sollte als der – auch in der Durchgriffsmöglichkeit auf Dritte – ganz ähnlich gestaltete § 32a, der wiederum nach wohl h. M. vertragsrechtlicher Natur ist (vgl. Vor §§ 120 ff. Rn. 73).

II. Tatbestand

1. § 32b Nr. 1

a) Anwendungsbereich: § 32b Nr. 1 eröffnet dem Urheber die Ansprüche aus   **3**
§§ 32, 32a zunächst dann, wenn die Parteien für den Nutzungsvertrag zwar wirksam eine ausländische Rechtsordnung gewählt haben (Art. 3 Rom-I-VO, früher Art. 27 EGBGB), der Vertrag aber bei **objektiver Anknüpfung** (Art. 4 Rom-I-VO, früher Art. 28 EGBGB), d. h. wenn die Parteien keine Rechtswahl getroffen hätten, deutschem Recht unterliegen würde. Art. 4 Rom-I-VO unterstellt Verträge mangels Rechtswahl dem Recht des Staates, zu dem die engsten Verbindungen bestehen. Nach Art. 4 Abs. 2 Rom-I-VO wird die engste Verbindung zu dem Staat vermutet, in dem die Partei, die die **charakteristische Leistung** erbringt, ihren Sitz oder ihre Niederlassung hat. Dies ist nach ganz h. M. (Nachweise vgl. Vor §§ 120 ff. Rn. 90) immer dann der Verwerter, wenn dieser sich verpflichtet hat, die eingeräumten Rechte zu nutzen, oder wenn er ein ausschließliches Nutzungsrecht erworben und damit jedenfalls eine Ausübungslast übernommen hat. Bei **Verlagsverträgen**, bei denen der Verleger sich

in der Regel zur Vervielfältigung und Verbreitung des Werkes verpflichtet, ist mithin das Recht an dessen Sitz Vertragsstatut (BGH GRUR 2001, 1134, 1136 – *Lepo Sumera*; BGH GRUR 1956, 135, 137 f. – *Sorrell and Son*). Auf einen Verlagsvertrag, den ein Verlag mit Sitz in Deutschland oder über eine Niederlassung in Deutschland schließt, sind nach § 32b Nr. 1 also §§ 32, 32a auch dann anzuwenden, wenn im Übrigen z. B. amerikanisches Recht wirksam vereinbart worden ist.

4 Ist der Verwerter hingegen nicht zur Nutzung der eingeräumten Rechte verpflichtet, sodass seine Pflichten sich im Wesentlichen auf die Zahlung der vereinbarten Vergütung beschränken, erbringt nach wiederum ganz h. M. (Nachweise vgl. Vor §§ 120 ff. Rn. 90) der Urheber die charakteristische Leistung i. S. d. Art. 4 Abs. 2 Rom-I-VO mit der Folge, dass das Recht seines Sitzes den Vertrag regelt. In diesen Fällen kann also für in Deutschland lebende Urheber die Anwendung der §§ 32, 32a nicht durch die Wahl eines ausländischen Rechts ausgeschlossen werden.

5 b) **Erfasste Nutzungen:** Sind §§ 32, 32a über § 32b Nr. 1 auf einen Verwertungsvertrag anwendbar, stellt sich die Frage, ob der Urheber eine angemessene Vergütung nur für **Verwertungshandlungen in Deutschland** oder für den gesamten Vertrag, d. h. auch für die **Nutzung außerhalb Deutschlands** verlangen kann. Auf den ersten Blick mag eine Beschränkung der möglichen Ansprüche auf die Nutzung im Inland geboten erscheinen: Schließlich nimmt § 32b Nr. 1 einen erheblichen Eingriff in die – in Art. 3 Rom-I-VO (früher Art. 27 Abs. 1 EGBGB) als Grundsatz niedergelegte – Parteiautonomie vor, indem er die von den Parteien getroffene Rechtswahl im Hinblick auf mögliche Ansprüche des Urhebers aus §§ 32, 32a aushebelt. Generell lässt sich im internationalen Privatrecht ein solcher Eingriff nur rechtfertigen, wenn und soweit eine mehr oder weniger starke Inlandsbeziehung des Sachverhaltes besteht, das deutsche Recht also ein Interesse, den Sachverhalt zu regeln, geltend machen kann. Allerdings ist bei § 32b Nr. 1 die hinter der Regelung stehende Inlandsbeziehung deutlich enger als bei § 32b Nr. 2: Ohne die abweichende Rechtswahl der Parteien wäre deutsches Recht auf den Vertrag insgesamt anzuwenden, d. h. einschließlich der Teile, die die Nutzung im Ausland betreffen, weil die Partei, die die wesentliche Leistung erbringt, im Inland sitzt. Der Urheber muss sich deshalb im Rahmen des § 32b Nr. 1 für den ganzen Vertrag, d. h. im Hinblick auf alle dort vorgesehenen Nutzungsmöglichkeiten und alle mit den eingeräumten Rechten erzielten Erlöse, auf §§ 32, 32a berufen dürfen (für den Fall der Wahl deutschen Rechts im Vertrag ebenso BGH GRUR 2012, 1248, Tz. 56 – *Fluch der Karibik*; *Wilhelm Nordemann*, § 32b Rn. 4; Dreier/Schulze/*Schulze*[5] Rn. 7). Dem entspricht im Übrigen der Wortlaut des § 32b Nr. 1, nach dem die §§ 32, 32a zwingend Anwendung finden, wenn *„auf den Nutzungsvertrag"* bei objektiver Anknüpfung deutsches Recht – also auch für die im Ausland vorgesehene Nutzung des Werkes – anzuwenden wäre.

6 Im Rahmen der Prüfung, ob die Ansprüche nach § 32 Abs. 2 S. 2 bzw. § 32a Abs. 1 S. 1 gegeben sind, ist dann wiederum der gesamte internationale Sachverhalt zu berücksichtigen. Ein Missverhältnis nur in Deutschland reicht für eine Bejahung der Ansprüche des Urhebers mithin ebensowenig aus wie umgekehrt ein ausgewogenes Verhältnis (nur) im Inland für ihre Zurückweisung.

7 c) **Maßgeblicher Vertrag bei Lizenzketten:** Ein Sonderproblem ergibt sich, wenn der Urheber aus § 32a Abs. 2 nicht von seinem unmittelbaren Vertragspartner, sondern von einem weiteren Berechtigten innerhalb einer Lizenzkette eine zusätzliche Vergütung verlangen will: Soll der für eine Anwendung des § 32b Nr. 1 entscheidende Nutzungsvertrag, der objektiv deutschem Recht unterliegen müsste, der erste zwischen dem Urheber und dem ersten Verwerter oder der zweite mit dem konkret in Anspruch genommenen Lizenznehmer sein, oder soll man verlangen, dass beide (oder alle) Verträge der Kette bei fehlender Rechtswahl deutschem Recht unterstehen? Die Antwort ergibt sich aus dem Ziel der Norm: Der Annexanspruch aus § 32a Abs. 2 soll (nur) vermeiden, dass der Urheber nur deshalb den Anspruch aus § 32a Abs. 1 nicht geltend machen kann, weil der Erstverwerter die Nutzungsrechte weiterübertragen und das Werk erst bei der Verwertung des zweiten Rechteinhabers außergewöhnlichen Erfolg hat. In einem solchen Fall gibt es aber keinen Grund, den Zweitberechtigten schlechter zu stellen als den direkten Vertragspartner des Urhebers oder umgekehrt den Urheber bei einem Vorgehen gegen einen Zweitverwerter besser zu stellen als gegenüber seinem Vertragspartner. Der Urheber kann deshalb bei Verträgen mit Auslandsberührung den Anspruch aus § 32a Abs. 2 nur dann geltend machen, wenn bereits sein Vertrag mit dem ersten Rechteinhaber bei objektiver Anknüpfung nach deutschem Recht beurteilt werden müsste (ebenso *Hilty/Peukert* GRUR Int. 2002, 643, 664), also bei Ausübungslast der (erste) Verwerter oder, bei einfacher Lizenz, der Urheber in Deutschland sitzt.

Ist dies nicht der Fall, so führt § 32b Nr. 1 auch dann nicht zur Anwendung **8** deutschen Rechts, wenn der Vertrag, durch den dem in Anspruch genommenen Lizenznehmer Nutzungsrechte eingeräumt wurden, bei objektiver Anknüpfung deutschem Recht unterstünde. Denn unterliegt bereits der erste Vertrag bei objektiver Anknüpfung nicht deutschem Recht und geht es konkret auch nicht um die Nutzung in Deutschland (dann griffe § 32b Nr. 2), ist die Beziehung zum Inland jedenfalls nicht so eng, dass eine Verdrängung des ausländischen Vertragsstatuts zugunsten des Anspruchs aus § 32a Abs. 2 gerechtfertigt erschiene (zum Einwand des Rechtsmissbrauchs in Ausnahmefällen *Hilty/Peukert* GRUR Int. 2002, 643, 664). Umgekehrt ist nicht erforderlich, dass auch der zweite Vertrag in der Kette (geschweige denn alle weiteren) diese Voraussetzung erfüllt; welchem Recht diese weiteren Verträge unterstehen, ist also gleichgültig.

2. § 32b Nr. 2

a) „Maßgebliche" Nutzungshandlungen: § 32b Nr. 2 erklärt als Auffangtatbe- **9** stand §§ 32, 32a für anwendbar, „soweit Gegenstand des Vertrages maßgebliche Nutzungshandlungen" im Inland sind, d.h. auch dann, wenn der (erste, vgl. Rn. 7 f.) Vertrag des Urhebers mit dem Verwerter objektiv nicht deutschem Recht unterliegt. „Maßgeblich" ist dabei jede vertraglich vorgesehene Nutzung in Deutschland, unabhängig davon, welchen Anteil diese Nutzung an der Verwertung insgesamt hat, und ohne dass eine bestimmte quantitative oder qualitative Schwelle überschritten oder eine Nutzung überhaupt vorgenommen werden müsste (Dreier/Schulze/*Schulze*[5] Rn. 9; Schricker/Loewenheim/*Katzenberger*[5] Rn. 17 ff.; *Nordemann-Schiffel* FS Nordemann II S. 483; a. A. *Haas* Rn. 478): Ohnehin kann nur eine Nutzung von gewissem Umfang dem Urheber die Ansprüche aus § 32 oder § 32a eröffnen; ein zusätzliches „Schwellenkriterium" in § 32b Nr. 2 ist deshalb nicht erforderlich und wäre als materiell-rechtliches Element hier fehl am Platze. Ein unvermeidbarer „Overspill", der auch in Lizenzverträgen regelmäßig nicht berücksichtigt wird, genügt allerdings insofern nicht (*Schack* FS Heldrich S. 997, 999).

b) Umfang der Ansprüche: § 32b Nr. 2 eröffnet allerdings Ansprüche nur für **10** die in Deutschland vorgesehene Nutzung bzw. die hier vorgenommene Verwertung (Dreier/Schulze/*Schulze*[5] Rn. 9; Wandtke/Bullinger/*v. Welser*[4] Rn. 4; *Nordemann-Schiffel* FS Nordemann II S. 479, 483 f.; a. A. *Hilty/Peukert* GRUR Int. 2002, 643, 663 f.). Der Gesetzestext ist insofern eindeutig: § 32b Nr. 2 führt (nur) zur Anwendung der §§ 32, 32a, *„soweit"* die **vertragsgegenständliche Nutzung im Inland** betroffen ist. Ein darüber hinausgehender, d.h. auch die Nutzung im Ausland erfassender Eingriff in das Vertragsgefüge ließe sich internationalprivatrechtlich kaum rechtfertigen: Im Vergleich zu den von § 32b Nr. 1 erfassten Konstellationen ist die Inlandsbeziehung der Fälle, die unter § 32b Nr. 2 fallen, sehr viel schwächer. Auch ohne abweichende Rechtswahl, d. h. bei objektiver Anknüpfung, würde das deutsche Recht den Verwertungsvertrag, den der Urheber geschlossen hat, nicht regeln; die Parteien umgehen also durch ihre Rechtswahl keineswegs die §§ 32, 32a, die ohnehin keine Anwendung finden würden. Die Inlandsbeziehung besteht hier grundsätzlich nur insoweit, als die Nutzung in Deutschland im Raume steht. Das deutsche Recht kann deshalb nach allgemeinen internationalprivatrechtlichen Grundsätzen den Sachverhalt nur insoweit regeln, als Deutschland betroffen ist: für die Nutzung im Inland.

11 Der Urheber kann mithin grundsätzlich nur dann die angemessene Vergütung verlangen, wenn die auf Deutschland entfallende Vergütung angesichts der für das Inland eingeräumten Nutzungsrechte unangemessen ist, und nur dann ein zusätzliches Honorar fordern, wenn im Hinblick auf die mit der Nutzung in Deutschland erzielten Erlöse ein **Missverhältnis** besteht. Allerdings spricht einiges dafür, auch hier das gesamte Vertragsgefüge bzw. das Verhältnis der gesamten Vergütung des Urhebers zu allen Erlösen des Verwerters zu berücksichtigen. Bereits der Gesetzestext geht in diese Richtung, wenn er in § 32 Abs. 2 S. 2 die „Berücksichtigung aller Umstände", in § 32a Abs. 1 die der „gesamten Beziehungen des Urhebers" zu seinem Vertragspartner verlangt. Vor allem aber ist zweifelhaft, ob der Urheber, der insgesamt betrachtet eine angemessene Vergütung erhalten hat, Anspruch auf zusätzliche Vergütung haben soll, nur weil dann, wenn das Inland isoliert betrachtet wird, sein Honorar unangemessen erscheint. Eine solche Betrachtung birgt die Gefahr, den Vertrag willkürlich aufzuspalten und durch diese Aufspaltung die vertragliche Realität zu verzerren.

12 Die **materiellrechtliche Prüfung der Ansprüche** aus §§ 32, 32a für Nutzungshandlungen in Deutschland muss mithin bei § 32b Nr. 2 in **drei Stufen** erfolgen: (1.) Zunächst ist für Deutschland zu klären, ob die Vergütung des Urhebers unangemessen i. S. d. § 32 ist oder ein auffälliges Missverhältnis i. S. d. § 32a besteht. (2.) Sodann wird geprüft, ob die Vergütung auch dann noch unangemessen bzw. unverhältnismäßig ist, wenn man die Gesamtsituation – also einschließlich der ausländischen Nutzungen, Erlöse und für diese vereinbarten oder gezahlten Vergütungen – betrachtet. Nur wenn dies der Fall ist, kann der Urheber (3.) Ansprüche, allerdings nach Umfang und Höhe wiederum beschränkt auf die im Inland vorgesehene bzw. geschehene Nutzung, geltend machen.

13 c) **Lizenzketten:** Gleiches gilt, wenn der Urheber nicht von seinem unmittelbaren Vertragspartner, sondern aus § **32a Abs. 2** von einem Dritten eine zusätzliche Vergütung verlangen will: Der Dritte muss (selbstverständlich) in Deutschland nutzen und aufgrund dieser Nutzung ein Missverhältnis bestehen. Da auch hier § 32a Abs. 2 den Dritten jedenfalls nicht schlechter stellt als den unmittelbaren Vertragspartner des Urhebers, kann der Urheber Ansprüche allerdings nur geltend machen, wenn unter Berücksichtigung des gesamten Vertrages und aller Honorare ein Missverhältnis besteht. Der Anspruch ist dann wiederum in Umfang und Höhe auf Deutschland beschränkt (s. dazu LG München, Urteil vom 16.12.2015, 21 O 25511/10 – *Elvis Presley*, verfügbar bei juris).

3. Art. 3 Abs. 3 und 4 und Art. 8 Rom-I-VO

14 § 32b ist nicht die einzige Möglichkeit für den Urheber, trotz Anwendung eines ausländischen Rechts auf seinen Verwertungsvertrag Ansprüche aus §§ 32, 32a geltend zu machen. So kann sich der Urheber trotz Abwahl des deutschen

Rechts in seinem Nutzungsvertrag auch dann auf §§ 32, 32a berufen, wenn der Vertrag außer der Rechtswahl keinerlei Auslandsbezug aufweist: Nach Art. 3 Abs. 3 Rom-I-VO können die Parteien durch ihre Wahl eines anderen Rechts **zwingende Bestimmungen** des Rechts eines Staates nicht ausschließen, wenn der Sachverhalt im Zeitpunkt der Rechtswahl nur mit diesem Staat verbunden war. Allerdings wird bei Urheberrechtsverträgen ein hinreichender Bezug zu weiteren Staaten wegen der üblichen Einräumung weltweiter Nutzungsrechte jedenfalls dann regelmäßig bestehen, wenn eine über Deutschland hinausgehende Nutzung nicht völlig unwahrscheinlich erscheint, sodass Art. 3 Abs. 3 in der urhebervertragsrechtlichen Praxis keine große Rolle spielen dürfte. Ähnliches gilt für den parallelen **Art. 3 Abs. 4 Rom-I-VO:** Dieser bestimmt, dass von zwingenden Regelungen des Gemeinschaftsrechts nicht abgewichen werden darf, wenn die Parteien das Recht eines Nicht-EU-Mitglieds gewählt haben, der Sachverhalt im übrigen aber nur Bezüge zu einem oder mehreren Mitgliedsstaaten der EU aufweist. Zwingende Bestimmungen in diesem Sinne können sich auch aus Richtlinien ergeben (dazu Palandt/*Thorn*[76] Art. 3 ROM-I-VO Rn. 5).

Praktisch bedeutsamer ist wohl **Art. 8 Rom-I-VO** (früher 30 Abs. 1 EGBGB), **15** der gegenüber Urhebern und ausübenden Künstlern, die in oder aufgrund eines **Arbeitsverhältnisses** Nutzungsrechte einräumen, die Rechtswahlfreiheit einschränkt. Nach Art. 8 Abs. 1 S. 2 Rom-I-VO darf eine Rechtswahl dem Arbeitnehmer nicht den Schutz durch zwingende Bestimmungen des Rechts, das ohne Rechtswahl auf das Arbeitsverhältnis anzuwenden wäre (Art. 8 Abs. 2, 3 und 4 Rom-I-VO), entziehen. Das ist nach Art. 8 Abs. 2 Rom-I-VO grundsätzlich das Recht am gewöhnlichen Arbeitsort, ansonsten das Recht am Ort der Niederlassung, die den Betroffenen eingestellt hat, falls keine engere Verbindung zu einem anderen Staat besteht. Zwingende Vorschriften i. S. d. wohl weiterhin weit auszulegenden Art. 8 Abs. 1 Rom-I-VO (so die h. M. für den früheren Art. 30 Abs. 1 EGBGB) sind alle Normen, die eine Besserstellung des Arbeitnehmers gegenüber seinem Arbeitgeber bezwecken; sie können dem privaten oder dem öffentlichen Recht angehören oder sogar aus einem Tarifvertrag stammen (Palandt/*Thorn*[76] Art. 8 ROM-I-VO Rn. 9). Jedenfalls §§ 32, 32a zählen, soweit in der Praxis ihre Tatbestandsvoraussetzungen im einzelnen Arbeitsverhältnis überhaupt einmal erfüllt sind (dazu Schricker/Loewenheim/*Rojahn*[5] § 43 Rn. 71), zweifellos dazu (*Hilty/Peukert* GRUR Int. 2002, 643, 648; ausführlich *Pütz* IPRax 2005, 13 ff.). Schafft ein angestellter Buchillustrator seine Zeichnungen vertragsgemäß gewöhnlich in Deutschland, kann er sich auf §§ 32, 32a – vorbehaltlich eines Günstigkeitsvergleiches mit dem Arbeitsvertragsstatut im Übrigen – auch dann berufen, wenn der Verlag in London ansässig und verpflichtet ist, die Zeichnungen zu verwerten (§ 32b Nr. 1), oder die Illustrationen nicht in Deutschland genutzt werden (§ 32b Nr. 2).

III. Prozessuales

§ 32b wird dem Urheber oder ausübenden Künstler mit der international zwingenden Anwendung der §§ 32, 32a nur nützen, wenn dies in der Praxis auch **16** vor Gericht durchsetzbar ist. Dies wird naturgemäß am ehesten gelingen, wenn ein deutsches Gericht **international zuständig** ist (zur internationalen Zuständigkeit in Urhebersachen vgl. Vor §§ 120 ff. Rn. 96 ff.). Schwierigkeiten können hier dann entstehen, wenn das in Deutschland erstrittene Urteil im Ausland gegen den dort ansässigen Verwerter **vollstreckt** werden muss (zur Anerkennung und Vollstreckung in den USA *Wandtke/Neu* GRUR Int. 2011, 693, 698 ff.; zur internationalen Anerkennung und Vollstreckung in Urhebersachen vgl. Vor §§ 120 ff. Rn. 103 f.). Ob eine **international zwingende Anwendung** der §§ 32, 32a sich über § 32b auch dann – z. B. über Art. 9 Rom-I-VO – durchsetzen lässt, wenn der Urheber vor einem ausländischen Gericht vorgeht, wird sich zeigen müssen (zur internationalen Anwendung zwingender nationaler Normen über Art. 9 Rom-I-VO vgl. Vor §§ 120 ff. Rn. 86 ff.). Hier liegt denn auch die Sollbruchstelle des § 32b: Die Regelung kann den Urheber nur vor einem kollisionsrechtlichen Verlust des Schutzes aus §§ 32, 32a bewahren; gegenüber dem vorhandenen verfahrensrechtlichen Risiko ist sie wirkungslos (zum ganzen *Hilty/Peukert* GRUR Int. 2002, 643, 662 ff.).

IV. Verhältnis zu anderen Vorschriften

17 §§ 32, 32a schützen ausländische Urheber und ausländische ausübende Künstler nicht in jedem Fall: Die – diskriminierenden – **fremdenrechtlichen Vorschriften der §§ 120 ff.** schränken den Ausländern gewährten Schutz deutlich ein. Die Einschränkung erfasst im Grundsatz das gesamte UrhG, Normen zum Schutz absoluter Rechtspositionen ebenso wie urhebervertragsrechtliche Bestimmungen z. B. der §§ 32, 32a (*Hilty/Peukert* GRUR Int. 2002, 643, 652). Insofern hilft auch § 32b dem ausländischen Urheber oder ausübenden Künstler nicht weiter, denn § 32b trifft keinerlei fremdenrechtliche Aussage, sondern hat allein kollisionsrechtlichen Gehalt, bestimmt also nur, welches nationale Recht auf einen Sachverhalt anzuwenden ist (ausführlich *Hilty/Peukert* GRUR Int. 2002, 643, 651). Fremdenrechtliche Einschränkungen kommen jedoch erst nach der kollisionsrechtlichen Entscheidung, welches nationale Recht den Sachverhalt regelt, zum Zuge: Das berufene Sachrecht schränkt dann die eigene Anwendung in fremdenrechtlichen Bestimmungen dergestalt ein, dass es nur für bestimmte Staatsangehörige gilt. § 32b tritt also bereits vor den §§ 120 ff. auf den Plan, indem er festlegt, wann – für einen Teilbereich des Vertrages – deutsches Urheberrecht anzuwenden ist. Die §§ 120 ff. greifen hingegen erst dann, wenn bereits feststeht, dass im Grundsatz deutsches Recht anzuwenden ist, und schließen dann jedenfalls eine Anwendung des UrhG – nicht jedoch des allgemeinen Zivilrechts – aus.

18 Unter den Nichtdeutschen sind **EU- und EWR-Staatsangehörige** (§§ 120 Abs. 2, 125 Abs. 1 S. 2), **Flüchtlinge** (§§ 123, 125 Abs. 5 S. 2) und **Staatenlose** (§§ 122, 125 Abs. 5 S. 2) Inländern gleichgestellt und können also die Ansprüche aus §§ 32, 32a geltend machen. Für die Werke **ausländischer Urheber**, die nicht i. S. d. § 121 Abs. 1, 2 zuerst im Inland erschienen sind, ist dies hingegen nicht ohne weiteres der Fall. Sie sind vielmehr nur dann geschützt, wenn sie einem Mitgliedstaat der RBÜ, des WUA oder TRIPS, die insofern den Schutzgehalt der RBÜ übernehmen (Art. 3 WCT, Art. 9 Abs. 1 S. 1 TRIPS), angehören, § 121 Abs. 4 S. 1. Der Grundsatz der **Inländerbehandlung** in den genannten Konventionen erfasst heute grundsätzlich auch zwingendes nationales Urhebervertragsrecht (grundlegend bereits *Katzenberger* FS Schricker I, S. 225, 247 f.; s. a. *Wilhelm Nordemann* GRUR Int. 1989, 615, 618 f.; Schricker/Loewenheim/*Katzenberger*[5] Rn. 29; *Wandtke/Neu* GRUR Int. 2011, 693, 697; a. A. – allerdings mit beachtlichen Argumenten – *Hilty/Peukert* GRUR Int. 2002, 643, 653 ff.). **Ausländische ausübende Künstler** sind demgegenüber nur für ihre Darbietungen im Inland geschützt, § 125 Abs. 2. Denn anders als für Urheber ist der Leistungsschutz im internationalen Vergleich noch bei weitem nicht selbstverständlich. Dementsprechend muss die Inländerbehandlung nur für die in den Abkommen selbst geregelten Materien gewährt werden (Art. 2 Nr. 2 RA, Art. 4 Abs. 1 WPPT, Art. 3 Abs. 1 S. 2 TRIPS) und erfasst zwingendes Vertragsrecht somit nicht (ebenso *Hilty/Peukert* GRUR Int. 2002, 643, 655; Schricker/Loewenheim/*Katzenberger*[5] Rn. 31, aber a. A. für den Bereich des Rom-Abkommens; a. A. *Wilhelm Nordemann*, § 32b Rn. 7).

V. International zwingender Charakter der nicht in § 32b genannten urheberrechtlichen Vorschriften?

Nach Art. 9 Rom-I-VO (früher Art. 34 EGBGB) sind unabhängig vom Vertragsstatut, d. h. dem auf den Vertrag anwendbaren nationalen Recht, solche zwingenden Normen des deutschen Rechts, die ohne Rücksicht auf das auf den Vertrag anzuwendende Recht den (vertraglichen) Sachverhalt zwingend regeln, (punktuell) anwendbar. In diesem Zusammenhang ist sehr streitig, welche Normen insbesondere des deutschen UrhG über die Sonderanknüpfung des Art. 9 Rom-I-VO (früher Art. 34 EGBGB) anwendbar sind. Nach einer in der urheberrechtlichen Literatur verbreiteten, jedoch deutlich zu weit gehenden Auffassung sind als zwingende Normen i. S. d. Art. 9 Rom-I-VO nahezu alle intern zwingenden, weil den Urheber als schwächere Vertragspartei schützenden Regelungen des deutschen UrhG anzuwenden (Dreier/Schulze/*Schulze*[5] Vor 120 ff. Rn. 55; Möhring/Nicolini/*Hartmann*[2] Vor §§ 120 ff. Rn. 45; s. a. – allerdings ohne Berufung auf den damals geltenden Art. 34 EGBGB – LG Hamburg ZUM 2001, 711 – *Kunstwerke auf „Spiegel"-CD-ROM*). International sollen sich somit auch gegenüber einem ausländischen Vertragsstatut die §§ 12–14, 32 und 32a, der frühere 31 Abs. 4, 31 Abs. 5, 40 Abs. 1 und 2, 41 und 42, 69d Abs. 2 und 3, 69e und 69d Abs. 1, 87e UrhG durchsetzen.   **19**

Allerdings dürfte die bloße Unabdingbarkeit insbesondere der genannten Normen nach deutschem materiellen Recht für eine Sonderanknüpfung im Rahmen des Art. 9 Rom-I-VO nicht ausreichen. Nach Art. 9 Rom-I-VO ist vielmehr ein klarer Wille des Gesetzgebers, die betreffende Norm unabhängig von dem im Übrigen auf den Sachverhalt anzuwendenden Recht durchzusetzen, erforderlich (*„zwingende Vorschrift, deren Einhaltung von einem Staat als entscheidend für die Wahrung seines öffentlichen Interesses, insbesondere seiner politischen, sozialen oder wirtschaftlichen Organisation, angesehen wird, dass sie ungeachtet des (…) anzuwendenden Rechts auf alle Sachverhalte anzuwenden ist, die in ihren Anwendungsbereich fallen"*; Art. 34 EGBGB a. F.: *„Bestimmungen des deutschen Rechts, die ohne Rücksicht auf das auf den Vertrag anzuwendende Recht den Sachverhalt zwingend regeln"*). Es muss sich mithin um **national zwingendes Recht mit internationalem Geltungsanspruch** handeln, das nicht nur den Ausgleich widerstreitender Individualinteressen, sondern auch **öffentliche Gemeinwohlinteressen** verfolgt (BGH NJW 2006, 762 Ls., zum VerbrKrG, das nicht international zwingend ist). Insoweit ist ferner zu berücksichtigen, dass das Kollisionsrecht gerade auf dem Grundsatz fußt, dass alle in Betracht kommenden nationalen Rechte grundsätzlich gleichwertig angewendet werden, und zwar allein nach den eher abstrakten Kriterien der unterschiedlichen Anknüpfungspunkte: Das ausländische anwendbare Recht ist mit allen seinen Einzelheiten zu respektieren, wenn und sobald die (deutsche bzw. europäische!) Kollisionsnorm es für anwendbar erklärt. Für eine inhaltliche, d. h. materiellrechtliche Wertung der in Betracht kommenden Rechte soll dabei gerade kein Raum sein. Art. 9 Rom-I-VO stellt demgegenüber einen – auf Art. 8 EVÜ zurückgehenden – Fremdkörper dar, der als Ausnahmeregelung eng auszulegen ist. Im Übrigen wären die Regelungen der Art. 3 Abs. 3 und 4 Rom-I-VO überflüssig, wenn alle intern zwingenden Normen ohnehin unter Art. 9 fielen: Denn dann gäbe es keine Fälle, in denen Art. 3 Abs. 3 (oder 4) Rom-I-VO über Art. 9 hinaus noch irgendeiner nationalen (oder europäischen) Norm zur Anwendung verhelfen könnte.   **20**

Insgesamt muss für eine Sonderanknüpfung im Rahmen des Art. 9 Rom-I-VO der **Inlandsbezug** des zu entscheidenden Falls umso stärker sein, je schwächer das Gewicht der durch die Eingriffsnorm geschützten öffentlichen Interessen ist; die **bloße Unabdingbarkeit** nach deutschem materiellen Recht **genügt nicht** (Palandt/*Thorn*[76] Art. 9 ROM-I-VO Rn. 5; ebenso schon Palandt/*Heldrich*[67]   **21**

Art. 34 EGBGB Rn. 3 m. w. N.). Ob es für eine enge Verbindung mit Deutschland in diesem Sinne ausreicht, dass um Schutz für Deutschland nachgesucht wird (so Dreier/Schulze/*Schulze*[5] Rn. 55, unter Berufung auf *Katzenberger*), ist allerdings zweifelhaft, denn damit dürfte die gewollte Einschränkung in der Praxis kaum stattfinden. Vielmehr wird jedenfalls dann, wenn eine Verwertung in mehreren Staaten stattfindet, in Deutschland zumindest ein wesentlicher Teil der Gesamtnutzung stattfinden müssen.

22 §§ 12–14 und § 93 UrhG mag man nach alledem – da hier Grundwertungen des Gesetzgebers zum Ausdruck kommen – möglicherweise noch über Art. 9 Rom-I-VO anwenden können. Für alle weiteren das Vertragsrecht berührenden Normen des Urheberrechtsgesetzes – insbesondere also §§ 31 Abs. 5, 32c-32e, 34, 35, 36c, 39, 40, 40a, 41, 42, 88, 90 Abs. 1 S. 2 – stellt jedoch § 32b UrhG jedenfalls seit der Urhebervertragsrechtsreform klar, dass alle dort nicht genannten oder in Bezug genommenen Normen nicht zu dem eng umgrenzten Kreis der für eine Sonderanknüpfung im Rahmen des Art. 9 Rom-I-VO in Betracht kommenden Regelungen zählen (differenzierend *Schack* FS Heldrich S. 997, 1000, 1004; a. A. Schricker/Loewenheim/*Katzenberger*[5] Rn. 33 f.). Insofern ist § 32b auch nicht im Sinne eines „Programmsatzes" auf weitere urhebervertragsrechtliche Bestimmungen analog anzuwenden (so aber Schricker/Loewenheim/*Katzenberger*[5] Rn. 34; wie hier wohl *Wandtke/Neu* GRUR Int. 2011, 693, 696). Selbst als Programmsatz regelt § 32b nur, dass dem Urheber eine angemessene Vergütung zu zahlen ist; dies wird jedoch bereits durch § 32b i. V. m. §§ 32, 32a sichergestellt, und zwar auch dort, wo der Verwerter etwa mangels Anwendung der Zweckübertragungslehre das Werk in Nutzungsarten nutzen darf, die der Vertrag nicht ausdrücklich vorsieht. Im Übrigen scheint für eine Analogie wenig Raum zu sein. Denn Art. 9 Rom-I-VO schafft klare Voraussetzungen für das Vorliegen und die Anwendung von Eingriffsnormen. Wenn diese bei § 31 Abs. 5 UrhG nicht vorliegen, so können sie nicht über eine Analogie zu § 32b geschaffen werden. Dies gilt umso mehr, als § 32b auch im Zuge der weiteren Reformen des UrhG u. a. durch den sog. 2. Korb nicht ergänzt worden ist. Insbesondere der frühere § 31 Abs. 4 UrhG zählt mithin ebenso wenig zu den international zwingenden Normen i. S. d. Art. 9 Rom-I-VO wie die ihm nachfolgenden Regelungen in § 31a – der als Formvorschrift ohnehin grundsätzlich dem Formstatut unterliegt, s. Art. 12 Abs. 1 und Art. 11 Rom-I-VO – und § 32c. Ob in Bezug auf § 32c schlicht vergessen wurde, § 32b zu ändern, wird sich zeigen; ohne eine ausdrückliche Bezugnahme ist jedenfalls ein besonderes öffentliches Interesse ebenso wenig erkennbar wie ein internationaler Geltungswille der Norm.

23 Auch § 31 Abs. 5 UrhG kann nicht über Art. 9 Rom-I-VO zur Anwendung kommen, zumal die Regelung eine Frage der Auslegung und mithin etwas untrennbar mit dem Vertragsstatut selbst Verbundenes betrifft (BGH GRUR 2015, 264, Rn. 45 ff. – *Hi Hotel II*; Wandtke/Bullinger/*v. Welser*[4] Rn. 2; differenzierend *Schack* FS Heldrich S. 997, 1000, 1004; a. A. noch OLG Köln WRP 2011, 933 – *Hi Hotel*, jedoch ohne Auseinandersetzung mit Art. 31 EGBGB a. F. bzw. Art. 12 Rom-I-VO). Insofern bestimmt Art. 12 Abs. 1 lit. a) Rom-I-VO ausdrücklich, dass alle Fragen der Auslegung des Vertrages dem Vertragsstatut zu entnehmen sind. Allein dies ist sinnvoll. Denn ein Vertrag kann sinnvoll nur durch das Recht bzw. das rechtliche Umfeld ausgelegt werden, das seinen Inhalt insgesamt regelt. Wenn eine Rechtsordnung, die auf den Vertrag selbst nicht anwendbar ist und deshalb von den Parteien im Zweifel gar nicht berücksichtigt wurde, in die Auslegung eingreifen darf, sind Brüche vorprogrammiert. Eben dies will Art. 9 Rom-I-VO ebenso wie früher Art. 34 EGBGB mit seinen strengen Voraussetzungen vermeiden. Dass § 31 Abs. 5 UrhG in der Tat einen wesentlichen Grundsatz des deutschen Urhebervertragsrechts darstellt, reicht im Übrigen für eine internationalprivatrechtliche Durchsetzung

des § 31 Abs. 5 UrhG nicht aus (so aber OLG Köln WRP 2011, 933 – *Hi Hotel*, gerade auch in diesem Punkt aufgehoben durch BGH GRUR 2015, 264 – *Hi Hotel II*; für eine zwingende Anwendung des § 31 Abs. 5 auch LG München I ZUM-RD 2002, 21, 25 f. – *Aguilera*; Dreier/Schulze/*Schulze*[5] § 31 Rn. 149, jedenfalls bei Nutzung in Deutschland). Denn es darf nicht nur der Ausgleich widerstreitender Individualinteressen – wie hier zwischen Urheber und Verwerter – bezweckt sein, sondern es müssen öffentliche Gemeinwohlinteressen verfolgt werden (Palandt/*Thorn*[76] Art. 9 ROM-I-VO Rn. 5; ebenso schon Palandt/*Heldrich*[67] Art. 34 EGBGB Rn. 3 m. w. N.). Gerade dies ist bei § 31 Abs. 5 nicht der Fall. Für dieses Ergebnis spricht im Übrigen, dass spätestens mit der Reform des Urhebervertragsrechts 2002, die dem Urheber gerade einen Anspruch auf angemessene Vergütung für die Nutzung seiner Werke sichern will, die primäre Rechtfertigung für eine Reihe der eben aufgeführten Regelungen entfallen ist. Jedenfalls soweit ein Werk auf eine neue Nutzungsart im Sinne des § 31 Abs. 4 a. F. UrhG nach dem 28.3.2002 genutzt wird, gilt dies wegen § 132 Abs. 3 S. 2 UrhG auch für Altverträge aus der Zeit seit Einführung des § 31 Abs. 4 UrhG zum 1.1.1966; insoweit stellt § 32a UrhG international zwingend eine faire Vergütung auch für diese Verträge sicher (ebenso *Wilhelm Nordemann/Jan Bernd Nordemann* FS Schricker II, S. 473, 482).

§ 32c Vergütung für später bekannte Nutzungsarten

(1) [1]Der Urheber hat Anspruch auf eine gesonderte angemessene Vergütung, wenn der Vertragspartner eine neue Art der Werknutzung nach § 31a aufnimmt, die im Zeitpunkt des Vertragsschlusses vereinbart, aber noch unbekannt war. [2]§ 32 Abs. 2 und 4 gilt entsprechend. [3]Der Vertragspartner hat den Urheber über die Aufnahme der neuen Art der Werknutzung unverzüglich zu unterrichten.

(2) [1]Hat der Vertragspartner das Nutzungsrecht einem Dritten übertragen, haftet der Dritte mit der Aufnahme der neuen Art der Werknutzung für die Vergütung nach Absatz 1. [2]Die Haftung des Vertragspartners entfällt.

(3) [1]Auf die Rechte nach den Absätzen 1 und 2 kann im Voraus nicht verzichtet werden. [2]Der Urheber kann aber unentgeltlich ein einfaches Nutzungsrecht für jedermann einräumen.

Übersicht

I. Allgemeines

1. Hintergrund und Entstehungsgeschichte, Sinn und Zweck

1 Nachdem auf EG-Ebene durch die Info-RL Vorgaben für eine Harmonisierung einzelner Nutzungsarten, insbesondere des Vervielfältigungsrechts, gewisse Schranken und technische Schutzmechanismen vorgegeben worden waren und diese im Gesetz zur Regelung des Urheberrechts in der Informationsgesellschaft umgesetzt worden waren (hierzu *Czychowski* NJW 2003, 2409 ff.), blieben weitere Fragen, die sich aus nationaler Sicht stellten, damals bewusst ungeregelt, da insofern kein Umsetzungsdruck von Seiten der EU vorlag. Zu diesen einzelnen offen gebliebenen Punkten hatte das Bundesministerium der Justiz die beteiligten Kreise im Sommer 2003 anhand eines Fragebogens um Stellungnahme gebeten und die Antworten hierauf auf einer Veranstaltung im September 2003 am Institut für Urheber- und Medienrecht in München diskutiert (Zum Fragebogen und dieser Veranstaltung, http://www.urheberrecht.org/topic/Korb-2/, abgerufen am 31.7.2011). Daran angeschlossen hatten sich Diskussionen in vom Bundesministerium der Justiz eingesetzten Arbeitsgruppen zu 11 Themen, u. a. zu der Frage der unbekannten Nutzungsarten nach § 31 Abs. 4 (dazu ausführlich vgl. § 31a Rn. 1 ff. und zu den Ergebnissen der einzelnen Arbeitsgruppen http://www.urheberrecht.org/topic/Korb-2/, abgerufen am 31.7.2011).

2 Bei einer Neuregelung des an dieser Stelle interessierenden Komplexes galt es, die – teilweise auch **urheberpersönlichkeitsrechtlich** – geprägten berechtigten **Interessen der Urheber** in Einklang mit den **Interessen der Verwerter** und auch der Allgemeinheit an einer Nutzung derartiger Werke zu bringen. Zwar wurde von einigen schon nach Inkrafttreten des Urhebervertragsgesetzes argumentiert, dass mit dem Anspruch auf angemessene Vergütung das Interesse an einer Regelung über das Verbot der Einräumung unbekannter Nutzungsarten entfallen sei. Dabei wurde aber übersehen, dass die Urheber nicht nur materielle Interessen im Zusammenhang mit solchen Nutzungsarten haben, sondern möglicherweise auch aus persönlichkeitsrechtlichen Erwägungen heraus bestimmte Nutzungsformen nicht wünschen. So sehen die §§ 31a, 32c, die nunmehr in das UrhG eingefügt wurden, vor, dass der Urheber auch einen Vertrag abschließen kann, mit dem er Rechte an noch nicht bekannten Nutzungsarten einräumt oder sich dazu verpflichtet. Dieser Vertrag bedarf allerdings der **Schriftform**, mit Ausnahme einer unentgeltlichen Rechteeinräumung eines einfachen Nutzungsrechtes für jedermann (im Detail vgl. § 31a Rn. 54). Zum Hintergrund der neuen Regelungen *Czychowski* GRUR 2008, 586, 587 f.

3 Pendant dieses § 31a ist § 32c, der die Vergütung für später bekannte Nutzungsarten regelt. Er entspricht in weiten Teilen der Struktur des neuen Vergütungsanspruchs nach § 32 und nimmt auch auf dessen Termini Bezug. Alle Fragen, die das neue Urhebervertragsrecht aufgeworfen hat, werden sich im Rahmen des § 32c also nahezu umfassend ebenfalls stellen (s. Kommentierung zu § 32).

2. EU-Recht, Internationale Konventionen, Verfassungsrecht

4 Vorgaben aus EU-Recht oder internationalen Konventionen gibt es zu § 32c nicht. Zur internationalen Anwendbarkeit vgl. § 32b Rn. 2, 19 ff. Der Grundsatz der Subsidiarität der Verfassungsbeschwerde begründet sowohl hinsichtlich der für Neuverträge geltenden Regelungen der §§ 31a und 32c u. a. als auch hinsichtlich des in Altverträge eingreifenden § 137l das Erfordernis, zuerst die Fachgerichte mit diesen Vorschriften zu befassen. Das BVerfG sieht derzeit keine durchgreifenden verfassungsrechtlichen Bedenken gegen diese Normen (BVerfG GRUR 2010, 332).

II. Tatbestand

1. Anspruch nach Abs. 1

Nach der Gesetzesbegründung soll es sich der Rechtsnatur nach um einen zu-   **5**
sätzlichen **gesetzlichen Vergütungsanspruch** des Urhebers handeln (RegE 2.
Korb – BT-Drs. 16/1828, S. 25). Die Regelung soll die durch die Erlaubnis-
Verträge auch über ungekannte Nutzungsarten zu schließende wiederherge-
stellte Vertragsfreiheit für die Urheber finanziell kompensieren (RegE 2. Korb –
BT-Drs. 16/1828, S. 25). Zur sehr vergleichbaren Rechtsnatur des Anspruchs
nach § 32 vgl. § 32 Rn. 16.

a) Voraussetzungen: Der Anspruch entsteht, wenn der Vertragspartner eine   **6**
neue Art der Werknutzung nach § 31a aufnimmt, die im Zeitpunkt des Vertragsschlusses vereinbart, aber noch unbekannt war. Damit bleibt es auch bei
der Notwendigkeit, den **Begriff der unbekannten Nutzungsart** zu definieren
(vgl. § 31a Rn. 43 ff. und die Nachweise auch aus der Zeit der Geltung des
§ 31 Abs. 4 a. F.). Auch wenn die Gesetzesbegründung dies nicht ausdrücklich
erwähnt, dürften hierzu die bisher ergangenen Urteile sowie Literaturmeinun-
gen weiter fortgelten (vgl. § 31a Rn. 43 ff.).

Der Anspruch entsteht nur, wenn eine neue Art der Werknutzung aufgenom-   **7**
men wird. § 32c verweist hier auf § 31a. Hierbei dürfte es sich also um die
dort definierten Nutzungsarten handeln (vgl. § 31a Rn. 21 ff.). Weitere Voraussetzung ist, dass diese neue Art der Werknutzung im Zeitpunkt des Vertragsschlusses vereinbart, aber noch unbekannt war. Auch hierzu ist auf § 31a, vgl.
§ 31a Rn. 43 ff. zu verweisen. Der Anspruch ist mit Aufnahme der neuen Art
der Nutzung auch **fällig**. Schwierig zu beurteilen ist, wann er **verjährt** ist (vgl.
§ 32 Rn. 23), denn auch hier kommt es auf Kenntnis eines unbestimmten
Rechtsbegriffes (der neuen Art der Nutzung) an. Zur Verwirkung vgl. § 32
Rn. 24.

b) Gesonderte angemessene Vergütung: Auch wenn das Gesetz und die Geset-   **8**
zesbegründung zur Definition der Angemessenheit schweigt, ist angesichts der
Begriffsübereinstimmung die Angemessenheit i. S. d. § 32 gemeint (zur Ausfüllung des Begriffs vgl. § 32 Rn. 33 ff.). Der Terminus „gesondert" soll lediglich
sicherstellen, dass z. B. mit einer etwaigen (angemessenen) Pauschalvergütung
für die bisher eingeräumten Rechte nicht auch die „neuen" Rechte nach § 31a
abgegolten werden, wobei sicherlich auch Konstellationen denkbar sind, in
denen eine nach § 32 angemessene Pauschalvergütung auch noch „neue"
Rechte als angemessen abdeckt (Anrechnung: Schricker/Loewenheim/*Spindler*[5]
Rn. 7). Die Vergütung kann auch gegen Null tendieren (*Kreile* ZUM 2007,
682, 685). Im Übrigen gibt die Gesetzesbegründung nur einen Hinweis: Für
die Höhe der Vergütung sind die wirtschaftlichen Rahmenbedingungen bei der
Festsetzung zu berücksichtigen (RegE 2. Korb – BT-Drs. 16/1828, S. 25). In
Fällen, in denen z. B. der Ersatz einer alten Nutzungsart durch eine neue erfolgt, kann es auch angemessen sein, dass der zusätzliche Vergütungsanspruch
gegen Null tendiert, weil dadurch von vornherein keine Änderung der Erträgnisse eintritt (RegE 2. Korb – BT-Drs. 16/1828, S. 25). Das überrascht insofern,
als die Substituierbarkeit einer Nutzung im Rahmen des § 31 Abs. 4 regelmäßig nach der Rechtsprechung gerade dazu führte, dass keine neue Nutzungsart
vorliegt (BGH GRUR 2005, 937, 939 – *Zauberberg*). Im Übrigen dürfte für
Art und Umfang der Vergütung die Praxis zur Regelung des § 32 relevant sein,
die sich allerdings noch herausbilden muss (ausführlich vgl. § 32 Rn. 33 ff.).
Entscheidender **Zeitpunkt** für die Berechnung der Angemessenheit ist bei
§ 32c – anders als bei § 32 – der Zeitraum der Nutzung (Schricker/Loewen-
heim/*Spindler*[5] Rn. 17). Wegen der oft schwer vorhersehbaren Entwicklung
neuer Märkte – sowohl in technischer als auch vor allem in wirtschaftlicher

Hinsicht – dürfte es sich anbieten, die Einigung über die konkrete Höhe der Vergütung auf den Zeitpunkt der Nutzungsaufnahme zu verschieben (Dreier/ Schulze/*Schulze*[5] Rn. 18). Für den Fall, dass keine Einigung zustande kommt, kann man daran denken, die **Vergütung nach billigem Ermessen** von einer der Vertragsparteien bestimmen zu lassen und insofern auf die §§ 315 ff. BGB zu verweisen (a. A. Schricker/Loewenheim/*Spindler*[5] Rn. 18).

9 c) **Berechtigte Personen:** Anders als § 32 ist der Anspruch des § 32c auf **Urheber beschränkt.** Für Leistungsschutzberechtigte gilt Folgendes: Wegen der Verweisungen (§§ 70 Abs. 1, 72) gilt der Anspruch **entsprechend für Lichtbilder und wissenschaftliche Ausgaben.** Eine Anwendung scheidet ausdrücklich aus für ausübende Künstler, da in § 79 Abs. 2 S. 2 ausdrücklich nicht auf § 32c verwiesen wird (ebenso Dreier/Schulze/*Schulze*[5] Rn. 3). Dies hat seinen Grund darin, dass auch schon die Regeln über unbekannte Nutzungsarten in § 31 Abs. 4 a. F. für ausübende Künstler nicht anwendbar waren (BGH GRUR 2003, 234, 235 – *EROC III*). Für **Urheber vorbestehender Werke im Filmbereich und Filmurheber** bleibt § 32c anwendbar, auch wenn die Regelungen des § 31a weitestgehend nicht zur Anwendung kommen (vgl. § 31a Rn. 19), denn §§ 88 und 89 nehmen diese Bestimmungen nicht aus (im Übrigen den ausdrücklichen Hinweis in der Gesetzesbegründung RegE 2. Korb – BT-Drs. 16/ 1828, S. 33). Zu den übrigen Berechtigten (Rechtsnachfolger, Abtretbarkeit etc.) vgl. § 32 Rn. 22, 141. Zum Verhältnis zum Arbeitsrecht vgl. § 32 Rn. 28; gegen die herrschende Abgeltungstheorie: *Wandtke* FS Loewenheim S. 393, 397 f.

10 d) **Verpflichtete Personen:** Anspruchsgegner ist zunächst der Vertragspartner des Urhebers. Damit ist klargestellt, dass nur der **Vertragspartner im primären Urhebervertrag Anspruchsgegner** ist, nicht etwa auch der Lizenzgeber im Verhältnis zum Lizenznehmer (im Übrigen zu den verpflichteten Personen vgl. § 32 Rn. 141 ff.). Zum Anspruch gegen Dritte nach Abs. 2 vgl. Rn. 15.

11 e) **Anwendbarkeit des § 32 Abs. 2 und 4:** § 32 Abs. 1 S. 2 bestimmt, dass § 32 Abs. 2 und 4 entsprechend anzuwenden ist. Es gilt also der **Vorrang des Tarifvertrages** (vgl. § 32 Rn. 26 ff.) sowie die **unwiderleglich vermutete Angemessenheit** einer Vergütung, die in einer **gemeinsamen Vergütungsregel** nach § 36 ermittelt wurde (vgl. § 32 Rn. 29).

12 f) **Entstehen, Fälligkeit, Verjährung:** Anders als der Anspruch nach § 32 (dort vgl. § 32 Rn. 20) **entsteht** dieser **Anspruch** nicht mit Einräumung von Nutzungsrechten oder der Erteilung der Erlaubnis zur Werknutzung. Dieser Anspruch entsteht erst, wenn die bei Vertragsschluss unbekannte Nutzungsart bekannt geworden ist und der Vertragspartner deren Nutzung aufgenommen hat (Schricker/Loewenheim/*Spindler*[5] Rn. 11). Mit dem Beginn dieser Auswertung ist der Anspruch auch **fällig** (oben vgl. Rn. 7; Schricker/Loewenheim/ *Spindler*[5] Rn. 12). Der Anspruch **verjährt** dann nach den allgemeinen Regeln des § 195 BGB (Dreier/Schulze/*Schulze*[5] Rn. 51) (zu den Schwierigkeiten bei der Verjährung vgl. § 32 Rn. 23).

13 *[derzeit leer]*

2. Anspruch auf Unterrichtung und Auskunftsanspruch

14 Der Anspruch nach § 32c würde in vielen Fällen leerlaufen, wenn der Urheber von der Aufnahme der neuen Art der Werknutzung überhaupt nichts erfährt. Daher statuiert S. 3 des Abs. 1 eine entsprechende **Unterrichtungspflicht.** Diese dürfte über einen bloßen Auskunftsanspruch hinausgehen. Sie stellt eine **eigenständige Verpflichtung** des Vertragspartners dar, **ohne** dass allerdings an ihre Nichterfüllung irgendwelche **Sanktionen** geknüpft wären (in diesem Sinne auch *Frey/Rudolph* ZUM 2007, 13, 20). Damit dürfte es sich bei der Verletzung dieser Pflicht um eine Verletzung des § 280 BGB mit den allgemeinen vom BGB daran geknüpften Rechtsfolgen handeln (so im Ergebnis auch BeckOK UrhR/ *Soppe*[14] Rn. 30.1). Anders als in § 31a Abs. 1 S. 4 enthält § 32c Abs. 1 S. 3 keine Regelung darüber, an welche Adresse die Unterrichtung zu erfolgen hat. Da S. 4 des § 31a Abs. 1 im Rahmen des Gesetzgebungsprozesses ausdrücklich aufgenommen wurde, hat der Gesetzgeber eine vergleichbare Regelung bewusst in § 32c Abs. 1 S. 3 nicht aufgenommen. Damit könnte man argumentieren, es obläge dem Vertragspartner, die jeweils aktuelle Anschrift zu ermitteln. Man wird dem Urheber jedoch eine Mitwirkungspflicht auferlegen müssen, bei **Umzügen** seine neue **Anschrift mitzuteilen.** Neben dieser Unterrichtungspflicht dürfte ein **allgemeiner Auskunftsanspruch** gelten, wie er auch bei § 32 diskutiert wird (vgl. § 32 Rn. 128 ff.). Unklar ist, wer Pflichtiger im Hinblick auf die Unterrichtung ist, wenn sich der Anspruch nach Abs. 2 gegen „Dritte" richtet (hierzu ausführlich Schricker/Loewenheim/*Spindler*[5] Rn. 22 f.).

3. Anspruch gegen Dritten nach Abs. 2

§ 32c Abs. 2 übernimmt, wonach ein Haftungsdurchgriff gegen Dritte, denen **15** Nutzungsrechte weiter übertragen wurden, existiert, die Regelungen des § 32a insoweit sinngemäß (RegE 2. Korb – BT-Drs. 16/1828, S. 25); daher vgl. § 32a Rn. 28 ff. Allerdings enthält § 32c Abs. 2 nicht die Einschränkung, die § 32a Abs. 2 S. 1 enthält, wonach die „vertraglichen Beziehungen in der Lizenzkette" zu berücksichtigen sind. Die entsprechenden Ausführungen in der Kommentierung zu § 32 sind hier also nicht zu berücksichtigen. Völlig unklar ist, ob der Dritte – bei Eingreifen des Abs. 2 – auch für die Unterrichtungspflicht nach Abs. 1 S. 3 haftet (näher dazu Dreier/Schulze/*Schulze*[5] Rn. 25 f.). Auch hier wird man sich fragen müssen (zur parallelen Problematik vgl. § 32a Rn. 30), ob es sich um eine **Rechtsgrund- oder Rechtsfolgenverweisung** handelt. Dann dürfte die Unterrichtungspflicht insoweit „mit übergehen" mit der Folge, dass bei Nichtbeachtung § 280 BGB eingreift. Der Erwerber wird insoweit gut daran tun, in seinen Erwerbsvertrag entsprechende Regelungen aufzunehmen, z. B. eine Verpflichtung über etwaig mitgeteilte Anschriftsänderungen zu informieren. Zur Frage der **Freistellungsklauseln** im Vertragsverhältnis zwischen Erst- und Zweitverwerter vgl. § 32a Rn. 40.

4. Nichtabdingbarkeit (Abs. 3)

Ebenso wie in § 32a Abs. 3 S. 1 geregelt, ist der Anspruch **nicht verzichtbar** **16** (Abs. 3 S. 1). Eine gesonderte **internationalrechtliche Regelung wie in** § 32b **fehlt aber** (zu den Konsequenzen daraus vgl. § 32b Rn. 22).

5. Unentgeltliches einfaches Nutzungsrecht

Abs. 3 S. 2 führt die Möglichkeit eines unentgeltlichen einfachen Nutzungs- **17** rechts ein, wie es § 32 kennt. Die Regelung soll insbesondere entsprechende unentgeltliche Rechtseinräumungen aus dem Bereich der Open Source Software, aber auch allgemeiner der Idee des Creative Commons, zulässig machen (vgl. § 32 Rn. 123; allg. zu Creative Commons vgl. Vor §§ 31 ff. Rn. 330a ff.).

[derzeit leer] **18**

[derzeit leer] **19**

III. Prozessuales

Die praktische Durchsetzung des Anspruchs entspricht der nach § 32, hierzu **20** vgl. § 32 Rn. 125 ff. Zur Frage, welche (auch prozessualen) Möglichkeiten der Urheber hat, wenn der Verwerter ohne Information nach § 31a das Werk in einer neuen Nutzungsart nutzt, vgl. § 31a Rn. 81.

IV. AGB-Recht, Verträge

21 § 32c ist vertraglichen Änderungen nicht zugänglich (s. Abs. 3), vgl. Rn. 16. Ausgestaltungen, auch in AGB, sollen zulässig sein (Mestmäcker/Schulze/ *Scholz* Rn. 34; offen wohl Schricker/Loewenheim/*Spindler*[5] Rn. 41).

V. Verhältnis zu anderen Vorschriften

22 Eine unangemessene Vergütung i. S. d. § 32c könnte eine so schwerwiegende Vertragsverletzung darstellen, dass man auf den Gedanken kommt, in einem solchen Fall eine Kündigungsmöglichkeit nach § 314 BGB zuzulassen. Dies würde aber dem Zweck auch des § 32c, der – ebenso wie § 32 – gerade eine Spezialregelung für die Vergütung schaffen wollte, und den Bestand des Vertrages unangetastet wissen wollte, zuwiderlaufen. Eine Anwendbarkeit des § 314 BGB allein wegen unangemessener Vergütung **ist** also **abzulehnen** (vgl. § 32 Rn. 154; Schricker/Loewenheim/*Spindler*[5] Rn. 6). Höchst wesentlich und für das eigentliche Ziel, „die Archive zu heben", maßgeblich, ist in diesem Zusammenhang die in § 137l **enthaltene Übergangsregelung**, die eine Nutzung in unbekannten Nutzungsarten unter bestimmten Voraussetzungen gestattet, wenn im ursprünglichen Vertrag des Urhebers dieser „alte wesentliche Nutzungsrechte" seinem Vertragspartner eingeräumt hat.

§ 32d Anspruch auf Auskunft und Rechenschaft

(1) Bei entgeltlicher Einräumung oder Übertragung eines Nutzungsrechts kann der Urheber von seinem Vertragspartner einmal jährlich Auskunft und Rechenschaft über den Umfang der Werknutzung und die hieraus gezogenen Erträge und Vorteile auf Grundlage der im Rahmen eines ordnungsgemäßen Geschäftsbetriebes üblicherweise vorhandenen Informationen verlangen.

(2) Der Anspruch nach Absatz 1 ist ausgeschlossen, soweit
1. **der Urheber einen lediglich nachrangigen Beitrag zu einem Werk, einem Produkt oder einer Dienstleistung erbracht hat; nachrangig ist ein Beitrag insbesondere dann, wenn er den Gesamteindruck eines Werkes oder die Beschaffenheit eines Produktes oder einer Dienstleistung wenig prägt, etwa weil er nicht zum typischen Inhalt eines Werkes, eines Produktes oder einer Dienstleistung gehört, oder**
2. **die Inanspruchnahme des Vertragspartners aus anderen Gründen unverhältnismäßig ist.**

(3) Von den Absätzen 1 und 2 kann zum Nachteil des Urhebers nur durch eine Vereinbarung abgewichen werden, die auf einer gemeinsamen Vergütungsregel (§ 36) oder einem Tarifvertrag beruht.

I. Allgemeines

1. Bedeutung/Sinn und Zweck/Systematische Stellung

Die Vorschrift ist durch das **Gesetz zur verbesserten Durchsetzung des Anspruchs der Urheber und ausübenden Künstler auf angemessene Vergütung und zur Regelung von Fragen der Verlegerbeteiligung** vom 23.12.2016, BGBl. I 2016, S. 3037 in das Gesetz aufgenommen worden. Ziel der Reform ist die Stärkung der Vertragsparität, indem faire Beteiligungen an den Erlösen der Verwertung durch individualvertragliche und kollektivrechtliche Maßnahmen gewährleistet werden (RegE UrhVG 2016 – BT-Drs. 18/8625, S. 13). Zum Diskussionsverlauf des Reformvorhabens s. etwa *Pech* ZUM 2015, 474 ff.   **1**

Auskunftsansprüche kennt das Urheberrecht seit langem, auch ohne, dass sie kodifiziert waren (s. nur RGZ 73, 286, 288; RGZ 158, 377, 379; BGHZ 10, 385, 387; BGH GRUR 1980, 227, 232 – *Monumenta Germaniae Historica*; und im Detail die **Kommentierung zu § 101**). Für die relativ neuen Regelungen der §§ 32, 32a waren Auskunftsansprüche ebenfalls anerkannt (s. nur BGHZ 125, 322, 329 – *Cartier-Armreif*, BGH GRUR 2012, 496 Tz. 11 – *Das Boot*; vgl. § 32 Rn. 128 f., vgl. § 32a Rn. 46 und vgl. § 101 Rn. 2).   **2**

Der Gesetzgeber war der Meinung, dass es einer darüber hinausgehenden gesetzlichen Regelung bedürfe (RegE UrhVG 2016 – BT-Drs. 18/8625, S. 2, 12). Er begründet dies damit, dass vor allem bei potentiellen Zahlungsansprüchen aufgrund eines auffälligen Missverhältnisses zwischen Erträgen und Vorteilen aus der Nutzung und der vereinbarten Gegenleistung (§ 32a UrhG) oder aufgrund einer neuen Art der Werknutzung (§ 32c UrhG) und bloßer Pauschalvergütung der Urheber erhebliche Schwierigkeiten haben könne, von diesen Umständen jemals zu erfahren (RegE UrhVG 2016 – BT-Drs. 18/8625, S. 18).   **3**

Anders als § 101 regelt § 32d nunmehr also das, was durch die Rechtsprechung bei bloß vertraglicher Bindung (ohne, dass eine Rechtsverletzung vorliegt) schon judiziert war, nämlich ein Auskunftsanspruch bei einer vertraglich vorgesehenen Beteiligung des Urhebers am Absatzerfolg des Werkes (RegE UrhVG 2016 – BT-Drs. 18/8625, S. 26). Bislang gab es keinen Auskunftsanspruch, wenn ein Pauschalhonorar vereinbart war, allerdings keine Anhaltspunkte für einen Anspruch nach § 32a sprachen, denn hat der Urheber für die Nutzung seiner Werke ein Pauschalhonorar vereinbart, ist ihm der Verwerter zunächst keine Rechenschaft darüber schuldig, in welchem Umfang er das Werk nutzt (BGH, GRUR 2002, 602, 603 – *Musikfragmente*). Die neue Vorschrift soll folglich die individualvertragliche Rechtsstellung der Urheber stärken (RegE UrhVG 2016 – BT-Drs. 18/8625, S. 1, 12), die anhand der zu erteilenden Auskünfte prüfen können sollen, ob die Vergütung angemessen i. S. v. § 32 ist oder ob Ansprüche auf weitere Beteiligung nach § 32a oder aus einer neuen Nutzungsart nach § 32c in Betracht kommen (*Berger/Freyer* ZUM 2016, 569,   **4**

570 f.). Da gerade Pauschalhonorare anfällig für ein Missverhältnis von Erträgen und Vorteilen seien (RegE UrhVG 2016 – BT-Drs. 18/8625, S. 26), richtet sich die neue Regelung somit gegen Pauschalvereinbarungen (*Ory* AfP 2015, 389, 390).

5 Der Grund für den insoweit neuen Anspruch liegt neben den eben genannten anlasslosen Auskünften auch im Urheberpersönlichkeitsrecht (RegE UrhVG 2016 – BT-Drs. 18/8625, S. 28), denn der Urheber habe auch bei einem Pauschalhonorar ein legitimes Interesse daran, zu erfahren, wo und wie sein Werk genutzt wird und ob seine Rechte aus den §§ 12 ff. UrhG gewahrt sind. Warum der Urheber, ohne dass die Voraussetzungen des § 101 vorliegen, in einem bestehenden Vertragsverhältnis durch Auskünfte prüfen können soll, ob nicht doch in der (vertraglich ja vereinbarten) Auswertung seines Werkes eine Persönlichkeitsrechtsverletzung liegen soll, erschließt sich uns nicht.

2. EU-Recht, Internationale Konventionen

6 Weder EU-Recht noch internationale Konventionen kennen eine vergleichbare Regelung noch gibt es **Vorgaben** zu der deutschen Regelung.
Vergleichbare Regelungen werden mittlerweile auch auf unionsrechtlicher Ebene unter dem Stichwort „Transparenzpflicht" vorgeschlagen (Art. 14 RL-Entwurf „Copyright in the Digital Single Market", COM (2016) 593 final).

II. Tatbestandsvoraussetzungen

1. Überblick

7 Der gesetzliche Auskunftsanspruch nach § 32d ist nicht auf eine pauschale oder ausschließliche Nutzungsrechteeinräumung beschränkt. Der Anspruch gilt nach dem Wortlaut bei jeder **entgeltlichen** Nutzungsrechtseinräumung und -übertragung. Letztere gibt es aber im primären Urhebervertragsrecht (zum Begriff *Dietz* S. 1 ff.) nicht. Da es ein Anspruch aus dem primären Urhebervertragsrecht, also nur, wenn der Urheber beteiligt ist, ist, läuft er im Falle einer Übertragung also leer. Für die Entgeltlichkeit kommt es nicht darauf an, ob ein Endkunde an den Verwerter eine Vergütung zahlt oder ob es sich um ein werbefinanziertes Angebot handelt, sondern ob unmittelbar zwischen Kreativem und Verwertern eine Vergütung gezahlt worden ist. Räumt der Kreative ein unentgeltliches Recht ein, wie beispielsweise bei Creative Commons, besteht kein Auskunftsrecht (*Ory* NJW 2017, 753, 755). Dies hat der Gesetzgeber unter Hinweis auf § 32 Abs. 3 S. 3 ausdrücklich klargestellt (RegE UrhVG 2016 – BT-Drs. 18/8625, S. 26). Der Anspruch zielt auf hinreichende Auskünfte, um einerseits Persönlichkeitsrechtsverletzungen (wohlbemerkt in einem bestehenden Vertragsverhältnis, denn sonst greift § 101) beurteilen zu können (vgl. Rn. 5), andererseits aber auch und wohl vor allem, um vergütungsrechtliche Ansprüche nach §§ 32, 32a vorbereiten zu können (dazu sogleich).

8 Der Urheber kann nunmehr von seinem Vertragspartner einmal jährlich Auskunft und Rechenschaft über den Umfang der Werknutzung und die hieraus gezogenen Erträge und Vorteile verlangen. Es handelt sich damit vor allem um einen Auskunftsanspruch zur **Vorbereitung von (Haupt-)Ansprüchen**, sowohl gemäß **§ 32** auf angemessene Vergütung als auch gemäß **§ 32a** auf weitere Beteiligung (RegE UrhVG 2016 – BT-Drs. 18/8625, S. 26). Gleichzeitig umfasst dieser Anspruch einen **Rechnungslegungsanspruch** („Rechenschaft"), die Gesetzesbegründung verweist hierzu auf die bestehende ständige Rechtsprechung zum ungeschriebenen Anspruch auf Auskunftserteilung und Ablegen der Rechenschaft aus einer erweiternden Anwendung der §§ 259, 242 BGB (RegE UrhVG 2016 – BT-Drs. 18/8625, S. 26).

Sonstige Voraussetzungen, wie sie etwa anerkannte Auskunftsansprüche nach   **9**
§§ 242, 259 BGB vorsehen, also z. B., dass der Auskunftssuchende über Bestand und Umfang seines Rechts im Unklaren ist, oder gar dass besondere Anhaltspunkte für ein Missverhältnis i. S. d. § 32a UrhG vorliegen, sind nicht vorgesehen. Der Anspruch ist also gewissermaßen materiell **voraussetzungslos**.

2. Zeitlicher Anwendungsbereich

Die zeitliche Anwendbarkeit der Neuerungen des Urhebervertragsrechts richtet sich nach **§ 132 Abs. 3a**. Nach dem Wortlaut sind auf Verträge oder sonstige Sachverhalte, die vor dem 1. März 2017 geschlossen worden oder entstanden sind, sind die Vorschriften des Urhebervertragsrechts in der alten Fassung weiter anzuwenden. Die neuen Regelungen des Urhebervertragsrechts kommen daher grundsätzlich erst zur Anwendung, soweit es um Verträge und Sachverhalte geht, die ab dem 1. März 2017 geschlossen worden oder entstanden sind.   **10**

Problematisch an der Regelung des § 132 Abs. 3a ist die Bedeutung des Tatbe-   **11**
standsmerkmals „sonstige Sachverhalte". Die Gesetzgebungsunterlagen geben hier auch keine klaren Auslegungshilfen an die Hand. Dies hat zur Folge, dass nicht abschließend klar ist, welche durch die Urhebervertragsrechtsreform eingeführten Rechtsnormen ausschließlich an den Zeitpunkt des Vertragsschlusses anknüpfen und welche (auch) an einen „Sachverhalt" nach Vertragsschluss anknüpfen können, so dass auch Altverträge vor dem 1. März 2017 betroffen sein können. Gegen eine Erfassung von Altverträgen (Verträge, welche vor dem 1. März 2017 abgeschlossen wurden) spricht, dass die Parteien hier in aller Regel das Bestehen der neuen Auskunftsansprüche nicht in die vertragliche Verhandlung „einpreisen" konnten. Zudem könnte man argumentieren, dass bei einem Auskunftsbegehren kein „Sachverhalt" im Sinne von § 132 Abs. 3a S. 1 gegeben ist, welcher über den zugrundeliegenden Vertrag hinausgeht. Gegen eine Auskunftspflicht nach den §§ 32d, 32e spricht ferner, dass im Referentenentwurf des Bundesministeriums der Justiz und für Verbraucherschutz vom 5.10.2015 in § 132 Abs. 3a S. 2 eine Sonderregelung für Auskunftsansprüche nach § 32d vorgesehen war, wonach auf Sachverhalte, die nach dem Inkrafttreten der neuen Regelungen entstanden sind, das neue Gesetz Anwendung findet (s. S. 8 des Referenten-entwurfs, abrufbar unter http://www.urheberrecht.org/topic/Urhebervertragsrecht/BMJV%20Referentenentwurf%20Urhebervertragsrecht.pdf). In der Gesetzesfassung fehlt eine derartige Bezugnahme auf § 32d in § 132 Abs. 3a S. 2. Zudem erweckt die Begründung des Regierungsentwurfs den Eindruck, dass man auf „Sachverhalte" von Altverträgen nur die Änderungen in § 41 anwenden wollte (RegE UrhVG 2016 – BT-Drs. 18/8625, S. 26, 33; so auch *Berger/Freyer* ZUM 2016, 569, 579).

Allerdings sind die Gesetzgebungsunterlagen auch nicht eindeutig und geben   **12**
keine Auskunft über die Gründe der späteren Nichtnennung des § 32d in § 132 Abs. 3a S. 2. Daher könnte man noch argumentieren, dass der Gesetzgeber schlicht davon ausgegangen ist, dass der Wortlaut von § 132 Abs. 3a S. 1 weit genug ist, um Auskunftsansprüche für Sachverhalte nach dem 1. März 2017 zu erfassen, sodass es keiner ausdrücklichen Nennung des § 32d in § 132 Abs. 3a S. 2 bedurfte. Zudem kann „Sachverhalt" bei Auskunftsansprüchen die Werknutzung und die hieraus gezogenen Erträgnisse und Vorteile sein. Dies gilt insbesondere mit Blick auf eine Entscheidung des BGH zu § 132 Abs. 3 S. 2, in welcher dieser als relevanten Sachverhalt mit Blick auf § 32a die Verwertungshandlungen angesehen hat (BGH GRUR 2012, 496 Tz. 57 f. – *Das Boot*). Daher überwiegen mit Blick auf die Gesetzgebungsunterlagen letztlich recht deutlich die Argumente, die gegen eine Anwendbarkeit der neuen Auskunftsansprüche in den §§ 32d, 32e auf Altverträge sprechen.

3. Auskunftsverlangen, Häufigkeit

13 Der Anspruch setzt ein Auskunftsverlangen voraus. Dieses darf nicht öfter als ein Mal pro Jahr gestellt werden. Daraus (und der Gesetzesbegründung, dass der Vertragspartner nicht übermäßig belastet werden soll, vgl. Rn. 14) kann man entnehmen, dass der Verwerter selber entscheiden kann, wann im Jahr er den Anspruch erfüllt, mit anderen Worten, der Vertragspartner kann die Auskunftsverlangen sammeln und zusammengefasst und damit unter geringerem Aufwand erfüllen.

14 Dass die Auskunft und Rechenschaft (zu dem Umfang der Auskunft, also zu den Rechtsfolgen, vgl. Rn. 27 ff.) nur einmal jährlich erteilt werden soll, dient dem Zweck, die Verwerter nicht übermäßig zu belasten (RegE UrhVG 2016 – BT-Drs. 18/8625, S. 26). Aus dem Vertrag kann sich aber ergeben, dass Auskunft und Rechenschaft häufiger zu erteilen sind. Dann gehen die vertraglichen Absprachen vor.

4. Entgeltliche Nutzung

15 Der Anspruch besteht nur bei entgeltlicher Nutzung des Werkes. Damit sind insbesondere Sachverhalte wie die unentgeltliche Einräumung einfacher Nutzungsrechte für jedermann gemäß § 32 Abs. 3 S. 3 ausgeschlossen. Der Rechtsausschuss hatte insofern noch eine Änderung gegenüber dem Gesetzentwurf der Bundesregierung verabschiedet, die verdeutlichen soll, dass sich die Entgeltlichkeit auf die Einräumung oder Übertragung eines Nutzungsrechts beziehen muss (BeschlE RAusschuss UrhVG 2016 – BT-Drs. 18/10637, S. 22). Damit soll dem Missverständnis vorgebeugt werden, dass ein Auskunftsrecht schon deshalb entfallen könnte, weil die endgültige Nutzung – etwa über eine werbefinanzierte Plattform – aus Sicht des Endnutzers unentgeltlich gestattet ist (BeschlE RAusschuss UrhVG 2016 – BT-Drs. 18/10637, S. 22).

16 Entgeltlich muss nach § 32 eigentlich jede Nutzung eines Rechts sein, von den Ausnahmen des § 32 Abs. 3 S. 3 und den seltenen Fällen einer entgeltfreien Nutzung (vgl. § 32 Rn. 123) abgesehen. Damit dürfte der Anspruch nahezu bei jeder Nutzung entstehen, und das dürfte auch dem Willen des Gesetzgebers entsprechen, der aufgrund fehlender Markt- und Verhandlungsmacht teilweise unangemessen niedrige Vergütungen der Urheber und ausübenden Künstler beklagt (RegE UrhVG 2016 – BT-Drs. 18/8625, S. 12). Dem Wortlaut nach ist jegliche Nutzung erfasst, die Bandbreite reicht von der Online-Nutzung bis zur Nutzung von Musik in Kneipen (so das Beispiel von *Ory* AfP 2015, 389, 390).

5. Aktivlegitimation (Anspruchsberechtigung)

17 Der Anspruch steht **jedem Urheber** zu. Auch **ausübende Künstler** kommen über § 79 Abs. 2a in seinen Genuss. Urheber von Computerprogrammen sind nach 69a Abs. 5 von ihm allerdings ausgeschlossen. Das hat seinen berechtigten Grund darin, dass aufgrund der hohen Nachfrage der Branche nach Mitarbeitern die Vertragsparität zwischen Urhebern und Verwertern nicht in dem gleichen Maß gefährdet ist wie in anderen Bereichen (RegE UrhVG 2016 – BT-Drs. 18/8625, S. 27).

18 Aus der Gesetzesbegründung lässt sich entnehmen, dass § 32d im **Angestelltenverhältnis** keine Anwendung findet, da bereits die Hauptansprüche der §§ 32, 32a UrhG nicht anwendbar sind. So heißt es: „Bei fest angestellten Urhebern in Arbeits- oder Dienstverhältnissen ergibt sich regelmäßig aus dem Wesen des Beschäftigungsverhältnisses, dass keine besonderen Auskunftsansprüche bestehen." (RegE UrhVG 2016 – BT-Drs. 18/8625, S. 22). Der Ausschluss soll sich bereits daraus ergeben, dass man sie aus dem Anwendungsbereich von § 32 ausnimmt (*Berger/Freyer* ZUM 2016, 569, 573; mit anderer Begründung die Anwendbarkeit ebenfalls ablehnend *Ory* AfP 2015, 389, 394). Die Rechtslage in Bezug auf die zugrundeliegende Frage ist jedoch unklar (Vgl. § 32 Rn. 28). Jedenfalls für **Computerprogramierer** (egal ob angestellt oder nicht) ist die Anwendbarkeit der §§ 32d und e ist in § 69a Abs. 5 ausdrücklich ausgeschlossen. Dies gilt, obwohl die Anwendbarkeit der §§ 32, 32a für angestellte Computerprogrammierer nach wie vor umstritten ist (vgl. § 69b Rn. 15; für Anwendbarkeit: Dreier/Schulze/*Schulze*[5] § 32 Rn. 16; gegen Anwendbarkeit: OLG Düsseldorf ZUM 2004, 756 zu § 36 a. F.; *Wimmers/Rode* CR 2003, 399, 404; zweifelnd *Bayreuther* GRUR 2003, 570).

Im Falle der Mitwirkung **mehrerer anspruchsberechtigter Kreativer** an einem   **19** Werk ist der Verwerter nach der Gesetzesbegründung nicht verpflichtet, deren einzelne Anteile an der Wertschöpfung zu quantifizieren. Geschuldet sein soll jeweils nur Auskunft über die Verwertung des Gesamtwerks (RegE UrhVG 2016 – BT-Drs. 18/8625, S. 26).

6. Passivlegitimation (Anspruchsverpflichtung)

Passivlegitimiert ist der unmittelbare Vertragspartner des Urhebers. Eine regel-   **20** mäßige Auskunfts- und Rechenschaftspflicht weiterer Verwerter in der Lizenzkette hielt die Bundesregierung noch für zu belastend (RegE UrhVG 2016 – BT-Drs. 18/8625, S. 26). Der Rechtsausschuss ist dem jedoch nicht gefolgt und hat nach intensiven Beratungen mit § 32e (s. die Kommentierung dort) einen eigenen Anspruch gegen Dritte eingeführt (BeschlE RAusschuss UrhVG 2016 – BT-Drs. 18/10637, S. 19), obwohl diese doch regelmäßig keine Kenntnis von den vertraglichen Beziehungen ihrer Vertragspartner haben dürften und ihnen nur bei entsprechender vertraglicher Regelung Auskunftsrechte zustehen (RegE UrhVG 2016 – BT-Drs. 18/8625, S. 26). Zu Fragen der Auskunft im **Konzern** vgl. § 101 Rn. 82.

Nach § 34 **Abs. 4** besteht jedoch eine gesamtschuldnerische Haftung des Ver-   **21** tragspartners des Urhebers und eines dritten Verwerters auf angemessene Vergütung nach § 32, die unabhängig von einem Auskunftsanspruch nach § 32d geltend gemacht werden kann.

7. Rechtsfolgen

Der Anspruch gewährt als Rechtsfolge Auskunft und Rechenschaft, mithin ne-   **22** ben der bloßen Auskunft auch einen Rechnungslegungsanspruch (zu dessen Details vgl. § 101 Rn. 29 ff.). Der Umfang der Auskunft ist – anders als § 101, der weiter geht (vgl. § 101 Rn. 78 ff.) – vom Gesetz eingeschränkt – vom Umfang der Werknutzung und die hieraus gezogenen Erträge und Vorteile. Das heißt, die Verwerter werden Angaben zu Art, Dauer und Zeitpunkt der Nutzung mitzuteilen haben, um über den Umfang der Werknutzung zu informieren (*Berger/Freyer* ZUM 2016, 569, 572). Zu Erträgen und Vorteilen vgl. § 32a Rn. 14 ff.

Eine weitere Einschränkung formuliert das Gesetz dadurch, dass es die Aus-   **23** kunft lediglich auf Grundlage der im Rahmen eines **ordnungsgemäßen Geschäftsbetriebes üblicherweise vorhandenen Informationen** erteilt wissen will. Darunter versteht man wohl lediglich diejenigen Daten und Informationen, die betriebsintern nach den üblichen Branchengepflogenheiten bereits vorliegen, so dass der Verwerter keine zusätzlichen Daten erheben muss (kritisch *Berger/Freyer* ZUM 2016, 569, 572).

Der tatsächliche Umfang der Auskunft ist damit wenig konkret geregelt. Jeden-   **24** falls erfasst die Auskunft nach dem Wortlaut den Umfang der Werknutzung und die hieraus gezogenen Erträge und Vorteile, wobei im Einzelnen unklar ist, was darunter zu verstehen ist und welche Erträge und Vorteile hier in welchem Umfang kausal sind. Umstritten ist dies beispielsweise im Hinblick auf Werbeerträge aus der Nutzung von Werken (so jedoch pauschal *Peifer* GRUR-Prax 2017, 1).

25 Der Umfang wird daher sehr vom individuellen Fall abhängen. Eine Auskunft über die Anzahl gedruckter, ausgelieferter und abgerechneter Bücher ist jedenfalls umfasst und anhand von Druckaufträgen, Rechnungen und Lieferscheinen einfach nachvollziehbar. Anders sieht dies z. B. bei werbefinanzierten Informationsangeboten im Internet aus; bei diesen gibt es keine direkte Zuordnung von Erlösen zu einzelnen Seiten oder den darauf verbreiteten Werken, wenn Ad-Server personalisierte Inserate ausliefern (*Ory* NJW 2017, 753, 755).

26 Die Überlegung, dass angesichts zunehmender Vergütungsmodelle pro Einzelnutzung (pay-per-use) und aufgespaltener Nutzungsrechte vor allem im digitalen Vertrieb, die ohnehin eine geeignete Datenhaltung erfordern, der zusätzliche Aufwand des Verwerters, seine Strukturen anzupassen, überschaubar sei (*Peifer* GRUR 2016, 6, 8 und 11), erscheint zumindest zweifelhaft; strikt a. A. *Ory* AfP 2015, 389, 390, der einen immensen Aufwand für Dateneingabe und -pflege erwartet, auch und gerade bei Online-Nutzungen. Im Fachausschuss der GRUR bestanden unterschiedliche Ansichten darüber, welchen Aufwand der Auskunftsanspruch im Einzelfall erzeugen wird, da dieser je nach Verwertungsszenario differieren wird (s. Stellungnahme der GRUR vom 29.12.2015 S. 3, abrufbar unter http://www.grur.org/uploads/tx_gstatement/2015–12–29_GRUR_Stn_UrhVertragsrecht.pdf, abgerufen am 12.1.2017). Im Übrigen ist die Auskunftspflicht auf ausschließlich vergütungsrelevante Informationen beschränkt (*Berger/Freyer* ZUM 2016, 569, 572).

8. Grenzen (insb. Wirtschaftsprüfervorbehalt)

27 Die Gesetzesbegründung gibt als Schranken des Anspruchs die **Verhältnismäßigkeit** an (vgl. Rn. 33 ff.) und verweist in diesem Zusammenhang auch ausdrücklich auf **Geheimhaltungsinteressen** (RegE UrhVG 2016 – BT-Drs. 18/8625, 27). Daher dürften beide Ansprüche auf Auskunft und auch der Anspruch auf Rechnungslegung unter dem Vorbehalt des § 242 BGB stehen und ebenso wie § 101 ein **Wirtschaftsprüfervorbehalt** möglich sein (vgl. § 101 Rn. 28). Allerdings muss der Berechtigte diesen Vorbehalt substantiieren: BGH GRUR 2012, 496 Tz. 83 – *Das Boot*. Eine Grenze liegt ferner jedenfalls beim **Rechtsmissbrauch** (*Ory* AfP 2015, 389, 390). Rechtsmissbrauch liegt beispielsweise dann vor, wenn bereits mehrere Auskunftsersuchen keine relevanten Zahlen ergeben haben und keine Anhaltspunkte dafür bestehen, dass sich die Verwertung nennenswert verändert hat (RegE UrhVG 2016 – BT-Drs. 18/8625, S. 27).

III. Ausschluss des Anspruchs, Einschränkungen durch Verhältnismäßigkeit

28 Abs. 2 benennt zwei Tatbestände, bei deren Vorliegen kein gesetzlicher Anspruch auf Auskunft besteht. Damit soll den berechtigten Interessen der Verwerter Rechnung getragen werden (RegE UrhVG 2016 – BT-Drs. 18/8625, S. 18).

1. Nachrangiger Beitrag

29 Der Anspruch ist ausgeschlossen, soweit der Urheber einen lediglich **nachrangigen** Beitrag zu einem Werk, einem Produkt oder einer Dienstleistung erbracht hat. Nach dem Gesetzeswortlaut ist **nachrangig** ein Beitrag insbesondere dann, wenn er den Gesamteindruck eines Werkes oder die Beschaffenheit eines Produktes oder einer Dienstleistung wenig prägt, **etwa weil er nicht zum typischen Inhalt eines Werkes, eines Produktes oder einer Dienstleistung gehört**. Die Gesetzesbegründung nennt als Beispiele angewandte Kunst, etwa Werbegrafik oder die Gestaltung von Teilen komplexer Gebrauchsgegenstände (RegE UrhVG 2016 – BT-Drs. 18/8625, S. 27). Ebenso erscheint es unverhältnismäßig, den Verleger eines Fotobandes mit Auskunftsansprüchen jedes mitwirkenden Fotografen zu belasten – es sei denn, es würde das Werk eines bestimmten Fotografen dokumentiert.

Diese Ausnahme des Anspruchs wurde vom **Rechtsausschuss teilweise neu gefasst,** da die vorherige Formulierung Kritik erfahren hatte (BeschlE RAusschuss UrhVG 2016 – BT-Drs. 18/10637, S. 22). Der Regierungsentwurf sprach zunächst von „untergeordneten" Beiträgen (RegE UrhVG 2016 – BT-Drs. 18/8625, S. 27). Die Rechtslage soll durch die Neuregelung jedoch nicht verschlechtert, sondern zugunsten der Urheber und ausübenden Künstler klarer normiert werden. Der Ausschuss betont, dass der Begriff des „nachrangigen Beitrags" keine qualitative Wertung enthält (s. zur Einschränkung des Auskunftsanspruchs auch BGH, Urteil vom 13. Dezember 2001 – I ZR 44/99 – *Musikfragmente*, zum Auskunftsanspruch in Verbindung mit § 36 a. F.). Jedenfalls sind solche Beiträge nachrangig, die nicht zu dem typischen Inhalt eines Werkes, eines Produktes oder einer Dienstleistung gehören und den Gesamteindruck oder die Beschaffenheit wenig prägen. Insbesondere bei Beiträgen von Text- oder Fotojournalisten zu Presseerzeugnissen oder bei Darbietungen von Schauspielern in Haupt- oder Nebenrollen handelt es sich um kreative Leistungen, die einen Auskunftsanspruch auslösen können, denn zum typischen Inhalt einer Tageszeitung gehören etwa journalistische Artikel und Fotos, zum Film oder Theaterstück die Auftritte von Schauspielern. Dagegen sollen etwa Komparsen oder Journalisten, die zum Beispiel lediglich einen geringfügigen Textbeitrag, Recherche o. ä. zu einem Artikel zuliefern, im Regelfall keinen anlasslosen, jährlichen Auskunftsanspruch haben, weil dadurch bei den betroffenen Verwertern unverhältnismäßiger Aufwand entstünde und damit letztlich das Vergütungsvolumen für die Gesamtheit der Urheber geschmälert würde (BeschlE RAusschuss UrhVG 2016 – BT-Drs. 18/10637, S. 22 f.). Den Zweck dieses Ausschlusses vermutet die Literatur darin, den Verwerter eines komplexen Werkes mit einer Vielzahl an Urhebern nicht über Gebühr mit individuellen Abrechnungen zu belasten (*Berger/Freyer* ZUM 2016, 569, 572).

30

Nach der gesetzlichen Definition ist ein Beitrag zu einem Werk, einem Produkt oder einer Dienstleistung nachrangig im Sinne des § 32d Abs. 2 Nr. 1 insbesondere dann, wenn er den Gesamteindruck eines Werkes oder die Beschaffenheit eines Produktes oder einer Dienstleistung wenig prägt, etwa weil er nicht zum typischen Inhalt eines Werkes, eines Produktes oder einer Dienstleistung gehört. Besonders klar ist ein solcher Ausschlussgrund nicht, denn ob ein Beitrag den Gesamteindruck wenig prägt, ist kaum mit Bestimmtheit feststellbar. In der Begründung des Ausschusses wird dazu weiter erläutert, dass es um Komparsen gehe, nicht jedoch um Schauspieler in Nebenrollen, oder um Journalisten, die zum Beispiel lediglich einen geringfügigen Textbeitrag, Recherche oder ähnliches zu einem Artikel liefern, nicht jedoch um Journalisten, die einen kleinen Artikel in einer Tageszeitung allein verfassen (BeschlE RAusschuss UrhVG 2016 – BT-Drs. 18/10637, S. 22 f.). Wie oben erläutert, geht aus der Gesetzesbegründung hervor, dass der Begriff des nachrangigen Beitrags" keine qualitative Wertung enthält. Wir halten diese Aussage für falsch. Eine Anwendung des Ausschlussgrundes eines nachrangigen Beitrages ohne qualitative Bewertungen ist unseres Erachtens schwer darstellbar. Es ist zwar davon auszugehen, dass die Gerichte anhand der erwähnten Beispiele in der Gesetzesbegründung in der Lage sein werden, den Ausschlussgrund anzuwenden; dies wird jedoch auch mit einer qualitativen Bewertung des Beitrags einhergehen müssen, da sich ein nachrangiger Beitrag im Sinne eines nicht den Gesamteindruck eines Werkes prägenden Beitrags

31

nicht ausschließlich nach quantitativen Gesichtspunkten wird feststellen lassen. Dies wird an folgenden Beispielen deutlich:

Beispiel 1: Urheber F komponiert für ein großes Unternehmen einen 3 Sekunden langen Jingle für einen 30 Sekunden langen Radio-Werbespot, an dem jeder Zuschauer jedoch das beworbene Produkt erkennt und der im Anschluss für weitere Werbespots dieses Produktes genutzt wird. Rein quantitativ bemessen, prägt ein solch kurzer Jingle die Radio-Werbespots nicht. Durch den hohen Wiedererkennungswert und die Assoziation des Jingles mit dem entsprechenden Produkt durch die Zuschauer handelt es sich nach unserer Einschätzung jedoch nicht um einen nachrangigen, sondern um einen prägenden Beitrag, so dass dem Urheber unseres Erachtens Auskunftsansprüche zustehen würden.

Beispiel 2: Eine Werbeagentur erstellt für einen Kunden einen TV-Werbespot. Ein Mitarbeiter schreibt einen kurzen Dialog für die im Werbespot an einer Stelle handelnden Personen. Aus unserer Sicht kann dieser Beitrag (eine urheberrechtliche Schutzfähigkeit einmal unterstellt) als nachrangig eingeordnet werden, wenn der TV-Werbespot im Wesentlichen das Produkt präsentiert und die Personen nur am Rande auftreten. Ein solcher Urheber könnte unseres Erachtens wohl keine Auskunftsansprüche geltend machen. Anders wohl in folgendem

Beispiel 3: Hier verfasst der Mitarbeiter der Werbeagentur für den TV-Spot den eingeblendeten Schlussclaim für das Produkt, den die Zuschauer in Erinnerung behalten. Selbst wenn der Schlussclaim eine deutlich kürzere Zeitspanne des Werbespots einnimmt als der oben geschilderte Dialog, stellt dieser nach unserer Ansicht einen prägenden Beitrag dar. Dies verdeutlicht, dass eine Einordnung als nachrangiger Beitrag nicht ohne eine qualitative Bewertung vorgenommen werden kann (so auch *Peifer* GRUR-Prax 2017, 1, 2) und in der Regel auf eine Einzelfallbeurteilung hinausläuft. Nach der Gesetzesbegründung gelten die Ausnahmen auch für die über § 79 Abs. 2a ebenfalls anwendbaren Regeln über Beiträge ausübender Künstler, zum Beispiel von Schauspielern, die nur eine kleine Nebenrolle in einem Film innehatten (RegE UrhVG 2016 – BT-Drs. 18/8625, S. 27).

32   Der Regierungsentwurf sah einen expliziten Ausschluss des Anspruchs bei **Computerprogrammen** vor (RegE UrhVG 2016 – BT-Drs. 18/8625, S. 27). Der Rechtsausschuss stellte klar, dass es dieser Bereichsausnahme nicht bedurfte, weil die Ausnahmen für Computerprogramme zusammenfassend in § 69a genannt sind (BeschlE RAusschuss UrhVG 2016 – BT-Drs. 18/10637, S. 23) (§ 69a Abs. 5). Zur Begründung des Ausschlusses bei Computerprogrammen wird auf die hohe Nachfrage der Branche nach Mitarbeitern verwiesen, die die Vertragsparität zwischen Urhebern und Verwertern nicht in gleichem Maße gefährdet wie in anderen Gebieten der Kreativwirtschaft (RegE UrhVG 2016 – BT-Drs. 18/8625, S. 27). Das ist interessant, bedeutet es doch, dass in Zeiten sich ändernder Marktlagen auch in anderen Branchen jedenfalls diese Auskunftsansprüche zur Disposition stehen könnten. Denkbar wäre auch, wenn eine solche besondere Marktlage vorliegt, den Anspruch dann wegen Unverhältnismäßigkeit scheitern zu lassen. Auch die Besonderheiten der Werkart hinsichtlich ihrer Schaffung, Nutzung und Funktion rechtfertigen eine spezielle Ausnahme.

2. Unverhältnismäßigkeit

33   Weiter ist der Anspruch ausgeschlossen, wenn die Inanspruchnahme des Vertragspartners aus anderen Gründen **unverhältnismäßig** ist. Die Norm regelt den Grundsatz eines jeden Auskunftsanspruchs, nämlich dass der Verpflichtete vor allem in **Abwägung der Interessen** zum Auskunftsberechtigten nicht über

Gebühr belastet werden darf (BeschlE RAusschuss UrhVG 2016 – BT-Drs. 18/
10637, S. 23).

Dies kann etwa in dem Maße der Fall sein, in dem der Aufwand für die Be-   **34**
schaffung der entsprechenden Informationen für den Vertragspartner unzumutbar erscheint (zu Details vgl. § 101 Rn. 14) oder aber berechtigte **Geheimhaltungsinteressen** beeinträchtigt würden (vgl. Rn. 37 f.). Dies kann auch
Geheimhaltungsinteressen Dritter betreffen (RegE UrhVG 2016 – BT-Drs. 18/
8625, S. 27). Der Schutz vor Verletzung von Geheimhaltungsinteressen wirft
für die Praxis die wichtige Frage auf, wo hier die Grenzen zu ziehen sein werden, da nahezu alle Geschäfts- und Kundendaten von einem legitimen Geheimhaltungsinteresse erfasst werden. Hier mag der Wirtschaftsprüfervorbehalt
(dazu vgl. Rn. 27, 38 und vgl. § 101 Rn. 28) Lösungsmöglichkeiten bieten
(*Berger/Freyer* ZUM 2016, 569, 573). Der Wortlaut „soweit" ließe die Auslegung zu, dass der Anspruch des Urhebers nur insoweit ausgeschlossen ist als
der Urheber persönlich Einblick in die Geschäftszahlen erlangt, nicht aber, soweit die Auskunft gegenüber einem der Verschwiegenheitspflicht unterliegenden Dritten erteilt wird (*Berger/Freyer* ZUM 2016, 569, 573).

Unverhältnismäßigkeit kann außerdem vorliegen, wenn mit der Werknutzung   **35**
erkennbar **keine Gewinnerzielungsabsicht** verfolgt wird, denn dann sind auch
keine ergänzenden Vergütungsansprüche denkbar (RegE UrhVG 2016 – BT-
Drs. 18/8625, S. 27).

Zur Verhältnismäßigkeit enthält die Gesetzesbegründung eine interessante Aus-   **36**
führung: Der neue Auskunftsanspruch nach § 32d spezifiziert weithin bereits
bestehende Informationspflichten. Mit nennenswerten zusätzlichen Bürokratie-
kosten ist daher nicht zu rechnen: Bereits heute sind in vielen Konstellationen
Auskunftsansprüche der Kreativen durch die Rechtsprechung anerkannt. Dieser Anspruch wird – für entgeltliche Nutzungen – durch die gesetzliche Regelung nunmehr kodifiziert. Soweit der Anspruch durch jährliche Fälligkeit auch
in Fällen von Pauschalvergütungen über die bisher bestehende Rechtslage hinausgeht, betrifft die Auskunft Daten, die im Rahmen eines ordnungsgemäßen
Geschäftsbetriebes in der Regel ohnehin vorhanden sind und nicht erst erhoben
werden müssen. Gleichzeitig werden in eben diesen Fällen die Urheber, die wie
die Verwerter Teil der Kreativwirtschaft sind, von Aufwand entlastet, da sie
ihren Auskunftsanspruch leichter durchsetzen können (s. RegE UrhVG 2016 –
BT-Drs. 18/8625, S. 26, 34). Die Richtigkeit dieser Aussagen dürfte zu hinterfragen sein. Der Börsenverein des Deutschen Buchhandels wies während des
Gesetzgebungsverfahrens darauf hin, dass etwa bei einem verlegten Hörspiel
oft viele Dutzend Sprecher kleiner Rollen, Studiomusiker und Geräuschartisten
mitwirkten, die lediglich untergeordnet beteiligt seien und deren Vergütung
über Tagessätze dem Verlag hohe Administrationsaufwände erspare (Stellungnahme des Börsenvereins des Deutschen Buchhandels vom 30.12.2015 S. 9,
abrufbar unter http://www.urheberrecht.org/topic/Urhebervertragsrecht/Stell
ungnahme%20UrhVR%20Boersenverein.pdf, abgerufen am 12.1.2017).
Überhaupt wird bedauert, dass sich das Gesetzesvorhaben nicht auf empirische
Erkenntnisse gestützt habe, in welchen konkreten Bereichen ein normatives
Änderungsbedürfnis bestehe (Stellungnahme Börsenverein, a.a.O. S. 2). Es
bleibt daher in der Praxis abzuwarten, wie die Rechtsprechung das Spannungsfeld zwischen gesetzgeberisch geforderter Datenhaltung und Unzumutbarkeit
branchen- bzw. verwerterspezifisch ausloten wird.

Für die Unverhältnismäßigkeit nennt die Gesetzesbegründung einige Beispiele   **37**
(RegE UrhVG 2016 – BT-Drs. 18/8625, S. 27):
• Der Aufwand für die Bereitstellung der entsprechenden Informationen er-
  scheint für den Vertragspartner unzumutbar;

- eine entgegenstehende Rechtspflicht des Vertragspartners besteht;
- die Geltendmachung des Auskunftsanspruchs ist rechtsmissbräuchlich oder
- berechtigte Geheimhaltungsinteressen würden beeinträchtigt.

Rechtsmissbräuchlich kann danach ein Anspruch beispielsweise dann sein, wenn bereits mehrere Auskunftsersuchen keine relevanten Zahlen ergeben haben und keine Anhaltspunkte dafür vorliegen, dass sich die Verwertung nennenswert verändert hat (RegE UrhVG 2016 – BT-Drs. 18/8625, S. 27). Dieser sehr weit gefasste Ausschlussgrund hätte jedoch grundsätzlich keiner ausdrücklichen Regelung bedurft, da der Auskunftsanspruch bereits im Tatbestand auf Informationen beschränkt ist, die bei einem ordnungsgemäßen Geschäftsbetrieb ohnehin vorhanden sind, und ein Auskunftsschuldner grundsätzlich schon nicht über Gebühr belastet werden darf (s. a. BeschlE RAusschuss UrhVG 2016 – BT-Drs. 18/10637, S. 23). Eine Auskunft kann danach stets nur im Rahmen des § 242 BGB verlangt werden. Dabei sind die Bedürfnisse des Verletzten unter schonender Rücksichtnahme auf die Belange des Verletzers maßgeblich, was auf eine Abwägung im Einzelfall hinausläuft. Soweit durch diesen Ausschlusstatbestand nach der Gesetzesbegründung Geheimhaltungsinteressen der Verwerter geschützt werden sollen, wäre eine Abwägung schwierig, da grundsätzlich alle Geschäfts- und Kundendaten sensible Daten darstellen können (*Berger/Freyer* ZUM 2016, 569, 573).

38 Im Rahmen des Auskunftsanspruchs nach § 101 UrhG hat die Rechtsprechung jedoch den sog. Wirtschaftsprüfervorbehalt entwickelt, der hier ebenfalls Anwendung finden könnte. Hat der Verpflichtete ein berechtigtes Interesse daran, bestimmte Details der von ihm zu erteilenden Auskünfte dem Berechtigten vorzuenthalten, so kann er sie einer Vertrauensperson, in der Regel also einem zur Berufsverschwiegenheit verpflichteten, neutralen Dritten, meistens einem Wirtschaftsprüfer, mitteilen, der dann dem Auskunftsberechtigten auf gezielte Kontrollfragen Antwort zu geben hat (s. BGH GRUR 2000, 226, 227 – *Planungsmappe*; s. a. vgl. § 101 Rn. 28). Ein pauschaler Ausschluss der Auskunftsansprüche auf Grund von Geheimhaltungsinteressen, wie er aus der Gesetzesbegründung herausgelesen werden könnte, besteht daher wohl nicht.
Die Aspekte des Rechtsmissbrauchs können zudem nicht nur bei einem etwaigen Ausschluss des Auskunftsanspruchs gewürdigt werden, sondern sind bei der Abwägung des Umfangs der Auskunft ebenso zu berücksichtigen (s. ebenso *Ory* NJW 2017, 753, 755).

IV. Zwingender Charakter, Verhältnis zum Vertragsrecht

39 Es bleibt den Parteien unbenommen, individualvertraglich von den Ausnahmetatbeständen des Abs. 2 zum Vorteil des Kreativen abzuweichen, also etwa auch bei untergeordneten Leistungen nach Abs. 2 Nr. 1 Auskunftsrechte vorzusehen, gegebenenfalls beschränkt auf eine bestimmte Zeit (RegE UrhVG 2016 – BT-Drs. 18/8625, S. 27). Eine zwingende Anwendung durch Erweiterung des § 32b wurde nicht normiert.

40 Darüber hinaus können die Parteien aber zum Nachteil des Urhebers Regelungen nur treffen, die von der Vorschrift abweichen, soweit die Abweichungen durch Tarifverträge oder gemeinsame Vergütungsregeln vorgesehen sind: Denn in diesen Fällen ist davon auszugehen, dass eine Modifikation oder ein Verzicht auf Auskunft und Rechenschaft fair zwischen den Parteien vereinbart ist, die gemeinsame Vergütungsregeln aufgestellt oder einen Tarifvertrag abgeschlossen haben (RegE UrhVG 2016 – BT-Drs. 18/8625, S. 27). Dahinter steht das Anliegen, das schon der Reform 2002 zugrunde lag, den Abschluss kollektiver Vereinbarungen zu fördern und auf die gesetzliche Lösung nur hilfsweise zurückzugreifen. Es soll einen Anreiz geben, in Verhandlungen einzutreten und kollektive Regeln abzuschließen (*Peifer* GRUR 2016, 6, 9; *ders.* ZUM 2015, 437, 440; *ders.* GRUR-Prax 2015, 1, 2). In einer solchen Gemeinsames Vergütungsregel oder Tarifvertrag könnte auch der **Anspruch gegen den Dritten** (**§ 32e**) **eingeschränkt oder ausgeschlossen** werden, gewissermaßen also ein Vertrag zugunsten Dritter.

V. Verjährung

Grundsätzlich ist für die Auskunftsansprüche nach §§ 32d, 32e ebenso wie für die entsprechenden Hauptansprüche nach §§ 32, 32a davon auszugehen, dass sie der regelmäßigen Verjährungsfrist unterliegen. Die regelmäßige Verjährungsfrist beträgt drei Jahre (§ 195 BGB). Sie beginnt am Ende des Jahres, in dem der Anspruch entstanden ist und der Berechtigte von den ihn begründenden Umständen Kenntnis erlangt hat oder diese ohne grobe Fahrlässigkeit erlangen müsste (§ 199 Abs. 2 BGB). Bei Unkenntnis, die nicht auf grober Fahrlässigkeit beruht, beträgt die Verjährungsfrist zehn Jahre ab Entstehung des Anspruchs – also nicht ab Ende des Jahres (§ 199 Abs. 4 BGB). **41**

Ausreichend ist die Kenntnis der den Anspruch begründenden tatsächlichen Umstände. Dazu gehören Vertragsschluss und die Vertragsbedingungen als diejenigen tatsächlichen Umstände, die einen entsprechenden Auskunftsanspruch auslösen. Die zutreffende rechtliche Würdigung des bekannten Sachverhalts wird grundsätzlich nicht vorausgesetzt. Rechtlich fehlerhafte Vorstellungen des Gläubigers beeinflussen den Beginn der Verjährung deshalb in der Regel nicht (LG Hamburg ZUM 2015, 587, 591). Das heißt, dass ein Urheber weder Kenntnis von der exakten gesetzlich angemessenen Vergütung haben muss, noch hellseherische Fähigkeiten (LG Hamburg ZUM 2015, 587, 591). Man könnte auf den Gedanken kommen, in § 32d einen sog. **verhaltenen Anspruch** zu sehen, der erst mit Geltendmachung entsteht mit der Folge, dass die 3-jährige Frist erst ab Geltendmachung zu laufen beginnt (MüKo/*Grothe*[7], § 199 Rn. 7 m. w. N.). Unseres Erachtens bedarf bei dem Auskunftsanspruch nach § 32d es der Konkretisierung des Leistungsgegenstandes durch den Gläubiger, so dass es sich um ein Wahlschuldverhältnis handelt (MüKo/*Grothe*[7], § 199 Rn. 7) und damit der Gedanke des verhaltenen Anspruch gerade nicht einschlägig ist. **42**

Für einen Auskunftsanspruch nach § 32d oder § 32e, der zur Vorbereitung eines Anspruchs auf Geltendmachung einer angemessenen Vergütung nach § 32 dient, ist daher wohl davon auszugehen, dass die entsprechenden Auskunftsansprüche jeweils nach drei Jahren verjähren, da der Urheber in jedem Fall Kenntnis von dem Vertragsschluss hat. Im Hinblick auf Auskunftsansprüche, die auf einen Anspruch auf weitere Beteiligung gem. 32a abzielen, kann jedoch die Verjährungsfrist zehn Jahre ab Entstehung des Anspruchs betragen, wenn keine Anhaltspunkte für ein auffälliges Missverhältnis vorliegen. (zu dem vorstehenden vgl. § 32 Rn. 23 f. und vgl. § 32a Rn. 27 f.). **43**

Zudem ist zu berücksichtigen, dass der Beginn der regelmäßigen Verjährungsfrist eines Anspruchs auf angemessene Vergütung in Bezug auf Verwertungshandlungen von Werken der angewandten Kunst i. S. d. § 2 Abs. 1 Nr. 4, Abs. 2, die nach dem 1.6.2004 vorgenommen wurden, auf den 31.12.2014 hinausgeschoben worden ist. Denn erst im Jahr 2014 änderte der BGH seine Rechtsprechung zu den urheberrechtlichen Anforderungen an Werke der angewandten Kunst, die einem Geschmacksmusterschutz zugänglich sind. Zwar reicht grundsätzlich die Kenntnis der anspruchsbegründen Tatsachen für den Verjährungsbeginn aus. Dies gilt jedoch nicht bei entgegenstehender höchstrichterlicher Rechtsprechung, wie dies bei Werken der angewandten Kunst bis **44** zur Entscheidung im Jahr 2014 der Fall war (BGH GRUR 2016, 1291, 1295 – *Geburtstagskarawane*). Es kommt hierbei allerdings auf die objektive Unzumutbarkeit an, nicht auf subjektive Einschätzungen des Klägers (BGH GRUR 2016, 1291, 1295 Tz. 46 – *Geburtstagskarawane*). Dies kann aus unserer Sicht auch auf die Geltendmachung der entsprechenden vorbereitenden Auskunftsansprüche übertragen werden.

45 Zu berücksichtigen ist außerdem, dass nicht auszuschließen ist, dass Urhebern im Rahmen von Auskunftsansprüchen nach §§ 32d, 32e, die auf die Geltendmachung eines Anspruchs auf weitere Beteiligung nach § 32a abzielen, auch Informationen aus verjährter Zeit vorgelegt werden müssen. Der Urheber dürfte daher für 10 Jahre (und teilweise sogar noch in die verjährte Zeit hinein) Auskunftsansprüche stellen können.

VI. Durchsetzung, Prozessuales

46 Die Darlegungs- und Beweislast für die Ausschlusstatbestände trägt der Vertragspartner des Urhebers (RegE UrhVG 2016 – BT-Drs. 18/8625, S. 27).

VII. Verhältnis zu anderen Vorschriften

1. Verhältnis zum bestehenden Auskunftsanspruch aus der Rechtsprechung zum Vergütungsrecht

47 Dem Urheber stand bereits früher ein von der Rechtsprechung anerkannter Auskunftsanspruch gegen seinen Vertragspartner zu, soweit der Urheber in entschuldbarer Weise über Bestand und Umfang seines Anspruchs nach § 32 im Unklaren war und der Verwerter hierüber unschwer Aufklärung geben konnte (st. Rspr. RGZ 108, 1; BGHZ 125, 322, 329 – *Cartier-Armreif*; BGH GRUR 2002, 602, 603 – *Musikfragmente*). Ein solcher Anspruch bestand daher nur bei einer vertraglich vorgesehenen Beteiligung des Urhebers am Absatzerfolg des Werkes und nicht für den Fall eines einmaligen Pauschalhonorars (RegE UrhVG 2016 – BT-Drs. 18/8625, S. 26). Auch in einem solchen Fall ist ein Anspruch für den Urheber jedoch von Interesse, um einen Anspruch auf weitere Vergütung nach § 32a bzw. auf eine Vergütung für später bekannte Nutzungsarten nach § 32c geltend zu machen. Zwar verfügte der Urheber nach § 32c Abs. 1 S. 3 schon über einen Hilfsanspruch zur effektiven Durchsetzung seines Vergütungsanspruchs nach § 32c Abs. 1 S. 1, da ihn der Verwerter über die Aufnahme einer neuen Art der Werknutzung unterrichten musste. Dies umfasst jedoch nur die Art und den Umfang der Nutzung, nicht jedoch den dadurch erzielten Erlös (*Lucas-Schloetter* GRUR 2017, 235, 237).

48 Der verbleibende Anwendungsbereich des mittlerweile gewohnheitsrechtlich anerkannten Auskunftsanspruchs zur Vorbereitung von Zahlungs- oder Anpassungsansprüchen, dürfte sich damit wie folgt darstellen: Zum einen verbleibt ein Anwendungsbereich in zeitlicher Hinsicht für Verträge, die vor dem 1. März 2017 geschlossen wurden und soweit es um Ansprüche nach § 32 geht. Zum anderen gilt der gewohnheitsrechtliche Auskunftsanspruch inhaltlich bei einer unentgeltlichen Nutzungsrechtseinräumung. In der Regel wird es daher für zukünftige Sachverhalte (mit Ausnahme der unentgeltlichen Rechteeinräumung) auf den nunmehr gesetzlich normierten Auskunftsanspruch des § 32d hinauslaufen.

2. Verhältnis zum Auskunftsanspruch nach § 101

49 Anders als die neuen Auskunftsansprüche nach §§ 32d, 32e, die sich gegen Vertragspartner und Verwerter richten, verfolgt § 101 als Anspruch gegen einen Verletzter den Sinn und Zweck, den allgemeinen Auskunftsanspruch zur

Vorbereitung eines Schadensersatzanspruchs aus § 242 BGB zu ergänzen. Geregelt sind neben dem Anspruch gegenüber dem Verletzer nach § 101 Abs. 1 die Voraussetzungen an die sog. Drittauskunft nach § 101 Abs. 2. Die Regelung des § 101 ermöglicht es dabei gegenüber Dritten, die Identität des Verletzers zu ermitteln. Anders als im Rahmen des § 32d, der dazu dient, Auskünfte im Hinblick auf etwaige Vergütungsansprüche aus einem Vertragsverhältnis zu erlangen, zielt § 101 damit darauf ab, Schadensersatzansprüche bei Urheberrechtsverletzungen beziffern zu können. Rechtsprechung zu ihm ist mithin nicht auf §§ 32d und e übertragbar.

Der Umfang der Auskunftsverpflichtung ist in § 101 Abs. 3 ausdrücklich normiert. Auf Grund der unterschiedlichen Regelungszwecke ist daher nicht davon auszugehen, dass diese Vorgaben zur Auslegung des Umfangs der zu erteilenden Auskunft nach § 32d herangezogen werden können. Die Informationen, die beispielsweise für die Lizenzanalogie als Berechnungsmethode des Schadensersatzes benötigt werden, gehen über das Ziel des neu geschaffenen Auskunftsanspruchs hinaus (*Ory* NJW 2017, 753, 755). Ein Anspruch auf **Ersatz** der für die Auskunftserteilung erforderlichen **Aufwendungen** wie in § 101 Abs. 2 S. 3 wurde in § 32d nicht vorgesehen (dazu vgl. § 101 Rn. 53). Es war vorgeschlagen worden, einen solchen zu normieren, um Missbrauch und unbegründeter Inanspruchnahme entgegenzuwirken (s. Stellungnahme des bitkom vom 1.6.2016 S. 4, abrufbar unter http://www.mittelstand-tour.de/bitkom/org/noindex/Publikationen/2016/Positionspapiere/Stellungnahme-Urhebervertrags recht-Regierungsentwurf/20160601-Bitkom-Stellungnahme-RegE-Urheberver tragsrecht-final.pdf, abgerufen am 12.1.2017). **50**

§ 32e Anspruch auf Auskunft und Rechenschaft in der Lizenzkette

(1) Hat der Vertragspartner des Urhebers das Nutzungsrecht übertragen oder weitere Nutzungsrechte eingeräumt, so kann der Urheber Auskunft und Rechenschaft nach § 32d Absatz 1 und 2 auch von denjenigen Dritten verlangen,
1. die die Nutzungsvorgänge in der Lizenzkette wirtschaftlich wesentlich bestimmen oder
2. aus deren Erträgnissen oder Vorteilen sich das auffällige Missverhältnis gemäß § 32a Absatz 2 ergibt.

(2) Für die Geltendmachung der Ansprüche nach Absatz 1 genügt es, dass aufgrund nachprüfbarer Tatsachen klare Anhaltspunkte für deren Voraussetzungen vorliegen.

(3) Von den Absätzen 1 und 2 kann zum Nachteil des Urhebers nur durch eine Vereinbarung abgewichen werden, die auf einer gemeinsamen Vergütungsregel (§ 36) oder einem Tarifvertrag beruht.

Übersicht

I. Allgemeines

1. Bedeutung/Sinn und Zweck/Systematische Stellung

1 Die Vorschrift wurde eingefügt durch das **Gesetz zur verbesserten Durchsetzung des Anspruchs der Urheber und ausübenden Künstler auf angemessene Vergütung** und zur Regelung von Fragen der Verlegerbeteiligung vom 23.12.2016, BGBl. I 2016, 3037 (dazu vgl. § 32d Rn. 1). Ziel der Reform ist die Stärkung der Vertragsparität, indem faire Beteiligungen an den Erlösen der Verwertung durch individualvertragliche und kollektivrechtliche Maßnahmen gewährleistet werden (RegE UrhVG 2016 – BT-Drs. 18/8625, S. 13). Während die Regierungsbegründung dieses Gesetzes noch eine Passivlegitimation Dritter jenseits des Vertragspartners abgelehnt hatte (Begründung des Regierungsentwurfs S. 26), nahm der Rechtsausschuss einen eigenen Anspruch neu auf (BeschlE RAusschuss UrhVG 2016 – BT-Drs. 18/10637, S. 3). Die Bundesregierung sah durch eine regelmäßige Auskunfts- und Rechenschaftspflicht weitere Verwerter in der Lizenzkette mit möglichen Belastungen konfrontiert, mit denen sie redlicherweise nicht rechnen müssten, weil sie unter Umständen keine Kenntnis von den vertraglichen Beziehungen ihrer Vertragspartner haben bzw. sie nicht über entsprechende Auskunftsrechte verfügen (RegE UrhVG 2016 – BT-Drs. 18/8625, S. 26). Der neu eingeführte Anspruch dürfte sich an der bisherigen Rechtsprechung zu § 32a (dazu vgl. § 32a Rn. 46) orientieren.

2 Der BGH hat bislang entschieden, dass dann, wenn auf Grund nachprüfbarer Tatsachen klare Anhaltspunkte für einen Anspruch nach § 32 a II UrhG bestehen, Auskunftserteilung (§ 242 BGB) und gegebenenfalls Rechnungslegung (§ 259 BGB) verlangt werden kann, um im Einzelnen die weiteren Voraussetzungen dieses Anspruchs ermitteln und die zu zahlende Vergütung berechnen zu können (BGH GRUR 2012, 1248 Tz. 35 – *Fluch der Karibik* unter Verweis auf BGH, GRUR 2002, 602, 603 – *Musikfragmente*; GRUR 2009, 939 Tz. 35 – *Mambo No. 5*; GRUR 2012, 496 Tz. 11 – *Das Boot*).

3 Das entspricht exakt dem Wortlaut von Abs. 2 (vgl. Rn. 23)

2. EU-Recht, Internationale Konventionen

4 Weder EU-Recht noch internationale Konventionen kennen eine vergleichbare Regelung, noch gibt es **Vorgaben** zu der deutschen Regelung.

5 Vergleichbare Regelungen werden mittlerweile auch auf unionsrechtlicher Ebene unter dem Stichwort „Transparenzpflicht" vorgeschlagen (Art. 14 RL-Entwurf „Copyright in the Digital Single Market", COM (2016) 593 final).

3. Verfassungsrecht

6 Der Rechtsausschuss ist der Bundesregierung nicht gefolgt und hat mit § 32e einen eigenen Anspruch gegen Dritte eingeführt, obwohl diese doch regelmäßig keine Kenntnis von den vertraglichen Beziehungen ihrer Vertragspartner haben dürften und ihnen keine entsprechenden Auskunftsrechte zustehen (RegE UrhVG 2016 – BT-Drs. 18/8625, S. 26). Das dürfte verfassungsrechtlich bedenklich sein. In Betracht kommt hier ein nicht gerechtfertigter, da unverhältnismäßiger Eingriff in die Berufsfreiheit aus Art. 12 Abs. 1 GG, insbesondere je kleiner die Unternehmensgröße des zur Auskunft Verpflichteten.

Schon während des laufenden Gesetzgebungsvorhabens wurde der Auskunfts- **7** anspruch als zu weit reichend u. a. vom Börsenverein des Deutschen Buchhandels kritisiert. Nicht nur Medienunternehmen, sondern „jedes nur denkbare Unternehmen" sei höchsten bürokratischen Anforderungen ausgesetzt. So sei bereits unverständlich, warum Verlage verpflichtet sein sollen, dem Erben eines nicht mit ihnen in direkter Vertragsbeziehung stehenden Fotografen Auskunft zu Verkaufserlösen eines Buches zu erteilen, in dem eines seiner Fotos verwendet wurde (Stellungnahme des Börsenvereins des Deutschen Buchhandels vom 30.12.2015 S. 10, abrufbar unter http://www.urheberrecht.org/topic/Urheber vertragsrecht/Stellungnahme%20UrhVR%20Boersenverein.pdf, abgerufen am 12.1.2017). Ähnlich kritisch fiel die Stellungnahme der Bundesrechtsanwaltskammer aus. Nach deren Ansicht hätte zur Wahrung der Urheberinteressen völlig ausgereicht, den Anspruch auf den Vertragspartner des Urhebers und die Dritten, die nach § 32a Abs. 2 haften, zu beschränken (Stellungnahme Nr. 46/ 2015 von Dezember 2015, S. 3, abrufbar unter http://www.brak.de/zur-rechts politik/stellungnahmen-pdf/stellungnahmen-deutschland/2015/dezember/stellu ngnahme-der-brak-2015–46.pdf, abgerufen am 12.1.2017). Weiterhin kritisch äußerte sich beispielsweise der bitkom (s. Stellungnahme des bitkom vom 1.6.2016 S. 4 f., abrufbar unter http://www.mittelstand-tour.de/bitkom/org/n oindex/Publikationen/2016/Positionspapiere/Stellungnahme-Urhebervertrags recht-Regierungsentwurf/20160601-Bitkom-Stellungnahme-RegE-Urheberve rtragsrecht-final.pdf, abgerufen am 12.1.2017). Der Deutsche Journalistenverband hat hingegen die Einführung des Auskunftsanspruchs gegen Dritte begrüßt. Begründet wurde dies damit, dass oftmals AGB die Einräumung von Nutzungsrechten zugunsten konzernverbundener Unternehmen oder anderer Dritter vorsähen. Die Kritik der Verwerter hält der Verband aufgrund bereits bestehender Dokumentations- und Nachweispflichten für überzogen (Stellungnahme des Deutschen Journalisten-Verbandes vom 21.12.2015 S. 15 f.).

II. Tatbestandsvoraussetzungen

1. Überblick

Da die Vertragspartner des Urhebers regelmäßig keine Kenntnis von den ver- **8** traglichen Beziehungen ihrer Vertragspartner haben dürften, zwingt der Anspruch den primären Vertragspartner des Urhebers dazu, dass er sich vertragliche Auskunftsrechte vorbehalten muss.

Der Anspruch entspricht den bisherigen Anforderungen der Rechtsprechung **9** zu § 32a (vgl. § 32a Rn. 46). Der neue Auskunftsanspruch nach § 32e erstreckt das Auskunftsrecht der Urheber und ausübenden Künstler (§ 79 Abs. 2a) auf weitere Verwerter in der Lizenzkette, sog. Drittverwerter, mit denen der Urheber in keiner vertraglichen Beziehung steht und diese dennoch zur Auskunft verpflichten kann. Für diesen Durchgriffsanspruch müssen zunächst die Voraussetzungen des § 32d vorliegen, das heißt insbesondere, dass es auf der ersten Stufe um entgeltliche Übertragungen oder Einräumungen von Nutzungsrechten geht. Nach § 32e Abs. 1 sind folgende Dritte in den Auskunftsanspruch einbezogen und damit neben dem Vertragspartner des Urhebers zur Auskunft verpflichtet:
– Dritte, die die Nutzungsvorgänge in der Lizenzkette wirtschaftlich wesentlich bestimmen (Nr. 1) oder
– Dritte, aus deren Erträgnissen oder Vorteilen sich das auffällige Missverhältnis gemäß § 32a Abs. 2 UrhG ergibt.

10 Der Anspruch entspricht damit jedenfalls in seiner zweiten Variante im Wesentlichen den bisherigen Anforderungen der Rechtsprechung zu § 32a. Zu weiteren Details vgl. § 32a Rn. 46.

2. Zeitliche Anwendbarkeit

11 s. dazu die Kommentierung bei vgl. § 32d Rn. 10 ff.

3. Nutzungsrechtseinräumung /-übertragung

12 Voraussetzung für den Anspruch ist, dass der primäre Vertragspartner des Urheber, die ihm vom Urheber eingeräumten Nutzungsrechte ganz oder teilweise **weiterübertragen** hat oder eigene neue Unterrechte **eingeräumt** hat (zu den Unterschieden in dieser dogmatischen Konstellation vgl. Vor §§ 31 ff. Rn. 225 ff.).

4. Wesentliches Bestimmen der Nutzungsvorgänge (Nr. 1)

13 Voraussetzung für den Anspruch nach Abs. 1 Ziff. 1 ist, dass der Verpflichtete jemand ist, der eine komplexe Verwertung **wirtschaftlich wesentlich bestimmt**. Dies ist nach der Begründung des Rechtsausschusses z. B. ein Sendeunternehmen bei Auftragsproduktionen, aber auch Einheiten von verbundenen Unternehmen der Medienwirtschaft, die den Verwertungsprozess maßgeblich steuern (BeschlE RAusschuss UrhVG 2016 – BT-Drs. 18/10637, S. 23). Es scheint uns nicht zwingend, dass nur solche Dritte gemeint sind, die die *gesamte* Lizenzkette kontrollieren, denkbar ist auch, dass es sich um dem (durchaus selbst „wirtschaftlich wesentlich") primären Vertragspartner des Urhebers nachgelagerte, gewissermaßen zentrale, Verwerter handelt. Beispielhaft könnte man hier an einen Unterlizenznehmer eines Tonträgerunternehmens denken, der alle Formen der Internet- und TV-Nutzung „verwaltet" und seinerseits mit Streaming-Plattformen, Downloaddiensten, aber auch Pay-TV Plattformen Verträge schließt.

14 Aus der Gesetzesbegründung ist nicht ersichtlich, ob es sich dabei um etwas anderes handelt, als die in Nummer 2 genannten „Erträgnisse oder Vorteile, aus denen sich das auffällige Missverhältnis gemäß § 32a Abs. 2 ergibt". Es scheint so, dass ein solcher Auskunftsanspruch gegen den Drittverwerter nach § 32e Abs. 1 Nr. 1 auch im Hinblick auf eine angemessene Vergütung nach § 32 geltend gemacht werden kann, um Informationen darüber zu erhalten, ob die vom eigenen Vertragspartner gezahlte Vergütung angemessen gewesen ist. Es geht hier dann nicht um eine Auskunft über Erträgnisse und Vorteile zur Vorbereitung eines etwaigen Anspruchs nach § 32a, sondern etwa um Auskünfte über die Auflage oder Nutzungsarten. Ohne dass sich dazu Ausführungen in der Gesetzesbegründung finden, könnte dies so vor dem Hintergrund der gesamtschuldnerischen Haftung nach § 34 Abs. 4 geregelt worden sein. Denn danach haftet der Erwerber eines Nutzungsrechts gesamtschuldnerisch für die Erfüllung der sich aus dem Vertrag mit dem Urheber ergebenden Verpflichtungen des Veräußerers, wenn der Urheber der Übertragung des Nutzungsrechts nicht im Einzelfall ausdrücklich zugestimmt hat.

15 Als Hauptanspruch für die Auskunft nach § 32e kommt demnach nicht nur eine weitere Beteiligung nach § 32a in Betracht, sondern ebenso der Anspruch auf angemessene Vergütung. Dies könnte beispielsweise in dem Fall relevant sein, in dem der Urheber die Nutzungsrechte an seinem Werk für eine verhältnismäßig geringe Vergütung an seinen Vertragspartner verkauft und dieser unmittelbar im Anschluss die Rechte für ein Vielfaches des Preises weiterveräußert. In einem solchen Fall besteht nach § 34 Abs. 4 ein Durchgriffsanspruch gegen den Dritten, gegen den dann nach § 32e auch ein entsprechender Auskunftsanspruch geltend gemacht werden kann. Die Konsequenzen einer solchen Auslegung des § 32e Abs. 1 Nr. 1 wären durchaus weitreichend, insbesondere würden sie dem Urheber eine umfassende Kontrolle der erzielten Erlöse und Nutzungen in der Lizenzkette ermöglichen und ihm die Option lassen, im Hinblick auf die angemessene Vergütung nicht nur seinen unmittelbaren Vertragspartner auf Auskunft in Anspruch zu nehmen, sondern auch Drittverwerter, solange diese die Nutzungsvorgänge in der Lizenzkette wirtschaftlich wesentlich bestimmen. Ob der Gesetzgeber eine solche weitreichende Kontrolle im Rahmen des Auskunftsanspruchs in der Lizenzkette im Sinn hatte, ist unklar. Der Wortlaut des neu geschaffenen § 32e schließt eine solche Auslegung jedenfalls keineswegs aus und lässt sie vor dem Hintergrund des § 34 Abs. 4 als wahrscheinlich erscheinen.

5. Fall des Bestsellerparagraph (Nr. 2)

Weitere Variante des Anspruchs ist nach Abs. 1 Ziff. 2 ist, dass der Verpflichtete jemand ist, bei dem der „Bestsellerfall" des § 32a in einer Lizenzkette eintritt; hierzu gibt es bereits nach der derzeit geltenden Rechtsprechung im Fall des § 32a Abs. 2 einen Direktanspruch auf Auskunft (z. B. wenn nicht die Hardcover-Ausgabe, sondern nur das unterlizenzierte Taschenbuch Bestseller wird) (BeschlE RAusschuss UrhVG 2016 – BT-Drs. 18/10637, S. 23).   **16**

Relevanz hat der Durchgriffsauskunftsanspruch nach § 32e Abs. 1 Nr. 2 damit zunächst insbesondere bei der Durchsetzung des Vergütungsanspruchs nach § 32a in einem „Bestsellerfall". Entsteht ein solcher Fall in der Lizenzkette, besteht nach § 32a Abs. 2 ein Anspruch auf weitere Vergütung des Urhebers gegen den Drittverwerter. Voraussetzung für die Geltendmachung des Auskunftsanspruchs ist, dass klare Anhaltspunkte für ein auffälliges Missverhältnis nach § 32a bestehen.   **17**

Die Rechtsprechung hatte in einem solchen Fall bereits einen Direktanspruch auf Auskunft anerkannt. Dies beruht darauf, dass in einer Vielzahl von Verwertungsbereichen die wesentliche Werknutzung nicht durch den Vertragspartner des Urhebers stattfindet, sondern durch nachfolgende Glieder der Lizenzkette (*Lucas-Schloetter* – GRUR 2017, 235, 237). So werden bei Kinofilmen etwa relevante Erträge aus der Werknutzung nicht beim Filmproduzenten, sondern auf nachfolgenden Stufen, etwa beim Filmverleiher, dem Fernsehsendern, dem Videovertrieb oder On Demand-Vertrieb generiert (*Reber* GRUR Int. 2015, 802, 803). Ebenso kann der Fall eintreten, dass nicht die Hardcover-Ausgabe, sondern das unterlizenzierte Taschenbuch Bestseller wird (BeschlE RAusschuss UrhVG 2016 – BT-Drs. 18/10637, S. 23).   **18**

6. Schwelle für Eingreifen, Anhaltspunkte

Abs. 2 kodifiziert nach der Begründung des Rechtsausschusses die Rechtsprechung des BGH zum abgesenkten Beweismaß: Es ist **kein Vollbeweis** für die Voraussetzungen des Anspruchs erforderlich, da der Urheber bei Verwertungen in der Lizenzkette oft nur Indizien für die entsprechenden Sachverhalte kennt (s. BGH, Urteil vom 22. September 2011 – I ZR 127/10 – GRUR 2012, 496, 499 – *Das Boot*). Anders verhält es sich beim § 32d, da dort die Auskunftspflicht des Vertragspartners dem Grunde nach in der Regel unstreitig ist (BeschlE RAusschuss UrhVG 2016 – BT-Drs. 18/10637, S. 23).   **19**

Der Auskunftsanspruch kann gemäß § 32e Abs. 2 schon dann geltend gemacht werden, wenn aufgrund nachprüfbarer Tatsachen klare Anhaltspunkte für deren Voraussetzungen vorliegen. Diese niedrige Schwelle kodifiziert die Rechtsprechung des BGH (BGH GRUR 2012, 496, 499 – *Das Boot*) und wird vom Gesetzgeber dadurch gerechtfertigt, dass der Urheber bei Lizenzketten oft nur Indizien für den Umfang der Verwertung hat (BeschlE RAusschuss UrhVG 2016 – BT-Drs. 18/10637, S. 23). Auch hier kann von den Vorgaben des Gesetzes nach § 32e Abs. 3 nur durch eine Vereinbarung abgewichen werden, die auf einer gemeinsamen Vergütungsregel oder einem Tarifvertrag beruht. Im   **20**

Hinblick zu dem von der Rechtsprechung anerkannten gewohnheitsrechtlichen Auskunftsanspruch ist dieser für den Hauptanspruch nach § 32a nunmehr in § 32e Abs. 1 Nr. 2 kodifiziert worden. Für eine Auskunft gegen einen Drittverwerter im Hinblick auf eine mögliche angemessene Vergütung nach § 32 verbleibt ein Anwendungsbereich für den gewohnheitsrechtlichen Auskunftsanspruch, soweit auf der ersten Stufe Nutzungsrechte unentgeltlich eingeräumt oder übertragen worden sind.

7. Aktivlegitimation (Anspruchsberechtigung)

21 Der Anspruch steht jedem Urheber zu. Auch ausübende Künstler kommen über § 79 Abs. 2a in seinen Genuss. Urheber von Computerprogrammen sind nach 69a Abs. 5 von ihm allerdings ausgeschlossen. Zu weiteren Details vgl. § 32d Rn. 17 ff.

8. Passivlegitimation (Anspruchsverpflichtung)

22 Anspruchsgegner sind die sekundären Vertragspartner des Urhebers, also wer immer seine Rechte vom primären Vertragspartner des Urhebers (oder anderen Berechtigten) ableitet.

9. Ausschluss des Anspruch (§ 32d Abs. 2)

23 Da § 32e Abs. 1 auch auf § 32d Abs. 2 verweist, gelten die Ausschlussgründe für den Anspruch (Nachrangiger Beitrag oder Unverhältnismäßigkeit) auch für § 32e. Auf die Kommentierung in vgl. § 32d Rn. 28 ff. wird verwiesen.

10. Rechtsfolgen, Umfang

24 § 32e Abs. 1 verweist hinsichtlich des Umfangs der Auskunft auf § 32d. s. daher die Kommentierung dort, vgl. § 32d Rn. 22 ff. In Bezug auf § 32d **Abs. 1 Nr. 2** dürfte dies unproblematisch sein, da für diesen Anwendungsfall der Umfang der Auskunft durch den Umfang des § 32a konturiert ist. Schwierig wird die Bestimmung des Umfangs des Anspruchs aber bei § 32d **Abs. 1 Nr. 1**. Unseres Erachtens kann in diesem Fall der Berechtigte nur Auskünfte verlangen, die dem Umfang eines direkten Anspruchs gegen seinen Vertragspartner entsprechen, also nicht etwa allgemein ausforschend über Umsätze, Gewinne oder Werbeeinnahmen des Dritten, wenn diese nicht in **unmittelbarem Zusammenhang** zu seinem eigenen Anspruch nach § 32 gegen seinen Vertragspartner stehen. Denn allenfalls diesen Anspruch kann der Anspruch nach § 32d Abs. 1 Nr. 1 vorbereiten.

11. Grenzen (insb. Wirtschaftsprüfervorbehalt)

25 s. hierzu vgl. § 32d Rn. 27 und vgl. § 101 Rn. 28. Insbesondere bei der Konstellation eines Anspruchs gegen Dritte ohne Bezug zu einem eigenen Anspruch gegen diese aus § 32a, also den Fall des § 32d Abs. 1 Nr. 1, stellen sich Fragen der Geheimhaltung von **Geschäftsgeheimnissen des Dritten**. Dies ist sowohl an dieser Stelle als auch beim Umfang dieses Anspruchs (Rn. 24) zu berücksichtigen.

III. Verjährung

26 Zur Verjährung vgl. § 32d Rn. 41 ff.

IV. Zwingender Charakter

27 Abs. 3 regelt – wie auch in anderen vergleichbaren Bestimmungen des Entwurfs – das Abweichungsverbot. Dazu vgl. § 32d Rn. Rn. 40, auch zur Einschränkung oder Ausschluss des in dieser Norm (§ 32e) geregelten **Anspruchs gegen den Dritten**.

V. Verhältnismäßigkeit

Auch bei § 32e gilt der Anspruch nur in den Grenzen der Verhältnismäßigkeit (vgl. § 32d Rn. 33 ff.). **28**

Die Darlegungs- und Beweislast für die Ausschlusstatbestände trägt der Vertragspartner des Urhebers (RegE UrhVG 2016 – BT-Drs. 18/8625, 27). **29**

VI. Verhältnis zu anderen Vorschriften

s. die Kommentierung bei vgl. § 32 d Rn. 47 ff. **30**

§ 33 Weiterwirkung von Nutzungsrechten

[1]Ausschließliche und einfache Nutzungsrechte bleiben gegenüber später eingeräumten Nutzungsrechten wirksam. [2]Gleiches gilt, wenn der Inhaber des Rechts, der das Nutzungsrecht eingeräumt hat, wechselt oder wenn er auf sein Recht verzichtet.

Übersicht Rn.

I. Allgemeines

1. Sinn und Zweck

Nach S. 1 setzen sich einmal eingeräumte einfache und ausschließliche Nutzungsrechte gegenüber später begründeten Nutzungsrechten durch. § 33 gewährt insoweit einen **Bestandsschutz** für den Inhaber bestehender Nutzungsrechte (RegE UrhG 1962 – BT-Drs. IV/270, S. 56). Das dient insbesondere dem Schutz der Investitionen des Ersterwerbers. Insoweit enthält § 33 S. 1 mit seiner Gleichstellung von ausschließlichen und einfachen Nutzungsrechten auch eine Bestätigung dafür, dass neben ausschließlichen auch einfache Nutzungsrechte dingliche Wirkung haben; str., vgl. § 31 Rn. 87, 92. **1**

S. 2 ordnet für den Fall des einseitigen Verzichts des einräumenden Rechteinhabers den **Sukzessionsschutz** für den aktuellen Inhaber des Nutzungsrechts an. Damit soll erreicht werden, dass der Inhaber vor einer einseitigen Änderung seiner Rechtsstellung geschützt wird. Diese Regelung bezieht sich jedoch nicht auf einen Rückfall der Rechte an den Urheber wegen Erlöschens seiner Rechtseinräumung gegenüber dem Ersterwerber; dazu vgl. § 31 Rn. 30 ff. Insoweit schützt S. 2 nur bei einem Wechsel der Rechte zu einem anderen Nutzungsberechtigten oder bei Verzicht durch einen Nutzungsberechtigten; vgl. Rn. 34. **2**

2. Früheres Recht

3 Die Vorschrift des § 33 wurde mit der **Urhebervertragsrechtsreform** durch das UrhVG 2002 **neu** gefasst. Seine **alte Fassung** (ab 1.1.1966) lautete:

„Ein einfaches Nutzungsrecht, das der Urheber vor der Einräumung eines ausschließlichen Nutzungsrechts eingeräumt hat, bleibt gegenüber dem Inhaber des ausschließlichen Nutzungsrechts wirksam, wenn nichts anderes zwischen dem Urheber und dem Inhaber des einfachen Nutzungsrechts vereinbart ist."

In zeitlicher Hinsicht gilt § 33 a. F. für Verträge, die **bis zum 30.6.2002 abgeschlossen** wurden, § 132 Abs. 3 S. 1. **Die Änderung ist aber für die Praxis irrelevant.** Nach dem Gesetzgeber war die frühere Fassung „zu eng gefasst". Die Erweiterung beziehe nur Fälle ein, auf die § 33 a. F. „schon bisher analog angewendet wird" (RegE UrhVG 2002 – BT-Drs. 14/7564, S. 16), sodass auch bis zum 30.6.2002 abgeschlossene Verträge nach § 33 beurteilt werden können. Insbesondere die von der a. F. nicht erfassten ausschließlichen Nutzungsrechte genossen schon immer Sukzessionsschutz, was sich aus deren gegenständlichen Charakter und dem Verbrauch der Verfügungsmacht durch die Einräumung ergibt (BGH GRUR 2012, 914 Tz. 17 – *Take Five*; Dreier/Schulze/*Schulze*[5] Rn. 2; Schricker/Loewenheim/*Ohly*[5] Rn. 1; Wandtke/Bullinger/*Wandtke/Grunert*[4] Rn. 1).

II. Tatbestand

1. Ausschließliche und einfache Nutzungsrechte

4 Sukzessionsschutz genießen einfache Nutzungsrechte und ausschließliche Nutzungsrechte (zum Unterschied vgl. § 31 Rn. 86 ff., 91 ff.). Geschützt sind nur mit gegenständlicher Wirkung eingeräumte Nutzungsrechte, nicht aber bloße schuldrechtliche Vereinbarungen wie z. B. einseitige Gestattungen (dazu vgl. § 29 Rn. 24 f.) oder Nutzungsabreden, die aus Gründen des Verkehrsschutzes nicht dinglich wirken können (vgl. § 31 Rn. 11 f.).

2. Durch den Urheber oder Nutzungsrechtsinhaber

5 § 33 lässt offen, wer die Rechte einräumt. Das geschützte Nutzungsrecht kann entweder als erststufiges Nutzungsrecht unmittelbar vom Stammrecht des Urhebers abgeleitet sein oder aber weiter gestuft von einem bereits bestehenden ausschließlichen Nutzungsrecht eines anderen (zu den Stufen vgl. § 29 Rn. 22). Der Bestandsschutz des Nutzungsrechts nach S. 1 erfordert aber eine lückenlose Rechtekette bis zum Stammrecht. Ist diese unterbrochen, z. B. weil das Recht an den Urheber zurückgefallen ist (vgl. § 31 Rn. 30 ff.), greift der Sukzessionsschutz gegenüber anderen Nutzungsrechten nicht.

6 § 33 S. 1 erfasst nicht nur Nutzungsrechte an urheberrechtlichen Werken, sondern auch an Leistungsschutzrechten. Das ergibt sich teils aus den Verweisen in den §§ 70 Abs. 1, 72 Abs. 1 sowie den §§ 79 Abs. 2, 81, 85 Abs. 2, 87 Abs. 2, 94 Abs. 2, die durch das UrhVG 2002 neu gefasst wurden. Soweit solche Verweise fehlen – etwa beim Schutz von Datenbanken gem. §§ 87a ff. und nachgelassenen Werken gem. § 71 –, gilt § 33 ebenfalls, weil auch dort Nutzungsrechte verschiedenen Personen einräumbar sind und die von § 33 erfasste Konfliktlage existiert (Dreier/Schulze/*Schulze*[5] Rn. 3; Schricker/Loewenheim/*Ohly*[5] Rn. 8).

3. Rechtsfolge: Wirksamkeit gegenüber später eingeräumten Nutzungsrechten

7 a) **Prioritätsgrundsatz:** Es gilt der Grundsatz der Priorität. Die geschützten Nutzungsrechte müssen früher eingeräumt worden sein, was dann den Erwerber späterer Rechte beschränkt. Dieser kann keine Ansprüche gegen den Inhaber der früheren Rechte geltend machen und muss deren Nutzung dulden (Schri-cker/Loewenheim/*Ohly*[5] Rn. 23;Wandtke/Bullinger/*Wandtke/Grunert*[4] Rn. 8). Das ändert indes nichts daran, dass der Erwerber eines ausschließlichen Nut-zungsrechts Dritten gegenüber gleichwohl seine Verbotsrechte vollständig aus-üben kann (OLG Hamburg GRUR-RR 2001, 260, 261 – *Loriot Postkarten*; vgl. § 97 Rn. 132 ff.). Geht aufgrund § 33 S. 1 jedoch die Rechtseinräumung vollständig ins Leere (z. B. weil die relevanten ausschließlichen Rechte bereits vorher einem Dritten eingeräumt wurden), scheiden eigene Ansprüche des (ver-meintlichen) Einräumungsempfängers aus (BGH GRUR 2009, 939 Tz. 30 – *Mambo No. 5*; zur gewillkürten Prozessstandschaft vgl. § 97 Rn. 139).

b) Kollisionskonstellationen: Die eigentliche Wirkung des Sukzessionsschutzes **8** entfaltet sich zunächst dann, wenn ein **Urheber erst einer Partei und danach noch einer anderen Partei bestimmte ausschließliche Rechte** einräumt. So geht eine ausschließliche Rechtseinräumung ins Leere, wenn ein Urheber einem **Mu-sikverlag** ausschließliche Nutzungsrechte einräumt, zuvor aber einen Berech-tigungsvertrag mit der GEMA abgeschlossen hat. Durch diesen GEMA-Berech-tigungsvertrag waren der GEMA die Rechte eingeräumt, die der Urheber später dem Musikverlag gewährte (BGH GRUR 2009, 939 Tz. 29 – *Mambo No. 5*; dazu *Kyre* UFITA 2011, 81, 98). Praktisch löst sich dies in der vorgenannten GEMA-Konstellation dadurch, dass der Verlag an den GEMA-Einnahmen be-teiligt wird. Eine weitere von § 33 S. 1 erfasste Kollisionskonstellation ist der Fall, in dem ein **früheres einfaches und ein späteres ausschließliches Nutzungs-recht** aufeinandertreffen. Eine solche Kollision kann dort auftreten, wenn Rechte gleichen Zuschnitts, insbesondere an gleichen Nutzungsarten, einge-räumt wurden. Insoweit erfasst § 33 S. 1 auch den Fall, dass ein Urheber von der Einräumung eines einfachen Nutzungsrechts an die Allgemeinheit gem. §§ 32 Abs. 3 S. 3, 32a Abs. 3 S. 3 und 32c Abs. 3 S. 2 (**freie Inhalte, Creative Commons, Open Source Software**, vgl. Vor §§ 31 ff. Rn. 330a ff.) **Abstand nimmt** und einem Dritten ausschließliche Rechte einräumt; derjenige, der vor-her ein einfaches Nutzungsrecht vom Urheber erworben hat, kann sich auf § 33 S. 1 berufen. § 33 begrenzt die aus dem ausschließlichen Nutzungsrecht fließenden Verbotsrechte hin zu einer beschränkten Ausschließlichkeit. Das spätere ausschließliche Nutzungsrecht ist mit dem bestehenden einfachen gleichsam belastet (Schricker/Loewenheim/*Ohly*[5] Rn. 10).

Demgegenüber ist bei der Kollision von zwei einfachen Nutzungsrechten die **9** von § 33 erfasste Gefahrenlage nicht vorhanden, weil aus diesen keinerlei Ab-wehrbefugnisse gegeneinander fließen; vgl. § 31 Rn. 88. Wird zunächst ein aus-schließliches und dann ein identisches ausschließliches Nutzungsrecht verge-ben, so gelangt man zwar in den Anwendungsbereich des § 33 (BGH GRUR 1986, 91, 93 – *Preisabstandsklausel* zu § 33 a. F.). Für den Schutz des Erster-werbers bedarf es aber keines Rückgriffs auf diese Norm, weil sich die Unwirk-samkeit der späteren Rechteeinräumung gleichen Umfangs schon allein aus dem gegenständlichen Charakter in Verbindung mit dem Prioritätsprinzip er-gibt: Das spätere Nutzungsrecht ist schon gar nicht wirksam eingeräumt wor-den, weil sich der Urheber durch die ausschließliche Erstvergabe bereits seiner Rechte entäußert hatte (Dreier/Schulze/*Schulze*[5] Rn. 8; Wandtke/Bullinger/ *Wandtke/Grunert*[4] Rn. 4, 10; bzgl. ausschließlicher Nutzungsrechte auch Be-ckOK UrhR/*Soppe*[14] § 4 UrhG Rn. 2). Auch in dem Fall, dass zuerst ein aus-schließliches und dann ein einfaches Nutzungsrecht eingeräumt wurde, kann der Inhaber des ersten die Nutzung durch letzteren vollends verbieten. Zu Leis-tungsstörungen in diesen Fällen vgl. Vor §§ 31 ff. Rn. 163 ff., 287.

c) Haftung des Urhebers: Genießt ein früheres Recht Sukzessionsschutz, kann **10** der Urheber dem späteren Erwerber gegenüber wegen Leistungsstörung haften; dazu vgl. Vor §§ 31 ff. Rn. 163 ff., 287.

4. Inhaberwechsel oder Verzicht (S. 2)

11 Nach den gleichen Grundsätzen wie oben dargelegt ist der Erwerber eines Nutzungsrechtes geschützt, wenn der Inhaber des Nutzungsrechtes wechselt oder auf sein Recht verzichtet (§ 33 S. 2). Mit **„Inhaber des Nutzungsrechts"** ist nicht der Urheber gemeint, weil der Urheber erst mit Abspaltung Nutzungsrechte schafft; vgl. § 29 Rn. 14 ff. Auch ist das Urheberrecht als solches unverzichtbar, sodass die Regelung zum Verzicht nicht den Urheber meinen kann; zum Verzicht des Urhebers allgemein vgl. § 29 Rn. 11 ff. **Wechsel** bedeutet jede Änderung der Inhaberstellung, insbesondere durch Verfügung oder durch Rückfall (z. B. bei Befristung). Nicht als Wechsel kann ein Entfall der Inhaberschaft von Anfang an (ex tunc) angesehen werden, wie er bei Anfechtung der ursprünglichen Verfügung vorkommen kann. Der Verzicht ist eine einseitige Erklärung des Nutzungsrechtsinhabers, durch die das Recht aufgegeben wird. Die Aufgabe erfolgt zugunsten des früheren Inhabers (einschließlich des Urhebers), weil ein Verzicht zugunsten der Allgemeinheit den Bestandsschutz des S. 2 ad absurdum führen würde. § 33 S. 2 erfasst nur den Wechsel von einem Inhaber ausschließlicher Nutzungsrechte zu einem anderen Inhaber bzw. den Verzicht durch den Inhaber (so für den Verzicht auch Wandtke/Bullinger/*Wandtke/Grunert*[4] Rn. 7; a. A. Dreier/Schulze/*Schulze*[5] Rn. 9). Damit lässt sich S. 2 insbesondere **keine Stellungnahme des Gesetzgebers** dazu entnehmen, ob auf der 2. Stufe **eingeräumte** sog. **Enkelrechte automatisch an den Urheber zurückfallen**, wenn die auf der 1. Stufe durch den Urheber eingeräumten sog. **Tochterrechte an den Urheber** und damit an das Mutterrecht **zurückfallen**. Vielmehr wollte S. 2 dies ausdrücklich offenlassen (RegE UrhVG 2002 – BT-Drs. 14/7564, S. 16). Die Beantwortung der Frage ist **umstritten**, ist aber zugunsten eines Sukzessionsschutzes für den Erwerber der abgeleiteten Rechte zu entscheiden, es sei denn, die Vergütung des Urhebers fiele ansonsten aus (eingehend zum Streitstand vgl. § 31 Rn. 34 ff.). – Zu beachten ist, dass nach zutreffender – aber ebenfalls streitiger – Auffassung grundsätzlich erst recht **kein automatischer Rückfall an Verwerter** in Betracht kommt. Damit besteht der Schutz des § 33 S. 2 für einen Inhaber davon abgeleiteter Rechte, wenn Nutzungsrechte an einen Verwerter zurückfallen. Ein Beispiel wäre der Rückfall von Enkelrechten an einen Verwerter; die Urenkelrechte genießen dann den Schutz des § 33 S. 2 (eingehend vgl. Vor §§ 31 ff. Rn. 231).

5. Abweichende Vereinbarungen

12 Der Sukzessionsschutz des § 33 ist **nicht zwingend**; abweichende vertragliche Vereinbarungen zwischen dem Urheber und dem Inhaber des früher eingeräumten Nutzungsrechts sind zulässig, auch wenn die Formulierung des § 33 a. F. „wenn nichts anderes … vereinbart ist" weggefallen ist (Schricker/Loewenheim/*Ohly*[5] Rn. 4; zur a. F. BGH GRUR 1986, 91, 93 – Preisabstandsklausel; Loewenheim/*Loewenheim/Jan Bernd Nordemann*[2] § 26 Rn. 32). Allerdings ist zu bedenken, dass abweichende Vereinbarungen aus Gründen des Verkehrsschutzes nicht die prioritäre dingliche Wirkung von Nutzungsrechtseinräumungen mit Wirkung für jedermann abbedingen kann. Abweichende Vereinbarungen wirken deshalb erst einmal nur schuldrechtlich (Schricker/Loewenheim/*Ohly*[5] Rn. 4). Wenn die abweichende Vereinbarung den dinglichen Zuschnitt der Rechte ändert, ist das genau genommen keine Frage des § 33 mehr, sondern der Befugnis, Rechte mit dinglicher Wirkung beschränkt einzuräumen (eingehend vgl. § 31 Rn. 11 f., vgl. § 31 Rn. 46 ff.). Ein Beispiel ist die Einräumung des Verlagsrechts für Hardcover und Softcover mit dem Vorbehalt, die Rechte für Softcover auch selbst vergeben zu dürfen (Schricker/Loewenheim/*Ohly*[5] Rn. 4). Die Softcoverrechte sind in diesem Fall schon nach § 31 nur in nicht-ausschließlicher Form eingeräumt, § 33 braucht gar nicht angewendet zu werden. Eine – dinglich wirkende – Umgehung des § 33 ist die Vereinbarung einer auflösenden Bedingung für den Fall der späteren Rechtseinräumung durch den Urheber an einen Dritten (HK-UrhR/*Kotthoff*[3] Rn. 5; Schricker/Loewenheim/*Ohly*[5] Rn. 4). Für eine Vereinbarung in **Allgemeinen Geschäftsbedingungen (AGB)** ist zunächst zu bedenken, dass entsprechende Klauseln weitgehend unüblich sind und deshalb dem Überraschungsverbot des § 305c Abs. 1 BGB Bedeutung zukommt. Auch setzt eine abweichende Regelung die dinglich prioritäre Wirkung des eingeräumten Nutzungsrechts außer Kraft, was je nach vertraglicher Konstellation die formularmäßige Abrede an § 307 BGB scheitern lassen kann.

III. Prozessuales

Der Nutzungsberechtigte, der eine von § 33 abweichende vertragliche Vereinbarung (vgl. Rn. 12) geltend machen will, trägt dafür die Darlegungs- und Beweislast. **13**

§ 34 Übertragung von Nutzungsrechten

(1) ¹Ein Nutzungsrecht kann nur mit Zustimmung des Urhebers übertragen werden. ²Der Urheber darf die Zustimmung nicht wider Treu und Glauben verweigern.

(2) Werden mit dem Nutzungsrecht an einem Sammelwerk (§ 4) Nutzungsrechte an den in das Sammelwerk aufgenommenen einzelnen Werken übertragen, so genügt die Zustimmung des Urhebers des Sammelwerkes.

(3) ¹Ein Nutzungsrecht kann ohne Zustimmung des Urhebers übertragen werden, wenn die Übertragung im Rahmen der Gesamtveräußerung eines Unternehmens oder der Veräußerung von Teilen eines Unternehmens geschieht. ²Der Urheber kann das Nutzungsrecht zurückrufen, wenn ihm die Ausübung des Nutzungsrechts durch den Erwerber nach Treu und Glauben nicht zuzumuten ist. ³Satz 2 findet auch dann Anwendung, wenn sich die Beteiligungsverhältnisse am Unternehmen des Inhabers des Nutzungsrechts wesentlich ändern.

(4) Der Erwerber des Nutzungsrechts haftet gesamtschuldnerisch für die Erfüllung der sich aus dem Vertrag mit dem Urheber ergebenden Verpflichtungen des Veräußerers, wenn der Urheber der Übertragung des Nutzungsrechts nicht im Einzelfall ausdrücklich zugestimmt hat.

(5) ¹Der Urheber kann auf das Rückrufsrecht und die Haftung des Erwerbers im Voraus nicht verzichten. ²Im Übrigen können der Inhaber des Nutzungsrechts und der Urheber Abweichendes vereinbaren.

I. Allgemeines

1. Sinn und Zweck

1 Im Gegensatz zum unveräußerlichen (§ 29 Abs. 1) Urheberrecht und daran hängenden materiellen Verwertungsrechten des Urhebers sind die davon durch Belastung des Stammrechts abgespaltenen und an Dritte vergebenen Nutzungsrechte veräußerlich. Das gilt für ausschließliche und für einfache Nutzungsrechte (vgl. Vor §§ 31 ff. Rn. 86 ff., 91 ff.). Ein Verwerter kann daher das sich in seinen Händen befindliche Nutzungsrecht an einen Dritten vollständig übertragen oder diesem wiederum (sofern ein ausschließliches Nutzungsrecht vorliegt) ein neues abgeleitetes Nutzungsrecht niederer Stufe einräumen. Den ersten **Fall der (translativen) Übertragung** regelt § 34; den zweiten Fall der (konstitutiven) Einräumung abgeleiteter Nutzungsrechte § 35.

2 Auch nach Einräumung der Nutzungsrechte besteht ein Interesse des Urhebers an der Entscheidung, wer die Verwertung des Werkes übernimmt. Das folgt aus der fortbestehenden urheberpersönlichkeitsrechtlichen Bindung der Nutzungsrechte an das Stammrecht (Loewenheim/*Loewenheim*/*Jan Bernd Nordemann*[2] § 28 Rn. 6; Wandtke/Bullinger/*Wandtke*/*Grunert*[4] Rn. 1). So soll der Urheber insbesondere verhindern können, dass Werke zur Auswertung an Personen gelangen, die das Vertrauen des Urhebers nicht besitzen und von denen er befürchten muss, dass die Nutzung seinen Absichten zuwiderläuft (RegE UrhG 1962 – BT-Drs. IV/270, S. 57). Auch hat die Person des Verwerters Einfluss auf die materiellen Erträge aus der Verwertung. Der mit § 34 beabsichtigte und durch das Zustimmungserfordernis des Abs. 1 S. 1 realisierte Schutz des Urhebers hat daher eine doppelte Ausrichtung: **Geschützt sind sowohl persönlichkeitsrechtliche als auch verwertungsrechtliche Interessen** des Urhebers (Dreier/Schulze/*Schulze*[5] Rn. 1). Das Zustimmungserfordernis wird dort eingeschränkt, wo die Zustimmungspflicht missbraucht würde (Abs. 1 S. 2) oder unpraktikabel wäre, so etwa, wenn einzelne Urheber aus einer Vielzahl von Urhebern heraus den Rechtserwerb blockieren könnten wie bei Sammelwerken (Abs. 2) und Unternehmensveräußerungen (Abs. 3). Wo eine Rechteübertragung stattfindet, wird dem Schutz des Urhebers dadurch Rechnung getragen, dass der Erwerber u. U. neben dem Veräußerer haftet (Abs. 4). Alle Regelungen sind – von den Ausnahmen des Abs. 5 S. 1 abgesehen – dispositiv (vgl. Rn. 38 ff.). – Keine Wirkung enthält § 34 für das sekundäre Urhebervertragsrecht, also für Verträge zwischen Verwertern; § 34 Abs. 1 kann damit **keine Zustimmungsvorbehalte zu Gunsten von Verwertern** auslösen (Dreier/Schulze/*Schulze*[5] Rn. 15, 44; BeckOK UrhR/*Soppe*[15] Rn. 2; Schricker/Loewenheim/*Ohly*[5] Rn. 24; a. A. wohl OLG Karlsruhe MMR 2011, 727, 729; OLG Frankfurt MMR 2009, 544; OLG München MMR 2008, 601). Bei bestimmten Interessenlagen kann allerdings ein solcher Zustimmungsvorbehalt zu Gunsten eines Verwerters auch stillschweigend als verabredet gelten, vgl. Vor §§ 31 ff. Rn. 243. Auch für eine AGB-rechtliche Zulässigkeit von Zustimmungsvorbehalten und Übertragungsverboten kommt es auf die Interessenlage der Verwerter als Vertragsparteien an, vgl. Rn. 42b.

2. Früheres Recht

Die Bestimmung des § 34 wurde mit dem UrhG von 1965 geschaffen. Aber **3** auch davor war anerkannt, dass Nutzungsrechte wegen ihrer urheberpersönlichkeitsrechtlichen Bestandteile grundsätzlich nur mit Zustimmung des Urhebers übertragen werden können (Dreier/Schulze/*Schulze*[5] Rn. 4). Das ist bei der Behandlung von **Altverträgen** bedeutsam, die **vor dem 1.1.1966** geschlossen wurden und für die § 34 nicht gilt, § 132 Abs. 1. Auch im Urheberrecht der **DDR** war die Übertragung gem. § 44 UrhG-DDR von der Zustimmung des Urhebers abhängig (dazu BGH GRUR 2001, 826, 829 – *Barfuß ins Bett*). Grundsätzlich gelten danach für die Erteilung der Zustimmung die gleichen Maßstäbe wie nach dem § 34 Abs. 1 S. 1 UrhG, soweit es sich um DDR-Verträge vor dem 3.10.1990 handelt (vgl. Vor §§ 31 ff. Rn. 20).

Durch die **Urhebervertragsrechtsreform 2002** (UrhVG v. 22.3.2002) wurde **4** § 34 Abs. 3 bis 5 neu gefasst. Für Verträge und Sachverhalte bis 30.6.2002 gilt § 34 a. F. (§ 132 Abs. 3). Die frühere Fassung ab UrhG 1965 lautete:

(3) Ein Nutzungsrecht kann ohne Zustimmung des Urhebers übertragen werden, wenn die Übertragung im Rahmen der Gesamtveräußerung eines Unternehmens oder der Veräußerung von Teilen eines Unternehmens geschieht.
(4) Abweichende Vereinbarungen zwischen dem Inhaber eines Nutzungsrechts und dem Urheber sind zulässig.
(5) Ist die Übertragung des Nutzungsrechts nach Vertrag oder kraft Gesetzes ohne die Zustimmung des Urhebers zulässig, so haftet der Erwerber gesamtschuldnerisch für die Erfüllung der sich aus dem Vertrag mit dem Urheber ergebenden Verpflichtungen des Veräußerers.

Als **Neuerung** wurden also ein **Rückrufsrecht für den Fall der Veräußerung** **5** eines Unternehmens (**Abs. 3 S. 2**) oder einer **Änderung der Beteiligungsverhältnisse** (**Abs. 3 S. 3**) eingefügt, was nach der Gesetzesbegründung zum UrhVG 2002 allerdings keine Erweiterung darstellen soll, weil nach h. A. davor bereits dem Urheber ein ungeschriebenes Recht zur Kündigung aus wichtigem Grund zustand (RegE UrhVG 2002 – BT-Drs. 14/7564, S. 5 i. V. m. BT-Drs. 14/6433, S. 16; s. a. *Hemler* GRUR 1994, 578, 584 ff.; unsere 9. Aufl./*Hertin* Rn. 12 m. w. N. ferner vgl. Rn. 29). Die Haftungsregel des Abs. 5 a. F. wurde in **Abs. 4** **n. F.** modifiziert niedergelegt. Während nach Abs. 5 a. F. die Haftung nur eintrat, wenn die Zustimmung vorab kraft Vertrages oder Gesetzes entbehrlich war, wurde die Haftung nach neuem Recht auf sämtliche Übertragungsfälle ausgedehnt, es sei denn, der Urheber hat der Übertragung der Nutzungsrechte im konkreten Fall „ausdrücklich zugestimmt", was eine **Erweiterung** bedeutet. Denn die Rechtsprechung hat § 34 Abs. 5 a. F. dahin ausgelegt, dass jeder Fall vom Haftungsausschluss erfasst wird, in dem der Urheber der Übertragung durch vorherigen Vertrag zugestimmt hat, ohne Differenzierung danach, ob eine inhaltliche konkrete oder pauschale Zustimmung erfolgte (LG Mannheim ZUM 2003, 415, 416). Auch die **Möglichkeit abweichender Vereinbarungen** des **Abs. 4 a. F.** wurde in **Abs. 5 neu** geregelt. Ein Verzicht auf das (neu geschaffene) Rücktrittsrecht ist ausgeschlossen. Die Haftungsregeln des Abs. 4 n. F. sind nunmehr nach dem ausdrücklichen Wortlaut unverzichtbar, was allerdings auch der herrschenden Auffassung zu § 34 a. F. entsprach (unsere 9. Aufl./*Hertin* Rn. 14; Schricker/Loewenheim/*Schricker/Loewenheim*[4] Rn. 56). Das UrhVG 2002 hat ferner § 28 VerlG aufgehoben (vgl. Rn. 46).

Zeitlicher Anknüpfungspunkt für § 34 n. F. und sich daraus ergebende Erweite- **6** rungen ist wegen des eindeutigen Wortlautes der Übergangsvorschrift des § 132 Abs. 3 S. 1 der **Vertragsschluss** (*Haas* Rn. 495; a. A. *Koch-Sembdner* AfP 2004,

211, 215, und Dreier/Schulze/*Schulze*[5] Rn. 4, die jeweils für das Rückrufsrecht auf die Veräußerung bzw. Änderung der Beteiligungsverhältnisse abstellen). § 34 n. F. gilt also nur für **Verträge ab dem 1.7.2002.**

3. EU-Recht und Internationales Recht

7   Das EU-Recht reguliert die Frage der Zustimmungsbedürftigkeit einer Weiterübertragung von Rechten nicht; es fehlt an einer grundlegenden Harmonisierung des Urhebervertragsrechts (vgl. Vor §§ 31 ff. Rn. 24 f.). Für die relevanten internationalen Urheberrechtsabkommen gilt das Gleiche (vgl. Vor §§ 31 ff. Rn. 26 f.). Zur fehlenden zwingenden Anwendung des § 34 im internationalen Privatrecht vgl. Vor §§ 120 ff. Rn. 86 ff.

II. Tatbestand

1. Zustimmungserfordernis (Abs. 1)

8   **a) Übertragung eines Nutzungsrechts; Abgrenzung zur Einräumung:** Das **Nutzungsrecht** muss als gegenständliches Recht bereits in den Händen des Inhabers liegen. Das kann entweder durch eine Einräumung durch den Urheber (in Form einer Belastung des beim Urheber befindlichen Verwertungsrechtes) oder translativ durch Übertragung durch einen anderen Inhaber geschehen sein. Erfasst ist also auch die **Weiterübertragung** eines bereits übertragenen Rechts oder die Übertragung eines vom Urheber vorher nach § 35 abgeleiteten Rechts (Schricker/Loewenheim/*Ohly*[5] Rn. 17). Das Nutzungsrecht kann **einfacher** oder **ausschließlicher** Natur sein (Wandtke/Bullinger/*Wandtke/Grunert*[4] Rn. 4; Loewenheim/*Loewenheim/Jan Bernd Nordemann*[2] § 28 Rn. 1; a. A. unsere 9. Aufl./ *Hertin* Rn. 1; zur Rechtsnatur der Nutzungsrechte vgl. § 31 Rn. 86 ff., 91 ff.). Übertragen werden können nur Nutzungsrechte an **dinglich eigenständigen Nutzungsarten** (vgl. § 31 Rn. 10 ff.). Liegt eine lediglich obligatorisch (schuldrechtlich) zulässige Ausgestaltung der Nutzung vor, wird deren Weitergabe von § 35 analog erfasst (Loewenheim/*Loewenheim/Jan Bernd Nordemann*[2] § 28 Rn. 2; *Schricker* FS Nordemann II S. 243, 250). Gar nicht von §§ 34, 35 erfasst werden bloß schuldrechtliche Vertriebsvereinbarungen (OLG Hamburg UFITA 91 (1981), 230, 234 – *Das große Buch der Handarbeiten*). Das Zustimmungserfordernis betrifft **nur** den Übertragungsakt als **Verfügungsgeschäft**, nicht jedoch das diesem zugrunde liegende Verpflichtungsgeschäft (zum Trennungsprinzip vgl. § 31 Rn. 29). Eine fehlende Zustimmung wirkt sich nicht auf die Wirksamkeit des Verpflichtungsgeschäfts aus (BGH NJW 1967, 2354, 2358 – *Angelique*; OLG München GRUR 1996, 972 – *Accatone*; Dreier/Schulze/ *Schulze*[5] Rn. 10; Wandtke/Bullinger/*Wandtke/Grunert*[4] Rn. 4; Schricker/Loewenheim/*Ohly*[5] Rn. 15). Sämtliche schuldrechtliche Absprachen im Zusammenhang mit der Veräußerung sind daher zustimmungsfrei. Wohl aber kann die fehlende Zustimmung des Urhebers zur Unmöglichkeit der Verpflichtung im Verhältnis Veräußerer und Erwerber führen, wenn der Urheber zur Zustimmung nicht verpflichtet (vgl. Rn. 18 ff.) und auch sonst nicht bereit ist; zu Sekundäransprüchen vgl. Vor §§ 31 ff. Rn. 287.

9   Das zustimmungsbedürftige Rechtsgeschäft ist gerichtet auf die vollständige – translative – **Übertragung** eines in den Händen des Verwerters befindlichen Nutzungsrechtes auf einen anderen. **Nicht** unter § 34, sondern unter § 35 fällt die von einem Nutzungsrecht abgeleitete **Einräumung von Nutzungsrechten weiterer Stufen,** die von der Übertragung zu unterscheiden ist. Im Gegensatz zur Übertragung bleibt bei der bloßen Einräumung ein Restrecht beim Veräußernden zurück (s. BGH GRUR 2013, 618 Tz. 26 – *Internet-Videorecorder II*). Übertragung ist die vollständige Änderung der Rechtszuständigkeit (Schricker/ Loewenheim/*Ohly*[5] Rn. 14). **Die Grundregel lautet also: Eine Übertragung liegt vor, wenn nichts beim Rechtegeber verbleibt; eine Einräumung liegt vor,**

wenn der Rechtegeber sein Recht grundsätzlich behält, es jedoch zugunsten des Rechteempfängers mit Rechten belastet. Allerdings darf nicht übersehen werden, dass auch bei Übertragung Rechte beim Veräußernden zurückbleiben können, wenn diese von den übertragenen Rechten abspaltbar sind. Eine Abspaltung ist räumlich, zeitlich, quantitativ und inhaltlich zulässig (vgl. § 31 Rn. 46 ff.), solche Rechte können beim Veräußernden verbleiben, ohne dass eine Übertragung ausgeschlossen ist. Nur bei der Vergabe von einfachen Rechten durch einen ausschließlichen Rechteinhaber liegt im Regelfall eine Einräumung vor (eingehend *Jan Bernd Nordemann* FS Bornkamm S. 907). Ist die Vereinbarung zwischen den Parteien unklar, entscheidet im Rahmen der **Auslegung**, ob die abgebende Vertragspartei übertragen hat, also ohne eigene Rechte bleiben soll (BGH GRUR 2013, 618 Tz. 26 ff. – *Internet-Videorecorder II*; OLG Köln ZUM 2014, 50 juris Rn. 7 ff. – *The Mysterious Cities of Gold*; eingehend auch *Jan Bernd Nordemann* FS Bornkamm S. 907). Insbesondere ist eine Auslegung nach dem Wortlaut („übertragen" einerseits oder „eingeräumt" bzw. „lizensiert" andererseits), zu entnehmenden objektiven Parteiwillen und nach einer für beide Seiten interessengerechter Vertragsauslegung erforderlich. Zu den Auslegungsgrundsätzen im Urhebervertragsrecht vgl. Vor §§ 31 ff. Rn. 40. Für die Auslegung ist auch auf den Übertragungszweckgedanken abzustellen (OLG Köln ZUM 2014, 50 juris Rn. 21 – *The Mysterious Cities of Gold*; ferner vgl. § 31 Rn. 108 ff.).

In **Arbeits- und Dienstverhältnissen** kommt § 34 Abs. 1 grundsätzlich zur Anwendung (Schricker/Loewenheim/*Ohly*[5] Rn. 20), jedoch liegt im Regelfall eine konkludente Zustimmung vor (vgl. Rn. 15). Zur Frage, ob § 34 auch auf **Software** Anwendung findet, vgl. § 69a Rn. 42. Unter Übertragung fallen auch **Sicherungsübereignung, Nießbrauch und Verpfändung** (Loewenheim/*Loewenheim/Jan Bernd Nordemann*[2] § 28 Rn. 2; Dreier/Schulze/*Schulze*[5] Rn. 7; Büscher/Dittmer/Schiwy/*Haberstumpf*[3] Rn. 4; Schricker/Loewenheim/*Ohly*[5] Rn. 16). § 34 greift jedoch nicht, wo es zu keiner urheberrechtlich relevanten Übertragung von Nutzungsrechten kommt; bei **Erschöpfung** des Verbreitungsrechts nach § 17 Abs. 2 ist für die **Weiterverbreitung keine Zustimmung** des Urhebers erforderlich; das Gleiche gilt, sofern man für online bezogene elektronische Werkstücke eine sog. **Online-Erschöpfung** annehmen will; vgl. Rn. 52. – § 34 gilt analog für die Weiterübertragung von **Rechten mit urheberpersönlichkeitsrechtlicher** Natur, soweit diese überhaupt übertragen werden können, ebenso für das Einwilligungsrecht zu Bearbeitungen und Umgestaltungen gem. § 23 (BeckOK UrhR/*Soppe*[16] Rn. 6; Wandtke/Bullinger/*Wandtke/Grunert*[4] Rn. 7; Büscher/Dittmer/Schiwy/*Haberstumpf*[3] Rn. 4), weil auch in diesen Fällen die *ratio* des § 34 greift. – **Keine Anwendung** findet § 34 auch auf die Übertragung von anderen schuldrechtlichen Ansprüchen auf Dritte, z. B. auf die **Abtretung** von bereits entstandenen **Schadensersatzansprüchen wegen Urheberrechtsverletzung** (LG Köln ZUM 2010, 369, 371). Sie sind ohne Zustimmung des Urhebers übertragbar.

9a

Die Übertragung muss **unter Lebenden** erfolgen. § 34 bezieht sich nicht auf die Vererbung von Nutzungsrechten oder die Erbauseinandersetzung unter Miterben (*Berger* FS Schricker II S. 229; Loewenheim/*Loewenheim/Jan Bernd Nordemann*[2] § 28 Rn. 2; Büscher/Dittmer/Schiwy/*Haberstumpf*[3] Rn. 6; Dreier/Schulze/*Schulze*[5] Rn. 8; Schricker/Loewenheim/*Ohly*[5] Rn. 18; anders wohl unsere 9. Aufl./*Hertin* § 34 Rn. 12, wonach die Zustimmungsfreiheit im Rahmen von Unternehmensveräußerungen auf die Vererbung des ganzen Unternehmens beschränkt sein soll, was aber wegen der grundsätzlichen Zustimmungsfreiheit bei Verfügungen von Todes wegen gar nicht nötig ist). Dem Urheber, der sich durch einen Erbfall in der Gefahr der Beeinträchtigung seiner Interessen wähnt, verbleibt die Möglichkeit, sich durch vertragliche Regelungen wie eine vereinbarte auflösende Bedingung für den Todesfall zu schützen.

10

11 Nach dem Regelungszweck muss die Übertragung des Nutzungsrechts **auf einen anderen** erfolgen. Nur dann kommt ein Grund für eine Zustimmungspflichtigkeit in Betracht. Damit sind **konzerninterne Verschiebungen des Nutzungsrechts** von der Zustimmungspflicht auszunehmen (a. A. Schricker/Loewenheim/*Ohly*[5] Rn. 22). Denn dadurch ändert sich weder aus wirtschaftlicher noch aus persönlichkeitsrechtlicher Sicht der Inhaber des Nutzungsrechts. Demnach kommt es nicht darauf an, ob eine (konkludente) Zustimmung gegeben ist, dazu vgl. Rn. 12 ff.

12 **b) Zustimmung des Urhebers:** § 34 regelt nur die Fälle der Zustimmung durch den **Urheber**, Zustimmungspflichten durch Verwerter gegenüber anderen Verwertern sind nicht erfasst (vgl. Rn. 2). Der Begriff der **Zustimmung** deckt sich mit den Regelungen der §§ **182 ff. BGB** (HK-UrhR/*Kotthoff*[3] Rn. 6; BeckOK UrhR/*Soppe*[14] Rn. 8; Wandtke/Bullinger/*Wandtke/Grunert*[4] Rn. 8; Schricker/Loewenheim/*Ohly*[5] Rn. 25; *Zurth* S. 226). Die Zustimmung kann demnach als vorherige Einwilligung (§ 183 BGB) oder als nachträgliche Genehmigung (§ 184 BGB) erteilt werden. Die Einwilligung ist bis zur Vornahme widerruflich, soweit sich nicht aus dem Nutzungsvertrag – etwas anderes ergibt (§ 183 S. 1 BGB). Entscheidend ist der Zweck der Zustimmungserklärung. I. d. R. dürfte danach ein nachträglicher Widerruf von Zustimmungen in Nutzungsverträgen mit Verwertern ausgeschlossen sein. Denn die Zustimmung erfolgt in diesen Fällen im Interesse des Verwerters, sodass ein Widerruf nicht mit dem Vertragszweck konform ginge (s. BGH NJW-RR 1991, 439, 441 zum Widerruf von Vollmachten gem. § 168 BGB). Auch wenn ausnahmsweise ein Recht auf Widerruf besteht, kann der Urheber damit u. U. auf obligatorischer Ebene eine im Nutzungsvertrag vereinbarte Pflicht zur Zustimmung verletzen. Zu **Gestaltungsmöglichkeiten** (**Modalitäten**) der Zustimmung vgl. Rn. 38. Die Zustimmung des Urhebers zur Übertragung begründet **keine vertraglichen Beziehungen des Urhebers mit dem Übertragungsempfänger**, vgl. Rn. 51, dort auch zu Gestaltungsmöglichkeiten, insbesondere einer Schuldübernahme.

13 Die Anforderungen an eine **ausdrückliche Zustimmung** werden auch durch eine **pauschale** Vorabzustimmung zu einer Vielzahl im Einzelnen nicht näher bezeichneter Übertragungen erfüllt. Das gilt nach a. M. für die Individualabrede, nach zutreffender Ansicht aber auch bei formularmäßigen Abreden (zu AGB vgl. Rn. 41 f., str.). Bei individueller Zustimmung im Einzelfall kann die Haftung nach Abs. 4 ausgeschlossen sein (vgl. Rn. 37).

14 Die Erklärung kann – wie jede Willenserklärung – nicht nur ausdrücklich, sondern auch **konkludent** erfolgen (BGH GRUR 2005, 860, 862 – *Fash 2000*). Einem bloßen Schweigen lassen sich aber grundsätzlich keine rechtlichen Folgen entnehmen. Für die Annahme einer konkludenten Zustimmung kommt es letztlich entscheidend auf den Vertragszweck an, mithin kommt der **Übertragungszweckgedanke** des § 31 Abs. 5 zur Anwendung (dazu allgemein vgl. § 31 Rn. 108 ff.). Dafür spricht bereits, dass Beschränkungen in der Weitergabe („Ob") als eigenständige Nutzungsarten anzuerkennen sind (vgl. § 31 Rn. 62). Der Bundesgerichtshof hat den Übertragungszweckgedanken gem. § 31 Abs. 5 deshalb zuletzt zu Recht ausdrücklich herangezogen, um die Frage nach einer stillschweigenden Zustimmung zur Weiterübertragung zu beantworten (BGH GRUR 2011, 59 Tz. 11 – *Lärmschutzwand*; OLG Hamm ZUM-RD 2016, 729, 734 – *Beachfashion*; OLG Frankfurt, ZUM 2015, 497; OLG München ZUM 2014, 420, 423 – *Kippschalter*; OLG Köln GRUR-RR 2010, 149, 151 – *Kalk-Lady* zu § 35; keine ausdrückliche Erwähnung des § 31 Abs. 5: BGH GRUR 1996, 121, 122 a. E. – *pauschale Rechtseinräumung*; BGH GRUR 1984, 528, 529 – *Bestellvertrag*). Entscheidend ist also, ob der **Zweck des Vertrages** eine Weiterübertragung erlaubt oder voraussetzt. Das ist aus der Sicht des Urhebers nach **Üblichkeitserwägungen**, der **Verkehrssitte**, nach allen

Begleitumständen und dem **schlüssigen Verhalten** der Parteien zu entscheiden. Im Zweifel ist von einer fehlenden Zustimmung wegen der gesetzlichen Regel des § 34 Abs. 1 S. 1 auszugehen (Dreier/Schulze/*Schulze*[5] Rn. 49; Schricker/Loewenheim/*Ohly*[5] Rn. 53).

Für die Bewertung, ob eine konkludente Zustimmung vorliegt, kann zunächst der **Charakter des Werkes** eine Rolle spielen. Eine Zustimmung liegt bei Massenwerken geringer Schöpfungshöhe nahe, weniger bei der Übertragung von Rechten mit großem urheberpersönlichkeitsrechtlichem Einschlag (Schricker/Loewenheim/*Ohly*[5] Rn. 25). Nicht überzeugend ist es danach, wenn der BGH (GRUR 1984, 528, 529 – *Bestellvertrag*) die konkludente Zustimmung zur Weiterübertragung im Hinblick auf urheberrechtlich nur ausnahmsweise geschützte Werbebroschüren davon abhängig macht, ob der Urheber wusste, dass vom Vertragspartner nur die erste Auflage, alle eventuellen weiteren Auflagen jedoch von Dritten hergestellt werden (BGH GRUR 1984, 528, 529 – *Bestellvertrag*). Die **Honorarabrede** hat auch größere Bedeutung bei der Auslegung. Im Regelfall ist von einer konkludenten Zustimmung auszugehen, wenn die Parteien eine Honorarabrede über die Aufteilung mit Dritten erzielter Verwertungserlöse getroffen haben. Umgekehrt kann eine fehlende Beteiligung des Rechtegebers am wirtschaftlichen Erfolg der Weitergabe der Nutzungsrechte dagegen sprechen (OLG Frankfurt, ZUM 2015, 497). Allerdings kann nicht gesagt werden, dass speziell bei einem **buyout-Vertrag** Zurückhaltung bei der Annahme einer konkludenten Zustimmung zu üben (so aber Wandtke/Bullinger/*Wandtke/Grunert*[4] Rn. 38); solche Verträge sind nach ihrem Vertragszweck gerade darauf gerichtet, dem Verwerter ein Höchstmaß an Rechten und Flexibilität bei der Verwertung zu gewähren; eine zu geringe Vergütung kann nach § 32 Abs. 1 S. 3 korrigiert werden. Bei **Werbeverträgen** sollte die konkludente Zustimmung zur Weitergabe großzügig angenommen werden, wenn der Zweck auf eine umfassende Nutzungsmöglichkeit angelegt ist (vgl. § 31 Rn. 159). **Produktfotos** für die Werbung dürfen im Regelfall zur Nutzung an die **Vertriebspartner weitergegeben** werden. Da das für vertrieblich eingesetzte Fotos üblich ist, liegt beim Urheber auch das wegen § 31 Abs. 5 erforderliche Bewusstsein (vgl. § 31 Rn. 130) vor (a. A. OLG München ZUM 2014, 420, 423 – *Kippschalter*; ähnlich: OLG Hamm ZUM-RD 2016, 729, 734 – *Beachfashion*); bei zu geringer Vergütung des Urhebers kann nach § 32 Abs. 1 S. 3 angepasst werden. In **Verlagsverträgen**, die umfassende Nebenrechte einräumen, die der Verleger regelmäßig nicht selbst zu verwerten pflegt, kann danach eine konkludente Zustimmung angenommen werden, z. B. bei Musikverlagsverträgen (BGH GRUR 1964, 326, 331 – *Subverleger*). Aus einer bloßen Regelung in einem Verlagsvertrag zu Freiexemplaren bei Lizenzausgaben ergibt sich jedoch nicht zwingend eine konkludente Zustimmung (KG GRUR 1991, 596, 599 – *Schopenhauer-Ausgabe*). Bei **Filmverträgen** kann aus der Verpflichtung, ggf. eine „Exportfassung" eines Films herzustellen, eine Zustimmung hergeleitet werden, wenn es den Aufgaben des (staatlichen) Verwerters entsprach und auch üblich war, Werke zur Auswertung durch Dritte im Ausland zu exportieren (BGH GRUR 2001, 826, 828 – *Barfuß ins Bett*, zu § 44 UrhG-DDR; s. ansonsten auch § 90). Bei **Wahrnehmungsverträgen**, z. B. mit Verwertungsgesellschaften oder Bühnenverlagen (jeweils treuhänderische Tätigkeit zugunsten des Urhebers, vgl. Vor §§ 31 ff. Rn. 322 ff.), wird eine konkludente Zustimmung i. d. R. anzunehmen sein (Schricker/Loewenheim/*Ohly*[5] Rn. 53; Dreier/Schulze/*Schulze*[5] Rn. 50; Wandtke/Bullinger/*Wandtke/Grunert*[4] Rn. 37). Das Gleiche gilt für **Arbeits- und Dienstverhältnisse**; insbesondere eine wirtschaftlich gesicherte Anstellung des Urhebers, deren Arbeitsergebnisse dem Dienstherrn zustehen sollen, kann für eine konkludente Zustimmung sprechen (KG AfP 1996, 148, 150 – *Poldok*). Ein Landesbeamter, der in Erfüllung seiner Dienstpflicht ein Werk geschaffen hat, räumt seinem Dienstherrn stillschwei-

15

gend aber nur diejenigen Rechte ein, die der Dienstherr zur Erfüllung seiner Aufgaben benötigt. Danach wird bei Entwurf einer Autobahnlärmschutzwand für eine Landesbehörde keine stillschweigende Zustimmung zur Weiterübertragung an andere Bundesländer erteilt (BGH GRUR 2011, 59 Tz. 13 ff. – *Lärmschutzwand*). Wenn schon nicht feststeht, dass ein erstellter urheberrechtlich geschützter Text zu den betrieblichen Verpflichtungen des Mitarbeiters gehört, ist im Zweifel auch die (stillschweigende) Zustimmung zur Weiterübertragung nicht erteilt (OLG Düsseldorf ZUM-RD 2009, 63). Auch das **Verhalten** des Urhebers **vor und nach Abschluss des Nutzungsvertrages** kann bedeutsam sein; es spricht für eine konkludente Zustimmung, wenn der Urheber nach Vertragsschluss Kenntnis von der Weiterübertragung an einen Dritten hatte und diesem Dritten sogar noch zuarbeitete (BGH GRUR 2005, 860, 862 – *Fash 2000*) oder die Parteien in gleich gelagerten Fällen stets ohne Zustimmung verfahren sind (OLG Hamburg GRUR Int. 1998, 431, 434 – *Feliksas Bajoras*; Loewenheim/*Jan Bernd Nordemann*[2] § 60 Rn. 41). Auch wenn eine Lizenz zur Nutzung von Software, die Dritten zur Schulung von Mitarbeitern überlassen wird, nach ihrem Wortlaut auf die Verwendung auf den Rechnern des Lizenznehmers beschränkt ist, umfasst sie die Nutzung auf Rechnern des schulenden Dritten, wenn dem Lizenznehmer die Schulung freigestellt war (OLG Düsseldorf ZUM 2001, 795, 796). Im Regelfall ist die Zustimmung zur **Weitergabe** von Rechten **an ein konzerneigenes Unternehmen** konkludent erteilt (OLG Hamburg ZUM 2002, 833, 835, zu § 35; *Berger* FS Schricker II S. 228, will § 34 gar nicht anwenden, was zutreffend ist, vgl. Rn. 11; s. a. LG München I ZUM 2009, 681, 686; a. A. KG GRUR 1991, 596, 599 – *Schopenhauer-Ausgabe*). Auch in einer **Insolvenz** können keine hohen Anforderungen an das Vorliegen einer Zustimmung gestellt werden (BGH GRUR 2005, 860, 862 – *Fash 2000*). – Zur Anwendung des § 34 auf **Leistungsschutzberechtigte**, vgl. Rn. 49. – Keine Anwendung findet § 34 auf das sekundäre Urhebervertragsrecht; aus § 34 kann sich also **kein Zustimmungserfordernis durch einem bloß nutzungsberechtigten Verwerter** ergeben (weiterführend vgl. Rn. 1). Jedoch kann sich ein Übertragungsverbot – auch ungeschrieben – aus Vertrag ergeben (vgl. Vor §§ 31 ff. Rn. 243 f.)

16   **c) Fehlende Zustimmung, Rechtsfolgen:** Ohne Zustimmung ist die Übertragung als Verfügungsgeschäft **schwebend unwirksam** (Dreier/Schulze/*Schulze*[5] Rn. 22 f.; Wandtke/Bullinger/*Wandtke*/*Grunert*[4] Rn. 10). Mit Genehmigung erlangt sie rückwirkend („ex tunc") Wirksamkeit. Zur Darlegungs- und Beweislast vgl. Rn. 43. Scheitert die Übertragung, hat der Erwerber **Schadensersatzansprüche** wegen Nichterfüllung gegen den Veräußerer, vgl. Vor §§ 31 ff. Rn. 287. Ein gutgläubiger Erwerb ist jedenfalls ausgeschlossen.

17   Die Zustimmung ermöglicht nur die Übertragung des Rechts in der jeweiligen Form und mit dem jeweiligen Inhalt; sie ermöglicht keine Änderung des Rechts (anders bei § 35). Die Zustimmung gilt – mangels anderweitiger Abrede – für eine beliebige Anzahl von (Weiter-)Übertragungen (vgl. Rn. 38). Nimmt der **Erwerber trotz fehlender Zustimmung Nutzungshandlungen** vor, ist er **deliktischer Verletzer** und als solcher einem Unterlassungsanspruch des Urhebers aus § 97 Abs. 1 ausgesetzt. Denn der Zustimmungsvorbehalt hat dingliche Wirkung (Loewenheim/*Jan Bernd Nordemann*[2] § 60 Rn. 42; jeweils zu Verträgen zwischen Verwertern: BGH GRUR 2011, 411 Tz. 15 – *UsedSoft*; BGH GRUR 1987, 37, 39 – *Videolizenzvertrag*; OLG Karlsruhe MMR 2011, 727, 729; OLG Frankfurt MMR 2010, 681, 682). Ob auch Schadensersatzansprüche bestehen, hängt von der Konstellation des Vertrages mit dem Erwerber ab (vgl. § 97 Rn. 128). Der Veräußerer als aktueller Inhaber ist ebenfalls berechtigt, Unterlassungsansprüche zu stellen, kann aber keine Schadensersatzansprüche geltend machen (vgl. Vor §§ 31 ff. Rn. 89 f. zur entsprechenden Situation bei Kontrahierungsansprüchen).

d) Treuwidrige Verweigerung (Abs. 1 S. 2): Der Urheber darf seine Zustim-   **18**
mung nicht entgegen den Geboten von Treu und Glauben ohne sachlichen
Grund missbräuchlich verweigern. Die Bestimmung der Treuwidrigkeit erfordert eine umfassende **Interessenabwägung** zwischen Urheber und Nutzungsrechtsinhaber (Loewenheim/*Loewenheim*/*Jan Bernd Nordemann*[2] § 28 Rn. 10;
Wandtke/Bullinger/*Wandtke*/*Grunert*[4] Rn. 11; Berger/Wündisch/*Berger*[2] § 1
Rn. 167). Der **Maßstab** für diese Interessenabwägung ist **streitig**. Rein willkürliche Zustimmungsverweigerungen ohne sachlichen Grund durch den Urheber
verstoßen gegen Treu und Glauben. Insoweit erscheint es als unzutreffend,
wenn das LG München I ZUM 2003, 71, 76, eine willkürliche Verweigerung
gestattet, solange keine schwerwiegenden Interessen auf Verwerterseite entgegenstehen. Weitergehend kann auch bei Vorliegen eines sachlichen Grundes
auf Seiten des Urhebers eine Zustimmungspflicht nach den Umständen des
Einzelfalls denkbar sein (Loewenheim/*Loewenheim*/*Jan Bernd Nordemann*[2]
§ 28 Rn. 10; ähnlich Berger/Wündisch/*Berger*[2] § 1 Rn. 167; a.A. Dreier/
Schulze/*Schulze*[5] Rn. 18; unsere 9. Aufl./*Hertin* Rn. 10: nur bei Schikane). Der
Gesetzgeber wollte den Fall der Zustimmungspflicht nicht auf den Fall der
Willkür beschränken (RegE UrhG 1962 – BT-Drs. IV/270, S. 57). Treuwidrig
ist danach die Verweigerung, wenn für den Nutzungsberechtigten die Blockierung der Nutzung durch Weiterübertragung nach Abwägung aller Umstände
des Einzelfalls unzumutbar ist. **Im Zweifel** geht die Interessenabwägung **zugunsten des Urhebers** aus (KG GRUR 1991, 596, 599 – *Schopenhauer-Ausgabe*); der Verwerter kann sich durch eine – auch formularmäßig mögliche
(vgl. Rn. 41 f.) – eingeholte Zustimmung vor solchen Zweifelsfällen hinreichend schützen.

Als **sachlicher Grund des Urhebers** kommen nach dem Schutzzweck des § 34   **19**
(vgl. Rn. 2) urheberpersönlichkeitsrechtliche oder vermögensrechtliche (wirtschaftliche) Interessen in Betracht. **Urheberpersönlichkeitsrechte Gründe** haben
regelmäßig ein starkes Gewicht in der Interessenabwägung. Sie können sich
aus der Tendenz des Verwerters, seiner persönlichen Eignung, seinem übrigen
Geschäftszuschnitt, aber auch aus dem übrigen Geschäftsgebaren des Verwerters einschließlich seines Rufs und Ansehens ergeben. Jedoch schwindet das
Gewicht der Urheberinteressen, wenn er stärker in die Organisation des Verwerters – etwa im Rahmen eines Arbeits- oder Dienstverhältnisses – eingebunden ist (Schricker/Loewenheim/*Ohly*[5] Rn. 27). Auch die künstlerische Natur
des Werkes ist zu beachten. Je geringer die Schöpfungshöhe und damit die
persönliche Prägung, je mehr das Werk auf den Breitengeschmack ausgerichtet
ist, desto eher besteht eine Zustimmungspflicht (Wandtke/Bullinger/*Wandtke*/
Grunert[4] Rn. 13; Schricker/Loewenheim/*Ohly*[5] Rn. 27). **Wirtschaftlich** steht es
dem Urheber grundsätzlich zu, für die Zustimmung ein (angemessenes) Entgelt
zu verlangen (Loewenheim/*Loewenheim*/*Jan Bernd Nordemann*[2] § 25 Rn. 12
zu § 35), anderenfalls besteht regelmäßig ein berechtigter Grund zur Verweigerung. Das gilt insbesondere dann, wenn der bisherige Vertrag ein angemessenes
Entgelt noch nicht vorsieht. **Relevante Interessen des Nutzungsrechtsinhabers**
sind seine eigenen und auch die Interessen des Erwerbers, weil sie auch die
Interessen des abgebenden Nutzungsrechtsinhabers sind. Die Interessen können dem persönlichen Umfeld entspringen (Stellung, Weltanschauung, Reputation), sich aber auch aus dem wirtschaftlichen Umfeld ergeben, z.B. aus dem
Inhalt des übrigen Verlagsprogrammes und nicht zuletzt auch der Branchenübung (Schricker/Loewenheim/*Ohly*[5] Rn. 28). Verfügt der Nutzungsrechtsinhaber bzw. der Erwerber über ein vielfältiges Angebot, das ihn nicht wirklich
von den Werken des einen Urhebers abhängig macht, spricht das gegen die
Treuwidrigkeit (LG München I ZUM 2003, 73, 76 – *Pumuckl-Illustrationen*).
Schließlich können auch **allgemeine Rechtsgrundsätze** in die Beurteilung einzubeziehen sein. Wenn z.B. der Urheber trotz einer anfänglichen Zusage seine

Zustimmung nicht erteilt, führt dieses widersprüchliche Verhalten (venire contra factum proprium) zur Zustimmungspflicht (Wandtke/Bullinger/*Wandtke/ Grunert*[4] Rn. 12). Die Interessenabwägung kann ergeben, dass eine Zustimmung nur unter Modalitäten zu erteilen ist (vgl. Rn. 38).

20 **Rechtsfolge:** Ohne Zustimmung ist die Veräußerung des Nutzungsrechtes schwebend unwirksam. Auch eine treuwidrige Verweigerung hilft nicht über das Zustimmungserfordernis hinweg. Der Erwerber hat in diesem Fall noch keine Nutzungsrechte, und seine Nutzungen stellen grundsätzlich Verletzungshandlungen dar (Schricker/Loewenheim/*Ohly*[5] Rn. 32; Dreier/Schulze/*Schulze*[5] Rn. 20). Der Inhaber (der Erwerber nur in gewillkürter Prozessstandschaft) muss daher Klage auf Zustimmung erheben; zum Prozessualen vgl. Rn. 44. Der Nutzungsrechtsinhaber kann dem Urheber, der **Unterlassungsansprüche** geltend macht, nur ausnahmsweise unter engen Voraussetzungen den Einwand des Rechtsmissbrauches entgegenhalten (a. A. und generell für einen solchen Einwand bei treuwidriger Verweigerung: Büscher/Dittmer/Schiwy/*Haberstumpf*[3] Rn. 9; Berger/Wündisch/*Berger*[2] § 1 Rn. 168; Schricker/Loewenheim/ *Ohly*[5] Rn. 32). Ist der Urheber verpflichtet, die Zustimmung einseitig und ohne jede Gegenleistung zu erteilen, sind Unterlassungsansprüche ausgeschlossen. Bedarf es hingegen eines Vertrages zwischen Urheber und Verwerter, in dem auch eine Gegenleistung für den Urheber (z. B. eine zusätzliche Vergütung) geregelt ist, muss auf die Grundsätze der Rechtsprechung zur unzulässigen Lizenzverweigerung zurückgegriffen werden. Im Einzelnen vgl. Vor §§ 31 ff. Rn. 89. Zum **Schadensersatzanspruch** vgl. Vor §§ 31 ff. Rn. 90. – In jedem Fall ist der **Urheber bei treuwidriger Verweigerung** dem Nutzungsrechtsinhaber **schadensersatzpflichtig** (Berger/Wündisch/*Berger*[2] § 1 Rn. 168); letzterer hat u. U. auch ein **Kündigungsrecht aus wichtigem Grund** (Wandtke/Bullinger/ *Wandtke/Grunert*[4] Rn. 14).

2. Sammelwerke (Abs. 2)

21 Bei Sammelwerken ist zu unterscheiden zwischen den in die Sammlung eingestellten Werken und dem Sammelwerk als solchem, das Werkcharakter durch die Art und Weise der Zusammenstellung erlangt (vgl. § 4 Rn. 10). Werden Nutzungsrechte am Sammelwerk als Ganzem übertragen, so ist davon zugleich auch die Nutzung der einzelnen Werke betroffen. Müsste nun die Zustimmung aller Urheber der einzelnen Werke eingeholt werden, würde der Rechtsverkehr übermäßig erschwert. § 34 Abs. 2 lässt daher das Zustimmungserfordernis für die Urheber der einzelnen Werke als Bestandteile des Sammelwerkes entfallen; lediglich der Urheber des Sammelwerkes i. S. d. § 4 muss seine Zustimmung gem. Abs. 1 S. 1 geben.

22 Voraussetzung für diese Erleichterung ist freilich das Vorliegen eines **schutzfähigen Sammelwerkes**. Abs. 2 kommt nicht zum Tragen in anderen Fällen der Beteiligung mehrerer Urheber wie z. B. bei Bearbeitungen (§ 3), Miturheberschaft (§ 8) oder Werkverbindung (§ 9). Dort ist die Zustimmung aller erforderlich. Auch ist erforderlich, dass der **Urheber des Sammelwerkes** die relevanten **Nutzungsrechte an den Einzelwerken** (wenn auch ohne Zustimmung zur Übertragung) hält. Ansonsten scheitert die Übertragung schon am Fehlen der Rechte, und es kommt auf die Zustimmungsfrage gar nicht an (KG GRUR 2002, 252, 257 – *Mantellieferung*; Schricker/Loewenheim/*Ohly*[5] Rn. 30).

3. Unternehmensveräußerung (Abs. 3)

23 Auch bei Unternehmensveräußerungen wäre das Einholen der Zustimmung aller Urheber für den Nutzungsberechtigten unzumutbar, wenn der Nutzungsberechtigte – wie beispielsweise ein Verlag – Rechte einer großen Zahl von Urhebern hält (RegE UrhG 1962 – BT-Drs. IV/270, S. 57). Neben dem **bürokratischen Aufwand** ist insoweit auch relevant, dass die Unternehmensveräußerung wegen der Abhängigkeit vom Urheber deutlich **finanziell entwertet** würde (Loewenheim/*Loewenheim*/*Jan Bernd Nordemann*[2] § 28 Rn. 7) und dass dem Verwerter **Bestandsschutz** zu gewähren ist (*Berger* FS Schricker II S. 226). Ohnehin ist der Urheber im Grundsatz nicht schutzwürdig, wenn das Unternehmen, das der Urheber als sachlichen Rahmen für die Nutzung seines Werkes akzeptiert hat, lediglich veräußert wird. Deshalb erklärt § 34 Abs. 3 S. 1 die Zustimmung für entbehrlich (BGH GRUR 2005, 860, 862 – *Fash 2000*; *Koch-Sembdner* AfP 2004, 211, 212; *Wernicke/Kockentiedt* ZUM 2004, 348, 349; Loewenheim/*Loewenheim*/*Jan Bernd Nordemann*[2] § 28 Rn. 7; *v. Pfeil* S. 49 ff.). Die Interessen der Urheber werden durch das Rückrufrecht des Abs. 3 S. 2 (vgl. Rn. 27 ff.) sowie die Haftung des Erwerbers gemäß Abs. 4 (vgl. Rn. 36) hinreichend geschützt.

a) Gesamtveräußerung Unternehmen oder Unternehmensteil (Abs. 3 S. 1): Der **24** Begriff des „Unternehmens" muss schutzzweckspezifisch nach § 34 Abs. 3 ausgelegt werden (Schricker/Loewenheim/*Ohly*[5] Rn. 37). Ein **Unternehmen** ist danach die auf Dauer angelegte, am Wirtschaftsleben teilhabende Zusammenfassung personeller und sachlicher Mittel (Produktionsmittel, Waren, Kundschaft, Ruf, Geschäftsgeheimnisse, Marken, Firma, Rechte etc.), die sich der Urheber als sachlichen Rahmen für die Nutzung seines Werkes ausgesucht hat (ähnlich Schricker/Loewenheim/*Ohly*[5] Rn. 37). Auf **Gewinnerzielungsabsicht und Rechtsform** kommt es nicht an (so auch Schricker/Loewenheim/*Ohly*[5] Rn. 25). Beispiele sind Verlage, Theater, Filmproduzenten, Rundfunkanstalten. Nach dem Regelungszweck des Abs. 3, der als Unternehmen auf den sachlichen Rahmen abstellt, den sich der Urheber selbst ausgesucht hat, kann ein Unternehmen auch vorliegen, wenn es lediglich für die Verwertung eines Werkes existiert (BGHZ 15, 1, 3 ff. – *Sportwette*; OLG Köln GRUR 1950, 579, 580; *v. Pfeil* S. 51, 54). Werden aber nur Nutzungsrechte an einem einzelnen Werk veräußert, greift die Privilegierung nicht, auch wenn es sich um einen ganz wesentlichen Wert handelt (BGH GRUR 2005, 860, 862 – *Fash 2000*, bezogen auf den Wert für die Insolvenzmasse; *Raitz von Frentz/Masch* ZUM 2009, 354, 358). Sofern die Übertragung von Rechten **innerhalb eines Konzerns** relevant gemäß § 34 Abs. 1 ist (vgl. Rn. 11), muss jedes Konzernunternehmen als Unternehmen im Sinne des § 34 Abs. 3 S. 1 behandelt werden (Schricker/Loewenheim/*Ohly*[5] Rn. 37).

Gesamtveräußerung: Im Zuge der Veräußerung muss der Erwerber Inhaber des **25** gesamten Unternehmens werden. Das kann durch Veräußerung des Unternehmens als Gesamtheit aller Vermögenswerte im Wege eines „**asset deal**" erfolgen. Die assets können dabei nicht nur Produktionsmittel, Waren, Kundschaft, Ruf, Geschäftsgeheimnisse, Marken, Firma etc., sondern auch lediglich Rechte sein (*Wernicke/Kockentiedt* ZUM 2004, 348, 350; Wandtke/Bullinger/*Wandtke/Grunert*[4] Rn. 20). Da auf eine *Gesamt*veräußerung abgestellt wird, müssen alle assets des Unternehmens oder des Unternehmensteils veräußert werden, nicht nur Teile. Nicht ausreichend ist also die bloße Übertragung aller Rechte des Unternehmens (z. B. aller Filmrechte), wenn nicht gleichzeitig auch die dazugehörenden anderen Assets (z. B. das Filmmaterial) übertragen werden (*Raitz von Frentz/Masch* ZUM 2009, 354, 358). Keine Gesamtveräußerung gem. Abs. 3 S. 1 kann eine **identitätswahrende Umwandlung** (z. B. in eine **andere Rechtsform**) sein, weil die Rechte gar nicht auf einen neuen Rechtsträger übergehen, also gar kein Zustimmungsbedürfnis nach Abs. 1 S. 1 entsteht. Anderes gilt für eine **Verschmelzung** zweier Unternehmen zu einem neuen (*Raitz von Frentz/Masch* ZUM 2009, 354, 366; Loewenheim/*Loewenheim*/*Jan Bernd Nordemann*[2] § 28 Rn. 8; a. A. unsere 9. Aufl./*Hertin* Rn. 30), weil dann keine Unternehmensidentität mehr besteht. Umstritten ist, ob Veräußerungen unter Abs. 3 S. 1 fallen, die zu keiner Änderung der Rechtsinhaberschaft, aber zu einem Kontrollwechsel führen. Das können vor allem sog. „**share deals**" (Anteilserwerbe) sein, die lediglich die Gesellschafterstruktur, nicht aber den Rechtsträger ändern (für eine Anwendung des Abs. 3 S. 1: *Joppich* K&R 2003, 211, 212; Loewenheim/*Loewenheim*/*Jan Bernd Nordemann*[2] § 28 Rn. 8; a. A.: *Raitz von Frentz*/*Masch* ZUM 2009, 354, 364; Wandtke/Bullinger/*Wandtke*/*Grunert*[4] Rn. 22; Schricker/Loewenheim/*Ohly*[5] Rn. 39; *v. Pfeil* S. 52, 56). Dem Streit kommt nur dann praktische Bedeutung zu, wenn man Abs. 3 S. 3 als eigenständige Regelung begreift, die auch unterhalb der Schwelle des Kontrollerwerbs durch Anteilskauf greifen kann. Das ist indes nicht der Fall, weil eine wesentliche Änderung der Beteiligungsverhältnisse gem. Abs. 3 S. 3 einen Kontrollwechsel erfordert (vgl. Rn. 35). Ansonsten spricht mehr für eine Herausnahme von Anteilserwerben ohne Änderung der Rechtsinhaberschaft aus § 34 Abs. 3 S. 1, weil in solchen Fällen keine „Übertragung" des Nutzungsrechts gemäß § 34 Abs. 1 vorliegt.

26 Die Veräußerung eines **Unternehmensteils** muss von der Übertragung lediglich einzelner Nutzungsrechte abgegrenzt werden, die nicht unter das Privileg des Abs. 3 fallen soll. Kriterium ist auch hier eine gewisse wirtschaftliche Geschlossenheit, die den Unternehmensteil rechtlich oder fachlich vom Rest des Unternehmens abgrenzbar macht (Schricker/Loewenheim/*Ohly*[5] Rn. 38; BeckOK UrhR/*Soppe*[16] Rn. 22). Die Veräußerung eines **Geschäftszweiges** unterfällt dem Abs. 3 dann, wenn es sich um einen **geschlossenen Fachbereich** eines Verlages handelt (Schricker/Loewenheim/*Ohly*[5] Rn. 38; Dreier/Schulze/*Schulze*[5] Rn. 32; Loewenheim/*Loewenheim*/*Jan Bernd Nordemann*[2] § 28 Rn. 8). Ein geschlossener Fachbereich kann sich auch nach der Art, Inhalt und Form der verwerteten Werke richten (z. B. die Abteilung Reiseliteratur eines Verlages), **nicht** aber nach **persönlichen Kriterien**, sodass bei Veräußerung aller Rechte eines Autors keine Veräußerung eines Unternehmensteils gegeben ist (Loewenheim/*Loewenheim*/*Jan Bernd Nordemann*[2] § 28 Rn. 8). Nicht ausreichend ist auch, wenn ein Unternehmsteil veräußert und dabei ein Nutzungsrecht übertragen wird, das nur außerhalb des veräußerten Unternehmensteils genutzt wurde (*v. Pfeil* S. 50).

27 **b) Rückrufsrecht (Abs. 3 S. 2):** Bei der Veräußerung des Unternehmens und dem Übergang der Rechte ohne das Zustimmungserfordernis des Abs. 1 S. 1 gewährt Abs. 3 S. 2 für Verträge ab 1.7.2002 (str.) ein vorab unverzichtbares Rückrufsrecht (zum früheren Recht vgl. Rn. 4 ff.). Gegenüber §§ 313, 314 BGB ist das Rückrufsrecht des Abs. 3 S. 2 spezieller (Wandtke/Bullinger/*Wandtke*/*Grunert*[4] Rn. 24; Schricker/Loewenheim/*Ohly*[5] Rn. 40). Der Zweck des Abs. 3 S. 2 erschließt sich vor dem Hintergrund der fortschreitenden Unternehmenskonzentration im Verlagswesen, als Folge dessen sich einige Autoren „verkauft" fühlten (*Schricker* FS Nordemann II S. 249).

28 **aa) Erwerber:** Mit seinem vorgenannten Sinn und Zweck muss für eine Anwendbarkeit des § 34 Abs. 3 S. 2 ein **echter Inhaberwechsel** stattgefunden haben. Eine bloß **konzerninterne Verschiebung** von Unternehmen oder Unternehmensteilen ohne Eigentümerwechsel genügt nicht. Das gilt auch, wenn durch die konzerninterne Verschiebung ein **Geschäftsführerwechsel** eintritt; auf einen bloßen Geschäftsführerwechsel ist das Rückrufsrecht offensichtlich nicht zugeschnitten. Es kommt allenfalls ein (ungeschriebenes) Kündigungsrecht aus wichtigem Grund in Betracht.

29 **bb) Unzumutbarkeit:** Ein Unterschied des Maßstabes im Vergleich zu einer **Kündigung aus wichtigem Grund** nach § 314 BGB besteht nicht, weil der Gesetzgeber (RegE UrhVG 2002 – BT-Drs. 14/7564, S. 5 i. V. m. BT-Drs. 14/6433, S. 16) sich bei Einführung des Rückrufsrechts auf die bisherige Praxis zum Kündigungsrecht aus wichtigem Grund bezog (*Partsch/Reich* NJW 2002, 3286, 3287; *dies.* AfP 2002, 298, 299; *Berger* FS Schricker II S. 230; a. A.

niedrigere Anforderungen an Rückruf: *Koch-Sembdner* AfP 2004, 211, 212; *Wernicke/Kockentiedt* ZUM 2004, 348, 351; *Wilhelm Nordemann* § 34 Rn. 3).

Das Rückrufsrecht ist ein **Ausnahmetatbestand**, der **eng auszulegen** ist (zur Beweislast vgl. Rn. 43). Deshalb kann auch **keine Gleichstellung mit Abs. 1 S. 2** erfolgen. Vielmehr sind die Anforderungen an eine Unzumutbarkeit nach Abs. 3 S. 2 höher, weil das Gesetz im Grundsatz von der Übertragbarkeit ausgeht und explizit von Unzumutbarkeit spricht (*Berger* FS Schricker II S. 230; Loewenheim/*Loewenheim/Jan Bernd Nordemann*[2] § 28 Rn. 14; Dreier/Schulze/*Schulze*[5] Rn. 37; HK-UrhR/*Kotthoff*[3] Rn. 11). Die Feststellung der Unzumutbarkeit erfordert eine umfassende **Interessenabwägung**. Hier sind auf der einen Seite die **Interessen des Urhebers** relevant. Auf der anderen Seite sind nicht nur die **Interessen des Erwerbers** einzustellen, sondern auch die **Interessen des Veräußerers** (Schricker/Loewenheim/*Ohly*[5] Rn. 41; wohl auch BeckOK UrhR/*Soppe*[16] Rn. 11; a. A. möglicherweise *Partsch/Reich* AfP 2002, 298, 299: nur Erwerberinteressen), die Abs. 3 schützen will (vgl. Rn. 31). Die Umstände müssen im **Zeitpunkt der Veräußerung** vorliegen. Denn es handelt sich um ein Rückrufsrecht, das auf das Ereignis der Veräußerung abstellt und dem Urheber nicht die Möglichkeit geben soll, diese noch Jahre nach der Veräußerung zu konterkarieren (*Berger* FS Schricker II S. 230); ggf. muss der Urheber bei nach Veräußerung neu auftretenden Gründen gemäß § 314 BGB kündigen. Auch für den Urheber ist das Abstellen auf den Veräußerungszeitpunkt sinnvoll. Er muss nicht warten, wie sich der Erwerber bei der Auswertung verhält (*Wernicke/Kockentiedt* ZUM 2004, 348, 351; Dreier/Schulze/*Schulze*[5] Rn. 37). Vielmehr fällt er eine **Prognoseentscheidung** auf Grundlage der bei Veräußerung vorliegenden Tatsachen im Wege einer **ex ante Betrachtung**.

Interessen des Urhebers können sowohl in persönlichkeitsrechtlicher als auch in wirtschaftlicher Hinsicht relevant sein (Schricker/Loewenheim/*Ohly*[5] Rn. 42; Loewenheim/*Loewenheim/Jan Bernd Nordemann*[2] § 28 Rn. 15; a. A. *Berger* FS Schricker II S. 230: nur persönlichkeitsrechtliche Interessen). Solche Interessen müssen **schwerwiegend verletzt** sein, damit eine Unzumutbarkeit in Betracht kommt. Maßstab ist, ob Umstände vorliegen, die erwarten lassen, dass sich ein Verhältnis gegenseitigen Vertrauens nicht bilden wird (Dreier/Schulze/*Schulze*[5] Rn. 37). Auch Interessen, die bei Verletzung anderweitige Ansprüche des Urhebers auslösen könnten, sind grundsätzlich relevant (a. A. BeckOK UrhR/*Soppe*[15] Rn. 25), jedenfalls dann, wenn dem Urheber eine komplexe Durchsetzung bevorsteht; beispielsweise kann eine drohende Nichtausübung zu Gunsten des Urhebers wirken, auch wenn er nach § 41 UrhG zurückrufen könnte. **Persönlichkeitsrechtliche Interessen** sind beispielsweise berührt bei konträren politischen oder weltanschaulichen Überzeugungen des Erwerbers, sofern das Werk des Urhebers gerade auf eine bestimmte weltanschauliche Ausrichtung des Verwerters angewiesen ist (*Koch-Sembdner* AfP 2004, 211, 212; Büscher/Dittmer/Schiwy/*Haberstumpf*[3] Rn. 13). Beispiele: Pazifistische Werke in den Händen eines Waffenhändlers, auch wenn der Waffenhändler in den Werken nicht direkt angegriffen wird. Ferner können auch erhebliche persönliche Ressentiments oder Geringschätzung für den Schaffenden auf Seiten des neuen Verwerters oder eine erhebliche Beeinträchtigung eines Werkes in seiner künstlerischen Wirkung etwa durch einen Verwertungszusammenhang mit anderen Werken relevant sein. **Wirtschaftliche Gründe** können sein: die mangelnde fachliche Eignung des Erwerbers (unter Berücksichtigung der übernommenen Mitarbeiter), ein unzureichender Vertrieb, Aufkauf von Unternehmen allein zum Vorgehen gegen die Konkurrenz ohne ernsthaftes Interesse, das Verlagsprogramm zu pflegen (zu diesen Erwägungen s. *Joppich* K&R 2003, 211, 212 f.; *Wernicke/Kockentiedt* ZUM 2004, 348, 349 ff.; *Wilhelm Nordemann* § 34 Rn. 4; Büscher/Dittmer/Schiwy/*Haber-*

30

31

stumpf[3] Rn. 13). Kein relevantes Urheberinteresse ist wegen Abs. 4 die finanzielle Bonität des Erwerbers, solange der Veräußerer als Haftender in Frage kommt. Auf der Seite des **Erwerbers** ist sein wirtschaftliches Interesse an einem Erwerb der Nutzungsrechte zu berücksichtigen. Der **Veräußerer** darf sich auf einen wirtschaftlichen Bestandsschutz und insbesondere darauf berufen, dass sein Unternehmen durch den Rechterückruf finanziell entwertet würde. Denn diese Interessen sind von Abs. 3 geschützt; vgl. Rn. 23. Ferner kann sich der Veräußerer (ggf. in Person des Insolvenzverwalters) auf sein Sanierungsinteresse berufen (*Berger* FS Schricker II S. 230). Bei der Abwägung ist auch die **vertragliche Grundlage** der Nutzungsrechtseinräumung relevant. Im Arbeitsverhältnis (eingehend *Berger* FS Schricker II S. 231; *Wernicke/Kockentiedt* ZUM 2004, 348, 355) oder bei Weisungsabhängigkeit des Urhebers im Rahmen einer Auftragsproduktion (Loewenheim/*Loewenheim/Jan Bernd Nordemann*[2] § 28 Rn. 14) wird regelmäßig keine Unzumutbarkeit vorliegen. Ferner ist auf **Werkqualität und Werkbeitrag** des Urhebers abzustellen (*Berger* FS Schricker II S. 230). Werke der kleinen Münze rechtfertigen in der Regel genauso wenig einen Rückruf wie Werkbeiträge von untergeordneter Bedeutung. Rein künstlerische Werke ohne Gebrauchszweck (z. B. Belletristik) haben einen stärkeren persönlichkeitsrechtlichen Einschlag als Gebrauchskunst (Sachtexte, angewandte Kunst).

32 cc) **Ausübung und Frist:** Die Ausübung kann **gegenüber dem Erwerber oder dem Veräußerer** stattfinden (Schricker/Loewenheim/*Ohly*[5] Rn. 44; jetzt auch Dreier/Schulze/*Schulze*[3] Rn. 39). Der Wortlaut des Abs. 3 S. 2 lässt das zu. Eine Ausübung lediglich gegenüber dem Erwerber erscheint schon mit Blick auf die Rechtsfolge, die das Nutzungsrecht an den Urheber (und nicht an den Veräußerer) zurückfallen lässt, als nicht sachgerecht.

33 Die Ausübung des Rückrufsrechts ist an eine **Frist** gebunden. **Fristbeginn** ist die hinreichende Information des Urhebers (*Berger* FS Schricker II S. 232; Schricker/Loewenheim/*Ohly*[5] Rn. 44). Regelungen zur Länge der **Ausübungsfrist** enthält Abs. 3 S. 2 nicht. Auf die Zweimonatsfrist des aufgehobenen § 28 VerlG für den Widerspruch (vgl. Rn. 46) kann nicht zurückgegriffen werden. Es existieren verschiedene Ansätze. Teilweise wird an die Grundsätze zu den angemessenen Fristen des bisherigen außerordentlichen Kündigungsrechtes gem. § 314 Abs. 3 BGB (*Wernicke/Kockentiedt* ZUM 2004, 348, 354; Dreier/Schulze/*Schulze*[5] Rn. 39; zu den Voraussetzungen vgl. Vor §§ 31 ff. Rn. 142 f.) angeknüpft, auf Unverzüglichkeit (HK-UrhR/*Kotthoff*[3] Rn. 15) oder auf Verwirkung abgestellt (*Joppich* K&R 2003, 211, 215, dort auch zu Zeitmoment und Umstandsmoment). Diese vordergründig „flexiblen" Lösungen lassen jedoch das Interesse von Veräußerer und Erwerber nach Planungssicherheit unberücksichtigt, die von Abs. 3 ebenfalls geschützt sind. Deshalb erscheint die **Monatsfrist** des § 613a Abs. 6 S. 1 BGB analog als angemessen (Schricker/Loewenheim/*Ohly*[5] Rn. 44; Berger/Wündisch/*Berger*[2] § 1 Rn. 175; Loewenheim/ *Loewenheim/Jan Bernd Nordemann*[2] § 28 Rn. 14; *Partsch/Reich* NJW 2002, 3286, 3287; *dies.* AfP 2002, 298, 300; *Berger* FS Schricker II S. 232; dagegen *Wernicke/Kockentiedt* ZUM 2004, 348, 354; *Joppich* K&R 2003, 211, 215). Für die Praxis bleibt angesichts der Unsicherheit über die bestehende Frist die Möglichkeit, dass der **Veräußerer oder Erwerber** den Urheber informieren und ihm gleichzeitig eine **angemessene Frist** (i. d. R. wird 1 Monat angemessen sein) **setzen,** um sich zu erklären. Reagiert der Urheber darauf gar nicht (auch nicht mit Fristverlängerungsgesuch), wäre ein danach erfolgender Rückruf wegen der erheblichen Interessen von Veräußerer und Erwerber an einer klaren Rechtslage verfristet. Ein **Anspruch des Veräußerers oder Erwerbers** gegen den Urheber **auf Zustimmung** analog Abs. 1 S. 2 besteht aber nicht (so auch *v. Pfeil* S. 60 f.), weil gar kein Zustimmungs-, sondern nur ein Rücktrittsvorbehalt des

Urhebers besteht. Abweichende vertragliche Regelungen sind denkbar (vgl. Rn. 38). Zur **Feststellungsklage** von Veräußerer oder Erwerber vgl. Rn. 44.

dd) Rechtsfolgen: Ein Rückruf führt zum Erlöschen der Rechte beim Verwer- **34** ter mit Wirkung **per sofort**, also „ex nunc" (LG Köln ZUM 2006, 149, 152; *Berger* FS Schricker II S. 232 m. w. N.). In Konsequenz fallen nicht nur die beim Vertragspartner des Urhebers (Unternehmensveräußerer) liegenden Rechte an den Urheber zurück, sondern auch alle übrigen vom Vertragspart- ner abgeleiteten Rechte (vgl. Vor §§ 31 ff. Rn. 232). Teilweise wird jedoch gefordert, dass der Rückruf nicht zu einem Rückfall an den Urheber, sondern an den Veräußerer führt; der Veräußerer solle eine „zweite Chance" erhalten (so *Berger* FS Schricker II S. 232 f.; Berger/Wündisch/*Berger*[2] § 1 Rn. 177; dagegen zu Recht Dreier/Schulze/*Schulze*[5] Rn. 39; Büscher/Dittmer/Schiwy/ *Haberstumpf*[3] Rn. 15). Diese Lösung widerspricht indes nicht nur dem kla- ren Wortlaut („Der Urheber kann das Nutzungsrecht zurückrufen") und hat keine Stütze in der Gesetzgebungshistorie. Vielmehr versagt sie auch voll- ständig bei Fällen des Abs. 3 S. 3, in denen der Rechtsinhaber identisch bleibt. Eine **Entschädigungspflicht** bei Ausübung ist gesetzlich nicht vorgese- hen. Sie würde den Urheber auch faktisch an der Ausübung hindern (*Koch- Sembdner* AfP 2004, 211, 214; gegen eine Entschädigungspflicht auch Schri- cker/Loewenheim/*Ohly*[5] Rn. 45). Eine entsprechende Anwendung des § 38 VerlG auch außerhalb von Verlagsverträgen sollte hingegen – wie in Fällen des Rücktritts nach den allgemeinen Bestimmungen – zugelassen werden (vgl. Vor §§ 31 ff. Rn. 151).

c) Wesentliche Änderung der Beteiligung (Abs. 3 S. 3): Nach Abs. 3 S. 3 ist ein **35** Rückruf ohne Übertragung der Nutzungsrechte möglich, wenn sich die Beteili- gungsverhältnisse am Nutzungsrechtsinhaber wesentlich ändern. Die Regelung bietet **Schutz vor Umgehung** des S. 2 durch andere gesellschaftsrechtliche Gestal- tung (HK-UrhR/*Kotthoff*[3] Rn. 12). Nach diesem Schutzzweck bestimmt sich die Auslegung des Merkmals der Wesentlichkeit. Es können nur Änderungen erfasst werden, die einer Übertragung des Nutzungsrechts durch Unternehmensveräuße- rung gleich zu stellen sind. Deshalb ist auf einen **Wechsel in der Kontrolle des Nut- zungsrechtsinhabers** abzustellen (BeckOK UrhR/*Soppe*[16] Rn. 21; HK-UrhR/ *Kotthoff*[3] Rn. 13; Schricker/Loewenheim/*Ohly*[5] Rn. 43). Unzutreffend ist der Ausgangspunkt, dass eine für den Rückruf relevante Verschlechterung der Lage für den Urheber zu befürchten ist (Wandtke/Bullinger/*Wandtke/Grunert*[4] Rn. 27), was über dies keinen Konkretisierungsgewinn bringt. Ob ein Kontroll- wechsel vorliegt, kann nur auf der Grundlage einer **Einzelfallbetrachtung** gesagt werden. Eine schematische Betrachtung von prozentualen Beteiligungen ist nicht angezeigt, weil durch individuelle Abreden die Kontrollverhältnisse völlig anders liegen können als die Beteiligungsverhältnisse (zustimmend Berger/Wündisch/ *Berger*[2] § 1 Rn. 176; Schricker/Loewenheim/*Ohly*[5] Rn. 43; fraglich deshalb die schematische Betrachtung bei *Wernicke/Kockentiedt* ZUM 2004, 348, 353, und Dreier/Schulze/*Schulze*[5] Rn. 38: 25%, jeweils unter Hinweis auf § 13 des Norm- vertrages zwischen dem Verband deutscher Schriftsteller und dem Börsenverein des Deutschen Buchhandels, der bei 25% eine Anzeigepflicht und ein daraus er- wachsendes Rücktrittsrecht vorsieht; s. a. *Partsch/Reich* AfP 2002, 298, 302: 50%). Eine Minderheitsbeteiligung von 25% kann gemeinsame Kontrolle auslö- sen, wenn sämtliche Entscheidungen ein Quorum von 75% erfordern. Umge- kehrt stellt ein Erwerb von 50% der Anteile nicht eine Kontrolländerung dar, wenn die Anteile ohne Stimmrechte sind. Für Details zur Frage des Kontrollwech- sels sei auf die **deutsche und europäische Zusammenschlusskontrolle** verwiesen (a. A. Berger/Wündisch/*Berger*[2] § 1 Rn. 176, der ohne nähere Erläuterung, es ginge in § 34 um einen anderen Kontrollbegriff als in der Zusammenschlusskont- rolle), soweit sie für den Zusammenschlussbegriff ebenfalls auf einen Kontroll- wechsel abstellt (§ 37 Abs. 1 Nr. 2 GWB; Art. 3 Abs. 1 lit. b), Abs. 2 EU-FKVO).

Änderungen von Beteiligungsverhältnissen an einer **Unternehmensholding** sollen auch erfasst sein (*Wernickel/Kockentiedt* ZUM 2004, 348, 353).

4. Haftung des Erwerbers gegenüber dem Urheber (Abs. 4)

36 Der **Erwerber haftet** neben dem Veräußerer nach den Grundsätzen der **Gesamtschuld** auf das Ganze und die volle Höhe gem. §§ 421 ff. BGB. Das ist verfassungsgemäß (BVerfG GRUR 2006, 410, 411 – *Nachhaftung des Verlegers*). Betroffen hiervon sind nach dem Wortlaut des Abs. 4 **nur vertragliche Ansprüche** aus dem Verhältnis **Urheber-Veräußerer**, keine deliktischen Ansprüche. Abs. 4 statuiert nur eine Ausweitung der Haftung auf den Erwerber; Vertragspartner und Beteiligter des Schuldverhältnisses mit dem Urheber bleibt hingegen der Veräußerer; §§ 414, 415 BGB bleibt unberührt (vgl. Rn. 51, dort auch zu Gestaltungsmöglichkeiten einer Schuldübernahme). Welchen von beiden er letztlich in Anspruch nimmt, liegt in der Entscheidung des Urhebers. Nach zutreffender Ansicht kommt es zu einer gesamtschuldnerischen Haftung nur für Ansprüche des Urhebers, die auf den übertragenen Nutzungsrechten basieren, nicht für Ansprüche wegen anderer Vertragsgegenstände (BeckOK UrhR/*Soppe*[16] Rn. 33), z. B. nicht für Vergütungen, die auf andere Rechte gezahlt werden. Von der Haftungsregel umfasst sind **Hauptansprüche** – wie das Entgelt als Gegenleistung für die Nutzung – und **Nebenansprüche** – wie Erstattungsansprüche, Werbepflichten, Auswertungspflichten, Enthaltungspflichten, Schadensersatzansprüche. Für **Auskunftsansprüche** gelten allerdings Sonderregelungen. Die Auskunftsansprüche nach § 32d können gegen den Übertragungsempfänger nur gemäß § 32e Abs. 1 gestellt werden; § 34 Abs. 4 tritt zurück. **Vertragsanpassungsansprüche** (§ 32) müssen gegen den ursprünglichen Vertragspartner gerichtet werden, führen dann aber zu einer Zahlungspflicht auch des Erwerbers nach § 34 Abs. 4 (Schricker/Loewenheim/*Ohly*[5] Rn. 50; Berger/Wündisch/*Berger*[2] § 1 Rn. 181). Ist es prozessual für den Urheber zulässig, direkt auf Zahlung zu klagen (vgl. § 32 Rn. 126 f.), kann der Urheber auch den Erwerber direkt in Anspruch nehmen. Für **Ansprüche nach § 32a** existieren Sonderreglungen, die § 34 Abs. 4 vorgehen (Schricker/Loewenheim/*Ohly*[5] Rn. 50). So muss der Urheber für **Ansprüche nach § 32a** bei Übertragung denjenigen auswählen, der nach § 32a Abs. 2 die Erträgnisse und die Vorteile vereinnahmt. **Ansprüche nach § 32c** sind bei Übertragung stets an den Übertragungsempfänger zu richten (§ 32c Abs. 2). Auch § 137l Abs. 5 S. 3 geht § 34 Abs. 4 vor. – Nach einer verbreiteten Auffassung soll allerdings der Veräußerer für Pflichtverletzungen des Erwerbers nicht über § 278 BGB haften, sondern nur für eigene Pflichtverletzungen (Haberstumpf/*Hintermaier* § 22 III 1a; Dreier/Schulze/*Schulze*[5] Rn. 40; Wandtke/Bullinger/*Wandtke/Grunert*[4] Rn. 32; wie hier a. A. unsere 9. Aufl./*Hertin* Rn. 14). Das hätte die merkwürdige Konsequenz, dass der Veräußerer vor noch bei einer schuldhaft schlechten Auswahl des Erwerbers haftet, ansonsten für dessen Nicht – oder Schlechterfüllung aber nicht, also eine weitgehende Exkulpationsmöglichkeit hätte (so in der Tat Haberstumpf/*Hintermaier* § 22 III 1a; Dreier/Schulze/*Schulze*[5] Rn. 40). Da dies dem Zweck des Abs. 4 widerspräche, haftet der Veräußerer gem. § 278 BGB auch für Pflichtverletzungen des Erwerbers. Mangels gegenteiliger Abrede steht der **Erwerber gegenüber dem Veräußerer** dafür ein, dass der Veräußerer die vertraglichen Verpflichtungen des Erwerbers erfüllt.

37 **Ausschluss der Haftung (Abs. 4 2. Hs.):** Nach Abs. 5 a. F. war die **Haftung des Erwerbers** ausgeschlossen, wenn eine Zustimmung durch den Urheber erteilt wurde (vgl. Rn. 5). Seit der Urhebervertragsrechtsreform 2002 (vgl. Rn. 4) gilt der Ausschluss der Haftung des Erwerbers gem. Abs. 4 2. Hs. n. F. nur noch dann, wenn der Urheber der Übertragung **im Einzelfall ausdrücklich zugestimmt** hat. Der Unterschied liegt also im Maß der Konkretisierung der Zustimmung. Dahinter steht der Gedanke, dass der Urheber nur dann „im Einzelfall ausdrücklich" zustimmen wird, wenn er sich seine Rechte ausreichend vertraglich absichern lässt. Um das zu tun, sollte er sich im Zeitpunkt der Zustimmung der Tragweite bewusst sein, insbesondere die Person des Erwerbers (Schricker/Loewenheim/*Ohly*[5] Rn. 49) und die Art der künftigen Verwertung kennen. Jedenfalls deswegen ist nach dem Gesetzgeber eine Zustimmung durch **Pauschal – oder Formularverträge** nicht möglich, um die Haftung auszuschließen (RegE UrhVG 2002 – BT-Drs. 14/7564, S. 5 i. V. m. BT-Drs. 14/6433, S. 16). Auch **konkludente Zustimmungen** scheiden wegen des Wortlautes („ausdrücklich") aus (Berger/Wündisch/*Berger*[2] § 1 Rn. 182; Schricker/Loewenheim/*Ohly*[5] Rn. 49). Ein **Ausschluss der Haftung des Veräußerers** gegenüber dem Urheber ist **von Abs. 4 nicht geregelt** und bedarf der befreienden Schuldübernahme durch den Erwerber, wozu allerdings die Zustimmung des Urhebers erforderlich ist. **§ 415 BGB** bleibt von § 34 UrhG unberührt (vgl. Rn. 51).

5.   Abweichende Vereinbarungen (Abs. 5)

Das **Zustimmungserfordernis gemäß § 34 Abs. 1 Abs. 1** können die Vertragsparteien vertraglich abändern (zu Regelungen in AGB vgl. Rn. 41; zur stillschweigenden Zustimmung vgl. Rn. 14). Meist wird die Zustimmung pauschal erteilt. Die Zustimmung ist – mangels abweichender Vereinbarung – **nicht mit dem ersten Übertragungsakt verbraucht;** eine wiederholte Weiterübertragung ist möglich. Ein Verbrauch der Zustimmung kann nur gegeben sein, wenn der Urheber die Zustimmung mit einem bestimmten Verwerter verknüpft hat; ansonsten ist nicht ersichtlich, weshalb der Urheber nur die erste Übertragung freigeben wollte. Ferner ist es möglich, die Zustimmung von **Modalitäten** abhängig zu machen. Beispielsweise kann vereinbart werden, dass nur an bestimmte weitere Verwerter Nutzungsrechte zustimmungsfrei eingeräumt werden dürfen und dass es in anderen Fällen beim Zustimmungserfordernis bleibt. Auf diese Weise kann der Urheber sicherstellen, dass sein Werk nicht von Personen verwertet wird, mit denen er nicht einverstanden ist, etwa von einem Verlag mit einer von ihm abgelehnten weltanschaulichen Einstellung. Jedoch ist stets zu fragen, ob solche Modalitäten dingliche oder nur schuldrechtliche Wirkung haben (*Zurth* S. 228; a. A. Wandtke/Bullinger/*Wandtke*/*Grunert*[4] Rn. 37: stets dingliche Wirkung). Persönliche Beschränkungen bei der Übertragbarkeit wirken nur schuldrechtlich zwischen den Parteien (OLG München GRUR 1996, 972, 973 – *Accatone*); die Zustimmung wirkt bei vertragswidriger Übertragung dinglich nicht zugunsten des Erwerbers, weil die Verfügungsbeschränkung nicht überwunden wurde (für die Verfügungsbeschränkung s. BGH GRUR 1987, 37, 39 – *Videolizenzvertrag*; OLG München GRUR 1984, 524, 525 – *Nachtblende*; a. A., allerdings für eine Vereinbarung zwischen Verwertern: OLG München GRUR 1996, 972, 973 – *Accatone*). Der Urheber kann ferner seine Zustimmung zur Weiterübertragung davon abhängig machen, dass bei Entfall seiner Nutzungsrechtseinräumung auch die Weiterübertragung hinfällig ist (s. BGH GRUR 2012, 916 Tz. 34 f. – *M2Trade*). Das sollte auch im Regelfall dingliche (und nicht bloß schuldrechtliche) Wirkung haben, sodass das Recht des Übergangsempfängers entsprechend belastet ist, selbst wenn er keine Kenntnis von dieser Beschränkung hatte. Klar dinglich wirken auch Bedingungen für die Zustimmung, die nach § 158 BGB möglich sind (BeckOK UrhR/*Soppe*[15] Rn. 9; *Zurth* S. 226). Zu weiteren Gestaltungsmöglichkeiten auf der Ebene des Erstvertrages vgl. § 31 Rn. 38 ff. Im Hinblick auf das **Verbot der Konditionenbindung in Drittverträgen** nach § 1 GWB, Art. 101 AEUV kann es problematisch sein, wenn der Urheber auf den Inhalt des Vertrages zwischen dem Nutzungsrechtsinhaber und dem Erwerber von Nutzungsrechten weiterer Stufen Einfluss zu nehmen sucht. Da das Zustimmungserfordernis des § 34 Abs. 1 S. 1 grundsätzlich Ausdruck der berechtigten Einflussnahme des Urhebers auf die Zweitverträge ist, werden kartellrechtliche Bedenken zurücktreten müssen, solange der Urheber sachliche Gründe für seine

38

Einflussnahme hat (vgl. Vor §§ 31 ff. Rn. 72 ff.). Zu prozessualen Fragen bei Modifikationen der Zustimmung vgl. Rn. 44. Auch das Verbot, die Zustimmung wider Treu und Glauben zu verweigern (§ 34 Abs. 1 S. 2), kann zugunsten des Urhebers außer Kraft gesetzt werden. In den Fällen der § 34 Abs. 2 können Zustimmungsrechte zugunsten des Urhebers vereinbart und an Bedingungen geknüpft (dazu prozessual vgl. Rn. 44) werden. Ebenso kann die Zustimmung vorab komplett versagt werden.

38a **Abänderbar** ist das **Fehlen der Zustimmungspflicht des Urhebers** bei Gesamt – oder Teilveräußerung eines Unternehmens nach § 34 Abs. 3 S. 1. Der Urheber kann sich also eine Zustimmung vertraglich vorbehalten (LG Hamburg Beck RS 2016, 13569 = GRUR-Prax 2016, 536). Das hat dann auch dingliche Wirkung, wirkt also zu Lasten des Übertragungsempfängers. Zur prozessualen Behandlung von Bedingungen vgl. Rn. 44.

39 **Unverzichtbar** sind im Voraus das **Rückrufsrecht des Abs. 3 S. 2 und S. 3** sowie die **Haftung des Erwerbers gemäß Abs. 4**. Die Unverzichtbarkeit gilt nur „im Voraus". Disponibel wird das Rückrufsrecht damit, sobald der Urheber von der Unternehmensveräußerung bzw. der Änderung der Beteiligungsverhältnisse in Kenntnis gesetzt wurde bzw. alle Kenntnisse zur Begründung der Haftung des Erwerbers erhalten hat (Schricker/Loewenheim/*Ohly*[5] Rn. 47). Im Hinblick auf das Rückrufsrecht des Abs. 3 S. 2 und S. 3 sollte es außerdem möglich sein, vorab die Ausschlussfrist für den Rückruf, die der Gesetzgeber nicht genauer bestimmt hat und ansonsten wohl entsprechend § 613a BGB zu ermitteln wäre (vgl. Rn. 33), festzulegen (Loewenheim/*Jan Bernd Nordemann*[2] § 60 Rn. 48). In Formularverträgen darf dem Urheber aber wegen der Parallele zu § 613a BGB keine kürzere Frist als 3 Wochen zugemutet werden (BAG NJW 1994, 2170). Auch für § 34 Abs. 4 ist für einen zulässigen Verzicht nicht erforderlich, dass sich die Haftungshöhe bereits beziffern lässt oder dass erkennbar wäre, ob der Erwerber als Gesamtschuldner neben dem ohnehin haftenden Vertragspartner überhaupt benötigt wird (BeckOK UrhR/*Soppe*[16] Rn. 35).

40 Für den Erwerber eines Nutzungsrechts besteht grundsätzlich Sukzessionsschutz, sodass grundsätzlich der Übertragungsempfänger vor einem Rückfall der Rechte an den Urheber geschützt ist, selbst wenn die Nutzungsrechtseinräumung des Urhebers an den Übertragenden beendet wird (vgl. § 31 Rn. 38). Dem sehr vorsichtigen Verwerter stehen hier **verschiedene Gestaltungsmöglichkeiten für den Vertrag mit dem Urheber** offen, um sich für den Fall des ausnahmsweisen Rechterückfalls an den Urheber vor Regress durch den Erwerber zu schützen (vgl. Vor §§ 31 ff. Rn. 39).

6. AGB-Recht

41 Im Hinblick auf die Zulässigkeit einer **formularmäßigen Zustimmung in AGB** zur Weiterübertragung (§ 34 Abs. 1 S. 1) oder Einräumung abgeleiteter Nutzungsrechte (§ 35 Abs. 1 S. 1) ist der Meinungsstand in Rechtsprechung und Literatur etwas unübersichtlich. Teilweise wird vertreten, die Zustimmung könne überhaupt nicht in AGB erteilt werden (Büscher/Dittmer/Schiwy/*Haberstumpf*[3] Rn. 7; Dreier/Schulze/*Schulze*[5] Rn. 51; ähnlich HK-UrhR/*Kotthoff*[3] Rn. 19; jeweils unter unzutreffender Berufung auf BGH GRUR 1984, 45, 52 – *Honorarbedingungen: Sendevertrag*; dazu vgl. Rn. 42). Demgegenüber bestehen **nach der herrschenden Auffassung keine Bedenken**, dass **im Massengeschäft mit vielen kleinteiligen Werken** eine Zustimmung in AGB vorab durch die Autoren gegeben werden kann. Das erscheint als zutreffend, weil Verwerter, die im Massengeschäft tätig sind, das Zustimmungserfordernis kaum einzeln aushandeln können und eine angemessene Standardisierung möglich sein muss. Das wichtigste Beispiel sind Tageszeitungsartikel, für die die Journalisten dem Verleger die Zustimmung in AGB erteilen (OLG München GRUR-RR 2011,

401 Tz. 68, zit. nach juris; OLG Hamburg GRUR-RR 2011, 293, 300 – *buy-out mit Pauschalabgeltung*; LG Rostock AfP 2011, 397; LG Berlin K&R 2007, 588 – *Springer-Honorarregelungen*; *Schippan* ZUM 2012, 771, 780; a. A. KG ZUM 2010, 799). Ein anderes Beispiel sind Fernstudienmaterialien, bei denen vielen Autoren mitwirken (*Jan Bernd* Nordemann NJW 2012, 3121, 3123; Schricker/Loewenheim/*Ohly*[5] Rn. 55; Loewenheim/*Loewenheim/Jan Bernd Nordemann*[2] § 25 Rn. 14; wohl auch Berger/Wündisch/*Berger*[2] § 1 Rn. 165). Auch Software sollte im Regelfall in diese Kategorie einzuordnen sein (*Zech* ZGE 2013, 368, 377 f. m. w. N.), sofern § 34 überhaupt auf sie Anwendung findet (vgl. § 69a Rn. 42).

Allerdings soll bei „**Werken anspruchsvollen Niveaus mit erheblichen urheber-persönlichkeitsrechtlichen Implikationen**" keine formularmäßige Zustimmung möglich sein (Schricker/Loewenheim/*Ohly*[5] Rn. 28 m. w. N.; Berger/Wündisch/*Berger*[2] § 1 Rn. 165; Wandtke/Bullinger/*Wandtke/Grunert*[4] Rn. 40; vgl. Rn. 8). Das überzeugt nicht. Auch für solche Werke müssen Zustimmungen im Rechtsverkehr von Verwertern standardisiert durch AGB erworben werden können (eingehend *Jan Bernd Nordemann* NJW 2012, 3121, 3123). Beispielsweise Belletristikverlage erwerben jedes Jahr Rechte für eine Vielzahl von Romanen; das muss standardisiert geschehen können, schon um ein einheitliches Vertragsmanagement zu gewährleisten. Gerade kleine Verlage, die nicht alle Rechte selbst verwerten, wären benachteiligt. Es wäre ohne formularmäßige Zustimmung nicht möglich, dass sich ein Buchverlag, der selbst keine Taschenbücher verlegt, das Recht einräumen lässt, die Taschenbuchrechte an einen anderen Verlag zu vergeben. Eine solche Ausübung durch Dritte ist aber als hinreichende Ausübung der Nutzungsrechte anerkannt (vgl. § 41 Rn. 14). Ferner erscheint eine Zustimmung zur Weiterübertragung als Hauptleistungsbestimmung, die – unabhängig vom Charakter des Werkes – gar nicht kontrollfähig ist (vgl. § 31 Rn. 179 ff.). Auch der Bundesgerichtshof hat in *Honorarbedingungen: Sendevertrag* (BGH GRUR 1984, 45, 52) eine formularmäßige Zustimmung gem. §§ 34, 35 unabhängig vom Charakter des Werkes unbeanstandet gelassen (Klausel: *„Der SFB ist berechtigt, die ihm eingeräumten Rechte ganz oder teilweise auf Dritte zu übertragen oder diesen Nutzungsrechte einzuräumen"*). Lediglich die Klausel *„Im selben Umfang wird der SFB ermächtigt, diesen Vertrag im Namen des Vertragspartners mit einer noch näher zu bestimmenden Auswertungsfirma abzuschließen"* erklärte der BGH für unwirksam i. S. d. § 9 Abs. 2 Nr. 1 AGBG a. F., weil eine Vollmacht, im Namen des Urhebers mit einem noch nicht bekannten Dritten einen Nutzungsvertrag zu schließen, jedenfalls in einer AGB-Klausel eine unangemessene Benachteiligung des Urhebers darstelle (BGH GRUR 1984, 49, 52 – *Honorarbedingungen: Sendevertrag*). Eine Zustimmung kann danach für Werke jeden Charakters vorab auch in AGB erteilt werden. – **Ausnahmsweise** gilt dann etwas anderes, wenn die formularmäßige Zustimmung einen **Gestaltungsmissbrauch** darstellt. Eine Klausel, mit der sich ein Komponist in einem Filmproduktionsvertrag mit einer Rundfunkanstalt bereit erklärt, die Verlagsrechte für seine Filmmusik zur Wahrnehmung einem bestimmten Musikverlag als Drittem einzuräumen, ist als unangemessene Benachteiligung gem. § 307 Abs. 2 Nr. 1 BGB unwirksam, wenn es dabei nur um die Vereinnahmung der anfallenden GEMA-Erlöse durch den Musikverlag auf Kosten des Komponisten geht, jedoch keine weiteren dem Komponisten zu Gute kommenden Aktivitäten des Musikverlages zu erwarten sind (s. OLG Zweibrücken ZUM 2001, 346, 347 – *ZDF-Komponistenverträge*).

42

Schließlich werden auch bestimmte **Anforderungen an die Formulierung** für eine Zustimmung durch AGB geltend gemacht. Das OLG Zweibrücken und *Hertin* meinen, dass eine Abweichung vom gesetzlichen Leitbild der §§ 34, 35 im Rahmen von AGB nur bei klarer Formulierung und unter Hervorhebung

42a

des Umstandes, dass damit vom gesetzlichen Regelfall abgewichen wird, zugelassen werden kann (OLG Zweibrücken ZUM 2001, 346, 347 – *ZDF-Kompo-
nistenvertrag*; unsere 9. Aufl./*Hertin* Rn. 13). Jedoch sind die Bestimmungen
der §§ 34, 35 zum Zustimmungserfordernis dispositiv. Es ist nicht ersichtlich,
warum es nach dem Gesetzeszweck erforderlich sein würde, den Urheber durch
Hervorhebung besonders zu warnen.

42b Grundsätzlich keine Bedenken bestehen, wenn **der Urheber die Zustimmung**
zur Weiterübertragung von Nutzungsrechten **durch AGB ausschließt** (HK-
UrhR/*Kotthoff*³ Rn. 19). Denn das entspricht der gesetzlichen Regel des § 34.
Die Zustimmungsverweigerung in den AGB kann allerdings treuwidrig sein
und der Vertragspartner des Urhebers einen Anspruch auf Einräumung nach
§ 34 Abs. 1 S. 2 haben, vgl. Rn. 18 ff. – Eine andere Frage ist, ob im sekundären Urhebervertragsrecht (**Verträge Verwerter mit Verwerter oder Verwerter
mit Verbraucher**) die **Weiterübertragbarkeit der Nutzungsrechte in AGB abbedungen** werden können. Das erscheint grundsätzlich als zulässig. Etwas anderes kann gelten, wenn für beide Seiten klar ist, dass der Lizenznehmer die
Rechte nur zur Weitergabe an Dritte erwirbt (z. B. Lizenznehmer kann in bestimmten Territorien nicht selbst auswerten). Ein Ausschluss der Weiterübertragbarkeit kann AGB-rechtlich insbesondere bei Softwarerechten vorgesehen
werden (BGH GRUR 2011, 411 Tz. 15 – *UsedSoft* m. Anm. *Rössel* CR 2011,
227 ff. und *Wolf-Rojczyk/Hansen* CR 2011, 228 ff.; OLG Karlsruhe MMR
2011, 727, 729); eingehend vgl. § 69a Rn. 42. – Zur **Rückrufsfrist** gem. Abs. 3
vgl. Rn. 39.

III. Prozessuales

43 Die **Darlegungs- und Beweislast** für die Erteilung der Zustimmung nach § 34
Abs. 1 S. 1 trägt nach dem ausdrücklichen Wortlaut der Nutzungsrechtsinhaber. Im Übrigen gilt, dass derjenige die Darlegungs- und Beweislast trägt, der
sich auf die Bestimmung beruft. Die Last liegt also für die Frage, ob die Verweigerung gemäß Abs. 1 S. 2 gegen Treu und Glauben verstößt, beim Nutzungsberechtigten bzw. Erwerber (KG GRUR 1991, 596, 599 – *Schopenhauer-Ausgabe*; Loewenheim/*Loewenheim/Jan Bernd Nordemann*² § 28 Rn. 11;
Schricker/Loewenheim/*Ohly*⁵ Rn. 26; Dreier/Schulze/*Schulze*⁵ Rn. 18), so dass
Zweifel zu seinen Lasten gehen. Das Gleiche gilt für den Fall der (zustimmungs-
losen) Unternehmensveräußerung gem. § 34 Abs. 3 S. 1 (BeckOK UrhR/*Soppe*¹⁶ Rn. 23). Der Urheber trägt wiederum die Last, dass ihm die Ausübung
gem. Abs. 3 S. 2 nicht zumutbar ist (Schricker/Loewenheim/*Ohly*⁵ Rn. 41). Er
muss auch die Tatbestandsvoraussetzungen des Abs. 4 darlegen und ggf. beweisen, wobei sich die Last aber im Hinblick auf den 2. Hs. (Zustimmung im
Einzelfall) auf den Nutzungsberechtigten verschiebt. Für abweichende Vereinbarungen (Abs. 5 S. 2) hat derjenige die Darlegungs- und Beweislast, der sich
auf eine solche Vereinbarung beruft.

44 Im Fall der **Verweigerung der Zustimmung** nach Abs. 1 muss eine **Leistungsklage gem.** § 894 ZPO auf Zustimmung durch den Nutzungsrechtsinhaber erhoben werden. Der Erwerber kann nur in gewillkürter Prozessstandschaft vorgehen (Loewenheim/*Loewenheim/Jan Bernd Nordemann*² § 25 Rn. 13; Dreier/
Schulze/*Schulze*⁵ Rn. 20; Schricker/Loewenheim/*Ohly*⁵ Rn. 32). Vor der
Rechtskraft des Urteils stellt jede Nutzung durch den Erwerber als Nichtberechtigten eine Verletzungshandlung dar; dies gilt auch dann, wenn die Verweigerung treuwidrig war. Ist die Zustimmung von gewissen vertraglichen Modalitäten auf der Verwerterseite abhängig (vgl. Rn. 38), so brauchen diese nicht
notwendigerweise in einen Antrag aufgenommen zu werden. Sie stellen gegenüber einer Zustimmung kein aliud, sondern ein minus dar, sodass § 308 ZPO

einem Urteil unter Beachtung dieser Modalitäten nicht entgegensteht (BGH GRUR 1995, 668, 670 – *Emil Nolde*). Eine **Zustimmung im Zuge eines Prozessvergleiches** beschränkt sich auf die jeweilig streitgegenständlichen Werke und hat nur Wirkung zwischen den Prozessparteien (LG München I ZUM 2003, 73, 75 – *Pumuckl-Illustrationen*). – Möglich erscheint eine **Feststellungsklage** des Veräußerers im Hinblick auf einen möglichen **Rückruf nach Abs. 3 S. 2 oder S. 3**. Ein hinreichendes Feststellungsinteresse sollte vorliegen, wenn der Urheber den Rückruf erklärt hat oder sich ernsthaft berühmt, den Rückruf noch erklären zu dürfen. Der Erwerber muss nicht im Wege der gewillkürten Prozessstandschaft auf Feststellung klagen, weil bei erfolgreichem Rückruf eine Urheberrechtsverletzung (Delikt) seinerseits gegenüber dem Urheber droht und deshalb ein eigenes Feststellungsinteresse gegeben ist.

IV. Rechterückfall bei Entfall des Nutzungsrechts auf der vorgelagerten Stufe?

Zum **Rückfall** von an Dritte übertragenen Nutzungsrechten bei Beendigung des Nutzungsvertrages des Urhebers mit dem Ersterwerber (primäres Urhebervertragsrecht) vgl. § 31 ff. Rn. 34 ff. Zum Rückfall an einen Verwerter im Fall einer Weiterübertragung des Rechts, wenn der ursprüngliche Nutzungsrechtserwerb des Übertragenden hinfällig wird (sekundäres Urhebervertragsrecht), vgl. Vor §§ 31 ff. Rn. 229 ff.   **45**

V. Verhältnis zu anderen Vorschriften

Während § 34 die translative Übertragung von bereits bestehenden Nutzungsrechten regelt, wird die **konstitutive Einräumung weiterer Nutzungsrechte** von § 35 erfasst. Zur **Abgrenzung** vgl. Rn. 9.   **46**

Das Verhältnis des zum 1.7.2002 abgeschafften § **28** VerlG zu § 34 war streitig. § 28 VerlG findet mangels Übergangsvorschrift auch bei Verträgen bis zum 30.6.2002 keine Anwendung mehr (eingehend, auch zum Streitstand, vgl. § 28 VerlG Rn. 2), sondern nur noch § 34 a. F. (vgl. Rn. 5).   **47**

Im **Filmbereich** statuiert § 90 Ausnahmen von der Zustimmungsbedürftigkeit. Hier ist zwischen dem Verfilmungsrecht (§ 88) und den Rechten der Mitwirkenden am Filmwerk (§ 89) zu unterscheiden. Der Filmhersteller kann das Recht zur Herstellung des Filmes selbst, d. h. die Nutzungsrechte zur Vervielfältigung und Verbreitung, öffentlicher Vorführung, Funksendung, Übersetzungen und anderen filmischen Bearbeitungen und Umgestaltungen, ohne Zustimmung weiterübertragen, wenn mit den Dreharbeiten begonnen wurde, vorher jedoch nicht ohne Zustimmung gem. § 34 (§ 90 S. 2). Die entstehenden Rechte der Filmurheber als Mitwirkende – die naturgemäß meist erst mit den Dreharbeiten entstehen – können stets ohne Zustimmung übertragen werden. Die gesamtschuldnerische Haftung des § 34 Abs. 5 wird dadurch aus Gründen des Urheberschutzes allerdings nicht ausgeschlossen (BGH GRUR 2001, 826, 830 – *Barfuß ins Bett*).   **48**

Auf **verwandte Schutzrechte** ist § 34 nur bei Verweis anwendbar (Schricker/Loewenheim/*Ohly*[5] Rn. 21). Das ist der Fall bei wissenschaftlichen Ausgaben (§ 70), Lichtbildern (§ 72) und Leistungen der ausübenden Künstler (§ 79 Abs. 2a, der allerdings gem. § 132 erst für Verträge ab 1.3.2017 gilt; davor galt § 79 Abs. 2 a. F., der nur für Einräumungen als Ausgangspunkt der Rechtekette vom Künstler eine Anwendung des § 34 anordnete), **nicht** aber bei nachgelassenen Werken (§ 71) oder dem Leistungsschutz für Tonträgerproduzenten (§ 85), Sendeveranstalter (§ 87), Datenbankhersteller (§ 87a) und Filmprodu-   **49** zenten (§ 94). Auch ansonsten scheidet eine analoge Heranziehung des § 34 aus, insbesondere zugunsten eines früheren **bloßen Nutzungsrechtsinhabers**, der nicht Urheber ist (vgl. Rn. 1). Jedoch kann sich ein Übertragungsverbot – auch ungeschrieben – aus Vertrag ergeben (vgl. Vor §§ 31 ff. Rn. 243 f.).

50 Die **gesamtschuldnerische Haftung des Übertragungsempfängers** nach § 34 **Abs. 4** wird durch einige **Spezialregelungen innerhalb des UrhG verdrängt** (vgl. Rn. 36). Neben dem Haftungstatbestand des § 34 Abs. 4 UrhG ist vor allem an § 25 HGB bei Unternehmensveräußerung zu denken, der an die Fortführung der Firma anknüpft und unberührt bleibt (BeckOK UrhR/*Soppe*[16] Rn. 34). § 419 BGB kann nur noch für Vermögensübernahmen relevant werden, die vor dem 1.1.1999 erfolgt sind.

51 Die vertraglichen Beziehungen werden durch zulässige Übertragung des Nutzungsrechts nicht geändert (Schricker/Loewenheim/*Ohly*[5] Rn. 35). **§§ 414, 415 BGB** werden durch § 34 UrhG **nicht verdrängt**. Insbesondere muss auch in Fällen der Gesamt – oder Teilveräußerung eines Unternehmens nach § 34 Abs. 3 S. 1 UrhG noch eine Überleitung der Verträge auf den Erwerber gemäß §§ 414, 415 BGB stattfinden, damit der Erwerber vollständig in die Rechtsposition des Veräußernden einrückt und die Haftung des Veräußernden entfällt. Das zeigt schon die Regelung des § 34 Abs. 4 BGB, die für den Fall der fehlenden Einzelabrede mit dem Urheber die gesamtschuldnerische Haftung des Übertragungsempfängers mit dem Veräußernden anordnet. Ohne eine Vereinbarung mit dem Urheber nach §§ 414, 415 BGB muss beispielsweise die Abrechnung gegenüber dem Urheber weiter durch den Veräußernden stattfinden. Ohne Zustimmung des Urhebers können die übertragenden Parteien nur eine kumulative Schuldübernahme oder eine Erfüllungsübernahme vereinbaren (Schricker/Loewenheim/*Ohly*[5] Rn. 35).

52 In Fällen der **Erschöpfung von Verwertungsrechten** tritt die Zustimmungspflichtigkeit nach § 34 Abs. 1 zurück. Im Bereich der Erschöpfung des Verbreitungsrechts bei Veräußerung von Werkstücken (§ 17 Abs. 2) findet § 34 schon gar keine Anwendung, weil diese Veräußerung urheberrechtlich irrelevant ist (Schricker/Loewenheim/*Ohly*[5] Rn. 13). Schwierigkeiten bereitet die Einordnung der sog. **Online-Erschöpfung**, also der Erschöpfung von online bezogenen und elektronisch weiterveräußerten Werkstücken. Sie ist für Software vom EuGH unter bestimmten Voraussetzungen zugelassen (s. EuGH 2012, 904 – *UsedSoft*; dazu vgl. § 69c Rn. 32), für andere Werkarten (Hörbücher, eBooks etc.) ist die Antwort noch nicht abschließend geklärt (vgl. § 17 Rn. 9, 26). Soweit eine Online-Erschöpfung danach erfolgt, muss § 34 Abs. 1 zurücktreten, weil es sich um eine gesetzliche Nutzungsbefugnis handelt (Schricker/Loewenheim/*Ohly*[5] Rn. 13).

§ 35   Einräumung weiterer Nutzungsrechte

(1) [1]**Der Inhaber eines ausschließlichen Nutzungsrechts kann weitere Nutzungsrechte nur mit Zustimmung des Urhebers einräumen.** [2]**Der Zustimmung bedarf es nicht, wenn das ausschließliche Nutzungsrecht nur zur Wahrnehmung der Belange des Urhebers eingeräumt ist.**

(2) Die Bestimmungen in § 34 Abs. 1 Satz 2, Abs. 2 und Absatz 5 Satz 2 sind entsprechend anzuwenden.

Übersicht   Rn.

I.   Allgemeines

1.   Sinn und Zweck

Wie bei § 34 übernimmt auch im Regelungsbereich des § 35 ein Dritter die   **1**
Verwertung, zu dem der Urheber keine unmittelbare vertragliche Beziehung
hat. Aus den gleichen Gründen wie bei § 34 ist der Urheber nach Auffassung
des Gesetzgebers schutzwürdig, wenn die Gefahr einer Beeinträchtigung seiner
Interessen aufgrund der Art und Weise der Auswertung oder die Person damit
beschäftigter, ihm unbekannter Dritter droht; vgl. § 34 Rn. 2. Bei Wahrnehmungsverträgen dürfte das kaum der Fall sein, weshalb § 35 Abs. 1 S. 2 eine
entsprechende Ausnahme vorsieht.

§ 35 findet Anwendung auf **konstitutive Einräumungen eines neuen Nutzungs-**   **2**
rechtes von einem bestehenden Nutzungsrecht aus (zur Dogmatik als Belastung
des Stammrechtes mit einem Nutzungsrecht und bei weiterer Einräumung Belastung dieses Nutzungsrechtes und Unterscheidung vgl. § 29 Rn. 17 f., 22),
wohingegen **§ 34 für translative Übertragungen bestehender Nutzungsrechte**
auf den Erwerber gilt, ohne dass der Veräußerer die relevanten Rechte behält
(zur **Abgrenzung** der Übertragung von der Einräumung vgl. § 34 Rn. 9). Danach kann § 35 im Wesentlichen auf § 34 verweisen. Keine Verweisung findet
aber auf das Rückrufsrecht des § 34 Abs. 3 und auf die Haftung nach § 34
Abs. 4 statt, sodass auch der Verweis auf § 34 Abs. 5 S. 1 obsolet ist. Zur
Anwendung des § 35 auf die Unterlizensierung von **Leistungsschutzrechten** vgl.
§ 34 Rn. 49.

2.   Früheres Recht

Die Vorschrift des § 35 wurde durch das UrhVG 2002 geringfügig geändert.   **3**
Die in der a. F. enthaltenen einräumbaren „einfachen Nutzungsrechte" wurden
sprachlich in der n. F. zu „weitere Nutzungsrechte", um auch die konstitutive
Einräumung ausschließlicher Nutzungsrechte zu erfassen. Zudem wurden die
Verweise auf § 34 in § 35 Abs. 2 an die Änderungen des § 34 angepasst. In
der Sache ergibt sich **keine Änderung gegenüber der alten Rechtslage** (Dreier/
Schulze/*Schulze*[5] Rn. 3; Wandtke/Bullinger/*Wandtke/Grunert*[4] Rn. 14; Schri-
cker/Loewenheim/ *Schricker/Loewenheim*[5] Rn. 3; s. a. RegE UrhVG 2002 –
BT-Drs. 14/7564, S. 5 i. V. m. BT-Drs. 14/6433, S. 16).

3.   EU-Recht und Internationales Recht

Das EU-Recht reguliert die Frage der Zustimmungsbedürftigkeit einer Einräu-   **4**
mung weiterer Nutzungsrechte nicht; es fehlt schon an einer grundlegenden
Harmonisierung des Urhebervertragsrechts; vgl. Vor §§ 31 ff. Rn. 24 f. Für die
relevanten internationalen Urheberrechtsabkommen gilt Entsprechendes; vgl.
Vor §§ 31 ff. Rn. 26 f. Zur fehlenden zwingenden Anwendung des § 35 im internationalen Privatrecht vgl. Vor §§ 120 ff. Rn. 86 ff.

II. Tatbestand

1. Ausschließliches Nutzungsrecht; analoge Anwendung auf einfache Nutzungsrechte

5 Als Ausgangspunkt einer zustimmungsbedürftigen konstitutiven Rechtseinräumung nennt § 35 Abs. 1 S. 1 ein **ausschließliches Nutzungsrecht** (vgl. § 31 Rn. 91 ff.). Was für **einfache Nutzungsrechte** gilt, bleibt offen. Nimmt man mit der zutreffenden Ansicht dessen gegenständlichen Charakter an, können auch am einfachen Nutzungsrecht weitere (einfache) Nutzungsrechte eingeräumt und § 35 analog darauf angewendet werden (Dreier/Schulze/*Schulze*[5] Rn. 5; i. E. auch Schricker/Loewenheim/*Ohly*[5] Rn. 7, der allerdings nicht § 35 analog, sondern § 185 BGB anwendet; gegen jede Anwendung von § 35 BeckOK UrhR/*Soppe*[16] Rn. 4; *Schack* FS Schulze 2017 S. 307, 309). § 35 regelt nur die Frage der Zustimmungsbedürftigkeit wegen des Schutzbedürfnisses des Urhebers, das in dieser Situation aber keineswegs als geringer erscheint. Denkbar wäre auch eine differenzierte Lösung. Danach könnte lediglich eine Abspaltung von unterschiedlichen Nutzungsarten an einem einfachen Nutzungsrecht zugelassen werden, bei der der Lizenzgeber das Recht in der abgespaltenen Nutzungsart dann nicht mehr selbst behält und es damit auch nicht mehr nutzen darf. Die Abspaltung von inhaltsgleichen einfachen Nutzungsrechten von einem einfachen Nutzungsrecht bliebe jedoch unzulässig, weil das einer „wundersamen Brotvermehrung" gleichkäme (siehe *Schack* FS Schulze 2017 S. 307, 310). Letztlich kann jedoch auch diese Differenzierung nicht überzeugen, und eine Abspaltung von einfachen Nutzungsrechten muss auch inhaltsgleich von einem einfachen Nutzungsrecht möglich sein. Der Urheber kann beliebig viele inhaltsgleiche einfache Nutzungsrechte abspalten und damit tatsächliche eine Art „wundersame Brotvermehrung" in die Wege leiten. Das sollte auch der Inhaber einfacher Nutzungsrechte können, sofern er dafür vom Urheber durch Zustimmung gem. § 35 analog ermächtigt wurde (i. Erg. auch *Schack* FS Schulze 2017 S. 307, 310 m. w. N., allerdings auf der Grundlage von § 185 BGB; Schricker/Loewenheim/*Ohly*[5] Rn. 7). Wer dennoch eine dinglich wirksame Abspaltung von einfachen Nutzungsrechten ablehnt, muss zumindest eine rein schuldrechtliche Nutzungserlaubnis für den Einräumungsempfänger annehmen, die nach zutreffender Auffassung ebenfalls unter § 35 fällt (vgl. Rn. 8).

2. Einräumung weiterer Nutzungsrechte

6 Die **Einräumung von Nutzungsrechten** ist ein Verfügungsgeschäft, durch das das **höherstufige Recht** bzw. das **Stammrecht belastet** werden und ein in den Händen des Erwerbers konstitutiv entstehendes Nutzungsrecht **mit dinglicher Wirkung** gegenüber jedermann von ihnen abgespalten wird. Von dem Nutzungsrecht des Veräußerers aus können sowohl ausschließliche als auch einfache weitere Nutzungsrechte abgeleitet werden. Das Zustimmungserfordernis durch den Urheber gilt unabhängig davon, auf welcher Stufe in einer Rechtekette die Einräumung erfolgt (Loewenheim/*Loewenheim/Jan Bernd Nordemann*[2] § 25 Rn. 10; Berger/Wündisch/*Berger*[2] § 1 Rn. 188). – Abzugrenzen ist die Einräumung von der Übertragung der Nutzungsrechte gem. § 34 (vgl. § 34 Rn. 9). Zur **Auslegung** unklarer Vereinbarungen vgl. § 34 Rn. 9. – Eine Einräumung von Nutzungsrechten ist irrelevant, wenn der Nutzungsberechtigte das Werk durch bloße Hilfspersonen distribuiert (s. OLG Frankfurt CR 1998, 525, 526).

7 Bei **Erlöschen der Rechtseinräumung durch den Urheber fallen davon abgeleitete Rechte** unter bestimmten Voraussetzungen **zurück** (vgl. § 31 Rn. 30 ff., str.), **nicht jedoch bei Erlöschen anderer höherstufiger Rechte** von bloßen Nutzungsberechtigten (vgl. Vor §§ 31 ff. Rn. 229 ff., str.).

8 Den Fall der Begründung einer rein schuldrechtlichen Nutzungsbefugnis regelt § 35 nicht. Angesichts der vergleichbaren Interessenlage kommt hier eine analoge Anwendung in Betracht (Schricker/Loewenheim/*Ohly*[5] Rn. 8; Dreier/Schulze/

Schulze[5] Rn. 9; Wandtke/Bullinger/*Wandtke/Grunert*[4] Rn. 6), gleichviel, ob die Gestattung von einem ausschließlichen oder einfachen Nutzungsrecht aus erfolgt.

3. Zustimmung des Urhebers

Zur Frage, wann eine **Zustimmung** vorliegt, vgl. § 34 Rn. 12 ff. Zur Zustimmungsfreiheit bei Erschöpfung vgl. § 34 Rn. 10. Zur Rechtslage bei fehlender Zustimmung vgl. § 34 Rn. 16 f. Wie § 34 regelt § 35 nur die Frage der Zustimmung **des Urhebers**. Die Zustimmung des bloßen Nutzungsrechtsinhabers erfasst § 35 nicht. Gleichwohl kann vertraglich – sogar ungeschrieben – ein Sublizenzierungsverbot bestehen (vgl. Vor §§ 31 ff. Rn. 243 f.). Dieser Zustimmungsvorbehalt hat dingliche Wirkung (BGH GRUR 1987, 37, 39 – *Videolizenzvertrag*; OLG Frankfurt aM. CR 1998, 525, 526; Dreier/Schulze/*Schulze*[5] Rn. 11; Wandtke/Bullinger/*Wandtke/Grunert*[4] Rn. 11). **9**

4. Treuwidrige Verweigerung

Wegen des Verweises in Abs. 2 auf § 34 Abs. 1 S. 2 darf die Zustimmung durch den Urheber nicht wider Treu und Glauben verweigert werden; vgl. § 34 Rn. 18 ff. **10**

5. Ausnahmen von der Zustimmungsbedürftigkeit

a) **Wahrnehmungsverträge:** Die Zustimmung ist gem. Abs. 1 S. 2 entbehrlich bei Nutzungsrechten, die nur zur Wahrnehmung der Belange des Urhebers eingeräumt wurden. Diese Regelung zielt auf die treuhänderische Übertragung in erster Linie an die Verwertungsgesellschaften, die ohne Zustimmung den Verwertern Rechte einräumen können (LG Köln ZUM 1998, 168, 169; Schricker/Loewenheim/*Ohly*[5] Rn. 13). Denn Zweck des Wahrnehmungsvertrages ist gerade die Rechtseinräumung an Dritte. Anders ließe sich die Rechtewahrnehmung auch nicht realisieren. Die Ausnahme gilt auch für andere treuhänderische Nutzungsrechtseinräumungen durch den Urheber wie etwa bei Bühnenverlagsverträgen (Schricker/Loewenheim/*Ohly*[5] Rn. 13; Dreier/Schulze/*Schulze*[5] Rn. 15; zu diesen Verträgen eingehend vgl. Vor §§ 31 ff. Rn. 336 ff. Nicht darunter fallen Verträge, bei denen der Verwerter nicht treuhänderisch, sondern im eigenen Interesse tätig wird. Deshalb ist eine Anwendung des § 35 Abs. 1 S. 2 auf Subverlagsverträge generell abzulehnen (Schricker/Loewenheim/*Ohly*[5] Rn. 13; a. A. für Musiksubverlagsverträge Dreier/Schulze/*Schulze*[5] Rn. 15 für Buchsubverlagsverträge aber wie hier: Dreier/Schulze/*Schulze*[5] Rn. 15). Jedoch liegt bei einer Einräumung von nur durch Dritte auswertbaren Nutzungsrechten eine konkludente Zustimmung des Urhebers nahe, die insbesondere im Verlagsbereich auch üblich ist; zur konkludenten Zustimmung vgl. § 34 Rn. 14 f. Nicht unter die Ausnahme des Abs. 1 S. 2 fällt auch die bloße Ausübung der Nutzungsrechte (LG München I ZUM 2003, 71, 76 – *Pumuckl-Illustrationen*). **11**

b) **Sammelwerke:** Ausgenommen von dem Erfordernis der Zustimmung aller Urheber sind nach dem Verweis des § 35 Abs. 2 auf § 34 Abs. 2 auch Sammelwerke, für die die Zustimmung des Urhebers des Sammelwerkes genügt; vgl. § 34 Rn. 21 f. **12**

c) **Unternehmensveräußerung:** Es findet sich kein Verweis auf § 34 Abs. 3, sodass es keine Ausnahme von der Zustimmungspflicht für den Fall einer Unternehmensveräußerung gibt. Der Gesetzgeber hat unterstellt, dass bei Unternehmensveräußerungen keine konstitutive Einräumung eines neuen Nutzungsrechts an den Erwerber vorkommen kann. Sollte dies – entgegen der Annahme des Gesetzgebers – doch Realität werden, z. B. im Rahmen eines asset deals, kann an eine analoge Anwendung des § 34 Abs. 3 gedacht werden. **13**

6. Abweichende Vereinbarungen

Abweichende Vereinbarungen sind zulässig; § 35 ist gem. § 35 Abs. 2 i. V. m. § 34 Abs. 5 S. 2 dispositiv. Die Zustimmung kann abbedungen, modifiziert **14** oder auch eingeführt werden für Fälle, in denen sie eigentlich entbehrlich ist; vgl. § 34 Rn. 38 ff. Auch der Fortbestand erteilter Unterlizenzen beim Wegfall des höherstufigen Rechtes des Urhebers ist möglich; vgl. § 31 Rn. 35 ff. Solche Abreden können auch durch AGB erfolgen (LG Berlin K&R 2007, 588 – *Springer-Honorarregelungen*); ferner vgl. § 34 Rn. 41 ff.

§ 36   Gemeinsame Vergütungsregeln

(1) [1]Zur Bestimmung der Angemessenheit von Vergütungen nach § 32 stellen Vereinigungen von Urhebern mit Vereinigungen von Werknutzern oder einzelnen Werknutzern gemeinsame Vergütungsregeln auf. [2]Die gemeinsamen Vergütungsregeln sollen Umstände des jeweiligen Regelungsbereichs berücksichtigen, insbesondere auch die Größe und die Struktur der Verwerter. [3]In Tarifverträgen enthaltene Regelungen gehen diesen gemeinsamen Vergütungsregeln vor.

(2) Vereinigungen nach Absatz 1 müssen repräsentativ, unabhängig und zur Aufstellung gemeinsamer Vergütungsregeln ermächtigt sein. Eine Vereinigung, die einen wesentlichen Teil der jeweiligen Urheber oder Werknutzer vertritt, gilt als ermächtigt im Sinne des Satzes 1, es sei denn, die Mitglieder der Vereinigung fassen einen entgegenstehenden Beschluss.

(3) [1]Ein Verfahren zur Aufstellung gemeinsamer Vergütungsregeln vor der Schlichtungsstelle (§ 36a) findet statt, wenn die Parteien dies vereinbaren. 2Das Verfahren findet auf schriftliches Verlangen einer Partei statt, wenn
1. die andere Partei nicht binnen drei Monaten, nachdem eine Partei schriftlich die Aufnahme von Verhandlungen verlangt hat, Verhandlungen über gemeinsame Vergütungsregeln beginnt,
2. Verhandlungen über gemeinsame Vergütungsregeln ein Jahr, nachdem schriftlich ihre Aufnahme verlangt worden ist, ohne Ergebnis bleiben oder
3. eine Partei die Verhandlungen für endgültig gescheitert erklärt.

(4) [1]Die Schlichtungsstelle hat allen Parteien, die sich am Verfahren beteiligt haben oder nach § 36a Absatz 4a zur Beteiligung aufgefordert worden sind, einen begründeten Einigungsvorschlag zu machen, der den Inhalt der gemeinsamen Vergütungsregeln enthält. [2]Er gilt als angenommen, wenn ihm nicht innerhalb von sechs Wochen nach Empfang des Vorschlags keine der in Satz 1 genannten Parteien widerspricht.

I. Allgemeines

1. Sinn und Zweck

§§ 36 und 36a führen **kollektivrechtliche Strukturen** in das Urheberrecht ein. **1** Diese Regelungen tragen den Gedanken von *Dietz* (*Dietz* FS Schricker I S. 7 ff.) fort, dass die einzelnen Vertragstypen in den unterschiedlichen Branchen des Urhebervertragsrechts kaum gesetzlich, sondern allenfalls durch die Beteiligten selbst regelbar sind. Mit den Regelungen soll den Urhebern und ihren Verbänden nach dem Willen des Gesetzgebers ein Mittel zur Beseitigung der strukturellen Benachteiligung (RegE UrhVG 2002 – BT-Drs. 14/7564, S. 5 i. V. m. BT-Drs. 14/6433, S. 16) an die Hand gegeben werden, das zugleich die Vergütungspraxis der jeweiligen Branche prägen soll (RegE UrhVG 2002 – BT-Drs. 14/7564, S. 5 i. V. m. BT-Drs. 14/6433, S. 16). Wichtig ist auch der systematische Zusammenhang mit § 32. Dessen Abs. 2 S. 1 statuiert als Rechtsfolge einer ausgehandelten gemeinsamen Vergütungsregel die unwiderlegliche Vermutung, dass die in ihr geregelte Vergütung angemessen i. S. d. § 32 ist. Bei GemVerR handelt es sich um **Dauerschuldverhältnisse**, da sie vertraglich ausgehandelt werden (wie Tarifverträge: MüKo/*Müller-Glöge*, § 611, Rn. 351).

2. Entstehungsgeschichte

Die Vorschrift ist durch das UrhVG vom 22.3.2002 (vgl. § 32 Rn. 2) eingeführt **2** worden. Sie bildet gemeinsam mit § 36a **den zweiten Pfeiler der Urhebervertragsrechtsreform** und geht wohl auf *Dietz'* **mehrdimensionalen Ansatz** des Urhebervertragsrechts (*Dietz* FS Schricker I S. 7 ff.) zurück. Im Professorenentwurf (ProfE I UrhVG, *Marcel Schulze*, Mat. UrhG S. 1314) hieß dieses Instrument noch „Gesamtvertrag" und kannte keine direkte Verzahnung mit den Regeln zur angemessenen Vergütung. Bereits in dem ersten „offiziellen" Gesetzesentwurf (RegE UrhVG 2002 – BT-Drs. 14/7564, S. 5 i. V. m. BT-Drs. 14/ 6433, S. 4) fand sich dann aber die hier gewählte Regelung ihrer Struktur nach wieder, die durch die Fiktion der Angemessenheit einer gemeinsamen Vergütungsregel nach §§ 36, 32 Abs. 2 S. 2 sogar noch über den Professorenentwurf hinausgeht, der lediglich eine Wirkung *inter partes* des Gesamtvertrages vorsah (zur Problematik der „Außenseiterwirkung" vgl. Rn. 22). Allerdings begegnete die im Regierungsentwurf vorgesehene Möglichkeit, einen von einer Partei abgelehnten Einigungsvorschlag gerichtlich als angemessen feststellen zu lassen, verfassungsrechtlichen Bedenken (dazu vgl. Rn. 50). Daher nahm das Gesetz die Möglichkeit auf, einen Einigungsvorschlag abzulehnen, ohne dass dies direkte Wirkung auf die Angemessenheit (aber vgl. Rn. 43) hätte. Bislang gab es einzelne Vergütungsempfehlungen oder Marktübersichten, die z. B. bei der Bestimmung der Vergütung im Rahmen der Schadensersatzberechnung nach der Lizenzanalogie eine Rolle spielen können (dazu vgl. § 32 Rn. 59 ff.; vgl. § 97 Rn. 86 ff.). Sinn der Regel soll es ausweislich der Gesetzesbegründung sein, dieses offenbar vorhandene Fachwissen aller Beteiligten in prozesshafter Weise zu verobjektivieren (RegE UrhVG 2002 – BT-Drs. 14/7564, S. 5 i. V. m. BT-Drs. 14/6433, S. 17). Mit klareren Worten: Der Gesetzgeber hofft, dass Instrumentarien wie etwa im kollektiven Arbeitsrecht auch im Urheberrecht greifen. Zunehmend wird Inhalt und Struktur der Konstruktion der §§ 36, 36a kritisiert, zumal die Instrumentarien bislang nur zu wenig Vergütungsregeln geführt haben (s. nur *Spindler* ZUM 2012, 921 mit Reformvorschlägen und *Kromer* AfP 2013, 29 für den digitalen Bereich).

3. EU-Recht/Internationale Konventionen

3 Im EU-Recht gibt es keine Vorgaben zu der deutschen Regelung. Auch die Internationalen Konventionen kennen keine vergleichbare Normierung oder gar Vorgaben. Einzelne Staaten haben vergleichbare Regelungen eingeführt. Hier ist insbesondere das unter maßgeblicher Beteiligung des Münchener Max-Planck-Instituts entstandene Gesetz in Slowenien zu nennen (hierzu *Czychowski* S. 139 ff, 228 ff.).

II. Tatbestand

1. Anwendbarkeit (in persönlicher und zeitlicher Hinsicht)

4 § 36 ist in sachlicher und zeitlicher Hinsicht an die neuen Ansprüche aus §§ 32, 32a gekoppelt. Daher findet sich die Übergangsregel auch für § 36 in § 132 Abs. 3 S. 1 (s. die Kommentierung zu § 132) und regelt im Wesentlichen, dass die neuen Regeln erst auf Verträge anwendbar sind, die ab Inkrafttreten, also dem 1.7.2002, geschlossen wurden. Für Bestsellerregelungen (§§ 32a, 36) gilt § 132 Abs. 3 S. 2. Die persönlichen Grenzen des § 36 finden sich in seinen materiellen Anspruchsvoraussetzungen (dazu vgl. Rn. 5; auch vgl. Rn. 23 ff.). Auch in **zeitlicher Hinsicht** muss der Anwendungsbereich einer GemVergRegel eröffnet sein. Der BGH geht von einer nur indiziellen Wirkung in Fällen aus, in denen die Angemessenheit einer Vergütung zu einer Zeit in Streit steht, zu der die GemVergRegel noch nicht galt (BGH GRUR 2016, 62, 63 Tz. 21 – *GVR Tageszeitungen I*; vgl. § 32 Rn. 21). Zu dieser Frage ist nun § **32 Abs. 2a neu** in das Gesetz aufgenommen worden (vgl. § 32 Rn. 32a).

2. Anforderungen in formeller Hinsicht und an die beteiligten Parteien

5 Das Gesetz stellt keine besonderen formellen Anforderungen an eine Vergütungsvereinbarung, sodass diese formlos abgeschlossen werden kann. Denkbar sind also sowohl mündliche Absprachen als auch – unter Einhaltung der jeweiligen Voraussetzungen – schriftlich z. B. per kaufmännischen Bestätigungsschreiben bestätigte Vereinbarungen. Die **Vereinigungen** der Urheber und Werknutzer (zum Begriff vgl. Rn. 13) müssen **repräsentativ, unabhängig** und **zur Aufstellung gemeinsamer Vergütungsregeln ermächtigt** sein (§ 36 Abs. 2). Die Gesetzesbegründung gibt zwar keine weitere Hilfestellung für die Auslegung dieser Unterbegriffe, geht aber implizit wohl von einer Orientierung des Begriffs der „Vereinigung" am verfassungsrechtlichen Begriff der „Koalition" aus, wenn es die Regelung an Art. 9 Abs. 3 GG misst (RegE UrhVG 2002 – BT-Drs. 14/7564, S. 5 i. V. m. BT-Drs. 14/6433, S. 17). Die Begriffe sind tw. auch aus dem kollektiven Arbeitsrecht bekannt: *Ory* AfP 1993, 101 verweist auf den arbeitsrechtlichen Begriff der Tariffähigkeit von Koalitionen (§ 2 TVG); *Thüsing* GRUR 2002, 203, 209 hingegen verweist auf partielle Parallelen zum verfassungsrechtlichen Begriff der „Koalition" nach Art. 9 Abs. 3 GG.

Vereinigungen setzen eine **mitgliedschaftliche Willensbildung** voraus (*Berger* Rn. 171), müssen aber **nicht** etwa in einer **besonderen** Rechtsform organisiert sein (Dreier/Schulze/*Schulze*[5] Rn. 7).

a) Repräsentativ: Das Merkmal der Repräsentativität ist mit Blick auf Sinn **6** und Zweck von § 36 Abs. 2 auszulegen. Es soll gewährleisten, dass mit der Aufstellung gemeinsamer Vergütungsregeln kein Missbrauch betrieben wird, sondern nur von Vereinigungen abgeschlossen werden, die eine sachorientierte und interessengerechte Festlegung angemessener Regeln sicherstellen können (BGH GRUR 2016, 1296, 1298 Tz. 16, 23 – *GVR Tageszeitungen III*). Grundsätzlich können sich daraus auch Grenzen in **räumlicher Hinsicht** für die Vermutung der Angemessenheit der Vergütungsregel ergeben, beispielsweise bei nur räumlich begrenzter Ermächtigung oder wenn die Voraussetzungen der Repräsentativität lediglich lokal gegeben sind (BGH GRUR 2016, 1296, 1298 Tz. 16 – *GVR Tageszeitungen III*). Als **repräsentativ** ist eine Vereinigung dann einzustufen, wenn ihr einerseits eine nicht unerhebliche Anzahl von Mitgliedern angehört; andererseits diese Mitglieder einen wesentlichen Teil der Berufsgruppe ausmachen (so auch BeckOK UrhR/*Soppe*[14] Rn. 25 f.; eine rein zahlenmäßige Betrachtung ist unzureichend nach *Dietz* AfP 2001, 261, 263 und *Thüsing* GRUR 2002, 203, 209; ein weiterer eigenständiger Definitionsversuch findet sich bei *Flechsig/Hendriks* ZUM 2002, 423, 425). Um letzteres zu bestimmen, dürfte sich die Hilfe z. B. des Statistischen Bundesamtes anbieten.

Zu Recht weist *Wilhelm Nordemann* auf die Parallelen im UWG und die **7** Rechtsprechung des Bundesgerichtshofs zu § 13 Abs. 2 UWG a. F. (jetzt § 8 Abs. 3 Nr. 2 UWG) hin (*Wilhelm Nordemann* § 36 Rn. 7; ebenso *Erdmann* GRUR 2002, 923, 929). Danach muss die Gruppe die Branche nach Anzahl und/oder Größe, Marktbedeutung oder wirtschaftlichem Gewicht widerspiegeln (BGH GRUR 1997, 934, 935 f. – *50% Sonder-Afa*). Entscheidend ist, dass trotz eines evtl. geringen Mitgliederstandes kein Missbrauch zu befürchten ist (BGH GRUR 1997, 934, 935 f. – *50% Sonder-Afa*; BGH WRP 1996, 1102, 1103 – *Großimporteur*). Der BGH stellt nunmehr auf einen gemisch qualitativen und quantitativen Maßstab ab, wobei u. a. die Zahl der angeschlossenen Mitglieder im Verhältnis zur Gesamtzahl der auf dem betreffenden Verwertungsgebiet Tätigen, ihre Größe und Marktstellung sowie die Organisationsdichte und geografische Verteilung der Mitglieder von Bedeutung sind. Anhand dieses Maßstabs muss gerechtfertigt sein, dass die jeweilige Vereinigung für die Branche spricht (BGH GRUR 2016, 1296, 1299 Tz. 23 – *GVR Tageszeitungen III*).

Wegen der bundesweiten Wirkung von Vergütungsregeln halten wir **Regionalverbände** nicht für repräsentativ (so aber grundsätzlich BGH GRUR 2016, 1296, 1299 Tz. 24 – *GVR Tageszeitungen III*; Ory AfP 1993, 102; *Thüsing* GRUR 2002, 203, 209; Dreier/Schulze/*Schulze*[5] Rn. 18; wie hier *Wilhelm Nordemann* § 36 Rn. 7). Allerdings können auch nach Ansicht des BGH regionale Besonderheiten der Annahme einer überregionalen Repräsentativität entgegenstehen (BGH GRUR 2016, 1296, 1299 Tz. 26 – *GVR Tageszeitungen III*). Allein aus dem Umstand, dass in Ostdeutschland ebenfalls Zeitungsverlegerverbände existieren, kann hingegen nicht die Schlussfolgerung gezogen werden, dass westdeutsche Mitgliedsverbände des Bundesverbands Deutscher Zeitungsverleger e. V. bei Abschluss der gemeinsamen Vergütungsregel die Verhältnisse und Gegebenheiten des ostdeutschen Zeitungsmarkts nicht hinreichend widerspiegeln (BGH GRUR 2016, 1296, 1299 Tz. 29 – *GVR Tageszeitungen III*). Ob eine Vermutung für einen Verband streitet, wenn es für den fraglichen Bereich nur einen Verband gibt (Dreier/Schulze/*Schulze*[5] Rn. 18), erscheint uns zweifelhaft, denn so könnte man die Wirkungen der Regeln der §§ 36 f. allzu schnell „selbstgesteuert" herbeiführen. Es gibt nämlich durchaus Werkkategorien, die verbandsmäßig kaum organisiert sind oder in denen die große Mehrzahl der Beteiligten – sei es auf Urheber-, sei es auf Verwerterseite – sich bewusst nicht einem Verband anschließt, da sie dessen Politik ablehnt. In einem solchen Fall kann man durchaus argumentieren, dass diese Vereinigung gerade **nicht repräsentativ in Bezug auf den spezifischen Vereinbarungsgegenstand ist.**

8   Schließlich ist sehr genau darauf zu achten, **für welche Verwerter der Verband repräsentativ ist;** so dürfte ein Verband, der z. B. Werbeagenturen umfasst, nur für das Verhältnis (schein)selbständiger Designer zu diesen Agenturen repräsentativ sein, nicht aber für das Verhältnis Agentur ./. Kunde. Andererseits dürften Verwertungsgesellschaften per se ausscheiden, da für sie das VGG (vormals UrhWahrnG) die speziellere Regelung ist (Schricker/Loewenheim/*Dietz/ Haedicke*[5] Rn. 57; a. A. Dreier/Schulze/*Schulze*[5] Rn. 26 für den Fall, dass nur Kreative vertreten werden).

9   **b) Unabhängig: Unabhängigkeit** meint „Gegnerfreiheit" im tarifvertragsrechtlichen Sinn (so auch Dreier/Schulze/*Schulze*[5] Rn. 21; zweifelnd Wandtke/Bullinger/*Wandtke/Grunert*[4] Rn. 10; etwas unklar *Thüsing* GRUR 2002, 203, 204, der zumindest vertritt, dass die Gegnerunabhängigkeit heute nicht gewährleistet ist; sich anschließend *Flechsig/Hendricks* ZUM 2002, 423, 425). Auf jeden Fall bezieht sich die gesetzliche Forderung nach der Unabhängigkeit der Vereinigung nur auf die Unabhängigkeit der Vereinigung **von der jeweils anderen Seite,** nicht etwa auf absolute Unabhängigkeit, also z. B. von eigenen Dachverbänden (*Wilhelm Nordemann* § 36 Rn. 8). Problematisch ist die Unabhängigkeit – worauf Dreier/Schulze/*Schulze*[5] Rn. 21 zu Recht hinweisen – in Organisationen wie Verwertungsgesellschaften, in denen sich Urheber und Verwerter gemeinsam organisieren (Dreier/Schulze/*Schulze*[5] Rn. 21; Schricker/Loewenheim/*Dietz/Haedicke*[5] Rn. 57), wenn man diese überhaupt als Vereinigungen i. S. d. § 36 anerkennen will (vgl. Rn. 8). Schädlich ist auf jeden Fall auch, wenn der Verlagsleiter eines Comicverlages, der selbst Übersetzungen anfertigt, Mitglied in einem Übersetzerverband ist oder wenn Geschäftsführer von GmbHs, die Designleistungen anbieten, Mitglied in einem Verband von Designern sind. Ob es ausreicht, diesen Mitgliedern das Stimmrecht zu nehmen, dürfte zweifelhaft sein, denn Gegnerfreiheit will nicht nur Einfluss verhindern, sondern auch Information. Ebenso problematisch kann eine wirtschaftliche Abhängigkeit sein, etwa weil die Organisation indirekt durch Unterstützung von der „Gegenseite" lebt (*Haas* Rn. 226).

10   **c) Ermächtigt:** Für die **Ermächtigung** dürfte ausreichen, dass entweder die Mitgliederversammlung der Vereinigung einen Ermächtigungsbeschluss gefasst hat oder die Satzung der Vereinigung eine derartige Ermächtigung vorsieht (Dreier/ Schulze/*Schulze*[5] Rn. 23; BeckOK UrhR/*Soppe*[14] Rn. 33; a. A. HK-UrhR/*Kotthoff*[3] Rn. 20: ausreichend wenn die Aufstellung zu den satzungsgemäßen Aufgaben gehört). Aufgrund der Tragweite, die gemeinsame Vergütungsregelungen für die Mitglieder der Vereinigung haben können, ist einer Ermächtigung durch die Satzung der Vorzug zu geben; die bloße Erfassung durch die satzungsgemäßen Aufgaben erscheint uns nicht ausreichend (so auch LG Frankfurt aM. ZUM 2006, 948, 949; wohl auch Schricker/Loewenheim/*Dietz/Haedicke*[5] Rn. 58 f.). Da im Fall des LG Frankfurt aM. ZUM 2006, 948 ist jedoch überhaupt keine Ermächtigung zum Abschluss von Regelhonoraren irgendeiner Art, also auch nicht von Tarifverträgen bestand, bleibt offen, ob die satzungsmäßige Ermächtigung zum Abschluss von Tarifverträgen auch die Ermächtigung zum Abschluss von Gemeinsamen Vergütungsregeln nach § 36 erfasst. Man könnte dies allenfalls mit dem Argument vertreten, dass die Mitglieder dem Verband die Entscheidungsmacht, verbindliche Regelhonorare auszuhandeln, eingeräumt haben und eine derartige Erweiterung durch Änderung der Satzungen bzw. Geschäftsordnungen der Verbände die Interessen der Mitglieder nicht verletzt, sondern im Gegenteil schützt, zumal die Ergänzung der Satzungen um eine spezifische Ermächtigung eventuell Verhandlungen über verbindliche Maßstäbe erheblich vertagen kann. Allerdings muss eine solche Ermächtigung nach Inkrafttreten des Urhebervertragsrechts erfolgt sein, um so ausgelegt werden zu können und im Übrigen unzweifelhaft so allgemein zu verstehen sein. Jedenfalls klar auszuschließen ist eine Ermächtigung des Verbandes, wenn sein Vereinszweck lediglich die *Vorbereitung eigenverantwortlicher Honorargestaltung* verfolgt (§ 2 02.03 der Satzung des BFF). Abs. 2 wurde durch UrhVG 2016 ergänzt und stellt nunmehr klar, dass eine Vereinigung, die in der jeweiligen Branche den wesentlichen Teil der Urheber oder der Werknutzer vertritt, als ermächtigt im Sinne der Vorschrift gilt. Jedoch sind die Mitglieder der Vereinigung befugt, einen entgegenstehenden Beschluss zu fassen. Diese Befugnis trägt den Maßgaben der verfassungsrechtlich gebotenen Vereinigungsfreiheit (Art. 9 GG) Rechnung (RegE UrhVG 2016 – BT-Drs. 18/ 8625, S. 27 und Änderung durch Rechtsausschuss S. 23).

d) Erlöschen der Voraussetzungen: Das Gesetz schweigt zum **Erlöschen** der **11** eben beschriebenen **Voraussetzungen.** Daher wird man annehmen dürfen, dass diese Voraussetzungen zum **Zeitpunkt des Abschlusses** der gemeinsamen Vergütungsregel, aber auch **kontinuierlich danach** vorliegen müssen. Sollte also z. B. durch eine Satzungsänderung eines Verbandes die Ermächtigungsgrundlage wegfallen oder aber er nicht mehr unabhängig sein, dürfte die Vergütungsregel insoweit wirkungslos werden (i. d. S. wohl auch *Wilhelm Nordemann* § 36 Rn. 10).

Anders dürfte die Frage zu entscheiden sein, was passiert, wenn z. B. die Er- **12** mächtigungsgrundlage während eines nach § 36 f. begonnenen Verfahrens bewusst entzogen wird. Der Regierungsentwurf hatte für einen solchen Fall die Einstellung des begonnenen Verfahrens vorgesehen (§ 36 Abs. 4). Mit der Streichung dieser Regelung wollte der Rechtsausschuss sicherstellen, dass sich niemand dem Schlichtungsverfahren entziehen kann; sein Bericht hebt ausdrücklich hervor, dass dies auch dann gilt, wenn die fragliche Partei ein Verband ist (BeschlE RAusschuss UrhVG 2002 – BT-Drs. 14/8058, S. 20). Daraus folgert *Wilhelm Nordemann*, dass nach dem Beginn der von § 36 statuierten Prozedur zur Herbeiführung gemeinsamer Vergütungsregeln, also dem schriftlichen Verlangen einer Partei nach Aufnahme von Verhandlungen darüber (§ 36 Abs. 3 S. 2 Nr. 1), ein wie auch immer begründeter Versuch der anderen Partei, sich diesen – und bei deren Scheitern dem sich anschließenden Schiedsverfahren – zu entziehen, wirkungslos bleiben muss (*ders.* § 36 Rn. 9).

3. Beispiele aus der Praxis

a) Vereinigungen von Werknutzern: Der **Begriff des Werknutzers** taucht hier – **13** soweit ersichtlich – zum ersten Mal im Urheberrechtsgesetz auf. Gemeint sein dürfte mit ihm der Personenkreis, der Vertragspartner des Urhebers im primären Urhebervertragsrecht (zu dem Begriff *Dietz* S. 4) ist, wobei dies nicht zwingend ist; denkbar ist auch, dass Fernsehsender Werknutzer sind, obwohl die Vertragspartner der Urheber die vertraglich eng an die Sender gebundenen Auftragsproduzenten sind, da der Fernsehsender unmittelbar bestimmenden Einfluss auf die primären Urheberverträge nimmt (LG München I v. 6.11.2012, 33 O 1081/12, ZUM 2012, 1000, 1002 f., m. Anm. *Fette* ZUM 2013, 29; daran festhaltend LG München I GRUR-RR 2015, 369, 370 f.; ebenso Wandtke/Bullinger/*Wandtke/Grunert*[4] Rn. 33). Maßgeblich ist der unmittelbar bestimmende Einfluss auf die Vertragsvereinbarungen. Folglich genügt der bloße Erwerb von Rechten an der Produktion eines Dritten oder lediglich die Finanzierung (Lizenzproduktionen, Koproduktionen und echte Auftragsproduktionen) nicht für die Begründung der Werknutzereigenschaft (LG München I GRUR-RR 2015, 369, 371). Vereinigungen setzen eine mitgliedschaftliche Willensbildung voraus (*Berger* Rn. 171), müssen aber nicht etwa in einer be-

sonderen Rechtsform organisiert sein (Dreier/Schulze/*Schulze*[5] Rn. 7). **Beispiele für Vereinigungen von Werknutzern** könnten sein:
- der Börsenverein des Deutschen Buchhandels für Buchverleger
- die Deutsche Landesgruppe der Internationalen Vereinigung der Tonträgerhersteller (ifpi)
- Zeitungs- und Zeitschriftenverleger wie BDZV und der VDZ und ihre Landesverbände
- der Deutsche Musikverlegerverband (DMV)
- der Bundesverband der Pressebildagenturen (BVPA)
- die Arbeitsgemeinschaft neuer deutscher Spielfilmproduzenten
- die Verbände der Sendeanstalten (VPRT, APR)
- Bundesverband Deutscher Fernsehproduzenten e. V.
- Bundesverband Produktion e. V.
- Film- & Fernseh Produzentenverband NRW e. V. (seit 2015: Film und Medienverband NRW e. V.)

Ob diese Vereinigungen die Voraussetzungen der Repräsentativität erfüllen, kann hier nicht im Einzelnen dargestellt werden. Soweit die Satzungen allerdings überhaupt eine konkrete Regelung zu Vertretungsverhältnissen mit rechtlichen Konsequenzen enthalten, beziehen sich diese jedoch meist nur auf den Abschluss von Tarifverträgen. Mangels expliziter Ermächtigung wurde erstinstanzlich befunden, dass der Börsenverein des Deutschen Buchhandels für Buchverleger nicht rechtswirksam GemVergRegeln abschließen kann (LG Frankfurt aM. ZUM 2006, 948). Allein explizit ermächtigt haben sich einige Urhebervereinigungen (vgl. Rn. 16 ff.).

14 Auch **ausländische Vereinigungen** müssen sich an den oben genannten Voraussetzungen messen lassen, können dann aber auch in den Genuss der Regelung kommen; man wird dies nicht pauschal beantworten können (so aber wohl „in der Regel keine unwiderlegliche Angemessenheitsvermutung" Wandtke/Bullinger/*Wandtke/Grunert*[4] Rn. 14; a. A. „generell" v. Hartlieb/Schwarz/*Schwarz/Hansen*, 54. Kap. Rn. 5).

15 **b) Vereinigungen von Urhebern:** Spiegelbildlich gelten die eben genannten Voraussetzungen auch auf Urheberseite. Beispiele für Vereinigungen von Urhebern könnten sein (ob sie die o. g. Anforderungen im Einzelfall erfüllen, ist und kann hier nicht überprüft werden)
- der Deutsche Komponisten Verband (DKV)
- der Verband deutscher Schriftsteller (VS)
- der Deutsche Journalisten Verband (DJV)
- Verband der Fotojournalistinnen und Fotojournalisten e. V. (freelens)
- Allianz Deutscher Designer (AGD)
- Bund Deutscher Graphikdesigner (BDG)
- Bund freischaffender Fotodesigner (BFF)
- Illustratoren Organisation e. V. (IO)
- Der Interessenverband Comic e. V. (ICOM)
- Einzelne Verbände der Filmschaffenden
- Verband Deutscher Drehbuchautoren e. V.

16 Soweit bekannt, haben sich von den genannten Urhebervereinigungen nur der DJV, freelens und der DKV ermächtigen lassen. Der **Deutsche Journalisten Verband** ist kraft § 2 Abs. 2 seiner Satzung in der Fassung vom 7./8.11.2006 zur Verhandlung über gemeinsame Vergütungsregeln wie auch der Durchführung etwa erforderlich werdender Schlichtungsverfahren ermächtigt, ebenso der **Verband der Fotojournalistinnen und Fotojournalisten** e. V. (freelens) nach § 2 der Satzung vom April 2002 wie auch der **Deutsche Komponistenverband** (DKV) nach § 2 Abs. 5 der Online-Version seiner Satzung, abrufbar unter http://komponistenverband.de/der-dkv/satzung-des-dkv/, abgerufen am 11.4.2013.

Alle übrigen Urhebervereinigungen weisen keine eindeutige Ermächtigung auf: **17**
Speziell in Folge der Einführung des § 36 wurde Ende 2002 z. B. der IO (**Illustratoren Organisation** e. V.) gegründet (weitere Informationen auf www.io-
home.org/philosophie, abgerufen am 31.7.2011). Nach Angaben auf der Website ist es zwar gerade Ziel der IO durch Honorarerhebungen die gängigen
Entgelte für Illustrationsleistungen in Deutschland zu ermitteln, um am Ende
ein Honorarwerk ermittelt zu haben, „das dem Berufsanfänger, dem professionellen Illustrator, sowie Repräsentanten und Auftraggebern, aber auch Richtern und Anwälten erschöpfend Auskunft über die Vergütung der vielfältigen
Illustrationsleistungen und Nutzungsrechte geben soll". Zu Verhandlungen
nach § 36 ist der IO e. V. jedoch nicht ermächtigt. Nach § 2.2. Nr. 5 ist seine
Aufgabe bezüglich der Vergütung lediglich beratender und vorbereitender Art
„zur Erleichterung eigenverantwortlicher Honorarabsprachen der Mitglieder",
ebenso verhält es sich beim Bund freischaffender Fotodesigner (BFF), laut § 2
02.03 Satzung vom 25.9.1986 in der Fassung vom 13.6.2009.

Der **Interessenverband Comic** e. V. (ICOM, s. www.comic-i.com, unter „Fak-   **18**
ten") weist in seiner Satzung weder eine Ermächtigung für Tarif- noch Gem-
VergR-Verhandlungen auf. Ebenso verhält es sich beim **Bund deutscher Graphikdesigner** (BDG) nach Satzung mit Stand der Online-Version: 30.10.2000.
Der Zweck des Bundes Deutscher Übersetzer (BDÜ) ist nach § 2 seiner im Internet undatiert abrufbaren Satzung so weit formuliert, dass eine Ermächtigung
zum Abschluss verbindlicher Regelhonorarvereinbarungen darin kaum zu sehen sein kann („Wahrnehmung der berufsständischen Interessen der Dolmetscher und Übersetzer, insbesondere die Koordinierung der Tätigkeit der ihm
angeschlossenen Landes- und Mitgliedsverbände sowie die Vertretung der Gesamtheit der Verbände bei den Einrichtungen des öffentlichen Lebens des In-
und Auslandes").

Der **Verband Deutscher Schriftsteller** (VS) sieht nach seiner Geschäftsordnung   **19**
als Fachgruppe Literatur der Gewerkschaft ver.di zwar die Ermächtigung zum
Abschluss von Tarifverträgen vor, nicht aber die zur Verhandlung Gemeinsamer Vergütungsregeln. Da Mitglieder des **VdÜ als Bundessparte Übersetzer**
zugleich dem Verband deutscher Schriftsteller (VS) angehören, gilt diese Geschäftsordnung auch für den VdÜ. Ebenso ist auch der **AGD** nach § 2 S. 2
Satzung AGD (Fassung vom 1.6.2011) nur zum Abschluss von Tarifverträgen
ermächtigt.

Nach § 1 Abs. 3 lit. c) der am 31.7.2011 verfügbaren Onlineversion der Sat-   **20**
zung des Bundesverbands Filmschnitt – Editor e. V. B.F.S. ist dieser zur „Interessenvertretung gegenüber den Rundfunk und Fernsehanstalten, der Filmwirtschaft, den Gewerkschaften sowie Ministerien und gesetzgebenden
Körperschaften" befugt. Fraglich ist hier, ob unter Interessenvertretung nur die
rein lobbyistische oder auch die rechtlich-verbindliche zu verstehen ist. Eine
Ermächtigung i. S. d. § 36 jedenfalls fehlt.

Im Bereich der **Filmproduktion** hat der Mantel- und Gagentarif vom 1.6.2005   **21**
Vorrang vor Gemeinsamen Vergütungsregeln. Ausgehend von der Selbstdarstellung des Bundesverbands der Filmschaffenden, gegründet am 9.2.2007,
(www.die-filmschaffenden.de) ist davon auszugehen, dass dieser wie sämtliche
Verbände dieses Bereiches die Durchsetzung des Tarifvertrages verfolgen. Im
Satzungsentwurf war für den Bundesverband „Tariffähigkeit" zunächst nicht
vorgesehen, dazu bedürfte eines „gesonderten Beschlusses" der Mitgliederversammlung. Verbände dieses Bereiches sind u. a. **Bundesverband der Fernseh-
und Filmregisseure in Deutschland e. V., Bundesverband Kamera e. V. (bvk),
Bundesverband Regie, der Berufsverband der Szenenbildner, Filmarchitekten
und Kostümbildner (SFK), Bundesverband Filmschnitt Editor e. V. B.F.S., Bun-**

desverband Produktion e. V., sowie die trotz fehldeutbarem Namen offenbar bundesweit tätige **Maskenbildner Vereinigung München e. V.** Der Bundesverband Kamera (bvk) hatte im September 2010 ein gerichtliche Verfahren zur Einrichtung und Besetzung der Schlichtungsstelle eingeleitet. Einwendungen der beklagten Filmunternehmen gegen die Zulässigkeit wurden vom OLG München in der am 15.6.2011 ergangenen Entscheidung (OLG München ZUM 2011, 756) zurückgewiesen. Demnach ist der Bundesverband Kamera zur Aufstellung gemeinsamer Vergütungsregeln ermächtigt.

22 **c) Einzelne Werknutzer:** Neben den Kollektiven stellt der Gesetzgeber den Vereinigungen von Urhebern auch einzelne Werknutzer als potentielle Partner von gemeinsamen Vergütungsregeln zur Seite. An sie stellt der Gesetzgeber **keine materiellen Anforderungen.** Damit kann jeder Werknutzer gemeinsame Vergütungsregeln abschließen. Man dürfte aber verlangen, dass er zumindest in dem betroffenen Verwertungsgebiet (wohl nicht Nutzungsart) bereits tätig geworden ist. Zudem spielen die Umstände des einzelnen Werknutzers sicherlich eine Rolle bei der Beurteilung der Wirkungsbreite einer mit ihm abgeschlossenen gemeinsamen Vergütungsregel (Dreier/Schulze/*Schulze*[5] Rn. 8). Ob die Rechtsprechung weitergehende Anforderungen stellt, etwa dass er nachweislich einen gewissen Verwertungsumfang erbracht hat, ist abzuwarten. Die Reichweite der Vermutung bei einer Vergütungsregel, die nur einer oder wenige Werknutzer abschließen, ist aber deutlich geringer als bei einem Abschluss einer Vereinigung. Man könnte sogar so weit gehen zu fordern, dass eine solche – nicht repräsentative – Partei nur alleine gebunden wird, die Vergütungsregel für „Außenseiter" also nicht gilt. Zur Wirkung nur für die Beklagten vgl. § 32 Rn. 32 und zu den **verfassungsrechtlichen Auswirkungen** vgl. § 32 Rn. 8 f.

4. Inhalt der gemeinsamen Vergütungsregeln

23 Das Gesetz macht wenige Vorgaben, die den Inhalt der Vergütungsregeln betreffen; das dürfte auch folgerichtig sein, denn der Gesetzgeber wollte den beteiligten Parteien weitestgehende Freiheit geben. Er wollte – wie er formuliert – einen Ordnungsrahmen schaffen, in dem die Parteien eigenverantwortlich zu angemessenen, auf den Gegenstand zugeschnittenen Absprachen kommen können, die auch der unterschiedlichen Struktur der Kulturwirtschaft [...] Rechnung tragen (RegE UrhVG 2002 – BT-Drs. 14/7564, S. 5 i. V. m. BT-Drs. 14/6433, S. 8). Das bedingt, dass eine **Inhaltskontrolle** von verfahrensrechtlich korrekt zustande gekommenen Vergütungsregeln nur eingeschränkt stattfindet. Ausführlich zum Inhalt auch Schricker/Loewenheim/*Dietz/Haedicke*[5] Rn. 63 ff. Zur Frage der Zulässigkeit des Verfahrens nach §§ 36, 36a an sich vgl. Rn. 44. Mangels ausdrücklicher Regelung sollen GemVergRegeln nicht kündbar sein (*Wandtke/Leidl* ZUM 2017, 609). Das scheint zweifelhaft.

24 **a) Zur Bestimmung der Angemessenheit von Vergütungen nach § 32:** Die gemeinsamen Vergütungsregeln dienen nur der Bestimmung der Angemessenheit von Vergütungen nach § 32. Zwar können sie sicherlich auch andere Inhalte enthalten. **Nur** die auf die **Angemessenheit** bezogenen Inhalte genießen aber die **Privilegierung** des § 36 (Dreier/Schulze/*Schulze*[5] Rn. 10). Alle anderen Inhalte sind nicht nur voll überprüfbar, sondern nehmen auch nicht an den kartellrechtlichen Privilegierungen teil (dazu unten vgl. Rn. 51). Zu den Regelungen, die „zur Bestimmung der Angemessenheit" existieren, zählen neben den unmittelbaren Regelungen zur Vergütungshöhe (inkl. etwaigen Vorauszahlungen, Verrechenbarkeitsklauseln, Mindestlizenzen) sicherlich auch Vergütungsnebenabreden, wie die über Abrechnungsmodi oder Verzugsfolgen; aber auch Regelungen zu Kostenübernahmen, wie Reisekosten, dürften hierunter fallen (Dreier/Schulze/*Schulze*[5] Rn. 10). Jedenfalls alle Regelungen, die auch bei der Bestimmung der Angemessenheit der Vergütung nach § 32 eine Rolle spielen können (vgl. § 32 Rn. 34 ff.), unterliegen auch § 36. Schließlich gehören zu einer gemeinsamen Vergütungsregel natürlich zwingend Bestimmungen über die Definition des Gegenstandes, Laufzeit, Kündigungsfristen und die üblichen Schlussbestimmungen vertraglicher Regelwerke. Auch sie will § 36 durch den Einleitungssatz nicht etwa ausnehmen.

Allerdings setzt das allgemeine Urhebervertragsrecht gemeinsamen Vergütungs-   **25**
regeln auch **Grenzen:** Voraussetzung für eine gemeinsame Vergütungsregel ist, dass das betroffene Nutzungsrecht und seine Vergütung in der Vergütungsregel auch ausdrücklich geregelt wird. Es kommt also darauf an, dass jeder einzelnen Nutzungsart eine konkrete Vergütung zugewiesen wird, mithin der bereits erwähnten neuen Spezifizierungslast (vgl. § 32 Rn. 135) nachgekommen wird. Zudem gelten die allgemeinen Regeln: Vergütungen für unbekannte Nutzungsarten konnten bis zur Regelung der neuen §§ 31a, 32c ebenso wenig geregelt werden (Dreier/Schulze/*Schulze*[5] § 32 Rn. 33) wie allgemeine Formulierungen wegen der **Übertragungszweckregel** der erwähnten Spezifizierungslast genügen. Weitergehende Grenzen, etwa durch das **AGB-Recht** dürften nicht existieren. Es spricht wohl viel dafür, § 310 Abs. 4 BGB analog auf gemeinsame Vergütungsregeln anzuwenden, da ihr Zustandekommen Tarifverträgen gleicht (so auch Dreier/Schulze/*Schulze*[5] Rn. 36).

b) Berücksichtigung der Umstände des jeweiligen Regelungsbereichs: Abs. 1   **26**
S. 2 normiert die eigentlichen inhaltlichen Vorgaben an Vergütungsregeln, spricht aber wohl eher Selbstverständlichkeiten aus (so auch *Wilhelm Nordemann* § 36 Rn. 4). Er ist jedoch als **Soll-Vorschrift** ausgestaltet, lässt also Raum für Abweichungen in begründeten Fällen. Zu den Umständen des Regelungsbereichs gehören insbesondere **Art und Intensität der Nutzung,** eine gewisse **Typisierung** der denkbaren Fälle, aber auch notwendige Pauschalierungen, um sich nicht zu sehr in Details zu verlieren (zu Beispielen Dreier/Schulze/*Schulze*[5] Rn. 11); all das werden die beteiligten Parteien im Zweifel viel besser wissen. Daher hat die Missachtung des Abs. 1 S. 2 in gemeinsamen Vergütungsregeln auch keine Rechtsfolgen. Sie gäbe, wenn sie sich in der Vereinbarung unangemessener Sätze auswirken sollte, allerdings Anlass zur Überprüfung einerseits ihrer Wirksamkeit aus den §§ 138, 242 BGB, andererseits der Aktivlegitimation der an ihrer Entstehung beteiligten Vereinigungen (*Wilhelm Nordemann* § 36 Rn. 9). Um die sich im Laufe der Zeit möglicherweise ergebenen Änderungen branchenüblicher Umstände berücksichtigen zu können, wird empfohlen, für die Vergütungsregel eine Laufzeit vorzusehen (Dreier/Schulze/*Schulze*[5] Rn. 13). Fehlt eine solche, soll die GemVergR nach *Wandtke/Leidl* nicht kündbar sein (ZUM 21017, 609, 613 ff.). Das halten wir für zu streng. Der BGH hat schon lange die grundsätzliche Möglichkeit bejaht, ein Dauerschuldverhältnis in entsprechender Anwendung der §§ 584, 624, 723 BGB ordentlich unter Einhaltung einer Frist zu kündigen (BGH, BeckRS 2009, 86578, Tz. 6). Welche Frist in einem solchen Fall angemessen ist, hängt von den Branchengepflogenheiten ab (s. BGH NJW-RR 2006, 1427, Rn. 5). Bei Fehlen einer – wirksamen – Kündigungsklausel ist dem Vertragspartner zumindest gem. §§ 242, 157 BGB ein **ordentliches Kündigungsrecht** zuzubilligen (s. BGH NJW 2008, 1064, 1066, Rn. Tz). Da GemVergR Dauerschuldverhältnisse sind (vgl. Rn. 1), ist also in Ermangelung von Kündigungsregeln, ein ordentliches Kündigungsrecht zuzugestehen. Die Länge der Kündigungsfrist wird vom Einzelfall abhängen, dürfte jedoch kaum unter 6 Monaten liegen, eher bei 12 Monaten, um den Betroffenen Gelegenheit zu geben, ihr Individualverträge entsprechend anzupassen.

5. Vorrang von Tarifverträgen

Wie bereits in § 32 Abs. 4 für die „einfache" angemessene Vergütung bestimmt   **27**
auch Abs. 1 S. 3 an dieser Stelle, dass Tarifverträge auch vor Gemeinsamen Vergütungsregeln Vorrang genießen. Dies gilt **auch** für **Tarifverträge arbeitnehmerähnlicher Personen** (§ 12a TVG) wie die Gesetzesbegründung – mit einer

zwischenzeitlichen Streichung im Rahmen des Gesetzgebungsverfahrens – klarstellt (FormH v. 19.11.2001 zu RegE UrhVG 2002, S. 20). Damit wollte der Gesetzgeber dort, wo gut funktionierende tarifvertragliche Regelungsmechanismen existieren, diese nicht ohne Not in neue Form zwingen (RegE UrhVG 2002 – BT-Drs. 14/7564, S. 5 i. V. m. BT-Drs. 14/6433, S. 17). Allerdings gilt der Vorrang nicht nur für bereits existierende Tarifverträge, sondern auch für solche, die erst noch abgeschlossen werden (RegE UrhVG 2002 – BT-Drs. 14/7564, S. 5 i. V. m. BT-Drs. 14/6433, S. 17). Zu Recht wird allerdings betont, dass dieser Vorrang nur gilt, **soweit** die Geltung der **Tarifverträge reicht** (*Wilhelm Nordemann* § 36 Rn. 5 und § 32 Rn. 43). Wenn der Tarifvertrag also nicht für allgemeinverbindlich erklärt wurde – und das ist unseres Wissens bei keinem Tarifvertrag im Bereich des Urheberrechts der Fall (Loewenheim/*Axel Nordemann*[2] § 63 Rn. 40 ff.) – entfaltet er nur Wirkung *inter partes* (zu Tarifverträgen im Urheberbereich vgl. § 32 Rn. 73 ff.), sodass nicht gewerkschaftlich organisierte Urheber, ausübende Künstler oder Verwerter, die Mitglied einer Urheber- bzw. Verwertervereinigung i. S. d. § 36 sind, sich auf abweichende Vergütungsregeln berufen können, während ungebundene Urheber oder Verwerter die Bestimmung der Angemessenheit der Vergütung dem Gericht anvertrauen müssen (vgl. § 32 Rn. 26 ff.). Dasselbe gilt natürlich, sollte der Tarifvertrag etwa nur regional gelten; dann dürfte es nicht darauf ankommen, wo die Parteien ihren Sitz haben, sondern wo die Nutzung stattfindet. Auch in zeitlicher Hinsicht kann der Vorrang nur solange gelten, wie der Tarifvertrag gilt, sodass etwaige Neuabschlüsse des Tarifvertrages natürlich Auswirkungen auf die dann neue Vergütung haben. Denkbar ist schließlich, dass tarifvertragliche Regelungen **Indizwirkung** haben (so auch *Wilhelm Nordemann* § 36 Rn. 5 und § 32 Rn. 26 ff.).

III. Aktueller Stand der Vereinbarung Gemeinsamer Vergütungsregeln

28 Der Gesetzgeber hatte angekündigt, zu beobachten, ob sich die Erwartungen an die neue Regelung erfüllen; falls nicht, wolle er erneut handeln (BeschlE RAusschuss UrhVG 2002 – BT-Drs. 14/8058, S. 20). Die Bilanz nach fast 10 Jahren zeigt, dass der Weg zu GemVergRegeln für beide Seiten schwieriger zu sein scheint als manche erhofft hatten:

1. Gemeinsame Vergütungsregeln belletristische Literatur

29 Eine zum Abschluss gekommene gemeinsame Vergütungsregel ist die zwischen dem Verband Deutscher Schriftsteller in ver.di (VS) und einer Reihe deutscher Belletristikverlage (Berlin-Verlag, Fischer, Hanser, Antje Kunstmann, Lübbe, Piper, Random House, Rowohlt und Seemann-Henschel) vom 9.5.2005, für Autoren belletristischer Werke, entstanden in Mediation durch das Bundesjustizministerium, gültig ab 1. Juli 2005. Die Verleger hatten allerdings zunächst den Börsenverein für nicht zuständig erklärt und anschließend die eigens zu diesem Zweck gegründete „Verlegervereinigung Belletristik" wieder aufgelöst (kritisch *Schulze* GRUR 2005, 828, 830). Die GemVergRegel ist abrufbar unter http://www.boersenverein.de/sixcms/media.php/976/Verg%C3%BCtungsregeln%20f%C3 %BCr%20belletristische%20Autoren.pdf, abgerufen am 16.12.2016.

30 Autorinnen und Autoren werden unter Geltung der GemVergRegel nunmehr im Regelfall bei Hardcover-Ausgaben 10% vom Nettoladenverkaufspreis ihrer Bücher erhalten; bei großem Verkaufserfolg soll der Prozentsatz steigen; in bestimmten (in § 3 Abs. 2 definierten) Ausnahmefällen können allerdings auch 8 Prozent „angemessen" sein. Für Taschenbuch-Ausgaben sind 5% mit festen Steigerungsstufen bei hohen Auflagen vorgesehen. Die Beteiligung an Nebenrechten beträgt 50 Prozent bei buchnahen Nebenrechten (z. B. Übersetzung) und 60 Prozent bei buchfernen Nebenrechten. Die Regelung des § 8 der GemVergRegel für Autoren belletristischer Werke, nach der Autoren sich verpflichten, dem Verlag künftig auch die Rechte an allen heute noch unbekannten Nutzungsarten einzuräumen, wofür die Verlage jedoch zu einer angemessenen Vergütung verpflichtet sind, ist erst ab 1.1.2008 wirksam, da die identisch lautende Regelung des § 32c erst dann eingeführt ist.

2. Übersetzer

Einen ersten nicht vereinbarten Entwurf gab es für Übersetzer, den der Verband   **31**
deutscher Schriftsteller (VS) in ver.di und der Verband deutschsprachiger **Übersetzer** literarischer und wissenschaftlicher Werke e. V. (VdÜ) vorgelegt haben
Die Verlegerverbände hatten im Laufe der Gespräche das sog. „**Münchner Modell**" als Vergütungsmodell vorgestellt, das auch von Teilen der Bundesregierung befürwortet wurde (s. Mitteilung AfP 2007, 551). Wäre die GemVergRegel in Kraft getreten, an die zu halten sich eine Reihe namhafter deutscher Verlage bereits verpflichtet hatten, sah diese folgendes Vergütungsmodell (zu den bisherigen gerichtlichen Auseinandersetzungen vgl. § 32 Rn. 87 ff.) vor: Eine Grundvergütung von im Mittel € 17,00 pro Normseite (30 Zeilen à 60 Anschläge) bei Hardcover-Ausgaben und € 13,00 pro Normseite bei Taschenbuch-Ausgaben. Dabei wollten die Parteien die Höhe dieser Grundvergütung und ihre Auswirkungen auf die Verlage genau überwachen, denn die Grundvergütung war als Garantiezahlung nicht verrechenbar und rückzahlbar. Für die Höhe der Grundvergütung sah Ziff. II. 4. GemVergRegel diverse Kriterien vor, die sich an den bereits dargestellten orientieren (vgl. § 32 Rn. 88 ff.). Neben der Grundvergütung regelte Ziff. II. 1 GemVergRegel eine laufende Beteiligung ab einer verkauften Auflage von 5.000 Stück (0,5%-1% bei Hardcover, 0,3%-0,6% bei Taschenbüchern) und weitere Beteiligungen u. a. an Lizenzerlösen (Ziff. II. 2 GemVergRegel). Ziff. IV. Nach langem Streit und langen Verhandlungen gibt es seit dem 1.4.2014 eine **Gemeinsame Vergütungsregel** zwischen ver.di, dem Verband deutschsprachiger Übersetzer literarischer und wissenschaftlicher Werke e. V. und einzelnen Verlagen. Die Vergütungsregel definiert eine Honorierung für Literaturübersetzer. Sie regelt eine Mindest-Grundvergütung mit in der Regel € 19,00 pro Normseite (30 Zeilen à 60 Anschläge) sowie eine laufende Beteiligung am Absatz der verkauften Exemplare von z. B. 1 % (abnehmend bei höheren Auflagen) bei Hardcover- und 0,5 % bei Taschenbuch-Ausgaben (abnehmend bei höheren Auflagen) sowie an Lizenzerlösen, z. B. für Taschenbücher. Für besonders anspruchsvolle Übersetzungen beträgt die Mindest-Grundvergütung in der Regel € 23,00 pro Normseite. Die Grundvergütung ist auf die laufende Beteiligung am Absatz nicht verrechenbar. Die Gemeinsame Vergütungsregel ist abrufbar unter http://www.literatuerberset zer.de/download/uebersetzer/gvr-2014.pdf zuletzt abgerufen am 15.11.2016.

3. Weitere GemVergR, Verhandlungen und Entwürfe

Seit dem 1. Februar 2010 waren gemeinsame Vergütungsregeln für **freie hauptbe**   **32**
rufliche Journalistinnen und Journalisten an Tageszeitungen in Kraft getreten (https://www.bdzv.de/fileadmin/bdzv_hauptseite/positionen/tarifvertraege/Ge meinsame_Verg%C3%BCtungsregeln.pdf, zuletzt abgerufen am 14.11.2016). Der Bundesverband Deutscher Zeitungsverleger (BDZV) hat diese Ende Februar 2017 „mit Blick auf das ab 1.3.2017 eingeführte Verbandsklagerecht" gekündigt (Pressemitteilung des BDZV vom 27.2.2017, abrufbar unter http:// www.bdzv.de/nachrichten-und-service/presse/pressemitteilungen/artikel/deta il/bdzv_kuendigung_der_gemeinsamen_verguetungsregeln_zwingend_gebote n/, abgerufen am 15.3.2017. Die angemessene Vergütung orientiert sich in der Struktur am „Tarifvertrag für arbeitnehmerähnliche freie Journalisten an Tageszeitungen", wobei die vereinbarten Honorare nominal um sieben bis vier-

zehn Prozent unter denen des Tarifvertrages liegen. Die Ansicht, wonach sich der Geltungsbereich auf Westdeutschland beschränkt (LG Potsdam ZUM-RD 2013, 418, 420, bestätigt durch OLG Brandenburg, ZUM 2015, 253, 255 f.), wurde vom BGH verworfen (BGH GRUR 2016, 1296, 1298 f. – *GVR Tageszeitungen III*). Im Bereich der Zeitungsfotos gab es einen Schlichterspruch, gegen den kein Widerspruch eingelegt wurde. Ab 1. Mai 2013 gelten daher die darin festgelegten Honorare für **Fotografien in Tageszeitungen**, die in Abhängigkeit von Auflage der Zeitung und Größe der Fotografie die Vergütung für Erst- und Zweitdruckrechte regeln. Damit gibt es also eine **gemeinsame Vergütungsregel für Zeitungsfotos** (https://www.djv.de/fileadmin/user_upload/Bilder/ Faire_Bildhonorare_0702131.pdf, zuletzt abgerufen am 14.11.2016). Zudem inkorporieren diese Regelungen (§ 2) die allgemeinen Bestimmungen der oben genannten gemeinsamen Vergütungsregeln für freie hauptberufliche Journalistinnen und Journalisten an Tageszeitungen. Für die Angemessenheitsprüfung einer Vergütung eines Berufsfotografen, der nicht Journalist ist, können sie allerdings nicht herangezogen werden (OLG München AfP 2015, 60, 61 f.). Sie gelten für jeweils zwei Jahre und waren erstmals zum 1. Mai 2015 kündbar. Gespräche haben auch der Berufsverband Kinematografie (**Kamera**) mit einzelnen Werknutzern geführt; hierzu gab es einen begründeten Einigungsvorschlag der vom OLG München eingerichteten Schiedsstelle (http://www.kinemato grafie.org/kontakt/anhang/2013–03–12_13–35_Einigungsvorschlag.pdf, zuletzt abgerufen am 15.11.2016), der im März 2013 von den Parteien angenommen wurde. (Zum Streit um die Zulässigkeit des Schlichtungsverfahrens s. LG München I ZUM-RD 2013, 84 ff.) Diese Gemeinsame Vergütungsregel bindet in ihrer endgültigen Fassung auf Seiten der Werknutzer nur die Constantin Film Produktion GmbH. Die angemessene Vergütung verweist auf den Gagentarifvertrag für bildgestaltende Kameraleute zwischen ver.di und der Produzentenallianz; zusätzlich wird den Urhebern ab Erreichen bestimmter Beteiligungsschwellen eine Beteiligung von 0,85 % und weitere Beteiligungsschwellen von 1,6 % an bestimmten definierten Erlösen gewährt (Ziff. 4). Bei Koproduktionen gelten Sonderregeln (Ziff. 7). Die Vergütungsregel war erstmals zum 31.12.2016 kündbar.

Ferner gibt es einen Einigungsvorschlag der vom OLG München eingerichteten Schiedsstelle zwischen dem Berufsverband Kinematografie (**Kamera**) und dem **Bayerischen Rundfunk**, der am 21.6.2016 beschlossen wurde (http://www.ki nematografie.org/downloads/Einigungsvorschlag_GVR_BVK_BR.pdf, abgerufen am 14.11.2016). Danach richtet sich die Erstvergütung der Kameraleute nach der tariflichen Vergütung des für die jeweilige TV-Produktion zwischen der Produzentenallianz und ver.di gültigen Gagentarifvertrages. Folge- und Wiederholungsvergütungen richten sich nach den Bestimmungen der gemeinsamen Vergütungsregel. Bei Wiederholungen im Hauptprogramm der ARD beträgt die Wiederholungsvergütung 20 % der Erstvergütung; bei Wiederholungen im Früh- und Vormittagsprogramm 10 %; im Nachtprogramm 5 %. Weiterhin sieht der Einigungsvorschlag verschiedene prozentuale Wiederholungsvergütungen vor, je nachdem, in welchem Sendebereich bzw. in welchem Programm die Wiederholung ausgestrahlt wird. Die Höhe der Wiederholungsvergütung hängt auch davon ab, wie lange die Ausstrahlung der Erstsendung zurückliegt. Sind inzwischen mehr als zehn Jahre vergangen, wird die Wiederholungsvergütung um mindestens 40 % angehoben. Vorgesehen ist eine früheste Kündigungsmöglichkeit zum 31.12.2020.

33   Über GemVergRegeln für **Freie Mitarbeiter an Zeitschriften** wird noch verhandelt (s. einen Entwurf abrufbar unter https://www.mediafon.net/upload/dju_djv_em pfehl_zs.pdf, abgerufen am 16.12.2016). Auch im Bereich des **Privaten Rundfunks** haben die Gewerkschaften ver.di und DJV gegenüber dem Tarifverband für den privaten Rundfunk (TPR) angeregt, Verhandlungen aufzunehmen. Ein

Entwurf wird bei den Gewerkschaften ausgearbeitet (Pressemitteilung ver.di v. 2.5.2006). Bereits 2002 haben ver.di und Verbände der Film- und Fernsehproduzenten Verhandlungen für GemVergRegeln für **Film- und Fernsehschaffende** aufgenommen, die zwischenzeitlich ausgesetzt wurden, zumal nunmehr ein Tarifvertrag existiert (vgl. § 32 Rn. 103). Es gibt vier GemVergR, eine für **Regisseure**, eine für **Schauspieler** (beide vom 1.7.2013) eine für **Drehbuchautoren** (vom 3.6.2014) und eine für **Kameraleute** (vom 17.8.2016), die allerdings direkt nur die ProSieben Sat.1 TV Deutschland GmbH binden. Diese GemVergR sehen neben einem pauschalen Grundhonorar ein reichweitenabhängiges Beteiligungshonorar vor (näher dazu Dreier/Schulze/*Schulze*[5], § 32 Rn. 38). Die GemVergRegel für Schauspieler ist abrufbar unter https://www.bffs.de/files/2014/12/2 0130630_Gemeinsame-Verg%C3%BCtungsregeln-BFFS-und-ProSiebenSat1-Final1.pdf, abgerufen am 16.12.2016. Die GemVergR für Regisseure ist abrufbar unter http://cb-tm.de/notiz/download.php?id=88118, abgerufen am 16.12.2016. Die GemVergRegel für Drehbuchautoren ist abrufbar unter http://www.drehbuchautoren.de/sites/drehbuchautoren.de/files/20140610_Vertrag_Pro7Sat1.pdf, abgerufen am 16.12.2016. Die GemVergRegel für Kameraleute ist abrufbar unter http://www.prosiebensat1.de/uploads/2016/08/23/160817_.Verguetungsregeln_BVK.pdf, abgerufen am 16.12.2016.
Zur Indizwirkung bestimmter Tarife von Verwertungsgesellschaften vgl. § 32 Rn. 47. Am 2. August 2012 wurden Rahmenbedingungen für Verträge zwischen Auftragsproduzenten und Autoren vom Verband der **Drehbuchautoren** in Kooperation mit dem ZDF und der Allianz deutscher Produzenten vereinbart (s. Pressemitteilung, abrufbar unter http://www.drehbuchautoren.de/sites/drehbuchautoren.de/files/PM%20VDD-ZDF-PA-Vereinbarung.pdf, zuletzt abgerufen am 22.12.2016). Es wurden zwei voneinander zu unterscheidende Fallgruppen geschaffen. Im bisherigen Honorarmodell wurde das Grundhonorar erhöht, im gleichen Zug jedoch die Wiederholungshonorarsätze auf Grund veränderten Nutzerverhaltens halbiert. Um die Möglichkeit einer pauschalen Abgeltung der Rechte der Autoren zu schaffen, einigten sich die Beteiligten zudem auf sog. Korbmodelle. Des Weiteren werden Urheber in beiden Vertragsmodellen an der späteren kommerziellen Nutzung beteiligt.

33a Die wenigen existierenden GemVergRegeln finden sich fast ausschließlich in den traditionellen Nutzungsformen der Medien. Zur Zeit der Vertragsrechtsreform im Jahr 2002 befand sich die Entwicklung des digitalen Geschäftsverkehrs noch in ihren Anfängen, jedoch haben sich bis heute viele digitale Geschäftsmodelle (z. B. bezahlte Downloads, Abonnement-Dienste, Streaming-Dienste) etabliert. Trotz der Verschiebung der Umsatzstärken von der traditionellen Nutzung hin zur digitalen Nutzung wurde die Möglichkeit der Aufstellung GemVergRegeln in der digitalen Welt bisher allerdings kaum genutzt (zur angemessenen Vergütung bei digitalen Nutzungsformen s. a. *Kromer* AfP 2013, 29).

33b Zwischen dem Bundesverband Regie e. V. und der Allianz Deutscher Produzenten – Film & Fernsehen e. V. (Produzentenallianz) wurden im Jahr 2016 **Gemeinsame Vergütungsregeln für den Bereich fiktionaler Kinofilm** geschlossen. Der persönliche Geltungsbereich umfasst einerseits die in der Produzentenallianz vertretenen Hersteller von Kinofilmen und andererseits alle angestellten und freien **Hauptregisseure** von Kinofilmen. Die zu gewährende Grundvergütung richtet sich nach der Höhe des Budgets der Kinofilmproduktion und beträgt zwischen € 25.000 für eine Low-Low-Budget-Produktion und € 125.000 für eine Produktion mit einem Budget ab € 8 Mio. Zusätzlich erhält der Regisseur bei Erreichen bestimmter Zuschauerzahlen eine Escalator-Zahlung. Deren Höhe ist zum einen abhängig von der Anzahl der Besucher, zum anderen von der Höhe des Budgets der Produktion. Sie beträgt mindestens € 2.000 bei Erreichen der untersten Escalator-Schwelle. Darüber hinaus ist eine Erlösbeteiligung

vorgesehen. Die GemVergRegeln sind abrufbar unter http://www.produzente
nallianz.de/die-produzentenallianz/ergebnisse/inhalte-ergebnisse/gemeinsame
-verguetungsregeln-fuer-den-bereich-fiktionaler-kinofilm.html, abgerufen am
16.12.2016.
Zwischen dem Bundesverband der Film- und Fernsehregisseure in Deutschland
e. V., dem ZDF und der Allianz Deutscher Produzenten – Film & Fernsehen
e. V. wurde eine **Gemeinsame Vergütungsregel für vollfinanzierte 90-minütige
fiktionale Auftragsproduktionen des ZDF** vereinbart, die seit dem 15.12.2014
gilt. Es ist die erste Vergütungsregel, die ein öffentlich-rechtlicher Sender direkt
abschließt. Das ZDF-Basishonorar (Erstvergütung) beträgt brutto € 27.820.
Darüber hinaus wird eine nach der jeweiligen Nutzung fällige Folgevergütung
gezahlt, die sich prozentual auf Basis einer Bemessungsgrundlage von brutto €
23.650 bemisst. Kommerzielle Verwertung wird außerdem mit 4 % des Brutto-
Erlöses vergütet. Die gemeinsame Vergütungsregel ist abrufbar unter http://cb
-tm.de/notiz/download.php?id=96347, abgerufen am 16.12.2016. Seit dem
1.9.2015 gibt es ferner eine **Ergänzungsvereinbarung** zu dieser Vergütungsregel, die die Bereiche Reihen und Serien mit 60 und 45 Minuten Länge umfasst.
Sie ist abrufbar unter http://cb-tm.de/notiz/download.php?id=99803,
abgerufen am 16.12.2016. Schließlich wurden im März 2016 **Gemeinsame
Vergütungsregeln für Dokumentationen** vereinbart, die für vollfinanzierte Auftragsproduktionen des ZDF gelten. Auch diese Vereinbarung enthält eine ZDF-
Basisvergütung, deren Höhe davon abhängig ist, zu welcher der definierten
Kategorien die jeweilige Dokumentation gehört und welcher Nutzungszeitraum ab Erstsendung (Korb) betroffen ist.
Nach zweijährigen Verhandlungen mit der Allianz Deutscher Produzenten
Film & Fernsehen e. V. hat sich die **ARD** zu bestimmten Eckpunkten mit Beginn des Jahres 2016 verpflichtet. Die „**Eckpunkte für ausgewogene Vertragsbedingungen** und eine faire Aufteilung der Verwertungsrechte bei Produktionen für die Genres Fiktion, Unterhaltung und Dokumentation" (Fassung vom
22.12.2015) umfassen sowohl vollfinanzierte Fernsehauftragsproduktionen als
auch teilfinanzierte Auftragsproduktionen. In den Eckpunkten werden die The-
menkomplexe realistische Kalkulationen, Rechteteilung und Mitfinanzierung,
Anreize für Innovationen sowie Entwicklungskosten und Rahmenbedingungen
für einen guten Pitch geregelt. Die Eckpunkte sind abrufbar unter http://www
.ard.de/download/1016420/Eckpunkte_fuer_ausgewogene_Vertragsbedingu
ngen_bei_Produktionen_von_Mitgliedern_der_Allianz_Deutscher_Produzent
en___Film___Fernsehen_im_Auftrag_der_ARD_Landesrundfunkanstalten.p
df, abgerufen am 16.12.2016.

IV. Problem konkurrierender Vergütungsregeln

34   Angesichts des aktuellen Standes der Vereinbarung von Gemeinsamen Vergütungsregeln ist das Problem, welche von zwei konkurrierenden Vergütungsregeln in vergleichbaren Bereichen Anwendung finden wird, **noch hypothetischer
Natur**. Da der Vergütung (relativ) volatile Marktverhältnisse zugrunde gelegt
werden, wird man wohl zum einen auf die zeitliche Nähe des Abschlusses der
Vergütungsregel zum jeweiligen Einzelvertragsschluss abstellen und diejenige
bevorzugt heranziehen, die näher am Vertragsschluss liegt, da für sie die faktische Vermutung spricht, den herrschenden Marktverhältnissen eher zu entsprechen. Da § 32 Abs. 1 weiterhin von dem Kenntnisstand der Parteien bei Vertragsschluss ausgeht, ist in einer Situation, in der eine Vergütungsregel vor
Einzelvertragsschluss vereinbart wurde und eine danach, die dem Vertragsschluss vorangehende anzuwenden. Vergütungsregeln, die erst nach Einzelvertragsschluss abgeschlossen wurden, konnten nicht mal hypothetischerweise
zum Zeitpunkt des Vertragsschlusses vom Urheber oder Verwerter zur „Ermittlung" der Vergütung herangezogen werden. Redlicherweise kann ein Verwerter

aber nichts gegen die Anhebung einer Vergütung auf ein Niveau einwenden, das dem Verwerter sogar hätte bekannt sein und er zur Basis des Vertrages hatte machen können. Im Zweifelsfall ist also diejenige Vergütungsregel, die zum Zeitpunkt des Einzelvertragsschluss zumindest hätte einbezogen werden können, der späteren vorzuziehen.

Liegen wiederum zwei Vergütungsregeln vor, die beide entweder vor oder nach   **35** dem Vertragsschluss vereinbart wurden und zeitlich so nahe beieinander liegen, dass dies nicht ins Gewicht fällt, ist auf diejenige abzustellen, die **geeigneter** ist, in der **speziellen Situation** des Einzelfalles eine angemessene Lösung zu erzeugen. Die Eignung ergibt sich aus der Vergleichbarkeit dem der Vergütungsregel zugrundeliegenden und dem Vertrag zugrundeliegenden Lebenssachverhalt und bestimmt sich danach, welche Unterkriterien zur Vergütungsfestsetzung in die Vergütungsregel eingeflossen sind, wie es sich aus einer **Auslegung** der einzelnen, am nächsten einschlägigen Regelungen der GemVergRegel ergibt. Stellen sich die Kataloge beider GemVergRegeln als gleich nah am **Lebenssachverhalt** der Vertragssituation dar, ist der Korridor zwischen den Vergütungssätzen beider Regeln zu bestimmen, innerhalb dessen das Gericht nach freiem Ermessen unter Einbeziehung der einzelfallabhängigen Kriterien eine Vergütung ansetzen darf. Im Ergebnis relativiert die Existenz einer GemVergRegel die prozessuale Wirkung einer bereits bestehenden Vergütungsregel.

Die Ausführungen haben gezeigt, dass zwei konkurrierende GemVergRegeln   **36** zu einer Relativierung des Grundsatzes des § 32 Abs. 2 führen müssen und dass GemVergRegeln auf ihre Angemessenheit hin untersucht werden. Allerdings ist die hier vorgeschlagene Relativierung dieses Grundsatzes nicht absolut: Es geht nicht darum, die Angemessenheit der GemVergRegel doch durch Gerichte prüfen zu lassen, sondern lediglich die im Vergleich angemessenere Vergütungsregel zu ermitteln. Um derartige Relativierungen zu vermeiden, empfiehlt es sich, im Rahmen der Verhandlungen zu GemVergRegeln Kollisionsklauseln für potentiell konkurrierende Regeln aufzunehmen und genau zu regeln, inwieweit diese Anwendung finden sollen. Da dies keine Abbedingung, sondern eine Ausgestaltung der Regeln i. S. d. der §§ 32, 36 ist, verstieße eine solche Klausel auch nicht gegen § 32 Abs. 3 S. 1 und 2.

V.   Prozessuales

1.   Der Weg zu einer gemeinsamen Vergütungsregel

Den Weg zu einer gemeinsamen Vergütungsregel beschreibt § 36 und verweist   **37** zu der Ausgestaltung des etwaig notwendigen Schlichtungsverfahrens auf § 36a, das das zunächst in der Begründung vorgesehene Schiedsverfahren nach der ZPO (FormH v. 19.11.2001 zu RegE UrhVG 2002, S. 20) ersetzt. Ausführlich zum Verfahren Schricker/Loewenheim/*Dietz/Haedicke*[5] Rn. 74 ff. Schematisch könnte man diesen Weg wie folgt darstellen:
Der einfachste Weg ist in § 36 Abs. 1 aufgezeigt. Die Parteien einigen sich und stellen eine gemeinsame Vergütungsregel auf. Für diese im Rahmen der Parteiautonomie ablaufenden Verhandlungen über gemeinsame Vergütungsregeln gibt das Gesetz keine Verfahrensvorschriften vor. Die Vertragsparteien haben vielmehr Freiheit z. B. in Auswahl und Größe der Verhandlungskommission, der Durchführung von Sitzungen, der Gestaltung und Veröffentlichung der Vergütungsregel selbst und hinsichtlich des Inhalts der vereinbarten Regeln (*Wilhelm Nordemann* § 36 Rn. 3). Letzteres gilt im Rahmen der wenigen materiellen Grenzen, die das Gesetz gemeinsamen Vergütungsregeln steckt (vgl. Rn. 23 f.). Es besteht allerdings keine Verpflichtung zur Mitwirkung an der Aufstellung gemeinsamer Vergütungsregeln, allenfalls eine Obliegenheit (BGH

WRP 2017, 119 Tz. 17 m. w. N.), denn Abs. 3 sieht ja gerade Folgen bei einer Verweigerung der Teilnahme vor.

38 All dies berührt natürlich nicht die bisherige Praxis, die in einigen Bereichen schon seit Anfang des 20. Jahrhunderts zu abgestimmten Vertragsmustern, im Bühnenbereich sogar zu allgemein befolgten Vergütungssätzen für Aufführungen im staatlichen und kommunalen Häusern und subventionierten Bühnen geführt hat (sog. **Regelsammlung Verlage** (Vertriebe)/Bühnen) (hierzu *Wilhelm Nordemann* § 36 Rn. 3). Solche Vereinbarungen (im Detail dazu vgl. Vor §§ 31 ff. Rn. 80) können weiterhin – im Rahmen der insbesondere kartellrechtlichen Grenzen – gefunden werden und haben dann insbesondere Auswirkungen auf Fragen der angemessenen Lizenzgebühr im Rahmen des § 97 oder sind schlichte Kalkulationshilfe für Vertragsverhandlungen (vgl. § 97 Rn. 86 ff.; allg. zu diesen „Übungen" vgl. § 32 Rn. 44). Wollen die Parteien aber die Wirkungen des § 36 erreichen, müssen sie die hier dargestellten Voraussetzungen erfüllen. Eine Umwidmung schon bestehender Vereinbarungen dürfte schon deshalb nicht in Betracht kommen, weil sie nicht gemäß den Regeln der Abs. 1 und 2 entstanden sein können (im Ergebnis ebenso Wandtke/Bullinger/ *Wandtke/Grunert*[4] Rn. 20). Für die Verhandlungen und etwaige Abschlüsse von Vereinbarungen gelten die allgemeinen bürgerlich-rechtlichen Regeln, also auch die besonderen Treuepflichten aus § 242 BGB.

2. Voraussetzungen für die Einleitung des Schlichtungsverfahrens (§ 36a)

39 Wie in V.1. schematisch dargestellt (vgl. Rn. 37), gibt es mehrere Wege zu einem Verfahren nach § 36a vor der Schlichtungsstelle.

40 a) **Parteivereinbarung:** Der einfachste Weg ist der in § **36 Abs. 3 S. 1** beschriebene: Die Parteien **einigen sich selbständig** auf ein Schlichtungsverfahren, ohne dass zuvor irgendwelche Formalia der §§ 36, 36a durchlaufen sein müssen. Diese Einigung ist formfrei, sollte aber sicherlich zu Beweiszwecken schriftlich festgehalten werden.

41 b) **Schriftliches Verlangen einer Partei:** Ohne eine solche Einigung kann das Verfahren auch auf Verlangen einer Partei eingeleitet werden. Dann allerdings ist für das Verlangen **Schriftform** (§ 126 BGB) vorgeschrieben. Zudem muss es eine weitere formelle Voraussetzung erfüllen, die in § 36a Abs. 4 versteckt ist: Es muss einen **Vorschlag** über die Aufstellung einer gemeinsamen Vergütungsregel enthalten. Dabei dürfen an diesen Vorschlag keine zu strengen Anforderungen gestellt werden. Natürlich muss er nicht die Zustimmung der anderen Partei finden und sicherlich auch nicht alle Details in Einzelheiten regeln, aber er muss doch substantiiert sein, also aus sich heraus verständlich und konsistent. Dazu gehört auch, dass er für alle zu regelnden Nutzungen konkrete Vergütungsvorstellungen nennt. Soweit lediglich die Bestimmung eines Vorsitzenden oder der Anzahl der von jeder Seite zu benennenden Beisitzer verlangt wird, kommt es auf die materiellen Voraussetzungen der beantragenden Partei – also z. B. ob sie repräsentativ ist – nicht an (KG ZUM 2005, 229). Anders wäre nur zu entscheiden, wenn die Unzulässigkeit des Schlichtungsverfahrens ganz offensichtlich ist (KG ZUM 2005, 230 unter Verweis auf § 76 BetrVG). Wenn sich allerdings die jeweiligen Antragsgegner aufgelöst haben, muss ein entsprechender Antrag als unzulässig verworfen werden (KG ZUM 2005, 230). Vgl. § 36a Rn. 4. Ob ein **Feststellungsantrag**, dass ein bestimmter Antragsgegner verpflichtet ist, sich auf ein Schlichtungsverfahren einzulassen (zur Zuständigkeit vgl. § 36a Rn. 5) zulässig ist, ist bislang nicht entschieden (offen lassend LG Frankfurt aM. ZUM 2006, 948, 949; zum Streit über die Zulässigkeit vgl. Rn. 45). In jedem Fall müssen die Parteien die materiellen Anforderungen (vor allem: Ermächtigung), erfüllen, ansonsten ist die entsprechende Klage unbegründet (LG Frankfurt aM. ZUM 2006, 948, 949). Überhaupt ist ungeklärt, ob das so entscheidende OLG die **materiellen** und **formellen** Voraussetzungen des Schlichtungsverfahrens **überprüfen** muss oder sich auf eine kursorische Prüfung zu beschränken hat (in ersterem Sinne: *Ory* ZUM 2006, 914, 916; in letzterem Sinne ausführlich Schricker/Loewenheim/*Dietz/Haedicke*[5] Rn. 61; auch vgl. § 36a Rn. 6 und zur generellen Zulässigkeitsfrage vgl. Rn. 45).

aa) Verhandlungsverweigerung: Abs. 3 S. 2 Nr. 1 nennt als ersten Anwendungsfall dieses einseitigen Verlangens die Verhandlungsverweigerung, die allerdings an Fristen gebunden ist. Erforderlich ist das fruchtlose Verstreichen von drei Monaten nach dem Verlangen nach Verhandlungen. Die eine Partei muss also **ernsthaft** um solche **Verhandlungen nachgesucht** haben. Es reicht nicht ein lapidarer Brief, „[...] man könne ja mal reden.". Es sollte eine deutliche Aufforderung an die andere Partei sein, die keine Zweifel aufkommen lässt, was die Partei wünscht. Denkbar ist, die Rechtsprechung zum Begriff der Mahnung fruchtbar zu machen (dazu Palandt/*Grüneberg*[75] § 286 Rn. 16 ff.). Das Gesetz verlangt als Reaktion auf die Aufforderung **mehr als eine schriftliche Reaktion.** *Wilhelm Nordemann* weist zu Recht darauf hin, dass der Sprachgebrauch – anders als bei der Verwendung des entsprechenden Verbs „verhandeln" – unter dem Begriff der „Verhandlung" die Erörterung von Meinungen und Vorschlägen im Gespräch versteht, das unter den heutigen technischen Gegebenheiten auch per Telefonkonferenz stattfinden könnte, das aber jedenfalls von einem persönlichen Gedankenaustausch gekennzeichnet ist. Innerhalb der Dreimonatsfrist muss es also zu einer Begegnung der Verhandlungskommissionen beider Seiten gekommen sein (*ders.* § 36 Rn. 12). **42**

bb) Ergebnislosigkeit: Die Verhandlungen können darüber hinaus dann vor der Schlichtungsstelle enden, wenn sie – wiederum mit einer Frist belegt, diesmal aber einer **1-Jahres-Frist** – **ergebnislos** verlaufen. Ob ein Ergebnis vorliegt, bestimmen die Parteien. Nur wenn beide Parteien das etwaig vorliegende Papier als Ergebnis ansehen, ist es ein solches im Sinne des § 36. **Objektive Kriterien** spielen dabei **keine Rolle.** **43**

cc) Gescheitert erklären: Schließlich kommen die Parteien immer dann vor die Schlichtungsstelle, wenn nur eine Partei die **Verhandlungen für endgültig gescheitert erklärt.** Das kann auch vorliegen, wenn eine Verhandlungspartei die andere z. B. auf einen Verband verweist und selber keine Verhandlungen führen will (OLG München ZUM 2011, 756). Das Gesetz gibt hierfür **keine Frist** vor, doch wird man im Interesse einer Chance für die gesetzlichen Vorstellungen von weitestgehender Parteiautonomie zumindest einen Abbruch der Verhandlungen bereits im ersten Treffen für treuwidrig halten dürfen (zur Geltung der allgemeinen zivilrechtlichen Regeln vgl. Rn. 38). **44**

c) Streit über die Zulässigkeit an sich: Eine wesentliche Fallgruppe des Streits über GemVergRegeln regelten §§ 36, 36a aber nicht: Was passiert, wenn z. B. ein Werknutzer, der zu Verhandlungen aufgefordert wird, der Ansicht ist, er sei nicht passivlegitimiert, sei also kein Werknutzer. In einem solchen Fall entsteht also Streit über die Zulässigkeit eines Schlichtungsverfahrens an sich. Die Instanzgerichte waren hierzu unterschiedlicher Auffassung (dazu unsere 11. Aufl. Rn. 45). Der BGH ließ es offen, ob das Oberlandesgericht im Rahmen des § 36a Abs. 3 a. F. zu prüfen hat, ob das Schlichtungsverfahren zulässig ist und auch, ob das Oberlandesgericht sich dabei gegebenenfalls auf eine kursorische Prüfung auf offensichtliche Unzulässigkeit beschränken darf oder ob es die Zulässigkeit des Schlichtungsverfahrens umfassend und eingehend prüfen muss (BGH GRUR 2011, 808 Tz. 16 – *Aussetzung eines Schlichtungsverfahrens*). Jedenfalls hielt der BGH fest, dass das Oberlandesgericht nicht befugt sei, mit bindender Wirkung über die Zulässigkeit oder Unzulässigkeit des Schlichtungsverfahrens zu befinden (BGH GRUR 2011, 808 Tz. 16 – *Ausset-* **45**

zung eines Schlichtungsverfahrens unter Verweis u. a. auf KG, ZUM 2005, 229, 230). Darauf hat der Gesetzgeber reagiert. Nunmehr weist § 36a Nr. 3 die Befugnis dem OLG zu über die Voraussetzungen des Schlichtungsverfahrens in Bezug auf (1) die Fähigkeit der Werknutzer sowie Vereinigungen von Werknutzern und Urhebern, Partei des Schlichtungsverfahrens zu sein und in Bezug auf (2) ein Verfahren vor der Schlichtungsstelle, das auf Verlangen nur einer Partei stattfindet (vgl. § 36a Rn. 4 ff.), auch um eine weitere Beschleunigung der Verfahren zu erreichen (RegE UrhVG 2016 – BT-Drs. 18/8625, S. 28).

3. Inhalt des Schlichtungsspruchs und seine Folgen

46 In Vorgriff auf § 36a, der nur das Verfahren der Schlichtungsstelle regelt, bestimmt § 36 Abs. 4 das Ergebnis dieser Stelle: Nämlich den Schlichterspruch. Dieser Spruch ist nicht mehr und nicht weniger als ein **Einigungsvorschlag,** der eine gemeinsame Vergütungsregel i. S. d. Gesetzes enthält (§ 36 Abs. 4). Angenommen werden muss er nicht. Wird er abgelehnt, entfaltet er nur insoweit Wirkung, als er **indizielle Bedeutung** für die Höhe der angemessenen Vergütung besitzen könnte (dafür *Wilhelm Nordemann* § 36 Rn. 15 unter Verweis auf BeschlE RAusschuss UrhVG 2002 – BT-Drs. 14/8058, S. 20; a. A. *Berger* Rn. 242; wohl offen Dreier/Schulze/*Schulze*[5] Rn. 34). Wenn der Einigungsvorschlag angenommen wird, entfaltet er die nicht widerlegbare Vermutungswirkung, dass die geregelte Vergütung angemessen i. S. d. § 32 ist (§ 32 Abs. 2).

47 Der **Regierungsentwurf zu** § 36, der insoweit mit dem Professoren- und dem Referentenentwurf übereinstimmte, sah sich – wie *Wilhelm Nordemann* erläutert – dem Vorwurf nicht nur von Verwerterseite, sondern auch aus der Wissenschaft ausgesetzt, dass die – darin allerdings nur für einzelne Werknutzer vorgeschlagene – **Zwangsschlichtung** die von **Art. 9 Abs. 3 GG geschützte Freiheit** beschränke, sich zur Wahrung und Förderung der Arbeits- und Wirtschaftsbedingungen zu vereinigen (*Schack* ZUM 2001, 453, 462; Gounalakis/Heinze/Dörr/*Heinze* S. 194, 203; abrufbar unter http://www.ory.de/uvr/UrhVR-Gutachten.pdf, abgerufen am 3.8.2011; gegen beide *Schlink/Poscher* S. 15 f.). Diese Freiheit umfasst auch die Betätigung in den für solche Vereinigungen typischen Handlungsformen (BVerfGE 94, 268, 283), insbesondere die tarifvertragliche Regelung von Arbeits- und Wirtschaftsbedingungen, die sog. Tarifautonomie (BVerfGE 84, 212, 224). Zwar hatten die Entwürfe letztere mit einer Vorrangklausel zugunsten tarifvertraglicher Regelungen gewahrt (§ 36 Abs. 1 S. 3 des Regierungsentwurfs); diese erfasste jedoch nur solche mit Arbeitnehmern, nicht diejenigen des § 12a TVG mit arbeitnehmerähnlichen Personen (zu allem vorstehenden *Wilhelm Nordemann* § 36 Rn. 1). Die Gesetzesfassung hat sich dieses Punktes angenommen und aus den dargestellten Gründen nur den Einigungs*vorschlag* als Ergebnis der Schlichtung eingeführt, da andernfalls eine Kollision mit Art. 9 GG vorläge. Dieser Vorschlag gilt allerdings als angenommen, wenn ihm nicht innerhalb von drei Monaten nach Empfang widersprochen wird. Die beteiligten Parteien haben also die Freiheit, sich von dem Spruch überzeugen zu lassen oder nicht. Wenn sie aber nicht widersprechen, entfaltet der Spruch Wirkung und führt zu der oben beschriebenen (vgl. Rn. 45; vgl. § 32 Rn. 29 ff.) strengen Vermutungswirkung.

48 Inhaltlich gibt das Gesetz wenig zum Einigungsvorschlag vor. Er muss natürlich den **Inhalt der für angemessen gehaltenen Vergütungsregel wiedergeben** (Abs. 4 S. 1). Ein strenges **ne ultra petita** wie im Zivilprozess (§ 308 ZPO) **dürfte aber nicht existieren.** Zwar bestimmt der Antragsteller mit seinem Verlangen auf Durchführung des Schlichtungsverfahrens den Rahmen; dieser kann freilich noch während des Verfahrens durch Ergänzungsvorschläge der einen oder der anderen Seite oder Vorschläge des Schlichtergremiums verändert werden. Der Gesetzgeber wollte ja weitestgehende Verlagerung der Auseinandersetzung über die Angemessenheit aus den Justiz- in die Fachkreise. Ein strenges *ne ultra* *petita* würde dem Schlichtungsverfahren unnötig Flexibilität nehmen. Ob der Einigungsvorschlag als Ergebnis des Verfahrens durch den ursprünglichen Vorschlag des Antragstellers wirklich begrenzt ist (so *Wilhelm Nordemann* § 36 Rn. 13; offen wohl Dreier/Schulze/*Schulze*[5] Rn. 33), erscheint zumindest diskussionswürdig. Der Einigungsvorschlag der Schlichtungsstelle ist ferner zu begründen; dazu wird es nicht genügen, dass die Schlichtungsstelle erklärt, nach Abwägung aller von den Parteien vorgetragenen Gesichtspunkte halte sie die nachfolgend vorgeschlagene Vergütungstabelle für angemessen. Sie muss vielmehr, soweit Einzelbeträge streitig sind, ihren Vorschlag im Einzelnen begründen. Letztlich wird sie sich an § 313 ZPO zu orientieren haben (*Wilhelm Nordemann* § 36 Rn. 13).

Der Einigungsvorschlag gilt, ähnlich der Regelung aus dem VGG, als angenommen, wenn ihm nicht binnen sechs Wochen ab Empfang (**Annahmefiktion nach 6-Wochenfrist**; zur Zuleitung an die Parteien vgl. § 36a Rn. 14) widersprochen wird (Abs. 4 S. 2). Diese Frist ist durch das UrhVG 2016 verkürzt worden, was der Beschleunigung des Schlichtungsverfahrens dienen soll (RegE UrhVG 2016 – BT-Drs. 18/8625, S. 28). Dieser **Widerspruch** muss – eine abweichende Verordnung nach § 36a Abs. 8 existiert noch nicht – innerhalb der Frist **beim Vorsitzenden** (*Wilhelm Nordemann* § 36 Rn. 13; für vorherige Absprache wegen offensichtlicher Lücke Dreier/Schulze/*Schulze*[5] Rn. 35) eingegangen sein. Er muss also schriftlich erklärt werden. Eine Begründung ist nicht vorgeschrieben. Sie ist auch nicht erforderlich, weil mit dem Widerspruch das Schlichtungsverfahren ebenso abgeschlossen ist wie ohne einen solchen. Einen **weitergehenden Rechtsbehelf** gegen den Einigungsvorschlag **gibt es nicht**. Die am Zustandekommen einer Vergütungsregel Beteiligten unterliegen während deren Laufzeit einer Friedenpflicht (Dreier/Schulze/*Schulze*[5] Rn. 37).   **49**

4.   Ausblick: Notwendigkeit der Veröffentlichung der Ergebnisse

Gemeinsame Vergütungsregeln können die vom Gesetzgeber in sie gesetzte Erwartung, zu Standards zu werden, nur erfüllen, wenn sie veröffentlicht werden. Mit Einigungsvorschlägen einer Schiedsstelle, die wegen des Widerspruchs einer Seite nicht zu einer gemeinsamen Vergütungsregel geführt haben, sollte seitens der anderen Seite entsprechend verfahren werden, schon damit ihre die Vertragspraxis beeinflussende Wirkung sich entfalten kann. **Wünschenswert** wäre daher eine **vom BMJ veranlasste Veröffentlichung** zumindest der gemeinsamen Vergütungsregeln mit Hinweis, welche als unwidersprochen gebliebenen Einigungsvorschläge zustande gekommen sind (zu ähnlichen Überlegungen auch Dreier/Schulze/*Schulze*[5] § 36a Rn. 22 und *Hertin* MMR 2003, 16, 17). Einen Überblick über die bisherigen Verhandlungen gibt Schricker/Loewenheim/*Dietz/Haedicke*[5] Rn. 93 ff.; vgl. Rn. 28 ff. Im Übrigen für die einzelnen Branchen vgl. § 32 Rn. 59 ff.   **50**

VI.   Verhältnis zu anderen Normen

1.   Verfassungsrecht

Bereits gegen die Idee des Regierungsentwurfs, einen von einer Partei abgelehnten Einigungsvorschlag gerichtlich als angemessen feststellen lassen zu können, wurden verfassungsrechtliche **Bedenken** geäußert (Gounalakis/Heinze/Dörr/ *Heinze* S. 206, abrufbar unter http://www.ory.de/uvr/UrhVR-Gutachten.pdf, zuletzt abgerufen am 15.11.2016; für Verfassungskonformität das Gegengutachten im Auftrag von djv und verdi von *Schlink/Poscher* S. 71; kritisch *Thüsing* GRUR 2002, 203, 204 ff.; so auch *Geulen/Klinger* ZUM 2000, 721). *Heinze* orientiert sich im Wesentlichen daran, dass ein solcher Zwang einer Partei des kollektiven Instrumentariums „Gemeinsame Vergütungsregel" faktisch einen Verstoß gegen die negative Koalitionsfreiheit (Art. 9 Abs. 3 GG)   **51** darstellte (a. A. weil schon Vereinigungen i. S. d. § 36 keine Koalitionen: *Schlink/Poscher* S. 13 ff.). Dem wurde durch die oben beschriebene Änderung (vgl. Rn. 24) Rechnung getragen (weiterhin skeptisch *Schack*, Urheber- und UrhebervertragsR[7] Rn. 1102). Andere Bedenken wegen eines Verstoßes gegen Art. 9 GG äußert der Regierungsentwurf nicht (RegE UrhVG 2002 – BT-Drs. 14/7564, S. 5 i. V. m. BT-Drs. 14/6433, S. 17).

2. Kartellrecht

52 Neben den verfassungsrechtlichen Fragen darf aber auch das Kartellrecht nicht aus dem Blick geraten. **§ 1 GWB** verbietet unter anderem „[…] Beschlüsse von Unternehmensvereinigungen, die eine […] Einschränkung oder Verfälschung des Wettbewerbs bezwecken oder bewirken"; auch Urheber und ausübende Künstler sind Unternehmer im Sinne dieser Bestimmung (Immenga/Mestmäcker/*Zimmer*[5] § 1 GWB Rn. 68 ff. m. w. N.). Selbiges tut **Art. 101 AEUV**, der mittlerweile in Deutschland eine größere Rolle spielt (zum Kartellrecht im Urheberrecht allg. vgl. Vor §§ 31 ff. Rn. 79 ff.). Ausdrücklich erwähnt wird dieses Spannungsverhältnis in der Gesetzesbegründung nur kurz (RegE UrhVG 2002 – BT-Drs. 14/7564, S. 5 i. V. m. BT-Drs. 14/6433, S. 12). Diese rechtfertigt den Eingriff mit der Begründung, dass sie die Urheber und ausübenden Künstler in die Lage versetzen soll, angemessene Vertragsbedingungen auszuhandeln und durchzusetzen. *Wilhelm Nordemann* ergänzt dies dergestalt, dass eine solche wirtschaftliche Position der Kreativen erst in der Kombination des Anspruchs auf angemessene Vergütung aus § 32 mit seiner Bestimmung durch gemeinsame Vergütungsregeln nach § 36 entstehen wird (*Wilhelm Nordemann* § 36 Rn. 2). Einige sind der Ansicht, dass dies ausreiche, die geäußerten kartellrechtlichen Bedenken (*Ory* AfP 2002, 93, 104; *Schack* GRUR 2002, 853, 857; *Schmitt* GRUR 2003, 294) zu zerstreuen (Dreier/Schulze/*Schulze*[5] Rn. 3; Schricker/Loewenheim/*Dietz/Haedicke*[5] Rn. 19 ff. „juristisches Neuland"). *Schlink/Poscher* sehen keinen Konflikt mit Art. 101 AEUV, weil die Neuregelung nicht den redlichen, sondern den unredlichen Wettbewerb betreffe (*Schlink/Poscher* S. 66): Die Neuregelung richtet sich nicht auf eine Beschränkung des Wettbewerbs, sondern auf eine Kompensation einer den redlichen Wettbewerb verzerrenden Verteilung wirtschaftlicher Macht die gem. Vergütungsregeln nicht Vereinbarungen im Sinne des Art. 101 AEUV seien. Diese seien eine Selbstauskunft, aber keine Rechtsgeschäfte in denen sich Urheber zu einem Verhalten verpflichteten (*Schlink/Poscher* S. 67), mit kommunalen Mietspiegeln (zur europarechtlichen Zulässigkeit s. a. Gounalakis/Heinze/Dörr/*Heinze* S. 197 ff.). Entscheidend dürfte vielmehr § 36 i. V. m. § 11 S. 2 sein, die nunmehr die Möglichkeit der Kartellierung als spezifischen Teil des Schutzgegenstandes des Urheberrechts vorgeben. Ob dann kartellrechtlich dennoch Bedenken bestehen, ist im Rahmen der üblichen Abwägung nach der Immanenzlehre zu entscheiden. Derzeit sind keine negativen Auswirkungen erkennbar (im Detail hierzu vgl. Vor §§ 31 ff. Rn. 78). Neuerdings mehren sich wieder die Zweifel an der kartellrechtlichen Zulässigkeit der Regelungen; *Tolkmitt* fordert zu Recht eine Regelung auf Ebene des Europarechts (*Tolkmitt* GRUR 2016, 564). Der EuGH sieht bei tarifvertraglichen Regelungen Selbständige mit Preisregelungen einen Verstoß gegen Art. 101 AEUV GRUR Int. 2015, 384 – *FNV Kunsten Informatie en Media/Niederlande*), so dass man schon deshalb zweifeln kann, ob das Konzept der GemVergRegeln mit EU-Recht vereinbar ist, ohne dass auf Ebene des EU-Rechts eine Änderung erfolgt. Auch der derzeit diskutierte Richtlinienentwurf (Vorschlag für eine Richtlinie über das Urheberrecht im digitalen Binnenmarkt COM (2016) 593 final vom 14.9.2016) enthält nur eine Regelung vergleichbar § 32a, aber gerade keine kollektiven Mechanismen. Der BGH hält sich in einer Einschätzung noch zurück, da der ihm vorgelegte Fall Vortrag zum Tatbestandsmerkmal der spürbaren Handelsbeeinträchtigung vermissen ließ (BGH, Beschl. v. 20.3.2017, KZR 75/15).

§ 36a Schlichtungsstelle

(1) Zur Aufstellung gemeinsamer Vergütungsregeln bilden Vereinigungen von Urhebern mit Vereinigungen von Werknutzern oder einzelnen Werknutzern eine Schlichtungsstelle, wenn die Parteien dies vereinbaren oder eine Partei die Durchführung des Schlichtungsverfahrens verlangt.

(2) Die Schlichtungsstelle besteht aus einer gleichen Anzahl von Beisitzern, die jeweils von einer Partei bestellt werden, und einem unparteiischen Vorsitzenden, auf dessen Person sich beide Parteien einigen sollen.

(3) [1]Wenn sich die Parteien nicht einigen, entscheidet das nach § 1062 der Zivilprozessordnung zuständige Oberlandesgericht auf Antrag einer Partei über
1. die Person des Vorsitzenden,
2. die Anzahl der Beisitzer,
3. die Voraussetzungen des Schlichtungsverfahrens in Bezug auf
   a) die Fähigkeit der Werknutzer sowie Vereinigungen von Werknutzern und Urhebern, Partei des Schlichtungsverfahrens zu sein (§ 36 Absatz 1 Satz 1 und Absatz 2),
   b) ein Verfahren vor der Schlichtungsstelle, das auf Verlangen nur einer Partei stattfindet (§ 36 Absatz 3 Satz 2).
[2]Solange der Ort des Schlichtungsverfahrens noch nicht bestimmt ist, ist für die Entscheidung das Oberlandesgericht zuständig, in dessen Bezirk der Antragsgegner seinen Sitz oder seinen gewöhnlichen Aufenthalt hat. [3]Für das Verfahren vor dem Oberlandesgericht gelten die §§ 1063 und 1065 der Zivilprozessordnung entsprechend.

(4) [1]Das Verlangen auf Durchführung des Schlichtungsverfahrens gemäß § 36 Absatz 3 Satz 2 muss einen Vorschlag über die Aufstellung gemeinsamer Vergütungsregeln enthalten. [2]Die Schlichtungsstelle stellt den Schriftsatz, mit dem die Durchführung des Verfahrens verlangt wird, der anderen Partei mit der Aufforderung zu, sich innerhalb eines Monats schriftlich zur Sache zu äußern.

(4a) Jede Partei kann binnen drei Monaten nach Kenntnis vom Schlichtungsverfahren verlangen, dass die Schlichtungsstelle andere Vereinigungen von Urhebern zur Beteiligung auffordert, wenn der Vorschlag nach Absatz 4 Satz 1 Werke oder verbundene Werke betrifft, die üblicherweise nur unter Mitwirkung von weiteren Urhebern geschaffen werden können, die von den benannten Vereinigungen vertreten werden. Absatz 4 Satz 2 ist entsprechend anzuwenden. Beteiligt sich die Vereinigung von Urhebern, so benennt sie und die Partei der Werknutzer je weitere Beisitzer.

(5) [1]Die Schlichtungsstelle fasst ihren Beschluss nach mündlicher Beratung mit Stimmenmehrheit. [2]Die Beschlussfassung erfolgt zunächst unter den Beisitzern; kommt eine Stimmenmehrheit nicht zustande, so nimmt der Vorsitzende nach erneuter Beratung an der Beschlussfassung teil. [3]Benennt eine Partei keine Mitglieder oder bleiben die von einer Partei genannten Mitglieder trotz rechtzeitiger Einladung der Sitzung fern, so entscheiden der Vorsitzende und die erschienenen Mitglieder nach Maßgabe der Sätze 1 und 2 allein. [4]Der Beschluss der Schlichtungsstelle ist schriftlich niederzulegen, vom Vorsitzenden zu unterschreiben und beiden Parteien zuzuleiten.

(6) [1]Die Parteien tragen ihre eigenen Kosten sowie die Kosten der von ihnen bestellten Beisitzer. [2]Die sonstigen Kosten tragen die Parteien der Urheber, die sich am Verfahren beteiligen, und die Partei der Werknutzer jeweils zur Hälfte. [3]Sie haben als Gesamtschuldner auf Anforderung des Vorsitzenden zu dessen Händen einen für die Tätigkeit der Schlichtungsstelle erforderlichen Vorschuss zu leisten.

(7) [1]Die Parteien können durch Vereinbarung die Einzelheiten des Verfahrens vor der Schlichtungsstelle regeln. [2]Die Schiedsstelle informiert nach Absatz 4a beteiligte Vereinigungen von Urhebern über den Gang des Verfahrens

(8) Das Bundesministerium der Justiz und für Verbraucherschutz wird ermächtigt, durch Rechtsverordnung ohne Zustimmung des Bundesrates die weiteren Einzelheiten des Verfahrens vor der Schlichtungsstelle zu regeln sowie wei-

tere Vorschriften über die Kosten des Verfahrens und die Entschädigung der Mitglieder der Schlichtungsstelle zu erlassen.

I.   Allgemeines

1.   Entstehungsgeschichte, Hintergrund, Sinn und Zweck

1 Die Vorschrift ist durch das UrhVG vom 22.3.2002 (vgl. § 32 Rn. 2) eingeführt worden. Sie vervollständigt die materiellen Regeln zu gemeinsamen Vergütungsregeln aus § 36 und bildet damit gemeinsam mit § 36 den **zweiten Pfeiler der Urhebervertragsrechtsreform** (zu weiteren Details vgl. § 36 Rn. 2). Der Gesetzgeber hat sich bei der Struktur der Regeln zur Schlichtungsstelle an der Einigungsstelle nach **§§ 76, 77 BetrVG** orientiert (FormH v. 19.11.2001 zu RegE UrhVG 2002, S. 21), sodass dazu ergangene Rechtsprechung bei der Interpretation von § 36a berücksichtigt werden dürfte, ohne sie allerdings allzu schematisch zu übertragen, da das Betriebsverfassungsrecht teils abweichende Regelungen enthält (z. B. bei Streit um die Zulässigkeit eines Verfahrens nach §§ 76, 77 BetrVG erfolgt eine gerichtliche Überprüfung ausdrücklich nur bei offensichtlicher Unzulässigkeit, s. § 98 Abs. 1 S. 1 ArbGG). Der Regierungsentwurf sah noch eine Übernahme des Verfahrens vor der Schiedsstelle nach dem Vorbild der §§ 14a-16 UrhWahrnG vor, falls die Parteien nicht ohnehin die nach § 14 UrhWahrnG errichtete Schiedsstelle beim Deutschen Patent- und Markenamt anzurufen vereinbaren würden (§ 36 Abs. 7). Zur Anwendbarkeit in persönlicher und zeitlicher Hinsicht vgl. § 36 Rn. 4.

Der Gesetzgeber setzt weiterhin – auch in der **Novelle 2016** – auf den Mechanismus der gemeinsamen Vergütungsregeln. Ziel des neuen Gesetzes ist es, das Verfahren der GemVergRegeln zu vereinfachen und dadurch zu stärken (RegE UrhVG 2016 – BT-Drs. 18/8625, S. 19), so dass branchenspezifische Vertragsregelungen in gleichberechtigten Verhandlungen zwischen Verbänden beider Lager entstehen. Dazu hat der Gesetzgeber einige Änderungen bei der kollektiven Durchsetzung vorgesehen. Nach neuem Recht darf nur eine Vereinigung verhandeln, die einen wesentlichen Teil der jeweiligen Urheber- oder Werknutzer vertritt. § 36 Abs. 2 sieht nunmehr eine Vermutung für die Verhandlungsbefugnis solcher Verbände vor, die jedoch durch einen entgegenstehenden Beschluss der Mitglieder aufgehoben werden kann. Zudem ist zu berücksichtigen, dass es teilweise in Ermangelung von repräsentativen Vereinigungen, etwa im

Bereich der Grafikdesigner, günstigere Regelungen als die des Gesetzes ebenso wenig durchsetzbar sind wie Branchentarife. Ein neu gefasster § 36 Abs. 4 sorgt im Zusammenspiel mit dem ebenfalls reformierten § 36a Abs. 3 bis 7 dafür, dass ein ähnliches Verfahren entsteht, wie es von der Schiedsstelle bei einer Tariffindung bekannt ist: Wird eine Schlichtungsstelle angerufen, so kann sie zunächst nicht beteiligte Verhandlungspartner zur Beteiligung auffordern und hat diese über das Verfahren zu informieren (§ 36a Abs. 4 und 7). Bleiben die Angesprochenen fern, ist dies rechtlich jedoch folgenlos. Die Schlichtungsstelle hat allen Beteiligten gemäß § 36 Abs. 4 einen begründeten Einigungsvorschlag zu machen. Verbindlich ist der Schlichterspruch nicht, auch ein OLG kann die Verbindlichkeit nicht herstellen (dagegen der im Plenum abgelehnte Antrag Abg und B90/DIE GRÜNEN – BT-Drs. 18/7518). Zudem sind Änderungen vorgenommen worden, die der Beschleunigung des Schlichtungsverfahrens dienen sollen. So ist die Frist für einen Widerspruch gegen Einigungsvorschlag von drei Monaten auf sechs Wochen verkürzt worden, eine Begründung für den Widerspruch ist nicht vorgesehen. In § 36a Abs. 3 wurde klargestellt, welches OLG für die Erzwingung der Schlichtung zuständig ist und worüber dieses OLG entscheiden kann. Im Hinblick auf die Kosten regelt § 36a Abs. 6 nunmehr, dass die Kosten nur von den Parteien getragen werden, die das Verfahren aktiv betreiben.

Ob diese vom Gesetzgeber vorgesehenen Verschärfungen tatsächlich dazu führen, mehr GemVergRegeln abzuschließen, insbesondere auch um die gesetzlich vorgesehenen Regelungen für Individualverträge abbedingen zu können, bleibt abzuwarten.

2. EU-Recht, Internationale Konventionen

Im EU-Recht gibt es **keine Vorgaben** zu der deutschen Regelung. Auch die   **2** Internationalen Konventionen kennen keine vergleichbare Normierung oder gar Vorgaben. Einzelne Staaten haben vergleichbare Regelungen eingeführt. Hier ist insbesondere das unter maßgeblicher Beteiligung des Münchener Max-Planck-Instituts entstandene Gesetz in Slowenien zu nennen (hierzu *Czychowski* S. 139 ff.).

II. Tatbestand

1. Verfahren der Aufstellung der Schlichtungsstelle

Wann eine Schlichtungsstelle aufgestellt wird, regelt neben § 36a Abs. 1 detail-   **3** liert § 36 Abs. 3; daher vgl. § 36 Rn. 37 ff. § 36a Abs. 1 ist insofern redundant. Klar ist aber, dass die Schlichtungsstelle **keine dauerhaft existierende Einrichtung**, wie etwa die Schiedsstelle nach dem VGG (vormals UrhWahrnG), ist. Daher fehlt ihr auch jegliche Infrastruktur, was sich sicherlich auf die Schnelligkeit ihrer Handlungen nicht unbedingt vorteilhaft auswirkt. Erste praktische Erfahrungen (KG ZUM 2005, 229 m. Anm. *v. Becker* ZUM 2005, 303) zeigen im Übrigen, dass das **Verfahren** relativ viel Zeit in Anspruch nimmt. Ob überhaupt das Verfahren nach §§ 36, 36a zu eröffnen ist, war ggf. in einem (negativen) Feststellungsverfahren vor dem zuständigen Landgericht zu entscheiden (im Detail vgl. § 36 Rn. 45), nunmehr weist der Gesetzgeber diese Frage auch dem OLG zu (vgl. § 36 Rn. 45 ff.).

2. Besetzung der Schlichtungsstelle inkl. Bestimmung des Vorsitzenden, Befugnisse des OLG (Abs. 3)

Abs. 2 regelt seit dem UrhVG 2016 nicht nur die Besetzung der Schlichtungs-   **4** stelle, die aus **paritätisch besetzten Beisitzern** und einem **unabhängigen Vorsitzenden** besteht, sondern auch wesentliche Befugnisse des OLG. Grundsätzlich sollen die Parteien sich über die wesentlichen Fragen des Schlichtungsverfahrens einigen. Einzige Anforderung an den Vorsitzenden ist, dass er unparteiisch ist; hierunter ist zu verstehen, dass er weder in Lohn und Brot einer Partei steht oder stand, mit ihr verwandt oder verschwägert ist oder sonst wie ihren Weisungen untersteht. Gelingt eine solche Bestellung nicht oder einigen die Parteien sich über wesentliche Verfahrensfragen nicht, regelt der durch das UrhVG 2016 deutlich erweiterte Abs. 3, dass das **zuständige Oberlandesgericht** entscheidet, und zwar nicht nur über die Person des Vorsitzenden, sondern auch über die Anzahl der Beisitzer, die Voraussetzungen des Schlichtungsverfahrens in Bezug auf die Fähigkeit der Werknutzer sowie Vereinigungen von Werknutzern und Urhebern, Partei des Schlichtungsverfahrens zu sein (§ 36 Abs. 1 S. 1 und Abs. 2), ein Verfahren vor der Schlichtungsstelle, das auf Verlangen nur einer Partei stattfindet (§ 36 Abs. 3 S. 2). Solange der Ort des Schlichtungsverfahrens noch nicht bestimmt ist, ist für die Entscheidung das Oberlandesgericht zuständig, in dessen Bezirk der Antragsgegner seinen Sitz oder seinen gewöhnlichen Aufenthalt hat. Für das Verfahren vor dem Oberlandesgericht gelten die §§ **1063 und 1065 ZPO** entsprechend. Der Gesetzgeber begründet diese Änderung damit, dass sich das Verfahren zur Aufstellung gemeinsamer Vergütungsregeln vor der Schlichtungsstelle als teilweise ineffizient herausgestellt habe (RegE UrhVG 2016 – BT-Drs. 18/8625, S. 19).

Das OLG entscheidet auch (wie bisher), wenn die Parteien sich nicht über die Anzahl der jeweiligen Beisitzer einigen können. Sicherlich ist es sinnvoll, zumindest von den Beisitzern einschlägige fachliche Kompetenz auf dem zu beurteilenden Gebiet des Urheberrechts zu verlangen; hierzu gehören neben juristischen Erfahrungen vor allem Kenntnisse der betriebswirtschaftlichen Zusammenhänge auf beiden betroffenen Seiten. Darüber hinaus sollte zumindest der Vorsitzende über ausgleichende Fähigkeiten verfügen (Dreier/Schulze/ *Schulze*[5] Rn. 5). Soweit lediglich die Bestimmung eines Vorsitzenden oder der Anzahl der von jeder Seite zu benennenden Beisitzer verlangt wird, kommt es auf die materiellen Voraussetzungen der beantragenden Partei – also z. B. ob sie repräsentativ ist – nicht an (KG ZUM 2005, 229). Anders wäre nur zu entscheiden, wenn die Unzulässigkeit des Schlichtungsverfahrens ganz offensichtlich ist (KG ZUM 2005, 230 unter Verweis auf § 76 BetrVG). Wenn sich allerdings die jeweiligen Antragsgegner aufgelöst haben, muss ein entsprechender Antrag als unzulässig verworfen werden (KG ZUM 2005, 230), vgl. § 36 Rn. 41. Zur Frage der Prüfung der Zulässigkeit des jeweiligen Schlichtungsverfahrens an sich vgl. § 36 Rn. 45 und oben.

5 Das Verfahren vor dem Oberlandesgericht regelt sich nach §§ 1063, 1065 ZPO, die allgemeine Vorschriften (§ 1063 ZPO) und solche über Rechtsmittel (§ 1065 ZPO) enthalten. **Zuständig** ist also das OLG, das entweder von den Parteien bestimmt wird oder in dessen Bezirk der Ort des schiedsrichterlichen Verfahrens liegt. Schwierigkeiten konnten entstehen, wenn nicht klar ist bzw. keine Einigung erzielt wird, wo die Schlichtungsstelle ihren Sitz hat, also tagen soll.

Wenn noch keine Schlichtungsstelle besteht, etwa mangels Einigung über den Vorsitzenden, und damit noch kein Ort des Schlichtungsverfahrens feststeht, war umstritten, welches Oberlandesgericht örtlich zuständig ist. Der neue Abs. 3 S. 2 beendet diesen Streit und bestimmt das Oberlandesgericht am Ort des Antragsgegners als örtlich zuständiges Gericht.

Innerhalb des Oberlandesgerichts sollten diese Sachen tunlichst dem für Urheberrechtssachen zuständigen Senat zugewiesen sein (so auch Dreier/Schulze/ *Schulze*[5] Rn. 4; a. A. wohl KG ZUM 2005, 229, was nämlich andernfalls – wenn ein anderer Senat entscheidet – dazu führt, dass z. B. im Dienstvertragsrecht bewanderte Schlichter eingesetzt werden). Welches das örtlich zuständige Oberlandesgericht ist, erschließt sich allenfalls aus einer entsprechenden Anwendung des § 1062 Abs. 2 ZPO, wonach, wenn in bestimmten, für das Urhebervertragsrecht in der Regel nicht zutreffenden Fällen *kein deutscher Schiedsort* besteht, für die Entscheidungen das Oberlandesgericht zuständig ist, *in dessen Bezirk der Antragsgegner seinen Sitz oder gewöhnlichen Aufenthalt hat[…], hilfsweise das Kammergericht* (Wilhelm Nordemann § 36a Rn. 3). Eine rügelose Verhandlung (analog § 39 ZPO) ist denkbar (Zöller/*Geimer*[31] § 1062 Rn. 2). Unklar ist, ob nicht nur die Zuständigkeit des Oberlandesgerichts nach § 1062 ZPO bestimmt wird, sondern die Vorschrift des § 1062 ZPO auch im Übrigen (Regeln über die Bestimmung des Vorsitzenden) gilt, wofür viel sprechen dürfte, auch wenn der Gesetzeswortlaut dies nicht nahe legt. Denn andernfalls hat das Oberlandesgericht keine Leitlinien für seine Entscheidung.

Ebenfalls ungeregelt wären sonst beispielhaft die **Voraussetzungen der Ablehnungen von Schiedsrichtern** (§ 1062 Abs. 1 Ziff. 1 i. V. m. § 1037 ZPO). Für ein Feststellungsbegehren, dass ein bestimmter Antragsgegner verpflichtet ist, sich auf ein Schlichtungsverfahren einzulassen, soll das Gericht am Sitz des Antragsgegners zuständig sein, da eine entsprechende Regelung zur Zulässigkeit des Schlichtungsverfahrens fehlt (KG ZUM 2005, 229, 230; das führt zu unglücklichen Trennungen von Verfahren; zu Recht kritisch daher: *v. Becker* ZUM 2005, 303, 305; zum Teil wird die Notwendigkeit eines Feststellungsverfahrens überhaupt in Abrede gestellt: Schricker/Loewenheim/*Dietz*/*Haedicke*[5] Rn. 7; vgl. § 36 Rn. 45). Ungeklärt ist, ob das so entscheidende OLG die materiellen und formellen Voraussetzungen des Schlichtungsverfahrens überprüfen muss oder sich auf eine kursorische Prüfung zu beschränken hat (in ersterem Sinne: *Ory* ZUM 2006, 914, 916; in letzterem Sinne ausführlich Schricker/Loewenheim/*Dietz*/*Haedicke*[5] § 36 Rn. 61). Für letztere Ansicht spricht zunächst schlicht der Wortlaut des § 36a, der dem OLG nur die Entscheidung über den Vorsitzenden und die Zahl der Beisitzer zuweist; auch lässt sich diese Auffassung wohl besser mit der Intention des Gesetzgebers in Einklang bringen, das Verfahren zur Aufstellung gemeinsamer Vergütungsregeln weitestgehend in die Hände der beteiligten Parteien zu legen (RegE UrhVG 2002 – BT-Drs. 14/7564, S. 5 i. V. m. BT-Drs. 14/6433, S. 8). Voraussetzung ist aber in jedem Fall, dass überhaupt das Verfahren nach §§ 36, 36a eröffnet ist (dazu vgl. Rn. 3; vgl. § 36 Rn. 45 ff.).

6

Der **Beschluss des Oberlandesgerichts** ist – nicht zuletzt im Sinne einer zügigen Schlichtung – **unanfechtbar** (Dreier/Schulze/*Schulze*[5] Rn. 7; Schricker/Loewenheim/*Dietz*/*Haedicke*[5] Rn. 16; Wandtke/Bullinger/*Wandtke*/*Grunert*[4] Rn. 7; a. A. *Haas* Rn. 244, der entsprechend § 1065 ZPO die Rechtsbeschwerde für zulässig hält). Allerdings dürfte einiges dafür sprechen, gegen die Entscheidung des OLG über die **Unzulässigkeit des Schlichtungsverfahrens** wegen offensichtlichen Nichtvorliegens der gesetzlichen Anforderungen nach § 36 Abs. 2 bzw. Abs. 3 S. 2 sowie § 36a Abs. 4 die **Rechtsbeschwerde zum BGH** zuzulassen (Schricker/Loewenheim/*Dietz*/*Haedicke*[4] Rn. 16), da sich hier einerseits eine Analogie zu § 1065 Abs. 1 S. 1 i. V. m. § 1062 Abs. 1 Nr. 2 ZPO anbietet und andererseits dies eine sehr grundlegende Frage im fragilen Regelungsgefüge der §§ 32, 32a, 36, 36a betrifft, zu der aus Gerechtigkeitserwägungen heraus schon mehr als eine Instanz geboten erscheint.

7

3. Formelle Voraussetzungen des Verlangens auf Durchführung des Schlichtungsverfahrens

Die formellen Voraussetzungen des Verlangens, die in Abs. 4 nur teilweise angesprochen werden, finden sich im Wesentlichen in § 36 Abs. 3 (vgl. § 36 Rn. 39 ff.). Der neue Abs. 4 S. 2 dient ebenfalls der Beschleunigung: Er bestimmt, dass die Schlichtungsstelle den verfahrenseinleitenden Schriftsatz. der anderen Partei mit der Aufforderung zustellt, sich dazu innerhalb eines Monats schriftlich zu äußern (RegE UrhVG 2016 – BT-Drs. 18/8625, S. 28).

8

4.   Beteiligungsaufforderung (Abs. 4a)

8a Ein durch den Rechtsausschuss (BeschlE RAusschuss UrhVG 2016 – BT-Drs. 18/10637, S. 24) erst aufgenommener neuer Abs. 4a regelt, dass die Schlichtungsstelle andere Vereinigungen von Urhebern zur Beteiligung auffordert, wenn der Vorschlag nach Abs. 4 S. 1 Werke oder verbundene Werke betrifft, die üblicherweise nur unter Mitwirkung von weiteren Urhebern geschaffen werden können, die von den benannten Vereinigungen vertreten werden. Diese Regel soll einen Vorschlag der Praxis aufgreifen, um auf die Situation zu reagieren, dass bei komplexem Werkschaffen, insbesondere bei Filmproduktionen, auf Seiten der Urheber und ausübende Künstler notwendigerweise oft unterschiedlichste Gruppen zusammenwirken. Es besteht deshalb nach der Gesetzesbegründung ein berechtigtes Interesse, möglichst alle Akteure an einen Tisch zu holen, um zu Absprachen zu kommen, die bei komplexem Werkschaffen die Interessen aller Mitwirkenden berücksichtigen. Verfahren von Verwertern oder ihren Vereinigungen mit mehreren Vereinigungen von Urhebern können bereits nach geltendem Recht zustande kommen. Die neue Vorschrift ermöglicht es, auf Antrag weitere Vereinigungen von Urhebern oder ausübenden Künstlern zu beteiligen. Nach Abs. 4a S. 2, der auf Abs. 4 S. 2 verweist, stellt die Schlichtungsstelle mit der Aufforderung, sich zu beteiligen, zugleich den verfahrenseinleitenden Schriftsatz zu. Beteiligt sich die aufgeforderte Vereinigung aktiv, so ist die Besetzung der Schlichtungsstelle nach Abs. 4a S. 3 paritätisch anzupassen (BeschlE RAusschuss UrhVG 2016 – BT-Drs. 18/10637, S. 24).

5.   Die Regeln zur Durchführung und Abschluss des Schlichtungsverfahrens (Abs. 5–8)

9 **a) Allgemeines: Schlichtung** ist – anders als Schiedsverfahren nach § 1029 ZPO – zunächst einmal **kein zivilprozessualer Begriff**. Daher sind die **Regeln der §§ 1029 ff. ZPO** auch **nicht** unmittelbar **anwendbar**. Allerdings erklärt § 36a Abs. 1 S. 3 Teile davon für anwendbar (zu den dabei verbliebenen Fragen vgl. Rn. 3 ff.). § 1066 ZPO bestimmt, dass die Vorschriften des Zehnten Buches der ZPO auch im Übrigen auf *Schiedsgerichte* entsprechend anzuwenden sind, *die in gesetzlich statthafter Weise durch … nicht auf Vereinbarung beruhende Verfügungen angeordnet werden*. Diese Vorschrift ist daher auf das von § 36a angeordnete Schlichtungsverfahren entsprechend anzuwenden. **Abs. 6** regelt in der Neufassung durch das UrhVG 2016 auf Vorschlag des Rechtsausschusses eine Änderung der **Vorschrift über die Kosten**. Diese soll klarstellen, dass Parteien, die sich nach Aufforderung gemäß § 36a Abs. 4a nicht am Verfahren beteiligen, sonstige Kosten nach S. 2 nicht zu tragen haben. Kostentragungspflichtig sind insofern nur Parteien, die das Verfahren aktiv betreiben. Beteiligen sich mehr als zwei Parteien, so tragen die Urheber- und die Werknutzerseite die Kosten jeweils hälftig. Der geänderte Wortlaut von S. 3 stellt klar, dass nur die aktiven Parteien vorschusspflichtig sind (BeschlE RAusschuss UrhVG 2016 – BT-Drs. 18/10637, S. 24).

10 **b) Anwendbarkeit eigener Regeln (Abs. 7):** In jedem Fall können die Parteien diese Unsicherheit aber dadurch überbrücken, dass sie **eigene Verfahrensregeln** aufstellen (Abs. 7). Das Gesetz lässt dabei nicht nur selber aufgestellte Regeln, sondern auch die Einbeziehung fremder Regeln zu. Es gibt eine Vielzahl von Angeboten der **Alternative Dispute Resolution** (ADR). Zu nennen sind hier nur das Mediation and Arbitration Center der WIPO in Genf (Verfahrensregeln sind downloadbar unter http://www.wipo.int/amc/en/arbitration/rules/index.html; zuletzt abgerufen am 7.8.2011), der International Court of Arbitration der Internationalen Handelskammer in Paris (International Chamber of Commerce ICC (http://www.iccwbo.org/about-icc/organization/dispute-resolution-services/icc-international-court-of-arbitration/; zuletzt abgerufen am 11.4.

2013) oder das Deutsche Institut für Schiedsgerichtsbarkeit e. V. (http://
www.dis-arb.de; weitere nationale Angebote: das Stockholmer Schiedsgericht
„Arbitration Institute of the Stockholm Chamber of Commerce" (http://
www.sccinstitute.com/), das LCIA – The London Court of International Arbitration s. http://www.lcia.org). Als eine der modernsten Regeln für die Schiedsgerichtsbarkeit gelten die Bestimmungen des Schweizer Schiedsgerichtes, die
Swiss International Arbitration Rules (http://www.swissarbitration.ch; zuletzt
abgerufen am 7.8.2011). Einige dieser Angebote stellen auch Klauselvorschläge
für eine Vereinbarung der Einbeziehung dieser Regeln zur Verfügung (s. z. B.
die ICC Standard and Suggested Clauses for Dispute Resolution Services unter
ICC DOCDEX auf http://www.iccwbo.org/Products-and-Services/Arbitratio
n-and-ADR/ADR/ADR-Proceedings/Suggested-clauses-for-ICC-ADR/; für die
Swiss International Arbitration Rules https://www.swissarbitration.org/sa/en/
clause.php; abgerufen am 7.8.2011). Die Parteien werden gut daran tun, sich
hieran zu orientieren. Wenn sie dies nicht wollen, sollte die Partei, die das
Verfahren einleitet, zusammen mit dem materiellen Vorschlag auch einen kompletten Vorschlag für die Verfahrensregeln unterbreiten (Dreier/Schulze/*Schulze*[5] Rn. 9). Die Einfügung des neuen S. 2 in Abs. 7 durch das UrhVG 2016
regelt, dass auch Parteien, die nach Abs. 4a beteiligt wurden, sich aber nicht
aktiv am Verfahren beteiligen, über den Fortgang des Schlichtungsverfahrens
zu informieren sind, insbesondere durch Übersendung von Schriftsätzen der
anderen Parteien und durch Mitteilung von Terminen (BeschlE RAusschuss
UrhVG 2016 – BT-Drs. 18/10637, S. 24).

c) Folgen der Nichtbenennung von Mitgliedern oder deren Fernbleiben: Teil **11**
der rudimentären Verfahrensregeln des urhebervertragsrechtlichen Schlichtungsverfahrens ist Abs. 5 S. 3. Er enthält Regelungen zu den Folgen der **Nichtbenennung von Mitgliedern oder deren Fernbleiben.** Voraussetzung für deren
Anwendung dürfte zunächst einmal die formell korrekte Initiierung des Verfahrens sein (vgl. Rn. 3 ff.), sodann die rechtzeitige Einladung, die natürlich auch
zugegangen sein muss. Zur Auslegung dessen kann auf die Regeln über die
Ladung und das bei Ausbleiben einer Reaktion ergehende Versäumnisurteil aus
der ZPO verwiesen werden. Benennt eine Partei keine Mitglieder oder bleiben
die von einer Partei genannten Mitglieder trotz rechtzeitiger Einladung der
Sitzung fern, regelt das Gesetz, dass dann der Vorsitzende und die erschienenen
Mitglieder nach Maßgabe der Sätze 1 und 2 allein entscheiden. Sofern die Entscheidung dann nicht in der einen Sitzung fällt (zur zeitlichen Streckungsmög-
lichkeit vgl. Rn. 3), dürfte eine erneute Einladung erforderlich sein.

d) Verfahren; mündliche Beratung und Beschlussfassung: Soll die Schlichtungs- **12**
stelle einen Einigungsvorschlag (§ 36 Abs. 4 S. 1) machen, ist denklogische
Voraussetzung, dass klar ist, worüber die Parteien streiten. Deshalb muss der
Antragsteller die Vergütungsregel in jeder Einzelheit so, wie er sie sich vorstellt,
darstellen. Mit anderen Worten: Er muss einen Vorschlag über die Aufstellung
gemeinsamer Vergütungsregeln machen (Abs. 4; s. § 253 Abs. 2 Nr. 2 ZPO).
Bevor dieser nicht vorliegt, muss die Schlichtungsstelle überhaupt nicht besetzt
werden; Abs. 4 verknüpft schon das Verlangen des Schlichtungsverfahrens
nach § 36 Abs. 3 S. 2 mit dem Zwang zur Vorlage des Vorschlages des Antragstellers. Spätere Korrekturen oder Erweiterungen des Vorschlages im laufenden
Verfahren – ggf. als Reaktion auf die Stellungnahme der Gegenseite – werden
dadurch nicht ausgeschlossen (vgl. § 36 Rn. 48; dort auch zur Frage des *ne
ultra petita*).

Das Verfahren mündet in einer **mündlichen Beratung der Beisitzer und des** **13**
Vorsitzenden (Abs. 5 S. 1). Ob dies zwingend eine Verhandlung auch mit den
Parteien voraussetzt (so Schricker/Loewenheim/*Dietz/Haedicke*[5] Rn. 20; a. A.
BeckOK UrhR/*Soppe*[15] Rn. 20: sinnvoll, aber nicht zwingend), scheint fraglich,

da in Zeiten mobiler Kommunikation ein Ergebnis auch ohne persönliche Anwesenheit effizient erzielt und gerecht sein kann (in diese Richtung nunmehr auch Dreier/Schulze/*Schulze*[5] Rn. 11, die ggf. ein schriftliches Verfahren genügen lassen).

14   Das Schlichtungsverfahren **endet mit einem Beschluss,** der mit (einfacher) Stimmenmehrheit ergeht. Dieser soll nach Abs. 5 zunächst unter den von den Parteien benannten Beisitzern gefunden werden. Nur wenn unter diesen keine Einigung möglich ist, nimmt der Vorsitzende an einer erneuten Beratung teil, an deren Ende dann der Beschluss unter Beteiligung des Vorsitzenden ergeht. Der Vorsitzende soll nicht unnötig beansprucht werden, wenn bereits anderweitig eine Mehrheit gefunden wird. Das bedeutet auch, dass es Schlichtungsbeschlüsse geben kann, an denen der Vorsitzende gar nicht mitgewirkt hat. Das Prozedere kann auch zeitlich gestreckt ablaufen. Der Beschluss ist schriftlich abzufassen, vom Vorsitzenden zu unterschreiben (beides Abs. 5 S. 4) und zu begründen (Dreier/Schulze/*Schulze*[5] Rn. 14). Die Zuleitung des Beschlusses an die Parteien (Abs. 5 S. 4) muss sicherstellen, dass sie nachgewiesen werden kann, da andernfalls der Lauf der Widerspruchsfrist nicht kontrolliert werden kann. Dies kann gegen Empfangsbekenntnis (*Wilhelm Nordemann* § 36a Rn. 3) oder sonst auf einem Wege erfolgen, der den Nachweis des Empfangs ermöglicht (Dreier/Schulze/*Schulze*[5] Rn. 14). Zu Recht weist *Schulze* darauf hin, dass dies in der zu erwartenden Rechtsverordnung geregelt werden sollte (Dreier/Schulze/*Schulze*[5] Rn. 14).

15   e) **Kosten:** Nachdem der Gesetzgeber zunächst dem Antragsteller die Kosten auferlegt hatte (§ 36a Abs. 6 a. F.), entschied er im UrhG Infoges, diese – angeblich durch ein Redaktionsversehen damals aufgenommene Fassung – durch eine **Kostenaufhebung** zu ersetzen (Abs. 6, aktuelle Fassung). Dies schließt eine andere **einvernehmliche Kostenverteilung** nicht aus (Abs. 7). Die Kostenaufhebung erfasst alle Kosten, die bei jeder Partei entstandenen Kosten, aber auch die Kosten des Vorsitzenden, die Kosten des evtl. entscheidenden Oberlandesgerichts oder auch etwaige Gutachter- oder Sachverständigenkosten (ausführlich dazu Wandtke/Bullinger/*Wandtke/Grunert*[4] Rn. 22 ff.). Wenn der Vorsitzende dies fordert (woran keine Voraussetzungen geknüpft sind), haben beide Parteien einen „erforderlichen" Vorschuss zu leisten (Abs. 6 S. 3). Dieser kann sich beziehen bspw. auf die Reisekosten der Schlichter, aber auch auf etwaige Mietkosten für Räume. Derartige Vorschussanforderungen sind in jedem Verfahrensstadium zulässig (Dreier/Schulze/*Schulze*[5] Rn. 18). Leistet eine Partei sie nicht, muss die andere einspringen („beide Parteien"); es ist von einer gesamtschuldnerischen Haftung entsprechend § 5 GKG auszugehen (Dreier/Schulze/ *Schulze*[5] Rn. 18).

16   Da nunmehr eine Kostenaufhebung geregelt wurde, erübrigt sich eine Auflösung der in der Tat unklaren Begriffswahl des Rechtsauschusses (BeschlE RAusschuss UrhVG 2002 – BT-Drs. 14/8058, S. 21: „*notwendigen Bestimmungen über die Kosten der Schlichtung*"), jedenfalls für die Kosten jeder Partei. Für die Höhe der Vergütung Dritter (Gutachter, Miete etc.) dürfte sich eine Orientierung am Begriff der Notwendigkeit aus dem Kostenrecht (§ 91 Abs. 1 S. 1 ZPO) anbieten.

17   f) **Verordnungsermächtigung:** Die weiteren **Einzelheiten des Verfahrens** vor der Schlichtungsstelle sowie weitere Vorschriften über die Kosten des Verfahrens und die Entschädigung der Mitglieder der Schlichtungsstelle soll das **Bundesministerium der Justiz** und für Verbraucherschutz per **Rechtsverordnung** bestimmen (Abs. 8). Hierzu ist es **bislang nicht** gekommen, allerdings relativiert die Gesetzesbegründung die Verordnungsermächtigung auch dahingehend, dass diese nur für den Fall ausgeübt werden dürfte, wenn sich in der Praxis Unzulänglichkeiten zeigen sollten (FormH v. 19.11.2001 zu RegE UrhVG 2002, S. 22).

§ 36b Unterlassungsanspruch bei Verstoß gegen gemeinsame Vergütungsregeln

(1) ¹Wer in einem Vertrag mit einem Urheber eine Bestimmung verwendet, die zum Nachteil des Urhebers von gemeinsamen Vergütungsregeln abweicht, kann auf Unterlassung in Anspruch genommen werden, wenn und soweit er
1. als Werknutzer die gemeinsamen Vergütungsregeln selbst aufgestellt hat oder
2. Mitglied einer Vereinigung von Werknutzern ist, die die gemeinsamen Vergütungsregeln aufgestellt hat.
²Der Anspruch auf Unterlassung steht denjenigen Vereinigungen von Urhebern oder Werknutzern und denjenigen einzelnen Werknutzern zu, die die gemeinsamen Vergütungsregeln aufgestellt haben.

(2) ¹Auf das Verfahren sind § 8 Absatz 4 sowie § 12 Absatz 1, 2, 4 und 5 des Gesetzes gegen den unlauteren Wettbewerb anzuwenden. ²Für die Bekanntmachung des Urteils gilt § 103.

Übersicht

I. Allgemeines

1. Sinn und Zweck

Die Vorschrift ist gemeinsam mit § 36c durch das **Gesetz zur verbesserten** **1** **Durchsetzung des Anspruchs der Urheber und ausübenden Künstler auf angemessene Vergütung** und zur Regelung von Fragen der Verlegerbeteiligung vom 23.12.2016, BGBl. I 2016, S. 3037 eingeführt worden. Ziel der Reform ist die Stärkung der Vertragsparität zu Gunsten der Urheber. Die Urheber soll fair an den Erlösen aus der Verwertung beteiligt werden, was durch verschiedene individualvertragliche und kollektivrechtliche Maßnahmen gewährleistet werden soll, insbesondere durch die Aufstellung gemeinsamer Vergütungsregeln gem. § 36 (RegE UrhVG 2016 – BT-Drs. 18/8625, S. 13). Urheberverbände hatten beklagt, dass sich einzelne Unternehmen in den Individualverträgen mit den Kreativen nicht an diese gemeinsamen Vergütungsregeln hielten, obwohl sie Mitglied von Vereinigungen waren, die die gemeinsamen Vergütungsregeln aufgestellt hatten (RegE UrhVG 2016 – BT-Drs. 18/8625, S. 19). Zwar haben

Urheber nach § 32 Abs. 1 S. 3, Abs. 2 S. 1 einen Anspruch auf Vertragsanpassung. Jedoch sollte mit § 36b zusätzlich ein Unterlassungsanspruch auch für Verbände gegen den Werknutzer gewährt und damit die Werknutzerseite branchenspezifisch dazu angehalten werden, die Vergütungsregeln auch in den individuellen Verträgen mit den Urhebern einzuhalten (RegE UrhVG 2016 – BT-Drs. 18/8625, S. 19). Bei individueller Geltendmachung durch den Urheber wurde offenbar die Gefahr des sog. „**Blacklistings**" gesehen, also des Ausschlusses von Urhebern, die Ansprüche geltend machen, aus zukünftigen Projekten des Werknutzers (*Berger/Freyer* ZUM 2016, 569, 577). § 36b liegt also die Befürchtung zu Grunde, dass Werknutzer, wenn sie von Urhebern auf Einhaltung von gemeinsamen Vergütungsregeln oder bloß auf angemessene Vergütung verklagt wurden, mit diesen Urhebern keine neuen Verträge mehr abschließen, weil mit dieser rechtlichen Auseinandersetzung das Vertrauensverhältnis in Mitleidenschaft gezogen wurde. § 36b UrhG zielt nun speziell darauf ab, die **Durchsetzung von gemeinsamen Vergütungsregeln auf Dritte, insbesondere Verbände, zu verlagern**, damit Vergütungsregeln breiter durchgesetzt werden.

2   Der Wortlaut von § 36b Abs. 1 **orientiert** sich dabei strukturell an den §§ **1 bis 2a UKlaG** (RegE UrhVG 2016 – BT-Drs. 18/8625, S. 13; kritisch *Lucas-Schlötter* GRUR 2017, 235, 240). Das neu eingeführte Klagerecht folgt gem. § 36b für das Verfahren dem UWG (*Ory* AfP 2015, 389, 392; *Kreile/Schley* ZUM 2015, 837, 838), wenn auch die Einführung der Norm Neuland im Urheberrecht betritt (*Berger/Freyer* ZUM 2016, 569, 577). Der Bundestagsausschuss für Recht und Verbraucherschutz wies im Rahmen des Gesetzgebungsverfahrens darauf hin, dass der Unterlassungsanspruch bei Verstoß gegen gemeinsame Vergütungsregeln gem. § 36b kein Verbandsklagerecht etwa i. S. d. § 1 UKlaG oder § 8 UWG darstelle. Er eröffne keine Klagemöglichkeit aufgrund eines materiellen Verstoßes gegen gesetzliche Bestimmungen. Der Unterlassungsanspruch ermögliche den Parteien gemeinsamer Vergütungsregeln hingegen durchzusetzen, dass sich die anderen Parteien beziehungsweise deren Mitglieder an gemeinsame Vergütungsregeln halten, an die sie sich gebunden haben (BeschlE RAusschuss UrhVG 2016 – BT-Drs. 18/10637, S. 23). Dennoch handelt es sich beim Unterlassungsanspruch nach § 36b Abs. 1 um einen **Anspruch aus einem gesetzlichen Schuldverhältnis**, weil § 36b Abs. 1 einen Unterlassungsanspruch zwischen den Parteien unabhängig davon begründet, ob zwischen den Parteien mit einer gemeinsamen Vergütungsregel ein vertragliches Schuldverhältnis besteht (vgl. Rn. 12).

2. Früheres Recht und zeitliche Anwendbarkeit

3   § 36b hatte **keine Entsprechung im früheren Recht**. Fraglich ist die **zeitliche Anwendbarkeit** des § 36, die im Gesetz nicht ausdrücklich geregelt ist. Teilweise wird § **132 Abs. 3a** herangezogen, nach dem eine zeitliche Anwendbarkeit nur auf Verträge oder sonstige Sachverhalte in Betracht käme, die ab dem 1.3.2017 geschlossen wurden oder entstanden sind. Die Ansprüche nach § 36b wären insoweit dem „sonstigen Sachverhalt" zuzuordnen, so dass § 36b zeitlich nur auf gemeinsame Vergütungsregeln anwendbar wäre, die ab dem 1.3.2017 geschlossen wären (*Berger/Freyer* ZUM 2016, 569, 579). Für eine Rückwirkung des § 36b spräche dabei aber, dass Vertrauensschutz bei Verstößen gegen gemeinsame Vergütungsregeln nicht angezeigt sei (*Berger/Freyer* ZUM 2016, 569, 579). Jedoch kann eine Anwendung des § 132 Abs. 3a von Grundsatz her nicht zu überzeugen. § 132 regelt ausdrücklich „Verträge". Gemeint sind damit Verträge des Urhebers und des ausübenden Künstlers, jedoch nicht gemeinsame Vergütungsregeln nach § 36. „Sonstige Sachverhalte" sind Sachverhalte, deren Ausgangspunkt und Schwerpunkt in solchen Verträgen des Urhebers und des ausübenden Künstlers liegen; die wichtigsten Beispiele bilden dabei der Anspruch auf zusätzliche Vergütung nach § 32a oder der Rückrufsanspruch nach § 41. Auch wenn solche Ansprüche nicht zwingend gegen den Vertragspartner gestellt werden müssen, bleibt es dabei, dass der Anspruch vom Vertrag des Urhebers oder des ausübenden Künstlers geprägt wird. Das gilt für § 36b nicht; Gläubiger und Schuldner sind – wenn überhaupt – nur als Parteien der gemeinsamen Vergütungsregel vertraglich verbunden. Über dies ist § 36b Abs. 1 dem UKlaG nachgebildet. § 36b Abs. 2 verweist auf deliktsrechtliche Verfahrensbestimmungen in §§ 8, 12 UWG (vgl. Rn. 2). Eine Anwendung des § 132 ist damit nicht angezeigt. Vielmehr gilt mangels ausdrücklicher gesetzlicher zeitlicher Regelung die Regel des **Art. 170 EGBGB**. Da die von § 36a Abs. 1 geregelten Unterlassungsansprüche auf die Abwehr künftiger Rechtsverstöße gerichtet sind, kann ein Unterlassungsanspruch nur begründet sein, wenn auf der Grundlage des **zum Zeitpunkt der Entscheidung geltenden Rechts Unterlassung verlangt werden kann. Zudem muss die Handlung zum Zeitpunkt ihrer Begehung gegen § 36b verstoßen haben,** weil es anderenfalls an der Wiederholungsgefahr fehlt (s. BGH GRUR 2007, 708 Tz. 39 – *Internet-Versteigerung II,* zum deliktischen Markenrecht; ferner BGH GRUR 2012, 201 Tz. 16 – *Poker im Internet;* BGH GRUR 2010, 652 Tz. 10 – *Costa del Sol;* jeweils zum UWG). Da § 36b Abs. 1 S. 1 an § 1 UKlaG angelehnt wurde (vgl. Rn. 2), ist davon auszugehen, dass der Verstoß bei Abschluss eines Vertrages mit einem Urheber begangen wird, genauso wie es für § 1 UKlaG auf den **Vertragsschluss** für die Anspruchsentstehung ankommt (KG v. 10.9.2012 – 23 U 161/11 – juris Rn. 63 = NJW-RR 2013, 54; Palandt/*Bassenge*[72] § 1 UKlaG Rn. 15; jurisPK-BGB/*Baetge*[8] § 1 UKlaG Rn. 38). Damit kann § 36b nur für Verträge greifen, die **ab 1.3.2017** abgeschlossen wurden. Die gemeinsame Vergütungsregel kann schon vorher abgeschlossen worden sein. Allerdings ist tatbestandlich eine Anwendung des § 36b auf Urheberverträge ausgeschlossen, die nicht von § 32 erfasst werden. Insoweit stellt § **132 Abs. 3 S. 1 und S. 3** eine weitere zeitliche Grenze für die Anwendbarkeit des § 36b dar (vgl. Rn. 11).

3. EU-Recht und Internationales Recht

Weder EU-Recht noch internationale urheberrechtliche Konventionen kennen eine vergleichbare Regelung, so dass sie auch keine Vorgaben zur Regelung in § 36b enthalten. Im internationalen Privatrecht ist zu beachten, dass § 36b ein gesetzliches Schuldverhältnis begründet (vgl. Rn. 2). Deshalb erfolgt die Anknüpfung über die Rom-II-VO. Dort kommt allerdings nicht Art. 8 Abs. 1 ROM-II-VO zur Anwendung, weil § 36b nicht die Verletzung von Urheberrechten oder sonstigen Rechten des Geistigen Eigentums betrifft. Vielmehr sollte die Anknüpfung aufgrund der Parallelen zum Lauterkeitsrecht (s. § 36b Abs. 2; vgl. Rn. 2) entsprechend Art. 6 Abs. 1 erfolgen. Damit kommt es darauf an, wo die Interessen des Urhebers berührt sind. Soweit die gemeinsame Vergütungsregel in Deutschland zwingendes Recht für die Vergütung des Urhebers ist (§ 32b i. V. m. § 32 Abs. 2 S. 1), ist deshalb § 36b anwendbar. Das gleiche Ergebnis ergibt sich bei Anwendung von Art. 4 Abs. 1, Abs. 3 ROM-II-VO.

4

II. Tatbestand

1. Unterlassungsanspruch (Abs. 1 S. 1)

a) Vertrag mit einem Urheber: Der Unterlassungsanspruch nach § 36b Abs. 1 setzt zunächst einen Vertrag mit einem Urheber voraus. **Nur der unmittelbare Vertragspartner des Urhebers** ist also **passivlegitimiert.** Bei Übertragung des Nutzungsrechts auf einen Dritten bleibt der ursprüngliche Vertragspartner des Urhebers passivlegitimiert. § 34 Abs. 4 findet auf § 36b Abs. 1 keine Anwendung. Der Vertrag mit dem Urheber darf **nicht ausgelaufen, gekündigt oder sonst wie beendet** sein.

5

6 Es muss sich um einen **Vertrag zur Einräumung von Nutzungsrechten an einem urheberrechtlich geschützten Werk** (§ 2 bis 5) handeln. Denn gemeinsame Vergütungsregeln dienen der Bestimmung der Angemessenheit der Vergütung nach § 32 (§ 36 Abs. 1 S. 1); § 32 Abs. 1 bezieht sich insoweit nur auf die Vergütung für die Nutzungsrechtsreinräumung und die Erlaubnis zur Werknutzung. Urheber ist der **Alleinurheber** (§ 7), aber auch der **Miturheber** (§ 8) und der **Urheber verbundener Werke** (§ 9). Eingehend vgl. § 32 Rn. 17 ff.

7 Auf **Leistungsschutzrechte** findet die Bestimmung grundsätzlich keine Anwendung; Ausnahmen bilden wissenschaftliche Ausgaben (§ 70 Abs. 1) und das Lichtbild (§ 72 Abs. 1) wegen ihrer generellen Verweisung auf die Bestimmungen zum Urheberrecht in Teil 1 des UrhG. Ferner enthält § 79 Abs. 2a für ausübende Künstler eine Verweisung auf § 36b, so dass ihre Verbände und sonstige Anspruchsberechtigte nach § 36b Abs. 2 in den Genuss des § 36b kommen.

8 **b) Verwenden einer Bestimmung:** Der Anspruch setzt voraus, dass eine Bestimmung „verwendet" wird. Da § 36b Abs. 1 nach dem Vorbild des UKlaG gebildet wurde (RegE UrhVG 2016 – BT-Drs. 18/8625, S. 13; vgl. Rn. 2), kann auf die Auslegung des Begriffs „verwenden" in **§ 1 UKlaG** zurückgegriffen werden. Dort wird der Begriff weit ausgelegt und erfasst jede Benutzung im rechtsgeschäftlichen Verkehr unabhängig davon, ob dem Verwender die Einbeziehung in einen konkreten Vertrag gelingt oder nicht. Es reicht aus, dass der objektive Eindruck erweckt wird, dass vertragliche Rechte und Pflichten begründet werden sollen (OLG Düsseldorf, Urteil vom 28. April 2016 – I-6 U 152/15 – juris Tz. 40; jurisPK-BGB/*Baetge*[8] § 1 UKlaG Rn. 27 m. w. N.; s. ferner BGH NJW 1996, 2774 juris Tz. 18, zum AGBG). Auch für § 36b genügt daher der objektive Eindruck, dass eine bestimmte Regelung gilt; ob die Regelung tatsächlich wirksam in den Nutzungsvertrag des Urhebers mit dem Werknutzer einbezogen wurde, ist unerheblich. Urheberrechtlich ist allerdings einschränkend zu beachten, dass für § 36b nur Abreden zur Nutzungsrechtseinräumung relevant sind (vgl. Rn. 6), so dass sich die Rechte und Pflichten darauf beziehen müssen.

9 **c) Abweichung von Gemeinsamen Vergütungsregeln zum Nachteil des Urhebers:** Der Begriff der gemeinsamen Vergütungsregeln ist § 36 entnommen; s. deshalb die Kommentierung dort (vgl. § 36 Rn. 4 ff.). Es muss sich um eine wirksam zustande gekommene und noch geltende Vergütungsregel handeln. Damit können Vereinigungen dadurch eine Inanspruchnahme ihrer Mitglieder vermeiden, dass sie eine abgeschlossene Vergütungsregel beenden. Der Bundesverband der Zeitungsverleger (BDZV) hat beispielsweise im Zuge des in Kraft Tretens des § 36b die gemeinsame Vergütungsregel für freie hauptberufliche Journalistinnen und Journalisten an Tageszeitungen Anfang 2017 gekündigt (Pressemitteilung des BDZV vom 27.2.2017, abrufbar unter http://www.bdzv.de/nachrichten-und-service/presse/pressemitteilungen/artikel/detail/bdzv_kuendigung_der_gemeinsamen_verguetungsregeln_zwingend_geboten/, abgerufen am 15.3.2017).

10 Eine **Abweichung** von gemeinsamen Vergütungsregeln liegt nicht vor, wenn nur vom Gesetz abgewichen wird. Beispielsweise eine Abweichung von § 88 Abs. 2 S. 3 in einem Verfilmungsvertrag, der ein zeitlich unbegrenztes ausschließliches Wiederverfilmungsrecht für den Filmhersteller vorsieht (vgl. § 88 Rn. 85 ff.), führt noch nicht zu einem Unterlassungsanspruch nach § 36b Abs. 1. Erst wenn eine gemeinsame Vergütungsregel die gesetzliche Regel aufnimmt und bestätigt, öffnet sich der Anwendungsbereich des § 36b Abs. 1. Daraus resultiert, dass ein Verwerter, der individualvertraglich gegen gesetzliche Bestimmungen verstößt, sich nicht dem Anspruch nach § 36b ausgesetzt sieht, während derselbe Verstoß gegen gemeinsame Vergütungsregeln einen solchen Anspruch eröffnet. Der Begriff der Abweichung setzt ferner einen **inhaltlichen Unterschied** der verwendeten Bestimmung von der gemeinsamen Vergütungsregel voraus; eine bloß andere, aber inhaltsgleiche Formulierung genügt nicht. Die gemeinsame Vergütungsregel muss hinreichend eindeutig gefasst sein. Nur dann kann eine sachgerechte Prüfung einer „Abweichung" durchgeführt werden (*Berger/Freyer* ZUM 2016, 569, 578). Die Abweichung **muss zum Nachteil des Urhebers** erfolgen, muss ihn also schlechter stellen als die gemeinsame Vergütungsregel; eine neutrale oder für den Urheber sogar günstige Abweichung genügen nicht (*Ory* ZUM 2017, 457, 460). Nach dem Gesetzeswortlaut („eine Bestimmung verwendet") muss dabei **jede Bestimmung gesondert** betrachtet werden. Eine Saldierung einer nachteiligen Bestimmung mit einer vorteilhaften anderen Bestimmung findet nicht statt; innerhalb einer Bestimmung kann jedoch ein Aufrechnen mit für den Urheber vorteilhaften Regelungen stattfinden.

Der Unterlassungsanspruch nach § 36b Abs. 1 kann nur greifen, wenn die gemeinsame Vergütungsregel, von der vertraglich abgewichen wurde, auch eine Wirkung für den Vertrag zu Gunsten des Urhebers hat. Damit fragt sich, ob **Urheberverträge, auf die § 32 keine zeitliche Anwendung findet** (§ 132 Abs. 3 S. 1 und S. 3), von vornherein aus § 32b herausfallen. Das ist anzunehmen. Gemeinsame Vergütungsregeln betreffen nach § 36 Abs. 1 S. 1 die Angemessenheit von Vergütungen nach § 32. Auf Altverträge, für die § 32 keine Bedeutung hat, erfolgt keine Anwendung des § 36b, auch wenn im Rahmen von § 32a Abs. Abs. 4 gemeinsame Vergütungsregeln auch für Altverträge Bedeutung erlangen können (§ 132 Abs. 3 S. 2). **11**

d) „Wenn und soweit" als Werknutzer selbst aufgestellt (Nr. 1) oder Mitglied einer Vereinigung (Nr. 2): Durch die Einfügung des zusätzlichen Kriteriums „wenn und soweit" in § 36b Abs. 1 S. 1 Nr. 1 und Nr. 2 wollte der Bundestagsausschuss für Recht und Verbraucherschutz klarstellen, dass der Unterlassungsanspruch in verschiedener Hinsicht eingeschränkt sein kann (BeschlE RAusschuss UrhVG 2016 – BT-Drs. 18/10637, S. 24). Nr. 1 und Nr. 2 stehen in einem **Alternativverhältnis** („oder"). Nach § 36b Abs. 1 S. 1 Nr. 1 besteht ein Unterlassungsanspruch gegen den Vertragspartner des Urhebers nur, wenn er die gemeinsame Vergütungsregel **selbst aufgestellt** hat. Die Aufstellung durch andere juristische (oder natürliche) Personen genügt nicht. Das gilt auch für die Aufstellung durch ein verbundenes Unternehmen, weil auch dann der Werknutzer nicht „selbst" aufgestellt hat. Nach § 36b Abs. 1 S. 1 Nr. 2 kann der Vertragspartner des Urhebers **Mitglied einer Vereinigung** sein, die die gemeinsamen Vergütungsregeln abgeschlossen hat. Fraglich ist, ob nur eine unmittelbare Mitgliedschaft oder auch eine mittelbare Mitgliedschaft genügt. Eine mittelbare Mitgliedschaft sollte ausreichen, wenn nur weitere Mitgliedschaftsstufen (z. B. Mitglied bei einem Mitglied) bestehen. Nicht ausreichend ist hingegen, wenn lediglich ein verbundenes Unternehmen Mitglied ist. Für einen Werknutzer sollte eine Mitgliedschaft bei einer Vereinigung möglich sein, die keine Bindung an gemeinsame Vergütungsregeln vorsieht, wie das auch bei tariffähigen Arbeitgebervereinigungen denkbar ist, zur Vermeidung der Bindung an den Tarifvertrag (dazu BAG v. 21.1.2015 – 4 AZR 800/13 juris Tz. 17 ff.). Wie im Tarifrecht bedarf es dazu allerdings einer eindeutigen satzungsmäßigen Grundlage. Der Anspruch nach § 36b Abs. 1 kann über dies nur in dem **räumlichen Bereich** geltend gemacht werden, für den die gemeinsamen Vergütungsregeln gelten (BeschlE RAusschuss UrhVG 2016 – BT-Drs. 18/10637, S. 24). Außerdem besteht die **zeitliche Einschränkung** des § 132 Abs. 3 S. 1 und S. 3, so dass § 36b nicht für Altverträge greift (vgl. Rn. 11; ferner vgl. Rn. 3). **12**

2. Rechtsfolge: Unterlassungsanspruch (Abs. 1 S. 1)
Als Rechtsfolge ergibt sich ein Unterlassungsanspruch gegen den Vertragspartner des Urhebers. Für diesen muss **Wiederholungsgefahr** (wiederherstellender **13**

Unterlassungsanspruch) oder zumindest **Erstbegehungsgefahr** (vorbeugender Unterlassungsanspruch) bestehen. Die Wiederholungsgefahr wird vermutet, wenn die Tatbestandsvoraussetzungen des § 36b Abs. 1 S. 1 erfüllt sind (zur Widerlegung eingehend vgl. § 97 Rn. 29 ff.). Für eine Wiederholungsgefahr genügt, dass ein Vertrag mit einem Urheber, der den Tatbestand des § 36b Abs. 1 S. 1 erfüllt, abgeschlossen wurde. Die Wiederholungsgefahr gilt dann auch im Hinblick auf andere Urheber, soweit die Verträge dieselbe konkrete Verletzungsform nach der Kerntheorie aufweisen (vgl. Rn. 15). Eine Erstbegehungsgefahr kann sich ergeben, wenn mit hinreichender Wahrscheinlichkeit droht, dass der Tatbestand des § 36b Abs. 1 S. 1 verwirklicht wird (vgl. § 97 Rn. 39 f.). Nach der Rechtsprechung zu Unterlassungsansprüchen wegen Rechtsbruch im Sinne von § 3a UWG und dort speziell für Unterlassungsansprüche wegen Verwendung unzulässiger AGB besteht ein Unterlassungsanspruch nicht nur, wenn der Anspruchsteller substantiiert darlegen und gegebenenfalls beweisen kann, dass die unzulässigen AGB einem Vertrag zugrunde gelegt wurden. Vielmehr besteht der Unterlassungsanspruch als vorbeugender Unterlassungsanspruch auch dann, wenn „greifbare tatsächliche Anhaltspunkte" dafür bestehen, dass der Anspruchsgegner die AGB in naher Zukunft seinen Verträgen zugrunde legen wird (BGH GRUR 2010, 1120 Tz. 25 – *Vollmachtsnachweis*). Solche greifbaren tatsächlichen Anhaltspunkte bestehen beispielsweise, wenn unzulässige AGB in Werbeanzeigen veröffentlicht werden (BGH a. a. O.). Gleiches sollte gelten, wenn AGB anderweitig veröffentlicht werden. Damit können auch ohne Vertragsschluss mit einem Urheber vorbeugende Unterlassungsansprüche im Hinblick auf Verträge, die zum Nachteil des Urhebers von gemeinsamen Vergütungsregeln abweichen, gestellt werden können, wenn diese Verträge in irgendeiner Form veröffentlicht werden, z. B. Formularverträge auf der Internetseite des Werknutzers oder wenn der Werknutzer sie Urhebern bloß zur Information (ohne Angebotsqualität) zur Verfügung stellt.

14   Als Rechtsfolge ordnet § 36b Abs. 1 S. 1 einen **Unterlassungsanspruch** an. Damit kann der Anspruchsteller verlangen, dass der Werknutzer diese bestimmten Regelungen (die gemeinsamen Vergütungsregeln zuwiderlaufen) von vornherein nicht mehr in **zukünftige Verträge** mit Urhebern aufnimmt. Ferner beinhaltet der Unterlassungsanspruch auch ein **Durchführungsverbot für bereits abgeschlossene Verträge**. Regelungen in dem betreffenden Vertrag mit Urhebern, die zum Nachteil der Urheber von gemeinsamen Vergütungsregeln abweichen, darf der Werknutzer nicht mehr zu seinen Gunsten anwenden, sich also nicht mehr auf sie berufen (a. A. und gegen ein Durchführungsverbot *Berger/Freyer* ZUM 2016, 569, 578). Auch für das Vorbild § 1 UKlaG (vgl. Rn. 2) ist ein Durchführungsverbot auf der Grundlage des Unterlassungsanspruchs anerkannt (BGH NJW 2016, 560 Tz. 34; grundlegend BGH v. 13.7.1994 – IV ZR 107/93 – juris Rn. 7 f.; jurisPK-BGB/*Baetge*[8] § 1 UKlaG Rn. 33).

15   Der Unterlassungsanspruch kann sich auch auf **Verträge des Werknutzers mit beliebigen anderen Urhebern** beziehen. Allerdings beurteilt sich die **Reichweite des Unterlassungsanspruchs** – wie im Urheberrecht (vgl. § 97 Rn. 41 ff.) und im gewerblichen Rechtsschutz auch sonst – nach der **Kerntheorie**. Gegenstand des Unterlassungsanspruchs ist die konkrete Verletzungsform, für die Wiederholungs- oder Erstbegehungsgefahr besteht (vgl. Rn. 13). Handlungen, die mit der konkreten Verletzungsform kerngleich sind, werden ebenfalls erfasst. Kerngleich sind alle Handlungen, in denen das Charakteristische der Verletzungshandlung zum Ausdruck kommt, was also rechtlich als gleichwertiger Sachverhalt anzusehen ist. Mithin ist der Kern verlassen, wenn sich neue relevante Rechtsfragen stellen (OLG Köln MD 2005, 670, 673; OLG Düsseldorf WRP 2000, 1420; *Teplitzky*[9] Kap. 57 Rn. 12; *Nordemann*[11] Rn. 1613). Damit umfasst der Unterlassungsanspruch nach § 36b Abs. 1 S. 1 alle verwendeten Bestimmungen auch in anderen Verträgen, die den Tatbestand des § 36b Abs. 1 S. 1 erfüllen und keine neue (ggf. zusätzliche) rechtliche Bewertung erfordern. Umgekehrt kann stets nur die konkrete Verletzungsform (mit ihrer zulässigen Abstrahierung nach der Kerntheorie) Gegenstand des Verbotsantrages sein; ein Verbot jeglicher Abweichung kann nicht verlangt werden (*Ory* ZUM 2017, 457, 460).

Ein **Beseitigungsanspruch** wird **nicht** gewährt. Der Werknutzer schuldet daher dem Anspruchsberechtigten nach § 36b nicht, Verträge umzuformulieren und ganz bestimmte Formulierungen zu verwenden (*Ory* ZUM 2017, 457, 460), weil dies eine Beseitigung wäre. Nur der Urheber selbst kann gem. § 32 Abs. 1 S. 3, 36c S. 2 auf Vertragsänderung vorgehen. Gemäß § 32 Abs. 2 S. 1 UrhG ist eine nach einer gemeinsamen Vergütungsregel (§ 36 UrhG) ermittelte Vergütung angemessen. Auch sonstige Ansprüche sieht § 36a Abs. 1 S. 1 nicht vor, insbesondere **keine Schadensersatzansprüche** und **keine Auskunftsansprüche**, auch nicht solche zur Vorbereitung von Unterlassungsansprüchen etwa auf Auskunft, welche Verträge der Werknutzer mit Urhebern abgeschlossen hat. Solche Auskunftsansprüche würden dazu dienen, das gesetzliche Schuldverhältnis erst herzustellen, das § 32b Abs. 1 S. 1 für den Unterlassungsanspruch voraussetzt. Damit stehen nur dem Urheber zur Durchsetzung seiner Vergütungsansprüche nach §§ 32 ff. Auskunftsansprüche zu, insbesondere nach §§ 32d, 32e.

16

3. Verjährung

Die regelmäßige **Verjährungsfrist** beträgt 3 Jahre (§ 195 BGB). Eine abweichende Regelung von dieser regelmäßigen Verjährungsfrist für § 36b ist nicht ersichtlich. Da § 1 UKlaG als Vorbild gedient hat (vgl. Rn. 2), stellt wie bei § 1 UKlaG der Vertragsschluss den **Verjährungsbeginn** dar (KG v. 10.9.2012 – 23 U 161/11 – juris Rn. 63 = NJW-RR 2013, 54; Palandt/*Bassenge*[72], § 1 UKlaG Rn. 15; jurisPK-BGB/*Baetge*[8] § 1 UKlaG Rn. 38); ferner vgl. Rn. 3. Allerdings läuft die regelmäßige Verjährungsfrist erst, wenn der Gläubiger von den Anspruch begründenden Umständen Kenntnis erlangt oder ohne grobe Fahrlässigkeit hätte erlangen müssen (§ 199 Abs. 1 Nr. 2 BGB). Es kommt mithin auf die Kenntnis der Anspruchsteller an (vgl. Rn. 18). Diese Kenntnis kann nicht bei Vertragsschluss unterstellt werden, weil der Urheber (nicht der Anspruchsteller) den Vertrag mit dem Werknutzer schließt. Die Kenntnis des Urhebers wird seinen Verbänden im Rahmen von § 199 Abs. 1 Nr. 2 BGB zugerechnet, wenn sie sogenannte Wissensvertreter sind. Wissensvertretung ist dann gegeben, wenn der Wissensvertreter mit der betreffenden Aufgabe betraut worden ist (s. BGH NJW 1976, 2344). Urheberverbände sind nicht Wissensvertreter der bei ihnen organisierten Urheber, auch wenn der Verband die satzungsmäßige Befugnis hat, solche Ansprüche geltend zu machen. Damit kommt eine Kenntnis nach § 199 Abs. 1 Nr. 2 BGB des Urheberverbandes erst dann in Betracht, wenn entweder der Urheber den Verband positiv in Kenntnis setzt oder der Verband die Kenntnis grob fahrlässig nicht erlangt hat. Im Rahmen der Prüfung der groben Fahrlässigkeit ist zu beachten, dass grundsätzlich keine Nachforschungsobliegenheit des Gläubigers besteht (KG GWR 2010, 69, Juris Rn. 23 m.w.N.). Im Hinblick auf § 36b spricht allerdings einiges für eine Nachforschungsobliegenheit des Verbandes, in dem der Urheber organisiert ist, wenn es zu den satzungsmäßigen Aufgaben des Verbandes zählt, nach § 36 für seine Mitglieder vorzugehen gemeinsame Vergütungsregeln abzuschließen. Der Gesetzgeber hat gerade Urheberverbänden mit § 36b UrhG ein Instrument an die Hand gegeben, damit der Verband die individuelle Einhaltung der gemeinsamen Vergütungsregeln gegenüber Urhebern mit Unterlassungsansprüchen gegen Werknutzer durchsetzen kann.

17

4. Aktivlegitimation (Abs. 1 S. 2)

18 Der Anspruch steht den Parteien der gemeinsamen Vergütungsregeln zu. Es sind also Urhebervereinigungen, Werknutzervereinigungen oder einzelne Werknutzer anspruchsberechtigt, soweit sie **Partei der Vergütungsregel** sind. Eine Konkurrentenklage parallel zu § 3a UWG (so *Berger/Freyer* ZUM 2016, 569, 578; zum UWG vgl. Rn. 24) liegt damit aber nicht vor, weil Konkurrenten nur vorgehen können, wenn sie Einzelpartei einer Vergütungsregel sind; eine Anspruchsberechtigung besteht nicht bei bloßer Mitgliedschaft in einer Werknutzervereinigung, die eine Vergütungsregel abgeschlossen hat; hier darf nur die Vereinigung vorgehen. Einschränkend zu beachten ist auch, dass anspruchsberechtigt nur die Parteien der Vergütungsregel sind, von der zu Lasten des Urhebers abgewichen wurde („die *die* Vergütungsregel aufgestellt haben"). Parteien anderer Vergütungsregeln sind nicht anspruchsberechtigt. Für **Vereinigungen** von Urhebern oder Werknutzern ist weiter Voraussetzung, dass sie **zum Abschluss der gemeinsamen Vergütungsregeln befugt** sind, sie also die Voraussetzungen des § 36 Abs. 2 erfüllen (im Einzelnen vgl. § 36 Rn. 5 ff.). Vereinigungen, die keine Vergütungsregeln nach § 36 aufstellen dürfen, sollten ihre Einhaltung auch nicht kontrollieren.

5. Verfahren (Abs. 2)

19 Abs. 2 bestimmt die entsprechende Anwendbarkeit verschiedener Verfahrensbestimmungen des UWG. Der Verweis auf § 8 **Abs. 4 UWG** schützt die von einer Abmahnung oder Klage Betroffenen und mittelbar auch die Gerichte davor, **missbräuchlich** in Anspruch genommen zu werden (RegE UrhVG 2016 – BT-Drs. 18/8625, S. 28). Damit ist auch für § 36b Abs. 1 S. 1 (keine bloße Einrede, OLG Hamm ZUM-RD 2010, 135, 140) zu prüfen, ob sich der Gläubiger von sachfremden Motiven leiten lässt. Diese müssen nicht das alleinige Motiv des Gläubigers sein; ausreichend ist, wenn die sachfremden Motive überwiegen (BGH GRUR 2010, 454 Tz. 19 – *Klassenlotterie*; BGH GRUR 2009, 1180 Tz. 20 – *0,00 Grundgebühr*). Wichtige Fallgruppen zu § 8 Abs. 4 UWG sind primäres Gebührenerzielungsinteresse, Kostenbelastungsinteresse, oder konzertiertes Vorgehen mehrerer Gläubiger (s. die Kommentierungen zu § 8 Abs. 4 UWG: Köhler/Bornkamm/*Köhler*[35] § 8 UWG Rn. 4.10; Götting/ Nordemann/*Schmitz-Fohrmann/Schwab*[3] § 8 UWG Rn. 148 ff.; *Nordemann*[11] Rn. 987 ff.). Missbräuchlich kann es auch sein, wenn Mitbewerber einen Werknutzer über § 36b zwingen wollen, keine neuen Geschäftsmodelle zu etablieren (*Ory* ZUM 2017, 457, 460). Der Verweis auf § 12 **Abs. 1 UWG** löst beim Gläubiger die Obliegenheit aus, gem. § 12 Abs. 1 S. 1 UWG den Werknutzer vor Einleitung eines gerichtlichen Verfahrens abzumahnen. Die Anforderungen an eine **Abmahnung** decken sich dabei mit § 97a Abs. 1 UrhG, so dass auf die Kommentierung hierzu verwiesen werden kann (vgl. § 97a Rn. 5 ff.). Zu beachten ist jedoch, dass mangels Verweises des § 36b Abs. 2 auf § 97a Abs. 2 UrhG die darin vorgesehenen strengen Wirksamkeitsvoraussetzungen für eine Abmahnung nach § 36b nicht greifen. Nach § 12 Abs. 1 S. 2 UWG steht dem Gläubiger bei einer berechtigten Abmahnung ein Aufwendungsersatzanspruch zu (RegE UrhVG 2016 – BT Drs. 18/8625, S. 28). Für Verbandsabmahnungen gilt jedoch – wie bei § 8 Abs. 4 UWG –, dass keine Anwaltskosten für die Abmahnung berechnet werden dürfen, sondern nur eine Kostenpauschale (Köhler/Bornkamm/*Bornkamm*[35] § 12 UWG Rn. 1.122 ff.; *Nordemann*[11] Rn. 1537; Götting/Nordemann/*Schmitz-Fohrmann/Schwab*[3] § 12 UWG Rn. 44 ff. Bei unberechtigter Abmahnung besteht kein Kostenerstattungsanspruch des Abmahnenden. Es gilt ferner – anders als bei unberechtigten Schutzrechtsverwarnungen – der UWG-Grundsatz, dass bei unberechtigter Abmahnung keine Kostenerstattung durch den Abgemahnten gegenüber dem Abmahnenden verlangt werden kann (BGH, Beschl. v. 20.1.2011, I ZR 31/ 10 – *Unberechtigte Abmahnung*; BGH GRUR 2011, 152 Tz. 63 – *Kinderhoch-*

stühle im Internet I; BGH WRP 1965, 97, 98 f. – *Kaugummikugeln*; Köhler/
Bornkamm/*Bornkamm*[35] § 12 UWG Rn. 1.69 ff., aber s. a. Rn. 1.71 Rn. 1.73
zu Ansprüchen aus GoA). Ausnahmeweise kommen Ansprüche wegen An-
schwärzung (§ 4 Nr. 2 UWG), gezielter Behinderung (§ 4 Nr. 4 UWG) oder
Irreführung (§ 5 UWG) in Betracht (Köhler/Bornkamm/*Bornkamm*[35] § 12
UWG Rn. 1.71). Die strengere Regel des § 97a Abs. 4 UrhG (vgl. § 97a
Rn. 52 ff.) findet keine Anwendung, weil es sich um eine Regel für die unberechtigte Schutzrechtsverwarnung handelt. Mit der Verweisung auf § 12 Abs. 2
UWG wird der Weg der erleichterten Anspruchsdurchsetzung mittels **einstweiliger Verfügung** eröffnet. Der Verfügungsgrund wird vermutet. Diese Privilegierung von Ansprüchen nach § 36b Abs. 1 S. 1 ist zu kritisieren, weil auf deliktische Unterlassungsansprüche wegen Urheberrechtsverletzung gem. § 97 Abs. 1
UrhG § 12 Abs. 2 UWG nicht angewendet wird (vgl. § 97 Rn. 199). Nach
§§ 36b Abs. 2, 12 Abs. 2 UWG werden Werknutzer ggf. zur Umstellung aller
Verträge gezwungen, die aber rückgängig zu machen ist, wenn der Verwerter
in der Hauptsache obsiegt (kritisch *Berger/Freyer* ZUM 2016, 569, 578, die
angesichts der Risiken aus § 945 ZPO für einen Ausschluss eines einstweiligen
Rechtsschutzes aus § 36b plädieren). Zum Einstweiligen Verfügungsverfahren
im Übrigen vgl. § 97 Rn. 198 ff.; zur **Schutzschrift** vgl. § 97 Rn. 211. § 36b
Abs. 2 ordnet ferner die die Anwendung der Regelung zur **Streitwertbegünstigung nach § 12 Abs. 4 UWG** an (s. die Kommentierungen dort). Schließlich
gilt **§ 103 UrhG** für eine **Bekanntmachung des Urteils** über einen Unterlassungsanspruch nach § 36b; im Einzelnen vgl. § 103 Rn. 3a ff. Die Verweisung
in § 36b Abs. 2 ist überflüssig, weil § 103 die Bekanntmachung von Urteilen
erlaubt, die nach einer „Klage aufgrund dieses Gesetzes" ergangen sind, wozu
auch § 36b gehört.

III. Prozessuales

Im Hinblick auf die **Darlegungs- und Beweislast** gelten keine Besonderheiten.   **20**
Der Anspruchsteller muss grundsätzlich die (durchweg positiven) Anspruchsvoraussetzungen des § 36b Abs. 1 S. 1 darlegen und ggf. beweisen. Das Gleiche
gilt für seine Aktivlegitimation nach § 36b Abs. 1 S. 2. Zur **Durchsetzung** sei
zunächst auf § 36b Abs. 2 verwiesen, nach dem für die Abmahnung § 12
Abs. 1 UWG, für das Einstweilige Verfügungsverfahren § 12 Abs. 2 UWG, für
die Streitwertbegünstigung § 12 Abs. 4 UWG und für die Bekanntmachung
des Urteils § 103 UrhG gelten (vgl. Rn. 19). Ergänzend zur Durchsetzung des
Unterlassungsanspruches nach § 36b Abs. 1 vgl. § 97 Rn. 196 ff.

IV. Verhältnis zu anderen Vorschriften

Zur Verweisung des § 36b Abs. 2 auf § 12 Abs. 1, Abs. 2 und Abs. 4 UWG   **21**
sowie auf § 103 UrhG vgl. Rn. 19.

Der Anspruch nach § 36a Abs. 1 S. 1 steht neben **individuellen Ansprüchen des**   **22**
Urhebers nach § 32 Abs. 1 und § 36c S. 2. § 36b wollte nur einen zusätzlichen
Rechtsbehelf zur Einhaltung von Vergütungsregeln schaffen (vgl. Rn. 2). Die
speziellen Regelungen des § 36b und des 36c schließen eine **AGB-Kontrolle**
von Formularverträgen, die von gemeinsamen Vergütungsregeln zum Nachteil
des Urhebers abweichen, aus (*Ory* ZUM 2017, 457, 459).

Zur Anwendung des § 36b auf **Leistungsschutzrechte** vgl. Rn. 7.   **23**

§ 36b Abs. 1 S. 1 stellt keine Vorschrift dar, die i. S. d. **Rechtsbruchtatbestands**   **24**
des § 3a UWG (zumindest auch) dazu dient, im Interesse der Marktteilnehmer
das Marktverhalten zu regeln. Das ist nur der Fall, wenn die Norm eine auf

die Lauterkeit des Wettbewerbs bezogene Schutzfunktion hat. Daran fehlt es, wenn eine Vorschrift bestimmte Unternehmen von bestimmten Märkten aus Gründen fernhalten soll, die nichts mit ihrem Marktverhalten, das heißt der Art und Weise ihres Agierens auf dem Markt, zu tun haben (BGH GRUR 2017, 95 Tz. 15 – *Arbeitnehmerüberlassung* m. w. N.). Durch § 36a Abs. 1 S. 1 soll dem Urheber lediglich eine Alternative zur individuellen Durchsetzung seiner Ansprüche wegen angemessener Vergütung geboten werden (vgl. Rn. 2). Damit bezweckt § 36b Abs. 1 den von § 3a UWG nicht erfassten Schutz des Urhebers als Gläubiger des Anspruches auf angemessene Vergütung gem. § 32 Abs. 1 UrhG (s. Köhler/Bornkamm/*Köhler*[35] § 3a UWG Rn. 1.65). Über dies scheitert eine Anwendung des §a UWG auch an der bestehenden Normenkonkurrenz (s. BGH GRUR 2006, 773 Tz. 13 ff. – *Probeabonnement*) zu § 36b, der ein in sich abgeschlossenes Sanktionsinstrumentarium bereithält.

§ 36c Individualvertragliche Folgen des Verstoßes gegen gemeinsame Vergütungsregeln

[1]Der Vertragspartner, der an der Aufstellung von gemeinsamen Vergütungsregeln gemäß § 36b Absatz 1 Satz 1 Nummer 1 oder 2 beteiligt war, kann sich nicht auf eine Bestimmung berufen, die zum Nachteil des Urhebers von den gemeinsamen Vergütungsregeln abweicht. [2]Der Urheber kann von seinem Vertragspartner die Einwilligung in die Änderung des Vertrages verlangen, mit der die Abweichung beseitigt wird.

I. Allgemeines

1. Bedeutung/Sinn und Zweck/Systematische Stellung

1 Die Vorschrift ist gemeinsam mit § 36b eingeführt worden durch das **Gesetz zur verbesserten Durchsetzung des Anspruchs der Urheber und ausübenden Künstler auf angemessene Vergütung** und zur Regelung von Fragen der Verlegerbeteiligung vom 23.12.2016, BGBl. I 2016, S. 3037. Ziel der Reform ist die Stärkung der Vertragsparität, indem faire Beteiligungen an den Erlösen der Verwertung durch individualvertragliche und kollektivrechtliche Maßnahmen gewährleistet werden (RegE UrhVG 2016 – BT-Drs. 18/8625, S. 13).

2 Um die Stellung des Urhebers dort, wo gemeinsame Vergütungsregeln aufgestellt worden sind, auch im individuellen Vertragsverhältnis zu stärken, kann sich der Verwerter nach dieser Norm nicht auf eine Bestimmung berufen, die zu Lasten des Kreativen von gemeinsamen Vergütungsregeln abweicht (RegE

UrhVG 2016 – BT-Drs. 18/8625, S. 19). Darüber hinaus kann der Urheber von seinem Vertragspartner eine Einwilligung in die Änderung des Vertrages verlangen, durch die diese Abweichung beseitigt wird (a. a. O.).

2. EU-Recht

Weder EU-Recht noch internationale Konventionen kennen eine vergleichbare **3** Regelung, noch gibt es **Vorgaben** zu der deutschen Regelung.

II. Tatbestandsvoraussetzungen

1. Überblick

Voraussetzung für die Norm ist wie in § 36b (vgl. § 36b Rn. 5 ff.), dass die **4** Verwerter an der Aufstellung nach § 36b Abs. 1 Ziff. 1 oder 2 **beteiligt** waren. S. 2 gibt dem Urheber einen Vertragsanpassungsanspruch nach dem Vorbild von § 32 Abs. 1 S. 3. Den Urhebern bleibt es im Übrigen unbenommen, individuelle Korrekturansprüche etwa nach den §§ 32, 32a geltend zu machen. Damit ist die neue Vorschrift insbesondere dort anzuwenden, wo es um vertragliche Bestimmungen geht, die **nicht unmittelbar die Höhe** des geschuldeten Honorars berühren (RegE UrhVG 2016 – BT-Drs. 18/8625, S. 28) (dazu vgl. § 32 Rn. 54). Das aber wirft die Frage auf, welche Bestimmungen das sein können, denn enthält die gemeinsame Vergütungsregel Bestimmungen jenseits der Vergütung, wächst die Gefahr, dass sie in Kollision mit dem Kartellrecht gerät (vgl. § 36 Rn. 52). Wohl auch daher wird die Auffassung vertreten, diese Vorschrift wiederhole nur die sowieso gem. § 32 Abs. 2 S. 1 bestehende Bindungswirkung gemeinsamer Vergütungsregeln (*Berger/Freyer* ZUM 2016, 569, 578).

2. Beteiligung des Verwerters an Gemeinsamer Vergütungsregel

Der Verweis in § 36c S. 1 stellt klar, dass ein Verwerter, der an gemeinsame **5** Vergütungsregeln gebunden ist, weil er sie entweder selbst (**Nr. 1**) oder ein Verband, in dem er Mitglied ist (**Nr. 2**), abgeschlossen hat, sich nicht auf für den Urheber zum Nachteil abweichende Bestimmungen berufen kann. Weitere (ungeschriebene) Voraussetzung ist, dass die gemeinsame Vergütungsregel auf den Vertrag Anwendung findet, sich der Vertrag also im Anwendungsbereich der gemeinsamen Vergütungsregel befindet. Dabei wird es insbesondere um den sachlichen Anwendungsbereich gehen, also z. B. belletristische Literatur (und nicht etwa wissenschaftliche Sachbücher).

3. Abweichung zum Nachteil des Urhebers

Gegenstand der Norm sind nur Regelungen in einem Vertrag, die von gemein- **6** samen Vergütungsregeln zum Nachteil des Urhebers abweichen. Das setzt voraus, dass die Vergütungsregel die entsprechende **Regelung überhaupt enthält**. Denkbar wären hier z. B. Fälligkeitsregelungen. Da nur Regelungen betroffen sein können, die zumindest mittelbar die Höhe der Vergütung betreffen (wegen der kartellrechtlichen Implikationen oben vgl. Rn 4), scheiden Regelungen etwa zum Umfang abzuliefernder Werke aus.

Eine vergleichbare Konstellation der „Abweichung zum Nachteil" kennt das **7** Tarifrecht (s. dazu und zum folgenden *Ory* ZUM 2017, 457, 459) mit dem sog. Günstigkeitsprinzip (§ 4 Abs. 3 TVG). Zu vergleichen sind dabei die durch Auslegung zu ermittelnden Teilkomplexe der unterschiedlichen Regelungen, die in einem **inneren Zusammenhang** stehen (sog. Sachgruppenvergleich, BAGE 134, 130). Ein sog. Gesamtvergleich, d. h. die Gegenüberstellung des vollständigen Vertrags auf der einen und des gesamten Tarifvertrags auf der anderen Seite, kommt ebenso wenig in Betracht wie ein punktueller Vergleich.

8 Im Ergebnis dürfte die Norm tatsächlich (wie *Berger/Freyer* betonen, s. oben Rn. 4) nur § 32 Abs. 2 S. 1 wiederholen.

9 Die Norm ist eine Einbahnstraße: Verwerter sind in jedem Fall an den geschlossenen Nutzungsvertrag gebunden, nur der Urheber kann im Einzelfall etwaige ihm im Verhältnis zur anwendbaren gemeinsamen Vergütungsregel nachteilige Regelungen angreifen und eine Anpassung erzwingen (*Ory* ZUM 2017, 457, 459 f.).

4. Aktivlegitimation (Anspruchsberechtigung)

10 Der Anspruch steht jedem Urheber zu. Auch ausübende Künstler kommen über § 79 Abs. 2a in seinen Genuss. Urheber von Computerprogrammen sind nach § 69a Abs. 5 von ihm allerdings ausgeschlossen. Das hat seinen berechtigten Grund darin, dass aufgrund der hohen Nachfrage der Branche nach Mitarbeitern die Vertragsparität zwischen Urhebern und Verwertern nicht in dem gleichen Maß gefährdet ist wie in anderen Bereichen (RegE UrhVG 2016 – BT-Drs. 18/8625, S. 27).

5. Passivlegitimation (Anspruchsverpflichtung)

11 Passivlegitimiert ist der unmittelbare Vertragspartner des Urhebers.

6. Rechtsfolgen

12 Auf die gegen § 36c verstoßende vertragliche Regelung kann der Vertragspartner sich nicht berufen; der Urheber kann § 36c also gegen ein entsprechendes Verlangen des Vertragspartners **einwenden**.

13 Zudem hat der Urheber nach § 32 Abs. 2 S. 1 **Anspruch auf eine Änderung** des Nutzungsrechtsvertrags, mit der die Abweichung beseitigt wird. Dahinter steht die auch bislang schon vertretene Auffassung, dass gemeinsame Vergütungsregeln den Inhalt individueller Verträge nicht unmittelbar ändern, sondern über § 32 Abs. 1 S. 3 i. V. m. § 32 Abs. 2 S. 1 in den Vertrag implementiert werden müssen. Daher ist die Bedeutung des § 36c S. 2 unklar, denn der Urheber hat folglich ohnehin einen Anspruch auf Vertragsanpassung. Die Norm soll daher auch nur Bestimmungen in gemeinsamen Vergütungsregeln erfassen, die nicht unmittelbar die Höhe der Vergütung regeln (*Berger/Freyer* ZUM 2016, 569, 578).

14 Zum Anspruch auf Vertragsänderung bei Vorliegen der §§ 32, 32a vgl. § 32 Rn. 14, 16 sowie vgl. § 32a Rn. 25 ff.

III. Ausschluss des Anspruchs

15 Der Anspruch ist in keiner Konstellation ausgeschlossen.

IV. Zwingender Charakter

16 § 36c ist als zwingende Vorschrift ausgestaltet.

V. Prozessuales

17 § 36c S. 1 ist als **Einwendung** formuliert.

18 Der darüber hinaus bestehende Anspruch (S. 2) wird als **Anspruch auf Vertragsänderung** entsprechend den Regelungen des §§ 32, 32a durchgesetzt (daher vgl. § 32 Rn. 14, 16 sowie vgl. § 32a Rn. 25 ff.).

VI. Verhältnis zu anderen Vorschriften

Im Ergebnis dürfte die Norm (wie *Berger/Freyer* betonen, s. oben vgl. Rn. 4) **19** nur § 32 Abs. 2 S. 1 wiederholen.

§ 37 Verträge über die Einräumung von Nutzungsrechten

(1) Räumt der Urheber einem anderen ein Nutzungsrecht am Werk ein, so verbleibt ihm im Zweifel das Recht der Einwilligung zur Veröffentlichung oder Verwertung einer Bearbeitung des Werkes.

(2) Räumt der Urheber einem anderen ein Nutzungsrecht zur Vervielfältigung des Werkes ein, so verbleibt ihm im Zweifel das Recht, das Werk auf Bild- oder Tonträger zu übertragen.

(3) Räumt der Urheber einem anderen ein Nutzungsrecht zu einer öffentlichen Wiedergabe des Werkes ein, so ist dieser im Zweifel nicht berechtigt, die Wiedergabe außerhalb der Veranstaltung, für die sie bestimmt ist, durch Bildschirm, Lautsprecher oder ähnliche technische Einrichtungen öffentlich wahrnehmbar zu machen.

Übersicht

I. Allgemeines

1. Sinn und Zweck

§ 37 ist eine urheber*vertrags*rechtliche Vorschrift. Der allgemeine Übertra- **1** gungszweckgedanke (§ 31 Abs. 5) erfährt in § 37 eine **Konkretisierung** (allgemein zum Übertragungszweckgedanken vgl. § 31 Rn. 108 ff.; zum Verhältnis des § 37 zu § 31 Abs. 5 vgl. Rn. 23). § 37 ist wie § 31 Abs. 5 Ausdruck der Tendenz urheberrechtlicher Befugnisse, so weit wie möglich beim Urheber zu verbleiben, damit dieser angemessen an den Erträgen seines Werkes beteiligt wird. Dieser Grundsatz ist in § 11 S. 2 kodifiziert. Die Regeln des § 37 finden nur im Zweifelsfall Anwendung, sind also nachgiebig, wenn „zweifelsfrei" etwas anderes vereinbart wurde. Es handelt sich um **Auslegungsregeln.** Die Regelung in § 37 **Abs. 1** betrifft das Bearbeitungsrecht des § 23. § 37 Abs. 1 stellt eine Auslegungsregel auf, ob die nach § 23 erforderliche „Einwilligung" erteilt ist. Insoweit betrifft Abs. 1 nur vertragliche Vereinbarungen zum Verwertungsrecht des § 23, nicht Rechtsgeschäfte über Urheberpersönlichkeitsrechte, die in § 39 und § 14 geregelt sind (vgl. Rn. 26). Aus dem RegE UrhG geht hervor, dass § 37 **Abs. 2** als eigenständige gesetzliche Regelung für die Übertragung eines Werkes auf Bild- oder Tonträger notwendig war, weil die Übertragung eines Werkes auf Tonträger nicht als Bearbeitung, sondern als Vervielfältigung angesehen wird (RegE UrhG 1962 – BT-Drs. IV/270, S. 58). § 37 **Abs. 3** regelt die öffentliche Wahrnehmbarmachung durch technische Einrichtungen außerhalb der Veranstaltung, für die die öffentliche Wiedergabe erlaubt wird.

2. Früheres Recht

2 Mit dem UrhG zum 1.1.1966 trat auch § 37 in Kraft. Gemäß § 132 Abs. 1 gelten die Auslegungsregeln des § 37 nicht für **Altverträge**, die **vor dem 1.1.1966** abgeschlossen wurden (BeckOK UrhR/*Soppe*[16] Rn. 21; Schricker/Loewenheim/*Peukert*[5] Rn. 8). Durch § 37 Abs. 1 hat sich bei **Verlagsverträgen** jedoch nicht viel geändert: § 2 Abs. 2 VerlG fand auch schon vor 1966 Anwendung; zum Verhältnis des § 2 Abs. 2 VerlG zu § 37 vgl. Rn. 27. Überdies enthielt § 14 LUG die Regelung, dass bei Fehlen von anderweitigen Vereinbarungen die Entscheidung über die Verwertung für dort aufgezählte Bearbeitungen beim Urheber verbleiben sollte. Die in § 14 LUG aufgelisteten Bearbeitungen entsprachen fast wörtlich denjenigen des § 2 Abs. 2 VerlG (*Schricker*, VerlagsR[3] § 2 Rn. 12). Danach dürfte die Einführung des § 37 Abs. 1 für Werke der Literatur keine wesentliche Änderung gebracht haben, auch wenn die möglichen Bearbeitungsformen (Übersetzung, Dramatisierung usw.) in § 37 Abs. 1 nicht im Einzelnen aufgeführt werden (RegE UrhG 1962 – BT-Drs. IV/270, S. 58). Für in §§ 2 Abs. 2 VerlG, 14 LUG nicht aufgeführte Bearbeitungen und generell für alle Werke, die nach KUG zu beurteilen sind (vgl. Vor §§ 31 ff. Rn. 14), galt über dies vor 1966 der nicht kodifizierte allgemeine **Übertragungszweckgedanke** (Schricker/Loewenheim/*Peukert*[5] Rn. 8; BeckOK UrhR/*Soppe*[16] Rn. 21; zum allgemeinen Übertragungszweckgedanken vgl. § 31 Rn. 108 ff.), der zum Fehlen eines Bearbeitungsrechts führt, wenn der Vertragszweck eine Bearbeitung nicht unbedingt erfordert; zu Beispielen vgl. Rn. 10. Das Gleiche gilt für § 37 Abs. 2 und Abs. 3: Mangels konkreter Regelung in VerlG, LUG oder KUG muss bei Verträgen vor 1966 der allgemeine **Übertragungszweckgedanke** entscheiden, ob das Recht eingeräumt wurde. Davon ist im Zweifel nicht auszugehen, wenn der Zweck der Vereinbarung eine entsprechende Nutzung nicht unbedingt erforderte; vgl. Rn. 17 zu Abs. 2 und vgl. Rn. 21 zu Abs. 3.

II. EU-Richtlinien/Internationales Recht

3 Die internationalen Konventionen und EU-Richtlinien sehen keine mit den Vorschriften des § 37 vergleichbaren Regelungen vor, zur Anwendung des rein vertragsrechtlichen § 37 im Internationalen Privatrecht vgl. Vor §§ 120 ff. Rn. 80.

III. Tatbestand

1. Vertrag mit dem Urheber über die Einräumung von Nutzungsrechten

4 Grundsätzlich gilt § 37 Abs. 1 bis Abs. 3 für alle Verträge der **Urheber** (§ 7) und von deren Rechtsnachfolgern (§ 30). Zur Verdrängung des § 37 im Filmbereich (§§ 88, 89), bei Computerprogrammen (§ 69d) und Datenbankwerken (§ 55c); vgl. Rn. 24 ff. Auch die Inhaber von bestimmten **Leistungsschutzrechten** können sich auf § 37 berufen: die Verfasser wissenschaftlicher Ausgaben (§ 70 Abs. 1) und die Lichtbildner (§ 72 Abs. 1). Seit der gesetzlichen Regelung der Nutzungsrechtseinräumung durch ausübende Künstler durch das UrhG Infoges vom 10.9.2003 kommen auch die ausübenden Künstler (§ 79 Abs. 2 S. 2) in den Genuss des § 37, jedoch vgl. § 79 Rn. 59. Für Verträge vom 14.9.2003 bis 28.2.2017 gilt das allerdings wegen des Wortlautes von § 79 Abs. 2 S. 1 nur bei Nutzungsrechtseinräumungen, nicht bei Übertragungen des Rechts (vgl. § 79 Rn. 2 ff.; vgl. § 79 Rn. 49 ff.; a. A. Schricker/Loewenheim/*Peukert*[5] Rn. 7). Für Verträge ab 1.3.2017 findet gem. § 132 die Bestimmung des § 37 uneingeschränkt auf ausübende Künstler Anwendung (§ 79 Abs. 2a). Auf andere Leistungsschutzrechte kann § 37 – auch analog – nicht angewendet werden, weil die entsprechenden Verweisungsnormen § 37 gerade nicht einbeziehen (§§ 81 S. 2, 85 Abs. 2 S. 2, 87 Abs. 2 S. 2, 94 Abs. 2 S. 3; in § 87e fehlt jeder Verweis auf den ersten Teil des UrhG). Auf **Verträge zwischen Verwertern**, also auf eine Weiterübertragung der Rechte (§ 34) bzw. auf die Einräumung weiterer Nutzungsrechte durch einen bloßen Nutzungsrechtsinhaber (§ 35) bezieht sich § 37 aufgrund seines eindeutigen Wortlautes nicht (BeckOK UrhR/*Soppe*[15] Rn. 2; a. A. *v. Gamm* Rn. 1); das gesamte Urhebervertragsrecht der §§ 31 bis 44 will Verträge zwischen Verwertern grundsätzlich nicht erfassen.

Die Auslegungsregeln des § 37 beziehen sich auf Nutzungsrechtseinräumungen **5** (vgl. § 31 Rn. 5 ff.). Der Anwendungsbereich des § 37 ist nicht auf Verträge beschränkt, die nur „ein Nutzungsrecht" einräumen, wie der Wortlaut jeweils etwas missverständlich formuliert. Es können auch mehrere Nutzungsrechte eingeräumt werden, insbesondere über die in § 37 genannten Nutzungsarten. Die Auslegungsregeln des § 37 gelten sowohl für die Einräumung des Nutzungsrechts als **Verfügungsgeschäft** als auch in entsprechender Anwendung des zugrundeliegenden **Verpflichtungsgeschäfts** (Schricker/Loewenheim/*Peukert*[5] Rn. 5; Dreier/Schulze/*Schulze*[5] Rn. 4, 9; BeckOK UrhR/*Soppe*[16] Rn. 1).

2. Veröffentlichung und Verwertung von Bearbeitungen (Abs. 1)

Mit **Bearbeitung** i. S. v. Abs. 1 sind nur solche Bearbeitungen gemeint, die selbst **6** ein **schutzfähiges Werk gem. § 3** darstellen; vgl. § 3 Rn. 1 ff. (*Gottschalk* ZUM 2005, 359; *Schricker* GRUR Int. 1983, 446, 454; Dreier/Schulze/*Schulze*[5] Rn. 16; HK-UrhR/*Kotthoff*[3] Rn. 3; Schricker/Loewenheim/*Peukert*[5] Rn. 15; Wandtke/Bullinger/*Wandtke/Grunert*[4] Rn. 4). Eine unter diesem Niveau bleibende bloße Umgestaltung genügt nicht. Das hat vor allem Konsequenzen für den Umfang des positiven Nutzungsrechts und des negativen Verbotsrechts des Erwerbers (vgl. § 31 Rn. 20 ff.). Liegt eine Bearbeitung nach § 3 vor, steht dem Erwerber des Nutzungsrechts im Zweifel kein **positives Nutzungsrecht** hinsichtlich dieser Bearbeitung gem. § 23 zu (Schricker/Loewenheim/*Peukert*[5] Rn. 14; *v. Gamm* Rn. 2). Daher ist der Erwerber im Zweifel nicht berechtigt, selbst eine Bearbeitung des Werks gem. § 3 zu veröffentlichen oder zu verbreiten. Im Zweifel steht dem Erwerber auch kein **negatives Verbotsrecht** hinsichtlich einer Bearbeitung zu (RegE UrhG 1962 – BT-Drs. IV/270, S. 58). Diese Zweifelsregel kennt aber **zwei wichtige Einschränkungen. Erstens** steht dem Nutzungsrechtsinhaber dann ein negatives Verbotsrecht zu, wenn er entweder Urheber der Bearbeitung ist oder zumindest die ausschließlichen Nutzungsrechte vom Bearbeiter erworben hat. Denn die Bearbeitung genießt Schutz nach § 3. **Zweitens** hat der ausschließliche Nutzungsrechtsinhaber im Regelfall ein negatives Verbotsrecht, wenn es sich um eine illegale Nutzung handelt. Die Verfolgung von Urheberrechtsverletzungen durch einen mit umfassenden ausschließlichen Nutzungsrechten ausgestatteten Verwerter liegt auch aus Urhebersicht im Rahmen des Vertragszwecks und setzt sich deshalb gegen die Auslegungsregel des § 37 Abs. 1 durch (vgl. Rn. 23). So kann der Verleger des Originalwerkes gegen einen nicht autorisierten Fortsetzungsroman auf Unterlassung vorgehen (BGH GRUR 1999, 984, 985 – *Laras Tochter*; zu Unrecht kritisch Schricker/Loewenheim/*Peukert*[5] Rn. 17; BeckOK UrhR/*Soppe*[15] Rn. 10; wie hier Berger/Wündisch/*Berger*[2] § 1 Rn. 90; weitergehend zum Ganzen vgl. § 31 Rn. 23).

Auch wenn der Urheber nach § 37 Abs. 1 Inhaber der Bearbeitungsrechte **7** bleibt, kann er Bearbeitungen nicht beliebig nutzen. Den Urheber kann eine vertragliche **Enthaltungspflicht** treffen, wenn die Bearbeitung geeignet ist, mit den ausschließlichen Nutzungsrechten des Vertragspartners am Originalwerk in Konkurrenz zu treten (vgl. Vor §§ 31 ff. Rn. 45 ff.; HK-UrhR/*Kotthoff*[3] Rn. 4, Wandtke/Bullinger/*Wandtke*/*Grunert*[4] Rn. 6; Berger/Wündisch/*Berger*[2] § 1 Rn. 90; jetzt auch Schricker/Loewenheim/*Peukert*[5] Rn. 13; a. A. Büscher/ Dittmer/Schiwy/*Haberstumpf*[3] Rn. 4; BeckOK UrhR/*Soppe*[16] Rn. 10: „Keine Enthaltungspflicht"). Das gilt jedoch nicht für alle Bearbeitungen und insbesondere grundsätzlich nicht für die in § 2 Abs. 2 VerlG genannten (vgl. § 2 VerlG Rn. 11 ff.). Der Urheber darf aber beispielsweise nicht bloß geringfügig geänderte Bearbeitungen verwerten (Berger/Wündisch/*Berger*[2] § 1 Rn. 90); sofern sie nicht selbständig als Bearbeitung geschützt sind, besteht hier sogar ein negatives Verbotsrecht des Inhabers des (ausschließlichen) Nutzungsrechts (vgl. Rn. 8). Bei Einräumung des ausschließlichen Rechts, eigene Erzählungen des Autors in einer Gesamtausgabe mit Texten von ihm zu veröffentlichen, besteht eine Enthaltungspflicht des Autors, an einen anderen Verleger ebenfalls solche Rechte zu vergeben, obwohl die zweite Gesamtausgabe anders ausgestaltet ist (KG ZUM 1997, 397, 398 – *Unwirksame Zweitvergabe*; s. a. § 2 Abs. 3 VerlG). Auch begründet etwa die Vergabe des Verfilmungsrechts für ein Bühnenstück eine zeitlich begrenzte Enthaltungspflicht für die Vergabe von Rechten zur Fernsehnutzung nach Neuverfilmung auf der Grundlage eines Drehbuches, wenn die Fernsehnutzung die Auswertung beeinträchtigen kann (BGH GRUR 1969, 364 – *Fernsehauswertung*). Insbesondere im Filmbereich ist die Frage der Enthaltungspflicht für die erneute Vergabe eines Verfilmungsrechts in § 88 Abs. 2 S. 2 ausdrücklich geregelt (zum Verhältnis des § 37 zu § 88 vgl. Rn. 25). Ein Verstoß gegen Enthaltungspflichten löst nur im Rahmen des § 88 Abs. 2 ein (deliktisches) negatives Verbotsrecht des Erwerbers aus; ansonsten wirkt es nur relativ zwischen Urheber und Erwerber (vgl. § 31 Rn. 21; str.). Im obigen Fall der konkurrierenden Vergabe von Gesamtausgaberechten bestehen deshalb nur relative Ansprüche des Erstverlegers gegen den Autor, nicht aber des Erstverlegers gegen den weiteren Verleger (a. A. KG ZUM 1997, 397, 398 – *Unwirksame Zweitvergabe*, wegen Ausschließlichkeit der Einräumung, jedoch ohne Erörterung des § 37 Abs. 1).

8 **Unterhalb der Schwelle** der urheberrechtlich gesondert geschützten **Bearbeitung nach** § 3 ist § 37 Abs. 1 nicht anwendbar (vgl. Rn. 6). Dem Erwerber steht dann im Umkehrschluss ein negatives Verbotsrecht ohne Einschränkungen zu (zumindest Enthaltungspflicht bei Berger/Wündisch/*Berger*[2] § 1 Rn. 90). Ein positives Nutzungsrecht hat der Erwerber im Zweifel aber schon wegen § 39 nicht (vgl. Rn. 26). Die Vergabe von Nutzungsrechten erstreckt sich im Zweifel nur auf die Nutzung des Werkes in seiner Originalform (OLG Karlsruhe GRUR 1983, 300, 309 – *Inkasso-Programm*; *Ulmer*, Urheber- und VerlagsR[3] § 84 IV); jedoch sind nach § 39 bestimmte Änderungen doch erlaubt (dazu vgl. § 39 Rn. 20 ff.); solche nach § 39 erlaubten Änderungen sind auch nicht nach § 37 Abs. 1 unzulässig, weil § 37 Abs. 1 und § 39 Abs. 2 parallel laufen (vgl. Rn. 26).

9 Mit „**Veröffentlichung und Verwertung**" bezieht sich § 37 Abs. 1 auf die in § 23 S. 1 verwendeten Begriffe (vgl. §§ 23/24 Rn. 23 ff.). Auch „**Einwilligung**" ist der Begriff aus § 23 S. 1 (vgl. §§ 23/24 Rn. 13 ff.). § 37 Abs. 1 regelt, dass die nach § 23 S. 1 erforderliche Einwilligung im Zweifel nicht erteilt wird, ist also das urhebervertragsrechtliche Pendant zu § 23 S. 1. Keine Regelung enthält § 37 Abs. 1 zur Erteilung der Einwilligung nach § 23 S. 2; diese richtet sich nach § 31 Abs. 5.

10 § 37 Abs. 1 enthält nur eine **Zweifelsregelung** für den Fall, dass eine Absprache zwischen den Parteien fehlt und sich ihr Wille auch nicht aus den sonstigen Umständen ergibt. **Abweichende Vereinbarungen** sind denkbar. Sie können zunächst ausdrücklich das Bearbeitungsrecht einräumen. Bei **pauschalen Formulierungen** findet das allerdings seine urheberpersönlichkeitsrechtliche Grenze im Entstellungsverbot (vgl. § 39 Rn. 15 ff.). Ansonsten besteht aber Vertragsfreiheit. Insbesondere in **AGB** kann das Bearbeitungsrecht eingeräumt sein. Das ergibt sich nach der neueren Rechtsprechung des Bundesgerichtshofes daraus, dass § 37 Abs. 1 eine bloße Auslegungsregel ist und kein gesetzlicher Maßstab i. S. d. § 307 Abs. 2 Nr. 1 BGB (BGH GRUR 2012, 1031 Tz. 22 – *Honorarbedingungen Freie Journalisten* m. Anm. *Jan Bernd Nordemann* NJW 2012, 3121, 3122; BGH GRUR 1984, 45, 48 f. – *Honorarbedingungen: Sendevertrag* für Bearbeitungsrechte, zu § 88 Abs. 2 S. 2). Der Umfang der Nutzungsrechtseinräumung und damit auch des Bearbeitungsrechts ist damit im Regelfall nicht kontrollfähig. Ausnahmen gelten nur bei Gestaltungsmissbrauch (vgl. § 31 Rn. 184 ff.). Nach dem OLG Hamburg können sich für eine Einräumung des Bearbeitungsrechts aber aus persönlichkeitsrechtlicher Hinsicht (§§ 14, 39) Grenzen ergeben; eine Klausel, die Bearbeitungen von Zeitungsbeiträgen erlaubt, „insbesondere um sie redaktionellen oder sonstigen Vorgaben anzupassen", sei unwirksam. Es müsse stets der einschränkende Zusatz verwendet werden: „unter Wahrung der geistigen Eigenart des Werkes" (OLG Hamburg GRUR-RR 2001, 293, 300 – *Buy-Out mit Pauschalabgeltung*). Eingehend vgl. § 39 Rn. 19 und *Jan Bernd Nordemann* NJW 2012, 3121, 3123. – Eine Einräumung des Bearbeitungsrechts entgegen der Regel des § 37 Abs. 1 ist auch **stillschweigend** möglich. Das gilt namentlich in Fällen, in denen der Zweck des Vertrages eine Bearbeitung zwingend voraussetzt und damit nach § 31 Abs. 5 ohne Zweifel von einer Einräumung auszugehen ist (BGH GRUR 1986, 458, 459 – *Oberammergauer Passionsspiele*, allerdings ohne Erwähnung von § 37; OLG Nürnberg ZUM 1999, 656 – *Freilandmuseum*; zum Verhältnis von § 37 und § 31 Abs. 5 vgl. Rn. 23). Stillschweigend Bearbeitungsrechte räumte beispielsweise der Bühnenbildner der *Oberammergauer Passionsspiele* ein. Denn er wusste bei Schaffung der Bühnenbilder, dass sich das historisch gewachsene religiöse Volksschauspiel im Laufe von Jahrhunderten kontinuierlich weiter entwickelt hat, indem die Spiele jeweils auf die vorangegangenen aufbauend fortgeführt und von einer Generation der Dorfbewohner an die nächste Generation weitergegeben wurden (BGH GRUR 1986, 458, 459 – *Oberammergauer Passionsspiele*; im Ergebnis zutreffend, aber leider ohne Erwähnung des § 37 Abs. 1; kritisch wegen fehlender Erwähnung des § 37 Abs. 1 auch Wandtke/Bullinger/*Wandtke/Grunert*[4] Rn. 2). Wer einen Führer für ein Museum verfasst, muss als Autor damit rechnen, dass das Museum durch neue Objekte erweitert wird; deshalb ist stillschweigend ein Bearbeitungsrecht für das Museum eingeräumt, den Führer um Abschnitte zu ergänzen, die neu hinzukommende Ausstellungsobjekte beschreiben und erläutern. Jedoch verlangt der Vertragszweck nicht, dass vom Autor verfasste und mit seinem Namen gekennzeichnete Abschnitte über bereits fertig gestellte und unveränderte Museumsobjekte bearbeitet werden (OLG Nürnberg ZUM 1999, 656 – *Freilandmuseum*). Daraus kann – mit gewisser Zurückhaltung – eine **generelle Regel** abgeleitet werden, dass ein Verwerter stillschweigend zu Änderungen befugt ist, um die **Verwertbarkeit des Werkes sicherzustellen**, sofern der Zweck des Vertrages nicht eine Änderung durch den Autor selbst vorgibt.

Ist danach entgegen der Auslegungsregel ein Bearbeitungsrecht dem Erwerber   **11**
eines Nutzungsrechts vertraglich eingeräumt, besteht keine weitere Auslegungsregel, dass die Bearbeitung im Zweifel auf eine einzige konkrete Bearbeitung beschränkt ist (a. A. Dreier/Schulze/*Schulze*[5] Rn. 11 f.). Vielmehr richtet sich der **Umfang des vertraglich eingeräumten Bearbeitungsrechts** nach dem Übertragungszweckgedanken (§ 31 Abs. 5). Der Übertragungszweckgedanke ist indes wegen eindeutiger Substantiierung durch den Erwerber außer Kraft gesetzt, wenn ihm ein Recht zur Bearbeitung ausdrücklich und ohne Einschränkungen gewährt wurde („das Recht, das Werk zu bearbeiten"). Dann findet

das Bearbeitungsrecht seine Grenze grundsätzlich nur im Entstellungsverbot des § 14 (vgl. Rn. 10). Der Erwerber hat ansonsten das **Recht zu beliebig häufiger Bearbeitung**, also z. B. zur Erstellung und Nutzung beliebig vieler Übersetzungen eines Romans. Teilweise wird dem entgegengehalten, aus § 88 Abs. 2 müsse „erst recht" gefolgert werden, dass nur eine einzige Übersetzung eines Romans zulässig sei (so Schricker/Loewenheim/*Peukert*[5] Rn. 14; Dreier/Schulze/*Schulze*[5] Rn. 12; Büscher/Dittmer/Schiwy/*Haberstumpf*[3] Rn. 3). Das ist nicht überzeugend. § 88 Abs. 2 ist eine Spezialregelung für den Filmbereich. Ferner erfasst § 88 Abs. 2 auch im Filmbereich nur das Verfilmungsrecht als Bearbeitungsrecht; demgegenüber sind Bearbeitungen des einen Films beliebig häufig nach § 88 Abs. 1 möglich, insbesondere mehrere Synchronisationen, sodass § 88 Abs. 2 gar keine generellen Aussagen zum Bearbeitungsrecht, insbesondere nicht zum Übersetzungsrecht, macht. – Urheber und Erwerber können aber selbstverständlich auch vereinbaren, das Bearbeitungsrecht räumlich, zeitlich und inhaltlich nur beschränkt zu vergeben (§ 31 Abs. 1), z. B. inhaltlich beschränkt auf eine einzelne Übersetzung in die englische Sprache.

3. Übertragung auf Bild- und Tonträger (Abs. 2)

12 In der amtlichen Begründung zu § 37 wird hervorgehoben, dass die Übertragung eines Werkes auf Tonträger nicht mehr – wie nach altem Recht – als Bearbeitung, sondern als eine Vervielfältigung anzusehen ist (RegE UrhG 1962 – BT-Drs. IV/270, S. 58). Deshalb unterfällt sie nicht § 37 Abs. 1 und wurde gesondert geregelt.

13 Der „Bild- oder Tonträger" ist in § 16 Abs. 2 legal definiert (vgl. § 16 Rn. 21 f.). Bild- oder Tonträger ist insbesondere auf „Bild- und/oder Tonträger" zu präzisieren, weil es keinen Sinn machen würde, Bildtonträger von der Regelung auszunehmen. Trägermedien sind Schallplatten, Kassetten, Videobänder, CDs, CD-Roms, DVDs, MP3 Player, Blu-Ray, HD-DVD, Festplatten, Speicherkarten etc. Damit beinhaltet auch die Internetnutzung (§ 19a) eine Übertragung auf Bild- oder Tonträger, weil das Werk zum Abruf auf einem Bild- oder Tonträger abgelegt sein muss. Innerhalb des Vervielfältigungsrechts stellen diese Trägermedien jeweils eigenständige Nutzungsarten dar (vgl. § 31 Rn. 65 ff.); das Vervielfältigungsrecht kann also mit absoluter Wirkung beschränkt auf einzelne Trägermedien eingeräumt werden; in der Praxis kommt das freilich eher selten vor; insbesondere erfolgt eine Rechtevergabe für alle Trägermedien an einen Verwerter, wenn die Trägermedien untereinander konkurrieren.

14 § 16 Abs. 2 definiert den Begriff der **Vervielfältigung** als Übertragung auf einen Bild- oder Tonträger und von einem Bild- oder Tonträger auf einen anderen (im Einzelnen vgl. § 16 Rn. 9 ff.). § 37 Abs. 2 bezieht sich jedoch nach seinem Wortlaut nur auf die Frage, **ob** neben einem Vervielfältigungsrecht für ein Trägermedium, das kein Bild- oder Tonträger ist, **(auch) ein Vervielfältigungsrecht für Bild- oder Tonträger eingeräumt** ist. Ein Beispiel ist die Nutzung von Werken in periodischen Printmedien auch auf CD-Rom mit Recherchefunktion. Dieses Recht ist im Zweifel nach § 37 Abs. 2 nicht eingeräumt (Dreier/Schulze/*Schulze*[5] Rn. 21; i. E. genauso: BGH GRUR 2002, 248, 251 – *Spiegel-CD-Rom*, allerdings aus § 31 Abs. 5 ohne jede Erwähnung des § 37 Abs. 2). Für den Filmbereich entfaltet § 37 Abs. 2 von vornherein keine Wirkung, weil hier die spezielleren §§ 88, 89 die Urheberverträge regulieren; nach § 37 Abs. 2 ist also nicht zu beurteilen, ob neben dem Recht zur Fernsehnutzung auch das Recht zur Videonutzung besteht (vgl. § 88 Rn. 66 und vgl. § 89 Rn. 39).

15 Abs. 2 spricht von dem „Recht, das Werk auf Bild- oder Tonträger zu übertragen". Nach dem Wortlaut des Abs. 2 **nicht geregelt** wird also die Konstellation, dass ein Vervielfältigungsrecht für bestimmte Bild- oder Tonträger eingeräumt wurde und lediglich unklar ist, **inwieweit (auch) andere Bild- oder Tonträger** erfasst sind (Schricker/Loewenheim/*Peukert*[5] Rn. 20; a. A. wohl Dreier/ Schulze/*Schulze*[5] Rn. 21). Das richtet sich nach dem Übertragungsweckgedanken gem. § 31 Abs. 5 und insbesondere danach, ob der Zweck des Vertrages technische Verbesserungen des bei Vertragsschluss bekannten Bild- oder Tonträgers erfasst (ausführlich dazu vgl. § 31 Rn. 166). Auch § 31a kann bei früher unbekannten Vervielfältigungstechnologien eine Rolle spielen (Schricker/ Loewenheim/*Peukert*[5] Rn. 20).

Rechtsfolge der Anwendung der Zweifelsregel des Abs. 2 ist die fehlende Einräumung des Nutzungsrechts durch den Urheber. Dem Urheber steht ein **positives Nutzungsrecht** hinsichtlich der Übertragung des Werkes auf Ton- und Bildträger zu. Allerdings können zu seinen Lasten Enthaltungspflichten bestehen, wenn die Übertragung geeignet ist, dem Inhaber des Vervielfältigungsrechts Wettbewerb zu machen (vgl. Vor §§ 31 ff. Rn. 45 ff.). Das **negative Verbotsrecht** steht indes nur dem Urheber, sondern in bestimmten Konstellationen auch dem Inhaber des Vervielfältigungsrechts zu (a. A. Dreier/Schulze/ *Schulze*[5] Rn. 24; ähnlich wie hier aber Berger/Wündisch/*Berger*[2] § 1 Rn. 91); insoweit gilt nichts anderes als für Abs. 1 (vgl. Rn. 7). **16**

Abs. 2 ist eine Zweifelsregelung und ist deshalb gegenüber **entgegenstehenden Vereinbarungen** nachgiebig. Diese können sich aus ausdrücklichen Vereinbarungen ergeben und können grundsätzlich auch durch **AGB** erfolgen, was im Bereich der Zweitverwertung von Printwerken auf Bild- oder Tonträger sogar üblich ist. **Konkludent** kann das Recht eingeräumt sein, wenn der Zweck des Vertrages eine Einräumung zwingend erfordert. Ein Beispiel ist die Nutzung von Zeitschriftenartikeln auf CD-Rom mit Recherchefunktion. Die CD-Rom mit Recherchefunktion war noch bis 1995 eine unbekannte Nutzungsart und unterfiel deshalb § 31 Abs. 4 a. F. (vgl. § 31a Rn. 6 ff.). Heute ist die Auswertung von periodischen Printmedien auf CD-Rom mit Recherchefunktion üblich, sodass die Zweifelsregel des Abs. 2 stillschweigend durchbrochen sein wird. Denn übliche Nutzungen sind regelmäßig vom Vertragszweck umfasst und werden damit eingeräumt (vgl. § 31 Rn. 129). Das gilt zum Beispiel, wenn ein Verlag mit der elektronischen Nutzung einer Print-Zeitung oder Zeitschrift in vollem Umfang begonnen hat und ein Urheber in Kenntnis dieser Nutzung einen Beitrag zur Publikation in dieser Zeitung oder Zeitschrift einreicht, ohne einen Vorbehalt hinsichtlich der elektronischen Nutzung zu erklären (*Katzenberger* AfP 1997, 434, 439). Allerdings umfasst die Nutzungsrechtseinräumung für die CD (Tonträger) nicht unbedingt auch die Nutzung als DVD (Bild- und Tonträger) (Büscher/Dittmer/Schiwy/*Haberstumpf*[3] Rn. 7). **17**

4.   Wiedergabe außerhalb vertraglich bestimmter Veranstaltung (Abs. 3)

Für den Begriff der **öffentlichen Wiedergabe** sei auf die Legaldefinition in § 15 Abs. 2 S. 1, Abs. 3 verwiesen. **18**

§ 37 Abs. 3 bezieht sich auf das Verwertungsrecht des § **19 Abs. 3**, Vorträge und Aufführungen außerhalb der Veranstaltung, bei der sie stattfinden, durch Bildschirm, Lautsprecher oder ähnliche technische Einrichtungen öffentlich wahrnehmbar zu machen. Abweichend von der Formulierung in § 19 Abs. 3 („außerhalb der Veranstaltung, bei der sie stattfinden") heißt es in § 37 Abs. 3 „außerhalb der Veranstaltung, für die sie bestimmt sind". Das hatte aber nur redaktionelle Gründe, weil der Gesetzgeber bei einer Auslegungsregel nicht auf objektive Merkmale, sondern auf den subjektiven Willen der Vertragsparteien abstellen wollte (RegE UrhG 1962 – BT-Drs. IV/270, S. 58). Es kann deshalb für Definitionen zu den einzelnen Tatbestandsmerkmalen auf die Kommentierung zu § 19 Abs. 3 verwiesen werden. Ein Beispiel für die Anwendung des § 37 Abs. 3 wäre eine Opernaufführung, die parallel auch auf einer Großbild- **19** leinwand „open air" übertragen wird. Auch sollte der Fall erfasst sein, dass ein Theaterstück für zu spät Kommende in der Theaterlobby per Bildschirm übertragen wird, bis sie Einlass erhalten können (aber vgl. Rn. 21).

20   Im Gegensatz zu den Auslegungsregeln der Abs. 1 und 2 beschränkt sich Abs. 3 auf die **positive Seite des Nutzungsrechts**: Der Erwerber soll im Zweifel selbst eine Bildschirm- oder Lautsprecherübertragung nicht vornehmen dürfen. Nach dem ausdrücklichen Willen des Gesetzes hat der Urheber seinerseits aber kein schutzwürdiges Interesse daran, gegen den Willen des Nutzungsberechtigten eine Bildschirm- oder Lautsprecherübertragung anderen zu gestatten oder selbst vorzunehmen (RegE UrhG 1962 – BT-Drs. IV/270, S. 58). Der Erwerber hat damit ein **negatives Verbotsrecht** gegenüber dem Urheber und Dritten (Wandtke/Bullinger/*Wandtke/Grunert*[4] Rn. 8; *v. Gamm* Rn. 2; Berger/Wündisch/*Berger*[2] § 1 Rn. 92), das absolute Wirkung gegenüber jedermann hat. Es handelt sich also nicht nur um eine rein vertragliche Enthaltungspflicht des Urhebers (vgl. Vor §§ 31 ff. Rn. 45 ff.). Daneben hat auch der Urheber ein negatives Verbotsrecht gegenüber seinem Vertragspartner oder Dritten, wenn das Recht ohne seine Zustimmung genutzt wird.

21   Auch für Abs. 3 gilt, dass es sich um eine **nachgiebige Auslegungsregel** handelt. Sie kann durch **entgegenstehende Vereinbarungen** abgeändert werden. Eine Abänderung ist ausdrücklich möglich, auch durch **AGB**; insoweit gilt nichts anderes als für Abs. 1 (vgl. Rn. 10). Konkludent ist Abs. 3 abbedungen, wenn der Zweck der Vereinbarung eine Einräumung des Rechts zwingend erfordert. Das kann der Fall sein, wenn die Einräumung üblich ist (vgl. § 31 Rn. 129). z. B. ist es gängig, dass Theater für zu spät Kommende das Werk per Bildschirm in die Theaterlobby übertragen, bevor sie in den Theaterraum eingelassen werden; dieses Recht dürfte entgegen § 37 Abs. 3 dem Theater eingeräumt sein (vgl. Vor §§ 31 ff. Rn. 344), nicht aber das Recht, das Stück per Großbildleinwand auf dem Marktplatz parallel zur Theateraufführung zu zeigen.

IV. Prozessuales

22   Die **Darlegungs- und Beweislast** für eine Rechtseinräumung liegt bei demjenigen, der sich auf ein Recht zur Nutzung beruft – also beim Nutzungsberechtigten (Dreier/Schulze/*Schulze*[5] Rn. 23; außerhalb des § 37: BGH GRUR 1996, 121, 122 – *Pauschale Rechtseinräumung*). Ist das Nutzungsrecht wegen § 37 nicht eingeräumt, führt eine Nutzung zu einer deliktischen **Urheberrechtsverletzung** und den sich aus §§ **97 ff.** ergebenden Ansprüchen, die gegen jeden urheberrechtswidrig Nutzenden gerichtet werden können. Daneben kann der Urheber auch gegenüber seinem Vertragspartner **vertragliche Ansprüche** geltend machen. **Anspruchsberechtigt** ist grundsätzlich der Urheber bzw. der Inhaber der verletzten ausschließlichen Bearbeitungsrechte (§ § 37 Abs. 1) bzw. der Bild-Tonträgerrechte (§ 37 Abs. 2), vgl. § 97 Rn. 127 ff. Ein Verwerter, dem wegen § 37 Abs. 1 keine Bearbeitungsrechte, aber andere ausschließliche Nutzungsrechte eingeräumt sind, kann bei entsprechendem Vertragszweck auch gegen unerlaubte Bearbeitungen Dritter vorgehen, und zwar aus seinem sog. negativen Verbotsrecht (vgl. Rn. 6). Gleiches gilt für § 37 Abs. 2 bei Verletzung von Bild- und Tonträgerrechten (vgl. Rn. 16). Zur Anspruchsberechtigung im Hinblick auf § 37 Abs. 3 vgl. Rn. 20.

V. Verhältnis zu anderen Vorschriften

23   § 37 ist die speziellere Ausprägung des **Übertragungszweckgedankens des § 31 Abs. 5** hinsichtlich der in § 37 geregelten Fragen. § 37 geht deshalb § 31 Abs. 5 vor. Teilweise wird aber auch vertreten, dass beide nebeneinander anzuwenden sind (Wandtke/Bullinger/*Wandtke/Grunert*[4] Rn. 1; Schricker/Loewenheim/*Peukert*[5] Rn. 10; HK-UrhR/*Kotthoff*[3] Rn. 2). Der Meinungsstreit hat keine praktischen Konsequenzen, weil alle Auffassungen zum gleichen Ergebnis führen. **Grundsätzlich läuft die Beurteilung nach § 37 und nach § 31 Abs. 5 parallel.** Denn auch als spezielle Ausprägung von § 31 Abs. 5 ist § 37 den gleichen Grundsätzen verpflichtet. Insbesondere kann ein entgegenstehender Vertragszweck die Anwendung der Auslegungsregel des § 37 Abs. 1 verhindern. Das gilt namentlich in Fällen, in denen der Zweck des Vertrages eine Bearbeitung zwingend voraussetzt und damit ohne Zweifel von einer Einräumung auszugehen ist (BGH GRUR 1986, 458, 459 – *Oberammergauer Passionsspiele*, ohne Prüfung des § 37 Abs. 1 zu § 31 Abs. 5; OLG Nürnberg ZUM 1999, 656 – *Freilandmuseum*).

Für Verträge über die **Benutzung von Datenbankwerken** und **Software** sind die **24** § **55a** und § **69d** als Auslegungsregeln heranzuziehen. Diese Spezialvorschriften verdrängen die Anwendung des § 37 Abs. 1 (a. A. Schricker/Loewenheim/*Peukert*[5] Rn. 11).

Auch die §§ **88, 89** gehen dem § 37 Abs. 1 bis Abs. 3 als **speziellere Ausle- 25 gungsregeln** vor (Schricker/Loewenheim/ *Peukert*[5] Rn. 11; Büscher/Dittmer/ Schiwy/*Haberstumpf*[3] Rn. 2). Während § 31 Abs. 5 und § 37 für den Urheber günstige Vermutungen aufstellen, ist die Anwendung der §§ 88, 89 eher vorteilhaft für den Rechteerwerber (*Erdmann* GRUR 2002, 923, 930). Die §§ 88, 89 räumen im Zweifel dem Filmhersteller und nicht dem Urheber das Recht ein, ein vorbestehendes Werk zur Herstellung eines Filmwerks zu bearbeiten und umzugestalten sowie das Filmwerk, Übersetzungen und filmische Bearbeitungen uneingeschränkt zu benutzen.

Verhältnis von § 37 Abs. 1 und § 23: § 23 gewährt grundsätzlich dem Urheber **26** ein eigenständiges Verwertungsrecht der Veröffentlichung und Verwertung von Bearbeitungen. Dazu bedarf es seiner „Einwilligung". Ob der Urheber vertraglich diese „Einwilligung" gegeben hat, regelt § 37 Abs. 1; § 37 Abs. 1 ist damit das vertragliche Gegenstück zu § 23. Wenn wegen einer freien Benutzung (§ 24) gar keine Einwilligung erforderlich ist, ist auch § 37 Abs. 1 irrelevant. Demgegenüber regelt § 39, ob die Bearbeitung urheberpersönlichkeitsrechtlich zulässig ist; deshalb bildet § 39 als urheberpersönlichkeitsrechtliche Vorschrift auch zu dem urheberpersönlichkeitsrechtlichen Entstellungsverbot des § 14 das vertragsrechtliche Pendant, genauso wie § 37 Abs. 1 zu § 23 im Bereich des Verwertungsrechts (s. a. Schricker/Loewenheim/ *Peukert*[5] Rn. 12; etwas anderes Büscher/Dittmer/ Schiwy/*Haberstumpf*[2] Rn. 2). § 37 Abs. 1 und § 39 Abs. 2 laufen parallel; es ist nicht ersichtlich, warum eine nach § 39 Abs. 2 zulässige Änderung nach § 37 Abs. 1 unzulässig sein sollte. Bei Rechtseinräumung von Bearbeitungsrechten ist ferner davon auszugehen, dass sich im Regelfall die Rechtseinräumung für den verwertungsrechtlichen Teil (§§ 23, 37 Abs. 1) nicht von der Rechtseinräumung für den urheberpersönlichkeitsrechtlichen Teil (§§ 14, 39) unterscheidet, soweit nicht der unverzichtbare Kern des Urheberpersönlichkeitsrechtes einer Gestattung im Wege steht (vgl. § 39 Rn. 19; vgl. § 14 Rn. 23; vgl. § 14 Rn. 52).

Die Vorschrift des § **2 Abs. 2 VerlG** findet sich zwar in einem spezielleren Ge- **27** setz. Dennoch geht § 2 VerlG der Regelung in § 37 Abs. 1 nicht vor, weil der Gesetzgeber den Umfang der beim Urheber verbleibenden Bearbeitungsrechte über § 2 Abs. 2 VerlG hinaus auf alle Bearbeitungsrechte ausdehnen wollte (RegE UrhG 1962 – BT-Drs. IV/270, S. 58; *Gottschalk* ZUM 2005, 359; *Schricker* GRUR Int. 1983, 446, 454; Schricker/Loewenheim/*Peukert*[5] Rn. 13). In der Praxis hat das allerdings nur geringe Auswirkungen, weil § 2 Abs. 2 VerlG die wichtigsten Bearbeitungsrechte im Verlagsbereich nennt.

Zu **Leistungsschutzrechten** vgl. Rn. 4. **28**

§ 38   Beiträge zu Sammlungen

(1) [1]Gestattet der Urheber die Aufnahme des Werkes in eine periodisch erscheinende Sammlung, so erwirbt der Verleger oder Herausgeber im Zweifel ein ausschließliches Nutzungsrecht zur Vervielfältigung, Verbreitung und öffentlichen Zugänglichmachung. [2]Jedoch darf der Urheber das Werk nach Ablauf eines Jahres seit Erscheinen anderweit vervielfältigen, verbreiten und öffentlich zugänglich machen, wenn nichts anderes vereinbart ist.

(2) Absatz 1 Satz 2 gilt auch für einen Beitrag zu einer nicht periodisch erscheinenden Sammlung, für dessen Überlassung dem Urheber kein Anspruch auf Vergütung zusteht.

(3) [1]Wird der Beitrag einer Zeitung überlassen, so erwirbt der Verleger oder Herausgeber ein einfaches Nutzungsrecht, wenn nichts anderes vereinbart ist. [2]Räumt der Urheber ein ausschließliches Nutzungsrecht ein, so ist er sogleich nach Erscheinen des Beitrags berechtigt, ihn anderweit zu vervielfältigen und zu verbreiten, wenn nichts anderes vereinbart ist.

(4) [1]Der Urheber eines wissenschaftlichen Beitrags, der im Rahmen einer mindestens zur Hälfte mit öffentlichen Mitteln geförderten Forschungstätigkeit entstanden und in einer periodisch mindestens zweimal jährlich erscheinenden Sammlung erschienen ist, hat auch dann, wenn er dem Verleger oder Herausgeber ein ausschließliches Nutzungsrecht eingeräumt hat, das Recht, den Beitrag nach Ablauf von zwölf Monaten seit der Erstveröffentlichung in der akzeptierten Manuskriptversion öffentlich zugänglich zu machen, soweit dies keinem gewerblichen Zweck dient. [2]Die Quelle der Erstveröffentlichung ist anzugeben. [3]Eine zum Nachteil des Urhebers abweichende Vereinbarung ist unwirksam.

I.   Allgemeines

1.   Bedeutung und systematische Stellung

1   Die Auslegungsregeln des § 38 ersetzen die im Rahmen des UrhG 1965 durch § 141 Nr. 4 aufgehobenen §§ 3, 42 VerlG (zur Rechtslage bei vor dem 1.1.1966 geschlossenen Nutzungsverträgen Dreier/Schulze/*Schulze*[5] § 38

Rn. 5). Die frühere Regelung barg einige Unsicherheiten und wurde den Erfordernissen der Praxis nicht in allen Bereichen gerecht, da der Herausgeber bzw. Verleger einer periodisch erscheinenden Sammlung mangels anderer Vereinbarung lediglich ein einfaches Nutzungsrecht erwarb. Nunmehr erhält der Herausgeber oder Verleger einer Zeitschrift oder vergleichbaren periodisch erscheinenden Sammlung nach § 38 im Zweifel ein ausschließliches Nutzungsrecht; der Urheber darf allerdings sein Werk ein Jahr nach Erscheinen anderweit nutzen, wenn nichts anderes vereinbart ist (§ 38 Abs. 1). Gleiches gilt für Beiträge zu nicht periodisch erscheinenden Sammlungen, für die der Urheber keine Vergütung beanspruchen kann (§ 38 Abs. 2). Der Verleger bzw. Herausgeber einer Zeitung erwirbt demgegenüber nur ein einfaches Nutzungsrecht, wenn nichts anderes vereinbart wird; lässt er sich ein ausschließliches Recht einräumen, so darf der Urheber seinen Beitrag unmittelbar nach Erscheinen anderweit nutzen, wiederum wenn nichts Entgegenstehendes vereinbart ist (§ 38 Abs. 3). Neu ist in § 38 Abs. 4 ein – unabdingbares – **Zweitveröffentlichungsrecht für Wissenschaftler:** Ist der Beitrag im Rahmen einer mindestens zur Hälfte mit öffentlichen Mitteln geförderten Forschungstätigkeit entstanden und in einer periodisch mindestens zweimal jährlich erscheinenden Sammlung erschienen, so darf der Wissenschaftler den Beitrag zwölf Monate nach Erstveröffentlichung in der akzeptierten Manuskriptversion öffentlich zugänglich machen, wenn dies keinem gewerblichen Zweck dient.

§ 38 gilt grundsätzlich für alle urheberrechtlich geschützten Werke (für die **2** nicht geschützten gilt § 39 VerlG; vgl. §§ 39/40 VerlG Rn. 1), die für eine periodische erscheinende Sammlung oder eine Zeitung „überlassen" werden können, seien es Texte oder Fotografien, Zeichnungen für ein Kunstjahrbuch oder Kompositionen für einen regelmäßig erscheinenden Musikalmanach. Zweifelhaft war lange, ob auch Onlinesammlungen und -Zeitungen wie z. B. Internetzeitschriften und Datenbanken, bei denen kein körperliches Vervielfältigungsstück vorhanden ist, unter § 38 fallen, denn § 38 erwähnte bis zur Änderung des UrhG durch das Gesetz zur Nutzung verwaister und vergriffener Werke, das der Bundestag am 27. Juni 2013 verabschiedet hat und das am 1. Januar 2014 in Kraft getreten ist (BGBl. 2013 I S. 3278), lediglich Vervielfältigung (§ 16) und Verbreitung (§ 17). Nunmehr regelt Abs. 1 neben der Vervielfältigung und der Verbreitung ausdrücklich auch das öffentliche Zugänglichmachen. Ohnehin war kein Grund ersichtlich, § 38 auf Onlinesammlungen, die den periodisch erscheinenden Printprodukten entsprechen, nicht anzuwenden; vielmehr passten die Regelungen des § 38 hier ebenso gut, sodass § 38 auch vor der Klarstellung in § 38 Abs. 1 unabhängig von der äußeren technischen Form bzw. dem Medium der Sammlung oder Zeitung Anwendung fand (für entsprechende Anwendung Schricker/Loewenheim/*Peukert*[5] Rn. 7; a. A. wohl Dreier/Schulze/*Schulze*[5] Rn. 11; s. auch *Ehmann/Fischer* GRUR Int. 2008, 284 ff.; *Schippan* ZUM 2008, 844 ff.).

Durch verschiedene Verweisungen ist § 38 auch für Verfasser wissenschaftli- **3** cher Ausgaben (§ 70 Abs. 1) und Lichtbildner (§ 72 Abs. 1) sowie – seit der Urhebervertragsrechtsreform 2002 – für ausübende Künstler (§ 79 Abs. 2), Veranstalter (§ 81), Tonträgerhersteller (§ 85 Abs. 2), Sendeunternehmen (§ 87 Abs. 2) und Filmhersteller (§ 94 Abs. 2) entsprechend anwendbar. Seine wesentliche praktische Bedeutung entfaltet § 38 jedoch nach wie vor im Pressebereich.

2. Regelungsbereich

a) Abdingbarkeit: § 38 betrifft sowohl die schuldrechtliche Gestattung als auch **4** die dingliche Rechtseinräumung (Schricker/Loewenheim/*Peukert*[5] Rn. 20; Dreier/Schulze/*Schulze*[5] Rn. 4; Wandtke/Bullinger/*Wandtke/Grunert*[4] Rn. 1). Die gesetzlichen Vermutungen der Abs. 1–3 sind als Auslegungsregeln dispositiv, kommen also nur zum Einsatz, wenn auch die Auslegung nach den allgemeinen Vorschriften keine eindeutigen Abreden zwischen den Parteien ergibt. Abweichende Bestimmungen in Musterverträgen wie z. B. in Honorarbedingungen unterliegen jedoch der Inhaltskontrolle nach § 307 BGB (dazu BGH GRUR 2012, 1031 – *Honorarbedingungen Freie Journalisten*; ausführlich OLG München GRUR-RR 2011, 401 ff. Tz. 46 ff. – *Printmediarechte*; LG Rostock ZUM 2010, 828 ff. Tz. 83 ff.; vgl. Vor §§ 31 ff. Rn. 192 ff.). Denn Klauseln, die die Regelungen des § 38 Abs. 1–3 abbedingen oder modifizieren, sind keine (kontrollfreien) Preisvereinbarungen (s. BGH GRUR 2012, 1031 Tz. 55 f. – *Honorarbedingungen Freie Journalisten*; dazu ausführlich OLG München GRUR-RR 2011, 401 ff. Tz. 46 ff. – *Printmediarechte*; a. A. LG Rostock AfP 2011, 397, 399 f.). Zu Arbeitnehmerurhebern vgl. Rn. 23. Zu Tarifverträgen in diesem Bereich vgl. Rn. 24. Zu den neuen Gemeinsamen Vergütungsregeln z. B. für Bildbeiträge vgl. § 36 Rn. 32 ff. Das neue Zweitveröffentlichungsrecht für Wissenschaftler aus § 38 Abs. 4 stellt allerdings keine Auslegungsregel in diesem Sinne dar und ist deshalb ausdrücklich nicht abdingbar, § 38 Abs. 4 S. 3. Es ergänzt und modifiziert vor allem Abs. 1 (dazu unten vgl. Rn. 15 ff.).

5   **b) Rechteerwerb durch Herausgeber oder Verleger:** § 38 betrifft die rechtlichen Beziehungen des Urhebers eines Einzelwerks, das in eine periodisch (Abs. 1) oder nicht periodisch (Abs. 2) erscheinende Sammlung oder in eine Zeitung (Abs. 3) aufgenommen wird, zu deren Herausgeber oder Verleger. Im Rahmen des § 38 erwirbt dabei nicht der Urheber des Sammelwerks (§ 4), in dem das Einzelwerk erscheinen soll, sondern der Inhaber der Sammlung, der **Herr des Unternehmens**, die Nutzungsrechte (Schricker/Loewenheim/*Peukert*[5] Rn. 30; Dreier/Schulze/*Schulze*[5] Rn. 14; Wandtke/Bullinger/*Wandtke/Grunert*[4] § 38 Rn. 3). Herr des Unternehmens ist, wer die Sammlung oder Zeitung begründet und ihr den Titel gegeben hat, Mitarbeiter und Verfasser der Beiträge einstellt bzw. auswählt, das wirtschaftliche Risiko trägt und über wirtschaftliche und sachliche Fragen im Zusammenhang mit der Sammlung (Ausstattung, Aufmachung, Änderung des Titels oder der Ausrichtung, Verlag usw.) entscheidet (BGH GRUR 1968, 329, 331 – *Der kleine Tierfreund*; OLG Hamm GRUR 1967, 153, 155 – *Deutsche Bauzeitschrift*; OLG Frankfurt UFITA 59 (1071), 306, 309 – *Taschenbuch für Wehrfragen*; GRUR 1967, 151, 152 – *Archiv*; GRUR 1986, 242, 243 – *Gesetzessammlung*; GRUR 1993, 665, 666 – *Jahrbuch für Architektur*; OLG Düsseldorf AfP 2011, 188; ausführlich Schricker VerlagsR[3] § 41 Rn. 13 ff.; Loewenheim/*Nordemann-Schiffel*[2] § 67 Rn. 55 ff.). Dabei kommt es auf die tatsächlichen Verhältnisse, nicht hingegen darauf an, wie der Unternehmer z. B. im Impressum bezeichnet wird (BGH GRUR 1955, 199, 200 f. – *Sport-Wette*; OLG Nürnberg GRUR 2002, 607, 608 – *Stufenaufklärung nach Weissauer*). Zu den **Treuepflichten des Verlags** gegenüber dem herausgebenden Verein z. B. OLG Düsseldorf AfP 2009, 508.

6   Ist der Verlag nicht gleichzeitig Herr des Unternehmens, wird in der Regel der Herausgeber-Inhaber die Rechte unmittelbar von dem Urheber erwerben und dem Verlag die erforderlichen Vervielfältigungs- und Verbreitungsrechte verschaffen. Erwirbt in diesen Fällen der Verlag die Rechte direkt von dem Urheber, so muss er nach Ende des Verlagsvertrages mit dem Herausgeber-Inhaber diesem die Nutzungsrechte soweit wie möglich übertragen (unsere 9. Aufl./ *Hertin* Rn. 3). Ist umgekehrt der Verlag als Herr des Unternehmens anzusehen, jedoch nicht gleichzeitig Herausgeber, so erwirbt der Herausgeber, falls er mit dem Urheber abschließt, entweder von vornherein für den Verlag, d. h. als dessen Vertreter, die Nutzungsrechte oder ist jedenfalls verpflichtet, dem Verlag die Rechte weiterzuübertragen. Im Falle einer Trennung von Herausgeber und Verlag stehen die **Rechte am Titel** des Sammelwerks bei Fehlen einer ausdrücklichen Regelung in den Verträgen dem Herrn des Unternehmens zu, auf dessen

Bestimmung es deshalb besonders ankommt. Ohnehin ist es jedoch empfehlenswert, bereits in den Herausgebervertrag eine eindeutige Regelung über die Titelrechte aufzunehmen.

Ist die Sammlung über die enthaltenen Einzelbeiträge hinaus als Sammelwerk   **7** (§ 4) geschützt, muss der Verlag außerdem von dem Urheber des Sammelwerks – häufig dem Herausgeber – die entsprechenden Nutzungsrechte erwerben. Auf die Beziehungen zwischen dem Urheber des Sammelwerks und dem Verlag ist § 38 nicht anwendbar; es bleibt vielmehr bei den allgemeinen Auslegungsregeln des UrhG, vor allem der Zweckübertragungslehre, und des Verlagsrechts (zum Herausgebervertrag vgl. § 41 VerlG Rn. 9 ff.; *Schricker* VerlagsR³ § 42/§ 38 UrhG Rn. 13 ff.). Das Herausgeberurheberrecht aus § 4 UrhG ist jedoch nicht dadurch verletzt, dass der Verlag die in den einzelnen Heften veröffentlichten Artikel einzeln in eine Online-Datenbank einstellt, weil das Urheberrecht in diesem Zusammenhang nur an der Sammlung als solcher und nicht an den einzelnen Artikeln besteht (LG Bielefeld GRUR-RR 2010, 324 – *Online-Veröffentlichung*).

c) Internationales Recht, EU-Recht, IPR: Die für das Urheberrecht relevanten   **8** internationalen Abkommen (vgl. Vor §§ 120 ff. Rn. 5 ff.) enthalten keine speziellen Regeln für den Anwendungsbereich des § 38. Auch europarechtliche Vorgaben gibt es hier nicht. Kollisionsrechtlich ist § 38 (nur) anwendbar, wenn der der Rechtseinräumung zugrunde liegende Vertrag deutschem Recht unterliegt (vgl. Vor §§ 120 ff. Rn. 80 ff.). § 38 Abs. 4 dürfte insofern keine international zwingende Norm i. S. d. Art. 9 Rom-I-VO (vgl. Vor §§ 120 ff. Rn. 86 ff.) darstellen.

II. Tatbestand

1. Abs. 1

a) Periodisch erscheinende Sammlung: Die periodisch erscheinenden Sammlungen   **9** des § 38 Abs. 1 meinen Zeitschriften, Almanache, Jahrbücher, Kalender u. Ä. Die in Rede stehende Sammlung muss nach ganz h. M. mehrere Werke (wohl mindestens drei; Schricker/Loewenheim/*Peukert*⁵ Rn. 25) von mindestens zwei Urhebern enthalten (Dreier/Schulze/*Schulze*⁵ Rn. 8). Die Einräumung von Nutzungsrechten an den gesammelten Werken oder einer Gesamtausgabe eines einzigen Urhebers wird mithin nach den allgemeinen Regeln ausgelegt (*Schricker* VerlagsR³ § 3/§ 38 UrhG Rn. 2 f.; a. A. Haberstumpf/*Hintermeier* § 27 I 1). Die Sammlung kann Werke verschiedener oder nur einer einzigen Werkgattung enthalten und muss nicht als solche urheberrechtlich geschützt sein (Schricker/Loewenheim/*Peukert*⁵ Rn. 24; Dreier/Schulze/*Schulze*⁵ Rn. 8); sie muss allerdings, damit man überhaupt zu § 38 gelangt, mit dem in Rede stehenden Beitrag mindestens ein urheberrechtlich geschütztes Werk enthalten.

Die einzelnen Bände der Sammlung müssen darüber hinaus einen engen äußeren Zusammenhang aufweisen (Schricker/Loewenheim/*Peukert*⁵ Rn. 26 f.;   **10** Dreier/Schulze/*Schulze*⁵ Rn. 9) und die veröffentlichten Einzelwerke eigens für die Sammlung geschaffen oder eigens für diese dem Verlag überlassen worden sein. Keine periodischen Sammlungen in diesem Sinne sind deshalb Schriftenreihen, Fortsetzungsreihen und sonstige Reihenwerke, wenn kein enger Zusammenhang, sondern allenfalls ein übergeordnetes gemeinsames Thema vorhanden ist (wie z. B. bei einer Schriftenreihe zum Urheberrecht; Dreier/Schulze/*Schulze*⁵ Rn. 9; etwas anders Wandtke/Bullinger/*Wandtke/Grunert*⁴ Rn. 7 a. E.). Die einzelnen Bände der Sammlung müssen außerdem in sich geschlossen sein, d. h. unabhängig voneinander Bestand haben, sodass z. B. Lieferungs- oder Fortsetzungswerke, bei denen ein Gesamtwerk aus technischen oder wirtschaftlichen Gründen in einzelnen Bänden oder in Fortsetzungen erscheint, nicht zu den periodisch erscheinenden Sammlungen zählen (Schricker/Loewenheim/*Peukert*[5] Rn. 26 f.).

11 Periodisch sind Sammlungen, die darauf angelegt sind, regelmäßig oder unregelmäßig, jedoch fortlaufend zu erscheinen. Auch ein lediglich jährlich oder in größeren Abständen erscheinender Almanach kann mithin noch zu den periodisch erscheinenden Sammlungen zählen. Nicht hierher – allerdings unter Umständen unter Abs. 2 – gehören von vornherein begrenzte, einmalige Sammlungen wie Festschriften, Lexika oder in mehreren Bänden veröffentliche Großkommentare (s. Schricker/Loewenheim/*Peukert*[5] Rn. 32). Bei Datenbanken mit regelmäßigen Updates z. B. in Form einer CD-Rom wird danach unterschieden, ob ihr Bestand fortlaufend ergänzt (dann spricht einiges für eine periodisch erscheinende Sammlung) oder lediglich aktualisiert, also ähnlich einer Neuauflage auf den neuesten Stand gebracht wird (dann keine periodisch erscheinende Sammlung; s. Dreier/Schulze/*Schulze*[5] Rn. 10). Erscheint eine CD-Rom parallel oder als Ergänzung zu einem Printprodukt wie einer Zeitschrift oder einem Lehrbuch, sind Printprodukt und CD-Rom unabhängig voneinander nach den oben erläuterten Kriterien zu beurteilen. Zu Onlinesammlungen vgl. Rn. 2.

12 **b) Abs. 1 S. 1: Im Zweifel ausschließliches Recht:** § 38 kommt als Auslegungsregel erst dann zum Einsatz, wenn der Urheber die Aufnahme seines Werkes in die Sammlung überhaupt gestattet hat. Ob dies der Fall ist, ist nach den allgemeinen Auslegungsregeln, vor allem den Grundsätzen der Zweckübertragungslehre, zu entscheiden (Schricker/Loewenheim/*Peukert*[5] Rn. 10; Dreier/Schulze/*Schulze*[5] Rn. 12). Auch im Folgenden wird bei Fehlen einer eindeutigen Abrede zunächst nach den allgemeinen Auslegungsgrundsätzen – insbesondere dem Vertragszweck – geprüft, in welchem Umfang der Urheber dem Verwerter Nutzungsrechte eingeräumt hat. Sendet z. B. ein Journalist unaufgefordert und ohne weitere Erläuterung einer Zeitschrift einen Beitrag, so räumt er damit in aller Regel stillschweigend ein Abdruckrecht ein. Bei Aufsätzen u. Ä. wird in der Druckfertigerklärung, die der Urheber unterzeichnet, häufig ein ausschließliches Nutzungsrecht eingeräumt (OLG Köln GRUR 2000, 414, 416 – *GRUR/GRUR Int.*). Bei angestellten Urhebern oder bestellten Beiträgen kann man häufig von einem unbefristeten ausschließlichen Nutzungsrecht ausgehen, wenn ausdrücklich oder nach den Umständen nichts anderes vereinbart ist. Nach den **tarifvertraglichen Regelungen** (§ 12 MTV-Zeitschriften) räumen die gebundenen Wort- bzw. Bildjournalisten dem Verlag grundsätzlich ausschließliche, räumlich, zeitlich und inhaltlich uneingeschränkte Nutzungsrechte, und zwar sowohl für körperliche als auch unkörperliche Nutzungsarten, ein.

13 Erst wenn nach der Auslegung noch Zweifel verbleiben, wird nach der Auslegungsregel des Abs. 1 S. 1 vermutet, dass der Herausgeber bzw. Verleger ein ausschließliches Recht zur Vervielfältigung, Verbreitung und – nach der jüngsten Novelle – öffentlichen Zugänglichmachung erwirbt (zum Erwerber der Nutzungsrechte vgl. Rn. 5 f.). Der Herausgeber bzw. Verleger darf in der Regel auch in unveränderter Form und in derselben Nutzungsart nachdrucken, da es sich dabei nicht um eine Neuauflage i. S. d. § 5 VerlG handelt (h. M., s. unsere 9. Aufl./*Hertin* Rn. 3 a. E.; Dreier/Schulze/*Schulze*[5] Rn. 16).

14 **c) Abs. 1 S. 2: Im Zweifel Begrenzung der Ausschließlichkeit auf ein Jahr:** Ist nichts Abweichendes vereinbart, was wiederum zunächst nach allgemeinen Auslegungsgrundsätzen zu prüfen ist, darf der Urheber seinen Beitrag nach Ablauf eines Jahres seit Erscheinen anderweit vervielfältigen, verbreiten oder öffentlich zugänglich machen (vgl. Rn. 2; dazu auch BGH GRUR 2012, 1031 Tz. 55 ff. – *Honorarbedingungen Freie Journalisten*; zum Zweitveröffentlichungsrecht für Wissenschaftler sogleich vgl. Rn. 15 ff.). Bei in Fortsetzungen veröffentlichten Werken beginnt diese Frist erst mit Erscheinen des letzten Teils zu laufen. Dem Verleger bzw. Herausgeber verbleibt jedoch im Zweifel ein einfaches Nutzungsrecht. Er darf mithin zwar z. B. Dritten keine Abdruckrechte mehr einräumen, selbst jedoch weiterhin nachdrucken.

2. Zweitveröffentlichungsrecht für Wissenschaftler

a) Hintergrund: In diesem Zusammenhang wurde bereits seit einigen Jahren **15** mit guten Argumenten die Einführung eines generellen **Zweitveröffentlichungsrechts für Wissenschaftler** insbesondere bei öffentlich finanzierter Forschung diskutiert. Dieses Zweitverwertungsrecht sollte zeitgleich mit oder jedenfalls unmittelbar nach der Erstveröffentlichung z. B. in einer wissenschaftlichen Zeitschrift greifen und in einem neuen § 38 Abs. 1 S. 3 (so *Hansen* GRUR Int. 2009, 799 ff.) oder in einem neuen § 43 Abs. 2 (so *Pflüger/ Ertmann* ZUM 2004, 236 ff.) bzw., da jede nur nationale Regelung als neue Schranke gegenüber den europarechtlichen Vorgaben unzulässig wäre, auf europäischer Ebene geregelt werden (so *Hirschfelder* MMR 2009, 444 ff.). In der Praxis jedenfalls gestatteten auch bisher schon eine Reihe von wissenschaftlichen Verlagen den Autoren ihrer Zeitschriftenbeiträge im Einzelfall, einen Beitrag zeitnah selbst zu veröffentlichen, etwa auf der eigenen Homepage oder den Seiten der Forschungseinrichtung, wobei dies häufig daran geknüpft wurde, dass die Veröffentlichung unter ausdrücklichem Hinweis auf die Zeitschriftenveröffentlichung geschieht. Letzteres ist durchaus legitim, denn die Beachtung, die eine wissenschaftliche Publikation findet, hängt häufig in großem Maße davon ab, dass überhaupt eine und welche Zeitschrift den Beitrag zur Veröffentlichung annimmt, da viele wissenschaftliche Zeitschriften alle Beiträge vor der Veröffentlichung – in der Regel mit beträchtlichem Aufwand (dazu *Sprang* ZUM 2013, 461, 462 f.) – prüfen. Der neue § 38 Abs. 4 sieht das Zweitveröffentlichungsrecht nun richtig als eigenständige Regelung vor, denn anders als bei Abs. 1 (und Abs. 2 und 3) handelt es sich bei Abs. 4 nicht um eine – dispositive – Auslegungsregel, sondern um ein **unabdingbares Recht** des Wissenschaftlers gegenüber dem Verlag unabhängig von vertraglichen Regelungen.

b) Tatbestand: Das Zweitveröffentlichungsrecht gilt nur für Beiträge, die in einer **15a** mindestens zweimal jährlich erscheinenden **periodischen Sammlung** (zum Begriff vgl. Rn. 9) veröffentlicht worden sind. Es hat also für die Jahrbücher des Abs. 1, für die Tagungsbände, Festschriften usw. des § 38 Abs. 2 und für Abs. 3 in der Praxis wohl ebenfalls keine Relevanz. Das Recht greift außerdem ausdrücklich nur für die durch den Verlag **akzeptierte Manuskriptfassung** des Werkes. Der Urheber muss also nicht das erste von ihm beim Verlag eingereichte Manuskript öffentlich zugänglich machen, sondern darf auf das durch den Verlag nach Prüfung, insbesondere nach dem sog. Peer Review, akzeptierte Manuskript zurückgreifen; dies ist im Übrigen internationale Praxis der Verlage.

Abs. 4 gewährt das Zweitveröffentlichungsrecht außerdem nur für Beiträge, **15b** die im Rahmen einer mindestens zur Hälfte mit öffentlichen Mitteln geförderten Forschungstätigkeit entstanden sind. Davon sind nach der Gesetzesbegründung – s. RegE verwaiste Werke – BT-Drs. 17/13423, S. 11 – nur Forschungstätigkeiten im Rahmen **öffentlicher Projektförderung** und Arbeiten an institutionell geförderten **außeruniversitären Forschungsinstituten** erfasst, nicht jedoch die rein universitäre Forschung. Die Gesetzesbegründung erklärt diese Differenzierung damit, die Projekt- und die außeruniversitäre Forschung beruhe auf programmatischen Vorgaben der Finanziere, die mit der geförderten Forschung den Erkenntnisgewinn in festgelegten Bereichen fördern wollten; sie sollten deshalb von dem Zweitverwertungsrecht unmittelbar profitieren können. Indes hätte die stets proklamierte Grundlage des Zweitveröffentlichungsrechts, nämlich gerade mit öffentlichen Mitteln finanzierte Forschung möglichst frei zugänglich zu machen, ebenso für eine Einbeziehung auch der universitären Forschung gesprochen wie die durch den Gesetzgeber angeführten praktischen Erwägungen, vor allem die Schaffung von Rechtssicherheit für die beteiligten Wissenschaftler und Institute (krit. *Sandberger* ZUM 2013, 466, 470; Schricker/Loewenheim/*Peukert*[5] Rn. 45 ff.).

15c   Das Zweitveröffentlichungsrecht ist auf das **öffentliche Zugänglichmachen** beschränkt, Abs. 4 S. 1. Der Autor darf also den Beitrag weder in Printfassung vervielfältigen und verbreiten, noch per E-Mail versenden (a. A. Dreier/Schulze/ *Dreier*[5] Rn. 32) oder auf Datenträgern zur Verfügung stellen. Das öffentliche Zugänglichmachen darf außerdem **keinem gewerblichen Zweck** dienen, Abs. 4 S. 1. Gewerblicher Zweck in diesem Sinne ist nach der Gesetzesbegründung jede Zugänglichmachung, die unmittelbar oder mittelbar der Erzielung von Einnahmen dient oder im Zusammenhang mit einer Erwerbstätigkeit steht (s. RegE verwaiste Werke – BT-Drs. 17/13423, S. 17). Der Autor wird also den Beitrag auf der Seite seines Instituts oder des Forschungsprojekts, nicht jedoch z. B. auf der Seite der Klinik, an der er als Arzt tätig ist, zugänglich machen dürfen. Ebenso dürfte regelmäßig ein gewerblicher Zweck vorliegen, wenn der Urheber für das Zugänglichmachen ein Entgelt erhält oder verlangt – also den Artikel zahlungspflichtig abrufbar macht – oder ihn z. B. einer kommerziellen Datenbank zur Verfügung stellt (*Sandberger* ZUM 2013, 466, 471).

15d   Der Autor darf seinen Beitrag nach Abs. 4 S. 1 erst **ein Jahr nach Erstveröffentlichung** öffentlich zugänglich machen; vorher stehen dem Verlag die ausschließlichen Rechte uneingeschränkt zu. Eine Veröffentlichung vor Ablauf dieser Frist bedeutet mithin eine Verletzung der Rechte des Verlags mit den Folgen aus §§ 97 ff. UrhG.

15e   Abs. 4 S. 2 verlangt weiter, dass bei der Zweitveröffentlichung die **Quelle angegeben** werden muss; die Gesetzesbegründung überlässt die technische Gestaltung insofern zu recht den Beteiligten (s. RegE verwaiste Werke – BT-Drs. 17/13423, S. 17). Unklar ist, ob eine unterbliebene Quellenangabe eine an sich zulässige Nutzung unzulässig macht oder deren Rechtmäßigkeit nicht berührt. Ist die **Zweitveröffentlichung ohne Quellenangabe** unzulässig, so bedeutet die Zugänglichmachung grundsätzlich eine Urheberrechtsverletzung i. S. d. §§ 97 ff. mit den üblichen Folgen von Unterlassungs- und ggf. Schadensersatzansprüchen; bleibt die Zweitveröffentlichung hingegen rechtmäßig, könnte der Verlag wohl allenfalls eine weitere Nutzung ohne Quellenangabe untersagen (anders wohl insofern zum Zitatrecht Dreier/Schulze/*Schulze*[5] § 63 Rn. 30 f.). Nach bislang überwiegender Auffassung (vgl. § 63 Rn. 19 m. w. N.) soll ein Zitat ohne Quellenangabe nicht insgesamt rechtswidrig sein, der Verlag indes Ansprüche auf Unterlassung der konkreten Nutzung (ohne Quellenangabe) und ggf. Schadensersatzansprüche geltend machen können. Dagegen verweisen Schricker/Loewenheim/*Dietz/Spindler*[5] § 63 Rn. 20 auf Art. 5 Abs. 3 Info-RL, wonach die dort vorgesehenen Einschränkungen des Urheberrechts teilweise nur unter der Voraussetzung der Quellenangabe gestattet werden (vgl. § 63 Rn. 3), sodass deren Fehlen die Nutzung insgesamt unzulässig mache. Auch nach europäischer Rechtsprechung setzt die Berufung auf das Zitatrecht aus Art. 5 Abs. 3 lit. d Info-RL voraus, dass die Quellenangabe erfolgt (EuGH GRUR 2012, 166 Tz. 149 – *Painer/Standard*). Damit dürfte bei fehlender Quellenangabe die Werknutzung insgesamt unzulässig sein. Es spricht einiges dafür, eine fehlende Quellenangabe im Rahmen des § 38 Abs. 4 ebenso zu behandeln wie im Rahmen des Zitatrechts (dazu vgl. § 63 Rn. 19 f.), auch wenn die Interessenlage durch die unterschiedlichen Beteiligten – Rechteinhaber und Dritte bei §§ 51, 63, Rechteinhaber und Urheber bei § 38 Abs. 4 – nicht in allen Punkten vergleichbar ist. In beiden Fällen soll allerdings der Rechteinhaber durch das Erfordernis der Quellenangabe für die zustimmungs- und vergütungsfreie Nutzung gewissermaßen entschädigt werden; das gelingt nur, wenn der Be-

rechtigte für den Fall der fehlenden Quellenangabe grundsätzlich Unterlassungs-
und ggf. Schadensersatzansprüche geltend machen kann.

3. Abs. 2: Nicht periodisch erscheinende Sammlung

Auch einen Beitrag zu einer einmalig erscheinenden oder von vornherein klar   **16**
begrenzten Sammlung darf der Urheber im Zweifel mit Ablauf eines Jahres seit
Erscheinen anderweit verwerten, wenn er für die Überlassung des Beitrags
keine (echte, nicht nur symbolische oder scheinbare) Vergütung verlangen
kann. Unter die nicht periodisch erscheinenden Sammlungen fallen z. B. Festschriften und in sich geschlossene Werke, die aus technischen oder wirtschaftlichen Gründen in Einzel- oder Teillieferungen veröffentlicht werden (Lexika,
Enzyklopädien usw.; RGZ 112, 2, 4 – *Brehms Tierleben*). Da diese Fälle dem
normalen Buchverlag deutlich näher stehen als den Notwendigkeiten z. B. im
Zeitschriftenverlag, gelten für die Bestimmung des Umfangs der eingeräumten
Rechte die allgemeinen Vorschriften; im Verlagsbereich erwirbt der Unternehmer mithin in aller Regel ausschließliche Vervielfältigungs- und Verbreitungsrechte, § 8 VerlG (Dreier/Schulze/*Schulze*[5] Rn. 17). Auch ein ausschließliches
Nutzungsrecht wird allerdings mangels anderer Vereinbarung mit Jahresfrist
wiederum zu einem einfachen, § 38 Abs. 2 i. V. m. Abs. 1 S. 2. Das Zweitveröffentlichungsrecht aus § 38 Abs. 4 greift für die Sammlungen des Abs. 2 nicht
(dazu oben vgl. Rn. 15a).

Steht dem Urheber für die Überlassung seines Beitrags eine Vergütung zu, gel-   **16a**
ten insgesamt die allgemeinen Vorschriften, sodass die Ausschließlichkeit der
eingeräumten Nutzungsrechte grundsätzlich nicht auf ein Jahr beschränkt ist
(Schricker/Loewenheim/*Peukert*[5] Rn. 4 a. E.; Dreier/Schulze/*Schulze*[5] Rn. 19).
Zur Beweislast vgl. Rn. 19 f.

4. Abs. 3

a) **Einfaches bzw. zeitlich begrenztes ausschließliches Recht:** Überlässt der Ur-   **17**
heber einer Zeitung einen Beitrag, erwirbt der Unternehmer lediglich ein einfaches Nutzungsrecht, wenn nichts anderes vereinbart ist (Abs. 3 S. 1); der Urheber kann also seinen Beitrag mehreren Zeitungen anbieten, die parallel
abdrucken können. Der Grund für diese Regelung liegt darin, dass der Journalist in der Regel seine Beiträge mehreren Zeitungen gleichzeitig anbieten muss,
um die Chance zu haben, dass sein Beitrag überhaupt veröffentlicht wird, bevor er nicht mehr aktuell ist (OLG Karlsruhe GRUR-RR 2015, 365, Rn. 50 –
Freier Journalist; OLG München GRUR-RR 2011, 401 ff. Tz. 62 – *Printmediarechte*). Ist ein ausschließliches Recht eingeräumt worden, gilt die Ausschließlichkeit im Zweifel nur bis zum Erscheinen (§ 6 Abs. 2) des Beitrags, sodass
der Verlag nur einen Vor- oder einen zeitgleichen Abdruck in einer anderen
Zeitung verbieten kann. Unmittelbar nach Erscheinen darf der Urheber in diesen Fällen seinen Beitrag selbst anderweit verwerten, wenn keine andere Vereinbarung besteht, Abs. 3 S. 2. Der Verlag behält wiederum ein einfaches
Recht. In diesen Fällen ist also das Recht des Urhebers, seinen Beitrag anderweit zu nutzen, abhängig davon, dass der Beitrag in der ersten Zeitung tatsächlich erschienen (§ 6 Abs. 2) ist. Angesichts dieser klaren gesetzlichen Regelung
ist eine Bestimmung in allgemeinen Honorarbedingungen (AGB) eines Zei-
tungsverlags, nach denen der Journalist seinen Beitrag erst und nur dann anderweit nutzen darf, wenn der Beitrag in der durch den Verlag veröffentlichten
Zeitung erschienen ist, mit dem Grundgedanken des § 38 Abs. 3 vereinbar (s.
OLG Karlsruhe GRUR-RR 2015, 365, Rn. 49 ff. – *Freier Journalist*; dagegen
aber OLG München GRUR-RR 2011, 401 ff. Tz. 63 – *Printmediarechte*).
Denn die „Sperrwirkung", die entsteht, wenn der Beitrag nicht veröffentlicht
wird, nimmt § 38 Abs. 3 S. 2 gerade hin. Anders mag dies für eine Bestimmung
zu beurteilen sein, die dem Journalisten auch dann eine eigene Zweitverwer-

tung verwehrt, wenn der erste Zeitungsverlag die Nutzungsrechte weiter überträgt und der Beitrag in einer anderen Zeitung tatsächlich erschienen ist; in
diesen Fällen benachteiligt es den Urheber unangemessen, ihm nur bei Erscheinen in der ersten Zeitung Zweitverwertungsrechte zuzugestehen (OLG München GRUR-RR 2011, 401 ff. Tz. 63 – *Printmediarechte*). Erscheint der Beitrag
in mehreren, nicht eigenständig verwertbaren Folgen, gilt er erst mit Veröffentlichung der letzten Folge als erschienen. Grundsätzlich kann der Zeitungsverlag
sich in Honorarbedingungen oder anderen Musterverträgen ausschließliche
Nutzungsrechte auch unbefristet einräumen lassen. Zwar geht die Regelung
des § 38 Abs. 3 S. 2 ihrem Grundgedanken nach davon aus, dass der Urheber
jedenfalls nach Erscheinen des Beitrags wieder selbst verwerten darf, stellt dies
aber ausdrücklich unter den Vorbehalt abweichender vertraglicher Regelung.
Insofern verstößt die Einräumung unbefristeter ausschließlicher Nutzungsrechte auch nicht gegen den Grundgedanken des § 38 Abs. 1, der für Zeitungen
gerade nicht gilt und mangels Regelungslücke wohl auch nicht analog herangezogen werden kann (so aber ohne nähere Begründung LG Rostock ZUM 2010,
828 ff., Tz. 92; enger auch Schricker/Loewenheim/*Peukert*[5] Rn. 39; Dreier/
Schulze/*Schulze*[5] Rn. 23).

18 Nach den tarifvertraglichen Regelungen des § 17 MTV-Zeitungen (Manteltarifvertrag für Redakteure und Redakteurinnen an Tageszeitungen, gültig ab
1.1.2014, abrufbar z. B. über www.bdzv.de) räumen die gebundenen Wort-
bzw. Bildjournalisten dem Verlag grundsätzlich ausschließliche, räumlich, zeitlich und inhaltlich uneingeschränkte Nutzungsrechte ein, und zwar sowohl für
körperliche als auch unkörperliche Nutzungsarten. Dies ist in vielen Fällen
auch bei nichttarifgebundenen, festangestellten Journalisten anzunehmen.
§ 13 des Tarifvertrags für arbeitnehmerähnliche freie Journalisten an Tageszeitungen (gültig ab 1.1.2016; abrufbar z. B. über www.bdzv.de) verweist hingegen im wesentlichen auf die Regelung des § 38 Abs. 3 (näher Loewenheim/
Nordemann-Schiffel[2] Rn. 5 ff., 25 ff., jeweils m. w. N.; zu Online- und Digitali-
sierungsrechten sowie Bildarchiven vgl. Rn. 2, 21).

19 b) Zeitung: Die Regelung des Abs. 3 ist durch die besondere Interessenlage bei
Zeitungen gerechtfertigt: Zeitungen sollen vor allem Tagesneuigkeiten vermitteln, d. h. aktuelle Berichterstattung zu Politik, Wirtschaft, Kultur, Sport usw.
liefern. Sie erscheinen deshalb in kurzen zeitlichen Abständen und können eine
lokale, regionale, nationale oder internationale (z. B. *International Herald Tri-
bune*) Leserschaft ansprechen. Aufgrund ihres kurzen Erscheinungsrhythmus bedeutet für eine Zeitung das Erscheinen eines ihrer Beiträge einen Tag oder eine
Ausgabe später in einer anderen Zeitung, die zudem möglicherweise ein ganz
anderes geographisches Verbreitungsgebiet hat, regelmäßig keine ernsthafte
Konkurrenz. Zeitungsverlage werden deshalb in aller Regel vor allem daran interessiert sein, einen Text oder ein Bild als erste, d. h. nicht nach oder zeitgleich
mit anderen Zeitungen abzudrucken. Dies gilt umgekehrt auch für den Urheber:
Er wird in den meisten Fällen überhaupt nur dann eine Chance auf eine zweite
Verwertung eines tagesaktuellen Beitrages haben, wenn diese so rasch wie möglich nach der ersten erfolgen kann. Diese Interessenlage ist allerdings bei Nach-
richtenmagazinen und Wochenzeitungen wie dem *Spiegel* oder der *Zeit* so nicht
gegeben. Vielmehr haben diese bereits aufgrund ihres längeren Erscheinungszyk-
lus durchaus ein Interesse daran, dass der Autor eines Text- oder Bildbeitrags
diesen nicht nach Abs. 3 unmittelbar nach Erscheinen des *Spiegel* am Montag
der am Donnerstag veröffentlichten *Zeit* anbieten darf. Zeitung i. S. d. Abs. 3
kann mithin nur eine Tageszeitung sein (*Melichar* ZUM 1988, 14, 18; Schricker/
Loewenheim/*Peukert*[5] Rn. 36; Möhring/Nicolini/*Soppe*[3] § 38 Rn. 41; a. A. wohl
Wandtke/Bullinger/*Wandtke/Grunert*[4] Rn. 12; Löffler/*Löffler* BT UrhR Rn. 144;
differenzierend Dreier/Schulze/*Schulze*[5] Rn. 21; anders im Rahmen des § 49
Abs. 1 S. 1 BGH GRUR 2005, 670, 672 f. – *WirtschaftsWoche*).

Für Tagesjournalismus im Fernsehen ist, soweit nicht ohnehin tarifvertragliche Regelungen einschlägig sind, § 38 jedenfalls entsprechend heranzuziehen. Zwar sieht die Vorschrift unkörperliche Verwertungen eigentlich nicht vor. Die Verweisungen in §§ 79 Abs. 2, 81, 85 Abs. 2, 87 Abs. 2 und 94 Abs. 2 sprechen jedoch für eine zumindest entsprechende Anwendung, zumal die Interessenlage durchaus vergleichbar ist (ähnlich Dreier/Schulze/*Schulze*[5] Rn. 24). **20**

III. Prozessuales

Im Rahmen des **Abs. 1 S. 1** muss der Urheber ggf. darlegen und beweisen, dass der Herausgeber/Verleger nur ein einfaches Recht erworben hat. Umgekehrt muss innerhalb des **Abs. 1 S. 2** der Unternehmer nachweisen, dass das ausschließliche Nutzungsrecht über die Jahresfrist hinaus fortbesteht, mit dem Urheber also eine dessen eigener Verwertung entgegenstehende Vereinbarung getroffen wurde. Im Rahmen des **Abs. 4** hat grundsätzlich der Urheber, der das Zweitveröffentlichungsrecht für sich in Anspruch nimmt, dessen Voraussetzungen darzulegen und zu beweisen. **21**

Die Beweislast für die Vereinbarung eines ausschließlichen Nutzungsrechts trägt im Rahmen des **Abs. 3 S. 1** der Verleger/Herausgeber. Ebenfalls der Verwerter muss bei Abs. 3 S. 2 beweisen, dass der Urheber nach dem vertraglich Vereinbarten nicht berechtigt sein soll, seinen Beitrag unmittelbar nach Erscheinen anderweitig zu verwerten. **22**

IV. Verhältnis zu anderen Vorschriften

1. § 43 UrhG

Urheber, die im Rahmen eines Arbeitsverhältnisses Beiträge liefern, räumen in der Regel aufgrund des Vertragszwecks auch dann ihrem Arbeitgeber ausschließliche Rechte ein, wenn sie für eine Zeitung tätig sind, § 43; sie werden außerdem jedenfalls seit Bekanntheit digitaler, elektronischer und der Nutzungsmöglichkeiten im bzw. über das Internet (nach der Bekanntmachung der VG Wort zu Tarifen zu § 137l Abs. 5 UrhG vom 22.12.2010 seit 1.1.1995) dem Verwerter regelmäßig auch diese Nutzungsrechte einräumen (s. a. Schricker/Loewenheim/*Peukert*[5] Rn. 11; Loewenheim/*Nordemann-Schiffel*[2] § 67 Rn. 19 m. w. N.; s. auch LG Berlin ZUM 2000, 73 ff.; zu Vergütungsansprüchen in diesen Fällen vgl. § 43 Rn. 58 ff. und LG Berlin v. 5.7.2007 – 16 O 106/07). Kauft ein Verlag ein Bild ausdrücklich oder nach den Umständen für sein Archiv an, räumt der Urheber nach dem Vertragszweck in der Regel zeitlich uneingeschränkte Rechte zur beliebig häufigen Verwertung ein (näher Loewenheim/*Nordemann-Schiffel*[2] Rn. 49). **23**

2. Tarifverträge

Darüber hinaus wird § 38 im Pressebereich häufig durch tarifvertragliche Regelungen, an die nach wie vor zahlreiche Journalisten und Presseunternehmen gebunden sind, überlagert. Die wichtigsten Tarifverträge für fest angestellte Urheber sind der Manteltarifvertrag für Redakteurinnen und Redakteure an Tageszeitungen in der seit 1.1.2014 gültigen Fassung (MTV-Zeitungen; abrufbar unter http://www.djv.de/startseite/infos/beruf-betrieb/uebersicht-tarife-honorare.html) und der Manteltarifvertrag für Journalistinnen und Journalisten an Zeitschriften in der seit 1.1.2010 gültigen Fassung (MTV-Zeitschiften; abrufbar unter http://www.djv.de/tarifvertraege/shtml; ausführlich Loewenheim/*Nordemann-Schiffel*[2] Rn. 2, 5 ff. m. w. N.). Für hauptberuflich tätige freie, arbeitnehmerähnliche Journalisten gilt der Tarif- **24** vertrag für arbeitnehmerähnliche freie Journalisten und Journalistinnen an Tageszeitungen in der seit 1.1.2016 gültigen Fassung (abrufbar unter http://www.djv.de/tarifvertraege/shtml; ausführlich zur vorhergehenden Fassung Loewenheim/*Nordemann-Schiffel*[2] Rn. 26 ff. m. w. N.). Die Tarifverträge für Redaktionsvolontäre an Zeitungen (§ 13 in der seit 1.1.2016 geltenden Fassung) bzw. Zeitschriften (§ 16 in der seit 1.1.1990) geltenden Fassung verweisen für die urheberrechtlichen Regelungen auf die jeweils gültigen Manteltarifverträge für fest angestellte Journalisten.

25 Schließlich galten seit dem 1.2.2010 und bis zur Kündigung durch den BDZV zum 1. März 2017 Gemeinsame Vergütungsregeln für freie hauptberufliche Journalistinnen und Journalisten an Tageszeitungen, vereinbart zwischen dem Bundesverband Deutscher Zeitungsverleger e. V. (BDZV) einerseits und dem Deutschen Journalisten-Verband e. V. (DJV) und ver.di andererseits (abrufbar z. B. über www.bdzv.de). Seit dem 1. Mai 2013 gilt außerdem eine Gemeinsame Vergütungsregel für Bildbeiträge in Tageszeitungen (abrufbar z. B. unter http://dju.verdi.de/freie_journalisten/vergutungsregeln), die z. T. unmittelbar Mindesthonorare vorschreibt und ergänzend auf die Gemeinsamen Vergütungsregeln für freie hauptberufliche Journalistinnen und Journalisten an Tageszeitungen Bezug nimmt. Dazu näher vgl. § 36 Rn. 32 ff.

§ 39 Änderungen des Werkes

(1) Der Inhaber eines Nutzungsrechts darf das Werk, dessen Titel oder Urheberbezeichnung (§ 10 Abs. 1) nicht ändern, wenn nichts anderes vereinbart ist.

(2) Änderungen des Werkes und seines Titels, zu denen der Urheber seine Einwilligung nach Treu und Glauben nicht versagen kann, sind zulässig.

Übersicht   Rn.

I.   Allgemeines

1.   Bedeutung, Sinn und Zweck der Norm, systematische Stellung im Gesetz

Das Änderungsverbot des § 39 – weitergehend als das Verbot der Entstellung **1** (§ 14) – ist eine der in der Praxis bedeutsamsten Vorschriften des UrhG. Im Rahmen der Verwertung urheberrechtlich geschützter Werke wird es vielfach gewünscht oder ist es notwendig, Änderungen am Werk, manchmal auch am Titel, vorzunehmen: Bühnenwerke müssen gekürzt, sollen „modernisiert" oder an aktuelle Tagesfragen angepasst werden, Lektoren oder Redakteure passen die an ihre Verlage eingesandten Romane oder Artikel sprachlich an oder kürzen sie, Fotografien müssen beschnitten oder können nur in schwarz/weiß veröffentlicht werden. Insoweit stellt § 39 den Grundsatz auf, dass alle **Änderungen am Werk** und seinem Titel sowie an der Urheberbezeichnung **unzulässig** sind. Das UrhG geht insoweit davon aus, dass es das souveräne Recht des Urhebers ist, Form und Inhalt seines Werkes selbst zu bestimmen (vgl. § 14 Rn. 1). Nur ausnahmsweise kann von diesem Grundsatz abgewichen werden: Entweder im Wege der anderweitigen Vereinbarung (vgl. Rn. 15 ff.) oder wenn der Urheber die Einwilligung zur Änderung nach Treu und Glauben nicht würde versagen können (vgl. Rn. 20 ff.).

Im Urheberrecht herrscht zugunsten des Urhebers grundsätzlich ein **Ände-** **2** **rungsverbot.** Nach der Rechtsprechung des BGH beruht dieses Änderungsverbot zwar nicht auf § 39, sondern werde vom UrhG stillschweigend als selbstverständlich in dem Sinne vorausgesetzt, dass aus dem Wesen und Inhalt des Urheberrechts folge, dass sowohl der Nutzungsberechtigte als auch der Eigentümer des Werkoriginals grundsätzlich keine in das fremde Urheberrecht eingreifenden Änderungen an dem ihm gehörenden Original vornehmen dürften (BGH GRUR 1982, 107, 109 – *Kirchen-Innenraumgestaltung*; BGH GRUR 1974, 675, 676 – *Schulerweiterung*). Indessen ergibt sich das grundsätzlich im Urheberrecht bestehende Änderungsverbot aus dem **Gesamtkontext der änderungsrechtlichen Bestimmungen des UrhG:** Die urheberpersönlichkeitsrechtliche Vorschrift des § 14 schützt den Urheber vor Entstellungen oder anderen Beeinträchtigungen seines Werkes, die geeignet sind, seine berechtigten geistigen oder persönlichen Interessen am Werk zu gefährden, § 23 gewährt dem Urheber das ausschließliche Recht, die Veröffentlichung und die Verwertung, teilweise auch schon die Herstellung, von Bearbeitungen oder anderen Umgestaltungen seines Werkes zu gestatten, schließlich regelt § 39, dass der Inhaber des Nutzungsrechtes das Werk, dessen Titel oder die Urheberbezeichnung nicht verändern darf. Da bereits das ausschließliche Bearbeitungsrecht des § 23 jegliche Änderungen am Werk erfasst – unter den Begriff der Umgestaltung fallen alle zwischen der Vervielfältigung (§ 16) und der Bearbeitung (§ 3) liegenden nicht-schöpferischen Änderungen des Werkes (vgl. §§ 23/24 Rn. 10) – und § 14 und § 23 parallel laufen – eine Entstellung kann durch Umgestaltung oder Bearbeitung erfolgen, nicht aber durch freie Benutzung (vgl. §§ 23/24 Rn. 4) – handelt es sich bei § 39 nicht um ein eigenständiges Verbotsrecht des Urhebers (anders noch unsere 9. Aufl./*Vinck* Rn. 1), sondern um eine bloße **Auslegungsregel** der vertraglich eingeräumten (§ 31) oder kraft Gesetzes (§§ 44a-60) bestehenden Nutzungsbefugnis. Abs. 2 ergänzt die Auslegungsregel des Abs. 1 um eine **Zustimmungsfiktion:** Die Erlaubnis des Urhebers, die gem. § 23 an sich notwendig ist, wird für die Fälle fingiert, in denen der Urheber seine Einwilligung nach Treu und Glauben nicht versagen kann.

§ 39 schützt die **Werkintegrität,** d. h. das Interesse des Urhebers, sein Werk **3** zusammen mit dem Titel und der Urheberbezeichnung unverändert, also in der Gestalt, die er dem Werk gegeben hat, verwertet zu sehen (BGH GRUR 1982,

107, 109 – *Kirchen-Innenraumgestaltung*; BGH GRUR 1971, 35, 37 – *Maske in Blau*). Die Vorschrift betrifft damit nur die **Verwertung der Originalfassung** des Werkes und die Zulässigkeit von Änderungen, die an ihr vorgenommen werden. Sie gilt nicht für die Verwertung (und Herstellung) von Bearbeitungsfassungen wie etwa Übersetzungen, Dramatisierungen oder Verfilmungen. Soweit nach § 23 S. 1 die Herstellung der Bearbeitung nicht der Zustimmung des Urhebers des Originalwerks unterliegt, kann dies durch den Schutz der Integrität des Werkoriginals vor Veränderungen über § 39 nur für die Herstellung von Bearbeitungsfassungen des Werkes gelten; soweit die Herstellung der Bearbeitung mit einer Veränderung des Werkoriginals einhergeht, steht dem § 39 entgegen (dazu auch vgl. §§ 23/24 Rn. 3). Für die Einräumung des Bearbeitungsrechtes ist die Auslegungsregel des § 37 Abs. 1 einschlägig. Zum Verhältnis zu anderen Vorschriften i. Ü. vgl. Rn. 7 f.

2. Früheres Recht

4 § 39 geht fast wörtlich auf die §§ 9 LUG und 12 KUG zurück; § 9 Abs. 1 LUG stellte allerdings noch klar, dass insbesondere Zusätze und Kürzungen nicht vorgenommen werden durften, was aber ohnehin vom allgemeinen Änderungsbegriff umfasst ist (RegE UrhG 2016 – BT-Drs. IV/270, S. 59). Die Zulässigkeit der Vornahme von Änderungen nach Treu und Glauben hat in § 39 Abs. 2 im Vergleich zu §§ 9 Abs. 2 LUG und 12 Abs. 2 KUG allerdings eine durchaus maßgebliche Änderung gebracht: Während sich §§ 9 Abs. 2 LUG und 12 Abs. 2 KUG auf Änderungen des Werkes, des Titels und der Urheberbezeichnung bezogen, erwähnt § 39 Abs. 2 nur noch das Werk und den Titel, aber nicht die Urheberbezeichnung; Änderungen an der Urheberbezeichnung sind deshalb, sofern über sie keine vertragliche Einigung gem. § 39 Abs. 1 erzielt wurde, grundsätzlich nie nach Treu und Glauben gem. § 39 Abs. 2 zulässig (vgl. Rn. 21 und RegE UrhG 2016 – BT-Drs. IV/270, S. 59).

3. EU-Richtlinien

5 EU-Richtlinien haben bislang urhebervertragsrechtliche Vorschriften nur ganz punktuell enthalten (vgl. Vor §§ 31 ff. Rn. 24 und Walter/*v. Lewinski* Stand der Harmonisierung Rn. 75). Änderungsrechtliche Vorschriften enthalten jeweils indirekt Art. 4 lit. b Software-RL und Art. 5 lit. b Datenbank-RL dadurch, dass sie dem Urheber das Recht vorbehalten, die Bearbeitung, das Arrangement und andere Umarbeitungen zu gestatten oder zu verbieten, worin zumindest dem Ansatz nach ein Änderungsverbot liegt (Walter/*Walter* Stand der Harmonisierung Rn. 98). Korrespondierend zu § 39 Abs. 2 enthalten Art. 5 Abs. 1 Software-RL und Art. 6 Abs. 1 Datenbank-RL Vorschriften, die auch die Änderung einer Software oder einer Datenbank ohne Zustimmung des Rechtsinhabers gestatten, wenn dies für die bestimmungsgemäße Benutzung des Computerprogramms einschließlich der Fehlerberichtigung (Art. 5 Abs. 1 Software-RL) oder für den Zugang zum Inhalt der Datenbank und deren normale Benutzung (Art. 6 Abs. 1 Datenbank-RL) erforderlich ist. In beiden Fällen würde man sicherlich auch über Treu und Glauben nach § 39 Abs. 2 zu einem entsprechenden Ergebnis gelangen. i. Ü. vgl. §§ 23/24 Rn. 6.

4. Internationale Konventionen

6 Die internationalen urheberrechtlichen Konventionen enthalten keine Bestimmungen über das Urhebervertragsrecht (vgl. Vor §§ 31 ff. Rn. 26). Ein Änderungsverbot folgt insoweit allerdings aus dem Bearbeitungsrecht; im Einzelnen vgl. §§ 23/24 Rn. 3.

5. Verhältnis zu anderen Vorschriften

7 Zum Verhältnis zu §§ **23** und 3 zunächst vgl. Rn. 2. § 39 gilt nicht nur im Rahmen der vertraglichen Beziehung des Urhebers zum Werknutzer, sondern über § 62 Abs. 1 S. 2 auch im Rahmen solcher Werknutzungen, die aufgrund der Schrankenbestimmungen der §§ 44a-60 erlaubt sind. Nach dem durch das Urheberrechts-Wissensgesellschafts-Gesetz mit Wirkung zum 1.3.2018 neu gefassten § 62 Abs. 4 S. 1 sind bei Sammlungen für den religiösen Gebrauch (§ 46), bei Nutzungen für Unterricht und Lehre (§ 60a) und bei Unterrichts- und Lehrmedien (§ 60b) auch solche Änderungen von Sprachwerken zulässig, die für den religiösen Gebrauch und für die Veranschaulichung des Unterrichts und der Lehre erforderlich sind. Nach S. 2 bedürfen diese Änderungen jedoch der Einwilligung des Urhebers, nach seinem Tode der Einwilligung seines Rechtsnachfolgers (§ 30), wenn dieser Angehöriger (§ 60 Abs. 2) des Urhebers ist oder das Urheberrecht auf Grund letztwilliger Verfügung des Urhebers erworben hat. Bei Nutzungen für Unterricht und Lehre (§ 60a) sowie für Unterrichts- und Lehrmedien (§ 60b) bedarf es nach § 62 Abs. 4 S. 4 keiner Einwilligung, wenn die Änderungen deutlich sichtbar kenntlich gemacht werden. § 14 schließlich beschränkt sich auf Entstellungen und Beeinträchtigungen, die den persönlichkeitsrechtlichen Bereich betreffen (vgl. § 14 Rn. 1). §§ 39 und 14 stehen selbständig neben einander: Während § 14 als Bestandteil des Urheberpersönlichkeitsrechts dem Urheber vorbehält, sich gegen Entstellungen oder andere Beeinträchtigungen seines Werkes zu wehren, die seine berechtigten geistigen oder persönlichen Interessen am Werk zu gefährden geeignet sind, was auch in der Form der Werkwiedergabe und der Werknutzung liegen kann – das Werk kann also auch dann entstellt sein, wenn es an sich unverändert ist –, betrifft § 39 die urhebervertragsrechtliche Zulässigkeit von Änderungen des Werkes, seines Titels oder der Urheberbezeichnung und erlaubt Änderungen des Werkes und seines Titels unter Berücksichtigung der Grundsätze von Treu und Glauben; § 39 schützt die Werkintegrität und setzt voraus, dass das Werk selbst geändert wurde (BGH GRUR 1982, 107, 109 – *Kirchen-Innenraumgestaltung*; HK-Urhr/*Dreyer*[3] § 14 Rn. 7 und 9; a. A. Dreier/Schulze/*Schulze*[5] Rn. 3; Schricker/Loewenheim/*Dietz/Peukert*[5] Rn. 1). Allerdings ist nicht zu verkennen, dass § 14 in seinem Kern die Grenze für § 39 bildet: Einerseits kann eine vertragliche Einräumung des Änderungs- und Bearbeitungsrechts nicht weiter gehen, als es der unverzichtbare Kern von § 14 erlaubt (vgl. § 14 Rn. 23, 52). Andererseits findet die Zustimmungsfiktion nach § 39 Abs. 2 ihre natürliche Grenze in § 14; wo die Änderung so weit geht, dass darin eine Entstellung liegt, kann niemals der Urheber nach Treu und Glauben verpflichtet sein, sie hinzunehmen (zudem vgl. Rn. 24).

8 Die Vorschriften der §§ 14, 23 und 39, aus denen das grundsätzlich im Urheberrecht bestehende Änderungsverbot zugunsten des Urhebers folgt (vgl. Rn. 2), werden ergänzt durch eine Reihe von vertragsauslegenden Vorschriften: § 37 Abs. 1 bestimmt zunächst, dass im Falle der Nutzungsrechtseinräumung das Bearbeitungsrecht im Zweifel nicht mit eingeräumt wird; während § 39 also vor allem solche Fälle treffen soll, in denen eigentlich eine unveränderte Verwertung des Werkes beabsichtigt ist (vgl. Rn. 3), betrifft § 37 Abs. 1 die Veröffentlichung und Verwertung bearbeiteter Fassungen des Werkes. § 88 Abs. 1 ist für den Bereich der Verfilmung vorbestehender Werke und § 89 Abs. 1 für die Mitwirkung an der Herstellung eines Filmwerkes *lex specialis* zu § 39; der Filmhersteller erwirbt mithin im Zweifel auch das Änderungsrecht (vgl. § 88 Rn. 11, 50 ff. und vgl. § 89 Rn. 1, 30, 34), das allerdings nur bis zur Grenze der gröblichen Entstellung oder gröblichen Beeinträchtigung reicht (§ 93 Abs. 1; dort vgl. § 93 Rn. 1, 8). Die Vorschriften des **Wohnraummietrechts** über die Duldung von Modernisierungsmaßnahmen sind für die Entscheidung über die Pflicht der Mieter zur Duldung *lex specialis*, da ein urheberrechtlicher Abwehranspruch ansonsten die Rechte des Mieters im Rahmen einer vom Vermieter beabsichtigten Wohnungsmodernisierung verkürzen würde (LG Berlin WuM 2016, 495, 496).

II. Tatbestand

1. Änderung des Werkes

9 Unter einer Änderung im Sinne von § 39 sind alle **Veränderungen am Werk** im Zuge der Ausübung von Nutzungsrechten (vgl. Rn. 10 ff.) zu verstehen, die über die bloße Vervielfältigung des Werkes hinausgehen, also jede nicht-schöpferische Umgestaltung, erst recht aber die (schöpferische) Bearbeitung (vgl. §§ 23/24 Rn. 8 ff.). Erfasst werden nur Substanzveränderungen am fertigen Werk, sodass die Einflussnahme des Werkauftraggebers auf den Schöpfungsprozess nicht an § 39 zu messen ist (s. OLG Hamm ZUM-RD 2008, 199, 201 – *Così fan tutte*). Wird das Werk selbst nicht verändert, sondern die Werkintegrität gewahrt, ihm aber etwas hinzugefügt – ein Gemälde wird durch die Art und Weise der Bemalung des Rahmens dadurch quasi „fortgesetzt" – greifen deshalb weder § 39 noch § 23 ein (a. A. zu § 23 BGH GRUR 2002, 532, 534 – *Unikatrahmen*); da aber § 14 den Urheber auch gegen Entstellungen, die sich aus der Form und der Art der Werkwiedergabe und -nutzung ergeben, schützt, greift in solchen Fällen das urheberpersönlichkeitsrechtliche Entstellungsverbot aus § 14 ein, sofern die berechtigten geistigen oder persönlichen Interessen des Urhebers am Werk gefährdet werden (vgl. §§ 23/24 Rn. 3 f. und BGH GRUR 2002, 532, 534 – *Unikatrahmen*; BGH GRUR 1982, 107, 109 – *Kirchen-Innenraumgestaltung*).

2. Inhaber des Nutzungsrechts – Nutzer aufgrund Schrankenbestimmung

10 § 39 gilt nach seinem klaren Wortlaut zunächst nur für den **Inhaber des Nutzungsrechts**; das ist derjenige, der von dem Urheber gem. § 31 Nutzungsrechte am Werk erworben hat; ferner auch derjenige, der Rechte von dem ursprünglichen Nutzungsrechtsinhaber ableitet, also beispielsweise der Inhaber eines einfachen Nutzungsrechtes, das ihm von dem Inhaber eines ausschließlichen Nutzungsrechtes eingeräumt worden ist (§ 35 Abs. 1 S. 1) oder derjenige, dem ein Nutzungsrecht übertragen wurde (§ 34 Abs. 1 S. 1). Darüber hinaus gilt § 39 durch die Verweisung aus § 62 Abs. 1 S. 2 auch für diejenigen, die Nutzungshandlungen am Werk auf der Grundlage der **Schrankenbestimmungen** der §§ 44a-60f vornehmen. § 39 gilt **nicht für den Urheberrechtsverletzer**. Das folgt allerdings schon aus § 23, weil die Verwertung von Änderungen des Werkes, gegebenenfalls bereits auch die Herstellung der Änderung, ohnehin dem ausschließlichen Änderungsrecht des Urhebers unterliegen (vgl. §§ 23/24 Rn. 2). Die Beschränkung der Anwendbarkeit von § 39 auf den Inhaber des Nutzungsrechtes und diejenigen Nutzer, die von einer Schrankenbestimmung Gebrauch machen, bedeutet aber zugleich, dass sich der **Urheberrechtsverletzer** auch **nicht darauf berufen** kann, zu einer von ihm vorgenommenen Änderung des Werkes oder seines Titels hätte der Urheber seine Einwilligung nach Treu und Glauben nicht versagen dürfen (§ 39 Abs. 2).

3. Werk

11 Soweit in § 39 auf den Begriff des Werkes Bezug genommen wird, bedeutet dies zunächst, dass **alle Werke** gem. § 2, sowie auch Bearbeitungen gem. § 3 und schließlich Datenbankwerke gem. § 4 vom Änderungsverbot umfasst sind. § 39 gilt damit auch für Computerprogramme, soweit nicht die §§ 69a ff. Sonderbestimmungen enthalten wie dies beispielsweise in § 69b Abs. 1 der Fall ist (dort vgl. § 69b Rn. 5 ff.). Im Bereich der Filmwerke bestehen die Sondervorschriften der §§ 88 Abs. 1, 89 Abs. 1 (dort vgl. § 88 Rn. 3, 50 ff.; vgl. § 89 Rn. 1, 34 ff.) mit der Begrenzung durch § 93 Abs. 1 (dort vgl. § 93 Rn. 1, 8, 35). Wird nicht das Werk insgesamt, sondern nur ein Teil davon verändert, greift § 39 auch dann ein, wenn der veränderte **Werkteil** nicht für sich separat betrachtet urheberrechtlich geschützt ist (zum Schutz von Teilen von Werken vgl. § 2 Rn. 51 und vgl. §§ 23/24 Rn. 46 a. E.). Denn das Änderungsverbot des

Urheberrechts, das in den §§ 23 und 39 niedergelegt ist, schützt die Werkintegrität (BGH GRUR 1982, 607, 609 – *Kirchen-Innenraumgestaltung*); wenn aber der geänderte Werkteil Bestandteil des Werkes bleibt, werden die übrigen, urheberrechtlich geschützten Teile von der Verwertung auch dann tangiert, wenn der geänderte Teil nicht für sich betrachtet geschützt ist.

4. Werktitel

Von systematischer Bedeutung ist, dass der Werktitel, der nur in seltenen Ausnahmefällen ein eigenständiges urheberrechtlich geschütztes Werk oder einen Werkteil darstellt (vgl. § 2 Rn. 53), **ausdrücklich unter** § 39 fällt. Er genießt daher trotz fehlender Werkeigenschaft urheberrechtlichen Teilschutz, in dem er an der durch §§ 23 und 39 geschützten Werkintegrität teilhat (vgl. Rn. 3 und vgl. § 2 Rn. 53). **12**

5. Urheberbezeichnung

Die Vorschrift nimmt zunächst § 10 Abs. 1 in Bezug und meint mit Urheberbezeichnung die auf dem Werkstück in der üblichen Weise angebrachte Urheberbezeichnung, die auch aus einem Deck- oder Künstlernamen bestehen kann (vgl. § 10 Rn. 16). § 39 beschränkt das Änderungsverbot aber nicht auf Vervielfältigungsstücke eines erschienenen Werkes oder das Original eines Werkes der bildenden Künste (Gesetzeswortlaut § 10); vielmehr darf auch die Urheberbezeichnung auf **Entwürfen** zu Werken oder Originalen anderer Werkarten, beispielsweise auf Manuskripten, nicht geändert werden (so in richtlinienkonformer Auslegung auch § 10, dort vgl. § 10 Rn. 9, 15). Der Urheber soll letztendlich bestimmen können, unter welchem Namen sein Werk verwertet wird oder ob es anonym erscheinen soll (§ 13 S. 2). Es darf also nicht nur die Urheberbezeichnung nicht geändert, sondern bei **anonymen Werken** darf auch keine Urheberbezeichnung hinzugefügt werden (so schon RegE UrhG 2016 – BT-Drs. IV/270, S. 59). **13**

Eine Änderung der Urheberbezeichnung liegt allerdings nicht schon dann vor, wenn **weitere Urheber** wie beispielsweise Übersetzer oder sonstige Bearbeiter hinzutreten. Würde bei der Übersetzung eines Buches in eine fremde Sprache nur der Original-Autor genannt werden, so ginge jedermann davon aus, dass er auch die Übersetzung angefertigt hat. Es würde zudem die Rechte des Übersetzers nach § 13 berühren; denn auch der Übersetzer, dessen Übersetzung wie ein selbständiges Werk nach § 3 geschützt wird, besitzt das Namensnennungsrecht des § 13 S. 2. Auch gegen den Willen des Original-Autors hat deshalb die Nennung des späteren Übersetzers auf den Werkstücken der Übersetzung zu erfolgen. Wer Übersetzungs- oder sonstige Bearbeitungsrechte vergibt, weiß das; er hat damit auch die Nennung des Übersetzers in üblicher Form akzeptiert und vereinbart (vgl. § 13 Rn. 5 ff., 22, 26). Im Übrigen ist die Verweisung in Abs. 1 auf § 10 Abs. 1 ein Zeichen dafür, dass es dem Gesetzgeber darauf ankam, für Klarheit zu sorgen, wer Urheber ist. § 39 verhindert also nicht die Hinzufügung klarstellender Zusätze bei Änderungen oder anderen Werkfassungen, die die urheberrechtlichen Verhältnisse korrekt wiedergeben. Auch vgl. § 13 Rn. 22 und 26. **14**

6. Ohne anderweitige Vereinbarung (Abs. 1)

§ 39 Abs. 1 setzt ein **Regel-Ausnahmeverhältnis** voraus: Im Regelfall besteht ein Änderungsverbot, lediglich dann, wenn eine abweichende Vereinbarung getroffen worden ist, sind Änderungen zulässig. Das entspricht im Grundsatz der Tendenz des Urhebervertragsrechts, dass das Urheberrecht soweit wie möglich beim Urheber zurückbleibt (vgl. § 31 Rn. 1 a. E. und BGH GRUR 2002, 248, 251 – *Spiegel-CD-ROM* sowie BGH GRUR 1996, 121, 122 – *Pauschale Rechtseinräumung*). Eine **entsprechende Auslegungsregel** enthält § 37 Abs. 1: Räumt der Urheber einem anderen ein Nutzungsrecht am Werk ein, so ver- **15** bleibt ihm im Zweifel das Recht der Einwilligung zur Veröffentlichung oder Verwertung einer Bearbeitung des Werkes (vgl. § 37 Rn. 4 ff.).

16   Auch für die Einräumung des Änderungsrechts gilt grundsätzlich die Zweckübertragungsbestimmung des § 31 Abs. 5 (vgl. § 31 Rn. 1 a. E., 108 ff.), sodass sich die anderweitige Vereinbarung im Sinne von § 39 Abs. 1 bei fehlender ausdrücklicher Vereinbarung auch **stillschweigend** aus dem Vertragszweck ergeben kann (BGH GRUR 1989, 106, 108 – *Oberammergauer Passionsspiele II*; BGH GRUR 1986, 458, 459 – *Oberammergauer Passionsspiele*; OLG Hamm GRUR-RR 2008, 154, 155 m. w. N. – Copyright*vermerk*; Dreier/Schulze/*Schulze*[5] Rn. 10; differenzierter Schricker/Loewenheim/*Dietz/Peukert*[5] Rn. 10 f.; a. A. noch unsere 9. Aufl./*Vinck* Rn. 2). Anders wäre § 39 kaum in Einklang mit § 37 Abs. 1 zu bringen, für den anerkannt ist, dass die Einräumung des unter Umständen viel weiter als eine bloße Änderungsbefugnis gehenden Bearbeitungsrechtes auch stillschweigend auf der Grundlage des Zwecks des Vertrages erfolgen kann (vgl. § 37 Rn. 10). Jedoch darf nicht übersehen werden, dass § 39 Abs. 1 den Urheber von seiner Tendenz her vor Änderungen schützen soll (vgl. Rn. 1 f.) und deshalb die Änderung grundsätzlich verbietet, sofern nichts anderes vereinbart ist. Abweichende Vereinbarungen, die sich über § 31 Abs. 5 stillschweigend aus dem Vertragszweck ergeben sollen, müssen deshalb auch beim Vertragszweck **so deutlich hervortreten**, dass zur Erreichung des Vertragszweckes auch die Änderungsbefugnis erforderlich ist (BGH GRUR 1986, 458, 459 – *Oberammergauer Passionsspiele*). Dies schließt die **formularmäßige** Einräumung einer umfassenden Änderungsbefugnis nicht aus (a. A. unsere 9. Aufl./*Vinck* Rn. 2 und Dreier/Schulze/*Schulze*[5] Rn. 11; differenzierter OLG Hamburg GRUR-RR 2011, 293, 300 – *Buy-out mit Pauschalabgeltung*, das zwar eine Klausel, die Bearbeitungen von Zeitungsbeiträgen erlaubt, um sie redaktionellen oder sonstigen Vorgaben anzupassen, für unwirksam hält, bei Verwendung eines einschränkenden Zusatzes „unter Wahrung der geistigen Eigenart des Werkes" aber wohl eine Zulässigkeit annehmen würde; LG Braunschweig ZUM 2012, 66, 72; Schricker/Loewenheim/*Dietz/Peukert*[4] Rn. 10). i. Ü. vgl. § 37 Rn. 10.

17   Im Zusammenhang mit der **Herstellung eines Filmes** wird jedoch das Änderungsrecht grundsätzlich **auch stillschweigend** eingeräumt: Aus § 88 Abs. 1 folgt, dass im Zuge der Einräumung des Verfilmungsrechtes im Zweifel auch das Recht zur Bearbeitung oder Umgestaltung eingeräumt wird (vgl. § 88 Rn. 42, 53); die Mitwirkenden an der Herstellung eines Filmwerkes räumen im Zweifel ebenfalls das ausschließliche Recht ein, das Filmwerk auch in bearbeiteter oder umgestalteter Form zu verwerten (vgl. § 89 Rn. 34 ff.). Das Regel-/Ausnahmeverhältnis des § 39 Abs. 1 kehrt sich durch die §§ 88 und 89, die insoweit als *lex specialis* vorgehen, um. Entsprechend ist in diesen Fällen auch die pauschale Änderungsvereinbarung in Formularverträgen und sonstigen allgemeinen Geschäftsbedingungen zulässig (BGH GRUR 1984, 45, 51 – *Honorarbedingungen: Sendevertrag*; s. a. Dreier/Schulze/*Schulze*[5] Rn. 11).

18   Im **Arbeits- oder Dienstverhältnis** ist grundsätzlich der **Betriebszweck** vorrangig; nach ihm richtet sich über §§ 43, 31 Abs. 5 die Nutzungsrechtseinräumung (vgl. § 43 Rn. 30 ff. und 48). Das Änderungsrecht wird deshalb regelmäßig dem Arbeitgeber oder Dienstherrn stillschweigend eingeräumt werden (a. A. unsere 9. Aufl./*Vinck* Rn. 2), zumal im Arbeits- oder Dienstverhältnis ohnehin infolge der weitgehenden wirtschaftlichen Absicherung des Urhebers die Interessenwertung verschoben ist (vgl. § 43 Rn. 48). Der Arbeitgeber darf daher regelmäßig das Werk auch ohne Einwilligung des Urhebers mit dem Ziel der Verbesserung für den gedachten Zweck bearbeiten und muss auch Elemente, die Rechte Dritter verletzen könnten (Urheberrechtsverletzungen, Persönlichkeitsrechtsverletzungen, Markenverletzungen, irreführende Angaben) streichen können (vgl. § 43 Rn. 48). Allerdings muss der Arbeitgeber die Grenze des § 14 beachten (vgl. § 43 Rn. 48 und Loewenheim/*Axel Nordemann*[2] § 63 Rn. 35; *Schack*, Urheber- und UrhebertragsR[7] Rn. 1125). Raum für die zusätzliche Interessenabwägung besteht nicht (vgl. § 43 Rn. 48; a. A. Dreier/Schulze/*Dreier*[5] § 43 Rn. 37; Schricker/Loewenheim/*Rojahn*[5] § 43 Rn. 86).

Die Freiheit der Vertragsschließenden, die Zulassung von Änderungen zu vereinbaren, unterliegt den **Beschränkungen des Urheberpersönlichkeitsrechts:** Das Recht des Urhebers aus § 14, Entstellungen oder andere Beeinträchtigungen des Werkes, die seine berechtigten geistigen oder persönlichen Interessen am Werk gefährden können, zu verbieten, ist in seinem Kern unverzichtbar (vgl. § 14 Rn. 23, 52). Ist das Änderungsrecht eingeräumt, muss grundsätzlich eine Vertragsauslegung einschließlich einer Interessenabwägung ergeben, wie weitgehend davon auch Entstellungen und andere die berechtigten geistigen oder persönlichen Interessen des Urhebers am Werk potenziell gefährdende Beeinträchtigungen zulässig sind; das kann so weit gehen, dass sich der Schutz der Werkintegrität auf gröbliche Entstellungen beschränkt, was für die Urheber des **Filmwerkes** und der vorbestehenden Werke bei Filmwerken durch § 93 Abs. 1 ausdrücklich klargestellt wird (dort vgl. § 93 Rn. 18, 25 sowie vgl. § 14 Rn. 23). Vereinbart ein Filmhersteller jedoch mit einem Filmregisseur das Verbot nachträglicher Veränderungen des Films, so genießt diese **vertragliche Vereinbarung den Vorrang** vor § 93 und ist als dinglich wirkende Beschränkung der Filmauswertungsrechte anzusehen (vgl. § 93 Rn. 25 und OLG München UFITA 48 [1966], 287, 290). Zwar kann der Urheber grundsätzlich auf sein Namensnennungsrecht verzichten (vgl. § 13 Rn. 12 ff.). Jedoch ist das Recht, sich als Urheber zu erkennen zu geben, unverzichtbar (vgl. § 13 Rn. 12). **19**

7.   Zulässigkeit nach Treu und Glauben (Abs. 2)

Abs. 2 macht eine weitere Ausnahme von dem grundsätzlichen Änderungsverbot des Abs. 1 dann, wenn die Weigerung des Urhebers, der Änderung zuzustimmen, gegen Treu und Glauben verstoßen würde. **20**

a) Anwendungsbereich: Die Bestimmung spricht ausdrücklich nur von „Änderungen des Werkes und seines Titels", nicht aber von Änderungen an der Urheberbezeichnung. Wenn der Verwerter mit dem Urheber sich also vertraglich – ausdrücklich oder stillschweigend, vgl. Rn. 16 – über die Befugnis verständigt hat, auch die Urheberbezeichnung zu ändern, kann eine Änderung der **Urheberbezeichnung niemals nach Treu und Glauben** zulässig sein (so schon RegE UrhG 2016 – BT-Drs. IV/270, S. 59). Das Änderungsverbot hindert allerdings nicht die Hinzufügung klarstellender Zusätze bei Änderungen, die Angabe der Namen weiterer Urheber und von Bearbeiterurhebern, die die urheberrechtlichen Verhältnisse korrekt wiedergeben, vgl. Rn. 14. **21**

b) Zustimmungsfiktion und vertragliche Abdingbarkeit: Abs. 2 ist eine Ausnahmevorschrift, die dem Schutz des Werkschöpfers dient (BGH GRUR 1971, 35, 37 – *Maske in Blau*) und deshalb eng auszulegen ist. **Im Zweifel haben somit Änderungen zu unterbleiben.** Deshalb ist auch bei der nach Abs. 2 gebotenen Interessenabwägung der **Wille des Urhebers** gegenüber dem des Werknutzers **vorrangig** (BGH GRUR 1971, 35, 37 f. – *Maske in Blau*) und nur dann unbeachtlich, wenn unter Beachtung dieser Rechtsstellung die Verweigerung der Zustimmung zu Änderungen die **Grenze der unzulässigen Rechtsausübung** erreicht. Sind Änderungen des Werkes und seines Titels nach Treu und Glauben zulässig, wird durch § 39 Abs. 2 die **Zustimmung des Urhebers** fingiert. Das bedeutet zugleich, dass § 39 Abs. 2 vertraglich nicht abgedungen werden kann: Zwar können die Parteien vertraglich die Änderungsbefugnis weitgehend regeln und ihren Umfang bestimmen; sind jedoch weitere, nicht vom Umfang der Vereinbarung erfasste Änderungen zur Erreichung des Vertragszwecks zwin- **22**

gend erforderlich (dazu sogleich vgl. Rn. 24), greift § 39 Abs. 2 trotz der vertraglichen Begrenzung der Änderungsbefugnis ein (a. A. BGH GRUR 2009, 395, 398 Tz. 27 – *Klingeltöne für Mobiltelefone*: Hiernach räumt der Urheber, wenn er einem Dritten die Rechte zur Nutzung eines Musikwerkes als Klingelton einräumt, diesem auch die Befugnis zur Vornahme derjenigen Änderungen ein, die üblicherweise und voraussehbar mit der Nutzung als Klingelton zusammenhängen, auch wenn hierdurch in sein Urheberpersönlichkeitsrecht eingegriffen wird; BGH GRUR 2009, 935, 938 Tz. 26 f. – *Klingeltöne für Mobiltelefone*). Der Urheber kann seine persönlichkeitsrechtlichen Belange jedoch dadurch schützen, dass er das Recht zur Nutzung als Klingelton unter der aufschiebenden Bedingung einräumt, dass eine Nutzung des bearbeiteten oder umgestalteten Werkes als Klingelton seiner Einwilligung bedarf (BGH GRUR 2010, 920, 923 Tz. 33 – *Klingeltöne für Mobiltelefone II*).

23   Ob eine Änderung des Werkes oder seines Titels nach Treu und Glauben zulässig ist, kann nur im Rahmen einer **Interessenabwägung** unter Berücksichtigung der Verkehrssitte ermittelt werden (BGH GRUR 2008, 984, 986 Tz. 25 – *St. Gottfried* m. w. N.; Dreier/Schulze/*Schulze*[5] Rn. 16 f.). Im Rahmen der Interessenabwägung, die letztendlich das urheberpersönlichkeitsrechtliche **Interesse des Urhebers an der Integrität seines Werkes und des Titels**, den er ihm gegeben hat, und den **Verwertungsinteressen des Nutzers** erfolgen muss, kann der künstlerische Rang des betreffenden Werkes, der vertraglich eingeräumte Verwertungszweck und schließlich auch die Intensität des Eingriffs eine Rolle spielen; diese Gesichtspunkte stehen in einer Art **Wechselwirkung** zueinander, d. h. der künstlerische Rang des in Frage stehenden Werkes und der vertraglich vorgesehene Verwertungszweck begrenzen oder erweitern den Freiheitsspielraum des Nutzungsberechtigten bei Werkänderungen (so fast wörtlich BGH GRUR 1971, 35, 37 – *Maske in Blau*). Schließlich werden die Urheberinteressen Jahre oder Jahrzehnte nach dem Tod des Urhebers nicht immer noch dasselbe Gewicht haben wie zu seinen Lebzeiten (BGH GRUR 2012, 172 Tz. 5 – *Stuttgart 21*; BGH GRUR 2008, 984, 986 Tz. 29 – *St. Gottfried*; BGH GRUR 1989, 106, 107 – *Oberammergauer Passionsspiele II*). Insoweit ist allerdings Vorsicht geboten, weil das Urheberpersönlichkeitsrecht, dessen Bestandteil auch das Änderungsverbot des § 39 ist (vgl. Rn. 2), weder mit dem Tod des Urhebers erlischt noch im Laufe der Jahrzehnte danach irgendwie schwächer werden würde, sondern ebenfalls bis zum Ende der urheberrechtlichen Schutzfrist gilt. Auch in Fällen, in denen der Tod des Urhebers schon länger zurückliegt als der Ablauf der Schutzfrist bevorsteht, muss deshalb immer das Interesse des Werknutzers an einer Änderung des Werkes und/oder des Titels, das er im Einzelnen darlegen und begründen muss, mit dem Interesse des Urhebers bzw. seiner Rechtsnachfolger an der Integrität des Werkes und/oder seines Titels abgewogen werden.

24   Insbesondere dort, wo eine **Änderung zur Erfüllung des Vertragszweckes erforderlich** ist, wird regelmäßig anzunehmen sein, dass der Urheber seine Einwilligung zu Änderungen nach Treu und Glauben nicht versagen kann. So muss ein Bühnenstück, das als Hörspiel oder im Fernsehen gesendet werden soll, entsprechend eingerichtet werden. Der Verleger muss, um das Buch ordnungsgemäß herausbringen zu können, das Recht zur Korrektur von orthografischen, grammatikalischen und stilistischen Fehlern des Autors haben. Ebenso muss ein Verleger berechtigt sein, den Titel eines Werkes zu verändern, wenn ansonsten die Gefahr einer Titelrechts- oder Markenverletzung gem. §§ 14, 15 MarkenG bestehen würde. Ein Lied, das von einem bestimmten Sänger dargeboten werden soll, muss für ihn stimmgerecht gemacht, d. h. in eine passende Tonlage transponiert werden können. Auch muss eine Fotografie, die für die Spalte einer Tageszeitung zu breit ist, größenmäßig angepasst und gegebenenfalls beschnitten werden können. Abs. 2 wiederum findet ebenfalls seine Grenze im Urheberpersönlichkeitsrecht, insbesondere im Entstellungsverbot (vgl. Rn. 7). Allerdings kann die Änderungsbefugnis nach Treu und Glauben wegen ihres Ausnahmecharakters nicht so weit gehen, wie dies eine vertragliche Einwilligung tun kann. Das Entstellungsverbot des § 14 bildet deshalb die Grenze, die im Rahmen von Abs. 2 nicht überschritten werden kann; im Gegensatz zu Abs. 1 kann die Ausnahmevorschrift des Abs. 2 das Entstellungsverbot des § 14 nicht auf seinen unverzichtbaren Kern reduzieren (vgl. Rn. 7).

c) Keine Verpflichtung zur Änderung: § 39 Abs. 2 fingiert lediglich die Zustim- **25**
mung des Urhebers nach Treu und Glauben, wenn hierüber keine vertragliche Einigung erzielt worden ist. Umgekehrt wird aber keine Verpflichtung des Verwerters zur Änderung geschaffen; er kann allerdings nach Treu und Glauben nach § 242 BGB im Rahmen der vertraglichen Beziehung zum Autor zu einer Änderung verpflichtet sein, beispielsweise, wenn ihm aufgrund einer Titel- und Markenrecherche bekannt ist, dass der vom Urheber gewählte Titel ältere Rechte Dritter verletzen könnte (hierzu auch vgl. Vor §§ 31 ff. Rn. 140, 171, 178 f.).

d) Änderungsbefugnis im Rahmen von Schrankenbestimmungen: Soweit in den **26**
§§ 44a–60f eine gesetzliche Zulassung von Werknutzungen festgelegt ist, kann sich dabei ebenfalls die Notwendigkeit von Änderungen ergeben. § 62 Abs. 1 S. 1 kodifiziert ein eigenständiges Änderungsverbot bezüglich des Werkes; die Urheberbezeichnung darf ein Nutzer, der sich auf die Schrankenbestimmungen beruft, niemals verändern (vgl. § 62 Rn. 7). Im Übrigen wird in § 62 Abs. 1 S. 2 auf § 39 verwiesen, sodass auch solche Werknutzer sich auf die Zulässigkeit von Änderungen aufgrund von Treu und Glauben nach § 39 Abs. 2 berufen können. Diese Änderungsbefugnis kann sogar über das hinausgehen, was der Urheber bei vertraglich geregelter Werknutzung nach § 39 Abs. 2 zu akzeptieren hat (vgl. § 62 Rn. 7). § 62 Abs. 2 erklärt im Übrigen Übersetzungen und Änderungen, die nur Auszüge oder Übertragungen in eine andere Tonart oder Stimmlage darstellen, ebenso für zulässig wie § 62 Abs. 3 die Übertragung eines Werkes der bildenden Künste oder eines Lichtbildwerkes in eine andere Größe, wenn dies für die Vervielfältigung notwendig ist. Schließlich bestimmt der durch das Urheberrechts-Wissensgesellschafts-Gesetz mit Wirkung zum 1.3.2018 neu gefasste § 62 Abs. 4, dass bestimmte Änderungen im Rahmen von Sammlungen für den religiösen Gebrauch (§ 46), Nutzungen für Unterricht und Lehre (§ 60a) und Unterrichts- und Lehrmedien (§ 60b) zulässig sind, und zwar solche, die für den religiösen Gebrauch und die Veranschaulichung des Unterrichts und der Lehre erforderlich sind. Eine Besonderheit bei solchen Änderungen für den religiösen Gebrauch (§ 46), bei Nutzungen für Unterricht und Lehre (§ 60a) und bei Unterrichts- und Lehrmedien (§ 60b) besteht insoweit, als § 62 Abs. 4 S. 2 eine Einwilligung des Urhebers fordert, diese aber fingiert, wenn der Urheber nicht innerhalb eines Monats nach Zugang der Änderungsmitteilung widersprochen hat. Nach dem durch das Urheberrechts-Wissensgesellschafts-Gesetz mit Wirkung zum 1.3.2018 neu eingefügten § 62 Abs. 4 S. 4 bedarf es bei Nutzungen für Unterricht und Lehre (§ 60a) sowie für Unterrichts- und Lehrmedien (§ 60b) zudem keiner Einwilligung, wenn die Änderungen deutlich sichtbar kenntlich gemacht werden (Einzelheiten vgl. § 62 Rn. 11 ff.).

e) Einzelfälle: – aa) Bühnenregisseur: Der **Bühnenregisseur** darf im Regelfall **27**
das Stück nur auf die konkreten Bühnenverhältnisse hin einrichten; im Übrigen machen aber die branchenüblichen Bühnenaufführungsverträge jede Änderung von der Zustimmung des Bühnenverlegers abhängig (Münchener Vertragshandbuch/*Vinck* VII. 47, dort § 4 mit Ziff. 3.2 der Regelsammlung). Ist ihm vertraglich freie Hand gelassen, so darf er zwar die geistige Substanz des Werkes nicht antasten; er hat jedoch je nach Art des Werkes, Aussagekraft und auch künstlerischem Rang eine von Stück zu Stück verschieden weit gehende Änderungsbefugnis (vgl. Rn. 23 und Dreier/Schulze/*Schulze*[5] Rn. 23; Schricker/

Loewenheim/*Dietz/Peukert*[5]   Rn. 22;   Wandtke/Bullinger/*Wandtke/Grunert*[4] Rn. 27 ff.; für eine weitergehende Änderungsbefugnis *Wandtke* UFITA 2016/ I, 156 ff.). Das Interesse des Bühnenautors geht regelmäßig dahin, sein Werk unverändert zur Aufführung zu bringen, während der Regisseur seine persönliche künstlerische Handschrift sichtbar machen möchte. Wenn auch grundsätzlich die Werktreue vorgeht, so ist doch nicht zu verkennen, dass kein Bühnenautor die Gegebenheiten im Theater übersehen kann. Dies ist kein Museum, in dem Kunst unverändert präsentiert wird, sondern der Wandel im Zeitgeschmack und die schöpferische Leistung des Regisseurs halten das Theater und die dort dargebotenen Werke lebendig (*Ulmer*, Urheber- und VerlagsR[3] S. 218). Eine Änderung ist jedoch nicht schon deshalb zulässig, weil der Regisseur meint, das Werk komme dann besser beim Publikum an, selbst wenn feststehen sollte, dass die das Werk verändernden Regieeinfälle den Erfolg des Stückes beim Publikum fördern. Eine „zumutbare Rücksicht auf das geistige Band, das den Werkautor mit seiner Schöpfung verbindet" (BGH GRUR 1971, 35, 38 – *Maske in Blau*) ist unverzichtbar; deshalb durfte eine Operette auch nicht so verändert werden, dass das Ergebnis schließlich eine „gekonnte Verhohnepiepelung der Maske in Blau war" (dazu *Ulmer*, Urheber- und VerlagsR[3] S. 218 f.).

28   In der Entscheidung *Oberammergauer Passionsspiele* wird bei der Beurteilung der Abänderungsbefugnis von **Bühnenbildern** zu dem Passionsspiel darauf hingewiesen, dass der Urheber, der zu einem derartigen Spiel urheberrechtlich geschützte Werke geschaffen hat, schon deshalb mit einer Veränderung seiner Werke rechnen müsse, weil das gesamte Spiel selbst in gewissen Abständen an den Zeitgeschmack und neue Stilrichtungen anzupassen sei (BGH GRUR 1986, 458, 459 – *Oberammergauer Passionsspiele*; aber vgl. § 14 Rn. 6; vgl. § 37 Rn. 10, 23 sowie vgl. Vor §§ 31 ff. Rn. 39). Als Gründe für die Zulässigkeit einer **Änderung des Bühnenwerks** nach Abs. 2 nennt BGH GRUR 1971, 35, 38 – *Maske in Blau* z. B. unwesentliche Kürzungen oder die Streichung kleinerer Rollen (bedenklich, wenn es sich nicht um die Streichung ganz unwesentlicher Nebenrollen handelt). Textrevisionen und andere Bearbeitungen zur Sprachglättung sollten ebenfalls erlaubt sein (BGH GRUR 1972, 143, 145 – *Biografie: Ein Spiel*). Nach Auffassung des OLG Frankfurt (GRUR 1976, 199, 201 – *Götterdämmerung*) können auch **Regieanweisungen**, die dem Zeitgeschmack nicht mehr entsprechen, geändert werden. Das gerät allerdings zunehmend in die Kritik. Auch wenn die Regieleistung des Theaterregisseurs regelmäßig kein Werk im Sinne von § 2, sondern „nur" leistungsschutzrechtlich relevant ist, ist doch ein Schutz seiner künstlerischen Leistung gegenüber den Interessen des Theaters anzuerkennen (nachdrücklich für einen solchen Schutz *Wandtke* UFITA 2016/I, 143 ff.; Wandtke/Bullinger/*Wandtke/Grunert*[4] Rn. 32; dagegen Schricker/Loewenheim/*Dietz/Peukert*[4] Rn. 21). Da nach unserer Auffassung nach wie vor die Anerkennung eines „Regiewerks" für den Bühnenregisseur höchst fragwürdig ist (vgl. § 3 Rn. 31), sollten Konflikte zwischen Theater und Regisseur im Hinblick auf vom Theater veranlasste Änderungen nicht über § 39 oder § 14, sondern über § 75 (§ 83 Abs. 1 a. F.) gelöst werden (s. dazu *Wandtke* UFITA 2016/I, 162 ff.). Da über § 75 ebenfalls eine Interessenabwägung vorzunehmen ist (dort vgl. § 75 Rn. 32 ff.), dürften die Ergebnisse dann im Wesentlichen gleich sein (zutr. OLG Dresden ZUM 2000, 955, 957 – *Die Csárdásfürstin*; OLG München ZUM 1996, 598, 600 f. – *Iphigenie in Aulis*; dazu auch vgl. § 75 Rn. 32).

29   **bb) Verlagswesen:** Im **Verlagswesen** sind die Änderungsbefugnisse des Verlagslektors noch geringer. Selbst Änderungen an der eigenwilligen Rechtschreibung und Zeichensetzung des Autors sind nicht gestattet, wenn diese stilistisches Ausdrucksmittel des Autors sind, sodass praktisch nur die Korrektur von ersichtlichen Flüchtigkeitsfehlern oder Irrtümern in der Rechtschreibung übrig bleiben (Schricker/Loewenheim/*Dietz/Peukert*[5] Rn. 20). Der Stil des Autors muss unangetastet bleiben. Bei Beiträgen zu Sammelwerken geht die Änderungsbefugnis des Verlegers weiter, weil nach § 44 VerlG übliche Änderungen hingenommen werden müssen (s. hierzu im Einzelnen die Kommentierung dort und Dreier/Schulze/*Schulze*[5] Rn. 20 sowie Schricker/Loewenheim/*Dietz/Peukert*[5] Rn. 21; s. a. LG Hamburg GRUR-RR 2010, 460 – *Plan B*).

cc) **Werbegrafiken:** Soll eine von einem Designer geschaffene Bildmarke modernisiert oder sonst wie umgestaltet werden, wird dies regelmäßig nach Abs. 2 zulässig sein, weil der Unternehmer in die Marke häufig über einen längeren Zeitraum erhebliche Beträge investiert haben wird und es mit Treu und Glauben kaum zu vereinbaren wäre, wenn eine vom Unternehmer gesehene Notwendigkeit der Modernisierung oder sonstigen Umgestaltung der Marke durch den Designer verhindert werden könnte und der Unternehmer ansonsten bei einer fehlenden Einigung mit dem Designer entweder die Marke unverändert belassen oder auf eine andere Marke ausweichen und damit den Wert der bisherigen Marke vernichten müsste. Eine erforderliche Anpassung von **Werbegrafiken** an die veränderte Marktlage ist demgegenüber häufig nicht aus Abs. 2 zulässig, weil dadurch das Unternehmerrisiko auf den Grafiker abgewälzt werden würde. Dieser müsste bei Anwendung von Abs. 2 die Änderung dulden, ohne weiteres Honorar beanspruchen zu können, obwohl nicht ihn als Künstler, sondern nur den Auftraggeber die Marktlage interessieren kann (a. A. Schricker/Loewenheim/*Dietz/Peukert*[5] Rn. 25 unter Berufung auf LG München I *Erich Schulze* LGZ 41, 4). Bei bloßen Werbegrafiken ist die Interessenlage eine andere als bei einer Marke, weil die Marke unmittelbarer mit dem Unternehmen bzw. konkreten Produkten verknüpft ist, während der Unternehmer nicht ohne weiteres darauf angewiesen ist, eine bestimmte Werbegrafik über einen längeren Zeitraum auch in einer veränderten Form zu verwenden.

30

8.   **Änderungsverbot gegenüber nicht nutzungsberechtigten Dritten**

Soweit nicht im urheberrechtlichen Sinne Nutzungsberechtigte Dritte, das wären insbesondere Urheberrechtsverletzer und der Eigentümer, Änderungen am Werk vornehmen, gilt Folgendes:

31

a) **Urheberrechtsverletzer:** Der **Urheberrechtsverletzer** kann sich zunächst nie darauf berufen, der Urheber hätte einer von ihm vorgenommenen Änderung nach § 39 S. 2 nach Treu und Glauben zustimmen müssen; wer sich über das Urheberrecht hinwegsetzt und es verletzt, kann Treu und Glauben für sich nicht in Anspruch nehmen (i. Ü. vgl. Rn. 10).

32

b) **Werkeigentümer:** Ein Änderungsverbot gegenüber dem **Werkeigentümer** ist weder in § 39 noch in § 62 Abs. 1 ausdrücklich geregelt, da dort nur Nutzungsverträge und gesetzlich erlaubte Nutzungen angesprochen werden, wird aber vom Gesetz stillschweigend als selbstverständlich vorausgesetzt. Dabei ist zu beachten, dass der Werkeigentümer gem. § 44 Abs. 1 im Zweifel mit dem Eigentumserwerb keine Nutzungsrechte erhält; § 39 ist deshalb nicht direkt anwendbar. Jedoch hat das auch gegenüber dem Werkeigentümer geltende Änderungsverbot seine Grundlage im Wesen und Inhalt des Urheberrechts und besagt, dass der Eigentümer des Werkoriginals grundsätzlich keine in das fremde Urheberrecht eingreifenden Änderungen an dem ihm gehörenden Original vornehmen darf (so wörtlich BGH GRUR 1982, 107, 109 – *Kirchen-Innenraumgestaltung*). Wenn nämlich der Eigentümer Änderungen am Werkoriginal vornimmt, tut er dies selbst dann, wenn er mit dem Urheber direkt vertraglich verbunden sein sollte, regelmäßig nicht in Ausübung urheberrechtlicher Nutzungsbefugnisse, sondern allein unter Berufung auf das Eigentumsrecht; der sich aus dem Zusammentreffen der Urheber- und der Eigentümerbelange ergebene Konflikt kann deshalb in solchen Fällen auch nicht auf der Basis von § 39 gelöst werden, sondern nur durch eine Abwä-

33

gung der jeweils betroffenen Interessen unter Berücksichtigung des sich aus den §§ 11, 14 ergebenden Grundsatzes, dass der Urheber ein Recht darauf hat, dass das von ihm geschaffene Werk, in dem seine individuelle künstlerische Schöpferkraft ihren Ausdruck gefunden hat, der Mit- und Nachwelt in seiner unveränderten individuellen Gestaltung zugänglich bleibt (so wiederum fast wörtlich BGH GRUR 1999, 230, 231 – *Treppenhausgestaltung*).

34 Im wichtigsten Bereich der Kollision von Urheber- und Eigentümerinteressen, nämlich bei **Bauwerken**, erfährt dieser Grundsatz für den Regelfall eine wesentliche Einschränkung, die sich aus dem Vertragszweck (zu Architektenverträgen vgl. § 31 Rn. 151 a. E., 170) ergibt: Für den Bauherrn pflegt der Gebrauchszweck des zu errichtenden Gebäudes im Vordergrund zu stehen (Ausnahme: überwiegend künstlerische Gestaltungsarchitektur wie im Falle der Berliner Philharmonie oder öffentlich aufgestellter Kunstwerke, s. OLG Köln GRUR-RR 2010, 182 – *Pferdeskulptur*; OLG Celle ZUM 1994, 437, 438 – Anm. *Wilhelm Nordemann*). Der Architekt muss, weil dies unmittelbar aus dem Zweck seiner Beauftragung folgt, solche Änderungen nach Treu und Glauben dulden, die zur Erhaltung oder Verbesserung des Gebrauchszwecks erforderlich sind (z. B. Anpassung an neue Bauvorschriften oder Materialien, veränderte Bedürfnisse oder technische Modernisierung, *Nahme* GRUR 1966, 474, 476; s. a. OLG Stuttgart GRUR-RR 2011, 56 – *Stuttgart 21* sowie nachfolgend BGH GRUR 2012, 172 Tz. 7 – *Stuttgart 21*). Der Bauherr ist zwar dazu verpflichtet, eine die persönlichkeitsrechtlichen Interessen des Urhebers möglichst wenig berührende Lösung zu suchen. Wenn er sich jedoch für eine bestimmte Planung entschieden hat, ist im Rahmen der Interessenabwägung nur noch festzustellen, ob dem Urheber die geplanten Änderungen des von ihm geschaffenen Werkes zuzumuten sind; Alternativlösungen, die seine Interessen möglicherweise weniger beeinträchtigen, sind dann nicht mehr von entscheidender Bedeutung (BGH GRUR 2012, 172 Tz. 6 – *Stuttgart 21*; BGH GRUR 2008, 984, 986 Tz. 39 – *St. Gottfried*).

35 Der Bundesgerichtshof hat bei einem **Schulbau mit Werkcharakter**, der wegen gestiegenen Raumbedarfs erweitert werden sollte, Änderungen zugelassen, die ohne Berücksichtigung der früheren Pläne des Architekten erfolgten, wenn keine Entstellung des so veränderten Gebäudes eintrat und nach Abwägung der Interessen von Urheber und Eigentümer eine Änderung zumutbar war (BGH GRUR 1974, 675, 676 f. – *Schulerweiterung*; ähnlich OLG Frankfurt GRUR 1986, 244, 244 f. – *Verwaltungsgebäude*). Änderungen bei einem **Treppenhaus** in Form einer Skulptur, die unten im Treppenhaus aufgestellt worden ist, hat der Bundesgerichtshof jedoch für einen schwerwiegenden Eingriff erachtet, die der Urheber des Treppenhauses nicht hinnehmen müsse (BGH GRUR 1999, 230, 232 – *Treppenhausgestaltung*). Großzügiger war der Bundesgerichtshof bei **Kirchen-Innenräumen**: Im Aufstellen eines Orgelspieltisches und im Aufhängen von Lautsprechern wurde kein Eingriff in die Substanz des Bauwerkes gesehen und die Änderungen daher für zulässig gehalten (BGH GRUR 1982, 107, 109 – *Kirchen-Innenraumgestaltung*). Ebenfalls für zulässig gehalten hat der BGH die nahezu vollständige Umgestaltung des Chorinnenraumes der St. Gottfried Kirche durch die Eigentümergemeinde. Die hierin liegende Substanzverletzung war vom Urheber nach § 39 Abs. 2 UrhG hinzunehmen, da die Umgestaltung von der kirchlichen Nutzungsbestimmung gedeckt war und das kirchliche Selbstbestimmungsrecht der Eigentümerin das Bestandsinteresse des Urhebers überwog (BGH GRUR 2008, 984, 986 Tz. 24 ff. – *St. Gottfried*; ebenfalls eher großzügig OLG Düsseldorf GRUR 1979, 318, 318 – *Treppenwangen*). Das LG Berlin hielt den Einbau eines Flachdaches im Untergeschoss des **Berliner Hauptbahnhofes** anstelle der im Architektenentwurf vorgesehenen Gewölbedecke für eine unzulässige Änderung des Architektenentwurfs (LG Berlin GRUR 2007, 964, 967 f. – *Berliner Hauptbahnhof*). Demgegenüber hielt das OLG Stuttgart den Teilabriss (Seiten- und Nordflügel, sowie Treppenanlage in der großen Schalterhalle) und Umbau des **Stuttgarter Hauptbahnhofes** trotz der hohen Schöpfungshöhe des Bauwerkes für gerechtfertigt, da die Urheberinteressen durch Zeitablauf abgeschwächt waren, sodass das Modernisierungsinteresse der Eigentümerin in Anbetracht der Nutzungsbestimmung des Bauwerkes als Bahnhof das Erhaltungsinteresse des Urhebers überwog (OLG Stuttgart GRUR-RR 2011, 56, 64 – *Stuttgart 21* sowie nachfolgend BGH GRUR 2012, 172 Tz. 5 – *Stuttgart 21*). Zulässig sind Änderungen bei Bestehen **unanfechtbarer behördlicher Gebote**; OLG Nürnberg UFITA 25 [1958], 361, 365 f. – *Reformationsgedächtniskirche* meint allerdings – zu Unrecht –, dass dem Eigentümer die Anfechtung einer behördlichen Anordnung im Verwaltungsstreitverfahren nicht zugemutet werden könne. Die Entstehung ganz **unverhältnismäßig hoher Kosten** braucht der Eigentümer nicht hinzunehmen, um die Interessen des Urhebers zu wahren (LG Berlin *Erich Schulze* LGZ 65, 6 – *Rathaus Friedenau*). Den **Farbanstrich** eines Hauses darf der Eigentümer ändern, weil darin in der Regel kein schöpferisches Gestaltungselement liegt (BGH NJW 1971, 556, 557 – *Farbanstrich* gegen KG *Erich Schulze* KGZ 45, 7). Ein schutzfähiges, **zerstörtes Haus** darf der Eigentümer schon nach §§ 16, 44 Abs. 1 nicht ohne Zustimmung des Architekten nach seinen Plänen wieder aufbauen; denn die Umsetzung eines Architektenplanes in ein Gebäude stellt eine Vervielfältigung des Planes dar (vgl. § 2 Rn. 152). Der Architekt kann ferner von dem Eigentümer auch nicht verlangen, das zerstörte Haus wieder aufzubauen (vgl. § 14 Rn. 23, 64 ff. „Vernichtung"). Zur Restaurierung von Bauwerken s. im Übrigen *Barta/Markiewicz* GRUR Int. 1986, 705.

III. Prozessuales

Entsteht Streit über die Vereinbarung einer Änderungsbefugnis im Sinne von Abs. 1, so muss die Vereinbarung von dem, der sie behauptet, **dargelegt und bewiesen** (glaubhaft gemacht) werden. Zweifel gehen zu seinen Lasten, weil im Regel-/Ausnahmeverhältnis des § 39 das Änderungsverbot die Regel ist (vgl. Rn. 15). Das hat vor allem dort Bedeutung, wo Branchengewohnheiten bestehen (vgl. § 13 Rn. 15 ff.). Sind diese nicht vollständig nachweisbar und steht außerdem nicht fest, dass der Urheber sie kannte, so ist davon auszugehen, dass der Urheber keine stillschweigende vertragliche Zustimmung zu Änderungen erteilt hat; sie sind dann unzulässig (OLG Köln GRUR 1953, 499, 500 – *Kronprinzessin Cäcilie*). Im Rahmen der Interessenabwägung nach Abs. 2 hat derjenige, der sich auf ein Interesse beruft, das in die Abwägung mit einbezogen werden soll, dieses Interesse darzulegen und gegebenenfalls auch Beweis für die das Interesse auslösenden Tatsachen anzutreten; insbesondere bei Bauwerken können diese Tatsachen beispielsweise in behördlichen Anordnungen, rechtlichen Vorschriften oder auch bautechnischen Notwendigkeiten bestehen (vgl. Rn. 34 f.).

36

§ 40 Verträge über künftige Werke

(1) ¹Ein Vertrag, durch den sich der Urheber zur Einräumung von Nutzungsrechten an künftigen Werken verpflichtet, die überhaupt nicht näher oder nur der Gattung nach bestimmt sind, bedarf der schriftlichen Form. ²Er kann von beiden Vertragsteilen nach Ablauf von fünf Jahren seit dem Abschluss des Vertrages gekündigt werden. ³Die Kündigungsfrist beträgt sechs Monate, wenn keine kürzere Frist vereinbart ist.

(2) ¹Auf das Kündigungsrecht kann im Voraus nicht verzichtet werden. ²Andere vertragliche oder gesetzliche Kündigungsrechte bleiben unberührt.

(3) Wenn in Erfüllung des Vertrages Nutzungsrechte an künftigen Werken eingeräumt worden sind, wird mit Beendigung des Vertrages die Verfügung hinsichtlich der Werke unwirksam, die zu diesem Zeitpunkt noch nicht abgeliefert sind.

I.   Allgemeines

1.   Sinn und Zweck

1 Ein Urheber hat auch schon vor Schöpfung des Werkes die Möglichkeit, sich zur Einräumung von Nutzungsrechten zu verpflichten und über Nutzungsrechte zu verfügen. Zumindest für den Fall, dass der Urheber sich zur Einräumung von Nutzungsrechten an sämtlichen künftigen Werken oder an einer bestimmten Gattung seiner Werke (z. B. an allen Romanen) verpflichtet, sah der Gesetzgeber des UrhG 1965 die Gefahr, dass der Urheber die „wirtschaftlichen Folgen" der Bindung nicht hinreichend vorhersehen kann (RegE UrhG 1962 – BT-Drs. IV/270, S. 59). Der Gesetzgeber führte deshalb das Schriftformgebot gem. § 40 Abs. 1 S. 1 als Übereilungsschutz für den Urheber und zur Beweiserleichterung ein (Begr RegE UrhG a. a. O.). Außerdem wurde ein Kündigungsrecht (§ 40 Abs. 1 S. 2) geschaffen, das eine „Überprüfung des Vertragsverhältnisses nach einer gewissen Zeit" ermöglichen sollte (Begr RegE UrhG a. a. O.). Nach der **Urhebervertragsrechtsreform 2002**, insb. mit Einführung des Anspruches auf angemessene Vergütung zugunsten des Urhebers gem. § 32 und auch der Novellierung des § 32a, ist der Urheber gegen nicht absehbare wirtschaftliche Folgen der Verpflichtung zur Nutzungsrechtseinräumung für künftige Werke bereits grundsätzlich ausreichend geschützt (ebenso HK-UrhR/*Kotthoff*[3] Rn. 1; Berger/Wündisch/*Berger*[2] § 1 Rn. 83; a. A. Schricker/Loewenheim/*Peukert*[5] Rn. 3); aus wirtschaftlichen Gründen erscheint es seitdem nicht mehr zwingend, den Urheber auch noch durch Schriftformgebot zu warnen und von Zeit zu Zeit eine Überprüfungsmöglichkeit durch Kündigungsrecht einzuräumen. Entscheidend für eine aktuelle Existenzberechtigung des § 40 ist letztlich, dass die Regelung des § 40 nicht nur den Urheber, sondern auch den Verwerter über Schriftformgebot und (unverzichtbares) Kündigungsrecht schützt (den Schutz des Verwerters anerkennend Schricker/Loewenheim/*Peukert*[5] Rn. 3). Die **für beide Vertragsseiten kaum absehbaren wirtschaftlichen Folgen** der vertraglichen Bindung bilden danach den entscheidenden Regelungszweck; § 40 ist allerdings wegen der erheblichen Folgen für die jeweilige Gegenseite **restriktiv auszulegen** (Berger/Wündisch/*Berger*[2] § 1 Rn. 83; a. A. Schricker/Loewenheim/*Peukert*[5] Rn. 3).

Daneben wird teilweise betont, die Regelung beinhalte auch einen **allgemein- persönlichkeitsrechtlichen Aspekt:** zugunsten des Urhebers werde auch seine **Schaffensfreiheit** geschützt (*Schmitt-Kammler* S. 42, 48 f.; dem folgend Schricker/Loewenheim/*Peukert*[5] Rn. 3). Solchen Aspekten aus dem allgemeinen Persönlichkeitsrecht dürfte jedoch **keine entscheidende Bedeutung,** insb. für die teleologische Auslegung des § 40, zukommen. Schon die Gesetzesbegründung enthält keine Anhaltspunkte dafür, sondern stellt auf nicht vorhersehbare „wirtschaftliche Folgen" ab.

2.   Früheres Recht

Die Vorschrift des § 40 trat zusammen mit dem UrhG am **1.1.1966** in Kraft. **3** Nach der Übergangsvorschrift § 132 Abs. 1 S. 3 gilt sie auch für Verträge, die vorher geschlossen wurden, allerdings mit der Maßgabe, dass die Fünfjahresfrist für die Kündigung erst am 1.1.1966 zu laufen begann. Das UrhVG 2002 ließ die Regelung unverändert. Für Verträge vor dem 3.10.1990 (vgl. Vor §§ 31 ff. Rn. 20 ff.) kannte das **UrhG-DDR** in § 42 eine Regelung für einen „Vertrag über künftiges Schaffen". Die Schriftform war nicht zwingend, sondern nur „Soll"-Vorschrift (§§ 42 Abs. 1, 37 Abs. 2 UrhG-DDR). In Abweichung von § 40 UrhG enthielt § 42 Abs. 2 UrhG-DDR folgende Regelung: „Verträge, durch die sich ein Urheber hinsichtlich der Verwendung seines noch unbestimmten zukünftigen Schaffens verpflichtet, sind nichtig, soweit es sich nicht um ein Arbeitsrechtsverhältnis handelt."

3.   EU-Recht und Internationales Recht

EU-Recht, insb. eine EU-Richtlinie, hat bislang den Regelungsbereich des **4** § 40 **nicht harmonisiert.** EU-Recht steht damit nicht als Auslegungshilfe zur Verfügung. Auch die wichtigen **Urheberrechtskonventionen** (TRIPS, RBÜ etc.; vgl. Vor §§ 31 ff. Rn. 26 f.) enthalten **keine Regelungen** im Hinblick auf die Verpflichtung zur Einräumung von Nutzungsrechten an künftigen Werken. Im Internationalen Urheberprivatrecht muss § 40 zu den Regelungen des Vertragsstatutes gerechnet werden. Eine Eingriffsnorm im Sinne des Art. 9 Abs. 1 Rom-I-VO liegt nicht vor; zur nicht zwingenden Anknüpfung der Regelungen des § 40 im **internationalen Privatrecht** vgl. Vor §§ 120 ff. Rn. 86 ff.

II. Tatbestand

1.   Schriftformerfordernis (§ 40 Abs. 1 S. 1)

Die Verpflichtung zur Einräumung von Nutzungsrechten an nicht näher oder **5** nur der Gattung nach bestimmten künftigen Werken bedarf gem. § 40 Abs. 1 S. 1 der **Schriftform.** Dies dient nicht nur dazu, den Urheber auf die Bedeutung des Vertrages hinzuweisen, sondern auch der Beweiserleichterung (RegE UrhG 1962 – BT-Drs. IV/270, S. 59).

a) Vertrag, insbesondere Bestimmtheit, Vertragsart: Zunächst muss ein Vertrag **6** vorliegen, also eine Willensübereinstimmung zwischen zwei oder mehr Personen im Hinblick auf die für § 40 relevante Verpflichtung. Nach seinem Sinn und Zweck setzt § 40 dabei einen **wirksamen Vertrag** voraus, weil nur dann der Vertrag wirtschaftliche Folgen hat. Ist ein Vertrag also schon nach anderen Bestimmungen unwirksam oder noch nicht wirksam (z. B. Fehlen einer behördlichen Genehmigung, noch nicht eingetretene aufschiebende Bedingung), kommt § 40 nicht zur Anwendung. Auch muss ein wirksamer Vertrag **die notwendigen Vertragsabreden** (*essentialia negotii*) enthalten. Dazu gehört die Bestimmbarkeit des Werkes. Eine hinreichende Bestimmbarkeit des Werkes ist noch gegeben, wenn das Werk „überhaupt nicht näher oder nur der Gattung nach bestimmt" ist, weil für diesen Fall § 40 die Möglichkeit eines Vertragsschlusses erlaubt (a. A. wohl *Schack,* Urheber- und Urhebervertragsrecht[7]

Rn. 631). Die Grenze zur fehlenden Bestimmtheit ist erst dann überschritten, wenn unklar bleibt, auf welches Werk sich der Vertrag bezieht, z. B. bei Einräumung von Nutzungsrechten für „irgendein zukünftiges Werk" des Urhebers. Titelangaben sind für eine Bestimmbarkeit ausreichend (a. A. *Brauneck/Brauner* ZUM 2006, 513, 514), weil das Werk nach Fertigstellung eindeutig identifiziert werden kann. Der Vertragsgegenstand kann auch personenbezogen definiert werden; die Formulierung „das nächste Werk" des Urhebers ist hinreichend bestimmbar. Dies erfasst das Werk, das der Urheber als erstes nach der Abrede fertig stellt und für eine Veröffentlichung geeignet erachtet (BGH GRUR 1953, 497 – *Gaunerroman*).

7 Der **Vertragstyp** ist grundsätzlich unerheblich. § 40 gilt danach insbesondere für **Verlagsverträge** (Wandtke/Bullinger/*Wandtke*[4] Rn. 4; Schricker/Loewenheim/*Peukert*[5] Rn. 19; *Schricker*, VerlagsR[3] § 1 Rn. 18), weil die Regelungen des UrhG in den §§ 31 bis 44 UrhG den Bestimmungen des VerlG vorgehen (*Schricker*, VerlagsR[3] Einl. Rn. 21; Loewenheim/*Nordemann-Schiffel/Jan Bernd Nordemann*[2] § 64 Rn. 14). Auch für andere übliche Urheberrechtsverträge wie die **Film-, Theateraufführungs-, Tonträgerherstellungs- oder Merchandisingverträge** findet § 40 Anwendung, genauso auch auf **Softwareverträge** zu Gunsten Dritter (OLG Frankfurt MMR 2016, 337 juris Tz. 50). Abzulehnen ist hingegen eine Anwendbarkeit des § 40 auf **Wahrnehmungsverträge** (wie hier: *v. Gamm* Rn. 4; Mestmäcker/Schulze/*Schulze* Anm. 1; *Rehbinder*[16] Rn. 581; a. A. Büscher/Dittmer/Schiwy/*Haberstumpf*[3] Rn. 1; Dreier/Schulze/*Schulze*[5] Rn. 4; Wandtke/Bullinger/*Wandtke*[4] Rn. 4; Schricker/Loewenheim/*Peukert*[5] Rn. 19; BeckOK UrhR/*Spautz/Götting*[15] Rn. 2; *Schack*, Urheber- und Urhebervertragsrecht[7] Rn. 630). Denn die im Regelungszweck des § 40 liegende Warnfunktion ist bei Verpflichtungen gegenüber Verwertungsgesellschaften überflüssig, weil sie die Rechte ohnehin treuhänderisch zugunsten des Urhebers wahrnehmen (ehemals § 6 UrhWahrnG, jetzt § 9 VGG). Umstritten ist auch, ob § 40 für **Arbeits- und Dienstverhältnisse** gilt (dafür: Wandtke/Bullinger/*Wandtke*[4] Rn. 4; *Schack*, Urheber- und Urhebervertragsrecht[7] Rn. 630, 1119; dagegen Schricker/Loewenheim/*Peukert*[5] Rn. 20; Schricker/Loewenheim/*Rojahn*[5] § 43 Rn. 43 f.; Dreier/Schulze/*Schulze*[5] Rn. 5; Büscher/Dittmer/Schiwy/*Haberstumpf*[3] Rn. 1; *Ulmer*, Urheber- und VerlagsR[3] S. 404). Gegen eine Anwendung des § 40 spricht, dass ansonsten keine mündlichen Arbeits- und Dienstverhältnisse zur Erbringung von urheberrechtlichen Leistungen abgeschlossen werden könnten, ohne dass das Vertragsverhältnis fehlerhaft wäre (so in der Tat z. B. *Schack*, Urheber- und Urhebervertragsrecht[7] Rn. 1119). Im Urheberrecht würde also ein Formerfordernis eingeführt, das das Arbeits- und Dienstrecht im Übrigen nicht kennt. Über dies kann § 40 seine Warnfunktion kaum erfüllen, wenn der Urheber nur zu dem Zweck eingestellt wird, Werke zu schaffen. Das Arbeits- oder Dienstverhältnis ist außerdem kündbar, sodass die Parteien auch die besonderen Kündigungsmöglichkeiten des § 40 nicht brauchen. Nur dann, wenn die Verpflichtungen zur Nutzungsrechtseinräumung für künftige Werke über das Vertragsende hinausgehen, bleibt § 40 anwendbar (Dreier/Schulze/*Schulze*[5] § 40 Rn. 5). Der Schutzzweck erfordert auch dann ein Eingreifen des § 40, wenn der Urheber nur beiläufig Werke schafft, weil dann die Warnfunktion des Schriftformerfordernisses für ihn Sinn macht (*Bollack* GRUR 1976, 74; Schricker/Loewenheim/*Rojahn*[5] § 43 Rn. 44).

8 Qualifizierte (auch genannt absolute) **Optionsverträge** (dazu allgemein vgl. Vor §§ 31 ff. Rn. 311 ff.) berechtigten den Verwerter einseitig, durch Ausübung der Option einen Vertrag bestimmten Inhaltes zur Geltung zu bringen. Sie fallen dann unter § 40, wenn die optionierte Verpflichtung die Voraussetzungen des § 40 erfüllt, also sich auf ein künftiges Werk bezieht, das noch nicht näher oder nur der Gattung nach bestimmt ist (RegE UrhG 1962 – BT-Drs. IV/270, S. 59;

ferner Schricker/Loewenheim/*Peukert*[5] Rn. 18; Wandtke/Bullinger/*Wandtke*[4] Rn. 7; *Schricker*, VerlagsR[3] § 1 Rn. 18; Loewenheim/*Jan Bernd Nordemann*[2] § 60 Rn. 53 BeckOK UrhR/*Spautz/Götting*[15] Rn. 5). Denn mit Einräumung der Option hat es der Urheber aus der Hand gegeben, ob ihn später die für § 40 relevante Verpflichtung trifft. Einfache (auch genannt relative) Optionsverträge erlauben dem Optionsverpflichteten, den Vertragsschluss mit dem Optionsberechtigten dadurch zu umgehen, dass ein anderer zu einem Vertragsschluss unter günstigeren Bedingungen bereit ist. Darauf ist § 40 analog anzuwenden (OLG Schleswig ZUM 1995, 867, 872; Schricker//Loewenheim/ *Peukert*[5] Rn. 18 m. w. N.; Loewenheim/*Jan Bernd Nordemann*[2] § 60 Rn. 53). Zwar hat der Optionsverpflichtete hier die Möglichkeit, über anderweitige günstigere Bedingungen auszusteigen. Jedoch besteht zumindest dann eine Bindung, wenn sich günstigere Bedingungen nicht finden lassen (str., vgl. Vor §§ 31 ff. Rn. 318). Meist wird der Urheber optionsverpflichtet und ein Verwerter optionsberechtigt sein; § 40 findet aber auch auf die umgekehrte Konstellation Anwendung, weil er auch den verpflichteten Verwerter schützt (vgl. Rn. 1). Für **Vorverträge**, die im Gegensatz zum Optionsvertrag beide Seiten zum Abschluss eines späteren Vertrages binden, gilt § 40 ebenso (Schricker/ Loewenheim/*Peukert*[5] Rn. 15 m. w. N.); zu Vorverträgen vgl. Vor §§ 31 ff. Rn. 309. Auf **Garantieverträge** des Urhebers kann § 40 ebenfalls anwendbar sein, z. B. wenn ein Regisseur für einen Filmauswertungsvertrag zwischen einem Filmhersteller und einem Filmvertrieb die Garantie übernimmt, dass der nur der Gattung nach spezifizierte Film hergestellt wird.

b) Des Urhebers: Der Wortlaut des § 40 Abs. 1 S. 1 schreibt ausdrücklich vor,   **9** dass **nur Verträge eines (lebenden) Urhebers** unter das Schriftformgebot fallen können. Nicht erfasst sind Verträge des Rechtsnachfolgers des Urhebers, z. B. seiner Erben (Schricker/Loewenheim/*Peukert*[5] Rn. 6), weil sie sich nicht für künftige Werke des Urhebers verpflichten können; für eigene Werke (z. B. Bearbeitungen des Werkes des verstorbenen Urhebers nach § 3) des Rechtsnachfolgers kommt eine Anwendung in Frage. **Nicht** betroffen davon sind auch **Verträge zwischen Verwertern**, die sich z. B. die Einräumung von Nutzungsrechten an künftigen Werken versprechen; solche Verträge sind formfrei. Wegen der Globalverweisungen in § 70 Abs. 1 und § 72 Abs. 1 findet § 40 auch auf die **Leistungsschutzrechte** an wissenschaftlichen Ausgaben und an Lichtbildern Anwendung. Von den Leistungsschutzberechtigten sind ansonsten bei Verträgen ab 1.3.2017 (§ 132 Abs. 3a, Abs. 4) nur ausübende Künstler den Urhebern im Hinblick auf § 40 gleichgestellt (§ 79 Abs. 2a; für Verträge 14.9.2003 bis 28.2.2017 galt § 40 gem. § 79 Abs. 2 S. 2 a. F. allerdings nur für Einräumungen, nicht für Übertragungen; vgl. § 79 Rn. 2 ff.). Andere Leistungsschutzberechtigte können sich formfrei verpflichten.

c) Verpflichtung zur Einräumung von Nutzungsrechten: Die Regelung in § 40   **10** Abs. 1 S. 1 bezieht sich nach ihrem klaren Wortlaut **nur** auf **Verpflichtungsgeschäfte** (Dreier/Schulze/*Schulze*[5] Rn. 7; Wandtke/Bullinger/*Wandtke*[4] Rn. 2), nicht aber auf die tatsächliche Rechtseinräumung als Verfügung. § 40 trennt also gedanklich Verpflichtungs- und Verfügungsgeschäft (zum sog. Trennungsprinzip vgl. § 31 Rn. 29).

Das **Verfügungsgeschäft** bedarf damit eigentlich nicht der Schriftform und   **11** unterliegt auch nicht der Kündigungsmöglichkeit. Nicht gehindert wird die Wirksamkeit der Verfügung ferner dadurch, dass die einzuräumenden Rechte erst zusammen mit dem Schutz des Werkes im Moment seiner Schöpfung entstehen (sog. **Vorausverfügung**). Denn eine Verfügung hat sofort gegenständliche Wirkung, ähnlich wie die Vorausabtretung einer noch nicht entstandenen Forderung, die mit dem Zeitpunkt ihrer Entstehung automatisch auf den Inhaber übergeht (OLG München ZUM 2000, 767, 770 – *down* *under;* Dreier/Schulze/*Schulze*[5] Rn. 7; Schricker/Loewenheim/*Schricker/Loe-wenheim*[4] Vor §§ 28 ff. Rn. 79; Wandtke/Bullinger/*Wandtke/Grunert*[4] Vor §§ 31 ff. Rn. 34). Das in § 40 Abs. 1 S. 1 angesprochene Trennungsprinzip zwischen Verpflichtung und Verfügung hat allerdings nicht die Konsequenz, dass das Verfügungsgeschäft von der Formunwirksamkeit des Verpflichtungsgeschäftes unberührt bliebe. Denn nach bestrittener, aber zutreffender Ansicht besteht **im Urheberrecht zwischen Verpflichtungs- und Verfügungsgeschäft eine besondere kausale Verknüpfung**, die das eigentlich im Zivilrecht geltende Abstraktionsprinzip stark aufweicht (eingehend mit Nachweisen zum Streitstand vgl. § 31 Rn. 30 ff.). Wegfall, Beendigung oder fehlende Entstehung der Verpflichtung beseitigen auch das Verfügungsgeschäft. Danach kommt es zu **keiner Einräumung der Nutzungsrechte, wenn das Verpflichtungsgeschäft** gem. § 40 Abs. 1 S. 1 **nicht wirksam ist** (wie hier *Ulmer,* Urheber- und VerlagsR[3] S. 398; BeckOK UrhR/*Spautz/Götting*[15] Rn. 2; Wandtke/Bullinger/*Wandtke*[4] Rn. 3; wohl auch Dreier/Schulze/*Schulze*[5] Rn. 7; a. A., allerdings auch die hier befürwortete kausale Verknüpfung zwischen Verpflichtung und Verfügung ablehnend, *Schack,* Urheber- und Urhebervertragsrecht[7] Rn. 631). Für die Verfügung kann es darüber hinaus noch **andere Gründe für ihre Unwirksamkeit** geben. Insbesondere ist hier auf den **Bestimmtheitsgrundsatz** zu verweisen, der allerdings dem sachenrechtlichen Bestimmtheitsgrundsatz nicht vollständig entspricht.

12 Die Einräumung von Nutzungsrechten ist zu trennen von der Eigentumslage am Werkstück (vgl. Nach § 44 Rn. 4 ff.). Auf die Verpflichtung zur **Eigentumsübertragung** an künftigen Werkstücken kann **§ 40 nicht analog** angewendet werden (Schricker/Loewenheim/*Peukert*[5] Rn. 9; *Brandi-Dohrn* S. 90; a. A. *v. Olenhusen* ZUM 2000, 1056, 1062; *Ohly* FS Schricker I S. 427, 444; Dreier/Schulze/*Schulze*[5] Rn. 8; *Schmitt-Kammler* S. 176 f.). Schon § 44 Abs. 1 bestimmt, dass die Übereignung von der Nutzungsrechtseinräumung zu trennen ist. Die Veräußerung von zukünftigen Werkstücken verursacht auch im Regelfall nicht die für den Regelungszweck des § 40 entscheidende Gefahrenlage, dass die wirtschaftliche Bedeutung des Geschäfts nicht überblickt werden kann (vgl. Rn. 1). Im Übrigen greifen hier andere Regelungen, beispielsweise das Folgerecht des § 26. Der Hinweis von *Gernot Schulze* (Dreier/Schulze/*Schulze*[5] Rn. 8) auf § 44 Abs. 2 ist nicht überzeugend, weil das Ausstellungsrecht nach dem Willen des Gesetzgebers nach § 44 Abs. 2 gerade nicht zur wirtschaftlichen Dispositionsmasse des Urhebers gehört und er deshalb insoweit auch nicht schutzwürdig ist. Danach kann die Übereignung zukünftiger Werkstücke nur nach den allgemeinen Regelungen beurteilt werden. Dazu gehört auch, dass die Herstellungs- und Übereignungsverpflichtung für das zukünftige Werk bei Unwirksamkeit der Nutzungsrechtseinräumung nach § 40 im Regelfall gem. § 139 BGB nichtig sein wird.

13 **d) An künftigen Werken:** Die Vorschrift gilt zunächst nur für **Werke gemäß §§ 2 bis 4.** Auf eine nicht urheberrechtlich geschützte Herausgeberleistung ist § 40 nicht – auch nicht analog – anwendbar (OLG Frankfurt ZUM 2006, 566, 568 – *Herausgebervertrag*). Zur Anwendung auf **Leistungsschutzrechte** vgl. Rn. 9.

14 Das Werk darf noch **nicht vollendet** sein. Die Entscheidung über die Vollendung steht dem Urheber zu. Er muss das Werk fertig gestellt haben und es zur Veröffentlichung als geeignet erachten (BGHZ 9, 237, 239, 241 – *Gaunerroman;* Schricker/Loewenheim/*Dietz/Peukert*[5] § 12 Rn. 7 f.). Das ist insbesondere dann der Fall, wenn er die Arbeiten am Vertragswerk beendet und dieses dem Vertragspartner zur Nutzung übergibt (OLG München ZUM 2000, 767, 771 – *Down under*). – Nicht überzeugend ist es jedoch, auf angefangene Werke § 40 nicht anzuwenden (so aber Berger/Wündisch/*Berger*[2] § 1 Rn. 83). Der

Schutzzweck des § 40 (vgl. Rn. 1) greift für beide Parteien auch noch nach Beginn der Werkschaffung.

Trotz des Wortlautes des § 40 gilt die Vorschrift auch bei Verpflichtung im Hinblick auf **ein (nicht mehrere) künftiges Werk**; der Plural im Wortlaut ist mit Blick auf den Schutzzweck nicht entscheidend, zumal die Quantität des Werkschaffens nicht ausschlaggebend sein kann (Dreier/Schulze/*Schulze*[5] Rn. 10; Schricker/Loewenheim/*Peukert*[5] Rn. 22; Wandtke/Bullinger/*Wandtke*[4] Rn. 12; Loewenheim/*Loewenheim/Jan Bernd Nordemann*[2] § 26 Rn. 6; a. A. v. *Gamm*, Rn. 5; *Schmitt-Kammler* S. 175).   **15**

e) Die nicht näher oder nur der Gattung nach bestimmt: Dass ein Werk überhaupt nicht bestimmt (aber zumindest bestimmbar, vgl. Rn. 6) ist, findet sich eher selten und vor allem dann, wenn Verträge über das gesamte Schaffen eines Künstlers geschlossen werden. „**Das nächste** vom Künstler geschaffene **Werk**" ist Ausdruck einer vollständig fehlenden Bestimmung, weil es in der Entscheidung des Autors liegt, welches etwa von mehreren Werken das sein wird (so auch RegE UrhG 1962 – BT-Drs. IV/270, S. 59). Als „nächstes" Werk gilt dasjenige, das er als erstes fertig stellt und zur Veröffentlichung als geeignet erachtet; auf die bloße Fertigstellung kommt es nicht an (BGHZ 9, 237, 241 – *Gaunerroman*).   **16**

Häufiger sind Werke nur der **Gattung** nach bestimmt. Eine solche gattungsmäßige Bestimmung kann sich auf die **Werkart** (§ 2 Abs. 1) beziehen. So kann der Vertragsgegenstand beispielsweise als Sprachwerk, musikalisches Werk, Lichtbild- oder Filmwerk bezeichnet sein. Auch Gattungsbegriffe, die sich am **Werkinhalt** orientieren, sind denkbar, insbesondere in Kombination mit einer Werkart, z. B. (Liebes-)Roman, Rock-Oper, Kriminalfilm oder „künftige Schlagerkompositionen" (Büscher/Dittmer/Schiwy/*Haberstumpf*[3] Rn. 1). Auch die Bezugnahme auf nur ein nächstes Werk fällt unter § 40 (Wandtke/Bullinger/*Wandtke*[4] Rn. 12; Dreier/Schulze/*Schulze*[5] Rn. 12; a. A. Berger/Wündisch/*Berger*[2] § 1 Rn. 83), also ist z. B. „der nächste Roman" nur der Gattung nach bestimmt. Die Gattung kann auch durch die Nutzungsart vorgegeben sein, auch wenn dies selten vorkommen dürfte: beispielsweise „DVD", wobei offengelassen wird, ob Sprach-, Musik- oder Filmwerk zu schaffen ist. Die Grenzlinie zwischen zukünftigen Werken, die nur der Gattung nach bestimmt sind, und hinreichend präzisierten Werken (keine Anwendung des § 40) ist mit Hilfe einer wertenden Betrachtung im Hinblick auf den Schutzzweckes des § 40 bei restriktiver Auslegung (vgl. Rn. 1 f.) zu ziehen: Mit zunehmender Präzisierung des Werkes läuft der Vertrag aus dem Anwendungsbereich des § 40 heraus, weil sich dann die Auswertungsmöglichkeiten für beide Vertragsseiten hinreichend abzeichnen und § 40 nicht eingreifen muss. **Hinreichend konkret** für eine formlose Verpflichtung ist ein Werk, dessen **Inhalt** im Vertrag beschrieben ist oder, dessen inhaltliche **Beschaffenheit** feststeht (ähnlich BeckOK UrhR/*Spautz/Götting*[15] Rn. 7; etwas anders: Schricker/Loewenheim/*Peukert*[5] Rn. 25, der auch die Konkretisierung der „Art der Werkverwertung" ausreichen lassen will, die ohne inhaltliche Konkretisierung jedoch nicht feststeht), wie z. B. bei der Erstellung eines Werkverzeichnisses eines bildenden Künstlers (OLG Frankfurt GRUR 1991, 601 – *Werkverzeichnis*), bei einem detaillierten Inhaltsverzeichnis eines Sachbuches nebst Probetextseite von jedem Autor (OLG Hamm AfP 1987, 515, 517 – *Spektrum für Fortgeschrittene*) oder bei einem inhaltlich bereits konkret individualisierten Foto (OLG Köln GRUR-RR 2010, 149, 150 – *Kalk-Lady*). Bei der Vorgabe einer fiktiven Figur für ein (Film-)Werk ist zu differenzieren, inwieweit die Figur und ihre typischen Eigenschaften durch Handlungen in früheren Werken inhaltlich konkretisiert wurden (OLG Schleswig ZUM 1995, 867, 874 – *Werner*; kritisch *Willi* WRP 1996, 652, 655). Die isolierte Vorgabe der Figur allein genügt nicht (Loewenheim/*Loewenheim/Jan Bernd Nordemann*[2] § 26 Rn. 7). Auch bei Verpflichtung zur Fortsetzung eines Romans in belie-   **17** biger Form durch den Autor ohne irgendwelche inhaltlichen Vorgaben scheitert eine Anwendung des § 40 nicht daran, dass die Hauptpersonen ohne jedes Handlungs- und Beziehungsgeflecht feststehen. Hinreichend konkretisiert ist das künftige Werk aber bei Fortsetzung einer bestimmten periodischen Sammlung, weil die entscheidende Konkretisierung hier bei der Fortsetzung des Bisherigen liegt. Bei Software ist die Bestimmung jedenfalls dann hinreichend konkret, wenn die wesentlichen Funktionalitäten, die Gestaltung der Benutzeroberfläche und sonstige Einzelheiten des Computerprogramms feststehen (OLG Frankfurt MMR 2016, 337 juris Tz. 50).

18 f) **Rechtsfolge (Schriftform)**: Liegt ein nur der Gattung nach bestimmtes künftiges Werk vor, ordnet § 40 Abs. 1 S. 1 **Schriftform** (**§ 126 BGB**) an. Für die Schriftform ist die Unterschrift beider Vertragsparteien auf derselben Urkunde oder wechselseitige Ausfertigungen (§ 126 Abs. 2 BGB) nötig. Ein Briefwechsel, eine einseitige Erklärung oder ein Bestätigungsschreiben reichen nicht (BeckOK UrhR/*Spautz/Götting*[15] Rn. 8; Dreier/Schulze/*Schulze*[5] Rn. 14; Schricker/Loewenheim/ *Peukert*[5] Rn. 27), auch nicht ein **Telefax** (BGH NJW 1997, 3169, 3170) oder die **Textform nach § 126b BGB**, wohl aber die **elektronische Form gem. § 126a BGB**, weil sie nur ein Unterfall der Schriftform ist (§ 126 Abs. 3 BGB).

19 Ein Verstoß gegen diese gesetzliche Formvorschrift des § 126 BGB führt zur **Nichtigkeit** gem. § 125 BGB. Eine Heilung kommt nicht in Betracht. Eine **erneute Vornahme** oder ggf. **Bestätigung** (§ 141 BGB) durch Ablieferung (OLG München ZUM 2000, 61, 65 – *Paul Verhoeven*; LG Hamburg ZUM-RD 1999, 134, 136 – *Heinz Erhardt*; zurückhaltend: Schricker/Loewenheim/*Peukert*[5] Rn. 28) können dem Geschäft zur Wirksamkeit verhelfen. Für eine Bestätigung ist der zweifelsfreie Wille erforderlich, das konkretisierte Werk zu früheren Bedingungen dem Verwerter zu überlassen. Er ist nicht gegeben, wenn sich der Urheber irrtümlich zur Ablieferung für verpflichtet hält.

20 Häufig werden Verpflichtungen, die nach § 40 formbedürftig sind, mit formfreien Verpflichtungen kombiniert, z. B. die formfreie Verpflichtung zur Nutzungsrechtseinräumung für ein Sachbuch, für das ein detailliertes Inhaltsverzeichnis nebst Probetextseite von jedem Autor vorliegt; formbedürftig nach § 40 war jedoch das gleichzeitig im Vertrag vorgesehene Optionsrecht an künftigen Werken, die nicht näher beschrieben waren (OLG Hamm AfP 1987, 515, 517 – *Spektrum für Fortgeschrittene*). In solchen Fällen liegt lediglich **Teilnichtigkeit** vor. Gem. **§ 139 BGB** ist entscheidend der **(hypothetische) Wille der Parteien**. Stellen die verbleibenden Teile des Vertrages keine „sinnvolle" Regelung mehr da, liegt Gesamtnichtigkeit nahe. Genauso verhält es sich, wenn Verpflichtungen, von denen eine nichtig ist, in einem derart engen Zusammenhang stehen, dass mit der Unwirksamkeit der einen auch die Wirksamkeit der anderen Klausel entfallen muss (BGH NJW 1992, 2888 – *Freistellungsende bei Wegenutzungsrecht*). Bei Regelung unterschiedlicher Werke in einem Vertrag kommt es darauf an, ob die Verpflichtung im Hinblick auf beide Werke so eng miteinander verknüpft ist, dass eine Verpflichtung zur Rechtseinräumung keinen Sinn macht, wenn die andere nichtig ist. Ein Verleger schließt mit dem Autor eines Kriminalromans eine Vereinbarung, nach der der Autor eine ganze Reihe von Kriminalromanen mit einer feststehenden Hauptfigur schaffen soll. Die Unwirksamkeit erfasst auch die Verpflichtung für den ersten fertigen Roman, wenn der hypothetische Parteiwille das Schaffen der Serie in den Mittelpunkt stellt. Von Gesamtnichtigkeit ist aber nicht auszugehen, wenn die Werke nicht in zwingendem Zusammenhang stehen, z. B. bei Vereinbarung einer (formfreien) Nutzungsrechtseinräumung für ein hinreichend individualisiertes Werk und einer (formbedürftigen) Option für ein künftiges Werk (wie im eben erwähnten Fall des OLG Hamm AfP 1987, 515, 517 – *Spektrum für Fortge-*

schrittene; Dreier/Schulze/*Schulze*[5] Rn. 15; Haberstumpf/*Hintermeier* § 9 IV 3). Der Berufung auf die Gesamtnichtigkeit des Vertrages kann allenfalls ausnahmsweise der **Einwand der unzulässigen Rechtsausübung** (§ 242 BGB) entgegenstehen.

Unabhängig von den Wertungen nach § 139 BGB bzw. einer salvatorischen **21** Klausel kann eine Wirksamkeit nicht angenommen werden, wenn die Aufrecht-erhaltung des Restvertrages aus anderen Rechtsgründen eine Nichtigkeit erfor-dert, z. B. wegen sittenwidriger Übervorteilung der einen Seite gem. **§ 138 BGB** (Wandtke/Bullinger/*Wandtke*[4] Rn. 5; Dreier/Schulze/*Schulze*[5] Rn. 15; s. a. BGH GRUR 1994, 463, 465 – *Pronuptia II*) oder wenn der **Sinn der Anwen-dung** des § 40 eine Nichtigkeit gebietet (zur parallelen Argumentation z. B. im Kartellrecht OLG Düsseldorf WuW/E DE-R 854, 863 – *Stadtwerke Aachen*; s. ferner BGH GRUR 1994, 463, 465 – *Pronuptia II*, sowie OLG Düsseldorf WuW/E DE-R 661, 663 – *Tennishallenpacht*).

2. Kündigung

§ 40 enthält neben dem Schriftformgebot des Abs. 1 S. 1 umfassende Bestim- **22** mungen im Hinblick auf eine vorzeitige Kündigung des Vertrages. Die Kündi-gungsregelungen gelten (wie das Schriftformgebot) nur, wenn es sich um einen Vertrag (vgl. Rn. 6 ff.) handelt, durch den sich der Urheber (vgl. Rn. 9) zur Einräumung von Nutzungsrechten verpflichtet (vgl. Rn. 10 ff.), und zwar an künftigen Werken (vgl. Rn. 13 ff.), die nicht oder nur der Gattung nach be-stimmt sind (vgl. Rn. 16 f.).

a) Kündigungsrecht (§ 40 Abs. 1 S. 2): Das Recht steht beiden Vertragspart- **23** nern zu, also **auch Verwertern**. Ausgeübt wird die Kündigung durch **formlose Kündigungserklärung**. § 40 sieht vor, dass das Kündigungsrecht erst „nach Ab-lauf von fünf Jahren seit dem Abschluss des Vertrages" ausgeübt werden darf (sog. **Wartezeit**). Dieser **5-Jahres-Zeitraum** beginnt nach dem Wortlaut mit der Unterzeichnung des Vertrages (a. A.: mit Wirksamkeit Schricker/Loewenheim/ *Peukert*[5] Rn. 29; Wandtke/Bullinger/*Wandtke*[4] Rn. 14 BeckOK UrhR/*Spautz/ Götting*[15] Rn. 9). Er kann durch Vereinbarung beliebig verkürzt werden (Dreier/Schulze/*Schulze*[5] Rn. 19). Eine Verlängerung ist indes nicht möglich, weil das Kündigungsrecht in Abs. 2 S. 1 vom Gesetz für unverzichtbar erklärt wird (BeckOK UrhR/*Spautz/Götting*[15] Rn. 12; ferner unten Rn. 24).

b) Verzicht auf Kündigungsrecht (§ 40 Abs. 2 S. 1): Das Kündigungsrecht ist im **24** Voraus nicht verzichtbar (Abs. 2 S. 1). „Im Voraus" umfasst dabei die Wartezeit, also den Zeitraum vom Vertragsschluss bis zum Ablauf der 5-Jahres-Frist bzw. bis zum Ablauf einer in zulässiger Weise verkürzten Frist für die Ausübung des Kündi-gungsrechts (vgl. Rn. 26). Der Verzicht kann folglich ab dem Zeitpunkt erklärt werden, in dem eine Ausübung des Kündigungsrechts zulässig wäre. Nach über-wiegender Auffassung soll dann die Wartezeit von neuem zu laufen beginnen und danach erneut eine Kündigung möglich sein (Schricker/Loewenheim/*Peukert*[5] Rn. 30; Dreier/Schulze/*Schulze*[5] Rn. 20). Mit dieser Auffassung gewährt § 40 also nicht nur ein einmaliges, sondern ein ständiges Kündigungsrecht. Das ist trotz des neuen Urhebervertragsrechts, das dem Urheber einen Anspruch auf angemessene Vergütung (§ 32) und einen Fairnessausgleich (§ 32a) gewährt, überzeugend. § 40 will Verträge über künftige Werke über die vorgenannten Vergütungsregeln hinaus generell für beide Vertragsteile mit einem ständigen Kündigungsrecht aus-statten, das gerade dann seinen Zweck erfüllt, wenn innerhalb der Wartefrist die Ablieferung des Werkes noch nicht erfolgt ist. Nach Ablieferung des Werkes ist eine Kündigung nicht mehr möglich, § 40 Abs. 3.

c) Andere Kündigungsrechte bleiben unberührt (§ 40 Abs. 2 S. 2): § 40 Abs. 2 **25** S. 2 ordnet an, dass andere Kündigungsrechte unberührt bleiben. Das gilt insbesondere für eine fristlose Kündigung aus wichtigem Grund gem. § 314 BGB und andere gesetzliche Kündigungsrechte (BeckOK UrhR/*Spautz*/*Götting*[15] Rn. 13; Schricker/Loewenheim/*Peukert*[5] Rn. 32), für gesetzliche Rücktrittsrechte (z. B. § 315 BGB, § 45 VerlG; § 323 BGB, §§ 30, 31, 32 VerlG; genauso Schricker/Loewenheim/*Peukert*[5] Rn. 32), gesetzliche Rückrufsrechte (§§ 34 Abs. 3, 42; § 41 kommt mangels Existenz des Werkes nicht in Betracht), gesetzliche Widerrufsrechte (§ 31a) und vertragliche Kündigungsrechte; dazu vgl. Vor §§ 31 ff. Rn. 115 ff.

26   **d) Kündigungsfrist (§ 40 Abs. 1 S. 3):** Die Kündigungsfrist, mit deren Ablauf die Kündigung Wirksamkeit erlangt, beträgt 6 Monate. Sie kann nach dem Wortlaut durch Vereinbarung verkürzt, nicht aber verlängert werden („wenn keine *kürzere* Frist vereinbart ist"; zustimmend BeckOK UrhR/*Spautz*/*Götting*[15] Rn. 11).

27   **e) Kündigungserklärung:** Hierzu vgl. Vor §§ 31 ff. Rn. 141.

28   **f) Rechtsfolgen bei Kündigung des Vertrages (§ 40 Abs. 3):** Die Kündigung des Vertrages beendet die Verpflichtung (**ex nunc**) auf den Zeitpunkt des Endes der Kündigungsfrist (vgl. Rn. 26). Die Beendigung betrifft eigentlich nur die Ebene des Verpflichtungsgeschäfts, nicht aber die Verfügung über die Rechte. Dennoch **fallen eingeräumte Nutzungsrechte automatisch zurück**, weil das Abstraktionsprinzip insoweit nur eingeschränkt gilt; str., im Einzelnen vgl. Vor §§ 31 ff. Rn. 30 (wie hier Dreier/Schulze/*Schulze*[5] Rn. 24; Wandtke/Bullinger/*Wandtke*[4] Rn. 19). Einer gesonderten Rückübertragung bedarf es nicht. § 40 Abs. 3 ordnet dies im Übrigen auch ausdrücklich an.

29   Gleichzeitig enthält § 40 Abs. 3 eine Sonderregelung für den Fall, dass **Werke bereits abgeliefert** sind. In diesem Fall ist eine Kündigung nicht mehr möglich. – Bei Verträgen, die **mehrere Werke** umfassen, wirkt sich die Kündigung nur auf den **Vertragsteil** aus, der die noch nicht abgelieferten Werke umfasst; der Vertragsteil für die abgelieferten Werke bleibt als Rechtsgrund bestehen. Hinsichtlich der abgelieferten Werke bleibt damit auch die Einräumung wirksam. Insbesondere bei **Wahrnehmungsverträgen** (vgl. Rn. 7) erscheint ein Abstellen auf eine Ablieferung aber nicht sachgerecht, weil gegenüber der Verwertungsgesellschaft grundsätzlich nie ein Werk abgeliefert wird. Hier sollte anstelle von § 40 Abs. 3 vielmehr § 139 BGB zur Beendigung des gesamten Vertrages führen, was dann einen gänzlichen Rechterückfall zur Folge hat (Schricker/Loewenheim/*Peukert*[5] Rn. 38; *Ulmer*, Urheber- und VerlagsR[3] § 94 III 1). Bezieht sich ein Vertrag auf ein **Werk und eine Leistung als ausübender Künstler** (z. B. Verpflichtung als Drehbuchautor oder Regisseur einerseits und als Schauspieler andererseits für einen nur der Gattung nach bestimmten Film), kommt eine Trennung der Kündigungsmöglichkeit nicht in Betracht, wenn Werkschaffen und Leistung zusammenfallen (Regisseur und Schauspieler); auch bei Auseinanderfallen (z. B. Drehbuchautor und Schauspieler) scheidet eine Trennung im Regelfall aus. Eine Kündigung ist also nicht mehr möglich, wenn das Drehbuch abgeliefert ist. Eine Kündigungsmöglichkeit nach Ablieferung des eigenen Drehbuches entspricht nicht dem Sinn und Zweck des § 40, vor nicht vorhersehbaren wirtschaftlichen Folgen zu schützen.

30   Entscheidend für das Durchgreifen des Kündigungsrechts ist damit grundsätzlich die „**Ablieferung**". Für die Definition kann auf § 9 **Abs. 1 VerlG** zurückgegriffen werden (vgl. § 9 VerlG Rn. 2), der die Ablieferung zur Voraussetzung für das Entstehen des Verlagsrechts macht. Die werkvertragsrechtliche Abnahme (§ 640 BGB) spielt hier keine Rolle; auch ein mangelhaftes Werk kann „abgeliefert" werden. Ferner ist eine Rechteeinräumung nicht entscheidend, weil sie keine „Ablieferung" sein kann (BGH GRUR 1966, 390, 391 – *Werbefilm*). Vielmehr muss das Werkstück zum Zwecke der Vertragserfüllung **in den**

Machtbereich des Verwerters gelangen. Das bloße Zurverfügungstellen zur Ansicht ohne Erfüllungsabsicht genügt genauso wenig wie die Einräumung mittelbaren Besitzes oder die Abtretung des Herausgabeanspruches (vgl. § 9 VerlG Rn. 2). Bei körperlichen Werkstücken muss also eine körperliche Übergabe zur Erfüllung vorliegen. Bei unkörperlicher Ablieferung genügt die Möglichkeit für den Verwerter, endgültig über das Werkstück zu verfügen. Das ist beispielsweise bei elektronischem Zugänglichmachen des Werkstückes über das Internet der Fall, z. B. einer urheberrechtlich geschützten Internethomepage oder eines Musikstückes. Fraglich ist, ob die erforderliche Ablieferung **vertraglich abdingbar** oder zumindest **modifizierbar** ist. Gegen eine vollständige Abdingbarkeit spricht, dass das Kündigungsrecht gem. § 40 Abs. 2 S. 1 zwingend ist. Jedoch können die Vertragsparteien den Begriff der Ablieferung modifizieren, beispielsweise Übergabesurrogate (Einräumung des mittelbaren Besitzes, Abtretung des Herausgabeanspruches) als Ablieferung ausreichen zu lassen. Wird die **Ablieferung treuwidrig** verhindert, kommt eine Schadensersatzpflicht aus § 280 Abs. 1 BGB und ggf. § 826 BGB in Betracht (ebenso Dreier/Schulze/*Schulze*[5] Rn. 26 BeckOK UrhR/*Spautz/Götting*[15] Rn. 16), nicht aber, wenn lediglich die gesetzlich gewährten Kündigungsrechte (vgl. Rn. 25) genutzt werden (Wandtke/Bullinger/*Wandtke*[4] Rn. 21). Treuwidrig ist es, wenn der Urheber das Werk bereits einem an einer Nutzung interessierten Dritten abgeliefert hat, jedoch an seinen Vertragspartner nicht liefert, um sich die Kündigungsmöglichkeit offen zu halten (*Brauneck/Brauner* ZUM 2006, 513, 521).

Im Hinblick auf eine bereits gezahlte **Vergütung** ist zu unterscheiden: Vergütungen für die Verpflichtung zur Einräumung bis zum Kündigungszeitpunkt verbleiben beim Urheber (BeckOK UrhR/*Spautz/Götting*[15] Rn. 15; Schricker/Loewenheim/*Peukert*[5] Rn. 34). Ein Beispiel ist die Vergütung für die Übernahme einer Option, auch wenn der Optionszeitraum noch nicht abgelaufen ist. Vorschusszahlungen auf zukünftige, nicht gezogene Nutzungen sind hingegen zurückzuzahlen. Umstritten ist, wonach sich die Rückzahlungsverpflichtungen richten. Eine Auffassung will auf eine Abwicklung nach §§ 812 ff. BGB abstellen (so Wandtke/Bullinger/*Wandtke*[4] Rn. 21; Dreier/Schulze/*Schulze*[5] Rn. 23; etwas offener, nur „insbesondere" Schricker/Loewenheim/*Peukert*[5] Rn. 34; kritisch zu §§ 812 ff. BGB, jedenfalls für eine Anwendung des § 819 Abs. 1 BGB: BeckOK UrhR/*Spautz/Götting*[15] Rn. 15), eine andere Auffassung erachtet eine Abwicklung nach §§ 346 ff. BGB analog als vorzugswürdig (*Schack*[7] Rn. 1110; noch anders über § 242 BGB: *Ulmer*, Urheber- und VerlagsR[3] § 94 IV). Der Hauptunterschied liegt in der Frage der Entreicherung (§ 818 Abs. 3 BGB). Wendet man die Rückgewährvorschriften der §§ 346 ff. BGB an, so wäre der Urheber ggf. zum Wertersatz verpflichtet. Dieser kann allerdings analog § 346 Abs. 3 Nr. 3 BGB entfallen, weil § 40 als gesetzliches Kündigungsrecht anzusehen ist; Voraussetzung ist aber daneben, dass der Urheber die Sorgfalt in eigenen Angelegenheiten gewahrt hat, also z. B. die Vorschüsse in die Herstellung des Werkes investiert hat. In anderen Fällen erscheint die mildere Bereicherungshaftung der §§ 812 ff. BGB nicht angebracht, sodass die Lösung über §§ 346 ff. BGB vorzugswürdig ist.

Das Schicksal des unter Umständen übertragenen **Sacheigentums am Werkstück** richtet sich nach den allgemeinen Vorschriften über die Beendigung des Kausalgeschäftes. Dieser Fall dürfte aber selten vorkommen, weil regelmäßig eine Übereignung erst bei Ablieferung gem. § 929 S. 1 BGB vorliegen wird; dann aber laufen die Folgen für Sacheigentum an den Werkstücken und Nutzungsrechten parallel, sodass dem Verwerter das Eigentum genauso wie das eingeräumte Nutzungsrecht verbleibt. Eigentumsübertragungen bei qualifizierten Optionsverträgen können endgültig sein (OLG München NJW-RR 2000, 777; kritisch *v. Olenhusen* ZUM 2000, 1056, 1061, der auf eine analoge Anwendung von § 27 VerlG verweist, wenn der Verfasser auf das Werkstück an-

31

32

gewiesen ist; zur Eigentumsübertragung bei Nutzungsrechtseinräumung vgl. Nach § 44 Rn. 4 ff.).

III. Prozessuales

33 Der Verstoß gegen das Schriftlichkeitsgebot kann zur Folge haben, dass neben dem Verpflichtungsgeschäft auch das Verfügungsgeschäft nichtig ist (vgl. Rn. 18 ff.). Ein Urheber kann danach gegen seinen Vertragspartner oder einen Dritten, wenn sie das Werk nutzen, mit einem wiederherstellenden Unterlassungsanspruch vorgehen (vgl. § 97 Rn. 29 ff.). Berühmt sich der Vertragspartner, das Werk nutzen zu dürfen, hat der Urheber einen vorbeugenden Unterlassungsanspruch (vgl. § 97 Rn. 39 f.); insoweit dürfte eine positive Feststellungsklage des Urhebers mangels Feststellungsinteresses ausscheiden. Eine negative Feststellungsklage des Vertragspartners bleibt möglich. Der Urheber hat im Fall der urheberrechtswidrigen Nutzung darüber hinaus auch die übrigen Ansprüche gem. §§ 97 ff.

34 Für den Fall der **Kündigung** kann bei Streit über deren Wirksamkeit jede Seite positive bzw. negative Feststellungsklage erheben. Nutzt der Vertragspartner (oder ein von ihm lizensierter Dritter) die Rechte, obwohl die Kündigung wirksam ist, kommen wiederum Unterlassungs-, Beseitigungs-, Schadensersatz- und Auskunftsansprüche des Urhebers in Betracht. Umgekehrt gilt, dass der Urheber bei Unwirksamkeit der Kündigung (bspw., weil die Ablieferung des Werkes schon erfolgt ist) das Werk nicht nutzen darf, sofern er ausschließliche Rechte eingeräumt hat; anderenfalls ist der Urheber den vorgenannten Ansprüchen ausgesetzt.

IV. Verhältnis zu anderen Vorschriften

35 Andere Regelungen, die eine bestimmte Form für das Rechtsgeschäft vorschreiben, sind anwendbar (z. B. § 31a). Neben dem Recht zur Kündigung aus § 40 Abs. 1 S. 2 bleiben **andere Kündigungsgründe** sowie **Rücktritts- und Rückrufrechte** bestehen, § 40 Abs. 2 S. 2 (vgl. Rn. 25). Auch können andere Unwirksamkeitsgründe wie eine sittenwidrige Knebelung gem. § 138 BGB (RegE UrhG 1962 – BT-Drs. IV/270, S. 59, unter Verweis auf BGHZ 22, 347, 354 – *Clemens Lear*; vgl. Vor §§ 31 ff. Rn. 51 ff.) zur Nichtigkeit des Vertrages führen. Im Verlagswesen ist § 40 gegenüber den Bestimmungen des VerlG vorrangig (*Schricker*, VerlagsR³ Einl. Rn. 21; Loewenheim/*Nordemann-Schiffel/Jan Bernd Nordemann*² § 64 Rn. 14). Sofern kein Widerspruch besteht, behalten die Bestimmung des VerlG aber Geltung (z. B. §§ 11 Abs. 2, 30, 31, 32 VerlG). Neben den Verfassern wissenschaftlicher Ausgaben (§ 70 Abs. 1) und Lichtbildnern (§ 70 Abs. 1) sind ausübende Künstler als einzige **Leistungsschutzberechtigte** in den Regelungsbereich des § 40 einbezogen (§ 79 Abs. 2a); vgl. Rn. 9. Zum Verhältnis des § 40 zu § 43 bei **Arbeits- und Dienstverträgen** vgl. Rn. 7.

---

§ 40a   Recht zur anderweitigen Verwertung nach zehn Jahren bei pauschaler Vergütung

(1) ¹ Hat der Urheber ein ausschließliches Nutzungsrecht gegen eine pauschale Vergütung eingeräumt, ist er gleichwohl berechtigt, das Werk nach Ablauf von zehn Jahren anderweitig zu verwerten. ²Für die verbleibende Dauer der Einräumung besteht das Nutzungsrecht des ersten Inhabers als einfaches Nutzungsrecht fort. ³Die Frist nach Satz 1 beginnt mit der Einräumung des Nutzungsrechts oder, wenn das Werk später abgeliefert wird, mit der Ablieferung. ⁴§ 38 Absatz 4 Satz 2 ist entsprechend anzuwenden.

(2) ¹Frühestens fünf Jahre nach dem in Absatz 1 Satz 3 genannten Zeitpunkt können die Vertragspartner die Ausschließlichkeit auf die gesamte Dauer der Nutzungsrechtseinräumung erstrecken.

(3) ¹Abweichend von Absatz 1 kann der Urheber bei Vertragsschluss ein zeitlich unbeschränktes ausschließliches Nutzungsrecht einräumen, wenn

1. er einen lediglich nachrangigen Beitrag zu einem Werk, einem Produkt oder einer Dienstleistung erbringt; nachrangig ist ein Beitrag insbesondere dann, wenn er den Gesamteindruck eines Werkes oder die Beschaffenheit eines Produktes oder einer Dienstleistung wenig prägt, etwa weil er nicht zum typischen Inhalt eines Werkes, eines Produktes oder einer Dienstleistung gehört,

2. es sich um ein Werk der Baukunst oder den Entwurf eines solchen Werkes handelt,

3. das Werk mit Zustimmung des Urhebers für eine Marke oder ein sonstiges Kennzeichen, ein Design oder ein Gemeinschaftsgeschmacksmuster bestimmt ist oder

4. das Werk nicht veröffentlicht werden soll.

(4) ¹Von den Absätzen 1 bis 3 kann zum Nachteil des Urhebers nur durch eine Vereinbarung abgewichen werden, die auf einer gemeinsamen Vergütungsregel (§ 36) oder einem Tarifvertrag beruht.

Übersicht

I. Allgemeines

1. Sinn und Zweck

1 Obwohl das Urhebervertragsrecht bereits 2002 reformiert wurde (vgl. vor §§ 31 ff., Rn. 17), blieb **nach Auffassung des Gesetzgebers das Ungleichgewicht zwischen Urhebern und Werknutzern** in der Praxis weiter bestehen (RegE UrhVG 2016 – BT-Drs. 18/8625, S. 2, 12 f.; *Berger/Freyer*, ZUM 2016, 569, 570; *Ory*, NJW 2017, 753, 754). Um diese „verbliebenen Schwachstellen" auszubessern und die vertragliche Stellung der Kreativen weiter zu stärken, hat der Bundestag am 15. Dezember 2016 das Gesetz zur verbesserten Durchsetzung des Anspruchs der Urheber und ausübenden Künstler auf angemessene Vergütung und zur Regelung von Fragen der Verlegerbeteiligung (BGBl. I 2016, S. 3037) verabschiedet. Unter anderem wurde § 40a neu eingefügt, der nun ein **Weiterverwertungsrecht bei Pauschalvergütung nach 10 Jahren** regelt.

2 Nach der Beobachtung des Gesetzgebers müssen sich in der Praxis Kreative häufig auf Vertragsbedingungen einlassen, mit denen sie sämtliche Nutzungsrechte über die gesamte urheberrechtliche Schutzdauer gegen eine unangemessene Einmalzahlung übertragen, sog. Total Buy-Outs (RegE UrhVG 2016 – BT-Drs. 18/8625, S. 1, 12; *Schloetter* GRUR 2017, 235). Sollten sie versuchen, ihren gesetzlichen Anspruch auf angemessene Vergütung (§ 32) durchzusetzen, müssten sie aufgrund in der Regel fehlender Markt- und Verhandlungsmacht damit rechnen, keine Folgeaufträge mehr zu erhalten, sog. Blacklisting (RegE UrhVG 2016 – BT-Drs. 18/8625, S. 1, 12). Diesen Defiziten soll auch durch individualvertragliche Mechanismen wie § 40a entgegengewirkt und somit eine faire Beteiligung an den Erlösen der Verwertung sichergestellt werden. Es soll ein fairer Interessenausgleich zwischen allen Beteiligten – die Kreativen selbst, die Verwerter, die Intermediäre, die Endnutzer und auch das Gemeinwohl – hergestellt werden. Auch soll die angemessene Beteiligung der Urheber an jeder wirtschaftlichen Nutzung ihrer Schöpfungen besser verwirklicht werden (RegE UrhVG 2016 – BT-Drs. 18/8625, S. 12 f.).

3 Ob mit § 40a wirklich ein geeignetes Instrument geschaffen wurde, erscheint indes fraglich. Eher dürfte § 40a einen **Fall der gesetzlichen Überregulierung** darstellen. Die Reglung gilt für alle Branchen, obwohl sie nicht allen Branchen gerecht wird (kritisch auch *Obergfell* FS Schulze 2017, 275, 279; *Obergfell/Zurth* ZGE 2017, 21, 36). Die gesetzliche Regelung **zwingt Urheber in allen Branchen aus pauschalen Vergütungen in nutzungsabhängige Vergütungen.** Damit nehmen die Urheber am wirtschaftlichen Risiko der Verwertung teil, selbst wenn das für sie keinen Sinn macht und/oder ihr Werk auch nur einen begrenzten Einfluss auf den Verwertungserfolg hat. Ein Beispiel sind für die Werbung und sonstige für die Kommunikation geschaffene Werke. Über dies droht in Branchen, die nicht täglich mit dem Urheberrecht umgehen, ein Informationsgefälle zu Lasten von Werknutzern; der Handwerksbetrieb, der sich eine urheberrechtlich geschützte Homepage mit Fotos erstellen lässt, wird oft nicht wissen, dass er die Rechte nur 10 Jahre exklusiv erwerben kann, sollte er den Kommunikationsdesigner nur pauschal honorieren (und ihn z. B. nicht nach Klickzahlen vergüten). Ferner können auch Urheber mit ausreichender Verhandlungsmacht keine Pauschalvergütungen mehr verabreden, ohne befürchten zu müssen, dass der Werkverwerter in die Nutzung wegen der 10-Jahres-Grenze nicht nachhaltig investiert. Ein Beispiel sind nicht filmische Nutzungshandlungen rund um erfolgreiche Filme (z. B. Merchandising), die – anders als filmische Nutzungen gem. § 90 Abs. 2 – in den Anwendungsbereich des § 40a fallen. Auch aufgrund des **erheblichen Eingriffs in die Vertragsfreiheit** sollte der **Rückfall-Tatbestand des § 40a Abs. 1** danach **restriktiv ausgelegt**

werden; das wirkt sich z. B. bei der Definition der Pauschalvergütung aus, vgl. Rn. 8 ff.

2. Früheres Recht

Die zeitliche Anwendbarkeit richtet sich nach § 132 Abs. 3a. Nach dem Wort- **4** laut sind auf Verträge oder sonstige Sachverhalte, die vor dem 1.3.2017 geschlossen worden oder entstanden sind, die Vorschriften des Urhebervertragsrechts in der alten Fassung weiter anzuwenden. § 40a gilt demnach nur für **Verträge, die ab dem 1.3.2017 geschlossen** werden. Im Hinblick auf § 132 Abs. 3a erscheint lediglich eine Anknüpfung an den Vertragsschluss als denkbar, nicht an das Tatbestandsmerkmal des Sachverhalts (*Jan Bernd Nordemann* FS Schulze S. 265). Für Verträge bis zum 28.2.2017 kannte das UrhG keine entsprechende Regelung, so dass ausschließliche Nutzungsrechtseinräumungen gegen Pauschalvergütung auch über zehn Jahre hinaus volle Geltung behalten. § 40a entfaltet keine Rückwirkung auf Altverträge.

3. EU-Recht und Internationales Recht

EU-Recht, insb. eine EU-Richtlinie, hat bislang den Regelungsbereich des § 40a **5** nicht harmonisiert. EU-Recht steht damit nicht als Auslegungshilfe zur Verfügung. Auch die **Urheberrechtskonventionen** (TRIPS, RBÜ etc.; vgl. Vor §§ 31 ff. Rn. 26 f.) enthalten keine Regelungen. Im **Internationalen Urheberprivatrecht** muss § 40a zu den Regelungen des Vertragsstatutes gerechnet werden, so dass § 40a auf Verträge keine Anwendung findet, die sich nach ausländischem Vertragsstatut richten. Eine Eingriffsnorm im Sinne des Art. 9 Abs. 1 Rom-I-VO liegt nicht vor. Anders als für die §§ 32, 32a mit der Bestimmung in § 32b hat der deutsche Gesetzgeber für § 40a keine Regelung zur zwingenden internationalen Anwendung geschaffen; zur nicht zwingenden Anknüpfung im internationalen Privatrecht ferner vgl. Vor §§ 120 ff. Rn. 86 ff.

II. Tatbestand

1. Rechterückfall nach § 40a Abs. 1

a) **Einräumung eines ausschließlichen Nutzungsrechts durch den Urheber für** **6** **10 Jahre oder länger:** § 40a gilt nur, wenn der Urheber **ein ausschließliches Nutzungsrecht** (§ 31 Abs. 3; vgl. § 31 Rn. 91 ff.) eingeräumt hat. Bei einfachen Rechten (§ 31 Abs. 2) ist der Urheber nicht schutzbedürftig, weil ihm die Möglichkeit der anderweiten Verwertung verblieben ist. Hat sich der Urheber trotz Einräumung eines ausschließlichen Nutzungsrechts die eigene Nutzung nach § 31 Abs. 3 S. 2 vorbehalten, kommt § 40a nicht zur Anwendung; insoweit ergibt sich nichts anderes als bei § 41 (vgl. § 41 Rn. 5). Ausschließliche Rechte, die nach § 137l Abs. 1 erworben werden, fallen unter nicht § 40a, weil diese Einräumungsfiktion lange vor dem 1.3.2017 in Kraft trat (vgl. § 137l Rn. 18 ff.); zur zeitlichen Anwendbarkeit des § 40a vgl. Rn. 4. § 40a Abs. 1 gilt nur bei Einräumung Nutzungsrechten **durch den Urheber.** Auf **Leistungsschutzrechte** findet die Bestimmung **keine Anwendung**; Ausnahmen bilden wissenschaftliche Ausgaben (§ 70 Abs. 1) und das Lichtbild (§ 72 Abs. 1); eingehend vgl. Rn. 45.

Das eingeräumte ausschließliche Recht muss über eine **ununterbrochene Lauf-** **7** **zeit von 10 Jahren (oder länger) ausschließlich** sein. Zeitlich begrenzte ausschließliche Rechte, die kürzer als 10 Jahre laufen, erfasst § 40a nicht (RegE UrhVG 2016 – BT-Drs. 18/8625, S. 18).

b) **Vereinbarung einer pauschalen Vergütung:** Gem. § 40a Abs. 1 S. 1 muss eine **8** „**pauschale**" Vergütung für die Einräumung eines ausschließlichen Nutzungsrechts vereinbart worden sein. Das Urheberrechtsgesetz selbst definiert diesen

Begriff nicht. Auch aus den Gesetzgebungsmaterialien ergibt sich keine eindeutige Definition; sie lassen allerdings gewisse Rückschlüsse zu. Insgesamt ist eine **eher restriktive Auslegung** des Begriffs der Pauschalvergütung angezeigt, weil § 40a Abs. 1 S. 1 einen erheblichen Eingriff in die Vertragsfreiheit mit sich bringt (vgl. Rn. 3). **Keine Rolle spielt**, ob die pauschale Vergütung im Sinne des § 32 Abs. 1 S. 3 **angemessen** ist; auch angemessene Pauschalvergütungen fallen wegen des eindeutigen Wortlauts unter § 40a Abs. 1 S. 1. Zum Verhältnis von § 40a zum Anspruch auf angemessene Vergütung und vorheriger Vertragsänderung vgl. Rn. 44.

9   Merkmal einer **Pauschalvergütung** ist zunächst, dass sie **unabhängig von der Verwertbarkeit des Werkes bezahlt** wird (RegE UrhVG 2016 – BT-Drs. 18/8625, S. 26, dort zu § 32). Die Vergütung darf also **nicht nutzungsabhängig** sein. Nicht nutzungsabhängig ist eine Vergütung, wenn sie unverändert bleibt, gleich ob und in welchem Umfang eine Nutzung der eingeräumten Nutzungsrechte erfolgt (*Jan Bernd Nordemann* FS Schulze S. 266).

10 Eine **Nutzungsvergütung (als Gegensatz zur Pauschalvergütung)** liegt vor, sofern die Vergütung **nach Nutzung gestaffelt** ist. Ein wichtiger Unterfall ist die **Beteiligungsvergütung.** Hier wird dem Urheber eine Beteiligung am Erlös der Nutzung gezahlt. Meist ist das ein Prozentsatz, es kann sich aber auch um feste Beteiligungssätze handeln (z. B. bei Stückvergütungen, wie 1 EUR je verkauftem Bildtonträger oder je verkaufter Postkarte). Auch ohne Beteiligungsvergütung kann jedoch eine Nutzungsvergütung vorliegen, die § 40a ausschließt (so auch *Berger/Freyer* ZUM 2016, 569, 575). Eine Nutzungsvergütung kann **in zeitlicher, räumlicher, inhaltlicher oder quantitativer Hinsicht** gestaffelt sein (*Jan Bernd Nordemann* FS Schulze S. 267). Ein bestimmter **Grad der Nutzungsabhängigkeit** ist nicht erforderlich, sofern es sich nicht nur um eine theoretisch wirksame Staffelung handelt. Eine solche Staffelung kommt insbesondere – aber nicht nur – dort als Ausschlussgrund für § 40a in Betracht, wo die Nutzung gar keine Erlöse produziert, z. B. im Bereich Werbung und sonstigem Kommunikationsdesign. Keine Anwendung fände § 40a danach wegen **zeitlicher** Staffelung auf Fotos des Firmensitzes des Unternehmens X, wenn vereinbart wird, dass der Fotograf für die ausschließlichen Nutzungsrechte an dem Bild zur Nutzung auf einem zweiseitigen Flyer eine Vergütung von 300 EUR im ersten Jahr und 30 EUR je weiterem Jahr der Flyernutzung erhält. Denkbar wäre sogar, dass die zeitliche Staffelung erst nach 10 Jahren einsetzt, also eine zusätzliche Vergütung erst nach 10 Jahren gezahlt wird. **Räumlich** ist eine Staffelung nach Nutzungsgebieten (z. B. zusätzliche Vergütung bei Nutzung außerhalb Deutschlands), **inhaltlich** bei Differenzierung der Vergütung nach Nutzungsarten, **quantitativ** bei Staffelung nach Auflagenhöhe, Anzahl der Clicks etc.

11 Bei **Kombination aus Pauschal- und Nutzungsvergütung** liegt grundsätzlich keine Pauschalvergütung nach § 40a vor. Ausnahmsweise gilt etwas anderes, wenn die Nutzungsvergütung die Vergütung nicht prägt (RegE UrhVG 2016 – BT-Drs. 18/8625, S. 29), also unerheblich ist oder erst ab einem Nutzungserfolg greift, der üblicherweise nicht erreicht wird (*Jan Bernd Nordemann* FS Schulze S. 266). Allerdings ist es gerade das Wesen der nicht-pauschalen Nutzungsvergütung, dass der **Urheber am wirtschaftlichen Risiko der Verwertung beteiligt** wird. Deshalb wird eine Nutzungsvergütung nicht dadurch ausgeschlossen, dass sich das übliche Verwertungsrisiko realisiert und der Urheber deshalb nur gering oder gar nicht vergütet wird.

12 Keine Pauschalvergütung liegt auch vor, wenn eine **Nutzungsvergütung** (insbesondere Beteiligungsvergütung) **mit einem Vorschuss kombiniert** ist, der wiederum durch die Nutzungsvergütung an den Urheber zurückgezahlt wird. Es wäre schon nicht im Interesse des Urhebers, solche Vergütungsmodelle durch Anwendung des § 40a unattraktiv zu machen. Dem Urheber wird durch den Vorschuss zum Teil oder sogar vollständig das wirtschaftliche Risiko abgenommen (*Jan Bernd Nordemann* FS Schulze S. 267).

c) Vergütung für die Nutzungsrechtseinräumung: Auch wenn der Tatbestand des § 40a Abs. 1 das nicht ausdrücklich anordnet, muss nur der Teil der Vergütung auf eine Pauschalität geprüft werden, der für die Einräumung des ausschließlichen Nutzungsrechts versprochen wird. **Vergütungen, die für andere Leistungen** gezahlt werden, z. B. auf die Werkerstellung oder auf Reisekosten, können pauschal vereinbart werden, ohne dass § 40a Abs. 1 schon deshalb Anwendung finden würde (*Jan Bernd Nordemann* FS Schulze S. 267 f.). Zum Verhältnis von § 40a zum Anspruch auf angemessene Vergütung nach §§ 32, 32a vgl. Rn. 44.   **13**

d) Die 10-Jahres-Frist (§ 40a Abs. 1 S. 3): Die 10-Jahres-Frist beginnt mit der Einräumung der Nutzungsrechte zu laufen (§ 40a Abs. 1 S. 3). Das stellt auf den Zeitpunkt des dinglichen Erwerbs der Nutzungsrechte durch Verfügung ab (*Jan Bernd Nordemann* FS Schulze S. 268). Damit fällt der Fristbeginn auf den Vertragsschluss, wenn Verpflichtungs- und Verfügungsgeschäft parallel mit Vertragsschluss vollzogen werden. Das ist der Regelfall. Ist die Einräumung aufschiebend bedingt, erfolgt die Einräumung mit Eintritt der Bedingung. Wird ein Vertrag über zukünftige Werke abgeschlossen, ordnet § 40a Abs. 1 S. 2 an, dass der Fristbeginn auf die Ablieferung zu legen ist. Ansonsten ist die 10-Jahres-Frist nach den §§ 186 ff. BGB zu berechnen.   **14**

e) Rechtsfolge Rechterückfall (§ 40a Abs. 1 S. 1 und S. 2): Mit Ablauf der 10-Jahres-Frist fallen die Nutzungsrechte *ex nunc* zurück. **Für die verbleibende Dauer der Einräumung** bleibt das Nutzungsrecht des ersten Inhabers als bloßes **einfaches Nutzungsrecht** bestehen (§ 40a Abs. 1 S. 2). Er verliert damit die Exklusivität seines Nutzungsrechts und kann die Nutzung zwar fortsetzen, aber insb. keine Ansprüche wegen unerlaubter Nutzung mehr stellen (*Berger/Freyer* ZUM 2016 569, 575; *Schloetter* GRUR 2017, 235, 238), weil er seine Aktivlegitimation verliert (zum Prozessualen vgl. Rn. 42; vgl. § 97 Rn. 132 ff.). Der **Urheber kann erneut ein ausschließliches oder einfaches Nutzungsrecht an einen Dritten** vergeben, was die Wirksamkeit des einfachen Nutzungsrechts des ersten Werknutzers nicht berührt (§ 33 S. 1). Die verbleibende Dauer der Einräumung richtet sich nach der vertraglich vereinbarten Laufzeit des Nutzungsrechts (*Berger/Freyer* ZUM 2016, 569, 575). **Die ursprünglichen Abreden zwischen den Parteien gelten weiter.** Fraglich ist, ob der Rechterückfall nach § 40a Abs. 1 **Auswirkungen auf die Vergütungsschuld** des ersten Werknutzers gegenüber dem Urheber hat. Das kommt nur ausnahmsweise in Betracht, wenn die Pauschalvergütung so auskömmlich bemessen ist, dass ihr eine dauerhafte Ausschließlichkeit als Geschäftsgrundlage immanent ist. Dann kommt eine Anwendung von § 313 BGB zur Korrektur in Betracht. Die Übertragbarkeit (§ 34) oder die Möglichkeit Unterlizenzen zu erteilen (§ 35; aber vgl. § 35 Rn. 6) richten sich nach der ursprünglichen vertraglichen Vereinbarung. Eine Übertragung, Belastung oder anderweitige Verfügung über das ausschließliche Nutzungsrecht vor Ablauf der zehnjährigen Frist hindert die Wirkungen des § 40a nicht; ein **gutgläubiger Erwerb ist nicht möglich** (*Berger/Freyer* ZUM 2016, 569, 575).   **15**

Die **vorher durch den ausschließlichen Nutzungsrechtsnehmer eingeräumten (Unter-)Nutzungsrechte** bleiben ebenfalls als einfache Nutzungsrechte bestehen (RegE UrhVG 2016 – BT-Drs. 18/8625, S. 29; *Berger/Freyer* ZUM 2016, 569, 576). Dies gilt auch dann, wenn das Unternutzungsrecht ausschließlich erteilt wurde, da das Weiterverwertungsrecht des Urhebers leerlaufen würde, sofern   **16** man das ausschließliche Unternutzungsrecht als solches bestehen lassen würde (*Berger/Freyer* ZUM 2016, 569, 576). Dies führt jedoch dazu, dass derjenige, dem die Unterlizenz angeboten wird, zunächst prüfen muss, ob im Verhältnis zwischen Unterurheber und Hauptverwerter die Voraussetzungen des § 40a erfüllt sind, was zu Rechtsunsicherheiten führen könnte (*Berger/Freyer* ZUM 2016, 569, 574).

17 **f) Pflicht, die Quelle der Erstveröffentlichung anzugeben (Abs. 1 S. 4):** Nach Rechterückfall an den Urheber besteht bei erneuter Nutzung die Verpflichtung, die Quelle der Erstveröffentlichung anzugeben (§ 40a Abs. 1 S. 4). Die Verpflichtung gilt sowohl **bei Nutzung durch den Urheber selbst als auch bei Nutzung durch einen neuen Nutzungsberechtigten.**

18 **§ 40a Abs. 1 S. 4 verweist** ansonsten auf § 38 Abs. 4 S. 2. Es wird deshalb auf die Kommentierung hierzu verwiesen (vgl. § 38 Rn. 15e). Für die Anforderungen an eine Quellenangabe kann auch auf § 63 zurückgegriffen werden (vgl. § 63 Rn. 6 ff.). Allerdings ist die Frage aufgeworfen, ob die Verweisung für alle Werkarten oder nur für wissenschaftliche Beiträge i. S. d. § 38 Abs. 4 gilt. Letztlich handelt es sich bei der Pflicht zu einer Quellenangabe um eine Art „Entschädigung" des ersten Nutzungsrechtsinhabers (wie bei § 38 Abs. 4 S. 2, vgl. § 38 Rn. 15e), so dass die Bestimmung auf **alle Werkarten** anzuwenden sein sollte. Eine fehlende Quellenangabe macht die **Nutzung (deliktisch) unzulässig,** so dass Ansprüche nach §§ 97 ff. gestellt werden können.

2. Verhandlungsmöglichkeit nach 5 Jahren (§ 40a Abs. 2 UrhG)

19 **a) Tatbestand und Fristberechnung:** Gem. § 40a Abs. 2 können die Parteien nach Ablauf einer **Wartefrist von mindestens 5 Jahren** ab Einräumung der Nutzungsrechte bzw. Ablieferung vereinbaren, dass die Nutzungsrechte zeitlich unbefristet oder zumindest länger als die zehn Jahre exklusiv bleiben sollen. Diese Erstreckung unterliegt dann nicht mehr den Regelungen des § 40a Abs. 1 S. 1. Es kann also sogar durch eine nach 5 Jahren vereinbarte pauschale weitere Vergütung die Exklusivität der Nutzungsrechte zeitlich unbegrenzt festgeschrieben werden (*Jan Bernd Nordemann* FS Schulze S. 269). Nach dem Wortlaut muss dafür eigentlich überhaupt keine zusätzliche Vergütung vereinbart werden. Das dürfte sich allerdings im Regelfall zwingend aus § 32 Abs. 1 S. 3 UrhG ergeben, der einschränkungslos neben § 40a gilt (vgl. Rn. 44).

20 Es bestehen **keine Formvorschriften;** die Abrede kann also auch mündlich erfolgen (*Jan Bernd Nordemann* FS Schulze S. 269).

21 Durch den Wortlaut („frühestens ab") ist klargestellt, dass die Parteien **jederzeit nach Ablauf der 5-Jahres-Frist** nachverhandeln können, also auch erst nach zehn Jahren oder sogar noch später. Nach Ablauf von mind. fünf Jahren ist die noch bei Vertragsschluss gegebene ungleiche Machtverteilung zwischen Urheber und Verwerter in der Regel geringer, sodass auch das Ziel des § 40a nicht unterlaufen wird (so jedenfalls RegE UrhVG 2016 – BT-Drs. 18/8625, S. 29). Für die **Fristberechnung** gelten die §§ 186 ff. BGB (*Jan Bernd Nordemann* FS Schulze S. 269).

22 Keine Wartefrist gem. § 40a Abs. 2 besteht jedoch, wenn der Urheber nach § 32 Abs. 1 S. 3 Ansprüche auf Vertragsänderung stellt *und* zwischen den Parteien in der Folge eine nicht-pauschale Vergütungsabrede gilt. Ansonsten würde § 40a die Anwendbarkeit von § 32 Abs. 1 S. 3 einschränken, obwohl § 32 vollumfänglich neben § 40a gelten soll (vgl. Rn. 44). Das Gleiche gilt bei Vertragsänderung hin zu einer nicht-pauschalen Vergütung auf der Grundlage des § 32a Abs. 1 S. 1.

**b) Möglichkeiten des Werknutzers beim ersten Vertragsschluss zur Sicherung   23
von zeitlich unbegrenzten ausschließlichen Nutzungsrechten (Optionsrecht,
Vorkaufsrecht):** Fraglich ist, ob der Werknutzer mit dem Urheber bereits beim
ersten Vertragsschluss am Beginn der 10-Jahres-Frist eine Sicherung vereinbaren kann, dass er den ersten Zugriff auf die Rechte hat, wenn sie zurückfallen.
Dafür gibt es aus Sicht des Werknutzers ein praktisches Bedürfnis, weil die
Möglichkeit des Nacherwerbs nach § 40a Abs. 2 UrhG dem Werknutzer keine
Gewähr dafür bietet, dass der Urheber mit ihm kontrahiert.

In Betracht kommt ein **Optionsrecht** zu Gunsten des Werknutzers (vgl. Vor   24
§§ 31 ff. Rn. 311 ff.). Inhaltlich wäre ein solches Optionsrecht auf den Rechteumfang des Nacherwerbs nach § 40a Abs. 2 gerichtet. Gegen die Zulässigkeit
der Vereinbarung eines solchen Optionsrechts ließe sich anführen, § 40a UrhG
wolle dem Urheber die Möglichkeit der freien Verfügung über einfache Nutzungsrechte nach zehn Jahren gewähren. Dafür bietet die Gesetzesbegründung
indes keinen genügenden Anhaltspunkt. Hier steht vielmehr die Sicherung einer
angemessenen Vergütung für den Urheber im Vordergrund. Ausdrücklich lässt
der Regierungsentwurf den Abschluss des zweiten Vertrages nach § 40a Abs. 2
UrhG zu, weil dann „typischerweise das Machtgefälle der Vertragsparteien im
Vergleich zum Zeitpunkt des Vertragsschlusses geringer ist." (RegE UrhVG
2016 – BT-Drs. 18/8625, S. 29). Damit spricht nichts gegen Verpflichtungen
des Urhebers, mit seinem ersten Vertragspartner schon im ersten Vertrag über
eine solche Option zu kontrahieren. Allerdings muss dem Urheber eine **angemessene Vergütung** bei Ziehen der Option für die erneute Einräumung nach
10 Jahren sicher sein (*Jan Bernd Nordemann* FS Schulze S. 270). Diese kann
konkret in einer bestimmten Höhe, abstrakt als „Anspruch auf angemessene
Vergütung" oder mit Bestimmungsrecht des Werknutzers gem. § 315 BGB vereinbart werden.

Zu denken ist auch an ein **Vorkaufsrecht** (§§ 463 ff. BGB), nach dem der Werk-   25
nutzer ausschließliche Rechte immer zu dem Preis vorrangig erwerben kann,
zu dem der Urheber diese Dritten anbietet. Das kommt allerdings nur in Betracht, wenn das an den Urheber zurückfallende Recht noch als ausschließliches Recht erneut eingeräumt werden kann. Dafür spricht, dass die Einräumung ausschließlicher Rechte möglich bleibt, wenn vorher ein einfaches Recht
eingeräumt wurde (vgl. § 31 Rn. 94; vgl. § 33 Rn. 8). Die Vereinbarung eines
Vorkaufsrechts widerspricht auch nicht dem Regelungszweck des § 40a Abs. 1.
Das Vorkaufsrecht gewährleistet vielmehr für Urheber, dass es zu einer Verhandlungssituation kommt, die mit einem Abschluss nach § 40a Abs. 2 vergleichbar ist. Denn der Urheber hat mit einem Dritten nach Ablauf der 5-
Jahres-Frist nach § 40a Abs. 2 für den Urheber akzeptable Bedingungen ausgehandelt. Denkbar ist außerdem ein **Anspruch auf weitere Einräumung der ausschließlichen Nutzungsrechte aus Treu und Glauben gem. § 242 BGB**; das
erfordert eine Abwägung aller Umstände des Einzelfalls und setzt in jedem Fall
das Angebot einer angemessenen Vergütung für die zusätzlichen Rechte voraus
(eingehend vgl. Vor §§ 31 ff. Rn. 93 ff.). Im Hinblick auf § 40a Abs. 1 wird
das allerdings wegen der Grundentscheidung des Gesetzgebers die Ausnahme
bleiben müssen. Ausnahmekonstellationen kommen bei sehr erheblichen Investitionen des Werknutzers und einem hinreichenden schutzwürdigen Vertrauenstatbestand auf seiner Seite in Betracht.

3.   Ausnahmen vom Rechterückfall des § 40a Abs. 1

a) Nachrangiger Beitrag (§ 40a Abs. 3 Nr. 1): Nach § 40a Abs. 3 Nr. 1 UrhG   26
kann wirksam dauerhaft ein ausschließliches Nutzungsrecht eingeräumt werden (§ 40a Abs. 1 UrhG gilt dann also nicht), wenn der Urheber einen lediglich
nachrangigen Beitrag zu einem Werk, einem Produkt oder einer Dienstleistung
erbringt; nachrangig ist ein Beitrag nach dem Gesetzeswortlaut von § 40a

Abs. 3 Nr. 1 UrhG insbesondere dann, wenn er den **Gesamteindruck eines Wer-kes oder die Beschaffenheit eines Produktes oder einer Dienstleistung wenig prägt**, etwa weil er nicht zum typischen Inhalt eines Werkes, eines Produktes oder einer Dienstleistung gehört. Der noch im RegE verwendete Begriff des „untergeordneten Beitrags" (RegE UrhVG 2016 – BT-Drs. 18/8625, S. 29) wurde als zu unbestimmt kritisiert und aus Gründen der Rechtsklarheit durch den Begriff des „**nachrangigen Beitrags**" durch den Bundestag ersetzt (Bericht RAusschuss UrhVG 2016 – BT-Drs. 18/10637, S. 22, 24; *Berger/Freyer* ZUM 2016, 569, 576; *Peifer* GRUR-Prax 2017, 1, 2).

27   Mit dem Ausschluss nachrangiger Beiträge soll erreicht werden, dass der **Werk-nutzer nicht übermäßig belastet** wird (Bericht RAusschuss UrhVG 2016 – BT-Drs. 18/10637, S. 22, 24). Außerdem schützt die Bestimmung **die andere Par-teien, die zum Werk beigetragen** haben; denn Abs. 3 Nr. 1 soll auch die Mög-lichkeit der Verwertung des Gesamtwerks, des Gesamtprodukts oder der ge-samten Dienstleistung eröffnen (RegE UrhVG 2016 – BT-Drs. 18/8625, 29). In den Blick zu nehmen sind also alle Verbindungen von Werken (§§ 2–4) in jeder Form (§§ 7–9), aber auch Verbindungen mit Leistungsschutzrechten nach UrhG, soweit die Interessen ihrer Inhaber durch den Rückfall nach § 40a Abs. 1 berührt werden.
Erforderlich ist eine **wertende Einzelfallbetrachtung** unter Berücksichtigung der oben erwähnten **Interessen der Werknutzer und anderer Beitragenden** sowie der **Interessen des Urhebers** an einer angemessenen Vergütung. Die Interessen des Urhebers wiegen nicht schwer genug, wenn sein Beitrag nachrangig ist.

28   Aus dem Regierungsentwurf geht ferner hervor, „dass der Begriff des nachran-gigen Beitrags „keine qualitative Wertung enthält" (RegE UrhVG 2016 – BT-Drs. 18/10637, S. 22). Dies erscheint als nicht zutreffend (so auch *Peifer* GRUR-Prax 2017, 1, 2; *Jan Bernd Nordemann* FS Schulze S. 271) und wird schon durch die Beispiele der Ausschussbegründung (Komparsen und Journa-listen, die lediglich einen geringfügigen Textbeitrag oder Recherche liefern; s. Bericht RAusschuss UrhVG 2016 – BT-Drs. 18/10637, S. 22; vgl. Rn. 29) wi-derlegt. Eine Anwendung des Ausschlussgrundes eines nachrangigen Beitrages ohne qualitative Bewertung ist nicht darstellbar. Ein nachrangiger Beitrag im Sinne eines nicht den Gesamteindruck eines Werkes prägenden Beitrags kann nicht ausschließlich nach quantitativen Gesichtspunkten feststellen lassen. Da-mit sind letztlich eine **quantitative und eine qualitative Bewertung des Beitrages** erforderlich.

29   Als **nicht abschließendes Beispiel** für den Fall eines Ausschlusses gibt der Geset-zeswortlaut an, dass der Beitrag des Urhebers **nicht zum typischen Inhalt** eines Werkes, eines Produktes oder einer Dienstleistung gehört. In der Begründung des Ausschusses für Recht und Verbraucherschutz zur parallelen Bestimmung des § 32d Abs. 2 Nr. 1 UrhG wird dazu erläutert, dass es um **Komparsen** gehe, nicht jedoch um Schauspieler in Nebenrollen, oder um **Journalisten**, die zum Beispiel lediglich **einen geringfügigen Textbeitrag, Recherche** oder ähnliches zu einem Artikel liefern, das seien aber **nicht** Journalisten, die **einen kleinen Arti-kel in einer Tageszeitung allein verfassen** (Bericht RAusschuss UrhVG 2016 – BT-Drs. 18/10637, S. 22 f.).

30   Zusätzlich ist fraglich, ob § 40a Abs. 3 Nr. 1 UrhG Anwendung findet, wenn **im Zeitpunkt der Rechteeinräumung noch nicht klar** war, **wie ein Werk genau genutzt werden soll**. Wenn etwa ein Fotograf ein Foto des Unternehmenssitzes zu Werbezwecken erstellt, wird vielfach noch nicht abschließend klar sein, wie dieses Foto verwendet wird. Wird es kleinformatig und wenig prominent in einer fünfzigseitigen Unternehmensbroschüre verwendet, sollte ein nachrangi-ger Beitrag im Sinne von § 40a Abs. 3 Nr. 1 UrhG vorliegen. Wenn es hingegen ganzseitig auf einem zweiseitigen Flyer verwendet wird (s. Beispiel 3), kann von einem nachrangigen Beitrag nicht mehr die Rede sein. Letztlich sollte es auf die konkrete Nutzung ankommen (*Jan Bernd Nordemann* FS Schulze S. 271).

b) Werk der Baukunst oder Entwurf eines solchen Werkes (§ 40a Abs. 3   **31**
 Nr. 2): Bei Werken der Baukunst und Entwürfen solcher Werke findet gemäß § 40a Abs. 3 Nr. 2 UrhG die Beschränkung in der Rechteeinräumung gemäß § 40a Abs. 1 UrhG keine Anwendung. Nach dem Regierungsentwurf bedurfte es hier angesichts der gesetzlich geregelten Honorarordnung für Architekten und Ingenieure (HOAI) keines besonderen Rechts zur anderweitigen Verwertung. Außerdem gebe es insbesondere bei Werken der Architekten- und Ingenieursbaukunst ein gesteigertes und berechtigtes Interesse an einer auf lange Zeiträume bestehenden Exklusivität der Nutzung (RegE UrhVG 2016 – BT-Drs. 18/8625, S. 30). Werke der Baukunst i. S. d. UrhG umfassen Bauten jeglicher Art (*Jan Bernd Nordemann* FS Schulze S. 271 f.), also nicht nur Gebäude (z. B. Häuser und Kirchen), sondern auch Bahnhöfe, Brücken, Türme, unterirdische Einkaufszentren usw. (vgl. § 2 Rn. 140). Hierher gehören auch raumgestaltende Werke wie Bebauungspläne, aber auch Garten- und Parkanlagen und auch alle Werke im Inneren von Gebäuden, also die Innenarchitektur (zu alledem mit zahlreichen Rechtsprechungshinweisen vgl. § 2 Rn. 140).

c) Werk ist für eine Marke oder ein sonstiges Kennzeichen, ein Design oder ein   **32**
 Gemeinschaftsgeschmacksmuster bestimmt (§ 40a Abs. 3 Nr. 3): Die Bestimmung umfasst Marken und sonstige Kennzeichen gem. § 1 MarkenG (RegE UrhVG 2016 – BT-Drs. 18/8625, S. 30), also **Marken** (§ 4 MarkenG), **geschäftliche Bezeichnungen** (§ 5 MarkenG) und **geografische Herkunftsangaben** (§ 126 MarkenG) sowie **Unionsmarken** gem. Art. 1 UMVO (Erwerb nur durch Eintragung, Art. 6 GemMVO). Im Regelfall wird das Werke der angewandten Kunst in Form von Bild- oder dreidimensionalen Marken betreffen (zum urheberrechtlichen Schutz von Logos und Signets, vgl. § 2 Rn 172); Wortmarken dürften regelmäßig nicht urheberrechtlich geschützt sein (vgl. § 2 Rn. 105), so dass § 40a überhaupt keine Anwendung findet. In den Ausschlusstatbestand des § 40a Abs. 3 Nr. 3 fallen daneben auch (urheberrechtlich geschützte) **Designs** nach § 2 DesignG und nach Art. 1 GemGeschmMVO (RegE UrhVG 2016 – BT-Drs. 18/8625, S. 30).

Das Werk muss als Marke oder sonstiges Kennzeichen, Design oder Gemein-   **33**
 schaftsgeschmacksmuster mit Zustimmung des Urhebers **bestimmt sein.** Ein solcher **Nutzungszweck** muss also **im Nutzungsvertrag vereinbart** sein (RegE UrhVG 2016 – BT-Drs. 18/8625, S. 30). Das bedeutet, dass eine entsprechende **Nutzungsrechtseinräumung vereinbart** sein muss. Genügend ist also, wenn nach dem Übertragungszweckgedanken (§ 31 Abs. 5) der Zweck des Vertrages eine solche Nutzungsmöglichkeit zwingend erfordert (zum Übertragungszweckgedanken vgl. § 31 Rn. 108 ff.). In diesen Fällen kommt auch eine stillschweigende Bestimmung in Betracht. Daneben lösen auch Verträge, nach denen der Werknutzer ausdrücklich dazu berechtigt wird, die im Rahmen des Vertrages erstellten Werke als Marken, sonstige Kennzeichen, Designs oder Gemeinschaftsgeschmacksmuster zu nutzen, den Ausschluss nach Nr. 3 aus, weil damit ein entsprechender Nutzungszweck im Vertrag angelegt ist. Erst Recht gilt das, wenn der Werknutzer auch berechtigt ist, sie anzumelden und zu registrieren. Der Zweck, dass das Werk als Marke oder sonstiges Kennzeichen, Design oder Gemeinschaftsgeschmacksmuster dienen soll, muss **nicht der einzige Nutzungszweck** sein; so kann ein Werbefoto gleichzeitig auf der Homepage des Werknutzers und als sein Logo genutzt werden (zur Rechtsfolge nach § 40a Abs. 1 vgl. Rn. 15 ff.). Es kommt nicht darauf an, ob tatsächlich eine Nutzung als Marke oder sonstiges Kennzeichen, Design oder Gemeinschaftsgeschmacksmuster erfolgte; die Nutzungsrechtseinräumung dazu genügt.

34 Auch eine **Nutzungsrechtseinräumung durch AGB (Formularverträge)** ist ausreichend (*Jan Bernd Nordemann* FS Schulze S. 273). Für eine „Bestimmung"
im Sinne des § 40a Abs. 3 Nr. 3 UrhG ist **nicht erforderlich**, dass **tatsächlich ein
Zweck** besteht, die Marke entsprechend der Bestimmung zu nutzen. Ansonsten
wären Formularverträge für § 40a Abs. 3 Nr. 3 irrelevant, weil eine Nutzungsrechtseinräumung bei tatsächlicher „Bestimmung" als Marke etc. sich schon
aus dem Übertragungszweckgedanken (§ 31 Abs. 5, vgl. Rn. 33) ergäbe. Für
formularvertragliche Abreden besteht in der Praxis jedoch ein unabweisbares
Bedürfnis, auch wenn noch keine tatsächliche Bestimmung gegeben ist. Im Vorhinein kann in vielen Fällen noch nicht gesagt werden, was als Marke etc.
tatsächlich genutzt werden soll. Auch käme bei Notwendigkeit eines tatsächlichen Zwecks ein Konflikt zwischen bloß vertraglich zulässigerweise geschützten und benutzten Kennzeichen und Designs einerseits und den ausschließlichen Urheberrechten andererseits nach Ablauf von 10 Jahren in Betracht (dazu
vgl. Rn. 36), was § 40a Abs. 3 Nr. 3 aber gerade ausschließen wollte (RegE
UrhVG 2016 – BT-Drs. 18/8625, S. 30).

35 Ist die Ausnahme des § 40a Abs. 3 Nr. 3 UrhG gegeben, werden auch **andere
Nutzungsarten als Kennzeichen und Designs** für das Werk vom Ausschluss
„infiziert" (*Jan Bernd Nordemann* FS Schulze S. 274). Die Rechte an einem
Signet fallen dann z. B. auch nicht für die Nutzungsart Puzzle zurück. Die
Rechte an einem Lichtbild, was dazu bestimmt ist, als Design auf T-Shirts auf-
gebracht zu werden, fallen auch für Postkarten nicht zurück.

36 Sind die Voraussetzungen des § 40a Abs. 3 Nr. 3 UrhG nicht erfüllt, kann der
Urheber nach Ablauf von 10 Jahren Dritten ausschließliche Rechte (allerdings
minus der beim ersten Werknutzer verbliebenen Rechte, vgl. Rn. 15) oder einfache Rechte für das Werk einräumen. Unklar ist, wie das **Verhältnis zwischen
Kennzeichenrechten bzw. Designrechten einerseits und vorbestehenden Urheberrechten andererseits im Konfliktfall** ausgestaltet ist. Nach hiesiger Auslegung des § 40a Abs. 3 Nr. 3, nach der eine vertragliche Nutzungsrechtseinräumung ohne besonderen tatsächlichen Zweck genügt (vgl. Rn. 34), ist ein
solcher Konflikt indes grundsätzlich nicht denkbar. Wird Nr. 3 enger ausgelegt
und kann deshalb ein Rechtsrückfall trotz Nutzungsberechtigung erfolgen, gilt
folgendes: Es spricht aufgrund der unterschiedlichen Regelungsgegenstände
von Markenrecht und Urheberrecht viel dafür, dass aus einem Markenrecht
jedenfalls gegen die markenrechtliche Benutzung eines urheberrechtlichen Zei-
chens vorgegangen werden kann. Damit könnte also mit Markenrechten (z. B.
an einem urheberrechtlich geschützten Logo) die Nutzung der einfachen Rechte
durch einen Dritten untersagt werden. Gleiches sollte für Designrechte gelten.
Letztlich läuft damit § 40a UrhG bei einem Konflikt mit Marken- oder Designrechten des Werknutzers leer, wenn der Werknutzer das Werk als Marke oder
Design schützen durfte, auch wenn die Voraussetzungen des § 40a Abs. 3 Nr. 3
UrhG nicht erfüllt sind.

37 **d) Werk soll nicht veröffentlicht werden (§ 40a Abs. 3 Nr. 4):** Die Legalausnahme nach § 40a Abs. 3 Nr. 4 UrhG regelt den Fall, dass ein Werk nicht
veröffentlicht werden soll, z. B. weil es geheim gehalten werden soll. Dies betrifft vor allem zu internen Zwecken angefertigte Gutachten (RegE UrhVG
2016 – BT-Drs. 18/8625, S. 30). Für die Auslegung von Verträgen gelten üblichen Grundsätze (vgl. Vor §§ 31 ff. Rn. 39 ff.), insbesondere der Übertragungszweckgedanke (§ 31 Abs. 5, vgl. § 31 Rn. 108 ff.).

38 **e) Ausschluss für Computerprogramme und Filmwerke:** Ferner ist auf den generellen Ausschluss einer Anwendbarkeit des § 40a UrhG auf Computerprogramme
(§ 69a Abs. 5 UrhG) und für Filmwerke (§ 90 Abs. 2 UrhG; vgl. § 90 Rn. 12b)
hinzuweisen. Jedoch bleibt § 40a auf nicht-filmische Rechte anwendbar, die nicht
unter § 88 und § 89 Abs. 1 fallen (vgl. § 88 Rn. 69; vgl. § 89 Rn. 41).

f) Ausschluss für Werke von Arbeitnehmern: Bei Arbeitnehmern (soweit ihre **39** Werke nicht bereits von den Ausschlusstatbeständen der § 69a Abs. 5 und § 90 Abs. 2 erfasst werden; vgl. Rn. 38) ist fraglich, ob § 40a Abs. 1 Anwendung findet. Im Wortlaut findet sich kein Ausschluss der Anwendung des § 40a Abs. 1 auf angestellte Urheber. Nach seinem Sinn und Zweck liegt eine Anwendung jedoch fern. Der RegE geht zutreffend davon aus, **dass in Arbeitnehmer- und Dienstverhältnissen** eine **Pauschalvergütung** mit Blick auf § 43 letzter Hs. **angemessen** ist, weil der Arbeitnehmer insbesondere kein wirtschaftliches Risiko trägt (RegE UrhVG 2016 – BT-Drs. 18/8625, S. 26). Im Rahmen von Arbeits- und Dienstverhältnissen sind Total Buy-Outs – jedenfalls unter Vergütungsgesichtspunkten – damit kaum problematisch (so auch *Berger/Freyer* ZUM 2016, 569, 577; *Jan Bernd Nordemann* FS Schulze S. 268). Allerdings macht die Beschlussempfehlung des Bundestagsausschusses für Recht und Verbraucherschutz darauf aufmerksam, dass es bei befristeten Kurzzeitarbeitsverhältnissen – anders als bei unbefristeten Arbeitsverhältnissen – nicht allgemein angemessen sei, den Urheber lediglich pauschal für die eingeräumten Nutzungsrechte zu vergüten (Bericht RAusschuss UrhVG 2016 – BT-Drs. 18/10637, S. 22), was dafürspricht, § 40a Abs. 1 auf Kurzfristarbeitsverhältnisse anzuwenden (*Jan Bernd Nordemann* FS Schulze S. 268).

4.   Abweichende Vereinbarungen zum Nachteil des Urhebers (§ 40a Abs. 4)

Nach § 40a Abs. 4 kann ein ausschließliches Nutzungsrecht gegen eine pau- **40** schale Vergütung zeitlich unbegrenzt ausschließlich eingeräumt werden, wenn dies durch eine Vereinbarung geschieht, die auf einer gemeinsamen **Vergütungsregel** nach § 36 (vgl. § 36 Rn. 4 ff.) oder auf einem **Tarifvertrag** (vgl. § 32 Rn. 26 ff.) beruht. Außerhalb bestehen grundsätzlich keine Möglichkeiten für den Werknutzer, sich beim ersten Vertragsschluss zeitlich unbegrenzte ausschließliche Nutzungsrechte zu sichern. In Betracht kommen jedoch **Optionsrechte und Vorkaufsrechte** (vgl. Rn. 23).

III. Prozessuales

Die **Darlegungs- und Beweislast** für das Vorliegen der Voraussetzungen für **41** den Rückfall der Rechte nach § 40a Abs. 1 S. 1 trägt der Urheber. Das gilt insbesondere im Hinblick auf die Vereinbarung einer pauschalen Vergütung. Demgegenüber trifft den Werknutzer die Darlegungs- und Beweislast dafür, dass die Parteien nach fünf Jahren oder später gem. § 40a Abs. 2 eine zeitlich unbegrenzte Einräumung verabredet haben.

Prozessual hat der **Rechterückfall** nach § 40a Abs. 1 zur Folge, dass Werknut- **42** zer seine **Aktivlegitimation** *ex nunc* (vgl. Rn. 15) verliert. Sofern der Werknutzer seine Aktivlegitimation nicht wieder herstellen kann (z. B. durch eine Abtretung oder gewillkürte Prozessstandschaft, vgl. § 97 Rn. 136 ff.), muss der Werknutzer die geeigneten prozessualen Schritte unternehmen, z. B. bei Unterlassungsansprüchen eine Erledigungserklärung oder bei Schadensersatzansprüchen eine zeitliche Begrenzung der Forderung. Bei Verlust der Aktivlegitimation vor Abmahnung kommen Ansprüche des Abgemahnten wegen unberechtigter Schutzrechtsverwarnung gem. § 97a Abs. 4 in Betracht (vgl. § 97a Rn. 52 ff.).

IV. Verhältnis zu anderen Vorschriften

1.   Verweisung des § 40a Abs. 1 S. 4 auf § 38 Abs. 4 S. 2

Gem. § 40a Abs. 1 S. 4 ist § 38 Abs. 4 S. 2 entsprechend anzuwenden. Dem- **43** nach ist die Quelle der Erstveröffentlichung anzugeben (vgl. Rn. 17 f.).

2.   §§ 32, 32a UrhG (Anspruch auf Vertragsanpassung hin zu angemessener Vergütung)

44   Die pauschale Vergütung, die zur Anwendung des § 40a Abs. 1 führt, muss den Anforderungen an die Angemessenheit nach § 32 gerecht werden (RegE UrhVG 2016 – BT-Drs. 18/8625, S. 29). **§ 32 bleibt also neben § 40a anwendbar.** Der Urheber hat damit die Möglichkeit, vor Ablauf der 10-Jahres-Frist des § 40a Abs. 1 S. 3 gem. **§ 32 Abs. 1 S. 3** eine Änderung der (pauschalen) unangemessen niedrigen Vergütungsabrede von seinem Vertragspartner zu verlangen. Im Regelfall wird dann keine Pauschalvergütung mehr verabredet sein. Sofern die pauschale Vergütungsabrede irgendwann vor Ablauf der 10-Jahres-Frist durch eine nicht-pauschale Abrede ersetzt wurde, kommt § 40a Abs. 1 nicht mehr zur Anwendung (vgl. Rn. 22). Bei Ansprüchen auf Vertragsänderung nach **§ 32a Abs. 1 S. 1** gilt das Gleiche.

3.   § 134 BGB

45   § 40a ist lediglich als Schranke der Vertragsfreiheit der Parteien zu qualifizieren und somit **kein Verbotsgesetz** i. S. v. § 134 BGB (*Berger/Freyer* ZUM 2016, 569, 574).

4.   Anwendung auf Leistungsschutzrechte

46   Auf Verträge, die Leistungsschutzrechte zum Gegenstand haben, findet § 40a nur sehr begrenzt Anwendung. Nur für einfache Lichtbilder und für wissenschaftliche Ausgaben entfaltet § 40a Wirkung, weil § 72 Abs. 1 bzw. § 70 Abs. 1 eine entsprechende Anwendung des gesamten ersten Teils, also der Vorschriften über das Urheberrecht, anordnen. Für die übrigen Leistungsschutzrechte wird hingegen ausdrücklich nicht auf § 40a verwiesen, so für: Nachgelassene Werke (§ 71 Abs. 1 S. 3), ausübende Künstler (§ 79 Abs. 2a S. 2), Veranstalter (§ 81 S. 2), Tonträgerhersteller (§ 85 Abs. 2 S. 2), Sendeunternehmen (§ 87 Abs. 2 S. 2), Presseverleger (§ 87g Abs. 1 S. 2) und Filmhersteller (§§ 94 Abs. 2 S. 2, 95), so dass § 40a keine Anwendung findet.

§ 41   Rückrufsrecht wegen Nichtausübung

(1) ¹Übt der Inhaber eines ausschließlichen Nutzungsrechts das Recht nicht oder nur unzureichend aus und werden dadurch berechtigte Interessen des Urhebers erheblich verletzt, so kann dieser das Nutzungsrecht zurückrufen. ²Dies gilt nicht, wenn die Nichtausübung oder die unzureichende Ausübung des Nutzungsrechts überwiegend auf Umständen beruht, deren Behebung dem Urheber zuzumuten ist.

(2) ¹Das Rückrufsrecht kann nicht vor Ablauf von zwei Jahren seit Einräumung oder Übertragung des Nutzungsrechts oder, wenn das Werk später abgeliefert wird, seit der Ablieferung geltend gemacht werden. ²Bei einem Beitrag zu einer Zeitung beträgt die Frist drei Monate, bei einem Beitrag zu einer Zeitschrift, die monatlich oder in kürzeren Abständen erscheint, sechs Monate und bei einem Beitrag zu anderen Zeitschriften ein Jahr.

(3) ¹Der Rückruf kann erst erklärt werden, nachdem der Urheber dem Inhaber des Nutzungsrechts unter Ankündigung des Rückrufs eine angemessene Nachfrist zur zureichenden Ausübung des Nutzungsrechts bestimmt hat. ²Der Bestimmung der Nachfrist bedarf es nicht, wenn die Ausübung des Nutzungsrechts seinem Inhaber unmöglich ist oder von ihm verweigert wird oder wenn durch die Gewährung einer Nachfrist überwiegende Interessen des Urhebers gefährdet würden.

(4) Von den Absätzen 1 bis 3 kann zum Nachteil des Urhebers nur durch eine Vereinbarung abgewichen werden, die auf einer gemeinsamen Vergütungsregel (§ 36) oder einem Tarifvertrag beruht.

(5) Mit Wirksamwerden des Rückrufs erlischt das Nutzungsrecht.

(6) Der Urheber hat den Betroffenen zu entschädigen, wenn und soweit es der Billigkeit entspricht.

(7) Rechte und Ansprüche der Beteiligten nach anderen gesetzlichen Vorschriften bleiben unberührt.

Übersicht

I. Allgemeines

1. Sinn und Zweck

Der Urheber hat ein Wirkungsrecht. Er schafft sein Werk nicht für die Schublade oder den Hausgebrauch, sondern zur öffentlichen Mitteilung und Verwertung (RegE UrhG 1962 – BT-Drs. IV/270, S. 60). Hat der Urheber jedoch einem Dritten ein ausschließliches Nutzungsrecht im Sinne des § 31 Abs. 3 übertragen, so ist nicht nur jeder andere, sondern auch er selbst von der Nutzung des Werkes in dem vereinbarten Umfange ausgeschlossen. Das ausschließliche Nutzungsrecht wirkt sich daher als Sperre gegen den Urheber aus, sodass sein Werk unter Umständen, statt bekannt gemacht und ausgewertet zu werden, „auf Eis gelegt" werden kann, ohne dass der Urheber dagegen etwas ausrichten könnte. Das verletzt nicht nur die **urheberpersönlichkeitsrechtlichen**, sondern auch die **verwertungsrechtlichen Interessen** des Urhebers (BGH GRUR 2009, 946 Tz. 23 – *Reifen Progressiv*; Schricker/Loewenheim/*Peukert*[5] Rn. 2; Wandtke/Bullinger/*Wandtke*[4] Rn. 2; Loewenheim/*Dietz/Peukert/v. Becker*[2] § 16 Rn. 25; *Schack*, Urheber- und UrhebervertragsR[7] Rn. 633; a. A. nur persönlichkeitsrechtliche Komponente des § 41: *Ulmer*, Urheber- und VerlagsR[3] S. 373). Dem sucht § 41 als **Vorschrift zum Schutz des Urhebers** abzuhelfen, **1** indem er dem Urheber ein Rückrufsrecht für den Fall zugesteht, dass der Nutzungsberechtigte das ihm eingeräumte ausschließliche Recht überhaupt nicht oder nur unzureichend ausübt. Allerdings steht dem das Interesse des Verwerters entgegen, angesichts seines oft nicht unbeträchtlichen geschäftlichen Risikos den Verwertungszeitpunkt selbst zu bestimmen. § 41 **schließt** insoweit eine wichtige **Lücke des Vertragsrechts**: Der Urheber kann Nutzungsrechtseinräumungen *vertragsrechtlich* bei unzureichender Ausübung nur beenden, wenn den Verwerter eine Ausübungspflicht trifft (ausdrücklich oder konkludent, vgl. Vor §§ 31 ff. Rn. 41 ff.). Darauf kommt es für § 41 ebensowenig an (vgl. Rn. 52) wie darauf, ob der Urheber mit dem Rückrufsgegner einen Vertrag hat (vgl. Rn. 8). Über seinen Wortlaut hinaus soll zumindest die Frist des § 41 Abs. 4 S. 2 auch auf **urheberpersönlichkeitsrechtliche Gestattungen** angewendet werden oder sogar auf Gestattungen nach dem allgemeinen Persönlichkeitsrecht Anwendung finden (vgl. Rn. 6, zw.).

2.   Früheres Recht

2   Mit den Rückrufsrechten wegen Nichtausübung (§ 41) und wegen gewandelter Überzeugung (§ 42) beschritt der Gesetzgeber des UrhG 1965 neue Wege; vorher kannten weder LUG noch KUG eine entsprechende Rückrufsmöglichkeit. Der Gesetzgeber hat, wie die Begr. (RegE UrhG 1962 – BT-Drs. IV/270, S. 60) bemerkt, das Rückrufsrecht wegen Nichtausübung nicht zuletzt deshalb eingeführt, weil die Sonderregelungen des Verlagsgesetzes sich als nicht ausreichend erwiesen hatten, wollte also gerade im Bereich des Verlagsrechts die Rechtsstellung des Urhebers verbessern (vgl. Rn. 52). Allerdings entfaltet § 41 auch für Verträge Wirkung, die vor dem 1.1.1966 abgeschlossen wurden (§ 132 Abs. 1 S. 3).

2a   Die Urhebervertragsrechtsreform 2016 hat § 41 erstmals seit in Kraft treten des UrhG 1965 geändert. Betroffen von der Änderung war ausschließlich § 41 Abs. 4. Die frühere Fassung von § 41 Abs. 4 lautete:

(4) Auf das Rückrufsrecht kann im Voraus nicht verzichtet werden. Seine Ausübung kann im Voraus für mehr als fünf Jahre nicht ausgeschlossen werden.

Nach der früheren Regelung konnte der Urheber auf das Rückrufsrecht nicht **im Voraus verzichten (Abs. 4 S. 1 a. F.).** Dagegen war die Vereinbarung möglich, dass die Ausübung des Rückrufsrechts ausgeschlossen sein sollte, jedoch nur bis zu einer Höchstdauer von 5 Jahren (**Abs. 4 S. 2 a. F.**). Sie musste i. d. R. ausdrücklich getroffen werden und konnte auch in **AGB** erfolgen. – Die von § 41 abweichende Vereinbarung musste **mit dem Urheber** geschlossen werden; bei Verlängerung der Frist in einem Vertrag mit Dritten musste der Urheber zustimmen, ansonsten lag ein unzulässiger Vertrag zu Lasten Dritter vor (OLG München ZUM 2008, 519, 519 – *Rückruf von Verfilmungsrechten*). Die 5-Jahres-Frist galt für jedes fristauslösende Ereignis des Abs. 2 separat. Es handelte sich nicht um die kumulierte Frist aus Nutzungsrechtseinräumung und eventuellen Weiterübertragungen. Da der Gesetzgeber jedoch (siehe Abs. 2) den **Übertragungsempfänger** nicht schlechter als den ursprünglich Nutzungsberechtigten stellen wollte, ist davon auszugehen, dass durch Vereinbarung des Urhebers mit dem Erwerber auch diesem gegenüber die Ausübung des Rückrufsrechts bis zu einer Dauer von 5 Jahren, gerechnet vom Tage der Übertragung an, ausgeschlossen werden konnte. – Die **zeitliche Geltung des** § 41 Abs. 4 a. F. richtet sich nach § **132** Abs. **3a** S. **2.** Es erfolgt also keine Anknüpfung an den Vertragsschluss, sondern an das Entstehen des „**Sachverhaltes**" für den Rückruf **ab 1.3.2018** (zum Sachverhalt vgl. § 132 Rn. 18, 19). **Auch für sämtliche Altverträge** (Abschluss vor dem UrhG 1965 oder während des UrhG 1965) gilt also die Neuregelung in § 41 Abs. 4, sofern der Sachverhalt nach dem 1.3.2018 entstanden ist. – Zu Altverträgen, die entsprechend Abs. 4 a. F. formuliert sind, und damit gegen Abs. 4 n. F. verstoßen, vgl. Rn. 49b. – Im **Filmbereich** besteht weiterhin die Möglichkeit, die Nichtausübung des Rückrufsrechts für bis zu 5 Jahre zu vereinbaren (§ 90 Abs. 1 S. 3), ab Drehbeginn bleibt § 41 vollständig ausgeschlossen.

3. EU-Recht und Internationales Recht

Da das Urhebervertragsrecht auf internationaler Ebene nur gering ausgeprägt ist, verwundert es nicht, dass in **internationalen Urheberrechtsabkommen** keine Grundlage für § 41 zu finden ist (*Wilhelm Nordemann/Vinck/Hertin* Einl. Rn. 27 und RBÜ Art. 14/Art. 14bis Rn. 10). Auch **EU-Recht** enthält keine Regelung hierzu. Im **internationalen Urheberprivatrecht** zählt § 41 zu den Regelungen des Vertragsstatutes. Eine Eingriffsnorm im Sinne des Art. 9 Abs. 1 Rom-I-VO liegt nicht vor (arg. ex § 32b; str.); vgl. Vor §§ 120 ff. Rn. 86 ff., insbesondere vgl. Vor §§ 120 ff. Rn. 88. Zum französischem *droit de repentir* siehe Schricker/Loewenheim/*Dietz/Peukert*[4] § 42 Rn. 3.

3

II. Tatbestand

1. Anwendungsbereich

Die Bestimmung gilt (mit der einzigen Ausnahme des § 90 für den Filmbereich; vgl. § 90 Rn. 11 ff.) allgemein im gesamten Bereich des Urheberrechts **einschließlich des Verlagsrechts für alle Vertragsarten**, ganz gleich, ob der Urheber nach dem Vertrag einen Anspruch auf Verwertung des eingeräumten Nutzungsrechts hat oder nicht, und welche Vereinbarungen sonst getroffen sind. Das folgt schon aus dem zwingenden Charakter der Bestimmung (Abs. 4). Sind **verschiedene Nutzungsrechte gleichzeitig** eingeräumt worden, wie das bei den meisten Verlagsverträgen zutrifft, so kann jedes von ihnen gesondert zurückgerufen werden, wie der Gesetzestext klar ergibt (ebenso Schricker/Loewenheim/*Peukert*[5] Rn. 32; Dreier/Schulze/*Schulze*[5] Rn. 10; Wandtke/Bullinger/*Wandtke*[4] Rn. 3; *Budde* S. 29; a. M. wohl nur *v. Gamm* Rn. 12). Verschiedene Nutzungsrechte liegen vor, wenn sie separat verkehrsfähig sind, d. h. dinglich voneinander abspaltbar (vgl. § 31 Rn. 10). Insbesondere ein gesondert abspaltbares Nebenrecht, für das der Verleger nichts tut, kann der Urheber ihm also aus der Hand nehmen (jedoch vgl. Rn. 14; ferner OLG München ZUM 2008, 154, 155; BeckOK UrhR/*Wegner*[15] Rn. 4). Neben vertraglichen Nutzungsrechtseinräumungen entfaltet § 41 auch Wirkung für **Einräumungsfiktionen** der Übergangsbestimmungen gem. §§ 137 ff. Insb. auf die Einräumungsfiktion des § 137l Abs. 1 S. 1 für **früher unbekannte Nutzungsarten** findet § 41 Anwendung, wobei der 1.1.2008 als Tag der Einräumung gilt (vgl. § 137l Rn. 42); Ausübungslasten kommen aber erst ab Bekanntheit in Frage (vgl. Rn. 13). Das Gleiche gilt für bei Vertragsschluss unbekannte Nutzungsarten, die nach § 31a vertraglich eingeräumt wurden. Wegen der Globalverweisungen in § 70 Abs. 1 und § 72 Abs. 1 findet § 41 auch auf die **Leistungsschutzrechte** an wissenschaftlichen Ausgaben und an Lichtbildern Anwendung. Von den Leistungsschutzberechtigten sind ansonsten bei Verträgen ab 1.3.2017 (§ 132 Abs. 3a, Abs. 4) nur ausübende Künstler den Urhebern im Hinblick auf § 41 gleichgestellt (§ 79 Abs. 2a; für Verträge vom 14.9.2003 bis 28.2.2017 galt § 41 gem. §§ 79 Abs. 2 S. 2 a. F. i. V. m. § 132 allerdings nur für Einräumungen, nicht für Übertragungen; vgl. § 79 Rn. 2 ff.).

4

Beim Gegenstand des Rückrufes muss es sich stets um ein **ausschließliches Nutzungsrecht** handeln (§ 31 Abs. 3; vgl. § 31 Rn. 91 ff.); bei einfachen Rechten (§ 31 Abs. 2) ist der Urheber nicht schutzbedürftig, weil ihm die Möglichkeit der anderweiten Verwertung verblieben ist. Einfache Nutzungsrechte können daher nicht zurückgerufen werden (§ 41 Abs. 1 S. 1). Hat sich der Urheber trotz Einräumung eines ausschließlichen Nutzungsrechts die eigene Nutzung

5

nach § 31 Abs. 3 S. 2 vorbehalten, kommt § 41 nicht zur Anwendung (Schricker/Loewenheim/*Peukert*[5] Rn. 9, unter Verweis auf RegE UrhG 1962 – BT-Drs. IV/270, S. 60; BeckOK UrhR/*Wegner*[15] Rn. 4). Sind nach § 40a (Recht zur anderweitigen Verwertung nach zehn Jahren bei pauschaler Vergütung) aus ausschließlichen bloße einfache Rechte geworden, kann § 41 nicht mehr zur Anwendung kommen. Für die Ausschließlichkeit der Rechte kommt es auf den **Zeitpunkt der Ausübung des Rückrufs** an, also auf den Zugang der Rückrufserklärung (vgl. Rn. 38).

6   Nach einer verbreiteten Auffassung kommt ein Rückruf **analog § 41 Abs. 4 S. 2** auch für **urheberpersönlichkeitsrechtliche Gestattungen** nach 5 Jahren in Betracht; insb. ein Verzicht auf die Urhebernennung (§ 13) könne zurückgerufen werden (OLG München GRUR-RR 2004, 33, 35 – *Pumuckl-Illustrationen*; wohl auch OLG Frankfurt GRUR 2010, 221, 223 – *betriebswirtschaftlicher Aufsatz*; Wandtke/Bullinger/*Bullinger*[4] § 13 Rn. 23; ferner *Schack*, Urheber- und UrhebervertragsR[7] Rn. 378). Das kann indes nicht überzeugen, weil die Interessenlage bei persönlichkeitsrechtlichen Gestattungen völlig unterschiedlich ist (gl. A. HK-UrhR/*Dreyer*[3] § 13 Rn. 42 Schricker/Loewenheim/*Peukert*[5] Rn. 6 unter Verweis auf Schricker/Loewenheim/*Dietz/Peukert*[5] § 13 Rn. 37). Jedenfalls mit der Neuregelung des § 41 Abs. 4, die ein Ausschluss der Ausübung längstens für 2 Jahre erlaubt, erscheint es kaum als gerechtfertigt, Ghostwritern analog § 41 ein unverzichtbares Rückrufsrecht zu geben, wobei es auf eine Nichtbenutzung noch nicht einmal ankommen soll. Hier muss mit den allgemeinen Regeln eine einzelfallgerechte Lösung gefunden werden. Zu § 138 BGB vgl. § 13 Rn. 19. Erst Recht keine Anwendung kann § 41 analog auf **Gestattungen nach dem allgemeinen Persönlichkeitsrecht** (z. B. Recht am eigenen Bild) im Hinblick auf nicht urheberrechtlich geschützte Gegenstände finden. Dafür auch § 42 nicht in Betracht (vgl. § 42 Rn. 34).

2.   Rückrufsberechtigter und Rückrufsgegner

7   Das Rückrufsrecht gilt nur für den **Urheber** und seinen **Rechtsnachfolger** (§ 30), auch für den angestellten Urheber (§ 43), **nicht** jedoch für den **Erwerber** eines ausschließlichen Nutzungsrechts, der dieses seinerseits weiterübertragen hat. § 41 begründet also keine Rechte bei Verträgen zwischen Verwertern (BeckOK UrhR/*Wegner*[15] Rn. 2). Miturheber müssen i. d. R. den Rückruf gemeinsam erklären, dasselbe gilt bei solchen Werkverbindungen, die auf BGB-Gesellschaften beruhen, wegen § 709 BGB (vgl. Rn. 38).

8   Das Bestehen eines unmittelbaren Vertrages zwischen Urheber und Verwerter wird von § 41 nicht vorausgesetzt (RegE UrhG 1962 – BT-Drs. IV/270, S. 60; BGH GRUR 2009, 946 Tz. 22 – *Reifen Progressiv*; OLG München GRUR-RR 2004, 33, 35 – *Pumuckl-Illustrationen*). Deswegen kann der Urheber nicht nur **gegenüber seinem Vertragspartner**, sondern auch **gegenüber einem ausschließlich berechtigten Dritten** (z. B. dem Übertragungsempfänger der ausschließlichen Nutzungsrechte nach § 34 oder dem ausschließlichen Unterlizenznehmer seines Vertragspartners nach § 35) zurückrufen. Allerdings kann das Dilemma entstehen, dass der ursprüngliche Vertragspartner des Urhebers nur unzureichend ausübt, der ausschließliche berechtigte Dritte aber ausreichend nutzt. Eine solche Nutzung durch den Dritten genügt grundsätzlich, damit auch der ursprüngliche Vertragspartner des Urhebers hinreichend ausübt (für den Fall der Taschenbuchverwertung durch einen Dritten: BGH GRUR 2011, 810 Tz. 48 f. – *World's End*). Bei Übertragung der Rechte auf den Dritten gem. § 34 spricht dafür schon der Umkehrschluss aus § 34 Abs. 4. Enthält dieser Erstvertrag eine unangemessene Vergütung, kann der Urheber über §§ 32, 32a, 32c, 34 Abs. 4 Anpassung verlangen (vgl. § 34 Rn. 36). Grundsätzlich erscheint damit ein Rechterückfall an den Urheber bloß wegen Rückrufs im Verhältnis zum Ersterwerber als ausgeschlossen (vgl. Rn. 40b).

3.   Nichtausübung oder unzureichende Ausübung

Der Urheber kann das eingeräumte Nutzungsrecht nur dann zurückrufen,   **9**
wenn es entweder (1.) gar **nicht** oder (2.) nur **unzureichend ausgeübt** wird
und (3.) wenn dadurch **berechtigte Interessen des Urhebers** erheblich verletzt
werden. Eine Ausübung durch einen berechtigten Dritten genügt grundsätzlich;
der Vertragspartner des Urhebers muss nicht selbst ausüben (vgl. Rn. 8). Zu
unterscheiden ist diese unzureichende oder fehlende Ausübung von Ausübungspflichten. Diese können vertraglich bestehen und im Verletzungsfall vertragliche Ansprüche auslösen. Die Bestimmungen des § 41 gelten unabhängig von
solchen vertraglichen Ausübungspflichten, vgl. Rn. 52.

Ob das Nutzungsrecht **gar nicht ausgeübt** wurde, wird sich stets unschwer   **9a**
feststellen lassen. Das gilt insb. bei Geschäftseinstellung, ohne dass die Rechte
wirksam auf Dritte übertragen wurden (OLG Köln GRUR-RR 2005, 303,
303 – *Entwurfsmaterial*). Eine fehlende Ausübung ist niemals zureichend. Das
gilt selbst dann, wenn die Vermarktungschancen des Werkes gleich Null sind.
Der Nutzungsberechtigte hat dann keine Pflicht, seine Rechte auszuüben, muss
sich aber den Rückruf der Rechte nach § 41 gefallen lassen (OLG Frankfurt v.
19.8.2008 – 11 U 57/07 Tz. 45, zit. nach juris).

Ob die Ausübung des Nutzungsrechts **zureichend** war oder nicht, ist zunächst   **10**
objektiv zu entscheiden (OLG München ZUM 1997, 451, 452 – *Fix und Foxi*).
Danach ist auf Seiten des **Urhebers subjektiv** festzustellen, ob die unzurei-
chende Ausübung seine **berechtigten Interessen** verletzt (i. d. R. verletzt, vgl.
Rn. 23). Trifft das zu, so ist ein Rückrufsrecht gegeben, selbst wenn dies für
den Verwerter zu geschäftlichen Einbußen führt. Das subjektive Interesse des
Verwerters, das zumeist wirtschaftlicher Natur ist, wird nach dem eindeutigen
Willen des Gesetzgebers nur durch Entschädigungszahlungen, also auf wirt-
schaftlicher Basis, ausgeglichen (Abs. 6; dazu vgl. Rn. 43 ff.). Darauf, ob den
Verwerter ein Verschulden trifft, oder ob er etwa ein Nutzungsrecht nach der
Art seines Betriebes oder des Werkes selbst gar nicht ausüben kann, kommt es
nicht an; im letzten Falle hätte er es sich nicht erst einräumen lassen sollen.

Objektiv unzureichend ist jede Ausübung des Nutzungsrechts, die zur Verwer-   **11**
tung des Werkes weniger Mittel einsetzt, als **zur Erreichung des Vertragszweckes erforderlich** sind. Dieser Definition, von der wohl auch der BGH ausgeht
(GRUR 1970, 40, 43 – *Musikverleger I*), ist gegenüber einem Abstellen auf
den Branchenbrauch der Vorzug zu geben. Der Branchenbrauch gibt nur die
untere Grenze der Erforderlichkeit an, ist aber jedenfalls dort nicht verbindlich,
wo Üblichkeiten existieren, die dem objektiven Interesse des Urhebers an der
bestmöglichen Verwertung seines Werkes nicht genügen (Wandtke/Bullinger/
Wandtke[4] Rn. 13; a. M. *Budde* S. 45). Die **Ausübung durch einen Nichtberech-
tigten** ist in keinem Fall ausreichend (OLG Köln ZUM-RD 2005, 333). Im
Übrigen findet eine umfassende **Interessenabwägung** statt (OLG München
ZUM-RD 1997, 451, 452 – *Fix und Foxi*; Wandtke/Bullinger/*Wandtke*[4]
Rn. 13; Schricker/Loewenheim/ *Peukert*[5] Rn. 13; Dreier/Schulze/*Schulze*[5]
Rn. 15; HK-UrhR/*Kotthoff*[3] Rn. 6; *Budde* S. 45).

Stets muss die Unzulänglichkeit **erheblich** sein. Geringfügige Versäumnisse des   **12**
Verwerters lassen das Rückrufsrecht nicht entstehen. Insoweit ist jedoch durch
die Abmahnungspflicht des Abs. 3 ein Regulativ eingeschaltet: an sich weniger
bedeutende Versäumnisse werden erheblich, wenn sie trotz Abmahnung nicht
behoben werden, weil sie allgemein auf eine nachlässige Verwertung des Werkes schließen lassen.

Für die Feststellung, ob die Ausübung des Nutzungsrechts unzureichend ist   **13**
oder nicht, kann es nicht darauf ankommen, ob es sich für den Verwerter

„lohnt", die erforderlichen Maßnahmen zu ergreifen (BGH GRUR 1970, 40, 42 – *Musikverleger I*). Wenn er die bessere Auswertung für wirtschaftlich sinnlos hält, so ist das seine eigene kaufmännische Entscheidung; andere Verwerter denken darüber möglicherweise anders. Der Richter wäre überfordert, wollte er nach objektiven Gesichtspunkten beurteilen, ob ein kaufmännisches Wagnis eingegangen werden soll oder nicht. § 41 will dem Urheber vielmehr stets die Chance lassen, einen anderen Verwerter zu finden, der zwar möglicherweise nicht mehr Beteiligung bietet, der aber bereit ist, mehr für das Werk zu tun. Die Gefahr, dass die Urheber in großem Umfange von dem Rückrufsrecht des § 41 Gebrauch machen könnten, besteht nur in der Theorie: Niemand wird das Rückrufsrecht ausüben, wenn er sich nicht ernstlich etwas davon verspricht. Erfolglose Autoren werden also nicht zurückrufen, weil sie nicht hoffen können, bei einem anderen Verwerter besser zu fahren; bei erfolgreichen Werken dagegen wird meist der Verwerter selbst so viel tun, dass von einer unzureichenden Ausübung nicht gesprochen werden kann. § 41 trifft daher nur mindestens nachlässige Verwerter, die auch erfolgversprechende Werke ungenützt oder unzureichend genützt lassen. Der **Rückruf** kann auch **nur für ausgewählte Rechte** erfolgen, wenn nur diese – andere jedoch nicht – unzureichend ausgeübt werden (vgl. Rn. 4). Jedoch kann die Ausübung von Nutzungsrechten nicht gefordert werden, wenn den Urheber nach Rückruf bei separater Vergabe eine **Enthaltungspflicht** träfe (vgl. Vor §§ 31 ff. Rn. 45 ff.). Das sind insb. Fälle, in denen die nicht ausgeübten Rechte in Konkurrenz zu hinreichend ausgeübten Rechten stünden (Beispiele beim Buchverlag vgl. Rn. 14). Sind die **Erträgnisse** unbefriedigend, so muss das nicht an mangelnder Aktivität des Verwerters liegen. Eine zu niedrige Beteiligung kann der Urheber nur nach §§ 32, 32a, 32c (§ 132 Abs. 3) zu verbessern suchen. Rechte für bei Vertragsschluss **unbekannte Nutzungsarten** können seit 1.1.2008 durch den Urheber vergeben werden (§ 31a). Eine Ausübungslast gem. § 41 besteht für den Verwerter jedoch erst ab Bekanntheit, weil vorher keine Ausübung möglich ist. **Optionsverträge** (vgl. Vor §§ 31 ff. Rn. 311 ff.) können eine Ausübung darstellen, weil die (sperrende) Wirkung der Nutzungsrechte eingesetzt wird (zum Filmbereich vgl. Rn. 21). Zur Erfüllung der Ausübungslast **durch Dritte** vgl. Rn. 8.

4. Einzelfälle unzureichender Ausübung

14   **a) Buch- und Kunstverlagswesen:** Im Bereich des **Buch- und Kunstverlagswesens** reicht es i. d. R. nicht aus, die vereinbarte Zahl von Exemplaren zu drucken und sie im *Börsenblatt* oder im *Buchreport* anzuzeigen; wenn die Absatzlage es erfordert, müssen zusätzliche Werbemaßnahmen (Prospektdruck, Anzeigen, Internetwerbung auf der Verlagsseite, Aufnahme in das Verzeichnis lieferbarer Bücher, Versand von Rezensionsexemplaren in größerem Umfang; Fernsehwerbung ist aber regelmäßig nicht angezeigt, siehe OLG München ZUM 1998, 154, 155) durchgeführt werden. Der Verleger darf den Schwerpunkt seiner Werbe- und Vermarktungsaktivitäten jedoch auf die Zeit unmittelbar nach Erscheinen des Buches legen. Eine fortdauernd gleichbleibende Aktivität ist nicht erforderlich (OLG München ZUM 2008, 154, 155). Wird ein vergriffenes Werk nicht in angemessener Frist wieder neu aufgelegt, so ist das stets als unzureichende Ausübung des Nutzungsrechts anzusehen (so schon § 17 VerlG). Der bloße Umstand des Verramschens genügt hingegen noch nicht (OLG München ZUM 2008, 154, 155). In einigen Sonderfällen sind umfangreiche Vorbereitungen erforderlich, bevor das Werk erscheinen kann (z. B. bei Enzyklopädien, Werkverzeichnissen, Kommentaren usw.; OLG Frankfurt GRUR 1991, 601, 602 – *Werkverzeichnis*). Dort muss der Verleger die Vorbereitungen jedenfalls ohne schuldhaftes Zögern betreiben (s. § 15 VerlG). Auch hinsichtlich der **Nebenrechte** gilt Entsprechendes: Sorgt der Verleger, der sich das Übersetzungs-, Verfilmungs-, das Funk- und Fernsehrecht hat übertragen lassen, nicht für deren Verwertung, so kann der Urheber sie zurückrufen (OLG

München ZUM 2008, 154, 155). Damit ist der vielfach geübte Brauch, sich zum Ausgleich des hohen Buchverlagsrisikos die Nebenrechte übertragen zu lassen, um bei erfolgreicher Weitergabe an Dritte eine Einnahme zu erzielen, nur in den Grenzen des § 41 möglich: Der Verleger muss etwas für die Nebenrechte tun, wenn er sich nicht der Gefahr des Rückrufs aussetzen will, zumal der Urheber sie auch getrennt vom Hauptrecht zurückrufen kann (vgl. Rn. 4). Allerdings kann die Ausübung von Haupt- oder Nebenrechten dann nicht gefordert werden, wenn den Urheber bei separater Vergabe eine **Enthaltungspflicht** träfe (vgl. Rn. 13). Beispielsweise muss das Hauptrecht nicht mehr ausgeübt werden, wenn es durch (konkurrierende) Nebenrechtsverwertungen ersetzt wurde; ein Vertrieb als Taschenbuch (Nebenrecht) macht insoweit die Ausübung der Hardcoverrechte (Hauptrecht) überflüssig, wenn der Verleger die Taschenbuchausgabe bei Absatzrückgang des Hardcovers folgen lässt (BGH GRUR 2011, 810 Tz. 48 f. – *World's End*; LG München I GRUR-RR 2007, 195, 197 – *Romane von Tom. C. Boyle*). Die Ausübung der Taschenbuchrechte (Nebenrecht) kann nicht verlangt werden, wenn die Hardcoverausgabe (Hauptrecht) noch vermarktet wird; für Remakerechte zur Verfilmung besteht innerhalb der Enthaltungspflicht des § 88 Abs. 2 (vgl. § 88 Rn. 89) keine Ausübungslast des Verwerters. Der Verleger darf sich grundsätzlich **Dritter bedienen**, um seine Rechte auszuüben, z. B. auch eines Subverlegers für die Taschenbuchrechte (BGH GRUR 2011, 810 Tz. 48 f. – *World's End*; vgl. Rn. 8). Auch **bei Vertragsschluss unbekannte Nutzungsarten**, an denen der Verleger die ausschließlichen Rechte hält, fallen unter § 41, sobald sie bekannt und ihre Ausübung möglich ist (vgl. Rn. 4).

b) Werke der Musik: Bei Werken der Musik gehen die wichtigsten Nutzungs   **15**
rechte regelmäßig schon bei der Schaffung des Werkes auf die VG über, weil die Berechtigungsverträge eine entsprechende Vorausabtretung enthalten (s. unsere 11. Aufl. § 6 UrhWahrnG Rn. 6). Der Musikverleger kann sie nur dann erwerben, wenn der Urheber ausnahmsweise keiner VG angeschlossen ist. Im Regelfall erwirbt er trotz gegenteiliger Formulierung in den üblichen Vertragsmustern nur das graphische Vervielfältigungs- und Verbreitungsrecht sowie bestimmte Bearbeitungsrechte (Textübersetzung, Verfilmung). Als Surrogat für die bei der VG liegenden Nutzungsrechte erwächst ihm, falls er – wie fast immer – der VG ebenfalls angeschlossen ist, mit Abschluss des Musikverlagsvertrages ein Beteiligungsanspruch gegen diese in beachtlicher Höhe (Faustregel bei der GEMA: 1/3 am Aufführungs- und Senderecht, 40% am mechanischen Vervielfältigungsrecht, für vor dem 1.1.1979 gemeldeten Werke wurden noch 50% zugelassen). Die Einnahmen über die VG sind zugleich die Haupteinnahmen aus der Verwertung des Werkes im Musikverlagsbereich. Der Notenvertrieb, das sog. „Papiergeschäft", spielt nur bei der ernsten Musik (E-Musik) und auch dort nur eine untergeordnete Rolle. Der Musikverlagsvertrag ist daher in erster Linie auf die Erzielung von Einnahmen aus den von der VG wahrgenommenen Nutzungsrechten gerichtet. Hauptaufgabe des Musikverlegers ist es, die für eine Verwertung des Werkes im Wege der Aufführung, Sendung und Aufnahme auf Tonträger (Vertrieb über CD und Internet) erforderlichen Verbindungen zu den in Betracht kommenden Musikverbraucherkreisen zu schaffen. Diese Feststellung hat der BGH (GRUR 1970, 40, 43 – *Musikverleger I*; GRUR 1974, 789, 790 – *Hofbräuhaus-Lied*; dem folgend OLG Frankfurt v. 19.8.2008 – 11 U 57/07 Tz. 34, zit. nach juris) zwar zunächst nur für den Bereich der U-Musik (Unterhaltungs- und Tanzmusik) getroffen; sie gilt gleichwohl für alle Musikwerke, also auch für den Bereich der E-Musik, weil die Beteiligung des Musikverlegers an den Einnahmen der VG hier wie dort gleich ist (ebenso *Budde* S. 49 m. w. N.).

Allerdings sind die zur Herstellung dieser Verbindungen erforderlichen Maß   **16**
nahmen für den E- und U-Bereich unterschiedlich: Bei der **E-Musik** wird der

Vertragszweck, also das Zustandekommen möglichst vieler Aufführungen, Sendungen und Aufnahmen des Werkes, vor allem dadurch erreicht, dass den Orchestern, Sendeanstalten und Tonträgerherstellern das Notenmaterial angeboten wird. Hier muss der Verleger also genügend Kopien des Werkes herstellen, und zwar in einer Form, die zur Benutzung im Orchester ohne weiteres geeignet ist. Die fotomechanische Vervielfältigung des Notenmanuskripts genügt dazu nur dort, wo dieses in Form und Qualität (Lesbarkeit) einer gedruckten Partitur entspricht (KG ZUM 1986, 470, 471). Der E-Musikverleger musste früher also i. d. R. drucken lassen; die heutige digitale Technik bietet allerdings auch andere gleichwertige Möglichkeiten (z. B. Print-On-Demand). Die Herstellung von Notenmaterial selbst ist heute ohnehin durch EDV sehr viel preiswerter geworden. Ob ein nennenswerter Verkauf oder eine häufige Vermietung der Noten erwartet werden kann, ist dabei für die Herstellungsverpflichtung ohne Bedeutung; die Kosten des Notenmaterials kann der Verleger über seine Beteiligung an den Einnahmen der VG amortisieren. Darüber hinaus muss er das Werk propagieren, d. h. in geeigneter Form Dirigenten, Orchesterträgern, Sendern und Produzenten anbieten (*Budde* S. 52: Er muss „gezielte Kontakte in der Konzert- und Opernszene aufbauen"); er muss ferner geeignete Werbemaßnahmen unternehmen, wie Druck und Versand von Verlagskatalogen, Publikation von Verlagsnachrichten, Information der Öffentlichkeit über besondere Ereignisse wie Uraufführungen und Jubiläen, Versorgung der Öffentlichkeit mit biographischem Material über den Komponisten, Anzeigenwerbung in Fachzeitschriften. Er braucht die Noten aber nicht zu verschenken, kann sie vielmehr verkaufen oder vermieten (zum reversgebundenen Notenmaterial; vgl. Vor §§ 31 ff. Rn. 352 ff.).

17 Im Bereich der **U-Musik** kann der Verleger das Notengeschäft grundsätzlich vernachlässigen. Allerdings ist es nach wie vor üblich, einfache Notenausgaben (Klavierauszüge), seltener auch SO-Ausgaben (Partituren für Salonorchester-Besetzung) an Kapellenleiter, Programmgestalter, Tonträgerproduzenten u. a. Verwerter kostenlos zu verteilen, um so die Zahl der Aufführungen, Sendungen und Aufnahmen zu steigern. Zusätzlich ist die direkte Propaganda bei den in Betracht kommenden Interessenten erforderlich, und zwar bei der U-Musik wegen ihrer Kurzlebigkeit mit noch größerer Intensität als im E-Bereich. Besteht kein Interesse mehr für das U-Musik-Werk, muss der Verleger sich nicht mehr ausüben, kann sich aber gegen einen Rückruf nicht wehren (OLG Frankfurt v. 19.8.2008 – 11 U 57/07 Tz. 45, zit. nach juris). Auch für die Verwertung im Ausland muss sich der Musikverleger einsetzen (*Budde* S. 54 f.).

18 Verwerter von „Konservenmusik" werden darüber hinaus mit Demobändern oder Demo-CDs bemustert, d. h. ihnen werden verlagsseitig hergestellte Aufnahmen kostenlos zur Verfügung gestellt (*Budde* S. 58 m. w. N. in Fn. 210). Dasselbe gilt, wenn es schon eine industriell hergestellte CD gibt, auch für diese. Da die bloße Übersendung solchen Materials etwa an die zuständigen Redakteure der Rundfunk- und Fernsehsender kaum mehr brächte als eine Postwurfsendung an alle Haushaltungen, sind regelmäßige Rundreisen und persönliche Kontakte Verlagsbrauch geworden (*Budde* S. 56). Mit Recht betont BGH GRUR 1970, 40, 43 – *Musikverleger I*, dass es nicht genügt, wenn der Musikverleger das Werk im Katalog (z. B. Online) führt und die Noten dazu vorrätig hält; er muss auch aktiv tätig werden, um neuen Bedarf nach den bei ihm verlegten Werken zu wecken, wenn er sich nicht der Gefahr des Rückrufs aussetzen will. Wenig überzeugend erscheint es, wenn BGH GRUR 1974, 789 – *Hofbräuhaus-Lied* einem Urheber das Rückrufsrecht gegenüber einem Verlag verweigerte, der jede Geschäftstätigkeit eingestellt hatte, weil der Erfolg des Liedes unabhängig davon erhalten geblieben war; „ausüben" ist aber ein *Tätigkeitswort*. Ein anderer, tätiger Verlag hätte aus einem solchen Lied möglicherweise noch viel mehr gemacht. Diese Chance will § 41 dem Urheber gerade erhalten.

Vernachlässigt der Musikverleger die Ausübungslast zur **Herstellung und** zur   **19**
Verteilung der Noten, so kann das dazu führen, dass mit dem Rückruf des
Vervielfältigungs- und Verbreitungsrechts auch sein Beteiligungsanspruch aus
der Verwertung der bei der VG liegenden Rechte erlischt, wenn damit auch
eine Vernachlässigung der anderen Rechte verbunden ist (z. B., weil ohne Noten keine Aufführungen denkbar sind). Vernachlässigt der Musikverleger dagegen nur die sonstige Propagierung des Werkes bei Dirigenten, Sendern und
Musikproduzenten, so betrifft diese „Nichtausübung" Nutzungsrechte, deren
Inhaber er gar nicht ist, sodass § 41 dem Wortlaut nach nicht anwendbar wäre.
Gleichwohl kann der Urheber auch in diesem Falle zurückrufen, weil der Musikverleger mit dem Beteiligungsanspruch gegen die VG jedenfalls Inhaber eines
diesen Nutzungsrechten entsprechenden Surrogats ist (so wohl auch BGH
GRUR 1970, 40, 43 – *Musikverleger I,* der als Grund zum Rückruf anerkennt,
dass der Verleger die Werke „nicht gefördert" habe).

Hat der Musikverleger von **mehreren Werken** eines Urhebers einige ausrei-   **20**
chend gefördert, andere nicht, so kann der Rückruf nur für die letzteren erklärt
werden; allenfalls kommt eine Kündigung des ganzen Kataloges aus wichtigem
Grunde wegen Verletzung der Ausübungspflicht (vgl. Vor §§ 31 ff. Rn. 41 ff.)
in Betracht (BGH GRUR 1973, 328, 330 – *Musikverleger II),* etwa wenn er
die vernachlässigten Werke nur zusammen mit den übrigen bei einem anderen
Verleger unterbringen kann, der sich dann für alle einzusetzen bereit wäre,
und ihm aus diesem Grunde die Fortsetzung des bisherigen Vertrages nicht
zuzumuten ist. Näheres zum Kündigungsrecht vgl. Vor §§ 31 ff. Rn. 121 ff.

c) **Bühne, Rundfunk, Film:** Die zureichende Ausübung der Nutzungsrechte   **21**
durch den **Bühnenvertrieb** erfordert, dass er das ihm anvertraute Werk immer
wieder anbietet, und zwar nicht nur in Prospekten, Katalogen und auf seiner
Internetseite, sondern auch durch persönliche Kontaktaufnahme, und dass er,
soweit erforderlich, Neuauflagen, moderne Übersetzungen usw. veranstaltet
(LG München I UFITA 90 (1981), 227, 230). Beim **Rundfunk** ist vor allem die
mangelnde Wiederholung der Ausstrahlung als Nichtausübung des Nutzungsrechts anzusehen. Im **Filmbereich** ist für die Ausübung auf den Beginn der
Nutzungshandlungen (§§ 15 bis 23) abzustellen. Eine Bearbeitung des Filmstoffes durch Verfilmung nach § 23 S. 2 setzt einen Drehbeginn voraus (vgl.
§§ 23/24 Rn. 18); jedoch ist gem. § 90 Abs. 1 S. 2 ab Drehbeginn § 41 im Filmbereich ausgeschlossen (vgl. § 90 Rn. 11 f.). Das gilt auch für danach erfolgende andere Nutzungshandlungen wie Vervielfältigung, Verbreitung, Sendung, öffentliche Zugänglichmachung des Films etc. Demnach kommt im
Filmbereich grds. nur eine Nicht-Ausübung in Betracht. Die Vergabe von Optionen zur Verfilmung von Stoffen im Vorfeld des § 90 S. 2 kann eine Ausübung
sein (vgl. Rn. 13). Keine Nutzungshandlung sind Bemühungen des Produzenten
um eine Finanzierung, Eingehen von Verpflichtungen gegenüber Filmurhebern
(Regisseur etc.) und Schauspielern, weil ein Einsatz der Nutzungsrechte nicht
ersichtlich ist (offen LG München I ZUM 2007, 758, 760 – *Rückruf von Verfil-*
mungsrechten); da solche Bemühungen jedoch häufig sehr zeitintensiv sind,
sind dem Produzenten großzügige Ausübungsfristen (vgl. Rn. 28) bzw. Nachfristen (vgl. Rn. 31) zu gewähren. Der Gesetzgeber hat das anerkannt und erlaubt nur im Filmbereich, die Ausübung des Rückrufsrechts für bis zu 5 Jahre
vertraglich auszuschließen (§ 90 Abs. 1 S. 3; vgl. § 90 Rn. 12b). Das Wiederverfilmungsrecht nach § 88 Abs. 2 ist im Sinne von § 41 als eigenständiges
Recht anzusehen, dass auch bei Erstverfilmung noch wegen Nichtausübung
zurückgerufen werden kann (a. A. *Schwarz* FS Schulze 2017 S. 315, 320). Allerdings gewährt § 88 Abs. 2 S. 2 und S. 3 ein vertraglich unabdingbares Recht
auf Wiederverfilmung nach 10 Jahren (vgl. § 88 Rn. 85 ff.). Der Filmhersteller
kann sich allerdings über 10 Jahre hinaus ein einfaches Recht gewähren lassen
(vgl. § 88 Rn. 87). Dieses kann der Urheber nicht nach § 41 zurückrufen, weil

§ 41 nur auf den Rückruf ausschließlicher Rechte gerichtet ist. Rechte an bei Vertragsschluss unbekannten Nutzungsarten können ab Auswertungsmöglichkeit (Bekanntwerden) unter § 41 fallen (vgl. Rn. 4).

22 **d) Anpassung an veränderte Nutzergewohnheiten; Vorgehen gegen Verletzungshandlungen:** Die grundlegende Veränderung der Nutzergewohnheiten durch die technischen Neuerungen der letzten beiden Jahrzehnte hat eine weitere Fallgruppe der unzureichenden Werknutzung zu einer Bedeutung gelangen lassen, die sie früher nie hatte – eben die **mangelnde Anpassung der Werknutzung an die veränderten Nutzergewohnheiten** seitens des Nutzungsberechtigten (Dreier/Schulze/*Schulze*[5] Rn. 16). Ein wichtiges Beispiel ist die öffentliche Zugänglichmachung auf individuellen Abruf über das **Internet,** das gegenüber körperlicher Verbreitung wegen des geringen Material- und Distributionsaufwandes eine sehr preiswerte Möglichkeit der Nutzung darstellt. Erforderlich ist jedoch, dass der Verwerter die relevanten Rechte besitzt (siehe auch § 137l). Keine gesonderte Rechtseinräumung ist für die Eigenwerbung im Internet auf individuellen Abruf erforderlich (vgl. § 31 Rn. 64), sodass dies im Regelfall heute auch für Altverträge zu fordern sein wird. Wer das alles „verschläft", macht in dieser modernen Welt keinen zureichenden Gebrauch von den ihm anvertrauten Nutzungsrechten. Eine unzureichende Ausübung des Nutzungsrechts ist ferner dann gegeben, wenn der Verwerter es unterlässt, **gegen relevante Verletzungshandlungen** einzuschreiten (BeckOK UrhR/*Wegner*[15] Rn. 6; Schricker/Loewenheim/*Peukert*[5] Rn. 13; Wandtke/Bullinger/*Wandtke*[4] Rn. 12; *Ulmer,* Urheber- und VerlagsR[3] S. 374).

5. Berechtigtes Interesse des Urhebers

23 Der Urheber hat stets ein erhebliches **persönlichkeitsrechtliches und verwertungsrechtliches Interesse** (vgl. Rn. 1) daran, dass sein Werk in allen denkbaren Nutzungsarten verwertet wird. Die weitere Voraussetzung für das Bestehen eines Rückrufsrechts, dass berechtigte Interessen des Urhebers erheblich verletzt sein müssten, hat deshalb nicht etwa die Bedeutung einer zusätzlichen Erschwerung des Rückrufsrechts, sondern dient nur als Sicherung gegen einen Missbrauch der Urheberbefugnis (RegE UrhG 1962 – BT-Drs. IV/270, S. 60). Im Regelfall folgt aus der Tatsache der unzureichenden Ausübung des Nutzungsrechts bereits die Verletzung erheblicher berechtigter Interessen des Urhebers (BGH GRUR 1970, 40, 43 – *Musikverleger I;* OLG München ZUM 2008, 519, 519 – *Rückruf von Verfilmungsrechten;* OLG Frankfurt GRUR 1991, 601, 602 – *Werkverzeichnis),* sie **impliziert also die Interessenverletzung** (Schricker/Loewenheim/*Peukert*[5] Rn. 17; BeckOK UrhR/*Wegner*[15] Rn. 7). Damit dient das Tatbestandsmerkmal „berechtigte Interessen des Urhebers erheblich verletzt" der **Missbrauchskontrolle** (BeckOK UrhR/*Wegner*[15] Rn. 7). Nur in besonders gelagerten Einzelfällen kann das Interesse des Urhebers so gering sein, dass es ein Rückrufsrecht nicht rechtfertigt. Das wird insb. diskutiert für **Werke der kleinen Münze,** also an der Grenze der Schutzfähigkeit nach § 2 (kurze Gebrauchstexte wie z. B. Bedienungsanleitungen, Gebrauchsgrafik etc.), jedoch zumeist darauf verwiesen, dass auch Rechte an solchen Werken zurückgerufen werden könnten und eher eine eingeschränkte Auslegung der unzureichenden Ausübung erfolgen müsse (Dreier/Schulze/*Schulze*[5] Rn. 17; Wandtke/Bullinger/*Wandtke*[4] Rn. 15; Schricker/Loewenheim/*Peukert*[5] Rn. 17). Jedoch kann gerade der Rückruf von Werken der kleinen Münze missbräuchlich sein, wenn eine Beeinträchtigung von ideellen und verwertungsrechtlichen Interessen des Urhebers nicht ersichtlich ist wie z. B. bei einem Text für eine Bedienungsanweisung einer Motorsäge, die auf das Produkt zugeschnitten ist und für andere Produkte nicht einsetzbar wäre. Einzubeziehen sind auch **berechtigte Interessen von Miturhebern, Urhebern verbundener Werke** sowie **Inhaber sonstiger Rechte,** deren Ausübung vom Rückruf betroffen sind (ausführlich vgl. Rn. 39).

6.   Umstände, deren Behebung dem Urheber zuzumuten (Abs. 1 S. 2)

Die einzige Einwendung, die der Verwerter zur Entkräftung des Vorwurfs der **24**
unzureichenden Ausübung vorbringen kann, ist die des Abs. 1 S. 2: Nur wenn
die objektiv bereits feststehende Unzulänglichkeit der Nutzung überwiegend
auf Umständen beruht, **deren Behebung dem Urheber zuzumuten** ist, ist ein
Rückruf ausgeschlossen. Die Begr. (RegE UrhG 1962 – BT-Drs. IV/270, S. 60)
nennt als Beispiel hierfür den Fall, dass das Werk wegen veränderter Umstände
nicht herausgebracht werden kann, es dem Urheber aber leicht ist, das Werk
den veränderten Umständen anzupassen.

Dabei kann wohl kaum an den Fall gedacht worden sein, dass die Darstellung wis- **25**
senschaftlicher Inhalte wegen einer **Veränderung des Erkenntnisstandes oder der
sonstigen Sach- oder Rechtslage** überholt sei. In Fällen solcher Art kann ein berechtigtes Interesse des Autors durch das Unterbleiben der weiteren – unveränderten –
Verwertung seines Werkes nicht verletzt sein; im Gegenteil entspricht dessen Korrektur gerade seinem Interesse. Es ist stets auf den **Einzelfall** abzustellen und eine
Interessenabwägung durchzuführen, bei der Werkgattung Bedeutung zukommt
(BeckOK UrhR/*Wegner*[15] Rn. 10). **Wissenschaftliche Werke** muss der Urheber an
den neuesten Erkenntnisstand anpassen, wenn das Werk sonst nachhaltig in der
Verwertbarkeit leidet. Offenbar hat der Gesetzgeber von 1965 vor allem daran gedacht, dass der **Publikumsgeschmack** sich im Laufe der Schutzdauer wandelt und
dass demnach eine Neubearbeitung des Werkes angezeigt erscheint. Gerade in diesen Fällen ist aber Vorsicht geboten und ebenfalls auf die Werkgattung abzustellen.
Was dem Verwerter als zweckmäßige Modernisierung erscheint, ist in den Augen
des Urhebers oder seiner Erben möglicherweise eine Verkitschung des Werkes oder
wenigstens eine Entwürdigung des Andenkens seines Schöpfers. Nicht immer ist
zudem der Geschmack des Publikums von Bestand; was heute modern ist, ist morgen modernd. Eine Neubearbeitung des Werkes wegen veränderten Publikumsge-
schmacks wird deshalb nur ausnahmsweise dem Urheber im Sinne von Abs. 1 S. 2
zugemutet werden können, etwa weil es sich um einen heute allgemein als anstößig
empfundenen Text handelt (z. B. eine Verherrlichung des Krieges oder der nationalen Eroberungspolitik), oder weil die heutige Lesergeneration so weitgehend andere Lebensauffassungen hat, dass sie die im Werk dargestellten Ereignisse und
Zusammenhänge nicht mehr verstünde, oder weil neue wissenschaftliche Erkenntnisse bestehen, die im Ursprungswerk noch nicht berücksichtigt werden konnten.

Ist das Werk nur deshalb nicht verwertbar, weil seine **Verwertung gegen** **26**
Rechtsnormen verstoßen würde, so muss sich der Urheber auch das entgegenhalten lassen. Deshalb hat z. B. der Autor, in dessen Werk **ehrenrührige Behauptungen** über Dritte aufgestellt werden, kein Rückrufsrecht, wenn der Verleger mit Rücksicht auf die drohenden Schadensersatzansprüche von einer
Verbreitung Abstand nimmt. Der Verwerter kann in solchen Fällen meist, wenn
er dies für angezeigt hält, seinerseits mit Rücksicht auf § 39 Abs. 2 Änderungen
vornehmen, ist dazu aber nicht verpflichtet. Auch besteht eine Einwendung des
Verwerters, wenn der Urheber die **Rechte anderweitig vergeben** hat (sofern die
Einräumung nicht an eine VG erfolgte, vgl. Rn. 15 ff.). Schließlich dürfte es
auch für Abs. 1 S. 2 ausreichend sein, wenn der **Urheber** nachhaltig das **Bestehen einer wirksamen Rechtseinräumung** an den Nutzungsrechtsinhaber **bestreitet**, selbst wenn dies im Ergebnis nicht zutreffend sein sollte; beispielsweise
ein Urheber, der unberechtigt den Rückruf nach § 41 erklärt, setzt damit einen
sachlichen Grund für den Nutzungsrechtsinhaber, nicht zu verwerten (LG
München I ZUM 2007, 758, 761 – *Rückruf von Verfilmungsrechten*).

7.   Fristen der Ausübung des Rückrufsrechts

a) Nutzungsfrist (Abs. 2): Die Fristen des Abs. 2 rechnen grds. von der Einräu- **27**
mung bzw. Übertragung des Nutzungsrechts an (d. h. meist ab Vertrags-

schluss). Nur wenn das Werk erst nach der Einräumung bzw. Übertragung abgeliefert wurde, beginnt die Frist erst mit dem Ablieferungstag. I. d. R. beträgt die Frist 2 Jahre. Bei **Zeitschriften**, die in einem Abstand von mehr als einem Monat erscheinen (z. B. zweimal vierteljährlich, vierteljährlich, halbjährlich usw.), beträgt sie – wie bei § 45 VerlG – ein Jahr, bei Zeitschriften mit kürzeren Erscheinungszeiten 6 Monate und bei Zeitungen nur 3 Monate (zum **Zeitungsbegriff** vgl. § 38 Rn. 19 f.).

28   Bei Werken, deren **Produktion zeitraubende Vorbereitungen** erfordert, wie Enzyklopädien, Werkverzeichnisse, Kommentare usw., kann die Frist auch erheblich länger sein. Seit der Urhebervertragsrechtsreform 2016 (vgl. Rn. 2a; vgl. Rn. 48 ff.) erlaubt § 41 Abs. 4 jedoch keine vertragliche Vereinbarung von längeren Fristen mehr; eine **Ausnahme** gilt nur für den Filmbereich, in dem eine Frist von bis zu 5 Jahren vereinbart werden kann (§ 90 Abs. 1 S. 3; vgl. § 90 Rn. 12b). Unbillige Ergebnisse können allerdings dadurch vermieden werden, dass die Nachfrist entsprechend großzügig auszulegen ist (vgl. Rn. 31 ff.).

29   Ist dem Verwerter schon vor Ablauf der Nutzungsfrist des Abs. 2 die Ausübung seines Rechts **dauernd unmöglich** geworden, oder **verweigert** er die Ausübung **endgültig,** so muss ein Rückruf auch schon vor Fristablauf zulässig sein. Es würde gegen Treu und Glauben verstoßen, wenn der Verwerter den Urheber an der anderweitigen Verwertung seines Werkes, sei es auch nur auf Zeit, hindern wollte, obwohl feststeht, dass er selbst die Verwertung nicht durchführen kann oder will. Dauernd unmöglich ist die Verwertung, wenn sie mit an Sicherheit grenzender Wahrscheinlichkeit nicht mehr vor Ablauf der Nutzungsfrist des Abs. 2 und einer angemessenen Nachfrist (vgl. Rn. 9) stattfinden kann. Endgültig ist eine Weigerung, die entweder unbeschränkt oder für einen Zeitraum ausgesprochen wird, der den Rest der Nutzungsfrist des Abs. 2 und eine angemessene Nachfrist umfasst (vgl. Rn. 31 ff.).

30   Im Falle einer **Übertragung** des Nutzungsrechts (vgl. § 34 Rn. 8 ff.) beginnen die Fristen des Abs. 2 jeweils **neu zu laufen.** Damit ist sichergestellt, dass auch der neue Verwerter ausreichend Zeit zur Ausübung des Nutzungsrechts hat. Ob es sich um die Übertragung des vollen ausschließlichen Nutzungsrechts oder nur die **Einräumung** eines beschränkten Rechts (§§ 31, 35) handelt, ist gleichgültig; auch der Subverleger, der ein auf Frankreich begrenztes ausschließliches Nutzungsrecht aus §§ 16, 17 hat, kann die Nutzungsfrist des Abs. 2 beanspruchen. Gegen eine Verschleppung der Verwertung durch Weiterübertragung kurz vor Fristablauf kann sich der Urheber dadurch schützen, dass er die erforderliche Zustimmung (§§ 34, 35) verweigert (RegE UrhG 1962 – BT-Drs. IV/270, S. 60). Gegen eine wiederholte Weiterübertragung (und die damit verbundene ständige Verlängerung der Frist) ist der Urheber nicht deshalb geschützt, weil die Zustimmung, wenn nicht anders vereinbart, mit dem ersten Übertragungsakt verbraucht wäre (vgl. § 34 Rn. 38). Auch kommt nicht in Betracht, dass die Frist bei Weiterübertragungen nur dann erneut läuft, wenn der Urheber ausdrücklich zugestimmt hat (so HK-UrhR/*Kotthoff*[3] Rn. 10), weil dafür jeder Anhalt im Wortlaut des § 41 fehlt (wie hier Dreier/Schulze/*Schulze*[5] Rn. 23). Hat er die Zustimmung im Voraus erteilt, muss er die sich daraus ergebenden Nachteile tragen, falls nicht ein **Missbrauch** vorliegt, dem über §§ 242, 826 BGB zu begegnen ist (Schricker/Loewenheim/*Peukert*[5] Rn. 17; Dreier/Schulze/*Schulze*[5] Rn. 23). Ein Missbrauch liegt nahe, wenn eine Übertragung erst nach Ablauf der Wartefrist und nach Nachfristsetzung durch den Urheber gem. Abs. 3 erfolgt (Dreier/Schulze/*Schulze*[5] Rn. 23). **Übertragungen innerhalb eines Konzerns** sind nicht pauschal als irrelevant zu betrachten (so aber Dreier/Schulze/*Schulze*[5] Rn. 23); vielmehr ist zu differenzieren: Liegt lediglich eine Umgehung des Abs. 2 (und ggf. des Abs. 4) vor, sind sie auszublenden. Arbeiten die Konzernunternehmen in der Praxis unabhängig voneinander und ist die Übertragung deshalb einer Übertragung an einen unabhängigen Dritten vergleichbar, beginnen die Fristen erneut zu laufen.

b) Nachfrist (Abs. 3): Nach Ablauf der in Abs. 2 bestimmten Fristen steht dem **31** Verwerter noch eine angemessene Nachfrist zu (Abs. 3). Sie muss ihm – formlos – vom Urheber bestimmt werden, und zwar mit der **ausdrücklichen Erklärung,** dass innerhalb der Nachfrist das Nutzungsrecht nunmehr hinreichend ausgeübt werden müsse. In der Praxis dürfte sich Streit vor allem an der Frage entzünden, was **angemessen** ist. Als angemessen erscheint eine Frist, die ausreicht, um die vorgesehene Nutzung des Werkes ordnungsgemäß herbeizuführen (objektiv), und zwar einschließlich einer gewissen Planungs- und Überlegungsfrist. Zeitliche Durchschnittswerte der betreffenden Branche können dabei Anhaltspunkte geben, die Prüfung ist aber individualisierend durchzuführen, da es um eine – außerordentliche – Korrektur der individuellen Verhältnisse der Parteien geht (OLG München ZUM 2008, 519, 519 – *Rückruf von Verfilmungsrechten*). Für die Vervielfältigung und Verbreitung von **Sprach- oder Kunstwerken in Buchform** sowie von **Noten** und für **Bühnenaufführungen** wird i. d. R. ein Jahr, für **Funksendungen, Tonträgeraufnahmen** und **Konzertaufführungen** ein halbes Jahr ausreichen (*Budde* S. 78; a. A. unsere 9. Aufl./ *Wilhelm Nordemann* Rn. 8: Ein viertel Jahr; dem folgend Dreier/Schulze/*Schulze*[5] Rn. 27). Bei Werken, deren Produktion längere Vorbereitungen erfordern, wie Enzyklopädien, Werkverzeichnisse, Kommentare usw., kann die Frist auch erheblich länger sein. Hier genügt im Regelfall auch die ursprüngliche Frist von 2 Jahren bis zum Beginn der Ausübung des Rückrufsrechts gem. Abs. 2 nicht. Da diese Frist jetzt allerdings gem. Abs. 4 grundsätzlich zwingend ist, muss die Nachfrist entsprechend großzügig ausgestaltet sein, wenn 2 Jahre Vorbereitungszeit vor Nutzung für das Projekt bereits unangemessen kurz ist. Es muss dann auf die ohnehin zu gewährende angemessene Nachfrist noch die zusätzlich erforderliche Vorbereitungszeit aufgeschlagen werden. Für den **Filmbereich** gilt seit der Urhebervertragsrechtsreform 2016 (§ 132 Abs. 3a) für die Ausübungsfrist die Sonderregelung in § 90 Abs. 1, die vertraglich auf bis zu 5 Jahre verlängerbar ist (vgl. § 90 Rn. 12b); im Hinblick auf die Nachfrist ist im Filmbereich ebenfalls ein besonderer Maßstab anzulegen: Für die Nutzung des Verfilmungsrechts wird demnach je nach Projekt zu differenzieren sein. Die relevante Nutzung beginnt schon mit Verfilmung, weil danach § 41 nicht mehr gilt (§ 90 Abs. 1 S. 2). Die Nachfrist sollte danach mindestens ein Jahr bis maximal 5 Jahre (aufwändige Spielfilme mit komplexer Finanzierung) betragen. Die bislang herrschende Auffassung, die auf kürzere maximale Nachfristen gesetzt hatte (OLG München ZUM 2008, 519, 520 – *Rückruf von Verfilmungsrechten*: 6 Monate bis 1 Jahr unter Berufung auf v. Hartlieb/ Schwarz/*Schwarz*/Reber[5] Kap. 93 Rn. 14; Dreier/Schulze/*Schulze*[5] Rn. 27: nur ein Jahr) erscheint jedenfalls seit der Urhebervertragsrechtsreform 2016 nicht mehr haltbar, die für die Verfilmung explizit anerkannt hat, dass eine Verfilmung bis zu 5 Jahre bis Drehbeginn erfordern kann (Bericht RAusschuss UrhVG 2016 – BT-Drs. 18/10637, S. 24); vgl. § 90 Rn. 12b.

Die Fristen **können** von Fall zu Fall und auch jahreszeitlich **schwanken:** Die **32** einem Buchverleger zu gewährende Nachfrist muss so bemessen sein, dass er in der Lage ist, das Werk zu einer **verkaufsgünstigen Zeit** herauszubringen (zur Frühjahrs- oder Herbstmesse, nicht etwa zum Weihnachtsgeschäft, da dieses im Wesentlichen schon auf der Herbstmesse abgewickelt wird). Die heute vielfach bestehenden Lieferschwierigkeiten braucht der Urheber nicht noch besonders zu berücksichtigen, wenn er von dem in der obigen Definition genannten Begriff der Durchschnittsbedingungen ausgeht, da diese dort bereits ihren Niederschlag gefunden haben. Schon erfolgte **Vorbereitungshandlungen** sind nicht zu Lasten des Verwerters zu berücksichtigen; sonst steht der völlig untätige Verwerter besser als der, der sich schon bemüht hat (a. A. LG München I ZUM

2007, 758, 761 – *Rückruf von Verfilmungsrechten*). Allgemein sollte man in der Bemessung der Fristen nicht allzu kleinlich sein, um einem verwertungswilligen Nutzungsberechtigten nicht die Möglichkeit der Ausübung des Rechts zu nehmen. Die Nachfrist darf allerdings nicht länger als die ursprüngliche Nutzungsfrist des Abs. 2 sein.

33 Hat der **Urheber** die Nachfrist **zu kurz bemessen**, so ist die Fristsetzung nicht etwa ungültig. Vielmehr verlängert sich die Nachfrist automatisch bis zu dem Endzeitpunkt, der angemessen ist (LG München I ZUM 2007, 758, 761 – *Rückruf von Verfilmungsrechten*; allg. M., siehe *Budde* S. 79 Fn. 309 m. w. N.). Sonst würde dem Urheber das Risiko für die Beurteilung von Umständen aufgebürdet, die er möglicherweise gar nicht übersehen kann. Beispiel: Eine besonders lange Frist ist aus Konkurrenzgründen oder wegen sonstiger Marktverhältnisse angemessen, wovon der Autor naturgemäß nichts weiß. Allerdings muss richtigerweise zu Lasten des Urhebers berücksichtigt werden, wenn er eine zu kurze Frist setzt und sogleich nach deren Ablauf klagt, weil der Verwerter dann einer so großen Unsicherheit ausgesetzt ist, dass ihm eine Ausübung nicht mehr zuzumuten ist (LG München I ZUM 2007, 758, 761 – *Rückruf von Verfilmungsrechten*).

34 c) **Entbehrlichkeit der Nachfrist (Abs. 3 S. 2 et al.):** Keine Nachfrist ist in den Fällen des Abs. 3 S. 2 vorgeschrieben. Dabei handelt es sich um Ausnahmeregelungen, die demgemäß eng auszulegen sind. Im Zweifel ist hier gegen den Urheber und zugunsten einer Nachfrist für den Verwerter zu entscheiden.

35 **Seinem Inhaber unmöglich** ist die Ausübung des Nutzungsrechts im Falle seines persönlichen Unvermögens (§ 275 BGB); dass ihn daran eine Schuld trifft, wird vom Gesetz nicht gefordert. Unvermögen liegt bei Stilllegung des Betriebs vor, also bei behördlicher Schließung oder bei Geschäftsauflösung, sofern das Geschäft nicht von einem Dritten weitergeführt wird. Der Tod des Nutzungsberechtigten (bei persönlicher Inhaberschaft) begründet keine Unmöglichkeit, weil zumindest ein gesetzlicher Erbe (und sei es der Fiskus) existiert. Auch im Falle der Eröffnung des Insolvenzverfahrens liegt noch keine Unmöglichkeit vor (Schricker/Loewenheim/*Peukert*[5] Rn. 24; a. A. Wandtke/Bullinger/*Wandtke*[4] Rn. 23), bei dessen Abschluss kommt Unmöglichkeit in Betracht, wenn das Unternehmen nicht fortgesetzt wird. Während eines Insolvenzverfahrens müssen keine längeren Fristen als sonst gesetzt werden (Schricker/Loewenheim/*Peukert*[5] Rn. 24). Die Setzung einer Nachfrist kann schließlich auch ein Streik entbehrlich machen, der die Drucklegung verhindert (wichtig bei Beiträgen zu Zeitungen und Zeitschriften), allerdings nur dann, wenn die Nutzungsfrist des Abs. 2 bereits abgelaufen ist. Keine Probleme bietet der Fall, dass der Berechtigte die Ausübung seines Rechts **verweigert**. Verweigert er sie vor Ablauf der Nutzungsfrist, so kommt es darauf an, ob die Weigerung endgültig oder nur für die Zeit bis zum Ablauf der Nutzungsfrist ausgesprochen wurde (vgl. Rn. 29).

36 Die größten Schwierigkeiten dürfte in der Praxis der Fall verursachen, dass **überwiegende Interessen des Urhebers gefährdet** werden. Hier wird dem Richter eine Güter- und Interessenabwägung zugewiesen, die je nach Lage des Einzelfalles unterschiedlich zu sein hat. Jedenfalls muss das Interesse des Urhebers an der Nichtgewährung der Nachfrist dasjenige des Verwerters, noch eine Nachfrist zu erhalten, „überwiegen"; es muss also größer sein als das des Verwerters. Abs. 3 S. 2 ist eine Ausnahmevorschrift und daher eng auszulegen (zustimmend BeckOK UrhR/*Wegner*[15] Rn. 18). I. d. R. wird das Interesse des Urhebers auch dann genügend gewahrt, wenn der Verwerter eine Nachfrist erhält. Nur wo im Einzelfall ein besonderes Interesse des Urhebers daran besteht, sein Werk möglichst schnell anderweitig verwerten zu können, kann ein Fall des Abs. 3 S. 2 vorliegen. Dies kann z. B. zutreffen bei rasch veraltenden Werken wie Kabaretttexten, Zeitungsartikeln usw. Doch geht der Gesetzgeber auch hier von dem Regelfall der Gewährung einer Nachfrist aus; den normalen Bedürfnissen derartiger schnelllebiger Produkte hat er schon durch die Verkürzung der Fristen des Abs. 2 Rechnung getragen (Bericht RAusschuss UrhG – BT-Drs. IV/3401, S. 5 f.). Keine überwiegenden Interessen sind deshalb gegeben, weil die **ausschließliche Rechtseinräumung wegen § 40a vor Ablauf der angemessenen Nachfrist ausläuft** und danach ein Rückruf nach § 41 ausscheidet (vgl. Rn. 5). Der Rückfall der Rechte nach § 40a entspricht nach den Vorstellungen des Gesetzgebers den Interessen des Urhebers und kann im Rahmen des § 41 nicht erneut relevant werden.

Eine Nachfrist ist ferner im Falle des § 45 VerlG entbehrlich, der weitergilt **37** (vgl. Rn. 52). Danach kann, wenn ein Beitrag zu einem Sammelwerk im Sinne des § 41 VerlG (**Zeitungen, Zeitschriften und sonstige periodische Sammlungen**) nicht innerhalb eines Jahres nach Ablieferung erschienen ist, ohne Nachfristsetzung „gekündigt", d.h. der Rückruf erklärt werden. Endlich ist die Nachfristsetzung entbehrlich, wenn der Verwerter die Ausübung des Nutzungsrechts erst für einen **Zeitpunkt ankündigt**, der **außerhalb der zu setzenden Nachfrist** läge (BGH NJW 1984, 48, 49 für einen Fall des § 327 BGB).

8.   Ausübung des Rückrufsrechts (Abs. 5)

Der Rückruf wird, wenn die Voraussetzungen des Abs. 1 vorliegen, die Frist **38** des Abs. 2 eingehalten wurde und auch die gesetzte Nachfrist aus Abs. 3 S. 1 ergebnislos verstrichen ist bzw. wegen Abs. 3 S. 2 nicht gewährt zu werden braucht, **mit dem Zugang** der Rückrufserklärung an den Verwerter wirksam (zur Schadensersatzpflicht bei unberechtigtem Rückruf vgl. Rn. 52). Das ist bei mündlichen oder telefonischen Erklärungen sofort, sonst dann der Fall, wenn die Erklärung in den Herrschaftsbereich des Empfängers gelangt ist, sodass er davon Kenntnis nehmen konnte, wenn er es wollte (s. Rspr. zu § 130 **BGB**). Auch ansonsten gelten die Vorschriften des BGB für einseitige Willenserklärungen. Insb. kann der Rückruf nach § 174 **BGB** zurückgewiesen werden, wenn er durch einen anwaltlichen Vertreter ohne Vorlage der Vollmachtsurkunde ausgesprochen wurde. Eine nicht als „Rückruf" bezeichnete Erklärung kann in einen Rückruf **umgedeutet** werden, solange damit keine Rechtsunsicherheit verbunden ist (BGH GRUR 1970, 40, 43 – *Musikverleger I*, Umdeutung einer „Kündigung" in einen Rücktritt). Bei **Miturheberschaft** (§ 8) bzw. **verbundenen Werken** (§ 9) kann ein Rückruf nur durch alle gemeinsam ausgesprochen werden. Für § 8 ergibt sich das aus der Natur der Rechtsbeziehung nach § 8 (*Budde* S. 31 ff.; Schricker/Loewenheim/*Peukert*[5] Rn. 28), bei verbundenen Werken aus §§ 705, 709 Abs. 1 BGB (vgl. § 9 Rn. 12). Insoweit ist nicht ersichtlich, weshalb für den Rückruf etwas anderes als für die Kündigung gelten sollte (zur Kündigung: BGH GRUR 1982, 743 – *Verbundene Werke*; BGH GRUR 1982, 41 – *Musikverleger III*; OLG Frankfurt ZUM 2003, 957, 959). Ein Vertragspartner kann Vertretungsmacht von den anderen Berechtigten erhalten. In Fällen des § 9 kann ein Urheber ausnahmsweise dann alleine zurückrufen, wenn ihm abweichend von § 709 Abs. 1 BGB ein alleiniges Geschäftsführungsrecht zugebilligt wurde (BGH GRUR 1982, 743, 744 – *Verbundene Werke*), was in der Praxis aber kaum vorkommt. Ggf. muss die Mitwirkung durch Klage auf Einwilligung durchgesetzt werden (dazu im Fall des § 9 BGH GRUR 1982, 743, 744 – *Verbundene Werke*). Hat der Urheber eine Vielzahl von Nutzungsrechten eingeräumt, übt der Verwerter aber nur einige von ihnen unzureichend aus, kann der Urheber auch diese **einzelnen Nutzungsrechte** zurückrufen, es sei denn ihre gleichzeitige Ausübung ist für den Verwerter unzumutbar (vgl. Rn. 4; insbesondere zu Buchnebenrechten vgl. Rn. 14).

Ausübungsbeschränkungen können auch außerhalb von § 8 und § 9 bei einer **39** **Gesamtheit von Werken** bestehen. Die Regelung des § **31a Abs. 3** (Ausübung bei Gesamtheit von Werken nicht wider Treu und Glauben, vgl. § 31a Rn. 72 ff.) ist analog auch auf den Rückruf nach § 41 anzuwenden. Dagegen spricht systematisch nicht, dass der Gesetzgeber in § 90 Abs. 1 die Rechte aus § 41 im Filmbereich mit Rücksicht auf derartige Konstellationen bereits eingeschränkt hat. Auch § 31a Abs. 3 gilt nicht im Filmbereich (§ 88 und § 89, dort jeweils Abs. 1 S. 2). Die Konstellation des § 31a Abs. 3 (Rechteblockade) kann bei § 41 auch außerhalb des Filmbereichs auftreten, insb. bei aufgenommenen Tonträgern, Hörbüchern, Zeitschriften. Das gilt insbesondere, wenn man einen automatischen Rechterückfall an den Urheber bei Rückruf nach § 41 annimmt (str., vgl. Rn. 40). Allerdings wiegt das berechtigte Interesse des Urhebers bei fehlender oder unzureichender Ausübung im Regelfall durchaus schwer.

9. Rechtsfolgen

40 Mit Wirksamwerden **erlischt** das Nutzungsrecht (Abs. 5). Das heißt nicht etwa, dass es endgültig untergegangen wäre und demnach auch dem Urheber nicht mehr zustünde. Der Gesetzgeber wollte es vielmehr an den Urheber zurückgeben, wie schon der Ausdruck „Rückruf" sagt. Es liegt also ein **Heimfall** des Nutzungsrechts vor (vgl. Vor §§ 31 ff. Rn. 188 ff.). Das Abstraktionsprinzip gilt nicht, d. h. das zurückgerufene Nutzungsrecht **fällt automatisch** an den Urheber **zurück**, ohne dass es einer Rückübertragung bedürfte (str., vgl. § 31 Rn. 30 ff.).

40a Bei **vom zurückgerufenen Nutzungsrecht** nach § 35 berechtigt **abgeleiteten** zweitstufigen **Rechten (Enkelrechte** etc.) sollte der Urheber zunächst prüfen, ob nicht ein **Rückruf direkt beim Nutzungsberechtigten** möglich ist. Dafür müssen allerdings ausschließliche Nutzungsrechte abgeleitet worden sein und der Inhaber solcher abgeleiteter Rechte darf nicht hinreichend ausgeübt haben (vgl. Rn. 8). – Erfolgt der **Rückruf beim ursprünglichen** Ersterwerber, ist umstritten, ob durch einen Rückruf im Verhältnis zum Ersterwerber auch die abgeleiteten Nutzungsrechte an den Urheber zurückfallen (vgl. § 31 Rn. 34). Zutreffend stellt der BGH für die Beantwortung der Frage nach einem automatischen Rechterückfall auf eine **Interessenabwägung zwischen dem Urheber und dem Nutzungsberechtigten** ab (BGH GRUR 2009, 946 Tz. 17 ff., 21 – *Reifen Progressiv*). Nach Auffassung des BGH fallen vom gem. § 41 zurückgerufenen ausschließlichen Nutzungsrecht abgeleitete **Nutzungsrechte** (einfach oder ausschließlich) **nicht automatisch** an den Urheber zurück. Es gilt der Grundsatz des Sukzessionsschutzes für den Unterlizenznehmer (BGH GRUR 2012, 916 Tz. 30 – *M2Trade*; BGH GRUR 2012, 914 Tz. 16 – *Take Five*; nur für einfache Unterlizenznehmer: BGH GRUR 2009, 946 Tz. 17 – *Reifen Progressiv*; dazu *Pahlow* GRUR 2010, 112; s. a. die Nachweise zum Streit bei BGH GRUR 2009, 946 Tz. 10 ff. – *Reifen Progressiv*; kritisch zur BGH-Rechtsprechung: Schricker/Loewenheim/*Peukert*[5] Rn. 31 m. w. N.). Dieser Grundsatz kann nur ausnahmsweise im Rahmen einer Interessenabwägung durchbrochen werden, wenn der Urheber als stärker schutzwürdig als der Unterlizenznehmer erscheint.

40b **Einfache Unterlizenzen:** Für den einfachen Unterlizenznehmer ist dem BGH zuzugeben, dass die Auflösung einer bloß einfachen Blockadeposition nicht dem Zweck des § 41 entspricht (zustimmend zum BGH deshalb Büscher/Dittmer/Schiwy/*Haberstumpf*[3] Rn. 8). § 41 erlaubt dem Urheber nur den Rückruf von ausschließlichen Rechten, auch von jedem beliebigen Dritten (nicht nur vom Vertragspartner, vgl. Rn. 8). Letztlich muss dabei aber beachtet werden, dass der Urheber ausschließliche Rechte eingeräumt und damit den Anwendungsbereich des § 41 eröffnet hat; es kommt danach auf eine Wertung an, ob er das Risiko der Sublizensierung einfacher Rechte tragen soll. Der Grundsatz des Sukzessionsschutzes kann danach ausnahmsweise bei **unbilligen Vergütungskonstellationen** durchbrochen werden. Dieses Interesse des Urhebers ist durch § 11 S. 2 auch gesetzlich privilegiert. Keine solche unbillige Konstellation ist gegeben, wenn der Unterlizenznehmer den Rechtserwerb bereits **vollständig** (z. B. mit einer einmaligen Zahlung) **vergütet** hat, selbst wenn der Urheber daran nicht beteiligt wird (BGH GRUR 2012, 916 Tz. 28 – *M2Trade*). Allerdings kann es anders liegen, wenn der Hauptlizenznehmer eine **fortlaufende Vergütung für die Nutzung der Unterlizenz** erhält, der **Hauptlizenzgeber (Urheber)** aber **leer ausgeht.** Zu Recht bezeichnet der BGH das als „unbillige Konsequenz" (so BGH GRUR 2012, 914 Tz. 20 – *Take Five*; BGH GRUR 2012, 916 Tz. 26 – *M2Trade*). § 34 Abs. 4 hilft nicht weiter, weil er bei Unterlizenzen gem. § 35 keine Anwendung findet. Eine analoge Anwendung von §§ 32a, 32c (dafür *Pahlow* GRUR 2010, 112, 118) auf das Verhältnis des Urhebers zum Inhaber des Nutzungsrechts erscheint auch nicht als sachgerechte Lösung, weil deren Voraussetzungen nur einen kleinen Teil der Fälle erfassen würden. Der Bundesgerichtshof hat jedoch überzeugend dem erststufigen Rechtegeber einen Anspruch aus ungerechtfertigter Bereicherung (§ 812 Abs. 1 S. 1 Fall 2 BGB) zugestanden, wenn der erststufige Hauptlizenznehmer laufende Einnahmen aus der zweistufigen einfachen Unterlizenz generiert, die erststufige Hauptlizenz aber beendet ist (BGH GRUR 2012, 916 Tz. 26 – *M2Trade*). Nur wenn solche Ansprüche ausscheiden und der Urheber auch auf andere Weise keine Vergütung erhalten kann und deshalb unvergütet bliebe, sollte danach noch eine Durchbrechung des Sukzessionsschutzes ausnahmsweise angenommen werden; vgl. § 31 Rn. 34 ff.

Ausschließliche Nutzungsberechtigte: Das Gleiche sollte gelten, wenn von den auf der ersten Stufe eingeräumten ausschließlichen Nutzungsrechten ausschließliche (und nicht bloß einfache) Nutzungsrechte abgespalten werden (zur Ausübung durch Rechtevergabe an Dritte vgl. Rn. 8). Sukzessionsschutz zugunsten des Unterlizenznehmers greift, wenn die Unterlizenz vollständig bezahlt ist (BGH GRUR 2012, 914 Tz. 21 – *Take Five*). Jedoch hat auch hier der Urheber gegen den Ersterwerber (seinen ursprünglichen Vertragspartner) einen Anspruch aus ungerechtfertigter Bereicherung, wenn der Urheber gegenüber dem Ersterwerber zurückruft, der Ersterwerber aber noch wegen der ausschließlichen Unterlizensierung Einnahmen vom Unterlizenznehmer generiert. Dem ausschließlichen Unterlizenznehmer ist deshalb **grundsätzlich Sukzessionsschutz** zu gewähren (BGH GRUR 2012, 914 Tz. 18 ff. – *Take Five*), es sei denn, es kommt zur der „unbilligen Konsequenz", dass der nicht mehr berechtigte Ersterwerber vom Unterlizenznehmer Lizenzzahlungen generiert, der Urheber (als Hauptlizenzgeber) aber leer ausgeht (so BGH GRUR 2012, 914 Tz. 20 – *Take Five*). Hiervor ist der Urheber nach § 11 S. 2 geschützt. **40c**

Sind die ausschließlichen Rechte **auf einen Dritten** nach § 34 **übertragen** worden, sollte der Urheber zunächst prüfen, ob nicht ein Rückruf direkt beim neuen Inhaber der Nutzungsrechte möglich ist (vgl. Rn. 8). Das kann dann ausgeschlossen sein, wenn der Dritte hinreichend ausübt (vgl. Rn. 8). Der Urheber kann im Regelfall über § 34 Abs. 4 auch sicherstellen, dass sein Vertrag mit dem Ersterwerber notfalls durch den Übertragungsempfänger erfüllt wird. Enthält dieser Erstvertrag eine unangemessene Vergütung, kann der Urheber über §§ 32, 32a, 32c, 34 Abs. 4 Anpassung verlangen (vgl. § 34 Rn. 36). Grundsätzlich erscheint damit ein Rechterückfall an den Urheber bloß wegen Rückrufs im Verhältnis zum Ersterwerber als ausgeschlossen, weil die Interessen des Übertragungsempfängers überwiegen (zur Interessenabwägung vgl. Rn. 40a und vgl. § 31 Rn. 30 ff.). **40d**

Es ist Auslegungsfrage, ob der Rückruf des Hauptrechts auch die **Nebenrechte** erfasst (a. A. unsere 9. Aufl./*Wilhelm Nordemann* Rn. 2: stets Rückfall auch der Nebenrechte). Die getrennte Beurteilung der in einem einheitlichen Vertrag eingeräumten einzelnen Nutzungsrechte findet ihre Grenze bei § 139 BGB. **41**

Wenn und soweit anzunehmen ist, dass die verbleibenden Rechte nicht ohne das zurückgerufene Recht eingeräumt worden wären, werden diese von dessen Rückruf miterfasst. Der Urheber kann überdies bei Rückruf ausdrücklich bestimmen, dass er nur bestimmte Rechte zurückruft (vgl. Rn. 4). Wenn nicht die Gesamtheit der dem Verwerter eingeräumten Nutzungsrechte vom Rückruf umfasst ist, dessen Gegenstand vielmehr nur ein bestimmtes Nutzungsrecht oder die Gesamtheit der Rechte an einem von mehreren Vertragswerken ist, bleibt das Vertragsverhältnis als solches im Übrigen bestehen.

42 Mit dem Wirksamwerden des Rückrufs **endet** auch der zugrundeliegende **schuldrechtliche Vertrag**, und zwar *ex nunc* (allg. M. siehe Schricker/Loewenheim/*Peukert*[5] Rn. 29 m. w. N.; BeckOK UrhR/*Wegner*[15] Rn. 21).

10. Entschädigung des Verwerters (Abs. 6)

43 Wenn und soweit es der Billigkeit entspricht, hat der Urheber den Inhaber des ausschließlichen Nutzungsrechts zu entschädigen (Abs. 6). Der Gesetzgeber hat es hier (anders als bei § 42) ausdrücklich abgelehnt, die Vorauszahlung einer etwaigen Entschädigungssumme oder auch nur eine Sicherheitsleistung durch den Urheber vorzusehen, weil sonst nur vermögende Autoren von dem Rückrufsrecht des § 41 Gebrauch machen könnten (RegE UrhG 1962 – BT-Drs. IV/270, S. 60). Auch ein **Leistungsverweigerungsrecht** steht dem Verwerter nicht zur Seite. Es hätte keinen Sinn, da das Erlöschen des Nutzungsrechts mit dem Wirksamwerden des Rückrufs eintritt (Abs. 5). **Drittentschädigungen** für Personen, denen gegenüber der Urheber nicht zurückruft, die jedoch mittelbar davon betroffen sind, gewährt § 41 nicht (Wandtke/Bullinger/*Wandtke*[4] Rn. 31; Schricker/Loewenheim/*Peukert*[5] Rn. 36; BeckOK UrhR/*Wegner*[15] Rn. 22). Zu Vereinbarungen über Abs. 6 vgl. Rn. 50. – Zum Verhältnis des § 41 Abs. 6 zur **Schadensersatzpflicht wegen** (von vornherein) **unberechtigter** Ausübung der Gestaltungsrechte des § 41 vgl. Rn. 52.

44 Der Ermessensspielraum des Richters bei der Prüfung der Entschädigungspflicht des Urhebers aus Abs. 6 ist besonders groß: Er wird das Verhalten des Urhebers und des Nutzungsberechtigten zu werten haben und prüfen müssen, ob dem Urheber nach dem Rechtsempfinden aller billig und gerecht Denkenden die Zahlung einer Entschädigung zuzumuten ist. Die Begr (RegE UrhG 1962 – BT-Drs. IV/270, S. 60) führt als Beispiel für eine denkbare Entschädigungspflicht an, dass der Verwerter für den Erwerb des Rechts ein Entgelt gezahlt oder im Vertrauen auf sein Recht bereits Aufwendungen gemacht habe. In beiden Fällen wird die Billigkeitsprüfung jedoch nur ausnahmsweise zu einer Entschädigung führen.

45 Immerhin hat der Urheber i. d. R. dem Verwerter für das gezahlte Entgelt ein Nutzungsrecht über 2 Jahre lang ausschließlich zur Verfügung gestellt. Er hätte es in der Zwischenzeit möglicherweise anderweitig viel besser verwerten lassen können. Das Entgelt, das der Verwerter gezahlt, oder die Aufwendungen, die er gehabt hat, sind also i. d. R. durch die ausschließliche Bereitstellung des Nutzungsrechts für ihn über einen längeren Zeitraum hinweg abgegolten. Beide Fälle sind der Zahlung für eine Option vergleichbar (vgl. Vor §§ 31 ff. Rn. 31 ff.).

46 Im Rahmen der vom Gericht anzustellenden Billigkeitserwägungen wird dagegen zu berücksichtigen sein, ob der Verwerter etwa **unverschuldet** oder gar **durch höhere Gewalt** an der rechtzeitigen Ausübung seines Nutzungsrechts gehindert war, diese Behinderung aber in Zukunft nicht mehr bestanden hätte. Eine Entschädigung sollte grds. dann nicht gewährt werden, wenn der Verwerter die Ausübung seines Rechts vorsätzlich oder fahrlässig, d. h. schuldhaft, unterlassen hat (z. B. sie ausdrücklich verweigert) oder wenn ihm die Ausübung dauernd unmöglich ist. Im ersten Fall muss er sich sein eigenes Verschulden anrechnen lassen (OLG München ZUM-RD 1997, 451, 453 – *Fix und Foxi*), im zweiten Falle entsteht ihm kein Verlust, für den er entschädigt werden könnte.

Da es sich um eine billige und nicht etwa um eine angemessene Entschädigung handeln soll, wie sie z. B. § 42 Abs. 3 fordert, sind auf ihre Ermittlung die **Grundsätze des allgemeinen Schadensersatzrechts nicht anwendbar.** Der Schaden, der dem Verwerter durch den Rückruf entsteht, ist vielmehr nur ein Anhaltspunkt für die Abwägung der beiderseitigen Interessen im Rahmen der Billigkeitsprüfung.   **47**

11. Abweichende Vereinbarungen

a) Abweichungen vom gesetzlichen Rückrufsrecht der Absätze 1 bis 3 (Abs. 4):   **48**
Seit der Urhebervertragsrechtsreform 2016 hat der Gesetzgeber die Möglichkeit verändert, von den Bestimmungen des gesetzlichen Rückrufsrechts in § 41 **Absätze 1 bis 3** abzuweichen. **Zeitlich** gilt die neue Regelung in § 41 Abs. 4 für **Sachverhalte ab 1.3.2018** (§ 132 Abs. 3a S. 2; vgl. § 132 Rn. 18, 19). **Zum früheren Recht** vgl. Rn. 2a. **Zur Auslegung** nicht mehr zulässiger Vertragsbestimmungen in **Altverträgen** unten vgl. Rn. 49b. Im **Filmbereich** darf die Ausübung des Rückrufsrechts weiter für bis zu 5 Jahre auch außerhalb von Gemeinsamen Vergütungsregeln und Tarifverträgen ausgeschlossen werden (§ 90 Abs. 1 S. 3; vgl. § 90 Rn. 12a), ab Drehbeginn bleibt es bei einem vollständigen Ausschluss des § 41.

Für Gemeinsame Vergütungsregeln und **Tarifverträge** gelten nunmehr **keine Einschränkungen** mehr **für von den Absätzen 1 bis 3 abweichende Vereinbarungen.** Gemeinsame Vergütungsregeln sind in §§ 32 Abs. 2 S. 1, 36 legaldefiniert (vgl. § 36 Rn. 4 ff., zu **Tarifverträgen** vgl. § 36 Rn. 27). Die Parteien können das Rückrufsrecht in solchen Vereinbarungen z. B. völlig ausschließen oder zeitlich längere Ausübungsfristen vorsehen. Der RegE UrhVG 2016 wollte über diese „halbzwingende" Regelung den Abschluss von gemeinsamen Vergütungsregeln und Tarifverträgen fördern. Bei Verträgen, die der Urheber allein aushandele, bestehe die Gefahr, dass sie nicht „fair" seien; gemeinsame Vergütungsregeln und Tarifverträge seien dagegen „auf Augenhöhe" ausgehandelt (RegE UrhVG 2016 – BT Drs. 18/8625, S. 18, 30); zu weiteren „halbzwingenden" Regelungen siehe die Kommentierungen zu § 32d Abs. 3, § 32e Abs. 3 und § 40a Abs. 4.   **48a**

Demgegenüber sind in Vereinbarungen eines Verwerters mit einem einzelnen Urheber keine Abweichungen von den Absätzen 1 bis 3 mehr zulässig. Insbesondere eine zeitliche Ausdehnung der Fristen nach Abs. 2 und der Nachfrist nach Abs. 3 ist ausgeschlossen. Unter das Abweichungsverbot fallen ferner Vertragsbestimmungen, die die spätere Ausübung des Rückrufsrechts in anderer als zeitlicher Hinsicht beschränken, sie also beispielsweise davon abhängig machen, dass der Urheber das vereinbarte Honorar ganz oder teilweise zurückzahlt (vgl. Rn. 50), oder die ihn verpflichten, bei erneuter Verwertung seines Werkes nach Ausübung des Rückrufsrechts das Nutzungsrecht zuerst dem bisherigen Vertragspartner oder einem bestimmten Dritten anzubieten. Unbillige Ergebnisse dieser gesetzlich zwingenden Regelung insbesondere für Projekte (außerhalb des Filmbereichs, § 90 Abs. 1 S. 3), die deutlich länger als 2 Jahre in Anspruch nehmen, können über eine großzügige Bemessung der Nachfrist nach Abs. 3 vermieden werden (vgl. Rn. 31 ff.). Als möglich erscheint eine Bestimmung, die das bisher ausschließlich gewährte Nutzungsrecht nach Rückruf automatisch in ein einfaches Nutzungsrecht umwandelt. Denn dann ist dem durch § 41 geschützten Interesse des Urhebers, sein Werk veröffentlicht zu sehen, genüge getan (vgl. Rn. 6).   **48b**

48c Keine Abweichung von den Absätzen 1 bis 3 liegt konkludent in einer **Vertragsbestimmung, die den Verwerter von der Pflicht zur Nutzung befreit;** denn § 41 kommt gerade dann zur Anwendung, wenn den Verwerter keine Nutzungspflicht, sondern nur eine Nutzungslast trifft (BGH GRUR 1970, 40, 42 f. – *Musikverleger I;* a. A. LG Rostock ZUM 2010, 828, 831; BeckOK UrhR/*Wegner*[5] Rn. 3). Aus diesen Gründen ist es auch zulässig, wenn in den AGB eines Presseverlages vorgesehen ist, dass keine Verpflichtung zur Ausübung der eingeräumten Nutzungsrechte besteht (OLG Rostock ZUM 2012, 706; *Jan Bernd Nordemann* NJW 2012, 3121, 3124; a. A. OLG Hamm v. 27.1.2011, Az. I-4 U 183/10).

49 Fraglich ist, ob ein **nachträglicher Verzicht** des Urhebers auf Rückrufsansprüche in Verträgen außerhalb von Gemeinsamen Vergütungsregeln und Tarifverträgen möglich ist. Nach der Gesetzesformulierung bis zur Urhebervertragsrechtsreform 2016 war das unproblematisch, weil der das Abweichungsverbot nur „im Voraus" galt. Auch nach der neuen Rechtslage sollte ein nachträglicher Verzicht denkbar sein. Ansonsten wären Vergleichsvereinbarungen nicht möglich. Dem Urheber müssen jedoch die Umstände bekannt sein, die ihn zu einem Rückruf berechtigen. Der Verzicht kann formlos, also auch stillschweigend durch schlüssiges Handeln, erklärt werden. Verzichten kann der Urheber vor Setzen der Nachfrist nach Abs. 3 oder vor Ausübung des Rückrufs. Nach Ausübung des Rückrufs ist ein Verzicht auf das Rückrufsrecht denklogisch ausgeschlossen, weil das Nutzungsrecht erloschen ist (Abs. 5); die Parteien können jedoch vereinbaren, dass die frühere Nutzungsrechtseinräumung wieder in Kraft gesetzt wird. Da dies jedoch einer neuen Einräumung gleichkommt, ist für Altverträge nach § 132 Abs. 1 das neue Recht einschlägig. Der Verzicht hat im Übrigen nicht etwa zur Folge, dass damit das Rückrufsrecht des Urhebers endgültig ausgeschlossen wäre; vielmehr beseitigt er nur ein bereits entstandenes Rückrufsrecht. Für die Zukunft kann er schon wegen der grundsätzlichen Unverzichtbarkeit des Rückrufsrechts nicht wirken. Demgemäß beginnt mit dem Verzicht eine **neue Frist** aus Abs. 2 zu laufen, nach deren erneutem Ablauf der Urheber entweder das Rückrufsrecht geltend machen oder wiederum verzichten kann.

49a Die Regelung des Abs. 4 **verbietet nur Abweichungen von den Absätzen 1 bis 3 zu Lasten des Urhebers,** nicht zu Lasten des Werknutzers. Zwar ergibt sich das nicht aus dem Wortlaut, jedoch aus der Gesetzesbegründung, die Abweichungen von den gesetzlichen Bestimmungen „zum Nachteil des Urhebers" verhindern will (RegE UrhVG 2016 – BT Drs. 18/8625, S. 30).

49b **Altverträge,** die entsprechend Abs. 4 a. F. zulässig formuliert waren, verstoßen nunmehr gegen Abs. 4 n. F. Die neue Regelung in Abs. 4 findet uneingeschränkt auf alle Altverträge Anwendung, auch wenn sie vor dem in Kraft treten des UrhG (§ 132 Abs. 1 S. 3; vgl. Rn. 2) oder vor der Urhebervertragsrechtsreform 2016 (§ 132 Abs. 3a S. 2; vgl. Rn. 2a) abgeschlossen wurden. Damit verstoßen insbesondere **Klauseln** in Altverträgen, die bisher im Einklang mit Abs. 4 a. F. vereinbart waren, gegen das neue gesetzliche Verbot des Abs. 4. Sie **sind nichtig nach § 134 BGB.** Allerdings kann nach dem mutmaßlichen Parteiwillen angenommen werden, dass es bei dieser bloßen **Teilnichtigkeit** bleibt, die Zweifelregelung des § 139 BGB nicht zur Anwendung kommt und der Vertrag im Übrigen wirksam bleibt. Denn die Parteien haben ja gerade eine bei Vertragsschluss zulässige und wirksame Klausel verabredet.

50 **b) Abweichungen von der Entschädigungsregel des Abs. 6:** Abs. 6 ist eigentlich kein zwingendes Recht (siehe Abs. 4), so dass vertragliche Abweichungen denkbar sind. Beispielsweise darf von **Abs. 6** innerhalb der **Zeiträume, die in Abs. 2 genannt** sind, beliebig (auch formularmäßig) abgewichen werden, weil

Abs. 2 für diese Zeiträume auch den völligen Ausschluss des Rückrufsrechtes zulässt. Im Übrigen ist Abs. 6 jedoch insoweit **zwingendes Recht**, als die zwingende Ausgestaltung der Absätze 1 bis 3 nicht ausgehöhlt werden darf. Insbesondere darf der grundsätzliche **Charakter eines Anspruches nach Billigkeit** nicht in einen voraussetzungslosen Entschädigungsanspruch abgeändert werden. Jedoch darf dem berechtigten Interesse der Verwerterseite nach **Pauschalierung** nachgekommen werden, weil das auch im Urheberinteresse unklare Rechtsverhältnisse vermeidet. Die formularmäßige Vereinbarung der Rückerstattung eines Sendehonorars bei Rückruf der Nutzungsrechte in einem Sendevertrag als Pauschalierung der Entschädigung nach Abs. 6 beurteilte der BGH als grds. zulässig (BGH GRUR 1984, 45, 50 – *Honorarbedingungen: Sendevertrag*), nicht aber wenn die Regelung sowohl das Sende- als auch Ausarbeitungshonorar erfasst, unabhängig von der tatsächlichen Sendung (BGH GRUR 1984, 45, 52 – *Honorarbedingungen: Sendevertrag*). Die Pauschalierung vereinfache die im Einzelfall schwierige und oft nur unter Heranziehung des § 287 ZPO zu treffende Feststellung der Billigkeitsentschädigung. Dieser Vorteil wiege bei einer Interessenabwägung die Nachteile einer abstrakten, die Umstände des Einzelfalles nicht berücksichtigenden Regelung auf. Allerdings schränkte der BGH die Allgemeingültigkeit seiner Ausführungen dahin ein, dass die Rückerstattung des Sendehonorars „für den Regelfall einen angemessenen Ausgleich des durch den vorzeitigen Entzug des Nutzungsrechts entstandenen Schadens (einschließlich der bereits gemachten Aufwendungen) darstellen" müsse. Ferner berücksichtigte er im konkreten Fall den Umstand, dass der Verwender in seinen AGB seine grundsätzliche Bereitschaft erklärt hat, über eine vorzeitige Freigabe der nicht benutzten Rechte vor Ablauf der eigentlichen geltenden Rückrufsfrist zu verhandeln (BGH GRUR 1984, 45, 50 – *Honorarbedingungen: Sendevertrag*).

12. Verwirkung

Eine **Verwirkung** des Rückrufsrechts ist ausgeschlossen. Setzt beispielsweise ein Urheber, der Jahre oder Jahrzehnte geschwiegen hat, plötzlich dem Verwerter eine Nachfrist aus Abs. 3, so steht der Verwerter nicht schlechter, sondern besser, als wenn ihm die Nachfrist alsbald nach Ablauf der Frist des Abs. 2 gesetzt worden wäre. Ihm ist also stets nach Treu und Glauben zuzumuten, nunmehr die Nachfrist, die stets angemessen sein muss, auszunutzen. Ebenso *Budde* S. 86 f.; Wandtke/Bullinger/*Wandtke*[4] Rn. 27; Schricker/Loewenheim/*Peukert*[5] Rn. 26; Dreier/Schulze/*Schulze*[5] Rn. 36; a. M. *v. Gamm* Rn. 9.

51

13. Andere Rechte und Ansprüche bleiben unberührt (Abs. 7)

Abs. 7 lässt Rechte und Ansprüche nach anderen gesetzlichen Vorschriften ausdrücklich unberührt. Damit gelten neben § 41 insb. die allgemeinen Vorschriften der §§ 320 ff. **BGB** und die Spezialregelungen des § 32 VerlG für die Erstauflage bzw. § 17 VerlG für Folgeauflagen (OLG München, ZUM 2008, 154; OLG München ZUM-RD 1997, 451, 453 – *Fix und Foxi*; *Junker* GRUR 1988, 793, 796; Schricker/Loewenheim/*Peukert*[5] Rn. 7; Loewenheim/*Loewenheim*/ *Jan Bernd Nordemann*[2] § 62 Rn. 18; BeckOK UrhR/*Wegner*[15] Rn. 3; a. M. *v. Gamm* Rn. 1, der die §§ 32, 30 VerlG dort weiterhin allein gelten lassen will, wo den Verleger eine Verbreitungspflicht trifft). Der BGH hat sich etwas unklar geäußert und zumindest festgestellt, dass Ansprüche nach VerlG ggf. *zuerst* zu prüfen seien (BGH GRUR 1988, 304, 305 – *Sonnengesang*; offen BGH GRUR 2011, 810 Tz. 47 – *World's End*). Zu §§ 320 ff. BGB vgl. Vor §§ 31 ff. Rn. 170 ff.; zu §§ 32, 17 VerlG siehe die Kommentierung dort. Der Verwerter, der im Vertrag die ausdrückliche Verpflichtung zur Ausübung des Nutzungsrechts übernommen hat (vgl. Vor §§ 31 ff. Rn. 41 ff.) oder dessen Verpflichtung sich aus dem Gesetz ergibt (z. B. § 1 S. 2 VerlG, siehe die Kommentierung dort), kann also vom Urheber auf Einhaltung dieser Verpflichtung jederzeit verklagt

52

werden oder den Vertrag aus wichtigen Grund gem. § 314 BGB kündigen (BGH GRUR 1973, 328, 330 – *Musikverleger II;* näheres zum Kündigungsrecht vgl. Vor §§ 31 ff. Rn. 121 ff.). Unabhängig davon, also möglicherweise sogar im Verlauf des Prozesses um Einhaltung der Verpflichtung, kann der Urheber das Rückrufsrecht ausüben, wenn und sobald die Voraussetzungen dafür gegeben sind. – Im Fall eines **unberechtigten Rückrufs** bleiben Schadensersatzansprüche des Verwerters gem. §§ **241, 280 BGB** unberührt. Diese können dann geltend gemacht werden, wenn der Rückruf „nicht plausibel" war (siehe BGH NJW 2009, 1262 Tz. 20).

III. Prozessuales

53 Es handelt sich wieder um eine Schutzvorschrift zugunsten des Urhebers (RegE UrhG 1962 – BT-Drs. IV/270, S. 60). Dies hat Konsequenzen in Zweifelsfällen für die **Darlegungs- und Beweislast.** Da der Urheber nicht wissen kann, was der Verwerter getan oder nicht getan hat, trifft den **Verwerter** im Prozess die Darlegungs- und Beweislast **für seine Aktivitäten** (KG *Erich Schulze* KGZ 63, 6 – *Lieber reich, aber glücklich*). Tw. wird jedoch vertreten, der Urheber trage für die Frage der fehlenden oder unzureichenden Ausübung zwar die Darlegungs- und Beweislast; jedoch würden Darlegungs- und Beweiserleichterungen gelten, sofern es sich um Tatsachen aus der Sphäre des Nutzungsrechtsinhabers handele (Dreier/Schulze/*Schulze*[5] Rn. 18; zu dieser sekundären Behauptungslast auch allgemein Zöller/*Greger*[31] Vor § 284 Rn. 34 ff.). Das sollte für die Frage, ob und inwieweit das Nutzungsrecht ausgeübt wurde, regelmäßig der Fall sein, sodass sich beide Auffassungen im praktischen Ergebnis kaum unterscheiden. Allenfalls ist bei sekundärer Behauptungslast des Verwerters zu fordern, dass der Urheber schlüssig vorträgt, ihm seien keine bzw. keine ausreichenden Aktivitäten des Verwerters bekannt. Dass diese Aktivitäten, gemessen an den einschlägigen objektiven Kriterien (vgl. Rn. 9 ff.), ihrerseits **unzulänglich gewesen** sind, hat der **Urheber** darzulegen; soweit es hierbei nicht lediglich auf eine Wertung, sondern etwa auf beweiserhebliche Tatsachen ankommt, trägt er die Beweislast. Bleiben **Zweifel,** ob der Verwerter ausreichend aktiv war, so geht dies **zu Lasten des Urhebers,** dessen Rückruf damit ohne Wirksamkeit bleibt. Allerdings werden die Anforderungen an die Beweisführung durch den Urheber nicht allzu hoch zu stellen sein, weil sonst der Schutzzweck der Bestimmung gefährdet wäre (vgl. Rn. 1). Wenn die unzureichende Ausübung des Nutzungsrechts feststeht, hat der Urheber damit zugleich seiner Darlegungs- und Beweislast für die erhebliche **Verletzung seiner berechtigten Interessen** genügt (vgl. Rn. 23). Umgekehrt ist die **Einwendung des Verwerters aus Abs. 1 S. 2** (Bestehen behebbarer Umstände), für die er die Darlegungs- und Beweislast trägt, im Zweifel als nicht durchgreifend anzusehen.

54 Prozessual hat Abs. 5 zur Folge, dass der Verwerter schon während des Prozesses dem Urheber wegen der Nichtanerkennung des Rückrufs schadensersatzpflichtig werden kann, da der Richter die Wirksamkeit des Rückrufs rückwirkend auf den Tag seiner Erklärung feststellt. Hier kommen bei weiterer Verwertung durch den früheren Nutzungsrechtsinhaber **Ansprüche wegen Urheberrechtsverletzung nach** §§ **97 ff.** gegen ihn in Betracht. Der Verwerter, der sich auf einen Prozess aus § 41 einlässt und weiter verwertet, trägt also ein erhebliches zusätzliches Risiko. Umgekehrt setzt der Urheber mit einem unberechtigten Rückruf einen sachlichen Grund für den Nutzungsberechtigten zur Nichtausübung gem. Abs. 1 S. 2; Unterlassungs- und Schadensersatzansprüche des Verwerters gegen den Urheber werden aber nur in Betracht kommen, wenn der Urheber den Verwerter (oder sogar in die Verwertung eingeschaltete Dritte) wegen Schutzrechtsverletzung abmahnt (zur **unberechtigten Schutzrechtsverwarnung** vgl. § 97a Rn. 52 ff.). Sowohl Urheber als auch Verwerter sind also gut beraten, bei unklarer Rechtslage den Streit über die Wirksamkeit des Rückrufs über eine **Feststellungsklage** zu klären, für die stets ein Feststellungsinteresse des Urhebers bzw. des Verwerters vorliegt.

IV. Verhältnis zu anderen Vorschriften

Abs. 7 lässt Rechte und Ansprüche zur Beendigung der Nutzungsrechtseinräumung nach anderen gesetzlichen Vorschriften ausdrücklich unberührt (ausführlich vgl. Rn. 52, dort insbesondere zu §§ 30, 32 VerlG und § 17 VerlG und zu §§ 241, 280 BGB bei unberechtigtem Rückruf). § 41 gilt nicht im Bereich des **Filmrechts** für die in § 88 Abs. 1 und § 89 Abs. 1 genannten Rechte (§ 90 Abs. 1 S. 1). Eine Ausnahme bildet nur das Recht zur Verfilmung nach § 88 Abs. 1, das bis zum Drehbeginn zurückgerufen werden kann (§ 90 Abs. 1 S. 2). Ferner kann im Filmbereich das Recht der Ausübung des Rückrufs auf 5 Jahre ausgedehnt werden (§ 90 Abs. 1 S. 3; vgl. § 90 Rn. 12b). Zum Verhältnis von § 41 zu vertraglich zwingenden Recht auf Wiederverfilmung nach 10 Jahren gem. **§ 88 Abs. 2** vgl. Rn. 21. Außerhalb des Filmrechts erscheint bei Gesamtheit von Werken eine **analoge Anwendung des** § 31a Abs. 3 angezeigt (vgl. Rn. 39). § 41 gilt auch für die Einräumungsfiktion des § 137l **Abs. 1** (vgl. Rn. 4; vgl. Rn. 13), gilt jedoch nicht, wenn ein Rechterückfall nach § **40a** eingetreten ist (vgl. Rn. 5). Zu § 41 und **Arbeitnehmern** vgl. § 43 Rn. 50.

55

§ 42 Rückrufsrecht wegen gewandelter Überzeugung

(1) [1]Der Urheber kann ein Nutzungsrecht gegenüber dem Inhaber zurückrufen, wenn das Werk seiner Überzeugung nicht mehr entspricht und ihm deshalb die Verwertung des Werkes nicht mehr zugemutet werden kann. [2]Der Rechtsnachfolger des Urhebers (§ 30) kann den Rückruf nur erklären, wenn er nachweist, dass der Urheber vor seinem Tode zum Rückruf berechtigt gewesen wäre und an der Erklärung des Rückrufs gehindert war oder diese letztwillig verfügt hat.

(2) [1]Auf das Rückrufsrecht kann im Voraus nicht verzichtet werden. [2]Seine Ausübung kann nicht ausgeschlossen werden.

(3) [1]Der Urheber hat den Inhaber des Nutzungsrechts angemessen zu entschädigen. [2]Die Entschädigung muss mindestens die Aufwendungen decken, die der Inhaber des Nutzungsrechts bis zur Erklärung des Rückrufs gemacht hat; jedoch bleiben hierbei Aufwendungen, die auf bereits gezogene Nutzungen entfallen, außer Betracht. [3]Der Rückruf wird erst wirksam, wenn der Urheber die Aufwendungen ersetzt oder Sicherheit dafür geleistet hat. [4]Der Inhaber des Nutzungsrechts hat dem Urheber binnen einer Frist von drei Monaten nach Erklärung des Rückrufs die Aufwendungen mitzuteilen; kommt er dieser Pflicht nicht nach, so wird der Rückruf bereits mit Ablauf dieser Frist wirksam.

(4) Will der Urheber nach Rückruf das Werk wieder verwerten, so ist er verpflichtet, dem früheren Inhaber des Nutzungsrechts ein entsprechendes Nutzungsrecht zu angemessenen Bedingungen anzubieten.

(5) Die Bestimmungen in § 41 Abs. 5 und 7 sind entsprechend anzuwenden.

Übersicht

I.   Allgemeines

1.   Sinn und Zweck

1   § 42 trägt dem Grundgedanken Rechnung, dass sich das gesamte Geistesleben im Flusse einer ständigen dynamischen Entwicklung befindet. Politik und Gesetzgebung machen von dem Recht des Überzeugungswandels in unserem Zeitalter einen recht kräftigen Gebrauch. Auch die Rspr. ist oft gezwungen, als „ehern" geltende Grundsätze über Bord zu werfen und den entgegengesetzten Standpunkt einzunehmen. Zahlreiche Bestimmungen des UrhG sind ein Beweis dafür, dass der Gesetzgeber von seinem „Rückrufsrecht wegen gewandelter Überzeugung" im Urheberrecht einen segensvollen Gebrauch gemacht hat (z. B. vgl. § 31a Rn. 6 zu § 31 Abs. 4). Den Urheber an seinen einmal geäußerten Meinungen, der einmal gegebenen Form eines Kunstwerkes festhalten zu wollen, würde diesen Grundsätzen zuwiderlaufen. Der Sturmlauf der wissenschaftlichen Erkenntnisse auf nahezu allen Wissensgebieten lässt es vielmehr erforderlich erscheinen, Urhebern von fachwissenschaftlichen Werken die rechtliche Möglichkeit an die Hand zu geben, die weitere Verbreitung von Werken zu verhindern, deren Inhalt überholt oder widerlegt ist. Politische Entwicklungen und Umwälzungen können ein gleiches dringendes Interesse bei Autoren politisch-weltanschaulicher Publikationen hervorrufen. Schließlich kann aber auch ganz allgemein die geistige Entwicklung eines Urhebers es ihm geboten erscheinen lassen, von einem Werk abzurücken, dessen Gedankengehalt oder künstlerische Formung er nicht mehr verantworten kann. So ließ beispielsweise Gerhart Hauptmann sein Jugendwerk *„Promethidenlos"* später aus dem Verkehr ziehen und einstampfen. Jean-Paul Sartre untersagte die weitere Aufführung seines Werkes *„Die schmutzigen Hände"* in Belgien mit der Begründung, das Stück *„passe nicht mehr in die heutigen Verhältnisse"* (FuR 1967, 19). Auch im Web 2.0 einfach und räumlich unbegrenzt über Internetplattformen verbreiteter „user-generated-content" wie Fotos oder Kurzgeschichten scheint für eine Wandlung der Überzeugung anfällig zu sein. § 42 erweist sich demnach als eine lebendige Verwirklichung des Grundsatzes, den Nietzsche mit dem Satz: *„Nur wer sich wandelt, bleibt mir verwandt"* prägte. § 42 ist **urheberpersönlichkeitsrechtlicher Natur** (ebenso: OLG München ZUM 2007, 152, 155; *Rauda* GRUR 2010, 22, 23; BeckOK UrhR/*Spautz/Götting*[15] Rn. 2; Schricker/Loe-

wenheim/*Dietz*/*Peukert*[5] Rn. 1 f.; Loewenheim/*Dietz*[2] § 16 Rn. 15; Büscher/
Dittmer/Schiwy/*Haberstumpf*[3] Rn. 1; Wandtke/Bullinger/*Wandtke*[4] Rn. 1) und
ergänzt das Veröffentlichungsrecht des § 12: eine einmal erfolgte Veröffentlichung kann rückgängig gemacht werden. Das Rückrufsrecht ist Teil des unverzichtbaren Kerns (Abs. 2) des Urheberpersönlichkeitsrechts (Loewenheim/
Dietz[2] § 16 Rn. 20).

Die **praktische Bedeutung** des § 42 ist aber gering. Veröffentlichte Gerichtspra-   **2**
xis gibt es kaum, was nicht nur mit der Entschädigungspflicht des Abs. 3 zusammenhängt (so Loewenheim/*Dietz*[2] § 16 Rn. 15). Mancher Urheber räumt
nicht gerne ein, seine Überzeugungen geändert zu haben. Vor allem im wissenschaftlichen und politischen Bereich (aber auch in der Belletristik, z. B. technisch überholte Science-Fiction-Romane) ist es zudem für Verwerter eher unattraktiv, die Rechte noch zu nutzen (Dreier/Schulze/*Schulze*[5] Rn. 3). Nur eine
Archivnutzung aus zeitgeschichtlichen Gründen kommt üblicherweise noch in
Betracht. Allerdings bietet das **Internet** eine günstige Vertriebsmöglichkeit auch
für Archive. Seit 1.1.2008 besteht für den Inhaber der wesentlichen Rechte
aufgrund von Nutzungsverträgen die Möglichkeit über § 137l, Material aus
Archiven zu heben und der Internetnutzung zuzuführen (vgl. § 137l Rn. 1),
auch wenn die betreffende Internetnutzung im Zeitpunkt des Vertragsschlusses
unbekannt war; insb. für politisch-weltanschauliche Werke (z. B. Fernsehsendungen) könnte deshalb weitere gerichtliche Praxis zu § 42 entstehen. Praktische Bedeutung könnte § 42 auch für „user-generated-content" in sozialen
Netzwerken oder anderen Internetplattformen erlangen; hier ist die Hemm-
schwelle, etwas zu veröffentlichen, das man später bereut, deutlich gesunken
(*Rauda* GRUR 2010, 22, 23). Allerdings erfasst § 42 nicht den Rückruf von
Nutzungsbefugnissen außerhalb des Urheberrechts und bestimmter Leistungsschutzrechte, also beispielsweise nicht den Rückruf von Einwilligungen in eine
Bildnisveröffentlichung (vgl. Rn. 34).

2. Früheres Recht

§ 42 gilt auch für solche Verträge, die vor dem Inkrafttreten des Gesetzes **am**   **3**
1.1.1966 geschlossen wurden (§ 132 Abs. 1 S. 1).

3. Internationales Recht und EU-Recht

Da das Urhebervertragsrecht insgesamt auf internationaler Ebene nur gering   **4**
ausgeprägt ist, verwundert es nicht, dass im internationalen Urheberrecht keine
vergleichbare Norm zu finden ist (vgl. Vor §§ 31 ff. Rn. 26 f.; *Wilhelm Norde-*
mann/*Vinck*/*Hertin* Einl. Rn. 27 und RBÜ Art. 14/Art. 14bis Rn. 10). Auch EU-
Recht enthält keine harmonisierenden Vorschriften. Zum französischen *droit*
de repentir Schricker/Loewenheim/*Dietz*/*Peukert*[5] Rn. 2 m. Fn. 5. Im **internati-**
onalen Urheberprivatrecht zählt § 41 zu den Regelungen des Vertragsstatutes.
§ 42 ist keine Eingriffsnorm im Sinne des Art. 9 Abs. 1 Rom-I-VO; vgl. Vor
§§ 120 ff. Rn. 86 ff.

II. Tatbestand

1. Rückrufsrecht des Urhebers wegen gewandelter Überzeugung (Abs. 1 S. 1)

a) **Rückrufsberechtigte:** Rückrufsberechtigter ist der **Urheber**; nach Abs. 1 S. 2   **5**
unter zusätzlichen Voraussetzungen (vgl. Rn. 13 f.) auch sein **Rechtsnachfolger**
(§ 30). **Miturheber** können den Rückruf aus § 42 nur gemeinsam erklären (vgl.
§ 8 Rn. 17). Bestehen zwischen ihnen Differenzen, so kann der Miturheber, der
den Rückruf verlangt, die anderen auf Einwilligung verklagen (vgl. § 8 Rn. 17).
Etwaige persönliche Nachteile, die er für die Zwischenzeit befürchtet, kann er
durch das Verbot, ihn als Miturheber zu nennen, vermeiden (vgl. § 13

Rn. 12 ff.). In der **Werkverbindung** (§ 9) gilt an sich das Gleiche. Die Weigerung des anderen Urhebers, einem – begründeten – Rückruf wegen gewandelter
Überzeugung zuzustimmen, ist jedoch stets ein wichtiger Grund für die fristlose
Kündigung des Gesellschaftsverhältnisses, das zwischen den Urhebern der verbundenen Werke besteht (vgl. § 9 Rn. 14 ff.).

6   b) **Gegenstand des Rückrufs: Nutzungsrecht:** Gegenstand des Rückrufs ist das
Nutzungsrecht (zu dem Begriff vgl. § 29 Rn. 14 ff.). Erfasst sind alle Arten von
Nutzungsrechten (vgl. § 31 Rn. 9 ff.), auch für Nutzungsrechte an sonstigen
Sammelwerken (§ 4) und an verbundenen Werken (§ 9). Nutzungsrechte kön-
nen auch differenziert nach Inhaber oder Inhalt zurückgerufen werden. So ist
es möglich, dass der Rückruf für eine politische Fernsehsendung nur für die
Rechte zum individuellen Abruf des Werkes aus dem Internet erklärt wird, die
Senderechte aber vom Inhaber nicht zurückgerufen werden (zu willkürlichen
Differenzierungen vgl. Rn. 11). Bei Nutzungsrechten an Sammlungen für den
Kirchen-, Schul- oder Unterrichtsgebrauch ist die Sondervorschrift des § 46
Abs. 5 zu beachten. Rechte an unbekannten Nutzungsarten, die aufgrund der
Fiktion des § 137l für Verträge von 1.1.1966 bis 31.12.2007 eingeräumt sind,
können ebenfalls nach § 42 zurückgerufen werden. – Eine **Ausnahme** macht
§ 90 für die Nutzungsrechte an Filmwerken. Nach § 90 S. 1 ist § 42 auf die in
§ 88 Abs. 1 bezeichneten Stoffrechte und die in § 89 Abs. 1 bezeichneten
Rechte am Filmwerk nicht anwendbar, bei Stoffrechten allerdings erst ab Beginn der Dreharbeiten (§ 90 S. 2). Für Laufbilder (§ 95) gilt das Gleiche (mit
Ausnahme des ohnehin nicht anwendbaren § 89).

7   Der Rückruf von Nutzungsrechten kann **Nutzungen** nicht unterbinden, die **im
Rahmen von Schrankenregelungen** erlaubt sind (vgl. Rn. 33). Ferner sind **Wer-
kexemplare** bzw. das **Original** von Nutzungsrechten zu unterscheiden (vgl.
Nach § 44 Rn. 1); sie sind nicht Gegenstand des Rückrufsrechts (vgl. Rn. 18).
Auch **Nutzungserlaubnisse außerhalb des Urheberrechts**, z. B. aufgrund des
Bildnisschutzes der §§ 22 f. KUG oder des allgemeinen Persönlichkeitsrechts
gem. § 823 Abs. 1 BGB, können nicht analog § 42 zurückgerufen werden (vgl.
Rn. 34). Demgegenüber findet § 42 auf **bestimmte Leistungsschutzrechte** An-
wendung (vgl. Rn. 34).

8   c) **Gewandelte Überzeugung:** Das Rückrufsrecht besteht jederzeit, wenn das
Werk der Überzeugung des Urhebers nicht mehr entspricht. Dieser Begriff ist
weit und nicht kleinlich auszulegen (zutreffend Schricker/Loewenheim/*Dietz/
Peukert*[5] Rn. 24). Bei der Prüfung der Unzumutbarkeit (Rn. 10 ff.) kann eine
wenig überzeugende Darlegung der gewandelten Überzeugung berücksichtigt
werden. – Eine gewandelte Überzeugung kann z. B. auf Änderungen der **religiösen oder politischen Überzeugung** des Urhebers beruhen (*Ulmer*, Urheber- und
VerlagsR[3] § 87 III 1). **Bei wissenschaftlichen Werken** kann der Überzeugungswandel sich auch aus dem inzwischen eingetretenen **Fortschritt der Erkenntnis**
ergeben (Schricker/Loewenheim/*Dietz/Peukert*[4] Rn. 24; BeckOK UrhR/*Spautz/
Götting*[15] Rn. 7). Von einer Lehre oder Erkenntnis, die überholt ist, kann ein
Wissenschaftler, der ernst genommen werden will, nicht mehr überzeugt sein.
Zum Rückrufsrecht aus § 42 an **Dissertationen** *Rohlfing/Kolbusch* ZUM 2000,
305.

9   Es gibt allerdings eine große Zahl von Werken des Katalogs aus § 2 Abs. 1, in
denen keine „Überzeugungen" i. e. S. vertreten werden, z. B. die Werke der Musik, die pantomimischen Werke, die meisten Werke der bildenden Künste, fast
alle Werke der Baukunst und der angewandten Kunst, schließlich zahlreiche
Lichtbildwerke und die nur beschreibenden Darstellungen wissenschaftlich-
technischer Art. Es ist der Wille des Gesetzgebers, § 42 auf alle urheberrechtlich geschützten Werke anzuwenden. Bei denjenigen Werken, die nur dem Ge-

fühl des Menschen, seiner ästhetischen Empfindungswelt zugewandt sind, wird man daher den „Überzeugungswandel" i. S. d. § 42 mit dem **Wandel der künstlerischen Auffassung** gleichsetzen müssen (ebenso *Rauda* GRUR 2010, 22, 24; Dreier/Schulze/*Schulze*[5] Rn. 16; BeckOK UrhR/*Spautz/Götting*[15] Rn. 7; enger *v. Gamm* Rn. 5). Es genügt nicht, dass der Künstler ein früheres Werk bloß für „weniger gelungen" hält, ohne dass ein Wandel seiner künstlerischen Auffassung eingetreten wäre (*Rauda* GRUR 2010, 22, 24; Dreier/Schulze/*Schulze*[5] Rn. 16).

d) Unzumutbare Verwertung: Der Überzeugungswandel muss allerdings **zu-   10 sätzlich** dazu führen, dass dem Urheber die Zulassung der weiteren Verwertung des Werkes nicht mehr zugemutet werden kann. Das erfordert eine **Interessenabwägung.** Dieses zusätzliche Erfordernis hat, anders als die ähnliche Voraussetzung der *„berechtigten Interessen des Urhebers"* in § 41 (dort vgl. § 41 Rn. 23), nicht nur die Funktion einer Missbrauchssperre. Während die mangelnde Verwertung eines Werkes stets die berechtigten Interessen des Urhebers zu verletzen pflegt, ist die Zulassung der weiteren Verwertung eines Werkes dem Urheber sehr häufig auch dann noch zuzumuten, wenn seine künstlerische oder wissenschaftliche Überzeugung sich geändert hat. Niemand würde Verständnis dafür haben, wenn Pablo Picasso die weitere Verwertung seiner Bilder aus der *Blauen Periode* in Deutschland mit Hilfe von § 42 hätte sperren wollen, weil er seine künstlerischen Auffassungen inzwischen wiederholt geändert hatte. Vielmehr wird im Streitfall nach **objektiven Maßstäben** zu prüfen sein, ob die im Werk vertretene Auffassung nach dem jetzigen Stand der Wissenschaft oder der Kunstkritik so unhaltbar geworden ist, dass die Fortdauer der Verbreitung den Ruf des Urhebers empfindlich schädigen kann (zustimmend *Rauda* GRUR 2010, 22, 25). Die weitere Verbreitung und sonstige Verwertung eines Werkes, das wissenschaftlich hoffnungslos überholt ist, kann dem Urheber nicht zugemutet werden; bei solchen früheren Werken dagegen, die dem künstlerischen oder persönlichen Ansehen des Urhebers keinen Abbruch tun und die er lediglich heute anders gestalten würde, wenn er sie neu zu schreiben oder zu malen hätte, muss es dagegen bei den einmal abgeschlossenen Verwertungsverträgen bleiben (ebenso *Rauda* GRUR 2010, 22, 25; Dreier/Schulze/*Schulze*[5] Rn. 18). Teilweise wird geltend gemacht, das historische Interesse von Fachleuten und Öffentlichkeit am Nachweis von ggf. starken Brüchen in der Entwicklung des Urhebers müssen in die Interessenabwägung einfließen (so jetzt Schricker/Loewenheim/*Dietz/Peukert*[5] Rn. 25). Das kann nur dann überzeugen, wenn durch den Rückruf ein solcher Nachweis unmöglich gemacht würde. Da insbesondere das Zitatrecht gem. § 51 von § 42 nicht verdrängt wird (vgl. Rn. 33), sollte das die Ausnahme bleiben.

Für die Interessenabwägung kann ferner nicht unberücksichtigt bleiben, wenn   11 der Urheber nur **Nutzungsrechte von bestimmten Inhabern** zurückruft, andere aber bei anderen Inhabern belässt. Auch ist denkbar, dass der Urheber inhaltlich differenziert und nur **bestimmte Nutzungsrechte** vom Inhaber zurückruft. Erfolgt diese Differenzierung willkürlich, also ohne sachlichen Grund, kann das dafür sprechen, dass kein anerkennenswertes Interesse des Urhebers am Rückruf besteht. Jedoch wäre es nicht willkürlich, dass der Urheber einer politischen Fernsehsendung die Rechte zum individuellen Abruf aus dem Internet zurückruft, jedoch die Senderechte nicht, wenn das Senderecht mangels Wiederholung der Sendung kein nennenswertes Nutzungspotenzial mehr hat. Auch darf der Urheber nur bestimmte Nutzungsrechte zurückrufen, wenn das zur Folge hat, dass auch die übrigen Nutzungsrechte (automatisch) an ihn zurückfallen (HK-UrhR/*Kotthoff*[3] Rn. 3; vgl. Rn. 17).

Zur Frage der Zumutbarkeit gehört auch die Prüfung, ob der **Rückruf notwen-   12 dig** ist oder ob nicht vielmehr schon mit Änderungen des Werkes, die beiden

Teilen nach Treu und Glauben zuzumuten sind (§ 39 Abs. 2), den berechtigten Interessen des Urhebers ausreichend gedient sein würde (dem folgend HK-UrhR/*Kotthoff*[3] Rn. 9; Dreier/Schulze/*Schulze*[5] Rn. 18; BeckOK UrhR/*Spautz/Götting*[15] Rn. 8). Der Rückruf, der das vollständige Erlöschen des Nutzungsrechts und damit i. d. R. den Wegfall des ganzen Vertrages zur Folge hat, muss das angemessene Mittel sein, um die persönlich-geistigen Beziehungen des Urhebers zu seinem Werk zu wahren. Reichen dazu Änderungen aus, zu deren Hinnahme der Nutzungsberechtigte bereit ist, so entsteht kein Rückrufsrecht. Erst wenn der Nutzungsberechtigte diese möglichen und ihm zumutbaren Änderungen ablehnt, wird die Zulassung der weiteren Verwertung des Ursprungswerkes für den Urheber seinerseits unzumutbar. Ein Rückruf kann auch deshalb nicht notwendig sein, weil der Urheber sein Werk **pseudonym oder anonym** veröffentlicht hat und es deshalb dem Urheber nicht zugeordnet werden kann; allerdings hindert das den Rückruf nicht generell (*Rauda* GRUR 2010, 22, 25), sondern nur dann, wenn relevante Interessen des Nutzungsrechtsinhabers entgegenstehen.

2. Rückrufsrecht des Rechtsnachfolgers (Abs. 1 S. 2)

13 Der Urheber kennt seine eigene Überzeugung selbst am besten. Es wäre daher misslich, wenn der Rechtsnachfolger (zum Begriff des Rechtsnachfolgers vgl. § 30 Rn. 5 ff.) einen Rückruf wegen gewandelter Überzeugung des Urhebers erklären könnte, zu dem der Urheber selbst keinen Anlass sah. Grundsätzlich soll dem Rechtsnachfolger daher kein Rückrufsrecht aus § 42 zustehen. Abs. 1 S. 2 macht davon nur für zwei Fälle eine – eng auszulegende – **Ausnahme:** Im ersten Fall war der Urheber an der Ausübung des Rückrufsrechts **gehindert**, z. B. weil ihm die Person oder der Aufenthaltsort des Nutzungsberechtigten unbekannt war (RegE UrhG 1962 – BT-Drs. IV/270, S. 62) oder weil er vom Tode überrascht wurde oder weil er geschäftsunfähig war (s. § 104 Nr. 2 und 3 BGB) oder endlich wegen höherer Gewalt (Gefangennahme, politische Absperrung, aber auch Poststreik, Naturkatastrophen usw.). Im zweiten Fall hatte der Urheber die **Ausübung** des Rückrufsrechts noch selbst durch Testament, Erbvertrag oder Auftrag an seinen Anwalt oder sonstigen Bevollmächtigten **angeordnet**.

14 In beiden Fällen muss der Rückruf **sachlich gerechtfertigt** gewesen sein. Schon zu Lebzeiten des Urhebers muss also ein Überzeugungswandel (vgl. Rn. 8 f.) gegeben gewesen sein, der die Unzumutbarkeit der Zulassung einer weiteren Verwertung begründete.

3. Rückrufsgegner

15 Der Rückruf kann **gegenüber jedem Nutzungsrechtsinhaber** erklärt werden. Auf den Erwerbstatbestand kommt es nicht an. Auch gegenüber dem Dienstherrn oder Arbeitgeber kann der Rückruf erklärt werden (Schricker/Loewenheim/*Dietz/Peukert*[5] Rn. 7 m. w. N.; Wandtke/Bullinger/*Wandtke*[4] Rn. 2) . Der Nutzungsrechtsinhaber muss **nicht unbedingt Vertragspartner** des Urhebers sein (allg. M. trotz einer unklaren Formulierung in der Begr RegE UrhG 1962 – BT-Drs. IV/270 S. 62; Nachweise bei Schricker/Loewenheim/*Dietz/Peukert*[5] Rn. 12; Büscher/Dittmer/Schiwy/*Haberstumpf*[3] Rn. 1; HK-UrhR/*Kotthoff*[3] Rn. 3; zu den vertraglichen Konsequenzen des Rückrufs vgl. Rn. 17 f.). Der Vertragspartner ist sogar nicht der richtige Rückrufsgegner, wenn er nicht mehr Inhaber des Nutzungsrechts ist, sondern es weiter übertragen hat (§ 34). Dann muss der Rückruf an den neuen Inhaber gerichtet werden; der Vertragspartner des Urhebers hat allerdings eine Informationspflicht gegenüber dem Urheber, deren Verletzung insbesondere zu Schadensersatzansprüchen des Urhebers führen kann. Auch Inhaber abgeleiteter weiterer Nutzungsrechte (Enkelrechte, Urenkelrechte etc.; vgl. § 35 Rn. 6 ff.) sowie Erben von Nutzungsrechten sind potenzielle Rückrufsgegner. Schließlich kommt es nicht darauf an, welchen

Umfang das dem Rückrufsgegner eingeräumte Nutzungsrecht hat: **ausschließlich oder einfach, räumlich, zeitlich oder inhaltlich unbeschränkt oder beschränkt**. Als Gegenstand des Rückrufs kommen auch **schlichte Einwilligungen z. B. für Online Nutzungen von Suchmaschinen** (*Vorschaubilder*-Rechtsprechung des BGH, vgl. § 97 Rn. 24 f.) in Betracht, die allerdings ohnehin jederzeit widerrufbar sind (Schricker/Loewenheim/*Dietz/Peukert*[5] Rn. 13). Zur willkürlichen Unterscheidung bei Rückrufen durch den Urheber vgl. Rn. 11.

4. Ausübung des Rückrufsrechts

Das Rückrufsrecht wird durch einseitige empfangsbedürftige Willenserklärung **16** (§ 130 BGB) ausgeübt. Durch Zugang beim Empfänger wird der Rückruf wirksam. Das Nutzungsrecht **erlischt** jedoch erst mit Zahlung oder Sicherheitsleistung für die Aufwendungen (Abs. 3 S. 3; vgl. Rn. 24). Ferner zur Ausübung des Rückrufsrechts vgl. § 41 Rn. 38 f.

5. Rechtsfolgen

a) Rückfall des Nutzungsrechts an den Urheber (Abs. 5 i. V. m. § 41 Abs. 5): **17** Der Rückruf bewirkt gem. § 41 Abs. 5 ein **Erlöschen** des Nutzungsrechts **ex nunc** und ein Zurückfallen des Nutzungsrechts an den Urheber (Büscher/Dittmer/Schiwy/*Haberstumpf*[3] Rn. 5; BeckOK UrhR/*Spautz/Götting*[15] Rn. 5; Schricker/Loewenheim/*Dietz/Peukert*[5] Rn. 32; HK-UrhR/*Kotthoff*[3] Rn. 11; genauso allgemein ohne Bezug zu § 42: BGH GRUR 2012, 916 Tz. 19 f. – *M2Trade*; ferner vgl. § 31 Rn. 30), sofern der Urheber die weitere Voraussetzung des Abs. 3 S. 3 erfüllt hat (vgl. Rn. 24). Damit endet auch ein etwa bestehender schuldrechtlicher Vertrag des Urhebers mit dem Rückrufsgegner ebenfalls ex nunc (Büscher/Dittmer/Schiwy/*Haberstumpf*[3] Rn. 5; Schricker/Loewenheim/*Dietz/Peukert*[5] Rn. 33; HK-UrhR/*Kotthoff*[3] Rn. 11). Der Rückruf durch den Urheber bewirkt aber im Regelfall **keinen automatischen Rückfall** sämtlicher vom eingeräumten Nutzungsrecht **abgeleiteter Rechte** (§ 35), also von Enkelrechten, Urenkelrechten etc. (vgl. § 41 Rn. 40 ff.; vgl. § 31 Rn. 34 ff.; im Einzelnen str.). – Sofern trotz wirksamen Rückrufs der Verwerter noch urheberrechtlich relevante Nutzungshandlungen vornimmt, stehen dem Urheber die **Ansprüche nach §§ 97 ff.** zu.

Mit dem Rückruf wird lediglich eine weitere Verwertung des betroffenen Werkes durch den bisherigen Nutzungsberechtigten verhindert, durch welche der **18** Eindruck entstehen könnte, das Werk entspreche auch heute noch seiner Überzeugung. Der Rückruf erfasst damit nicht Sachverhalte, bei denen **keine urheberrechtlich relevante Nutzung** erfolgt. Beispielsweise ist das Verbreitungsrecht (§ 17) an Werkexemplaren erschöpft, die innerhalb der EU bzw. des EWR mit Zustimmung des Berechtigten in Verkehr gesetzt wurden (§ 17 Abs. 2). Deshalb kann der Urheber durch § 42 nicht verhindern, dass einmal in Verkehr gelangte Exemplare seiner Dissertation weiter verbreitet werden, weil das keine urheberrechtlich relevante Nutzung ist (OLG Celle NJW 2000, 1579 – *Dissertationsexemplare*; Schricker/Loewenheim/*Dietz/Peukert*[5] Rn. 14; Dreier/Schulze/*Schulze*[5] Rn. 10). Nicht in Verkehr gesetzte Lagerbestände darf der Verleger allerdings nicht mehr verbreiten, weil dies urheberrechtlich relevant wäre (zu Einzelheiten vgl. § 17 Rn. 29 f.). Nicht von der Erschöpfungswirkung erfasst sind auch Vervielfältigungsrechte nach § 16 und Rechte der öffentlichen Widergabe (§ 15 Abs. 2, §§ 19 bis 22); der Urheber kann also z. B. verhindern, dass sein Werk noch auf einer Internetseite zum Abruf öffentlich zugänglich gemacht wird.

b) Entschädigung des Nutzungsrechtsinhabers (Abs. 3 S. 1 und S. 2): Im Ge- **19** gensatz zu § 41, dessen Abs. 6 eine Entschädigungspflicht des Urhebers nur im Falle der Billigkeit vorsieht, schreibt § 42 Abs. 3 S. 1 eine *unbedingte* Entschädigung des Nutzungsberechtigten vor. **Rechtspolitisch** kann kritisiert werden, dass der Rückruf wegen gewandelter Überzeugung damit in der Regel nur einem Urheber offen steht, der über hinreichende finanzielle Mittel verfügt (so Schricker/Loewenheim/*Dietz/Peukert*[5] Rn. 5). Das erscheint allerdings als gerechtfertigt, wenn man bedenkt, dass der Urheber durch seinen Überzeugungswandel bei einem Verwerter, der auf die vertragsgemäße Nutzung des Werkes vertraut hat, nicht unerheblichen Schaden – insb. in Form nutzloser Aufwendungen – anrichten kann. Die Rspr. wird jedoch darüber zu wachen haben, dass § 42 nicht umgekehrt zu einer Bereicherung des Verwerters auf Kosten des Urhebers eingesetzt wird. – Nach Abs. 3 ist zwischen einer Entschädigung für (nutzlose) **Aufwendungen** (vgl. Rn. 20 ff.) einerseits und einer **weitergehenden Entschädigung** (vgl. Rn. 23) andererseits zu **differenzieren**.

20 Untere Grenze der vom Urheber zu leistenden Entschädigung sind die **Aufwendungen,** die der Nutzungsberechtigte bereits gehabt hat (Abs. 3 S. 2 Hs. 1). Das sind alle baren Auslagen des Verwerters im Zusammenhang mit der Ausübung seines Rechts, also im **Verlagswesen** vor allem Druck- und Werbungskosten, im **Filmwesen** die gesamten **Herstellungs- und Verleihkosten** (s. aber § 90), bei den **Bühnen** die Kosten der Inszenierung und Werbung usw. **Internetplattformen,** die die „user-generated-content" kostenfrei hochladen und kostenfrei öffentlich zugänglich machen, können keinen Aufwendungsersatz für das Löschen verlangen; es ist das Wesen solcher Leistungen, dass sie für die Nutzer kostenfrei sind (*Rauda* GRUR 2010, 22, 26 f.).

21 Allgemeine Verwaltungskosten bleiben jedoch, weil nur schätzbar, insoweit außer Ansatz. Nicht berücksichtigt werden ferner solche Aufwendungen, die auf **bereits gezogene Nutzungen** entfallen (Abs. 3 S. 2 Hs. 2). Die Kosten früherer, bereits vergriffener Auflagen, die Kosten bereits vollständig ausgewerteter Filmkopien, die Kosten einer bereits abgeschlossenen Aufführungsserie bleiben außer Betracht, selbst wenn der Verwerter dabei Verluste erlitten hatte. Entschädigungspflichtig sind also nur Aufwendungen für solche Nutzungen, die noch in der Auswertung sind (Büscher/Dittmer/Schiwy/*Haberstumpf*[3] Rn. 4).

22 Fraglich ist, wie dabei die **bereits gezogenen Teilnutzungen** zu Lasten der Aufwendungen zu berücksichtigen sind. Denkbar ist erstens eine verhältnismäßige Anrechnung, wie sie der Wortlaut von Abs. 3 S. 2 Hs. 2 nahe legt: Befindet sich eine Buchauflage im Vertrieb, so muss der Verleger von den Gesamtaufwendungen denjenigen Teil der Kosten abziehen, der auf die schon verkauften Exemplare entfällt. Bei 3000 hergestellten und 1000 verkauften Exemplaren wären also dem Urheber noch 2/3 der gesamten Druck- und Werbekosten anzulasten. Denkbar ist zweitens die Verrechnung aller Aufwendungen mit allen Erträgnissen, dies allerdings beschränkt auf die jeweilige Auflage, Auswertungsserie usw.: Der Filmhersteller darf nur diejenigen Herstellungs- und Verleihkosten dem Urheber als Aufwendungen in Rechnung stellen, die noch nicht abgedeckt sind. Der Bühnenunternehmer muss die bereits eingespielten Kosten von den Aufwendungen absetzen. Wir halten allein die zweite Lösung für richtig. Die erste wäre nur dort praktisch durchführbar, wo die Aktivitäten des Verwerters klar begrenzt sind. Das trifft scheinbar – für das Buchverlagswesen – zu, wo die Auflagenhöhe feststeht. Wie oft aber Filmkopien eingesetzt, Regiebücher benutzt, Aufführungen veranstaltet werden können, lässt sich nicht vorhersagen. Auch im Buchverlag stimmt das Verhältnis letztlich nicht, weil kein Verleger auf die ganze Auflage kalkuliert. Da die Wirksamwerden des Rückrufs von der Erstattung der Aufwendungen abhängt, müssen diese einfach, schnell und klar feststellbar sein, wenn das Gesetz seinen Zweck soll erfüllen können. Es kommt hinzu, dass die erste Lösung auf einen Schadensersatzanspruch und nicht auf den davon zu trennenden Aufwendungsersatz des Abs. 3 S. 2 hinausliefe; denn der Verwerter würde für die gezogenen Nutzungen so gestellt, wie er ohne den Rückruf gestanden hätte (s. § 249 BGB).

Neben dem Aufwendungsersatz (vgl. Rn. 17 ff.) bleibt dem Nutzungsberechtig- **23**
ten noch ein über den Aufwendungsersatz hinausgehender **Anspruch auf angemessene Entschädigung.** Das kann insbesondere der dem Verwerter entgangenen Gewinn sein, der im Wege der freien Schätzung (§ 287 ZPO) ermittelt
wird (zustimmend BeckOK UrhR/*Spautz/Götting*[15] Rn. 17; Büscher/Dittmer/
Schiwy/*Haberstumpf*[3] Rn. 4; a. A. Schricker/Loewenheim/*Dietz/Peukert*[5]
Rn. 28). Die zusätzliche Entschädigung kann jedoch nach Abs. 3 S. 1 („mindestens") auch ganz ausfallen (dem folgend Dreier/Schulze/*Schulze*[5] Rn. 23), wenn
das der Angemessenheit entspricht. Denn Abs. 3 dient primär als Ausgleich für
nutzlose   Aufwendungen   (Schricker/Loewenheim/*Dietz/Peukert*[5]   Rn. 27;
Dreier/Schulze/*Schulze*[5] Rn. 23). Hier sind auf Seiten des Urhebers die näheren
Umstände seines Überzeugungswandels zu berücksichtigen. Hat der Urheber
etwa das Rückrufsrecht nur deshalb ausgeübt, weil er durch äußere Ereignisse
dazu veranlasst wurde (z. B. sein Werk ist infolge neuer Erkenntnisse überholt),
so ist das bei der Festlegung der Entschädigung zu berücksichtigen und kann
im Einzelfall zu deren völligem Wegfall führen. Im Übrigen ist weitgehend nach
dem allgemeinen Schadensersatzrecht der §§ 249 ff. BGB zu verfahren.

c) Wirksamwerden des Rückrufs mit Zahlung der Aufwendungen (Abs. 3 S. 3): **24**
Der **Rückruf** wird erst **wirksam,** wenn die **Aufwendungen** (nicht etwa die gesamte,
möglicherweise viel höhere Entschädigung, vgl. Rn. 20 ff.) erstattet sind oder für
sie Sicherheit geleistet ist, Abs. 3 S. 3. Der Urheber mag, wenn er die Berechnung
der Aufwendungen durch den Nutzungsberechtigten für unrichtig hält, unter Vorbehalt zahlen oder, was stets zu empfehlen ist, Sicherheit leisten; eines von beidem
muss er jedoch tun, wenn der Rückruf überhaupt wirksam werden soll.

d) Mitteilungsfrist für Aufwendungen (Abs. 3 S. 4): Bis zur Zahlung bzw. Si- **25**
cherheitsleistung ist der bereits erklärte Rückruf schwebend unwirksam. Damit
dieser Schwebezustand vom Nutzungsberechtigten nicht beliebig ausgedehnt
werden kann, schreibt **Abs. 3 S. 4** vor, dass der Berechtigte dem Urheber binnen
einer **Frist von 3 Monaten** nach Erklärung (Zugang) des Rückrufs die Aufwendungen mitgeteilt haben muss; anderenfalls wird der Rückruf ohne Zahlung
oder Sicherheitsleistung wirksam. Die Vorleistungspflicht des Urhebers erlischt
also mit Fristablauf. – Die Mitteilung hat in Form der Rechnungslegung zu
erfolgen (Dreier/Schulze/*Schulze*[5] Rn. 26); die Angabe des Gesamtbetrages genügt nicht, da sich die Verpflichtung des Verwerters zur Vorlage eines vollständigen Verzeichnisses der Aufwendungen und Erträgnisse aus § 259 BGB ergibt.
Anderenfalls bestünde auch die Gefahr, dass der Verwerter zur Angabe überhöhter Gesamtsummen die Forderung und damit nach einer Sicherheitsleistung
motiviert sein könnte, die die Finanzkraft des Urhebers oder seines Rechtsnachfolgers übersteigt und ihn damit praktisch zum Verzicht auf den Rückruf nötigt, ohne dass er die Möglichkeit einer Überprüfung der Angaben des Verwerters hätte. Nach fruchtlosem Ablauf der Frist wird der Rückruf wirksam, der
Urheber bleibt aber zur Entschädigung verpflichtet.

6.   Wiederverwertung des zurückgerufenen Werkes (Abs. 4)

Als zusätzliche Sicherung gegen einen Missbrauch des § 42, z. B. um nach der Lö- **26**
sung einen Vertrag zu günstigeren Bedingungen abzuschließen (RegE UrhG 1962 –
BT-Drs. IV/270, S. 61), verpflichtet Abs. 4 den Urheber, das Werk bei etwaiger
Wiederverwertung (z. B. nach Änderung) dem bisherigen Nutzungsberechtigten
wieder anzubieten. Das Fehlen jeder Befristung der Anbietungspflicht halten wir
für unausgewogen. Selbst der Urheber, der ein Jugendwerk nach gründlicher Überarbeitung im „Reifezustand" nach 20, 30 oder gar 50 Jahren wieder neu publizieren will, bleibt an den Ursprungsverleger gebunden, obwohl er seine weiteren
Werke vielleicht längst anderswo verlegt. Eine Befristung auf 10 Jahre seit dem
Rückruf schlösse einen Missbrauch des Rückrufrechts durch den Urheber aus. –
Der Urheber hat dem früheren Nutzungsrechtsinhaber ein entsprechendes Nut-

zungsrecht anzubieten, allerdings zu angemessenen Bedingungen. Angemessen sind nicht notwendig die früheren Bedingungen. Vielmehr ist eine Veränderung in Umfang oder Inhalt des Werkes oder eine inzwischen eingetretene Steigerung des „Marktwertes" des Urhebers zu berücksichtigen.

27 Die Bestimmung hat nur obligatorischen Charakter. Wenn der Urheber sie nicht beachtet, macht er sich zwar nach § 280 BGB schadensersatzpflichtig; sein etwaiger Vertrag mit einem anderen Verwerter bleibt aber gültig (vgl. Vor §§ 31 ff. Rn. 45 ff.). Unter Umständen haftet auch der zweite Verwerter, wenn er wusste, dass es sich um ein zurückgerufenes Werk handelte (s. den ähnlichen Fall OLG München GRUR 1953, 302 – *Dreigroschenroman I*; BGH GRUR 1959, 331 – *Dreigroschenroman II*).

III. Vertragsrecht: Ausschluss des Vorausverzichtes und des Ausübungsverzichtes (Abs. 2)

28 Der Urheber kann auf das **Rückrufsrecht im Voraus nicht verzichten** (Abs. 2 S. 1). Nach Entstehen des Rückrufsrechts, d. h. nachdem die Voraussetzungen des Abs. 1 vorliegen, kann der Urheber jedoch auf das Rückrufsrecht verzichten. Allerdings kann aufgrund einer weiteren Veränderung der Verhältnisse ein neues Rückrufsrecht entstehen und ausgeübt werden (Dreier/Schulze/*Schulze*[5] Rn. 20; HK-UrhR/*Kotthoff*[3] Rn. 10; BeckOK UrhR/*Spautz/Götting*[15] Rn. 14).

29 Damit sind auch der **Verwirkung** Grenzen gesetzt. Sie ist nur möglich, wenn und soweit auch ein Verzicht zulässig wäre (wie hier Dreier/Schulze/*Schulze*[5] Rn. 22). Erforderlich ist also ein Vertrauenstatbestand auf Seiten des Verwerters, der nicht vorliegt, wenn Rückrufsansprüche noch gar nicht entstanden waren (BGH GRUR 1985, 378, 380 – *Illustrationsvertrag*), also insbesondere noch kein Überzeugungswandel des Urhebers vorlag. Auch kann es den Vertrauenstatbestand zerstören, wenn der Verwerter weiß oder davon ausgehen kann, dass der Urheber sich eine Entschädigung nach Abs. 3 nicht leisten kann. Ferner muss ein hinreichendes Zeitmoment gegeben sein. Seine Bestimmung ist von den Umständen des Einzelfalls abhängig, sollte aber nach 3 bis 5 Jahren Untätigkeit des Urhebers im Regelfall vorliegen. Ein derart langes Zuwarten spricht dann auch gegen eine Unzumutbarkeit, sodass der Verwirkungstatbestand kaum praktische Bedeutung erfahren wird. Zur Verwirkung von Gestaltungsrechten allgemein BGH GRUR 2002, 280, 282 – *Rücktrittsfrist*.

30 Die **Ausübung des Rückrufsrechts** aus § 42 dagegen kann nach Abs. 2 S. 2 gar nicht ausgeschlossen werden. Nach Entstehung des Rückrufsrechts ist zwar ein Verzicht auf dieses möglich, ein vertraglicher Ausschluss der Ausübung, der etwaige neue Rückrufsrechte aufgrund weiterer Veränderungen der Verhältnisse zum Gegenstand hätte, ist aber unwirksam. Hierdurch sollen Vereinbarungen zur Umgehung des Verbots des Vorausverzichts verhindert werden, nämlich solche Vereinbarungen, in denen zwar ein Verzicht auf das Rückrufsrecht vom Urheber noch nicht erklärt ist, in denen er sich jedoch verpflichtet, das Rückrufsrecht niemals auszuüben. – Die Ausübung des Rückrufsrechts kann auch **nicht befristet** ausgeschlossen werden (RegE UrhG 1962 – BT-Drs. IV/270, S. 61). Hier liegt ein Unterschied zu der entsprechenden Vorschrift des § 41 (§ 41 Abs. 4 S. 2; vgl. § 41 Rn. 48 ff.) vor, wonach ein beschränkter (höchstens für 5 Jahre) Ausschluss möglich ist.

IV. Prozessuales

31 Der Urheber muss nach dem Wortlaut der Bestimmung darlegen und ggf. beweisen, dass seine Überzeugung sich gewandelt hat. Dieser **Darlegungs- und**

Beweislast wird er sich allerdings im Regelfalle schon dadurch entledigen können, dass er den Widerspruch zwischen seiner Überzeugung bei Schaffung des Werkes und seiner jetzigen Überzeugung näher darlegt; denn „Überzeugung" ist ein innerer Tatbestand, der kaum der Widerlegung fähig ist. Die bloße Erklärung, jetzt anderen Sinnes geworden zu sein, genügt freilich nicht. Es müssen vielmehr Tatsachen angegeben werden, aus denen sich ergibt, dass der Urheber nunmehr eine andere künstlerische oder wissenschaftliche Auffassung vertritt oder sich durch neue wissenschaftliche Erkenntnisse widerlegt sieht. Das wird meist durch Belegexemplare von anderen, erst in jüngerer Zeit geschaffenen Werken geschehen können. Ein Maler, der in seiner Jugend impressionistisch oder gar romantisch gemalt hat und nunmehr des Glaubens ist, nur die surrealistische Malweise sei Kunst, wird diesen Überzeugungswandel sehr leicht durch den Hinweis auf sein neueres Schaffen unter Beweis stellen können. Eine Begründung oder gar eine Rechtfertigung für die Änderung seiner künstlerischen Auffassung braucht er nicht zu geben. Überzeugungen sind so subjektiv und vielfach, zumal im Bereich der Kunst, so irrational, dass der Zwang zu einer jedermann einleuchtenden, „plausiblen" Begründung unweigerlich zu einer Nivellierung des Geisteslebens und zu einer Herabwürdigung des Genies auf die Stufe des Durchschnittsbürgers führen müsste. – Die Fassung des Abs. 1 S. 2 ist verunglückt. Der **Rechtsnachfolger** braucht nicht etwa in der Rückrufserklärung Beweise für seine Darlegungen anzubieten, geschweige denn zu erbringen; dazu wäre er im Falle eines Zeugenbeweises auch gar nicht in der Lage. Die Bestimmung besagt nur, dass der Rechtsnachfolger im Prozess voll beweispflichtig ist und dass jeder Zweifel zu seinen Lasten geht.

Setzt der Verwerter **nach einem wirksamen Rückruf** seine Nutzungshandlungen **32** fort, kann der Urheber – ggf. gerichtlich – Ansprüche nach §§ 97 ff. stellen, insbesondere auf Unterlassung, Schadensersatz und auf Beseitigung. Kommt es zum Streit über die **Höhe der Aufwendungen** und steht deshalb wegen § 42 Abs. 3 S. 3 die Wirksamkeit des Rückrufs in Frage, kann der Urheber auf Feststellung der Höhe der Aufwendung oder Sicherheitsleistungen klagen; dabei kann auch ein unbezifferter Feststellungsantrag zulässig sein, wenn der Urheber die Berechnungsgrundlagen und einen oberen Rahmen angibt (vgl. § 97 Rn. 126). Es erscheint grundsätzlich **nicht** als **möglich, ohne wirksamen Rückruf** schon auf **Unterlassung** oder Beseitigung (z. B. Löschung aus einer Internetplattform) zu klagen (a. A. wohl *Rauda* GRUR 2010, 22, 27), es sei denn, der Verwerter begründet z. B. im Hinblick auf den Unterlassungsanspruch eine Erstbegehungsgefahr auch für den Fall der Zahlung der Aufwendungen, indem er ein Rückrufsrecht dem Grunde nach vorprozessual ernsthaft bestreitet.

V. Verhältnis zu anderen Vorschriften

1. Verweisung des Abs. 5 auf § 41 Abs. 7 (Weitergeltung anderer Vorschriften)

§ 42 Abs. 5 ordnet eine entsprechende Anwendung des § 41 Abs. 7 an. Dies **33** bedeutet, dass Rechte und Ansprüche der Beteiligten nach anderen gesetzlichen Vorschriften unberührt bleiben. Gemeint sind hiermit insbesondere das Rücktrittsrecht des § 35 VerlG (*Rauda* GRUR 2010, 22, 24; Schricker/Loewenheim/*Dietz*/*Peukert*[5] Rn. 36) und die Rechte aus den §§ 323 bis 326 BGB; eingehend vgl. § 41 Rn. 52. Nach § 12 VerlG darf der Urheber bis zum Ende der Vervielfältigung das Werk ändern, also z. B. die Urheberbezeichnung entfallen lassen oder ein Pseudonym wählen (s. die Kommentierung zu § 12 VerlG). Ferner bleibt dem Urheber die Berufung auf § 13 UrhG und insbesondere das Recht, nicht genannt zu werden, das jedoch nur unter anderen – im Regelfall engeren – Voraussetzungen einen Entfall der Namensnennung erlaubt. Außerdem finden die **Schrankenregelungen** Anwendung. Insbesondere kann der Urheber ein Zitat (§ 51) auch weiterhin nicht verbieten (BeckOK UrhR/*Spautz*/*Götting*[15] Rn. 5; Schricker/Loewenheim/*Dietz*/*Peukert*[5] Rn. 16). Lediglich der Aufnahme des Werkes oder von Teilen davon in Sammlungen für den religiösen Gebrauch kann der Urheber entgegentreten (§ 46 Abs. 4 n. F.; vgl. § 46 Rn. 8).

2. Filmurheber und Leistungsschutzberechtigte; Recht am eigenen Bild

34 Für Filmurherber schließt § 90 einen Rückruf nach § 42 ab Drehbeginn aus. Leistungsschutzberechtigte haben nur dann Rückrufsrechte nach § 42, wenn es eine Verweisung aus Teil 2 auf § 42 gibt. Das gilt für **wissenschaftliche Ausgaben** (§ 70 Abs. 1) und für **Lichtbilder** (§ 72 Abs. 1) wegen der dort angeordneten generellen Anwendbarkeit von Teil 1. Wegen dieser eindeutigen Verweisung erscheint es auch nicht als überzeugend, den Verfassern wissenschaftlicher Ausgaben und Lichtbildner das Recht aus § 42 abzusprechen, weil diese Leistungsschutzrechte (angeblich) nicht hinreichend persönlich geprägt seien (so aber Schricker/Loewenheim/*Dietz*/*Peukert*[5] Rn. 10 f.). Etwaig fehlende persönlichkeitsrechtliche Aspekte werden vielmehr im Rahmen der Zumutbarkeitsprüfung relevant. **Ausübende Künstler** können ebenfalls bei Verträgen ab 1.3.2017 (§ 132 Abs. 3a, Abs. 4) nach § 42 zurückrufen (§ 79 Abs. 2a), für Verträge vom 14.9.2003 bis zum 28.2.2017 bestand ein Rückrufsrecht allerdings nur bei Einräumung von Nutzungsrechten nach § 79 Abs. 2 a. F., nicht bei translativer Übertragung des Leistungsschutzrechts nach § 79 Abs. 1 (vgl. § 79 Rn. 2 ff.). § 42 findet keine analoge Anwendung auf einen Widerruf der Einwilligung in die Nutzung eines Bildnisses nach § 22 KUG; insbesondere können die Entschädigungsregeln des § 42 nicht herangezogen werden (AG Charlottenburg GRUR-RR 2002, 187: nur Schutz Vertrauensschaden gem. § 122 BGB; *Rauda* GRUR 2010, 22, 24; offener wohl Schricker/Loewenheim/*Dietz*/*Peukert*[5] Rn. 2).

§ 42a Zwangslizenz zur Herstellung von Tonträgern

(1) [1]Ist einem Hersteller von Tonträgern ein Nutzungsrecht an einem Werk der Musik eingeräumt worden mit dem Inhalt, das Werk zu gewerblichen Zwecken auf Tonträger zu übertragen und diese zu vervielfältigen und zu verbreiten, so ist der Urheber verpflichtet, jedem anderen Hersteller von Tonträgern, der im Geltungsbereich dieses Gesetzes seine Hauptniederlassung oder seinen Wohnsitz hat, nach Erscheinen des Werkes gleichfalls ein Nutzungsrecht mit diesem Inhalt zu angemessenen Bedingungen einzuräumen; dies gilt nicht, wenn das bezeichnete Nutzungsrecht erlaubterweise von einer Verwertungsgesellschaft wahrgenommen wird oder wenn das Werk der Überzeugung des Urhebers nicht mehr entspricht, ihm deshalb die Verwertung des Werkes nicht mehr zugemutet werden kann und er ein etwa bestehendes Nutzungsrecht aus diesem Grunde zurückgerufen hat. [2]§ 63 ist entsprechend anzuwenden. [3]Der Urheber ist nicht verpflichtet, die Benutzung des Werkes zur Herstellung eines Filmes zu gestatten.

(2) Gegenüber einem Hersteller von Tonträgern, der weder seine Hauptniederlassung noch seinen Wohnsitz im Geltungsbereich dieses Gesetzes hat, besteht die Verpflichtung nach Absatz 1, soweit in dem Staat, in dem er seine Hauptniederlassung oder seinen Wohnsitz hat, den Herstellern von Tonträgern, die ihre Hauptniederlassung oder ihren Wohnsitz im Geltungsbereich dieses Gesetzes haben, nach einer Bekanntmachung des Bundesministers der Justiz im Bundesgesetzblatt ein entsprechendes Recht gewährt wird.

(3) Das nach den vorstehenden Bestimmungen einzuräumende Nutzungsrecht wirkt nur im Geltungsbereich dieses Gesetzes und für die Ausfuhr nach Staaten, in denen das Werk keinen Schutz gegen die Übertragung auf Tonträger genießt.

(4) Hat der Urheber einem anderen das ausschließliche Nutzungsrecht eingeräumt mit dem Inhalt, das Werk zu gewerblichen Zwecken auf Tonträger zu

übertragen und diese zu vervielfältigen und zu verbreiten, so gelten die vorstehenden Bestimmungen mit der Maßgabe, dass der Inhaber des ausschließlichen Nutzungsrechts zur Einräumung des in Absatz 1 bezeichneten Nutzungsrechts verpflichtet ist.

(5) Auf ein Sprachwerk, das als Text mit einem Werk der Musik verbunden ist, sind die vorstehenden Bestimmungen entsprechend anzuwenden, wenn einem Hersteller von Tonträgern ein Nutzungsrecht eingeräumt worden ist mit dem Inhalt, das Sprachwerk in Verbindung mit dem Werk der Musik auf Tonträger zu übertragen und diese zu vervielfältigen und zu verbreiten.

(6) [1]Für Klagen, durch die ein Anspruch auf Einräumung des Nutzungsrechts geltend gemacht wird, sind, sofern der Urheber oder im Falle des Absatzes 4 der Inhaber des ausschließlichen Nutzungsrechts im Geltungsbereich dieses Gesetzes keinen allgemeinen Gerichtsstand hat, die Gerichte zuständig, in deren Bezirk das Patentamt seinen Sitz hat. [2]Einstweilige Verfügungen können erlassen werden, auch wenn die in den §§ 935 und 940 der Zivilprozessordnung bezeichneten Voraussetzungen nicht zutreffen.

(7) Die vorstehenden Bestimmungen sind nicht anzuwenden, wenn das in Absatz 1 bezeichnete Nutzungsrecht lediglich zur Herstellung eines Filmes eingeräumt worden ist.

Übersicht

I. Allgemeines

1. Sinn und Zweck

Wie kein anderes Werk bedarf die Musik der Interpretation, um als Werk in Gänze zu erstehen. Die dadurch entstehenden Variationen bereichern unser Verständnis der zugrundeliegenden Komposition. Breitenwirkung könne diese naturgemäß flüchtigen Interpretationen nur durch die Festlegung auf Tonträgern erhalten. Es ist offensichtlich, dass derjenige Tonträgerhersteller, der sich ein ausschließliches Nutzungsrecht an einem Werk der Musik sichern könnte, versucht wäre, seinen Mitbewerbern die Nutzung eben dieses Werkes mit konkurrierenden Aufnahmen durch restriktive Lizenzvergabe zu erschweren oder

1

unmöglich zu machen (zum kulturellen Aspekt: RAusschuss UrhG 1962 – BT-Drs. IV/3401, S. 11; RegE UrhG 1962 – BT-Drs. IV/270, S. 77; zum kartellrechtlichen Aspekt *Buhrow/Jan Bernd Nordemann* GRUR Int 2005 407, 411; nur für kartellrechtliche Natur *v. Gamm* Rn. 2). Im Interesse der Entfaltung des musikalischen Potentials von Musikstücke verpflichtet § 42a den Urheber auch einem konkurrierenden Tonträgerhersteller ein Nutzungsrecht in Form einer Zwangslizenz einzuräumen. Der Gesetzesbegründung zufolge soll der so eröffnete Wettbewerb zwischen den Tonträgerherstellern auch eine „Vervollkommnung der Tonträger" erzeugen. Dies kann wohl nur so verstanden werden, dass die Perfektionierung der Tonträger ein förderungswürdiges Ziel darstellt, da das musikalische Erlebnis maßgeblich von der Qualität des Tonträgers abhängt (RegE UrhG 1962 – BT-Drs. IV/270, S. 77). Um dieses Recht auch zeitnah effektiv durchzusetzen, wurde durch Abs. 6 S. 2 das Erwirken einstweiliger Verfügungen für die konkurrierenden Tonträgerhersteller erleichtert (RAusschuss UrhG 1962 – BT- Drs. IV/3401, S. 11).

2 Zugleich berücksichtigt die Vorschrift aber auch den Interessen des so in seinem Verfügungsrecht eingeschränkten Urhebers, da die Vorschrift zum einen als Zwangslizenz und nicht als gesetzliche Lizenz ausgeformt ist, zum anderen muss der Urheber die Zwangslizenz nur zu angemessen Bedingungen einräumen. Entscheidend für ihren Fortbestand war die Erwägung des Gesetzgebers von 1965, dass nur im Falle der Zwangslizenz der Urheber die Bedingungen für die Nutzung seines Werkes in angemessenem Rahmen selbst festsetzen könne (RAusschuss UrhG 1962 – BT- Drs. IV/3401, S. 11).

2. Systematische Stellung

3 Ursprünglich stand die Vorgängervorschrift im 7. Abschnitt mit dem Titel „Gesetzliche Nutzungsrechte". Dort hatte der RegE UrhG (in §§ 64 und 65) gesetzliche Lizenzen für die Hersteller von Tonträgern (z. B. Schallplattenproduzenten) und den Rundfunk vorgesehen. Der Bundestag hat auf Vorschlag des Rechtsausschusses die gesetzliche Lizenz des Rundfunks gestrichen und zugleich die vom Entwurf vorgesehene gesetzliche Lizenz der Hersteller von Tonträgern in dem damaligen § 61 zu einer **Zwangslizenz** herabgemildert. Dessen etwas unsystematische Stellung im 6. Abschnitt *Schranken des Urheberrechts* habe den Gesetzgeber in Zusammenhang mit der Umsetzung der EU Info-RL mit dem Gesetzes zur Regelung des Urheberrechts in der Informationsgesellschaft (v. 10.9.2003, BGBl. I S. 1774) ausweislich der Begründung (RegE UrhG Infoges – BT-Drs. 15/38, S. 17) schließlich veranlasst, die Bestimmung ohne jede Veränderung von Text und Inhalt wortgleich in den 5. Abschnitt *Rechtsverkehr im Urheberrecht* zu verpflanzen.

4 Freilich konnte die Vorschrift nicht an ihrer alten Stelle verbleiben, weil Art. 5 Abs. 2 und 3 Info-RL 2001/29/EG einen abschließenden Katalog der zulässigen Ausnahmen und Schranken vorgeben (ErwG 32 Info-RL), der eine solche Zwangslizenz nicht vorsieht. Die Gesetzesbegründung (RegE UrhG Infoges – BT-Drs. 15/38, S. 17) versucht die Beibehaltung der Zwangslizenz damit zu begründen, es handele sich um keine „Ausnahme oder Schranke" im Sinne der Richtlinie. Die Vorschrift greife in das jeweilige Ausschließlichkeitsrecht nicht ein, sondern regele ausschließlich dessen Ausübung, also im Sinne einer Regelung zur Ausübung der Vertragsfreiheit (so auch Schicker/Loewenheim/*Melichar*[4] Rn. 4, Wandtke/Bullinger/*Bullinger*[4] Rn. 1, wie hier Wandtke/Bullinger/*Schaefer*[4] § 85 Rn. 30). Da jedoch die „Teilfrage" eine Beschränkung der Ausübbarkeit als solcher betrifft, handelt es sich durchaus um eine Schrankenbestimmung (Art. 13 Abs. 1 RBÜ bezieht sich auf Vorschriften wie diese und hat sie erst ermöglicht). Die Frage der Richtlinienkonformität des § 42a dürfte indes hinsichtlich der traditionellen Werknutzung bei der Tonträgerherstellung wirtschaftlich kaum eine Rolle spielen, da die Vervielfälti-

gungs- und Verbreitungsrechte der Autoren regelmäßig in die GEMA eingebracht sind und diese einem Kontrahierungszwang unterliegt (§ 34 Abs. 1
VGG, ehemals § 11 Abs. 1 UrhWahrnG).

II. Tatbestand

1. Anwendungsbereich

a) Erschienene Werke der Musik (Abs. 1 S. 1): Die Zwangslizenz bezieht sich   **5**
ausschließlich auf **Werke der Musik** aller Art (ernst, Unterhaltung etc.); s. § 2
Abs. 1 Nr. 2; vgl. § 2 Rn. 122 ff. Die Werke müssen bereits erschienen sein (§ 6
Abs. 2). Dazu reicht jede Form des Erscheinens, auch die Veröffentlichung als
Noten, aus (Dreier/Schulze/*Schulze*[5] Rn. 11). Auch auf Verbindungen i. S. d.
§ 9 von Musik und Sprache wie Liedern, Opern, Operetten, Musicals findet
§ 42a Anwendung. Diese Verbindung von Musik und Text muss nicht von
Anfang an bestanden haben: Auch ein zu einem späteren Zeitpunkt vertonter
Text unterfällt § 42a (Schricker/Loewenheim/*Melichar*[4] Rn. 6). Allerdings
muss die Verbindung ausreichend fest sein: Bei Sprachwerke mit Musikeinlagen
werden nur die Musikeinlagen selbst von der Regelung erfasst (*v. Gamm* § 61
Rn. 4). Entscheidend ist bei der Anwendung der Zwanglizenz auf eine Werkverbindung, dass der Schwerpunkt des Gesamtwerkcharakters auf dem Musikwerk liegt (*Ulmer*, Urheber- und VerlagsR[3] § 76 III 1).

b) Keine Zwangslizenz für Verwendung im Film (Abs. 1 S. 2 Abs. 7): Ein An-   **6**
spruch auf Rechtseinräumung besteht ferner dann nicht, wenn es sich um die
Benutzung zur Filmherstellung handelt. Das Filmherstellungsrecht ist ein Indi-
vidualrecht, das vom Urheber oder dem ausschließlich Nutzungsberechtigten
(z. B. dem Verleger oder dem Bühnenvertrieb) ohne gesetzlichen Eingriff und
nach freier Entscheidung vergeben oder verweigert werden soll (zuletzt BGH
GRUR 2006, 319, 320 f. – *Alpensinfonie* m. w. N.). Weil dieses Recht, selbst
wenn es sich in Übereinstimmung mit der *Alpensinfonie*-Entscheidung des
BGH regelmäßig um eine abspaltbare Nutzungsart des Vervielfältigungsrechts
nach § 16 handelt, jedenfalls nicht mit der Einräumung von Verbreitungsrechten an einen Tonträgerhersteller einhergeht (sondern allenfalls an einen Filmhersteller), lässt die Einräumung eines Nutzungsrechts aus den §§ 16 Abs. 2,
17 an einen Filmproduzenten keine Zwangslizenz anderer Film- oder Tonträgerhersteller entstehen, ebenso wenig wie ein Filmhersteller sich auf § 42a berufen kann, selbst wenn schon Tonträgeraufnahmen des Werkes im Handel
sind (Abs. 7). Dabei ist es gleichgültig, ob es sich um einen sog. Kinofilm oder
um einen Fernsehfilm (§ 88 Abs. 1 Nr. 3 und 4), um ein Filmwerk (§ 2
Abs. Nr. 6) oder um Laufbilder handelt, da „Film" vom Gesetzgeber als Oberbegriff verwendet wurde (vgl. Vor §§ 88 ff. Rn. 1). Hat der Erstlizenzvertrag
jedoch jeweils als getrennte Lizenzgegenstände die Nutzung der Musik zur
Filmherstellung wie zur separaten Tonträgerherstellung zum Gegenstand, führt
dies zur Anwendung der Zwangslizenz (ebenso Schricker/Loewenheim/*Melichar*[4] Rn. 19).

c) Einschränkung des Anwendungsbereiches durch Abs. 1 S. 1 Hs. 2/§ 34   **7**
Abs. 1 VGG: Da die Zwangslizenzregelung nicht gilt, wenn die Rechte bereits
durch die GEMA wahrgenommen werden, steht die praktische Bedeutung der
Vorschrift in umgekehrtem Verhältnis zu ihrem Wortreichtum. Sie gilt nur für
solche Komponisten und Texter, die keiner VG angehören (Abs. 1 S. 1 Hs. 2);
denn das Repertoire der VGen steht der Schallplattenindustrie ohnehin über
den Abschlusszwang zur Verfügung (§ 34 Abs. 1 VGG). Da fast alle Länder,
deren Staatsangehörige in der Bundesrepublik Urheberschutz genießen (§ 121),
VGen haben, deren Repertoire die GEMA in der Bundesrepublik vertritt, wird

§ 42a außerordentlich selten praktisch relevant, gerade weil er nicht für Rechte nach § 19a UrhG gilt.

8 Die §§ 22a ff. LUG haben in fünfundfünfzigjähriger Geltungsdauer niemals zu einer höchstrichterlichen Entscheidung geführt und auch der damalige § 61 erst im Dezember 1997, fast 32 Jahre nach Inkrafttreten des UrhG, erstmals den Bundesgerichtshof beschäftigt hat (BGH GRUR 1998, 376 – *Coverversion*). Offensichtlich hat schon das Bestehen einer gesetzlich angeordneten Zwangslizenz für sich allein genügt, Konflikte gar nicht erst entstehen zu lassen. Für den verbleibenden Anwendungsbereich der Bestimmung könnte es angesichts der ausgeführten Situation (vgl. Rn. 4) allenfalls zum Streit kommen, falls sich einzelne Musikverlage im Zuge der gegenwärtigen Debatte über die kollektive Rechtewahrnehmung in Europa entschließen sollten, ihre Rechte der GEMA zu entziehen, um sie selbst (oder über eine unabhängige Verwertungseinrichtung i. S. d. § 4 VGG) wahrzunehmen, was aber im Bereich der hier allein in Rede stehenden „mechanischen Rechte" kaum zu erwarten ist. Ein Lizenzangebot über eine ausländischen Verwertungsgesellschaft dagegen löst ohne weiteres die Ausnahmewirkung des Abs. 1 S. 1 aus. Ob und inwieweit die Zwangslizenz politisch notwendig oder wünschenswert ist, was in der Vergangenheit jedenfalls nie streitig wurde (RegE UrhG Infoges – BT-Drs. 15/38, S. 17; Dreier/Schulze/*Schulze*[5] Rn. 1; Schricker/Loewenheim/*Melichar*[4] Rn. 1; *Schmid/Wirth/Seifert*[2] Rn. 2; Diskussion über Abschaffung des Art. 13 RBÜ WIPO 30.8.1996 Art. 6 des Dok. CRNR/DC/4; Schricker/ Loewenheim/*Melichar*[4] Rn. 4; *Reinbothe/v. Lewinski*, Chapter 3 Rn. 3, 8), spielt dann keine Rolle, wenn die gegenwärtige Regelung, wie hier vertreten, geltendem EU-Recht widerspricht.

9 **d) Örtliche Einschränkung der Zwangslizenz auf Deutschland (Abs. 2 und 3):** Gem. § 42a Abs. 3 sowie dem Wortlaut von Art. 13 RBÜ wirkt die Zwangslizenz territorial auf die Bundesrepublik Deutschland begrenzt. Ein Export von Vervielfältigungsstücken ist darüber hinaus nur in Staaten zulässig, in denen das Werk keinen Schutz in Bezug auf das mechanische Recht (mehr) besitzt (dies folgt aus der Entscheidung EuGH GRUR Int. 1989, 319 – *Schutzfristenunterschiede*). Die Zwangslizenz ist auch nicht durch EU-Recht auf das Gebiet anderer EU-Staaten anzuwenden (zur kritischen Frage der Richtlinienkonformität vgl. Rn. 3): Die Gegenseitigkeitsregel des Abs. 2 hat aufgrund bisher fehlender Bekanntmachung des Bundesjustizministeriums hat noch keine praktische Relevanz.

10 **e) Vorhergehende Rechtseinräumung eines Nutzungsrechtes:** Voraussetzung für die Geltendmachung des Lizenzanspruches ist, dass der Urheber schon einem anderen Hersteller ein Nutzungsrecht an dem Werk eingeräumt hat. Der Begriff des **Tonträgerherstellers** im Sinne dieser Bestimmung entspricht dem des § 85. Auch für den Fall, dass der Urheber sein Werk selbst auf Tonträgern vervielfältigt und verbreitet, scheidet eine Zwangslizenz aus. Die Vereinbarung mit dem anderen Tonträgerhersteller muss wirksam zustande gekommen sein. Musikverleger wie sonstige Dritte zählen nicht dazu, da ausweislich der Gesetzgebungsmaterialien nur hinsichtlich Tonträgerherstellern die Gefahr von Monopolstellungen gesehen wird (ebenso wie schon zu Einführung des § 22 LUG: RegE UrhG 1962 – BT-Drs. IV/270, S. 77; HK-UrhR/*Dreyer*[3] Rn. 9).

11 Des Weiteren muss es sich um ein **Nutzungsrecht** aus § 16 Abs. 2 (Vervielfältigung durch Aufnahme auf Tonträger) und aus § 17 (Verbreitungsrecht) handeln. Ob ein einfaches oder ausschließliches Nutzungsrecht eingeräumt wurde (§ 31 Abs. 2 und 3), ist an sich gleichgültig; im letzteren Falle richtet sich der Anspruch lediglich gegen den anderen Hersteller, statt wie sonst gegen den Urheber (Abs. 4). § 42a ändert § 31 Abs. 3 also in einem gewissen Sinne ab: Ein volles ausschließliches Nutzungsrecht aus § 16 Abs. 2 zur gewerblichen

Nutzung gibt es für die von § 42a betroffenen Werke nicht. Nur eine ausschließliche Nutzung zu nichtgewerblichen, also etwa zu politischen, wohltätigen oder sonstigen ideellen Zwecken ist denkbar, weil sie keine Zwangslizenz zur Folge hat.

f) Keine Zwangslizenz bei Rückruf: Ein Anspruch auf Rechtseinräumung entfällt, wenn der Urheber das Werk wegen gewandelter Überzeugung zurückgerufen hat und die Voraussetzungen des § 42 tatsächlich vorliegen (Abs. 1 S. 1 Hs. 2; vgl. § 42 Rn. 5 ff.). Der Rückruf wegen Nichtausübung (§ 41) oder das Recht der anderweitigen Verwertung nach § 40a beeinträchtigt die Zwangslizenz jedoch nicht, da § 42a ihn nicht erwähnt. **12**

g) Berechtigter: Berechtigter ist nur ein gewerbsmäßiger Tonträgerhersteller (Abs. 1 S. 1), wobei freilich nicht der Hersteller der zur Aufnahme bestimmten Materialien, sondern der Hersteller von Aufnahmen auf Tonträgern gemeint ist. Der Hersteller muss Wohnsitz oder Niederlassung in der Bundesrepublik haben oder in einem Lande ansässig sein, mit dem die Gegenseitigkeit verbürgt ist (Abs. 1 S. 1 und Abs. 2). **13**

Der Tonträgerhersteller muss einen Sitz in Deutschland haben, entweder i. S. d. Hauptniederlassung (§§ 13–13c HGB, § 17 ZPO) oder den Wohnsitz (§ 7 BGB). Häufig haben ausländische Verwertungsgesellschaften mit der GEMA Gegenseitigkeitsverträge geschlossen, sodass ein ausländischer Tonträgerhersteller über seine nationale Verwertungsgesellschaft die erforderlichen Rechte erwerben kann. Der Kreis der Berechtigten ist im Lichte des Diskriminierungsgebotes des Art. 12 EGV auszulegen. **14**

Im Zuge des 3. UrhRÄndG 1995 hat der Gesetzgeber die fremdenrechtlichen Vorschriften (§§ 120 ff) dahingehend angepasst, dass den inländischen Unternehmen die Unternehmen mit Sitz in anderen EU bzw. EWR-Ländern gleichzustellen sind (RegE ÄndG 1995 – BT-Drs. 13/781, S. 11; Wandtke/Bullinger/*v. Welser*[4] § 120 Rn. 1; Dreier/Schulze/*Schulze*[5] § 120 Rn. 8). **15**

h) Verpflichteter: Der Urheber ist zur Nutzungseinräumung verpflichtet. Bei dem Urheber kann es sich um einen Musiker, Textautor oder Bearbeiter handeln. Möglich ist auch, dass der Urheber sein Nutzungsrecht ausschließlich einem Dritten einräumt. Dann ist der Dritte zum Abschluss einer Zwangslizenz verpflichtet (meist Verleger). Dem Verleger muss dann im Verlagsvertrag das ausschließliche Recht eingeräumt werden, im Zweifel gilt § 37 Abs. 2. **16**

2.   Rechtsfolge

a) Anspruchsinhalt: Einräumung eines Nutzungsrechts: § 42a begründet kein Nutzungsrecht, sondern nur einen **Anspruch auf Einräumung** eines solchen, der notfalls gerichtlich durchsetzbar ist (BGH GRUR 1998, 376, 378 – *Coverversion* unter Hinweis auf *Ulmer*, Urheber- und VerlagsR[3] S. 337 und *Schack*, Urheber- und UrhebervertragsR[4] Rn. 790), in Eilfällen auch im Wege einstweiliger Verfügung (Abs. 6 S. 2; BGH a. a. O.). Ohne Vertrag oder gerichtliche Entscheidung ist die Nutzung als Urheberrechtsverletzung zu qualifizieren (BGH a. a. O.). **17**

Der Anspruch geht auf Einräumung eines Nutzungsrechtes mit dem gleichen Inhalt wie der Erstlizenzvertrag. Der Inhalt des Erstlizenzvertrages ist dabei jedoch definiert durch Abs. 1 S. 1: er umfasst Übertragung (§ 16 Abs. 2), Vervielfältigung (§ 16 Abs. 1) und das Verbreitungsrecht (§ 17 Abs. 1). Diese drei Rechte können nur als Bündel eingeräumt werden, ein isolierter Erwerb sei auf Grundlage der Zwangslizenz nicht möglich (BeckOK UrhR/*Lindhorst*[16] Rn. 3; HK-UrhR/*Dreyer*[3] Rn. 12 Schricker/*Melichar*[3] Rn. 10; ungenau: *Schmid/ Wirth/Seifert*[2] Rn. 3). Daraus ergibt sich, dass eine Übertragung anderer Nut- **18** zungsarten als diese drei genannten nicht aufgrund der Zwangslizenz erzwungen werden kann. Es handelt sich um einfache Nutzungsrechte (§ 31 Abs. 2).

19 Privilegiert ist daher nur die Herstellung von Werkträger, die ausschließlich Töne enthalten. Nicht unter die Tonträger fallen die Speicherkarten von Handys, die Nutzung als Handy-Klingelton ist eine eigenständige Nutzungsart, die der Zwangslizenz nicht unterliegt (OLG Hamburg MMR 2006, 315 – *Handyklingelton II*). Die Nutzung im Rahmen von Filmen ist bereits ausdrücklich durch Abs. 7 ausgeschlossen; vgl. Rn. 6. Ein Bearbeitungsrecht (§ 23) steht dem von § 42a begünstigten Tonträgerhersteller ebenfalls nicht zu. Ein Recht zur genehmigungslosen Änderung gibt es nur in den engen Grenzen des § 39 Abs. 2.

20 Die Zwangslizenz erfasst nur das Werk, sie erstreckt sich weder auf eine bereits vorhandene Musikaufnahme noch auf die Interpretationen ausübender Künstler. § 42a ist nicht in der Verweisliste des § 79 Abs. 2a enthalten.

21 **b) Zwangslizenzvergabe zu angemessenen Bedingungen:** Der Anspruch ist begrenzt auf die Einräumung der Zwangslizenz zu angemessenen Bedingungen. Die Angemessenheit der Bedingungen ist im Streitfall Gegenstand der richterlichen Festsetzung (§ 287 Abs. 2 ZPO). Dabei ist es praktisch die Aufgabe des Richters, den gesamten Vertragsinhalt festzusetzen, da jede Klausel das Gleichgewicht von Leistung und Gegenleistung berührt. Als Maßstab sind zunächst die Bedingungen heranzuziehen, die der freiwilligen Rechtseinräumung an den ersten Tonträgerhersteller zugrunde gelegen haben, ferner die üblichen Bedingungen, d. h. diejenigen, die in gleichartigen Fällen von der GEMA tarifmäßig festgesetzt sind (zu Nachweisen vgl. § 97 Rn. 94). Damit der Hersteller nicht bis zur rechtskräftigen Erledigung eines etwaigen Prozesses um die Angemessenheit der Bedingungen von der Herstellung und dem Vertrieb des Werkes ausgeschaltet bleibt, sieht Abs. 6 S. 2 gewisse prozessuale Erleichterungen vor (RAusschuss UrhG 1962 – BT- Drs. IV/3401, S. 11).

22 **c) Änderungsverbot und Quellenangabe:** Das **Änderungsverbot** des § 39 galt für die Bestimmung schon an ihrem bisherigen Regelungsort (gem. § 62 Abs. 1). Der Hersteller darf also das Werk nur unwesentlich kürzen, den Text nicht verändern oder mit anderen Werken verbinden oder bei Sprach- und Musikwerkverbindungen den Text gar weglassen oder dem Werk durch eine andere Instrumentierung oder Auswechseln von Stimmen einen abweichenden musikalischen Charakter geben (Dreier/Schulze/*Schulze*[5] Rn. 17; Wandtke/Bullinger/*Bullinger*[4] Rn. 25; Schricker/Loewenheim/*Melichar*[4] Rn. 15). Allerdings ist der interpretatorische Spielraum bei Coverversionen regelmäßig sehr groß (BGH GRUR 1998, 376 – *Coverversion*; weiterführend *Schulz* FS Hertin S. 213).

23 Aufgrund der neuen systematischen Stellung ist das ausdrückliche Gebot der umfassenden Quellenangabe (§ 63 Abs. 1 a. F.) auf § 42a nicht mehr anwendbar gewesen mit der Folge, dass nur noch der Anspruch auf Urhebernennung nach § 13 bestand (Dreier/Schulze/*Schulze*[5] Rn. 18; HK-UrhR/*Dreyer*[2] Rn. 24). Im Rahmen des der Novelle zum „2. Korb" wurde über einen neuen S. 2 § 63 für entsprechend anwendbar erklärt (RegE 2. Korb – BT-Drs. 16/1828, S. 25).

III. Prozessuales

1. Klage

24 Kommt eine Vereinbarung nicht zustande, muss der Anspruch mit der Klage auf Abgabe einer Willenserklärung nach § 894 ZPO eingeklagt werden. Die Passivlegitimation richtet sich nach der Art des eingeräumten Nutzungsrecht: Bei einfachem Nutzungsrecht ist der Urheber der richtige Klagegegner, bei Einräumung eines ausschließlichen Nutzungsrechtes richtet sich der Anspruch hingegen gegen den Inhabers des abgeleiteten Rechtes.

2. Gerichtsstand

Gerichte i. S. d. Abs. 6 sind das AG München und das LG München I, im **25** Übrigen richtet sich die Zuständigkeit nach §§ 38 ff. ZPO. Für einstweilige Verfügungen bleibt nach wie vor neben diesen Gerichten das Gericht am Sitz des Berechtigten zuständig, da das durchzusetzende Lizenzrecht sich dort im Sinne des § 919 ZPO „befindet".

3. Einstweilige Verfügung (Abs. 6 S. 2)

Zur effektiven Durchsetzung des Anspruches auf Lizenzeinräumung wird der **26** Erlass einer einstweiligen Verfügung durch die gesetzliche Vermutung der Tatsache der Dringlichkeit (§§ 935, 940 ZPO) erleichtert. Um diese Regelung im Rahmen des nur summarischen Einstweiligen Rechtschutzverfahren zugunsten der Tonträgerindustrie auszugleichen, wird die Lizenz möglicherweise nur gegen entsprechende Sicherheitsleistung (§ 921 Abs. 2 S. 2 ZPO) zumindest in Teilhöhe der angemessenen Vergütung zu vergeben sein (Anlehnung an den ehemaligen § 11 Abs. 2 UrhWahrnG, jetzt § 37 VGG; Schricker/Loewenheim/ *Melichar*[4] Rn. 20; OLG GRUR 1994, 118, 119 – *Beatles CD's*). Im Falle der Lizenzverweigerung seitens der GEMA kommt eine analoge Anwendung des Abs. 6 S. 2 auch auf den Bereich des ehemaligen § 11 Abs. 1 UrhWahrnG, jetzt § 34 Abs. 1 VGG, in Betracht (OLG München GRUR 1994, 118, 119 – *Beatles CD's*; LG München *Erich Schulze* LGZ 215).

§ 43 Urheber in Arbeits- oder Dienstverhältnissen

Die Vorschriften dieses Unterabschnitts sind auch anzuwenden, wenn der Urheber das Werk in Erfüllung seiner Verpflichtungen aus einem Arbeits- oder Dienstverhältnis geschaffen hat, soweit sich aus dem Inhalt oder dem Wesen des Arbeits- oder Dienstverhältnisses nichts anderes ergibt.

Übersicht

I. Allgemeines

1. Sinn und Zweck der Norm, systematische Stellung im Gesetz

1 § 43 ist eine merkwürdige Vorschrift. Nach ihrem Wortlaut verheißt sie eigentlich nichts Überraschendes: Auch in Arbeits- oder Dienstverhältnissen soll das
allgemeine Urhebervertragsrecht zur Anwendung kommen. Tatsächlich verbirgt sich dahinter jedoch das glatte Gegenteil: An allen in Erfüllung der Verpflichtungen aus einem Arbeits- oder Dienstverhältnis geschaffenen Werken
stehen die **Nutzungsrechte grundsätzlich dem Arbeitgeber oder Dienstherrn so
weit zu, wie er sie für die betriebliche Verwertung benötigt**; das ist die Anwendung der Zweckübertragungslehre aus § 31 Abs. 5 in ihrer wohl am weitesten
zugunsten des Verwerters gehenden Form (Einzelheiten vgl. Rn. 27 ff.). Die
Vorschrift sollte deshalb gelegentlich aus Gründen der Rechtsklarheit der Le-
benswirklichkeit angepasst werden und besser lauten:
*Hat der Urheber ein Werk in Erfüllung seiner Verpflichtungen aus einem Ar-
beits- oder Dienstverhältnis geschaffen, so stehen dem Arbeitgeber oder
Dienstherrn daran die Nutzungsrechte zu, soweit er sie für die betriebliche
Verwertung des Werkes benötigt.*

2 Die Sonderregelung des § 43 betrifft **nur das Urhebervertragsrecht.** Alle übrigen Bestimmungen des UrhG bleiben auch für in Arbeits- oder Dienstverhältnissen geschaffene Werke einschränkungslos anwendbar. Dies gilt insbesondere
für § 7: Derjenige, der ein Werk in Erfüllung seiner Verpflichtungen aus einem
Arbeits- oder Dienstverhältnis erschafft, bleibt grundsätzlich der Urheber seines Werkes (so schon ausdrücklich die Begründung zum UrhG-Entwurf vom
23. März 1962, abgedruckt bei *Marcel Schulze*, Mat. UrhG § 43 S. 138; s. a.
BGH GRUR 2011, 59, 60 Tz. 10 – *Lärmschutzwand*; Dreier/Schulze/*Dreier*[5]

Rn. 1; Loewenheim/*Axel Nordemann*[2] § 13 Rn. 1, § 63 Rn. 5; Schricker/Loewenheim/*Rojahn*[5] Rn. 5; Wandtke/Bullinger/*Wandtke*[4] Rn. 4; Bisges/*Bisges* Kap. 1 Rn. 301 und 352). Die Vorschrift ist durch das Gesetz zur Stärkung der vertraglichen Stellung von Urhebern und ausübenden Künstlern vom 22. März 2002 nicht verändert worden, obwohl es entsprechende Vorschläge gab; auch der die angemessene Vergütung sowie die Bestsellervergütung betreffende Teil des Urhebervertragsrechts in den §§ 32–32b sind daher im Prinzip zugunsten von Urhebern in Arbeits- und Dienstverhältnissen anwendbar (Loewenheim/ *Axel Nordemann*[2] § 63 Rn. 4 und Rn. 65 ff. sowie unten vgl. Rn. 51a, 59 ff.).

Urheber, die aufgrund eines Arbeits- oder Dienstverhältnisses in **gesicherten**   **3** **Einkommensverhältnissen** leben, sind nicht im gleichen Maße schutzbedürftig wie freie Urheber. Die soziale Funktion des Urheberrechts, den Urhebern ihren Lebensunterhalt zu verschaffen und ihre Existenz zu sichern, ist bei Urhebern in Arbeits- oder Dienstverhältnissen deshalb auch zurückgedrängt, sie sind nicht ohne weiteres „tunlichst an dem wirtschaftlichen Nutzen zu beteiligen, der aus ihren Werken gezogen wird", weil ihr Lebensunterhalt in der Regel bereits durch das Arbeits- oder Dienstverhältnis gesichert wird (so schon *Ulmer*, Urheber- und VerlagsR[1] S. 31 sowie RegE UrhG 1962 – BT-Drs. IV/270, S. 61 ff.; OLG Hamm GRUR-RR 2016, 188, 190 – *Beachfashion*; im Übrigen Loewenheim/*Axel Nordemann*[2] § 13 Rn. 3, § 63 Rn. 2 f.; *Schack*, Urheber- und UrhebervertragsR[7] Rn. 1113 f.).

Nicht übersehen werden darf ferner die **Sonderregelung in § 69b**, nach der –   **4** weiter einschränkend als durch § 43 – bei **Computerprogrammen**, die von einem Arbeitnehmer oder Dienstverpflichteten in Wahrnehmung seiner Aufgaben oder nach den Anweisungen seines Arbeitgebers oder Dienstherrn geschaffen werden, sämtliche ausschließlichen Verwertungsrechte auf den Arbeitgeber oder Dienstherrn übergehen (Einzelheiten vgl. § 69b Rn. 11, 13 ff.).

2. Früheres Recht

§ 43 entspricht im Wesentlichen dem schon zu Zeiten von LUG und KUG   **5** geltenden Recht, wo anerkannt war, dass der Arbeitgeber oder Dienstherr die für seine Zwecke erforderlichen Nutzungsrechte gegebenenfalls stillschweigend auf der Basis des Arbeitsvertrages oder des Beamtenverhältnisses eingeräumt erhielt (RegE UrhG 1962 – BT-Drs. IV/270, S. 61 ff.; *Ulmer*, Urheber- und VerlagsR[3] S. 31 und 118; *Allfeld*[2] § 2 LUG Rn. 2 S. 69). Zwar war teilweise vertreten worden, dass das Urheberrecht auch originär beim Arbeitgeber oder Dienstherrn entstehen könne (so beispielsweise *Elster*[2] § 12 Rn. 2 S. 110); dies hatte sich jedoch nicht durchgesetzt (*Ulmer*, Urheber- und VerlagsR[3] S. 118; *Allfeld*[2] § 2 LUG Rn. 2 S. 69). Lediglich in dem Sonderfall, dass eine juristische Person des öffentlichen Rechts als Herausgeber ein Werk veröffentlichte, dessen Urheber nicht angegeben war, erwarb diese originär das Urheberrecht am Werk gem. §§ 3 LUG oder 5 KUG. Diese Sonderbestimmungen haben jedoch keinen Eingang in das UrhG gefunden (dazu im Übrigen RegE UrhG 1962 – BT-Drs. IV/270, S. 61 f.), sondern wurden durch § 141 Nr. 1 und 2 aufgehoben, sodass sie heute auch für vor dem Inkrafttreten des UrhG veröffentlichte Werke nicht mehr anwendbar sind (Loewenheim/*Axel Nordemann*[2] § 13 Rn. 5).

3. EU-Richtlinien

Das bislang ohnehin nur stückweise in der Europäischen Union harmonisierte   **6** Urheberrecht (vgl. Einl. UrhG Rn. 37 ff.) hat zum Urhebervertragsrecht und somit auch unter Bezugnahme auf Urheber in Arbeits- oder Dienstverhältnissen nur im Hinblick auf eine Werkart eine Harmonisierung erfahren: Art. 2 Abs. 3 der Software-RL gibt vor, dass der Arbeitgeber zur Ausübung aller wirtschaftlichen Rechte an dem Computerprogramm berechtigt sein soll, wenn ein Computerprogramm von einem Arbeitnehmer in Wahrnehmung seiner Aufgaben oder nach den Anweisungen seines Arbeitgebers geschaffen und keine anderweitige vertragliche Regelung getroffen wurde (Walter/*v. Lewinsky* § 2 Software-RL Rn. 21 ff.). Diese Vorgabe hat der deutsche Gesetzgeber unter Erweiterung auf die Dienstverhältnisse in § 69b umgesetzt (Einzelheiten dort vgl. § 69b Rn. 3). Auch die Datenbank-RL sollte ursprünglich eine entsprechende Vorgabe enthalten (Walter/*v. Lewinsky* vor Art. 1 Datenbank-RL Rn. 6); da die dann verabschiedete Datenbank-RL jedoch keine solche Bestimmung enthielt, kennt auch das deutsche Recht zu Datenbanken weder in § 4 noch in §§ 87a ff. Sonderregelungen für Arbeits- oder Dienstverhältnisse. Gerade im Hinblick auf das verwandte Schutzrecht aus § 87a wäre dies auch nicht notwendig, weil Inhaber des verwandten Schutzrechtes ohnehin der Datenbankhersteller, mithin derjenige, der die Investition in die Datenbank vorgenommen hat (was regelmäßig der Arbeitgeber oder Dienstherr sein wird), ist (§§ 87b Abs. 1, 87a Abs. 2; Einzelheiten vgl. § 87b Rn. 33).

4. Internationales Urheberrecht

7 Auch wenn streitig ist, ob RBÜ und WUA zugunsten des Arbeitnehmers festschreiben, dass er stets als Urheber anzusehen ist und nicht etwa der Arbeitgeber (dafür: *Wilhelm Nordemann/Vinck/Hertin* Art. 2 RBÜ Rn. 7 und Art. I WUA Rn. 5; dagegen: Schricker/Loewenheim/*Rojahn*[5] Rn. 4), enthält doch keine der internationalen Konventionen RBÜ, WUA oder TRIPS Regelungen über das Urhebervertragsrecht (zur RBÜ: *Wilhelm Nordemann/Vinck/Hertin* Art. 14/14bis RBÜ Rn. 10) und mithin auch nicht im Regelungsbereich von § 43. Vielmehr ist bei internationalen Sachverhalten in Anwendung der allgemeinen Grundsätze des internationalen Privatrechts zu bestimmen, welches Vertragsstatut und damit auch welches Urhebervertragsrecht welchen Landes auf die Fallgestaltung anzuwenden ist (*Wilhelm Nordemann/Vinck/Hertin* Einl. Rn. 27; Einzelheiten vgl. Vor §§ 120 ff. Rn. 65, 82 ff.). Insbesondere dann, wenn eine ausländische Rechtsordnung wie beispielsweise die der USA über deren „work-made-for-hire"-Doktrin für Werke, die in Arbeits- oder Dienstverhältnissen geschaffen werden, den Arbeitgeber oder Dienstherrn zum originären Urheber erklärt und somit auch das Urheberrecht vollständig dem Arbeitgeber oder Dienstherrn zuordnet, kann es im Einzelfall schwierig sein, zu bestimmen, wie weit sich das US-amerikanische Vertragsstatut mit seiner „work-made-for-hire"-Doktrin gegenüber den Grundsätzen des deutschen Urhebervertragsrechts durchsetzt und wo nicht; § 43 dürfte davon wegen der viel weitgehenderen Rechtseinräumung im Falle des „work-made-for-hire" ebenso verdrängt werden wie das früher gültige Verbot der Einräumung von Nutzungsrechten an noch unbekannten Nutzungsarten gem. § 31 Abs. 4 a. F., während die Bestimmungen über die angemessene Vergütung und die weitere Beteiligung des Urhebers gem. §§ 32, 32a auch im Falle des „work-made-for-hire" und einer Anwendbarkeit des US-amerikanischen Vertragsstatuts gem. § 32b zwingend anwendbar bleiben (Einzelheiten vgl. § 32b Rn. 2 ff., 19 ff. sowie bei *Wilhelm Nordemann/Jan Bernd Nordemann* FS Schricker II S. 473, 474 ff.; zum „work-made-for-hire" *Nimmer* § 5.03 [B]; Nimmer/Geller/*Nimmer* § 4 [1] [6]; *Goldstein* § 5.2.1.4.; *Dowd* § 13:18).

II. Tatbestand

8 § 43 ist auf Werke anwendbar, die in Erfüllung von *Verpflichtungen* aus einem *Arbeits- oder Dienstverhältnis* entstanden sind. Darüber hinaus regelt die Norm den *Umfang der Nutzungsrechtseinräumung* und hat schließlich auch Auswirkungen auf den Anspruch des Urhebers auf Bezahlung einer angemessenen *Vergütung.*

1. Arbeits- oder Dienstverhältnis

a) Arbeitsverhältnis: In entsprechender Anwendung der arbeitsrechtlichen Recht-   9
sprechung und herrschenden Meinung zu § 611 BGB ist **Arbeitnehmer, wer aufgrund eines privatrechtlichen Arbeitsverhältnisses weisungsgebunden und in
persönlicher Abhängigkeit von einem Arbeitgeber zur fremdbestimmten Arbeitsleistung gegen Entgelt verpflichtet ist** (BAG NJW 2004, 461, 462; BAG NJW
2003, 3365, 3366; Palandt/*Weidenkaff*[77] Einf. v. § 611 Rn. 7; Wandtke/Bullinger/
Wandtke[4] Rn. 5). Ob es sich um Arbeiter oder Angestellte handelt, ist für § 43 irrelevant; die Bestimmung gilt für alle Arbeitnehmer, die mit einem Arbeitgeber durch
einen Arbeitsvertrag gem. § 611 BGB verbunden sind. Da allerdings arbeitnehmerähnliche Personen im Sinne von § 12a TVG oder freie Mitarbeiter nicht in einem vergleichbar einem Arbeitnehmer gesicherten Abhängigkeitsverhältnis stehen
und deshalb von der Schutzwürdigkeit her betrachtet eher mit freien Urhebern zu
vergleichen sind (vgl. Rn. 3), gilt § 43 für diese nicht (Dreier/Schulze/*Dreier*[5]
Rn. 8; Loewenheim/*Axel Nordemann*[2] § 63 Rn. 7; Schricker/Loewenheim/*Rojahn*[5] Rn. 16 f. und 18; Wandtke/Bullinger/*Wandtke*[4] Rn. 9 f. und 12, s. a. BGH
GRUR 2005, 860, 862 – *Fash 2000* zu § 69b). Für Scheinselbständige kann
§ 43 ohnehin nicht gelten, weil diesen durch die Annahme eines Arbeitsverhältnisses gerade ein besonderer Schutz zukommen soll, der durch eine Anwendbarkeit
von § 43 aber wieder aufgehoben werden würde; wer als Arbeitgeber einen
Scheinselbständigen beschäftigt, muss folgerichtig das Risiko tragen, für urheberrechtlich relevante Leistungen die erforderlichen Nutzungsrechte zu erwerben
und eine angemessene Vergütung für die Verwertung zu bezahlen (gl. A. Dreier/
Schulze/*Dreier*[5] Rn. 8; a. A. Wandtke/Bullinger/*Wandtke*[4] Rn. 12).

Als **Arbeitsverhältnisse** i. S. v. § 43 sind ferner die Ausbildungsverhältnisse (§§ 5   10
Abs. 1 ArbGG, 5 Abs. 1 BetrVG) sowie auch die Beschäftigungsverhältnisse der
Arbeiter und Angestellten im öffentlichen Dienst aufzufassen, weil auch sie ihrem
öffentlichen Arbeitgeber durch ein Arbeitsverhältnis gem. § 611 BGB verbunden
sind (Loewenheim/*Axel Nordemann*[2] § 63 Rn. 8; Schricker/Loewenheim/*Rojahn*[5] Rn. 10; *Schaub*[14] § 184 Rn. 1). Schließlich sind zwar Geschäftsführer und
Vorstände juristischer Personen gem. §§ 5 Abs. 1 ArbGG und 5 Abs. 2 Nr. 1
BetrVG keine Arbeitnehmer. Sie sind jedoch im Rahmen von § 43 wie Arbeitnehmer zu behandeln, da sie aus gesicherten Einkommensverhältnissen heraus schöpferisch für das Unternehmen, deren Geschäftsführer oder Vorstand sie sind, tätig
werden, sodass sie vom Schutzbedürfnis her eher dem Arbeitnehmer vergleichbar
sind als einem freien Urheber (Loewenheim/*Axel Nordemann*[2] § 63 Rn. 9; s. a.
OLG Jena GRUR-RR 2002, 379, 380 – *Rudolstädter Vogelschießen*), wo allerdings die Anwendbarkeit von § 43 auf einen Geschäftsführer offen bleibt); da Geschäftsführer oder Vorstände regelmäßig über ein erheblich höheres Einkommen
als „normale" Arbeitnehmer verfügen, muss § 43 auf diese „erst recht" anwendbar sein.

b) Dienstverhältnis: § 43 meint mit dem Dienstverhältnis nicht den Dienstvertrag   11
im Sinne von § 611 BGB (das sind die Arbeitsverhältnisse im Sinne der Vorschrift),
sondern die öffentlich-rechtlichen Dienstverhältnisse der Beamten im Sinne von
§§ 3 Abs. 1, 8 Abs. 1 BeamtStG (Dreier/Schulze/*Dreier*[5] Rn. 7; Loewenheim/*Axel
Nordemann*[2] § 63 Rn. 10; Schricker/Loewenheim/*Rojahn*[5] Rn. 10, 19 f.;
Wandtke/Bullinger/*Wandtke*[4] Rn. 14). § 43 gilt damit für alle Beamten, die
Dienstbezüge und Versorgung erhalten, wie beispielsweise Beamte auf Lebenszeit,
auf Probe, auf Widerruf, Polizeivollzugsbeamte, politische Beamte, Beamte im Ru-
hestand, beamtete Professoren oder beamtete wissenschaftliche und künstlerische
Mitarbeiter von Hochschulen; die Vorschrift gilt auch für Richter und Soldaten
(Einzelheiten bei Loewenheim/*Axel Nordemann*[2] § 63 Rn. 10 f.).

Angestellte und Arbeiter im öffentlichen Dienst unterfallen dem Begriff des   12
Arbeitsverhältnisses; für sie gilt § 43 damit ebenfalls (oben vgl. Rn. 10).

2. Verpflichtung aus dem Arbeits- oder Dienstverhältnis

13 § 43 gilt nicht für alle Werke, die ein Arbeitnehmer oder Beamter schafft, sondern nur für solche, die auch auf seine Verpflichtungen aus dem Arbeits- oder Beamtenverhältnis zurückgehen; das, was der Arbeitnehmer oder Beamte ohne Zusammenhang mit seinen Verpflichtungen aus dem Arbeits- oder Dienstverhältnis in der Freizeit oder freiwillig schafft, fällt nicht in den Anwendungsbereich von § 43.

14 a) **Allgemeines:** Es besteht keine Vermutung, dass ein Werk, das ein Arbeitnehmer oder Beamter geschaffen hat, auch in Erfüllung der Verpflichtungen aus dem Arbeits- oder Dienstverhältnis entstanden ist. Nicht entscheidend ist ferner, ob der Arbeitsvertrag ausdrücklich eine Verpflichtung zu schöpferischer Tätigkeit enthält, ob der Arbeitnehmer oder Beamte auf Arbeitsmittel oder Ressourcen seines Arbeitgebers oder Dienstherrn zurückgegriffen hat, oder wo und wann das Werk geschaffen wurde; der Arbeitnehmer kann insbesondere **auch zuhause oder nachts** für seinen Arbeitgeber im Anwendungsbereich von § 43 schöpferisch tätig sein (OLG Nürnberg ZUM 1999, 656, 657 – *Museumsführer*; KG ZUM 1998, 167 – *Softwareentwickler im Arbeitsverhältnis*; Loewenheim/Axel *Nordemann*[2] § 63 Rn. 14; Schricker/Loewenheim/*Rojahn*[5] Rn. 23; Wandtke/Bullinger/*Wandtke*[4] Rn. 20; *Wandtke* GRUR 1999, 390, 391 f.). Nicht entscheidend ist ferner der subjektive Wille des Arbeitnehmers oder Beamten; § 43 enthält eine objektive Auslegungsregel, die auch dann anwendbar ist, wenn der Urheber ausschließlich für sich und nicht für seinen Arbeitgeber oder Dienstherrn tätig werden wollte (Schricker/Loewenheim/*Rojahn*[5] Rn. 23). **Maßgeblich** ist nur, ob das Werkschaffen des Arbeitnehmers oder Beamten **zu seinem Aufgabenbereich im Rahmen des Arbeits- oder Dienstverhältnisses** gehört im Sinne eines inneren Zusammenhanges zwischen arbeits- oder dienstvertraglicher Pflichterfüllung und dem Werkschaffen (BGH GRUR 2001, 155, 157 – *Wetterführungspläne*; OLG München ZUM-RD 2000, 8, 12 – *TESY-M2*; KG ZUM 1998, 167 – *Softwareentwickler im Arbeitsverhältnis*; KG ZUM-RD 1997, 175, 178 f. – *POLDOK*; Loewenheim/*Axel Nordemann*[2] § 63 Rn. 14; *Wandtke* GRUR 1999, 390, 392; auch vgl. § 69b Rn. 4). Schließlich ist der Anwendungsbereich von § 43 nur für solche Werke eröffnet, die während der Dauer des Arbeits- oder Dienstverhältnisses geschaffen werden. Für Werke, die der Urheber vor Eintritt in das Arbeitsverhältnis oder nach seiner Beendigung geschaffen hat, besteht weder ein Anspruch des Arbeitgebers auf Nutzungsrechtseinräumung noch auf unentgeltliche Nutzung; für solche Werke gilt vielmehr das allgemeine Urhebervertragsrecht (BGH GRUR 1985, 129, 130 – *Elektrodenfabrik*; Wandtke/Bullinger/*Wandtke*[4] Rn. 21).

15 b) **Arbeitsverhältnisse:** Wer in einem **schöpferischen Beruf** als Angestellter tätig ist wie etwa als angestellter Architekt, Designer, Filmregisseur, Programmierer, Fotograf, Werbetexter oder Journalist, wird regelmäßig seine Werke in Erfüllung einer Verpflichtung aus dem Arbeitsverhältnis erbringen, sodass der innere Zusammenhang zwischen Verpflichtung aus dem Arbeitsverhältnis und Werkschaffen regelmäßig problemlos festzustellen sein wird. Anders ist dies freilich bei den nicht kreativen Angestellten solcher Branchen: Ein Kabelträger oder Bühnenarbeiter, die Telefonistin, der Hardware-Techniker oder auch die Verlagsjustitiarin werden regelmäßig nicht dazu verpflichtet sein, kreativ in Bezug auf die Branchenerzeugnisse, die ihr Arbeitgeber regelmäßig hervorbringt, tätig zu werden. Dass auch diese Personen in den Anwendungsbereich von § 43 fallende Werke schaffen, ist gleichwohl nicht ausgeschlossen: Wenn beispielsweise die Verlagsjustitiarin in einer von ihrem Arbeitgeber herausgegebenen Tageszeitung einen Artikel über den Diskussionsstand einer anstehenden Urheberrechtsreform publiziert, kann dies von ihren arbeitsvertraglichen Pflichten umfasst sein; erst recht gilt dies, wenn sie ein Muster für einen Verlagsvertrag entwirft.

Ist ein Arbeitnehmer in einer **Branche** tätig, in der er in seinem Aufgabenbe-   **16**
reich **üblicherweise keine schöpferischen Leistungen** erbringt, beispielsweise im
produzierenden Gewerbe, in Handwerksbetrieben, bei Banken und Versicherungen, Behörden und vergleichbaren Unternehmen, kommt es jeweils darauf
an, wofür der Arbeitnehmer beschäftigt worden ist: Ein Installateur oder ein
Autoschlosser werden kaum dazu verpflichtet sein, schöpferisch tätig zu werden, während dies bei einem bei einer Bank angestellten Programmierer oder
einem angestellten Werbedesigner eines Einzelhandelsunternehmens normalerweise sehr wohl der Fall ist. So fiel beispielsweise die Entwicklung eines Computerprogramms durch den Leiter der Gruppe „Wettertechnik" eines Bergbau-
unternehmens oder durch einen Mitarbeiter der Treuhandanstalt in ihre
jeweiligen arbeitsvertraglichen Verpflichtungen (BGH GRUR 2001, 155, 157 –
Wetterführungspläne; KG ZUM 1998, 167 – *Softwareentwickler im Arbeitsverhältnis*). Wenn aber etwa die Kassiererin in einem Kaufhaus eine Sammlung
von Liebesgedichten schreibt, die Telefonistin in einem Anwaltsbüro einen
Song für die Warteschleife komponiert, der dann zum Hit wird oder der Hardware-Techniker eines Verlagsunternehmens eine Comicfigur mit dazugehörigen
Geschichten schafft, fällt dies aus den jeweiligen Verpflichtungen aus dem Arbeitsverhältnis heraus. Dazu auch vgl. Rn. 23.

c) Dienstverhältnisse: Im Bereich der Dienstverhältnisse ist zu unterscheiden   **17**
zwischen dem „normalen" Beamten und dem Hochschulbereich. Während Be-
amte regelmäßig unter § 43 fallen, gilt dies für den Hochschulbereich nur ausnahmsweise (vgl. Rn. 21).

Im Gegensatz zu den Arbeitsverhältnissen, bei denen die vertraglichen Vereinba-   **18**
rungen für die Bestimmung der Verpflichtungen des Arbeitnehmers maßgeblich
sind, definiert sich der Anwendungsbereich von § 43 bei **Beamten** aus ihrem **Aufgabenbereich**, der im Rahmen der dienstrechtlichen Vorschriften des öffentlichen
Rechts durch das übertragene Amt und die Funktion des Beamten bestimmt wird
und durch die Anweisungen seines Dienstherrn (§ 3 Abs. 2 BBG) weiter konkretisiert wird (BGH GRUR 2011, 59, 60 Tz. 14 – *Lärmschutzwand*; OLG München
ZUM-RD 2000, 8, 12 – *TESY-M2*; OLG Nürnberg ZUM 1999, 656, 657 – *Museumsführer*; s. a. Schricker/Loewenheim/*Rojahn*[5] Rn. 28). Ein Richter, der Urteile
und Beschlüsse verfasst, der Pressesprecher einer Behörde oder eines Gerichts, der
Pressemitteilungen entwirft, der Katasterbeamte, der Karten zeichnet, der Mitarbeiter eines Bauamtes, der Bebauungspläne zeichnen und für Dienstgebäude Entwürfe fertigen muss oder der Ministerialbeamte, der Gesetze, Verordnungen und
Erlasse entwirft, wird in seinem allgemeinen Aufgabenbereich schöpferisch tätig.
Gehört es nicht zum allgemeinen Aufgabenbereich eines Beamten, urheberrechtlich relevante Werke zu schaffen, kann sich die Anwendbarkeit von § 43 dennoch
aus einer konkreten Aufgabe ergeben, weil auch dann die schöpferische Tätigkeit
im Rahmen des Dienstverhältnisses erbracht wurde (Loewenheim/*Axel Nordemann*[2] § 63 Rn. 18; a. A. OLG Nürnberg ZUM 1999, 656, 657; Dreier/Schulze/
Dreier[5] Rn. 11, Schricker/Loewenheim/*Rojahn*[5] Rn. 29): Der Kommissar, der Fotos vom Tatort eines Verbrechens macht, weil der Polizeifotograf nicht verfügbar
ist oder der Ministerialbeamte, der in seiner Funktion mit organisatorischen Aufgaben betraut ist, aber beispielsweise den Auftrag erhält, eine Stellungnahme des
Ministeriums zu einem Gesetzentwurf zu fertigen, wird im Rahmen einer konkreten Aufgabenbestimmung schöpferisch tätig, sodass auch auf diese Werke § 43 anwendbar ist.

Zu beachten ist gleichwohl, dass die meisten der von Beamten geschaffenen   **19**
Werke **amtliche Werke** gem. § 5 UrhG sind, sodass sie, wenn es sich um Gesetze, Verordnungen, Erlasse und Bekanntmachungen sowie Entscheidungen
und amtlich verfasste Leitsätze zu Entscheidungen handelt, von vornherein gemeinfrei sind (§ 5 Abs. 1) oder die, wenn es sich um andere amtliche Werke

handelt, die im amtlichen Interesse zur allgemeinen Kenntnisnahme bestimmt sind, mit Veröffentlichung gemeinfrei werden (§ 5 Abs. 2). Bei den „anderen" amtlichen Werken im Sinne von § 5 Abs. 2 behalten die Beamten bis zum Zeitpunkt des Eintrittes der Gemeinfreiheit ihre Urheberstellung und die sich daraus ergebenen Rechte, die allerdings durch das Wesen des Dienstverhältnisses beschränkt sein können (BVerfG GRUR 1999, 226, 228 f. – *DIN-Normen*).

20 Wird der Beamte **aus eigener Initiative** tätig oder fällt das Werkschaffen aus dem (allgemeinen oder konkret zugewiesenen) Aufgabenbereich des Beamten heraus, unterfällt das geschaffene Werk selbst dann nicht § 43, wenn es den Interessen des Dienstherrn dient: So musste ein beamteter Museumsleiter beispielsweise im Rahmen seines Aufgabenbereiches keinen umfangreichen, wissenschaftlich fundierten Museumsführer verfassen und behielt deshalb sämtliche Rechte daran ebenso wie ein Beamter der Deutschen Bundespost/Telekom, der lediglich beim Bereitstellen von Datenverarbeitungs-Anwendungen mitzuwirken gehabt, aber eigenständig neue Programme erarbeitet hatte (OLG Nürnberg ZUM 1999, 656, 657 – *Museumsführer*; OLG München ZUM-RD 2000, 8, 12 – *TESY-M2*).

21 **Wissenschaftliche und künstlerische Arbeiten von Hochschullehrern** und anderen beamteten wissenschaftlichen oder künstlerischen Mitarbeitern von Hochschulen sind ihrem privaten Bereich zuzuordnen, weil es nicht zu ihren Dienstpflichten gehört, schöpferische Leistungen zu erbringen; sie forschen, publizieren und werden künstlerisch tätig vielmehr in freier und eigenverantwortlicher Stellung (BGH GRUR 1991, 523, 525 – *Grabungsmaterialien*; s. a. *Heermann* GRUR 1999, 468, 472 und 475; Loewenheim/*Axel Nordemann*[2] § 63 Rn. 21; Wandtke/Bullinger/*Wandtke*[4] § 43 Rn. 40). Eine Ausnahme gilt nur für Lehrmaterial, das Professoren an Fernuniversitäten zu erstellen haben (*Kraßer/Schricker* S. 113; Schricker/Loewenheim/*Rojahn*[5] Rn. 131). Aus der **Wissenschaftsfreiheit** gem. Art. 5 Abs. 3 GG folgt zugleich auch, dass Hochschullehrer und wissenschaftliche sowie künstlerische Mitarbeiter an Hochschulen Werke, die sie während der Dienstzeit und unter Inanspruchnahme universitärer Personal- und Sachmittel erstellt haben, der Hochschule auch nicht zur Nutzung anbieten müssen (*Heermann* GRUR 1999, 468, 472; Loewenheim/*Axel Nordemann*[2] § 63 Rn. 21; Schricker/Loewenheim/*Rojahn*[5] Rn. 131; *Hirschfelder* MMR 2009, 444, 446 ff.; *Pflüger/Ertmann* ZUM 2004, 436, 440: Anbietungspflicht setzt gesetzliche Regelung voraus; s. a. A. BGH GRUR 1991, 523, 525 – *Grabungsmaterialien*: Anbietungspflicht als nachwirkende Treuepflicht; zur Anbietungspflicht im Einzelnen vgl. Rn. 25).

22 Ein **Assistent**, der Zuarbeiten für einen Hochschullehrer leisten muss, wird, wenn er schöpferisch tätig wird, Miturheber neben dem Hochschullehrer; auch er profitiert von der Wissenschaftsfreiheit gem. Art. 5 Abs. 3 GG, sodass sein Werkbeitrag ebenfalls nicht dem Dienstherrn gehört (Loewenheim/*Axel Nordemann*[2] § 63 Rn. 22; Schricker/Loewenheim/*Rojahn*[5] Rn. 132). Gehört allerdings die Schaffung bestimmter Werke zu den universitären Aufgaben, kann es auch im Universitätsbereich Werke geben, auf die § 43 anwendbar ist (Schricker/Loewenheim/*Rojahn*[5] Rn. 132), beispielsweise im Fall von Prüfungsklausuren oder dann, wenn das Ziel und die Aufgabe einer besonders geschaffenen Stelle eines Universitätsinstitutes darin lag, ein bestimmtes Werk zu erstellen und zu publizieren (LG Köln ZUM 2000, 597, 598 – *Multiple-Choice-Klausuren*; KG ZUM-RD 1997, 175, 179 – *POLDOK*).

23 **d) Freizeitwerke:** Als Freizeitwerke bezeichnet man solche **Werke, die ein Arbeitnehmer oder Dienstverpflichteter in seiner Freizeit schafft, ohne dass er hierzu aus seinem Arbeits- oder Dienstverhältnis verpflichtet wäre.** Solche Werke sind immer frei und verbleiben vollständig beim Urheber; der Arbeitgeber erhält daran weder Nutzungsrechte eingeräumt noch besitzt er insoweit ein Zugriffsrecht. Beispiele: Der angestellte Rechtsanwalt schreibt ein Liebesgedicht, der angestellte Designer malt ein Ölgemälde für seine Frau zum Geburtstag, ein Ministerialbeamter komponiert einen Popsong. Dazu auch vgl. Rn. 16.

e) Freiwillige Werke: Von den Freizeitwerken zu unterscheiden sind die soge- **24** nannten freiwilligen Werke: Während bei Freizeitwerken wie erläutert weder ein Zusammenhang mit einer Verpflichtung aus dem Arbeits- oder Dienstverhältnis noch eine betriebliche Verwendbarkeit gegeben ist, fehlt bei einem freiwilligen Werk zwar ebenfalls die Verpflichtung aus dem Arbeits- oder Dienstverhältnis, ein solches Werk zu schaffen; im Unterschied zu den Freizeitwerken ist das freiwillige Werk jedoch im Arbeitsbereich des Arbeitgebers oder Dienstherrn verwendbar bzw. könnte ihm Konkurrenz machen. In der Literatur wird deshalb in diesen Fällen diskutiert, ob eine Anbietungspflicht des Arbeitnehmers oder Beamten besteht (Dreier/Schulze/*Dreier*[5] Rn. 23 ff.; Loewenheim/ *Axel Nordemann*[2] § 63 Rn. 25 ff.; Schricker/Loewenheim/*Rojahn*[5] Rn. 100 ff.; Wandtke/Bullinger/*Wandtke*[4] Rn. 30 ff.). Es ist zu **differenzieren:**

Hat der Arbeitnehmer oder Beamte das Werk zwar freiwillig, also außerhalb **25** seiner arbeits- oder dienstvertraglichen Verpflichtungen geschaffen, jedoch **während seiner Arbeitszeit** oder **mit Mitteln des Arbeitgebers** oder Dienstherrn, wird man normalerweise von einer **Anbietungspflicht** ausgehen müssen, weil das Werk dann mit Hilfe der wirtschaftlichen Ressourcen des Arbeitgebers oder Dienstherrn entstanden ist; als Ausfluss der arbeitsrechtlichen oder dienstrechtlichen Treuepflicht wird der Arbeitgeber oder Dienstherr dann auch eine Einräumung der für die Verwendung notwendigen Nutzungsrechte verlangen können, wenn er das geschaffene Werk für seine betrieblichen oder dienstlichen Zwecke verwenden kann. Da man aber in solchen Fällen nicht davon ausgehen kann, dass die Nutzungsrechtseinräumung vom Arbeitsentgelt oder den Dienstbezügen umfasst war, weil keine Verpflichtung zur Schaffung des Werkes aus dem Arbeits- oder Dienstverhältnis bestand, hat der Arbeitnehmer oder Beamte hierfür einen gesonderten Vergütungsanspruch (OLG München ZUM-RD 2000, 8, 12 – *TESY-M2*). Bei der Bemessung der Vergütung kann der Grad der Inanspruchnahme der Ressourcen des Arbeitgebers berücksichtigt werden.

Wenn der Arbeitnehmer oder Beamte ein solches Werk jedoch unter **Einsatz** **26** **seiner privaten Mittel** und **außerhalb seiner Arbeitszeit** geschaffen hat, besteht grundsätzlich **keine Anbietungspflicht.** Denn es fehlt sowohl an der arbeits- oder dienstvertraglichen Verpflichtung als auch an der Inanspruchnahme der wirtschaftlichen Ressourcen des Arbeitgebers oder Dienstherrn. Lediglich dann, wenn die freie Verwertung eines solchen Werkes in unmittelbare Konkurrenz zu den von dem Arbeitgeber vermarkteten Werken treten könnte, kann im Einzelfall ein Verwertungsverbot aus der arbeitsrechtlichen Treuepflicht folgen (vgl. § 69b Rn. 8). Denkbar wäre dies beispielsweise bei einem angestellten Hardware-Techniker, der in seiner Freizeit ein Konkurrenzprogramm zu der Software seines Arbeitgebers geschaffen hat. Die Grenzziehung kann jedoch im Einzelfall schwierig sein: Der angestellte Toningenieur eines Musikproduzenten wird sicherlich in seiner Freizeit eigene Songs komponieren und verwerten dürfen, ohne dass der Arbeitgeber darauf Einfluss hätte.

3. Umfang der Nutzungsrechtseinräumung

a) Grundsatz: § 43 erklärt zwar die allgemeinen urhebervertragsrechtlichen Be- **27** stimmungen auch im Bereich der Arbeits- und Dienstverhältnisse für grundsätzlich anwendbar, schränkt dies jedoch für die Fälle ein, in denen sich aus dem Wesen des Arbeits- oder Dienstverhältnisses etwas anderes ergibt. Wie bereits einleitend erläutert, ist dies nicht der Ausnahmefall, sondern die Regel: **Hat der Arbeitnehmer oder Beamte ein Werk in Erfüllung seiner Verpflichtun-**

gen aus dem Arbeits- oder Dienstverhältnis geschaffen, folgt aus dem Wesen des Arbeits- oder Dienstverhältnisses, dass der Arbeitgeber oder Dienstherr die für die betriebliche Verwertung notwendigen Nutzungsrechte erhält (vgl. Rn. 1; s. a. LG Köln ZUM 2008, 76, 77). § 43 stellt insoweit eine besondere Ausprägung der Zweckübertragungslehre des § 31 Abs. 5 dar (dort vgl. § 31 Rn. 108 ff.; im Übrigen Dreier/Schulze/*Dreier*⁵ Rn. 20; Loewenheim/*Axel Nordemann*² § 63 Rn. 31; Wandtke/Bullinger/*Wandtke*⁴ Rn. 55; Schricker/Loewenheim/*Rojahn*⁵ Rn. 51). Das durch die Reform 2016 neu eingefügte Recht zur anderweitigen Verwertung nach 10 Jahren bei pauschaler Vergütung gem. § 40a gilt im Arbeitsverhältnis nicht, weil das Arbeitsentgelt mit einer Pauschalvergütung nicht vergleichbar ist und der Arbeitgeber regelmäßig das volle wirtschaftliche Risiko trägt (vgl. § 40a Rn. 39 und RegE UrhG 2016 – BT-Drs. 18/8625 S. 30). Die Regelung in § 40a Abs. 4, nach der zum Nachteil des Urhebers von § 40a u. a. nur durch einen Tarifvertrag abgewichen werden kann, betrifft daher nur arbeitnehmerähnliche Personen gem. § 12a TVG, für die aber § 43 ohnehin nicht gilt (vgl. Rn. 40).

28   b) **Arbeitsverhältnisse:** Im Bereich der Arbeitsverhältnisse ist zu unterscheiden zwischen Einzelarbeitsverträgen und Tarifverträgen.

29   aa) **Einzelverträge mit ausdrücklicher Rechteklausel:** Enthält ein Arbeitsvertrag eine ausdrückliche Rechteklausel, d. h. eine Bestimmung, in der die Nutzungsrechte, die der Arbeitnehmer dem Arbeitgeber einräumt, ausdrücklich einzeln bezeichnet und näher spezifiziert werden, bedarf es für die Frage der Nutzungsrechtseinräumung keines Rückgriffs auf § 43. Der sich aus § 43 ergebende Auslegungsgrundsatz, dass der Arbeitgeber die Nutzungsrechte erhält, die er zur betrieblichen Verwertung benötigt, ist **erst dann** heranzuziehen, **wenn Zweifel** bleiben, die Nutzungsrechtseinräumung also auslegungsbedürftig ist. Dies ist immer dann der Fall, wenn sie zu pauschal gehalten ist (vgl. § 31 Rn. 109, 174) oder Unklarheiten verbleiben. Selbstverständlich ist sie auch und gerade dann anwendbar, wenn der Arbeitsvertrag überhaupt keine Nutzungsrechtseinräumung enthält.

30   bb) **Einzelverträge ohne oder mit auslegungsbedürftiger Rechteklausel:** Immer dann, wenn trotz einer im Arbeitsvertrag enthaltenen Rechteklausel ein Auslegungsbedürfnis verbleibt, Unklarheiten bestehen geblieben sind oder der Arbeitsvertrag gar keine Rechteklausel enthält, ist eine konkludente Nutzungsrechtseinräumung dann anzunehmen, wenn der Arbeitnehmer in Erfüllung seiner Verpflichtung aus dem Arbeitsverhältnis schöpferisch tätig wird, dem Arbeitnehmer bekannt ist, dass die Werke für die Nutzung durch den Arbeitgeber bestimmt sind und sein Arbeitsentgelt auch schöpferisches Tätigwerden berücksichtigt (LG Düsseldorf ZUM-RD 2008, 556, 558). Der Arbeitgeber erhält unter diesen Voraussetzungen spätestens mit der Übergabe des Werkes durch den Arbeitnehmer alle diejenigen Nutzungsrechte eingeräumt, die er **für seine betrieblichen Zwecke** benötigt (BGH GRUR 1974, 480, 482 f. – *Hummelrechte*; OLG Hamburg GRUR 1977, 556, 558 – *Zwischen Marx und Rothschild*; KG GRUR 1976, 264, 265 – *Gesicherte Spuren*; Dreier/Schulze/*Dreier*⁵ Rn. 19 und 20; Loewenheim/*Axel Nordemann*² § 63 Rn. 31; Schricker/Loewenheim/*Rojahn*⁵ Rn. 51; Wandtke/Bullinger/*Wandtke*⁴ Rn. 55). Dies gilt auch im Rahmen von Altverträgen, die in der DDR geschlossen wurden und für die § 20 UrhG-DDR galt (BGH GRUR Int. 2001, 873, 875 f. – *Barfuß ins Bett*). Maßgebend ist danach der Betriebszweck im Zeitpunkt des Rechteübergangs, und zwar so weit, wie er dem Arbeitnehmer bekannt ist; denn nur dann kann ein unzweifelhaft eindeutiger beiderseitiger Parteiwille unterstellt werden, die Nutzungsrechte für die betrieblichen Zwecke einzuräumen (zur Feststellung des beiderseitigen Parteiwillens BGH GRUR 1998, 680, 682 – *Comic-Übersetzungen* m. w. N.). Nicht von der Nutzungsrechtseinräumung für die betrieblichen Zwecke des Arbeitgebers umfasst ist deshalb, was der Arbeitgeber vielleicht zukünftig ebenfalls tun könnte oder vorstandsintern schon plant, sowie eine spätere Umstellung oder Erweiterung auf eine andere Branche und einen anderen Betrieb, für den der Arbeitnehmer nicht tätig ist (Dreier/Schulze/*Dreier*[5] Rn. 20; Loewenheim/*Axel Nordemann*[2] § 63 Rn. 31; Schricker/Loewenheim/*Rojahn*[5] Rn. 53 f.; Wandtke/Bullinger/*Wandtke*[4] Rn. 59).

Der **Betriebszweck** bestimmt auch, wie weit die Nutzungsrechtseinräumung in **31** **räumlicher, zeitlicher und inhaltlicher** Hinsicht ausgestaltet ist (§ 31 Abs. 1 S. 2): Der Verleger einer Lokalzeitung erhält Nutzungsrechte nur für sein lokales Verbreitungsgebiet, bei einer parallelen Internetausgabe allerdings auch für diese Zwecke, das Einzelhandelsunternehmen von seinem Angestellten Designer bei Produktgestaltungen, entworfenen Logos sowie Betriebs- und Geschäftsausstattungen die Nutzungsrechte dauerhaft und ausschließlich auch über die Region oder Deutschland hinaus, wenn das Unternehmen auf Expansion angelegt ist, oder das Architekturbüro an den Entwürfen seiner angestellten Architekten nicht nur das Vervielfältigungsrecht für die Planung und Fertigstellung des Bauwerkes, sondern auch für die Eigenwerbung mit dem fertig gestellten Bauwerk sowie das Bearbeitungsrecht für spätere Änderungen. Der Betriebszweck schließt eine gewisse Dynamik des Unternehmens ein, sodass Produktneuerungen, Erweiterungen des Geschäftsbetriebes und des Umfanges der Tätigkeit regelmäßig noch von der Nutzungsrechtseinräumung mit umfasst sind, sofern die Arbeitnehmer damit rechnen konnten (zutr. Dreier/Schulze/*Dreier*[5] Rn. 20; Schricker/Loewenheim/*Rojahn*[5] Rn. 54; a. A. unsere 9. Aufl./*Vinck* Rn. 3).

Die Nutzungsrechtseinräumung **endet nicht mit dem Ende des Arbeitsverhält-** **32** **nisses**; je nach konkreter Verpflichtung aus dem Arbeitsverhältnis und dem Betriebszweck kann sich ergeben, dass der Arbeitgeber auch über das Ende des Arbeitsverhältnisses hinaus dazu berechtigt ist, das Werk zu nutzen (zutr. Dreier/Schulze/*Dreier*[5] Rn. 20; a. A. Wandtke/Bullinger/*Wandtke*[4] Rn. 76; s. zum Streitstand ausführlich *Wilhelm Nordemann/ Axel Nordemann* FS Wandtke S. 141–147). Zwar wird der Betriebszweck eines Zeitungsverlages regelmäßig nur dahin gehen, tagesaktuelle Artikel im Rahmen von § 38 Abs. 3 zu nutzen (Loewenheim/*Axel Nordemann*[2] § 63 Rn. 32), sodass der Urheber nach Erscheinen zur anderweitigen Vervielfältigung und Verbreitung des Beitrags berechtigt ist. Jedoch umfasst der Betriebszweck eines Zeitungsverlages regelmäßig auch die Archivierung solcher Beiträge oder die Wiederveröffentlichung nach einigen Jahren („Rückblick"). Auch dafür ist der angestellte Redakteur jedoch während seines Arbeitsverhältnisses abgegolten worden, sodass die Nutzungsrechtseinräumung für diese Zwecke über das Ende hinaus fortdauern muss. Das selbe gilt beispielsweise im Falle eines Einzelhandelunternehmens, für das ein angestellter Designer ein Produkt, ein Logo oder eine Geschäftsausstattung gestaltet hat; da der angestellte Designer insoweit ohne weiteres erkennen konnte, dass die Dauer der Verwendung seiner Gestaltungen durch den Arbeitgeber eher von ihrem wirtschaftlichen Erfolg denn von der Dauer seines Arbeitsverhältnisses abhängen würde, überdauert die Nutzungsrechtseinräumung auch insoweit das Ende des Arbeitsverhältnisses. Das führt im Ergebnis auch bei Arbeits- oder Dienstverhältnissen von kurzer Dauer oder sehr großen Verwertungserfolgen nicht zu unzuträglichen Ergebnissen, die den Urheber etwa benachteiligen würden, weil insoweit ein Ausgleich über die auch im Arbeits- und Dienstverhältnis anwendbaren §§ 32, 32a geschaffen werden kann (s. *Wilhelm Nordemann/Axel Nordemann* FS Wandtke S. 141, 146 f.).

Zu beachten ist ferner, dass Sonderregelungen im Bereich der Computerpro- **33** gramme gelten, wo der Arbeitgeber über § 69b die ausschließlichen Nutzungsrechte unbeschränkt und unbefristet eingeräumt erhält (dort vgl. § 69b Rn. 13) sowie für den Filmbereich, wo alle an der Filmherstellung beteiligten angestellten oder freien Urheber dem Filmproduzenten das ausschließliche Nutzungs-

recht einräumen, das Filmwerk sowie Übersetzungen und andere filmische Bearbeitungen oder Umgestaltungen auf alle bekannten Nutzungsarten zu nutzen
(vgl. § 88 Rn. 45 ff.). Das durch die Reform 2016 neu eingefügte Recht zur
anderweitigen Verwertung nach 10 Jahren bei pauschaler Vergütung gem.
§ 40a gilt im Arbeitsverhältnis nicht (vgl. Rn. 27).

34 cc) **Tarifverträge:** Gem. § 4 Abs. 1 S. 1, 3 TVG gehen Tarifverträge Einzelarbeitsverträgen vor, wenn der Urheber und sein Arbeitgeber Mitglieder der Tarifvertragsparteien sind oder der Tarifvertrag für allgemeinverbindlich erklärt wurde. Ist
die Nutzungsrechtseinräumungsklausel in einem Tarifvertrag unklar, auslegungsbedürftig oder zu pauschal, gilt für die Nutzungsrechtseinräumung wie bei Indivi-
dualarbeitsverträgen der aus § 43 i. V. m. § 31 Abs. 5 folgende Grundsatz, dass die
Nutzungsrechte (nur) soweit eingeräumt wurden wie der Arbeitgeber sie für seine
betrieblichen Zwecke benötigt. Klauseln zur urheberrechtlichen Nutzungsrechtseinräumung finden sich in den folgenden Tarifverträgen der folgenden Branchen,
wobei die Einzelheiten jeweils bei § 32 dargestellt sind:

35 (1) Bühne: Vgl. § 32 Rn. 101 f.

36 (2) Designleistungen: Vgl. § 32 Rn. 108 f.

37 (3) Film: Vgl. § 32 Rn. 103 f.

38 (4) Öffentlich-rechtlicher und privater Rundfunk: Vgl. § 32 Rn. 79 ff.

39 (5) Presse: Vgl. § 32 Rn. 65 ff.

40 § 43 gilt nur für Arbeitnehmer, nicht aber für arbeitnehmerähnliche Personen
im Sinne von § 12a TVG. Tarifverträge für arbeitnehmerähnliche Personen
sind damit also ohne Rückgriff auf § 43 ausschließlich anhand der Zweckübertragungslehre von § 31 Abs. 5 auszulegen (vgl. Rn. 9).

41 c) **Öffentlich-rechtliche Dienstverhältnisse:** Weder das BeamtStG bzw. das noch
die Landesbeamtengesetze oder das HRG und die entsprechenden Landes-Hoch-
schulgesetze enthalten Regelungen über die Nutzungsrechtseinräumung an urheberrechtlich relevanten Werken, die in Ausübung der Verpflichtungen aus dem
Dienstverhältnis entstanden sind. Der Umfang der Nutzungsrechtseinräumung
richtet sich deshalb nach dem von beiden Parteien zugrunde gelegten Vertragszweck, s. § 31 Abs. 5 S. 2 UrhG, der den Aufgabenbereich des Dienstverpflichteten
innerhalb des Aufgabenbereiches des Dienstherrn bestimmt, wobei im Zweifel nur
diejenigen Nutzungsrechte eingeräumt werden, die für das Erreichen des Vertragszwecks unerlässlich sind (BGH GRUR 2011, 59, 60 Tz. 11 – *Lärmschutzwand*).
Folgt aus dem Aufgabenbereich eines Beamten, dass die Schaffung von Werken zu
seinen Dienstpflichten gehört (vgl. Rn. 18), wird der Dienstherr über § 43 Inhaber
derjenigen Nutzungsrechte, die er für seine dienstlichen Zwecke benötigt (BGH
GRUR 2011, 59, 60 Tz. 12 – *Lärmschutzwand*). Dies kann beispielsweise bei dem
Fahndungs- oder Tatortfoto eines Polizeikommissars die Veröffentlichung auf
Fahndungsplakaten oder im Internet beinhalten (vgl. Rn. 18), bei „anderen" amtlichen Werken im Sinne von § 5 Abs. 2 auch die Ausübung des Veröffentlichungsrechtes (BVerfG GRUR 1999, 226, 228 f. – *DIN-Normen*; dazu auch vgl. Rn. 19).
Zu beachten ist, dass Gesetze, Verordnungen, Erlasse und Bekanntmachungen sowie Entscheidungen und amtlich verfasste Leitsätze zu Entscheidungen gem. § 5
Abs. 1 von vornherein gemeinfrei sind (Einzelheiten vgl. § 5 Rn. 2), sodass insoweit die Einräumung von Nutzungsrechten an den Dienstherrn gem. § 43 ohnehin
nicht relevant ist.

42 Beamte, zu deren Dienstpflichten es gehört, schöpferische Leistungen zu erbringen, die dann von ihrem Dienstherrn tatsächlich **wirtschaftlich verwertet** werden, sind relativ selten. Gab es doch einmal eine wirtschaftliche Verwertung,

hat die Rechtsprechung schon das Werkschaffen nicht in den konkreten Aufgabenbereich des jeweiligen Beamten eingeordnet, sodass die Nutzungsrechte von dem Beamten separat erworben werden mussten (OLG München ZUM-RD 2000, 8, 12 – *TESY-M2*; OLG Nürnberg ZUM 1999, 656, 657 – *Museumsführer*). Wird der Beamte aber in seinem konkreten Aufgabenbereich schöpferisch tätig, folgt aus dem Wesen des Dienstverhältnisses zugleich, dass der Dienstherr daraus die Nutzungsrechte eingeräumt erhält, die er für seine **dienstlichen Zwecke** benötigt (Dreier/Schulze/*Dreier*[5] Rn. 20; Schricker/Loewenheim/*Rojahn*[5] Rn. 51). Diese sind primär auf die Erfüllung staatlicher Aufgaben gerichtet (Loewenheim/*Axel Nordemann*[2] § 63 Rn. 29), was bei der Bestimmung des Umfanges der Nutzungsrechtseinräumung zu berücksichtigen ist, indem die dem Dienstherrn nach Maßgabe des öffentlichen Rechts obliegenden oder übertragenen Aufgaben explizit herausgearbeitet werden (BGH GRUR 2011, 59, 60 Tz. 16 – *Lärmschutzwand*). Diese sind regelmäßig auf das Hoheitsgebiet des Dienstherrn begrenzt. So durfte das Land Niedersachsen den von einem Landesbediensteten erstellten Entwurf einer Lärmschutzwand ausschließlich im eigenen Hoheitsgebiet verwerten, nicht hingegen anderen Bundesländern Nutzungsrechte hieran einräumen (BGH GRUR 2011, 59, 60 f. Tz. 20 – *Lärmschutzwand*).

Im **Hochschulbereich** ist zu beachten, dass nur dann, wenn die Schaffung bestimmter Werke zu den universitären Aufgaben gehört, eine Nutzungsrechtseinräumung zu universitären Zwecken in Betracht kommen kann, beispielsweise im Falle von Prüfungsklausuren oder der Publikation bestimmter Dokumente, zu deren Zweck die Stelle überhaupt nur geschaffen worden war (oben vgl. Rn. 21 und LG Köln ZUM 2000, 597, 598 – *Multiple-Choice-Klausuren*; KG ZUM-RD 1997, 175, 179 – *POLDOK*). Auch dann ist aber die Nutzungsrechtseinräumung auf den dienstlichen Zweck beschränkt; die Klausuren dürfen eben nur im Rahmen von Prüfungsaufgaben verwendet, nicht aber beispielsweise in einem Band „Prüfungsklausuren und ihre Lösungen" veröffentlicht werden. Hochschullehrer und sonstige in der Forschung tätige Beamte bleiben auch Eigentümer ihrer Manuskripte, Aufzeichnungen und Arbeitsmaterialien; aus ihrer dienstrechtlichen Treuepflicht folgt auch nicht ein dauerndes Besitzrecht zugunsten der Hochschule, weil dies einer faktischen Enteignung gleichkäme und mit der Wissenschaftsfreiheit nicht vereinbar wäre (Loewenheim/*Axel Nordemann*[2] § 63 Rn. 52; a. A. BGH GRUR 1991, 523, 528 – *Grabungsmaterialien*; s. a. Schricker/Loewenheim/*Rojahn*[5] Rn. 131). Wissenschaftliche Mitarbeiter einer Hochschule, die im Rahmen ihrer Tätigkeit (auch) ihre Dissertationen anfertigen, räumen der Hochschule erst recht nicht irgendwelche Nutzungsrechte an der Dissertation ein, weil es sich hierbei regelmäßig nicht um Pflichtwerke handelt; denn das Verfassen der Dissertation ist die eigene Aufgabe des Doktoranden und gehört nicht zu seinen universitären Aufgaben im Rahmen der wissenschaftlichen Mitarbeit (so auch OLG Hamm MMR 2012, 119, 120 – *Fotografien in Dissertation*).

d) Einfaches oder ausschließliches Nutzungsrecht: Die Frage, ob der Urheber **44** im Arbeits- oder Dienstverhältnis regelmäßig einfache oder ausschließliche Nutzungsrechte einräumt, lässt sich nicht von vornherein pauschal beantworten. Es mag Fälle geben, in denen der Arbeitgeber tatsächlich nur ein einfaches Nutzungsrecht benötigt oder sich ein zunächst ausschließlich eingeräumtes Nutzungsrecht in ein einfaches umwandelt, wie dies beispielsweise bei einer Tageszeitung über § 38 Abs. 3 regelmäßig der Fall ist. Es entscheidet daher im Einzelfall der Betriebszweck und der insoweit zu unterstellende beiderseitige Parteiwille (vgl. Rn. 31), ob ein einfaches oder ein ausschließliches Nutzungsrecht eingeräumt worden ist (insoweit anders, d. h. immer ausschließliches Nutzungsrecht: § 69b, dort vgl. § 69b Rn. 13). In den meisten Fällen wird der Arbeitgeber allerdings tatsächlich ein ausschließliches Nutzungsrecht erhalten, weil es häufig im Interesse des Arbeitgebers liegen dürfte, die schöpferischen Arbeitsergebnisse seiner Arbeitnehmer ausschließlich verwerten zu dürfen: Ansonsten könnte ihm der bei ihm angestellte Urheber entweder selbst oder im Wege der weiteren Nutzungsrechtseinräumung durch Dritte Konkurrenz machen; das würde aber wiederum dem aus dem arbeitsrechtlichen Treueverhältnis folgenden Wettbewerbsverbot widersprechen (gl. A. Wandtke/Bullinger/ *Wandtke*[4] Rn. 73 f.). Da sich die Nutzungsrechtseinräumung auf den Betriebszweck beschränkt (vgl. Rn. 27, 30; BGH GRUR 2011, 59, 60 Tz. 16 ff. – *Lärmschutzwand*), bleibt der Urheber trotz eines eingeräumten ausschließlichen Nutzungsrechtes darin frei, das Werk außerhalb des Betriebszweckes des Arbeitgebers zu verwerten (BGH GRUR 2002, 149, 151 – *Wetterführungspläne II*). Denn die Ausschließlichkeit der Nutzungsrechtseinräumung reicht nicht weiter als der Vertragszweck (hier: Betriebszweck), womit auch mehrere ausschließliche Nutzungsrechte an demselben Werk nebeneinander für unterschiedliche Nutzungsarten und -zwecke bestehen können (vgl. § 31 Rn. 1, 9 ff.). Außerhalb des Betriebszwecks wird auch das Wettbewerbsverbot des Arbeitnehmers nicht greifen. Beispiel: Der angestellte Fotograf einer Lokalzeitung veranstaltet eine Kunstausstellung mit seinen Aufnahmen, die schon in der Lokalzeitung erschienen waren; davon wird ein Ausstellungskatalog hergestellt und schließlich ein Kalender erzeugt.

45 e) **Anwendbarkeit allgemeiner urhebervertragsrechtlicher Bestimmungen:** – aa) **Zweckübertragungslehre aus § 31 Abs. 5:** Wie bereits voranstehend erläutert, bleibt § 31 Abs. 5 im Rahmen der Bestimmung des Umfanges der Nutzungsrechtseinräumung aus dem Arbeits- oder Dienstverhältnissen anwendbar; § 43 modifiziert die Zweckübertragungslehre jedoch weitgehend zugunsten des Arbeitgebers oder Dienstherrn (vgl. Rn. 1 und vgl. Rn. 27). Der Vertragszweck im Sinne von § 31 Abs. 5 ergibt sich hier aus dem Inhalt und Wesen des Arbeits- oder Dienstverhältnisses; der Umfang der Nutzungsrechtseinräumung richtet sich danach, welche Nutzungsrechte der Arbeitgeber oder Dienstherr für seine betrieblichen bzw. dienstlichen Zwecke benötigt (vgl. Rn. 27, 31).

46 bb) **Einräumung von Nutzungsrechten an unbekannten Nutzungsarten gem. § 31 Abs. 4 a.F./§ 31a n.F.:** Das Verbot der Einräumung von Nutzungsrechten an unbekannten Nutzungsarten ist zum 1.1.2008 aufgehoben und durch § 31a ersetzt worden; zur Anwendbarkeit von § 31a im Rahmen von Arbeits- und Dienstverhältnissen vgl. § 31a Rn. 18, 79. Das Verbot galt ohnehin im Rahmen von Arbeits- oder Dienstverhältnissen nur eingeschränkt. Zwar gehörte § 31 Abs. 4 a.F. zu den zwingenden Normen des UrhG, mit deren Schutzzweck es nicht zu vereinbaren war, sie generell auf Arbeits- oder Dienstverhältnisse nicht anzuwenden (BGH GRUR 1991, 133, 135 – *Videozweitauswertung*; Loewenheim/*Axel Nordemann*[2] § 63 Rn. 33; Schricker/Loewenheim/*Rojahn*[5] Rn. 55a; Wandtke/Bullinger/*Wandtke*[4] Rn. 67). Jedoch konnte § 31 Abs. 4 a.F. im Rahmen eines konkreten Arbeits- oder Dienstverhältnisses vertraglich abbedungen werden, sofern dies nach der zugrunde liegenden Interessenlage gerechtfertigt erschien (BGH GRUR 1991, 133, 135 – *Videozweitauswertung*) oder eine ausdrückliche, besonders ausgehandelte Vereinbarung vorlag, die zu einem Zeitpunkt geschlossen wurde, als die Nutzungsart zwar schon bekannt, aber wirtschaftlich noch bedeutungslos gewesen ist (BGH GRUR 1995, 212, 214 – *Videozweitauswertung III*). Eine pauschale vertragliche Abdingbarkeit von § 31 Abs. 4 a.F. im Rahmen von Arbeits- oder Dienstverhältnissen war deshalb nicht möglich (a.A. Schricker/Loewenheim/*Rojahn*[5] Rn. 55a); insbesondere eine stillschweigende Abbedingung war aber ausgeschlossen (Bröcker/Czychowski/Schäfer/*Wirtz* § 8 Rn. 172; Wandtke/Bullinger/*Wandtke*[4] Rn. 67).

47 cc) **Weiterübertragung von Nutzungsrechten und Einräumung von weiteren Nutzungsrechten durch den Arbeitgeber gem. §§ 34 und 35:** Ob der Arbeitgeber dazu berechtigt ist, die ihm eingeräumten Nutzungsrechte weiterzuübertragen oder daran „Unternutzungsrechte" einzuräumen, bestimmt sich nach dem Betriebszweck; daraus kann sich eine weitgehende Freiheit des Arbeitgebers zur Weiterübertragung oder Einräumung von Unternutzungsrechten ergeben (OLG Jena GRUR-RR 2002, 379, 380 – *Rudolstädter Vogelschießen*; Dreier/Schulze/*Dreier*⁵ Rn. 21; Loewenheim/*Axel Nordemann*² § 63 Rn. 34; Schricker/Loewenheim/*Rojahn*⁵ Rn. 57; Wandtke/Bullinger/*Wandtke*⁴ Rn. 81; s. a. BGH GRUR 2005, 860, 862 – *Fash 2000*). Deckt der Betriebszweck allerdings nicht die Weiterübertragung der eingeräumten Nutzungsrechte oder die Einräumung von Unternutzungsrechten, bleibt es bei den allgemeinen Regeln der §§ 34 und 35 (s. a. BGH GRUR 2011, 59, 60 Tz. 19 – *Lärmschutzwand*).

dd) Änderungsrecht des § 39: Im Arbeits- oder Dienstverhältnis ist grundsätzlich **48** der Betriebszweck vorrangig; nach ihm richtet sich die Nutzungsrechtseinräumung. Deshalb kann der Arbeitgeber auch nicht an die engen Grenzen des § 39 Abs. 2 gebunden sein, sondern darf das Werk auch ohne Einwilligung des Urhebers mit dem Ziel der Verbesserung für den gedachten Zweck bearbeiten oder muss Werkelemente, die die Rechte Dritter verletzen könnten (Urheberrechtsverletzungen, Persönlichkeitsrechtsverletzungen, Markenverletzungen etc.) streichen können. Im Rahmen des Arbeits- und Dienstverhältnisses gilt deshalb nur die Grenze des § 14; erst dann, wenn die Wesenszüge des Werkes berührt werden, also der Charakter verändert wird, endet das Änderungsrecht des Arbeitgebers, sodass er dann auf die Verwertung des Werkes verzichten muss (Loewenheim/*Axel Nordemann*² § 63 Rn. 35; *Schack*, Urheber- und UrhebervertragsR⁷ Rn. 1125). Infolge der weitgehenden Absicherung des Urhebers im Arbeits- oder Dienstverhältnis in wirtschaftlicher Hinsicht, infolge dessen der Arbeitgeber oder Dienstherr das alleinige Risiko der wirtschaftlichen Verwertung des geschaffenen Werkes trägt, muss die Entscheidung darüber, ob das Werk unverändert oder in einer veränderten Form verwertet wird oder später einer Veränderung/Modernisierung zu unterwerfen ist, dem Arbeitgeber vorbehalten bleiben; eine zusätzliche Interessenabwägung erscheint insoweit nicht sachgerecht (a. A. Dreier/Schulze/*Dreier*⁵ Rn. 37; Schricker/Loewenheim/*Rojahn*⁵ Rn. 86).

ee) Verträge über künftige Werke gem. § 40: Jeder Arbeitsvertrag, der eine Verpflichtung für den Arbeitnehmer (ausdrücklich oder stillschweigend) enthält, schöpferisch tätig zu werden, ist ein Vertrag über künftige Werke, weil er im Zeitpunkt des Vertragsschlusses die schöpferische Tätigkeit notwendigerweise antizipiert. Das Schriftformerfordernis von § 40 Abs. 1 S. 1 sowie das nicht-verzichtbare Kündigungsrecht aus § 40 Abs. 1 S. 2 und 3, Abs. 2 S. 1 ist deshalb im Arbeits- oder Dienstverhältnis nicht anwendbar, weil insoweit die arbeitsrechtlichen Spezialvorschriften sowie die tarif- oder einzelarbeitsvertraglich vereinbarten Kündigungsfristen vorgehen (LG Köln ZUM 2008, 76, 77; Loewenheim/*Axel Nordemann*² § 63 Rn. 36; diff.: Dreier/Schulze/*Dreier*⁵ Rn. 19; Schricker/Loewenheim/*Rojahn*⁵ Rn. 44). Lediglich § 40 Abs. 3 hat im Arbeits- oder Dienstverhältnis Bedeutung: Werke, die zwar in Erfüllung des Arbeits- oder Dienstverhältnisses geschaffen, dem Arbeitgeber aber im Zeitpunkt des Endes des Arbeits- oder Dienstverhältnisses noch nicht übergeben worden sind, verbleiben vollständig beim Urheber, es sei denn, dass der Urheber im Rahmen seiner arbeitsvertraglichen Treuepflicht dazu verpflichtet ist, das Werk trotz der Beendigung des Arbeitsverhältnisses noch abzugeben; ein weitgehend vorangeschrittenes oder fertig gestelltes Manuskript, das bereits fertig gestellte oder noch unvollendete Produktdesign, sind allerdings ohnehin bereits vorhanden und keine zukünftigen Werke, an denen dem Arbeitgeber die Nutzungsrechte für seine betrieblichen Zwecke zustehen (Loewenheim/*Axel Nordemann*² § 63 Rn. 36). **49**

ff) Rückrufrechte wegen Nichtausübung gem. § 41 und wegen gewandelter **50** **Überzeugung gem. § 42:** Das Rückrufsrecht wegen Nichtausübung gem. § 41 soll den Urheber in erster Linie in seinen wirtschaftlichen Interessen schützen, wenn der Verwerter von seinen Nutzungsrechten keinen Gebrauch macht (vgl. § 41 Rn. 1, 23). Beim Arbeitnehmerurheber ist insoweit die Interessenlage meistens anders (vgl. Rn. 3), weil er bereits durch seinen Lohn dauerhaft wirtschaftlich abgesichert ist. Allerdings können die berechtigten Interessen des Arbeitnehmerurhebers durchaus verletzt sein, wenn beispielsweise das Arbeitsverhältnis nur kurz gedauert hat und der aus dem Arbeitsverhältnis ausgeschiedene Urheber das Werk verwerten könnte, der Arbeitgeber hieran aber kein Interesse hat; insbesondere nach dem Ende des Arbeitsverhältnisses kann § 41 deshalb anwendbar sein. Ferner kann das Interesse des angestellten Arbeitnehmerurhebers an einer weiteren Verwertung seiner Werke auch dann gegeben sein, wenn er ein besonderes persönliches Interesse daran hat (Schricker/Loewenheim/*Rojahn*[5] Rn. 88). Das Rückrufsrecht wegen gewandelter Überzeugung gem. § 42 ist ohnehin an strenge Anforderungen geknüpft (dort vgl. § 42 Rn. 5 ff.). Beim Arbeitnehmerurheber wird man zudem fordern müssen, dass das Werk mit seinem Namen verknüpft worden ist; wird die Werkidentifikation nämlich überwiegend auf den Arbeitgeber bezogen, dürfte die weitere Werkverwertung für den Urheber kaum unzumutbar sein (Schricker/Loewenheim/*Rojahn*[5] Rn. 94).

51 gg) **Eigentum an Werkoriginalen gem. § 44:** Das UrhG trifft grundsätzlich keine Regelung darüber, wem das Eigentum am Werkoriginal zustehen soll; im Umkehrschluss aus § 44 ergibt sich lediglich, dass die Nutzungsrechteinräumung grundsätzlich keine Übertragung auch des Eigentums am Werkoriginal beinhaltet (vgl. § 44 Rn. 1, 4 ff. und vgl. Nach § 44 Rn. 1 ff.). Für das Arbeitsverhältnis ist sich das Schrifttum jedoch weitgehend einig, dass dem Arbeitgeber das geschuldete Arbeitsergebnis und damit auch das Sacheigentum am Werk zusteht; er erwirbt es unmittelbar und originär nach § 950 BGB (diff.: Wandtke/Bullinger/*Wandtke*[4] Rn. 37 f.). Für die Zuordnung des Eigentums an den Werkoriginalen ist damit der Betriebszweck irrelevant; es steht immer dem Arbeitgeber zu (a. A. Loewenheim/*Axel Nordemann*[2] § 63 Rn. 39: Eigentumszuordnung richtet sich nach dem Betriebszweck).

51a hh) **Vergütungsansprüche gem. §§ 32–32c:** Auch der die angemessene Vergütung sowie die Bestsellervergütung betreffende Teil des Urhebervertragsrechts in den §§ 32–32c ist grundsätzlich zugunsten von Urhebern in Arbeits- und Dienstverhältnissen anwendbar. Einzelheiten vgl. Rn. 59 ff.

52 f) **Anwendbarkeit der urheberpersönlichkeitsrechtlichen Bestimmungen:** Der Arbeitgeber oder Dienstherr bezahlt den angestellten oder beamteten Urheber in der Regel im Vorhinein für die noch zu schaffenden Werke, die er dann anschließend verwerten will. Er sichert den angestellten oder beamteten Urheber durch laufende Gehalts- und Vergütungszahlungen wirtschaftlich ab. Das Urheberpersönlichkeitsrecht gilt deshalb im Rahmen von Arbeits- oder Dienstverhältnissen nur mit Einschränkungen dahingehend, dass die Interessen des Arbeitgebers oder Dienstherrn an der ungehinderten, unveränderten oder in einer durch den Arbeitgeber veränderten Fassung dem Urheberpersönlichkeitsrecht vorgehen können (LG Köln ZUM 2010, 369, 370; Dreier/Schulze/*Dreier*[5] Rn. 34; im Ergebnis ähnlich: Wandtke/Bullinger/*Wandtke*[4] Rn. 84). Zu beachten ist, dass § 43 vom Anwendungsbereich her ausdrücklich begrenzt ist auf „die Vorschriften dieses Unterabschnitts", mithin auf die Vorschriften des Urhebervertragsrechts, zu denen aber nur eine dem Urheberpersönlichkeitsrecht zuzuordnende Bestimmung gehört, nämlich § 39. Eine Beschränkung der urheberpersönlichkeitsrechtlichen Bestimmungen der §§ 12–14 kann deshalb nur entweder aus dem Umfang der Nutzungsrechteinräumung unter Berücksichtigung der betrieblichen Zwecke des Arbeitgebers oder Dienstherrn – und damit doch indirekt über § 43 – oder im Rahmen einer generellen Interessenabwägung im eingangs beschriebenen Sinne – der Arbeitgeber oder Dienstherr finanziert die Schaffung des Werkes vor, sichert den Urheber wirtschaftlich ab und trägt das volle Risiko der wirtschaftlichen Verwertung – erfolgen (Loewenheim/*Axel Nordemann*[2] § 63 Rn. 58).

aa) Veröffentlichungsrecht, § 12: Wer im Rahmen der Erfüllung seiner Ver- **53** pflichtungen aus einem Arbeits- oder Dienstverhältnis ein Werk schafft, räumt dem Arbeitgeber oder Dienstherrn regelmäßig stillschweigend das Ausübungs- recht im Hinblick auf das Veröffentlichungsrecht gem. § 12 ein; aus dem Wesen jedes Arbeits- oder Dienstverhältnisses folgt, dass der Arbeitgeber oder Dienst- herr, der die Schaffung des Werkes durch fortlaufende Lohn- und Gehaltszah- lungen vorfinanziert, darüber bestimmen können muss, ob, wann und wie das geschaffene Werk veröffentlicht wird (LG Köln ZUM 2010, 369, 370; Dreier/ Schulze/*Dreier*[5] Rn. 35; Loewenheim/*Axel Nordemann*[2] § 63 Rn. 59; Wandtke/ Bullinger/*Wandtke*[4] Rn. 87; diff. zwischen Erstveröffentlichung und weiteren Veröffentlichungen: Schricker/Loewenheim/*Rojahn*[5] Rn. 73 ff.). Dem Urheber kann im Gegenzug nicht generell das Recht zugestanden werden, die Namens- nennung zu untersagen (so aber Dreier/Schulze/*Dreier*[5] Rn. 35; Loewenheim/ *Axel Nordemann*[2] § 63 Rn. 61; Schricker/Loewenheim/*Rojahn*[5] Rn. 74 und Wandtke/Bullinger/*Wandtke*[4] Rn. 87), weil in bestimmten Branchen der wirt- schaftliche Verwertungserfolg gerade von der Namensnennung abhängen kann (beispielsweise bei angestellten Mode- oder Produktdesignern sowie Fotogra- fen). Ist der Urheber mit der Veröffentlichung seines Werkes nicht einverstan- den, muss deshalb im Einzelfall eine Interessenabwägung stattfinden, ob er die Namensnennung untersagen kann und nicht wiederum berechtigte Interessen des Arbeitgebers an der Namensnennung überwiegen (s. a. MüHandbArbR/ *Bayreuther*[3] § 91 Rn. 15).

bb) Recht auf Anerkennung der Urheberschaft und Namensnennungsrecht, 54 § 13: Das Recht auf Anerkennung der Urheberschaft gem. § 13 S. 1 ist zu unter- scheiden vom Namensnennungsrecht gem. § 13 S. 2. Während ersteres unverzicht- bar ist und somit seine Ausübung auch nicht auf den Arbeitgeber übertragen wer- den kann, ist das Namensnennungsrecht weitgehend verzichtbar (vgl. § 13 Rn. 12). Das Recht auf Anerkennung der Urheberschaft, das die Befugnis beinhal- tet, sich auf die Urheberschaft zu berufen und jedem entgegenzutreten, der seine Urheberschaft bestreitet oder der sich selbst die Urheberschaft anmaßt (Schricker/ Loewenheim/*Rojahn*[5] Rn. 76), gilt für alle angestellten und beamteten Urheber mit Ausnahme des Ghostwriters, der von vornherein weiß, dass ein anderer sich der Urheberschaft an dem Werk berühmen und es für sich vereinnahmen wird (Schri- cker/Loewenheim/*Dietz/Peukert*[5] § 13 Rn. 27 f.; Schricker/Loewenheim/*Rojahn*[5] Rn. 77; Wandtke/Bullinger/*Wandtke*[4] Rn. 88; MüHandbArbR/*Bayreuther*[3] § 91 Rn. 16). Das Recht auf Namensnennung, also auf öffentliche Benennung im Zu- sammenhang mit der Verwertung des Werkes gem. § 13 S. 2, ist zwar uneinge- schränkt verzichtbar. Solange jedoch durch den Urheber nicht ein ausdrücklicher Verzicht auf die Namensnennung erklärt wurde, richtet sich das Namensnennungs- recht im Arbeits- oder Dienstverhältnis nach der Branchenüblichkeit: In den meis- ten Branchen, wie etwa im Zeitungs- und Zeitschriftenbereich, beim Fernsehen, im Rundfunk, beim Film oder in der Architektur- sowie auch in der Computerbranche werden die Urheber regelmäßig genannt, in der Werbebranche beispielsweise je- doch ebenso wenig wie normalerweise im öffentlichen Dienst (Loewenheim/*Axel Nordemann*[2] § 63 Rn. 61; Schricker/Loewenheim/*Rojahn*[5] Rn. 81 ff.; Wandtke/ Bullinger/*Wandtke*[4] Rn. 92 ff.). Lässt sich eine Branchenübung nicht feststellen oder erscheint die Branchenübung als nicht generell gerechtfertigte „Unsitte", ist im Rahmen einer Einzelfall-Interessenabwägung zu bestimmen, ob eine Namens- nennung zu erfolgen hat oder nicht (Dreier/Schulze/*Dreier*[5] Rn. 36; Wandtke/Bul- linger/*Wandtke*[4] Rn. 93 f.). Da die Namensnennung des Urhebers die wirtschaftli- che Verwertung des Werkes im Normalfall nicht tangiert, ist insoweit im Zweifel den Interessen des Urhebers der Vorrang einzuräumen, weil § 43 keine generelle Einschränkung des Urheberpersönlichkeitsrechts enthält (vgl. Rn. 52).

55   cc) **Entstellungen und andere Beeinträchtigungen des Werkes, § 14:** Das Ände-
rungsrecht des Arbeitgebers oder Dienstherrn (vgl. Rn. 48) findet dort seine
Grenze, wo infolge einer Entstellung des Werkes die berechtigten geistigen und
persönlichen Interessen des Urhebers am Werk gefährdet werden können; das Entstellungsverbot ist in seinem Kern daher auch arbeitsvertraglich nicht verzichtbar
(Dreier/Schulze/*Dreier*[5] Rn. 37; Loewenheim/*Axel Nordemann*[2] § 63 Rn. 62;
Wandtke/Bullinger/*Wandtke*[4] Rn. 99; Schricker/Loewenheim/*Rojahn*[5] Rn. 83;
MüHandbArbR/*Bayreuther*[3] § 91 Rn. 17). Allerdings kann im Einzelfall vor allem dann, wenn eine Namensnennung des Urhebers weder üblich noch arbeitsvertraglich vereinbart ist, die Interessenabwägungs-"Grenze" zwischen den Verwertungsinteressen des Arbeitgebers an der aus Sicht des Urhebers entstellten Fassung
und den ideellen Interessen des Urhebers stärker in Richtung Arbeitgeber verschoben sein, als dies im Verhältnis Verwerter/freier Urheber normalerweise der Fall
ist, weil der Arbeitgeber über die Lohn- und Gehaltszahlung in Vorleistung geht
und das volle wirtschaftliche Risiko trägt (vgl. Rn. 48). Die in § 14 genannten anderen Beeinträchtigungen des Werkes betreffen nicht den Kern des Urheberpersönlichkeitsrechts, sondern umfassen die unter § 39 fallenden Änderungen des
Werkes; diese Änderungsbefugnis liegt im Anwendungsbereich von § 43 aber
weitgehend beim Arbeitgeber oder Dienstherrn (oben vgl. Rn. 48).

56   g) **Nutzungsrechte an Computerprogrammen, § 69b:** Die Nutzungsrechtseinräumung zugunsten von Arbeitgeber und Dienstherrn bei aufgrund einer Verpflichtung aus dem Arbeits- oder Dienstverhältnis geschaffenen Computerprogrammen ist deutlich weitergehend als über § 43. § 69b bestimmt, dass dem
Arbeitgeber bzw. Dienstherrn das Recht zur Ausübung aller vermögensrechtlichen Befugnisse am Computerprogramm zusteht, sofern nichts anderes vereinbart ist. Dies schließt per Gesetz die Zweckübertragungsregel im Anwendungsbereich von § 69b aus. Vielmehr erhält der Arbeitgeber oder Dienstherr
unabhängig von seinem Betriebs- oder Dienstzweck und etwaigen betrieblichen
oder dienstlichen Notwendigkeiten ein unbeschränktes und unbefristetes ausschließliches Nutzungsrecht, das sowohl das Bearbeitungsrecht als auch das
Recht, es weiterzuübertragen oder Unterlizenzen daran zu erteilen, einschließt.
Der Software-Urheber in einem Arbeits- oder Dienstverhältnis erhält also keine
eigenen Verwertungsrechte zurück. Einzelheiten: vgl. § 69b Rn. 11, 13 ff.; Loe-
wenheim/*Axel Nordemann*[2] § 63 Rn. 54 ff.; MüHandbArbR/*Bayreuther*[3] § 91
Rn. 36 ff.; BGH GRUR 2002, 149, 151 – *Wetterführungspläne II.*

III. Vergütung des Arbeitnehmerurhebers

57   Es ist zu unterscheiden zwischen vertraglichen und gesetzlichen Vergütungsansprüchen.

1. Vertragliche Vergütungsansprüche

58   Urheber in Arbeits- oder Dienstverhältnissen leben grundsätzlich **in gesicherten
Einkommensverhältnissen** und sind daher nicht im gleichen Maße schutzbedürftig
wie freie Urheber; sie sind daher auch nicht ohne weiteres „tunlichst an dem wirtschaftlichen Nutzen zu beteiligen, der aus ihren Werken gezogen wird" (vgl.
Rn. 3). Die Rechtsprechung und die h. M. in der Literatur gehen deshalb davon
aus, dass Urheber in Arbeits- oder Dienstverhältnissen **neben ihrem Arbeitsentgelt**
oder ihren Dienstbezügen für solche Werke, die im Anwendungsbereich von
§ 43 geschaffen werden, **keinen gesonderten Vergütungsanspruch** als Gegenleistung für die Nutzungsrechtseinräumung besitzen (BGH GRUR 2002, 149, 151 –
Wetterführungspläne II; Dreier/Schulze/*Dreier*[5] Rn. 30; Loewenheim/*Axel Nordemann*[2] § 63 Rn. 64; Schricker/Loewenheim/*Rojahn*[5] Rn. 64). *Wandtke,* der an
sich dogmatisch richtig trennt zwischen dem Lohnanspruch des Arbeitnehmers einerseits und dem Nutzungsentgelt des Urhebers andererseits und daraus folgert,

dass der arbeitsrechtliche Vergütungsanspruch lediglich die Tätigkeit (also das urheberrechtliche Werkschaffen) erfasst, während der urheberrechtliche Vergütungsanspruch erst aus der Rechtseinräumung und der Nutzung des geschaffenen Arbeitsergebnisses entspringe (Wandtke/Bullinger/*Wandtke*[4] Rn. 136 ff.; *Wandtke* GRUR 1999, 390, 398), und der es zwar für möglich hält, dass der urheberrechtliche Vergütungsanspruch bereits im Arbeitslohn oder den Dienstbezügen enthalten ist, insoweit aber den Nachweis des Arbeitgebers fordert, dass mit der Zahlung des Lohnes auch die Nutzungsrechte erworben worden sind (Wandtke/Bullinger/*Wandtke*[4] Rn. 138 unter Berufung auf BGH GRUR 1978, 244, 238 – *Ratgeber für Tierheilkunde*), berücksichtigt die unterschiedliche Schutzbedürftigkeit des freien Urhebers und des Urhebers in einem Arbeits- oder Dienstverhältnis nicht ausreichend. Wer aufgrund einer arbeits- oder dienstvertraglichen Verpflichtung urheberrechtlich relevante Werke schafft, wird von seinem Arbeitgeber genau dafür bezahlt. Allein der Arbeitgeber trägt das volle Risiko des Werkschaffens: Er muss den Urheber auch dann bezahlen, wenn ihm nichts Kreatives einfällt, die geschaffenen Werke unbrauchbar sind oder sich sonstwie nicht verwerten lassen. Dies ist beim freien Urheber ganz anders: Er trägt das volle Risiko des Werkschaffens und erhält keinerlei Vergütung, wenn er nichts schafft oder die von ihm geschaffenen Werke nicht verwertet werden können.

Allerdings kann auch der Urheber im Arbeits- oder Dienstverhältnis vom Arbeitgeber oder Dienstherrn gem. **§ 32 die Bezahlung einer angemessenen Vergütung verlangen**; sollten das Arbeitsentgelt oder die Dienstbezüge keine angemessene Vergütung für die Werknutzung darstellen, kann der Urheber über § 32 ein zusätzliches Entgelt verlangen (Dreier/Schulze/*Dreier*[5] Rn. 30; Loewenheim/*Axel Nordemann*[2] Rn. 66; Schricker/Loewenheim/*Rojahn*[5] Rn. 64 ff.; Wandtke/Bullinger/*Wandtke*[4] Rn. 145 f. m. w. N.; a. A. MüHandbArbR/*Bayreuther*[3] § 91 Rn. 21). In Betracht kommen kann dies insbesondere bei Arbeits- oder Dienstverhältnissen, die nur von kurzer Dauer gewesen sind, aber eigentlich langfristig angelegt waren, weil dann die hinter der Abgeltung der Nutzungsrechtseinräumung durch das Arbeitsentgelt oder die Dienstbezüge stehende Rechtfertigung des Urhebers in gesicherten Einkommensverhältnissen nicht mehr so weitgehend durchgreift. Dann könnten das Arbeitsentgelt oder die Dienstbezüge im Hinblick auf die erkennbar gewesene und in Aussicht genommene Verwertung des Werkes im Einzelfall nicht mehr angemessen sein (vgl. Rn. 32 und *Wilhelm Nordemann/Axel Nordemann* FS Wandtke S. 141, 146 f.).   **59**

Im Arbeits- oder Dienstverhältnis **anwendbar ist auch der ergänzende Vergütungsanspruch aus § 32a**: Bei außergewöhnlichen, nicht vorhersehbaren Verwertungserfolgen kann auch der in einem Arbeits- oder Dienstverhältnis stehende Urheber einen Anspruch auf weitere Beteiligung nach § 32a besitzen, wenn der vereinbarte Arbeitslohn in einem auffälligen Missverhältnis zu den Erträgen und Vorteilen aus der Nutzung des Werkes steht (dazu vgl. § 32a Rn. 31 ff.; insoweit gl. A. MüHandbArbR/*Bayreuther*[3] § 91 Rn. 21); allerdings ist bei der Bestimmung des auffälligen Missverhältnisses gerade auch die Dauer der Alimentation des Arbeitnehmerurhebers durch seinen Arbeitgeber zu berücksichtigen (Loewenheim/*Axel Nordemann*[2] § 63 Rn. 70), was dazu führen kann, dass die weitere Beteiligung des Arbeitnehmerurhebers erst auf einer deutlich höheren Stufe zur Anwendung kommt als dies bei einem freien Urheber in einer vergleichbaren Situation der Fall wäre. Sehr viel eher kommt § 32a dann in Betracht, wenn das Arbeitsverhältnis nur von relativ kurzer Dauer gewesen ist (vgl. Rn. 32 und *Wilhelm Nordemann/Axel Nordemann* FS Wandtke S. 141, 146 f.).   **60**

Da die Nutzungsrechtseinräumung grundsätzlich im Anwendungsbereich von § 43 nur soweit reicht, wie der Betriebszweck geht und für Freizeitwerke über § 43 gar keine Nutzungsrechtseinräumung stattfindet, hat der Urheber in ei-   **61** nem Arbeits- oder Dienstverhältnis immer dann einen **gesonderten Vergütungs-anspruch**, wenn er seinem Arbeitgeber die Nutzungsrechte **über den Betriebs-zweck hinausgehend oder an Freizeitwerken** einräumt (ebenso Dreier/Schulze/*Dreier*[5] Rn. 31; Schricker/Loewenheim/*Rojahn*[5] Rn. 66; Wandtke/Bullinger/*Wandtke*[4] Rn. 135). Sieht der Arbeitsvertrag bereits ausdrücklich eine Nut-zungsrechtseinräumung, die über den Betriebszweck hinausgeht, vor, kann dann kein Anspruch auf gesonderte Vergütung bestehen, wenn das Arbeitsent-gelt noch als angemessene Vergütung auch für die über den Betriebszweck hi-nausgehende Nutzungsrechtseinräumung angesehen werden kann (§ 32). Bei **Freizeitwerken** ist einerseits kaum vorstellbar, dass eine Nutzungsrechtseinräu-mung im Arbeitsvertrag ausdrücklich auch diese erfassen könnte; dem wird regelmäßig schon die Zweckübertragungsbestimmung von § 31 Abs. 5 entge-genstehen. Andererseits kann ein Arbeitsentgelt niemals als angemessene Ver-gütung für die Nutzungsrechtseinräumung an einem Freizeitwerk herhalten, das mit dem Arbeitsvertrag gar nicht im Zusammenhang steht.

62 Hat der Urheber in einem Arbeits- oder Dienstverhältnis ein Werk, das der Arbeitgeber oder Dienstherr verwerten möchte, **vor Beginn des Arbeits- oder Dienstverhältnisses geschaffen**, besteht ebenfalls grundsätzlich ein Anspruch auf gesonderte Vergütung. § 43 kommt hier schon nicht zur Anwendung, so-dass sich der Arbeitgeber oder Dienstherr die Nutzungsrechte gesondert einräu-men lassen muss. Allerdings kann das Entgelt für die Einräumung der Nut-zungsrechte im Arbeitslohn bestehen, beispielsweise wenn ein Designer, der eine Produktserie bereits weitgehend fertig gestaltet hat, als Arbeitnehmer ge-rade zu dem Zwecke eingestellt wird, die Produktserie bis zur Marktreife fort-zuentwickeln und dann auch für die Vermarktung Sorge zu tragen. Soweit vertreten wird, der Urheber besitze nach Beendigung des Arbeits- oder Dienst-verhältnisses grundsätzlich einen Anspruch auf Zahlung einer gesonderten Ver-gütung für die Verwertungshandlungen nach Beendigung des Arbeits- oder Dienstverhältnisses (so insbesondere Wandtke/Bullinger/*Wandtke*[4] Rn. 149 f.), bleibt unberücksichtigt, dass die angemessene Vergütung im Sinne von § 32 ge-rade in der Gewährung eines dauerhaften Arbeitsentgeltes oder dauerhafter Dienstbezüge besteht und die Nutzung der im Arbeits- oder Dienstverhältnis geschaffenen Werke normalerweise darauf angelegt ist, unabhängig vom Fort-bestehen des Arbeits- oder Dienstverhältnisses fortzudauern. Im Einzelfall ist allerdings eine Korrektur über § 32 oder auch § 32a möglich: Kann das ge-währte Arbeitsentgelt beispielsweise infolge einer nur kurzen Dauer des Ar-beitsverhältnisses nicht als angemessene Vergütung für die eingeräumten Nut-zungsrechte angesehen werden, kann der Urheber die angemessene Vergütung nachfordern.

2. Gesetzliche Vergütungsansprüche

63 § 43 ist eine besondere Bestimmung des Urhebervertragsrechts. Sie ist gegenüber den gesetzlichen Vergütungsansprüchen nachgiebig. Sie **verbleiben grundsätzlich dem Urheber,** der darauf im Voraus auch nicht verzichten und diese im Voraus auch nur an eine Verwertungsgesellschaft abtreten kann (§§ 20b Abs. 2, 26 Abs. 1, 27 Abs. 2, 63a). Entgegenstehende einzelarbeitsvertragliche oder tarif-vertragliche Bestimmungen sind unwirksam wie beispielsweise § 18 Ziff. 1 MTV Ta-geszeitungen, vom 18.8.2011 (ab 1.1.2014 gilt ein neuer Manteltarifvertrag für Redakteurinnen und Redakteure in Tageszeitungen vom 24.4.2014) der dem Ur-heber nur die Pressespiegelvergütung gem. § 49 vorbehält (Loewenheim/*Axel Nordemann*[2] § 63 Rn. 72). Eine Ausnahme hierzu bildet § 20b Abs. 2: Der gesetz-liche Vergütungsanspruch für die Kabelweitersendung kann durch Tarifverträge und Betriebsvereinbarungen an Sendeunternehmen abgetreten werden, soweit da-durch dem Urheber eine angemessene Vergütung eingeräumt wird (§ 20b Abs. 2 S. 4; dort vgl. § 20b Rn. 22).

3. Arbeitnehmererfindungsgesetz

Die Bestimmungen des Arbeitnehmererfindungsgesetzes (ArbnErfG) sind auf   **64**
die Vergütung des Urhebers im Arbeits- oder Dienstverhältnisses **nicht entsprechend anwendbar,** weil sich Patent- und Urheberrecht sowohl im Hinblick auf
die Investitionen, die in eine Erlangung des Schutzes getätigt werden müssen,
als auch von der Schutzdauer her zu sehr unterscheiden und im Übrigen auch
im UrhG keine Lücke besteht, die durch analoge Anwendung des ArbnErfG
geschlossen werden müsste (gl. A. Dreier/Schulze/*Dreier*[5] Rn. 25; Loewenheim/
Axel Nordemann[2] § 63 Rn. 74; Schricker/Loewenheim/*Rojahn*[5] Rn. 64; differenzierend Wandtke/Bullinger/*Wandtke*[4] Rn. 143; a. A. LG München I ZUM
1997, 659, 665; s. a. BGH GRUR 2002, 149, 151 – *Wetterführungspläne II*).
Allerdings kann ein Computerprogramm sowohl urheberrechtlich geschützt als
auch patentiert sein (vgl. Vor §§ 69a ff. Rn. 4, 22); für den zum Patent angemeldeten technischen Teil der Software kann dann sehr wohl ein Anspruch
aus dem ArbnErfG auf Arbeitnehmererfindervergütung (§ 9 ArbnErfG) oder
aufgrund eines technischen Verbesserungsvorschlages (§ 20 ArbnErfG) bestehen (s. BGH GRUR 2002, 149, 151 – *Wetterführungspläne II*; Loewenheim/
Axel Nordemann[2] § 63 Rn. 74).

IV. Prozessuales

1. Rechtsweg

§ 104 S. 1 weist alle Urheberrechtsstreitsachen grundsätzlich dem **ordentlichen**   **65**
Rechtsweg zu. Der Rechtsweg zu den **Arbeitsgerichten** und den Verwaltungsge-
richten bleibt gem. § 104 S. 2 allerdings eröffnet für alle **Ansprüche auf Leistung einer vereinbarten Vergütung.** Diese Fälle dürften sich jedoch rein auf
solche auf Zahlung des Arbeitsentgeltes oder der Dienstbezüge beschränken;
immer dann, wenn auch das Bestehen eines Urheberrechts, sein Inhalt, sein
Umfang, eine Nutzungsrechtseinräumung oder Fragen rund um die Angemessenheit einer Vergütung für die Nutzung eines **urheberrechtlich relevanten** Werkes in Streit stehen, bleibt es bei der **ausschließlichen Zuweisung zu den ordentlichen Gerichten** (BGH GRUR 1983, 22, 23 – *Tonmeister*; BAG ZUM 1997,
67, 68; BAG NZA 1997, 765; LAG Baden-Württemberg FD-ArbR 2010,
306294; Dreier/Schulze/*Schulze*[5] § 104 Rn. 13; Loewenheim/*Axel Nordemann*[2] § 63 Rn. 82; Schricker/Loewenheim/*Wimmers*[5] § 104 Rn. 3 f.; differenzierend Wandtke/Bullinger/*Kefferpütz*[4] § 104 Rn. 15). Die Zuweisung zum ordentlichen Rechtsweg gilt auch dann, wenn im Arbeitsvertrag eine Vergütung
für die Nutzung von dem Arbeitnehmerurheber geschaffener Werke vereinbart
worden ist, weil das UrhG über § 104 S. 1 alle im Zusammenhang mit dem
Urheberrecht stehenden Rechtsstreitigkeiten dem ordentlichen Rechtsweg zuweisen wollte (a. A. Wandtke/Bullinger/*Kefferpütz*[4] § 104 Rn. 15).

2. Aktivlegitimation

Der Arbeitgeber oder Dienstherr ist für die Verfolgung solcher Urheberrechtsver-   **66**
letzungen aktivlegitimiert, die sein ausschließliches Nutzungsrecht tangieren. Für
Nutzungen außerhalb des Betriebszwecks bleibt der Urheber ebenso selbst aktivlegitimiert wie zur Verfolgung von Verletzungen seines Urheberpersönlichkeitsrechts (Einzelheiten vgl. § 97 Rn. 127 ff.), soweit die Befugnis zur Ausübung des
Urheberpersönlichkeitsrechts nicht auf den Arbeitgeber übergegangen ist (vgl.
Rn. 52). Hat der Arbeitgeber dem Urheber beispielsweise durch Gewährung einer
Umsatzbeteiligung an den Erträgnissen aus der Verwertung des Werkes beteiligt,
bleibt der Urheber auch im Falle einer ausschließlichen Nutzungsrechtseinräumung aktivlegitimiert (vgl. § 97 Rn. 128). Besitzt der Arbeitgeber ausnahmsweise
nur ein einfaches Nutzungsrecht (vgl. Rn. 44), ist er an sich nicht aktivlegitimiert
(vgl. § 97 Rn. 132). Er benötigt insoweit die Zustimmung des Urhebers zur

Rechtsverfolgung (vgl. § 97 Rn. 138 ff.). Allerdings kann sich diese Zustimmung im Einzelfall auch aus einer Auslegung des Arbeitsvertrages oder dem arbeitsrechtlichen Treueverhältnis ergeben, beispielsweise wenn die betriebliche Auswertung des Werkes durch die Urheberrechtsverletzung tangiert wird. Dies kann etwa der Fall sein, wenn eine zu Werbezwecken verwendete Fotografie von einem Mitbewerber für eine ähnliche Werbemaßnahme verwendet wird, nicht jedoch, wenn etwa die in einer Tageszeitung erschienene Fotografie später von einer anderen Zeitung nachgedruckt wird.

3. Beweislast

67 Ausgehend von dem Grundsatz, dass der Anspruchsteller grundsätzlich die ihm günstigen Tatsachen darlegen und beweisen muss, folgt für § 43 eine differenzierende Betrachtung: Geht der Arbeitgeber aufgrund eines aus § 43 folgenden ausschließlichen Nutzungsrechts gegen einen Dritten vor, muss er darlegen und beweisen, dass er Inhaber eines ausschließlichen Nutzungsrechtes geworden ist, also die **Schaffung des Werkes in Erfüllung einer Arbeitspflicht des Arbeitnehmers und die aus dem Betriebszweck folgende ausschließliche Rechtsposition** (insoweit zutr. Schricker/Loewenheim/*Rojahn*[5] Rn. 27). Dies gilt auch, wenn der Arbeitgeber gegen den Urheber selbst vorgeht, beispielsweise auf Feststellung, dass er Inhaber einer bestimmten Nutzungsbefugnis geworden ist oder auf Herausgabe von Vorlagen oder Übergabe des Werkes bzw. von Entwürfen hierzu. Geht jedoch der Urheber gegen seinen Arbeitgeber vor, beispielsweise weil er festgestellt wissen möchte, dass bestimmte Nutzungsrechte nicht vom Betriebszweck umfasst sind und er deshalb diese an einen Dritten vergeben kann, trifft ihn die Darlegungs- und Beweislast (a. A. Schricker/Loewenheim/*Rojahn*[5] Rn. 27). Beansprucht der Urheber von seinem Arbeitgeber oder Dienstherrn über das Arbeitsentgelt oder die Dienstbezüge **hinausgehende gesonderte Vergütung** gem. § 32 oder einer weiteren Beteiligung gem. § 32a, trifft ihn die Darlegungs- und Beweislast dafür, dass die Vergütung für die Nutzung des Werkes nicht im Arbeitsentgelt oder den Dienstbezügen enthalten gewesen ist (zur Beweislast im Rahmen von § 32 vgl. § 32 Rn. 135 ff.); dasselbe gilt für die Voraussetzungen des Anspruchs auf Zahlung einer weiteren Beteiligung gem. § 32a (vgl. § 32a Rn. 45 a. E.). Die Gegenmeinung (Wandtke/Bullinger/*Wandtke*[4] Rn. 138 unter Berufung auf BGH GRUR 1978, 244, 246 – *Ratgeber für Tierheilkunde*) übersieht, dass auch der freie Urheber die Darlegungs- und Beweislast dafür trägt, dass die vertraglich vereinbarte Vergütung nicht angemessen war und ihm deshalb ein zusätzlicher Vergütungsanspruch bis zur angemessenen Vergütung zusteht (vgl. § 32 Rn. 135 ff.) und dass insoweit für den weit weniger schutzbedürftigen Urheber im Arbeits- oder Dienstverhältnis erst recht nichts anderes gelten kann (BGH GRUR 1978, 244, 246 – *Ratgeber für Tierheilkunde* betrifft einen speziellen Einzelfall und lässt sich nicht verallgemeinern: Dort war die Arbeitnehmerin für einfache Schreib- und Hilfsarbeiten bei der Fertigung eines Buchmanuskripts eingestellt worden und hat dann darüber hinausgehend einen wesentlichen schöpferischen Beitrag an der Erstellung des Buchmanuskripts geleistet, was der BGH als nicht mit der Zahlung des vereinbarten Gehalts abgegolten angesehen hat. § 43 war dort mithin gar nicht anwendbar).

§ 44 Veräußerung des Originals des Werkes

(1) Veräußert der Urheber das Original des Werkes, so räumt er damit im Zweifel dem Erwerber ein Nutzungsrecht nicht ein.

(2) Der Eigentümer des Originals eines Werkes der bildenden Künste oder eines Lichtbildwerkes ist berechtigt, das Werk öffentlich auszustellen, auch wenn es noch nicht veröffentlicht ist, es sei denn, dass der Urheber dies bei der Veräußerung des Originals ausdrücklich ausgeschlossen hat.

I. Allgemeines

1. Sinn und Zweck

§ 44 enthält Auslegungsregeln für den Zweifelsfall, dass die Parteien bei Eigen- **1** tumsübertragung keine klare Vereinbarung über das Schicksal der urheberrechtlichen Nutzungsrechte getroffen haben. Die Auslegungsregeln betreffen die Frage, welchen Einfluss die Veräußerung des Sacheigentums auf die Einräumung von Nutzungsrechten hat. Beide Verfügungen sind strikt zu trennen. **Die Eigentums- und Besitzlage am Werkstück ist unabhängig von Verfügungen über Nutzungsrechte.** Nach der Vermutungsregel des § 44 Abs. 1 lässt sich aus der Veräußerung des Werkoriginals im Zweifel nicht ableiten, dass Nutzungsrechte an den Eigentümer eingeräumt werden. Das soll dem Urheber die Erträge aus Urheberrecht neben dem Entgelt bei Veräußerung von Eigentum sichern. § 44 Abs. 1 hat im Hinblick auf den Übertragungszweckgedanken nach § 31 Abs. 5 keine eigenständige Bedeutung (vgl. Rn. 8). Die Regelung des Abs. 2 stellt eine Ausnahme zu Abs. 1 dar. Abs. 2 kommt eine eigenständige Bedeutung zu, weil sich eine solche Regel aus § 31 Abs. 5 nicht herleiten ließe (vgl. Rn. 13). Zum **Eigentum und Besitz an urheberrechtlichen Werken** („Urhebersachenrecht") ausführlich vgl. Nach § 44 Rn. 1 ff.

2. Früheres Recht

Die Vorschrift des § 44 wurde mit dem UrhG vom 9.9.1965 geschaffen. § 132 **2** Abs. 1 ordnet keine Anwendung von § 44 für **Altverträge vor dem 1.1.1966** an, sodass dafür LUG und KUG gelten. Auch für Nutzungsverträge nach KUG war aber anerkannt, dass der Eigentümer nicht schon kraft seines Sacheigentums Nutzungsrechte am Werk erwirbt (s. die Regelung in § 10 Abs. 4 KUG; OLG Stuttgart GRUR 1956, 519 – *Hohenzollern-Tonband*; BAG GRUR 1961, 491 f. – *Nahverkehrschronik*). Für **DDR-Altverträge vor dem 3.10.1990** (vgl. Vor §§ 31 ff. Rn. 20 ff.) gilt § 43 UrhG-DDR. § 43 Abs. 2 UrhG-DDR enthält eine § 44 Abs. 1 UrhG entsprechende Auslegungsregel, die allerdings nur für „Werkstücke der Malerei, der Bildhauerei, der Grafik, der Gebrauchsgrafik, der angewandten Kunst, des Films, des Rundfunks, des Fernsehens, der Fotografie, der Fotomontage oder der Baukunst" gilt.

3. EU-Recht und Internationales Recht

Im EU-Recht und den relevanten internationalen Urheberrechtsabkommen finden **3** sich keine für § 44 relevanten Regelungen (vgl. Vor §§ 31 ff. Rn. 24 ff.). Internationalprivatrechtlich ist § 44 Teil des Vertragsstatutes und als bloße Auslegungsregel nicht zwingend gem. Art. 9 Abs. 1 Rom-I-VO; zur nicht zwingenden Anwendung des § 44 im internationalen Privatrecht vgl. Vor §§ 120 ff. Rn. 86 ff.

II. Tatbestand

1. Veräußerung und Nutzungsrechte (Abs. 1)

4 a) **Veräußerung durch den Urheber:** Unter Veräußerung fällt jede Übereignung und jede Form des Eigentumserwerbes durch Gesetz (BGH GRUR 1995, 673, 675 – *Mauer-Bilder* für § 17 Abs. 2; zustimmend BeckOK UrhR/*Lindhorst*[16] Rn. 5). Zur Frage, wann eine solche Veräußerung im Einzelnen vorliegt, ausführlich vgl. Nach § 44 Rn. 4 ff. zum **Urhebersachenrecht.** Entsprechende Anwendung findet § 44 Abs. 1 auf bedingte Veräußerungen (z. B. Sicherungseigentum) oder eine Besitzverschaffung (Schricker/Loewenheim/*Vogel*[5] Rn. 9; BeckOK UrhR/*Lindhorst*[16] Rn. 5). Auf den **gesetzlichen Eigentumserwerb** findet § 44 Abs. 1 entsprechende Anwendung, z. B. auf Ersitzung (§ 937 BGB), Aneignung (§ 958 BGB), Fund (§ 965 BGB) oder Verarbeitung (§ 950 BGB). Zu § 950 BGB vgl. Nach § 44 Rn. 4. An **aufgedrängter Kunst** (Verwendung von Stoffen einschließlich Oberflächen ohne Zustimmung des Eigentümers) entsteht ein vollwertiges Urheberrecht, wenn die Voraussetzungen des § 2 erfüllt sind (BGH GRUR 1995, 673, 675 – *Mauer-Bilder*). Beispiele sind Graffiti-Kunst an Fassaden oder die berühmten Werke auf den Resten der Berliner Mauer. Sofern der Urheber kein Eigentum gem. § 950 BGB erwirbt, gilt die Vermutungsregel des § 44 Abs. 1: Von einer Nutzungsrechtseinräumung durch den Urheber an den Eigentümer ist nicht auszugehen. Der Eigentümer darf deshalb aufgedrängte Kunst nicht isolieren und daraus „selbständig verkehrsfähige Objekte" machen, ansonsten verletzt er das Verbreitungsrecht des Urhebers (BGH GRUR 1995, 673, 676 – *Mauer-Bilder*; kritisch *Schack* JZ 1995, 839); den ihm gehörenden Gegenstand als solchen kann er jedoch veräußern oder sonst wie nutzen (Dreier/Schulze/*Schulze*[5] Rn. 9). Ohnehin ist das Urheberrecht durch die rechtswidrige Nutzung fremden Eigentums geschwächt; bei Beseitigung oder nicht geglückten Beseitigungsversuchen (z. B. Graffiti ist noch erkennbar) geht die Interessenabwägung im Rahmen des § 14 im Regelfall zugunsten des Eigentümers aus. Bei üblichen Graffitis, die anonym erfolgen, wird teilweise sogar ein Verzicht auf das Urheberrecht befürwortet (*Erdmann* FS Piper S. 662; Dreier/Schulze/*Schulze*[5] Rn. 9), was aber zu weitgehend ist (vgl. § 29 Rn. 12).

5 Nach dem Wortlaut gilt die Auslegungsregel nur für den Urheber. Es spricht jedoch nichts dagegen, die Auslegungsregel sinngemäß auch auf **bloße Nutzungsrechtsinhaber** anzuwenden, die Eigentümer des Werkoriginals sind.

6 b) **Original:** Von ihrem Wortlaut her erfasst § 44 Abs. 1 allein die Veräußerung des **Werkoriginals.** Das Original ist jede reproduktionsfähige Erstfixierung, die entweder vom Urheber selbst stammt oder unter seiner Aufsicht von Dritten hergestellt wurde; Beispiele: Manuskripte, Partituren, Gemälde, Skulpturen, unabhängig von der Werkart. Das gilt jedenfalls für alle vom Urheber geschaffenen Unikate unter Einschluss von Skizzen und Entwürfen. Auch mehrfache Schöpfungen können unter den Begriff des Originals fallen; im Einzelnen str., zum Ganzen im Detail vgl. § 26 Rn. 9 ff. Die Vermutungsregel ist auch auf Eigentumsübertragungen an **Vervielfältigungsstücken** anwendbar (OLG Düsseldorf GRUR 1988, 541 – *Warenkatalogfoto*; Dreier/Schulze/*Schulze*[5] Rn. 5; Wandtke/Bullinger/*Wandtke*[4] Rn. 11; BeckOK UrhR/*Lindhorst*[16] Rn. 4). Wenn schon die Veräußerung des Originals eines Werkes keine Nutzungsrechte gewährt, dann muss dies für bloße Vervielfältigungsstücke erst recht gelten. Damit ist nur für § 44 Abs. 2 von Bedeutung, ob ein Original vorliegt; vgl. Rn. 11.

7 c) **Im Zweifel kein Nutzungsrecht (Rechtsfolge):** Die Bedeutung des § 44 Abs. 1 erschöpft sich in der **Auslegungsregel** (vgl. Rn. 1), dass im Zweifel kein Nutzungsrecht eingeräumt wurde. Sie wird verdrängt durch eine **gegenteilige Vereinbarung** (BGH GRUR 1995, 673, 675 – *Mauer-Bilder*), z. B. bei Übereignung eines Manuskriptes zum Zweck der Auswertung (OLG München ZUM 2000, 66, 68). Die Formulierung, der Verwerter solle „volles und bedingungsloses Eigentum" erhalten, lässt hingegen noch Raum für § 44 Abs. 1, weil sie die Nutzungsrechte nicht explizit erfasst (BGH GRUR 1968, 607, 611 – *Kandinsky*). Werden Dias an Werbefotos übereignet, folgt daraus wegen § 44 Abs. 1 noch nicht, dass ein umfassende Nutzungsrechte eingeräumt wurden (BGH GRUR 2015, 264 Tz. 60 – *Hi Hotel II*); das kann sich allerdings aus dem Vertragszweck und damit aus § 31 Abs. 5 ergeben (vgl. § 31 Rn. 159).

In allen Fällen der fehlenden ausdrücklichen Abrede über die Nutzungsrechtseinräumung steuert der **Übertragungszweckgedanke** gemäß § 31 Abs. 5 den Umfang der Rechteeinräumung. Soweit der Vertragszweck die Einräumung von Nutzungsrechten „unbedingt" erfordert, werden Nutzungsrechte auch stillschweigend eingeräumt (vgl. § 31 Rn. 122 f.). Eine Regelung in einem Vertrag, die sich sprachlich nur auf ein Sachenrecht bezieht, schließt die Einräumung von Nutzungsrechten nicht aus, so etwa bei „Sicherungsübereignung" von Software, bei der die bloße Übereignung des Datenträgers den Sicherungszweck verfehlen würde (BGH GRUR 1994, 363, 365 – *Holzhandelsprogramm*). Die Auslegungsregel des § 44 Abs. 1 hat danach im Hinblick auf § 31 Abs. 5 **keine eigenständige Bedeutung**, sondern wirkt nur deklaratorisch (HK-UrhR/*Kotthoff*[3] Rn. 1, 5; Schricker/Loewenheim/*Vogel*[5] Rn. 6; ähnlich auch BeckOK UrhR/*Lindhorst*[16] Rn. 4: „entbehrlich"; a. A. ohne Begründung Wandtke/Bullinger/*Wandtke*[4] Rn. 1). Keine Nutzungsrechte zur Vervielfältigung und Verbreitung werden begründet bei einem freundschaftlichen Austausch von Plastiken zweier Bildhauer mit Maßgabe, einzelne Abgüsse herzustellen, es erfolgt lediglich eine Eigentumsübertragung (KG ZUM 1987, 293, 295 – *Sterndeuter II*). Bei Übereignung zur Aufnahme in ein Archiv werden auch einfache Rechte zum Abdruck mitbegründet (OLG Hamburg GRUR 1989, 912, 914 – *Spiegel-Fotos*). Zu weiteren Fällen vgl. § 31 Rn. 136 ff.

8

2. Öffentliche Ausstellung (Abs. 2)

Abs. 2 ist eine **Ausnahme zu Abs. 1**. Mit der Veräußerung des Originals eines Werkes der bildenden Künste oder eines Lichtbildwerkes erwirbt der neue Eigentümer im Zweifel auch das Ausstellungsrecht an dem noch nicht veröffentlichten Werk gem. § 18, es sei denn, der Urheber hat sich dies ausdrücklich vorbehalten. Denn allein sein Eigentum gewährt dem Eigentümer nicht das Recht, es öffentlich auszustellen, bevor das Werk veröffentlicht wurde. Allenfalls wäre nun Vorführung an einen beschränkten Personenkreis möglich. Nach Veröffentlichung des Werkes ist das Ausstellungsrecht erschöpft (vgl. § 18 Rn. 1 ff.), sodass jeder folgende Eigentümer auch zur öffentlichen Ausstellung berechtigt ist. Abs. 2 trägt nach dem Gesetzgeber folgender Interessenlage Rechnung: Entlässt ein Künstler das Original aus seiner persönlichen Sphäre, ist nach der Lebenserfahrung im Zweifel davon auszugehen, dass der Künstler mit der Ausstellung des noch nicht veröffentlichten Werkes einverstanden ist (RegE UrhG 1962 – BT-Drs. IV/270, S. 62; zu Recht kritisch *Erdmann* FS Piper S. 662). Als **Ausnahmevorschrift**, insb. zu § 31 Abs. 5, ist § 44 Abs. 2 **eng auszulegen** (OLG Köln GRUR-RR 2009, 4, 5 – *Auktionsportal für Kunstwerke*; Schricker/Loewenheim/*Vogel*[5] Rn. 19; Dreier/Schulze/*Schulze*[5] Rn. 15).

9

a) Eigentümer: Zur Ausstellung berechtigt ist jeder Eigentümer, wenn das Werkstück die Sphäre des Urhebers einmal verlassen hat. Das muss nicht notwendig der Ersterwerber sein; auch Nachfolgende kommen in Betracht (s. OLG Köln GRUR-RR 2009, 4, 5 – *Auktionsportal für Kunstwerke*). Die Anwendung auf Kommissionäre – wie etwa den Galeristen, der nicht Eigentümer

10

ist – wird hingegen abgelehnt (Dreier/Schulze/*Schulze*⁵ Rn. 14; Wandtke/Bullinger/*Wandtke*⁴ Rn. 19). Keine Anwendung findet § 44 Abs. 2 bei gutgläubigem Eigentumserwerb (*Erdmann* GRUR 2011, 1062; BeckOK UrhR/*Lindhorst*¹⁶ Rn. 8.1; HK-UrhR/*Kotthoff*³ Rn. 9; Schricker/Loewenheim/*Vogel*⁵ Rn. 19), weil die Veräußerung ohne Willen des Urhebers erfolgt ist und es außerdem keinen gutgläubigen Erwerb von Nutzungsrechten gibt.

11 **b) Original bildende Kunst oder Lichtbildwerk:** Das Recht zur Ausstellung bezieht sich im Gegensatz zu Abs. 1 nur auf das Original. Zum Begriff vgl. § 26 Rn. 9 ff. Als Werkarten kommen nur die bildenden Künste und Lichtbildwerke in Betracht; über den Verweis des § 72 sind auch bloße Lichtbilder einbezogen. Für Vervielfältigungsstücke und andere Werkarten gilt die Regelung nicht, sodass hier ein Recht zur Ausstellung nicht besteht.

12 **c) Öffentliche Ausstellung vor Veröffentlichung:** Gemeint ist die öffentliche Ausstellung i. S. d. § 18; vgl. § 18 Rn. 6. Das Recht zur Ausstellung besteht als Verwertungsbefugnis gemäß § 18 nur vor der Veröffentlichung des Werkes; danach ist es erschöpft, sodass der jeweilige Eigentümer des Werkes unabhängig von § 44 Abs. 2 dazu berechtigt ist. Abs. 2 betrifft **nicht die bleibende öffentliche Ausstellung im Sinne des § 59** (zustimmend Schricker/Loewenheim/ *Vogel*⁵ Rn. 19), es sei denn, sie ist Gegenstand der Eigentumsüberlassung (z. B. Fassadenkunst an einem öffentlichen Bauwerk). Denn die öffentliche Ausstellung gem. § 59 geht mit weitgehenden Verlusten des Nutzungsmonopols für den Urheber einher. Eine **analoge Anwendung auf das Recht der öffentlichen Zugänglichmachung** nach § 19a **scheidet aus** (OLG Köln GRUR-RR 2009, 4, 5 – *Auktionsportal für Kunstwerke*, für eine Internetnutzung durch den Eigentümer), weil das eine andere Nutzung als eine öffentliche Ausstellung wäre. Eine Internetnutzung ohne vertragliche Gestattung durch den Urheber kommt danach vor allem im Rahmen des § 58 zur Bewerbung von Ausstellungen in Betracht. § 60 ermöglicht demgegenüber keine öffentliche Zugänglichmachung und damit auch keine Internetnutzung (vgl. § 60 Rn. 12, 14).

13 **d) Abweichender Vorbehalt des Urhebers:** Um – abweichend von der normalen Interessenlage – die Befugnis zur Ausstellung auszuschließen, muss sich der Urheber diese vorbehalten. Ein solcher Vorbehalt entfaltet **dingliche Wirkung** (RegE UrhG 1962 – BT-Drs. IV/270, S. 62; *Erdmann* FS Piper S. 663) und wirkt auch gegenüber jedem folgenden Eigentümer, zumal ein gutgläubiger Erwerb von Nutzungsrechten generell nicht in Betracht kommt; vgl. § 31 Rn. 42. Zusammen mit dem Recht zur Ausstellung fehlt dann auch die Befugnis zur Wiedergabe in Katalogen, weil § 58 seinerseits auf dem Recht zur Ausstellung fußt (Schricker/Loewenheim/*Vogel*⁵ Rn. 19; Dreier/Schulze/*Schulze*⁵ Rn. 20). Der Vorbehalt muss **ausdrücklich** sein und kann grundsätzlich nicht aus den Umständen gefolgert werden (Wandtke/Bullinger/*Wandtke*⁴ Rn. 18; Schricker/ Loewenheim/*Vogel*⁵ Rn. 19 f.). Eine Berufung auf einen konkludenten Vorbehalt nach dem Übertragungszweckgedanken des § 31 Abs. 5 ist nicht möglich, weil § 44 Abs. 2 eine bewusste Durchbrechung des Übertragungszweckgedankens darstellt (ähnlich Schricker/Loewenheim/*Vogel*⁵ Rn. 20).

III. Prozessuales

14 Die Darlegungs- und Beweislast für die Einräumung eines Nutzungsrechtes entgegen § 44 Abs. 1 trägt der Nutzende. Umgekehrt muss bei Abs. 2 der Urheber darlegen und ggf. beweisen, dass Abweichendes vereinbart ist. Wegen der dinglichen Wirkung abweichender Vereinbarungen kann der Urheber bei Verletzung aus §§ 97 ff. vorgehen.

IV. Verhältnis zu anderen Vorschriften

Zum Verhältnis des Übertragungszweckgedankens des § 31 Abs. 5 zu § 44 Abs. 1 **15**
vgl. Rn. 8 und zu Abs. 2 vgl. Rn. 13. § **40 (künftige Werke)** findet auf die Eigentumsübertragung nach § 44 keine analoge Anwendung (vgl. § 40 Rn. 12). Ist das veräußerte Original ein Bildnis, so geht § **60 Abs. 1** vor, nach dem bestimmte Personen das Werk vervielfältigen und unentgeltlich verbreiten lassen können; eine öffentliche Zugänglichmachung scheidet aber aus (vgl. § 60 Rn. 12, 14). Zu § 58 vgl. Rn. 12 und 13; zu § 59 vgl. Rn. 12. Zum **Urhebersachenrecht (Eigentum und Besitz an Werkstücken)** eingehend vgl. Nach § 44 Rn. 4 ff.; weiterhin s. die Kommentierung zu § 27 VerlG. Auf **Leistungsschutzrechte** findet § 44 wegen der Globalverweisungen in § 70 Abs. 1 und § 72 Abs. 1 nur für wissenschaftliche Ausgaben und für Lichtbilder Anwendung; ansonsten finden sich für anderen Leistungsschutzrechte keine Verweisungen.

Nachbemerkung Körperliches Eigentum und Besitz (Urhebersachenrecht)

Übersicht

I. Nutzungsrechte und Sachenrechte

Die Nutzungsrechte am Werk (immaterielles Gut) sind **zu trennen** von der Sachenrechtslage, insbesondere hinsichtlich Eigentum und Besitz am körperlichen **1**
Werkstück. Das ergibt sich für das UrhG aus § **44 Abs. 1** (Begr RegE UrhG 1962 – BT-Drs. IV/270, S. 63), war aber auch schon davor anerkannt (RGZ 79, 397, 300 – *Felseneiland mit Sirenen*; RGZ 103, 44, 45; s. ferner BGH GRUR 2015, 264 Tz. 60 – *Hi Hotel II*; BGH GRUR 1971, 481, 483 – *Filmverleih*; OLG München GRUR-RR 2004, 220, 221 f. – *Fotoabzüge*; KG ZUM-RD 1998, 9, 10 – *Werkstücke im Arbeitsverhältnis*). Zivilrechtlicher Herrschaftsgegenstand des Eigentums gemäß § 903 BGB ist nur das körperliche Werkstück; Herrschaftsgegenstand des Urheberrechts das immaterielle Werk. Beide Befugnisse müssen sich nicht decken, sondern können auseinander fallen oder sogar kollidieren; vgl. Rn. 13. Die **ausschließlichen Rechte des Urheberrechts** können bestimmte Nutzungen des körperlichen Werkstückes als „andere Vorschriften" gemäß § 903 S. 1, 2. Hs. BGB beschränken.

Das Sacheigentum umfasst danach nicht die **wirtschaftliche Verwertung** des **2**
Werkes, weil diese grundsätzlich **urheberrechtlich geregelt** ist. Eine Verwertung des Sacheigentums ohne Eingriff in die urheberrechtlichen Verwertungsrechte kann jedoch **ausnahmsweise** erfolgen, so etwa durch Verkauf des Originalwerkstückes, wenn es schon gemäß § 17 Abs. 2 in Verkehr gebracht worden war und sich damit das Urheberrecht erschöpft hat (BGH GRUR 2005, 505, 507 – *Altana*, vgl. § 17 Rn. 24 ff.). Das gilt nicht, wenn das Objekt zum Zeitpunkt der Werkschöpfung – wie Bilder auf der Berliner Mauer – nicht verkehrs-

fähig war (BGH GRUR 1995, 673, 676 – *Mauer-Bilder*). In bestimmten Kons-
tellationen ist auch an einen **Verzicht** auf Verwertungsrechte durch den
Urheber zu denken, vor allem bei Kunst auf fremdem Eigentum (vgl. § 44
Rn. 4 und vgl. § 29 Rn. 12).

II. Eigentumserwerb am Werkstück

1. Erwerb von Nutzungsrechten

3   Nach der Vermutungsregel des § 44 Abs. 1 lässt sich aus der Veräußerung des
Werkoriginals im Zweifel (s. aber § 44 Abs. 2) nicht ableiten, dass Nutzungsrechte
an den Eigentümer eingeräumt werden. Das gilt ebenso für Vervielfältigungsstücke
(vgl. § 44 Rn. 4 ff.). Ob und inwieweit neben der Übereignung auch Nutzungsrechte eingeräumt wurden, richtet sich vielmehr nach dem Übertragungszweckgedanken (eingehend vgl. § 31 Rn. 136 ff.; ferner vgl. § 44 Rn. 8).

2. Erwerb von Sacheigentum

4   Der Urheber wird durch Eigentumserwerb kraft **Verarbeitung gem. § 950 Abs. 1
BGB** im Regelfall Sacheigentümer des Originalwerkstückes (BGH GRUR 1991,
523, 526 – *Grabungsmaterialien*). Bei § 950 BGB kommt es zu einem Eigentumserwerb durch den Urheber, wenn er fremde Stoffe verarbeitet, dadurch eine neue Sache hergestellt wird und die neue Sache nicht einen erheblich geringeren Wert als
die verarbeiteten Stoffe haben. Nach § 950 Abs. 1 S. 2 BGB gilt auch das Schreiben, Zeichnen oder Malen auf einer Oberfläche als Verarbeitung. Danach erwirbt
der Urheber im Regelfall Eigentum an den Stoffen und Oberflächen, die er für sein
Werk verwendet. Anders kann es bei wertvollen Oberflächen sein, vor allem wenn
es sich um **aufgedrängte Kunst** (Verwendung von Stoffen einschließlich Oberflächen ohne Zustimmung des Eigentümers) handelt. Beispielsweise Graffitis an einem Luxusfahrzeug lösen keinen gesetzlichen Eigentumserwerb des Urhebers aus.
Ein Urheberrecht entsteht aber dennoch (vgl. § 44 Rn. 4). § 950 BGB gilt zugunsten des Urhebers grundsätzlich auch nicht in **Arbeitsverhältnissen,** wo der Arbeitgeber als Hersteller angesehen wird (Schricker/Loewenheim/*Vogel*[5] § 44 Rn. 10).
Ein Bühnenbild steht im Eigentum des Theaters, nicht des Bühnenbildners (KG
ZUM-RD 1998, 9, 10 – *Werkstücke im Arbeitsverhältnis,* zur parallelen Rechtslage nach DDR-Recht). Anders ist es **bei Hochschullehrern,** die Eigentum gem.
§ 950 BGB erwerben können, das aber nach der Rechtsprechung des Bundesgerichtshofes durch ein unbegrenztes und unentgeltliches Besitzrecht (§ 986 Abs. 1
BGB) der Hochschule beschränkt ist (BGH GRUR 1991, 523, 527 – *Grabungsmaterialien*; kritisch Schricker/Loewenheim/*Vogel*[5] Rn. 11 m. w. N.). Der Nutzungsberechtigte ist Eigentümer der von ihm selbst hergestellten **Vervielfältigungsstücke.**

5   Bei der **rechtsgeschäftlichen Übertragung** von Eigentum ist der **Übertragungszweckgedanke** zu berücksichtigen (BGH GRUR 2007, 693, 695 – *Archivfotos*).
Solange nichts ausdrücklich vereinbart wurde, ist eine Übereignung nur anzunehmen, wenn sie zum Zweck der Vertragserfüllung erforderlich ist. Insbesondere
wenn es nur um die Nutzung des Werkes geht, verbleibt das Eigentum im Regelfall
beim Urheber (Dreier/Schulze/*Schulze*[5] Vor § 31 Rn. 39). Ein Designer bleibt der
Eigentümer einer Grafik, die nur als Druckvorlage benötigt wird (OLG Hamburg
GRUR 1980, 909, 910 – *Gebrauchsgrafik für Werbezwecke*), Gleiches gilt für
Originalmanuskripte als Vorlage zur Vervielfältigung (BGH GRUR 1999, 579,
580 – *Hunger und Durst*), für Abbildungen zur Buchillustration (OLG München
GRUR 1984, 516, 517 – *Tierabbildungen*) und für Filmkopien des Filmverleihers
(BGH GRUR 1971, 481, 483 – *Filmverleih*). Eine Übereignung ist nach dem Über-
tragungszweckgedanken nicht unbedingt erforderlich und deshalb wegen Auf-
drucks „Foto nur leihweise" nicht anzunehmen, wenn einem Verlag Fotoabzüge
zur Aufnahme in ein Archiv gegen Archivgebühr überlassen worden sind (BGH
GRUR 2007, 693, 695 – *Archivfotos*). Eine Eigentumsübertragung kann aber bei

dauerhafter Nutzungsmöglichkeit ohne einen solchen ausdrücklichen Hinweis auf die leihweise Überlassung anzunehmen sein, weil mit der Archivierung in diesem Fall der dauerhafte Verlust der Verfügungsmöglichkeit verbunden ist (OLG Hamburg GRUR 1989, 912, 914 – *Spiegel-Fotos*). In **Arbeitsverhältnissen** erwirbt der Arbeitgeber neben dem Nutzungsrechten im Zweifel auch das Eigentum an den Werkstücken (BGH GRUR 1952, 257 – *Krankenhauskartei*; BGH GRUR 1991, 523, 525 – *Grabungsmaterialien*; KG ZUM-RD 1998, 9, 10 – *Werkstücke im Arbeitsverhältnis*). § 27 VerlG, nach dem der Verleger das Manuskript zurückgeben hat, wenn sich der Verfasser die Rückgabe vorbehält, besagt nicht, dass der Verleger im Regelfall Eigentum an dem Manuskript erwirbt (BGH GRUR 1999, 579, 580 – *Hunger und Durst*).

Für die Frage, ob eine Übereignung stattgefunden hat, kann auf die **Eigentumsvermutung** des § 1006 BGB zurückgegriffen werden. Wer danach ein Werk oder ein Vervielfältigungsstück als Eigenbesitzer erwirbt, kann sich auf die Eigentumsvermutung berufen (BGH GRUR 2005, 505, 506 – *Altana*). Wem dagegen ein Werk oder ein Vervielfältigungsstück nur zur Anfertigung von Kopien (im vorliegenden Fall einer Heliogravüren-Edition) oder zu Ausstellungszwecken übergeben wird, ist kein Eigen-, sondern Fremdbesitzer und kann die Eigentumsvermutung nicht für sich in Anspruch nehmen (BGH GRUR 2005, 505, 507 – *Altana*). Solcher Fremdbesitz wandelt sich nicht durch Signieren des Werkstückes durch den Eigentümer (Urheber) in Eigenbesitz um, weil darin kein eindeutiger Wille des Signierenden liegt, Eigenbesitz zu verschaffen (BGH GRUR 2005, 505, 507 – *Altana*). **6**

Für **DDR-Altverträge** vor dem 3.10.1990 (vgl. Vor §§ 31 ff. Rn. 24 f.) gilt nach § 43 Abs. 1 UrhG-DDR die Vermutung, dass der Urheber Eigentümer des überlassenen Originals bleibt. **7**

3. Anspruch auf Eigentumsverschaffung

Das Urheberrecht gewährt dem Werkschöpfer oder seinem Rechtsnachfolger nur Ausschließlichkeitsrechte am (immateriellen) geistigen Eigentum, nicht aber ein Recht auf körperliches Eigentum an den einzelnen Werkstücken, auf das beispielsweise ein Herausgabeverlangen gestützt werden könnte (BGH GRUR 1991, 523, 525 – *Grabungsmaterialien*). Wurde ein Eigentumserwerb vereinbart, kann sich – hier bei vorzeitiger Beendigung eines Musikverlagsvertrages – eine Rückübereignungspflicht für das Originalmanuskript aus ergänzender Vertragsauslegung ergeben (BGH GRUR 1999, 579, 580 – *Hunger und Durst*). Für Nebendokumente (Schriftwechsel u. Ä.) hingegen gilt das nicht, auch nicht durch ergänzende Auslegung und Konstruktion eines Treuhandverhältnisses, aus dem eine Rückgabepflicht folgt (OLG München ZUM 2000, 66, 69: für einen klar und eindeutig formulierten Optionsvertrag). Zur Frage des Herausgabeanspruches des Filmproduzenten gegen den Verleiher nach Kündigung des Verleihvertrages, wenn der Verleiher (rechtmäßig) bei Dritten Kopien unter Vereinbarung eines Eigentumsvorbehaltes gezogen hat, BGH GRUR 1971, 481, 483 – *Filmverleih*. **8**

4. Sonstiges

Zur Eigentums- und Besitzlage sowie Ansprüchen bei geraubten und **gestohlenen Kunstwerken** s. *Heuer* NJW 1999, 2558; *Müller-Katzenburg* NJW 1999, 2551. **9**

III. Besitz am Werkstück

Wem der Besitz als tatsächliche Sachherrschaft am Werkstück zusteht, wird sich zumeist dem **Zweck** des Vertrages entnehmen lassen, wenn Eigentum und Besitz auseinander fallen. Ist für die Ausübung eines Nutzungsrechtes – etwa der Vervielfältigung – der Besitz am Originalwerkstück erforderlich, so gibt der Nutzungsvertrag dazu das Recht (OLG Hamburg ZUM-RD 1999, 80). Für Verlagsverträge **10** regelt § 27 VerlG die Besitzlage am **Manuskript**. Dem Verleger wird für die Dauer des Verlagsvertrages ein Recht zum Besitz am Manuskript eingeräumt – sofern es nicht schon übereignet wurde –, es sei denn, der Verfasser hat sich die Rückgabe vorbehalten. Mit Beendigung des Verlagsvertrages endet das Recht zum Besitz in jedem Fall (dazu *v. Olenhusen* ZUM 2000, 1056, 1057).

IV. Herausgabeansprüche des Eigentümers gegen den Besitzer

11 Der Eigentümer kann gegen den Besitzer einen Anspruch auf Herausgabe seines Eigentums nach § 985 BGB stellen, wenn kein Recht zum Besitz gegeben ist (§ 986 BGB). Bei Besitzverlust kann Schadensersatz nach §§ 989 ff. BGB verlangt werden. Herausgabe- und Sekundäransprüche können außerdem aus Vertrag abgeleitet werden.

12 In manchen Fällen hat der klagende Eigentümer das Problem, den **Besitz des Anspruchsgegners** substantiiert **vorzutragen und ggf. zu beweisen**. Das gilt insbesondere bei Überlassung von Werken (z. B. Fotos) für Archive. Der Anspruchsteller muss grundsätzlich darlegen und ggf. beweisen, dass der Anspruchsgegner im Zeitpunkt der Erhebung der Klage Besitzer der herausverlangten Sache war. Ein Anspruchsteller genügt seiner Darlegungslast, wenn er Tatsachen vorträgt, aus denen sich ergibt, dass der Anspruchsgegner in einem vor Klageerhebung liegenden Zeitpunkt im Besitz der Sache gewesen ist; denn dafür, dass die beklagte Partei auch weiter im Besitz der Sache geblieben ist, spricht – insbesondere dann, wenn der Beklagte keine näheren Angaben über die Art und Weise des behaupteten Besitzverlustes macht – die allgemeine Kontinuitätsvermutung. In der Behauptung eines Beklagten, er finde eine Sache, die er in Besitz genommen hatte, zur Zeit nicht, liegt noch kein Vortrag, er habe den Besitz an der Sache verloren (OLG München ZUM 2008, 982 – *Archivfotos* unter Berufung auf BGH WM 1982, 749). Mangels Bestreitens ist in einem derartigen Fall die Besitzbehauptung des Klägers zugestanden (§ 138 Abs. 3 ZPO).

V. Konflikt zwischen Eigentum und Urheberrecht

13 Sacheigentum kann mit dem Urheberrecht kollidieren (dazu umfassend *Erdmann* FS Piper S. 655 ff.). Das gilt insbesondere dann, wenn körperliches Eigentum und Urheberrecht auseinander fallen. Es gelten dann körperliches Eigentum und Urheberrecht gleichberechtigt nebeneinander. Das gilt vor allem für die Frage, ob eine **Änderung** des Werkes erlaubt ist. Der Eigentümer eines Originals kann z. B. verhindern, dass der berechtigte Besitzer das übergebene Werkstück verändert (z. B. einen zum Kunstwerk gehörenden Rahmen entfernt), selbst wenn der Urheber dem Besitzer eine Bearbeitung erlaubt hat. Die Änderung eines Werkstückes und damit auch des Werkes im nicht-öffentlichen Bereich außerhalb von Verwertungshandlungen ist jedoch urheberrechtlich irrelevant, weil die §§ 3, 23 eine öffentliche Verwertung voraussetzen (Filmwerke, Werke der bildenden Kunst, Bauwerke und Datenbankwerke gem. § 23 S. 2 ausgenommen). Das Gleiche gilt für §§ 14, 39, die mit § 23 parallel laufen (vgl. § 14 Rn. 81). Auch ansonsten ist eine Änderung nur im Rahmen der §§ 14, 39 Abs. 2 bzw. §§ 23, 24 zulässig; diese Bestimmungen gelten auch außerhalb von Vertragsverhältnissen als Änderungsgrenze; vgl. § 14 Rn. 5 ff.; vgl. § 39 Rn. 7. Der Eigentümer kann ferner zur **Vernichtung** des Werkstückes berechtigt sein; str., vgl. § 14 Rn. 31 ff. Eine **Veräußerung** kommt auch ohne entsprechendes Nutzungsrecht in Betracht, soweit **Verbreitungsrechte** gem. § 17 Abs. 2 erschöpft sind (BGH GRUR 2005, 505, 507 – *Altana*); ferner vgl. § 17 Rn. 1 ff. Schließlich erlaubt § 25 dem Urheber unter bestimmten Voraussetzungen den **Zugang zum Werkstück** (Original oder Vervielfältigung), das im Eigentum eines anderen steht.

Abschnitt 6 **Schranken des Urheberrechts durch gesetzlich erlaubte Nutzungen**

Unterabschnitt 1   **Gesetzlich erlaubte Nutzungen**

Vorbemerkung   §§ 44a bis 63a

Übersicht

I.   Allgemeines

1.   Funktion der Schrankenregelungen

Die ausschließliche Herrschaft des Urhebers über sein Werk ist die natürliche **1** Folge seines schöpferischen Schaffens. Das UrhG erkennt deshalb das geistige Eigentum des Urhebers an seinem Werk grundsätzlich an (vgl. § 1 Rn. 3). Ziel des Gesetzes ist es, die ausschließlichen Befugnisse des Urhebers so umfassend zu gestalten, dass möglichst **jede Art der Nutzung seines Werkes seiner Kontrolle** unterliegt (RegE UrhG 1962 – BT-Drs. IV/270, S. 28). Wie das Sacheigentum, dessen Gebrauch zugleich dem Wohle der Allgemeinheit dienen soll (Art. 14 Abs. 2 GG), ist das geistige Eigentum des Urhebers ein sozialgebundenes Recht, das seine Grenze an den überwiegenden **Bedürfnissen der Allgemeinheit** finden muss, wenn ein gedeihliches Zusammenleben der menschlichen Gesellschaft überhaupt möglich sein soll (RegE UrhG 1962 – BT-Drs. IV/270, S. 62; BVerfG GRUR 1972, 481, 484 – *Kirchen- und Schulgebrauch*, zu weiteren Entscheidungen vgl. § 1 Rn. 4). Die umfassenden Herrschaftsrechte des Urhebers über sein Werk sind deshalb einschränkenden Regelungen unterworfen, die im Wesentlichen im 6. Abschnitt zu finden sind. Einzelne spezielle Schrankenbestimmungen sind auch außerhalb des 6. Abschnitts im jeweiligen Regelungszusammenhang zu finden (z. B. § 55a für Datenbankwerke, §§ 69d/ e für Computerprogramme, § 87c für Datenbanken).

Nicht im UrhG geregelt sind diejenigen Beschränkungen des Urheberrechts, die **2** sich aus **allgemeinen Rechtsnormen** ergeben. In Betracht kommt vor allem die Rechtfertigung einer an sich unzulässigen Benutzung fremden Urheberrechtsgutes unter dem Gesichtspunkt des rechtfertigenden Notstandes (analog § 904 BGB), so z. B. dann, wenn geschütztes Material für eine bestimmte Arbeit unerlässlich ist, aber nur unter unzumutbaren politischen Bedingungen legal zu beschaffen wäre (LG Berlin GRUR 1962, 207, 211 – *Maifeiern* sowie KG UFITA 54 [1969], 296; vgl. § 97 Rn. 22 f.; s. a. *Löffler* NJW 1980, 201). Mit *Bornkamm* FS Piper S. 641, 647 f. und KG NJW 1995, 3392 – *Botho Strauß* sind angesichts der grundsätzlich abschließenden Schrankenregelung der §§ 44a ff. allerdings strenge Anforderungen an das Vorliegen der Notstandsvoraussetzungen zu stellen (dies missachtet OLG Hamburg GRUR 2000, 146, 147 – *Berufungsschrift*; wie hier *Schack* FS Schricker II S. 511, 516; Schricker/

Loewenheim/*Melichar*[4] Rn. 16). Zur Frage des Bestehens einer übergeordneten, grundrechtlichen Urheberrechtsschranke vgl. Rn. 4 f.

2. Urheberrechts-Wissensgesellschafts-Gesetz (UrhWissG)

3 Der Deutsche Bundestag hat im Juni 2017 das UrhWissG verabschiedet, welches zum 1. März 2018 in Kraft getreten ist und die Schrankenregelungen teilweise reformiert. Dabei geht es im Kern um die Regelungen zur Nutzung urheberrechtlich geschützter Werke für Bildung und Forschung, welche bisher insbesondere durch die §§ 52a und 52b geregelt wurde. Durch die Neuregelungen sind **§§ 52a und 52b entfallen.** Neu eingefügt wurde dafür der **Unterabschnitt 4** „Gesetzlich erlaubte Nutzungen für Unterricht, Wissenschaft und Institutionen" mit den §§ 60a bis 60h. Grund für diese Reform ist einerseits die Erkenntnis, dass das derzeitige Urheberrechtsgesetz durch eine Vielzahl kleinteiliger, an unterschiedlichen Stellen geregelter Erlaubnistatbestände zugunsten von Unterricht und Wissenschaft enthalte, die schwer aufzufinden seien und überwiegend einer Auslegung durch die Rechtsprechung bedürften (Bericht RAusschuss UrhWissG 2017 – BT-Drs. 18/13014). Andererseits würden die bisherigen Regelungen, welche sich teilweise an analogen Nutzungen orientieren den **Veränderungen durch Digitalisierung und Vernetzung** nicht mehr vollständig gerecht. Es bleibt abzuwarten, ob die neuen Regelungen tatsächlich zu mehr Rechtssicherheit führen werden. Wünschenswert ist eine Reformierung der Schrankenregelungen vor dem Hintergrund einer keinesfalls konsistenten Auslegungspraxis durch die Rechtsprechung in jedem Fall.

3. Grundrechte – erweiterte Auslegung?

4 Die grundrechtlichen Vorgaben des Grundgesetzes wirken sich in zweierlei Hinsicht auf die urheberrechtlichen Schrankenregelungen aus. Einerseits setzt die Eigentumsgarantie aus Art. 14 GG dem Eingreifen von Schrankenregelungen zu Lasten des Urhebers Grenzen (s. BVerfG GRUR 1972, 481, 484 – *Kirchen- und Schulgebrauch).* Andererseits sind grundrechtlich geschützte Interessen der Nutzer urheberrechtlich geschützter Werke – insbesondere die in Art. 5 GG bzw. Art. 10 EMRK garantierte Meinungs-, Presse- und Informationsfreiheit – im Einzelfall hinreichend zu berücksichtigen und können ggf. zu einer vorsichtig **erweiternden Auslegung einzelner Schrankenbestimmungen** führen (s. BVerfG GRUR 2001, 145 – *Germania 3* und BGH GRUR 2012, 819 – *Blühende Landschaften* für das Zitatrecht aufgrund der Kunstfreiheit nach Art. 5 Abs. 3 GG; BGH GRUR 2003, 956, 957 – *Gies-Adler).* Dabei ist zu berücksichtigen, dass der Gesetzgeber bei der Regelung der Schrankenbestimmungen eine grundsätzlich abschließende (Voraus-) Abwägung der grundrechtlichen Interessen vorgenommen hat (s. BGH ZUM 2002, 636, 637 – *Verhüllter Reichstag*; GRUR 2002, 1050, 1051 – *Zeitungsbericht als Tagesereignis*; GRUR 2011, 415, 417 – *Kunstausstellung im Online-Archiv*; ausdrücklich gebilligt durch BVerfG GRUR 2012, 389, 390 – *Kunstausstellung im Online-Archiv).* Eine analoge Anwendung von Schrankenbestimmungen kommt deshalb grundsätzlich nicht in Betracht (s. BGH GRUR 1985, 874, 876 – *Schulfunksendung*; etwas einschränkend BGH GRUR 1994, 45, 47 – *Verteileranlagen* „nur in seltenen Fällen" und Dreier/Schulze/*Dreier*[5] Rn. 7 sowie Wandtke/Bullinger/*Lüft*[4] Rn. 2; wie hier Schricker/Loewenheim/*Melichar*[4] Rn. 16). Eine Ausnahme bildet das Bildzitat, das schon immer zugelassen, aber erst durch das UrhWissG 2017 in § 51 S. 3 gesetzlich normiert wurde (vgl. § 51 Rn. 9). Eine außerhalb des Wortlautes bestehender Schrankenbestimmungen verortete allgemeine Güterabwägung durch die Gerichte stellt einen unzulässigen Eingriff in die Regelungskompetenz des Gesetzgebers dar (s. BVerfG GRUR 2012, 389, 390 – *Kunstausstellung im Online-Archiv*; BGH GRUR 2003, 956, 957 – *Gies-Adler*; a. A. wohl OLG Stuttgart NJW-RR 2004, 619, 621*).*

5 Etwas anderes folgt auch nicht aus den Vorgaben der **EMRK.** Zwar hat der EGMR bestätigt, dass die urheberrechtlichen Ausschließlichkeitsrechte einen

Eingriff in die durch Art. 10 EMRK geschützte Meinungsfreiheit darstellen können (s. EGMR GRUR 2013, 859 Tz. 34 – *Ashby Donald/Frankreich*), ebenso steht indes die Meinungsfreiheit gemäß Art. 10 EMRK unter einem eingeschränkten Gesetzesvorbehalt (Art. 10 Abs. 2 EMRK), der Einschränkungen zugunsten des geistigen Eigentums zulässt. Der EGMR gesteht den nationalen Gesetzgebern und Gerichten insoweit einen Ermessensspielraum zu und behält sich lediglich die Entscheidung darüber vor, ob dieser Ermessensspielraum vom Gesetzgeber bzw. den entscheidenden Gerichten im Rahmen der Auslegung der bestehenden Gesetze eingehalten wurde (s. EGMR GRUR 2013, 859 Tz. 38 – *Ashby Donald/Frankreich*).

4. Gemeinschaftsrecht

Die möglichen Ausnahmen und Beschränkungen in Bezug auf das Vervielfältigungs- und Verbreitungsrecht sowie das Recht der öffentlichen Zugänglichmachung sind in **Art. 5 Info-RL** grundsätzlich abschließend aufgezählt (ErwG 32 Info-RL). Dabei ist lediglich die in Art. 5 Abs. 1 Info-RL geregelte Schrankenregelung für vorübergehende Vervielfältigungshandlungen (umgesetzt in § 44a UrhG) obligatorisch festgeschrieben, während die übrigen zwanzig in Art. 5 Abs. 2 Abs. 3 Info-RL aufgezählten Schrankenregelungen lediglich fakultativ umgesetzt werden können. Von wesentlicher Bedeutung ist die in Art. 5 Abs. 5 Info-RL für alle in Schranken zwingend festgeschriebene Geltung des bereits durch Art. 9 Abs. 2 RBÜ und Art. 13 TRIPS eingeführten **Drei-Stufen-Test** (hierzu unten vgl. Rn. 13 f.), dessen Einhaltung im Einzelfall der letztinstanzlichen Prüfung durch den EuGH unterliegt. **6**

II.   Schrankenübergreifende Grundsätze

1.   Auslegungsregeln

Die im UrhG geregelten Schranken des Verfügungsrechts des Urhebers sind Ausnahmen, die wegen des Grundsatzes der tunlichst angemessenen Vergütung des Urhebers **eng und am Maßstab der technischen Gegebenheiten im Zeitpunkt der Einführung der Regelung auszulegen** sind (BGH GRUR 1968, 607, 608 – *Kandinsky I*; BGH GRUR 1972, 614, 616 – *Landesversicherungsanstalt*; BGH GRUR 1991, 903, 905 – *Liedersammlung*; BGH GRUR 1994, 800, 802 – *Museumskatalog*; BGH GRUR 1997, 459, 463 – *CB-Infobank I*; BGH GRUR 2002, 605 f. – *Verhüllter Reichstag*; BGH GRUR 2002, 963, 966 – *Elektronischer Pressespiegel*; irrig a. M. OLG Hamburg ZUM-RD 1998, 2, 4). Bei der Anwendung einer Schrankenregelung auf einen technisch neuen Vorgang muss gewährleistet sein, dass dieser „funktional dem entspricht, was der Gesetzgeber seinerzeit als regelungsbedürftig angesehen hat" (BGH GRUR 2008, 245, 246 – *Drucker und Plotter*). Bei der Auslegung ist außerdem zu beachten, welchen Zweck der Gesetzgeber mit der fraglichen Schrankenbestimmung verfolgt hat. Neben den Interessen des Urhebers sind diese durch die Schrankenbestimmungen geschützten Interessen ihrem Gewicht entsprechend für die Auslegung der gesetzlichen Regelung heranzuziehen (s. BGH GRUR 2005, 670, 671 – *Wirtschafts Woche*). Insbesondere **grundrechtlich geschützte Nutzerinteressen** können in Ausnahmefällen zu einer erweiterten Auslegung der jeweiligen Schrankenregelung führen (s. BGH GRUR 2003, 956, 957 – *Gies-Adler*; ausführlich oben vgl. Rn. 3 f.). Als absolute Grenze der Auslegung ist in jedem Fall der in Art. 5 Abs. 5 Info-RL Drei-Stufen-Test zu beachten (dazu unten vgl. Rn. 13 f.). **7**

2.   Urheberpersönlichkeitsrecht

Die urheberpersönlichkeitsrechtlichen Bestimmungen des UrhG bleiben von den gesetzlichen Schrankenbestimmungen grundsätzlich unberührt. Insbesondere das Gebot der Urheberbenennung und das Änderungsverbot finden in **8**

§ 62 (Änderungsverbot) und § 63 (Quellenangabe) einen speziell auf die im 6. Abschnitt vorgesehenen Schrankenregelungen zugeschnittenen Niederschlag (zu den Einzelheiten s. die jeweilige Kommentierung). Eine wichtige Ausnahme von diesem Grundsatz enthalten die §§ 45, 53 Abs. 1, Abs. 2 Nr. 1, Nr. 2 und 57, die sich anders als die übrigen Schrankenregelungen nicht auf veröffentlichte bzw. erschienene Werke (§ 6) beschränken und damit das Recht der Erstveröffentlichung (§ 12) teilweise einschränken.

3. Vergütungsansprüche

9 Die Beschränkung der dem Urheber grundsätzlich ausschließlich zustehenden Verwertungsbefugnisse an seinem Werk erfolgt in unterschiedlicher Intensität. Die schärfste Beschränkung stellt die vollständige **Zustimmungs- und Vergütungsfreiheit** dar, die ein gesteigertes öffentliches Interesse gerade an der Gewährung eines vergütungsfreien öffentlichen Zugangs zu urheberrechtlich geschützten Werken erfordert (s. BVerfG GRUR 1980, 44, 48 – *Kirchenmusik*). Eine solche findet sich in §§ 44a, 45, 47 Abs. 1, 48, 49 Abs. 1 S. 2, Abs. 2, 50, 51, 52 Abs. 1 S. 2, 55, 56, 57, 58, 59 und 60 wieder.

10 Bei allen anderen im 6. Abschnitt geregelten Schrankenregelungen wird das Ausschließlichkeitsrecht des Urhebers durch einen bloßen **Anspruch auf eine angemessene Vergütung** ersetzt. Dieser Anspruch entsteht in Form eines gesetzlichen Schuldverhältnisses bereits durch den tatsächlichen Nutzungsakt (Ausnahme: §§ 53, 54). Da dem Urheber die Dispositionsbefugnis über sein Werk entzogen wurde, ist die Rechtmäßigkeit der Handlung bei Eingreifen einer Schrankenregelung nicht von der Leistung einer angemessenen Vergütung bzw. die Erfüllung etwaiger Melde- und Auskunftspflichten (§§ 54e, 54f bzw. §§ 242, 259 BGB) abhängig (s. Schricker/Loewenheim/*Melichar*[4] Rn. 30 m. w. N.; zu der hiervon abweichenden Mitteilungspflicht nach § 46 Abs. 3 vgl. § 46 Rn. 12). Die Folgen einer Nichtleistung ergeben sich aus dem allgemeinen Schuldrecht (§§ 241 ff. BGB). Gem. § 63a kann der Urheber auf die gesetzlichen Vergütungsansprüche nicht im Voraus, d. h. vor der tatsächlichen Nutzungshandlung verzichten. Eine Abtretung ist im Voraus nur an eine Verwertungsgesellschaft bzw. zusammen mit der Einräumung des Verlagsrechts an einen Verleger möglich.

11 Die praktischen Erfahrungen mit dem System des gesetzlichen Vergütungsanspruchs sind nicht immer ermutigend. Wenn der Urheber die Nutzung seines Werkes nicht mehr verbieten kann, obgleich die Vergütungsfrage (noch) nicht geklärt ist, vielmehr der Verwerter erst einmal nutzen darf und erst hinterher über die Angemessenheit der Vergütung zu reden ist, verliert der Urheber das einzige Druckmittel, mit dem ihm eine wirklich angemessene Vergütung gesichert werden würde. Er ist damit von vornherein in der schwächeren Verhandlungsposition. Der Verwerter kann die Verhandlung über den Vergütungsanspruch auf lange Zeit verzögern, zumal sich stets trefflich darüber streiten lässt, was angemessen ist und was nicht (beispielhaft OLG München ZUM-RD 2011, 603 für den Gesamtvertrag zu § 52a UrhG). Nicht einmal auf die Hilfe der Gerichte kann der Urheber bauen: Abgesehen von der langen Verfahrensdauer ist in den echten Streitfällen um die Angemessenheit, dort also, wo klare Kriterien für die Berechnung der Vergütung fehlen, der Richter auf die freie Schätzung angewiesen, was ein hohes Risiko vor allem für den Urheber bedeutet; denn die Gerichte schätzen, wie die Schmerzensgeld-Rechtsprechung zeigt, eher zu niedrig als zu hoch.

12 Die **kollektive Wahrnehmung** des gesetzlichen Vergütungsanspruchs durch eine Verwertungsgesellschaft ist in den überwiegenden Fällen vom Gesetzgeber zwingend vorgeschrieben (§§ 45a Abs. 2, 49 Abs. 1 S. 2, 52a Abs. 3, 52b S. 4, 53a Abs. 2 S. 2, 54h). Die kollektive Wahrnehmung der Vergütungsansprüche dient einerseits den Urhebern, der im Falle der individuellen Rechtewahrnehmung mit der Überwachung und Abwicklung massenhafter Nutzungsvorgänge überfordert und zudem mangels Ausschließungsbefugnis in einer potentiell schwachen Verhandlungsposition wäre (oben vgl. Rn. 10). Zum anderen soll die Übertragung der Wahrnehmung auf eine Verwertungsgesellschaft den Nutzern die Suche nach dem jeweils berechtigten Gläubiger erleichtern. Zu den Einzelheiten des Anspruchs auf angemessene Vergütung und seiner Durchsetzung s. die Kommentierung im Rahmen der jeweiligen Schrankenregelungen.

4. Drei-Stufen-Test

Der durch Art. 9 Abs. 2 RBÜ, Art. 13 TRIPS und Art. 5 Abs. 5 Info-RL zwingend festgeschriebene Drei-Stufen-Test beschränkt die Möglichkeit des nationalen Gesetzgebers, die ausschließlichen Befugnisse des Urhebers durch Schrankenregelungen zu beschränken (sog. **Schranken-Schranke**). Obwohl der deutsche Gesetzgeber davon abgesehen hat, den Drei-Stufen-Test unmittelbar in das UrhG aufzunehmen, sind die bestehenden Schrankenregelungen stets im Lichte dieser Schranken-Schranke auszulegen (s. BGH GRUR 2013, 809 Tz. 17 – *Elektronische Leseplätze*; NJW 1999, 1953, 1957 – *Kopienversanddienst*; OLG Stuttgart GRUR 2012, 718, 724 – *Moodle*; EuGH GRUR 2009, 1041, 1045 – *Infopaq/ DDF*). Demnach dürfen Schrankenregelungen nur in Sonderfällen gelten (1. Stufe), was eine Aushöhlung der urheberrechtlichen Befugnisse durch ausufernde Schrankenbestimmungen verhindern soll. Darüber hinaus darf die Anwendung von Schrankenbestimmungen nicht dazu führen, dass die normale Auswertung des Werkes beeinträchtigt (2. Stufe) oder die berechtigten Urheberinteressen in unzumutbarer Weise verletzt werden (3. Stufe). **13**

Nicht von § 52a UrhG gedeckt soll demnach die Zugänglichmachung der kompletten prüfungsrelevanten Teile eines Lehrbuchs im Intranet einer Universität sein (OLG Stuttgart GRUR 2012, 718, 725). Zum Vorrang zumutbarer vertraglicher Rechtseinholung im Rahmen von § 50 UrhG BGH GRUR 2012, 1062, 1063 – *Elektronischer Programmführer* und Vorinstanz OLG Dresden ZUM 2009, 980. Im Anwendungsbereich der §§ 52a, 52b ist str., ob die Existenz angemessener Lizenzangebote ausreicht, die Anwendbarkeit Schrankenbestimmung auszuschließen (dazu Art. 5 Abs. 5 Info-RL soll in der Rechtsauffassung liegen, das bloße Vertragsangebote nicht ausreichen, um die Befugnisse aus § 52b UrhG zu beseitigen (dazu GRUR 2013, 809 – *Elektronische Leseplätze* mit Nachweisen zu den Vorinstanzen; dazu vgl. § 52a Rn. 15 sowie Berger GRUR 2007, 754 und *Reschke*, Auslegung der Schranken des UrhR). Nach der Rechtsprechung des EuGH sollen vorübergehende Vervielfältigungshandlungen jedenfalls dann die normale Verwertung des Werks nicht beeinträchtigen und die berechtigten Interessen des Rechtsinhabers nicht ungebührlich verletzen, wenn sie alle Tatbestandsmerkmale der Schrankenregelung in Art. 5 Abs. 1 Info-RL (§ 44a UrhG) nach der Auslegung des EuGH erfüllen (s. EuGH GRUR Int. 2012, 336, 341). Die Grenze von Art. 5 Abs. 5 Info-RL wird überschritten, wenn ein Presseverlag ohne konkreten Aufruf einer Sicherheitsbehörde unter Berufung auf § 45 UrhG eine Fotografie zu Fahndungszwecken veröffentlicht (EuGH GRUR 2012, 166, 169 – *Painer/Standard*). **14**

5. Vertragliche Abdingbarkeit von Schranken

Das UrhG erklärt einzelne Schrankenbestimmungen ausdrücklich für unabdingbar. Diese explizit von einer Disposition ausgenommenen Schranken (s. §§ 55a, 69g Abs. 2, 87e, 95b Abs. 1 S. 2) wurden durchweg in Umsetzung europäischer Vorgaben eingefügt, sodass nicht *ex contrario* geschlossen werden kann, dass der Gesetzgeber alle übrigen Schranken zur Disposition stellen wollte (ebenso *Schack* ZUM 2011, 497, 502). Vielmehr erscheint eine individuelle Betrachtung jeder Schrankenregelung notwendig, wobei sich die Disponibi- **15** lität der jeweiligen Schranke nach den allgemeinen, zivilrechtlichen Grundsätzen richtet (s. a. *Gräbig* S. 70). Neben dem Wortlaut der jeweiligen Schranke wird man in erster Linie auf deren Funktion abstellen müssen, sodass jedenfalls **primär Allgemeininteressen dienende Schrankenregelungen** einer schuldrechtlichen Disposition entzogen sein dürften (z. B. § 45, § 45a, § 46, § 47, § 50). Das Gleiche gilt für solche Schranken, die neben dem Individualinteresse des Nutzers zumindest auch Interessen der Allgemeinheit verfolgen (zu § 53 Abs. 2 Nr. 1, Abs. 3 s. Leible/Ohly/Zech/*Zech* S. 195). Explizit vorgesehen ist die Disponibilität demgegenüber für § 52b (dazu vgl. § 52 Rn. 11).

16 Von der Frage der grundsätzlichen Disponibilität zu trennen ist die Frage der Wirksamkeit vertraglicher Modifikationen. Im Rahmen von AGB sind hier die AGB-rechtlichen Vorgaben der §§ 305 ff. BGB von Relevanz, insbesondere das Verbot der unangemessenen Benachteiligung (§ 307 BGB) und die Nichteinbeziehung überraschender Klauseln (§ 305c BGB). Bei der Betrachtung der Reichweite einer vertraglichen Beschränkung ist zu beachten, dass es nicht in der Befugnis des Urhebers steht, den dinglichen Inhalt des vom Gesetzgeber lediglich beschränkt gewährten Urheberrechtsschutzes eigenständig auszuweiten (s. Hilty/Jaeger/Kitz/*Metzger* S. 85/86). Einer vertraglichen Beschränkung kann deshalb lediglich ein schuldrechtlicher Charakter *inter partes* zukommen, was die praktische Reichweite einer solchen Regelung erheblich einschränken dürfte (allgemein zur AGB-Kontrolle von Nutzungsverträgen *Jan Bernd Nordemann* NJW 2012, 3121).

III. Prozessuales

17 Da die Schrankenregelungen der §§ 44a ff. Ausnahmen sind, trägt derjenige für das Vorliegen ihrer Voraussetzungen die Darlegungs- und Beweislast, der sich auf sie beruft (OLG Stuttgart NJW-RR 1986, 220, 221 – *Arbeitgeber-Lichtbild* zu § 50; *Flechsig* GRUR 1993, 532, 535). Für das Vorliegen der Voraussetzungen eines gesetzlichen Vergütungsanspruchs ist der Gläubiger darlegungs- und beweisbelastet.

§ 44a Vorübergehende Vervielfältigungshandlungen

**Zulässig sind vorübergehende Vervielfältigungshandlungen, die flüchtig oder begleitend sind und einen integralen und wesentlichen Teil eines technischen Verfahrens darstellen und deren alleiniger Zweck es ist,
1. eine Übertragung in einem Netz zwischen Dritten durch einen Vermittler oder
2. eine rechtmäßige Nutzung
eines Werkes oder sonstigen Schutzgegenstands zu ermöglichen, und die keine eigenständige wirtschaftliche Bedeutung haben.**

Übersicht

I. Allgemeines

1. Bedeutung, Sinn und Zweck der Norm

Die Notwendigkeit der Schrankenbestimmung in § 44a ergibt sich aus der weiten **1**
Fassung des Vervielfältigungsbegriffes in § 16 bzw. Art. 2 Info-RL (vgl. § 16
Rn. 13 f.; RegE UrhG Infoges – BT-Drs. 15/38 S. 18). Auch vorübergehende und
höchst flüchtige Speichervorgänge, welche bei der Übertragung und Nutzung urheberrechtlicher Werke entstehen, sind – grundsätzlich genehmigungspflichtige –
Vervielfältigungen. So stellte der EuGH in der *FAPL/Murphy*-Entscheidung fest,
dass nicht nur die automatische Zwischenspeicherung einzelner Bestandteile einer
Fernsehübertragung im Speicher eines Satellitendecoders, sondern selbst die bloße
Darstellung der Bilder auf dem Fernsehbildschirm Vervielfältigungen darstellen
(EuGH GRUR 2012, 156 Tz. 159 – *FAPL*).

Insbesondere bei der Nutzung von Online-Medien kommt es durch Datenüber **2**
tragungen in Netzwerken zu Zwischenspeicherung von Werken oder Werkteilen, etwa in Proxy-Caches, Arbeitsspeichern von Servern oder Decodern. Es ist
nicht sachgerecht, solche vorübergehenden, nur dem Datentransport dienende
und der eigentlichen Nutzungshandlung untergeordnete Vervielfältigungen der
Verfügungsbefugnis des Urhebers zu unterwerfen. Deshalb privilegiert § 44a
(nur) solche vorübergehenden Vervielfältigungen, die **keine eigenständige wirtschaftliche Bedeutung** haben; sie sind durch den Urheber – entschädigungslos –
zu dulden. Letztlich liegt § 44a die Überlegung zugrunde, derartige Fälle dem –
seit jeher urheberrechtsfreien – **bloßen Empfang gleichzustellen**.

2. Unionsrechtliche Grundlagen

Die Bestimmung wurde 2003 durch das UrhG Infoges („1. Korb") in das UrhG **3**
eingefügt. Sie setzt die Vorgaben aus der praktisch wortgleichen, unionsrechtlichen Regelung in Art. 5 Abs. 1 Info-RL in nationales Recht um. Da die
Schranke eine abschließende Harmonisierung darstellt (so ausdrücklich ErwG
32 Info-RL), obliegt sie der Auslegungshoheit des EuGH, der dazu wiederholt
bereits Gelegenheit hatte (s. die Vorlageverfahren EuGH ZUM 2012, 398 –
Infopaq II; EuGH GRUR 2012, 156 Tz. 147 ff. – *FAPL*; EuGH GRUR 2009,
1041 Tz. 61 ff. – *Infopaq/DDF*).

Nach Art. 5 Abs. 5 Info-RL (sog. „Drei-Stufen-Test"), der auf den Vorgaben **4**
aus Art. 10 Abs. 1 WCT und Art. 16 Abs. 2 WPPT beruht, darf die Schrankenregelung (1.) nur in bestimmten Sonderfällen angewandt werden, in denen (2.)
die normale Verwertung des Werks oder des sonstigen Schutzgegenstands nicht
beeinträchtigt wird (3.) und die berechtigten Interessen des Rechtsinhabers
nicht ungebührlich verletzt werden (allg. zum Drei-Stufen-Test vgl. Vor
§§ 44a ff. Rn. 13 f. sowie *Senftenleben* GRUR Int. 2004, 200).

Als Ausnahme zum ausschließlichen Vervielfältigungsrecht des Urhebers ist § 44a **5**
eng auszulegen (EuGH GRUR 2014, 654, Rn. 23 – *Public Relations Consultants
Association*). Gleichzeitig muss die Auslegung es erlauben, die praktische Wirksamkeit der so umrissenen Ausnahme zu wahren und ihre Zielsetzung zu beachten, insbesondere also die Entwicklung und den Einsatz neuer Technologien ermöglichen sowie einen angemessenen Rechts- und Interessenausgleich zwischen
den Rechtsinhabern auf der einen Seite und den Nutzern der geschützten Werke,
die in den Genuss dieser neuen Technologien kommen wollen, auf der anderen
Seite beibehalten (EuGH GRUR 2012, 156 Tz. 163 f. – *FAPL*).

II. Tatbestand

6 § 44a stellt die Genehmigungsfreiheit einer Vervielfältigungshandlung **unter fünf Voraussetzungen:**
- die Handlung ist vorübergehend;
- sie ist flüchtig oder begleitend;
- sie stellt einen integralen und wesentlichen Teil eines technischen Verfahrens dar;
- alleiniger Zweck des Verfahrens ist es, eine Übertragung in einem Netz zwischen Dritten durch einen Vermittler oder eine rechtmäßige Nutzung eines geschützten Werkes oder eines Schutzobjekts zu ermöglichen, und
- die Handlung hat keine eigenständige wirtschaftliche Bedeutung.

7 Diese Voraussetzungen müssen **kumulativ** vorliegen. Das Fehlen einer einzigen Voraussetzung hat zur Folge, dass die Vervielfältigungshandlung nicht nach § 44a privilegiert ist (EuGH GRUR 2009, 1041 Tz. 55 – *Infopaq/DDF*).

1. Vorübergehende Vervielfältigungshandlung

8 § 44a UrhG privilegiert nur solche Vervielfältigungshandlungen (allg. zum Begriff der Vervielfältigung vgl. § 16 Rn. 9 f.), die zum einen vorübergehend und zum anderen flüchtig oder begleitend sind. In der Rechtsprechung des EuGH hat das Merkmal „vorübergehend" neben der „Flüchtigkeit" bislang keine eigenständige Bedeutung erlangt hat, sondern wird im Lichte des geforderten Zwecks, die Durchführung eines technischen Verfahrens zu ermöglichen, geprüft (s. EuGH GRUR 2009, 1041 Tz. 61 – *Infopaq/DDF*). Tatsächlich dürfte eine Vervielfältigungshandlung, die flüchtig ist, auch vorübergehend sein. Eigenständige Bedeutung erlangt das Tatbestandsmerkmal nur bei begleitenden Vervielfältigungshandlungen, die nicht flüchtig sind (dazu vgl. Rn. 11 f.).

9 **Vorübergehend** ist eine Vervielfältigung, wenn sie von begrenzter Dauer ist. Da alle Speichermedien eine mehr oder weniger begrenzte Lebensdauer haben, kommt es einerseits nicht darauf an, ob eine Speicherung für die Ewigkeit vorgesehen ist. Andererseits macht die Abgrenzung zum Begriff „flüchtig" deutlich, dass auch solche Vervielfältigungen vorübergehend sein können, die länger als flüchtig gespeichert werden. Nach Sinn und Zweck der Schrankenregelung ist darauf abzustellen, ob die Vervielfältigung entweder zur dauerhaften Speicherung oder zur Löschung nach Erfüllung ihres Zweckes im Rahmen des technischen Verfahrens vorgesehen ist (ebenso Dreier/Schulze/*Dreier*⁵ Rn. 4). Der Wortlaut des § 44a ist dabei, ebenso wie der in Art. 5 Abs. 1 Info-RL, ungenau. Nicht die Handlung, mit der die Vervielfältigung bewirkt wird, sondern die Vervielfältigung als solche muss vorübergehend sein (ebenso Dreier/Schulze/*Dreier*⁵ Rn. 4).

2. Flüchtig oder begleitend

10 Die Merkmale „flüchtig" oder „begleitend" stehen in einem Alternativverhältnis zueinander und dienen der weiteren Einschränkung der Ausnahmeregelung:

11 **Flüchtig** sind besonders kurzlebige Vervielfältigungsvorgänge. Das KG sah Vervielfältigungen als flüchtig an, die *„besonders kurzlebig sind (rasch vergänglich), wie dies etwa für im Arbeitsspeicher (RAM-Speicher) eines Computers entstehende Kopien zutrifft, die nach Beendigung der Arbeitssitzung mit dem Abschalten des Geräts bzw. im Laufe der weiteren Anwendung wieder automatisch gelöscht werden"* (KG GRUR-RR 2004, 228 – *Ausschnittdienst* unter Berufung auf *Walter/Walter* Kap. IV Info-RL Rn. 107). Nach der Definition des EuGH ist eine Vervielfältigungshandlung vorübergehend und flüchtig, wenn „ihre Lebensdauer auf das für das ordnungsgemäße Funktionieren des betreffenden technischen Verfahrens Erforderliche beschränkt ist, wobei dieses

Verfahren derart automatisiert sein muss, dass es diese Handlung automatisch, ohne Beteiligung einer natürlichen Person löscht, sobald ihre Funktion, die Durchführung eines solchen Verfahrens zu ermöglichen, erfüllt ist" (EuGH GRUR 2009, 1041 Tz. 64 – *Infopaq/DDF*). Hierunter fallen die **Speichervorgänge auf den Servern** der Zugangsvermittler, die den Nutzer den weltweiten Zugang zu den Werken ermöglichen (s. RegE UrhG Infoges – BT Drs. 15/38 S. 18), sofern diese nicht für eine erneute Nutzung bei einem späteren Zugriff längerfristig gespeichert werden ("Caching"; dazu sogleich). Weitere **Beispiele:** Werkkopien, die im Arbeitsspeicher oder Prozessoren von Computern, Grafikarten, Fernsehern, Decodern, Bildschirmen und sonstigen mobilen oder stationären Endgeräten bei Abruf- oder Verarbeitungsvorgängen entstehen.

Begleitend sind Vervielfältigungshandlungen, die lediglich beiläufig im Zuge **12** eines technischen Verfahrens entstehen (s. OLG Dresden NJOZ 2008, 160, 162 f. unter Berufung auf Schricker/Loewenheim/*Loewenheim*[4] Rn. 5). Darunter fällt das **Caching**, bei dem die vom Nutzer abgerufenen Daten vorübergehend auf dem Server des Zugangsvermittlers (Proxy-Caching) oder dem PC des Benutzers (Browser-/Client-Caching) gespeichert werden, um bei einem erneuten Zugriff Übertragungszeit zu sparen (s. OLG Dresden NJOZ 2008, 160, 162). Der Gesetzgeber hat bei der Fassung der Schrankenregelung ausdrücklich an diese Art der Zwischenspeicherung von Informationen gedacht (RegE UrhG Infoges – BT-Drs. 15/38 S. 18; ErwG 33 Info-RL). Nach der obigen Definition des EuGH (vgl. Rn. 11) sind sie mangels zwingend automatischer Löschung auch nicht nur flüchtig.

3. Integraler und wesentlicher Teil eines technischen Verfahrens

Die Vervielfältigung muss weiterhin einen **integralen und wesentlichen Teil ei- 13 nes technischen Verfahrens** darstellen. Damit ist nicht irgendein technisches Verfahren gemeint, sondern nur ein Verfahren zur Ermöglichung der in Nr. 1 und Nr. 2 genannten Zwecke. Integraler und wesentlicher Bestandteil eines solchen Verfahrens ist eine Vervielfältigung nicht nur, wenn sie für die Erreichung der Zwecke in Nr. 1 und Nr. 2 unentbehrlich ist; ausreichend ist, wenn sie die Werknutzung fördert, sofern die ordnungsgemäße und effiziente Durchführung des technischen Verfahrens ohne die Vervielfältigungshandlung nicht oder nicht in dieser Form möglich wäre (s. EuGH ZUM 2012, 398 Tz. 30 – *Infopaq II*). § 44a soll gerade auch neue technische Verfahren zur Werknutzung ermöglichen. Unschädlich ist es, wenn das technische Verfahren der menschlichen Mitwirkung (z. B. durch Starten oder Einstellen von Software) bedarf, solange die Vervielfältigungen im Rahmen des technischen Verfahrens stattfinden (s. EuGH GRUR 2009, 1041 Tz. 36 – *Infopaq/DDF*, in dem das technische Verfahren durch das manuelle Einlegen von Dokumenten in einen Scanner eingeleitet wurde). Privilegiert ist daher auch das **Client-** oder **Servercaching**, bei denen – nicht zwingend notwendige, aber für den Datenabruf förderliche und effiziente – Kopien in Zwischenspeichern des Endnutzers oder Zugangsvermittlers abgelegt werden.

§ 44a privilegiert auch Vervielfältigungen, die durch Aufrufen eines **Hyperlinks 14** entstehen (OLG Celle ZUM-RD 2009, 14). Der BGH ging vor Einführung von § 44a von einem stillschweigenden Einverständnis des Rechteinhabers aus (BGH GRUR 2003, 958, 960 – *Paperboy*), wenn er seine geschützten Inhalte ohne technische Schutzmaßnahmen ins Internet gestellt hatte (ebenso BGH GRUR 2010, 628 Tz. 33 ff. – *Vorschaubilder* für die öffentliche Zugänglichmachung von Thumbnails). Nicht von § 44a privilegiert ist das Setzen eines sog. **Deep-Links** auf untergeordnete Inhalte einer fremden Webseite, falls diese aufgrund technischer Schutzmaßnahmen ansonsten nur über die jeweilige Startseite oder bestimmten Nutzern zugänglich wären. In diesem Fall eröffnet der Verlinkende den Zugang zum Inhalt auf einem nicht vorgesehenen Weg und macht das Werk bereits durch die Verlinkung nach § 19a öffentlich zugänglich (BGH GRUR 2011, 56 Tz. 25 ff. – *Session-ID*). Die gezielte Vervielfältigung eines Werkes anlässlich einer rechtmäßigen Werknutzung, z. B. der Mitschnitt als zusätzliches Programmfeature einer Wiedergabesoftware oder eine Speicherung von Inhalten beim Zugangsvermittler zu Archivierungszwecken (s. Schricker/Loewenheim/*Loewenheim*[4] Rn. 7), werden von § 44a nicht privilegiert (ebenso Dreier/Schulze/*Dreier*[5] Rn. 6).

4. Ermöglichung der Übertragung in einem Netz zwischen Dritten durch einen Vermittler oder der rechtmäßigen Nutzung eines geschützten Werkes

15   Der Zweck der temporären Vervielfältigungen darf allein darin bestehen, entweder eine **Übertragung innerhalb eines Netzes zwischen Dritten durch einen Vermittler (Nr. 1)** oder eine **rechtmäßige Werknutzung (Nr. 2)** zu ermöglichen.

16   Nach ErwG 33 Info-RL fallen unter **Nr. 1** solche Vervielfältigungen, „die das effiziente Funktionieren der Übertragungssysteme ermöglichen, sofern der Vermittler die Information nicht verändert und nicht die erlaubte Anwendung von Technologien zur Sammlung von Daten über die Nutzung der Information, die von der gewerblichen Wirtschaft weithin anerkannt und verwendet werden, beeinträchtigt." Diese Formulierung ist Art. 13 Abs. 1 E-Commerce-RL (umgesetzt in § 9 S. 1 TMG) entnommen und dient der Einheit des Haftungsrahmens für die Vermittler von Netzzugängen. Privilegiert sind damit zum einen **nur die unveränderte Speicherung von Inhalten** und zum anderen nur solche Vervielfältigungen, **die vom Vermittler selbst vorgenommen werden**. Vorgelagerte Vervielfältigungen beim Absender der Daten oder nachgelagerte Vervielfältigungen auf Empfängerseite werden allenfalls durch Nr. 2 erfasst (KG GRUR-RR 2004, 228 – *Ausschnittdienst*), was aber im Gegensatz zu Nr. 1 die Rechtmäßigkeit der Nutzungshandlung voraussetzt. Nr. 1 gilt insbesondere für Vervielfältigungen, die in Zwischenspeichern, insb. **Proxy-Servern**, bei Zugangsprovidern oder Netzbetreibern im Rahmen der Datenübertragung bei Abrufvorgängen entstehen.

17   Nr. 2 setzt voraus, dass der alleinige Zweck der Vervielfältigungshandlung eine rechtmäßige Werknutzung ist. **Rechtmäßig** ist eine Nutzung zunächst, wenn sie gesetzlich nicht beschränkt ist, d. h. nicht durch die Ausschließlichkeitsrechte der §§ 12 ff. erfasst wird, was typischer Weise beim rezeptivem Werkgenuss der Fall ist (*Stieper* GRUR 2012, 12, 15 m. w. N.; *Fangerow/Schulz* 2010, 677, 681). Weiterhin ist die Werknutzung rechtmäßig, wenn sie entweder vom verfügungsbefugten Rechteinhaber genehmigt oder aufgrund einer gesetzlichen Schrankenbestimmung zulässig ist. Bei rechtmäßig im Netz *angebotenen* Inhalten, ist auch deren bestimmungsgemäßer, keine technische Schutzmaßnahmen umgehende *Abruf* rechtmäßig, weil wenigstens durch eine konkludente einfache Einwilligung gedeckt (BGH GRUR 2003, 958, 960 – *Paperboy*; BGH GRUR 2010, 628 Tz. 33 ff. – *Vorschaubilder*).

18   Problematisch ist dagegen die Einordnung von temporären Vervielfältigungen, die im Fall des Abrufs **rechtswidriger Angebote**, auf Empfängerseite entstehen, z. B. bei illegalen Streaming-Diensten. Die Wertungen der §§ 53 Abs. 1 S. 1, 96 könnten dafür sprechen, zumindest den Abruf offensichtlich rechtswidrig zugänglich gemachter Kopien nicht unter den Schutz von § 44a zu stellen (so *Busch* GRUR 2011, 496, 502). In der *FAPL*-Entscheidung hat der EuGH sich indes eindeutig dafür ausgesprochen, den bloßen Empfang urheberrechtlich geschützter Inhalte im privaten Kreis, ungeachtet der Rechtmäßigkeit der Sendung, urheberrechtlich freizustellen und der Privilegierung des § 44a UrhG zu unterwerfen (EuGH GRUR 2012, 156 Tz. 171 – *FAPL*). Eine Übertragbarkeit dieser Wertung auf rechtswidrige Inhalte im Internet grundsätzlich bejahend hat der EuGH jüngst eine Ausnahme geschaffen, die das Streamen urheberrechtsverletzender Inhalte aus dem

Schutzbereich des § 44a fallen lässt (EuGH GRUR 2017, 610 – *Stichting Brein/ Wullems*; ausführlich hierzu vgl. Rn. 24 ff.).

5. Keine eigenständige wirtschaftliche Bedeutung

Schließlich darf die vorübergehende Vervielfältigung **keine eigenständige wirt-**   **19** **schaftliche Bedeutung** haben. Nach den Vorgaben des EuGH muss die wirtschaftliche Bedeutung in dem Sinne eigenständig sein, dass sie **über den wirtschaftlichen Vorteil, der durch die bloße Nutzung des geschützten Werkes entsteht, hinausgeht** (EuGH GRUR 2012, 156 Tz. 175 – *FAPL*: eigenständige wirtschaftliche Bedeutung verneinend für Bildfragmente im Speicher eines Satelliten-Decoders und der Darstellung der Fernsehsendung auf dem Fernsehbildschirm). Für die Fälle von **Nr. 1** ist damit von einer eigenständigen wirtschaftlichen Bedeutung auszugehen, wenn die Vervielfältigungshandlung außerhalb der reinen Übertragungstätigkeit des Vermittlers einen eigenständigen wirtschaftlichen Wert darstellt (s. BGH ZUM-RD 2013, 314 Tz. 20). Für die Fälle der **Nr. 2** darf der Wert nicht über den der rechtmäßigen Nutzung (z. B. bloßer Empfang und Wahrnehmung des geschützten Inhalts) hinausgehen.

Nach dieser Maßgabe hat das nutzerseitige **Client-Caching** regelmäßig keine ei-   **20** genständige wirtschaftliche Bedeutung neben dem Abrufen der Webinhalte. Das Gleiche gilt für das **Proxy-Caching** auf Seiten des Vermittlers von Netzinhalten. Dessen Zweck liegt in der Beschleunigung des Netzzugangs und in der Minimierung der Leitungskosten, was einen integralen Bestandteil der Vermittlungstätigkeit darstellt und damit keinen eigenen wirtschaftlichen Wert verkörpert. Nutzt der Vermittler oder ein Suchmaschinenbetreiber das „Proxy-Caching" aber zur Schaffung eines (Web-)Archivs, liegt eine eigenständige wirtschaftliche Bedeutung der Vervielfältigung dagegen vor.

Von der Rechtsprechung wurde eine eigenständige wirtschaftliche Bedeutung   **21** außerdem bejaht für
– die Anzeige von Kunstwerken als Vorschaubilder in einer Bildersuchmaschine (BGH GRUR 2010, 628, 631 – *Thumbnails*);
– das Abspeichern einer per Email versandten digitalen Vervielfältigung eines in Papierform erschienenen Zeitschriftenartikel(-ausschnitts) im Arbeitsspeicher des Computers (KG GRUR-RR 2004, 228, 231 – *Ausschnittdienst*);
– das Laden einer für die Nutzung an einer bestimmten Anzahl an Arbeitsplätzen lizenzierten, per Download vertriebenen Software in den Arbeitsspeicher weiterer Arbeitsplatzrechner (BGH GRUR 2011, 418, 419 – *Used Soft* unter Offenlassen der Frage der Anwendbarkeit von § 44a neben §§ 69d, 69e),
– die Speicherung von Musiktiteln zur dauerhaften Nutzung durch die Abonnenten eines Musikdienstes mittels individuell zusammengestellter Streaminglisten (OLG Hamburg MMR 2006, 173 – *staytuned*).

Verneint wurde die eigenständige wirtschaftliche Bedeutung für   **22**
– die digitale Aufnahme einer Fernsehsendung als Masterkopie zur vollautomatischen Herstellung individuell angeforderter Kundenkopien im Rahmen eine Internetvideorekorders (OLG Dresden MMR 2011, 610, 611 – *Save.tv*, nachfolgend BGH ZUM-RD 2013, 314 Tz. 20);
– vorübergehenden Vervielfältigungshandlungen, die im Speicher des Satellitendecoders und auf dem Fernsehbildschirm beim Empfang von Satellitenfernsehsendungen erfolgen (EuGH GRUR 2012, 156 Tz. 176 – *FAPL*).

6. Illegale Streamingangebote

Spätestens seit dem Fall *kino.to* (dazu *Radmann* ZUM 2010, 387) wird kont-   **23** rovers diskutiert, ob die beim Abruf von illegalen Streamingangeboten beim

Nutzer entstehenden Vervielfältigungen unter die Schranke des § 44a fallen (ablehnend *Radmann* ZUM 2010, 387, 390; zustimmend *Fangerow/Schulz* GRUR 2010, 677, 680; differenzierend z. B. *Stieper* MMR 2012, 12, 13 f.; *Busch* GRUR 2011, 496, 498 f.). Verneint man dies, so liegt in dem durch den Nutzer vorgenommen Abruf des illegalen Streamingangebots ein rechtswidriger Eingriff in das Vervielfältigungsrecht. Bejaht man die Anwendung der Schranke, so kann der Abruf des illegalen Angebots nicht durch den geschädigten Rechteinhaber unterbunden werden (dazu schon vgl. Rn. 18).

24 Maßgebend für die Einordnung ist die technische Umsetzung des Abrufvorgangs. Im Falle eines **progressiven Downloads** wird der Film bzw. das Musikwerk vollständig in den Speicher des Nutzercomputers geladen und kann bereits während dieses Ladevorgangs genutzt werden. Die Daten bleiben dabei in aller Regel auch nach Betrachtung des Filmes auf dem Computer verfügbar, sodass die Vervielfältigung nach den Vorgaben des EuGH (vgl. Rn. 11) nicht mehr vorübergehend und flüchtig ist. Das Gleiche gilt, wenn der Nutzer **den Stream mitschneidet** und somit das Werk dauerhaft auf seinem Computer speichert. In diesen Fällen findet die Schranke keine Anwendung, sodass es auf die Rechtmäßigkeit des Angebots nicht ankommt (ebenso *Stieper* MMR 2012, 12, 13). Bei offenkundig rechtswidrigen Angebot greift dann auch die Schranke der Privatkopie nicht (vgl. § 53 Rn. 19 ff.).

25 Bleibt das Werk nach dem Abruf im Speicher des Nutzers gespeichert und weiterhin nutzbar, hat die Vervielfältigung im Übrigen auch **eigene wirtschaftlichen Bedeutung** (vgl. Rn. 19 f.). Musik und Film sind Werkarten, die durch wiederkehrende Aufführungen verwertet werden und für welche dem Urheber grundsätzlich für jede Wiedergabe eine Vergütung zusteht (s. nur EuGH GRUR Int. 1989, 668 – *Warner/Christiansen* für die Vermietung von Videokassetten). Auch deshalb bleibt bei vollständigen Werkspeicherungen die Berufung auf die Schranke nach § 44a verwehrt. Schließlich wäre ein Privilegierung dieser erneut nutzbaren Werkfestlegungen, welche auf illegale Zugänglichmachung beruhen, nicht mit dem in Art. 5 Abs. 5 Info-RL verankerten **Drei-Stufen-Test** vereinbar.

26 Allein die objektiv bestehende Möglichkeit, dass Nutzer den illegalen Stream mitschneiden und davon eine dauerhafte Kopie erstellen können, begründet Unterlassungsansprüche gegen Anbieter, die auf das illegale Streaming-Angebot per Link verweisen (vgl. § 97 Rn. 165 ff.).

27 Im Falle des „echten" Streamings (True Streaming), bei dem die im „Cache" zwischengespeicherten Daten nach dem Werkabruf nach einiger Zeit automatisch gelöscht oder überschrieben werden, ist die Antwort weniger eindeutig. Während Zwischenspeicherungen von Werken bzw. Werkteilen im **Arbeitsspeicher** des Computers oder der Sound- oder Grafikkarte sicherlich flüchtige Vervielfältigungen sind (EuGH GRUR 2012, 156 Tz. 165 – *FAPL* für den Arbeitsspeicher eines Satellitenreceivers), gilt dies für die **Pufferung im Browser-Cache** nicht zwingend.

28 Klarheit könnte ein jüngst ergangenes Urteil des EuGH liefern. Danach soll das Streaming von urheberrechtlich geschützten Werken, die ohne Erlaubnis des Rechteinhabers auf der Website eines Dritten angeboten werden, nicht von den in den Vorschriften des Art. 5 Abs. 1 und Abs. 5 Info-RL geregelten Voraussetzungen umfasst sein (EuGH GRUR 2017, 610 – *Stichting Brein/ Wullems*). Demnach stelle das Streaming aus rechtswidrigen Quellen einen Verstoß gegen den Drei-Stufen-Test dar, weil auch eine vorübergehende Vervielfältigung eine normale Verwertung solcher Werke grundsätzlich beeinträchtige und die berechtigten Interessen der Rechteinhaber ungebührlich verletze (EuGH GRUR 2017, 610, 615 – *Stichting Brein/ Wullems*). Zwar ging es in dem Urteil um das Streaming mithilfe eines multimedialen Medienabspielers, welcher mit Open-Source-Software und im Internet zugänglichen Add-ons auf von Dritten betriebene Streamingseiten weiterleitete. Allerdings könnte das Urteil Signalwirkung haben und einen Trend vorausweisen, wie in Zukunft das Streaming auch über heimische PCs von der Rechtsprechung bewertet wird. Auch wenn das Urteil in der Theorie nicht unerhebliche Auswirkungen auf das Streaming insgesamt haben könnte, bleibt es abzuwarten, welche Relevanz es in der Praxis tatsächlich entfaltet, da der Aufwand zur Erlangung der IP-Adresse des Endnutzers beträchtlich hoch sein dürfte.

III. Prozessuales

Die **Darlegungs- und Beweislast** für das Vorliegen der Voraussetzungen des **29** § 44a trägt nach den allgemeinen Regeln der Vermittler bzw. Nutzer, der sich auf die Privilegierung beruft.

IV. Verhältnis zu anderen Vorschriften

Art 1 Abs. 2 a) und e) Info-RL sieht ausdrücklich vor, dass die unionsrechtlichen **30** Bestimmungen der Software-RL und der Datenbank-RL von den Regelungen der Info-RL unberührt bleiben. Wegen dieser eindeutigen Regelung ist § 44a nicht auf die in Umsetzung der Richtlinienvorgaben *geschaffenen Regel*ungen über den Schutz von **Computerprogrammen** (§§ 69c ff UrhG) und **Datenbanken** (§§ 87a ff. UrhG) anwendbar (ebenso Wandtke/Bullinger/v. Welser[4] Rn. 23; a. A. Dreier/Schulze/Dreier[5] Rn. 2; Schricker/Loewenheim/Loewenheim[4] Rn. 3, die von einer zumindest analogen Anwendung von § 44a UrhG ausgehen; ausdrücklich offen gelassen von BGH GRUR Int. 2011, 439 Tz. 17 – Usedsoft). Für eine analoge Anwendung von § 44a ist insoweit kein Raum, da sowohl für Computerprogramme in § 69d/e UrhG als auch für Datenbanken in § 87c UrhG eigene Schrankenregelungen getroffen wurden, die ausweislich der Vorgaben der Info-RL durch Einführung von § 44a nicht erweitert werden sollten.

§ 45 Rechtspflege und öffentliche Sicherheit

(1) Zulässig ist, einzelne Vervielfältigungsstücke von Werken zur Verwendung in Verfahren vor einem Gericht, einem Schiedsgericht oder einer Behörde herzustellen oder herstellen zu lassen.

(2) Gerichte und Behörden dürfen für Zwecke der Rechtspflege und der öffentlichen Sicherheit Bildnisse vervielfältigen oder vervielfältigen lassen.

(3) Unter den gleichen Voraussetzungen wie die Vervielfältigung ist auch die Verbreitung, öffentliche Ausstellung und öffentliche Wiedergabe der Werke zulässig.

I. Allgemeines

Die Bestimmung hat den **Zweck**, Rechtspflege und Verwaltung bei Wahrnehmung **1** ihrer Aufgaben von Behinderungen durch urheberrechtliche Verbotsansprüche freizuhalten. Sie ermöglicht die **zustimmungsfreie und kostenlose Nutzung** urheberrechtlich geschützter Werke **in behördlichen und gerichtlichen Verfahren**. Dem Urheber sei dies nach der Gesetzesbegründung – entschädigungslos – zuzumuten, weil die Nutzung nicht um des Werkes willen erfolge, sondern nur als Beweis- oder Hilfsmittel im Verfahren diene (RegE UrhG 1962 – BT-Drs. IV/270, S. 63). Typische Beispiele sind die Verwendung von Fotografien zu Beweis- oder Fahndungszwecken, die Vorlage wissenschaftlicher Werke oder sonstiger Publikationen als Glaubhaftmachungsmittel im Zivilprozess und im Patenterteilungsverfahren (so RegE UrhG 1962 – BT-Drs. IV/270, S. 63), oder die Einbindung einer Landkarte in einem Baugenehmigungsantrag. **Privilegiert** werden sowohl die Gerichte und Behörden selbst als auch die Parteien und am Verfahren beteiligte Sachverständige. Die Schranke ist vom Schrankenvorbehalt in Art. 5 Abs. 3 lit. e der Info-RL gedeckt, jedoch **restriktiv auszulegen**.

2 Während **Abs. 1** die Möglichkeit schafft, Vervielfältigungen urheberrechtlicher geschützter Werke zur Verwendung in gerichtlichen und behördlichen Verfahren herzustellen, trifft **Abs. 2** eine entsprechende Bestimmung im Hinblick auf Bildnisse (§§ 22 ff. KUG). **Abs. 3** erlaubt den privilegierten Einrichtungen, die Werke und Bildnisse zu genannten Zwecken auch zu verbreiten und öffentlich wiederzugeben. Letzteres schließt alle Rechte der öffentlichen Wiedergabe nach § 15 Abs. 2 UrhG ein. Die gerichtliche Spruchpraxis zu § 45 UrhG ist überschaubar; Bedeutung erlangte die Vorschrift zuletzt für **Sachverständigengutachten** (dazu vgl. Rn. 11).

II. Tatbestand

1. Werkvervielfältigungen in Verfahren (Abs. 1)

3 Der Anwendungsbereich der Schranke ist nur eröffnet, wenn der urheberrechtliche Eingriff anlässlich und **zur Verwendung in einem Verfahren** erfolgt, welches vor einem Gericht, einem Schiedsgericht oder einer Behörde stattfindet. Verfahren ist nur staatliches Handeln, das zur Regelung eines Einzelfalles im Kompetenzbereich des handelnden Organs stattfindet, an dem mindestens ein Rechtssubjekt als Kläger, Antragsteller, Betroffener, Beschuldigter oder in ähnlicher Funktion dem handelnden Organ gegenübersteht und das im Regelfall mit einer Entscheidung abgeschlossen wird. **Verwaltungsinterne Vorgänge** oder die Beschaffung von Arbeitsmaterialien fallen nicht unter § 45 (Schricker/Loewenheim/*Melichar*[5] Rn. 5). Das Verfahren muss einen anderen Zweck haben als unter Berufung auf § 45 die Veröffentlichung eines Werkes zu erreichen (VG Braunschweig ZUM 2008, 254, 257 in einem Verfahren nach dem IFG). Dagegen ist es sachgerecht, die Schranke erweiternd auch auf die **vorgerichtliche Korrespondenz** anzuwenden (a. A. Schricker/Loewenheim/*Melichar*[5] Rn. 5; Dreier/Schulze/*Schulze*[5] Rn. 6). Ansonsten wäre es den Parteien nicht oder nur unter den engen Voraussetzungen des § 51 möglich, Kopien fremder Werke als Beweis oder zur Stützung ihrer Argumente herzustellen und zu übermitteln (z. B. eine wissenschaftliche Publikation als Nachweis der fehlenden Neuheit einer technischen Erfindung), sondern müssten dazu erst das gerichtliche Verfahren abwarten.

4 **Gerichte** sind alle Spruchorgane der staatlichen Gewalt gemäß Art. 92 GG. **Schiedsgerichte** sind neben denjenigen des § 1029 ZPO auch die Schiedsstellen nach §§ 124 ff. VGG (ehemals § 14 UrhWahrnG) und § 29 ArbnErfG (Dreier/Schulze/*Dreier*[5] Rn. 5; Wandtke/Bullinger/*Lüft*[4] Rn. 2; weiter hingegen Schricker/Loewenheim/*Melichar*[5] Rn. 3 Fn. 10: Auch Sportgerichte und andere Vereinsgerichte). **Behörden** sind nur die mit der Wahrnehmung hoheitlicher Aufgaben betrauten staatlichen Organe, auch die Kammern der verkammerten Berufe, weshalb auch Verfahren vor von ihnen eingerichteten Gutachterkommissionen und Berufsgerichten von § 45 erfasst werden. **Staatliche Eigenbe-**

triebe, wie Gas- und Elektrizitätswerke, Schlachthöfe, Verkehrsbetriebe usw., sind hingegen keine Behörden.

Erlaubt ist nach Abs. 1 die **Vervielfältigung von Werken** (§ 16 S. 1), was die Herstellung digitaler Vervielfältigungen, z. B. für eine elektronische Akte, ebenso einschließt wie die Vervielfältigung **unveröffentlichter Werke** (OLG Frankfurt ZUM-RD 1999, 370; LG Düsseldorf GRUR-RR 2007, 193, 194 – *Walzgerüst*). Erfasst werden alle Werkarten nach § 2 Abs. 1. Dem **Umfang** nach dürfen nicht mehr Exemplare hergestellt werden, als erforderlich sind, um alle Verfahrensbeteiligten ausreichend zu versorgen oder sonst wie für das Verfahren benötigt werden (Dreier/Schulze/*Dreier*[5] Rn. 8 m. w. N.). Dies schließt Archivexemplare ein. Vervielfältigungen für die Presseberichterstattung sind nur im Rahmen des § 50 möglich. Die Aufnahme des Werkes, etwa einer Fotografie oder Zeichnung, in eine später verfahrensabschließende und zu veröffentlichende Entscheidung (z. B. Urteil, Abschlussbericht) ist von Abs. 1 gedeckt, selbst wenn dadurch das Werk Bestandteil eines – keinen Urheberrechtschutz genießenden – amtlichen Werkes nach § 5 wird (s. OLG Braunschweig InstGE 12, 286 – *Kühnen II* für die spätere Wiedergabe des Urteils in einem Lehrbuch). Im Rahmen von § 45 findet keine Prüfung statt, ob die Verwendung des Werkes **sachlich geboten und erforderlich** war. Meint z. B. ein Sachverständiger, in einem gerichtlich bestellten Verkehrswertgutachten für ein Grundstück einen Stadtplanausschnitt (§ 2 Abs. 1 Nr. 7) verwenden zu müssen, ist dies ungeachtet des Nutzens von der Schranke gedeckt. Gleiches gilt für die Kopie einer **Gebrauchsanweisung eines Geschwindigkeitsmessgeräts** im OWi-Verfahren (s. KG DAR 2013, 211, 212).

Privilegiert ist jeder am Verfahren Beteiligte, d. h. nicht nur die Gerichte oder   **6** Behörden selbst, sondern auch die Parteien oder daran beteiligte Sachverständige. Eine Anordnung des Gerichts oder der Behörde ist nicht Voraussetzung der Zulässigkeit (RegE UrhG 1962 – BT-Drs. IV/270, S. 63).

Dauer: Die Vervielfältigungsstücke können schon vor Verfahrensbeginn hergestellt werden (LG Düsseldorf GRUR-RR 2007, 193, 194 – *Walzgerüst*), müssen aber zur Verwendung im Verfahren bestimmt sein, also als Beweismaterial, als Beleg wissenschaftlicher Meinungen, als Anschauungs- und Vergleichsmaterial usw. dienen. Die vorgenommenen Vervielfältigungen werden mit Abschluss des Verfahrens nicht rückwirkend unzulässig. Nach dem Verfahren dürfen die Vervielfältigungsstücke daher ebenso lang wie die restlichen Akteninhalte aufbewahrt werden, auch um in Folgeprozessen, z. B. Wiederaufnahmeverfahren (§§ 578 ff. ZPO), vollständige Akten zur Verfügung zu haben (weiter *v. Gamm* Rn. 11: Vernichtung nach Verfahrensende). Eine anderweitige Verwertung bleibt auch nach Abschluss des Verfahrens stets unzulässig.

2.   Vervielfältigung von Bildnissen (Abs. 2)

Nach **Abs. 2** können die Gerichte und Behörden für Zwecke der Rechtspflege   **8** und der öffentlichen Sicherheit **Bildnisse** vervielfältigen oder vervielfältigen lassen. Der Begriff des Bildnisses entspricht § 22 KUG und meint nur bildliche Darstellungen von Personen, z. B. auf Fotos oder Bewegtbildern, ungeachtet ob diese Lichtbildwerke oder einfache Lichtbilder sind.

Die Vervielfältigung nach Abs. 2 darf nur zu **Zwecken der Rechtspflege oder**   **9** **der öffentlichen Sicherheit** erfolgen, wobei eine enge Auslegung geboten ist (s. LG Berlin GRUR 2014, 380 – *Feine Sahne Fischfilet* für die Bebilderung des Verfassungsschutzberichts: „Schranke steht unter dem Zweckvorbehalt der Erforderlichkeit der öffentlichen Sicherheit") Schulbeispiele sind die Vervielfältigung von **Fahndungsfotos** und die Herstellung und Archivierung von Fotoausweisen. Zur Rechtspflege gehören alle gerichtlichen Verfahren (Aufgebots-, Entmündigungs-, Zwangsvollstreckungs-, Strafverfahren usw.). Zwecke der öffentlichen Sicherheit werden nicht nur von Polizeibehörden (Staatsanwalt-schaft, Kriminal- und Schutzpolizei, Gewerbe-, Gesundheitspolizei, Ordnungs-ämter usw.), sondern auch von militärischen und diesen gleichstehenden Dienststellen verfolgt (Bundeswehr, Bundespolizei). Auch aufgrund zeitlich weit zurückliegender Fahndungsaufrufe können noch Zwecke der öffentlichen Sicherheit verfolgt werden, wenn die konkrete Bildnisveröffentlichung objektiv geeignet ist, den Fahndungserfolg herbeizuführen und nicht nur der Illustration von Pressebeiträgen dient (s. Schlussanträge des Generalanwalts in Rs. C-145/10 Tz. 155–157 – *Natascha Kampusch*). Wenngleich der Vervielfältigung regel-mäßig eine Verbreitung nach Abs. 3 folgen wird, ist dies nicht zwingend. Ver-vielfältigungen können auch zu internen Zwecken hergestellt werden.

10 **Privilegiert** werden nur Behörden und Gerichte sowie von ihnen beauftragte Dritte, nicht aber sonstige Verfahrensbeteiligte, Schiedsgerichte und gar die Presse.

3. Verbreitung, öffentliche Ausstellung und öffentliche Wiedergabe (Abs. 3)

11 Abs. 3 trägt der Tatsache Rechnung, dass die Vervielfältigung häufig erst Mittel zum Zweck ist: Das Bild des Mörders wird nicht nur für die Archive der Polizei, sondern zur Unterrichtung der Öffentlichkeit, die zur Mitfahndung aufgerufen wird, vervielfältigt und über Medien aller Art verbreitet. Sie dürfen daher auch ver-breitet (§ 17), öffentlich ausgestellt (§ 18) und öffentlich wiedergegeben werden (§§ 15 Abs. 2 UrhG). Letzteres schließt alle Formen der öffentlichen Wiedergabe ein (§§ 19 ff.). Die Verwendung darf aber über die **Zweckbestimmung** der Abs. 1 und Abs. 2 nicht hinausgehen, d. h. im Fall des Abs. 1 allein der Durchführung des Verfahrens, nicht sonstigen Interessen der Beteiligten, dienen. In **Zwangsversteige-rungsverfahren** sind die (Amts-)Gerichte berechtigt, eingeholte Gutachten zur Er-mittlung des Verkehrswerts des zu versteigernden Objekts in eigenen **Online-Da-tenbanken** zugänglich zu machen, um potentielle Bieter bestmöglich unterrichten zu können (*Ulrich* DS 2011, 308, 315; *Hauck* ZUM 2011, 542, 548). Das Gutach-ten kann auch in anderen gerichtlichen Verfahren eingeführt werden („geborgtes Gutachten"). Der Sachverständige muss aber nicht hinnehmen, dass dritte, am Verfahren nicht beteiligte Anbieter das Gutachten in ihre eigenen – kommerziel-len – Datenbanken einstellen (LG Hamburg MMR 2009, 722 ohne Erörterung von § 45). Ebenso wenig bietet § 45 den Parteien eines Zivilprozesses oder der Presse eine Grundlage dafür, eingereichte Schriftsätze publikumswirksam im Inter-net zu veröffentlichen.

12 Über den Wortlaut von Abs. 3 hinaus können sowohl das Werk selbst als auch die nach Abs. 1 oder 2 hergestellten Vervielfältigungsstücke **Gegenstand** der Verwer-tung nach Abs. 3 sein. Die Weitergabe von Werken oder Vervielfältigungsstücken an die Presse für Berichte über das Verfahren, in denen das Werk ganz oder zum Teil wiedergegeben wird, fällt aber nicht unter Abs. 3, sondern unter § 50. Die Aufnahme des Werkes in die Entscheidung braucht nicht zwingend notwendig zu sein; es genügt, dass das Gericht dies für sinnvoll hält (LG Braunschweig, Urt. v. 24.2.2010 – 9 O 235/10 – *Kühnen I*), denn es fehlt eine dem § 50 entsprechende Beschränkung des erlaubten Umfanges anhand der beabsichtigten Zwecke.

III. Verhältnis zu anderen Vorschriften

13 Auch bei Vervielfältigungen nach Abs. 1 erfordert § 63 Abs. 1 die Quellenangabe (OLG Braunschweig v. 6.7.2010 – 2 U 28/10 InstGE 12, 286 – *Kühnen II*). Ebenso gilt das Änderungsverbot nach § 62. Da § 45 die Verwertung unveröffentlichter Werke gestattet (vgl. Rn. 5), wird das **Erstveröffentlichungsrecht** nach § 12 einge-schränkt. Die Schranke ist nach § 95b Abs. 1 S. 1 Nr. 1 auch gegen **technische**

Schutzmaßnahmen, z. B. Kopiersperren, durchsetzbar (Dreier/Schulze/*Dreier*[5] Rn. 1). Handelt es sich bei dem zu vervielfältigenden Werk um das Bildnis einer Person, so ist deren Persönlichkeitsrecht durch § 24 KUG in entsprechendem Maße eingeschränkt (Schricker/Loewenheim/*Melichar*[5] Rn. 2 unter Hinweis auf OLG Frankfurt NJW 1971, 47 – *Aktenzeichen XY … ungelöst*).

§ 45a Behinderte Menschen

(1) Zulässig ist die nicht Erwerbszwecken dienende Vervielfältigung für und deren Verbreitung ausschließlich an Menschen, soweit diesen der Zugang zu dem Werk in einer bereits verfügbaren Art der sinnlichen Wahrnehmung auf Grund einer Behinderung nicht möglich oder erheblich erschwert ist, soweit es zur Ermöglichung des Zugangs erforderlich ist.

(2) [1]Für die Vervielfältigung und Verbreitung ist dem Urheber eine angemessene Vergütung zu zahlen; ausgenommen ist die Herstellung lediglich einzelner Vervielfältigungsstücke. [2]Der Anspruch kann nur durch eine Verwertungsgesellschaft geltend gemacht werden.

Die Bestimmung wurde mit dem UrhG Infoges eingeführt, um „dem besonderen Anliegen der Bundesregierung, die Diskriminierung zu bekämpfen", gerecht zu werden (Amtl. Begr. UFITA 2004 Bd. I, S. 187, 218). In Wahrheit ist sie wohl eher dem deutschen Hang zum Perfektionismus (und zur Erfindung von Sprachungetümen) geschuldet. Schricker/Loewenheim/*Melichar*[5] Rn. 1 weist zu Recht darauf hin, dass sämtliche Rechteinhaber in der Bundesrepublik – entsprechend den Empfehlungen ihrer Verbände – mit den Organisationen der Blinden und Sehbehinderten schon seit vielen Jahren Gesamtverträge haben, die eine *kostenlose* Nutzung ihrer Werke für Blindenschriftausgaben und Blindenhörbücher, also für den Schwerpunktbereich des § 45a, im Regelfall ermöglichen. **1**

Ohnehin kommt die Bestimmung nur dann und nur insoweit zur Anwendung, als dies zur Ermöglichung des Zugangs erforderlich ist (Abs. 1 letzter Hs.), nur dann also, wenn das jeweilige Werk nicht in einer der jeweiligen Behinderung angepassten Ausgabe verfügbar ist (s. RegE UrhG Infoges – BT-Drs. 15/38, S. 18) Damit ist § 45a wohl nur für Blinde und andere Sehbehinderte relevant. § 45a erlaubt nur die **Vervielfältigung und Verbreitung des Werkes** in körperlicher Form (ggf. auch auf Datenträgern), nicht jedoch die öffentliche Wiedergabe, insb. Zugänglichmachung nach § 19a. **2**

Einen – durchaus relevanten – Anwendungsfall der Bestimmung nennt schon die Amtl. Begr. (RegE UrhG Infoges – BT-Drs. 15/38 S. 18; Wandtke/Bullinger/*Lüft*[4] Rn. 3): Ein sehbehinderter Wissenschaftler benötigt für seine Arbeit Zugang zu einem Buch, das zwar als Hörbuch verfügbar ist, mit dem aber nicht den Erfordernissen einer wissenschaftlichen Zitierweise genügt werden kann. In der Tat wird ein Hörbuch beispielsweise keine Anmerkungen und Quellenangaben enthalten. Abbildungen sind in Hörbüchern nicht denkbar; sie könnten allerdings an Sehbehinderte – nicht an Blinde – mit Hilfe von Diakopien in Vergrößerungen übermittelt werden; auch dies wäre ein Anwendungsfall des § 45a Abs. 1. **3**

Von der Vergütungspflicht des Abs. 2 ausgenommen ist die Herstellung lediglich einzelner Vervielfältigungsstücke (S. 1 Hs. 2). Diese Regelung ist nur im Privatbereich der Behinderten relevant: Zwar beschränken sich selbst Blindenbüchereien schon aus Kostengründen auf die Herstellung einzelner Exemplare. Aber diese werden immer wieder verliehen oder vermietet, also im Sinne des § 17 verbreitet; die Verbreitung ist von Abs. 2 S. 1 Hs. 2 nicht erfasst (Schricker/Loewenheim/*Melichar*[5] Rn. 12). Gemäß Abs. 2 S. 2 kann der Vergütungsanspruch nur durch eine Verwertungsgesellschaft geltend gemacht werden. **4**

5   Nach dem Inkrafttreten des § 45a hat die VG Wort mit der Mediengemein-
     schaft für Blinde und sehbehinderte Menschen e. V. (www.medibus.info) einen
     Gesamtvertrag abgeschlossen (BAnz v. 16.12.2009, S. 4287). Er ermöglicht
     Blindenbüchereien gegen Zahlung einer angemessenen Vergütung, Blinden-
     schriften und Hörbücher für Blinde und Sehbehinderte herzustellen und an den
     privilegierten Personenkreis zu verbreiten. Auch sieht der Gesamtvertrag – über
     § 45a hinausgehend – die Möglichkeit der elektronischen Zugänglichmachung
     und Übermittlung vor.

§ 46   Sammlungen für den religiösen Gebrauch

(1) [1]Nach der Veröffentlichung zulässig ist die Vervielfältigung, Verbreitung
und öffentliche Zugänglichmachung von Teilen eines Werkes, von Sprachwerken oder von Werken der Musik von geringem Umfang, von einzelnen Werken
der bildenden Künste oder einzelnen Lichtbildwerken als Element einer Sammlung, die Werke einer größeren Anzahl von Urhebern vereinigt und die nach
ihrer Beschaffenheit nur für den Gebrauch während religiöser Feierlichkeiten
bestimmt ist. [2]In den Vervielfältigungsstücken oder bei der öffentlichen Zugänglichmachung ist deutlich anzugeben, wozu die Sammlung bestimmt ist.

(2) *(weggefallen)*

(3) [1]Mit der Vervielfältigung oder der öffentlichen Zugänglichmachung darf
erst begonnen werden, wenn die Absicht, von der Berechtigung nach Absatz 1
Gebrauch zu machen, dem Urheber oder, wenn sein Wohnort oder Aufenthaltsort unbekannt ist, dem Inhaber des ausschließlichen Nutzungsrechts
durch eingeschriebenen Brief mitgeteilt worden ist und seit Absendung des
Briefes zwei Wochen verstrichen sind. [2]Ist auch der Wohnort oder Aufenthaltsort des Inhabers des ausschließlichen Nutzungsrechts unbekannt, so kann die
Mitteilung durch Veröffentlichung im Bundesanzeiger bewirkt werden.

(4) Für die nach dieser Vorschrift zulässige Verwertung ist dem Urheber eine
angemessene Vergütung zu zahlen.

(5) [1]Der Urheber kann nach dieser Vorschrift zulässige Verwertung verbieten,
wenn das Werk seiner Überzeugung nicht mehr entspricht, ihm deshalb die
Verwertung des Werkes nicht mehr zugemutet werden kann und er ein etwa
bestehendes Nutzungsrecht aus diesem Grunde zurückgerufen hat (§ 42). [2]Die
Bestimmungen in § 136 Abs. 1 und 2 sind entsprechend anzuwenden.

§ 46 wurde durch das UrhWissG 2017 mit Wirkung zum 1. März 2018 geän-
dert. Zur bis dahin geltenden Fassung s. unsere 11. Aufl.

I. Allgemeines

1. Entstehungsgeschichte, Sinn und Zweck der Norm

Die Schranke enthielt vor Inkrafttreten des UrhWissG 2017 zum 1. März 2018 **1** das sog. **Schulbuchprivileg.** Es erlaubte Verlegern, Teile von Werken in Sammlungen zu benutzen, sofern diese nach ihrem Zweck nur für den Kirchen-, Schul- und Unterrichtsgebrauch bestimmt waren. Typische Beispiele waren Schulbücher, in denen Fotos, kleinere Artikel, Gedichte, Romanauszüge, Kunstwerke verwendet werden. Nunmehr privilegiert die Schranke nur noch **Sammlungen für den religiösen Gebrauch.** Die Nutzungsbefugnisse für Unterricht, Forschung und Wissensinstitutionen sind in §§ 60a ff. UrhG, die Erstellung von Sammlungen für den Unterrichtsgebrauch speziell in § 60b, geregelt. Der Anwendungsbereich des § 46 wurde dadurch stark eingeschränkt. Die Privilegierung gilt nur noch für Sammlungen, welche die Werke einer größeren Anzahl von Urhebern vereinigen und nach ihrer Beschaffenheit nur für den Gebrauch während religiöser Feierlichkeiten bestimmt sind und. Das sind Gesangbücher und Sammlungen religiöser Texte und Abbildungen, wobei dies keineswegs auf Druckerzeugnisse beschränkt sein muss.

Das frühere Schulbuchprivileg nach § 46 a. F. ging im Kern auf eine entsprechende **2** Regelung im LUG und KUG zurück. 1972 wurde die Vergütungspflicht in Abs. 4 eingefügt, was auf eine Entscheidung des BVerfG zurückgeht (vgl. Rn. 18). Mit dem „1. Korb" (Umsetzung der sog. Info-RL in das deutsche Recht mit dem Gesetz zur Regelung des Urheberrechts in der Informationsgesellschaft [1. UrhG Infoges] vom 10.9.2003, BGBl. I S. 1774) wurde die Schranke zugunsten der öffentlichen Zugänglichmachung (§ 19a) erweitert und auf Einrichtungen nichtgewerblicher Art beschränkt (Abs. 1). Der „2. Korb" (2. UrhG Infoges v. 26.10.2007, BGBl. I S. 2513) führte einen Einwilligungsvorbehalt für die öffentliche Zugänglichmachung von Unterrichtsmitteln ein (Abs. 1 S. 2 a. F.). Durch das UrhWissG 2017 wurde die Schranke auf Sammlungen für den religiösen Gebrauch beschränkt und zugleich von Sonderregelungen befreit.

2. Aufbau

Abs. 1 S. 1 enthält den eigentlichen Schrankenvorbehalt, S. 2 begründet eine **3** Kennzeichnungspflicht. Der durch das UrhWissG 2017 aufgehobene **Abs. 2** enthielt eine Einschränkung des Schrankenvorbehalts für Musikwerke (nur „für den Gebrauch im Musikunterricht in Schulen mit Ausnahme der Musikschulen"). Der Wegfall des Abs. 2 ist insoweit relevant, weil nunmehr auch Noten und Gesangbücher für den religiösen Gebrauch privilegiert werden. **Abs. 3** begründet eine Mitteilungspflicht des Verwerters. Die Vergütungspflicht ist in **Abs. 4** enthalten. **Abs. 5** gewährt dem Urheber – nicht dem sonst wie Berechtigten – ein Verbietungsrecht für zurückgerufene Werke.

3. EU-Recht

Hinsichtlich Vervielfältigung und öffentlicher Zugänglichmachung bewegt sich **4** § 46 im Rahmen der **fakultativen Schranke** des Art. 5 Abs. 3 lit. g) Info-RL. Die Vorschrift erlaubt – sehr pauschal – die Vervielfältigung und öffentliche Wiedergabe von Werken „für die Nutzung bei religiösen Veranstaltungen".

II. Tatbestand

1. Inhalt und Reichweite der Schranke (Abs. 1)

a) **Erlaubte Nutzungen:** Abs. 1 gestattet die **Vervielfältigung** (§ 16) einschließlich **5** der **Übertragung auf Bild- oder Tonträger** (§ 16 Abs. 2), also auch auf Tonbandkassetten (LG Frankfurt GRUR 1979, 155, 156 f. – *Tonbandkassette*), Schallplatten, Videokassetten, Dia-Serien, CD-ROM, DVD und ähnliche Produkte, die **Ver-**

breitung (§ 17) und – seit der Novelle 2003 (1. Korb) – die öffentliche Zugänglichmachung (§ 19a) von Werken. Letzteres betrifft die Online-Wiedergabe von Werken, die naturgemäß auf die Nutzer einer privilegierten Einrichtung beschränkt sein muss (zum Einwilligungsvorbehalt vgl. Rn. 14).

6   b) Werke: S. 1 zählt die von der Schranke begünstigten **Werkarten** auf. Die Werke müssen bereits **veröffentlicht** (§ 6 Abs. 1), nicht aber auch erschienen sein (§ 6 Abs. 2). Teile von Werken dürfen unabhängig von der Werkart, ganze Werke hingegen nur bei bestimmten Werkarten verwendet werden. **Teile von Werken** sind z. B. ein einzelnes Buchkapitel, einzelne Szenen eines Bühnenwerkes, Bildausschnitte, einige Takte aus einem Musikwerk. Um einen Gleichlauf der verschiedenen Varianten des Abs. 1 S. 1 sicherzustellen, darf der Umfang von Werkteilen die Höchstgrenzen von Werken geringen Umfangs nicht wesentlich überschreiten. Die Auslegung kann sich auch an § 52a Abs. 1 Nr. 2 a. F. orientieren (zum Streitstand dort vgl. § 52a Rn. 7, 12). Für das alte Schulbuchprivileg ging insoweit eine Indizwirkung durch den 2010 durch Länder und Verwertungsgesellschaften abgeschlossenen Gesamtvertrag über die Werknutzung an Schulen nach § 52a UrhG aus (anzurufen unter www.bibliotheksverband.de unter Verträge und Urheberrecht). Dort werden 25 % und höchstens 100 Seiten noch als Werkteil angesehen.

7   **Ganze Werke** dürfen nur von einzelnen Werken der bildenden Kunst, Lichtbildwerken oder Lichtbildern (§ 72) verwendet werden; von Sprachwerken, z. B. Gedichten (BGH GRUR 1972, 432, 433 – *Schulbuch*) oder religiösen Texten, und Musikwerken dürfen sie nur dann verwendet werden, wenn diese von **geringem** Umfang sind. Diese Werke dürfen im Regelfall nicht mehr als 3 normale DIN A5-Seiten, in Ausnahmefällen (bei Sprachwerken) bis zu 6 A5-Seiten umfassen, vertonte Musikwerke (§ 2 Abs. 1 Nr. 2) dürfen eine Spieldauer von nicht mehr als 5 Minuten (LG Frankfurt, GRUR 1979, 155, 156 – *Tonbandkassette*) haben. Die Auslegung kann sich wiederum an §§ 52a Abs. a. F., 53 Abs. 3 S. 1 (vgl. § 52a Rn. 7 f.) und dem dazu 2010 abgeschlossenen Gesamtvertrag (vgl. Rn. 6) orientieren. Er sieht Musikeditionen bis 6 Seiten und sonstige Werke bis 25 Druckseiten bzw. 5 Minuten bei Filmen und Musikstücken als Werke geringen Umfangs an.

8   c) **Element einer Sammlung:** Sowohl Teile von Werken als auch ganze Werke dürfen nur als **Element einer Sammlung** verwendet werden, die Werke einer größeren Anzahl von Urhebern **vereinigt**. Dazu muss eine Zusammenfassung in einem Band vorliegen (RegE UrhG 1962 – BT-Drs. IV/270, S. 64). Eine bloß einheitliche Bezeichnung für Werksammlungen, z. B. einer Schriftenreihe oder enzyklopädischen Sammlung, erzeugt noch keine Vereinigung. Die Sammlung muss aber nicht in einem Verlag als Buch, CD oder sonst wie im Handel erschienen sein; auch **händisch zusammengestellte Sammlungen** fallen unter § 46. Bei mehrbändigen Sammlungen kommt es darauf an, ob jeder einzelne Band die Voraussetzungen des § 46 erfüllt. Von einer **größeren Anzahl** von Urhebern kann erst gesprochen werden, wenn mindestens 7 Urheber (nicht etwa 7 Werke von 5 oder gar nur 3 Autoren) aufgenommen sind (so jedenfalls ein gemeinsames Merkblatt der VG Wort und des Verbandes der Schulbuchverlage, abgedruckt in UFITA 92 [1982] 83). Der Begriff der Sammlung ist entwicklungsoffen. Sammlung kann daher auch eine Tonbandkassette mit Hörbeispielen verschiedener Komponisten (LG Frankfurt GRUR 1979, 155, 156 f.), heute eine CD oder DVD, ein eBook oder eine Webseite sein, sofern die Zweckbestimmung erfüllt ist (dazu nachfolgend vgl. Rn. 11).

9   d) **Zweckbestimmung der Sammlung:** Die Sammlung darf allein („nur") für den **Gebrauch während religiöser Feierlichkeiten bestimmt** sein. Weitere Zwecke schließen ein Berufen auf die Schranke aus. Die Bestimmung muss **objektiv** vorliegen; eine bloße Widmung durch den Verleger („für den Kirchengebrauch bestimmt") reicht nicht. Ebenso wenig genügt es, wenn die Zweckbestimmung nur für einzelne in die Sammlung aufgenommene Werke zu bejahen ist. Die Zweckbestimmung ist aus den **inneren und äußeren Merkmalen** der Sammlung zu entnehmen; dabei besteht eine Wechselwirkung dergestalt, dass eine strengere äußere Gestaltung ein Weniger an inhaltlicher Ausrichtung ausgleichen kann und umgekehrt (für das alte Schulbuchprivileg BGH GRUR 1972, 432, 433 – *Schulbuch*). Zu den inneren Merkmalen der Sammlung gehören die Auswahl und Anordnung des Stoffes sowie ihr sonstiger Inhalt, z. B. Anmerkungen, Erläuterungen, zu den äußeren Merkmalen der Titel selbst, die Ausstattung der Sammlung, die Gestaltung des Titelblatts. Zur äußeren Beschaffenheit zählt auch der Umstand, wo die Sammlungen letztlich erhältlich sein sollen. Die Verfügbarkeit der Sammlung im allgemeinen Buchhandel raubt ihr noch nicht die Zweckbestimmung (zu weit daher OLG Frankfurt GRUR 1994, 116, 118 – *Städel*), jedenfalls wenn es keine separaten Vertriebswege nur für Bücher für den Kirchengebrauch gibt. Ist die Sammlung für jedermann – ohne Zugangskontrollen – im Internet verfügbar, fehlt die Zweckbestimmung (so auch RegE UrhG Infoges – BT-Drs. 15/38, S. 19). Ist eine Sammlung nach den vorgenannten Kriterien ausschließlich für die privilegierten Zwecke bestimmt, so kommt es freilich weder auf die Möglichkeit, die Sammlung auch in der Freizeit zu benutzen, noch auf ihren pädagogischen Wert an (BGH GRUR 1991, 903, 907 – *Liedersammlung*).

Während § 46 a. F. die Zweckbestimmung auf den „Kirchengebrauch" beschränkte, benutzt die Neuregelung die Formulierung „für den Gebrauch **während religiöser Feierlichkeiten**". Damit soll die Norm nach der Gesetzesbegründung religionsneutral gefasst werden (RegE UrhWissG 2017 – BT-Drs. 18/12329, S. 32). Die Sammlung muss nicht zwingend zum Gebrauch in Kirchen oder Einrichtungen gesetzlich anerkannter Religionsgemeinschafen bestimmt sein, jedoch während religiöser Feierlichkeiten: Sammlungen, die für den **religiösen Hausgebrauch** bestimmt sind, fallen weiterhin nicht unter die Schranke.   **10**

e) **Angabe des Zwecks (Abs. 1 S. 2):** Der Zweck der Sammlung ist **deutlich anzugeben**. Entscheidend ist insb. bei Online-Angeboten, dass die Angabe vor dem Aufruf der Inhalte lesbar ist. Bei Büchern genügt der Hinweis auf der Titelrückseite; er muss weder auf dem äußeren Einband (BGH GRUR 1991, 903, 906 – *Liedersammlung*) noch auf der Titelseite erfolgen, denn seit 2003 ist der Zusatz „auf dem Titel" entfallen. Für andere Vervielfältigungsstücke wie CDs und DVDs wird man diese Grundsätze dahingehend übertragen können, dass zwar nicht auf der äußeren Hülle, wohl aber im Booklet und auf dem Datenträger der Hinweis anzubringen ist.   **11**

2.   **Unterrichtung des Urhebers oder Rechtsinhabers (Abs. 3)**

Die **Frist des Abs. 3** beginnt mit der Absendung des eingeschriebenen Briefes, ohne Rücksicht darauf, ob er den Empfänger erreicht. Das kann zu Unzuträglichkeiten führen, wenn der Verwerter eine nicht mehr zutreffende Anschrift verwendet. Man muss daher von ihm verlangen, dass er die Richtigkeit der Anschrift zuvor überprüft, wenn auch nur ein geringer Anlass zu Zweifeln besteht (Rückfrage beim Einwohnermeldeamt, briefliche Anfrage beim Autor selbst). Das ist dem Verwerter stets schon deshalb zuzumuten, weil die Vorbereitung der Vervielfältigung dadurch nicht aufgehalten wird und kein Zeitverlust eintritt. Im Falle des **Abs. 3 S. 2** beginnt die Frist mit der Veröffentlichung der Anzeige, nicht mit der Auftragserteilung dazu (zum **Beginn** der Vervielfältigung vgl. § 16 Rn. 10). Die **Mitteilung** muss die Angabe enthalten, in welcher Weise und zu welchem Zweck von dem Recht des Abs. 1 S. 1 Gebrauch gemacht werden soll; sonst wäre Abs. 3, der dem Urheber eine Kontrolle und notfalls die Verhinderung unzulässiger Vervielfältigungen ermöglichen soll, sinnlos.   **12**

II. Vergütungsanspruch (Abs. 4)

13 Die Vergütungspflicht des Abs. 4 ist durch die Novelle 1972 eingefügt worden, nachdem das Bundesverfassungsgericht ihr Fehlen als verfassungswidrig beanstandet hatte (BVerfG GRUR 1972, 481, 484 – *Kirchen- und Schulgebrauch*; vgl. Vor §§ 44a ff. Rn. 4). Die nach Inkrafttreten der Novelle 1972 zunächst streitige Frage, ob der **Vergütungsanspruch des Abs. 4** dem Urheber oder seinem Originalverleger zustehe (*Samson* UFITA 71 [1974] 658 gegen *Rehbinder* UFITA 71 [1974] 53), hat keine praktische Bedeutung mehr, weil dieser Anspruch inzwischen zum Wahrnehmungsbereich der jeweils zuständigen VG gehört.

III. Ausschluss zurückgerufener Werke (Abs. 5)

14 Das **Verbietungsrecht wegen gewandelter Überzeugung** (Abs. 5) kann jederzeit ausgeübt werden, wenn die Voraussetzungen des § 42 vorliegen und der Rückruf wirksam ist (zu den Rechtsfolgen des Rückrufs vgl. § 42 Rn. 17 ff.); auf die letztere Voraussetzung kommt es nicht an, wenn ohnehin keine Verwertungsverträge mehr bestanden, es also nichts zurückzurufen gab. War die Vervielfältigung schon beendet oder wenigstens schon begonnen, so dürfen die hergestellten bzw. in der Herstellung befindlichen Exemplare noch verbreitet werden (§ 136 Abs. 1 und 2).

IV. Verhältnis zu anderen Normen

15 Bei der Aufnahme von Werkteilen in eine Sammlung sind die §§ 14 und 62 zu beachten (vgl. Rn. 6). Weil sich die Schranke im Rahmen von Art. 5 Abs. 3 lit. a Info-RL halten muss (vgl. Rn. 4), ist die Quellenangabepflicht aus § 63 UrhG zu beachten. Wegen § 95b Abs. 1 S. 1 Nr. 3 (der auf Art. 6 Abs. 4 Unterabs. 1 Info-RL beruht) ist die Schranke auch gegen technische Schutzmaßnahmen gem. § 95a durchsetzbar.

16 Für Sammlungen, die für den Unterrichtsgebrauch an Schulen und Hochschulen bestimmt sind, gilt ausschließlich § 60b.

§ 47   Schulfunksendungen

(1) ¹Schulen sowie Einrichtungen der Lehrerbildung und der Lehrerfortbildung dürfen einzelne Vervielfältigungsstücke von Werken, die innerhalb einer Schulfunksendung gesendet werden, durch Übertragung der Werke auf Bild- oder Tonträger herstellen. ²Das gleiche gilt für Heime der Jugendhilfe und die staatlichen Landesbildstellen oder vergleichbare Einrichtungen in öffentlicher Trägerschaft.

(2) ¹Die Bild- oder Tonträger dürfen nur für den Unterricht verwendet werden. ²Sie sind spätestens am Ende des auf die Übertragung der Schulfunksendung folgenden Schuljahres zu löschen, es sei denn, dass dem Urheber eine angemessene Vergütung gezahlt wird.

Übersicht

I. Allgemeines

Ziel der Norm ist es, die im regulären Sendebetrieb der Rundfunkanstalten **1**
ausgestrahlten Schulfunksendungen zeitversetzt im Unterricht nutzen zu können, sobald es in den Lehr- und Stundenplan passt. Die Norm ist als Ausnahmebestimmung zum Vervielfältigungsrecht der Urheber (§§ 15 Abs. 1 Nr. 1, 16
Abs. 2) und Sendeunternehmen (§ 87 Abs. 1 Nr. 2) eng auszulegen (BGH
GRUR 1985, 874, 875 – *Schulfunksendung*). Eine Verfassungsbeschwerde, die
sich gegen die teilweise Vergütungsfreiheit der Mitschnitte (vgl. Rn. 7) richtete,
blieb erfolglos (BVerfGE 31, 270, 273 f. – *Schulfunksendungen*). Die Regelung
findet in Art. 10 Abs. 2 RBÜ eine Entsprechung. Die Schranke bewegt sich
ebenso wie § 46 (dort vgl. § 46 Rn. 4) im Rahmen der **fakultativen Schranke**
des Art. 5 Abs. 3 lit. a) Info-RL. Weil nur noch sehr wenige Sendungen als
Schulfunksendungen deklariert werden und zudem der Einsatz von Rundfunksendungen im Unterricht zugunsten von digitalen Offline- und Online-Medien
zurückgegangen ist, ist die **Bedeutung** der Schranke mittlerweile gering. Aus
diesem Grund sah auch der Gesetzesentwurf zum neuen UrhWissG 2017 einen
Wegfall des § 47 vor (RegE UrhWissG 2017 – BT-Drs. 18/12329). Sowohl
Bundesrat, als auch ARD und ZDF wiesen jedoch auf die nach wie vor bestehende Relevanz der Schranke hin, weswegen die Streichung des § 47 vom Bundestag nicht übernommen wurde.

II. Tatbestand

1. Vervielfältigung

Zugelassene Nutzungshandlung ist **nur die Vervielfältigung** von Sendungen **2**
durch Aufnahme auf Bild- und/oder Tonträger gemäß § 16 Abs. 2. Eine Beschränkung auf analoge Vervielfältigungen ist der Norm nicht zu entnehmen.
Die Bestimmung erfasst nicht den Erwerb der Senderechte. Auch die Wiedergabe der aufgezeichneten Sendung ist nicht von § 47 privilegiert. Erfolgt sie
allerdings innerhalb des Klassenverbandes, handelt es sich um eine nicht-öffentliche und damit einwilligungsfreie, zulässige Wiedergabe. Abs. 2 S. 1
schränkt den Verwendungszweck der Vervielfältigung auf den Unterricht ein
(vgl. Rn. 6). Es dürfen nur **einzelne** Vervielfältigungsstücke hergestellt werden,
also nur so viele, wie für die geplante Verwendung in den einzelnen Schulklas-
sen erforderlich sind (zum Begriff „einzelne" vgl. § 53 Rn. 16 f.).

Nach dem Text der Bestimmung dürfen entweder Bild- *oder* Tonträger hergestellt **3**
werden. Dies entspricht der noch bei Schaffung des UrhG im Jahre 1965 gebräuchlichen Ausdrucksweise (z. B. §§ 54 Abs. 1, 55). Inzwischen gibt es faktisch nur
noch Bildtonträger und Tonträger; auf diese ist die Bestimmung ebenfalls anzuwenden (Dreier/Schulze/*Dreier*⁵ Rn. 5; Schricker/Loewenheim/*Melichar*⁵ Rn. 17
unter Hinweis auf die Begr., die das Mitschneiden von Fernsehsendungen, also von
Bild und Ton, als von § 47 gedeckt nennt (UFITA 45 [1965] 240, 281)). Dabei
kann es sich auch um digitale Trägermedien handeln.

2. Berechtigte

Berechtigte sind **Schulen** (Begriff s. unsere 11. Auflage, § 46 Rn. 10), insbesondere **4**
in Gestalt der **Lehrer in der Schule** selbst, Einrichtungen der **Lehrerbildung** wie Pä-
dagogische Akademien und Lehrerseminare (nicht dagegen die mathematisch-na-
turwissenschaftlichen und die philosophischen Fakultäten der Universitäten und

Hochschulen, da diese nicht speziell der Lehrerbildung, sondern der wissenschaftlichen Forschung und Lehre dienen, Einrichtungen der **Lehrerfortbildung** (Ausbildungsstätten für Mittelschullehrer, kirchliche Seminare für Religionslehrer usw.) und **Heime der Jugendhilfe**, zu denen auch die Jugendstrafanstalten zu rechnen sind, soweit sie Unterricht betreiben. Die Privilegierung der **Landesbildstellen** ist in der Novelle 1985 auf Betreiben des Freistaates Bayern geregelt worden, dessen Landesbildstellen zuvor die Herstellung von Vorratskopien von Schulfunksendungen für interessierte Schulen gerichtlich verboten worden war (OLG München FuR 1983, 273, bestätigt durch BGH GRUR 1985, 874, 875 f. – *Schulfunksendung*). Der **Lehrer** darf eigenhändig im Rahmen der Unterrichtsvorbereitung **zu Hause** Mitschnitte gem. § 47 erstellen, wenn und sofern es sich um Schulfunksendungen (vgl. Rn. 5) handelt (str.; a. A. Schricker/Loewenheim/*Melichar*[5] Rn. 11 mit Verweis auf RegE UrhG 1962 – BT-Drs. IV/270: „es besteht das Bedürfnis, Schulfunksendungen in Schulen aufzunehmen"; für eine solche Beschränkung besteht kein Anlass). Für andere Sendungen gilt hingegen die Beschränkung des § 53 Abs. 3 S. 1 Nr. 1 auf kleine Teile eines Werkes, Werke von geringem Umfang oder Einzelbeiträge (Dreier/Schulze/*Dreier*[5] Rn. 3).

3. Schulfunksendung

5 Das Recht des § 47 bezieht sich nur auf Werke, die innerhalb einer **Schulfunksendung** gesendet werden. Indiz ist zunächst die Programmbezeichnung des Senders (Quellen für die Einstufung konkreter Sendung als Schulfunksendungen bei *Haupt*/*Wiśniewska* UFITA 2010, 663, 669). Die Bezeichnung als Wissenssendung o. Ä. genügt nicht. Der Lehrer darf nicht etwa von sich aus eine ihm wichtig erscheinende allgemeine Sendung, etwa ein Fernsehspiel, einen Rundfunkkommentar, einen wissenschaftlichen Vortrag, die Darbietung einer Oper oder eines Musikwerkes mitschneiden und diese zu Unterrichtszwecken benutzen (zulässig nur unter den Voraussetzungen von § 53). Sollte eine Sendeanstalt ein Programm, das nicht für Schulen bestimmt ist, fälschlich als „Schulfunksendung" bezeichnen (z. B. eine zum Selbststudium gedachte Sendung wie das Telekolleg oder einen Sprachlehrgang), so wäre dessen Mitschnitt gleichwohl nicht von § 47 privilegiert. Auch die Wiederholungssendung einer Schulfunksendung darf vervielfältigt werden. Was Sendung ist, bestimmt sich wie in § 20 (dort vgl. § 20 Rn. 10). Die Vervielfältigung (Speicherung) eines Internet-Angebots von Anschauungsmaterial für den Unterricht (§ 19a) fällt daher nicht unter § 47. Eine analoge Anwendung scheidet mangels Regelungslücke – im § 46 hat der Gesetzgeber ja die öffentliche Zugänglichmachung auch ausdrücklich geregelt – aus. In der Regel wird eine Speicherung aber unnötig sein, weil die Inhalte im Internet ständig verfügbar sind. Wegen der nach § 11d Abs. 2 S. 1 Nr. 2 RStV grundsätzlich nur noch auf 7 Tage begrenzten Abrufbarkeit bestimmter Sendungen der öffentlich-rechtlichen Sendeanstalten in deren Mediatheken kommt der Beschränkung aber doch gewisse Bedeutung zu.

4. Begrenzung auf den Unterricht, Abs. 2 S. 1

6 Abs. 2 S. 1 begrenzt den **Verwendungszweck** der Mitschnitte. Sie dürfen **nur für den Unterricht** verwendet werden. Es ist nicht zulässig, dass z. B. die Schule bei einem Elternabend oder einem Schulfest die mitgeschnittenen Aufnahmen darbietet, weil dies keinen Unterrichtszweck mehr erfüllt. Will die Schule das tun, müssen nicht nur die Rechte für die Wiedergabe, sondern auch für die Vervielfältigung nachträglich erworben werden.

III. Löschungspflicht; Vergütungsanspruch, Abs. 2 S. 2

7 Abs. 2 S. 2 stellt eine zeitliche Begrenzung auf. Die Aufnahmen sind spätestens am **Ende des folgenden Schuljahres zu löschen**, ganz gleich, ob sie zu Schuljahresbeginn oder erst „kurz vor Toresschluss" hergestellt wurden. Für die neben den Schulen berechtigten Einrichtungen (vgl. Rn. 4) passt dieses Merkmal nicht. Der redaktionelle Fehler ist durch entsprechende Anwendung auszugleichen (ebenso Schricker/Loewenheim/*Melichar*[5] Rn. 21). Für Akademien usw. ist das Ende des folgenden Semesters maßgebend. Wo kein jährlicher Zeitschnitt stattfindet (Heime, Landesbildstellen), ist das folgende Kalenderjahr maßgebend (zutreffend Schricker/Loewenheim/*Melichar*[5] Rn. 21; a. A. noch unsere 11. Aufl.). – **Löschung** bedeutet Unbrauchbarmachung. Grundsätzlich ist damit ein Schularchiv von Mitschnitten nicht möglich.

Will die Schule jedoch die einmal vorgenommene Vervielfältigung über das fol-   **8**
gende Schuljahr hinaus behalten, so hat sie bzw. der Schulträger dem Urheber eine **angemessene Vergütung** zu zahlen. Was angemessen ist, bestimmt sich nach der Länge des Mitschnitts, den Kosten seiner Herstellung, der Dauer der beabsichtigten Aufbewahrung und danach, was die Schule durch die Aufbewahrung erspart. Sie erspart mindestens die Beschaffung gleichwertigen Anschauungsmaterials. Im Streitfall ist die angemessene Vergütung vom Richter festzusetzen (analog § 287 ZPO; vgl. § 97 Rn. 92 ff.). Nichtlöschung ohne Zahlung der Vergütung ist Urheberrechtsverletzung (*v. Gamm* Rn. 9; Schricker/Loewenheim/*Melichar*[5] Rn. 22; *Neumann* S. 83). Gleichwohl ist bisher über Zahlungen von Schulträgern – mit Ausnahme solcher an die GEMA – nichts bekannt geworden (*Neumann* S. 83 f.). Das Vergütungsrecht wird teilweise, z. B. von der VG Wort, von den Verwertungsgesellschaften wahrgenommen.

IV. Auskunftsanspruch

Zur Kontrolle der Vervielfältigungshandlungen und der Aufbewahrungsdauer   **9**
steht dem Urheber bzw. den Berechtigten ein **Auskunftsanspruch** zu (*Neumann* S. 84).

V. Verhältnis zu anderen Normen

Die Schranke setzt sich gemäß § 95b Abs. 1 Nr. 4 gegen technische Schutzmaß-   **10**
nahmen durch. Es ist die Quelle anzugeben (§ 63) und es gilt das Änderungsverbot (§ 62). Sie gilt auch für die Sendeunternehmen, § 87.

§ 48   Öffentliche Reden

(1) Zulässig ist
1. die Vervielfältigung und Verbreitung von Reden über Tagesfragen in Zeitungen, Zeitschriften sowie in anderen Druckschriften oder sonstigen Datenträgern, die im Wesentlichen den Tagesinteressen Rechnung tragen, wenn die Reden bei öffentlichen Versammlungen gehalten oder durch öffentliche Wiedergabe im Sinne von § 19a oder § 20 veröffentlicht worden sind, sowie die öffentliche Wiedergabe solcher Reden,
2. die Vervielfältigung, Verbreitung und öffentliche Wiedergabe von Reden, die bei öffentlichen Verhandlungen vor staatlichen, kommunalen oder kirchlichen Organen gehalten worden sind.

(2) Unzulässig ist jedoch die Vervielfältigung und Verbreitung der in Absatz 1 Nr. 2 bezeichneten Reden in Form einer Sammlung, die überwiegend Reden desselben Urhebers enthält.

Übersicht

I. Allgemeines

1. Bedeutung, Sinn und Zweck der Norm

1 Die Schrankenregelung dient dem **Interesse der Öffentlichkeit an einer zeitnahen Unterrichtung über Tagesereignisse** (s. RegE UrhG 1962 – BT-Drs. IV/270, S. 65) und damit auch der verfassungsrechtlich geschützten Presse- und Informationsfreiheit (Art. 5 Abs. 1 GG). Sie schränkt die Verwertungsrechte des Urhebers an seinem **öffentlich gesprochenen Wort** ein, indem sie die Vervielfältigung (§ 16), Verbreitung (§ 17) und öffentliche Wiedergabe (§§ 19 f.) von öffentlich gehaltenen Reden – teilweise mit Einschränkungen – freigibt. Presse und Medien sollen anlässlich der Berichterstattung über aktuelle Ereignisse nicht darin gehindert werden können, dazu gehaltene Reden oder sonstige öffentliche Stellungnahmen oder Kommentare (sofern sie überhaupt als Sprachwerk geschützt sind) zu veröffentlichen. § 48 beschränkt die Rechte des Urhebers, begründet indes keinen Anspruch auf Gestattung von Aufzeichnungen bei öffentlichen Versammlungen (vgl. Rn. 8).

2. Früheres Recht, Konventionsrecht und EU-Richtlinien

2 Die Bestimmung hatte ursprünglich die §§ 17, 26 LUG zum Vorbild, beschränkte deren Regelung aber auf Tagesfragen und auf Publikationen, die im Wesentlichen **Tagesinteressen** dienen; freigegeben waren nur Reden in öffentlichen Versammlungen oder im Rundfunk. Diese Regelung ist anlässlich der Umsetzung der Info-RL mit dem UrhG Infoges vom 10.9.2003 (BGBl I 1774) auf den elektronischen Bereich erweitert worden, sodass es nunmehr genügt, wenn die Reden durch öffentliche Zugänglichmachung, z. B. auf Online-Videoplattformen (vgl. § 19a Rn. 17 f.) oder durch (Rundfunk-) Sendung (vgl. § 20 Rn. 11 f.) veröffentlicht worden sind.

3 Im **Konventionsrecht** findet § 48 seine Grundlage in Art 2bis RBÜ, der den Vertragsstaaten einen weiten Spielraum bei der Beschränkung der Rechte des Urhebers am öffentlich gesprochenen Wort einräumt.

4 Das **Unionsrecht** enthält zugunsten des Informationsinteresses der Allgemeinheit in **Art. 5 Abs. 3 f) Info-RL** eine entsprechende (fakultative) Ermächtigung für die Mitgliedstaaten. Die Schranke in § 48 begegnet damit grundsätzlich weder konventionsrechtlichen noch unionsrechtlichen Bedenken (zur einschränkenden Auslegung von Abs. 2 vgl. Rn. 12).

II. Tatbestand

1. Reden über Tagesfragen (Abs. 1 Nr. 1)

5 Von der Freigabe nach Abs. 1 Nr. 1 werden solche Reden erfasst, die entweder bei öffentlichen Versammlungen gehalten oder durch öffentliche Wiedergabe im Sinne von § 19a oder § 20 veröffentlicht wurden.

6 **Reden** sind alle sprachlichen Schöpfungen, die mittels gesprochenem Wort ihren Ausdruck finden (vgl. § 2 Rn. 54). Die Rede muss daher bereits vom Urheber selbst oder einem Dritten gehalten worden sein (Dreier/Schulze/*Dreier*[5] Rn. 4; Schricker/Loewenheim/*Melichar*[5] Rn. 3; *Schack*, Urheber- und UrhebervertrsgaR[7] Rn. 541) und ist bei Abweichungen vom Redemanuskript nur in ihrer tatsächlich gehaltenen Form von § 48 erfasst.

Inhaltlich muss sich die Rede mit **Tagesfragen** befassen. Literarische und wis- **7** senschaftliche Vorträge aller Art sind nach dem Willen des Gesetzgebers selbst dann nicht freigegeben, wenn sie anlässlich eines Tagesereignisses gehalten wurden, da kein ausreichendes öffentliches Bedürfnis existiert, nicht tagesge- bundene Reden schnellstens der Öffentlichkeit mitzuteilen (RegE UrhG 1962 – BT-Drs. IV/270, S. 65). Aus dieser Begründung folgt, dass Tagesfragen nur sol- che Inhalte sind, die zeitnah gelegene Ereignisse betreffen, die *zum Zeitpunkt der Veröffentlichung der Rede* für die tagesaktuelle Meinungsbildung von Be- deutung sind. Das wissenschaftliche Referat eines Gelehrten bei der Eröffnung eines Instituts oder die Antrittsrede des neugewählten Universitätsrektors fallen nicht unter § 48. Etwas anderes kann für wissenschaftliche Ausführungen in einer Rede zu aktuellen Gesundheitsgefährdungen, z. B. im Rahmen einer Na- tur- oder Reaktorkatastrophe gelten. Hat der Redner nur in einem **Teil der Rede** Tagesfragen behandelt, so ist auch nur dieser Teil freigegeben, wobei der Maßstab nicht zu streng sein sollte.

§ 48 beschränkt nur die Rechte an solchen Reden, die **auf öffentlichen Ver-** **8** **sammlungen gehalten** bzw. **durch öffentliche Zugänglichmachung** (§ 19a) oder **Sendung (§ 20) veröffentlicht** wurden. Eine Versammlung ist – anders als i. R. v. § 15 Abs. 3 – erst dann *öffentlich*, wenn ein grundsätzlich unbegrenzter Perso- nenkreis Zutritt zu der Versammlung hat. Die Tatsache, dass ein Eintrittsgeld erhoben wird oder der Versammlungsraum nur einer begrenzten Anzahl von Personen die Teilnahme ermöglicht, ist ebenso ohne Bedeutung, wie eine etwa- ige Beschränkung des Zugangs für einzelne Personenkreise wie z. B. Minderjäh- rige (ebenso Schricker/Loewenheim/*Melichar*[5] Rn. 5; Dreier/Schulze/*Dreier*[5] Rn. 6; Wandtke/Bullinger/*Lüft*[4] Rn. 3). Nicht öffentlich sind aber Veranstal- tungen, die von vorhinein nur einem eng begrenzten Personenkreis zugänglich sind, wie z. B. Mitgliederversammlungen eines Vereins oder Aktionärsver- sammlungen. Das **Hausrecht** eines Veranstalters kann den Mitschnitt und Wie- dergabe der öffentlichen Rede verbieten; § 48 beschränkt die Rechte des Urhe- bers, begründet jedoch **keinen öffentlich-rechtlichen Anspruch** auf Gestattung von Tonaufzeichnungen bei öffentlichen Versammlungen (s. BVerwG NJW 1991, 118, 119; dazu *Wilhelmi* AfP 1992, 221 ff. und *Bethge* JZ 1991, 306).

Das Vorrecht der freien Vervielfältigung und Verbreitung genießen **nur Zeitungen** **9** (vgl. § 38 Rn. 17), **Zeitschriften, Druckschriften und Datenträger,** die im Wesentli- chen Tagesinteressen, das heißt der Übermittlung aktueller Nachrichten (BGH GRUR 2005, 670, 671 – *WirtschaftsWoche* zu § 49 UrhG) dienen. Nicht privile- giert werden reine Werbeträger oder archivarische Aufzeichnungen. Zu den Druckschriften zählen neben den Illustrierten und anderen auf aktuelle Informa- tion ausgerichteten Wochen- und Monatsblättern (s. BGH a. a. O.) insbesondere Nachrichtendienste, Korrespondenzen und dergleichen (RegE UrhG 1962 – BT- Drs. IV/270, S. 65). Durch die Ersetzung der „sonstigen Informationsblätter" durch die „anderen Druckschriften", dürfte es auf eine redaktionelle Gestaltung nicht mehr ankommen, sodass auch Sonderdrucke und Beilagen erfasst werden (s. Schricker/Loewenheim/*Melichar*[5] Rn. 7; Dreier/Schulze/*Dreier*[5] Rn. 7; Wandtke/ Bullinger/*Lüft*[4] Rn. 4). Sonstige Datenträger sind vornehmlich digitale Offline- Medien wie CD-Rom, DVD, Festplatten- oder Flashspeicher, soweit sie im We- sentlichen der aktuellen Information dienen.

Anders als die Vervielfältigung und Verbreitung ist die öffentliche Wiedergabe **10** der in Abs. 1 Nr. 1 bestimmten Reden für jedermann freigegeben. Öffentliche Reden über Tagesfragen dürfen daher ohne Zustimmung des Vortragenden in andere Räume übertragen (§ 19 Abs. 3) und gesendet (§ 20) werden, sodass die

Sendeanstalt sie auch mitschneiden darf (§ 55), um sie zeitversetzt zu senden. Grenzen setzt das Hausrecht und Persönlichkeitsrecht. Freigegeben ist auch die öffentliche Zugänglichmachung der Rede (§ 19a), sodass die Rede von jedermann im Internet (z. B. auf Online-Videoportalen oder der eigenen Homepage) zum Abruf bereitgehalten werden darf. Jedoch ist das Leistungsschutzrecht des die Rede aufzeichnenden Film- (§ 95 UrhG) bzw. Tonträgerherstellers (s. § 85) zu beachten.

2. Reden bei öffentlichen Verhandlungen vor Organen (Abs. 1 Nr. 2)

11 Für **jedermann** freigegeben ist die Vervielfältigung (also auch der Mitschnitt), Verbreitung und öffentliche Wiedergabe von Reden bei **öffentlichen Verhandlungen vor staatlichen, kommunalen oder kirchlichen Organen**. Organe sind alle gesetzlich geregelten Dienststellen, vor denen öffentliche Verhandlungen stattfinden (Parlamente, Ausschüsse, Gerichte, Synoden, nicht jedoch Parteien oder Gewerkschaften). Verhandlungen zeichnen sich dadurch aus, dass sie im Anschluss an die Rede eine Aussprache vorsehen (RegE UrhG 1962 – BT-Drs. IV/270, S. 65). Predigten in Gottesdiensten werden weder in einer Verhandlung noch vor einem Organ der Kirche gehalten. Reden in geheimen Beratungen fallen schon wegen der fehlenden Öffentlichkeit nicht unter die Bestimmung.

3. Redensammlung eines Urhebers (Abs. 2)

12 Abs. 2 stellt einen Ausgleich mit dem Interesse des Urhebers an der angemessenen Vergütung seiner geistigen Leistungen her (s. RegE UrhG 1962 – BT-Drs. IV/270, S. 66) und schließt die Vervielfältigung und Verbreitung der in Abs. 1 Nr. 2 bestimmten Reden im Rahmen einer Sammlung aus, die überwiegend die Reden desselben Urhebers enthält. Von einem Überwiegen ist jedenfalls auszugehen, wenn die Reden eines Urhebers mehr als die Hälfte der Sammlung (nach Anzahl oder Seitenzahl) ausmachen. Mit Blick auf den Regelungszweck und auf Art. 2bis Abs. 3 RBÜ, der es allgemein dem Urheber vorbehält seine öffentlichen Reden in Sammlungen zu vereinigen, geht die starre Festlegung auf eine 50% Grenze (anders als noch bis zu unserer 10. Aufl. vertreten) aber fehl. Man muss bereits dann von einem Überwiegen ausgehen, wenn der Schwerpunkt der Sammlung offensichtlich auf den Reden eines einzelnen Urhebers liegt (s. Schricker/Loewenheim/*Melichar*[5] Rn. 15 und Dreier/Schulz/*Dreier*[5] Rn. 10). Ein solcher Fall kann z. B. vorliegen, wenn die Reden eines Urhebers neben einer Vielzahl einzelner Reden unterschiedlicher Urheber über 30% der Sammlung ausmachen. Abs. 2 ist wegen Art. 2bis Abs. 3 RBÜ jedenfalls dann anzuwenden, wenn die Sammlung die Mehrzahl oder alle Reden eines Urhebers vereint. Die Zusammenfassung der drei öffentlichen Reden, die ein Politiker insgesamt gehalten hat, in einer Redensammlung mit 30 Einzelbeiträgen wäre danach unzulässig.

III. Verhältnis zu anderen Vorschriften

13 § 48 schränkt nur die Verwertungsrechte des Urhebers, d. h. des Verfassers der Rede, ein. Seine urheberpersönlichkeitsrechtlichen Befugnisse, insbesondere das Veröffentlichungsrecht (vgl. § 12 Rn. 8) und das Entstellungsverbot (§ 14) bleiben unberührt. Überdies gilt das Änderungsverbot des § 62 Abs. 1 und gemäß § 63 Abs. 2 UrhG die Pflicht zur Quellenangabe, soweit eine solche Angabe der Verkehrssitte entspricht (vgl. § 63 Rn. 13). Die Schranke erfasst ferner nur die wörtliche Wiedergabe von Reden. Wird eine Rede nur ihrem Inhalt nach wiedergegeben, ist nicht § 48 sondern das Recht der öffentlichen Inhaltsmitteilung oder -beschreibung gemäß § 12 Abs. 2 (vgl. § 12 Rn. 16 ff.) maßgeblich.

14 Teilweise existieren andere Rechtsnormen, die eine Verwertung der Rede einschränken: **§ 169 S. 2 GVG** verbietet Ton- und Filmaufnahmen während einer

Gerichtsverhandlung. Auch das **allgemeine Persönlichkeitsrecht** Einzelner kann Aufnahmen entgegenstehen (OLG Celle AfP 1986, 57). Ebenso kann der Veranstalter kraft seines **Hausrechts** Mitschnitt und Wiedergabe der öffentlichen Rede untersagen. Abs. 1 Nr. 1 begründet keinen öffentlich-rechtlichen Anspruch gegen das jeweilige Organ auf Gestattung von Tonbandaufzeichnungen, sondern beschränkt lediglich das Verwertungsrecht des Urhebers (vgl. Rn. 8).

§ 49 Zeitungsartikel und Rundfunkkommentare

(1) [1]Zulässig ist die Vervielfältigung und Verbreitung einzelner Rundfunkkommentare und einzelner Artikel sowie mit ihnen im Zusammenhang veröffentlichter Abbildungen aus Zeitungen und anderen lediglich Tagesinteressen dienenden Informationsblättern in anderen Zeitungen und Informationsblättern dieser Art sowie die öffentliche Wiedergabe solcher Kommentare, Artikel und Abbildungen, wenn sie politische, wirtschaftliche oder religiöse Tagesfragen betreffen und nicht mit einem Vorbehalt der Rechte versehen sind. [2]Für die Vervielfältigung, Verbreitung und öffentliche Wiedergabe ist dem Urheber eine angemessene Vergütung zu zahlen, es sei denn, dass es sich um eine Vervielfältigung, Verbreitung oder öffentliche Wiedergabe kurzer Auszüge aus mehreren Kommentaren oder Artikeln in Form einer Übersicht handelt. [3]Der Anspruch kann nur durch eine Verwertungsgesellschaft geltend gemacht werden.

(2) Unbeschränkt zulässig ist die Vervielfältigung, Verbreitung und öffentliche Wiedergabe von vermischten Nachrichten tatsächlichen Inhalts und von Tagesneuigkeiten, die durch Presse oder Funk veröffentlicht worden sind; ein durch andere gesetzliche Vorschriften gewährter Schutz bleibt unberührt.

Übersicht

I. Allgemeines

1. Bedeutung und Gegenstand der Regelung

§ 49 ermöglicht den Nachdruck und die öffentliche Wiedergabe von Zeitungs- 1 artikeln einschließlich ihrer Abbildungen und von Rundfunkkommentaren jeweils in unveränderter Form (§ 62), wenn sie politische, wirtschaftliche oder religiöse Tagesfragen betreffen; die Quelle ist stets anzugeben (§ 63 Abs. 3). Im öffentlichen Interesse an zeitnaher und diversifizierter Berichterstattung sind Nachdruck und öffentliche Wiedergabe grundsätzlich zustimmungsfrei, jedoch vergütungspflichtig (Abs. 1 S. 2), wenn sich nicht der Urheber ausdrücklich die Rechte vorbehalten hat, Abs. 1 S. 1 a. E. Der Vergütungsanspruch kann auch hier nur durch eine Verwertungsgesellschaft geltend gemacht werden, Abs. 1 S. 3, und ist nicht im Voraus verzichtbar, § 63a. Keinen Vergütungsanspruch hat der Urheber allerdings, wenn statt eines im wesentlichen vollständigen Nachdrucks bzw. einer im wesentlichen vollständigen Wiedergabe nur kurze Auszüge aus mehreren Artikeln oder Kommentaren in Form einer Übersicht verwendet werden, Abs. 1 S. 2, 2. Hs.; Pressespiegel (näher unten vgl. Rn. 11) sind unter diesen Voraussetzungen mithin zustimmungs- und vergütungsfrei. Auch die Übernahme von vermischten Nachrichten tatsächlichen Inhalts und von bereits veröffentlichten Tagesneuigkeiten ist zulässig, ohne dass der Urheber – falls es sich überhaupt um ein geschütztes Werk i. S. d. § 2 Abs. 1 handelt; dazu unten vgl. Rn. 2; s. a. LG München I ZUM-RD 2011, 562 ff. – zustimmen müsste oder eine Vergütung verlangen könnte, Abs. 2.

2 Erst durch das 2. Gesetz zur Regelung des Urheberrechts in der Informationsgesellschaft sind **Abbildungen**, die im Zusammenhang mit einem Artikel veröffentlicht worden sind, in den Bereich der Schrankenbestimmung einbezogen worden. § 49 bezieht sich im Übrigen nur auf **Werke** i. S. d. § 2 Abs. 2, also persönliche geistige Schöpfungen (vgl. § 2 Rn. 19 ff.). Nachrichten und Tagesneuigkeiten (Abs. 2) werden dieses Erfordernis nur selten erfüllen; sie sind daher meist frei, ohne dass es ihrer Freigabe durch § 49 noch bedürfte (ihre Verwendung kann im Einzelfall aus anderen Gründen unzulässig sein, vgl. Rn. 13 a. E.). Im Übrigen geht aber der BGH mit dem Gesetzgeber (RegE UrhG 1962 – BT-Drs. IV/270, S. 66) grundsätzlich davon aus, dass Beiträge in Zeitungen Werkqualität haben (BGH GRUR 1997, 459, 460 f. – *CB-infobank I*; OLG Karlsruhe ZUM 2012, 49 ff; LG München I ZUM-RD 2011, 562 ff.; LG München ZUM 2014, 596, Rn. 36; vgl. § 2 Rn. 59). Freigegeben ist die **Vervielfältigung** (§ 16) und **Verbreitung** (§ 17) in Zeitungen und entsprechenden Informationsblättern (vgl. Rn. 8) sowie die **öffentliche Wiedergabe** durch jedermann (§§ 19–22); vgl. § 48 Rn. 11. Insgesamt ist § 49 als **Schrankenbestimmung** grundsätzlich eng auszulegen (dazu vgl. Vor §§ 44a ff. Rn. 7). Nach § 87g Abs. 2 ist die öffentliche Zugänglichmachung von Presseartikeln auch im Hinblick auf das neue Leistungsschutzrecht für Presseverleger (§§ 87f ff.) weiterhin zulässig, soweit sie nicht durch Anbieter von Suchmaschinen erfolgt. Näher zu §§ 87f ff. vgl. § 87f Rn. 1 ff.

2. Konventionsrecht, Europarecht, IPR

3 Seinen Ursprung hat § 49 in Art. 10 Abs. 1 (Presseübersichten) und Art. 10bis Abs. 1 (Artikel über Tagesfragen) RBÜ (Pariser Fassung). Streitig ist insofern, ob § 49 Abs. 2 als sog. kleine Ausnahme zu den Regelungen der RBÜ den urheberrechtlichen Schutz für bestimmte Werke zulässigerweise ausschließt (so Dreier/Schulze/*Dreier*[5] Rn. 3; Schricker/Loewenheim/*Melichar*[5] Rn. 29 m. w. N.; Wandtke/Bullinger/*Lüft*[4] Rn. 19) oder vielmehr das jüngere Konventionsrecht der Pariser Fassung der RBÜ Vorrang vor der nationalen Regelung des § 49 Abs. 2 hat, sodass Abs. 2 nur die Rechtslage für ohnehin nicht urheberrechtlich geschützte Nachrichten klarstellt (so unsere Voraufl./*Wilhelm Nordemann* Rn. 12; Loewenheim/*Götting*[2] § 31 Rn. 139). Der Wortlaut des Abs. 2, der bei allen seit Inkrafttreten der Pariser Fassung der RBÜ vorgenommenen Änderungen des UrhG im Wesentlichen erhalten geblieben ist, spricht allerdings dafür, ihn als zulässige kleine Ausnahme anzusehen: Danach ist es für die in Abs. 2 erwähnten Nachrichten und Tagesneuigkeiten unerheblich, ob sie Werkqualität erreichen und also grundsätzlich urheberrechtlichen Schutz beanspruchen könnten. Dies vermeidet in der – naturgemäß schnelllebigen – Praxis der täglichen Berichterstattung schwierige Abgrenzungen. Art. 5 Abs. 3 lit. c) der **Info-RL** gestattet den Mitgliedstaaten ebenfalls eine entsprechende Schranke.

II. Übernahmeprivileg des Abs. 1

1. Rundfunkkommentare

4 **Abs. 1** gestattet die Übernahme einzelner **Rundfunkkommentare**, d. h. verlesene oder selbst gesprochene Meinungsäußerungen einer Einzelperson, die i. S. d. § 20 gesendet werden (dazu vgl. § 20 Rn. 11 f.). Ob dies nur Kommen-

tare im engeren Sinne, also nur Beiträge erfasst, die sich in der Meinungsäußerung einer Einzelperson erschöpfen (so unsere 10. Aufl./*Wilhelm Nordemann*
Rn. 3; Möhring/Nicolini/*Engels*[3] Rn. 6), oder auch Einzelbeiträge aus Diskussi-
onsrunden, Talkshows, Interviews usw. privilegiert sind (so Schricker/Loewen-
heim/*Melichar*[5] Rn. 4), ist streitig, aber wohl zu bejahen. Denn die Privilegierung zielt darauf ab, Beiträge zur öffentlichen Meinungsbildung rasch und
umfassend verfügbar zu machen. Insofern besteht ein Veröffentlichungsinte-
resse nicht nur an echten Einzeläußerungen, sondern in gleichem Maße an
Diskussionsbeiträgen, Interviewaussagen u. ä., wenn sie kommentierenden Inhalt haben. Unerheblich ist es insofern auch, ob der Beitrag von einem oder
mehreren Urhebern stammt; Interviews und unmittelbar ineinander greifende
Äußerungen in Diskussionen sind deshalb nach Abs. 1 wohl frei verwendbar
(ähnlich Dreier/Schulze/*Dreier*[5] Rn. 5). Die Privilegierung beschränkt sich angesichts des Wortlauts des Abs. 1 („einzelne Rundfunkkommentare") jedoch
auf die Verwendung einzelner, unmittelbar zusammenhängender Beiträge, sodass z. B. größere Abschnitte einer Diskussionsrunde oder eines Interviews
nicht privilegiert sind. Erfasst sind ferner wohl nur gesendete Beiträge i. S. d.
§ 20, nicht auch solche, die online zugänglich gemacht werden, weil letzteres
keine (Rundfunk-) Sendung i. S. d. § 20, sondern ein Fall des § 19a ist (Dreier/
Schulze/*Dreier*[5] Rn. 5); bei der Umsetzung der Info-RL ist § 49 bewusst insofern nicht angepasst worden (Dreier/Schulze/*Dreier*[5] Rn. 5).

2. Artikel und Abbildungen aus Zeitungen

Art. 1 erfasst **Artikel**, d. h. Sprachwerke i. S. d. § 2 Abs. 1 Nr. 1 jeglicher Art,   **5**
ggf. auch Gedichte wie das kontroverse Gedicht von Jan Böhmermann über
den türkischen Präsidenten Erdogan 2016, wenn sie Tagesfragen berühren
(ebenso Dreier/Schulze/*Dreier*[5] Rn. 6; Schricker/Loewenheim/*Melichar*[5] Rn. 6;
Wandtke/Bullinger/*Lüft*[4] Rn. 5; großzügig Möhring/Nicolini/*Engels*[3] Rn. 7).
Berichte, die ohne jede eigene Stellungnahme nur referieren, fallen unter Abs. 2
(vgl. Rn. 13 f.). Es muss sich um solche Äußerungen handeln, die **politische,
wirtschaftliche oder religiöse Tagesfragen** betreffen, die also einen aktuellen
Inhalt haben (zur Aktualitätsgrenze s. OLG München ZUM-RD 2000, 428 f.;
vgl. § 50 Rn. 4). Die Aufzählung ist, da es sich um eine Ausnahmevorschrift
handelt, als erschöpfend anzusehen; Äußerungen zu kulturellen und wissenschaftlichen Tagesfragen sind jedenfalls dann, wenn sie keine politische, wirtschaftliche oder religiöse Komponente haben, nicht freigegeben (ebenso Dreier/
Schulze/*Dreier*[5] Rn. 8). Ebenso wenig dürfen Äußerungen nach § 49 frei übernommen werden, die weit über den Tag hinausgreifen, z. B. ein politischer
Rückblick (LG Berlin GRUR 1962, 207, 208 – *Maifeiern*; s. a. KG GRUR-RR
2012, 194 – *Editorial*), eine Vorausschau auf die zukünftige Entwicklung, eine
allgemeine Betrachtung, wobei allerdings in allen diesen Fällen ein aktueller
Bezugspunkt ausreichen dürfte (Dreier/Schulze/*Dreier*[5] Rn. 8; s. a. Schricker/
Loewenheim/*Melichar*[5] Rn. 10), denn eine Betrachtung der Zukunftsszenarien
der Euro-Zone berührt jedenfalls im Zusammenhang mit den Diskussionen
und Entscheidungen in der Schuldenkrise politische und wirtschaftliche Tagesfragen. Unter den gleichen Voraussetzungen sind seit dem 2. Gesetz zur Regelung des Urheberrechts in der Informationsgesellschaft vom 26.10.2007 auch
Abbildungen, d. h. Lichtbildwerke, § 2 Abs. 1 Nr. 5, Lichtbilder, § 72, und
Darstellungen wissenschaftlicher oder technischer Art, § 2 Abs. 1 Nr. 7, wie
z. B. Graphiken und Schaubilder privilegiert.

Es darf sich nur um **einzelne** Kommentare, Artikel oder Abbildungen, also   **6**
einige wenige, handeln (Schricker/Loewenheim/*Melichar*[5] Rn. 12; Dreier/
Schulze/*Dreier*[5] Rn. 9). Die Übernahme der wichtigsten Artikel aus derselben
Quelle wäre auch bei Veränderung ihrer Reihenfolge unzulässig (Möhring/Ni-
colini/*Engels*[3] Rn. 6). Artikel und Abbildungen müssen in **Zeitungen** (Begriff

vgl. § 38 Rn. 19) oder in anderen **Informationsblättern erschienen,** § 6 Abs. 1, oder jedenfalls online **veröffentlicht** (dazu unten) worden sein, § 6 Abs. 2, die ausschließlich („lediglich") Tagesinteressen dienen (die Begr RegE UrhG 1962 – BT-Drs. IV/270, S. 66, spricht offenbar irrtümlich von Informationsblättern, die – wie in § 48 – *im Wesentlichen* Tagesinteressen dienen). Dazu gehören Nachrichtendienste und aktuelle Korrespondenzen, aber u. U. auch wöchentlich oder sogar monatlich erscheinende Zeitschriften und Wochenzeitungen (BGH GRUR 2005, 670 – *WirtschaftsWoche*; Schricker/Loewenheim/*Melichar*[5] Rn. 8; Dreier/Schulze/*Dreier*[5] Rn. 7; a. A. KG GRUR-RR 2004, 228, 233 – *Ausschnittdienst*), wenn und soweit sie politische, wirtschaftliche oder religiöse Tagesfragen im o. g. Sinne betreffen. Gerade für die große politische Wochenpresse wie den *Spiegel*, *Focus* oder die *Zeit* dürfte dies für viele Artikel zutreffen. Umgekehrt erfasst § 49 Abs. 1 nicht die reine Fachpresse und nicht Zeitschriften, die nicht in erster Linie über Tagesinteressen informieren, weil diese nicht mehr unter den Begriff der „Zeitungen" bzw. „Informationsblätter" fallen (s. BGH GRUR 2005, 670 ff. – *WirtschaftsWoche*). Nach dem Wortlaut des Abs. 1 erfasste dieser zunächst nur **Printmedien.** Da aber nicht nur die Vervielfältigung und Verbreitung der privilegierten Artikel und Abbildungen, sondern auch ihre öffentliche Zugänglichmachung, § 19a, ausdrücklich gestattet sind, spricht viel dafür, Abs. 1 jedenfalls analog auch auf vor allem in **Onlinemedien** erschienene Artikel und Abbildungen anzuwenden, soweit diese Zeitungen und Informationsblättern entsprechen (ebenso Dreier/Schulze/*Dreier*[5] Rn. 7). **Datenbanken** fallen nach ganz überwiegender Auffassung jedenfalls nicht darunter, denn sie versammeln nur einzelne, nicht redaktionell ausgewählte, angeordnete oder gewichtete Beiträge nach technisch-systematischen Kriterien (ähnlich Dreier/Schulze/*Dreier*[5] Rn. 7).

7 Der übernommene Kommentar, Artikel oder die Abbildung darf nicht mit einem **Rechtevorbehalt** versehen sein, Abs. 1 S. 1 a. E. Der Vorbehalt muss in unmittelbarem räumlichem Zusammenhang mit dem Kommentar, Artikel usw. erklärt werden; ein Vermerk im Impressum oder im Inhaltsverzeichnis genügt nicht (Dreier/Schulze/*Dreier*[5] Rn. 10). Der Wortlaut eines solchen Vorbehalts ist unerheblich, solange nur hinreichend deutlich wird, dass der Urheber die zustimmungsfreie Übernahme nicht gestattet (Schricker/Loewenheim/*Melichar*[5] Rn. 13; Wandtke/Bullinger/*Lüft*[4] Rn. 11). In der Praxis kommt dies nach wie vor selten vor.

3. Gestattete Verwertungshandlungen

8 § 49 Abs. 1 erlaubt die **Vervielfältigung** (§ 16) und **Verbreitung** (§ 17) sowie die **öffentliche Wiedergabe** durch jedermann (§§ 19–22); vgl. § 48 Rn. 11. Zum **Nachdruck** sind nur Zeitungen – zur Bestimmung dieses Begriffs vgl. § 38 Rn. 19 – und die ihnen gleichgestellten Blätter (s. o. vgl. Rn. 6), zur **Wiedergabe** einschließlich vor allem der Onlinewiedergabe (§ 19a) ist jedermann befugt. Die Einschränkung „in anderen Zeitungen und Informationsblättern dieser Art" kann sich bei Rundfunk-Kommentaren nur auf die Verbreitung beziehen; sonst wäre deren Mitschnitt, der ihren Nachdruck erst ermöglicht, unzulässig. Ob die Übernahme nur **zum Zwecke der aktuellen Information** erfolgen darf, wofür möglicherweise der Hinweis auf die „Tagesinteressen" in Abs. 1 S. 1 spricht, ist streitig (so unsere 10. Aufl./*Wilhelm Nordemann* Rn. 5). Zwar muss nach dem Wortlaut des § 49 Abs. 1 S. 1 die Übernahme gerade keinen bestimmten Zweck erfüllen (ebenso Schricker/Loewenheim/*Melichar*[5] Rn. 19); eine Übernahme zu Werbezwecken wäre jedoch wettbewerbswidrig (so OLG Hamm UFITA 96 [1983], 265, 269 f. – *Auch ein Fenster will gepflegt sein*; auf den dort übernommenen *wissenschaftlichen* Artikel war die Bestimmung freilich ohnehin nicht anwendbar). Kundenzeitschriften oder Anzeigenblätter dürfen also selbst dann, wenn sie selbst keinerlei aktuelle Informationen enthalten sollten, was in der Praxis selten ist, unter den Voraussetzungen des § 49 Abs. 1 S. 1 fremde Artikel, Abbildungen und ggf. Rundfunkkommentare veröffentlichen. Unzulässig ist allerdings sowohl nach der bisherigen Rechtsprechung als auch im Rahmen des geplanten Leistungsschutzrechts für Presseverleger eine öffentliche Zugänglichmachung durch **Suchmaschinen** und vergleichbare Internetportale (OLG Karlsruhe ZUM 2012, 49 ff.; LG München I ZUM-RD 2011, 562 ff.), da es sich dabei nicht um einer Zeitung oder einem Informationsblatt vergleichbare Medien handelt. Daran ändert das jüngst eingeführte Leistungsschutzrecht für Presseverleger wenig; nach § 87g Abs. 2 ist die öffentliche Zugänglichmachung von Presseartikeln auch im Hinblick auf das neue Leistungsschutzrecht weiterhin zulässig, soweit sie nicht durch Anbieter von Suchmaschinen erfolgt. Näher vgl. § 87f Rn. 1 ff.

Pressespiegel in Papierform, d. h. Printerzeugnisse, die ohne eigenen redaktionellen Inhalt nur eine Zusammenstellung fremder Artikel usw. enthalten, hat der BGH in seiner Entscheidung *Elektronischer Pressespiegel* (BGH GRUR 2002, 963) ausdrücklich für zulässig erklärt, jedenfalls wenn sie lediglich unternehmens- oder behördenintern verteilt werden, nachdem dies jahrelang kontrovers diskutiert worden war. Ob auch kommerzielle Pressespiegel in Printform, die der Öffentlichkeit zur Verfügung gestellt werden, zulässig sind, hielt der BGH in der betreffenden Entscheidung zwar für „zweifelhaft", traf insofern jedoch keine Entscheidung (ablehnend wohl auch KG GRUR-RR 2004, 228, 230 – *Ausschnittdienst*). Allerdings ist eine enge Auslegung wohl sowohl durch Art. 5 Abs. 5 Info-RL als auch Art. 9 Abs. 2 RBÜ mit seinem Drei-Stufen-Test und Art. 13 TRIPS geboten, denn danach darf eine Schranke weder die normale Auswertung geschützter Werke noch die berechtigten Interessen des Rechteinhabers unzumutbar beeinträchtigen (s. Dreier/Schulze/*Dreier*[5] Rn. 18 a. E.; Schricker/Loewenheim/*Melichar*[5] Rn. 43). Insofern kann es allerdings keinen Unterschied machen, ob der unternehmensinterne Pressespiegel durch einen kommerziellen Anbieter hergestellt oder inhouse gefertigt wird, soweit er nur unternehmensintern bleibt (Schricker/Loewenheim/*Melichar*[5] Rn. 42). Wettbewerbswidrig kann ein kommerzieller Pressespiegel nur ausnahmsweise unter den weiteren Voraussetzungen der § 4 Nr. 9 bzw. § 5 UWG sein.

9

Elektronische Pressespiegel als Informations*blätter* anzusehen, ist schon sprachlich nicht möglich. Nachdem der Gesetzgeber die zu eng gewordene Regelung des § 49 Abs. 1 den veränderten technischen Gegebenheiten nicht angepasst hatte, hat der BGH im Wege richterlicher Rechtsfortbildung jedenfalls den – nur betriebs- oder behördenintern zugänglichen – sog. **Inhouse-Pressespiegel** auch in elektronischer Form zugelassen (BGH GRUR 2002, 963, 965 – *Elektronischer Pressespiegel*; dazu *Katzenberger* GRUR Int. 2004, 739). Die darin wiedergegebenen Presseausschnitte dürfen allerdings nur als **graphische Datei**, in die die einzelnen Artikel wiederum nur als grafische Datei oder als Faksimile, d. h. als pdf oder in vergleichbarer Form eingebunden sind, übermittelt werden (BGH a. a. O. S. 967; ebenso KG GRUR-RR 2004, 228, 230 – *Ausschnittdienst*; *Katzenberger* GRUR Int. 2004, 739, 741). Eine Volltextsuche dürfen die Dateien nicht zulassen, damit eine Indizierung und das Einstellen in eine Datenbank möglichst ausgeschlossen ist, sodass jedenfalls Volltext-pdf-Dateien nicht verwendet werden dürfen (s. Dreier/Schulze/*Dreier*[4] Rn. 20 mit weiteren Einzelheiten). Gleichgültig ist jedoch, ob der Pressespiegel online oder offline (etwa durch Datenträger) verbreitet wird, solange der Pressespiegel intern bleibt. **Kommerzielle** elektronische Presseausschnittdienste, deren Angebot sich an die Öffentlichkeit richtet, sind ebenso unzulässig wie ihr Print-Pendant (dazu oben vgl. Rn. 9), denn sie würden die Existenz der von ihnen ausgeschlachteten Zeitungen und Informationsblätter in Frage stellen und also sowohl die normale Auswertung geschützter Werke als auch die berechtigten Interessen des Rechteinhabers unzumutbar beeinträchtigen, was Art. 5 Abs. 5 Info-RL und Art. 9 Abs. 2 RBÜ, Art. 13 TRIPS gerade untersagen (sinngemäß

10

ebenso KG GRUR-RR 2004, 228, 230 – *Ausschnittdienst*; Schricker/Loewenheim/*Melichar*[5] Rn. 43; Dreier/Schulze/*Dreier*[5] Rn. 18; schon BGH GRUR 2002, 963, 966 – *Elektronische Pressespiegel* hatte die Zulässigkeit für „zweifelhaft" erklärt). Bereits 2003 haben die VG Wort und die von den Zeitungsverlagen gegründete Presse Monitor GmbH (PMG) ein Kooperationsabkommen geschlossen, das über die nach § 49 UrhG bzw. der Rechtsprechung zulässigen Formen hinaus drei Formen von Pressespiegeln ermöglicht und unterschiedliche Vergütungsschemata für diese festlegt (näheres bei Schricker/Loewenheim/*Melichar*[5] Rn. 40).

4. Angemessene Vergütung des Urhebers

11 Für die Vervielfältigung, Verbreitung oder Wiedergabe ist dem Urheber (nicht etwa dem Sender oder der Zeitung) nach Abs. 1 S. 2 eine **angemessene Vergütung** zu zahlen, deren Höhe den üblichen Sätzen für die Erteilung einer Nachdruckerlaubnis entspricht und die notfalls vom Richter festzusetzen ist (analog § 287 ZPO). Der Anspruch kann nur durch eine Verwertungsgesellschaft geltend gemacht werden, Abs. 1 S. 3. Die Vergütungspflicht **entfällt** ausnahmsweise dann, wenn es sich um **kurze**, d. h. aus wenigen Sätzen bestehende **Auszüge** aus **mehreren** (mindestens zwei) Kommentaren oder Artikeln in der Form einer **Übersicht** handelt. Pressespiegel (näher vgl. Rn. 9) sind unter diesen Voraussetzungen mithin zustimmungs- und vergütungsfrei. Die in den meisten Sendern übliche *Presseschau* erfüllt diese Voraussetzungen in der Regel nicht, da sie längere Auszüge, wenn nicht den ganzen Artikel zu bringen pflegt.

12 Die Einführung der **Verwertungsgesellschaftspflicht** mit **Abs. 1 S. 3** durch die Novelle 1985 korrespondiert mit § 48 VGG (früher § 13b UrhWahrnG). Der Gesetzgeber wollte der VG Wort auf diese Weise die Geltendmachung erleichtern (RegE ÄndG 1983 – BT-Drs. 10/837, S. 14). Um die jeweils Berechtigten unter ihren Mitgliedern ermitteln zu können, kann die VG **Auskunft** von dem Hersteller des Pressespiegels darüber verlangen, welche Artikel er vervielfältigt und verbreitet hat und wer – soweit die Originalquelle das erkennen lässt – ihr Urheber ist (OLG Düsseldorf GRUR 1991, 908, 909 – *Pressespiegel*). Inzwischen besteht ein Kooperationsvertrag zwischen der VG Wort und der Presse Monitor GmbH (PMG), einer von Zeitungsverlegern gegründeten Gesellschaft. Je nach Art des Pressespiegels (PMG A, PMG B oder PMG C; dazu http://www.vgwort.de/einnahmen-tarife/erstellen-von-pressespiegeln.html) unterschiedliche Tarife anwendbar sind. Die Autoren sind über die VG Wort mit derzeit 12 % des jeweiligen Artikelpreises beteiligt.

III. Relevanz des Abs. 2

13 Abs. 2 hat nur wenig praktische Bedeutung. Aktuelle Berichte, die keine Stellungnahme des Verfassers enthalten, sind in aller Regel ohnehin frei (vgl. Rn. 2). Abs. 2 sollte daher nach der Begr. (Begr Entwurf LUG v. 8.12.1900, *Gernot Schulze* S. 149) nur solche reinen Tatsachenberichte betreffen, denen ausnahmsweise der Charakter einer persönlichen geistigen Schöpfung eigen ist, etwa weil sie besonders geistreich-witzig formuliert oder in einem eigenartigen Stil abgefasst sind (Beispielfall: OLG Hamburg GRUR 1978, 307, 308 – *Artikelübernahme*; LG München ZUM-RD 2007, 367 f.). Insofern ist es als sog. kleine Ausnahme (vgl. Rn. 3) zu den Regelungen der RBÜ zulässig, den urheberrechtlichen Schutz für bestimmte Werke auszuschließen (a. A. Loewenheim/*Götting*[2] § 31 Rn. 139; wie hier Schricker/Loewenheim/*Melichar*[5] Rn. 35; Dreier/Schulze/*Schulze*[5] Rn. 3). Keine Anwendung findet § 49 Abs. 2 allerdings auf Interviewsequenzen in Form von Originaltönen aus einem Fernsehbeitrag, wenn es sich dabei nicht um Tagesneuigkeiten tatsächlicher Art, sondern vor allem um Meinungen, Erläuterungen und Bewertungen handelt (KG AfP 2012, 163 ff.). Enthält allerdings eine Interviewsequenz (nur) eine konkrete Tatsachenaussage etwa des Pressesprechers einer Behörde zu einem tagesaktuellen Thema, so dürfte Abs. 2 ohne weiteres anwendbar sein.

Die Vervielfältigung, Verbreitung und öffentliche Wiedergabe auch von **nicht** **14** **geschützten Nachrichten** kann jedoch – in seltenen Ausnahmefällen – nach **anderen gesetzlichen Vorschriften** unzulässig sein, § 49 Abs. 2 a. E. In Betracht kommt vor allem das UWG, aber auch das allgemeine Deliktsrecht des BGB (§§ 823, 826). So kann es gegen § 4 Nr. 9 oder § 5 UWG verstoßen, wenn eine Zeitung regelmäßig die Meldung der anderen von Anfang bis Ende übernimmt oder dies mit allen oder der Mehrzahl der Meldungen tut (unmittelbare Leistungsübernahme, s. BGH GRUR 1988, 308 – *Informationsdienst*). In Betracht kommt insofern auch ein Schutz über §§ 87a ff. UrhG.

IV. Prozessuales

Die **Beweislast** dafür, dass die Voraussetzungen des § 49 Abs. 1 oder 2 erfüllt **15** sind, ein Abdruck oder eine öffentliche Wiedergabe also ohne Zustimmung des Urhebers erfolgen darf, trägt derjenige, der den Artikel, Kommentar usw. vervielfältigt, verbreitet oder öffentlich wiedergibt. Insofern enthält § 49 keine Besonderheiten. Zur Erstattungsfähigkeit der Abmahnkosten im Rahmen des § 49 UrhG bei zunächst eigener Abmahnung des Rechteinhabers OLG Frankfurt ZUM-RD 2012, 263 ff.

§ 50 Berichterstattung über Tagesereignisse

Zur Berichterstattung über Tagesereignisse durch Funk oder durch ähnliche technische Mittel, in Zeitungen, Zeitschriften und in anderen Druckschriften oder sonstigen Datenträgern, die im wesentlichen Tagesinteressen Rechnung tragen, sowie im Film, ist die Vervielfältigung, Verbreitung und öffentliche Wiedergabe von Werken, die im Verlauf dieser Ereignisse wahrnehmbar werden, in einem durch den Zweck gebotenen Umfang zulässig.

Übersicht

I. Allgemeines

1. Bedeutung und Gegenstand der Regelung; Konventionsrecht

§ 50 ist die dritte Sonderregelung, die dem Interesse der Allgemeinheit an der **1** **Erleichterung der Berichterstattung** über aktuelle Ereignisse dient. Es ist vielfach unvermeidlich, ein im Hintergrund gespieltes Musikstück, die Silhouette eines künstlerisch gestalteten Gebäudes, ein hinter dem Schreibtisch des interviewten Politikers hängendes Gemälde oder die Plastik, über deren Enthüllungszeremonie berichtet wird, mit in die Berichterstattung einzubeziehen, wenn sie nicht bruchstückhaft werden soll. Demgemäß hatte schon das Gesetz zur Erleichterung der Filmberichterstattung vom 30.4.1936 (RGBl. I S. 404) den Herstellern von Filmaufnahmen das Recht eingeräumt, bei der Berichterstattung über Tagesereignisse (Wochenschauen, Tagesschauen usw.) auch urhe-

berrechtlich geschützte Werke, die im Verlauf der Vorgänge sichtbar oder hörbar wurden, mitzufilmen. § 50 erweiterte diese Regelung schon in der
ursprünglichen Gesetzesfassung auf **jede Art der Ton- und Bildberichterstattung** sowie der Zeitungen (zum Begriff vgl. § 38 Rn. 19) und in solchen anderen Medien, die im wesentlichen Tagesinteressen Rechnung tragen, d. h. z. B.
wöchentlich, ggf. auch monatlich erscheinenden Zeitschriften (vgl. § 48 Rn. 9).
Die Bestimmung wich damit seinerzeit von Art. 10bis RBÜ Brüssel bewusst ab,
wo dem Gesetzgeber der Verbandsländer lediglich freigestellt war, festzulegen,
unter welchen Voraussetzungen kurze **Bruchstücke** aus Werken der Literatur
oder Kunst mittels Fotografie, Kinematografie oder Rundfunksendung bei Gelegenheit der Berichterstattung über Tagesereignisse festgehalten, wiedergegeben und öffentlich mitgeteilt werden dürfen. Wie die Begr RegE UrhG 1962
(BT-Drs. IV/270, S. 67) damals mit Recht ausführte, muss es auch möglich
sein, bei der Berichterstattung über eine Veranstaltung ein kleineres, ganzes
Werk, z. B. ein Gedicht oder ein Lied, das in deren Rahmen dargeboten wird,
oder ein einzelnes Kunstwerk mit aufzunehmen, ohne zuvor die Erlaubnis des
Urhebers einholen zu müssen (ebenso jetzt Art. 10bis Abs. 2 RBÜ Paris). Mit
der Neufassung des Gesetzestexts („durch Funk oder durch ähnliche technische
Mittel") durch das UrhG Infoges vom 10.9.2003 wurde auch die Berichterstattung in **digitalen bzw. Online-Medien** in die Freigabe einbezogen (RegE UrhG
Infoges – BT-Drs. 15/38, S. 19; dazu OLG Köln GRUR-RR 2005, 105 – *Elektronischer Fernsehprogrammführer*). Anders als im Rahmen des § 49 ist die
Nutzung des betreffenden Werkes bei einer Berichterstattung i. S. d. § 50 nicht
nur **zustimmungs-**, sondern auch **vergütungsfrei.** § 50 betrifft nur die Nutzung
der im Rahmen der Berichterstattung wahrnehmbar gemachten Werke, nicht
jedoch das urheberrechtlich geschützte Material der Berichterstattung selbst
(dazu KG GRUR-RR 2012, 194 Tz. 12 – *Editorial*; Dreier/Schulze/*Dreier*^{5}
Rn. 1).

2.   Kollisionsrecht

2   § 50 gestattet die zustimmungsfreie Berichterstattung in und aus Deutschland,
erlaubt also die Verbreitung bzw. öffentliche Zugänglichmachung online, wenn
in Deutschland oder auf einer in Deutschland beheimateten Website (z. B. auf
www.faz.net) berichtet wird, und gestattet jedenfalls die Vervielfältigung, wenn
aus Deutschland berichtet wird, also die Aufnahmen z. B. in Deutschland hergestellt werden. Wird in der Folge nicht in Deutschland verbreitet bzw. öffentlich zugänglich gemacht, so findet auf diese weiteren Handlungen grundsätzlich nicht § 50 UrhG, sondern das Recht des Verbreitungslandes Anwendung
(dazu vgl. Vor §§ 120 ff. Rn. 63 ff.). Sind umgekehrt die in Deutschland nach
§ 50 zustimmungsfrei verbreiteten oder online zugänglichen Aufnahmen im
Ausland gemacht worden – etwa im Rahmen eines Berichts über einen Staats-
besuch in Paris –, so ist auf diese erste Vervielfältigung bei der Herstellung der
Aufnahmen nicht deutsches, sondern grundsätzlich das Recht des Herstellungs-
ortes anwendbar (dazu vgl. Vor §§ 120 ff. Rn. 63 ff.). Die Urheberrechtsgesetze
der europäischen Staaten sowie der meisten anderen Länder – jedenfalls der
Mitglieder der RBÜ bzw. des TRIPS-Übereinkommens, s. o. – kennen jedoch
wegen Art. 10bis Abs. 2 RBÜ Paris vergleichbare Regelungen.

II.   Tatbestand

1.   Berichterstattung über Tagesereignisse

3   **Berichterstattung** ist die sachliche Schilderung tatsächlicher Ereignisse oder
Vorgänge (s. Schricker/Loewenheim/*Vogel*^{5} Rn. 13), und zwar sowohl in Bild
oder Ton als auch in Text und online (oben vgl. Rn. 1). Dabei unterscheidet
§ 50 zwischen dem wahrnehmbaren Werk und dem Tagesereignis, über das

berichtet wird (dazu BGH GRUR 2016, 368, Rn. 18 ff. – *Exklusivinterview*). Grundsätzlich kann also das Werk selbst nicht das Tagesereignis selbst darstellen (zu den Ausnahmen vgl. Rn. 4). Keine Berichterstattung in diesem Sinne liegt vor, wenn nur fremde Werke ohne jeden eigenen Beitrag in systematisierter Form im Internet zum Abruf bereitgestellt werden (OLG Köln GRUR-RR 2016, 59, Rn. 38 – *Afghanistan-Papiere;* s. dazu Vorlagebeschluss des BGH vom 1.6.2017, I ZR 139/15 – *Afghanistan-Papiere).* Da die Vervielfältigung, Verbreitung und öffentliche Wiedergabe des geschützten Werkes stets nur in einem **durch den Zweck gebotenen Umfang** freigegeben ist, muss die Berichterstattung sachlich im Vordergrund stehen; die sich daraus ergebende Grenze der Nutzung fremder Werke ist in jedem Einzelfall gesondert zu ermitteln (BGH GRUR 1983, 28, 29 – *Presseberichterstattung und Kunstwerkwiedergabe II;* BGH GRUR 2002, 1050, 1051 – *Zeitungsbericht als Tagesereignis).* Keine Berichterstattung in diesem Sinne ist eine Zusammenstellung auch aktueller Fernsehsequenzen, wenn dies nur der Belustigung dient (BGH GRUR 2008, 693 – *TV-Total).* § 50 gestattet nur die Berichterstattung über Tagesereignisse, nicht jedoch die Verwendung eines Werkes im Rahmen der Erörterung eines allgemeinen Phänomens, für die das Tagesereignis nur Auslöser oder Aufhänger ist, wie z. B. ein Hintergrundbericht über ersten Kernkraftwerke in Deutschland anlässlich der Katastrophe in Fukushima. Je stärker der Schwerpunkt auf einer vertiefenden Erörterung der Hintergründe liegt, desto eher wird deshalb der Rahmen des § 50 verlassen (OLG Hamburg AfP 1983, 405 ff.). **Tagesereignis** ist jedes aktuelle Geschehen, das für die Öffentlichkeit von Interesse ist (BGH GRUR 2008, 693 Tz. 48 – *TV-Total),* sei es politisch, wirtschaftlich, kulturell, sozial oder gesellschaftlich (dazu OLG Köln GRUR-RR 2010, 151 – *Zusammenbruch bei Dieter Bohlen),* wobei es der Öffentlichkeit allerdings auf die Aktualität der Information bzw. der Berichterstattung ankommen muss (BGH GRUR 2008, 693 – *TV-Total,* im Ls.; dazu auch BGH GRUR 2016, 1157, Rn. 15 – *Auf fett getrimmt;* OLG Brandenburg ZUM-RD 2013, 376, Rn. 62 – *Blühende Landschaften).* Der 100. Geburtstag eines Dichters ist zwar wohl durchaus ein Tagesereignis, der Abdruck urheberrechtlich geschützter Briefe des Dichters aber kein Fall des § 50, weil das rechtzeitige Einholen der Rechte vorhersehbar und deshalb ohne weiteres möglich und zumutbar ist (KG GRUR-RR 2016, 106, Rn. 26 – *Strittmater-Brief).*

Mithin unterliegt die Freigabe in § 50 einer **zeitlichen** Schranke: Nur die **Gegenwartsberichterstattung** ist von § 50 freigegeben, wie schon der Begriff „Tagesereignisse" im Gesetzestext ergibt (BGH GRUR 2002, 1050, 1051 – *Zeitungsbericht als Tagesereignis;* OLG Frankfurt ZUM 2005, 477, 481 – *TV-Total).* Gegenwärtig ist nur, was aktuell ist bzw. was von der Öffentlichkeit noch als aktuell empfunden wird (BGH GRUR 2011, 415 Tz. 11 – *Kunstausstellung im Onlinearchiv;* BGH GRUR 2008, 693 Tz. 48 – *TV-Total).* Insofern genügt ein naher zeitlicher Zusammenhang (BGH GRUR 1983, 28, 29 – *Presseberichterstattung und Kunstwerkwiedergabe II;* dazu auch KG AfP 2012, 163 Tz. 43). Eine Berichterstattung darf jedoch nicht zeitlich unbegrenzt etwa in einem Zeitungsarchiv abrufbar gehalten werden, sondern nur so lange, wie das Geschehen noch aktuell ist (BGH GRUR 2011, 415 Tz. 12 – *Kunstausstellung im Onlinearchiv).* Wie weit diese Aktualitätsgrenze im Einzelfall reicht, hängt nicht nur von der Bedeutung des Ereignisses, sondern u. U. auch davon ab, ob das Geschehen auf einen Feiertag oder z. B. Weihnachten fällt. Dann verschiebt sich die Grenze so weit nach hinten, wie über das Ereignis oder seine Folgen noch – ggf. mit neuen Einzelheiten – berichtet wird. Rückblicke, Jahresübersichten, Wiederholungssendungen und dergleichen werden deshalb von § 50 nicht gedeckt (LG Hamburg GRUR 1989, 591, 592 – *Neonrevier; Schack,* Urheber- und UrhebervertragsR[7] Rn. 543). Ein früheres Tagesereignis wird jedoch wieder aktuell, wenn es nach 5 Monaten Gegenstand einer öffentlichen Debatte wird, die ihrerseits Tagesereignis ist (OLG Stuttgart NJW-RR

1986, 220, 221 – *Arbeitgeber-Lichtbild*). Auch die Berichterstattung über zukünftige Ereignisse kann durch § 50 gedeckt sein, wenn der enge zeitliche Zusammenhang gewahrt ist (s. OLG Köln GRUR-RR 2005, 105 – *Elektronischer Fernsehprogrammführer*).

2. Wahrnehmbares Werk

5   **Das Werk selbst** kann nur im Ausnahmefall ein *Vorgang* sein, über den berichtet werden könnte (dazu BGH GRUR 2016, 368, Rn. 18 ff. – *Exklusivinterview*). Das anlässlich der Eröffnung eines Theaterneubaus aufgeführte Werk darf in dem Fernsehbericht darüber allenfalls in kleinen Ausschnitten gezeigt werden (OLG Frankfurt GRUR 1985, 380, 382 – *Operneröffnung*). Ein Bericht über das neue Buch eines Autors, ein neues Bühnenstück, eine neue Plastik ist ohne den Erwerb eines entsprechenden Nutzungsrechts nur zulässig, wenn zugleich über die Vorstellung des Buches in der Öffentlichkeit, über die Uraufführung, über die Enthüllungszeremonie referiert wird (OGH GRUR Int. 1971, 411 – *Bad Ischler Operettenwochen*). Für den Bericht selbst braucht allerdings nicht unbedingt ein aktuelles Foto des gezeigten Werks verwendet zu werden; ein Archivbild genügt (BGH GRUR 1983, 28, 29 – *Presseberichterstattung und Kunstwerkwiedergabe II*). Tagesereignis kann auch ein Zeitungsbericht sein, in dem das Werk enthalten oder abgebildet ist. In diesem Fall kann die Veröffentlichung eines Fotos, das als Beleg für in dem Bericht erhobene Vorwürfe dient, in einem Artikel über den ersten Zeitungsbericht ebenfalls durch § 50 gestattet sein (BGH GRUR 2002, 1050 – *Zeitungsbericht als Tagesereignis*; OLG München ZUM 2003, 571 ff.). Dies gilt allerdings nicht, wenn der Zeitungsbericht bzw. ein Foto nicht mehr Gegenstand einer Berichterstattung, sondern einer kommentierenden Veröffentlichung ist (OLG München ZUM 2003, 571 ff.) Programmzeitschriften berichten über Sendungen, nicht über die in den Sendungen etwa dargestellten Ereignisse (LG Berlin ZUM 1989, 473, 474). Die Sendungen und Programme der Fernsehanstalten und -sender können aber durchaus Tagesereignisse sein (diese Frage lässt BGH GRUR 2012, 1062 – *Elektronischer Programmführer* offen); allerdings ist die Veröffentlichung einzelner Bilder zu diesen Sendungen durch einen Online-Programmführer wohl nicht durch § 50 gestattet, weil es sich dabei um programmbegleitendes Material der Sender handelt und es den Medien möglich und zumutbar ist, im Vorfeld die erforderlichen Nutzungsrechte einzuholen (BGH GRUR 2012, 1062 – *Elektronischer Programmführer*; im Ergebnis ebenso die Vorinstanz OLG Dresden ZUM 2010, 362 ff.; anders noch OLG Köln GRUR-RR 2005, 105 – *Elektronischer Fernsehprogrammführer*).

6   **Im Verlauf der Vorgänge**, über die berichtet wird, muss das Werk **wahrnehmbar** werden (ein sonstiger Zusammenhang genügt nicht, LG Berlin ZUM 1989, 473, 474). Bürgermeisterin und Museumsdirektor, einander bei der Ausstellungseröffnung vor dem Hauptwerk des Künstlers die Hände schüttelnd, lassen also § 50 auf dessen Wiedergabe im Fernsehbericht oder auf dem Zeitungsfoto anwendbar werden. Nach BGH GRUR 1983, 25, 28 – *Presseberichterstattung und Kunstwerkwiedergabe I* darf der Journalist sogar das Hauptwerk allein, vor oder nach dem großen Ereignis in aller Ruhe und mit der richtigen Beleuchtung, aufnehmen. Die politische Anzeige mit Foto, gegen die in einer Zeitung oder einer aktuellen Sendung polemisiert wird, darf gezeigt werden (OLG Stuttgart NJW-RR 1986, 220, 221 – *Arbeitgeber-Lichtbild*). Die Berichterstattung ist stets nur in dem **durch den Zweck gebotenen Umfang** gestattet. Das ist dann nicht mehr der Fall, wenn es vor der Berichterstattung möglich und zumutbar war, die Rechte an dem betreffenden Werk einzuholen (dazu BGH GRUR 2016, 368, Rn. 13 ff. – *Exklusivinterview*; Vorlagebeschluss des BGH vom 1.6.2017, I ZR 139/15 – *Afghanistan-Papiere*; s. a. Vorlagebeschluss des BGH, 27.7.2017, I ZR 228/15 – *Reformistischer Aufbruch*). Da grundsätzlich nicht das Werk selbst Gegenstand der Berichterstattung sein kann, sondern nur das Ereignis oder Geschehen, anlässlich dessen das Werk

gezeigt, aufgeführt usw. wird, ist der Zweck anhand dieses Ereignisses zu bestimmen. Das Werk darf deshalb nur im Einzelfall ganz gezeigt werden, etwa, weil es besonders kurz ist oder nur als Ganzes sinnvoll gezeigt werden kann (z. B. ein Kunstwerk oder eine Fotografie; BGH GRUR 1983, 25, 28 – *Presseberichterstattung und Kunstwerkwiedergabe I*; BGH GRUR 2002, 1050 – *Zeitungsbericht als Tagesereignis*). Im Übrigen dürfen nur kurze Ausschnitte oder einzelne Abbildungen verwendet werden (OLG Frankfurt GRUR 1985, 380 – *Operneröffnung*; OLG Köln GRUR-RR 2005, 105 – *Elektronischer Fernsehprogrammführer*).

Eine etwaige Verletzung von Persönlichkeitsrechten gleich welcher Art ist von § 50 nicht gedeckt (Dreier/Schulze/*Dreier*[5] Rn. 1); insofern dürften aber in vielen Fällen § 23 Abs. 1 Nr. 2 oder 3 KUG eine Vervielfältigung und Verbreitung ermöglichen.   **7**

3. Quellenangabe; Änderungsverbot

Auch im Rahmen der Berichterstattung muss die Quelle angegeben werden, § 63 Abs. 1 (zur Quellenangabe bei der Ton- und Bildberichterstattung sowie Online vgl. § 63 Rn. 13 ff.). Auch das Änderungsverbot des § 62 gilt (dazu vgl. § 62 Rn. 7 ff.).   **8**

III. Prozessuales

Wer sich auf die freie Nutzung des urheberrechtlich geschützten Werkes beruft, muss die Voraussetzungen des § 50 nachweisen. Insofern gibt es bei § 50 keine Besonderheiten.   **9**

§ 51   Zitate

[1]Zulässig ist die Vervielfältigung, Verbreitung und öffentliche Wiedergabe eines veröffentlichten Werkes zum Zweck des Zitats, sofern die Nutzung in ihrem Umfang durch den besonderen Zweck gerechtfertigt ist. [2]Zulässig ist dies insbesondere, wenn
1. einzelne Werke nach der Veröffentlichung in ein selbständiges wissenschaftliches Werk zur Erläuterung des Inhalts aufgenommen werden,
2. Stellen eines Werkes nach der Veröffentlichung in einem selbstständigen Sprachwerk angeführt werden,
3. einzelne Stellen eines erschienenen Werkes der Musik in ein selbständiges Werk der Musik angeführt werden.
[3]Von der Zitierbefugnis gemäß den Sätzen 1 und 2 umfasst ist die Nutzung einer Abbildung oder sonstigen Vervielfältigung des zitierten Werkes, auch wenn diese selbst durch ein Urheberrecht oder ein verwandtes Schutzrecht geschützt ist.

§ 51 wurde durch das UrhWissG 2017 mit Wirkung zum 1. März 2018 geändert. Zur bis dahin geltenden Fassung s. unsere 11. Aufl.

Übersicht   Rn.

I.   Allgemeines

1.   Bedeutung

1 Das Recht zum Zitieren fremden Geistesgutes ist eine **Grundlage für die Freiheit der geistigen Auseinandersetzung** (BGH GRUR 1973, 216, 217 – *Handbuch moderner Zitate*). Es ermöglicht dem Zitierenden, Entlehnungen als Hilfsmittel der eigenen Darstellung zu benutzen, um das fremde Werk kritisch zu beleuchten, es als Ausgangspunkt und insb. zur Bekräftigung und Erläuterung des eigenen Gedankengangs auszuwerten oder um es in Gestalt von Leseproben zur Veranschaulichung eines selbständigen Berichts zu verwenden (BGH GRUR 1959, 197 – *Verkehrskinderlied*). Der Sinn und Zweck von Zitaten ist dabei stets auf **die Unterstützung der eigenen Ausführungen** oder die **Auseinandersetzung mit fremden Gedanken** begrenzt. Allein dass der Zitierende die Wiedergabe fremder Inhalte kenntlich macht, reicht für die nach § 51 gebotene Rechtfertigung des Zitats nicht aus. Als Einschränkung des verfassungsrechtlich geschützten Urheberrechts ist das Zitatrecht grundsätzlich eng auszulegen. Es darf dem Urheber insb. nicht die Wahrnehmung seiner Rechte unmöglich machen oder wesentlich erschweren. Umgekehrt gebietet die durch Art. 5 Abs. 3 GG garantierte **Kunstfreiheit**, bei Auslegung und Anwendung des § 51 das Zitat auch als Mittel künstlerischen Ausdrucks oder künstlerischer Gestaltung anzuerkennen (BVerfG GRUR 2001, 149 – *Germania 3*; BGH GRUR 2012, 819, Ls. 1 – *Blühende Landschaften*; BGH GRUR 2008, 693 Tz. 33 – *TV-Total*; besonders relevant für das Kleinzitat, Einzelheiten vgl. Rn. 31). Das zulässige Zitat ersetzt das Zustimmungserfordernis des Urhebers und begründet ein „Nutzungsrecht" des Zitierenden (KG GRUR-RR 2002, 313, 314 – *Das Leben, dieser Augenblick*).

2.   Konventionsrecht und europäische Harmonisierung

2 Die Zitierfreiheit geht auf **Art. 10 RBÜ** zurück, wonach Zitate zulässig sind, „sofern sie anständigen Gepflogenheiten entsprechen und in ihrem Umfang durch den Zweck gerechtfertigt sind". Art. 10 Abs. 3 RBÜ fordert die Angabe der Quelle. In **Art. 9 Abs. 2 RBÜ** wird den Verbandsländern gestattet, in „gewissen Sonderfällen" die Vervielfältigung zu gestatten, solange eine solche Vervielfältigung „weder die normale Auswertung des Werkes beeinträchtigt noch die berechtigten Interessen des Urhebers unzumutbar verletzt".

3 **Europarechtliche Entwicklungen** auf dem Gebiet des Urheberrechts führten auch zu Änderungen des deutschen UrhG. So erging aufgrund der Info-RL und des 2. Korbs eine entscheidende Änderung von § 51. Art. 5 Abs. 3 lit. d Info-

RL erlaubt den Mitgliedstaaten Ausnahmen oder Beschränkungen des Urheberrechts

„für Zitate zu Zwecken der Kritik oder Rezensionen, sofern sie ein Werk oder einen sonstigen Schutzgegenstand betreffen, das bzw. der der Öffentlichkeit bereits rechtmäßig zugänglich gemacht wurde, sofern – außer in Fällen, in denen sich dies als unmöglich erweist – die Quelle, einschließlich des Namens des Urhebers, angegeben wird und sofern die Nutzung den anständigen Gepflogenheiten entspricht und in ihrem Umfang durch den besonderen Zweck gerechtfertigt ist."

Während § 51 im ersten Gesetz zur Umsetzung der Info-RL (UrhG Infoges) unverändert blieb, führte der 2. Korb zu einigen Änderungen der Vorschrift (vgl. Rn. 4 f.).

3. Aufbau der Vorschrift

Der durch den 2. Korb mit Wirkung zum 1. Januar 2008 neugefasste § 51 beginnt mit einer Generalklausel, die allgemein Voraussetzungen und Grenzen des Zitatrechts regelt. Danach ist die Vervielfältigung, Verbreitung und öffentliche Wiedergabe eines veröffentlichten Werkes **zum Zwecke des Zitats zulässig,** sofern die Nutzung des fremden Werkes in ihrem Umfang durch den besonderen Zweck gerechtfertigt ist. Das Merkmal des **„besonderen Zwecks"** ist neu durch die Novellierung des 2. Korbes hinzugekommen und modifiziert die bisherige Formulierung „in einem durch den Zweck gebotenen Umfang". Dies entspricht der Regelung in Art. 5 Abs. 3 lit. d Info-RL. Eine Einschränkung der Zitierfreiheit hat diese Änderung nicht zur Folge. Vielmehr verdeutlicht sie den Zusammenhang zwischen Umfang und Zweck des Zitats. Beide stehen in einer **Wechselbeziehung** zueinander. Das Zitat ist immer in dem Umfang zulässig, wie es für die Erreichung des Zitatzwecks erforderlich ist (vgl. Rn. 16 ff.). Der besondere Zitatzweck kann daher einen kleineren bis hin zu einem größeren Umfang erfordern.

4

Der Generalklausel folgen die drei Regelbeispiele Großzitat (Nr. 1), Kleinzitat (Nr. 2) und Musikzitat (Nr. 3). Das **Großzitat** erlaubt das Zitieren ganzer Werke, jedoch begrenzt auf wissenschaftliche Werke. Der hier bestehende größere Zitatumfang wird durch einen engeren Zitatzweck begrenzt. Jedoch umfasst das Großzitat nicht nur die ausschließlich wissenschaftlichen, sondern auch populärwissenschaftliche Werke (vgl. Rn. 24). Im Rahmen des **Kleinzitats** hingegen dürfen nur Stellen eines Werkes anstatt des gesamten Werkes in einem selbständigen Sprachwerk zitiert werden. Der vermeintlich kleinere Umfang (vgl. Rn. 29) wird durch einen entsprechend großzügigen Zitatzweck ergänzt. Denn bereits jegliche Belegfunktion bis zur Grenze der Ausschmückung kann dafür ausreichen (vgl. Rn. 31). Das **Musikzitat** ist ein Unterfall des Kleinzitats. Es ist auf das Anführen einzelner Stellen eines Musikwerkes in einem selbständigen Musikwerk beschränkt. Soll die Übernahme in andere Werke erfolgen, fällt das Zitat unter Nr. 1 oder Nr. 2 (ausführlicher zum Musikzitat *Hertin* GRUR 1989, 159).

5

Während vor der Gesetzesänderung durch den 2. Korb beim Großzitat das wissenschaftliche Werk erschienen sein musste, reicht nun die **Veröffentlichung** i. S. v. § 6 Abs. 1 aus (vgl. § 6 Rn. 1 ff.). Die Anforderungen an das Großzitat wurden demnach an die allgemeinen Zitatvoraussetzungen angepasst, die vom veröffentlichten Werk ausgehen. Lediglich beim Musikzitat kann das Zitat nur aus Stellen eines **erschienenen** Werkes i. S. v. § 6 Abs. 2 erfolgen. Diese Abweichung ist vom Gesetzgeber in Anbetracht der Besonderheiten beim Musikzitat bewusst gewählt.

6

Dass der Gesetzgeber bei Nr. 1, 2 und 3 Unterschiede in der Terminologie macht, indem er in Nr. 2 und 3 von *„anführen"*, jedoch in Nr. 1 von *„aufneh-*

7

men" spricht, hat keine Bedeutung. Diese Unterschiede sind rein sprachlicher Natur.

8 Die Regelungen der Nr. 1 bis 3 sind **nicht abschließend**. Sie können sich in ihrer Anwendung ergänzen, überschneiden sowie auch nebeneinander anwendbar sein (Schricker/Loewenheim/*Schricker/Spindler*[4] Rn. 11; Loewenheim/*Götting*[2] § 31 Rn. 126). Insb. das Groß- und das Kleinzitat sind in der Praxis nicht immer deutlich voneinander zu trennen. So kann beim Großzitat als Zitatzweck nur die Wiedergabe von Werkteilen statt des gesamten Werkes sowie beim Kleinzitat die Wiedergabe des ganzen Werkes ausnahmsweise zulässig sein (vgl. Rn. 29).

9 **Weitere Zitatformen** wurden durch den 2. Korb nicht in § 51 aufgenommen. Zwar heißt es im RegE: „So schlägt der Entwurf eine Erweiterung der Zitatschranke (§ 51) mit Blick auf weitere Werkarten (Filmwerke, Multimediawerke) vor." (RegE 2. Korb – BT-Drs. 16/1828, S. 21). Doch geht die Erweiterung nicht über die Generalklausel hinaus. Werkarten werden nicht explizit genannt. Zwar bedeutet die Generalklausel eine Öffnung für weitere Zitatformen, doch bleibt abzuwarten, ob tatsächlich neue Zitatformen unter die Regelbeispiele im Rahmen einer Analogie oder unter den Anwendungsbereich der Generalklausel subsumiert werden.

9a S. 3 wurde durch das **UrhWissG 2017** neu eingefügt und ist zum 1.3.2018 in Kraft getreten. Die Regelung beseitigt eine **bisherige Schwäche** des Zitatrechts: Das Zitatrecht, insbesondere das Großzitat, erlaubte es zwar zum Zwecke des Zitats Werke aller Art, insbesondere Kunstwerke, (vollständig) zu verwenden. Der Zitierende ist dabei meist auf die Verwendung von fremden **Fotografien des zitierten Werkes** angewiesen, die aber selbst nicht Gegenstand des Zitats sind und für die ggf. Rechte einzuholen waren. S. 3 gestattet dem Zitierenden nun die erlaubnisfreie Nutzung derartiger „vermittelnder" Abbildungen, auch wenn diese urheberrechtlich geschützt und nicht selbst Gegenstand des Zitats sind (Einzelheiten vgl. Rn. 45a).

4.   Zitat – Begriff und Abgrenzung

10 Zitat ist die **unveränderte Übernahme fremden Geistesgutes unter Quellenangabe** in den Grenzen des § 51. Das Zitat ist von der freien Benutzung nach § 24 abzugrenzen. Es unterliegt einem absoluten **Änderungsverbot** und erlaubt gerade nicht die Bearbeitung des benutzten Werkes (§ 62). Sprachlich selbst gestaltete **Zusammenfassungen** des fremden Werkes (sog. Abstracts) sind kein Zitat (OLG Frankfurt ZUM 2012, 146, 151 im Nachgang zu BGH GRUR 2011, 134 – *Perlentaucher*; zu Abstracts vgl. § 12 Rn. 21). Die Verwendung fremden Geistesgutes als Anregung zu eigenem Schaffen, ohne dieses direkt zu übernehmen, entspricht der freien Benutzung. Zudem gilt das **Entstellungsverbot** des § 14, welches u. U. durch das genaue, aber sinnentstellte Zitieren verletzt sein kann (vgl. § 14 Rn. 42; Schricker/Loewenheim/*Schricker/Spindler*[4] Rn. 28). Wird jemandem eine Äußerung zugeschrieben, die er nicht bzw. so nicht getan hat, kann eine Verletzung des allgemeinen Persönlichkeitsrechts vorliegen (BVerfG GRUR 1980, 1087 – *Heinrich Böll*).

11 Die **Parodie** i. S. einer Entfremdung des fremden Werkes fällt als solche nicht unter § 51, sondern ggf. unter § 24 oder auch § 14 (vgl. § 14 Rn. 50). Sie kann aber ein selbstständiges Werk darstellen, aus dem wiederum nach § 51 Nr. 1, 2 zitiert werden kann. Kein Fall des Zitats, sondern zustimmungspflichtige Werkverbindung, ist die **Vertonung eines Liedtextes** (Schricker/Loewenheim/*Schricker/Spindler*[4] Rn. 49 m. w. N.).

12 Das Zitat muss **als solches erkennbar** sein (s. OLG Köln ZUM 2009, 961, 962 zur fehlenden Erkennbarkeit des Zitats bei Übernahme im Theaterstück; OLG

München NJW 1999, 1975 – *Stimme Brechts*). Fehlt dies, d. h. erscheint der Inhalt als eigenes Schaffen, handelt es sich im Fall bewusster Übernahme um ein **Plagiat**, im Fall der unbewussten Aneignung um unbewusste Entlehnung (vgl. nach §§ 23/24 Rn. 1 ff., umfassend zum Begriff des Plagiats Waiblinger, „Plagiat" in der Wissenschaft, S. 19 ff.). Das Zitat darf nur **der Erläuterung dienen**; es darf nicht Hauptinhalt sein, sondern muss Nebensache bleiben (BGH GRUR 1994, 800, 803 – *Museumskatalog*; OLG München ZUM-RD 2012, 479 – *Das unlesbare Buch*). Das Zitat muss auch unter **Angabe der Quelle** erfolgen, vgl. § 63 Rn. 1 ff. und zu den Rechtsfolgen fehlender Quellenangabe vgl. Rn. 48 und vgl. § 63 Rn. 19 f.

II. Allgemeine Voraussetzungen (S. 1)

Ein nach § 51 zulässiges Zitat erfordert grundsätzlich
– die Nutzung eines schutzfähigen, zitierten veröffentlichten Werkes,
– einen verfolgten Zitatzweck mit einer inneren Verbindung von zitierendem und zitiertem Werk,
– eine nach diesem Zweck in Art und Umfang gerechtfertigte Nutzung.
Weggefallen ist das früher verlangte Erfordernis der selbständigen Schutzfähigkeit des zitierenden Werkes (vgl. Rn. 19).

12a

1. Schutzfähigkeit des zitierten Werkes

Der Berufung auf das Zitatrecht bedarf es überhaupt nur, wenn das übernommene Werk urheberrechtlich **schutzfähig** ist (Einzelheiten vgl. § 2 Rn. 12 ff.). Werden nur Teile eines Werkes übernommen, müssen diese als solche **Werkqualität** aufweisen, d. h. persönlich geistige Schöpfungen gem. § 2 Abs. 2 sein (KG GRUR-RR 2002, 313, 314 – *Das Leben, dieser Augenblick*; OLG Hamburg ZUM-RD 2004, 75, 78 – *Opus Dei*; LG Frankfurt MMR 2007, 118). Bei **Sprachwerken** kann die persönliche geistige Schöpfung sowohl in der Gedankenführung und -formung des dargestellten Inhalts als auch in der besonders geistvollen Form und Art der Sammlung, Einteilung und Anordnung des dargebotenen Stoffs liegen (BGH GRUR 1987, 704, 705 – *Warenzeichenlexika*; KG Berlin GRUR-RR 2002, 313, 314 – *Das Leben, dieser Augenblick*; vgl. § 2 Rn. 54 ff.). Auch kleine Teile, einzelne Wörter, Sätze oder Satzteile können schutzfähig sein, wenn ihre Form oder ihr Inhalt ausreichend Individualität aufweisen (bejahend OLG München ZUM 2009, 970 – *Typisch München I* für die Wortfolge „Vom Ernst des Lebens halb verschont Ist der schon, der in München wohnt"; Einzelheiten vgl. § 2 Rn. 119). Werden wiederholt einzelne – als solches schutzunfähige – Werkteile zitiert, vermag die bloße Anzahl dieser Übernahmen keinen Urheberschutz zu begründen.

13

Wissenschaftliche Ergebnisse sind als solche urheberrechtlich nicht schutzfähig (BGH GRUR 1991, 130 – *Themenkatalog*; Einzelheiten vgl. § 2 Rn. 43). Nur für ihre **Art der Darstellung** kommt Urheberschutz in Betracht, denn nur dahingehend kann die schöpferische Eigenheit die Individualität des Werkes prägen (OLG Hamburg ZUM-RD 2004, 75, 78 – *Opus Dei*; OLG Hamburg GRUR-RR 2004, 285, 286 – *Markentechnik*). So mögen etwa **Tabellen** und **Grafiken**, die wissenschaftliche Erhebungen anschaulich darstellen, urheberrechtlich geschützt sein; übernimmt der Zitierende daraus nur die Zahlen, ist es Gebot des wissenschaftlichen Anstandes, dafür die Quelle zu nennen. Für eine Verletzung des Zitatrechts ist indes kein Raum (OLG Hamburg ZUM-RD 2004, 75, 78 – *Opus Dei*; s. aber BGH GRUR 2005, 940 – *Marktstudien*: Übernahme von Daten verletzt Datenbankrecht nach § 87b).

14

Für das Zitatrecht ist nur Raum, wenn das zitierte Werk bereits **veröffentlicht** wurde (zum Begriff vgl. § 6 Rn. 10). Das Veröffentlichungs- (§ 12) und Aus-

15

stellungsrecht (§ 18) des Urhebers können durch § 51 nicht umgangen werden. **Gemeinfreie Werke**, nicht schutzfähige Werke oder Werkteile, fallen ebenfalls nicht unter den Anwendungsbereich von § 51. Ihre Benutzung ist urheberrechtlich frei.

2.   Zitatzweck

16   Nach der Generalklausel des § 51 S. 1 darf die Verwendung fremden Geistesgutes (nur) zum **Zweck des Zitats** erfolgen. Der Zitatzweck ist damit die entscheidende Voraussetzung für die Anwendung von § 51 (Dreier/Schulze/*Dreier*[5] Rn. 3 unter Verweis auf BGH GRUR 2010, 628 Tz. 25 – *Vorschaubilder*; BGH GRUR 1983, 25 – *Presseberichterstattung und Kunstwerkwiedergabe I*; BGH GRUR 1986, 59, 60 – *Geistchristentum*). Was der Zitatzweck bzw. ein Zitat ist, definiert § 51 nicht. Lediglich für das wissenschaftliche Großzitat nach Nr. 1 wird festgelegt, dass es zur **Erläuterung** des Inhalts des zitierenden Werkes erfolgen muss. Für das Kleinzitat und das Musikzitat kommen dagegen auch weitergehende Zitatzwecke in Betracht. Die Übernahme eines Werkes oder einzelner Werkteile in ein anderes Werk ist grundsätzlich zulässig, wenn es als **Beleg eigener Ausführungen**, also als Beispiel, zur Verdeutlichung der übereinstimmenden Meinungen, zum besseren Verständnis der eigenen Ausführungen oder sonst zur Begründung oder Vertiefung des Dargelegten oder Erörterungsgrundlage dient (BGH GRUR 2012, 819 Tz. 12 – *Blühende Landschaften*; BGH GRUR 1968, 607 – *Kandinsky I*; BGH GRUR 1986, 59, 60 – *Geistchristentum*; BGH GRUR 1987, 34/35 – *Liedtextwiedergabe*; BGH MMR 2010, 475, 477 Tz. 26. – *Vorschaubilder*; OLG Hamburg ZUM-RD 2004, 75; Schricker/Loewenheim/*Schricker/Spindler*[4] Rn. 16 m. w. N.). Zwischen eigenem und fremdem Werk muss eine **innere Verbindung** hergestellt werden (st. Rspr, BGH GRUR 2016, 368, Tz. 25, 31 – *Exklusivinterview*; BGH GRUR 2012, 819 Tz. 12 – *Blühende Landschaften*; BGH GRUR 2008, 693, 696 Tz. 42 – *TV-Total*; BGH GRUR 1959, 197 – *Verkehrskinderlied*; BGH GRUR 1968, 607 – *Kandinksy I*, BGH GRUR 1986, 59, 60 – *Geistchristentum*), die den Belegcharakter verdeutlicht. Das Zitat darf gerade nicht bloßes Anhängsel, sondern muss in den Text eingearbeitet sein (BGH GRUR 1959, 197 – *Verkehrskinderlied*; BGH GRUR 1968, 607 – *Kandinsky I*). **Nicht erforderlich** ist aber, dass sich der Zitierende **in erheblichen Umfang mit dem übernommenen Werk** auseinandersetzt (BGH GRUR 2016, 368, Ls. 3 – *Exklusivinterview*). Die automatisiert erstellte Trefferliste einer Bildersuchmaschine stellt keine geistige Auseinandersetzung dar (BGH GRUR 2010, 628 Tz. 27 – *Vorschaubilder*). Dagegen mag die Verwendung als Motto bzw. Werbebotschaft ein zulässiger Zitatzweck sein, wenn zwischen dem zitierten Text und der damit beworbenen Ausstellung ein innerer Zusammenhang besteht (s. OLG München ZUM 2009, 970, 971 – *Typisch München I*). Das Zitat kann auch dazu dienen, Lehrinhalte anschaulich zu vermitteln, z. B. durch Einfügung von Texten in vorlesungsbegleitende Skripten (LG München I GRUR-RR 2006, 7 – *Karl Valentin*). Jedoch erlaubt der Zitatzweck nicht die Zugänglichmachung dieser Skripten im Internet ohne jegliche Zugangsbeschränkung, da die schrankenlose Veröffentlichung im Internet das Verwertungsrecht des Rechteinhabers faktisch umgehen würde (so LG München I GRUR-RR 2006, 7 – *Karl Valentin*). Weil das Zitat nur zum Beleg eigener Ausführungen dient, darf es nicht Hauptsache sein, sondern muss Nebensache bleiben (BGH GRUR 1994, 800, 803 – *Museumskatalog*; OLG München ZUM-RD 2012, 479 – *Das unlesbare Buch*). Die Übernahme von **Profilbildern von Facebook-Nutzern** in die Online-Ausgabe einer Tageszeitung ist durch das Zitatrecht gedeckt (LG München ZUM-RD 2016, 406 – *Internetpranger*: „Die Tageszeitung kann ihre Botschaft nur deutlich machen, indem sie in dem Artikel auch das Profilbild verwendet"; dagegen die Berufungsinstanz: OLG München GRUR-RR 2016, 304 jedoch nur zum KUG).

Der Zitierende darf sich durch das Zitat auch nicht eigene Ausführungen erspa-   **17**
ren und diese gerade durch das Zitat ersetzen wollen (KG GRUR 1970, 616,
618 – *Eintänzer*; LG Berlin GRUR 2000, 797 – *Screenshots*). Auch die bloße
Wiedergabe des Zitats um seiner selbst willen ist nicht vom zulässigen Zitatzweck umfasst (LG Berlin GRUR 1962, 207, 210). Der Zitatzweck darf nicht
allein in der **Ausschmückung** bestehen (BGH GRUR 1968, 607 – *Kandinsky
I*). Jedoch kann das Zitat ausschmückenden Charakter haben, solange dieser
den Erläuterungszweck nicht überwiegt (BGH GRUR 1968, 607 – *Kandinsky
I*; Schricker/Loewenheim/*Schricker/Spindler*[4] Rn. 17). Dem Zitatzweck darf
nicht lediglich die Funktion als **Blickfang** und beliebig austauschbares **opti-
sches Anhängsel** ohne konkrete Belegfunktion zukommen (OLG Hamburg
GRUR-RR 2003, 33, 37 – *Maschinenmensch*; ähnlich AG München ZUM
2010, 915, 916). Am inneren Zusammenhang fehlt es auch bei der Wiedergabe
einer urheberrechtlich geschützten Gedichtzeile an der Wand in einem Touris-
tik-Center, wenn keine innere Verbindung zwischen dem zitierten Bauwerk und
der Gedichtzeile besteht. Der bestehende Zusammenhang zwischen dem Nutzungszweck der Räume und der Gedichtzeile reicht nicht aus. (LG München I
NJW 1999, 1978 – *Wandinschrift in städtischen Räumen*). Bei der Wiedergabe
des Zitats muss deutlich sein, dass es sich um eine **fremde Zutat** handelt. Es
darf nicht ununterscheidbar in das zitierende Werk integriert werden (OLG
Köln ZUM 2009, 961, 962 – *Wie ein Tier in einem Zoo*; LG Berlin GRUR
2000, 797 – *Screenshots*). Das übernommene Werk bzw. die übernommenen
Werkteile müssen also vom eigenen Werk abgehoben werden. Dafür kann beispielsweise bei Sprachwerken das Kenntlichmachen durch Kursivschrift genügen (offen lassend, ob dies allein ausreicht OLG München NJW 1999, 1975,
1976).

Zur **erweiterten Auslegung des Zitatzwecks durch die Kunstfreiheit** nach Art 5   **17a**
Abs. 3 S. 1 GG – bedeutsam insbesondere für das Kleinzitat Nr. 1 – vgl. Rn. 31.

3.   Zitatumfang

Das Zitat ist **in dem Umfang** zulässig, der für den Zitatzweck **erforderlich** ist.   **18**
Der zulässige Umfang ist im Einzelfall unter **Abwägung** aller Umstände unter
Berücksichtigung des Zitatzwecks, des Inhalts und Umfangs des zitierten sowie
zitierenden Werkes zu bestimmen (BGH GRUR 1986, 59 – *Geistchristentum*).
Das Anlegen arithmetischer Maßstäbe oder die Ermittlung des Umfangs anhand schematischer Kriterien verbietet sich in Anbetracht der sich gegenüber
stehenden Interessen des Urhebers und des Zitierenden (ähnlich OLG Köln
GRUR-RR 2010, 151, 152 – *Zusammenbruch bei Dieter Bohlen* auch zu § 50;
LG Berlin LGZ 144, 6, 7). Entscheidend ist, dass die **Verwertung** des Werkes
aufgrund des Zitats durch den Urheber **nicht unzumutbar beeinträchtigt** oder
unmöglich gemacht wird. Das zitierende Werk darf insb. das zitierte Werk
nicht ersetzen (BGH GRUR 1987, 362 – *Filmzitat*; BGH GRUR 1986, 59 –
Geistchristentum; BGH GRUR 1968, 607 – *Kandinsky I*) bzw. nicht dazu führen, dass der Verkehr aufgrund des Zitats die Werke des Urhebers nicht mehr
erwirbt. Vor allem die materiellen Interessen des Urhebers an der Verwertung
seines Werkes sind neben seinen ideellen Interessen bei der Abwägung zu beachten. Eine zu starke **Gebrauchsnähe** zwischen den sich gegenüberstehenden
Werken führt zu einer Einschränkung des Zitatumfangs (KG GRUR-RR 2002,
313, 315 – *Das Leben, dieser Augenblick*). Umgekehrt müssen gerade im Anwendungsbereich der Kunstfreiheit nach Art. 5 Abs. 3 S. 1 GG die Interessen
des Urhebers tendenziell zurückstehen, wenn die Übernahme nur zu geringen
wirtschaftlichen oder ideellen Einbußen führt (vgl. Rn. 31).

4.   Selbständigkeit des zitierenden Werkes

Das Zitieren ist nur in einem **selbständigen** Werk zulässig. Das zitierende Werk   **19**
musste nach bisheriger Rechtspraxis den Anforderungen der §§ 1, 2 Abs. 1

und 2 entsprechen, d. h. selbst urheberrechtlich schutzfähig und eine **persönliche geistige Schöpfung** sein (BGH GRUR 1994, 800, 802 – *Museumskatalog*; a. A. bereits OLG Jena ZUM 2008, 522, 524 unter Berufung auf die Änderungen des 2. Korbes; offengelassen von BGH GRUR 2010, 628 Tz. 25 – *Vorschaubilder*). Das Erfordernis der urheberrechtlichen Schutzfähigkeit des zitierenden Werkes hat der EuGH mit Hinweis auf den Wortlaut von Art. 5 Abs. 3 lit. d Info-RL abgelehnt (EuGH GRUR 2012, 166 Tz. 129 ff. – *Painer/Standard*). Gleichwohl muss das zitierende Werk selbständig sein, weil ansonsten Sinn und Zweck des Zitats nicht erreicht werden (in diesem Sinne KG GRUR-RR 2002, 313 – *Das Leben, dieser Augenblick*). Das zitierende Werk ist insb. dann selbständig, wenn es ohne Zitat bestehen bleibt (BGH GRUR 1994, 800, 802, 803 – *Museumskatalog;* am Beispiel des Bildzitats OLG München ZUM 2003, 571). Das bloße Aneinanderreihen fremder Textstellen fällt daher nicht unter § 51 (BGH GRUR 1973, 216 – *Handbuch moderner Zitate* für das Zusammenstellen von Zitaten im Rahmen einer Zitatsammlung; BGH GRUR 1992, 382 – *Leitsätze* für die kommentarlose Zusammenstellung von Leitsätzen gerichtlicher Entscheidungen). Unerheblich ist indes, welcher Gattung das zitierende Werk angehört (Dreier/Schulze/*Dreier*[5] Rn. 6). Angesichts der sonstigen Anforderungen des Zitatrechts, insb. des Zitatzwecks und der Belegfunktion (vgl. Rn. 16 f.) und der zumeist geringen Anforderungen an die Schöpfungshöhe nach § 2 Abs. 2 dürften zulässige Zitatfälle, in denen das zitierende Werk selbständig, aber nicht urheberrechtsschutzfähig ist, die Ausnahme bleiben.

20 Letztlich darf dem Zitat nur eine **untergeordnete Rolle** im Verhältnis zum eigenen Beitrag des Zitierenden zukommen.

III. Das wissenschaftliche Großzitat (S. 2 Nr. 1)

1. Einzelne Werke

21 Der Umfang des Zitats ist auf **einzelne Werke** beschränkt, wobei die Werkgattung keine Rolle spielt (allg. M.). Der Begriff der einzelnen Werke steht in Beziehung zum gesamten Schaffen des Künstlers und enthält gleichzeitig eine **absolute Begrenzung** des zulässigen Umfangs, da auch beim Vorliegen eines zahlenmäßig umfangreicheren Schaffens des Künstlers nur einige wenige statt zahlreiche seiner Werke in das wissenschaftliche Werk übernommen werden dürfen. Entscheidend sind die Gesamtzahl aller zitierten Werke eines Urhebers (BGH GRUR 1968, 607 – *Kandinsky I*) sowie das Verhältnis der Zitate zum Gesamtumfang des zitierenden Werkes, das nur von geringem Ausmaß sein darf. Die Abbildung von 69 Werken Kandinskys in ein Werk über den „Blauen Reiter" fiel nicht mehr unter die Grenze des „einzelnen Werks" (BGH GRUR 1968, 607 – *Kandinsky I*). Gleiches gilt für die Übernahme von 56 Bildern von Franz Marc (LG München II *Erich Schulze* LGZ 84, 9 ff.) sowie für die Übernahme von 24 Comiczeichnungen eines Zeichners in einem kulturwissenschaftlichen Buch über die Bildergeschichten des Zeichners (KG ZUM-RD 1997, 135). Einzubeziehen bei der Abwägung sind grundsätzlich **sämtliche zitierten Werke** und nicht nur diejenigen, die ohne Erlaubnis des Inhabers der Urheberrechte zitiert wurden (so BGH GRUR 1968, 607 – *Kandinsky I*, der die aufgrund Erlaubnis aufgenommenen Werke bei der Ermittlung des zulässigen Quantums an Zitaten ohne weiteres mit einbezieht; a. A. Schricker/Loewenheim/*Schricker/Spindler*[4] Rn. 36 und Dreier/Schulze/*Dreier*[5] Rn. 11, welche die mit Erlaubnis übernommenen Zitate nur bei der Beurteilung des Zitatzwecks berücksichtigen).

22 Unterschiede bei den Anforderungen an „einzelne Werke" können sich daraus ergeben, dass Werke **mehrerer Urheber** übernommen werden. Nach Ulmer und

Schricker/Spindler kann in einem solchen Fall die Anzahl der zitierten Werke höher sein als in dem Fall, wenn nur Werke eines einzelnen Urhebers zitiert werden. Jedoch bleibt auch hier Voraussetzung, dass nur einige wenige Werke desselben Urhebers entnommen werden (*Ulmer*, Urheber- und VerlagsR[3] § 67 II 1 b; Schricker/Loewenheim/*Schricker/Spindler*[4] Rn. 34 f.).

2. Erläuterung des Inhalts

Das zitierte Werk muss der **Erläuterung** des Inhalts des zitierenden Werkes dienen. Der damit eingeschränkte Zitatzweck ist deutlich enger als bei Nr. 2 und 3. Das Zitat muss zwingend die **Belegfunktion** erfüllen (vgl. Rn. 16 f.). Jedoch kann mit dem Zitat zusätzlich ein weiterer Zitatzweck verfolgt werden, z. B. der der Ausschmückung, solange dieser nicht den Schwerpunkt des Zwecks darstellt. Berichtet eine Tageszeitung über eine Kunstausstellung unter Verwendung von Abbildungen der Kunstwerke, ohne sich näher mit den Werken auseinanderzusetzen, so liegt kein ausreichender Zitatweck vor (s. BGH GRUR 2011, 416, 417 Tz. 23 – *Kunstausstellung im Online-Archiv*, dort vor allem zur Anwendbarkeit von § 50; ebenso GRUR 1983, 25, 28 – *Presseberichterstattung und Kunstwerkwiedergabe I*).   **23**

Erhebliche praktische Bedeutung hat das Großzitat bei der **Abbildung von Kunstwerken**. Der Zitierende ist dabei meist auf die Verwendung von fremden Fotografien des Kunstwerks angewiesen. Letztere sind selbst Lichtbildwerke oder beanspruchen wenigstens Lichtbildschutz nach § 72. Der Zitierende mag nun den Zitatzweck hinsichtlich des abgebildeten Kunstwerks erfüllen, kaum jedoch hinsichtlich der Fotografie, dessen Urheber er oftmals nicht kennt. Die Belegfunktion erstreckte sich bisher nur auf das Kunstwerk selbst, in aller Regel aber nicht auf das „vermittelnde" (mitzitierte) Lichtbild. Diesen bisherigen Schwachpunkt des Zitatrechts (zutreffend *Schack*, Urheber- und UrhebervertragsR[7] Rn. 550) beseitigt S. 3 (dazu vgl. Rn. 45a).   **23a**

3. Selbständiges wissenschaftliches Werk

§ 51 Nr. 1 begrenzt das Zitatrecht auf **wissenschaftliche Werke**. Wissenschaftlich ist ein Werk, das nach Rahmen, Form und Gehalt durch einen eigenen geistigen Gehalt die Wissenschaft durch Vermittlung von **Erkenntnis** fördern will und der Belehrung dient (LG Berlin GRUR 1962, 207, 209 – *Maifeiern*; LG Berlin GRUR 1978, 108 – *Terroristenbild*). Dabei ist neben dem Inhalt auch die Form der Darstellung in die Prüfung einzubeziehen (OLG München ZUM 1989, 529, 531). Zum Begriff der Wissenschaft und der Wissenschaftsfreiheit BVerfG NJW 1973, 1179 ff.; zur wissenschaftlichen Tätigkeit und Arbeitsweise BVerwGE 29, 77, 78. Der Anwendungsbereich von Nr. 1 umfasst auch **populärwissenschaftliche Werke** (LG Berlin GRUR 1962, 207, 209 – *Maifeiern*; LG München I AfP 1994, 326 327; Schricker/Loewenheim/*Schricker/Spindler*[4] Rn. 31; Wandtke/Bullinger/*Lüft*[4] Rn. 13), da diese Erkenntnisse für weite Teile der Bevölkerung vermitteln. Entscheidendes Kriterium ist daher die **Vermittlung von Erkenntnissen** bzw. das Vorliegen eines **Erkenntnisbezugs**. Fehlt es daran, liegt in der Regel kein wissenschaftliches Werk vor. So sind Werke, die nicht den Intellekt, sondern vom Verstand unabhängige Gefühle oder den Schönheitssinn ansprechen – wie die Musik und bildende Kunst – keine der Wissenschaft. Auch das Fehlen methodisch geordneter Erkenntnisse, bspw. bei Romanen, Bühnenwerken oder sonstiger Belletristik, schließt das wissenschaftliche Werk aus (Dreier/Schulze/*Dreier*[5] Rn. 8). Ebenso gehören politische, weltanschauliche und sonstige Agitation und Propaganda sowie geschäftliche Werbung nicht zu den wissenschaftlichen Werken (LG München I *Erich Schulze* LGZ 182, 4 lehnt die Wahlkampfbroschüre als wissenschaftliches Werk ab; Schricker/Loewenheim/Schricker/*Spindler*[4] Rn. 32; BeckOK/*Schulz*[16] Rn. 16).   **24**

25 Verfolgt das zitierende Werk lediglich **Unterhaltungszwecke**, kommt § 51 Nr. 1 nicht in Betracht (für einen Artikel in einer Publikumszeitschrift KG GRUR 1970, 616 – *Eintänzer*; für eine polemisch-kritische Fernsehsendung LG Berlin GRUR 1978, 108, 109 – *Terroristenbild*; Schricker/Loewenheim/*Schricker/ Spindler*[4] Rn. 32 f.; mit weiteren Bsp. HK-UrhR/*Dreyer* Rn. 34, 35).

26 Die Werksgattung ist für das zitierende wissenschaftliche Werk nicht von Bedeutung. So können es Sprachwerke, aber auch Filmwerke (*Ulmer* GRUR 1972, 323, 324), Fernsehsendungen (LG Berlin GRUR 1962, 207, 209) sowie Darstellungen wissenschaftlicher Art i. S. v. § 2 Abs. 1 Nr. 7 und Multimediawerke sein (Wandtke/Bullinger/*Lüft*[4] Rn. 13; Schricker/Loewenheim/*Schricker/ Spindler*[4] Rn. 33). Als wissenschaftliche Werke wurden anerkannt: das illustrierte Kunstbuch „Der blaue Reiter und die Neue Künstlervereinigung München", BGH GRUR 1968, 607 – *Kandinsky I*; die Broschüre „Stellenangebote – entwerfen, gestalten, streuen", LG München I *Erich Schulze* LGZ 94, 3; eine auf Schallplatte aufgenommene musikwissenschaftliche Darstellung, LG Berlin *Erich Schulze* LGZ 75, 6, 7; der Fernsehbericht und Kommentar „Mitteldeutsches Tagebuch", LG Berlin GRUR 1962, 207, 209 – *Maifeiern*.

27 Das zitierte Einzelwerk muss **veröffentlicht** sein (vgl. Rn. 15).

IV. Das Kleinzitat (S. 2 Nr. 2)

1.   Stellen eines veröffentlichten Werkes

28 Zitiert werden dürfen im Rahmen des § 51 Nr. 2 nur **Stellen eines Werkes**. Eine Beschränkung hinsichtlich der Werkgattung des zitierten Werkes besteht nicht. Daher kommen alle Arten von Werken, also auch Musik-, Film-, Multimediawerke für ein Zitat in Betracht. Stellen eines Werkes sind **kleine Ausschnitte**, deren Umfang weder absolut noch im Verhältnis zum gesamten benutzten Werk ins Gewicht fällt (*Ulmer*, Urheber- und VerlagsR[3] § 67 II 2b; Schricker/Loewenheim/*Schricker/Spindler*[4] Rn. 43 f.). Der zulässige Umfang ist dabei anhand relativer und absoluter Maßstäbe zu ermitteln (BGH GRUR 1959, 197 – *Verkehrskinderlied*; AG Köln ZUM 2003, 77, 78). I. d. R. sollte das Kleinzitat nicht mehr als einen **Bruchteil des gesamten Werkes** darstellen, auch sollte bei kleineren Werken eher weniger zitiert werden (BGH GRUR 1959, 197 – *Verkehrskinderlied*; BGH GRUR 1986, 59, 60 – *Geistchristentum*). Stellen eines Werkes bedeutet insb. nicht, dass nur ein oder zwei Kernsätze wiedergegeben werden dürfen (s. BGH GRUR 1986, 59, 60 – *Geistchristentum*, wonach längere Zitate zulässig sind, wenn Wortwahl und Atmosphäre des zitierten Werkes von besonderer Bedeutung sind, sie „sich mit ein oder zwei Kernsätzen nur unvollkommen belegen und veranschaulichen lassen"; s. a. OLG Köln GRUR-RR 2010, 151, 152 – *Zusammenbruch bei Dieter Bohlen* für Umfang einer Sendeübernahme).

29 Der Zitatumfang wird im Einzelfall vom Zitatzweck bestimmt. Dieser kann ausnahmsweise die Übernahme längerer Ausschnitte erfordern, um dem Zitatzweck gerecht zu werden. Jedoch darf dadurch keine unangemessene Benachteiligung des Urhebers an der Verwertung des zitierten Werkes eintreten. So können das Wesen des Zitates sowie dessen Zweck **größerer Teile** eines Werkes erforderlich machen (BGH GRUR 1959, 197 – *Verkehrskinderlied*, wo von insgesamt drei Strophen das Zitieren einer Strophe ohne Noten für zulässig erachtet wurde; ebenso zulässig ist die Wiedergabe von vier Zeilen eines fünfzehn Zeilen umfassenden Liedtextes OLG Hamburg GRUR 1970, 38, 39; BGH NJW 1986, 311 – *Geistchristentum*). Ausnahmsweise kann das Zitatrecht auch **ganze Werke** umfassen. Dies gilt aber nur dann, wenn der Zitatzweck dies unbedingt erfordert, also anders ein sinnvolles Zitieren nicht möglich ist (KG UFITA 54 [1969] 296, 299; LG München I *Erich Schulze* LGZ 182, 5; Loewenheim/*Götting*[2] § 31 Rn. 148, 149; Schricker/Loewenheim/*Schricker/ Spindler*[4] Rn. 45; abl. LG Hamburg UFITA 54 [1969] 324, 328 für das Zitat eines ganzen „Spiegel"-Artikels in einer kritischen Flugschrift; v. Gamm Rn. 13).

Die zitierten Stellen müssen aus einem **veröffentlichten Werk** stammen. Zu den   **30** Anforderungen an die Veröffentlichung vgl. § 6 Rn. 10.

2. Zitatzweck

Nach h. M. geht der Zitatzweck über den der „Erläuterung des Inhalts" in   **31** Nr. 1 hinaus (BGH GRUR 1973, 216, 218 – *Handbuch moderner Zitate*; Schricker/Loewenheim/*Schricker/Spindler*[4] Rn. 17). Insb. bei künstlerischen Werken, die den Schutz der **Kunstfreiheit** nach Art. 5 Abs. 3 S. 1 GG genießen, ist der Zitatzweck weitergehend, über den der Belegfunktion hinausgehend, zu verstehen. Das BVerfG hat in seiner *Germania 3*-Entscheidung zur Übernahme von Teilen von Werken Bertold Brechts in ein Werk Heiner Müllers das Zitat als **Stilmittel** bzw. **Mittel künstlerischen Ausdrucks** und **künstlerischer Gestal- tung** anerkannt. Damit räumt es Kunstwerken einen weiteren Anwendungsbe- reich des § 51 als den nichtkünstlerischen Sprachwerken ein (BVerfG GRUR 2001, 149 – *Germania 3*; Zitatzweck ablehnend dagegen die Vorinstanz OLG München ZUM 1998, 417). Ist der Anwendungsbereich des Art. 5 Abs. 3 er- öffnet, so hängt die Zulässigkeit des Zitats nicht mehr davon ab, ob der Künst- ler sich mit dem fremden Werk „auseinandersetzt"; maßgeblich sei allein, ob dieser sich funktional in die künstlerische Gestaltung und Intention des Werks einfügt. Danach können sich ggf. auch Künstler, die bewusst und mit strategi- scher Überlegung die Werke anderer Künstler kopieren (sog. **Approbation Art**; dazu etwa *Schack*, Kunst und Recht Rn. 351 ff.) oder (Presse-)Fotos als Aus- gangspunkt ihres künstlerischen Schaffens wählen (z. B. Gerhard Richters Ab- malungen von Fahndungsfotos der RAF-Terroristen), auf die Zitatschranke be- rufen. Die Qualifizierung des zitierenden Werkes als Kunst allein reicht aber nicht aus. So ist die Übernahme zahlreicher Zeitungsartikel nebst Fotos in ein Buch – ohne Belegfunktion – nicht durch das Zitatrecht gerechtfertigt, nur weil sich der Autor der künstlerischen Technik der literarischen Collage bedient. Es bleibt das Erfordernis der **inneren Verbindung** der zitierten Stellen mit den Gedanken des Zitierenden (BGH GRUR 2012, 819, Ls. 2 – *Blühende Land- schaften*; im Anschluss OLG Brandenburg ZUM-RD 2013, 376; a. A. noch als Vorinstanz OLG Brandenburg GRUR 2011, 141, 142 – *Literarische Collage*). Allein der Umstand, dass eine solche Kombination auch als künstlerische Tech- nik, namentlich als literarische Collage oder Montage, in Betracht kommt, reicht nicht zur Annahme eines Kunstwerks im Sinne von Art. 5 Abs. 3 S. 1 GG aus. Erforderlich ist vielmehr, dass das Werk auch die der Kunst eigenen materiellen Strukturmerkmale aufweist, also insbesondere Ergebnis freier schöpferischer Gestaltung ist (BGH GRUR 2012, 819, Ls. 2 – *Blühende Land- schaften)*. Die Übertragung dieser Grundsätze auf Zitate im Rahmen der **Wis- senschaftsfreiheit** und Freiheit der Lehre bejaht LG München I GRUR-RR 2006, 7, 8 – *Karl Valentin*; skeptisch hingegen KG GRUR-RR 2002, 313, 315, ablehnend Wandtke/Bullinger/*Lüft*[4] Rn. 4. Zu Recht wird die Übertragung der *Germania 3*-Grundsätze auf die Wissenschaftsfreiheit abgelehnt. Zwar kann diese eine wissenschaftsspezifische Auslegung und Anwendung von § 51 Nr. 2 erfordern, doch dient das Zitat in der Wissenschaft ausschließlich als Beleg einer fremden Meinung und gerade nicht als Stilmittel. Eine Übertragung der Grundsätze auf die Pressefreiheit lehnt OLG Hamburg GRUR 2003, 33, 38 – *Maschinenmensch* ab.

Bei Sprachwerken kann das Zitat auch als **Motto** oder **Devise** vorangestellt   **32** werden (OLG München ZUM 2009, 970, 971 – *Typisch München I*; KG

GRUR-RR 2002, 313, 315 – *Das Leben, dieser Augenblick*). Ein Filmzitat zur Einstimmung in einer Talkshow zu senden, ist jedoch nicht zulässig (OLG Köln GRUR 1994, 47, 48 – *Filmausschnitt*).

3. Selbständiges Sprachwerk

33 Das Kleinzitat ist ausdrücklich nur in selbständigen Sprachwerken zulässig. Diese müssen nach § 2 Abs. 1 Nr. 1 selbst urheberrechtlich schutzfähig sein. Der Begriff der Sprachwerke ist dabei nicht allzu eng auszulegen. Die h. M. wendet § 51 Nr. 2 auch auf andere Werkarten, wie Filme und Fernsehsendungen, analog an (vgl. Rn. 42).

34 Bei den Sprachwerken muss es sich um **selbstständige Werke** handeln. Zur Selbständigkeit des zitierenden Werkes vgl. Rn. 19.

V. Das Musikzitat (S. 2 Nr. 3)

35 Das Musikzitat ist ein Unterfall der Nr. 2, wobei der Regelungsgehalt in Nr. 3 enger ist. Sowohl das zitierte als auch das zitierende Werk müssen Werke der Musik i. S. d. § 2 Abs. 1 Nr. 2 sein. Das Musikzitat in anderen Werken als denen der Musik fällt unter den Anwendungsbereich von § 51 Nr. 1 und Nr. 2.

36 Das Musikwerk, aus dem zitiert werden soll, muss statt nur veröffentlicht **erschienen** sein (§ 6 Abs. 2). Das setzt voraus, dass das Musikwerk in der Öffentlichkeit auf Tonträgern oder in Form von Noten angeboten wird.

37 Erlaubt ist nur das Zitieren **einzelner Stellen.** Der Begriff ist eng auszulegen. Solche sind **kleine Ausschnitte,** die jedoch ausreichend lang sein müssen, um dem Hörer das Erkennen des Zitats zu ermöglichen (ausführlich zum Musikzitat *Hertin* GRUR 1989, 159). Welchen Umfang die einzelnen Stellen im Einzelfall haben dürfen, richtet sich nach dem **Zitatzweck.** Notwendig ist stets der Mindestumfang der Übernahme, der erforderlich ist, damit der Hörer die übernommene Werkstelle erkennen kann (Schricker/Loewenheim/*Schricker/Spindler*[4] Rn. 49 und Dreier/Schulze/*Dreier*[4] Rn. 19 begrenzen den Umfang darauf, dass ein Hörer mit durchschnittlichem musikalischem Empfinden gerade noch die fremde Melodie erkennen kann). Die entlehnten Stellen müssen in dem zitierenden Werken **angeführt**, also als fremde Bestandteile erkennbar sein. Die Übernahme einer fremden Melodie oder eines Themas in Variationen wird nicht von Nr. 3 umfasst. Das Musikzitat ist daher von diesen Verarbeitungsformen abzugrenzen. Die freie Benutzung eines vorbestehenden Werkes oder von Teilen daraus ist in der Musik gerade nicht gestattet, § 24 Abs. 2.

38 Zitatzweck der Nr. 3 können sein: Parodie, Erinnerung an einen anderen Komponisten oder die Herstellung einer Assoziation zu örtlichen und zeitlichen Begebenheiten (BeckOK UrhR/*Schulz*[16] Rn. 22; Wandtke/Bullinger/*Lüft*[4] Rn. 20). Beispiele zulässiger Musikzitate sind die Wiedergabe des Wagnerschen Walhalla-Motivs in Richard Strauss' *Feuersnot* (*Ulmer*, Urheber- und VerlagsR[3] § 67 Abs. 2, 3; weitere Beispiele bei *Doblinger* NZM 1963, 134 ff.).

39 Bei Musikzitaten die **Quellenangabe** kann nur im Notentext, auf Programmzetteln oder Tonträgern erfolgen, nicht jedoch bei der Darbietung selbst (*Hertin* GRUR 1989, 159, 164).

VI. Weitere Zitatformen

1. Das Bildzitat

40 Das Bildzitat ist nicht ausdrücklich in § 51 genannt, seine Zulässigkeit jedoch allgemein anerkannt (LG Berlin GRUR 2000, 797 – *Screenshots*). Auf das

Bildzitat findet § 51 Nr. 2 analog Anwendung. Im Einzelfall kann die Übernahme **ganzer Werke** zulässig sein. Dies kann insb. bei der Wiedergabe von Werken der bildenden Kunst, wie Zeichnungen, Grafiken und Karikaturen, Lichtbildwerken, Lichtbildern und wissenschaftlichen/technischen Darstellungen erfolgen. Das Bildzitat wird daher auch als „kleines Großzitat" oder „großes Kleinzitat" bezeichnet (OLG Hamburg GRUR 1990, 36/37 – *Foto-Entnahme*; KG UFITA 54 [1969], 296, 300 – *Extradienst*; LG München I FuR 1984, 475, 477 – *Monitor*). Denn bei Abbildungen fallen Groß- und Kleinzitat praktisch zusammen, da ein sinnvolles Zitieren ohne die vollständige Wiedergabe des zitierten Bildwerkes nicht möglich ist. Die Übernahme ganzer Darstellungen muss jedoch **erforderlich** sein, um den zulässigen Zitatzweck zu erreichen (LG Berlin GRUR 2000, 797 – *Screenshots*; OLG München ZUM 2003, 571, 574 ff. – *Badeszene*; *Ulmer* GRUR, 1972, 323, 328; Schricker/*Schricker*³ Rn. 45). Die Zitate dürfen nicht den Beitrag eigentlich prägen oder ganz wesentlich tragen (OLG Hamburg GRUR 1990, 36, 37 – *Foto-Entnahme*). Kein zulässiger Zitatzweck ist die Ermöglichung der Bildrecherche (BGH GRUR 2010, 628 Tz. 25 – *Vorschaubilder*; ebenso Vorinstanz OLG Jena ZUM 2008, 522, 525; BGH GRUR 2012, 602 Tz. 14 – *Vorschaubilder II*; dazu vgl. § 19a Rn. 22.

Im **politischen Meinungskampf** ist die Wiedergabe des ganzen zitierten Werkes in der Rechtsprechung anerkannt. Dies wird vor allem mit dem Grundrecht der Meinungsfreiheit nach Art. 5 Abs. 1 GG gerechtfertigt (KG UFITA 54 [1969], 296, 300 – *Extradienst*; LG München I UFITA 77 [1976], 289, 292 – *Kampf der Klassenjustiz*; *Erich Schulze* LGZ 182 – *Entmannt alle Wüstlinge* sowie LG Frankfurt UFITA 1982, 338, 340 – *Lachende Sonne*: für politische Embleme). Bei Karikaturen, politischen Witzen und Versen, Wahlslogans erfordert der Zitatzweck in der Regel die Wiedergabe des ganzen zitierten Werkes. So gestattete die Rechtsprechung die Übernahme von Pressefotos zum Zweck der kritischen Auseinandersetzung (LG Berlin GRUR 1978, 108, 110 – *Terroristenbild*: unter Berufung auf Art. 5 Abs. 1 S. 2 GG, da anders die Freiheit der Berichterstattung und der politische Meinungskampf nicht aufrecht zu erhalten wären), die Übernahme eines Fotos aus einem Werbeprospekt (LG München I UFITA 77 [1976], 289), die Übernahme politischer Karikaturen inklusive Begleittext (LG München UFITA 77 [1976], 289; KG UFITA 54 [1969], 296). Im Anwendungsbereich der **Kunstfreiheit** nach Art. 5 Abs. 3 GG wird man das Bildzitat ggf. erweiternd und ergänzend auslegen müssen (vgl. Rn. 31; zu den Grenzen BGH GRUR 2012, 819 – *Blühende Landschaften*). So mag die bewusste Übernahme und Verfremdung von Fotografien und sonstiger vorbestehender Werke in Kunstwerken (**Appropriation Art**) vom Zitatrecht gedeckt sein, wenn zugleich eine künstlerische Auseinandersetzung mit dem übernommenen Werk stattfindet (s. dazu *Schack* FS Nordemann II S. 107).

41

2. Das Filmzitat

Allgemein anerkannt ist, dass § 51 Nr. 2 auf Filmwerke analog anzuwenden ist. Filmwerke sind als zitierte und zitierende Werke zulässig (bspw. BGH GRUR 1987, 363, 364 – *Filmzitat*; BGH GRUR 2008, 693 Tz. 40 – *TV-Total*; OLG Frankfurt aM. ZUM 2005, 477, 481 (Vorinstanz); OLG Köln GRUR-RR 2010, 151 – *Zusammenbruch bei Dieter Bohlen*; OLG Köln GRUR 1994, 47 – *Filmausschnitt*; BGH GRUR 1978, 362, 363; AG Köln ZUM 2003, 77). Zu den Filmwerken gehören nicht nur Kinofilme, sondern auch Fernsehfilme und Fernsehsendungen (BGH GRUR 1987, 363, 364 – *Filmzitat*; OLG Köln GRUR 1994, 47 – *Filmausschnitt*). Auch pantomimische Werke sowie wissenschaftliche und technische Darstellungen und sonstige Werkgattungen, die ein Zitieren möglich machen, sind vom analogen Anwendungsbereich des § 51

42

Nr. 2 umfasst (Ulmer § 67 Abs. 2, 4; Schricker/Loewenheim/*Schricker/Spindler*[4] Rn. 41).

43 Die einzelnen Werkstellen oder ggf. ganzen Werke, aus denen zitiert wird, können aus Filmwerken, Lichtbildwerken, Lichtbildern, Laufbildern sowie Musikwerken stammen. Jedoch darf in Laufbildern nicht zitiert werden, da es ihnen an der Selbständigkeit des Werkes fehlt (Wandtke/Bullinger/*Lüft*[4] Rn. 17; Schricker/Loewenheim/*Schricker/Spindler*[4] Rn. 41).

3. Zitate in Multimediawerken

44 Das Zitat ist auch in sowie aus Multimediawerken zulässig (*Schulz* ZUM 1998, 221, 231 ff., Wandtke/Bullinger/*Lüft*[4] Rn. 17; Loewenheim/*Götting*[2] § 31 Rn. 144). Diese sind den Filmwerken nicht unähnlich, sodass die zum Filmzitat entwickelten Grundsätze auch hier – unter Berücksichtigung der technischen Besonderheiten – Anwendung finden.

45 Nicht unter den Anwendungsbereich des § 51 fallen **Zitate per Link**, d. h. die Verweisung auf eine Webseite, auf der das Originalwerk bereitgehalten wird. Denn selbst das Setzen von Deep-Links (zum Begriff vgl. § 16 Rn. 30) greift nicht in urheberrechtliche Verwertungsbefugnisse ein (BGH GRUR 2003, 958, 961 – *Paperboy*; zum Ganzen vgl. § 16 Rn. 30).

VII. Die Benutzung „vermittelnder" Abbildungen (S. 3)

45a S. 3 wird durch das UrhWissG 2017 neu eingefügt. Es beseitigt eine bisherige **systemische Schwäche** des Zitatrechts, welches dem Zitierenden zum Zwecke des Zitats zwar erlaubt, ggf. ganze Werke zu übernehmen, solange die Belegfunktion und die innere Verbindung (vgl. Rn. 16 f.) gewahrt ist. In aller Regel ist der Zitierende dabei jedoch auf die Verwendung von Fotografien angewiesen, die das zitierte Werk, etwa ein Gemälde, eine Skulptur oder ein Bauwerk, wiedergeben. Für diese **„vermittelnde" Fotografie**, die als Lichtbild (§ 72) oder Lichtbildwerk (§ 2 Abs. 1 Nr. 5) geschützt sein kann, fehlt wiederum der Zitatzweck: Der Zitierende setzt sich mit dem abgebildeten Kunstwerk, nicht der Fotografie davon auseinander. Bis dato musste er daher entweder die Rechte des Fotografen einholen oder selber die Fotografie anfertigen (kritisch dazu *Schack* FS Pfennig S. 212 ff; *Berberich/Jan Bernd Nordemann* ZUM 2010, 966). S. 3 erlaubt nun die „Nutzung einer Abbildung oder sonstigen Vervielfältigung des zitierten Werkes", auch wenn die Abbildung ihrerseits urheberrechtlich geschützt ist. Darauf, ob in dem zitierenden Werk nur eine Auseinandersetzung mit dem abgebildeten Werk oder auch mit dem Lichtbild bzw. Lichtbildwerk erfolgt, kommt es nicht an (s. RegE UrhWissG – BT-Drs. 18/12329, S. 32). Irrig spricht der RegE UrhWissG 2017 davon, dass S. 3 nur klarstellende Bedeutung habe. So begrüßenswert die Neuregelung für die Zitierpraxis ist, darf nicht verkannt werden, dass sie eine **weitgehende Rechtlosstellung der Fotografen** begründet, die sich auf die bildgetreue Wiedergabe von Kunstwerken spezialisiert haben. Wer die qualitativ beste Fotografie eines geschützten Kunstwerks erstellt und etwa im Internet zur Verfügung hat, wird in besonderem Masse entschädigungslos „zitiert werden". Von der erweiterten Schranke nach S. 3 jedenfalls nicht mehr gedeckt ist die Verwendung von Fotografien, die das zitierte Werk in Szene setzen, d. h. einen **kreativen Überschuss** enthalten, der über die bloße neutrale Wiedergabe des zitierten Werks hinausgehen.

VIII. Rechtsfolgen

46 Entspricht das Zitat den Anforderungen des § 51, sind seine Vervielfältigung, Verbreitung und öffentliche Wiedergabe erlaubt. Die Zustimmung des Urhebers ist nicht erforderlich, sie wird durch die Schranke des § 51 ersetzt. Ebenso entfallen jegliche Vergütungsansprüche des Urhebers; denn Grundlage der Verwertung ist die eigene schöpferische Leistung des Zitierenden und gerade nicht das Zitat.

Ist der Zitatzweck nicht zulässig bzw. überschreitet der Umfang den zulässigen Zitatzweck, ist **das ganze Zitat unzulässig** und nicht nur der über den zulässigen Umfang hinausgehende Teil (OLG Hamburg GRUR 1990, 36 – *Foto-Entnahme*; LG München AfP 1994, 326; Schricker/Loewenheim/*Schricker/Spindler*[4] Rn. 19; Wandtke/Bullinger/*Lüft*[4] Rn. 6; Wegner/Wallenfels/*Kaboth* S. 61). Dem Berechtigten stehen in diesem Fall nach § 97 ein Unterlassungs-, ggf. auch ein Schadensersatzanspruch (insb. beim Bildzitat) zu. Letzterer beschränkt sich dabei nicht auf den überschießenden Teil des Zitats (OLG Hamburg GRUR 1990, 36 – *Foto-Entnahme*). **47**

Verstößt der Zitierende gegen die **Pflicht zur Quellenangabe** nach § 63, bleibt aber mit dem Zitat innerhalb der Grenzen des § 51, war das Zitat nach bisheriger Rechtspraxis nicht insgesamt unzulässig; der Unterlassungsanspruch richtete sich nur gegen die fehlende Quellenangabe (OLG Hamburg GRUR 1970, 38, 40 – *Heintje*; Dreier/Schulze/*Dreier*[5] Rn. 26; ebenso noch unsere 10. Aufl.). Der Wortlaut von Art. 5 Abs. 3 lit. d („*sofern [...] die Quelle [...] angegeben wird*") legt jedoch nahe, dass die Quellenangabe Voraussetzung des Zitatrechts ist (EuGH GRUR 2012, 166 Tz. 149 – *Painer/Standard*; ebenso Schricker/Loewenheim/*Schricker/Spindler*[4] Rn. 15). Der Unterlassungsanspruch richtet sich dann auf das Zitat als solche, nicht nur gegen die fehlende Quellenangabe. Einzelheiten vgl. § 63 Rn. 19. **48**

§ 52 Öffentliche Wiedergabe

(1) [1]**Zulässig ist die öffentliche Wiedergabe eines veröffentlichten Werkes, wenn die Wiedergabe keinem Erwerbszweck des Veranstalters dient, die Teilnehmer ohne Entgelt zugelassen werden und im Falle des Vortrages oder der Aufführung des Werkes keiner der ausübenden Künstler (§ 73) eine besondere Vergütung erhält.** [2]**Für die Wiedergabe ist eine angemessene Vergütung zu zahlen.** [3]**Die Vergütungspflicht entfällt für Veranstaltungen der Jugendhilfe, der Sozialhilfe, der Alten- und Wohlfahrtspflege, sowie der Gefangenenbetreuung, sofern sie nach ihrer sozialen oder erzieherischen Zweckbestimmung nur einem bestimmt abgegrenzten Kreis von Personen zugänglich sind.** [4]**Dies gilt nicht, wenn die Veranstaltung dem Erwerbszweck eines Dritten dient; in diesem Fall hat der Dritte die Vergütung zu zahlen.**

(2) [1]**Zulässig ist die öffentliche Wiedergabe eines erschienenen Werkes auch bei einem Gottesdienst oder einer kirchlichen Feier der Kirchen oder Religionsgemeinschaften.** [2]**Jedoch hat der Veranstalter dem Urheber eine angemessene Vergütung zu zahlen.**

(3) Öffentliche bühnenmäßige Darstellungen, öffentliche Zugänglichmachungen und Funksendungen eines Werkes sowie öffentliche Vorführungen eines Filmwerkes sind stets nur mit Einwilligung des Berechtigten zulässig.

§ 52 wurde durch das UrhWissG 2017 mit Wirkung zum 1. März 2018 geändert. Zur bis dahin geltenden Fassung s. unsere 11. Aufl.

Übersicht

I. Allgemeines

1. Bedeutung, Sinn und Zweck der Norm

1 Dem Urheber steht nach § 15 Abs. 2 das ausschließliche Recht zu, sein **Werk in unkörperlicher Form öffentlich wiederzugeben.** § 52 schränkt dieses Recht für bestimmte Veranstaltungen im **Interesse der Allgemeinheit** und aufgrund **sozialer Erwägungen** ein (den Sozialbezug betonend RegE ÄndG 1985 – BT-Drs. 10/837, S. 14). Die Schranke ist damit Ausdruck der Sozialbindung des geistigen Eigentums (vgl. Vor §§ 44a ff. Rn. 1) und war wiederholt Gegenstand einer verfassungsrechtlichen Überprüfung (BVerfGE 49, 382 – *Kirchenmusik*; GRUR 1989, 193, 196 – *Vollzugsanstalten* zur vergütungsfreien Wiedergabe von Musikwerken in Vollzugsanstalten). **Typische Anwendungsfälle** sind die konzertante Darbietung (§ 19 Abs. 2 1. Alt) oder Tonträgerwiedergabe von Musik (§ 21) sowie die öffentliche Wiedergabe von Radio- oder Fernsehsendungen (§ 22) auf Veranstaltungen, die jeweils keinem Erwerbszweck dienen.

2 § 52 differenziert zwischen vergütungspflichtigen und -freien Veranstaltungen: Für die in **Abs. 1 S. 1** und **Abs. 2** aufgezählten Veranstaltungen (vgl. Rn. 9 ff.) ist die öffentliche Wiedergabe veröffentlichter Werke ohne die Zustimmung des Urhebers zulässig, diesem jedoch eine angemessene Vergütung zu zahlen (= gesetzliche Lizenz mit Vergütungsanspruch). Für die in **Abs. 1 S. 3** aufgeführten Veranstaltungen der Sozialfürsorge (vgl. Rn. 22 ff.) entfällt neben dem Zustimmungsvorbehalt des Urhebers auch dessen Vergütungsanspruch, sodass ihm hier von seinem Verwertungsrecht aus § 15 Abs. 2 letztlich nichts verbleibt. Von dieser Vergütungsfreiheit profitiert insbesondere die öffentliche Hand, welche typischer Weise die in Abs. 1 S. 3 genannten Einrichtungen der Sozialfürsorge betreibt. Tatsächlich geht es damit weniger um einen *freien* als um einen *kostenlosen* Zugang zu veröffentlichten Werken (kritisch vor allem Schricker/Loewenheim/*Melichar*[5] Rn. 1). Diese vom BVerfG gebilligte (GRUR 1989, 193, 196 – *Vollzugsanstalten*) Benachteiligung der Urheber gegenüber den Lieferanten körperlicher Güter ist rechtspolitisch zweifelhaft. Wenn selbst die öffentliche Hand den Vergütungsanspruch durch Sonderregelungen unterläuft, führt dies zu einer öffentlichen Entwertung geistigen Schaffens und schafft den Nährboden für mangelndes Unrechtsbewusstsein bei illegalen Werknutzungen.

3 Die **praktische Bedeutung** der Schranke wird allerdings durch **Abs. 3** wesentlich abgeschwächt (vgl. Rn. 29 ff.): Sie findet keine Anwendung auf Bühnendarstellungen (§ 19 Abs. 2), öffentliche Zugänglichmachungen (§ 19a), Funksendungen (§ 20; BGH GRUR 1994, 45, 46 – *Verteileranlagen*; BGH GRUR 1994, 797 f. – *Verteileranlage im Krankenhaus*) sowie die öffentliche Vorführung von Filmwerken (§ 19 Abs. 4).

4 Für die **Praxis der Rechtewahrnehmung** zeigen sich gegenüber gewerblichen Veranstaltungen nur graduelle Unterschiede: Da das Recht der öffentlichen

Wiedergabe im Veranstaltungsbereich seit jeher kollektiv durch Verwertungsgesellschaften wahrgenommen wird (vgl. § 19 Rn. 7, 14), d. h. auch gewerbliche Einrichtungen (z. B. Diskotheken oder Konzertveranstalter) die erforderlichen Rechte dort aufgrund des Kontrahierungszwangs pauschal erwerben können, bestehen für nach § 52 privilegierte Werkwiedergaben meist nur Unterschiede in der **Vergütungshöhe** (zu Einzelheiten vgl. Rn. 18 ff.).

2. Früheres Recht

Die Schranke des § 52 geht auf § 27 LUG zurück, der für Werke der Tonkunst **5** bereits eine Privilegierung der öffentlichen Wiedergabe zu nicht gewerblichen sowie zu weiteren privilegierten Zwecken vorsah. In der ersten Fassung des UrhG von 1965 enthielt die Vorschrift (damals § 53 a. F.) eine Ausnahme vom Einwilligungsvorbehalt des Urhebers, ohne gleichzeitig eine Vergütungspflicht des Veranstalters zu statuieren. Diese Vergütungsfreiheit wurde von weiten Teilen der Literatur als verfassungswidriges Sonderopfer kritisiert. Das BVerfG folgte dieser Auffassung für den Bereich der privilegierten Kirchenmusik (BVerfG GRUR 1980, 44 – *Kirchenmusik*). Die daraufhin durch das ÄndG 1985 erfolgte **Neufassung** der Absätze 1 und 2 ist seither nahezu unverändert geblieben (zur Verfassungsmäßigkeit der heutigen Regelung vgl. Rn. 2). Mit Einführung des Rechts der öffentlichen Zugänglichmachung (§ 19a) durch das UrhG Infoges 2003 (1. Korb) wurde dieses Recht in **Abs. 3** vom Anwendungsbereich der Schranke ausgenommen. Online-Werknutzungen werden damit niemals privilegiert.

3. Konventionsrecht und EU-Richtlinien

Im **Konventionsrecht** steht die Schranke in gewissem Widerspruch zu **Art. 11 6 und Art. 11ᵗᵉʳ RBÜ**, die den Vertragsstaaten ihrem Wortlaut nach nicht die Möglichkeit gewähren, das ausschließliche Recht des Urhebers zur öffentlichen Aufführung und zum öffentlichen Vortrag seines Werkes zu beschränken. Vor diesem Hintergrund war und ist umstritten, ob die Schranke des § 52 mit den Regelungen der RBÜ vereinbar ist. Solchen Bedenken, wie sie ursprünglich vor allem von *Bappert/Wagner* (Art. 11 RBÜ Rn. 11) erhoben worden sind, trat der Gesetzgeber (RegE UrhG 1962 – BT-Ds. IV/270, S. 68) im Anschluss an *Ulmer* (Urheber- und VerlagsR², S. 247) mit dem Hinweis entgegen, dass ein entsprechender Vorbehalt zwar nicht im Text der RBÜ, wohl aber im Generalbericht gemacht worden sei (Documents de la Conférence Réunie à Bruxelles du 5 à 26 juin 1948, S. 100, deutsche Übersetzung bei Mestmäcker/Schulze Anhang B 2, S. 7). Diese Rechtsansicht kann zumindest für den heutigen Anwendungsbereich von § 52 nicht überzeugen. Der Generalbericht sieht lediglich kleine Vorbehalte („petites réserves") zugunsten religiöser Zeremonien, Militär-Musiken, Unterrichtserfordernisse und volkstümlicher Verbreitung vor. Die durch § 52 privilegierten Veranstaltungen können darunter meist nicht gefasst werden.

Weitere Vorgaben für das deutsche Urheberrecht enthält **Art. 3 Info-RL**, der **7** dem Urheber ein ausschließliches Recht zur öffentlichen Wiedergabe seines Werkes gewährt. Da der Begriff der öffentlichen Wiedergabe unionsrechtlich einheitlich auszulegen ist (BGH GRUR 2016, 71, Tz. 38 – *Ramses*), ist die Legaldefinition des § 15 Abs. 3 zur öffentlichen Wiedergabe kaum noch aufrechtzuerhalten (dazu sowie zur umfangreichen, kasuistisch geprägten und teilweise widersprüchlichen Rspr. des EuGH zum Begriff der öffentlichen Wiedergabe vgl. § 15 Rn. 27 ff.). Art. 5 Abs. 3 g) Info-RL sieht hiervon Ausnahmen für religiöse oder offizielle, von einer Behörde durchgeführte Veranstaltungen vor. Der Großteil der durch § 52 privilegierten Veranstaltungen kann nur unter Art. 5 Abs. 3 o) Info-RL gefasst werden, der weitere Ausnahmen *in anderen Fällen von geringer Bedeutung* zulässt.

8   Sowohl nach den Vorgaben der RBÜ als auch nach der Info-RL ist daher eine **restriktive Anwendung** von § 52 auf Veranstaltungen mit geringer Bedeutung für den Urheber geboten (s. BGH NJW 1984, 1108, 1109 für die Auslegung des Begriffes „Erwerbszweck" mit Blick auf Art. 11 RBÜ; ebenso Wandtke/Bullinger/*Lüft*[4] Rn. 2; Schricker/Loewenheim/*Melichar*[5] Rn. 7).

II. Einzelerläuterungen

1. Zustimmungsfreie Wiedergabe mit Vergütungspflicht (Abs. 1 S. 1, Abs. 2 S. 1)

9   **a) Wiedergabe ohne Erwerbszweck (Abs. 1 S. 1):** Die Privilegierung gilt nur für die Wiedergabe **veröffentlichter Werke** (§ 6 Abs. 1), welche mit Zustimmung des Berechtigten der Öffentlichkeit zugänglich gemacht worden sind. Die Freigabe öffentlicher Wiedergaben war in der bis 2003 geltenden Gesetzesfassung noch auf *erschienene* Werke (§ 6 Abs. 2) beschränkt (zu den Begriffen der Veröffentlichung und des Erscheinens vgl. § 6 Rn. 10 ff., 15 ff.). Mit der Erweiterung wollte der Gesetzgeber der geänderten Veröffentlichungspraxis Rechnung tragen und auch Werke in die Schranke einbeziehen, die z. B. „lediglich im Internet veröffentlicht wurden" (RegE UrhVG 2002 – BT-Drs. 14/7564). Für Gottesdienste und kirchliche Feiern ist es bei der Freigabe von **erschienenen Werken** geblieben.

10   § 52 UrhG erfasst **nur die öffentliche Wiedergabe** eines Werkes. Die nichtöffentliche Wiedergabe ist jederzeit ohne Zustimmung des Urhebers und ohne eine gesonderte Vergütung möglich. Durch den im Zuge der Unionsrechtsprechung **geänderten Begriff der öffentlichen Wiedergabe** (vgl. § 15 Rn. 27 ff.) dürften bestimmte Wiedergabehandlungen nicht mehr als öffentlich anzusehen sein; in diesen Fällen bedarf es keiner Berufung auf die Schranke (zur Abgrenzung und Beispielen der öffentlichen von der nicht-öffentlichen Wiedergabe vgl. § 15 Rn. 30 ff.). § 52 rechtfertigt nur die (unveränderte) öffentliche Wiedergabe, nicht jedoch **Entstellungen oder andere Beeinträchtigungen** des Werkes (s. dazu BGH, Beschl. v. 11.5.2017 – I ZR 147/16 (OLG Jena) Urheberpersönlichkeitsrechtverletzung durch Verwendung von Musik im Wahlkampf – Die Höhner (§ 14 UrhG); OLG Thüringen, Urt. v. 22.4.2015 – 2 U 738/14 –, juris) zur Wiedergabe von Musik auf Wahlkampfveranstaltungen).

11   Die Wiedergabe darf **keinem Erwerbszweck** des Veranstalters dienen. Sie darf also nicht zur Förderung seiner gewerblichen oder betrieblichen Interessen bestimmt sein. Da Schrankenbestimmungen eng auszulegen sind und § 52 zudem unions- und konventionsrechtlichen Bedenken begegnet (vgl. Rn. 6 ff.), wird der Begriff des Erwerbszweckes von der Rechtsprechung weit ausgelegt. Die Schranke entfällt bereits dann, wenn die Wiedergabe *auch* einem Erwerbszweck des Veranstalters dient, der hinter weiteren Zwecken nicht als völlig nebensächlich zurücktritt (so schon BGH GRUR 1955, 549 f. – *Betriebsfeiern* für die Betriebsfeiern eines gewerblichen Unternehmens und BGH GRUR 1961, 97, 99 – *Sportheim* für die Wiedergabe von Musik in der Gaststätte eines gemeinnützigen Sportvereins; beide noch zum engeren Begriff des „gewerblichen Zweckes" nach § 27 LUG). Gleichgültig ist, ob der Erwerb *mittelbar oder unmittelbar* gefördert wird (RegE UrhG 1962 – BT-Drs. IV/270, S. 69 f.; ebenso schon BGH GRUR 1956, 131, 132 – *Rosenmontagsfest* und die vorstehend genannten Quellen) oder ob durch den Betrieb Gewinn erzielt wird. Auch die Rechtsform des Veranstalters ist ohne Belang, sodass staatliche (BGH GRUR 1972, 614, 615 – *Landesversicherungsanstalt*) oder gemeinnützige Veranstalter (BGH a. a. O. – *Sportheim*) ebenfalls Erwerbszwecke verfolgen können. Liegt ein Erwerbszweck nur deshalb nicht vor, weil es sich beim Veranstalter um eine staatliche Einrichtung handelt, wäre ein solcher aber im

Einzelfall bei vergleichbaren privaten Einrichtungen zu bejahen, so kann der Erwerbszweck im Wege der Analogie unterstellt werden (BGH GRUR 1983, 562, 566 – *Zoll- und Finanzschulen* zur Wiedergabe von Musik- und Sprachwerken in den Gemeinschaftsräumen deutscher Zoll- und Finanzschulen).

Demgemäß besteht auch für öffentliche Kliniken, Sanatorien, Wohnheime und **12** Clubhäuser regelmäßig *keine* Wiedergabefreiheit (BGH GRUR 1972, 614, 615 – *Landesversicherungsanstalt*). Von der **älteren Rechtsprechung** wurde ferner entschieden:
– OLG Frankfurt GRUR 1969, 52 – Fernsehübertragungen in Erholungsheim der Deutschen Bundesbahn;
– OLG Frankfurt BB 1970, 1371 – Musikübertragungen in Heilstätten einer Landesversicherungsanstalt;
– OLG München *Erich Schulze* OLGZ 111 – Rundfunkwiedergabe in Gemeinschaftsräumen einer gemeinnützig betriebenen Klinik;
– LG Frankfurt *Erich Schulze* LGZ 116 – Rundfunkwiedergabe in den Gemeinschaftsräumen von Studentenwohnheimen;
– KG UFITA 66 [1973], 310 – Rundfunkwiedergabe in Gemeinschaftsräumen eines Sanatoriums;
– OLG Köln UFITA 90 [1981], 212 – Psychiatrisches Krankenhaus;
– BGH UFITA 73 [1975], 286 – Rundfunkwiedergabe in Gemeinschaftsräumen eines Postjugendheims;
– LG Berlin *Erich Schulze* LGZ 135 – Rundfunkwiedergabe in Clubhaus der Freien Universität zu Berlin;
– LG Frankfurt *Erich Schulze* LGZ 136 – Rundfunkwiedergabe in Gastarbeiterwohnheim;
– OLG Hamm UFITA 93 [1982], 209 – Rundfunkwiedergabe in Kirchlichen Heimen;
– LG Frankfurt *Erich Schulze* LGZ 154 – Rundfunkwiedergabe in Aufenthaltsräumen und Dozentenzimmern einer Landesfinanzschule (ebenso LG Hannover *Erich Schulze* LGZ 165);
– OLG Köln *Erich Schulze* OLGZ 230 – Psychiatrisches Krankenhaus;
– AG Bad Mergentheim *Erich Schulze* AGZ 24 – Rundfunkwiedergabe in einem gemeinnützig betriebenen Offiziersheim.

In all diesen Fällen – mit Ausnahme der Entscheidung des LG Berlin *Erich* **13** *Schulze* LGZ 135 – *Clubhaus der FU* – wurde ein zumindest mittelbarer Erwerbszweck angenommen. Die Entscheidungen ergingen allerdings vor dem ÄndG 1985, als § 52 a. F. noch eine völlige Vergütungsfreiheit vorsah (vgl. Rn. 5), weshalb die Rspr. zu einer **extensiven Auslegung** des **Erwerbszwecks** tendierte. Angesichts des durch die Unionsrechtsprechung **geänderten Begriffs der öffentlichen Wiedergabe** (ausführlich dazu § 15 Rn. 27) dürften diverse Fallgestaltungen heute gar nicht mehr als öffentliche Wiedergabe einzuordnen sein, so etwa die Wiedergabe der Musik in Arztpraxen (so noch LG Leipzig NJW-RR 1999, 551 f. – *Hintergrundmusik im Wartezimmer*; LG Köln GRUR 2015, 885, 888 – *Rehabilitationszentrum*; dagegen BGH GRUR 2016, 278 – *Hintergrundmusik in Zahnarztpraxen* unter Berufung auf EuGH GRUR 2012, 593 Rn. 85 – *SCF*). Öffentliche Wiedergabe mit Erwerbszweck dürfte aber weiterhin vorliegen, wenn Ladengeschäfte ihre Kunden mit Musik unterhalten (weitgehend LG Frankfurt aM. ZUM-RD 2005, 242 f. – *Hintergrundmusik in Optikergeschäft*).

Ob ein Erwerbszweck vorliegt, ist an der Person des **Veranstalters** festzuma- **14** chen. Dies ist, wer die Wiedergabe angeordnet hat und durch dessen ausschlaggebende Tätigkeit sie ins Werk gesetzt ist, also regelmäßig derjenige, der für die Aufführungen in organisatorischer und finanzieller Hinsicht verantwortlich ist und die wiedergegebenen Werke aussucht (zur Veranlasserhaftung s. BGH

GRUR 1956, 515 – *Tanzkurse*; BGH GRUR 1960, 606 – *Eisrevue II*; BGH
GRUR 1960, 253 – *Auto-Skooter*). Der Begriff des Veranstalters in § 52 entspricht nicht demjenigen in § 81 (vgl. § 81 Rn. 14 ff.). Im Gegensatz zu § 81,
der dem Veranstalter ein eigenes Leistungsschutzrecht zuordnet, verlangt § 52
nicht zwingend eine aktive organisatorische Tätigkeit des Veranstalters. Ausreichend ist, dass er nach außen hin die Verantwortung für die öffentliche Wiedergabe des Werkes übernimmt. Veranstalter kann auch sein, wer die Wiedergabe
in seinem Verantwortungsbereich duldet (LG Hannover *Erich Schulze* LGZ
165, 6 – *für die Rundfunkwiedergabe in einer Landesfinanzschule*). Dient die
Veranstaltung dem **Erwerbszweck eines Dritten**, schließt dies die Privilegierung
des Veranstalters nach § 52 Abs. 1 nicht aus (zur Vergütungspflicht des Dritten
nach Abs. 1 S. 4 vgl. Rn. 28).

15 Die **Teilnehmer** müssen **ohne Entgelt** zugelassen werden. Ein Eintrittsgeld
würde stets dem Erwerb des Veranstalters dienen; die Tatsache, dass der Gesetzgeber neben das Fehlen des Erwerbszwecks das Erfordernis der Unentgeltlichkeit gestellt hat, macht deutlich, dass auch die Erhebung reiner Unkostenbeiträge oder sonstiger Beiträge, von denen die Zulassung zur Veranstaltung
abhängig gemacht wird, die Anwendung des § 52 ausschließt, wobei selbst
kleinste Beträge genügen (anders noch – vor Inkrafttreten des UrhG – BGH
GRUR 1956, 131, 134 – *Schützenfest*, weil es sich um ein Volksfest i. S. v. § 27
Abs. 1 Nr. 1 LUG handelte). Die Verpflichtung zum Kauf von Verzehrbons
oder ein Mindestverzehr z. B. in Diskotheken stellen demnach ebenso ein Entgelt dar wie der Verkauf von Programmheften, soweit hiervon der Zutritt abhängig gemacht wird. Kein Entgelt sind allgemeine Mitgliedsbeiträge und freiwillige Spenden, wie sie von Kirchen während ihrer Gottesdienste erbeten
werden, ohne dass hiervon die Zulassung der Teilnehmer abhängig gemacht
wird (a. M. Schricker/Loewenheim/*Melichar*[4] Rn. 17; beide unter Berufung auf
KG UFITA 15 [1942], 422, 423; wie hier *v. Gamm* Rn. 8; BeckOK UrhR/
Schulz[16] Rn. 9; vermittelnd Dreier/Schulze/*Dreier*[5] Rn. 7).

16 Bei Vorträgen (§ 19 Abs. 1) oder Aufführungen (§ 19 Abs. 2 1. Alt.) dürfen
ausübende Künstler **keine besondere Vergütung** erhalten. Ist der Veranstalter
bereit, ihre Leistungen zu vergüten, so ist ihm zuzumuten, auch den Urheber
zu honorieren (RegE UrhG 1962 – BT-Drs. IV/270, S. 69). Es muss sich allerdings um eine *besondere* Vergütung handeln. Ein ohnehin gezahltes Arbeitsentgelt an angestellte Künstler (z. B. den Organisten einer Gemeinde) fällt nicht
darunter. Auch der bloße Ausgleich von Unkosten stellt keine besondere Vergütung dar. Unerheblich ist, ob die Vergütung in Geld oder andersartig geleistet
wird. Nach der Textfassung von 1965 musste die Vergütung *gezahlt* werden,
also in Geld bestehen. Die Verabreichung von Speisen, Getränken und sonstigen Naturalien an die Künstler galt demnach nicht als Vergütung. Seit der offen
formulierten („Vergütung erhält") Neufassung von 1985 entfällt das Privileg
des Abs. 1 auch bei **Sachleistungen**, was dem Ausnahmecharakter der Regelung
besser gerecht wird (a. A. für die Bereitstellung von Speisen und Getränken
im üblichen Umfang: Wandtke/Bullinger/*Lüft*[4] Rn. 8; BeckOK UrhR/*Schulz*[16]
Rn. 10; wie hier: Dreier/Schulze/*Dreier*[3] Rn. 8; Schricker/Loewenheim/*Melichar*[5] Rn. 19). Vergütungen an Mitwirkende, die nicht ausübende Künstler sind
(Techniker, Garderobieren, Aufsichtspersonal) sind unschädlich.

17 **b) Wiedergabe bei religiöser Veranstaltung (Abs. 2 S. 1):** Die Privilegierung von
Gottesdiensten und kirchlichen Feiern, wie sie **Abs. 2** statuiert, entspricht dem
Wortlaut nach der *Kirchenmusik*-Entscheidung des BVerfG (vgl. Rn. 5). **Kirchliche Feiern** können Taufen, Beerdigungen, Prozessionen, Andachten und andere *liturgisch bestimmte Anlässe* sein, nicht aber Gemeindeabende, Jugend-
und Altenkreise, Begegnungsabende oder Tagungen. Der Gesang der Gemeinde
und dessen musikalische Begleitung fällt (anders als noch in unserer 11. Aufl.

vertreten) bereits nicht unter das ausschließliche Aufführungsrecht des Urhebers (§ 19 Abs. 2), weil eine „Aufführung" die Darbietung vor einem Zuhörerkreis verlangt und es im Gottesdienst an der notwendigen Zweiteilung in Darbietende und Zuhörerschaft fehlt (vgl. § 19 Rn. 13; RegE ÄndG 1985 – BT-Drs. 10/837, S. 15 f.; ausführlich zum Streitstand Schricker/Loewenheim/*Melichar*[5] Rn. 40 ff.). Demnach bezieht sich Abs. 2 praktisch nur auf die Predigt, das Orgelvor- und -nachspiel sowie gegebenenfalls auf besondere Darbietungen des Kirchen- oder Posaunenchores oder sonstiger Dritter z. B. musikalische Beiträge im Rahmen einer Beerdigung ohne aktive Beteiligung der Gemeinde. Im Gegensatz zur Regelung in Abs. 1 sind nach Abs. 2 außerdem lediglich bereits **erschienene Werke** freigegeben. Privilegiert sind **alle Kirchen und Religionsgemeinschaften** unabhängig von ihrer Rechtsform.

c) Vergütungspflicht (Abs. 1 S. 2, Abs. 2 S. 2) und Praxis der Rechtewahrnehmung: Muss der Berechtigte die öffentliche Wiedergabe seines Werkes dulden, so steht ihm in den Fällen des Abs. 1 S. 1 und Abs. 2 S. 1 gegen den Veranstalter ein Anspruch auf **angemessene Vergütung** zu (gesetzlicher Vergütungsanspruch; vgl. Vor §§ 44a ff. Rn. 9 f.).

18

Der Vergütungsanspruch steht dem jeweiligen Urheber zu und kann von diesem selbst wahrgenommen werden. Da dies meistens – wie allgemein die Rechtewahrnehmung im Bereich der öffentlichen Wiedergaberechte – weder für den Urheber noch den Veranstalter praktikabel ist, wird der Vergütungsanspruch meist durch **Verwertungsgesellschaften** wahrgenommen. Entsprechende Regelungen zur treuhänderischen Wahrnehmung der Vergütungsansprüche nach § 52 enthalten die Wahrnehmungsverträge der GEMA für Komponisten, Textdichter und Musikverlage, der VG *BildKunst* für Filmschaffende der Berufsgruppe III, der GVL für ausübende Künstler und Tonträgerhersteller und der VG Wort für Urheber von Werken der Literatur und Wissenschaft. Die betreffende Verwertungsgesellschaft stellt wiederum entsprechende Tarife für die Werknutzungen nach § 52 UrhG auf, wobei für den Musikbereich die GEMA das Inkasso für die anderen betroffenen Verwertungsgesellschaften durchführt. Beispiele sind etwa der GEMA-Tarif WR-K 2 für die „Nutzung von Musik in Gottesdiensten" oder der Tarif E-P für „Konzerte der ernsten Musik, die ausschließlich pädagogischen Zwecken dienen" (alle Tarife abzurufen unter gema.de). Die VG BildKunst gewährt für die öffentliche Wiedergabe eines Bilds zum schulischen und kirchlichen Gebrauch durch Dia, Overheadfolie oder digitaler Projektionsvorgabe 60 % Rabatt von den üblichen Tarifen (s. Merkblatt *Tarife A – Z*; abrufbar unter www.bildkunst.de). Die VG Wort räumt für Veranstaltungen nach § 52 einen 25% Nachlass auf ihren üblichen Tarif zur öffentlichen Wiedergabe durch Bild- und Tonträger ein (s. *Merkblatt zum Recht der öffentlichen Wiedergabe durch Bild- und Tonträger*; abrufbar unter vgwort.de). Die Angemessenheit der Tarife kann vom einzelnen Mitglied faktisch nur vor der Schiedsstelle geltend gemacht werden (s. §§ 124 ff. VGG).

19

Insbesondere die kommunalen Interessenverbände haben von der Möglichkeit Gebrauch gemacht, Gesamtverträge (35 VGG, ehemals § 12 UrhWahrnG) mit den einzelnen Verwertungsgesellschaften abzuschließen, in denen teilweise auch die Vergütung nach § 52 UrhG geregelt ist. So hat die GEMA mit der Bundesvereinigung der kommunalen Spitzenverbände einen Rahmenvertrag für die Verwendung von Musikwerken an Schulen geschlossen, dem die jeweiligen Schulträger beitreten können und der für die vergütungspflichtige Nutzung von Musikwerken im Bereich der öffentlichen Schulen gesonderte Vergütungsvereinbarungen vorsieht (*Pauschalvertrag zwischen der* GEMA v. 17.12.1987). Dieser sieht eine jährliche Pauschalleistung von 0,1023 € pro Vollzeitschüler und 0,0256 € pro Teilzeitschüler vor; im Gegenzug wird die Musiknutzung für alle Schulveranstaltungen freigestellt, soweit kein Eintrittsgeld bzw. Unkosten-

20

beitrag über 2,60 € verlangt und kein Honorar an ausübende Künstler gezahlt wird.

21   Faktisch besteht damit weitgehend ein **Gleichlauf** zwischen der Lizenzierung öffentlicher Wiedergaben, bei denen der Veranstalter gewerbliche Zwecke verfolgt und damit dem Zustimmungsvorbehalt unterliegen, und den privilegierten Anwendungsfällen des Abs. 1 S. 1 und Abs. 2 S. 1: Jeweils sind Vergütungen an Verwertungsgesellschaften zu zahlen, wobei sich aufgrund des Kontrahierungszwangs der Zustimmungsvorbehalt nicht auswirkt. Fälle, bei denen der Urheber den Vergütungsanspruch selbst wahrnimmt, sind denkbar, praktisch aber nicht relevant.

2. Zustimmungsfreie Wiedergabe ohne Vergütungspflicht (Abs. 1 S. 3)

22   Für die in **Abs. 1 S. 3 aufgeführten Veranstaltungen** entfällt neben dem Zustimmungserfordernis auch der Vergütungsanspruch des Urhebers. Aus der systematischen Stellung von S. 3 ergibt sich, dass die nach S. 3 privilegierten Veranstaltungen zusätzlich die **Voraussetzungen von Abs. 1 S. 1** erfüllen müssen. Nach dem ausdrücklichen Willen des Gesetzgebers gilt dies nicht für die extensive Auslegung des Erwerbszwecks durch die vor ÄndG 1985 ergangene Rechtsprechung (vgl. Rn. 12), da die Vergütungsfreiheit ansonsten weitgehend leer laufen würde (BeschlE RAusschuss RegE ÄndG 1985 – BT-Drs. 10/3360, S. 19; ausführlich dazu Schricker/Loewenheim/*Melichar*[5] Rn. 26 ff.).

23   **Veranstaltungen** sind nach ständiger Rechtsprechung des BGH zeitlich begrenzte *Einzel*ereignisse, die aus bestimmtem Anlass stattfinden; Dauereinrichtungen, wie die ständige Musikwiedergabe in Aufenthaltsräumen z. B. durch Aufstellen eines Radioempfängers, fallen nicht darunter (BGH GRUR 1992, 386, 387 – *Altenwohnheim II*; BGH GRUR 1994, 45, 46 f. – *Verteileranlagen in JVA*; BGH GRUR 1994, 797, 798 – *Verteileranlage im Krankenhaus*; für Kurse: LG München I ZUM-RD 1997, 146, 147 f. – *Musiknutzung in Alten- und Servicezentren*; s. a. *Scheuermann* ZUM 1990, 71; *Seifert* ZUM 1991, 306).

24   Die Veranstaltung muss einem der in Abs. 1 S. 3 abschließend **aufgezählten Zwecke** dienen; nämlich der **Jugendhilfe** (§§ 8, 27 SGB I), **Sozialhilfe** (§§ 9, 28 SGB I i. V. m. SGB XII), **Alten- und Wohlfahrtspflege, Gefangenenbetreuung** oder **Schulveranstaltung** (letztere wurde allerdings durch das UrhWissG 2017 mit Wirkung zum 1.3.2018 gestrichen). Zur **Altenpflege** gehört nicht nur der Bereich der Altenhilfe (§ 71 SGB XII), da diese bereits unter den Begriff der Sozialhilfe zu fassen wäre, sondern alles, was unmittelbar und ausschließlich den Bedürfnissen alter Menschen zu dienen bestimmt ist, wie die Arbeit von Altenheimen, von Altenkreisen in Kirchengemeinden und weltlichen Verbänden, die kommunale Veranstaltung von Seniorenfahrten und -nachmittagen usw. (a. A. Dreier/Schulze/*Dreier*[5] Rn. 12 verweisend auf Schricker/Loewenheim/*Melichar*[5] Rn. 24, jeweils ohne nähere Begründung; wie hier: Wandtke/Bullinger/*Lüft*[4] Rn. 12). Die **Wohlfahrtspflege** umfasst auch die Betreuung von Behinderten, Ausländern, erholungsbedürftigen Müttern, Gefangenen, Suchtgefährdeten, usw. Keine Rolle spielt nach dem Wortlaut, ob die Veranstaltung durch **private oder öffentliche Träger** erfolgt, maßgeblich ist allein der damit verfolgte **Zweck** (s. AG Frankenthal, Urt. v. 12. Juli 2016 – 3a C 58/16 –, juris), für das musikalische Rahmenprogramm des „Tages der älteren Mitbürger").

25   Unter **Schulveranstaltungen** versteht der Gesetzgeber solche, die von der Schule oder von den Schülern selbst im Rahmen der schulischen Aufgaben durchgeführt werden und die im Ablauf eines Schuljahres üblich sind (so wörtlich RegE ÄndG 1985 – BT-Drs. 10/837, S. 15). Schulen sind alle öffentlichen Schulen,

in denen Unterricht erteilt wird, also auch die anerkannten Privatschulen, nicht jedoch Hoch- oder Fachschulen (OLG Koblenz NJW-RR 1987, 699, 701) oder sonstige private Schulen (z. B. Fahrschulen, Tanzschulen). Der Gesetzgeber wollte, wie schon der Hinweis der Begr (RegE ÄndG 1985 — BT-Drs. 10/837, S. 15) auf die Schulbuchsammlungen, aber auch die Verwendung des Begriffs „erzieherische Zweckbestimmung" im Gesetzestext zeigt, den Kreis der privilegierten Rechtsträger ebenso bestimmen wie in § 46 (s. unsere 11. Aufl. § 46 Rn. 10 f.).

Um die Vergütungsfreiheit in Anspruch nehmen zu können, muss die Veranstaltung allein der Erfüllung der **sozialen oder erzieherischen Aufgaben** des Veranstalters dienen (RegE ÄndG 1985 – BT-Drs. 10/837, S. 14 f.) und darf nach diesem Zweck **nur einem bestimmt abgegrenzten Personenkreis zugänglich** sein, also den zu Betreuenden und ihren Betreuern und daneben allenfalls noch einzelnen mit diesen Personen persönlich verbundenen Besuchern, nicht aber ganzen Besuchergruppen (BeschlE RAusschuss RegE ÄndG 1985 – BT-Drs. 10/3360, S. 19; OLG Frankfurt ZUM 1990, 408, 409 für die Beratungsstellen eines Wohlfahrtsverbandes). Wenn zu einem Bunten Abend im Altenheim, den die Bewohner selbst gestalten, auch alle Angehörigen eingeladen werden sollen, kann also die Vergütungsfreiheit nicht mehr in Anspruch genommen werden (ebenso LG München I ZUM-RD 1997, 146, 147 – *Musiknutzung in Alten- und Servicezentren*). **26**

Der Bericht des Rechtsausschusses (BeschlE RAusschuss RegE ÄndG 1985 – BT-Drs. 10/3360, S. 19) weist darauf hin, dass der Begriff des „bestimmt abgegrenzten Personenkreises" für die verschiedenen Einrichtungen jeweils im Lichte ihres Zwecks unterschiedlich zu interpretieren sei. Für Schulveranstaltungen ergibt sich dieser Personenkreis beispielsweise aus der erzieherischen Zweckbestimmung, die der Veranstaltung stets zugrunde liegen muss: Ein Schulfest, zu dem außer den Eltern auch die Geschwister, Großeltern und Freunde der Kinder Zutritt haben, dient jedenfalls nicht mehr unmittelbar und allein einem erzieherischen Zweck (a. A. Dreier/Schulze/*Dreier*[5] Rn. 14). Ein Vortragsabend des Schulchors in der Aula für die Eltern dient überwiegend der Selbstdarstellung, allenfalls sekundär der Erziehung der Chormitglieder zum sicheren Auftreten vor kritischen Zuhörern; letzteres überwiegt beim Singen vor dem Lehrerkollegium oder vor anderen Schülern. Entsprechendes gilt für die musikalische Umrahmung der Abiturfeier durch das Schulorchester. **27**

Der Vergütungsanspruch lebt wieder auf, wenn die Veranstaltung dem **Erwerbszweck eines Dritten** dient (**Abs. 1 S. 4**), wobei die Vergütungspflicht in diesem Fall nicht den Veranstalter, sondern den Dritten trifft. Findet eine nach Abs. 1 S. 3 vergütungsfreie Veranstaltung beispielsweise in einem Gasthaus mit Bewirtung statt, so trifft den Gastwirt die Vergütungspflicht nach Abs. 1 S. 4. Das Gleiche gilt für Unternehmen, die im Rahmen von privilegierten Veranstaltungen z. B. durch einen Werbestand ihren Erwerb fördern. Eigenartigerweise braucht also der Verein, der bei einer Tanzveranstaltung in einem Sportheim zur Deckung der Unkosten Speisen und Getränke mit Gewinnspanne an die Mitglieder ausschenkt, für die öffentliche Wiedergabe von Musikwerken die formelle Zustimmung des Urhebers; mietet der Verein dagegen einen fremd bewirtschafteten Saal, so ist der Gastwirt nicht zum Rechtserwerb, sondern nur zur Zahlung einer Vergütung verpflichtet. In der Praxis ergeben sich in diesen Fällen wegen der überwiegend kollektiven Verwaltung der Verwertungsrechte allerdings kaum Unterschiede (vgl. Rn. 19). **28**

3. Ausnahmen (Abs. 3)

Der Anwendungsbereich von § 52 wird durch Abs. 3 erheblich eingeschränkt, indem er einige wirtschaftlich bedeutsame Formen der öffentlichen Wiedergabe **29** von der Privilegierung der Absätze 1 und 2 ausnimmt. Dies betrifft die öffentliche **bühnenmäßige Darstellung** (§ 19 Abs. 2 2. Alt), die öffentliche **Zugänglichmachung** (§ 19a) und die **Funksendung** (§ 20) von Werken sowie die öffentliche **Vorführung von Filmwerken** (s. § 19 Abs. 4). In diesen Fällen verbleibt es bei dem Zustimmungsvorbehalt des Urhebers.

30 Von der Schranke nicht profitieren können damit **Online-Werknutzungen**, welche im Regelfall eine öffentliche Zugänglichmachung (§ 19a), im Fall des Live-Streamings eine Sendung (§ 20) darstellen (zur Abgrenzung vgl. § 19a Rn. 20), selbst wenn der Online-Anbieter keine gewerblichen Interessen verfolgt (anders noch vor Inkrafttreten des UrhG Infoges *Kreutzer* GRUR 2001, 193, 199).

31 § 52 bleibt anwendbar auf die **Zweitverwertungsrechte** der §§ 21, 22. Dies betrifft neben der öffentlichen Wiedergabe von Tonträgern und Funksendungen (z. B. Fernsehen, Radio) auch auf öffentlicher Zugänglichmachung beruhende Werkwiedergaben (z. B. on demand Abruf von Musik oder Filmen). Letzteres begründet einen gewissen Wertungswiderspruch: Während die DVD-Vorführung eines Spielfilms (= Filmvorführung nach § 19 Abs. 4) nicht in den Genuss der Schranke fällt, tut sie es, wenn der Spielfilm online als Streaming-Angebot abgerufen und auf einer privilegierten Veranstaltung gezeigt wird (dann § 22). Um diesen Wertungswiderspruch nicht noch zu vergrößern, ist es entgehen der h. M. geboten, die öffentliche Wiedergabe von Filmen, die auf Fernsehaufzeichnungen oder Online-Downloads beruhen, nicht § 22, sondern § 19 Abs. 4 UrhG zuzuordnen (vgl. § 22 Rn. 6).

III. Prozessuales

32 Die **Darlegungs- und Beweislast** für das Vorliegen der Voraussetzungen einer privilegierten Veranstaltung obliegt dem Veranstalter, der sich auf die Schranke beruft (s. OLG Frankfurt NJW 1968, 1144, 145 zu § 27 LUG). Das Vorliegen des Erwerbszwecks eines Dritten (Abs. 1 S. 4) hat der Rechteinhaber bzw. jeweilige Anspruchsteller darzulegen und zu beweisen, wenn er gegenüber dem Dritten einen Vergütungsanspruch geltend macht. Das Gleiche gilt für das Vorliegen einer der in Abs. 3 von der Privilegierung der Absätze 1 und 2 ausgenommenen Wiedergabeformen in einem Verletzungsverfahren, da es sich hierbei letztlich um eine anspruchsbegründende Tatsache handelt.

33 Kann sich der Veranstalter auf die Schranke des § 52 berufen, sind **Unterlassungsansprüche** des Urhebers bzw. Berechtigten wegen der Werknutzung ausgeschlossen. Dies gilt selbst dann, wenn der Veranstalter seiner Vergütungspflicht gegenüber dem Urheber bzw. der Verwertungsgesellschaft nicht nachgekommen ist. Die GEMA und andere Verwertungsgesellschaften „bestrafen" jedoch säumige Veranstalter, indem sie die reduzierten Tarife im Anwendungsbereich des § 52 nur bei vorheriger Anmeldung der Veranstaltung gewähren.

34 **Aktivlegitimiert** ist grundsätzlich der jeweilige Rechteinhaber selbst. Hat der Urheber seinen Vergütungsanspruch an eine Verwertungsgesellschaft zur ausschließlichen Wahrnehmung übertragen, ist nur diese zur Geltendmachung des Zahlungsanspruchs berechtigt. **Passivlegitimiert** ist der Veranstalter (zum Begriff vgl. Rn. 14), im Anwendungsbereich des Abs. 1 S. 4 der Dritte, der mit der Veranstaltungen einen Erwerbszweck verfolgt.

IV. Verhältnis zu anderen Vorschriften

35 § 52 schränkt nur die Verwertungsrechte des Urhebers ein. Seine urheberpersönlichkeitsrechtlichen Befugnisse, insbesondere das Veröffentlichungsrecht

(§ 12) und das Entstellungsverbot (§ 14) bleiben hiervon unberührt. Überdies gilt das Änderungsverbot des § 62 Abs. 1 (vgl. § 62 Rn. 7 ff.) und gemäß § 63 Abs. 2 UrhG die Pflicht zur Quellenangabe, soweit eine solche Angabe der Verkehrssitte entspricht (vgl. § 63 Rn. 13 f.). Andere Schrankenregelung zum Recht der öffentlichen Wiedergabe wie z. B. §§ 52 a, 52 b bleiben unberührt.

§ 52a (aufgehoben) Öffentliche Zugänglichmachung für Unterricht und Forschung

(1) Zulässig ist,
1. veröffentlichte kleine Teile eines Werkes, Werke geringen Umfangs sowie einzelne Beiträge aus Zeitungen oder Zeitschriften zur Veranschaulichung im Unterricht an Schulen, Hochschulen, nichtgewerblichen Einrichtungen der Aus- und Weiterbildung sowie an Einrichtungen der Berufsbildung ausschließlich für den bestimmt abgegrenzten Kreis von Unterrichtsteilnehmern oder
2. veröffentlichte Teile eines Werkes, Werke geringen Umfangs sowie einzelne Beiträge aus Zeitungen oder Zeitschriften ausschließlich für einen bestimmt abgegrenzten Kreis von Personen für deren eigene wissenschaftliche Forschung öffentlich zugänglich zu machen, soweit dies zu dem jeweiligen Zweck geboten und zur Verfolgung nicht kommerzieller Zwecke gerechtfertigt ist.

(2) [1]Die öffentliche Zugänglichmachung eines für den Unterrichtsgebrauch an Schulen bestimmten Werkes ist stets nur mit Einwilligung des Berechtigten zulässig. [2]Die öffentliche Zugänglichmachung eines Filmwerkes ist vor Ablauf von zwei Jahren nach Beginn der üblichen regulären Auswertung in Filmtheatern im Geltungsbereich dieses Gesetzes stets nur mit Einwilligung des Berechtigten zulässig.

(3) Zulässig sind in den Fällen des Absatzes 1 auch die zur öffentlichen Zugänglichmachung erforderlichen Vervielfältigungen.

(4) [1]Für die öffentliche Zugänglichmachung nach Absatz 1 ist eine angemessene Vergütung zu zahlen. [2]Der Anspruch kann nur durch eine Verwertungsgesellschaft geltend gemacht werden.

§ 52a wurde durch das UrhWissG 2017 mit Wirkung zum 1. März 2018 aufgehoben.

Übersicht

I.   Allgemeines

1.   Entstehungsgeschichte, Sinn und Zweck der Norm

1   § 52a wurde durch das UrhG Infoges (BGBl. I S. 1774) im Zuge der Umsetzung der Info-RL neu in das UrhG eingefügt. Die Vorschrift soll den **Interessen von Unterricht und Forschung** Rechnung tragen, indem sie eng definierte und zweckgebundene Handlungen der öffentlichen Zugänglichmachung (§ 19a) von der Zustimmung des Urhebers freistellt. Insoweit besteht sachlich eine Parallele zu § 53 Abs. 2 Nr. 1, Abs. 3, die ähnliche Schranken zugunsten von Unterricht und Wissenschaft bereits für das Vervielfältigungsrecht (§ 16) vorsehen. Erklärtes Ziel des Gesetzgebers war es, diese Schranken auf die **modernen Online-Medien** entsprechend zu übertragen (RegE UrhG Infoges – BT-Drs. 15/ 38, S. 20). Schulen und Universitäten sollen Werke zum Zwecke des Unterrichts nicht nur vervielfältigen (§§ 16, 53 Abs. 3 Nr. 1), sondern den Schülern bzw. Studenten ggf. auch über das Intranet zugänglich machen dürfen (§§ 19a, 52a). Erste Orientierung für die Auslegung von § 52a bieten die zwischen Ländern und Verwertungsgesellschaften abgeschlossenen **Gesamtverträge** (vgl. Rn. 20), die im Fall der VG Wort zu einer gerichtlichen Prüfung führten (s. OLG München ZUM-RD 2011, 603), sowie die ausstehende Entscheidung I ZR 76/12 des BGH zu dem Verfahren OLG Stuttgart GRUR 2012, 718 – *Moodle* (vgl. Rn. 7 ff.). Die – mitunter von Interessen beeinflusste – Literatur zu § 52a war vielfältig s. etwa *Kianfar* GRUR 2012, 691; *Hoeren/Neubauer* ZUM 2012, 636; *Jani* GRUR-Prax 2012, 223; *Rauer* GRUR-Prax 2012, 226; *Pflüger* ZUM 2012, 444; *Hoeren* ZUM 2011, 369; *Steinhauer* K&R 2011, 311; *Berger* GRUR 2010, 158; *Peifer* GRUR 2009, 22; *Lorenz* ZRP 2008, 261), bevor der BGH mit der Entscheidung *Meilensteine der Psychologie* (GRUR 2014, 549, 552) zu zahlreichen Fragen Festlegungen getroffen hat (vgl. Rn. 7a und vgl. Rn. 15).

2   § 52a erwies sich als eine der umstrittensten Regelungen der damaligen Reformgesetzgebung. Der ursprüngliche Gesetzesentwurf der Bundesregierung vom 6.11.2002 (RegE UrhG Infoges – BT-Drs. 15/38, S. 20) sah noch vor, dass Bildungseinrichtungen ganze Werke zu Zwecken des Unterrichts einscannen und online stellen durften, ohne dafür eine Vergütung an die Rechteinhaber zahlen zu müssen. Zu Recht bewerteten insb. die Schulbuch- und Wissenschaftsverlage eine derart weitgehende Regelung als massiven Eingriff in ihre urheberrechtlich geschützten Positionen. Insb. in der Literatur wurden verfassungs- und konventionsrechtliche Bedenken erhoben (*Schack* AfP 2003, 1, 6; *v. Bernuth* ZUM 2003, 438, 444; *Ernsthaler* K&R 2003, 209; *Gounalakis* JZ 2003, 1099, 1100; enge verfassungskonforme Auslegung fordernd *Berger* GRUR 2010, 1058, 1060 m. w. N.). Nach dem sog. **Drei-Stufen-Test** (vgl. Einl. UrhG Rn. 62) darf die Schranke des § 52a zudem weder die normale Auswertung der geschützten Werke beeinträchtigen noch die berechtigten Interessen der Rechteinhaber verletzen (s. Art. 5 Abs. 5 Info-RL, Art. 10 Abs. 2 WCT, Art. 16 Abs. 2 WPPT, Art. 13 TRIPS und Art. 9 RBÜ). Im Laufe des Gesetzgebungsverfahrens wurde der urspr. Entwurf zu § 52a erheblich entschärft. So beschränkt Abs. 1 den Kreis der betroffenen Werke auf kleine Teile eines Werkes, Werke geringen Umfangs sowie einzelne Beiträge aus Zeitungen und Zeitschriften. Abs. 2 S. 1 schließt die Anwendung der Schranke auf Werke aus, die unmittelbar für den Unterrichtsgebrauch an Schulen bestimmt sind.

Teil des im Gesetzgebungsverfahren erzielten Kompromisses war auch die **zeit-   3
liche Befristung** der Schranke durch § 137k (sog. „sunset-provision"). Danach
sollte § 52a ursprünglich nur bis zum 31.12.2006 gelten, um Erfahrungen über
die wirtschaftlichen Auswirkungen der Regelung zu sammeln (BeschlE RAusschuss UrhG Infoges – BT-Drs. 15/837, S. 34). Die Befristung wurde wiederholt
verlängert, durch zunächst das 5. ÄndG 2006 um 2 Jahre bis zum 31.12.2008
(BGBl. I, S. 2587), durch das Gesetz vom 7.12.2008 (BGBl. I S. 2349) bis zum
31.12.2012 und schließlich mit Gesetz v. 14.12.2012 (BGBl. I. S. 2579) um
weitere 2 Jahre bis zum 31.12.2014. Mit dem am 13.12.2014 in Kraft getretenen 10. ÄndG wurde § 137k aufgehoben, wodurch § 52a UrhG auch über den
31.12.2014 hinaus bestehen blieb.

2. Aufbau

Abs. 1 enthält die eigentliche Urheberrechtschranke: Die Regelung unterschei-   4
det zwischen der öffentlichen Zugänglichmachung (§ 19a) von Werken bzw.
Werkteilen **zur Veranschaulichung des Unterrichts** an Schulen, Hochschulen
und anderen nicht-gewerblichen Bildungseinrichtungen (Abs. 1 Nr. 1) und der
Zugänglichmachung **zu Zwecken der eigenen wissenschaftlichen Forschung**
(Abs. 1 Nr. 2). In beiden Fällen darf die Zugänglichmachung nur an einen bestimmt abgegrenzten Personenkreis erfolgen. **Abs. 2** nimmt von der Privilegierung nach Abs. 1 Werke aus, die unmittelbar für den Unterrichtsgebrauch an
Schulen bestimmt sind (Schulbücher), sowie Filmwerke, solange diese sich noch
in den ersten zwei Jahren ihrer Auswertung befinden. **Abs. 3** stellt ergänzend
klar, dass die Schranke des Abs. 1 auch für die Zugänglichmachung erforderlichen Vervielfältigungen (Einscannen, Upload) erlaubt. **Abs. 4** billigt
schließlich den betroffenen Rechteinhabern einen verwertungsgesellschaftspflichtigen Vergütungsanspruch zu.

3.   EU-Richtlinien und Konventionsrecht

§ 52a beruht auf der **fakultativen Schranke** des Art. 5 Abs. 3 lit. a) Info-RL.   5
Die Vorschrift erlaubt die „Vervielfältigung und öffentliche Wiedergabe von
Werken […] für die Nutzung ausschließlich zur Veranschaulichung im Unterricht oder für Zwecke der wissenschaftlichen Forschung […] soweit dies zur
Verfolgung nichtkommerzieller Zwecke gerechtfertigt ist". Vorbehaltlich des
3-Stufen-Tests (Art. 5 Abs. 5 Info-RL) geht die Richtlinienregelung damit über
die deutsche Regelung weit hinaus.

Im internationalen Konventionsrecht findet § 52a keine Entsprechung. In den   6
USA sieht der sog. TEACH Act vergleichbare, jedoch wesentlich weitergehende
Befugnisse zugunsten von Schulen und Bildungseinrichtungen vor (s. dazu
Hoeren/Kalberg ZUM 2006, 600 ff.).

4.   Verwandte Schutzrechte

Die Schranke findet auf alle Leistungsschutzrechte nach §§ 70 ff. Anwendung,   6a
sofern den Berechtigten das Recht der öffentlichen Zugänglichmachung (§ 19a)
gewährt wird. Dies gilt für wissenschaftliche Ausgaben (§ 70), nachgelassene
Werke (§ 71), Lichtbilder (§ 72), Leistungen ausübender Künstler und Veranstalter (§§ 78 Abs. 1 Nr. 1, 81 S. 1, 83), Tonträger (§ 85 Abs. 1 S. 1, Abs. 4),
Sendungen (§ 87 Abs. 1 Nr. 1) und Filmträger (§ 94 Abs. 1 S. 1). Für Datenbanken gilt dagegen die Sonderregel des § 87c.

II.   Einzelerläuterungen

1.   Zugänglichmachung zur Veranschaulichung im Unterricht (Abs. 1 Nr. 1)

a) Gegenstand und Umfang: Es dürfen nur veröffentlichte (s. §§ 6 Abs. 1, 15   7
Abs. 3) kleine Teile eines Werkes, Werke geringen Umfangs sowie einzelne

Beiträge aus Zeitungen oder Zeitschriften zustimmungsfrei öffentlich zugänglich gemacht werden. Diese Regelung entspricht im Kern § 53 Abs. 2 Nr. 4 lit. a, Abs. 3 Nr. 1, weshalb für den Entnahmeumfang eine einheitliche Auslegung geboten ist (s. OLG Stuttgart GRUR 2012, 718, 719 – *Moodle* m. w. N. aus der Literatur; zum Meinungsstand s. dort sowie die Rechtsgutachten von *Berger* GRUR 2010, 1058, 1061; *Hoeren* ZUM 2011, 369 sowie *Pflüger* ZUM 2012, 444). Ob es sich um einen **kleinen Teil** eines Werkes handelt, bestimmt sich nach dem Verhältnis sämtlicher vervielfältigten Teile eines Werkes zum gesamten Werk. Eine einheitliche Meinung in Literatur und Rechtsprechung darüber, wann ein kleiner Teil eines Werkes vorliegt, hat sich lange Zeit nicht herausbilden können. In der Diskussion wurden sowohl prozentuale Regelungen zur Bemessung, als auch statisch festgelegte Grenzwerte angeführt. Ein kleiner Teil eines Werkes wurde verschiedentlich dann anerkannt, wenn er 10 % bis höchstens 20 % des gesamten Werkes nicht überschreite (OLG Karlsruhe GRUR 1987, 818, 820 – *Referendarkurs*; HK-UrhR/*Dreyer*[3] § 52a Rn. 9; Schricker/Loewenheim/*Loewenheim*[5] Rn. 4: 20 % erscheinen zu hoch, während 10 % jedenfalls einen kleinen Teil darstellen). Das OLG München ZUM-RD 2011, 603, 617 sah im Fall des Gesamtvertrags der VG Wort mit den Ländern nur 10% eines Werkes als kleinen Teil eines Werkes an (kritisch eher OLG Stuttgart GRUR 2012, 718 – *Moodle*: Absolute Obergrenze). Der 2007 von den Ländern mit den anderen Verwertungsgesellschaften (ohne VG Wort) abgeschlossene Gesamtvertrag (vgl. Rn. 20) legte dagegen die Obergrenze noch bei 15% fest. Demgegenüber wurde vielfach die Ansicht vertreten, ein kleiner Teil eines Werkes ließe sich nur mit Hilfe fester Obergrenzen bestimmen (Wandtke/Bullinger/*Lüft* Rn. 5: ein kleiner Teil eines Sprachwerkes liegt nicht mehr vor, wenn dieser den Umfang von zehn DIN-A5-Seiten übersteigt; für max. 3 Seiten *Berger* GRUR 2010, 1058, 1061). Diese Sichtweise beruhte auf einer Orientierung an § 46 Abs. 1 S. 1 UrhG. Solche Betrachtungen wurden mit dem Argument kritisiert, eine Festlegung auf konkrete Zahlen verböte sich, da dies denkbaren Einzelfallkonstellationen nicht gerecht werde (so noch unsere 11. Aufl./*Dustmann* Rn. 7; BeckOK UrhR/*Schulz/Hagemeier*[16] Rn. 7; OLG Stuttgart GRUR 2012, 718, 720 – *Moodle; Hoeren* ZUM 2011, 369, 370: Maßstab sollten prozentuale Richtwerte sein, die für einzelfallbezogene und normative Erwägungen offen sind).

7a Durch die **Grundsatzentscheidung** *Meilensteine der Psychologie* des BGH ist der Streit weitgehend geklärt. Aufbauend auf Überlegungen aus dem „Gesamtvertrag zur Vergütung von Ansprüchen nach § 52a UrhG für das Öffentliche-Zugänglichmachen von Werken für Zwecke des Unterrichts an Schulen", welcher zwischen verschiedenen Verwertungsgesellschaften (darunter VG Wort) und den Bundesländern am 26.6.2006 getroffen wurde, entwickelte der BGH Grundsätze nach denen ein kleiner Teil eines Gesamtwerkes klassifiziert werden kann. Der Gesamtvertrag definiert den Begriff „kleine Teile eines Werkes" **mit höchstens 12 % des Gesamtwerkes**. Diesen Prozentsatz aufgreifend hält der BGH zusätzlich eine **Höchstgrenze von 100 Seiten** für geboten, um vor allem Urheber von Werken, die zum Teil tausende von Seiten umfassen, zu schützen (BGH GRUR 2014, 549, 552 – *Meilensteine der Psychologie*; kritisch BeckOK UrhR/*Schulz/Hagemeier*[16] Rn. 7: Besonders im digitalen Bereich erscheint Wort- und Zeichengrenze geeigneter). Bezugsgröße sei dabei der **Gesamtumfang des Werkes** einschließlich Inhaltsverzeichnis, Vorwort, Einleitung, Literaturverzeichnis, Namens- und Sachregister, ohne Leerseiten und Seiten, welche überwiegend aus Bildern, Fotos und Abbildungen bestünden.

8 Werke haben nur einen **geringen Umfang**, wenn sie bei einer Gesamtbetrachtung aller möglichen Werke umfänglich zu den Kleinsten gehören. Dies können z. B. kurze Artikel, Kurzgeschichten (BGH GRUR 1972, 432, 433 – *Schulbuch*), Novellen (RGZ 80, 78 f.), Tonfolgen, Gedichte, Liedertexte und

Lieder sein. Der Rechtsausschuss des Bundestages zählt sogar Monographien dazu (BeschlE RAusschuss UrhG Infoges – BT-Drs. 15/837, S. 34), was angesichts des heutigen Umfangs von Monographien (z. B. Dissertationen) eher fragwürdig erscheint (kritisch auch Schricker/Loewenheim/*Loewenheim*[5] Rn. 5; Wandtke/Bullinger/*Lüft*[4] Rn. 7). § 2 Abs. 1 c) des Gesamtvertrags der Verwertungsgesellschaften (ohne VG Wort, vgl. Rn. 7) sieht die Grenze bei Druckwerken bei max. 25 Seiten (ebenso der Gesamtvertrages der VG Wort, s. OLG München ZUM-RD 2011, 603, 606, 616). Bei **Kunst- und Lichtbildwerken** ist nicht auf die Bildgröße, sondern auf den inneren Umfang des Werks abzustellen (zutreffend HK-UrhR/*Dreyer*[2] Rn. 12). Maßgebend ist der schöpferische Gehalt des Kunstwerks, weshalb Lichtbilder (§ 70) im Regelfall und Lichtbildwerke regelmäßig Werke geringen Umfang sein dürften, nicht dagegen Werke der bildenden (Hoch-)Kunst und deren Abbildungen (anders insoweit die Gesamtverträge). Eine Regel, wonach die nach §§ 70 ff. geschützten Leistungen per se den Werken geringem Umfangs gleichzustellen ist, verbietet sich insbesondere im Fall der wissenschaftlichen Ausgaben und nachgelassenen Werke.

b) Veranschaulichung im Unterricht: Die nach Abs. 1 Nr. 1 privilegierte öffent-   **9** liche Zugänglichmachung ist zweckgebunden. Sie darf nur zur **Veranschaulichung im Unterricht** an Schulen, Hochschulen, nichtgewerblichen Einrichtungen der Aus- und Weiterbildung sowie an Einrichtungen der Berufsbildung erfolgen (s. a. die Parallelvorschriften § 87c Nr. 3 und § 53 Abs. 3 Nr. 1). Nicht ausreichend ist, dass die Zugänglichmachung innerhalb der Bildungseinrichtung erfolgt. Vielmehr muss sie den Zweck haben, den zu **behandelnden Unterrichtstoff besser und verständlicher darzustellen**; dies ist auch dann der Fall, wenn die Lektüre der zugänglich gemachten Texte dazu geeignet ist, den im Unterricht behandelten Lehrstoff zu **vertiefen oder** zu **ergänzen** (so auch BGH GRUR 2014, 549, 553 – *Meilensteine der Psychologie*). Die netzvermittelte Wiedergabe des Werkinhalts muss notwendig, zumindest aber hilfreich für die Darstellung des Lehrstoffs sein. Erfolgt die Zugänglichmachung nur zu Zwecken der schulinternen Verwaltung, der Dekoration, des Aufbaus einer Wissensdatenbank oder gar nur zur Unterhaltung (z. B. Videoclip-Sammlung im schulinternen Internet), ist für die Privilegierung kein Raum (ähnlich Schricker/Loewenheim/*Loewenheim*[5] Rn. 11; HK-UrhR/*Dreyer*[3] Rn. 15; Wandtke/Bullinger/*Lüft*[4] Rn. 9; m. E. dagegen zu streng *Sandberger* ZUM 2006, 824, der auch die Online-Vermittlung zur Vor- oder Nachbereitung des Unterrichts von § 52a ausklammern möchte; so tendenziell auch *Berger* GRUR 2010, 1058, 1063; eine öffentliche Zugänglichmachungen mehrseitiger Werkteile im Unterricht gibt es aber faktisch nicht, sodass die Schranke leer laufen würde; wie hier OLG Stuttgart GRUR 2012, 718, 722 – *Moodle* unter Hinweis auf das Gesetzgebungsverfahren BR-Drs. 684/1/02, S. 4). Daraus folgt zugleich eine **zeitliche Grenze** für die Dauer der Zugänglichmachung. Keine Veranschaulichung soll vorliegen, wenn der Unterrichtsstoff nicht mehr **vertieft, erläutert oder illustriert** wird, sondern (nur) **ergänzt** oder aus einen anderen Blickwinkel betrachtet wird (so OLG Stuttgart GRUR 2012, 718, 722 – *Moodle*; anders Vorinstanz LG Stuttgart GRUR 2011, 419; m. E. zu eng, kaum praktikabel und dem Hochschulwesen nicht entsprechend).

Für die in § 52a genannten privilegierten Bildungseinrichtungen spielt keine   **10** Rolle, ob sie in privater oder staatlicher Hand sind. Zu den Schulen gehören auch die Volkshochschulen (a. A. *v. Bernuth* ZUM 2003, 438, 440) sowie Musik- und Kunstschulen. Einrichtungen der Berufsbildung sind auch staatliche Stellen, die für die Referendarausbildung zuständig sind (OLG Karlsruhe GRUR 1987, 818 – *Referendarkurs*). Ausgeschlossen bleiben dagegen gewerbliche, d. h. an der Erwirtschaftung von Gewinn orientierte Anbieter der Aus- und Fortbildung. Ein gewichtiges Indiz bildet insoweit die Rechtsform des Anbieters. Einem als GmbH oder Aktiengesellschaft agierenden Seminaranbieter bleibt die Privilegierung des § 52a regelmäßig versperrt.

11 c) **Abgegrenzter Personenkreis:** Die zur Veranschaulichung des Unterrichts erfolgende Zugänglichmachung darf sich nur an den **abgegrenzten Kreis der Unterrichtsteilnehmer** richten (*Hoeren* ZUM 2011, 369, 372; Dreier/Schulze/*Dreier*[5] Rn. 8; Wandtke/Bullinger/*Lüft*[4] Rn. 9; Schricker/Loewenheim/*Loewenheim*[5] Rn. 12; HK-UrhR/*Dreyer*[3] Rn. 16). Der Online-Zugriff auf das Werk darf also nur für diejenigen Studenten bzw. Schüler möglich sein, welche die betreffende Lehrveranstaltung besuchen, in der das Werk benötigt wird (BGH GRUR 2014, 549, 553 – *Meilensteine der Psychologie*). Zu diesem Personenkreis zählen auch der Lehrende (Wandtke/Bullinger/*Lüft*[4] Rn. 9), die Klasse wiederholende Schüler, Schüler, die probeweise am Unterricht teilnehmen und Besucher während des Regelbetriebs der Einrichtung (z. B. Referendarsprüfungskomitee). Dagegen ist die Zugänglichmachung für alle Studenten bzw. Schüler der gesamten Lehreinrichtung innerhalb des Intranet nicht von § 52a gedeckt. Es müssen Zugangskontrollsysteme (z. B. Passwörter) eingerichtet werden, die sicherstellen, dass das Werk nur für die Unterrichtsteilnehmer verfügbar ist (ebenso Dreier/Schulze/*Dreier*[5] Rn. 8; Schricker/Loewenheim/*Loewenheim*[5] Rn. 12; zustimmend BGH GRUR 2014, 549, 553 – *Meilensteine der Psychologie*; *Hoeren* ZUM 2011, 369, 372). Im *Moodle*-Verfahren hat das OLG Stuttgart noch einen Nutzerkreis von 4000 Studierenden für hinreichend abgegrenzt erachtet, solange das Zugangskontrollsystem greift.

2. Zugänglichmachung zur eigenen wissenschaftliche Forschung (Abs. 1 Nr. 2)

12 a) **Gegenstand und Umfang:** Bei Nr. 2 **entfällt die Beschränkung auf kleine Teile des Werkes.** Dieses erweitert gegenüber Nr. 1 den Kreis der Werke, die zwecks der eigenen wissenschaftlichen Forschung zugänglich gemacht werden dürfen. Soll z. B. ein umfangreiches Werk für die eigene wissenschaftliche Forschung zugänglich gemacht werden, genügt es, einzelne Kapitel oder bei Sammelwerken einzelne Bände auszunehmen (HK-UrhR/*Dreyer*[3] Rn. 30). Das OLG München ZUM-RD 2011, 603, 616 sah für den Gesamtvertrag der VG Wort mit den Ländern die Obergrenze 33% bei Druckwerken, maximal jedoch 100 Seiten, als Obergrenze an (ebenso der mit anderen Verwertungsgesellschaften verhandelte Vertrag). Im Übrigen gelten die Ausführungen zu Abs. 1 Nr. 1 entsprechend (vgl. Rn. 7 f.).

13 b) **Eigene wissenschaftliche Forschung:** Privilegiert ist **wissenschaftliche Forschung** und somit die **gezielte Wissenschaftsproduktion,** nicht jedoch die bloße Unterrichtung über den Stand der Wissenschaft (Schricker/Loewenheim/*Loewenheim*[4] Rn. 11). Dieses wird begrifflich durch die Abgrenzung zum Begriff des eigenen wissenschaftlichen Gebrauchs in § 53 Abs. 2 Nr. 1 deutlich (HK-UrhR/*Dreyer*[2] Rn. 29; a. A. Dreier/Schulze/*Dreier*[5] Rn. 10). Die Werknutzung muss selbst das Ziel der Gewinnung neuer wissenschaftlicher Erkenntnis verfolgen. In der Praxis dürfte freilich eine Abgrenzung nur schwerlich zu treffen sein. Von Abs. 1 Nr. 2 umfasst ist jedenfalls auch die Anfertigung von wissenschaftlichen Arbeiten im Rahmen des Studiums.

14 c) **Abgegrenzter Personenkreis:** Wie im Fall von Nr. 1 darf die netzvermittelte Online-Wiedergabe nur an einen abgegrenzten Personenkreis erfolgen. Der Gesetzgeber hatte dabei **kleine Forschungsteams** im Sinn (BeschlE RAusschuss UrhG Infoges – BT-Drs. 15/837, 34), die an dem gleichen Forschungsprojekt arbeiten. Die Größe des Personenkreises hängt von dem Forschungsgegenstand ab (Schricker/Loewenheim/*Loewenheim*[5] Rn. 13) und kann bei Großprojekten ggf. Hunderte von Teilnehmer übersteigen (insgesamt kritisch zur Abgrenzbarkeit des Personenkreises *Gounalakis* JZ 2003, 1098, 1100). Unzulässig ist es dagegen, Werke so in das Intranet einer Universität einzustellen, dass sämtlichen dort tätigen Forschern die Nutzung des Werkes ermöglicht wird (BeschlE RAusschuss UrhG Infoges – BT-Drs. 15/837, S. 34). Zu groß und somit nicht von Nr. 2 umfasst ist auch die Gruppe der Angehörigen eines Fachbereichs einer Universität (ähnlich HK-UrhR/*Dreyer*[3] Rn. 34 f.). Wie im Fall von Nr. 1 ist durch technische Vorkehrungen die Abrufbarkeit der Inhalte auf diejenigen Personen zu begrenzen, die das Angebot für eigene wissenschaftliche Zwecke abrufen.

3.   Gebotenheit der Online-Vermittlung

Gemeinsame Voraussetzung der Privilegierungen nach Abs. 1 Nr. 1 und Nr. 2 ist,   **15** dass die Zugänglichmachung des Werkes **zu dem jeweiligen Zweck geboten** sein muss. Dies bedeutet, dass sich gerade die Online-Einspeisung des Werkes für die Veranschaulichung des Unterrichts bzw. für die private Forschung anbieten muss. Dieses Erfordernis ist nicht eng i. S. e. absoluten Notwendigkeit bzw. eines „sine qua non" zu verstehen (Dreier/Schulze/*Dreier*[5] Rn. 12). Das widerspräche dem Geist der Gesetzesänderung, die den Informationsquellenzugang erleichtern wollte. Vielmehr soll im **Einzelfall eine Gesamtabwägung** zwischen dem Bedürfnis der öffentlichen Zugänglichmachung und der Intensität der Beeinträchtigung des Rechteinhabers stattfinden (Dreier/Schulze/*Dreier*[5] Rn. 12; für die Auslegung der „Gebotenheit" anhand des Drei-Stufen-Tests BGH GRUR 2014, 549, 553 – *Meilensteine der Psychologie*). An der Gebotenheit fehlt es nicht schon dann, wenn der jeweilige Werkinhalt auch über kostenpflichtige Online-Datenbanken des Verlages verfügbar ist (a. A. vor allem *Berger* GRUR 2011, 1058, 1064 und *Schack*, Urheber- und UrhebervertragsR[7] Rn. 576: Verstoß gegen Dreistufentest; kritisch auch HK-UrhR/*Dreyer*[3] Rn. 23). Wenn die Einrichtung nur einige Zeitschriftenaufsätze benötigt, diese aber bei dem Verlag nur über ein umfassendes Datenbankpaket online erhältlich sind („alles oder nichts"), scheidet der Vorrang vertraglicher Angebote aus (ähnlich OLG München ZUM-RD 2011, 603; differenzierend OLG Stuttgart GRUR 2012, 718, 725 – *Moodle*). Nach den vorgenannten Entscheidungen und BGH – *Gesamtvertrag Hochschul-Intranet* soll jedoch die **Gebotenheit entfallen**, wenn der betreffende **Werkinhalt online zu angemessenen Lizenzbedingungen des Rechteinhabers** angeboten wird. Das setze nicht nur voraus, dass das Lizenzgebot angemessen sei (was ggf. erst im Verletzungsprozess durch Sachverständigenbeweis zu prüfen wäre), sondern auch, dass das Lizenzangebot unschwer aufzufinden und die Verfügbarkeit des Werkes oder der Werkteile schnell und unproblematisch gewährleistet sei (BGH GRUR 2013, 1220, 1224 ff. – *Gesamtvertrag Hochschul-Intranet*) Der BGH hat sich damit für einen **Vorrang vertraglicher Angebote** – jeweils Angemessenheit für den Einzelfall vorausgesetzt – gegenüber der Schranke ausgesprochen (str.; a. A. Vorinstanz LG Frankfurt GRUR-RR 2011, 419, 423; Dreier/Schulze/*Dreier*[5] Rn. 12; *Pflüger* ZUM 2012, 444, 451). Dem wird zu Recht entgegen gehalten, dass ein solcher Vorrang vom Gesetzgeber ausdrücklich nur im Anwendungsbereich der §§ 52b, 53a vorgesehen ist (Dreier/Schulze/*Dreier*[5] Rn. 12 unter Verweis auf LG Stuttgart GRUR-RR 2011, 419, 423). Der BGH hält dem entgegen, die speziellen Einschränkungen in § 52b S. 1 und § 53a Abs. 1 S. 3 stünden einer Auslegung der generellen Einschränkung in § 52a Abs. 1 nicht entgegen, nach der die Inanspruchnahme der Schrankenregelung dann nicht geboten sei, wenn ein angemessenes Lizenzangebot vorliege. So ermögliche ein Vorrang angemessener Lizenzangebote es dem Rechteinhaber auch nicht, einseitig Bedingungen festzulegen und die Schranke des § 52a auszuhebeln. Zudem sei die Annahme des Vorrangs eines angemessenen Vertragsangebots vor der Schrankenregelung mit der Info-RL vereinbar (BGH GRUR 2014, 549, 554 f. – *Meilensteine der Psychologie*). Nach wie vor muss dieser Auffassung das Argument der **fehlenden Praktikabilität** entgegengehalten werden. Besteht ein Vorrang vertraglicher Angebote gegenüber der Schranke, müsste jeder Hochschullehrer die Existenz und die Angemessenheit vertraglicher Angebote für jeden Einzelfall fortlaufend prüfen. Selbst wenn zur Angemessenheit auch das unkomplizierte Auffinden und die unproblematische Verfügbarkeit eines Werkes zählt, würde dies einen enormen Arbeitszuwachs bedeuten, den die Schranke des § 52a Abs. 1 im Lichte des öffentlichen Interesses gerade verhindern wollte. Zudem zeigt die Praxis, dass die Einrichtungen § 52a nicht zur Umgehung vertraglicher Angebote missbrauchen (zur praktischen Relevanz *Pflüger* ZUM 2012, 444).

4. Verfolgung nicht kommerzieller Zwecke

16 Schließlich muss die Zugänglichmachung (z. B. Intranet-Wiedergabe) durch die Verfolgung nichtkommerzieller Zwecke gerechtfertigt sein. Aus ErwG 42 Info-RL folgt, dass nicht die öffentliche oder private Struktur oder Finanzierung der Einrichtung, sondern die (konkrete) **Unterrichts- bzw. Forschungstätigkeit maßgebend** dafür ist, ob die Zugänglichmachung einem nicht kommerziellen Zweck dient (Wandtke/Bullinger/*Lüft*[4] Rn. 15; Dreier/Schulze/*Dreier*[5] Rn. 13; auf die private Finanzierung der jeweiligen Einrichtung abstellend dagegen *v. Bernuth* ZUM 2003, 438, 441). Bezahlter Unterricht, bezahlte Auftragsforschung und die entgeltpflichtige Zugänglichmachung sind folglich nicht privilegiert, da sie der Gewinnerzielung dienen (zwar differenzierend, im Ergebnis aber auch auf den verfolgten Zweck abstellend Dreier/Schulze/*Dreier*[5] Rn. 13). Aufwandsentschädigungen und Unkostenbeiträge sind hingegen unschädlich. Ebenso wenig schließt die Erhebung von Studiengebühren, die gerade der Verbesserung der Bildung und der technischen Infrastruktur dienen, die Anwendung von § 52a aus.

5. Ausnahmeregelungen für Schulbücher und Filmwerke (Abs. 2)

17 **a) Für den Unterrichtsgebrauch bestimmte Werke:** Die Schranke des § 52 Abs. 1 gilt nicht für Werke, die für den Unterrichtsgebrauch an Schulen bestimmt sind; dies gilt sowohl für Abs. 1 Nr. 1 als auch Abs. 1 Nr. 2 (ebenso Schricker/Loewenheim/*Loewenheim*[5] Rn. 19; für Abs. 1 Nr. 2 fehlt freilich die praktische Relevanz). Die Schulbuchverlage sollen dadurch vor Umsatzverlusten in ihrem Primärmarkt geschützt werden (BeschlE RAusschuss UrhG Infoges – BT-Drs. 15/837, S. 34), da andernfalls Schulbücher einfach eingescannt und über Intranet-Systeme zur Verfügung gestellt werden können. Für den Schulgebrauch bestimmte Unterrichtsmaterialien sind neben Schulbüchern auch speziell für den Schulunterricht konzipierte Hör- und Filmwerke, nicht jedoch der im Deutschunterricht behandelte Roman.

18 **b) Filmwerke:** Eine weitere Einschränkung besteht für Filmwerke. Ihre öffentliche Zugänglichmachung darf ohne Zustimmung des Berechtigten nicht vor Ablauf von 2 Jahren nach Beginn der üblichen regulären Auswertung in Filmtheatern erfolgen. Grund für diese Regelung ist die für den Film typische Staffelung der Auswertung („Verwertungskaskaden"), wonach ein Film üblicherweise zunächst nur im Kino, dann als Home-Video und später im Bezahl- und Freifernsehen gezeigt wird. Die Exklusivität dieser Auswertungsstaffeln soll geschützt werden (BeschlE RAusschuss UrhG Infoges – BT-Drs. 15/837, S. 34). Maßgebender Zeitpunkt für den Lauf der 2-Jahresfrist ist der Beginn der Auswertung in den deutschen Kinos. Eine Regelungslücke findet sich für Filme, die erstmals oder nur im Fernsehen gezeigt oder als Home-Videoprodukt angeboten werden. Die Interessenlage gebietet es, die 2-Jahres-Regel entsprechend anzuwenden (ebenso Schricker/Loewenheim/*Loewenheim*[5] Rn. 20; a. A. Wandtke/Bullinger/*Lüft*[4] Rn. 20).

6. Erforderliche Vervielfältigungen (Abs. 3)

19 Abs. 3 erlaubt alle Vervielfältigungen (§ 16), die für die nach Abs. 1 zulässige öffentliche Zugänglichmachung erforderlich sind (sog. **Annex-Vervielfältigungen**). Dazu gehören das Scannen und Abspeichern der Daten auf einem Server der Einrichtung (Upload) wie auch – überdies durch § 44a privilegierte – ephemere Vervielfältigungen, welche durch den nachfolgenden Abruf und Kommunikationsvorgang entstehen (*Hoeren* ZUM 2011, 369, 374). Unzulässig ist es dagegen, für die Bereitstellung des Werks den Kopierschutz einer CD oder DVD unter Verstoß von § 95a zu überwinden. Nicht erfasst durch Abs. 3 sind etwaige **Folgeverwertung** durch die Wahrnehmenden (z. B. Ausdrucken, Abspeichern, E-Mail-Versand, etc.). Insoweit greifen jedoch meist die Schranken der §§ 53 Abs. 2 und Abs. 3 (BeschlE RAusschuss UrhG Infoges – BT-Drs. 15/837, S. 34; ausführlich *Jani* GRUR-Prax 2012, 223, 225; *Kianfar* GRUR 2012, 691). Erlaubt ist im Anwendungsbereich des § 52a alles, was generell bei öffentlich zugänglich gemachten Materialien im Rahmen der Urheberrechtschranken möglich ist (zutreffend *Hoeren* ZUM 2011, 369, 374). Eine Verpflichtung, durch technische Schutzmaßnahmen das Ausdrucken und (dauerhafte) Herunterladen zu verhindern, besteht für die Einrichtung nicht (str.; a. A. OLG Stuttgart GRUR 2012, 718, 727 – *Moodle*: nur „read only" erlaubt; OLG Frankfurt ZUM 2010, 265 – *Elektronische Leseplätze* im Anwendungsbereich des § 52b, der indes anders gefasst ist und die Bereitstellung ganzer Lehrbücher erlaubt). § 52a begründet keine Schranke des Vervielfältigungsrechts. Wer das Recht zur öffentlichen Wiedergabe nach § 19a hat (sei es per Vertrag oder über die Schranke nach § 52a), muss nicht zusätzlich das Vervielfältigungsrecht nach § 16 erwerben, weil Nutzer nach § 53 UrhG zulässige Vervielfältigungen der abgerufenen Inhalte herstellen können.

7. Vergütungspflicht (Abs. 4)

Für die öffentliche Zugänglichmachung nach Abs. 1 ist eine angemessene Vergütung an die Rechteinhaber, d. h. die Urheber und Verleger, zu zahlen. Der Vergütungsanspruch kann nur durch eine Verwertungsgesellschaft geltend gemacht werden. Der Gesetzgeber hat damit an die Regelung gleich gelagerter Fälle angeknüpft (§§ 45a, 46, 49, 52, 53a). Im September 2007 schlossen die durch die Kultusministerkonferenz vertretenen Bundesländer auf der einen Seite und die Verwertungsgesellschaften GEMA, VG BildKunst, GVL, VGF, VFF, GWFF und VG Musikedition (nicht jedoch die VG Wort) auf der anderen Seite einen **Gesamtvertrag** zur Vergütung der Ansprüche nach § 52a ab (abzurufen unter bibliotheksverband.de unter „Vereinbarungen und Verträge"). Er gilt für alle in Trägerschaft der Bundesländer befindlichen Einrichtungen und definiert insb. die Begriffe „kleine Werkteile", „geringfügigen Werke", usw. (vgl. Rn. 7, 8). Mindestens bis Ende 2012 wird die Vergütung aufgrund einer „Abwicklungsvereinbarung" in Pauschalsummen (z. B. 475.000 EUR für 2009) entrichtet. Langfristig soll mit Hilfe eines Abrechnungssystems die tatsächlich erfolgende Nutzung vergütet werden (z. B. 1,80 EUR für jede Zugänglichmachung eines Werkes im Schulunterricht mit bis zu 20 Teilnehmern). In dem Rechtsstreit über die Angemessenheit der Vergütungsätze des Gesamtvertrages der VG Wort folgte das OLG München ZUM-RD 2011, 603 (n. rkr.) der Auffassung der VG Wort, dass die Vergütung **nutzungsbezogen**, nicht pauschal erfolgen dürfe, weil nur so der Vorgabe einer angemessenen Beteiligung des (betroffenen) Urhebers Rechnung getragen werden könne.

20

III. Verhältnis zu anderen Vorschriften

Über die nach Abs. 3 erforderlichen **Vervielfältigungen hinausgehende** Vervielfältigungen können z. B. nach §§ 53 **Abs. 2**, 3, 44a zulässig sein (HK-UrhR/ *Dreyer*[3] Rn. 22; Dreier/Schulze/*Dreier*[5] Rn. 16; BeschlE RAusschuss UrhG Infoges – BT-Drs. 15/837, S. 34). Im Verhältnis zu § 53 stellt § 52a Abs. 1 Nr. 1 aber insofern eine Erweiterung dar, als dass § 53 die Vervielfältigung geschützter Werke für die Teilnehmer von Hochschulveranstaltungen nicht abdeckt (*Sandberger* ZUM 2006, 824). Bei der Anwendung von § 52a ist insb. auch der Anwendungsbereich des § 46 zu beachten (kritisch OLG Stuttgart GRUR 2012, 718, 720 – *Moodle*). Die an elektronischen Leseplätzen nach § 52b S. 1

21

und 2 zugänglich gemachten Werke dürfen von Nutzern unter entsprechender Anwendung der Schrankenregelung des § 52a Abs. 3 vervielfältigt werden (BGH GRUR 2015, 1101, 1103 – *Elektronische Leseplätze II*). Nach § 63 Abs. 2 ist die Quelle, unter Nennung des Urhebers, des zugänglich gemachten Werks anzugeben; §§ 13, 14 UrhG bleiben ebenfalls unberührt (eine Verstümmelung von Lehrbuchinhalten befürchtend *Berger* GRUR 2010, 1056, 1064).

22   § 52a kann sich sachlich mit dem – vergütungsfreien – Zitatrecht nach § 51 überschneiden, insb. wenn nur kleine Werkteile betroffen sind (dazu etwa die Fallgestaltung LG München I GRUR 2006, 7 – *Karl Valentin*: Verwendung von längeren Textpassagen in einem Vorlesungsskript; dazu *Taubner* ZUM 2005, 411). Greift § 51, ist für die Anwendung von § 52a kein Raum.

§ 52b (aufgehoben) Wiedergabe von Werken an elektronischen Leseplätzen in öffentlichen Bibliotheken, Museen und Archiven

[1]Zulässig ist, veröffentlichte Werke aus dem Bestand öffentlich zugänglicher Bibliotheken, Museen oder Archive, die keinen unmittelbar oder mittelbar wirtschaftlichen oder Erwerbszweck verfolgen, ausschließlich in den Räumen der jeweiligen Einrichtung an eigens dafür eingerichteten elektronischen Leseplätzen zur Forschung und für private Studien zugänglich zu machen, soweit dem keine vertraglichen Regelungen entgegenstehen. [2]Es dürfen grundsätzlich nicht mehr Exemplare eines Werkes an den eingerichteten elektronischen Leseplätzen gleichzeitig zugänglich gemacht werden, als der Bestand der Einrichtung umfasst. [3]Für die Zugänglichmachung ist eine angemessene Vergütung zu zahlen. [4]Der Anspruch kann nur durch eine Verwertungsgesellschaft geltend gemacht werden.

§ 52b wurde durch das UrhWissG 2017 mit Wirkung zum 1. März 2018 aufgehoben.

Übersicht

I. Allgemeines

1. Bedeutung und Entstehungsgeschichte

1   Die Schrankenregelung des § 52b wurde durch den 2. Korb 2007 in das UrhG eingefügt. Sie wird mit Wirkung zum 1.3.2018 durch das neu in Kraft tretende UrhWissG 2017 vollständig entfallen. Sie ermöglicht Bibliotheken, Museen und Archiven, die in ihrem Bestand befindlichen Werke (z. B. Bücher, Zeitschriften, Pläne, Kunstwerke) auch an elektronischen Leseplätzen öffentlich zugänglich zu machen, ohne dafür die Einwilligung der Rechteinhaber einholen zu müssen. Stattdessen ist eine angemessene Vergütung an eine Verwertungsgesellschaft zu zahlen.

Nach der Gesetzesbegründung soll § 52b den Bibliotheken, Museen und Ar-   **2**
chiven die Erfüllung ihres **Bildungsauftrags** erleichtern und zugleich die **Me-**
dienkompetenz der Bevölkerung fördern (RegE 2. Korb – BT-Drs. 16/1828,
S. 40). Tatsächlich ermöglicht die Regelung den – sich meist in öffentlicher
Hand befindlichen – genannten Einrichtungen in erster Linie Kosteneinspa-
rungen, indem sie die Anschaffung teurer Zweitexemplare eines wissenschaftlichen Standardwerkes durch elektronisch vor Ort abrufbare Kopien
ersetzen können. Insb. von Seiten der Wissenschaftsverlage, die erhebliche
Teile ihres Umsatzes mit Bibliotheken und Forschungseinrichtungen erzielen,
ist die neue Schranke heftig kritisiert worden. Teilweise wurden verfassungs-
und europarechtliche Bedenken gegen § 52b geltend gemacht (*Berger* GRUR
2007, 757, 759). Die heiß umkämpfte neue Schranke wurde im Gesetzgebungsverfahren schließlich erheblich entschärft. So darf die Einrichtung an
den Leseplätzen nicht mehr Kopien gleichzeitig zugänglich machen, als ihr
Bestand umfasst (vgl. Rn. 9). Damit dürfte die Bedeutung von § 52b zumindest mittelfristig eher gering bleiben (ebenso *Schack*, Urheber- und UrhebervertragsR[7] Rn. 577). Zwischenzeitlich hat der EuGH auf eine Vorlage des
BGH zu einigen **wesentlichen Streitfragen**, insbesondere zum Verhältnis der
Schranke zu Lizenzangeboten und den im Rahmen der Schranke zulässigen
Vervielfältigungen, Stellung bezogen (EuGH GRUR 2014, 1078 – *Elektroni-*
sche Leseplätze). Auf dieser Grundlage ging der I. Zivilsenat des BGH auf
die richtlinienkonforme Umsetzung für das nationale Recht ein (BGH GRUR
2016, 368 – *Elektronische Leseplätze II*).

2.   EU-Richtlinien und internationales Urheberrecht

§ 52b beruht auf der **fakultativen Schranke** des Art. 5 Abs. 3 lit. n), Abs. 2   **3**
lit. c) Info-RL. Nach dieser – sprachlich umständlich formulierten – Regelung
können die Mitgliedstaaten die „Wiedergabe oder Zugänglichmachung [von
Werken und sonstigen Schutzgegenständen] für einzelne Mitglieder der Öffentlichkeit zu Zwecken der Forschung und privater Studien auf eigens hierfür
eingerichteten Terminals in den Räumlichkeiten" von Bibliotheken, Bildungseinrichtungen, Museen oder Archiven freigeben, wenn „sich die Werke in den
Sammlungen dieser Einrichtungen befinden" und „keine Regelungen über
Verkauf und Lizenzen gelten". Die Richtlinienvorschrift geht damit inhaltlich
über § 52b hinaus. Sie gilt auch für **nicht-öffentliche Bildungseinrichtungen**
und ermöglicht die gleichzeitige Wiedergabe des Werkes an einer Vielzahl von
Leseplätzen einer Einrichtung, auch wenn diese in ihrem Bestand nur über ein
einziges Werkexemplar verfügt. § 52b schreibt dagegen grundsätzlich **Be-**
standsakzessorietät vor (vgl. Rn. 9). Im **Konventionsrecht** findet § 52b keine
Entsprechung.

II.   Tatbestand

1.   Privilegierte Einrichtungen

Auf die Schranke des § 52b können sich nur Bibliotheken, Museen und Archive   **4**
berufen, die **öffentlich zugänglich** sind. Die Forderung des Bundesrates, die
Privilegierung allgemein auch auf nicht-öffentlich zugängliche Bildungseinrichtungen zu erweitern (BR-Drs. 257/06, S. 8); s. zur Position der KMK zum 3.
Korb *Pflüger* ZUM 2010, 938, 941), wurde nicht umgesetzt (RegE 2. Korb –
BT-Drs. 16/1828, S. 48). Schulbibliotheken sollen aber nach übereinstimmender Auffassung von Bundesregierung und Bundesrat dann öffentlich zugänglich
i. S. v. § 52b sein, soweit sie der Gesamtheit der Lehrer und Schüler der Schule
offen stehen (BR-Drs. 257/06, S. 16); RegE 2. Korb – BT-Drs. 16/1828, S. 48,
Antwort zu Nr. 9; zustimmend Schricker/Loewenheim/*Loewenheim*[4] Rn. 3;
Dreier/Schulze/*Dreier*[5] Rn. 3).

5 Keine Rolle spielt, ob sich die Einrichtung in privater oder staatlicher Trägerschaft befindet. Sie darf nur keinen **unmittelbar oder mittelbar wirtschaftlichen oder Erwerbszweck** verfolgen. Dem steht nicht entgegen, wenn für die Benutzung der Einrichtung, einschließlich der Leseplatznutzung, Gebühren gefordert werden (ebenso Schricker/Loewenheim/*Loewenheim*[4] Rn. 4; Wandtke/Bullinger/*Jani*[4] Rn. 11). Maßgebend ist, ob der Betrieb der Einrichtung insgesamt auf Gewinnerzielung gerichtet ist. Ein gewichtiges Indiz bildet insoweit die Rechtsform, in der die Einrichtung betrieben wird.

2. Veröffentlichte Werke aus dem Bestand der Einrichtung

6 Die Privilegierung gilt nur für **veröffentlichte Werke** (§ 6 Abs. 1), die sich in dem Bestand der Einrichtung befinden (sog. „Bestandsakzessorietät"). Die Einrichtung muss mindestens ein körperliches Werkexemplar erworben oder als Pflichtexemplar erhalten haben und es in ihrem **Präsenzbestand** halten (Antw BReg v. 27.4.2006 – BT-Drs. 16/1356, Antwort 16). Nimmt das Werkexemplar ausschließlich am Leihverkehr einer Bibliothek teil, ist § 52b nicht anwendbar. Unerheblich sind dagegen die **Eigentumsverhältnisse** am Werk. Bedient sich ein Museum für eine Ausstellung der Leihgabe eines Werkes, darf es dieses für die Dauer der Leihgabe an einem elektronischen Leseplatz zugänglich machen.

3. Zugänglichmachung an elektronischen Leseplätzen in eigenen Räumen

7 Die privilegierte Einrichtung ist nur berechtigt, das in ihrem Bestand befindliche Werk in „ihren Räumen […] an eigens dafür eingerichteten elektronischen Leseplätzen zur Forschung und für private Studien öffentlich zugänglich zu machen". Ausdrücklich ausgeschlossen wird damit die Möglichkeit, den Online-Zugriff auf das Werk auch von außen zu ermöglichen (RegE 2. Korb – BT-Drs. 16/1828, S. 26). Vielmehr darf der elektronische Abruf nur über eigens dafür eingerichtete Leseplätze (z. B. PC-Bildschirmplatz, Mikrofilmplatz, Terminals, etc.) in den eigenen Räumen der Einrichtung erfolgen. Von § 52b gedeckt ist dagegen die Einspeicherung und Bereitstellung des Werkes auf einen **zentralen Intranet-Server**, solange nach S. 2 der Werkabruf auf den Leseplätzen (User-Terminals) nicht gleichzeitig ermöglicht wird. Nicht zwingend erforderlich ist, dass sich der Leseplatz in demselben Gebäude wie das Bestandsexemplar befindet; zu den „Räumen der Einrichtung" gehören auch **Zweigstellen und Nebengebäude** von Bibliotheken (a. A. wohl *Hoeren* MMR 2007, 615, 617). Ob Zentral- und Fakultätsbibliothek einer Universität zur derselben Einrichtung gehören ist Frage des Einzelfalls. Zwar gehören beide zum gleichen Träger, oftmals sind sie aber organisatorisch und haushaltsrechtlich getrennt, sodass im Zweifel von unterschiedlichen Einrichtungen i. S. v. § 52b auszugehen ist.

8 Die Leseplatznutzung des Werkes darf nur **zur Forschung und privaten Studien** erfolgen. Die praktische Bedeutung dieser Einschränkung ist gering, da der Leseplatz typischerweise nur eine private, individuelle Nutzung zulässt. Kaum feststellbar ist, ob dort etwa ein Rechtsanwalt einen Zeitschriftenaufsatz zur Forschung oder Berufsausübung abruft. Unzulässig ist der Werkabruf zu Unterrichts- und Präsentationszwecken. Ein im Vorlesungssaal installierter „Leseplatz" darf also nicht zu einem Beamer umgerüstet werden. § 52b bleibt auf die individuelle Nutzung des Werkes beschränkt.

9 Von grundlegender Bedeutung ist die in S. 2 festgelegte **erweiterte Bestandsakzessorietät**: Die Einrichtung darf an den Leseplätzen „grundsätzlich" nicht mehr Kopien gleichzeitig zugänglich machen, wie ihr Bestand umfasst. Insoweit setzte sich der Bundesrat mit seiner Forderung schließlich durch (BR-Drs. 257/06, S. 5- f.); zum Gesetzgebungsverfahren *Berger* GRUR 2007, 754, 756). Verfügt ein Archiv über zwei Bestandsexemplare eines Lehrbuchs, kann es dieses „grundsätzlich" nur an zwei Leseplätzen simultan zugänglich gemacht werden.

Bei weniger nachgefragten wissenschaftlichen Werken bleibt diese Einschränkung im Gegensatz zu Standardwerken meist folgenlos. Mit der Formulierung „**grundsätzlich**" verspricht sich der Gesetzgeber eine Einzelfallprüfung, die die Bedürfnisse der Hochschulen berücksichtigen soll. In **Ausnahmefällen** von Belastungsspitzen in der Nutzung eines Werkes dürfen an den Leseplätzen vorübergehend mehr Exemplare gleichzeitig zugänglich gemacht werden, als der Bestand der Einrichtung umfasst. Als Richtwert wird die Nutzung an maximal **vier Leseplätzen** pro Bestandsexemplar genannt (BeschlE RAusschuss 2. Korb – BT-Drs. 16/5939, S. 44). Bei **vergriffenen Werken** wird generell eine großzügigere Handhabung befürwortet, da sie die Anschaffungspolitik der Einrichtung nicht beeinflusse (Wandtke/Bullinger/*Jani*[4] Rn. 35; zustimmend Schricker/Loewenheim/*Loewenheim*[4] Rn. 7).

4. Vervielfältigung

§ 52b selbst regelt nicht, wie die privilegierte Einrichtung das für die Leseplatznutzung erforderliche digitale Werkexemplar erlangt. Anders als § 52a Abs. 3 sieht § 52b kein **Recht zur Annex-Vervielfältigung** vor. Gleichwohl bleibt die Anwendung der Schranke nicht auf digital vom Verlag angebotene Werke beschränkt, denn der Gesetzgeber verfolgte mit § 52b gerade das Ziel, die digitale Nutzung von vorhandenen Bibliotheks- und Archivbestände zu ermöglichen. Der BGH erachtet im Anschluss an das Vorabentscheidungsverfahren (EuGH GRUR 2014, 1078 – *Elektronische Leseplätze*) die zur Zugänglichmachung erforderlichen Vervielfältigungen als von der Schranke gedeckt (BGH GRUR 2015, 1101 – *Elektronische Leseplätze II*). So sah der BGH zu Recht eine planwidrige Regelungslücke in der fehlenden Erwähnung eines Erlaubnistatbestands, der die zur Zugänglichmachung an elektronischen Leseplätzen erforderliche Digitalisierung des in den Einrichtungen vorhandenen Bestands an analogen Werken ermögliche. Die Vorschrift liefe ansonsten ihrem Zweck nach leer. Diese planwidrige Regelungslücke sei durch eine **entsprechende Anwendung des § 52a Abs. 3** auf die von § 52b S. 1 und 2 erfassten Fallgestaltungen zu schließen, da § 52a Abs. 3 eine vergleichbare Interessenlage betreffe (BGH GRUR 2015, 1101, 1104 – *Elektronische Leseplätze II*; s. a. vgl. § 52a Rn. 19).

10

Der EuGH bezog im Vorabentscheidungsverfahren auch zu der Frage Stellung, ob Art. 5 Abs. 3 lit. n) Info-RL sogenannte **Anschlussvervielfältigungen**, wie das Ausdrucken der an elektronischen Leseplätzen zugänglich gemachten Werke auf Papier oder ihr Abspeichern auf einem USB-Stick umfasse. Die Auslegungsfrage wurde vom EuGH mit dem Hinweis bejaht, dass die die berechtigten Interessen des Urheberrechtsinhabers nicht ungebührlich verletzt werden dürfen (EuGH GRUR 2014, 1078, Rn. 56 – *Elektronische Leseplätze*). Diesen Gedanken aufgreifend, schloss der BGH eine Haftung der privilegierten Einrichtungen für Vervielfältigungen durch Nutzer aus. Auch ohne eine ausdrückliche Regelung sei es zulässig, dass ein aufgrund der Schrankenregelung des § 52b an einem elektronischen Leseplatz zugänglich gemachtes Werk – **in den Grenzen des § 53** – durch einen Benutzer vervielfältigt werde (BGH GRUR 2015, 1101, 1104 – *Elektronische Leseplätze II*; vgl. Rn. 13). Eine Haftung der genannten Einrichtungen als Teilnehmer oder Störer käme nur in Betracht, wenn sie es pflichtwidrig unterließen, zumutbare Vorkehrungen zu treffen, um unbefugte Vervielfältigungen, die über die Grenzen des nach § 53 Zulässigen hinausgingen, zu verhindern (BGH GRUR 2015, 1101, 1106 – *Elektronische Leseplätze II*).

10a

5. Keine abweichenden vertragliche Regelungen

Die Schranke des § 52b ist **dispositiv**. Sie greift nur, wenn die jeweilige Einrichtung mit dem Rechteinhaber keine entgegenstehenden vertraglichen Regelungen über die digitale Werknutzung getroffen hat (S. 1 „ [...] soweit dem keine

11

vertraglichen Regelungen entgegenstehen"). Stellt der Verlag der Einrichtung seine Werke bereits über Online-Datenbanken oder CD-ROM zur Verfügung, ist der Einrichtung die parallele Nutzung dieser Werke über § 52b versagt. Die Frage nach einem Vorrang bzw. Kontrahierungszwang von Vertragsangeboten war lange Zeit äußerst umstritten. Dabei wurde vereinzelt vertreten, dass bereits das Angebot einer vertraglichen Regelung, insbesondere von Online-Datenbanken der Verlage, eine Anwendung des § 52b ausschließe (so Dreier/Schulze/*Dreier*[5] Rn. 12; *Berger* GRUR 2007, 754 759; *Spindler* FS Loewenheim, S. 287; Schricker/Loewenheim/*Loewenheim*[4] Rn. 10; *Schöwerling* ZUM 2009, 665, 666). Mit der BGH-Entscheidung *Elektronische Leseplätze II* ist dieser Streit entschieden worden. Danach stehe dem Zugänglichmachen eines Werkes im Sinne des § 52b S. 1 und 2 „keine vertragliche Regelung" entgegen, wenn lediglich das Angebot zum Abschluss eines entsprechenden Vertrages vorliege. Mit „vertraglichen Regelungen" seien allein Regelungen in bestehenden Verträgen und keine Regelungen in bloßen Vertragsangeboten gemeint (BGH GRUR 2015, 1101, 1102 – *Elektronische Leseplätze II*). Den Einrichtungen bleibt es unbenommen, entsprechende Angebote auszuschlagen und die Werknutzung über Leseplätze unter den äußerst enggefassten Voraussetzungen des § 52b zu ermöglichen.

6. Vergütungsanspruch

12 Die Werknutzung über Leseplätze ist nach S. 3 angemessen (§ 32) **zu vergüten.** Der Vergütungsanspruch kann nur durch eine Verwertungsgesellschaft geltend gemacht werden. Der Gesetzgeber hat damit an die Regelung gleich gelagerter Fällen angeknüpft (§§ 45a Abs. 2 S. 1; 46 Abs. 4, 47 Abs. 2 S. 2, 49 Abs. 1 S. 2, 52 Abs. 1 S. 2, 53a Abs. 2; 54 Abs. 1, 54a Abs. 1). Gesamtverträge bestehen zu Zeit noch nicht; für 2008 bis 2010 erfolgten lediglich Pauschalzahlungen (s. Schricker/Loewenheim/*Loewenheim*[4] Rn. 14 sowie den zwischen den Ländern und den Verwertungsgesellschaften abgeschlossenen „Abwicklungsvertrag", abzurufen unter bibliotheksverband.de). Die zwischen der Arbeitsgruppe „Bibliothekstantieme" der Kultusministerkonferenz der Länder und den Verwertungsgesellschaften geführten Verhandlungen sind noch nicht abgeschlossen. Vorgesehen sind eine titelgenaue Meldung und eine Einmalvergütung für das Einstellen zum Abruf.

III. Verhältnis zu anderen Schranken

13 Mit § 53 bestehen grundsätzlich keine Überschneidungen, da diese Schranke nur die Vervielfältigung, nicht die öffentliche Zugänglichmachung eines Werkes regelt. Eine Einschränkung der Schranke besteht lediglich dahingehend, dass zur Vervielfältigung keine offensichtlich rechtswidrig hergestellte oder öffentlich zugänglich gemachte Vorlage verwendet werden darf. Diese Voraussetzung ist aber nicht erfüllt, wenn ein Werk aufgrund der Schrankenregelung des § 52b und damit rechtmäßig zugänglich gemacht worden ist. Zulässig ist es mithin wenn der Nutzer der Einrichtung den Leseplatzabruf im Rahmen des § 53 zur Herstellung einer Privatkopie nutzt, sei es als Ausdruck auf Papier oder zur Herstellung einer digitalen Kopie auf einem USB-Stick (BGH GRUR 2015, 1101, 1104 – *Elektronische Leseplätze II*).

§ 53   Vervielfältigungen zum privaten und sonstigen eigenen Gebrauch

(1) [1]Zulässig sind einzelne Vervielfältigungen eines Werkes durch eine natürliche Person zum privaten Gebrauch auf beliebigen Trägern, sofern sie weder unmittelbar noch mittelbar Erwerbszwecken dienen, soweit nicht zur Vervielfältigung eine offensichtlich rechtswidrig hergestellte oder öffentlich zugänglich gemachte Vorlage verwendet wird. [2]Der zur Vervielfältigung Befugte darf

die Vervielfältigungsstücke auch durch einen anderen herstellen lassen, sofern dies unentgeltlich geschieht oder es sich um Vervielfältigungen auf Papier oder einem ähnlichen Träger mittels beliebiger photomechanischer Verfahren oder anderer Verfahren mit ähnlicher Wirkung handelt.

(2) ¹Zulässig ist, einzelne Vervielfältigungsstücke eines Werkes herzustellen oder herstellen zu lassen
1. *(weggefallen)*
2. zur Aufnahme in ein eigenes Archiv, wenn und soweit die Vervielfältigung zu diesem Zweck geboten ist und als Vorlage für die Vervielfältigung ein eigenes Werkstück benutzt wird,
3. zur eigenen Unterrichtung über Tagesfragen, wenn es sich um ein durch Funk gesendetes Werk handelt,
4. zum sonstigen eigenen Gebrauch,
   a) wenn es sich um kleine Teile eines erschienenen Werkes oder um einzelne Beiträge handelt, die in Zeitungen oder Zeitschriften erschienen sind,
   b) wenn es sich um ein seit mindestens zwei Jahren vergriffenes Werk handelt.
²Dies gilt nur, wenn zusätzlich
1. die Vervielfältigung auf Papier oder einem ähnlichen Träger mittels beliebiger photomechanischer Verfahren oder anderer Verfahren mit ähnlicher Wirkung vorgenommen wird oder
2. eine ausschließlich analoge Nutzung stattfindet.

(3) *(weggefallen)*

(4) Die Vervielfältigung
a) graphischer Aufzeichnungen von Werken der Musik,
b) eines Buches oder einer Zeitschrift, wenn es sich um eine im wesentlichen vollständige Vervielfältigung handelt,
ist, soweit sie nicht durch Abschreiben vorgenommen wird, stets nur mit Einwilligung des Berechtigten zulässig oder unter den Voraussetzungen des Absatzes 2 Satz 1 Nr. 2 oder zum eigenen Gebrauch, wenn es sich um ein seit mindestens zwei Jahren vergriffenes Werk handelt.

(5) Absätze 1 und 2 Satz 1 Nr. 2 bis 4 finden keine Anwendung auf Datenbankwerke, deren Elemente einzeln mit Hilfe elektronischer Mittel zugänglich sind.

(6) ¹Die Vervielfältigungsstücke dürfen weder verbreitet noch zu öffentlichen Wiedergaben benutzt werden. ²Zulässig ist jedoch, rechtmäßig hergestellte Vervielfältigungsstücke von Zeitungen und vergriffenen Werken sowie solche Werkstücke zu verleihen, bei denen kleine beschädigte oder abhanden gekommene Teile durch Vervielfältigungsstücke ersetzt worden sind.

(7) Die Aufnahme öffentlicher Vorträge, Aufführungen oder Vorführungen eines Werkes auf Bild- oder Tonträger, die Ausführung von Plänen und Entwürfen zu Werken der bildenden Künste und der Nachbau eines Werkes der Baukunst sind stets nur mit Einwilligung des Berechtigten zulässig.

§ 53 wurde durch das UrhWissG 2017 mit Wirkung zum 1. März 2018 geändert. Zur bis dahin geltenden Fassung s. unsere 11. Aufl.

Übersicht

I. Allgemeines

1. Bedeutung und Zweck der Schranke

1   § 53 sieht eine Schranke des dem Urheber zustehenden Vervielfältigungsrechts nach § 16 vor. Die Schrankenregelung ist Ausdruck der Sozialbindung des Urheberrechts, der jedes Eigentumsrecht, also auch das Urheberrecht, nach Art. 14 Abs. 1 S. 2 GG unterliegt (s. BVerfG GRUR 1972, 481, 483 – *Kirchen- und Schulgebrauch*; BVerfG GRUR 2010, 999 Tz. 60 – *Drucker und Plotter*). Diese **Sozialbindung** kann im Einzelfall so weit reichen, dass es die urheberrechtlichen Ausschlussrechte ganz aufhebt. Angesichts der Eigentumsgarantie des Grundgesetzes nach Art. 14 Abs. 1 GG ist eine solch weitrechende Einschränkung aber nur dann möglich, wenn es im Interesse der Allgemeinheit unumgänglich erscheint (BVerfG GRUR 2010, 999 Tz. 60 – *Drucker und Plotter*; *Schwartmann/Hentsch* ZUM 2012, 759, 766, 767). Denn die Herrschaft des Urhebers über sein Werk ist die natürliche Folge seines geistigen Eigentums (BGH GRUR 1955, 492, 502 – *Grundig-Reporter*). Diese **Herrschaft über sein Werk** übt der Urheber gegenüber Dritten mit den ihm nach § 11 zugeordneten Nutzungsrechten aus. Würden diese immer schon dann beschränkt, wenn auch nur irgendein Interesse der Allgemeinheit feststellbar oder gar nur behauptet ist, würde dem Urheber seine naturrechtliche Herrschaft (hierzu vgl. § 7 Rn. 2) über sein Werk unberechtigterweise entzogen. Da das Urheberrecht ebenso die finanziellen Interessen des Urhebers schützt (BGH GRUR 1955, 492, 402 – *Grundig Reporter*; BGH GRUR 1995, 674, 675 – *Mauerbilder*; *Schricker/Katzenberger* GRUR 1985, 87, 92 f.), ist der Urheber aber auch im Fall der Schrankenregelung oftmals nicht schutzlos gestellt. Über die gesetzlich gewährten Vergütungsansprüche erhält der Urheber zumindest eine pauschalisierte Entschädigung für die gesetzlich erlaubte Nutzung (vgl. Vor §§ 44a ff. Rn. 9 ff.). Auf der anderen Seite ist aber auch das Werk nicht im „luftfreien" Raum geschaffen, sondern stützt sich auf eine Reihe von vorbekannten Ideen, Schöpfungen und Werken, die ggf. gemeinfrei sind. Der Urheber erhält als **Ausgleich** für seine Schöpfung vom Gesetzgeber bestimmte definierte und ausgestaltete Ausschlussrechte, die vermögens- und persönlichkeitsrechtlicher Natur sind. Aber auch urheberrechtlich geschützte Werke können wiederum Inspiration zur Schöpfung anderer Werke geben, sodass weitere Werke geschaffen werden. Da urheberrechtlich geschützte Werke oftmals Kulturgüter sind, kann sich so die Gesellschaft in kultureller Hinsicht weiterentwickeln. Das kulturelle Schaffen ist oftmals ein Geben und Nehmen in dem Sinne, dass der Schöpfer auf Vorbekanntes zurückgreift, hierauf gestützt dann ein eigenes Werk schöpft, was er durch Veröffentlichung nach § 12 der Allgemeinheit wiederum unter bestimmten Voraussetzungen zur Verfügung stellt. Dieses **System des urheberrechtlichen Kreislaufs** ist neuerdings besonders durch internetaffine Kreise sowie deren politische Vertretung in Frage gestellt worden. Gerade das Internet und die vielfachen Nutzungsmöglichkeiten digitalisierter Werke, die selbstverständlich nach den jeweiligen Regelungen des Urheberrechts geschützt sind, haben diese Kreise veranlasst, ganz die Abschaffung des Urheberrechts zu fordern. Als Begründung wird angeführt, dass wegen der Ubiquität auch des urheberrechtlich geschützten Werkes sowie der unzählbaren möglichen und unkontrollierten Nutzungsmöglichkeiten von geschützten Werken, die Rechte an solchen Werken, die das UrhG jedem Schöpfer gewährt, nicht kontrollierbar, nicht verfolgbar und damit auch nicht durchsetzbar sein sollen. Wenn denn dann entsprechende urheberrechtliche Befugnisse nicht durchsetzbar sind, sollen sie auch generell abgeschafft werden. Angeführt wird dann weiter oft noch ein falsches Verständnis von **Informations- und Kommunikationsfreiheit**. Denn was bspw. die freie und vor allem kostenlose Nutzung eines Musikvideos auf Plattformen wie Youtube mit Informations- und Kommunikationsfreiheit zu tun hat, beantworten diese Kreise ebenso wenig. Denn in den meisten der von den **internetaffinen Kreisen** genannten Fällen geht es häufig um das utilitäre Bedürfnis des Nutzers nach Zerstreuung und Unterhaltung und somit vornehmlich nicht nach Informationen. Schließlich ist die jetzt (wieder) so heftig geführte Diskussion so alt wie das Urheberrecht selbst. Im Laufe seiner Geschichte hat sich das Urheberrecht immer wieder technischen Entwicklungen gegenüber gesehen, die drohten, die nach diesem Gesetz gewährten Rechte im Nichts aufzulösen, da sie in der Praxis aufgrund neuer technischer Entwicklungen nicht oder häufig nur schwer durchzusetzen waren. Angefangen jedoch von dem Tonbandgerät, dem Kassettenrekorder, über den Fotokopierer, bis hin zum Videorekorder und CD-Player, hat das Urheberrecht stets den Anforderungen der Technik bestanden und der Gesetzgeber hat hierauf reagiert, ohne allerdings das Urheberrecht, wie derzeit gefordert, (ganz) abzuschaffen. Eine Folge dieser Anpassung an die technische Gegebenheit und Ausfluss des Ausgleichs zwischen Allgemeininteresse an möglichst freier Nutzung auf der einen, sowie dem Interesse des Urhebers an Beeinflussung und Kontrolle der Nutzung seines Werkes auf der anderen Seite, waren häufige Änderungen des UrhG, insbesondere der Vorschriften der §§ 53 ff. im Laufe der Jahrzehnte (hierzu vgl. Einl. UrhG Rn. 24 ff.; zuletzt durch das UrhWissG 2017, dazu vgl. Rn. 4). Es bleibt somit zu hoffen, dass die zurzeit vehement geforderte Abschaffung des Urheberrechts ebenso wenig Realität wird. Denn wenn der Urheber für die Schöpfung seines Werkes, das er der Öffentlichkeit nach § 12 zur Verfügung stellt, keine angemessenen Rechte erhält, die sowohl seine Persönlichkeits- als auch Vermögensinteressen schützen, wie dies § 11 vorsieht, unabhängig davon, dass diese Rechte dem Urheber ohnehin als natürliche Eigentumsrechte zustehen (BGH GRUR 1955, 492, 502 – *Grundig Reporter*; s. zuletzt BVerfG GRUR 2010, 999 Tz. 60 – *Drucker und Plotter*), dann muss sich jeder und auch die vorgenannten politischen Kreise fragen, warum der Urheber überhaupt noch sein Werk schaffen und dann auch noch veröffentlichen, mithin zur Nutzung zur Verfügung stellen sollte. Das Bedürfnis einer breiten Masse nach Zerstreuung und Unterhaltung – um keinen Preis – werden die wenigsten Urheber hierzu veranlassen. Jedenfalls ist, wie auch der europäische Gesetzgeber in Erwägungsgrund 9 Info-RL klarstellt, von einem hohen Schutzniveau auszugehen, das nicht nur der Erhaltung und Entwicklung kreativer Tätigkeit dient, sondern auch dem Interesse der breiten Öffentlichkeit.

§ 53 trägt dem Umstand Rechnung, dass die urheberrechtlichen Befugnisse **2** nach §§ 11 ff. nicht nur im gewerblichen, sondern auch im privaten bzw. nicht öffentlichen Bereich gelten. Denn im Gegensatz zu anderen Immaterialgüterrechten, wie Patent, Gebrauchsmuster und Design- sowie Markenrecht, die den jeweils Berechtigten Ausschlussrechte nur im gewerblichen Bereich gewähren (s. § 14 Abs. 2 MarkenG), unterfällt bspw. auch die private Vervielfältigung nach § 16 dem Schutz des Urheberrechts (vgl. § 16 Rn. 15). In der Regelung des § 53 kommt ein Leitgedanke des Urheberrechts, dass zwischen der gewerblichen Nutzung und den Vervielfältigungen zum privaten Gebrauch zu unterscheiden ist, zum Ausdruck (OLG Dresden ZUM 2015, 336, 338 – *Battle.net*). Gerade in diesem nicht öffentlichen Bereich haben aber nicht nur die betroffenen einzelnen Urheber, sondern auch stärkere Zusammenschlüsse, die durchaus Mittel und Möglichkeiten haben, die Nutzung des Werkes im Einzelnen zu kontrollieren, wie bspw. Verwertungsgesellschaften, wenig Möglichkeiten, die Nutzung urheberrechtlich geschützter Werke zu kontrollieren. Um diesen Bereich zu legalisieren, sieht daher § 53 eine Schranke für Vervielfältigung zum privaten und auch sonstigen eigenen Gebrauch vor. Dies ist Ausfluss der Sozialbindung des Urheberrechts (vgl. Rn. 1) und führt einen Ausgleich zwischen Urheber und Interessen der Allgemeinheit in dem Sinne herbei, dass die Vervielfältigung im privaten und zum sonstigen Gebrauch unter den engen Voraussetzungen des § 53 zulässig ist (*Fangerow/Schwarz* GRUR 2011, 597, 598). Der Urheber kann die von den Schrankenregelungen umfassten Vervielfältigungen weder verbieten noch genehmigen (BGH GRUR 2014, 979 Tz. 45 – *Drucker und Plotter III*). I. S. d. notwendigen Interessenausgleiches ist der Urheber aber auch im Fall des § 53 nicht völlig rechtsfrei gestellt. Die Systematik des § 53, die durch die Regelungen der §§ 54 bis 54h ergänzt wird, ersetzt das Ausschlussrecht im Bereich von privaten und sonstigen eigenen Gebrauch durch einen Vergütungsanspruch (BVerfG GRUR 2010, 999 Tz. 60 – *Drucker und Plotter*), der in Form einer Art Störerhaftung gegen die Hersteller von Mitteln zur Vervielfältigung geltend gemacht wird. Diese können die Abgabe allerdings an die eigentlichen Nutzer der Vervielfältigungsgeräte und -medien weitergeben. Rechtlich handelt es sich um eine gesetzliche Lizenz, durch die das Ausschließlichkeitsrecht des Urhebers aufgehoben, ihm im Gegenzug aber eine Nutzungsentschädigung gegen Hersteller, Importeure und Händler von Vervielfältigungsgeräten und -mitteln gewährt wird, wobei letztlich dadurch derjenige die Nutzungsschädigung an den Urheber zu leisten hat, der durch Bereitstellen entsprechender Geräte und Mittel die Vervielfältigung des urheberrechtlichen Materials ermöglicht (s. a. Begr. RegE 3. ÄndG – BT-Drs. 13/115, S. 17 sowie RegE ÄndG 1985 – BT-Drs. 10/837, S. 18 und die Begr. RegE ProdPiratG – BT-Drs. 11/5792, S. 34; zum gerechten Ausgleich für den Wegfall des Anschlussrechtes: EuGH GRUR Int. 2010, 1043 Tz. 38 ff. – *Padawan*). Die entsprechende Abgabe ist verwertungsgesellschaftspflichtig nach § 54h, die als Pauschalvergütung über eine Zentralstelle für die Möglichkeit der Vervielfältigung im privaten und sonstigen eigenen Bereich eingezogen und dann über die Ausschüttungspläne an die Berechtigten ausgeschüttet wird. Dies führt natürlich später dazu, dass der Urheber nicht nach dem tatsächlichen Umfang der Vervielfältigung seines Werkes im privaten und sonstigen eigenen Bereich entschädigt wird, was bedauerlicherweise eine weitere Gleichmacherei gerade erfolgreicher Werke in diesem Bereich nach sich zieht (hierzu Wirtz S. 5 f.). Folglich ist das Gewähren von Vergütungsansprüchen gerade auch für den erfolgreichen Urheber nur ein schwacher Trost und der letztlich zweitbeste Weg (hierzu allgemein *Wilhelm Nordemann* GRUR 1979, 280).

2.   Verhältnis zu technischen Schutzmaßnahmen

3   Gerade im Bereich der digitalen Verwertung gehen mehr und mehr Verwerter dazu über, ihre Produkte, die urheberrechtlich geschützte Werke in digitaler Form enthalten, mit **technischen Schutzmaßnahmen i. S. v. §§ 95a ff.** zu versehen. Im Rahmen dieser technischen Schutzmaßnahmen ist dann eine Vervielfältigung des Werkes technisch nicht möglich. Entsprechende Schutzmaßnahmen sind nach §§ 95a ff. gegen Umgehung geschützt. Wer dies trotzdem tut, handelt illegal. Die Umgehung ist strafbar (§§ 108b Abs. 1 Nr. 1 und 2, 95a Abs. 1 bzw. Abs. 3, 111a Abs. 1 Nr. 1). Will somit der Urheber oder sonstige Rechte-inhaber die unkontrollierte Nutzung des geschützten Werkes in digitaler Form, bspw. über das Internet, verhindern, so bleibt ihm angesichts der tatsächlichen Gegebenheiten im Hinblick auf die Unkontrollierbarkeit der Nutzung nichts anderes übrig, als auf die vorgenannten technischen Schutzmaßnahmen zu-rückzugreifen. Auf der anderen Seite bedeutet dies aber, dass aufgrund solcher technischen Schutzmaßnahme eine allgemeine Privatkopie, so wie sie § 53 vor-sieht, nicht möglich ist, ebenso wenig bei Nutzungen, die nicht unter das UrhG fallen, weil das Werk bspw. gemeinfrei ist, einmal von der begrenzten Möglich-keit der §§ 95b Abs. 1 Nr. 6a, 95b Abs. 2 abgesehen. Die Schutzschranke der Privatkopie nach § 53 findet dann faktisch ihre Grenze im Rahmen der techni-schen Schutzmaßnahme nach §§ 95a ff., was sicherlich zu bedauern, angesichts der tatsächlichen Gegebenheiten aber wohl hinzunehmen ist. Im Rahmen des sog. 2. Korbs wurde dann auch diskutiert, ob ein solches unbeschränktes Recht auf digitale Privatkopie durchgesetzt werden sollte. Der Gesetzgeber hat sich dagegen entschieden (s. RegE 2. Korb – BT-Drs. 17/1828, S. 20 f.). Somit gibt es auch (derzeit) kein Recht auf digitale Privatkopie. Wer Werke in digitaler Form, die durch technische Schutzmaßnahmen nach §§ 95a ff. geschützt sind, als digitale Privatkopie nach § 53 herstellt, handelt somit illegal (zum Ganzen Schricker/Loewenheim/*Loewenheim*[5] Rn. 3 und Schricker/Loewenheim/*Göt-ting*[5] Vor §§ 95a ff. Rn. 17 ff.; *Ulbricht* CR 2004, 674 ff.; *Bornkamm* ZUM 2005, 1010 ff.; *Bott/Conrad/Joachim/Jan Bernd Nordemann/Pilla* GRUR Int. 2011, 905, 916; BVerfG GRUR 2010, 56 Tz. 11 – *Digitale Privatkopien*; *Dre-sel* Mitt. d. PA. 2012, 18, 22 ff.; BVerfG GRUR 2005, 1032, 1033 – *Digitale Privatkopie*; s. a. OLG München GRUR-RR 2009, 85 – *AnyDVD II*).

3. Entstehungsgeschichte

Die derzeitige Fassung des § 53 geht im Wesentlichen auf die Änderung durch   **4** das 2. Gesetz zur Regelung des Urhebergesetzes in der Informationsgesellschaft vom 26.10.2007 zurück, durch das die Info-RL umgesetzt wurde (vgl. Vor §§ 44a ff. Rn. 6). Der deutsche Gesetzgeber hat von der in Art. 5 Info-RL vor-gesehenen Möglichkeit der Beschränkung des Vervielfältigungsrechtes Ge-brauch gemacht, andere Mitgliedsstaaten z. T. nicht (Übersicht bei *Koch/Kraus-penhaar* GRUR Int. 2012, 881, 885). Aktuell wurde die Regelung der Privatkopie nach § 53 durch das Gesetz zur Angleichung des Urheberrechts an die aktuellen Erfordernisse der Wissensgesellschaft (UrhWissG vom 30.6.2017), das am 1.3.2018 in Kraft tritt, nochmals geändert. Grund für die Änderungen des § 53 sind die als Kern der Reform durch das UrhWissG 2017 neu eingefügten Schrankenregelungen der §§ 60a bis 60h (s. RegE UrhWissG 2017 – BT-Drs. 18/12329, S. 3). Mit dieser Reform will der Gesetzgeber das UrhG an die Änderungen der Nutzung urheberrechtlich geschützter Werke in Unterricht und Wissenschaft aufgrund der Digitalisierung und Vernetzung so-wohl in Unterricht, Lehre und Wissenschaft als auch in der Arbeit von Instituti-onen wie Bibliotheken und Archiven, anpassen. Ob angesichts der derzeitigen auch politischen Diskussion um die **Zukunft des Urheberrechts** gerade im Hin-blick auf dessen Anpassung an die angeblichen Anforderungen des Informati-onszeitalters (dazu oben vgl. Rn. 1; s. a. BVerfG GRUR 2010, 999 Tz. 64 – *Drucker und Plotter*) bzw. angesichts der europäischen Reformbestrebungen innerhalb der „Strategie für einen digitalen Binnenmarkt" (COM (2015) 192 final) die Regelung der Privatkopie nach § 53 nochmals zeitnah geändert wird, bleibt abzuwarten.

Die ursprüngliche Fassung von § 53 in der Urfassung des UrhG von 1965   **5** regelte die Vervielfältigung zum persönlichen Gebrauch, in § 54 die Vervielfäl-tigung zum sonstigen eigenen Gebrauch. § 53 Abs. 5 enthielt einen Vergütungsanspruch für Überspielungen auf Ton- oder Bildträger, die sogenannte Tonbandgeräteabgabe. Durch die Novellierung des Urheberrechts von 1985 kam es zu einer Neuregelung der §§ 53 und 54. § 53 enthielt danach die Schrankenregelungen, während § 54 dann Vergütungsansprüche vorsah, die neu geregelt wurden. Der Vergütungsanspruch wurde auf das Trägermaterial erweitert, sodass eine Geräte- und Leerkassettenabgabe entstand. Hinzu kam ein Vergütungsanspruch für Fotokopien. Im Rahmen der folgenden Änderung des Urheberrechts zwischen 1994 und 2003 hat es insgesamt 5 weitere Änderungen der §§ 53, 54 gegeben, wobei 3 Änderungen die Schrankenregelung des § 53 betrafen. Das in § 53 Abs. 4 S. 2 enthaltene allgemeine Verbot der Vervielfältigung von Computerprogrammen wurde durch das Änderungsgesetz 1993 vom 9.6.1993 (BGBl. I 910) gestrichen. Hintergrund war die Neuregelung in den §§ 69c bis 69e. Mit Umsetzung der Datenbank-RL durch das IuKDG vom 22.7.1997 (BGBl. I S. 1870), wurde § 53 Abs. 5 eingeführt. Auch die Änderung des Urheberrechtsgesetzes durch das 2. Gesetz zur Regelung des Urhebergesetzes in der Informationsgesellschaft vom 26.10.2007 (sog. 2. Korb), welches die Info-RL, insbesondere die Beschränkungen des Vervielfältigungsrechtes nach Art. 5, umsetzte, führte zu einer Änderung von § 53. Durch das UrhWissG 2017 wurde die Regelung des § 53 mit Wirkung zum 1.3.2018 erneut geändert. Die bisher in § 53 und nun in den neuen Schranken der §§ 60a bis 60f geregelten Erlaubnisse für Vervielfältigungen, die die Zwecke Unterricht, wissenschaftliche Forschung und Archivierung betreffen, wurden aus § 53 UrhG herausgelöst. So wurden die Regelungen des Abs. 2 S. 1 Nr. 1, S. 2 Nr. 3, S. 3 sowie Abs. 3 und Abs. 5 S. 2 aufgehoben.

6 Die Regelung der §§ 53, 54–54h macht von der in Art. 5 Info-RL enthaltenen Beschränkungsmöglichkeit des Vervielfältigungsrechts nach Art. 2 Info-RL Gebrauch. Danach ist die Beschränkung zu privatem und sonstigem Gebrauch unter bestimmten engen Voraussetzungen möglich. Die Beschränkung steht vor allem unter dem Vorbehalt des gerechten Ausgleichs zugunsten der Urheber (vgl. Vor §§ 54 ff. Rn. 2 ff.). Da die Regelung der §§ 53 ff. auf Vorgaben der Info-RL zurückgehen, sind sie jedenfalls richtlinienkonform auszulegen. Im Zweifel ist der EuGH anzurufen (s. BVerfG GRUR 2011, 225 Tz. 15 ff. – *PC*). Die Schrankenregelung des Art. 5 Info-RL steht unter dem Vorbehalt des sog. Dreistufentests, der in Art. 5 Abs. 5 Info-RL enthalten ist. Danach sind Beschränkungen und Ausnahmen nur in bestimmten Sonderfällen zulässig, in denen die normale Verwertung nicht beeinträchtigt und die berechtigten Interessen des Rechteinhabers nicht ungebührlich verletzt werden (*Bott/Conrad/Joachim/Jan Bernd Nordemann/Pilla* GRUR Int. 2011, 905, 913). Auch dies ist bei Auslegung der §§ 53, 54–54h zu beachten.

4. Systematik und Überblick zu den §§ 53, 54 ff.

7 Die **Schrankenregelung**, mithin die Vervielfältigungsfreiheit nach § 53, unterscheidet grundsätzlich zwei Fälle, nämlich zum einen die Vervielfältigung zum Zwecke des **privaten Gebrauchs**, zum andern die zum **eigenen Gebrauch** in bestimmten Fällen. Dabei ist die Vervielfältigung zum eigenen Gebrauch ein Unterfall der zum sonstigen eigenen Gebrauch (s. Schricker/Loewenheim/*Loewenheim*[5] Rn. 13). Die Vergütungspflicht ergibt sich aus § 54. Die Höhe der Vergütung, die bisher in § 54d i. V. m. der Anlage zu dieser Vorschrift festgelegt war, wird jetzt durch die beteiligten Hersteller und Verwertungsgesellschaften bestimmt, wobei § 54a Kriterien zur Bestimmung dieser Vergütungshöhe aufstellt. Der Gesetzgeber setzt insoweit auf ein System der weitgehenden Selbstregulierung (Schricker/Loewenheim/*Loewenheim*[5] § 54a Rn. 1). In § 54b wird die Vergütungspflicht des Händlers und Importeurs geregelt, in § 54c die des Betreibers von Ablichtungsgeräten. § 54d enthält eine Hinweispflicht auf die Vergütung in Rechnungen, eine Auskunftspflicht ergibt sich aus § 54f, wobei in § 54g ein Recht zu Kontrollbesuchen neu geregelt wird. Nach § 54h sind die Vergütungsansprüche verwertungsgesellschaftspflichtig. Daneben werden Einzelheiten der Handhabung einschließlich Grundzüge der Verteilung an die Berechtigten geregelt.

Nach § 53 ist die Vervielfältigung zu zwei Zwecken erlaubt, nämlich dem zum **8** privaten und dem zum eigenen Gebrauch, wobei der private Gebrauch ein Unterfall des Gebrauchs zu eigenen Zwecken ist. Die umständliche Regelung insbesondere von Ausnahmen und Konkretisierungen der Vervielfältigungsfreiheit, vor allem zum sonstigen eigenen Gebrauch, hat zu einer erheblichen Unübersichtlichkeit der Vorschrift geführt. Zunächst bezieht sich die Vervielfältigungsfreiheit auf Vervielfältigung zum Zweck des **privaten Gebrauchs (Abs. 1)**. Daneben ist in bestimmten Fällen auch die Vervielfältigung zum eigenen Gebrauch erlaubt (**Abs. 2**). Die Vervielfältigungsfreiheit, sowohl zum privaten als auch zum sonstigen Eigengebrauch, wird gem. Abs. 4 und 5 für bestimmte Werkformen eingeschränkt oder gar ausgeschlossen, bspw. für Noten, grafische Aufzeichnungen von Werken der Musik sowie von ganzen Büchern oder Zeitschriften und Datenbankwerken. Gem. Abs. 6 ist die Verbreitung oder öffentliche Wiedergabe von Vervielfältigungsstücken, deren Herstellung und Benutzung nach Abs. 1 bis 5 erlaubt sind, stets unzulässig, wobei Abs. 6 S. 2 eine Ausnahme im Hinblick auf Zeitschriften, vergriffene Werke und Teile eines Werkes, die aufgrund von Beschädigung oder Abhandenkommen ersetzt werden durften, enthält. Abs. 7 nimmt bestimmte Nutzungsarten von der Schrankenregelung in den Abs. 1 bis 5 gänzlich aus. Hierunter fallen u. a. die Aufnahme öffentlicher Vorträge, Aufführungen und Vorführungen, sowie Ausführungen von Plänen und Entwürfen zu Werken der bildenden Kunst und der Nachbau eines Werkes der Baukunst.

Übersichtsmäßig lässt sich die Schrankenregelung des § 53 wie folgt aufglie- **8a** dern:
(s. unsere 10. Aufl./*Wilhelm Nordemann* Rn. 5).
1. Nach Abs. 1 ist die Vervielfältigung zum privaten Gebrauch, nach Abs. 2 die Vervielfältigung zum sonstigen eigenen Gebrauch geregelt;
2. nach Abs. 4 und 5 ist die Vervielfältigungsfreiheit für bestimmte Werkformen eingeschränkt oder gar ausgeschlossen (Noten, grafische Aufzeichnungen von Werken der Musik, ganze Bücher oder Zeitschriften, Datenbankwerke);
3. Verbreitung und öffentliche Wiedergabe von Vervielfältigungsstücken i. S. v. Abs. 1 und 2 bzw. 3 bis 5 sind stets unzulässig (Abs. 6 S. 1 mit Ausnahme in S. 2);
4. Abs. 7 nimmt bestimmte Nutzungsarten von der Vervielfältigungsfreiheit aus. Hierunter fallen insbesondere Aufnahme öffentlicher Vorträge, Aufführungen und Vorführungen eines Werks auf Bild- und Tonträgern.

II. Vervielfältigung zum Privatgebrauch (Abs. 1)

1. Begriff

§ 53 Abs. 1 setzt Art. 5 Abs. 2 lit. b Info-RL um. Unter Privatgebrauch i. S. v. **9** § 53 Abs. 1 ist der **Gebrauch in der Privatsphäre** zur Befriedigung rein persönlicher Bedürfnisse durch die eigene Person oder einer mit ihr durch ein persönliches Band verbundenen Person zu verstehen (so schon BGH GRUR 1978, 474, 475 – *Vervielfältigungsstücke*). Privat ist nur das, was sich im **häuslichen Bereich** oder im **Freundeskreis** abspielt (*Flechsig* GRUR 1993, 532, 533; Bisges/ *Haupt* Kap. 3 Rn. 426). Der Privatgebrauch i. S. v. § 53 Abs. 1 ist ein Unterfall des eigenen Gebrauchs (Schricker/Loewenheim/*Loewenheim*[5] Rn. 13). Die Schranke des Privatgebrauchs nach Abs. 1 besteht nicht grenzenlos. Es sind insbesondere die Konkretisierungen und Beschränkungen in Abs. 4–7 zu beachten. Im Umkehrschluss aus Abs. 2 Nr. 2 ergibt sich, dass zur Zulässigkeit der Vervielfältigung zum privaten Gebrauch nach Abs. 1 nicht Voraussetzung ist, dass ein eigenes Werkstück zur Vervielfältigung benutzt wird, auch fremde Werkstücke können verwendet werden (BGH GRUR 1997, 459, 462 – *CB-infobank I*; BGH GRUR 1997, 464, 466 – *CB-infobank II*; Schricker/Loewenheim/*Loewenheim*[5] Rn. 14, 22). Allerdings ist die Privatkopie von offensichtlich rechtswidrig hergestellten oder öffentlich zugänglich gemachten Vorlagen unzulässig. Dadurch unterfällt insbesondere das File-Sharing nicht der Privilegierung des § 53 und stellt keine Vervielfältigung zum privaten Zweck dar (*Bott/Conrad/Joachim/Jan Bernd Nordemann/Pilla* GRUR Int. 2011, 905, 913). Der Privatgebrauch darf keinesfalls Erwerbszwecken, weder unmittelbar noch mittelbar, dienen (BGH GRUR 1978, 474, 475 – *Vervielfältigungsstücke*; s. a. Art. 5 Abs. 2 lit. b Info-RL).

10 Auf die Schranke nach Abs. 1 können sich nur **natürliche Personen** berufen, denn nur diese könne ein „Privatleben“ haben (RegE ÄndG 1985 – BT-Drs. 10/837, Art. 5 Abs. 2 lit. b Info-RL; S. 16 f.; BGH GRUR 1997, 459, 462 – *CB-infobank I*). Juristische Personen haben kein „Privatleben“, können sich somit auch nicht auf Abs. 1 berufen, allenfalls auf Abs. 2 (BGH GRUR 1997, 459, 462 – *CB-infobank I*; BGH GRUR 1979, 472, 475 – *Vervielfältigungsstücke*). Dagegen ist es möglich, dass sich die durch § 53 privilegierte natürliche Person durch eine juristische Person bei Ausübung seines Rechts zur Vervielfältigung nach Abs. 1 vertreten lässt, oder auf diese juristische Person die Vervielfältigung selber überträgt. Ebenso ist es möglich, dass sich die natürliche Person durch eine andere natürliche Person vertreten lässt. Es ist aber dann kein Privatgebrauch der natürlichen Person mehr, wenn die juristische Person selber als Diensteanbieter nicht im privaten, sondern im gewerblichen Bereich tätig wird, weil diese die Herstellung nicht unentgeltlich vornimmt. Dabei ist auf die genaue Ausgestaltung der entgeltlichen Dienstleistung des Dritten zu achten. Abzustellen ist auf eine technische Betrachtung. Hersteller ist von daher nur derjenige, der die körperliche Feststellung technisch vornimmt, selbst wenn er sich eines von einem Dritten zur Verfügung gestellten, entgeltlichen technischen Hilfsmittels bedient. Ist der von der Schranke Privilegierte Herr des Kopiervorgangs, selbst wenn dieser vollständig automatisiert ist, bleibt er Hersteller i. S. d. § 53. Hersteller ist dann nicht der Dritte, der die Mittel zur Vervielfältigung zur Verfügung stellt (OLG Dresden GRUR-RR 2011, 413, 416 – *save.tv*; BGH ZUM 2009, 765 Tz 15 – *save.tv*; s. a. *Kianfar* GRUR-RR 2011, 393; allgemein zur Bewertung des Online-Videorekorders: *Dresel* WRP 2011, 1291; s. a. OLG Dresden ZUM 2007, 203; LG Leipzig ZUM 2006, 763; OLG Köln GRUR-RR 2005, 5; *Hoffmann* MMR 2008, 793; Schricker/Loewenheim/*Loewenheim*[5] Rn. 30 ff.). Der Dritte, d. h. das juristische Unternehmen, das den vollautomatisierten Kopiervorgang zur Verfügung stellt, kann allenfalls als Teilnehmer oder Störer haften (BGH ZUM 2009, 765 Tz. 17 – *save.tv*; BGH ZUM 2009, 774 Tz. 13 – *Cybersky*).

2. Privater Gebrauch

11 Privater Gebrauch ist der Gebrauch in der **Privatsphäre** zur Befriedigung allein rein persönlicher Bedürfnisse außerberuflicher und auch außerwirtschaftlicher Art (BGH GRUR 2017, 266 Tz. 49 – *World of Warcraft I*; BGH GRUR 1978, 474, 475 – *Vervielfältigungsstücke*). Art. 5 Abs. 2 lit. b Info-RL spricht von einem Ausschluss sowohl direkter als auch indirekter kommerzieller Zwecke. Die Vervielfältigung darf somit **weder mittelbar noch unmittelbar zugleich Erwerbszwecken** dienen. Der nicht persönliche Zweck braucht also auch in diesem Rahmen nicht im Vordergrund zu stehen, es genügt, wenn dieser eine Begleiterscheinung ist. Folglich fehlt es an einem solchen privaten Gebrauch, wenn ein Theaterregisseur eine Inszenierung mitschneidet, um sie für seine weitere berufliche Tätigkeit zu dokumentieren, da dies zugleich Erwerbszwecken dient (BGH GRUR 1993, 889, 890 – *Dia-Duplikate*). Ebenso wenig liegt ein privater Gebrauch vor, wenn ein Student sich für Studienzwecke Kopien fertigt (BGH GRUR 2014, 549 Tz. 72 – *Meilensteine der Psychologie*; BGH GRUR 1984, 54, 55 – *Kopierläden*). Dagegen liegt ein rein privater Gebrauch vor, wenn die Vervielfältigungsstücke bspw. gefertigt werden, um sie im Familien- oder Freundeskreis zu diskutieren, oder diese ausschließlich der Ausübung einer Liebhaberei oder Freizeitgestaltung im Freundes- oder Familienkreis dienen sollen (Bsp. hierzu bei Schricker/Loewenheim/*Loewenheim*[5] Rn. 23). Dabei kommt es ebenso wenig auf den Ort der Vervielfältigung an, als darauf, ob ein eigenes oder fremdes Werkstück verwendet wird (dazu oben vgl. Rn. 9).

Im Rahmen des privaten Gebrauchs darf grundsätzlich alles vervielfältigt werden, selbst unveröffentlichte Werke. Die Schrankenregelung des § 53 Abs. 1 ist nicht einschränkend dahin auszulegen, dass sie lediglich eine Vervielfältigung veröffentlichter Werke erlaubt; weder im Hinblick auf entsprechende Einschränkungen anderer Schrankenregelungen noch auf die Kunstfreiheit oder auf Art. 5 Abs. 2 lit. a Info-RL ist eine solche Auslegung geboten (BGH GRUR 2014, 974 Tz. 13 – *Porträtkunst*). Es sind jedoch die Einschränkungen nach Abs. 4–7 als **Ausnahme vom Grundsatz** zu beachten. Von daher dürfen auch zum privaten Gebrauch weder Datenbankwerke nach Abs. 5 noch Computerprogramme (§ 69a Abs. 4 i. V. m. § 69c Nr. 1 S. 1, s. a. RegE 2. ÄndG – BT-Drs. 12/4022 S. 8 f.) vervielfältigt, noch öffentliche Vorträge, Aufführungen oder Vorführungen eines Werkes nach Abs. 7 aufgenommen werden. Pläne und Entwürfe zu Bauwerken und anderen Kunstwerken dürfen nicht ausgeführt bzw. nachgebaut, wie Vorträge, Noten, ganze Bücher oder Zeitschriften nicht vervielfältigt werden, wobei bezüglich letzteren ein Mitschreiben bzw. Abschreiben zulässig ist. Weiterhin ist bei Auslegung von § 53 und insbesondere des Begriffs „Privater Gebrauch" zu beachten, dass zwar § 53 eine „Generalklausel mit Einschränkung" darstellt, gleichwohl nach wie vor eine Schrankenregelung ist, die eine Ausnahme zum grundsätzlich dem Urheber zustehenden Vervielfältigungsrecht nach § 16 darstellt, und somit eng auszulegen ist (dazu oben vgl. Rn. 1 f.). Ebenso ist im Rahmen der Darlegungs- und Beweislast im Prozess der Charakter der Ausnahmeregelung zu beachten (vgl. § 97 Rn. 26 ff.; unten vgl. Rn. 55).

12

3. Erwerbszwecke

Die nach § 53 Abs. 1 privilegierte Vervielfältigung darf ausschließlich zum privaten Gebrauch bestimmt sein. Sie darf von daher weder **unmittelbar noch mittelbar Erwerbszwecken** dienen (s. schon zur alten Rechtslage BGH GRUR 1993, 899, 900 – *Dia Duplikate*; KG GRUR 1992, 168, 169 – *Dia Kopien*; KG GRUR-RR 2004, 228, 232 – *Ausschnittdienst*), wobei auch der Erwerbszweck nicht einmal Begleiterscheinung sein darf. § 53 Abs. 1 ist von daher nur anwendbar, wenn die Vervielfältigung zu rein persönlichen Bedürfnissen außerhalb jeglichem beruflichem und wirtschaftlichem Zweck erfolgt (BGH GRUR 1978, 474, 475 – *Vervielfältigungsstücke*). Dies wurde durch die Urheberrechtsnovellierung 2003 ausdrücklich klargestellt (RegE UrhG Infoges – BT-Drs. 15/38 S. 20). Von daher liegt keine Vervielfältigung zum privaten Gebrauch vor, wenn etwa ein Student sich für Studienzwecke Kopien fertigt (BGH GRUR 1984, 54, 55 – *Kopierläden*; s. die neue Schrankenregelung für die wissenschaftliche Forschung in § 60c), oder ein Musiker ein Konzert mitschneidet, um sein eigenes Spiel damit zu vergleichen und ggf. damit zu vervollkommnen. Auch Kopien von Hochschullehrern, Anwälten oder Lehrern für ihre berufliche Tätigkeit sind keine Kopien zu Privatzwecken (Schricker/Loewenheim/*Loewenheim*[5] Rn. 24 m. w. N.; s. die neue Schrankenregelung für die wissen-

13

schaftliche Forschung in § 60c). Dient allerdings eine Kopie nur ganz entfernt Erwerbszwecken, weil bspw. derjenige, der die Kopien vornimmt, dies zu Bildungszwecken macht, wobei er das erlangte Wissen unter Umständen einmal im Rahmen seiner beruflichen Tätigkeit nutzen könnte, können diese unter § 53 Abs. 1 fallen, da neben dem unmittelbaren nur ein mittelbarer Zusammenhang zwischen Privatkopie und Erwerbszweck das Kopierprivileg nach Abs. 1 entfallen lässt. Von daher ist ein konkreter Zusammenhang zwischen Vervielfältigungen und Erwerbszwecken erforderlich (s. Dreier/Schulze/*Dreier*[5] Rn. 10; Schricker/Loewenheim/*Loewenheim*[5] Rn. 24). Die vorgenannten Kopien zu Erwerbszwecken können aber nach Abs. 2 privilegiert sein.

4. Herstellung durch andere

14 Der durch Abs. 1 Privilegierte braucht die Kopien nicht selber herzustellen, er kann sie auch unter den Voraussetzungen des Abs. 1 S. 2 **durch Dritte herstellen** lassen. Dabei ist zu unterscheiden. Erfolgt die Herstellung durch den Dritten unentgeltlich, dann können sowohl **analoge** als auch **digitale** Kopien gefertigt werden. Die Natur des Originals ist dabei unerheblich (EuGH GRUR 2013, 812 Tz. 63 – *Drucker und Plotter II, PC II*). Erfolgt die Herstellung des Vervielfältigungsstückes allerdings **entgeltlich**, dann ist eine Privatkopie nach Abs. 1 S. 2 nur dann zulässig, wenn sie mittels fotomechanischem oder einem ähnlichen Verfahren erfolgt. Hierunter fallen bspw. Papierkopien, die eine öffentliche Bibliothek im Rahmen des Kopienversanddienstes fertigt (BGH GRUR 1999, 707, 709 – *Kopienversanddienst*). Die bloße Erstattung der Materialkosten führt noch nicht dazu, dass dieses Kopieren entgeltlich erfolgt (Nachw. bei Schricker/Loewenheim/*Loewenheim*[5] Rn. 35; OLG Dresden ZUM 2007, 385, 386). Ebenso wenig führt der dem Bibliotheksangestellten gezahlte Lohn zur Entgeltlichkeit der Herstellung (Dreier/Schulze/*Dreier*[5] Rn. 16; Möhring/Nicolini/*Grübler*[3] Rn. 17). Auch führt die Zuwendung Dritter, die mit dem Besteller der Kopien in keinerlei Zusammenhang stehen, nicht zur Entgeltlichkeit (Schricker/Loewenheim/*Loewenheim*[5] Rn. 35; a. A. OLG Dresden ZUM 2007, 385, 386; LG Köln MMR 2007, 610, 612). Dagegen ist die Vervielfältigung durch einen Dritten entgeltlich, wenn der Dritte sie mit Gewinnerzielungsabsicht vorgenommen hat (BGH GRUR 2009, 845 Tz. 55, 56 – *Internet-Videorecorder*; OLG Hamburg ZUM 2009, 642, 646, 647). Unter einem dem fotomechanischen Verfahren ähnlichem Verfahren i. S. v. Abs. 1 S. 2 sind nicht nur fotomechanische, sondern auch andere – insbesondere digitale – Vervielfältigungsverfahren zu verstehen. Erforderlich ist eine dem fotomechanischen Verfahren ähnliche Wirkung und nicht ein dem fotomechanischen Verfahren ähnliches Verfahren (BGH GRUR 2012, 1017 Tz. 41 – *Digitales Druckzentrum*; vgl. § 54c Rn. 2). Die Einschränkung geht auf Art. 5 Abs. 2 lit. a Info-RL zurück und ist somit in Übereinstimmung mit dieser Vorschrift auszulegen (EuGH GRUR 2013, 812 Tz. 68 – *Drucker und Plotter II, PC II*; s. auch zur Vorlagefrage des BGH GRUR 2011, 1007 Tz. 15 ff. – *Drucker und Plotter II*). Auf Vorlage des BGH (BGH GRUR 2011, 1012 ff. – *PC II*; s. a. BGH GRUR 2012, 1017 Tz. 43 ff. – *Digitales Druckzentrum*) hat der EuGH entschieden, dass „Vervielfältigungen mittels beliebiger fotomechanischer Verfahren oder anderer Verfahren mit ähnlicher Wirkung" i. S. v. Art. 5 Abs. 2 lit. a Info-RL Vervielfältigungen mittels eines Druckers und eines verbundenen PCs erfassen (EuGH GRUR 2013, 812 Tz. 80 – *Drucker und Plotter II, PC II*). Da mittels einer nur aus einem PC und einem Drucker bestehenden Funktionseinheit nur digitale Vorlagen vervielfältigt werden können, schließt der BGH hieraus, dass Vervielfältigungen digitaler Vorlagen von Art. 5 Abs. 2 lit. a Info-RL und damit von § 53 Abs. 1 S. 2 erfasst werden (BGH GRUR 2014, 984 Tz. 24 – *PC III* noch zur Rechtslage bis zum 31.12.2007). Nach dem EuGH kommt es für das Vorliegen eines „anderen Verfahrens mit ähnlicher Wirkung wie ein fotomechanisches Verfahren" nur auf das Ergebnis an, also auf die analoge Darstellung eines Werkes; solange dieses Ergebnis erreicht wird, kommt es auf die Zahl der Vorgänge oder die Art des Verfahrens oder der Verfahren, die bei der fraglichen Vervielfältigung angewandt werden, nicht an, allerdings unter der Voraussetzung, dass die verschiedenen Elemente oder die verschiedenen nicht eigenständigen Schritte dieses einheitlichen Verfahrens unter der Kontrolle derselben Person stattfinden oder ablaufen und dass sie alle darauf abzielen, das Werk oder den sonstigen Schutzgegenstand auf Papier oder einem ähnlichen Träger zu vervielfältigen (EuGH GRUR 2013, 812 Tz. 70 – *Drucker und Plotter II, PC II*; s. a. EuGH GRUR 2014, 979 Tz. 18 ff. – *Drucker und Plotter III*; BGH GRUR 2014, 984 Tz. 26 – *PC III*).

Andere i. S. v. S. 2 können nicht nur Mitarbeiter und Angestellte, Familienmit-glieder oder Freunde sein, sondern auch gewerbliche Unternehmen, wie bspw. Kopieranstalten, die auf Bestellung Kopien anfertigen (RegE UrhG 1962 – BT-Drs. IV/270 S. 74). Da S. 2 eine Unterscheidung im Hinblick auf digitale und solche Kopien macht, die mittels beliebiger fotomechanischer Verfahren oder anderer Verfahren mit ähnlicher Wirkung hergestellt wurden, also im analogen Bereich, stellt sich die Frage, wer **Hersteller** der Privatkopie ist. Denn nur ana-loge Kopien dürfen durch einen Dritten unentgeltlich hergestellt werden. Für den Herstellerbegriff wird entscheidend sein, wer die Organisationshoheit über Gegenstand und Umfang der Vervielfältigung hat (s. Dreier/Schulze/*Dreier*[5] Rn. 14; *Kamp/Kopp* CR 2007, 581, 583; *Hofmann* ZUM 2006, 786, 787; BGH GRUR 2009, 845 Tz. 16 – *Internet-Videorecorder* m. Anm. *Becker*) i. S. d. sich Bedienens im technischen Vorgang zum Zwecke der Werknutzung (OLG Dresden GRUR-RR 2011, 418, 416 – *save.tv*). Hersteller ist somit derje-nige, der Kontroll-, Steuerungs- und Einflussmöglichkeiten auf den Vervielfälti-gungsvorgang hat (Schricker/Loewenheim/*Loewenheim*[5] Rn. 30). Der BGH selber geht von einem technisch-maschinellen Vorgang der Vervielfältigung aus, wobei nicht entscheidend ist, wer die rein technische Durchführung der Ver-vielfältigung macht. Werknutzer und somit Hersteller i. S. v. Abs. 1 S. 2 ist da-mit nicht, wer die Nutzung technisch bewerkstelligt, sondern derjenige, der sich des technischen Vorgangs zum Zwecke der Werknutzung bedient (BGH ZUM 2009, 765 Tz. 15 – *save*.tv; BGH GRUR 1999, 707, 709 – *Kopienver-sanddienst*; BGH ZUM 2009, 765, 767 – *save.tv*; BGH GRUR 1997, 459, 462 – *CB-infobank I*; BGH GRUR 1997, 464, 466 – *CB-infobank II*; OLG Köln GRUR 2000, 414, 417; OVG Münster BeckRS 2016, 47894; s. a. Dreier/Schulze/*Dreier*[5] Rn. 14; Schricker/Loewenheim/*Loewenheim*[5] Rn. 30; Bisges/*Haupt* Kap. 3 Rn. 440). Folglich ist nicht derjenige Hersteller, der einen CD-Kopierautomaten auf einen öffentlichen Platz aufstellt, sondern derjenige, der den Automaten nutzt (BGH ZUM 2009, 765, 767 – *save.tv*; OLG München ZUM 2003, 569, 570, 571; a. A. *Stieper* ZUM 2004, 911, 915, 916). Die Frage, wer Hersteller von Kopien ist, die durch virtuelle Videorekorder gefer-tigt wurden (auch *personal video recorder*, dazu oben vgl. Rn. 10), ist umstrit-ten. Im Rahmen dieser Dienste wird es dem Kunden ermöglicht, Sendungen auf einem ihm zur Verfügung gestellten Speicherplatz aufzunehmen und sie nach Abschluss der Aufnahme auf seinem Computer oder Fernsehgerät anzuse-hen. Dabei ist auch ein Herunterladen auf einen eigenen Speicher möglich, wobei die Ausgestaltungen der Dienste im Detail variieren. Der Anbieter dieser Dienste wurde z. T. als Hersteller angesehen, und da diese Dienste ja entgeltlich geleistet werden, die Voraussetzungen der zulässigen Privatkopie nach Abs. 1 S. 2 verneint (OLG Köln GRUR-RR 2006, 5; OLG Dresden NJOZ 2007, 1546; LG Leipzig CR 2006, 784; LG München I CR 2006, 787; LG Braun-schweig ZUM-RD 2006, 369; s. a. Wandtke/Bullinger/*Lüft*[4] Rn. 19; *Schack* GRUR 2007, 639, 642). Hat allerdings der Kunde die Organisationshoheit über das Aufnahmegeschehen und ist dann der virtuelle Videorekorder nur technisches Hilfsmittel, so ist der Kunde als Hersteller anzusehen, sodass sich

15

dieser, wenn die weiteren Voraussetzungen vorliegen, auf das Privileg der Privatkopie nach Abs. 1 S. 1 berufen kann (BGH ZUM 2009, 765, 767 – *save.tv*; OLG Dresden GRUR-RR 2011, 413, 416 – *save.tv*; Dreier/Schulze/*Dreier*[5] Rn. 14; *Dreier* FS Ullmann S. 37, 45 ff.; *Kamps/Koobs* CR 2007, 581, 583; *Hoffmann* ZUM 2006, 786, 787). Auch im Rahmen von sonstigen gewerblichen Diensten, wie bspw. der entgeltlichen Nutzung von Datenbankrecherchediensten, kommt es darauf an, inwiefern der Recherchedienst auf den technisch-maschinellen Vorgang beschränkt ist, d. h. der Dritte wird im Rahmen einer konkreten Anweisung zur Herstellung eines bestimmten Vervielfältigungsstückes tätig, sodass nicht der Recherchedienstanbieter, sondern der Auftraggeber Hersteller i. S. v. Abs. 1 S. 1 ist. Erstreckt sich die Tätigkeit des Recherchedienstes dagegen über solche konkreten Anweisungen hinaus, dann ist der Diensteanbieter Hersteller, und wenn es sich um eine entgeltliche Herstellung von digitalen Kopien handelt, diese Vervielfältigung nicht durch Abs. 1 privilegiert (BGH GRUR 1997, 459, 461 ff. – *CB-infobank I*; BGH GRUR 1997, 464, 466 – *CB-infobank II*; KG GRUR-RR 2004, 228, 232 – *Ausschnittdienst*; OLG Köln GRUR 2000, 414, 417 – *GRUR/GRUR Int.*; OLG Frankfurt aM. GRUR 1996, 351 – *CB-infobank*; OLG Düsseldorf CR 1996, 728, 730; Dreier/Schulze/*Dreier*[5] Rn. 14; *Loewenheim*, Urheberrechtliche Grenzen, S. 46 ff., insb. S. 54 ff.; *Raczinski/Rademacher* GRUR 1989, 324; *Thomas* FS Kreile, S. 755 ff.). Ausmaß und Intensität der Dienstleistungen im Rahmen eines Recherchedienstes liegen außerhalb dessen, was sich mit den gesetzlichen Erwägungen zur Zulässigkeit von Privatkopien nach Abs. 1 noch rechtfertigen lässt (BGH GRUR 1997, 459, 463 – *CB-infobank I*; Schricker/Loewenheim/*Loewenheim*[5] Rn. 32).

5. Einzelne Vervielfältigungen

16 Nach Abs. 1 ist die Herstellung von einzelnen Vervielfältigungen des Werkes zulässig. Der **Begriff der Vervielfältigung** richtet sich nach § 16. Danach ist Vervielfältigung jede körperliche Festlegung des Werks oder eines Teils davon, die geeignet ist, das Werk dem menschlichen Sinn auf irgendeine Weise unmittelbar oder mittelbar wahrnehmbar zu machen, wobei die Festlegung sowohl digital als auch analog erfolgen kann (vgl. § 16 Rn. 9; Schricker/Loewenheim/*Loewenheim*[5] Rn. 14). Danach ist sowohl das Fertigen von Fotokopien, das Aufnehmen auf Ton- oder Bildträgern, wie CD, DVD, Video etc., die fotografische Ablichtung, das Festlegen im Computer einschließlich Ausdruck, etc. erfasst. Die Art des Werkes ist zunächst einmal unerheblich, wobei allerdings je nach Werkart die Vervielfältigung den Einschränkungen nach Abs. 4 und 6 unterliegen kann.

17 Was unter einzelnen Vervielfältigungen zu verstehen ist, ist umstritten. Aufgrund der Entscheidung BGH GRUR 1978, 474, 476 – *Vervielfältigungsstücke*, hat sich in der Praxis die **Obergrenze von sieben Exemplaren** durchgesetzt, wobei allerdings diese Obergrenze als zu starr, z. T. auch als zu hoch angesehen wird (dazu in unserer 10. Aufl./*Wilhelm Nordemann* Rn. 13; *Schack*, Urheber- und UrhebervertragsR[7] Rn. 558; Schricker/Loewenheim/*Loewenheim*[5] Rn. 26; Bisges/*Haupt* Kap. 3 Rn. 427). Da Zweck der Privilegierung nach Abs. 1 der private Gebrauch ist, sollte mit Dreier/Schulze/*Dreier*[5] Rn. 9 darauf abgestellt werden, welche Anzahl an Exemplaren zur Deckung des rein persönlichen Bedarfs erforderlich ist. Dies kann abhängig vom **Anlass der Vervielfältigung** variieren, angefangen von den Vervielfältigungen zur allein persönlichen Verwendung, dann würde lediglich ein Exemplar genügen, bis hin zur Verwendung innerhalb des Familien- und Freundeskreises, wobei dann mehrere Kopien zulässig wären (so auch Schricker/Loewenheim/*Loewenheim*[5] Rn. 26; Wandtke/Bullinger/*Lüft*[4] Rn. 13; HK-UrhR/*Meckel*[3] Rn. 29; *Nippe* GRUR Int. 1995, 202; gegen die Bestimmung einer fixen Zahl gerade für digitale Privatkopien:

Becker ZUM 2012, 643, 650 ff.). Dabei sollte allerdings die Obergrenze auch hier von sieben Vervielfältigungsstücken nicht überschritten werden. Keine einzelnen Vervielfältigungsstücke sind jedenfalls solche, die in Klassenstärke gefertigt werden (s. die neue Schrankenregelung für Unterricht und Lehre in § 60a). Da von der Privilegierung aber nicht nur analoge, sondern auch digitale Privatkopien umfasst sind (dazu unten vgl. Rn. 18), stellt sich die Frage, was unter einzelnen Vervielfältigungen im **digitalen Umfeld** zu verstehen ist. Sind hierunter ebenso 2 bis 3, höchstens aber 7 Kopien zu verstehen, so wird sich hieraus entsprechend eine Berechtigung zum Zugänglichmachen eines privaten Bereichs herleiten lassen, da eine 2 bis 3, höchstens 7fache digitale Vervielfältigung wenig Sinn macht (zum Ganzen: *Becker* ZUM 2012, 643 ff.) Ein Recht zum allgemeinen (öffentlichen) Zugänglichmachen der digitalen Privatkopie erwächst daraus aber nicht, zum einen weil es dann nicht nur an dem privaten Gebrauch fehlt, zum anderen weil das öffentliche Zugänglichmachen selbst rechtmäßig hergestellter Privatkopien nach Abs. 6 S. 1 untersagt ist (hierzu auch: OLG Hamburg MMR 2012, 393, 394 – *Rapidshare II*; oben vgl. Rn. 10).

6.   Auf beliebigen Trägern

Abs. 1 stellt klar, dass nicht nur **analoge** sondern auch **digitale Vervielfältigun-** **18** **gen** zulässig sind (*Becker* ZUM 2012 643 ff.). Die Formulierung geht auf Art. 5 Abs. 2 lit. b Info-RL zurück. Der Gesetzgeber wollte mit Aufnahme der Formulierung „auf beliebigen Trägern" eine Klarstellung herbeiführen, wobei bereits vor Änderung analoge und auch digitale Vervielfältigungen zulässig waren (RegE UrhG Infoges – BT-Drs. 15/38 S. 20; OLG München GRUR-RR 2003 365, 366 – *CD-Münzenkopierautomat*; Dreier/Schulze/*Dreier*[5] Rn. 8; Wandtke/Bullinger/*Lüft*[4] Rn. 12; *Schack* ZUM 2002, 497, 498). Solche Träger können daher bspw. Speicherkarten und USB-Sticks (OLG München ZUM 2016, 453, 455 *Speicherkarten*; s. a. EuGH GRUR 2015, 478 – *Copydan ./. Nokia*), externe Festplatten (OLG München GRUR 2015, 989, 993 – *Festplatten*), Mobiltelefone (OLG München GRUR-RR 2015, 422, 423 – *Musik-Handys*; OLG München ZUM-RD 2015, 525, 542 ff.) oder PCs (BGH GRUR 2014, 984 Tz. 14, 31 – *PC III* noch zur Rechtslage bis zum 31.12.2007; OLG München GRUR-RR 2015, 457, 458 f. – *Personal-Computer*) sein (zu den vergütungspflichtigen Geräten und Speichermedien vgl. § 54 Rn. 10). Nach dem EuGH können **multifunktionale Träger**, wie **Speicherkarten für Mobiltelefone**, vergütungspflichtig sein, sofern zumindest eine, wenn auch sekundäre Funktion dieser Träger es erlaubt, Kopien zum privaten Gebrauch anzufertigen (EuGH GRUR 2015, 478 Tz. 26 – *Copydan ./. Nokia*).

7.   Vervielfältigung von offensichtlich rechtswidrig hergestellten oder von öffentlich zugänglich gemachten Vorlagen

Abs. 1 S. 1 2. Hs. nimmt vom Vervielfältigungsprivileg solche Vervielfältigun-   **19** gen aus, die auf einer **offensichtlich rechtswidrig hergestellten** oder einer **öffentlich zugänglich gemachten Vorlage** beruhen. Der Vervielfältiger kann von daher nicht jede Vorlage seiner Vervielfältigung zum privaten Gebrauch zugrunde legen, sondern nur solche, von denen er annimmt, dass das Originalwerk weder rechtswidrig hergestellt noch öffentlich zugänglich gemacht wurde, wobei beides für den Handelnden offensichtlich sein muss. Unrechtmäßige Quellen und damit rechtswidrig öffentlich zugänglich gemachte Vorlagen sind nach der EuGH-Rechtsprechung geschützte Werke, die der Öffentlichkeit ohne Erlaubnis des Rechtsinhabers zur Verfügung gestellt worden sind (EuGH GRUR 2015, 478 Tz. 79 – *Copydan/Nokia*). Original-Audio-CDs und Original-Film-DVDs, die mit Zustimmung des Rechtsinhabers hergestellt und mit seiner Erlaubnis der Öffentlichkeit zur Verfügung gestellt wurden, sind auch dann keine unrechtmäßigen Quellen oder rechtswidrige Vorlagen, wenn sie mit einem Kopierschutz versehen sind (BGH GRUR 2016, 792 Tz. 62 – *Gesamtvertrag Unterhaltungselektronik*). Die Einschränkung des Abs. 1 S. 1 2. Hs. geht zum einen auf die Urheberrechtsnovelle von 2003 zurück, und stellt einen Kompromiss im Hinblick auf die Streitfrage dar, ob Kopien von rechtswidrig hergestellten Vorlagen unter die Privilegierung nach § 53 Abs. 1 fallen (Näheres bei Schricker/Loewenheim/*Loewenheim*[5] Rn. 15). Zum anderen geht diese Einschränkung auf die Urheberrechtsnovellierung 2008 (2. Korb) zurück, die durch die Erweiterung des Verbots auf öffentlich zugänglich gemachten Vorlagen gerade das Kopieren aus *File Sharing Systemen* im Internet erschweren wollte (s. RegE 2. Korb – BT-Drs. 16/1828 S. 26; *Bott/Joachim/Jan Bernd Nordemann/Pilla* GRUR Int. 2011, 905, 913). Dabei gilt die Einschränkung von Abs. 1 S. 1 2. Hs. nur für die private Vervielfältigung nach Abs. 1, nicht aber für die zum eigenen Gebrauch nach Abs. 2 (Schricker/Loewenheim/*Loewenheim*[5] Rn. 18). Nachdem der EuGH (EuGH GRUR Int. 2014, 605 Tz. 37 – *ACI Adam/Stichting de Thuiskopie*; EuGH GRUR 2015, 478 Tz. 75 – *Copydan/Nokia*; EuGH GRUR 2016, 55 Tz. 59 – *Hewlett-Packard/Reprobel*) wiederholt dargelegt hat, dass das Unionsrecht, insbesondere Art. 5 Abs. 2 lit. b Info-RL, nationalen Rechtsvorschriften entgegensteht, die nicht danach unterscheiden, ob die Quelle, auf deren Grundlage die Vervielfältigung zum privaten Gebrauch angefertigt wurde, rechtmäßig oder unrechtmäßig ist, wird teilweise diskutiert, ob eine Änderung der Vorschrift des Abs. 1 S. 1 2. Hs. erforderlich ist (s. Dreier/Schulze/*Dreier*[5] Rn. 11; *v. Ungern-Sternberg* GRUR 2016, 321, 331 m. w. N. in Fn. 180; *Verweyen* GRUR Int. 2016, 36, 37; *Lauber-Rönsberg* ZUM 2014, 578, 579 f.). Die Privatkopieausnahme des Art. 5 Abs. 2 lit. b Info-RL gilt nicht für den Fall, dass Privatkopien auf der Grundlage einer unrechtmäßigen Quelle angefertigt wurden (EuGH GRUR Int. 2014, 605 Tz. 41 – *ACI Adam/Stichting de Thuiskopie*; EuGH GRUR 2016, 55 Tz. 57 – *Hewlett-Packard/Reprobel*). Auch Abs. 1 S. 1 2. Hs. unterscheidet zwar zwischen rechtmäßiger und unrechtmäßiger Vorlage, schließt aber nur Vervielfältigungen, die auf einer **offensichtlich** rechtswidrig hergestellten oder einer öffentlich zugänglich gemachten Vorlage beruhen, von der Privilegierung aus. Mit den nicht offensichtlich rechtswidrig hergestellten oder öffentlich zugänglich gemachten Vorlagen enthält die deutsche Privatkopieausnahme daher teilweise Privatkopien, die auf der Grundlage einer unrechtmäßigen Quelle angefertigt wurden.

20   Die **Offensichtlichkeit der Rechtswidrigkeit** der Herstellung der Vorlage ist nach objektiven, nicht nach subjektiven Kriterien zu beurteilen. Offensichtlich ist nach allgemeinem Sprachgebrauch das, was jedermann auf den ersten Blick erkennen kann (s. unsere 10. Aufl./*Wilhelm Nordemann* Rn. 14; *Czychowski* NJW 2003, 2409, 2411; *Dresel* Mitt. d. PA. 2012, 18, 20). Eine eingehende Prüfung der Umstände ist nicht erforderlich. Nach anderer Auffassung soll es unter Hinweis auf die Gesetzesbegründung zum 2. Korb, auf den Verständnishorizont des Nutzers ankommen. Der Gesetzgeber hatte zum Ausdruck gebracht, dass bei dem öffentlichen Zugänglichmachen die Offensichtlichkeit der Rechtswidrigkeit nach der Bildung und dem Kenntnisstand des jeweiligen Nutzers zu beurteilen ist (Wandtke/Bullinger/*Lüft*[4] Rn. 16; Schricker/Loewenheim/*Loewenheim*[5] Rn. 19). Ein solches Abstellen auf subjektive Merkmale würde abhängig vom tatsächlichen Kenntnis- und Bildungsstand bestimmte Nutzer, die eine Privatkopie aus rechtswidrig hergestellter Vorlage fertigen, unter Umständen privilegieren, was nicht interessengerecht ist. Im Übrigen würde ein Abstellen auf solche subjektive Kriterien zu Beweisschwierigkeiten im Prozess führen, was ebenso wenig interessengerecht ist. Folglich sollte es auf den Kenntnis- und Wahrnehmungsstand der Allgemeinheit im Sinne eines **Durchschnittsnutzers** bei Feststellen der Offensichtlichkeit ankommen. Rechtswidrig hergestellt ist eine Kopie, wenn sie unter Verletzung der urheberrechtlichen Befugnisse des Berechtigten, sei es des Urhebers oder eines sonstigen Nutzungsberechtigten, hergestellt wurde (*Jani* ZUM 2003, 842, 847 ff.; *Reinbacher* GRUR 2008, 394, 395 ff.), wobei sich die Rechtswidrigkeit dem Vervielfältiger geradezu aufdrängt (*Dresel* Mitt. d. PA. 2012, 18, 20). Die Verletzung vertraglicher Pflichten, beispielsweise aus Lizenzverträgen, führt nicht zur offensichtlichen Rechtswidrigkeit der Herstellung. Im Übrigen muss die Herstellung der Vorlage rechtswidrig sein, ein rechtswidriges Überlassen einer rechtmäßig hergestellten Vorlage genügt nicht (Schricker/Loewenheim/*Loewenheim*[5] Rn. 18; zur Frage des Eigentums und Besitzes an der Vorlage: *Fangerow/Schwarz* GRUR 2011, 597).

Die **Rechtswidrigkeit der Herstellung** ist bspw. dann offensichtlich, wenn das   **21** Werk bereits vor der ersten autorisierten Veröffentlichung, sei es eines Druckwerks, einer Musik-CD, eines Films, on- oder offline verfügbar ist. Auch die Person des Veräußerers, sowie die Umstände des Verkaufs, einschließlich Verkaufsstätte, machen bei dubiosen Verhältnissen die Rechtswidrigkeit der Herstellung offensichtlich. Im Onlinebereich ist Offensichtlichkeit gegeben, wenn das Werk über illegale Tauschbörsen angeboten wird oder das Angebot kostenlos ist, wenn üblicherweise hier eine Vergütung zu zahlen wäre (weitere Beispiele bei Schricker/Loewenheim/*Loewenheim*[5] Rn. 20 f.; *Reinbacher* GRUR 2008, 394, 399, 400). Dagegen liegt keine Offensichtlichkeit der Rechtswidrigkeit vor, wenn das Originalwerk mit technischen Schutzmaßnahmen nach §§ 95a ff. belegt ist. Denn nicht jedem muss dieser Umstand bekannt sein, sodass deshalb grundsätzlich die Herstellung eines Vervielfältigtungstückes unter Umgehung der Schutzmaßnahme nicht offensichtlich rechtswidrig ist (s. zur Rechtswidrigkeit der Umgehung der Schranke §§ 95b Abs. 1 Nr. 6; zudem oben vgl. Rn. 3; a. M. Dreier/Schulze/*Dreier*[5] Rn. 12a; Schricker/Loewenheim/*Loewenheim*[5] Rn. 20; HK-UrhR/*Dreyer*[3] Rn. 26). Von daher verletzt nur derjenige, der die Sperre überwindet § 95a Abs. 1. Er kann sich auch nicht auf die Privilegierung nach Abs. 1 berufen, wohl aber derjenige, der eine solchermaßen hergestellte Kopie verwendet (s. a. Wandtke/Bullinger/*Ohst*[4] § 95b Rn. 28), es sei denn, es besteht auch insofern Offensichtlichkeit im Hinblick auf die Rechtswidrigkeit.

Ebenso wenig kann sich derjenige auf die Privilegierung des Abs. 1 berufen,   **22** der eine Vorlage vervielfältigt, die in **rechtswidriger Weise öffentlich zugänglich** gemacht wurde, wobei hier wiederum die Rechtswidrigkeit der öffentlichen Zugänglichmachung offensichtlich sein muss (RegE 2. Korb – BT-Drs. 16/1828 S. 26). Die öffentliche Zugänglichmachung eines Werks i. S. v. § 19a ist nur mit der Einwilligung des Berechtigten zulässig. Ein Werk kann jedoch bspw. auch auf Grund der Schrankenregelung des § 60e Abs. 4 rechtmäßig zugänglich gemacht worden sein (noch zum i. R. d. Reform durch das UrhWissG 2017 aufgehobenen § 52b BGH GRUR 2015, 1101 Tz. 48 – *Elektronische Leseplätze II*). Die Offensichtlichkeit des rechtswidrigen öffentlichen Zugänglichmachens wird sich vor allem aus dem Internetangebot selber ergeben. Dabei wird den Nutzern weitgehend bekannt sein, dass gerade bei Tauschbörsen die öffentliche Zugänglichmachung ohne Einwilligung des Berechtigten erfolgte und von daher rechtswidrig ist (Dreier/Schulze/*Dreier*[5] Rn. 12b; Schricker/Loewenheim/*Loewenheim*[5] Rn. 21; OLG München GRUR 2001, 499, 503). Sitzt der Internetanbieter im Ausland, so ändert dies ebenso wenig an der Offensichtlichkeit des rechtswidrigen Zugänglichmachens, da deutsches Recht als Recht des Schutzlandes anzuwenden ist (Schricker/Loewenheim/*Loewenheim*[5] Rn. 21; Dreier/Schulze/*Dreier*[5] Rn. 12b). Wird eine Datei zunächst im Wege des Uploads vervielfältigt, so kann dies durch die Privilegierung des § 53 Abs. 1 gerechtfertigt sein, selbst wenn der Upload auf einem Filehoster erfolgt. Erst durch die Veröffentlichung des Downloadlinks zum Abruf wird die vervielfältigte Datei öffentlich zugänglich gemacht, sodass ab diesem Zeitpunkt die Privilegierung des § 53 nicht (mehr) greift (OLG Hamburg MMR 2012, 393,

394, 395 – *Rapidshare II* m. Anm. *Schröder*; OLG Düsseldorf MMR 2010, 702 m. Anm. *Schröder*; s. a. OLG Frankfurt aM. MMR 2012, 668, 669; *Dresel* Mitt. d. PA. 2012, 18, 21, 22).

III. Vervielfältigung zum sonstigen eigenen Gebrauch (Abs. 2)

23 Nach Abs. 2 sind bestimmte Vervielfältigungen zum **eigenen Gebrauch** zulässig. Die Regelung erlaubt nur die Herstellung einzelner Kopien. Die Privilegierung nach Abs. 1 zum Privatgebrauch ist ein Unterfall der Ausnahmeregelung des Abs. 2, d. h. der Vervielfältigung zum eigenen Gebrauch. Unter eigenem Gebrauch i. S. v. § 53 Abs. 2 ist die Herstellung von Vervielfältigungsstücken zur eigenen Verwendung, nicht aber zur Weitergabe an Dritte zu verstehen (RegE ÄndG 1985 – BT-Drs. 10/837, S. 9). Nach der Begr des Regierungsentwurfs bleibt offen, wer dieser Dritte ist. Hierunter werden zutreffend außenstehende Dritte zu verstehen sein (s. BGH GRUR 1997, 456, 463 – *CB-infobank I*), sodass als eigener Gebrauch auch Vervielfältigungshandlungen durch juristische Personen, bspw. eines Unternehmens für seine Angestellte oder eines Universitätsinstituts zum eigenen Innerinstitutszweck privilegiert ist. Die Regelung des Abs. 2 macht von einigen Beschränkungsmöglichkeiten in Art. 5 Abs. 2 und 3 Info-RL Gebrauch und setzt diese in deutsches Recht um. Hieraus folgt, dass die Regelung des Abs. 2, sofern sie auf die Info-RL zurückgeht, richtlinienkonform auszulegen ist. Weiterhin hat der Urheber für die Beschränkung seines Vervielfältigungsrechtes in den dafür vorgesehen Fällen einen gerechten Ausgleich zu erhalten (vgl. Rn. 6).

24 Sowohl die Umsetzung der Info-RL durch die Urheberrechtsnovelle 2003 als auch das zweite Gesetz zur Regelung des Urheberrechts in der Informationsgesellschaft (2. Korb) hat die Struktur der Privilegierung des Abs. 2 grundsätzlich unberührt gelassen. Die Vorschrift wurde lediglich an die Vorgaben der Info-RL angepasst, insbesondere in den Fällen des Abs. 2 Nr. 2 bis 4. I. R. d. Reform durch das UrhWissG 2017 (dazu vgl. Rn. 4 f.) wurde die Regelung des Abs. 2 Nr. 1 mit Wirkung zum 1.3.2018 aufgehoben. Nunmehr enthält § 60c die Erlaubnisse zur Vervielfältigung für die wissenschaftliche Forschung. Nach Abs. 2 sind ausschließlich die in den Nr. 2 bis 4 genannten Fälle privilegiert.

1. Eigener Gebrauch

25 Nach Abs. 2 ist lediglich die Vervielfältigung zum eigenen Gebrauch zulässig. **Eigener Gebrauch** liegt dann vor, wenn Vervielfältigungsstücke zur eigenen Verwendung und nicht zur Weitergabe an Dritte hergestellt werden, sei es durch den Privilegierten selber oder durch einen anderen (s. RegE ÄndG 1985 – BT-Drs. 10/837, S. 9). Im Gegensatz zum privaten Gebrauch kann der eigene Gebrauch nach Abs. 2 und 4 auch erwerbswirtschaftlichen oder beruflichen Zwecken dienen (s. BGH GRUR 1978, 474, 475 – *Vervielfältigungsstücke*; BGH GRUR 1993, 899, 900 – *Dia Duplikate*). Hierdurch unterscheidet sich die Privilegierung des Abs. 2 von der nach Abs. 1, d. h. der Vervielfältigung zum Privatgebrauch. Weiterhin ist nach Abs. 2, anders als bei der Vervielfältigung nach Abs. 1, die nur natürliche Personen privilegiert, die Vervielfältigung ebenso durch **juristische Personen des privaten und öffentlichen Rechts** möglich (s. RegE ÄndG 1985 – BT-Drs. 10/837 S. 9; OLG Köln GRUR 2000, 414, 416 – *GRUR/GRUR Int.*).

26 § 53 privilegiert die Vervielfältigung zum eigenen Gebrauch, wobei nach der **Systematik** die unterschiedlichen Fälle des eigenen Gebrauchs zu unterscheiden sind, nämlich der eigene Gebrauch i. S. d. Privatgebrauchs nach Abs. 1 und der eigene Gebrauch in den in Abs. 2 Nr. 2 bis 4 genannten Fällen. Beides sind

Unterfälle des eigenen Gebrauchs, sodass in beiden Fällen die **Weitergabe an außenstehende Dritte** nicht privilegiert sein kann.

Zu den nach Abs. 2 **privilegierten juristischen Personen** gehören nicht nur Un-   **27**
ternehmen des Privatrechts, sondern auch Behörden, Hochschulen, Schulen,
Bibliotheken. Ebenso gehören hierzu Angehörige freier Berufe (Dreier/Schulze/
Dreier[5] Rn. 18; Schricker/Loewenheim/*Loewenheim*[5] Rn. 37). Deren Mitarbeiter dürfen Vervielfältigungen zum internen Gebrauch machen, allerdings ist die
Weitergabe an Dritte ausgeschlossen, selbst wenn der Dritte in dem betroffenen
Unternehmen die Vervielfältigungsstücke benutzen oder die Herstellung als
Vorlage für Vervielfältigungsstücke an außenstehende Dritte dienen soll (*Katzenberger*, Elektronische Printmedien, S. 52; Schricker/Loewenheim/*Loewenheim*[5] Rn. 37). Ebenso wenig stellt die Einspeicherung, Bearbeitung und Ausgabe von Dokumenten von sonstigen Werken in Datenbanken durch dritte
Dokumentations- und Recherchedienste einen eigenen Gebrauch i. S. v. Abs. 2
dar. Andernfalls würde der Ausschluss der Weitergabe an Dritte umgangen
werden (BGH GRUR 1997, 459, 461 ff. – *CB-infobank I*; BGH GRUR 1997,
464, 466 – *CB-infobank II*; KG GRUR-RR 2004, 228, 232 – *Ausschnittdienst*;
OLG Frankfurt aM. 1996, 351 – *CB-infobank*; OLG Düsseldorf CR 1996,
728; LG Hamburg CR 1996, 734; *Katzenberger*, Elektronische Printmedien,
S. 54 ff.; Schricker/Loewenheim/*Loewenheim*[5] Rn. 38; a. a. O. OLG Köln
GRUR 1995, 265, 267 – *Infobank*; *Stinzing* GRUR 1994, 871, 873 ff.). Wie
beim Privatgebrauch dürfen auch bei der Privilegierung nach Abs. 2 nur einzelne Vervielfältigungsstücke hergestellt werden. Folglich dürfen in den Fällen
des Abs. 2 in der Regel nur **höchstens sieben Vervielfältigungsstücke** hergestellt
werden, wobei sich allerdings die konkret zulässige Höchstgrenze nach dem
richtet, welche Anzahl von Vervielfältigungsstücken für den konkreten Zweck
im Rahmen des eigenen Gebrauchs erforderlich ist (hierzu Einzelheiten oben
vgl. Rn. 17).

Die Privilegierung des Abs. 2 ermöglicht nicht nur eine Vervielfältigung durch   **28**
den Berechtigten selber, sondern auch **durch Dritte** („Herstellen lassen"). Im Gegensatz zur Vervielfältigung nach Abs. 1 darf dabei der Dritte auch **entgeltlich** tätig werden und die Vervielfältigung kann auch mittels fotomechanischer Verfahren erfolgen. Die Einschränkung des Abs. 1 S. 2 gilt insofern nicht, wobei
wiederum die Einschränkungen des Abs. 2 zu beachten sind. Voraussetzung ist
allerdings, dass der Dritte die Organisationshoheit über Gegenstand und Umfang
der Vervielfältigung behält. Dann nimmt der Dritte insoweit an der Privilegierung
seines Auftraggebers teil (BGH GRUR 1997, 459, 462 – *CB-infobank I*; s. a. VG
Köln ZUM-RD 2015, 282, 284 f. zum Herstellen und Versenden einer Kopie eines verwahrten Videofilms auf Veranlassung eines Bürgers durch die Bundesprüfstelle für jugendgefährdende Medien auf der Grundlage des Informationsfreiheitsgesetzes). Dies hat zur Folge, dass der Dritte die Beschränkungen des Abs. 2,
ebenso wie die der Abs. 4–7 zu beachten hat.

2.   Gebrauchszweck

Die nach Abs. 2 zulässige Vervielfältigung zum eigenen Gebrauch ist nur in   **29**
den in S. 1 Nr. 2 bis 4 bezeichneten **Fällen** zulässig, wobei sich die einzelnen
Gebrauchszwecke auch überschneiden können. Die Regelung des S. 1 Nr. 1
wurde i. R. d. Reform durch das UrhWissG 2017 (dazu vgl. Rn. 4 f.) mit Wirkung zum 1.3.2018 aufgehoben. Nunmehr enthält § 60c die Erlaubnisse zur
Vervielfältigung für die wissenschaftliche Forschung. Es sind die in S. 2 genannten **Ausnahmen** zu beachten, unabhängig davon, dass auch die Vervielfältigung
zum eigenen Gebrauch nach Abs. 2 den Einschränkungen des Abs. 4 bis 7 unterliegt. Nach der Reform durch das UrhWissG 2017 gilt die Regelung des S. 2
nunmehr einheitlich für alle nach S. 1 erlaubten Nutzungen (RegE UrhWissG
2017 – BT-Drs. 18/12329, S. 33).

30   a) **Aufnahme in ein eigenes Archiv (Abs. 2 S. 1 Nr. 2):** Nach Abs. 2 S. 1 Nr. 2 ist die Vervielfältigung zur **Aufnahme in ein eigenes Archiv** zulässig, wobei diese Vervielfältigung ebenso den Einschränkungen des Abs. 2 S. 1 unterliegt. Dabei sind Vervielfältigungen nur zum Zwecke der Archivierung zulässig, d. h. die Vervielfältigung ist ausschließlich zur Bestandssicherung und betriebsinternen Nutzung bestimmt (BGH GRUR 2011, 415 Tz. 19 – *Kunstausstellung im Online-Archiv*; BGH GRUR 1997, 459, 461 – *CB-infobank I*).

31   Unter **Archiv** i. S. d. Abs. 2 ist eine unter sachlichen Gesichtspunkten geordnete Sammlung von Werken zum internen Gebrauch zu verstehen (BGH GRUR 1997, 459, 461 – *CB-infobank I*). Hierunter fallen jegliche Art von Werken, also nicht nur die Sammlung von Büchern und Zeitschriften, sondern auch von Filmen, Tonbandgeräten, alten Schallplatten und anderes. Dabei muss es sich um ein **eigenes Archiv** handeln, worunter im Allgemeinen nur eine betriebsinterne Einrichtung fällt (BGH GRUR 1997, 459, 461 – *CB-infobank I*), die allein zur Nutzung durch Betriebsinterne bestimmt ist. Dabei ist allerdings die gelegentliche Nutzung durch Dritte, seien es Wissenschaftlicher oder Journalisten, in Ausnahmefällen mit umfasst (*Nordemann* FS Hubmann S. 325 ff.; zur Definition Archiv s. a.: BGH GRUR 1999, 324, 327 – *Elektronische Pressearchive*; Dreier/Schulze/*Dreier*[5] Rn. 27).

32   Somit fallen unter die Privilegierung des Abs. 2 S. 1 Nr. 2 keine Archive, die zur **Benutzung durch Dritte** bestimmt sind (BGH GRUR 1997, 459, 461 – *CB-infobank I*; BGH GRUR 2011, 415 Tz. 20 – *Kunstausstellung im Online-Archiv*; LG Hamburg CR 1996, 734), ebenso wenig solche, die zur Überlassung an andere aufgebaut werden, da die Vermarktung der Archivleistung durch die Privilegierung nicht gedeckt ist (Schricker/Loewenheim/*Loewenheim*[5] Rn. 48; OLG Düsseldorf CR 1995, 728, 732).

33   Die Vervielfältigungsfreiheit ist zum einen dadurch eingeschränkt, dass sie **keinem gewerblichen Zweck** dienen darf, d. h. die Vervielfältigung darf nur zum Zwecke der Archivierung und nicht zum Erzielen von Einnahmen erfolgen. Weiterhin muss die Vervielfältigung zum Zwecke der Archivierung geboten, d. h. erforderlich, sein (BGH GRUR 2011, 415 Tz. 20 – *Kunstausstellung im Online-Archiv*). Nach der Begründung zum Regierungsentwurf (RegE UrhG 1962 – BT-Drs. IV/270 S. 73) ist bspw. eine Vervielfältigung dann erforderlich, wenn eine Bibliothek die Vervielfältigung ihrer Bestände auf Mikrofilm vornimmt, um Platz zu sparen oder diese vor Katastrophen zu schützen. In der Vervielfältigung selber darf keine zusätzliche Verwertung des Werkes liegen, sodass ein abhanden gekommenes Buch nicht durch eine Kopie des im Archiv befindlichen Zweitexemplars ersetzt werden kann. Nur zu Archivzwecken dürfen Noten, ganze Bücher und Zeitschriften allerdings kopiert werden, auch wenn die betroffenen Werke noch nicht schon mehr als 2 Jahre vergriffen sind. Sind die betroffenen Werke allerdings mehr als 2 Jahre vergriffen, ist nach Abs. 4 eine Vervielfältigung zu weiteren Zwecken zulässig (vgl. Rn. 51).

34   Weiterhin ist Voraussetzung, dass für die Vervielfältigung ein **eigenes Werkstück** verwendet wird, also ein Werkstück, das im Eigentum des Archives steht. Folglich darf weder ein entliehenes noch gemietetes Werkexemplar zur Vervielfältigung nach Abs. 2 S. 1 Nr. 2 benutzt werden. Dies gilt auch dann, wenn der Begünstigte einen Dritten mit der Herstellung beauftragt (Dreier/Schulze/*Dreier*[5] Rn. 27). Ebenso ist erforderlich, dass für jeden Vervielfältigungsvorgang, bspw bei mehrfacher Vervielfältigung für unterschiedliche Stellen des Archivs, für jede einzelne Vervielfältigung ein eigenes Werkexemplar verwendet wird (BGH GRUR 1997, 459, 461 f. – *CB-infobank I*; Schricker/Loewenheim/*Loewenheim*[5] Rn. 50).

Weitere Einschränkungen der Vervielfältigungsfreiheit finden sich in Abs. 2 **35**
S. 2. Danach ist eine Vervielfältigung zu Archivierungszwecken nur dann möglich, wenn es sich entweder um eine **fotomechanische Vervielfältigung** i. S. v.
Abs. 2 S. 2 Nr. 1 handelt, oder nur eine **ausschließlich analoge Nutzung** stattfindet (Abs. 2 S. 2 Nr. 2). Die Vervielfältigung von Werken **in digitaler Form**
ist daher dann zulässig, wenn dies als fotomechanische Vervielfältigung oder
in einem ähnlichen Verfahren erfolgt oder das Archiv nur in analoger Form
benutzt wird (OLG München MMR 2007, 525, 527 – *Subito*; bspw. in Form
der Reprografie, Ausdruck als Hardcopy, Überspielen auf Tonband oder Kassette, jedenfalls das vervielfältigte Werk in analoger Form vorliegt; vgl. Rn. 14).
Nicht hierunter fallen also die Nutzung auf CD oder DVD, ebenso wenig das
Einscannen, Überspielen auf Datenträger wie die Festplatte eines Computers
oder Ähnliches (Schricker/Loewenheim/*Loewenheim*[5] Rn. 51). Da die Befugnisse der Archive, die zu nicht kommerziellen Zwecken handeln, nunmehr in
der neuen Schranke des § 60f geregelt sind, wurde die Bestimmung des Abs. 2
S. 2 Nr. 3 i. R. d. Reform durch das UrhWissG 2017 (dazu vgl. Rn. 4 f.) mit
Wirkung zum 1.3.2018 aufgehoben. Voraussetzung für die Privilegierung des
Abs. 2 S. 1 Nr. 2 ist daher nicht mehr, dass das Archiv nicht zu kommerziellen
Zwecken handelt und im öffentlichen Interesse tätig ist. Sie unterscheidet also
nicht mehr danach, ob das Archiv zu kommerziellen oder nicht kommerziellen
Zwecken handelt. Die Privilegierung des Abs. 1 S. 1 Nr. 2 blieb daher i. R. d.
der Reform des UrhG durch das UrhWissG 2017 für **zu kommerziellen Zwe-
cken handelnde** Archive neben § 60f bestehen (RegE UrhWissG 2017 – BT-
Drs. 18/12329, S. 33). Inhouse-Kommunikationssysteme auf elektronischer
Basis, wie bspw. **Intranetze**, die den Betriebsangehörigen zur Verfügung stehen
und bei denen über Bildschirm oder Hardcopy Zugriff auf die gespeicherten
Werke genommen werden kann (s. zur alten Rechtslage Schricker/Loewen-
heim/*Loewenheim*[5] Rn. 51; BGH GRUR 1999, 324, 327 – *Elektronische Pressearchive*; OLG Düsseldorf CR 1996, 728, 729, 730; LG Hamburg CR 1996,
734, 735; *Katzenberger*, Elektronische Printmedien S. 55), fallen nicht unter
die Privilegierung des Abs. 2 S. 1 Nr. 2, da keine ausschließlich analoge Nutzung erfolgt.

b) Funksendungen zu Tagesfragen (Abs. 2 S. 1 Nr. 3): Aus Abs. 2 S. 1 Nr. 3 **36**
i. V. m. Abs. 2 S. 2 ergibt sich, dass eine **Vervielfältigung von Funksendungen**
zulässig ist, wenn die Vervielfältigung auf Papier oder einem ähnlichen Träger
mittels fotomechanischer Verfahren oder einem anderen Verfahren mit ähnlicher Wirkung vorgenommen wird oder die Nutzung ausschließlich in analoger
Form geschieht. Die nach Abs. 2 S. 1 Nr. 3 zulässige Vervielfältigung wird über
die Regelung in Abs. 2 S. 2 im Hinblick auf Vervielfältigungsverfahren oder
Nutzung eingeschränkt. Damit ist nur die Vervielfältigung auf analogen, nicht
aber auf digitalen Vervielfältigungsstücken, zulässig, mithin bspw. auf analogen
Tonbandgeräten und Kassetten, nicht aber auf CD oder DVD (Dreier/Schulze/
Dreier[5] Rn. 31; HK-UrhR/*Dreyer*[3] Rn. 81; Schricker/Loewenheim/*Loewen-
heim*[5] Rn. 53; zur Kritik unsere 10. Aufl./*Wilhelm Nordemann* Rn. 26; oben
vgl. Rn. 35). Diese Einschränkung geht auf die Umsetzung der Info-RL im
Jahre 2003 zurück.

Die Vervielfältigungsfreiheit nach Abs. 2 S. 1 Nr. 3 setzt voraus, dass es sich **37**
um ein **durch Funk gesendetes Werk** handelt, sei es nun Ton- oder Fernsehrundfunk, Satellitenrundfunk oder auch Kabelfunk (§ 20). Nicht hierunter fällt
das öffentliche Zugänglichmachen nach § 19a (Dreier/Schulze/*Dreier*[5] Rn. 30;
Wandtke/Bullinger/*Lüft*[4] Rn. 32). **Tagesfragen** sind solche, die von aktueller
Bedeutung sind, wobei dies nicht nur politische sondern auch gesellschaftliche
und kulturelle Ereignisse, Naturkatastrophen und deren Folgen sowie aktuelles
Geschehen umfasst. Dabei ist nur die eigene Unterrichtung privilegiert, worunter auch die betriebsinterne Unterrichtung fällt, bspw. in Form der Unter-

richtung von eigenen Mitarbeitern des Unternehmens, nicht aber von außenstehenden Dritten (RegE UrhG 1962 – BT-Drs. IV/270 S. 73; Schricker/Loewenheim/*Loewenheim*[5] Rn. 52). Weiterhin dürfen nur einzelne Vervielfältigungsstücke hergestellt werden, die zur Verwendung im eigenen Unternehmen benötigt werden. Ein eigenes Werkstück muss dabei nicht benutzt werden, wie sich aus einem Umkehrschluss aus Abs. 2 S. 1 Nr. 2 ergibt (BGH GRUR 1997, 459, 462 – *CB-infobank I*; BGH GRUR 1997, 464, 466 – *CB-infobank II*). Daneben ist auch nach § 49 Abs. 2 die Vervielfältigung von vermischten Nachrichten tatsächlichen Inhalts und von Tagesneuigkeiten unter den dortigen Voraussetzungen zulässig.

38   c) **Vervielfältigung zum sonstigen eigenen Gebrauch (Abs. 2 S. 1 Nr. 4):** Vervielfältigung zum sonstigen eigenen Gebrauch ist nach Abs. 2 S. 1 Nr. 4 zulässig für
- kleine Teile eines erschienenen Werkes (Abs. 2 S. 1 Nr. 4 lit. a),
- einzelne Beiträge aus Zeitungen oder Zeitschriften (Abs. 2 S. 1 Nr. 4 lit. a),
- ganze Werke, sofern diese mindestens seit 2 Jahren vergriffen sind (Abs. 2 S. 1 Nr. 4 lit. b),

wobei aufgrund der **Einschränkung nach** Abs. 2 S. 2 nur eine Vervielfältigung auf Papier oder ähnlichen Trägern mittels fotomechanischem oder ähnlichen Verfahren erfolgen darf oder eine ausschließlich analoge Nutzung (zu entsprechenden Einschränkung für Funksendungen zu Tagesfragen vgl. Rn. 36; auch vgl. Rn. 14, 35). Aufgrund der Beschränkung auf analoge Nutzung wird ebenso die digitale Vervielfältigung, bspw. auf CD oder DVD, durch Einscannen, Speichern auf Computerfestplatten etc. in dem Sinne eingeschränkt, dass es nur zu einer analogen Nutzung, bspw. zu Papierausdrucken kommt (Dreier/Schulze/*Dreier*[5] Rn. 35; Möhring/Nicolini/*Grübler*[3] Rn. 31; a. A. wohl Schricker/Loewenheim/*Loewenheim*[5] Rn. 57; vgl. Rn. 35). Nach Abs. 2 S. 1 Nr. 4 sind vor allem Vervielfältigungen zu gewerblichen Zwecken, sei es durch freie Berufe, Unternehmen, Behörden etc., privilegiert. Die Regelung setzt keinen bestimmten Zweck der Vervielfältigung voraus (BGH GRUR 2014, 549 Tz. 71 – *Meilensteine der Psychologie*; BGH GRUR 2015, 1101 Tz. 47 – *Elektronische Leseplätze II*). Sofern die Vervielfältigung nur dem Privatgebrauch dient, ist sie bereits nach Abs. 1 zulässig.

39   Unter **kleinem Teil** i. S. v. Abs. 2 S. 1 Nr. 4 lit. a ist ein solcher Teil zu verstehen, der im Verhältnis zum Gesamtwerk noch als klein erscheint. I. d. R. wird dieser Teil unter 10% des Gesamtwerkes liegen (OLG Karlsruhe GRUR 1987, 818, 820 – *Referendarkurs*; Schricker/Loewenheim/*Loewenheim*[5] Rn. 55). Die verschiedentlich vorgesehene Obergrenze von 20% (Wandtke/Bullinger/*Lüft*[4] Rn. 34; HK-UrhR/*Dreyer*[3] Rn. 85; *Raczinski/Rademacher* GRUR 1989, 324, 327) ist im Regelfall zu hoch. Allerdings sollte die vorgenannte 10% Grenze nicht starr angewandt werden, weil bspw. in Ausnahmefällen, wie dem, dass ein einzelnes Gedicht bereits 20 oder 25% eines Werkes umfasst, ebenfalls dieses dann noch als kleiner Teil gelten sollte (s. unsere 10. Aufl./*Wilhelm Nordemann* Rn. 28). Grundsätzlich kommt als Werk jede Werkart nach § 2 Abs. 2 Nr. 1–7 in Betracht, wobei die Einschränkungen für **Noten** (Abs. 4 lit. a), für **elektronisch zugängliche Datenbankwerke** (Abs. 5), sowie für **Computerprogramme** (§§ 69a, 69c) zu beachten sind.

40   Unter **einzelne Beiträge** in Zeitungen und Zeitschriften fallen zum einen ganzseitige Berichte, einschließlich Fotografien und Grafiken, aber auch das Vervielfältigen von mehreren Beiträgen, sofern auch hier die Obergrenze des „kleinen Teils" der ganzen Zeitung oder Zeitschrift nicht überschritten wird, d. h. nicht mehr als 10% vervielfältigt wird (hierzu vgl. Rn. 39; für 40%: HK-UrhR/*Dreyer*[3] Rn. 86). Das Vervielfältigen eines ganzen Heftes ist jedenfalls unzulässig und von der Zustimmung des Rechteinhabers abhängig, es sei denn, der Vervielfältigende kann sich auf die Privilegierung des Abs. 1, Abs. 2 S. 1 Nr. 2 oder 4, i. V. m. Abs. 2 S. 2, Abs. 4 lit. b berufen (Schricker/Loewenheim/*Loewenheim*[5] Rn. 56; Dreier/Schulze/*Dreier*[5] Rn. 33).

Ein Werk ist **vergriffen**, wenn es beim Verlag nicht mehr vorrätig ist und folg-   **41** lich nicht mehr geliefert werden kann. Da nahezu jedes Werk antiquarisch erhältlich ist, kommt es nicht auf eine generelle Verfügbarkeit des Werkes etwa im antiquarischen Handel an. Andernfalls würde der Anwendungsumfang des Abs. 2 S. 1 Nr. 4 lit. b leerlaufen (s. Dreier/Schulze/*Dreier*[5] Rn. 34; Wandtke/ Bullinger/*Lüft*[4] Rn. 36; *Schricker* VerlagsR[3] § 29 VerlG Rn. 3; *Flechsig* NJW 1985, 1991, 1994; *Paschke* GRUR 1985, 949, 952).

Durch die Vorschrift des Abs. 2 S. 1 Nr. 4 wollte der Gesetzgeber eine **Arbeits-**   **42** **erleichterung** für denjenigen Nutzer schaffen, der das ganze Werk dann nicht zu erwerben braucht, wenn er nur einen kleinen Teil tatsächlich nutzen möchte (RegE UrhG 1962 – BT-Drs. IV/270 S. 73). Die Vervielfältigung nach Abs. 2 S. 1 Nr. 4 setzt nicht voraus, dass die Vervielfältigung mit einem eigenen Werkstück erfolgt (BGH GRUR 1997, 459, 462 – *CB-infobank I*; BGH GRUR 1997, 464, 466 – *CB-infobank II*; OLG Frankfurt aM. GRUR 1996, 351, 352 – *CB-infobank*; OLG Köln GRUR 1995, 265, 267 – *Infobank*; s. a. VG Köln ZUM-RD 2015, 282, 284 f. nach dem eine Vervielfältigung zum eigenen Gebrauch nach Abs. 2 S. 1 Nr. 4 lit. b auch vorliegt, wenn eine Kopie eines verwahrten Videofilms auf Veranlassung eines Bürgers durch die Bundesprüfstelle für jugendgefährdende Medien aufgrund eines Anspruchs aus dem Informationsfreiheitsgesetzes hergestellt und an den Bürger versandt wird; Dreier/ Schulze/*Dreier*[5] Rn. 33).

IV. Ausnahmen von der Vervielfältigungsfreiheit (Abs. 4, 5 und 7)

Die in Abs. 1 und 2 normierte Vervielfältigungsfreiheit besteht nicht unbe-   **43** grenzt, sondern ist durch die Regelungen in Abs. 4, 5 und 7 in Hinblick auf bestimmte Werke eingeschränkt. Hierdurch hat der Gesetzgeber im Rahmen der erforderlichen **Abwägung den Interessen** der betroffenen Urheber gegenüber den der Nutzer den Vorrang eingeräumt (vgl. Vor §§ 44a ff. Rn. 1 f.) und so die durch die Einschränkung privilegierten Werke geschützt. Aber auch diese weitgehende Einschränkung der Vervielfältigungsfreiheit gilt nicht absolut. Bspw. ist das Abschreiben von Noten, eines Buches und auch Zeitschrift immer möglich.

1.   Musiknoten (Abs. 4 lit. a)

Nach Abs. 4 lit. a ist die Vervielfältigung von **Noten** und anderen **grafischen**   **44** **Aufzeichnungen von musikalischen Werken** unzulässig und von der Zustimmung des Berechtigten abhängig. Grundsätzlich wird hierdurch die Vervielfältigungsfreiheit zum Privatgebrauch nach Abs. 1 und zum eigenen Gebrauch nach Abs. 2 eingeschränkt. Diese Einschränkung wirkt absolut, sodass auch nicht kleine Teile eines Notenwerkes nicht vervielfältigt werden dürfen. Ausnahmsweise ist aber die Vervielfältigung von Noten und anderen grafischen Aufzeichnungen von Musikwerken dann zulässig, wenn dies zur Sicherung des Notenbestandes in einem betriebsinternen Archiv nach Abs. 2 S. 1 Nr. 2 erfolgt, oder wenn das Notenwerk seit mindestens 2 Jahren vergriffen ist (hierzu oben vgl. Rn. 41). Eine Ausnahme für die Vervielfältigungsbeschränkung nach Abs. 4 gilt auch dann, wenn die Noten nur abgeschrieben werden (vgl. Rn. 51).

2.   Vollständige Kopie eines Buches oder einer Zeitschrift (Abs. 4 lit. b)

Ebenso ist die **Vervielfältigung ganzer Bücher und Zeitschriften** nach Abs. 4   **45** lit. b unzulässig, wenn es sich um eine im Wesentlichen vollständige Vervielfältigung handelt. Eine im Wesentlichen vollständige Vervielfältigung liegt bspw. dann vor, wenn unter Weglassen des Inhaltsverzeichnisses, der Anmerkungen oder auch dem sonstigen Anhang eines Buches, der Inhalt vollständig vervielfältigt wird. Im Übrigen ist nach quantitativen Gesichtspunkten zu entscheiden. Die Grenze wird im Allgemeinen bei 90% liegen (Dreier/Schulze/*Dreier*[5] Rn. 48; Wandtke/Bullinger/*Lüft*[4] Rn. 42; Schricker/Loewenheim/*Loewenheim*[5] Rn. 77), zum Teil wird die Grenze bei 75% gesehen (*Möller/Mohr* IuR 1987, 53, 56). Die im Wesentlichen vollständige Vervielfältigung einer Zeitschrift liegt auch dann vor, wenn der oder die den wesentlichen Inhalt der Zeitschrift ausmachenden Artikel vervielfältigt werden.

46 Die Ausnahmeregelung des Abs. 4 lit. b greift dann nicht, wenn die Vervielfältigung durch **Abschreiben** erfolgt, wobei hierunter nicht nur das Abschreiben mit der Hand, sondern auch mittels Computer zählt, die Vervielfältigung zur Aufnahme in ein **eigenes Archiv** i. S. d. Abs. 2 S. 1 Nr. 2 dient, oder ein seit mindestens 2 Jahren **vergriffenes** Werk zum eigenen Gebrauch vervielfältigt wird (vgl. Rn. 41).

3. Datenbankwerke (Abs. 5)

47 Nach Abs. 5 dürfen Datenbankwerke, die elektronisch zugänglich gemacht werden, weder zum privaten Gebrauch nach Abs. 1 (s. OLG Hamburg GRUR 2001, 831 – *Roch Lexikon Medizin*), noch zum sonstigen Eigengebrauch nach Abs. 2 Nr. 2 bis 4 vervielfältigt werden. Mit der Regelung wird Art. 6 der Datenbank-RL umgesetzt. Betroffen sind nur Datenbankwerke i. S. v. § 4 Abs. 2 S. 1, sodass hierfür Urheberrechtsschutz bestehen muss, ebenso wie schutzfähige Teile des Datenbankwerkes (Schricker/Loewenheim/*Loewenheim*[5] Rn. 80). Handelt es sich um eine Datenbank aus §§ 87a ff., so ergibt sich die Einschränkung der Vervielfältigungsfreiheit aus § 87c.

4. Weitere Ausnahmen (Abs. 7)

48 Nach Abs. 7 ist die Vervielfältigung nach Abs. 1 zum Privatgebrauch sowie zum sonstigen eigenen Gebrauch nach Abs. 2 für die dort aufgezählten Fälle ausgeschlossen. Im Einzelnen handelt es sich um
- die **Aufnahme öffentlicher Vorträge, Aufführungen** oder **Vorführungen** eines Werkes auf Bild- oder Tonträger; zulässig ist aber die Aufnahme einer internen Probe oder Vorführung, die ja nicht öffentlich ist, sofern diese Vervielfältigungshandlung durch die Privilegierung der Abs. 1 und 2 gedeckt ist. Der Begriff der Öffentlichkeit richtet sich nach § 15 Abs. 3. Bild- und Tonträger sind in § 16 Abs. 2 legal definiert. Das Recht zum Vortrag, zur Aufführung oder Vorführung ergibt sich aus § 19. Das Vervielfältigungsverbot i. S. v. Abs. 7 gilt nur für die dort geregelten Fälle, sodass bspw. die Vervielfältigung einer Aufnahme des Vortrags, der Aufführung oder Vorführung unter den Voraussetzungen des Abs. 1 und 2 zulässig ist (Schricker/Loewenheim/*Loewenheim*[5] Rn. 82).
- das **Ausführen** von **Plänen und Entwürfen zu Werken der bildenden Kunst**, mithin das Realisieren, wobei diese Einschränkung absolut gilt. Die reine Vervielfältigung der Pläne und Entwürfe bleibt wiederum unter den Voraussetzungen der Abs. 1 und 2 zulässig.
- den **Nachbau eines Werks der Baukunst**, wobei Nachbau i. S. v. Abs. 7 nur das Nachbilden des ganzen Werkes umfasst, nicht aber das Nachbilden im Modell, welches somit zulässig ist (Dreier/Schulze/*Dreier*[5] Rn. 56; Wandtke/Bullinger/*Lüft*[4] Rn. 47; Schricker/Loewenheim/*Loewenheim*[5] Rn. 83). Auch hier ist die Vervielfältigung der Baupläne unter den Voraussetzungen der Abs. 1 und 2 ebenso zulässig, wie die Vervielfältigung eines bereits vollendeten Bauwerks oder dessen Fotografie (Schricker/Loewenheim/*Loewenheim*[5] Rn. 83).

V. Unzulässige Verbreitung und öffentliche Wiedergabe (Abs. 6)

Ist eine Vervielfältigung nach Abs. 1 oder 2 zulässig, so beschränkt sich deren **49**
Nutzung ausschließlich auf den persönlichen oder eigenen, jedenfalls aber internen Gebrauch außerhalb der Öffentlichkeit. Nach Abs. 6 dürfen solche Vervielfältigungen weder verbreitet noch zu öffentlichen Wiedergaben benutzt
werden. Sollten die Vervielfältigungsstücke doch zu anderen Zwecken verwendet werden, so liegt eine Urheberrechtsverletzung vor (BGH GRUR 1997, 459,
462 – *CB-infobank I*). Verbreitung i. S. d. Vorschrift richtet sich nach § 17, die
öffentliche Wiedergabe ist in § 15 Abs. 2 definiert und umfasst die dort genannten Rechte, sodass auch öffentliches Zugänglichmachen nach § 19a vom
Verbot umfasst ist (OLG Hamburg GRUR 2012, 393, 394 – *Rapidshare II*).
Eine Ausnahme von dem absoluten Verbreitungsverbot der öffentlichen Wiedergabe ist in Abs. 6 S. 2 enthalten. Danach ist es im Ausleihverkehr der Bibliotheken zulässig, auch solche Werkstücke weiterhin zu verwenden, bei denen
kleine Teile, die fehlen oder beschädigt wurden, weil sie bspw. herausgerissen
oder herausgefallen sind, durch Kopien ersetzt wurden. In praktischer Hinsicht
hat diese Ausnahmevorschrift aber wenig Relevanz. Dagegen liegt keine erlaubnispflichtige Verbreitungshandlung vor, wenn der durch Abs. 1 und 2 Privilegierte unter den dortigen Voraussetzungen zulässigerweise ein Vervielfältigungsstück durch einen Dritten herstellen lässt, und dieser Dritte dann das
Vervielfältigungsstück an den Privilegierten weitergibt (BGH GRUR 1999,
707, 710 f. – *Kopienversand*).

VI. Prozessuales

Im Prozess ist im Rahmen der Darlegungs- und Beweislast der Charakter von **50**
§ 53 als Ausnahmeregelung zu beachten (vgl. § 97 Rn. 26 ff.). Nach den allgemeinen Regeln trägt daher derjenige Nutzer die **Darlegungs- und Beweislast**
für das Vorliegen einer der Privilegierungen des § 53 Abs. 1 und 2, der sich
hierauf beruft (OLG Hamburg ZUM 2009, 642, 646). Folglich hat der Nutzer
auch sämtliche Voraussetzungen der Tatbestände der Abs. 1 und 2 darzulegen
und nachzuweisen, einschließlich dessen, dass keine der Einschränkungen der
Abs. 4–7 gegeben sind, da auch diese zum Tatbestand der Schranke des § 53
gehören.

§ 53a *(aufgehoben)*

*§ 53a wurde durch das UrhWissG 2017 mit Wirkung zum 1. März 2018 auf-
gehoben.*

Unterabschnitt 2   **Vergütung der nach den §§ 53, 60a bis 60f
erlaubten Vervielfältigungen**

Vorbemerkung   **Neuregelung der Vergütungspflicht für
Vervielfältigungen in den §§ 54 bis 54h**

§§ 54 bis 54h regeln Vergütungsansprüche für Vervielfältigungen nach § 53 **1**
Abs. 1 oder 2 bzw. §§ 60a bis 60f sowie Einzelheiten ihrer Durchsetzung. Nach
der Systematik der §§ 53 bis 54h wird zwar das Ausschlussrecht des Berechtigten
aufgehoben. Dies erfolgt für die betroffen Urheber aber nicht entschädigungslos, vielmehr erhalten sie im Rahmen der auch zur Bestimmung der Sozialbindung
des UrhR erforderlichen Interessenabwägung einen Vergütungsanspruch (vgl.
§ 53 Rn. 1). Da der deutsche Gesetzgeber von der Möglichkeit der Beschränkung

des Vervielfältigungsrechtes für die private und sonstige Nutzung Gebrauch gemacht hat, ergibt sich die Vergütungspflicht für Vervielfältigungen nach § 53 Abs. 1 oder 2 im Übrigen zwingend aus Art. 5 Info-RL. Der Urheber erhält so eine Entschädigung für die erfolgte Nutzung seines Werkes (ErwG 35 Info-RL). Für die Schranken der §§ 60a bis 60f, die auf der europäischen Rechtsgrundlage des Art. 5 Abs. 2 lit. c, Abs. 3 lit. a, n beruhen (s. § 60a bis § 60f jeweils Rn. 2), schreibt die Info-RL einen gerechten Ausgleich nicht zwingend vor, sondern überlässt den Mitgliedstaaten die Entscheidung darüber (ErwG 36 Info-RL). Der deutsche Gesetzgeber hat sich jedoch für eine Vergütung entschieden, um die betroffenen Grundrechtspositionen auszugleichen und dem nach Art. 5 Abs. 5 Info-RL durchzuführenden Drei-Stufen-Test Rechnung zu tragen (s. RegE UrhWissG 2017 – BT-Drs. 18/12329, S. 46; § 60h Rn. 2). Vergütungsansprüche normiert das UrhR auch an anderer Stelle, bspw. in den §§ 27 Abs. 2, 49 Abs. 1. Die Vergütungsregelung der §§ 54 ff. wurde durch das 2. Gesetz zur Regelung des UrhG in der Informationsgesellschaft (2. Korb) neu geregelt. Durch das UrhWissG 2017, das am 1.3.2018 in Kraft trat, wurden nach §§ 60a bis 60f erlaubte Vervielfältigungen in die Vergütungspflicht nach §§ 54 ff. aufgenommen.

2 Der deutsche Gesetzgeber hat von der Regelung in Art. 5 Info-RL Gebrauch gemacht, wonach Ausnahmen vom sowie Beschränkungen des Vervielfältigungsrechtes nach Art. 2 Info-RL unter den dort genannten Voraussetzungen vorgesehen sind. Nach Art. 5 Abs. 2 lit. a Info-RL ist die Vervielfältigung auf Papier oder einem ähnliche Träger mittels fotomechanischer Verfahren oder anderer Verfahren mit ähnlicher Wirkung zulässig. In Art. 5 Abs. 2 lit. b ist die Vervielfältigung zum Privatgebrauch vorgesehen, unter der Maßgabe, dass die Rechteinhaber für die Beschränkung des Vervielfältigungsrechts einen gerechten Ausgleich erhalten. Die entsprechende Beschränkung der Vervielfältigungsfreiheit findet sich im deutschen Recht in § 53. I. R. d. Reform durch das UrhWissG 2017 hat der deutsche Gesetzgeber zudem die Schranken der §§ 60a bis 60f geschaffen, die auf der europäischen Rechtsgrundlage des Art. 5 Abs. 2 lit. c, Abs. 3 lit. a, n beruhen. Nach Art. 5 Abs. 2 lit. c sind bestimmte Vervielfältigungshandlungen von öffentlich zugänglichen Bibliotheken, Bildungseinrichtungen oder Museen oder von Archiven, die keinen unmittelbaren oder mittelbaren wirtschaftlichen oder kommerziellen Zweck verfolgen, zulässig. Die entsprechende Beschränkung der Vervielfältigungsfreiheit findet sich im deutschen Recht in § 60e und § 60 f. Nach Art. 5 Abs. 3 lit. a können die Mitgliedstaaten unter bestimmten Voraussetzungen Ausnahmen oder Beschränkungen für die Nutzung ausschließlich zur Veranschaulichung im Unterricht oder für Zwecke der wissenschaftlichen Forschung vorsehen. Hierauf beruhen die Beschränkungen der Vervielfältigungsfreiheit in §§ 60a bis 60d.
Die Zulässigkeit von Anschlusskopien nach § 60e Abs. 4 S. 2 bzw. § 60f Abs. 1 i. V. m. § 60e Abs. 4 S. 2 beruht auf der Kombination der europäischen Schranken des Art. 5 Abs. 3 lit. n und Art. 5 Abs. 2 lit. a oder b Info-RL (dazu vgl. § 60e Rn. 8). Die Regelung des gerechten Ausgleichs für diese Vervielfältigungen findet sich in §§ 54 ff., dort vor allem die Ansprüche auf Geräte und Speichermedienvergütung nach § 54 sowie die Betreibervergütung nach § 54c Abs. 1. Indem nun der deutsche Gesetzgeber durch § 53 von der Möglichkeit der Beschränkung der Vervielfältigungsfreiheit auch im privaten Bereich Gebrauch gemacht hat (s. zu Regelungen in anderen Ländern: *Koch/Krauspenhaar* GRUR Int. 2012, 881, 885), ist er nicht nur an die Vorgaben der Info-RL gebunden, sondern letztlich ist für die Auslegung dieser Vorschriften auch der EuGH in letzter Instanz zuständig (BGH GRUR 2008, 245 Tz. 23 – *Drucker und Plotter I*; BGH GRUR 2011, 1007 Tz. 35 – *Drucker und Plotter II*; BGH GRUR 2012, 1017 Tz. 28 – *Digitales Druckzentrum*). Der EuGH hat sich mittlerweile in zwei Entscheidungen indirekt auch zur Vereinbarkeit der §§ 54 ff. mit den Vorgaben der Info-RL, dort insbesondere Art. 5 Abs. 2 und

3, beschäftigt (s. EuGH GRUR 2011, 50 – *Padawan*; EuGH GRUR 2011, 909 – *Stichting/Opus*). Der EuGH geht von einer möglichst weitgehenden Beteiligung der Urheber an der Nutzung ihrer Werke im Rahmen der Vergütungsansprüche aus. Bereits in ErwG 35 Info-RL stellt der europäische Gesetzgeber klar, dass die Rechtinhaber für den Fall, dass ihr Vervielfältigungsrecht mit Ausnahmen und Beschränkungen versehen ist, einen gerechten Ausgleich erhalten, damit die Nutzung ihrer geschützten Werke angemessen vergütet wird. Dabei ist *gerechter Ausgleich* ein autonomer Begriff des Unionsrechtes, der europaweit einheitlich auszulegen ist (EuGH GRUR 2011, 50 Tz. 37 – *Padawan*; EuGH GRUR 2016, 55 Tz. 35 – *Hewlett-Packard/Reprobel*). Lediglich in Situationen, in denen dem Rechtsinhaber nur ein geringfügiger Nachteil entsteht, kann die Zahlungsverpflichtung ganz entfallen (ErwG 35 S. 6 Info-RL; EuGH GRUR 2011, 50 Tz. 39 – *Padawan*). Den Anforderungen eines „gerechten Ausgleichs" entspricht die Etablierung eines dualen Vergütungssystems im Sinne einer kombinierten Geräte-, Speichermedien- und Betreibervergütung, wie es das deutsche UrhG vorsieht (a. A. *Verweyen* GRUR Int. 2016, 36 ff.). Der EuGH sah in seiner aktuellen Entscheidung *Reprobel* ein System zur Finanzierung des gerechten Ausgleichs als mit Art. 5 Abs. 2 lit. a und b Info-RL unvereinbar an, das zwei Vergütungsformen miteinander kombiniert und zwar zum einen eine vor dem Vervielfältigungsvorgang vom Hersteller, Importeur oder innergemeinschaftlichen Abnehmer von Geräten zu entrichtende Pauschalvergütung und zum anderen eine anteilige nach dem Vervielfältigungsvorgang von den vervielfältigenden natürlichen und juristischen Personen zu entrichtende Vergütung, die lediglich als Einheitspreis, multipliziert mit der Zahl vorgenommener Vervielfältigungen festgelegt wird, sofern (1) die im Vorhinein entrichtete Pauschalvergütung allein anhand der Vervielfältigungsgeschwindigkeit des betreffenden Geräts berechnet wird, (2) die nachträglich entrichtete anteilige Vergütung davon abhängt, ob der Vergütungspflichtige an der Einziehung dieser Vergütung mitgewirkt hat und (3) das kombinierte System insgesamt nicht mit Mechanismen, unter anderem für die Rückerstattung, ausgestattet ist, die eine ergänzende Anwendung der Kriterien des tatsächlichen Nachteils und des pauschal ermittelten Nachteils hinsichtlich der verschiedenen Kategorien von Nutzern erlauben (EuGH GRUR 2016, 55 Tz. 885 – *Hewlett-Packard/Reprobel*). Mit den Anforderungen der Richtlinie ist jedoch vereinbar, dass die Vergütungspflicht nicht an den eigentlichen Nutzer, d. h. den durch die Vervielfältigungsfreiheit Privilegierten, knüpft, sondern an diejenigen, die über Anlagen, Geräte und Medien zur Vervielfältigung verfügen und sie zum Zwecke der Vervielfältigung Privatpersonen rechtlich oder tatsächlich zur Verfügung stellen oder diesen die Dienstleistungen einer Vervielfältigung anbieten, mithin auch dem Hersteller, Händler, Importeur und Betreiber der Geräte (EuGH GRUR 2011, 909 Tz. 27 – *Stichting ./. Opus*; EuGH GRUR 2011, 50 Tz. 46, 50 – *Padawan*; EuGH GRUR 2013, 812 Tz. 76 f. – *Drucker und Plotter II, PC II*; EuGH GRUR Int. 2013, 949 Tz. 24 f. – *Amazon/Austro-Mechana*; EuGH GRUR Int. 2014, 605 Tz. 52 – *ACI Adam/Stichting de Thuiskopie*; BGH GRUR 2012, 1017 Tz. 31 – *Digitales Druckzentrum*). Wie insbesondere auch ErwG 35 Info-RL klarstellt, setzt der gerechte Ausgleich einen Zusammenhang zwischen der Vergütungspflicht und dem mutmaßlichen Gebrauch dieser von der Vergütungspflicht erfassten Anlage, Geräte und Medien für Vervielfältigung voraus (EuGH GRUR 2011 Tz. 39 – *Padawan*; BGH GRUR 2012, 1017 Tz. 33 – *Digitales Druckzentrum*). Folglich unterliegen dann auch Geräte, bei denen feststeht, dass Vervielfältigungen nicht nach § 53 Abs. 1 oder 2 oder §§ 60a bis 60f erfolgen, nicht der Vergütungspflicht nach §§ 54 ff., oder bei denen feststeht, dass urheberrechtlich geschütztes Material nicht vervielfältigt wird (EuGH GRUR 2011, 50 Tz. 39, 50 – *Padawan*; BGH GRUR 2012, 1017 Tz. 33 – *Digitales Druckzentrum*). Somit hat auch das duale Vergütungssystem im Sinne einer Geräte- und Speichermedienvergütung sowie Betreibervergütung nach §§ 54 ff. sicherzustellen, dass nur dort die Abgabe fällig wird, wo auch eine nach § 53 Abs. 1 oder 2 oder §§ 60a bis 60f erlaubte Vervielfältigung tatsächlich möglich ist. Die an die Wahrscheinlichkeit der Nutzung (§ 54c Abs. 2) anknüpfende Rechtsprechung des BGH (s. BGH GRUR 2009, 480, 482 – *Kopierläden II*) ist insofern überholt, als für die Verpflichtung zur Zahlung der Betreiberabgabe auf den möglichen Schaden abzustellen ist, der durch die Ausgestaltung des Betreibersystems entsteht (s. EuGH GRUR 2010, 50 Tz. 38 ff. – *Padawan*). Folglich entfällt dann, wenn der Betreiber Vorsorge trifft, dass tatsächlich keine nach § 53 Abs. 1 oder 2 oder §§ 60a bis 60f erlaubten Kopien von urheberrechtlich relevantem Material vorgenommen werden, die Abgabe (*Jani/Ebbinghaus* GRUR-Prax 2011, 71, 72, 73; a. A. noch BGH GRUR 2009, 480, 482 – *Kopierläden II*). Auch die bisherige Praxis der Verwertungsgesellschaft bei Durchsetzung der Vergütungsabgabe nach §§ 54 ff., welche nicht ausreichend zwischen privatem Gebrauch nach § 53 und rein kommerziellem Gebrauch unterschied, muss von daher entsprechend angepasst werden, um sowohl den Vorgaben der Info-RL als auch der Rechtsprechung des EuGH (EuGH GRUR 2011, 50 *Padawan*; EuGH GRUR 2011, 909 – *Stichting ./. OPUS*) zu entsprechen. Jedenfalls ist die insbesondere von Seiten der zur Geräte- und Betreiberabgabe verpflichteten Hersteller, Händler und Importeure geäußerte Auffassung, dass die gesamte Regelung der §§ 54 ff. nicht richtlinienkonform sei (s. bspw. *Verweyen* GRUR 2012, 87), zu weitgehend (im Ergebnis auch: *Ullmann* CR 2012, 288, 295; *Jani/Ebbinghaus* GRUR-Prax 2011, 71). Das System der §§ 54 ff. ist so flexibel gestaltet, dass auch ohne Änderung der gesetzlichen Regelung, allein durch Anpassung des Umfangs und Durchsetzung der Abgabe im Einzelfall, den genannten Anforderungen des *gerechten Ausgleichs* im Sinne der Info-RL Genüge getan werden kann (*Ullmann* CR 2012, 288, 295; *Jani/Ebbinghaus* GRUR-Prax 2011, 71, 72). Im Ergebnis geht auch der BGH von der Vereinbarkeit der §§ 54 ff. mit der Info-RL dem Grunde nach aus (BGH GRUR 2012, 1007 Tz. 31 ff. – *Digitales Druckzentrum*).

3   Das deutsche Recht sieht ein *duales Vergütungssystem* vor, nämlich eine Geräte-/Speichermedien- und eine Betreiberabgabe (BGH GRUR 2012, 1017 Tz. 32 – *Digitales Druckzentrum*). Der einheitliche Vergütungsanspruch ist in § 54 geregelt. Die Höhe der angemessenen Vergütung wird jetzt nach der Änderung im Rahmen des 2. Korbs nicht mehr vom Gesetzgeber vorgegeben, vielmehr wird die angemessene Vergütung zwischen den Parteien bestimmt, wobei § 54a diesbezügliche Kriterien enthält. §§ 54b, 54c erweitern den Kreis der Vergütungspflichtigen auf Händler und Importeure. § 54d enthält eine Hinweispflicht auf Rechnungen, § 54e eine Melde-, § 54f eine Auskunftspflicht. Nach § 54g haben die zur Geltendmachung des Vergütungsanspruchs zuständigen Verwertungsgesellschaften die Möglichkeit, den Betreibern von Ablichtungsgeräten i. S. v. § 54c Kontrollbesuche zur Durchsetzung der Betreiberabgabe abzustatten. Nach § 54h ist der Vergütungsanspruch verwertungsgesellschaftspflichtig, d. h. der Anspruch steht zwar den betroffenen Urhebern zu, er kann aber nur durch Verwertungsgesellschaften für den Berechtigten geltend gemacht werden. § 54h Abs. 2 sieht vor, dass jedem Urheber ein angemessener Anteil an den Vergütungen zusteht. Während diese Regelung sich unter Geltung des UrhWahrnG 2017 bis zum 31.5.2015 mit der Verpflichtung aus § 7 UrhWahrnG überschnitt, nach der die Verwertungsgesellschaften verpflichtet waren, jedem Berechtigten einen angemessenen Anteil an den gezahlten Vergütungen zukommen zu lassen, regelt ab dem 1. Juni 2016 das VGG die Wahrnehmung von Urheberrechten und verwandten Schutzrechten durch Verwertungsgesellschaften. Nach § 27 Abs. 1 VGG sind die Einnahmen aus den Rechten nach festen Regeln zu verteilen, die ein willkürliches Vorgehen bei der Verteilung ausschließen. Nach der aktuellen Rechtsprechung des BGH ist eine pauschale Beteiligung der Verleger an den Einnahmen, wie sie die Satzung der

VG Wort vorsah unzulässig, da sie, als mit dem wesentlichen Grundgedanken von § 27 Abs. 1 VGG (bis zum 23.12.2016 § 27 VGG, bis zum 31.5.2016 § 7 UrhWahrnG), d.h. der Verteilung der Einnahmen ausschließlich an die Berechtigten und zwar in dem Verhältnis, in dem diese Einnahmen auf einer Verwertung der Rechte und Geltendmachung von Ansprüchen der jeweiligen Berechtigten beruhen, unvereinbar ist (BGH GRUR 2016, 596 Tz. 28 ff., 37 – *Verlegeranteil*; s. a. die Vorinstanzen OLG München GRUR 2014, 272, 274 f. – *Verlegeranteil* und LG München GRUR-RS 2012, 11109 – *Verlegeranteil*; s. a. AG München ZUM-RD 2014, 248, 252 f.; a. A. *Riesenhuber* EuZW 2016, 16, 18 und *Riesenhuber* ZUM 2016, 216, 221 nach dem die Verlegerbeteiligung durch die Satzung der Verwertungsgesellschaft „privatautonom legitimiert" sein kann; s. a. *Wandtke* MMR 2016, 1, 2; *Rosenkranz* ZUM 2016, 160, 161). Anspruchsberechtigte des i. R. d. Art. 5 Abs. 2 lit. a und b Info-RL geschuldeten gerechten Ausgleichs sind kraft Gesetzes allein die in Art. 2 Info-RL genannten Urheber und Leistungsschutzberechtigten (BGH GRUR 2016, 596 Tz. 46 – *Verlegeranteil*). Verleger sind, vom Ausnahmefall der Presseverleger (§ 87f Abs. 1 S. 1) abgesehen, nicht Inhaber eines Leistungsschutzrechts; es steht ihnen somit auch kein originärer Anspruch auf Beteiligung an den Einnahmen zu (BGH GRUR 2016, 596 Tz. 41 ff. – *Verlegeranteil*). Die Regelungen des Art. 5 Abs. 2 lit. a und b Info-RL stehen nach der aktuellen Rechtsprechung des EuGH nationalen Rechtsvorschriften entgegen, die es dem Mitgliedsstaat gestatten, einen Teil des den Rechtsinhabern zustehenden gerechten Ausgleichs den Verlegern der von den Urhebern geschaffenen Werke zu gewähren, ohne dass die Verleger verpflichtet sind, die Urheber auch nur indirekt in den Genuss des ihnen vorenthaltenen Teil des Ausgleichs kommen zu lassen (EuGH GRUR 2016, 55 Tz. 49 – *Hewlett-Packard/Reprobel*; BGH GRUR 2016, 596 Tz. 47 – *Verlegeranteil*). Gegen Verwertungsgesellschaften, die wie die VG Wort somit rechtswidrig Verleger an den Einnahmen beteiligt haben, steht den Urhebern danach ein Anspruch auf nachträgliche Ausschüttung auf Grund einer gerichtlichen Neufestsetzung ihres Anspruchs zu. Diese Rechtsprechung wurde wiederholt kritisiert und sowohl der deutsche als auch der europäische Gesetzgeber haben darauf eilig reagiert (s. BeschlE RAusschuss RegE UmsG – BT-Drs. 18/8268, S. 5 f. und COM[2016] 593 final. Erwägungsgrund 36). So wurde i. R. d. Urheberrechtsreform 2016 durch das Gesetz zur verbesserten Durchsetzung des Anspruchs der Urheber und ausübenden Künstler auf angemessene Vergütung und zur Regelung von Fragen der Verlegerbeteiligung vom 20.12.2016 (BGBl. 2016, Teil I Nr. 63, S. 3037, Beschl UrhVG 2016 – BR-Drs. 765/16) das VGG mit Wirkung zum 24.12.2016 geändert, um eine Rechtsgrundlage für die pauschale Verlegerbeteiligung an der gesetzlichen Privatkopievergütung zu schaffen (dazu vgl. Einl. UrhG Rn. 34d). Der neu eingefügte § 27a VGG sieht in Abs. 1 vor, dass der Urheber gegenüber der Verwertungsgesellschaft zustimmen kann, dass der Verleger an den Einnahmen aus den gesetzlichen Vergütungsansprüchen beteiligt wird. Die Höhe des Verlegeranteils legt nach § 27a Abs. 2 VGG die Verwertungsgesellschaft fest. Diese kann nach § 27 Abs. 2 VGG im Verteilungsplan regeln, dass die Einnahmen nach festen Anteilen verteilt werden. Auch i. R. d. der europäischen Reformbestrebungen zum digitalen Urheberrecht soll durch den Vorschlag der Kommission für eine Richtlinie des Europäischen Parlaments und des Rates über das Urheberrecht im digitalen Binnenmarkt vom 14.9.2016 (COM[2016] 593 final; dazu vgl. Einl. UrhG Rn. 45d ff.) Rechtssicherheit geschaffen werden für die in einigen Mitgliedsstaaten bestehende Praxis der Aufteilung des i. R. d. Ausnahmen gewährten Ausgleichs auf die Urheber und Verlage (s. ErwG 36). Der Richtlinienvorschlag sieht hierfür in Art. 12 eine kontrovers diskutierte gesetzliche Grundlage für die Verlegerbeteiligung vor. Danach können die Mitgliedsstaaten optional eine Beteiligung der Verleger am Ausgleich für die Werknutzung festlegen. Hierfür muss der Urheber seinem Verlag ein Recht übertragen oder eine Lizenz eingeräumt haben. Sowohl die neue deutsche Regelung, die das Problem ins VGG verlagert, als auch die vorgeschlagene europäische

Regelung erscheinen in Anbetracht der oben erörterten aktuellen Rechtsprechung des EuGH (EuGH GRUR 2016, 55 Tz. 49 – *Hewlett-Packard/Reprobel*; s. a. BGH GRUR 2016, 596 Tz. 47 – *Verlegeranteil*) bedenklich (s. *Peifer* GRUR-Prax 2017, 1, 3). Die Berechtigten sind nicht nur an den nach §§ 54 bis 54c gezahlten Vergütungen, sondern auch an aus §§ 54e Abs. 2 und 54f Abs. 3 geschuldetem Schadensersatz in Form von doppelten Vergütungssätzen angemessen zu beteiligen.

4   Gleichzeitig mit der Änderung der §§ 54 ff. durch das 2. Gesetz zur Regelung des UrhG in der Informationsgesellschaft (2. Korb), das am 1.1.2008 in Kraft trat, wurden auch eine Reihe von Änderungen des bis zum 30.5.2016 gültigen UrhWahrnG vorgenommen. Zum Teil wurden Vorschriften ganz neu eingeführt (s. §§ 13a, 14e, 17a und 27 sowie Neufassungen von § 14 UrhWahrnG). Nach der Übergangsregelung in § 27 UrhWahrnG galten die von den Verwertungsgesellschaften aufgestellten Tarife und die von ihnen abgeschlossenen Gesamtverträge einerseits sowie die Vergütungssätze nach der bisherigen Anlage zu § 54d Abs. 1 andererseits, sofern sie am 1.1.2008 noch angewendet wurden, bis zum 1.1.2010 fort (§ 27 Abs. 1 S. 1 UrhWahrnG). Sofern noch keine neuen Tarife aufgestellt bzw. Gesamtverträge abgeschlossen wurden, geht die Praxis von der Fortgeltung der bisherigen Tarife bzw. Gesamtverträge aus (Schricker/Loewenheim/*Loewenheim*[5] § 54a Rn. 16). Zum 1.6.2016 wurde das UrhWahrnG durch das VGG ersetzt, das nunmehr die Wahrnehmung von Urheberrechten und verwandten Schutzrechten durch Verwertungsgesellschaften regelt. Die §§ 132 bis 139 VGG enthalten Übergangsvorschriften. Das bis zum 31.5.2016 gültige UrhWahrnG sah zur Festsetzung von Gerätevergütungen das „Verhandlungsmodell" vor, nach dem die Hersteller, Händler, Importeure bzw. Betreiber auf der einen sowie die Verwertungsgesellschaften auf der anderen Seite die Vergütungshöhe miteinander aushandelten. Erst wenn es nicht zu einer Einigung kam, konnten die Verwertungsgesellschaften nach § 13a Abs. 1 S. 3 UrhWahrnG entsprechende Tarife einseitig aufstellen, die dann zunächst von der Schiedsstelle, später gerichtlich überprüft wurden. Nach § 93 des seit dem 1.6.2016 geltenden VGG können die Verwertungsgesellschaften nun unabhängig von einem Scheitern der Gesamtvertragsverhandlungen direkt die Schiedsstelle anrufen, um eine selbständige empirische Untersuchung durchführen zu lassen. Auf der Grundlage dieser empirischen Untersuchung können die Verwertungsgesellschaften Tarife aufstellen (§ 40 Abs. 1 S. 2 VGG). Es ist zu erwarten, dass diese bisher langen Verfahren der Vergütungsfestsetzung, die zu jahrelangen Einnahmeausfällen bei den Verwertungsgesellschaften geführt haben, hierdurch nun eine deutliche Beschleunigung erfahren (s. dazu *Staats* ZUM 2016, 81, 83; vgl. § 54 Rn. 7). Zu einer Absenkung des Ausfallrisikos aufgrund einer Insolvenz des beteiligten Herstellers, Importeurs oder Händlers führt zudem die in § 107 VGG vorgesehene Möglichkeit der Anordnung einer Sicherheitsleistung des beteiligten Herstellers, Importeurs oder Händlers durch die Schiedsstelle auf Antrag der Verwertungsgesellschaft.

5   Die Regelung der Vergütungsabgabe für Geräte- und Speichermedien und auch die Geräteabgabe haben vor allem in letzter Zeit eine erhebliche Feinjustierung durch die Gerichte, vor allem durch BGH, BVerfG und auch EuGH erfahren. Dabei ging es zunächst um die Frage, ob und welche Geräte, die nicht nur vornehmlich der Vornahme von Privatkopien dienen, wie Multifunktionsgeräte (BGH GRUR 2008, 786 Tz. 11 ff. – *Multifunktionsgeräte*), Scanner (BGH GRUR 2002, 246, 248 – *Scanner*; BGH GRUR 2010, 57 Tz. 23 f. – *Scannertarif*), Drucker und Plotter (BGH GRUR 2008, 245 mit Anmerkung v. *Ungern-Sternberg – Drucker und Plotter I*; BGH GRUR 2010, 57 Tz. 24 – *Scannertarif*; BGH GRUR 2014, 979 – *Drucker und Plotter III*), PCs (BGH GRUR 2009, 53 Tz. 13 ff. – *PCs*; BGH GRUR 2014, 984 Tz. 14, 31 – *PC III*) sowie Kopierstationen (BGH GRUR 2008, 993 Tz. 15 ff. – *Kopierstationen*) vergütungspflichtig sind. Nach dem EuGH können **multifunktionale Träger,** wie **Speicherkarten für Mobiltelefone,** vergütungspflichtig sein, sofern zumindest eine, wenn auch sekundäre Funktion dieser Träger es erlaubt, Kopien zum privaten Gebrauch anzufertigen (EuGH GRUR 2015, 478 Tz. 26 – *Copydan ./. Nokia*). Viele der aufgeführten Entscheidungen betrafen vor allem die Frage, ob bestimmte Geräte unter die Vergütungsabgabe nach § 54a Abs. 1 a. F. fallen und bezogen sich somit auf Altfälle (*v. Ungern-Sternberg* GRUR 2010, 273, 279). Daneben haben aber vor allem die Entscheidungen *PC* (BGH GRUR 2009, 53 Tz. 13 ff. – *PCs*) und *Drucker und Plotter* (BGH GRUR 2008, 245 – *Drucker und Plotter I*) auch Bedeutung für die Regelung der §§ 54 ff. in der jetzigen Fassung. Nachdem das BVerfG auf eine Verfassungsbeschwerde hin die Entscheidung *Drucker und Plotter I* aufgehoben hatte (BVerfG GRUR 2010, 999 – *Drucker und Plotter*), hatte der BGH zunächst das Verfahren ausgesetzt und dem EuGH einige Fragen zur Vereinbarkeit von §§ 54 ff. mit Art. 5 Abs. 2 und 3 Info-RL zur Entscheidung vorgelegt (BGH GRUR 2011, 1007 – *Drucker und Plotter II*). Im Anschluss an die Entscheidung des EuGH (EuGH GRUR 2013, 812 – *Drucker und Plotter II, PC II*) gab der BGH seine vorherige Rechtsprechung auf und zählte Drucker und Plotter zu den nach § 54a Abs. 1 UrhG a. F. vergütungspflichtigen Vervielfältigungsgeräten (BGH GRUR 2014, 979 Tz. 17 – *Drucker und Plotter III*). Daneben hatte sich aber auch schon der EuGH mit Auslegung und Tragweite der Beschränkung des Vervielfältigungsrechts des Urhebers durch Art. 5 Abs. 2 und 3 Info-RL auseinandergesetzt, zunächst in der Entscheidung *Padawan* (EuGH GRUR 2011, 50 – *Padawan*) und in der Entscheidung *Stichting* (EuGH GRUR 2011, 909 – *Stichting ./. OPUS*; zur österreichischen Privatkopieabgabe s. EuGH GRUR Int. 2013, 949 *Amazon/Austro-Mechana*; zur niederländischen Privatkopieabgabe s. EuGH GRUR Int. 2014, 605 Tz. 52 – *ACI Adam/Stichting de Thuiskopie*). Die Feststellung des EuGH hat zu einer umfänglichen Diskussion innerhalb des Schrifttums geführt. Dabei ging es auch um die Frage, ob das Vergütungssystem der §§ 54 ff. überhaupt mit den Vorgaben von Art. 5 Info-RL konform ist, oder vielmehr diese Vorschriften nicht richtlinienkonform sind. Allerdings geht auch nach wie vor der BGH von der Richtlinienkonformität des Vergütungssystems der §§ 54 ff. und insbesondere der dualen Vergütung, aus, wobei allerdings im Hinblick auf die Anwendung der Vorschriften der §§ 54 ff. und Durchsetzung sowohl der Geräte/Speichermedien- als auch der Betreibervergütung Änderungen erforderlich sind (BGH GRUR 2012, 1017 Tz. 29 ff. – *Digitales Druckzentrum*; BGH GRUR 2016, 792 Tz. 32 ff. – *Gesamtvertrag Unterhaltungselektronik*; s. zum Ganzen: *Dreier* ZUM 2011, 281; *Ullmann* CR 2012, 288; *Jani/Ebbinghaus* GRUR-Prax 2011, 71; *Müller* ZUM 2011, 691; *Müller* GRUR-Prax 2012, 255; *Koch/Krauspenhaar* GRUR Int. 2012, 881; *Verweyen* GRUR 2012, 875).

§ 54   Vergütungspflicht

(1) Lässt die Art des Werkes eine nach § 53 Abs. 1 oder 2 oder den §§ 60a bis 60f erlaubte Vervielfältigung erwarten, so hat der Urheber des Werkes gegen den Hersteller von Geräten und von Speichermedien, deren Typ allein oder in Verbindung mit anderen Geräten, Speichermedien oder Zubehör zur Vornahme solcher Vervielfältigungen benutzt wird, Anspruch auf Zahlung einer angemessenen Vergütung.

(2) Der Anspruch nach Abs. 1 entfällt, soweit nach den Umständen erwartet werden kann, dass die Geräte oder Speichermedien im Geltungsbereich dieses Gesetzes nicht zu Vervielfältigungen benutzt werden.

§ 54 wurde durch das UrhWissG 2017 mit Wirkung zum 1. März 2018 geändert. Zur bis dahin geltenden Fassung s. unsere 11. Aufl.

I. Anspruchsbegründende Vervielfältigung

1   Zunächst setzt § 54 voraus, dass überhaupt ein vergütungspflichtiges Werk i. S. d. §§ 53 Abs. 1 und 2 und der §§ 60a bis 60f vervielfältigt wird, wobei die Vervielfältigung mittels eines vergütungspflichtigen Gerätes und/oder eines vergütungspflichtigen Speichermediums vorgenommen wird. Der Anspruch richtet sich gegen den Hersteller oder denjenigen, der das Gerät und/oder das Speichermedium in Verkehr bringt. Auf den Anspruch kann im Voraus nicht verzichtet werden (§ 63a). Der Anspruch ist verwertungsgesellschaftspflichtig (§ 54h; zur Vergütungspflicht im Rahmen des grenzüberschreitenden Rechtsgeschäftes: s. EuGH ZUM 2013, 780 – *Amazon*; s. a. *Müller* ZUM 2013, 776).

1. Pflicht zur Vergütung

2   Der deutsche Gesetzgeber hat von der in Art. 5 Abs. 2 und 3 Info-RL vorgesehenen Möglichkeit Gebrauch gemacht, das Vervielfältigungsrecht zum privaten und sonstigen eigenen Gebrauch unter bestimmten Umständen zu beschränken. Die Beschränkung selber ist in § 53, der so die Vorgaben von Art. 5 Info-RL umsetzt, enthalten. Gleichzeitig schreibt Art. 5 Abs. 2 Info-RL vor, dass für den Fall der Beschränkung des Vervielfältigungsrechts zwingend der Rechtsinhaber einen **gerechten Ausgleich** erhält. Dabei ist der Gesetzgeber aber frei, Form, Einzelheiten und die etwaige Höhe eines gerechten Ausgleichs selbst festzulegen, wobei auf die besonderen Umstände des Einzelfalls Rücksicht zu nehmen ist (s. ErwG 35 Info-RL). Der zwingend vorgesehene gerechte Ausgleich ist in §§ 54, 54a–54h, geregelt. I. R. d. Reform durch das UrhWissG 2017 vom 30.6.2017), das am 1.3.2018 in Kraft tritt, hat der deutsche Gesetzgeber das Vervielfältigungsrecht zudem durch die neuen Erlaubnistatbestände der §§ 60a bis 60f beschränkt und die Vorschrift des § 54 auf diese neu geschaffenen Erlaubnistatbestände erstreckt. Die gesetzliche Regelung der §§ 54, 53 stellt ohne Hinzutreten weiterer Tatbestände oder vertraglicher Regelungen im Hinblick auf das Bestimmtheitsgebot eine hinreichende Anspruchsgrundlage dar (OLG München GRUR 2015, 989, 992 f. – *Festplatten*). Diese Regelung ist grundsätzlich richtlinienkonform (BGH GRUR 2012, 705 Tz. 36 ff. – *PC als Bild- und Tonaufzeichnungsgerät*; BGH GRUR 2012, 1017 Tz. 25 ff. – *Digitales Druckzentrum*), wobei allerdings die bisherige Anwendung der Vorschriften für den *gerechten Ausgleich* in Form von Vergütungsansprüchen eine Anpassung an die Vorgaben der Rechtsprechung des EuGH (GRUR 2011, 50 – *Padawan*; EuGH GRUR 2011, 909 – *Stichting ./. Opus*) bedarf. Von daher ist auch die Praxis der Durchsetzung der Vergütungsabgabe entsprechend anzupassen, ohne dass allerdings das gesamte System des § 54 selbst reformiert werden müsste, um nicht gegen die Vorgaben der Info-RL zu verstoßen (im Ergebnis auch: BGH GRUR 2012, 705 Tz. 26 ff. – *PC als Bild- und Tonaufzeichnungsgerät*; *Jani/Ebbinghaus* GRUR-Prax 2011, 71; *Ullmann* CR 2012, 288; *Müller* GRUR-Prax 2012, 255; *Müller* GRUR 2011, 26, a. A. offensichtlich *Koch/Krauspenhaar* GRUR Int. 2012, 881; *Verweyen* GRUR 2012, 875, differenzierend *Ullmann* CR 2012, 288). Insbesondere das **duale System der Vergütungs-**

abgabe, d. h. in Form einer Geräte- und in Form einer Betreiberabgabe, ist mit der Info-RL vereinbar (BGH GRUR 2012, 1017 Tz. 32 – *Digitales Druckzentrum*). Die Frage, inwiefern die Praxis der Speichermedienabgabe mit der Info-RL vereinbar ist, war Gegenstand der Vorlageentscheidung des OGH (GRUR Int. 2012, 262, 265, 266 – *Vergütung für Trägermaterial*; EuGH GRUR Int. 2013, 949 – *Amazon ./. Austro-Mechana*; s. a. OLG Wien GRUR Int. 2016, 274 – *Austro-Mechana ./. Amazon II*; OHG GRUR Int. 2016, 40 – *Austro-Mechana ./. Amazon*). Weitere Klärung hat die Vorlagefrage des BGH *Drucker und Plotter II* (BGH GRUR 2011, 1007 – *Drucker und Plotter II*; s. a. BVerfG GRUR 2011, 223) gebracht, insbesondere zur Frage, ob bei der Bestimmung der Geräte- und Betreiberabgabe auch zu berücksichtigen ist, ob der Rechteinhaber einer Vervielfältigung ausschließlich oder konkludent zugestimmt hat (verneinend: BGH GRUR 2011, 1007 Tz. 49, 50 – *Drucker und Plotter II*; BVerfG GRUR 2011, 223 Tz. 24; BGH GRUR 2014, 979 Tz. 45 – *Drucker und Plotter III*; BGH GRUR 2014, 984 Tz. 71 – *PC III*; BGH GRUR 2016, 792 Tz. 51 f. – *Gesamtvertrag Unterhaltungselektronik*; OLG München GRUR 2015, 989, 999 – *Festplatten*; OLG München GRUR-RR 2016, 1, 5 – *Speicherkarten*; bejahend im Sinne eines Ausschlusses noch: BGH GRUR 2008, 245 Tz. 23 – *Drucker und Plotter*; BGH GRUR 2009, 53 Tz. 19 – *PC*; s. a. *Metzger* GRUR 2012, 118, 124). Auch der EuGH ist der Auffassung, dass es irrelevant ist, ob der Rechteinhaber der Vervielfältigung zugestimmt hat oder nicht (EuGH GRUR 2013, 812 Tz. 46 – *Drucker und Plotter II, PC II*; dazu *Stieper* EuZW 2013, 699, 700; *Dreier* ZUM 2013, 769, 773; s. a. EuGH GRUR 2015, 478 Tz. 65 – *Copydan ./. Nokia*). Die Schranke des § 53 ist zwingendes Recht; der Urheber kann die von den Schrankenregelungen umfassten Vervielfältigungen daher weder verbieten noch genehmigen (BGH GRUR 2014, 979 Tz. 45 – *Drucker und Plotter III*). Hat der Urheber für seine Zustimmung eine Vergütung erhalten, ist der Anspruch auf Zahlung einer Gerätevergütung allerdings erloschen (BGH GRUR 2016, 792 Tz. 53 – *Gesamtvertrag Unterhaltungselektronik*).

3 Nach den Vorgaben des EuGH erfordert die Durchsetzung der Vergütungsabgabe ein **mehrstufiges Vorgehen**, wobei allerdings, und dies macht bereits die Richtlinie deutlich, ein Vergütungsanspruch zwingend in all den Fällen vorgesehen ist, in denen die Beschränkung des Vervielfältigungsrechtes nach Art. 5 Abs. 2 Info-RL greift. Da nach ErwG 9 Info-RL von einem hohen Schutzniveau auszugehen ist, ist auch der Wegfall der Vergütungspflicht als Annahme zu verstehen. Der Gesetzgeber und damit auch die zur Durchsetzung der Vergütungsabgabe zuständigen Verwertungsgesellschaften (§ 54h) sind von daher gehalten, sicherzustellen, dass für jede Beschränkung des Vervielfältigungsrechtes des Urhebers nach Art. 5 Abs. 2 Info-RL dieser Urheber auch einen gerechten Ausgleich erhält. Gerade die Durchsetzung dieses gerechten Ausgleiches im Sinne einer angemessenen Vergütung (s. ErwG 35 Info-RL) führt überhaupt erst dazu, dass die Beschränkung der Vervielfältigungsfreiheit nach § 53 Abs. 1 und 2 sowohl zum privaten als auch zum sonstigen eigenen Gebrauch richtlinienkonform ist. Denn wird kein Vergütungssystem etabliert, das einen gerechten Ausgleich für die Beeinträchtigung des Vervielfältigungsrechtes auf Seiten des Rechtsinhabers sicherstellt, verstößt dies hinsichtlich der Beschränkung des Vervielfältigungsrechts nach § 53 gegen die Vorgabe der Info-RL.

4 Dies sollten auch die an der Durchsetzung der Vergütungsabgabe nach §§ 54 ff. beteiligten Verwertungsgesellschaften sowie Nutzer und deren Interessengruppen beachten. Es geht bei der Durchsetzung des Vergütungsanspruches nach §§ 54 ff. nicht um die Frage, ob die Verwertungsgesellschaften, insbesondere ZPÜ, VG Wort und VG BildKunst, eine irgendwie geartete Geräte-/Speichermedienabgabe und Betreiberabgabe gegen die Verpflichteten geltend machen, sondern darum, die Vereinbarkeit des deutschen Systems der §§ 53, 54 mit den

Vorgaben in Art. 5 Info-RL sicherzustellen. Zwingende Voraussetzung für diese Vereinbarkeit mit der Richtlinie ist es hinsichtlich der Beschränkung des Vervielfältigungsrechts nach § 53 aber, dass das deutsche System gewährleistet, dass dem Urheber für die Beschränkung seines Vervielfältigungsrechtes auch ein gerechter Ausgleich zusteht, wobei dieser Ausgleich sich nach dem dem Urheber entstandenen Schaden zu orientieren und dieser im Übrigen auf alle Besonderheiten des Einzelfalls Rücksicht zu nehmen hat (s. ErwG 35 Info-RL). Für die neu eingefügten Schranken der §§ 60a bis 60f schreibt die Info-RL einen gerechten Ausgleich für die Rechtsinhaber nicht zwingend vor, sondern überlässt den Mitgliedstaaten die Entscheidung darüber (s. ErwG 36 Info-RL). Indem der deutsche Gesetzgeber durch die Bestimmung des § 60h sowie durch die Aufnahme der neuen Schrankenregelungen in die Vergütungspflicht des § 54 eine angemessene Vergütung regelt, sollen die betroffenen Grundrechtspositionen ausgeglichen werden, einerseits der Schutz des Immaterialgüterrechts und der Schutz der unternehmerischen Freiheit des Rechtsinhabers sowie andererseits die Freiheit von Wissenschaft, Forschung und Lehre und das Gemeinwohlinteresse an Bildung und Erhalt sowie Zugang zum Kulturgut (RegE UrhWissG 2017 – BT-Drs. 18/12329, S. 46). Des Weiteren sollen die Bestimmungen zur Vergütungspflicht in § 60h und § 54 für nach den §§ 60a bis 60f erlaubte Nutzungen dem nach Art. 5 Abs. 5 Info-RL durchzuführenden Drei-Stufen-Test Rechnung tragen, indem sie den Eingriff in das Ausschließlichkeitsrecht abmildern (RegE UrhWissG 2017 – BT-Drs. 18/12329, S. 46).

5 Nach der (bisherigen) Rechtsprechung des EuGH (GRUR 2011, 50 – *Padawan*; EuGH GRUR 2011, 909 – *Stichting ./. Opus*), ist bei der Durchsetzung des Vergütungssystems ein mehrstufiges Vorgehen erforderlich.

6 (1.) Zunächst ist in einer **ersten Stufe** zu entscheiden, **ob** die betroffenen Geräte bzw. Speichermedien der Geräte-/Speichermedien- bzw. Betreiberabgabe unterliegen. Dies richtet sich danach, ob eine **Vervielfältigung**, die unter die Schranken des Art. 5 Abs. 2 lit. b, a, c, Abs. 3 lit. a Info-RL fällt, **tatsächlich möglich bzw. wahrscheinlich** ist. Die Anwendung technischer Schutzmaßnahmen lässt die Vergütungspflicht nicht entfallen (EuGH GRUR 2013, 812 Tz. 59 – *Drucker und Plotter II, PC II*; BGH GRUR 2014, 979 Tz. 46 – *Drucker und Plotter III*). Ist ausgeschlossen, dass mit dem betroffenen Gerät oder durch Betreiben des Gerätes eine Privatkopie oder eine sonstige zum eigenen Gebrauch nach § 53 Abs. 1 oder 2 gefertigt wird bzw. eine nach den neuen Schranken der §§ 60a bis 60f erlaubte Vervielfältigung erfolgt, oder überhaupt noch geschützte Werke vervielfältigt werden, dann entfällt die entsprechende Abgabe (s. zu § 53 BGH GRUR 2014, 979 Tz. 46 – *Drucker und Plotter III*). Die Darlegungs- und Beweislast dafür, dass diese Nutzung tatsächlich unmöglich bzw. unwahrscheinlich ist, trägt der betroffene Hersteller, Importeur bzw. Betreiber im Sinne einer Umkehr der Darlegungs- und Beweislast nach § 292 ZPO (BGH GRUR 2012, 705 Tz. 35 – *PC als Bild- und Tonaufzeichnungsgerät*; BGH GRUR 2014, 984 Tz. 53 – *PC III*; BGH GRUR 2016, 792 Tz. 111 – *Gesamtvertrag Unterhaltungselektronik*; OLG München GRUR-RR 2015, 457, 460 – *Personal-Computer*; OLG München GRUR 2015, 989, 995 – *Festplatten*; Müller GRUR-Prax 2012, 255). Dabei knüpft die Vergütungspflicht bereits an die Möglichkeit der Nutzung, d. h. ab Überlassen des Gerätes an den Nutzer zur privaten Nutzung, an (EuGH GRUR 2011, 50 Tz. 56, 58 – *Padawan*; dazu vgl. Rn. 10).

7 (2.) Steht fest, dass das betroffene Gerät wegen einer möglichen bzw. wahrscheinlichen Nutzung zur Vervielfältigung zum privaten oder sonstigen eigenen Gebrauch i. S. v. Art. 5 Abs. 2 oder nach den neuen Schranken der §§ 60a bis 60f eingesetzt wird, ist in einer **zweiten Stufe das Wie der Vergütung** i. S. d. Vergütungshöhe zu bestimmen. Art. 5 Abs. 2 schreibt vor, dass dem Urheber ein gerechter Ausgleich für die Beschränkung seines Vervielfältigungsrechts gewährt wird, wobei bereits Art. 5 Abs. 2 lit. b bestimmt, dass bei Festsetzen dieses gerechten Ausgleichs zu berücksichtigen ist, ob technische Schutzmaßnahmen nach §§ 95a ff. auf das betreffende Werk oder den betreffenden Schutzgegenstand angewendet wurden (s. a. BGH GRUR 2011, 1007 Tz. 42 – *Drucker und Plotter II*; s. a. BGH GRUR 2014, 984 Tz. 72 – *PC III*; OLG München GRUR 2015, 989, 999 – *Festplatten*). Im Hinblick auf die zweite Stufe, d. h. das Wie der Vergütungspflicht im Sinne des **Wieviels**, hatte der EuGH bereits das duale System von Vergütungsansprüchen im Sinne einer Geräte-/Speichermedienabgabe und Betreiberabgabe gebilligt (BGH GRUR 2012, 1017 Tz. 32 – *Digitales Druckzentrum*). Bei der Bestimmung der Höhe der zu zahlenden Vergütung gibt weder die Richtlinie noch die Rechtsprechung des EuGH und BGH ausreichende Vorgaben. Die Richtlinie spricht lediglich in ErwG 35 davon, dass bei Bestimmung der **Höhe des *gerechten Ausgleichs*** die besonderen Umstände jedes einzelnen Falles zu berücksichtigen sind, bspw. auch der Umstand, ob bereits Zahlungen in anderer Form geleistet wurde, bspw. als Teil einer Lizenzgebühr. Auch hinsichtlich der Höhe des gerechten Ausgleichs ist auf den Grad des Einsatzes technischer Schutzmaßnahmen Rücksicht zu nehmen (EuGH GRUR 2013, 812 Tz. 58 – *Drucker und Plotter II, PC II*; s. a. BGH GRUR 2014, 984 Tz. 72 – *PC III*; OLG München GRUR 2015, 989, 999 – *Festplatten*), wobei es allein auf den Grad der Verhinderung gesetzlich zulässiger Kopien ankommt, da rechtswidrige Kopien nie vergütungspflichtig sind (EuGH GRUR 2015, 478 Tz. 73 – *Copydan ./. Nokia*; s. a. *Stieper* EuZW 2013, 699, 701; vgl. § 54a Rn. 3). Ein gerechter Ausgleich für Kopien auf der Grundlage unrechtmäßiger Quellen wäre richtlinienwidrig (s. EuGH GRUR Int. 2014, 605 Tz. 41 – *ACI Adam ./. Stichting de Thuiskopie*; EuGH GRUR 2015, 478 Tz. 79 – *Copydan ./. Nokia*; EuGH GRUR 2016, 55 Tz. 57 – *Hewlett-Packard ./. Reprobel*; OHG GRUR Int. 2016, 40, 44 f. – *Austro-Mechana ./. Amazon*). Weiterhin soll durch die Höhe der Vergütung die Nutzung der geschützten Werke angemessen vergütet werden, wobei auch der dem Rechteinhaber sich aus der Nutzung ergebende etwaige Schaden als brauchbares Kriterium herangezogen werden kann. Daraus folgt, dass der Schaden nicht eingetreten sein braucht. Die Möglichkeit des Schadenseintritts genügt (EuGH GRUR 2011, 50 Tz. 57 – *Padawan*). Ist der Nachteil nur geringfügig, auch im Sinne eines Schadens, den der Urheber durch die Nutzung des Werkes erleidet, so kann die Zahlungsverpflichtung ganz entfallen. Obgleich diese Vorgaben eine differenzierte, einzelfallbezogene Festlegung der Vergütungshöhe nahelegen, hat der EuGH bereits in der Entscheidung *Padawan* (EuGH GRUR 2011, 50 Tz. 46 – *Padawan*; *Jani/Ebbinghaus* GRUR-Prax 2011, 71, 73) grundsätzlich eine Pauschalisierung der Vergütungssätze vor allem in Hinblick auf die Vielzahl der möglichen Nutzungen und entsprechend wenigen Kontrollmöglichkeiten als richtlinienkonform anerkannt. Insgesamt enthalten sowohl die Vorgaben in der Info-RL als auch die Rechtsprechung des EuGH wenig Vorgaben für die praktische Umsetzung zur Bestimmung der angemessenen Vergütungshöhe im Sinne des geforderten *gerechten Ausgleichs*. Die Verteilung der eingezogenen Vergütung durch die Verwertungsgesellschaften an die Berechtigten gehört jedenfalls nicht hierzu (OGH GRUR Int. 2012, 262, 267 – *Vergütung für Trägermaterial*). Da nach der Info-RL bei Bestimmung der Höhe auf alle anderen Umstände des Einzelfalles Rücksicht zu nehmen ist, im Übrigen auch der Schaden des Urhebers durch die Vervielfältigung eine Rolle spielt, wird die Höhe anhand der Möglichkeit der tatsächlichen Nutzung erfolgen müssen, sodass bspw. die Geschwindigkeit der Vervielfältigung, Speicherkapazität, Mehrfachbeschreiben und sonstige technische Möglichkeiten der betroffenen Geräte und Speichermedien ebenso wie bspw. der Ort des Betriebs der Geräte für die Betreiberabgabe sowie sonstige Umstände, wie bspw. Nähe zu Universitäten und sonstigen Bildungseinrichtungen, für die

Bestimmungen nach wie vor eine Rolle spielen (s. *Müller* GRUR-Prax 2012, 255). Dabei wird der *gerechte Ausgleich* für alle Fälle der § 53 Abs. 1 und 2 einheitlich zu bestimmen sein, und nicht allein für die Fälle des Privatgebrauchs sich nach den genannten Vorgaben richten (s. ErwG 36 Info-RL). Schon vor der Reform durch das UrhWissG 2017 war der gerechte Ausgleich für alle durch § 53 a. F. erfasste Kopien (z. B. für Unterricht, Prüfungen, wissenschaftlichen Gebrauch und die Kopien der Bibliotheken für den eigenen Gebrauch) einheitlich zu bestimmen. Dies gilt nun auch für die i. R. d. Reform in das System der Pauschalvergütung des § 54 einbezogenen neuen Schranken der §§ 60a bis 60 f. Die **Verwertungsgesellschaften** werden in einem ersten Schritt nicht umhinkommen, im Rahmen von empirischen Untersuchungen festzustellen, welchen Umfang die Vervielfältigung tatsächlich hat bzw. möglicherweise haben wird (s. *Jani/Ebbinghaus* GRUR-Prax 2012 71, 72). Das bis zum 31.5.2016 gültige UrhWahrnG sah zur Festsetzung von Gerätevergütungen das „Verhandlungsmodell" vor, nach dem die Hersteller, Händler, Importeure bzw. Betreiber auf der einen sowie die Verwertungsgesellschaften auf der anderen Seite die Vergütungshöhe miteinander aushandelten. Erst wenn es nicht zu einer Einigung mit den zur Vergütung verpflichteten Herstellern, Händlern, Importeuren und Betreibern kam, stellten die Verwertungsgesellschaften nach § 13a Abs. 1 S. 3 UrhWahrnG entsprechende Tarife einseitig auf, die dann zunächst von der Schiedsstelle, später gerichtlich überprüft wurden. Nach § 93 des seit dem 1.6.2016 geltenden VGG können die Verwertungsgesellschaften nun unabhängig von einem Scheitern der Gesamtvertragsverhandlungen direkt die Schiedsstelle anrufen, um eine selbständige empirische Untersuchung durchführen zu lassen. Auf der Grundlage dieser empirischen Untersuchung können die Verwertungsgesellschaften Tarife aufstellen (§ 40 Abs. 1 S. 2 VGG). Wie bisher ist eine solche empirische Untersuchung nicht erforderlich, soweit sich die Parteien einigen und Gesamtverträge abgeschlossen werden (§ 38 VGG). Auch die verpflichteten Hersteller, Händler, Importeure und Betreiber werden darauf Rücksicht zu nehmen haben, dass zwingend der gerechte Ausgleich den Urhebern geschuldet ist, wobei die verpflichteten Hersteller, Händler, Importeure und Betreiber ja nicht selber den gerechten Ausgleich zu leisten haben, da sie selber ja nicht vervielfältigen, vielmehr diesen ja im Wege einer Abgabe an die potentiellen Nutzer, welche Vertragspartner dieser Hersteller, Händler, Importeure und Betreiber sind, weitergeben (EuGH GRUR 2011, 50 Tz. 57 – *Padawan*; EuGH GRUR 2011, 909 Tz. 26 f. – *Stichting ./. Opus*; EuGH GRUR 2013, 812 Tz. 76 f. – *Drucker und Plotter II, PC II*; EuGH GRUR Int. 2013, 949 Tz. 24 f. – *Amazon ./. Austro-Mechana*; EuGH GRUR Int. 2014, 605 Tz. 52 – *ACI Adam ./. Stichting de* Thuiskopie; BGH GRUR 2012, 705 Tz. 54 – *PC als Bild- und Aufzeichnungsgerät*). Letztlich sind damit nicht diese Hersteller, Händler, Importeure und Betreiber **Schuldner der entsprechenden Vergütung**, sondern die tatsächlich handelnden Nutzer, die sich im Rahmen ihrer Vervielfältigung urheberrechtlich geschützter Werke innerhalb der Schranken des § 53 und der §§ 60a bis 60f bewegen (EuGH GRUR 2013, 812 Tz. 75 – *Drucker und Plotter II, PC II*). Oftmals erinnern dann die zum Teil heftig geführten Auseinandersetzungen im Hinblick auf die Vergütung nach §§ 54 ff. an einen Stellvertreterkrieg, der häufig den Nachteil hat, dass, wenn es nicht zeitnah zu einer Einigung über die Vergütungshöhe kommt, der entsprechende Hersteller, Händler, Importeur und auch Betreiber selber für die Geräte-/Speichermedienvergütung und Betreiberabgabe auch im Ergebnis einzustehen hat, weil er bspw. aufgrund des Zeitablaufs diese bei dem eigentlich verpflichteten Nutzer nicht mehr geltend machen kann (i. d. S. *Verweyen* GRUR 2012, 875, 880, 881; ablehnend: BGH GRUR 2012, 705 Tz. 54 – *PC als Bild- und Tonaufzeichnungsgerät*). So hat das OLG München eine nachträgliche Verpflichtung des Händlers zur Zahlung der Geräteabgabe als europarechtlich zulässig befunden, obwohl der Händler nachträglich die Kosten nicht auf die Endnutzer abwälzen konnte, wenn er mit der Möglichkeit rechnen musste, dass die Geräte abgabepflichtig sind (OLG München GRUR-RR 2015, 422, 426 – *Musik-Handys*; s. a. OLG München GRUR 2015, 989, 994 f. – *Festplatten*; OLG München GRUR-RR 2016, 1, 3 f. – *Speicherkarten*). Den Verwertungsgesellschaften ist es auch unter kartellrechtlichen Gesichtspunkten nicht verwehrt, Tarife rückwirkend festzusetzen (OLG München GRUR 2015, 989, 995 f. – *Festplatten*). Letztlich schaden sich somit diese Gruppen selber, wenn sie sich im Hinblick auf die Durchsetzung der Vergütungsansprüche nach §§ 54 ff. dem Erfordernis der Zahlung eines gerechten Ausgleichs widersetzen (s. zum Ganzen *Dreier* ZUM 2011, 281; *Ullmann* CR 2012, 288; *Jani/Ebbinghaus* GRUR-Prax 2011, 71; *Müller* ZUM 2011, 631; *Müller* GRUR-Prax 2012, 255; *Koch/Krauspenhaar* GRUR Int. 2012, 881; *Verweyen* GRUR 2012, 875). Indem seit dem 1.6.2016 die Verwertungsgesellschaften auch schon vor einem Scheitern der Gesamtvertragsverhandlungen direkt die Schiedsstelle anrufen können, ist zu erwarten, dass diese bisher langen Verfahren der Vergütungsfestsetzung, die zu jahrelangen Einnahmeausfällen bei den Verwertungsgesellschaften geführt haben, nun eine deutliche Beschleunigung erfahren (s. dazu *Staats* ZUM 2016, 81, 83). Zu einer Absenkung des Ausfallrisikos aufgrund einer Insolvenz des beteiligten Herstellers, Importeurs oder Händlers führt zudem die in § 107 VGG vorgesehene Möglichkeit der Anordnung einer Sicherheitsleistung des beteiligten Herstellers, Importeurs oder Händlers durch die Schiedsstelle auf Antrag der Verwertungsgesellschaft.

2. Vervielfältigung

Unter Vervielfältigung ist jede **körperliche Festlegung** zu verstehen, die geeignet ist, ein Werk auf irgendeine Weise den menschlichen Sinnen ummittelbar oder mittelbar zugänglich zu machen (BGH GRUR 1955, 492, 494 – *Grundig-Reporter*; s. zur vorübergehenden Vervielfältigung: *Metzger* GRUR 2012, 118, 124). Eine auf Tonträgern, digitalen Trägern und anderen Speichermedien vorgenommene körperliche Festlegung des Werkes ist Vervielfältigung, wobei die Vervielfältigung nicht einmal dauerhaft zu sein braucht (§ 16 Abs. 1). Auch bei Sicherungskopien handelt es sich um vollwertige Vervielfältigungshandlungen, die einen wirtschaftlichen Wert verkörpern, der sich insbesondere zeigt, wenn die Originaldateien nicht mehr zur Verfügung stehen; sie sind daher vergütungspflichtig (OLG München GRUR 2015, 989, 998 – *Festplatten*). **8**

3. Vergütungspflichtige Werke

Die Vergütungsabgabe nach § 54 setzt voraus, dass ein **vergütungspflichtiges Werk** vervielfältigt wird, wobei angesichts der Unmöglichkeit der Kontrolle des Vervielfältigungsvorgangs, es darauf ankommt, inwiefern eine **Vervielfältigung zu erwarten** ist (EuGH GRUR 2011, 50 Tz. 57 f. – *Padawan*; dazu vgl. Rn. 6). Wie hoch diese Wahrscheinlichkeit ist, beeinflusst die Vergütungspflichtigkeit grundsätzlich nicht, hat aber Auswirkungen bei der **Bestimmung der Vergütungshöhe** und der **Verteilung der Einnahmen** aus der Abgabe an die Berechtigten (Schricker/Loewenheim/*Loewenheim*[5] Rn. 18; Dreier/Schulze/*Dreier*[5] Rn. 4). Grundsätzlich geeignet für eine Vervielfältigung sind alle in § 2 Abs. 1 Nr. 1–7 genannten Werkarten, sodass die für die Vervielfältigungspflicht erforderliche Wahrscheinlichkeit gegeben ist. Auch unveröffentlichte oder unvollendete Werke können vergütungspflichtige Werke darstellen (BGH GRUR 2014, 974 Tz. 41 – *Porträtkunst*). Zu den nach §§ 53, 54 vergütungspflichtigen Werken gehören aber nicht Computerprogramme (vgl. § 69a Rn. 43), sowie grafische Aufzeichnungen von Werken der Musik, da bei letzteren die Vervielfältigung nach § 53 Abs. 4 unzulässig ist (s. a. § 60a Abs. 3 Nr. 3). So hat der EuGH ein einheitliches System zur Einziehung des gerechten Ausgleichs, das sich auch auf die Vervielfältigung von Notenblättern erstreckte, als mit Art. 5 Abs. 2 lit. a und b Info-RL unvereinbar erklärt (EuGH GRUR 2016, 55 **9**

Tz. 55 – *Hewlett-Packard ./. Reprobel*). Sofern § 53 auf Leistungsschutzrechte anwendbar ist (§§ 70 Abs. 1, 71 Abs. 1 S. 3, 72 Abs. 1, 83, 85 Abs. 4, nicht aber Sendeunternehmen nach § 87 Abs. 4; BVerfG NJW 1988, 1715; BVerfG ZUM 2011, 236), so zählen sie ebenso zu den vergütungspflichtigen Werken i. S. v. § 54 Abs. 1. Dies gilt auch für die Vergütung von Vervielfältigungen aufgrund der neuen Schrankenbestimmungen der §§ 60a bis 60 f. Hat der Berechtigte der Vervielfältigung zugestimmt, so findet § 54 Abs. 1 auch Anwendung (EuGH GRUR 2015, 478 Tz. 65 – *Copydan ./. Nokia*; EuGH GRUR 2013, 812 Tz. 40 – *Drucker und Plotter II, PC II*; BGH GRUR 2014, 984 Tz. 68 ff. – *PC III*; BGH GRUR 2016, 792 Tz. 51 f. – *Gesamtvertrag Unterhaltungselektronik*; OLG München GRUR 2015, 989, 999 – *Festplatten*; OLG München GRUR-RR 2016, 1, 5 – *Speicherkarten*; *Gräbig* GRUR 2013, 817, 818). Angesichts der (vorherigen) gesetzlichen Einschränkung des Vervielfältigungsrechtes durch § 53 Abs. 1 und 2 bzw. §§ 60a bis 60f geht die Zustimmung ins Leere (zu § 53: EuGH GRUR 2015, 478 Tz. 65 – *Copydan ./. Nokia*; BGH GRUR 2016, 792 Tz. 52 – *Gesamtvertrag Unterhaltungselektronik*; BGH GRUR 2014, 984 Tz. 71 – *PC III*; BGH GRUR 2011, 1007 Tz. 49 – *Drucker und Plotter II*; unter Aufgabe der früheren Rechtsprechung des BGH in BGH GRUR 2008, 245 – *Drucker und Plotter*; BGH GRUR 2009, 53 – *PC*; s. a. BVerfG GRUR 2011, 223 Tz. 24). Der Urheber kann die von den Schrankenregelungen umfassten Vervielfältigungen daher weder verbieten noch genehmigen (BGH GRUR 2014, 979 Tz. 45 – *Drucker und Plotter III*). Hat der Urheber für seine Zustimmung eine Vergütung erhalten, ist der Anspruch auf Zahlung einer Gerätevergütung allerdings erloschen (BGH GRUR 2016, 792 Tz. 53 – *Gesamtvertrag Unterhaltungselektronik*).

4. Geräte und Speichermedien

10 Dem Vergütungsanspruch nach Abs. 1 unterfallen solche Geräte und Speichermedien, die typischerweise zur Vornahme urheberrechtlich relevanter Vervielfältigungshandlungen i. S. d. § 53 Abs. 1 und 2 sowie §§ 60a bis 60f benutzt werden können. Dabei ist wegen einer typisierenden Betrachtungsweise auf den **üblichen Gebrauch des Geräts oder Speichermediums** abzustellen. Von daher sind Geräte, die nur theoretisch zur Vervielfältigung genutzt werden können, aber völlig anderen Funktionen dienen, in die Vergütungspflicht nicht einbezogen (so wörtl. RegE 2. Korb – BT-Drs. 16/1828 zu Art. 1 Nr. 14 – §§ 54–54h). Dabei unterliegen auch Geräte der Vergütungspflicht, wenn sie nur in Verbindung mit anderen Geräten, Speichermedien oder Zubehör zur Vervielfältigung genutzt werden können. Zu den vergütungspflichtigen **Geräten** gehören **Videorekorder** (BGH GRUR 1981, 355, 359 – *Video-Recorder*), **Readerprinter** (BGH GRUR 1993, 553, 555 – *Readerprinter*), **Fotokopiergeräte** (OLG Stuttgart GRUR 2005, 944 – *Multifunktionsgerätabgabe*), **Telefaxgeräte** (BGH GRUR 1999, 928, 931 – *Telefaxgeräte*), **Scanner** (BGH GRUR 2002, 246, 248 – *Scanner*), **Amateur- und Videokameras** (BGH GRUR 1982, 104, 105/106 – *Tonfilmgeräte*), **CD-Brenner** (OLG Stuttgart CR 2001, 817), **CDR- und DVD-Brenner** (LG Stuttgart ZUM 2001, 614; Schricker/Loewenheim/*Loewenheim*[5] Rn. 27 m. w. N.; Wandtke/Bullinger/*Lüft*[4] § 53 Rn. 11), **Multifunktionsgeräte** (BGH GRUR 2008, 786, 787 Tz. 11 ff. – *Multifunktionsgeräte*; OLG Stuttgart GRUR 2005, 944 – *Multifunktionsgeräteabgabe*) sowie **Mobiltelefone**, die zur Aufnahme und Übertragung von Audiowerken geeignet sind, unabhängig davon, ob die Telefone über eine MP3-Funktion verfügen (OLG München GRUR-RR 2015, 422, 423 – *Musik-Handys*; OLG München ZUM-RD 2015, 525, 542 f.). Zu den vergütungspflichtigen Geräten gehören ebenso **PCs** (BGH GRUR 2014, 984 Tz. 14, 31 – *PC III* noch zur Rechtslage bis zum 31.12.2007; OLG München GRUR-RR 2015, 457, 458 ff. – *Personal-Computer*) und **Drucker** sowie **Plotter** und **Digitalkameras**, da sie jedenfalls i. V. m. mit anderen Geräten bzw. Zubehör dazu benutzt werden können, Vervielfältigungen nach § 53 Abs. 1 und 2 bzw. §§ 60a bis 60f vorzunehmen (Wandtke/Bullinger/*Lüft*⁴ § 53 Rn. 11; Schricker/Loewenheim/ *Loewenheim*⁵ Rn. 27; s. i. Ü. zur Rechtslage bis zum 31.12.2007: BGH GRUR 2014, 984 – *PC III*; BGH GRUR 2014, 979 Tz. 17 – *Drucker und Plotter III*; BGH GRUR 2011, 1012 ff. – *PC II*; BGH GRUR 2008, 786 – *Multifunktionsgeräte*; BGH GRUR 2010, 57 – *Scannertarife*; BGH GRUR 2009, 53 – *PC*; EuGH GRUR 2013, 812 Tz. 80 – *Drucker und Plotter II, PC II*; s. a. *Pfeifer* GRUR 2011, 1017 f.; BVerfG GRUR 2010, 999; BVerfG GRUR 2011, 223; BVerfG GRUR 2012, 112; Schricker/Loewenheim/*Loewenheim*⁵ Rn. 29 ff.). Zu vergütungspflichtigen **Speichermedien** gehören sowohl magnetische Speicher, wie **Musikkassetten, Magnetbänder, Festplatten** (OLG München GRUR 2015, 989, 993 – *Festplatten*), **Speicherkarten** (OLG München GRUR-RR 2016, 1, 3 – *Speicherkarten*; s. a. EuGH GRUR 2015, 478 – *Copydan/Nokia*) und **Disketten**, optische Speicher wie **Film, DVD, CD-ROM, CD-R, CD-RW** und **Laserdisks** sowie elektronische Speicher wie **Smartcard** oder **Memorystick** (RegE 2. Korb – BT-Drs. 16/1828, S. 29). Auch im Hinblick auf Speichermedien kommt es darauf an, inwiefern sie tatsächlich zu Vervielfältigungen i. S. d. § 53 Abs. 1 und 2 bzw. §§ 60a bis 60f benutzt werden können, auf den tatsächlichen Umfang der Nutzung kommt es dagegen wiederum nicht an (OLG München GRUR-RR 2015, 457, 460 – *Personal-Computer*; dazu oben vgl. Rn. 2 f., 6). Nach dem EuGH können **multifunktionale Träger**, wie **Speicherkarten für Mobiltelefone**, vergütungspflichtig sein, sofern zumindest eine, wenn auch sekundäre Funktion dieser Träger es erlaubt, vergütungspflichtige Vervielfältigungen anzufertigen (EuGH GRUR 2015, 478 Tz. 26 – *Copydan ./. Nokia*). Ist ausgeschlossen, dass mit den betroffenen Geräten und Speichermedien vergütungspflichtige Vervielfältigungen vorgenommen werden, entfällt die Abgabe, wobei den Hersteller, Händler bzw. Importeur die diesbezügliche Darlegungs- und Beweislast trifft (BGH GRUR 2012, 705 Tz. 35 – *PC als Bild- und Tonaufzeichnungsgerät*; BGH GRUR 2014, 984 Tz. 53 – *PC III*; BGH GRUR 2016, 792 Tz. 111 – *Gesamtvertrag Unterhaltungselektronik*; EuGH GRUR 2011, 50 Tz. 54, 56 – *Padawan*; OLG München GRUR-RR 2015, 457, 460 f. – *Personal-Computer*; OLG München GRUR 2015, 989, 995 – *Festplatten*). Werden Geräte und Speichermedien, die dazu geeignet und bestimmt sind, für vergütungspflichtige Vervielfältigungen genutzt zu werden, natürlichen Personen überlassen, besteht aufgrund der praktischen Schwierigkeiten eine widerlegbare Vermutung dafür, dass diese mit Hilfe dieser Geräte tatsächlich Privatkopien anfertigen (EuGH GRUR 2011, 50 Tz. 54 f. – *Padawan*; BGH GRUR 2014, 984 Tz. 51 ff. – *PC III*; OLG München GRUR-RR 2015, 457, 460 f. – *Personal-Computer*; OLG München GRUR 2015, 989, 995 – *Festplatten*). Die Vergütungspflicht knüpft insofern an die (widerlegbare) Vermutung der Vervielfältigung an (BGH GRUR 2016, 792 Tz. 111 – *Gesamtvertrag Unterhaltungselektronik*; BGH GRUR 2014, 979 Tz. 30 ff. – *Drucker und Plotter III*; dazu oben vgl. Rn. 2 f., 6).

II. Anspruchsinhalt: Angemessenheit der Vergütung

Der Vergütungsanspruch richtet sich auf Zahlung einer angemessenen Vergütung, wobei unter Angemessenheit i. S. d. Vorschrift der *gerechte* Ausgleich i. S. v. Art. 5 Info-RL zu verstehen ist (vgl. Rn. 2, 7). Die für die Bestimmung der Angemessenheit ausschlaggebenden Kriterien sind in § 54a normiert, der im Hinblick auf Art. 5 Info-RL richtlinienkonform auszulegen ist. Der Gesetzgeber hat mit der Novellierung davon Abstand genommen, starre Vergütungssätze vorzugeben, wie dies noch bis zum 31.12.2007 galt (s. zur früheren Rechtslage Schricker/Loewenheim/*Loewenheim*⁵ § 54a Rn. 16), und hat es den Betroffenen überlassen, angemessene Vergütungssätze auszuhandeln, die allerdings den Vorgaben der Info-RL zu entsprechen haben (zu Einzelheiten oben

11

vgl. Rn. 2 ff.). Unter Geltung des UrhWahrnG bis zum 31.5.2016 handelten die Hersteller, Händler, Importeure bzw. Betreiber auf der einen sowie die Verwertungsgesellschaften auf der anderen Seite die Vergütungshöhe miteinander aus und erst wenn es nicht zu einer Einigung mit den zur Vergütung verpflichteten Herstellern, Händlern, Importeuren und Betreibern kam, stellten die Verwertungsgesellschaften nach § 13a Abs. 1 S. 3 UrhWahrnG entsprechende Tarife einseitig auf, die dann zunächst von der Schiedsstelle, später gerichtlich überprüft wurden. Nach § 93 des seit dem 1.6.2016 geltenden VGG können die Verwertungsgesellschaften nun unabhängig von einem Scheitern der Gesamtvertragsverhandlungen direkt die Schiedsstelle anrufen, um eine selbständige empirische Untersuchung durchführen zu lassen. Auf der Grundlage dieser empirischen Untersuchung können die Verwertungsgesellschaften Tarife aufstellen (§ 40 Abs. 1 S. 2 VGG; vgl. Rn. 7).

III. Anspruchsinhaber und Anspruchsgegner

12   Anspruchsinhaber ist nach § 54 Abs. 1 der Urheber (i. Ü. s. §§ 54c Abs. 1, 54e Abs. 1, 54f Abs. 1 und 2, 54g). Die Ansprüche aus den §§ 54–54g können nach § 54h nur durch eine **Verwertungsgesellschaft** geltend gemacht werden. Der Urheber ist bezüglich dieser Ansprüche nicht aktivlegitimiert (vgl. § 54h Rn. 1; BGH GRUR 2009, 480 Tz. 10 – *Kopierläden II*). Tatsächlich ist der Kreis der Berechtigten aber nicht auf den Urheber beschränkt, sondern umfasst ebenso die berechtigten Leistungsschutzberechtigten (oben vgl. Rn. 9). **Verleger** sind, vom Ausnahmefall der Presseverleger (§ 87f Abs. 1 S. 1) abgesehen, nicht Inhaber eines Leistungsschutzrechts; es steht ihnen somit auch kein originärer Anspruch auf Beteiligung an den Einnahmen zu (BGH GRUR 2016, 596 Tz. 41 ff. – *Verlegeranteil*; s. a. die Vorinstanzen OLG München GRUR 2014, 272, 274 f. – *Verlegeranteil* und LG München GRUR-RS 2012, 11109 – *Verlegeranteil*; s. a. AG München ZUM-RD 2014, 248, 252 f.). Der BGH sah eine pauschale Beteiligung der Verleger an den Einnahmen, wie sie die Satzung der VG Wort vorsah, daher als mit dem wesentlichen Grundgedanken von § 27 a. F. VGG (ab 24.12.2016 § 27 Abs. 1 VGG, bis zum 31.5.2016 § 7 UrhWahrnG), d.h. der Verteilung der Einnahmen ausschließlich an die Berechtigten und zwar in dem Verhältnis, in dem diese Einnahmen auf einer Verwertung der Rechte und Geltendmachung von Ansprüchen der jeweiligen Berechtigten beruhen, unvereinbar an (BGH GRUR 2016, 596 Tz. 28 ff., 37 – *Verlegeranteil*; a. A. *Riesenhuber* EuZW 2016, 16, 18 und *Riesenhuber* ZUM 2016, 216, 221 nach dem die Verlegerbeteiligung durch die Satzung der Verwertungsgesellschaft „privatautonom legitimiert" sein kann; s. a. *Wandtke* MMR 2016, 1, 2; *Rosenkranz* ZUM 2016, 160, 161). Anspruchsberechtigte des i. R. d. Art. 5 Abs. 2 lit. a und b Info-RL geschuldeten gerechten Ausleichs sind kraft Gesetz allein die in Art. 2 Info-RL genannten Urheber und Leistungsschutzberechtigten (BGH GRUR 2016, 596 Tz. 46 – *Verlegeranteil*). Zuvor hatte der EuGH dargelegt, dass die Regelungen des Art. 5 Abs. 2 lit. a und b Info-RL nationalen Rechtsvorschriften entgegenstehen, die es dem Mitgliedsstaat gestatten, einen Teil des den Rechtsinhabern zustehenden gerechten Ausgleichs den Verlegern der von den Urhebern geschaffenen Werke zu gewähren, ohne dass die Verleger verpflichtet sind, die Urheber auch nur indirekt in den Genuss des ihnen vorenthaltenen Teil des Ausgleichs kommen zu lassen (EuGH GRUR 2016, 55 Tz. 49 – *Hewlett-Packard ./. Reprobel*; BGH GRUR 2016, 596 Tz. 47 – *Verlegeranteil*). Demnach stünde den Urhebern gegen die Verwertungsgesellschaften, die wie die VG Wort somit rechtswidrig Verleger an den Einnahmen beteiligt haben, daher ein Anspruch auf nachträgliche Ausschüttung auf Grund einer gerichtlichen Neufestsetzung ihres Anspruchs zu. Diese Rechtsprechung wurde wiederholt kritisiert und sowohl der deutsche als auch der europäische Gesetzgeber haben darauf eilig reagiert (s. RegE 2. Korb – BT-

Drs. 18/8268, S. 5 f. und COM[2016] 593 final, ErwG 36). So wurde i. R. d.
Urheberrechtsreform 2016 durch das Gesetz zur verbesserten Durchsetzung
des Anspruchs der Urheber und ausübenden Künstler auf angemessene Vergütung und zur Regelung von Fragen der Verlegerbeteiligung vom 20.12.2016
(BGBl. 2016, Teil I Nr. 63, S. 3037) das VGG mit Wirkung zum 24.12.2016
geändert, um eine Rechtsgrundlage für die pauschale Verlegerbeteiligung an
der nach § 54 geschuldeten Vergütung zu schaffen (dazu vgl. Einl. UrhG
Rn. 34d). Der neu eingefügte § 27a VGG sieht in Abs. 1 vor, dass der Urheber
gegenüber der Verwertungsgesellschaft zustimmen kann, dass der Verleger an
den Einnahmen aus den gesetzlichen Vergütungsansprüchen beteiligt wird. Die
Höhe des Verlegeranteils legt nach § 27a Abs. 2 VGG die Verwertungsgesellschaft fest. Diese kann nach § 27 Abs. 2 VGG im Verteilungsplan regeln, dass
die Einnahmen nach festen Anteilen verteilt werden. Auch i. R. d. europäischen
Reformbestrebungen zum digitalen Urheberrecht soll durch den Vorschlag der
Kommission für eine Richtlinie des Europäischen Parlaments und des Rates
über das Urheberrecht im digitalen Binnenmarkt vom 14.9.2016 (COM[2016]
593 final; dazu vgl. Einl. UrhG Rn. 45d ff.) Rechtssicherheit geschaffen werden
für die in einigen Mitgliedsstaaten bestehende Praxis der Aufteilung des i. R. d.
Ausnahmen gewährten Ausgleichs auf die Urheber und Verlage (s. ErwG 36).
Der Richtlinienvorschlag sieht hierfür in Art. 12 eine kontrovers diskutierte
gesetzliche Grundlage für die Verlegerbeteiligung vor. Danach können die Mitgliedsstaaten optional eine Beteiligung der Verleger am Ausgleich für die Werknutzung festlegen. Hierfür muss der Urheber seinem Verlag ein Recht übertragen oder eine Lizenz eingeräumt haben. Sowohl die neue deutsche Regelung,
die das Problem ins VGG verlagert, als auch die vorgeschlagene europäische
Regelung erscheinen in Anbetracht der oben erörterten aktuellen Rechtsprechung des EuGH (EuGH GRUR 2016, 55 Tz. 49 – *Hewlett-Packard ./. Reprobel*; s. a. BGH GRUR 2016, 596 Tz. 47 – *Verlegeranteil*) bedenklich (s. *Peifer*
GRUR-Prax 2017, 1, 3).

Anspruchsgegner des Vergütungsanspruchs ist derjenige, der die **Vervielfältigung**   **13**
vornimmt. Aus Gründen der Praktikabilität ist Verpflichteter des Anspruchs aber
zunächst derjenige, der den Privaten die entsprechenden Anlagen, Geräte und
Medien überlässt, und der dann die Abgabe auf die Privaten abwälzt (s. EuGH
GRUR 2011, 50 Tz. 48 – *Padawan*; EuGH GRUR 2011, 909 Tz. 26 f. – *Stichting
./. Opus*; EuGH GRUR 2013, 812 Tz. 76 f. – *Drucker und Plotter II, PC II*;
EuGH GRUR Int. 2013, 949 Tz. 24 f. – *Amazon ./. Austro-Mechana*; EuGH
GRUR Int. 2014, 605 Tz. 52 – *ACI Adam ./. Stichting de Thuiskopie*). An-
spruchsgegner, d. h. der zur Zahlung einer angemessenen Vergütung nach Abs. 1
Verpflichtete, ist daher zunächst der **Hersteller** der betroffenen Geräte und Speichermedien. Dies ist vor allem derjenige, der die Geräte, und auch die Speichermedien, tatsächlich produziert (BGH GRUR 1984, 518, 519 – *Herstellerbegriff*;
BGH GRUR 1985, 280, 281 – *Herstellerbegriff II*). An diesen objektiven Herstel-
lereigenschaften ändert sich selbst dann nichts, wenn innerhalb einer Firmen-
gruppe die rechtlich selbstständige Vertriebsfirma die Geräte oder Speichermedien unter der eigenen Firma oder Marke in Verkehr bringt. Hersteller bleibt der
andere (BGH GRUR 1985, 284, 285 – *Herstellerbegriff III*; BGH GRUR 1985,
287, 288 – *Herstellergerät IV*). Anspruchsgegner ist weiter der **gewerbliche Importeur** der betroffenen Geräte oder Speichermedien als Einführer i. S. v. § 54b
Abs. 1, sowie der **Geräte- und Medienhändler** nach § 54b Abs. 1. Liefert ein im
Ausland ansässiger Hersteller oder der Händler direkt und ohne Zwischenschaltung eines Importeurs nach Deutschland, so ist der in Deutschland ansässige Vertragspartner, mithin der Empfänger der Lieferung, Importeur (Einführer) und damit zahlungspflichtig (§ 54b Abs. 2 S. 2). Ist der Empfänger in Deutschland
Privatperson, so haftet der Einführer, d. h. der Versender, selbst wenn er im Ausland sitzt. Liefert ein deutscher Händler an eine Privatperson ins europäische Aus-

land, so ist wiederum der deutsche Exporteur zur Zahlung an die ausländischen Berechtigten verpflichtet, wenn das Land, in dem er Gerät und Speichermedium an die Privatperson geliefert hat, entsprechend ein Vergütungssystem nach Art. 5 Info-RL vorsieht. Anknüpfungspunkt für die Vergütungspflicht ist der *Ort des Schadens*, d. h. der Ort, an dem der Private die Vervielfältigung vornimmt (EuGH GRUR 2011, 909 Tz. 26, 35 f. – *Stichting ./. Opus*). Dagegen haftet der bloße Spediteur oder Frachtführer grundsätzlich nicht (§ 54b Abs. 2 S. 3). Der Geräte- und Medienhändler haftet allerdings nach § 54b Abs. 3 Nr. 1 nicht, wenn die Zahlungspflicht bereits einen Lieferanten trifft, der Händler also von einem in Deutschland ansässigen Hersteller oder von einem gewerblichen Importeur kauft, der den Regelungen eines Gesamtvertrages nach § 35 VGG unterliegt. Hierdurch sollen Doppelzahlungen für den Vergütungsanspruch nach § 54b Abs. 1 ausgeschlossen werden. Ebenso wenig haftet der Händler nach § 54b Abs. 3 Nr. 2, wenn er Art und Stückzahl der bezogenen Geräte und Speichermedien und seine Bezugsquelle der nach § 54 Abs. 2 bezeichneten Empfangsstelle jeweils zum 10. Januar und 10. Juli für das vergangene Kalenderhalbjahr schriftlich mitteilt. Die Verpflichtung bezieht sich nicht nur auf verkaufte Geräte und Speichermedien, sondern umfasst auch die Höhe der bezogenen Geräte. Sie soll den Händler belohnen, der freiwillig die Mitteilungen macht, nach denen der Hersteller bzw. Importeur zahlungspflichtig ist. Diese Regelung der Ausnahmen und das Abwälzen der Abgabepflicht auf die Bezugsquelle ist richtlinienkonform, da Art. 5 Info-RL nur vorschreibt, dass die Abgabe entrichtet wird, nicht aber von wem. Die Mitgliedsstaaten verfügen bei der Regelung über ein weites Ermessen (EuGH GRUR Int. 2013, 949 Tz. 20 f. – *Amazon ./. Austro-Mechana*; BGH GRUR 2016, 792 Tz. 35 – *Gesamtvertrag Unterhaltungselektronik*). Im Sinne des erforderlichen **Schadensausgleichs** (Rn. 7) genügt, dass einer zur Zahlung verpflichtet wird.

14 § 54c wiederum erweitert den Kreis der Vergütungspflichtigen um die Betreiber von **Ablichtungsgeräten** oder solchen mit vergleichbarer Wirkung, soweit dabei die Geräte in
– Schulen und Hochschulen
– Einrichtungen der Berufsbildung oder der sonstigen Aus- und Weiterbildungen
– Forschungseinrichtungen
– öffentliche Bibliotheken
– nicht kommerziellen Archiven oder Einrichtungen im Bereich des Film- oder Tonerbes oder in nicht kommerziellen öffentlich zugänglichen Museen
– Einrichtungen, die Geräte für die entgeltliche Herstellung von Ablichtungen bereithalten, bspw. Copyshops und ähnliche Betriebe
betrieben werden. Diese Betreiber sind neben dem Hersteller und Importeur zur Zahlung einer angemessenen Vergütung verpflichtet, wobei die Aufzählung der zur Betreiberabgabe Verpflichteten in § 54c abschließend ist (sog. **duales Vergütungssystem**, s. zur Vereinbarkeit mit der Info-RL: BGH GRUR 2012, 1017 Tz. 35 – *Digitales Druckzentrum*).

IV. Wegfall des Vergütungsanspruchs

15 Nach Abs. 2 entfällt der Vergütungsanspruch nach Abs. 1, wenn nach den Umständen zu erwarten ist, dass die Geräte oder Speichermedien nicht in der Bundesrepublik Deutschland benutzt werden. Diese Regelung steht in Übereinstimmung mit den Vorgaben des EuGH zum Wegfall der Abgabepflicht bei nachgewiesenem Ausschluss der Vervielfältigung generell oder auch in Deutschland (EuGH GRUR 2011, 50 Tz. 56 – *Padawan*; EuGH GRUR 2011, 909 Tz. 35 f. – *Stichting ./. Opus*; s. a. BGH GRUR 2012, 705 Tz. 35 – *PC als Bild- und Aufzeichnungsträger*). Anknüpfungspunkt für die Vergütung ist der Ort der Vervielfältigung. Ist allerdings ausgeschlossen, dass überhaupt eine vergütungspflichtige Vervielfältigung vorgenommen wird, besteht der Anspruch schon gar nicht (dazu oben vgl. Rn. 2 f.). Da dies vorrangig dann der Fall sein wird, wenn Geräte von deutschen Herstellern ins Ausland exportiert werden, handelt es sich um eine Exportklausel. Der Hersteller solcher Geräte soll nicht gegenüber den Herstellern im Ausland benachteiligt werden, da nicht sichergestellt ist, dass die Hersteller im Ausland zur Zahlung ähnlicher Vergütungsansprüche verpflichtet sind. Handelt es sich allerdings um den Export an eine Privatperson in ein europäisches Land, das ein ähnliches Vergütungssystem kennt, wird der Händler bzw. Hersteller auch dort vergütungspflichtig sein (dazu oben vgl. Rn. 12; EuGH GRUR 2011, 909 Tz. 26, 35 f. – *Stichting ./. Opus*). An die Voraussetzungen des Abs. 2 sind strenge Anforderungen zu stellen. Auch bei einer nur geringen Nutzungswahrscheinlichkeit entfällt die Vergütungspflicht nicht (OLG Zweibrücken CR 1997, 348 f.). Die Darlegungs- und Beweislast trifft nach den allgemeinen Regeln denjenigen, der sich auf die Ausnahme von der Vergütungspflicht nach Abs. 2 beruft (Dreier/Schulze/ *Dreier*[5] Rn. 24; s. a. BGH GRUR 2012 Tz. 39 f. – *PC als Bild- und Tonaufzeichnungsgerät*). Ist ein nach der jeweiligen Schrankenbestimmung von der Vervielfältigungsfreiheit ausgenommenes Werk, wie bspw. ein Schulbuch nach § 60a Abs. 3 Nr. 2, betroffen (vgl. § 60a Rn. 9), so entfällt nicht etwa die Vergütungspflicht nach Abs. 1. Mangels erlaubter Vervielfältigung nach § 53 Abs. 1 und 2 bzw. §§ 60a bis 60f ist § 54 gar nicht anwendbar. Die Vervielfältigung ist vielmehr dann reguläre Urheberrechtsverletzung i. S. v. § 97.

§ 54a Vergütungshöhe

(1) [1]Maßgebend für die Vergütungshöhe ist, in welchem Maß die Geräte und Speichermedien als Typen tatsächlich für Vervielfältigungen nach § 53 Absatz 1 oder 2 oder den §§ 60a bis 60f genutzt werden. [2]Dabei ist zu berücksichtigen, inwieweit technische Schutzmaßnahmen nach § 95a auf die betreffenden Werke angewendet werden.

(2) Die Vergütung für Geräte ist so zu gestalten, dass sie auch mit Blick auf die Vergütungspflicht für in diesen Geräten enthaltene Speichermedien oder andere, mit diesen funktionell zusammenwirkende Geräte oder Speichermedien insgesamt angemessen ist.

(3) Bei der Bestimmung der Vergütungshöhe sind die nutzungsrelevanten Eigenschaften der Geräte und Speichermedien, insbesondere die Leistungsfähigkeit von Geräten sowie die Speicherkapazität und Mehrfachbeschreibbarkeit von Speichermedien, zu berücksichtigen.

(4) Die Vergütung darf Hersteller von Geräten und Speichermedien nicht unzumutbar beeinträchtigen; sie muss in einem wirtschaftlich angemessenen Verhältnis zum Preisniveau des Geräts oder des Speichermediums stehen.

§ 54a wurde durch das UrhWissG 2017 mit Wirkung zum 1. März 2018 geändert. Zur bis dahin geltenden Fassung s. unsere 11. Aufl.

Nach § 54a wird die Vergütungshöhe zwischen den Beteiligten, d. h. Hersteller, **1** Händler, Importeur bzw. Betreiber auf der einen sowie auf der anderen Seite für die Berechtigten, den Verwertungsgesellschaften, ausgehandelt. Die Vorschrift des § 54a wird ergänzt durch § 40 VGG, wobei die Vergütung angemessen sein soll. Die Vorschrift enthält wenige Anhaltspunkte darüber, wann eine Vergütungshöhe tatsächlich angemessen, und wann sie unangemessen ist. § 54a Abs. 1 enthält lediglich die Vorgabe, dass es für die Bestimmung der Angemessenheit auch auf die tatsächliche Nutzung zu Vervielfältigungshandlungen nach § 53 Abs. 1 oder 2 oder den §§ 60a bis 60f ankommt, wobei einschränkend zu berücksichtigen ist, inwiefern technische Schutzmaßnahmen nach § 95a Vervielfältigungshandlungen tatsächlich ausschließen. Die Vorschrift knüpft insofern an ErwG 35 Info-RL an. I. R. d. Reform durch das UrhWissG 2017, das am 1.3.2018 in Kraft tritt, hat der deutsche Gesetzgeber die auf der Grundlage der neuen Schranken der §§ 60a bis 60f erfolgten Vervielfältigungen in die Vergütungspflicht nach § 54 aufgenommen (vgl. § 54 Rn. 2, 4). Aus diesem Grund wurde auch die Regelung des § 54a Abs. 1 S. 1 geändert und die neuen Schranken einbezogen bzw. der aufgehobene § 53 Abs. 3 gestrichen. Abs. 2 enthält eine Vorgabe für die Angemessenheit der Geräte- vergütung. Insofern ist zu berücksichtigen, ob und in welchem Umfang die betroffe- nen Geräte mit enthaltenen Speichermedien oder mit Geräten oder Speicherme- dien funktionell zusammenwirken. Abs. 3 bezieht sich wiederum auf die tatsächlichen Möglichkeiten der betroffenen Geräte und Speichermedien zur Vor- nahme von Vervielfältigungshandlungen im Sinne der Leistungsfähigkeit der be- troffenen Geräte, Speicherkapazität bzw. Mehrfachbeschreibbarkeit der betroffe- nen Speichermedien. In Abs. 4 findet sich der Hinweis, dass durch die Vergütung der Hersteller von Geräten und Speichermedien nicht unzumutbar beeinträchtigt werden darf und sie in einem wirtschaftlich angemessenen Verhältnis zum Preisni- veau der Geräte oder des Speichermediums stehen muss. Angesichts der wenigen Vorgaben des Gesetzgebers ist in der Literatur ein System zur Bestimmung einer angemessenen Vergütung entwickelt worden. Es sei von einer Referenzvergütung auszugehen, die anzuwenden wäre, wenn das Gerät bzw. das Speichermedium zu 100% ohne Einschränkung des Abs. 1 für Vervielfältigungen nach § 53 Abs. 1 oder 2 oder §§ 60a bis 60f benutzt werden könne. Die Höhe der Referenzvergü- tung soll anhand der in § 39 Abs. 1–3 VGG (bis zum 31.5.2016 § 13 Abs. 3 UrhWahrnG) aufgestellten Grundsätze bestimmt werden. Von dieser Referenzver- gütung sind Abzüge nach Abs. 1–3 vorzunehmen (Dreier/Schulze/*Dreier*[5] Rn. 7; *Müller* ZUM 2007, 777, 781; *Niemann* CR 2008, 273, 274 ff.). Da aber die Be- stimmung einer solchen Referenzvergütung ebenso problematisch ist, werden in der Praxis Ausgangspunkt für die Angemessenheit die bisherigen Vergütungssätze bilden, welche nach den Kriterien der Abs. 1–3 entsprechend eingeschränkt oder nach oben korrigiert werden können oder müssen (s. Schricker/Loewenheim/*Loe- wenheim*[4] Rn. 4; OLG München GRUR 2015, 989, 999 – *Festplatten*). Ange- sichts des Umstandes, dass die bisherigen Vergütungssätze, die in der Anlage zu § 54d Abs. 1 a. F. enthalten sind, zu niedrig waren (s. hierzu unsere 10. Aufl./*Wil- helm Nordemann* Rn. 11), werden diese Vergütungssätze tatsächlich erhöht wer- den müssen. Dass die Vergütungssätze tatsächlich nicht die Verpflichtungen i. S. d. Abs. 4 beeinträchtigt hätten, hat bereits die Praxis gezeigt. Folglich ist die Frage, in welchem Umfang diese Vergütungssätze zu erhöhen sind, um angemessen zu sein. Das bis zum 31.5.2016 gültige UrhWahrnG sah zur Festsetzung von Geräte- vergütungen das „Verhandlungsmodell" vor, nach dem die Hersteller, Händler, Importeure bzw. Betreiber auf der einen sowie die Verwertungsgesellschaften auf der anderen Seite die Vergütungshöhe miteinander aushandelten. Konnten die Be- teiligten sich auf eine Vergütungshöhe nicht einigen, so bestimmte die Verwer- tungsgesellschaft nach § 13a Abs. 1 S. 3 UrhWahrnG die Tarife über die Vergü- tung nach § 54a selbstständig, wobei sie dazu verpflichtet war, vorher empirische Untersuchungen einzuholen. Nach § 93 des seit dem 1.6.2016 geltenden VGG können die Verwertungsgesellschaften unabhängig von einem Scheitern der Ge- samtvertragsverhandlungen die Schiedsstelle anrufen, um eine selbständige empi- rische Untersuchung durchführen zu lassen. Auf der Grundlage dieser empirischen Untersuchung können die Verwertungsgesellschaften Tarife aufstellen (§ 40 Abs. 1 S. 2 VGG). Jeder Beteiligte kann nach § 92 Abs. 1 Nr. 2 VGG die Schieds- stelle anrufen, die dann eine empirische Untersuchung einholen muss, bevor sie einen Einigungsvorschlag unterbreitet. Gegenstand dieser empirischen Untersu- chung ist die Frage, in welchem Umfang tatsächlich die betroffenen Geräte bzw. Speichermedien für Vervielfältigungen nach § 53 Abs. 1 oder 2 oder §§ 60a bis 60f verwenden wurden bzw. werden (§ 93 VGG). Anknüpfungspunkt für die an- gemessene Vergütungshöhe ist somit der Umfang der urheberrechtlich relevanten

Nutzungshandlungen. Das Ergebnis der empirischen Untersuchung wirkt nicht nur inter partes, sondern kann nach § 115 VGG auch in anderen Verfahren herangezogen werden. Wie bisher ist eine solche empirische Untersuchung nicht erforderlich, soweit sich die Parteien einigen und Gesamtverträge abgeschlossen werden (§ 38 VGG). Indem seit dem 1.6.2016 die Verwertungsgesellschaften auch schon vor einem Scheitern der Gesamtvertragsverhandlungen direkt die Schiedsstelle anrufen können, ist zu erwarten, dass diese bisher langen Verfahren der Vergütungsfestsetzung, die zu jahrelangen Einnahmeausfällen bei den Verwertungsgesellschaften geführt haben, nun eine deutliche Beschleunigung erfahren (s. dazu *Staats* ZUM 2016, 81, 83). Zu einer Absenkung des Ausfallrisikos aufgrund einer Insolvenz des beteiligten Herstellers, Importeurs oder Händlers führt zudem die in § 107 VGG vorgesehene Möglichkeit der Anordnung einer Sicherheitsleistung des beteiligten Herstellers, Importeurs oder Händlers durch die Schiedsstelle auf Antrag der Verwertungsgesellschaft.

Auch die Vorschrift des § 54a ist richtlinienkonform und damit in Übereinstimmung mit den Vorgaben der Info-RL auszulegen (vgl. Vor §§ 54 ff. Rn. 2 ff.; vgl. § 54 Rn. 2 ff.). Unter Angemessenheit i. S. v. § 54a ist *gerechter Ausgleich* im Sinne der Info-RL zu verstehen. Der Begriff des *gerechten Ausgleichs* ist ein autonomer Betriff des Gemeinschaftsrechts und damit vom EuGH europaweit einheitlich auszulegen (EuGH GRUR 2011, 50 Tz. 37 – *Padawan*; EuGH GRUR 2013, 812 Tz. 75 – *Drucker und Plotter II, PC II*; EuGH GRUR 2016, 55 Tz. 35 – *Hewlett-Packard ./. Reprobel*; BGH GRUR 2016, 792 Tz. 34 – *Gesamtvertrag Unterhaltungselektronik*). ErwG 35, 36 und 38 Info-RL enthalten Vorgaben an den nationalen Gesetzgeber zur Bestimmung des *gerechten Ausgleichs* und damit der Angemessenheit nach § 54a. Auszugleichen ist grundsätzlich der Schaden, der möglicherweise dem Urheber oder Rechteinhaber durch Vervielfältigung und der Einschränkung seiner urheberrechtlichen Befugnisse entsteht. Hier wird sich in Zukunft europaeinheitlich der Begriff der Angemessenheit bzw. *gerechten Ausgleichs* i. S. d. Info-RL herausbilden, vor allen Dingen in den Staaten, die von den Einschränkungs- bzw. Beschränkungsmöglichkeiten des Vervielfältigungsrechts nach Art. 5 Abs. 2 lit. a und b Info-RL Gebrauch gemacht haben. Denn diese Beschränkung beinhaltet dann gleichzeitig auch die Verpflichtung des Gesetzgebers zur Einführung eines Vergütungssystems zum gerechten Ausgleich der Rechteeinschränkung auf Seiten des Urhebers bzw. Rechteinhabers. Für die Schranken der §§ 60a bis 60f, die auf der europäischen Rechtsgrundlage des Art. 5 Abs. 2 lit. c, Abs. 3 lit. a, n beruhen (s. § 60a bis § 60f jeweils Rn. 2), schreibt die Info-RL einen gerechten Ausgleich nicht zwingend vor, sondern überlässt den Mitgliedstaaten die Entscheidung darüber (ErwG 36 Info-RL). Der deutsche Gesetzgeber hat sich jedoch für eine Vergütung entschieden, um die betroffenen Grundrechtspositionen auszugleichen und dem nach Art. 5 Abs. 5 Info-RL durchzuführenden Drei-Stufen-Test Rechnung zu tragen (s. RegE UrhWissG 2017 – BT-Drs. 18/12329, S. 46; vgl. § 60h Rn. 2). Der EuGH hat bereits in einigen Entscheidungen (EuGH GRUR 2011, 50 – *Padawan*; EuGH GRUR 2011, 909 – *Stichting ./. Opus*; EuGH GRUR 2013, 812 – *Drucker und Plotter II, PC II*; EuGH GRUR Int. 2013, 949 – *Amazon ./. Austro-Mechana*; EuGH GRUR 2015, 478 – *Copydan ./. Nokia*; EuGH GRUR 2016, 55 – *Hewlett-Packard ./. Reprobel*) Gelegenheit gehabt, Grundzüge zur Feststellung des *gerechten Ausgleichs* und damit Angemessenheit i. S. v. § 54a aufzustellen. **2**

Nach Abs. 1 kommt es zunächst und als wichtiges Kriterium für die Bestimmung der Gebührenhöhe darauf an, in welchem Maß die betroffenen Geräte bzw. Speichermedien für die Vervielfältigung tatsächlich benutzt werden können (s. zum Ansatz als „etwaiger Schaden" der zu ersetzen ist: EuGH GRUR 2011, 50 Tz. 57 f. – *Padawan*; EuGH GRUR 2015, 478 Tz. 21 – *Copydan ./. Nokia*; BGH GRUR 2016, 792 Tz. 35 – *Gesamtvertrag Unterhaltungselektro-* **3** *nik*), wobei auf die typische Nutzung abzustellen ist, d. h. auf das, was der allgemein üblichen und gebräuchlichen Nutzung entspricht. Nach dem EuGH hat es Auswirkungen, ob die Vervielfältigung eines Werkes **primäre oder sekundäre Funktion** des Gerätes oder Speichermediums darstellt, so kann sich die Multifunktionalität und der lediglich sekundäre Charakter der Vervielfältigungsfunktion auf die Gebührenhöhe auswirken (EuGH GRUR 2015, 478 Tz. 27 – *Copydan ./. Nokia*). Dabei sind auch Einschränkungen der Nutzungsmöglichkeit durch technische Schutzmaßnamen nach S. 2 zu berücksichtigen (s. hierzu auch ErwG 35 Info-RL). Technische Schutzmaßnahmen haben zwar keinen Einfluss auf die Erforderlichkeit eines gerechten Ausgleichs, jedoch auf seine konkrete Höhe (EuGH GRUR 2015, 478 Tz. 73 – *Copydan ./. Nokia*). In diesem Zusammenhang kommt es allein auf den Grad der Verhinderung gesetzlich zulässiger Kopien an, da rechtswidrige Kopien nie vergütungspflichtig sind (EuGH GRUR 2015, 478 Tz. 73 – *Copydan ./. Nokia*; s. a. *Stieper* EuZW 2013, 699, 701, der zutreffend darauf hinweist, dass EuGH GRUR 2013, 812 Tz. 51, 56 – *Drucker und Plotter II, PC II* stattdessen auf technische Maßnahmen zur Verhinderung oder Einschränkung von Vervielfältigungen außerhalb der gesetzlichen Schrankenbestimmungen abstellt). Ein gerechter Ausgleich für Vervielfältigungen auf der Grundlage unrechtmäßiger Quellen wäre richtlinienwidrig (s. EuGH GRUR Int. 2014, 605 Tz. 41 – *ACI Adam ./. Stichting de Thuiskopie*; EuGH GRUR 2015, 478 Tz. 79 – *Copydan ./. Nokia*; EuGH GRUR 2016, 55 Tz. 57 – *Hewlett-Packard ./. Reprobel*; HG GRUR Int. 2016, 40, 44 f. – *Austro-Mechana ./. Amazon*). Sind betroffene Werke mit solchen technischen Schutzmaßnahmen belegt, so verringert sich der typische Nutzungsumfang naturgemäß entsprechend dem Anteil der damit ausgerüsteten Medien. Dieser Umfang muss ggf. anhand empirischer Untersuchungen bestimmt werden, wobei angesichts des Umstandes, dass technische Schutzmaßnahmen nur bei solchen Geräten und Speichermedien eingesetzt werden, die digitale Kopien ermöglichen, diese Einschränkung sich vornehmlich auf die Vergütung im Hinblick auf CD- und DVD-Brenner, MP3-Player und PCs sowie entsprechende Speichermedien auswirkt (s. RegE 2. Korb BT-Drs. 16/1828, S. 29; Schricker/Loewenheim/*Loewenheim*⁵ Rn. 9). Ein Vergütungsanspruch entfällt nur, soweit technische Schutzmaßnahmen ein Anfertigen von Vervielfältigungen tatsächlich verhindern (BGH GRUR 2016, 792 Tz. 64 – *Gesamtvertrag Unterhaltungselektronik*; s. a. BGH GRUR 2014, 984 Tz. 72 – *PC III*; OLG München GRUR 2015, 989, 999 – *Festplatten*; OLG München GRUR-RR 2016, 1, 5 – *Speicherkarten*). Die Feststellung, in welchem Maß die Geräte bzw. Speichermedien tatsächlich typischerweise für Vervielfältigungen nach § 53 Abs. 1 oder 2 oder §§ 60a bis 60f genutzt werden, wird sich nur anhand empirischer Untersuchungen (Umfrage- und Verkehrsgutachten) ermitteln lassen (zu Einzelheiten: *Jani/Ebbinghaus* GRUR-Prax 2012, 71). Sind neue Gerätetypen bzw. Speichermedien betroffen, so wird sich eine empirische Untersuchung erst nach Ablauf einer bestimmten Zeit durchführen lassen (RegE 2. Korb BT-Drs. 16/1828, S. 29). Kann der Urheber aufgrund der möglichen Vervielfältigung nur einen „geringfügigen Nachteil" erleiden, so entfällt ein Vergütungsanspruch (EuGH GRUR 2011, 50 Tz. 39 – *Padawan*). Im Übrigen ist bei Festlegung der Vergütungshöhe auf alle Umstände des Einzelfalls Rücksicht zu nehmen, Pauschalisierungen sind aber zulässig (dazu *Dreier* ZUM 2013, 769, 773). Nach dem BGH dient der Anspruch auf gerechten Ausgleich wie der Schadensersatzanspruch dem Ausgleich des tatsächlich erlittenen Schadens (BGH GRUR 2016, 792 Tz. 37 – *Gesamtvertrag Unterhaltungselektronik*). Er zieht zur Bestimmung des Schadens die Lizenzgebühr heran, die die Urheber für die Einräumung der aufgrund der Schrankenbestimmungen erfolgten Nutzungen ihrer Werke hätten erzielen können und begründet dies damit, dass die angemessene Vergütung einen Ausgleich für die ihnen auf Grund der Schrankenbestimmungen entgehenden individual-vertraglichen Lizenzeinnahmen verschaffen soll (BGH GRUR 2016, 792 Tz. 36 – *Gesamtvertrag Unterhaltungs-elektronik*). Dagegen seien der Händlerabgabe- oder der Endverkaufspreis keine geeignete Grundlage um den gerechten Ausgleich zu bestimmen (BGH GRUR 2016, 792 Tz. 38 ff. – *Gesamtvertrag Unterhaltungselektronik*; s. a. OLG München GRUR 2015, 989, 997 – *Festplatten*).

Für die Bestimmung der Höhe der Gerätevergütung ist nach Abs. 2 ausschlag-   **4**
gebend, inwiefern sie mit anderen Geräten bzw. Speichermedien zusammenwirken. Dies ist bspw. im Fall einer Gerätekombination gegeben, die aus PC und
damit verbundenen Peripheriegeräten wie Scanner, Drucker und/oder CD- bzw.
DVD-Brenner besteht. Da auch im Rahmen einer solchen Gerätekombination
nur eine Vervielfältigung stattfindet, soll Abs. 2 verhindern, dass für jedes Gerät eine entsprechende angemessene Vergütung gezahlt wird und somit die Vergütungshöhe unangemessen hoch wird (RegE 2. Korb BT-Drs. 16/1828 S. 29 f.;
dahingehend auch EuGH GRUR 2013, 812 Tz. 78 – *Drucker und Plotter II,
PC II*). Im Sinne der Vorgaben der Info-RL, den Schaden des Urhebers auszugleichen, ist dies interessengerecht, da ja der Schaden nicht durch die Kombination mehrerer Geräte bzw. Medien erhöht ist, wenn der Umfang der Vervielfältigung ansonsten gleich bleibt. Der Gesetzgeber hat hier an die Rechtsprechung
zur Vergütungspflicht bei Gerätekombinationen angeknüpft (BGH GRUR
2008, 245 Tz. 10 – *Drucker und Plotter*; BGH GRUR 2002, 246, 247 – *Scanner*; BGH GRUR 2009, 53, 55 Tz. 17 – *PC*; BGH GRUR 2014, 979 Tz. 25 –
Drucker und Plotter III noch zu Rechtslage bis zum 31.12.2007), wobei der
BGH allerdings nur ein Gerät als vergütungspflichtig ansah. Abs. 2 sieht dagegen vor, dass jedes der Geräte vergütungspflichtig ist, die Vergütungshöhe aber
entsprechend reduziert wird (zum Ganzen Schricker/Loewenheim/*Loewenheim*[5] Rn. 10). In richtlinienkonformer Auslegung von Abs. 2 sind aber vor
allem die Vorgaben der Info-RL zu beachten und zu fragen, wie ein gerechter
Ausgleich im Sinne eines Schadensausgleiches tatsächlich herbeigeführt werden
kann (vgl. Rn. 2 ff.). Nach den Vorgaben des EuGH darf der Gesamtbetrag der
Vergütung für die betroffene Gerätekombination aber nicht substantiell von
dem abweichen, der für die Vervielfältigung mittels nur eines Gerätes geschuldet wird (EuGH GRUR 2013, 812 Tz. 78 – *Drucker und Plotter II, PC II*).

Abs. 3 schreibt vor, dass ebenso die nutzungsrelevanten Eigenschaften der Ge-   **5**
räte und Speichermedien, also die Leistungsfähigkeit der Geräte und der Speicherkapazität bzw. Mehrfachbeschreibbarkeit von Speichermedien, zu berücksichtigen sind. Dies ist selbstverständlich, da letztlich hiervon der Umfang der
gerätetypischen Nutzung i. S. v. Abs. 1 abhängt. Von daher wird in diesem Rahmen vor allem die Lebensdauer der Geräte und Speichermedien, ebenso wie
die Mehrfachnutzung bzw. -beschreibbarkeit zu berücksichtigen sein (s. a. *Jani/
Ebbinghaus* GRUR-Prax 2012, 71).

Nach Abs. 4 darf die Vergütungshöhe nicht zu einer Beeinträchtigung der Her-   **6**
steller von Geräten und Speichermedien führen und muss in einem wirtschaftlich angemessenen Verhältnis zum Preisniveau der betroffenen Geräte bzw. Medien stehen. Der Gesetzgeber wollte durch diese Einschränkung eine
Benachteiligung der inländischen Hersteller gegenüber dem Ausland, wo unter
Umständen keine bzw. entsprechend niedrigere Vergütungsregelungen gelten,
verhindern (RegE 2. Korb – BT-Drs. 16/1828, S. 30). Die Frage der Verhältnismäßigkeit der Vergütung ist unter Berücksichtigung aller relevanten Umstände
des Einzelfalls, einschließlich der Markt- und Wettbewerbssituation, zu beantworten (s. BeschlE RAusschuss 2. Korb – BT-Drs. 16/5939, S. 45 und BGH
GRUR 2016, 792 Tz. 82 – *Gesamtvertrag Unterhaltungselektronik*). Die Vorschrift ist vor dem Hintergrund, dass der EuGH es insbesondere gebilligt hat,
dass die Hersteller, Händler und Importeure von Geräten und Speichermedien,
ebenso wie die Betreiber von Geräten befugt sind, die Abgabe auf die Nutzer,

die die Vervielfältigung vornehmen, abwälzen zu können (EuGH GRUR 2011, 50 Tz. 48 – *Padawan*; EuGH GRUR 2011, 909 Tz. 42 – *Stichting ./. Opus*), auszulegen. Insofern erscheint die Beschränkung der Vergütungshöhe im Hinblick auf die wirtschaftlichen Interessen der Hersteller problematisch, wenn nicht sogar nicht richtlinienkonform. Denn Anknüpfungspunkt für die Vergütungshöhe nach § 54a kann in richtlinienkonformer Auslegung nach den Vorgaben der Info-RL nur ein gerechter Ausgleich für den Urheber im Sinne eines Schadensausgleichs sein. Interessen von Herstellern, Händlern, Importeuren und auch Betreibern von Geräten spielen in diesem Rahmen keine Rolle, zumal der eigentliche Schuldner der Abgabe ja der tatsächliche Privatnutzer ist (EuGH GRUR 2013, 812 Tz. 76 f. – *Drucker und Plotter II, PC II*), die betroffenen Hersteller also gar nicht wirtschaftlich betroffen sind. Der entsprechende Hersteller, der Importeur und auch Betreiber werden im Übrigen gegenüber ausländischen Gewerbetreibenden nicht schlechter behandelt. Denn Anknüpfungspunkt für die Abgabe ist der Ort des Schadenseintritts, d. h. der Ort der Vervielfältigung durch den privaten Nutzer. Von daher braucht bspw. kein deutscher Hersteller, der Geräte für das Ausland produziert und in diesem Staat ist keine Geräte- oder Speichermedienabgabe vorgesehen, keine Abgabe zu entrichten. Ist allerdings in diesem europäischen Mitgliedstaat doch eine Geräteabgabe für Vervielfältigungen nach der Info-RL normiert, so hat der ausschließlich ins Ausland exportierende Hersteller die Abgabe nach den Regeln des betroffenen Mitgliedsstaates zu entrichten, da auch dort tatsächlich durch das Gerät oder Speichermedium vor der Schaden eintreten kann (s. EuGH GRUR 2011, 909 Tz. 40 f. – *Stichting ./. Opus*). In Deutschland ist dann der Hersteller ebenso wenig abgabepflichtig. Die Rechtsprechung geht jedoch davon aus, dass Abs. 4 als Ausprägung des Verhältnismäßigkeitsgrundsatzes europarechtkonform ist (s. OLG München BeckRS 2016, 09197 – *Festsetzung eines Gesamtvertrages*; OLG München GRUR 2015, 989, 999 f. – *Festplatten*). Der BGH legt die Vorschrift so aus, dass eine unzumutbare Beeinträchtigung der Hersteller und kein wirtschaftlich angemessenes Verhältnis zum Preisniveau des Geräts oder des Speichermediums erst angenommen werden kann, wenn die Händler die Vergütung nicht in den Preis der Geräte einfließen lassen und so auf deren Nutzer abwälzen können; dies sei erfüllt, wenn mögliche Nutzer derartige Geräte oder Speichermedien in erheblichem Umfang nicht im Inland, sondern im Ausland erwerben, weil sie dort zu einem geringeren Preis angeboten werden, und wenn dieser geringere Preis darauf beruht, dass im Ausland keine oder eine geringere Gerätevergütung als im Inland erhoben wird (BGH GRUR 2016, 792 Tz. 69 ff. – *Gesamtvertrag Unterhaltungselektronik*). Wenn an einem Erwerb interessierte Nutzer von dem Erwerb eines solchen Geräts oder Speichermediums im Inland absehen, weil die Vergütung nicht in einem wirtschaftlich angemessenen Verhältnis zum Preisniveau des Geräts oder Speichermediums steht, könnten die Hersteller die Vergütung nicht in den Preis dieser Geräte einfließen lassen und so auf deren Nutzer abwälzen. Und auch die Urheber erhielten keine oder nur eine geringere Vergütung für die Nutzung ihrer Werke; eine solche Vergütung gefährde daher das System des gerechten Ausgleichs (BGH GRUR 2016, 792 Tz. 74 – *Gesamtvertrag Unterhaltungselektronik*). Zur Bestimmung des Preisniveaus des Geräts i. S. v. Abs. 4 sei auf den Endverkaufspreis des Geräts einschließlich der Umsatzsteuer und der Gerätevergütung abzustellen (BGH GRUR 2016, 792 Tz. 75 ff. – *Gesamtvertrag Unterhaltungselektronik*).

§ 54b Vergütungspflicht des Händlers oder Importeurs

(1) Neben dem Hersteller haftet als Gesamtschuldner, wer die Geräte oder Speichermedien in den Geltungsbereich dieses Gesetzes gewerblich einführt oder wiedereinführt oder wer mit ihnen handelt.

(2) ¹Einführer ist, wer die Geräte oder Speichermedien in den Geltungsbereich dieses Gesetzes verbringt oder verbringen lässt. ²Liegt der Einfuhr ein Vertrag mit einem Gebietsfremden zugrunde, so ist Einführer nur der im Geltungsbereich dieses Gesetzes ansässige Vertragspartner, soweit er gewerblich tätig wird. ³Wer lediglich als Spediteur oder Frachtführer oder in einer ähnlichen Stellung bei dem Verbringen der Waren tätig wird, ist nicht Einführer. ⁴Wer die Gegenstände aus Drittländern in eine Freizone oder in ein Freilager nach Artikel 166 der Verordnung (EWG) Nr. 2913/92 des Rates vom 12. Oktober 1992 zur Festlegung des Zollkodex der Gemeinschaften (ABl. EG Nr. L 302 S. 1) verbringt oder verbringen lässt, ist als Einführer nur anzusehen, wenn die Gegenstände in diesem Bereich gebraucht oder wenn sie in den zollrechtlich freien Verkehr übergeführt werden.

(3) Die Vergütungspflicht des Händlers entfällt,
1. soweit ein zur Zahlung der Vergütung Verpflichteter, von dem der Händler die Geräte oder die Speichermedien bezieht, an einen Gesamtvertrag über die Vergütung gebunden ist oder
2. wenn der Händler Art und Stückzahl der bezogenen Geräte und Speichermedien und seine Bezugsquelle der nach § 54h Abs. 3 bezeichneten Empfangsstelle jeweils zum 10. Januar und 10. Juli für das vorangegangene Kalenderhalbjahr schriftlich mitteilt.

§ 54b erweitert den Kreis der Vergütungspflichtigen um Einführer, d. h. Importeure und Händler. Beide haften neben dem Hersteller als Gesamtschuldner.   **1**

Importeur i. S. d. Vorschrift ist derjenige, der Geräte oder Speichermedien in   **2**
den Geltungsbereich des UrhG verbringt oder verbringen lässt. Hierzu zählt auch der Reimporteur. Weiter ist Voraussetzung, dass der Importeur gewerblich handelt, sodass die rein privat eingeführten und zu privaten Zwecken verwendeten Geräte und Speichermedien nicht unter die Vergütungspflicht fallen (RegE ÄndG 1985 – BT-Drs. 10/837 S. 18). Unter gewerblichem Einführen i. S. v. Abs. 1 ist aber nicht allein das Einführen zur Weiterveräußerung zu verstehen, sondern ein Einführen liegt auch dann vor, wenn die Einfuhr zu eigenen gewerblichen Zwecken, bspw. zur Verwendung im eigenen Unternehmen, erfolgt (RegE 3. ÄndG – BT-Drs. 13/115 S. 16/20). Importeur i. S. v. Abs. 1 ist jedoch nicht der Spediteur oder Frachtführer (Abs. 3 S. 3). Sofern es sich um die Einfuhr in eine zollrechtliche Freizone oder ein Freilager handelt, gilt Abs. 2 S. 4. Der Kommissionär ist unabhängig davon, ob er für eigene oder fremde Rechnung handelt, Importeur i. S. v. Abs. 1 (LG Köln ZUM-RD 2008, 238, 244). Ist der Einführende Gebietsfremder, so bestimmt Abs. 2 S. 2, dass dann der inländische Vertragspartner Importeur i. S. d. Vorschrift ist, vorausgesetzt, er verfolgt gewerbliche Zwecke (BGH ZUM 2016, 755 Tz. 11 – *Geräteabgabe bei Importware*; LG Köln ZUM-RD 2008, 238, 244). Der Einfuhr liegt nur dann ein Vertrag mit einem Gebietsfremden i. S. v. Abs. 2 S. 2 zugrunde, wenn der Vertrag vor der Einfuhr geschlossen worden ist; der im Inland ansässige Vertragspartner eines Gebietsfremden ist daher nicht Einführer, wenn er den Vertrag erst nach der Einfuhr geschlossen hat (BGH ZUM 2016, 755 Tz. 14 ff. – *Geräteabgabe bei Importware*). Wird das Gerät oder Speichermedium dagegen vom Ausland direkt, beispielsweise über eine Internetbestellung, ins Inland an den privaten Abnehmer geliefert, ist der im Ausland ansässige Händler Importeur und damit abgabepflichtig (EuGH GRUR 2011, 909 Tz. 41 – *Stichting ./. Opus*).

Weiterhin haftet neben dem Hersteller auch der Händler für den Vergütungsan-   **3**
spruch. Hierdurch soll letztlich auf der Veräußerungsstufe der leichter kontrollierbare Händler belangt werden, sollte der Hersteller oder Importeur, etwa weil dieser sich im Ausland befindet, sich der Vergütungspflicht entziehen. Im Gegenzug entfällt die Vergütungspflicht des Händlers unter den Voraussetzun-

gen des Abs. 3, d. h. dann, wenn bereits der Hersteller oder Importeur die Vergütung bezahlt hat bzw. der Händler bestimmten Meldepflichten nachkommt (nachfolgend vgl. Rn. 5). Dies steht in Übereinstimmung mit dem Zweck der Abgabe nach §§ 54 ff., dem Urheber den Schaden im Sinne eines gerechten Ausgleichs zu ersetzen, und nicht etwa Händler oder Importeure solcher Geräte mit einer Abgabe zu sanktionieren.

4 Im Sinne von Abs. 1 ist derjenige, der gewerblich Geräte und Speichermedien erwirbt und weiterveräußert **Händler**, wobei private Veräußerungen nicht hierunter fallen, ebenso wenig lediglich gelegentliche Weiterveräußerungen (Dreier/Schulze/*Dreier*[5] Rn. 3; Schricker/Loewenheim/*Loewenheim*[5] Rn. 7). Da jede Handelsstufe umfasst ist, ist Händler auch der Großhändler.

5 Da nach der Intention des Gesetzgebers vorrangig das Inkasso der Vergütung bei den Herstellern und Importeuren erfolgen soll, entfällt die Vergütungspflicht des Händlers unter den Voraussetzungen des Abs. 3 (RegE 3. ÄndG – BT-Drs. 13/115 S. 14, 21 ff.). Nach Abs. 3 Nr. 1 entfällt die Vergütungspflicht, wenn mit dem Unternehmen der vorgeschalteten Vertriebsstufe, d. h. Hersteller, Importeur oder auch Großhändler, bereits ein Gesamtvertrag im Hinblick auf das betroffene Gerät oder Speichermedium abgeschlossen wurde. Gesamtverträge sind Verträge zwischen Verwertungsgesellschaften und Vereinigungen von Nutzern, hier Vergütungspflichtige nach § 54, die Einzelheiten der Vergütung, insbesondere die Höhe, regeln (§ 35 VGG; Schricker/Loewenheim/*Loewenheim*[5] Rn. 10). Weiterhin entfällt die Vergütungspflicht des Händlers, wenn er nach § 54b Abs. 3 Nr. 2 bestimmte Mitteilungen über Art und Stückzahl der bezogenen Geräte und Speichermedien sowie deren Bezugsquelle macht. Die Meldung hat schriftlich jeweils zum 10. Januar und 10. Juli für das vorangegangene Kalenderhalbjahr zu erfolgen und zwar gegenüber der nach § 54h Abs. 3 bezeichneten Empfangsstelle. Zurzeit erfolgt die Mitteilung für den Bereich privater Überspielungen an die ZPÜ, für den Bereich Reprografie an die VG Wort bzw. VG BildKunst. Diese Regelung der Ausnahmen und Abwälzen der Abgabepflicht auf die Bezugsquelle ist richtlinienkonform, da Art. 5 Info-RL nur vorschreibt, dass die Abgabe entrichtet wird, nicht aber von wem. Die Mitgliedstaaten verfügen bei der Regelung über ein weites Ermessen (EuGH GRUR Int. 2013, 949 Tz. 20 f. – *Amazon ./. Austro-Mechana*; BGH GRUR 2016, 792 Tz. 35 – *Gesamtvertrag Unterhaltungselektronik*). Ist die Mitteilung unrichtig, unvollständig oder erfolgt diese nicht rechtzeitig, so kann der Händler von seiner Vergütungspflicht nicht befreit werden (Schricker/Loewenheim/*Loewenheim*[5] Rn. 12). Mit der Regelung des § 54b knüpft der Gesetzgeber eine Befreiung daran, dass der Vergütungspflichtige auf einer früheren Vertriebsstufe erfasst wird.

§ 54c Vergütungspflicht des Betreibers von Ablichtungsgeräten

(1) Werden Geräte der in § 54 Abs. 1 genannten Art, die im Weg der Ablichtung oder in einem Verfahren vergleichbarer Wirkung vervielfältigen, in Schulen, Hochschulen sowie Einrichtungen der Berufsbildung oder der sonstigen Aus- und Weiterbildung, Forschungseinrichtungen, öffentlichen Bibliotheken, in nicht kommerziellen Archiven oder Einrichtungen im Bereich des Film- oder Tonerbes oder in nicht kommerziellen öffentlich zugänglichen Museen oder in Einrichtungen betrieben, die Geräte für die entgeltliche Herstellung von Ablichtungen bereithalten, so hat der Urheber auch gegen den Betreiber des Geräts einen Anspruch auf Zahlung einer angemessenen Vergütung.

(2) Die Höhe der von dem Betreiber insgesamt geschuldeten Vergütung bemisst sich nach der Art und dem Umfang der Nutzung des Geräts, die nach den Umständen, insbesondere nach dem Standort und der üblichen Verwendung, wahrscheinlich ist.

§ 54c wurde durch das UrhWissG 2017 mit Wirkung zum 1. März 2018 geändert. Zur bis dahin geltenden Fassung s. unsere 11. Aufl.

§ 54c enthält die sog. **Betreiberabgabe.** Danach hat der Berechtigte gegen bestimmte in der Vorschrift aufgezählte Gruppen von Betreibern einen zusätzlichen Vergütungsanspruch. Die Betreiberabgabe knüpft an die Möglichkeit der Vervielfältigung urheberrechtlich geschützter Werke an (BGH GRUR 2012, 1017 Tz. 19 – *Digitales Druckzentrum*; BGH GRUR 2009, 490 Tz. 15 – *Kopierläden III*). Eine Einzelerfassung der Kopiervorgänge hat der Gesetzgeber aus praktischen Gründen nicht vorgesehen (RegE ÄndG 1985 – BT-Drs. 10/ 837 S. 21). Durch Aufstellen der Kopiergeräte entsteht der Vergütungsanspruch. Er kann insbesondere nicht durch das Anbringen von Warnschildern in Copy-Shops, die das Kopieren urheberrechtlich geschützter Vorlagen verbieten, ausgeschlossen werden, da solche Schilder in der Regel unbeachtet bleiben. Im Übrigen kann der Kunde meist auch nicht beurteilen, welche Kopiervorlage urheberrechtlich geschützt ist und welche nicht (BVerfG GRUR 1997, 124, 125; OLG Köln *Erich Schulze* OLGZ 320). Da die Betreiberabgabe an die Möglichkeit der Vervielfältigung anknüpft, löst der Umstand, dass ein Gerät, das nach seiner Art und seinem Typ jedenfalls auch zur Vornahme von Vervielfältigungen nach § 53 Abs. 1 oder 2 oder §§ 60a bis 60f bestimmt oder hierfür benutzt wird, und in einer Einrichtung nach § 54c Abs. 1 betrieben wird, die gesetzliche Vermutung aus, dass das Gerät tatsächlich dann auch zur Vornahme von Vervielfältigungen nach § 53 Abs. 1 oder 2 oder §§ 60a bis 60f verwendet wird. Hiergegen ist allerdings der Gegenbeweis i. S. v. § 292 ZPO möglich. Der Betreiber hat dann nachzuweisen, dass mit dem betroffenen Gerät bzw. Geräten tatsächlich keine oder nur in einem sehr geringen Umfang Vervielfältigungen i. S. v. § 53 Abs. 1 oder 2 oder §§ 60a bis 60f angefertigt werden, so bspw. bei der Konstellation, dass der Betreiber durch entsprechende Anweisungen an seine Angestellten es ausschließt, dass urheberrechtlich geschützte Werke vervielfältigt werden. Dann entfällt die Betreibervergütung (BGH GRUR 2009, 418 Tz. 18 – *Kopierläden II*; GRUR 2012, 705 Tz. 33 f. – *PC als Bild- und Tonaufzeichnungsgerät*; BGH GRUR 2012, 1017 Tz. 19 – *Digitales Druckzentrum*). Im Gegensatz zur Geräte- und Speichermedienabgabe nach §§ 54 Abs. 1, 54b Abs. 1 wird die in § 54c Abs. 1 geregelte Betreiberabgabe nicht durch einen einmaligen Pauschalbetrag abgegolten. Eine solche einmalige Pauschalabgeltung wäre im Fall der Betreiberabgabe unangemessen und würde die Rechte der Urheber zu stark einschränken. Die Betreiberabgabe wird nämlich für Kopiergeräte erhoben, die in Bereichen betrieben werden, in denen geschützte Werke in Ausnutzung der Vervielfältigungsschranken nach § 53 Abs. 1 oder 2 oder §§ 60a bis 60f typischerweise in erheblichem Umfange kopiert werden. Somit bemisst sich die Höhe der Betreibervergütung auch nach Art und Umfang der Gerätenutzung (§ 54c Abs. 2; BGH GRUR 2012, 1017 Tz. 20 – *Digitales Druckzentrum*).

Der Vergütungsanspruch nach § 54c setzt voraus, dass ein urheberrechtlich geschütztes Werk nach § 53 Abs. 1 oder 2 oder §§ 60a bis 60f vervielfältigt wird. Folglich fallen solche Werke, die von der Vervielfältigungsfreiheit der jeweiligen Schrankenregelung ausgenommen sind (hierzu vgl. § 53 Rn. 43 ff.; vgl. § 60a Rn. 9; vgl. § 60b Rn. 7) nicht unter die Abgabe. Hierzu gehören bspw. Werke, die ausschließlich für den Unterricht an Schulen geeignet, bestimmt und entsprechend gekennzeichnet sind (§ 60a Abs. 3 Nr. 2 bzw. § 60b Abs. 2 i. V. m. § 60a Abs. 3 Nr. 2) oder Noten, die nur in den Grenzen des § 53 Abs. 4 und § 60a Abs. 3 Nr. 3 bzw. § 60b Abs. 2 i. V. m. § 60a Abs. 3 Nr. 3 vervielfältigt werden dürfen. Ebenso wenig fällt die Vervielfältigung von urheberrechtsfreien Werken unter die Betreiberabgabe. In welchem Umfang urheberrechtlich geschützte Werke tatsächlich vervielfältigt werden, ist ausschlaggebend für die Höhe der geschuldeten Vergütung nach Abs. 2. Der Betreiberabgabe unterliegen nur Vervielfältigungsverfahren in analoger Form. Das Gesetz spricht hier von „Ablichtung oder in einem Verfahren vergleichbarer Wirkung". Hierunter fallen vor allem fotografische und elektrostatische Kopierverfahren, ebenso wie die Vervielfältigung im Kleinoffset und von Matrizen (s. RegE ÄndG 1985 – BT-Drs. 10/837 S. 9), auch die Mikroverfilmung und der Ausdruck bei Readerprintern (Schricker/Loewenheim/*Loewenheim*[5] Rn. 3). Unter die Betreiberabgabe fallen von daher herkömmliche Fotokopiergeräte, nicht aber solche, bei denen ein digitales Vervielfältigungsverfahren zum Einsatz kommt (BGH ZUM 2008, 778, 779 Tz. 15 ff. – *Kopierstationen*). Nach der Rechtsprechung des BGH ist ein digitales Vervielfältigungsverfahren kein mit der Ablichtung vergleichbares Verfahren, wenn keine analoge Vorlage verwendet wird. Ein solches vergleichbares Verfahren setzt voraus, dass von einer analogen Vorlage ein analoges Vervielfältigungsstück entsteht (BGH GRUR 2009, 53, 54 Tz. 15 ff. – *PC*; BGH GRUR 2008, 245, 246 Tz. 15 ff. – *Drucker und Plotter*; BGH GRUR 2008, 786, 787 Tz. 15 – *Multifunktionsgeräte*). Dies ergibt sich aus einer richtlinienkonformen Auslegung von § 54c im Hinblick auf Art. 5 Abs. 2 lit. b Info-RL (BGH GRUR 2012, 1017 Tz. 40, 41 – *Digitales Druckzentrum*). Entsprechend hat auch der EuGH entschieden (s. die Vorlage des BGH zu dem Begriff *Verfahren mit ähnlicher Wirkung* i. S. v. Art. 5 Abs. 2 lit. a Info-RL: BGH GRUR 2011, 1007 Tz. 15 ff. – *Drucker und Plotter II* und dazu EuGH GRUR 2013, 812 Tz. 65 ff. – *Drucker und Plotter II, PC II*). Jedenfalls ist zwischen der Vervielfältigung einer digitalen Vorlage, die nach Auffassung des BGH nicht unter die Vergütungspflicht fällt, und dem digitalen Vervielfältigungsvorgang zu unterscheiden. Werden im Rahmen eines digitalen Vervielfältigungsvorganges von einer analogen Vorlage analoge Kopien gefertigt, so sind die entsprechenden Geräte vergütungspflichtig (BGH GRUR 2008, 786 Tz. 29 – *Multifunktionsgeräte*; zur Vergütungspflicht bei Druckern und PCs: EuGH GRUR 2013, 812 Tz. 60 ff. – *Drucker und Plotter II, PC II*).

3   Die Betreiberabgabe richtet sich ausschließlich gegen die in Abs. 1 genannten Einrichtungen. Die Aufzählung ist nach dem Willen des Gesetzgebers abschließend, sodass Behörden, Freiberufler und die gewerbliche Wirtschaft nicht der Betreiberabgabe nach § 54c unterliegen (kritisch hierzu *Nordemann* GRUR 1985, 837, 841). Gleichwohl ist die Belastung nur einer bestimmten Gruppe von Betreibern mit Art. 3 GG vereinbar (BGH NJW 1997, 3440, 3442 – *Betreibervergütung*). Dagegen können aber auch die Bildungs- und Forschungseinrichtungen der gewerblichen Wirtschaft sowie ihre Bibliotheken der gewerblichen Wirtschaft der Betreiberabgabe unterliegen (Schricker/Loewenheim/ *Loewenheim*[5] Rn. 5).

4   Nach Abs. 1 richtet sich die Betreiberabgabe gegen Schulen, Hochschulen sowie Einrichtungen der Berufsbildung oder der sonstigen Aus- und Weiterbildung., wobei es gleichgültig ist, wer Träger der Schule, Hochschule oder Einrichtung ist, d. h. ob es sich um private, gewerbliche oder öffentliche Einrichtungen handelt. Zu den vergütungspflichtigen Einrichtungen zählen somit nicht nur die nach § 46 privilegierten öffentlichen Schulen, sondern auch private Einrichtungen wie Schulen, Fortbildungsseminare, Fahrschulen, Volkshochschulen, Sprachschulen, Berufsbildungswerke der Gewerkschaft und Berufsverbände, kirchliche Schulungsheime, sowie alle Einrichtungen, die der Berufs-, Aus- und Weiterbildung dienen, ohne Rücksicht auf ihre Trägerschaft. Für die Betreiberabgabe grundsätzlich unerheblich ist, ob die Vervielfältigungsgeräte entgeltlich oder unentgeltlich bereitgehalten werden (s. Schricker/Loewenheim/*Loewenheim*[5] Rn. 6). Auch grundsätzlich unerheblich ist der tatsächliche Umfang der Kopiertätigkeit ebenso wie die Größe der betroffenen Einrichtung. Beides wirkt sich aber auf die Höhe der zu entrichtenden Vergütung nach Abs. 2 aus. I. R. d. Reform durch das UrhWissG 2017, das am 1.3.2018 in Kraft trat, ist die bis dahin in Abs. 1 enthaltene Legaldefinition der Bildungseinrichtungen entfallen. Sie befindet sich nun in der neuen Schrankenregelung des § 60a Abs. 4 (vgl. § 60a Rn. 5).

Forschungseinrichtungen i. S. d. Abs. 1 sind sowohl solche in öffentlicher Trägerschaft als auch der Privatindustrie (BGH ZUM-RD 1997, 425, 427 f. – *Betreibervergütung bei Großunternehmen*; OLG München ZUM 1995, 875, 877). Es kommt allein darauf an, ob es sich um Einrichtungen handelt, d. h. um eine besondere Organisationsform, bei der sachliche und persönliche Mittel zusammengefasst sind, die unter einer einheitlichen Leitung stehen, auf Dauer angelegt sind und bestimmte Aufgaben erfüllen (s. Schricker/Loewenheim/*Loewenheim*[5] Rn. 5). Zu diesen Einrichtungen gehören bspw. Max-Planck-Institute sowie die Bundesanstalten. Unerheblich ist der Zweck der Vervielfältigung, d. h. ob die konkrete Vervielfältigung der Forschung dient oder hierdurch Verwaltungszwecke erfüllt werden (BGH GRUR 2012, 1017 Tz. 24 – *Digitales Druckzentrum*). Der Gesetzgeber knüpft hier an die bestehende Institution, nicht an den Kopierzweck im Einzelfall an, da eine Abgrenzung im konkreten Fall zu einem unverhältnismäßigen Verwaltungsaufwand führen würde. Es ist unerheblich, wie groß die Forschungseinrichtung ist, welchen Umfang die Kopiertätigkeit hat, ebenso wenig, ob die Vervielfältigungsgeräte gegen Entgelt oder unentgeltlich zur Verfügung gestellt werden (hierzu oben vgl. Rn. 4).

5

Unter Bibliothek i. S. d. Abs. 1 ist eine Institution zu verstehen, bei der ein systematisch gesammelter und Benutzern zentral zur Verfügung gestellter Bibliotheksbestand vorhanden ist, der nach seiner Größe und dem Umfang seiner Benutzung einer besonderen Verwaltung und Katalogisierung bedarf (s. BGH NJW 1997, 3440, 3443 – *Betreibervergütung*; Dreier/Schulze/*Dreier*[5] Rn. 5; Schricker/Loewenheim/*Loewenheim*[5] Rn. 7; s. a. unsere 10. Aufl./*Wilhelm Nordemann* Rn. 6, der an die Definition in § 27 Abs. 2 anknüpft). Öffentlich ist die Bibliothek dann, wenn die Voraussetzungen des § 15 Abs. 3 erfüllt sind (s. BGH ZUM-RD 1997, 425, 429 – *Betreibervergütung bei Großunternehmen*), sodass nicht erforderlich ist, dass die Bibliothek tatsächlich einen öffentlich-rechtlichen Träger hat. Für die Öffentlichkeit nach Abs. 1 genügt, dass der Personenkreis nicht durch persönliche Beziehungen miteinander verbunden ist. Folglich können auch Bibliotheken, die von Privatpersonen unterhalten, aber öffentlich zugänglich sind, der Betreiberabgabe unterliegen. Für die Betreiberabgabe ist es nicht erforderlich, dass die Vervielfältigung entgeltlich erfolgt. Auch hier genügt es, wenn das Vervielfältigungsgerät bereitgehalten wird (dazu oben vgl. Rn. 4 f.).

6

I. R. d. Reform durch das UrhWissG 2017, das am 1.3.2018 in Kraft tritt, wurden auch nicht kommerzielle Archive oder Einrichtungen im Bereich des Film- oder Tonerbes sowie nicht kommerzielle öffentlich zugängliche Museen in die Betreibervergütung nach § 54c einbezogen (zu den Begriffen vgl. § 60f Rn. 3). Die Einbeziehung in die Betreibervergütung war erforderlich, weil diese Institutionen nun nach § 60f Abs. 1 i. V. m. § 60e Abs. 1 über zusätzliche gesetzliche Erlaubnisse zur Vervielfältigung verfügen (RegE UrhWissG 2017 – BT-Drs. 18/12329, S. 34). Es ist auch bei den Institutionen nach § 60f unerheblich, ob sie sich in privater oder staatlicher Trägerschaft befindet, sofern sie keine unmittelbaren oder mittelbaren kommerziellen Zwecke verfolgen, also mit ihrer Tätigkeit keinen Gewinn erzielen wollen (vgl. Rn. 4).

6a

Schließlich unterfallen der Betreiberabgabe Einrichtungen, die Kopiergeräte für Ablichtungen gegen Entgelt bereithalten, wobei nicht ausschlaggebend ist, ob dies das Haupt- oder das Nebengeschäft der Einrichtung ist (OLG Nürnberg ZUM 1992, 154, 155). Von daher fallen hierunter nicht nur die klassischen Kopierläden (*Copy-Shops*), sondern auch alle anderen Betriebe, die grundsätzlich gegen Bezahlung Kopien liefern oder ermöglichen, wie bspw. Betreiber

7

einer Einrichtung auf Bahnhöfen, in Postämtern, Supermärkten, Hotels, Foto- und Schreibwarengeschäften (OLG München ZUM 2004, 230). Unerheblich ist, ob das Vervielfältigungsgerät für den Kunden frei zugänglich ist oder nicht. Von daher unterfallen auch grundsätzlich Geräte, die bspw. im Verwaltungsbereich betrieben werden, der Betreibervergütung (BGH GRUR 2012, 1017 Tz. 24 – *Digitales Druckzentrum*). Die Betreiberabgabe setzt im Gegensatz zu der Betreiberabgabe von Schulen, Hochschulen sowie Einrichtungen der Berufsbildung oder der sonstigen Aus- und Weiterbildung, Forschungsinstitute, öffentliche Bibliotheken und nicht kommerzielle Archive oder Einrichtungen im Bereich des Film- oder Tonerbes oder nicht kommerzielle öffentlich zugängliche Museen (vgl. Rn. 4 ff.) voraus, dass die Vervielfältigung gegen Entgelt erfolgt, wobei bereits das Bereithalten die Vergütungspflicht dem Grunde nach auslöst (BVerfG NJW 1997, 247, 249; OLG Hamburg ZUM-RD 1997, 19, 21, 22). Ist das Gerät jedoch nicht einsatzfähig, ist es auch nicht abgabepflichtig (LG Köln ZUM-RD 2008, 305, 307). Es besteht aber eine gesetzliche Vermutung, dass das Bereithalten der Geräte entsprechend auch zur Vervielfältigung eingesetzt wird, wobei der Gegenbeweis möglich ist (BGH GRUR 2009, 480, 482 – *Kopierläden II*). Der Anspruch richtet sich gegen den Betreiber, wobei unerheblich ist, ob dieser Eigentümer oder Mieter des Geräts ist oder dieses nur geleast hat. Ausschlaggebend ist, wer tatsächlich das Kopiergerät auf eigene Rechnung aufstellt und dieses unterhält (Dreier/Schulze/*Dreier*[5] Rn. 6; Wandtke/Bullinger/*Lüft*[4] § 53 Rn. 2; *Paschke* GRUR 1985, 949, 943). Folglich ist auch derjenige, der bspw. in Universitätseinrichtungen ein Kopiergerät aufstellt, dieses wartet und auch sonst für das Gerät verantwortlich ist, Betreiber i. S. v. § 54c und nicht die Universitätseinrichtung.

8 Anspruchsberechtigter ist der Urheber oder Leistungsschutzberechtigter, wobei der Anspruch nach § 54h nur durch eine Verwertungsgesellschaft geltend gemacht werden kann. Verleger sind, vom Ausnahmefall der Presseverleger (§ 87f Abs. 1 S. 1) abgesehen, nicht Inhaber eines Leistungsschutzrechts; es steht ihnen somit auch kein originärer Anspruch auf Beteiligung an den Einnahmen zu (EuGH GRUR 2016, 55 Tz. 49 – *Hewlett-Packard/Reprobel*; BGH GRUR 2016, 596 Tz. 41 ff. – *Verlegeranteil*; zur Problematik der Verlegerbeteiligung vgl. § 54 Rn. 12). Anspruchsgegner ist der Betreiber bzw. die sonst in S. 1 genannte Einrichtung, unabhängig davon, ob sie in öffentlicher Hand oder privat betrieben wird. Nur im Fall der sonstigen Einrichtungen, wie Copy-Shops, kommt es darauf an, dass der Kopiervorgang tatsächlich gegen Entgelt erfolgt.

9 Die Höhe der Vergütung für die Betreiberabgabe ergibt sich aus Abs. 2. Für die Bemessung der Vergütungshöhe ist maßgeblich die Anzahl der insgesamt hergestellten Kopien, der Anteil urheberrechtlich geschützter Vorlagen sowie der für jede Kopie einer geschützten Vorlage zu zahlende Preis. Weiterhin zu berücksichtigen sind der Standort und die übliche Verwendung, mithin die sonstigen Umstände, die auf den Umfang der Nutzung schließen lassen (BGH GRUR 2012, 1017 Tz. 24 – *Digitales Druckzentrum*; BGHZ 135, 1, 12 – *Betreibervergütung*). Folglich wird für die Bestimmung der Vergütungshöhe ein *Wahrscheinlichkeitsmaßstab* angelegt, wobei eine gewisse Typisierung möglich und erforderlich ist. Der Gegenbeweis durch den Betreiber ist zulässig und setzt voraus, dass der Nachweis gelingt, dass tatsächlich weniger als die angenommenen Vervielfältigungen urheberrechtlich geschützter Vorlagen erfolgt (s. BGH GRUR 2012, 705 Tz. 33 f. – *PC als Bild- und Tonaufzeichnungsgerät*; BGH GRUR 2012, 107 Tz. 19 – *Digitales Druckzentrum*). Von daher wird der Betreiber über einen bestimmten Zeitraum umfassende Kontrolle vornehmen und für jede Kopie ein Duplikat fertigen müssen, damit der Gegenbeweis gelingt, was er dann der Verwertungsgesellschaft vorzulegen hat (BVerfG GRUR 1996, 123 – *Kopierladen I*; BVerfG GRUR 1996, 124 – *Kopierladen II*). Da die praktische Bedeutung des § 54c sich vornehmlich auf den Bereich der

Sprachwerke erstreckt, hat vor allen Dingen die VG Wort in der Vergangenheit Tarife aufgestellt, die auch Gegenstand gerichtlicher Auseinandersetzungen waren, wobei die Tarife dann stets als angemessen angesehen wurden (OLG Nürnberg ZUM 1992, 154, 155; OLG Köln *Erich Schulze* OLGZ 320; LG Stuttgart ZUM 1996, 426, 427, 428). Die unter der bisherigen Reglung von der VG Wort aufgestellten Tarife galten nach der bis zum 30.5.2016 gültigen Regelung des § 27 Abs. 1 UrhWahrnG bis zum 31.12.2010 fort. Sollte es bislang nicht gelungen sein, nicht oder nicht ausreichend neue Vergütungsregelungen zu finden, werden diese Tarife jedenfalls Anhaltspunkte für eine angemessene Vergütung nach Abs. 2 sein (vgl. § 54 Rn. 10).

§ 54d Hinweispflicht

Soweit nach § 14 Abs. 2 Satz 1 Nr. 2 Satz 2 des Umsatzsteuergesetzes eine Verpflichtung zur Erteilung einer Rechnung besteht, ist in Rechnungen über die Veräußerung oder ein sonstiges Inverkehrbringen der in § 54 Abs. 1 genannten Geräte oder Speichermedien auf die auf das Gerät oder Speichermedium entfallende Urhebervergütung hinzuweisen.

Nach § 54d hat derjenige, der nach dem Umsatzsteuerrecht zu einer Rechnungsstellung verpflichtet ist, in dieser Rechnungsstellung auf die für das betroffene Gerät oder Speichermedium entfallende Urheberrechtsvergütung nach §§ 54, 54a hinzuweisen. Hierdurch soll den Abnehmern deutlich gemacht werden, dass sie die Urheberrechtsvergütung nach § 54 übernehmen. Der Gesetzgeber ging davon aus, dass die Urheberrechtsvergütung über die jeweiligen Vertriebsstufen an den Endverbraucher weitergegeben wird (Dreier/Schulze/Dreier[5] Rn. 2; Schricker/Loewenheim/*Loewenheim*[5] Rn. 1; s. a. EuGH GRUR 2011, 50 Tz. 47 f. – *Padawan*). Die Vorschrift sieht keine bestimmte Form des Hinweises vor, sodass jede Art des Hinweises der Verpflichtung genügt. Ebenso wenig ist erforderlich, dass der konkrete Betrag genannt wird (RegE 2. Korb BT-Drucks 16/1828, S. 31). **1**

§ 54e Meldepflicht

(1) Wer Geräte oder Speichermedien in den Geltungsbereich dieses Gesetzes gewerblich einführt oder wiedereinführt, ist dem Urheber gegenüber verpflichtet, Art und Stückzahl der eingeführten Gegenstände der nach § 54h Abs. 3 bezeichneten Empfangsstelle monatlich bis zum zehnten Tag nach Ablauf jedes Kalendermonats schriftlich mitzuteilen.

(2) Kommt der Meldepflichtige seiner Meldepflicht nicht, nur unvollständig oder sonst unrichtig nach, kann der doppelte Vergütungssatz verlangt werden.

Nach § 54e Abs. 1 ist der Importeur von Geräten und Speichermedien (vgl. § 54b Rn. 1) verpflichtet, diese eingeführten Produkte monatlich zum 10. des Folgemonats der gemeinsamen Empfangsstelle nach § 54h Abs. 3 schriftlich zu melden. Meldestelle ist die ZPÜ – Zentralstelle für private Überspielrechte, die selber keine Verwertungsgesellschaft ist, sondern ein Zusammenschluss von 9 Verwertungsgesellschaften für Audiowerke und audiovisuelle Werke sowie VG Wort und VG BildKunst im Hinblick auf Text bzw. Bild (Einzelheiten unter www.zpue.de, wo auch die zu verwendenden Meldeformulare abrufbar sind). Die Meldepflicht erstreckt sich auf alle Vervielfältigungsgeräte, die grundsätzlich vergütungspflichtig sind (BGH GRUR 2010, 57 Tz. 25, 40 – *Scannertarif*). Die Frist ist nach § 188 Abs. 1 BGB gewahrt, wenn die Meldung zum 10. des Folgemonats eingeht, wobei diese unaufgefordert zu erstatten ist (Begr RegE ÄndG 1994/I BR-D Drucks. 218/94, S. 25). Die Meldung muss zwischen Art **1** der Geräte und Speichermedien unterscheiden und die Summe der eingeführten Geräte bzw. Speichermedien enthalten. Bei Geräten, wie Readerprintern, Telefaxgeräten, Scannern (i. E. vgl. § 54 Rn. 10) ist auch die Kopiergeschwindigkeit mit anzugeben.

2 Für den Fall, dass die Meldung schuldhaft (BGH GRUR 2010, 57 Tz. 41 – *Scannertarif*; Schricker/Loewenheim/*Loewenheim*[5] Rn. 4) überhaupt nicht oder unvollständig oder unrichtig erfolgte, sieht Abs. 2 die Sanktion des doppelten Vergütungssatzes vor, wodurch in der Praxis die Meldepflicht tatsächlich auch effektiv gemacht wird (RegE 3. ÄndG BT-Drs. S. 13/115, S. 26). Wird die Unrichtigkeit oder Unvollständigkeit ebenso wie die Meldung später korrigiert bzw. nachgeholt, so entlastet dies nicht (BGH GRUR 1993, 474, 475 – *Kontrollzuschlag*). Dabei wird der doppelte des sonst üblichen Vergütungssatzes fällig, wobei auch dieser Anspruch nur durch eine Verwertungsgesellschaft geltend gemacht werden kann.

§ 54f   Auskunftspflicht

(1) [1]Der Urheber kann von dem nach § 54 oder § 54b zur Zahlung der Vergütung Verpflichteten Auskunft über Art und Stückzahl der im Geltungsbereich dieses Gesetzes veräußerten oder in Verkehr gebrachten Geräte und Speichermedien verlangen. [2]Die Auskunftspflicht des Händlers erstreckt sich auch auf die Benennung der Bezugsquellen; sie besteht auch im Fall des § 54b Abs. 3 Nr. 1. § 26 Abs. 7 gilt entsprechend.

(2) Der Urheber kann von dem Betreiber eines Geräts in einer Einrichtung im Sinne des § 54c Abs. 1 die für die Bemessung der Vergütung erforderliche Auskunft verlangen.

(3) Kommt der zur Zahlung der Vergütung Verpflichtete seiner Auskunftspflicht nicht, nur unvollständig oder sonst unrichtig nach, so kann der doppelte Vergütungssatz verlangt werden.

1 Im Gegensatz zur Auskunftspflicht nach § 54e, die nur den Importeur betrifft, besteht der Auskunftsanspruch, welcher in der Praxis von ZPÜ, VG Wort und VG BildKunst (dazu vgl. § 54e Rn. 1) nach § 54h Abs. 1 geltend gemacht wird, gegenüber allen nach §§ 54, 54b und 54c Verpflichteten. Sie trifft somit nicht nur den Hersteller, Importeur und Händler, sondern auch den Betreiber von Ablichtungsgeräten. Erfolgt eine Mitteilung des Händlers nach § 54b Abs. 3 Nr. 2 und eine Meldung des Importeurs nach § 54e, so liegt in diesen Meldungen bereits die Auskunft. Die Auskunft hat dem Grunde nach sich auf alle Geräte zu erstrecken, die vergütungspflichtig sind (BGH GRUR 2010, 57 Tz. 25, 40 – *Scannertarif*). Erweist sich die Auskunft als unvollständig oder unrichtig, oder wurde überhaupt gar keine Auskunft erteilt, so steht der Verwertungsgesellschaft das Doppelte des üblichen Vergütungssatz nach Abs. 3 zu. Der Anspruch wird schon durch eine unvollständige oder sonst unrichtige Erstauskunft ausgelöst (OLG Köln NJW-RR 1998, 1263, 1264) und setzt Verschulden des Auskunftspflichtigen voraus (BGH GRUR 2010, 57 Tz. 41 – *Scannertarif* zu § 54g a. F.). Bessert der Verpflichtete allerdings nach, bevor die Verwertungsgesellschaft ihn dazu auffordert, so tritt die Rechtsfolge des Abs. 3 nicht ein, da dessen Sanktionszweck nicht berührt ist. Insofern unterscheidet sich die Sanktion von der in § 54e Abs. 2 enthaltenen, da die in § 54e enthaltene Meldepflicht fristgebunden ist (dazu oben vgl. § 54e Rn. 1).

2 Nach Abs. 1 ist der Hersteller zur Auskunft verpflichtet, die sich auf Art und Stückzahl der im Geltungsbereich des UrhG veräußerten oder sonst in Verkehr gebrachten Geräte und Speichermedien bezieht (BGH GRUR 2010, 57 Tz. 26 – *Scannertarif*; s. a. EuGH GRUR 2011, 909 Tz. 37, 39 – *Stichting ./. Opus*). Die gesetzliche Regelung der §§ 54, 53 i. V. m. § 54f Abs. 1 stellt ohne Hinzutreten weiterer Tatbestände oder vertraglicher Regelungen im Hinblick auf das Bestimmtheitsgebot eine hinreichende Anspruchsgrundlage dar (OLG München GRUR 2015, 989, 992 f. – *Festplatten*). Da die Auskunftspflicht der Berechnung der Vergütung nach §§ 54, 54a dient, muss sie so detailliert erfolgen, dass sie die Berechnung der Vergütung einschließlich Kontrolle der gemachten Angaben ermöglicht. Von daher ist nicht nur die Geräteart, der Gerätetyp und Stückzahl anzugeben, sondern die Auskunft muss entsprechend auch sonstige, für die Berechnung der Vergütung ausschlaggebende Kriterien, wie bspw. die Kopiergeschwindigkeit und -möglichkeit, mit umfassen. Ferner hat der Händler, sofern er den Auskunftsanspruch noch nicht erfüllt hat, auch seine Bezugsquellen zu nennen (Abs. 1 S. 2). Der Anspruch entsteht mit der Veräußerung bzw. Inverkehrbringen der Geräte und Speichermedien, wobei hierunter jede Handlung zu verstehen ist, durch die Geräte bzw. Medien aus dem internen Bereich in die Öffentlichkeit zugeführt werden (BGH GRUR 2007, 691 Tz. 27 – *Staatsgeschenk*; BGH GRUR 2007, 50 Tz. 14 – *Le Corbusier-Möbel*). Die Verpflichtung zur Auskunftserteilung besteht auch dann, wenn die Abgabehöhe noch nicht bekannt ist (OLG München GRUR 2015, 989, 993 – *Festplatten*), da Verwertungsgesellschaften sogar dann berechtigt und verpflichtet sind, einen von ihnen wahrgenommenen Vergütungsanspruch geltend zu machen, wenn sie entgegen ihrer Verpflichtung keinen Tarif für den vergütungspflichtigen Vorgang aufgestellt haben (BGH GRUR 2014, 984 Tz. 59 – *PC III*). Bestehen Zweifel an der Vollständigkeit oder Richtigkeit einer Auskunft, so kann die Verwertungsgesellschaft nach Abs. 1 S. 3 i. V. m. § 26 Abs. 7 zur Einsicht in die Geschäftsbücher berechtigt sein, wobei der Auskunftsverpflichtete zwischen der Einsichtnahme durch die Verwertungsgesellschaft selber oder der durch einen von ihm zu bestimmenden Wirtschaftsprüfer oder vereidigten Buchprüfer wählen kann. Hat die Verwertungsgesellschaft Grund zur Annahme, dass die Auskunft nicht mit der erforderlichen Sorgfalt erfolgte, so kann sie Abgabe einer eidesstattlichen Versicherung verlangen (§ 259 Abs. 2 BGB; BGH GRUR 2004, 420, 421 – *Kontrollbesuch*). Die Kosten der Einsichtnahme hat nur dann der zur Auskunft Verpflichtete zu tragen, wenn sich die Auskunft als unrichtig oder unvollständig herausstellt (§ 26 Abs. 7 S. 2).

3 Ebenso zur Auskunft verpflichtet ist der Betreiber von Reprografiegeräten nach Abs. 2. Da dies der Vorbereitung der Vergütung dient, erstreckt sich der Auskunftsanspruch auf Angaben, die die Verwertungsgesellschaft für die Anwendung ihrer Tarife benötigt, wozu die Zahl der insgesamt hergestellten Kopien sowie Anzahl, Art, Typ und Standort der aufgestellten Geräte und ihre typische Nutzung gehört (vgl. § 54c Rn. 9). Ferner soll die Auskunft Angaben darüber enthalten, anhand der die Beurteilung des Vervielfältigungsumfangs urheberrechtlich geschützter Werke möglich ist (BGH NJW 1997, 3440, 3441 – *Betreibervergütung*; BGH GRUR 2004, 420 – *Kontrollbesuch*; Schricker/Loewenheim/*Loewenheim*[5] Rn. 8). Das Auskunftsverlangen bezieht sich dagegen nicht auf die Mitteilung, wie viele Kopien von urheberrechtlich geschützten Werken tatsächlich hergestellt worden sind. Insofern greift der Wahrscheinlichkeitsmaßstab des § 54c Abs. 2, wobei dieser Wahrscheinlichkeitsmaßstab durch einen Nachweis der tatsächlichen Anzahl der Kopien von geschützten Vorlagen widerlegt werden kann (oben vgl. § 54c Rn. 9; Schricker/Loewenheim/*Loewenheim*[5] Rn. 8; BGH GRUR 2012, 705 Tz. 33 – *PC als Bild- und Tonaufzeichnungsgeräte*; BGH GRUR 2012, 107 Tz. 19 – *Digitales Druckzentrum*).

4 Kommt der nach § 54 Abs. 1 und 2 zur Auskunft Verpflichtete seiner Pflicht nicht nach, so kann die Verwertungsgesellschaft den doppelten Vergütungssatz verlangen. Der Anspruch setzt Verschulden auf Seiten des Auskunftsverpflichteten voraus (BGH GRUR 2010, 57 Tz. 41 – *Scannertarif*). Bessert der Verpflichtete von sich aus nach, bevor die Verwertungsgesellschaft ihn dazu auffordert, so entfällt der Anspruch auf doppelte Vergütung (dazu oben vgl. Rn. 1; OLG Köln NJW-RR 1998, 1263, 1264; a. A. OLG Hamburg ZUM-RD 1997, 19; Schricker/Loewenheim/*Loewenheim*[5]   Rn. 11;   Schulze/Dreier/*Dreier*[5] Rn. 10).

§ 54g   Kontrollbesuch

[1]**Soweit dies für die Bemessung der vom Betreiber nach § 54c geschuldeten Vergütung erforderlich ist, kann der Urheber verlangen, dass ihm das Betreten der Betriebs- und Geschäftsräume des Betreibers, der Geräte für die entgeltliche Herstellung von Ablichtungen bereithält, während der üblichen Betriebs- oder Geschäftszeit gestattet wird.** [2]**Der Kontrollbesuch muss so ausgeübt werden, dass vermeidbare Betriebsstörungen unterbleiben.**

1   § 54g gewährt Verwertungsgesellschaften (§ 54h Abs. 1) ein Recht, die Betriebsräume der Gerätebetreiber zu Kontrollzwecken zu besuchen (zur Verfassungsmäßigkeit: BVerfG ZUM 2008, 682 Tz. 8 f.). Die Vorschrift dient der Durchsetzung der Ansprüche nach § 54c und war notwendig geworden, nachdem der BGH den Verwertungsgesellschaften bei begründeten Zweifeln an der Richtigkeit oder Vollständigkeit einer Auskunft nach § 54g Abs. 1 oder 2 a. F. zwar Einsicht in Geschäftsbücher und sonstige Unterlagen des Auskunftpflichtigen gewährte. Die Verwertungsgesellschaften durften aber gegen den Willen des Verpflichteten dessen Geschäftsräume zu Kontrollzwecken nicht betreten (BGH GRUR 2004, 420, 421 – *Kontrollbesuch*). Da § 54c von Erforderlichkeit ausgeht, ist Voraussetzung für einen Kontrollbesuch, dass Zweifel an der Richtigkeit oder Vollständigkeit bestehen, die für die Berechnung der Betreibervergütung nach § 54c erforderlich sind. Hierzu zählen im Einzelnen Angaben über die Zahl der hergestellten Kopien, Anzahl, Art, Typ sowie Standort der Vervielfältigungsgeräte sowie ihre typische Nutzung, ferner Angaben über die Wahrscheinlichkeit der Verwendung urheberrechtlich geschützter Werke (i. E. vgl. § 54f Rn. 2). Nicht erforderlich ist, dass der Kontrollbesuch angemeldet erfolgt. Vermeidbare Betriebsstörungen sind zu unterbleiben. Das Kontrollrecht der Verwertungsgesellschaften wird von daher während der üblichen Betriebs- oder Geschäftszeiten ausgeübt werden können, wobei dies lediglich solche Tageszeiten sind, die im Geschäftsverkehr des jeweils betroffenen Ortes mit Kunden allgemein gebräuchlich sind. Der Anspruch kann nicht im Wege der Selbsthilfe durchgesetzt werden. Wird der Zutritt verweigert, so hat die Verwertungsgesellschaft den Rechtsweg zu beschreiten (BVerfG ZUM 2008, 682 Tz. 10; RegE 2. Korb BT-Drucks. 16/1828, S. 31).

§ 54h   Verwertungsgesellschaften; Handhabung der Mitteilungen

(1) Die Ansprüche nach den §§ 54 bis 54c, 54e Abs. 2, §§ 54f und 54g können nur durch eine Verwertungsgesellschaft geltend gemacht werden.

(2) [1]**Jedem Berechtigten steht ein angemessener Anteil an den nach den §§ 54 bis 54c gezahlten Vergütungen zu.** [2]**Soweit Werke mit technischen Maßnahmen gemäß § 95a geschützt sind, werden sie bei der Verteilung der Einnahmen nicht berücksichtigt.**

(3) [1]**Für Mitteilungen nach § 54b Abs. 3 und § 54e haben die Verwertungsgesellschaften dem Deutschen Patent- und Markenamt eine gemeinsame Empfangsstelle zu bezeichnen.** [2]**Das Deutsche Patent- und Markenamt gibt diese im Bundesanzeiger bekannt.**

(4) [1]**Das Deutsche Patent- und Markenamt kann Muster für die Mitteilungen nach § 54b Abs. 3 Nr. 2 und § 54e im Bundesanzeiger bekannt machen.** [2]**Werden Muster bekannt gemacht, sind diese zu verwenden.**

(5) Die Verwertungsgesellschaften und die Empfangsstelle dürfen die gemäß § 54b Abs. 3 Nr. 2, den §§ 54e und 54f erhaltenen Angaben nur zur Geltendmachung der Ansprüche nach Absatz 1 verwenden.

§ 54h macht die Vergütungsansprüche nach §§ 54–54c, 54e Abs. 2 sowie 54f **1** und 54g verwertungsgesellschaftpflichtig, d. h. sie können für die Berechtigten nur von einer Verwertungsgesellschaft wahrgenommen werden. Der Gesetzgeber hat in einer Reihe von weiteren Vorschriften eine solche Wahrnehmungsverpflichtung geregelt, bspw. in § 26 Abs. 6, § 27 Abs. 3 oder § 60h Abs. 4. Die Verwertungsgesellschaftpflichtigkeit dient einem doppelten Zweck. Zum einen liegt dieser die Erkenntnis auch des Gesetzgebers zugrunde, dass der einzelne Urheber aufgrund der Vielzahl von Nutzungsmöglichkeiten nicht in der Lage ist, den Anspruch selber durchzusetzen. Auf der anderen Seite muss der Vergütungspflichtige sich nicht mit einer Vielzahl von einzelnen Urhebern auseinandersetzen, sondern die Abwicklung erfolgt über eine Zentralstelle (BGH GRUR 2009, 480 Tz. 10 – *Kopierläden II*). Aufgrund der Verwertungsgesellschaftpflichtigkeit nach Abs. 1 entsteht der Anspruch in Hand der Verwertungsgesellschaft. Der Berechtigte ist nicht zur eigenen Geltendmachung legitimiert (BGH GRUR 2009, 480 Tz. 10 – *Kopierläden II*). Auf der anderen Seite können sich aber die Verwertungsgesellschaften Dritter bei der Geltendmachung der Ansprüche bedienen, bspw. Inkassounternehmen (s. BGH GRUR 2012, 705 Tz. 19 – *PC als Bild- und Tonaufzeichnungsgerät*; BGH GRUR 2013, 1037 Tz. 13 – *Weitergeltung als Tarif*; BGH GRUR 2016, 792 Tz. 22 – *Gesamtvertrag Unterhaltungselektronik*; OLG München GRUR 2015, 989, 992 – *Festplatten*). Die Vergütungsansprüche für Bild- und Tonaufzeichnungsgeräte sowie für Bild- und Tonträger werden von der ZPÜ, der Zentralstelle für private Überspielungsrechte, wahrgenommen. Hierzu gehören auch die auf diese bezogenen Auskunftsansprüche nach § 54f Abs. 1 (Schricker/Loewenheim/*Loewenheim*[5] Rn. 3 f.). Die Vergütungsansprüche für Reprografiegeräte sowie die Betreiberabgabe nach § 54c werden von der VG Wort bzw. VG Bild-Kunst wahrgenommen, was auch die hierauf bezogenen Auskunftsansprüche nach § 54f Abs. 1 und 2 mit einschließt (Schricker/Loewenheim/*Loewenheim*[5] Rn. 3).

Die Verwertungsgesellschaften nehmen nach Abs. 1 die Vergütungsansprüche **2** und die hierauf gerichteten Auskunfts- und Informationsansprüche im eigenen Namen für die Berechtigten wahr. Nach Abs. 2 steht jedem Berechtigen ein angemessener Anteil an den nach §§ 54–54c von den Verpflichteten an die Verwertungsgesellschaft gezahlten Vergütungen zu. Sind Werke durch technische Schutzmaßnahmen nach § 95a geschützt, werden diese bei der Verteilung der Einnahmen nicht berücksichtigt, d. h. hat ein Berechtigter ein Werk mit entsprechenden Schutzmaßnahmen belegt, so ist er insofern von der Verteilung der gezahlten Vergütungen ausgeschlossen, es sei denn, sein Werk kann über andere Quellen, bspw. Rundfunk oder Fernsehen, vervielfältigt werden. In diesem Fall kommt es aber zu einer Anspruchskürzung (RegE 2. Korb – BT-Drs. 16/1828 S. 31; s. dazu BGH GRUR 2014, 984 Tz. 72 – *PC III*; OLG München GRUR 2015, 989, 999 – *Festplatten*). § 54h Abs. 3 ergänzt § 27 VGG, wonach die Verwertungsgesellschaften verpflichtet sind, einen Verteilungsplan aufzustellen, aufgrund dessen die Einnahmen aus ihrer Tätigkeit verteilt werden, wobei die Verteilungspläne ein willkürliches Vorgehen ausschließen müssen. Diese Verteilungspläne müssen dann auch das Angemessenheitserfordernis nach Abs. 2 beachten. Zu den nach Abs. 2 Berechtigten gehören nicht nur die Urheber, sondern auch sonstige Berechtigte, wie ausübende Künstler und Veranstalter (§§ 73, 81), die Tonträgerhersteller (§ 85 Abs. 3), die Filmhersteller (§ 94 Abs. 4), sowie die Verfasser und Herausgeber wissenschaftlicher Ausgaben und nachgelassener Werke (§§ 70 Abs. 1, 71 Abs. 1 S. 3). Verleger sind, vom Ausnahmefall der Presseverleger (§ 87f Abs. 1 S. 1) abgesehen, nicht Inhaber eines Leistungsschutzrechts; es steht ihnen somit auch kein originärer Anspruch auf Beteiligung an den Einnahmen zu (BGH GRUR 2016, 596 Tz. 41 ff. – *Verlegeranteil*; s. a. die Vorinstanzen OLG München GRUR 2014, 272, 274 f. – *Verlegeranteil* und LG München GRUR-RS 2012, 11109 – *Verlegeranteil*; s. a. AG München ZUM-RD 2014, 248, 252 f.). Der BGH sah eine pauschale Beteiligung der Verleger an den Einnahmen, wie sie die Satzung der VG Wort vorsah, daher als mit dem wesentlichen Grundgedanken von § 27 a. F. VGG (ab 24.12.2016 § 27 Abs. 1 VGG, bis zum 31.5.2016 § 7 UrhWahrnG), d. h. der Verteilung der Einnahmen ausschließlich an die Berechtigten und zwar in dem Verhältnis, in dem diese Einnahmen auf einer Verwertung der Rechte und Geltendmachung von Ansprüchen der jeweiligen Berechtigten beruhen, unvereinbar an (BGH GRUR 2016, 596 Tz. 28 ff., 37 – *Verlegeranteil*; a. A. *Riesenhuber* EuZW 2016, 16, 18 und *Riesenhuber* ZUM 2016, 216, 221 nach dem die Verlegerbeteiligung durch die Satzung der Verwertungsgesellschaft „privatautonom legitimiert" sein kann; s. a. *Wandtke* MMR 2016, 1, 2; *Rosenkranz* ZUM 2016, 160, 161). Anspruchsberechtigte des i. R. d. Art. 5 Abs. 2 lit. a und b Info-RL geschuldeten gerechten Ausgleichs sind kraft Gesetzes allein die in Art. 2 Info-RL genannten Urheber und Leistungsschutzberechtigten (BGH GRUR 2016, 596 Tz. 46 – *Verlegeranteil*). Die Regelungen des Art. 5 Abs. 2 lit. a und b Info-RL stehen nach der aktuellen Rechtsprechung des EuGH nationalen Rechtsvorschriften entgegen, die es dem Mitgliedsstaat gestatten, einen Teil des den Rechtsinhabern zustehenden gerechten Ausgleichs den Verlegern der von den Urhebern geschaffenen Werke zu gewähren, ohne dass die Verleger verpflichtet sind, die Urheber auch nur indirekt in den Genuss des ihnen vorenthaltenen Teil des Ausgleichs kommen zu lassen (EuGH GRUR 2016, 55 Tz. 49 – *Hewlett-Packard/Reprobel*; BGH GRUR 2016, 596 Tz. 47 – *Verlegeranteil*). Demnach stünde den Urhebern gegen die Verwertungsgesellschaften, die wie die VG Wort somit rechtswidrig Verleger an den Einnahmen beteiligt haben, daher ein Anspruch auf nachträgliche Ausschüttung auf Grund einer gerichtlichen Neufestsetzung ihres Anspruchs zu. Diese Rechtsprechung wurde wiederholt kritisiert und sowohl der deutsche als auch der europäische Gesetzgeber haben darauf eilig reagiert (s. BeschlE RAusschuss RegE UmsG – BT-Drs. 18/8268, S. 5 f. und COM[2016] 593 final, ErwG 36). So wurde i. R. d. Urheberrechtsreform 2016 durch das Gesetz zur verbesserten Durchsetzung des Anspruchs der Urheber und ausübenden Künstler auf angemessene Vergütung und zur Regelung von Fragen der Verlegerbeteiligung vom 20.12.2016 (BGBl. 2016, Teil I Nr. 63, S. 3037) das VGG mit Wirkung zum 24.12.2016 geändert, um eine Rechtsgrundlage für die pauschale Verlegerbeteiligung an der gesetzlichen Privatkopievergütung zu schaffen (dazu vgl. Einl. UrhG Rn. 34d). Der neu eingefügte § 27a VGG sieht in Abs. 1 vor, dass der Urheber gegenüber der Verwertungsgesellschaft zustimmen kann, dass der Verleger an den Einnahmen aus den gesetzlichen Vergütungsansprüchen beteiligt wird. Die Höhe des Verlegeranteils legt nach § 27a Abs. 2 VGG die Verwertungsgesellschaft fest. Diese kann nach § 27 Abs. 2 VGG im Verteilungsplan regeln, dass die Einnahmen nach festen Anteilen verteilt werden. Auch i. R. d. europäischen Reformbestrebungen zum digitalen Urheberrecht soll durch den Vorschlag der Kommission für eine Richtlinie des Europäischen Parlaments und des Rates über das Urheberrecht im digitalen Binnenmarkt vom 14.9.2016 (COM[2016] 593 final; dazu vgl. Einl. UrhG Rn. 45d ff.) Rechtssicherheit geschaffen werden für die in einigen Mitgliedsstaaten bestehende Praxis der Aufteilung des i. R. d. Ausnahmen gewährten Ausgleichs auf die Urheber und Verlage (s. ErwG 36). Der Richtlinienvorschlag sieht hierfür in Art. 12 eine kontrovers diskutierte gesetzliche Grundlage für die Verlegerbeteiligung vor. Danach können die Mitgliedsstaaten optional eine Beteiligung der Verleger am Ausgleich für die Werknutzung festlegen.

Hierfür muss der Urheber seinem Verlag ein Recht übertragen oder eine Lizenz eingeräumt haben. Sowohl die neue deutsche Regelung, die das Problem ins VGG verlagert, als auch die vorgeschlagene europäische Regelung erscheinen in Anbetracht der oben erörterten aktuellen Rechtsprechung des EuGH (EuGH GRUR 2016, 55 Tz. 49 – *Hewlett-Packard/Reprobel*; s. a. BGH GRUR 2016, 596 Tz. 47 – *Verlegeranteil*) bedenklich (s. *Peifer* GRUR-Prax 2017, 1, 3). Die Beteiligung ausländischer Urheber und Leistungsschutzberechtigter richtet sich nach §§ 120 bis 128. Staatsangehörigen der EU und EWR-Staaten stehen danach den deutschen Staatsbürgern gleich (§ 120 Abs. 2 Nr. 2, § 124, § 125 Abs. 1 S. 2, § 126 Abs. 1 S. 2, § 128 Abs. 1 S. 2). Dies gilt ebenso für Staatenlose und Flüchtlinge unter der Voraussetzung, dass sie in Deutschland ihren gewöhnlichen Aufenthalt haben (§§ 122, 123, 124, 125 Abs. 5 S. 2, 126 Abs. 3 S. 2, 128 Abs. 1 S. 2), sowie für Unternehmen mit Sitz in der EU oder dem EWR (§ 126 Abs. 1 S. 3, § 128 Abs. 2). Darüber hinaus genießen sonstige Urheber in Deutschland Inländerbehandlung (vgl. § 121 Rn. 3 f.), sofern deren Heimatland zwar kein EU- und EWR-Staat ist, aber der RBÜ oder der WUA angehört. Für Verfasser und Herausgeber sowie für Filmhersteller existieren Staatsverträge, wonach sich der Beteiligungsanspruch regelt (§§ 124, 128). Da im Filmbereich aber erst ein Film synchronisiert wird werden müssen, kommt für diese im Regelfall ein Beteiligungsanspruch nicht in Betracht. Dem deutschen Synchronhersteller steht aber ein eigenes Leistungsschutzrecht aus § 94 und damit auch ein Anspruch aus §§ 54 und 54c zu. Grundsätzlich bleiben aber Sendeanstalten als solche von einer Beteiligung an den Vergütungsansprüchen aus Abs. 1 ausgeschlossen, es sei denn, sie sind in ihrer Eigenschaft als Tonträger und Filmhersteller beteiligt (RegE ÄndG 1985 – BT-Drs. 10/837, S. 22; s. a. KG GRUR 2010, 64; BGH GRUR 2010, 924 – *Gerechter Ausgleich*; BVerfG ZUM 2011, 236).

Anders als in dem § 27 Abs. 1 S. 2 und S. 3 ist die Verwertungsgesellschafts- **3** pflicht nicht mit einem gesetzlichen Ausschluss der Abtretbarkeit des Vergütungsanspruchs an Dritte gekoppelt. Der Vergütungsanspruch kann in diesem Rahmen nur an die Verwertungsgesellschaft abgetreten werden. Hat allerdings der Berechtigte mit einer Verwertungsgesellschaft einen Wahrnehmungsvertrag geschlossen, so sind entsprechende Abtretungsvereinbarungen im Hinblick auf §§ 54 bis 54c in Formularverträgen unwirksam, weil die Wahrnehmungsverträge der Verwertungsgesellschaften eine Vorausabtretung auch für künftige Werke und Leistungen enthalten. Steht im Übrigen der Abtretungserklärung kein entsprechend angemessener Beteiligungsanspruch auf Seiten des Empfängers gegenüber, sind diese wegen Verstoßes gegen § 138 BGB nichtig. Nach Abs. 3 haben die Verwertungsgesellschaften eine gemeinsame Empfangsstelle zu bezeichnen, die die Mitteilung der Vergütungsverpflichteten nach § 54b Abs. 3 sowie § 54e entgegennehmen. An diese sind dann die Mitteilungen zu richten. Da die Verwertungsgesellschaften bislang keine solche Empfangsstelle gebildet haben, gilt die bis zum 31.12.2007 geltende Rechtslage fort, d. h. gemeinsame Empfangsstelle für den Bereich der privaten Überspielung ist die ZPÜ, und für den Bereich der Reprografiegeräte die VG Wort bzw. VG Bild-Kunst. Diese Reglung entspricht zwar nicht dem Wortlaut des § 54h, der von einer gemeinsamen Empfangsstelle spricht. Mangels anderweitiger Regelung wird aber entsprechend verfahren werden müssen (Schricker/Loewenheim/*Loewenheim*[5] Rn. 8; Dreier/Schulze/*Dreier*[5] Rn. 4, 6).

Nach Abs. 5 sind die Verwertungsgesellschaften verpflichtet, die nach §§ 54b **4** Abs. 3 Nr. 2, 54e und 54f erhaltenen Angaben geheim zu halten. Sie dürfen diese nur zur Geltendmachung der Ansprüche nach Abs. 1 verwenden. So dürfen von daher bspw. im Rahmen einer gerichtlichen Durchsetzung der Vergütungsansprüche diese im Gerichtsverfahren eingeführt werden, nicht aber für andere Zwecke. Verstößt die Verwertungsgesellschaft gegen diese Geheimhaltungsverpflichtung, so macht sie sich nach Maßgabe des § 276 BGB schadens-ersatzpflichtig, wobei sie für ihre Erfüllungsgehilfen haftet (§ 278 BGB; RegE 3. ÄndG – BT-Drs. 13/115, S. 16). Von der Geheimhaltungspflicht nicht um-fasst sind sonstige Informationen, die die Verwertungsgesellschaft weiter erhält (Schricker/Loewenheim/*Loewenheim*[5] Rn. 10).

Unterabschnitt 3   Weitere gesetzlich erlaubte Nutzungen

§ 55   Vervielfältigung durch Sendeunternehmen

(1) [1]**Ein Sendeunternehmen, das zur Funksendung eines Werkes berechtigt ist, darf das Werk mit eigenen Mitteln auf Bild- oder Tonträger übertragen, um diese zur Funksendung über jeden seiner Sender oder Richtstrahler je einmal zu benutzen.** [2]**Die Bild- oder Tonträger sind spätestens einen Monat nach der ersten Funksendung des Werkes zu löschen.**

(2) [1]**Bild- oder Tonträger, die außergewöhnlichen dokumentarischen Wert ha-ben, brauchen nicht gelöscht zu werden, wenn sie in ein amtliches Archiv aufgenommen werden.** [2]**Von der Aufnahme in das Archiv ist der Urheber un-verzüglich zu benachrichtigen.**

Übersicht

I.   Allgemeines

1.   Sinn und Zweck

1   Die Vorschrift soll Sendeunternehmen in Lage versetzen, ein zu einem späteren Zeitpunkt zu sendendes Werk vorübergehend auf einem Bild- oder Tonträger zu speichern, also eine eigentlich zustimmungsbedürftige Vervielfältigungs-handlung (§ 16) zum Zweck einer späteren Sendung vorzunehmen. § 55 bildet zugunsten der Sendeunternehmen eine Schrankenbestimmung für eine **zweck-gebundene Vervielfältigung** eines Werkes, nämlich zum Zwecke des zeitversetz-ten Sendens.

Die Einführung dieser Schrankenbestimmung wurde notwendig, nachdem die **2** Sendeunternehmen seit den 1960er Jahren aufgrund der technischen Weiterentwicklung auch im Bereich von **Aufnahmetechniken** (damals noch: Magnetaufzeichnung) zunehmend dazu übergegangen sind, neben Live-Übertragungen auch zuvor aufgenommene Inhalte zeitversetzt zu senden. Ohne Rückgriff auf aufgenommene Inhalte wären ein 24-Stunden-Sendebetrieb, der schon damals nahezu erreicht wurde, und die vorausplanende Programmgestaltung kaum realisierbar. Der Gesetzgeber hat es für nicht sachgerecht erachtet, die für ein zeitversetztes Senden erforderliche vorübergehende, **ephemere Vervielfältigung**, die nicht für eine gesonderte Verwertung des Werkes bestimmt ist, dem Verbotsrecht des Urhebers zu unterwerfen.

In der Praxis sind Sendeunternehmen auf die Vorschrift des § 55 meist nicht **3** angewiesen, da sie sich in aller Regel bereits vertraglich das Recht zur Festlegung des Werkes einräumen lassen (so zutreffend Dreier/Schulze/*Dreier*[5] Rn. 1). Wenn die Sendung aber ohne vertragliche Abreden auf der Grundlage einer Schrankenbestimmung (z. B. § 48 Abs. 1 Nr. 1: Sendung öffentlicher Reden über Tagesfragen) erfolgt, wird § 55 den Sendeunternehmen oftmals mit Blick auf das Änderungsverbot des § 62 nicht weiterhelfen, denn nur in den seltensten Fällen werden aufgezeichnete Live-Veranstaltungen auch tatsächlich in *unveränderter* Form gesendet. Sie werden nämlich zumeist vor dem Senden zumindest geschnitten, wodurch der Anwendungsbereich des § 55 bereits verlassen ist. Bedeutung erfährt die Vorschrift dann, wenn tatsächlich einmal die unveränderte Sendung des Materials auf der Grundlage einer Schrankenbestimmung erfolgt oder das Sendeunternehmen **nur über Senderechte**, nicht aber auch über Vervielfältigungsrechte verfügt, so bspw. in dem Fall eines Radiosenders, der (ausschließlich) zum Zwecke des Sendens ein Musikstück von einer CD auf eine Festplatte kopiert, um es in dieser Form von dort zu senden.

2. Früheres, internationales und europäisches Recht

Vor Inkrafttreten des UrhG gab es eine dem § 55 entsprechende Regelung **4** nicht; der mit dem UrhG 1965 eingeführte § 55 entsprach wortgleich der heutigen Fassung dieser Norm.

Gem. Art. 11bis Abs. 3 S. 2 **RBÜ** ist es den Verbandsländern vorbehalten, für **5** die von einem Sendeunternehmen mit seinen eigenen Mitteln und für seine eigenen Sendungen hergestellten Bild- oder Tonträger eine besondere Regelung zu treffen, soweit es sich um ephemere, also nicht für die Dauer bestimmte, Aufnahmen handelt. Gleichermaßen ist es gem. Art. 15 Abs. 1 (c) des **Rom-Abkommens** den Vertragsstaaten freigestellt, Ausnahmen von dem Urheberrechtsschutz für eine ephemere Festlegung, die von einem Sendeunternehmen mit seinen eigenen Mitteln und für seine eigenen Sendungen vorgenommen wird, vorzusehen.

Auf europäischer Ebene erlaubt Artikel 5 Abs. 2 (d) der **Info-RL** Ausnahmen **6** in Bezug auf das Vervielfältigungsrecht hinsichtlich ephemerer Aufzeichnungen von Werken, die von Sendeunternehmen mit eigenen Mitteln und für eigene Sendungen vorgenommen worden sind. Auch darf die Aufbewahrung von Aufzeichnungen aufgrund eines außergewöhnlichen Dokumentationscharakters erlaubt werden.

II. Tatbestand und Rechtsfolge

1. Zulässige ephemere Festlegung (Abs. 1 S. 1)

a) Sendeunternehmen: Die Schrankenbestimmung privilegiert ausschließlich **7** Sendeunternehmen. Zum Begriff des Sendeunternehmens vgl. § 87 Rn. 12 ff.

8 **b) Zur Sendung berechtigt:** Das Sendeunternehmen muss zur Sendung (§ 20) des Werkes **berechtigt** sein. Dies ist der Fall, wenn sich das Sendeunternehmen das Senderecht hat **vertraglich einräumen** lassen oder aber wenn es aufgrund **gesetzlicher Erlaubnistatbestände**, insbesondere anderer Schrankenbestimmungen, zur Sendung des Werkes berechtigt ist (s. Dreier/Schulze/*Dreier*[5] Rn. 1; Wandtke/Bullinger/*Lüft*[4] Rn. 2). Fehlt die Berechtigung, kommt die Schrankenbestimmung von vornherein nicht zur Anwendung.

9 **c) Übertragung auf Bild-/Tonträger:** Die privilegierte Handlung ist das „Übertragen" des zu sendenden Werkes auf Bild- oder Tonträger. Der hier verwendete Begriff des Übertragens findet sich in § 16 Abs. 2 und stellt einen Sonderfall der **Vervielfältigung** (§ 16 Abs. 1) dar. Er beinhaltet die Festlegung des Werkes auf Vorrichtungen zur wiederholbaren Wiedergabe von Bild- oder Tonfolgen, also auf Bild- oder Tonträgern (zu diesen Begriffen vgl. § 85 Rn. 9 ff sowie vgl. § 94 Rn. 32 ff.).

10 **d) Mit eigenen Mitteln: Mit eigenen Mitteln** bedeutet, dass das Sendeunternehmen die Übertragung des Werkes auf die Bild/Tonträger technisch grundsätzlich selbst durchführen muss, d. h. mit **eigenem Equipment** und **eigenem Personal.** Der EuGH lässt den Einsatz **Dritter** nunmehr ausdrücklich zu, wenn diese Dritten entweder im Namen des Sendeunternehmens oder aber unter dessen Verantwortung handeln (EuGH GRUR 2012, 810, Tz. 58 – *DR und TV2 Danmark*). Dieses bis dahin – vor allem mit Blick auf den Wortlaut der Norm („mit eigenen Mitteln") und die konventionsrechtlichen Vorgaben (dazu oben vgl. Rn. 5) – umstrittene Verständnis entspricht insoweit dem ErwG 41 der Info-RL . Die Übertragung des Werkes auf einen Bild/Tonträger erfolgt nicht „mit eigenen Mitteln", wenn nicht jedenfalls eines dieser vom EuGH angeführten Kriterien (Handeln im Namen des Sendeunternehmens oder Verantwortungsübernahme durch das Sendeunternehmen) erfüllt ist.

11 **e) Zweck der Festlegung:** Das Vervielfältigungsstück muss **zum Zwecke der Sendung** durch das Sendeunternehmen angefertigt werden. Nicht von § 55 gedeckt wäre eine Fixierung des Werkes auf einem Bild-/Tonträger, ohne hierbei die Absicht zu haben, es zu einem späteren Zeitpunkt auch tatsächlich über den oder die Sender bzw. Richtstrahler zu senden, denn dies käme einer unzulässigen Archivierung gleich. Deshalb genügt es auch nicht, wenn der Wille zur Benutzung der Festlegung zur Sendung erst zu einem späteren Zeitpunkt nach Anfertigung des Vervielfältigungsstücks entsteht.

12 **f) Erlaubte Benutzung:** Die Festlegung des Werkes auf dem Bild- oder Tonträger darf das Sendeunternehmen über jeden seiner Sender oder Richtstrahler (= auf bestimmte Gebiete ausgerichtete Sender; s. Schricker/Loewenheim/*Loewenheim*/*Melichar*[5] Rn. 7) **nur einmal** „benutzen", also **senden** (§ 20), d. h. durch Funk, Satellitenfunk, Kabelfunk oder ähnliche technische Mittel der Öffentlichkeit zugänglich machen. Sofern ein Kabelveranstalter ein eigenes Programm auf einem Ton-/Bildträger fixiert, darf die Aufnahme nur einmal je Kabelsystem gesendet werden (Wandtke/Bullinger/*Lüft*[4] Rn. 4; Schricker/Loewenheim/*Loewenheim*/*Melichar*[5] Rn. 8). Jede darüber hinaus gehende Nutzung ist von der Schrankenbestimmung nicht gedeckt.

2. Löschpflicht (Abs. 1 S. 2)

13 Der Bild-/Tonträger, auf dem das Werk fixiert wurde, ist gem. Abs. 1 S. 2 spätestens nach Ablauf **eines Monats** nach der ersten Sendung des Werkes **zu löschen** (Ausnahme: vgl. Rn. 17 ff.). Für die **Fristberechnung** gelten die §§ 187 Abs. 1, 188 Abs. 2 und 3 BGB.
Umstritten ist, was unter der „ersten Sendung", an die sich der **Fristbeginn** anknüpft, zu verstehen ist. Nach einer Ansicht handelt es sich im Falle der Festlegung

des Werkes auf dem Bild-/Tonträger aus einer Live-Sendung heraus bereits bei dieser Live-Sendung um die „erste Sendung", an die der Beginn der Monatsfrist anknüpft (Schricker/Loewenheim/*Loewenheim/Melichar*[5] Rn. 10; BeckOK UrhR/ *Grübler*[15] Rn. 11). Die „Funksendung" des Abs. 1 S. 2 meint allerdings die „Funksendung" des Abs. 1 S. 1 Hs. 2, also die privilegiert fixierte Funksendung („um diese Funksendung ... je einmal zu benutzen."), und nicht eine „Funksendung", die erst fixiert werden soll. Der Fristbeginn knüpft mithin an den Zeitpunkt der **Sendung des *aufgezeichneten* Materials** an und nicht an den Zeitpunkt der Sendung des erst *aufzuzeichnenden* Materials. Andernfalls würde eine Frist bei Aufzeichnungen, die nicht aus Live-Sendungen heraus angefertigt werden, genau genommen gar nicht laufen, da es eine „erste Sendung", aus der heraus eine Fixierung stattfindet, gar nicht gäbe. Die Formulierung „erste Funksendung" des Abs. 1 S. 2 trägt dem Umstand Rechnung, dass ein Sendeunternehmen die Aufnahme „über jeden seiner Sender oder Richtstrahler je einmal" benutzen darf, sodass die Frist mit der Benutzung der Festlegung über den ersten Sender (oder Richtstrahler) zu laufen beginnt (Dreier/Schulze/*Dreier*[5] Rn. 7).

a) Löschen: Löschen bedeutet, dass der Bild-/Tonträger (unwiederbringlich) **un-** **14** **brauchbar gemacht** werden muss. Dies muss nicht zwangsläufig durch ein Löschen im unmittelbaren technischen Sinne geschehen, sondern kann auch durch eine endgültige Zerstörung bzw. Vernichtung (z. B. Zerschneiden des Bild-/Tonträgers) erfolgen. Ein schlichtes Wegwerfen genügt indessen nicht.

b) Ausnahmen von der Löschpflicht: Von der Pflicht zur Löschung spätestens **15** einen Monat nach der ersten Funksendung des Werkes ausgenommen sind nur Aufnahmen von **außergewöhnlichem dokumentarischem Wert** (dazu unten vgl. Rn. 16 ff.). Darüber hinaus treffen Sendeanstalten aufgrund öffentlich-rechtlicher Bestimmungen **Aufzeichnungs- und Aufbewahrungspflichten** hinsichtlich der von ihnen verbreiteten Inhalte (Einzelheiten: Schricker/Loewenheim/*Loewenheim/Melichar*[5] Rn. 16). Dies gilt für öffentlich-rechtliche Sendeanstalten wie für private gleichermaßen. Die **Landesmediengesetze** (s. BVerfG NJW 1997, 1841 zu der Verfassungsmäßigkeit der Aufbewahrungspflicht des LMedienG BaWü) sehen etwa Mindestaufbewahrungspflichten von meist zwei oder drei Monaten vor – bei Beanstandungen auch länger, nämlich bis zur rechtskräftigen Entscheidung über die Beanstandung. Diese öffentlich-rechtlichen Vorschriften dienen der Rundfunkaufsicht und der Beweissicherung und **gehen § 55 vor.** Selbstverständlich dürfen aber die aufgrund der Aufzeichnungs- bzw. Aufbewahrungspflichten angefertigten Fixierungen nicht ohne weiteres zur Sendung verwendet werden.

3.   Zulässige Archivierung (Abs. 2)

a) Archivierung (Abs. 2 S. 1): Entsprechend Art. 11bis Abs. 3 S. 3 RBÜ brau- **16** chen gem. Abs. 2 S. 1 Bild- oder Tonträger, die einen **außergewöhnlichen dokumentarischen Wert** haben, nicht gelöscht zu werden, wenn sie in ein **amtliches Archiv** aufgenommen werden.

aa) Außergewöhnlicher dokumentarischer Wert: Der außergewöhnliche doku- **17** mentarische Wert muss in der konkreten Festlegung, also in dem Bild- bzw. Tonträger, zu erblicken sein. Auf den **Wert des Werkes** selbst kommt es hierbei nicht an. In erster Linie betroffen sind Aufnahmen von **historischer Bedeutung** (z. B. bedeutsame Reden, Amtsantritte, Dokumentationen von Demonstrationen usw.). Allerdings können durchaus auch Festlegungen einen dokumentarischen Wert haben, die nicht im unmittelbaren Sinne „historisch" bedeutsam im Sinne von geschichtsträchtig sind, wie z. B. Aufnahmen außergewöhnlicher Naturphänomene. Die tatsächliche Bedeutung einer Aufnahme, deren Wert im Zweifel ohnehin unterschiedlich beurteilt werden dürfte, wird man oftmals in der Gegenwart kaum erkennen können. Noch schwieriger gestaltet sich die

Beurteilung, ob der dokumentarische Wert zudem „außergewöhnlich" hoch ist. Trotz des Ausnahmecharakters des § 55 als Schrankenbestimmung erscheint daher eine tendenziell großzügige Anwendung geboten (ebenso Schricker/Loewenheim/*Loewenheim/Melichar*[5] Rn. 12; Wandtke/Bullinger/*Lüft*[4] Rn. 6), zumal einerseits § 55 Abs. 2 keine über die reine Archivierung hinausgehenden Rechte gewährt und andererseits auch nur die Aufnahme in ein von öffentlicher Hand geführtes **amtliches Archiv** zulässig ist, sodass die Beeinträchtigung der Urheberinteressen überschaubar ist.

18   **bb) Aufnahme in ein amtliches Archiv:** Ein **amtliches Archiv** ist eine vom Staat oder zumindest von einer Anstalt des öffentlichen Rechts (auch von den öffentlich-rechtlichen Sendeanstalten selbst, RegE UrhG 1962 – BT-Drs. IV/270, S. 75) geführte, nach sachlichen Gesichtspunkten geordnete Sammel- und Aufbewahrungsstelle. Nur dort darf der bedeutsame Bild- bzw. Tonträger archiviert werden. In ein derartiges Archiv darf die fixierte Sendung „aufgenommen" werden. Ein Recht zur **weiteren Verwertung** der Archivaufnahme ergibt sich aus Abs. 2 nicht – weder zugunsten des Sendeunternehmens noch zugunsten des Archivs. Die Festlegung darf also auch nach zulässiger Aufnahme in ein amtliches Archiv nur nach Zustimmung der Rechtsinhaber verwertet werden (RegE UrhG 1962 – BT-Drs. IV/270, S. 75), sofern die Benutzung nicht ausnahmsweise aufgrund anderer Schrankenbestimmungen zulässig sein sollte.

19   **b) Benachrichtigungspflicht (Abs. 2 S. 2):** Von der Aufnahme in das Archiv ist der Urheber unverzüglich zu benachrichtigen, damit dieser die Voraussetzungen für die Archivierung überprüfen kann. Diese Benachrichtigungspflicht trifft das **Sendeunternehmen**, nicht das amtliche Archiv. In **zeitlicher Hinsicht** hat die Benachrichtigung unverzüglich, also ohne schuldhaftes Zögern (§ 121 BGB), nach der Aufnahme in das Archiv zu erfolgen. **Inhaltlich** wird das Sendeunternehmen den Urheber darüber zu informieren haben, welches Werk zu welchem Zeitpunkt in welchem amtlichen Archiv unter Angabe der entsprechenden Anschrift des Archivs aufgenommen wurde, wobei die **Form** der Benachrichtigung nicht vorgegeben ist. Sie kann also mündlich (allerdings mit entsprechenden Nachweisschwierigkeiten) wie auch schriftlich erfolgen. Es ist stets **der Urheber** selbst zu kontaktieren; eine Benachrichtigung gegenüber Nutzungsrechtsinhabern genügt nicht.

20   Mit der h. A. ist davon auszugehen, dass die unterbliebene Benachrichtigung zur Folge hat, dass die Archivierung unzulässig ist bzw. wird, selbst wenn die übrigen Voraussetzungen gegeben sein mögen (Dreier/Schulze/*Dreier*[5] Rn. 9; Schricker/Loewenheim/*Loewenheim/Melichar*[5] Rn. 14; Wandtke/Bullinger/ *Lüft*[4] Rn. 7). Der Urheber wird sich indes hinsichtlich der Löschung des Bild-/ Tonträgers an das amtliche Archiv halten müssen. Gegen das Sendeunternehmen hat er ggf. einen Anspruch auf Unterlassung in Bezug auf die Weitergabe des Bild-/Tonträgers an ein amtliches Archiv, ohne ihn hierüber unverzüglich zu benachrichtigen.

4. Änderungsverbot; keine Vergütungspflicht

21   Auf § 55 ist das **Änderungsverbot** des § 62 anzuwenden. Änderungen an dem auf dem Bild-/Tonträger fixierten Werk dürfen nicht vorgenommen werden. Eine Quellenangabe gem. § 63 ist hingegen nicht erforderlich. Auch unterliegt die ephemere Vervielfältigung **keiner gesonderten Vergütungspflicht.**

5. Leistungsschutzberechtigte

22   Die Schrankenbestimmung § 55 gilt über Verweisungen entsprechend für wissenschaftliche Ausgaben (§ 70 Abs. 1), nachgelassene Werke (§ 71 Abs. 1 S. 3), Lichtbilder (§ 72 Abs. 1) sowie für die Schutzgegenstände der ausübenden

Künstler (§ 83), Tonträgerhersteller (§ 85 Abs. 4), Sendeunternehmen selbst (§ 87 Abs. 4) und Filmhersteller (§ 94 Abs. 4).

III. Verhältnis zu anderen Vorschriften

Die sich aus öffentlich-rechtlichen Bestimmungen ergebenen **Aufzeichnungs-** **23** **und Aufbewahrungspflichten** gehen der Vorschrift des § 55 vor (vgl. Rn. 15).

Soweit das Werk von dem Rechtsinhaber mit **technischen Schutzmaßnahmen** **24** im Sinne des § 95a versehen wurde, ist er verpflichtet, dem Sendeunternehmen, das zur Sendung des Werkes berechtigt ist, die notwendigen Mittel zur Verfügung zu stellen, um von der Schrankenbestimmung des § 55 Gebrauch machen zu können (§ **95b Abs. 1 Nr. 7**).

§ 55a Benutzung eines Datenbankwerkes

[1]Zulässig ist die Bearbeitung sowie die Vervielfältigung eines Datenbankwerkes durch den Eigentümer eines mit Zustimmung des Urhebers durch Veräußerung in Verkehr gebrachten Vervielfältigungsstücks des Datenbankwerkes, den in sonstiger Weise zu dessen Gebrauch Berechtigten oder denjenigen, dem ein Datenbankwerk aufgrund eines mit dem Urheber oder eines mit dessen Zustimmung mit einem Dritten geschlossenen Vertrags zugänglich gemacht wird, wenn und soweit die Bearbeitung oder Vervielfältigung für den Zugang zu den Elementen des Datenbankwerkes und für dessen übliche Benutzung erforderlich ist. [2]Wird aufgrund eines Vertrags nach Satz 1 nur ein Teil des Datenbankwerkes zugänglich gemacht, so ist nur die Bearbeitung sowie die Vervielfältigung dieses Teils zulässig. [3]Entgegenstehende vertragliche Vereinbarungen sind nichtig.

I. Allgemeines

1. Entstehungsgeschichte, Hintergrund, Sinn und Zweck

§ 55a normiert eine besondere Schrankenbestimmung für Datenbankwerke **1** (§ 4 Abs. 2) und geht auf das IuKDG zurück (dazu vgl. Vor §§ 87a ff. Rn. 8 ff.). Hintergrund ist, dass insbesondere bei elektronischen Schutzgegenständen bestimmte Handlungen (wie Vervielfältigung beim Laden etc.) mehr oder weniger zwangsläufig vorgenommen werden müssen und der Richtliniengeber hierzu eine pragmatische Lösung suchte (Dreier/Schulze/*Dreier*[5] Rn. 1). Der ursprüngliche Regierungsentwurf hatte in einem § 69k den Wortlaut der Richtlinienregelungen nahezu wörtlich übernommen (RegE IuKDG – BT-Drs. 13/7385, S. 13). Bereits die Software-RL hatte – ebenso wie nachfolgende die Datenbank-RL – ein Konzept eingeführt, nach dem der sog. rechtmäßige Benutzer für bestimmte Handlungen keiner Zustimmung des Rechteinhabers bedurfte. Diesem Sinn und Zweck dient in der deutschen Umsetzung § 55a, der damit § 69d bei Computerprogrammen entspricht.

2. EU-Recht, Internationales Recht

2 Die Bestimmung setzt Art. 6 Abs. 1 und 15 Datenbank-RL um und ist daher **richtlinienkonform** auszulegen.

II. Tatbestand

1. Konzept

3 Der rechtmäßige Benutzer einer Datenbank oder ihrer Vervielfältigungsstücke bedarf für die in Art. 5 Datenbank-RL aufgezählten Handlungen nicht der Zustimmung des Urhebers der Datenbank, wenn sie für den Zugang zum Inhalt der Datenbank und deren normale Benutzung durch den rechtmäßigen Benutzer erforderlich sind. Sofern der rechtmäßige Benutzer nur berechtigt ist, einen Teil der Datenbank zu nutzen, gilt diese Bestimmung nur für diesen Teil nahezu wörtlich übernommen (RegE IuKDG – BT-Drs. 13/7385, S. 13), was sich im Interesse des Ziels der Harmonisierung in allen Mitgliedstaaten bei der Umsetzung von Richtlinien stets empfiehlt, allerdings den *„rechtmäßigen Benutzer"* durch den *„zur Benutzung Berechtigten"* ersetzt. Der 19. Ausschuss des Bundestages nahm das zum Anlass einer Neuformulierung, die inhaltlich nichts ändern wollte (BeschlE RAusschuss IuKDG – BT-Drs. 13/7934, S. 43, betont die Absicht der bloßen Umsetzung), aber Unklarheiten schafft, die der Text der Richtlinie vermeidet; dafür ist sie immerhin doppelt so lang wie dieser. Gemeint ist, dass der „Endverbraucher" eines Datenbankwerkes (Bericht des 19. Ausschusses a. a. O.), also der Benutzer eines Lexikons (§ 4 Abs. 2: „oder auf andere Weise"), einer CD-ROM oder eines im Internet abrufbaren Sammelwerks dasjenige soll tun können, was zu dessen bestimmungsgemäßem Gebrauch erforderlich ist. Art. 6 Abs. 1 der Richtlinie stellt damit nur klar, was selbstverständlich sein sollte: Die erlaubte Benutzung soll auch tatsächlich möglich sein. § 55a S. 1 zählt so umständlich wie nur irgend möglich auf, wer dieser Endverbraucher ist, und schafft damit unnötige Auslegungsprobleme. Wichtig ist, dass die Schranke des § 55a nur die zugelassenen Handlungen im Verhältnis zum Ausschließlichkeitsrecht des Inhabers am Datenbankwerk gestattet, nicht etwa einen Freibrief auch in Bezug auf den Inhalt des Datenbankwerkes enthält (zum Verhältnis Inhalt und Datenbankwerk vgl. § 4 Rn. 39); für diesen Inhalt gelten – wenn er urheberrechtlich geschützt ist – die allgemeinen Regeln (Dreier/Schulze/*Dreier*[5] Rn. 2).

2. Berechtigter

4 Es gibt drei Kategorien von Berechtigten:
1. den **Eigentümer** eines mit Zustimmung des Urhebers durch Veräußerung in Verkehr gebrachten **Vervielfältigungsstücks,**
2. den in sonstiger Weise zu dessen **Gebrauch Berechtigten** und
3. denjenigen, dem ein Datenbankwerk aufgrund eines mit dem Urheber oder eines mit dessen Zustimmung mit einem Dritten geschlossenen **Vertrags zugänglich gemacht** wird.

Berechtigter ist also zunächst nicht jeder Eigentümer des Datenbankwerkstücks, sondern nur der, welchem ein mit Zustimmung des Urhebers durch Veräußerung in Verkehr gebrachtes Exemplar gehört. Unklar bleibt, ob der gutgläubige Erwerber (§ 932 BGB) sein Eigentum nicht soll nutzen dürfen? (kritisch hierzu Dreier/Schulze/*Dreier*[5] Rn. 4 wegen des fehlenden Gutglaubensschutzes im Urheberrecht, doch ist dies u. E. irrelevant, denn es geht um die physische Herrschaftsmacht des Eigentümers über das (mit Zustimmung des Berechtigten ursprünglich in Verkehr gebrachte und später möglicherweise unter Verstoß gegen das Eigentum eines Voreigentümers übertragene) Exemplar des Datenbankwerkes). Mit dem „in sonstiger Weise" zum Gebrauch des Werkstücks Berechtigten ist wohl der **Mieter, Entleiher** oder auch der bloße **Besitzdiener,** z. B. der Bibliotheksbenutzer oder der Arbeitnehmer, gemeint. Auch diese Benutzergruppen waren mit dem Begriff des rechtmäßigen Benutzers einer Datenbank zweifelsfrei erfasst. Schließlich ist berechtigt i. S. d. § 55a derjenige, der mit dem Inhaber des Urheberrechts/abgeleiteten Nutzungsrechtsinhabers einen entsprechenden Vertrag über die Zugänglichmachung geschlossen hat. Hierunter sind alle Vertragsformen, die die Zugänglichmachung betreffen, zu verstehen, auch und insbesondere also z. B. Online-Nutzer (Dreier/Schulze/*Dreier*[5] Rn. 5 unter Verweis auf amtl. Begründung, BeschlE RAusschuss IuKDG – BT-Drs. 13/7934, S. 52).

3. Zugelassene Handlungen und deren Umfang

Der rechtmäßige Benutzer soll nach Art. 6 Abs. 1 der Richtlinie das tun dürfen, was für den Zugang und für die **normale Benutzung** erforderlich ist. „Normal" ist nur eine Benutzung, die der Bestimmung des Datenbankwerkes entspricht; schon die Kommission hätte deshalb besser daran getan, es bei dem Begriff des bestimmungsgemäßen Gebrauchs zu belassen, wie ihn § 69d Abs. 1 verwendet, dessen Vorbild Art. 5 Abs. 1 der Software-RL offenbar die Datenbank-RL folgen wollte. Der in § 55a stattdessen verwendete Ausdruck „übliche Benutzung" zwingt jedoch – nimmt man ihn wörtlich – im Streitfall zur Klärung der Frage, was denn, ganz unabhängig von der ursprünglichen Bestimmung des Datenbankwerkes, sich hinsichtlich seiner Benutzung für eine Übung herausgebildet habe. Auch der Missbrauch und die Unsitte wären dann gedeckt, wenn sie nur üblich geworden sein sollten. Das kann der Gesetzgeber nicht gemeint haben; er wollte nichts weiter, als die Richtlinie umzusetzen. Der rechtmäßige Benutzer darf also alles das, aber auch nur das tun, was für den Zugang und den bestimmungsgemäßen Gebrauch der Datenbank (oder des Teils davon, für den er allein berechtigt ist, S. 2) erforderlich ist. Das wird in aller Regel zwar lediglich die ephemere Vervielfältigung sein (zum Begriff s. die Kommentierung zu § 16), der Bericht des 19. Ausschusses nennt dazu als Beispiel das vorübergehende Abspeichern im Arbeitsspeicher (BeschlE RAusschuss IuKDG – BT-Drs. 13/7934, S. 44). zugelassen ist aber die Vervielfältigung ohne Einschränkung. Dass zum bloßen Gebrauch, den allein § 55a S. 1 entsprechend Art. 6 Abs. 1 der Richtlinie regeln will, eine Bearbeitung i. S. d. § 23 erforderlich sein könnte, ist kaum vorstellbar, aber nach dem klaren Wortlaut erfasst.

Der Umfang dieser Handlungen ist zunächst durch den Begriff der **Erforderlichkeit** begrenzt, womit solche Handlungen ausscheiden, für die es andere zumutbare Maßnahmen gibt (BeckOK UrhR/*Grübler*[15] Rn. 11; Dreier/Schulze/*Dreier*[5] Rn. 8 mit den Beispielen Ausdruck, Abspeichern auf einem Einzelplatzrechner und Ergänzung des Datenbestandes). Angesichts der parallelen – zumindest in gewisser Weise vergleichbaren – Vorschrift des § 69d wird man darüber hinaus auch hier eine Wechselwirkung zwischen vertraglicher Abrede und Einfluss dieser auf den zugelassenen Benutzungsumfang annehmen können (zu dieser Wechselwirkung vgl. § 69d Rn. 9 ff.; Möhring/Nicolini/*Decker*[2] Rn. 9; Dreier/Schulze/*Dreier*[5] Rn. 7). Nicht erfasst werden von § 55a **weitergehende Verwertungen,** etwa die Verbreitung (§ 17) und das Zugänglichmachen (§ 19a).

4. Teil des Datenbankwerkes zugänglich

Selbstverständlich dürfte S. 2 sein, denn wenn nur ein Teil des Datenbankwerkes zugänglich gemacht wurde, kann sich die Schranke natürlich auch nur darauf beziehen. Dies ergibt sich eigentlich bereits aus dem Begriff des „Berechtigten" (Dreier/Schulze/*Dreier*⁵ Rn. 9).

5. Entgegenstehende vertragliche Vereinbarungen

8 § 55a ist nach den Regelungen des S. 3 unabdingbar. S. 3 hat der 19. Ausschuss aus § 69k des RegE IuKDG 1996 übernommen (BeschlE RAusschuss IuKDG – BT-Drs. 13/7934, S. 23). Seine Notwendigkeit ist zumindest teilweise zweifelhaft: Ein Vertrag, mit dem jemanden die Berechtigung zum Gebrauch eines Datenbankwerks zugleich eingeräumt und entzogen würde, müsste schon an § 118 BGB scheitern, vielleicht auch an kartellrechtlichen Grenzen. Auch wird niemand Eigentum an einer Sache erwerben wollen, die er nicht gebrauchen darf (§ 903 S. 1 BGB). Denkbar sind allenfalls zeitliche, räumliche oder gegenständliche Beschränkungen; sie werden von S. 3 ausgeschlossen. Erlaubt bleibt nach S. 2 in jedem Fall, das der Rechteinhaber vertragliche Zweckbestimmungen vornimmt oder bestimmte Teile der Datenbank von der Nutzung vertraglich ausnimmt (Dreier/Schulze/*Dreier*⁵ Rn. 10). § 55a ist keine Schranke, die in § 95b sog. **durchsetzungsstark** ausgestaltet ist. Der Rechteinhaber kann also durch technische Schutzmaßnahmen die Handlungen des § 55a verhindern (Dreier/Schulze/*Dreier*⁵ Rn. 11).

III. Prozessuales

9 Der Benutzer, der sich auf § 55a beruft, muss die ihm günstigen Voraussetzungen der Norm nach den allgemeinen Grundsätzen der Beweisverteilung substantiieren und ggfs. beweisen.

IV. Verhältnis zu anderen Normen

10 § 87d enthält die korrespondierende Norm für einfache Datenbanken, ist in seinem Umfang aber auf unwesentliche Teile beschränkt und nicht auf die Datenbank insgesamt anwendbar. Im Übrigen gelten für Datenbankwerke alle allgemeinen Schrankenregelungen (Dreier/Schulze/*Dreier*⁵ Rn. 3), ggfs. mit entsprechend normierten Ausnahmen (§ 53 Abs. 5).

§ 56 Vervielfältigung und öffentliche Wiedergabe in Geschäftsbetrieben

(1) In Geschäftsbetrieben, in denen Geräte zur Herstellung oder zur Wiedergabe von Bild- oder Tonträgern, zum Empfang von Funksendungen oder zur elektronischen Datenverarbeitung vertrieben oder instandgesetzt werden, ist die Übertragung von Werken auf Bild-, Ton- oder Datenträger sowie die öffentliche Wahrnehmbarmachung von Funksendungen und öffentliche Zugänglichmachung von Werken zulässig, soweit dies notwendig ist, um diese Geräte Kunden vorzuführen oder instand zu setzen.

(2) Nach Absatz 1 hergestellte Bild-, Ton- oder Datenträger sind unverzüglich zu löschen.

Übersicht   Rn.

I. Allgemeines

1. Sinn und Zweck

In einem **Elektrofachmarkt** werden technische Geräte, wie z. B. Fernseher, Mu- **1**
sikanlagen, Lautsprechersysteme, Computer, Smartphones usw. nicht nur in
Kartons verpackt zum Kauf angeboten, sondern sie werden vorgeführt und
von interessierten Besuchern ausgiebig vor Ort ausprobiert. Hierbei kommt es
zwangsläufig zu urheberrechtsrelevanten **Verwertungshandlungen**, z. B. zu der
öffentlichen Wiedergabe von Bild- und Tonträgern (z. B. Testen von DVD-Play-
ern) oder Funksendungen (Testen eines Radios), Vervielfältigungen (z. B. Testen
von Aufnahme- oder Druckfunktionen) oder zu der öffentlichen Wahrneh-
barmachung von öffentlichen Zugänglichmachungen (z. B. die Darstellung von
Internetseiten auf einem Bildschirm). Auch Reparaturen gehen oftmals mit eigentlich zustimmungsbedürftigen Verwertungshandlungen einher, wenn etwa
ein technischer Fehler eines CD-Players analysiert oder die Funktionsfähigkeit
eines Lautsprechers getestet wird.

Da derartige Handlungen nicht um des Werkes, sondern **um des Gerätes Willen** **2**
erfolgen, um deren Funktionalitäten zu zeigen bzw. zu testen, ist es gerechtfertigt, sie zu privilegieren. Daher sind die typischerweise in diesem Zusammenhang erfolgenden Verwertungshandlungen **ohne Zustimmung** des Urhebers
vergütungsfrei zulässig. Über Verweisungen gilt § 56 auch in Bezug auf Leis-
tungsergebnisse bestimmter **Leistungsschutzberechtigte** (vgl. Rn. 18).

2. Früheres und europäisches Recht

Die alte Rechtslage **vor Inkrafttreten des UrhG** kannte eine mit § 56 vergleich- **3**
bare Regelung nicht; die Vorschrift wurde mit dem UrhG 1965 eingeführt, zu
einer Zeit, als Spulentonbandgeräte, Kassettenrekorder und Compact Cassetten Einzug in die privaten Haushalte nahmen, und deren Funktionalitäten natürlich in den Fachgeschäften vorgeführt werden wollten. Die in der heutigen
Fassung enthaltenen „Datenträger" wie auch die **öffentliche Zugänglichmachung** (§ 19a) fanden damals natürlich noch keine Erwähnung. Diese wurden
im Zusammenhang mit der Umsetzung der Info-RL durch das InfoG vom
10.9.2003 eingeführt.

§ 56 steht im Einklang mit Art. 5 Abs. 3 Buchst. (l) der **Info-RL**, der Ausnah- **4**
men oder Beschränkungen hinsichtlich des Vervielfältigungsrechts, des Rechts
der öffentlichen Wiedergabe sowie der öffentlichen Zugänglichmachung in Bezug die Nutzung im Zusammenhang mit der Vorführung oder Reparatur von
Geräten zulässt.

II. Tatbestand und Rechtsfolge

1. Zulässige Verwertungshandlungen (Abs. 1)

a) Voraussetzungen: Privilegiert sind Verwertungshandlungen nur in Ge- **5**
schäftsbetrieben, in denen Geräte zur Herstellung oder zur Wiedergabe von
Bild- oder Tonträgern, zum Empfang von Funksendungen oder zur elektronischen Datenverarbeitung vertrieben oder instandgesetzt werden.

aa) Geschäftsbetriebe: Geschäftsbetriebe im Sinne des § 56 sind alle Unterneh- **6**
men, die sich gewerbsmäßig mit dem Vertrieb und/oder der Reparatur von

Geräten zur Wiedergabe von Bild- oder Tonträgern, zum Empfang von Funk-
sendungen oder zur elektronischen Datenverarbeitung befassen. Umfasst sind
hierbei **alle Wirtschaftsstufen,** d. h. vom Hersteller über den Importeur bis zum
Einzelhandel, unter Einschluss von Handelsvertretern (Schricker/Loewenheim/
Melichar[5] Rn. 4; Dreier/Schulze/*Dreier*[5] Rn. 3; BeckOK UrhR/*Grübler*[16]
Rn. 3).

7   Die Formulierung „in Geschäftsbetrieben" versteht sich **nicht** als eine absolute
Ortsangabe; insbesondere ist der in der Norm verwendete Begriff des Geschäftsbetriebs nicht gleichzusetzen mit einem Geschäftslokal. Es kommt nicht
darauf an, wo die Handlungen vorgenommen werden, sondern zu welchem
Zweck und in welchem **Kontext** sie erfolgen (in der Gesetzesbegründung, RegE
UrhG Infoges – BT-Drs. 15/38, S. 21: „bestimmte Umstände"). Deshalb sind
auch nicht etwa nur spezialisierte „Elektrofachhändler" privilegiert, sondern
auch der Autohändler, der das Autoradio präsentiert oder der Supermarkt, der
neben Lebensmitteln auch einen Fernseher, einen DVD-Player oder ein Note-
book im Angebot hat und diesen verkaufsunterstützend vorführen möchte. Aus
demselben Grund umfasst das Privileg auch Vorführungen im Rahmen von
Messeauftritten (*Loewenheim* GRUR 1987, 659, 660, allerdings in einem anderen Kontext, und dem folgend Schricker/Loewenheim/*Melichar*[5] Rn. 4).

8   **bb) Relevante Geräte:** Der Geschäftsbetrieb muss bestimmte Geräte vertreiben
und/oder instandsetzen. Dies sind:
– **Geräte zur Herstellung oder Wiedergabe von Bild- oder Tonträgern,** z. B.
  CD/DVD/Blu-ray-Player, CD/DVD/Blu-ray-Recorder, Festplatten/HD-Re-
  corder, MP3-Recorder und -Player (diese sind ggf. der Tonträger selbst),
  Camcorder, Beamer, Musikanlagen einschließlich deren Komponenten, wie
  Lautsprecher usw.;
– **Geräte zum Empfang von Funksendungen,** z. B. Fernseher, Radiogeräte,
  Radiowecker, SAT-Decoder, DVB-T-Tuner, Handys und Smartphones mit
  Radioempfang usw.;
– **Geräte zur elektronischen Datenverarbeitung,** z. B. Computer, Notebooks,
  Tablett-PCs, Smartphones, CD-ROM-/DVD-Laufwerke, TV-/DVB-T-Kar-
  ten und -Empfänger, Soundkarten, Computerbildschirme, Drucker usw.

9   Zutreffend wird darauf hingewiesen (z. B. Schricker/Loewenheim/*Melichar*[5]
Rn. 6), dass Bild- und Tonträger Vorrichtungen zur wiederholbaren Wiedergabe von **Bild- oder Tonfolgen** und nicht nur zur Wiedergabe einzelner Bilder
oder Töne sind. **Analoge Fotokameras,** analoge Fotokopiergeräte und Diapro-
jektoren sind daher keine Geräte zur Herstellung oder Wiedergabe von Bild-
oder Tonträgern. Anders verhält es sich allerdings bei den meisten **digitalen
Fotokameras:** Diese sind in der Regel in der Lage, Bild- und Tonfolgen wiederzugeben, die auf entsprechenden Speichermedien (= Bild- bzw. Tonträger), wie
z. B. SD-Karten, gespeichert werden. Im Übrigen werden die meisten digitalen
Geräte ohnehin solche „zur **elektronischen Datenverarbeitung**" darstellen.

10 **cc) Notwendigkeit zur Vorführung oder Instandsetzung:** Die Schrankenvor-
schrift privilegiert nur die Vorführung bzw. Instandsetzung der oben genannten
Geräte. **Gegenstand** der Vorführung muss stets **das Gerät** und nicht das hierfür
herangezogene Werk sein (z. B. ein Musikstück oder ein Film).

11 Die Handlung darf nicht nur geeignet, sondern sie muss für die Vorführung
bzw. Instandsetzung **notwendig** sein. Die **Notwendigkeit** bezieht sich weniger
auf die Frage, ob das Heranziehen des Werkes zum Zwecke der Vorführung
bzw. Instandsetzung gleichsam unvermeidbar war; andernfalls müsste man von
den Geschäftsbetrieben im Zweifel verlangen, stets eigens zum Zwecke der
Vorführung bzw. Instandsetzung produzierte und entsprechend lizenzierte
Demo- bzw. Testproduktionen einzusetzen. Eine Notwendigkeit im Sinne einer

Unvermeidbarkeit ist nicht erforderlich. Vielmehr ist danach zu fragen, ob nach den Umständen des Einzelfalls die konkrete Art und Weise und der Umfang der Benutzung mit Blick auf den **Vorführungszweck** bzw. dem **Instandsetzungszweck** gerechtfertigt erscheint. Es ist bspw. für eine Gerätevorführung nicht notwendig, in einer Fernsehabteilung eines Elektrofachmarktes einen Film auf einem Groß-TV, vielleicht sogar noch mit gemütlichen Sitzgelegenheiten, dauerhaft laufen zu lassen; hier würde die Verwertung eher dem **allgemeinen Werbezweck** oder gar der **Unterhaltung** statt dem Vorführzweck dienen (s. a. LG Berlin *Erich Schulze* LGZ 98 – *Schallplatten-Espresso*: Einzelhörplätze in einem Schallplattengeschäft sowie Bericht RAusschuss UrhG 1962 – BT-Drs. IV/3401, UFITA 46 [1966], 174, 192). Eine „Musikberieselung" in Kaufhäusern erfolgt ebenfalls nicht zum Zwecke der Vorführung der Geräte, sondern im Zweifel zur **allgemeinen Unterhaltung**. Dass möglicherweise eine Vorführung unterhaltend sein kann, dürfte allerdings nicht schädlich sein, solange die Vorführung – und nicht das Werk – im Vordergrund steht und der Nebeneffekt der Unterhaltung (und sei er auch „mitbezweckt") eine nur untergeordnete Rolle spielt.

Eine Vorführung muss nicht immer im Rahmen einer **Einzelberatung** erfolgen; es **12** können ohne weiteres auch größere Käuferkreise angesprochen werden, wie etwa im Rahmen von **Messepräsentationen** (Schricker/Loewenheim/*Melichar*[5] Rn. 8; Wandtke/Bullinger/*Lüft*[4] Rn. 4; Dreier/Schulze/*Dreier*[5] Rn. 7; *Loewenheim* GRUR 1987, 659, 660). Auch hier ist danach zu fragen, ob die Präsentation tatsächlich dazu dient, die Funktionsweisen und/oder die Qualität der Geräte zu demonstrieren oder primär andere Zwecke verfolgt. Dass sich hierbei auch ein **Werbecharakter** einstellt, liegt in der Natur der Sache und ist unschädlich, solange es sich nicht um eine allgemeine Anpreisung handelt (strenger: Dreier/Schulze/*Dreier*[5] Rn. 7: Nachweis des Übergangs in eine konkrete Kundenberatung erforderlich). Ob der Interessent am Ende das vorgeführte Gerät kauft oder nicht, ist jedenfalls nicht zwingend erforderlich. Ebenso wenig relevant ist, ob der Interessent das vorgeführte Gerät direkt bei dem Vorführenden oder aber nur auf einer untergeordneten Handelsstufe erwerben kann, sodass ein Hersteller, Importeur oder B2B-Großhändler bspw. Geräte auf einer Messe auch Endverbrauchern vorführen kann, obschon diese das Produkt nur in einem Verbrauchermarkt erwerben können (AG Charlottenburg *Erich Schulze* AGZ 16 – *HiFi-Messe* sowie Dreier/Schulze/*Dreier*[5] Rn. 7; Schricker/Loewenheim/*Melichar*[5] Rn. 8).

Entsprechendes gilt für die **Instandsetzung**: Die Benutzung des Werkes muss **13** Mittel zum Zweck bleiben, also dazu dienen, z. B. einen technischen Fehler zu demonstrieren, zu identifizieren oder zu beseitigen oder auch das Ergebnis der Instandsetzung zu zeigen.

b) Privilegierte Handlungen: Sind die oben genannten Voraussetzungen erfüllt **14** ist

– die **Übertragung** von Werken **auf Bild- und Tonträger** sowie **Datenträger** (§ 16 Abs. 1),
– die **öffentliche Wahrnehmbarmachung** (Begriff s. § 19 Abs. 3 und 4 S. 1) von **Funksendungen** sowie die
– die **öffentliche Zugänglichmachung** (§ 19a) von Werken

zustimmungsfrei zulässig. Eingeschlossen ist die öffentliche Wahrnehmbarmachung (§ 19 Abs. 3 und 4 S. 1) von öffentlich zugänglich gemachten (§ 19a) Inhalten (s. Schricker/Loewenheim/*Melichar*[5] Rn. 7a). Dies betrifft bspw. die öffentliche Anzeige von **Internetseiten auf Computerbildschirmen**. Auf einem Computer aufgerufene und dem Kunden gezeigte Internetseiten werden von dem Geschäftsbetrieb nicht im Sinne des § 19a öffentlich zugänglich gemacht, sondern die öffentliche Zugänglichmachung erfolgt durch den Internetseitenanbieter, sodass die zu privilegierende urheberrechtsrelevante Handlung im Geschäftsbetrieb die öffentliche Wahrnehmbarmachung des zuvor öffentlich zugänglich gemachten Werkes ist.

15   Die Handlungen sind nur insoweit erlaubt, als sie tatsächlich Gegenstand der Vorführung oder Instandsetzung sind. Insbesondere sind Handlungen **im Vorfeld** der Vorführung bzw. Instandsetzung nicht von dem Privileg umfasst. So wäre etwa das Kopieren einer Musik-CD, um die Kopie als „Vorführ-CD" in einem CD-Player einzusetzen, nicht von § 56 gedeckt. Demgegenüber zulässig wäre das Anfertigen einer Kopie **im Rahmen der Vorführung** z. B. eines DVD-Rekorders zulässig, wenn es gerade darum geht, diese Kopier-Funktionalität des Gerätes zu demonstrieren.

2.   Löschungspflicht (Abs. 2)

16   Sofern im Zuge der privilegierten Vorführung oder Instandsetzung gem. Abs. 1 Bildträger, Tonträger oder Datenträger hergestellt wurden, sind sie gem. Abs. 2 unverzüglich **zu löschen.** Bei der Formulierung des Löschens der Bild-/Tonträger hatte der Gesetzgeber des UrhG 1965 insbesondere die Magnetbänder und Compact Cassetten vor Augen, die damals durch eine Magnetisierung gelöscht wurden. Die Bild-/Ton-/Datenträger müssen aber nicht unbedingt vollständig gelöscht werden, sondern nur insoweit, als hierauf die Werke gespeichert sind, sodass es bei digitalen Medien genügt, die entsprechenden Dateien zu löschen, allerdings auch endgültig. Dem Löschen steht eine anderweitige Unbrauchbarmachung (Zerstörung bzw. Vernichtung), z. B. durch Zerschneiden des Bild-/Tonträgers, gleich, während ein schlichtes Wegwerfen indessen nicht genügt.

17   Die Löschung hat **unverzüglich** (= ohne schuldhaftes Zögern, § 121 BGB) zu erfolgen. Die Unverzüglichkeit knüpft an die Vorführung bzw. Instandsetzung an, d. h. der Bildträger, Tonträger oder Datenträger muss **unverzüglich nach Ende** der Vorführung bzw. der Instandsetzung gelöscht werden.

3.   Leistungsschutzberechtigte

18   Die Schrankenbestimmung § 56 gilt über Verweisungen entsprechend für
–   wissenschaftliche Ausgaben (§ 70 Abs. 1),
–   nachgelassene Werke (§ 71 Abs. 1 S. 3),
–   Lichtbilder (§ 72 Abs. 1)
sowie für die Schutzgegenstände der
–   ausübenden Künstler (§ 83),
–   Tonträgerhersteller (§ 85 Abs. 4),
–   Sendeunternehmen (§ 87 Abs. 4) und
–   Filmhersteller (§ 94 Abs. 4).

§ 57   Unwesentliches Beiwerk

Zulässig ist die Vervielfältigung, Verbreitung und öffentliche Wiedergabe von Werken, wenn sie als unwesentliches Beiwerk neben dem eigentlichen Gegenstand der Vervielfältigung, Verbreitung oder öffentlichen Wiedergabe anzusehen sind.

1   Die Bestimmung hat ein Vorbild in § 23 Abs. 1 Nr. 2 KUG, der die Veröffentlichung von Bildern freigibt, *auf denen die Personen nur als Beiwerk neben einer Landschaft oder sonstigen Örtlichkeit erscheinen* (Anhang I 3). Sie ist zudem inzwischen von Art. 9 Abs. 2 RBÜ Paris gedeckt. § 57 überschneidet sich mit § 50 und erweitert jene Vorschrift für den Fall, dass es sich um unwesentliches Beiwerk handelt, auf alle denkbaren Arten der Vervielfältigung, Verbreitung und Wiedergabe, einschließlich der öffentlichen Zugänglichmachung i. S. d. § 19a (BGH GRUR 2015, 667, Rn. 15 – *Möbelkatalog*) mit Ausnahme der

Ausstellung, § 18 (zur Abgrenzung zu § 50 BGH GRUR 1983, 25 bzw. 28 – *Presseberichterstattung und Kunstwerkwiedergabe I und II*). Die Verwendung kann auch gestattet sein, soweit sie das Werk erstveröffentlicht (so OLG Frankfurt NJW-RR 2000, 119). § 57 gestattet die Nutzung eines Werkes ohne Zustimmung und ohne Vergütung des Urhebers.

Der Begriff unwesentliches Beiwerk muss – wie jede Schranke – eng ausgelegt werden, denn anderenfalls wären u. U. umfangreiche Nutzungshandlungen ohne Zustimmung und ohne Vergütung des Urhebers zulässig. Ob ein Werk unwesentliches Beiwerk in diesem Sinne ist, ist im Verhältnis zum konkret relevanten Hauptgegenstand zu bestimmen; wird das Werk nur in einem abgrenzbaren Teil einer größeren Darstellung verwendet, z. B. in einer Abbildung eines Möbelkatalogs, ist Hauptgegenstand das einzelne Foto, auf dem das Werk zu sehen ist, nicht der Gesamtkatalog (BGH GRUR 2015, 667, Rn. 16 – *Möbelkatalog*; anders noch OLG Köln GRUR-RR 2014, 58 – *Gemälde im Möbelkatalog*). Die Begr (RegE UrhG 1962 (BT-Drs. IV/270, S. 75) nennt als Beispiel den Fall, dass bei der Herstellung eines Spielfilmes eine Szene in einem Innenraum aufgenommen wird, in dem geschützte Gemälde hängen; sie will die Unterscheidung danach treffen, ob das mitaufgenommene Werk den eigentlichen Gegenstand der Verwertungshandlung darstellt oder nicht. Das ist zu weit und zu unbestimmt. Bei der Aufführung eines Theaterstücks ist das Bühnenbild niemals in diesem Sinne „eigentlicher Gegenstand der Verwertungshandlung"; es wird nur aus Anlass der Darbietung des Bühnenwerkes mit gezeigt. Gleichwohl kann nicht zweifelhaft sein, dass das Bühnenbild, das regelmäßig Werk i. S. d. § 2 Abs. 1 Nr. 4 ist (vgl. § 2 Rn. 157), alles andere als „unwesentliches Beiwerk" zu sein pflegt. Auch das Spielfilm-Beispiel ist unzutreffend: Sind die Gemälde für das Filmgeschehen bedeutsam – z. B. zwei Personen im Film unterhalten sich darüber, oder eine Figur hält innere Zwiesprache mit einem Bild –, so sind sie keineswegs unwesentliches Beiwerk; der Filmhersteller muss Nutzungsrechte aus den §§ 16 Abs. 2, 19 Abs. 4 erwerben, wenn er sie im Film verwenden will. Kommt es dagegen auf die Gemälde nicht an, ist für eine Anwendung des § 57 durchaus Raum; der Filmhersteller muss sich in derartigen Fällen auch nicht auf die Verwendung gemeinfreier Werke verweisen lassen. Denn gerade die Fälle, in denen das verwendete Werk nebensächlich ist, will § 57 regeln. Der Begriff „unwesentliches Beiwerk" erfasst also nicht nur Gegenstände, deren Erscheinen im Werk unvermeidlich ist, sondern alle Werke, die **austauschbar** sind, ohne dass dies dem durchschnittlichen Betrachter auffiele (BGH GRUR 2015, 667, Rn. 27 – *Möbelkatalog*; OLG München ZUM-RD 2008, 554 – *T-Shirt auf Titelblatt*; Dreier/Schulze/*Schulze*[5] Rn. 2; enger unsere 10. Aufl. Rn. 2). Das Werk darf also keine noch so geringfügige inhaltliche Beziehung zum Hauptgegenstand des Films, der Szene, des Buches usw. haben (BGH GRUR 2015, 667, Rn. 27 – *Möbelkatalog*; OLG München ZUM-RD 2008, 554 – *T-Shirt auf Titelblatt*). Sobald es erkennbar stil- oder stimmungsbildend oder sonst eine bestimmte Aussage oder Wirkung unterstreichen soll, also – richtigerweise wohl: wegen seines Inhalts – einen im weitesten Sinne dramaturgischen Zweck erfüllt, kann es nicht mehr unwesentlich sein (BGH GRUR 2015, 667, Rn. 27 – *Möbelkatalog*). Ob die Werke oder Werkteile gewollt oder ungewollt – die Begr RegE UrhG 1962 (BT-Drs. IV/270, S. 75) spricht selbst von „mehr oder weniger zufällig" – erscheinen, ist dabei zweitrangig, soweit die Werke oder Werkteile tatsächlich austauschbar bleiben. Werden sie aber um ihrer selbst willen verwendet, auch wenn dies im Hintergrund geschieht, ist für § 57 kein Raum; dann sind die Werke nicht mehr unwesentlich (OLG München NJW 1989, 404 = AfP 1989, 545 für Möbelprospekt mit Bild in Wohnlandschaft; LG Frankfurt aM. UFITA 57 [1970], 342, 344 f. = *Erich Schulze* LGZ 106 S. 3 – *Yearning* und dazu *Dietz* UFITA 72 [1975], 1, 67; auch Schricker/Loewenheim/*Vogel*[5] Rn. 9; abzulehnen *Brack* UFITA 50 [1967], 544, 553, der sogar Zwischenakt- und Hintergrundmusik als unwesentliches Beiwerk ansehen will). Danach ist z. B. zulässig die Verwendung von Hintergrundmusik in einer Bar, die kurz in einer Dokumentation gezeigt wird, oder eines hinter dem Schreibtisch der Bundeskanzlerin hängenden Gemäldes in einer entsprechenden Aufnahme der Bundeskanzlerin, in der vor allem sie selbst, nicht das Gemälde gezeigt werden soll. Unerheblich ist insofern jedoch, ob die Benutzung zu umgehen war oder nicht; § 57 gestattet eine Verwendung nur, soweit das betreffende Werk ganz nebensächlich ist. Ggf. muss aber der Urheber in derartigen Fällen – die Verwendung des Werkes lässt sich nicht vermeiden, ist aber nicht (mehr) nebensächlich bzw. unwesentlich – nach Treu und Glauben einer Verwendung, die dann vergütungspflichtig ist, zustimmen (dazu auch Dreier/Schulze/ *Dreier*[5] Rn. 4).

3   Ob das verwendete Werk unwesentliches Beiwerk i. S. d. § 57 ist, ist nach dem Urteil des objektiven Betrachters zu entscheiden. Es ist also unerheblich, ob der Verwender das Werk konkret verwenden wollte oder nicht bzw. er es als unwesentlich ansah.

§ 58   Werbung für die Ausstellung und den öffentlichen Verkauf von Werken

Zulässig sind die Vervielfältigung, Verbreitung und öffentliche Zugänglichmachung von öffentlich ausgestellten oder zur öffentlichen Ausstellung oder zum öffentlichen Verkauf bestimmten Werken gemäß § 2 Absatz 1 Nummer 4 bis 6 durch den Veranstalter zur Werbung, soweit dies zur Förderung der Veranstaltung erforderlich ist.

§ 58 wurde durch das UrhWissG 2017 mit Wirkung zum 1. März 2018 geändert. Zur bis dahin geltenden Fassung s. unsere 11. Aufl.

I.   Allgemeines

1.   Sinn und Zweck

1   Seit jeher werden Ausstellungen oder Versteigerungen von Werken der bildenden Kunst (und seit einiger Zeit auch der Fotografie) begleitet von Publikationen, in der Regel als Kataloge bezeichnet. Diese Kataloge vertiefen die Darstellung der ausgestellten Werke insbesondere auch durch oft wissenschaftliche Begleittexte. Daher stammt auch die umgangssprachliche Bezeichnung dieser Schranke, die oft als **Katalogbildfreiheit** (s. z. B. den Eintrag bei Wikipedia oder die Erwähnung in BGH GRUR 2001, 51 – *Parfumflakon*) bezeichnet wurde. Die Nutzung der dargebotenen Werke in derartigen Katalogen zu erleichtern, diente diese Schranke (s. a. BGH GRUR 1993, 822, 823 – *Katalogbild*). Da sich dies vor allem auf den nunmehr geändert verschobenen Abs. 2 (vgl. Rn. 7) bezog, kann man davon ausgehen, dass die Bezeichnung als Katalogbildfreiheit für § 58 in der jetzigen Fassung **nicht mehr zutrifft**. s. Zum alten § 58 auch

Pfennig, Museen und Urheberrecht im digitalen Zeitalter[4], *Mercker*, Die Katalogbildfreiheit und *Bullinger/Bretzel/Schmalfuß*, Urheberrecht in Museen und Archiven.

Es wurde schon mehrfach diskutiert, ob diese Schranke **vergütungspflichtig** 2 auszugestalten ist (s. *Katzenberger* UFITA 68/1973, 71, 94; *Berger* ZUM 2002, 21, 26; Schricker/Loewenheim/*Vogel*[5] Rn. 8). Auch nach der Änderung im Jahr 2003 (dazu unten vgl. Rn. 4) ist die Nutzung vergütungsfrei ausgestaltet geblieben, vor allem mit dem Argument, dass der Urheber bei Veräußerungen der Werke über § 26 partizipiert und im Übrigen die Bekanntheit seiner Werke gesteigert wird (RegE UrhG 1962 – BT-Drs. IV/270).

Ob von Schrankenregelungen wie der vorliegenden (aber auch z. B. dem Zitat- 3 recht nach § 51) auch umfasst ist, dass die die Werke **abbildenden Fotografien** genutzt werden, klärt das Gesetz nicht ausdrücklich. Überwiegend wird dies für § 58 abgelehnt (Schricker/Loewenheim/*Vogel*[5] Rn. 9; Dreier/Schulze/*Dreier*[5] Rn. 1; *Bullinger* in FS Raue S. 382 ff.; nunmehr differenzierend für § 51: *Jan Bernd Nordemann/Berberich* GRUR 2010, 966). Dies ist nun durch § 51 S. 3 ausdrücklich gesetzlich normiert. Eine erweiternde Auslegung für neue Geschäftsmodelle im Internet ist zu Recht abgelehnt worden (OLG Hamburg ZUM 2008, 522, 525 – *Google Thumbnails*; insoweit nicht von der Revisionsentscheidung des BGH hierzu aufgegriffen).

2. Früheres Recht

§ 58 privilegierte in seiner ursprünglichen Fassung von 1965 nur Werke der 4 bildenden Künste, die ausgestellt wurden oder versteigert werden sollten. Anlässlich der Umsetzung der Info-RL durch das UrhG Infoges vom 10.9.2003 (vgl. Vor §§ 44a ff. Rn. 6) ist die Bestimmung sowohl auf Lichtbildwerke als auch auf öffentliche Verkäufe jeder Art erstreckt worden. Zugleich wurde in Abs. 1 die Beschränkung auf „Verzeichnisse" aufgehoben; die öffentliche Zugänglichmachung wurde freigegeben. Zur alten Katalogbildfreiheit vgl. Rn. 1 und 7; diese findet sich nunmehr geändert in § 60e Abs. 3.

3. EU-Recht

Art. 5 Abs. 3 lit. j) sowie Art 5 Abs. 2 lit. c) der Info-RL geben den EU-Rahmen 5 für diese Schranke vor. Der deutsche Umsetzungsgesetzgeber hat die durch das EU-Recht eröffneten Möglichkeiten jedenfalls in Bezug auf Abs. 3 lit. j) voll ausgeschöpft und vor allem den Kreis der Berechtigten um den Kunsthandel erweitert. Seit dem UrhWissG 2017 sind nunmehr auch Werke jenseits der bildenden Kunst und Fotografie erfasst, nämlich alle Werkarten der Nr. 4 bis 6 des § 2 Abs. 1 UrhG. Der Rahmen des Abs. 2 lit. c) (= „keinen unmittelbaren oder mittelbaren wirtschaftlichen oder kommerziellen Zweck") ist wohl in der Tat nicht voll ausgeschöpft (so Schricker/Loewenheim/*Vogel*[5] Rn. 4). In jedem Fall ist eine richtlinienkonforme Auslegung geboten.

4. Internationale Konventionen

Es gibt weder in der RBÜ noch im WUA oder einem anderen internationalen 6 multinationalen Abkommen ausdrückliche Vorgaben für eine Schranke wie § 58. Allerdings ist natürlich – wie bei allen Schranken – der Dreistufentest zu beachten (Art. 9 Abs. 2 RBÜ und ausdrücklich auch Art. 5 Abs. 5 Info-RL).

II. Tatbestand

1. Anforderungen an die Werke

Die Norm gewährt die Schranke nach dem UrhWissG 2017 in Bezug auf 7 **Werke nach § 2 Abs. 1 Nr. 4–6.** Die bislang in Abs. 2 enthaltene Regelung findet sich nun verändert in § 60a Abs. 3 (dort Rn. 6). Eingeschlossen in die Norm sind Werke der **Baukunst** und der **angewandten Kunst** sowie deren Entwürfe (zum früheren Stand: Dreier/Schulze/*Dreier*[5] Rn. 3; Wandtke/Bullinger/ *Lüft*[4] Rn. 3; Schricker/Loewenheim/*Vogel*[5] Rn. 9; offen gelassen, aber mit Zweifel an Verneinung BGH GRUR 2001, 51 – *Parfumflakon*; dieser Streit ist durch die Änderung im UrhWissG 2017 überholt). Seit der Änderung durch das UrhWissG 2017 sind auch **Filmwerke** von der Schranke umfasst. Damit dürften auch **Computerspiele** erfasst werden, die i. d. R. auch Filmwerke umfassen (vgl. § 69a Rn. 10). Voraussetzung ist, dass die jeweiligen Gegenstände die Voraussetzungen für einen Werkschutz nach § 2 Abs. 2 erreichen.

8   Die Werke müssen **veröffentlicht** oder **zur Veröffentlichung bestimmt** sein. Letzteres setzt voraus, dass in naher Zukunft (Schricker/Loewenheim/*Vogel*[5] Rn. 10) eine Ausstellung oder sonstige Handlung ansteht, die zu einer Veröffentlichung i. S. d. § 6 Abs. 1 führt. Die Bestimmung hierzu reicht; wenn die Ausstellung also nicht stattfindet und der Veranstalter dies nicht etwa von Anbeginn der Planung an wusste, greift die Privilegierung bereits (in diesem Sinne auch Dreier/Schulze/ *Dreier*[5] Rn. 4; Schricker/Loewenheim/*Vogel*[5] Rn. 11). Nicht ausreichend ist es allerdings, wenn Werke nur einen Bezug zu der Ausstellung haben, selber aber nicht ausgestellt werden (Dreier/Schulze/*Dreier*[5] Rn. 4).

9   **Ausstellung** meint im allgemeinen Sprachgebrauch die vorübergehende Präsentation von Gegenständen (Meyers Enzyklopädisches Lexikon, Band 3, Stichwort Ausstellung). Ebenso sind **Veranstaltungen** *zeitlich begrenzte Einzelereignisse, die aus bestimmtem Anlass stattfinden* (BGH GRUR 1992, 386, 387 – *Altenwohnheim II* und 1994, 45, 47 – *Verteileranlagen*). Wir hatten deshalb noch in unserer 8. Auflage den Standpunkt vertreten, dass § 58 a. F. nur die *vorübergehende* Ausstellung von Kunstwerken privilegiere; für die parallel genannten Versteigerungen traf dieses Prädikat ohnehin zu. Die Neufassung der Bestimmung macht allerdings mit der sogar erstrangigen Nennung von *öffentlich ausgestellten Werken* deutlich, dass **auch Dauerausstellungen** privilegiert sind (ebenso schon BGH GRUR 1994, 800, 802 – *Museumskatalog* für das frühere Recht). Da zudem § 58, anders als § 59, in seinem Wortlaut keine Einschränkung enthält, ob die Veröffentlichung dauerhaft oder vorübergehend ist, kommt es hierauf also nicht an (OLG Frankfurt GRUR 1994, 116, 118; Dreier/Schulze/*Dreier*[5] Rn. 4; Schricker/Loewenheim/*Vogel*[5] Rn. 12; Wandtke/ Bullinger/*Lüft*[4] Rn. 4).

10   Neben der Variante der Veröffentlichung reicht es für § 58 auch aus, wenn die Werke **zum öffentlichen Verkauf bestimmt** sind. Hierzu zählt neben öffentlichen Versteigerungen auch der gesamte Bereich des Kunsthandels (Dreier/ Schulze/*Dreier*[5] Rn. 4; Wandtke/Bullinger/*Lüft*[4] Rn. 4). Für die Öffentlichkeit kommt es auf dieselben Kriterien an wie bei der Veröffentlichung; die angesprochenen Personen dürfen also nicht durch persönliche Beziehungen miteinander verbunden sein (Dreier/Schulze/*Dreier*[5] Rn. 4; Wandtke/Bullinger/*Lüft*[4] Rn. 4: „theoretisch nicht abgegrenzte Vielzahl von Käufern"). Auch hier gilt, wie bei der Variante der Veröffentlichung, die Bestimmung zum Verkauf (vgl. Rn. 9).

11   Die **Privilegierung endet** aber grundsätzlich mit dem Verkauf bzw. dem Ende der Ausstellung (Wandtke/Bullinger/*Lüft*[4] Rn. 7); allenfalls ist es denkbar, eine kurze Zeit darüber hinaus zuzugeben (Schricker/Loewenheim/*Vogel*[5] Rn. 21). Dies kann aber nur eine solche Zeit sein, die unbedingt nötig ist, um nach der Hektik der Beendigung einer Ausstellung noch die nötigen Schritte zur Beendigung auch der Werknutzung in die Wege zu leiten. Zu Recht wird daher von nicht länger als eine Woche nach dem Verkauf gesprochen: OLG Köln GRUR-RR 2009, 4, 5 – *Auktionsportal für Kunstwerke*.

2. Nutzung zu Werbezwecken

Da es sich bei § 58 um eine grundsätzlich eng auszulegende Schrankenregelung **12** (st. Rspr. s. BGH GRUR 2001, 51 Tz. 15 – *Parfumflakon*) handelt, kann der Begriff der **Werbung**, wie teilweise vorgeschlagen, nicht als „jede Äußerung bei der Ausübung eines Handels […] mit dem Ziel, den Absatz von Waren oder die Erbringung von Dienstleistungen zu fördern" verstanden werden. Es muss sich um eine solche Tätigkeit handeln, die noch den Bezug zu der Schrankenberechtigung erkennen lässt. Jegliche Werbeäußerung kann nicht unter § 58 UrhG fallen, denn Werbung ist prinzipiell als kommerzielle Nutzungsform dem Rechteinhaber vorbehalten. Dann aber spricht viel dafür, den Begriff der „Werbung" als Ankündigung und Bekanntmachung der betreffenden Veranstaltung auszulegen (Dreier/Schulze/*Dreier*[5] Rn. 7). Wenn eine solche Ankündigung oder Bekanntmachung aber nicht mehr erkennbar ist, sondern Abbildungen sich in großflächigen Darstellungen der Kunstwerke erschöpfen, erkennt der durchschnittliche Verkehr diese nicht mehr als Ankündigung für eine Veranstaltung, sondern nimmt sie als eigenen Werkgenuss wahr.

Zur Werbung für die Ausstellung oder den Verkauf ist die Präsentation von **13** Werken in Anzeigen, Werbeprospekten, Katalogen, auf Plakaten, im Fernsehen oder im Internet – die Neuregelung gibt jede derzeit mögliche oder künftig neu entstehende Art der Darstellung in der Öffentlichkeit frei – dann **erforderlich,** wenn sie *ausschließlich* diesem Zweck dient. Museumskataloge sind deshalb im Regelfall – wie im bisherigen Recht – von Abs. 1 nicht freigegeben (jedoch vgl. Rn. 17 zu Abs. 2). Im Übrigen ist zwar davon auszugehen, dass kein Kunsthändler oder Versteigerer (auch die Versteigerung ist öffentlicher Verkauf) und erst recht kein Museumsleiter, eine Werbung, die stets Geld kostet, veranlasst, wenn er sich davon keinen Erfolg verspricht. Andererseits reicht das alleine nicht, denn der Begriff der Erforderlichkeit legt eine enge Auslegung nahe (zu Recht Dreier/Schulze/*Dreier*[5] Rn. 7). Die Erforderlichkeit der Werbung – und damit die von § 58 Abs. 1 gewährte Nutzungsfreiheit – wird deshalb zu verneinen sein, wenn die fragliche Werbung nicht **unmittelbar und ausschließlich** dem Besuchs- oder Verkaufszweck dient (so schon für das frühere Recht BGH GRUR 1993, 822, 823 – *Katalogbild* und BGH GRUR 1994, 800, 802 – *Museumskatalog*). Schricker/Loewenheim/*Vogel*[5] Rn. 17 nennt zutreffend als Beispiel dafür, dass diese Bedingung *nicht* erfüllt ist, die Abbildung von Werken auf zum Kauf angebotenen Souvenirartikeln. Der Begriff der Erforderlichkeit erfordert eine Abwägung des notwendigen Handlungsspielraums des Veranstalters mit den Interessen des Urhebers (Dreier/Schulze/*Dreier*[5] Rn. 7), die z. B. im Falle einer fast 70-seitigen Werbestrecke von Werken in einer Kunstzeitschrift für eine Auktion zugunsten des Urhebers ausfällt (LG Berlin ZUM-RD 2007, 421, 422; das KG hatte eine Zurückweisung der Berufung mangels Erfolgsaussichten angekündigt), zumal hier schon zweifelhaft war, ob überhaupt eine **konkrete Veranstaltung** beworben wurde oder nicht vielmehr Imagewerbung betrieben wurde; letztere ist von § 58 Abs. 1 nicht erfasst.

Privilegiert von § 58 Abs. 1 ist nur derjenige, der die Ausstellung oder Versteigerung **veranstaltet,** also der die organisatorische und finanzielle Verantwortung trägt (Dreier/Schulze/*Dreier*[5] Rn. 5). Dieser Veranstalter muss den Katalog oder die Anzeige nicht selber drucken, aber er muss sie verantworten, mithin Herausgeber oder verantwortlicher Auftraggeber für den Verlag sein (LG Berlin ZUM-RD 2007, 421, 422; das KG hatte eine Zurückweisung der Berufung mangels Erfolgsaussichten angekündigt: für eine 70-seitige Anzeigenstrecke in einer Kunstzeitschrift; Dreier/Schulze/*Dreier*[5] Rn. 5). Ausgeschlossen von der Privilegierung des § 58 Abs. 1 sind aber solche Publikationen, die von Dritten anlässlich einer Ausstellung herausgegeben werden (Dreier/Schulze/ *Dreier*[5] Rn. 5; BeckOK UrhR/*Grübler*[16] Rn. 8; Wandtke/Bullinger/*Lüft*[4]

Rn. 5). Dies ist z. B. auch der Betreiber einer Internet-Suchmaschine, der schon deshalb sich nicht auf § 58 berufen kann (OLG Jena MMR 2008, 408, 410 – *Thumbnails*; in der Revisionsentscheidung insoweit nicht mehr aufgegriffen; Schricker/Loewenheim/*Vogel*[5] Rn. 15).

15 Neben der Vervielfältigung (§ 16) und der Verbreitung (§ 17) privilegiert § 58 Abs. 1 auch die öffentliche Zugänglichmachung (§ 19a). Diese Aufzählung ist abschließend. Sie erfasst aber wegen des allgemeineren Wortlauts des neuen § 58 auch Werbeprospekte oder Plakate. Die **Freiheit** auch **der öffentlichen Zugänglichmachung** zu Werbezwecken zugunsten des Kunsthandels und der Museen in Abs. 1 erlaubt diesen nicht nur die **offline-**, sondern auch die **online-Werbung**, also beispielsweise durch CD-ROM einerseits und im Internet – z. B. für eine Online-Versteigerung – andererseits (Dreier/Schulze/*Dreier*[5] Rn. 2; Schricker/Loewenheim/*Vogel*[5] Rn. 16; Wandtke/Bullinger/*Lüft*[4] Rn. 6).

3. Nutzung in Verzeichnissen (§ 58 Abs. 2 a. F., nunmehr § 60e)

16 Nach § 60f i. V. m. § 60e Abs. 3 und § 60h dürfen Museumskataloge ohne einen Zeitbezug zu einer Ausstellung sowie Bestandskataloge nur gegen Vergütung verbreitet werden (weil das Verbreitungsrecht in § 60e Abs. 2 und Abs. 3 geregelt ist, auf den § 60h nicht verweist). Das ändert die Rechtslage im Verhältnis zu § 58 Abs. 2 a. F. Zudem ist die Einschränkung des § 58 Abs. 2 a. F. entfallen, dass mit dem Verbreiten der Gegenstände kein unmittelbarer Erwerbszweck verfolgt werden darf. Dieser findet sich lediglich in § 60e Abs. 1 für Bibliotheken mit dem Ausschluss „kommerzieller Zwecke". Die dargestellte Normenkette (ehemals § 58 Abs. 2) erweitert die Freigabe der Nutzung von Werken nach § 2 Abs. 1 Nr. 4 bis 6 zur Werbung für Ausstellungen und öffentliche Verkäufe um die sog. Katalogbildfreiheit. Sie gilt nunmehr zugunsten öffentlich zugänglicher Bibliotheken (§ 60e), Archiven, Einrichtungen im Bereich des Film- oder Tonerbens sowie öffentlich zugänglicher Museen und Bildungseinrichtungen (§ 60f). Zu Details vgl. § 60e Rn. 7.

17 *[derzeit leer]*

18 *[derzeit leer]*

III. Prozessuales

19 Derjenige, der sich auf § 58 beruft, muss die ihm günstigen Voraussetzungen der Norm nach den allgemeinen Grundsätzen der Beweisverteilung substantiieren und ggf. beweisen.

IV. Verhältnis zu anderen Normen

20 § 58 lässt – wie alle Beschränkungen der absoluten Rechte des Urhebers im 6. Abschnitt des UrhG – das **Urheberpersönlichkeitsrecht** ebenso unberührt wie das **Änderungsverbot** des § 62. Bei allen von § 58 freigegebenen Nutzungen ist also der Urheber des genutzten Werkes zu nennen, wenn er dies nicht im Einzelfall ausgeschlossen hat (§ 13 S. 2). Änderungen sind nur zulässig, soweit sie durch die Art der Vervielfältigung bedingt sind (Verkleinerungen); bei der Verkleinerung für sog. Thumbnails sind die Grenzen des Änderungsverbots überschritten (OLG Hamburg ZUM 2008, 522, 525 – *Google Thumbnails*; insoweit nicht von der Revisionsentscheidung des BGH hierzu aufgegriffen). Die Schwarz-Weiß-Wiedergabe eines mehrfarbigen Werkes überschreitet in aller Regel die Grenzen des Entstellungsverbots (§ 14); sie ist angesichts des Fortschritts der Technik im Bereich der Farbkopie auch nicht mehr zu rechtfertigen.

Entsprechendes gilt für Ausschnitte (insoweit a. A. Dreier/Schulze/*Dreier*[5] Rn. 15).

§ 59   Werke an öffentlichen Plätzen

(1) ¹Zulässig ist, Werke, die sich bleibend an öffentlichen Wegen, Straßen oder Plätzen befinden, mit Mitteln der Malerei oder Graphik, durch Lichtbild oder durch Film zu vervielfältigen, zu verbreiten und öffentlich wiederzugeben. ²Bei Bauwerken erstrecken sich diese Befugnisse nur auf die äußere Ansicht.

(2) Die Vervielfältigungen dürfen nicht an einem Bauwerk vorgenommen werden.

Übersicht   Rn.

I.   Allgemeines

1.   Sinn und Zweck

Auch diese Schranke hat eine umgangssprachliche Bezeichnung erhalten, näm-   **1**
lich die der **Panoramafreiheit** (BGH GRUR 2003, 1035 Tz. 27 – *Hundertwas-ser-Haus*). Abbildungen aus dem öffentlichen Raum, die ohnehin kaum kontrollierbar wären, sollen weitgehend freigestellt werden. Umgekehrt ergibt sich aber aus § 59 kein Recht, fremde Grundstücke zu betreten (LG Hamburg ZUM 2012, 819, 821 – *Nutzungsentschädigung für Dreharbeiten auf Grundstück*). § 59 soll den öffentlichen Raum von Verbietungsrechten möglichst freihalten und dient damit dem Meinungsaustausch in öffentlichen Angelegenheiten (*Schack*, Anm. zu BGH GRUR 2017, 798, 802 – *AIDA Kussmund*).

Im Rahmen des Fragebogens des Bundesministeriums der Justiz zu einem etwa-   **2**
igen sog. 3. Korb stellt das Ministerium auch eine Frage zu § 59; nämlich u. a., ob entsprechend der Empfehlung der Enquête-Kommission „Kunst und Kultur in Deutschland" (Bericht KultDtl – BT-Drs. 16/7000, S. 267) in § 59 Abs. 1 eine Vergütungspflicht für die Abbildung von Werken – ausgenommen Bauwerken – im öffentlichen Raum einzuführen sei, die dann eintritt, wenn die Abbildung gewerblich verwertet wird und die Darstellungsabsicht sich auf das jeweilige Werk richtet. Nach Einschätzung der Enquête-Kommission würde eine solche Vergütungspflicht im Interesse von Kunstschaffenden liegen und den seit der Einführung des § 59 veränderten Rahmenbedingungen Rechnung tragen. Art. 5 Abs. 3 lit. h der EU Info-RL stellt es frei, ob im nationalen Recht eine Vergütungspflicht vorgesehen wird oder nicht.

2. Früheres Recht

3 Abs. 1 wiederholt den Rechtsgedanken des § 20 KUG in redaktionell verbesserter Form und dehnt ihn auf die öffentliche Wiedergabe aus.

3. EU-Recht

4 § 59 existierte im deutschen Recht schon vor der Info-RL der EU. Gleichwohl enthält Art. 5 Abs. 3 lit. h der EU Info-RL nunmehr eine EU-rechtliche Vorgabe, wonach eine Schranke vorgesehen werden kann für die Nutzung von Werken, wie solchen der Baukunst oder Plastiken, die dazu angefertigt wurden, sich bleibend an öffentlichen Orten zu befinden. Damit ist die Bestimmung nun **richtlinienkonform** auszulegen. Das EU-Parlament hat auf einen Initiativbericht einer Abgeordneten der Piratenpartei hin über Umfang, Grenzen und etwaige Erweiterung der Panoramafreiheit diskutiert, eine Änderung schlussendlich aber abgelehnt (EU Parlament REF 20150701STO72903).

4. Internationale Konventionen

5 Es gibt weder in der RBÜ noch im WUA oder einem anderen internationalen multinationalen Abkommen Vorgaben für eine Schranke wie § 59. Allerdings ist – wie bei allen Schranken – der sog. Dreistufentest (s. dazu vgl. Vor §§ 120 ff. Rn. 21) zu beachten, der in Art. 9 Abs. 2 RBÜ geregelt ist (dazu Schricker/Loewenheim/*Vogel*[5] Rn. 12 m. w. N. in Fn. 41).

II. Tatbestand

1. Öffentliche Straßen, Wege und Plätze

6 **Öffentliche Straßen, Wege und Plätze** sind nur die jedermann frei zugänglichen, im Gemeingebrauch stehenden Grundstücke dieser Art. Dass sie Tag und Nacht zugänglich sind, ist nicht erforderlich (so schon RGSt 40, 125, 126 für öffentliche Friedhöfe). Es kommt auch nicht darauf an, wem sie gehören; auch ein für den öffentlichen Verkehr freigegebener Privatweg oder Privatpark steht im Gemeingebrauch. Dagegen fällt **Privatgelände**, das zwar ständig Publikumsverkehr hat, aber durch Umzäunung und Torkontrollen von freiem Zutritt abgeschirmt wird (Beispiel: das Verwaltungsgebäude von Peter Behrens auf dem Gelände der Farbwerke Hoechst AG in Frankfurt, an dem täglich viele tausend Menschen vorübergehen), *nicht* unter § 59. Die Bestimmung ist als **Ausnahmebestimmung** eng auszulegen (OLG München AfP 1988, 45 für ein Klinikum; s. schon BGH GRUR 1975, 500, 501 f. – *Schloss Tegel* für einen eingeschränkt zugänglichen Privatpark, dort zu § 985 BGB). Die East Side Gallery in Berlin mit ihren Mauerbildern befindet sich an einem solchen Ort (BGH GRUR 2017, 391 Tz. 24 – *East Side Gallery*). In Österreich gilt – trotz der etwas abweichenden Formulierung *„die sich an einem dem öffentlichen Verkehr dienenden Orte befinden"* in § 54 Abs. 1 Nr. 5 ÖstUrhG, s. Anh. II – insoweit Entsprechendes (OGH ÖBl. 1995, 81 – *Glasfenster*); jedoch vgl. Rn. 2.

7 **An** einer öffentlichen Straße befinden sich die auf den angrenzenden Grundstücken befindlichen Werke, *soweit* sie von der Straße aus frei sichtbar sind, also nicht etwa die Rückfront oder das Innere eines Gebäudes (anders das österreichische Recht, OGH GRUR Int. 1991, 56 – *Adolf-Loos-Werke*). Luftaufnahmen sind von § 59 nicht freigegeben, weil sie nicht auf einer Sicht von der Straße aus beruhen; sonst hätte der Gesetzgeber allgemeiner „Werke, die sich im Freien befinden" formuliert. Von der Straße aus sichtbar ist ferner nicht, was man nur vom Balkon oder gar vom Dach eines benachbarten Gebäudes oder dadurch sehen kann, dass man die Hecke auseinanderbiegt oder ein Loch in den Bretterzaun bohrt (Beispielfall OLG München GRUR 2005, 1038 – *Hundertwasser-Haus II*: Aufnahme von einer Privatwohnung aus, die in einem oberen Stockwerk des gegenüberliegenden Hauses Löwengasse 28 liegt). Ein an einem **Seeschiff** außen angebrachtes Werk ist eines, das § 59 unterfällt (OLG Köln GRUR 2016, 495 – *AIDA-Kussmund;* BGH GRUR 2017, 798 Tz. 21 ff. – *AIDA Kussmund*). Frei sichtbar ist, was sich dem unbewaffneten Auge darbietet. Was man nur mit Hilfe eines Teleobjektives erkennen kann, liegt nicht mehr „an" der Straße (a. A. Dreier/Schulze/*Dreier*[5] Rn. 4; wie hier Schricker/Loewenheim/*Vogel*[5] Rn. 17; HK-UrhR/*Dreyer*[3] Rn. 5). Auch die Zuhilfenahme einer Leiter, um über eine Mauer oder Hecke schauen zu können, lässt das Privileg des Abs. 1 nicht entstehen. Von der Straße aus sichtbar sind meist Bauwerke (LG Freiburg GRUR 1985, 544 – *Fachwerkhaus* und OLG Bremen NJW 1987, 1420; BGH GRUR 1990, 390 f. – *Friesenhaus,* zu § 985 BGB), aber auch etwa eine Skulptur im Vorgarten oder ein Gartentor (OLG Hamburg GRUR 1974, 165, 167 – *Gartentor*), zur Zeit der deutschen Teilung auch Bilder an der Mauer (BGH v. 23.2.1995 – I ZR 68/93, GRUR 1995, 673, 674 f. – *Mauer-Bilder*). Entscheidend ist, dass das Werk in einer Perspektive wiedergegeben wird, die nicht ausschließlich von einem der Allgemeinheit unzugänglichen Ort aus wahrnehmbar ist (OLG Köln GRUR 2016, 495 – *AIDA-Kussmund*). Bahnhofshallen, U-Bahnhöfe, Straßen- und Fußgängertunnel, Passagen, Hausdurchgänge und Atrien fallen nicht unter § 59; **Abs. 1 S. 2** beschränkt die Freigabe auf die **äußere Ansicht von Bauwerken** (das verkennen Dreier/Schulze/*Dreier*[5] Rn. 3 und Wandtke/Bullinger/*Lüft*[4] Rn. 3; wie hier Schricker/Loewenheim/*Vogel*[5] Rn. 14, *Schack,* Urheber- und UrhebervertragsR[7] Rn. 567; auch BGH GRUR 2003, 1035, 1037 – *Hundertwasser-Haus*). Ob die Ansicht z. B. einer **Brücke** (wenn diese urheberrechtlichen Schutz genießt), die als **3D-Element für einen Film** nachgebaut wurde (zum Nachbau unten vgl. Rn. 9) und im Rahmen des Film wiedergegeben wird, noch unter dieses Tatbestandsmerkmal fällt, wird davon abhängen, ob die Brücke in einer Ansicht gezeigt wird, die für das normale Auge so sichtbar ist; dann dürfte es sich noch um ein Bauwerk an einem öffentlichen Platz handeln, auch wenn Platz hier im übertragenen Sinne zu verstehen ist.

2. Bleibend

Ob sich das Werk **bleibend** an seinem öffentlichen Standort befindet, bestimmt **8** sich nicht nach seiner Konsistenz gegen Witterungseinflüsse, sondern danach, ob der Verfügungsberechtigte den Willen hat, es wieder fortzuschaffen (LG Hamburg GRUR 1989, 591, 592 – *Neonrevier;* BGH GRUR 2002, 605, 606 – *Verhüllter Reichstag,* eingehend *Hess* FS Nordemann I S. 89, 94). Deshalb sind zwar einerseits Pflastermalereien und andere aufgedrängte Bildwerke an Hauswänden u. a., andererseits aber nicht etwa Werke im Schaufenster oder in städtischen Omnibussen von § 59 freigegeben (*v. Gamm* Rn. 2; Schricker/Loewenheim/*Vogel*[5] Rn. 23; BeckOK UrhR/*Grübler*[16] Rn. 5; *Schack,* Urheber- und UrhebervertragsR[7] Rn. 568; für Omnibusse a. M. Schricker/Loewenheim/*Vogel*[4] Rn. 5 und BGH GRUR 2017, 798 Tz. 29 – *AIDA Kussmund*). Ein seit fünf Jahren an demselben öffentlichen Ort installiertes Kunstwerk befindet sich ohne Rücksicht auf eine Veränderungsabsicht des Künstlers und die Modalitäten der Installation „bleibend" dort (OLG Köln ZUM-RD 2012, 593 – *Liebe Deine Stadt*). Zu Christos *Verhülltem Reichstag* hat es eine Kontroverse in der Literatur gegeben; die Befürworter einer Anwendung des § 59 meinten, „bleibend" sei auch, was nicht unzerstört fortgeschafft werden könne (*Weberling* AfP 1996, 34; *Pöppelmann* ZUM 1996, 393; *Kleinke* AfP 1996, 396). Aber § 59 ist die gesetzliche Ausprägung eines Nutzungsrechtsverzichts zugunsten der Allgemeinheit (vgl. Vor §§ 28 ff. Rn. 2); es kommt deshalb allein darauf an, ob die subjektive Zweckbestimmung durch den Urheber objektiv als Widmung zu verstehen ist (so schon Begr. LUG, *Marcel Schulze,* Mat. UrhG S. 170; Schack Anm. zu BGH GRUR 2017, 798, 802 – *AIDA Kussmund;* nicht ganz klar aber BGH GRUR 2017, 798 Tz. 32 „aus Sicht der Allgemeinheit" aber Tz. 33 „bestimmungsgemäß" – *AIDA Kussmund*). Der Pflastermaler überlässt das fertige Bild seinem Schicksal. Der Künstler, der sein Werk nach Ablauf eines vorgesehenen Zeitraums wieder abbauen will, behält sich sein Bestimmungsrecht vor (LG Frankenthal ZUM-RD 2005, 408, 409 f. – *Grassofa*). Ob das Werk dabei seine Gestalt verändert oder nicht, ist insoweit ohne Bedeutung (ebenso *Pfennig* ZUM 1996, 658; *Müller-Katzenburg* NJW 1996, 2341, 2344; *Ernst* AfP 1997, 458, 459).

3. Grenzen (auch Abs. 2)

9 § 59 erlaubt grundsätzlich nur die **zweidimensionale Nutzung** der freigegebenen Werke „mit Mitteln der Malerei, Grafik, Lichtbild oder Film". Das Spielzeugmodell eines geschützten Bauwerks oder Denkmals ist also nicht privilegiert; seine Verwertung wäre im Übrigen schon deshalb im Regelfall von dem Erwerb entsprechender Nutzungsrechte abhängig, weil § 59 nur den Werkteil freigibt, der von der Straße aus frei sichtbar ist (vgl. Rn. 2). Im wohl häufigsten Fall der Inanspruchnahme der Bestimmung durch Lichtbild (Schricker/Loewenheim/*Vogel*[5] Rn. 26) beschränkt sich die Werkdarstellung ohnehin auf das, was der Fotograf von der Straße aus sieht (vgl. Rn. 2). Ein **3D-Nachbau** der in Rn. 2 a E. genannten Brücke dürfte – da er selbst nur ein „Zwischenprodukt" für die zweidimensionale Abfilmung ist – zulässig sein, zumal man den Begriff der Grafik auch an die **technische Fortentwicklung** anpassen muss. Ebenso dürften **computergestützte Grafiken** zulässig sein. Die Aufbringung einer zweidimensionalen Fotografie eines der Mauerbilder der Berliner East Side Gallery auf einem dreidimensionalen Architekturmodell hält sich noch im Rahmen des § 59 (BGH GRUR 2017, 391 Tz. 30 f. – *East Side Gallery*).

10 **Vervielfältigung und Verbreitung** dürfen zu jedem beliebigen Zweck erfolgen (Ausnahme: Verbreitung des Originals, BGH GRUR 1995, 673, 675 – *Mauer-Bilder*). Deshalb kann man die äußere Ansicht eines Denkmals, eines Gebäudes oder einer ganzen Anlage auch zu gewerblichen Zwecken reproduzieren (Begr. LUG, *Marcel Schulze*, Mat. UrhG S. 170; OLG Bremen NJW 1987, 1420; ebenso für das österreichische Recht OGH GRUR Int. 1996, 73, 74 – *Hundertwasserhaus*), z. B. für Postkarten, Stadtführer, Konversationslexika usw. Auch gegen ihre Verwendung als Marke lässt sich nichts einwenden. Wegen der in solchen Fällen meist erforderlichen Stilisierung oder Vereinfachung vgl. Rn. 6 (Beispiel: Das Hoechst-Firmenzeichen mit der stilisierten Wiedergabe des Verwaltungsgebäudes von Peter Behrens, vgl. Rn. 1). Die Vervielfältigung darf nicht an einem Bauwerk, d. h. an der äußeren Ansicht (z. B. durch Relief oder Malerei) vorgenommen werden (**Abs. 2**). Fälle dieser Art sind bisher nicht bekannt geworden.

11 Eine **Bearbeitung** oder sonstige Umgestaltung darf nach dem Wortlaut des § 62 Abs. 1 nicht stattfinden; die Quellenangabe ist in § 63 Abs. 1 sogar ausdrücklich auch für § 59 vorgeschrieben. Das ist in dieser Allgemeinheit sicher ein Redaktionsversehen. Vielmehr ist zu differenzieren:
- Der **Fotograf** beschränkt sich auf die Vervielfältigung der äußeren Ansicht. Er braucht dafür kein Änderungsrecht; soweit die Verkleinerung Vereinfachungen mit sich bringt, sind diese von § 39 gedeckt, den § 62 Abs. 1 S. 2 ausdrücklich nennt. Von diesem Verwerter kann man auch erwarten, dass er bei einer etwaigen Verwertung des Lichtbilds Ross und Reiter nennt. Auf ihn ist die gesetzliche Regelung offenbar zugeschnitten. Er darf übrigens auch Bearbeitungen, sonstige Umgestaltungen (soweit sie nicht von § 39 gedeckt sind) oder gar Entstellungen, die Dritte an dem Werk unerlaubt vorgenommen haben, nicht dadurch seinerseits verwerten, dass er Fotos davon herstellt und verbreitet (*Ernst* AfP 1997, 458, 459 f. für das sogenannte *Freiburger Holbein-Pferd;* unzutreffend LG Mannheim GRUR 1997, 364, 365, das meint, die Befugnis zur Verwertung eines öffentlich aufgestellten Werks sei nur durch das Verbot *eigener* Bearbeitung aus § 62 Abs. 1 be-

grenzt, jedoch übersieht, dass das Verbotsrecht des § 14 sich gegen *jedermann* richtet, auch gegen den, welcher eine von Dritten begangene Entstellung seinerseits lediglich verwertet, vgl. § 14 Rn. 75).

– Das Gegenstück bildet der **Maler**, der das Werk zum *Sujet* nimmt. Er malt es so, wie er es sieht, nicht wie es ist. In einem solchen Fall wird in aller Regel freie Benutzung (§ 24) vorliegen, sodass § 59 und damit die §§ 62, 63 gar nicht erst zum Zuge kommen.

– Es bleibt jedoch die zwischen beiden liegende Gruppe derer, die zwar „naturgetreu" abbilden, aber dabei doch schöpferisch tätig sind: Realisten, Neo-Realisten und Sonntagsmaler. Auch ihnen wollte der Gesetzgeber freie Hand lassen; sonst hätte er nicht ausdrücklich die Vervielfältigung *mit Mitteln der Malerei oder Graphik* erlaubt. In den Grenzen des § 59 sind also jedenfalls die Verwertungsrechte der §§ 15–23 für Maler und Graphiker freigegeben; sie dürfen sogar bearbeiten (§ 23), also auch – *a maiore ad minus* – ändern (§ 39 Abs. 1; anders für das österreichische Recht OGH GRUR Int. 1996, 73, 74 – *Hundertwasserhaus*). Die Urheberpersönlichkeitsrechte des Originalurhebers aus den §§ 13 und 14 sind allerdings auch von ihnen zu beachten. OLG Hamburg GRUR 1974, 165, 167 – *Gartentor* betrifft den anders gelagerten Fall der bloßen Vervielfältigung. Die Verwertung von Christo's *Verpacktem Reichstag* auf einer Gedenkmedaille scheiterte schon am Fehlen des Merkmals „bleibend" (vgl. Rn. 2; BGH GRUR 2002, 605, 606 – *Verhüllter Reichstag* und die Vorinstanz: KG GRUR 1997, 128 f. und 129, 130).

– Solange **keine freie Benutzung** vorliegt, ist eine naturgetreue fotografische Wiedergabe des Werkes, aber keine durch digitale **Bildbearbeitung verfälschte Abbildung** urheberrechtlich zulässig (OLG Köln ZUM-RD 2012, 593 – *Liebe Deine Stadt*).

Abs. 2 schließt jede Art der Vervielfältigung der von Abs. 1 freigegebenen Werke an einem Bauwerk aus. Das Denkmal auf dem Marktplatz darf also nicht an der Wand eines der Häuser ringsum „wiedergespiegelt" werden. Das künstlerisch gestaltete – oder auch nur architektonisch besondere, also jedenfalls urheberrechtlich geschützte – neue Rathaus einer mitteldeutschen Kleinstadt anderswo einfach nachzubauen wäre unzulässig. Fälle solcher Art sind in den mittlerweile fast fünf Jahrzehnten der Existenz der Bestimmung nicht bekannt geworden.   **12**

III. Prozessuales

Derjenige, der sich auf § 59 beruft, muss die ihm günstigen Voraussetzungen der Norm nach den allgemeinen Grundsätzen der Beweisverteilung substantiieren und ggf. beweisen.   **13**

IV. Verhältnis zu anderen Normen

1. Allgemeines

§ 59 lässt – wie alle Beschränkungen der absoluten Rechte des Urhebers im 6. Abschnitt des UrhG – das **Urheberpersönlichkeitsrecht** ebenso unberührt wie das **Änderungsverbot** des § 62. Bei allen von § 59 freigegebenen Nutzungen ist also der Urheber des genutzten Werkes zu nennen, wenn er dies nicht im Einzelfall ausgeschlossen hat (§ 13 S. 2). Änderungen sind nur zulässig, soweit sie durch die Art der Vervielfältigung bedingt sind.   **14**

2. Verhältnis zum Markenrecht

§ 59 kann ein Recht Dritter im Sinne des Markenrechts sein, wenn eine Figur zur Marke angemeldet wird, deren Abbildung in den Grenzen des § 59 – aber   **15** eben nicht darüber hinaus – unter die Panoramafreiheit fallen würde (BPatG GRUR-RR 2009, 58 – *Hooschebaa*).

3. Verhältnis zum Sacheigentum

16 Das Urheberrecht bezieht sich lediglich auf den geistigen Gehalt eines Werkes und besteht unabhängig vom Sacheigentum an dem Werkstück (ablesbar z. B. an § 44 UrhG). Neben dem Urheberrecht verschafft auch das Sacheigentum eine umfassende Verfügungsbefugnis, insbesondere mit der Möglichkeit, Dritte von der Nutzung des Eigentums auszuschließen und Eigentumsstörungen zu untersagen. Dies war in jüngster Vergangenheit gerade bei Gegenständen, deren urheberrechtlicher Schutz lange abgelaufen war (z. B. das architektonische Werk Knobelsdorff's Schloss Sanssouci) Gegenstand gerichtlicher Auseinandersetzungen. Dabei sind zwei Aspekte des Sacheigentums zu unterscheiden: Zum einen steht dem Eigentümer eines Grundstücks das **Hausrecht** in den auf dem Grundstück belegenen z. B. Museen und Sammlungen zu; der Eigentümer kann also den Zugang regeln, z. B. mit bestimmten Bedingungen versehen (s. hierzu BGH GRUR 2006, 249 – *Hörfunkrechte*). Zum anderen hatte die Rechtsprechung anerkannt, dass die **gewerbliche Verwertung von Fotoaufnahmen**, die unter Betreten eines fremden Grundstücks angefertigt wurden, aus dem Sacheigentum verbietbar sein kann (BGH NJW 1975, 778, 779 – *Schloss Tegel* und BGH GRUR 1990, 390 – *Friesenhaus*). In letzterem Fall hat der BGH den Bogen zu § 59 UrhG gespannt und dessen Rechtsgedanken auch bei abgelaufenem urheberrechtlichen Schutz fruchtbar gemacht. Danach stellen das ungenehmigte Fotografieren eines fremden Hauses und die gewerbliche Verwertung einer solchen Fotografie dann keine Abwehr- und Zahlungsansprüche auslösende Einwirkung auf fremdes Eigentum dar, wenn die Fotografie – ohne dass das Hausgrundstück betreten wird – von einer allgemein zugänglichen Stelle aus angefertigt wird (zweifelnd noch Dreier/Schulze/*Dreier*[3] Rn. 14; nunmehr die aktuelle BGH-Entscheidungspraxis referierend Dreier/Schulze/*Dreier*[5] Rn. 14). In einer Reihe neuerer Entscheidungen hat der BGH, nun allerdings der für Eigentum zuständige 5. Zivilsenat, diese Rechtsprechung bestätigt und fortgeführt (BGH GRUR 2011, 321 – *Schloss Sanssouci I – III*). Danach steht das ausschließliche Recht zur Anfertigung und Verwertung von Fotografien von Bauwerken und Gartenanlagen dem Grundstückseigentümer zu, soweit diese Abbildungen von seinem Grundstück aus angefertigt worden sind. Grundlage sind die aus dem Sacheigentum fließenden Ansprüche aus §§ 903, 1004 BGB hinsichtlich des Anspruchs auf Unterlassung von Eigentumsstörungen sowie aus § 823 BGB auf Schadenersatz wegen unerlaubter Handlung, sowie vertragliche Ansprüche, soweit das Fotografieren aufgrund von Aushängen, Allgemeinen Geschäftsbedingungen oder sonstiger vertraglicher Vereinbarungen bzw. von Nutzungsordnungen verboten oder eingeschränkt ist. Das LG Potsdam hatte dies im Ergebnis ebenso gesehen (LG Potsdam ZUM 2009, 430 mit ablehnender Anm. *Ernst* ZUM 2009, 434 f.). Das OLG Brandenburg sah keine Verletzung des Eigentumsrechts (OLG Brandenburg GRUR 2010, 927 mit zustimmender Anm. *Maaßen* GRUR 2010, 880). Der BGH zählt die Erträge aus der Verwertung genehmigter Aufnahmen zu den Früchten des Grundstücks nach § 99 Abs. 3 BGB (BGH GRUR 2011, 323 ff. Tz. 15 – *Schloss Sanssouci I – III*). Die Verletzung des Eigentumsrechts liegt dann in der Nutzung gegen den Willen des Eigentümers (BGH GRUR 2011, 323 ff. Tz. 17 – *Schloss Sanssouci I – III* unter Verweis u. a. auf BGH NJW 2003, 3702; BGH NJW-RR 2006, 1378: Befüllung eines Gastanks mit fremder Ware). Zum Verschulden die auf die erste BGH-Entscheidung folgende zweitinstanzliche Entscheidung: OLG Brandenburg ZUM-RD 2012, 530. Diese Rechtsprechung, die zu Fotografien von Immobilien ergang, ist nun auch auf **Mobilien,** in diesem Fall Fotografien von Kunstwerken in einem Museum, zu Recht übertragen worden (OLG Stuttgart, Urt. v. 31.5.2017, 4 U 204/16, n. rkr.). Weitere Grenzen, fremdes Sacheigentum abzubilden und zu verwerten, können sich aus **Persönlichkeitsrechten** ergeben (s. BVerfG AfP 2006, 347 – *Luftaufnahmen von Prominentenvillen*; BGH GRUR 2004, 438 – *Feriendomizil I*; BGH GRUR 2004, 442 – *Feriendomizil II*).

Dabei gelten diese Ansprüche auch für **juristische Personen des öffentlichen**   **17**
Rechts, da diese Eigentum erwerben und alle Rechte aus dem Eigentum geltend machen können, die ihnen die einfache Rechtsordnung einräumt (Maunz/Dürig/*Papier* Art. 14 Rn. 212). Auch das hat der BGH nun bestätigt, allerdings mit folgender Einschränkung: Ein öffentlich-rechtlicher Grundstückseigentümer kann öffentlich-rechtlich verpflichtet sein, die Anfertigung und Verwertung solcher Fotografien zu gestatten, wenn auch ggf. nicht unentgeltlich; dies richtet sich nach der die öffentlich-rechtliche Körperschaft konstituierenden Rechtsgrundlage (BGH GRUR 2011, 323 ff. – *Schloss Sanssouci I–III*).

Der BGH hat in seiner "Schloss Tegel"-Entscheidung ohne weiteres aus der   **18**
Sozialbindung des Eigentums gefolgert, ein Schutz des Eigentümers gegen gewerbliche Drittauswerter sei vor allem dann gerechtfertigt, wenn der Sacheigentümer dem Informationsbedürfnis der Öffentlichkeit durch eigene Angebote (in diesem Fall durch das Angebot eigener Postkarten) genüge. Diese äußerst kryptische Bemerkung des BGH wirft eine grundlegende Frage auf, nämlich ob es ein **allgemeines absolutes Recht auf Zugang zu Informationen** gibt. Diese Frage spielt in der Urheberrechtsdiskussion (z. B. im Hinblick auf Reichweite und Grenzen des Rechts der privaten Vervielfältigung) gegenwärtig eine große Rolle, auch hinsichtlich des Schutzes von Informationen gegen unerlaubten Zugriff durch "Digital Rights Management"-Systeme (DRM) (vgl. Vor §§ 87a ff. Rn. 36 ff., vgl. Vor §§ 95a ff. Rn. 31). Bisher sieht unsere Eigentumsordnung durchaus kein Recht auf Zugang zu Informationen vor, die sich in Privatbesitz befinden. Dies kann hinsichtlich öffentlicher Sammlungen anders aussehen. Vielfach befinden sich wertvolle Kunstwerke (Gemälde, Zeichnungen, durchaus aber auch Autographen berühmter Schriftsteller oder Komponisten) in Privatbesitz und sind dort häufig nicht einmal der wissenschaftlichen Forschung zugänglich. Gleichwohl existiert unseres Wissens bislang kein einziger Fall, in dem ein Zugang aus Gesichtspunkten der Sozialbindung des Eigentums und unter Berufung auf ein Recht auf Zugang zu Informationen erfolgreich vor Gericht erzwungen worden wäre. Vor diesem Hintergrund ist äußerst fraglich, ob es hinsichtlich der Frage, ob in Privateigentum stehende Gegenstände fotografiert werden dürfen und ob solche Fotografien kommerziell verwertet werden dürfen, überhaupt eine Rolle spielen darf, ob der Eigentümer eigene Informationsangebote an die Öffentlichkeit richtet.

Wenn der Schutz nur aufgrund der Möglichkeit einer Zugangskontrolle gewährt wird, die aus dem Sacheigentum am Standort des aufgenommenen Gegenstands fließt (und nicht etwa aus dem Eigentum am Gegenstand selbst), werden sich die Verwerter – wie es auch tatsächlich geschieht – darauf berufen, dass nicht sie, sondern die Fotografen sich über ein etwaiges Fotografierverbot hinweggesetzt hätten. Das stelle die Frage nach der **Verantwortlichkeit Dritter.** Da kein absolutes Abwehrrecht aus dem Sacheigentum am Gegenstand bestehe, lasse sich ein Unterlassungsanspruch nur gegenüber dem Fotografen durchsetzen, der die vertraglichen oder durch Nutzungsordnung vorgeschriebenen Nutzungsbeschränkungen gebrochen habe. Schon in seiner "Schloss Tegel"-Entscheidung hatte der BGH dieses Problem erkannt, denn bereits dem damals entschiedenen Fall hatte eine solche Konstellation zugrunde gelegen. Der BGH hielt seinerzeit sogar im Leitsatz fest: „Störer im Sinne des § 1004 BGB ist sowohl derjenige, der die Aufnahmen zu gewerblichen Zwecken anfertigt, ohne hierzu die Erlaubnis des Eigentümers eingeholt zu haben, wie auch derjenige, der die Vervielfältigung und gewerbliche Verbreitung solcher Aufnahmen durchführt." (BGH NJW 1975, 778, 779 – *Schloss Tegel*). Tatsächlich kann einem "mittelbaren Störer" (auch "Zustandsstörer" genannt) eine Beeinträchtigung nur zugerechnet werden, wenn sie wenigstens mittelbar auf seinen Willen zurückzuführen ist. Dies setzt natürlich voraus, dass er von dem Eingriff wusste oder wissen musste (s. stellvertretend Palandt/*Bassenge*[76] § 1004 Rn. 19; *Baur/Stürner* § 12 III (S. 110)). Damit kommt ein Verwerter (also eine gewerbliche Bildagentur) als Eigentumsstörer im Sinne der §§ 903, 1004 BGB tatsächlich nur in Betracht, wenn er davon gewusst hat, dass die Abbildungen rechtswidrig hergestellt oder unter Überschreitung einer Nutzungsbeschränkung angeboten wurden (so nun auch BGH GRUR 2011, 323 ff. – *Schloss Sanssouci I – III*); eine solche Kenntnis kann nach entsprechender Information ohne weiteres gegeben sein (hierzu im Detail vgl. § 97 Rn. 154 ff.). Allerdings kann eine eigene Haftung als Mittäter eines solchen Mittlers schon dadurch begründet werden, dass er sich von einstellenden Fotografen Nutzungsrechte einräumen lässt, sodass es dann nicht mehr auf die Störerfrage ankommt (BGH GRUR 2010, 616 – *marions-kochbuch.de*; insofern Widerspruch zu BGH GRUR 2011, 323 ff. Tz. 10 – *Schloss Sanssouci I*). Ohne Kenntnis muss der Verbreiter derartiger Fotografien aber nicht von einer Rechtswidrigkeit ausgehen (BGH MMR 2015, 458); mit anderen Worten: Die Beweislast liegt beim Eigentümer.

§ 60 Bildnisse

(1) ¹Zulässig ist die Vervielfältigung sowie die unentgeltliche und nicht zu gewerblichen Zwecken vorgenommene Verbreitung eines Bildnisses durch den Besteller des Bildnisses oder seinen Rechtsnachfolger oder bei einem auf Bestellung geschaffenen Bildnis durch den Abgebildeten oder nach dessen Tod durch seine Angehörigen oder durch einen im Auftrag dieser Personen handelnden Dritten. ²Handelt es sich bei dem Bildnis um ein Werk der bildenden Künste, so ist die Verwertung nur durch Lichtbild zulässig.

(2) Angehörige im Sinne von Absatz 1 Satz 1 sind der Ehegatte und der Lebenspartner und die Kinder oder, wenn weder ein Ehegatte oder Lebenspartner noch Kinder vorhanden sind, die Eltern.

I. Allgemeines

1. Sinn und Zweck der Norm, Stellung im Gesetz

1 Die Vorschrift geht auf § 18 Abs. 2 KUG zurück, der das natürliche Interesse des Bestellers an der freien Verfügung über das ihm gelieferte fotografische Bildnis sichern sollte; er sollte frei von den Rechten des Fotografen das Bildnis

selbst oder durch einen anderen vervielfältigen dürfen (Begr. KUG-Entw. v. 28.11.1905 [zu § 22], abgedr. bei *Marcel Schulze*, Mat. UrhG S. 220). § 60 gestattet dem Besteller eines Bildnisses heute aber nur noch die unentgeltliche und nicht zu gewerblichen Zwecken vorgenommene Verbreitung; die Vervielfältigung selbst darf sowohl entgeltlich als auch zu gewerblichen Zwecken erfolgen (vgl. Rn. 9). Zur Zulässigkeit digitaler Vervielfältigungstechniken vgl. Rn. 5 a. E. und 8.

§ 60 ist seit der Änderung durch das Gesetz zur Regelung des Urheberrechts **2** in der Informationsgesellschaft vom 10.9.2003 als gesetzliche Schranke gefasst und kann daher nicht mehr als urhebervertragsrechtliche Auslegungsregel eingeordnet werden (HK-UrhR/*Dreyer* Rn. 3 und 6; Loewenheim/*Axel Nordemann*[2] § 73 Rn. 51 a. E.; a. A. Dreier/Schulze/*Dreier*[5] Rn. 2; BeckOK UrhR/ *Engels*[18] Rn. 2; Schricker/Loewenheim/*Vogel*[5] Rn. 5). Schon die systematische Stellung der Norm bei den Schrankenbestimmungen und nicht bei den urhebervertragsrechtlichen Normen spricht gegen die Annahme einer Auslegungsregelung (so zutr. HK-UrhR/*Dreyer* Rn. 6). Die Annahme einer Schrankenbestimmung erlaubt allerdings die vertragliche Abdingbarkeit, weil sie von der Norm nicht ausdrücklich ausgeschlossen wird (ebenso Dreier/Schulze/*Dreier*[5] Rn. 2; HK-UrhR/*Dreyer* Rn. 6; Schricker/Loewenheim/*Vogel*[5] Rn. 5; a. A. Loewenheim/*Axel Nordemann*[2] § 73 Rn. 51 a. E.). Vertraglich abbedingen kann der Fotograf die Anwendbarkeit von § 60 aber nur im Verhältnis zum Besteller; gegenüber dem nach § 60 ebenfalls berechtigten Abgebildeten, wenn er nicht zugleich der Besteller ist, kann die Vorschrift nicht abbedungen werden, weil zu ihm einerseits kein vertragliches Verhältnis besteht und andererseits eine derartige Vereinbarung in dem Vertrag zwischen dem Fotografen und dem Besteller als Vertrag zu Lasten des Abgebildeten keine Wirkung entfalten könnte. Dann setzt sich die Schrankenbestimmung also in jedem Fall durch (ebenso Dreier/Schulze/*Dreier*[5] Rn. 2; Schricker/Lowenheim/*Vogel*[5] Rn. 5 a. E.).

§ 60 regelt ausschließlich die Beschränkung des Urheberrechts des Fotografen **2a** zugunsten des Bestellers bzw. des Abgebildeten. Die Zulässigkeit der Verbreitung des Bildnisses aus Sicht des Abgebildeten bleibt hiervon unberührt und richtet sich ausschließlich nach §§ 22–24 KUG (LG München I ZUM 2006, 937, 941; s. a. Schricker/Loewenheim/*Vogel*[5] Rn. 10).

Die Vorschrift dürfte heute kaum noch eine Existenzberechtigung besitzen: Zu- **3** nächst ist schon das „natürliche Interesse an der freien Verfügung über das ihm gelieferte fotografische Bildnis", das die Begründung zum KUG-Entwurf vom 28.11.1905 (abgedr. bei *Marcel Schulze*, Mat. UrhG S. 220) noch hervorgehoben hatte, durch die weite Verbreitung der Fotografie und die dadurch eingetretene Erleichterung für jeden Bürger, fotografische Bildnisse auch selbst herstellen zu können, heute nicht mehr anerkennenswert. Außerdem gestattet § 53 Abs. 1 dem privaten Verbraucher ohnehin die Herstellung einzelner Vervielfältigungsstücke auch von Bildnissen; über die private Nutzung hinausgehende, umfangreiche Vervielfältigungs- und Verbreitungshandlungen zu nicht gewerblichen Zwecken wie beispielsweise durch Wahlplakate oder Wahlbroschüren von Politikern müssen aber nicht besonders privilegiert werden, ohne dass der Fotograf für solche Nutzungen auch eine angemessene Vergütung erhält (Loewenheim/*Axel Nordemann*[2] § 73 Rn. 51; zur Kritik an § 60 a. F. schon unsere 9. Aufl./*Wilhelm Nordemann* Rn. 6). Die Regelung des § 60 stellt auch keine gegenüber dem § 53 Abs. 1 vorrangige Sonderregelung für die Vervielfältigung von Bildnissen, die Werke der bildenden Künste sind, dar; beide Regelungen sind vielmehr nebeneinander anzuwenden (BGH GRUR 2014, 974, 978 Tz. 48 – *Porträtkunst*). Außerdem ist es heute durch die fortschreitende Technik ohne weiteres möglich, auch ohne ein Negativ oder eine Datei eine qualitativ von einem Originalabzug kaum zu unterscheidende Kopie anzufertigen (mittels Scannern oder anderen Bild-vom-Bild-Geräten), sodass sich der Fotograf auch nicht mehr durch Einbehalt des Negativs oder der Datei vor Vervielfältigungen schützen kann (ebenso Dreier/Schulze/*Dreier*[5] Rn. 2). Die Vorschrift sollte daher ersatzlos gestrichen werden (a. A. Schricker/Loewenheim/*Vogel*[5] Rn. 13 ff. der davon ausgeht, dass die Neufassung der ehemals berechtigten Kritik an der Norm ausreichend Rechnung trage).

2. Früheres Recht

4 Die Vorschrift ist § 18 Abs. 2 KUG nachgebildet (vgl. Rn. 1). In seiner alten Fassung gestattete § 60 es dem Besteller, Bildnisse durch Lichtbild zu vervielfältigen und unentgeltlich zu verbreiten, was auch dann galt, wenn hinter der unentgeltlichen Verbreitung gewerbliche Zwecke standen (unsere 9. Aufl./*Wilhelm Nordemann* Rn. 5 f.; Lowenheim/*Axel Nordemann*[2] § 73 Rn. 51). Die Reform durch das Gesetz zur Regelung des Urheberrechts in der Informationsgesellschaft vom 10. September 2003 hat dies geändert; nunmehr ist nur noch die unentgeltliche und nicht zu gewerblichen Zwecken vorgenommene Verbreitung zulässig; während § 60 a. F. nur die Vervielfältigung durch Lichtbild gestattete, erlaubt § 60 n. F. nunmehr auch die Vervielfältigung durch andere Techniken (Einzelheiten zur Reform bei Schricker/Loewenheim/*Vogel*[5] Rn. 4). Werke der bildenden Künste dürfen allerdings auch nach der Reform weiterhin nur fotografisch vervielfältigt werden.

3. EU-Richtlinien

5 Es existiert keine EU-Richtlinie, die die Einführung oder Aufrechterhaltung einer Schrankenbestimmung wie der des § 60 fordern würde. Allerdings erlaubt Art. 5 Abs. 3 lit. o) Info-RL Ausnahmen vom Vervielfältigungsrecht für Schrankenregelungen geringer Bedeutung, worunter § 60 fällt (Schricker/Loewenheim/*Vogel*[5] Rn. 4). Es bestehen jedoch Zweifel, ob die Vorschrift die Voraussetzungen des insoweit zwingend vorgeschriebenen 3-Stufen-Tests gem. Art. 5 Abs. 5 Info-RL erfüllt (dazu Walter/*Walter* Info-RL Rn. 93; zum 3-Stufen-Test im Übrigen vgl. Einl. UrhG Rn. 62), also durch § 60 die normale Verwertung des Werkes in diesem bestimmten Sonderfall nicht beeinträchtigt wird und auch die berechtigten Interessen des Rechtsinhabers nicht ungebührlich verletzt werden (vgl. Rn. 3). Jedenfalls ist aber die Vorgabe von Art. 5 Abs. 3 lit. o) Info-RL zu beachten, dass nur die analoge Nutzung zugelassen werden darf; § 60 ist mithin europäisch dahingehend auszulegen, dass digitale Nutzungen nicht von der Vorschrift gedeckt sind (Einzelheiten vgl. Rn. 8 [Vervielfältigung] und vgl. Rn. 12 [Verbreitung]).

4. Internationale Konventionen

6 Eine § 60 vergleichbare Ausnahmebestimmung findet sich in keiner internationalen Konvention.

II. Tatbestand

1. Bildnis

7 **Bildnis** ist die Abbildung eines oder mehrerer *Menschen*. Der Besteller eines Gemäldes, einer Grafik oder eines Holzschnittes kann sich dann auf § 60 berufen, wenn darauf er selbst oder eine andere Person abgebildet wird; der Bildnisbegriff in § 60 beschränkt sich nicht auf fotografische Bildnisse, was schon aus Abs. 1 S. 2 folgt, der Bildnisse in Form von Werken der bildenden Künste insoweit privilegiert, als ihre Verwertung über § 60 nur durch Lichtbild zulässig ist (vgl. Rn. 15). Im Bereich der Fotografie ist es für die Anwendbarkeit von § 60 unerheblich, ob es sich bei dem Bildnis um ein Lichtbildwerk gem. § 2 Abs. 1 Nr. 5 oder ein einfaches Lichtbild gem. § 72 handelt, weil auf die einfachen Lichtbilder die für die Lichtbildwerke geltenden Vorschriften entsprechend anzuwenden sind (vgl. § 72 Rn. 15). Abbildungen von Tieren, Landschaften oder Gebäuden sind keine Bildnisse (Loewenheim/*Axel Nordemann*[2] § 73 Rn. 49; Schricker/Loewenheim/*Vogel*[5] Rn. 16). Auf die Anzahl der abgebildeten Personen kommt es nicht an, sodass beispielsweise auch Hochzeitsfotos oder Gruppenaufnahmen unter die Bestimmung fallen (Loewenheim/*Axel Nordemann*[2] § 73 Rn. 49; Schricker/Loewenheim/*Vogel*[5] Rn. 16). Der Umfang der Abbildung ist ebenfalls gleichgültig, wenn nur der Abgebildete als Person individualisiert ist (z. B. Brustbild, Totenmaske, KG GRUR 1981, 742, 743 – *Totenmaske* I). Auch auf die Art der Abbildung (Zeichnung, Gemälde, Lichtbild, Plastik, Relief) kommt es nicht an. Jedoch kann als „Bildnis" nur die optische Wiedergabe eines äußeren Erscheinungsbildes angesehen werden. Die literarische Schilderung eines Menschen ist kein Bildnis im Sinne des § 60; sie ließe sich als solche wohl auch kaum durch Lichtbild vervielfältigen.

2. Vervielfältigung

Der Begriff der Vervielfältigung richtet sich nach § 16. Sie darf durch alle denk-   **8**
baren Vervielfältigungsmedien vorgenommen werden, also insbesondere fotografisch. Eine Fotografie kann auch durch Umsetzung in ein Werk der bildenden Kunst (z. B. in ein Ölgemälde) vervielfältigt werden, nicht jedoch ein Werk der bildenden Künste in ein anderes Werk der bildenden Kunst; das wird von Abs. 2 ausdrücklich ausgeschlossen. Bei der Verwendung digitaler Vervielfältigungstechniken ist zu unterscheiden: Zunächst ist § 60 wegen Art. 5 Abs. 3 lit. o) Info-RL europäisch dahingehend auszulegen, dass digitale Nutzungen von der Vorschrift nicht gedeckt sind (vgl. Rn. 5). Dies bedeutet aber nicht, dass für die Vervielfältigung keine digitalen Vervielfältigungstechniken eingesetzt werden dürfen, weil die Nutzung dann, wenn eine analoge Vorlage mit Hilfe eines digitalen Mediums vervielfältigt wird, zunächst analog bleibt; das Abfotografieren eines gemalten Portraits oder das Einscannen eines fotografischen Bildnisses fällt mithin als analoge Nutzung noch unter § 60 ebenso wie die Anfertigung eines Abzugs der Fotografie oder eines Ausdrucks des Scanns. Nicht zulässig ist es jedoch, die von einem Fotografen beispielsweise zum Zwecke der Anfertigung von Ausdrucken gelieferte Datei zu kopieren oder die Datei zu vervielfältigen, die infolge des Abfotografierens mit der Digitalkamera oder durch das Einscannen entstanden ist, weil dies jeweils digitale Nutzungen wären. Zur Abgrenzung zwischen analoger und digitaler Vervielfältigung vgl. § 16 Rn. 12 ff.

Ob der Vervielfältigungsvorgang privat oder gewerblich, entgeltlich oder un-   **9**
entgeltlich erfolgt, ist nach der Vorschrift unerheblich.

3. Unentgeltliche und nicht zu gewerblichen Zwecken vorgenommene Verbreitung

Der Begriff der Verbreitung folgt § 17. Die Bildkopien dürfen **unentgeltlich**   **10**
verbreitet, d. h. an jedermann verschenkt werden (vgl. § 17 Rn. 11 ff.). Der Bundestagskandidat kann also sein von dem Ortsfotografen hergestelltes Konterfei ohne dessen Erlaubnis auf allen Wahlplakaten und Postwurfsendungen erscheinen lassen. Er kann es auch der Zeitung geben. Der Verlag jedoch muss die Erlaubnis des Fotografen zur Veröffentlichung einholen, soweit er die Zeitung nicht unentgeltlich abgibt (LG München I UFITA 87 [1980], 338, 340; ebenso für Werbefotos in einem Modekatalog: LG München I ZUM 2006, 937, 941). Frei sind also Veröffentlichungen in Wahlzeitungen, nicht jedoch in Anzeigenblättern, weil deren Entgelte aus Anzeigen fließen, die ihrerseits im Hinblick auf den redaktionellen Teil gegeben werden. Auch die Bildagentur braucht für die Verbreitung des Bildnisses die Erlaubnis des Fotografen.

Der Zweck der unentgeltlichen Verbreitung war bis zur Reform im Jahr 2003   **11**
ohne Bedeutung (vgl. Rn. 4); der Besteller konnte die Bildkopien früher also

auch für seine eigene kommerzielle Werbung einsetzen (OLG Hamm UFITA 91 [1981], 242 – *Song-Do Kwan;* kritisch dazu *Gerstenberg,* in *Erich Schulze* OLGZ 236, 4 f. und Schricker/*Gerstenberg/Vogel*[2] Rn. 11). Heute ist dies nicht mehr möglich. § 60 erlaubt nur noch die nicht zu gewerblichen Zwecken vorgenommene Verbreitung des Bildnisses, wobei der Begriff der Gewerblichkeit die Entgeltlichkeit nicht voraussetzt; es genügt, wenn das Bildnis mit wirtschaftlicher Zielsetzung verwendet wird (LG Köln ZUM-RD 2008, 437, 439 – *Begleitservice*). Wer also zum Zwecke der Eigenwerbung beispielsweise Handzettel mit seinem Bildnis verteilt, handelt, wenn dies seinem geschäftlichen Fortkommen dient, zu gewerblichen Zwecken (Schricker/Loewenheim/*Vogel*[5] Rn. 29; ebenso: LG Köln ZUM-RD 2008, 437, 439 – *Begleitservice*; LG München I ZUM 2006, 937, 941); ist er jedoch Politiker, ist ein solcher Zweck nicht gewerblicher Art und daher von § 60 gedeckt (Loewenheim/*Axel Nordemann*[2] § 73 Rn. 51).

12 Infolge der wegen Art. 5 Abs. 3 lit. o) Info-RL notwendigen europäischen Auslegung (vgl. Rn. 5 und 8) ist nach § 60 nur die analoge Verbreitung des Bildnisses zulässig, nicht aber die Verbreitung in digitaler Form. Das bedeutet, dass die Bildnisse regelmäßig nur in gedruckter oder gemalter Form verbreitet werden dürfen, nicht aber beispielsweise in Dateiform auf einer CD-ROM (zur Vervielfältigung vgl. Rn. 8). Die Verbreitung eines Bildnisses über das Internet, also beispielsweise durch Einstellung auf eine Internet-Homepage, privilegiert § 60 weder zu privaten noch zu gewerblichen Zwecken, weil die Vorschrift nur die Vervielfältigung (§ 16) und die Verbreitung (§ 17), nicht aber die öffentliche Wiedergabe (§§ 19 ff.), insbesondere nicht die öffentliche Zugänglichmachung (§ 19a) privilegiert (vgl. Rn. 14 und OLG Köln ZUM 2004, 227, 228; LG Köln ZUM 2008, 76; LG Köln ZUM-RD 2008, 437, 439; Schricker/Loewenheim/*Vogel*[5] Rn. 11 und 30). Ohnehin würde aber die Einstellung eines Portraitfotos auf einer Internet-Homepage schon daran scheitern, dass dies nicht ohne Durchführung einer digitalen Vervielfältigung möglich wäre, § 60 aber wegen der notwendigen europäischen Auslegung nur die analoge Nutzung erlaubt (vgl. Rn. 5).

13 Sind Besteller und Abgebildeter nicht identisch, so ist die Freigabe des Verbreitungsrechts in Abs. 1 S. 2 nur im Verhältnis Besteller/Urheber wirksam; im Verhältnis Besteller/Abgebildeter kommt § 22 KUG zur Anwendung, der die Verbreitung des Bildnisses nur mit Zustimmung des Abgebildeten zulässt. Dessen Erlaubnis muss also gegebenenfalls zusätzlich eingeholt werden (vgl. Einl. UrhG Rn. 88).

4. Nicht gedeckte Nutzungshandlungen

14 § 60 deckt nur die Vervielfältigung und Verbreitung (§§ 16, 17), nicht aber die Verwertung in unkörperlicher Form durch öffentliche Wiedergabe (§§ 15 Abs. 2, 19 ff.). Das bedeutet, dass der Besteller des Bildnisses oder der Abgebildete abfotografieren, abzeichnen, abmalen oder nachbilden darf und solche Vervielfältigungen dann auch unentgeltlich und zu nicht gewerblichen Zwecken verbreiten kann. Er darf jedoch das Bildnis, sofern es noch unveröffentlicht ist, nicht ausstellen (§ 18). Er darf ferner das Bildnis insbesondere nicht vorführen (§ 19 Abs. 4) und es auch nicht öffentlich zugänglich machen (§ 19a); Nutzungen im Internet deckt also § 60 in keinem Fall ab (s. OLG Köln ZUM 2004, 227, 228; LG Köln ZUM-RD 2008, 437, 439 – *Begleitservice*; LG Köln ZUM 2008, 76; Schricker/Loewenheim/*Vogel*[5] Rn. 11 und 30; vgl. Rn. 12). Ferner darf das Bildnis nicht bearbeitet oder sonst wie geändert werden; vor allem Übermalungen sind mithin nicht zulässig, es sei denn, der Urheber könnte die Änderung nach Treu und Glauben nicht versagen (§ 62 Abs. 1 S. 2 i. V. m. § 39 Abs. 2; vgl. § 62 Rn. 7 und 10). Das früher vielfach übliche Nachkolorieren von Fotos wird nicht von § 60 gedeckt (Schricker/Loewenheim/*Vogel*[5] Rn. 26; *Schack*, Urheber- und UrhebervertragsR[7] Rn. 563). Ein Anspruch des Bestellers auf Herausgabe der Negative bestellter Fotos lässt sich aus § 60 nicht herleiten (LG Wuppertal GRUR 1989, 54, 55 – *Lichtbild-Negative*).

5. Sonderfall: Werke der bildenden Künste

§ 60 Abs. 1 S. 2 stellt klar, dass bei Bildnissen, die in Form von Werken der **15** bildenden Künste geschaffen worden sind, also insbesondere bei Gemälden, Zeichnungen, Grafiken und Plastiken, nur die Vervielfältigung durch Lichtbild zulässig ist. Bildnisse in Form von Werken der bildenden Künste dürfen also nur fotografiert, nicht aber nachgemalt, nachgedruckt oder nachgebildet werden.

6. Berechtigte Personen (Abs. 1 und Abs. 2)

Nach § 60 berechtigt ist zunächst der Besteller eines Bildnisses, d. h. derjenige, **16** der mit dem Fotografen den Vertrag über die Anfertigung des Bildnisses geschlossen hat (zu Bildnisbestellverträgen Loewenheim/*Axel Nordemann*[2] § 73 Rn. 49 ff.). Berechtigt ist ferner derjenige, der auf dem Bildnis abgebildet ist; der Umfang der Abbildung ist gleichgültig, wenn nur der Abgebildete als Person individualisierbar ist (vgl. Rn. 7). Schließlich sind berechtigt der **Rechtsnachfolger** des Bestellers (Abs. 1); das kann jeder rechtsgeschäftliche Erwerber der Rechte des Bestellers, aber auch sein gesetzlicher Rechtsnachfolger (z. B. Erbe) sein. **Angehörige** des Abgebildeten sind nach der einschränkenden Regelung des Abs. 2 Ehegatte, Lebenspartner und Kinder, wenn keiner dieser vorhanden ist, die Eltern, nicht aber die Enkel oder der geschiedene Ehegatte, aber nach Art. 1 Nr. 3 des Gesetzes über die Stellung der nichtehelichen Kinder vom 19.8.1969 (BGBl. I S. 1243) auch diese, ferner Adoptivkinder, aber nicht Stiefkinder.

III. Prozessuales

Bei § 60 handelt es sich schon von seinem Charakter als Schrankenbestimmung **17** her um eine Ausnahmevorschrift. Wer sich darauf berufen will, trägt grundsätzlich die Beweislast für das Vorliegen ihrer Voraussetzungen. Der Besteller eines Bildnisses, sein Rechtsnachfolger, der Abgebildete oder nach dessen Tod seine Angehörigen oder der im Auftrage einer dieser Person handelnde Dritte muss also darlegen und beweisen, dass ein Bildnis vorliegt, er das Bildnis bestellt hat oder darauf abgebildet ist, dass die Vervielfältigung lediglich eine analoge Nutzung dargestellt hat und schließlich eine lediglich unentgeltliche, nicht zu gewerblichen Zwecken vorgenommene analoge Verbreitung stattgefunden hat. Zweifel gehen zu seinen Lasten.

Unterabschnitt 4   **Gesetzlich erlaubte Nutzungen für Unterricht, Wissenschaft und Institutionen**

Vorbemerkung   §§ 60a bis 60h

Übersicht   Rn.

I.   Bedeutung, Sinn und Zweck der Norm, systematische Stellung im Gesetz

1 Die §§ 60a bis 60h markieren das neue UrhWissG 2017, das durch das Gesetz zur Angleichung des Urheberrechts an die aktuellen Erfordernisse der Wissensgesellschaft vom 30.6.2017 eingeführt worden ist und am 1.3.2018 in Kraft trat. Kern der Reform durch das UrhWissG 2017 sind die Schrankenregelungen der §§ 60a bis 60h, die für jede Anwendergruppe nunmehr einen eigenen Tatbestand mit konkreten Angaben zu Art und Umfang der erlaubten Nutzung enthalten; gleichzeitig entfallen bisher bestehende Schranken entweder vollständig oder teilweise (s. RegE UrhWissG 2017 – BT-Drs. 18/12329, S. 3). Zu der erneuten Reform des UrhG sah sich der Gesetzgeber vor allem durch das geänderte Nutzungsverhalten aufgrund der Digitalisierung und Vernetzung in Unterricht, Lehre und Wissenschaft sowie in der Arbeit von Institutionen wie Bibliotheken und Archiven veranlasst; Wissenschaftlern sowie Lehrenden und Lernenden an Bildungseinrichtungen stünden durch die Digitalisierung und Vernetzung der Materialien neue Möglichkeiten und Angebote zur Verfügung und auch die Bibliotheken und Bildungseinrichtungen stellten sich auf die Nutzung in digitaler Form um (RegE UrhWissG 2017 – BT-Drs. 18/12329, S. 2). Die verschiedenen in den §§ 44a ff. a. F. kleinteilig, an unterschiedlichen Stellen geregelten gesetzlichen Schranken für den Bereich Unterricht und Wissenschaft wurden neu geordnet und erweitert, um die Potentiale von Digitalisierung und Vernetzung für Unterricht und Wissenschaft besser zu erschließen (RegE UrhWissG 2017 – BT-Drs. 18/12329, S. 2).

2 Durch die Neuordnung der Schranken im Bereich der Forschung und Lehre sind nun alle insoweit einschlägigen Schranken in einem Unterabschnitt zusammengefasst: § 60a betrifft Nutzungen für Unterricht und Lehre, § 60b Unterrichts- und Lehrmedien, § 60c die wissenschaftliche Forschung, § 60d das Text- und Data Mining, § 60e Nutzung durch Bibliotheken und § 60f schließlich durch Archive, Museen und Bildungseinrichtungen. § 60g stellt klar, dass die Schrankenregelungen vertraglichen Nutzungsbeschränkungen vorgehen, § 60h schließlich unterwirft die durch das UrhWissG 2017 erlaubten Nutzungen einer angemessenen Vergütung, die nur durch eine Verwertungsgesellschaft geltend gemacht werden kann. Da Art. 5 Abs. 3 lit. a Info-RL die Schaffung einer Schranke „zur Veranschaulichung im Unterricht oder für Zwecke der wissenschaftlichen Forschung", nicht aber generell für „Bildung" in beliebiger Form, erlaubt, hat sich der deutsche Gesetzgeber gegen eine Norm entschieden, die Nutzungen generell zu „Bildungszwecken" erlaubt, sondern die erlaubten Nutzungen jeweils speziell geregelt (s. ausführlich RegE UrhWissG 2017 – BT-Drs. 18/12329, S. 25).

II.   Gesetzgebungsverfahren und Kritik

3 Das Gesetzgebungsverfahren war nur sehr kurz: Zwischen dem RefE des UrhWissG vom 1.2.2017 und der Verabschiedung am 30.6.2017 im Bundestag lagen gerade einmal 5 Monate. Dabei galt es, wichtige Interessen gegeneinander abzuwägen. Denn Schranken dürfen vom Gesetzgeber nur in bestimmten Grenzen vorgesehen werden, Maßstab ist der Drei-Stufen-Test aus Art. 9 Abs. 2 RBÜ und Art. 5 Abs. 5 Info-RL. Der Umfang der erlaubten Nutzungen ist jedoch so weitgehend, dass man kaum noch von „Sonderfällen" i. S. v. Art. 5 Abs. 5 Info-RL wird sprechen können; das UrhWissG 2017 wollte die zulässigen Nutzungen im Bereich von Wissenschaft, Forschung und Lehre ja ohnehin so regeln, dass gerade keine Lizenzverträge mit den Wissenschaftsverlagen mehr notwendig sein würden.

Der Drei-Stufen-Test hat auch marktwirtschaftlich gesehen eine wichtige Funk-   **4** tion. Eine Marktwirtschaft ist auf ein stark ausgebildetes Privateigentum ange- wiesen. Das gilt nicht nur für körperliche Güter, die durch die Zuordnung des Sacheigentums zu einer Person erst handelbar werden. Auch Rechte brauchen im Grundsatz eine exklusive Zuordnung zu einem Inhaber. Nur dann sind sie marktfähig. Schranken dürfen diese marktwirtschaftliche Funktion nicht grundsätzlich aufheben; sie dürfen eben nur in bestimmten Sonderfällen ange- wandt werden, in denen die normale Verwertung des Werks oder des sonstigen Schutzgegenstands nicht beeinträchtigt wird und die berechtigten Interessen des Rechteinhabers nicht ungebührlich verletzt werden (Art. 5 Abs. 5 Info-RL). Das neue UrhWissG 2017 hebt diese Grenzen jedoch auf, indem es vor allem den wissenschaftlichen Verlagen ihr exklusives Recht entzieht und ihnen nicht mehr erlaubt, die Nutzung ihrer Werke mit den Nutzern aushandeln zu dürfen. Die – immerhin angemessene – Vergütung wird nur noch von Verwertungsge- sellschaften ausgehandelt und bezahlt. Das schließt zunächst den Wettbewerb aus: Er findet zukünftig nur noch bei der Verteilung der Gelder durch die VG Wort statt – und nicht mehr auf dem Markt für Lizenzen und Titel. Aber auch bei der Verteilung der Gelder durch Verwertungsgesellschaften wird Angebot und Nachfrage nicht mehr marktwirtschaftlich abgebildet: § 60h Abs. 3 er- laubt ausdrücklich, die Vergütung auf der Grundlage von Pauschalen oder Stichproben zu zahlen – eine Einzelerfassung von Nutzungen ist gerade nicht geschuldet, „angemessen" kann die Vergütung in Bezug auf das einzelne Werk also gar nicht sein. Die beste und am meisten nachgefragte Leistung wird nicht mehr belohnt. Risikobereitschaft und Innovationsfreude von Verlagen werden sinken, auch zum Nachteil von Autoren.

Auch die Mechanik der Vergütung erscheint kritikwürdig: So wird die Auswei-   **5** tung der Vervielfältigungsmöglichkeiten einem Ausgleich über die §§ 54 ff. zu- geführt, obwohl, nicht zuletzt durch die Deckelung der Geräte und Leermedi- envergütung gem. § 54a Abs. 4, das System der Kopiervergütung schon jetzt völlig überlastet ist, so dass die Beteiligung weiterer Berechtigter oder die Ver- größerung der Nutzungsintensität bei einzelnen Berechtigten nicht mehr zu ge- steigerten Einkommen führt; vielmehr muss ein gleichbleibendes Aufkommen letztlich zu Lasten aller Beteiligter immer feiner aufgeteilt werden. Außerdem dürfte die in § 60h Abs. 3 vorgesehenen Pauschalvergütung nach einem Stich- probenverfahren letztlich zu einer Ausschüttung nach dem „Gießkannenprin- zip" zu führen, obwohl im 21. Jahrhundert die Möglichkeit besteht, nutzungs- bezogen zu melden, um eine nutzungsbezogene Ausschüttung zu gewährleisten. Dass der RegE hier mit zu hohen Kosten der Einzelerfassung argumentiert, wundert besonders deshalb, weil der Gesetzgeber erst kurz zuvor bei der 2. Urhebervertragsrechtsreform den Rechteinhabern genau eine solche Rechen- schaftspflicht über Einzelnutzungen auferlegt hat (vgl. vor §§ 31 ff. Rn. 19b), und zwar mit genau denselben Argumenten, die sie nun für die vor allem be- troffenen Universitäten als unzumutbar zurückweist.

Natürlich hat der RegE Recht, wenn er meint, dass Neues selten aus dem   **6** Nichts, sondern auf der Grundlage dessen erwächst, was bereits von anderen erdacht worden ist (RegE UrhWissG 2017 – BT-Drs. 18/12329 S. 1). Irgendwie wird man jedoch das Gefühl nicht los, dass marktwirtschaftliche Mechanismen im Bereich der Verwertung wissenschaftlicher Werke geopfert worden sind, damit die öffentlichen Haushalte, vor allem die der Länder, Geld sparen konn- ten. Denn verwertungsgesellschaftenpflichtige Nutzungen aufgrund von Schranken führen natürlich zu einem geringeren finanziellen Ertrag für die Nutzung als marktwirtschaftliche Lizenzlösungen, vor allem, wenn über Pau- schalabrechnungen ohne Einzelnachweis das wahre Ausmaß der Nutzungen verborgen und der eigentlich versprochenen Vergütung entzogen wird. Ob der Staat seine Bildungseinrichtungen auf diesem Weg indirekt auf Kosten der Wissenschaftsverlage finanzieren und letztere dadurch teilweise enteignen darf, wird hoffentlich durch das BVerfG geklärt werden.

7 In der Debatte hatte der RegE allerdings auch Lob dafür erfahren, dass er die bisher über das gesamte Gesetz verstreute Regelung zur Nutzung geschützter Werke und Leistungen für Bildungs- und Wissenschaftszwecke in einer systematisch kohärenten Weise zusammengeführt hat; s. *de la Durantaye* GRUR 2017, 558, 567, die den Entwurf für „wohl überlegt, im Wesentlichen konsequent umgesetzt und sorgsam begründet" hält. Dieser Ansatz ist auch sicher richtig: Die Zusammenfassung der Schranken und ihre Systematisierung erleichtert die Rechtsanwendung erheblich.

III. EU-Richtlinien

8 Auch auf europäischer Ebene bestehen Reformbestrebungen. So sieht der „Vorschlag für eine Richtlinie des Europäischen Parlaments und des Rates über das Urheberrecht im digitalen Binnenmarkt" vom 14.9.2016 (COM[2016] 593 final) in Art. 4 eine Schranke für den digitalen und grenzübergreifenden Unterricht vor. Im Gegensatz zur bereits bestehenden Schranke nach Art. 5 Abs. 3 lit. a Info-RL ist diese für die Mitgliedsstaaten verpflichtend, vollharmonisierend und detaillierter geregelt, erfasst aber nicht die wissenschaftliche Forschung. Urheberrechtlich geschützte Werke und sonstige Schutzgegenstände dürfen danach für den alleinigen Zweck der Veranschaulichung im Unterricht digital und in dem Maße genutzt werden, wie dies durch diesen nichtgewerblichen Zweck gerechtfertigt ist, sofern diese Nutzung (a) in den Räumlichkeiten einer Bildungseinrichtung oder über ein gesichertes elektronisches Netz stattfindet, zu denen bzw. zu dem nur die Schülerinnen oder Schüler, die Studierenden und das Personal der Bildungseinrichtung Zugang haben sowie (b) mit Quellenangaben erfolgt, indem u. a. der Name des Urhebers angegeben wird, sofern sich dies nicht als unmöglich erweist. Umfang und Voraussetzungen der Schranke werden in den Erwägungsgründen 14–17 des Richtlinienvorschlags näher erläutert. Optional können die Mitgliedsstaaten eine Vergütungspflicht sowie festlegen, dass diese Ausnahme für bestimmte Arten urheberrechtlich geschützter Werke und sonstiger Schutzgegenstände nicht gilt, wenn auf dem Markt angemessene Lizenzen leicht verfügbar sind.

§ 60a   Unterricht und Lehre

(1) Zur Veranschaulichung des Unterrichts und der Lehre an Bildungseinrichtungen dürfen zu nicht kommerziellen Zwecken bis zu 15 Prozent eines veröffentlichten Werkes vervielfältigt, verbreitet, öffentlich zugänglich gemacht und in sonstiger Weise öffentlich wiedergegeben werden
1. für Lehrende und Teilnehmer der jeweiligen Veranstaltung,
2. für Lehrende und Prüfer an derselben Bildungseinrichtung,
3. für Dritte, soweit dies der Präsentation des Unterrichts, von Unterrichts- oder Lernergebnissen an der Bildungseinrichtung dient.

(2) Abbildungen, einzelne Beiträge aus derselben Fachzeitschrift oder wissenschaftlichen Zeitschrift, sonstige Werke geringen Umfangs und vergriffene Werke dürfen abweichend von Absatz 1 vollständig genutzt werden.

(3) Nicht nach den Absätzen 1 und 2 erlaubt sind folgende Nutzungen:
1. Vervielfältigung durch Aufnahme auf Bild- oder Tonträger und öffentliche Wiedergabe eines Werkes, während es öffentlich vorgetragen, aufgeführt oder vorgeführt wird,
2. Vervielfältigung, Verbreitung und öffentliche Wiedergabe eines Werkes, das ausschließlich für den Unterricht an Schulen geeignet, bestimmt und entsprechend gekennzeichnet ist, an Schulen sowie

3. Vervielfältigung von grafischen Aufzeichnungen von Werken der Musik, soweit sie nicht für die öffentliche Zugänglichmachung nach den Absätzen 1 oder 2 erforderlich ist.

(4) Bildungseinrichtungen sind frühkindliche Bildungseinrichtungen, Schulen, Hochschulen sowie Einrichtungen der Berufsbildung oder der sonstigen Aus- und Weiterbildung.

I.   Allgemeines

Die Regelung des § 60a wurde durch das Gesetz zur Angleichung des Urheber- **1** rechts an die aktuellen Erfordernisse der Wissensgesellschaft (Urheberrechts-Wissensgesellschafts-Gesetz – UrhWissG vom 30.6.2017) neu eingeführt und trat am 1.3.2018 in Kraft. Die Regelung des § 60a fasst Nutzungsbefugnisse aus den bisherigen §§ 47, 52 Abs. 1 S. 1, 52a Abs. 1 S. 1, 53 Abs. 3 zusammen und erweitert den Umfang der gesetzlich erlaubten Nutzung.

Die europäische Grundlage für die Regelung des § 60a liegt insbesondere in **2** Art. 5 Abs. 3 lit. a Info-RL, die internationale in Art. 10 Abs. 2 RBÜ.

II.   Tatbestand des § 60a Abs. 1

Die Regelung des § 60a fasst für alle Bildungseinrichtungen die Erlaubnis für **3** die Vervielfältigung, die Verbreitung, die öffentliche Zugänglichmachung und die sonstige öffentliche Wiedergabe zusammen. Abs. 1 enthält den Erlaubnistatbestand.

1.   Nutzungshandlungen

Erlaubt sind die **Vervielfältigung** (§§ 15 Abs. 1 Nr. 1, 16), das **Verbreiten** **4** (§§ 15 Abs. 1 Nr. 2, 17), die **öffentliche Zugänglichmachung** (§§ 15 Abs. 2 Nr. 2, 19a) und die **öffentliche Wiedergabe in sonstiger Weise** (in unkörperlicher Form, §§ 15 Abs. 2, 19 ff.). Die Gesetzesbegründung führt als Beispiel einer erlaubten Nutzung das Senden im Fernunterricht an, z. B. bei Vorlesungen für sog. MOOCS (massive open online courses; s. RegE UrhWissG 2017 – BT-Drs. 18/12329, S. 36). Wie bereits bisher nach § 52a Abs. 3 a.F. dürfen Vervielfältigungen weitergenutzt werden für a.F. die öffentliche Zugänglichmachung und nunmehr auch für öffentliche Wiedergaben (dies war bisher nach § 53 Abs. 6 untersagt). Da öffentliche Wiedergaben in sonstiger Weise erlaubt sind, werden auch zukünftige weitere Formen der unkörperlichen Nutzung erfasst (RegE UrhWissG 2017 – BT-Drs. 18/12329, S. 36). Es dürfen nur **veröffentlichte Werke** genutzt werden. Nach der Legaldefinition des § 6 Abs. 1 ist ein Werk veröffentlicht, wenn es mit Zustimmung des Berechtigten der Öffentlichkeit zugänglich gemacht worden ist. Hierfür muss theoretisch jedermann davon Kenntnis nehmen können, bspw. auf der Straße, über das Internet, im

Radio oder in einer Bibliothek (vgl. § 6 Rn. 10). Die privilegierten Nutzungs-handlungen sind zweckgebunden und dürfen nur **zur Veranschaulichung des Unterrichts und der Lehre** an Bildungseinrichtungen erfolgen. Die Zugänglich-machung muss den Zweck haben, den Lehrstoff besser und verständlicher dar-zustellen und leichter erfassbar zu machen, den im Unterricht behandelten Lehrstoff zu vertiefen oder zu ergänzen; sie darf nicht nur Zwecken der schulin-ternen Verwaltung oder Dekoration dienen (s. zu § 52a BGH GRUR 2014, 549 Tz. 32, 37 – *Meilensteine der Psychologie*; Vorauflage *Dustmann* § 52a Rn. 9; Schricker/Loewenheim/*Loewenheim* § 52a Rn. 9; HK-UrhR/*Dreyer* § 52a Rn. 16). Die Zweckgebundenheit folgt daraus, dass Art. 5 Abs. 3 lit. a Info-RL eine Beschränkung des Rechts der öffentlichen Zugänglichmachung „ausschließlich" zur Veranschaulichung im Unterricht gestattet (s. BGH GRUR 2014, 549 Tz. 33 – *Meilensteine der Psychologie*). Bisher enthielt § 52a Abs. 1 Nr. 1 a. F. die Voraussetzung der Veranschaulichung im Unterricht. Bereits zu dieser engeren Formulierung des § 52a a. F. hatte der BGH entschieden, dass die Zugänglichmachung nicht durch die zeitlichen und räumlichen Grenzen des Unterrichts beschränkt ist, sondern sich auf andere Zeiten (wie die Vor- oder Nachbereitung des Unterrichts) und Orte (etwa den häuslichen Arbeits-platz) erstrecken kann (BGH GRUR 2014, 549 Tz. 33 – *Meilensteine der Psy-chologie*). Nunmehr kann die Veranschaulichung bereits begrifflich nicht nur im Unterricht, sondern **auch davor oder danach** erfolgen. Laut Gesetzesbegrün-dung erfasst der Erlaubnistatbestand daher die Vor- und Nachbereitung der eigentlichen Unterrichtsstunden, die Prüfungsaufgaben und Prüfungsleistun-gen, die im Verlauf und zum Abschluss des Unterrichts gestellt werden sowie die Vor- und Nachbereitung der Prüfungen (RegE UrhWissG 2017 – BT-Drucks. 18/12329, S. 36). Entsprechend der Vorgabe des Art. 5 Abs. 3 lit. a Info-RL hat die Nutzungshandlung zu **nicht kommerziellen Zwecken** zu erfol-gen. Bereits der aufgehobene § 52a verwendete diesen Begriff. Entscheidend dafür, ob das Werk zu nicht kommerziellen Zwecken genutzt wird, ist nach ErwG 42 Info-RL nicht die organisatorische Struktur und die Finanzierung der betreffenden Einrichtung (öffentliche oder private Einrichtung), sondern die konkrete Art des Unterrichts und der Lehre. Auch wenn hiernach Privatschulen erfasst werden, greift die Erlaubnis nicht, wenn der Unterricht darauf ausge-richtet ist, Gewinn zu erzielen, wie etwa bei kommerziellen privaten Sprachins-tituten (RegE UrhWissG 2017 – BT-Drs. 18/12329, S. 36).

2. Begünstigte Einrichtungen

5 Die Regelung stellt auf den Unterricht und die Lehre an Bildungseinrichtungen ab und geht dabei davon aus, dass der europarechtliche Begriff des **Unterrichts** nach Art. 5 Abs. 3 lit. a Info-RL sowohl Unterricht an Schulen, Berufsschulen, frühkindlichen Bildungseinrichtungen usw. als auch die Lehre umfasst. Der Begriff der **Lehre** erfasst nach der Gesetzesbegründung Lehrveranstaltungen an Universitäten, Fachhochschulen und sonstigen Hochschulen, wie z. B. Seminare und Vorlesungen (RegE UrhWissG 2017 – BT-Drs. 18/12329, S. 36). Der Un-terricht bzw. die Lehre hat an **Bildungseinrichtungen** zu erfolgen, dies sind nach der gesetzlichen Definition in Abs. 4 frühkindliche Bildungseinrichtungen, Schulen, Hochschulen sowie Einrichtungen der Berufsbildung oder der sonsti-gen Aus- und Weiterbildung. Erfasst wird auch elektronisch gestütztes Lernen (sogenanntes E-Learning) und Fernunterricht über das Internet (sog. Distance-Learning; s. RegE UrhWissG 2017 – BT-Drs. 18/12329, S. 36).

3. Nutzungsumfang

6 **15 Prozent eines Werkes** dürfen genutzt werden. Bei dieser für §§ 60a und 60c eingeführten Grenze orientiert sich der Gesetzgeber nach eigenen Angaben an bestehenden Gesamtverträgen für die öffentliche Zugänglichmachung und konkretisiert das in Art. 5 Abs. 3 lit. a Info-RL enthaltene Tatbestandsmerkmal

„soweit dies zur Verfolgung nicht kommerzieller Zwecke gerechtfertigt ist" (RegE UrhWissG 2017 – BT-Drs. 18/12329, S. 21, 35). Bisher erlaubten die §§ 52a Abs. 1, 53 Abs. 2 Nr. 4 lit. a, Abs. 3 Nr. 1 die öffentliche Zugänglichmachung „kleiner Teile eines Werkes".

4. Berechtigte Personen

Für welchen Personenkreis der Handelnde Vervielfältigungen herstellen oder   **7**
Inhalte öffentlich zugänglich machen darf, bestimmen die Nrn. 1 bis 3: Dabei kann der Handelnde selbst die begünstigte Person sein, bspw. eine Lehrerin, aber auch ein Dritter, bspw. ein Mitarbeiter der Schulbibliothek (RegE UrhWissG 2017 – BT-Drs. 18/12329, S. 36). Nach **Nr. 1** darf die Nutzung für Lehrende und Teilnehmer der jeweiligen Veranstaltung erfolgen. Unter Teilnehmer der jeweiligen Veranstaltung sind die Teilnehmer desselben Kurses oder derselben Projektgruppe oder Prüfung (z. B. bei landesweiten Abschlussprüfungen) zu verstehen; Schüler dürfen die Materialien daher nicht an nachfolgende Jahrgänge weitergeben (RegE UrhWissG 2017 – BT-Drs. 18/12329, S. 37). Berechtigte nach **Nr. 2** sind Lehrende und Prüfer an derselben Bildungseinrichtung. Die für diese Berechtigte vervielfältigten Werke dürfen diese wiederum gem. Nr. 1 benutzen; die Vorschrift ist daher deutlich weiter als § 53 Abs. 3 a. F., der bislang Vervielfältigungen nur für den eigenen Gebrauch erlaubte und eine Weitergabe in § 53 Abs. 6 S. 1 verbot (RegE UrhWissG 2017 – BT-Drs. 18/12329, S. 37). **Nr. 3** erlaubt die Nutzung für Dritte, d. h. für unterrichts- und einrichtungsfremde Personen. Voraussetzung ist, dass dies der Präsentation des Unterrichts, von Unterrichts- oder von Lernergebnissen an der Bildungseinrichtung dient. Nach der Gesetzesbegründung setzt die Regelung voraus, dass Werke für den Unterricht an der Bildungseinrichtung, an oder für die der Handelnde tätig ist, schon verwendet wurden und erlaubt dann lediglich, die Ergebnisse dieses Unterrichts Dritten zu präsentieren, z. B. den Eltern an Weihnachtskonzerten oder Besuchern an Tagen der offenen Tür (RegE UrhWissG 2017 – BT-Drs. 18/12329, S. 37). Hierdurch wird die Regelung des § 52 Abs. 1 S. 1 und 3 a. F. für Schulveranstaltungen in die neue Regelung des § 60a integriert. Nach dem Willen des Gesetzgebers soll die Vorschrift Rechtsgrundlage sein, wenn Schüler an außerschulischen Leistungswettbewerben teilnehmen (z. B. Sprach-Olympiaden) und es den Bildungseinrichtungen ermöglichen, Einblicke in ihren Unterricht auch auf ihrer Internetseite zu bieten (RegE UrhWissG 2017 – BT-Drs. 18/12329, S. 37). Im Unterschied zu der bisherigen Regelung des § 52 Abs. 1 S. 1 dürfen auch Eintrittsgelder, allerdings nur Unkostenbeiträge, verlangt und eine Künstlervergütung geleistet werden. Nach der Gesetzesbegründung würden Auftritte auf solchen Veranstaltungen meist ohnehin nicht vergütet, ein Präsent (z. B. ein Buch für einen Schüler für seine Solodarbietung) solle jedoch nicht schon zu einer generellen Erlaubnis- oder Vergütungspflicht für die gesamte Veranstaltung führen (RegE UrhWissG 2017 – BT-Drs. 18/12329, S. 37).

III. Erweiterungen des § 60a Abs. 2

§ 60a Abs. 2 erweitert den Werkumfang, der für bestimmte Werkformen genutzt   **8**
werden darf. Danach dürfen Abbildungen, einzelne Beiträge aus derselben Fachzeitschrift oder wissenschaftlichen Zeitschrift, sonstige Werke geringen Umfangs und vergriffene Werke abweichend von Abs. 1 vollständig genutzt werden. Im Gegensatz zu den bisherigen §§ 52a, 53 werden **Abbildungen** ausdrücklich erwähnt. Die Gesetzesbegründung erwähnt als Beispiel für Abbildungen insbesondere Fotografien (RegE UrhWissG 2017 – BT-Drs. 18/12329, S. 35). Der Regierungsentwurf enthielt noch die Formulierung „einzelne Beiträge aus derselben Zeitung oder Zeitschrift", die im Laufe des Gesetzgebungsverfahrens geändert wurde, so dass nach der Endfassung nur **einzelne Beiträge aus Fachzeitschriften und wissen-**

schaftlichen **Zeitschriften** vollständig genutzt werden dürfen, nicht aber Beiträge aus Zeitungen und aus Publikumszeitschriften. Der Gesetzgeber reagiert damit nach eigenen Angaben auf die zentrale Bedeutung und die besondere Situation der Tages- und Publikumspresse im demokratischen Willensbildungsprozess und für die Information der Bürgerinnen und Bürger; anders als Wissenschafts- und Fachverlage, die überwiegend Inhalte veröffentlichen, die im Kontext des (überwiegend öffentlich finanzierten) Bildungs- und Wissenschaftsbetriebs entstünden, müsste die private Tages- und Publikumspresse die urheberrechtlich geschützten Inhalte vollständig über ihr eigenes Geschäftsmodell finanzieren und sei deshalb stärker darauf angewiesen, dass eine vollständige Nutzbarkeit der Beiträge nur auf Lizenzbasis möglich sei. Bei den Fach- und wissenschaftlichen Zeitschriften sei dagegen typischerweise das, der neuen Schrankenregelung des § 60a zugrundeliegende, Interesse der Lehre (Art. 5 Abs. 3 GG) an der Werknutzung besonders stark ausgeprägt (s. BeschlE RAusschuss UrhWissG 2017 – BT-Drs. 18/13014, S. 30). Auch wenn also Beiträge aus der Tages- und Publikumspresse nicht nach Abs. 2 vollständig genutzt werden können, verbleibt es bei dem Recht nach Abs. 1, 15 Prozent eines Beitrags erlaubnisfrei nutzen bzw. nach § 51 aus Veröffentlichungen zitieren zu dürfen. Zur Konkretisierung eines **Werkes geringen Umfangs** kann nach der Gesetzesbegründung auf die Gesamtverträge zwischen den Verwertungsgesellschaften und den Nutzern zurückgegriffen werden; dies seien für Druckwerke 25 Seiten, für Noten 6 Seiten, für Filme 5 Minuten und für Musik ebenfalls 5 Minuten. Als Beispiele für Werke geringen Umfangs werden Gedichte und Liedertexte aufgeführt (s. RegE UrhWissG 2017 – BT-Drs. 18/12329, S. 35). **Vergriffen** ist ein Werk, wenn es beim Verlag nicht mehr vorrätig ist und folglich nicht mehr geliefert werden kann; unerheblich ist die generelle Verfügbarkeit des Werkes etwa im antiquarischen Handel (vgl. § 53 Rn. 41). Im Gegensatz zur Regelung des § 53 Abs. 4 kommt es nicht darauf an, wie lange das Werk schon vergriffen ist (vgl. § 53 Rn. 41). Die Regelung steht neben § 51 VGG (früher § 13d UrhWahrnG), der eine widerlegbare Vermutung der Aktivlegitimation der Verwertungsgesellschaft für die Wahrnehmung der Rechte an vergriffenen Werken regelt.

IV. Bereichsausnahmen des § 60a Abs. 3

9   Die Bereichsausnahmen des Abs. 3 enthalten Fälle, für die die gesetzliche Erlaubnis der Abs. 1 und 2 nicht gilt. Sie beruhen u. a. auf dem Drei-Stufen-Test nach Art. 5 Abs. 5 Info-RL und Art. 9 Abs. 2 RBÜ (dazu vgl. Vor §§ 44a ff. Rn. 13 f.). Nach **Nr. 1** ist die Vervielfältigung durch Aufnahme auf Bild- oder Tonträger und öffentliche Wiedergabe eines Werkes, während es öffentlich vorgetragen, aufgeführt oder vorgeführt wird, nicht erlaubt. Der Gesetzgeber begründet die Regelung damit, dass nun grundsätzlich Filmwerke genutzt und außerdem Werke auch gesendet werden dürfen (RegE UrhWissG 2017 – BT-Drs. 18/12329, S. 37). Es solle verhindert werden, dass eine Filmvorführung im Kino und Live-Veranstaltungen, wie z. B. Konzerte oder Lesungen, mitgeschnitten oder live gestreamt werden. Bereits bisher enthält § 53 Abs. 7 ein solches Verbot. Nicht erlaubt ist nach **Nr. 2** zudem die Vervielfältigung, Verbreitung und öffentliche Wiedergabe eines Werkes an Schulen, das ausschließlich für den Unterricht an Schulen geeignet, bestimmt und entsprechend gekennzeichnet ist. Bereits bisher existierten ähnliche Regelungen in den aufgehobenen §§ 52a Abs. 2 S. 1 und 53 Abs. 3 S. 2. Diese Bereichsausnahme soll nach dem Willen des Gesetzgebers den Primärmarkt, insbesondere für Schulbücher, sichern, der wegen der föderalen Struktur des Bildungswesens nur klein sei und zum Teil nur wenige Exemplare pro Land, Fach, Klassenstufe und Schulform beinhalte; es solle daher verhindert werden, dass sich die Schulbuchqualität verschlechtere, Verlage mangels Refinanzierbarkeit ihr Schulbuchangebot reduzierten oder mit Preiserhöhungen reagierten (RegE UrhWissG 2017 – BT-Drs. 18/12329, S. 37 f.). Weiterhin ausgenommen von der Erlaubnis des Abs. 1 ist nach **Nr. 3** die Vervielfältigung von grafischen Aufzeichnungen von Werken der Musik, also von Noten, nicht aber von Musik in anderer Form (z. B. Tonaufnahmen), soweit sie nicht für die öffentliche Zugänglichmachung nach den Abs. 1 oder 2 erforderlich ist. Die Regelung entspricht dem bereits bisher geltenden Vervielfältigungsverbot des § 53 Abs. 4 lit. a (vgl. § 53 Rn. 44). Erlaubt sind lediglich solche Vervielfältigungen, die erforderlich sind, um Noten nach den Abs. 1 oder 2 öffentlich zugänglich zu machen, z. B. der Scan der Papiervorlage einer Partitur (RegE UrhWissG 2017 – BT-Drs. 18/12329, S. 38). Eine entsprechende Regelung enthielt bisher der aufgehobene § 52a Abs. 3.

V. Vergütungspflicht nach § 60h und Unabdingbarkeit nach § 60g

Als Ausgleich für die Einschränkung des Ausschließlichkeitsrechts gewährt § 60h Abs. 1 i. V. m. §§ 54 bis 54c dem Urheber einen Anspruch auf eine angemessene Vergütung der gesetzlich erlaubten Nutzung, der kollektiv durch eine Verwertungsgesellschaft wahrgenommen wird (§ 60h Abs. 4). Ist eine Nutzung nach § 60a erlaubt, kann sie gem. § 60g Abs. 1 nicht durch Vereinbarungen zum Nachteil des Nutzers beschränkt oder untersagt werden. **10**

VI. Prozessuales

Wie bei den übrigen Schrankenregelungen handelt es sich auch bei der Regelung des § 60a um eine Ausnahmevorschrift. Wer sich auf die Vorschrift beruft, trägt grundsätzlich die Darlegungs- und Beweislast für das Vorliegen ihrer Voraussetzungen (vgl. Vor §§ 44a ff. Rn. 17). Derjenige, der die Nutzungshandlungen vornimmt, muss also u. a. beweisen, dass sie im erlaubten Nutzungsumfang und für eine berechtigte Person erfolgt ist, sowie, dass die Nutzung zum Zwecke der Veranschaulichung des Unterrichts und der Lehre und zu nicht kommerziellen Zwecken erfolgt ist. Die Voraussetzungen des gesetzlichen Vergütungsanspruchs müssen dagegen vom Gläubiger dargelegt und bewiesen werden (vgl. Vor §§ 44a ff. Rn. 17). **11**

§ 60b Unterrichts- und Lehrmedien

(1) Hersteller von Unterrichts- und Lehrmedien dürfen für solche Sammlungen bis zu 10 Prozent eines veröffentlichten Werkes vervielfältigen, verbreiten und öffentlich zugänglich machen.

(2) § 60a Absatz 2 und 3 ist entsprechend anzuwenden.

(3) Unterrichts- und Lehrmedien im Sinne dieses Gesetzes sind Sammlungen, die Werke einer größeren Anzahl von Urhebern vereinigen und ausschließlich zur Veranschaulichung des Unterrichts und der Lehre an Bildungseinrichtungen (§ 60a) zu nicht kommerziellen Zwecken geeignet, bestimmt und entsprechend gekennzeichnet sind.

Übersicht

I. Allgemeines

1 Die Regelung des § 60b wurde durch das Gesetz zur Angleichung des Urheberrechts an die aktuellen Erfordernisse der Wissensgesellschaft (Urheberrechts-Wissensgesellschafts-Gesetz – UrhWissG vom 30.6.2017) neu eingeführt und trat am 1.3.2018 in Kraft. Die Regelung des § 60b erlaubt die Nutzung für die Herstellung von Unterrichts- und Lehrmedien, also z. B. für die Herstellung von Schulbüchern. Sie ersetzt die bereits bisher bestehende Erlaubnis des § 46 a. F., verzichtet dabei aber auf dessen Formalitäten, damit die Materialien unbürokratischer erstellt werden können (s. RegE UrhWissG 2017 – BT-Drs. 18/12329, S. 38). Die Gesetzesbegründung erläutert den Regelungsinhalt im Verhältnis zu anderen Regelungen so, dass § 60b Abs. 1 es erlaube, z. B. ein Schulbuch herzustellen; § 60a Abs. 3 Nr. 2 hingegen verbiete es, z. B. aus einem Schulbuch zu kopieren. Wer Werke innerhalb der Bildungseinrichtung, für die oder an der er tätig ist, nutzen will, für den gelte die Erlaubnis des § 60a. Wer die Werke Personen ohne Bezug zu dieser konkreten Bildungseinrichtung zur Verfügung stellen will, für den gelte die Erlaubnis in § 60b (RegE UrhWissG 2017 – BT-Drs. 18/12329, S. 38).

2 Die europäische Grundlage für die Regelung des § 60b liegt insbesondere in Art. 5 Abs. 3 lit. a Info-RL, die internationale in Art. 10 Abs. 2 RBÜ.

II. Tatbestand des § 60b Abs. 1

3 Die Regelung des § 60b Abs. 1 enthält den Erlaubnistatbestand für die Vervielfältigung, die Verbreitung und die öffentliche Zugänglichmachung von Werken durch Hersteller von Unterrichts- und Lehrmedien für solche Sammlungen.

1. Nutzungshandlungen

4 Erlaubt sind die **Vervielfältigung** (§§ 15 Abs. 1 Nr. 1, 16), das **Verbreiten** (§§ 15 Abs. 1 Nr. 2, 17) und die **öffentliche Zugänglichmachung** (§§ 15 Abs. 2 Nr. 2, 19a) des Werkes. Es dürfen nur **veröffentlichte Werke** genutzt werden. Nach der Legaldefinition des § 6 Abs. 1 ist ein Werk veröffentlicht, wenn es mit Zustimmung des Berechtigten der Öffentlichkeit zugänglich gemacht worden ist. Hierfür muss theoretisch jedermann davon Kenntnis nehmen können, bspw. auf der Straße, über das Internet, im Radio oder in einer Bibliothek (vgl. § 6 Rn. 10). Abs. 1 erlaubt die Nutzung durch Hersteller von Unterrichts- und Lehrmedien für solche Sammlungen. **Abs. 3 definiert die Sammlungen**, für die die privilegierten Nutzungshandlungen zu erfolgen haben. Danach sind Unterrichts- und Lehrmedien im Sinne dieses Gesetzes Sammlungen, die Werke einer größeren Anzahl von Urhebern vereinigen und ausschließlich zur Veranschaulichung des Unterrichts und der Lehre an Bildungseinrichtungen (§ 60a) zu nicht kommerziellen Zwecken geeignet, bestimmt und entsprechend gekennzeichnet sind. Der europarechtliche Begriff des **Unterrichts** nach Art. 5 Abs. 3 lit. a Info-RL umfasst sowohl Unterricht an Schulen, Berufsschulen, frühkindlichen Bildungseinrichtungen usw. als auch die Lehre. Der Begriff der **Lehre** erfasst nach der Gesetzesbegründung Lehrveranstaltungen an Universitäten, Fachhochschulen und sonstigen Hochschulen, wie z. B. Seminare und Vorlesungen (RegE UrhWissG 2017 – BT-Drs. 18/12329, S. 36). Zudem erfassten die Begriffe Unterricht und Lehre auch die ihnen nachfolgenden Prüfungen, z. B. Klassenarbeiten und Abschlussprüfungen wie das Abitur oder Staatsexamina (RegE UrhWissG 2017 – BT-Drs. 18/12329, S. 38). Die Sammlungen müssen somit **ausschließlich zur Veranschaulichung des Unterrichts und der Lehre an Bildungseinrichtungen** geeignet, bestimmt und entsprechend gekennzeichnet sein (zum Merkmal der Veranschaulichung des Unterrichts und der Lehre an Bildungseinrichtungen vgl. § 60a Rn. 4). Die Legaldefinition in § 60b Abs. 3 verweist auf die neue Legaldefinition für Bildungseinrichtungen in § 60a Abs. 4, nach der unter Bildungseinrichtungen frühkindliche Bildungseinrichtungen, Schulen, Hochschulen sowie Einrichtungen der Berufsbildung oder der sonstigen Aus- und Weiterbildung zu verstehen sind (dazu vgl. § 60a Rn. 5). Hierdurch gilt die Erlaubnis des § 60b anders als bisher § 46 Abs. 1 auch für Werksammlungen z. B. für Kindergärten, Hochschulen, Fachhochschulen und Universitäten. Nach der Definition des Abs. 3 müssen die Sammlungen zu **nicht kommerziellen Zwecken** geeignet, bestimmt und entsprechend gekennzeichnet sein. Auch entsprechend der Vorgabe des Art. 5 Abs. 3 lit. a Info-RL hat die Nutzungshandlung zu nicht kommerziellen Zwecken zu erfolgen. Die Erlaubnis greift somit nicht, wenn die Sammlungen darauf ausgerichtet sind, Gewinn zu erzielen.

2. Nutzungsumfang

Bis zu 10 Prozent eines Werkes darf der Hersteller von Unterrichts- und Lehrme-   **5**
dien nutzen. Mit dieser Grenze konkretisiert der Gesetzgeber die bisher in § 46 Abs. 1 S. 1 a. F. verwendete Formulierung, nach der die Nutzung „von Teilen eines Werkes" zulässig war (s. RegE UrhWissG 2017 – BT-Drs. 18/12329, S. 38).

III. Erweiterungen des § 60b Abs. 2 i. V. m. § 60a Abs. 2

Nach § 60b Abs. 2 ist die Regelung des § 60a Abs. 2 im Hinblick auf den   **6**
zulässigen Nutzungsumfang ergänzend zu § 60b Abs. 1 anzuwenden. § 60a Abs. 2 erweitert den Werkumfang, der für bestimmte Werkformen genutzt werden darf. Danach dürfen Abbildungen, einzelne Beiträge aus derselben Fachzeitschrift oder wissenschaftlichen Zeitschrift, sonstige Werke geringen Umfangs und vergriffene Werke abweichend von Abs. 1 vollständig genutzt werden. Die Gesetzesbegründung erwähnt als Beispiel für Abbildungen insbesondere Fotografien (RegE UrhWissG 2017 – BT-Drs. 18/12329, S. 35). Der Regierungsentwurf enthielt noch die Formulierung „einzelne Beiträge aus derselben Zeitung oder Zeitschrift", die im Laufe des Gesetzgebungsverfahrens geändert wurde, so dass nach der Endfassung nur **einzelne Beiträge aus Fachzeitschriften und wissenschaftlichen Zeitschriften** vollständig genutzt werden dürfen, nicht aber Beiträge aus Zeitungen und aus Publikumszeitschriften. Der Gesetzgeber reagiert damit nach eigenen Angaben auf die zentrale Bedeutung und die besondere Situation der Tages- und Publikumspresse im demokratischen Willensbildungsprozess und für die Information der Bürgerinnen und Bürger; anders als Wissenschafts- und Fachverlage, die überwiegend Inhalte veröffentlichen, die im Kontext des (überwiegend öffentlich finanzierten) Bildungs- und Wissenschaftsbetriebs entstünden, müsste die private Tages- und Publikumspresse die urheberrechtlich geschützten Inhalte vollständig über ihr eigenes Geschäftsmodell finanzieren und sei deshalb stärker darauf angewiesen, dass eine vollständige Nutzbarkeit der Beiträge nur auf Lizenzbasis möglich sei. Bei den Fach- und wissenschaftlichen Zeitschriften sei dagegen typischerweise das Interesse der Lehre (Art. 5 Abs. 3 GG) an der Werknutzung besonders stark ausgeprägt (s. zu § 60a BeschlE RAusschuss UrhWissG 2017 – BT-Drs. 18/13014, S. 30). Auch wenn also Beiträge aus der Tages- und Publikumspresse nicht nach Abs. 2 vollständig genutzt werden können, verbleibt es aber bei dem Recht nach Abs. 1 10 Prozent eines Beitrags erlaubnisfrei zu nutzen bzw. nach § 51 aus Veröffentlichungen zu zitieren. Zur Konkretisierung eines **Werkes geringen Umfangs** kann nach der Gesetzesbegründung auf die Gesamtverträge zwischen den Verwertungsgesellschaften und den Nutzern zurückgegriffen werden; dies seien für Druckwerke 25 Seiten, für Noten 6 Seiten, für Filme 5 Minuten und für Musik 5 Minuten. Als Beispiele für Werke geringen Umfangs werden Gedichte und Liedertexte aufgeführt (s. RegE UrhWissG 2017 – BT-Drs. 18/12329, S. 35). **Vergriffen** ist ein Werk, wenn es beim Verlag nicht mehr vorrätig ist und folglich nicht mehr geliefert werden kann; unerheblich ist die generelle Verfügbarkeit des Werkes etwa im antiquarischen Handel (vgl. § 53 Rn. 41). Im Gegensatz zur Regelung des § 53 Abs. 4 kommt es nicht darauf an, wie lange das Werk schon vergriffen ist. Die Regelung steht neben

§ 51 VGG (früher § 13d UrhWahrnG), der eine widerlegbare Vermutung der Aktivlegitimation der Verwertungsgesellschaft für die Wahrnehmung der Rechte an vergriffenen Werken regelt.

IV. Bereichsausnahmen des § 60b Abs. 2 i. V. m. § 60a Abs. 3

7   Auch die Regelung des § 60a Abs. 3 ist nach § 60b Abs. 2 entsprechend anzuwenden. Die Bereichsausnahmen des § 60a Abs. 3 enthalten Fälle, für die die gesetzliche Erlaubnis des § 60b Abs. 1 und § 60b Abs. 2 i. V. m. § 60a Abs. 2 nicht gilt. Sie beruhen u. a. auf der Schranken-Schranke des Drei-Stufen-Tests nach Art. 5 Abs. 5 Info-RL und Art. 9 Abs. 2 RBÜ (dazu vgl. Vor §§ 44a ff. Rn. 13 f.). Nach § 60a Abs. 3 **Nr. 1** ist die Vervielfältigung durch Aufnahme auf Bild- oder Tonträger und öffentliche Wiedergabe eines Werkes, während es öffentlich vorgetragen, aufgeführt oder vorgeführt wird, nicht erlaubt. Der Gesetzgeber begründet die Regelung damit, dass nun grundsätzlich Filmwerke genutzt und außerdem Werke auch gesendet werden dürfen (RegE UrhWissG 2017 – BT-Drs. 18/12329, S. 37). Es solle verhindert werden, dass eine Filmvorführung im Kino und Live-Veranstaltungen, wie z. B. Konzerte oder Lesungen, mitgeschnitten oder live gestreamt werden. Nicht erlaubt ist nach § 60a Abs. 3 **Nr. 2** zudem die Vervielfältigung, Verbreitung und öffentliche Wiedergabe eines Werkes, das ausschließlich für den Unterricht an Schulen geeignet, bestimmt und entsprechend gekennzeichnet ist, an Schulen. Diese Bereichsausnahme soll nach dem Willen des Gesetzgebers den Primärmarkt, insbesondere für Schulbücher, sichern, der wegen der föderalen Struktur des Bildungswesens nur klein sei und zum Teil nur wenige Exemplare pro Land, Fach, Klassenstufe und Schulform beinhalte. Es solle daher verhindert werden, dass die Schulbuchqualität sich verschlechtere, Verlage mangels Refinanzierbarkeit ihr Schulbuchangebot reduzieren oder mit Preiserhöhungen reagieren (RegE UrhWissG 2017 – BT-Drs. 18/12329, S. 37 f.). Weiterhin ausgenommen von der Erlaubnis ist nach § 60a Abs. 3 **Nr. 3** die Vervielfältigung von grafischen Aufzeichnungen von Werken der Musik, also von Noten, nicht aber von Musik in anderer Form (z. B. Tonaufnahmen), soweit sie nicht für die öffentliche Zugänglichmachung nach § 60b Abs. 1 oder Abs. 2 i. V. m. § 60a Abs. 2 erforderlich ist. Erlaubt sind lediglich solche Vervielfältigungen, die erforderlich sind, um Noten nach § 60b Abs. 1 oder Abs. 2 i. V. m. § 60a Abs. 2 öffentlich zugänglich zu machen, z. B. der Scan der Papiervorlage einer Partitur (RegE UrhWissG 2017 – BT-Drs. 18/12329, S. 38).

V. Vergütungspflicht nach § 60h und Unabdingbarkeit nach § 60g

8   Als Ausgleich für die Einschränkung des Ausschließlichkeitsrechts gewährt § 60h Abs. 1 i. V. m. §§ 54 bis 54c dem Urheber einen Anspruch auf eine angemessene Vergütung der gesetzlich erlaubten Nutzung, der kollektiv durch eine Verwertungsgesellschaft wahrgenommen wird (§ 60h Abs. 4). Für die Nutzungen nach § 60b kann gem. § 60h Abs. 3 S. 2 keine pauschale Vergütung oder repräsentative Stichprobe der Nutzung für die nutzungsunabhängige Berechnung der angemessenen Vergütung erfolgen. Ist eine Nutzung nach § 60b erlaubt, kann sie gem. § 60g Abs. 1 nicht durch Vereinbarungen zum Nachteil des Nutzers beschränkt oder untersagt werden.

VI. Prozessuales

9   Wie bei den übrigen Schrankenregelungen handelt es sich auch bei der Regelung des § 60b um eine Ausnahmevorschrift. Wer sich auf die Vorschrift beruft, trägt grundsätzlich die Darlegungs- und Beweislast für das Vorliegen ihrer Voraussetzungen (vgl. Vor §§ 44a ff. Rn. 17). Derjenige, der die Nutzungshandlungen vornimmt, muss also u. a. beweisen, dass sie für eine unter die Legaldefinition des Abs. 3 fallende Sammlung und im erlaubten Nutzungsumfang erfolgt ist. Die Voraussetzungen des gesetzlichen Vergütungsanspruchs müssen dagegen vom Gläubiger dargelegt und bewiesen werden (vgl. Vor §§ 44a ff. Rn. 17).

§ 60c Wissenschaftliche Forschung

(1) Zum Zweck der nicht kommerziellen wissenschaftlichen Forschung dürfen bis zu 15 Prozent eines Werkes vervielfältigt, verbreitet und öffentlich zugänglich gemacht werden
1. **für einen bestimmt abgegrenzten Kreis von Personen für deren eigene wissenschaftliche Forschung sowie**
2. **für einzelne Dritte, soweit dies der Überprüfung der Qualität wissenschaftlicher Forschung dient.**

(2) Für die eigene wissenschaftliche Forschung dürfen bis zu 75 Prozent eines Werkes vervielfältigt werden.

(3) Abbildungen, einzelne Beiträge aus derselben Fachzeitschrift oder wissenschaftlichen Zeitschrift, sonstige Werke geringeren Umfangs und vergriffene Werke dürfen abweichend von Absatz 1 und 2 vollständig genutzt werden.

(4) Nicht nach den Absätzen 1 bis 3 erlaubt ist es, während öffentlicher Vorträge, Aufführungen oder Vorführungen eines Werkes diese auf Bild- oder Tonträger aufzunehmen und später öffentlich zugänglich zu machen.

I. Allgemeines

Die Regelung des § 60c wurde durch das Gesetz zur Angleichung des Urheberrechts an die aktuellen Erfordernisse der Wissensgesellschaft (Urheberrechts-Wissensgesellschafts-Gesetz – UrhWissG vom 30.6.2017) neu eingeführt und trat am 1.3.2018 in Kraft. § 60c Abs. 1 enthält die gesetzliche Erlaubnis für die Vervielfältigung, die Verbreitung und die öffentliche Zugänglichmachung zum Zweck der nicht-kommerziellen wissenschaftlichen Forschung. Sie ersetzt die aufgehobenen Regelungen der §§ 52a Abs. 1 Nr. 2, 53 Abs. 2 S. 1 Nr. 1 sowie in § 87c Abs. 1 S. 1 Nr. 2 a. F., erweitert die Schranken für die wissenschaftliche Forschung aber erheblich. **1**

Die europäische Grundlage für die Regelung des § 60c liegt insbesondere in Art. 5 Abs. 3 lit. a Info-RL, die RBÜ sieht neben der generellen Regelung in Art. 9 Abs. 2 keine spezielle Ausnahme für die wissenschaftliche Forschung vor. **2**

II. Tatbestand des § 60c Abs. 1

1. Nutzungshandlungen

3 Erlaubt sind die **Vervielfältigung** (§§ 15 Abs. 1 Nr. 1, 16), das **Verbreiten** (§§ 15 Abs. 1 Nr. 2, 17) und die **öffentliche Zugänglichmachung** (§§ 15 Abs. 2 Nr. 2, 19a) des Werkes. Wie bereits bisher nach § 52a Abs. 3 a. F. dürfen Vervielfältigungen weitergenutzt werden für die öffentliche Zugänglichmachung. Im Unterschied zu der Schranke des § 60a und der aufgehobenen Regelung des § 52a Abs. 1 Nr. 2 dürfen nunmehr auch **unveröffentlichte Werke** genutzt werden. Nach dem Willen des Gesetzgebers soll hierdurch die Erforschung z. B. von Nachlässen erleichtert werden; über die Veröffentlichung des erforschten Werkes entscheidet aber auch in einem solchen Fall weiterhin allein der Rechtsnachfolger des Urhebers (§§ 12, 30). Die privilegierten Nutzungshandlungen sind zweckgebunden und dürfen nur **zum Zweck der wissenschaftlichen Forschung** erfolgen. Auch Art. 5 Abs. 3 lit. a Info-RL gestattet eine Beschränkung des Rechts der öffentlichen Zugänglichmachung für Zwecke der wissenschaftlichen Forschung. Die bisher unterschiedliche Terminologie in den aufgehobenen Regelungen der §§ 52a Abs. 1 Nr. 2, 53 Abs. 2 S. 1 Nr. 1 sowie in § 87c Abs. 1 S. 1 Nr. 2 a. F. („wissenschaftlicher Gebrauch" neben „wissenschaftlicher Forschung" und „nicht gewerbliche Zwecke" bzw. „nicht kommerzielle Zwecke") entfällt durch die Neuregelung. Bereits bisher war die Abgrenzung der enger verstandenen wissenschaftlichen Forschung vom wissenschaftlichen Gebrauch praktisch nur schwer vorzunehmen (s. unsere 11. Aufl. § 52a Rn. 13).

4 Als **wissenschaftlich** wird eine Tätigkeit angesehen, bei der aufgrund einer methodisch systematischen Vorgehensweise Erkenntnis angestrebt und auch vermittelt wird (s. zum wissenschaftlichen Gebrauch unsere 11. Aufl. § 53 Rn. 30; Schricker/Loewenheim/*Loewenheim* § 53 Rn. 43). Zum Zweck der wissenschaftlichen **Forschung** erfolgt eine Nutzung, wenn sie der Wissenschaftsproduktion dient und das Ziel der Gewinnung neuer wissenschaftlicher Erkenntnisse verfolgt (s. unsere 11. Aufl. § 52a Rn. 13; Schricker/Loewenheim/*Loewenheim* § 52a Rn. 13). Auf die Befugnisse nach § 60c darf sich jedermann berufen; sie gilt z. B. für unabhängige Forscher und solche an Forschungsinstituten, für Universitätsprofessoren und wissenschaftliche Mitarbeiter im Rahmen ihrer Forschung sowie für Studenten bei ihrer wissenschaftlichen Arbeit, aber auch für Privatgelehrte; die Nutzungshandlungen dürfen auch durch einen Dritten vorgenommen werden, der selbst keine Forschungszwecke verfolgt (RegE UrhWissG 2017 – BT-Drs. 18/12329, S. 39). Auch bisher war nach § 53 Abs. 2 S. 1 das Herstellenlassen von Kopien erlaubt. Erfolgt eine Nutzung zum Zweck der wissenschaftlichen Lehre, richtet sich ihre Zulässigkeit dagegen nach § 60a (RegE UrhWissG 2017 – BT-Drs. 18/12329, S. 39). Entsprechend der Vorgabe des Art. 5 Abs. 3 lit. a Info-RL hat die Nutzungshandlung zu **nicht-kommerziellen Zwecken** zu erfolgen. Bereits der aufgehobene § 52a verwendete diesen Begriff. Entscheidend dafür, ob das Werk zu nicht kommerziellen Zwecken genutzt wird, ist nach ErwG 42 Info-RL nicht die organisatorische Struktur und die Finanzierung der betreffenden Einrichtung (öffentliche oder private Einrichtung), sondern die konkrete Art der wissenschaftlichen Tätigkeit. Somit wird die Forschung, die an öffentlichen Hochschulen stattfindet und über private Drittmittel finanziert wird, ebenfalls erfasst (RegE UrhWissG 2017 – BT-Drs. 18/12329, S. 39). Dass ein Wissenschaftler seine Forschungsergebnisse in einem Verlag veröffentlicht, führt nach der Gesetzesbegründung nicht dazu, dass die zugrundeliegende Forschung als kommerziell zu qualifizieren ist. Dies gilt unabhängig von der Frage, ob der Wissenschaftler für die Veröffentlichung ein Honorar erhält oder nicht; **Forschung, die ein Unternehmen betreibt,** um Waren oder Dienstleistungen zu entwickeln und diese dann zu vermarkten, dient allerdings kommerziellen Zwecken, sodass § 60c in einem solchen Fall nicht anwendbar ist (RegE UrhWissG 2017 – BT-Drs. 18/12329, S. 39).

2. Nutzungsumfang

15 Prozent eines Werkes dürfen genutzt werden. Bei dieser für §§ 60a und 60c   **5** eingeführten Grenze orientiert sich der Gesetzgeber nach eigenen Angaben an bestehenden Gesamtverträgen für die öffentliche Zugänglichmachung und konkretisiert das in Art. 5 Abs. 3 lit. a Info-RL enthaltene Tatbestandsmerkmal „soweit dies zur Verfolgung nicht kommerzieller Zwecke gerechtfertigt ist" (RegE UrhWissG 2017 – BT-Drs. 18/12329, S. 21, 35).

3. Berechtigte Personen

Für welchen Personenkreis der Handelnde Vervielfältigungen herstellen oder   **6** Inhalte öffentlich zugänglich machen darf, bestimmen die Nrn. 1 und 2. Nach **Nr. 1** darf die Nutzung für einen **bestimmt abgegrenzten Kreis von Personen** für deren eigene wissenschaftliche Forschung erfolgen. Nr. 1 knüpft somit an die Formulierung des aufgehobenen § 52a Abs. 1 Nr. 2 an. Unerheblich ist nach der Gesetzesbegründung, ob alle Personen an derselben Einrichtung tätig sind; auch innerhalb loser Forschungsverbünde dürfen Materialien genutzt werden (RegE UrhWissG 2017 – BT-Drs. 18/12329, S. 39). **Nr. 2** erlaubt die Nutzung für **einzelne Dritte,** d. h. für nicht forschende Personen, soweit dies der Überprüfung der Qualität wissenschaftlicher Forschung dient. Durch diese Regelung können nach dem Willen des Gesetzgebers Dritte im sogenannten Peer Review vor Veröffentlichungen oder vor Preisvergaben die wissenschaftliche Forschung leichter überprüfen; die Inhalte seien in beiden Fällen vor dem Zugriff durch sonstige Personen zu bewahren (RegE UrhWissG 2017 – BT-Drs. 18/12329, S. 39).

III. Erweiterungen des § 60c Abs. 2

Die Regelung des Abs. 2 erweitert den Umfang der zulässigen Nutzung für   **7** Vervielfältigungen für die eigene wissenschaftliche Forschung. Der Handelnde darf hierfür 75 Prozent eines Werkes nutzen. Bisher erlaubte die aufgehobene Regelung des § 53 Abs. 2 S. 1 Nr. 1 die Vervielfältigung, soweit sie zu diesem Zweck geboten war. Die Vervielfältigung nach Abs. 2 darf nur für die **eigene wissenschaftliche Forschung** erfolgen; die so hergestellten Kopien dürfen in keiner Form weitergegeben werden (RegE UrhWissG 2017 – BT-Drs. 18/ 12329, S. 40). Die Gesetzesbegründung betont, dass es auf weitere Voraussetzungen, etwa die Frage, ob das Werk in einer Bibliothek ausleihbar wäre oder ob dem Forscher angesichts des Kaufpreises ein Erwerb des Werkes zumutbar wäre, nicht mehr ankommt (RegE UrhWissG 2017 – BT-Drs. 18/12329, S. 40).

IV. Erweiterungen des § 60c Abs. 3

Abs. 3 erweitert den Werkumfang, der für bestimmte Werkformen genutzt wer-   **8** den darf. Danach dürfen Abbildungen, einzelne Beiträge aus derselben Fachzeitschrift oder wissenschaftlichen Zeitschrift, sonstige Werke geringen Umfangs und vergriffene Werke abweichend von Abs. 1 und 2 **vollständig genutzt** werden. Die Vorschrift entspricht der Regelung in § 60a Abs. 2. Im Gegensatz zu den bisherigen §§ 52a, 53 werden **Abbildungen** ausdrücklich erwähnt. Die Gesetzesbegründung erwähnt als Beispiel für Abbildungen insbesondere Fotografien (RegE UrhWissG 2017 – BT-Drs. 18/12329, S. 35). Der Regierungsentwurf enthielt noch die Formulierung „einzelne Beiträge aus derselben Zeitung oder Zeitschrift"; nach der Endfassung dürfen aber nur **einzelne Beiträge aus Fachzeitschriften und wissenschaftlichen Zeitschriften** vollständig genutzt werden, nicht jedoch Beiträge aus Zeitungen und aus Publikumszeitschriften. Der Gesetzgeber hat damit nach eigenen Angaben auf die zentrale Bedeutung und die besondere Situation der Tages- und Publikumspresse im demokratischen Willensbildungsprozess und für die Information der Bürgerinnen und Bürger reagiert; anders als Wissenschafts- und Fachverlage, die überwiegend Inhalte veröffentlichen, die im Kontext des (überwiegend öffentlich finanzierten) Bildungs- und Wissenschaftsbetriebs entstünden, müsste die private Tages- und Publikumspresse die urheberrechtlich geschützten Inhalte vollständig über ihr eigenes Geschäftsmodell finanzieren und sei deshalb stärker darauf angewiesen, dass eine vollständige Nutzbarkeit der Beiträge nur auf Lizenzbasis möglich sei (s. BeschlE RAusschuss UrhWissG 2017 – BT-Drs. 18/13014, S. 30). Auch wenn also Beiträge aus der Tages- und Publikumspresse nicht nach Abs. 3 vollständig genutzt werden können, verbleibt es aber bei dem Recht nach Abs. 1 und 2, 15 bzw. 75 Prozent eines Beitrags erlaubnisfrei nutzen bzw. nach § 51 aus Veröffentlichungen zitieren zu dürfen. Zur Konkretisierung eines **Werkes geringen Umfangs** kann nach der Gesetzesbegründung auf die Gesamtverträge zwischen den Verwertungsgesellschaften und den Nutzern zurückgegriffen werden; dies seien für Druckwerke 25 Seiten, für Noten 6 Seiten sowie für Filme und Musik jeweils 5 Minuten. Als Beispiele für Werke geringen Umfangs werden Gedichte und Liedertexte aufgeführt (s. RegE UrhWissG 2017 – BT-Drs. 18/12329, S. 35). **Vergriffen** ist ein Werk, wenn es beim Verlag nicht mehr vorrätig ist und folglich nicht mehr geliefert werden kann; unerheblich ist die generelle Verfügbarkeit des Werkes etwa im antiquarischen Handel (vgl. § 53 Rn. 41). Im Gegensatz zur Regelung des § 53 Abs. 4 kommt es nicht darauf an, wie lange das Werk schon vergriffen ist. Die Regelung steht neben § 51 VGG (früher § 13d UrhWahrnG), der eine widerlegbare Vermutung der Aktivlegitimation der Verwertungsgesellschaft für die Wahrnehmung der Rechte an vergriffenen Werken regelt.

V. Bereichsausnahme des § 60c Abs. 4

9 Abs. 4 enthält, wie § 60a Abs. 3 Nr. 1, eine Bereichsausnahme für Aufnahmen von Live-Veranstaltungen, für die die gesetzliche Erlaubnis der Abs. 1 bis 3 nicht gilt. Sie beruht u. a. auf dem Drei-Stufen-Test nach Art. 5 Abs. 5 Info-RL und Art. 9 Abs. 2 RBÜ (dazu vgl. Vor §§ 44a ff. Rn. 13 f.). Danach ist es nicht nach den Abs. 1 bis 3 erlaubt, während öffentlicher Vorträge, Aufführungen oder Vorführungen eines Werkes diese auf Bild- oder Tonträger aufzunehmen und später öffentlich zugänglich zu machen. Der Gesetzgeber begründet die Regelung damit, dass nun grundsätzlich Filmwerke genutzt und außerdem Werke auch gesendet werden dürfen; es solle verhindert werden, dass eine Filmvorführung im Kino und Live-Veranstaltungen, wie etwa Konzerte oder Lesungen, mitgeschnitten oder live gestreamt werden (so zu § 60a RegE UrhWissG 2017 – BT-Drs. 18/12329, S. 37). Bereits bisher bestand ein solches Verbot gem. § 53 Abs. 7. Die bisherigen Bereichsausnahmen für Filmwerke (§ 52a Abs. 2 S. 2) und grafische Aufzeichnungen von Werken der Musik, also insbesondere Noten (§ 53 Abs. 4 lit. a) entfallen. Im Gegensatz zur Schranke des § 60a, die in Abs. 3 Nr. 3 grafische Aufzeichnungen von Werken der Musik von der Erlaubnis ausnimmt, enthält § 60c keine solche Bereichsausnahme. Nach dem Willen des Gesetzgebers soll so die wissenschaftliche Erforschung solcher Werke erleichtert werden; eine Beeinträchtigung der normalen Verwertung sei dadurch nicht zu befürchten (RegE UrhWissG 2017 – BT-Drs. 18/12329, S. 40).

VI. Vergütungspflicht nach § 60h und Unabdingbarkeit nach § 60g

10 Als Ausgleich für die Einschränkung des Ausschließlichkeitsrechts gewährt § 60h Abs. 1 i. V. m. §§ 54 bis 54c dem Urheber einen Anspruch auf eine angemessene Vergütung der gesetzlich erlaubten Nutzung, der kollektiv durch eine Verwertungsgesellschaft wahrgenommen wird (§ 60h Abs. 4). Ist eine Nutzung nach § 60c erlaubt, kann sie gem. § 60g Abs. 1 nicht durch Vereinbarungen zum Nachteil des Nutzers beschränkt oder untersagt werden.

VII. Prozessuales

Wie bei den übrigen Schrankenregelungen handelt es sich auch bei der Regelung **11** des § 60c um eine Ausnahmevorschrift. Wer sich auf die Vorschrift beruft, trägt grundsätzlich die Darlegungs- und Beweislast für das Vorliegen ihrer Voraussetzungen (vgl. Vor §§ 44a ff. Rn. 17). Derjenige, der die Nutzungshandlungen vornimmt, muss also u. a. beweisen, dass sie im erlaubten Nutzungsumfang und für eine berechtigte Person erfolgt ist, sowie, dass die Nutzung zum Zwecke der wissenschaftlichen Forschung und zu nicht kommerziellen Zwecken erfolgt ist. Die Voraussetzungen des gesetzlichen Vergütungsanspruchs müssen dagegen vom Gläubiger dargelegt und bewiesen werden (vgl. Vor §§ 44a ff. Rn. 17).

§ 60d Text und Data Mining

(1) [1]Um eine Vielzahl von Werken (Ursprungsmaterial) für die wissenschaftliche Forschung automatisiert auszuwerten, ist es zulässig,
1. das Ursprungsmaterial auch automatisiert und systematisch zu vervielfältigen, um daraus insbesondere durch Normalisierung, Strukturierung und Kategorisierung ein auszuwertendes Korpus zu erstellen, und
2. das Korpus einem bestimmten abgegrenzten Kreis von Personen für die gemeinsame wissenschaftliche Forschung sowie einzelnen Dritten zur Überprüfung der Qualität wissenschaftlicher Forschung öffentlich zugänglich zu machen.
[2]Der Nutzer darf hierbei nur nicht kommerzielle Zwecke verfolgen.

(2) Werden Datenbankwerke nach Maßgabe des Absatzes 1 genutzt, so gilt dies als übliche Benutzung nach §§ 55a Satz 1. Werden unwesentliche Teile von Datenbanken nach Maßgabe des Absatzes 1 genutzt, so gilt dies mit der normalen Auswertung der Datenbank sowie mit den berechtigten Interessen des Datenbankherstellers im Sinne von § 87b Absatz 1 Satz 2 und § 87e als vereinbar.

(3) Das Korpus und die Vervielfältigung des Ursprungsmaterials sind nach Abschluss der Forschungsarbeiten zu löschen, die öffentliche Zugänglichmachung ist zu beenden. Zulässig ist es jedoch, das Korpus und die Vervielfältigungen des Ursprungsmaterials den in den §§ 60e und 60f genannten Institutionen zur dauerhaften Aufbewahrung zu übermitteln.

Übersicht

I. Allgemeines

1 Die Regelung des § 60d wurde durch das Gesetz zur Angleichung des Urheberrechts an die aktuellen Erfordernisse der Wissensgesellschaft (Urheberrechts-Wissensgesellschafts-Gesetz – UrhWissG vom 30.6.2017) neu eingeführt und trat am 1.3.2018 in Kraft. § 60d enthält eine vollständig neue Schrankenbestimmung zum sog. Text und Data Mining. Die Vorschrift soll es ermöglichen, auf gesetzlicher Grundlage Werke mit Inhalten aller Art automatisiert auszuwerten, z. B. Werke mit Texten, Daten, Bildern, Tönen oder audiovisuellen Inhalten, um damit nicht kommerzielle wissenschaftliche Forschung zu betreiben. Abs. 1 beinhaltet den Erlaubnistatbestand. Die Regelung des Abs. 2 besteht aus gesetzlichen Fiktionen für den Fall der Nutzung von Datenbankwerken (§ 4 Abs. 2) oder Datenbanken (§ 87a Abs. 1) i. R. d. Abs. 1. Die Bestimmung des Abs. 3 enthält in S. 1 die grundsätzliche Verpflichtung zur Löschung des Korpus und der Vervielfältigungen des Ursprungsmaterials bzw. die Verpflichtung zum Beenden der öffentlichen Zugänglichmachung nach Abschluss der Forschungsarbeiten. Abs. 3 S. 2 erlaubt aber die dauerhafte Aufbewahrung für Institutionen nach §§ 60e und 60f.

2 Auf europäischer Ebene finden sich keine Bestimmungen zum Text und Data Mining, erst Recht nicht in den internationalen Konventionen. Allerdings sieht der „Vorschlag für eine Richtlinie des Europäischen Parlaments und des Rates über das Urheberrecht im digitalen Binnenmarkt" vom 14.9.2016 (COM[2016] 593 final), durch den eine Anpassung der urheberrechtlichen Ausnahmen an das digitale und grenzübergreifende Umfeld erfolgen soll, in Art. 3 Abs. 1 eine Schrankenregelung vor, nach der Forschungsorganisationen Vervielfältigungen urheberrechtlich geschützter Werke und Entnahmen aus Datenbanken, zu denen sie bereits für die Zwecke der wissenschaftlichen Forschung rechtmäßig Zugang haben, für das Text und Data Mining vornehmen dürfen. Diese vorgeschlagene Ausnahme enthält keine Begrenzung auf nicht kommerzielle Zwecke. Abweichende vertragliche Bestimmungen sollen nach Art. 3 Abs. 2 des Richtlinienvorschlags unwirksam sein. Ansonsten bilden die europäischen Rechtsgrundlagen für die Regelung des § 60d Art. 5 Abs. 3 lit. a Info-RL, Art. 10 Abs. 1 lit. d Vermiet- und Verleih-RL 2006/115/EG sowie Art. 6 Abs. 2 lit. b und Art. 9 lit. b Datenbanken-RL 96/9/EG; deshalb war jedoch die gesetzliche Erlaubnis des § 60d auf die wissenschaftliche Forschung und auf nicht kommerzielle Zwecke zu begrenzen.

II. Tatbestand des § 60d Abs. 1

1. Text und Data Mining

3 Das Text und Data Mining stellt eine vielversprechende neue Forschungsmethode dar, bei der mit Hilfe von Algorithmen neue Zusammenhänge in bestehenden Datensätzen bzw. Texten ermitteln werden (s. *Spindler* GRUR 2016, 1112). Der Gesetzgeber versteht unter dem Begriff die **automatisierte Auswertung von Werken mit Inhalten aller Art**, z. B. von Werken mit Texten, Daten, Bildern, Tönen oder audiovisuellen Inhalten, um damit nicht kommerzielle wissenschaftliche Forschung zu betreiben (RegE UrhWissG 2017 – BT-Drs. 18/ 12329, S. 40). Die Gesetzesbegründung zu § 60d enthält eine umfangreiche Beschreibung des in § 60d geregelten Data Minings, nach der es einen mehrstufigen Prozess umfasst, bei dem große Text- und Datenmengen (in Abs. 1 zu Beginn legaldefiniert als Ursprungsmaterial) in digitaler Form gesammelt, aufbereitet und automatisiert nach bestimmten Merkmalen durchsucht und ausgewertet werden. Das Ursprungsmaterial könne aus verschiedenen Quellen stammen, z. B. von unterschiedlichen Verlagen. Es werde diesen Quellen entnommen, u. U. vervielfältigt und sodann aufbereitet, um die Inhalte maschinenlesbar zu machen. Dabei würden die Inhalte z. B. normalisiert, strukturiert und kategorisiert und in andere technische Formate überführt (etwa durch die Umwandlung von pdf-Dokumenten in XML-Datensätze). Hierdurch entstünde das sog. Korpus, die Sammlung der Inhalte, die anschließend ausgewertet werde. Anschließend komme die eigentliche Software für das sog. Text und Data Mining zum Einsatz; oftmals handele es sich hierbei um speziell für das jeweilige Vorhaben programmierte Skripts. Die Software ermittele z. B. statistische Häufigkeiten oder Korrelationen in den Inhalten, die im Korpus aufbereitet sind. Diese Ergebnisse stünden dann für die wissenschaftliche Analyse und Bewertung zur Verfügung (RegE UrhWissG 2017 – BT-Drs. 18/12329, S. 40).

§ 60d Abs. 1 erlaubt abschließend die **Vervielfältigung des Ursprungsmaterials**   **4** **und die öffentliche Zugänglichmachung des Korpus.** Es gibt Formen des Text und Data Mining, die ohne die Herstellung eines Korpus auskommen und daher keiner Erlaubnis bedürfen; denn das Text und Data Mining wird erst dann urheberrechtlich relevant, wenn in seinem Verlauf Vervielfältigungen entstehen. Eine Erlaubnis nach Abs. 1 ist jedoch erforderlich, wenn Inhalte, die urheber- oder leistungsschutzrechtlich geschützt sind (z. B. wissenschaftliche Fachartikel, Lichtbilder, Datenbankwerke) vervielfältigt oder öffentlich zugänglich gemacht werden oder wenn wesentliche Teile von Inhalten aus geschützten Datenbanken entnommen werden (s. RegE UrhWissG 2017 – BT-Drs. 18/12329, S. 40). Indem der Tatbestand des Abs. 1 die Vervielfältigung und die öffentliche Zugänglichmachung erlaubt, setzt er voraus, dass Zugang zu dem auszuwertenden geschützten Ursprungsmaterial besteht. Die Gesetzesbegründung führt als Beispiel für einen nach Abs. 1 erlaubten Vorgang an, im Bestand einer Institutsbibliothek vorhandene Texte oder über Fernleihe beschafftes Schrifttum zu scannen und durchsuchbar zu machen, um so das Text und Data Mining durchzuführen (RegE UrhWissG 2017 – BT-Drs. 18/12329, S. 41).

Zunächst wird in Abs. 1 S. 1 der Begriff des **Ursprungsmaterials** als eine Viel-   **5** zahl von Werken legal definiert. Es dürfen Werke aller Art genutzt werden, z. B. Texte, Daten, Bilder und Filme; erlaubt ist nach dem Willen des Gesetzgers auch die Verwendung von digitalem Ursprungsmaterial, z. B. soweit der Rechteinhaber es jedermann im Internet zur Verfügung stellt (RegE UrhWissG 2017 – BT-Drs. 18/12329, S. 41). Werden Inhalte genutzt, die zum Online-Abruf bereitstehen, und setzt der Rechteinhaber dabei technische Schutzmaßnahmen ein, dürfen diese wegen § 95b Abs. 3 nicht umgangen werden (s. RegE UrhWissG 2017 – BT-Drs. 18/12329, S. 41). Auf die gesetzliche Erlaubnis kann sich **jedermann** berufen, der automatisierte Forschung in der oben beschriebenen Art betreiben will; derjenige darf die notwendigen Handlungen **auch von Dritten vornehmen lassen**, z. B. von Mitarbeitern einer Bibliothek (RegE UrhWissG 2017 – BT-Drs. 18/12329, S. 41).

2.   Nutzungshandlungen nach Abs. 1 S. 1 Nr. 1

Nach Abs. 1 Nr. 1 ist es zulässig, das Ursprungsmaterial auch automatisiert   **6** und systematisch zu vervielfältigen, um daraus insbesondere durch Normalisierung, Strukturierung und Kategorisierung ein auszuwertendes Korpus zu erstellen. Die Regelung erlaubt somit die **Vervielfältigung** (§§ 15 Abs. 1 Nr. 1, 16) urheberrechtlich geschützter Werke. Nach der Gesetzesbegründung ist dies erforderlich, damit die auszuwertenden Inhalte vom Forscher vollständig heruntergeladen und anschließend aus diesen Vervielfältigungen weitere Vervielfältigungen in umgewandelter Form erstellt werden können. Die Vervielfältigung darf auch **automatisiert** erfolgen, die Inhalte dürfen daher nicht nur manuell verarbeitet werden; hierdurch soll es nach dem Willen des Gesetzgebers ermöglicht werden, auch große Mengen an Inhalten zu verarbeiten. Dabei dürfe der reguläre Zugang zum Ursprungsmaterial für Dritte jedoch nicht beeinträchtigt werden, z. B. durch die übermäßige Beanspruchung von Bandbreite (RegE

UrhWissG 2017 – BT-Drs. 18/12329, S. 41). Indem die Vervielfältigung systematisch erfolgen darf, ist es zulässig, die urheberrechtlich geschützten Inhalte
auch strukturiert auf Speichermedien abzulegen, allerdings nach Abs. 3 S. 1
nur bis zum Abschluss der Forschungsarbeiten (s. RegE UrhWissG 2017 – BT-
Drs. 18/12329, S. 41). Die Inhalte dürfen auch maschinenlesbar aufbereitet
werden; dem entsprechend wurde in § 23 der neue S. 3 angefügt, nach dem die
Erlaubnisvorbehalte der § 23 S. 1 und 2 auf ausschließlich technisch bedingte
Änderungen eines Werkes nach § 60d Abs. 1 sowie § 60e Abs. 1 nicht anzu-
wenden sind. Es handelt sich bei solchen reinen Formatänderungen nicht um
Bearbeitungen, sondern nur um Vervielfältigungen (RegE UrhWissG 2017 –
BT-Drs. 18/12329, S. 41).

3. Nutzungshandlungen nach Abs. 1 S. 1 Nr. 2

7   Abs. 1 Nr. 2 erlaubt die **öffentliche Zugänglichmachung** (§§ 15 Abs. 2 Nr. 2,
19a) des Korpus für einen bestimmten abgegrenzten Kreis von Personen für
die gemeinsame wissenschaftliche Forschung sowie einzelne Dritte zur Überprüfung der Qualität wissenschaftlicher Forschung. Der Erlaubnis des Abs. 1
Nr. 2 bedarf es nur, wenn die Voraussetzungen einer öffentlichen Zugänglichmachung erfüllt sind, d. h. wenn der betroffene Personenkreis überhaupt eine
Öffentlichkeit nach § 15 Abs. 3 bildet. Nach der Gesetzesbegründung wird dies
bei kleinen Forschergruppen häufig nicht der Fall sein (RegE UrhWissG 2017 –
BT-Drs. 18/12329, S. 41). Öffentlich zugänglich gemacht werden darf nach
dem Gesetzeswortlaut nur das Korpus, nicht das Ursprungsmaterial. Die Regelung soll es nach dem Willen des Gesetzgebers ermöglichen, mit anderen Forschern in einem gemeinsamen Forschungsprojekt zusammenzuarbeiten sowie
die Forschungsergebnisse durch Dritte, z. B. während des Peer Review vor einer
Veröffentlichung oder vor Preisvergaben, begutachten und überprüfen zu lassen (RegE UrhWissG 2017 – BT-Drs. 18/12329, S. 39, 41).

4. Auswertung für die wissenschaftliche Forschung

8   Die Bestimmung des Abs. 1 erlaubt die in Nr. 1 und 2 beschriebenen Nutzungshandlungen, um das Ursprungsmaterial für die wissenschaftliche Forschung
auszuwerten. Das erlaubte Text und Data Mining ist also zweckgebunden und
darf nur für die wissenschaftliche Forschung erfolgen. Auch die zugrundeliegende europäische Rechtsgrundlage des Art. 5 Abs. 3 lit. a Info-RL gestattet
eine Beschränkung des Rechts der öffentlichen Zugänglichmachung für Zwecke der wissenschaftlichen Forschung. Zum Zweck der wissenschaftlichen Forschung erfolgt eine Nutzung, wenn sie der Wissenschaftsproduktion dient und
das Ziel der Gewinnung neuer wissenschaftlicher Erkenntnisse verfolgt (s. unsere 11. Aufl. § 52a Rn. 13; Schricker/Loewenheim/*Loewenheim* § 52a Rn. 13
und § 60c Rn. 4).

5. Nutzung zu nicht kommerziellen Zwecken

9   Entsprechend der Vorgabe des Art. 5 Abs. 3 lit. a Info-RL hat die Nutzungshandlung nach Abs. 1 S. 2 zu nicht kommerziellen Zwecken zu erfolgen. Entscheidend dafür, ob das Werk zu nicht kommerziellen Zwecken genutzt wird,
ist nach ErwG 42 Info-RL nicht die organisatorische Struktur und die Finanzierung der Einrichtung, für die die Forschung erfolgt (öffentliche oder private
Einrichtung), sondern die konkrete Art der wissenschaftlichen Tätigkeit. Somit
wird die Forschung, die an öffentlichen Hochschulen stattfindet und über private Drittmittel finanziert wird, grundsätzlich erfasst (RegE UrhWissG 2017 –
BT-Drs. 18/12329, S. 39 zu § 60c). Dass ein Wissenschaftler seine Forschungsergebnisse in einem Verlag veröffentlicht, führt nach der Gesetzesbegründung
nicht dazu, dass die zugrundeliegende Forschung als kommerziell zu qualifizieren ist. Dies gilt unabhängig von der Frage, ob der Wissenschaftler für die
Veröffentlichung ein Honorar erhält oder nicht; **Forschung, die ein Unterneh-**

men betreibt, um Waren oder Dienstleistungen zu entwickeln und diese dann zu vermarkten, dient allerdings kommerziellen Zwecken, sodass § 60d in einem solchen Fall nicht anwendbar ist (RegE UrhWissG 2017 – BT-Drs. 18/12329, S. 39 zu § 69c).

III. Gesetzliche Fiktionen des § 60d Abs. 2

Abs. 2 enthält gesetzliche Fiktionen für den Fall, dass i. R. d. nach Abs. 1 er- **10** laubten Vervielfältigungen oder öffentlichen Zugänglichmachungen Datenbankwerke (§ 4 Abs. 2; vgl. § 4 Rn. 31 ff.) oder Datenbanken (§ 87a Abs. 1; vgl. § 87a Rn. 8 ff.) genutzt werden. Werden Datenbankwerke nach Abs. 1 genutzt, so gilt dies nach der Regelung des Abs. 2 S. 1 als übliche Benutzung nach § 55a S. 1 (vgl. § 55 Rn. 5). Werden unwesentliche Teile von Datenbanken nach Abs. 1 genutzt, so gilt dies mit der normalen Auswertung der Datenbank sowie mit den berechtigten Interessen des Datenbankherstellers i. S. v. § 87b Abs. 1 S. 2 und § 87e (dazu vgl. § 87b Rn. 11 ff.) als vereinbar. Die Vorschrift soll nach dem Willen des Gesetzgebers sicherstellen, dass die Rechteinhaber den automatisierten Abruf von Inhalten aus dem Datenbankwerk oder der Datenbank nicht vertraglich untersagen können (RegE UrhWissG 2017 – BT-Drs. 18/12329, S. 41).

IV. Verpflichtung zur Löschung bzw. Erlaubnis der dauerhaften Aufbewahrung gem. § 60d Abs. 3

Nach Abs. 3 S. 1 sind das Korpus und die Vervielfältigung des Ursprungsmate- **11** rials nach Abschluss der Forschungsarbeiten zu löschen; die öffentliche Zugänglichmachung ist zu beenden. Grundsätzlich ist somit die dauerhafte Aufbewahrung nicht erlaubt. So soll im Interesse der Wissenschaftsverlage sichergestellt werden, dass keine parallelen Artikeldatenbanken entstehen (RegE UrhWissG 2017 – BT-Drs. 18/12329, S. 41). Zulässig ist nach S. 2 jedoch, das Korpus und die Vervielfältigungen des Ursprungsmaterials den in den §§ 60e und 60f genannten Institutionen zur dauerhaften Aufbewahrung zu übermitteln. Während der Forscher selbst nach Abschluss seiner Forschungsarbeiten das Korpus und die Vervielfältigung des Ursprungsmaterials somit nicht mehr aufbewahren darf, darf es bei einer der in den §§ 60e, 60f genannten Institutionen, z. B. Bibliotheken und Archiven, langfristig gespeichert werden. Der Gesetzgeber will hierdurch einen Ausgleich zwischen dem Interesse der Forscher und dem Interesse der Urheber und Verlage herstellen; während die Forscher die für ihre Forschung benutzten Inhalte weiterhin in Gänze verfügbar halten wollen und müssen, um die Zitierbarkeit, die Referenzierbarkeit und die Überprüfung der Einhaltung wissenschaftlicher Standards zu ermöglichen, haben andererseits gerade die Wissenschaftsverlage ein berechtigtes Interesse daran, dass keine parallelen Artikeldatenbanken entstehen (RegE UrhWissG 2017 – BT-Drs. 18/12329, S. 41).

V. Vergütungspflicht nach § 60h und Unabdingbarkeit nach § 60g

Als Ausgleich für die Einschränkung des Ausschließlichkeitsrechts gewährt **12** § 60h Abs. 1 i. V. m. §§ 54 bis 54c dem Urheber einen Anspruch auf eine angemessene Vergütung der gesetzlich erlaubten Nutzung, der kollektiv durch eine Verwertungsgesellschaft wahrgenommen wird (§ 60h Abs. 4). Ist eine Nutzung nach § 60d erlaubt, kann sie gem. § 60g Abs. 1 nicht durch Vereinbarungen zum Nachteil des Nutzers beschränkt oder untersagt werden.

VI. Prozessuales

13 Wie bei den übrigen Schrankenregelungen handelt es sich auch bei der Regelung des § 60d um eine Ausnahmevorschrift. Wer sich auf die Vorschrift beruft, trägt grundsätzlich die Darlegungs- und Beweislast für das Vorliegen ihrer Voraussetzungen (vgl. Vor §§ 44a ff. Rn. 17). Derjenige, der die Nutzungshandlungen nach Abs. 1 Nr. und 2 vornimmt, muss also das Vorliegen ihrer Voraussetzungen beweisen. Die Voraussetzungen des gesetzlichen Vergütungsanspruchs müssen dagegen vom Gläubiger dargelegt und bewiesen werden (vgl. Vor §§ 44a ff. Rn. 17).

§ 60e Bibliotheken

(1) Öffentlich zugängliche Bibliotheken, die keine unmittelbaren oder mittelbaren kommerziellen Zwecke verfolgen (Bibliotheken), dürfen ein Werk aus ihrem Bestand oder ihrer Ausstellung für Zwecke der Zugänglichmachung, Indexierung, Katalogisierung, Erhaltung und Restaurierung vervielfältigen oder vervielfältigen lassen, auch mehrfach und mit technisch bedingten Änderungen.

(2) ¹Verbreiten dürfen Bibliotheken Vervielfältigungen eines Werkes aus ihrem Bestand an andere Bibliotheken oder an in § 60f genannte Institutionen für Zwecke der Restaurierung. ²Verleihen dürfen sie restaurierte Werke sowie Vervielfältigungsstücke von Zeitungen, vergriffenen oder zerstörten Werken aus ihrem Bestand.

(3) Verbreiten dürfen Bibliotheken Vervielfältigungen eines in § 2 Absatz 1 Nummer 4 bis 7 genannten Werkes, sofern dies in Zusammenhang mit dessen öffentlicher Ausstellung oder zur Dokumentation des Bestandes der Bibliothek erfolgt.

(4) ¹Zugänglich machen dürfen Bibliotheken an Terminals in ihren Räumen ein Werk aus ihrem Bestand ihren Nutzern für deren Forschung oder private Studien. ²Sie dürfen den Nutzern je Sitzung Vervielfältigungen an den Terminals von bis zu 10 Prozent eines Werkes sowie von einzelnen Abbildungen, Beiträgen aus derselben Fachzeitschrift oder wissenschaftlichen Zeitschrift, sonstigen Werken geringen Umfangs und vergriffenen Werken zu nicht kommerziellen Zwecken ermöglichen.

(5) Auf Einzelbestellung an Nutzer zu nicht kommerziellen Zwecken übermitteln dürfen Bibliotheken Vervielfältigungen von bis zu 10 Prozent eines erschienenen Werkes sowie einzelne Beiträge, die in Fachzeitschriften oder wissenschaftlichen Zeitschriften erschienen sind.

Übersicht

I.   Allgemeines

Die Regelung des § 60e wurde durch das Gesetz zur Angleichung des Urheber-   **1**
rechts an die aktuellen Erfordernisse der Wissensgesellschaft (Urheberrechts-
Wissensgesellschafts-Gesetz – UrhWissG vom 30.6.2017) neu eingeführt und
trat am 1.3.2018 in Kraft. Die Regelung des § 60e regelt die erlaubten Nutzungen geschützter Werke durch öffentliche Bibliotheken und fasst die bisher an
unterschiedlichen Stellen geregelten Nutzungsbefugnisse zusammen. Der Gesetzgeber möchte durch die Reform zugleich die zentrale Bedeutung der Bibliotheken in der vernetzten und digitalisierten Wissensgesellschaft unterstreichen
(RegE UrhWissG 2017 – BT-Drs. 18/12329, S. 42). Die Struktur der Norm
orientiert sich an den erlaubten Nutzungen; Abs. 1 erlaubt Vervielfältigungen,
Abs. 2 und 3 Verbreitungen, Abs. 4 die Zugänglichmachung an Terminals und
Abs. 5 den Kopienversand auf Bestellung (RegE UrhWissG 2017 – BT-Drs. 18/
12329, S. 42). Da § 87c nicht auf §§ 60e und 60f verweist, gilt die Erlaubnis
des § 60e nicht für die Nutzung von Datenbanken. Sie gilt jedoch für die Nutzung von verwaisten Werken i. S. v. §§ 61 ff. (s. RegE UrhWissG 2017 – BT-
Drs. 18/12329, S. 42).

Die Europäische Rechtsgrundlage der Erlaubnis für die Vervielfältigungen nach   **2**
Abs. 1 ist in Art. 5 Abs. 2 lit. c Info-RL zu sehen. Die Erlaubnis der Verbreitungshandlungen nach Abs. 2 S. 1 und Abs. 3 beruht auf Art. 5 Abs. 2 lit. c
i. V. m. Art. 5 Abs. 4 Info-RL, der Verleih restaurierter Vervielfältigungsstücke
nach Abs. 2 S. 2 auf Art. 6 Abs. 1 S. 1 Vermiet- und Verleih-RL. Abs. 4 liegt
die sog. Terminal-Schranke nach Art. 5 Abs. 3 lit. n Info-RL zugrunde. Die
Erlaubnis des Kopienversands auf Bestellung beruht auf Art. 5 Abs. 2 lit. c
i. V. m. Art. 5 Abs. 4 Info-RL.

II.   Erlaubte Vervielfältigungen nach § 60e Abs. 1

Die Regelung des § 60e Abs. 1 enthält zunächst eine für die gesamte Vorschrift   **3**
geltende **Legaldefinition der Bibliotheken**. Bibliotheken i. S. d. § 60e sind öffentlich zugängliche Bibliotheken, die keine unmittelbaren oder mittelbaren
kommerziellen Zwecke verfolgen. Die Definition ist aus Art. 5 Abs. 2 lit. c
Info-RL entnommen. Unerheblich ist, ob sich die Bibliothek in privater oder
staatlicher Trägerschaft befindet, sofern sie keine unmittelbaren oder mittelbaren kommerziellen Zwecke verfolgt. § 60e Abs. 1 erlaubt **Vervielfältigungen**
(§§ 15 Abs. 1 Nr. 1, 16) direkt durch die Bibliothek sowie das Vervielfältigenlassen durch Dritte. Wofür diese Vervielfältigungen eingesetzt werden dürfen,
bestimmt sich dann nach den Abs. 2 bis 5. Ergibt sich nach diesen Bestimmungen nicht ausdrücklich eine weitergehende Erlaubnis, dürfen die Vervielfältigungen ausschließlich bibliotheksintern genutzt werden (RegE UrhWissG
2017 – BT-Drs. 18/12329, S. 42). Die Regelung des § 60e Abs. 1 listet die
Zwecke auf, für die Bibliotheken Vervielfältigungen vornehmen dürfen. Die
Beschränkung auf diese Zwecke beruht auf den Vorgaben der Info-RL. So beschränkt Art. 5 Abs. 2 lit. c Info-RL die Erlaubnis auf „bestimmte Vervielfältigungshandlungen". ErwG 40 Info-RL gibt hierzu an, die Ausnahme oder Beschränkung solle auf bestimmte durch das Vervielfältigungsrecht erfasste
Sonderfälle begrenzt werden. Die Erlaubnis gilt für **Zwecke der Zugänglichmachung, Indexierung, Katalogisierung, Erhaltung und Restaurierung**. Durch die
Erlaubnis der Vervielfältigung für Zwecke der Indexierung dürfen Bibliotheken
z. B. durchsuchbare pdf-Dateien erstellen. Für Zwecke der Erhaltung werden

Kopien gemacht, wenn sie den Bibliotheken eine umfassende Bestandssicherung ermöglichen; hierunter fällt nach der Gesetzesbegründung insbesondere die Langzeitarchivierung von analogen und digitalen Beständen der Bibliothek (RegE UrhWissG 2017 – BT-Drs. 18/12329, S. 42). Vervielfältigt werden dürfen **nur Werke aus dem Bestand oder der Ausstellung der Bibliothek.** Hierunter fallen nach der Gesetzesbegründung auch elektronische Bestände, zu denen die Bibliothek auf Basis von Nutzungsverträgen mit Inhalteanbietern ihren Nutzern den Zugang gewähren darf; dabei sei jedoch die auf Art. 6 Abs. 4 Unterabs. 4 Info-RL beruhende zwingende Regelung des § 95b Abs. 3 zu technischen Schutzmaßnahmen zu beachten. Besteht zwischen der Bibliothek und dem Inhalteanbieter ein Vertrag, der die öffentliche Zugänglichmachung der Inhalte erlaubt und kontrolliert eine technische Schutzmaßnahme diesen Zugang, kann die Nutzungsbefugnis nach § 60e Abs. 1 daher nicht gegen die technische Schutzmaßnahme durchgesetzt werden (RegE UrhWissG 2017 – BT-Drs. 18/12329, S. 42). Nach § 60e Abs. 1 2. Hs. sind Vervielfältigungen zu den im 1. Hs. genannten Zwecken **auch mehrfach und mit technisch bedingten Änderungen** (formatwandelnde Vervielfältigungen) zulässig. Der Gesetzgeber begründet dies damit, dass es die digitale Langzeitarchivierung erfordere, z. B. Sicherungskopien zu erstellen und Dateien auf andere Datenträger umzukopieren, da deren Haltbarkeit zeitlich begrenzt sei; dabei dürften auch Vervielfältigungen von früheren durch die Bibliothek oder in ihrem Auftrag hergestellten Vervielfältigungen angefertigt werden, und zwar auch dann, wenn das ursprüngliche Bestandsstück zwischenzeitlich nicht mehr lesbar oder zerstört sei. Formatwandelnde Kopien seien z. B. erforderlich, um den dauerhaften Zugriff auf Werke zu ermöglichen, wenn das bisher verwendete Format technisch überholt oder entsprechende Hardware bzw. entsprechende Leermedien nicht mehr verfügbar sind (RegE UrhWissG 2017 – BT-Drs. 18/12329, S. 42).

III. Erlaubtes Verbreiten nach § 60e Abs. 2

1. Verbreiten nach § 60e Abs. 2 S. 1

4 § 60e Abs. 2 enthält die Erlaubnis, bestimmte Verbreitungshandlungen vorzunehmen. Abs. 2 S. 1 erlaubt das zweckgebundene Verbreiten von nach Abs. 1 zum Zwecke der Restaurierung hergestellten Vervielfältigungen eines Werkes. Verbreitet werden dürfen Vervielfältigungen eines Werkes aus dem Bestand der Bibliothek. Hierunter fallen nach der Gesetzesbegründung auch elektronische Bestände, zu denen die Bibliothek auf Basis von Nutzungsverträgen mit Inhalteanbietern ihren Nutzern den Zugang gewähren darf (RegE UrhWissG 2017 – BT-Drs. 18/12329, S. 42; vgl. Rn. 3). Die Vervielfältigungen dürfen an andere Bibliotheken (zur Legaldefinition der Bibliothek in Abs. 1 vgl. Rn. 3) und Institutionen nach § 60f, also Archive, Einrichtungen im Bereich des Film- oder Tonerbes sowie öffentlich zugängliche Museen und Bildungseinrichtungen (zur Legaldefinition in § 60a Abs. 4 vgl. § 60a Rn. 5), die keine unmittelbaren oder mittelbaren kommerziellen Zwecke verfolgen, verbreitet werden. Wie bei den Bibliotheken, ist es auch bei den Institutionen nach § 60f unerheblich, ob sie sich in privater oder staatlicher Trägerschaft befinden, sofern sie keine unmittelbaren oder mittelbaren kommerziellen Zwecke verfolgen. Die Begriffe Museen und Archive finden sich bereits bisher in den §§ 52b, 61 Abs. 2 (vgl. § 52b Rn. 4 f.; Schricker/Loewenheim/*Loewenheim* § 52b Rn. 3; Dreier/Schulze/*Dreier* Rn. 3; Wandtke/Bullinger/*Jani* Rn. 9 f.). Unter **Museen** sind geordnete Sammlungen künstlerischer, wissenschaftlicher oder ähnlicher Gegenstände zu verstehen (HK-UrhR/*Dreyer* § 59 Rn. 20). Der Begriff der **Einrichtungen im Bereich des Film- oder Tonerbes** entspricht dem in § 61 Abs. 2 (RegE UrhWissG 2017 – BT-Drs. 18/12329, S. 44). Unter Einrichtungen im Bereich des Film- oder Tonerbes sind danach diejenigen Einrichtungen zu verstehen, deren Auftrag darin besteht, Filme, Bild- und Tonträger, die zum europäischen kulturellen Erbe gehören, zu katalogisieren, zu erhalten und zu restaurieren (z. B. das Bundesarchiv, die Stiftung Deutsche Kinemathek; vgl. § 61 Rn. 11). Der Erlaubnistatbestand des § 60e Abs. 2 S. 1 soll nach dem Willen des Gesetzgebers ermöglichten, dass Bibliotheken oder in § 60f genannte Institutionen ihre Bestände mithilfe der Bestände anderer Bibliotheken oder Institutionen restaurieren können. Besitzt eine Bibliothek nur ein beschädigtes Werk, sei sie zur Ergänzung des beschädigten Werkes darauf angewiesen, dass eine andere Institution eine Vervielfältigung des Werkes aus ihrem Bestand nach Abs. 1 zum Zweck der Restaurierung herstellt und ihr zur Verfügung stellt. Da diese Weitergabe in das Verbreitungsrecht des Rechteinhabers nach § 17 eingreife, sei die Erlaubnis dieser zweckgebundenen Verbreitung nach Abs. 2 S. 1 erforderlich (RegE UrhWissG 2017 – BT-Drs. 18/12329, S. 43). Die Vorschrift stellt eine Neuregelung dar. § 53 Abs. 2 S. 1 Nr. 2 erlaubt lediglich das Herstellen oder Herstellenlassen einzelner Vervielfältigungen zur Aufnahme in ein eigenes Archiv und setzt voraus, dass eine eigene Vorlage verwendet wird. Nach § 53 Abs. 2 S. 1 Nr. 4 ist nur die Vervielfältigung zum eigenen Gebrauch erlaubt.

2. Verbreiten nach § 60e Abs. 2 S. 2

Die Bestimmung des § 60e Abs. 2 S. 2 erlaubt den **Verleih von restaurierten** **5** **Werken sowie Vervielfältigungsstücken von Zeitungen, vergriffenen oder zerstörten Werken.** Der Erlaubnistatbestand ist erforderlich, da deren Herstellung nur nach Abs. 1 gesetzlich erlaubt ist, nicht aber mit Zustimmung des Berechtigten geschieht, wie dies § 17 Abs. 2 voraussetzt; ohne die Erlaubnis des § 60e Abs. 2 S. 2 würde der Rechteinhaber weiterhin über das Verbreitungsrecht verfügen und damit auch über die Befugnis für den Verleih (s. RegE UrhWissG 2017 – BT-Drs. 18/12329, S. 43). Die Bibliotheken dürfen restaurierte Werke sowie Vervielfältigungsstücke von Zeitungen, vergriffenen oder zerstörten Werken aus ihrem Bestand verleihen. Die Regelung des § 60e Abs. 2 S. 2 stimmt teilweise mit der Bestimmung des § 53 Abs. 6 S. 2 überein, die auch nach der Reform des UrhG durch das UrhWissG für zu kommerziellen Zwecken handelnde Bibliotheken bestehen bleibt; die neue Regelung ist jedoch weiter als § 53 Abs. 6 S. 2, da die Begrenzung auf „kleine beschädigte oder abhanden gekommene Teile" entfällt; wie nach § 53 Abs. 6 S. 2 dürfen auch Vervielfältigungsstücke von Zeitungen, also insbes. Mikrofiche-Kopien, sowie vergriffene Werke (unabhängig davon, wie lange sie vergriffen sind) verliehen werden (s. RegE UrhWissG 2017 – BT-Drs. 18/12329, S. 43). Vergriffen ist ein Werk, wenn es beim Verlag nicht mehr vorrätig ist und folglich nicht mehr geliefert werden kann; unerheblich ist die generelle Verfügbarkeit des Werkes etwa im antiquarischen Handel (vgl. § 53 Rn. 41). Über den bisherigen Regelungsgehalt des § 53 Abs. 2 S. 2 hinaus geht die Erlaubnis zum Verleih von Vervielfältigungsstücken, wenn das Werkoriginal zerstört wurde; der Gesetzgeber begründet dies damit, dass die Bibliotheken in die Lage versetzt werden sollen, Kopien, die zur Langzeitarchivierung angefertigt wurden, sinnvoll zu nutzen (RegE UrhWissG 2017 – BT-Drs. 18/12329, S. 43).

IV. Erlaubtes Verbreiten nach § 60e Abs. 3

§ 60e Abs. 3 erlaubt das Verbreiten (§§ 15 Abs. 1 Nr. 2, 17) von Vervielfälti- **6** gungen eines in § 2 Abs. 1 Nr. 4 bis 7 genannten Werkes durch Bibliotheken, sofern dies in Zusammenhang mit dessen öffentlicher Ausstellung oder zur Dokumentation des Bestandes der Bibliothek erfolgt. Eine ähnliche Erlaubnis existierte bisher in dem aufgehobenen § 58 Abs. 2, der sog. **Katalogbildfreiheit** (vgl. § 58 Rn. 1, 7, 16). Nunmehr werden die Befugnisse der Bibliotheken ausgedehnt. Es dürfen mit den Werken nach § 2 Abs. 1 Nr. 4 bis 7 mehr Werkarten genutzt werden, insbesondere auch Filmwerke und technische Skizzen (RegE

UrhWissG 2017 – BT-Drs. 18/12329, S. 43); bisher war der Anwendungsbereich von § 58 Abs. 2 auf Werke der bildenden Künste und Fotografien begrenzt. Im Unterschied zu dem aufgehobenen § 58 Abs. 2 ist auch kein zeitlicher Zusammenhang mit der Ausstellung erforderlich; dadurch können die geschützten Inhalte auch nach dem Ausstellungsende noch verbreitet werden (RegE UrhWissG 2017 – BT-Drs. 18/12329, S. 43). Das Verbreiten erfasst, wie bereits unter Geltung des § 58 Abs. 2, auch Werke in ständigen Ausstellungen (s. RegE UrhWissG 2017 – BT-Drs. 18/12329, S. 43 und BGH GRUR 1994, 800, 802 – *Museumskatalog* zur aufgehobenen Regelung des § 58 Abs. 2). Die Gesetzesbegründung nennt als Schwerpunkt der praktischen Anwendung die Ausstellungen von Museen, für die nach § 60f die Regelung des § 60e Abs. 3 entsprechend gilt.

V. Terminal-Schranke des § 60e Abs. 4

1. Zugänglich machen nach § 60e Abs. 4 S. 1

7 Die Regelung des § 60e Abs. 4 S. 1 enthält die bisher in dem aufgehobenen § 52b geregelte **sog. Terminal-Schranke.** Nach Abs. 4 S. 1 dürfen Bibliotheken an Terminals in ihren Räumen ein Werk aus ihrem Bestand ihren Nutzern für deren Forschung oder private Studien zugänglich machen (§§ 15 Abs. 2 Nr. 2, 19a). Die Regelung erlaubt also das Herstellen der erforderlichen **digitalen Kopie** für die Zugänglichmachung an den Terminals. Das zugänglich gemachte Werk muss sich **im Bestand** der Bibliothek befinden. Wie bereits i. R. d. § 52b ist erforderlich, dass sie mindestens ein körperliches Werkexemplar erworben oder als Pflichtexemplar erhalten hat und es in ihrem Präsenzbestand hält (s. unsere 11. Aufl. § 52b Rn. 6; zu § 52b Antw BReg v. 27.4.2006 – UrhWissG 2017 – BT-Drs. 16/1356, Antwort 16). Im Gegensatz zu der im Gesetzgebungsverfahren heiß umkämpften und von den Wissenschaftsverlagen kritisierten bisherigen Regelung im aufgehobenen § 52b S. 2 (s. dazu unsere 11. Aufl. § 52b Rn. 2), ist die Zugänglichmachung an den Terminals **nicht mehr auf die Anzahl der im Bestand befindlichen Exemplare begrenzt.** Indem die Bibliotheken sich die Anschaffung teurer Mehrfachexemplare, beispielsweise von wissenschaftlichen Standardwerken, durch an Terminals in ihren Räumen abrufbare Kopien ersparen, können sie Kosten einsparen (s. unsere 11. Aufl. § 52b Rn. 2). Nach dem Willen des Gesetzgebers ist jedoch der Umstand, dass insoweit eine intensivere Nutzung von Digitalisaten an Terminals ermöglicht wird, bei der Bemessung der Höhe der angemessenen Vergütung nach § 60h Abs. 1 zu berücksichtigen (RegE UrhWissG 2017 – BT-Drs. 18/12329, S. 44). Da die Bibliotheken die Werke **nur an Terminals in ihren Räumen** zugänglich machen dürfen, ist eine Onlinenutzung von außen ausgeschlossen (so schon zu § 52b RegE 2. Korb – BT-Drs. 16/1828, S. 26). Nicht erforderlich ist, dass sich das Terminal in demselben Gebäude wie das Bestandsexemplar befindet, da zu den Räumen einer Bibliothek auch Zweigstellen und Nebengebäude gehören (zu § 52b: unsere 11. Aufl. § 52b Rn. 7; a. A. *Hoeren* MMR 2007, 615, 617). Die Nutzung der Werke ist zweckgebunden und hat für die **Forschung oder private Studien** der Nutzer zu erfolgen. Abgeschlossene **Lizenzverträge** gehen der gesetzlichen Erlaubnis des Abs. 4 nach § 60g Abs. 2 vor (vgl. Rn. 19).

2. Ermöglichen von „Anschlusskopien" nach § 60e Abs. 4 S. 2

8 Nach Abs. 4 S. 2 dürfen Bibliotheken den Nutzern je Sitzung Vervielfältigungen an den Terminals von bis zu 10 Prozent eines Werkes sowie von einzelnen Abbildungen, Beiträgen aus derselben Fachzeitschrift oder wissenschaftlichen Zeitschrift, sonstigen Werken geringen Umfangs und vergriffenen Werken zu nicht kommerziellen Zwecken ermöglichen. Erlaubt sind also sog. **„Anschlusskopien"** bei der Nutzung geschützter Werke an Terminals. Es war i. R. d. Anwendung des aufgehobenen § 52b umstritten, ob „Anschlusskopien" und die Kombination mehrerer gesetzlicher Erlaubnistatbestände zulässig sind (s. unsere 11. Aufl. § 52b Rn. 10a und 13). Hintergrund der neuen Regelung des § 60e Abs. 4 S. 2 ist die Rechtsprechung des EuGH zu § 52b (EuGH GRUR 2014, 1078 Tz. 57 – *Elektronische Leseplätze*), nach der die Zulässigkeit von Anschlusskopien und damit die Kombination von Schranken (Art. 5 Abs. 3 lit. n und Art. 5 Abs. 2 lit. a oder b Info-RL) dem mitgliedstaatlichen Recht überlassen sind. Im Anschluss daran hat der BGH die Kombination mehrerer Schranken (§§ 52b und 53) zugelassen (BGH GRUR 2015, 1101 Tz. 39 ff. – *Elektronische Leseplätze II*). Gestattet ist eine „Anschlusskopie" jedoch nur zu **nicht kommerziellen Zwecken**, dann allerdings **sowohl in analoger als auch in digitaler Form**; auch insoweit ist nach dem Willen des Gesetzgebers die intensive Nutzung bei der Bemessung der angemessenen Vergütung zu berücksichtigen (RegE UrhWissG 2017 – BT-Drs. 18/12329, S. 44). **Bis zu 10 Prozent eines Werkes** dürfen vervielfältigt werden. Bei dieser Grenze orientiert sich der Gesetzgeber nach eigenen Angaben an den bestehenden Gesamtverträgen zu den §§ 52a und 53, die zur Konkretisierung „kleiner Teile eines Werkes" von einem Umfang zwischen 10 und 15 Prozent ausgehen; die Begrenzung gilt pro Sitzung am Terminal (RegE UrhWissG 2017 – BT-Drs. 18/12329, S. 44). Die explizit aufgezählten Werkarten (Abbildungen, Beiträge aus derselben Fachzeitschrift oder wissenschaftlichen Zeitschrift, sonstige Werke geringen Umfangs und vergriffene Werke) dürfen darüber hinaus auch **vollständig vervielfältigt** werden. Dies entspricht der Regelung des § 60a Abs. 2, die den Werkumfang, der für bestimmte Werkformen genutzt werden darf, erweitert (vgl. § 60a Rn. 8). Ein Beispiel für **Abbildungen** sind Fotografien (RegE UrhWissG 2017 – BT-Drs. 18/12329, S. 35). Der Regierungsentwurf enthielt noch die Formulierung „Beiträge aus derselben Zeitung oder Zeitschrift", die im Laufe des Gesetzgebungsverfahrens geändert wurde, so dass nach der Endfassung nur **Beiträge aus Fachzeitschriften und wissenschaftlichen Zeitschriften** vollständig genutzt werden dürfen, nicht aber Beiträge aus Zeitungen und aus Publikumszeitschriften. Der Gesetzgeber reagiert damit nach eigenen Angaben auf die zentrale Bedeutung und die besondere Situation der Tages- und Publikumspresse im demokratischen Willensbildungsprozess und für die Information der Bürgerinnen und Bürger; anders als Wissenschafts- und Fachverlage, die überwiegend Inhalte veröffentlichten, die im Kontext des (überwiegend öffentlich finanzierten) Bildungs- und Wissenschaftsbetriebs entstünden, müsste die private Tages- und Publikumspresse die urheberrechtlich geschützten Inhalte vollständig über ihr eigenes Geschäftsmodell finanzieren und sei deshalb stärker darauf angewiesen, dass eine vollständige Nutzbarkeit der Beiträge nur auf Lizenzbasis möglich sei (BeschlE RAusschuss UrhWissG 2017 – BT-Drs. 18/13014, S. 30). Zur Konkretisierung eines **Werkes geringen Umfangs** kann nach der Gesetzesbegründung auf die Gesamtverträge zwischen den Verwertungsgesellschaften und den Nutzern zurückgegriffen werden; dies seien für Druckwerke 25 Seiten, für Noten 6 Seiten sowie für Filme und Musik jeweils 5 Minuten. Als Beispiele für Werke geringen Umfangs werden Gedichte und Liedertexte aufgeführt (s. RegE UrhWissG 2017 – BT-Drs. 18/12329, S. 35). **Vergriffen** ist ein Werk, wenn es beim Verlag nicht mehr vorrätig ist und folglich nicht mehr geliefert werden kann; unerheblich ist die generelle Verfügbarkeit des Werkes etwa im antiquarischen Handel (vgl. § 53 Rn. 41). Es kommt nicht darauf an, wie lange das Werk schon vergriffen ist.

VI. Erlaubte Übermittlung von Vervielfältigungen nach § 60e Abs. 5

1. Erlaubnistatbestand des § 60e Abs. 5

§ 60e Abs. 5 erlaubt die Übermittlung von Vervielfältigungen von bis zu 10 **9** Prozent eines erschienenen Werkes sowie einzelnen Beiträgen, die in Fachzeitschriften oder wissenschaftlichen Zeitschriften erschienen sind, auf Einzelbestellung an Nutzer zu nicht kommerziellen Zwecken. Bisher war der Kopienversand auf Bestellung im aufgehobenen § 53a geregelt. Im Unterschied zur bisherigen Regelung **unterscheidet** die Erlaubnis des § 60e Abs. 5 **nicht nach der Form der Übermittlung,** also ob diese im Wege des Post- und Faxversandes, als grafische Datei oder in sonstiger elektronischer Form erfolgt. Dies entspricht der europäischen Rechtsgrundlage des Art. 5 Abs. 2 lit. c, Abs. 4 Info-RL. Die Bibliotheken dürfen die Vervielfältigungen daher auch per E-Mail an die Nutzer versenden. Die Nutzung der übermittelten Vervielfältigung darf nur zu **nicht kommerziellen Zwecken** erfolgen, also z. B. im privaten Kontext oder für die nicht kommerzielle wissenschaftliche Forschung (s. RegE UrhWissG 2017 – BT-Drs. 18/12329, S. 44). **Bis zu 10 Prozent eines Werkes** darf den Nutzern übermittelt werden. Bei dieser Grenze orientiert sich der Gesetzgeber nach eigenen Angaben an den bestehenden Gesamtverträgen zu den §§ 52a und 53, die zur Konkretisierung „kleiner Teile eines Werkes" von einem Umfang zwischen 10 und 15 Prozent ausgehen (RegE UrhWissG 2017 – BT-Drs. 18/12329, S. 44). Die Erweiterung des Werkumfangs, der genutzt werden darf, für einzelne Beiträge, die in Fachzeitschriften oder wissenschaftlichen Zeitschriften erschienen sind, entspricht der Regelung des § 60c Abs. 3 2. Alt. Der Regierungsentwurf enthielt noch die Formulierung „einzelne Beiträge, die in Zeitungen und Zeitschriften erschienen sind", die im Laufe des Gesetzgebungsverfahrens geändert wurde, so dass nach der Endfassung nur **einzelne Beiträge, die in Fachzeitschriften oder wissenschaftlichen Zeitschriften erschienen sind, vollständig** genutzt werden dürfen. Der Gesetzgeber reagiert damit nach eigenen Angaben auf die zentrale Bedeutung und die besondere Situation der Tages- und Publikumspresse im demokratischen Willensbildungsprozess und für die Information der Bürgerinnen und Bürger; anders als Wissenschafts- und Fachverlage, die überwiegend Inhalte veröffentlichten, die im Kontext des (überwiegend öffentlich finanzierten) Bildungs- und Wissenschaftsbetriebs entstünden, müsste die private Tages- und Publikumspresse die urheberrechtlich geschützten Inhalte vollständig über ihr eigenes Geschäftsmodell finanzieren und sei deshalb stärker darauf angewiesen, dass eine vollständige Nutzbarkeit der Beiträge nur auf Lizenzbasis möglich sei (BeschlE RAusschuss UrhWissG 2017 – BT-Drs. 18/13014, S. 30). Aufgehoben wurde die Regelung des § 53a Abs. 1 S. 3, nach der die Vervielfältigung und Übermittlung einer elektronischen Kopie nur zulässig war, wenn der Beitrag oder die kleinen Teile eines Werkes den Mitgliedern der Öffentlichkeit nicht offensichtlich von Orten und zu Zeiten ihrer Wahl mittels einer vertraglichen Vereinbarung zu angemessenen Bedingungen ermöglicht wurde.

2. Rahmenvertrag zwischen Subito e. V. und Verlagen zum elektronischen Kopienversand

10 a) **Allgemeines:** Hat eine Bibliothek mit einem Rechteinhaber einen Vertrag abgeschlossen, der ausschließlich den Kopienversand auf Bestellung nach § 60e Abs. 5 betrifft, geht dieser nach § 60g Abs. 2 der gesetzlichen Erlaubnis des § 60e Abs. 5 vor. Um einen solchen Vertrag handelt es sich bei dem Rahmenvertrag zwischen Subito e. V. und Verlagen zum elektronischen Kopienversand. Im Juli 2006 wurde ein erster Rahmenvertrag zwischen Subito e. V., der International STM Association und dem Börsenverein des Deutschen Buchhandels ausgehandelt, der den elektronischen Kopienversand in Erwartung einer gesetzlichen Regelung bereits teilweise regelte. Der Vertrag betraf zunächst nur den Versand durch in Deutschland, Österreich und der Schweiz ansässige öffentlich getragene Bibliotheken an Kunden außerhalb Deutschlands, Österreichs und der Schweiz. Ende 2007 kam ein „Nachtrag Nr. 1 zum Rahmenvertrag" mit Subito e. V. hinzu, der – nach Verabschiedung des bis zum 28.2.2018 gültigen § 53a UrhG – den Vertrag um den elektronischen Kopienversand an Besteller im deutschsprachigen Raum,

d. h. insbesondere innerhalb des Geltungsbereichs des UrhG ergänzte. Gleichzeitig vereinbarten die Parteien einige allgemeine Änderungen des ursprünglichen Rahmenvertrages (mit weiteren Dokumenten in deutscher und englischer Sprache abrufbar unter http://www.stm-assoc.org/subito-update/; Eckpunkte des Nachtrags Nr. 1 zum Rahmenvertrag abrufbar unter http://www.boersenver ein.de/sixcms/media.php/976/Subito%20Eckpunkte%20Nachtrag%20Nr_%2 01%20endg%C3%BCltig.pdf). Aufbauend auf der jahrelangen Erfahrung wurde der **Rahmenvertrag im Jahre 2016 erneut überarbeitet** und die neue Fassung am 17.3.2016 veröffentlicht. Der Rahmenvertrag wurde hierbei inhaltlich vereinfacht, indem die ursprünglich in zwei separaten Dokumenten geregelten Verträge für den deutschsprachigen Raum und die sonstigen Länder nunmehr in einer Fassung zusammengefasst wurden, und das erfasste Territorium wurde auf zahlreiche Länder (allerdings nicht die USA) ausgedehnt. Der überarbeitete Rahmenvertrag erlaubt zudem, Kopien aus Büchern – mit einer Obergrenze von 12% pro Buch, bis zu 99 Seiten – anzufertigen (Darstellung der Änderungen des Rahmenvertrags von 2016 unter http://www.boersenverein.de/sixcms/media.php/ 976/FAQ_zum_Subito_Rahmenvertrag%20.pdf).

Der Rahmenvertrag, der in seinem Anwendungsbereich die Regelung des § 60e   **11** Abs. 5 (bis 28.2.2018 § 53a) zwischen den vertragschließenden Rechteinhabern und den in Subito zusammengeschlossenen Bibliotheken abbedingt, wird geschlossen zwischen den in Subito e. V. vereinigten deutschen und deutschsprachigen Bibliotheken einerseits und grundsätzlich jeweils einem einzelnen – vor allem wissenschaftlichen – Verlag andererseits. Anfang 2008 unterzeichnete der erste Wissenschaftsverlag die Rahmenvereinbarung (aktuelle Übersicht über teilnehmende Verlage unter https://www.subito-doc.de/pubinfo/contracts/); mittlerweile hat sich die Vereinbarung sehr weitgehend durchgesetzt. Rein nationale Lieferungen von Kopien per Fax oder Post, d. h. insbesondere innerhalb Deutschlands, erfasst der Vertrag nicht. Diese Lieferungen unterliegen also weiterhin den Voraussetzungen des § 60e Abs. 5 (bis 28.2.2018 § 53a). Einige Bibliotheken bieten schließlich einen eigenen Dokumentenlieferdienst an, so z. B. die TIB Hannover. Für diese Bibliotheken soll der Rahmenvertrag entsprechend gelten.

b) Inhalt und Umfang der eingeräumten Nutzungsrechte: Der vertragschlie-   **12** ßende Verlag räumt Subito e. V. und dessen Mitgliedsbibliotheken eine **einfache, nicht übertragbare Lizenz** zur Vervielfältigung von Beiträgen und Artikeln aus dem wissenschaftlichen Verlagsprogramm und seit der Überarbeitung des Rahmenvertrags (vgl. Rn. 10) auch von Teilen von Büchern – mit einer Obergrenze von 12% pro Buch, bis zu 99 Seiten – ein (Näheres unter https://www.subito-doc.de/Urheberrecht). Diese Kopien dürfen in Deutschland, Österreich, der Schweiz und Liechtenstein sowie in andere Länder, für die der Rahmenvertrag ein Nutzungsrecht gewährt (s. die Darstellung der Territorien unter http://www.boersenverein.de/sixcms/media.php/976/FAQ_ zum_Subito_Rahmenvertrag%20.pdf), an Nutzer versandt werden; dabei ist über den Rahmenvertrag – wiederum über § 60e Abs. 5 (bis 28.2.2018 § 53a) hinaus – den Bibliotheken auch der grenzüberschreitende Versand jedenfalls per Fax – Computerfax zählt unter dem Rahmenvertrag wohl nicht als Telefax – und Post innerhalb des deutschsprachigen Territoriums (also z. B. von Deutschland in die Schweiz oder Ähnliches) gestattet. Bis zur Überarbeitung des Rahmenvertrags 2016 durften die Kopien nur von einer gedruckten Originalpublikation, die Bestandteil der ständigen Sammlung der betreffenden Bibliothek sein musste (sog. **Bestandsakzessorietät**), angefertigt werden, wenn und soweit der Verlag nicht ausdrücklich die Verwendung seiner eigenen elektronischen Quellen gestattet hatte. Nach dem am 17.3.2016 veröffentlichten Rahmenvertrag dürfen **auch Kopien aus elektronischen Quellen**, die zu den Beständen der Mitgliedsbibliotheken gehören, angefertigt werden. Die

Bibliotheken müssen sämtliche Zwischenkopien im Rahmen des Vervielfältigungsvorgangs löschen, dürfen also keine Datenbank bereits gescannter Artikel anlegen oder nutzen. Die Lieferbibliotheken müssen für den elektronischen Versand technische Schutzmaßnahmen treffen und mit den Bestellern
einen Lizenzvertrag schließen, um die Verlage vor einem Missbrauch der
elektronischen Kopien zu schützen. Die einzelne Bibliothek erledigt Vervielfältigung und Versand selbst. Subito e. V. stellt lediglich das Internetportal, über
das der einzelne Nutzer einen Artikel bestellt, bereit.

13 Über die Regelung des § 60e Abs. 5 (bis 28.2.2018 § 53a) hinaus dürfen die
in Subito e. V. zusammengeschlossenen Bibliotheken Kopien auch an solche
Institutionen versenden, die die bestellten Dokumente nicht unmittelbar selbst
nutzen, sondern lediglich an eigene Kunden weiterleiten. Des Weiteren räumt
der vertragsschließende Verlag in dem Rahmenvertrag Subito und den einzelnen Bibliotheken auch dort für den elektronischen Kopienversand von Artikeln
oder Beiträgen Nutzungsrechte ein, wo der Verlag diese den Endkunden über
ein eigenes Verlagsportal zum Herunterladen anbietet. Dabei muss der Verlag
die Daten der elektronisch über ein eigenes Verlagsportal verfügbaren Artikel
in die Datenbank der elektronischen Zeitschriftenbibliothek (EZB), die von der
Universitätsbibliothek Regensburg unterhalten wird (http://ezb.uni-regens-
burg.de), einspeisen.

14 Der in 2006 ausgehandelte Rahmenvertrag sah zunächst eine Grundlaufzeit
von drei Jahren mit automatischer Verlängerung jeweils um ein Jahr vor. Bis
zur **Überarbeitung des Rahmenvertrags 2016** hatte jeder zwischen Subito und
einem Verlag geschlossene Lizenzvertrag eine **Grundlaufzeit** von fünf Jahren.
Auch diese Verträge verlängerten sich automatisch um jeweils ein Jahr, wenn
sie nicht fristgerecht gekündigt wurden. Nunmehr hängt die Grundlaufzeit davon ab, ob zwischen dem Verlag und subito ein neuer Vertrag geschlossen wird
oder ob bereits ein Vertrag bestand, an dessen Stelle der neue Rahmenvertrag
tritt. Im Falle eines neuen Vertragsschlusses läuft die Grundlaufzeit bis zum
31.1.2018. Im Falle einer Nachfolgevereinbarung läuft die Grundlaufzeit bis
zum 31.1.2017. Im Anschluss daran ist der Vertrag von beiden Parteien schriftlich mit einer Frist von sechs Monaten kündbar.

15 c) **Lizenzgebühren:** Die Bibliotheken dürfen Artikel elektronisch oder per Post
bzw. Fax grundsätzlich sowohl an akademische Kunden (vor allem Studenten
und Wissenschaftler), kommerzielle Firmen, Privatpersonen und ähnliche sowie andere Bibliotheken versenden. Bei der Preisfestlegung wird zwischen der
Lieferung an Endkunden und an Bibliotheken unterschieden; zudem fallen für
akademische bzw. wissenschaftliche Kunden und bestellende Bibliotheken einerseits und kommerzielle Kunden/Privatpersonen usw. anderseits unterschiedlich hohe Gebühren an (Näheres unter https://www.subito-doc.de/Prices).
Grundsätzlich gelten unterschiedliche Preise u. a. für Bibliotheken mit Sitz in
Deutschland, in Österreich, der Schweiz und Liechtenstein bzw. in anderen
Ländern und für die elektronische Lieferung von Aufsatzkopien aus Zeitschriften mit Lizenzvertrag einerseits und aufgrund gesetzlicher Lizenz andererseits
(seit 010.2.2013 € 4,- bzw. € 5,50,- zzgl. USt) sowie per Post oder Fax (€
7,- zzgl. USt; Preise abrufbar unter https://www.subito-doc.de/prices/library).
Gestattet der Verlag der Bibliothek bzw. Subito die Nutzung der eigenen digitalen Quellen des Verlages für den Versand, können mit Subito höhere Gebühren
vereinbart werden. Die Nutzungsentgelte für Lieferungen an kommerzielle Firmen, Privatpersonen usw. legt der Verlag frei fest. Um die Verlage insbesondere
davor zu schützen, dass die Bibliotheken auf Abonnements der wissenschaftlichen Zeitschriften verzichten, dürfen die Bibliotheken ab dem 19. Monat nach
Abschluss des Nachtrages nur zehn Kopien pro Zeitschrift und Kalenderjahr
sowie pro Bibliothek zu den günstigeren Gebühren liefern. Überschreiten die

Bibliotheken diesen Rahmen, fällt automatisch das für kommerzielle Kunden, Privatpersonen usw. festgesetzte Entgelt pro Artikel an.

Kundenbibliotheken innerhalb des deutschsprachigen Raumes (Deutschland, **16** Österreich, Schweiz, Liechtenstein) dürfen von ihnen bestellte Artikel auf Antrag unmittelbar an einen Endkunden aus dem akademischen Bereich weiterreichen, müssen dabei allerdings technische Schutzmaßnahmen einsetzen, um einen Missbrauch soweit wie möglich zu verhindern.

Rein nationale Lieferungen von Kopien per Fax oder Post, d. h. insbesondere **17** innerhalb Deutschlands, erfasst der Vertrag nicht (s. Ziff. 2.3.1 des Nachtrags Nr. 1 zum Rahmenvertrag). Diese Lieferungen unterliegen also weiterhin den Voraussetzungen des § 60e Abs. 5 (bis 1.3.2018 § 53a). Die Nutzungsentgelte sind entsprechend den Tarifen der zuständigen Verwertungsgesellschaften, insbesondere der VG Wort, zu zahlen (s. § 1 Nr. 20 Wahrnehmungsvertrag der VG Wort). Auch das Nutzungsentgelt für grenzüberschreitende Lieferungen per Post oder Telefax orientiert sich an den Tarifen der VG Wort für den nationalen Kopienversand. Versendet allerdings eine Bibliothek, die am 1.10.2007 nicht Mitglied von Subito war, Kopien, muss eine höhere Gebühr gezahlt werden. Sog. **Mittler,** die für eigene Kunden Kopien bestellen, werden wie kommerzielle Nutzer/Privatkunden behandelt, müssen also die entsprechenden Tarife der VG Wort oder – bei Lieferung/Bestellung über Subito; s. https://www.subito-doc.de/prices/customer – die dort vorgesehenen Preise zahlen. Bei der Überarbeitung des Rahmenvertrages 2016 wurde die Dokumentenlieferung durch subito über designierte Mittler klarer definiert.

Subito rechnet für alle in ihm zusammengeschlossenen Lieferbibliotheken spä- **18** testens 30 Tage nach Ablauf eines jeden Quartals über alle Lieferungen aus Publikationen des Verlages, jeweils aufgeschlüsselt nach Kundengruppe, Land und Versandart (per Fax/Post oder elektronisch), ab. Die sich daraus ergebenden Lizenzentgelte sind ebenfalls spätestens bis zu diesem Zeitpunkt zu bezahlen.

VII. Vergütungspflicht nach § 60h und Unabdingbarkeit nach § 60g

Als Ausgleich für die Einschränkung des Ausschließlichkeitsrechts gewährt **19** § 60h Abs. 1 i. V. m. §§ 54 bis 54c dem Urheber einen Anspruch auf eine angemessene Vergütung der gesetzlich erlaubten Nutzung, der kollektiv durch eine Verwertungsgesellschaft wahrgenommen wird (§ 60h Abs. 4). Die nach § 60e **Abs. 1** erlaubten Vervielfältigungen sind nur teilweise vergütungspflichtig. Während Vervielfältigungen **zum Zweck der Zugänglichmachung nach § 60h Abs. 1 vergütet** werden müssen, sind Vervielfältigungen **zum Zweck der Indexierung, Katalogisierung, Erhaltung und Restaurierung nach § 60h Abs. 2 Nr. 2 vergütungsfrei.** Der Gesetzgeber begründet dies damit, dass die Indexierung, Katalogisierung, Erhaltung und Restaurierung eines Werkes in der Regel auch im Interesse des Rechteinhabers geschehen, da nur so die Auffindbarkeit und die dauerhafte Verfügbarkeit in öffentlich zugänglichen Bibliotheken gewährleistet sei (RegE UrhWissG 2017 – BT-Drs. 18/12329, S. 42). Das nach **Abs. 2 S. 1 und S. 2 sowie Abs. 3** erlaubte Verbreiten ist vergütungspflichtig. Die Vergütung für den Verleih nach Abs. 2 S. 2 ist noch nicht über die Bibliothekstantieme des § 27 Abs. 2 abgegolten (RegE UrhWissG 2017 – BT-Drs. 18/12329, S. 43). Auch die nach **Abs. 4 und 5** erlaubten Nutzungen sind vergütungspflichtig. Nach der Gesetzesbegründung ist bei der Bemessung der angemessenen Vergütung für Nutzungen nach **Abs. 5** der Umstand zu berücksichtigen, dass insoweit eine intensive Nutzung als bislang ermöglicht wird (RegE UrhWissG 2017 – BT-Drs. 18/12329, S. 44). Bei Nutzungen nach **Abs. 5** kann zudem gem. § 60h Abs. 3 S. 2 keine pauschale Vergütung oder repräsentative Stichprobe der Nutzung für die nutzungsunabhängige Berechnung der angemessenen Vergütung erfolgen. Für Nutzungen nach **Abs. 5** besteht seit dem 6.1.2010 ein Gesamtvertrag über den elektronischen Kopienversand mit der VG Wort, seit November 2011 auch ein Gesamtvertrag zwischen dem Deutschen Bibliotheksverband und der VG Wort betreffend den Kopiendirektversand im innerbibliothekarischen Leihverkehr (beide abrufbar unter http://www.bibliotheksverband.de/dbv/vereinbarungen-und-vertraege/urheberrecht-gesamtvertraege.html). Für alle übrigen Nutzer gelten insofern die Tarife der VG Wort, die nach den Empfängern der Kopien mit unterschiedlichen Tarifen unterscheidet (näheres unter http://www.vgwort.de/index.php?id=150). Die entsprechenden Vergütungsansprüche sind in § 1 Nr. 20 des Wahrnehmungsvertrags der VG Wort (abrufbar unter http://www.vgwort.de/fileadmin/pdf/wahrnehmungsvertrag/Muster_Wahrnehmungsvertrag_Autor_10.9.16.pdf) erfasst. Zur Vergütung bei Geltung des Subito-Rahmenvertrages oben vgl. Rn. 15.

20 Ist eine Nutzung nach § 60e erlaubt, kann sie gem. § 60g **Abs. 1** nicht durch Vereinbarungen zum Nachteil des Nutzers beschränkt oder untersagt werden. Hat eine Bibliothek mit einem Rechteinhaber jedoch einen Vertrag abgeschlossen, der ausschließlich die Zugänglichmachung an Terminals nach Abs. 4 oder den Kopienversand auf Bestellung nach Abs. 5 betrifft, geht dieser nach § 60g **Abs. 2** der gesetzlichen Erlaubnis vor (zum Rahmenvertrag zwischen Subito e. V. und Verlagen zum elektronischen Kopienversand vgl. Rn. 10 ff.).

VIII. Prozessuales

21 Wie bei den übrigen Schrankenregelungen handelt es sich auch bei der Regelung des § 60e um eine Ausnahmevorschrift. Wer sich auf die Vorschrift beruft, trägt grundsätzlich die Darlegungs- und Beweislast für das Vorliegen ihrer Voraussetzungen (vgl. Vor §§ 44a ff. Rn. 17). Die Bibliothek, die die verschiedenen Nutzungshandlungen vornimmt oder vornehmen lässt, muss also das Vorliegen der Voraussetzungen der Erlaubnistatbestände der Abs. 1 bis 5 beweisen. Die Voraussetzungen des gesetzlichen Vergütungsanspruchs müssen dagegen vom Gläubiger dargelegt und bewiesen werden (vgl. Vor §§ 44a ff. Rn. 17).

§ 60f   Archive, Museen und Bildungseinrichtungen

(1) Für Archive, Einrichtungen im Bereich des Film- oder Tonerbes sowie öffentlich zugängliche Museen und Bildungseinrichtungen (§ 60a Absatz 4), die keine unmittelbaren oder mittelbaren kommerziellen Zwecke verfolgen, gilt § 60e mit Ausnahme des Absatzes 5 entsprechend.

(2) ¹Archive, die auch im öffentlichen Interesse tätig sind, dürfen ein Werk vervielfältigen oder vervielfältigen lassen, um es als Archivgut in ihre Bestände aufzunehmen. ²Die abgebende Stelle hat unverzüglich die bei ihr vorhandenen Vervielfältigungen zu löschen.

I.   Allgemeines

Die Regelung des § 60f wurde durch das Gesetz zur Angleichung des Urheber- **1**
rechts an die aktuellen Erfordernisse der Wissensgesellschaft (Urheberrechts-
Wissensgesellschafts-Gesetz – UrhWissG vom 30.6.2017) neu eingeführt und
trat am 1.3.2018 in Kraft. Die Regelung des § 60f Abs. 1 verweist für die
erlaubten Nutzungen geschützter Werke durch Archive, Einrichtungen im Bereich des Film- oder Tonerbes sowie öffentlich zugängliche Museen und Bildungseinrichtungen nach § 60a Abs. 4 auf die Regelungen des § 60e Abs. 1
bis 4. Dieser Verweis macht für die Mehrzahl der erlaubten Nutzungen eine
Abgrenzung zwischen Bibliotheken und den in § 60f aufgeführten Institutionen
entbehrlich (RegE UrhWissG 2017 – BT-Drs. 18/12329, S. 44). Da § 87c nicht
auf §§ 60e und 60f verweist, gilt die Erlaubnis des § 60f Abs. 1 i. V. m. § 60e
Abs. 1 bis 4 nicht für die Nutzung von Datenbanken. Sie gilt jedoch für die
Nutzung von verwaisten Werken i. S. v. §§ 61 ff. (s. RegE UrhWissG 2017 –
BT-Drs. 18/12329, S. 42).

Europäische Rechtsgrundlage der Erlaubnis für die Vervielfältigungen nach **2**
§ 60f Abs. 1 i. V. m. § 60e Abs. 1 ist Art. 5 Abs. 2 lit. c Info-RL. Die Erlaubnis der Verbreitungshandlungen nach § 60f Abs. 1 i. V. m. § 60e Abs. 2 S. 1
und Abs. 3 beruht auf Art. 5 Abs. 2 lit. c i. V. m. Art. 5 Abs. 4 Info-RL.
Rechtsgrundlage für den Verleih restaurierter Vervielfältigungsstücke nach
§ 60f Abs. 1 i. V. m. § 60e Abs. 2 S. 2 ist Art. 6 Abs. 1 S. 1 Vermiet- und Verleih-RL 2006/115/EG. Der Erlaubnis nach § 60f Abs. 1 i. V. m. § 60e Abs. 4
liegt die sog. Terminal-Schranke nach Art. 5 Abs. 3 lit. n Info-RL zugrunde.

II. Privilegierte Einrichtungen nach § 60f Abs. 1

Die Erlaubnistatbestände des § 60e Abs. 1 bis 4 gelten nach dem Verweis des **3**
§ 60f Abs. 1 für Archive, Einrichtungen im Bereich des Film- oder Tonerbes
sowie öffentlich zugängliche Museen und Bildungseinrichtungen (zur Legaldefinition in § 60a Abs. 4 vgl. § 60a Rn. 5), die keine unmittelbaren oder mittelbaren kommerziellen Zwecke verfolgen. Bereits bisher verwenden die §§ 52b,
61 Abs. 2 die Begriffe Museen und **Archive** (vgl. § 52b Rn. 4 f.; Schricker/Loe-
wenheim/*Loewenheim* § 52b Rn. 3; Dreier/Schulze/*Dreier* Rn. 3; Wandtke/Bul-
linger/*Jani* Rn. 9 f.). Unter **Museen** sind geordnete Sammlungen künstlerischer,
wissenschaftlicher oder ähnlicher Gegenstände zu verstehen (HK-UrhR/*Dreyer*
§ 59 Rn. 20). Der Begriff der **Einrichtungen im Bereich des Film- oder Tonerbes** ist wie i. R. d. § 61 Abs. 2 zu verstehen (RegE UrhWissG 2017 – BT-Drs.
18/12329, S. 44). Unter Einrichtungen im Bereich des Film- oder Tonerbes sind
danach diejenigen Einrichtungen zu verstehen, deren Auftrag darin besteht,
Filme, Bild- und Tonträger, die zum europäischen kulturellen Erbe gehören, zu
katalogisieren, zu erhalten und zu restaurieren (z. B. das Bundesarchiv, die Stiftung Deutsche Kinemathek; vgl. § 61 Rn. 11). Wie bei den Bibliotheken, ist es
auch bei den Institutionen nach § 60f unerheblich, ob sie sich in privater oder
staatlicher Trägerschaft befindet, sofern sie **keine unmittelbaren oder mittelba-**

ren kommerziellen Zwecke verfolgen, also mit ihrer Tätigkeit keinen Gewinn erzielen wollen. Die gesetzliche Erlaubnis gilt auch, wenn bloß Entgelte verlangt werden, die die Verwaltungskosten der Tätigkeit decken (s. RegE UrhWissG 2017 – BT-Drs. 18/12329, S. 44; ErwG 11 Vermiet- und Verleih-RL 2006/115/EG).

III. Erlaubte Vervielfältigungen nach § 60f Abs. 1 i. V. m. § 60e Abs. 1

4 § 60f Abs. 1 i. V. m. § 60e Abs. 1 erlaubt **Vervielfältigungen** (§§ 15 Abs. 1 Nr. 1, 16) direkt durch die privilegierten Einrichtungen sowie das Vervielfältigenlassen durch Dritte. Wofür diese Vervielfältigungen eingesetzt werden dürfen, bestimmt sich dann nach § 60f Abs. 1 i. V. m. § 60e Abs. 2 bis 5. Ergibt sich nach diesen Bestimmungen nicht ausdrücklich eine weitergehende Erlaubnis, dürfen die privilegierten Einrichtungen die Vervielfältigungen ausschließlich intern nutzen (RegE UrhWissG 2017 – BT-Drs. 18/12329, S. 42). Die Regelung des § 60e Abs. 1 listet die Zwecke auf, für die die privilegierten Einrichtungen Vervielfältigungen vornehmen dürfen. Die Beschränkung auf diese Zwecke beruht auf den Vorgaben der Info-RL. So beschränkt Art. 5 Abs. 2 lit. c Info-RL die Erlaubnis auf „bestimmte Vervielfältigungshandlungen". Der ErwG 40 gibt hierzu an, die Ausnahme oder Beschränkung solle auf bestimmte durch das Vervielfältigungsrecht erfasste Sonderfälle begrenzt werden. Die Erlaubnis gilt für **Zwecke der Zugänglichmachung, Indexierung, Katalogisierung, Erhaltung und Restaurierung.** Durch die Erlaubnis der Vervielfältigung für Zwecke der Indexierung dürfen die privilegierten Einrichtungen z. B. durchsuchbare pdf-Dateien erstellen; für Zwecke der Erhaltung werden Kopien gemacht, wenn sie den privilegierten Einrichtungen eine umfassende Bestandssicherung ermöglichen; hierunter fällt nach der Gesetzesbegründung insbesondere die Langzeitarchivierung von analogen und digitalen Beständen (RegE UrhWissG 2017 – BT-Drs. 18/12329, S. 42). Vervielfältigt werden dürfen **nur Werke aus dem Bestand oder der Ausstellung** der privilegierten Einrichtungen. Hierunter fallen nach der Gesetzesbegründung auch elektronische Bestände, zu denen die privilegierte Einrichtung auf Basis von Nutzungsverträgen mit Inhalteanbietern ihren Nutzern den Zugang gewähren darf; dabei sei jedoch die auf Art. 6 Abs. 4 Unterabs. 4 Info-RL beruhende zwingende Regelung des § 95b Abs. 3 zu technischen Schutzmaßnahmen zu beachten; besteht zwischen der privilegierten Einrichtung und dem Inhalteanbieter ein Vertrag, der die öffentliche Zugänglichmachung der Inhalte erlaubt und kontrolliert eine technische Schutzmaßnahme diesen Zugang, kann die Nutzungsbefugnis nach § 60f Abs. 1 i. V. m. § 60e Abs. 1 daher nicht gegen technische Schutzmaßnahmen durchgesetzt werden (RegE UrhWissG 2017 – BT-Drs. 18/12329, S. 42 zu § 60e). Nach § 60e Abs. 1 2. Hs. sind Vervielfältigungen zu den im 1. Hs. genannten Zwecken **auch mehrfach und mit technisch bedingten Änderungen** (formatwandelnde Vervielfältigungen) zulässig. Der Gesetzgeber begründet dies damit, dass es die digitale Langzeitarchivierung erfordere, z. B. Sicherungskopien zu erstellen und Dateien auf andere Datenträger umzukopieren, da deren Haltbarkeit zeitlich begrenzt sei; dabei dürften auch Vervielfältigungen von früheren durch die Bibliothek oder in ihrem Auftrag hergestellten Vervielfältigungen angefertigt werden, und zwar auch dann, wenn das ursprüngliche Bestandsstück zwischenzeitlich nicht mehr lesbar oder zerstört sei. Formatwandelnde Kopien seien z. B. erforderlich, um den dauerhaften Zugriff auf Werke zu ermöglichen, wenn das bisher verwendete Format technisch überholt oder entsprechende Hardware bzw. entsprechende Leermedien nicht mehr verfügbar sind (RegE UrhWissG 2017 – BT-Drs. 18/12329, S. 42).

IV. Erlaubtes Verbreiten nach § 60f Abs. 1 i. V. m. § 60e Abs. 2

1. Verbreiten nach § 60f Abs. 1 i. V. m. § 60e Abs. 2 S. 1

§ 60f Abs. 1 verweist weiterhin auf die Erlaubnis des § 60e Abs. 2, bestimmte **5** Verbreitungshandlungen (§§ 15 Abs. 1 Nr. 2, 17) vorzunehmen. § 60e Abs. 2 S. 1 erlaubt das zweckgebundene Verbreiten von nach Abs. 1 zum Zwecke der Restaurierung hergestellten Vervielfältigungen eines Werkes. Verbreitet werden dürfen Vervielfältigungen eines Werkes aus dem Bestand der privilegierten Einrichtung. Hierunter fallen nach der Gesetzesbegründung auch elektronische Bestände, zu denen die privilegierte Einrichtung auf Basis von Nutzungsverträgen mit Inhalteanbietern ihren Nutzern den Zugang gewähren darf (RegE UrhWissG 2017 – BT-Drs. 18/12329, S. 42 zu § 60e; vgl. Rn. 4). Die Vervielfältigungen dürfen an Bibliotheken (zur Legaldefinition der Bibliothek in § 60e Abs. 1 vgl. § 60e Rn. 3) und Institutionen nach § 60f Abs. 1 (vgl. Rn. 3) verbreitet werden. Der Erlaubnistatbestand des § 60e Abs. 2 S. 1 soll nach dem Willen des Gesetzgebers ermöglichen, dass Bibliotheken oder in § 60f genannte Institutionen ihre Bestände mithilfe der Bestände anderer Bibliotheken oder Institutionen restaurieren können. Besitze eine Bibliothek oder Institution nach § 60f Abs. 1 nur ein beschädigtes Werk, sei sie zur Ergänzung des beschädigten Werkes darauf angewiesen, dass eine andere Institution eine Vervielfältigung des Werkes aus deren Bestands nach § 60e Abs. 1 zum Zweck der Restaurierung herstellt und ihr zur Verfügung stellt. Da diese Weitergabe in das Verbreitungsrecht des Rechteinhabers nach § 17 eingreife, sei die Erlaubnis dieser zweckgebundenen Verbreitung nach § 60e Abs. 2 S. 1 erforderlich (RegE UrhWissG 2017 – BT-Drs. 18/12329, S. 43). Die Vorschrift des § 60e Abs. 2 S. 1 stellt eine Neuregelung dar. § 53 Abs. 2 S. 1 Nr. 2 erlaubt lediglich das Herstellen oder Herstellenlassen einzelner Vervielfältigungen zur Aufnahme in ein eigenes Archiv und setzt voraus, dass eine eigene Vorlage verwendet wird. Nach § 53 Abs. 2 S. 1 Nr. 4 ist nur die Vervielfältigung zum eigenen Gebrauch erlaubt.

2. Verbreiten nach § 60f Abs. 1 i. V. m. § 60e Abs. 2 S. 2

Nach § 60f Abs. 1 i. V. m. § 60e Abs. 2 S. 2 dürfen die privilegierten Einrich- **6** tungen restaurierte Werke sowie Vervielfältigungsstücke von Zeitungen, vergriffene oder zerstörte Werken aus ihrem Bestand verleihen. Der Erlaubnistatbestand des § 60e Abs. 2 S. 2 ist erforderlich, da deren Herstellung nur nach § 60e Abs. 1 gesetzlich erlaubt ist, nicht aber mit Zustimmung des Berechtigten geschieht, wie § 17 Abs. 2 dies voraussetzt; ohne die Erlaubnis des § 60e Abs. 2 S. 2 würde der Rechteinhaber weiterhin über das Verbreitungsrecht verfügen und damit auch über die Befugnis für den Verleih (s. RegE UrhWissG 2017 – BT-Drs. 18/12329, S. 43). Die Regelung des § 60e Abs. 2 S. 2 stimmt teilweise mit der Bestimmung des § 53 Abs. 6 S. 2 überein, die auch nach der Reform des UrhG durch das UrhWissG für zu kommerziellen Zwecken handelnde Bibliotheken bestehen bleibt; die neue Regelung ist jedoch weiter als § 53 Abs. 6 S. 2, da die Begrenzung auf „kleine beschädigte oder abhanden gekommene Teile" entfällt; wie nach § 53 Abs. 6 S. 2 dürfen auch Vervielfältigungsstücke von Zeitungen, also insbes. Mikrofiche-Kopien, sowie vergriffene Werke (unabhängig davon, wie lange sie vergriffen sind) verliehen werden (s. RegE UrhWissG 2017 – BT-Drs. 18/12329, S. 43; RAusschuss UrhG Infoges – BT-Drs. 10/837, S. 16 f.). Vergriffen ist ein Werk, wenn es beim Verlag nicht mehr vorrätig ist und folglich nicht mehr geliefert werden kann; unerheblich ist die generelle Verfügbarkeit des Werkes etwa im antiquarischen Handel (vgl. § 53 Rn. 41). Über den bisherigen Regelungsgehalt des § 53 Abs. 2 S. 2 hinaus geht die Erlaubnis zum Verleih von Vervielfältigungsstücken, wenn das Werkoriginal zerstört wurde; der Gesetzgeber begründet dies damit, dass die Bibliotheken und privilegierten Einrichtungen in die Lage versetzt werden sollen, Kopien, die zur Langzeitarchivierung angefertigt wurden, sinnvoll zu nutzen (RegE UrhWissG 2017 – BT-Drs. 18/12329, S. 43).

V. Erlaubtes Verbreiten nach § 60f Abs. 1 i. V. m. § 60e Abs. 3

7 § 60f Abs. 1 i. V. m. § 60e Abs. 3 erlaubt das Verbreiten (§§ 15 Abs. 1 Nr. 2, 17) von Vervielfältigungen eines in § 2 Abs. 1 Nr. 4 bis 7 genannten Werkes durch die privilegierten Einrichtungen, sofern dies in Zusammenhang mit dessen öffentlicher Ausstellung oder zur Dokumentation des Bestandes der privilegierten Einrichtung erfolgt. Eine ähnliche Erlaubnis existierte bisher in dem aufgehobenen § 58 Abs. 2. Nunmehr werden die Befugnisse privilegierter Einrichtungen ausgedehnt und es dürfen mit den Werken nach § 2 Abs. 1 Nr. 4 bis 7 mehr Werkarten genutzt werden, insbesondere auch Filmwerke und technische Skizzen (RegE UrhWissG 2017 – BT-Drs. 18/12329, S. 43). Bisher war der Anwendungsbereich von § 58 Abs. 2 auf Werke der bildenden Künste und Fotografien begrenzt. Im Unterschied zu dem aufgehobenen § 58 Abs. 2 ist auch kein zeitlicher Zusammenhang mit der Ausstellung erforderlich; dadurch können die geschützten Inhalte nach dem Ausstellungsende noch verbreitet werden (RegE UrhWissG 2017 – BT-Drs. 18/12329, S. 43). Das Verbreiten erfasst, wie bereits unter Geltung des § 58 Abs. 2, auch Werke in ständigen Ausstellungen (s. RegE UrhWissG 2017 – BT-Drs. 18/12329, S. 43 und BGH GRUR 1994, 800, 802 – *Museumskatalog* zur aufgehobenen Regelung des § 58). Die Gesetzesbegründung nennt als Schwerpunkt der praktischen Anwendung die Ausstellungen von Museen (RegE UrhWissG 2017 – BT-Drs. 18/ 12329, S. 43).

VI. Terminal-Schranke gem. § 60 Abs. 1 i. V. m. § 60e Abs. 4

1. Zugänglich machen nach § 60f Abs. 1 i. V. m. § 60e Abs. 4 S. 1

8 Die Regelung des § 60e Abs. 4 S. 1 enthält die bisher in dem aufgehobenen § 52b geregelte sog. **Terminal-Schranke**. Nach § 60f Abs. 1 i. V. m. § 60e Abs. 4 S. 1 dürfen die privilegierten Einrichtungen an Terminals in ihren Räumen ein Werk aus ihrem Bestand ihren Nutzern für deren Forschung oder private Studien zugänglich machen (§§ 15 Abs. 2 Nr. 2, 19a). Die Regelung erlaubt also das Herstellen der erforderlichen **digitalen Kopie** für die Zugänglichmachung an den Terminals. Das zugänglich gemachte Werk muss sich **im Bestand** der privilegierten Einrichtung befinden. Wie bereits i. R. d § 52b ist erforderlich, dass sie mindestens ein körperliches Werkexemplar erworben oder als Pflichtexemplar erhalten hat und es in ihrem Präsenzbestand hält (s. unsere 11. Aufl. § 52b Rn. 6; zu § 52b: Antw BReg v. 27.4.2006 – BT-Drs. 16/1356, Antwort 16). Im Gegensatz zu der im Gesetzgebungsverfahren heiß umkämpften und von den Wissenschaftsverlagen kritisierten bisherigen Regelung im aufgehobenen § 52b S. 2 (s. dazu unsere 11. Aufl. § 52b Rn. 2), ist die Zugänglichmachung an den Terminals **nicht mehr auf die Anzahl der im Bestand befindlichen Exemplare begrenzt**. Indem die privilegierten Einrichtungen sich die Anschaffung teurer Mehrfachexemplare, beispielsweise von wissenschaftlichen Standardwerken, durch an Terminals in ihren Räumen abrufbare Kopien ersparen, können sie Kosten einsparen (s. unsere 11. Aufl. § 52b Rn. 2). Nach dem Willen des Gesetzgebers ist jedoch der Umstand, dass insoweit eine intensivere Nutzung von Digitalisaten an Terminals ermöglicht wird, bei der Bemessung der Höhe der angemessenen Vergütung nach § 60h Abs. 1 zu berücksichtigen (RegE UrhWissG 2017 – BT-Drs. 18/12329, S. 44). Da die privilegierten Einrichtungen die Werke **nur an Terminals in ihren Räumen** zugänglich machen dürfen, ist eine Onlinenutzung von außen ausgeschlossen (so schon zu § 52b RegE 2. Korb – BT-Drs. 16/1828, S. 26). Nicht erforderlich ist, dass sich das Terminal in demselben Gebäude wie das Bestandsexemplar befindet, da zu den Räumen einer privilegierten Einrichtung auch Zweigstellen und Nebengebäude gehören (zu § 52b: unsere 11. Aufl. § 52b Rn. 7; a. A. *Hoeren* MMR 2007, 615, 617). Die Nutzung der Werke ist zweckgebunden und hat für die **Forschung oder private Studien** der Nutzer zu erfolgen. Abgeschlossene **Lizenzverträge** gehen der gesetzlichen Erlaubnis des § 60f Abs. 1 i. V. m. § 60e Abs. 4 nach § 60g Abs. 2 vor (vgl. Rn. 10).

2. Ermöglichen von „Anschlusskopien" nach § 60f Abs. 1 i. V. m. 60e Abs. 4 S. 2

Nach § 60f Abs. 1 i. V. m. 60e Abs. 4 S. 2 dürfen die privilegierten Einrichtungen den Nutzern je Sitzung Vervielfältigungen an den Terminals von bis zu 10 Prozent eines Werkes sowie von einzelnen Abbildungen, Beiträgen aus derselben Fachzeitschrift oder wissenschaftlichen Zeitschrift, sonstigen Werken geringen Umfangs und vergriffenen Werken zu nicht kommerziellen Zwecken ermöglichen. Erlaubt sind also sog. „Anschlusskopien" bei der Nutzung geschützter Werke an Terminals. Es war i. R. d. Anwendung des aufgehobenen § 52b umstritten, ob „Anschlusskopien" und die Kombination mehrerer gesetzlicher Erlaubnistatbestände zulässig sind (s. unsere 11. Aufl. § 52b Rn. 10a und 13). Hintergrund der neuen Regelung des § 60e Abs. 4 S. 2 ist die Rechtsprechung des EuGH zu § 52b (EuGH GRUR 2014, 1078 Tz. 57 – *Elektronische Leseplätze*), nach der die Zulässigkeit von Anschlusskopien und damit die Kombination von Schranken (Art. 5 Abs. 3 lit. n und Art. 5 Abs. 2 lit. a oder b Info-RL) dem mitgliedstaatlichen Recht überlassen sind. Im Anschluss daran hat der BGH die Kombination mehrerer Schranken (§§ 52b und 53) zugelassen (BGH GRUR 2015, 1101 Tz. 39 ff. – *Elektronische Leseplätze II*). Gestattet ist eine „Anschlusskopie" jedoch nur zu **nicht kommerziellen Zwecken**, dann allerdings **sowohl in analoger als auch in digitaler Form;** auch insoweit ist nach dem Willen des Gesetzgebers die intensive Nutzung bei der Bemessung der angemessenen Vergütung zu berücksichtigen (RegE UrhWissG 2017 – BT-Drs. 18/12329, S. 44). **Bis zu 10 Prozent eines Werkes** dürfen vervielfältigt werden. Bei dieser Grenze orientiert sich der Gesetzgeber nach eigenen Angaben an den bestehenden Gesamtverträgen zu den §§ 52a und 53, die zur Konkretisierung „kleiner Teile eines Werkes" von einem Umfang zwischen 10 und 15 Prozent ausgehen; die Begrenzung gilt pro Sitzung am Terminal (RegE UrhWissG 2017 – BT-Drs. 18/12329, S. 44). Die explizit aufgezählten Werkarten (Abbildungen, Beiträge aus derselben Fachzeitschrift oder wissenschaftlichen Zeitschrift, sonstige Werke geringen Umfangs und vergriffene Werke) dürfen darüber hinaus auch **vollständig vervielfältigt** werden. Dies entspricht der Regelung des § 60a Abs. 2, die den Werkumfang, der für bestimmte Werkformen genutzt werden darf, erweitert (vgl. § 60a Rn. 8). Ein Beispiel für **Abbildungen** sind Fotografien (RegE UrhWissG 2017 – BT-Drs. 18/12329, S. 35). Der Regierungsentwurf enthielt noch die Formulierung „Beiträge aus derselben Zeitung oder Zeitschrift", die im Laufe des Gesetzgebungsverfahrens geändert wurde, so dass nach der Endfassung nur **Beiträge aus Fachzeitschriften und wissenschaftlichen Zeitschriften** vollständig genutzt werden dürfen, nicht aber Beiträge aus Zeitungen und aus Publikumszeitschriften. Der Gesetzgeber reagiert damit nach eigenen Angaben auf die zentrale Bedeutung und die besondere Situation der Tages- und Publikumspresse im demokratischen Willensbildungsprozess und für die Information der Bürgerinnen und Bürger; anders als Wissenschafts- und Fachverlage, die überwiegend Inhalte veröffentlichten, die im Kontext des (überwiegend öffentlich finanzierten) Bildungs- und Wissenschaftsbetriebs entstünden, müsste die private Tages- und Publikumspresse die urheberrechtlich geschützten Inhalte vollständig über ihr eigenes Geschäftsmodell finanzieren und sei deshalb stärker darauf angewiesen, dass eine vollständige Nutzbarkeit der Beiträge nur auf Lizenzbasis möglich sei (s. BeschlE

RAusschuss UrhWissG 2017 – RegE BT-Drs. 18/13014, S. 30). Zur Konkretisierung eines **Werkes geringen Umfangs** kann nach der Gesetzesbegründung
auf die Gesamtverträge zwischen den Verwertungsgesellschaften und den Nutzern zurückgegriffen werden; dies seien für Druckwerke 25 Seiten, für Noten
6 Seiten, für Filme 5 Minuten und für Musik 5 Minuten. Als Beispiele für
Werke geringen Umfangs werden Gedichte und Liedertexte aufgeführt (s. RegE
UrhWissG 2017 – BT-Drs. 18/12329, S. 35). **Vergriffen** ist ein Werk, wenn es
beim Verlag nicht mehr vorrätig ist und folglich nicht mehr geliefert werden
kann; unerheblich ist die generelle Verfügbarkeit des Werkes etwa im antiquarischen Handel (vgl. § 53 Rn. 41). Es kommt nicht darauf an, wie lange das
Werk schon vergriffen ist.

VII. Vervielfältigung als Archivgut nach § 60f Abs. 2

10 Nach § 60f Abs. 2 dürfen Archive, die auch im öffentlichen Interesse tätig sind,
ein Werk vervielfältigen oder vervielfältigen lassen (§§ 15 Abs. 1 Nr. 1, 16),
um es als Archivgut in ihre Bestände aufzunehmen. Die Regelung knüpft an
die bisherige Regelung in § 53 Abs. 2 S. 1 Nr. 2, S. 2 Nr. 3 an und soll nach
dem Willen des Gesetzgebers ermöglichen, dass auch archivwürdige Inhalte in
elektronischer Form archiviert werden können. Denn während mit der Abgabe
von herkömmlichem Archivmaterial in Papierform an ein Archiv keine urheberrechtlich relevante Handlung verbunden ist, erfordert die Übernahme einer
digitalen Kopie eine Vervielfältigung (§§ 15 Abs. 1 Nr. 1, 16) und berührt damit das Verwertungsrecht des Rechteinhabers (RegE UrhWissG 2017 – BT-
Drs. 18/12329, S. 45). Die Rechtsprechung zu § 52 Abs. 2 versteht unter **Archiv** eine unter sachlichen Gesichtspunkten geordnete Sammlung vorhandener
Werke zum internen Gebrauch (BGH GRUR 1997, 459, 461 – *CB-infobank
I*; vgl. § 53 Rn. 31). Im Gegensatz zur bisherige Regelung des § 53 Abs. 2 S. 1
Nr. 2 enthält die Erlaubnis des Abs. 2 keine Beschränkung auf ein eigenes Ar-
chiv, das allein zur Nutzung durch Betriebsinterne bestimmt ist (s. dazu BGH
GRUR 1997, 459, 461 – *CB-infobank I* und vgl. § 53 Rn. 31). Nach Abs. 2
S. 2 hat die abgebende Stelle unverzüglich die bei ihr vorhandenen Vervielfälti-
gungen zu löschen. Dies soll verhindern, dass es zu einer Bestandsmehrung
kommt (RegE UrhWissG 2017 – BT-Drs. 18/12329, S. 45).

VIII. Vergütungspflicht nach § 60h und Unabdingbarkeit nach § 60g

11 Als Ausgleich für die Einschränkung des Ausschließlichkeitsrechts gewährt
§ 60h Abs. 1 i. V. m. §§ 54 bis 54c dem Urheber einen Anspruch auf eine angemessene Vergütung der gesetzlich erlaubten Nutzung, der kollektiv durch eine
Verwertungsgesellschaft wahrgenommen wird (§ 60h Abs. 4). Die nach § 60f
Abs. 1 privilegierten Einrichtungen werden durch die Reform in die Gerätebetreibervergütung gem. § 54c Abs. 1 einbezogen. Die nach § 60f Abs. 1 i. V. m.
§ 60e Abs. 1 erlaubten Vervielfältigungen sind nur teilweise vergütungspflichtig. Während Vervielfältigungen **zum Zweck der Zugänglichmachung nach
§ 60h Abs. 1 vergütet** werden müssen, sind Vervielfältigungen **zum Zweck der
Indexierung, Katalogisierung, Erhaltung und Restaurierung nach § 60h Abs. 2
Nr. 2 vergütungsfrei.** Der Gesetzgeber begründet dies damit, dass die Indexierung, Katalogisierung, Erhaltung und Restaurierung eines Werkes in der Regel
auch im Interesse des Rechteinhabers geschehen, da nur so die Auffindbarkeit
und die dauerhafte Verfügbarkeit in öffentlich zugänglichen Bibliotheken gewährleistet sei (RegE UrhWissG 2017 – BT-Drs. 18/12329, S. 42). Das nach
§ 60f Abs. 1 i. V. m. § 60e Abs. 2 S. 1 und S. 2 sowie Abs. 3 erlaubte Verbreiten
ist vergütungspflichtig. Die Vergütung für den Verleih nach § 60f Abs. 1 i. V. m.

§ 60e Abs. 2 S. 2 ist noch nicht über die Bibliothekstantieme des § 27 Abs. 2 abgegolten (RegE UrhWissG 2017 – BT-Drs. 18/12329, S. 43). Auch die nach § 60f Abs. 1 i. V. m. § 60e Abs. 4 erlaubten Nutzungen sind vergütungspflichtig. Ist eine Nutzung nach § 60f Abs. 1 i. V. m. § 60e Abs. 1 bis 4 erlaubt, kann sie gem. § 60g Abs. 1 nicht durch Vereinbarungen zum Nachteil des Nutzers beschränkt oder untersagt werden. Hat eine privilegierte Einrichtung mit einem Rechteinhaber jedoch einen Vertrag abgeschlossen, der ausschließlich die Zugänglichmachung an Terminals nach § 60f Abs. 1 i. V. m. § 60e Abs. 4 betrifft, geht dieser nach § 60g Abs. 2 der gesetzlichen Erlaubnis vor.

IX. Prozessuales

Wie bei den übrigen Schrankenregelungen handelt es sich auch bei § 60f Abs. 1   **12**
i. V. m. § 60e Abs. 1 bis 4 um Ausnahmevorschriften. Wer sich auf den jeweiligen Erlaubnistatbestand beruft, trägt grundsätzlich die Darlegungs- und Beweislast für das Vorliegen seiner Voraussetzungen (vgl. Vor §§ 44a ff. Rn. 17). Die Institution, die die verschiedenen Nutzungshandlungen vornimmt oder vornehmen lässt, muss also beweisen, dass es sich bei ihr um eine nach § 60f Abs. 1 privilegierte Einrichtung handelt und die Voraussetzungen der Erlaubnistatbestände des § 60e Abs. 1 bis 4 vorliegen. Die Voraussetzungen des gesetzlichen Vergütungsanspruchs müssen dagegen vom Gläubiger dargelegt und bewiesen werden (vgl. Vor §§ 44a ff. Rn. 17).

§ 60g Gesetzlich erlaubte Nutzung und vertragliche Nutzungsbefugnis

(1) Auf Vereinbarungen, die erlaubte Nutzungen nach den §§ 60a bis 60f zum Nachteil der Nutzungsberechtigten beschränken oder untersagen, kann sich der Rechteinhaber nicht berufen.

(2) Vereinbarungen, die ausschließlich die Zugänglichmachung an Terminals nach § 60e Absatz 4 und § 60f Absatz 1 oder den Versand von Vervielfältigungen auf Einzelbestellung nach § 60e Absatz 5 zum Gegenstand haben, gehen abweichend von Absatz 1 der gesetzlichen Erlaubnis vor.

Übersicht   Rn.

I. Allgemeines

Die Regelung des § 60g wurde durch das Gesetz zur Angleichung des Urheber-   **1**
rechts an die aktuellen Erfordernisse der Wissensgesellschaft (Urheberrechts-Wissensgesellschafts-Gesetz – UrhWissG vom 30.6.2017) neu eingeführt und trat am 1.3.2018 in Kraft. Die Bestimmung des § 60g regelt das Verhältnis von gesetzlich erlaubten Nutzungen zu Vereinbarungen über Nutzungsbefugnisse; so enthält Abs. 1 die Grundregel für das Verhältnis der neuen gesetzlichen Erlaubnistatbestände der §§ 60a bis 60f zu Verträgen über Nutzungen, gilt aber nicht für die anderen gesetzlichen Erlaubnistatbestände der §§ 44a ff. (RegE UrhWissG 2017 – BT-Drs. 18/12329, S. 45). Auch vertragliche Bestimmungen über die Ausübung des Sacheigentums an einem Werkstück sowie Kollektivvereinbarungen zwischen Verwertungsgesellschaften und Nutzern oder Nutzergruppen über die Höhe und Zahlungsweise der angemessenen Vergütung nach § 60h Abs. 1 werden von § 60g nicht erfasst (RegE UrhWissG 2017 – BT-Drs. 18/12329, S. 45). Abs. 2 enthält

eine teilweise durch die europäischen Rechtsgrundlagen vorgegebene Ausnahme von der Grundregel des Abs. 1.

II. Grundregel des § 60g Abs. 1

2   Nach Abs. 1 kann sich der Rechteinhaber auf Vereinbarungen, die erlaubte Nutzungen nach den §§ 60a bis 60f zum Nachteil der Nutzungsberechtigten beschränken oder untersagen, nicht berufen. Liegen die Voraussetzungen einer gesetzlichen Erlaubnis nach den §§ 60a bis 60f vor, sind somit abweichende vertragliche Regelungen unerheblich. Der Nutzer eines Werkes kann sich somit auf die Voraussetzungen und den Umfang der §§ 60a bis 60f verlassen. Die Gesetzesbegründung führt als Beispiel eine Dozentin auf, die bei der Vorbereitung ihrer Vorlesung ein Buchkapitel in den digitalen Semesterapparat einstellen möchte und sich dabei an den Rahmen des gesetzlich erlaubten Nutzungsumfangs hält, so dass sie nicht prüfen muss, ob ein Nutzungsvertrag bezüglich des geschützten Inhalts besteht. Bestehe keine solche Vereinbarung, weil weder die Dozentin noch die Hochschule einen Lizenzvertrag geschlossen haben, greift die gesetzliche Erlaubnis nach § 60a. Die angemessene Vergütung werde in diesem Fall nach § 60h auf Basis eines Gesamt- oder Rahmenvertrages von der Hochschule oder deren Träger an die Verwertungsgesellschaften gezahlt, die dann diese Vergütungen verteile und ausschütte. Bestehe ein Lizenzvertrag (z. B. als Campuslizenz zwischen der Hochschule und einem Wissenschaftsverlag), so sei die Nutzung nach § 60g Abs. 1 in jedem Fall im gesetzlich bestimmten Umfang erlaubt und Grundlage des Nutzungsentgelts sei dann der Lizenzvertrag (RegE UrhWissG 2017 – BT-Drs. 18/12329, S. 45). Es ist somit unerheblich, ob ein Nutzer bzw. die Einrichtung, für die er tätig ist, mit dem Rechteinhaber eine Vereinbarung im Bereich gesetzlich erlaubter Nutzungen geschlossen hat bzw. ob ein Angebot zum Abschluss einer solchen Vereinbarung vorliegt. Der Nutzer eines Werkes muss weder prüfen, ob ein Lizenzvertrag geschlossen wurde noch ob ein Angebot besteht; nur wenn er ein Werk über den gesetzlich erlaubten Umfang hinaus verwenden will, bedarf er einer vertraglichen Nutzungserlaubnis (RegE UrhWissG 2017 – BT-Drs. 18/12329, S. 45). Die Regelung des § 60g Abs. 1 gilt nur für nach den §§ 60a bis 60f erlaubte Nutzungen, nicht für die anderen gesetzlichen Erlaubnistatbestände der §§ 44a ff., insbesondere nicht für § 53 (RegE UrhWissG 2017 – BT-Drs. 18/12329, S. 45).

III. Ausnahmen des § 60g Abs. 2

3   Die Regelung des § 60g Abs. 2 beinhaltet Ausnahmen vom Grundsatz des § 60g Abs. 1. Danach gehen Vereinbarungen, die ausschließlich die Zugänglichmachung an Terminals nach § 60e Abs. 4 und § 60f Abs. 1 i. V. m. § 60e Abs. 4 oder den Kopienversand auf Einzelbestellung nach § 60e Abs. 5 zum Gegenstand haben, abweichend von Abs. 1 der gesetzlichen Erlaubnis vor. Da Voraussetzung der Terminal-Schranke nach Art. 5 Abs. 3 lit. n Info-RL ist, dass es sich um Werke und sonstige Schutzgegenstände handelt, „für die keine Regelungen über Verkauf und Lizenzen gelten", ist die Ausnahme des § 60g Abs. 2 für die Zugänglichmachung an Terminals in Bibliotheken nach § 60e Abs. 4 und in den privilegierten Einrichtungen nach § 60f Abs. 1 i. V. m. § 60e Abs. 4 zwingend erforderlich. Dagegen beruht die Ausnahme für den Kopienversand auf Bestellung nach § 60e Abs. 5 auf einer Entscheidung des deutschen Gesetzgebers (RegE UrhWissG 2017 – BT-Drs. 18/12329, S. 46). Hat eine **Bibliothek oder eine privilegierte Einrichtung nach § 60f Abs. 1 mit einem Rechteinhaber einen Vertrag abgeschlossen**, der ausschließlich die Zugänglichmachung an Terminals nach § 60e Abs. 4 oder den Kopienversand auf Bestellung nach § 60e Abs. 5 betrifft, hat dieser nach § 60g Abs. 2 **Vorrang vor der gesetzlichen Erlaubnis.** Zu zahlen ist in diesem Fall ausschließlich

die vertraglich vereinbarte **Lizenzvergütung** an den Vertragspartner (RegE UrhWissG 2017 – BT-Drs. 18/12329, S. 46). So haben beispielsweise die im Subito e. V. vereinigten deutschen und deutschsprachigen Bibliotheken mit einzelnen – vor allem wissenschaftlichen – Verlagen einen Rahmenvertrag zum elektronischen Kopienversand geschlossen (vgl. § 60e Rn. 10 ff.). Dieser Rahmenvertrag bedingt in seinem Anwendungsbereich die Regelung des § 60e Abs. 5 zwischen den vertragschließenden Rechteinhabern und den in Subito zusammengeschlossenen Bibliotheken ab. Die Ausnahme des § 60g Abs. 2, d. h. der Vorrang eines Vertrages, gilt nur dann, wenn dieser **ausschließlich die Zugänglichmachung an Terminals oder ausschließlich den Kopienversand auf Bestellung** betrifft. Hierdurch soll nach dem Willen des Gesetzgebers ein Anreiz gesetzt werden, dass Rechteinhaber attraktive Angebote für diese spezifischen Nutzungen entwickeln und gewährleistet werden, dass sich die Vertragsparteien gesondert über diese spezifischen Nutzungen verständigen (RegE UrhWissG 2017 – BT-Drs. 18/12329, S. 46). Liegt lediglich ein **Lizenzangebot** des Rechteinhabers vor, geht dieses der gesetzlichen Erlaubnis allerdings **nicht** vor; die Bibliothek oder nach § 60f Abs. 1 privilegierte Einrichtung ist somit nicht verpflichtet zu prüfen, ob der Rechteinhaber eine Vereinbarung für die Terminal-Nutzung oder den Kopienversand auf Bestellung anbietet (EuGH GRUR 2014, 1078 Tz. 35 – *Elektronische Leseplätze*; RegE UrhWissG 2017 – BT-Drs. 18/12329, S. 46).

§ 60h   Angemessene Vergütung der gesetzlich erlaubten Nutzungen

(1) [1]Für Nutzungen nach Maßgabe dieses Unterabschnitts hat der Urheber Anspruch auf Zahlung einer angemessenen Vergütung. [2]Vervielfältigungen sind nach den §§ 54 bis 54c zu vergüten.

(2) Folgende Nutzungen sind abweichend von Absatz 1 vergütungsfrei:
1. die öffentliche Wiedergabe für Angehörige von Bildungseinrichtungen und deren Familien nach § 60a Absatz 1 Nummer 1 und 3 sowie Absatz 2 mit Ausnahme der öffentlichen Zugänglichmachung,
2. Vervielfältigungen zum Zweck der Indexierung, Katalogisierung, Erhaltung und Restaurierung nach § 60e Absatz 1 und § 60f Absatz 1.

(3) [1]Eine pauschale Vergütung oder eine repräsentative Stichprobe der Nutzung für die nutzungsabhängige Berechnung der angemessenen Vergütung genügt. [2]Dies gilt nicht bei Nutzungen nach den §§ 60b und 60e Absatz 5.

(4) Der Anspruch auf angemessene Vergütung kann nur durch eine Verwertungsgesellschaft geltend gemacht werden.

(5) Ist der Nutzer im Rahmen einer Einrichtung tätig, so ist nur sie die Vergütungsschuldnerin. Für Vervielfältigungen, die gemäß Absatz 1 Satz 2 nach den §§ 54 bis 54c abgegolten werden, sind nur diese Regelungen anzuwenden.

Übersicht

I.   Allgemeines

Die Regelung des § 60h wurde durch das Gesetz zur Angleichung des Urheberrechts an die aktuellen Erfordernisse der Wissensgesellschaft (Urheberrechts-   **1**

Wissensgesellschafts-Gesetz – UrhWissG vom 30.6.2017) neu eingeführt und trat am 1.3.2018 in Kraft. Die Bestimmung des § 60h soll sicherstellen, dass die nach §§ 60a bis 60f gesetzlich erlaubten Nutzungen angemessen vergütet werden. Die Regelung des § 60h gilt nur für nach den §§ 60a bis 60f erlaubte Nutzungen, nicht für die anderen gesetzlichen Erlaubnistatbestände der §§ 44a ff.

2   Die Einschränkungen der ausschließlichen Befugnisse des Urhebers durch die neuen Wissenschafts- und Bildungsschranken sollen durch eine angemessene Vergütung nach § 60h ausgeglichen werden. Den europäischen Rechtsrahmen zu den neuen Schrankenregelungen der §§ 60a bis 60h stellt noch die Info-RL dar. Sie schreibt jedoch einen gerechten Ausgleich für die Rechteinhaber nicht zwingend vor, sondern überlässt den Mitgliedstaaten die Entscheidung darüber (ErwG 36 Info-RL). Durch die Regelung einer angemessenen Vergütung der nach §§ 60a bis 60f gesetzlich erlaubten Nutzungen in § 60h möchte der deutsche Gesetzgeber die betroffenen Grundrechtspositionen ausgleichen, und zwar einerseits den Schutz des Immaterialgüterrechts und der unternehmerischen Freiheit des Rechteinhabers sowie andererseits die Freiheit von Wissenschaft, Forschung und Lehre und das Gemeinwohlinteresse an Bildung sowie Erhalt und Zugang zum Kulturgut (RegE UrhWissG 2017 – BT-Drs. 18/12329, S. 46). Die neuen vergütungspflichtigen Erlaubnistatbestände der §§ 60a bis 60f sind Inhalts- und Schrankenbestimmungen des Urheberrechts und der Eigentumsgarantie aus Art. 14 GG (dazu vgl. Vor §§ 44a ff. Rn. 4). Des Weiteren sollen die Bestimmungen zur Vergütungspflicht in § 60h für nach den §§ 60a bis 60f erlaubte Nutzungen nach dem Willen des Gesetzgebers dem nach Art. 5 Abs. 5 Info-RL durchzuführenden Drei-Stufen-Test Rechnung tragen, indem sie den Eingriff in das Ausschließlichkeitsrecht abmildern, so dass die wirtschaftlichen Interessen der Rechteinhaber nicht ungebührlich beeinträchtigt werden (RegE UrhWissG 2017 – BT-Drs. 18/12329, S. 46; dazu vgl. Vor §§ 44a ff. Rn. 13).

II.   Grundsatz der Vergütungspflichtigkeit des § 60h Abs. 1

3   § 60h Abs. 1 S. 1 enthält den Grundsatz, dass der Urheber für Nutzungen nach §§ 60a bis 60f Anspruch auf Zahlung einer angemessenen Vergütung hat. Dies entspricht den bisherigen Schrankenregelungen. Das Ausschließlichkeitsrecht wird durch einen bloßen Anspruch auf eine angemessene Vergütung ersetzt (vgl. Vor §§ 44a ff. Rn. 10). **Anspruchsinhaber** ist wie bei den bisherigen Schrankenregelungen der Urheber (zur Problematik der Verlegerbeteiligung vgl. § 54 Rn. 12). Im Falle der Nutzung von verwandten Schutzrechten können die Inhaber solcher Rechte nach dem Willen des Gesetzgebers ebenfalls eine angemessene Vergütung verlangen (RegE UrhWissG 2017 – BT-Drs. 18/12329, S. 46). Bei der Bestimmung der **angemessenen** Vergütung ist zu berücksichtigen, dass die Vergütungspflicht den Eingriff in das Ausschließlichkeitsrecht abmildern und verhindern soll, dass die wirtschaftlichen Interessen der Rechteinhaber ungebührlich beeinträchtigt werden. Dies trägt dem nach Art. 5 Abs. 5 Info-RL durchzuführenden Drei-Stufen-Test Rechnung (RegE UrhWissG 2017 – BT-Drs. 18/12329, S. 46). Kriterien zur Bestimmung der angemessenen Vergütung sind beispielsweise der Umfang der Nutzung eines Werks, die ersparten Aufwendungen der Nutzer bzw. der Institution, der sie angehören, die geldwerten Vorteile, die durch die Verwertung erzielt werden (§ 39 Abs. 1 S. 1 VGG), die Höhe der für eine solche Nutzung üblicherweise lizenzvertraglich vereinbarten Vergütung (zur Angemessenheit der Vergütung im Falle urhebervertraglich eingeräumter Nutzungsrechte vgl. § 32 Rn. 34 ff.). Nach der Gesetzesbegründung ist bei der Bemessung der angemessenen Vergütung für den **Kopienversand auf Bestellung** nach § 60e Abs. 5 der Umstand zu berücksichtigen, dass insoweit eine intensivere Nutzung als bislang ermöglicht wird (RegE UrhWissG 2017 – BT-Drs. 18/12329, S. 44).

In der Praxis ergibt sich die geschuldete angemessene Vergütung überwiegend   **4** aus **Gesamt- und Rahmenverträgen** zwischen Nutzervereinigungen und Verwertungsgesellschaften; das Aushandeln von Gesamtverträgen und die Aufstellung von Tarifen durch Verwertungsgesellschaften richtet sich nach dem seit dem 1.6.2016 geltenden VGG (§§ 34 ff. VGG). Wurden keine Gesamtverträge geschlossen, können die Verwertungsgesellschaften nach § 38 VGG auch einseitig Tarife aufstellen (s. RegE UrhWissG 2017 – BT-Drs. 18/12329, S. 47). Seit dem 6.1.2010 besteht beispielsweise mit der VG Wort ein Gesamtvertrag über den elektronischen Kopienversand, seit November 2011 auch ein Gesamtvertrag zwischen dem Deutschen Bibliotheksverband und der VG Wort betreffend den Kopiendirektversand im innerbibliothekarischen Leihverkehr (beide abrufbar unter http://www.bibliotheksverband.de/dbv/vereinbarungen-und-vertraege/urheberrecht-gesamtvertraege.html). Nach **Abs. 1 S. 2** wird die **Vergütung für Vervielfältigungen** über das bereits bestehende System der Vergütungen nach den §§ 54 bis 54c abgerechnet. Dies betrifft jedoch nicht die anderen Nutzungen, insbesondere die öffentliche Zugänglichmachungen (RegE UrhWissG 2017 – BT-Drs. 18/12329, S. 46). Die §§ 54 bis 54c wurden i. R. d. Reform um die nach §§ 60a bis 60f erlaubten Nutzungen erweitert.

III. Ausnahmen von der Vergütungspflichtigkeit nach § 60h Abs. 2

Abs. 2 enthält Ausnahmen von der Vergütungspflicht des Abs. 1. Nach **Nr. 1**   **5** ist die öffentliche Wiedergabe für Angehörige von Bildungseinrichtungen und deren Familien nach § 60a Abs. 1 Nr. 1 und 3 sowie Abs. 2 mit Ausnahme der öffentlichen Zugänglichmachung vergütungsfrei. Im Gegensatz zur bisherigen Ausnahme von der Vergütungspflicht für Schulveranstaltungen in § 52 Abs. 1 S. 3 a. F., sind nun Veranstaltungen an allen Bildungseinrichtungen vergütungsfrei. Nach dem Willen des Gesetzgebers wird die Regelung hierdurch enger an die gesetzliche Erlaubnis in § 60a angelehnt; anstatt auf eine erzieherische Zweckbestimmung komme es darauf an, ob die Veranstaltung der Veranschaulichung des Unterrichts diene. Bei dem Weihnachtskonzert einer Schule könne beispielsweise das im Musikunterricht eingeübte Lied vergütungsfrei wiedergegeben werden (RegE UrhWissG 2017 – BT-Drs. 18/12329, S. 46 f.). Nach **Nr. 2** sind Vervielfältigungen zum Zweck der Indexierung, Katalogisierung, Erhaltung und Restaurierung nach § 60e Abs. 1 und § 60f Abs. 1 vergütungsfrei. Vervielfältigungen zum Zweck der Zugänglichmachung nach § 60e Abs. 1 müssen dagegen entsprechend dem Grundsatz des Abs. 1 vergütet werden. Der Gesetzgeber begründet dies damit, dass die Indexierung, Katalogisierung, Erhaltung und Restaurierung eines Werkes in der Regel auch im Interesse des Rechteinhabers geschehen, da nur so die Auffindbarkeit und die dauerhafte Verfügbarkeit in öffentlich zugänglichen Bibliotheken gewährleistet sei (RegE UrhWissG 2017 – BT-Drs. 18/12329, S. 42).

IV. Ermittlung der angemessenen Vergütung nach § 60h Abs. 3

Nach **Abs. 3 S. 1** genügt eine **pauschale Vergütung** oder eine **repräsentative Stich-**   **6** **probe** der Nutzung für die nutzungsabhängige Berechnung der angemessenen Vergütung. Grundsätzlich kann die jeweilige Verwertungsgesellschaft also **keine individuelle und nutzungsbezogene Erfassung der Daten der Nutzungen** verlangen; sondern die Höhe der angemessenen Vergütung darf auch auf Basis von Pauschalen oder Stichproben ermittelt werden (RegE UrhWissG 2017 – BT-Drs. 18/ 12329, S. 47). Bereits vor der Einführung dieser Regelung ging der BGH davon aus, dass die gebündelte Wahrnehmung der Urheberrechte durch Verwertungsgesellschaften meist keine vollständig am Ausmaß der jeweiligen Werknutzung orientierte Ausschüttung der Erträge gestatte; vielmehr seien im Interesse eines möglichst geringen Verwaltungsaufwands Schätzungen, Pauschalierungen und sonstige Vereinfachungen in der Berechnung hinzunehmen, die sich aus dem wirtschaftlichen Gebot der Verhältnismäßigkeit ergeben, selbst wenn sie in Einzelfällen zu Benachteiligungen führen könnten (BGH GRUR 2013, 1220 Tz. 76 – *Gesamtvertrag Hochschul-Intranet*; BGH GRUR 1988, 782, 783 – *GEMA-Wertungsverfahren*). Allerdings waren die Verwertungsgesellschaften nach bisheriger Rechtsprechung grundsätzlich gehalten, die zur Berechnung der Vergütung erforderlichen Daten der Werknutzung möglichst genau zu erfassen; eine typisierende, pauschalierende oder generalisierende Erfassung war nur gerechtfertigt, soweit die vielzähligen Nutzungsvorgänge nur mit unverhältnismäßigem Aufwand individuell erfasst werden konnten (BGH GRUR 2013, 1220, Tz. 76 – *Gesamtvertrag Hochschul-Intranet*). Nunmehr kann nach § 60h Abs. 3 S. 1 grundsätzlich keine Einzelerfassung von Nutzungen verlangt werden, die Ermittlung der Höhe der angemessenen Vergütung darf vielmehr auf Basis von Pauschalen oder Stichproben erfolgen. Die Gesetzesbegründung zu § 60h Abs. 3 beruft sich auf ein Modellprojekt an der Universität Osnabrück, das gezeigt hätte, dass Aufwand und Kosten für die Einzelermittlung erheblich seien und zudem die Bereitschaft zur Nutzung geschützter Inhalte deutlich sinke, weil insbesondere Lehrkräfte an Hochschulen den zeitlichen und organisatorischen Aufwand fürchteten, der mit der Erfassung der zu nutzenden Werke verbunden sei (RegE UrhWissG 2017 – BT-Drs. 18/12329, S. 47). In der Praxis ergibt sich die geschuldete angemessene Vergütung überwiegend aus **Gesamt- und Rahmenverträgen** zwischen Nutzervereinigungen und Verwertungsgesellschaften (vgl. Rn. 4). Bei Nutzungen für Unterrichts und Lehrmedien nach § 60b sowie beim Kopienversand auf Bestellung nach § 60e Abs. 5 kann gem. **Abs. 3 S. 2** keine pauschale Vergütung oder repräsentative Stichprobe der Nutzung für die nutzungsunabhängige Berechnung der angemessenen Vergütung erfolgen, d. h. die Nutzungen müssen **einzeln abgerechnet** werden.

V. Verwertungsgesellschaftspflichtigkeit nach § 60h Abs. 4

7   Auch wenn nach § 60h Abs. 1 Inhaber des Vergütungsanspruchs der Urheber bzw. der Inhaber des verwandten Schutzrechts ist, kann der Vergütungsanspruch für Nutzungen nach §§ 60a bis 60f gem. § 60h Abs. 4 – wie auch im System der §§ 45 ff. – nur durch eine Verwertungsgesellschaft geltend gemacht werden. Hierdurch soll die Abwicklung der Vergütungen für Nutzer und Rechteinhaber gleichermaßen vereinfacht werden (RegE UrhWissG 2017 – BT-Drs. 18/12329, S. 47). Die kollektive Wahrnehmung der Ansprüche erspart dem Rechteinhaber die Überwachung und Abwicklung massenhafter Nutzungsvorgänge sowie den Nutzern die Suche nach dem jeweiligen Rechteinhaber (vgl. Vor §§ 44a ff. Rn. 12).

VI. Vergütungsschuldner gem. § 60h Abs. 5

8   Schuldner des Vergütungsanspruchs nach Abs. 1 ist grundsätzlich derjenige, der die Nutzungshandlung nach den §§ 60a bis 60f vornimmt. Ist der Nutzer im Rahmen einer Einrichtung tätig, so ist gem. Abs. 5 S. 1 nur die entsprechende Einrichtung Vergütungsschuldnerin. Als Beispiele nennt die Gesetzesbegründung Nutzungshandlungen von Schülern oder Studierenden, die eine Institution besuchen, oder von Lehrenden, Forschern etc., die an einer Institution tätig sind (RegE UrhWissG 2017 – BT-Drs. 18/12329, S. 47). Die Regelung des Abs. 5 S. 2 bestimmt, dass die Sonderregelungen für die pauschale Geräte-, Speichermedien- und Gerätebetreibervergütung gem. §§ 54 bis 54c vorgehen.

Auch nach diesen Regelungen ist allerdings aus Praktikabilitätsgründen nicht der unmittelbare Nutzer Verpflichteter des Anspruchs, sondern derjenige, der die Geräte und Medien überlässt und der dann die Abgabe auf die Privaten abwälzt, also insbesondere die Importeure, Hersteller und Betreiber von Geräten und Speichermedien (vgl. § 54 Rn. 13).

VII. Prozessuales

Die Voraussetzungen des gesetzlichen Vergütungsanspruchs müssen vom Gläubiger, also vom Urheber bzw. Inhaber des verwandten Schutzrechts, der sich auf die Vorschrift beruft, dargelegt und bewiesen werden (vgl. Vor §§ 44a ff. Rn. 17). **9**

Unterabschnitt 5 Besondere gesetzlich erlaubte Nutzungen verwaister Werke

§ 61 Verwaiste Werke

(1) Zulässig sind die Vervielfältigung und die öffentliche Zugänglichmachung verwaister Werke nach Maßgabe der Absätze 3 bis 5.

(2) Verwaiste Werke im Sinne dieses Gesetzes sind
1. Werke und sonstige Schutzgegenstände in Büchern, Fachzeitschriften, Zeitungen, Zeitschriften oder anderen Schriftwerken,
2. Filmwerke sowie Bildträger und Bild- und Tonträger, auf denen Filmwerke aufgenommen sind, und
3. Tonträger
aus Sammlungen (Bestandsinhalte) von öffentlich zugänglichen Bibliotheken, Bildungseinrichtungen, Museen, Archiven sowie von Einrichtungen im Bereich des Film- oder Tonerbes, wenn diese Bestandsinhalte bereits veröffentlicht worden sind, deren Rechtsinhaber auch durch eine sorgfältige Suche nicht festgestellt oder ausfindig gemacht werden konnte.

(3) Gibt es mehrere Rechtsinhaber eines Bestandsinhaltes, kann dieser auch dann vervielfältigt und öffentlich zugänglich gemacht werden, wenn selbst nach sorgfältiger Suche nicht alle Rechtsinhaber festgestellt oder ausfindig gemacht werden konnten, aber von den bekannten Rechtsinhabern die Erlaubnis zur Nutzung eingeholt worden ist.

(4) Bestandsinhalte, die nicht erschienen sind oder nicht gesendet wurden, dürfen durch die jeweilige in Absatz 2 genannte Institution genutzt werden, wenn die Bestandsinhalte von ihr bereits mit Erlaubnis des Rechtsinhabers der Öffentlichkeit zugänglich gemacht wurden und sofern nach Treu und Glauben anzunehmen ist, dass der Rechtsinhaber in die Nutzung nach Absatz 1 einwilligen würde.

(5) [1]Die Vervielfältigung und die öffentliche Zugänglichmachung durch die in Absatz 2 genannten Institutionen sind nur zulässig, wenn die Institutionen zur Erfüllung ihrer im Gemeinwohl liegenden Aufgaben handeln, insbesondere wenn sie Bestandsinhalte bewahren und restaurieren und den Zugang zu ihren Sammlungen eröffnen, sofern dies kulturellen und bildungspolitischen Zwecken dient. [2]Die Institutionen dürfen für den Zugang zu den genutzten verwaisten Werken ein Entgelt verlangen, das die Kosten der Digitalisierung und der öffentlichen Zugänglichmachung deckt.

Übersicht

I. Allgemeines

1. Bedeutung, Sinn und Zweck der Norm, systematische Stellung im Gesetz

1 Diese am 1.1.2014 in Kraft getretene Schrankenregelung (BGBl. 2013 I S. 3728 ff.) verfolgt den Zweck, einen rechtmäßigen Zugang zu verwaisten Werken in öffentlich zugänglichen Bibliotheken, Bildungseinrichtungen, Museen, Archiven sowie der im Bereich des Film- oder Tonwesens tätigen Einrichtungen zu ermöglichen. Nach dem gesetzgeberischen Leitmotiv gilt es wertvolle Inhalte, die in den Beständen von Kultur- und Wissenschaftseinrichtungen lagern und zum **kulturellen Erbe einer Gesellschaft** gehören, einem breiteren Publikum derzeit jedoch nicht **auf digitalen Plattformen** zugänglich gemacht werden können, als essentielles kulturelles Material zu erhalten und dessen Zugänglichkeit im nationalen sowie im grenzüberschreitenden europäischen Kontext zu ermöglichen (s. RegE verwaiste Werke – BT-Drs. 17/13423, S. 18).

2 Nationales Kulturgut soll im modernen, digitalen Zeitalter für jedermann digital online zugänglich gemacht werden (RegE verwaiste Werke – BT-Drs. 17/13423, S. 15). Durch Projekte wie die Deutsche Digitale Bibliothek (DDB) und das europäische Bibliotheksportal EUROPEANA soll sichergestellt werden, dass das deutsche und das europäische Kulturgut nicht nur erhalten, sondern auch digital verbreitet werden kann (ErwG 1 RL Verwaiste Werke). Da urheberrechtlich geschützte Werke jedoch nur mit Zustimmung der Rechteinhaber digitalisiert und online publiziert werden dürfen, drohen Werke, bei denen der Rechtsinhaber nicht ermittelt werden kann oder nicht auffindbar ist – das sind die sogenannten „verwaisten Werke" – dem kulturellen Erbe verloren zu gehen (RegE verwaiste Werke – BT-Drs. 17/13423, S. 15). Der europäische Gesetzgeber mit der RL Verwaiste Werke und der deutsche Gesetzgeber mit dem 9. ÄndG 2013 sahen sich daher gezwungen, zugunsten öffentlich zugänglicher Bibliotheken, Bildungseinrichtungen und Museen sowie Archiven, im Bereich des Film- oder Tonerbes tätigen Einrichtungen und öffentlich-rechtlichen Rundfunkanstalten mit Sitz in den Mitgliedsstaaten Regelungen einzuführen, die es diesen ermöglicht, solche verwaisten Werke zu vervielfältigen (zu den Voraussetzungen des Vervielfältigungsrechts vgl. § 16 Rn. 9 ff.) und öffentlich zugänglich zu machen (zum Recht der öffentlichen Zugänglichmachung vgl. § 19a Rn. 7 ff.), sodass sie sowohl digitalisiert als auch online gestellt und damit insbesondere über das Internet zugänglich gemacht werden können (RegE verwaiste Werke – BT-Drs. 17/13423, S. 16). Die Regelung gilt auch für teilverwaiste Werke (Abs. 3) sowie solche Inhalte, die nicht erschienen, aber veröffentlicht worden sind (Abs. 4). Die Institutionen, die sich auf § 61 berufen, müssen die Rechtsinhaber sorgfältig gesucht haben (Abs. 2 i. V. m. § 61a). Zwar ist die Nutzung verwaister Werke nicht mit einem gesetzlichen Vergütungsanspruch verbunden, d. h. die Institutionen, die weitgehend zur Erfüllung im Gemeinwohl liegender Aufgaben handeln, dürfen verwaiste Werke zunächst vergütungsfrei nutzen (Abs. 5 S. 1). Jedoch dürfen sie ein Entgelt verlangen, das die Kosten der Digitalisierung und der öffentlichen Zugänglichmachung deckt (Abs. 5 S. 2). Außerdem hat der Rechtsinhaber, sofern er nachträglich festgestellt oder ausfindig gemacht wird, gegen die nutzende Institution einen (nachträglichen) Anspruch auf Zahlung einer angemessenen Vergütung (§ 61b). Die Voraussetzungen, unter denen öffentlich-rechtliche Rundfunkanstalten verwaiste Werke nutzen können, finden sich in § 61c. Flankiert werden die Regelungen durch Wahrnehmungsvermutungen über **vergriffene Werke** in den §§ 51 und 52 VGG, die dazu dienen, im Rahmen von Digitalisierungsvorhaben auch die Nutzung von vergriffenen Printwerken zu erleichtern (RegE verwaiste Werke – BT-Drs. 17/13423, S. 17).

Mit dem 9. ÄndG 2013 wird die RL Verwaiste Werke umgesetzt. Die Richtlinie **3** ist als vollharmonisierende Maßnahme zu verstehen, sodass dem deutschen Gesetzgeber kein Spielraum verblieben ist, über die Richtlinie hinauszugehen (Begr. RefE BMJ v. 20.2.2012, S. 17 f.). Die Richtlinie ist quasi als **Annex zu den Schrankenregelungen der Info-RL** zu verstehen; zu den Einzelheiten der Richtlinie vgl. Rn. 6.

Die europäischen Regelungen haben jedoch im Hinblick auf die **systematische 4 Stellung** im Gesetz den Mitgliedstaaten einen Ermessensspielraum dahingehend gelassen, auf welche Art die Mitgliedstaaten die Ausnahmenregelungen in Bezug auf die Rechte zur Vervielfältigung und zur öffentlichen Zugänglichmachung etwa durch Einführung eines erweiterten kollektiven Lizenzsystems oder durch eine gänzlich neue Schrankenregelung umsetzen (s. Art. 6 der RL). Es bestand die Möglichkeit, die Schrankenregelung als Kulturauftrag an die Bibliotheken anzusehen und somit in der Nähe der für solche im Gemeinwohl tätigen Institutionen bereits geltenden Schrankenregelung des § 52b in einem neu geschaffenen § 52c zu verorten (s. RegE verwaiste Werke – BT-Drs. 17/13423, S. 3). Die Richtlinie erlaubte den Mitgliedstaaten ferner, für die Nutzung verwaister Werke abweichend vom abschließenden Katalog der Info-RL eine Schrankenbestimmung für die Nutzung verwaister Werke einzuführen. Auch ein Lizenzmodell unter Beteiligung von Verwertungsgesellschaften wäre zulässig gewesen, da ErwG 20 der RL Verwaiste Werke bestehende nationale Regelungen über kollektive Lizenzen nicht berühren soll. Da die europäische Neuregelung jedoch in erster Linie zur Bestimmung eines gemeinsamen Konzeptes des Status als verwaistes Werk an das Prinzip der Ausnahmen bzw. Beschränkungen der urheberrechtlichen Befugnisse und somit dogmatisch an den Abschnitt über die Schrankenbestimmungen anknüpft, war eine Änderung der Regelungen hinsichtlich der Befugnisse der Verwertungsgesellschaften (seit dem 1.6.2016 §§ 38 ff. VGG, bis zum 31.5.2016 §§ 13 ff. UrhWahrnG) nicht notwendig (a. A. *Pfeifer* GRUR-Prax 2011, 1). Der deutsche Gesetzgeber hat deshalb zutreffend bei der Umsetzung der Richtlinie die bereits bestehenden Schrankenbestimmungen erweitert.

2. Früheres Recht

Eine vergleichbare Sonderbestimmung kannten die Vorgängergesetze des UrhG **5** nicht. Ursprünglich wollte der deutsche Gesetzgeber das kulturelle Erbe dadurch schützen, dass er im Rahmen des 2. Korbes die frühere Regelung zu den unbekannten Nutzungsarten (§ 31 Abs. 4 UrhG 1965) beseitigte und die Befugnis zur digitalen Nutzung analoger Werke kraft einer „Übertragungsfiktion" demjenigen zuwies, der bereits Inhaber der wesentlichen analogen Nutzungsrechte war. So sieht der im Jahr 2008 neu in das Urheberrechtsgesetz eingeführte § 137l eine gesetzliche Fiktion der Rechteeinräumung für Rechte an unbekannten Nutzungsarten zugunsten desjenigen vor, dem vorher alle wesentlichen Nutzungsrechte eingeräumt worden waren. Jedoch kann § 137l nur eingreifen, wenn überhaupt schon Rechte an einen Verwerter vergeben worden sind. Schließlich erwies sich das frühere Recht hinsichtlich verwaister Rechte auch insoweit als unzulänglich, als nicht solche Werke erfasst werden, die vor 1966 veröffentlicht wurden; zum Verhältnis § 61 zu § 52b vgl. Rn. 27.

3. EU-Richtlinien

6 § 61 basiert auf der **RL Verwaiste Werke** vom 25.10.2012, die durch das 9. ÄndG 2013 umgesetzt wurde. Diese wiederum baut auf der Empfehlung der Kommission aus dem Jahr 2006 zur Digitalisierung und Online-Zugänglichkeit kulturellen Materials und dessen digitaler Bewahrung auf (Empfehlung 2006/585/EG der Kommission vom 24.8.2006 zur Digitalisierung und Online-Zugänglichkeit kulturellen Materials und dessen digitaler Bewahrung (ABl.L.236 vom 31.8.2006, S. 28)). Trotz dieser Empfehlung hatten nur wenige Mitgliedstaaten Rechtsvorschriften über verwaiste Werke eingeführt. So hatte zwischen 2006 und 2008 lediglich Ungarn ein Gesetz über verwaiste Gesetze erlassen. Im grenzüberschreitenden Kontext allerdings blieb unklar, wann ein Werk als verwaist gilt und wer zu welchen Zwecken ein verwaistes Werk online publizieren durfte. Unterschiedliche Regelungen in den einzelnen Staaten der Europäischen Union sind bei einem seiner Natur nach grenzüberschreitenden Sachverhalt nicht zielführend. Hinzukommt, dass die wenigen bestehenden nationalen Lösungen nicht weitreichend genug waren, da sie den Online-Zugang auf Bürger beschränkten, die in ihren nationalen Hoheitsgebieten ansässig sind. Auch können die unterschiedlichen Ansätze der Mitgliedstaaten das Funktionieren des europäischen Binnenmarktes behindern und damit zu Beschränkungen des freien Waren- und Dienstleistungsverkehrs in Bezug auf kulturelle Inhalte führen (ErwG 8 RL Verwaiste Werke).

II. Tatbestand

1. Nutzungshandlungen (Abs. 1)

7 Zugelassene Nutzungshandlungen sind nur die **Vervielfältigung** (§ 16) sowie die **öffentliche Zugänglichmachung** (§ 19a). Der Kreis der erlaubten Nutzungshandlungen beschränkt sich damit auf die **digitalen Nutzungen**. Wie insbesondere aus Art. 6 Abs. 1 RL Verwaiste Werke in Verbindung mit den durch die Richtlinie verfolgten Zwecken hinsichtlich der Erleichterung der Massendigitalisierung und der hierfür notwendigen Indexierung und Katalogisierung gedruckter Materialien (ErwG 1 RL Verwaiste Werke) erkennbar ist, fallen **analoge Nutzungshandlungen nicht** darunter. Diese Unterscheidung ist sachgerecht, da die gesetzgeberische Intention bewusst darauf abzielt, die Interessen zwischen den privilegierten digitalisierenden Institutionen und den jeweiligen Rechteinhabern in einem angemessenen Verhältnis auszugleichen (kritisch hierzu *de la Durantaye* ZUM 2013, 440). Zwar setzt der Gesetzgeber einen besonderen Schwerpunkt auf die Interessen der öffentlich zugänglichen Bibliotheken, Museen und anderen Einrichtungen (s. RegE verwaiste Werke – BT-Drs. 17/13423, S. 1), da es sich bei den verwaisten Werken per definitionem bereits um solche handelt, die in der Regel schon lange nicht mehr verwertet worden sind und an denen seitens der nicht ermittelbaren Rechteinhaber keinerlei Interesse an einer wirtschaftlichen Auswertung mehr besteht. Jedoch gilt es stets wie bei allen Schranken, bei der Auslegung den Normzweck möglichst wirksam zu realisieren, aber auch die Interessen des Urhebers schonend zu berücksichtigen, sodass eine Erweiterung um analoge Nutzungen untunlich wäre.

2. Verwaiste Werke (Abs. 2)

8 Mit Abs. 2 werden Art. 2 Abs. 1 und Art. 3 Abs. 2 S. 2 RL Verwaiste Werke umgesetzt und der Begriff „verwaistes Werk" legal definiert.

9 **a) Erfasste Schutzgegenstände:** Unter die Schutzgegenstände fallen Werke und sonstige Schutzgegenstände in Büchern und anderen Schriftwerken (Nr. 1),

Filmwerke sowie Bildträger und Bild- und Tonträger, auf denen Filmwerke aufgenommen sind (Nr. 2), und Tonträger (Nr. 3). Der Begriff der sonstigen Schutzgegenstände meint dabei auch die **verwandten Schutzrechte**; zu den Einzelheiten vgl. § 61a Rn. 3. Anknüpfungspunkt für die Schrankenbestimmung sind damit nicht die in § 2 Abs. 1 gesetzlich bestimmten Werkarten, sondern vielmehr das einzelne **Trägermedium**, das als Bestandsinhalt in den privilegierten Einrichtungen vorhanden ist. Die genannten Trägermedien umfassen dabei sämtliche Werke und Schutzgegenstände, die jeweils auf den einzelnen Medien gespeichert sind. Auch eingebettete Werke oder Schutzgegenstände wie Fotografien oder Illustrationen, die in Schriftwerken abgedruckt sind, sind damit von der Legaldefinition erfasst (s. RegE verwaiste Werke – BT-Drs. 17/13423; Art. 1 Abs. 4 RL Verwaiste Werke). Dabei muss die in dem jeweiligen verwendeten Schutzgegenstand verkörperte Schöpfung bei den anschließenden Verwertungshandlungen gewahrt bleiben; Fotografien in Schriftwerken bspw. müssen auch weiterhin als Teil des Schriftwerks digitalisiert werden, in denen sie erschienen waren.

10 Unter die Schrankenregelung fallen allerdings nur solche Gegenstände, die sich bereits in Sammlungen von berechtigten Institutionen befinden und **bereits veröffentlicht** sind (zu den Ausnahmen vgl. Rn. 16 ff.). Diese zusätzliche Voraussetzung soll insbesondere denjenigen Rechteinhabern zugutekommen, die, nachdem ein vermeintlich verwaistes Werk genutzt worden ist, wieder auffindbar sind, da diese unter Umständen ein schützenswertes Interesse daran haben, dass das Werk nicht veröffentlicht wird.

11 b) **Schrankenprivilegierte Institutionen:** Schrankenbegünstigt ist nicht jedermann, sondern nur diejenige Institution, die öffentlich zugänglich, im Gemeinwohl handelnd tätig ist und eine Digitalisierung und Online-Einstellung ihrer Bestände und Archive betreibt (s. RegE verwaiste Werke – BT-Drs. 17/13423, S. 23). Hierzu zählen sämtliche **öffentlich zugängliche Bibliotheken, Bildungseinrichtungen, Museen und Archive sowie die Einrichtungen für das Film- und Tonerbe** (hinsichtlich der eigens für die öffentlich-rechtlichen Rundfunkanstalten geschaffenen Regelung des § 61c vgl. § 61c Rn. 4). Die Voraussetzung der öffentlich zugänglichen Bibliotheken, Bildungseinrichtungen, Museen und Archive ist bereits aus § 52b bekannt (dort vgl. § 52b Rn. 4 ff.). Unter im Bereich des Film- oder Tonerbes tätigen Einrichtungen sind diejenigen Einrichtungen zu verstehen, deren Auftrag darin besteht, Filme, Bild- und Tonträger und Tonträger, die zum europäischen kulturellen Erbe gehören, zu katalogisieren, zu erhalten und zu restaurieren (bspw. das Bundesarchiv, die Stiftung Deutsche Kinemathek, das Deutsche Filminstitut).

12 Unklar ist, wie weit die Definition der **öffentlichen Zugänglichkeit** reichen soll. Grundsätzlich meint öffentlich zugänglich, dass die Einrichtungen nach ihrer Benutzungsordnung jedermann offen stehen und ungehinderter Zugang ermöglicht wird (*Spindler* NJW 2008, 9, 13). Damit fallen Privatpersonen und Unternehmen nicht darunter, selbst dann nicht, wenn diese eine nichtkommerzielle Nutzung anstreben. Daraus ergeben sich rechtlich fragwürdige Konsequenzen, da selbst Forschungsbibliotheken, die einen kleinen, bestimmbaren Benutzerkreis aufweisen, oder auch die im Sinne des allgemeinen Bildungsauftrages handelnden Forscher oder Wissenschaftler nicht von der Schrankenregelung profitieren können (s. *Spindler* ZUM 2013, 351, der in der Schranke eine über jedermann zugänglich hinaus geltende Interpretation fordert). Auch die Einbeziehung anderer Institutionen wie Verwerter und Verleger in den Kreis der Begünstigten scheitert an der Voraussetzung der öffentlichen Zugänglichkeit. Sinn dieser eng gefassten Voraussetzung der Nutzungsberechtigung ist es, zu verhindern, dass der gesetzliche Zweck nicht von kommerziellen Eigeninteressen von Großunternehmen vereitelt werden soll. Als Musterbeispiel aus der

Praxis dient insbesondere der **Google Book Search Settlement** Fall (s. hierzu *Pfeifer* GRUR-Prax 2011, 1, 2; *Adolphsen/Mutz* GRUR Int. 2009, 789).

13 Die gesetzlichen Vorgaben aus der Richtlinie sowie aus der Gesetzesbegründung enthalten keinerlei Konkretisierung hinsichtlich der **Organisationsform** der Einrichtungen. Aus dem Sachzusammenhang und dem differenzierenden Wortlaut („öffentlich zugänglich" in § 61 Abs. 2 sowie „öffentlich-rechtliche Rundfunkanstalten" in § 61c) wird jedoch deutlich, dass auch privatrechtlich verfasste Institutionen zum Kreis der Berechtigen gehören, sofern diese öffentlich zugänglich sind und dem Gemeinwohl dienen (*Spindler* ZUM 2013, 11; s. a. *de la Durantaye* ZUM 2011, 777, 779 aus rechtsvergleichender Sicht).

14 Schließlich ist wie bei § 52b auch in § 61 der Grundsatz der **Bestandsakzessorietät** zu beachten. Es können nur diejenigen Werke öffentlich zugänglich gemacht werden, die sich im Bestand der betreffenden Institutionen befinden. Nur diejenige Institution, die das Werk oder den jeweiligen Medienträger digitalisiert, ist dazu berechtigt, diese öffentlich zugänglich zu machen. Obwohl der Richtliniengeber und deutsche Gesetzgeber gerade die Zusammenarbeit und den Austausch von kulturellem Wissen im Geiste eines gemeinsamen europäischen Innovationskonzeptes durch Projekte wie EUROPEANA fördern wollten (s. RegE verwaiste Werke – BT-Drs. 17/13423, S. 23), sind bibliotheksübergreifende Veröffentlichungen damit ausgeschlossen. Allerdings bleiben Einzelverweise auf die jeweiligen Veröffentlichungen anderer Portale zulässig (*Spindler* ZUM 2013, 350).

15 c) **Sorgfältige Suche:** Dreh- und Angelpunkt der Schrankenregelung sowie Teil der Legaldefinition des verwaisten Werkes ist die Voraussetzung der sorgfältigen Suche. Vor Aufnahme der Nutzung werden die privilegierten Institutionen dazu verpflichtet, nach dem Rechteinhaber des betreffenden Werkes zu suchen und dabei einen bestimmten **Sorgfältigkeitsmaßstab** einzuhalten. Findet die Suche gar nicht oder in ungenügender Form statt, kann schon gar kein verwaistes Werk vorliegen, sodass eine anschließende Nutzung eine Urheberrechtsverletzung darstellen würde. Hinsichtlich der genauen Voraussetzungen für die sorgfältige Suche bildet § 61a die Rechtsgrundlage. Im Allgemeinen ist dort die **Pflicht zur Suche**, der **Ort** der durchzuführenden Recherche sowie die **Dokumentations- und Weiterleitungspflicht** der berechtigten Institutionen geregelt. Die Regelung des § 61a enthält zudem eine **Anlage von Quellen**, die *mindestens* und vor allem *vor* Aufnahme der Nutzung zu konsultieren sind. Da der Gesetzgeber dadurch eine eigens für die gesetzliche Konkretisierung der Merkmale der sorgfältigen Suche konzipierte Regelung eingeführt hat, ist insoweit auf die Kommentierung zu § 61a zu verweisen; dort insbesondere vgl. § 61a Rn. 3 ff. sowie hinsichtlich der sorgfältigen Suche durch Dritte vgl. § 61a Rn. 11.

3. Teilverwaiste Werke (Abs. 3)

16 § 61 Abs. 3 regelt den Fall, dass nicht ein komplettes Werk, sondern nur ein **einzelnes Teil verwaist** ist. Teilverwaiste Werke sind solche, bei denen wenigstens einer der Berechtigten nicht mehr auffindbar ist (inwieweit diese tatsächlich als verwaiste Werke im Sinne der Richtlinie gelten s. *MPI Stellungnahme* GRUR Int. 2011, 819). Wichtige und in der Praxis relevante Fälle sind beispielsweise Filme, bei denen der Drehbuchautor nicht bekannt ist oder im Falle eines veröffentlichten Sammelbandes einzelne Autoren nicht auffindbar sind. Die Nutzung von solchen teilverwaisten Werken ist zulässig, wenn die bekannten Rechtsinhaber zugestimmt haben und bei den unbekannten Rechtsinhabern die Voraussetzungen für die Nutzung von verwaisten Werken vorliegen.

4. Nicht erschienene und nicht gesendete Werke (Abs. 4)

17 Durch diese Regelung wird die Einbeziehung von nicht erschienenen und nicht gesendeten, aber veröffentlichten Werken in die Schrankenregelung ermöglicht;

zur Abgrenzung vgl. § 6 Rn. 4. Voraussetzung ist zunächst, dass es sich um Bestandsinhalte handelt, die nicht erschienen sind oder nicht gesendet wurden, die jedoch mit Erlaubnis des Rechtsinhabers der Öffentlichkeit zugänglich gemacht wurden und die daher als veröffentlicht i. S. v. § 6 Abs. 1 zu behandeln sind, wenn nach Treu und Glauben anzunehmen ist, dass der Rechtsinhaber in die Nutzung nach Abs. 1 einwilligen würde.

Erscheinen ist hierbei als **qualifizierte Form von Veröffentlichung** zu verstehen, bei der Vervielfältigungsstücke in ungenügender Anzahl der Öffentlichkeit angeboten oder in Verkehr gebracht worden sein müssen (vgl. § 6 Rn. 2, 4a). Für Abs. 4 muss eine Veröffentlichung vorliegen, jedoch darf das Werk nicht erschienen sein. Das gesetzgeberische Leitmotiv war, dass den in Abs. 1 genannten Institutionen insbesondere in der Vergangenheit Werke mit Erlaubnis des Rechtsinhabers überlassen wurden, um diese der Öffentlichkeit zugänglich zu machen, sie also auszustellen (§ 18) oder zu verleihen (§ 27). Dies betrifft insbesondere die **Bestände von Archiven**, also Gegenstände, die der Öffentlichkeit bisher lediglich in den Räumen der privilegierten Einrichtungen zur Verfügung gestellt wurden (bspw. Tagebücher, Fotografien oder Briefe). Grundsätzlich sind bei unveröffentlichten Werken empfindliche Interessen des Rechtsinhabers betroffen. Wer sein Werk veröffentlicht hat, hat seine grundsätzliche Bereitschaft bekundet, dass das Werk von anderen rezipiert und kommentiert wird. Bei unveröffentlichten Werken kann eine derartige Bereitschaft nicht vorausgesetzt werden, sodass mindestens eine Veröffentlichung vorliegen muss, damit Abs. 4 eingreifen kann. **18**

Hinsichtlich der **öffentlichen Zugänglichmachung** vgl. Rn. 12. **19**

Sofern nach **Treu und Glauben** von einer Zustimmung zur Nutzung seitens des Rechtsinhabers ausgegangen werden kann, dürfen auch solche Werke genutzt werden. **20**

Als weitere Voraussetzung gilt, dass die Bestandsinhalte der nutzenden Institution vor dem 29.10.2014 überlassen wurden, also vor Ablauf der Umsetzungsfrist der Richtlinie (§ 137n). Somit gilt dieser Stichtag als **Frist** für die betreffenden Einrichtungen, sich die Rechte für die Nutzungshandlungen einräumen zu lassen. **21**

5. Erfüllung von Gemeinwohlaufgaben (Abs. 5)

Mit Abs. 5 werden die weiteren Voraussetzungen der nach Abs. 1 gesetzlich zulässigen urheberrechtlichen Nutzung von verwaisten Werken normiert. Danach knüpft das Gesetz an einen bestimmten **Nutzungszweck** an, wonach die Nutzung von verwaisten Werken nur erlaubt ist, wenn die schrankenbegünstigten Einrichtungen zur Erfüllung ihrer im Gemeinwohl liegenden Aufgaben handeln. Hieruntern fallen insbesondere die Bewahrung, die Restaurierung sowie der Zugang zu den Sammlungen der Institutionen, einschließlich ihrer digitalen Sammlungen, zu kulturellen und bildungspolitischen Zwecken. **Kommerzielle Nutzungen** der verwaisten Werke **sind demnach unzulässig**. **22**

Allerdings gibt es zwei Einschränkungen: Eine **gesetzliche Einschränkung** ergibt sich aus § 61 Abs. 5 S. 2. Danach dürfen die Berechtigten Entgelte erheben, solange diese die Deckung der Kosten für die Nutzung der verwaisten Werke bezwecken. Der Gesetzgeber bezweckte damit, den Einrichtungen, die für das Wohl des freien Austausches von Wissen und Innovation stehen, gleichzeitig aber einen enormen Finanzbedarf für den Digitalisierungsprozess haben, zu ermöglichen, wenigstens einen Teil ihrer Aufwendungen zu amortisieren. **23**

Aus diesem Grund ist auch **eine weitere Einschränkung** des Grundsatzes des Gemeinwohlzweckes anerkannt. Die Zusammenarbeit mit Dritten, die selbst kommerzielle Unternehmensziele verfolgen, z. B. im Rahmen **öffentlich-privater Part-** **24** nerschaften, ist zulässig, solange die Einnahmen der Kostendeckung dienen (ErwG 21 RL Verwaiste Werke). § 61a Abs. 1 S. 4 sieht sogar vor, dass die nutzende Institution die Durchführung der sorgfältigen Suche auch vollständig an einen Dritten delegieren darf; dort vgl. § 61a Rn. 11 zu den Einzelheiten. Oftmals kann die öffentliche Hand die benötigte Summe nicht aufbringen, sodass derartige Kooperationen mit anderen Unternehmen, die zudem noch über das sachliche und technische Know-how im Bereich der Suchanfragen verfügen, effizienter und damit notwendig sind. Diese Einschränkung kann allerdings nicht so weit gehen, dass Dritte, die selbst nicht zu dem Anwendungsbereich der privilegierten Institutionen zählen, in den Genuss der Schranke kommen, da ansonsten Abs. 5 umgangen werden könnte und die Gefahr bestünde, dass doch eine Nutzung durch kommerzielle Institutionen erfolgt. Damit beschränkt sich die zulässige Tätigkeit von Dritten im Falle einer Kooperation auf Hilfstätigkeiten; das Recht der Vervielfältigung und der öffentlichen Zugänglichmachung bleibt den privilegierten Institutionen vorbehalten. Dritte wie Google können im Rahmen einer solchen Kooperation die Digitalisierung selbst nicht vornehmen, da bereits hierfür das Vervielfältigungsrecht benötigt wird.

III. Verhältnis zu anderen Normen

25 Im Verhältnis der Schrankenbestimmung des § 61 zu anderen Normen ist diese Regelung im Zusammenhang mit § 61a zu sehen, der die Voraussetzungen für die sorgfältige Suche im Sinne des Abs. 2 näher konkretisiert. Ferner ist § 61b hinsichtlich der Legaldefinition des verwaisten Werkes heranzuziehen, da hier der Fall der Beendigung des Waisenstatus geregelt ist. Bei § 61c hingegen handelt es sich um eine von § 61 zu trennende Schrankenbestimmung, weil diese eine Sonderbestimmung für die **öffentlich-rechtlichen Rundfunkanstalten** darstellt.

26 Die Bestimmungen über das **Änderungsverbot** und die **Quellenangabe** in § 62 Abs. 1 bis 3 und § 63 Abs. 1 und 2 sind entsprechend anzuwenden.

§ 61a Sorgfältige Suche und Dokumentationspflichten

(1) ¹Die sorgfältige Suche nach dem Rechtsinhaber gemäß § 61 Absatz 2 ist für jeden Bestandsinhalt und für in diesem enthaltene sonstige Schutzgegenstände durchzuführen; dabei sind mindestens die in der Anlage bestimmten Quellen zu konsultieren. ²Die sorgfältige Suche ist in dem Mitgliedstaat der Europäischen Union durchzuführen, in dem das Werk zuerst veröffentlicht wurde. ³Wenn es Hinweise darauf gibt, dass relevante Informationen zu Rechtsinhabern in anderen Staaten gefunden werden können, sind auch verfügbare Informationsquellen in diesen anderen Staaten zu konsultieren. ⁴Die nutzende Institution darf mit der Durchführung der sorgfältigen Suche auch einen Dritten beauftragen.

(2) Bei Filmwerken sowie bei Bildträgern und Bild- und Tonträgern, auf denen Filmwerke aufgenommen sind, ist die sorgfältige Suche in dem Mitgliedstaat der Europäischen Union durchzuführen, in dem der Hersteller seine Hauptniederlassung oder seinen gewöhnlichen Aufenthalt hat.

(3) Für die in § 61 Absatz 4 genannten Bestandsinhalte ist eine sorgfältige Suche in dem Mitgliedstaat der Europäischen Union durchzuführen, in dem die Institution ihren Sitz hat, die den Bestandsinhalt mit Erlaubnis des Rechtsinhabers der Öffentlichkeit zugänglich gemacht hat.

(4) ¹Die nutzende Institution dokumentiert ihre sorgfältige Suche und leitet die folgenden Informationen dem Deutschen Patent- und Markenamt zu:
1. die genaue Bezeichnung des Bestandsinhaltes, der nach den Ergebnissen der sorgfältigen Suche verwaist ist,
2. die Art der Nutzung des verwaisten Werkes durch die Institution,
3. jede Änderung des Status eines genutzten verwaisten Werkes gemäß § 61b,

4. die Kontaktdaten der Institution wie Name, Anschrift sowie gegebenenfalls Telefonnummer, Faxnummer und E-Mail-Adresse. [2]Diese Informationen werden von dem Deutschen Patent- und Markenamt unverzüglich an das Harmonisierungsamt für den Binnenmarkt (Marken, Muster, Modelle) weitergeleitet.

(5) Einer sorgfältigen Suche bedarf es nicht für Bestandsinhalte, die bereits in der Datenbank des Harmonisierungsamtes für den Binnenmarkt (Marken, Muster, Modelle) als verwaist erfasst sind.

§ 61a wurde durch das UrhWissG 2017 mit Wirkung zum 1. März 2018 geändert. Zur bis dahin geltenden Fassung s. unsere 11. Aufl.

Übersicht   Rn.

I.   Allgemeines

1.   Sinn und Zweck

Die sorgfältige Suche nach dem Rechtsinhaber gemäß § 61a ist das zentrale Element der gesetzlichen Konzeption für die Nutzungshandlungen im Sinne des § 61 Abs. 1. Dieser besonderen Stellung als **Dreh- und Angelpunkt** zur Bestimmung des Status als verwaistes Werk hat der deutsche Gesetzgeber durch eine eigene Vorschrift Rechnung getragen und dadurch neben den allgemeinen Bestimmungen in § 61 festgelegt, welche **Anforderungen im Besonderen an die sorgfältige Suche** und ihre Dokumentation gestellt werden. Genau wie bei § 61 (vgl. § 61 Rn. 1 ff.) dient diese Regelung dem Interesse der Allgemeinheit an der Wahrung des deutschen und europäischen Kulturerbes sowie der Förderung neuer Erkenntnisquellen außerhalb der traditionellen, analogen Suchmethoden. **1**

2.   EU-Recht

§ 61a beruht auf Art. 3 RL Verwaiste Werke und wurde durch das 9. ÄndG 2013 in das Urheberrechtsgesetz eingefügt; hierzu vgl. § 61 Rn. 6. **2**

II.   Sorgfältige Suche nach dem Rechtsinhaber (Abs. 1)

1.   Begriff des Rechtsinhabers

Eine sorgfältige Suche bezieht sich immer auf den Rechtsinhaber. Nach der Gesetzesbegründung soll davon der jeweilige **Urheber**, dessen **Rechtsnachfolger** oder **andere Personen**, denen die Verwertungs- bzw. Nutzungsrechte zur Vervielfälti- **3** gung und zur öffentlichen Zugänglichmachung übertragen wurden, erfasst werden (s. RegE verwaiste Werke – BT-Drs. 17/13423, S. 25). Nicht eindeutig zu beantworten ist die Frage, ob auch **Inhaber von Leistungsschutzrechten** unter diesen Begriff fallen. Auch die europäischen Vorgaben bieten hierfür wenig Anhaltspunkte (s. lediglich ErwG 6 RL Verwaiste Werke). Aus der Systematik des deutschen Urheberrechtsgesetzes ergibt sich allerdings, dass Inhaber von urheberrechtlich relevanten Befugnissen nicht nur die Urheber eines Werkes, sondern auch derjenigen sein können, die eine künstlerische, wissenschaftliche oder gewerbliche Leistung erbringen. Auch das hohe Schutzniveau für den Kreis der Leistungsschutzberechtigten und die übliche Verwendung des Begriffs des Rechtsinhabers sprechen dafür, die Inhaber von Leistungsschutzrechten mit einzubeziehen (s. *Evers* ZUM 2013, 455 mit Bezug auf den Rechtsinhaber verwaister Werke im Bereich der Filmwirtschaft).

2. Zuständigkeit für die sorgfältige Suche

4 Zuständig für die sorgfältige Suche sind die **nutzungsberechtigten Einrichtungen** im Sinne des § 61 Abs. 2. Das Recht aus der Schrankenprivilegierung zugunsten der berechtigten Institutionen indiziert sogleich auch die Pflicht zur (erfolglosen) sorgfältigen Suche vor Aufnahme der in § 61 Abs. 1 normierten Nutzungshandlungen, da ansonsten kein verwaistes Werk vorliegt (vgl. § 61 Rn. 15). Nicht ausgeschlossen ist allerdings die Zuhilfenahme eines Dritten; zu den Einzelheiten vgl. Rn. 11.

3. Anforderungen an die Sorgfältigkeit der Suche

5 **Schlüsselkriterium** der Vorschrift ist die Voraussetzung der Sorgfältigkeit der Suche. Hinsichtlich der genauen Anforderungen liefert der Wortlaut trotz Angaben zum Rechercheort sowie zu den einzelnen Quellen jedoch nur wenig Anhaltspunkte. In sachlicher Hinsicht ergibt sich aus dem Wortlaut des § 61a Abs. 1 S. 1, dass die in der Anlage zu § 61a genannten **Quellen** (vgl. Rn. 20) konsultiert werden müssen, wobei dies lediglich die **Untergrenze** der Sorgfältigkeitsanforderungen markiert, wie sich aus dem Tatbestandsmerkmal „**mindestens**" ergibt. Die Schaffung und Zugänglichmachung dieser innerhalb Europas vernetzter Datenbanken gewährleistet zum einen ein funktionsgerechtes harmonisiertes Konzept und zum anderen ein notwendiges Kommunikationsmittel zwischen Rechteinhaber und Nutzer. Nutzer können die Verwendungsabsicht des jeweiligen Werkes anzeigen, Rechteinhaber können einen Widerspruch vermerken. Die Quellen wiederum grenzen danach ab, um welche Werkart bzw. welches Trägermedium es sich bei der Suche handelt und enthalten entsprechende fachspezifische sowie branchenbezogene Datenbanken und andere nützliche Quellenangaben. Von Bedeutung für bücherrelevante Suchanfragen sind vor allem der Katalog der Deutschen Nationalbibliothek, das Verzeichnis lieferbarer Bücher und die Datenbanken der Verwertungsgesellschaften.

6 Die in der Anlage angegebenen Quellen und Datenbanken betreffen jedoch nur das Werk selbst. Aktuelle Adressen des Urhebers oder im noch schwierigeren Fall des Rechtsnachfolgers sind trotz der heutigen ständig wachsenden Datenmengen im Internet sowie der darauf spezialisierten global agierenden Konzerne nicht immer leicht ermittelbar. Die insbesondere für die Rechtspraxis entscheidenden Fragen, wie intensiv bzw. wie lange die Suche stattzufinden hat, bedürfen einer näheren Konkretisierung (s. hierzu *de la Durantaye* ZUM 2011, 777, 784 mit rechtsvergleichenden Hinweisen aus dem kanadischen Urheberrecht). Kann die Adresse des Rechtsinhabers ermittelt werden, sind die schrankenbegünstigten Einrichtungen verpflichtet, die üblichen Nachforschungen zum Aufsuchen einer zustellfähigen Adresse wie etwa über **Einwohnermeldeämter** einzuleiten (a. A. MPI-Stellungnahme GRUR Int. 2011, 818, 819 f.: Anfragen bei Verwertungsgesellschaften genügen).

Dabei gilt stets der **zumutbare Aufwand** im konkreten Fall als **Anforderungs-**   **7**
obergrenze. Aus der Zusammenschau der aus der zu § 61a aufgelisteten Anlage
(vgl. Rn. 20) und der dort aufgeführten Datenbanken ergibt sich die Pflicht
der Suche innerhalb des jeweiligen Publikationsmarktes. Außerhalb der in der
Anlage aufgeführten Quellenangaben allerdings erweist sich jegliche über die
einfache Recherche hinausgehende Informationsschöpfung als unzumutbar.
Einfache Anfragen bei Personensuchmaschinen, Standesämtern oder Einwohn-
meldeämtern können im Einzelfall als ausreichend angesehen werden (*Spindler*
ZUM 2013, 353). Die **Beauftragung von Erbenermittlern** würde hingegen die
Zumutbarkeitsgrenze sprengen. Die Wahrung dieses Verhältnismäßigkeitsmaß-
stabes ist unter Berücksichtigung der gesetzgeberischen Zielrichtung – den
freien Austausch von Wissen und Innovation unmittelbar und damit ohne zu
lang andauernde rechtliche Ungewissheiten zu fördern – von essentieller Bedeutung. Die Anforderungen an die Sorgfältigkeit der Suche dürfen damit nicht so
hoch sein, dass nur die Verwertung einzelner Werke möglich ist. Denn die
Schrankenregelungen über die verwaisten Werke wurden zugunsten jener kulturbewahrenden Institutionen geschaffen, die insbesondere an der Realisierung
von Massendigitalisierungsprojekten interessiert sind. Ein europäisches Museum hat durchschnittlich 27.500 Fotos, wovon in der Regel etwa 95% verwaiste Werke sind (*Poole*, S. 56). Die Durchsicht und anschließende Rechteklä-
rung Titel für Titel bzw. Foto für Foto (zu den im Rahmen der Initiative für
digitale Bibliotheken i2010 eingesetzten hochrangigen Arbeitsgruppe zu digitalen Bibliotheken vereinbarten Leitlinien für sorgfältiges Suchen s. European
Digital Libaries Initiatives [2008], 4) sowie die akkurate Dokumentation jeder individuellen Recherche ist ein erhebliches Unterfangen, wobei die Kosten
für die Klärung der Rechte jene der Digitalisierung oft um ein Vielfaches übersteigen (*Vuopala*, Assessment of the Orphan Works Issue and Costs for Rights
Clearance). Die Begriffsauslegung der Sorgfältigkeit bedeutet damit unter Beachtung des **Prinzips einer effizienten Massendigitalisierung,** dass die Sorgfalt,
die im Einzelfall zu erwarten ist, stets abhängig von der Art der anvisierten
Nutzung, der Person des Nutzers sowie auch dem Bekanntheitsgrad des vermuteten Rechteinhabers ist (*de la Durantaye* ZUM 2011, 783).

4.   Ort der Erstveröffentlichung

§ 61a Abs. 1 S. 2 bestimmt den Ort der sorgfältigen Suche. Danach ist die Suche   **8**
nach dem Rechtsinhaber des jeweiligen veröffentlichten Schutzgegenstandes in
dem **Mitgliedstaat** durchzuführen, in dem das Werk **zuerst veröffentlicht** wurde,
wodurch den privilegierten Institutionen Doppelarbeit erspart bleiben soll. Hierfür sind die zu § 61a konkretisierten Quellen zu konsultieren (vgl. Rn. 5).

Darüber hinaus sind auch Quellen und Datenbestände **anderer Länder** gemäß   **9**
§ 61a Abs. 1 S. 3 zu berücksichtigen, wenn Hinweise zum Status eines Werkes
bestehen. Von Bedeutung ist insbesondere der Fall der Übersetzung, wenn konkrete Tatsachen darauf hinweisen, dass in dem jeweiligen Land relevante Informationen zur Rechtsinhaberschaft des übersetzten Originalwerks bestehen. Die
neutrale Verweisung auf „andere Länder" meint insoweit sämtliche in Betracht
kommende Länder, sodass **auch Drittstaaten** und nicht nur Mitgliedstaaten der
EU umfasst sind.

In dem für die Rechtspraxis wichtigen Fall eines Werkes, das mehrere Rechtsin-   **10**
haber aufweist wie beispielweise ein Printwerk, das sowohl aus Texten als auch
aus Lichtbildern besteht, können der Ort der Erstveröffentlichung der Texte
und der Ort der Erstveröffentlichung der Lichtbilder auseinanderfallen. Hier
gilt stets der Ort der **Veröffentlichung des gesamten Werkes** (RegE verwaiste
Werke – BT-Drs. 17/13423, S. 25), sodass es dann auf den Ort der Erstveröffentlichung der Lichtbilder in diesem Fall nicht ankommen würde; hinsichtlich
der Sonderregelung für den Ort der Suche bei Filmwerken vgl. Rn. 12 ff.

5. Sorgfältige Suche durch Dritte

11 Grundsätzlich ist die Suche von der nutzenden Institution durchzuführen. Der Gesetzgeber hat allerdings von der nationalen Gestaltungsmöglichkeit aus ErwG 13 RL Verwaiste Werke Gebrauch gemacht und durch die Regelung des § 61a Abs. 1 S. 4 die Durchführung der Suche durch Dritte für zulässig erklärt. Umfasst werden **externe Dienstleister** oder auch **Verwertungsgesellschaften**. Nach der Gesetzesbegründung kann der beauftragte Dritte ein Entgelt für die Durchführung der sorgfältigen Suche verlangen (RegE verwaiste Werke – BT-Drs. 17/13423, S. 25). **Fehler bei der Durchführung** der Recherchen sind neben dem eingeschalteten Auftragnehmer der auftragenden Institutionen anzulasten, da das Eingreifen der Schrankenregelung nicht von möglicherweise bestehenden Exkulpationsgründen, sondern von der tatsächlich durchgeführten sorgfältigen Suche abhängen muss (*Spindler* ZUM 2013, 353).

III. Ort der Suche bei Filmwerken (Abs. 2)

12 § 61a Abs. 2 enthält eine Sonderregelung für Filmwerke sowie für Bild- und Tonträger, auf denen Filmwerke aufgenommen sind. Danach ist die Durchführung der sorgfältigen Suche in dem Mitgliedstaat der Europäischen Union durchzuführen, in dem der **Hersteller** seine **Hauptniederlassung** oder seinen **gewöhnlichen Aufenthalt** hat; s. §§ 88 ff. zum Begriff des Herstellers. Zu beachten ist der wenig geglückte Wortlaut. Es kann sich nur dann um ein verwaiste Werke handeln, wenn der Hersteller nicht auffindbar ist. Die Regelung des § 61a Abs. 2 ist so zu verstehen, dass der Ort des Herstellers den Ort zum **Zeitpunkt der Veröffentlichung** des Filmwerkes umfasst. Etwaige Sitz- oder Aufenthaltsverlegungen sind unbeachtlich (*Spindler* ZUM 2013, 353).

13 Von der Suche **ausgenommen** sind die Orte, die **außerhalb der Mitgliedstaaten** der Europäischen Union liegen. Dass der Gesetzgeber in diesem Fall die Suchpflicht eindeutig ausschließen wollte, geht aus der Gesetzesbegründung hervor (RegE verwaiste Werke – BT-Drs. 17/13423, S. 25).

14 Unklar ist dagegen die Rechtslage im Falle von **Hinweisen**, die den Rechtszustand des jeweiligen Filmwerkes bzw. Filmträgers betreffen. Eine Regelung wie die des § 61a Abs. 1 S. 3 fehlt für Filmwerke sowie Bildträger und Bild- und Tonträger, auf denen Filmwerke aufgenommen sind. Ein Grund für diese Ungleichbehandlung ist nicht ersichtlich. Vielmehr unterscheidet die Richtlinie bezüglich der Hinweisnachgehungspflicht nicht zwischen den einzelnen Schutzgegenständen, sondern konstatiert eine allgemein-verbindliche Konsultationspflicht sämtlicher Informationsquellen, sollten Hinweise zu Rechtsinhabern in anderen Ländern bestehen (s. Art. 3 Abs. 4 der Richtlinie). Es kann sich daher insofern lediglich um ein **Redaktionsversehen** des Gesetzgebers handeln (*de la Durantaye* ZUM 2013, 439).

IV. Ort der Suche bei unveröffentlichten Werken (Abs. 3)

15 Bei unveröffentlichten Bestandsinhalten stellt § 61a Abs. 3 auf den Ort ab, an dem das Werk der **Öffentlichkeit** erstmals **zugänglich** gemacht wurde. Im Rahmen der Reform durch das am 1. März 2018 in Kraft tretende UrhWissG 2017 (BGBl. I S. 2541) wurde die Formulierung „ausgestellt oder verliehen" durch den Begriff „der Öffentlichkeit zugänglich gemacht" ersetzt und dadurch in der Regelung des Abs. 3 ein Redaktionsversehen behoben; die im Gesetz zur Nutzung verwaister und vergriffener Werke vergessene Anpassung an die Änderung des § 61 Abs. 4 wurde dadurch nachgeholt und auch der Gleichlauf mit Art. 3 Abs. 3 Unterabs. 3 RL Verwaiste Werke sichergestellt (RegE UrhWissG

2017 – BT-Drs. 18/12329, S. 47). Hinsichtlich der **Hinweisnachgehungspflicht**
gelten dieselben Überlegungen wie bei den Filmwerken; vgl. Rn. 14.

V. Dokumentations- und Weiterleitungspflicht (Abs. 4)

Um das Datenbanksystem der verwaisten Werke möglichst **transparent** zu ge-   **16**
stalten, regelt § 61a Abs. 4 S. 1 zwei weitere Voraussetzungen für die zulässige
Vervielfältigung und öffentliche Zugänglichmachung eines verwaisten Werkes.
Danach sind die berechtigten Institutionen zur **laufenden Dokumentation** der
erfolglosen Suche verpflichtet. Die nach einer abgeschlossenen Suche gewonne-
nen Informationen sind gemäß § 61a Abs. 4 S. 2 anschließend an das **Deutsche
Patent- und Markenamt zu übermitteln**, das diese Informationen wiederum an
das **Amt der Europäischen Union für Geistiges Eigentum (EUIPO**, bis zum
23.3.2016 **Harmonisierungsamt für den Binnenmarkt, HABM) weiterleitet.**
Nur so können Rechtsinhaber, andere berechtigte Institutionen und auch die
Öffentlichkeit überprüfen, ob und auf welche Weise eine Suche nach dem
Rechtsinhaber durchgeführt wurde.

Offen ist allerdings, was die **Dokumentationspflicht im Einzelnen** bedeutet.   **17**
Lediglich die weiterzuleitenden Informationen, nämlich die Bezeichnung des
verwaisten Bestandsinhalts, die Art der Nutzung, die Änderung des Waisenstatus sowie die Kontaktdaten der Institution wurden als essentialer Bestandteil
der Weiterleitungspflicht aufgelistet. Um die Suche für einen außenstehenden
Personenkreis eindeutig und nachvollziehbar darzulegen (RegE verwaiste
Werke – BT-Drs. 17/13423, S. 26), sollte diese als inhaltlich klar und hinsichtlich des Rechtsinhabers eindeutig zugewiesen konzipiert sein. Zumindest sollte
festgehalten werden, **welche Quellen** im Einzelnen konsultiert wurden und zu
welchem **Ergebnis** die Suche geführt hat (*Staats* ZUM 2013, 449). Die einzelne
Protokollierung in dem Online-Datenbank-System soll ferner auch der Verhinderung und Beendigung möglicher Urheberrechtsverletzungen dienen, sollte
sich der Status des verwaisten Werkes ändern; hinsichtlich der Voraussetzungen
der Beendigung des Waisenstatus vgl. § 61b Rn. 3.

VI. Grundsatz der gegenseitigen Anerkennung (Abs. 5)

Ganz im Sinne der europäischen Dimension sieht § 61 Abs. 5 die gegenseitige   **18**
Anerkennung der verwaisten Werke in allen Mitgliedstaaten vor. Danach bedarf es einer sorgfältigen Suche nach dem Rechtsinhaber eines Bestandsinhaltes
nicht, wenn dieser bereits in der **Datenbank beim Amt der Europäischen Union
für Geistiges Eigentum (EUIPO**, bis zum 23.3.2016 **Harmonisierungsamt**) als
verwaist gilt. Das Lernen und die Verbreitung von Kultur kann im Sinne eines
intelligenten, nachhaltigen und integrativen Wachstums innerhalb des europäischen Binnenmarktes als eine der Leitinitiativen der europäischen Kommission
(Mitteilung KOM(2010) 245 v. 19. Mai 2010) nur gefördert werden, wenn
das zu bewahrende kulturelle Erbe, das in einem Mitgliedstaat als verwaistes
Werk anerkannt ist, auch in allen anderen Mitgliedstaaten durch die privilegierten Institutionen genutzt werden kann.

VII. Prozessuales

Da den privilegierten Institutionen eine Dokumentationspflicht hinsichtlich der   **19**
sorgfältig durchgeführten Suche obliegt, obliegt ihnen auch die **Darlegungs-
und Beweislast** für die Durchführung der sogfältigen Recherche.

VIII. Anlage zu § 61a: Quellen einer sorgfältigen Suche

20 1. für veröffentlichte Bücher:
- a) der Katalog der Deutschen Nationalbibliothek sowie die von Bibliotheken und anderen Institutionen geführten Bibliothekskataloge und Schlagwortlisten;
- b) Informationen der Verleger- und Autorenverbände, insbesondere das Verzeichnis lieferbarer Bücher (VLB);
- c) bestehende Datenbanken und Verzeichnisse, WATCH (Writers, Artists and their Copyright Holders), die ISBN (International Standard Book Number);
- d) die Datenbanken der entsprechenden Verwertungsgesellschaften, insbesondere der mit der Wahrnehmung von Vervielfältigungsrechten betrauten Verwertungsgesellschaften wie die Datenbank der VG Wort;
- e) Quellen, die mehrere Datenbanken und Verzeichnisse zusammenfassen, einschließlich der Gemeinsamen Normdatei (GND), VIAF (Virtual International Authority Files) und ARROW (Accessible Registries of Rights Information and Orphan Works);

2. für Zeitungen, Zeitschriften, Fachzeitschriften und Periodika:
- a) das deutsche ISSN (International Standard Serial Number) – Zentrum für regelmäßige Veröffentlichungen;
- b) Indexe und Kataloge von Bibliotheksbeständen und -sammlungen, insbesondere der Katalog der Deutschen Nationalbibliothek sowie die Zeitschriftendatenbank (ZDB);
- c) Depots amtlich hinterlegter Pflichtexemplare;
- d) Verlegerverbände und Autoren- und Journalistenverbände, insbesondere das Verzeichnis lieferbarer Zeitschriften (VLZ), das Verzeichnis lieferbarer Bücher (VLB), Banger Online, STAMM und presseka talog.de;
- e) die Datenbanken der entsprechenden Verwertungsgesellschaften, einschließlich der mit der Wahrnehmung von Vervielfältigungsrechten betrauten Verwertungsgesellschaften, insbesondere die Datenbank der VG Wort;

3. für visuelle Werke, einschließlich Werken der bildenden Künste, Fotografien, Illustrationen, Design- und Architekturwerken, sowie für deren Entwürfe und für sonstige derartige Werke, die in Büchern, Zeitschriften, Zeitungen und Magazinen oder anderen Werken enthalten sind:
- a) die in den Nummern 1 und 2 genannten Quellen;
- b) die Datenbanken der entsprechenden Verwertungsgesellschaften, insbesondere der Verwertungsgesellschaften für bildende Künste, einschließlich der mit der Wahrnehmung von Vervielfältigungsrechten betrauten Verwertungsgesellschaften wie die Datenbank der VG BildKunst;
- c) die Datenbanken von Bildagenturen;

4. für Filmwerke sowie für Bildträger und Bild- und Tonträger, auf denen Filmwerke aufgenommen sind, und für Tonträger:
- a) die Depots amtlich hinterlegter Pflichtexemplare, insbesondere der Katalog der Deutschen Nationalbibliothek;
- b) Informationen der Produzentenverbände;
- c) die Informationen der Filmförderungseinrichtungen des Bundes und der Länder;
- d) die Datenbanken von im Bereich des Film- oder Tonerbes tätigen Einrichtungen und nationalen Bibliotheken, insbesondere des Kinemathekverbunds, des Bundesarchivs, der Stiftung Deutsche Kinemathek, des Deutschen Filminstituts (Datenbank und Katalog www.filmportal.de), der DEFA- und Friedrich-Wilhelm-Murnau-Stiftung, sowie die Kataloge der Staatsbibliotheken zu Berlin und München;

e) Datenbanken mit einschlägigen Standards und Kennungen wie ISAN (International Standard Audio-visual Number) für audiovisuelles Material, ISWC (International Standard Music Work Code) für Musikwerke und ISRC (International Standard Recording Code) für Tonträger;

f) die Datenbanken der entsprechenden Verwertungsgesellschaften, insbesondere für Autoren, ausübende Künstler sowie Hersteller von Tonträgern und Filmwerken;

g) die Aufführung der Mitwirkenden und andere Informationen auf der Verpackung des Werks oder in seinem Vor- oder Abspann;

h) die Datenbanken anderer maßgeblicher Verbände, die eine bestimmte Kategorie von Rechtsinhabern vertreten, wie die Verbände der Regisseure, Drehbuchautoren, Filmkomponisten, Komponisten, Theaterverlage, Theater und Opernvereinigungen;

5. für unveröffentlichte Bestandsinhalte:

a) aktuelle und ursprüngliche Eigentümer des Werkstücks;

b) nationale Nachlassverzeichnisse (Zentrale Datenbank Nachlässe und Kalliope);

c) Findbücher der nationalen Archive;

d) Bestandsverzeichnisse von Museen;

e) Auskunftsdateien und Telefonbücher.

§ 61b Beendigung der Nutzungs- und Vergütungspflicht der nutzenden Institution

[1]Wird ein Rechtsinhaber eines Bestandsinhalts nachträglich festgestellt oder ausfindig gemacht, hat die nutzende Institution die Nutzungshandlungen unverzüglich zu unterlassen, sobald sie hiervon Kenntnis erlangt. [2]Der Rechtsinhaber hat gegen die nutzende Institution Anspruch auf Zahlung einer angemessenen Vergütung für die erfolgte Nutzung.

Übersicht

I. Allgemeines

1. Sinn und Zweck

Aus der Legaldefinition des verwaisten Werkes gemäß § 61 Abs. 2 ergibt sich, **1** dass der **Charakter** des verwaisten Werkes **unbeständiger Natur** ist: Trotz sorgfältiger Recherche kann ein zunächst als verwaistes Werk deklariertes Schriftstück oder ein anderer geschützter Medienträger sich unmittelbar in ein vollwertig urheberrechtlich geschütztes Werk umwandeln, sobald der Rechtsinhaber ausfindig gemacht wird. Nach der Gesetzesbegründung handelt es sich insofern um eine „urheberrechtliche Selbstverständlichkeit" (RegE verwaiste Werke – BT-Drs. 17/13423, S. 17), einen schrankenbasierten Tatbestand zu schaffen, der die Rechtsfolgen für den Fall regelt, dass die Schranke mangels Verwaisung nicht mehr eingreift. Mit Beendigung des Waisenstatus obliegt den nutzenden Institutionen eine Unterlassungspflicht (S. 1), zugleich erhält der

Rechtsinhaber einen Anspruch auf angemessene Vergütung für die Zeit der Nutzung gegen die privilegierte Einrichtung (S. 2).

2. EU-Recht

2   Mit § 61b wurden Art. 5 und Art. 6 Abs. 5 der RL Verwaiste Werke umgesetzt, sodass dieser auch genau wie die anderen Schrankenbestimmungen hinsichtlich der verwaisten Werke in §§ 61 ff. europäisch auszulegen ist; zur Richtlinie vgl. § 61 Rn. 6.

II. Tatbestand (S. 1)

3   Der Tatbestand in S. 1 sieht vor, dass die privilegierte Institution die Nutzung der verwaisten Werke unverzüglich unterlassen muss, wenn sie Kenntnis davon erhält, dass ein Rechtsinhaber nachträglich festgestellt oder ausfindig gemacht wurde. Das Tatbestandsmerkmal des Feststellens knüpft dabei an die **Identität des Rechtsinhabers** an und umfasst somit sämtliche personenbezogene Daten, die den Rechtsinhaber charakterisieren (bspw. der Name). Ausfindig gemacht ist der Rechtsinhaber hingegen erst, wenn er **lokal auffindbar** ist. Die Tatbestandsvoraussetzungen der Feststellung und Ausfindigmachung stehen dabei in einem **Alternativverhältnis** zueinander (hierzu kritisch: *de la Durantaye* ZUM 2013, 437, 441, die eine kumulative Aufzählung fordert). In der Praxis dürfte diese Regelung schwer umzusetzen sein, da sich diese Vorschrift in mehrfacher Hinsicht als problematisch erweist (s. Stellungnahme VG Wort v. 10.6.2013, abrufbar unter www.vgwort.de). Einigkeit besteht insoweit, dass die nachträgliche Ermittlung jedenfalls **keine nachträgliche Suchpflicht** der nutzenden Institution umfasst, da eine solche Nachsuche weder aus der RL Verwaiste Werke noch aus dem 9. ÄndG 2013 folgt (*Staats* ZUM 2013, 446, 450). Vielmehr wird es wohl der Regelfall sein, dass der Rechtsinhaber selbst zufällig von der Nutzung seines Werkes erfährt und sich an die Institution wendet. Auch gilt es zu berücksichtigen, dass der einzelne Rechtsinhaber nicht immer in der Lage sein wird, die jeweilige Institution, die sein Werk nutzt, ausfindig zu machen und entsprechend der RL Verwaiste Werke über die Rechtsstellung in Kenntnis zu setzen; weiterführende kritische Anmerkungen zur gesetzlichen Konzeption der Vorschrift s. *de la Durantaye* ZUM 2013, 441 m. w. N.

III. Angemessene Vergütung (S. 2)

4   Nach § 61b S. 2 hat der Rechtsinhaber einen Anspruch auf angemessene Vergütung für die Zeit der Nutzung durch die privilegierte Institution. Das Gesetz verzichtet allerdings auf eine eigene Festlegung von angemessener Vergütung und schafft unter Zugrundelegung der Gesetzesbegründung einen Rahmen, der durch die Praxis auszufüllen ist. Danach ist bei der Berechnung „insbesondere der nicht kommerzielle Charakter der Nutzung durch die privilegierte Einrichtung zur Erreichung der mit ihren im Gemeinwohl liegenden Aufgaben verbundenen Ziele zu berücksichtigen" (RegE verwaiste Werke – BT-Drs. 17/13423, S. 26). Tendenziell könnte der Anspruch **gegen Null** gehen (s. *de la Durantaye* ZUM 2013, 437, 441; AusschussKultur – BR-Drs. 265/1/13, S. 4; a. A. *Staats* ZUM 2013, 446, 450). Unklar bleibt auch der genaue Zeitpunkt der Fälligkeit des Vergütungsanspruchs (hierzu kritisch: *de la Durantaye* ZUM 2013, 437, 441 m. w. N.).

5   Die mangelnde Praktikabilität wird auch bei der Frage der **rechtlichen Durchsetzbarkeit** des Vergütungsanspruchs deutlich. Vor allem ist problematisch, dass der Vergütungsanspruch nicht verwertungsgesellschaftspflichtig ausgestaltet ist (s. Stellungnahme des Max-Planck-Instituts für Immaterialgüter- und Wettbewerbsrecht zur Anfrage des Bundesministeriums der Justiz v. 20.2.2013, S. 24, abrufbar unter www.ip.mpg.de, das sich für die Einführung einer Verwertungsgesellschaftspflicht ausspricht). Eine solche Regelung über die individuelle Geltendmachung gegenüber der nutzenden Institution kann ein erhebliches Kostenrisiko zulasten der schrankenberechtigten Institutionen mit sich bringen, zumal auch nicht absehbar ist, wie viele Rechtsinhaber sich nachträglich auf ihre Rechtsstellung berufen werden (s. *Peifer* GRUR Prax 2011, 1, 3). Die gesetzliche Leitfunktion, den freien Austausch von Wissen und Innovation zu fördern und die kulturbewahrenden Bibliotheken, Archive und andere Plattformen, die das kulturelle Gedächtnis der deutschen und europäischen Geschichte bewahren, anzuhalten, verwaiste Werke zugänglich zu machen (vgl. § 61 Rn. 1 ff. hinsichtlich der genauen Zweckgestaltung der Schrankenregelung), wird dadurch erheblich verkürzt.

IV. Prozessuales

Nach der allgemeinen Beweislastverteilungsregel hat der Rechtsinhaber sämtli- **6** che Anspruchsvoraussetzungen, die sich aus § 61 S. 1 und S. 2 ergeben, substantiiert darzulegen und zu beweisen. Hinsichtlich der Aktivlegitimation des Rechtsinhabers oder im Falle der Anspruchsgeltendmachung durch mehrere Rechtsinhaber vgl. § 32 Rn. 141 ff.

V. Verhältnis zu anderen Regelungen

s. hierzu die Ausführungen zu vgl. § 61 Rn. 25 ff. **7**

§ 61c Nutzung verwaister Werke durch öffentlich-rechtliche Rundfunkanstalten

¹Zulässig sind die Vervielfältigung und die öffentliche Zugänglichmachung von
1. Filmwerken sowie Bildträgern und Bild- und Tonträgern, auf denen Film-
werke aufgenommen sind, und
2. Tonträgern,
die vor dem 1. Januar 2003 von öffentlich-rechtlichen Rundfunkanstalten her-
gestellt wurden und sich in deren Sammlung befinden, unter den Vorausset-
zungen des § 61 Absatz 2 bis 5 auch durch öffentlich-rechtliche Rundfunkan-
stalten. ²Die §§ 61a und 61b gelten entsprechend.

I. Allgemeines

1. Sinn und Zweck

1 Als **Teil der Wissensinfrastruktur** der öffentlichen Hand spielen die öffentlich-rechtlichen Rundfunkanstalten eine wichtige Rolle bei der Nutzung von verwaisten Werken (s. im Einzelnen zur medienrechtlichen Bedeutsamkeit der öffentlich-rechtlichen Rundfunkanstalt *Brinkmann* ZUM 2013, 193). Den öffentlich-rechtlichen Rundfunkanstalten obliegt bereits von Verfassungs wegen die Erfüllung des am Gemeinwohl orientierten **Grundversorgungsauftrages**, Bildung, Information, Kultur und Unterhaltung umfassend sowie in vielfältiger Weise dem Bürger näher zu bringen (BVerfGE 73, 118, 188 – *4. Rundfunkentscheidung*). Als dynamischer Begriff der Grundversorgung umfasst dieser nicht nur die traditionellen Wissenstransferwege, sondern im Hinblick auf die fortschreitenden Technikentwicklungen gerade auch die Nutzung neuer Übertragungstechniken (BVerfGE 83, 238, 299 – *6. Rundfunkentscheidung*). Öffentlich-rechtliche Rundfunkanstalten sind gehalten, mit diesen digitalentechnischen Entwicklungen Schritt zu halten, um etwa interaktive Programmangebote forcieren zu können. Diese besonderen Anforderungen vermögen die öffentlich-rechtlichen Rundfunkanstalten dadurch zu erfüllen, indem sie sich ebenso wie die in § 61 Abs. 2 genannten privilegierten Institutionen mit groß angelegten Digitalisierungen ihrer Datenbestände befassen. Die Einführung des § 61c soll rechtliche Unklarheiten und empfindliche Urheberrechtsverstöße vermeiden; hinsichtlich der allgemeinen Ausführungen zu den gesetzlichen Erwägungen vgl. § 61 Rn. 1 ff.

2. EU-Recht

2 § 61c setzt Art. 1 Abs. 3 lit. c RL Verwaiste Werke in nationales Recht um; zur Richtlinie vgl. § 61 Rn. 6.

II. Tatbestand (S. 1)

1. Erfasste Schutzgegenstände

3 § 61c erweitert die Schrankenregelung auf Filmwerke sowie Bildträger und Bild- und Tonträger, auf denen Filmwerke aufgenommen sind, und auf Tonträger aus den Beständen öffentlich-rechtlicher Rundfunkanstalten, die von diesen vor dem 1.1.2003 hergestellt wurden. Sprachwerke werden damit im Gegensatz zu § 61 nicht erfasst. Die Gesetzesbegründung lässt erkennen, dass das gesetzgeberische Leitbild dieses Ungleichbehandlungsszenario an dem Attribut der **besonderen Stellung der öffentlich-rechtlichen Rundfunkanstalt** als **Hersteller von Tonträgern und audiovisuellem Material** festmacht (RegE verwaiste Werke – BT-Drs. 17/13423, S. 26).

2. Öffentlich-rechtliche Rundfunkanstalten

4 Eine Erweiterung hinsichtlich des Schutzsubjekts erfährt der Tatbestand des § 61c S. 1 hingegen nicht. **Privatrechtliche Rundfunkunternehmen** sind von der Schrankenprivilegierung ausgeschlossen. Der abschließende Schrankenkatalog der RL Verwaiste Werke sowie der Info-RL hat dem deutschen Gesetzgeber diesbezüglich keinerlei Handlungsfreiheit überlassen. Sämtliche privatrechtlich ausgestalteten Beteiligungen schließen die Ausübung der Nutzungsrechte durch eine solche Rundfunkanstalt aus (so ausdrücklich auch die amtliche Begründung RegE verwaiste Werke – BT-Drs. 17/13423, S. 26).

3. Begriff der Herstellung

5 Durch die öffentlich-rechtlichen Rundfunkanstalten hergestellt gelten nur die **Eigenproduktionen** der schrankenprivilegierten Rundfunkanstalten (RegE verwaiste Werke – BT-Drs. 17/13423, S. 26). Als Schlüsselkriterium zur Konkretisierung des Merkmals der Eigenproduktion dient insbesondere das Maß der Einflussnahme auf Inhalt und Ausgestaltung des Werkes im Sinne der Schöpfertheorie gemäß § 7 (*Spindler* ZUM 2013, 349, 355). Auch wenn einzelne Produktionsabschnitte an externe Dienstleister abgegeben werden, handelt es sich bei einer solchen **Auftragsproduktion** immer noch um eine Eigenproduktion der auftraggebenden Rundfunkanstalt, soweit sie selbst das Bestimmungsrecht über das Thema und die Ausführung der Produktion innehat; erst recht gilt dies, wenn der Dritte lediglich als Investor agiert, das Kapital bereitstellt und er auch nicht eigenschöpferisch tätig wird. Nicht mehr unter den Begriff der eigenen Herstellung fallen jedoch produzierte Leistungen, zu deren Nutzung die Rundfunkanstalt lediglich im Rahmen eines **Lizenzvertrages** berechtigt ist (RegE verwaiste Werke – BT-Drs. 17/13423, S. 27).

4. Stichtagsregelung

Der maßgebliche Berechnungszeitpunkt für die Ausübung der originären Nutzungsrechte der öffentlich-rechtlichen Rundfunkanstalten ist die Stichtagsregelung vom 31. Dezember 2002. Die Rundfunkanstalten sollen durch diese zeitliche Grenzziehung dazu angehalten werden, **interne Verfahrensmechanismen** einzuführen, um so die Zahl verwaister Werke für Eigenproduktionen in Zukunft zu begrenzen (RegE verwaiste Werke – BT-Drs. 17/13423, S. 26).   **6**

III. Weitere Voraussetzungen der Nutzungsberechtigung (S. 2)

§ 61c S. 2 normiert weitere Voraussetzungen der zulässigen Nutzungshandlungen durch die öffentlich-rechtlichen Rundfunkanstalten durch Verweis auf die Bestimmungen des § 61 und § 61b. Die Rundfunkanstalten müssen ebenso wie die anderen privilegierten Institutionen die Anforderungen an eine sorgfältige Suche erfüllen, diese dokumentieren und die Vermerke weiterleiten; vgl. § 61a Rn. 5 ff., 16, 17. Im Falle der Beendigung des Status des verwaisten Werkes stehen dem Rechtsinhaber gegenüber der öffentlich-rechtlichen Rundfunkanstalt Ansprüche auf Unterlassung sowie auf angemessene Vergütung stets in den Grenzen der Gemeinwohlbindung zu; vgl. § 61b Rn. 4.   **7**

IV. Prozessuales

Vgl. § 61b Rn. 6.   **8**

V. Verhältnis zu anderen Regelungen

Vgl. § 61 Rn. 25 ff.   **9**

Unterabschnitt 6   **Gemeinsame Vorschriften für gesetzlich erlaubte Nutzungen**

§ 62   Änderungsverbot

(1) ¹Soweit nach den Bestimmungen dieses Abschnitts die Benutzung eines Werkes zulässig ist, dürfen Änderungen an dem Werk nicht vorgenommen werden. ²§ 39 gilt entsprechend.

(2) Soweit der Benutzungszweck es erfordert, sind Übersetzungen und solche Änderungen des Werkes zulässig, die nur Auszüge oder Übertragungen in eine andere Tonart oder Stimmlage darstellen.

(3) Bei Werken der bildenden Künste und Lichtbildwerken sind Übertragungen des Werkes in eine andere Größe und solche Änderungen zulässig, die das für die Vervielfältigung angewendete Verfahren mit sich bringt.

(4) [1]Bei Sammlungen für den religiösen Gebrauch (§ 46), bei Nutzungen für Unterricht und Lehre (§ 60a) und bei Unterrichts- und Lehrmedien (§ 60b) sind auch solche Änderungen von Sprachwerken zulässig, die für den religiösen Gebrauch und für die Veranschaulichung des Unterrichts und der Lehre erforderlich sind. [2]Diese Änderungen bedürfen jedoch der Einwilligung des Urhebers, nach seinem Tode der Einwilligung seines Rechtsnachfolgers (§ 30), wenn dieser Angehöriger (§ 60 Abs. 2) des Urhebers ist oder das Urheberrecht auf Grund letztwilliger Verfügung des Urhebers erworben hat. [3]Die Einwilligung gilt als erteilt, wenn der Urheber oder der Rechtsnachfolger nicht innerhalb eines Monats, nachdem ihm die beabsichtige Änderung mitgeteilt worden ist, widerspricht und er bei der Mitteilung der Änderung auf diese Rechtsfolge hingewiesen worden ist. [4]Bei Nutzungen für Unterricht und Lehre (§ 60a) sowie für Unterrichts- und Lehrmedien (§ 60b) bedarf es keiner Einwilligung, wenn die Änderungen deutlich sichtbar kenntlich gemacht werden.

§ 62 wurde durch das UrhWissG 2017 mit Wirkung zum 1. März 2018 geändert. Zur bis dahin geltenden Fassung s. unsere 11. Aufl.

Übersicht

I. Allgemeines

1. Bedeutung, Sinn und Zweck der Norm, systematische Stellung im Gesetz

1 Die Vorschrift gilt nur für die **Schrankenbestimmungen** des 6. Abschnitts des UrhG, also nur für solche Sachverhalte, bei denen der Werkschöpfer auf Grund der Sozialbindung des geistigen Eigentums (Art. 14 Abs. 2 GG) hinnehmen muss, dass sein Werk im Allgemeininteresse auch ohne seine Zustimmung in bestimmtem Umfang genutzt werden kann. § 62 muss vor allem im Zusammenhang mit den gesetzlichen Regelungen in den §§ 14, 39 gesehen werden, zu denen nur noch die besonderen Vorschriften der Entstellungsverbote bei künstlerischen Darbietungen (§ 83) und im Bereich des Films kommen (§ 93).

2 Grundlage für das Bestehen oder Nichtbestehen einer Änderungsbefugnis durch den Nichturheber ist der **Vorrang der Urheberpersönlichkeitsrechte gegenüber Drittinteressen**, zu denen wir auch die Interessen der Allgemeinheit zählen. Dieser

Vorrang verbietet persönlichkeitsrechtsverletzende Werkentstellungen ohne Zustimmung des Urhebers in jedem Fall; bei weniger schwerwiegenden Eingriffen – vor allem den „anderen Beeinträchtigungen" in § 14 und Änderungen nach § 39 – kommt es letztlich darauf an, was der Urheber nach Treu und Glauben an Veränderungen an seinem Werk hinnehmen muss (§ 39 Abs. 2). Aufbau und Inhalt des § 62 lassen keine Zweifel daran, dass auch bei dem Bestehen (berechtigter) Allgemeininteressen das im Urheberpersönlichkeitsrecht begründete grundsätzliche Änderungsverbot Vorrang hat (Abs. 1) und nur einzelne Ausnahmen für Art und Umfang von Änderungsbefugnissen bei gesetzlich erlaubter Nutzung des Werkes anerkannt werden (Abs. 2–4). Der Vorrang der Interessen des Werkschöpfers führt auch dazu, dass die §§ 44a–61 mit Rücksicht auf das Veröffentlichungsrecht des Urhebers (§ 12) in der Regel nur **erschienene oder wenigstens veröffentlichte Werke** freigeben; wo auch unveröffentlichte Werke freigegeben sind, ist ihre Veröffentlichung durch den Benutzer in den wichtigsten Fällen (§ 53) unzulässig. In gleicher Weise erkennt § 62 auch für den Bereich der gesetzlichen Rechtseinräumung und der Zwangslizenzen das persönliche Recht des Urhebers an, über Form und Gestalt seines Werkes allein zu entscheiden, wie es nicht nur den §§ 23 und 39, sondern vor allem § 14 zugrunde liegt (vgl. § 39 Rn. 1).

Rechtsprechung zu § 62 ist selten, was auf einer problemlosen Anwendung in der Praxis beruhen dürfte (Schricker/Loewenheim/*Dietz*[4] Rn. 16).   **3**

2. Früheres Recht

Die Vorschrift geht weitgehend auf § 21 KUG und § 24 LUG zurück: § 21 KUG **4** bestimmte, dass eine Vervielfältigung aufgrund der §§ 19 und 20 KUG (Zitatrecht, Schulbuchprivileg, bleibende Werke, Panoramafreiheit) nur dann zulässig war, wenn an dem wiedergegebenen Werk keine Änderung vorgenommen wurde. Zulässig waren allerdings Übertragungen des Werkes in eine andere Größe und durch das Vervielfältigungsverfahren technisch bedingte Änderungen, sodass § 21 KUG weitgehend § 61 Abs. 1 S. 1 und Abs. 3 UrhG entspricht; es fehlte lediglich der in § 62 Abs. 1 S. 2 UrhG enthaltene Verweis auf § 39 Abs. 2 UrhG und damit eine Einschränkung, dass Änderungen nach Treu und Glauben zulässig sind. Die Vorschrift des § 24 LUG traf eine entsprechende Regelung zu § 62 Abs. 2 und erlaubte somit ebenfalls Übersetzungen und solche Änderungen des Werkes, die nur Auszüge oder Übertragungen in eine andere Tonart oder Stimmlage darstellten. Die Regelung gem. § 62 Abs. 4 S. 1 und 2, nach der für den religiösen Gebrauch und für die Veranschaulichung des Unterrichts und der Lehre erforderliche Änderungen nur mit Einwilligung des Urhebers zulässig sind, diese aber fingiert sind, wenn er nicht innerhalb eines Monats widerspricht, hatte ebenfalls in § 24 S. 5 und 6 LUG ein Vorbild.

3. EU-Richtlinien

Eine Harmonisierung durch eine EU-Richtlinie besteht im Regelungsbereich **5** des § 62 nicht (Näher hierzu: Schricker/Loewenheim/*Dietz*/*Peukert*[5] Rn. 3). Vgl. § 39 Rn. 5 zu EU-Richtlinien, die allgemeine änderungsrechtliche Vorschriften enthalten.

4. Internationale Konventionen

Die Internationalen Konventionen enthalten keine § 62 vergleichbare Regelung, jedoch vgl. § 14 Rn. 4.   **6**

II. Tatbestand

1. Grundsätzliches Änderungsverbot (Abs. 1)

Im **Grundsatz** ist jede Änderung bei der Benutzung eines fremden Werkes ohne **7** Zustimmung des Werkschöpfers unstatthaft. § 62 betont daher das im UrhG grundsätzlich bestehende **Änderungsverbot** (vgl. § 39 Rn. 2), und zwar zugleich in doppelter Weise: Einmal selbst und einmal durch den Verweis auf § 39. Schricker/Loewenheim/*Dietz/Peukert*[5] Rn. 1 f. erkennen dieses Änderungsverbot an, sprechen jedoch gleichzeitig von einer Interessenabwägung als „überwölbendem Prinzip" in § 62 (Schricker/Loewenheim/*Dietz*[5] Rn. 15). Obwohl nicht verkannt werden kann, dass § 62 auch auf § 39 Abs. 2 und damit auf die Grundsätze von Treu und Glauben Bezug nimmt, halten wir es für missverständlich, wenn allgemein von einem derartigen Prinzip der Interessenabwägung im Rahmen der Vorschrift gesprochen wird. Änderungen haben grundsätzlich zu unterbleiben (Abs. 1 S. 1). Sie dürfen nur dann vorgenommen werden, wenn sie *notwendig* sind (so auch OLG Hamburg GRUR 1970, 38, 39 – *Heintje*). Bei Änderungen unter Berücksichtigung von **Treu und Glauben** (§ 39 Abs. 2) ist mithin nicht von einer Gleichberechtigung der Interessen der Urheber des benutzten und des nutzenden Werkes auszugehen (vgl. § 39 Rn. 22). **Die Interessen des Werkschöpfers des benutzten Werkes haben Vorrang**, zumal dieser infolge der Schranken der §§ 44a ff. oft die entschädigungslose Nutzung seines Werkes dulden muss und somit erwarten darf, dass sein Werk im Originalzustand respektiert wird. Der **Verweis auf § 39** bedeutet zunächst, dass das Änderungsverbot nicht nur für das Werk selbst gilt, sondern auch für seinen Titel und die Urheberbezeichnung (Dreier/Schulze/*Schulze*[5] Rn. 10). Dies bedeutet aber zugleich, dass eine Änderung der Urheberbezeichnung niemals nach Treu und Glauben zulässig ist, weil § 39 Abs. 2 nur für das Werk und seinen Titel gilt (vgl. § 39 Rn. 21). Da sich § 62 ausschließlich auf die Schrankenbestimmungen bezieht und es sich hierbei um gesetzlich erlaubte Handlungen ohne vertragliche Grundlage handelt, ist die Änderungsbefugnis nach Treu und Glauben entsprechend § 39 Abs. 2 nicht anhand des Vertragszweckes (vgl. § 39 Rn. 23 f.) vorzunehmen, sondern mit dem **Schrankenzweck**, d. h. dem vom Gesetzgeber mit der gesetzlichen Nutzungsbefugnis verfolgten Sinn und Zweck der Schrankenbestimmung (Dreier/Schulze/*Schulze*[5] Rn. 12).

2. Ausnahmen vom Änderungsverbot (Abs. 2–4)

8   a) **Allgemeines: Die Ausnahmen sind eng auszulegen:** Wenn schon dem rechtsgeschäftlichen Erwerber eines Nutzungsrechts die Änderung des Werkes oder die Unterdrückung der Urheberrechtsbezeichnung nicht erlaubt ist (§ 39), muss dies erst Recht für denjenigen gelten, der sich nur auf eine gesetzliche Einschränkung des an sich umfassenden Verwertungsrechts des Urhebers (vgl. § 15 Rn. 1) berufen kann. Auch im Bereich des Urheberpersönlichkeitsrechts ist der Schutz des Urhebers jedoch nicht ohne Ausnahme denkbar, die die Beschränkung des Verwertungsrechts zwangsläufig mit sich bringt. Diese Ausnahmen, die § 62 hinsichtlich des Änderungsrechts erschöpfend aufzählt, sind eng auszulegen und kommen nur dann zum Zuge, wenn ihre Voraussetzungen lückenlos gegeben sind.

9   b) **Ausnahme für Sprachwerke (Abs. 2):** Die Ausnahme des Abs. 2 für die **Übersetzung von Sprachwerken** und die **Herstellung von Auszügen** oder **Transpositionen** bei Musikwerken steht unter dem Vorbehalt, dass der **Benutzungszweck** sie **erfordern** muss. Die Änderung muss also unvermeidlich sein, wenn der beabsichtigte Zweck erreicht werden soll. Dabei sind strenge Maßstäbe anzulegen. Die Transposition eines im Original in H-Dur stehenden Liedes nach C-Dur für ein Schulliederbuch kann beispielsweise erforderlich sein, wenn es sich um ein Werk für Grund- und Mittelschulen handelt, nicht dagegen, wenn es für die Oberstufe des musischen Zweiges eines Gymnasiums bestimmt ist. Die Übersetzung einer Kurzgeschichte von Hemingway, die in ein deutsches Lesebuch aufgenommen werden soll, ist nur dann unvermeidlich, wenn eine autorisierte deutsche Übersetzung noch nicht vorliegt (a. A. Schricker/Loewenheim/*Dietz/Peukert*[4] Rn. 18). Selbst wenn der Benutzungszweck eine Übersetzung erforderlich macht, ist jedoch der Gestaltungsspielraum durch die sprachliche Ausgestaltung des Originals stark eingeschränkt, was durch den Ausnahmecharakter der Vorschrift bedingt ist (vgl. Rn. 8). Das OLG München scheint demgegenüber einen gewissen Freiraum des Übersetzers anzunehmen, der erst bei einer Werkentstellung überschritten sein soll. So hielt es die Übersetzung zweier Zeilen aus dem Gedicht „Eine oktoberfestliche Moritat" von Eugen Roth, die als Kleinzitat auf Flyern und auf dem Katalog der Ausstellung „Typisch München" verwendet wurden und für die keine autorisierte Übersetzung vorlag, trotz abweichender Metrik und zum Teil fehlender Reimform für noch von § 62 Abs. 2 gedeckt, da hierin noch keine Werkentstellung lag und die inhaltliche Aussage der beiden Gedichtzeilen in den Übersetzungen ausreichend zum Ausdruck kam (OLG München ZUM 2009, 970, 971). Das erscheint jedoch als zu weitgehend, weil die Veröffentlichung und Verwertung von Bearbeitungsfassungen insbesondere im Fall von Übersetzungen gerade dem Originalurheber vorbehalten ist (§ 23 S. 1) und § 62 Abs. 2 deshalb im Anwendungsbereich auf ganz wenige Ausnahmen beschränkt bleibt, bei denen sich die Übersetzung vergleichbar der Transposition bei einem Musikwerk streng am Original orientieren muss.

c) Ausnahme für Werke der bildenden Künste und Lichtbildwerke (Abs. 3): Bei **10** **Werken der bildenden Künste** (§ 2 Abs. 1 Nr. 4) und **Lichtbildwerken** (§ 2 Abs. 1 Nr. 5) lässt **Abs. 3** eine Änderung der **Größe** stets zu. Im Übrigen sind nur solche Änderungen erlaubt, die das **Vervielfältigungsverfahren** ohnehin mit sich bringt (das Abzeichnen oder Fotografieren eines Gemäldes in Schwarz-Weiß ändert die Farbgebung). Das OLG Köln hat zutreffend diejenigen Formen der fotografischen Vervielfältigung für von Abs. 3 gedeckt gehalten, die eine möglichst getreue Wiedergabe der äußeren Ansicht des im öffentlichen Straßenraum befindlichen Werkes darstellen und sich dafür ausschließlich solcher Mittel bedienen, die im Rahmen herkömmlicher Fototechnik bei der Herstellung derartiger Abbildungen Verwendung finden, wie etwa die Wahl des Bildausschnitts, die Beeinflussung der Helligkeits-, Farb- und Kontrastwerte des Lichtbildes, die Wahl der Brennweite, der Belichtungszeit sowie jede Art von Vergrößerung und Verkleinerung; der Einsatz von Farbfiltern und nachträglicher Retuschen als auch die Anwendung moderner Verfahren der digitalen Bildbearbeitung durch Einfärben des Himmels und der Veränderung der Farbe eines auf dem Bild zu sehenden Schriftzuges ging jedoch zu weit, weil ein Abbild der Wirklichkeit vorgespiegelt wurde, das in erheblichem Umfang verfälscht war (OLG Köln ZUM-RD 2012, 593, 595 – *Liebe deine Stadt*). Der BGH hat die Vervielfältigung und öffentliche Wiedergabe eines Gemäldes mit dem Titel „Hommage an die jungen Generationen" auf einem verbliebenen Abschnitt der Berliner Mauer in geringerer Größe als nach Abs. 3 zulässig angesehen (BGH GRUR 2017, 390, 394 Tz. 40 – *East Side Gallery*). Er hat zudem ausgeführt, dass auch die Vervielfältigung von Teilen eines Werks nach § 59 Abs. 1 S. 1 nicht gegen das Änderungsverbot des § 62 Abs. 1 S. 1 verstößt, selbst wenn dabei wesentliche Teile des Werks nicht vervielfältigt werden oder das gesamte Werk hätte vervielfältigt werden können; so war es zulässig, weder die Mauerkrone noch den unteren Absatz des Mauerbildes, sondern lediglich den dazwischen liegenden Teil des Gemäldes zu vervielfältigen (BGH GRUR 2017, 390, 394 Tz. 41, 43 – *East Side Gallery*). Da es sich auch bei § 59 um eine Ausnahmevorschrift handelt (vgl. § 59 Rn. 6), muss die Ausnahme vom Änderungsverbot erst recht eng ausgelegt werden. Die **Nichtnennung** der in § 2 Abs. 1 Nr. 7 genannten **Darstellungen wissenschaftlicher oder technischer Art** wie Zeichnungen, Pläne, Karten, Skizzen, Tabellen und plastischen Darstellungen beruht wohl nur auf einem **redaktionellen Versehen.** Es ist nicht einzusehen, warum diese Darstellungen, die ihrem Hauptzweck nach nicht als Kunstwerke zu betrachten sind, also die Merkmale der persönlichen geistigen Schöpfung in

schwächerem Maße aufweisen, mit einem stärkeren Änderungsverbot ausge-
rüstet werden sollten als Kunstwerke. Auch die Werke des § 2 Abs. 1 Nr. 7
dürfen daher bei der Benutzung nach den §§ 44a-61 denjenigen Änderungen
unterworfen werden, die das Vervielfältigungsverfahren mit sich bringt.

11 **d) Erweiterte Änderungsbefugnis für den religiösen Gebrauch und für die Veranschaulichung des Unterrichts und der Lehre (Abs. 4):** Die erweiterte Änderungsbefugnis des Abs. 4 bei Sammlungen für den religiösen Gebrauch (§ 46), bei
Nutzungen für Unterricht und Lehre (§ 60a) und bei Unterrichts- und Lehrmedien (§ 60b) ist dem Wortlaut nach an die **doppelte Voraussetzung** geknüpft, dass
die Änderung für den religiösen Gebrauch oder für die Veranschaulichung des
Unterrichts und der Lehre **erforderlich** ist und der Urheber ihr **zugestimmt** hat.
Das ist nicht ganz korrekt: Hat der Urheber ausdrücklich zugestimmt, so sind da-
mit naturgemäß auch Änderungen gedeckt, die nicht erforderlich gewesen wären.
Die Voraussetzung der Erforderlichkeit kann daher, wenn ihre ausdrückliche
Festlegung durch den Gesetzgeber überhaupt eine Bedeutung haben soll, nur für
Abs. 4 S. 3 Geltung haben. Diese Bestimmung ist also dahin auszulegen, dass der
Berechtigte sich auf die nach Schweigen des Autors unterstellte Einwilligung nur
dann berufen kann, wenn die Änderung tatsächlich erforderlich (d. h. unvermeid-
lich) war, um den beabsichtigten Verwendungszweck zu erreichen. Die Regelung
des Abs. 4 wurde im Rahmen der Reform durch das am 1. März 2018 in Kraft
tretende UrhWissG 2017 (BGBl. I S. 2541) geändert und dabei die Nutzung für
Unterricht und Lehre nach § 60a einbezogen, damit beispielsweise auch Lehrer
bei der Unterrichtsgestaltung von der Änderungsbefugnis profitieren (RegE
UrhWissG 2017 – BT-Drs. 18/12329, S. 48). Bei Nutzungen für Unterricht und
Lehre (§ 60a) sowie für Unterrichts- und Lehrmedien (§ 60b) bedarf es nach dem
im Rahmen der Reform durch das UrhWissG 2017 eingefügten Abs. 4 S. 4 keiner
Einwilligung, wenn die Änderungen deutlich sichtbar kenntlich gemacht werden.
Indem das aufwendige Verfahren zur Einholung der Einwilligung entfällt, sollen
Änderungen erleichtert werden; dabei soll das Interesse des Urhebers an der Inte-
grität seines Werkes nach dem Willen des Gesetzgebers durch die Verpflichtung,
die Änderungen deutlich sichtbar zu machen, gewahrt bleiben (RegE UrhWissG
2017 – BT-Drs. 18/12329, S. 48).

12 Der Urheber ist **nicht** etwa zur Erteilung der Zustimmung **verpflichtet**; er kann
sie auch dann verweigern, wenn die Änderung an sich erforderlich wäre, weil
sonst die Nennung beider Voraussetzungen nebeneinander durch den Gesetzgeber sinnlos wäre.

13 Der **Rechtsnachfolger des Urhebers** hat das Einwilligungsrecht nur, wenn er
Angehöriger ist (vgl. § 60 Rn. 16) oder wenn er aufgrund letztwilliger Verfügung in die Rechtsstellung des Urhebers eingerückt ist, also Testamentserbe,
Vermächtnisnehmer oder Miterbe ist, der das Urheberrecht im Wege der Erbauseinandersetzung erworben hat. Ausgeschlossen sind danach die gesetzlichen Erben, die nicht Angehörige sind. Das ist, soweit der Fiskus als gesetzlicher Erbe in Betracht kommt, sinnvoll; die Schlechterstellung von Enkeln und
Großeltern des Urhebers ist jedoch durch nichts gerechtfertigt und lässt ein
Redaktionsversehen vermuten.

14 Für die Zustimmungsfiktion nach Abs. 4 S. 3 ist, anders als in § 46 Abs. 3,
nicht die Absendung, sondern der **Zugang der Mitteilung** für den Fristbeginn
maßgebend (§ 130 BGB; vgl. § 41 Rn. 38). Die Verpflichtung zum Hinweis
auf die Rechtsfolgen des Schweigens (Abs. 4 S. 3) ist durch die Novelle 1972
eingeführt worden, damit auch der rechtsunkundige Urheber geschützt ist.

3. Verhältnis zu §§ 51 und 59

15 Das OLG Hamburg (GRUR 1970, 38, 39 – *Heintje*) kommt zu dem Ergebnis,
dass ein Verstoß gegen das Änderungsverbot des § 62 an der – ansonsten gege-

benen – Zulässigkeit eines Zitats nichts ändert, sofern die Änderungen im Rahmen des § 39 Abs. 2 bleiben. Dabei wird zu Recht darauf hingewiesen, dass dann, wenn Änderungen vorgenommen werden, diese aus den Gründen (dort: Zitatzweck) erforderlich sein müssen, aus denen die (unentgeltliche) Nutzung des Werkes in Anspruch genommen wird.

Etwas ungenau ist § 62 im Hinblick auf die **Befugnisse aus** § 59. Wenn die äußere Ansicht eines Gebäudes usw. mit *Mitteln der Malerei und Grafik* vervielfältigt werden darf, ist dazu stets eine schöpferische Leistung des Malers oder Grafikers, damit also eine Bearbeitung des vorgegebenen Werkes (Gebäudes) nötig, wenn nicht ohnehin eine freie Benutzung (§ 24) vorliegt. Gleiches gilt für den Schöpfer eines Lichtbild- oder Filmwerkes bei der Wiedergabe des Gebäudes. § 59 ist also vom Änderungsverbot des § 62 ausgenommen, soweit es sich um solche Vervielfältigungsarten handelt, die eine Bearbeitung voraussetzen (vgl. § 59 Rn. 6), nicht aber, wenn zusätzlich zu der Vervielfältigungsart Bearbeitungen vorgenommen werden (vgl. Rn. 10 und BGH GRUR 2017, 390, 394 f. – *East Side Gallery*; OLG Köln ZUM-RD 2012, 593, 595 – *Liebe deine Stadt*). **16**

III. Prozessuales

§ 62 enthält ein **Regel-/Ausnahmeverhältnis**: Das Änderungsverbot ist der Regelfall. Wer sich auf die in § 62 enthaltenen Ausnahmen – Zulässigkeit nach Treu und Glauben entsprechend § 39 Abs. 2, Benutzungszweck gem. Abs. 2 und Größenänderungen bzw. technische bedingte Änderungen gem. Abs. 3 – beruft, muss ihre Voraussetzungen darlegen und beweisen; Zweifel gehen zu seinen Lasten (vgl. § 39 Rn. 36). Wer sich auf die Änderungsbefugnis nach Abs. 4 beruft, muss nicht nur darlegen und beweisen, dass die Änderung des Sprachwerkes für den religiösen Gebrauch oder für die Veranschaulichung des Unterrichts und der Lehre erforderlich ist, sondern auch, dass die Voraussetzungen der Einwilligungsfiktion gegeben sind, d. h. insbesondere wann dem Urheber die Mitteilung zugegangen ist und dass sie den inhaltlichen Anforderungen des Abs. 4 S. 3 entsprach, bzw. dass die Änderungen deutlich sichtbar kenntlich gemacht wurden und es daher nach Abs. 4 S. 4 bei Nutzungen für Unterricht und Lehre (§ 60a) sowie für Unterrichts- und Lehrmedien (§ 60b) keiner Einwilligung bedarf. **17**

§ 63 Quellenangabe

(1) [1]Wenn ein Werk oder ein Teil eines Werkes in den Fällen des § 45 Abs. 1, der §§ 45a bis 48, 50, 51, 58, 59 sowie der §§ 60a bis 60d, 61 und 61c vervielfältigt oder verbreitet wird, ist stets die Quelle deutlich anzugeben. [2]Bei der Vervielfältigung oder Verbreitung ganzer Sprachwerke oder ganzer Werke der Musik ist neben dem Urheber auch der Verlag anzugeben, in dem das Werk erschienen ist, und außerdem kenntlich zu machen, ob an dem Werk Kürzungen oder andere Änderungen vorgenommen worden sind. [3]Die Verpflichtung zur Quellenangabe entfällt, wenn die Quelle weder auf dem benutzten Werkstück oder bei der benutzten Werkwiedergabe genannt noch dem zur Vervielfältigung oder Verbreitung Befugten anderweit bekannt ist oder im Fall des § 60a oder § 60b Prüfungszwecke einen Verzicht auf die Quellenangabe erfordern.

(2) [1]Soweit nach den Bestimmungen dieses Abschnitts die öffentliche Wiedergabe eines Werkes zulässig ist, ist die Quelle deutlich anzugeben, wenn und soweit die Verkehrssitte es erfordert. [2]In den Fällen der öffentlichen Wiedergabe nach den §§ 46, 48, 51, 60a bis 60d, 61 und 61c ist die Quelle einschließlich des Namens des Urhebers stets anzugeben, es sei denn, dass dies nicht möglich ist.

(3) [1]Wird ein Artikel aus einer Zeitung oder einem anderen Informationsblatt nach § 49 Abs. 1 in einer anderen Zeitung oder in einem anderen Informationsblatt abgedruckt oder durch Funk gesendet, so ist stets außer dem Urheber, der in der benutzten Quelle bezeichnet ist, auch die Zeitung oder das Informationsblatt anzugeben, woraus der Artikel entnommen ist; ist dort eine andere Zeitung oder ein anderes Informationsblatt als Quelle angeführt, so ist diese Zeitung oder dieses Informationsblatt anzugeben. [2]Wird ein Rundfunkkommentar nach § 49 Abs. 1 in einer Zeitung oder einem anderen Informationsblatt abgedruckt oder durch Funk gesendet, so ist stets außer dem Urheber auch das Sendeunternehmen anzugeben, das den Kommentar gesendet hat.

§ 63 wurde durch das UrhWissG 2017 mit Wirkung zum 1. März 2018 geändert. Zur bis dahin geltenden Fassung s. unsere 11. Aufl.

I.   Allgemeines

1.   Sinn und Zweck

1   Die Pflicht zur Quellenangabe ergänzt das **Recht des Urhebers auf Anerkennung seiner Urheberschaft** nach § 13. Es soll dem Urheber auch in den Fällen erhalten bleiben, in denen er aufgrund der Schranken der §§ 44a ff. Einschränkungen bei der wirtschaftlichen Verwertung seines Werkes hinzunehmen hat. Als „Quelle" ist dabei nicht nur der **Name des Urhebers** (§ 13), sondern auch die **Fundstelle** anzugeben. Auf diese Weise wird dem Publikum ermöglicht, das vollständige Originalwerk zu finden und zu überprüfen, ob richtig zitiert wurde (Nachweisfunktion). Die Pflicht zur Quellenangabe hat überdies eine gewisse **Werbewirkung**, von der auch der Verlag profitiert (Abs. 1 S. 3 und Abs. 3).

2.   Internationales Recht

2   Das **RBÜ** enthält keine § 63 entsprechende Regelung, Art. 6bis Abs. 1 RBÜ gibt nur den Rechtsgedanken von § 13 wieder. Die Pflicht zur Quellenangabe ist indes in einzelnen Vorschriften erwähnt (z.B. Art. 10 Abs. 3 und Art. 10bis Abs. 1 sowie Anhang Art. IV Abs. 3). Das WUA enthält weder eine Regelung zur Namensnennung noch eine § 63 vergleichbare Vorschrift. Lediglich im Rahmen der allgemeinen Zwangslizenz (z.B. Art. V Abs. 2 lit. e, Art. V[bis] ff.) wird die Quellenangabe berücksichtigt.

Die Pflicht zur Quellenangabe ist Bestandteil der **EU-Harmonisierungsrichtli-**   **3**
nien. In Art. 6 Abs. 2 lit. b der Datenbank-RL wird sie erstmalig ausdrücklich
genannt. Die Richtlinien haben wiederholt zu Anpassungen des § 63 geführt.
Verschiedene in Art. 5 Abs. 3 Info-RL vorgesehene (fakultativen) Schranken,
z. B. lit. a (Unterricht und Forschung), lit. c (Berichterstattung über Tagesereignisse), lit. d (Zitate), lit. e (politische Reden und Vorträge) fordern die Angabe
der „Quelle, einschließlich des Namens des Urhebers". Entsprechend wurden
im Rahmen der Umsetzung der Info-RL durch das UrhG Infoges 2003 geringfügige Änderungen in Abs. 1 S. 1 vorgenommen und Abs. 2 S. 2 eingeführt.
Dass § 63 bei Zwangslizenzen entsprechend anzuwenden ist, stellt der durch
den 2. Korb neu eingefügte S. 1 in § 42a Abs. 1 klar. § 63 geht über den Regelungsgehalt der Info-RL hinaus, da die Pflicht zur Quellenangabe zusätzlich
für weitere Schrankenvorschriften gilt (ausführlicher Schricker/Loewenheim/
Dietz/Spindler[4] Rn. 4a).

3. Aufbau und Systematik

§ 63 benennt positiv die Fälle und Voraussetzungen, die eine Quellenangabe   **4**
erfordern. Wird ein Fall nicht durch § 63 erfasst, besteht keine Pflicht zur
Quellenangabe, jedoch kann weiterhin das Urheberbenennungsrecht bestehen
(§ 13). Die Vorschrift unterscheidet für die Quellenangabe zwischen der **Ver-**
vielfältigung in Abs. 1 und der **öffentlichen Wiedergabe** in Abs. 2. Gemeinsam
ist beiden Regelungen, dass die Quellenangabe deutlich erfolgen und die Bezeichnung des Urhebers sowie der Fundstelle enthalten muss (vgl. Rn. 6). In
den Spezialfällen des Abs. 1 S. 2 und Abs. 3 werden an die Quellenangabe hinsichtlich des Umfangs der zu benennenden Quelle höhere Anforderungen gestellt (zu Vervielfältigungen vgl. Rn. 11 ff.; zu Sonderfällen vgl. Rn. 15 ff.).

§ 63 enthält auch Ausnahmen von der Pflicht zur Quellenangabe. Sie entfällt   **5**
nach Abs. 1 S. 3, wenn die Quelle nicht genannt oder bekannt ist, nach Abs. 2
S. 1 eine Verkehrssitte die Angabe nicht erfordert oder nach Abs. 2 S. 2 die
Angabe der Quelle unmöglich ist.

II. Allgemeiner Tatbestand

1. Begriff und Umfang der Quellenangabe

Der Begriff der „Quellenangabe" ist in § 63 nicht näher definiert. Entspre-   **6**
chend besteht in der Praxis häufig Streit darüber, welche Angaben zur Kennzeichnung der Quelle genau erforderlich sind. Feste Regeln verbieten sich. Entscheidend ist letztlich, ob die **Angaben im konkreten Fall geeignet sind,**
Urheber und Werk eindeutig zu identifizieren (OLG Brandenburg NJW 1997,
1162, 1163 – *Brecht-Zitate*). Das Publikum soll in die Lage versetzt werden,
unter zumutbarem Aufwand das Originalwerk aufzufinden. Damit ist die Angabe der Quelle immer mehr als die bloße Namensnennung des Urhebers.

Geschuldet ist stets die **Bezeichnung des Urhebers** i. S. v. § 10 Abs. 1 (s. auch   **7**
die Vorgabe in den Fällen des Art. 5 Abs. 3 Info-RL; vgl. Rn. 3). Diese erfordert
im Regelfall die Nennung seines **vollständigen Namens** (Schricker/Loewen-
heim/*Dietz/Spindler*[4] Rn. 13; Wandtke/Bullinger/*Bullinger*[4] Rn. 12; a. A. AG
Baden-Baden *Erich Schulze* AGZ 28, wonach die Angabe des Vornamens nicht
erforderlich sei). Verwendet der Autor ein Pseudonym oder einen Künstlernamen, so ist dieser anzugeben. Kann der Urheber nicht benannt werden, ist in
den Fällen des Abs. 1 S. 2 jedenfalls der Herausgeber oder Verleger anzugeben.

Neben der Bezeichnung des Urhebers muss in allen Fällen auch die **Fundstelle**   **8**
angegeben werden. Wie dies zu erfolgen hat, hängt ganz von dem jeweiligen
Werk ab. Bei **Sprachwerken** ist stets der Titel des Werkes, bei **Büchern** überdies

das Erscheinungsjahr, die Seitenzahl und ggf. auch der Verlag zu nennen, wenn mehrere Ausgaben erschienen sind. Bei in **Periodika** (Zeitschriften) oder **Sammelwerken** erschienenen Beiträgen ist überdies der Name der Publikation, ggf. auch deren Herausgeber bzw. das Publikationsorgan, Ausgabennummer und Erscheinungsdatum zu nennen. Die Sonderregelung in Abs. 3 für Zeitungen und andere Informationsblätter hat insoweit nur klarstellende Bedeutung. Bei **Kunstwerken** wird man neben der Nennung des Urhebers und des Werktitels die Angabe des Ausstellungsortes allenfalls dann verlangen können, wenn sich das Werk dauerhaft an dem Ort befindet (a. A. OLG Hamburg GRUR 1974, 165, 167 – *Gartentor*: Angabe des Urhebers ausreichend; strenger unsere 9. Aufl./*Vinck* Rn. 4). Die Angabe temporärer Ausstellungen macht wenig Sinn. Bei in **Webseiten** erschienenen Werken genügt neben der Angabe des Autors die Angabe der URL, die in der Praxis häufig erfolgende Angabe des Abrufzeitpunkts ist dagegen entbehrlich, weil dem Publikum ohnehin klar ist, dass Webseiten, insb. die konkrete URL, sich ändern können und der Abrufzeitpunkt nicht überprüft werden kann (a. A. Schricker/Loewenheim/*Dietz*/ *Spindler*[4] Rn. 14; weitergehend auch *Bisges* GRUR 2009, 730, 733).

9 Die Angabe des **Verlages** ist nicht die Regel, sondern bleibt nach Abs. 1 S. 2 als Sondervorschrift auf die Vervielfältigung ganzer Sprachwerke oder ganzer Werke der Musik beschränkt.

2. Deutlichkeit der Quellenangabe

10 Die Quellenangabe muss **deutlich** erfolgen. Sie muss dem Leser, Hörer oder Betrachter eine eindeutige Zuordnung ermöglichen (zur Erkennbarkeit des fremden Werkes vgl. § 51 Rn. 10). Der Autor muss ohne besondere Mühe zu erkennen sein und die Richtigkeit der Entlehnung überprüft werden können. Entscheidend dafür ist die **Platzierung** der Quellenangabe. Werden Autor und Fundstelle des fremden Werkes direkt neben der Vervielfältigung genannt, ist die Quellenangabe am deutlichsten. Kann die Platzierung nicht in unmittelbarer Nähe erfolgen, muss eine **eindeutige Zuordnung** durch entsprechende konkrete Angaben, wie Seite und Position, sichergestellt sein (zurückhaltend OLG Brandenburg NJW 1997, 1162, 1163 – *Brecht-Zitate*). Ein zusammenfassendes Quellenverzeichnis kann ausreichen, wenn die Zuordnung zur benutzten Quelle sofort erfolgen kann, z. B. durch Einhaltung der Reihenfolge der wiedergegebenen Werke unter Nennung der Seite des zitierenden Werkes. Bei Bildern und Grafiken auf **Webseiten** kann die Quellenangabe auch über „Scroll-Over"- Texte erfolgen (Quellenangabe erscheint (nur) beim Führen der Maus auf das Bild), sofern entsprechende Hinweise erfolgen.

III. Quellenangabe bei Vervielfältigungen (Abs. 1)

1. Voraussetzungen

11 Die Pflicht zur Quellenangabe nach Abs. 1 gilt für alle **Vervielfältigungen oder Verbreitungen**, die nach §§ 45a, 46, 47, 48, 50, 51, 58, 59, 60a bis 60d, 61 und 61c UrhG privilegiert sind. Werden ganze Sprachwerke oder ganze Werke der Musik vervielfältigt oder verbreitet, ist nach Abs. 1 S. 2 zusätzlich zur allgemeinen Quellenangabe der **Verlag**, in dem das Werk erschienen ist, zu nennen. Zudem müssen vorgenommene Kürzungen oder Änderungen kenntlich gemacht werden. Wird die Quelle nicht gekürzt oder geändert, muss ein Hinweis erfolgen, dass es sich um eine **ungekürzte Fassung** oder die **Originalfassung** handelt.

2. Wegfall der Pflicht zur Quellenangabe

12 Der Nutzer ist nach Abs. 1 S. 3 von der Pflicht zur Quellenangabe befreit, wenn ihm die Quelle **unbekannt** ist. Dies kann sich daraus ergeben, dass sie

auf den benutzten Werkstücken oder sonstigen Materialien **nicht angegeben** ist oder er sich nicht anderweitig Kenntnis von der Quelle verschaffen konnte. Der Nutzer darf nicht untätig bleiben. Ihm obliegt die Pflicht, sich im Rahmen des Zumutbaren zu **bemühen**, die Quelle zu erfahren und dafür ggf. Recherchetätigkeiten aufzunehmen (Dreier/Schulze/*Dreier*[5] Rn. 18; Schricker/Loewenheim/*Dietz/Spindler*[4] Rn. 17; BeckOK UrhR/*Engels*[16] Rn. 30). Der Nutzer kann sich hier – im Gegensatz zu Abs. 2 – auch nicht auf eine entgegenstehende Verkehrssitte berufen (OLG Hamburg GRUR 1970, 38, 40 – *Heintje*; OLG Hamburg GRUR 1974, 165, 167 – *Gartentor*). Der Nutzer darf sich seiner Verpflichtung zur Quellenangabe auch nicht bewusst verschließen (OLG Hamburg GRUR 1970, 38, 40 – *Heintje*; OLG Hamburg GRUR 1974, 165, 167 – *Gartentor*). Verweisen kann der Nutzer auch nicht auf eine entgegenstehende **Branchenübung**, die die Nennung der Quelle nicht erforderlich macht.

IV. Quellenangabe bei öffentlicher Wiedergabe (Abs. 2)

1. Quellenangabe bei bestehender Verkehrssitte (Abs. 2 S. 1)

Die Quellenangabe ist nach Abs. 2 S. 1 bei der **öffentlichen Wiedergabe** eines Werkes nur erforderlich, wenn die bestehende **Verkehrssitte** dies erfordert. Eine solche Verkehrssitte ist zu bejahen, wenn es der allgemeinen Übung unter loyalen, den Belangen des Urhebers mit Verständnis gegenübertretenden, billig und gerecht denkenden Benutzern entspricht. Die Verkehrssitte muss zweifelsfrei bestehen. Lässt sich diese nicht mit Sicherheit feststellen, besteht keine Verpflichtung zur Quellenangabe. Beseitigt wird die Verkehrssitte noch nicht durch die Nachlässigkeit einzelner oder auch vieler Benutzer.   **13**

Einzelfälle: Bei Einblendung von Fotografien oder Filmausschnitten in **Fernsehsendungen** besteht Verkehrssitte zur Quellenangabe (LG Berlin GRUR 2000, 797, 798 – *Screenshots* für Lichtbilder; LG Stuttgart ZUM 2003, 156, 157 für die Wiedergabe eines Ausschnitts aus der „Tagesschau"; a. A. LG München I FuR 1984, 475, 477 – *Monitor* für Wiedergabe eines Werbeprospekts in Sendung); bei der Wiedergabe auf Webseiten (§ 19a) entspricht die Quellenangabe wegen der Vergleichbarkeit mit der Vervielfältigung ebenfalls der Verkehrssitte; anders dagegen Theateraufführungen und öffentliche Reden.   **14**

2. Quellenangabe in Sonderfällen (Abs. 2 S. 2)

Unabhängig vom Bestehen einer Verkehrssitte ist für die Fälle der privilegierten Nutzung in §§ 46, 48, 51 und 52a die Angabe der Quelle Pflicht, es sei denn, dies ist **unmöglich**. Wann die Quellenangabe unmöglich ist, kann unter Rückgriff auf die Kriterien nach Abs. 1 S. 3 für die ungenannte und unbekannte Quelle ermittelt werden (Schricker/Loewenheim/*Dietz/Spindler*[4] Rn. 18a; HK-UrhR/*Dreyer*[3] Rn. 16). Die Unmöglichkeit der Quellenangabe kann sich auch aus technischen oder anderen praktischen Gründen ergeben. Insbesondere kann die Angabe der Quelle auch nur **teilweise unmöglich** sein, z. B. wenn nur die Angabe des Urhebers unmöglich ist. In solchen Fällen entfällt die Pflicht zur Quellenangabe nicht vollständig, sondern bleibt im Rahmen des Möglichen bestehen. Genannt werden müssen dann Titel oder Publikationsorgan. Nach Ansicht des EuGH sei die Quellenangabe bei Fahndungsfotos zu Zwecken der **öffentlichen Sicherheit** nicht erforderlich. Für nachfolgende Veröffentlichungen zu Zwecken des Zitats genüge die Angabe der Quelle ohne Nennung des Urhebers (EuGH GRUR 2012, 166 Tz. 139 ff. – *Painer/Standard*).   **15**

V. Angabe der Zeitung und des Sendeunternehmens (Abs. 3)

Abs. 3 regelt die Quellenangabe für den Anwendungsbereich des § 49, also für Tagesinteressen dienende Zeitungsartikel und Rundfunkkommentare. Neben   **16**

dem Urheber sind auch die Zeitung bzw. das Informationsblatt oder das Sendeunternehmen zu nennen (Beispiel: „*Peter Müller*, FAZ v. 16.10.2007"). Dies
ist keine zusätzliche Voraussetzung, sondern entspricht bereits den allgemeinen
Anforderungen an die Quellenangabe (vgl. Rn. 8 f.). Für gesendete Rundfunkkommentare gilt, dass diese nicht unter Abs. 2 fallen (vgl. Rn. 13 f.) und somit
immer die Angabe der Quelle enthalten müssen, unabhängig vom Bestehen der
Verkehrssitte.

17   Beim Abdrucken des Zeitungsartikels ist die ursprüngliche Quelle anzugeben,
also diejenige, bei dem der Artikel erstmalig erschienen ist. Weitere spätere
Veröffentlichungen, die in der Zeitungsbranche üblich sind, bleiben außer Betracht.

18   Bei Rundfunkkommentaren erfordert die Quellenangabe die Nennung des Urhebers sowie der Sendung (a. A. LG Stuttgart ZUM 2003, 156, 157, wonach
aufgrund der Bekanntheit der Sendung die Angabe der Sendung und des Sende-
datums ausreichten).

VI. Rechtsfolgen bei Verletzung

19   Ein Verstoß gegen die Pflicht zur Quellenangabe führte nach weit verbreiteter
Auffassung noch nicht zur Unzulässigkeit der Werknutzung insgesamt, wenn
und solange die Voraussetzungen der Urheberrechtsschranken im Übrigen eingehalten sind (OLG Hamburg GRUR 1974, 38, 40 – *Heintje*; ebenso Dreier/
Schulze/*Schulze*[5] Rn. 30; Wandtke/Bullinger/*Bullinger*[4] Rn. 31 und unsere
10. Aufl.). Der **Unterlassungs- und Beseitigungsanspruch** des Urhebers (§ 97
Abs. 1) beschränkt sich allein auf die **konkrete Form** der Benutzung ohne Quellenangabe. Die Nutzung ist solange zu unterlassen, bis die Quellenangabe nach
§ 63 erfolgt. Dagegen verweisen Schricker/Loewenheim/*Dietz/Spindler*[4] Rn. 20
auf Art. 5 Abs. 3 Info-RL, wonach die dort vorgesehenen Einschränkungen
des Urheberrechts teilweise nur unter der Voraussetzung der Quellenangabe
gestattet werden (vgl. Rn. 3), sodass bei Fehlen die Werknutzung insgesamt
unzulässig werde. Entsprechend geht der EuGH davon aus, dass die Anwendung des Zitatrechts nach Art. 5 Abs. 3 lit. d Info-RL voraussetzt, dass die
Quellenangabe erfolgt (EuGH GRUR 2012, 166 Tz. 149 – *Painer/Standard*).
Damit dürfte bei fehlender Quellenangabe die **Werknutzung insgesamt unzulässig** sein.

20   Daneben steht dem Urheber auch **Schadenersatz** zu. Ein materieller Schaden
lässt sich dabei meist kaum nachweisen, weshalb sich der Anspruch auf Naturalrestitution, d. h. eine Berichtigung bzw. nachträgliche Quellenangabe beschränkt (so OLG Hamburg GRUR 1970, 38, 40 – *Heintje*; OLG Hamburg
GRUR 1974, 165, 166 – *Gartentor*; anders, wenn man mit Schricker/Loewen-
heim/*Dietz/Spindler*[4] Rn. 20 bei fehlender Quellenangabe die Werknutzung
insgesamt für unzulässig erachtet (vgl. Rn. 19); dann besteht Anspruch auf
materiellen Schadensersatz, meist in Form einer fiktiven Lizenzgebühr). § 97
Abs. 2 gewährt dem Urheber indes Anspruch auf Zahlung einer Geldentschädigung für den erlittenen **immateriellen Schaden**, wenn und sofern dies der Billigkeit entspricht. Nach OLG Hamburg GRUR 1974, 165, 166 – *Gartentor* sei
dies nur der Fall, wenn die Beeinträchtigung schwerwiegend war (ähnlich OLG
Hamburg GRUR 1993, 666, 667 – *Altersfoto*; Entschädigung ablehnend auch
Schricker/Loewenheim/*Dietz/Spindler*[4] Rn. 22; BeckOK UrhR/*Engels*[16]
Rn. 55). Diese restriktive Haltung trägt jedoch nicht dem Umstand Rechnung,
dass zahlreiche Tarifwerke insbesondere im Bereich der Fotografie und Kunst
(Übersicht vgl. § 32 Rn. 59) Zuschläge für den Fall fehlender Urheberbenen-
nung vorsehen. Die Zahlung einer Geldentschädigung erweist sich damit

durchaus als billig. Aus dem Umstand, dass im Anwendungsbereich des § 63 die Werknutzung aufgrund urheberrechtlicher Schranken zustimmungsfrei erfolgen kann, folgen keine Einschränkungen bei der Urheberbenennung und der Pflicht zur Quellenangabe (ähnlich Dreier/Schulze/*Schulze*[5] Rn. 31). Für eine großzügige Bemessung LG Berlin GRUR 2000, 797, 798 – *Screenshots* (Zuschlag in Höhe von 50% der üblichen Lizenzgebühr angemessen, LG Berlin v. 16.3.2000 – 16 S 12/99) sowie LG München I UFITA 52 (1969), 247, 251 – *Wenn die Elisabeth...* (ebenfalls Teil der üblichen Abdruckvergütung). Zum Schadensersatz bei fehlender Urheberbenennung vgl. § 13 Rn. 30 ff.; vgl. § 97 Rn. 101 ff.

VII. Prozessuales

Aufgrund der persönlichen Natur des Urheberbenennungsrechts kann im Regelfall nur der Urheber selbst die Rechte aus § 63 geltend machen. Zumindest ohne ausdrückliche Ermächtigung des Urhebers fehlt dem Verlag bzw. Verwerter die Aktivlegitimation, sofern nicht das Benennungsrechts des Verlags selbst betroffen ist (vgl. Rn. 11). **21**

Der Nutzer trägt die **Beweislast** für den **Wegfall der Pflicht** zur Quellenangabe. Er muss im Rahmen von Abs. 1 beweisen, dass die Quelle nicht angegeben und ihm deshalb nicht bekannt war. Ggf. muss er auch Beweis erbringen und konkrete Angaben zu seinen Recherchebemühungen machen durch Erläuterung, was er zu diesem Zweck und mit welchem Ergebnis unternommen hat (BeckOK UrhR/*Engels*[16] Rn. 43). **22**

Bestehen Zweifel, ob eine **Verkehrssitte** i. S. v. Abs. 2 S. 1 besteht, trägt der Urheber auch dafür die Beweislast. Der Nutzer ist ebenso dafür beweispflichtig, dass ihm die Quellenangabe nach Abs. 2 S. 2 **unmöglich** war. Dies hat er durch konkrete Angaben darzulegen (zustimmend Schricker/Loewenheim/*Dietz/Spindler*[4] Rn. 19). **23**

§ 63a   Gesetzliche Vergütungsansprüche

[1]Auf gesetzliche Vergütungsansprüche nach diesem Abschnitt kann der Urheber im Voraus nicht verzichten. [2]Sie können im Voraus nur an eine Verwertungsgesellschaft oder zusammen mit der Einräumung des Verlagsrechts dem Verleger abgetreten werden, wenn dieser sie durch eine Verwertungsgesellschaft wahrnehmen lässt, die Rechte von Verlegern und Urhebern gemeinsam wahrnimmt.

Übersicht

I. Allgemeines

1. Bedeutung, früheres Recht und Geltungszeitraum

1 Die Vorschrift soll dafür sorgen, dass gewisse den Urheber zugewiesene Vergütungsansprüche tatsächlich ihnen zukommen und nicht durch Abtretung an Verwerter leer laufen (FrakE UrhVG 2002 – BT-Drs. 14/6433, S. 13, 14, zu § 29 Abs. 3, der § 63a entsprach und RegE UmsG Enforcement-RL – BT-Drs. 16/1828, S. 31 f.). Sie war in den ersten Entwürfen § 29 Abs. 3 zugeordnet und erst im Laufe des Gesetzgebungsverfahrens aus systematischen Gründen dem 6. Abschnitt eingegliedert worden, um klarzustellen, dass sie sich nicht auf den quasi-vertraglichen Anspruch nach § 32, sondern nur auf gesetzliche Vergütungsansprüche gemäß §§ 44a ff. bezieht (BeschlE RAusschuss UrhVG 2002 – BT-Drs. 14/8058, S. 21).

2 Die Norm wurde mit Wirkung zum 1. Juli 2002 (durch das UrhVG 2002 [BGBl. I Tz. 1155]) eingeführt und 2007 (BGBl. I S. 2513) mit Wirkung zum 1. Januar 2008 durch Einfügung des letzten Hs. zu S. 2 novelliert, nachdem es mit der VG Wort und der GEMA um die in deren Verteilungsplänen angeordneten Beteiligung der Verlage an den eingenommenen Vergütungen nach §§ 44a ff. zum Streit gekommen war (in der VG-Wort-Sache rechtskräftig entschieden durch: BGH GRUR 2016, 596 – *Verlegeranteil*; in der GEMA-Sache: KG GRUR-RR 2017, 94 – *Musikverlegeranteil*, zu beiden ausführlich unten bei Rn. 14). Die Novelle schien zunächst wieder die bereits vor Inkrafttreten des § 63a praktizierte Teilhabe der Verleger im Wege der Verteilungspläne (in der Begr RegE UmsG Enforcement-RL – BT-Drs. 16/1828, S. 31 f. , heißt es, ein Ausschluss der Verleger von dieser Teilhabe hätte nicht den Intentionen des Gesetzgebers bei Einführung des § 63a entsprochen) zu gewährleisten, bevor der BGH durch die Entscheidung *Verlegeranteil* deutlich machte, dass sie abermals nicht ausreichte, dieses Ziel zu erreichen (Rn. 80 der Entscheidung). Mit einer Änderung des gerade erst in Kraft getretenen VGG (durch Gesetz vom 20.12.2016 mit Wirkung zum 24.12.2016) wurden §§ 27 Abs. 2, 27a VGG neu eingefügt, die lauten:

§ 27 Verteilungsplan
(1) (...)
(2) Nimmt die Verwertungsgesellschaft Rechte für mehrere Rechtsinhaber gemeinsam wahr, kann sie im Verteilungsplan regeln, dass die Einnahmen aus der Wahrnehmung dieser Rechte unabhängig davon, wer die Rechte eingebracht hat, nach festen Anteilen verteilt werden.

§ 27a Einnahmen aus gesetzlichen Vergütungsansprüchen des Urhebers
(1) Nach der Veröffentlichung eines verlegten Werks oder mit der Anmeldung des Werks bei der Verwertungsgesellschaft kann der Urheber gegenüber der Verwertungsgesellschaft zustimmen, dass der Verleger an den Einnahmen aus den in § 63a Satz 1 des Urheberrechtsgesetzes genannten gesetzlichen Vergütungsansprüchen beteiligt wird.
(2) Die Verwertungsgesellschaft legt die Höhe des Verlegeranteils nach Absatz 1 fest.

Parallel dazu hat die EU-Kommission am 14.9.2016 den Entwurf einer „Richtlinie über das Urheberrecht im digitalen Binnenmarkt" vorgelegt (COM(2016) 593 final, abrufbar unter: http://eur-lex.europa.eu/legal-content/DE/TXT/PDF/?uri=CELEX:52016PC0593&from=EN , zuletzt abgerufen am 2.7.2017), in dessen Art. 12 die ausdrückliche Befugnis von Mitgliedsstaaten vorgesehen ist, für den Fall, dass ein Urheber einem Verleger ein Recht übertragen oder diesem eine Lizenz erteilt hat, dem Verleger einen Anteil am Ausgleich für die Nutzungen des Werkes zu gewähren, die im Rahmen einer Ausnahme oder Beschränkung in Bezug auf das übertragene oder lizenzierte Recht erfolgt sind. Zuvor hatte der EuGH in Sachen *Hewlett-Packard Belgium SPRL/Reprobel SCRL* (GRUR 2016, 55, Rn. 48) Verlegern einen solchen Ausgleich nach Art. 5 Abs. 2 Buchst. a und Art. 5 Abs. 2

Buchst. b der Info-RL (2001/29/EG) verweigert, weil Verleger nicht zu den „Inhabern des Vervielfältigungsrechts" i. S. d. Richtlinie zählten.

Auf Verträge und sonstige Sachverhalte, die vor dem 1.7.2002 geschlossen **3** worden oder entstanden sind, bleiben gemäß § 132 Abs. 3 die Vorschriften des UrhG in der am 28.3.2002, also vor Inkrafttreten der damaligen Gesetzesnovelle, geltenden Fassung weiter anzuwenden. In dieser Fassung des Gesetzes existierte keine allgemeine Vorschrift mit dem Regelungsgehalt des § 63a, jedoch fanden sich in einer Reihe von Vorschriften ausdrückliche Unverzichtbarkeitsregeln und Abtretbarkeitsbeschränkungen (so in §§ 20b Abs. 2, 26 Abs. 1, 27 Abs. 1, 137e Abs. 2 und 3). Aufgrund der besonderen Fassung der Übergangsregelung in § 132 Abs. 3 bleibt eine nach damaligem Recht zulässige vertragliche Abtretung oder ein vertraglicher Verzicht aus der Zeit vor dem 1.7.2002 wirksam, und zwar auch im Hinblick auf künftige Ansprüche. Da nämlich für den Altvertrag das alte Recht auf unbestimmte Zeit bestehen bleibt, kann auch hinsichtlich künftiger Ansprüche der erst später eingefügte § 63a nicht zum Zuge kommen. Solche Verträge sind mithin auch in Zukunft so zu behandeln, als existiere § 63a nicht. Ob anspruchsbegründende Sachverhalte (also Nutzungshandlungen, die eine Vergütungsforderung begründen) erst nach dem 1.7.2002 entstehen, ist angesichts dessen nicht mehr von Belang (wie hier: Schricker/*Schricker*[3] § 63a Rn. 5; a. A. Dreier/Schulze/*Schulze*[5] § 63a Rn. 2). Welche Auswirkungen die gerade zu vgl. Rn. 2 zitierte Rechtsprechung auf diese Rechtslage hat, ist bisher ungeklärt.

In seiner zum 1.1.2008 geänderten Form ist § 63a erst ab diesem Zeitpunkt **4** wirksam und insbesondere nicht auf Sachverhalte anwendbar, die vor Inkrafttreten lagen. Alle Verträge zwischen dem 1.7.2002 und dem 31.12.2007 sind also weiterhin nach der damals geltenden Fassung des 63a zu beurteilen.

2. Begünstigte der Vorschrift

a) Urheber: Direkt gilt die Vorschrift, wie sämtliche Regelungen des Teil 1, nur **5** für Urheber. Allerdings ist sie auf eine Reihe verwandter Schutzrechte entsprechend anzuwenden (auf wissenschaftliche Ausgaben, § 70 Abs. 1, Lichtbilder, § 72 Abs. 1, ausübende Künstler und Veranstalter, § 83, Tonträgerhersteller, § 85 Abs. 4, Sendeunternehmen, § 87 Abs. 4, Filmhersteller, § 94 Abs. 4, Laufbilder, § 95 – übrigens nicht auf nachgelassene Werke, § 71). Damit gelangen nach dem klaren Wortlaut des Gesetzes auch unternehmensbezogene Leistungsschutzrechte in den Schutzbereich der Vorschrift (a. A. Dreier/Schulze/*Schulze*[5] § 63a Rn. 9 unter Hinweis darauf, dass in diesen Fällen die Abtretbarkeit gewollt sei, weil auch § 27 Abs. 1 in § 94 Abs. 4 von den Verweisungen ausgenommen sei – gleiches gilt übrigens auch für § 85 Abs. 4). Nach der klaren Entscheidung des EuGH in Sachen *Reprobel* (GRUR 2016, 55, Rn. 48) und des BGH in Sachen *Verlegeranteil* (BGH GRUR 2016, 596 Rn. 56) umfasst der Begriff „Rechtsinhaber" im Sinne von Art. 5 Abs. 2 Buchst. a und b der Info-RL allein die originären Rechtsinhaber, **also nicht die Verleger.**

b) Inhaber verwandter Schutzrechte: Da die verwandten Schutzrechte der Ton- **6** trägerhersteller (§ 85 Abs. 2 S. 1), Sendeunternehmen (§ 87 Abs. 2 S. 1) und Filmhersteller (§ 94 Abs. 2 S. 1) insgesamt übertragbar sind, stellt sich die Frage nach dem Verhältnis der gesetzlich vorgesehenen Gesamtübertragbarkeit und der von § 63a angeordneten beschränkten Abtretbarkeit der Vergütungsansprüche. Zur Situation bei ausübenden Künstlern vgl. § 79 Rn. 9 ff.

Anders als in § 79 Abs. 1, der lediglich die „Rechte und Ansprüche" aus **7** §§ 77 und 78 für übertragbar erklärt (zu näheren Erläuterungen vgl. § 79 Rn. 32 ff.), ist bei den Herstellerrechten die Übertragung „des Rechts" an sich vorgesehen.

8   Dies spricht dafür, dass im Bereich der Herstellerrechte die Übertragung des Gesamtrechts dem § 63a vorgeht. Der Erwerber des Gesamtrechts erhält also das
Stammrecht einschließlich der daraus erwachsenden Vergütungsansprüche. Damit reduziert sich die entsprechende Anwendung des § 63a darauf zu regeln, dass
die Vergütungsansprüche nicht als solche verkehrsfähig, also übertragbar oder
verzichtbar sind (generell wird die Anwendung des § 63a auf Hersteller als nicht
systemkonform angesehen, mit unterschiedlichen Folgerungen; wie hier: Schri-
cker/*Vogel*[3] § 85 Rn. 51 – sogar im Sinne gänzlicher Unanwendbarkeit des § 63a;
a. A. Schricker/*Schricker*[3] § 63a Rn. 5; Dreier/Schulze/*Schulze*[5] § 63a Rn. 9, § 85
Rn. 44; s. zu den Einzelheiten *Schaefer* FS Wandtke S. 251, 255).

3. Geltung bei Sachverhalten mit Auslandsberührung

9   Ob § 63a zwingend auch dann anzuwenden ist, wenn ein Vertrag nicht deutschem Vertragsstatut unterliegt, ist außerordentlich umstritten (stellvertretend
für den Streitstand: wohl für eine Anwendung des § 63a auf solche Sachverhalte,
wenn auch ohne ausdrückliche Nennung von § 63a: Schricker/*Katzenberger*[3] vor
§§ 120 ff. Rn. 150 ff, 166 m. w. N.; gegen eine Anwendung von § 63a: Stellungnahme des DPMA als Aufsichtsbehörde über die Verwertungsgesellschaften vom
15.1.2007, S. 26, Fundstelle vgl. Rn. 2). Hier muss differenziert werden: Während sich wohl die beschränkte Abtretbarkeit nach § 63a bei Urhebern und ausübenden Künstlern stets durchsetzt, weil die Übertragbarkeit von Rechten nach
dem Recht des Schutzlands zu bestimmen ist (dazu vgl. Vor §§ 120 ff. Rn. 65, 73),
wäre sie hinsichtlich der gerade genannten unternehmensbezogenen Schutzrechte
unangebracht, für die sogar nach deutschem Recht, wie gerade dargestellt, bestimmte Fälle denkbar sind, in denen die Vorschrift nicht zum Tragen kommt (vgl.
§ 79 Rn. 11). Jedenfalls in einem Rahmen, der dem in Rn. 8 beschriebenen ähnelt, wäre hier also ein Übergang wirksam.

10 S. 2 ordnet kein Abtretungsverbot an, sondern eine bedingte Abtretbarkeit (vgl.
Rn. 18). Nach dem oben (vgl. Rn. 2) dargestellten Sinn der Neufassung des
S. 2 muss davon ausgegangen werden, dass es bei Abtretungen an Verlage nach
ausländischem Vertragsstatut nunmehr ausreicht, wenn die Ansprüche des Autors (bzw. der übrigen Berechtigten, vgl. Rn. 5) in Deutschland irgendwie über
den Verlag in eine Verwertungsgesellschaft gelangen, also entweder durch direkte Mitgliedschaft des betreffenden Verlages oder im Wege von Subverlagsverträgen, da nach der Vorschrift eine eigene Mitgliedschaft des Autors nicht
erforderlich ist (vgl. Rn. 22). Ebenso stünde es der Wirksamkeit nicht entgegen,
wenn die betreffenden Ansprüche im Ausland an eine dortige Verwertungsgesellschaft zur Wahrnehmung gegeben werden, solange diese die Anforderungen
des § 63a erfüllt (Rechtewahrnehmung für Verleger und Urheber). In solchen
Fällen werden sogar meist Gegenseitigkeitsverträge mit der entsprechenden
deutschen Verwertungsgesellschaft bestehen. In solchen Fällen muss die deutsche Verwertungsgesellschaft ihrer ausländischen Verwertungsgesellschaft den
auf dieses Repertoire entfallenden Betrag insgesamt auskehren, verbunden mit
dem Hinweis, dass die Erträge ausschließlich für den Autor angefallen sind.
Die Verteilung obliegt jedoch der einbringenden ausländischen Körperschaft
(Verleger oder Verwertungsgesellschaft), soweit der Autor nicht selbst Mitglied
der deutschen Verwertungsgesellschaft ist (s. a. vgl. Rn. 22).

II. Tatbestand

1. Betroffene Vergütungsansprüche

11 **a) Bei Urhebern:** Hinsichtlich Urheberrechten bezieht sich die Vorschrift ausschließlich auf gesetzliche Vergütungsansprüche nach dem 6. Abschnitt des 1.
Teils, also auf die §§ 44a bis 63a. Das Urheberrechtsgesetz kennt eine Reihe
weiterer Vergütungsansprüche außerhalb dieses Abschnitts, die mithin nicht

von der Vorschrift betroffen sind. Die meisten dieser Vorschriften enthalten ihrerseits eine Unverzichtbarkeitsklausel sowie die Beschränkung der Vorausabtretbarkeit, wie in §§ 20b Abs. 2, 26 Abs. 1, 27 Abs. 1, 137e Abs. 2 und 3. Anderes gilt für § 26 Abs. 1 und § 27 Abs. 2 (insoweit gelten nur die Ausübbarkeitsregeln der § 26 Abs. 5 bzw. § 27 Abs. 3) und § 137 Abs. 3 sowie § 137f Abs. 3. Ebenfalls nicht vom Regelungsbereich des § 63a umfasst sind die Vergütungsansprüche nach §§ 32 und 32a.

b) Bei Inhabern verwandter Schutzrechte: Hinsichtlich verwandter Schutz- **12** rechte sind einige der wichtigsten gesetzlichen Vergütungsansprüche, nämlich die des ausübenden Künstlers gemäß § 78 Abs. 2, nicht von § 63a erfasst. Indes enthält § 78 Abs. 3 abermals eine dem § 63a ähnelnde Regelung. Weitere, ebenfalls nicht von § 63a erfasste Vergütungsansprüche der Inhaber verwandter Schutzrechte finden sich in § 137b Abs. 3 (bestimmte Ausgaben im Sinne der §§ 70 und 71), § 137c Abs. 3 (ausübende Künstler), § 137e Abs. 2 und 3 (ausübende Künstler), § 137f Abs. 3 S. 4 und Abs. 4 (sämtliche verwandte Schutzrechte), § 137j Abs. 4 S. 3 (Tonträgerhersteller).

2. Unverzichtbarkeit

Die Unverzichtbarkeit dient letztlich der Absicherung der beschränkten Abtret- **13** barkeit und soll insbesondere verhindern, dass bestimmte Gruppen von Produzenten im weitesten Sinne (Tonträger- oder Filmhersteller, Sendeunternehmen, Verlage) die mit ihnen verbundenen Urheber oder Künstler veranlassen, auf die Geltendmachung ihrer Ansprüche wenigstens zu verzichten, wenn sie schon nicht auf diese Hersteller übertragbar sind (i. d. S. RefE UrhVG vom 17. Mai 2001, S. 39; abrufbar auf www.urheberrecht.org/UrhGE-2000/download/GesetzEUrhVertrRefE_170501.pdf; zuletzt abgerufen am 4.7.2017). Nicht geregelt und damit weiterhin offen ist die Möglichkeit, dass sich der Berechtigte gegenüber einem Produzenten schuldrechtlich dazu verpflichtet, das Recht nicht in eine Verwertungsgesellschaft einzubringen (zur Möglichkeit einer solchen Vereinbarung, die § 399 2. Alt. BGB ausdrücklich eröffnet, MüKo BGB/ *Roth*[7] § 399 Rn. 33). Damit entfiele für den Berechtigten faktisch die Möglichkeit der Rechtsdurchsetzung (da Vergütungsansprüche regelmäßig sinnvoll nur durch eine Verwertungsgesellschaft administrierbar sind), so dass es nicht einmal darauf ankäme, ob anstelle des (unzulässigen) Verzichts eine schuldrechtliche Verpflichtung zur Nichtausübung zulässig wäre (dafür: Wandtke/Bullinger/ *Lüft*[4] § 63a Rn. 5; dagegen: Dreier/Schulze/*Schulze*[5] § 63a Rn. 10). Allerdings dürfte diese theoretische Möglichkeit in der Praxis regelmäßig daran scheitern, dass die Berechtigten ihre Rechte bereits im Wege der Vorausabtretung in eine Verwertungsgesellschaft eingebracht haben, so dass eine solche Verpflichtung auf eine für sie unmögliche Leistung gerichtet wäre (ggf. mit den Rechtsfolgen der §§ 275, 323 ff. BGB).

3. Beschränkte Vorausabtretbarkeit

a) Allgemeines: Regelungsgegenstand sind ausschließlich Vergütungsansprüche **14** des Berechtigten gegen Nutzer. Solche können vor ihrem Entstehen nur an eine Verwertungsgesellschaft abgetreten werden. Nach ihrem Entstehen wäre eine Abtretung ohne weiteres möglich, scheitert aber regelmäßig daran, dass die betreffenden Berechtigten bereits eine Vorausabtretung gegenüber einer Verwertungsgesellschaft vorgenommen haben dürften. Damit erzeugt die Vorschrift praktisch (und erwünschtermaßen) eine Konzentration der gesetzlichen Vergütungsansprüche bei den Verwertungsgesellschaften. Die Vorschrift ist im Blick auf Art. 5 Abs. 2 Buchst. a und b der Info-RL richtlinienkonform einschränkend dahin auszulegen, dass sie allein den Fall erfasst, in dem der Verleger die ihm vom Urheber im Voraus abgetretenen Vergütungsansprüche im Interesse des Urhebers von der Verwertungsgesellschaft wahrnehmen lässt

(BGH GRUR 2016, 596 Rn. 78 – *Verlegeranteil*). Ferner ist zu beachten, dass selbst eine solchermaßen zulässige Abtretung ins Leere läuft, wenn der Urheber bereits vor seinem Vertragsschluss mit dem Verleger der Verwertungsgesellschaft seine Vergütungsansprüche im Voraus abgetreten hat (a. a. O. Rn. 82).

15 Ausdrücklich nicht von der beschränkten Vorausabtretbarkeit erfasst (und zwar weder gemäß demjenigen nach § 63a noch nach denjenigen aus den oben dargestellten verwandten Vorschriften) sind die Ansprüche des Berechtigten gegen die Verwertungsgesellschaft, und zwar auf Ausschüttung des dem Berechtigten gemäß Verteilungsplan zustehenden Anteils aus dem Vergütungsaufkommen (BGH, GRUR 1964, 326, 332 – *Subverleger*). Hier handelt es sich nicht um gesetzliche Vergütungsansprüche, sondern um Ansprüche aus einem vertraglichen Treuhandverhältnis mit der Verwertungsgesellschaft, die grundsätzlich abtretbar sind, da dies keiner der gläubiger- oder schuldnerschützenden Bestimmungen des § 399 BGB widerspräche. Allerdings unterwerfen praktisch sämtliche Verwertungsgesellschaften in ihren Berechtigungs- oder Wahrnehmungsverträgen die Abtretung einem Zustimmungsvorbehalt bzw. dem Vorbehalt einer vorherigen Vereinbarung (z. B. GEMA in § 4, VG Wort in § 8 und VG BildKunst in § 7 ihrer jeweiligen Berechtigungs- bzw. Wahrnehmungsverträge). Eine generelle Vorausabtretung der Ausschüttungsansprüche an die Verleger in den Wahrnehmungsverträgen ist nicht zulässig, da sie im Ergebnis auf eine unzulässige Vorausabtretung von Vergütungsansprüchen hinausliefe und dazu führte, dass der Urheber die Vergütung für Vervielfältigungen seiner Werke entgegen den Vorgaben des Unionsrechts nicht unbedingt erhielte (BGH GRUR 2016, 596 Rn. 81 – *Verlegeranteil*).

16 **b) Bei Urhebern:** Mit der Neufassung zum 1.1.2008 ging es dem Gesetzgeber nicht zuletzt darum, den Verwertungsgesellschaften eine Grundlage für eine Beteiligung der Verlage bei der Verteilung zu schaffen (RegE UmsG Enforcement-RL – BT-Drs. 16/1828, S. 32). Angesichts der in vgl. Rn. 14 und 15 zitierten Ausführungen des BGH in Sachen *Verlegeranteil* ist diese Vorhaben gescheitert. Allerdings war die Gesetzesbegründung insoweit klarer als der Gesetzeswortlaut: Häufig werden die Ansprüche des Urhebers über die erste Alternative des § 63a S. 2, also ohne Zutun des Verlegers, in die Verwertungsgesellschaft fließen. Dass in solchen Fällen ebenfalls eine Beteiligung der Verleger an der Verteilung möglich bleiben soll, lässt sich nur der Gesetzesbegründung entnehmen, nicht dem Wortlaut der Vorschrift. Deshalb wundert es kaum, dass der BGH auch der Berufung auf die Gesetzesbegründung eine klare Absage erteilt hat, indem er ausführte, dass für die Auslegung eines Gesetzes allein der im Gesetzeswortlaut zum Ausdruck kommende objektivierte Wille des Gesetzgebers maßgeblich sei, nicht die subjektive Vorstellung der am Gesetzgebungsverfahren beteiligten Organe oder einzelner ihrer Mitglieder über die Bedeutung der Bestimmung (BGH GRUR 2016, 596 Rn. 69 – *Verlegeranteil*) – zumal eine solche Regelung, wie in vgl. Rn. 14 ausgeführt, nach Auffassung des BGH eine solche Regelung den Vorgaben des Unionsrechts widersprochen hätte (a. a. O. Rn. 70).

17 Da Verlegern, anders als z. B. Tonträger- oder Filmherstellern, Sendeunternehmen und Veranstaltern, keine originären Rechte zustehen (BGH GRUR 2016, 596 Rn. 56 – *Verlegeranteil*), kann es sich bei „Rechte von Verlegern" im Sinne des S. 2 stets nur um im Rahmen des Verlagsrechts abgetretene Rechte der Urheber handeln. Gemeint ist also, dass die Verwertungsgesellschaft mit Verlegern und Urhebern Wahrnehmungsverträge schließt.

18 Bei S. 2 handelt es sich um eine bedingte Beschränkung der (Voraus-) Abtretbarkeit. Fraglich ist deshalb, ob es sich um eine aufschiebende oder um eine auflösende Bedingung handelt, ob also der Verlag bereits zum Zeitpunkt des

Vertragsschlusses mit dem Urheber Wahrnehmungsberechtigter einer den Anforderungen des § 63a genügenden Verwertungsgesellschaft sein muss, damit die Abtretung überhaupt wirksam wird. Man wird die Vorschrift als aufschiebende Bedingung lesen müssen.

Nach dem Sinn der Vorschrift darf es nicht darauf ankommen, ob der Verleger **19** bereits zum Zeitpunkt der Abtretung einen Wahrnehmungsvertrag unterhielt, weil es bisweilen vom Zufall abhängt, in welcher Reihenfolge Verlags- und Wahrnehmungsverträge geschlossen werden. Zwar dürften in Deutschland die Verleger regelmäßig Wahrnehmungsverträge mit den betreffenden Verwertungsgesellschaften unterhalten (vor allem geht es hier um die VG Wort und die GEMA). Bei Verträgen mit Auslandsberührung müssen jedoch häufig erst nach Vertragsschluss mit dem Urheber durch Verträge mit ausländischen Lizenznehmern die Voraussetzungen für ein Inkasso der Vergütungsansprüche geschaffen werden, es sei denn, in dem betreffenden Land existiert eine Verwertungsgesellschaft, die den Anforderungen des § 63a entspricht.

Die aufschiebende Bedingung hat allerdings zur Folge, dass der Urheber gehin- **20** dert ist, die aufschiebend bedingt abgetretenen Rechte selbst in eine Verwertungsgesellschaft einzubringen, wenn der Verleger dies nicht tut, weil bis zum Eintritt der Bedingung die Abtretung lediglich schwebend unwirksam wäre. Nach der hier vertretenen Auffassung würde ferner die Abtretung lediglich schwebend unwirksam, wenn der Verlag den eigenen Wahrnehmungsvertrag mit der Verwertungsgesellschaft kündigt.

Wäre die Vorschrift demgegenüber als auflösende Bedingung zu lesen, könnte **21** zwar der Urheber nach Eintritt der Bedingung (sie träte ein, falls der Verlag – noch – keinen Wahrnehmungsvertrag mit einer Verwertungsgesellschaft unterhält) ohne weiteres über die Ansprüche anderweitig verfügen. Gerade bei den erwähnten Sachverhalten mit Auslandsberührung wäre jedoch die Situation regelmäßig unüberschaubar und könnte zu dem unerwünschten Ergebnis führen, dass die Vergütungsansprüche in Deutschland weder für den Verleger, noch für den Urheber wahrgenommen werden.

Interessanterweise muss nach dem Wortlaut von § 63a S. 2 nur der Verleger **22** einen Wahrnehmungsvertrag mit der Verwertungsgesellschaft geschlossen haben, nicht der Urheber, dem die Vergütungsansprüche zustehen. Falls der Urheber tatsächlich keinen Wahrnehmungsvertrag geschlossen (bzw. die Mitgliedschaft erworben) hat, muss gesondert nach Satzung, Verteilungsplan und Gegenseitigkeitsverträgen der jeweiligen Verwertungsgesellschaft geklärt werden, ob und auf welche Weise auch der Urheber an den ihm zustehenden Anteil gelangt. Auch bei deutschen Sachverhalten (deutsches Vertragsstatut des Verlagsvertrags, Schutz des Autors nach deutschem Recht) wäre wohl selbst nach der Entscheidung *Verlegeranteil* des BGH (vgl. Rn. 14 ff.) eine Ausschüttung an den deutschen Verleger als Treuhänder seines selbst nicht bei der Verwertungsgesellschaft registrierten Autors, also zur Weitergabe an ihn, grundsätzlich zulässig. Sonst würde sein Einkommen zugunsten der übrigen Autoren verfallen. Dies widerspräche der vom BGH postulierten „Ergebnispflicht" zugunsten des Urhebers jedenfalls stärker als eine Auskehrung an den Verleger als Treuhänder seines Autors.

c) Bei Inhabern verwandter Schutzrechte: Ausweislich der Gesetzesbegründung **23** (Begr RegE UmsG Enforcement-RL – BT-Drs. 16/1828, S. 32) ist § 63a S. 2 2. Hs. ausschließlich auf Verleger, nicht auf Leistungsschutzberechtigte anwendbar. Dies hängt damit zusammen, das § 63a sich nur auf die Vergütungsansprüche nach dem 44a bis 63a bezieht, hinsichtlich derer alle Leistungsschutzberechtigte über autonome Ansprüche verfügen, die sie jeweils selbst in Verwertungsgesellschafen einbringen können. Sonstige Vergütungsansprüche, insbesondere solche nach § 78 Abs. 2 und den Beteiligungsanspruch des Tonträgerherstellers daran nach § 86 unterliegen ausschließlich § 79 (vgl. § 79 Rn. 9 ff., 36 ff.).

Abschnitt 7 **Dauer des Urheberrechts**

§ 64　Allgemeines

Das Urheberrecht erlischt 70 Jahre nach dem Tode des Urhebers.

Übersicht

I.　Allgemeines

1.　Bedeutung, Sinn und Zweck der Norm, systematische Stellung im Gesetz

1　Die Vorschrift normiert die **zeitliche Schranke** des Urheberrechts. Ebenso wie die anderen geistige Leistungen monopolisierenden Rechte ist auch das Urheberrecht endlich. Die Schutzfrist des Urheberrechts ist allerdings erheblich länger: Während die patentrechtliche Schutzfrist maximal 20 Jahre betragen kann und die Schutzdauer des eingetragenen Designs nicht über 25 Jahre hinausreicht, überlebt das Urheberrecht den Tod des Urhebers um immerhin 70 Jahre. Man spricht auch von einer **Schutzfrist von 70 Jahren** *post mortem auctoris*. Theoretisch unendlich ist lediglich das Markenrecht: Die eingetragene Marke kann beliebig oft nach Ablauf der 10-jährigen Schutzdauer für weitere 10 Jahre verlängert werden, die durch das MarkenG gewährten nicht-eingetragenen Kennzeichenrechte wie Firma, Werktitel oder nicht-eingetragene, verkehrsbekannte Marke sind so lange geschützt, wie sie im geschäftlichen Verkehr benutzt werden. Im Gegensatz zu den vorbenannten gewerblichen Schutzrechten beginnt die urheberrechtliche Schutzdauer immer mit der Schöpfung; es bedarf weder eines Aktes nach außen noch einer Anmeldung. Demgegenüber gelangen Patent, eingetragenes Design und eingetragene Marke nur zur Entstehung, wenn der Eintragung durch ein Amt eine Anmeldung vorausgegangen war (Ausnahme: Nicht-eingetragenes Gemeinschaftsgeschmacksmuster, Art. 11 GemGeschmMVO; vgl. Einl. UrhG Rn. 78 a. E.). Während man Patent, eingetragenes Design und eingetragenes Markenrecht in bestimmten Abständen aufrechterhalten oder verlängern lassen muss, um sich den Schutz zu erhalten –

beim Patent einmal pro Jahr, beim eingetragenen Design alle fünf Jahre und bei der Marke alle zehn Jahre – ist das Urheberrecht nicht verlängerbar; es beginnt mit der Schöpfung und endet 70 Jahre nach dem Tode des Urhebers, ohne dass es irgendwelcher Zwischenschritte bedürfte (s. BGH GRUR 2012, 910, 912 Tz. 20 – *Delcantos Hits*). Es ist auch kein zwischenzeitlicher Verlust möglich; der Urheber kann darauf während der Schutzdauer nicht verzichten (Einzelheiten vgl. § 29 Rn. 11 ff.) und es auch nicht durch unbedachte Handlungen verlieren. Demgegenüber sind Patent, eingetragenes Design und Marke nicht nur verzichtbar – die eingetragene Marke wird beispielsweise gem. § 48 Abs. 1 MarkenG durch Verzicht im Register gelöscht –, sondern können durch unbedachte Handlungen des Erfinders bzw. Urhebers von Anfang an nichtig oder unwirksam sein (Verlust der Neuheit durch Vorveröffentlichung) oder Erlöschen (beim Patent Versäumung der Einzahlung der Jahresgebühr, beim eingetragenen Design Nichtverlängerung nach jeweils fünf Jahren).

Die begrenzte Schutzdauer dient dem Ausgleich zwischen dem Verwertungsinteresse (und den ideellen Interessen) des Urhebers auf der einen Seite und den Interessen der Allgemeinheit an einem freien Zugang zum Werk auf der anderen Seite, indem es dem Urheber ein zeitlich begrenztes ausschließliches Verwertungsrecht einräumt, das ihm die Erwirtschaftung der Herstellungskosten und eines Gewinnes ermöglicht und nach dessen Ablauf den freien Zugang der Allgemeinheit zum Werk ermöglicht (OLG München GRUR-RR 2009, 307, 308 – *Der Seewolf*; *Schulze* ZUM 2009, 93, 94; Wandtke/Bullinger/*Lüft*⁴ Rn. 1). **1a**

Im **internationalen Vergleich** markierte die deutsche Schutzfrist lange Zeit das **2** höchste Niveau. Inzwischen sind die Urheberrechtsgesetze in den Mitgliedsländern der Europäischen Union auf entsprechendem Niveau harmonisiert (vgl. Rn. 6) und auch die USA haben sich der Schutzfrist von 70 Jahren post mortem auctoris angeschlossen. Trotz der Mindestvorgabe von 50 Jahren post mortem auctoris durch Art. 7 Abs. 1 RBÜ und die für bestimmte Werkarten vorgesehenen Einschränkungen (vgl. Rn. 7), kann sich die Schutzfrist von 70 Jahren post mortem auctoris damit zum weltweiten Standard entwickeln.

2. Früheres Recht

Das preußische „Gesetz zum Schutz des Eigentums an Werken der Wissenschaft **3** und Kunst gegen Nachdruck und Nachbildung" vom 11.6.1837 und ihm folgend das „Gesetz betreffend das Urheberrecht an Schriftwerken, Abbildungen, musikalischen Kompositionen und dramatischen Werken" des Norddeutschen Bundes vom 11.6.1870, das Gesetz vom 9.1.1876 betreffend das „Urheberrecht an Werken der bildenden Künste" sowie die beiden unmittelbaren Vorläufergesetze des UrhG „Gesetz betreffend das Urheberrecht an Werken der Literatur und der Tonkunst" vom 19.6.1901 (LUG) und das „Gesetz betreffend das Urheberrecht an Werken der bildenden Künste und der Photographie" vom 9.1.1907 (KUG) sahen jeweils eine Schutzdauer von 30 Jahren post mortem auctoris vor. Nachdem in Deutschland fast 100 Jahre diese 30-jährige Schutzdauer gegolten hatte, erfolgte durch das Gesetz zur Verlängerung der Schutzfristen im Urheberrecht vom 13.12.1934 (abgedr. bei *Marcel Schulze*, Mat. UrhG S. 312) eine Verlängerung auf 50 Jahre post mortem auctoris; gem. § 2 Abs. 1 des Verlängerungsgesetzes kamen alle die Werke in den Genuss der verlängerten Schutzdauer, die bei Inkrafttreten des Gesetzes noch urheberrechtlich geschützt waren. Eine **Verlängerung** der Schutzdauer **auf 70 Jahre** post mortem auctoris war im Regierungsentwurf vom 23.3.1962 noch nicht vorgesehen, weil man dies nicht für gerechtfertigt hielt (RegE UrhG 1962 – BT-Drs. IV/270. S. 78 f.). Erst der Bundestag hat sie auf Vorschlag des Rechtsausschusses eingeführt, und zwar aufgrund der gestiegenen allgemeinen Lebenserwartung, die zur Folge gehabt hat, dass immer häufiger bei Ablauf der 50-jährigen Schutzfrist noch nahe Angehörige des Urhebers lebten, denen der Gesetzgeber die Einnahmen aus der Werknutzung nicht entziehen wollte. Ferner wollte der Bundestag zugleich einen gewissen Ausgleich für die Streichung einer von den Urhebern geforderten Urhebernachfolgevergütung schaffen (RAusschuss UrhG 1962 – BT-Drs. IV/3401 S. 12). In der **DDR** galt gem. § 33 Abs. 1 UrhG-DDR eine Schutzfrist von 50 Jahren post mortem auctoris (zur Übergangsregelung nach dem Einigungsvertrag vgl. Rn. 15). Die historische Entwicklung der Schutzfrist ist ausführlich dargestellt bei Schricker/Loewenheim/*Vogel*[5] Einleitung Rn. 108–146 (Geschichte des Urheberrechts), Schricker/Loewenheim/*Katzenberger/Metzger*[5] Rn. 56–59 (speziell Entstehungsgeschichte von § 64) und Dreier/Schulze/*Dreier*[5] Vor §§ 64 ff. Rn. 8 ff.

4 Für **Lichtbildwerke** bestimmte § 68 n. F. zunächst eine Verkürzung der Schutzfrist auf 25 Jahre seit dem Erscheinen; die Vorschrift wurde durch das 3. ÄndG 1995 aufgehoben (zur Entwicklung der Schutzfristen bei Lichtbildwerken vgl. Rn. 16). § 64 Abs. 2 a. F., der für **nicht-veröffentlichte Werke**, die zwischen dem 60. Jahr und dem Ablauf der Schutzfrist veröffentlicht wurden, eine zusätzliche Schutzfrist von 10 Jahren nach der Veröffentlichung vorsah, wurde ebenfalls durch das 3. ÄndG 1995 gestrichen. Diese Korrektur war nötig geworden, nachdem das ProdPiratG von 1990 die ursprünglich gleiche Schutzfrist von 10 Jahren für die Erstveröffentlichung nachgelassener Werke nach Schutzfristablauf in § 71 Abs. 3 auf 25 Jahre heraufgesetzt hatte, mit der Folge, dass die Schutzfristen je nach dem Zeitpunkt der Erstveröffentlichung kurz vor oder kurz nach Ablauf der Schutzfrist von 70 Jahren post mortem auctoris um volle 15 Jahre voneinander differierten, ohne dass dafür ein sachlich gerechtfertigter Grund erkennbar war. Außerdem schloss Art. 1 Abs. 1 Hs. 2 Schutzdauer-RL jede auch nur als Ausnahme gestaltete Anknüpfung an den Zeitpunkt der Veröffentlichung für die Regelschutzdauer aus (RegE 3. ÄndG – BT-Drs. 13/781, S. 8 f.; s. a. *Axel Nordemann/Mielke* ZUM 1996, 214).

5 Zum Schutz älterer Werke und zum Übergangsrecht vgl. Rn. 15.

3. EU-Richtlinien

6 Nachdem Art. 8 der Software-RL noch eine Harmonisierung der Schutzdauer für Computerprogramme von 50 Jahren post mortem auctoris unter ausdrücklicher Erlaubnis der Gewährung längerer Schutzfristen durch die Mitgliedsstaaten vorgesehen hatte, ist die Schutzfrist für Werke der Literatur und Kunst im Sinne von Art. 2 RBÜ einschließlich der Computerprogramme durch die Schutzdauer-RL und ihren Art. 1 **einheitlich auf 70 Jahre post mortem auctoris** harmonisiert worden. Diese Harmonisierung ist ein Mindest- und Maximalschutz zugleich (Walter/*Walter* Vor Art. 1 Schutzdauer-RL Rn. 3), d. h. die einzelnen Mitgliedsländer können davon weder nach oben noch nach unten abweichen. Die Schutzdauer-RL weicht damit von der Mindest-Schutzfrist von Art. 7 RBÜ deutlich nach oben ab und führt zu einer Harmonisierung auf dem hohen deutschen Schutzniveau (vgl. Rn. 2), um die harmonische Entwicklung der literarischen und künstlerischen Kreativität in der Gemeinschaft zu fördern und durch unterschiedliche Schutzfristen bestehende Hindernisse für den freien Waren- und Dienstleistungsverkehr zu beseitigen (ErwG 11 und 2 Schutzdauer-RL). Die Harmonisierung erfolgt aber nicht nur für die Regelschutzfrist selbst, sondern auch für in Miturheberschaft geschaffene Werke sowie Filmwerke, anonyme und pseudonyme Werke, Lieferungswerke und den Berechnungsbeginn der Schutzdauer (Art. 1, 2 und 8 Schutzdauer-RL), die Schutzdauer bestimmter verwandter Schutzrechte (Art. 3 bis 5 Schutzdauer-RL) und schließlich auch für den Schutz der Lichtbildwerke (Art. 6 Schutzdauer-RL). Sie ordnet in Art. 7 Abs. 1 Schutzdauer-RL einen Schutzfristenvergleich für Werke an, deren Ursprungsland ein RBÜ-Staat, deren Urheber aber nicht Staatsangehöriger eines Mitgliedslandes der Europäischen Union ist (zum Prinzip des Schutzfristenvergleichs vgl. Rn. 8), lässt nationale Regelungen zu den Urheberpersönlichkeitsrechten unberührt, sodass die Mitgliedsländer für Urheberpersönlichkeitsrechte tatsächlich eine längere Schutzdauer als 70 Jahre post mortem auctoris festlegen können, beispielsweise durch Einrichtung eines ewigen *droit moral* (Walter/*Walter* Art. 9 Schutzdauer-RL Rn. 5) und enthält schließlich diverse Übergangsregeln, die für Deutschland umgesetzt wurden in § 137f (s. dort; Einzelheiten zu den Übergangsregelungen im Übrigen bei Walter/*Walter* Art. 10 Schutzdauer-RL Rn. 1 ff.).

Am 31.10.2011 trat die Schutzdaueränderungs-RL in Kraft, die sowohl die **6a** Schutzdauer von Werkverbindungen aus Text und Musik vereinheitlicht als auch eine Verlängerung der Schutzdauer der verwandten Schutzrechte des ausübenden Künstlers und des Tonträgerherstellers von 50 auf 70 Jahre nach Eintritt des für die Fristberechnung maßgeblichen Ereignisses (s. § 82 und § 85 Abs. 3) vorsieht, s. Art. 1 Schutzdaueränderungs-RL. So endet der Schutz einer Musikkomposition mit Text fortan 70 Jahre nach dem Tod des zuletzt versterbenden Musik- und/oder Texturhebers, s. Art. 1 Ziff. 1 Schutzdaueränderungs-RL. Die Verlängerung der Schutzdauer der verwandten Schutzrechte des ausübenden Künstlers und des Tonträgerherstellers ist in Art. 1 Ziff. 2 Schutzdaueränderungs-RL geregelt. Ihr liegt die Erwägung zugrunde, dass ausübende Künstler ihre Laufbahn regelmäßig sehr jung beginnen, sodass die 50-jährige Schutzdauer unter Umständen bereits zu Lebzeiten des Künstlers abläuft, wodurch diesem eine Einkommenseinbuße am Lebensende droht, s. ErwG 5 der RL. Die Verlängerung der Schutzfrist auf 70 Jahre ab dem fristauslösenden Ereignis, s. § 82, soll den ausübenden Künstlern demgegenüber ein lebenslanges Einkommen garantieren. In diesem Zusammenhang ist auch die erweiterte Schutzdauer des Tonträgerherstellerrechts zu sehen. Die Richtlinie enthält darüber hinaus noch begleitende Maßnahmen, die darauf abzielen, die rechtliche Position ausübender Künstler zu stärken, sowie einige Übergangsmaßnahmen (Einzelheiten vgl. Einl. UrhG Rn. 45a; kritisch zum Kommissions-Entwurf *Schulze* ZUM 2009, 93). Diese Vorgaben hatte der deutsche Gesetzgeber bis spätestens zum 1. November 2013 in innerstaatliches Recht umzusetzen, s. Art. 2 Abs. 1 Schutzdaueränderungs-RL. Die Umsetzung erfolgte durch das neunte Gesetz zur Änderung des Urheberrechtsgesetzes vom 5.7.2013 und trat am 6.7.2013 in Kraft (s. BGBl. 2013 Teil 1 S. 1940). Einzelheiten vgl. Rn. 12a, vgl. § 82 Rn. 6 ff. und vgl. § 85 Rn. 8, 62 ff.

4. Internationale Konventionen

Die **RBÜ** sieht in Art. 7 Abs. 1 eine Schutzdauer von 50 Jahren post mortem **7** auctoris vor; gem. Art. 7 Abs. 6 handelt es sich dabei um eine Mindestschutzdauer. Ausnahmen gelten jedoch für Filmwerke, Fotografien und Werke der angewandten Kunst: Für Filmwerke beträgt die Mindestschutzfrist gem. § 7 Abs. 2 lediglich 50 Jahre nach erstmaliger öffentlicher Zugänglichmachung (was Aufführung, Vorführung, Vortrag, Sendung oder sonstige Bekanntgabe an die Öffentlichkeit bedeutet; s. *Wilhelm Nordemann/Vinck/Hertin* Art. 7 RBÜ Rn. 2) bzw. Herstellung, sollten sie unveröffentlicht bleiben. Die Festlegung der Schutzdauer für Lichtbildwerke und Werke der angewandten Kunst muss gem. Art. 7 Abs. 4 mindestens 25 Jahre seit der Herstellung betragen. Die Mitgliedsländer des WIPO-Urheberrechtsvertrages haben sich jedoch in Art. 9 WCT dazu verpflichtet, die abweichende Mindestschutzdauer für Lichtbildwerke nicht anzuwenden. Mitglied des WCT sind beispielsweise die USA, nicht aber die meisten Mitgliedsländer der Europäischen Union. Für Letztere sind sämtliche Mindestschutzdauern in Art. 7 RBÜ aber ohnehin nicht mehr relevant, weil die Schutzdauer-RL die Schutzfrist auf einem höheren Niveau bei einheitlich 70 Jahre post mortem auctoris harmonisiert hat (vgl. Rn. 6); damit kommen auch die von der RBÜ gestatteten kürzeren Schutzfristen für Filmwerke, Lichtbildwerke und Werke der angewandten Kunst in den Mitgliedsländern der Europäischen Union nicht mehr zum Tragen. Die **TRIPS** verweisen in Art. 9 Abs. 1 auf die RBÜ unter Aufrechterhaltung auch der Ausnahmen für

Filmwerke, Lichtbildwerke und Werke der angewandten Kunst über Art. 12 TRIPS. Das WUA schließlich sieht eine Mindestschutzdauer von 25 Jahren post mortem auctoris vor (Art. IV Abs. 2a WUA), gestattet jedoch solchen Mitgliedsländern, die bei Inkrafttreten des Abkommens andere Schutzfristen und Schutzfristen-Berechnungsarten kannten, diese beizubehalten, sofern eine Schutzdauer von mindestens 25 Jahren seit der ersten Veröffentlichung oder einer ihr vorausgegangenen Registrierung gewährleistet wird (Art. IV Abs. 2 WUA); das WUA sieht für Werke der Fotografie und Werke der angewandten Kunst eine kürzere Mindestschutzfrist von 10 Jahren vor (Art. IV Abs. 3 WUA).

8 Im internationalen Urheberrecht von besonderer Bedeutung ist der sogenannte **Schutzfristenvergleich**. Er bedeutet, dass die Vertragsstaaten die Werke ausländischer Urheber nicht länger schützen müssen als die Schutzdauer der Werke des ausländischen Urhebers im Ursprungsland beträgt (Art. 7 Abs. 8 RBÜ und darauf verweisend Art. 9 Abs. 1 TRIPS [der Schutzfristenvergleich ist gem. Art. 4 lit. b TRIPS von der Meistbegünstigung ausgenommen] sowie Art. IV Abs. 4 WUA). Der Schutzfristenvergleich ist wegen des Diskriminierungsverbotes innerhalb der EU nicht anwendbar (EuGH GRUR Int. 1994, 53, 55 f. Tz. 28 ff. – *Phil Collins*), was allerdings infolge der Harmonisierung der Schutzfristen durch die Schutzdauer-RL jedenfalls im Bereich der Urheberrechte ohnehin gewährleistet ist. Vgl. Einl. UrhG Rn. 40 und 58 f. und vgl. Vor §§ 120 ff. Rn. 14 ff.

9 Zu beachten ist ferner, dass das **Deutsch-Amerikanische Urheberrechtsabkommen von 1892** US-amerikanischen Urhebern, die Schutz in Deutschland nachsuchen, volle Inländerbehandlung ohne Schutzfristenvergleich gewährt; vgl. Einl. UrhG Rn. 59 und vgl. Vor §§ 120 ff. Rn. 55 ff.

5. Verwandte Schutzrechte

10 § 64 gilt nur für das Urheberrecht, nicht aber für verwandte Schutzrechte. Die Schutzfrist für die verwandten Schutzrechte ist jeweils **gesondert geregelt** und beträgt 15 Jahre nach der Veröffentlichung für Datenbanken (§ 87d), jeweils 25 Jahre nach dem Erscheinen für wissenschaftliche Ausgaben (§ 70 Abs. 3) und nachgelassene Werke (§ 71 Abs. 3) sowie nach dem Erscheinen des Bild- oder Tonträgers für den Veranstalter (§ 82 S. 1), jeweils 50 Jahre nach dem Erscheinen für einfache Lichtbilder (§ 72 Abs. 3), nach der ersten Funksendung für das Sendeunternehmen (§ 87 Abs. 3) sowie nach dem Erscheinen des Bildträgers oder Bild- und Tonträgers für den Filmhersteller (§ 94 Abs. 3) und die einfachen Laufbilder (§ 95 i. V. m. § 94 Abs. 3) und schließlich 70 Jahre (vor der Änderung 2013 – vgl. Rn. 6a – 50 Jahre) nach dem Erscheinen des Bild- oder Tonträgers für ausübende Künstler (§ 82 S. 1) und dem Erscheinen des Tonträgers für den Tonträgerhersteller (§ 85 Abs. 3).

II. Tatbestand

1. Schutzdauer

11 Der Schutz des Urheberrechts **beginnt mit der Schöpfung als Realakt** (Schricker/Loewenheim/*Loewenheim/Peifer*[5] § 7 Rn. 5), d. h. in den Zeitpunkt, zu dem ein geschütztes Werk im Sinne von § 2 entstanden ist; das ist nicht erst das fertige Werk, sondern wird regelmäßig bereits im Entwurfsstadium vorliegen. **Die Schutzdauer läuft dann während des gesamten Lebens des Urhebers plus 70 Jahre nach seinem Tod.** Diese Schutzdauer von 70 Jahren nach dem Tode des Urhebers – im Fachjargon: 70 Jahre **post mortem auctoris** – endet aber nicht exakt 70 Jahre nach dem Todestag, sondern immer **erst zum Jahresende**; das folgt aus § 69, der bestimmt, dass die Schutzfrist erst mit dem Ablauf des Kalenderjahres beginnt, in dem das für die Frist maßgebende Ereignis eingetreten ist (also der Tod des Urhebers). Die Schutzdauer gilt einheitlich für alle Werke und ist nicht davon abhängig, ob sie veröffentlicht wurden oder nicht; das stellt auch Art. 1 Abs. 1 Schutzdauer-RL klar.

Die Schutzfrist von 70 Jahren post mortem auctoris hat zur Folge, dass die **12** **Zeitdauer,** für die ein Werk Urheberrechtsschutz genießt, **variabel** ist. Werke von Urhebern, die nicht lange gelebt haben (Franz Kafka 41 Jahre, Franz Marc 36 Jahre, Dietrich Bonhoeffer 39 Jahre), genießen nur einen Bruchteil der Schutzdauer solcher Werke, deren Autoren ein hohes Alter vergönnt war (George Bernard Shaw 94 Jahre, Hermann Hesse 85 Jahre, Astrid Lindgren 95 Jahre). § 64 bestimmt dabei die grundsätzliche Schutzdauer, die §§ 65–67 enthalten **Sonderregelungen.** Da die Schutzdauer eines Werkes einheitlich ablaufen soll, Werke aber mehrere Urheber haben können, bestimmt § 65, dass das Urheberrecht erst nach dem Tode des längstlebenden Miturhebers erlischt und enthält weiterhin besondere Regeln für Filmwerke (§ 65 Abs. 2) sowie nunmehr auch für Musikkompositionen mit Text (§ 65 Abs. 3). Ist der Urheber anonym geblieben oder ein Werk unter einem Pseudonym veröffentlicht worden, bei dem der dahinter stehende Urheber nicht bekannt ist, lässt sich die urheberrechtliche Schutzfrist nicht berechnen, weil das Todesjahr des Urhebers nicht bestimmt werden kann; § 66 enthält deshalb Sonderregelungen für solche anonyme und pseudonyme Werke und verkürzt deren Schutzfrist auf 70 Jahre nach der Veröffentlichung. Identitätsoffenbarung vor Schutzfristablauf oder Anmeldung zur Urheberrolle (vgl. § 66 Rn. 8) stellen die generelle Schutzfrist wieder her, weil diese dann zuverlässig berechnet werden kann. § 67 enthält schließlich noch Sonderregelungen für Lieferungswerke. Der einheitliche Beginn der Schutzfrist mit dem Ablauf des Kalenderjahres, in das der Tod des Urhebers gefallen ist, findet sich in § 69.

Die Schutzfrist bei **verbundenen Werken** (§ 9) sowie von Originalwerk und **12a** **Bearbeitungsfassung** läuft grundsätzlich separat, d. h. die Schutzfrist wird nach dem Todesjahr der jeweiligen Urheber der miteinander verbundenen Werke bzw. des Original- und des Bearbeiterurhebers separat berechnet. Werden also bspw. Text- und Musik zu einem Song oder einer Oper verbunden, laufen die Schutzfristen von Text und Musik separat voneinander; das Gleiche gilt, wenn ein Roman übersetzt oder verfilmt wird: Auch dann laufen die Schutzfristen von Roman einerseits sowie von Übersetzung oder Film andererseits unabhängig voneinander ab. Jedenfalls im Hinblick auf verbundene Werke hat sich insoweit die Rechtslage aber teilweise geändert, weil gem. § 65 Abs. 3 der Schutz einer Musikkomposition mit Text fortan 70 Jahre nach dem Tod des zuletzt versterbenden Musik- und/oder Texturhebers ablaufen soll; vgl. Rn. 6a sowie vgl. § 65 Rn. 9a. Für Bearbeitungsfassungen wird es jedoch keine Änderungen geben. Zur Rechtsfolge der Gemeinfreiheit bei verbundenen Werken und Bearbeitungen vgl. Rn. 18a.

Die Schutzfrist von 70 Jahren post mortem auctoris gilt zunächst **einschrän-** **13** **kungslos für deutsche Urheber und Staatsangehörige eines anderen EU-Mitgliedslandes** (§ 120); Deutsche im Sinne von Art. 116 Abs. 1 GG sind dem gleichgestellt (§ 120 Abs. 2 Nr. 1). **Angehörige von Staaten außerhalb der EU** genießen die Schutzfrist von 70 Jahren post mortem auctoris ebenfalls einschränkungslos – d. h. ohne Schutzfristenvergleich (vgl. Rn. 8) – dann, wenn ihre Werke in Deutschland erschienen sind und ein früheres Erscheinen im Ausland nicht länger als 30 Tage vorher stattgefunden hat (§ 121 Abs. 1 S. 1). Anderenfalls – also bei fehlendem Erscheinen in Deutschland oder einem Erscheinen im Ausland, das früher als 30 Tage vor dem Erscheinen in Deutschland liegt – erhalten ausländische Urheber von Staaten außerhalb der EU Schutz nach Maßgabe der internationalen Konventionen oder bestehender bilateraler Staatsverträge (§ 121 Abs. 4). Für die meisten Urheber bedeutet dies die Anwendbarkeit des Schutzfristfristenvergleichs nach Art. 7 Abs. 8 RBÜ, nicht jedoch für US-Amerikaner, die sich insoweit auf das Deutsch-Amerikanische Urheberrechtsabkommen von 1892 berufen können (vgl. Rn. 9).

14 Beispiele für die Schutzfristberechnung: Die Werke Bertold Brechts (10.2.1898 – 14.8.1956) sind bis einschließlich zum 31.12.2026 geschützt und werden ab dem 1.1.2027 gemeinfrei sein. Die bereits 1928 uraufgeführte Dreigroschenoper wird also fast 100 Jahre geschützt sein, während der Schwejk, der 1943 entstand, aber erst 1965 erschien, anschließend nur noch gut 60 Jahre Schutz genießt. Die Werke von György Ligeti (28.5.1923 – 12.6.2006) wären auch dann in der gesamten Europäischen Union bis zum 31.12.2076 geschützt, wenn Rumänien, auf dessen heutigem Staatsgebiet Ligeti geboren ist, nicht zum 1.1.2007 Mitglied der Europäischen Union geworden wäre; denn Ligeti war bei seinem Tod österreichischer Staatsbürger. Für die Schutzfristberechnung ist aber die Staatsangehörigkeit im Todeszeitpunkt maßgeblich (Schricker/Loewenheim/*Katzenberger*/*Metzger*[5] § 120 Rn. 19). Die Werke Irving Berlins (11.5.1888 – 22.9.1989) sind in Deutschland aufgrund des Deutsch-Amerikanischen Urheberrechtsabkommens von 1892 auch dann für 70 Jahre post mortem auctoris und damit bis zum 31.12.2059 einschließlich geschützt, wenn sie in den USA im Jahr 1922 oder früher erschienen und dort bereits gemeinfrei sind, wie beispielsweise der 1919 erschienene Song *A pretty girl is like a melody* (zur Gemeinfreiheit von Werken, die 1922 oder früher in den USA erschienen sind, Nimmer/Geller/*Schwartz*/*Nimmer*, USA § 3 [2][a][i]).

2. Ältere Werke und Übergangsrecht

15 Von der Verlängerung der urheberrechtlichen Schutzfrist von 50 auf 70 Jahre post mortem auctoris (vgl. Rn. 3) haben gem. § 129 Abs. 1 S. 1 nur die Werke profitiert, die **bei Inkrafttreten des UrhG am 1.1.1966 noch urheberrechtlich geschützt waren**; zu Einzelheiten vgl. § 129 Rn. 2. Zur Übergangsregelung für die sogenannten Quasi-Urheberrechte des § 2 Abs. 2 LUG vgl. § 135 Rn. 1 ff., vgl. 135a Rn. 1 ff., für die am 1.7.1995 noch geschützten, posthum veröffentlichten Werke des bisherigen § 64 Abs. 2 vgl. § 137f Rn. 1 ff. Für das Gebiet der ehemaligen **DDR** gilt seit dem Inkrafttreten des Einigungsvertrages am 3.10.1990 die bundesdeutsche Regelung. Werke, die dort nach Ablauf der 50-jährigen Schutzfrist des § 33 Abs. 1 UrhG-DDR schon gemeinfrei geworden waren, wurden wieder bis zum Ablauf von 70 Jahren post mortem auctoris geschützt (Kap. III Sachgebiet E Abschnitt II Nr. 2 § 1 des Einigungsvertrages). Das traf für das Schaffen einer ganzen Reihe bekannter Urheber zu, von denen nur beispielsweise genannt seien: Herrmann Bahr und Joachim Ringelnatz (gestorben 1934, in der DDR geschützt bis zum 31.12.1984), Kurt Tucholsky (gestorben 1935, in der DDR geschützt bis zum 31.12.1985), Ödön von Horváth (gestorben 1938, in der DDR geschützt bis zum 31.12.1988), Alban Berg (gestorben 1935, in der DDR geschützt bis zum 31.12.1985), Maurice Ravel (gestorben 1937, in der DDR geschützt bis zum 31.12.1987), Max Liebermann (gestorben 1935, in der DDR geschützt bis zum 31.12.1985) und Ernst Barlach (gestorben 1936, in der DDR geschützt bis zum 31.12.1986). Die Übergangsregelung durch den **Einigungsvertrag** sieht insoweit vor, dass Nutzungen, die infolge der Gemeinfreiheit in der DDR zulässig waren, im vorgesehenen Rahmen gegen Zahlung einer angemessenen Vergütung fortgesetzt werden durften (§ 2 EV; im Einzelnen vgl. § 2 EV Rn. 1 ff.). Die Werke der vorgenannten Urheber sind heute allerdings nunmehr auch in ganz Deutschland gemeinfrei, da jetzt auch die längere Schutzfrist abgelaufen ist.

3. Besonderheiten bei Lichtbildwerken

16 Etwas unübersichtlich ist die Übergangsproblematik bei Lichtbildwerken. In der Bundesrepublik galt bis zur Novelle 1985 (vgl. Einl. UrhG Rn. 29) eine Schutzfrist von 25 Jahren ab Erscheinen, sonst ab Herstellung (§ 68 a. F.). Lichtbildwerke, die bei Inkrafttreten der Novelle 1985 – mit der § 68 gestrichen wurde, vgl. Rn. 4 – schon gemeinfrei geworden waren, blieben es; an die 1990 durch §§ 1 und 2 des Einigungsvertrages und 1995 durch die Umsetzung der Schutzdauer-RL und § 137f praktizierte Regel des Wiederauflebens des Schutzes hat man damals offenbar noch nicht gedacht. Damit blieben nicht nur beispielsweise die erst in den 60-er Jahren bei Schirmer-Mosel in München publizierten Fotos Heinrich Zilles (gestorben 1929) gemeinfrei, von dem bis dahin niemand ahnte, dass er nicht nur ein großer Zeichner, sondern auch ein begnadeter Fotograf war. In der DDR waren Lichtbildwerke seit dem Inkrafttreten des UrhG-DDR am 1.1.1966 wie alle anderen Werke 50 Jahre post mortem auctoris geschützt (§ 2 Abs. 2 lit. h UrhG-DDR). In den Genuss dieser Regelung kamen alle Werke der Fotokunst, die bis zu diesem Zeitpunkt noch nicht wegen Ablaufs der zuvor geltenden Schutzfrist des § 26 KUG gemeinfrei geworden waren (25 Jahren ab Erscheinen, bei nicht erschienenen Werken 25 Jahre ab Tod des Urhebers, jeweils auf das Jahresende gerechnet, § 29 KUG). Nach dem Inkrafttreten des Einigungsvertrages, wenn man die darin getroffene Übergangsregelung als abschließend ansah, fielen auch die bis dahin in der DDR geschützten Lichtbildwerke anderer Urheber in die Gemeinfreiheit (s. im Einzelnen *Axel Nordemann* GRUR 1991, 418, 418 ff.). So waren etwa die großartigen Fotos des Dresdners Hugo Erfurt (gestorben 1948) und die 1918 – 1920 entstandenen Photogramme (Schadographien) des Malers Christian Schad (gestorben 1982), soweit sie nicht vor dem 1.1.1941 erschienen waren, in der DDR am Tage der Wiedervereinigung noch geschützt, während sie in der Bundesrepublik für Erfurt spätestens am 1.1.1974 gemeinfrei geworden waren. Für Schad gilt dies zwar nicht für nicht-erschienene Photogramme, weil bei Inkrafttreten des § 68 am 1.1.1966 (§ 143 Abs. 1) insoweit noch die Schutzfrist des § 26 KUG lief und die neue 25-Jahres-Frist ab Herstellung aus verfassungsrechtlichen Gründen nicht früher als jene ablaufen konnte (vgl. § 135a Rn. 2 f. zu der gleichartigen Situation für die früher von § 2 Abs. 2 LUG länger geschützten Tonträgeraufnahmen). Aber soweit seine Photogramme nach dem 1.1.1941, aber vor dem 1.1.1960 erstmals erschienen sind, waren sie wiederum in der Bundesrepublik – anders als in der DDR – schon vor dem 3.10.1990 gemeinfrei (hierzu schon *Axel Nordemann* GRUR 1991, 418, 419, wo allerdings infolge eines Rechenfehlers irrtümlich auf den 1.1.1940 abgestellt wird; hierauf weisen zutreffend Schricker/Loewenheim/*Katzenberger/Metzger*[5] Rn. 75 hin).

Diese **Regelungslücke** schließt sich zunächst für den Zeitraum vom 3.10.1990 **17** zum 30.6.1995, wenn man, was wir für verfassungsmäßig geboten halten, § 137a Abs. 1 auf die Fälle analog anwenden, in denen bei Inkrafttreten des UrhG im Gebiet der ehemaligen DDR die Schutzfrist für Lichtbildwerke dort noch nicht abgelaufen war, womit zugleich die verfassungswidrige Schlechterstellung der bundesdeutschen Fotourheber durch § 68 (s. die Kommentierung hierzu in unserer 7. Auflage), die in der DDR über RBÜ und WUA ebenfalls geschützt waren, behoben wird (so schon *Axel Nordemann* GRUR 1991, 418, 420 f.; Schricker/Loewenheim/*Katzenberger/Metzger*[5] Rn. 76). Mit dem Inkrafttreten des 3. ÄndG am 1.7.1995 hat sich – allerdings nur für die Zeit *danach* – die Problematik für die Foto-Urheber aus beiden Teilen Deutschlands endgültig erledigt: § 137f Abs. 2 ließ den Schutz solcher Werke gleich welcher Art und welchen Ursprungs in Deutschland wieder aufleben, deren Schutzfrist hier bereits abgelaufen war, die aber in einem anderen EU oder EWR-Staat noch geschützt waren, was insbesondere auf Spanien zutraf (OLG Hamburg ZUM-RD 2004, 303, 304 – *Foto auftauchendes U-Boot*). Zu Einzelheiten vgl. § 137f Rn. 13. Die von uns schon seit der 1. Auflage beklagte Verfassungswidrigkeit der Schlechterstellung der Fotografen gegenüber den Urhebern aller anderen Werkarten über § 68 a. F. ist damit erst 30 Jahre nach dem Inkrafttreten des UrhG behoben worden.

III. Rechtsfolge des Erlöschens: Gemeinfreiheit

1. Gemeinfreiheit des Werkes

18 Mit der Veröffentlichung steht ein Werk nach der Rechtsprechung des Bundesverfassungsgerichts nicht mehr allein seinem Inhaber zur Verfügung. Vielmehr tritt es in den gesellschaftlichen Raum, kann zu einem eigenständigen, das kulturelle und geistige Bild der Zeit bestimmenden Faktor werden, löst sich schließlich von der privatrechtlichen Verfügbarkeit und wird mit Ablauf der urheberrechtlichen Schutzdauer geistiges und kulturelles Allgemeingut; darin sieht das Bundesverfassungsgericht zugleich die innere Rechtfertigung für die zeitliche Begrenzung des Urheberrechtsschutzes durch § 64 Abs. 1 UrhG (s. BVerfG GRUR 2001, 149, 151 – *Germania 3*; BVerfG GRUR 1989, 193, 196 – *Vollzugsanstalten*). Wird ein Werk nach Ablauf der urheberrechtlichen Schutzfrist **gemeinfrei** oder ist es schon so alt, dass es nie urheberrechtlich geschützt war, weil im Zeitpunkt seiner Erschaffung noch keine Gesetze zum Schutze des geistigen Eigentums bestanden, wird es mithin zum geistigen und kulturellen Allgemeingut, es gehört zur **Public Domain und darf von jedermann frei und ohne Rechte Dritter verwendet werden.** Die urheberrechtliche Gemeinfreiheit ist dabei auch absolut: Alle Urheberpersönlichkeits- und Verwertungsrechte erlöschen, niemand soll an dem gemeinfreien Werk auch nur einen Rest einer Rechtsposition besitzen. Hiervon ist ersichtlich auch der Gesetzgeber des UrhG ausgegangen, der zur Begründung für die Begrenzung der Schutzdauer durch § 64 UrhG gegenüber Forderungen aus Urheberkreisen nach einem längeren oder ewigen Urheberrechtsschutz eingewandt hat, gerade die Meisterwerke der Literatur und Kunst müssten in den Kulturbestand eines Volkes eingehen und in ihrer Verbreitung und Wiedergabe im allgemeinen Interesse dann jedermann freistehen (RegE UrhG 1962 – BT-Drs. IV/270, S. 78 f. [zu § 67]). Die zeitliche Begrenzung des Urheberrechts besitzt deshalb nicht nur eine negative Ausschlussfunktion in dem Sinne, dass dadurch die Rechte des Urhebers und seiner Erben begrenzt werden. Vielmehr hat sie eben gerade auch eine positive Zuordnungsfunktion dergestalt, dass urheberrechtliche Werke dem Gemeingebrauch zur Verfügung gestellt werden und sie von jedermann frei benutzt werden dürfen (s. *Wandtke/Bullinger* GRUR 1997, 573, 577). Das kommt entsprechend auch in der vorzitierten Rechtsprechung des Bundesverfassungsgerichts zum Tragen. Das Urheberrecht macht von diesem Grundprinzip der Gemeinfreiheit ersichtlich nur eine einzige Ausnahme: Wer ein Werk, das gemeinfrei ist und das verschollen war, dadurch wieder der Allgemeinheit zur Verfügung stellt, dass er es erscheinen lässt, erhält dafür ein verwandtes Schutzrecht gemäß § 71 UrhG von 25 Jahren (vgl. Rn. 21).

18a Bei verbundenen Werken (§ 9) sowie bei Bearbeitungen (§ 3) laufen die Schutzfristen separat (vgl. Rn. 12a). Läuft damit die Schutzfrist eines verbundenen Werkes vor dem anderen oder des Originals vor der Bearbeitungsfassung ab, wird nur das eine verbundene Werk gemeinfrei, nicht aber das andere, d. h. der Text eines Songs, eines Musicals oder einer Oper kann bereits gemeinfrei sein, während die Komposition noch urheberrechtlich geschützt ist und umgekehrt (aber vgl. § 65 Rn. 9a). Ferner kann die urheberrechtliche Schutzdauer eines Romans bereits abgelaufen sein, während seine Übersetzung oder die Verfilmung noch urheberrechtlich geschützt sind; umgekehrte Konstellationen sind auch insoweit denkbar, wenn der Übersetzer oder der längstlebende Filmurheber (§ 65 Abs. 2) vor dem Urheber des Romans versterben. In der Konsequenz bedeutet dies auch, dass bspw. im Bereich von Text und Musik bei der GEMA nur noch Lizenzen für den noch geschützten Teil eingeholt werden müssen, in vertraglichen Konstellationen sind die Erben des früher verstorbenen Urhebers, dessen Werk bereits gemeinfrei geworden ist, an den Erlösen nicht mehr zu beteiligen (ebenso Dreier/Schulze/*Schulze*[5] § 9

Rn. 26; Wandtke/Bullinger/*Thum*[4] § 9 Rn. 33); wenn bspw. ein Theater die Nutzungsrechte an der Theaterfassung eines Romans erworben hat und sich die Nutzungsvergütung je zur Hälfte auf die Rechte des Urhebers des Romanes und des Urhebers der Theaterfassung bezog, wäre fortan nur noch der sich auf die Theaterfassung beziehende Anteil zu entrichten, wenn der Roman während der Vertragslaufzeit gemeinfrei werden würde.

Jedermann darf das Werk mit Beginn der Gemeinfreiheit vervielfältigen, ver-   **18b**
breiten, öffentlich wiedergeben, bearbeiten, ändern oder in das Internet einstellen. Auch das Urheberpersönlichkeitsrecht endet. Vom viel gerühmten *droit moral* des Urhebers bleibt nur noch die Moral, nicht mehr das Recht übrig. Die Urhebererben können nicht mehr bestimmen, ob ein bisher unveröffentlichtes Werk aus dem Nachlass weiterhin der Öffentlichkeit vorenthalten werden soll oder nicht (§ 12); an solchen Werken wird aber zugunsten des Berechtigten das verwandte Schutzrecht an nachgelassenen Werken gem. § 71 entstehen. Den Urhebererben steht kein Zugangsrecht (§ 25), nicht einmal mehr das Recht zu, sich gegen Verschandelungen und Entstellungen des Werkes zur Wehr zu setzen (§ 14). Zumindest in ihrer Eigenschaft als Rechtsnachfolger des Urhebers haben sie auch keinen Anspruch mehr auf Anerkennung der Urheberschaft und auf wahrheitsgemäße Urheberbezeichnung (§ 13); allerdings können insoweit wettbewerbsrechtliche Ansprüche wegen Irreführung oder ein allgemeines postmortales Persönlichkeitsrecht entgegenstehen (so BGH GRUR 1995, 668, 670 – *Emil Nolde* zur Verwendung der Signatur von Emil Nolde auf einem gefälschten Bild). Wird ein Werk gemeinfrei, **erlöschen** auch die daran eingeräumten **Nutzungsrechte** (Schricker/Loewenheim/*Katzenberger/Metzger*[5] Rn. 52).

Einige geringfügige Einschränkungen der „Vogelfreiheit" des gemeinfreien   **19**
Werkes ergeben sich allerdings aus seiner **Rechtsstellung als Allgemeingut.** Die in der Begrenzung des absoluten Urheberrechts liegende Enteignung bei Fristablauf erfolgt nicht etwa, um das Werk auf den Abfallhaufen der Dereliktion zu werfen, sondern im allgemeinen Interesse zugunsten der Allgemeinheit. Das gemeinfreie Werk steht damit rechtlich den öffentlichen Sachen gleich, die ebenfalls im allgemeinen Interesse der Eigentümerherrschaft des Einzelnen entzogen worden sind und von jedermann nach Belieben frei benutzt werden dürfen; wie diese ist es *res extra commercium.* Daraus ergeben sich zwei Folgerungen: Zunächst unterliegt das freie Geistesgut nicht der Aneignung durch jedermann. Die Inanspruchnahme des Urheberrechts an einem gemeinfreien Werk ist daher rechtlich unwirksam und tatsächlich unzulässig. Des Weiteren ist der Benutzung gemeinfreier Werke auch durch das Interesse der Allgemeinheit an der Erhaltung ihrer Güter eine Grenze gesetzt. Das Recht des Eigentümers, mit der ihm gehörenden Sache nach Belieben zu verfahren, steht dem Interesse der Allgemeinheit nach der Erhaltung des Allgemeinguts gegenüber (vgl. § 71 Rn. 2). Hier ist danach zu unterscheiden, ob durch eine Verfügung im Rahmen des Eigentums an der Werkverkörperung zugleich die Originalgestalt des Werkes, an deren Erhaltung allein die Allgemeinheit ein Interesse haben kann, berührt wird. Verfilmt jemand Homers Ilias oder wird, wie geschehen, Franz Liszts Liebestraum zu einem Liebestraum als Twist verändert, so berührt das die Originalgestalt der Werke nicht; diese Benutzung ist also stets zulässig, selbst wenn sie als Entstellung zu qualifizieren sein sollte. Wem der Film nicht gefällt, der kann immer noch das Original lesen. Nimmt jemand jedoch in dem einzigen noch vorhandenen Exemplar eines handschriftlichen Heldenepos aus dem Mittelalter Veränderungen oder Kürzungen vor oder malt jemand Rembrandts Mann mit dem Goldhelm einen Schnurrbart an, so wird die Originalgestalt des Werkes verändert; das Werk wird der Allgemeinheit sogar ganz entzogen, wenn das Original vom Eigentümer vernichtet wird.

20 Der hier auftretende Konflikt zwischen privatem Eigentum und Allgemeininteresse kann nicht im Sinne eines ewigen „Denkmalschutzes" (*Leinweber* GRUR 1962, 75 und GRUR 1964, 364) gelöst werden, wenn die Welt nicht zum Museum gemacht werden soll. Vielmehr ist die Entscheidung entsprechend der Lösung bei urheberrechtlich geschützten Werken zu treffen: Der Eigentümer kann unter bestimmten Voraussetzungen das Original, selbst wenn kein Vervielfältigungsstück existiert, vernichten, er darf es jedoch nicht beliebig verändern (so schon RGZ 79, 397 – *Felseneiland mit Sirenen*; *Ulmer*, Urheber- und VerlagsR³ S. 220). Allerdings hat der Gesetzgeber davon abgesehen, eine Möglichkeit der Durchsetzung der vorstehend genannten Beschränkungen der Gemeinfreiheit zu geben, weil er – zu Unrecht – eine Überforderung der Gerichte befürchtete, wenn sie mit kulturkritischen und kulturwertenden Fragen befasst werden würden (RegE UrhG 1962 – BT-Drs. IV/270, S. 80). Die Beschränkungen bleiben also vorläufig weiterhin *lex imperfecta*. Zum Ganzen eingehend *Wilhelm Nordemann* GRUR 1964, 117 und *Ruzicka*, Die Problematik eines „ewigen Urheberpersönlichkeitsrechts" unter besonderer Berücksichtigung des Schutzes musikalischer Werke sowie *Pakuscher* UFITA 93 (1982), 43. s. schließlich auch zur Diskussion über ein von Stimmen in der Literatur früher gefordertes „ewiges Urheberpersönlichkeitsrecht" Schricker/Loewenheim/ *Dietz/Peukert*[4] Vor §§ 12 ff. Rn. 33 ff.

21 Zu beachten ist, dass an gemeinfreien Werken die verwandten Schutzrechte der wissenschaftlichen Ausgabe gem. § 70 sowie der nachgelassenen Werke gem. § 71 bestehen können; während § 70 allerdings nur die wissenschaftliche Leistung an dem gemeinfreien Werk und nicht das gemeinfreie Werk als solches schützt, entsteht der Schutz nach § 71 an dem vorher gemeinfreien Werk selbst mit der Folge, dass es während der Schutzdauer des verwandten Schutzrechtes remonopolisiert wird (vgl. § 70 Rn. 18; vgl. § 71 Rn. 1). Ferner bedeutet die Gemeinfreiheit eines Werkes nicht, dass damit auch alle Abbildungen des Werkes frei benutzt werden dürfen, weil dem Fotografen an der Abbildung ein Urheberrecht gem. § 2 Abs. 1 Nr. 5 oder ein verwandtes Schutzrecht gem. § 72 zustehen kann (vgl. § 72 Rn. 7 ff.). Museen können also über ihr Hausrecht und ihr Eigentum eine Verwertung ihrer gemeinfreien Gemälde kontrollieren, wenn sie das Fotografieren in ihren Räumen verbieten oder nur für nicht-gewerbliche Zwecke gestatten (BGH GRUR 1975, 500, 501 – *Schloss Tegel* und Loewenheim/*Axel Nordemann*[2] § 22 Rn. 38).

2. Schicksal des Werktitels

22 Wird ein Werktitel mit Eintritt in die Gemeinfreiheit des Werkes weiterbenutzt, besteht das Titelschutzrecht fort (BGH GRUR 2003, 440, 441 – *Winnetous Rückkehr*; OLG Nürnberg WRP 2000, 1168, 1171 – *Winnetou*). Allerdings muss auch die klare Wertung des UrhG berücksichtigt werden, dass das Werk mit Eintritt der Gemeinfreiheit von jedermann frei benutzt werden kann. Zur Lösung des Konfliktes zwischen fortbestehendem Werktitelschutz gem. § 5 Abs. 3 MarkenG und urheberrechtlicher Gemeinfreiheit ist auf § 23 Nr. 2 MarkenG zurückzugreifen, der die Benutzung bestimmter Angaben grundsätzlich gestattet, wenn dies lauter geschieht: Der Werktitel als Name des gemeinfreien Werkes kann für das gemeinfreie Werk frei benutzt werden, nicht aber in verwechslungsfähiger Art und Weise für ein anderes Werk (BGH GRUR 2003, 440, 441 – *Winnetous Rückkehr*; OLG Nürnberg WRP 2000, 1168, 1171 – *Winnetou*; Schricker/Loewenheim/*Katzenberger/Metzger*[5] Rn. 78). Dasselbe gilt, wenn der Werktitel auch durch eine eingetragene Marke gem. § 4 Nr. 1 MarkenG geschützt ist. Einzelheiten zum Werktitelschutz vgl. § 2 Rn. 53; *Nordemann*[11] Rn. 1429 ff.; *Wilhelm Nordemann/Axel Nordemann/Jan Bernd Nordemann* FS Ullmann S. 327 ff; *Deutsch/Ellerbrock* Rn. 12 ff.; Loewenheim/ *Axel Nordemann*[2] § 83 Rn. 57 ff.

3.   Fortbestehender Markenschutz und markenrechtliche
     Remonopolisierungsversuche

Mit Eintritt der urheberrechtlichen Gemeinfreiheit kann auch ein Konflikt zwi-   **23**
schen Urheberrecht und Markenrecht entstehen: Ein urheberrechtlich gemeinfreies Werk kann beispielsweise **als Marke** angemeldet und **eingetragen** werden,
wie im Fall von Wilhelm Buschs Zeichnung von Max und Moritz (*Wilhelm
Nordemann* WRP 1997, 389, 390), Leonardos Mona Lisa (BPatG GRUR
1998, 1021, 1022 – *Mona Lisa*; Anmeldung als schutzunfähig zurückgewiesen), der ersten neun Töne aus der Klaviersonate für Elise von Ludwig van
Beethoven (EuGH GRUR 2004, 54, 55 Tz. 14 – *Shield Marc/Kist*) oder der
Medusa von Rondanini (BGH GRUR 2012, 618 – *Medusa*). Des Weiteren
können urheberrechtlich geschützte Gestaltungen, die Gegenstand von Markeneintragungen sind, urheberrechtlich gemeinfrei werden, wie dies beispielsweise bei der Abbildung von Comic-Figuren geschehen kann.

Nach der Rechtsprechung des Bundesverfassungsgerichts garantiert Art. 5   **23a**
Abs. 3 S. 1 GG die Freiheit der Betätigung im Kunstbereich umfassend, und
zwar sowohl im Hinblick auf den „Werkbereich", d. h. für die künstlerische
Betätigung selbst, als auch darüber hinaus für den sogenannten „Wirkbereich",
d. h. die Darbietung und Verbreitung des Kunstwerks als ebenfalls kunstspezifi-
schem Vorgang; die Freiheit der Kunst ist dabei nicht nur gegenüber dem Staat
gewährleistet, sondern auch im Verhältnis von Privaten zueinander (s. BVerfG
GRUR 2007, 1085, 1086 Tz. 62 f. – *Esra*; BVerfG GRUR 2001, 149, 151 –
Germania 3; BGH GRUR 2005, 583, 584 – *Lila-Postkarte*). Die Kunstfreiheit
wird danach zwar vorbehaltlos gewährt, nicht aber schrankenlos gewährleistet;
die Eigentumsgarantie des Art. 14 Abs. 1 GG, die den Schutz des geistigen
Eigentums einschließlich des Urheberrechts und des Markenrechts erfasst, ist
im Falle einer Kollision mit der Kunstfreiheit dagegen abzuwägen (s. BGH
GRUR 2001, 149, 151 – *Germania 3*; BGH GRUR 2005, 583, 584 – *Lila-
Postkarte*). Entscheidend dürfte damit in der Tat sein, in welcher Form von
den urheberrechtlich gemeinfreien Werken Gebrauch gemacht wird: Wer urheberrechtlich gemeinfreie Werke als Kunstwerke verwendet – bspw. auf Bildern,
Postern, Postkarten oder Kalendern – kann keine Markenverletzung begehen,
weil sich die Kunstfreiheit nach Art. 5 Abs. 3 GG gegenüber den Eigentumsrechten des Markeninhabers durchsetzt. Denn die grundsätzliche Anordnung
des Urheberrechts, dass Werke nach Ablauf der Schutzdauer dem allgemeinen
Kulturgut zugute kommen und damit auch künstlerischen Fortschritt ermöglichen sollen, muss dem privaten Eigentumsinteresse des Markeninhabers vorgehen; ein gemeinfreies Urheberrecht darf nicht über den Umweg des Markenrechts remonopolisiert werden (ähnlich EuGH GRUR 2002, 804, 809 Tz. 78 –
Philips/Remington zum Verhältnis von Patentrecht und Markenrecht). Ein dekorativer oder ornamentaler Gebrauch eines urheberrechtlich gemeinfreien
Werkes schließt daher schon aus Rechtsgründen eine markenmäßige Benutzung
aus. Dies muss auch Fälle einschließen, in denen die Marke im Verkehr bekannt
ist, sodass ein Teil der Verbraucher vielleicht in dem urheberrechtlich gemeinfreien Werk die Marke erkennt oder es dem Markeninhaber gerade infolge der
Bekanntheit der Marke zuordnet (a. A. wohl BGH GRUR 2012, 618, 620
Tz. 23 – *Medusa*). Denn einerseits genießt das Markenrecht gegenüber dem
Urheberrecht keinen Vorrang. Andererseits ist die Anordnung der Gemeinfreiheit durch das Urheberrecht absolut und kann auch nicht durch Verkehrsdurchsetzung überwunden werden (ähnlich EuGH GRUR 2002, 804, 809
Tz. 75 ff. – *Philips/Remington* zum Verhältnis von Patentrecht und Markenrecht). Zu berücksichtigen ist auch, dass sich der Markeninhaber regelmäßig
bewusst sein wird oder ihm bewusst sein musste, dass seine Marke auf eine
urheberrechtlich gemeinfreie Darstellung zurückgeht, sodass er auch damit
rechnen muss, dass er mit seiner Marke nicht gegen Darstellungen als Kunst-

werke vorgehen kann, und zwar auch dann nicht, wenn mit dem Verkauf als Kunstwerk ausschließlich kommerzielle Zwecke verfolgt werden. Ohnehin ist aber das Kriterium der „kommerziellen Ziele" in diesem Zusammenhang nicht zielführend: Das Bundesverfassungsgericht hat ausdrücklich klargestellt, dass sich auch der „Wirkbereich" künstlerischen Schaffens auf die Kunstfreiheitsgarantie berufen kann und nicht nur der Künstler selbst (s. BVerfG GRUR 2007, 1085, 1086 Tz. 62 f. – *Esra*; BVerfG GRUR 2001, 149, 151 – *Germania 3*; BGH GRUR 2005, 583, 584 – *Lila-Postkarte*). Schon der Künstler muss aber von dem, was er schafft, leben; das Urheberrecht dient gemäß § 11 S. 2 UrhG ausdrücklich zugleich der Sicherung einer angemessenen Vergütung für die Nutzung des Werkes. Wer ein urheberrechtlich relevantes Werk verwertet, verfolgt damit immer kommerzielle Zwecke.

23b   Zu berücksichtigen ist ferner auch die Priorität der jeweiligen Rechte: Für den Fall des Zusammentreffens von Marken und anderen Kennzeichenrechten gilt gemäß § 6 MarkenG zunächst, dass die jeweilige Priorität entscheidet. Über § 13 Abs. 2 Nr. 3 MarkenG i. V. m. § 6 Abs. 3 MarkenG wird das Prioritätsprinzip auch auf das Urheberrecht erstreckt (s. *Ingerl/Rohnke* § 13 Rn. 9). Ist das Urheberrecht also älter als die Priorität der Marke, setzt es sich durch. Wer beispielsweise eine urheberrechtlich geschützte bildliche Gestaltung zur Marke anmeldet, ohne dafür die Einwilligung des Urhebers zu besitzen, ist gemäß § 13 Abs. 2 Nr. 3 MarkenG Löschungsansprüchen des Urhebers ausgesetzt. Während das Markenrecht durch Eintragung mit der Priorität der Anmeldung entsteht (§§ 4 Nr. 1, 6 Abs. 2 MarkenG), entsteht das Urheberrecht demgegenüber grundsätzlich mit der Schöpfung als Realakt (vgl. Rn. 1 sowie BGH GRUR 2012, 910, 912 Tz. 20 – *Delcantos Hits*; OLG Frankfurt GRUR 2006, 578, 579 – *Erstverwertungsrechte*; Schricker/Loewenheim/*Loewenheim*[5] § 7 Rn. 5). Irgendeine Veröffentlichungs- oder sonstige Verwertungshandlung ist dafür nicht erforderlich. Wird eine Marke erst nach der Schöpfung des urheberrechtlichen Werkes angemeldet, ist das urheberrechtlich geschützte Werk mithin prioritätsälter; hat der Markeninhaber die Marke ohne Zustimmung des Urhebers angemeldet, stehen dem Urheber gem. § 13 Abs. 2 Nr. 3 MarkenG oder Art. 52 Abs. 2 lit. c UMVO Löschungsansprüche zu, weil in der Anmeldung und Eintragung einer Marke (sowie natürlich auch ihrer Benutzung) ein Eingriff in die Verwertungsrechte des Urhebers liegt (s. LG Magdeburg GRUR 2004, 672, 673 – *Himmelsscheibe von Nebra*: Löschung einer prioritätsjüngeren Marke aus dem prioritätsälteren verwandten Schutzrecht nach § 71). Die Priorität des Urheberrechts gegenüber dem Markenrecht wird jedoch nicht dadurch aufgehoben, dass das Werk gemeinfrei ist. Vielmehr bleibt die ursprüngliche Priorität der Schöpfung wegen der eingetretenen Gemeinfreiheit bestehen, weil infolge der urheberrechtlich angeordneten Gemeinfreiheit nicht nur das Urheberrecht begrenzt und beendet wurde, sondern die gemeinfrei gewordene Schöpfung der freien Benutzbarkeit durch die Allgemeinheit positiv zugeordnet worden ist. Bei urheberrechtlich gemeinfreien Werken, die die Grundlage für Markeneintragungen bilden, entfällt infolge der Gemeinfreiheit lediglich der Löschungsanspruch gemäß § 13 Abs. 2 Nr. 3 MarkenG, Art. 52 Abs. 2 lit. c) UMVO, weil kein Urheberrechtsinhaber mehr existiert, der aus einem Urheberrecht die Löschung der Marke einklagen könnte. Die Priorität und damit der zeitliche Vorrang des Urheberrechts bleibt davon unabhängig jedoch bestehen, weil ansonsten das Markenrecht der Allgemeinheit die freie Benutzbarkeit der gemeinfreien Schöpfung wieder entziehen könnte.

24   Es kann wohl **kein generelles Eintragungsverbot** für urheberrechtlich gemeinfreie Werke als Marke angenommen werden, weil § 8 MarkenG die Eintragungshindernisse abschließend regelt und dort urheberrechtlich gemeinfreie Werke nicht aufgeführt sind (s. BGH GRUR 2012, 618, 619 Tz. 15 – *Medusa*). Auch können urheberrechtlich gemeinfreie Werke durchaus unterscheidungskräftig sein; ein Freihaltebedürfnis kann allerdings schon eher bestehen (s. *Seifert* WRP 2000, 1014, 1015 f.). Auch kennt das MarkenG kein Erlöschen des Markenrechts durch Eintritt urheberrechtlicher Gemeinfreiheit. Die generell bestehende urheberrechtliche Gemeinfreiheit muss allerdings im Rahmen des Eintragungsverfahrens für Marken nur am Rande interessieren, weil die Benutzung urheberrechtlicher Werke und von Marken ganz unterschiedlicher Natur sind: Marken werden zeichenmäßig verwendet, während urheberrechtliche Werke als geistige Werke oder Bestandteile solcher Werke Verwendung finden (*Loewenheim/Axel Nordemann*² § 83 Rn. 51). Eine Tonfolge, die als Hörmarke verwendet wird, kollidiert deshalb normalerweise nicht mit derselben Tonfolge, wenn diese in einem Konzert vorgetragen oder auf einem Tonträger abgespielt wird, der Kopf der Medusa auf Mosaiken verletzt nicht die Rechte an einer Bildmarke, die eine sehr ähnliche Darstellung der Medusa zeigt (s. BGH GRUR 2012, 618, 620 f. Tz. 16 ff., 30 – *Medusa*).

Dabei ist auf die Sichtweise des Durchschnittsverbrauchers abzustellen; sieht **24a** er in der Verwendung angegriffener Bildmotive auf einer Ware nur deren Ausgestaltung in dekorativer Art und Weise, liegt keine markenmäßige Benutzung vor (s. BGH GRUR 2012, 618, 621 Tz. 30 – *Medusa*). Nach Auffassung des Bundesgerichtshofs kann allerdings dann Veranlassung bestehen, von einem Herkunftshinweis auszugehen, wenn die mit angegriffenen Bildmotiven auf einer Ware übereinstimmende Marke eine gesteigerte Kennzeichnungskraft besitzt oder bekannt ist (s. BGH GRUR 2012, 618, 621 Tz. 30 – *Medusa*). Dies erscheint jedoch nicht als zutreffend, weil die Anordnung der Gemeinfreiheit durch das Urheberrecht absolut ist und eine Art „Überwindung durch Verkehrsdurchsetzung" ansonsten eben doch zu einer Remonopolisierung eines urheberrechtlich gemeinfreien Werkes führen könnte (vgl. Rn. 23a).

In Fällen, in denen urheberrechtlich gemeinfreie Werke, die markenrechtlich **24b** (noch) geschützt sind, doch zeichenmäßig benutzt werden, wie dies beispielsweise bei Comic-Figuren auf T-Shirts der Fall sein kann (*Nordemann*¹¹ Rn. 1190), ist der Konflikt analog § 23 MarkenG zu lösen: Wer ein urheberrechtlich gemeinfreies Werk, das über das Markenrecht geschützt ist, zeichenmäßig benutzt, muss dies so tun, dass die Benutzung nicht gegen die guten Sitten verstößt, also insbesondere die Verwendung so gestalten, dass keine Verwechslungen mit dem Inhaber der Marke auftreten können (*Nordemann*¹¹ Rn. 1280 und 1504).

Urheberrechtlich gemeinfreie Werke können damit als Marken grundsätzlich **24c** eingetragen werden, sofern sie unterscheidungskräftig und nicht freihaltebedürftig sind (s. BGH GRUR 2012, 618, 619 Tz. 15 – *Medusa*; weitere Einzelheiten bei *Kouker* FS Nordemann II S. 391–397; *Loewenheim/Axel Nordemann*² § 83 Rn. 49 ff.; *Wilhelm Nordemann* WRP 1997, 389, 390 f.; *Seifert* WRP 2000, 1014, 1015 f.); sie können nach Ablauf der urheberrechtlichen Schutzfrist auch eingetragen bleiben (*Nordemann*¹¹ Rn. 1504). Erst bei der Rechtsdurchsetzung sind die dargestellten Einschränkungen zu berücksichtigen, insbesondere zu hinterfragen, ob eine markenmäßige Benutzung vorliegt (s. BGH GRUR 2012, 618, 619 Tz. 17 u. 21 ff. sowie 621 Tz. 30 – *Medusa*).

IV. Prozessuales

Das UrhG kennt **keine Vermutung** des Bestehens eines urheberrechtlichen **25** Schutzes. Der Urheber oder derjenige, der sich auf ein Urheberrecht beruft, muss daher grundsätzlich die Voraussetzungen des bestehenden Schutzes darlegen und beweisen. Es wäre natürlich unsinnig, von einem Urheber zu verlangen, dass er zu Lebzeiten darlegen und beweisen muss, dass die Schutzdauer noch besteht; zu Lebzeiten des Urhebers kann die Schutzfrist gar nicht abgelaufen sein (vgl. Rn. 11). Ist der Urheber verstorben, werden die Erben oder Erbeserben aber im Zweifel **darlegen und beweisen** müssen, **wann der Urheber verstorben ist** und – insbesondere bei internationalem Bezug sehr wichtig – **welche Staatsangehörigkeit** der Urheber im Zeitpunkt seines Todes hatte (vgl. Rn. 7; vgl. Rn. 13). Besaß der Urheber im Zeitpunkt seines Todes die Angehörigkeit eines Staates außerhalb der Europäischen Union, werden seine Erben und Erbeserben und diejenigen, die von ihnen Rechte ableiten, auch darlegen und beweisen müssen, ob die Voraussetzungen von § 121 Abs. 1 S. 1 vorliegen (vgl. Rn. 13). Da die **Berechnung der Schutzfrist** als solche **von Amts wegen** vorzunehmen ist, muss das Gericht auch von Amts wegen überprüfen, ob gegebenenfalls ein Schutzfristenvergleich zur Anwendung kommt (vgl. Rn. 8).

§ 65 Miturheber, Filmwerke, Musikkomposition mit Text

(1) Steht das Urheberrecht mehreren Urhebern (§ 8) zu, so erlischt es 70 Jahre nach dem Tod des längstlebenden Miturhebers.

(2) Bei Filmwerken und Werken, die ähnlich wie Filmwerke hergestellt werden, erlischt das Urheberrecht 70 Jahre nach dem Tod des längstlebenden der folgenden Personen: Hauptregisseur, Urheber des Drehbuchs, Urheber der Dialoge, Komponist der für das betreffende Filmwerk komponierten Musik.

(3) Die Schutzdauer einer Musikkomposition mit Text erlischt 70 Jahre nach dem Tod des Längstlebenden der folgenden Personen: Verfasser des Textes, Komponist der Musikkomposition, sofern beide Beiträge eigens für die betreffende Musikkomposition mit Text geschaffen wurden. Dies gilt unabhängig davon, ob diese Personen als Miturheber ausgewiesen sind.

I. Allgemeines

1. Bedeutung, Sinn und Zweck der Norm, systematische Stellung im Gesetz

1   § 65 enthält eine **Sonderregelung** für solche Werke, die nicht nur von einem, sondern von **mehreren Urhebern** geschaffen worden sind. Die Vorschrift stellt sicher, dass die Schutzfrist eines konkreten Werkes einheitlich abläuft; das wäre ansonsten nicht gewährleistet, weil § 64 für die Bestimmung der Schutzdauer nicht auf das Werk abstellt, sondern die Fristberechnung immer und ausnahmslos auf der Basis des Todes des Urhebers erfolgt (vgl. § 64 Rn. 11 ff.). Die Vorschrift hat zur Folge, dass bestimmte Werke eines Urhebers erheblich länger geschützt sein können als andere, wenn er nämlich ein Werk gemeinsam mit anderen Urhebern geschaffen hat und diese länger leben als er. **Beispiel:** Die Werke Thomas Manns (18.11.1906 – 21.5.1949) sind bis zum 31.12.2019 geschützt, das Werk *The Other Germany* jedoch, das er mit seiner Schwester Erika (9.11.1905 – 27.8.1969) verfasste, bis zum 31.12.2039, weil sich die Schutzfristberechnung nach ihrem Tod als längstlebende Miturheberin berechnet. § 65 gilt aber nur für die echte Miturheberschaft i. S. v. § 8 UrhG; liegen verbundene Werke i. S. v. § 9 vor, läuft die Schutzfrist für jedes der verbundenen Werke gesondert. Das ist konsequent: Bei der Miturheberschaft lassen sich die Beiträge der Miturheber nicht gesondert verwerten und damit auch nicht wirklich voneinander trennen, sodass ein einheitlicher Schutzfristablauf zwingend erforderlich erscheint. Demgegenüber bleiben bei einem verbundenen Werk die Beiträge der Urheber gesondert verwertbar, sodass eine gesonderte Schutzfristberechnung gerechtfertigt ist. **Beispiel:** Die Musik zu der Oper Elektra von Richard Strauss (11.6.1864 – 8.9.1949) ist bis zum 31.12.2019 geschützt, während das aus der Feder von Hugo von Hofmannsthal (1.2.1874 – 15.7.1929) stammende Libretto nur bis zum 31.12.1999 geschützt war und heute bereits gemeinfrei ist. Außerdem schaffen Miturheber grundsätzlich gemeinsam, während ein verbundenes Werk auch noch nach dem Tod eines Urhebers oder mit einem gemeinfreien Werk entstehen kann (Beispiel: Komposition einer Oper mit einem gemeinfreien Libretto). § 65 trennt zwischen normaler Miturheberschaft und der besonderen Miturheberschaft bei Filmwerken, die an sich überflüssig ist und erst in Umsetzung der Schutzdauer-RL eingeführt wurde (vgl. Rn. 3; vgl. Rn. 6 ff.).

1a Um das deutsche Recht der Schutzdaueränderungs-RL vom 27.9.2011 (vgl. Einl. UrhG Rn. 45a) anzupassen, wurde durch das 8. ÄndG 2013 in einem neu eingefügten § 65 Abs. 3 UrhG die Schutzdauer für Musikkompositionen mit Text auf 70 Jahre nach dem Tod des Längstlebenden bestimmt, sofern beide Beiträge eigens füreinander geschaffen wurden. Die gesetzliche Neuregelung des § 65 Abs. 3 UrhG ist daher im Lichte des europäischen Rechts auszulegen (vgl. Rn. 3 hinsichtlich der Zielbestimmung der Richtlinie). Im Hinblick auf die systematische Stellung im Gesetz überließen die europäischen Regelungen den Mitgliedstaaten einen Ermessensspielraum, ob die Kombination von Musik und Text als weiterer Fall von Miturheberschaft geregelt oder ob für diese Form der Werkverbindung eine entsprechend einheitliche Schutzdauer eingeführt wird. Da die europäische Neuregelung die Dauer des Urheberrechts betrifft und somit dogmatisch an den Abschnitt über die Schutzdauer anknüpft, war eine Änderung der Regelungen zur Miturheberschaft (§ 8) nicht notwendig (a. A. *Flechsig* ZUM 2012, 227, 234 f.). Der deutsche Gesetzgeber hat deshalb zutreffend bei der Umsetzung der Richtlinien-Ergänzung nur die Schutzfristregelungen des § 65 angepasst. Zu den Voraussetzungen des neu eingefügten Abs. 3 vgl. Rn. 9a.

2. Früheres Recht

2 Bereits das Gesetz vom 11.6.1870 betreffend das Urheberrecht an Schriftwerken, Abbildungen, musikalischen Kompositionen und dramatischen Werken kannte eine § 65 Abs. 1 entsprechende Bestimmung in § 9 ebenso wie § 30 LUG und § 27 KUG. Auch in der DDR galt mit § 33 Abs. 3 UrhG-DDR eine entsprechende Regelung. Die besondere Bestimmung für die Filmwerke wurde erst mit dem 3. ÄndG 1995 in Umsetzung der Schutzdauer-RL (vgl. Rn. 3) eingeführt; eine vergleichbare Sonderbestimmung kannten die Vorgängergesetze des UrhG nicht. Die Schutzdauer für Musikkompositionen mit Text richtete sich nach früherem Recht nach § 64 UrhG, weil Musikkompositionen mit Text als verbundene Werke im Sinne von § 9 anzusehen sind (vgl. § 9 Rn. 7 und RegE UrhG 1962 – BT-Drs. IV/270, S. 42). Bei einer Werkverbindung richtete sich die Schutzfrist für jedes verbundene Werk – also sowohl für den Text als auch für die Komposition eines Musikwerkes – nach bisheriger Rechtslage daher gesondert nach dem Tod des jeweiligen Urhebers. Die Übergangsvorschrift findet sich in § 137m: Die neue Rechtslage gem. § 65 Abs. 3 gilt nur für jene Musikkompositionen mit Text, von denen entweder die Musikkomposition oder der Text in mindestens einem Mitgliedstaat der Europäischen Union am 1.11.2013 noch geschützt war. Damit werden allerdings Werkverbindungen in bestimmten Fallgestaltungen, in denen entweder die Musikkomposition oder der Text am Stichtag 1.11.2013 bereits gemeinfrei waren, wieder urheberrechtlich geschützt. Der Gesetzgeber löste dieses Problem, indem er dem schlichten Grundsatz folgte, dass dem Urheber gemäß § 11 S. 2 UrhG stets für jede Nutzung seines Werkes eine angemessene Vergütung gebührt. Folglich ordnet § 137m Abs. 2 S. 2 UrhG den Rechtezuwachs dem Urheber der Musikkomposition bzw. des Textes zu (RegE 8. ÄndG – BT-Drs. 17/12013, S. 14). Zu den weiteren Einzelheiten vgl. § 137m Rn. 1 ff.

3. EU-Richtlinien

3 Art. 1 Abs. 2 der Schutzdauer-RL hat die auch schon vorher im deutschen UrhG vorhandene Regelung des Schutzfristenablaufs im Falle der Miturheberschaft gemeinschaftsweit harmonisiert (zur Notwendigkeit der Harmonisierung Walter/ *Walter* Art. 1 Schutzdauer-RL Rn. 27). § 65 Abs. 2 basiert auf Art. 2 der Schutzdauer-RL und wurde infolgedessen durch das 3. ÄndG 1995 in das UrhG eingeführt. Zu Einzelheiten vgl. Rn. 6 ff. § 65 Abs. 3 hat seine jetzige Fassung erfahren in Umsetzung der Schutzdaueränderungs-RL vom 27.9.2011 zur Änderung der Schutzdauer-RL durch das 8. ÄndG 2013. Nach den Erwägungsgründen der Richtlinie bedurfte es einer Harmonisierung der nationalen Gesetzgebungen, da einige Mitgliedstaaten unterschiedliche Schutzfristen jeweils für den kompositorischen und für den textdichterischen Beitrag vorsahen (s. ErwG 18 der Schutzdaueränderungs-RL). Während Belgien, Bulgarien, Estland, Frankreich, Griechenland, Italien (bei Opern), Lettland, Litauen, Portugal, Spanien und die Slowakei als Anknüpfungspunkt für die Schutzdauer für Musikkompositionen mit Text den Tod des letzten beteiligten Urhebers ansahen, regelten andere Mitgliedstaaten, darunter auch Deutschland, den Schutzfristablauf wie bei allen anderen verbundenen Werken (§ 9) auch, d. h. gesondert nach Musik und Text (s. dazu die amtl. Begr. zum Kommissionsvorschlag KOM(2008) 464). Der europäische Gesetzgeber ist diesem Leitbild entgegengetreten und folgte dem zuerst genannten Modell, um eine vollständige Harmonisierung der Schutzfristen zu erreichen. Art. 10 der Schutzdauer-RL sieht auch Bestimmungen vor, die den zeitlichen Übergang regeln. Nach Art. 10 Abs. 6 der Richtlinie, der durch Art. 1 Ziffer 3 der Schutzdaueränderungs-RL neu eingeführt wurde, gilt die neu-harmonisierte Berechnung der Schutzdauer für solche Musikkompositionen mit Text, von denen entweder die Musikkomposition oder der Text in mindestens einem Mitgliedstaat der Europäischen Union am 1.11.2013 noch geschützt war (vgl. Rn. 2 und vgl. § 137m Rn. 1 ff.).

4. Internationales Urheberrecht

4 § 65 Abs. 1 entspricht Art. 7bis RBÜ; Art. 9 Abs. 1 TRIPS nimmt hierauf Bezug. Fremdenrechtlich gilt § 65 immer dann, wenn ein Miturheber deutscher Staatsangehöriger, Deutscher im Sinne von Art. 116 Abs. 1 GG oder Staatsangehöriger eines anderen Mitgliedsstaates der Europäischen Union oder eines anderen Vertragsstaates des Abkommens über den europäischen Wirtschaftsraum ist (§ 120 Abs. 1 S. 2; vgl. § 120 Rn. 5 ff.).

II. Tatbestand

1. Miturheberschaft (Abs. 1)

5 Haben Urheber ein Werk gemeinsam erschaffen und liegt deshalb Miturheberschaft vor, läuft die Schutzfrist für **70 Jahre nach dem Tode des längstlebenden Miturhebers**. Wann Miturheberschaft im Sinne des Abs. 1 gegeben ist, bestimmt sich nach § 8 Abs. 1: Das Werk muss gemeinsam geschaffen sein (vgl. § 8 Rn. 2) und eine gesonderte Verwertung der Anteile ausscheiden (vgl. § 8 Rn. 11). Der Verzicht eines Miturhebers auf seinen Anteil an den Verwertungsrechten (§ 8 Abs. 4, vgl. § 8 Rn. 17) ist für den Schutzfristablauf ohne Bedeutung, da ihm jedenfalls das Urheberpersönlichkeitsrecht verblieben ist. Bei **Werkverbindungen** (§ 9) richtet sich die Schutzfrist nach dem **Todestag der einzelnen Werkschöpfer.** Beispiele zur Schutzfristberechnung finden sich in Rn. 1. Ausnahme: Bei verbundenen Werken, die aus Musik und Text bestehen, gilt die Sonderregelung von Abs. 3.

2. Filmwerke (Abs. 2)

Für die an der Schaffung von Filmwerken beteiligten Urheber hat erst das 3. ÄndG 1995 mit dem neuen Abs. 2 eine gesonderte Regelung getroffen. § 65 Abs. 2 folgt dabei Art. 2 Abs. 2 der Schutzdauer-RL (vgl. Rn. 3). Art. 2 Abs. 1 der Schutzdauer-RL erklärt zwar den Hauptregisseur eines Filmwerks zu dessen (Mit-) Urheber und stellt den Mitgliedstaaten frei, vorzusehen, dass weitere Personen als Miturheber benannt werden können. Für die Bestimmung der Schutzfrist gibt Art. 2 Abs. 2 der Schutzdauer-RL jedoch zwingend vor, dass **nur** auf eben jenen **Hauptregisseur** und daneben den **Urheber des Drehbuchs,** den **Urheber der Dialoge** und den **Komponisten,** der speziell für das betreffende Filmwerk eine Musik komponiert hat, abzustellen ist. Das lässt einiges im Unklaren: So bleibt einerseits offen, welche Schutzfrist für das Filmwerk bei späterer Auswechslung der Musik gelten soll: Ist die Lebensdauer des ursprünglichen oder des späteren Komponisten maßgebend, falls die übrigen in Abs. 2 Genannten sämtlich vorverstorben sind? Da die Schutzfrist eines Werkes, die mit dessen Fertigstellung verbindlich geregelt ist, nicht im Nachhinein durch einzelne Beteiligte willkürlich verkürzt oder verlängert werden kann, wird man für Abs. 2 die Lebensdaten des ursprünglichen Komponisten als maßgeblich anzusehen haben; der spätere Komponist bzw. seine Erben und Erbeserben erleiden dadurch keinen Nachteil, weil – was sich aus § 64 i. V. m. § 89 Abs. 3 ergibt – jedenfalls seine Musik bis zum Ablauf der für ihn geltenden Schutzfrist auch dann geschützt bleibt, wenn sie mit dem ansonsten gemeinfreien Filmwerk verwertet wird. Entsprechendes gilt für Synchronfassungen: Der Übersetzer der Dialoge, der möglicherweise länger lebt als alle in Abs. 2 genannten Urheber, bleibt hinsichtlich seines schöpferischen Beitrags bis zum Ablauf der für ihn geltenden Schutzfrist geschützt, das Filmwerk als solches wird aber frei. Für mehrere Urheber unter den nach Abs. 2 maßgeblichen Beteiligten gilt wiederum Abs. 1: Bei mehreren Drehbuch-Mitautoren ist die Schutzfrist des Längstlebenden maßgeblich. **6**

Andererseits ist gänzlich unverständlich, was Richtlinie und deutscher Gesetzgeber mit „**Hauptregisseur**" gemeint haben könnten: Falls von vornherein mehrere Regisseure schöpferisch tätig waren, sind sie Miturheber mit der Rechtsfolge des Abs. 1. Einen „Haupt-" Regisseur unter ihnen auszumachen, dürfte kaum jemals gelingen; würde das Filmwerk – unterstellt, der „Haupt-" Regisseur überlebte die sonst von Abs. 2 Genannten, würde aber früher sterben als seine Mitregisseure – mit seinem Tode frei, würde der urheberrechtliche Schutz der Mitregisseure verfassungswidrig verkürzt (vgl. Rn. 8). Ist der ursprüngliche Regisseur ausgeschieden und wird das Filmwerk von einem anderen Regisseur fertig gestellt, so liegt die Vollendung eines Fragments (vgl. § 8 Rn. 7) vor wiederum mit der Folge, dass letztendlich die Schutzfrist des Längstlebenden gem. Abs. 1 maßgebend ist, es sei denn, einer der beiden Regisseure ließe sich doch irgendwie noch zuverlässig als „Hauptregisseur" bestimmen. **7**

Die Vorschrift des Abs. 2 begegnet erheblichen **verfassungsrechtlichen Bedenken:** Miturheber eines Filmwerkes sind nicht nur der Hauptregisseur und die Dialogurheber, sondern regelmäßig eine Vielzahl weiterer Personen (vgl. § 8 Rn. 15). **8**

Durch Abs. 2 wird damit einerseits die Schutzfrist ihrer schöpferischen Beiträge unter Umständen verkürzt, nämlich dann, wenn sie länger leben als einer der dort ausdrücklich genannten Miturheber. Andererseits werden diese Urheber mit den Urhebern anderer Werke ungleich behandelt (Art. 14 und 3 GG; ebenso Schricker/Loewenheim/*Katzenberger/Metzger*[5] Rn. 7 und ihm folgend Loewenheim/ *Axel Nordemann*[2] § 22 Rn. 21; HK-UrhR/*Meckel* Rn. 5 a. E.; Möhring/Nicolini/ *Gass*[3] Rn. 2), weil es eben nicht mehr auf den längstlebenden Miturheber ankommt, sondern nur noch auf die in § 65 Abs. 2 genannten Personen. Ein sachlich gerechtfertigter Grund für die Ungleichbehandlung ist nicht ersichtlich: Zu Gunsten der Regelung in der Schutzdauer-RL wurde lediglich angeführt, dass die Regelung klar und verhältnismäßig leicht anwendbar sei (Walter/*Walter* Art. 2 Schutzdauer-RL Rn. 4). Das vermag aber den Nachteil der jedenfalls in Deutschland gegebenen verfassungswidrigen Verkürzung der Schutzfrist zugunsten einiger Miturheber nicht aufzuwiegen, zumal der angesprochene Vorteil auch diesseits nicht gesehen wird: Bei der Bestimmung der Miturheberschaft besteht häufig das Problem, festzustellen, wer schöpferische Beiträge geleistet hat (vgl. § 8 Rn. 2 f.). Im Zweifel liegt ohnehin die Beweislast dafür, dass die Schutzfrist noch nicht abgelaufen ist, bei demjenigen, der sich auf Rechte an einem Filmwerk beruft; er muss dann darlegen und beweisen, welcher Miturheber mit welchen schöpferischen Beiträgen der Längstlebende ist (vgl. Rn. 11). Ein Beispiel mag die Unzuträglichkeit der Regelung verdeutlichen: Der Kameramann ist zwar nach deutschen Urheberrecht regelmäßig als Filmurheber anzusehen (vgl. § 8 Rn. 15); er profitiert daher auch für seinen schöpferischen Beitrag von dem an dem Filmwerk bestehenden urheberrechtlichen Schutz. Seine Lebensdaten bleiben aber gemäß § 65 Abs. 2 bei der Schutzfristberechnung zwingend außer Betracht (Dreier/ Schulze/*Dreier*[5] Rn. 5) mit der Folge, dass die eigentlich zwingend auf 70 Jahre post mortem auctoris harmonisierte Schutzdauer gem. Art. 1 Abs. 1 Schutzdauer-RL und § 64 für den Kameramann erheblich kürzer ausfallen kann: Wirkt er in jungen Jahren an einem Filmwerk mit, dessen Hauptregisseur, Drehbuchurheber, Dialogurheber und Komponist von spezieller für den Film komponierter Musik schon relativ alt sind und kurz nach Fertigstellung des Filmwerkes versterben, verkürzt sich die Schutzfrist für seine schöpferische Leistung unter Umständen dramatisch; überlebt er den Längstlebenden der vorgenannten Film-Miturheber beispielsweise um 40 Jahre, verkürzt sich die Schutzfrist seines schöpferischen Beitrages auf 30 Jahre post mortem auctoris.

9 Die **Neuregelung** gilt nur für solche Filmwerke, die ab dem 1.7.1995 geschaffen wurden. Filmwerke, die bis zum 30.6.1995 entstanden sind, profitieren von der Übergangsregelung des § 137f Abs. 1 S. 1 UrhG; ihre Schutzfrist läuft gem. § 65 a. F. tatsächlich erst 70 Jahre nach dem Tod des längstlebenden Miturhebers ab (vgl. § 137f Rn. 3).

3. Musikkomposition mit Text (Abs. 3)

9a Die Neuregelung von § 65 Abs. 3 UrhG bestimmt, dass die Schutzdauer einer Musikkomposition mit Text unabhängig von einer etwa bestehenden Miturheberschaft 70 Jahre nach dem Tod des Verfassers des Textes oder des Komponisten je nachdem, wer länger lebt, abläuft, allerdings nur, sofern beide Beiträge eigens für die betreffende Musikkomposition mit Text geschaffen wurden. Sind Text und Musik unabhängig voneinander entstanden, bleibt es bei der bisherigen Regelung, dass die Schutzfristen getrennt laufen. Der Terminus der musikalischen Komposition meint solche Schöpfungen, die sich sowohl des Ausdrucksmittels der Musik als auch des Wortes bedienen, so beispielsweise die Oper als musikalische Komposition, da die Oper aus dem Werk des Librettisten (Libretto) und aus dem Werk des Komponisten (Komposition) besteht, oder auch Kollektivwerke in anderen musikalischen Genres, wie zum Beispiel im Jazz, Rock und Pop sowie im Bereich des Musicals. Entscheidend ist, dass der kreative Prozess der Schöpfung des Textes als Bestandteil der Musik anzusehen ist. Weiterhin müssen Musik und Text aufeinander bezogen geschrieben worden sein und beide Teile müssen aus der Feder verschiedener Urheber stammen (Musik „mit" Text). Die Übergangsregelung findet sich in § 137m (vgl. Rn. 2 und vgl. § 137m Rn. 1 ff.).

Die Neuregelung der Schutzfrist beschränkt sich lediglich auf die Kombination **9b** von Musikkomposition und Text. **Sie gilt damit nicht auch für andere Werkkombinationen.** Allerdings ist nicht zu verkennen, dass es auch hinsichtlich anderer Werkkombinationen wie beispielsweise im Falle der Verbindung von Musik und Tanz oder Text und Illustration eine vergleichbare Ausgangslage gibt, die der europäische Gesetzgeber mit hätte aufgreifen können. Wegen der klar auf die Kombination von Musikkomposition und Text bezogenen gesetzlichen Regelung ist jedoch eine analoge Anwendung des § 65 Abs. 3 UrhG auch auf andere Werkverbindungen nicht möglich.

4. Anonyme und pseudonyme Werke (§ 66 Abs. 2)

Für anonyme und pseudonyme Werke ist die besondere Regelung in § 66 **10** Abs. 2 zu beachten: Nur dann, wenn die **Identität mindestens eines Miturhebers** keinem Zweifel unterliegt oder durch Eintragung in das Register anonymer und pseudonymer Werke gem. § 138 offenbart wird, lässt sich die Schutzfrist gem. § 64 zuverlässig berechnen. Für anonyme und pseudonyme Werke gilt deshalb, dass für sie die Schutzfrist nach § 64 gilt, wenn nur ein Miturheber identifizierbar ist oder das Werk in die Rolle hat eintragen lassen; treten mehrere Miturheber aus der Anonymität oder der Pseudonymität heraus, berechnet sich die Schutzfrist nach § 65. Bleiben einige Miturheber anonym oder pseudonym, profitieren sie gem. § 66 Abs. 2 von der Berechnung der Schutzfrist anhand der Lebensdaten der Miturheber, die sich offenbart haben.

III. Prozessuales

Für § 65 gilt wie zu § 64 (vgl. § 64 Rn. 25), dass derjenige, der für sich das **11** Recht an einem Werk in Anspruch nimmt, im Zweifel **darlegen und beweisen** muss, dass die Schutzfrist noch nicht abgelaufen ist. Für den Fall der normalen Miturheberschaft nach Abs. 1 bedeutet dies, dass sich die Darlegungs- und Beweislast auf das Vorliegen von Miturheberschaft und die Lebensdaten des längstlebenden Miturhebers bezieht; im Fall von **Filmwerken** ist vom Kläger darzulegen und zu beweisen, wer der Hauptregisseur, der Drehbuchurheber, der Dialogurheber und der Komponist von für das betreffende Filmwerk komponierter Musik gewesen ist und welche Lebensdaten der Längstlebende dieser Personen hatte, sofern dies für den Streit relevant ist (je nach streitigem Zeitraum und Anspruchsrichtung kann es auch genügen, die Lebensdaten eines dieser Miturheber darzulegen, sofern beides damit noch innerhalb der Schutzfrist gegeben ist). Die **Berechnung** der Schutzfrist als solche ist **von Amts wegen** vorzunehmen.

§ 66   Anonyme und pseudonyme Werke.

(1) [1]Bei anonymen und pseudonymen Werken erlischt das Urheberrecht 70 Jahre nach der Veröffentlichung. [2]Es erlischt jedoch bereits 70 Jahre nach der Schaffung des Werkes, wenn das Werk innerhalb dieser Frist nicht veröffentlicht worden ist.

(2) [1]Offenbart der Urheber seine Identität innerhalb der in Absatz 1 Satz 1 bezeichneten Frist oder lässt das vom Urheber angenommene Pseudonym keinen Zweifel an seiner Identität zu, so berechnet sich die Dauer des Urheberrechts nach den §§ 64 und 65. [2]Dasselbe gilt, wenn innerhalb der in Absatz 1

Satz 1 bezeichneten Frist der wahre Name des Urhebers zur Eintragung in das Register anonymer und pseudonymer Werke (§ 138) angemeldet wird.

(3) Zu den Handlungen nach Absatz 2 sind der Urheber, nach seinem Tode sein Rechtsnachfolger (§ 30) oder der Testamentsvollstrecker (§ 28 Abs. 2) berechtigt.

Übersicht

I. Allgemeines

1. Bedeutung, Sinn und Zweck der Norm, systematische Stellung im Gesetz

1 Anknüpfungspunkt für die Berechnung der Regelschutzdauer von 70 Jahren post mortem auctoris ist der Tod des Urhebers (§ 64); auf Veröffentlichung oder Erscheinen kommt es an sich nicht an (vgl. § 64 Rn. 11). Ist der Urheber aber **anonym** geblieben oder hat er seine Werke unter einem **Pseudonym** veröffentlicht, unter dem er nicht zweifelsfrei identifizierbar ist, lässt sich eine Schutzfristberechnung auf der Basis des Todes des Urhebers nicht vornehmen. § 66 schafft deshalb für diese Fälle eine **Ausnahmevorschrift**: Bei anonymen und pseudonymen Werken erlischt das Urheberrecht 70 Jahre nach der Veröffentlichung oder, wenn es nicht veröffentlicht worden ist, nach der Schaffung. Ist der Urheber unbekannt, gibt es keinen anderen Anknüpfungspunkt, um die Schutzfrist zuverlässig zu berechnen. Die Vorschrift dient damit der **Rechtssicherheit**. Sie hat eine unter Umständen erhebliche Verkürzung der Schutzdauer zur Folge; ein Werk kann sogar schon vor dem Tode des Urhebers gemeinfrei werden. Der Urheber oder seine Erben können nach Abs. 2 und 3 die Verkürzung der Schutzdauer allerdings vermeiden, in dem sie die Identität des Urhebers offenbaren oder das Werk unter Angabe des wahren Namens zur Eintragung in die **Urheberrolle** beim Deutschen Patent- und Markenamt anmelden (vgl. Rn. 10; vgl. § 138 Rn. 4 ff.).

2 Die Schutzfristverkürzung für anonyme und pseudonyme Werke hat in der **Praxis wenig Relevanz**. Dies ergibt sich bereits daraus, dass Ansprüche aus der Verwertung eines irgendwann einmal veröffentlichten oder auch eines unveröffentlicht gebliebenen Werkes immer nur der Rechtsinhaber geltend machen kann, also entweder der Urheber oder sein Rechtsnachfolger bzw. Testamentsvollstrecker (s. Abs. 3); dieser muss, um sein Recht zu belegen, die Urheberschaft ohnehin aufdecken mit der Folge, dass dann die §§ 64 und 65 zur Anwendung kommen (s. Abs. 2). Die Funktion des Abs. 1 beschränkt sich deshalb auf den Schutz potentieller Nutzer: Das anonyme künstlerische Foto, das Philipp Scheidemann am 9. November 1918 auf dem Balkon des Berliner Stadt-

schlosses bei der Ausrufung der Republik zeigt und das am nächsten Tag in allen Zeitungen zu sehen war, kann seit dem 1. Januar 1989 (vgl. Rn. 7) jeder nutzen, der sicher sein zu können glaubt, dass die Identität des Fotografen in den 70 Jahren vorher niemals offenbart worden ist.

2. Früheres Recht

Die gesetzliche Regelung der anonymen und pseudonymen Urheberschaft reicht **3** zurück bis in die Mitte des 19. Jahrhunderts und findet sich zuerst im preußischen Urhebergesetz von 1837, freilich mit einer sehr geringeren Schutzdauer von nur 15 Jahren ab Herausgabe des Werkes (Einzelheiten s. *Otto* S. 267). Auch die in den Folgejahren erlassenen Urhebergesetze der anderen Mitgliedstaaten des Deutschen Bundes enthielten ähnliche Regelungen (s. *Otto* S. 267 ff.). Das LUG von 1870, neugefasst im Jahre 1902, sah in § 31 Abs. 1 für anonyme und pseudonyme Werke der Literatur und Tonkunst ebenfalls eine Sonderregelung vor, nach der solche Werke 50 Jahre nach der Erstveröffentlichung gemeinfrei wurden; § 31 Abs. 2 LUG stellte den anonymen und pseudonymen Werken die orthonymen dann gleich, wenn der wahre Name des Urhebers noch rechtzeitig vor Ablauf der 50 jährigen Schutzfrist angegeben oder zur Eintragung in die „Eintragungsrolle" angemeldet wurde (s. *Otto* S. 275 ff.). Für Werke der bildenden Künste galt dies nicht; das KUG kannte keine vergleichbare Regelung. § 66 a. F. übernahm diese Regelung, verlängerte aber die Schutzfrist auf 70 Jahre nach der Veröffentlichung; § 66 Abs. 4 a. F. nahm auch weiterhin die Werke der bildenden Künste aus. Ferner sah § 66 Abs. 2 Nr. 1 a. F. im Gegensatz zu § 31 Abs. 1 LUG vor, dass bei einem pseudonymen Werk der volle Schutz gem. § 64 zuerkannt werden musste, wenn das vom Urheber angegebene Pseudonym keinerlei Zweifel über seine Identität zuließ (Art. 7 Abs. 3 S. 2 RBÜ; vgl. Rn. 9 und OLG München GRUR 1990, 446, 447 f. – *Josefine Mutzenbacher*). Wie die Ausnahme für Werke der bildenden Künste gem. § 66 Abs. 4 a. F. wirken sollte, ist allerdings unklar geblieben; diese Sonderregelung war relativ sinnfrei, weil sich eine Schutzfrist von 70 Jahren post mortem auctoris auch bei einem Werk der bildenden Künste nicht berechnen lässt, wenn der Urheber nicht bekannt ist. Infolge der Schutzdauer-RL wurde § 66 durch das 3. ÄndG 1995 geändert (vgl. Rn. 4): Ist das Werk nicht veröffentlicht worden, so knüpft der Ablauf der Schutzfrist bei anonymen und pseudonymen Werken nunmehr an die Schaffung des Werkes an (Abs. 1); posthum veröffentlichte Werke erhalten keine Sonderbehandlung mehr wie dies noch von § 66 Abs. 2 Nr. 3 a. F. vorgesehen war. Ferner ist die Ausnahme für Werke der bildenden Künste gem. § 66 Abs. 4 a. F. ersatzlos entfallen. Sofern allerdings dadurch eine Schutzfristverkürzung entstanden ist, z. B. dadurch, dass der wahre Name des Urhebers später als 70 Jahre nach der Veröffentlichung oder Schaffung eines Werkes der bildenden Künste bekannt geworden ist (dann wäre es nämlich nach § 66 Abs. 1 und 2 nach aktuell gültiger Rechtslage gemeinfrei geblieben), berechnet sich die Schutzfrist gem. § 137f Abs. 1 S. 1 nach dem bisherigen Recht (vgl. § 137f Rn. 4).

3. EU-Richtlinien

Die durch das 3. ÄndG 1995 erfolgte „Bereinigung" von § 66 basiert auf Art. 1 **4** Abs. 3 Schutzdauer-RL, der anstelle von Veröffentlichung allerdings an „erlaubterweise der Öffentlichkeit zugänglich gemacht worden ist" anknüpft; dies deckt sich jedoch inhaltlich mit dem Begriff der Veröffentlichung (RegE 3. ÄndG – BT-Drs. 13/781, S. 8 f., 13; Walter/*Walter* Art. 1 Schutzdauer-RL Rn. 36); „erlaubterweise" entspricht insoweit der in § 6 Abs. 1 vorgesehenen Zustimmung des Berechtigten (Einzelheiten vgl. § 71 Rn. 24).

4. Internationale Konventionen

Art. 7 Abs. 3 RBÜ verwendet dieselbe Formulierung wie Art. 1 Abs. 3 Schutz- **5** dauer-RL, verpflichtet die Verbandsländer aber nicht, anonyme und pseudonyme Werke zu schützen, wenn der Urheber länger als 50 Jahre tot ist (dazu

Wilhelm Nordemann/Vinck/Hertin Art. 7 RBÜ Rn. 2). Die TRIPS nehmen über Art. 9 auch Art. 7 RBÜ in Bezug; das WUA kennt keine Sonderregelung für anonyme und pseudonyme Werke (*Wilhelm Nordemann/Vinck/Hertin* Art. IV WUA Rn. 4). Fremdenrechtlich gelten keine Besonderheiten; insbesondere kann auch der ausländische Urheber seine Identität durch Eintragung in die Urheberrolle offenbaren (vgl. § 138 Rn. 4).

II. Tatbestand

1. Regelschutzdauer bei anonymen und pseudonymen Werken (Abs. 1)

6 Anonym sind solche Werke, die ohne jede Urheberbezeichnung (vgl. § 10 Rn. 43 ff.) veröffentlicht worden sind. Demgegenüber spricht man von pseudonymen Werken, wenn die Veröffentlichung des Werkes unter einem Künstlernamen oder einer anderen Bezeichnung, die die wahre Identität des Urhebers nicht offenbart, erfolgt. Da sich in solchen Fällen die Regelschutzdauer nach § 64 mit 70 Jahren post mortem auctoris nicht berechnen lässt – es fehlt der Anknüpfungspunkt des Todes des Urhebers – bestimmt § 66 aus Gründen der Rechtssicherheit (vgl. Rn. 1), dass sich die **Schutzdauer nach der Veröffentlichung** richtet und 70 Jahre nach ihr erlischt; wird das Werk innerhalb dieser Frist nicht veröffentlicht, endet die Schutzdauer bereits 70 Jahre nach der Schaffung des Werkes (Abs. 1). Der Begriff der Veröffentlichung richtet sich nach § 6 Abs. 1; vgl. § 6 Rn. 10 ff. Diese Anknüpfung ist missglückt: Kaum jemals wird sich noch nach 70 Jahren mit den Beweismitteln der ZPO der genaue Zeitpunkt feststellen lassen, in dem ein Bild in einer Ausstellung oder gar nur im Schaufenster einer Galerie erstmals gezeigt, eine Komposition erstmals in einem Konzert gespielt, ein Kabarett-Sketch erstmals dargeboten worden ist. Die Anknüpfung an das Erscheinen (§ 6 Abs. 2; vgl. § 6 Rn. 15 ff.), wie sie Schricker/*Katzenberger*[2] noch für § 66 a. F. vorgeschlagen hatten, wäre deshalb besser gewesen und hätte dem Postulat von § 66, für Rechtssicherheit zu sorgen, mehr entsprochen. Da Art. 1 Abs. 3 Schutzdauer-RL auf die öffentliche Zugänglichmachung abstellt und damit den Begriff der Veröffentlichung im Sinne von § 6 Abs. 1 meint (im Gegensatz zum Begriff der Veröffentlichung in der Schutzdauer-RL, mit dem auf das Erscheinen i. S. v. § 6 Abs. 2 abgestellt wird; zu diesen Begrifflichkeiten Walter/*Walter* vor Art. 1 Schutzdauer-RL Rn. 9), ist die Auffassung von *Katzenberger* leider nicht mehr zu halten und deshalb mit der 3. Auflage auch aufgegeben worden (Schricker/Loewenheim/ *Katzenberger/Metzger*[5] Rn. 12).

7 Die **Fristberechnung** erfolgt gem. § 69 mit der Folge, dass auch die Schutzfristen anonymer und pseudonymer Werke jeweils **zum Jahresende** ablaufen.

2. Offenbarung der Identität des Urhebers (Abs. 2, S. 1 Alt. 1)

8 Für anonyme und pseudonyme Werke wird wiederum die Regelschutzfrist des § 64 mit 70 Jahren post mortem auctoris anwendbar, wenn der Urheber seine Identität **innerhalb der** für sein anonymes oder pseudonymes Werk geltenden **Schutzfrist** nach Abs. 1 **offenbart**; verpasst er diese Frist, wird das Werk gemeinfrei (s. OLG Hamm GRUR-RR 2005, 177, 178 – *Stillleben von Karl Hofer*). Die Vorschrift lässt allerdings offen, wem gegenüber der Urheber (oder sein Rechtsnachfolger bzw. Testamentsvollstrecker, Abs. 3) seine Identität offenbaren muss. Soll der Fotograf, dessen großartiges Foto des Kometen Hale-Bobb nur ein einziges Mal im Spiegel abgedruckt wurde, und dies trotz ordnungsgemäßer Beschriftung ohne Urheberangabe, genötigt sein, in Zeitungsanzeigen auf seine Urheberschaft hinzuweisen? Genügt es, dass der Maler, dessen unsigniertes Bild ein Sammler oder ein Museum kauft, dem Erwerber sagt, dass es von ihm ist? Muss er das selbst tun – wie die Formulierung des Gesetzestextes nahelegt – oder genügt es, wenn sein Galerist dies auf die Rechnung schreibt? Wenn die von Abs. 2 betroffene Regelung überhaupt einen Sinn haben soll, dann kann sie nur dahin interpretiert werden, dass der Urheber seine **Identität** schon dann offenbart hat, wenn er sie **feststellbar** gemacht hat, sei es durch die **Anbringung auf Werkstücken** (wie im Fall oben) oder durch **Mitteilung an Dritte.** Der mögliche Einwand, dass dies jedenfalls in letzterem Fall ein ahnungsloser Nutzer nicht wissen könne, kann schon deshalb nicht durchgreifen, weil dieser auch von Zeitungsanzeigen kaum etwas wissen könnte, schon gar nicht nach Jahrzehnten; der Urheber kann aber nicht dadurch seines Anspruchs auf die volle Schutzfrist des § 64 beraubt werden, weil sein Werk irgendwann einmal ohne Urheberbezeichnung veröffentlicht worden ist, und noch dazu ohne sein Zutun. Anderenfalls fielen sehr viele Werke unter § 66 Abs. 1: Wenn in einem deutschen Sender überhaupt eine Ansage zu Sendungen leichter Musik stattfindet, dann wird der Interpret genannt, aber praktisch nie der Komponist oder der Textdichter. Allerdings kann man deren Identität mithilfe der GEMA ermitteln; dem Rechtssicherheitsgedanken (vgl. Rn. 1) ist insoweit Genüge getan. Ein Urheber, dessen Werk anonym veröffentlicht worden ist (sei es absichtlich oder versehentlich), tut allerdings gut daran, schon zur eigenen Sicherheit und der seiner Erben und Erbeserben, eine Anmeldung zur Urheberrolle beim Deutschen Patent- und Markenamt (§ 138; vgl. § 138 Rn. 4 ff.; vgl. Rn. 10) vorzunehmen.

3. Kein bestehender Zweifel an der Identität des Urhebers (Abs. 2 S. 1 Alt. 2)

Die Regelschutzdauer des § 64 mit 70 Jahren post mortem auctoris ist gem. **9** Abs. 2 S. 1 Alt. 2 auch dann anwendbar, wenn das vom Urheber angenommene Pseudonym keinen Zweifel seiner Identität zulässt. Gemeint ist damit, dass **klar sein muss, wen ein bestimmtes Pseudonym bezeichnet.** Bestehende Zweifel an der wahren Identität des Urhebers müssen aufgehoben werden, gleich durch wen und auf welche Weise dies geschieht (so wörtlich RegE 3. ÄndG – BT-Drs. 13/781, S. 13 f.). Deshalb genügt der Nachweis in einer wissenschaftlichen Publikation (RegE 3. ÄndG – BT-Drs. 13/781, S. 14) ebenso wie in einem Lexikon, aber auch in autorisierten späteren Ausgaben (OLG München GRUR 1990, 446, 449 f. – *Josefine Mutzenbacher*). Nicht relevant ist deshalb, wer das Pseudonym aufdeckt, sodass dies **auch durch Dritte** wie beispielsweise die Medien erfolgen kann (ebenso Dreier/Schulze/*Dreier*[5] Rn. 9); denn die Schutzfristverkürzung des § 66 Abs. 1 erfolgt ausschließlich aus Gründen der Rechtssicherheit (vgl. Rn. 1), sodass es egal ist, aus welchen Gründen sich die Regelschutzdauer des § 64 zuverlässig berechnen lässt.

4. Anmeldung zur Eintragung in die Urheberrolle (Abs. 2 S. 2)

Die Schutzfristverkürzung des Abs. 1 lässt sich schließlich dadurch vermeiden, **10** dass der anonym gebliebene oder unter einem Pseudonym aufgetretene Urheber sein Werk unter seinem wahren Namen zur Eintragung in die Urheberrolle (Register anonymer und pseudonymer Werke) beim Deutschen Patent- und Markenamt gem. § 138 anmeldet; zu Einzelheiten vgl. § 138 Rn. 4 ff.

5. Berechtigung für die Offenbarungshandlungen bzw. die Anmeldung (Abs. 3)

Abs. 3 bestimmt, dass zu den Handlungen nach Abs. 2 der Urheber, seine Er- **11** ben oder der Testamentsvollstrecker berechtigt sein sollen. Sinnvollerweise kann sich Abs. 3 aber **nur auf die Anmeldung zur Eintragung in die Urheberrolle** gem. Abs. 2 S. 2, § 138 beziehen, **weil die Identitätsoffenbarung** gem. Abs. 2 S. 1 **auch durch einen Dritten** erfolgen kann (vgl. Rn. 9; anders noch unsere 9. Aufl./*Wilhelm Nordemann* Rn. 7). Da die Schutzfristverkürzung des Abs. 1 der Rechtssicherheit dient (vgl. Rn. 1), macht es keinen Sinn, die Offenbarung der Identität eines anonym oder unter einem Pseudonym veröffentlichenden Urhebers von einer Identitätsoffenbarung eines Berechtigten abhängig zu machen. Denn die Schutzfrist von 70 Jahren post mortem auctoris lässt sich immer dann zuverlässig berechnen, wenn die wahre Identität des Urhebers offenbart wird, und zwar egal von wem (vgl. Rn. 9). Das Deutsche Patent- und Markenamt prüft gem. § 138 Abs. 1 S. 2 die Berechtigung des Anmelders zur Eintragung in die Urheberrolle nicht; derjenige, der unberechtigterweise eine Eintragung in die Urheberrolle bewirkt, unterliegt aber dem Risiko, dass die Eintragung unwirksam ist und damit die Wirkungen des § 66 Abs. 2 S. 2 nicht eintreten (vgl. § 138 Rn. 4).

6. Anwendbarkeit auf Miturheber (Abs. 2 S. 1)

12 Abs. 2 gilt sinngemäß auch für Miturheber, wie die Verweisung auf § 65 ergibt. War also das Werk zweier Miturheber unter dem Namen allein eines von ihnen veröffentlicht worden und stellt sich im Nachhinein die Miturheberschaft des zweiten heraus, so richtet sich die Schutzfrist nach dessen Tod, wenn er länger gelebt hat (Schricker/Loewenheim/*Katzenberger/Metzger*[5] Rn. 19 ff.). Sind alle Miturheber anonym geblieben oder haben alle Miturheber unter einem Pseudonym veröffentlicht, kann die Regelschutzdauer des § 64 auch durch Anmeldung zur Eintragung in die Urheberrolle entweder durch einen oder auch alle diese Urheber vorgenommen werden (vgl. § 138 Rn. 4).

III. Prozessuales

13 Ist ein Werk anonym veröffentlicht worden, trägt die **Beweislast** dafür, dass es gemäß der Regelschutzdauer nach § 64 geschützt ist, derjenige, der sich darauf beruft; er muss dann darlegen und beweisen, dass der Urheber seine Identität vor Ablauf von 70 Jahren nach der Veröffentlichung (§ 66 Abs. 1) offenbart hatte (Abs. 2). Dasselbe gilt für den Fall der Veröffentlichung unter einem Pseudonym. **Auszüge aus der Urheberrolle** tragen zunächst die Vermutung der Wahrheit in sich; diese kann nur durch den Gegenbeweis der Unrichtigkeit erschüttert werden.

§ 67   Lieferungswerke

Bei Werken, die in inhaltlich nicht abgeschlossenen Teilen (Lieferungen) veröffentlicht werden, berechnet sich im Falle des § 66 Abs. 1 S. 1 die Schutzfrist einer jeden Lieferung gesondert ab dem Zeitpunkt ihrer Veröffentlichung.

I. Allgemeines

1. Bedeutung, Sinn und Zweck der Norm, systematische Stellung im Gesetz

1 § 67 betrifft nur die **praktisch sehr seltenen Fälle**, dass sogenannte „Lieferungswerke" 70 Jahre lang anonym oder unter einem unbekannten Pseudonym verwertet werden, denn § 67 verweist ausschließlich auf § 66 Abs. 1 S. 1, der eine

Sonderregelung eben nur für anonyme und pseudonyme Werke enthält. Für Liefe-rungswerke, deren Urheber bekannt sind, gilt die Regelschutzfrist des § 64.

2. Früheres Recht

Die §§ 33 LUG und 28 KUG bestimmten, dass bei mehreren in Zwischenräumen **2** veröffentlichten Werken jeder Band, jedes Blatt, jedes Heft oder jeder Bericht für die Berechnung der Schutzfristen als besonderes Werk angesehen wurden; sofern bei Lieferungswerken für die Berechnung der Schutzfrist der Zeitpunkt der Veröf-fentlichung maßgeblich war, galt der Zeitpunkt der letzten Lieferung. Bedeutung hatte die Vorschrift seinerzeit aber nicht nur für anonyme und pseudonyme Werke (§ 31 Abs. 1 LUG), sondern auch für die Schutzfristberechnung in solchen Fällen, in denen einer juristischen Person das Urheberrecht originär zustand (§§ 32 LUG, 25 Abs. 2 KUG). Nach Inkrafttreten des UrhG beschränkte § 67 a. F. die Anwendbarkeit des Rechtsgedankens auf anonyme und pseudonyme Lieferungswerke, beließ es aber bei der Anknüpfung der Schutzfristberechnung an die letzte Lieferung. Das 3. ÄndG 1995 gab § 67 seine aktuelle Fassung und setzte damit die Schutzdauer-RL um (vgl. Rn. 3).

3. EU-Richtlinien

Art. 1 Abs. 5 Schutzdauer-RL gibt vor, dass für Werke, die in mehreren Bän-**3** den, Teilen, Lieferungen, Nummern oder Episoden veröffentlicht werden und für die die Schutzfrist ab dem Zeitpunkt zu laufen beginnt, in dem das Werk erlaubter Weise der Öffentlichkeit zugänglich gemacht worden ist, die Schutz-frist für jeden Bestandteil einzeln zu laufen beginnt. Das ist nicht nur vom Wortlaut her anders als § 67, sondern wohl auch inhaltlich: Art. 1 Abs. 5 Schutzdauer-RL sieht nämlich nicht vor, dass die dort genannten Werke inhalt-lich nicht abgeschlossen sein müssen. In mehreren Bänden oder Teilen erschei-nende Lexika, Kommentare, Romantrilogien, aber auch sonstige in sich abge-schlossene Episoden-Werke wie Kinder-Abenteuerbücher oder Comic-Serien können aber sehr wohl inhaltlich jeweils in sich abgeschlossen sein; sie würden dann nicht unter § 67, aber sehr wohl unter Art. 1 Abs. 5 Schutzdauer-RL fallen. Da die Vorgabe der Schutzdauer-RL insoweit an sich keine abweichende Regelung zuließ, ist § 67 korrigierend europäisch dahingehend auszulegen, dass es gem. der Vorgabe von Art. 1 Abs. 5 Schutzdauer-RL auf das inhaltliche Nicht-Abgeschlossensein nicht ankommt, sodass die Klarstellung tatsächlich für alle Werke, die in mehreren Bänden, Teilen, Lieferungen, Nummern oder Episoden veröffentlicht werden, gilt. Die Anknüpfung in Art. 1 Abs. 5 Schutz-dauer-RL an die öffentliche Zugänglichmachung meint die Veröffentlichung im Sinne von § 6 Abs. 1 (vgl. § 66 Rn. 6); auch Art. 1 Abs. 5 Schutzdauer-RL kann sich nur auf anonyme oder pseudonyme Werke beziehen, da es nur bei diesen für den Schutzfristablauf auf den Veröffentlichungszeitpunkt ankommt (Wal-ter/*Walter* Art. 1 Schutzdauer-RL Rn. 59).

4. Internationale Konventionen

Sonderregelungen für Lieferungswerke bestehen in den internationalen Kon-**4** ventionen nicht. Allerdings enthielt Art. 5 RBÜ in der Pariser Fassung von 1896 die Vorgabe, dass bei in Lieferungen veröffentlichten Werken die Frist von 10 Jahren für das ausschließliche Übersetzungsrecht erst mit dem Erschei-nen der letzten Lieferung des Originalwerkes beginnen sollte (*Wilhelm Norde-mann/Vinck/Hertin* Art. 8 RBÜ Rn. 4).

II. Tatbestand

§ 67 gilt für alle **anonymen und pseudonymen Werke, die in mehreren Bänden,** **5** **Teilen, Lieferungen, Nummern oder Episoden veröffentlicht worden sind** (euro-päische Auslegung auf der Basis von Art. 1 Abs. 5 Schutzdauer-RL, vgl. Rn. 3);

es kommt entgegen dem Wortlaut von § 67 nicht darauf an, dass die Werkteile inhaltlich nicht abgeschlossen sind, weil Art. 1 Abs. 5 der Schutzdauer-RL eine solche Beschränkung nicht enthält (vgl. Rn. 3). Die h. M. stellt **demgegenüber** darauf ab, dass § 67 tatsächlich nur solche Werke erfasse, die in inhaltlich nicht abgeschlossenen Teilen veröffentlicht werden würden, d. h. deren Teile nicht gesondert verwertbar sind im Sinne von § 8 (unsere 9. Aufl./*Wilhelm Nordemann* Rn. 1 sowie Dreier/Schulze/*Dreier*[5] Rn. 3; HK-UrhR/*Meckel* Rn. 2; Schricker/ Loewenheim/*Katzenberger/Metzger*[5] Rn. 4). Die h. M. berücksichtigt jedoch den Gesichtspunkt der notwendigen europäischen Auslegung von § 67 nicht; sie erscheint auch in sich widersprüchlich, weil eine Veröffentlichung in einzelnen Teilen bereits eine gesonderte Verwertung darstellt. Praktisch relevant erscheint der Streit jedoch nicht, weil § 67 ohnehin nur eine Klarstellung dahingehend enthält, dass auch bei in inhaltlich nicht abgeschlossenen Teilen veröffentlichten Werken die Schutzfristberechnung nach § 66 Abs. 1 S. 1 für jeden Werkteil gesondert erfolgt, was für die Veröffentlichung selbständiger Werkteile bereits direkt aus § 66 Abs. 1 S. 1 folgt (ebenso: Schricker/Loewenheim/*Katzenberger/Metzger*[5] Rn. 4). Dies bedeutet, dass die Vorschrift Anwendung findet beispielsweise auf in mehreren Fortsetzungsbänden oder Teilen erscheinende Romane, Geschichten, Lexika, Kommentare, Kinder-Abenteuerbücher oder Comics. Wegen der Anknüpfung ausschließlich an die Fristberechnung nach § 66 Abs. 1 S. 1 gilt § 67 **nur für anonyme und pseudonyme Werke**. Tritt der Urheber aus der Anonymität oder der Pseudonymität heraus (§ 66 Abs. 2), gilt auch für Lieferungswerke die Regelschutzfrist des § 64.

III. Prozessuales

6 Insoweit gelten für Lieferungswerke keine Besonderheiten, sodass auf die Hinweise zu den anonymen und pseudonymen Werken verwiesen werden kann (vgl. § 66 Rn. 13).

§ 68   *(aufgehoben)*

§ 68 wurde durch das ÄndG 1985 mit Wirkung zum 28. Juni 1985 aufgehoben.

§ 69   Berechnung der Fristen

Die Fristen dieses Abschnitts beginnen mit dem Ablauf des Kalenderjahres, in dem das für den Beginn der Frist maßgebende Ereignis eingetreten ist.

Übersicht   Rn.

I. Allgemeines, Sinn und Zweck der Norm, EU-Richtlinien, Internationale Konventionen

1 Die Vorschrift hat den Zweck, zur Erleichterung der Schutzfristberechnung diese grundsätzlich erst mit dem Ablauf des Kalenderjahres beginnen zu lassen, in dem das jeweils maßgebende Ereignis eingetreten ist (Schricker/Loewenheim/ Katzenberger/*Metzger*[5] Rn. 1). Sie entspricht dem früheren Recht (§§ 34 LUG, 29 KUG), der europäischen Harmonisierungsvorgabe (Art. 8 Schutzdauer-RL) und dem Konventionsrecht (Art. 7 Abs. 5 RBÜ). Die Vorschrift gilt für alle Schutzfristberechnungen im UrhG, also nicht nur für die Dauer des Urheberrechts unabhängig davon, ob diese an den Tod des Urhebers (§§ 64, 65) oder die Veröffentlichung bzw. die Schaffung des Werkes anknüpft (§§ 66, 67), sondern auch für alle verwandten Schutzrechte. Letzteres stellen die Schutzfristbestimmungen bei den einzelnen verwandten Schutzrechten jeweils klar; soweit die Anwendbarkeit von § 69 beim verwandten Schutzrecht für nachgelassene Werke in § 71 nicht genannt ist, handelt es sich um ein Redaktionsversehen.

Art. 8 Schutzdauer-RL hat die Fristberechnung entsprechend § 69 EU-weit harmonisiert. Grundlage beider Vorschriften ist Art. 7 Abs. 5 RBÜ.   **2**

II. Tatbestand

Für die Schutzfristberechnung muss nie der genaue Zeitpunkt des Todes des   **3**
Urhebers oder des sonstigen Ereignisses, an das die Schutzfristberechnung anknüpft, festgestellt werden; es genügt grundsätzlich, dass sich mit hinreichender Sicherheit feststellen lässt, in welchem Jahr der Urheber verstorben oder das sonstige Ereignis eingetreten ist. **Die Schutzdauer endet** also **immer an einem 31.12.** (s. OLG Stuttgart GRUR-RR 2011, 56, 62 – *Stuttgart 21*); ab dem 1.1. des Folgejahres tritt dann **Gemeinfreiheit** ein. Zu Beispielen für die Schutzfristberechnung vgl. § 64 Rn. 14, zu den Folgen der Gemeinfreiheit vgl. § 64 Rn. 18 ff.

III. Übergangsrecht

Die §§ 64–67 und 69 sind am 10.9.1965 durch § 143 Abs. 1 vorzeitig in Kraft   **4**
gesetzt worden mit der Folge, dass diejenigen Werke, die nach dem bisherigen Recht am 1.1.1966 gemeinfrei geworden wären, geschützt blieben (vgl. § 143 Rn. 1).

Abschnitt 8 Besondere Bestimmungen für Computerprogramme

Vorbemerkung   §§ 69a bis 69g

Übersicht

I. Hintergrund, Historie, EU-Recht

Computerprogramme werden erst seit dem ÄndG 1985 – damals noch als „Pro-   **1**
gramme für die Datenverarbeitung" – ausdrücklich im UrhG genannt, und zwar

bei den Sprachwerken in § 2 Abs. 2 Nr. 1. Vorher hatte es eine Art Wettlauf zwischen Bundesgerichtshof und Gesetzgeber gegeben, wer als erster den Urheberrechtsschutz für Computerprogramme ausdrücklich anerkennen würde. Für sich entschieden hat das Rennen der Bundesgerichtshof, der in seinem **Urteil *Inkasso-Programm*** 1985 (BGH GRUR 1985, 1041– *Inkasso-Programm*) ausdrücklich anerkannte, dass Computerprogramme zum Bereich der Wissenschaft i.S.d. § 1 gehörten und daher dem Urheberrechtsschutz zugänglich seien (BGH GRUR 1985, 1041 – *Inkasso-Programm*; zur Entwicklung *Lesshaft/Ulmer* CR 1991, 519, 523; Schricker/Loewenheim/*Spindler*⁵ Rn. 1 ff.; Wandtke/Bullinger/*Grützmacher*⁴ Rn. 1 ff.; *Marly*, Softwareüberlassungsvertrag⁴ S. 53; Lehmann/*Haberstumpf* S. 69 ff.). Der BGH schraubte die Hürden für die Zuerkennung des Schutzes für Computerprogramme allerdings hoch: Das Können eines Durchschnittsgestalters, das rein Handwerksmäßige, die mechanisch-technische Aneinanderreihung und Zusammenfügung des Materials liege außerhalb jeder Schutzfähigkeit; erst in einem erheblich weiteren Abstand beginne die untere Grenze der Urheberrechtsschutzfähigkeit, die ein deutliches Überragen der Gestaltungstätigkeit in Auswahl, Sammlung, Anordnung und Einteilung der Informationen und Anweisungen gegenüber dem allgemeinen Durchschnittskönnen voraussetze (BGH GRUR 1985, 1041 – *Inkasso-Programm*). Diese Rechtsprechung, die der BGH später bestätigte (BGH GRUR 1991, 449 – *Betriebssystem*), führte dazu, dass ein Großteil der Computerprogramme urheberrechtlich ungeschützt blieb (so ausdrücklich die Begr RegE 2. ÄndG – BT-Drs. 12/4022, S. 6). Schätzungen gingen sogar davon aus, dass 80% bis 95% aller Computerprogramme infolge der restriktiven BGH-Rechtsprechung gemeinfrei blieben (*Hoeren* CR 1991, 463; *Paschke/Kerfack* ZUM 1996, 498, 498).

2 Dieser als unbefriedigend empfundene und vielfach kritisierte Rechtszustand (zusammengefasst bei Schricker/Loewenheim/*Spindler*⁵ Rn. 1 ff.; Wandtke/Bullinger/*Grützmacher*⁴ Rn. 1 ff., *Marly* Praxishandbuch Softwarerecht⁶ S. 37, Rn. 70) führte nach Zwischenschritten (dazu Wandtke/Bullinger/*Grützmacher*⁴ Rn. 4) zunächst zur **Software-RL** (abgedruckt in GRUR Int. 1991, 545 ff.), die die unterschiedlichen Schutzvoraussetzungen und -inhalte für Computerprogramme in den EG-Mitgliedstaaten harmonisiert hat (dazu ausführlich Lehmann/*Lehmann* S. 1 ff.). Die Richtlinie sollte die Unsicherheiten über den Urheberrechtsschutz von Computerprogrammen abstellen (*Dreier* GRUR 1993, 781, 782), um Investitionen eine sichere gesetzliche Grundlage zu bieten (ErwG 2 und 3 Software-RL). Dass sie mit der Aufnahme des Computerprogrammschutzes in das Urheberrecht vielleicht nur vordergründig Probleme gelöst hat, konnte oder wollte damals kaum einer erkennen (zu den aktuellen Problemen der Rechtfertigung des Urheberrechts und der Anlage dieser Probleme u. a. in dieser Entscheidung des Gesetzgebers Büllesbach/Büchner/*Czychowski* Rn. 131 ff.). Auch wenn die Ansicht vertreten wurde, dass das UrhG zur Umsetzung der Software-RL nicht geändert werden müsse, weil mit einer entsprechenden Interpretation der bereits vorhandenen Bestimmungen ihren Harmonisierungsvorgaben entsprochen werden könne (*Erdmann/Bornkamm* GRUR 1991, 877), hat der Gesetzgeber der Rechtsprechung nicht vertraut (RegE 2. ÄndG – BT-Drs. 12/4022, S. 7) und die Richtlinie nahezu wortwörtlich in das UrhG mit den §§ 69a-69g eingefügt. Er schuf damit „**ein Stück europäisches Urheberrecht" im UrhG**, was der Rechtsprechung zur Berücksichtigung bei der Auslegung der Vorschriften aufgegeben wurde (RegE 2. ÄndG – BT-Drs. 12/4022, S. 8). Zur Entstehungsgeschichte s. im Übrigen *Heymann* CR 1990, 9, 10; *Hoeren* CR 1991, 463 ff.; *Lehmann* NJW 1991, 2112 f., *Lesshaft/Ulmer* CR 1991, 519, 520 ff; sowie RegE 2. ÄndG – BT-Drs. 12/4022, S. 6 ff. Den vorläufigen internationalen Abschluss hat der urheberrechtliche Schutz von Computerprogrammen in **Art. 10 Abs. 1 TRIPs** sowie **Art. 4 WCT** gefunden, der Computerprogramme nun zwingend als Werke der Literatur nach der RBÜ schützt.

Die Aufnahme und der Bestand des Computerprogrammschutzes im Urheber-   **3**
recht ist nur Gegenstand zaghafter **Kritik**, zumal Kritik oft missverstanden wird,
als ob man die Schutznotwendigkeit negieren wollte (sehr instruktiv zu den theoretischen Kritikpunkten Dreier/Schulze/*Dreier*[5] § 69a Rn. 2, der zu Recht insbesondere hervorhebt, dass der eigentliche Wert einer Software, nämlich ihre Funktionalität, wenig mit dem über das Urheberrecht im Wesentlichen geschützten Code
an sich zu tun hat). In der Praxis stellen sich aber eine Reihe von Problemen, die
erkennen lassen, dass die Verankerung im Urheberrecht nicht der Weisheit letzter
Schluss ist: Zunächst einmal ist das Computerprogramm in seiner (i. d. R. verschlüsselten) Codeform der einzige urheberrechtliche Werkgegenstand, bei dem
das Werk selbst für den Konsumenten/Nutzer **nicht sichtbar/wahrnehmbar** ist.
Man mag dem entgegnen, dass es auch nicht erforderlich sei, das Werk zu sehen.
Das ist sicherlich richtig, es führt aber kein Weg daran vorbei, dass aus dieser „Un-
sichtbarkeit" besondere Probleme erwachsen, wie die schwierige Rechtsverfolgung von unerlaubten Bearbeitungen oder überhaupt die Beweisführung von unerlaubten Vervielfältigungen. Anders als einen kopierten *Nolde*, den zu erkennen
jeder Richter sich zu Recht zutraut, erkennt man einen kopierten *Gates* eben nicht
so einfach. Nächstes Problem ist der **Nachweis der Rechteinhaberschaft** bei multinationalen Programmierteams mit in die Tausende gehenden Urheber. Ein Ana-
chronismus ist die Übernahme der **allgemeinen urheberrechtlichen Schutzfrist**. Da
diese wegen des miturheberschaftlichen Charakters der meisten Computerprogramme i. d. R. nie ausläuft (vgl. § 65 Rn. 5), wird das Programm, mit dem diese
Zeilen geschrieben sind, wohl nie gemeinfrei. Ob die Regelungen der §§ 69a ff.
vor dem Hintergrund globaler Entwicklungen wie der Open Source Bewegung
(vgl. GPL Rn. 1 ff.) und an den beschriebenen zunehmenden Schwierigkeiten
bei der Rechtsdurchsetzung (dazu vgl. Rn. 15 ff.) daher auf lange Sicht noch zeitgemäß sind, steht auf einem anderen Blatt (dazu Büllesbach/Büchner/*Czychowski*
131 ff.).

II.   Systematik der §§ 69a ff.

Die §§ 69a-69g sind Sonderregelungen für das Computerprogramm als Sprach-   **4**
werk i. S. v. § 2 Abs. 1 Nr. 1, die den (allgemeinen) Vorschriften für Sprachwerke,
aber auch den Schrankenbestimmungen und den Vorschriften über Rechtsverletzungen als *leges speciales* vorgehen (vgl. § 69a Rn. 1 f.). Der Gesetzgeber wollte
dadurch auch im Interesse der Rechtsklarheit die Rechtsanwendung erleichtern
und übersichtlicher gestalten (RegE 2. ÄndG – BT-Drs. 12/4022, S. 8). Er hat sich
zu dem Sonderabschnitt aber auch deshalb entschieden, um eine **Ausstrahlung der
Sonderregeln** für Computerprogramme **auf das allgemeine Urheberrecht so weit
wie möglich zu vermeiden** (RegE 2. ÄndG – BT-Drs. 12/4022, S. 8); dies ist bei der
Auslegung zu berücksichtigen. Die §§ 69a-69g enthalten eine Vielzahl von Regel-
und Ausnahmebestimmungen. So stehen dem Rechtsinhaber zwar vielfältige Verbotsrechte gem. § 69c Nr. 1, 2 und 3 S. 1 zu, diese werden jedoch eingeschränkt
durch die Ausnahmen in §§ 69c Nr. 3 S. 2, 69d und 69e. Zu beachten ist auch,
dass etwas, was als Computerprogramm i. S. v. § 69a Abs. 1 aufzufassen ist, nicht
notwendigerweise auch eine eigene geistige Schöpfung gem. § 69a Abs. 3 darstellt
und urheberrechtlich geschützt ist. Es soll allerdings nicht verkannt werden, dass
Computerprogramme aufgrund ihres technischen Hintergrundes nach wie vor
nicht so recht in das UrhG zu passen scheinen: Jedenfalls mit Literatur und Kunst
als solcher haben sie wenig gemein, das Bedürfnis für Urheberpersönlichkeitsrechte erscheint weniger ausgeprägt (im Detail vgl. Rn. 3; hier sei erwähnt, dass
z. B. das Namensnennungsrecht i. d. R. durch entsprechende Branchenübung
nicht vorhanden sein dürfte (i. E. so auch Wandtke/Bullinger/*Grützmacher*[4] § 69b
Rn. 38 und 40 ff.), und auch eine Schutzfrist von 70 Jahren post mortem auctoris
ist – jedenfalls aus heutiger Sicht – doch recht lang (vgl. Rn. 3). Es ist deshalb früher nicht nur darüber diskutiert worden, ob die Computerprogramme eher dem

Patentschutz zuzuordnen seien, sondern auch eine Zuordnung zu den verwandten Schutzrechten oder ein ausschließlich wettbewerbsrechtlicher Schutz erörtert worden, und wird wieder erörtert (vgl. Rn. 2 und Büllesbach/Büchner/*Czychowski* 131 ff.; zur Tendenz des immer stärkeren Investitionsschutzes *Dreier* CR 2000, 45, 46). Nicht zuletzt die Gesetzesbegründung lässt sogar leichte Zweifel an der Verortung des Computerprogrammschutzes im Urheberrecht spüren (RegE 2. ÄndG – BT-Drs. 12/4022, S. 8). Angesichts des Bedürfnisses eines möglichst weltweiten Schutzes für Computerprogramme, der ohne Registrierungsformalitäten über die internationalen Urheberrechtsabkommen, vornehmlich die Revidierte Berner Übereinkunft, gewährleistet werden konnte, ist die Zuordnung der Computerprogramme zu den Sprachwerken inzwischen nicht nur in Deutschland, sondern in den meisten Ländern der Welt durchgesetzt (dazu allg. *Ullrich/Lejeune*[2] passim und ausführlich Lehmann/*Dreier* S. 33 ff.; s. a. *Lehmann* NJW 1991, 2112, 2113 in Fn. 16 und 17). Zudem ist die Bundesrepublik zu diesem Schutz durch internationale Abkommen verpflichtet (Art. 10 Abs. 1 TRIPs; Art. 4 WCT).

5   Vor dem Hintergrund dieser Historie und dieser Systematik zeigt sich, dass die §§ 69a ff. in erster Linie dem Schutz der Investition des Computerprogrammherstellers dienen und stets **richtlinienkonform auszulegen** sind. Weder sind also überhöhte Anforderungen an die Individualität eines Computerprogramms zu stellen, noch dürfen zu hohe Hürden für die Darlegung der Rechtsinhaberschaft aufgestellt werden (dazu vgl. § 69a Rn. 35 ff.). Andererseits sind natürlich die berechtigten Interessen der Programmnutzer ebenso im Blick zu halten wie kartellrechtliche Grenzen (Wandtke/Bullinger/*Grützmacher*[4] Rn. 7).

III. Besonderheiten in den Teilgebieten

1. Internationales Softwareurheberrecht

6   Für Computerprogramme gelten die allgemeinen Regeln des Fremdenrechts (vgl. Vor §§ 120 ff. Rn. 1 ff.). Allerdings sollte beachtet werden, dass es für den Schutz nicht darauf ankommt, in welchem Staat der mögliche Programmhersteller seinen Sitz hat, sondern alleine auf die **Staatsangehörigkeit des/der Programmierer.** Ob es für ein ausschließlich im Internet zur Verfügung gestelltes Computerprogramm ausreicht, dass es auch in Deutschland abrufbar ist, womit ein Erscheinen nach § 121 Abs. 1 gegeben sein könnte, ist offen (zum Pro und Contra *Süßenberger/Czychowski* GRUR 2003, 489, 490 ff.). U. E. sprechen die besseren Gründe gegen ein Erscheinen; zu den internationalen Verpflichtungen aus internationalen Konventionen vgl. Rn. 2 f. und Wandtke/Bullinger/*Grützmacher*[4] Rn. 8 f.; zu einer **Übersicht über einzelne ausländische Rechtsordnungen**: Wandtke/Bullinger/*Grützmacher*[4] Rn. 10 sowie sehr umfassend *Ullrich/Lejeune*[2] II mit einer Darstellung des nationalen Rechts in den wesentlichen Industriestaaten. Zur **Ausländersicherheit** (§ 110 ZPO) s. die allgemeinen Ausführungen zu Urheberrechtsprozessen mit Auslandsbeteiligung vgl. Vor §§ 120 ff. Rn. 19. Besonderheiten des **Grid-Computing** – also des verteilten Rechnens über verschiedene international verteilte Computer – behandelt *Koch* CR 2006, 42 und 112. Vergleichbare Fragen entstehen, wenn verschiedene international verteilte Spieler in Online-Spielen Kreaturen wie Avatare erschaffen und damit urheberrechtlich relevante Schöpfungen entstehen (*Lim* JIPL&P 2006, 481 ff.). Zu international-privatrechtlichen Fragen s. Ullrich/Lejeune/*Lejeune*[2] I Rn. 558 ff.

2. Urheberschaft/Vermutungen

7   Auch der Urheber eines Computerprogramms kann nur eine **natürliche Person** sein. Allerdings tritt er als Individuum bei der heute gängigen komplexen Standardsoftware kaum noch in Erscheinung; so findet man weder beim Aufruf noch in den dafür vorgesehenen Informations-Menüs sowie den begleitenden Dokumentationen der z. B. in Kanzleien verwendeten Standardprogramme Angaben zu den tatsächlichen Urhebern, sondern ausschließlich Copyright-Vermerke der US-amerikanischen oder deutschen Softwarehersteller. Dies ist sicherlich nicht nur eine Folge amerikanischer Üblichkeit, sondern auch dadurch bedingt, dass gerade komplexe, ständig in Weiterentwicklung befindliche Computerprogramme i. d. R. von Teams wechselnder Urheber erstellt werden (*Marly*, Praxishandbuch Softwarerecht[6] S. 64, Rn. 126, deren Individualität bzw. einzelne Leistungen kaum genau festzustellen sein werden (*Broy/Lehmann* GRUR 1992, 419, 422). Für die Zuerkennung der Miturheberschaft der einzelnen Mitwirkenden an der Entstehung und Weiterentwicklung eines Computerprogramms ist es auch nicht erforderlich, dass jeder Beitrag gemeinsam erbracht wird, sondern es reicht aus, wenn ein unselbständiger, allerdings schöpferischer Beitrag auf irgendeiner Entwicklungs- bzw. Weiterentwicklungsstufe des Computerprogramms erbracht wird (BGH GRUR 1994, 39, 40 – *Buchhaltungsprogramm*). Die Nicht-Angabe der Namen der Urheber hat zur Folge, dass diese Computerprogramme als anonyme **Werke** aufzufassen sind, weil der wahre Name der Urheber weder gemäß § 10 Abs. 1 auf den Vervielfältigungsstücken des Computerprogramms noch sonst bei einer öffentlichen Wiedergabe angegeben wird. Dadurch verkürzt sich die Schutzfrist dieser Computerprogramme gemäß § 66 Abs. 1 auf siebzig Jahre nach der (ersten) Veröffentlichung; sie verlängert sich allerdings auf die normale Schutzfrist des § 64 von siebzig Jahren *post mortem auctoris*, sofern der wahre Name des Urhebers vor Ablauf von siebzig Jahren nach Erstveröffentlichung gemäß § 10 Abs. 1 angegeben oder sonst wie bekannt wird (§ 66 Abs. 2 Nr. 1). Der Angabe gemäß § 10 Abs. 1 oder dem sonstigen Bekanntwerden gleichgestellt ist die Anmeldung des wahren Namens des Urhebers zur Eintragung in die Urheberrolle gemäß § 138 (§ 66 Abs. 2 Nr. 2, Abs. 3 i. V. m. § 138). Softwareherstellern, die nur sich selbst, nicht aber die Urheber ihrer Programme auf den Vervielfältigungsstücken bezeichnen, ist also, sofern sie Wert auf die normale urheberrechtliche Schutzfrist von siebzig Jahren *post mortem auctoris* legen, dringend anzuraten, entweder die Urheber ordnungsgemäß gemäß § 10 Abs. 1 zu bezeichnen oder diese zur Eintragung in die Urheberrolle beim Deutschen Patent- und Markenamt anzumelden. Gemäß § 66 Abs. 3 kann Letzteres zwar nur der Urheber selbst tun, auch wenn der Arbeitgeber gemäß § 69b zur Ausübung sämtlicher vermögensrechtlicher Befugnisse berechtigt ist und die Folge der Anmeldung in die Urheberrolle mit der Verlängerung der Schutzfrist durchaus auch vermögensrechtlichen Einschlag hat. Software-Arbeitgeber können sich aber von ihren angestellten Programm-Urhebern bevollmächtigen lassen, wenn sie eine Eintragung in die Urheberrolle vornehmen wollen (s. § 66).

Die in der üblichen Weise erfolgende **Urheberbezeichnung**, die gemäß § 10 Abs. 1 eine tatsächliche **Vermutung** dafür begründet, dass der Bezeichnete der Urheber ist, kann bei Computerprogrammen z. B. in der Kopfleiste der Maskenausdrucke oder der Fußzeile des Bedienungshandbuchs jeweils mit initialen Angaben erfolgen (BGH GRUR 1994, 39, 40 – *Buchhaltungsprogramm*); üblich ist aber auch eine Urheberangabe auf der Startseite oder im Hilfe-Menü im Unterpunkt „Info". Sofern keine Urheberbezeichnung angebracht ist, kann § **10 Abs. 2** greifen. Hierbei handelt es sich aber lediglich um eine Vermutung, dass eine Ermächtigung vorliegt; sie stellt also eine **Prozessstandschaft** dar (vgl. § 10 Rn. 43 ff.). Dabei unterscheidet § 10 Abs. 2 zwischen einer Ermächtigungsvermutung des Herausgebers oder – wenn auch dieser nicht genannt ist – des Verlegers. Da ersteres bei Computerprogrammen praktisch keine Rolle spielen dürfte, ist denkbar, dass die zweite Vermutung ins Spiel kommen kann. Hierzu wird man allerdings den Begriff des Verlegers weit auslegen müssen, da es sich hierbei nicht um einen *terminus technicus* des Urheberrechtsgesetzes

8

handelt und der Gesetzgeber wohl kaum diese Art der Vermutung alleine auf den Buchbereich beschränken wollte. Es ist daher zu Recht geäußert worden, dass auch andere Bezeichnungen in Betracht kommen (Dreier/Schulze/*Schulze*[5] § 10 Rn. 34). Mithin kann dem Hersteller oder Vertreiber eines Computerprogramms, der als solcher auf den Vervielfältigungsstücken genannt ist, diese Vermutung zu Gute kommen (so auch OLG Köln GRUR 1992, 312, 313 – *Amiga Club* für Computerspiele, die auf der Originalverpackung einen Aufkleber aufwiesen, wonach sich das Vertriebsunternehmen Urheber- und Leistungsschutzrechte vorbehalte). Es dürfte ausreichen, wenn der Name des Herstellers oder Vertreibers neben dem üblichen ©-Vermerk genannt wird oder sonst aus den Umständen erkennbar wird, dass alleine dieses Unternehmen Hersteller bzw. Vertreiber sein kann und die entsprechenden Nutzungsrechte an dem Computerprogramm für sich in Anspruch nimmt (s. hierzu *Marly*, Praxishandbuch Softwarerecht[6] S. 74, Rn. 145). Die Enforcement-RL hat hieran nichts geändert. Ihr Artikel 5 regelt nur die Vorgabe, dass eine Vermutung auch für **Inhaber verwandter Schutzrechte** existieren muss (dazu vgl. § 10 Rn. 55 ff.). Ob und inwieweit auf das aus § 13 fließende Namensnennungsrecht verzichtet werden kann, richtet sich nach den allgemeinen Regeln (s. § 13; und OLG Hamm CR 2008, 280 – *Namensnennungsrecht von Programmierern*).

3.   Softwareurhebervertragsrecht/Lizenzierung

9   Zunächst vgl. Vor §§ 31 ff. Rn. 333 ff. Verträge über Computerprogramme kommen auf beiden Ebenen des Urhebervertragsrechts vor; während das **primäre Urhebervertragsrecht** (zum Begriff vgl. § 32 Rn. 3, 17a und *Dietz*, Urhebervertragsrecht, S. 1) jedenfalls bei angestellten Programmierern durch § 69b vorgegeben ist, im Übrigen den allgemeinen Regeln folgt (vgl. § 43), kennt das **sekundäre Urhebervertragsrecht** eine Vielzahl von Vertragsgestaltungen. Es ist hier nicht der Platz, detailliert Verträge über Computerprogramme zu kommentieren (dazu ausführlich *Marly*, Softwareüberlassungsverträge' passim; *Schneider*[5] S. 1440 ff. (Besonderer Teil IT-Vertragsrecht und IT-Verfahrensrecht) und S. 3109 ff. (Anhang 1 Vertragsmuster); Hoeren/Sieber/Holznagel/*Paul*[43] passim; *Ullrich/Lejeune*[2] passim). Nur soviel: Nahezu alle Verträge über Computerprogramme enthalten Regeln über die Einräumung oder Übertragung von Nutzungsrechten, i. d. R. als Lizenzierung bezeichnet (zu Einzelheiten des Lizenzrechts von Computerprogrammen vgl. § 69c Rn. 35 ff.; zu steuerrechtlichen Fragen, insbesondere zur Bilanzierung von Software: *Eriksen* K& R 2003, 72). Details zu den spezifischen urhebervertragsrechtlichen Fragen im Softwarevertragsrecht, aber auch zu grundsätzlichen Fragen wie der Geltung des **Abstraktionsprinzips**, vgl. § 69c Rn. 40 ff.

10   Diese Lizenzverträge oder Verträge mit Lizenzklauseln lassen sich grob in **drei Gruppen** unterteilen: Einerseits solche zur **endgültigen Überlassung von Software** (gegen Einmalzahlung), was schuldrechtlich überwiegend als Kaufvertrag qualifiziert wird (BGH NJW 2000, 1415; BGH NJW 1990, 320, 321; *Schneider*[5] S. 2330 und S. 2378 ff. zur Standard-Software-Überlassung nach Kaufrecht; für Vertrag sui generis (Lizenzvertrag): *Moritz* CR 1994, 257; für aus Nutzungs- und Sachkaufelementen gemischte Verträge: *Wilhelm Nordemann* CR 1996, 5, 7; grds. für Kaufvertragsrecht, bei Computersoftware in Verbindung mit weiteren Dienstleistungen: Werkvertragsrecht *Müller-Hengstenberg* CR 2004, 161, 166). Andererseits gibt es Verträge zur **Überlassung auf bestimmte Dauer**, also der Gewährung eines befristeten Nutzungsrechtes, die schuldrechtlich je nach Ausgestaltung als Miete, Pacht oder Leasing zu qualifizieren sind (*Lehmann* NJW 1993, 1822, 1825 m. w. N.; *Schneider*[5] S. 2481 zur Standard-Überlassung nach Mietrecht). Schließlich dürfte man eine neue Art der Softwarenutzung als eigenen Fall bezeichnen: Das sog. **Application Service Providing**, kurz ASP, heute oft „**SaaS = Software as a Service**" genannt. Hierbei wird dem Nutzer eine Zugriffsmöglichkeit gewährt, ohne dass er physische Datenträger o. ä. erhält (BGH CR 2007, 75, 76 – *ASP-Vertrag* zählt auch RAM zu physischen Datenträgern und unterstellt ASP Mietrecht). In allen diesen Fällen ist die schuldrechtliche Qualifizierung für die urheberrechtliche Beurteilung gleichwohl zunächst bedeutungslos, weil der Programmnutzer in beiden ersten Fällen zumindest ein einfaches Nutzungsrecht benötigt (vgl. § 69c Rn. 3; weiterhin vgl. § 69d Rn. 1; zur praktischen Bedeutung der vertragstypologischen Einordnung: *Schneider*[5] S. 1464), im Fall des ASP je nach Ausgestaltung jedoch nicht (*Bröcker/Czychowski* MMR 2002, 81, 83). Hinzu kommt eine dogmatische Besonderheit: Wer ein Computerprogramm gegen Einmalzahlung in einem Geschäft erwirbt, muss nach herkömmlicher urhebervertragsrechtlicher Dogmatik zur Erfüllung des Vertrages nicht nur das Eigentum an den Datenträgern und den Handbüchern übertragen bekommen, sondern darüber hinaus auch ein – i. d. R. einfaches – Nutzungsrecht am Computerprogramm eingeräumt erhalten; § 69d Abs. 1 macht dies jedoch überflüssig. Dennoch handelt es sich in einem solchen Fall um einen **gemischten Sach- und Rechtskauf** (hierzu *Marly*, Praxishandbuch Softwarerecht[6] S. 295, Rn. 709). Der Verkäufer des Computerprogramms haftet für die ordnungsgemäße Einräumung des Nutzungsrechtes; ein gutgläubiger Erwerb z. B. an raubkopierten Programmen ist deshalb nicht möglich (vgl. Vor §§ 31 ff. Rn. 9). Dies übersieht, wer aus § 69d den Schluss zieht, dass es bei der Überlassung von Software-Produkten nicht um die Einräumung von Nutzungsrechten gehe (*Zahrnt* NJW 1996, 1798, 1798). Zum Dritten gibt es die **Software-Erstellung**, in der Regel als Werkvertrag zu qualifizieren (st. Rspr.; s. nur BGH NJW 2001, 1718).

Allen Softwareverträgen mit Nutzungsrechtsklauseln sind gewisse **rechtliche**   **11**
Grenzen gemeinsam. Diese ergeben sich vor allem aus urhebervertragsrechtlichen Beschränkungen, AGB-Recht und Kartellrecht, die im Folgenden überblicksartig betrachtet werden sollen (im Detail hierzu vgl. § 69c Rn. 46 ff.).

Zunächst gilt die **Zweckübertragungslehre des § 31 Abs. 5** auch im Soft-   **12**
ware(lizenz)recht (zur Anwendbarkeit im sekundären Urhebervertragsrecht vgl. § 31 Rn. 118) uneingeschränkt; sie wird allerdings konkretisiert bzw. ergänzt durch die „Mindestrechte" der §§ 69d und 69e und abbedungen durch § 69b (vgl. Rn. 1). Innerhalb des § 69d regelt sie die Frage der Bestimmungsgemäßheit einer Benutzung (vgl. § 69d Rn. 12 ff.). Einschränkungen der Nutzungsrechte sind soweit möglich, wie das **urheberrechtliche Nutzungs- bzw. Verwertungsrecht aufspaltbar** ist und keine Erschöpfung eintritt (§ 69c Nr. 3 S. 2; vgl. § 69c Rn. 32 ff.; weiterhin s. § 17). Zulässig sind daher z. B. Netzwerkbeschränkungen (auf Anzahl der Nutzer), Vervielfältigungsverbote (Sicherungskopie muss aber zulässig bleiben, § 69d Abs. 2), Verbote der Einrichtung auf mehreren Rechnern, Bearbeitungs- und Übersetzungsverbote (soweit nicht zur Fehlerbeseitigung notwendig, vgl. § 69d Rn. 18 ff.): In der Praxis haben sich einige spezielle Klauseln entwickelt, die einer jeweils gesonderten Betrachtung bedürfen: OEM-Lizenzen, Weiterveräußerungsverbote, sog. CPU-Klauseln, field-of-use-Beschränkungen oder Nutzungsverbote innerhalb eines anderen EU-Mitgliedstaates (vgl. § 69c Rn. 50 ff.). Eine andere Rolle spielt die Aufspaltbarkeit bei der Überlassung auf bestimmte Dauer, also der befristeten Lizenzierung: Da insoweit der Erschöpfungsgrundsatz nicht gilt (§ 69c Nr. 3), sind Weitergabeverbote, field-of-use-Beschränkungen, CPU-Klauseln, ja sogar örtliche Nutzungsbeschränkungen soweit zulässig und urheberrechtlich dinglich wirksam, wie es sich hierbei um eigenständige Nutzungsarten i. S. d. Definition des Bundesgerichtshofs handelt (vgl. § 69c Rn. 6; zu letzterem offenbar a. A. *Lehmann* NJW 1993, 1822, 1826). Auch insoweit gilt allerdings das Korrektiv der Zweckübertragungsklausel des § 31 Abs. 4 sowie der Mindestrechte der §§ 69d und 69e UrhG.

13 Zu beachten ist weiter, dass Softwareverträge mit Lizenzklauseln, soweit sie für eine Vielzahl von Verträgen vorformuliert und einseitig gestellt sind, einer **Inhaltskontrolle durch das AGB-Recht** unterliegen können (BGH NJW 1991, 976, 977 f.; zu AGB, neuem Schuldrecht und Softwareverträgen: *Redeker* CR 2006, 433) Danach ist z. B. denkbar, dass eine CPU-Klausel, die urheberrechtlich unbedenklich, aber nicht dinglich wirksam ist (dazu z. B. BGH GRUR 2003, 416, 418 – *CPU Klausel*), dennoch vertraglich nicht in AGB vereinbart werden kann, weil sie mit den Grundgedanken der gesetzlichen Regelung (§ 307 Abs. 2 Nr. 1 BGB) unvereinbar ist oder – so wie sie formuliert ist – eine überraschende Klausel (§ 305c Abs. 1 BGB) darstellt. Softwareverträge sind also stets auch unter diesem Blickwinkel einer kritischen Würdigung zu unterziehen. Der ursprünglich zurückhaltende Zugriff der Rechtsprechung auf eine AGB-Kontrolle urheberrechtlich relevanter Regelungen dürfte mittlerweile obsolet sein (vgl. § 11 Rn. 6, 9; weiterhin vgl. Vor §§ 31 ff. Rn. 192 ff.). An dieser Stelle können nicht alle denkbaren Kollisionen von Lizenzvertragsklauseln mit dem AGB-Recht dargestellt werden (s. hierzu *Marly*, Praxishandbuch Softwarerecht[6] S. 655 ff.). Erwähnt werden soll aber im Besonderen das Transparenzgebot (aus § 307 Abs. 1 S. 2 BGB), das zu klaren und verständlichen Formulierungen zwingt und das Verbot überraschender Klauseln (§ 305c Abs. 1 BGB), das verhindert, dass z. B. in einem Softwaremietvertrag eine rein technisch gehaltene nicht verständliche CPU-Klausel enthalten ist oder in einem Softwareerstellungsvertrag Erlöse aus der Weiterveräußerung im Rahmen eines (Software nicht erfassenden) verlängerten Eigentumsvorbehaltes mit abgetreten werden sollen (OLG Düsseldorf OLGR 1999, 130).

14 Schließlich ist das **europäische und das deutsche Kartellrecht** zu beachten (*Dreier* GRUR 1993, 781, 785 m. w. N.; *Jan Bernd Nordemann* GRUR 2007, 203). **Art. 101, 102 AEUV** sowie § 1 GWB folgen dem Prinzip der **Inhaltstheorie** (EuGH v. 21.3.2002 – T-231/99, Slg. 1999 II-3989 Tz. 56 f. – *Micro Leader Business*; EuGH GRUR Int. 1995, 490 Tz. 48 ff. – *Magill*), wonach grundsätzlich solche Beschränkungen in Lizenzverträgen verboten sind, die über den Inhalt der gewerblichen Schutzrechte hinausgehen (EuGH GRUR Int. 1995, 490 Tz. 48 ff. – *Magill*; EuGH GRUR Int. 2004, 644 Tz. 34 ff. – *IMS Health*). Für Art. 101 AEUV bzw. § 1 GWB gilt das Prinzip der Legalausnahme. Dieses System zwingt die beteiligten Unternehmen zu einer Selbsteinschätzung, ob die Abrede Art. 101 AEUV bzw. § 1 GWB verletzt. Behördliche Freistellungen gibt es grundsätzlich nicht mehr. Die Praxis sucht deshalb anderweitig nach Rechtssicherheit, insbesondere in einer sog. **EU-Gruppenfreistellungsverordnung** (im Folgenden GVO). Diese GVOen stellen Gruppen von eigentlich wettbewerbsbeschränkenden Vereinbarungen von den Verboten des Art. 101 AEUV bzw. § 1 GWB frei (§ 2 Abs. 2 GWB). Urheberrechtliche Verträge werden jedoch nur teilweise von GVOen erfasst (hierzu im Detail vgl. Vor §§ 31 ff. Rn. 222). Die Anwendbarkeit einzelner dieser GVOen auf Softwarelizenzverträge ist allerdings umstritten. Gem. Art. 1 Abs. 1 lit. B TT-GVO müssen sich Softwarelizenzvereinbarungen auf den Bezug oder den Absatz von Produkten beziehen und dürfen nicht den eigentlichen Gegenstand der Vereinbarung bilden (*Lejeune* CR 2004, 467; großzügiger und bejahend für Softwareentwicklung und Softwareüberlassung zwischen Unternehmen *Polley* CR 2004, 641, 645 ff.) (hierzu im Detail vgl. § 69c Rn. 47 ff.; auch vgl. Vor §§ 31 ff. Rn. 222).

4.   Rechtsverletzungen im Softwareurheberrecht

15 Vor der Urheberrechtsnovelle, mit der der der Softwareschutz ausdrücklich im Urheberrecht verankert wurde, war es nur mit erheblichem Aufwand und erheblicher Rechtsunsicherheit möglich, Urheberrechte an einem Computerprogramm durchzusetzen. Die Begründung zum Regierungsentwurf hat dies treffend wie folgt umschrieben: „Nach jahrelanger Prozessdauer durch drei Instanzen stand die urheberrechtliche Schutzfähigkeit eines anspruchsvollen Betriebssystems noch nicht fest. Der BGH hat die Sache zur weiteren Aufklärung an das Oberlandesgericht zurückverwiesen, das ein Sachverständigengutachten einholen sollte, um die Frage der Werkqualität des streitgegenständlichen Computerprogramms zu klären." (RegE 2. ÄndG – BT-Drs. 12/4022, S. 7). § 69a Abs. 3 hat die Rechtsdurchsetzung im Hinblick auf die Schutzfähigkeit erheblich erleichtert. Zwar kann nicht generell von einer Vermutung der urheberrechtlichen Schutzfähigkeit von Computerprogrammen ausgegangen werden, sodass der Verletzte nach wie vor darlegen muss, woraus sich die Schutzfähigkeit seines Werkes ergibt (RegE 2. ÄndG – BT-Drs. 12/4022, S. 10; *Dreier* GRUR Int. 1993, 781, 788; *Ullmann* CR 1992, 641, 643 f.). Dennoch wird bei Computerprogrammen gewisser Komplexität, die ohnehin für Verletzungen gefährdeter erscheinen als simple Software, meist eine **tatsächliche Vermutung für die Schutzfähigkeit** sprechen (Schricker/Loewenheim/*Loewenheim/Spindler*[5] § 69a Rn. 21; Wandtke/Bullinger/*Grützmacher*[4] § 69a Rn. 37; so jetzt auch BGH GRUR 2005, 860, 861 – *Fash 2000*), die sich aus dem Vortrag des Verletzten über die Gestaltungselemente seines Computerprogramms und der Vorlage des Werkes selbst ergibt. Das hat auch Auswirkungen auf die **Darlegungs- und Beweislastverteilung** in Softwareverletzungsprozessen: Der Verletzte muss vortragen, dass es sich bei dem Computerprogramm z. B. um eine über längere Zeit entwickelte komplexe Software mit einem nicht unerheblichen Marktwert handelt (BGH GRUR 2005, 860, 861 – *Fash 2000*; OLG Hamburg BeckRS 2000, 25278: „eine gewisse pauschale Beschreibung des Programms ausreicht"). Der Verletzer muss in diesen Fällen die Vermutung dadurch entkräften, dass er Übereinstimmungen bei vorbekannten Programmierleistungen nachweist (*Erdmann/Bornkamm* GRUR 1991, 877, 879; *Ullmann* CR 1992, 641, 643 f.; Kilian/Heussen/*Harte-Bavendamm/Wiebe* Kap. 51 Rn. 29; zu streng daher OLG München CR 1988, 378) oder aufzeigt, dass die Programmierleistung gänzlich banal ist (BGH GRUR 2005, 860, 861 – *Fash 2000*). Die Gesetzesbegründung geht von der prinzipiellen Schutzfähigkeit aus und fordert nähere Darlegungen zur Schutzfähigkeit erst dann, wenn ernsthafte Anhaltspunkte bestehen, dass ein Programm sehr einfach strukturiert ist (RegE 2. ÄndG – BT-Drs. 12/4022, S. 6). Wenn der Beklagte einen solchermaßen substantiierten Vortrag nicht bestreitet oder gar unstreitig stellt, ist kein Beweis zu erheben (OLG Köln CR 1996, 723, 724; OLG Frankfurt CR 2000, 581 – *OEM-Version*). Es besteht deshalb auch **kein Grund, Einschränkungen** im Hinblick auf die Durchsetzbarkeit der Rechte an Computerprogrammen im **einstweiligen Verfügungsverfahren** vorzunehmen (so ausdrücklich auch die Gesetzesbegründung RegE 2. ÄndG – BT-Drs. 12/4022, S. 10). Unabhängig von der Schutzfähigkeit gilt es aber das **Computerprogramm** bzw. dessen Teile, aus denen das Urheberrecht abgeleitet wird, **klar zu identifizieren:** Auch wenn es die hier beschriebenen abgesenkten Schutzanforderungen an die Werkqualität bei Computerprogrammen gibt, hat sich nichts an dem Grundsatz geändert, dass der Anspruchsteller darzulegen und ggfs. zu beweisen hat, welche schutzfähigen Werke bzw. Werkteile er geschaffen hat (Dreier/Schulze/*Dreier*[5], § 69a Rn. 29; Wandtke/Bullinger/*Grützmacher*[4] Rn. 36).

16 Keine Erleichterungen hat die Urheberrechtsreform allerdings im Hinblick auf den **Schutzumfang von Computerprogrammen** gebracht. Die Fragen, ob und welche Übereinstimmungen zwischen zwei Computerprogrammen bestehen und ob sie die urheberrechtlich geschützten Gestaltungselemente des Ausgangsprogramms betreffen, werden nach wie vor in der Regel nur mit **Sachverständigenhilfe** zu klären sein (vgl. Rn. 19). Ob daher einstweilige Verfügungsverfahren deshalb nur für solche Rechtsverletzungen geeignet erscheinen, die komplexe Computerprogramme betreffen und bei denen die Identität des jüngeren Programms mit dem Ausgangsprogramm insgesamt oder in den urheberrechtlich geschützten Teilen feststeht bzw. auf der Hand liegt (nach OLG Celle CR 1994, 748, 750 werden aufgrund der beschränkten Erkenntnismöglichkeit des einstweiligen Rechtschutzes derartige Verfügungen nur restriktiv und in einfach gelagerten Urheberechts-verletzungsfällen erlassen), erscheint zweifelhaft. Natürlich kann es wie etwa im Patentrecht zu komplexe Sachverhalte geben; letztendlich wird der Verletzungs-vortrag aber eine Frage der hinreichenden Glaubhaftmachung sein. Dabei kann auch auf Indizien zurückgegriffen werden: Die Nachprogrammierung kann nahe-liegen, wenn nicht nur das äußeren Erscheinungsbild, sondern auch die Bild-schirmmasken nahezu vollständig übereinstimmen (LG Mannheim NJW-RR 1994, 1007) oder Programmfehler des Originalprogramms auch in der nachge-schaffenen Software enthalten sind. Es dürfte sich – vergleichbar der Situation bei der Schutzfähigkeit – eine gewisse Beweiserleichterung anbieten: Hat der Recht-einhaber Indizien für eine Übernahme des Codes vorgetragen (z. B. Übereinstim-mung frei wählbarer Dateinamen, Reproduzierbarkeit bestimmter Fehler), wird dem Anspruchsgegner ein einfaches Bestreiten nicht helfen; in der Regel wird das Gericht sich veranlasst sehen, einen Sachverständigen mit der Klärung – ggf. unter Geheimhaltung des vorgelegten Codes der jeweils anderen Seite – der Übernahme-frage zu beauftragen. Nicht ausreichend für diese Indizien dürfte die Übereinstim-mung einzelner Teile der Benutzeroberflächen sein, denn diese kann man mit ver-schiedenem Code identisch produzieren (zu Recht in diese Richtung auch Wandtke/Bullinger/*Grützmacher*[4] § 69c Rn. 11). Unterschiede in der Rechts-durchsetzung zwischen urheber- und wettbewerbsrechtlichen Ansprüchen dürften insoweit jedenfalls nicht mehr bestehen, weil gerade auch im Rahmen von §§ 3, 4 Ziff. 9 UWG die tatsächlich schwierig darstellbare Leistungsübernahme nachge-wiesen werden muss (a. A. *Lesshaft/Ulmer* CR 1993, 607, 615: UWG-Tatbestand „ohne größere Probleme darstellbar"). Etwas anderes stellen natürlich die sonsti-gen Voraussetzungen eines Anspruchs aus z. B. §§ 3, 4 Ziff. 9 UWG dar (vgl. § 69g Rn. 9 ff.).

17   Nicht selten steht man bei der Rechtsdurchsetzung im Bereich der Computer-programme vor Problemen der **Beweissicherung**, weil man z. B. durch einen Testkauf nur in den Besitz der maschinenlesbaren Form des Programms ge-langt, nicht aber ohne weiteres auch in den des Quellcodes. Sofern aufgrund vorliegender Indizien (s. o.) eine gewisse Wahrscheinlichkeit für eine Rechtsver-letzung gegeben ist, konnte lange Zeit nur der Besichtigungsanspruch des **§ 809 BGB** weiterhelfen: Der Datenträger, auf dem der Quellcode enthalten ist, wurde als Sache eingeordnet, der Verletzer wird auch regelmäßig Besitzer des-selben sein (ausführlich *Bork* NJW 1997, 1665, 1668 ff.; *Auer-Reinsdorff* ITRB 2006, 82 ff.). Der Anwendungsbereich des § 809 BGB war durch den Bundesgerichtshof **auch für Quellcodes** eröffnet worden (BGH GRUR 2002, 1046, 1048 – *Faxkarte*). All diese „Klimmzüge" haben sich seit 1.9.2008 erle-digt, denn nun steht mit § 101a eine Kodifizierung des Vorlageanspruchs spezi-ell für das Urheberrecht zur Verfügung, der infolge der Umsetzung der Enforce-ment-RL in das Gesetz und die anderen Normwerke des Geistigen Eigentums aufgenommen wurde (zu Details s. § 101a, zum früheren Recht ausführlich auch dort, vgl. § 101a Rn. 4 f.; zu praktischen Fragen der Durchsetzung von Besichtigungsansprüchen bei Software s. *Hoppen* CR 2009, 407).

18   Zur **Vollziehung** einer solchen auch im Wege der Einstweiligen Verfügung zu erwirkenden Maßnahme analog § 883 ZPO im Wege der Sequestrierung durch einen von einem Sachverständigen unterstützten Gerichtsvollzieher vgl. § 101a Rn. 31.

19   Bereits bei derartigen Beweissicherungen, erst recht aber bei entsprechenden Beweisbeschlüssen im Rahmen von Verletzungsprozessen, spielen die **Sachver-ständigen** und **Gutachter**, die die Frage, ob eine Verletzung vorliegt oder nicht in tatsächlicher Hinsicht für das Gericht aufbereiten, eine überragende Bedeu-tung (zu deren Tätigkeit *Hoppen/Streitz* CR 2007, 270; einige Sachverständige sind in Verbänden organisiert; z. B. http://www.sv-edv.de, abgerufen am

4.11.2016; zu einzelnen Fragen der Beweissicherung: *Heinson* (s. Lit.-Verz.)). Einen Gutachter zu finden, der nicht nur über entsprechende Fachkunde verfügt, sondern den jeweiligen EDV-technischen Sachverhalt auch für die Prozessbeteiligten verständlich darlegen kann, ist oft nicht einfach. Auf die Auswahl des Gutachters ist daher besondere Mühe zu verwenden (zu einem anschaulichen Beispiel auch hinsichtlich der Anknüpfungspunkte für rechtswidrige Übernahmen von Code: LG Düsseldorf ZUM 2007, 559, 564 ff.). Erstaunlich ist in diesem Zusammenhang schließlich, dass von den seit dem ZPO-Reformgesetz 2001 eingeführten Vorschriften der §§ 142, 144 ZPO offenbar wenig Gebrauch gemacht wird. Hiernach kann das Gericht die Vorlage von Urkunden, aber insbesondere auch die Einnahme des Augenscheins sowie die Begutachtung durch Sachverständige anordnen. Hierunter dürfte unproblematisch auch eine Inaugenscheinnahme bzw. Begutachtung des Quellcodes eines Computerprogramms zu subsumieren sein. Nachteil der Vorschriften ist, dass sie ihre Anwendung in das Ermessen des Gerichts stellen, dem Anspruchssteller also keinen direkten Anspruch gewähren (zu diesem vgl. Rn. 19, das Umsetzungsgesetz zur Enforcement-RL und § 809 BGB). Schließlich ist noch der ebenfalls wenig Beachtung findende § 371 Abs. 2 ZPO zu nennen, der einen Beweisantritt statt durch Vorlage des Quellcodes (nach Abs. 1 S. 2 auch elektronische „Dokumente") durch **Antrag auf Vorlegung** ermöglicht. Allerdings dürfte hier das Problem sein, dass in der Regel der Beweisbelastete den Gegenstand nicht hinreichend konkret beschreiben kann.

Ein weiterer denkbarer Weg der **Beweissicherung** ist der der **Dekompilierung.**   **20** Ob diese zum Nachweis einer behaupteten Urheberrechtsverletzung zulässig ist, ist streitig (wohl tendenziell pro bei Einschalten eines Gerichtes Wandtke/Bullinger/*Grützmacher*[4] § 69e Rn. 29; contra Schricker/Loewenheim/*Loewenheim/Spindler*[5] § 69e Rn. 10; differenzierend *Dreier* GRUR 1993, 781, 789 f.). Die Gesetzesbegründung deutet ihre Zulässigkeit an, will aber offenbar bei Streit darüber einen zur Verschwiegenheit verpflichteten Sachverständigen dazwischenschalten (RegE 2. ÄndG – BT-Drs. 12/4022, S. 14). Oftmals ist dieses Verfahren aber schlichtweg zu aufwendig und teilweise auch nicht aussagekräftig genug (*Brandi-Dohrn* BB 1994, 658, 662). Schließlich könnte § 45 fruchtbar gemacht werden (zu Recht auf die Geeignetheit hinweisend *Dreier* GRUR 1993, 781, 789 f. und Dreier/Schulze/*Schulze*[4] § 45 Rn. 9; vorsichtig zustimmend Wandtke/Bullinger/*Grützmacher*[4] Rn. 23 und § 69e Rn. 30), der allerdings erst im Verfahren selbst greifen kann und damit dem Kläger ein erhebliches Risiko aufbürdet.

Die Probleme der **Rechtsdurchsetzung in** sog. **Peer-to-Peer Netzen** oder anderen   **20a** Formen der Nutzung im Internet (z. B. Sharehoster) sind im Softwarerecht nicht anders als bei anderen urheberrechtlich geschützten Gegenständen (vor allem Werke der Musik und Filmwerke). Für den Nachweis einer Urheberrechtsverletzung hat es die Rechtsprechung zu Recht für ausreichend gehalten, wenn sich Dateien mit wesentlichen Teilen eines Computerprogramms in einer Tauschbörse finden, die IP-Nummer des dortigen Anbieters nach einer Auskunft des Providers dem Beklagten zuzuordnen war und bei einer Durchsuchung beim Beklagten zwar nicht die Software selbst, aber ein Registry-Eintrag zu finden war, dass die Software bis zu einem bestimmten Datum auf der Festplatte gespeichert war; in einem solchen Fall unterliegt die Information über die IP-Daten auch keinem Beweisverwertungsverbot (OLG Köln MMR 2010, 781, 781 – *KfZ-Diagnose-Software* unter Verweis auf BGH MMR 2010, 565 – *Sommer unseres Lebens*; zur Rechtsdurchsetzung in Peer-to-Peer Netzen allg. vgl. § 101 Rn. 45).

Beachtung sollte in einem Softwareverletzungsprozess dem **Klageantrag** gewidmet   **21** werden (Bartsch/*Redeker* S. 105, 108 ff.; Lehmann/*Engel* Kap. XVIII, S. 869 Rn. 94 ff.; *Schneider*[5] Kap. X Rn. 147, 156). Er muss bekanntlich bestimmt genug sein (§ 253 Abs. 2 Nr. 2 ZPO). Es dürfte jedenfalls bei durchgesetzten Programmen ausreichen, wenn man die gängige Marktbezeichnung des Programms im Antrag aufnimmt. Steht aber nicht eindeutig fest, welches Programm gemeint ist, muss es so beschrieben werden, dass Verwechselungen soweit wie möglich ausgeschlossen werden, also z. B. durch Programmausdrucke oder Programmträger (BGH CR 2008, 282). Ggf. kann man dies im Laufe des Verfahrens durch einen Datenträger konkretisieren (in diesem Sinne auch Wandtke/Bullinger/*Grützmacher*[4] Rn. 18 m. w. N.). Nicht zulässig sind Antragsformen wie „[…] zu unterlassen, das Computerprogramm XYZ abzuändern." Dies ist zu unbestimmt und gibt nicht die konkrete Verletzung wieder (OLG Düsseldorf CR 2001, 371, 372). Daher ist anerkannt, dass auslegungsbedürftige Begriffe oder Bezeichnungen verwendet werden dürfen, wenn über den Sinngehalt der verwendeten Begriffe oder Bezeichnungen kein Zweifel besteht, sodass die Reichweite von Antrag und Urteil feststeht (BGH ZUM-RD 2008, 225). Dies gilt grundsätzlich auch für die Bezeichnung von Computerprogrammen (s. BGH ZUM-RD 2003, 460; BGH, Urteil vom 6.10.2016, I ZR 25/15, Tz. 29 – *World of Warcraft I*). Die gebotene Individualisierung eines Computerprogramms kann mit Rücksicht darauf, dass der Inhalt eines Computerprogramms mit Worten oft nicht eindeutig zu beschreiben ist, auch durch Bezugnahme auf Programmausdrucke oder Programmträger als Anlage in Objektcodeform erfolgen (BGHZ 94, 276, 291 – *Inkasso-Programm*; BGHZ 112, 264, 268 – *Betriebssystem*; BGH ZUM 2003, 780 – *Innungsprogramm*; OLG Frankfurt ZUM 2015, 497, 499).

IV. Schutzsystem: Urheberrecht statt Patentrecht, Geheimhaltung des Source Codes

22 Die in der Beratungspraxis immer wieder auftauchende Frage, ob denn der Urheberrechtsschutz „besser" sei als ein eventueller Patentschutz, kann man nicht beantworten. Denn die **beiden Schutzsysteme schützen gänzlich Unterschiedliches**: Während der Urheberrechtsschutz dem Schutz der in eine (Quellcode-)Form gegossenen Computerprogramm-Idee gilt, schützen computerimplementierte Erfindungen entweder Produkte oder Verfahren (im Einzelnen dazu und zu den existierenden Regelungen im PatG, dem EPÜ und den Bemühungen auf EU-Ebene sowie der Rechtsprechung hierzu vgl. § 69g Rn. 3 ff. sowie überblicksartig *Haase/Agardi* K&R 2005, 451 ff.; *Ghidini/Arezzo* IIC 2005, 159 ff.; *Cupitt/Thayer* CRi 2015, 77 zum Vergleich mit den USA; Ullrich/Lejeune/*Moufang*[2] I Rn. 73 ff.; *Keller*, Softwarebezogene Patente und die verfassungsrechtlichen Eigentumsrechte der Softwareautoren aus Art. 14 GG, 2009; aus rechtsökonomischer Sicht *Hilty/Geiger* IIC 2005, 615 ff., zur jeweiligen Verletzungshandlung: *Marly*, Praxishandbuch Softwarerecht[6] S. 208 Rn. 465). Anschaulich kann man dies an einem Beispiel machen: Nehmen wir einmal an, es gäbe noch keine Pull-Down-Menüs. Käme nun ein Erfinder auf die Idee, ein Computerprogramm zu entwerfen, das bei Klick mit der Maus auf eine bestimmte Stelle des Bildschirms ein Menü sich öffnen lässt, aus dem man weitere Befehle auswählen kann, könnte er sich zweifach schützen: Der Urheberrechtsschutz würde ihn vor einer Kopie oder unerlaubten Bearbeitung seiner Programmierung, also des Codes, und ggf. auch noch der Nachahmung der Oberfläche schützen. Ein Dritter könnte aber völlig anders gestaltete Pull Down Menüs mit anderem Code schreiben. Demgegenüber erfasste ein Patent, so es unser Erfinder denn anmeldet und erteilt bekommt, das „Produkt" seiner Pull Down Menüs, wie er es in seiner Patentanmeldung und vor allem den Patentansprüchen beschrieben hat.

23 Ein wesentliches Element des urheberrechtlichen Schutzsystems für Computerprogramme ist das grundsätzliche Verbot der Dekompilierung und dessen Ausnahmen (§ 69e), das faktisch zu einem eigenen Know-how Schutz für den in der Regel verschlüsselten Quellcode führt. Daran schließen sich Fragen der Quellcodebesichtigung, um etwaige Rechtsverletzungen festzustellen (dazu vgl. Rn. 17), ebenso an wie Fragen der Quellcodeherausgabe, etwa weil der Lizenzgeber das Programm nicht mehr pflegt.

V. Verhältnis zu anderen Regelungen

Im Detail hierzu ausführlich vgl. § 69g Rn. 3 ff. Bereits Art. 9 Abs. 1 der Soft-   **24**
ware-RL bestimmt, dass sonstige Rechtsvorschriften, die Schutz für Computerprogramme oder deren Teile gewähren, nicht berührt werden, mithin neben den urheberrechtlichen Bestimmungen (fort-) gelten. Dies betrifft vor allem den **Schutz aus dem UWG**. In Frage kommt hier insb. der **ergänzende wettbewerbsrechtliche Leistungsschutz** (§§ 3, 4 Ziff. 9 UWG; ausführlich zum Verhältnis UrhG UWG vgl. §§ 23/24 Rn. 98 ff.; im Bereich der Software speziell: Ullrich/Lejeune/*Brandi-Dohrn*[2] I Rn. 151 ff., *Marly*, Praxishandbuch Softwarerecht[6] S. 233 ff.). Das Wettbewerbsrecht geht bei Ausscheiden eines Sonderrechtsschutzes grundsätzlich von Nachahmungsfreiheit aus (*Nordemann*[11] Rn. 702). Erst wenn besondere Unlauterkeitsmerkmale hinzutreten, ist ein Wettbewerbsverstoß denkbar (*Nordemann*[11] Rn. 705). Dies kann bei Computerprogrammen die unmittelbare Leistungsübernahme aber auch die vermeidbare Herkunftstäuschung sein (*Nordemann*[11] Rn. 721 ff., 723). Sie setzt – neben der i. a. R. bei Computerprogrammen gegebenen **wettbewerblichen Eigenart** (LG Oldenburg GRUR 1996, 481, 485 – *Subventions-Analyse-System*) – nach der neueren Rechtsprechung eine **gewisse Bekanntheit des nachgeahmten Produktes** voraus, denn eine wettbewerbliche Eigenart setzt voraus, dass die konkrete Ausgestaltung oder bestimmte Merkmale des Produktes geeignet sind, die interessierten Verkehrskreise auf seine betriebliche Herkunft oder seine Besonderheiten hinzuweisen (BGH GRUR 2002, 275, 276 – *Noppenbahnen*; BGH GRUR 2000, 521, 523 – *Modulgerüst*; BGH GRUR 2002, 86, 90 – *Laubhefter*; BGH GRUR 1998, 830, 833 – *Les-Paul-Gitarren*; für eine Bildschirmmaske LG Frankfurt aM. ZUM-RD 2006, 530). Denkbar sind auch Wettbewerbsverstöße durch Verletzungen der Bestimmungen für **Betriebsgeheimnisse** (§§ 17, 18 UWG). Letztere sind allerdings nur gegen Weitergaben bei bestehendem Anstellungsverhältnis (§ 17 Abs. 1 UWG), gegen Ausspähung mit bestimmten Mitteln (§ 17 Abs. 2 Ziff. 1 UWG), gegen unbefugte Verwertung ohne oder nach Ende des Anstellungsverhältnisses (§ 17 Abs. 2 Ziff. 2 UWG) bzw. unbefugter Verwertung bei bestehendem Vertrauensverhältnis (§ 18 UWG) geschützt. Die Anwendung dieser Normen bietet sich insbesondere an, wenn Code „mitgenommen" wurde, dessen urheberrechtliche Schutzfähigkeit möglicherweise zweifelhaft ist, denn die Anforderungen an ein Betriebsgeheimnis sind andere als an eine persönliche geistige Schöpfung; so ist anerkannt, dass Betriebsgeheimnis insbesondere auch der Code von Computerprogrammen sein kann (OLG Celle CR 1989, 1002; LG Stuttgart NJW 1991, 441; Köhler/Bornkamm/*Köhler*[35] § 17 Rn. 12a m. w. N.). Schutz für Icons oder Bildschirmmasken kann das **Geschmacksmusterrecht** oder nunmehr wohl Designrecht bieten, wobei insb. das neue nichteingetragene EU-Geschmacksmuster zu erwähnen ist (dazu *Gottschalk/Gottschalk* GRUR Int. 2006, 461 ff.; *Oldekop* WRP 2006, 801 ff.). Schließlich bietet das **Kennzeichenrecht** Schutz für die Bezeichnung eines Computerprogramms, sei es als eingetragene Marke (§ 4 MarkenG), sei es bei Benutzung eines unterscheidungskräftigen „Namens" eines Computerprogramms im geschäftlichen Verkehr als Werktitel nach § 5 Abs. 3 MarkenG (BGH GRUR 1998, 155, 156 – *Power Point*; zu Verletzungen des Markenrechts durch Umverpackungen OLG Karlsruhe CR 2000, 285 – *CD-ROM Vertrieb ohne Produktbestandteile*). Hierzu Ullrich/Lejeune/*Brandi-Dohrn*[2] I Rn. 213 ff.; Zum Patentrecht als einem anderen Schutzregime vgl. Rn. 23 m. w. N.

VI. Open Source als Antwort?

25 Mit Computerprogrammen hat erstmals seit der Schaffung moderner Urheberrechtsgesetze eine völlig neue Art von Werken Eingang in die Gesetze gefunden. Zudem kann man seitdem eine Entwicklung hin zu vermehrtem Schutz von Investitionen erkennen, was man nicht zuletzt an der Aufnahme des Datenbankschutzrechts sui generis (§§ 87a ff.) sieht. Einher damit geht ein verstärkter technischer Schutz, sei es über den Quellcode-Schutz (vgl. Rn. 21), sei es über neue technische Schutzmechanismen (§§ 95a ff.). War es da nur eine Frage der Zeit bis sich eine **Gegenbewegung** etabliert? (zu dieser Entwicklung allgemein Büllesbach/Büchner/*Czychowski* S. 131 ff.). Das, was man gemeinhin unter dem Begriff Open Source Bewegung subsumiert, kämpfte zunächst im Wesentlichen nur für ein Programmiermodell, das den verpflichtenden freien Zugang zum Quellcode beinhaltete. Mittlerweile ist daraus aber fast eine eigene Philosophie geworden, sei es unter dem Begriff *Free Software*, sei es weitergehender unter *Free Content* oder der *Creative Commons Bewegung* (hierzu *Dreier* FS Schricker II S. 283 ff., *Marly*, Praxishandbuch Softwarerecht[6] S. 380 ff.). Was ist also Open Source?

26 Open Source ist *per definitionem* nicht gesetzlich normiert. Allerdings gibt es einige Institutionen, die sich der Pflege und Entwicklung dieses Softwaremodells verschrieben haben und daher mit einer gewissen Rechtfertigung bei Fragen der Definition als standardsetzend bezeichnet werden können. Die **Definition** der Open Source Initiative (http://www.opensource.org/osd.html, abgerufen am 4.1.2017) fordert folgende Voraussetzungen für Open Source Software, die hier zusammengefasst dargestellt werden und an deutsche urheberrechtliche Begrifflichkeiten angepasst wurden:

1. *Freie Verbreitung des Computerprogramms, insbesondere ohne Lizenzgebühren zu fordern*
2. *Verfügbarmachung des Quellcodes bei Verbreitung*
3. *Erlaubnis der Bearbeitung und deren Verbreitung unter denselben Bedingungen wie die Ursprungssoftware*
4. *Bestimmte Regeln zur Integrität des Ursprungs-Quellcodes*
5. *Verbot der Diskriminierung gegenüber Personen oder Gruppen*
6. *Verbot der Diskriminierung gegenüber bestimmten Anwendungsformen*
7. *Verbreitung der Lizenz auch ohne expliziten Lizenzvertragsschluss*
8. *Verbot, die Lizenz an ein bestimmtes Software-Produkt zu knüpfen*
9. *Verbot, aus der Lizenz Beschränkungen in Bezug auf andere Software abzuleiten*
10. *Gebot, dass die Lizenz technologieneutral ist*

Weniger detailliert ist die Definition der Free Software Foundation (http://www.gnu.org/philosophy/free-sw.html, abgerufen am 4.1.2017), die sich auf folgende verpflichtende Freiheiten bezieht:

1. *Die Freiheit, das Programm für jegliche Zwecke ablaufen zu lassen (Freiheit 0).*
2. *Die Freiheit, zu beobachten, wie das Programm arbeitet und es an die eigenen Bedürfnisse anzupassen (Freiheit 1). Zugang zum Quellcode ist eine Voraussetzung hierfür.*
3. *Die Freiheit, Vervielfältigungsstücke weiterzuverbreiten, um seinem Nachbarn zu helfen (Freiheit 2).*
4. *Die Freiheit, das Programm zu verbessern und diese Verbesserungen zu veröffentlichen, sodass die gesamte Gemeinschaft davon profitiert (Freiheit 3). Zugang zum Quellcode ist eine Voraussetzung hierfür.*

27 Es gibt eine Unmenge an **verschiedenen Lizenzen**, die diese Grundgedanken beherzigen (zu einem Überblick http://www.ifross.org/ lizenz-center, abgerufen am 4.11.2016). Dabei unterscheidet man zwischen Lizenzen mit und ohne sog. **Copyleft-Effekt**. Letztere erkennt man daran, dass der Lizenznehmer nicht verpflichtet ist, seine eigene Software, die er unter Verwendung von Open Source Software hergestellt hat, wiederum einem Open Source Modell zu unterstellen. Gemein ist allen diesen Lizenzen, dass sie nicht etwa – wie landläufig oft behauptet – das Urheberrecht ablehnen. Sie setzen ein existierendes Urheberrechtssystem für Software vielmehr voraus, denn ohne ein solches könnte ihr Lizenzgegenstand, nämlich bestimmte urheberrechtliche Nutzungsrechte, nicht existieren. Open Source verhindert auch nicht die gängige softwareurheberrechtliche Lizenzpraxis. Open Source stellt vielmehr schlichtweg ein **alternatives Geschäftsmodell** dar. Da insbesondere die Open Source Lizenzen mit strengem Copyleft-Effekt aber Regelungen enthalten, die dem gängigen Lizenzmodell entgegenlaufen, kommt es zwangsläufig zu Friktionen mit der hergebrachten Einordnung und dem Wirksamkeitsverständnis etablierter Softwaregeschäftsmodelle. Aber auch untereinander sind die verschiedenen Open-Source-Lizenzen nicht ohne weiteres mit einander zu kombinieren, man spricht insoweit von **Lizenzkompatibilität**. Dies muss im Einzelfall geprüft werden, wozu ein Abgleich der wechselseitigen Rechte und Pflichten unter den verschiedenen Lizenzen nötig ist. Zudem geraten immer mehr Unternehmen, die Open Source Software (bewusst oder unbewusst) nutzen und bearbeiten in die Gefahr, in Kollision mit den Bestimmungen der jeweiligen Open Source Lizenz zu geraten. Die einzelnen Bestimmungen der jeweiligen Lizenzen können hier nicht dargestellt werden. Wir **kommentieren** allerdings ausgewählte Regelungen der am weitest verbreiteten sog. GPL-Lizenz bei Anmerkungen zu GPL.

§ 69a Gegenstand des Schutzes

(1) Computerprogramme im Sinne dieses Gesetzes sind Programme in jeder Gestalt, einschließlich des Entwurfsmaterials.

(2) [1]Der gewährte Schutz gilt für alle Ausdrucksformen eines Computerprogramms. [2]Ideen und Grundsätze, die einem Element eines Computerprogramms zugrunde liegen, einschließlich der den Schnittstellen zugrundeliegenden Ideen und Grundsätze, sind nicht geschützt.

(3) [1]Computerprogramme werden geschützt, wenn sie individuelle Werke in dem Sinne darstellen, dass sie das Ergebnis der eigenen geistigen Schöpfung ihres Urhebers sind. [2]Zur Bestimmung ihrer Schutzfähigkeit sind keine anderen Kriterien, insbesondere nicht qualitative oder ästhetische, anzuwenden.

(4) Auf Computerprogramme finden die für Sprachwerke geltenden Bestimmungen Anwendung, soweit in diesem Abschnitt nichts anderes bestimmt ist.

(5) Die Vorschriften der §§ 32d, 32e, 36 bis 36c, 40a und 95a bis 95d finden auf Computerprogramme keine Anwendung.

Übersicht

I. Allgemeines

1 § 69a ist zentrale Norm für den Schutz eines Computerprogramms: Sie bestimmt den Schutzumfang, regelt die Schutzvoraussetzungen und legt eine Grundlage für die Definition des Schutzgegenstandes (im Detail vgl. Vor §§ 69a ff. Rn. 1). Da sie – bis auf Abs. 4 – weitgehend Art. 1 Software-RL entspricht, knüpft sie an den europaweiten Standard an. Zum EU-rechtlichen Hintergrund vgl. Vor §§ 69a ff. Rn. 1 f. Die Voraussetzungen des § 69a senken die Schwelle zur Schutzfähigkeit von Computerprogrammen im Vergleich zur früheren Rechtslage erheblich (vgl. Vor §§ 69 ff. Rn. 1). § 69a stellt eine Spezialvorschrift zu den Werkvoraussetzungen des § 2 Abs. 2 dar. Nunmehr stellt § 69a die Computerprogramme den Sprachwerken gleich. Abs. 4 stellt jedoch klar, dass die Bestimmungen für Sprachwerke (§ 2 Abs. 1 Nr. 1) nur ergänzend neben den Spezialvorschriften der §§ 69 ff. Anwendung finden (dazu vgl. Rn. 40 ff.), stellt also eine lückenfüllende Verknüpfung zum allgemeinen Urheberrecht her. Zur Systematik vgl. Vor §§ 69a ff. Rn. 4 f.

2 Computerprogramme genießen aufgrund von **Art. 5 Abs. 1 RBÜ** sowie **Art. II Abs. 1 und 2 WUA** Schutz im Rahmen der sog. Inländerbehandlung. Auch nach WUA, allerdings aufgrund des eingeschränkten Mindestkataloges des Art. I WUA, und nur mit der Folge der Inländerbehandlung sind Computerprogramme geschützt (OLG Karlsruhe GRUR 1984, 521, 522 – *Atari-Spielcassetten*; auch Lehmann/*Haberstumpf*[2] Kap. II Rn. 30). **Art. 10 TRIPS** sowie **Art. 4 World Copyright Treaty** v. 20.12.1996 (WCT) schützen Computerprogramme als Werke der Literatur (dazu näher *Lehmann* CR 1995, 2 ff.; *Rehbinder/Staehelin* UFITA 127 (1995) 5, 17 ff.; *Reinbothe* GRUR Int. 1992, 707, 709 ff.). Nach Art. 10 i. V. m. 9 Abs. 1 TRIPS sind Mitgliedstaaten zur Gewährung von (wirtschaftlichen) Mindestrechten an Computerprogrammen verpflichtet. Art. 4 WCT stellt alleinig klar, dass Computerprogramme „ohne Rücksicht auf die Art und Form des Ausdrucks" geschützt sind. Damit sind nach WCT nicht nur der Quell- und Objektcode geschützt, sondern auch die innere Gestaltung (*v. Lewinski* CR 1997, 438, 442). Mehr zu internationalen Konventionen vgl. Vor §§ 69 ff. Rn. 6 m. w. N.

II. Tatbestand

1. Anwendbarkeit in persönlicher und zeitlicher Hinsicht

3 Urheber ist/sind der/die Programmierer bzw. sonstigen **Schöpfer** (zu Fragen der Urhebervermutung vgl. Vor §§ 69a ff. Rn. 7 f.). Es gilt nach wie vor das

Schöpferprinzip (§ 7), wie sich ausdrücklich aus Art. 2 Software-RL ergibt. Computerprogramme werden i. a. R. nicht von einem einzelnen Programmierer geschrieben. Es gelten die allgemeinen Voraussetzungen zur Miturheberschaft oder Urheberschaft verbundener Werke (BGH GRUR 2005, 860, 862 – *Fash 2000*). Sofern in Programmierteams gearbeitet wird (häufig als „core team" eingegrenzt auf die entscheidenden Programmierer) dürfte es sich um **Miturheberschaft** handeln, denn bei in solcher Teamarbeit entstandenen Computerprogrammen arbeiten die Programmierer arbeitsteilig, ohne dass sich ihre Anteile gesondert verwerten lassen (zu prozessualen Folgen vgl. Rn. 35 ff.). Anders kann zu entscheiden sein, wenn die Beiträge der einzelnen Programmierer zeitlich gestaffelt eingebracht werden (BGH GRUR 2005, 860, 862 – *Fash 2000*).

In **zeitlicher Hinsicht** finden §§ 69a ff. auch auf Programme Anwendung, die   **4**
vor dem 24.6.1993 geschaffen wurden (s. die Übergangsregelung in § 137d Abs. 1).

2.   Computerprogramm

a) Überblick und Begriff: Das Gesetz enthält **keine Definition des Computer-**   **5**
programms, da zu befürchten war, dass eine Begriffsdefinition durch die Entwicklung schon bald wieder überholt sein würde (RegE 2. ÄndG – BT-Drs. 12/4022, S. 9). In der Entscheidung *Inkasso-Programm* hat der BGH das Computerprogramm unter Berufung auf die DIN 44.300 wie folgt definiert:

„Eine Folge von Befehlen, die nach Aufnahme in einen maschinenlesbaren Träger fähig sind zu bewirken, dass eine Maschine mit informationsverarbeitenden Fähigkeiten eine bestimmte Funktion oder Aufgabe oder ein bestimmtes Ergebnis anzeigt, ausführt oder erzielt" (BGH v. 9.5.1985 – I ZR 52/83, GRUR 1985, 1041 – Inkasso-Programm).

Kürzer, aber ebenso treffend, kann das Computerprogramm auch als „eine ablauffähige Folge von Einzelanweisungen, die dazu dient, den Computer zur Ausführung einer bestimmten Funktion zu veranlassen", definiert werden (*Lesshaft/Ulmer* CR 1993, 607, 608). Zu Recht wird daher für Computerprogramme als entscheidendes Kriterium verlangt, dass es Steuerbefehle enthält (Wandtke/Bullinger/*Grützmacher*[4] Rn. 3 unter Verweis auf BAG NZA 2011, 1029, 1031 sowie OLG Hamburg NJW-RR 1999, 483, 484 f – *Computerspielergänzung*; § 1 (i) WIPO-Mustervorschriften für den Schutz von Computersoftware, abgedruckt in GRUR 1979, 300, 306 ff.; GRUR Int. 1978, 286, 290 ff.).

b) Sachlicher Anwendungsbereich; Beispiele: Die offene Begriffsdefinition führt   **6**
dazu, dass nicht nur Computerprogramme im engeren Sinne wie z. B. Betriebssysteme, Anwendungsprogramme, Hilfsprogramme und Makros darunter fallen, sondern z. B. auch **Firmware/embedded Software**, d. h. in der Hardware auf Speicherchips integrierte Computerprogramme (RegE 2. ÄndG – BT-Drs. 12/4022, S. 9, vgl. § 69c Rn. 10). Für solche Computerprogramme gelten also keine Besonderheiten.

Die **Multimedia**-Anwendungen steuernde Software ist ebenso Computerpro-   **7**
gramm wie im Zusammenhang mit **Datenbanken** die Retrieval-Software sowie die geschlossene **Onlinedienste** wie z. B. T-Online oder AOL steuernden Computerprogramme. Im Bereich des **Internet** sind Computerprogramme die Browser, d. h. die zum Betrachten von Daten dienenden „Benutzeroberflächen", die Search-Engines, die der Suche nach Daten im Internet dienen, oder die E-Mail-Software („elektronische Post"), Software-Agenten („Knowbots"), die in Netzen eigenständige Aufgaben erfüllen wie z. B. Nachrichten oder sonstige Dokumente sammeln, selbständig Links aktivieren, überprüfen und Suchergebnisse auswerten (*Koch* GRUR 1997, 417, 422), die Router-Software, d. h. Software, die den Versand von Daten im Internet steuert (*Koch* GRUR 1997, 417, 422), die Micropayment zugrundeliegende Software (*Koch* GRUR 1997, 417, 421),

IRC-Software (*Koch* GRUR 1997, 417, 421), die das „Chatten" im Internet ermöglicht, also die Kommunikation der Teilnehmer in Echtzeit durch Textaustausch oder Push- and Pulltechnologie-Software, die das dauerhafte, automatische Zusenden von Informationen nach vorheriger einmaliger Anforderung ermöglicht.

8 Die HTML-„**Programmierung**" einer Webseite hingegen ist kein Computerprogramm (a. A. unsere 9. Aufl./*Wilhelm Nordemann/Vinck* Rn. 2; wie hier auch Wandtke/Bullinger/*Grützmacher*[4] Rn. 18 unter Verweis auf OLG Düsseldorf MMR 1999, 729, 730; nunmehr auch OLG Celle JurPC Web-Dok. 89/2012, Abs. 12; OLG Frankfurt GRUR-RR 2005, 299 – *Online-Stellenmarkt*; zweifelnd auch OLG Hamburg BeckRS 2012, 25278; zum sonstigen Schutz von **Websites** vgl. § 2 Rn. 116, 231; vgl. § 4 Rn. 15). Zwar definiert sie durch bestimmte Befehle die logische Struktur eines Internet-Dokuments, z. B. einer Homepage-Seite, d. h. mit bestimmten Befehlen wird die Anordnung und das Format der einzelnen Bestandteile der Seite (Texte, Bilder, Grafiken, Videos) vorgegeben; allerdings macht die HTML-„Programmierung" nur Texte und Grafiken sichtbar, sie führt keine eigenständigen Funktionen aus. Andererseits können Teile von Websites als Computerprogramm geschützt sein, wenn sie z. B. eigenständig ablauffähige **Java-Applets,** Java-Skripten oder Flash (dazu LG Frankfurt aM. JurPC Web-Dok. 8/2007; Wandtke/Bullinger/*Grützmacher*[4] Rn. 18 m. w. N.) enthalten. Nichts anderes gilt für XML-Dateien, jedenfalls soweit deren vermeintlich schutzbegründende Inhalte nicht näher spezifiziert werden (LG Frankenthal CR 2013, 286 – *XML-Datei*).

9 Auch eine über „Macromedia Directors" erstellte **Menüführung** für ein **multimediales Produkt** ist regelmäßig nicht schutzfähig (LG Köln MMR 2006, 52 – *Schutzfähigkeit multimedialer Werke*). Gängige Computer-Lexika fassen auch die **Programmiersprachen** als Computerprogramme auf (*Irlbeck/Langenau/Mayer* und *Voets/Hamel* jeweils unter dem Stichwort „Software"). Aufgrund der offenen Begriffsdefinition des Computerprogramms in § 69a Abs. 1 kann man dies rechtfertigen, weil eine Programmiersprache nichts anderes ist als eine Sammlung von Bezeichnungen und Regeln, die dazu dient, einem Computer Anweisungen und Befehle zu übermitteln und Programme zu erstellen. Allerdings könnte man mit dieser Ansicht auch die deutsche Sprache als urheberrechtliches Werk einstufen; sie dient ersichtlich nur als Voraussetzung für Werke, sodass sie selbst – zumal nach der Rechtschreibreform – wohl eher kein Werk sein kann (im Detail vgl. Rn. 31). Von seiner Definition her als „Folge von Anweisungen, die den Zweck haben, ein bestimmtes Problem zu bearbeiten" wäre dann auch ein **Algorithmus** als Computerprogramm aufzufassen, sofern er nicht eine reine Rechenregel ist (dafür *Heymann* CR 1990, 9, 13 ff.; *Lesshaft/Ulmer* CR 1991, 519, 522 f.; *Zahrnt* GRUR 1988, 598; vermittelnd (nach *Lesshaft/Ulmer* ablehnend) BGH GRUR 1991, 449, 453 – *Betriebssystem* und *Dreier* GRUR 1993, 781, 786 in Bezug auf die Kombination von Algorithmen; zu unterschiedlichem Schutz von Implementationslogarhythmus und schutzunfähigen Algorithmen höherer Allgemeinheitsstufe Lehmann/*Haberstumpf*[2] S. 81 ff.; *Ensthaler/Möllenkamp* GRUR 1994, 151, 151 ff.; *Hübner* GRUR 1994, 883, 885). Als Computerprogramm aufzufassen ist des Weiteren die **Computerspiele steuernde Software** (Dreier/Schulze/*Dreier*[5] Rn. 17; a. A. offenbar: *Schulze* ZUM 1997, 77, 80 unter Hinweis auf OLG Frankfurt GRUR 1983, 757, 758 – *Donkey Kong Junior*; *Günther* CR 1994, 339, 340; *Junker* NJW 1993, 824, 826).

10 Ob **Computer- oder Videospiele selbst** (ausführlich zu den Rechtsverhältnissen hierbei *Rauda*, Recht der Computerspiele und *Duisberg/Picot*, Recht der Computer- und Videospiele) als Filmwerke aufzufassen sind oder, wenn sie die Werkeigenschaft nicht erreichen, als Laufbild, ist nicht unumstritten (vgl. § 2

Rn. 193 m. w. N.; vgl. Vor §§ 88 ff. Rn. 12 ff.; h. M. Filmwerk: OLG Hamburg GRUR 1983, 436 – *PUCKMAN*; OLG Hamm NJW 1991, 2161; s. a. OGH ZUM-RD 2005, 11, 13: zugrunde liegendes Programm = Computerprogramm, bildliche Darstellungen = Filmwerk; BeckOK UrhR/*Kaboth*/*Spies*[15] Rn. 8; *Kreutzer* CR 2007, 1: nach wirtschaftlichem Schwerpunkt; neuer Vorschlag von *Lambrecht*, Der Urheberrechtliche Schutz von Bildschirmspielen: Doppelnatur, also Computerprogramm und filmisches Werk; weiterer Vorschlag von *Hofmann* CR 2012, 281 ff.: Das „Spielsystem" soll Sprachwerk sein; *Brüggemann* CR 2015, 697, fordert eine gesetzgeberische Lösung im Sinne einer neuen Werkkategorie). Die Rechtsprechung hat sich noch nicht endgültig positioniert; für abgespeicherte Spielstände wurde aber entschieden, dass diese nicht unter § 69a fallen (OLG Düsseldorf MMR 1999, 602 – *Siedler III*). Wir haben herausgearbeitet, dass Computerspiele eine **technisch-künstlerische Doppelnatur** haben. Dies rechtfertigt die **parallele Anwendbarkeit der allgemeinen und der softwarespezifischen Regelungen** des Urheberrechts (im Detail s. *Bullinger*/*Czychowski* GRUR 2011, 19 ff.; in diesem Sinne auch der Vorlagebeschluss des BGH, v. 6.2.2013 – I ZR 124/11 – GRUR 2013, 1035 – *Videospiel-Konsolen*, allerdings ohne die hier diskutierten Probleme zu erörtern). Der EuGH hat daraufhin (allerdings auf eine andere Vorlageentscheidung hin) entschieden, dass Computerspiele nicht nur als Computerprogramme Schutz nach Maßgabe der Software-RL genießen, sondern ihre grafischen und klanglichen Bestandteile zusammen mit dem Gesamtwerk Urheberrechtsschutz nach Maßgabe der Info-RL beanspruchen können (EuGH GRUR 2014, 255 – *Nintendo*/*PCBox*). Es wird in der Entscheidung nicht klar, ob der EuGH der hier vertretenen parallelen Anwendung beider Regeln folgt. Zudem hatte der EuGH den Vorbehalt gemacht, dass der Schutz von Inhalten über technische Schutzsysteme nicht unverhältnismäßig sein darf, insbesondere den Zugang zu rechtmäßigen Nutzungen nicht übermäßig behindern, was der BGH nun aufgegriffen hat (BGH GRUR 2015, 672 Tz. 57 – *Videospiel-Konsolen II*). Dazu vgl. § 95a Rn. 13. In einer weiteren Entscheidung bekennt der BGH auf den ersten Blick keine Farbe, nach welchen Regelungen des Urheberrechts Computerspiele in ihrer Gesamtheit zu behandeln sind (BGH GRUR 2017, 266 – *World of Warcraft I*). Man kann diese Entscheidung *World of Warcraft I* aber auch so lesen, dass der BGH doch der hier vertretenen Auffassung folgt, dass für einzelne Fallkonstellationen zu entscheiden ist, welche urheberrechtliche Regelungen auf das gesamte Computerspiel Anwendung, z. B. also die Regeln der §§ 95a ff. UrhG auf das gesamte Computerspiel und nicht etwa § 69f UrhG auf die Spielesoftware und §§ 95a ff. UrhG auf die Spieledaten, da eine solche Trennung technisch nicht umsetzbar ist (*Czychowski* GRUR 2017, 362). Bei der audiovisuellen Spieldarstellung gibt es neben dem Spiel als solchem noch zahlreiche weitere Anknüpfungspunkte für einen Schutz. Sollte die parallele Anwendung der Vorschriften zu Kollisionen führen, ist nicht stets das strengste Regime anwendbar. Vielmehr entscheidet sich dies nach den Vorschriften, die in dem konkreten **Kollisionsfall** den **rechtlich oder wirtschaftlich engsten Bezug** aufweisen; bei Gleichwertigkeit nach der besser passenden Vorschrift. Danach finden auf die Frage, ob die Regelungen der Privat- oder der Sicherungskopie anwendbar sind, die allgemeinen urheberrechtlichen Regelungen (§ 53 UrhG) Anwendung. Dasselbe gilt für die Frage nach der Anwendbarkeit technischer Schutzmaßnahmen, mithin die §§ 95a ff. Auf das Urhebervertragsrecht passen die besonderen Vorschriften über die Filmwerke (§§ 88 ff.) besser (zu allem vorstehenden im Detail *Bullinger*/*Czychowski* GRUR 2011, 19 ff.). In allen übrigen Fällen bleibt es also bei der parallelen Anwendbarkeit der §§ 2 Abs. 1 Nr. 6, 88 ff. und §§ 2 Abs. 1 Nr. 1, 69 a ff. Eine ähnliche Differenzierung wird man auch bei **Multimediawerken** vornehmen müssen. Bei ihnen gilt es, vornehmlich die Form der Darstellung, in aller Regel als audiovisuelles Werk (vgl. § 2 Rn. 231), zu schützen; nur in seltenen Fällen wird ein Computerprogramm integriert sein, das dann eigenständig Schutz genießen kann (s. ausführliche Darstellung bei Wandtke/Bullinger/*Grützmacher*⁴ Rn. 21 m. w. N.).

11 Die Unterscheidung zwischen Spielinhalt einerseits und dem den Spielverlauf steuernden Computerprogramm ist besonders bedeutsam für die Frage, nach welcher Norm gegen die Umgehung von **technischen Schutzmaßnahmen** vorgegangen werden kann. (oben vgl. Rn. 10 und vgl. § 95a Rn. 7). Je nachdem ob der Schutzgegenstand als „normales Werk", also „Filmwerk" bzw. „Laufbild" oder als „Computerprogramm" zu qualifizieren ist, finden nämlich entweder die Regeln des §§ 95a ff. oder die Regelung des § 69f Anwendung (dazu vgl. Rn. 10 und *Bullinger/Czychowski* GRUR 2011, 19, 23 f.).

12 **Keine** Computerprogramme sind **Textdateien**, auch die **Handbücher** (dazu unten vgl. Rn. 29 und Dreier/Schulze/*Dreier*⁵ Rn. 15; Wandtke/Bullinger/*Grützmacher*⁴ Rn. 13 m.w.N), bloße **Daten** und Datenbestände. Wohl ebenfalls nicht als Computerprogramme aufgefasst werden können **Hyperlinks**, die hauptsächlich im Internet Verwendung finden und mit deren Hilfe man durch einen Klick von dem mit dem Hyperlink unterlegten Wort zu einer anderen Stelle des selben Dokuments oder einer anderen Internet-Seite gelangen kann, weil ein Hyperlink i. d. R. nur aus einem einzigen Befehl besteht (s. a. *Koch* GRUR 1997, 417, 420). Zu der umstrittenen Lage bei **Benutzeroberflächen**, neudeutsch **GUI** (Graphical User Interfaces), vgl. Rn. 27. Zum Verhältnis zu Datensammlungen und **Datenbanken** vgl. Rn. 47.

13 Schließlich fallen auch die **Computerschriften** aus dem Begriff der Computerprogramme heraus (Wandtke/Bullinger/*Grützmacher*⁴ Rn. 15 unter Hinweis auf die a. A. Entscheidung des LG Köln CR 2000, 431, 432 – *Urheberschutz für Computerschriften*), können aber Schutz als Design bzw. Geschmacksmuster (§ 1 Ziff. 2 DesignG, Art. 3 lit. b) EG GeschmMVO; dazu insgesamt *Bulling* Mitt.d.PA 2004, 254, 255) oder in seltenen Fällen Schutz als Werk der angewandten Kunst (vgl. § 2 Rn. 182) genießen. Ebenfalls nicht schutzfähig sind die **rein konzeptionellen Vorgaben**, etwa in betriebswirtschaftlicher oder kaufmännischer Sicht, für ein Computerprogramm (OLG Köln GRUR-RR 2005, 303, 304 – *Entwurfsmaterial*). Zu sog. **Computergrafiken** s. OLG Köln GRUR-RR 2010, 141 – *3D-Messestände* und vgl. § 2 Rn. 215.

14 c) **Schutzvoraussetzungen (Abs. 3): – aa) Eigene geistige Schöpfung:** Abs. 3 verlangt für die Schutzfähigkeit von Computerprogrammen nur noch Individualität im Sinne einer **„eigenen geistigen Schöpfung"**; qualitative oder ästhetische Kriterien sollen keine Anwendung finden. Mit dieser Schutzfähigkeitsvoraussetzung sind die überspannten Voraussetzungen, die der BGH in seiner *Inkasso-Programm*-Entscheidung festgeschrieben hatte (vgl. Vor §§ 69a ff. Rn. 1), per Gesetz auf das urheberrechtliche Normalmaß reduziert worden.

15 Die eigene geistige Schöpfung des Urhebers, d. h. die Individualität des Computerprogramms, ergibt sich aus der Auswahl, Sammlung, Anordnung und Einteilung der Informationen und Anweisungen, kann aber auch durch die Be-, Um- und Einarbeitung vorbekannter Elemente und Formen erzielt werden (BGH GRUR 1985, 1041, 1047 f. – *Inkasso-Programm*). Schöpferische Gestaltungsakte können in allen drei Phasen der Entstehung eines Computerprogramms erbracht werden, (dennoch für Wertung aller Zwischenergebnisse als ganzheitlicher geistiger Schöpfung: *Lesshaft/Ulmer* CR 1993, 607, 609 zu Problemen der **Miturheberschaft** vgl. Rn. 39) und sich sowohl aus dem Konzept des Systems als Ganzem (*Lesshaft/Ulmer* CR 1993, 607, 608) als auch aus seiner Funktionalität, den verwendeten Implementierungstechniken oder der Art und Weise der Integration bestehender Softwaresysteme ergeben (*Broy/Lehmann* GRUR 1992, 419, 422).

Die **Schutzuntergrenze** ist damit niedrig; „einfache" Individualität auch unter-   **16**
halb des Durchschnittskönnens ist ausreichend. Allerdings bleibt ein gewisses
Mindestmaß an geistiger Leistung erforderlich, weil Individualität bzw. die „eigene geistige Schöpfung" letztendlich nichts anderes ist als eine „persönliche
geistige Schöpfung" i. S. v. § 2 Abs. 2 (zutr. *Erdmann/Bornkamm* GRUR 1991,
877, 877 f.). Derartige menschliche Leistung fehlt bei rein computergenerierten
Programmen (vgl. Rn. 19). Es ist deshalb auch nicht ausreichend, Individualität
schon dann anzunehmen, wenn das Computerprogramm nicht kopiert wurde
(so *Marly*, Urheberrechtsschutz, S. 119; *ders.* NJW-CoR 4/93, 21, 21), die Individualität als „*statistische Einmaligkeit*" zu verstehen (so noch unsere 9. Aufl./
Vinck Bem. 4 sowie OLG Hamburg CR 1999, 298; OLG München CR 2000,
429, 430; dagegen auch Dreier/Schulze/*Dreier*⁵ Rn. 26) oder überhaupt keine
Schöpfungshöhe zu verlangen (so LG Düsseldorf CR 1996, 737, 737 – *Dongle-
Umgehung*). Auch im Rahmen der Beurteilung der Schutzfähigkeit von Computerprogrammen ist **nicht entscheidend,** mit welchem **Aufwand** und mit welchen Kosten das Computerprogramm konzipiert wurde oder welchen quantitativen Umfang es hat (BGH GRUR 1985, 1041, 1048 – *Inkasso-Programm*).
Die Gegenauffassung (*Marly*, Softwareüberlassungsverträge⁴ Rn. 130) berücksichtigt nicht, dass der Schutz der Computerprogramme gem. §§ 69a, 2 Abs. 1
Nr. 1 urheber- und nicht leistungsschutzrechtlich ausgestaltet ist. Urheberrechtsschutz setzt aber eine schöpferische Leistung voraus, während die verwandten Schutzrechte Leistungen, also Aufwand, Können und Mühe, honorieren. Ausgeschlossen sein kann die Schutzfähigkeit, wenn die entsprechende
Programmierung zwingend funktional vorgegeben ist und kein Gestaltungsspielraum besteht (Dreier/Schulze/*Dreier*⁵ Rn. 27). Die Individualität bzw. die
„eigene geistige Schöpfung" ist **europäisch** auszulegen (RegE 2. ÄndG – BT-
Drs. 12/4022, S. 8; vgl. Vor §§ 69a ff. Rn. 2; *Broy/Lehmann* GRUR 1992, 419,
419 f.), sodass hierzu neben der bindenden Rechtsprechung des EuGH auch
die Rechtsprechung der anderen EU-Mitgliedstaaten herangezogen werden
kann (vgl. Vor §§ 69a ff. Rn. 6).

So wie z. B. bei Musikwerken verschiedene Elemente (z. B. Tonhöhe, Tondauer,   **17**
Lautstärke und Klangfarbe) zur Schutzfähigkeit beitragen können, gibt es auch
bei Computerprogrammen **schutzbegründende und irrelevante Elemente.** Zu
ersteren zählt z. B. der konzeptionelle Aufbau eines Codes oder Einfallsreich-
tum bei der konstruktiven Struktur des Computerprogramms. Schöpfungsbe-
gründend sind auch z. B. die Umsetzung spezieller organisatorischer Vorgaben
im Rahmen einer individuellen Problemlösung (OLG München ZUM-RD
2000, 8). Irrelevant hingegen sind die Aufwendungen für die Programmierung
oder die Länge eines Computerprogramms. Außen vor bei der Betrachtung der
Schutzfähigkeit bleiben schließlich auch solche Teile des Computerprogramms,
die technisch bedingt oder durch andere Vorgaben zwingend sind.

bb) Schutz auch für die „Kleine Münze": Das früher bestehende Regel-Aus-   **18**
nahmeverhältnis hat sich umgekehrt: Nunmehr ist auch die *Kleine Münze*
der Computerprogramme urheberrechtlich geschützt (OLG München ZUM-
RD 1999, 445), sodass im Regelfall ein Urheberrechtsschutz von Computerprogrammen vorliegt (RegE 2. ÄndG – BT-Drs. 12/4022, S. 9; *Lehmann* CR
1993, 268, 268; *Raubenheimer* CR 1996, 69, 71 u. 73). Alle etwas komplexeren Programme sind deshalb nunmehr urheberrechtlich geschützt (BGH
GRUR 1991, 449, 450 f. – *Betriebssystem;* OLG Karlsruhe NJW 1996,
2583, 2584 – *Dongle-Abfrage, Lehmann* NJW 1993, 1822, 1822; a. A. *Less-
haft/Ulmer* CR 1993, 607, 608, da Komplexität allein noch keine individuelle Schöpfung sein muss – zumal sie technisch bedingt sein kann). Dies gilt
auch für einfache Programme (RegE 2. ÄndG – BT-Drs. 12/4022, S. 8), sofern sie nicht völlig trivial oder banal sind (OLG Düsseldorf ZUM-RD 1997,
555 – *Dongle-Umgehung; Paschke/Kerfack* ZUM 1996, 498, 499 zur Ent-

scheidung des OLG Karlsruhe GRUR 1994, 726 – *Bildschirmmasken; Pres*
CR 1994, 520).

19 **cc) Auch Schöpfung mit Maschinenhilfe erfasst (CASE):** Aufgrund der geringen
Anforderungen an die Schöpfungshöhe dürfte die Schutzfähigkeit i. d. R. auch
dann gegeben sein, wenn die Software computergestützt entwickelt wurde (sog.
computer-aided software-engineering, CASE), also ein anderes Computerprogramm quasi als „Werkzeug" zur Erstellung des neuen Computerprogramms
verwendet wurde. Ein solches Hilfsmittel übernimmt eher die „handwerksmäßi-
gen" Programmerstellungsaufgaben und lässt dem Urheber für Auswahl, Konzept und Struktur des neu erstellten Programms häufig noch genügend Gestaltungsfreiraum (Kilian/Heussen/*Harte-Bavendamm/Wiebe* Kap. 51 Rn. 20).
Ähnliches dürfte bei der heute schon als üblich zu bezeichnenden **objektorientierten Programmierung** gelten. Hierbei bedient sich der Programmierer vorge-
fertigter Module, auch **Klassen** genannt, die in sog. Klassenbibliotheken abgelegt sind. Bei der Programmerstellung konkretisiert er diese eher abstrakten
Vorgaben für das individuelle Programm (zur Technik derartiger Programmierung *Koch* GRUR 2000, 191, 192 ff.; *Grützmacher* 38 ff.). Zwar sehen einige
angesichts der fehlenden Ausführbarkeit der einzelnen Klassen und mangels Einheitlichkeit der Werkgestaltung hierin kein Computerprogramm (*Koch* GRUR
2000, 191, 192 ff.). I. d. R. wird es aber nicht um die Schutzfähigkeit isolierter
Klassen, sondern deren Implementierung in ein ablauffähiges Computerprogramm gehen. Ob dieses sich aus vorbestehenden Teilen zusammensetzt, ist für
den Werkbegriff generell unschädlich (wie hier auch Wandtke/Bullinger/*Grützmacher*[4] Rn. 19). Zu einem Beispiel OLG Hamburg GRUR-RR 2002, 217 –
CT-Klassenbibliothek. **Neue Programmiertechniken** betrachten *Nebel/Stiemer-
ling* CR 2016, 61, 65 ff. und kommen zum berechtigten Ergebnis, dass unter
Umständen vom Programmierer definierte Datenstrukturen, aus dem Code ausgelagerte aber programmierte Konstanten und andere **steuernde Artefakte**
Schutz als Computerprogramm genießen können.

20 **dd) Tatsächliche Vermutung:** Mittlerweile ist anerkannt, dass bei Computerprogrammen gewisser Komplexität, die ohnehin für Verletzungen gefährdeter
erscheinen als simple Software, eine **tatsächliche Vermutung für die Schutzfähigkeit** spricht (BGH GRUR 2005, 860, 862 – *Fash 2000;* zuvor schon i. d. S.
unsere 10. Aufl. und Schricker/Loewenheim/*Loewenheim/Spindler*[5] Rn. 21;
Wandtke/Bullinger/*Grützmacher*[4] Rn. 37), die sich aus dem Vortrag des Verletzten über die Gestaltungselemente seines Computerprogramms und der Vorlage des Werkes selbst ergibt; der Verletzer muss in diesen Fällen dann die
Vermutung dadurch entkräften, dass er Übereinstimmungen mit vorbekannten
Programmierleistungen nachweist (*Erdmann/Bornkamm* GRUR 1991, 877,
879; *Ullmann* CR 1992, 641, 643; Kilian/Heussen/*Harte-Bavendamm/Wiebe*
Kap. 5 Rn. 29; zu streng daher OLG München CR 1988, 378).

21 **ee) Rechtsprechung:** Die **Rechtsprechung** hat die geringen Schutzanforderungen an Computerprogramme weitgehend umgesetzt. Auch wenn in einigen Entscheidungen die Werkqualität offen gelassen werden konnte, weil es hierauf
nicht ankam (OLG Stuttgart CR 1994, 743, 744 – *Public Domain Software,*
OLG Celle CR 1994, 681, 684 – *Programmfertigstellung beim neuen Arbeitgeber*), ist ansonsten auf die nur noch geringen Anforderungen an die Schöpfungshöhe ausdrücklich hingewiesen und die Werkqualität der betroffenen
Computerprogramme angenommen worden (BGH GRUR 1994, 39, 39 f. –
Buchhaltungsprogramm, OLG Düsseldorf ZUM-RD 1997, 555, 556, 338 –
Dongle-Umgehung, KG GRUR 1996, 974, 974 f. – *OEM-Software,* OLG
Karlsruhe NJW 1996, 2583, 2584 – *Dongle-Abfrage,* OLG Düsseldorf NJW-
RR 1995, 730 – *Shareware-Vertrieb auf CD-ROM,* OLG Karlsruhe GRUR
1994, 726, 729 – *Bildschirmmasken;* OLG München ZUM-RD 1999, 445;

LG Mannheim NJW-RR 1994, 1007, 1007). Tw. wurde die Schutzfähigkeit auch mit Hilfe von Sachverständigengutachten festgestellt (BGH GRUR 1994, 39, 40 – *Buchhaltungsprogramm*, LG München I CR 1997, 351, 352 – *Softwareentwicklung im Dienstverhältnis*, LG Oldenburg GRUR 1996, 481, 482 f. – *Subventions-Analyse-System*). Bei komplexeren Programmen spricht ebenso wie bei ausgereiften Standardprogrammen die oben beschriebene tatsächliche Vermutung für die Schutzfähigkeit (vgl. Rn. 20); das KG hat deshalb auch vollkommen zu Recht die Schutzfähigkeit der beiden Computerprogramme MS-DOS und Windows for Workgroups ohne Sachverständigenhilfe unterstellt (KG GRUR 1996, 974, 974 f. – *OEM-Software* und letztinstanzlich BGH GRUR 2001, 153, 153 – *OEM-Version*).

d) Schutz des Programms in jeder Gestalt (Abs. 1): § 69a Abs. 1 schützt Com-   **22** puterprogramme in **jeder Gestalt**. Erfasst wird auch das **Entwurfsmaterial**. Die Programmierpraxis ist heutzutage sehr diversifiziert. Zwar gibt es Projekte, die nach dem klassischen Phasenmodell (dazu sogleich) ablaufen. Weiter verbreitet sind aber iteratives Programmieren, Rapid Programming, Agile Programmiermethoden u. a. In der juristischen Literatur und Rechtsprechung wird die Entwicklung eines Computerprogramms mit dem herkömmlichen Programmiermodell üblicherweise in 3–5 Phasen eingeteilt (z. B. BGH GRUR 1985, 1041, 1046 f. – *Inkasso-Programm* (unterscheidet 3 Phasen: Systemanalyse, Projektion des Lösungsweges, Kodierung des Programms); ebenso *Broy/Lehmann* GRUR 1992, 419, 422; *Paschke/Kerfack* ZUM 1996, 498, 501 (3-Phaseneinteilung mit Bezugnahme auf jeweils schützenswerte Idee: Anwendungsidee, Strukturierungsidee, Implementierungsidee); *Ullmann* CR 1992, 641, 645; Lehmann/*Haberstumpf*[2] S. 80 f. geht von 6 Phasen aus; ebenso: *Kindermann* ZUM 1985, 6 ff; *Ilzhöfer* CR 1988, 333 ff; *Ulmer/Kolle* GRUR Int. 1982, 493; s. a. Kilian/Heussen/*Harte-Bavendamm/Wiebe* Kap. 51 Rn. 15 f.).

Geschützt sind auch **Teile** von Computerprogrammen, sofern sie für sich be-   **23** trachtet Werkqualität besitzen (vgl. § 2 Rn. 51; OLG Hamburg MMR 1999, 230, 231 – *Superfun*, dort allerdings verneint für Spielstände eines Computerspiels; OLG Hamburg GRUR-RR 2001, 289, 290 – *Faxkarte*). Gerade komplexere Computerprogramme sind heutzutage häufig aus vielen einzelnen Programm-Modulen zusammengesetzt, die im Rahmen der Benutzung des „Hauptprogramms" aufgerufen werden und ablaufen (im Copyright-Vermerk von Microsoft Word finden sich beispielsweise Hinweise auf ein Korrekturprogramm, ein Wörterbuchprogramm und ein Versionsvergleichs-Programm, die in Word integriert sind; RA-Micro besteht aus vielen einzelnen Programmen wie Adressverwaltung, Aktenregister, Finanzbuchhaltung, Info-Modul, Gebühren, Kanzlei-Textverarbeitung, Winword-Schnittstelle etc.); sie können neben dem eigentlichen Programm selbständig urheberrechtlichen Schutz genießen.

aa) Phasen der Computerprogrammentwicklung: Nach der **ersten Phase** der sog.   **24** „**Problem- oder Systemanalyse**" (auch **Anforderungsphase** genannt) über Ziele und Aufgaben der Software schließt sich die **zweite Phase** (**Definitionsphase**) über Leistungsumfang, erforderliche Hardware und Bestimmung des Benutzerkreises an, im Rahmen derer das „*Pflichtenheft*" (weiterführend zu diesem Begriff und seiner Bedeutung für das EDV-Vertragsrecht: *Schaub* CR 1993, 329) erstellt wird, das selbst nicht als Entwurfsmaterial, sondern allenfalls nach § 2 Abs. 2 Nr. 1 oder 7 geschützt ist (Mestmäcker/Schulze/*Haberstumpf* Rn. 7; BeckOK UrhR/*Kaboth/Spies*[15] Rn. 4; Schricker/Loewenheim/*Loewenheim/Spindler*[5] Rn. 5; Wandtke/Bullinger/*Grützmacher*[4] Rn. 9); sie beschreibt den Entwurf, die Idee für die anwendungsspezifische Systemkonzeption. In der **dritten Phase** (**Strukturierungsphase**) wird ein Datenflussplan bzw. Flussdiagramm erstellt, in dem die Grundstruktur der Softwarearchitektur beschrieben wird (für diese meist graphische Darstellung eines Programmentwurfs s. a. die DIN 66.001). Da Datenflussplan bzw. Flussdiagramm für komplexere Programme häufig als ungeeignet erscheinen, wird stattdessen ein Struktogramm erstellt (DIN 66.261; *Irlbeck* „Programmablaufplan" und „Struktogramm"). In der **vierten Phase** erfolgt die Umsetzung der Datenstrukturen und der darauf arbeitenden Algorithmen in eine dem Computer verständliche Befehlsfolge, d.h. die eigentliche Kodierung des Programms in einer Programmiersprache (**Kodierungsphase**). Das Ergebnis hiervon ist der Quellcode (auch „Source Code"). Es handelt sich dabei um ein in Programmiersprache formuliertes Programm, das in Form einer Textdatei vorliegt und nicht direkt ausführbar ist (*Irlbeck* „Quellcode"). Zu einem anschaulichen Beispiel Walter/*Blocher* Anh. Art. 6 Software-RL. Durch maschinelle Übersetzung des Quellcodes mit Hilfe eines Compilers entsteht dann das Objektprogramm (auch sog. „Executables"), d.h. das fertige, auf einem Computer ausführbare Programm. Dass dieser Objektcode für Menschen nicht ohne weiteres lesbar ist (zu einem anschaulichen Beispiel Walter/*Blocher* Anh. Art. 6 Software-RL.), schadet nicht; es reicht die sinnliche Wahrnehmbarkeit (BGH GRUR 1985, 1041, 1057 – *Inkasso Programm*). Insofern sind Computerprogramme wohl die einzigen Werke, die – jedenfalls in ihrer Objektcodeform – nur eingeschränkt „erkennbar" sind. Bei komplexeren Programmen werden in der **Testphase** die unterschiedlichen Programmteile zusammengefügt und in ihrem Zusammenspiel getestet. Auf Grundlage der Programmbeschreibung und des Quellenprogramms entstehen in dieser Phase auch die Anleitungen für den Nutzer (Handbücher) (Lehmann/*Haberstumpf*[2] S. 81).

25 **bb) Praktische Relevanz der Phaseneinteilung von Computer – Programmentwicklung:** Die praktische Relevanz dieser Phasenmodelle liegt zum einen in der Beurteilung der Schutzfähigkeit der einzelnen Beiträge zum Endprodukt Computerprogramm sowie in dessen Konsequenz in der vertraglichen Gestaltung der Verträge mit den einzelnen (Mit-)Urhebern (Definition des Vertragsgegenstandes, Vergütung für die jeweilige Leistung etc. s. zur Phaseneinteilung auch die Vergütungsregeln für den öffentlichen Dienst: EVB – Erstellung § 1 Ziff. 1 S. 2). Bei **agilen Programmiermethoden** wird nicht in Phasen vorgegangen, sondern aufkommende Anforderungen werden iterativ mehr oder weniger umgehend umgesetzt, aber auch sogleich getestet und ggf. abgenommen; eine solche Programmiermethode erfordert nicht nur ein eingespieltes Projektteam, sondern auch viel Vertrauen, da sie nicht bis ins Letzte juristisch geregelt werden kann und gerade auch nicht soll.

26 Die **eigene geistige Schöpfung** (vgl. Rn. 14) kann **in allen** (drei) **Entwicklungsphasen** des Programms zum Ausdruck kommen (BGH GRUR 1985, 1041, 1046. – *Inkasso-Programm; Paschke/Kerfack* ZUM 1996, 498, 501; *Broy/Lehmann* GRUR 1992, 419, 422; *Ullmann* CR 1992, 641, 645), und zwar auch beim Pflichtenheft allein, wenn danach zunächst keine Software entwickelt wird (a. A. *Lesshaft/Ulmer* CR 1993, 607, 609). In der Phase der Kodierung sind ebenfalls noch schöpferische Leistungen möglich, sofern Flussdiagramm, Programmablaufplan oder Struktogramm dem Programmkodierer noch genügend Raum für eine individuelle Auswahl und Einteilung der Kodierung gelassen haben (BGH GRUR 1985, 1041, 1047 – *Inkasso-Programm*, a. A. offenbar *Hübner* GRUR 1994, 883, 885; a. A. auch *Ullmann* CR 1992, 641, 645: Kodierung genießt nur als Manifestation des Programms Urheberrechtsschutz). Nicht verwechselt werden darf die Erbringung einer geistigen Leistung während sowie der Schutz der einzelnen Entwicklungsphasen mit dem Schutz des Computerprogramms als solchem: Wenn die geistige Leistung bereits in der ersten oder zweiten Entwicklungsphase erbracht wurde, ist selbstverständlich auch das erst in der dritten Phase entstandene Computerprogramm urheberrechtlich geschützt, auch wenn in der dritten Phase keine schöpferische Leistung mehr erbracht wurde (BGH GRUR 1985, 1041, 1046 – *Inkasso-Programm; Ullmann* CR 1992, 641, 645).

e) Ausdrucksform (Abs. 2): Der Begriff der **Ausdrucksform eines Computerpro-** **27**
gramms in Abs. 2 hat in der Vergangenheit zu Missverständnissen in Rechtsprechung und Literatur geführt. So sind nicht nur **Bildschirmmasken** (OLG Karlsruhe
GRUR 1994, 726, 729 – *Bildschirmmasken*; a. A. BeckOK UrhR/*Kaboth/Spies*[15]
Rn. 6; *Marly*, Computersoftware in der EU S. 144 f.) oder Benutzeroberflächen
(sog. Graphical User Interfaces, kurz GUI) oder sogar noch weitergehend das
„Look & Feel" (*Härting/Kuon* CR 2004, 527) als Ausdrucksform eines Computerprogramms aufgefasst worden, sondern auch Bildschirmdisplays, Home-Pages
als solche, Directorymenüs, die Datenbank hinter einem Computerprogramm
selbst, ja sogar Texte, Grafiken und Fotografien (*Koch* GRUR 1997, 417, 418 ff.).
Wir sind der Auffassung, dass dies den Gesetzestext überspannt (so auch Dreier/
Schulze/*Dreier*[5] Rn. 16; Wandtke/Bullinger/*Grützmacher*[4] Rn. 14; Ullrich/Le-
jeune/*Funk/Zeifang*[2] I Rn. 16; für ein anschauliches Beispiel, bei dem Schutz zu
Recht versagt wurde s. LG Frankfurt aM. CR 2007, 424, 425 f. – *Bildschirm-*
maske; nunmehr so auch OLG Karlsruhe CR 2010, 427 – *Bildschirmmasken*).
Abs. 2 will nur das Programm selbst und *seine* Ausdrucksform schützen, nicht
aber das Ergebnis. Der EuGH hat nun auch wenig überraschend klargestellt, dass
eine grafische Benutzeroberfläche keine Ausdrucksform eines Computerprogramms ist (EuGH GRUR 2011, 220 – *BSA/Kulturministerium* m. Anm. *Marly*
GRUR 2011, 204). Ein Schutz z. B. als Werk der angewandten Kunst wird dadurch aber nicht berührt (EuGH GRUR 2011, 220 Tz. 47 ff. – *BSA/Kulturminis-*
terium), dazu sogleich vgl. Rn. 29.

Ausdrucksform des Computerprogramms ist daher das **Computerprogramm in** **28**
Datenform, in ausgedruckter Form, in Form des Entwurfsmaterials oder in Form
des Source Code (RegE 2. ÄndG – BT-Drs. 12/4022, S. 9; vgl. Rn. 22 ff.). Da Fotografien, Videofilme, Musik, Grafiken oder technische Zeichnungen immer in eine
Datei umgewandelt werden müssen, um dann mit Hilfe eines Computerprogramms auf einem Computer sichtbar gemacht werden zu können, würde die
Gegenauffassung letztendlich zur Konsequenz haben, dass Lichtbildwerke, Videofilme, Musik und dergleichen auch als Ausdrucksform eines Computerprogramms geschützt wären. Die §§ 69a ff. gingen dann den ansonsten für diese
Werke geltenden Vorschriften des UrhG als *leges speciales* vor und Abs. 4 erklärte
die für Sprachwerke geltenden Bestimmungen für ergänzend anwendbar. Das
kann aber kaum gewollt gewesen sein. Abs. 2 betrifft daher nur die Computerprogramme als solche und überlässt die auf dem Computerbildschirm angezeigten oder mittels Computer ausgedruckten Fotografien dem Lichtbildwerkschutz,
die Videofilme dem Filmwerkschutz, die Musik dem Musikwerkschutz und die
Bildschirmmasken dem Schutz als Werk der angewandten Kunst oder als Darstellung wissenschaftlicher oder technischer Art (*Schulze* ZUM 1997, 77, 83;
Paschke/Kerfack ZUM 1996, 498, 501; *Raubenheimer* CR 1994, 69, 70 f.; Leh-
mann/*Schlatter*[2] S. 202 ff.; Schricker/Loewenheim/*Loewenheim/Spindler*[5] Rn. 7;
Wandtke/Bullinger/*Grützmacher*[4] Rn. 14; vgl. § 2 Rn. 38 sowie vgl. § 69g
Rn. 13) bzw. als mögliches Design.

aa) Schutz des Look & Feel eines Programmes: Eine Designanmeldung ist unbe- **29**
dingt zu empfehlen, wenn man als Programmhersteller das **Look & Feel** eines Programms geschützt bekommen will. Dies ist allenfalls über einen möglichst flächen-
deckenden Designschutz der einzelnen (natürlich notwendigerweise neuen und
eigentümlichen) Gestaltungselemente denkbar. In seltenen Fällen dürfte das **Lay-**
out einer Benutzeroberfläche derart schöpferisch sein, dass es die Hürden der
Rechtsprechung zum Schutz als angewandte Kunst überspringt (dazu vgl. § 2
Rn. 171) oder als Werk wissenschaftlich-technischer Art (§ 2 Abs. 1 Ziff. 7)
Schutz genießt. Denkbar ist dies jedoch, wie einzelne Fälle aus der Rechtsprechung
belegen: LG Frankfurt aM. CR 2007, 424, 425, das allerdings einen Schutz im
konkreten Fall mangels Schöpfung in der Anordnung der Felder und sonstiger Individualität ablehnt. Insofern hat der EuGH betont, dass ein Schutz der Benutzer-

oberfläche dann „in den Genuss des allgemeinen Urheberrechtsschutzes nach der Info-RL gelangen kann", wenn die Oberfläche eine eigene geistige Schöpfung darstellt (EuGH GRUR 2011, 220 – *BSA/Kultusministerium* unter Bezug auf EuGH GRUR 2009, 1041 Tz. 33–37 – *Infopaq*). Das steht nun im Einklang mit der neuen Rechtsprechung des BGH zu angewandter Kunst (vgl. § 2 Rn. 171), so dass man davon ausgehen kann, dass die **Anforderungen an die Schutzfähigkeit** jedenfalls von **grafischen Benutzeroberflächen** deutlich herabgesetzt sind. Ebenfalls nicht als Ausdrucksform eines Computerprogramms aufgefasst werden können die **Handbücher,** sie unterliegen dem (normalen) Schriftwerkschutz (§ 2 Abs. 1 Nr. 1), die in ihnen enthaltenen Grafiken dem Schutz als Darstellungen technischer oder wissenschaftlicher Art (§ 2 Abs. 1 Nr. 7) (*Heymann* CR 1994, 228 in Anm. zu LG Köln CR 1994, 226 – *Anforderungen an Schutz für DV-Handbücher*). Dazu vgl. Rn. 12. Um insoweit einen einheitlichen Schutzstandard zu gewährleisten, dürfte allerdings im Hinblick auf die erforderliche Gestaltungshöhe § 69a Abs. 3 entsprechend anwendbar sein.

30   **bb) Ideen und Grundsätze: Die Algorithmen-Problematik: Ideen und Grundsätze** bleiben frei. Abs. 2 wiederholt letztendlich nur den allgemeinen urheberrechtlichen Grundsatz, dass Ideen und Motive grundsätzlich frei bleiben und das in Computerprogrammen enthaltene wissenschaftlich-technische Gedankengut als solches nicht schutzfähig ist (vgl. § 2 Rn. 24 f.; Schricker/Loewenheim/*Loewenheim/ Spindler*[5] Rn. 12; zu einem anschaulichen Beispiel LG Düsseldorf ZUM 2007, 559, 562 ff., bei dem die Idee für ein Transportsimulationsspiel übernommen wurde, ohne dass der Anspruchssteller mehr als die Übernahme dieser Idee und einzelner Unterideen in der Ausführung belegen konnte). Sofern es sich bei dem **Algorithmus** (vgl. Rn. 9) um Allgemeingut handelt, er also nichts anderes als eine allgemein bekannte Rechenregel darstellt, muss auch er frei bleiben (BGH GRUR 1991, 449, 453 – *Betriebssystem; Ensthaler/Möllenkamp* GRUR 1994, 151, 151 f.; *Ullmann* CR 1992, 641, 642; *Lehmann* NJW 1991, 2112, 2113; Dreier/Schulze/*Dreier*[5] Rn. 22; Schricker/Loewenheim/*Loewenheim/Spindler*[5] Rn. 12). Soweit man den Algorithmus jedoch als *„eine Folge von Anweisungen, die den Zweck haben, ein bestimmtes Problem zu bearbeiten"* (*Voets/Hamel* „Algorithmus") versteht *und* diese Folge von Anweisungen nicht zum Allgemeingut gehört, besteht kein Grund, ihn per se vom Schutz auszuschließen (*Dreier* GRUR 1993, 781, 786; *Haberstumpf* GRUR 1986, 222, 227 ff.; *Heymann* CR 1990, 9, 13 ff.; Schricker/Loewenheim/*Loewenheim/Spindler*[5] Rn. 12, der auf die auf die konkrete Anwendung in einem Programm abstellt). Auch der BGH geht davon aus, dass Algorithmen jedenfalls in der Art und Weise der Implementierung und Zuordnung zueinander urheberrechtsschutzfähig sein können (BGH GRUR 1991, 449, 453 – *Betriebssystem*). *Loewenheim* weist allerdings zutreffend darauf hin, dass unabhängig vom Begriff des Algorithmus die bei der Erstellung des Programms herangezogenen mathematischen Prinzipien und Lehren als Bestandteil der wissenschaftlichen Lehre frei bleiben müssen (Schricker/Loewenheim/*Loewenheim/Spindler*[5] Rn. 12). Ein Schutz des Algorithmus kann sich deshalb auch nicht auf die Rechenregel als solche, sondern allenfalls auf ihre Kombination im Rahmen einer Folge von Anweisungen beziehen (BGH GRUR 1991, 449, 453 – *Betriebssystem, Lehmann* NJW 1991, 2112, 2113); *Ulmer* hat dies als das *Gewebe* eines Datenverarbeitungsprogramms bezeichnet (*Ulmer,* Urheberrechtsschutz S. 3; BGH GRUR 1991, 449, 453 – *Betriebssystem* beruft sich ausdrücklich darauf).

31   **cc) Programmiersprachen:** Dasselbe könnte man auch für **Programmiersprachen** gelten lassen: Die ihnen zugrundeliegenden Ideen und Grundsätze sind vom Schutz ausgenommen, nicht aber ihre konkrete Ausgestaltung und Kombination (*Dreier* GRUR 1993, 781, 786; Dreier/Schulze/*Dreier*[3] Rn. 24 hielt den Schutz der Programmiersprache als solche noch für möglich, anders nunmehr Dreier/Schulze/*Dreier*[5] Rn. 24 unter Bezugnahme auf EuGH GRUR 2012, 814 Tz. 39, 45 – *SAS-Institute*; Wandtke/Bullinger/*Grützmacher*[4] Rn. 30; so auch unsere 10. Aufl. Bem. 2). Allerdings widerspricht dies der Tatsache, dass Programmiersprachen ebenso wie die allgemeine Sprache nur die Voraussetzung für Werke schafft. Zudem dürfte es der bedenklichen Entwicklung zunehmender Skepsis gegenüber dem Urheberrecht (Büllesbach/Büchner/*Czychowski* Rn. 131, 147 ff.) Vorschub leisten, wenn man derart grundlegende Formen wie die Sprache zu einer Programmierung unter Schutz stellt. Wir haben daher Zweifel an deren genereller Schutzfähigkeit losgelöst vom konkreten Konzept (so auch Schricker/Loewenheim/*Loewenheim*[4] Rn. 12). Der EuGH nimmt nun ausdrücklich **Funktionalitäten, Dateiformate und Programmiersprachen** vom **Schutzbereich als „Ausdrucksform eines Computerprogramms"** aus und lässt nur eine „Hintertür" über den normalen Werkschutz offen: EuGH GRUR 2012, 814 Tz. 39, 45 – *SAS Institute Inc./World Programming Ltd.* Wir bleiben daher skeptisch, dass eine Computersprache an sich schutzfähig ist (offen lassend: Schricker/Loewenheim/*Loewenheim*/*Spindler*[5] Rn. 12).

dd) Schnittstellen: Schnittstellen („Interfaces") sind Verbindungen oder Übergänge zwischen zwei Systemen; sie existieren als Hardware und als Software-Schnittstellen (*Voets/Hamel* „Schnittstelle"); letztere unterteilen sich in Softwareschnittstellen im engeren Sinne und Programmierschnittstellen, sog. Application Programming Interfaces, kurz **API**. Im Bereich der Software ermöglichen Schnittstellen den Datenaustausch zwischen verschiedenen Programmen, z. B. zwischen Rechtsanwaltssoftware und Textverarbeitungsprogramm. Da GUIs (vgl. Rn. 27) nicht dem Datenaustausch dienen, sondern dem Austausch zwischen Mensch und Maschine, sind sie nicht Schnittstellen im hier besprochenen Sinne (so auch Wandtke/Bullinger/*Grützmacher*[4] Rn. 31). Abs. 2 erklärt auch die ihnen zugrundeliegenden Ideen und Grundsätze für nicht schutzfähig, was aber eigentlich nur eine nicht notwendige Klarstellung bedeutet. Hierzu gehören auch die sog. Schnittstellenspezifikationen (Wandtke/Bullinger/*Grützmacher*[4] Rn. 31), die die Regeln des Datenaustausches und die Interaktion der Programme beschreiben. Die Schnittstelle selbst, also das Schnittstellen-Computerprogramm in seiner konkreten Form, ist aber selbstverständlich schutzfähig (*Lehmann* NJW 1991, 2112, 2113; Dreier/Schulze/*Dreier*[5] Rn. 23; Wandtke/Bullinger/*Grützmacher*[4] Rn. 31). Eine Ausnahme muss nur für solche Schnittstellen-Programme gemacht werden, die technisch bedingt sind und nicht anders hätten programmiert werden können (OLG Hamburg GRUR-RR 2001, 289, 291 – *Faxkarte*) oder aber solche, die durch Normierung und Standardisierung vorgegeben sind (Wandtke/Bullinger/*Grützmacher*[4] Rn. 31 m. w. N.). Auf die Sonderregeln der §§ 69e und 69d Abs. 3 sei verwiesen.

f) Schutz von Werkteilen: Für den Schutz von Teilen von Computerprogrammen gelten die allgemeinen Regeln (§ 2 Rn. 51). Ein besonderes Problem kann dann entstehen, wenn ein Dritter in ein System eingreift, das aus hardwareembeddeder Software besteht, ohne alle Softwarebestandteile dieses Systems zu verändern. Dann muss identifiziert werden, was in einem solchen Fall Gegenstand des Schutzes nach § 69a ist (s. KG ZUM-RD 2011, 544).

g) Grenzfälle, Ausblick: Eine Urheberschaft an **computergenerierten Programmen**, also solchen Programmen, die mit Hilfe eines anderen Computerprogramms erstellt worden sind, kann nur dann bestehen, wenn ein Mensch das sogenannte „Tool-Programm" tatsächlich nur als Hilfsmittel benutzt hat und selbst noch schöpferisch tätig geworden ist; für den Urheberrechtsschutz bleibt damit entscheidend, ob der Mensch Urheber ist (a. A. *Heymann* CR 1990, 9, 17; zudem vgl. Rn. 19).

Mit zunehmender Standardisierung, insbesondere im Bereich der **objektorientierten Programmierung** (vgl. Rn. 19), dürfte der Freiraum selbst für die geforderte geringe Eigentümlichkeit schwinden. Die eigene geistige Schöpfung verla-

32

32a

33

34

gert sich dann zunehmend auf die Konzeption und Zusammensetzung der vorgefertigten Module. Es ist daher denkbar, dass objektorientiert programmierte einfach konzeptionierte Computerprogramme in Zukunft aus dem Schutz der §§ 69a ff. herausfallen. Dann hätte die praktische Entwicklung dem BGH, der zu Beginn der Schutzdiskussion so streng war (vgl. Vor §§ 69a ff. Rn. 1), Recht gegeben (zur Verortung des Computerprogrammschutzes im Urheberrecht überhaupt Büllesbach/Büchner/*Czychowski* Rn. 147 ff.).

III. Prozessuales

1. Beweislast

35 Zunächst vgl. Vor §§ 69a ff. Rn. 15 und den dort dargestellten Grundsätzen zur **Substantiierung und Beweislast.** Die abgesenkten Schutzanforderungen (vgl. Rn. 14 ff.) haben nichts an dem Grundsatz geändert, dass der Anspruchsteller die Schutzfähigkeit des Computerprogramms darzulegen und ggf. zu **beweisen** hat (Dreier/Schulze/*Dreier*[5] Rn. 29; Wandtke/Bullinger/*Grützmacher*[4] Rn. 36; zur Darlegungs- und Beweislast aus berufenem Munde: *Ulmer*, IT-Rechtsberater S. 63; OLG Hamburg BeckRS 2000, 25278: „eine gewisse pauschale Beschreibung des Programms ausreicht"). Ihm steht dabei aber die oben beschriebene (vgl. Rn. 20) **tatsächliche Vermutung der Schutzfähigkeit**, jedenfalls bei Computerprogrammen einer gewissen Komplexität, zur Seite (so auch BGH GRUR 2001, 153, 153 – *OEM-Version*; LG Mannheim CR 1994, 627; Dreier/Schulze/*Dreier*[5] Rn. 29; Schricker/Loewenheim/*Loewenheim*/*Spindler*[5] Rn. 14, 21).

36 Die Komplexität kann sich ergeben aus einer Kombination von Länge und Vielschichtigkeit der Aufgabenstellung (*Dreier* GRUR 1993, 781, 789), aber auch die Tatsache, dass es sich um ein hochwertiges Spezialprogramm handelt, mag ausreichend sein (OLG Düsseldorf ZUM-RD 1997, 555, 556 – *Dongle-Umgehung*). Hierfür dürfte auf die allgemeinen Elemente der Schutzfähigkeit zurückzugreifen sein (vgl. Rn. 17). Zu Beginn der neuen Rechtsprechung wurde als ausreichend angesehen, dass eine globale, pauschale Beschreibung des Programms vorgelegt wird, aus der hervorgeht, dass es sich nicht um eine völlig banale Gestaltung handelt (OLG München ZUM-RD 1999, 445). Ggf. bietet sich zum Nachweis des Zeitpunkts des Schaffens eine **Hinterlegung** an; diese wird bei Computerprogrammen neben Notaren und Rechtsanwälten auch und insbesondere von besonderen Hinterlegungs-Dienstleistern (z. B. http://www.tuev-sued.de/produktpruefung/dienstleistungen/hinterlegungsservice-escrow abgerufen am 29.12.2016) angeboten. Für die Substantiierung einer Verletzung kann man im Antrag auf einen **Datenträger** verweisen (BGH GRUR 1985, 1041 – *Inkasso-Programm*; BGH GRUR 1991, 449 – *Betriebssystem*; BGH GRUR 2003, 786, 787 – *Innungsprogramm*; OLG Frankfurt GRUR 2015, 784, 786 Tz. 27 – *Objektcode*).

37 Trägt der Anspruchsteller Indizien für die eben genannte Komplexität vor und erläutert auch, dass es sich bei dem Programm nicht um eine Kopie bzw. unerlaubte Bearbeitung eines fremden Programms handelt, greift die erwähnte Vermutung, und es wäre an dem Anspruchsgegner vorzutragen, warum es sich doch um eine Kopie handelt oder warum das Programm alles andere als komplex ist. Nicht ausreichend ist es hingegen z. B. für den Anspruchsteller, Bildschirmausdrucke seines Programms vorzutragen, die z. B. nach einem einfachen excel-Makro aussehen und dann ohne weitere Belege zu behaupten, sein Programm sei äußerst komplex. Andererseits kann vom Anspruchsteller auch nicht verlangt werden, seinen Code offenzulegen (Dreier/Schulze/*Dreier*[5] Rn. 29). Daher wird dies bei entsprechend substantiiertem Bestreiten des Anspruchsgegners („[…] ernsthafte Anhaltspunkte, dass […] sehr einfach strukturiert […]", RegE 2. ÄndG – BT-Drs. 12/4022, S. 10), das ein erhebliches Maß erreichen muss, nur über ein die Verschwiegenheit wahrendes **Sachverständigengutachten** (dazu und zur selben Frage bei Verletzungen vgl. Vor §§ 69a ff. Rn. 16) möglich sein.

Dem wegen unberechtigter Verbreitung eines Computerprogramms in Anspruch Genommenen obliegt die Beweislast dafür, dass es sich um Originalware handelte, die von der Rechteinhaberin oder mit deren Zustimmung in der Europäischen Union oder einem anderen Vertragsstaat des Abkommens über den Europäischen Wirtschaftsraum in Verkehr gebracht wurde (LG München I CR 2016, 219). Allerdings trifft den Rechteinhaber, der z. B. eine Fälschung von Seriennummern/ Produktkeys behauptet, eine sekundäre Darlegungslast, weil er ohne Weiteres Aufklärung darüber leisten kann, aufgrund welcher Anhaltspunkte oder Umstände vom Vorliegen einer Produktfälschung auszugehen ist (LG München I CR 2016, 219) unter Verweis auf die nicht softwarebezogene Entscheidung BGH GRUR 2012, 626 – *Converse I)*. Dazu muss der Rechteinhaber ggfs. im Einzelnen darlegen, anhand welcher Merkmale er zu dem Ergebnis gelangt, dass es sich um Fälschungen handele (LG München I CR 2016, 219). **37a**

2. Einstweiliger Rechtschutz

Der Gesetzgeber hat ausdrücklich betont, dass die **Möglichkeit einstweiligen Rechtsschutzes** durch zu hohe Anforderungen nicht erschwert werden darf (RegE 2. ÄndG – BT-Drs. 12/4022, S. 10). **38**

3. Geltendmachung der Ansprüche mehrerer

Wenn Computerprogramme nicht in Alleinurheberschaft geschaffen wurden (dazu im Detail vgl. Rn. 3; vgl. Rn. 41) und dem prozessführenden Programmierer Rechte der anderen Programmierer eingeräumt wurden, ist die Rechtsprechung des OLG Frankfurt zu beachten (OLG Frankfurt MMR 2003, 45, 47 – *IMS Health*), wonach für die Aktivlegitimation bei Schadensersatzansprüchen § 8 UrhG nicht gilt, da bei abgeleiteten Rechten dem einzelnen Miturheber keine **Aktivlegitimation für Schadensersatzansprüche** zusteht. **39**

IV. Verhältnis zu anderen Vorschriften

1. Anwendbarkeit der Bestimmungen für Sprachwerke (Abs. 4)

Computerprogramme sind seit der Urheberrechtsnovelle des Jahres 1985 ausdrücklich von Gesetzes wegen den **Sprachwerken** gem. § 2 Abs. 1 Nr. 1 zugeordnet. Dies war auch vorher schon weitgehend in Literatur und der Rechtsprechung der Instanzgerichte akzeptiert (Nachweise bei Schricker/Loewenheim/*Loewenheim/Spindler*[5] Rn. 1 f.). Der BGH hatte allerdings noch offen gelassen, ob ein Schutz als Sprachwerk gem. § 2 Abs. 1 Nr. 1 oder als Darstellung wissenschaftlicher oder technischer Art gem. § 2 Abs. 1 Nr. 7 in Betracht komme (BGH GRUR 1985, 1041, 1046 – *Inkasso-Programm*). Dabei ist es für den Sprachwerkschutz grundsätzlich unerheblich, dass ein Computerprogramm nicht wie ein Buch von jedermann „gelesen" werden kann, sondern die in ihm zum Ausdruck kommende Gedankenformung und -führung häufig nur von Fachleuten oder mit Maschinenhilfe verstanden werden kann (vgl. Vor §§ 69a ff. Rn. 3). Abs. 4 enthält eine Klarstellung, dass neben den in den §§ 69a-69g enthaltenen besonderen Bestimmungen für Computerprogramme die für Sprachwerke geltenden allgemeinen Bestimmungen Anwendung finden. Bei den §§ 69a-69g handelt es sich damit um *leges speciales* zu den allgemeinen Vorschriften für Sprachwerke. § 2 **Abs. 2** ist also verdrängt, ebenso die §§ **15–23** und § **39** (a. A. allerdings ohne jegliche Problematisierung OLG Hamm GRUR-RR 2008, 154, 155 – *Copyrightvermerk*), da § 69c insofern Sonderregeln enthält (§ 24 hingegen nicht; vgl. § 69c Rn. 22). **40**

Anwendbar aber sind §§ **6, 7–10**. Letztere enthalten die Regelungen über Urheberschaft. Es gilt das **Schöpferprinzip**. In der Praxis der Softwareentwicklung wird **41** dies oft übersehen, nicht etwa das Unternehmen, das freie Softwareentwickler beschäftigt oder entsprechende Angestellte hat, ist Inhaber der Urheberrechte, sondern diejenigen Programmierer, die die schöpferischen Beiträge (zu diesen vgl. Rn. 3) erbringen. Da Computerprogramme heutzutage i. d. R. von größeren **Entwicklungsteams** erbracht werden, ist eine saubere Dokumentation deren Beiträge unerlässlich. I. d. R. dürften derartige Beiträge einzelner Teammitglieder sich nicht gesondert verwerten lassen, sodass nach § 8 Abs. 1 **Miturheberschaft** vorliegt. Allerdings dürfte es – auch im Sinne einer praktikablen Handhabung der Vorschrift und um Missbrauch eines pauschalen Bestreitens zu verhindern – sinnvoll sein, keine zu strengen Anforderungen an diesen etwaigen Nachweis zu stellen. Es ist nicht erforderlich, dass ein Miturheber auf allen Schöpfungsebenen mitwirkt (BGH GRUR 1994, 39, 40 f. – *Buchhaltungsprogramm*). Hierfür ist ausreichend, wenn der einzelne Entwickler sich unter die gemeinsame Gesamtidee unterordnet, auch wenn er nicht an allen schöpferischen Elementen mitwirkt (BGH GRUR 2005, 860, 863 – *Fash 2000*). Es reicht sogar eine iterative Arbeit, allerdings darf es sich nicht um bloße Bearbeitungen handeln (*Gennen* ITRB 2006, 161 f.). Letzteres ist der Fall, wenn spätere Änderungen nicht mehr vom Handlungswillen der ursprünglichen Programmierer umfasst sind (BGH GRUR 2005, 860, 863 – *Fash 2000*). Miturheberschaft hat bestimmte Folgen (s. § 8): Eine der wichtigsten im Anwendungsbereich der Computerprogramme – auch und gerade bei Open-Source-Programmierungen (dazu vgl. GPL Rn. 41) – ist, dass einzelne Miturheber bei Rechtsverletzungen nur Unterlassung verlangen können. Schadensersatzansprüche sind nur bei Leistung an alle durchsetzbar und der sie vorbereitende Auskunftsanspruch nach der hier vertretenen Auffassung ebenso (zu den vorstehenden Fragen auch OLG Frankfurt MMR 2003, 45, 47 – *IMS Health*; LG Düsseldorf ZUM 2007, 559, 562 ff.). Für die **Urhebernennung nach § 10** (zu Details s. § 10) soll es nicht ausreichen, wenn eine Erwähnung lediglich in den Credits eines Computerspiels in Form einer Danksagung erfolgt (LG Düsseldorf ZUM 2007, 559, 563). Anwendbar sind auch die Regeln über Persönlichkeitsrechte (§§ 12–14; zu den praktischen Besonderheiten aber vgl. Vor §§ 69a ff. Rn. 7 f.; für § 13 s. OLG Hamm GRUR-RR 2008, 154, 155 – *Copyrightvermerk*) und die allgemeinen Bestimmungen über Rechtsnachfolge in §§ 28–30.

2. Urhebervertragsrecht

42 Die **urhebervertragsrechtlichen Bestimmungen** der §§ 31–41 müssen differenziert betrachtet werden. Zunächst zum **primären Urhebervertragsrecht**, also Verträgen von Programmierern mit Verwertern: Umstritten ist/war zunächst, ob § 31 Abs. 4 a. F. (bzw. die nun neuen Vorschriften des § 31a und § 32c über unbekannte Nutzungsarten) verdrängt wird (dafür Wandtke/Bullinger/*Grützmacher*[4] Rn. 58; dagegen wohl Dreier/Schulze/*Dreier*[5] Rn. 33 f.; Schricker/Loewenheim/*Loewenheim*/*Spindler*[5] Rn. 23). Dasselbe gilt für die **Zweckübertragungstheorie** bzw. nunmehr **Übertragungszwecklehre** aus § 31 Abs. 5 (für Beschränkung im Anwendungsbereich des § 69d: Wandtke/Bullinger/*Grützmacher*[4] Rn. 59; dagegen, außer bei Arbeits- und Dienstverhältnissen wohl Dreier/Schulze/*Dreier*[5] Rn. 33 f.; Schricker/Loewenheim/*Loewenheim*/*Spindler*[5] Rn. 23). In Arbeits- und Dienstverhältnissen ist § 31 Abs. 5 durch die Gesetzesbegründung eindeutig ausgeschlossen (vgl. § 69b Rn. 13). Während bei § 31 Abs. 5 im Übrigen wohl wirklich viel für einen partiellen Vorrang der Sonderregel des § 69d (in dessen Anwendungsbereich) spricht, da der bestimmungsgemäßen Benutzung bei einer Vielzahl von Vertragsgestaltungen im Softwarebereich eine immense Bedeutung zukommt, kann man eine solche Feststellung für § 31 Abs. 4 a. F. bzw. §§ 31a, 32c nicht treffen. Wenn man mit dem Schöpferprinzip auch bei Computerprogrammen ernst macht, gibt es keinen Grund, die Programmierer nicht auch bei unbekannten Nutzungsarten zu schützen. Allerdings dürften die praktischen Auswirkungen eher gering sein, da neue Nutzungsarten von Computerprogrammen noch seltener sind als bei sonstigen Werken (zu ASP *Bröcker/Czychowski* MMR 2002, 81, 82). Für Arbeits- und Dienstverhältnisse enthält § 69b eine Spezialregelung (ausführlich vgl. § 69b Rn. 13). Der BGH wendet – ohne dies allerdings näher zu begründen – offenbar § 31 Abs. 5 im Softwareurheberrecht an (BGH GRUR 2017, 266 Tz. 44 – *World of Warcraft I*). Zu den neuen Regeln der angemessenen Vergütung vgl. § 69b Rn. 22 ff. Die **übrigen urhebervertrags-rechtlichen Bestimmungen** finden nur auf den ersten Blick – im **primären Urhebervertragsrecht** – ohne weiteres Anwendung: Der BGH wendet § 34 ohne Diskussion an (BGH GRUR 2005, 860, 862 – *Fash 2000*); tatsächlich ist dessen Anwendung umstritten (pro: Dreier/Schulze/*Dreier*[5] Rn. 34; wohl auch: Schricker/Loewenheim/*Ohly*[5] § 34 Rn. 19; contra: *Grützmacher* CR 2007, 549, 533). Allerdings sind für angestellte Programmierer die richtlinien-gebundenen Sonderregeln des § 69b zu beachten, sodass z. B. § 34 bei ihnen schon deshalb nicht gilt, weil ihre Rechte qua Gesetz auf den Arbeitgeber in jeder Hinsicht unbeschränkt übergehen (so auch Wandtke/Bullinger/*Grützma-cher*[4] Rn. 70). Im Massengeschäft dürfte auch nichts gegen einen formularmä-ßigen Ausschluss des § 34 sprechen (vgl. § 34 Rn. 41 m. w. N.). Angesichts der zurückgenommenen Bedeutung der persönlichkeitsrechtlichen Prägung des Urheberrechts im Softwarerecht dürfte auch einiges dafür sprechen, außerhalb des Massengeschäfts einen formularmäßigen Ausschluss des § 34 zuzulassen (vgl. § 34 Rn. 42 f. und in diese Richtung wohl auch Wandtke/Bullinger/ *Grützmacher*[4] Rn. 70). Das Rückrufsrecht wegen Unternehmensveräußerung aus § 34 Abs. 3 ist schließlich ebenso nicht anwendbar, denn auch dieses ist urheberpersönlichkeitsrechtlich motiviert (vgl. § 34 Rn. 2). § 41 findet An-wendung: OLG Köln GRUR-RR 2005, 303, 304. Im **sekundären Urheberver-tragsrecht,** also bei Verträgen bereits abgeleiteter Nutzungsrechtsinhaber (zur Unterscheidung vgl. Vor §§ 31 ff. Rn. 223 ff.), sind die §§ 31 ff. nur mit äu-ßerster Zurückhaltung anwendbar: Auf Verträge von abgeleiteten Inhabern urheberrechtlicher Nutzungsrechte mit weiteren Nutzern finden die urhe-bervertragsrechtlichen Regeln schon im allgemeinen Urhebervertragsrecht nur eingeschränkt Anwendung (vgl. Vor §§ 31 ff. Rn. 223); im Softwarerecht kommt die Besonderheit hinzu, dass der urheberrechtliche Schutzgegenstand weniger persönlichkeitsrechtsgeprägt ist als „normale" Werke (*Dreier* GRUR 1993, 781, 783; Wandtke/Bullinger/*Grützmacher*[4] Rn. 70). Z. B. § 34 ist da-her in keinem Fall, auch nicht analog, anwendbar (Wandtke/Bullinger/*Grütz-macher*[4] Rn. 70). Der BGH hat dementsprechend auch keine Bedenken gegen einen formularmäßigen Ausschluss des Weiterübertragungsrechts in Software-lizenzverträgen auf dieser Ebene (BGH GRUR 2011, 418 Tz. 15 – *UsedSoft*).

3. Schrankenbestimmungen (§§ 44a–63)

Von den **Schrankenbestimmungen** der §§ 45–63 passen eigentlich nur § 44a   **43**
(vorübergehende Vervielfältigungen; dazu vgl. § 69c Rn. 9) und § 45 Abs. 1 Vervielfältigung zur Verwendung in Gerichtsverfahren; dazu vgl. Vor §§ 69a ff. Rn. 21). Im Übrigen dürften die Schrankenbestimmungen aber auf Computer-programme nicht anwendbar sein (Dreier/Schulze/*Dreier*[5] Rn. 34: noch Zitat-recht (s. a. Schricker/Loewenheim/*Loewenheim/Spindler*[5] Rn. 23); a. A. Wandtke/Bullinger/*Grützmacher*[4] Rn. 74 f., nur § 45), keinesfalls § 53. Die **Schutzfristen** berechnen sich nach §§ 64–69; § 69f verdrängt § 98 Abs. 1; die übrigen Vorschriften zur **Rechtsdurchsetzung** und die folgenden Schlussbestim-mungen finden aber Anwendung.

4. Keine Anwendung der §§ 95a–95d (Abs. 5)

Bereits Art. 7 Software-RL enthielt eine gesonderte Regelung für „Besondere   **44**
Schutzmaßnahmen". Diese wurde in § 69f Abs. 2 umgesetzt. ErwG 50 Info-RL, die Grundlage für §§ 95a–95d ist, ließ ausdrücklich diese hergebrachten Regeln unberührt. Daher war der deutsche Gesetzgeber gewissermaßen zur

Einfügung des Abs. 5 gezwungen (anders noch der RegE UrhG Infoges – BT-Drs. 15/38, Ziff. 4).

45 Er hat dabei jedoch übersehen, dass in der Praxis oft urheberrechtlich geschützte Gegenstände, die keine Computerprogramme sind – z. B. Computer-/Videospiele –, mit Computerprogrammen untrennbar verbunden sind. Zwar kann man theoretisch zwischen dem technischen Schutz des Computerprogramms nach § 69f Abs. 2 und dem des „Inhalts" nach § 95a ff. unterscheiden (hierzu im Detail vgl. Rn. 10). In der Praxis dürfte der Schutz der §§ 95a ff. in solchen Fällen des **„Bundling"** aber auch auf Computerprogramme übergreifen (vgl. Rn. 10). Es wird daher überzeugend dafür plädiert, für die Anwendbarkeit der §§ 95a ff. den Schwerpunkt entscheiden zu lassen: Wird primär ein Computerprogramm geschützt, gilt § 69f Abs. 2, dient der Schutz vornehmlich dem Schutz der „Inhalte" greifen die §§ 95a ff. (Wandtke/Bullinger/*Grützmacher*[4] Rn. 83; in dieselbe Richtung mit restriktiver Auslegung: *Arlt* MMR 2005, 148, 154); hierzu vgl. § 95a Rn. 7 ff.; zum Sonderproblem der Computerspiele ausführlich vgl. Rn. 9 f.

46 Folge des Abs. 5 ist einerseits, dass man Computerprogramme **nicht entsprechend** § 95d kennzeichnen muss; andererseits aber auch, dass die Umgehung ihres technischen Schutzes **nicht strafbewehrt nach** § 108b ist (Wandtke/Bullinger/*Grützmacher*[4] Rn. 84), möglicherweise aber nach speziellen strafrechtlichen Vorschriften (vgl. § 69f Rn. 15).

5.   Weitere Vorschriften

47 Zunächst vgl. Vor §§ 69a ff. Rn. 24 m. w. N. zum **Patent-, Wettbewerbs-, Geschmacksmuster und Kennzeichenrecht.** Das Verhältnis zu anderen Werkarten bei **Computerspielen** unter Rn. 9 f. Art. 2 lit. a) und ErwG 23 Datenbank-RL stellen klar, dass der **Datenbankschutz** sich nicht auf Computerprogramme erstreckt. Allerdings liegt der Teufel hier wie so oft im Detail. Im Fall *Buchhaltungsprogramm* hatte der BGH es damit zu tun, dass eine Festlegung von Datensatzelementen sowie die Kriterien ihrer Auswahl und Anordnung in das Entwurfsmaterials eines Computerprogramms eingingen (BGH GRUR 1994, 39, 40 – *Buchhaltungsprogramm*). Dann kann es im Einzelfall schwer sein, dies von einem daran eventuell auch bestehenden Datenbankschutz nach §§ 87a ff. zu trennen (dazu Wandtke/Bullinger/*Grützmacher*[4] Rn. 16 m. w. N.). s. a. OLG Hamburg GRUR-RR 2001, 289, 291 – *Faxkarte*). Demgegenüber sind Thesaurus und Index einer Datenbank (vgl. § 87a Rn. 24) niemals Computerprogramm i. S. d. § 69a.

§ 69b   Urheber in Arbeits- und Dienstverhältnissen

(1) Wird ein Computerprogramm von einem Arbeitnehmer in Wahrnehmung seiner Aufgaben oder nach den Anweisungen seines Arbeitgebers geschaffen, so ist ausschließlich der Arbeitgeber zur Ausübung aller vermögensrechtlichen Befugnisse an dem Computerprogramm berechtigt, sofern nichts anderes vereinbart ist.

(2) Absatz 1 ist auf Dienstverhältnisse entsprechend anzuwenden.

Übersicht   Rn.

I. Allgemeines

§ 69b UrhG weist dem Arbeitgeber weitestgehend alle vermögenswerten **1** Rechte an Computerprogrammen zu. Dies ist eine dem vom Schöpferprinzip geprägten deutschen Urheberrecht grds. eher fremde Konstruktion im Urhebervertragsrecht, die im Filmrecht (§§ 88 ff.) ihre einzige Parallele findet. Ratio legis ist das Schöpferprinzip des deutschen Urheberrechts auch bei neuen Schutzgegenständen durchzuhalten, andererseits dem Arbeitgeber/Computerprogrammauftraggeber die notwendige Sicherheit in Bezug auf die wirtschaftliche Verwertbarkeit zu geben. Es ist daher anerkannt, dass die Regelung keinen urheberschützenden Charakter hat, sondern dem Schutz des wirtschaftlichen Programmnutzers dient (*Dreier* GRUR 1993, 781, 785.).

Die Vorschrift ist im **Zusammenhang mit** § 43 zu sehen. Der im Arbeits- und **2** Dienstverhältnis tätige Werkschöpfer bleibt nach der dortigen Regelung Urheber seines Werkes. Art und Umfang der Nutzungsrechte, die dem Arbeitgeber zufallen, richten sich, wenn keine ausdrückliche arbeitsvertragliche Regelung vorliegt, nach Inhalt und Wesen des Abhängigkeitsverhältnisses (vgl. § 43 Rn. 3 f.). Es ist offensichtlich, dass das zu Unsicherheiten darüber führen kann, welche Rechte dem abhängigen Werkschöpfer und welche dem Arbeitgeber und Dienstherren zustehen. Während dieser bei allen übrigen Werken Rechte und Befugnisse nur in dem Umfang erwirbt, wie sie für die betriebliche Auswertung des Werkes erforderlich sind, stellt § 69b für Computerprogrammen eine deutliche Besserstellung des Arbeitgebers dar. Er erwirbt alle vermögensrechtlichen Befugnisse, mithin **alle Nutzungsrechte** (unsere 10. Aufl. sprach missverständlich von Verwertungsrechten). Es kommt somit nicht darauf an, ob der Betrieb, für den das Programm geschaffen worden ist, bestimmte Verwertungshandlungen tatsächlich vornimmt, sondern die Lehre vom Recht des Arbeitgebers am Arbeitsergebnis ist konsequent durchgeführt, sodass man von einer Annäherung an die US-amerikanische *work-made-for-hire-doctrine* sprechen kann. § 69b lässt allerdings Raum für **anderweitige vertragliche Vereinbarungen.** Es handelt sich deshalb dabei auch um eine **gesetzliche Auslegungsregel** (so wohl auch OLG Düsseldorf CR 1997, 337, 338 – *Dongle-Umgehung (Vermutungsregel)* und nunmehr Schricker/Loewenheim/*Loewenheim/Spindler*[5] Rn. 11 mit sehr nachvollziehbarer Begründung, dass bei einer gesetzlichen Lizenz das eigentliche Ziel der vollständigen Zuordnung der vermögensrechtlichen Befugnisse zum Arbeitgeber, in einzelnen Konstellationen nicht so gut zu erreichen ist) und nicht um eine gesetzliche Lizenz (so aber *Lehmann* NJW 1991, 2112, 2113; *Sack* UFITA 121 [1993], 15, 23 f.; Wandtke/Bullinger/*Grützmacher*[4] Rn. 1; wohl auch BGH GRUR 2001, 155, 157 – *Wetterführungspläne*; BGH GRUR 2002, 149, 151 – *Wetterführungspläne II;* wieder a. A. *Schack*, Urheber- und UrhebervertragsR[7] Rn. 304: *cessio legis*).

§ 69b ist direkter Ausfluss der Software-RL (**Art. 2 Abs. 3 Software-RL**) und **3** damit „ein Stück europäisches Urheberrecht innerhalb des UrhG" (RegE 2.

ÄndG – BT-Drs. 12/4022, S. 8) und ist wie alle Vorschriften des Achten Abschnittes **richtlinienkonform auszulegen** (RegE 2. ÄndG – BT-Drs. 12/4022, S. 8).

II. Tatbestand

1. Anwendbarkeit in persönlicher und sachlicher Hinsicht

4 Die Vorschrift gilt nur für **Arbeitsverhältnisse** und gem. Abs. 2 **auch für öffentlich-rechtliche Dienstverhältnisse** (RegE 2. ÄndG – BT-Drs. 12/4022, S. 11). Sie ist damit anwendbar auf Beamte, Soldaten, Richter und andere öffentlich-rechtliche Dienstverhältnisse, die keine Beamtenverhältnisse im engeren Sinne sind (RegE 2. ÄndG – BT-Drs. 12/4022, S. 11), **nicht aber auf privatrechtliche Dienstverhältnisse** wie z.B. freie Mitarbeiter (*Marly* NJW-CoR 4/93, 21, 22, anders noch unsere 9. Aufl./*Vinck* Bem. 3). Dies gilt genauso bei § 43 (vgl. § 43 Rn. 9). § 69b gilt nicht für Altverträge, d.h. solche Verträge, die vor dem 24. Juni 1993 geschlossen worden sind (s. § 137d). Die Vorschrift erfasst auch **keine Urheberpersönlichkeitsrechte.** Soweit diese vom Programmierer geltend gemacht werden können, verbleiben sie bei ihm (Dreier/Schulze/*Dreier*[5] Rn. 3), dürften in der Praxis aber kaum eine Rolle spielen.

2. Rechts„übergang" (Abs. 1)

5 Abs. 1 konstruiert einen Rechtsübergang *ipso iure* (zu den unterschiedlichen dogmatischen Einordnungen vgl. Rn. 2). Es handelt sich dabei aber um einen **derivativen Erwerb,** denn die §§ 69a ff. tasten das Schöpferprinzip (§ 7) nicht an, auch wenn die Software-RL dies offen gelassen hatte.

6 **a) Betroffene Personen:** Die betroffenen Personen ergeben sich aus dem Anwendungsbereich der Norm (vgl. Rn. 2). Der Begriff des Arbeitnehmers und des öffentlich-rechtlichen Dienstverhältnisses ergibt sich aus dem nationalen Arbeitsrecht und den zu § 43 entwickelten Grundsätzen (vgl. § 43 Rn. 9 ff.). Da die Richtlinie insofern keine Vorgaben macht, ist der nationale Gesetzgeber hier in gewissen Grenzen frei. Oft ist in Softwareprojekten **Arbeitnehmerüberlassung** anzutreffen. Unabhängig von deren arbeits- und gewerberechtlichen Schwierigkeiten (dazu *Schneider*[5] C Rn. 8 ff. und das Merkblatt der Bundesagentur für Arbeit AÜG 10–5/2004) gilt für § 69b immer der Auftraggeber als Arbeitgeber (Wandtke/Bullinger/*Grützmacher*[4] Rn. 2). In **international-privatrechtlicher** Hinsicht findet § 69b nur auf Personen Anwendung, die ihre Arbeit gewöhnlich in Deutschland verrichten (Art. 30 EGBGB).

7 **b) Wahrnehmung seiner Aufgaben:** Das Computerprogramm muss von dem Arbeitnehmer **in Wahrnehmung seiner Aufgaben oder nach den Anweisungen seines Arbeitgebers** geschaffen worden sein. Erforderlich ist zunächst, dass der **Arbeitsvertrag** zum Zeitpunkt des Programmierens **noch besteht.** Für Programme, die der Arbeitnehmer erst nach Ende des Arbeitsverhältnisses fertig stellt, kann u. E. die arbeitsvertragliche Treuepflicht eine analoge Anwendung des § 69b gebieten. Es kann aber auch – z. B. wenn der Arbeitgeber dieses Risiko bewusst in Kauf genommen hat oder der (ehemalige) Arbeitnehmer einen abtrennbaren neuen Teil entwickelt – zu einer Trennung kommen, sodass der Arbeitgeber nur die Rechte an den vor Ende des Arbeitsverhältnisses entstandenen Programmierungen inne hat (immer i. d. S.: Dreier/Schulze/*Dreier*[5] Rn. 7; Wandtke/Bullinger/*Grützmacher*[4] Rn. 10). In jedem Fall ist dem Arbeitnehmer aber aufgrund fortwirkender Treuepflicht verboten, „seine" Teile eigenständig zu verwerten (Dreier/Schulze/*Dreier*[5] Rn. 7). Des Weiteren genügt, dass ein **enger innerer Zusammenhang** zwischen arbeitsvertraglicher Pflichterfüllung bzw. Anweisungen des Arbeitgebers und der Schaffung des Computerprogramms bestanden hat (OLG München CR 2000, 429, 430; *Ullmann* GRUR 1987, 6, 14; Schricker/ Loewenheim/*Loewenheim/Spindler*[5] Rn. 6). Dieser kann sich einerseits auch aus **arbeitsplatzspezifischen Zusammenhängen** (z. B. Arbeitnehmer ist kein Programmierer, wird aber als solcher eingesetzt) ergeben, andererseits dann, wenn der Arbeitnehmer **Arbeitsmittel** und/oder **Kenntnisse** aus dem Betrieb des Arbeitgebers nutzt (OLG München CR 2000, 429; LG München I CR 1997, 351, 353 – *Softwareentwicklung im Dienstverhältnis*; Dreier/Schulze/ *Dreier*[5] Rn. 8; Schricker/Loewenheim/*Loewenheim/Spindler*[5] Rn. 9; s. a. zur parallelen Frage der Erfahrungserfindung aus dem Arbeitnehmererfindungs- recht; auch *Bartenbach/Volz*[3] § 4 Rn. 35 ff). Abweichend von § 43 können deshalb auch **in der Freizeit** oder **zu Hause** geschaffene Computerpro- gramme der umfassenden Verwertungsbefugnis des Arbeitgebers gem. § 69b unterfallen (OLG Köln GRUR-RR 2005, 302 – *TKD-Programme*: überwie- gend außerhalb der regulären Arbeitszeit; *Sack* UFITA 121 [1993], 15, 20; Dreier/Schulze/*Dreier*[5] Rn. 8, a. A. *Marly*, Praxishandbuch Softwarerecht[6] S. 65 Rn. 125), zumal infolge der fortgeschrittenen Telekommunikations- technik auf dem Rechner des Arbeitgebers liegende Computerprogramme vom Arbeitnehmer auch von zu Hause oder unterwegs aus bearbeitet oder weiterentwickelt werden können und werden. So liegt die Entwicklung von Computerprogrammen jedenfalls dann noch im Rahmen der arbeitsvertrag- lich geschuldeten Tätigkeit, wenn der Arbeitgeber dem Arbeitnehmer Spiel- raum für eine entsprechende Organisation und Gestaltung seiner Tätigkeit belässt und er mit Billigung und auf Kosten des Arbeitgebers das Programm erstellt; einer ausdrücklichen Erwähnung im Arbeitsvertrag bedarf eine sol- che Verpflichtung nicht (Lehmann/*Büchner* S. 442 Rn. 61; a. A. KG CR 1997, 612).

Für solche **Freizeitwerke**, die der Arbeitnehmer ohne einen engeren Zusammen-   **8** hang zu seinen arbeitsvertraglichen Pflichten bzw. zu den Anweisungen seines Arbeitgebers geschaffen hat, die aber im Arbeitsbereich des Betriebs verwend- bar sind oder diesem Konkurrenz machen können, besteht wohl keine automa- tische Verwertungsbefugnis des Arbeitsgebers (vgl. § 43 Rn. 24 ff., dort auch „noch Anbietungspflicht des Arbeitnehmers"; Dreier/Schulze/*Dreier*[5] Rn. 8; a. A. *Sack* UFITA 121 [1993], 15, 27 f.; Wandtke/Bullinger/*Grützmacher*[4] Rn. 35: soweit Arbeitsmittel und Know-how genutzt werden; wie hier nun- mehr Schricker/Loewenheim/*Loewenheim/Spindler*[5] Rn. 9). Im Hinblick auf ein Konkurrenzprogramm kann sich allerdings ein Verwertungsverbot aus der arbeitsrechtlichen Treuepflicht ergeben, möglicherweise auch eine stillschwei- gende Rechtseinräumung (BAG GRUR 1984, 429, 431 f. – *Statikprogramme*). Es erscheint auch nicht sachgerecht, das **Arbeitnehmererfindungsgesetz** ent- sprechend anzuwenden (LG München I CR 1997, 351, 353 – *Softwareent- wicklung im Dienstverhältnis*; OLG München CR 2000, 429, jeweils m. w. N.; s. a. *Ullmann* GRUR 1987, 6, 14; Wandtke/Bullinger/*Grützmacher*[4] Rn. 33; anders *Sack* UFITA 121 [1993], 15, 21; *Bartenbach/Volz*[4] § 1 Rn. 3, weil die Interessenlage eine andere ist und natürlich auch die Vergütungsansprüche des ArbNErfG auf eine ganz andere, viel kürzere als die urheberrechtliche Schutz- frist ausgerichtet sind. Hätte der Gesetzgeber in Ansehung des ArbNErfG, das er kannte, seine Anwendbarkeit im Rahmen von § 69b anerkennen wollen, hätte er dies sicherlich ausdrücklich in dieser Vorschrift erwähnt (s. a. *Sack* UFITA 121 [1993], 15, 38). Vgl. Rn. 20 ff. Damit bleibt es in diesen Fällen bei den **allgemeinen urhebervertragsrechtlichen Möglichkeiten der Rechtseinräu- mung.**

In Einzelfällen kann ein Arbeitnehmer aber nach **Treu und Glauben** verpflich-   **9** tet sein, einer **Nutzung** seines Werkes jenseits der eingeräumten Rechte **zuzu- stimmen** (BGH GRUR 2002, 248, 252 – *Spiegel CD-ROM*; für einen solchen Anspruch auch *Katzenberger* AfP 1997, 434, 441).

10 Computerprogramme, die von **Hochschullehrern** oder sonstigen Personen, die im Rahmen der Forschungsfreiheit des Art. 5 Abs. 3 GG tätig sind, geschaffen werden, unterliegen nach richtiger Auffassung nicht den Folgen des § 69b (BGH GRUR 1991, 523, 527 – *Grabungsmaterialien*; Dreier/Schulze/*Dreier*[5] Rn. 7; Schricker/Loewenheim/*Loewenheim/Spindler*[5] Rn. 6; Wandtke/Bullinger/*Grützmacher*[4] Rn. 15). Denn es gehört nicht zu den Aufgaben eines frei forschenden Hochschullehrers, Computerprogramme für seinen Dienstherrn zu schaffen. Anderes kann sich nur aus der speziellen vertragsrechtlichen Situation ergeben, etwa, wenn ein Hochschullehrer beauftragt wurde, ein Computerprogramm zu entwickeln (KG NJW-RR 1996, 1066, 1067 – *Poldok*; *Haberstumpf* ZUM 2001, 819, 826).

11 Im Falle eines **Arbeitgeberwechsels**, vor dem der Arbeitnehmer das Computerprogramm, das er im Rahmen seines beendeten Arbeitsverhältnisses begonnen hat, nicht vollendet hat, und dieses zu seinem neuen Arbeitgeber mitnimmt und dort vollendet, entsteht das Problem der Zuordnung der Arbeitsergebnisse des Urhebers zu den einzelnen Arbeitgebern. Da im Rahmen aller Phasen der Entwicklung eines Computerprogramms schöpferische Leistungen erbracht werden können und die einzelnen Phasen für sich genommen selbständig Schutz genießen, sofern die schöpferische Gestaltung des Computerprogramms darin ihren Ausdruck findet (vgl. § 69a Rn. 24 ff.), stehen die ausschließlichen Verwertungsrechte an einer solchen Vorstufe des Computerprogramms auch dem bisherigen Arbeitgeber zu (zu § 43 a. F.: BGH GRUR 1974, 480, 483; Urheber überträgt erst mit Ablieferung des fertigen Werkes die Urheberrechte; *Kolle* GRUR 1985, 1016, 1023; ebenso noch unsere 7. Aufl. § 43 Rn. 3). Dies hat zur Folge, dass der bisherige Arbeitgeber nicht nur das endgültige Programm aus der Vorstufe heraus entwickeln darf, sondern auch dem neuen Arbeitgeber gerade diese Weiterentwicklung untersagen kann, sofern urheberrechtlich geschützte Gestaltungselemente weiterverwendet werden (a. A. *Sack* UFITA 121 [1993], 15, 21, der dem bisherigen Arbeitgeber lediglich einen Schadensersatzanspruch unter engen Voraussetzungen zugestehen will, und OLG Celle CR 1994, 681, 683 f., das verlangt, dass ein fertiges Werk abgeliefert bzw. übergeben wurde; die Entscheidung erging allerdings noch zu § 43). Zur Frage, ob der Arbeitgeber bei Beendigung des Arbeitsverhältnisses ein Computerprogramm weiter nutzen darf, BAG NJW 1997, 1025 ff.

12 **c) Nach den Anweisungen:** Alternativ gewährt § 69b dem Arbeitgeber ebenfalls alle vermögenswerten Rechte, wenn der Arbeitnehmer nicht in Wahrnehmung seiner Aufgaben, sondern nach den Anweisungen des Arbeitgebers tätig geworden ist. Damit wird dem Umstand Rechnung getragen, dass dem Arbeitgeber ein Direktionsrecht zusteht (Schaub/*Linck*[16] § 45 Rn. 13) und er damit dem Arbeitnehmer eine Aufgabe anweisen kann, die nicht zu seinen arbeitsvertraglichen Pflichten gehört. Die Weisung kann auch über das Direktionsrecht hinausgehen; etwaige sich daraus ergebende arbeitsrechtliche Konfliktlagen sind arbeitsrechtlich zu lösen; sie haben keinen Einfluss auf die urheberrechtliche Rechtslage (Dreier/Schulze/*Dreier*[5] Rn. 8; Schricker/Loewenheim/*Loewenheim/Spindler*[5] Rn. 7; Wandtke/Bullinger/*Grützmacher*[4] Rn. 16).

13 **d) Übergang der vermögensrechtlichen Befugnisse:** Mit dem Erwerb aller vermögensrechtlichen Befugnisse erhält der Arbeitgeber durch § 69b ein **ausschließliches Nutzungsrecht**, das ihn nicht nur dazu berechtigt, das Computerprogramm **inhaltlich unbeschränkt** und **zeitlich unbefristet** – also auch nach Ende des Arbeitsverhältnisses – auf alle denkbaren Arten zu verwerten (dazu BGH GRUR 2001, 155, 157 – *Wetterführungspläne*; BGH GRUR 2002, 149, 151 – *Wetterführungspläne II*), sondern auch unbeschränkt zu bearbeiten (RegE 2. ÄndG – BT-Drs. 12/4022, S. 10, *Sack* UFITA 121 [1993], 15, 24). Gerade das Bearbeitungsrecht ist für die Verwerter von Computerprogrammen von äußerster Wichtigkeit, weil Computerprogramme in der Regel fortlaufend weiterentwickelt und damit bearbeitet werden (müssen). Durch die Ausschließlichkeit des Nutzungsrechtserwerbs bleibt beim Arbeitnehmer keine Verwertungsbefugnis zurück. Die Verwertungsbefugnis war auch **nicht** durch § 31 **Abs. 4 oder 5** beschränkt, insbesondere galt sie also auch für **unbekannte Nutzungsarten i. S. d. § 31 Abs. 4 a. F.** (Dreier/Schulze/*Dreier*[5] Rn. 9; Wandtke/Bullinger/*Grützmacher*[4] Rn. 19). Deshalb dürfte auch eine Anwendbarkeit der §§ 31a, 32c ausscheiden. Schließlich sind die Nutzungsrechte auch **räumlich unbeschränkt**, also **weltweit** eingeräumt (Dreier/Schulze/*Dreier*[5] Rn. 9); nur wenn man § 69b als gesetzliche Lizenz ansieht, muss man dieses Ergebnis erst über das dann anwendbare Arbeitsvertragsstatut des Art. 30 EGBGB a. F. bzw. nunmehr Art. 8 Rom-I-VO, das in einem solchen Fall dem urheberrechtlichen Territorialitätsprinzip vorgeht, erreichen (so Wandtke/Bullinger/*Grützmacher*[4] Rn. 20).

Auch wenn § 69b davon spricht, dass „ausschließlich der Arbeitgeber" Inhaber **14** der Rechte wird, ist anerkannt, dass er über die ihm zustehenden Rechte frei verfügen kann. Er kann mithin selber **Nutzungsrechte** hieran **einräumen** oder die **Nutzungsrechte auf Dritte übertragen** (Wandtke/Bullinger/*Grützmacher*[4] Rn. 18 unter Verweis auf OLG Frankfurt CR 1998, 525, 526 – *Software-Innovation* wiederum unter Verweis auf unsere 8. Aufl./*Vinck* § 69b Rn. 1).

Die Frage des Verhältnisses zu §§ 32, 32a, also ob der angestellte Programmierer **15** sich auf die Regelungen zur **angemessenen Vergütung** berufen kann, behandeln wir unten (vgl. Rn. 22 ff.); zum Verhältnis zum Arbeitnehmererfindungsrecht vgl. Rn. 20. An der Tatsache, dass der angestellte Werkschöpfer Urheber bleibt, ändert die Vorschrift nichts. Seine **urheberpersönlichkeitsrechtlichen Befugnisse** sind jedoch eingeschränkt, soweit die wirtschaftliche Auswertungsbefugnis des Arbeitgebers betroffen ist, zumal bei Computerprogrammen die „persönliche Beziehung" des Urhebers zu seinem Werk ohnehin in der Regel weniger ausgeprägt sein wird als in den Bereichen der Literatur und Kunst. Das Veröffentlichungsrecht des § 12 ist deshalb, obwohl zentraler Bestandteil des Urheberpersönlichkeitsrechts, auf im Abhängigkeitsverhältnis geschaffene Computerprogramme nicht anwendbar (Dreier/Schulze/*Dreier*[5] Rn. 3: nicht in einer Weise, die Verwertung be- oder verhindert; Wandtke/Bullinger/*Grützmacher*[4] Rn. 38: stillschweigender Verzicht). Auch das Recht des Urhebers, gem. § 14 Entstellungen oder andere Beeinträchtigungen des Werkes zu verbieten, dürfte nur in ganz wenigen Ausnahmefällen Anwendung finden können (Dreier/Schulze/*Dreier*[5] Rn. 3: weitgehend eingeschränkt; Wandtke/Bullinger/*Grützmacher*[4] Rn. 42: kaum anwendbar; *Marly*, Praxishandbuch Softwarerecht[6] S. 66, Rn. 126: höchst selten der Fall). Anders könnte dies allenfalls im Hinblick auf das Namensnennungsrecht des Urhebers gem. § 13 sein: Ein wirtschaftliches Interesse des Betriebsinhabers, nur seinen eigenen Copyright-Vermerk, daneben aber nicht auch noch den Namen des Urhebers anzugeben, ist nicht erkennbar (anders noch unsere 8. Aufl./*Vinck* Bem. 1); z. B. im „Hilfe"-Menü im Unterpunkt „Info" stehen vielfältige Möglichkeiten offen, die Urheber ordnungsgemäß zu bezeichnen. Die Namensnennung hat für den Arbeitgeber sogar einen klaren wirtschaftlichen Vorteil: Durch die ordnungsgemäße Urheberbenennung stellt das Computerprogramm nämlich kein anonymes Werk dar, sondern genießt die normale urheberrechtliche Schutzfrist von 70 Jahren post mortem auctoris (vgl. Vor §§ 69a ff. Rn. 7). Das Namensnennungsrecht des § 13 ist allerdings insoweit eingeschränkt, als der angestellte Programmierer die Namensnennung durch den Arbeitgeber nicht verhindern kann, weil dieser ansonsten dem Werk nicht aus der Anonymität „heraushelfen" könnte. Zudem dürfte es eine flächendeckende Untersuchung wert sein, ob nicht bereits eine Branchenübung besteht, den Urheber nicht zu nennen (so wenn auch abgeschwächt nunmehr Wandtke/Bullinger/*Grützmacher*[4] Rn. 40), womit § 13 ausgeschlossen wäre.

16   Offengelassen hat § 69b, wem etwaige **gesetzliche Vergütungsansprüche** aus der Verwertung von Computerprogrammen zustehen sollen. Denkbar sind solche Vergütungsansprüche etwa aufgrund des Verleihens von Computerprogrammen (vgl. § 69c Rn. 27 ff.). Da der Begriff der „vermögensrechtlichen Befugnisse" in Abs. 1 sehr umfassend ist, liegt die Auslegung nahe, dass die Vorschrift auch die gesetzlichen Vergütungsansprüche einschließt (Eingabe des Fachausschusses für Urheber- und Verlagsrecht des Grünen Vereins sowie der deutschen Landesgruppe der ALAI zum RegE., GRUR 1992, 837, 837 f.). Dennoch ist es weiterhin als strittig zu bezeichnen, ob die gesetzlichen Vergütungsansprüche von dieser Regelung umfasst werden (dafür Möhring/Nicolini/*Hoeren*[2] Rn. 16; Wandtke/Bullinger/*Grützmacher*[4] Rn. 18; Schricker/Loewenheim/ *Loewenheim/Spindler*[5] Rn. 13; dagegen Dreier/Schulze/*Dreier*[5] Rn. 10; einschränkend mit Blick auf die Zweckübertragungstheorie: *Dreier* GRUR 1993, 781, 785; als Lücke erkennend: deutsche Landesgruppe der ALAI GRUR 1992, 837, 837 f.; offen lassend: Walter/*Walter* Software-RL Art. 2 Rn. 23). Angesichts der Tatsache, dass diese bei Computerprogrammen eine eher untergeordnete Rolle spielen, dürfte diese Frage keine besondere praktische Relevanz haben.

e)   Abweichende Vereinbarungen:

17   **Zulässig** sind von § 69b abweichende Vereinbarungen, sei es im Arbeitsvertrag, sei es in einer Nebenabrede oder auch nur stillschweigend. Zu Recht wird allerdings gefordert, dass an eine **stillschweigende** abweichende Vereinbarung hohe Anforderungen zu stellen sind (Wandtke/Bullinger/*Grützmacher*[4] Rn. 17). So kann in der Tat der Verzicht auf die Inanspruchnahme einer Erfindung (§ 8 Abs. 1 Ziff. 1 ArbNErfG) nicht automatisch auch den Verzicht auf die Rechte aus § 69b beinhalten (Wandtke/Bullinger/*Grützmacher*[4] Rn. 17 zu Recht unter Ablehnung von *Brandi-Dohrn* CR 2001, 285, 291 f.). Denn einerseits mag die Patentanmeldung wenig erfolgversprechend oder zu aufwendig sein; andererseits schützt das Patentrecht eben einen gänzlich anderen Gegenstand, sodass vom „uninteressanten" Patentschutz nicht automatisch auf einen „uninteressanten" Urheberrechtsschutz geschlossen werden kann. Häufiger dürfte es vorkommen, dass abweichende Regelungen in einer Aufhebungsvereinbarung oder aber nachträglichen Abreden enthalten sind. Diese unterliegen keinen Besonderheiten.

III. AGB-Recht

18   Abweichende Vereinbarungen (vgl. Rn. 17) können auch in AGB enthalten sein. Allerdings dürften hier, analog den stillschweigenden Vereinbarungen (vgl. Rn. 17) **hohe Anforderungen** an die **Transparenz** zu stellen sein. In der Praxis dürften solche AGB-Klauseln eher selten vorkommen, da der Arbeitgeber sie tunlichst vermeidet und der Arbeitnehmer selten AGBs verwenden dürfte.

IV. Prozessuales

19   Die **Darlegungs- und Beweislast,** dass eine abweichende Vereinbarung zur umfassenden Verwertungsbefugnis des Arbeitgebers getroffen worden ist, trägt der Arbeitnehmer. Gleiches gilt für die Behauptung, es habe sich um ein in der Freizeit geschaffenes Computerprogramm ohne engen inneren Zusammenhang zu den arbeitsvertraglichen Pflichten bzw. Anweisungen des Arbeitgebers gehandelt.

V. Verhältnis zu anderen Regelungen

1. Arbeitnehmererfindungsrecht und Vergütungsanspruch

Das Arbeitnehmererfindungsrecht regelt bekanntlich, wem die patentrechtlich **20** schutzfähige Erfindung im Arbeitsverhältnis zusteht und wie Vergütung sowie andere Folgen ausgestaltet werden (im Detail dazu s. die Literatur zum Arb-NErfG und speziell zum Verhältnis zum Urheberrecht: *Skauradszun*, UFITA 2010, 373 ff.). § 6 S. 1 PatG gewährt, in Durchbrechung sonstiger arbeitsrechtlicher Grundsätze, die Erfindung ausschließlich dem (Arbeitnehmer-)Erfinder. Um dem Arbeitgeber gleichwohl die Verwertung des erfinderischen Arbeitsergebnisses zu ermöglichen, sieht das Arbeitnehmererfindungsrecht ein Melde- und Inanspruchnahmesystem vor, an dessen Ende der Arbeitgeber – wenn er will – voll über die Erfindung verfügen kann; der Arbeitnehmer hingegen erhält dafür einen Vergütungsanspruch gegen den Arbeitgeber (§§ 9, 10 und 20 Arb-NErfG). Dieser Anspruch steht im Widerstreit mit der Regelung in § 69b; mehr noch: es könnte durch die von einigen befürwortete Anwendung des urheberrechtlichen Vergütungsanspruches nach § 32 (dazu sogleich vgl. Rn. 22) zu einer Doppelbelastung des Arbeitgebers kommen. Auf den ersten Blick besteht kein Grund, alleine aus der Tatsache eines doppelten Vergütungsanspruchs abzuleiten, dass eine Anwendbarkeit des § 32 UrhG oder der §§ 9, 10 und 20 ArbNErfG ausscheide. Denn das Urheberrecht und das Arbeitnehmererfindungsrecht haben eben unterschiedliche Schutzgegenstände: Der arbeitnehmererfindungsrechtliche Anspruch gilt die Erfindung ab, während der urhebervertragsrechtliche das Schreiben des Codes abgilt. Und überhaupt, warum sollte gerade der urheberrechtliche Anspruch ausscheiden? Genauso gut könnte man den arbeitnehmererfindungsrechtlichen Anspruch negieren. Der Bundesgerichtshof verortet beide Ansprüche auch unterschiedlich: Während der arbeitnehmererfindungsrechtliche Anspruch daher herrührt, dass im Erfindungsrecht den Arbeitnehmern in der Regel mangels abweichender besonderer vertraglicher Regelungen keine Verpflichtung zur Entwicklung sonderrechtsfähiger technischer Lehren auferlegt werde, wird eine korrespondierende urheberrechtliche Verpflichtung bejaht, wenn der Arbeitnehmer entsprechend angestellt oder angewiesen wurde (BGH GRUR 2002, 149, 152 – *Wetterführungspläne II*). Gerade letzteres würde dafür sprechen, den urheberrechtlichen Anspruch bei einer Kollision zurücktreten zu lassen. Wegen des letztgenannten Arguments könnte man eine doppelte Belastung des Arbeitgebers für zumindest zweifelhaft halten. So hat der Bundesgerichtshof in *Wetterführungspläne* auch betont, dass § 69b UrhG (vor der Reform) einen Anspruch auf Arbeitnehmererfindervergütung wegen eines technischen Verbesserungsvorschlags (§ 10 Arb-NErfG) „grundsätzlich" ausschließe (BGH GRUR 2001, 155, 155 – *Wetterführungspläne* (Ls.); kritisch dazu *Brandner* GRUR 2001, 883, 884.). Dem Arbeitsrecht ist es im Übrigen auch fremd, aus ein und derselben Tätigkeit, die durch gesetzliche Entscheidungen zu mehreren für den Arbeitgeber nutzbaren Arbeitsergebnissen (Patent und urheberrechtliche Nutzungsrechte) führt, einen doppelten Lohnanspruch abzuleiten. Andererseits ist nicht zu negieren, dass die Schutzgegenstände unterschiedlich sind und Art. 1, 2 Abs. 1 GG sowie Art. 14 GG beide nutzbaren Arbeitsergebnisse (Patent und Urheberrecht) als getrennten Wert anerkennen.

Folgende **Lösung** scheint daher praxisgerecht: Dem Arbeitnehmer sind zwar **21** grundsätzlich beide Ansprüche zuzugestehen (wenn man der hier vertretenen Auffassung nicht folgt, die die urheberrechtlichen Ansprüche für angestellte Programmierer verneint), aber es ist ein Korrektiv einzuführen. Hierzu bietet sich der Terminus der *Angemessenheit* im Rahmen der Ermittlung der Vergütung nach § 32 UrhG an. Bei diesem könnte berücksichtigt werden, ob der Schöpfer bereits eine andere Vergütung, hier auch nach dem Arbeitnehmererfindungsgesetz, erhalten hat (zu allem vorgenannten ausführlich *Czychowski* FS Nordemann II S. 157 ff. m. w. N.; a. A. allerdings ohne besondere Begründung Wandtke/Bullinger/*Wandtke/Grunert*[4] § 32 Rn. 13).

2. Anwendbarkeit der §§ 32, 32a

22 Ob im Rahmen des § 69b auch Raum für eine Anwendung der neuen urhebervertragsrechtlichen Bestimmungen, insbesondere §§ 32 und 32a ist, ist nach der Novelle zum Urhebervertragsrecht **nicht abschließend geklärt**, die überwiegenden Argumente sprechen jedoch weiterhin gegen eine Anwendbarkeit im Regelfall, zumal die Norm richtlinienkonform auszulegen ist (vgl. Rn. 3) und die entsprechende Norm aus der Richtlinie (Art. 2 Abs. 3 Software-RL) keinen Vergütungsanspruch kennt.

23 Bis vor der Novelle zum Urhebervertragsrecht war für die allgemeine arbeitnehmerurheberrechtliche Norm des § 43 UrhG allgemein anerkannt, dass der Lohn, den ein Arbeitnehmer erhält, auch die Einräumung von Nutzungsrechten im Rahmen der Anwendbarkeit des § 43 UrhG abgilt (OLG Hamburg GRUR 1977, 556, 558 – *Zwischen Marx und Rothschild*; Schricker/*Rojahn*[2] § 43 Rn. 64; Lehmann/*Buchner* Kap. XI. Rn. 77). Der BGH formulierte, dass der Übergang der wirtschaftlichen Verwertungsrechte nicht von einer Gegenleistung abhängig gemacht werde und dass für eine weitere Vergütung (jenseits des Lohns) kein Platz mehr sei (BGH GRUR 2002, 149, 151 – *Wetterführungspläne II*) und unterzieht dieses Ergebnis auch einer verfassungsrechtlichen Prüfung. Für die Sonderregel des alten Bestsellerparagraphen (§ 36 UrhG a. F.) hatte der Bundesgerichtshof allerdings für angestellte Programmierer eine Ausnahme gemacht – leider ohne die in dieser Konstellation notwendige Begründung (BGH GRUR 2002, 149, 152 f. *Wetterführungspläne II* für § 36 UrhG a. F.; zuvor bereits so *Dreier* GRUR 1993, 781, 785.). Vielmehr rekurriert der BGH nur auf dessen Anwendbarkeit „im Rahmen arbeitsvertraglicher Übertragungspflichten", also für § 43 UrhG (BGH GRUR 2002, 149, 152 – *Wetterführungspläne II* unter Verweis auf Schricker/*Rojahn*[2] § 43 Rn. 71; Möhring/Nicolini/*Spautz*[2] § 43 Rn. 11). Nach *Brandi-Dorn* sei sogar jegliche zusätzliche Vergütung, also auch die Bestseller-Vergütung, europarechtswidrig (*Brandi-Dohrn* CR 2002, 252, Anm. zu BGH GRUR 2002, 149 – *Wetterführungspläne II*).

24 Die **Genese des Gesetzes zum Urhebervertragsrecht** ist ein wenig aufschlussreicher: In Übereinstimmung mit obigen Grundsätzen enthielt die Regierungsbegründung des neuen Urhebervertragsrechts noch eine Neuregelung des § 43 UrhG (RegE UrhVG 2002 – BT-Drs. 14/7564, S. 5), die besagte, dass die betriebliche Nutzung *„in der Regel mit dem Lohn und Gehalt – soweit die Zahlung tatsächlich erfolgt ist – abgegolten"* sei. Der Bundesrat regte demgegenüber eine Regelung entsprechend dem § 69b UrhG für alle Arbeits- und Dienstverhältnisse an (Stellungnahme BR bei RegE UrhVG 2002 – BT-Drs. 14/7564, S. 9). Die Formulierungshilfen vom 19.11.2001 sowie 14.1.2002 strichen die Änderungen in § 43 UrhG. Letztere betont, dass die „[…] Grundsätze zu den Vergütungsansprüchen der Urheber in Arbeits- und Dienstverhältnissen [unberührt] bleiben" (FormH v. 14.1.2002 zu RegE UrhVG 2002, S. 25). Nach ersterer „findet sich die Regelung zum Vergütungsanspruch für Urheber in Arbeits- und Dienstverhältnissen nun in §§ 32 Abs. 4, 32a Abs. 4 UrhG" (FormH v. 19.11.2001 zu RegE UrhVG 2002, S. 23). Da dort lediglich der Verweis auf Tarifverträge geregelt ist, könnte man gerade aus diesem letzten Satz das e contrario Argument entnehmen, dass – wenn kein Tarifvertrag existiert – es keinen zusätzlichen Vergütungsanspruch gibt. Die Genese des Gesetzes zeigt eine Auseinandersetzung mit der Problematik, die jedoch für eine unveränderte Geltung des Grundsatzes der abschließenden Abgeltung durch den Arbeitslohn spricht.

Auch die übrigen Auslegungsaspekte sprechen dafür, dass die §§ 32 ff. nicht **25** anwendbar sind. Die Stellung als Achter Teil im Ersten Abschnitt wie § 69a Abs. 4 könnten **systematisch** als Ansatzpunkt für eine Anwendbarkeit der Regeln des Urhebervertragsrechts auf die besonderen des Computerprogrammrechts dienen. Allerdings folgt aus § 69a Abs. 4 nur, dass die in der der Norm zugrundeliegenden Software-RL fehlenden Regeln zu Persönlichkeitsrechten und zum Sanktionssystem auszufüllen sind (Schricker/Loewenheim/*Loewenheim*/*Spindler*[5] § 69a Rn. 23). Die systematische Stellung im Gesetz wird in ihrer Aussagekraft durch die Bezeichnung als „besondere" Regelungen relativiert. § 69b ist zwar als lex specialis zu den urhebervertraglichen Regelungen zu charakterisieren, trifft allerdings nur Regelungen zur Einräumung von Nutzungsrechten und keine spezielleren Aussagen zur Vergütung. Rein methodisch werden allgemeine Regeln durch besondere nur dann modifiziert, wenn eine andere Regelung zum selben Regelungsgegenstand getroffen wurde.

Sinn und Zweck sprechen allerdings gegen eine Anwendung: Die Regelungen **26** des § 69a-g UrhG gehen unmittelbar auf Art. 2 Abs. 3 Software-RL zurück. Dieser ist überschrieben „Urheberschaft am Programm" und stellt damit klar, dass eigentliches Ziel der Regel ist, den Arbeitgeber soweit wie im überwiegend vom Schöpferprinzip geprägten europäischen Urheberrechtssystem überhaupt möglich in den Genuss der wirtschaftlichen Verwertbarkeit des Programms kommen zu lassen und ihr dabei weiterhin so weit wie möglich Sicherheit in Bezug auf ihre Investitionen zu geben. Wie bei anderen vergleichbaren Werken des Urheberrechts, etwa den Filmwerken, ist auch die Verwertung von Computerprogrammen ein derart komplexer Vorgang, dass es weder Zweifel an der Berechtigung des die Verwertungsinvestition anstoßenden Arbeitgebers geben darf noch Unklarheit über den die Kostenseite definierende Vergütungsumfang des Schöpfers. Insofern trifft die Regelung implizit mit der Definition der umfassenden Rechteeinräumung auch eine Regelung für die Vergütung: Die Investitionssicherheit des Programmverwerters wäre gefährdet, wenn der angestellte Programmierer noch eine zusätzliche Vergütung verlangen könnte. Insofern ist davon auszugehen, dass die allgemeinen Regelungen des Urhebervertragsrechts nur modifiziert um die Besonderheiten der Regelungssituation wie um die eindeutige Weisung der umfassenden Rechteübertragung allein gegen den Arbeitslohn des § 69b Anwendung finden können.

Es bleibt daher äußerst zweifelhaft, ob das Verdikt des BGH zum § 36 a.F. **27** auch in Zukunft bei angestellten Programmieren trägt (zu allem Vorgenannten ausführlich *Czychowski* FS Nordemann II S. 157 ff.; nach Schricker/Loewenheim/*Loewenheim*/*Spindler*[5] Rn. 18 f. sollte die Anwendung des § 32 „mit Zurückhaltung" erfolgen, § 32a hingegen sei voll anwendbar).

3. Sonstiges Urhebervertragsrecht

Die **Zweckübertragungsregel** des § 31 Abs. 5 ist im Rahmen von § 69b nicht **28** anwendbar, weil die vermögensrechtlichen Befugnisse dem Arbeitgeber vollständig zugeordnet werden (RegE 2. ÄndG – BT-Drs. 12/4022, S. 10). In der Konsequenz muss dies auch gelten für § 31 Abs. 4 a. F.; der Arbeitgeber erhält also über § 69b auch die Nutzungsrechte an **noch nicht bekannten Nutzungsarten** sodass nunmehr §§ 31a, 32c nicht anwendbar sind; hierzu vgl. Rn. 13. Ebenso ausgeschlossen ist die Anwendung des Rückrufsrechts aus § 41, da der Programmierer angesichts der klaren Zuordnung aller wirtschaftlichen Entscheidungen und Befugnisse kein „berechtigtes Interesse" mehr geltend machen kann (so auch Wandtke/Bullinger/*Grützmacher*[4] Rn. 45). Das persönlichkeitsrechtlich verankerte **Rückrufsrecht aus § 42** unterfällt dem nicht, spielt aber in der Praxis überhaupt keine Rolle.

VI. Regelungen in Bezug auf nicht unter § 69b fallende Werke

29 Für alle Werke, die nicht unter § 69b fallen, wird diskutiert, ob den Arbeitnehmer insofern eine Anbietungspflicht trifft (vgl. Rn. 9; zu der allgemeinen Frage vgl. § 43 Rn. 9). Zur Diskussion im Rahmen des § 69b s. Wandtke/Bullinger/ *Grützmacher*[4] Rn. 29 ff. m. w. N. Das Arbeitnehmererfindungsrecht findet jedenfalls keine Anwendung (vgl. Rn. 20).

§ 69c Zustimmungsbedürftige Handlungen

Der Rechtsinhaber hat das ausschließliche Recht, folgende Handlungen vorzunehmen oder zu gestatten:
1. **die dauerhafte oder vorübergehende Vervielfältigung, ganz oder teilweise, eines Computerprogramms mit jedem Mittel und in jeder Form. Soweit das Laden, Anzeigen, Ablaufen, Übertragen oder Speichern des Computerprogramms eine Vervielfältigung erfordert, bedürfen diese Handlungen der Zustimmung des Rechtsinhabers;**
2. **die Übersetzung, die Bearbeitung, das Arrangement und andere Umarbeitungen eines Computerprogramms sowie die Vervielfältigung der erzielten Ergebnisse. Die Rechte derjenigen, die das Programm bearbeiten, bleiben unberührt;**
3. **jede Form der Verbreitung des Originals eines Computerprogramms oder von Vervielfältigungsstücken, einschließlich der Vermietung. Wird ein Vervielfältigungsstück eines Computerprogramms mit Zustimmung des Rechtsinhabers im Gebiet der Europäischen Gemeinschaft oder eines anderen Vertragsstaates des Abkommens über den Europäischen Wirtschaftsraum im Wege der Veräußerung in Verkehr gebracht, so erschöpft sich das Verbreitungsrecht in Bezug auf dieses Vervielfältigungsstück mit Ausnahme des Vermietrechts;**
4. **die drahtgebundene oder drahtlose öffentliche Wiedergabe eines Computerprogramms einschließlich der öffentlichen Zugänglichmachung in der Weise, dass es Mitgliedern der Öffentlichkeit von Orten und zu Zeiten ihrer Wahl zugänglich ist.**

I.   Allgemeines

1.   Sinn und Zweck

§ 69c regelt den Umfang der im Softwarebereich geltenden spezifischen Ver-   **1**
wertungsrechte und ist damit zugleich **Anker für das Softwarevertragsrecht,**
jedenfalls soweit es urheberrechtliche Fragen betrifft. In Zusammenhang mit
§ 69b ergibt sich, dass der Katalog des § 69c maßgeblich dem (Investitions-)
Schutz des wirtschaftlichen Verwerters/Auftraggebers dient.

2.   EU-Recht

Die Vorschrift entspricht im Wortlaut weitgehend (zu Ausnahmen vgl. Rn. 34)   **2**
Art. 4 Software-RL. Sie ist Teil der europaweiten Vereinheitlichung des Umfanges von Verwertungs- und Nutzungsrechte und damit der Lizenzverträge (RegE
2. ÄndG – BT-Drs. 12/4022, S. 8).

Seit dem 13.9.2003 zählt zum Katalog der Ausschließlichkeitsrechte nunmehr   **3**
explizit auch das **Recht der öffentlichen Wiedergabe (Nr. 4),** speziell auch in
Form der öffentlichen Zugänglichmachung (Online-Übermittlung und -Bereit-
haltung), auf. Bis zum 13.9.2003 erreichte man zwar nach Meinung einiger
dasselbe Ergebnis über den Verweis des § 69a Abs. 4 auf die allgemeinen Regeln des § 15 Abs. 2 und 3 (so Wandtke/Bullinger/*Grützmacher*[4] Rn. 49; *v.
Gamm* § 15 Rn. 1, 3 f.). **Dieser Absatz war aber keineswegs unumstritten**
(Schricker/Loewenheim/*Loewenheim/Spindler*[5] Rn. 1 f.). Die explizite Aufnahme **schafft diesbezüglich nun** zwar auf den ersten Blick Rechtssicherheit.
Die Kodifizierung dieses Rechtes war aber durch Art. 4c Software-RL noch
nicht zwingend vorgeschrieben (Bericht der Kommission über die Umsetzung

und die Auswirkung der Software-RL über den Rechtsschutz von Computerprogrammen, KOM [2000] 199 endg. v. 10.4.2000, 18). Abs. 4 beruht vielmehr auf Art. 4 i. V. m. 8 WCT (Bericht der Kommission KOM [2000] 199
endg. v. 10.4.2000, 18), Art. 3 Info-RL und den Empfehlungen der EU-Kommission (Bericht der Kommission KOM [2000] 199 endg. v. 10.4.2000, 18).
Ob diese Regelung mangels einer gleichartigen Bestimmung nach Software-RL
gegen Art. 1 Abs. 2 lit. a) Info-RL verstößt (verneinend: *Dreier* ZUM 2002,
28, 29; *Jaeger* CR 2002, 309, 311), ist durchaus unklar: Vgl. Rn. 34.

3. Systematik

4 Die Norm orientiert sich an der Diktion der §§ 15 ff., geht diesen aber als lex
specialis vor (vgl. Rn. 88). Die früher virulente Frage, ob man bei Unterschieden im Umfang der Verwertungsrechte nach §§ 15 ff. und 69c auf die eine oder
andere Norm zur Auslegung zurückgreifen konnte (dazu Schricker/Loewen-
heim/*Loewenheim*/*Spindler*[5] Rn. 1 f.) ist heutzutage durch den weitestgehen-
den Gleichlauf der Vorschriften obsolet. Ausführlich zur **Systematik** vgl. Vor
§§ 69a ff. Rn. 4 f.

II. Tatbestand

1. Anwendbarkeit in persönlicher und sachlicher Hinsicht

5 § 69c führt zwar den dem deutschen Urheberrecht bis dato fremden Begriff
des „Rechtsinhabers" ein. Dieser Begriff enthält aber keineswegs eine Abkehr
vom Schöpferprinzip. Er erklärt sich vielmehr vor dem Hintergrund der europarechtlichen Diktion und bedeutet inhaltlich zunächst den Urheber (i. d. S.
wie selbstverständlich auch Walter/*Blocher* Art. 4 Software-RL Rn. 6) bzw. den
derivativen Erwerber von Nutzungsrechten. Auch der ausschließliche Lizenznehmer ist also als Rechtsinhaber im Sinne der Vorschrift anzusehen. Zur Übergangsvorschrift s. § 137d.

2. Zugewiesene Rechte und Nutzungsarten

6 Art. 4 Software-RL gibt den Kreis der zugewiesenen Rechte abschließend vor.
Die in § 69c umgesetzte Regelung ist – anders als § 15 – abschließend: das
Vervielfältigungsrecht (Nr. 1), das **Umarbeitungsrecht** (Nr. 2), das **Verbreitungsrecht** (Nr. 3) mit der Regelung zur Erschöpfung und das **Recht der öffentlichen Wiedergabe** (Nr. 4). Damit kennt das Softwareurheberrecht nicht die
anderen in § 15 erwähnten Verwertungsrechte; zu denken wäre beispielsweise
an ein Ausstellungsrecht (zu dessen Anwendung jenseits der in § 18 genannten
Werkarten s. § 18), etwa von besonders interessierendem Quellcode. Anders
als bei den meisten Werkarten greift bei Computerprogrammen bereits die
bloße Benutzung in Verwertungsrechte ein (BGH GRUR 1991, 449, 453 –
Betriebssystem; LG Mannheim CR 1999, 360; differenzierend Dreier/Schulze/
Dreier[5] Rn. 8; wohl auch Schricker/Loewenheim/*Loewenheim*/*Spindler*[5]
Rn. 9); zwar unterstellt § 11 auch den Werkgenuss dem Urheberrecht, die Verwertungsrechte greifen jedoch bei allen anderen Werkarten nicht so weit (zur
Rechtslage bei anderen Werkarten vgl. § 11 Rn. 8). Nicht zuletzt deshalb gewährt § 69d auch für den rechtmäßigen Nutzer besondere Berechtigungen (vgl.
§ 69d Rn. 17 ff.). Letztere – wohl zu allererst Käufer von Standardsoftware zur
Einzelplatznutzung – benötigen daher für die bloße Benutzung des Computerprogramms auf einem PC keine Nutzungsrechte vom Rechtsinhaber; Lizenzmodelle, die den Erwerber von Standardsoftware mit einem Lizenzvertrag binden wollen, wollen daher zu viel des Guten. Teilweise wird Software aus
Sicherheitsaspekten mit sog. **Echtheitszertifikaten (CoAs)**, die Serien- oder Si-
cherheitsnummern enthalten, vertrieben. Wenn allein mit dieser Serien- oder
Sicherheitsnummer die Software installiert werden kann, dürfte diesen Echt-

heitszertifikaten eine Lizenzfunktion zukommen. Deren unerlaubte Verbreitung kann dann – wenn keine Erschöpfung vorliegt (dazu vgl. Rn. 31 ff.) – eine Urheberrechtsverletzung darstellen (so zu Recht OLG Frankfurt CR 2009, 423: LG Frankfurt aM. CR 2011, 566); zudem wird ein Eingriff in das Vervielfältigungsrecht (§ 69c Nr. 1) vorliegen, da die CoAs faktisch die Installation des Programms erst ermöglichen (OLG Frankfurt WRP 2014, 608). Bei Anbringen derartiger Echtheitszertifikate auf Sicherungskopien durch Gebrauchtsoftwarehändler liegt zudem eine Markenverletzung vor (BGH GRUR 2012, 392 Tz. 20 ff. – *Echtheitszertifikat*; LG München I MMR 2016, 200).

a) **Vervielfältigung (Nr. 1):** Der Streit um den Vervielfältigungsbegriff bei Computerprogrammen ist so alt wie der Urheberrechtsschutz für Computerprogramme (zum Streitstand *Pres* CR 1994, 520, 521; Schricker/*Loewenheim*[1] § 16 Rn. 9, jeweils m. w. N.). Der Begriff der Vervielfältigung in § 69c Nr. 1 unterscheidet sich nicht von dem des § 16 (Dreier/Schulze/*Dreier*[5] Rn. 6; zu Grundlagen s. § 16). Daher ist auch unstreitig, dass **einfache Kopien** eines Computerprogramms, etwa das Duplizieren eines Computerprogramms auf einem selbständigen Datenträger, eine Vervielfältigung darstellen (BGH GRUR 1994, 363, 364 f. – *Holzhandelsprogramm*), im neuen Terminus nun „**dauerhafte Vervielfältigung**". Selbständige Datenträger können magnetische oder optische Datenträger, also Festplatten oder USB-Sticks ebenso sein wie selbstverständlich auch Server, aber natürlich ebenfalls Papier, sodass der Ausdruck des Quellcodes als Vervielfältigung anzusehen ist. Dasselbe gilt für die Kopie von Programmen im Rahmen der **Produktpiraterie**, bei der in der Regel eine 1:1 Kopie erstellt wird und die Verpackung nebst Begleitmaterial möglichst genau nachgeahmt wird (Wandtke/Bullinger/*Grützmacher*[4] Rn. 4). Auch die 1:1 **Kopie einer schutzfähigen Stufe der Programmentwicklung** (vgl. § 69a Rn. 24 ff.) kann eine Vervielfältigung darstellen, selbst wenn der Code selbst nicht kopiert oder z. B. nur bearbeitet wurde; zu Recht wird z. B. auf die individuelle formale Programmstruktur verwiesen (im Detail Wandtke/Bullinger/*Grützmacher*[4] Rn. 9 ff.).

7

aa) **Vorübergehend oder dauerhaft: Streitig** war und ist im Grunde immer noch, wann das Laden, Anzeigen, Ablaufen, Übertragen und Speichern eines Computerprogramms eine Vervielfältigung erfordert, wann also eine „**vorübergehende Vervielfältigung**" vorliegt. Der Beantwortung dieser Frage will der Gesetzgeber offenbar ausweichen, denn weder in § 69c Nr. 1, noch im nunmehr neugefassten § 16 (der jetzt auch vorübergehende Vervielfältigungshandlungen erfasst) findet sich eine Antwort hierauf. Wir halten diesen Streit für relativ akademischer Natur, sodass wir zur Vertiefung auf Wandtke/Bullinger/*Grützmacher*[4] Rn. 5 ff. und die dortigen ausführlichen Nachweise verweisen. Bedeutung hat der Streit für die Frage der Benutzung eines Computerprogramms inkl. Laden in Arbeitsspeicher (h. M. = Vervielfältigung) und des Ablaufenlassens (h. M. ≠ Vervielfältigung). Da aber ein Ablaufenlassen ohne Laden in den Arbeitsspeicher nicht denkbar ist, sind die Auswirkungen dieses Streites gering. Wirklich relevant wird der Streit wohl nur beim **ASP** bzw. SaaS (dazu vgl. Rn. 74 ff. und *Bröcker/Czychowski* MMR 2002, 81, 82) und bei sog. embedded Software (vgl. Rn. 10). Zu **Cloud Computing** vgl. Rn. 76a.

8

Eine neue „Spielwiese" für diesen Streit dürfte § 44a eröffnet haben, der bestimmte vorübergehende Vervielfältigungshandlungen freistellt. Ob diese allgemeine Schrankenregelung im Rahmen der Sondervorschriften der §§ 69a ff. anwendbar ist (zur allgemeinen Frage vgl. § 69a Rn. 43), ist offen (dafür: Dreier/Schulze/*Dreier*[5] Rn. 9; dagegen: wohl Wandtke/Bullinger/*Grützmacher*[4] § 69a Rn. 74 f.). § 69a Abs. 4 eröffnet grundsätzlich die systematische Möglichkeit der Anwendung auch von Schrankenregelungen. Die technische und wirtschaftliche Interessenlage bei vorübergehenden Vervielfältigungen deckt sich

9

mit der bei sonstigen Werken. Der Gesetzgeber wollte ersichtlich, auch wenn er die Computerprogramme nicht ausdrücklich erwähnt hat (RegE UrhG Infoges – BT-Drs. 15/38, S. 18), für die nicht relevant gehaltenen temporären Nutzungshandlungen, die sich eher als zwangsläufige dogmatische Folge des Urheberrechts ergeben, eine einfache Lösung anbieten. Es spricht daher nichts dagegen, § 44a auch bei Computerprogrammen anzuwenden, soweit durch die entsprechende Vervielfältigungshandlung nicht etwa ein zusätzlicher Nutzen generiert wird.

10 Bei in **Hardware integrierter Software** werden die Befehle in der Regel direkt vom Chip ohne den „Umweg" eines Arbeitsspeichers abgerufen, sodass im Rahmen der Benutzung eines solchen Programms keine urheberrechtlich relevanten Vervielfältigungshandlungen vorliegen würden (Lehmann/*Haberstumpf* S. 136), auch wenn unklar ist, ob diese technischen „Zufälligkeiten" entscheidend sein sollen (so zu Recht Wandtke/Bullinger/*Grützmacher*[4] Rn. 7). Im Bereich der Datenfernübertragung und des **Internets** sind als Vervielfältigungen anzusehen das **Downloaden** („Herunterladen", d. h. Empfangen von Daten; man kann sich im Internet eine Vielzahl von Computerprogrammen auf den eigenen Rechner „herunterladen"), das **Uploaden** („Heraufladen", d. h. die Übertragung von Dateien vom eigenen Computer an ein anderes System, das darin bestehen kann, die Kopie eines Computerprogramms an einen anderen Rechner „weiterzugeben"), oder bestimmte **ASP-/SaaS-Anwendungen** (vgl. Rn. 74 ff.). Ob die Datenübertragung über Router (ein Router ermittelt den geeigneten Übertragungsweg für ein Datenpaket im Internet und schickt es über Zwischenstationen zum Ziel) eine Vervielfältigung darstellt, entscheidet sich nach der hier vertretenen Ansicht über § 44a. Näheres zu Vervielfältigungshandlungen im Internet bei *Koch* GRUR 1997, 417, 423 ff.; *Nordemann/Goddar/Tönhardt/Czychowski* CR 1996, 645, 647 ff. Vergleichbar der Ausführung eines Baus nach den Plänen eines Architekten (vgl. § 16 Rn. 1) kann auch die **Codierung** eines Computerprogramms auf der Basis des Programmablaufplans oder des Struktogramms (vgl. § 69a Rn. 24) eine unfreie Benutzung in Form der Vervielfältigung darstellen, je nachdem, ob Veränderungen an Programmablaufplan oder Struktogramm vorgenommen werden, allerdings auch eine abhängige Bearbeitung (BGH GRUR 1985, 1041, 1048 – *Inkasso-Programm*).

11 **bb) Unzulässige Vervielfältigung beim Handel mit Gebrauchtsoftware?:** Zunächst wurde der sog. Gebrauchtsoftwarehandel nur unter den Stichworten unzulässige Vervielfältigung und auch Reichweite des Erschöpfungsgrundsatzes diskutiert (s. unsere 11. Aufl. Rn. 11 ff.). Nach dem Urteil des EuGH hierzu (unten Rn. 32 ff.) ist klar, dass die Fragen dogmatisch beim rechtmäßigen Erwerber mithin § 69d aufgehängt werden (s. daher vgl. § 69d Rn. 10). Dennoch bleibt eine der Kernfragen, ob bei der nicht-körperlichen Weitergabe eines Computerprogramms Erschöpfung eintritt (dazu unten Rn. 32) und ob gar Vervielfältigungen infolge dieser Weitergabe zulässig werden, die ansonsten nicht erlaubt sind. Tatsächlich hat der BGH in seiner derzeit letzten Entscheidung in Umsetzung des EuGH-Urteils bestimmte Vervielfältigungen gewissermaßen unter dem Deckmantel der Erschöpfung gestattet (dazu unten Rn. 32).

12 In Fällen des Handels mit **Gebrauchtsoftware**, in denen ein Programm mittels einer Seriennummer von der Internetseite des Anbieters heruntergeladen werden kann, ist denkbar, dass der Gebrauchtsoftwarehändler seine Kunden dazu veranlasst, das Computerprogramm unbefugt zu vervielfältigen. Denn ein solches Verhalten kann die ernstliche Gefahr begründen, dass der Endkunde mit dem Herunterladen § 69c Nr. 1 verletzt (BGH GRUR 2015, 1108 Tz. 41 ff. – *Green IT*; OLG Hamburg, ZUM-RD 2017, 106, 109; OLG München, WRP 2017, 356, 358), da er nicht die Voraussetzungen der EuGH-Rechtsprechung (vgl. Rn. 32) zum Gebrauchtsoftwarehandel erfüllt bzw. beweisen kann. Daher hat der EuGH bereits festgestellt, dass der Softwarehersteller berechtigt ist, mit „allen ihm zur Verfügung stehenden technischen Mitteln sicherzustellen", dass z. B. die Unbrauchbarmachung der ursprünglichen Programmkopie auch tatsächlich erfolgt (EuGH GRUR 2012, 904 Tz. 87 – *UsedSoft*), s. zu den möglichen **technischen Schutzmaßnahmen** auch *Hoppen* CR 2016, 8. **Produktkeys oder Seriennumern** sind zwar keine Lizenzen (OLG Frankfurt am Main CR 2017, 495, 499). Einen **Urheberrechtsverstoß** stellt die bloße Zusendung eines solchen Produktkjeys oder Seriennummern aber sehr wohl dar, denn die Übersendung begründet die ernhafte Gefahr einer Verletzung des Vervielfältigungsrechts und greift zudem in das Verbreitungsrecht ein (OLG Frankfurt am Main CR 2017, 495, 498 f.; für Vervielfältigungsrecht auch LG Berlin GRUR-RR 2014, 490; zu den Beweisschwierigkeiten in Bezug auf das Recht zur bestimmungsgemäßen Nutzung s. OLG Hamburg ZUM-RD 2017, 106 Tz. 57)). Ein solches Anbieten, Feilhalten und Inverkehrbringens von Produktkeys stellt zudem einen **Wettbewerbsverstoß** dar (BGH GRUR 2015, 1108 Tz. 21 – *Green IT*; OLG München WRP 2017, 356, 358). Informationen darüber, wie die Rechte des Verbrauchers zur bestimmungsgemäßen Benutzung des Programms ausgestaltet sind, sind wesentliche Informationen i. S. v. § 5a Abs. 3 Nr. 1, Abs. 2 UWG. Insbesondere benötigt der Verbraucher Informationen darüber, wie das Rechtsverhältnis zwischen dem Rechteinhaber und dem Ersterwerber ausgestaltet ist, d. h. vor allem, auf welche Art die Lizenz ursprünglich eingeräumt wurde, ob bereits dem Ersterwerber eine körperliche Kopie zur Verfügung gestellt wurde und ob ggf. Programmkopien vorheriger Erwerber vernichtet bzw. dem Folgeerwerber ausgehändigt wurden. Der Verbraucher muss die Lieferkette und die Berechtigung an der Software nachvollziehen können. Wer Produktkeys anbietet, ohne hierüber zu informieren, handelt wettbewerbswidrig (OLG Hamburg, ZUM-RD 2017, 106, 108 ff.). Wer gegenüber einem **Mitbewerber** einen Anspruch aus § 5 UWG verfolgt, trägt die **Darlegungs- und Beweislast** für einen **Wettbewerbsverstoß** im Zusammenhang mit dem bloßen Versand von Seriennummern beim Handel mit gebrauchten Softwarelizenzen. Zu weiteren wettbewerbsrechtlichen Details beim Handel mit Seriennummern (z. B. welche Informationen über den Umfang des bestimmungsgemäßen Gebrauchs der Händler geben muss) s. OLG Hamburg MMR 2017, 344). Demgegenüber ist im Verhältnis zu dem **Rechteinhaber** der auf Unterlassung in Anspruch Genommene für die Erschöpfung des Verbreitungsrechts darlegungs- und beweisbeweislastet (OLG Frankfurt, CR 2017, 82, 83).

[derzeit leer]   **13–17**

cc) Ganz oder teilweise: Nach den allgemeinen Regeln (vgl. § 16 Rn. 9 ff.) kann **18** eine Vervielfältigung auch vorliegen, wenn nur ein **Teil eines Werkes** dupliziert wird; er muss nur selbst Werkqualität haben. Diese Formulierung ist also eine Selbstverständlichkeit. Es kommt nicht darauf an, ob die Vervielfältigung en bloc geschieht oder sukzessive (Dreier/Schulze/*Dreier*[5] Rn. 10; Schricker/Loewenheim/*Loewenheim*/*Spindler*[5] Rn. 7).

dd) Mit jedem Mittel, in jeder Form: Dasselbe gilt für den Zusatz „mit jedem **19** Mittel und in jeder Form". Er stellt nur klar, dass es für die Frage, ob eine Vervielfältigung vorliegt, nicht darauf ankommt, ob diese z. B. digital oder analog erfolgt (Form) oder etwa ob sie hardware-embedded oder rein softwaremäßig erfolgt (Mittel).

b) Umarbeitung (Nr. 2): § 69c Nr. 2 gewährt ein umfassendes Recht der Umar- **20** beitung (beachte auch den von § 23 abweichenden Sprachgebrauch!). Während § 23 bei der Bearbeitung – von den Ausnahmen in S. 2 abgesehen – nur die Veröffentlichung und Verwertung untersagt, geht § 69c bei Computerprogrammen erheblich weiter, denn in Nr. 2 wird bereits **die Herstellung von Umarbei-**

tungen, insbesondere Bearbeitungen, untersagt. § 69c verdrängt § 23 insofern als lex specialis (vgl. Rn. 22, vgl. § 69a Rn. 40); auch § 39 (trotz seiner persönlichkeitsrechtlichen Ausrichtung) findet keine Anwendung (vgl. § 69a Rn. 40; Dreier/Schulze/*Dreier*[5] Rn. 14: tritt zurück; Wandtke/Bullinger/*Grützmacher*[4] Rn. 23: verbleibt praktisch kein Raum). Der Gedanke des § 39 Abs. 2, insbesondere bei Gebrauchswerken eine praktikable Abwägung der Interessen zu finden, kann aber im Rahmen der Abwägung eine Rolle spielen. Umarbeitung ist jede abhängige Nachschöpfung (Dreier/Schulze/*Dreier*[5] Rn. 12).

21 aa) **Beispiele:** Zu den Umarbeitungen gehören auch die **Übersetzung** (§ 3) sowie **Arrangements** (vgl. § 2 Rn. 8); ob diese Werkcharakter haben, ist nicht entscheidend (so in: Lehmann/*Haberstumpf*, S. 145 ff. und noch unsere 9. Aufl./*Hertin* Rn. 4; wie hier Dreier/Schulze/*Dreier*[5] Rn. 12; Schricker/Loewenheim/*Loewenheim*/*Spindler*[5] Rn. 13). Das Gleiche gilt für „andere Umarbeitungen". Als Umarbeitung eines Computerprogramms aufzufassen ist z. B. die **Entfernung einer Dongle-Abfrage;** ein Dongle ist ein Stecker, der dem Kopierschutz von Software dient, auf eine Schnittstelle an der Hardware aufgesteckt wird und dessen Vorhandensein vom Computerprogramm während der Benutzung abgefragt wird (OLG Düsseldorf ZUM-RD 1997, 555 – *Dongle-Umgehung*, OLG Karlsruhe NJW 1996, 2583, 2584 – *Dongle-Abfrage*, LG Düsseldorf CR 1996, 737, 737 – *Dongle-Umgehung*). Ob die Umgehung eines Software-Kopierschutzes mittels einer manipulierten (gehackten) Lizenzdatei als Bearbeitung zu werten ist (so LG München I MMR 2016, 776, 777) erscheint zweifelhaft. Richtig dürfte die Einordnung einer solchen Tat als unerlaubte Vervielfältigung über Nr. 1 sein (s. zu dem Verletzungskomplex gefälschte Seriennummer oben Rn. 6). Als Umgestaltung aufzufassen ist auch die **Portierung,** d. h. das Übertragen eines Programms auf ein nicht kompatibles System, weil insoweit das Programm geändert werden muss, um es auf dem neuen System lauffähig zu machen (*Irlbeck* „Portieren"). Auch die **Dekompilierung** eines Computerprogramms ist eine Bearbeitung in Form der Übersetzung (vgl. § 69e Rn. 1; OLG Frankfurt GRUR 2015, 784 Tz. 49 – *Objektcode*). Dasselbe gilt für die Übersetzung in eine andere **Programmsprache** oder von **Quellcode in Objektcode.** Alle vorgenannten Formen kommen mehr oder weniger auch maschinell, als sog. **Refactoring,** vor, ohne dass dies an der urheberrechtlichen Einordnung etwas ändern würde. Wohl nicht als Umgestaltung, sondern als Vervielfältigung anzusehen ist das **Zerlegen und wieder Zusammensetzen** eines Computerprogramms, wenn es im Internet mittels Routing von einem Rechner zum anderen geschickt wird, weil die Werkgestalt der Zielkopie durch das Routing nicht verändert wird (*Koch* GRUR 1997, 417, 425; nun aber zu der neuen Regelung des § 44a). Klassische Bearbeitungen sind natürlich auch die **Ergänzung des Quellcodes,** sofern die Grenzen des § 24 übersprungen werden (dazu vgl. Rn. 22). BGH GRUR 2000, 866, 868 – *Programmfehlerbeseitigung*). Die Vorschrift stellt im Übrigen klar, dass nicht nur Übersetzung, Bearbeitung, Arrangement und andere Umarbeitungen bereits als solche unzulässig sind, sondern auch die Vervielfältigung der dadurch erzielten Ergebnisse. Nr. 2 S. 2 lässt die Bearbeiterrechte unberührt; derjenige Bearbeiter eines Programms, der mit seiner Bearbeitung ein individuelles Werk nach § 69a Abs. 3 schafft, ist zwar Urheber, in der Verwertung seiner Bearbeitung jedoch von der Zustimmung des Originalurhebers abhängig (§ 23). Das **Entfernen** einzelner Programmteile oder Module, ohne dass im Übrigen in den Code eingegriffen wird, ist eine Umarbeitung i. S. d. § 69c Nr. 2 UrhG. Der BGH hat bislang lediglich offen gelassen, ob es sich bei dem Hinzufügen eines zusätzlichen Softwaremoduls um eine Umarbeitung eines Programms handelt (BGH GRUR 2000, 806 Tz. 22 – *Programmfehlerbeseitigung*). Der BGH hat aber bereits entschieden, dass auch die Veränderung der Umgebung eines Werkes eine Bearbeitung darstellen kann (BGH v. 7.2.2002, I ZR 304/99 – *Unikat-*

rahmen). Eine Bearbeitung kann daher auch darin liegen, dass das Werk in einen anderen Sachzusammenhang gestellt wird (so Schricker/Loewenheim/*Loewenheim*[5] § 23 Rn. 6) und dadurch ein anderer Gesamteindruck entsteht (Dreier/Schulze/*Schulze*[5] § 23 Rn. 8). Bewusst spricht § 69c Nr. 2, der insoweit auf die identische Formulierung in Art. 4 lit. b) der Software-RL der EU zurückgeht, von „anderen Umarbeitungen", also einem weit gefassten Auffangtatbestand. Liest man dies zusammen mit einem der Erwägungsgründe der eben genannten Richtlinie, wonach „*Von einer solchen Ausnahme vom Ausschließlichkeitsrecht des Urhebers darf nicht in einer Weise Gebrauch gemacht werden, die die rechtmäßigen Interessen des Rechtsinhabers beeinträchtigt oder die im Widerspruch zur normalen Verwendung des Programms steht.*" wird deutlich, dass dem Rechteinhaber eine weitestgehende Kontrolle über Umarbeitungen gewährt werden soll. „Abschaltungen" sind davon nicht mehr gedeckt. In diesem Zusammenhang können auch Ansprüche aus dem allgemeinen Tatbestand des § 3 UWG entstehen, wenn das eingreifende Computerprogramm nicht hinreichend deutlich macht, dass das neue Produkt verändert wurde (KG ZUM-RD 2010, 544). Auch nach dieser Auffassung ist nach wie vor eine **Einwirkung auf den Code** erforderlich (das fordert zu Recht *Spindler* CR 2012, 417, 420 f., der richtigerweise den Zusammenhang mit dem Thema herstellt, dass Funktionalitäten frei bleiben müssen; dazu vgl. § 69a Rn. 31). Allerdings soll es ausreichen, dass eine Software bei bestimmungsgemäßer Benutzung durch externe Befehle in den Programmablauf dergestalt eingreift, dass diese die in einem externen Arbeitsspeicher programmmäßig abgelegte Daten verändert, ohne die Programmsubstanz zu verändern (OLG Hamburg GRUR-RR 2013, 13 – *Replay PSP*). Ob bei **Einsatz von Schnittstellen** zwischen zwei Modulen eine Bearbeitung ausscheidet, war Anlass für den Open-Source-Rechtsstreit, den das LG Hamburg MMR 2016, 740 dann aber ohne hierzu Stellung zu nehmen entschieden hat; vgl. GPL Rn. 14. Entscheidungen von Streitfragen bei Bearbeitung/freier Benutzung müssen immer mit Blick auf den **Schutzgegenstand des urheberrechtlichen Computerprogrammschutzes**, der gerade Funktionalitäten freihält (EuGH GRUR 2012, 814 – *SAS Institute*), entschieden werden.

bb) Abgrenzung zwischen Bearbeitung und freier Benutzung: Im **Verletzungs-**   **22**
fall kommt es für die Abgrenzung zwischen Bearbeitung und freier Benutzung (§ 24, zu dessen Anwendbarkeit vgl. § 69a Rn. 40) nach den allgemeinen Regeln darauf an, ob die Vorlage nur Anregung zu selbständigem Schaffen gewesen ist oder die Wesenszüge des Originalwerkes im nachgeschaffenen Werk nicht „verblasst" sind (vgl. §§ 23/24 Rn. 3; BGH CR 1990, 188, 189 – *Programmübernahme*: 5% keine Umarbeitung). Dabei ist zunächst zu klären, welche Merkmale übereinstimmen und ob die übereinstimmenden Merkmale des Originalwerkes schutzfähig sind; ist dies der Fall, wird eine unfreie Bearbeitung vorliegen (s. § 24). Weicht das nachgeschaffene Programm von den urheberrechtlich geschützten Merkmalen des Originalprogramms ab, kommt es darauf an, wie ausgeprägt die Eigenart der schutzfähigen Merkmale des Originalprogramms ist (vgl. §§ 23/24 Rn. 7); je eigenartiger sie sind, umso weiter muss der Abstand des nachgeschaffenen Programms sein. **Materielle** und vor allem greifbare, auch für die urheberrechtlichen Laien und Softwarepraktiker nachvollziehbare, **Voraussetzungen** für das Vorliegen einer Umarbeitung in Abgrenzung zur freien Benutzung bei Computerprogrammen sind im Softwareurheberrecht noch schwerer als im allgemeinen Urheberrecht (zu § 23 mit einer Darstellung des Standes der Wissenschaft sowie einem intelligenten neuen wettbewerbsrechtlich basierten Vorschlag *Chakraborty* S. 82 ff). Das vom BGH geprägte Bild des Verblassens wird man für die hier interessierende Abgrenzung kaum bemühen können. Letztendlich wird diese Entscheidung wohl von den Juristen aus der Hand und den **Sachverständigen** in die Hand gegeben (Dreier/

Schulze/*Dreier*[5] Rn. 17); ein weiterer Beleg für die Kritikwürdigkeit der Einordnung des Computerprogrammschutzes in das Urheberrecht (vgl. Vor §§ 69a ff. Rn. 16). Doch dürfte der Beleg von Übernahmen einzelner Programmfehler oder sonstiger Zufälligkeiten (wie z. B. willkürlich gewählter Dateinamen) ein starkes Indiz für eine unerlaubte Umarbeitung sein (OLG Frankfurt GRUR 1985, 1049, 1051 – *Baustatikprogramm*). Zur Bestimmung des Schutzbereichs von Computerprogrammen ausführlich *Marly*, Computersoftware in der EU S. 123 ff. Zu weiteren Fragen im Zusammenhang mit der Rechtsdurchsetzung vgl. Vor §§ 69a ff. Rn. 15 ff. Zu prozessualen Fragen vgl. Rn. 80 f.

23 Erreicht eine Umarbeitung Werkcharakter, erwirbt der Urheber – wie auch im allgemeinen Urheberrecht – ein **eigenes Bearbeiterurheberrecht** nach § 3; dies gilt unabhängig davon, ob die Umarbeitung erlaubtermaßen geschah oder nicht (Dreier/Schulze/*Dreier*[5] Rn. 18). Natürlich vermittelt dieses abgeleitete Recht ihm nicht etwa Rechte am Ursprungsprogramm. Zudem ist er in der Verwertung seines Computerprogramms an die **Zustimmung** des Originalrechteinhabers **gebunden**.

24 c) **Verbreitung (Nr. 3):** Der Rechtsinhaber hat das ausschließliche Recht, jede Form der Verbreitung des Originals eines Computerprogramms oder von Vervielfältigungsstücken vorzunehmen oder zu gestatten. Das Verbreitungsrecht schließt das **Vermietrecht** mit ein. Computerprogramme dürfen also abweichend von § 27 Abs. 1 auch nicht gegen Bezahlung einer angemessenen Vergütung ohne Zustimmung des Rechtsinhabers vermietet werden; das Vermietrecht ist somit als eigenständiges ausschließliches Recht ausgestaltet. (Zum vom Vermietrecht grundsätzlich zu unterscheidenden **Verleihrecht** vgl. Rn. 6 a. E.). Die Erschöpfungsregelung in Nr. 3 S. 2 hat auch zur Folge, dass derjenige, der ein Computerprogramm käuflich erworben hat und es weiterveräußern will, für die Übertragung seines einfachen Nutzungsrechtes keine Zustimmung des Urhebers oder sonstigen Rechtsinhabers benötigt; auf § 34 Abs. 1 kommt es insoweit nicht an.

25 aa) **Original oder Vervielfältigungsstück:** Entsprechend den allgemeinen Regeln (§ 17) gilt das Verbreitungsrecht unabhängig davon, ob ein Original betroffen ist oder ein Vervielfältigungsstück. Bei Computerprogrammen wird Ersteres praktisch kaum vorkommen. Fraglich ist aber, ob ein **vom Rechteinhaber selbst installiertes Programm** – ohne dass dem ersten Lizenznehmer ein körperlicher Datenträger übergeben wird – nicht **auch als Vervielfältigungsstück** angesehen werden muss. Das hätte zur Folge, dass auch dort, wo nur Vervielfältigungsrechte eingeräumt werden, Erschöpfung eintreten kann und ein Handel mit gebrauchter Software (vgl. Rn. 11 ff.) sich entwickeln könnte. Letztendlich hängt dies an der Frage, wie man die Körperlichkeit von Computerprogrammen oder digitalen Daten generell auffasst (zu dieser Gretchenfrage für die digitale Welt allgemein vgl. Rn. 36 ff.; Bröcker/Czychowski/Schäfer/*Czychowski* § 13 Rn. 13).

26 bb) **Inverkehrbringen:** Zwar ist anerkannt, dass der Verbreitungsbegriff ausgehend von der Software-RL **weit zu fassen** ist (Walter/*Blocher* Art. 4 Software-RL Rn. 25; Dreier/Schulze/*Dreier*[5] Rn. 20). Insoweit kann voll auf die Ausführungen zu § 17 verwiesen werden. Es ist jedenfalls nach Einfügung der Nr. 4 aber nicht mehr erforderlich, die **Online-Übermittlung** mitunter die Verbreitung zu fassen (so unsere 9. Aufl./*Wilhelm Nordemann*/*Vinck* Rn. 5; Walter/*Blocher* Art. 4 Software-RL Rn. 25). Zu Details der sich hieraus ergebenden Fragen und zum Streitstand vgl. Rn. 6. Das Inverkehrbringen muss **im Wege der Veräußerung** geschehen. Hierzu allg. s. § 17; hierzu zählt neben Kauf auch Tausch und Schenkung. Schließlich muss das Inverkehrbringen **mit Zustimmung des Rechteinhabers** geschehen. Dabei muss sich diese Zustimmung auf das konkrete **Werkstück** und auf

die **betroffene Nutzungsart** beziehen. Letzteres war u. a. Gegenstand der Entscheidung BGH GRUR 2001, 153, 154 – *OEM-Version*. Ob dieser Zuschnitt der Nutzungsarten dingliche Wirkungen hat und wenn ja welche, ist umstritten (dazu im Detail vgl. Rn. 54 f.). Die Zustimmung muss sich – wenn es sich um Verträge außerhalb der EU bzw. des EWR handelt, auch auf dieses Territorium beziehen (OLG Hamburg GRUR 1990, 127, 128 – *Super Mario III*). Auch die bloße Bewerbung soll schon vom Verbreitungsrecht erfasst werden (EuGH GRUR 2015, 665 Tz. 35 – *Dimensione und Labianca/Knoll*; BGH NJW 2016, 2335, Tz. 33 – *Marcel-Breuer-Möbel-II*; beides allerdings zum Verbreitungsrecht aus § 17; OLG Frankfurt MMR 2016, 337, 339 unter Bezug auf die eben genannten EuGH-Entscheidung). Nicht jede Werbung sollte aber eine Verletzung des Verbreitungsrechts indizieren. Voraussetzung ist, dass sich aus der Werbung selbst ohne Weiteres die urheberrechtliche Rechtsverletzung nachvollziehen lassen kann (*Czychowski* NJW 2016, 2303, 2304).

cc) Vermietrecht: Auch für den Begriff der Vermietung kann auf § 17 Abs. 3 **27** verwiesen werden. Die Begriffe sind identisch zu verstehen. Es geht um die **zeitlich befristete Gebrauchsüberlassung.** Zu der Frage, wann eine solche zeitlich befristete Gebrauchsüberlassung vorliegt und wann ein Verkauf hat sich der BGH auch im Zusammenhang mit der Gebrauchtsoftware-Rechtsprechung geäußert: Räumt der Inhaber des Urheberrechts an einem Computerprogramm dem Erwerber einer Programmkopie das Recht zur Nutzung für die gesamte Zeit der Funktionsfähigkeit des Computerprogramms ein – was auch z. B. bei einer technisch auf ein Jahr beschränkten Nutzung der Fall sein kann –, liegt keine zeitlich befristete Gebrauchsüberlassung, sondern eine Veräußerung im Sinne von § 69c Nr. 3 S. 2 UrhG vor, die zur Erschöpfung des Verbreitungsrechts an der Programmkopie führen kann (BGH GRUR 2015, 1108 Tz. 37 – *Green IT*).

Umstritten ist, ob die Gebrauchsüberlassung auch **unkörperlich** über das Inter- **28** net erfolgen kann (ja: *Bartsch* CR 1994, 667, 671; *Koch* ITRB 2001, 39, 41; nein: Wandtke/Bullinger/*Grützmacher*[4] Rn. 44; wohl auch Dreier/Schulze/ *Dreier*[5] Rn. 36). Diskutiert wird diese Frage vor allem bei **ASP** (dazu vgl. Rn. 74 ff.; *Bröcker/Czychowski* MMR 2002, 81, 82), obwohl doch die meisten ASP-/SaaS-Nutzungen beim Nutzer urheberrechtsneutral sind (*Bröcker/Czychowski* MMR 2002, 81, 82). Dies erfasst die Onlinenutzung eines Computerprogramms in der Variante, dass es gerade nicht zu einer Vervielfältigung auf der Festplatte, dem Arbeitsspeicher oder einem sonstigen Datenträger kommt (zur Problematik der Nutzung von hardware-integrierten Computerprogrammen vgl. Rn. 10).

Für die Frage des Vermietrechts ist eine Körperlichkeit der überlassenen Ver- **29** vielfältigungstücke zu verlangen. Nimmt man Unkörperlichkeit an, wird kein Gegenstand vermietet, sondern allenfalls ein Recht, das zu übertragen der Rechteinhaber aber unproblematisch durch die Nutzungsumfangbeschreibung im Vertrag verhindern kann. Damit unterfiele diese Online-Nutzung ebenfalls nicht dem Erschöpfungsgrundsatz. Es ist wohl auch daher anerkannt, dass die Online-Übermittlung ganzer Computerprogramme oder schutzfähiger Teile jedenfalls **keine Vermietung** darstellt (Schricker/Loewenheim/*Loewenheim*[5] § 17 Rn. 63). Für Computerprogramme, die vor dem 1.1.1993 erworben wurden, beachte die Übergangsregel in § 137d S. 2.

Anders als das Mietvertragsrecht des BGB erfordere der urheberrechtliche Be- **30** griff des Vermietens wegen seiner Zuordnung zu den körperlichen Werkverwertungen i. S. d. § 15 Abs. 1 eine körperliche Überlassung eines Werkstücks. Eine urheberrechtliche Vermietung liege z. B. bei dem Angebot von ASP folglich grundsätzlich nicht vor (Anm. *Marly/Jobke* LMK 2007, 209583 zu BGH

MMR 2007, 243. Dagegen spricht, dass der Begriff der Vermietung nach § 17 Abs. 3 S. 1 gerade weit ausgelegt werden muss, da er Art. 1 Abs. 2 der Vermiet- und Verleih-RL umsetzt (RegE 3. ÄndG – BR-Drs. 876/94, S. 28). Der deutsche wie der europäische Gesetzgeber sprechen gerade nicht von „Besitz-", sondern von „*Gebrauch*überlassung". Das Vermietrecht ist zwar urheberrechtlich zu interpretieren. Nicht entscheidend sind die zugrunde liegenden schuldrechtlichen Verträge; es geht also nicht nur um Mietverträge nach dem BGB (im Detail s. § 17). Wenn aber bereits im engeren zivilrechtlichen Mietbegriff eine unkörperliche Gebrauchsüberlassung für das Vorliegen einer Vermietung ausreicht, stellt sich die Frage, weshalb der urheberrechtliche Begriff nun enger ausgelegt werden sollte. BGH CR 2007, 75, 76 – *ASP Vertrag* nimmt recht großzügig bei Softwareprogrammen Verkörperung an, wenn diese „auf einem Wechselspeichermedium (z. B. auf Diskette, CD, USB-Stick), oder auf einer Festplatte oder auch nur auf einem flüchtigen (stromabhängigen) Speichermedium" gespeichert sind. Bei wem diese gespeichert sind, scheint für den BGH keine Rolle zu spielen, da er Mietvertragsrecht auf ASP-Verträge anwendet. Der BGH geht davon aus, dass auch bei einer Zurverfügungstellung online es zusätzlich der urheberrechtlich erforderlichen vertraglichen Vereinbarungen, wie der Erlaubnis zur Vervielfältigung, Übersetzung, Verbreitung gem. § 69c bedarf (BGH CR 2007, 75, 76 – *ASP Vertrag*). Gegen eine Übertragung der Ausführungen des BGH zu ASP auf die umstrittene Frage, ob der Anbieter von ASP im Rahmen seiner Tätigkeit eine zustimmungspflichtige Vermietung gem. § 69c Nr. 3 UrhG vornimmt, daher zu Recht Anm. *Marly/Jobke* LMK 2007, 209583 zu BGH MMR 2007, 243).

31 **dd) Erschöpfung bei Vervielfältigungsstücken/Weitergabeverbote:** Das Verbreitungsrecht erschöpft sich in Bezug auf das Vervielfältigungsstück eines Computerprogramms, wenn es mit Zustimmung des Rechtsinhabers in einem Mitgliedsland der Europäischen Union oder einem anderen Vertragsstaat des Abkommens über den Europäischen Wirtschaftsraum im Wege der Veräußerung in Verkehr gebracht worden ist, mit **Ausnahme** allerdings **des Vermietrechts.** In Bezug auf Computerprogramme ist damit die Erschöpfungsregelung in § 17 Abs. 2 eingeschränkt. Wird also z. B. in den USA gezielt für den Heimatmarkt ein Computerprogramm veräußert, so hat sich das Verbreitungsrecht des Rechtsinhabers in Bezug auf Deutschland nicht erschöpft; er kann die Weiterverbreitung des Computerprogramms in Deutschland untersagen. Unter den Veräußerungsbegriff fallen unter Verkauf, sondern auch Tausch und Schenkung (vgl. Rn. 26). Bei nur **zeitlich befristeter Gebrauchsüberlassung** (Vermietung im urheberrechtlichen Sinn, vgl. Rn. 26), tritt hingegen wegen der Ausnahme des Vermietrechts keine Erschöpfung ein. Allerdings kann auch bei zeitlich befristeter Gebrauchsüberlassung in Ausnahmefällen Erschöpfung eintreten, nämlich, wenn diese zeitliche Befristung der gesamten Zeit der Funktionsfähigkeit entspricht, denn ein solcher Vorgang soll dem Verkaufsbegriff des EuGH entsprechen (BGH GRUR 2015, 1108 Tz. 37 – *Green IT*). Voraussetzung dafür ist aber, dass die Software sich mit Ablauf der Vertragslaufzeit automatisch deaktiviert. Zu den in der Vertragspraxis wichtigen Fragen rund um **Weitergabeverbote** vgl. Rn. 50 ff. Bei einem Wechsel des Trägermediums tritt keine Erschöpfung ein (vgl. § 17 Rn. 28 und (allerdings nicht zu einem Fall aus dem Softwarerecht) EuGH ZUM 2015, 241 – *Allposters*). Das Herunterladen einer **Testversion** führt nicht zur Erschöpfung des Verbreitungsrechts an der zugrundeliegenden Programmkopie (OLG Frankfurt CR 2017, 295).

32 **ee) Erschöpfung bei unkörperlicher Programmüberlassung/Online-Übermittlung:** Die Frage, ob die Erschöpfungsregelung auf die Veräußerung eines **körperlichen Datenträgers** wie z. B. einer Diskette oder CD-ROM beschränkt ist oder nicht vielmehr auch im Falle der **unkörperlichen Programmüberlassung,** oft unscharf als „**online Übermittlung**" bezeichnet, (vgl. Rn. 11) eintritt hat

der EuGH pro Erschöpfung entschieden: Der **BGH** hatte den Streitfall dem EuGH vorgelegt (BGH GRUR 2011, 418 – *UsedSoft* m. Anm. *Leistner* CR 2011, 209 sowie *Wolff-Rojczyk/Hansen* CR 2011, 228). Der **EuGH** entschied, dass eine Erschöpfung auch bei unkörperlicher Programmüberlassung eintritt und der Zweiterwerber damit berechtigter Nutzer i. S. d. § 69d ist, also in dessen Grenzen vervielfältigen darf – er setzte allerdings Grenzen: Die Erstübermittlung muss „**ohne zeitliche Begrenzung und gegen Zahlung eines Entgelts,** das es ihm ermöglichen soll, eine dem wirtschaftlichen Wert der Kopie des ihm gehörenden Werkes entsprechende Vergütung zu erzielen, auch ein Recht" erfolgen, die Kopie des Programms beim Ersterwerber muss zum Zeitpunkt dieses Verkaufs **unbrauchbar gemacht** werden und der Ersterwerber darf die ihm eingeräumte Lizenz **nicht „aufspalten"** (EuGH GRUR 2012, 904 – *Used-Soft ./. Oracle*). Die Entscheidung ließ etliche Fragen offen: In den Erstverträgen regeln Softwarehersteller oft viel mehr als bloß die Nutzungsrechte; was aber geschieht mit den Verpflichtungen des Erstlizenznehmers (z. B. in Bezug auf Audits oder die parallel geregelte Pflege?). Der Zweiterwerber wird diese mit übernehmen müssen, andernfalls die vom EuGH gewünschte urheberrechtliche Wirkung nicht eintreten kann. Oder: Was geschieht, wenn die Anzahl der Nutzer bei einem Volumenlizenzvertrag nicht vorgegeben ist. Kann sich der Ersterwerber dann die ihm genehme Anzahl aussuchen, um nicht dem Aufspaltungsverbot des EuGH zu unterliegen? Und schließlich: Wie steht es mit den Anforderungen an die Darlegungs- und Beweislast des Gebrauchtsoftwarehändlers? Der BGH hatte mittlerweile zwei Mal Gelegenheit, dieses Grundsatzurteil des EuGH in seiner Anwendung auf deutsches Recht zu konturieren: Er stellt klar, dass der, der sich auf § 69d und – voraussetzend dafür – die Erschöpfung nach § 69c Nr. 3 beruft, alle Voraussetzungen dafür darlegen und beweisen muss (BGH GRUR 2014, 264 Tz. 56 – *UsedSoft II*). Der Erstvertrieb muss im Europäischen Wirtschaftsraum erfolgen und einen (autonom interpretierten, richtlinienspezifischen) Verkauf darstellen. Letzteres setzt eine angemessene Vergütung i. S. d. EuGH und dauerhafte Nutzungsmöglichkeit voraus. Für die insoweit nötige Darlegung (und ggfs. für den Beweis) genügt nicht, dass der Erwerber einen gültigen Programmschlüssel (oder andere vermeintliche Nachweise, wie CoAs (dazu Rn. 6)) vorlegen kann (*Leistner* WRP 2014, 995, 996). Er muss vielmehr die vollständige Historie der Verträge und deren Inhalt sowie Durchführung darlegen und ggfs. beweisen. Wann die vom EuGH aufgestellte Voraussetzung „ohne zeitliche Beschränkung", die der BGH mit unbefristet gleichsetzt (BGH GRUR 2014, 264 Ls. 1a und Tz. 61 – *UsedSoft II)* dürfte noch für Diskussionen sorgen, denn der BGH selbst hat in einer weiteren Entscheidung auch bei zeitlich befristeter Gebrauchsüberlassung in Ausnahmefällen Erschöpfung eintreten lassen (BGH GRUR 2015, 1108 Tz. 37 – *Green IT* und oben Rn. 27)). Bislang wurde vertreten, dass jedenfalls Mietmodelle, die nunmehr verstärkt angeboten werden, diese Voraussetzung nicht erfüllen (*Leistner* WRP 2014, 995, 996; einschränkend *Grützmacher* ZGE 2013, 46, 80). Das Problem dürfte sich in dieser Tragweite selten stellen, da SaaS-Angebote selten technisch so ausgestaltet sind, dass der Nutzer überhaupt Nutzungsrechte erwirbt (Rn. 74).
Die weitere Voraussetzung der Unbrauchbarmachung der Programmkopie durch den Erstwerber muss ebenfalls vom Erwerber dargelegt und bewiesen werden (BGH GRUR 2014, 264 Tz. 64 – *UsedSoft II)*. Hierzu wurden sehr strenge Anforderungen und teilweise eher theoretische Fallgestaltungen, z. B. wann tatsächlich eine technisch nicht mehr rückgängig machbare Löschung vorliegt, diskutiert (s. *Stieper* GRUR 2014, 270, 271, *Heydn* CR 2014, 239, 240). Zu Recht weist Leistner darauf hin, dass die entscheidende Frage die der Beweislast ist (*Leistner* WRP 2014, 995, 997). Zur Darlegung und zum Nachweis der Unbrauchbarmachung genügt nicht die Vorlage einer notariellen Bestätigung, aus der sich lediglich ergibt, dass dem Notar eine Erklärung der

ursprünglichen Lizenznehmerin vorgelegen hat, wonach sie rechtmäßige Inhaberin der Lizenzen gewesen sei, diese vollständig von ihren Rechnern entfernt habe und der Kaufpreis vollständig entrichtet worden sei (BGH GRUR 2014, 264 Tz. 64 – *UsedSoft II*). Eine Vernichtungserklärung des Ersterwerbers wird im Regelfall zum Nachweis der Entfernung der ursprünglichen Programmkopie nicht genügen (BGH GRUR 2015, 772 Tz. 49 – *UsedSoft III*). Wenn allerdings ein Dritter, der die Software als Ersterwerber nicht installiert hat, sondern direkt weitergeleitet hat, die Vernichtung bestätigt, soll dies nicht zu beanstanden sein (BGH GRUR 2015, 772 Tz. 49 – *UsedSoft III*). Vor diesem Hintergrund dürften Abschlussberichte von Lizenzaudits eine besondere Bedeutung und eigentlich als einzig sicher einzustufende Nachweise für die Unbrauchbarmachung anzusehen sein (s. *Schneider/Spindler*, CR 2014, 213, 220; *Wolff-Rojczyk*, ITRB 2014, 75, 76 f.).

Schließlich ist es für die Voraussetzung „keine Aufspaltung" nach dem BGH gleichgültig, ob der Ersterwerber sich Vervielfältigungsstücke unter Verwendung einer einheitlichen Seriennummer herunterlädt, oder ob er die Seriennummer nutzt, um sich nur ein einzelnes Vervielfältigungsstück des Computerprogramms herunterzuladen und dieses anschließend vervielfältigt. Eine solche einheitliche Beurteilung beider Sachverhalte, folgt aus der „gebotenen wirtschaftlichen Betrachtungsweise", die der EuGH vorgegeben habe (BGH GRUR 2015, 772 Tz. 33 – *UsedSoft III*). Faktisch führt dies dazu, dass der BGH unter dem Deckmantel des Erschöpfungsgrundsatzes Vervielfältigungen gestattet (BGH GRUR 2015, 772 Tz. 31 – *UsedSoft III*). Er beschreibt dies im Leitsatz als „Fortführung" von „*UsedSoft II*"; tatsächlich dürfte es aber eine kritisch einzuordnende Ausweitung von § 69c Nr. 3 S. 2 sein (Wandtke/Bullinger/ *Grützmacher*[4] Rn. 36). Nach *UsedSoft III* ist es bei sog. Volumen-Lizenzen möglich, nur einen Teil der ursprünglich erworbenen Nutzungsrechte an einem Computerprogramm weiter zu veräußern, sofern der Ersterwerber „eine Lizenz erworben (hat), die die Nutzung mehrerer eigenständiger Kopien des Computerprogramms erlaubt (sog Volumen-Lizenz)" (BGH GRUR 2015, 772 Tz. 45 – *UsedSoft III*). Anders sieht der BGH diese Frage der Aufspaltbarkeit bei sog. Client-Server-Systemen: Bei diesen kann nur eine Gesamtveräußerung stattfinden (BGH GRUR 2015, 772 Tz. 44 f. – *UsedSoft III*).

Es ist schon lange gesicherte Erkenntnis, dass der Erschöpfungsgrundsatz nicht durch vertragliche Regelungen eingeschränkt werden kann (BGH, GRUR 2001, 153 – *OEM-Version*). Der BGH bestätigt dies erneut und zeigt auf, dass der zwischen dem Rechtsinhaber und dem Ersterwerber geschlossene Vertrag in der Regel keinen Einfluss darauf hat, unter welchen Voraussetzungen eine „bestimmungsgemäße Benutzung" i. S. d. § 69d Abs. 1 vorliegt (BGH GRUR 2015, 772 Tz. 60 – *UsedSoft III*). Auch Vereinbarungen, welche die Benutzung der Software auf einen bestimmten Nutzerkreis – hier: Mitarbeiter von Bildungseinrichtungen – oder auf einen bestimmten Verwendungszweck eingrenzen, fallen nicht unter die „besonderen vertraglichen Bestimmungen" i. S. d. § 69d Abs. 1 (BGH GRUR 2015, 772 Tz. 57 ff.– *UsedSoft III*). Es fragt sich dann aber, was „besondere vertragliche Bestimmungen" sein können und welchen Einfluss sie überhaupt noch haben. *Leistner* WRP 2014, 995, 1000 f. (allerdings noch vor *UsedSoft III*) sieht noch Bewegungsspielraum. Field of use-Beschränkungen, soweit diese bereits auf der ersten Stufe vereinbart werden (*Leistner* WRP 2014, 995, 1000) und zugleich den Anforderungen an eine eigenständige Nutzungsart (dazu vgl. § 31 Rn. 10) dürften genügen, den Bewegungsspielraum des § 69d ausfüllen (vgl. § 69d Rn. 16).

Auch Verbesserungen und Aktualisierungen, die das vom Nacherwerber heruntergeladene Computerprogramm gegenüber dem vom Ersterwerber heruntergeladenen Computerprogramm aufweist, werden von der Erschöpfung umfasst, wenn sie von einem zwischen dem Urheberrechtsinhaber und dem

Ersterwerber abgeschlossenen Wartungsvertrag gedeckt sind (BGH GRUR 2014, 664 Tz. 62 – *UsedSoft II*). Auch dafür trägt der Erwerber die Darlegungs- und Beweislast. Der Wartungsvertrag selbst geht aber nicht über (zu sich daraus ergebenden Schwierigkeiten s. *Leistner* WRP 2014, 995, 999 f. m. w. N.).

Vergleichbare Themen gibt es für **andere Werkarten** (s. dazu zunächst vgl. § 17 **32a** Rn. 24 ff.): Für den Bereich der Internet-Musikdienste wird vertreten, dass keine Erschöpfung bei Online-Übermittlung der Musikdateien stattfindet (LG Berlin GRUR-RR 2009, 329 – *Musikdownloadportal*; KG ZUM-RD 2016, 182); ebenso für E-Books und Hörbücher (OLG Hamburg MMR 2015, 740; OLG Hamm GRUR 2014, 853). Zur Gleichstellung beim Verleih von E-Books und gedruckten Büchern s. EuGH GRUR 2016, 1266 – *VOB/Stichting* zur Gleichstellung und Anm. *Stieper* GRUR 2016, 1270.

In diesem Zusammenhang ist es hilfreich, einen Blick über den urheberrechtli- **32b** chen Tellerrand auf das Patentrecht zu werfen, das ein ähnliches Problem wie die Erschöpfung bei digitaler Disssemination urheberrechtlich geschützter Inhalte zu lösen hat:
Das Patentrecht erschöpft sich bei Vorrichtungspatenten an der Vorrichtung. Bei einem Verfahrenspatent wird die Erschöpfung auf sog. unmittelbaren Verfahrenserzeugnisse erstreckt (RGZ 51, 139, 140; RG GRUR 1936, 121, 123; BGH GRUR 1980, 38, 39 – *Fullplastverfahren*; BGH GRUR 2001, 223, 224 – *Bodenwaschanlage)*. Eine Videobilder repräsentierende Folge von Videobilddaten ist als unmittelbares Ergebnis eines Herstellungsverfahrens anzusehen; der Patentschutz umfasst dabei auch einen Datenträger, auf dem die erfindungsgemäß gewonnene Datenfolge unverändert gespeichert worden ist. Wenn für die Vervielfältigung die erneute Anwendung des Verfahrens nicht notwendig ist, hält sich auch die Herstellung weiterer Datenträger, die die erfindungsgemäß codierte Datenfolge unverändert enthalten, im Rahmen der aus der Erschöpfung des Patentrechts folgenden Befugnis zum bestimmungsgemäßen Gebrauch der erzeugten Datenfolge (BGHZ 194, 272 Tz. 28 – *MPEG-2-Videosignalcodierung*). Der BGH hat das zwischenzeitlich eingegrenzt und sieht eine Datenfolge nur dann als unmittelbar hergestelltes Erzeugnis an, wenn sie sachlich-technische Eigenschaften aufweist, die ihr durch das Verfahren aufgeprägt worden sind und sie daher ihrer Art nach tauglicher Gegenstand eines Sachpatents sein kann (BGH GRUR 2017, 261 – *Rezeptortyrosinkinase II*). Er nimmt damit bloße Untersuchungsbefunde und daraus gewonnenen Erkenntnisse als Wiedergabe von Informationen vom Schutz aus. Damit stellt sich dem BGH auch bei diesem Parallelproblem die Frage, ob man nicht eigentlich auf die Ebene der Daten „heruntergehen“ müsste, um die Erschöpfung gewissermaßen auf der Ebene des Pudels Kern zu entscheiden (zum Sachcharakter von Informationen als Kernproblem vgl. Rn. 36)

Neben der Erschöpfung können auch **andere Handlungen die rechtliche und** **33** **tatsächliche Verkehrsfähigkeit eines Werkstücks einschränken:** So gestattet der BGH eine Vertriebsmodalität, nach der zwar eine Erschöpfung am Datenträger (hier: DVD mit einem Computerspiel) eintritt, der Dritte diese rechtmäßig erworbene Kopie aber nicht nutzen kann, weil das Nutzerkonto, das parallel anzulegen ist, nach den AGB nicht übertragbar ist (BGH MMR 2010, 771 – *Half Life* 2). Der BGH hatte in diesem Verbandsklageverfahren allerdings nur die Gelegenheit zur AGB-rechtlichen Zulässigkeit entsprechender Klauseln an sich, nicht zu ihrer Einbeziehung in den Vertrag Stellung zu nehmen. Dennoch bleibt abzuwarten, ob mit dieser Entscheidung wirklich die Erschöpfung auszuhebeln ist. Mittlerweile wird dies kontrovers diskutiert (*Grützmacher* ZGE 2013, 46, 78; *Stögmüller* K&R 2014, 194, 196; *Marly* CR 2014, 149; *Stieper* ZUM 2012, 668, 670. Richtigerweise darf eine Umgehung bei reiner Software nicht möglich sein (*Leistner* WRP 2014, 995, 1003). Einmal mehr wird an dieser Stelle aber die Einordnung z. B. von Computerspielen (§ 69a Rn. 10) virulent; wenn man mit der hier vertretenen Auffassung bei bestimmten Normkollisionen eine Entscheidung für oder gegen die Sonderregeln für Software vornehmen muss (vgl. § 69a Rn. 10 unter Verweis auf *Bullinger/Czychowski* GRUR 2011, 19), stellt sich dieses Problem einfacher dar, denn dann würde man z. B. bei Computerspielen zur Anwendung der Regeln über Filmwerke kommen mit der Folge, dass es dort keine Erschöpfung im unkörperlichen Bereich gibt und vertragliche Regelungen wie sie Gegenstand der Half-Life Entscheidung waren, zulässig blieben. Im Ergebnis ähnlich, allerdings mit anderer Begründung KG CR 2016, 81, 82 – *Steam Nutzerkonten nicht übertragbar* und KG MMR 2016, 340 – *Vertragliche Nutzungsbeschränkung beim Computerspiel*).

34 d) **Öffentliche Wiedergabe (Nr. 4):** Die Online-Übertragung von Computerprogrammen und ähnliche Akte der öffentlichen Wiedergabe waren von der Software-RL nicht als explizites Verwertungsrecht vorgesehen. Das Gesetz zum Urheberrecht in der Informationsgesellschaft (allg. dazu vgl. Vor §§ 95a ff. Rn. 14 ff.) hat diese **Lücke** ohne europarechtlichen Zwang **geschlossen.** Der gesamte § 69c beruht im Gegensatz zu § 19a nicht auf der Info-RL, sondern auf der Software-RL, welche nach der *UsedSoft* Entscheidung der Info-RL als lex specialis vorgeht (EuGH GRUR 2012, 904 Tz. 56 – *UsedSoft ./. Oracle*). Da Art. 4 Software-RL kein Recht der öffentlichen Zugänglichmachung vorsieht, sondern die Onlineübermittlung unter das (dem Erschöpfungsgrundsatz unterliegende) Verbreitungsrecht in Nr. 3 fasst (so ausdrücklich nun auch EuGH GRUR 2012, 904 Tz. 59 – *UsedSoft ./. Oracle*), stellt sich die Frage, inwieweit die überschießende Regelung des deutschen Gesetzgebers in Nr. 4 mit dem Gemeinschaftsrecht vereinbar ist. Geht man naheliegend davon aus, dass sich das Recht auf öffentliche Zugänglichmachung nach § 69c Nr. 4 im Gegensatz zum Verbreitungsrecht nach Nr. 3 nicht erschöpft, wäre in der Regelung eine binnenmarktbeschränkende Regelung zu sehen, die mit der Software-RL unvereinbar ist (s. insbesondere ErwG 4 und 5 Software-RL). Jedenfalls muss daher die Vorschrift **gemeinschaftskonform einschränkend ausgelegt** werden. Aus Sicht des Gesetzgebers war diese Änderung durch das Gesetz zum Urheberrecht in der Informationsgesellschaft allerdings nur eine Klarstellung (RegE UrhG Infoges – BT-Drs. 15/38, S. 22). Inhaltlich kann auf die Ausführungen zu §§ 15 ff., insb. § 19a verwiesen werden. Zu Recht hat der BGH dennoch das Einstellen eines Computerprogramms auf einen Server zum Herunterladen über das Internet unter der alten Rechtslage unter § 15 a. F. subsumiert und festgestellt, dass es sich um eine öffentliche Zugänglichmachung handelt (BGH GRUR 2009, 864 – *CAD-Software*). Zum Cloud Computing vgl. Rn. 76a. Im Zusammenhang mit sog. **Abo-Fallen** im Internet wird zu Recht die Auffassung vertreten, dass bei einer Verlinkung auf ein Download-Angebot des Softwareherstellers durch betrügerische Abo-Angebote die Voraussetzungen der Paperboy-Rechtsprechung des BGH zu zulässigen Links (vgl. § 16 Rn. 30) nicht vorliegen, mithin ein Verstoß gegen § 69c Nr. 4 vorliegen kann (*Hövel/Hansen* CR 2010, 252, 256 f.). Die Ausstrahlung einer grafischen Benutzeroberfläche im Fernsehen stellt keine öffentliche Wiedergabe dar, da die Wiedergabe nur passiv erfolgt, ohne dass die Zuschauer die Möglichkeit „zum Tätigwerden" haben (EuGH GRUR 2011, 220 ff. – *Grafische Benutzeroberfläche*). Zum vom EuGH neu ausgerichteten **Begriff der Öffentlichkeit** vgl. § 15 Rn. 27 ff. Ob die dort dargestellte Rechtsprechung auch auf den Öffentlichkeitsbegriff des § 69c, der hier – wie oben dargestellt – nicht EU-rechtlich geprägt ist, anwendbar ist, ist offen. Eine einheitliche Auslegung dürfte sich jedoch anbieten (zum ähnlich gelagerten Problem bei § 87b, vgl. § 87b Rn. 19.

III. Verwertung der Rechte in der Lizenz, Softwarevertragsrecht, inkl. Überblick über das AGB-Recht

1. Allgemeines

s. zunächst die Einführung vgl. Vor §§ 69a ff. Rn. 9 ff. Das Softwarevertrags-   **35**
recht ist im Wesentlichen **sekundäres Urhebervertragsrecht**, daher mehr von
den wirtschaftlichen Interessen der beteiligten Verwerter bestimmt als von
Schutzinteressen der Urheber. Es hat sich zu einem eigenen Rechtsgebiet entwickelt, das auf urheberrechtlicher Grundlage Fragen des allgemeinen Zivilrechts,
insbesondere AGB-Recht, aber auch des Kartellrechts in den Blick führt. Im
Folgenden geht es, wie bereits in der Einführung (vgl. Vor §§ 69a ff. Rn. 9 ff.)
betont, nicht um die allgemeinen zivilrechtlichen Ausgestaltungen, sondern um
die Grenzen, die diesen aus dem Urheberrecht, aber auch dem AGB-Recht und
dem Kartellrecht gesetzt werden. Computerprogramme werden allerdings –
anders als die sie verkörpernden Datenträger – bislang nicht als Sachen verstanden (vgl. Rn. 36), sondern urheberrechtlich als Sprachwerk i. S. d. § 2 Abs. 1
Nr. 1 i. V. m. § 69a Abs. 4 geschützt und gewähren dem Rechteinhaber die ausschließlichen Rechte des § 69c. Die Überlassung von Software ist damit – neben
einem schuldrechtlichen Vertrag über den Datenträger – ein urheberrechtlicher
Nutzungsvertrag (BGH GRUR 1994, 363, 365 – *Holzhandelsprogramm; Haberstumpf* GRUR Int. 1992, 715 ff.; *Lehmann* FS Schricker I S. 543, 545 ff.;
Schack, Urheber- und UrhebervertragsR[7] Rn. 1277; zur vertragstypologischen
Einordnung: *Lutz* S. 23 ff.; Schricker/Loewenheim/*Spindler*[5] Vor §§ 69a ff.
Rn. 59). **Nicht behandelt** werden können Fragen des allgemeinen Software-
rechts ohne Bezug zum Urheberrecht (zu diesen sehr praxisnah: *Schneider*[5]
passim; *Redeker* oder *Ullrich/Lejeune*[2] passim), also z. B. die sehr wesentliche
Frage, ob mangels ausdrücklicher Regelung in einem Softwareerstellungsvertrag eine Pflicht zur Überlassung des Quellcodes besteht (dazu BGH CR 2004,
490 – *Indizien für Überlassung Quellcode*). Zu **Zwangslizenzen** vgl. Vor
§§ 31 ff. Rn. 83 ff.

2. Sachcharakter von Informationen/Rechten an Daten

Es sei an dieser Stelle ein kleiner Exkurs gestattet, der den Gegenstand vieler   **36**
Verträge der neuen digitalen Welt betrifft (demnächst dazu ausführlich Czy-
chowski/Siesmayer in Taeger/Pohle (Hrsg.), Computerrechtshandbuch, Kapitel
„Rechte an Daten"). Viele dieser Verträge berühren das Problem des **Sachcharakters** von Informationen, Software oder allgemein von **Daten** i. S. d. § 90
BGB. Dies ist immer noch ein nicht abschließend geklärtes Problem, da Daten
als solche nicht verkörpert sind (Palandt/*Heinrichs*[76] § 90 BGB Rn. 2 m. w. N.;
zu dogmatischen Grundfragen des Sachbegriffs im Verhältnis zum Immaterialgut s. Leible/Lehmann/Zech/*Leistner* S. 201, 211 ff.; *Zech*, Information als
Schutzgegenstand; s. a. *Redeker* CR 2011, 634). Zunehmend wird dieses
Thema unter dem Stichwort „Rechte an Daten" diskutiert (dazu s. *Härting*
CR 2016, 646; *Heymann* CR 2016, 650; *Hoppen* CR 2015, 802; *Zech* CR
2015, 137 sowie *ders.* GRUR 2015, 1151 und die vom *Verfasser* geleitete
Podiumsdiskussion bei der DGRI Jahrestagung 2014 K&R 12/2014, V. Ob es
sich bei Daten im Übrigen wirklich um das „Öl des 21. Jahrhunderts" – wie oft
behauptet – handelt oder ob bei einer solchen Analogie einem ob der negativen
Auswirkungen des Öls auf Umwelt und Weltfrieden nicht eher Angst und
Bange werden sollte, sei hier dahingestellt. Der BGH deutet noch keinerlei
Bereitschaft an, Informationen bzw. Daten (hier: über die Aufzeichnung von
Interviews mit Altbundeskanzler Kohl) irgendeinem absoluten Recht oder
Rechtsposition zuzuordnen (BGH ZUM 2016, 47). Das OLG Naumburg hin-
gegen entschied über die Zuordnung einer Rechtsposition an Geschwindig-
keitsmessdaten (OLG Naumburg CR 2016, 83) und ließ für die Zuordnung es
entscheidend auf den Skripturakt ankommen; danach wird die Rechtsposition

(das OLG spricht nicht von Eigentum) dem zugeordnet, der die Speicherung oder Übermittlung initiiert hat (in diesem Sinne überzeugend auch *Zech* CR 2015, 137, 146), denn für diesen spricht die Kontrolle über die Daten; gleichzeitig grenzt dies vom Datenbankrecht sui generis ab, das gerade die bloße Erzeugung von den schutzfähigen Investitionen (und damit vom Schutzgegenstand) ausnimmt (vgl. § 87a Rn. 19). Schließlich sei eine Entscheidung aus dem Patentrecht erwähnt, in der der BGH unkörperliche Sache, hier: Eine Videobilder repräsentierende Folge von Videodaten, als Erzeugnis i. S. d. § 9 S. 2 Nr. 3 PatG angesehen hat (BGH GRUR 2011, 1230 – *MPEG-Videosignalcodierung*; zu den Einschränkungen durch BGH GRUR 2017, 261 – *Rezeptortyrosinkinase II* vgl. Rn. 32b); damit entsteht ein unkörperlicher Gegenstand, der seinerseits Gegenstand des patentrechtlichen Verbotsrechts als Erzeugnis ist, ist sich der daraus ablesbaren Folge für das hier diskutierte Problem wohl kaum bewusst. Auch diese Entscheidung zeigt, wie sehr eine Lösung des zugrundeliegenden Problems drängt (vgl. Rn. 32b). In engem Zusammenhang zu diesem Thema sind auch die Überlegungen der EU-Kommission zur Regelung eines Europäischen Kaufrechts, das auch digitale Inhalte umfassen soll, zu sehen (s. Entwurf einer Verordnung für ein Gemeinsames Kaufrecht KOM 82011) 635 endg und dazu *Druschel* GRUR Int. 2015, 125) sowie der Vorschlag der Kommission zu einer Richtlinie über Verträge zur Bereitstellung digitaler Inhalte (KOM 2015) 634 endg und dazu *Spindler* MMR 2016, 147). Die EU-Kommission hat mittlerweile zu dem Themenkomplex eine Mitteilung vorgelegt (Mitteilung der Kommission zum Aufbau einer Europäischen Datenwirtschaft COM (2017) 9 final vom 10.1.2017 und dazu *Wiebe* CR 2017, 87), in dem sie u. a. ein Datenproduzentenrecht als Leistungsschutzrecht vorschlägt. Möglicherweise würde eine Lösung dieses Problems aber viele der oben dargestellten Probleme (zum Beispiel die Einordnung der Vervielfältigung beim Laden des Computerprogramms oder die sog. Gebrauchtsoftware – dazu überzeugend *Haberstumpf* CR 2012, 561 und *Redeker* CR 2014, 73) lösen helfen (in diese Richtung *Ulmer/Hoppen* CR 2008, 681). Entschieden ist bislang nur, dass der Datenträger mit dem darin verkörperten Computerprogramm eine Sache ist (Palandt/*Heinrichs*[76] § 90 BGB Rn. 2; OLG Karlsruhe CR 1996, 352; OLG Oldenburg v. 24.11.2011 – 2 U 98/11). Auch ist man sich weitgehend darüber einig, dass Computerprogramme, wenn sie Standardsoftware sind, schuldrechtlich wie Sachen behandelt werden, d. h. sie können Gegenstand von Kaufverträgen und Gewährleistungsansprüchen sein (BGH NJW 1990, 320, 321; LG Konstanz CR 1997, 84, 84). Die Frage der Sacheigenschaft von Computerprogrammen, auch und gerade wenn sie ausschließlich über das Internet verbreitet bzw. genutzt werden, wird insbesondere bei individuell erstellter Software virulent. Die Regeln über den Werklieferungsvertrag (§ 651 BGB) sind neu geordnet worden; danach ist nun weitgehend Kaufrecht anwendbar (im einzelnen Palandt/*Sprau*[76] § 651 BGB Rn. 1 ff. m. w. N.). Damit könnte nun auch individuell erstellte Software, folgt man der Ansicht, die hierauf Werklieferungsrecht anwenden will, weitestgehend Kaufrecht unterstellt sein (zum Streitstand *Marly*[4], Softwareüberlassungsverträge Rn. 57 m. w. N.; jetzt *Müller-Hengstenberg* CR 2004, 161; *Thewalt* CR 2002, 1 ff.). Immerhin bezüglich des Zivilrechts hat der BGH wiederholt entschieden, dass eine auf einem Datenträger verkörperte Standardsoftware als bewegliche Sache anzusehen ist, auf die je nach der vereinbarten Überlassungsform Miet- oder Kaufrecht anwendbar ist (BGHZ 143, 307, 309; BGHZ 109, 97, 100 f.; BGHZ 102, 135, 144; BGH MDR 1997, 913; BGH NJW 1993, 2436, 2437 f.; BGH NJW 1990, 3011; BGH ZIP 1984, 962, 963; BGH GRUR 1985, 1055). Diese Auffassung hat im Schrifttum weitgehend Zustimmung erfahren (*Henssler* MDR 1993, 489, 490; *König* NJW 1993, 3121 ff.; *Marly* BB 1991, 432; Erman/*Michalski*[14] § 90 BGB Rn. 3; Palandt/*Heinrichs*[76] § 90 BGB Rn. 2; Soergel/*Marly*[12] § 90 BGB Rn. 3; *Koch* S. 40 f.; *Sedlmeier/Kolk* MMR 2002, 75, 77; a. A. *Müller-*

Hengstenberg CR 2004, 161, 164; *Diedrich* CR 2002, 473, 475; *Redeker* NJW 1992, 1739). Die beim **ASP- oder SaaS-Vertrag** geschuldeten Softwareprogramme sind auch auf einem Datenträger verkörpert. Denn die der Steuerung des Computers dienenden Programme müssen, um ihre Funktion erfüllen zu können, d. h. um überhaupt nutzbar zu sein, in verkörperter Form vorhanden sein, sei es auf einem Wechselspeichermedium (z. B. auf Diskette, CD, USB-Stick), oder auf einer Festplatte, oder auch nur auf einem flüchtigen (stromabhängigen) Speichermedium (hierzu *Marly*, Softwareüberlassungsverträge Rn. 102 m. w. N., 119). Gegenstand des ASP-/SaaS-Vertrages ist somit stets die verkörperte geistige Leistung. Dabei ist es ohne Bedeutung, auf welchem Informationsträger das Computerprogramm verkörpert ist. Entscheidend ist nur, dass es verkörpert und damit nutzbar ist. Vergleichbar mit dem elektronischen Datenträger ist das Buch. Auch das Buch, dessen Sachqualität nicht angezweifelt wird, ist Ergebnis einer schöpferischen Geistestätigkeit und wird ausschließlich wegen seines geistigen Inhalts und nicht wegen seines Informationsträgers, des Papiers, erworben. Dadurch verliert es jedoch nicht seine Sachqualität (*Marly*, Softwareüberlassungsverträge Rn. 98 m. w. N.).

Nicht unwesentlich ist die Frage des Sachcharakters von Daten bzw. Software **37** auch für die **verschuldensunabhängige Produkthaftung**. Nach überkommener Lehre ist die Anwendbarkeit von § 2 ProdHaftG problematisch, wenn keine bewegliche Sache vorliegt, da es an einer **Verkörperung** fehlt. Der BGH und die mittlerweile wohl überwiegende Meinung stellen wiederum darauf ab, ob die Daten auf Datenträgern verkörpert sind (BGH NJW 1988, 406, 407; BGH NJW 1990, 320, 321 und wenden zudem die Vorschriften über den Sachkauf entsprechend an: *Cahn* NJW 1996, 2899, 2903 ff.; *Lehmann* NJW 1992, 1721, 1724; *Marly*, Softwareüberlassungsverträge Rn. 89 ff; kritisch dazu – mit interessanten Argumenten – *Wächter* JurPC Web-Dok. 242/2000). Problematisch bleiben somit nur die Fälle, in denen die digitalisierten Informationen online abgerufen werden, eine Verkörperung zunächst also nicht gegeben ist.

Man könnte daran denken, in einer **Analogie zur Elektrizität** § 2 ProdHaftG **38** dennoch anzuwenden. Da auch bei Elektrizität keine Körperlichkeit erforderlich ist, spricht viel dafür, die Übertragung von Daten mittels elektromagnetischer Strömung als eine modifizierte Form von Elektrizität zu betrachten. Es wird daher auch vertreten, dass aufgrund der Zielsetzung der Produkthaftungs-RL, nämlich den Verbraucher vor gefährlichen Gütern zu schützen, es nur auf den Warencharakter, die Austauschbarkeit des Produktes und seine Gefährlichkeit ankommt, nicht aber auf die Körperlichkeit (*Meyer* ZUM 1997, 26, 28, 33; *Bothe/Kilian* S. 373 f.). Da ein Gefahrenpotential vorhanden sei und die Übertragung elektronisch verlaufe, solle auch die Übertragung online der Produkthaftung unterfallen (*Meier/Wehlau* CR 1990, 95, 99). Elektrizität ist allerdings in § 2 ProdHaftG die einzige Ausnahme zum Tatbestandsmerkmal der Verkörperung. Dies deutet gerade daraufhin, dass der Gesetzgeber keinen Raum für die Annahme einer Regelungslücke schaffen wollte und daher eine Analogie für nicht körperlich in den Verkehr gebrachte Produkte von vornherein ausscheidet (*Spindler* MMR 1998, 119, 120; im Detail hierzu Bröcker/Czychowski/Schäfer/*Czychowski* § 13 Rn. 13 m. w. N.). Alles in allem spricht also viel dafür, auf Daten und Computerprogramme, auch ohne Verkörperung auf einem Datenträger, die Regeln über Sachen zumindest **analog** anzuwenden, jedenfalls bis der Gesetzgeber reagiert (s. dazu Thesen von *Fezer* MMR 2017, 3) und dieses wichtige Rechtsobjekt der Wissensgesellschaft als solches erkannt hat.

3.   Vertrag über die Erstellung eines Computerprogramms

Der Softwareerstellungsvertrag von Individualsoftware ist im Regelfall ein **39** Werkvertrag gemäß §§ 631 ff. BGB (BGH NJW 1990, 3008; *Schack*, Urheber-

und UrhebervertragsR[7] Rn. 1279). Es wird die Pflicht zur Programmierung der Software – die Herstellung eines Werkes – und zur Einräumung von Nutzungsrechten vereinbarten Umfanges gegen Entgelt übernommen. Da die Urheberrechte in der Person des Schöpfers entstehen und die Verträge regelmäßig mit Softwareunternehmen und selten mit den Programmierern persönlich abgeschlossen werden, müssen jene zunächst die Nutzungsrechte an der Software von diesen erwerben, bevor sie diese dem Vertragspartner einräumen können. Diese Frage regelt § 69b, der als Spezialnorm zu § 43 bestimmt, dass angestellte Programmierer von der Verwertung des Werkes ausgeschlossen sind (§ 43). Abweichendes kann ausdrücklich vertraglich vereinbart werden. Der Umfang der Rechteeinräumung richtet sich nach den allgemeinen Regeln. Soweit es keine ausdrückliche Vereinbarung gibt, werden beim voll vergüteten Entwicklungsauftrag sämtliche Nutzungsrechte und – jedenfalls wenn auch der Quelltext übergeben wird – auch Änderungsrechte übertragen (s. OLG Karlsruhe IuR 1988, 150; *Koch*, Computerrecht Rn. 907; Kilian/Heussen/*Moritz* Band III Rn. 92). Umgekehrt spricht beim voll vergüteten Entwicklungsauftrag mangels abweichender Vereinbarungen viel dafür, dass der Quelltext mit überlassen werden muss (*Marly*, Softwareüberlassungsverträge[4] Rn. 67). Zu Besonderheiten bei einer gesellschaftsrechtlich geprägten Entwickler-GbR s. OLG Frankfurt CR 2010, 355.

4. Software „überlassungs“-/-lizenzvertrag, inkl. Besonderheiten bei Free/ Shareware

40 Verträge über die Überlassung von Software zur Nutzung kommen in unterschiedlichen Bezeichnungen daher. Es gibt mannigfaltige Formen der Abwicklung und des Zuschnitts solcher in der Regel als Lizenzvertrag bezeichneter Rechtsgeschäfte (zu den Lizenzmodellen bspw. *Hoppen* CR 2007, 129). Für sie gelten zunächst die allgemeinen zivilrechtlichen Grundsätze. Zur Geltung des **Abstraktionsprinzip** hat sich der BGH mittlerweile positioniert (vgl. Vor §§ 31 ff. Rn. 229 ff.). Der BGH unterscheidet je nachdem, in welchem Verhältnis (Hauptlizenzgeber ./. Hauptlizenznehmer ./. Unterlizenznehmer) der Wegfall des Verpflichtungsgeschäfts stattfindet. In der Regel soll der Unterlizenznehmer – jedenfalls bei vollständiger Bezahlung seiner Lizenz – geschützt werden (BGH GRUR 2012, 916 Tz. 23 ff. – *M2Trade*, für den Fall der zweitstufigen Einräumung eines einfachen Nutzungsrechts vom Hauptlizenznehmer; BGH GRUR 2012, 924 Tz. 16 – *Take Five* für den Fall der zweitstufigen Einräumung eines ausschließlichen Nutzungsrechts vom Hauptlizenznehmer und im Detail vgl. Vor §§ 31 ff. Rn. 231 ff.). Diese Rechtsprechung hatte sich bereits wegen einer Entscheidung für den Sonderfall des Rechterückrufs nach § 41 angedeutet (BGH GRUR 2009, 946 – *Reifen Progressiv*; s. a. Schricker/Loewenheim/*Spindler*[5] Vor §§ 69a ff. Rn. 60).

41 a) **Auslegung und genereller Umfang der Rechteübertragung:** Für sie gelten die **allgemeinen Auslegungsgrundsätze**, aus denen Inhalt, Umfang und Form einzelner Vertragspflichten zu bestimmen sind. Diese Auslegung hat sich bekanntlich nach Treu und Glauben mit Rücksicht auf die Verkehrssitte (§§ 133, 157 BGB) zu richten. Es gilt der Grundsatz der beiderseitigen interessengerechten Auslegung (BGH GRUR 2003, 699, 701 – *Eterna*). Ausgangspunkt ist der von den Parteien gewählte Wortlaut einer Bestimmung und der dem Wortlaut zu entnehmende für die andere Partei jeweils erkennbare Wille (BGH GRUR 2002, 533 – *Unikatrahmen*). Ist eine Erklärung nicht völlig eindeutig, ist nicht am Buchstaben zu haften, sondern vielmehr der wirkliche Wille der Vertragspartner zu ermitteln (§§ 133, 157 BGB). Hierbei ist nicht maßgebend, welche Bedeutung der Erklärende seiner Äußerung beilegt, sondern vielmehr, wie eine vernünftige Person in der Lage des Empfängers diese Erklärung nach Treu und Glauben mit Rücksicht auf die Verkehrssitte verstehen musste und durfte. Als

Auslegungshilfen sind die Ausgangslage, die Umstände des Zustandekommens des Vertrages ebenso heranzuziehen wie die Interessenlage der Vertragspartner, der von ihnen verfolgte Zweck und ihre Ziele (st. Rspr.: s. nur RGZ 142, 212, 213). Über diese allgemeinen Auslegungsgrundsätze hinaus gilt für die Auslegung von Zuordnungsklauseln an Rechten aus der Sicht des Rechtegebers, dass dieser grundsätzlich dem Rechtenehmer von den ihm zustehenden Rechten nur so wenig überlassen will, wie Letzterer unbedingt zur Durchführung des Vertrages benötigt; dies ist eherner Grundsatz der Zweckübertragungslehre, die auch im Softwarelizenzrecht gilt (BGH GRUR 2003, 234 – *EROC III*; s. a. *Bartenbach* Rn. 476).

Durch den Softwarelizenzvertrag für eine bereits anderweitig hergestellte Software werden dem Lizenznehmer Rechte für die Nutzung der Software eingeräumt (generell zur Auslegung von Nutzungsrechtseinräumungen vgl. § 31 Rn. 5 ff.). Die Auslegung derartiger Nutzungsrechtseinräumungen – bzw. mangels ausdrücklicher Regelungen über den **Umfang** der Nutzungsrechtseinräumungen – des Vertrages generell folgt den allgemeinen Regeln, somit insbesondere auch der Zweckübertragungslehre (vgl. § 31 Rn. 108 ff.). So ist z. B. eine „Generallizenz", die die Nutzung eines Programms „im Rahmen eines normalen Gebrauchs" gestattet, dahingehend auszulegen, dass auch die Nutzung zur Schulung der Mitarbeiter durch Dritte umfasst ist (OLG Düsseldorf ZUM 2001, 795, 796). Die Klausel „innerhalb des XYZ-Konzerns zu nutzen" ist dahingehend auszulegen, dass bei Ausscheiden des Unternehmens aus dem Konzern das Nutzungsrecht erlischt (OLG Düsseldorf CR 2006, 656 – *Schicksal einer Konzernlizenz*). Nachträglich können Änderungen nur im Konsens beider Vertragspartner geändert werden (zu einer (nicht wirksamen) nachträglichen Beschränkung auf „named user" beispielhaft OLG München ZUM 2005, 838). Bei einer in Auftrag gegebenen Individualprogrammierung sollen mangels weiterer Absprachen „uneingeschränkte Nutzungsrechte" übertragen sein, was im konkreten Fall wohl jedenfalls ein zeitlich unbeschränktes Recht zur Vervielfältigung und Verbreitung beinhaltete (OLG Frankfurt ZUM 2014, 712, 714). Zum Verhältnis der Zweckübertragungslehre zum AGB-Recht vgl. Vor §§ 31 ff. Rn. 192 ff.

42

b) Vertragsschluss und Vertragstyp: Der Abschluss eines Softwarelizenzvertrages kommt in der Praxis oft durch das Öffnen der Schutzhülle zustande, womit sich der Käufer auf einen ausdrücklichen Hinweis hin mit der Geltung der Lizenzbestimmungen bzw. AGB einverstanden erklärt, sog. **Shrink-Wrap-License** (kritisch Dreier/Schulze/*Dreier*[5] Rn. 33; *Schack*, Urheber- und UrhebervertragsR[7] Rn. 1281 m. w. N.; nunmehr allg. auch *Söder*, Schutzhüllenvertrag und Shrink-Wrap-License). Shrink-Wrap-Licenses müssen sich an den allgemeinen Regeln des BGB zum Vertragsschluss und der Einbeziehung von AGB messen lassen. Wenn also z. B. der Inhalt der AGB nur auf der Innenseite der CD-Beschreibung zu finden ist, können diese bei einem Vertragsschluss durch Aufbrechen der Hülle nicht einbezogen werden (allg. hierzu *Schneider*[5] M Rn. 1092 ff.). Ein dauerhafter Softwareüberlassungsvertrag bei Standardsoftware ist **Kaufvertrag** (BGH GRUR 1994, 363 – *Holzhandelsprogramm*; BGH NJW 1990, 320 – *Lohnprogramm*; BGH NJW 1988, 406 – *Übersetzungsprogramm*; ähnlich *Wilhelm Nordemann* CR 1996, 5, 7: gemischter Vertrag, aber mit Gewährleistung nach Kaufrecht; a. A. Wandtke/Bullinger/*Wandtke/Grunert*[4] Vor §§ 31 ff. Rn. 134: Lizenzvertrag sui generis mit Hauptpflicht der Nutzungsüberlassung). Ähnlich sind die sog. **Click-wrap-Verträge** einzuordnen, bei denen der Vertragsschluss mit Anklicken eines Icons auf der Oberfläche vor Herunterladen des Programms erfolgt (zur AGB-rechtlichen Problematik des Vertragsschlusses im Detail Bröcker/Czychowski/Schäfer/*Czychowski* § 13 Rn. 58 m. w. N.; ansonsten hierzu *Karger* ITRB 2003, 134 und 2004, 110). Zeitlich beschränkte Softwarelizenzverträge sind als **Rechtspacht** einzuordnen (*Ulmer* ITRB 2004, 213).

43

44   **c) Nebenpflichten:** Wie jeder Vertrag kennt auch der Softwarelizenzvertrag Nebenpflichten: Ob sich auch im Rahmen eines Softwarevertrages die **Pflicht zur Überlassung des Quellcodes** ergibt, erscheint zunächst vor dem Hintergrund problematisch, dass damit das im Programm enthaltene Know-how offen gelegt werden würde. Im Regelfall ist eine solche verkehrsunübliche Überlassungspflicht mit Zurückhaltung zu betrachten (*Hoeren* CR 2004, 721, 723), sodass sie auch durch AGB ausgeschlossen werden kann (LG Köln CR 2003, 484; kritisch *Hoeren* CR 2004, 721, 723, mit dem Argument, dass dies als Hauptleistungspflicht einer Regelung durch AGB nicht zugänglich sei). Eine Überlassungspflicht besteht allenfalls unter besonderen Umständen, wenn nach dem vertraglichen Zweck die Nutzung des Quellcodes erforderlich ist, so etwa bei der Berechtigung, selbst Änderungen an dem Programm vorzunehmen (LG Köln NJW-RR 2001, 1711). Sogar die Pflicht zur Überlassung einer umfassenden Dokumentation soll implizit auch die Verpflichtung zur Übergabe des Quellcodes enthalten (OLG Karlsruhe CR 1999, 11) oder auch eine erforderliche Fehlerbeseitigung bei fehlendem Wartungsvertrag mit dem Ersteller (OLG München CR 1992, 208, 209). Ob das generell auf Individualsoftware ausgeweitet werden kann (so LG Aschaffenburg CR 1998, 203), darf eher bezweifelt werden. Der BGH stellt hier zunächst entscheidend auf die ausdrückliche Vereinbarung der Parteien ab. Fehlt diese, kann ein Werkunternehmer, der sich zur Erstellung eines DV-Programms verpflichtet hat, je nach den Umständen des Einzelfalles auch verpflichtet sein, dem Besteller den Quellcode des Programms zu überlassen; insbesondere ist dies an der vereinbarten Vergütung und an dem Umstand festzumachen, ob das Programm vom Besteller lediglich vermarktet oder auch eigenständig gewartet und weiterentwickelt werden soll (BGH CR 2004, 490 hierzu mit Hinweisen für die Vertragspraxis *Conrad* ITRB 2005, 12). Auch die umgekehrte Situation ist denkbar. Hierbei spricht vieles dafür, dass bei **faktischer Überlassung des Source Codes auf Einräumung des Bearbeitungsrechts** geschlossen werden kann.

45   **d) Leistungsstörungen:** Bei Leistungsstörungen ist zwischen Standard- und Individualsoftware zu unterscheiden (ausführlich *Pres* CR 1994, 520 ff.; *Lehmann* FS Schricker I S. 543, 548; *Schneider*⁵ M Rn. 1299 ff.). Bei **individuell auf Kundenwunsch erstellter Software** greifen die §§ 633 ff. BGB, mit der Besonderheit, dass ein Streit besteht, wann Werklieferungsrecht eingreift (dazu statt aller *Schneider*⁵ Q Rn. 9 ff.). Bei nicht individuell angefertigter **Standardsoftware** richtet sich die Gewährleistung nach Kaufrecht gem. §§ 434 ff. BGB (BGH NJW 1990, 3011; *Zahrnt* NJW 1996, 1798, 1800). Gegen eine vertragliche Regelung, die die Fehlerbeseitigung dem Softwarehersteller überlässt, ist nichts einzuwenden, solange sie dem Vertragspartner das Recht vorbehält, den Fehler selbst zu beheben oder durch Dritte beheben zu lassen, wenn der Hersteller dazu nicht willens oder in der Lage ist (BGH GRUR 2000, 866, 868 – *Programmfehlerbeseitigung*).

46   **e) Grundsätzliches zur Einräumung von Nutzungsrechten:** Softwarelizenzverträge berühren Nutzungsrechtseinräumungen: Entweder sie enthalten diese ausdrücklich oder konkludent (vgl. Rn. 42) oder aber sie stützen sich, damit der Nutzer berechtigt ist, die Software zu nutzen, auf die Regelung des § 69d (dazu deren Einordnung auf der Grenze zwischen Schranke und Rechtseinräumung vgl. § 69d Rn. 3). Das Softwarevertragsrecht hat bei diesen Nutzungsrechtseinräumungen eine umfassende **Praxis** entwickelt, die sich weniger in äußerlichen Unterscheidungen äußert (die Unterschiede einer Einzelplatzgegenüber einer Mehrplatzlizenz sieht man – anders als einem Taschenbuch im Verhältnis zum Hardcover – dem übergebenen Datenträger nicht unmittelbar an), als vielmehr in technischen Abgrenzungen (ein Datenträger für eine Einzelplatzlizenz ist mittlerweile in der Regel durch technische Schutzmaßnahmen derart gesichert, dass man ihn nicht gleichzeitig auf mehreren Plätzen nutzen kann). Ebenso wie etwa Buchverlage, die mit der Unterscheidung von Taschenbuch- und Hardcover-Ausgaben neue Märkte erschlossen haben, dienen die im Folgenden zu behandelnden Formen des Nutzungsrechtszuschnitts dem wirtschaftlich möglichst idealen Abbild der Kundenwünsche. Es gibt **Einzelplatzlizenzen** oder **Netzwerklizenzen, aber** auch eine **zahlenmäßige Beschränkung** bei Netzwerklizenzen (Dreier/Schulze/*Dreier*[5] Rn. 35; Wandtke/Bullinger/*Grützmacher*[4] Rn. 63). Sog. **named-user Lizenzen personalisieren** das Nutzungsrecht. Sodann finden sich Regelungen, die zwar nicht die Person des Nutzers bestimmen, aber den Rechner, auf dem er das Programm nutzt (z. B. sog. **CPU-Klauseln**). Schließlich gibt es Aufspaltungen, die sich auf den Vertrieb beziehen, wie bei **OEM-, Update, Upgrade- oder Testversionen.** Alle diese spezifischen Arten der Nutzung von Computerprogrammen bedürfen einer vierfachen Prüfung: (1) Handelt es sich um eigene Nutzungsarten im Sinne der §§ 31 ff., (2) unterliegen sie urheberrechtlichen Bedenken insbesondere im Hinblick auf die Erschöpfung, (3) können sie einer kartellrechtlichen Prüfung standhalten und schließlich (4) sind sie „AGB-fest" vereinbar.

aa) Eigenständige Nutzungsarten?: Für die Nutzungsrechtseinräumungen ist zentraler Begriff – wie allgemeinen im Urhebervertragsrecht (dazu vgl. § 31 Rn. 5 ff.) der der **Nutzungsart.** Nur was eine eigenständige Nutzungsart i. S. d. §§ 31 ff. ist, kann mit dinglicher Wirkung in einem Überlassungsvertrag abgenommen werden (anders aber OLG Frankfurt CR 1999, 7, 8; OLG München CR 1998, 266, 267, die § 69c als abschließende Spezialregelung auffassen und § 31 überhaupt nicht anwenden wollen, was allerdings bedeutet, dass jegliche dingliche Aufspaltung der Rechte in Nutzungsarten ausgeschlossen sein könnte). Die hier zu behandelnden **inhaltlichen** Beschränkungen/Zuschnitte der Nutzungsrechte setzten voraus, dass es sich um eine **eigenständige, dinglich abspaltbare Nutzungsart** handelt (KG GRUR 1996, 974, 975 – *OEM-Software*; OLG Frankfurt CR 2000, 581, 582 – *OEM-Vertrieb*; OLG Bremen WRP 1997, 573, 575 – *expiration date*; Schricker/Loewenheim/*Loewenheim*[5] § 17 Rn. 24 f.). Dies kann alle Verwertungsrechte i. S. d. § 69c Nr. 1–4 betreffen, spielt aber beim **Verbreitungsrecht** eine besondere Rolle. Hinsichtlich der **OEM-Versionen,** also dem Vertrieb eines Programms nur zusammen mit bestimmter Hardware, hat der BGH explizit offen gelassen, ob es sich hierbei um eine eigenständige Nutzungsart handelt, sondern das Problem über die Erschöpfung gelöst (BGH GRUR 2001, 153, 154 – *OEM-Version*), vgl. Rn. 55. Ein Teil der Literatur und Rechtsprechung ging vor der BGH-Entscheidung davon aus, dass sich der Vertrieb von OEM-Versionen hinreichend von dem als Vollversion unterscheidet und somit eine eigenständige Nutzungsart darstellt (KG GRUR 1996, 974, 975 – *OEM-Software*; OLG Frankfurt ZUM 2000, 763, 766 – *OEM-Version*; Lehmann/*Loewenheim* § 76 Rn. 28). Auch wenn dem zuzustimmen ist, denn die Verbindung von Hard- und Software stellt eine besondere wirtschaftliche Vertriebsform dar, die aufgrund der oftmals vorhandenen Vorinstallierung auch technische Eigenständigkeit besitzt, hat sich diese Ansicht durch die *OEM-Entscheidung* des BGH jedenfalls für die Praxis überholt.

In Bezug auf **Updates/Upgrades** (also Programmaktualisierungen/-verbesserungen) wird dagegen vertreten, dass das Verbreitungsrecht insofern nicht wirksam beschränkt werden kann, weil es sich dabei nicht um eine am Markt übliche abspaltbare Nutzungsart handelt (OLG München CR 1998, 265, 266 f. – *Verbreitungsrecht bei Standardsoftware* mit ablehnender Anm. *v.* Erben und *Zahrnt*; OLG Frankfurt CR 1999, 7 – *Erschöpfungsgrundsatz bei Update-Software*). Dies ist eigentlich nicht einzusehen, denn dem Rechtsinhaber muss es einerseits gestattet sein, an dem Erstverkauf von Standardsoftware stärker zu partizipieren und denjenigen, die ältere Versionen seines Programms rechtmäßig verwenden, günstigere Updates/Upgrades anzubieten. Zudem dürften Updates/Upgrades sich in der Regel auch technisch von Vollversionen unterscheiden.

47

48

49   Zweifelhaft ist, ob und wenn welche sog. „field-of-use" Beschränkungen zulässig sind, also z. B. die Beschränkung auf private Benutzung oder Benutzung zu Ausbildungszwecken. Hierbei handelt es sich um einen Terminus aus dem Patentlizenzrecht, der besondere Formen der Nutzung und die Einsatzgebiete der Software beschreibt. Wir halten solche Beschränkungen – jedenfalls, wenn sie sich technisch unterscheiden – für zulässig, weil im Hinblick auf das Partizipationsinteresse des Urhebers eine Differenzierung zwischen privater, wissenschaftlicher, gewerblicher oder schulischer Nutzung von Computerprogrammen sachgerecht erscheint (anders noch unsere 9. Aufl./*Wilhelm Nordemann/Vinck* Rn. 6). Ob dies auch für **Schulversionen** gilt, ist offen (dafür: Lehmann/*Loewenheim* § 76 Rn. 28; dagegen: Wandtke/Bullinger/*Grützmacher*[4] Rn. 88; *Vianello* MMR 2012, 139, 141).

50   Umstritten waren auch **CPU-Klauseln** (ausführlich zu ihnen *Marly*, Softwareüberlassungsverträge[4] Rn. 1102 ff.), die den Nutzer verpflichten, die erworbene Software nur auf einer bestimmten Hardware zu verwenden. Hierunter sind einerseits Klauseln zu verstehen, die den Lizenznehmer an eine bestimmte CPU-/Rechner-Klasse binden und für den Lizenzgeber im Falle des Aufstiegs auf eine größere Ausstattung eine zusätzliche Beteiligung vorsehen (sog. Upgrade-Klausel). Wesentlich restriktiver sind hingegen sog. Systemklauseln, die den Lizenznehmer an eine bestimmte Maschine, ggf. zusätzlich an einen bestimmten Aufstellungsort binden (sog. Systemklausel, echte CPU-Klausel). Der BGH hat unter Bezug auf seine *OEM-Entscheidung* bestätigt, dass solche Klauseln urheberrechtlich nicht wirken (BGH GRUR 2003, 416, 418 – *CPU-Klausel*). Vertraglichen Gestaltungen hat der BGH aber – wie schon in der *OEM-Entscheidung* – Türen offen gelassen (BGH GRUR 2003, 416, 418 ff. – *CPU-Klausel*; hierzu vgl. Vor §§ 69a ff. Rn. 3, Ullrich/Lejeune/*Lejeune*[2] I Rn. 385 ff. und zu den vertragsrechtlichen Fragen vgl. Rn. 63 f.

51   Inhaltliche und ggf. zeitliche Beschränkungen können auch in Form von **Demo- und Testversionen** auftreten. Diese sind als eigenständige Nutzungsart auch beim Verbreitungsrecht anzusehen (KG ZUM 2000, 1089; offenbar so auch OLG Frankfurt CR 2017, 295, 297), da es sich auch um technisch andersartig gestaltete Versionen handelt und andernfalls gerade die Verkehrsfähigkeit beschädigt wird. Die Hersteller würden derartige Versionen nicht mehr anbieten. Sie besitzen auch eine wirtschaftlich eigenständige Bedeutung, da sie in der Regel kostenlos oder mit starken Preisnachlässen angeboten werden, um für den Erwerb einer Vollversion zu werben.

52   Dasselbe gilt natürlich auch für eine vertragliche Regelung, die ein Computerprogramm von der **Internet-Nutzung**, z. B. in der Form des Download-Angebots, ausnimmt; der Rechteinhaber darf dann eben nicht das neue Recht der öffentlichen Wiedergabe einräumen (§ 69c Nr. 4).

53   Schließlich sind **Beschränkungen der Nutzeranzahl** zu nennen. Die grundsätzliche Unterscheidung zwischen Einzelplatz- und Mehrplatznutzung dürfte unproblematisch sein, da sich diese Unterscheidung nicht nur durchgesetzt hat, sondern man sie auch einfach abgrenzen kann (so wohl auch Schricker/Loewenheim/*Spindler*[5] Vor §§ 69a ff. Rn. 64). Innerhalb der Mehrplatznutzung ist ferner zwischen Einprozessor-Mehrplatzsystemen (Terminalbetrieb) und Multirechnersystemen (Serverbetrieb) zu differenzieren (ausführlich hierzu *Marly*, Softwareüberlassungsverträge[4] Rn. 1127 ff.). Ebenfalls zulässig ist eine anzahlmäßige Beschränkung bei Netzwerklizenzen (Dreier/Schulze/*Dreier*[5] Rn. 35; Wandtke/Bullinger/*Grützmacher*[4] Rn. 63). Bei größeren Netzwerken dürfte zudem regelmäßig das Recht der öffentlichen Wiedergabe zusätzlich betroffen sein (*Marly*, Softwareüberlassungsverträge[4] Rn. 1140). Einer Einzelplatzlizenz vergleichbar ist auch die **persönliche Lizenz**, mit der ein Programm durch eine

Person auf mehreren Rechnern, nicht jedoch zeitgleich genutzt werden darf. Keine urheberrechtliche Relevanz hat dagegen die Verknüpfung der Vergütung an die Anzahl der Mitarbeiter bzw. der als berechtigt registrierten natürlichen Personen unabhängig von der Anzahl der PC-Plätze (*Schneider*[5] R Rn. 88). Zum **ASP-Betrieb** ausführlich vgl. Rn. 74 f.

bb) Einschränkungen der Verbreitung und Verhältnis zur Erschöpfung: Um   **54**
Einfluss auf den Vertrieb der Computerprogramme zu nehmen, hat die Praxis versucht, verschiedenste **Weitergabeverbote** und **Einschränkungen** der Weitergabe von Datenträgern, aber auch von unkörperlich überlassenen Programmen durchzusetzen. Gerade im Softwarerecht besteht wie in kaum einem anderen gewerblich relevanten Gebiet des Urheberrechts das Bedürfnis zur Statuierung dieser Verbote, weil Computerprogramme als digitale Werke in besonderer Weise verletzlich sind. Betrachten wir im Folgenden die besonders relevanten **Weitergabeverbote,** ergibt sich folgendes Bild: Zwar ist grundsätzlich anerkannt, dass die Nutzungsrechte, die mit dem Computerprogramm gem. § 69c Nr. 3 S. 2 weiterverbreitet werden dürfen, auch **beschränkt** eingeräumt werden können (vgl. Rn. 47); § 31 gestattet dies ausdrücklich. **Räumliche** Beschränkungen sind gem. § 69c Nr. 3 S. 2 jedoch nur insoweit zulässig, als sie nicht einzelne Mitgliedsländer der Europäischen Union oder Mitgliedsstaaten des EWR betreffen. Wird bei der Veräußerung also die Weiterverbreitung auf die USA beschränkt, ist sie in Deutschland unzulässig; wird sie auf Deutschland beschränkt, tritt demgegenüber Erschöpfung im Hinblick auf die gesamte Europäische Union ein. **Zeitliche** Beschränkungen sind ohne weiteres möglich, allerdings findet sich in der schon erwähnten OEM-Entscheidung der schwer verständliche Hinweis, die Erschöpfung erlaube auch eine Weiterverbreitung, wenn die Veräußerung (vielleicht im Wege eines massenhaften Abverkaufs) kurz vor Ablauf der Lizenzzeit erfolge, also gewissermaßen bewusst zur Umgehung des Endes der Lizenzzeit. (BGH GRUR 2001, 153, 154 f. – *OEM-Version*). Hieraus darf aber nicht der Schluss gezogen werden, eine zeitliche Beschränkung sei *wegen* der zwingenden Erschöpfungswirkung nicht zulässig. Ohnehin ist aber eine **befristete Überlassung** nicht als Veräußerung aufzufassen (zutr. *Lehmann* NJW 1993, 1822, 1825; so nun auch LG Köln ZUM-RD 2010, 636, 639 f.).

Die verbleibenden **inhaltlichen** Beschränkungen des Verbreitungsrechts werden seit 2000 von der **OEM-Entscheidung** des BGH beherrscht. Danach ist   **55**
oberster Grundsatz die freie Weiterverbreitung der Werkexemplare, um eine im Allgemeininteresse liegende Verkehrsfähigkeit zu ermöglichen. (BGH GRUR 2001, 153, 154 – *OEM-Version*). Der Versuch einer Auswertung dieser schwer verständlichen Entscheidung ergibt folgendes Bild: Sicherlich unwirksam sind Klauseln, die die Weitergabe des Originaldatenträgers mit dem Computerprogramm unterbinden wollen. Derartige **pauschale Weitergabeverbote** kollidieren zunächst (vgl. Rn. 54) mit dem Erschöpfungsgrundsatz aus § 69c Nr. 3 S. 2 (wohl nur, soweit keine nur zeitweise Überlassung stattfindet: LG Köln ZUM-RD 2010, 636, 639 f.) und verstoßen wohl zudem gegen AGB-Recht (vgl. Rn. 63). Ersteres gilt auch, wenn sie nur schuldrechtlich und nicht dinglich ausgestaltet sind (OLG München CR 2001, 11; OLG Frankfurt NJW-RR 1997, 494; OLG Bremen WRP 1997, 573, 575 f. zu § 826 BGB; offen gelassen in BGH GRUR 2000, 249, 251 – *Programmsperre*). Für den **OEM-Vertrieb** hat der BGH festgelegt, dass das Verbreitungsrecht an einer Software, die ausweislich eines Aufdrucks auf ihrem Datenträger nur zusammen mit neuer Hardware verkauft werden darf, sich erschöpft, sofern sie ohne einen neuen Computer an den Endverbraucher verkauft wird (BGH GRUR 2001, 153, 154 f. – *OEM-Version;* a. A. KG GRUR 1996, 974, 975 – *OEM-Software*). Allerdings scheint der BGH in der genannten OEM-Entscheidung dahin zu tendieren, dass – selbst wenn man ein Verbreitungs-

recht auf eine bestimmte zulässige eigenständige Nutzungsart beschränken kann – einem so dinglich beschränkten Verbreitungsrecht keine „normale" Erschöpfungswirkung zukommt, sondern nur eine, wenn auch dinglich wirkende, **Beschränkung mit Blick auf die Erstverbreitung** (BGH GRUR 2001, 153, 154 – *OEM-Version*). So interpretieren auch gewichtige Stimmen in der Literatur die Entscheidung Anm. *Bartsch* K&R 2000, 612; *Jaeger* ZUM 2000, 1070, 1073 f.; *Lehmann* CR 2000, 740; *Witte* CR 2000, 654 f. Soweit der erste Erwerber das Vervielfältigungsstück nicht entsprechend der Abrede mit dem Rechteinhaber veräußert, wird die Beschränkung dinglich, andernfalls nicht. Dies wäre immerhin eine teilweise Lösung des Problems. Dennoch wird zu Recht an einer solchen aus unserer Sicht immer noch strengen Auslegung des Erschöpfungsgrundsatzes Kritik geäußert (*Chrocziel* CR 2000, 738, 739; Wandtke/Bullinger/*Grützmacher*[4] Rn. 90 f.). Zudem dürfte die Verkehrsfähigkeit der Produkte, um die es dem BGH an vorderster Stelle geht, damit nicht unbedingt gesichert oder gar erhöht werden, denn die Einhaltung einer Beschränkung auf der ersten Stufe sieht man dem Produkt auf weiteren Vertriebsstufen nicht mehr an. An der Erschöpfungswirkung scheitern aus den genannten Gründen ferner sog. **named-user Lizenzen**, die das Nutzungsrecht personalisieren. Nicht gegen den Erschöpfungsgrundsatz verstoßen Klauseln, die nicht auf ein Weiterverbreitungsverbot abzielen, wie zum Beispiel **CPU-Klauseln** (so auch *Marly*, Softwareüberlassungsverträge[4] Rn. 1110; a. A. *Bartsch* CR 1987, 8, 13).

56 Zur Lösung, **Weitergabeverbote** nur **vertraglich** zu **vereinbaren** und den Vertragspartner zu zwingen, sie weiterzureichen vgl. Rn. 63 f. Wichtig ist, dass Weitergaben nur bei **zeitlich dauerhafter Überlassung** überhaupt problematisch sind (oben vgl. Rn. 54, unten vgl. Rn. 63 und LG Köln ZUM-RD 2010, 636, 639 f.).

57 Erschöpfung kann schließlich nur dann eintreten, wenn das konkrete Computerprogramm **unverändert** weiterverbreitet wird (BGH GRUR 1991, 449, 453 – *Betriebssystem*), weil die Bearbeitung gem. § 69c Nr. 2 dem Rechtsinhaber vorbehalten ist. Sofern allerdings eine Bearbeitung des Computerprogramms in den engen Grenzen des § 69d Abs. 1 notwendig war, ist auch die Weiterverbreitung des solchermaßen bearbeiteten Computerprogramms zulässig. **Erschöpfung** tritt weiter ausdrücklich **nicht ein** im Hinblick auf das Vermietrecht; der Berechtigte darf also ohne Zustimmung des Rechtsinhabers weder vermieten noch sonst befristete Nutzungsrechte an dem durch Veräußerung erworbenen Computerprogramm einräumen. Vom Vermietrecht grundsätzlich zu unterscheiden ist jedoch das sog. Verleihrecht, d. h. der Verleih von Computerprogrammen durch öffentliche Bibliotheken (*Lehmann* CR 1994, 271 ff.). Im Hinblick auf das **Verleihrecht** tritt Erschöpfung ein (RegE 2. ÄndG – BT-Drs. 12/4022, S. 11 und RegE 3. ÄndG – BR-Drs. 876/94, S. 13 ff.). Insoweit bleibt § 27 Abs. 1 für das Verleihen von Computerprogrammen durch öffentliche Bibliotheken anwendbar (RegE 2. ÄndG – BT-Drs. 12/4022, S. 11 f.). Moderne Computerprogramme arbeiten selten mit Installationsdatenträgern, sondern allenfalls mit sog. **Recovery-Datenträgern**. Diese dienen aber nicht der Benutzung, sondern nur der Wiederherstellung, sodass sie insoweit (also jenseits der Wiederherstellung, da nur dies die bestimmungsgemäße Benutzung i. S. d. § 69d ist) nicht an der Erschöpfung teilhaben.

58 Soweit Erschöpfung eingetreten ist, wird der Erwerber zum berechtigten Nutzer i. S. d. § 69d, sodass er alle **erforderlichen Vervielfältigungshandlungen** (vgl. Rn. 7 ff.) vornehmen darf (nicht unumstritten, aber vom Ergebnis allg. M. Dreier/Schulze/*Dreier*[5] Rn. 25 m. w. N.) und auch ggf. die **Fehlerbehebung** einem Dritten übergeben darf; entgegenstehende vertragliche Bestimmungen sind unwirksam (BGH GRUR 2000, 866, 868 – *Programmfehlerbehebung*).

cc) **Kartellrechtliche Grenzen:** Wie jeder Vertrag unterliegt auch und gerade der   **59**
Softwareüberlassungsvertrag **kartellrechtlichen Grenzen,** denn insbesondere
bereits diskutierte Vertragsregelungen wie CPU-, Upgrade- und OEM-Klauseln
können wettbewerbsbeschränkenden Charakter haben. Die Bestimmungen der
EU-Durchführungsverordnung zur Anwendung der Art. 101 und 102 AEUV
(ehemals Art. 81 und 82 EG-Vertrag) wurden mit der 7. GWB-Novelle nachvollzogen, nachdem das GWB aufgrund des europarechtlichen Vorrangs ohnehin nur noch in Fällen mit rein lokalen oder regionalen Auswirkungen ohne
zwischenstaatliche Relevanz eigenständige Bedeutung gehabt hätte. Mit dem
Systemwechsel im Kartellrecht weg von Anmelde- und Genehmigungspflichten
hin zu den Legalausnahmen (praxisnah aus Softwaresicht hierzu *Lejeune* ITRB
2004, 227) haben neben der Möglichkeit der Einzelausnahmen insbesondere
die Gruppenfreistellungsverordnungen praktische Relevanz erlangt. Dabei finden die GVOen über § 2 Abs. 2 GWB auch im rein deutschen Kartellrecht
Anwendung (im Detail hierzu vgl. Vor §§ 31 ff. Rn. 56 ff.). Wir beleuchten im
Folgenden die für Überlassungsverträge relevanten GVOen.

An erster Stelle ist die **GVO für Technologie-Transfervereinbarungen** (TT-   **60**
GVO) zu nennen. Sie ist in ihrer aktuellen Fassung (eine Novellierung wird
am 1.5.2014 in Kraft treten) auch auf reine Softwareüberlassungsverträge anwendbar (Art. 1 Abs. 1 b TT-GVO) und verlangt nicht mehr, dass auch geschütztes Know-how überlassen oder eine Lizenz an einem Softwarepatent eingeräumt wird. Sie setzt allerdings Technologie-Transfervereinbarungen
zwischen zwei Unternehmen voraus, gilt daher grundsätzlich nicht für Verträge
mit dem Endnutzer; Endnutzerlizenzverträge unterliegen somit ausschließlich
der Missbrauchskontrolle gem. Art. 102 AUEV, §§ 19 ff. GWB. Die Lizenzierung der Software kann – entgegen der missverständlichen Formulierung des
Art. 1 lit. b TT-GVO – Hauptgegenstand des Vertrages sein (Leitlinien zur Anwendung der TT-GVO, Tz. 50; *Bechtold/Bosch/Brinker/Hirsbrunner*, EG-Kartellrecht[3], Art. 1 VO 772/2004, Rn. 5). Ferner sind nur Lizenzvereinbarungen
erfasst, die die „Produktion von Vertragsprodukten" ermöglichen. Es ist also
ein **Produktionsbezug** erforderlich, d. h. Produkte müssen mit Hilfe der lizenzierten Software erstellt werden (Leitlinien zur Anwendung der TT-GVO,
Tz. 41; Bechtold/Bosch/Brinker/*Hirsbrunner*[3] Art. 1 VO 772/2004 Rn. 4; *Zöttl*
WRP 2005, 33, 35), wodurch reine Softwarevertriebslizenzen (dann Vertikal-
GVO, vgl. Rn. 61) ausgeklammert werden. Der Produktionsbezug ist bei Software im Detail aber streitig und führt zu Abgrenzungsproblemen, sofern weder
die Herstellung oder die Entwicklung von neuen bzw. verbesserten Produkten
noch der Vertrieb im Vordergrund stehen. Die TT-GVO stellt somit keinen
allgemeinen Auffangtatbestand für wettbewerbsbeschränkende Klauseln in
Softwarelizenzen dar (so auch *Schultze/Pautke/Wagener* WRP 2004, 175, 180).

Die **GVO für Vertikalverträge (Vertikal-GVO),** im Jahr 2010 novelliert, erfasst   **61**
hauptsächlich Vertriebsverträge (dazu vgl. Rn. 67 ff.). Sie umfasst ausweislich
ihres ErwG 3 auch vertikale Vereinbarungen, die Nebenabreden über die Übertragung und Nutzung geistiger Eigentumsrechte enthalten und sich unmittelbar
auf die Nutzung, den Verkauf oder Weiterverkauf von Waren oder Dienstleistungen bezieht. Wiederum erforderlich ist, dass die Vereinbarung zwischen
zwei (oder mehr) Unternehmen besteht, was Verträge mit Endverbrauchern
ausschließt. Die Vertikal-GVO ist nicht anwendbar, wenn die vertikalen Vereinbarungen betreffend die Übertragung/Lizenzierung von geistigen Eigentumsrechten Bestimmungen enthalten, die den Hauptgegenstand der Vereinbarung
betreffen, Art. 2 Abs. 3 Vertikal-GVO. Hiervon sind Software-Lizenzen jedoch
nicht erfasst, sofern die Software auf materiellen Trägern weiterverkauft wird,
denn die damit verbundene Lizenz ist im Regelfall nicht Hauptgegenstand der
Vereinbarung (Bechtold/Bosch/Brinker/*Hirsbrunner*[3] Art. 2 VO 2790/1999,
Rn. 19). Generell gilt natürlich auch für Softwareüberlassungsverträge das

Spannungsverhältnis des Kartellrechts zum Rechts des geistigen Eigentums, das bekanntlich mit der **Immanenzlehre** gelöst wird (dazu im Detail vgl. Vor §§ 31 ff. Rn. 58). Es lässt sich nicht leugnen, dass Schutzrechte schon für sich genommen eine besondere gesetzliche Rückendeckung haben, sei es im PatG, GebrMG, MarkenG, UrhG oder DesignG. Sie sind darüber hinaus auch durch Art. 14 GG besonders abgesichert. Dies bedeutet zwar nicht, dass wettbewerbsbeschränkende Lizenzverträge generell der Anwendung des Kartellrechts entzogen wären. Je enger die wettbewerbsbeschränkenden Regelungen jedoch mit dem Inhalt des Schutzrechtes verbunden sind, desto weniger Rechtfertigungsaufwand bedarf es, um den Lizenzvertrag als kartellrechtlich unbedenklich einzustufen (allg. zu dieser sog. Immanenzlehre für alle Urheberverträge vgl. Vor §§ 31 ff. Rn. 58).

62   Sofern keine Gruppenfreistellungsverordnungen oder Einzelfreistellungen gem. Art. 101 Abs. 3 AEUV greifen, sind wettbewerbsbeschränkende Klauseln nichtig und gerichtlich nicht durchsetzbar. Zu beachten ist jedoch, dass die in den Gruppenfreistellungsverordnungen und den entsprechenden Leitlinien aufgestellten Grundsätze auch von der Kommission angewendet werden, wenn Lizenzvereinbarungen auf der Grundlage von Art. 101 AEUV geprüft werden (etwa Leitlinien zur Anwendung der TT-GVO, Tz. 51). Für einzelne Klauseln hat dies folgende Konsequenzen: **Field-of-use Beschränkungen** sind nach Art. 4 Abs. 1 lit. c) (i) TT-GVO in der Regel zulässig. Sofern Endnutzerlizenzen betroffen sind, kommt eine Freistellung nach Art. 101 Abs. 3 AEUV in Betracht, denn der Lizenznehmer partizipiert in der Regel durch den günstigeren Lizenzpreis. Dasselbe dürfte für **Gebäude- oder** sog. **Site-Lizenzklauseln** gelten (a. A. *Grützmacher* ITRB 2005, 205, 207). Für **OEM- und andere Bindungsklauseln** dürfte im Einzelfall eine Freistellung nach Art. 101 Abs. 3 AEUV denkbar sein, sofern sie keine Kernbeschränkungen gem. Art. 4 TT-GVO, Art. 4 Vertikal-GVO enthalten (so auch zu Recht *Seffer/Beninca* ITRB 2004, 210, 213; a. A. *Schneider*[5] V Rn. 82). **Unterlizenzverbote** können dinglich wegen § 137 BGB unwirksam sein, es sei denn, man befindet sich im Anwendungsbereich des § 34 (dazu und zur Abgrenzung § 34 zu § 137 BGB s. die Kommentierung zu § 34). **Koppelungsbindungen**, die den Erwerber verpflichten, die Software mit anderen Produkten zu koppeln oder nur gekoppelt abzunehmen, verstoßen mittlerweile gegen Art. 101 Abs. 1 lit. e) AEUV und dürften auch nur selten freistellungsfähig sein (zu Recht so *Grützmacher* ITRB 2005, 205, 207). Schuldrechtliche **Weitergabeverbote** in Endnutzerlizenzverträgen unterfallen keiner GVO; eine Freistellung kommt auch im Übrigen in Betracht, da die Erschöpfungslehre gerade dem Verkehrsschutz dient (so auch *Grützmacher* ITRB 2005, 205, 207). Wenn solche Weitergabeverbote aber nicht pauschal ausgestaltet sind, sind sie kartellrechtsneutral (OLG Karlsruhe MMR 2011, 727 – *client-server-Software*). Die Verpflichtung, die Software nur mit bestimmter Hardware zu nutzen (insb. als **CPU-Klauseln** bekannt), hingegen kann – auch wenn eine direkte Freistellung nach der TT-GVO bei Endnutzern nicht in Betracht kommt (zum Anwendungsbereich der GVO vgl. Rn. 60) – wegen der analogen Anwendung der Leitlinien durch die Kommission nicht vereinbart werden (bei echten CPU-Klauseln ablehnend *Scholz/Wagener* CR 2003, 880 zum alten Recht, im Übrigen differenzierend).

63   **dd) AGB-Festigkeit: Pauschale Weitergabeverbote** verstoßen bei der an dieser Stelle diskutierten körperlichen Verbreitung außer gegen den Erschöpfungsgrundsatz auch gegen § 307 Abs. 2 Nr. 1 BGB, da sie sowohl vom vertraglichen als auch urheberrechtlichen Leitbild abweichen (OLG Hamburg ZUM-RD 2014, 290), bzw. gegen § 305c BGB, sofern sie überraschend sind (nicht so bei nur zeitweiser, mietvertraglich zu qualifizierender, Überlassung: LG Köln ZUM-RD 2010, 636, 639 f.). Bei einer Ausgestaltung als reiner Schutzhüllenvertrag, sog. **Shrink Wrap License**, dürfte es bereits an einer wirksamen Einbeziehung fehlen, § 305 Abs. 2 BGB. Bezüglich der **OEM-Klauseln** hat der BGH in seiner OEM-Entscheidung (BGH GRUR 2001, 153, 155 – *OEM-Version*) ausgeführt, dass eine schuldrechtliche Verpflichtung zur Weitergabe bestimmter Verwendungsbeschränkungen grundsätzlich möglich ist. Eine AGB-feste Ausgestaltung erscheint vor dem Hintergrund von § 307 BGB jedoch schwierig, da der BGH selbst feststellt, dass durch die (urheberrechtliche) Bindung der freie Warenverkehr „in unerträglicher Weise" behindert werde (*Chrocziel* CR 2000, 738, 739). Die **CPU-Klauseln** (aus urheberrechtlicher Sicht hierzu oben vgl. Rn. 50) unterliegen auch AGB-rechtlichen Schwierigkeiten: Jedenfalls bei einer zeitlich unbeschränkten Programmüberlassung verstoßen sie gegen § 307 BGB (OLG Frankfurt NJW-RR 1995, 182; für Zulässigkeit bestimmter CPU-Klauseln *Metzger* NJW 2003, 1994). Soweit die Klausel aber nur bei zeitlich begrenzter Programmüberlassung greift, können sie AGB-rechtlich zulässig formuliert werden (BGH GRUR 2003, 416, 418 – *CPU-Klausel*; dazu *Grützmacher* ITRB 2003, 279; *Scholz/Haines* CR 2003, 393; *Spindler* JZ 2003, 1117). Der Lizenznehmer muss grundsätzlich in der Lage bleiben, die Hardware zu erneuern und leistungsstärkere Rechner zu verwenden, was nicht durch die Anpassung der Lizenzgebühren ausgeschlossen wird. Knüpft ein Software-Lizenzvertrag für die **Bemessung der Lizenzgebühren** an die CPU an, ist die Frage, wie viele Prozessorkerne die CPU enthält, für das Nutzungsrecht des Lizenznehmers unerheblich. Daher erfasst der Vertrag auch Software-Versionen, deren Nutzung auf sämtlichen Cores eines Mehrkernprozessors möglich ist (LG Frankfurt CR 2013, 768). Dies gilt auch dann, wenn die Leistung bei der Anwendung des Programms auf einem leistungsstärkeren Rechner durch technische Maßnahmen auf früherem Niveau gehalten wird (BGH GRUR 2003, 416, 419 – *CPU-Klausel*). U.E. können schließlich gewichtige wirtschaftliche Gründe und andere besondere Interessen des Softwareherstellers ein Weitergabeverbot zulässig machen und somit die Vermutung des § 307 Abs. 2 BGB widerlegen, etwa erhebliche Haftungsrisiken bei **Demo- oder Testversionen** (i.d.S. auch Wandtke/Bullinger/*Grützmacher*[4] Rn. 39). Darüber hinaus ist hierbei auch die bereits erwähnte große Anfälligkeit von Computersoftware für Urheberrechtsverletzungen zu berücksichtigen. Im Rahmen der AGB-Prüfung sehen Stimmen in der Literatur zu Recht ferner Klauseln als zulässig an, die die Weitergabe von der Zustimmung des Erwerbers zu den Bedingungen des Vertrages abhängig machen (*Schuppert/Greissinger* CR 2005, 81, 84; *Bartsch* K&R 2000, 612; *Bartsch* CR 1994, 667, 672; Wolf/Lindacher/Pfeiffer/*Schmidt*[6] Anh. 310 Rn. S 226; zu Produktaktivierungsmechanismen *Koch* CR 2002, 629, 632 und vgl. Rn. 65). Die vertragliche Vereinbarung von Klauseln zusammen mit der (schuldrechtlichen) Verpflichtung des Vertragspartners, diese an Zweiterwerber weiterzureichen (dazu Dreier/Schulze/*Dreier*[5] Rn. 33 m.w.N. zum Meinungsstand sowie aus der Praxis: Ullrich/Lejeune/*Lejeune*[2] I Rn. 373 ff.), scheiterte bislang im deutschen Recht am Verbot der **Konditionenbindung** aus dem Kartellrecht. Die Vertikal-GVO auf EU-Ebene kennt jedoch keine derart strengen inhaltlichen Konditionenbindungsverbote, sondern nur solche, die sich auf Preisbindungen – die hier nicht vorliegen – beziehen (Art. 4 Vertikal-GVO). Vertraglich dürften solche Bindungen also nicht *per se* unzulässig sein (Dreier/Schulze/*Dreier*[5] Rn. 33). Ihre Einführung ist auch verständlich, denn Computerprogramme sind als digitale Nutzwerke in besonderer Weise verletzlich. § 307 BGB steht dem angesichts des begründbaren überwiegenden Interesses des Rechteinhabers (dazu ausführlich *Marly*, Softwareüberlassungsverträge[4] Rn. 1061 ff.) nicht entgegen. Vielmehr spricht viel dafür, vertragliche Weitergabeverbote für zulässig zu halten, die verlangen, dass der Rechteinhaber zustimmt, ihm der Erwerber mitgeteilt wird und letzterer den bestehenden Vertrag übernimmt (i.d.S. auch *Marly*, Softwareüberlassungsverträge[4] Rn. 1068 ff.); letztendlich handelt es sich dann um **bedingte Weitergabeverbote** (i.d.S. auch *Marly*, Softwareüberlassungsverträge[4] Rn. 1068; *Chrocziel* CR

2000, 738, 739). Auch eine Einzelfreistellung (§ 2 Abs. 1 GWB) wird i. d. R. wegen der Kollision des Weitergabeverbots mit der Erschöpfungslehre ausscheiden (*Grützmacher* ITRB 2005, 205, 207). Klauseln, die ein als Gesamtheit erworbenes Nutzungsrecht (in der Regel bei Volumenlizenzverträgen) verbieten aufzuspalten, sind zu Recht als AGB-fest betrachtet worden (OLG Karlsruhe MMR 2011, 727 – *client-server-Software*). Die entsprechende Klausel sah aber vor, dass eine Weitergabe nicht pauschal ausgeschlossen wurde; sie wurde vielmehr an eine schriftliche Zustimmung und an die Versicherung, dass alle Altkopien der Software gelöscht sind, gekoppelt; auch das ist richtigerweise als AGB-fest angesehen worden (OLG Karlsruhe MMR 2011, 727 – *client-server-Software*). Zu Regelungen zum Ausschluss der Übertragbarkeit von Nutzungsrechten noch vor dem Vorlagebeschluss des BGH s. OLG Frankfurt MMR 2010, 681 – *Vertrieb „gebrauchter" Softwarelizenzen*.

64 Für **unkörperliche Übermittlung von Programmen** (Onlineübermittlung bzw. ohne Originalvervielfältigungsstück) folgt aus der oben dargestellten Rechtsprechung des EuGH und des BGH (vgl. Rn. 28 ff.) zwangsläufig die Rechtsfolge bezüglich der AGB-rechtlichen Vereinbarung von Weiterveräußerungsverboten (für Musikdateien, die über einen Dienst im Internet unkörperlich heruntergeladen werden: LG Berlin GRUR-RR 2009, 329 – *Musikdownloadportal* – n. rkr.). Sie sind in den Grenzen der oben dargestellten Vorgaben der Rechtsprechung unzulässig. (so vor der EuGH-Rechtsprechung bereits LG Hamburg MMR 2006, 827).

65 **f) Technische Durchsetzung von Nutzungsbeschränkungen:** Soweit nach den vorstehenden Ausführungen eine unzulässige Nutzungsbeschränkung vorliegt, hilft es dem Rechteinhaber nicht, das Verbot durch (zeitlich wirkende) **technische Programmsperren** zu umgehen; solche können vielmehr sogar Haftungsansprüche oder gar Ansprüche nach § 826 BGB auslösen (BGH GRUR 2000, 249, 251 – *Programmsperre* [§ 826 BGB verneint]; BGH NJW 1987, 2005, 2006 [Vertragspflichtverletzung bejaht]; BGH NJW 1981, 2684, 2685 [außerordentliches Kündigungsrecht verneint]; OLG Frankfurt CR 2000, 146). Im Übrigen zur Umgehung technischer Schutzvorrichtungen s. § 69g. Ob **Produktaktivierungsroutinen** insoweit zulässig sind, wird unterschiedlich beurteilt (Ullrich/Lejeune/*Lejeune*[2] I Rn. 400 ff. m. w. N.; *Runte* CR 2001, 657; ausführlich: *Jobke*, Produktaktivierung und Registrierung bei Software für den Massenmarkt) und wird sicherlich von der individuellen Ausgestaltung abhängen. Soweit diese eine zwingende Aktivierung vorsehen, ohne die z. B. der Käufer eines Standardcomputerprogramms dieses nicht nutzen kann, dürfte – selbst bei wirksamer Einbeziehung und keinem Vorliegen einer überraschenden Klausel – ein Verstoß gegen § 307 Abs. 1 Ziff. 2 BGB vorliegen, da eine solche faktische Sperre nicht mit § 69d Abs. 1 in Einklang zu bringen ist (zu weiteren Fragen aus allgemein zivilrechtlicher Sicht (z. B. Haftung) und aus Sicht des Datenschutzrechts *Runte* CR 2001, 657).

65a **Weitergabeverbote** können aber auch **über** sog. **Nutzerkonten** durchgesetzt werden: Der BGH gestattet eine Vertriebsmodalität, nach der zwar eine Erschöpfung am Datenträger (hier: DVD mit einem Computerspiel) eintritt, der Dritte diese rechtmäßig erworbene Kopie aber nicht nutzen kann, weil das Nutzerkonto, das parallel anzulegen ist, nach den AGB nicht übertragbar ist (BGH MMR 2010, 771 – *Half Life* 2). Vgl. Rn. 33a.

66 **g) Public Domain Software: Public Domain** Software zeichnet sich durch größtmögliche Freiheit aus; sie soll gewissermaßen gemeinfrei sein. Es ist also jedwede Vervielfältigung, Verbreitung, öffentliche Wiedergabe aber auch Bearbeitung erlaubt (Wandtke/Bullinger/*Grützmacher*[4] Rn. 68 m. w. N.). Ob ein solcher Wille des ursprünglichen Rechtsinhabers vorliegt, wird man durch Auslegung unter Beachtung insbesondere auch der Zweck-übertragungstheorie (zu deren Anwendbarkeit hier vgl. § 69a Rn. 42) fest-stellen müssen. Rechtstechnisch wird teilweise ein Verzicht auf die Geltend-machung der entsprechenden Nutzungsrechte angenommen (OLG Stuttgart CR 1994, 743; zum Verzicht Schricker/Loewenheim/*Ohly*[5] § 29 Rn. 15 ff.). Eher dürfte es sich wohl um ein einfaches Nutzungsrecht für jeden Nutzer handeln, was nunmehr auch der Gesetzgeber unter ausdrücklichem Bezug auf derartige Softwarekonstellationen vorgesehen hat (§ 32 Abs. 3 S. 3; Be-schlE RAusschuss UrhVG 2002 – BT-Drs. 14/8058, S. 19). **Freeware** hat demgegenüber denselben Rechteumfang, nur dürfen keine Änderungen vor-genommen werden (Wandtke/Bullinger/*Grützmacher*[4] Rn. 68 m. w. N.). **Shareware** schließlich gleicht am ehesten proprietärer Software, denn hier ist in der Regel eine Registrierung mit Registrierungsgebühr vorzunehmen (Wandtke/Bullinger/*Grützmacher*[4] Rn. 68 m. w. N.); aus letzterem dürfte sich auch der Umfang der Rechte – jedenfalls im Wege der Auslegung – ergeben. Ob als **Shareware** oder **Public Domain** gekennzeichnete Software auch ge-werblich weiterverbreitet werden darf, ist umstritten (dagegen: OLG Düssel-dorf CR 1995, 730; dafür: OLG Stuttgart CR 1994, 743; OLG Hamburg CR 1994, 616). Für etwaige **Nutzungsbeschränkungen**, z. B. „nur zu privaten Zwecken", gelten die allgemeinen Regeln über Nutzungsarten (vgl. Rn. 46). Schließlich sei an dieser Stelle auch **Open Source Software** erwähnt (hierzu im Detail vgl. GPL Rn. 1 ff.). Darüber hinaus ist es natürlich – auch unter Geltung von Open Source Lizenzen – denkbar, dass Rechteinhaber Compu-terprogramme im Wege des sog. **dual licensing** auslizenzieren (hierzu bei-spielhaft *Nimmer* CRi 2006, 129). Sie vergeben dann einfache Nutzungs-rechte im Wege einer üblichen proprietären Lizenz und solche unter einer Open Source Lizenz. Da i. d. R. Open Source Lizenzen nicht ausschließlich sind, erscheint dies unproblematisch möglich.

5. Softwarevertriebsvertrag

Softwarevertrieb unterscheidet *grosso modo* zwischen solchen Verträgen, bei **67** denen **Vervielfältigungsstücke überlassen** werden, und solchen, bei denen ent-weder ein *authorized replicator* **die Vervielfältigung** selbst **übernimmt** oder aber die Lizenzkeys (durch das nunmehrige EuGH-Urteil) für die online oder offline vom Hersteller selbst zur Verfügung gestellten Kopien jeweils angefor-dert werden müssen und ggf. vom Hersteller direkt an die Endkunden geschickt werden. Im ersten Fall erschöpft sich mit den oben dargestellten Einschrän-kungsmöglichkeiten (vgl. Rn. 50 ff.) das Verbreitungsrecht nach § 69c Nr. 3. Im zweiten Fall gilt dies bei der Online-Übermittlung und späteren Zurverfü-gungstellung der Lizenzkeys ebenso (vgl. Rn. 32); bei der Übergabe einer Mas-terkopie an den *authorized replicator* gilt dies natürlich nur für die Masterko-pie, wobei dem *authorized replicator* Vervielfältigungsrechte eingeräumt werden müssen, die i. d. R. mit strengen Qualitätskontrollen und Aufsichts-rechten einhergehen. Zu den verschiedenen Vertriebsformen s. praxisnah *Grützmacher* ITRB 2003, 199; auch *Sahin/Haines* CR 2005, 241. Die Variante 2 wird i. d. R. als Vertragshändler- oder Eigenhändlervertrag ausgestaltet, wo-bei sowohl Beschaffungs- als auch Verkaufsgeschäft i. d. R. Kaufrecht unterlie-gen; eine Einräumung von Nutzungsrechten, gar zur Unterlizenzierung, findet nicht statt, da der Endkunde entweder über § 69d berechtigt wird oder einen direkten Lizenzvertrag (oft End User License Agreement/EULA genannt) mit dem Hersteller abschließt (das ist zulässig, s. Tz. 41 der Leitlinien für vertikale Beschränkungen, 2010/C 130/01 (LG Stuttgart ITRB 2005, 77).

Bei allen Vertriebsverträgen, die nicht über reine Handelsvertreter- oder Kom- **68** missionsgeschäfte abgewickelt werden (diese Geschäfte gelten nicht als wettbe-werbsbeschränkend i. S. d. Art. 101 Abs. 1 AEUV), und bei denen Datenträger übergeben werden, ist die **Gruppenfreistellungsverordnung für Vertikalverträge** zu beachten, die die relevanten Freistellungen von Art. 101, 102 AUEV enthält (im Detail dazu *Polley/Seeliger* CR 2001, 1 und zur neuen Vertikal-GVO: *Lettl* WRP 2010, 807).

69   a) **Überlassungsvereinbarungen nach Vertikal-GVO:** Soweit **Vervielfältigungsstücke überlassen** werden, ist der Anwendungsbereich der **Vertikal-GVO** grundsätzlich eröffnet und eine Freistellung unter den Voraussetzungen des Art. 2 Abs. 3 möglich, die die Kommission in ihren Leitlinien (Tz. 32 ff) konkretisiert. Ausweislich des Wortlauts ist die Vertikal-GVO nur anwendbar auf Vertikalvereinbarungen, die sich auf den Bezug, Verkauf, Weiterverkauf, nicht auf Miete/Pacht beziehen; ausnahmsweise doch anwendbar kann sie aber sein, wenn zwar Miete/Pacht vorliegt, aber diese Verträge ausschließlich den Vertrieb regulieren. Art. 3 Vertikal-GVO macht die Freistellung darüber hinaus von Marktanteilen des Lieferanten wie des Käufers abhängig. Art. 4 Vertikal-GVO als Kernbeschränkung schließt die Freistellungen aus; Art. 5 Vertikal-GVO führt hingegen nicht zum Verlust der Freistellung insgesamt, sondern zur Unwirksamkeit der jeweiligen vertraglichen Regelung. Das o. g. Vertriebsmodell durch die Überlassung der Masterkopie unterfällt hingegen nicht der Vertikal-GVO, weil bei dieser Vertriebsform die Nutzungsrechteinräumung Teil des Hauptgegenstands des Vertrags ist; stattdessen Freistellung nach der TT-GVO, Art. 2, weil es sich um eine Vereinbarung zur Produktion der Vertragsprodukte handelt (*Lejeune* ITRB 2004, 227 ff.). Die Abgrenzung zwischen Vertikal-GVO und TT-GVO erfolgt im Übrigen nach Art. 2 Abs. 5 Vertikal-GVO, wonach die Vertikal-GVO nicht für Vereinbarungen gilt, deren Gegenstand in den Anwendungsbereich einer anderen GVO fällt, also insbesondere im Bereich der Forschung und Entwicklung die TT-GVO. Vorgaben für die EULA (End User License Agreements) sind also unzulässig (*Sucker* CR 1989, 468, 475). Soweit die oben genannten *authorized replicator* eingesetzt werden, dürfte allerdings die **TT-GVO** einschlägig sein (*Polley* CR 2004, 641, 645 f.; Wandtke/Bullinger/*Grützmacher*[4] Rn. 67 a. A. *Schultze/Pautke/Wagener* WRP 2004, 175, 180; *Seffer/Beninca* ITRB 2004, 210, 211, alles noch zur alten Vertikal-GVO, die allerdings insoweit identisch war).

70   Eine sehr wichtige Einschränkung ist ferner, dass nur Vertikalvereinbarungen erfasst sind, die sich auf den **Bezug, Verkauf oder Weiterverkauf von Produkten** beziehen. Daraus ist zu folgern, dass Miet-, Pacht-, Leasing- oder ähnliche Verträge als solche nicht in den Anwendungsbereich der Vertikal-GVO fallen können. Das hat die EU-Kommission auch in Tz. 25 der Leitlinien, mit denen sie die Vertikal-GVO unverbindlich kommentiert, festgestellt. Einige wichtige Fallgestaltungen des Softwarevertriebes nimmt dies von der Anwendung der Vertikal-GVO aus, insbesondere auch diverse Erscheinungsformen des Online-Vertriebs, der zivilrechtrechtlich häufig als Miete, Pacht, Leihe o. ä. zu qualifizieren ist (vgl. Rn. 26).

71   b) **Begleitende Lizenzregelungen nach Vertikal-GVO:** Für **begleitende Lizenzregelungen** stellt die Kommission in den – allerdings unverbindlichen – Leitlinien zur Auslegung der Vertikal-GVO fünf Voraussetzungen auf, damit die Vertikal-GVO darauf Anwendung findet:
(1) die Bestimmungen müssen Bestandteil einer vertikalen Vereinbarung sein, die die Voraussetzungen, unter denen die Vertragsparteien bestimmte Waren oder Dienstleistungen beziehen, verkaufen oder weiterverkaufen dürfen enthält;
(2) die Bestimmungen müssen die Übertragung solcher Rechte auf den Käufer oder deren Nutzung durch den Käufer betreffen;
(3) die Bestimmungen dürfen nicht den Hauptgegenstand der Vereinbarung bilden;

(4) die Bestimmungen müssen unmittelbar mit der Nutzung, dem Verkauf oder dem Weiterverkauf von Waren oder Dienstleistungen durch den Käufer oder dessen Kunden zusammenhängen (bei Franchiseverträgen, bei denen der Zweck der Nutzung der Eigentumsrechte in der Vermarktung liegt, werden die Waren oder Dienstleistungen vom Hauptfranchisenehmer bzw. von den Franchisenehmern vertrieben);

(5) die Bestimmungen dürfen im Verhältnis zu den Vertragswaren oder -dienstleistungen keine Wettbewerbsbeschränkung enthalten, die denselben Zweck oder dieselbe Wirkung wie vertikale Beschränkungen haben, die nicht von der GVO freigestellt sind.

In solchen Konstellationen fallen auch begleitende Lizenzregelungen unter die Vertikal-GVO. Keine Anwendung findet die Vertikal-GVO damit auf reine Lizenzvereinbarungen wie Rezept-Lizenzen, Software-Lizenzverträge, bei denen nur eine Masterkopie überlassen wird, reine Markenlizenzverträge, Sponsorenverträge (z. B. „Offizieller Ausrüster der Fußballnationalmannschaft") sowie Urheberrechts-Lizenzverträge (z. B. Gewährung von Fernsehübertragungsrechten) (*EU-Kommission*, Leitlinien für vertikale Beschränkungen, Tz. 32 ff.; *Bauer/de Bronett* S. 59). Nicht unter die Vertikal-GVO fällt auch die Konstellation, in der ein Lizenzgeber dem Lizenznehmer im Wege der Downloadberechtigung eine Mutterkopie mit einer Lizenz zur Herstellung und Verteilung von Kopien überlässt.

c) Nichtanwendbarkeit der Vertikal-GVO: Die Vertikal-GVO gilt allerdings **72** dann, wenn es sich zwar um **Miet- und Pachtverträge** handelt, jedoch diese Verträge den **Vertrieb von Produkten** regulieren. Nach der Definition des Art. 2 Abs. 5 Vertikal-GVO fallen schließlich **Forschungs- und Entwicklungsverbote** nicht in ihren Anwendungsbereich. Insoweit macht vielmehr die TT-GVO einige Vorgaben. Außerdem gilt die Vertikal-GVO gemäß Art. 3 Abs. 1 Vertikal-GVO nur, wenn der **Anteil** des Lieferanten an dem jeweiligen **Markt**, auf dem er die Vertragswaren oder -dienstleistungen verkauft, 30% nicht überschreitet. Im Fall von Alleinbelieferungsverpflichtungen findet die Freistellung Anwendung bei einem Anteil des Käufers an dem relevanten Markt, auf dem er die Vertragswaren oder -dienstleistungen einkauft, der nicht mehr als 30% ausmacht (Art. 3 Abs. 2 Vertikal-GVO). Art. 4 und Art. 5 Vertikal-GVO führen bestimmte vertikale Vereinbarungen auf, für welche die Freistellung nach Art. 2 Vertikal-GVO nicht gilt (sog. „schwarze Klauseln"); dies sind Preisvorgaben, Beschränkungen des Gebiets- oder Kundenkreises sowie Beschränkungen der Verkaufsstätte.

Nicht unwesentlich für die Ausgestaltung des Vertriebsvertrages ist schließlich, **73** ob man annimmt, dass dem Endnutzer überhaupt Nutzungsrechte eingeräumt werden müssen oder aber dieser über § 69d ohnehin zur Nutzung im bestimmungsgemäßen Umfang berechtigt ist (vgl. § 69d Rn. 13 ff.). Wenn man unserer Auffassung folgt, wonach dies jedenfalls über Einzelplatzlizenzen von Endkundenkäufern nicht der Fall ist, benötigt der Vertriebs-Vertragspartner des Herstellers auch keine gesonderten Rechte, die er an den Endnutzer weiterreichen kann.

6.   ASP-Vertrag/Software as a Service (SaaS)

Bei ASP-Verträgen, also Verträgen, bei denen dem Nutzer die Zugriffs- und **74** Nutzungsmöglichkeit gegeben wird, ohne dass auf seinem Rechner eine Kopie des Programms installiert wird, stellt sich zunehmend die Frage, ob überhaupt urheberrechtlich relevante Rechte betroffen sind (dazu *Bröcker/Czychowski* MMR 2002, 81, 82; Schricker/Loewenheim/*Spindler*[5] Vor §§ 69a ff. Rn. 67). Beim ASP handelt es sich – vergröbernd ausgedrückt – um die **Bereitstellung von Software-Produkten über Datennetze**, ohne dass es zu einer Installation der Software auf dem System des Nutzers kommt. Der Nutzer erhält also eine

Möglichkeit, Software durch Zugang auf die Systemressourcen des Anbieters gegen Entrichtung eines Entgelts zu nutzen. Der Vorteil für den Nutzer liegt auf der Hand: Er vermeidet hohe Anschaffungskosten, kann genauer kalkulieren und erspart sich den mit der Softwarepflege zuweilen verbundenen Ärger. Auch für den Anbieter weist das ASP gewichtige Vorteile auf: Er kann seine Kosten durch eine Vielzahl von Nutzern verteilen, eröffnet sich einen neuen wirtschaftlichen Absatzmarkt und kann die Nutzung punktgenau abrechnen. Darüber hinaus kann im Rahmen des Outsourcing, das schon lange im Softwarebereich praktiziert wird, ASP mit weiteren Leistungen verbunden werden, so etwa der Auslagerung des Betriebssystems oder des Betriebs von Rechenzentren und Datenbanken (Datahosting, Datawarehousing) (ausführlich hierzu *Peter* CR 2005, 404; *Röhrborn/Sinhardt* CR 2001, 69).

75 Mit ASP sind **vielfältige vertragsrechtliche Fragen** zur vertragstypologischen Einordnung, Gestaltung des Vertragsgegenstandes, Gewährleistung oder Haftung) verbunden (hierzu *Röhrborn/Sinhardt* CR 2001, 69 ff.; *Feil*, Application Service Providing, abrufbar unter https://www.recht-freundlich.de/it-vertragsrecht/app lication-service-providing, zuletzt aufgerufen am 1.6.2017), und bislang weitgehend ungeklärte urheberrechtliche Probleme. Denn zumindest bei einigen der Varianten des ASP wird der Nutzer kein Computerprogramm auf seinem Computer mehr ablaufen lassen (also auf seiner Festplatte speichern), sodass sich etwa Fragen des Vervielfältigungsrechts nicht mehr stellen (a. A. *Grützmacher* CR 2011, 697, 704: Anwender veranlasst Vervielfältigung beim Anbieter; das dürfte im Hinblick auf das Verständnis des BGH zur Privatkopie beim Online-Videorecorder fraglich sein: BGH ZUM 2009, 765 – *Online Videorecorder*). Nach anderer Auffassung soll das öffentliche Zugänglichmachen eines Computerprogramms im Internet im Wege des Application Service Providing ohne Zustimmung des Urhebers auch dann dessen Nutzungsrechte nach § 69c Ziff. 4 verletzen, wenn im ASP-Betrieb keine Programmdaten übertragen werden (OLG München CR 2009, 500); uns überzeugt das nicht, denn in einem solchen Fall wird nur die Bildschirmmaske wiedergegeben, gerade nicht das Computerprogramm (so auch *Grützmacher* CR 2011, 697, 702). Da es sich beim ASP um einen der typischen Vertragstypen der Wissensverkehrsgesellschaft handelt, die vermehrt über den Zugang und weniger über Zuordnungsveränderungen funktionieren (hierzu Bröcker/Czychowski/Schäfer/*Czychowski* § 1 Rn. 8 ff.), dürfte es sich beim ASP um eine **eigenständige Nutzungsart** im Sinne des § 31 ff. UrhG handeln (so auch *Dietrich* ZUM 2010, 567, 570 ff.). Ob ASP in den 90er Jahren auch eine **unbekannte Nutzungsart** gewesen ist, bedarf noch der Untersuchung (ablehnend *Dietrich* ZUM 2010, 567, 570 ff., der die wirtschaftliche Eigenständigkeit verneint).

76 Der ASP-Anbieter selbst benötigt aufgrund dieser eigenständigen Nutzungsart ASP vom Urheber dem Vertragszweck entsprechende Nutzungsrechte, jedenfalls Vervielfältigungsrechte. Rechte der öffentlichen Wiedergabe dürften mit der hier vertretenen Auffassung nicht nötig sein (so auch: *Grützmacher* CR 2011, 697, 704), denn wiedergegeben wird allenfalls die in der Regel nicht schutzfähige Bildschirmmaske, nicht aber das Computerprogramm selbst. Eine im Einzelfall zu betrachtende Mittellösung dürfte das Applet-ASP darstellen, bei dem es zunächst darauf ankommt, ob die entsprechenden applets überhaupt urheberrechtlich geschützt sind. Sollte dies im Einzelfall der Fall sein (was keineswegs selbstverständlich erscheint), dürfte der Nutzer wieder der Einräumung sämtlicher aus den üblichen Softwareüberlassungsverträgen bekannten Nutzungsrechte bedürfen (dazu ausführlich *Bröcker/Czychowski* MMR 2002, 81).
Die aufgrund der *Used-Soft*-Rechtsprechung (oben Rn. 32 ff.) zunehmend zu beobachtende Umstellung von Vertriebsmodellen auf SaaS oder sonstige zeitlich befristete Gebrauchsüberlassungen begegnet einem weiteren Risiko, seit der BGH entschieden hat, dass auch bei solchen Modellen in Ausnahmefällen

Erschöpfung eintreten kann, nämlich, wenn diese zeitliche Befristung der gesamten Zeit der Funktionsfähigkeit entspricht, denn ein solcher Vorgang soll dem Verkaufsbegriff des EuGH entsprechen (BGH GRUR 2015, 1108 Tz. 37 – *Green IT*). Voraussetzung dafür ist aber, dass die Software sich mit Ablauf der Vertragslaufzeit automatisch deaktiviert. Wie oben dargestellt (Rn. 27, 32) ist diese Rechtsprechung aber auf klassische SaaS-Angebote nicht anwendbar, da bei diesen gerade keine Nutzungsrechte benötigt werden.

7. Cloud Computing

Die „Cloud" ist ein neues Schlagwort, das zunächst einmal nur beschreibt, **76a** dass bestimmte Daten nicht mehr auf dem Computer des Anwenders liegen, sondern auf Servern der Cloud-Anbieter. Wenn diese Daten ein Computerprogramm sind, spricht man vom Cloud-Computing. Es gleicht daher in mancher Hinsicht den eben beschriebenen ASP-Anwendungen (vgl. Rn. 74 ff.). Man unterscheidet Infrastructure Cloud, Plattform Cloud und Anwendungscloud, auch Software as a Service (SaaS) genannt. Der Anbieter benötigt die in Rn. 76 beschrieben Nutzungsrechte für sein eigenes Angebot. Der Anwender wird – wie beim ASP – im Einzelfall keine urheberrechtlich relevante Handlung vornehmen oder aber sich auf § 69d berufen können (a. A. *Grützmacher* CR 2011, 697, 704: Anwender veranlasst Vervielfältigung beim Anbieter; das dürfte im Hinblick auf das Verständnis des BGH zur Privatkopie beim Online-Videorecorder fraglich sein: BGH ZUM 2009, 765 – *Online Videorecorder*). Zu allem s. a. Schricker/Loewenheim/*Spindler*[5] Vor §§ 69a ff. Rn. 68; *Giedke*, Cloud Computing.

8. Rückruf nach § 41

Für den **Rückruf** nach § 41 standen LG und OLG Köln auf dem Standpunkt, **77** dass im Softwarevertragsrecht kein Heimfall der Nutzungsrechte hinsichtlich der Enkelrechte erfolgt (LG Köln ITRB 2006, 154; OLG Köln GRUR-RR 2007, 33, 34). Ob diese Abweichung von der sonst allgemein vertretenen Auffassung (vgl. Vor §§ 31 ff. Rn. 148 ff.) wirklich mit der vermeintlich besonderen Schutzbedürftigkeit des Programmnutzers erklärt werden kann, erscheint zweifelhaft. Letzterer ist ohnehin nach § 69d, wenn er das Programm rechtmäßig erworben hat, geschützt. Im Übrigen dürfte es sich bei der vom OLG Köln entschiedenen Frage eher um eine solche des Anwendungsbereiches des § 33 auch im Fall des Wegfalls des zugrunde liegenden Nutzungsrechts, also des **Sukzessionsschutzes**, handeln (zu dieser umstrittenen Frage s. die Kommentierung zu § 33). Im Übrigen gelten die allgemeinen urheberrechtlichen, insbesondere urhebervertragsrechtlichen Regelungen (vgl. § 69a Rn. 42). Der BGH hat dennoch im Sinne der Vorinstanzen entschieden. Bei einem Rückruf nach § 41 gilt also das Abstraktionsprinzip (BGH GRUR 2009, 946 – *Reifen Progressiv*; hierzu z. B. *Taeger* NJW 2010, 25; *Scholz* GRUR 2009, 1107; und allg. vgl. § 31 Rn. 30 ff.). Im Übrigen vgl. Rn. 40.

9. Softwarelizenzen in der Insolvenz

Sehr relevant für die Praxis ist schließlich das **Schicksal von Softwarelizenzen** **78** **in der Insolvenz** von Lizenzgeber oder Lizenznehmer (vgl. Nach § 119 Rn. 1 ff.). Der Bundesgerichtshof hat hierzu für den Fall der **Insolvenz des Lizenzgebers** jedenfalls in Bezug auf Quellcode und daran bestehende Nutzungsrechte einige Klarheit geschaffen: Eine aufschiebend bedingte Verfügung über eine künftige Sache oder ein künftiges Recht ist insolvenzfest, wenn der fragliche Gegenstand bis zur Insolvenzeröffnung entstanden ist und danach die Bedingung eintritt.

Wenn insolvenzfest vereinbart wird, die Ausübung eines Kündigungsrechts sei die **79** aufschiebende Bedingung für einen Rechtsübergang, scheitert dieser nicht daran, dass er vom Willen des Berechtigten abhängt. Hat vor Insolvenzeröffnung – wenngleich aufschiebend bedingt – ein dinglicher Rechtsübergang stattgefunden, kann der Insolvenzverwalter diesen nicht mehr dadurch verhindern, dass er die Nichterfüllung des zugrunde liegenden Vertrags wählt (zu allem BGH GRUR 2006, 435 – *Softwarenutzungsrecht*; anders hatte dies zuvor das LG Mannheim gelöst: LG Mannheim CR 2004, 811; zu beidem ausführlich auch unter Darstellung der bisherigen sonstigen Rechtsprechung: *Grützmacher* CR 2006, 289; s. a. *Berger* CR 2006, 505). Im konkreten Fall war eine übliche Klausel zur außerordentlichen Kündigung im Lizenzvertrag enthalten, wonach eine Kündigung zulässig ist, wenn Tatsachen gegeben sind, aufgrund derer dem Kündigenden [...] ein Festhalten am Vertrag nicht zugemutet werden kann; für den Fall der Kündigung sollten alle Rechte und der Code an den Kündigenden fallen.

80   Die Klausel enthielt – worauf der BGH ausdrücklich eingeht – kein Kündigungsrecht für den Insolvenzfall. Vielmehr kündigte die Lizenznehmerin, nachdem der Insolvenzverwalter sein Wahlrecht ausgeübt hatte. Das bedeutet also, dass eine aufschiebend bedingt erklärte Übertragung wie eine Vollrechtsübertragung vor Insolvenzeröffnung gewertet wird. Allerdings muss das Computerprogramm bis zur Eröffnung des Insolvenzverfahrens fertig gestellt sein. Das heißt also, eine solche Vertragskonstruktion ist nicht auf Überlassung von Standardsoftware beschränkt, sondern kann auch für längerfristige Erstellungsprojekte angewandt werden. Das heißt des Weiteren, dass dem Insolvenzverwalter die Ausübung des Wahlrechts nach § 103 InsO in solchen Fällen verwehrt ist. Hieraus folgt aber auch, dass § 103 InsO grundsätzlich auf Lizenzverträge anwendbar ist. Die Entscheidung des BGH hat schließlich die weitere wichtige Frage im Zusammenhang mit Lizenzen und Insolvenz nicht beantwortet, wann Erfüllung i. S. d. § 103 InsO vorliegt, denn dazu brauchte es im vorliegenden Fall keiner Entscheidung (zu Recht deshalb kritisch *Koehler/Ludwig* WRP 2006, 1342; zu alternativen Lösungsmöglichkeiten, allerdings vor der BGH-Entscheidung, *Plath* CR 2005, 613).

81   In jedem Fall klar nach der Entscheidung des BGH ist nun, dass Lizenzverträge unter **§ 103 Abs. 1 InsO** fallen (ausführlich vgl. § 113 Rn. 6 ff. m. w. N.). Sie sind damit im Gegensatz zur Rechtslage nach der Konkursordnung nicht mehr insolvenzfest. Das führt zu folgender Situation bei Insolvenz des Lizenzgebers – wenn eine vertragliche Regelung wie im o. g. BGH-Fall nicht vorliegt: Wenn der Lizenzvertrag beiderseits noch nicht oder nicht vollständig erfüllt ist, kann der Insolvenzverwalter sein Wahlrecht ausüben. Zur **Wirkung der Insolvenzeröffnung** (keine Umgestaltung des Vertragsverhältnisses mehr, sondern Hinderung der beiderseitigen Nichterfüllungseinreden vgl. § 113 Rn. 5 m. w. N.).

82   Für die **Insolvenz des Lizenznehmers** gibt es kaum Judikatur. Die Risikolage ist auf den ersten Blick auch unterschiedlich: Während in der Insolvenz des Lizenzgebers dem Lizenznehmer die sinnlose Investition möglicherweise hoher Upfront-Zahlungen und der Verlust der Lizenz (und der damit einhergehenden Technik etc.) droht, was z. B. bei Produktionsprozessen weitreichende Folgen haben kann, scheint bei der Insolvenz des Lizenznehmers ein derartig vitales Interesse nicht zu existieren. Allerdings darf das in der Praxis u. E. ebenso wichtige Interesse des Lizenzgebers an einer Beendigung des Lizenzvertrages nicht aus dem Blick verloren werden, um etwaige Weitergaben der Lizenz an missliebige Dritte zu verhindern. Nach der o. g. Entscheidung des BGH ist jedoch klar, dass auch insoweit Lizenzverträge dem Wahlrecht des Insolvenzverwalters unterliegen können (§ 103 InsO). Es gelten dann die Kündigungssperre (§ 112 InsO) und die übrigen Vorschriften des Insolvenzrechts. U. E. müsste aber auch eine entsprechende Klausel – wie sie der Entscheidung des BGH GRUR 2006, 435 – *Softwarenutzungsrecht* zugrunde lag – analog auch im Fall der Insolvenz des Lizenznehmers zulässig sein. Dann muss der Lizenz-

nehmer aber für die ihm möglicherweise eingeräumte Gestattung in Bezug auf Unterlizenzen Sorge tragen.

In der **Literatur** wurde in den vergangenen Jahren – auch vor der Entscheidung des **83** BGH im Jahr 2005 – im Hinblick auf die oben geschilderten gravierenden Auswirkungen des § 103 InsO für die lizenznehmenden Unternehmen versucht, **rechtliche Gestaltungen** zu entwickeln, wie in der Insolvenz des Lizenzgebers die Lizenz insolvenzfest ausgestaltet werden kann. So wird etwa eine **Sicherungsübertragung** des geschützten Rechts, dessen **Verpfändung,** eine **Doppeltreuhand** oder ein **Lizenzsicherungsnießbrauch** diskutiert (hierzu überblicksartig m. w. N. *Beyerlein* WRP 2007, 1074; *McGuire*, GRUR 2009, 13 ff.; *Slopek*, WRP 2010, 616 ff.). Zu Recht weist die Bundesregierung in ihrer Begründung zur sogleich besprochenen angedachten Änderung der InsO darauf hin, dass diese dem nationalen Recht entlehnten Lösungsmöglichkeiten nicht geeignet erscheinen, dem Sicherungsbedürfnis des Lizenznehmers umfassend Rechnung zu tragen; zudem dürften sie insbesondere im angloamerikanischen Rechtskreis, dem diese Rechtsformen fremd sind, kaum auf Akzeptanz stoßen. Daher zog die Bundesregierung zu Recht einer materiellrechtlichen Konstruktion eine in das Insolvenzrecht eingebettete verfahrensrechtliche Lösung vor. Mit einem ersten **Entwurf** sollten Lizenzen künftig insolvenzfest ausgestaltet sein (zum Gesetz und zu einem eigenen Vorschlag: *Ullmann* Mitt.d.PA 2008, 49 ff.). Ein **neuer** § 108a sollte in die **InsO** eingefügt werden, nach dem der Lizenzvertrag nicht dem Wahlrecht des Insolvenzverwalters unterliegt. Die Masse soll solche Nebenpflichten zu erfüllen haben, die für eine Nutzung des betroffenen Schutzrechts unumgänglich sind. Für den Fall eines krassen Missverhältnisses zwischen der vereinbarten und einer marktgerechten Vergütung soll der Insolvenzverwalter eine Anpassung verlangen können. In einem solchen Fall soll der Lizenznehmer ein Recht zur außerordentlichen Kündigung erhalten (zur berechtigten Kritik hieran s. nur die Stellungnahme der DGRI durch *Brandi-Dohrn/Lejeune/Stögmüller/Heydn/Moritz/Scherenberg/Schneider* CR 2012, 216).

Der Gesetzentwurf wurde in der folgenden Legislaturperiode nicht wieder aufgegriffen; wegen des Grundsatzes der Diskontinuität gab es also eine Zeit kein Gesetzesvorhaben, auch wenn dies vielfach angemahnt wurde (*Slopek*, WRP 2010, 616 ff.). Nachdem in einer weiteren Änderung der InsO (RegE SanUnt – BT-Drs. 17/5712) das Gesetzesvorhaben nicht mehr erwähnt wurde, wurde es erneut aufgegriffen: Ein neuer Referentenentwurf sah vor, das Wahlrecht des Insolvenzverwalters auch für Lizenzverträge zur Geltung zu bringen. Das zog einen ganzen Strauß an komplexen weiteren Regelungen nach sich: So sollte der Lizenznehmer einen Anspruch auf Abschluss eines neuen Lizenzvertrages haben; der Gesetzentwurf sah dafür verschiedene Regelungen zu den Anforderungen an diesen Lizenzvertrag vor, ein Recht zur temporären Fortnutzung des Lizenzgegenstandes, bis man sich auf diesen Vertrag geeinigt hat und Regelungen, wie mit Unterlizenzen umzugehen ist. Der dann folgende Regierungsentwurf vom Juli 2012 enthielt diesen § 108a InsO-E aber nicht mehr; seitdem hat es keine neuen Gesetzesinitiativen gegeben.

In einem patentrechtlichen Lizenzstreit hat der BGH unter Hinweis auf § 119 InsO betont, dass das aus § 103 InsO sich ergebende Erfüllungswahlrecht des Insolvenzverwalters nicht zur Disposition des Schuldners steht (BGH GRUR 2012, 95 – *Cross Patent License Agreement*). Es falle daher auch nicht unter eine von dem Schuldner vor Eröffnung des Insolvenzverfahrens in dem Lizenzvertrag getroffene Schiedsabrede. Leider äußert sich der BGH in dieser Entscheidung nicht dazu, ob ein dem Gläubiger in einem Lizenzvertrag eingeräumtes einfaches und nicht übertragbares Nutzungsrecht zur Aussonderung berechtigt (wie seit der Entscheidung BGH GRUR 2009, 946 Tz. 20 – *Reifen Progressiv* diskutiert wird: vgl. § 31 Rn. 30 ff.). Er deutet aber an, dass diese Frage so eng mit dem insolvenzspezifischen Erfüllungswahlrecht des Insolvenzverwalters zusammenhängt, dass auch sie nicht einer von dem Schuldner in dem Lizenzvertrag getroffenen Schiedsabrede unterfällt (BGH GRUR 2012, 95 Tz. 16 – *Cross Patent License Agreement*). Auch wenn also möglicherweise einfache Nutzungsrechte dinglich wirken, eine Lösung des hier beschriebenen insolvenzrechtlichen Problems bieten sie nicht. Allerdings hat der BGH in zwei Entscheidungen aus dem Sommer 2012 dem Unterlizenznehmer – jedenfalls bei vollständiger Bezahlung seiner Lizenz – Sukzessionsschutz gewährt (BGH GRUR 2012, 916 Tz. 23 ff. – *M2Trade*, für den Fall der zweitstufigen Einräumung eines einfachen Nutzungsrechts vom Hauptlizenznehmer; BGH GRUR 2012, 924 Tz. 16 – *Take Five* für den Fall der zweitstufigen Einräumung eines ausschließlichen Nutzungsrechts vom Hauptlizenznehmer und im Detail vgl. Vor §§ 31 ff. Rn. 231 ff.). In einer dieser Entscheidungen nimmt der BGH auch ausdrücklich Bezug zur insolvenzrechtlichen Situation (allerdings nicht zur hier interessierenden Insolvenz des Lizenzgebers): Der Hauptlizenzgeber hat einen insolvenzfesten bereicherungsrechtlichen Anspruch gegen den Hauptlizenznehmer bei dessen Insolvenz, wenn – bei unterstellter bezahlter Pauschalvergütung im Hauptlizenzvertrag und nicht vollständig erfüllter Royalty-Vergütung im Unterlizenzvertrag – vom Insolvenzverwalter Nichterfüllung des Hauptlizenzvertrages aber Erfüllung des Unterlizenzvertrages gewählt wird (BGH GRUR 2012, 916 Tz. 26 f. – *M2Trade*). Der BGH ist den so eingeschlagenen Weg weitergegangen und hat entschieden, dass ein Lizenzvertrag im Falle eines Lizenzkaufs regelmäßig beiderseits dann vollständig erfüllt (§ 103 InsO) ist, wenn die gegenseitigen Hauptleistungen erbracht sind, also der Lizenzgeber die Lizenz erteilt und der Lizenznehmer den Kaufpreis gezahlt hat (BGH GRUR 2016, 201 – *Ecosoil*). Für den Sonderfall der Konzernlizenz gilt sogar, dass ein Lizenzvertrag, mit dem sich eine Konzerngesellschaft gegenüber den übrigen Konzerngesellschaften verpflichtet, ihnen zur Sicherung eines gemeinsamen Markenauftritts ein unentgeltliches Recht zur Nutzung einer Marke für die Dauer des Bestehens des Konzerns einzuräumen und sich die übrigen Konzerngesellschaften im Gegenzug zur entsprechenden Nutzung der Marke verpflichten, regelmäßig dann beiderseits vollständig erfüllt (§ 103 InsO) ist, wenn die eine Konzerngesellschaft die Lizenz eingeräumt hat und die anderen Konzerngesellschaften die Lizenz genutzt haben (BGH GRUR 2016, 201 – *Ecosoil*). Offen ist noch, ob das Wahlrecht auch besteht, wenn noch nicht erfüllte Nebenpflichten bestehen (so andeutend BGH GRUR 2016, 201 Tz. 45 – *Ecosoil*). Zu Recht wird vertreten, dass diese sich nicht auf § 103 InsO auswirken (*Berberich* ZInsO 2016, 154, 156). Z. B. ist § 103 InsO daher auch bei Vereinbarung von zusätzlichen Pflegeleistungen anwendbar.

84 Die Grenze zwischen allgemeinem Vertragsrecht, Fragen der Beweissicherung nach § 809 BGB bzw. dem neuen § 101a ist im Bereich der sog. **Software-Lizenz-Audits** erreicht (zu den beweissicherungsrechtlichen Fragen s. § 101a). Sie dürften insb. am AGB-Recht zu messen sein (im Detail dazu *Moos* CR 2006, 797).

IV. Prozessuales

1. Rechtsdurchsetzung, Beweisfragen

85 Zu Fragen der **Rechtsdurchsetzung**, auch in Peer-to-Peer-Netzen, und zu den Möglichkeiten der **Beweissicherung** über § 101 vgl. Vor §§ 69a ff. Rn. 15 ff. Bei Streitigkeiten aus einem Softwareentwicklungsvertrag kommt es für die **internationale Zuständigkeit** nach Art. 5 Ziff. 1b EuGVVO darauf an, wo schwerpunktmäßig die Entwicklungsleistung erbracht wurde (OLG München CR 2010, 156). Für die sonstigen Fragen der Rechtsdurchsetzung (Aktiv- und Passivlegitimation, Verschulden etc.) gelten die allgemeinen Regeln (vgl. § 97 Rn. 127 ff.). Ein Hochschullehrer handelt schuldhaft, wenn er ein fremdes Computerprogramm auf einen Server zum Herunterladen über das Internet einstellt (BGH GRUR 2009, 864 – *CAD-Software*).

Die **Darlegungs- und Beweislast**, dass eine Veräußerung mit Zustimmung des **86** Rechtsinhabers erfolgt ist, trägt der Programmnutzer; diejenige, dass das Verbreitungsrecht wirksam inhaltlich oder räumlich beschränkt wurde, der Rechtsinhaber (vgl. Vor §§ 69a ff. Rn. 4).

2. Schadensberechnung

Die **Schadensberechnung** (hierzu allg. s. § 97) kennt bei unerlaubten Vervielfäl- **87** tigungen und Verbreitungen von Computerprogrammen eine Besonderheit: Auch wenn der Bundesgerichtshof bestimmten OEM-Lizenzen eine urheberrechtliche Absage erteilt hat (dazu ausführlich vgl. Rn. 55), sind dennoch Vertriebskonstellationen mit OEM-Lizenzen denkbar; dann aber richtet sich die angemessene Lizenzgebühr im Sinne des Schadensersatzrechts nicht nach den Vergütungen für Vollversionen, sondern nach denen für OEM-Versionen (zu Recht so OLG Düsseldorf GRUR-RR 2005, 213, 214 – *unautorisierte OEM-Software*). Zur Höhe der Schadensberechnung beispielhaft LG Köln ZUM-RD 2010, 636, 640 f. Zu Besonderheiten bei Schadensersatzansprüchen einer Entwickler-GbR s. OLG Frankfurt CR 2010, 355.

V. Verhältnis zu allgemeinen Verwertungsrechten

§ 69c ist lex specialis zu §§ 15 ff. Auf letztere ist im Rahmen der Auslegung des **88** § 69c nicht zurückzugreifen, allerdings laufen die allermeisten Begriffe parallel, sodass sich ein Rückgriff *eo ipso* ergibt (Dreier/Schulze/*Dreier*[5] Rn. 1). Eine **Ausnahme** – also direkte Anwendbarkeit – wird für die in engem Zusammenhang mit dem unzweifelhaft nicht anwendbaren § 23 stehende Norm des § 24 zu machen sein (vgl. § 69a Rn. 40; Dreier/Schulze/*Dreier*[5] Rn. 13; Wandtke/Bullinger/*Grützmacher*[4] Rn. 1), da andernfalls eine freie Benutzung nicht denkbar wäre, obwohl diese wohl eine verfassungsrechtliche Notwendigkeit im Hinblick auf die Sozialbindung des Eigentums ist.

§ 69d   Ausnahmen von den zustimmungsbedürftigen Handlungen

(1) Soweit keine besonderen vertraglichen Bestimmungen vorliegen, bedürfen die in § 69c Nr. 1 und 2 genannten Handlungen nicht der Zustimmung des Rechtsinhabers, wenn sie für eine bestimmungsgemäße Benutzung des Computerprogramms einschließlich der Fehlerberichtigung durch jeden zur Verwendung eines Vervielfältigungsstücks des Programms Berechtigten notwendig sind.

(2) Die Erstellung einer Sicherungskopie durch eine Person, die zur Benutzung des Programms berechtigt ist, darf nicht vertraglich untersagt werden, wenn sie für die Sicherung künftiger Benutzung erforderlich ist.

(3) Der zur Verwendung eines Vervielfältigungsstücks eines Programms Berechtigte kann ohne Zustimmung des Rechtsinhabers das Funktionieren dieses Programms beobachten, untersuchen oder testen, um die einem Programmelement zugrundeliegenden Ideen und Grundsätze zu ermitteln, wenn dies durch Handlungen zum Laden, Anzeigen, Ablaufen, Übertragen oder Speichern des Programms geschieht, zu denen er berechtigt ist.

I. Allgemeines

1. Sinn und Zweck, Rechtsnatur

1 Die Vorschrift stellt eine Ausnahmeregelung zu § 69c dar und gestattet bestimmten Nutzern eines Computerprogramms, es bestimmungsgemäß zu benutzen, notwendige Fehlerberichtigungen vorzunehmen, Sicherungskopien anzufertigen und das Funktionieren des Programms zu beobachten, zu untersuchen und zu testen, um die ihm zugrunde liegenden Ideen und Grundsätze zu ermitteln.

2 Die Vorschrift stellt *keinen* gesetzlich normierten Verzicht auf Unterlassungsansprüche dar (so aber *Zahrnt* NJW 1996, 1798, 1799).

3 Der Rechteinhaber kann aber auch mit dem Anwender spezielle Vereinbarungen treffen, § 69d Abs. 1. Der Gesetzgeber will diesen vorrangigen Vereinbarungen dieselbe Rechtsqualität wie denjenigen Vereinbarungen einräumen, die allgemein gelten. Nach der – vom Gesetz zugegebenermaßen nicht zu Ende gedachten – Konstruktion müsste der Rechteinhaber auf dem Aufkleber des Datenträgers, auf dem das Softwareprodukt gespeichert ist, die speziellen Vereinbarungen vorgeben. In diesem Umfang verzichtet er nicht auf seinen urheberrechtlichen Unterlassungsanspruch, sondern gibt bestimmten Nutzern eines Computerprogramms gewisse **Mindestrechte als Konkretisierung der Zweckübertragungsbestimmung** des § 31 Abs. 5 (zutr. OLG Karlsruhe NJW 1996, 2583, 2584 – *Dongle-Abfrage*; LG Düsseldorf CR 1996, 737, 738 – *Dongle-Umgehung*; *Lehmann* NJW 1993, 1822, 1825; Mestmäcker/Schulze/*Haberstumpf* Rn. 5; in diese Richtung wohl auch Loewenheim/*Lehmann*[2] § 76 Rn. 17).

4 Der BGH spricht von einem „**zwingenden Kern** der Verwendungshandlungen, die für eine vertragsgemäße Verwendung des Programms unerlässlich sind" (BGH GRUR 2003, 416, 419 – *CPU-Klausel*). Sie ist *keine* klassische **Schrankenregelung** (so aber Möhring/Nicolini/*Hoeren*[2] § 69d Rn. 3 und wohl auch Schricker/Loewenheim/*Loewenheim/Spindler*[5] Rn. 1: primär Schrankenbestimmung), nicht zuletzt, weil sie nicht alle Dritte privilegiert, die den Sachverhalt erfüllen, sondern nur die, die zur Verwendung des Computerprogramms berechtigt sind (Dreier/Schulze/*Dreier*[5] Rn. 2: Mischform zwischen gesetzlicher Lizenz und vertraglicher Auslegungsvorschrift; Wandtke/Bullinger/*Grützma-*

cher[4] Rn. 3: implied licence). Da der Rechteinhaber damit in gewisser Weise selber in der Hand hat, wer in den Genuss des § 69d kommt, spricht wohl in der Tat einiges dafür, die Vorschrift am Rande einer gesetzlich normierten Rechteinräumung mit Bezügen zu Schrankenregelungen zu sehen.

2. EU-Recht

Die Vorschrift entspricht weitgehend **Art. 5 Software-RL** (zur Entstehungsge-   5
schichte *Lehmann* FS Schricker I S. 543, 549 ff.; im Übrigen s. Bemerkungen bei jeweiligem Tatbestandsmerkmal).

II. Tatbestand

1. Anwendbarkeit

Keiner Erläuterung bedarf es, dass die Vorschrift nur auf Computerprogramme   6
anwendbar ist (zu deren Anwendungsbereich vgl. § 69a Rn. 3 f.). Wenn man mit der hier vertretenen Auffassung **Computer- und Videospiele** (nicht die sie steuernde Software) nicht unter §§ 69a ff. subsumiert (vgl. § 69a Rn. 10), gilt natürlich auch § 69d nicht, mit der weiteren Folge, dass z. B. Kopierschutzmechanismen nach § 95a ff. Sicherungskopien verhindern können.

Die Vorschrift ist nur auf solche **Personen** anwendbar, die **zur Verwendung des**   7
Computerprogramms berechtigt sind (dazu im Detail vgl. Rn. 10 ff.). Sie betrifft aber nur das Vervielfältigungs- und Umarbeitungsrecht, nicht etwa auch das Verbreitungsrecht, wie sich aus dem Bezug lediglich zu § 69c Nr. 1 und 2 ergibt. Sie ist ferner nur auf solche Verträge anwendbar, an denen ein Benutzer überhaupt beteiligt ist. Auch wenn der **Begriff des zur Verwendung Berechtigten** dem Urheberrechtsgesetz sonst fremd ist, wird man hierunter denjenigen Nutzer i. S. d. § 11 bzw. hier des § 69c zu verstehen haben, der gewissermaßen als End"verbraucher" den tatsächlichen Werkgenuss hat, der also das Computerprogramm zum Ablaufenlassen einsetzt. Damit scheidet die Anwendung des § 69d auf **Vertriebsverträge** oder auch nur **Lizenzverträge** auf verschiedenen Vertriebsstufen sowie **Entwicklungsverträge** aus.

Die **Übergangsvorschrift** für vor dem 24.6.1993 geschaffene Programme findet   8
sich in § 137d (zu Details s. § 137d).

2.   Vervielfältigung und Bearbeitung bei bestimmungsgemäßer Benutzung

Für die Praxis kommt es bei § 69d weniger auf die dogmatische Einordnung   9
der Vorschrift an (vgl. Rn. 1). Die entscheidende Frage des § 69d für die Praxis ist, ob der Erwerber eines Computerprogramms neben dem Erwerbsvorgang noch einen weiteren **Vertrag zur Einräumung von Nutzungsrechten** an dem Computerprogramm abschließen muss. Von der Beantwortung dieser Frage hängt für Softwarehersteller ab, wie sie ihren Vertrieb organisieren (dazu ausführlich *Schneider*[5] Kap. Q Rn. 4 ff.). Einfach zu beantworten ist diese Frage nur beim Erwerb von Standardsoftware durch einen Einzelplatznutzer. Letzterer benötigt keine weitergehenden Nutzungsrechte (Dreier/Schulze/*Dreier*[5] Rn. 2; OLG Frankfurt NJW-RR 1997, 494). Wie bestimmt man jedoch, ob jemand sich als Einzelplatznutzer sieht? Und was ist mit Nutzern, die erklärtermaßen weitergehende Nutzungen wünschen? Hierzu s. die folgenden Ausführungen. Nicht geregelt wird durch den klaren Wortlaut des § 69d, ob der Betroffene das Programm auch **verbreiten** oder gar **öffentlich zugänglich** machen darf (Dreier/Schulze/*Dreier*[5] Rn. 10; Schricker/Loewenheim/*Loewenheim*/*Spindler*[5] Rn. 3; a. A. Wandtke/Bullinger/*Grützmacher*[4] Rn. 12); hierzu benötigt er in jedem Fall die explizite Zustimmung des Rechteinhabers, sofern diese nicht wegen der Erschöpfungswirkung (dazu ausführlich vgl. § 69c Rn. 31) entbehrlich ist. Zur Dekompilierung vgl. Rn. 20.

10 a) **Zur Verwendung eines Vervielfältigungsstücks Berechtigter: Zur Verwendung berechtigt** ist nach Art. 5 Abs. 1 Software-RL der *„rechtmäßige Erwerber"*. Das ist unglücklich formuliert, denn es stellt zu sehr auf eine etwaige schuldrechtliche Berechtigung ab und könnte z. B. auch den gutgläubigen Erwerber einer veruntreuten Masterkopie privilegieren. Entscheidend ist, dass es eine **geschlossene Kette von Berechtigungen** hin zum originären Rechteinhaber gibt (zu deren zunehmender Bedeutung beim Gebrauchtsoftwarehandel vgl. § 69c Rn. 32 ff.). Damit wird gewissermaßen der Rechteübertragungsgedanke übertragen, ohne dass es zwingend eine Übertragung von Nutzungsrechten geben muss. So ist jedenfalls berechtigt, wer ausdrückliche Nutzungsrechte vom Rechteinhaber erworben hat. Aber auch der Käufer eines Datenträgers mit einem Computerprogramm, das – nach Erschöpfung – rechtmäßig im Verkehr zirkuliert, ist Berechtigter. Dass eine Erschöpfung auch bei unkörperlicher Überlassung eintritt, ist mittlerweile vom EuGH geklärt (EuGH GRUR 2012, 904 – *UsedSoft ./. Oracle*): Der Zweiterwerber kann damit berechtigter Nutzer i. S. d. § 69d sein. Zu allen weiteren Details, vor allen zu den **Voraussetzungen dieser Erschöpfung und sich in deren Folge stellenden Beweislastfragen** vgl. § 69c Rn. 32 ff.

11 b) **Benutzungsarten eines Computerprogramms:** Gem. Abs. 1 erhält der berechtigte Benutzer eines Computerprogramms nicht nur das Recht, dieses dauerhaft oder vorübergehend zu vervielfältigen, sondern auch, es zu übersetzen, zu bearbeiten, zu arrangieren oder anders umzuarbeiten, sofern dies zur bestimmungsgemäßen Benutzung des Computerprogramms einschließlich der Fehlerberichtigung notwendig ist. Dies bedeutet zunächst, dass alle Vervielfältigungshandlungen, die im Rahmen einer „normalen" Benutzung des Computerprogramms anfallen, von dem Nutzungsrecht des Programmbenutzers erfasst werden.

12 Was bestimmungsgemäß ist, kann nur im Rahmen einer **umfassenden Interessenabwägung** festgestellt werden (grundsätzlich für weite Auslegung, da Herstellerinteressen schon durch die Beweislast zu Lasten des Anwenders berücksichtigt würden: *Günther* CR 1994, 321, 327). Hier zeigt sich, dass § 69d und § 31 Abs. 5 untrennbar verknüpft sind. Der Zweck der Softwareüberlassung entscheidet über den Umfang der Bestimmung. Dabei kommt es nur auf den Zweck an, den der ursprüngliche (eigentliche) Rechteinhaber, in der Regel also der Hersteller (nicht der Urheber), vorgegeben hat. Er kann sich aber nicht über die Grenzen der §§ 31 ff. hinwegsetzen (dazu im Detail vgl. § 69c Rn. 46 ff., 50 ff.). Dennoch geht die bestimmungsgemäße Benutzung **über die dinglich wirkenden Nutzungsarten** hinaus; sie erfasst auch schuldrechtliche Einschränkungen, die im allgemeinen Urhebervertragsrecht nicht weiterwirken würden (so auch Wandtke/Bullinger/*Grützmacher*[4] Rn. 6). Wie weit diese Aufspaltbarkeit geht, hat die Rechtsprechung noch nicht entschieden. Als Abgrenzungskriterien werden die **wirtschaftlichen Partizipationsinteressen** des Herstellers (*Lehmann* FS Schricker I S. 543, 560, 569) ebenso vorgeschlagen wie die **Funktionsgerichtetheit** der Handlungen (*Marly*, Computersoftware in der EU S. 227) oder alle Umstände rund um den Überlassungszweck (Dreier/Schulze/*Dreier*[5] Rn. 7; Wandtke/Bullinger/*Grützmacher*[4] Rn. 7). Jenseits der von der Rechtsprechung sehr streng gehandhabten Erschöpfung (vgl. § 69c Rn. 31 ff.) scheint uns denkbar, **alle technisch abgrenzbaren Aufspaltungen** ausreichen zu lassen (auch wirtschaftliche Abgrenzung bei Dreier/Schulze/*Dreier*[5] Rn. 7 unter Verweis auf OLG Düsseldorf CR 1997, 337, 338, das allerdings nur die wirtschaftlichen Interessen hinter einer Entfernung eines Dongle-Schutzes sowie dem Wunsch der Verhinderung dieses Vorgangs erwähnt, denn Computerprogramme sind anders als andere Werkarten stärker technisch geprägt, und damit sind die Nutzungsarten auch trennschärfer erkennbar [zu dieser allgemeinen Entwicklung bei technisch geprägten Nutzungen, insbesondere auch bei § 95b: Büllesbach/Büchner/*Czychowski* S. 131 ff.]). Dennoch gibt es Grenzen für die Bestimmung der bestimmungsgemäßen Benutzung, sei diese vertraglich bestimmt, sei diese durch die Umstände des Rechtsgeschäfts über den Erwerb bestimmt. Dies ist der sog. abredefeste Kern des § 69d Abs. 1. Hierzu vgl. Rn. 27.

c) **Beispiele zur Bestimmung der bestimmungsgemäßen Benutzung:** Im Einzel- **13** nen folgende **Beispiele zur Bestimmung der bestimmungsgemäßen** Benutzung: Soweit eine Standardsoftware im Wege des Kaufs veräußert wird, ist grundsätzlich vom **Einzelplatzbetrieb** auszugehen. Alle für die Benutzung erforderlichen Handlungen (Laden, Anzeigen, Ablaufenlassen, Übertragen oder Speichern im Arbeitsspeicher) sind damit gestattet. Natürlich gehört dann angesichts der Erschöpfung (vgl. § 69c Rn. 31 ff.) auch die Löschung und Neuinstallation auf einem anderen Rechner dazu. Die parallele Installation auf einem zweiten Rechner, etwa Laptop, auch bei Nutzung durch eine andere Person, hingegen entspricht nicht der Bestimmung des Rechteinhabers, ist daher von § 69d nicht gedeckt (Wandtke/Bullinger/*Grützmacher*[4] Rn. 9; a. A. *Hoeren/Schumacher* CR 2000, 137, 139; Mestmäcker/Schulze/*Haberstumpf* Rn. 7).

Bei Programmen, die extra für den **Netzwerkbetrieb** geschaffen wurden (z. B. **14** ehemals Windows for Workgroups) oder bei denen sich sonst aus den Umständen der Überlassung vom originären Rechteinhaber ergibt, dass ein Netzwerkbetrieb die Bestimmung war, kann auch dieser zur bestimmungsgemäßen Benutzung gehören (*Hoeren/Schumacher* CR 2000, 137, 139; Mestmäcker/ Schulze/*Haberstumpf* Rn. 7; Wandtke/Bullinger/*Grützmacher*[4] Rn. 10; *Marly,* Softwareüberlassungsverträge[4] Rn. 1141 ff.).

Zum **SaaS- bzw. ASP-Betrieb** *Bröcker/Czychowski* MMR 2002, 81. Die Nut- **15** zung einer Software im ASP-Betriebs bedarf sicherlich der ausdrücklichen Erlaubnis bzw. der entsprechenden Zweckbestimmung (so auch Dreier/Schulze/ *Dreier*[5] Rn. 8; Wandtke/Bullinger/*Grützmacher*[4] Rn. 13), denn ASP ist eine eigenständige Nutzungsart (*Bröcker/Czychowski* MMR 2002, 81, 82 f.). Das Ablaufenlassen kann dann im Einzelfall je nach ASP-Art urheberrechtsneutral sein (*Bröcker/Czychowski* MMR 2002, 81, 82 f.), sodass die weitergehende Frage nach der bestimmungsgemäßen Benutzung sich nur bei solchen ASP-Formen stellt, die urheberrechtlich relevante Nutzungshandlungen beim Endnutzer überhaupt kennen. Wie viele dieser Nutzer dann bestimmungsgemäß nutzen und in welchem Umfang, dürfte sich nur aus den Umständen des Einzelfalls bzw. den vertraglichen Absprachen ergeben.

Wie **Outsourcing** unter § 69d zu behandeln ist, soll weitgehend ungeklärt sein, **15a** Wandtke/Bullinger/*Grützmacher*[4] Rn. 13. Es erscheint uns zweifelhaft, ob der Betrieb einer Software über einen Outsourcing Provider wirklich eine eigenständige Nutzungsart ist (so Wandtke/Bullinger/*Grützmacher*[4] Rn. 13), denn technisch gestaltet sich die Software alleine durch den Betrieb bei einem Outsourcing Provider nicht anders als beim Nutzer selbst (zum Begriff der Nutzungsart vgl. § 31 Rn. 10). Etwas anderes ist die Frage, ob der Betrieb, der in einem solchen Fall in der Regel ASP Betrieb sein dürfte (dazu vgl. Rn. 15 und vgl. § 69c Rn. 74 ff.), selbst – unabhängig von der Frage, ob durch den Outsourcing Provider oder durch den Nutzer selbst – eine eigene Art der Nutzung ist. Dann dürften sich aber auch die Fragen zu § 69d eigentlich auf die in Rn. 15 dargestellte Frage verringern. Sicherer ist es, worauf *Grützmacher* zu Recht hinweist, die Konstellation vertragsrechtlich zu regeln (Wandtke/Bullinger/*Grützmacher*[4] Rn. 13).

Ob **field-of-use Beschränkungen,** wie z. B. ein Einsatz nur zu wissenschaftlichen **16** Zwecken (vgl. § 69c Rn. 49), sich als bestimmungsgemäße Nutzungsbeschränkung darstellen, ist offen (eher ablehnend: Wandtke/Bullinger/*Grützmacher*[4] Rn. 15; befürwortend: *Lehmann* FS Schricker I S. 543, 560, 568). Es spricht viel für deren Zulässigkeit auch im Rahmen des § 69d, da der abredefeste Kern des § 69d einen Gleichlauf hat mit dem Zuschnitt einer Nutzungsart, solange diese die Anforderungen der Rechtsprechung an sie erfüllt und z. B. nicht den Erschöpfungsgrundsatz umgeht (vgl. § 69c Rn. 32 a. E.).

17 Alle anderen **Sondernutzungen** können sich zwar aus den Umständen der Überlassung vom originären Rechteinhaber ergeben, bedürfen aber einer genauen Prüfung im Einzelfall. Eine Lücke scheint es aber zu geben: Es scheint denkbar, dass man z. B. die bestimmungsgemäße Verwendung eines Computerprogramms auf eine Schulnutzung beschränkt, die Erschöpfung damit zwar nicht verhindert, aber die folgende Nutzung (sprich: Vervielfältigungen) dann nicht mehr als bestimmungsgemäß erlaubt ist. Wo die Grenze derartig zulässiger Verwendungsbestimmungen und unzulässiger Nutzungsartzuschnitte sowie dem Verhältnis der Erschöpfung hierzu liegt, ist aber derzeit völlig offen.

18 d) **Notwendigkeit:** Neben den Vervielfältigungen sind auch **Übersetzungen, Bearbeitungen, Arrangements** und andere Umarbeitungen einschl. der Fehlerbeseitigung zulässig, sofern sie im Rahmen der bestimmungsgemäßen Benutzung notwendig sind. Der Begriff der **Notwendigkeit** ist restriktiv auszulegen (so auch Dreier/Schulze/*Dreier*[5] Rn. 11 unter Berufung auf OLG München CR 1996, 11, 17; Wandtke/Bullinger/*Grützmacher*[4] Rn. 23), weil es sich bei Abs. 1 um eine Ausnahmebestimmung handelt; lediglich nützliche Programmänderungen und -verbesserungen, wie z. B. Funktionserweiterungen oder -erleichterungen sind deshalb von Abs. 1 nicht gedeckt (Schricker/Loewenheim/*Loewenheim*/*Spindler*[5] Rn. 10 m. w. N.; a. A. offenbar *Günther* CR 1994, 321, 325 f., 328). Auch außerhalb der reinen Fehlerbeseitigung können **Bearbeitungen,** Übersetzungen und andere Umgestaltungen i. S. v. § 69c Nr. 2 **notwendig** sein, z. B. die Anpassung eines Computerprogramms an eine Mehrwertsteuererhöhung, an die Währungsumstellung von der DM auf den EURO oder die Datumsumstellung zum Jahr 2000. Im Rahmen der für die Notwendigkeitsprüfung vorzunehmenden Interessenabwägung halten wir auch die Portierung für zulässig im Rahmen von Abs. 1, weil das Interesse des Programmnutzers an einer Weiternutzung seines Computerprogramms und der daran hängenden Datenbestände z. B. für den Fall des Wechsels des Betriebssystems, der meistens im Zusammenhang mit der Anschaffung neuer Hardware steht, eindeutig die Interessen des Rechteinhabers, solche Umgestaltungen kontrollieren zu können, überwiegt (zweifelnd *Lehmann* NJW 1993, 1822, 1826; *ders.* NJW 1991, 2112, 2115; *Marly,* Softwareüberlassungsverträge[4] Rn. 1017).

19 Als **lediglich nützliche Bearbeitung** oder Umgestaltung ist das **Updating,** d. h. die Aktualisierung und Verbesserung eines Computerprogramms, keinesfalls mehr notwendig im Sinne der Vorschrift; insoweit ist es dem Rechteinhaber vorbehalten, an der Auslieferung jeder neuen Programmversion mitverdienen zu können (*Lehmann* NJW 1991, 2112, 2115). *Dreier* fasst dies alles zu Recht dahingehend zusammen, dass Notwendigkeit nur vorliegt, wenn die bestimmungsgemäße Benutzung nicht durch andere Maßnahmen auf zumutbare Weise ermöglicht werden kann (Dreier/Schulze/*Dreier*[5] Rn. 11).

20 Nur in ganz besonderen Ausnahmefällen, z. B. bei Vorliegen eines besonders schweren Programmfehlers, ist eine **Dekompilierung** (zum Begriff vgl. § 69e Rn. 1) notwendig und damit zulässig (ebenso: *Günther* CR 1994, 321, 327 f.; *Lehmann* NJW 1993, 1822, 1824; eher zurückhaltend: Schricker/Loewenheim/*Loewenheim*/*Spindler*[5] Rn. 3; a. A.: zulässig: Dreier/Schulze/*Dreier*[5] Rn. 10; Wandtke/Bullinger/*Grützmacher*[4] Rn. 22), weil ansonsten der Gefahr, dass die Fehlerberichtigung für eine umfassende Dekompilierung nur vorgeschoben wird, kaum wirksam begegnet werden kann (*Günther* CR 1994, 321, 327 f.; *Raubenheimer* CR 1996, 69, 76).

e) Fehlerberichtigung: Gem. Abs. 1 gehört auch die **Fehlerberichtigung** (als **21** Form der Bearbeitung oder anderen Umgestaltung gem. § 69c Nr. 2) zur bestimmungsgemäßen Benutzung. Notwendig ist die Fehlerberichtigung nur dann, wenn das Programm in der vom Urheber intendierten Richtung fortentwickelt wird (zum Fehlerbegriff Dreier/Schulze/*Dreier*[5] Rn. 9), nicht aber, wenn Veränderungen vorgenommen werden, die die – aus der Sicht des Programmschöpfers definierte – Programmierleistung konterkarieren (OLG Karlsruhe NJW 1996, 2583, 2584 – *Dongle-Abfrage*) oder neue Module hinzufügen (BGH GRUR 2000, 866, 868 – *Programmfehlerbeseitigung*). Dasselbe gilt auch für reine Programmverbesserungen, reine Wartung oder gar Updates. Bewirkt die Fehlerberichtigung, dass ein anderer, aus der Sicht des Programmschöpfers wesentlicher Teil des Programms ausgeschaltet wird, ist sie nicht von Abs. 1 gedeckt.

Die Entfernung einer sog. **Dongle-Abfrage**, die dem Schutz des Programms **22** gegen unerlaubte Vervielfältigungen dient, ist deshalb unzulässig, auch wenn das Programm infolge der Dongle-Abfrage nicht voll funktionstüchtig ist (OLG Düsseldorf CR 1997, 337, 339 – *Dongle-Umgehung*, OLG Karlsruhe NJW 1996, 2583, 2584 – *Dongle-Abfrage*, LG Düsseldorf CR 1996, 737, 738 – *Dongle-Umgehung*, *Raubenheimer* CR 1996, 69, 73; differenzierend OLG Düsseldorf CR 1997, 337, 338 – *Dongle-Umgehung*: grundsätzlich völlige Entfernung der Dongle-Abfrage unzulässig, aber Entfernung eines fehlerhaften Dongles zur Reparatur sowie eine Beseitigung von Mängeln des Abfrageprogramms noch im Rahmen des bestimmungsgemäßen Gebrauchs; LG Mannheim NJW 1995, 3322, 3322 – *Entfernung von Dongle-Schutz*; gänzlich anders: *König* NJW 1995, 3293, 3294: Beseitigung den Betrieb störender Dongles ist von § 69d gedeckt und kann nur dann nach § 1 UWG a. F. untersagt werden, wenn weitere Umstände jenseits der urheberrechtlichen Tatbestände hinzukommen, die den Vorwurf unlauteren Vorgehens rechtfertigen; differenzierend, je nachdem, ob der Anbieter die Fehlerbeseitigung ablehnt: Schricker/Loewenheim/*Loewenheim*/*Spindler*[5] Rn. 11 m. w. N.; Wandtke/Bullinger/*Grützmacher*[4] Rn. 19 m. w. N.).

3. Sicherungskopie durch zur Benutzung Berechtigten (Abs. 2)

a) Unterschied des Berechtigten zu Abs. 1: Der Wortlaut des Abs. 2 weicht hin- **23** sichtlich des betroffenen Personenkreises von Nr. 1, wenn auch nur geringfügig, ab. Hieraus wird zu Recht geschlossen, der Begriff in Abs. 2 sei enger (Dreier/Schulze/*Dreier*[5] Rn. 14; Schricker/Loewenheim/*Loewenheim*/*Spindler*[5] Rn. 18; a. A. Wandtke/Bullinger/*Grützmacher*[4] Rn. 59). In jedem Fall ist die Bestimmung eng auszulegen (EuGH GRUR 2016, 1271 Tz. 42 – *Ranks*). Ausgeschlossen sollte sein, dass jeder, der das Programm auch nur kurzfristig rechtmäßig nutzt, sich unmittelbar eine Sicherungskopie erstellen darf. Zulässig ist aber, die **Sicherungskopie durch Dritte** erstellen zu lassen. Es handelt sich hierbei aber nicht etwa um ein „Recht", das übertragbar wäre; dies würde den Bezug zu den Schrankenregelungen (vgl. Rn. 1 a. E.), die niemals Rechte vermitteln (vgl. Vor §§ 44a ff. Rn. 4), verwischen (i. E. Dreier/Schulze/*Dreier*[5] Rn. 14). Allerdings vertreten einige Stimmen, dass sich die Befugnis zur Erstellung von Sicherungskopien bereits aus § 69d Abs. 1 ergibt (Wandtke/Bullinger/*Grützmacher*[4] Rn. 16 m. w. N.). Bei Verlust oder Beschädigung des Originaldatenträgers darf der Inhaber der Sicherungskopie diese nicht ohne weiteres an einen Zweiterwerber übergeben; ggfs. muss der berechtigte Zweiterwerber sich seine berechtigte Kopie von der Website des Herstellers herunterladen (EuGH GRUR 2016, 1271 – *Ranks*). Der EuGH will damit zu Recht verhindern, dass unter Umgehung des Rechteinhabers der Gebrauchtsoftwarehandel (dazu oben vgl. Rn. 10) auf Sicherungskopien verlagert wird. Er erkennt dabei offenbar, dass seine Used-Soft-Rechtsprechung an Grenzen stößt (zum Zusammenhang mit dem Gebrauchtsoftwarehandel vgl. § 69c Rn. 11 ff.).

24 b) **Sicherungskopie:** Die Regelung in Abs. 2 trägt der Notwendigkeit Rechnung, dass durch unvorhergesehene Ereignisse ein Verlust des Programms eintreten kann. Die Begründung zum Regierungsentwurf und die herrschende Meinung halten nur **eine Sicherungskopie** für zulässig (RegE 2. ÄndG – BT-Drs. 12/4022, S. 12; *Lehmann* NJW 1993, 1822, 1823). Wir halten hingegen die Auslegung des Abs. 2 für sachgerecht, dass die Anfertigung von Sicherungskopien in derjenigen Anzahl zulässig ist, in der sie **für die Sicherungsbedürfnisse des Programmnutzers erforderlich** sind (so nunmehr auch Wandtke/Bullinger/*Grützmacher*[4] Rn. 56). Zulässig sind daher insbesondere die häufig anzutreffenden **zyklischen Sicherungskopien**, bei denen der gesamte Datenbestand einschließlich der Programme tage-, wochen- und monatsweise auf Streamer-Bändern gesichert wird. Da im Falle einer täglichen Datensicherung bei der Zulässigkeit nur einer einzelnen Sicherungskopie diese täglich immer wieder überschrieben werden müsste, wäre es für den Programmnutzer ansonsten ausgeschlossen, auf ältere Programm- und Datenbestände zurückgreifen zu können (so auch *Marly* NJW-COR 4/93, 21, 23; *ders.* Computersoftware in der EU S. 188 f.). Die berechtigten Interessen des Rechteinhabers werden durch zyklische Sicherungskopien auch in keiner Weise tangiert, weil die Streamer-Bänder als solche nicht lauffähig sind und deshalb kaum die Gefahr bestehen dürfte, dass auf ihnen enthaltene Sicherungskopien eines Programms unzulässig verbreitet werden. Nicht zulässig ist es, eine Sicherungskopie anzufertigen, auf der der Programmschutzmechanismen entfernt worden sind, um der Gefahr eines fehlerhaften Programmschutzmechanismus vorzubeugen (OLG Düsseldorf CR 1997, 337, 337 – *Dongle-Umgehung*; LG Düsseldorf CR 1996, 737, 739 – *Dongle-Umgehung*; Wandtke/Bullinger/*Grützmacher*[4] Rn. 57); die Anfertigung einer Sicherungskopie unter Umgehung des Kopierschutzes wird allerdings von einigen für zulässig gehalten (so *Raubenheimer* CR 1994, 129, 131 im Allgemeinen, allerdings nicht für Dongle: etwas kryptisch der RegE 2. ÄndG – BT-Drs. 12/4022, S. 12, im Ergebnis aber wohl ablehnend). Hierzu vgl. § 69f Rn. 3. Es versteht sich von selbst, dass Sicherungskopien immer nur **1:1-Kopien** sein können. Moderne Computerprogramme arbeiten selten mit Installationsdatenträgern, sondern allenfalls mit sog. **Recovery-Datenträgern** (zu modernen Formen der Systemsicherung s. *Diedrich* CR 2012, 69). Diese dienen aber nicht der Benutzung, sondern nur der Wiederherstellung, sodass sie u. E. nicht an der Erschöpfung teilhaben (vgl. § 69c Rn. 31 ff.).

25 c) **Erforderlichkeit:** Erforderlich ist eine Sicherungskopie immer nur dann, wenn der Nutzer anders seinen berechtigten Sicherungsbedürfnissen nicht Rechnung tragen kann. Damit scheidet die Berechtigung zur Sicherungskopie – außer in den oben dargestellten zyklischen Formen (vgl. Rn. 24) – immer dann aus, wenn der Hersteller bereits eine Sicherungskopie mitliefert. Ob es ausreicht, dass der Hersteller verspricht, im Bedarfsfall eine Sicherungskopie zuzusenden (hierzu Dreier/Schulze/*Dreier*[5] Rn. 16), erscheint uns angesichts der eventuellen Eilbedürftigkeit im Einsatz eher zweifelhaft (so auch Wandtke/Bullinger/*Grützmacher*[4] Rn. 54; vorsichtiger: Dreier/Schulze/*Dreier*[5] Rn. 16). Bei embedded-Systems scheint uns der Verlust keineswegs ausgeschlossen (so Dreier/Schulze/*Dreier*[5] Rn. 16), sodass wir auch hier für die Zulässigkeit plädieren.

26 d) **Verhinderung:** Neuere technische Schutzmechanismen können die Anfertigung einer Sicherungskopie verhindern. Zwar untersagt § 69g Abs. 2 nur den vertraglichen Ausschluss der Anfertigung einer Sicherungskopie. Uns erscheint es aber gerechtfertigt, dies auf den ungleich schwerer wiegenden technischen Ausschluss analog anzuwenden (so auch Dreier/Schulze/*Dreier*[5] Rn. 19). Das bedeutet aber **kein Recht zur Selbsthilfe**, sondern einen Anspruch auf Entfernung des Kopierschutzes (nunmehr so auch Dreier/Schulze/*Dreier*[5] Rn. 19).

4. Beobachten und Untersuchen (Abs. 3)

a) Unterschied des Berechtigten zu Abs. 2: Der Kreis der Berechtigten dürfte   **27**
angesichts des identischen Wortlauts mit denen des Abs. 1 übereinstimmen
(vgl. Rn. 10). Zwar kann auch hier die Handlung von einem Dritten für den
Berechtigten vorgenommen werden; nicht aber kann diese Berechtigung isoliert
abgetreten werden (Dreier/Schulze/*Dreier*[5] Rn. 21; Schricker/Loewenheim/*Lo-
ewenheim/Spindler*[5] Rn. 24).

b) Beobachten, Untersuchen, Testen: Der berechtigte Benutzer eines Compu-   **28**
terprogramms kann das Programm grundsätzlich beobachten, untersuchen
oder testen, um die ihm zugrunde liegenden Ideen und Grundsätze zu ermitteln.
Die Vorschrift ist die logische Konsequenz des in § 69a Abs. 2 wiedergegebenen
urheberrechtlichen Grundsatzes, dass Ideen und Grundsätze urheberrechtlich
grundsätzlich frei bleiben müssen (vgl. § 69a Rn. 30). Beobachten, Untersuchen und Testen darf allerdings nur durchgeführt werden, wenn dies beim Laden, Anzeigen, Ablaufen, Übertragen oder Speichern des Programms geschehen
kann. § 69d gestattet eine Vervielfältigung einer Computerspielsoftware, um
eine Automatisierungssoftware für Bots für Online-Spiele zu entwickeln, auch
wenn nach dem (als AGB nicht einbezogenen) Lizenzvertrag eine kommerzielle
Nutzung verboten worden war (BGH GRUR 2017, 266 Tz. 61 – *World of
Warcraft I* und dazu *Czychowski* GRUR 2017, 266, 267 a. A. OLG Dresden
MMR 2015, 402, 403). Ein **Eingriff in das Programm,** insbesondere aber eine
Dekompilierung des Programms oder ein Kopieren bzw. eine Übernahme von
Programmteilen oder des Codes, sind **in keinem Fall** von Abs. 3 gedeckt (*Koch*
GRUR 1997, 417, 429: zur Analyse von Homepages durch Web Browser Soft-
ware). Im Gegensatz zu § 69e besagt § 69d nichts über die Zulässigkeit der
Verwendung der gewonnenen Erkenntnisse (LG Mannheim NJW-RR 1994,
1007, 1008); diese Frage richtet sich allein nach § 69a i. V. m. § 69c Nr. 2 und
4 sowie dem Wettbewerbsrecht (*Koch* GRUR 1997, 417, 429).

c) Ziel der Handlungen: Einen bestimmten Zweck der Handlungen schreibt   **29**
Abs. 3 nicht vor: Denkbar sind neben wissenschaftlichen Untersuchungen auch
Vorbereitungshandlungen bei vermuteter Rechteverletzung oder schlicht Analy-
sen, um eigene Programme zu erstellen. Hierzu zählt die sog. Black-Box-Technik
oder aber Speicherdumps (so auch Dreier/Schulze/*Dreier*[5] Rn. 22; a. A. wohl
Wandtke/Bullinger/*Grützmacher*[4] Rn. 64). Eingesetzt werden können für zulässige Handlungen auch eigenständige Computerprogramme, wie Linetrancer oder
Debuger (so auch Dreier/Schulze/*Dreier*[5] Rn. 22). Das Gesetz kennt also – anders
als bei Abs. 2 – keine Grenze durch eine vorausgesetzte Notwendigkeit.

III. Vertragsrecht; Abdingbarkeit; AGB-Recht

1. Verhältnis zum Vertragsrecht

Wie dargestellt (vgl. Rn. 4), ist eine vertragliche Nutzungsrechtseinräumung   **30**
neben § 69d nicht notwendig. Sie wird aber erforderlich und sollte gewählt
werden, wenn die Parteien über die sich aus den Umständen ergebende bestimmungsgemäße Benutzung weitergehende Nutzungsrechte einräumen wollen
(Dreier/Schulze/*Dreier*[5] Rn. 2). Sie ist zulässig, wie § 69d zeigt („Soweit keine
besonderen vertraglichen Bestimmungen vorliegen […]"); dennoch muss § 69d
einen sog. **abredefesten Kern** haben, der über das, was sich aus den Umständen
ergibt (vgl. Rn. 12 a. E.), hinausreicht. In ErwG 17 Software-RL ist niedergelegt, dass das **Betrachten, Prüfen oder Testen** und die dafür notwendigen
Handlungen dem Berechtigten immer erlaubt sein müssen. Dies hat der BGH
aufgegriffen und festgestellt, dass die **Einschaltung Dritter zur Fehlerbeseitigung** erlaubt sein muss (BGH GRUR 2000, 866 – *Programmfehlerbeseitigung*).
All dies bestimmt aber nicht wirklich den abredefesten Teil der „Bestimmungs-

gemäßheit der Verwendung", sondern nur den Umfang einer Verwendung, wenn sie denn bestimmungsgemäß ist. Der abredefeste Kern scheint vielmehr alles zuzulassen, was **Art und Umfang der Nutzung** betrifft, aber auch **Nutzungsintensität** (Dreier/Schulze/*Dreier*[5] Rn. 12). Nach § 69d ist also vieles erlaubt, was nach § 69c auf urheberrechtliche Grenzen stieße (vgl. § 69c Rn. 46 ff.). Vertrags- und kartellrechtliche Fragen bleiben an dieser Stelle natürlich genauso virulent wie bei § 69c (vgl. § 69c Rn. 46 ff.). Das ist nur auf den ersten Blick ein Widerspruch. Denn selbst wenn man nach § 69d die Bestimmungsgemäßheit der Verwendung eines Computerprogramms eng zuschneidet, holt den Rechteinhaber – gewissermaßen – dies bei der Erschöpfung ohnehin wieder ein. Denn seit der *OEM-Version,* Entscheidung des BGH GRUR 2001, 153 (m. Anm. *Chrocziel* CR 2000, 738; *Lehmann* CR 2000, 740), ist klar, dass all dies die Erschöpfung nicht hindern kann.

2. Abdingbarkeit

31 Auch wenn § 69g Abs. 2 nur die Abs. 2 und 3 für unabdingbar erklärt, ist auch der Kernbereich von § 69d Abs. 1 vertragsrechtlich nicht dispositiv (BGH GRUR 2003, 416, 419 – *CPU-Klausel;* zutr. zuvor bereits *Marly* NJW-COR 4/93, 21, 23, vgl. Rn. 27). So müssen dem Benutzer eines Computerprogramms die im Zuge seiner Benutzung entstehenden technischen Vervielfältigungsvorgänge erlaubt sein. In Anbetracht der Tatsache allerdings, dass § 69g Abs. 2 den Abs. 1 nicht ausdrücklich für unabdingbar erklärt, muss neben dem nicht disponiblen Kernbereich auch noch ein Bereich bestehen, der vertraglich abdingbar ist; ob dies allerdings das Recht zur **Fehlerbeseitigung** betreffen kann (so *Raubenheimer* CR 1996, 69, 72), bezweifeln wir – jedenfalls für Notfälle muss es bestehen (so nun auch BGH GRUR 2000, 866 – *Programmfehlerbeseitigung* ausgedruckt für eine solche durch Dritte). Jedenfalls solange der Vertrag eine Nutzung auf einem etwa als Ersatz angeschafften Rechner nicht ausschließt, verstoßen auch z. B. **CPU-Klauseln** nicht gegen § 69d (BGH GRUR 2003, 416, 419 – *CPU-Klausel*). Einschränkungen der Rechte des Programmnutzers können im Übrigen gegen das AGB-Recht und auch gegen kartellrechtliche Vorschriften verstoßen (für AGB-Recht: *Günther* CR 1994, 321, 326; beides: *Lehmann* NJW 1991, 2112, 2115 und vgl. Vor §§ 69a ff. Rn. 9 ff.; vgl. § 69c Rn. 46 ff.).

IV. Prozessuales

32 Die **Darlegungs- und Beweislast,** dass die vorgenommenen Handlungen zur bestimmungsgemäßen Benutzung des Computerprogramms einschließlich der Fehlerberichtigung notwendig waren, trägt der Programmnutzer. Die **Darlegungs- und Beweislast,** dass die Fehlerberichtigung zur bestimmungsgemäßen Benutzung des Computerprogramms notwendig war, trägt der Programmnutzer. Die **Darlegungs- und Beweislast,** dass es sich bei Programmkopien um Sicherungskopien handelt, trägt der Programmnutzer; im Falle mehrerer Sicherungskopien auch im Hinblick auf deren Erforderlichkeit.

V. Verhältnis zu anderen Normen

33 Wegen der Herleitung des § 69d aus § 31 **Abs. 5** bleibt letzterer auch neben § 69d anwendbar, tritt aber im Falle, dass der Anwendungsbereich des § 69d eröffnet ist, zurück (Wandtke/Bullinger/*Grützmacher*[4] Rn. 3). Aus dem Zusammenspiel der §§ 69c Nr. 1 und 69d Abs. 1 folgt zugleich, dass das **Kopier-Privileg von § 53 auf Computerprogramme keine Anwendung** findet (allg. M. s. nur Schricker/Loewenheim/*Loewenheim/Spindler*[5] § 53 Rn. 13). Die Information, wie Rechte zur bestimmungsgemäßen Benutzung des Programms

i. S. d. § 69d ausgestaltet sind, ist eine wesentliche Information i. S. d. § 5a Abs. 3 Nr. 1, Abs. 2 UWG (OLG Hamburg CR 2016, 642).

§ 69e Dekompilierung

(1) Die Zustimmung des Rechtsinhabers ist nicht erforderlich, wenn die Vervielfältigung des Codes oder die Übersetzung der Codeform im Sinne des § 69c Nr. 1 und 2 unerlässlich ist, um die erforderlichen Informationen zur Herstellung der Interoperabilität eines unabhängig geschaffenen Computerprogramms mit anderen Programmen zu erhalten, sofern folgende Bedingungen erfüllt sind:
1. **Die Handlungen werden von dem Lizenznehmer oder von einer anderen zur Verwendung eines Vervielfältigungsstücks des Programms berechtigten Person oder in deren Namen von einer hierzu ermächtigten Person vorgenommen;**
2. **die für die Herstellung der Interoperabilität notwendigen Informationen sind für die in Nummer 1 genannten Personen noch nicht ohne weiteres zugänglich gemacht;**
3. **die Handlungen beschränken sich auf die Teile des ursprünglichen Programms, die zur Herstellung der Interoperabilität notwendig sind.**

(2) Bei Handlungen nach Absatz 1 gewonnene Informationen dürfen nicht
1. **zu anderen Zwecken als zur Herstellung der Interoperabilität des unabhängig geschaffenen Programms verwendet werden,**
2. **an Dritte weitergegeben werden, es sei denn, dass dies für die Interoperabilität des unabhängig geschaffenen Programms notwendig ist,**
3. **für die Entwicklung, Herstellung oder Vermarktung eines Programms mit im Wesentlichen ähnlicher Ausdrucksform oder für irgendwelche anderen das Urheberrecht verletzenden Handlungen verwendet werden.**

(3) Die Absätze 1 und 2 sind so auszulegen, dass ihre Anwendung weder die normale Auswertung des Werkes beeinträchtigt noch die berechtigten Interessen des Rechtsinhabers unzumutbar verletzt.

Übersicht

I. Allgemeines

1. Sinn und Zweck

Unter engen Voraussetzungen gestattet die Vorschrift die Dekompilierung eines **1** Computerprogramms, um mit den gewonnenen Informationen eine Interoperabilität mit einem anderen Computerprogramm zu gewährleisten. Dekompilierung **bedeutet,** dass das ablauffähige Programm (die „Executables", vgl. § 69a Rn. 24) zurückübersetzt wird in den nicht-ablauffähigen Quellcode (vgl. § 69a Rn. 24 und

Irlbeck „Recompiler"; zum technischen Hintergrund ausführlich *Marly*, Computersoftware in der EU S. 268 ff.; anschauliches Beispiel bei Walter/*Blocher* Anh. Art. 6 Software-RL). Da diese Rückübersetzung nicht nur Vervielfältigungsvorgänge nach sich zieht, sondern auch eine Übersetzungshandlung darstellt, die nicht zum bestimmungsgemäßen Gebrauch des Computerprogramms notwendig ist, sind diese Handlungen von § 69d Abs. 1 nicht gedeckt. Hintergrund der Norm ist der Grundsatz des freien Zugangs zu Ideen. Durch die Vervielfältigungs- und Übersetzungsrechte des Rechteinhabers gem. § 69c Nr. 1 und 2, wie durch die Tatsache, dass der Objektcode eines Computerprogramms für Menschen nicht lesbar ist, besteht die Gefahr, dass ein de-facto-Schutz den Zugang zu den zugrunde liegenden Ideen versperrt. Dies soll diese Norm verhindern (RegE 2. ÄndG – BT-Drs. 12/4022, S. 13). Allerdings könnten Konkurrenten mit der Dekompilierung auch unfaire Vorteile erwirtschaften oder kaufunlustigen Verbrauchern nutzen. Die Dekompilierung ist daher nur zweckgebunden erlaubt: Mit den als **Folge der Dekompilierung** gewonnenen Informationen des zugrunde liegenden Quellcodes kann u. a. die Interoperabilität mit einem unabhängig geschaffenen Computerprogramm ermöglicht werden. Interoperabilität wird von der EG-Computerrechtsrichtlinie als die Fähigkeit eines Programms zum Austausch von Informationen und zur wechselseitigen Verwendung der ausgetauschten Informationen definiert (Software-RL GRUR Int. 1991, 545, 545 f.); Interoperabilität ist also das „**Zusammenarbeiten" von zwei Computerprogrammen**. Die Vorschrift will damit letztendlich die Herstellung von Schnittstellen zwischen zwei Computerprogrammen erleichtern (vgl. § 69a Rn. 32). Die Vorschrift bezieht sich ausdrücklich nur auf die Herstellung der Interoperabilität zwischen zwei Computerprogrammen. Sie erlaubt daher **nicht** die **Dekompilierung** zur Herstellung einer **Schnittstelle** zwischen Software und **Hardware** oder Hardware und Hardware (RegE 2. ÄndG – BT-Drs. 12/4022, S. 13). Zum Dekompilieren **zu Zwecken der Rechtsverfolgung** vgl. Vor §§ 69a ff. Rn. 21. Zum Hintergrund der entsprechenden Vorschrift in der EG-Computerrechtsrichtlinie *Lehmann* NJW 1991, 2112, 2115 f. ausgedruckt. Einen Vergleich zu den USA stellt an *Wuermeling* CR 1993, 665, 669 f. Die Vorschrift ist daher eine seltene Ausnahme zu dem speziellen Know-how Schutz bei Computerprogrammen. Sie verhindert letztlich den von *Lessig* befürchteten „Code as Law" (*Lessig*, Code; *ders.*, Code 2.0 S. 5) und wird deshalb auch kartellrechtlich begründet (s. BeckOK UrhR/*Kaboth*/*Spies*[14] Rn. 2 ; *Pilny* GRUR Int. 1995, 954). Zum weiterhin anwendbaren Kartellrecht vgl. Rn. 5.

2   Die **praktische Anwendung** der Norm hält sich entweder bislang sehr in Grenzen oder es entsteht kein Streit darüber, vielleicht auch, weil die Kontrolle von Verstößen sehr schwer ist. Jedenfalls existieren keine bekannt gewordenen gerichtlichen Entscheidungen. Eine Reihe von Softwareherstellern legt aus eigenen Interessen Schnittstelleninformationen ohnehin offen, sodass für eine Anwendung des § 69e in vielen Fällen keine Notwendigkeit mehr besteht.

2. EU-Recht

3   Die Vorschrift entspricht weitgehend wörtlich Art. 6 Software-RL und stellt einen diffizilen Kompromiss der widerstreitenden **Interessenlagen** der **Softwareanwender** und **Softwarehersteller** dar. Die schlussendlich nicht verabschiedete sog. **Software-Patent-RL** (dazu vgl. § 69g Rn. 3 ff.) sah in ihrem Art. 6 eine Vorschrift zur Dekompilierung vor. Zur **Übergangsregelung** vgl. § 137d Rn. 1.

II. Tatbestand

1. Berechtigter Personenkreis (Abs. 1 Nr. 1)

4   Die Dekompilierung eines Computerprogramms ist nur unter den engen Voraussetzungen des Abs. 1 zulässig. Danach darf die Dekompilierung nur von einem **Lizenznehmer** oder einer anderen berechtigten Person vorgenommen werden; beide dürfen allerdings auch **Dritte** mit der Dekompilierung beauftragen (Schricker/Loewenheim/*Loewenheim/Spindler*[5] Rn. 14; Wandtke/Bullinger/*Grützmacher*[4] Rn. 12) allerdings nur „in deren Namen" (Walter/ *Blocher* Art. 6 Software-RL Rn. 25 f.; Wandtke/Bullinger/*Grützmacher*[4] Rn. 12), nicht etwa selbstständig und nur unter Berufung auf den eigentlich Berechtigten. Daher ist diese Berechtigung auch nicht etwa isoliert abtretbar (zur vergleichbaren Lage bei den Berechtigungen aus § 69d vgl. § 69d Rn. 7).

2. Umfang: Vervielfältigung des Codes, Übersetzung der Codeform

Gestattet ist lediglich die **Vervielfältigung des Codes** und die **Übersetzung**   **5** i. S. d. § 69c Nr. 1 und 2 (vgl. § 69c Rn. 7). **Weitergehende Umarbeitungen** i. S. d. § 69c Nr. 2 oder sogar darüber hinaus sind nicht von § 69e gedeckt (OLG Karlsruhe NJW1996, 2583, 2584; Wandtke/Bullinger/*Grützmacher*[4] Rn. 4; a. A.: weitergehende Umarbeitungen zulässig, soweit für die Übersetzung notwendig: OLG Düsseldorf CR 2001, 371, 372; Schricker/Loewenheim/*Loewenheim/Spindler*[5] Rn. 17; Walter/*Blocher* Art. 6 Software-RL Rn. 20). Dekompilierung ist – wie eingangs (vgl. Rn. 1) beschrieben – das ablauffähige Programm (die „Executables", vgl. § 69a Rn. 24) zurückzuübersetzen in den nicht-ablauffähigen Quellcode (vgl. § 69a Rn. 24 und *Irlbeck* „Recompiler"; zum technischen Hintergrund ausführlich *Marly*, Computersoftware in der EU, S. 268 ff.; anschauliches Beispiel bei Walter/*Blocher* Anh. Art. 6 Software-RL).

Nicht unmittelbar darunter fällt die **Disassemblierung**, bei der der Objektcode   **6** in ein sog. Assemblerprogramm, das wiederum lesbar ist, umgewandelt wird, allerdings ohne dass die oftmals wichtigen Kommentarzeilen und bestimmte Variablen erkennbar werden. Da sie ein Weniger gegenüber der Dekompilierung darstellt, wird sie zu Recht für zulässig gehalten (Dreier/Schulze/*Dreier*[5] Rn. 9; i. E. wohl auch Schricker/Loewenheim/*Loewenheim/Spindler*[5] Rn. 17; Walter/*Blocher* Art. 6 Software-RL Rn. 15; Wandtke/Bullinger/*Grützmacher*[4] Rn. 5). Dasselbe gilt für die **Rekompilierung**, also die Rückwärts-Dekompilierung, um den gewonnenen Code mit dem Ursprungscode zu vergleichen (Schricker/Loewenheim/*Loewenheim/Spindler*[5] Rn. 17; Wandtke/Bullinger/*Grützmacher*[4] Rn. 5). All dies muss natürlich **nicht von Hand** geschehen, sondern wird in der Regel mittels bestimmter Computerprogramme durchgeführt.

Die Dekompilierung von **Internet-Homepages** ist ein Scheinproblem (anders   **7** noch unsere 9. Aufl./*Nordemann/Vinck* Rn. 2). Viele Websites werden gar kein Computerprogramm sein (vgl. § 69a Rn. 8; so zu Recht Wandtke/Bullinger/ *Grützmacher*[4] Rn. 31); sofern sie in Teilen Computerprogramme enthalten (z. B. Java-Script), kann der Betreiber der Website entscheiden, ob deren Quelltext mit sichtbar gemacht wird. Sofern er dies tut, dürfte eine konkludente Einwilligung in das Betrachten vorliegen. Das Dekompilieren ist also gar nicht mehr nötig (zu Recht so Wandtke/Bullinger/*Grützmacher*[4] Rn. 31). Allerdings bedeutet die hier dargestellte konkludente Zustimmung nicht etwa die Einwilligung in Vervielfältigungs- oder Umarbeitungshandlungen Dritter.

3. Zweckbindung: Herstellung der Interoperabilität

Der **einzige Zweck** der Dekompilierung darf sein, die erforderlichen Informati-   **8** onen zur Herstellung der Interoperabilität zu liefern. ErwG 12 Software-RL definiert dies als die Fähigkeit zum Austausch von Informationen und zur wechselseitigen Verwendung der ausgetauschten Informationen. Es geht also um **Schnittstelleninformationen** (dazu vgl. Rn. 1).

Nach dem Wortlaut nicht gestattet ist daher auch die Dekompilierung zum   **9** **Zwecke der Rechtsverfolgung** (aber vgl. Rn. 1 und vgl. Vor §§ 69a ff. Rn. 21).

Die Interoperabilität bezieht sich auf „**andere Programme**"; die Interoperabilität von **Soft-** mit **Hardware** scheidet also aus (dazu vgl. Rn. 1; Schricker/Loewenheim/*Loewenheim/Spindler*[5] Rn. 11; Wandtke/Bullinger/*Grützmacher*[4] Rn. 9); allerdings gestattet § 69e auch die Schaffung von Konkurrenzprogrammen (Schricker/Loewenheim/*Loewenheim/Spindler*[5] Rn. 17; Walter/*Blocher* Art. 6 Software-RL Rn. 23; Wandtke/Bullinger/*Grützmacher*[4] Rn. 8). Diese müssen aber zumindest mit dem dekompilierten Programm theoretisch interagieren können, also z. B. durch Austausch von in einem Textverarbeitungsprogramm geschriebenen Texten in ein anderes. Wenn die Programme denklogisch nichts miteinander zu tun haben (z. B. ein Textverarbeitungsprogramm und ein Defragmentierungsprogramm), greift § 69e nicht.

4. Ultima Ratio: Unerlässlichkeit und weitere Einschränkungen

10 Die Handlungen müssen zudem überhaupt **unerlässlich** sein, um die erforderlichen Informationen zu erhalten (Abs. 1 S. 1). Sind die erforderlichen Informationen also anderweitig vom Softwarehersteller veröffentlicht, ist eine Dekompilierung nicht erlaubt (dazu s. a. das Merkmal „nicht ohne weiteres zugänglich" in Nr. 2, dazu vgl. Rn. 11). Das Merkmal ist also in gewisser Hinsicht doppelt vorhanden; man wird daraus aber den Schluss ziehen dürfen, dass die Dekompilierung die *ultima ratio* sein muss (*Lehmann* NJW 1991, 2112, 1216; *Marly*, Computersoftware in der EU, S. 319).

11 Weiter dürfen die Informationen, die durch das Dekompilieren für die Herstellung der Interoperabilität gewonnen werden sollen, für die vorgenannten Personen **nicht ohne weiteres zugänglich** sein (Nr. 2). Was unter „*nicht ohne weiteres*" zu verstehen ist, sagt die Vorschrift nicht. *Marly* NJW-COR 4/93, 21, 23 schlägt vor, auf die französische Fassung der Richtlinie zurückzugreifen, die dieses Element mit „facilement et rapidement" („leicht und schnell") sprachlich anschaulicher fasst. Wir sind der Auffassung, dass danach eine Dekompilierung immer dann nicht zulässig ist, wenn entweder die für die Herstellung der Interoperabilität notwendigen Informationen schon bekannt sind oder von Dritten bzw. dem Rechtsinhaber angeboten oder sonst zur Verfügung gestellt werden. Ob eine Notwendigkeit besteht nachzufragen, ist umstritten (zum Meinungsstand Wandtke/Bullinger/*Grützmacher*[4] Rn. 15); in Zeiten der ubiquitären Informationsflut über das Internet scheint uns ein Zwang zum Nachfragen als zu große Hürde; man dürfte wohl eher eine Veröffentlichungspflicht über **spezielle Internet-Angebote** annehmen (Dreier/Schulze/*Dreier*[5] Rn. 15). Um dem Zweck der Vorschrift zu entsprechen, darf von dritter oder Rechteinhaberseite aber für die Informationen **kein Entgelt** verlangt werden, sofern dies nicht eine reine Aufwandsentschädigung darstellt (*Marly* NJW-COR 4/93, 21, 24; BeckOK UrhR/*Kaboth/Spies*[14] Rn. 12; auch eine solche Aufwandsentschädigung ablehnend, nur Erstattung der Unkosten: Schricker/Loewenheim/*Loewenheim/Spindler*[5] Rn. 15; Wandtke/Bullinger/*Grützmacher*[4] Rn. 14 m. w. N.; wohl auch Mestmäcker/Schulze/*Haberstumpf* Rn. 11).

12 Die Dekompilierungshandlungen müssen sich schließlich auf die Teile des ursprünglichen Programms beschränken, die zur Herstellung der Interoperabilität **notwendig** sind (Nr. 3) (*Lehmann* NJW 1991, 2112, 1216), d. h. die Dekompilierung ist erst dann zulässig, wenn es keine andere Möglichkeit gibt, die Interoperabilität herzustellen. Zugleich ist auch der Umfang der Dekompilierung durch die Notwendigkeit umrissen: Zunächst ist nur die Dekompilierung derjenigen Teile des Ursprungsprogramms, die die Schnittstellen steuern, zulässig. Wenn die dadurch gewonnenen Informationen für die Herstellung der Interoperabilität nicht ausreichend sind, dürfen auch weitere Teile des Ursprungsprogramms dekompiliert werden. Erst, wenn auch dadurch die notwendigen Informationen nicht erzielt werden können, darf das gesamte Programm dekompiliert werden. Bei anderen als in Abs. 1 genannten Bedingungen kann die

Zulässigkeit des Dekompilierens jedenfalls nicht auf § 69e gestützt werden. § 69e gestattet deshalb weder das Dekompilieren zur Fehlerbeseitigung (wegen nicht abschließenden Charakters des § 69d vgl. § 69d Rn. 3; *Günther* CR 1994, 321, 327 f.) noch vom Wortlaut her zum Beweis des Vorliegens einer Urheberrechtsverletzung (aber vgl. Vor §§ 69a ff. Rn. 15).

5.   Verwendungsbeschränkungen (Abs. 2)

Abs. 2 bestimmt, dass die durch die Dekompilierung gewonnenen Informatio-   **13** nen ausschließlich **zur Herstellung der Interoperabilität** verwendet werden dürfen, nicht aber zu anderen Zwecken (Nr. 1), dass sie an Dritte nur dann **weitergegeben** werden dürfen, wenn dies für die Herstellung der Interoperabilität notwendig ist (Nr. 2) und dass sie nicht für irgendwelche das Urheberrecht verletzenden Handlungen **verwendet** werden dürfen (Nr. 3). **Gegenstand der Verwendungsbeschränkung** sind dabei nicht nur urheberrechtlich geschützte Teile des Programms, sondern jegliche Informationen, die durch das Dekompilieren erlangt wurden (Mestmäcker/Schulze/*Haberstumpf* Rn. 13; Wandtke/Bullinger/*Grützmacher*[4] Rn. 20; a. A. Walter/*Blocher* Art. 6 Software-RL Rn. 34 f.). Abs. 2 dürfte Resultat der berechtigten Sorge der Softwarehersteller sein, dass die durch die Dekompilierung gewonnenen Informationen dazu missbraucht werden könnten, eben nicht (nur) die Interoperabilität zwischen zwei Computerprogrammen herzustellen, sondern auf der Basis der gewonnenen Informationen ein Konkurrenzprogramm zu entwickeln oder zu verbessern. Bedurft hätte es des Abs. 2 freilich nicht, weil Abs. 1 eine eng auszulegende Ausnahmevorschrift zu den Ausschließlichkeitsrechten des Rechtinhabers darstellt und damit die gewonnenen Informationen ohnehin nicht zu anderen Zwecken als zu solchen, die vom Ausnahmetatbestand gedeckt sind, verwendet werden dürfen, schon gar nicht natürlich zur Urheberrechtsverletzungen. Eigenständige Bedeutung hat Abs. 2 Nr. 2 aber, da hierin auch ein **Verbot der Veröffentlichung** zu sehen ist (Wandtke/Bullinger/*Grützmacher*[4] Rn. 21).

Die Erlaubnis der Dekompilierung ist auch zeitlich begrenzt. Die Vorausset-   **14** zung eines **„unabhängig geschaffenes Computerprogramms"** (Abs. 1 S. 1) hält daher eine Selbstverständlichkeit fest: Einen durch Dekompilierung gewonnenen Code darf man nicht in sein eigenes Computerprogramm einbauen. Dies wäre eine unzulässige Vervielfältigung nach § 69c Nr. 1. Aber auch jede sonstige Verletzung, etwa eine unerlaubte Umarbeitung, wäre schädlich (Dreier/Schulze/*Dreier*[5] Rn. 13).

6.   Interessenabwägung (Abs. 3)

Auch Abs. 3 soll einem Missbrauch der durch die Dekompilierung gewonnenen   **15** Informationen vorbeugen. Danach dürfen durch die zulässige Dekompilierung weder die normale Auswertung des Werkes beeinträchtigt noch die berechtigten Interessen des Rechtinhabers unzumutbar verletzt werden. Eine solche Generalklausel ist sicherlich deshalb sinnvoll, weil weder bei Erlass der Software-RL noch bei ihrer Umsetzung in das UrhG absehbar war, welche Bedeutung der Ausnahmevorschrift des § 69e zukommen würde, insbesondere im Hinblick auf Missbräuche oder andere unzumutbare Beeinträchtigungen der Rechteinhaber. Sie entspricht im Übrigen dem Drei-Stufen-Test aus Art. 9 Abs. 2 RBÜ und zeigt einmal mehr, dass es sich bei § 69e um eine eng auszulegende Ausnahmevorschrift handelt. Die Rechtsprechung hatte zwischenzeitlich bereits Gelegenheit, zu Abs. 3 Stellung zu nehmen. Danach wird eine Dekompilierung dann für unzumutbar gehalten, wenn durch die Herstellung der Interoperabilität der Kopierschutz des Ursprungsprogramms beseitigt wird (LG Düsseldorf CR 1996, 737, 739 – *Dongle-Umgehung*). Die tatsächliche Entfernung eines Kopierschutzes ist aber ohnehin nicht von Abs. 1 gedeckt, weil insoweit eine Umgestaltung des Ursprungsprogramms vorliegt, die Vorschrift aber nur Vervielfältigung und (Rück-)übersetzung gestattet (OLG Karlsruhe NJW 1996, 2583, 2584 – *Dongle-Abfrage*).

7. Vertragsrecht, AGB-Recht

16 § 69e ist **zwingendes Recht** (§ 69g Abs. 2) und kann nicht abbedungen werden, erst recht nicht durch AGB. Auch eine Ausformung in AGB widerspricht § 307 BGB und ist damit unwirksam. Die Norm ist auch **zwingende Norm i. S. d.** **Internationalen Privatrechts** und kann nicht etwa durch Vornahme der Handlungen im Ausland umgangen werden (Dreier/Schulze/*Dreier*[5] Rn. 4).

III. Prozessuales

17 Die **Darlegungs- und Beweislast,** dass die Voraussetzungen der Vorschrift vorliegen, trägt der Programmnutzer (Kilian/Heussen/*Harte-Bavendamm/Wiebe* Kap. 51 Rn. 81; Schricker/Loewenheim/*Loewenheim/Spindler*[5] Rn. 3; a. A. *Moritz* GRUR Int. 1991, 697, 701 f).

IV. Verhältnis zu anderen Regelungen

1. Kartellrecht

18 Man mag sich fragen, ob marktstarke und marktbeherrschende Unternehmen unabhängig von § 69e auch aus **kartellrechtlichen** Gründen dazu gezwungen sein können, ihre Schnittstelleninformationen zu veröffentlichen oder weitgehend kostenlos zur Verfügung zu stellen (so *Lehmann* NJW 1991, 2112, 2116). EG Kommission KOM (90) 509 endg. – SYN 183; EG Kommission Abl. EG 1989 Nr. C 91/16; *Lehmann* CR 1989, 1085 f m. w. N.;. Die Art. 101, 102 AEUV (ehemals Art. 81, 82 EG-Vertrag) bleiben nach ErwG 27 Software-RL unberührt. s. zum Verhältnis auch generell in: Loewenheim/Meessen/Riesenkampff/Kersting/Meyer-Lindemann/*Jan Bernd Nordemann* GRUR Rn. 139 ff. Entsprechend der Immanenztheorie ist zwar die bloße Ausübung von Urheberrechten kartellrechtlich unbedenklich (EuGH GRUR Int. 1990, 141 ff. – *Volvo*; EuGH GRUR Int. 1995, 490 ff. – *Magill*), allerdings betont der EuGH seit kurzem, dass die Ausübung eines ausschließlichen Rechtes durch ein Unternehmen in beherrschender Stellung unter außergewöhnlichen Umständen missbräuchlich i. S. d. Art. 102 AEUV (ehemals Art. 82 EG-Vertrag) sein kann (zu den drei Voraussetzungen, die dazu erfüllt sein müssen für die Verweigerung einer Lizenzerteilung EuGH GRUR Int. 2004, 644, 646 – *IMS Health*). Andererseits inkorporiert § 69e mit dem von ihm gefundenen diffizilen Kompromiss (dazu vgl. Rn. 1) kartellrechtliche Erwägungen. Dennoch will das europäische Recht eine Offenlegung von Schnittstelleninformationen auch jenseits des § 69e allein aus kartellrechtlichen Gründen begründen (EuG v. 17.9.2007 – T-125/03, T-253/03, T-125/03, T-253/03; dazu vgl. Vor §§ 31 ff. Rn. 265 ff.; *Körber* K&R 2005, 193; kritisch *van Roojien* CRi 2007, 129, 131 ff. so wohl auch Dreier/Schulze/*Dreier*[5] Rn. 6; i. E. s. a. Wandtke/Bullinger/*Grützmacher*[4] Rn. 26).

2. Wettbewerbsrecht

19 Da der Quellcode i. d. R. Geschäftsgeheimnis i. S. d. § 17 UWG ist, könnten Rechteinhaber versucht sein, die Dekompilierung über das **Wettbewerbsrecht** zu verbieten. Art. 9 Software-RL lässt zwar Regeln des Rechts des Unlauteren Wettbewerbs „unberührt" (zum sonstigen Verhältnis zum UWG vgl. Vor §§ 69a ff. Rn. 25). Es ist aber anerkannt, dass § 69e die speziellere Norm gegenüber § 17 UWG ist und dieser bei zulässiger Anwendung des § 69e ausgeschlossen ist (Dreier/Schulze/*Dreier*[5] R. 5; i. E. ebenso: Wandtke/Bullinger/

Grützmacher[4] Rn. 32; a. A.: *Moritz* CR 1993, 257, 267; *Wiebe* CR 1992, 134, 137 f.).

§ 69f Rechtsverletzungen

(1) [1]**Der Rechtsinhaber kann von dem Eigentümer oder Besitzer verlangen, dass alle rechtswidrig hergestellten, verbreiteten oder zur rechtswidrigen Verbreitung bestimmten Vervielfältigungsstücke vernichtet werden.** [2]**§ 98 Abs. 3 und 4 ist entsprechend anzuwenden.**

(2) Absatz 1 ist entsprechend auf Mittel anzuwenden, die allein dazu bestimmt sind, die unerlaubte Beseitigung oder Umgehung technischer Programmschutzmechanismen zu erleichtern.

I. Allgemeines

Die Vorschrift knüpft an § 98 an, geht jedoch erheblich weiter: Während gem. § 98 der Verletzte verlangen kann, dass alle rechtswidrig hergestellten, verbreiteten und zur rechtswidrigen Verbreitung bestimmten Vervielfältigungsstücke vernichtet werden, soweit sie im Besitz oder Eigentum des Verletzers stehen, gewährt § 69f den **Vernichtungsanspruch gegenüber jedem Eigentümer** oder **Besitzer.** Zur Durchsetzung des Vernichtungsanspruchs muss also nicht mehr nachgewiesen werden, dass der Eigentümer oder Besitzer auch eine Urheberrechtsverletzung begangen hat, z. B. indem er das Programm raubkopierte oder ein solches Programm benutzte. Das bloße Auffinden von Raubkopien genügt also bereits zur Durchsetzung des Vernichtungsanspruchs. Dies geht weiter als die Vorgabe von Art. 7 Software-RL; danach waren geeignete Maßnahmen dann vorzusehen, wenn die betreffende Person zumindest Grund zu der Annahme hatte, dass eine unerlaubte Kopie vorlag und der Besitz Erwerbszwecken diente. Die sonstigen Maßnahmen der Rechtedurchsetzung finden sich in den §§ 96 ff.; zu allg. **Fragen der Rechtedurchsetzung** vgl. Vor §§ 69a ff. Rn. 15 ff.

II. Tatbestand

1. Anwendbarkeit in persönlicher und sachlicher Hinsicht

Berechtigter ist nur der Rechteinhaber; zum Begriff des **Rechteinhabers** vgl. § 69c Rn. 5. Dies kann nach allgemeinen Regeln (s. § 97) auch der ausschließliche Lizenznehmer, nicht jedoch ein einfacher sein (so Wandtke/Bullinger/ *Grützmacher*[4] Rn. 5: letzterer nur im Wege der Prozessstandschaft). Die allgemeinen Regeln der §§ 96 ff. bleiben – bis auf § 98 Abs. 1, der von § 69f als lex specialis verdrängt wird – anwendbar, nicht aber die §§ 95a-d (vgl. Rn. 15).

2. Vernichtungsanspruch (Abs. 1 S. 1)

3 a) **Voraussetzungen:** Die durch § 69f gewährten Ansprüche setzen **rechtswidrig hergestellte, verbreitete und zur rechtswidrigen Verbreitung bestimmte Vervielfältigungsstücke** eines Computerprogramms voraus. Es muss bei der Anfertigung der Vervielfältigungsstücke also ein **Verstoß gegen** § 69c vorliegen, der nicht von den Ausnahmen der §§ 69d und e gedeckt ist. Insbesondere die letzte Alternative dürfte bei **drohenden Parallelimporten** von nicht zu unterschätzender Bedeutung sein. Die Ansprüche beziehen sich grundsätzlich auf **alle Vervielfältigungsstücke**, die beim Eigentümer oder Besitzer vorhanden sind, also insbesondere auch auf etwa vorhandene Sicherungskopien. Da aber lediglich Vervielfältigungsstücke eines Computerprogramms betroffen sind, kann sich der Anspruch nur auf die als Computerprogramme geschützten Werke beziehen, nicht etwa auf Begleitmaterial, das z.B. als Sprachwerk geschützt ist (so auch Dreier/Schulze/*Dreier*[5] Rn. 4; Wandtke/Bullinger/*Grützmacher*[4] Rn. 6; Schricker/Loewenheim/*Loewenheim/Spindler*[5] Rn. 4). Es schadet aber nicht, wenn bei der Vernichtung eines auf einem Datenträger gespeicherten Computerprogramms, das in seinem Quellcode verletzend ist, auch nicht verletzende Teile, etwa die Grafik von Bildschirmmasken, mit vernichtet werden. Der Eigentümer oder Besitzer muss **nicht selber die unerlaubten Handlungen** nach § 69c **begangen** haben. Über § 99 (§ 100 a.F.) ist auch der Betriebsinhaber potentieller Anspruchsgegner, selbst wenn man ihm keinen mittelbaren Besitz an Vervielfältigungsstücken zuerkennen würde (so auch Dreier/Schulze/*Dreier*[5] Rn. 6; BeckOK UrhR/*Kaboth/Spies*[16] Rn. 5; Wandtke/Bullinger/*Grützmacher*[4] Rn. 5).

4 b) **Inhalt und Umfang:** Abs. 1 gewährt dem Rechteinhaber zunächst durch S. 1 einen Vernichtungsanspruch. Vernichtung geht auf **Veränderung der Substanz** (vgl. § 98 Rn. 14), sodass eine Zerstörung der Datenträger, auf denen das rechteverletzende Computerprogramm gespeichert ist, verlangt werden kann, weil sich das Programm darauf „verkörpert" und gerade die Datenträger jedenfalls bislang die unzulässige Verbreitung erleichterten (zur Problematik der Software als Sache vgl. § 69c Rn. 36). Z.T. wird statt der Vernichtung eine **Löschung** für zulässig gehalten; jedenfalls muss es aber eine solche Löschung sein, die keine Wiederherstellung erlaubt (Schricker/Loewenheim/*Loewenheim/Spindler*[5] Rn. 17). Dies kann allenfalls in Frage kommen bei wiederbeschreibbaren Datenträgern von einigem Wert, etwa Festplatten; nicht bei CD-ROMs, Disketten (hier reicht Neuformatierung) oder Magnetbändern, auf keinen Fall bei ROMs, Chips oder EPROMs (so auch Wandtke/Bullinger/*Grützmacher*[4] Rn. 10). Des Weiteren kann der Beseitigungsanspruch – als Ausfluss der Verhältnismäßigkeit (vgl. Rn. 10) – auch auf eine lediglich **teilweise Löschung** gehen, wenn z.B. bei einem modular aufgebauten Computerprogramm (vgl. § 69a Rn. 24 ff.) lediglich ein Modul die Rechte des Rechteinhabers verletzt. Erforderlich ist aber, dass sichergestellt werden kann, dass keine verletzenden Teile übrig bleiben. Im Zweifel wird das gesamte Programm zu vernichten sein; zudem dürfte die Beweislast für nur teilweise verletzende Teile und die „Sauberkeit" des Restprogramms beim Verletzer liegen. Zu sonstigen Beweis- und Kostenfragen vgl. Rn. 12 f.

5 c) **Passivlegitimation:** Wie eingangs erwähnt (vgl. Rn. 1) richtet sich der Anspruch gegen **jeden Eigentümer oder Besitzer** eines rechtswidrig hergestellten, verbreiteten und zur rechtswidrigen Verbreitung bestimmten Vervielfältigungsstücks eines Computerprogramms. Der Anspruch ist natürlich auch **verschuldensunabhängig** und statuiert gewissermaßen einen Zustandsstörer. § 100 dürfte **entsprechend anwendbar** sein (vgl. Rn. 12 f.).

d) Verhältnismäßigkeit (Abs. 1 S. 2 Alt. 2): Durch die Verweisung in S. 2 auf   **6**
§ 98 Abs. 4 findet allerdings eine Verhältnismäßigkeitsprüfung statt: Gem. § 98
Abs. 4 bestehen die dortigen Ansprüche nur, wenn die Vernichtungsmaßnahme
im Einzelfall unverhältnismäßig ist und der die Rechteverletzung verursachende Zustand auch anderweitig beseitigt werden kann. Dies kann im Einzelfall dazu führen, dass lediglich ein Löschungsanspruch besteht, z. B. wenn sich
das rechteverletzende Computerprogramm auf einer Festplatte befindet, weil
die Zerstörung der Festplatte nicht nur einen unverhältnismäßig hohen materiellen Schaden beim Eigentümer oder Besitzer verursacht, sondern dadurch auch
andere Computerprogramme und Datenbestände verloren gehen. Für eine **ana-**
loge Anwendung des § 101 Abs. 1 (Dreier/Schulze/*Dreier*[5] Rn. 7 a. E.; Möh-
ring/Nicolini/*Hoeren*[2] Rn. 12; vorsichtig: Wandtke/Bullinger/*Grützmacher*[4]
Rn. 7) spricht eigentlich wenig, denn der Gesetzgeber hat bei Einführung der
§§ 69a ff. § 101 Abs. 1 gekannt und sich offenbar bewusst gegen eine Anwend-
barkeitsanordnung entschieden. Die Schutzwürdigkeit (dazu Wandtke/Bullin-
ger/*Grützmacher*[4] Rn. 7) dessen, der Raubkopien nutzt, scheint uns auch eher
gering, zumal er bei seinem Vertragspartner natürlich Regress nehmen kann.

3. Überlassungsanspruch (Abs. 1 S. 2 Alt. 1)

Durch den Verweis in S. 2 auf § 98 Abs. 3 kann der Rechteinhaber von dem   **7**
Eigentümer oder Besitzer auch verlangen, dass ihm die Vervielfältigungsstücke
gegen eine angemessene Vergütung **überlassen** werden. Er hat also einen **He-**
rausgabeanspruch im Hinblick auf die Kopien der rechteverletzenden Computerprogramme. Die im Gegenzug zu leistende angemessene Vergütung darf die
Herstellungskosten des betroffenen Vervielfältigungsstücks nicht übersteigen,
wird also in der Regel nur in dem Preis für eine leere Festplatte bestehen. Da
im Falle von Disketten oder CD-ROM's nach der hier vertretenen Auffassung
Vernichtung verlangt werden kann, besteht im Hinblick auf den Herausgabeanspruch insoweit keine Pflicht zur Bezahlung einer angemessenen Vergütung.

4. Mittel zur Umgehung von Schutzmechanismen (Abs. 2)

Abs. 2 erstreckt die Ansprüche auf Vernichtung, Herausgabe und sonstige Be-   **8**
seitigung gem. Abs. 1 auch auf Mittel, die allein dazu bestimmt sind, die unerlaubte Beseitigung oder Umgehung technischer Programmschutzmechanismen
zu erleichtern. Die Vorschrift meint insbesondere **Umgehungsprogramme**, die
es ermöglichen, z. B. den vom Softwarehersteller eingebauten Kopierschutz
auszuschalten (RegE 2. ÄndG – BT-Drs. 12/4022, S. 12; *Raubenheimer* CR
1996, 69, 71 f.), erfasst aber auch **Geräte zur Umgehung** von Programmschutzmechanismen (RegE 2. ÄndG – BT-Drs. 12/4022, S. 14 f.), also etwa einen
nachgebauten Dongle. § 69f Abs. 2 ist damit einer der **Vorläufer der** §§ **95a ff.**
(vgl. Rn. 15). Ob eine Umgehung derartiger Schutzvorrichtungen zulässig ist,
soweit damit „nur" die gesetzlichen Gestattungen (z. B. Sicherungskopie)
durchgesetzt werden (so *Kreutzer* CR 2006, 804; *Raubenheimer* CR 1996,
69, 72;), erscheint zweifelhaft. Denn zum einen ist unserer Rechtsordnung das
Selbsthilferecht insoweit fremd. Zum anderen kennt § 69f gerade nicht eine
dem § 95b vergleichbare Vorschrift (wie hier Schricker/Loewenheim/*Loewen-*
heim/Spindler[5] Rn. 12; BeckOK UrhR/*Kaboth/Spies*[16] Rn. 10; *Marly*, Computersoftware in der EU, S. 184 f.; *Baus* S. 188 f., 198; wohl auch Dreier/Schulze/
Dreier[5] Rn. 12; Mestmäcker/Schulze/*Haberstumpf* Rn. 14; Wandtke/Bullinger/
Grützmacher[4] Rn. 19). Ebenfalls nicht gestattet sind (nach § 69d) solche Umarbeitungen eines Computerprogramms, die nur vor einem Verlust eines Dongles schützen sollen (OLG Düsseldorf CR 1997, 337, 339 – *Dongle-Umge-*
hung; LG Düsseldorf CR 1996, 737, 739 – *Dongle-Umgehung*). §§ 95a ff.
können neben § 69f anwendbar sein bei **hybriden Produkten wie Computer-**
spielen; zu deren Verhältnis vgl. § 69a Rn. 10 und EuGH GRUR 2014, 255 –
Nintendo/PCBox sowie BGH GRUR 2015, 672 – *Videospiel-Konsolen II*).

9 **Mittel zur Umgehung** sind alle Computerprogramme oder Hardware, die geeignet ist, Schutzmechanismen des Herstellers zu umgehen. Schutzmechanismen sind alle Einrichtungen, die verhindern sollen, dass Urheberrechtsverletzungen möglich werden. Es kann sich also um Mechanismen handeln, die ein **Kopieren verhindern**, aber auch solche, die den **Zugang von unberechtigten Nutzern** verhindern oder die vereiteln, dass ein Programm auf mehr als der zugelassenen **Anzahl von Arbeitsplätzen** in einem Netzwerk benutzt wird. Natürlich gehört hierher auch der **Schutz gegen Umgestaltungen**. Anders als bei §§ 95a ff. ist eine „Wirksamkeit" (vgl. § 95a Rn. 17 ff.) dieser Mechanismen nicht erforderlich. **Beispiele** sind Dongles, Passwörter, Biometriemechanismen, Nutzeranzahlabfragen oder schlicht Verschlüsselung. Die Umgehung muss aber **rechtswidrig** sein, sich also nicht etwa auf §§ 69d oder e stützen können.

10 Im Übrigen ist der Anspruch aber ebenso wie Abs. 1 **verschuldensunabhängig** (Dreier/Schulze/*Dreier*[5] Rn. 10; Wandtke/Bullinger/*Grützmacher*[4] Rn. 17). Er wird allerdings ebenso durch den **Verhältnismäßigkeitsgrundsatz** eingeschränkt (Wandtke/Bullinger/*Grützmacher*[4] Rn. 22).

11 Abs. 2 betrifft allerdings nur solche Mittel, die **allein** dazu bestimmt sind, einen Programmschutz zu umgehen. So ist es denkbar, dass ein Umgehungsprogramm auch noch andere Funktionen als die Umgehung des Kopierschutzes hat, z. B. wenn ein Dongle-Umgehungsprogramm es ermöglicht, eine Sicherungskopie des Computerprogramms anzufertigen (was für zulässig gehalten wird; RegE 2. ÄndG – BT-Drs. 12/4022, S. 15; *Lehmann* NJW 1993, 1822, 1823, *Raubenheimer* CR 1994, 129, 131). In solchen Fällen ist auf den **Hauptzweck** des Umgehungsmittels abzustellen, d. h. nach der Frage zu entscheiden, ob das Mittel *nach der allgemeinen Lebenserfahrung* den Hauptzweck hatte, beim Betrieb eines Computerprogramms den Programmschutzmechanismus zu beseitigen oder zu umgehen (*Raubenheimer* CR 1994, 129, 132; enger: *die Sicht des objektiven Betrachters* ist maßgeblich: Dreier/Schulze/*Dreier*[5] Rn. 13; BeckOK UrhR/*Kaboth*/*Spies*[16] Rn. 10; Wandtke/Bullinger/*Grützmacher*[4] Rn. 21 m. w. N.; noch strikter als hier: Schricker/Loewenheim/*Loewenheim*/ *Spindler*[5] Rn. 14), und das Merkmal ist insgesamt nicht zu eng auszulegen (Wandtke/Bullinger/*Grützmacher*[4] Rn. 21 m. w. N.). Man denke nur an die Rechtsprechung zur Frage, ob Gegenstände überwiegend zu Rechteverletzungen benutzt werden, um eine Haftung des Hersteller zu konstruieren (s. § 53). Hinweise der Anbieter von Entdonglierung-Programmen können kaum aus der Haftung führen (OLG Düsseldorf CR 1997, 337, 339 – *Dongle-Umgehung*). Niemals ausreichend sind offensichtliche Scheinhinweise (OLG Frankfurt GRUR-RR 2003, 287, allerdings zu §§ 2 Nr. 3, 3 ZKDSG).

III. Prozessuales

12 Die Ansprüche auf Vernichtung und Überlassung **verjähren** gem. § 102 Abs. 1 in drei Jahren von dem Zeitpunkt an, in dem der Rechteinhaber von der Verletzung und dem Anspruchsgegner Kenntnis erlangt hat, spätestens aber in zehn Jahren von der Verletzungshandlung an (vgl. § 102 Rn. 7). Die Vernichtung ist grundsätzlich vom Eigentümer bzw. Besitzer selbst durchzuführen oder von einem von ihm beauftragten Dritten (Klageantrag lautet auf Vornahme der Vernichtung, ebenso: Mestmäcker/Schulze/*Haberstumpf* Rn. 6, Wandtke/Bullinger/*Grützmacher*[4] Rn. 11; a. A. Klageantrag auf Herausgabe gerichtet: Möhring/Nicolini/*Lütje*[2] § 98 Rn. 7; Schricker/Löwenheim/*Wimmers*[5] § 98 Rn. 25; BGH GRUR 2003, 228 – *P-Vermerk*); er hat sie auch **nachzuweisen** und die **Kosten** zu tragen. Strittig ist, wie die Vollstreckung des Vernichtungsanspruchs – ob nach §§ 883, 886 ZPO (so Schricker/Loewenheim/*Wimmers*[5] § 98 Rn. 25) oder §§ 887, 892 ZPO – erfolgt (so Mestmäcker/Schulze/*Haber-*

stumpf Rn. 6). Es spricht wohl viel dafür, § 883 ZPO anzuwenden, da über den Gerichtsvollzieher eine zügige Vollstreckung gewährleistet werden kann. Der Anspruch auf Vernichtung kann **nicht im Einstweiligen Verfügungsverfahren** durchgesetzt werden (Schricker/Loewenheim/*Loewenheim/Spindler*[5] Rn. 3), wohl aber kann die übliche Sequestration beantragt werden (dazu vgl. Vor §§ 69a ff. Rn. 18 und allg. vgl. § 98 Rn. 38).

Als Ansprüche entstehen darüber hinaus sowohl (vorbeugende) **Unterlassungs-** **13** **ansprüche** nach den o. g. Normen als auch **Auskunfts- und Schadenersatzansprüche** (BGH GRUR 1996, 78 f. – *Umgehungsprogramm*; OLG München CR 1996, 11, 16). Zu Recht wird darauf hingewiesen, dass an die Konkretisierung der Gefahr keine zu strikten Anforderungen gestellt werden dürfen (Wandtke/Bullinger/*Grützmacher*[4] Rn. 28; a. A. LG Mannheim NJW 1995, 3322, 3323). Im Sinne einer effizienten Bekämpfung der erhebliches Gefährdungspotential bergenden Softwarepiraterie muss schon das Angebot von Mitteln bekämpft werden können, die nach der Lebenserfahrung einen hohen Anreiz zu einer rechtwidrigen Beseitigung und Umgehung eines Programmschutzes bieten (BGH GRUR 1996, 78 – *Umgehungsprogramm*; OLG München CR 1996, 11, 16 f.).

IV. Verhältnis zu anderen Regelungen

1. Allgemeine Regelungen zum Schutz vor Umgehung

Ein unerlaubter Einsatz von Umgehungsmaßnahmen kann immer auch **An-** **14** **sprüche nach §§ 97 ff.** auslösen, wenn durch die Mittel eine Urheberrechtsverletzung adäquat kausal und bestimmungsgemäß verursacht wird (RegE 2. ÄndG – BT-Drs. 12/4022, S. 15; OLG Düsseldorf CR 1997, 337, 339 – *Dongle-Umgehung*; Wandtke/Bullinger/*Grützmacher*[4] Rn. 25; *Bechtold* S. 222 f.; Lehmann/*Wand* S. 35, 49 f.). Darüber hinaus kann das Wettbewerbsrecht eingreifen (am ehesten §§ **3, 4 Ziff. 10 UWG**; hierzu allg. vgl. Vor §§ 69a ff. Rn. 24; und speziell im Verhältnis § 69f zu UWG: *Arnold* S. 137 ff. zum neuen UWG etwas zurückhaltender *Arlt* MMR 2005, 148, 152 f.). Den Weg über das Wettbewerbsrecht (damals noch § 1 UWG) ist die Rechtsprechung gegangen: OLG München CR 1996, 11, 16 f. – *Dongle* – bestätigt durch Nichtannahmebeschluss des BGH CR 1996, 674 bzw. musste sie unter altem Recht gehen: OLG Stuttgart NJW 1989, 2633 – *Hardlock-Entferner*; OLG Düsseldorf GRUR 1990, 535 – *Hardware-Zusatz*; OLG München GRUR 1995, 293 – *UNPROTECT*). Immer denkbar ist auch ein Anspruch nach § **823 BGB wegen Eingriffs in den eingerichteten und ausgeübten Gewerbebetrieb**, der z. B. bei der Verwendung gefälschter Seriennummern in Betracht kommt, oder als **sittenwidrige Schädigung nach** § **826 BGB** (Wandtke/Bullinger/*Grützmacher*[4] Rn. 27; OLG Frankfurt NJW 1996, 264 f. – *Piratenkarte*). Zum Handel mit **Echtheitszertifikaten** (sog. **CoAs**) vgl. § 69c Rn. 6.

2. Spezielle Regelungen der §§ 95a ff. und des ZKDSG, Strafrecht

Die neue Regelungen der §§ 95a ff. sind nach § 69a Abs. 5 auf Computerpro- **15** gramme nicht anwendbar (vgl. § 69a Rn. 44 ff.). Allerdings gibt es Fälle, in denen es zu Überschneidungen kommen kann (dazu vgl. Vor §§ 69a ff. Rn. 24). Die Anwendbarkeit des ZKDSG ist nicht eingeschränkt; doch erfasst dessen Anwendungsbereich Computerprogramme nicht. Allerdings hat das **41. Strafrechtsänderungsgesetz 2007** einige neue Tatbestände in Bezug auf Computerkriminalität eingeführt, insbesondere den neugefassten § 202a StGB (Überwindung Zugangssicherung) und die neuen §§ 202b StGB (Abfangen von Daten) sowie 202c StGB (Vorbereiten des Ausspähens und Abfangens von Daten), hierzu *Gröseling/Höfinger* MMR 2007, 549. Unklar bleibt uns dabei das Verhältnis dieser offensichtlich in Teilen mit §§ 95a ff., 108b UrhG parallel laufenden Vorschriften (vgl. Vor §§ 95a ff. 1 ff.).

§ 69g Anwendung sonstiger Rechtsvorschriften; Vertragsrecht

(1) Die Bestimmungen dieses Abschnitts lassen die Anwendung sonstiger Rechtsvorschriften auf Computerprogramme, insbesondere über den Schutz von Erfindungen, Topographien von Halbleitererzeugnissen, Marken und den Schutz gegen unlauteren Wettbewerb einschließlich des Schutzes von Geschäfts- und Betriebsgeheimnissen, sowie schuldrechtliche Vereinbarungen unberührt.

(2) Vertragliche Bestimmungen, die in Widerspruch zu § 69d Abs. 2 und 3 und § 69e stehen, sind nichtig.

Übersicht

I. Allgemeines

1 Die Vorschrift entspricht weitgehend **Art. 9 Abs. 1 Software-RL**, wonach Ansprüche neben dem Urheberrecht bestehen bleiben sollen. Die Vorschrift stellt aber auch klar, dass abweichende vertragliche Vereinbarungen in bestimmten Grenzen zulässig sind.

II. Abgrenzung zu anderen Schutzinstrumenten

2 Wir hatten (vgl. Vor §§ 69a ff. Rn. 24) bereits einen Überblick gegeben, den wir hier vertiefen. Dabei ist aber zu beachten, dass die **Aufzählung** in Abs. 1 **nicht abschließend** ist (RegE 2. ÄndG – BT-Drs. 12/4022, S. 15). Weitergehende Ansprüche, etwa aus §§ 823, 826 BGB (Dreier/Schulze/*Dreier*[5] Rn. 1) sollen durch die Aufzählung nicht ausgeschlossen werden (zu diesen vgl. § 69f Rn. 14 f.).

1. Patentrecht

3 Während § 2 Abs. 1 Nr. 1 die Computerprogramme ausdrücklich den Sprachwerken und damit dem Urheberrechtsschutz zuordnet, erklären § 1 Abs. 2 Nr. 3 PatG und Art. 52 Abs. 2 lit. c) EPÜ ebenso klar und eindeutig, dass Programme für Datenverarbeitungsanlagen *„als solche"* nicht als Erfindungen anzusehen seien. Dies bedeutet aber keinesfalls, dass Computerprogramme etwa nicht patentfähig wären: Das Europäische Patentamt hat bis Ende 1997 insgesamt etwa 20 000 Patente, nach Schätzungen des gegenüber Software-Patenten kritisch eingestellten FFII (Förderverein für eine Freie Informationelle Infrastruktur e. V.) sind es bisher 30.000 (http://eupat.ffii.org/patente/zahlen/; abgerufen am 25.8.2011) für softwarebezogene Erfindungen erteilt (so der Präsident des Europäischen Patentamtes, Kober, auf einer Konferenz im März 1998 in London), und auch das Deutsche Patentamt sowie die Rechtsprechung erkennen schon seit Jahren an, dass technische Lösungen, die mit Hilfe von Computerprogrammen umgesetzt werden, als Erfindungen patentfähig sein können.

Eine *„Lehre zum technischen Handeln"*, wie sie für die Patentfähigkeit erforderlich ist, kann danach bei Computerprogrammen dann vorliegen, wenn sich die Lehre nicht in der Auswahl, Gliederung und Zuordnung von Daten erschöpft, sondern die Funktionsfähigkeit der Datenverarbeitungsanlage als solcher betrifft und damit das unmittelbare Zusammenwirken ihrer Elemente ermöglicht (BGH GRUR 1992, 33 – *Seitenpuffer*). Ein Ordnungssystem rein gedanklicher Art, das durch Auswahl, Einreihung und Einordnung von Bedeutungsinhalten (Adressen) geprägt ist und sich keiner Mittel bedient, die technisches Gebiet betreffen und sich außerhalb der menschlichen Verstandestätigkeit befinden, stellt demgegenüber keine technische Lehre dar (BGH GRUR 1992, 36 – *Chinesische Schriftzeichen*). Außerhalb von die Arbeitsweise der Datenverarbeitungsanlage betreffenden Entwicklungen liegt eine Lehre zum technischen Handeln beim Computerprogrammen dann vor, wenn der Betrieb bestimmter (technischer) Geräte nach einer bestimmten Rechenregel automatisch ohne Einschaltung menschlicher Verstandestätigkeit ermöglicht wird (BGH GRUR 1992, 430, 432 – *Tauchcomputer*; BPatG GRUR 1992, 681, 682 – *Herstellungsverfahren für ein elektronisches Gerät*).

Grundsätzlich gilt also, dass ein Computerprogramm patentfähig ist, wenn es ein **technisches Problem** löst, technische Mittel verwendet oder eine technische Wirkung hat (dazu im Übrigen *Betten* GRUR 1995, 775 ff.; *Hübner* GRUR 1994, 883, 883 ff.; *Junker* NJW 1993, 824, 826 f.; *Sack* UFITA 121 (1993), 15, 40; *Ullmann* CR 1992, 641, 646 f.; Benkard/*Bruchhausen*[11] § 1 PatG Rn. 104; Kilian/Heussen/*v. Gravenreuth* Kap. 51; Lehmann/*Kraßer* S. 221 ff.). Mitte der 90er Jahre erkannte das Europäische Patentamt sogar die Patentfähigkeit eines Computerprogramms an, das Management- und Verwaltungsfunktionen ausführt, weil zu dessen Realisierung „technische Überlegungen" angestellt werden müssen (EPA CR 1995, 208 – *Sohei/Computer-Management-System*). Diese Entwicklung ist ein wenig rückläufig (*Wimmer-Leonhardt* WRP 2007, 273).

Die Europäische Union hatte versucht, sich auf eine **Richtlinie zu computerimplementierten Erfindungen** zu einigen (ursprünglicher Entwurf: Vorschlag für eine Richtlinie des Europäischen Parlaments und des Rates über die Patentierbarkeit computerimplementierter Erfindungen, *ABl. C 151E vom 25.6.2002,* S. 129; zur Gesetzgebungsgenese: http://ec.europa.eu/internal_market/indprop/comp/index_de.htm, abgerufen am 25.8.2011). Sofern für ein Computerprogramm ein Patent erteilt wird, bestehen Patentschutz und Urheberrechtsschutz nebeneinander; sie schließen einander also nicht aus, sondern ergänzen sich (so auch BGH GRUR 1991, 449, 450 – *Betriebssystem*). Dies steht nicht im Widerspruch zu den an sich klaren gesetzlichen Vorgaben der §§ 2 Abs. 1 Nr. 1 UrhG, 1 Abs. 2 Nr. 3 PatG und Art. 52 Abs. 2c EPÜ, weil die Schutzrichtung von Urheberrecht und Patentrecht grundsätzlich eine andere ist: Während das Urheberrecht nur die konkrete Form, die der zugrundeliegende Gedanke in der Programmiersprache gefunden hat, schützt, aber die zugrundeliegende Idee als solche frei lässt, **schützt das Patent** an einem Computerprogramm dessen „**Erfindungsgedanken**", also die zugrundeliegende technische Idee (dazu auch vgl. § 69b Rn. 22 ff. zur Kollision von § 32 und ArbnErfG). Deshalb wird auch das Urheberrecht an einem Computerprogramm nicht verletzt, wenn das jüngere Programm die zugrundeliegende Idee anders verwirklicht (vgl. § 69c Rn. 22 f.), während es ein an dem Computerprogramm bestehendes Patent verletzen würde, wenn es dieselbe technische Idee verwirklicht. Denkbar ist im Übrigen auch ein „kleiner Patentschutz" über ein Gebrauchsmuster (Lehmann/*v. Falckenstein* S. 319 ff.).

2. Topographien

7 Soweit ein Computerprogramm in einem Hardware-Chip integriert ist (vgl. § 69a Rn. 6; vgl. § 69c Rn. 10), bleibt der Schutz der Oberfläche des Chips, d. h. seiner die elektrische Schaltung ermöglichenden dreidimensionalen Ausgestaltung, nach dem Halbleiterschutzgesetz unberührt. Einzelheiten bei Lehmann/*Koch*, S. 333 ff.; Kilian/Heussen/*v. Gravenreuth* Kap. 53.

3. Kennzeichenrecht

8 Titel von Computerprogrammen gehören zu den geschützten **Werktiteln** gem. § 5 Abs. 3 MarkenG (BGH GRUR 1997, 902, 903 – *FTOS*, BGH GRUR 1998, 155, 156 – *Power-Point, Lehmann* CR 1998, 2 f.; *ders.* GRUR 1995, 250 f.; *Nordemann*[10] Rn. 2701; a. A. *Betten* GRUR 1995, 5, 10 ff.). Voraussetzung für den Titelschutz gem. § 5 Abs. 3 MarkenG ist zunächst, dass titelmäßige Unterscheidungskraft vorliegt, der Titel des Computerprogramms also nicht aus einem reinen Gattungsbegriff besteht, sondern dazu geeignet ist, wie ein Titel zu wirken oder sich im Verkehr als schlagwortartiger Hinweis durchzusetzen (*Nordemann*[11] Rn. 1441). Fehlende Schutzfähigkeit kann durch Verkehrsgeltung ausgeglichen werden (*Nordemann*[10] Rn. 419 und 421). Der Titelschutz entsteht mit Inbenutzungnahme und erlischt mit endgültiger Benutzungsaufgabe, nicht unbedingt aber mit Ablauf der urheberrechtlichen Schutzfrist siebzig Jahre nach dem Tod des Urhebers (BGH GRUR 2003, 440, 441 – *Winnetous Rückkehr*; *Nordemann*[11] Rn. 1436 und 1449). Tatsächlich urheberrechtlich geschützt gem. § 69a Abs. 3 (vgl. § 69a Rn. 6 f.) muss ein Computerprogramm nicht sein, damit sein Titel als Werktitel gem. § 5 Abs. 3 MarkenG geschützt ist, weil insoweit ausreichend ist, dass unabhängig vom Erreichen einer etwa erforderlichen Gestaltungshöhe das Werk potentiell einem Urheberrechtsschutz zugänglich ist (OLG Hamburg CR 1995, 335, 336 – *Titelschutz für Software*; *Nordemann*[11] Rn. 1433). Es muss also lediglich ein § 69a Abs. 1 unterfallendes Computerprogramm vorliegen. Neben dem Titelschutz gem. § 5 Abs. 3 MarkenG ist es inzwischen durchaus üblich geworden, die Titel von Computerprogrammen auch als **Marke** beim Deutschen Patent- und Markenamt anzumelden (Einzelheiten zum Eintragungsverfahren bei *Nordemann*[11] Rn. 1320 ff.), um so einen effizienteren Schutz zu erreichen.

4. Unlauterer Wettbewerb

9 Trotz der niedrigen bestehenden Gestaltungshöhe für Computerprogramme durch § 69a Abs. 3 bleibt noch ein (kleiner) Anwendungsbereich für das UWG (BGH NJW 1996, 197 – *Umgehungsprogramm*; LG Oldenburg GRUR 1996, 481, 484 – *Subventions-Analyse-System, Paschke/Kerfak* ZUM 1996, 498, *Raubenheimer* CR 1996, 342, 343; *ders.* CR 1994, 129, 132; Lehmann/*Lehmann* S. 383 ff., S. 503; ausführlich zum wettbewerbsrechtlichen Softwareschutz *Raubenheimer* CR 1994, 264; einschränkend LG Mannheim NJW 1995, 3322, 3323; *König* NJW 1995, 3293, 3295). Selbstverständlich müssen die allgemeinen wettbewerbsrechtlichen Anspruchsvoraussetzungen, also insbesondere eine Wettbewerbshandlung (§ 2 Abs. 1 UWG) vorliegen (hierzu und insbesondere zu der neuen Fallgruppe des Substitutionswettbewerbs vgl. Vor §§ 87a ff. Rn. 31).

10 In Frage kommen zunächst die Fälle einer **unlauteren unmittelbaren Leistungsübernahme** gem. §§ 3, 4 Ziff. 9 UWG. Aufgrund des wettbewerbsrechtlichen Grundsatzes, dass die Nachahmung nicht sonderrechtlich geschützter Erzeugnisse grundsätzlich frei ist, müssen allerdings neben dem bloßen Nachahmungstatbestand noch besondere Umstände hinzutreten, die Unlauterkeit begründen (zu Computerprogrammen OLG Köln CR 1998, 199, 201 f. – *Geheimnisverrat in der Computertechnologie*). Dies kann bei Vorliegen wettbewerblicher Eigenart des Computerprogramms eine vermeidbare Herkunftstäuschung sein (hierzu LG Frankfurt aM. CR 2007, 424, 425 f. – *Bildschirmmaske für ein überragend bekanntes Online-Buchungssystem für Reiseveranstalter*), aber z. B. auch die Ausnutzung einer Markterschließung, die planmäßige Nachahmung oder die unmittelbare Leistungsübernahme ohne Hinzufügen eigener Leistungen (*Nordemann*[10] Rn. 1621 ff. m. w. N.). Dabei ist aber zu beachten, dass der BGH seit kurzem für die Herkunftstäuschung eine gewisse Bekanntheit des nachgeahmten Produktes fordert (BGH GRUR 2002, 629, 631 – *Blendsegel*). Des Weiteren kann unlauterer Behinderungswettbewerb gem. § 3, 4, Ziff. 10 UWG vorliegen, wenn ein Programm zur Umgehung des Dongles (vgl. § 69f Rn. 14) eines anderen Programms angeboten wird (BGH NJW 1996, 197 – *Umgehungsprogramm* = CR 1996, 79 m. Anm. *Lehmann*; OLG München CR 1996, 357 – *Unprotect*; OLG München CR 1996, 11, 16 – *Dongle*).

Den wettbewerbsrechtlichen Schutz gegen das **Einschieben in eine fremde Serie** **11** (Lego-Rechtsprechung; BGHZ 41, 55 – *Klemmbausteine I*; BGH GRUR 1992, 619 – *Klemmbausteine II*) gibt es allerdings so nicht mehr (hierauf noch abstellend Wandtke/Bullinger/*Grützmacher*[4] Rn. 31; nunmehr BGH GRUR 2005, 349 – *Klemmbausteine III*; insofern ist die Entscheidung OLG Hamburg CR 1998, 332, 335 – *Computerspielzeugergänzung* überholt).

Sofern es sich bei dem Computerprogramm um ein Geschäfts- und Betriebsge- **12** heimnis handelt, kommen gegenüber **Rechtsverletzungen auch die Ansprüche der §§ 17 und 18 UWG** in Betracht (Lehmann/*Buchner* S. 454 ff.; OLG Köln CR 1998, 199, 200 f. – *Geheimnisverrat in der Computertechnologie*). Die §§ 17 und 18 UWG sind auch dann anwendbar, wenn es sich bei dem Betriebs- und Geschäftsgeheimnis um die einem Computerprogramm oder einer Schnittstelle zugrundeliegenden Ideen und Grundsätze handelt, die gem. § 69a Abs. 2 S. 2 für grundsätzlich nicht geschützt erklärt werden. Dies ist kein Wertungswiderspruch, weil § 69a Abs. 2 S. 2 an diesen Ideen und Grundsätzen lediglich kein Dritten gegenüber wirkendes Monopolrecht verleihen will, die §§ 17 und 18 UWG aber den Verrat von Geschäfts- oder Betriebsgeheimnissen bzw. die Vorlagenfreibeuterei bestrafen wollen (a. A. *Lehmann* NJW 1991, 2112, 2117). Wie wertvoll geheimes, nicht sondergesetzlich geschütztes Know-how sein kann, zeigt das Beispiel des Coca-Cola-Rezepts.

5. Geschmacksmuster-/Designrecht

Auch wenn nicht ausdrücklich erwähnt, kann neben dem urheberrechtlichen **13** Schutz eines Computerprogramms auch **geschmacksmusterrechtlicher** (nunmehr: designrechtlicher) **Schutz** bestehen. Dieser kommt allerdings nicht für das Programm selbst, sondern nur für Bildschirmmasken oder Bildschirmikons in Betracht, also Computergrafik im weiteren Sinne (Lehmann/*v. Falckenstein* S. 329 f.). Hier ist insbesondere das neue nicht eingetragene EU-Geschmacksmuster zu erwähnen (dazu *Gottschalk/Gottschalk* GRUR Int. 2006, 461 ff.; *Oldekop* WRP 2006, 801 ff.).

6. Know-how-Schutz

Software wird i. d. R. im Quellcode verschlüsselt, sodass sich darin Know-how **14** manifestiert (zum Begriff z. B. TT-GVO). Dieses Know-how ist – anders als herkömmlicherweise z. B. im Anlagenbau o. ä. – sogar noch durch das Dekompilierungsverbot des § 69e besonders geschützt. Unabhängig davon ist es natürlich denkbar, dass über dieses oder anderes Know-how übliche Know-how-Lizenzen geschlossen werden. Aber auch jenseits der Quellcodes sind Gegenstände denkbar, die bei der Erstellung von Computerprogrammen anfallen, und Know-how-Schutz unterliegen, wie z. B. Strukturpläne oder Vertriebsverteilpläne. Der BGH hat die Anforderungen an die Schutzfähigkeit von Know-how gesenkt (BGH GRUR 2006, 1044 – *Kundendatenprogramm* und dazu *Westermann* GRUR 2007, 116).

7. Schuldrechtliche Vereinbarungen

15 Aus dem Zusammenhang der Vorschrift folgt, dass **vertragliche Vereinbarungen** in Abweichung zu den §§ 69b bis 69d Abs. 1 unberührt bleiben. Vertragliche Vereinbarungen in Abweichung zu den §§ 69a, 69f und 69g sind denknotwendig nicht möglich, weil es sich insoweit einerseits um die gesetzlichen Schutzvoraussetzungen für Computerprogramme handelt und andererseits um Ansprüche bzw. Rechtsfolgen, was vertraglich nicht dispositiv ist. **Abweichungen zu § 69d Abs. 1** sind allerdings nur insoweit zulässig, als sie **nicht den Kernbereich** der Vorschrift tangieren (vgl. § 69d Rn. 31). Darüber hinaus bleibt das Recht der **Allgemeinen Geschäftsbedingungen** auch auf Verträge über Computerprogramme anwendbar (*Marly* NJW-CoR 4/93, 21, 24; *Zahrnt* CR 1994, 455, 458 vgl. Vor §§ 69a ff. Rn. 13 f.).

III. Abweichende vertragliche Bestimmungen (Abs. 2)

16 Abs. 2 erklärt vertragliche Bestimmungen, die im Widerspruch zu § 69d Abs. 2 (Sicherungskopie) und 3 (Beobachten und Testen) sowie § 69e (Dekompilierung) stehen, für **nichtig.** Da die Vorschrift des § 69d Abs. 1 (Bestimmungsgemäße Benutzung) nicht ausdrücklich erwähnt ist, kann man wohl auch nicht davon sprechen, dass dem Programmbenutzer durch die Vorschrift des Abs. 2 gewisse Mindestrechte gesichert werden sollen; diese finden sich in § 69d. Es ist wohl eher davon auszugehen, dass der Gesetzgeber sicherstellen wollte, dass von den drei genannten Vorschriften einschränkungslos nicht abgewichen werden sollte. Im Detail s. aber jeweils bei den eben genannten Vorschriften.

Teil 2 Verwandte Schutzrechte

Abschnitt 1 Schutz bestimmter Ausgaben

Vorbemerkung §§ 70, 71

Die verwandten Schutzrechte der §§ 70 und 71 sind eher dem wissenschaftlichen Bereich zuzuordnen. § 70 schützt die unterhalb des Werkschutzes liegende Leistung, gemeinfreie Werke oder nicht geschützte Texte zu sichten und in einer Ausgabe zusammenzustellen. Schutz entsteht nicht an dem gemeinfreien Werk oder Text, sondern nur an der wissenschaftlichen Leistung. Demgegenüber schützt § 71 nicht eine wissenschaftliche Leistung als solche, sondern gewährt Schutz für die Erstausgabe oder die erstmalige öffentliche Wiedergabe eines nicht erschienenen Werkes. Der Schutz umfasst das vollständige gemeinfreie Werk, das insoweit für die Dauer des verwandten Schutzrechts „remonopolisiert" wird. Die §§ 70 und 71 fristen in der Praxis eher ein Schattendasein; veröffentlichte Entscheidungen finden sich nur vereinzelt. Das mag daran liegen, dass man sich im wissenschaftlichen Bereich nicht vor Gericht streitet (Schricker/Loewenheim/*Loewenheim*[5] § 70 Rn. 2). Jedenfalls § 71 ist durch die spektakuläre Himmelsscheibe von Nebra (LG Magdeburg GRUR 2004, 672 – *Himmelsscheibe von Nebra*) und den Streit um die Vivaldi-Oper Motezuma (BGH GRUR 2009, 942, 944 Tz. 26 – *Motezuma*) etwas stärker in den Fokus der (urheberrechtlichen) Öffentlichkeit gelangt (vgl. § 71 Rn. 3 und vgl. § 71 Rn. 12 ff.). **1**

§ 70 Wissenschaftliche Ausgaben

(1) Ausgaben urheberrechtlich nicht geschützter Werke oder Texte werden in entsprechender Anwendung der Vorschriften des Teils 1 geschützt, wenn sie das Ergebnis wissenschaftlich sichtender Tätigkeit darstellen und sich wesentlich von den bisher bekannten Ausgaben der Werke oder Texte unterscheiden.

(2) Das Recht steht dem Verfasser der Ausgabe zu.

(3) ¹Das Recht erlischt fünfundzwanzig Jahre nach dem Erscheinen der Ausgabe, jedoch bereits fünfundzwanzig Jahre nach der Herstellung, wenn die Ausgabe innerhalb dieser Frist nicht erschienen ist. ²Die Frist ist nach § 69 zu berechnen.

Übersicht

I.   Allgemeines

1.   Bedeutung, Sinn und Zweck der Norm, systematische Stellung im Gesetz

1   Die Herausgabe eines alten, urheberrechtlich nicht geschützten Werkes oder Textes wie beispielsweise unvollständig oder tw. verloren gegangener musikalischer Kompositionen, alter, noch nicht gedruckter Handschriften oder (nicht mehr) vollständig vorhandener alter Texte erfordert häufig eine bedeutende wissenschaftliche Arbeit und erhebliche Investitionen (RegE UrhG 1962 – BT-Drs. IV/270 [zu § 80], S. 87). Da die wissenschaftliche Aufarbeitung, Ergänzung vorhandener Lücken und Erläuterung durch Anmerkungen jedoch nicht immer die Voraussetzungen der persönlichen geistigen Schöpfung für den Werkschutz (§ 2 Abs. 2) erreichen, gewährt § 70 einen **Schutz der wissenschaftlichen Leistung und der Investition** unterhalb des urheberrechtlichen Werkschutzes (RegE UrhG 1962 – BT-Drs. IV/270 [zu § 80], S. 87) mit einer Schutzdauer von 25 Jahren nach dem Erscheinen sowie beschränkt auf die wissenschaftliche Leistung; das zugrunde liegende Werk und der zugrunde liegende Text bleiben gemeinfrei.

2   § 70 bestimmt einheitlich sowohl die Schutzvoraussetzungen (Abs. 1) als auch den Rechtsinhaber (Abs. 2) und die Schutzfrist (Abs. 3).

2.   Früheres Recht

3   Vor Inkrafttreten des UrhG bestand ein Schutz für wissenschaftliche Ausgaben nur dann, wenn der Verfasser Lücken einer musikalischen Komposition oder eines Textes durch eigene Schöpfungen ausgefüllt oder den Text durch Anmerkungen erläutert hatte und die Hinzufügungen oder Anmerkungen als persönliche geistige Schöpfungen Werkqualität erreichten; LUG und KUG kannten keine verwandten Schutzrechte (dazu vgl. § 71 Rn. 4) und somit auch keinen § 70 vergleichbaren Schutz. Die Unzuträglichkeiten, die dadurch entstanden, dass die unterhalb des Werkschutzes liegende wissenschaftliche Leistung ungeschützt blieb und somit auch für die in eine wissenschaftliche Ausgabe zu tätigenden Investitionen kein Schutz bestand, wurde mit Einführung von § 70 geschlossen (RegE UrhG 1962 – BT-Drs. IV/270 [zu § 80], S. 87). Die Schutzdauer betrug zunächst 10 Jahre ab Erscheinen bzw. Herstellung bei Nichterscheinen und wurde durch das ProdPiratG zum 1.7.1990 auf 25 Jahre ab Erscheinen bzw. Herstellung bei Nichterscheinen heraufgesetzt (BeschlE RAusschuss ProdPiratG – BT-Drs. 11/5744, S. 36).

3.   EU-Richtlinien

4   Art. 5 der Schutzdauer-RL enthält ein **fakultatives** verwandtes Schutzrecht für kritische und wissenschaftliche Ausgaben von gemeinfrei gewordenen Werken mit einer Schutzdauer von maximal 30 Jahren ab dem Erscheinen. Damit wurde lediglich eine begrenzte Harmonisierung für die Mitgliedsstaaten geschaffen, die ein solches verwandtes Schutzrecht bereits besaßen oder es einführen wollten; eine Verpflichtung zur Einführung eines solchen verwandten Schutzrechtes besteht hingegen nicht (ErwG 20 Schutzdauer-RL; Walter/*Walter* Art. 5 Schutzdauer-RL Rn. 1 und 5). Die Mitgliedsstaaten sind dabei relativ frei: Sie können die Schutzvoraussetzungen frei regeln und müssen lediglich beachten, dass nur wissenschaftlich-kritische Ausgaben an gemeinfreien Werken geschützt werden und die Schutzdauer 30 Jahre ab dem Erscheinen nicht überschreitet (Walter/*Walter* Art. 5 Schutzdauer-RL Rn. 5 und 6). In Deutschland wurde § 70 nicht verändert und bei Umsetzung der Schutzdauer-RL auch die damals bereits existierende Schutzfrist von 25 Jahren ab Erscheinen bzw. ab Herstellung bei Nichterscheinen bestehen gelassen (Walter/*Walter* Art. 5 Schutzdauer-RL Rn. 8).

4. Internationales Urheberrecht

Die internationalen Konventionen enthalten keine Bestimmungen über wissenschaftliche Ausgaben unterhalb des urheberrechtlichen Werkschutzes. **5**

5. Verwertungsgesellschaften

Die Wahrnehmung der Rechte an wissenschaftlichen Ausgaben von Musikwerken erfolgt durch die **6**
VG Musikedition – Verwertungsgesellschaft zur Wahrnehmung von Nutzungsrechten an Editionen (Ausgaben) von Musikwerken – rechtskräftiger Verein kraft Verleihung
Friedrich-Ebert-Str. 104
34119 Kassel
Tel.: 0561–1096560
Fax: 0561–10965620
Email: info@vg-musikedition.de
Internet: vg-musikedition.de

Mitglied der VG Musikedition können Herausgeber und Verfasser, Verleger **7**
sowie Komponisten und Textdichter werden. Die VG Musikedition nimmt vor allem die Zweitverwertungsrechte im Zusammenhang mit § 60b (Schulbücher) und § 53 Abs. 4 (Fotokopierverbot für Musiknoten) wahr und räumt die sich aus den §§ 70 und 71 UrhG ergebenen Verwertungsrechte an Notenausgaben ein (vor allem Aufführungsrechte, Senderechte und mechanische Vervielfältigungsrechte); sie nimmt ferner die daraus resultierenden gesetzlichen Vergütungsansprüche (vor allem §§ 27, 54) wahr. Ausgenommen hiervon sind lediglich die bühnenmäßigen Verwertungen, die den Rechteinhabern (und ihren Verlegern) selbst vorbehalten sind (*Krauss* GEMA-Nachrichten 06/2003 S. 120 f.; weitere Einzelheiten unter www.vg-musikedition.de).

6. Verhältnis zum Werkschutz

§ 70 gewährt Schutz für die wissenschaftliche Ausgabe unterhalb des Werk- **8**
schutzes (vgl. Rn. 1). Ergänzungen des Originaltextes oder der Originalkomposition, der Fußnotenapparat, Berichte, Abhandlungen oder Anmerkungen über oder zu dem gemeinfreien Original führen häufig zu einem urheberrechtlichen Schutz als **Schriftwerk** (§ 2 Abs. 1 Nr. 1) oder als Werk der Musik (§ 2 Abs. 1 Nr. 2); gegebenenfalls kann auch ein Schutz als **Sammelwerk** (§ 4) entstehen. Wenn das gemeinfreie Werk **bearbeitet** wurde, kann auch § 3 heranzuziehen sein (Schricker/Loewenheim/*Loewenheim*[5] Rn. 3). Ebenso wie dies in den Bereichen der Fotografie mit § 2 Abs. 1 Nr. 5 und § 72 sowie beim Film mit §§ 2 Abs. 1 Nr. 6 und 94 der Fall ist, bestehen urheberrechtlicher Werkschutz und verwandtes Schutzrecht auch bei den wissenschaftlichen Ausgaben nebeneinander.

II. Tatbestand (Abs. 1)

Das verwandte Schutzrecht wird gewährt an einer Ausgabe (vgl. Rn. 10) eines **9**
urheberrechtlich nicht geschützten Werkes oder Textes (vgl. Rn. 11 ff.), wenn sie das Ergebnis wissenschaftlich sichtender Tätigkeit darstellt (vgl. Rn. 15) und sich wesentlich von den bisher bekannten Ausgaben des Werkes oder Textes unterscheidet (vgl. Rn. 16).

1. **Ausgabe**

10 Unter einer Ausgabe im Sinne von § 70 ist **jede Form der Festlegung der wissen-schaftlichen Leistung** zu verstehen (Dreier/Schulze/*Dreier*[5] Rn. 6; HK-UrhR/ *Meckel* Rn. 8; etwas enger Wandtke/Bullinger/*Thum*[4] Rn. 8: originales Manu-skript des Wissenschaftlers). Die Herausgabe in Druckform genügt dabei dem Begriff der Ausgabe ebenso wie in elektronischer Form beispielsweise auf CD-ROM, Bild- oder Tonträger sowie im Internet (Loewenheim/*Axel Nordemann*[2] § 44 Rn. 4; Schricker/Loewenheim/*Loewenheim*[5] Rn. 6; HK-UrhR/*Meckel* Rn. 8). Fehlt es an einer Festlegung wie beispielsweise bei einem bloßen Vor-trag, der nicht in Form eines Manuskriptes oder von Tagungsunterlagen fixiert wird, ist der Begriff der Ausgabe nicht erfüllt (Loewenheim/*Axel Nordemann*[2] § 44 Rn. 4). Im Umkehrschluss aus dem weiteren Tatbestandsmerkmal der we-sentlichen Unterscheidung von bisher bekannten Ausgaben (vgl. Rn. 16) folgt, dass es sich bei der Ausgabe im Sinne von § 70 nicht um eine Erstausgabe handeln muss, sondern dass es genügt, wenn bereits bekannte Werke und Texte erneut herausgegeben werden (Loewenheim/*Axel Nordemann*[2] § 44 Rn. 4; *Ul-mer*, Urheber- und VerlagsR[3] S. 507; Schricker/Loewenheim/*Loewenheim*[5] Rn. 6).

2. **Urheberrechtlich nicht geschütztes Werk oder Text**

11 Das verwandte Schutzrecht kann nur an einem urheberrechtlich nicht geschütz-ten Werk oder Text entstehen. Dabei kommen **alle Werkarten des § 2** in Be-tracht, also Texte, Noten, Landkarten, Inschriften, Filme, Bilder, Zeichnungen, Baupläne, selbst Computerprogramme (Loewenheim/*Axel Nordemann*[2] § 44 Rn. 6; Wandtke/Bullinger/*Thum*[4] Rn. 2 a. E.). Warum der Urheberrechtsschutz fehlt, ist unerheblich: Der Schutz kann fehlen, weil sie **gemeinfrei** geworden sind durch Ablauf der Schutzfrist (§ 64), es sich um amtliche Werke handelt (§ 5), **kein Inlandsschutz** besteht (§§ 120 ff.) oder die **Gestaltungshöhe** (§ 2 Abs. 2) **nicht erreicht** worden ist. Letzteres ist **streitig**: Die h. M. verlangt, dass „Werke" im Sinne von § 70 auch das Kriterium der persönlichen geistigen Schöpfung gem. § 2 Abs. 2 erfüllen müssten (so noch unsere 9. Aufl./*Hertin* Rn. 2; HK-UrhR/*Meckel* Rn. 6; Schricker/Loewenheim/*Loewenheim*[5] Rn. 5; Wandtke/Bullinger/*Thum*[4] Rn. 4 ff.; Dreier/Schulze/*Dreier*[5] Rn. 5; wie hier: Lo-ewenheim/*Axel Nordemann*[2] § 44 Rn. 6). Der h. M. ist zwar zuzugeben, dass die Legaldefinition des Werkes aus § 2 Abs. 2 folgt und § 70 zwischen Werken und Texten unterscheidet, was sinnlos wäre, wenn für das Werk das **Vorliegen einer persönlichen geistigen Schöpfung nicht erforderlich** wäre (Wandtke/Bul-linger/*Thum*[4] Rn. 5 f.). § 70 will jedoch die wissenschaftliche Tätigkeit schüt-zen. Würde man tatsächlich für erforderlich halten, dass ein Werk i. S. v. § 70 nur ein solches sein könne, dass die Anforderungen an den Werkschutz gem. § 2 Abs. 2 erfüllt, hinge das Entstehen des verwandten Schutzrechts von etwas ab, das weder den Gegenstand des verwandten Schutzrechts bildet noch daran selbst Teil hat. Außerdem müssten sonst sehr alte Werke wie beispiels-weise eine alte Landkarte, ein alter Film oder eine Höhlenzeichnung aus der Steinzeit mit den heutigen von der Rechtsprechung an den Werkschutz gestell-ten Maßstäben gemessen werden, ob es sich bei ihnen um eine persönliche geistige Schöpfung handelt (Loewenheim/*Axel Nordemann*[2] § 44 Rn. 6). Die gleichzeitige Nennung der Texte in § 70 erlaubt auch nicht einen Umkehr-schluss, dass deshalb mit Werken nur persönliche geistige Schöpfungen gemeint sind (so Wandtke/Bullinger/*Thum*[4] Rn. 6); vielmehr ist die gleichzeitige Nen-nung der Texte lediglich historisch bedingt.

12 An **urheberrechtlich noch geschützten** Werken kann das verwandte Schutzrecht nicht entstehen. Die wissenschaftliche Leistung an urheberrechtlich noch ge-schützten Werken bleibt entweder ungeschützt, wenn sie für sich betrachtet das Niveau einer persönlichen geistigen Schöpfung gem. § 2 Abs. 2 nicht erreicht, oder unterfällt eben selbst dem Werkschutz, wenn dessen Voraussetzungen erfüllt sind. In Betracht kommt dann entweder ein abhängiger Werkschutz als Bearbeitung über § 3 oder ein unabhängiger Werkschutz direkt über § 2.

Maßgeblicher Zeitpunkt für das Fehlen des urheberrechtlichen Schutzes ist das **13** Erscheinen der Ausgabe; ist das Werk, an dem die wissenschaftliche Leistung erbracht wird, im Zeitpunkt der Herstellung der Ausgabe noch geschützt, spielt dies für § 70 keine Rolle, solange die Gemeinfreiheit mit dem Erscheinen der wissenschaftlichen Ausgabe eingetreten ist (Loewenheim/*Axel Nordemann*[2] § 44 Rn. 7). War ein Werk im Zeitpunkt des Erscheinens der Ausgabe gemeinfrei, ist die Gemeinfreiheit jedoch später entfallen, beispielsweise weil infolge eines Staatsvertrages rückwirkend Schutz gewährt wird, bleibt der einmal entstandene Schutz bestehen; die Nutzung darf allerdings analog § 137f Abs. 3 nur gegen Zahlung einer angemessenen Vergütung fortgesetzt werden (Loewenheim/*Axel Nordemann*[2] § 44 Rn. 7).

Die Voraussetzung des urheberrechtlich nicht geschützten Werkes ist **objektiv 14** zu bestimmen. Der Wissenschaftler, der irrig annimmt, ein Werk sei gemeinfrei, obwohl es noch urheberrechtlich geschützt ist, erhält für seine Leistung kein verwandtes Schutzrecht; Irrtümer über das Bestehen des urheberrechtlichen Schutzes oder die Dauer der Schutzfrist sind grundsätzlich unbeachtlich (BGH GRUR 1999, 49, 52 – *Bruce Springsteen and his Band*; vgl. § 97 Rn. 65 f.).

3. Ergebnis wissenschaftlich sichtender Tätigkeit

Die Ausgabe ist nur dann ein Ergebnis wissenschaftlich sichtender Tätigkeit, **15** wenn der Verfasser **wissenschaftlich fundiert** gegenübergestellt, verglichen und kritisch gesichtet hat, er **sichtend, ordnend und abwägend** unter Verwendung **wissenschaftlicher Methoden** tätig war (BGH GRUR 1975, 667, 668 – *Reichswehrprozess*). Begleitende Fußnoten und Zitate können dafür ebenso einen Anhaltspunkt liefern wie die präzise Kenntlichmachung ergänzender und vervollständigender Eingriffe (BGH GRUR 1975, 667, 668 – *Reichswehrprozess*; Dreier/Schulze/*Dreier*[5] Rn. 7). Die Rekonstruktion des gemeinfreien Werkes oder Textes muss grundsätzlich **mehr sein als die bloße Wiedergabe** von Tatsachen oder die Veröffentlichung eines aufgefundenen Textes ohne text- und quellenkritische Arbeit (RegE UrhG 1962 – BT-Drs. IV/270 [zu § 80], S. 87; BGH GRUR 1975, 667, 668 – *Reichswehrprozess*; Schricker/Loewenheim/*Loewenheim*[5] Rn. 7; Wandtke/Bullinger/*Thum*[4] Rn. 9). **Beispiele:** Quellenkritische Rekonstruktion der acht Verhandlungstage vor dem Reichsgericht zum so genannten „Reichswehrprozess" in den Jahren 1928 und 1929 (BGH GRUR 1975, 667 – *Reichswehrprozess*), Modernisierung der Rechtschreibung und Zeichensetzung von Werken des Philosophen Schopenhauer mit Einfügungen altsprachlicher Übersetzungen und deren Berichtigung, Hinzufügung textkritischer Nachworte zu Textunterschieden, Sortierung der Schriften in die editorisch richtige Reihenfolge und Hinzufügung eines textkritischen Nachwortes samt eines Personen- und Begriffsregisters (KG GRUR 1991, 596 – *Schopenhauer-Ausgabe*; Schutzfrist von § 70 war abgelaufen, aber ergänzend Urheberrechtsschutz bejaht) oder etwa Ausgaben alter Notenhandschriften in moderner Notation (Walter/*Walter* Art. 5 Schutzdauer-RL Rn. 2).

4. Wesentliche Unterscheidung von den bisher bekannten Ausgaben des Werkes oder Textes

Das Leistungsschutzrecht entsteht nur, wenn sich die (neue) Ausgabe von den **16** bisher bestehenden Ausgaben des gemeinfreien Werkes oder Textes wesentlich unterscheidet. Im Sinne einer negativen Abgrenzung bedeutet dies zunächst, dass überhaupt eine ältere Ausgabe vorhanden sein muss; gibt es keine bisher bekannten Ausgaben, entsteht der Schutz nach § 70, sofern die übrigen Voraussetzungen erfüllt sind (Dreier/Schulze/*Dreier*[5] Rn. 8; Loewenheim/*Axel Norde-*

mann[2] § 44 Rn. 9; Schricker/Loewenheim/*Loewenheim*[5] Rn. 8; a. A. offenbar LG München I ZUM-RD 2007, 212, 215 – *Rudolf Steiner Vorträge*). Denn das Kriterium der wesentlichen Unterscheidung dient in erster Linie der Rechtssicherheit und soll verhindern, dass mehrere Ausgaben eines Werkes oder Textes geschützt sind, die im Falle der Verwertung kaum auseinander gehalten werden können (RegE UrhG 1962 – BT-Drs. IV/270, [zu § 80] S. 87). Da es sich bei § 70 um ein Leistungsschutzrecht handelt, das unterhalb des Werkschutzes angesiedelt ist, kann die wesentliche Unterscheidung auch nicht in analoger Anwendung der Abgrenzung zwischen unfreier Bearbeitung und freier Benutzung gem. §§ 23 und 24 gesucht werden (so aber HK-UrhR/*Meckel* Rn. 10; *v. Gamm* Rn. 7), sondern ausschließlich anhand des Zweckes des Kriteriums, nämlich Rechtssicherheit zu schaffen: Eine Ausgabe **unterscheidet sich immer dann wesentlich** von einer vorbestehenden, wenn im Rahmen der Verwertung mit Sicherheit festgestellt werden kann, welche Ausgabe benutzt worden ist (RegE UrhG 1962 – BT-Drs. IV/270, [zu § 80] S. 87; Dreier/Schulze/*Dreier*[5] Rn. 8; Loewenheim/*Axel Nordemann*[2] § 44 Rn. 9; Schricker/Loewenheim/*Loewenheim*[5] Rn. 8; Wandtke/Bullinger/*Thum*[4] Rn. 14).

17   Das Problem der **Doppelschöpfung** stellt sich für § 70 **nicht**: Im Interesse der Rechtssicherheit kann selbst dann, wenn zwei Ausgaben eines gemeinfreien Werkes oder Textes etwa zur selben Zeit hergestellt worden sein sollten, nur derjenige das verwandte Schutzrecht des § 70 erhalten, dessen Ausgabe zuerst erscheint; der Verfasser der Ausgabe, der „zu spät kommt" und dessen Ausgabe sich von der vorveröffentlichten nicht wesentlich unterscheidet, geht leer aus (Loewenheim/*Axel Nordemann*[2] § 44 Rn. 11; Wandtke/Bullinger/*Thum*[4] Rn. 11).

III. Schutzumfang (Abs. 1)

18   Gem. § 70 Abs. 1 erhält der Verfasser **ein dem Urheberrecht gleichgestelltes verwandtes Schutzrecht**; er erhält mithin die gleichen Rechte wie ein Urheber einschließlich des Urheberpersönlichkeitsrechts, kann sein Recht nicht übertragen, sondern nur Nutzungsrechte daran einräumen (§ 29 Abs. 2) und unterliegt auch den Schranken der §§ 44a ff. Das darf aber nicht den Blick dafür verstellen, dass der Schutz beschränkt ist auf die wissenschaftliche Leistung; ein **Schutz an dem** der Ausgabe zugrunde liegenden **gemeinfreien Werk** oder Text entsteht – im Gegensatz zu § 71 – **nicht** (Loewenheim/*Axel Nordemann*[2] § 44 Rn. 11; Schricker/Loewenheim/*Loewenheim*[5] Rn. 11; Wandtke/Bullinger/*Thum*[4] Rn. 19). Besteht an einer Ausgabe das verwandte Schutzrecht des § 70, bleibt es zulässig, unter Benutzung des gemeinfreien Werkes oder Textes sowie des vorhandenen begleitenden Quellenmaterials eine neue Ausgabe zu erstellen, die allerdings ihrerseits nur dann gem. § 70 schutzfähig ist, wenn sie sich von der vorveröffentlichten Ausgabe wesentlich unterscheidet (vgl. Rn. 16; Loewenheim/*Axel Nordemann*[2] § 44 Rn. 11; Schricker/Loewenheim/*Loewenheim*[5] Rn. 11). Eine **Verletzung** des verwandten Schutzrechtes kann nur dann in Betracht kommen, wenn diejenigen Teile der Ausgabe, die das Ergebnis der wissenschaftlich sichtenden Tätigkeit waren und sich von den bisher bekannten Ausgaben wesentlich unterschieden, übernommen worden sind (eingehend Wandtke/Bullinger/*Thum*[4] Rn. 19 ff.).

IV. Rechtsinhaberschaft (Abs. 2)

19   Inhaber des verwandten Schutzrechtes wird grundsätzlich der **Verfasser der Ausgabe**, also derjenige, der die wissenschaftlich sichtende Tätigkeit vorgenommen hat; Inhaber des verwandten Schutzrechtes kann damit zugleich nur eine natürliche Person sein (RegE UrhG 1962 – BT-Drs. IV/270, [zu § 80] S. 87; Dreier/Schulze/*Dreier*[5] Rn. 10; Loewenheim/*Axel Nordemann*[2] § 44 Rn. 12; Schricker/Loewenheim/*Loewenheim*[5] Rn. 12; Wandtke/Bullinger/*Thum*[4] Rn. 23). Da das verwandte Schutzrecht inhaltlich den Vorschriften des 1. Teils gem. Abs. 1 gleichgestellt ist, ist es zugleich nicht übertragbar (§ 29). § 70 folgt insoweit der Regelung von § 72 im Gegensatz zu den verwandten Schutzrechten der §§ 71 und 73 ff., die sämtlich übertragbar sind.

Zur Rechtewahrnehmung durch die VG Musikedition vgl. Rn. 6 f.   **20**

V. Schutzdauer (Abs. 3)

Die Schutzdauer beträgt **25 Jahre** ab Erscheinen (§ 70 Abs. 3), wobei der Be-   **21**
griff des Erscheinens aus § 6 Abs. 2 folgt. Ist die Ausgabe nicht innerhalb von 25 Jahren nach der Herstellung erschienen, erlischt das verwandte Schutzrecht ebenfalls. Ab Herstellung kann die Dauer des verwandten Schutzrechtes also theoretisch 50 Jahre betragen, wenn die Ausgabe erst im 25. Jahr nach der Herstellung erscheint. Die Schutzfrist berechnet sich gem. § 70 Abs. 3 S. 2 nach § 69, d. h. die Schutzfrist endet mit dem 25. Jahr nach dem Ende des Jahres, in das das Erscheinen oder die Herstellung gefallen ist. Die Schutzfrist endet mithin immer an einem 31. Dezember.

Früher betrug die Schutzfrist lediglich 10 Jahre. Die Verlängerung erfolgte   **22**
durch das ProdPiratG (BGBl. I 1990, S. 422 vom 13.3.1990) mit Wirkung zum 1.7.1990, wenn ein Schutz am 30.6.1990 noch bestand (§ 137b Abs. 1). Alle Ausgaben, die am oder vor dem 31.12.1979 erschienen bzw. bei Nichterschei- nen hergestellt worden sind, haben deshalb von der Schutzfristverlängerung nicht profitiert, sondern sind gemeinfrei geblieben.

Art. 5 der Schutzdauer-RL sieht für das darin vorgesehene fakultative ver-   **23**
wandte Schutzrecht an kritischen und wissenschaftlichen Ausgaben eine maxi- male Schutzfrist von 30 Jahren ab dem Zeitpunkt der ersten erlaubten Veröf- fentlichung vor. Erste erlaubte Veröffentlichung meint Erscheinen im Sinne von § 6 Abs. 2 UrhG (Walter/*Walter* Art. 5 Schutzdauer-RL Rn. 7). Dem entspricht § 70 Abs. 3, weil die Schutzfrist von 25 Jahren ab Erscheinen die maximale Schutzdauer von Art. 5 Schutzdauer-RL nicht überschreitet. Dass rein theore- tisch eine Schutzdauer von fast 50 Jahren ab Herstellung in Deutschland mög- lich ist (vgl. Rn. 21), steht dem nicht entgegen, weil Art. 5 Schutzdauer-RL für die Berechnung der maximalen Schutzdauer nur auf das Erscheinen abstellt und im Übrigen die deutsche Einschränkung, dass die Ausgabe innerhalb von 25 Jahren ab Herstellung erschienen sein muss, allenfalls zu einer Verkürzung, jedenfalls aber nicht zu einer Verlängerung der ab Erscheinen gerechneten Schutzdauer führen kann (Walter/*Walter* Art. 5 Schutzdauer-RL Rn. 9).

VI. Prozessuales

Die Schutzvoraussetzungen von § 70 sind grundsätzlich von demjenigen, der   **24**
sich darauf beruft, **darzulegen und zu beweisen.** Beweiserleichterungen aus dem Sinn und Zweck der Norm sind nicht ersichtlich. Der Verfasser der Ausgabe (oder der Inhaber eines ausschließlichen Nutzungsrechtes; vgl. § 97 Rn. 129 f., 133 f., 143) muss also darlegen und beweisen, dass er an einem urheberrecht- lich nicht geschützten Werk oder Text wissenschaftlich sichtend tätig war und sich die von ihm geschaffene Ausgabe wesentlich von den bisher bekannten Ausgaben des Werkes oder Textes unterscheidet. Bestehen an dem gemeinfreien Werk oder Text keine bisher bekannten Ausgaben, muss er dies zumindest vortragen, um den Schutz ohne dieses Kriterium zu erlangen (vgl. Rn. 16).

Trägt er dies vor, wird der Antragsgegner oder Beklagte nicht umhin kommen, vorbestehende bekannte Ausgaben vorzulegen, da der Kläger ansonsten gezwungen wäre, den Beweis einer negativen Tatsache anzutreten. Legt der Beklagte allerdings eine bekannte Ausgabe vor, bleibt die Darlegungs- und Beweislast beim Kläger, dass sich seine Ausgabe von der bekannten wesentlich unterscheidet.

25 Ist die wissenschaftlich sichtende Tätigkeit sowie die wesentliche Unterscheidung von bekannten Ausgaben auch für den Laien ohne weiteres nachvollziehbar und erkennbar, wird ein Gericht regelmäßig das Bestehen des Leistungsschutzrechtes ohne **Sachverständigenhilfe** bejahen können. Trägt der Kläger allerdings eine wissenschaftlich sichtende Tätigkeit sowie wesentliche Unterschiede zu bisher bekannten Ausgaben vor, die sich nur für den Fachmann erschließen, für den Laien aber nicht ohne weiteres erkennbar sind, wird regelmäßig die Einholung eines Sachverständigengutachtens zur Beurteilung des Bestehens des verwandten Schutzrechtes erforderlich sein (Loewenheim/*Axel Nordemann*[2] § 44 Rn. 9; Wandtke/Bullinger/*Thum*[4] Rn. 43). Das Gericht ist jedenfalls gehalten, fehlende eigene Fachkenntnisse durch Einholung eines Sachverständigengutachtens zu ersetzen (BVerfG NJW 2003, 1655, 1656 – *Zündholzbriefchen*).

§ 71   Nachgelassene Werke

(1) [1]Wer ein nicht erschienenes Werk nach Erlöschen des Urheberrechts erlaubter Weise erstmals erscheinen lässt oder erstmals öffentlich wiedergibt, hat das ausschließliche Recht, das Werk zu verwerten. [2]Das gleiche gilt für nicht erschienene Werke, die im Geltungsbereich dieses Gesetzes niemals geschützt waren, deren Urheber aber schon länger als siebzig Jahre tot ist. [3]Die §§ 5 und 10 Abs. 1 sowie die §§ 15 bis 24, 26, 27, 44a bis 63 und 88 sind sinngemäß anzuwenden.

(2) Das Recht ist übertragbar.

(3) [1]Das Recht erlischt fünfundzwanzig Jahre nach dem Erscheinen des Werkes oder, wenn seine erste öffentliche Wiedergabe früher erfolgt ist, nach dieser. [2]Diese Frist ist nach § 69 zu berechnen.

Übersicht

I.   Allgemeines

1.   Sinn und Zweck der Norm, Stellung im Gesetz

Das verwandte Schutzrecht des § 71 knüpft an gemeinfreie Werke an, belohnt **1**
aber nicht wie § 70 eine wissenschaftliche Leistung an einem gemeinfreien
Werk, das selbst gemeinfrei bleibt, sondern **honoriert das Auffinden, Sammeln
und Herausgeben vorher unbekannter gemeinfreier Werke**, die durch
§ 71 gleichsam „remonopolisiert" werden; das verwandte Schutzrecht entsteht
an dem vorher gemeinfreien Werk selbst und gewährt seinem Inhaber für die
Dauer von 25 Jahren ein dem Urheberrecht weitgehend gleichgestelltes ausschließliches Recht. Es handelt sich daher bei § 71 um einen Sonderschutz außerhalb des Systems urheberrechtlicher Schutzfristen (Walter/*Walter* Art. 4
Schutzdauer-RL Rn. 3).

Der **Sinn und Zweck** von § 71 ist es, alte, verschollen geglaubte und unbe- **2**
kannte, gemeinfrei gewordene oder niemals urheberrechtlich geschützte Werke
der Öffentlichkeit wieder zugänglich zu machen, nachdem sie aufgefunden und
aufgearbeitet wurden, damit solche Werke von kultureller oder wissenschaftlicher Bedeutung nicht verborgen bleiben; die Vorschrift will durch die Gewährung eines ausschließlichen Rechtes den Arbeits- und Kostenaufwand honorieren, der entsteht, wenn solche alten, verschollen geglaubten oder gänzlich
unbekannten Werke aufgefunden, ihr Wert erkannt, sie aufgearbeitet und dann
wieder der Öffentlichkeit zugänglich gemacht werden (LG Magdeburg GRUR
2004, 672, 673 – *Himmelsscheibe von Nebra I*; LG Magdeburg v. 19.4.2005 –
7 O 703/05 – *Himmelsscheibe von Nebra II*; RegE UrhG 1962 – BT-Drs. IV/
270, S. 87 f.; Dreier/Schulze/*Dreier*[5] Rn. 1; *Götting/Lauber-Rönsberg* GRUR
2006, 638, 639; HK-UrhR/*Meckel* Rn. 1; Möhring/Nicolini/*Lauber-Rönsberg*[3]
Rn. 1; Schricker/Loewenheim/*Loewenheim*[5] Rn. 1; Walter/*Walter* Art. 4
Schutzdauer-RL Rn. 14; Wandtke/Bullinger/*Thum*[4] Rn. 1; *Stroh* FS Nordemann I S. 269, 275 f.; a. A. *Büscher* FS Raue S. 363, 374: Schutz für verlegerische, editorische Leistung). Der Anreizgedanke der Vorschrift ist mithin, eine
unterbrochene Traditionskette – das Werk ist vergessen, niemand lebt mehr,
der es kennt oder der es gesehen hat, es war der heutigen Öffentlichkeit bis zu
ihrer Entdeckung verborgen – zu schließen und zu verhindern, dass verborgene
Kulturschätze im Verborgenen bleiben, weil sich die Aufarbeitung, Restaurierung und Wiederzugänglichmachung an die Öffentlichkeit ansonsten nicht lohnen würde. § 71 gilt dabei für alle Arten von Werken, beispielsweise auch für
alte Märchen, Sagen, Volkslieder, Volkstänze, Mythen oder andere nur mündlich überlieferte Werke, die verschollen waren (Schricker/Loewenheim/*Loewenheim*[5] Rn. 6; Möhring/Nicolini/*Lauber-Rönsberg*[3] Rn. 1).

§ 71 hat im Urheberrecht lange Zeit ein Schattendasein gefristet. Bis zum Jahre **3**
2009 wurde lediglich eine einzige BGH-Entscheidung dazu veröffentlicht (BGH
GRUR 1975, 447, 448 – *Te deum*). Mit der Geschichte eines Bürgermeisters
in Sachsen-Anhalt, der die spektakuläre **Himmelsscheibe von Nebra** nach ihrer
erstmaligen Präsentation in der Öffentlichkeit sogleich als Marke anmeldete
und daraufhin das Land Sachsen-Anhalt aus der Marke abmahnen und auf
Unterlassung in Anspruch nehmen ließ, hat es die Vorschrift sogar in die Bild-
Zeitung geschafft (BILD, Ausgabe vom 18.7.2003). Infolge des Streites über
die Oper Motezuma von Antonio Vivaldi hat der BGH 2009 die Gelegenheit
erhalten, einige grundlegende Fragen im Zusammenhang mit § 71 – vor allem
die Beweislast betreffend – zu beantworten (BGH GRUR 2009, 942 – *Motezuma*; Einzelheiten vgl. Rn. 16 f. und vgl. Rn. 32 ff.).

2.   Früheres Recht

Das deutsche Urheberrecht kennt verwandte Schutzrechte erst mit der Einfüh- **4**
rung des UrhG zum 1.1.1966. LUG und KUG besaßen keine § 71 entspre-

chende Regelung. Allerdings sah § 29 S. 1 LUG eine „Sonderschutzfrist" von 10 Jahren seit Veröffentlichung vor, wenn ein Werk nicht innerhalb von 50 Jahren nach dem Tode des Urhebers veröffentlicht worden war; die Schutzfrist unveröffentlichter Werke war mithin bis zu ihrer Veröffentlichung unbefristet. Diese Regelung fand sich zunächst in etwas abgeschwächter Form auch im UrhG wieder: § 64 S. 2 a. F. sah bis zur Änderung durch die Reform von 1995 eine Verlängerung der Schutzfrist für *posthum* veröffentlichte Werke um 10 Jahre ab dem Erscheinen vor, wenn dies innerhalb von 10 Jahren vor Ablauf der normalen Schutzdauer von 70 Jahren *post mortem auctoris* geschah (vgl. § 64 Rn. 4). Der ebenfalls durch das UrhG mit Wirkung zum 1.1.1966 eingeführte § 71 besaß zunächst eine Schutzfrist von 10 Jahren seit dem Erscheinen, sie wurde durch das ProdPiratG im Jahr 1990 auf 25 Jahre verlängert. Die tatbestandlichen Voraussetzungen von § 71 wurden durch die Reform von 1995 in Umsetzung der Schutzdauer-RL modifiziert und knüpfen nunmehr nicht nur an ein im Geltungsbereich des UrhG nicht erschienenes Werk und dessen Erscheinenlassen an, sondern lassen das Schutzrecht auch durch eine erstmalige öffentliche Wiedergabe entstehen (kritisch hierzu Schricker/Loewenheim/*Loewenheim*[5] Rn. 3).

3. EU-Richtlinien

5   § 71 hat seine jetzige Fassung erfahren in Umsetzung der Schutzdauer-RL durch das ÄndG 1995 und gilt in der jetzigen Fassung seit dem 1.7.1995 mit einem eingefügten Verweis auf § 10 Abs. 1 durch das UmsG mit Wirkung vom 1. September 2008. Die Vorschrift ist daher **europäisch auszulegen**. Art. 4 der Schutzdauer-RL lautet wie folgt:

Schutz zuvor unveröffentlichter Werke
Wer ein zuvor unveröffentlichtes Werk, dessen urheberrechtlicher Schutz abgelaufen ist, erstmals erlaubterweise veröffentlicht bzw. erlaubterweise öffentlich wiedergibt, genießt einen den vermögensrechtlichen Befugnissen des Urhebers entsprechenden Schutz. Die Schutzdauer für solche Rechte beträgt 25 Jahre ab dem Zeitpunkt, zu dem das Werk erstmals erlaubterweise veröffentlicht oder erstmals erlaubterweise öffentlich wiedergeben worden ist.

Art. 4 der Schutzdauer-RL spricht zwar von einem zuvor *unveröffentlichten* Werk und knüpft die Schutzentstehung sowie den Lauf der Schutzfrist an den Zeitpunkt an, zu dem es erstmals erlaubterweise *veröffentlicht* worden ist, meint damit aber im Sinne des deutschen Urheberrechtsverständnisses nicht die Veröffentlichung (§ 6 Abs. 1), sondern **das Erscheinen als qualifizierte Form der Veröffentlichung** (§ 6 Abs. 2). Das folgt aus den internationalen Konventionen, wo der Begriff der Veröffentlichung normalerweise im Sinne eines Erscheinens verstanden wird: Art. 3 Abs. 3 RBÜ definiert die veröffentlichten Werke als „die mit Zustimmung ihrer Urheber erschienenen Werke", Art. VI WUA versteht unter einer Veröffentlichung die Vervielfältigung in körperlicher Form und (kumulativ) die Zugänglichmachung an die Öffentlichkeit durch Werkstücke, die es gestatten, das Werk zu lesen oder sonst mit dem Auge wahrzunehmen (s. dazu auch Walter/*Walter* vor Art. 1 Schutzdauer-RL Rn. 9 und Art. 4 Schutzdauer-RL Rn. 4 und 12; *Wilhelm Nordemann/Vinck/Hertin* Art. VI WUA Rn. 1).

4. Internationales Urheberrecht

6   Die internationalen Konventionen sehen heute **keine Sonderregelungen** für *posthum* veröffentlichte Werke mehr vor; Art. 7 Abs. 3 RBÜ kannte noch in der Berliner Fassung von 1908 einen Vorbehalt für besondere Schutzfristen für solche Werke, was jedoch durch die Brüsseler Fassung von 1948 aufgegeben (Art. 7 Abs. 5 RBÜ) wurde; die Klarstellung in Art. 7 Abs. 5 RBÜ BrF, dass nachgelassene Werke keine besondere Schutzfrist genießen, findet sich heute in

der Pariser Fassung von 1971 nicht mehr (*Wilhelm Nordemann/Vinck/Hertin* Art. 7 RBÜ Rn. 1).

5. Verhältnis zum Werkschutz und zu § 70

Das verwandte Schutzrecht des § 71 kann nicht neben einem Urheberrecht an **7** dem Werk selbst bestehen, weil Tatbestandsvoraussetzung die Gemeinfreiheit des Werkes ist. Da § 71 im Tatbestand auf das erstmalige Erscheinenlassen bzw. die erste öffentliche Wiedergabe abstellt und beides tatsächliche Handlungen sind, die keine kreativen Elemente beinhalten, kann durch das Erscheinenlassen bzw. die öffentliche Wiedergabe auch nicht parallel zu § 71 ein Urheberrecht am Werk entstehen. Allerdings können die verwandten Schutzrechte der §§ 70 und 71 parallel und daneben auch ein Urheberrecht an einer wissenschaftlichen Leistung entstehen: Wird ein unbekanntes, nicht-erschienenes, gemeinfreies Werk vervollständigt oder wissenschaftlich-kritisch rekonstruiert, kann an der wissenschaftlich sichtenden Tätigkeit ein verwandtes Schutzrecht nach § 70 oder ein Urheberrecht nach § 2 Abs. 1 Nr. 1 bestehen (vgl. § 70 Rn. 8), während das Werk selbst über § 71 geschützt sein kann (auch Wandtke/Bullinger/*Thum*[4] Rn. 40 f.).

6. Verwertungsgesellschaft

Die Wahrnehmung der Rechte an Erstausgaben von Musikwerken erfolgt **8** durch die
VG Musikedition – Verwertungsgesellschaft zur Wahrnehmung von Nutzungsrechten an Editionen (Ausgaben) von Musikwerken – rechtskräftiger Verein kraft Verleihung
Friedrich-Ebert-Str. 104
34119 Kassel
Tel.: 0561–1096560
Fax: 0561–10965620
Email: info@vg-musikedition.de
Internet: vg-musikedition.de
Mitglied der VG Musikedition können Herausgeber und Verfasser, Verleger sowie Komponisten und Textdichter werden. Die VG Musikedition nimmt vor allem die Zweitverwertungsrechte im Zusammenhang mit § 60b (Schulbücher) und § 53 Abs. 4 (Fotokopierverbot für Musiknoten) wahr und räumt die sich aus den §§ 70 und 71 UrhG ergebenen Verwertungsrechte an Notenausgaben ein, vor allem Aufführungsrechte, Senderechte und mechanische Vervielfältigungsrechte. Sie nimmt ferner die daraus resultierenden gesetzlichen Vergütungsansprüche (vor allem §§ 27, 54) wahr. Ausgenommen hiervon sind lediglich die bühnenmäßigen Verwertungen, die den Rechteinhabern (und ihren Verlegern) selbst vorbehalten sind (*Krauss* GEMA-Nachrichten 06/2003 S. 120 f.; weitere Einzelheiten unter www.vg-musikedition.de). Außerhalb des Bereichs der Musik besteht keine Rechtewahrnehmung.

II. Tatbestand

Das verwandte Schutzrecht wird gewährt für ein Werk (vgl. Rn. 10 f.), das **9** vorher nicht erschienen war (vgl. Rn. 12 ff.), das gemeinfrei ist (vgl. Rn. 20) und das erstmals erscheinen gelassen oder erstmals öffentlich wiedergegeben wird (vgl. Rn. 21 ff.) mit Erlaubnis des Berechtigten (vgl. Rn. 24 f.).

1. Werk

Werke i. S. d. Urheberrechts sind persönliche geistige Schöpfungen auf den Ge- **10** bieten der Literatur, Wissenschaft und Kunst (§ 2). Als Werk i. S. v. § 71 kommen grundsätzlich **alle Werkarten des § 2** in Frage (Wandtke/Bullinger/*Thum*[4] Rn. 9). Im Gegensatz zu § 70 (vgl. § 70 Rn. 11) setzt § 71 allerdings voraus, dass das Werk – auch wenn es gemeinfrei ist – die Voraussetzung der persönlichen geistigen Schöpfung gem. § 2 Abs. 2 erfüllt, weil das verwandte Schutzrecht des § 71 das Werk „remonopolisiert" (vgl. Rn. 1), im Gegensatz zu § 70 bei § 71 das zugrunde liegende Werk also am Schutz teilhat (Dreier/ Schulze/*Dreier*[5] Rn. 4; Loewenheim/*Axel Nordemann*[2] § 44 Rn. 17; Schricker/ Loewenheim/*Loewenheim*[5] Rn. 6; HK-UrhR/*Meckel* Rn. 7; Wandtke/Bullinger/*Thum*[4] Rn. 9; *Götting/Lauber-Rönsberg* GRUR 2006, 638, 639).

11 Da § 71 zu einem weitgehend dem Urheberrechtsschutz gleichgestellten Schutz führt (bis auf die Urheberpersönlichkeitsrechte; vgl. Rn. 27), müssen an das Werk i. S. v. § 71 dieselben Anforderungen gestellt werden wie an neue Werke i. S. v. § 2 (Loewenheim/*Axel Nordemann*[2] § 44 Rn. 18). Das wird bei solchen Werkarten, bei denen auch die kleine Münze einschränkungslos Schutz genießt (vgl. § 2 Rn. 30 ff.), zu keinen Schwierigkeiten führen, weil bei kulturhistorisch wertvollen Werken, bei denen es sich lohnt, sie erscheinen zu lassen oder öffentlich wiederzugeben, in der Regel davon ausgegangen werden kann, dass sie wenigstens die geringen Voraussetzungen der kleinen Münze erfüllen; selbst eine einfache Höhlenzeichnung wird man deshalb ohne weiteres als Werk der bildenden Kunst auffassen müssen. Problematisch wird es jedoch bei den Werken der angewandten Kunst (vgl. § 2 Rn. 146 ff.). Zwar müssen sie nach aktueller Rspr. nicht mehr den Durchschnitt deutlich überragen, sondern sind urheberrechtlich geschützt, wenn ihnen eine künstlerische Leistung zugrunde liegt (BGH GRUR 2014, 175, 177 Tz. 26 – *Geburtstagszug*; Einzelheiten bei vgl. § 2 Rn. 150a f.). Zu beachten ist allerdings, dass auf den Zeitpunkt der Schöpfung abzustellen ist, sodass bei einem Jahrhunderte oder Jahrtausende alten Werk auf die damalige künstlerische Leistung abgestellt werden muss (zu der Problematik auch Loewenheim/*Axel Nordemann*[2] § 44 Rn. 18). Außerdem ist zu beachten, dass der kunsthistorische und der urheberrechtliche Werkbegriff nicht immer gleichlaufen; insb. im Bereich der angewandten Kunst kann eine Leistung kunsthistorisch herausragend sein, ihr aber die künstlerische Gestaltung im Sinne des Urheberrechts fehlen (s. *Axel Nordemann/Schaefer* FS Schulze S. 42).

2. Nicht erschienen (oder öffentlich wiedergegeben?)

12 Nicht erschienen ist ein Werk dann, wenn davon weder im Inland noch im Ausland **Vervielfältigungsstücke in genügender Anzahl** der Öffentlichkeit angeboten oder in Verkehr gebracht worden sind, § 6 Abs. 2 S. 1 (BGH GRUR 2009, 942, 944 Tz. 20 – *Motezuma*; LG Magdeburg GRUR 2004, 672, 673 – *Himmelsscheibe von Nebra*; *Götting/Lauber-Rönsberg* GRUR 2006, 638, 640; Möhring/Nicolini/*Lauber-Rönsberg*[3] Rn. 11; Schricker/Loewenheim/*Loewenheim*[5] Rn. 7 f.; Wandtke/Bullinger/*Thum*[4] Rn. 10). Bei dem Erscheinen gem. § 6 Abs. 2 S. 1 handelt es sich um eine qualifizierte Form der Veröffentlichung gem. § 6 Abs. 1; da § 71 Abs. 1 ausschließlich darauf abstellt, dass ein Werk *nicht erschienen* ist, hindert die bloße *Vorveröffentlichung* das Entstehen des verwandten Schutzrechtes nicht (Dreier/Schulze/*Dreier*[5] Rn. 5. a. E.).

13 Erschienen ist ein Werk beispielsweise dann, wenn es gedruckt oder auf anderen Vervielfältigungsträgern verbreitet worden ist, wie beispielsweise als Buch, durch Fotografien oder auf CD-ROMs (LG München I ZUM-RD 2007, 212, 214 – *Rudolf Steiner Vorträge*; LG Magdeburg GRUR 2004, 672, 673 – *Himmelsscheibe von Nebra*; *Götting/Lauber-Rönsberg* GRUR 2006, 638, 640); auch die handschriftliche Vervielfältigung kann den Begriff des Erscheinens i. S. v. § 6 Abs. 2 S. 1 erfüllen (BGH GRUR 2009, 942, 944 Tz. 26 – *Motezuma*; *Götting/Lauber-Rönsberg* GRUR 2006, 638, 640). Dasselbe gilt für ein Erscheinen im Internet (vgl. § 6 Rn. 18; Dreier/Schulze/*Dreier*[5] Rn. 7).

14 Zu beachten ist ferner, dass gem. § 6 Abs. 2 S. 1 ein Erscheinen begrifflich nur dann vorliegt, wenn eine **Zustimmung des Berechtigten** gegeben war; wurden

Vervielfältigungsstücke ohne Zustimmung des Berechtigten angefertigt und der Öffentlichkeit angeboten, gilt es weiterhin als nicht erschienen i. S. v. §§ 71 Abs. 1, 6 Abs. 2 S. 1 (LG Magdeburg GRUR 2004, 672, 674 – *Himmelsscheibe von Nebra*; Dreier/Schulze/*Dreier*[5] Rn. 8; Schricker/Loewenheim/*Loewenheim*[5] Rn. 11; Götting/*Lauber-Rönsberg* GRUR 2006, 638, 641; vgl. § 6 Rn. 27). Ist fraglich, ob ein Erscheinen noch mit Zustimmung eines urheberrechtlich Berechtigten (Urheber oder Erben) bewirkt wurde, ist auf diese abzustellen. Gab es zum Zeitpunkt des Erscheinens keinen urheberrechtlich Berechtigten, weil es damals noch gar kein Urheberrecht gab oder das in Frage stehende Erscheinen nach dem Ablauf des Urheberrechts erfolgte, ist auf die Zustimmung desjenigen abzustellen, der dem Werk rechtlich am nächsten steht; das wird in der Regel der Eigentümer sein (LG Magdeburg GRUR 2004, 672, 673 – *Himmelsscheibe von Nebra*; Dreier/Schulze/*Dreier*[5] Rn. 8; Götting/ *Lauber-Rönsberg* GRUR 2006, 638, 646; Schricker/Loewenheim/*Loewenheim*[5] Rn. 11; Wandtke/Bullinger/*Thum*[4] Rn. 25 ff.; a. A. wohl Walter/*Walter* Art. 4 Schutzdauer-RL Rn. 17: Inhaber eines ewigen Urheberpersönlichkeitsrechts oder Redaktionsversehen sowie *Büscher* FS Raue S. 363, 376: Billigkeitskorrektiv). Zu weiteren Einzelheiten zum Kriterium „erlaubterweise" vgl. Rn. 24 f.

Im Sinne der notwendigen europäischen Auslegung der Vorschrift (vgl. Rn. 5) **15** gilt für den Begriff des nicht erschienenen Werkes nur § 6 Abs. 2 S. 1, **nicht aber die deutsche Sonderform des Erscheinens gem. § 6 Abs. 2 S. 2**, nach der ein Werk der bildenden Künste auch dann als erschienen gilt, wenn das Original oder ein Vervielfältigungsstück mit Zustimmung des Berechtigten bleibend der Öffentlichkeit zugänglich ist (z. B. in einem Museum, vgl. § 6 Rn. 25). Dies mag zwar auf den ersten Blick nicht ganz einleuchten, ergibt sich aber aus der zwingenden Vorgabe von Art. 4 Schutzdauer-RL, weil ein *zuvor unveröffentlichtes Werk* entsprechend dem Veröffentlichungsbegriff der internationalen Konventionen nur ein Erscheinen im Sinne der Herstellung von Vervielfältigungsstücken und der Zurverfügungstellung dieser Vervielfältigungsstücke an die Öffentlichkeit meinen kann (wie hier Möhring/Niccolini/*Lauber-Rösberg*[3] Rn. 12; Walter/*Walter* Art. 4 Schutzdauer-RL Rn. 12; s. a. BGH GRUR 2009, 942, 944, Tz. 21 – *Motezuma*, wo im Hinblick auf das Erscheinen ausdrücklich § 6 Abs. 2 S. 1 zitiert wird). Denn Art. 3 Abs. 3 RBÜ legt ausdrücklich fest, dass die Ausstellung eines Werkes der bildenden Künste keine Veröffentlichung darstellt; Art. VI WUA ist zwar insoweit nicht so klar, definiert die Veröffentlichung jedoch als Vervielfältigung in körperlicher Form und kumulativ die Zugänglichmachung dieser Werkstücke an die Öffentlichkeit zum Lesen oder zur Wahrnehmung mit dem Auge. Ein Gemälde oder eine Plastik gilt also selbst dann noch als nicht erschienen i. S. v. § 71, wenn es dauerhaft in einem Museum ausgestellt gewesen ist; es dürfen davon lediglich keine Vervielfältigungsstücke hergestellt und verbreitet worden sein.

Die h. M. geht ferner offenbar davon aus, dass das Werk *noch niemals* erschie- **16** nen gewesen sein darf (BGH GRUR 2009, 942, 943 Tz. 15 – *Motezuma*; Dreier/Schulze/*Dreier*[5] Rn. 5; Götting/*Lauber-Rönsberg* GRUR 2006, 638, 640; Möhring/Nicolini/*Lauber-Rönsberg*[3] Rn. 10; Schricker/Loewenheim/*Loewenheim*[5] Rn. 7; Wandtke/Bullinger/*Thum*[4] Rn. 10). Der Bundesgerichtshof hat deshalb sehr ausführlich untersucht, ob die handschriftliche Vervielfältigung und Verteilung des Notenmaterials an die an der Uraufführung Beteiligten der Vivaldi-Oper Motezuma im 18. Jahrhundert ein Erscheinen war, obwohl die Oper als verschollen galt und erst 2002 in einem Archiv in Form einer Handschrift wieder entdeckt worden ist (BGH GRUR 2009, 942, 944 Tz. 22 ff. – *Motezuma*); auch das LG Magdeburg hat sich gefragt, ob die Himmelsscheibe von Nebra dadurch, dass sie vor 3.600 Jahren als Kultobjekt benutzt worden sein könnte, möglicherweise als Erschienen zu gelten habe, dies aber verworfen (LG Magdeburg GRUR 2004, 672, 674 – *Himmelsscheibe von Nebra*).

17 Der h. M. ist **nicht zu folgen**: Sinn und Zweck der Vorschrift ist es, einen Anreiz zu schaffen, der Öffentlichkeit bisher unbekannte, verschollen gewesene oder nur durch mündliche Überlieferung bekannte Werke wieder zur Verfügung zu stellen, indem die für das Erscheinenlassen eines solchen Werkes erforderlichen Investitionen mit einem verwandten Schutzrecht belohnt werden (vgl. Rn. 2). Das ist weitgehend unbestritten und folgt so schon aus der Gesetzesbegründung, nach der es gerechtfertigt sei, dem Herausgeber alter Märchen, Volkslieder, von Volkstänzen, alten Schriften oder Kompositionen für eine gewisse Zeit ein ausschließliches Recht zur Verwertung zuzusprechen, weil die Herausgabe oft einen erheblichen Arbeits- und Kostenaufwand erfordere (RegE UrhG 1962 – BT-Drs. IV/270, S. 87 f.). Dabei kann es aber keinen Unterschied machen, ob ein Werk noch niemals erschienen gewesen ist oder schon einmal erschienen war, dann aber verschollen ist. Denn in beiden Fällen ist das Werk unbekannt und steht der Öffentlichkeit nicht zur Verfügung; in beiden Fällen ist der Arbeits- und Kostenaufwand, das Werk erscheinen zu lassen, nicht davon abhängig, ob es schon einmal erschienen war, sondern davon, in welchem Zustand sich das aufgefundene Original oder sonstige Werkexemplar befindet. In beiden Fällen ist auch das Interesse der Öffentlichkeit, dass das Werk erscheint, nicht davon abhängig, ob es schon einmal erschienen war, sondern ob es kulturhistorisch wertvoll ist oder nicht. Es erscheint deshalb nicht als gerechtfertigt, für das verwandte Schutzrecht von § 71 zu verlangen, dass das Werk niemals erschienen gewesen ist. Ausreichend ist vielmehr, dass im Zeitpunkt der Entstehung des verwandten Schutzrechtes das Werk *nicht erschienen* i. S. v. § 6 Abs. 2 S. 1 ist, d. h. dass keine Vervielfältigungsstücke des Werkes mehr vorhanden sind und der Öffentlichkeit angeboten werden können, es also aus dem Bewusstsein der Öffentlichkeit verschwunden ist und niemand mehr lebt, der seinen Inhalt kennt oder es noch gesehen hat. Die h. M. berücksichtigt insoweit Sinn und Zweck der Norm nicht ausreichend. Auch der Gesetzeswortlaut spricht nicht gegen die hier vertretene Auffassung; § 71 Abs. 1 spricht nämlich nur von dem nicht erschienenen Werk, nicht aber von einem niemals erschienenen (a. A. BGH GRUR 2009, 942, 943 Tz. 12 – *Motezuma*). Auch das pauschale Argument des Bundesgerichtshofes, eine Anwendung des § 71 auch auf „bloß" verschollene Werke sei auch deshalb nicht geboten, weil der durch die Umsetzung der Schutzdauer-RL begründete Schutz des § 71 ohnehin schon eine problematisch weite Ausnahme vom Grundsatz der Benutzung gemeinfreier Werke bildet, vermag die o. g. Erwägungen zum Sinn und Zweck des § 71 nicht zu entkräften (BGH GRUR 2009, 942, 943 Tz. 12 – *Motezuma*). Denn auch insoweit ist die Situation im Vergleich zu einem noch niemals erschienenen Werk nicht anders: Ist ein Werk, das zwar schon einmal erschienen war, verschollen, sind keine Vervielfältigungsstücke davon mehr vorhanden und kennt niemand mehr das Werk, kann auch niemand von seiner Gemeinfreiheit profitieren; das könnte erst geschehen, wenn es wieder der Öffentlichkeit zugänglich gemacht wird. Und genau insoweit möchte ja § 71 einen Anreiz setzen.

18 Entsprechend hindert auch eine **öffentliche Wiedergabe** des Werkes zu einem Zeitpunkt, bevor es verschollen ist, das Entstehen des verwandten Schutzrechtes nicht. Die h. M. folgert zwar daraus, dass die Vorschrift als Tatbestandshandlung auf das *erstmalige* Erscheinenlassen oder die erstmalige öffentliche Wiedergabe abstellt, dass das Werk nicht nur nicht erschienen, sondern auch nicht öffentlich wiedergegeben worden sein darf; ansonsten könne die öffentliche Wiedergabe, die zu einem Entstehen des verwandten Schutzrechts führe, nicht mehr „erstmalig" sein (Dreier/Schulze/*Dreier*[5] Rn. 5; *Götting/Lauber-Rönsberg* GRUR 2006, 638, 645; Schricker/Loewenheim/*Loewenheim*[5] Rn. 7;

Wandtke/Bullinger/*Thum*[4] Rn. 12). Dem liegt jedoch ein Missverständnis der Norm zugrunde: § 71 Abs. 1 S. 1 unterscheidet zwischen dem Gegenstand des verwandten Schutzrechtes, bei dem es sich ausschließlich um ein *nicht erschienenes Werk* handeln kann, und den Tatbestandshandlungen, die das verwandte Schutzrecht entstehen lassen, nämlich dem erstmaligen Erscheinenlassen und der erstmaligen öffentlichen Wiedergabe; für das nicht erschienene Werk spielt es demnach keine Rolle, ob es bereits zuvor öffentlich wiedergegeben worden ist (zutr. Walter/*Walter* Art. 4 Schutzdauer-RL Rn. 12; Loewenheim/*Axel Nordemann*[2] § 44 Rn. 20 und 21a; ähnlich *Büscher* FS Raue S. 363, 374; offen gelassen von BGH GRUR 2009, 942, 944 Tz. 21 – *Motezuma*). **Erstmals** im Rahmen der Vorschrift bedeutet des Weiteren nicht „niemals", wovon aber die h. M. offenbar unzutreffend ausgeht (dazu vgl. Rn. 17), sondern grenzt lediglich nach dem Wiederauffinden des vorher verschollenen Werkes die beiden Tatbestandshandlungen des Erscheinenlassens und der öffentlichen Wiedergabe voneinander ab: Nur der zuerst Handelnde erhält das verwandte Schutzrecht; ist nach dem Wiederauffinden des verschollenen Werkes beispielsweise eine öffentliche Wiedergabe bewirkt worden, kann durch ein späteres Erscheinenlassen kein zweites verwandtes Schutzrecht mehr entstehen (gl. A. zu Letzterem *Büscher* FS Raue S. 363, 374; *Dietz* GRUR Int. 1995, 670, 673). Vgl. Rn. 23.

Zur Frage der **Beweislast**, ob ein Werk als nicht erschienen (und noch nicht öffentlich wiedergegeben) gilt, vgl. Rn. 32 ff.   **19**

3. Nach Erlöschen des Urheberrechts oder bei Gemeinfreiheit aus anderen Gründen

Das verwandte Schutzrecht des § 71 kann **nur an einem gemeinfreien Werk**   **20** entstehen: Der urheberrechtliche Schutz muss entweder erloschen sein (Abs. 1 S. 1) oder in Deutschland niemals bestanden haben (Abs. 1 S. 2). Bei der Bestimmung, ob das Werk durch Erlöschen der Schutzfrist gemeinfrei geworden ist, muss beachtet werden, dass zwar heute eine Schutzfrist von 70 Jahren *post mortem auctoris* gilt (§ 64), die Verlängerung vormals kürzerer Schutzfristen jedoch teilweise zu einem Wiederentstehen des Schutzes bereits gemeinfrei gewesener Werke geführt haben kann (vgl. § 64 Rn. 15; vgl. § 137f Rn. 10 ff.). Dem Ablauf der urheberrechtlichen Schutzfrist gleichgestellt ist ein niemals in Deutschland vorhanden gewesener Urheberrechtsschutz, was vor allem auf solche Werke zutrifft, die so alt sind, dass es im Zeitpunkt ihrer Schöpfung noch gar kein Urheberrecht gab (wie beispielsweise im Falle einer zu Anfang des 18. Jahrhunderts geschaffenen Vivaldi-Oper [BGH GRUR 2009, 942 – *Motezuma*] oder einer künstlerischen Darstellung des Kosmos im vorgeschichtlichen Europa von vor etwa 3.600 Jahren [LG Magdeburg GRUR 2004, 672 – *Himmelsscheibe von Nebra*]). Besteht der Schutz in Deutschland aus anderen Gründen nicht, beispielsweise weil es sich um ein Werk eines ausländischen Urhebers handelt, der in Deutschland keinen Schutz genießt, so muss die urheberrechtliche Schutzfrist jedenfalls theoretisch abgelaufen sein, d. h. der Urheber muss länger als 70 Jahre tot sein (Loewenheim/*Axel Nordemann*[2] § 44 Rn. 21; Schricker/Loewenheim/*Loewenheim*[5] Rn. 9).

4. Erstmals erscheinen lässt oder erstmals öffentlich wiedergibt

Der Begriff des Erscheinens folgt aus § 6 Abs. 2 S. 1 (vgl. Rn. 12 ff.), der der   **21** öffentlichen Wiedergabe aus § 15 Abs. 2. **Erschienen** ist ein Werk mithin, wenn davon mit Zustimmung des Berechtigten Vervielfältigungsstücke des Werkes nach ihrer Herstellung in genügender Anzahl der Öffentlichkeit angeboten oder in Verkehr gebracht worden sind; herkömmliche Vervielfältigungsstücke wie beispielsweise Printmedien sind dabei ebenso ausreichend wie digitale (LG Magdeburg GRUR 2004, 672, 673 – *Himmelsscheibe von Nebra*; Dreier/

Schulze/*Dreier*[5] Rn. 7). Die **Ausstellung** eines Werkes der bildenden Künste i. S. v. § 6 Abs. 2 S. 2, die eine Sonderform des Erscheinens darstellt, führt nicht zu einem Entstehen des verwandten Schutzrechtes, weil sich der in Art. 4 Schutzdauer-RL verwendete Veröffentlichungsbegriff an Art. 3 Abs. 3 RBÜ und Art. VI WUA orientiert und nach beiden Vorschriften die Ausstellung eines Werkes der bildenden Künste nicht als Veröffentlichung gilt (vgl. Rn. 15). Der **Berechtigte** i. S. v. § 6 Abs. 2 S. 1, dessen Zustimmung für das Erscheinen erforderlich ist, kann wegen der Gemeinfreiheit des Werkes kein urheberrechtlich Berechtigter sein; vielmehr handelt es sich hierbei regelmäßig um den Eigentümer (vgl. Rn. 24). Der in § 71 verwendete Begriff der **öffentlichen Wiedergabe** umfasst alle ihre in § 15 Abs. 2 genannten Formen, also neben Vortrag, Aufführung und Vorführung, Sendung, Wiedergabe durch Bild- oder Tonträger sowie von Funksendungen gerade auch die öffentliche Zugänglichmachung, sodass also eine öffentliche Wiedergabe im Internet das verwandte Schutzrecht zur Entstehung bringt (ebenso Dreier/Schulze/*Dreier*[5] Rn. 7).

22 Die **Gleichstellung** des Erscheinenlassens mit der öffentlichen Wiedergabe für die Entstehung des verwandten Schutzrechtes durch die Reform von 1995 (vgl. Rn. 4) ist **zu Recht kritisiert worden**, weil sie dem Sinn und Zweck der Vorschrift nicht ausreichend Rechnung trägt: Ein Werk, das verschollen, unbekannt oder verloren gegangen ist, kann der Öffentlichkeit nur dann dauerhaft wieder zugänglich gemacht werden, wenn es erscheint, also der Öffentlichkeit dauerhaft Vervielfältigungsstücke davon zur Verfügung stehen; wird es beispielsweise nur einmal öffentlich aufgeführt, steht es der Öffentlichkeit eben nicht dauerhaft zur Verfügung, obwohl dadurch das verwandte Schutzrecht zur Entstehung gelangt (wie hier *Stroh* FS Nordemann I S. 269, 276; Walter/*Walter* Art. 4 Schutzdauer-RL Rn. 14; Loewenheim/*Axel Nordemann*[2]§ 44 Rn. 21a; auch *Götting/Lauber-Rönsberg* GRUR 2006, 638, 645 f.). Allerdings blieb dem deutschen Gesetzgeber keine andere Wahl, als die Schutzentstehung auch an die öffentliche Wiedergabe zu knüpfen, weil Art. 4 Schutzdauer-RL eine entsprechende Vorgabe enthält (a. A. Walter/*Walter* Art. 4 Schutzdauer-RL Rn. 23: Festhalten an bisheriger Regelung wäre zulässig gewesen).

23 Das verwandte Schutzrecht entsteht ferner nur, wenn das Erscheinen und/oder die öffentliche Wiedergabe *erstmals* erfolgen. Entgegen h. M. ist dies nicht so zu verstehen, dass das Werk vorher noch niemals erschienen oder öffentlich wiedergegeben sein darf (vgl. Rn. 16 ff.), sondern soll nur klarstellen, dass das verwandte Schutzrecht an einem vormals gemeinfreien Werk **nur einmal entstehen** kann: Es entsteht nur bei demjenigen, der das Erscheinen bzw. die öffentliche Wiedergabe erstmals bewirkt; hat eine öffentliche Wiedergabe stattgefunden, ist das verwandte Schutzrecht entstanden, sodass ein späteres Erscheinenlassen nicht zu einem erneuten Entstehen des verwandten Schutzrechtes (zugunsten einer anderen Person) führen kann und umgekehrt (vgl. Rn. 18 und *Mareile Büscher* FS Raue S. 363, 374; *Dietz* GRUR Int. 1995, 670, 673). Eine Art „Doppelschöpfung" kann es im Rahmen von § 71 daher nicht geben. Eine darüber hinausgehende Bedeutung hat das Tatbestandsmerkmal *erstmals* entgegen h. M. nicht (vgl. Rn. 16 ff.).

5. Erlaubterweise

24 Zwar konnte sich der Gesetzgeber bei Umsetzung von Art. 4 Schutzdauer-RL nicht vorstellen, was mit „erlaubterweise" gemeint sein soll (RegE ÄndG 1995 – BT-Drs. 13/781 zu Nr. 4 (§ 71), S. 14). So schwer ist das allerdings nicht: „Erlaubterweise" bedeutet „**mit Zustimmung des Berechtigten**", sodass dieses Kriterium für das Erscheinenlassen überflüssig ist, weil der Begriff des Erscheinens gem. § 6 Abs. 2 S. 1 ohnehin eine Zustimmung des Berechtigten voraussetzt (vgl. Rn. 14). Da im Gegensatz zum Erscheinen die öffentliche Wiedergabe gem. § 15 Abs. 2 aber tatbestandsmäßig keine Zustimmung des Berechtigten voraussetzt, war die Umsetzung der entsprechenden Vorgabe von Art. 4 Schutzdauer-RL in § 71 gleichwohl notwendig, weil ansonsten ein Unberechtigter durch die öffentliche Wiedergabe des Werkes Inhaber des verwandten Schutzrechtes werden könnte (Loewenheim/*Axel Nordemann*[2] § 44 Rn. 22). Wegen der Gemeinfreiheit des Werkes kann der Berechtigte allerdings kein urheberrechtlich Berechtigter sein, sondern ist regelmäßig der Eigentümer des Werkes (vgl. Rn. 14 und 24; LG Magdeburg GRUR 2004, 672, 673 – *Himmelsscheibe von Nebra*; Dreier/Schulze/*Dreier*[5] Rn. 8; *Götting/Lauber-Rönsberg* GRUR 2006, 638, 646; Schricker/Loewenheim/*Loewenheim*[5] Rn. 11; Wandtke/Bullinger/*Thum*[4] Rn. 25 ff.; a. A. wohl Walter/*Walter* Art. 4 Schutzdauer-RL Rn. 17: Inhaber eines ewigen Urheberpersönlichkeitsrechts oder Redaktionsversehen sowie *Büscher* FS Raue S. 363, 376: Billigkeitskorrektiv).

Rechtsfolge der fehlenden Erlaubnis ist, dass das verwandte Schutzrecht überhaupt nicht zur Entstehung gelangt und durch den Berechtigten noch erworben werden kann, wenn er das Erscheinen oder die öffentliche Wiedergabe später bewirkt (LG Magdeburg GRUR 2004, 672, 673 f. – *Himmelsscheibe von Nebra*; Dreier/Schulze/*Dreier*[5] Rn. 8; Wandtke/Bullinger/*Thum*[4] Rn. 28).   **25**

6.   Amtliche Werke (Abs. 1 S. 3)

Da gem. Abs. 1 S. 3 unter anderem § 5 auf § 71 sinngemäß anzuwenden ist, kann an amtlichen Werken auch bei Vorliegen der Voraussetzungen des § 71 kein verwandtes Schutzrecht entstehen. Das gilt jedoch nicht einschränkungslos (so aber Loewenheim/*Axel Nordemann*[2] § 44 Rn. 23;), sondern nur dann, wenn das Gesetz, die Verordnung, der amtliche Erlass sowie die amtliche Bekanntmachung **noch in Kraft** stehen oder an einer gerichtlichen Entscheidung sowie einem sonstigen amtlichen Werk **noch ein amtliches Interesse** besteht. Denn verschollene oder heute nach ihrem Wortlaut unbekannte Gesetze, Verordnungen oder Erlasse, die nicht mehr in Kraft stehen, müssen nach dem Sinn und Zweck von § 5 auch nicht mehr für die Allgemeinheit freigehalten werden; vielmehr muss sich hier die Belohnungsfunktion von § 71, solche Gesetze, Verordnungen oder Erlasse der Öffentlichkeit wieder zugänglich zu machen, durchsetzen. Kann eine Gerichtsentscheidung für die Anwendung des Rechts noch relevant sein, liegt sie auch heute noch im amtlichen Interesse und bleibt daher im Rahmen von § 71 frei; dies kann beispielsweise gelten für eine bisher unveröffentlichte Entscheidung des Reichsgerichts. Handelt es sich aber etwa um eine bisher unbekannte gerichtliche Entscheidung aus der Antike, kann das verwandte Schutzrecht des § 71 daran zur Entstehung gelangen (ebenso: Wandtke/Bullinger/*Thum*[4] Rn. 42).   **26**

III.   Schutzumfang (Abs. 1 S. 3)

Dem Inhaber des verwandten Schutzrechtes stehen **sämtliche Verwertungsrechte** wie einem Urheber uneingeschränkt zu, also alle körperlichen (§§ 15 Abs. 1 und 16–18) und unkörperlichen (§§ 15 Abs. 3 und 19–22) einschließlich des Bearbeitungsrechts (§ 23); ein Werk, das den Gegenstand eines verwandten Schutzrechts aus § 71 bildet, kann auch frei benutzt werden (§ 24). Die Vorschriften des Folgerechts (§ 26) gelten ebenso wie die des Vermiet- und Verleihrechts (§ 27) und der gesetzlichen Vergütungsansprüche (§§ 26, 27, 46, 47, 49, 52, 54 ff.). Auch die Schrankenbestimmungen der §§ 44a–63 sind entsprechend anwendbar; zu amtlichen Werken vgl. Rn. 26. Vom Schutzumfang **nicht** umfasst sind allerdings die **Urheberpersönlichkeitsrechte**, sodass der Inhaber des verwandten Schutzrechtes beispielsweise kein Namensnennungsrecht gem. § 13 S. 2 besitzt; konsequenterweise ist § 71 beim Anspruch auf Ersatz   **27** des Nicht-Vermögensschadens auch nicht genannt (§ 97 Abs. 2). § 10 Abs. 1 ist seit dem 1. September 2008 entsprechend anwendbar (vgl. Rn. 5).

28 Gem. Abs. 2 ist das verwandte Schutzrecht **übertragbar**. Da die urhebervertragsrechtlichen Bestimmungen durch Abs. 1 S. 3 nicht ausdrücklich für entsprechend anwendbar erklärt werden, kann auf die Rechtsübertragung die Zweckübertragungsbestimmung des § 31 Abs. 5 auch nicht entsprechend angewendet werden (a. A. Dreier/Schulze/*Dreier*[5] Rn. 12; Loewenheim/*Axel Nordemann*[2] § 44 Rn. 26; Schricker/Loewenheim/*Loewenheim*[5] Rn. 13). Von der Übertragung des verwandten Schutzrechts zu unterscheiden ist die Einräumung von Nutzungsrechten am verwandten Schutzrecht, die als Grundprinzip des Urheberrechts auch ohne ausdrückliche Inbezugnahme von § 29 in § 71 möglich ist. Fraglich ist, ob darauf die Zweckübertragungslehre von § 31 Abs. 5 anzuwenden ist. Dies ist zu bejahen, weil es sich bei § 31 Abs. 5 um eine der zentralen Normen zur Regelung des urheberrechtlichen Rechtsverkehrs schlechthin handelt und die Gleichstellung mit den Verwertungsbefugnissen der Urheber auch eine entsprechende Anwendung der grundlegenden Normen des Urhebervertragsrechts auf die Nutzungsrechtseinräumung erforderlich erscheinen lässt (Loewenheim/*Axel Nordemann*[2] § 44 Rn. 26; Wandtke/Bullinger/*Thum*[4] Rn. 36).

IV. Rechtsinhaberschaft (Abs. 1 S. 1)

29 Das verwandte Schutzrecht des § 71 kann sowohl zugunsten einer **natürlichen** als auch einer **juristischen Person** originär entstehen, weil sämtliche für ein Erscheinen erforderlichen Handlungen auch von einer juristischen Person erbracht werden können (Dreier/Schulze/*Dreier*[5] Rn. 9; Loewenheim/*Axel Nordemann*[2] § 44 Rn. 27; Schricker/Loewenheim/*Loewenheim*[5] Rn. 14). Zwar kann im Rahmen einer öffentlichen Wiedergabe eine juristische Person nichts aufführen oder vorführen, was neben der Verwendung des Wortes „wiedergibt" in § 71 Abs. 1 S. 1 zu der Annahme führen könnte, dass im Falle einer erstmaligen öffentlichen Wiedergabe nur eine oder mehrere natürliche Personen Rechtsinhaber werden könnten. Dies würde jedoch dem Sinn und Zweck von § 71 nicht gerecht werden, weil der zu belohnende Kostenaufwand in der Regel beim Veranstalter der öffentlichen Wiedergabe anfällt, der auch eine juristische Person sein kann. Außerdem ist das Urheberpersönlichkeitsrecht auf § 71 nicht anwendbar (vgl. Rn. 27), was ebenfalls dafür spricht, es einschränkungslos auch bei juristischen Personen entstehen zu lassen. Rechtsinhaber ist also entweder der Herausgeber (derjenige, der das erste Erscheinen bewirkt), der Veranstalter (im Falle von Vorträgen, Aufführungen, Vorführungen, Sendungen oder Wiedergaben) oder derjenige, der die Veröffentlichung im Internet besorgt (Loewenheim/*Axel Nordemann*[2] § 44 Rn. 27 f.; Schricker/Loewenheim/*Loewenheim*[5] Rn. 14; Wandtke/Bullinger/*Thum*[3] Rn. 32 f.). Demgegenüber wird der Verleger, der üblicherweise im Auftrag des Herausgebers handelt, nicht Inhaber des verwandten Schutzrechts, sofern er es sich nicht vertraglich übertragen lässt (RegE UrhG 1962 – BT-Drs. IV/270, [zu § 80] S. 87 f.; Dreier/ Schulze/*Dreier*[5] Rn. 9; Schricker/Loewenheim/*Loewenheim*[5] Rn. 14; Wandtke/ Bullinger/*Thum*[4] Rn. 32).

30 § 71 knüpft lediglich daran an, dass das Erscheinen bzw. die öffentliche Wiedergabe **in Deutschland** geschehen; es ist insoweit unerheblich, ob derjenige, der das Erscheinen bzw. die öffentliche Wiedergabe bewirkt, Deutscher oder Ausländer ist, sodass auch ausländische juristische Personen in den Genuss von § 71 kommen; § 121 Abs. 1 S. 1 ist insoweit analog anzuwenden (Dreier/ Schulze/*Dreier*[5] Rn. 9; Loewenheim/*Axel Nordemann*[2] § 44 Rn. 29; Schricker/

Loewenheim/*Loewenheim*[5] Rn. 14: Analogie zu § 121 wird nicht angesprochen).

V. Schutzdauer (Abs. 3)

Die Schutzdauer beträgt **25 Jahre** ab dem Erscheinen oder der öffentlichen Wiedergabe, je nach dem, was zuerst stattgefunden hat (§ 71 Abs. 3). Die Schutzfrist beginnt am Jahresende, § 69 analog und Art. 8 Schutzdauer-RL (vgl. § 69 Rn. 1 und Dreier/Schulze/*Dreier*[5] Rn. 14; Schricker/Loewenheim/*Loewenheim*[5] Rn. 15; Wandtke/Bullinger/*Thum*[4] Rn. 39; näher hierzu: Loewenheim/*Axel Nordemann*[2] § 44 Rn. 30). Zur Rechtslage vor dem 1.7.1990 vgl. Rn. 4.   **31**

VI. Prozessuales

Die aktuell diskutierten Fragen zur **Beweislast** ranken sich vor allem um die Frage, wer beweisen muss, ob das Werk als nicht erschienen bzw. nicht öffentlich wiedergegeben anzusehen ist. Der Beweis des Nicht-Erscheinens käme dem Beweis einer negativen Tatsache gleich, den niemand erbringen kann (eingehend *Götting/Lauber-Rönsberg* GRUR 2006, 638, 642; *Büscher* FS Raue S. 363, 369 und 371 ff.). Das LG Magdeburg ist deshalb bei einem Werk, das über einen langen Zeitraum (dort mehr als 3.000 Jahre) nicht der Öffentlichkeit zugänglich war und bei dem auch keine Anhaltspunkte für ein Erscheinen vorlagen, von einer **Vermutung für das Nicht-Erschienensein** ausgegangen (LG Magdeburg GRUR 2004, 672, 674 – *Himmelsscheibe von Nebra*). Dem hat der Bundesgerichtshof entgegengehalten, dass das Fehlen bekannter Vervielfältigungsstücke eines Werkes über eine längere Zeit keine hinreichend sichere Grundlage für die Annahme des Nicht-Erschienenseins bilde, sondern vielmehr im Rahmen von § 71 von der normalen Verteilung der Beweislast, die der Kläger für die anspruchsbegründenden Tatbestandsmerkmale, auch wenn sie negativ seien, trage, nicht abzuweichen sei (BGH GRUR 2009, 942, 943 Tz. 16 ff. – *Motezuma*). Jedoch ist der beweisbelasteten Partei im Rahmen des Zumutbaren dadurch entgegenzukommen, dass dem Beklagten gegenüber dem von Klägerseite behaupteten Nicht-Erscheinen ein bloßes Bestreiten verwehrt bleibt. Dieser muss vielmehr substantiiert darlegen, welche Umstände für ein Erscheinen sprechen (BGH GRUR 2009, 942, 943 Tz. 17 – *Motezuma* m.w.N.). Der Kläger genügt sodann seiner Darlegungs- und Beweislast, wenn er diese Umstände widerlegt; nach Auffassung des BGH wird ihm dadurch kein vollständiger Negativbeweis aufgebürdet, der insbesondere bei einem Jahrhunderte alten Werk aufgrund Zeitablaufs auch nahezu unmöglich wäre (BGH GRUR 2009, 942, 943 Tz. 18 – *Motezuma*).   **32**

Das Problem entsteht eigentlich nur, wenn man mit der h.M. verlangt, dass das Werk *niemals* erschienen oder öffentlich wiedergegeben sein darf (zum Streitstand vgl. Rn. 16 ff.). Nur dann muss man sich, wie es der Bundesgerichtshof ausführlich getan hat, darüber Gedanken machen, ob beispielsweise handgefertigte Vervielfältigungsstücke einer Oper im 18. Jahrhundert oder deren Aufführung am 14. November 1733 eine Entstehung des verwandten Schutzrechtes heute verhindern (BGH GRUR 2009, 942, 944 Tz. 22 ff. – *Motezuma*). Auch dann gebieten jedoch **Sinn und Zweck des § 71**, einen Anreiz dafür zu schaffen, alte, verschollene und/oder bisher unbekannte Werke der Öffentlichkeit wieder zugänglich zu machen, eine über die sekundäre Darlegungslast des Prozessgegners hinausgehende Beweiserleichterung. Sachgerecht und im Rahmen von Sinn und Zweck der Norm angemessen wäre eine Beweismaßreduzierung dergestalt, dass derjenige, der sich auf § 71 beruft, solche Tatsachen vor-   **33** tragen und beweisen muss, die es als **überwiegend wahrscheinlich** erscheinen lassen, dass das Werk nicht erschienen ist, auch wenn er nicht alle Zweifel restlos ausräumen kann (*Götting/Lauber-Rönsberg* GRUR 2006, 638, 644; ähnlich *Büscher* FS Raue S. 363, 373, die allerdings von „Beweislastumkehr" spricht; a. A. BGH GRUR 2009, 942, 943 Tz. 18 – *Motezuma*). Das entspricht i. E. auch der Auffassung des LG Magdeburg, das keine Anhaltspunkte für gegeben sah, dass die Himmelsscheibe von Nebra früher einmal der Öffentlichkeit zugänglich gewesen sei und deshalb ein Nicht-Erschienensein unterstellt hat (LG Magdeburg GRUR 2004, 672, 674 – *Himmelsscheibe von Nebra*).

34 Mit der hier vertretenen Auffassung, dass es auf ein früheres Erscheinen oder eine frühere öffentliche Wiedergabe nicht ankommt, wenn ein Werk verschollen ist, davon heute keine Vervielfältigungsstücke mehr existieren und auch niemand mehr lebt, der das Werk kennt oder es gesehen hat (vgl. Rn. 17), spielen frühere Vervielfältigungs-, Verbreitungs- oder sonstige Veröffentlichungshandlungen aber ohnehin keine Rolle (ähnlich Schricker/Loewenheim/*Loewenheim*[5] Rn. 8). Derjenige, der sich auf das verwandte Schutzrecht nach § 71 beruft, muss insoweit nur darlegen und beweisen, dass das Werk als verschollen gilt und heute bis auf das Werkexemplar, das er hat erscheinen lassen bzw. auf der Basis dessen er eine öffentliche Wiedergabe veranstaltet hat, keine Vervielfältigungsstücke mehr existieren. Dies war nach dem Tatbestand von BGH GRUR 2009, 942, 944 – *Motezuma* bei der Oper von Antonio Vivaldi offenbar der Fall; der BGH hätte deshalb anders entscheiden und das Vorliegen des verwandten Schutzrechtes aus § 71 bejahen müssen.

Abschnitt 2 **Schutz der Lichtbilder**

§ 72   Lichtbilder

(1) Lichtbilder und Erzeugnisse, die ähnlich wie Lichtbilder hergestellt werden, werden in entsprechender Anwendung der für Lichtbildwerke geltenden Vorschriften des Teils 1 geschützt.

(2) Das Recht nach Absatz 1 steht dem Lichtbildner zu.

(3) [1]Das Recht nach Absatz 1 erlischt fünfzig Jahre nach dem Erscheinen des Lichtbildes oder, wenn seine erste erlaubte öffentliche Wiedergabe früher erfolgt ist, nach dieser, jedoch bereits fünfzig Jahre nach der Herstellung, wenn das Lichtbild innerhalb dieser Frist nicht erschienen oder erlaubter Weise öffentlich wiedergegeben worden ist. [2]Die Frist ist nach § 69 zu berechnen.

I.   Allgemeines

1.   Bedeutung, Sinn und Zweck der Norm, systematische Stellung im Gesetz

§ 72 gewährt ein verwandtes Schutzrecht für Lichtbilder und Erzeugnisse, die   **1**
ähnlich wie Lichtbilder hergestellt werden und meint damit „einfache" Fotografien, also solche, die mangels Individualität nicht als Lichtbildwerke gem.
§ 2 Abs. 1 Nr. 5 zu qualifizieren sind. Der Schutz der Fotografie ist daher im
UrhG **zweistufig** ausgestaltet: Die lediglich abbildenden, nicht-individuellen
Fotografien werden als „**einfache Lichtbilder**" über § 72 mit einem verwandten
Schutzrecht auf der unteren Stufe geschützt, während die gestalteten und daher
individuellen Fotografien als **Lichtbildwerke** gem. § 2 Abs. 1 Nr. 5 auf der oberen Stufe ein Urheberrecht erhalten (vgl. § 2 Rn. 191 ff.). Dieser zweistufige
Fotografieschutz war ursprünglich eingeführt worden, weil der Gesetzgeber die
Lichtbildwerke systematisch richtig dem urheberrechtlichen Werkschutz unter-
stellen, aber das seinerzeit geltende Recht (vgl. Rn. 3), das auch den einfachen
Lichtbildern vollen urheberrechtlichen Schutz gewährte, nicht verändern
wollte; außerdem sah man „unüberwindliche Schwierigkeiten" einer Abgrenzung zwischen Lichtbildwerken und einfachen Lichtbildern (RegE UrhG
1962 – BT-Drs. IV/270, [zu § 82] S. 88 f.). Die befürchteten unüberwindlichen
Schwierigkeiten haben sich zwar seit Inkrafttreten des UrhG nicht ergeben (zu
Einzelheiten der Abgrenzung vgl. § 2 Rn. 198 ff.), die Gewährung eines verwandten Schutzrechtes für die einfachen Lichtbilder ist jedoch nach wie vor
gerechtfertigt, weil einerseits der mit der Aufnahme auch einfacher Fotografien
verbundene finanzielle und technische Aufwand einen Schutz verdient (Schri-
cker/Loewenheim/*Vogel*[5] Rn. 16; Loewenheim/*Vogel*[2] Rn. 2) und andererseits
ein schutzwürdiges Interesse Dritter, fremde einfache Fotografien verwenden
zu dürfen, nicht erkennbar ist (Möhring/Nicolini/*Kroitzsch*[3] Rn. 2).

Urheberrecht und verwandtes Schutzrecht schließen sich nicht gegenseitig aus,   **2**
sondern **ergänzen sich**: Alle Lichtbildwerke genießen grundsätzlich auch Schutz
als einfache Lichtbilder gem. § 72, weil die für den Schutz eines Lichtbildes
notwendige und in eine Abbildung mündende rein technische Leistung auch in
jedem Lichtbildwerk vorhanden ist; das Lichtbildwerk ist lediglich darüber hinaus noch individuell gestaltet (konsequenterweise hat deshalb der BGH in seiner Entscheidung GRUR 2000, 317, 318 – W*erbefotos* die Frage, ob Lichtbildwerke vorlagen, offengelassen und ihnen jedenfalls den Lichtbildschutz nach
§ 72 zuerkannt. Ebenso: BGH GRUR 2015, 264, 266 Tz. 29 – *Hi Hotel II*;
BGH GRUR 2014, 363, 365 Tz. 20 – *Peter Fechter*; BGH GRUR 2012, 602,
603 Tz. 12 – *Vorschaubilder II*; OLG München GRUR-RS 2016, 03115
Tz. 27; OLG Köln GRUR 2015, 167, 169 – *Creative-Commons-Lizenz*; OLG
Düsseldorf ZUM 2012, 327, 327 – *Embedded Content*; OLG Hamburg ZUM
2009, 642, 643; LG Düsseldorf ZUM 2016, 297, 298; LG München I ZUM
2015, 827, 830 – *Mouse-Over*; LG Köln ZUM-RD 2014, 220, 221 – *Pixelio*;
LG Berlin ZUM-RD 2011, 416, 417; a. A. offenbar Schricker/Loewenheim/
Vogel[5] Rn. 28 und Wandtke/Bullinger/*Thum*[4] Rn. 3, die den Lichtbildschutz
dort enden lassen wollen, wo der Schutz für die Lichtbildwerke beginnt). § 72
erklärt deshalb auch die für die Lichtbildwerke geltenden Vorschriften für entsprechend anwendbar (Abs. 1) und ordnet das verwandte Schutzrecht entspre-

chend einem Urheber dem Lichtbildner zu (Abs. 2); Abs. 3 bestimmt allerdings eine kürzere Schutzfrist von 50 Jahren nach dem Erscheinen (zu Einzelheiten vgl. Rn. 27 f.). Unterschiede ergeben sich lediglich infolge der fehlenden Individualität bei der Bestimmung des sich aus dem Bearbeitungsrecht gem. § 23 ergebenden Schutzumfangs (vgl. Rn. 20 f.) sowie beim Entstellungsschutz (vgl. Rn. 17).

2. Früheres Recht

3 Das verwandte Schutzrecht des § 72 wurde zum 1. Januar 1966 mit Inkrafttreten des UrhG erstmals eingeführt; Leistungsschutzrechte existierten vorher nicht (vgl. § 70 Rn. 3 und vgl. § 71 Rn. 4). Allerdings schützte § 1 KUG trotz seines entgegenstehenden Wortlautes („Werke der Photographie") in der Rechtspraxis alle Fotografien unabhängig davon, ob sie individuell schöpferisch gestaltet waren oder nicht (*Allfeld*, Literatur und Tonkunst, § 1 KUG Anm. 29 und 30; *Allfeld*, Urheber- und Erfinderrecht, S. 8; RegE UrhG 1962 – BT-Drs. IV/270, [zu § 82] S. 88 f.). § 72 sah zunächst eine Schutzfrist von 25 Jahren seit Erscheinen bzw. Herstellung bei Nichterscheinen vor und korrespondierte insoweit mit § 68 a. F., der die Schutzfrist für Lichtbildwerke entsprechend verkürzte. Durch die Urheberrechtsreform von 1985 wurde die Schutzfristverkürzung für die Lichtbildwerke durch die Streichung von § 68 aufgehoben und die Schutzfrist für solche einfachen Lichtbilder, die als Dokumente der Zeitgeschichte anzusehen waren, auf 50 Jahre nach Erscheinen bzw. Herstellung bei Nichterscheinen verlängert. Mit der Urheberrechtsreform von 1995 wurde auch diese Unterscheidung aufgehoben, sodass nunmehr alle einfachen Lichtbilder für 50 Jahre seit dem Erscheinen bzw. Herstellung bei Nichterscheinen geschützt sind. Zur Entwicklung des Fotografieschutzes in Deutschland und der Schutzfristen s. im Einzelnen Loewenheim/*Axel Nordemann*[2] § 9 Rn. 124 ff. und § 22 Rn. 30 ff.; Loewenheim/*Vogel*[2] § 37 Rn. 4 ff.; *Axel Nordemann* S. 7 ff.; Schricker/Loewenheim/*Vogel*[5] Rn. 2 ff.; Wandtke/Bullinger/*Thum*[4] Rn. 38 ff.; *Heitland* S. 13 ff.; *Platena* S. 40 ff.; BGH GRUR 2014, 363, 366 Tz. 30 ff. – *Peter Fechter*. Die DDR kannte ebenfalls ein zweistufiges Schutzsystem für Lichtbildwerke und einfache Lichtbilder über § 2 Abs. 2 lit. h [Lichtbildwerke] und § 77 [einfache Lichtbilder] (Einzelheiten hierzu bei *Axel Nordemann* S. 55 ff.).

3. EU-Richtlinien

4 Art. 6 Schutzdauer-RL harmonisiert lediglich den Schutz der Lichtbildwerke, erlaubt in S. 3 aber den nationalen Gesetzgebern, daneben auch einen Schutz für andere Fotografien vorzusehen, also für solche, die nicht individuell im Sinne der Richtlinie sind (vgl. § 2 Rn. 198). Das deutsche zweistufige System konnte deshalb bestehen bleiben (Walter/*Walter* Art. 6 Schutzdauer-RL Rn. 9).

4. Internationales Urheberrecht

5 Es existiert keine internationale Konvention, die auch den Schutz einfacher Lichtbilder vorsieht. Art. 2 Abs. 1 RBÜ fasst unter die „Werke der Literatur und Kunst" lediglich „photographische Werke, denen Werke gleichgestellt sind, die durch ein der Photographie ähnliches Verfahren hervorgebracht sind" und gilt damit nicht für solche Fotografien, denen die Individualität fehlt (OLG Frankfurt GRUR Int. 1993, 872, 873 – *Beatles*; Gendreau/Axel Nordemann/Oesch/*Ricketson* S. 24 f.; *Wilhelm Nordemann/Vinck/Hertin* Art. 2 RBÜ Rn. 3; Schricker/Loewenheim/*Vogel*[5] Rn. 19; *Katzenberger* GRUR Int. 1989, 116, 119; *Ulmer* GRUR 1974, 593, 598). Dasselbe gilt für Art. I WUA, unter den ebenfalls nur fotografische Werke fallen (*Wilhelm Nordemann/Vinck/Hertin* Art. I WUA Rn. 3 und Art. IV WUA Rn. 5) sowie die TRIPS, die die RBÜ in Art. 9 in Bezug nehmen und im Übrigen keine Sonderbestimmungen für Fotografien enthalten. s. zur Behandlung der Fotografie in den internationalen

Konventionen im Übrigen: Gendreau/Axel Nordemann/Oesch/*Ricketson* S. 15 ff. sowie die in Gendreau/Axel Nordemann/Oesch enthaltenen Länderkapitel zu Belgien (*Strowel* und *Ihde*), Frankreich (*Gendreau*), Großbritannien (*Gendreau*), Italien (*Ubertazzi*), Japan (*Doi*), Kanada (*Gendreau*), Niederlande (*van Oerle*), Österreich (*Walter*), Schweden, Finnland, Norwegen und Dänemark (*Oesch*), Schweiz (*Hug*) und USA (*Gendreau*). Ausländische Fotografen genießen in Deutschland uneingeschränkt Schutz auch für ihre einfachen Lichtbilder, wenn sie Staatsangehörige eines EU-Mitgliedslandes sind (§ 124 i. V. m. § 120 Abs. 2 Nr. 2; EuGH GRUR 1994, 280, 283 – *Phil Collins*; s. a. BGH GRUR 2015, 264, 266 Tz. 29 – *Hi Hotel II*; LG Berlin ZUM-RD 2015, 741, 742 – *Produktbilder*). Einfache Lichtbilder anderer ausländischer Staatsangehöriger sind in Deutschland nur dann geschützt, wenn sie in Deutschland erstmalig oder spätestens innerhalb von 30 Tagen nach einem früheren Erscheinen im Ausland erschienen sind (§ 124 i. V. m. § 121 Abs. 1). Umstritten ist, ob Art. 1 des deutsch-amerikanischen Urheberrechtsabkommens vom 15.1.1892, der Werke der Literatur und Kunst sowie Fotografien gegen unbefugte Nachbildung schützt, auch Lichtbilder im Sinne von § 72 erfasst (dafür: OLG Düsseldorf GRUR-RR 2009, 45, 45 f. – *Schaufensterdekoration*; Wandtke/Bullinger/*v. Welser*[4] § 121 Rn. 33 m. w. N.; a. A. Schricker/Loewenheim/*Vogel*[5] Rn. 19). Da das deutsche Urheberrecht in § 72 den Schutz für die einfachen Lichtbilder weitgehend dem Schutz für die Lichtbildwerke nach § 2 Abs. 1 Nr. 5 gleichstellt und im US-amerikanischen Urheberrecht der Schutzstandard der „originality" eine etwas geringere „Gestaltungshöhe" aufweist als das deutsche Urheberrecht mit § 2 Abs. 2 und daher relativ weitgehend auch sämtliche Fotografie, die in Deutschland nur als Lichtbilder nach § 72 geschützt wären, einem urheberrechtlichen Schutz unterstellt, erscheint es zutreffend, das deutsch-amerikanische Urheberechtsabkommen von 1892 auch auf die einfachen Lichtbilder anzuwenden (wie hier OLG Düsseldorf GRUR-RR 2009, 45, 45 f. – *Schaufensterdekoration*).

5. Verwertungsgesellschaften

Die Rechtewahrnehmung im Bereich der Fotografie erfolgt durch die VG Bild- **6** Kunst, in deren Berufsgruppe II auch Fotografen Mitglied werden können. Die VG BildKunst nimmt die Rechte an Fotografien unabhängig davon wahr, ob es sich bei dem konkreten Bild um ein Lichtbildwerk oder ein einfaches Lichtbild handelt. Einzelheiten zum Wahrnehmungsvertrag eines Fotografen mit der VG BildKunst bei Loewenheim/*Axel Nordemann*[2] § 73 Rn. 81 ff.
Verwertungsgesellschaft Bild-Kunst
Weberstraße 61
D-53113 Bonn
Tel.: 0228/91534–0
Fax: 0228/91534–39
http://www.bildkunst.de
email: info@bildkunst.de

II. Tatbestand (Abs. 1)

Das verwandte Schutzrecht wird gewährt für Lichtbilder und Erzeugnisse, die **7** ähnlich wie Lichtbilder hergestellt werden.

1. Lichtbildbegriff (technisch)

Ein Lichtbild oder ein in einem ähnlichen Verfahren geschaffenes Bild liegt **8** immer dann vor, wenn es in einem **fotografischen oder der Fotografie in Wirkungsweise und Ergebnis ähnlichen Verfahren** hergestellt worden ist (Loewenheim/*Axel Nordemann*[2] § 9 Rn. 128; *Axel Nordemann* S. 63 f.; Schricker/Loewenheim/*Loewenheim*[5] § 2 Rn. 209; *Ulmer*, Urheber- und VerlagsR[3] S. 153

und 511). Dies schließt herkömmliche fotografische Verfahren ebenso ein wie elektronische Aufnahmetechniken; ob also auf herkömmlichem Film fotografiert wurde, ein digitaler Chip verwendet worden ist, Röntgenstrahlen verwendet werden oder die Infrarottechnik, Kernspin- oder Computertomografie eingesetzt wird, spielt grundsätzlich keine Rolle (schon BGH GRUR 1962, 470, 472 – *AKI* zu einem elektronischen, nicht zwischengespeicherten Standbild einer Fernsehkamera; ferner Dreier/Schulze/*Schulze*[5] Rn. 6; Schricker/Loewenheim/*Vogel*[5] Rn. 23). Rein technisch gesehen unterfallen daher auch reine Reproduktionsvorgänge, die sich fotografischer oder fotografieähnlicher Verfahren bedienen, wie beispielsweise Foto-, Mikro- oder Makrokopien, ebenso dem Lichtbildbegriff wie im Labor angefertigte Abzüge vom fotografischen Negativ oder einem Diapositiv (BGH GRUR 1990, 669, 673 – *Bibelreproduktion*; *Wilhelm Nordemann* GRUR 1987, 15, 15; *Riedel*, UrhRG S. 22; jedoch vgl. Rn. 10 f.). Computergestützt gezeichnete Bilder können nicht als lichtbildähnlich eingestuft werden, weil sie nicht in Wirkungsweise und Ergebnis der Fotografie ähnlichen Verfahren hergestellt, sondern eher „gezeichnet" werden (OLG Köln ZUM-RD 2010, 72, 74 – *3D-Messestände*; OLG Hamm GRUR-RR 2005, 73, 74 – *Web-Grafiken*; LG Köln ZUM-RD 2010, 644, 647 LG Hamburg ZUM 2004, 675, 677 – *Becker-Setlur*; Loewenheim/*Axel Nordemann*[2] § 9 Rn. 128; *Axel Nordemann* S. 65; a. A. Dreier/Schulze/*Schulze*[5] Rn. 7; *Büchner* ZUM 2011, 549, 552; *Koch* GRUR 1991, 180, 184; *Schulze* CR 1988, 181, 190; zu Einzelheiten zum Streitstand vgl. § 2 Rn. 193).

2. Lichtbildbegriff (inhaltlich)

9   Nicht jedes technisch als Lichtbild oder ähnlich hergestelltes Erzeugnis aufzufassendes Leistungsergebnis kann jedoch Gegenstand des verwandten Schutzrechtes aus § 72 sein, denn der Gesetzgeber wollte – zur Vermeidung von Abgrenzungsschwierigkeiten (RegE UrhG 1962 – BT-Drs. IV/270, [zu § 82] S. 88 f.) – mit der Einführung eines verwandten Schutzrechtes eine Leistung schützen, die der **schöpferischen Leistung** des Urhebers eines Lichtbildwerkes **ähnlich ist** (*Wilhelm Nordemann* GRUR 1987, 15, 17). **Reine Fotokopier- und sonstige Reproduktionsvorgänge**, die zur Vervielfältigung einer Vorlage benötigt werden, sind der schöpferischen Leistung eines Fotografen jedoch **nicht vergleichbar** (*Wilhelm Nordemann* GRUR 1987, 15, 17). Rechtsprechung und herrschende Lehre in der Literatur sind sich zwar im Ergebnis insoweit einig, nicht jedoch in der Begründung: Weitgehende Einigkeit besteht noch darin, dass – zurückgehend auf *Hertin* – das Lichtbild als solches originär von einer natürlichen Person als Urbild angefertigt sein worden muss (unsere Vorauflagen seit der 6. Aufl./*Hertin* Rn. 2; BGH GRUR 1990, 669, 673 – *Bibelreproduktion*; OLG Köln GRUR 1987, 42, 43 – *Lichtbildkopien*; Dreier/Schulze/*Schulze*[5] Rn. 9; Schricker/Loewenheim/*Vogel*[5] Rn. 24 a. E. und 30; Wandtke/Bullinger/*Thum*[4] Rn. 11). Darüber hinausgehend wird teilweise ein „Mindestmaß an – zwar nicht schöpferischer, aber doch – persönlich-geistiger Leistung" verlangt (BGH GRUR 1990, 669, 673 – *Bibelreproduktion*; unter Berufung darauf LG Berlin GRUR-RR 2016, 318, 319 – *Reproduktionsfotografie*; Dreier/Schulze/*Schulze*[5] Rn. 9; Loewenheim/*Vogel*[2] § 37 Rn. 10; Schricker/Loewenheim/*Vogel*[5] Rn. 32; Wandtke/Bullinger/*Thum*[4] Rn. 11; Bisges/*Vollrath* Kap. 10 Rn. 114; s. schon *Ulmer*, Urheber- und VerlagsR[3] S. 511 und *Willhelm Nordemann* GRUR 1987, 15, 17). Diese Voraussetzung ist tw. auf Ablehnung gestoßen (unsere 9. Aufl./*Hertin* Rn. 3; Möhring/Nicolini/*Kroitzsch*[3] Rn. 4), tw. sind auch andere Kriterien entwickelt worden wie beispielsweise die Entstehung eines neuen, selbstständig verwertbaren Wirtschaftsgutes (*Katzenberger* GRUR Int. 1989, 116, 117) oder eines Aufwandes, der eine wesentliche Investition erfordert (Dreier/Schulze/*Schulze*[5] Rn. 10); OLG Jena spricht davon, dass es sich um ein „eigenständiges Foto" handeln müsse (OLG Jena BeckRS 2010, 26583 – *Portraitfoto*).

Der Lösungsansatz ist im Sinn und Zweck der Norm zu suchen: Für den Licht- **10** bildschutz nach § 72 soll zunächst die rein technische Leistung genügen (RegE UrhG 1962 – BT-Drs. IV/270, [zu § 82] S. 88 f.), von einem Mindestmaß an *geistiger* Leistung sollte der Schutz wohl nicht abhängen (gl. A. Dreier/Schulze/ *Schulze*[5] Rn. 10). Die Begründung zum RegE sagt des Weiteren, dass keine besonderen Fähigkeiten für den Schutz erforderlich seien (RegE UrhG 1962 – BT-Drs. IV/270, [zu § 82] S. 88 f.). Eine technische Qualität oder ein technischer Aufwand sind also ebenfalls irrelevant. § 72 sollte ein Fotografieschutzrecht darstellen, das die nicht-individuellen Fotografien – unterhalb des Werkschutzes – schützen sollte; dabei darf nicht verkannt werden, dass § 72 nur für solche Lichtbilder eingreifen kann, die aufgrund einer Leistung entstanden sind, die der Leistung des fotografischen Urhebers ähnlich sind (*Wilhelm Nordemann* GRUR 1987, 15, 17). Unter § 72 fallen können danach nur solche Fotografien, die etwas abbilden, also als das Ergebnis einer fotografisch-technischen Leistung eines Menschen angesehen werden können. Abbildung bedeutet zugleich, dass eine **drei-dimensionale Vorlage** mit Hilfe fotografischer oder fotografieähnlicher Technik **in ein zwei-dimensionales fotografisches Bild umgesetzt** wird. Das schließt fotografische Reproduktionen drei-dimensionaler Gegenstände – beispielsweise von Gemälden, Zeichnungen und sonstigen Werken der bildenden Kunst – ebenso in den Schutz ein (OLG Stuttgart GRUR 2017, 905, 907 f. – *Reiss-Engelhorn-Museen*; Vorinstanz: LG Stuttgart ZUM-RD 2017, 161, 164 f.; LG Berlin GRUR-RR 2016, 318, 319 ff. – *Reproduktionsfotografie*) wie Knipsbilder mit vollautomatisierten Kameras, Aufnahmen mit Röntgenapparaten, Satellitenfotos oder Radaraufnahmen der Polizei (s. a. OLG Düsseldorf ZUM 1997, 486, 489 – *Beuys-Fotografien*; LG Berlin GRUR 1990, 270, 270 – *Satellitenfoto*; Dreier/Schulze/*Schulze*[5] Rn. 4; *Katzenberger* GRUR Int. 1989, 116, 118; Schricker/Loewenheim/*Vogel*[5] Rn. 24; *Talke* ZUM 2010, 846, 852; a. A. LG Hamburg ZUM 2004, 675, 677 – *Becker-Setlur*; a. A. hinsichtlich Radaraufnahmen Möhring/Nicolini/*Lauber-Rönsberg*[3] Rn. 16); gerade letztere gehen eben auf die fotografisch-technische Leistung eines Menschen zurück, der den Röntgenapparat, den Satelliten oder das Radargerät so einstellen, programmieren oder ausrichten muss, dass eine technisch einwandfreie Abbildung entsteht. Mithilfe von CAD-Programmen geschaffene Bildschirmbilder stellen keine Lichtbilder dar, da im Moment der Bilderschaffung kein körperlichen Gegenstand vorhanden war (LG Berlin ZUM 2017, 955, 957).

Die – auch fotografische – **Vervielfältigung ist damit vom Schutz ausgeschlos- 11 sen**: Sie bildet nicht ab, sondern setzt eine zwei-dimensionale Vorlage in eine so weit wie möglich identische wiederum zwei-dimensionale Kopie um. Fotokopien, drucktechnische Reproduktionsvorlagen, Vergrößerungen vom Negativ oder Positiv sind also ebenso wenig Lichtbilder im Sinne von § 72 wie Scans (im Ergebnis ebenso unsere 9. Aufl./*Hertin* Rn. 3; BGH GRUR 1990, 669, 673 – *Bibelreproduktion*; OLG Köln GRUR 1987, 42, 43 – *Lichtbildkopien*; Loewenheim/*Vogel*[2] § 37 Rn. 10; Dreier/Schulze/*Schulze*[5] Rn. 10 f.; Möhring/ Nicolini/*Lauber-Rönsberg*[3] Rn. 14; Schricker/Loewenheim/*Vogel*[5] Rn. 30; Wandtke/Bullinger/*Thum*[4] Rn. 11; Bisges/*Vollrath* Kap. 10 Rn. 114; zur Massendigitalisierung von Bibliotheksbeständen s. *Talke* ZUM 2010, 846). Detailgenaue Reproduktionsfotografien von gemeinfreien Gemälden für einen Museumskatalog, die frontal das jeweilige Gemälde ohne weitere Bildbestandteile wie etwa den Rahmen wiedergeben, sind allerdings Lichtbilder; § 72 ist nicht im Wege einer teleologischen Reduktion einschränkend in dem Sinne auszulegen, dass ein Leistungsschutzrecht für originalgetreue Reproduktionen nicht entsteht (LG Berlin GRUR-RR 2016, 318, 319 ff. – *Reproduktionsfotografie*). Entgegen Rechtsprechung und h. M. ist damit im Rahmen der Abgrenzung nicht auf ein Mindestmaß an geistiger Leistung abzustellen – das birgt zudem die Gefahr der Verwechslung oder Überschneidung mit der geistigen Leistung des Fotografie-Urhebers, was schon den BGH zu einer entsprechenden Klarstellung veranlasst hat (BGH GRUR 1990, 669, 673 – *Bibelreproduktion*) und das LG Hamburg dazu verführte, das Bestehen des verwandten Schutzrechtes nach § 72 ausführlich damit zu begründen, die Fotos seien im genau richtigen Moment aufgenommen worden und die Leistung habe ferner darin bestanden, den Ausschnitt und die Optik (Brennweite, Blende, daraus resultierende Schärfentiefe) zu wählen, um insgesamt ein möglichst natürliches und sympathisches Erscheinungsbild des aufgenommenen Paares zu erreichen (LG Hamburg ZUM 2004, 675, 677 – *Becker-Setlur*); das sind aber alles Gestaltungsmerkmale, die zur Annahme eines Lichtbildwerkes hätten führen müssen (im Einzelnen vgl. § 2 Rn. 198 f.). Allein maßgeblich ist die fotografisch-technische Leistung eines Menschen zur Umsetzung einer drei-dimensionalen Vorlage in ein zwei-dimensionales fotografisches oder fotografieähnliches Bild.

12   Oberhalb des Lichtbildschutzes gem. § 72 gibt es **keine Lücke zum Werkschutz** nach § 2 Abs. 1 Nr. 5. Eine Abgrenzung „nach oben" in dem Sinne, dass der Schutz als einfaches Lichtbild dort endet, wo der Schutz als Lichtbildwerk beginnt, ist nicht erforderlich, weil alle Lichtbildwerke zugleich auch als Lichtbilder geschützt sind (vgl. Rn. 2 und BGH GRUR 2012, 602, 603 Tz. 12 – *Vorschaubilder II*; OLG Köln GRUR 2015, 167, 169 – *Creative-Commons-Lizenz*; OLG Düsseldorf ZUM 2011, 327, 327 – *Embedded Content*). Allerdings ist der Werkcharakter einer Fotografie im Wege einer negativen Abgrenzung zu bestimmen: Jede Fotografie, die mehr ist als ein einfaches Lichtbild, muss ein Lichtbildwerk sein, weil alle Lichtbildwerke zugleich auch einfache Lichtbilder sind. Damit ist jede Fotografie, die über die rein fotografisch-technische Abbildung hinausgehend zumindest geringfügig gestaltet wurde und die ein anderer Fotograf anders aufgenommen hätte, Lichtbildwerk und nach § 2 Abs. 1 Nr. 5 zu schützen (zu Einzelheiten vgl. § 2 Rn. 197 f.). Mit ausführlicher Begründung, warum bei einem Filmeinzelbild kein Lichtbildwerk, sondern nur ein einfaches Lichtbild vorlag, s. KG ZUM-RD 2012, 321, 324 ff. – *Peter-Fechter-Filmsequenz*; offengelassen durch BGH GRUR 2014, 363, 365 Tz. 20 – *Peter Fechter*.

3. Film- und Fernseheinzelbilder

13   Seit BGH GRUR 1962, 470, 472 – *AKI* ist anerkannt, dass auch Film- und Fernseheinzelbilder grundsätzlich dem Fotografieschutz unterfallen. Zwar ist die Entscheidung noch aus der Zeit vor Inkrafttreten des UrhG und mithin auch vor Existenz von § 72; da der sowohl dem Werkschutz als auch dem Leistungsschutz zugrundeliegende Begriff des Lichtbildes im Bereich des Fotografieschutzes jedoch derselbe ist, sind die Grundsätze der Entscheidung ohne weiteres auch auf Lichtbilder gem. § 72 übertragbar (Auffassung bestätigt durch BGH GRUR 2014, 363, 365 Tz. 20 – *Peter Fechter*; BGH GRUR 2010, 620, 621 Tz. 19 ff. – *Film-Einzelbilder*; KG ZUM-RD 2012, 321, 325 – *Peter-Fechter-Filmsequenz*; grundlegend schon *Gernot Schulze* GRUR 1994, 855, 858 f.; s. a. *Staehle* GRUR 1974, 205; a. A. *Ekrutt* GRUR 1973, 512, 513 f.). **Einfache Film- und Fernseheinzelbilder unterfallen dem Leistungsschutz** nach § 72; sind sie fotografisch (und nicht nur rein filmisch) gestaltet worden, unterfallen sie dem Werkschutz gem. § 2 Abs. 1 Nr. 5 (zu Einzelheiten vgl. § 2 Rn. 197 f.; mit ausführlicher Abgrenzung KG ZUM-RD 2012, 321, 324 ff. – *Peter-Fechter-Filmsequenz*). Der Schutz folgt allerdings nur aus dem Einzelbild, nicht auch aus dem Bewegtbild. Denn § 72 schützt nur „Lichtbilder und Erzeugnisse, die ähnlich wie Lichtbilder hergestellt werden", also „einfache" Fotografien (vgl. Rn. 1). Die Fotografie ist aber in Abgrenzung zum Film eine Kunst- und Kommunikationsform, die „stehende" Bilder erzeugt und keine Bewegtbilder, sie „friert" ein Motiv im Aufnahmezeitpunkt ein. Der Gesetzge-

ber hat deshalb auch ausdrücklich in § 72 Abs. 1 die für Lichtbildwerke geltenden Vorschriften des Teils 1 für anwendbar erklärt, nicht aber die für die Filmwerke. Bewegtbilder, die nicht individuell gestaltet sind und deshalb einem
Urheberrechtschutz als Filmwerke nach § 2 Abs. 1 Nr. 6 UrhG nicht zugänglich
sind, erhalten zudem über § 95 ein eigenes verwandtes Schutzrecht. Filmhersteller und Kameraleute können sich deshalb über § 72 nur auf den Schutz des
fotografischen Einzelbildes aus einem Film berufen. Allerdings erstreckt sich
dieser Schutz regelmäßig auch auf die Bildfolge als Filmsequenz, weil die urheberrechtliche Nutzung der Filmsequenz zwangsläufig auch die Vervielfältigung,
Verbreitung und öffentliche Wiedergabe der in ihr enthaltenen Filmeinzelbilder
mit sich bringt (*Gernot Schulze* GRUR 1994, 855, 859; BGH GRUR 2014,
363, 365 Tz. 21 ff. – *Peter Fechter*; offengelassen in KG ZUM-RD 2012, 321,
326 – *Peter-Fechter-Filmsequenz*). Der Gesetzgeber hat deshalb konsequenterweise auch in § 89 Abs. 4 UrhG die Rechte zur filmischen Verwertung der bei
der Herstellung eines Filmwerkes entstehenden Lichtbilder und Lichtbildwerke
der gesetzlichen Auslegungsregel für die Einräumung der Rechte der Urheber
am Filmwerk gem. § 89 Abs. 1 und 2 UrhG unterstellt (vgl. § 89 Rn. 57 ff.).

4. Darstellungen wissenschaftlicher oder technischer Art

Fotografien, die wissenschaftliche oder technische Gegenstände abbilden, un-   **14**
terfallen dann, wenn sie nicht gestaltet worden sind, ebenfalls dem verwandten
Schutzrecht gem. § 72. Ob sie darüber hinaus auch der Vermittlung eines belehrenden oder unterrichtenden Inhaltes dienen (vgl. § 2 Rn. 210), ist insoweit
unerheblich. Besitzen sie einen belehrenden oder unterrichtenden Inhalt und
sind sie zusätzlich auch noch gestaltet, können sie sowohl als Lichtbildwerke
gem. § 2 Abs. 1 Nr. 5 als auch als Darstellungen wissenschaftlicher oder technischer Art gem. § 2 Abs. 1 Nr. 7 zusätzlich geschützt sein. Diese konkrete Einordnung ist zwar für die Bestimmung des Bestehens urheberrechtlichen Werkschutzes unerheblich, kann jedoch beim Schutzumfang Bedeutung erlangen,
und zwar dann, wenn der Schutz eines arrangierten Motivs in Frage steht (im
Einzelnen vgl. §§ 23/24 Rn. 38).

III. Schutzinhalt (Abs. 1)

Lichtbilder und ähnliche Erzeugnisse werden gem. Abs. 1 in entsprechender   **15**
Anwendung der für Lichtbildwerke geltenden Vorschriften geschützt. Einschränkungen können sich allerdings infolge der fehlenden Individualität einfacher Lichtbilder ergeben, so namentlich beim Entstellungsverbot gem. § 14
(vgl. Rn. 17), beim Änderungsverbot gem. § 39 (vgl. Rn. 18) und schließlich
beim Bearbeitungsrecht gem. § 23 (vgl. Rn. 20 f.).

1. Urheberpersönlichkeitsrecht

Der Inhaber des verwandten Schutzrechtes aus § 72 besitzt zunächst uneinge-   **16**
schränkt das **Veröffentlichungsrecht** gem. § 12 und das **Recht auf Anerkennung der Urheberschaft** gem. § 13. Letzteres schließt das Recht auf **Namensnennung** ein (§ 13 S. 2), dem im Bereich der Fotografie eine besondere
Bedeutung zukommt, weil für den Verletzungsfall anerkannt ist, dass der Fotograf – gleich ob er ein Lichtbildwerk oder nur ein einfaches Lichtbild aufgenommen hat – bei unterlassener Namensnennung einen Zuschlag von 100%
zur angemessenen Vergütung als Schadensersatz beanspruchen kann (OLG
Brandenburg GRUR-RR 2009, 413, 414 – *MFM-Bildhonorartabellen*; OLG
Düsseldorf MMR 1998, 147, 148; OLG Hamburg GRUR 1989, 912, 913 –
Spiegel-Fotos; LG München I ZUM 2015, 827, 831 – *Mouse-Over*; LG Düsseldorf GRUR 1993, 664, 664 f. – *Urheberbenennung bei Foto*; kritisch hierzu,
im Ergebnis aber offen gelassen: OLG Hamburg GRUR-RR 2010, 378 –
FOOD-Fotografie; Einzelheiten vgl. § 97 Rn. 101 f., 124, 128).

17 Nur eingeschränkt steht dem Inhaber des verwandten Schutzrechtes jedoch das **Entstellungsverbot** gem. § 14 zu, weil § 14 die geistigen und persönlichen Interessen des Urhebers in einem besonderen Maße in den Vordergrund stellt, einem einfachen Lichtbild jedoch gerade die Individualität und damit die geistige und persönliche Prägung durch einen Urheber fehlt. Soweit allerdings eine entsprechende Anwendung von § 14 deshalb vollständig abgelehnt wird (Loewenheim/*Vogel*[2] § 37 Rn. 18; Möhring/Nicolini/*Kroitzsch*[3] Rn. 6; Schricker/Loewenheim/*Vogel*[5] Rn. 41) ist dem nicht zu folgen: Das **berufliche Ansehen des Fotografen** kann auch bei der Entstellung einfacher Lichtbilder betroffen sein (*Vogel* sieht dies dann als Verletzung des allgemeinen Persönlichkeitsrechts an, s. Loewenheim/*Vogel*[2] § 37 Rn. 18 und Schricker/Loewenheim/*Vogel*[5] Rn. 41 a. E.), insb. dann, wenn eine einfache Fotografie nur ausschnittsweise oder sonst wie verändert entstellend veröffentlicht wird (Dreier/Schulze/*Schulze*[5] Rn. 18). Da der Fotograf auch im Falle der Veröffentlichung einfacher Lichtbilder gem. § 13 S. 2 Anspruch darauf hat, dass sein Name genannt wird, erscheint dies konsequent: Durch die Namensnennung wird seine Person mit dem einfachen Lichtbild identifizierbar verbunden; erfolgt im Zusammenhang mit der Veröffentlichung eine Entstellung, kann dies die berechtigten persönlichen Interessen des Fotografen beeinträchtigen.

18 Entsprechendes gilt für das **Änderungsverbot gem.** § 39: Der Inhaber des verwandten Schutzrechtes muss Änderungen an einem einfachen Lichtbild – beispielsweise durch Beschneiden oder Formatänderung – sehr viel eher hinnehmen als der Urheber eines Lichtbildwerkes, weil durch die fehlende Individualität seine persönlichen und geistigen Beziehungen zum Lichtbild nur sehr untergeordnet zum Tragen kommen und deshalb Gesichtspunkte nach Treu und Glauben beim einfachen Lichtbild sehr viel stärker zurücktreten. Der Fotograf muss deshalb bei einfachen Lichtbildern in der Regel hinnehmen, dass sein Foto nur ausschnittsweise oder verändert benutzt wird, es sei denn, sein berufliches Ansehen würde durch die Art der Veröffentlichung gefährdet (a. A. Dreier/Schulze/*Schulze*[5] Rn. 18).

2. Verwertungsrechte

19 Die Verwertungsrechte sind, soweit für ihre Anwendung die Individualität keine Rolle spielt, im Rahmen des verwandten Schutzrechtes **einschränkungslos anwendbar**. Das gilt insb. für das Vervielfältigungsrecht (§ 16), das Verbreitungsrecht (§ 17), das Ausstellungsrecht (§ 18), das Vorführungsrecht (§ 19 Abs. 4) und das Recht der öffentlichen Zugänglichmachung (§ 19a).

20 **Einschränkungen** ergeben sich jedoch **beim Bearbeitungsrecht** gem. § 23 und der damit im Zusammenhang stehenden Abgrenzung zur freien Benutzung gem. § 24, weil der durch das Bearbeitungsrecht bestimmte Schutzumfang des Urheberrechts maßgeblich von dem Grad der Individualität des Werkes abhängt (vgl. §§ 23/24 Rn. 46), einem einfachen Lichtbild aber gerade die Individualität fehlt (Einzelheiten vgl. §§ 23/24 Rn. 4b, 29a). Es ist deshalb zu unterscheiden: Wird ein einfaches Lichtbild identisch übernommen, liegt bereits eine Vervielfältigung vor (§ 16), sodass es auf eine Bestimmung des Schutzumfanges nicht ankommt. Entsprechendes gilt für Lichtbildteile, die, solange sie unverändert vervielfältigt werden und noch so „groß" sind, dass in ihnen eine fotografisch-technische Abbildung enthalten geblieben ist, dem Vervielfältigungsrecht des Fotografen unterfallen (LG Düsseldorf BeckRS 2009, 19664 Tz. 25; Dreier/Schulze/*Schulze*[5] Rn. 15; Wandtke/Bullinger/*Thum*[4] Rn. 24; weitergehend: Schricker/Loewenheim/*Vogel*[5] Rn. 40, die sogar einzelne Pixel unabhängig von Quantität und Qualität für schutzfähig halten, ohne jedoch zu verkennen, dass der Rechtsdurchsetzung durch die Beweisbarkeit der Zuordnung einzelner übernommene Pixel zu einem bestimmten Original-Lichtbild Grenzen gesetzt sind; so auch LG Berlin ZUM 2015, 1011, 1012). Denn auch Werkteile sind so lange geschützt, wie das selbstständig betrachtete Werkteil urheberrechtlich geschützt ist. Für Lichtbildwerke bedeutet dies, dass selbst dann, wenn das vervielfältigte Teil eines Lichtbildwerkes keine individuellen schöpferischen Züge mehr enthält, i. d. R. noch ein Schutz für das Werkteil gem. § 72 besteht (vgl. § 2 Rn. 51).

Wird ein Lichtbild vollständig übernommen, aber **digital verändert** (z. B. durch   **21** eine Größen- oder Auflösungsveränderung durch Umsetzung in sogenannte „Thumbnails" [LG Hamburg GRUR-RR 2004, 313, 316 – *thumbnails*], von Farbe in Schwarz/Weiß umgesetzt, in Kontrast oder der Schärfe verändert **oder farblich umgestaltet** (etwa durch Veränderung eines wolkenverhangenen Himmels in einen strahlend blauen Himmel) oder **durch Hinzufügungen ergänzt** (z. B. durch eine hineinmontierte Person oder manuelle Übermalungen), liegt solange keine freie Benutzung gem. § 24, sondern eine abhängige Bearbeitung gem. § 23 vor, wie der **charakteristische Gesamteindruck des Lichtbildes noch erhalten bleibt** (ebenso *Heitland* S. 102 ff.; Schricker/Loewenheim/*Vogel*[5] Rn. 39 a. E.; a. A. offenbar BGH GRUR 1967, 315, 316 – *skaicubana*, wo der Schutz für einfache Lichtbilder auf die Vervielfältigung beschränkt wird; s. a. OLG Jena BeckRS 2010, 26583 – *Portraitfoto* zur Verwendung einer Fotografie in einer leicht veränderten schwarz/weiß kopierten Form auf einem Einladungszettel). Insoweit kann auch ein einfaches Lichtbild gegenüber einem **Abmalen durch einen bildenden Künstler** geschützt sein, sofern die Vorlage weitgehend unverändert „fotorealistisch" in das Gemälde umgesetzt wird (*Heitland* S. 102 ff.; Dreier/Schulze/*Schulze*[5] Rn. 17; *Ulmer*, Urheber- und VerlagsR[3] S. 512). Durch die Umsetzung in eine andere Kunstform (vgl. § 3 Rn. 10 f.) und die fehlende Individualität bei einfachen Lichtbildern führt jedoch eine Veränderung durch den bildenden Künstler sehr schnell aus dem Schutzbereich des § 23 hinaus und in die freie Benutzung hinein (zum Streitstand im Einzelnen vgl. §§ 23/24 Rn. 84). Infolge der fehlenden Individualität bei einfachen Lichtbildern stellen wesentliche Änderungen und Abweichungen infolge einer Bearbeitung lediglich eine freie Benutzung dar (BGH GRUR 1967, 315, 316 – *skaicubana*; Schricker/Loewenheim/*Vogel*[5] Rn. 39). Zwar genießen Lichtbildwerke einen eingeschränkten Motivschutz (vgl. §§ 23/24 Rn. 38 und 83 f.). Dies gilt jedoch nicht für einfache Lichtbilder, weil ihnen die Individualität fehlt; der Inhaber des verwandten Schutzrechtes kann sich also nicht gegen einen anderen Fotografen zur Wehr setzen, der das selbe Motiv nachfotografiert, und zwar auch dann nicht, wenn das ursprüngliche Motiv künstlich arrangiert gewesen ist (Wandtke/Bullinger/*Thum*[4] Rn. 22; a. A. Schricker/Loewenheim/*Vogel*[4] Rn. 27; Dreier/Schulze/*Schulze*[5] Rn. 14).

Aktuell beschäftigt die instanzgerichtliche Rechtsprechung der Fall des „Anhän-   **21a** gens" an ein bestehendes Angebot **auf Verkaufsplattformen im Internet.** Es ist in vielen Online-Shops wie z. B. Amazon usus, dass die von den Händlern für ein bestimmtes Produkt hochgeladenen Informationen in einem Datensatz (ASIN) hinterlegt werden und andere Händler bei der Einstellung eigener Angebote auf diese Angaben inklusive Foto zugreifen können. Bei Amazon beispielsweise wird nur eine Produktseite eingerichtet und zugelassen, auf der das Produkt beschrieben und abgebildet ist, dabei wird als Lichtbild zur Illustrierung das Lichtbild eingeblendet, das vom Erstanbieter auf den Server der Internetseite hochgeladen worden war; wird das Produkt von mehreren Händlern angeboten, werden diese auf der Produktseite nacheinander aufgelistet (s. OLG München GRUR-RR 2016, 316 – *Freizeitrucksack*; LG Köln GRUR-RR 2014, 443, 444 – *Softair-Munition*). In diesen Konstellationen stellt sich die Frage, ob ein solches „Anhängen" eine Verletzung des Rechtes der öffentlichen Zugänglichmachung nach §§ 19a, 72 darstellt und wer als **Täter, Teilnehmer oder Störer** in Anspruch genommen werden kann. Das LG Stuttgart sieht die Veröffentlichung der fremden bereits bestehenden Produktfotos durch den nachfolgenden **Verkäufer** als wissentlich und willentlich veranlasst an; der Verkäufer habe das fremde Lichtbild im Internet im Rahmen seines veröffentlichten Angebots öffentlich zugänglich gemacht und hafte, auch wenn er das Lichtbild nicht selbst eingestellt habe, sondern es automatisch seinem Angebot angehängt wurde, als Täter (LG Stuttgart ZUM 2014, 736, 737 f.). Anders beurteilt dies das OLG München, wonach der Verkäufer, dessen Produktangebot mit von diesem nicht eingestellten Lichtbildern auf der Plattform erscheint, weder als Täter, Teilnehmer oder Störer in Anspruch genommen werden kann (OLG München GRUR-RR 2016, 316 f. – *Freizeitrucksack*). Dem entspricht die Auffassung des LG Berlin, nach der der **Plattformbetreiber** für die Veröffentlichung der Fotos als Täter haftet, wenn er die Kriterien für die Veröffentlichung festlegt, da er damit in die Autonomie des konkreten Händlers eingreift, der möglicherweise ein nicht rechtsverletzendes Foto hochgeladen hatte, und er sich damit die Wiedergabe des dem Angebot beigegebenen Fotos zu eigen macht (LG Berlin ZUM-RD 2015, 741, 743 f. – *Produktbilder*). Das LG Köln verneint in drei Entscheidungen die Verletzung des Leistungsschutzrechts nach § 72. Nach einer Entscheidung stellt das „Anhängen" an ein bereits bestehendes Amazon-Angebot zwar ein Zueigenmachen der darin enthaltenen Lichtbilder durch den Händler dar, es **fehle** allerdings an der **Rechtswidrigkeit** einer öffentlichen Zugänglichmachung, wenn der Urheber in Kenntnis der Praxis des „Anhängens" bei Amazon Lichtbilder in ein Angebot einstellt, da er dann mit den bei Amazon üblichen Benutzungshandlungen rechnen müsse (LG Köln GRUR-RR 2014, 443, 444 – *Softair-Munition*). Dem entspricht eine weitere Entscheidung des LG Köln, nach der der Amazon-Händler keine Rechtsverletzung begehen, weil zwar die Rechteübertragung unwirksam sei, aber der Erstanbieter wirksam **faktisch eingewilligt** habe (LG Köln BeckRS 2014, 19044). In einer dritten Entscheidung stellt das LG Köln darauf ab, ob der Anbieter auf ein urheberrechtsverletzendes Lichtbild erstmals **hingewiesen** worden ist; vorher begründe das „Anhängen" an ein bestehendes Amazon-Angebot weder eine täterschaftliche Haftung noch eine Störerhaftung (LG Köln GRUR-RS 2014, 03675 – *Standlicht*). Während das LG Köln zur Begründung der fehlenden Rechtswidrigkeit auf die Rechtsprechung des BGH zur schlichten Einwilligung (BGH GRUR 2010, 628, 632 – *Vorschaubilder I*; BGH GRUR 2012, 602 – *Vorschaubilder II*) verweist (LG Köln GRUR-RR 2014, 443, 447 – *Softair-Munition*), kann diese nach Auffassung des LG Berlin gerade nicht herangezogen werden (LG Berlin ZUM-RD 2015, 741, 744 – *Produktbilder*).

22 Wenn kein Schutz über § 72 besteht oder der Schutz nicht weit genug reicht, ist das ungeschützte Bild an sich frei und kann von jedermann verwendet werden. Ein **ergänzender wettbewerbsrechtlicher Leistungsschutz** nach § 4 Nr. 3 UWG kann dann nur unter ganz besonderen Umständen in Betracht kommen, die außerhalb der urheberrechtlichen Wertung liegen müssen. So ist einmal einem Hochzeitsfotografen Schutz nach § 1 UWG a. F. gewährt worden, als ein anderer Fotograf das von ihm aufgestellte Gerüst für eigene Aufnahmen verwendet hatte (OLG München ZUM 1991, 431, 431 f. – *Hochzeits-Fotograf*). In der Regel dürfte jedoch ein ergänzender wettbewerbsrechtlicher Leistungsschutz ausscheiden (im Einzelnen hierzu vgl. §§ 23/24 Rn. 98 ff.).

3. Sonstige Rechte

23 Das **Recht des Zugangs zu Werkstücken** (§ 25) steht auch dem Inhaber des verwandten Schutzrechtes ebenso zu wie die **gesetzlichen Vergütungsansprüche**, wobei insb. die Vergütungsansprüche für das Vermieten und Verleihen (§ 27), für Sammlungen für den religiösen Gebrauch (§ 46), für Schulfunksendungen (§ 47), für die öffentliche Wiedergabe (§ 52), für die Kopie zum privaten und sonstigen eigenen Gebrauch (§§ 53 f.) und für die Veranschaulichung des Unterrichts und der Lehre an Bildungseinrichtungen (§ 60a) sowie für Unterricht- und Lehrmedien (§ 60b) in Betracht kommen. Der sich aus dem Folgerecht (§ 26) ergebende Vergütungsanspruch gilt nunmehr auch für Lichtbildwerke (vgl. § 26 Rn. 12), aber nicht für einfache Lichtbilder (Loewenheim/*Vogel*² § 37 Rn. 14; Schricker/Loewenheim/*Vogel*⁵ Rn. 33; Wandtke/Bullinger/*Thum*⁴ Rn. 31).

4. Urhebervertragsrecht

Der Verweis von Abs. 1 auf die entsprechende Anwendung der für Lichtbild-   **24**
werke geltenden Vorschriften enthält **keine Beschränkungen im Hinblick auf
das Urhebervertragsrecht**. Das verwandte Schutzrecht ist deshalb insb. nicht
übertragbar (§ 29 Abs. 1) und Gegenstand der Einräumung von Nutzungsrechten (§§ 29 Abs. 2, 31). Auch die Zweckübertragungsbestimmung des
§ 31 Abs. 5 ist auf einfache Lichtbilder uneingeschränkt anwendbar; denn
der Schutz der einfachen Lichtbilder sollte dem der Lichtbildwerke gerade
gleichgestellt werden (vgl. Rn. 1 f.). Des Weiteren hat der Inhaber des verwandten Schutzrechtes Anspruch auf Zahlung einer angemessenen Vergütung
(§ 32), wobei diese anhand der **Empfehlungen der Mittelstandsgemeinschaft
Foto-Marketing** (MFM c/o BVPA, Bergstr. 92, 12169 Berlin, Tel. 030/324 99
17, Fax. 030/324 70 01, e-mail: info@bvpa.org; www.bvpa.org/mfm/) berechnet werden kann (OLG Düsseldorf GRUR-RR 2006, 393, 394 – *Informationsbroschüre*; LG Düsseldorf MMR 2009, 652; zudem vgl. § 97 Rn. 94, 115
und Dreier/Schulze/*Schulze*[5] Rn. 29; Wandtke/Bullinger/*Thum*[4] Rn. 48; kritisch hierzu: OLG Hamm WRP 2014, 472, 474 – *LPG-Antrieb* für nicht
professionelle Produktfotos; OLG Hamburg GRUR-RR 2010, 378 – *FOOD-
Fotografie*; LG München I ZUM 2015, 827, 831 – *Mouse-Over*). Einzelheiten
zur Vertragsgestaltung im Bereich der Fotografie finden sich bei Loewenheim/
Axel Nordemann[2] § 73; Hasselblatt/*Axel Nordemann/Czychowski* § 43
Rn. 176 ff.; Schricker/Loewenheim/*Vogel*[5] Rn. 58 ff.; Wandtke/Bullinger/
Thum[4] Rn. 49 ff.). Zu einem Fall der Verwirkung von Ansprüchen aus § 72
UrhG infolge einer vertraglichen Vereinbarung s. BGH GRUR 2014, 363,
365 Tz. 20 – *Peter Fechter*; KG ZUM-RD 2012, 321, 326 ff. – *Peter-Fechter-
Filmsequenz.*

5. Schrankenbestimmungen

Die urheberrechtlichen Schranken finden auch auf einfache Lichtbilder **ein-**   **25**
schränkungslos Anwendung einschließlich der in ihnen enthaltenen gesetzlichen Vergütungsansprüche (vgl. Rn. 23). Hinzuweisen ist insb. auf § 60, nach
dem die Vervielfältigung und die unentgeltliche und nicht zu gewerblichen
Zwecken erfolgende Verbreitung von Fotografien durch den Besteller eines
Portraits oder nach seinem Tod durch seine Angehörigen unentgeltlich zulässig
sind (im Einzelnen vgl. § 60 Rn. 7 ff.).

IV. Rechtsinhaberschaft (Abs. 2)

Das verwandte Schutzrecht steht gem. Abs. 2 dem **Lichtbildner** zu. Lichtbildner   **26**
ist entweder der Fotograf selbst oder diejenige Person, die die technischen Bedingungen für die Aufnahme festgelegt und den Aufnahmeapparat eingerichtet hat,
also beispielsweise der Röntgenologe, auf dessen Anweisungen hin Aufnahmen
mit einem Kernspintomographen angefertigt werden, die Zahnarzthelferin, die
ein Gebiss oder Gebissteile mit dem Röntgenapparat ablichtet, der Polizist, der
die Radarfalle aufgestellt und eingerichtet hat oder derjenige, der sich an einem
Passbildautomaten selbst durch Münzeinwurf ablichtet. Das Schöpferprinzip des
§ 7 gilt auch für das verwandte Schutzrecht des § 72 mit der Folge, dass Lichtbildner und damit Inhaber des verwandten Schutzrechtes immer nur eine natürliche
Person sein kann; ein originärer Rechtserwerb durch eine juristische Person ist
ausgeschlossen (LG Berlin GRUR 1990, 270, 270 – *Satellitenfoto*; Dreier/Schulze/
Schulze[5] Rn. 32 f.; Loewenheim/*Vogel*[2] § 37 Rn. 12; Schricker/Loewenheim/*Vogel*[5] Rn. 47; Wandtke/Bullinger/*Thum*[4] Rn. 34; Bisges/*Vollrath* Kap. 10 Rn. 116).
Für juristische Personen kommt mithin nur ein abgeleiteter Rechtserwerb durch
Einräumung von Nutzungsrechten über das Urhebervertragsrecht in Betracht,
wobei für Arbeitnehmerurheber gem. § 43 besondere Auslegungsregeln gelten
(dort vgl. § 43 Rn. 1 ff.).

V. Schutzdauer (Abs. 3)

27 Die Schutzdauer beträgt gem. Abs. 3 S. 1 **50 Jahre** seit dem Erscheinen des Lichtbildes oder seiner ersten erlaubten öffentlichen Wiedergabe, je nachdem, was früher erfolgt ist. Unter Erscheinen ist gem. § 6 Abs. 2 S. 1 das Angebot oder Inverkehrbringen von Vervielfältigungsstücken des Lichtbildes nach ihrer Herstellung in genügender Anzahl gegenüber der Öffentlichkeit mit Zustimmung des Berechtigten zu verstehen (vgl. § 6 Rn. 15 ff.); eine Fotografie ist also beispielsweise erschienen, wenn sie in einer Zeitung, einer Zeitschrift oder einem Buch veröffentlicht oder als Postkarte vertrieben worden ist. Erste öffentliche Wiedergabe umfasst alle unkörperlichen Verwertungsrechte gem. §§ 15 Abs. 2, 19 ff. und kommt im Bereich der Fotografie insb. in Form der Vorführung gem. § 19 Abs. 4 und der öffentlichen Zugänglichmachung gem. § 19a in Betracht; ein Lichtbild, das im Rahmen einer Diashow öffentlich gezeigt worden ist, ist vorgeführt und damit öffentlich wiedergegeben worden (s. BGH GRUR 2013, 1235, 1236 Tz. 16 – *Restwertbörse II*; § 19 Rn. 27 ff.), ein Foto, das auf eine Internet-Homepage eingestellt wurde, die öffentlich zugänglich ist, ist öffentlich zugänglich gemacht worden gem. § 19a (vgl. § 19a Rn. 7 ff.). Ist ein Lichtbild weder erschienen noch öffentlich wiedergegeben worden, berechnet sich die Schutzfrist seit der Herstellung. Unter Herstellung ist die Aufnahme des „Ur-Bildes" zu verstehen, also des ursprünglichen Negativs, Diapositivs oder der original von der Digitalkamera aufgenommenen Datei, nicht aber der daraus hergestellte erstmalige Abzug (gl. A.: HK-UrhR/*Meckel* Rn. 18; Wandtke/Bullinger/*Thum*[4] Rn. 36; differenzierend unsere 9. Aufl./*Hertin* Rn. 12: nicht schon mit der Belichtung, sondern erst mit der Entwicklung des Negativs). Aufgrund der besonderen Konstruktion von Abs. 3 S. 1 hat das einfache Lichtbild eigentlich zwei Schutzfristen: Die erste Schutzfrist von 50 Jahren beginnt mit der Herstellung zu laufen. Nur dann, wenn das einfache Lichtbild innerhalb des Laufs dieser ersten Schutzfrist auch erscheint oder öffentlich wiedergegeben wird, beginnt die zweite Schutzfrist von 50 Jahren seit Erscheinen bzw. erstmaliger öffentlichen Wiedergabe zu laufen. Da sich die beiden Schutzfristen rechnerisch ergänzen, kann ein einfaches Lichtbild also theoretisch 100 Jahre lang geschützt sein, nämlich dann, wenn es am letzten Tag der ersten Schutzdauer noch erscheint oder erstmalig öffentlich wiedergegeben wird.

28 Für die **Berechnung der Schutzdauer** ist gem. Abs. 3 S. 2 § 69 anzuwenden mit der Folge, dass die Schutzfrist erst mit dem Ablauf des Kalenderjahres endet, das 50 Jahre nach dem Kalenderjahr liegt, in das die Herstellung, das Erscheinen oder die öffentliche Wiedergabe des Lichtbildes gefallen ist: Ein am 3.10.2006 hergestelltes Lichtbild ist mithin bis zum 31.12.2056 geschützt und wird am 1.1.2057 gemeinfrei. Ist es am 15.1.2007 erschienen, läuft der Schutz bis einschließlich zum 31.12.2057; ist es im Rahmen einer öffentlichen Diavorführung am 20.11.2006 gezeigt worden, läuft die Schutzfrist am 31.12.2056 ab. Im Falle eines Erscheinens oder einer öffentlichen Wiedergabe erst am 31.12.2056 würde die Schutzfrist bis zum 31.12.2106 laufen (zur Entwicklung der Schutzdauer bei einfachen Lichtbildern Dreier/Schulze/*Schulze*[5] Rn. 34 ff.; Loewenheim/*Vogel*[2] § 37 Rn. 19 ff.; Schricker/Loewenheim/*Vogel*[5] Rn. 49 ff.; Wandtke/Bullinger/*Thum*[4] Rn. 38 ff.).

VI. Prozessuales

29 Die **Beweislast** dafür, dass das verwandte Schutzrecht besteht, trägt grundsätzlich derjenige, der sich auf das Bestehen beruft (vgl. § 97 Rn. 26 ff.). Dies bedeutet, dass der Anspruchsteller nicht nur das Lichtbild vorlegen, sondern auch darlegen und gegebenenfalls beweisen muss, wer der Lichtbildner war, weil das verwandte Schutzrecht originär nur in einer natürlichen Person entstehen kann (LG Berlin GRUR 1990, 270, 270 – *Satellitenfoto*). Der Anspruchsteller muss ferner beweisen, dass die Schutzfrist noch nicht abgelaufen ist, also entweder den Zeitpunkt des Erscheinens oder der ersten öffentlichen Wiedergabe, gegebenenfalls auch der Herstellung (a. A. Wandtke/Bullinger/*Thum*[4] Rn. 37).

Die **Urheberschaftsvermutung** des § 10 findet gem. § 72 Abs. 1 auf Lichtbilder uneingeschränkt Anwendung; Voraussetzung ist lediglich, dass der Fotograf in üblicher Weise auf dem Werkstück, also beispielsweise auf dem Abzug (vgl. § 10 Rn. 5, 16 ff.; KG GRUR-RR 2002, 125, 127 – *Gruß aus Potsdam*; Wandtke/Bullinger/*Thum*[4] Rn. 58), in einem „Copyright"-Vermerk auf dem Bild (OLG Köln GRUR 2015, 167, 169 – *Creative-Commons-Lizenz*) oder als Urheber einer Dissertation, in der die Fotografien abgebildet sind, genannt ist (OLG Hamm MMR 2012, 119, 120 – *Fotografien in Dissertation*). Nach der neueren Rechtsprechung des BGH kann die Urheberschaftsvermutung nach § 10 Abs. 1 auch dadurch begründet werden, dass eine Person auf Fotografien auf einer Internetseite als Urheber bezeichnet wird (BGH GRUR 2015, 258, 260 Tz. 35 – *CT-Paradies*; vgl. § 10 Rn. 15a). Dies gilt entsprechend auch für die Vermutung des § 10 Abs. 2, wofür es ausreichen kann, wenn auf der Rückseite einer Fotografie eine Internet-Homepage angegeben wird; der Betreiber dieser Homepage gilt dann als Herausgeber im Sinne von § 10 Abs. 2 (s. OLG Düsseldorf ZUM 2012, 327, 328 – *Embedded Content*). Beim Urheberrecht an einem Lichtbildwerk nach § 2 Abs. 1 Nr. 5 und beim verwandten Schutzrecht des Lichtbildners nach § 72 handelt es sich nicht um unterschiedliche Streitgegenstände, sondern um unterschiedliche rechtliche Aspekte eines **Streitgegenstandes** (BGH GRUR 2000, 317, 318 – *Werbefotos*; OLG Köln GRUR 2015, 167, 169 – *Creative-Commons-Lizenz*; vgl. Rn. 2; Bisges/*Vollrath* Kap. 10 Rn. 110). **30**

Abschnitt 3 Schutz des ausübenden Künstlers

Vorbemerkung §§ 73 bis 84

Obwohl der Schutz des ausübenden Künstlers stets an seine Darbietungen anknüpft (§§ 74, 75, 77, 78), ist die Darbietung des ausübenden Künstlers als solche, also z. B. die Theateraufführung vor Publikum oder das Konzert, nicht mit einem umfassenden Exklusivrecht geschützt (a. A. *Dünnwald* ZUM 2004, 161, 177). Der Gesetzgeber ist davon ausgegangen, dass insoweit kein Schutzbedürfnis bestehe, da der Künstler nicht auftreten würde, wenn er mit den Bedingungen seines Auftritts nicht einverstanden wäre. Nur die Künstlerpersönlichkeitsrechte (§§ 74, 75) gelten bereits bezüglich der Darbietung selbst. Im Übrigen kommt der Schutz des UrhG erst zum Tragen, wo sich die Art der Verwertung seiner Darbietung der unmittelbaren Kontrolle des Künstlers entzieht. **1**

Nicht die öffentliche Wiedergabe im Konzertsaal, vielmehr erst die öffentliche Wahrnehmbarmachung außerhalb des Raumes, in dem die Darbietung stattfindet, unterliegt dem Ausschließlichkeitsrecht des Künstlers (§ 78 Abs. 1 Nr. 3), ebenso wie die öffentliche Zugänglichmachung der Darbietung i. S. d. § 19a (§ 78 Abs. 1 Nr. 1). Und ebenfalls nur, weil eine Aufnahme der Darbietung diese selbst überdauert, ja dem Künstler möglicherweise sogar verborgen bleibt (im Fall eines unerlaubten Mitschnitts), gewährt ihm das Gesetz das Aufnahmerecht (§ 77 Abs. 1) und die darauf aufbauenden Rechte der Vervielfältigung und Verbreitung (§ 77 Abs. 2) und der Sendung (§ 78 Abs. 1 Nr. 2). **2**

§ 73 Ausübender Künstler

Ausübender Künstler im Sinne dieses Gesetzes ist, wer ein Werk oder eine Ausdrucksform der Volkskunst aufführt, singt, spielt oder auf eine andere Weise darbietet oder an einer solchen Darbietung künstlerisch mitwirkt.

I.   Allgemeines

1.   Bedeutung, Sinn und Zweck der Norm

1   Die Frage, ob eine Darbietung als Darbietung eines ausübenden Künstlers den Schutz der §§ 73 ff. genießt, besitzt zunächst Bedeutung für die Reichweite des Rechtsschutzes gegen unerlaubte Übernahme des Leistungsergebnisses außerhalb des vom Darbietenden kontrollierbaren Bereichs (vgl. Vor §§ 73 ff. Rn. 1 ff.). Wer sich für seine Darbietungen nicht auf den Schutz des UrhG berufen kann, muss auf die Regeln der allgemeinen Gesetze zurückgreifen, etwa das allgemeine Persönlichkeitsrecht oder das Wettbewerbsrecht (dazu näher: *Krumow*, Der Schutz artistischer und sportlicher Leistungen).

2   Streit über die Frage, ob sich ein Darbietender hinsichtlich seiner Darbietungen als ausübender Künstler auf die Vorschriften der §§ 73 ff. berufen kann, entzündet sich regelmäßig am Wunsch auf **Teilhabe an den Vergütungsansprüchen** gemäß §§ 78 Abs. 2, 4, 83, 44a ff. Da die Vergütungsansprüche der ausübenden Künstler über die Verwertungsgesellschaft GVL (Gesellschaft zur Verwertung von Leistungsschutzrechten mbH, mit Sitz in Berlin, www.gvl.de) wahrgenommen werden, die ihrerseits häufig mit den Vergütungsschuldnern über Gesamtverträge pauschalierte (Prozent-) Vergütungen vereinbart, liegt es im Interesse der gegenwärtigen Wahrnehmungsberechtigten, den Kreis derer, unter denen das Aufkommen verteilt wird, begrenzt zu halten. Daher betrifft die Mehrzahl der unten aufgeführten Entscheidungen Fälle, in denen ein Darbietender von der GVL den Abschluss eines Wahrnehmungsvertrags als ausübender Künstler begehrte.

2.   Früheres Recht

3   Die Vorschrift wurde neu gefasst mit Wirkung zum 13.9.2003 (BGBl. I S. 1774). Die bis dahin geltende Fassung lautete:

§ 73 Ausübender Künstler
Ausübender Künstler im Sinne dieses Gesetzes ist, wer ein Werk vorträgt oder aufführt oder bei dem Vortrag oder der Aufführung eines Werkes künstlerisch mitwirkt.

Künstlerschutzrechte aus der Zeit vor Inkrafttreten des UrhG (nach § 2 Abs. 1 LUG) haben sich in die Rechte nach §§ 73 ff. umgewandelt (OLG Hamburg ZUM 1991, 143).

3.   Internationales Urheberrecht

4   Der Schutz ausländischer ausübender Künstler ist in § 125 Abs. 2 bis 6 geregelt (s. die dortige Kommentierung). Zur auslandsbezogenen Aspekten des Künstlervertragsrechts vgl. § 79 Rn. 8 ff.

§ 125 Abs. 1 betrifft ausschließlich den Schutz ausländischer Staatsangehöriger   **5**
in Deutschland (auch für ihre Darbietungen im Ausland). Inwieweit Deutsche
im Ausland Schutz beanspruchen können, richtet sich wegen des im Urheberrecht geltenden Territorialitätsprinzips nach der Rechtslage in diesen jeweiligen
Ländern (Schutzlandprinzip). Allerdings können Deutsche in anderen Ländern
der EU sowie außerhalb der EU aufgrund von Staatsverträgen (insb. den sog.
Rom- und TRIPS-Abkommen und dem WPPT) regelmäßig Inländerbehandlung beanspruchen (vgl. Vor §§ 120 ff. Rn. 19, 37).

II. Tatbestand

1. Gegenstand der Darbietung des ausübenden Künstlers

Die Vorschrift enthält eine Legaldefinition des Begriffs „ausübender Künstler",   **6**
die streng **darbietungsbezogen** ausgestaltet ist. Ausübender Künstler kann nur
sein, wer ein Werk oder eine Ausdrucksform der Volkskunst darbietet (*Dünn-
wald/Gerlach* Rn. 1, 5). Dies ist für jede einzelne Darbietung gesondert zu prüfen (BGH GRUR 1981, 419, 421 – *Quizmaster*). Ein weltbekannter Schauspieler, dessen Darbietung kein Werk zum Gegenstand hat („Stars in der Manege"),
ist hinsichtlich einer solchen Darbietung kein ausübender Künstler im Sinne
des UrhG (BGH a. a. O., *Dünnwald/Gerlach* Rn. 5).

Es reicht aber nicht, ein Werk einfach nur vorzutragen, vielmehr ist eine **künst-**   **7**
lerische Interpretation erforderlich. Obwohl § 73 eine „künstlerische" Leistung
nur bei „Mitwirkenden" erwähnt, fordert die Rechtsprechung richtigerweise
im Wege eines „erst recht"-Schlusses ein künstlerisches Element ohne weiteres
auch von jedem Darbietenden selbst (so ausdrücklich BGH GRUR 1981, 419,
421 – *Quizmaster*, LG Hamburg, GRUR 1976, 151, 153 – *Rundfunksprecher*;
a. A. unsere 9. Aufl./*Hertin* Rn. 5). Auch hier kann nicht ohne weiteres aus der
Bekanntheit des Darbietenden auf eine hinreichende interpretatorische Leistung geschlossen werden, wenn der Gegenstand eine zu geringe Entfaltungs-
möglichkeit bietet (BGH GRUR 1981, 419, 421 – *Quizmaster*).

a) Werk: Nur die künstlerische Darbietung von „Werken" begründet den   **8**
Schutz nach § 73 ff. Damit liegt möglicherweise die wichtigste Aussage des
§ 73 darin, dass er anderen Darbietungen den Schutz versagt. In der heutigen
Mediengesellschaft existiert eine Fülle von Darbietungsformen, die hohen wirtschaftlichen Wert besitzen, gleichwohl aber nicht am Schutz des § 73 teilhaben.
Weder Sportler, noch Akrobaten und Varietékünstler sind als ausübende Künst-
ler schutzfähig, sollte der Gegenstand ihrer jeweiligen Darbietung nicht aus-
nahmsweise **Werkschutz im Sinne des § 2 Abs. 1** genießen (in diesem Sinne zu
Sportlern EuGH GRUR Int. 2011, 1063 Tz. 98 f. – *Premier League/Murphy*).
Maßgeblich für die Einordnung ist mithin der Werkbegriff des § 2 UrhG, wobei
es allerdings nur auf die abstrakte Schutzfähigkeit ankommt. **Auch gemeinfreie**
Werke oder **solche, die in Deutschland nicht geschützt** sind, fallen unter den
Werkbegriff des § 73 (so auch Schricker/Loewenheim/*Krüger*[4] § 73 Rn 12;
Dreier/Schulze/*Dreier*[5] Rn. 8; Wandtke/Bullinger/*Büscher*[4] Rn. 4). Die strenge
Werkessorietät bedeutet zugleich, dass kleine Ausschnitte eines Werks, die zwar
als Teil des Ganzen aber nicht für sich betrachtet geschützt sind (vgl. § 2
Rn. 51), auch keine geschützte Darbietung im Sinne des § 73 erlauben (i. d. S.
wohl auch LG Köln ZUM-RD 2010, 698, 701, a. A. LG Hamburg (n. rkr.)
ZUM-RD 2010, 399, 404, 410; wohl auch Dünnwald/Gerlach Rn. 11, jedoch
in Rn. 12 differenzierend für nicht werkfähige Teile, die in ein geschütztes
Werk eingebettet sind). Dies wirkt sich z. B. bei der Beurteilung von Fällen des
Tonträgersampling aus, die meist nur über das (nicht werkakzessorische) Recht
des Tonträgerherstellers verfolgbar sind (vgl. § 77 Rn. 18). Wo über den Werkschutz und den Schutz der künstlerischen Leistung gestritten wird, kann sich

im Grunde die Entscheidung über letztere an der zuvor zu treffende Entscheidung über die Werkschutzfähigkeit orientieren (zur Feststellung der Werkschutzfähigkeit beim Sampling z. B. BGH GRUR 2015, 1189 – *Goldrapper;* die Rechtsfrage zum Künstlerschutz im Parallelverfahren LG Hamburg (nicht rechtskräftig) ZUM-RD 2010, 399 war im weiteren Verfahrensverlauf nicht mehr relevant, so dass hier eine abschließende Entscheidung fehlt). In seiner zum Sampling ergangenen Entscheidung *Metall auf Metall* geht das BVerfG auf einen möglichen Künstlerschutz (bzw. die möglicherweise betroffenen Künstlerinteressen) mit keinem Wort ein, was ebenfalls die hier vertretene These stützt (GRUR 2016, 690 Rn. 86 ff., obwohl dort natürlich die mögliche Verletzung von Tonträgerherstellerrechten nach § 85 im Mittelpunkt stand).

9 Die wohl h. M. (stellvertretend Schricker/Loewenheim/*Krüger*[4] Rn. 10; Dreier/ Schulze/*Dreier*[5] Rn. 8; Wandtke/Bullinger/*Büscher*[4] Rn. 4; a. A. *Dünnwald/ Gerlach* Rn. 10, unter Verweis auf die Amtl. Begr. RegE UrhG 1962 – BT-Drs. IV/270, S. 90; ähnlich Loewenheim/*Vogel*[2] § 38 Rn. 54) verlangt auch **nicht die nach § 2 Abs. 2 erforderliche Gestaltungshöhe.** Dieser Auffassung kann nicht gefolgt werden. Sie steht auch in klarem Widerspruch zu den Aussagen des BGH in der Entscheidung *Quizmaster* (BGH GRUR 1981, 419, 421). Der Künstlerschutz ist streng werkakzessorisch – lediglich der Ablauf der Schutzfrist oder die Schutzqualifikation von Ausländern sollten außer Betracht bleiben.

10 Im Übrigen wird bei der Wiedergabe von Werken, die nicht den Anforderungen des § 2 Abs. 2 genügen, die Schutzfähigkeit als Darbietung i. S. d. § 73 häufig bereits daran scheitern, dass die Vorlage einen zu geringen Spielraum für die Interpretation bietet (i. d. S. LG Köln ZUM-RD 2010, 698, 701; dazu auch vgl. Rn. 7, 13 f.). Gerade den in der gerade zitierten Rechtsprechung hervorgehobenen „Sachinformationen" (BGH GRUR 1981, 419, 420 – *Quizmaster*), die nicht künstlerisch interpretierbar seien, dürfte meist auch die erforderliche Gestaltungshöhe i. S. d. § 2 Abs. 2 fehlen. Und diejenigen Züge, welche einem Text den Werkcharakter verleihen, dürften auch am ehesten künstlerisch interpretierbar sein. Es ist charakteristisch, dass der BGH in seiner *Quizmaster-* Entscheidung zur Beschreibung der Mindestanforderungen an die künstlerische Gestalt einer Darbietung den Begriff der „Kleinen Münze" gebraucht, der üblicherweise nur auf Werke Anwendung findet. Schricker/Loewenheim/*Krüger*[4] § 73 Rn 24 verweist insbesondere auf kabarettistische Verfremdungen (auf die übrigens auch BGH GRUR 1981, 419 – *Quizmaster* ausdrücklich hinweist), die selbst die Verlesung eines Zugfahrplans zu einer künstlerischen Leistung machen könne. Gerade hier aber setzt der Wortlaut des Gesetzes eine Grenze, die auch mit wohlwollender Interpretation nicht überschritten werden sollte: Es heißt in § 73: „wer ein Werk (...)". Hieße es – wie im folgenden Hs. in Bezug auf Volkskunst – „wer eine Ausdrucksform (...)", würde das Problem nicht existieren. Es kann kein ernsthafter Zweifel daran bestehen, dass als Ausnahme von der Regel gerade in humoristischen oder kabarettistischen Zusammenhängen auch nicht als Werk geschützte Gegenstände künstlerisch dargeboten werden können. Ein guter Kabarettist oder Komödiant kann in der Tat aus einer urheberrechtlich nicht schutzfähigen Nachrichtenmeldung ein künstlerisches Ereignis machen – aber auch er vermag aus einem Nicht-Werk kein Werk zu machen. Eine solche kabarettistische Darbietung von Nicht-Werken dürfte indes meistens eingebettet in eine urheberrechtlich geschützte Kabarett-Nummer erfolgen, sodass die Darbietung insgesamt durchaus Schutz genösse. Nur die isoliert präsentierte Verlesung des nicht geschützten Gegenstands (etwa als Ausschnitt eines Ton- oder Video-Mitschnitts) wäre damit nicht geschützt (wohl aber die jeweilige Aufzeichnung nach § 85 oder § 94). Den Schutz der §§ 73 ff. UrhG hat der Gesetzgeber solchen Darbietungen bewusst vorenthalten, und er allein könnte dies ändern.

b) Ausdrucksform der Volkskunst: Seit der Novelle von 2003 sind auch Dar- **11**
bietungen von „einer Ausdrucksform der Volkskunst" geschützt. Diese Erweiterung geht unmittelbar zurück auf Art. 2 Buchst. a WPPT. Soweit es sich bei
den Choreographien, Kompositionen und Texten solcher Ausdrucksformen der
Volkskunst um (gemeinfreie) Werke i. S. d. § 2 UrhG handelt, ist dadurch nicht
der Kreis der Berechtigten erweitert (so ausdrücklich RegE UrhG Infoges – BT-
Drs. 15/38, S. 23). Jede Ausdrucksform der Volkskunst ist aber nunmehr selbst
dann für den Schutz qualifiziert, wenn sie keinen Werkcharakter aufweist.

Während für alle anderen Formen der Darbietungen (vgl. Rn. 7, 13) die künst- **12**
lerische Werkinterpretation gehört, zählt zu den Charakteristiken der Volkskunst vielerorts die strenge Beachtung von Aufführungstraditionen, die eine
Interpretation im herkömmlichen Sinne geradezu ausschließen. In solchen Fällen wird man die Anforderungen an die künstlerische Interpretation herabzu-
setzen haben, um nicht den Schutz solcher Darbietungen insgesamt obsolet zu
machen.

2. Darbietung

Der Oberbegriff der „Darbietung" umfasst die beiden wesentlichen Aspekte jeder **13**
künstlerischen Leistung: Zum einen geht es darum, ein abstraktes Werk (oder eine
Ausdrucksform der Volkskunst) bestimmungsgemäß in eine konkrete Ausdrucksform zu „transponieren" (i. d. S. BGH GRUR 1981, 419, 420 – *Quizmaster*). **Das
betreffende Werk muss also darauf angelegt sein, dargeboten zu werden.** Das
Werk der Choreographie ist bestimmt dafür, in Tanz umgesetzt zu werden, wie
ein Werk der Musik nur durch Musiker zum Erklingen gebracht werden kann.
Gemälde, Werke der Baukunst oder Computerprogramme sind zwar jeweils ebenfalls Werke im Sinne des § 2 UrhG, eignen sich aber nicht für eine „Darbietung"
im Sinne des § 73 (dazu ausführlich *Dünnwald/Gerlach* Rn. 9). Aus diesem
Grund sind weder Bühnen- noch Maskenbildner für einen Schutz nach §§ 73 ff.
qualifiziert (zum Maskenbildner: BGH GRUR 1974, 672, 673 – *Celestina*;
ebenso: *Dünnwald/Gerlach* Rn. 31 ff.). Zum anderen beinhaltet der Begriff der
Darbietung im Sinne des § 73, dass sich der Darbietende künstlerischer Ausdrucksformen bedient, also das Werk interpretiert. Auch wenn dies nur in Bezug
auf die „künstlerische" Mitwirkung ausdrücklich im Gesetzestext zum Ausdruck
kommt: **Die schutzfähige Darbietung setzt eine Werkinterpretation voraus** (so bereits RegE UrhG 1962 – BT-Drs. IV/270, 90: „den Musiker, Sänger, Schauspieler,
Tänzer und jeden anderen Werkinterpreten"; vertiefend BGH GRUR 1981, 419,
420 – *Quizmaster;* neuerlich im Rahmen der Gesetzesbegründung zur jetzigen
Fassung RegE UrhG Infoges – BT-Drs. 15/38, 23).

Die **künstlerische Interpretation eines Sprachwerkes** darf sich nicht in der akus- **14**
tischen Textwiedergabe erschöpfen, die dem Hörer einen Gedanken oder eine
Information vermittelt. Sie setzt vielmehr darüber hinaus voraus, dass der Hörer mit den Ausdrucksmöglichkeiten der Sprache – unabhängig vom sachlichen
Inhalt – einen Sinneseindruck empfängt, der seine Stimmung, sein Empfinden,
sein Gefühl oder seine Phantasie anregt. Bei der Umsetzung des Schriftwerkes
von der begrifflichen in die sinnlich fassbare Sphäre muss ein künstlerischer
Eigenwert zutage treten. Auch Werkinterpretationen von geringer künstlerischer Höhe können allerdings Schutz genießen. Zu den sprachlichen Ausdrucksmitteln, welche eine ausreichende künstlerische Interpretation vermitteln
können, gehört die erkennbare „innere Anteilnahme" und „abgestufte Lebhaf-
tigkeit" ebenso wie die Fähigkeit, sich sprachlich auf eine besondere Situation
einzustellen oder durch wechselnde Betonung beim Zuhörer Wirkungen zu erzielen (BGH GRUR 1981, 419, 420 – *Quizmaster*).

Das Gesetz umschreibt mit der beispielhaften Aufzählung „**aufführt, singt,** **15**
spielt" den Kreis der Darbietungsformen, an die der Gesetzgeber ursprünglich

gedacht hatte, und damit die „typischen" ausübenden Künstler, nämlich Musiker (spielen, aufführen), Sänger (singen), Schauspieler (spielen, aufführen) und Tänzer (aufführen).

16   Die zur Zeit der Geltung der alten Fassung des Gesetzes (abgedruckt unter Rn. 3) gestellte Frage, ob unter „Aufführung" i. S. d. § 19 Abs. 2 auch nichtöffentliche Darbietungen, besonders solche im Fernseh- oder Tonstudio fallen, ist durch die neue Fassung des Gesetzes obsolet geworden: eine nach § 73 schutzfähige Darbietung muss nicht öffentlich sein. Schon die Rechtsprechung zur alten Rechtslage hatte dies festgestellt (BGH GRUR 1983, 22, 25 – *Tonmeister*). Der moderne Darbietungsbegriff trägt der Tatsache Rechnung, dass gerade die Arbeit im Studio unter Ausschluss der Öffentlichkeit heute für viele Künstler die auch wirtschaftlich wichtigste Form ihrer Tätigkeit darstellt.

17   Was nach Vorstellung des Gesetzgebers unter den Begriff **„auf andere Weise darbieten"** fallen sollte (denkbar wären hier etwa die Leistungen reiner Sprecher, da diese nicht im engeren Sinne aufführen, singen oder spielen), braucht nicht bestimmt zu werden. Die Formulierung dient nur der Bekräftigung, dass es sich bei „Darbietung" um den Oberbegriff handelt.

3.   Künstlerische Mitwirkung an einer solchen Darbietung

18   Mitwirkender ist, wer auf die künstlerische Werkwiedergabe einen bestimmenden Einfluss nimmt (BGH GRUR 1983, 22, 24 – *Tonmeister*; BGH GRUR 1981, 419, 421 – *Quizmaster*; GRUR 1974, 672, 673 – *Celestina*).

19   Mit der ausdrücklichen Erwähnung der „künstlerischen Mitwirkung" beabsichtigt der Gesetzgeber klarzustellen, dass die künstlerische Einflussnahme auf die Werkdarbietung oder die Darbietung einer Ausdrucksform der Volkskunst nicht zeitgleich erfolgen muss, sondern wie z. B. diejenige des **Bühnenregisseurs** der Darbietung vorausgehen kann (RegE UrhG Infoges – BT-Drs. 15/38, S. 23; kritisch und differenzierend zur Schutzfähigkeit anderer Regiearbeiten – etwa der Hörfunk-, Tonträger- und Synchronregie – *Dünnwald/Gerlach* Rn. 13–16). Selbst dort, wo die Wiedergabe nur eine verhältnismäßig geringe künstlerische Einflussnahme erfordert, sei es, weil die Sprecher von sich aus die gegebene Interpretation ausfüllen oder der Autor bereits durch die Betonungsanweisungen in hinreichendem Maß für die Führung der Sprecher gesorgt hat, ist eine schutzfähige Regie möglich (so BGH GRUR 1981, 421 – *Quizmaster*).

20   Dies entspricht der Position der Rechtsprechung. Vorbereitende Tätigkeiten sprechen nicht etwa deshalb gegen eine Mitwirkung, weil sie zeitlich vor der Aufführung liegen. Insb. Bühnenregisseure erbringen ihre Leistung vor der Aufführung und prägen durch ihre Vorstellungen von der Werkinterpretation in den vorangehenden Proben mit den darstellenden Künstlern die spätere Aufführung (BGH GRUR 1983, 22, 25 – *Tonmeister*).

21   **Lediglich nicht künstlerische** (vorgelagerte) **Tätigkeiten** des ebenfalls mitwirkenden technischen Personals sind vom Schutz ausdrücklich ausgenommen, was im Gesetz durch das Erfordernis einer „künstlerischen" Mitwirkung zum Ausdruck kommt (zu § 73 so bereits RegE UrhG 1962 – BT-Drs. IV/270, S. 90). Dies betrifft alle Tätigkeiten bloß organisatorischer, technischer oder handwerklicher Art (*Dünnwald/Gerlach* Rn. 23).

22   Tätigkeiten wie die eines **Tonmeisters** (vgl. Rn. 34), wenn er zur Erzielung eines guten Klangbildes die Mikrofone sinnvoll anordnet, begründen also dann keinen Schutz, wenn sie keinen Einfluss auf die anschließende künstlerische Darbietung der unmittelbar aufführenden Künstler entfalten (BGH GRUR 1983, 22, 25 – *Tonmeister*), oder einem einfachen Live-Zuhörer verborgen bleiben (OLG Köln GRUR 1984, 345, 347 – *Tonmeister II;* ebenso OLG Hamburg ZUM 1995, 52, 53 – *Tonmeister III*). Die Leistungen von **Intendanten, Dramaturgen, Aufnahmeleitern** und **allen, die sich der Einstudierung widmen** sind aus gleichem Grund nicht nach § 73 geschützt (wie hier: Schricker/Loewenheim/*Krüger*[4] Rn. 31).

Gleiches gilt für die Darbietung **nachgelagerte Handlungen** (abermals am Bei-   **23** spiel des Tonmeisters, indem er Entzerrer, Filter, Halleinrichtungen u. Ä. verwendet oder die Mischung der einzelnen Mikrofonspannungen und anderer elektro-akustischer Quellen vornimmt). Eine nachträgliche Beeinflussung der künstlerischen Werkinterpretation des Musikers und Sängers ist schon begrifflich nicht möglich (BGH GRUR 1983, 22, 25 – *Tonmeister*).

Aus dem gleichen Grund erwirbt ein Musiker im Falle eines **Remix** kein neuer-   **24** liches Recht an der (überarbeiteten) Aufnahme (OLG Hamburg ZUM-RD 2002, 145, 149). Anders mag es jedoch hinsichtlich der Leistung des Tonträgerherstellers sein, die durchaus in der Herstellung einer neuen Aufnahme aus vorhandenem Klangmaterial bestehen kann (vgl. § 85 Rn. 28 ff.).

4. Das Verhältnis von Urheber- zum Leistungsschutz

Die schöpferische Leistung des Werkschaffenden und die Darbietungsleistung   **25** des ausübenden Künstlers sind ihrer Natur nach verschieden, auch wenn sie von derselben Person erbracht werden. Urheber und ausübender Künstler in einer Person ist danach, wer das Werk schöpferisch (mit-) gestaltet und unabhängig davon dieses Werk als ausübender Künstler darbietet oder bei der Darbietung mitwirkt (so im Fall LG Mannheim ZUM 2005, 915, 917). Das Verhältnis zwischen Leistungsschutz und Urheberrecht ist **nicht gradueller Natur,** in dem Sinne, dass ein Leistungsschutz bei genügender Gestaltungshöhe in den Urheberrechtsschutz „umschlagen" könnte (näher: *Dünnwald/Gerlach* Rn. 6). Vielmehr hat der Schutz der künstlerischen Leistung im Sinne des § 73 einen anderen Gegenstand als der Werkschutz nach § 2.

Als Beispiel kann der **Vortrag eines Stegreifgedichts oder einer Bühnenimprovi-**   **26** **sation** dienen, für welche der Vortragende gegebenenfalls nach § 2 Abs. 1 für das von ihm geschaffene Werk und hinsichtlich seiner Darbietung Schutz als ausübender Künstler nach § 73 Anspruch nehmen kann (*Dünnwald/Gerlach* Rn. 10). Damit vergleichbar sind **improvisierte musikalische Darbietungen** (BGH GRUR 1984, 730, 732 – *Filmregisseur*, LG München ZUM 1993, 432, 433; GRUR Int. 1993, 82, 83 *Duo Gismonti-Vasconcelos*). In diesen Fällen sind Komponist (hinsichtlich der Improvisation als Werk) und ausübender Künstler (hinsichtlich der Interpretation der gleichzeitig geschaffenen Improvisation) identisch. Der Musiker erwirbt – obwohl das Werk vorher nicht in Notenform fixiert war – mit der Darbietung einer solchen als Werk schutzfähigen Interpretation zugleich Werkschutz und den Schutz als ausübender Künstler.

Der BGH hat bisher die Frage nicht entschieden, ob die Leistung eines **Regis-**   **27** **seurs** auch den Schutz als Werk (und zwar als Bearbeitung, § 3) erlangen kann (BGH GRUR 1971, 35, 37 – *Maske in blau*; BGH GRUR 1972, 143, 144 – *Biographie: ein Spiel*). Diese Möglichkeit besteht in der Tat, wenn die Leistung des Regisseurs über eine reine Interpretation des Werkes hinausgeht (OLG Dresden ZUM 2000, 955, 957 – *Die Csárdásfürstin* m.w.N.). In diesem Fall bestehen Urheber- und Leistungsschutzrechte nebeneinander.

Fallen dagegen schöpferische Gestaltung und künstlerisch mitwirkende Leis-   **28** tung **untrennbar zusammen**, so ist auch kein Raum für einen gleichzeitigen Urheberrechts- und Leistungsschutz. In einem solchen Fall entsteht nur ein Urheberrecht, kein paralleles Leistungsschutzrecht (BGH GRUR 1984, 730,

732 – *Filmregisseur*; offenbar geht auch das OLG Zweibrücken, ZUM 2016, 1065, 1068, in seiner Entscheidung zu § 32a davon aus).

29 Die bloße **Interpretation eines Sängers** einer Komposition führt regelmäßig nicht zu Mit-Urheberrechten am Werk (KG GRUR-RR 2004, 129, 130; anders bei echter Miturheberschaft des Künstlers LG Mannheim ZUM 2005, 915, 917, vgl. Rn. 26).

30 Wegen des unterschiedlichen Schutzgegenstands kann es in seltenen Fällen auch dazu kommen, dass eine grundsätzlich **nicht als künstlerische Darbietung schutzfähige Leistung Urheberrechtsschutz erlangt**. Diese Möglichkeit ist insb. für die Mitgestaltung eines Filmtonmeisters anerkannt (BGH GRUR 2002, 961, 962 – *Filmtonmeister*).

III. Einzelfälle

31 – **Akrobatik**: s. „Kontorsionische Darbietungen".
   – **Aufnahmeleiter**: Nicht als ausübender Künstler geschützt (BGH GRUR 1981, 421 – *Quizmaster*).
   – **Bühnenregisseur**: Ausdrücklich als Künstler genannt in der Gesetzesbegründung (RegE UrhG Infoges – BT-Drs. 15/38, S. 23). Zu „Regisseur" vgl. Rn. 33.
   – **Dirigent**: Er ist regelmäßig als ausübender Künstler geschützt, so ausdrücklich § 80 a. F. und bereits die RegE UrhG 1962 – BT-Drs. IV/270, S. 90, BGH GRUR 1983, 22, 25 – *Tonmeister*.
   – **Eiskunstlauf**: Ein Schutz ist möglich, wenn neben oder vor den sportlichen bzw. gymnastischen Aspekt ein künstlerisch-tänzerisches Element tritt, das der Darbietung insgesamt eine über die bloße Akrobatik hinausgehende künstlerische Qualität verleiht (BGH GRUR 1960, 604, 605 – *Eisrevue I*; 1960, 606 – *Eisrevue II*; OLG Köln GRUR-RR 2007, 263 Tz. 5).
   – **Filmregisseur** (beim Fernseh-Feature): Fallen schöpferische Filmgestaltung und künstlerisch mitwirkende Regieleistung untrennbar zusammen, liegt also eine untrennbare einheitliche Leistung vor, so ist kein Raum für einen gleichzeitigen Urheberrechts- und Leistungsschutz für eben dieselbe Leistung. Es entsteht ausschließlich ein Urheberrecht. Dabei kann offen bleiben, ob und gegebenenfalls in welchem Umfang bei der Herstellung eines solchen Filmwerks (Feature) überhaupt Leistungsschutzrechte ausübender Künstler zur Entstehung gelangen können (BGH GRUR 1984, 730, 732 – *Filmregisseur*).
   – **Hörfunkregisseur** (beim Hörfunk-Feature): Wer auf der Grundlage eines bereits bestehenden Manuskripts ein Hörfunk-Feature erstellt, indem er O-Töne zusammenschneidet und das Sprechen überwacht, ist kein ausübender Künstler; denn er hat das Werk nicht selbst vorgetragen oder aufgeführt und auch nicht beim Vortrag und der Aufführung künstlerisch mitgewirkt (AG Hamburg ZUM 2002, 661, 662).

32 – **Kontorsionische Darbietungen**, also solche tänzerischen Darbietungen, bei denen die Tänzerinnen ihre Körper extrem und auf eine Weise verbiegen, dass es den Anschein hat, als handele es sich um Menschen ohne Knochen, können als Werke der Tanzkunst gemäß § 2 Abs. 1 Nr. 3 urheberrechtlichen Schutz genießen. Allerdings wird die gem. § 2 Abs. 2 erforderliche Gestaltungshöhe (auf die es für die Werkqualität nach § 73 ankommt, vgl. Rn. 9) nur dann erreicht, wenn die Darbietung über bloß akrobatische Leistungen hinausgeht (OLG Köln GRUR-RR 2007, 263 Tz. 5).
   – **Maskenbildner**: Sie sind weder für Theateraufführungen als auch für deren Anpassung für Fernsehaufzeichnungen ausübende Künstler (BGH GRUR 1974, 672, 673 – *Celestina*).

- **Mischtonmeister:** zu „Tonmeister" vgl. Rn. 34.
- **Nachrichtensprecher:** Wegen der bloßen akustischen Wiedergabe eines Sprachwerks erbringen sie keine geschützte Darbietung (BGH GRUR 1981, 419, 420 Tz. 48 – *Quizmaster*; LG Hamburg GRUR 1976, 151, 153 – *Rundfunksprecher*).
- **Produzent:** Hier ist zu unterscheiden: Während die wirtschaftlichen Produzenten („executive producer"), welche die Produktion finanzieren, kein Recht erwerben, sind die „kreativen Produzenten", welche im Musikbereich die Aufnahmesitzung leiten, als ausübende Künstler qualifiziert (OLG Hamburg BeckRS 2015, 14371 Rn. 205–207). Die GVL schließt mit ihnen Wahrnehmungsverträge als ausübende Künstler (https://www.gvl.de/recht-einhaber/kuenstler, zuletzt abgerufen am 5.7.2017), ebenso wie mit kreativen Produzenten aus dem Filmbereich (BGH GRUR 1984, 730, 732 – *Filmregisseur*).
- **Quizmaster:** Der künstlerische Wert und die Schutzwürdigkeit des Werkvortrages sind nicht entscheidend. Auch Werkinterpretationen eines Quizmasters von geringer künstlerischer Höhe können Schutz genießen. (BGH GRUR 1981, 419 Tz. 50, 52 f. – *Quizmaster*).   **33**
- **Radiomoderator:** Kein Leistungsschutz, auch wenn er die betreffenden Moderationen verfasst und die selbst entworfenen Texte spricht, sofern diese Moderationen keine (Werk-)Interpretationen enthalten, sondern lediglich Informationen (vornehmlich aus der Musikszene) und Ansichten des Moderators vermitteln (AG Hamburg ZUM 1995, 340, 340 f.).
- **Regisseur:** Die Leistung des Regisseurs ist grundsätzlich schutzfähig (zum Bühnenregisseur ausdrücklich § 80 a. F., ferner Begr RegE UrhG Infoges – BT-Drs. 15/38, S. 23; BGH GRUR 1983, 22, 25 – *Tonmeister*; zum Fernsehregisseur BGH GRUR 1981, 419, 421 Tz. 61 – *Quizmaster*; zur Fernsehstudioproduktion der Aufzeichnung eines Konzerts LG Köln ZUM 1994, 519, 520). Zu beachten sind die Besonderheiten bei sog. Features (s. o. zu Fernseh- und Hörfunkregisseur).
- **Remixer:** Die technische Veränderung einer Tonaufnahme im Sound durch einen „remix" bzw. ein „digitales remastering" zur „Aufbesserung" des Originaltonträgers führt – jedenfalls in Ansehung der Leistungsschutzrechte des Künstlers – nicht zu einem gesonderten Rechtserwerb (OLG Hamburg ZUM RD 2002, 145, 149).
- **Showmaster:** s. „Quizmaster".
- **Sportler:** Sie genießen weder Urheber- noch Leistungsschutz (EuGH GRUR Int. 2011, 1063 Tz. 98 f. – *Premier League ./. Murphy*).
- **Synchronsprecher:** Sie genießen grundsätzlich Schutz (BGH GRUR 1984, 119, 120 – *Synchronisationssprecher*; KG ZUM-RD 2016, 510).
- **Technisches Personal,** das nicht künstlerisch mitwirkt, ist vom Schutz ausgeschlossen (zu § 73 RegE UrhG 1962 – BT-Drs. IV/270, 90).
- **Tonmeister:** Der Tonmeister gehört grundsätzlich bereits deshalb nicht zu dem von § 73 erfassten Personenkreis, weil er nicht bei der Aufführung selbst mitwirkt (BGH GRUR 1983, 22, 25 – *Tonmeister*). Auch eine analoge Anwendung des § 73 scheidet aus (BGH a. a. O.). Ausnahmsweise kommt ein Leistungsschutz in Betracht, wenn Dirigent und Tonmeister bei Orchesteraufführungen in einer Weise zusammenarbeiten, dass der Tonmeister mit dem Dirigenten die eigentliche Interpretation des Werkes vor der Aufführung abspricht und Anregungen gibt. Soweit diese Einflussnahme auf die Interpretation nicht besteht, etwa wenn das Ensemble aus wenigen gleichberechtigten Solisten besteht, oder gar nur ein einzelner Virtuose, etwa ein Pianist, ein Solostück aufführt, kommt ein Leistungsschutz nicht in Betracht (BGH a. a. O., so im Falle von OLG Hamburg v. 20.5.1976 – 3 U 190/75). Auch wenn der Tonmeister vor oder während der Aufnahme von Musikwerken mit dem Interpreten die Interpretation in   **34**

der Weise abspricht, dass er auf unpräzise Einsätze, mangelnde Koordination der Stimmen und ähnliche Fehler hinweist, die er selbst über die Studiomikrofone wahrnehmen kann, die aber dem Interpreten oder einem einfachen Live-Zuhörer verborgen bleiben, handelt es sich zwar um eine künstlerische Tätigkeit, aber nicht um eine künstlerische Mitwirkung bei der Aufführung (OLG Köln GRUR 1984, 345, 346 – *Tonmeister II*; OLG Hamburg ZUM 1995, 52, 53 f. – *Tonmeister III*). Der Mischtonmeister beim Film ist zwar regelmäßig nicht als ausübender Künstler geschützt, kann aber ein eigenes Urheberrecht erwerben (BGH GRUR 2002, 961, 962 – *Mischtonmeister*).

§ 74 Anerkennung als ausübender Künstler

(1) ¹Der ausübende Künstler hat das Recht, in Bezug auf seine Darbietung als solcher anerkannt zu werden. ²Er kann dabei bestimmen, ob und mit welchem Namen er genannt wird.

(2) ¹Haben mehrere ausübende Künstler gemeinsam eine Darbietung erbracht und erfordert die Nennung jedes einzelnen von ihnen einen unverhältnismäßigen Aufwand, so können sie nur verlangen, als Künstlergruppe genannt zu werden. ²Hat die Künstlergruppe einen gewählten Vertreter (Vorstand), so ist dieser gegenüber Dritten allein zur Vertretung befugt. ³Hat eine Gruppe keinen Vorstand, so kann das Recht nur durch den Leiter der Gruppe, mangels eines solchen nur durch einen von der Gruppe zu wählenden Vertreter geltend gemacht werden. ⁴Das Recht eines beteiligten ausübenden Künstlers auf persönliche Nennung bleibt bei einem besonderen Interesse unberührt.

(3) § 10 Abs. 1 gilt entsprechend.

I. Allgemeines

1   Die Vorschrift wurde mit Wirkung zum 13.9.2003 (BGBl. I S. 1774) neu eingeführt und hatte im UrhG keinen Vorläufer. Allerdings hatte Abs. 2 S. 2, 3 ein Vorbild in § 80 in der bis 12.9.2003 geltenden Fassung:

§ 80 Chor-, Orchester- und Bühnenaufführungen
(1) Bei Chor-, Orchester- und Bühnenaufführungen genügt in den Fällen der §§ 74, 75 Abs. 1 und 2 und § 76 Abs. 1 neben der Einwilligung der Solisten, des Dirigenten und des Regisseurs die Einwilligung der gewählten Vertreter (Vorstände) der mitwirkenden Künstlergruppen, wie Chor, Orchester, Ballett und Bühnenensemble. Hat eine Gruppe keinen Vorstand, so wird die Einwilligung der ihr angehörenden ausübenden Künstler durch die Einwilligung des Leiters der Gruppe ersetzt.
(2) Zur Geltendmachung der sich aus den §§ 74 bis 77 ergebenden Rechte mit Ausnahme der Einwilligungsrechte sind bei Chor-, Orchester- und Bühnenaufführungen für die mitwirkenden Künstlergruppen jeweils deren Vorstände und, soweit für eine

Gruppe ein Vorstand nicht besteht, der Leiter dieser Gruppe allein ermächtigt. Die Ermächtigung kann auf eine Verwertungsgesellschaft übertragen werden.

Mit § 74 wurde eine Vorgabe von Art. 5 WPPT in deutsches Recht umgesetzt (RegE UrhG Infoges – BT-Drs. 15/38, S. 23). Der Gesetzgeber verfolgte das Ziel, hinsichtlich der persönlichkeitsrechtlichen Befugnisse geistige und künstlerische Leistungen grundsätzlich gleich zu behandeln (RegE UrhG Infoges a. a. O.). Neben § 74 behandeln auch §§ 75, 76 das Künstlerpersönlichkeitsrecht (näher dazu *Dünnwald/Gerlach* Vor § 74 Rn. 2 ff., 17 f.). Zum 2008 eingefügten Abs. 3 vgl. Rn. 19.

Im **Filmbereich** wird § 74 durch § 93 Abs. 2 eingeschränkt. Nach dieser Vorschrift ist die Nennung jedes einzelnen an einem Film mitwirkenden Künstler nicht erforderlich, wenn sie einen unverhältnismäßigen Aufwand erfordert (vgl. § 93 Rn. 26 ff.). Der Nachweis des unverhältnismäßigen Aufwands ist indes gerade bei Film- und DVD-Veröffentlichungen nicht leicht zu führen, da umfangreichste Nennungen hier die Regel darstellen (i. d. S. LG Berlin ZUM 2015, 264, 265). Diese Ausnahme ist erforderlich, weil die Künstler eines Films keine „Künstlergruppe" im Sinne des § 74 Abs. 2 sind. Während die Mitglieder einer solchen Gruppe miteinander verbunden sind, ist jeder einzelne aus der Vielzahl der an einem Film mitwirkenden Künstler jeweils mit dem Produzenten verbunden, während es an einer Verbindung untereinander fehlt. **2**

Grundsätzliche Bedeutung besitzt § 74 Abs. 2 S. 2, 3 mit seiner Regelung der Rechtsausübung, falls mehrere Künstler die Leistung erbracht haben, weil in § 80 Abs. 2 auf diese Vorschrift verwiesen wird. Damit gelten die Bestimmungen auch für die Geltendmachung der sich aus §§ 77 und 78 ergebenden Rechte und Ansprüche. **3**

Im Verhältnis zum Erwerber von Voll- oder Nutzungsrechten nach § 79 ist ferner § **39 Abs. 1** (auf ausübende Künstler über § 79 Abs. 2 S. 2 hinsichtlich der Künstlerbezeichnung) ohne weiteres analog anwendbar (vgl. Rn. 19 ff.). **4**

II. Tatbestand

1. Abs. 1 S. 1: Anerkennungsrecht

Hinsichtlich des Umfangs und Inhalts des Rechts kann auf die Kommentierung zu § 13 S. 1 verwiesen werden, an den sich die Vorschrift anlehnt. **5**

Inwieweit aus dem Recht nach Abs. 1 S. 1 nur das positive Anerkennungsrecht, oder auch ein **Distanzierungsrecht** erwächst, nicht mit einer Darbietung in Verbindung gebracht zu werden, die der Künstler gar nicht erbracht hat (bzw. mit einer entstellten Darbietung, so Wandtke/Bullinger/*Büscher*[4] Rn. 16), oder ob sich das Distanzierungsrecht aus dem allgemeinen Persönlichkeitsrecht herleitet (so Schricker/Loewenheim/*Vogel*[4] Rn. 15) kann letztlich offen bleiben. Viel spricht dafür, es unmittelbar aus § 74 Abs. 1 S. 1 abzuleiten, da das hier und in § 75 normierte Künstlerpersönlichkeitsrecht die Integrität des künstlerischen Schaffens gegen Beeinträchtigungen schützen will. Dazu gehört unmittelbar, Fehlbezeichnungen abwehren zu können. **6**

2. Abs. 1 S. 2: Namensnennungsrecht/Abdingbarkeit

Die Formulierung von § 74 Abs. 1 S. 2 ist an diejenige des § 13 S. 2 angelehnt, sodass auch insoweit auf die Kommentierung zu § 13 verwiesen werden kann, insb. hinsichtlich der Frage der **vertraglichen Unabdingbarkeit** (vgl. § 13 Rn. 12 ff.). Ein vom Einzelfall (d. h. von den Besonderheiten einer konkreten Produktion) losgelöster genereller Verzicht in allgemeinen Geschäftsbedingungen dürfte unwirksam sein, weil er von der gesetzgeberischen Grundentschei- **7** dung abweicht, wonach jeder Künstler in jedem konkreten Einzelfall über sein Benennungsrecht entscheiden können muss (so LG Berlin ZUM 2015, 264, 265).

Die Unterschiede in der Formulierung der Norm erklären sich dadurch, dass sich das Bezeichnungsrecht des Urhebers vorrangig auf das Werkoriginal und Werkstücke bezieht, während der ausübende Künstler eine unkörperliche Darbietung erbringt (so ausdrücklich Begr RegE UrhG Infoges – BT-Drs. 15/38, S. 23). Im Rückschluss aus den Einschränkungen in § 93 Abs. 2 (hinsichtlich Einzelkünstlern) und in § 74 Abs. 2 (bei Künstlergruppen) lässt sich folgern, dass nach dem Leitbild des Gesetzes bei einem Einzelkünstler der Aufwand der Pflicht zur Namensnennung nicht entgegenstehen kann (so zur Nennung bei Synchronsprechern LG Berlin ZUM 2015, 264, 265). Allerdings dürfte kaum ein Fall denkbar sein, bei dem der Aufwand für die Nennung des Namens eines Einzelkünstlers exorbitant hoch ausfallen könnte.

8   Das Recht ist unabhängig von der Art der Verwertung, was auch das WPPT, vielleicht etwas unglücklich formuliert, damit zum Ausdruck bringen wollte, dass es sich in Art. 5 Abs. 1 sowohl Live-Darbietungen, als auch Festlegungen auf Tonträger bezieht. Gemeint sind damit die möglichen Quellen, von denen aus die Darbietung genutzt werden kann, nicht etwa eine Beschränkung auf Live-Darbietungen und Tonträger. Das Namensnennungsrecht bezieht sich selbstverständlich auch auf alle Formen der öffentlichen Wiedergabe (einschließlich des Zugänglichmachens auf Abruf i. S. d. § 19a), und zwar von Live-Darbietungen oder solchen, die auf Tonträger festgelegt sind (i. d. S. Wandtke/Bullinger/*Büscher*[4] Rn. 12).

3. Abs. 2: Mehrere ausübende Künstler

9   a) Zu S. 1: **Namensnennungsrecht bei gemeinsam erbrachten Darbietungen:** Die Regelung macht von einer Ausnahmemöglichkeit des Art. 5 Abs. 1 WPPT Gebrauch, nach der die Namensnennung unterbleiben darf, wenn dies nach der Art der Benutzung geboten ist (Begr RegE UrhG Infoges – BT-Drs. 15/38, S. 23). Von der Regelung des Abs. 2 ist **nur das Namensnennungsrecht nach Abs. 1 S. 2 betroffen**, nicht das Anerkennungsrecht nach Abs. 1 S. 1 (Begr RegE UrhG Infoges a. a. O.). Beim Sound-**Sampling**, also dem Einsatz von kurzen und kürzesten Ausschnitten bestehender Aufnahmen von Darbietungen ausübender Künstler fehlt es regelmäßig bereits an einer geschützten Leistung im Sinne des § 73 (vgl. § 73 Rn. 8). Sollte sie ausnahmsweise bestehen, kann beim Sampling eigentlich nicht von einer „gemeinsam erbrachten Darbietung" die Rede sein, da die Künstler der gesampleten Aufnahme an der Darbietung, in die das Sample eingeflossen ist, nicht aktiv, sondern nur passiv „mitgewirkt" haben. Angesichts des heute üblichen arbeitsteiligen Aufnahmeprozesses und des Regelungszwecks von Abs. 2 muss aber eine solche passive Mitwirkung ausreichen, so dass Abs. 2 auch in solchen Fällen anzuwenden ist (so auch, wenn auch auf Basis einer zu weiten Auslegung der Schutzfähigkeit i. S. v. § 73, LG Hamburg ZUM-RD 2010, 399, 413, n. rkr.).

10   Gerade bei Ensembleleistungen wie Chören oder Orchestern mit einer Vielzahl ausübender Künstler wäre das individuelle Namensnennungsrecht nur mit unverhältnismäßigem Aufwand umsetzbar. Die Grenzen dessen, was einen unverhältnismäßigen Aufwand auszeichnet, sind zahlenmäßig schwer zu ziehen. In der Praxis dürfte es bei **Popgruppen** und **kammermusikalischen Ensembles** regelmäßig die Nennung aller Namen gefordert werden können, während bei **Chören und Orchestern** die Individualisierung unterbleiben dürfte (i. d. S. auch Dreier/Schulze/*Dreier*[5] Rn. 11; Schricker/Loewenheim/*Vogel*[4] Rn. 21; *Dünnwald/Gerlach* Rn. 9). Die näheren Umstände der Verhältnismäßigkeit hängen auch von der Art des Mediums ab, in dem die Namensnennung erfolgt im Radio wird man selbst bei kleinen Popgruppen nur die Nennung des Gruppennamens verlangen können, während sich in ausführlichen Programmheften sogar die Namen aller Orchestermitglieder abdrucken lassen (Wandtke/Bullinger/ *Büscher*[4] Rn. 22; zu einem Fall der Abwägung dieser Art LG Köln ZUM-RD 2008, 211, 213).

b) Zu den Sätzen 2 und 3: Vertretung der Gruppe durch ihren gewählten Ver-   **11**
treter oder Leiter: Grundsätzlich erwirbt bei einer gemeinsamen Leistung **jeder Leistungsschutzberechtigte für sich** und unabhängig von den anderen ein eigenes gleichwertiges Leistungsschutzrecht (BGH GRUR 1993, 550, 551 – *The Doors*).

Soweit in der Gesetzesbegründung sowohl der alten wie auch der neuen Fas-   **12**
sung des auf die Gesichtspunkte der Rechtssicherheit und der Praktikabilität abgestellt wird, soll mit der Einräumung der Rechtewahrnehmung durch den Vorstand oder den Leiter der Gruppe der Schwierigkeit begegnet werden, dass andernfalls Dritte mit allen, bei größeren Künstlergruppen wie Orchestern, Chören etc. also mit einer Vielzahl, an der Darbietung beteiligten Künstlern Vereinbarungen treffen müssten (BGH GRUR 2005, 502, 504 – *Götterdämmerung*). Die meisten Ensembles verfügen über einen gewählten Vertreter (**Vorstand** im Sinne des § 74 Abs. 2 S. 2, näher dazu *Dünnwald/Gerlach* Vor § 74 Rn. 11 f.; LG Köln ZUM-RD 2008, 211, 212). In deren Abwesenheit ist **Leiter** ersatzweise diejenige natürliche Person, welche die künstlerische Führungsposition innehat (also z. B. der Dirigent eines Orchesters, *Dünnwald/Gerlach* Vor § 74 Rn. 13).

Auch eine **Rock- oder Popgruppe** mit vier Mitgliedern ist eine Künstlergruppe   **13**
im Sinne des § 74 Abs. 2 S. 2 (BGH GRUR 1993, 550, 551 – *The Doors*).

Allerdings hat eine solche regelmäßig weder einen gewählten Vertreter noch   **14**
einen Leiter oder Vorstand. Auf der Basis des früheren Rechts hatte der BGH entschieden, ein völliger Ausschluss der Durchsetzbarkeit (und insb. der Klagemöglichkeit nach § 80 a. F.) beim **Fehlen eines Vorstandes oder Leiters** würde auf eine Versagung des von der Verfassung als Eigentum anerkannten Schutzrechts des ausübenden Künstlers (BVerfG GRUR 1990, 438, 440 – *Bob Dylan*) hinauslaufen, sofern die Rechtsdurchsetzung eines gerichtlichen Rechtsschutzes bedarf (GRUR 1993, 550, 551 – *The Doors*). Trotz des geänderten Wortlauts ist mit der Neufassung keine Änderung der materiellen Rechtslage beabsichtigt. Insb. die zu § 80 a. F. ergangene Rechtsprechung soll auch auf das neue Recht vollständig weiter anwendbar sein (so ausdrücklich die Gesetzesbegründung RegE UrhG Infoges – BT-Drs. 15/38, S. 24 f.). Wenn also eine Gruppe weder über einen Vorstand noch einen Leiter oder einen gewählten Vertreter verfügt, bleibt auch weiterhin jedes **einzelne Mitglied zur Geltendmachung seiner Rechte und Ansprüche berechtigt** (so ausdrücklich zu § 80 Abs. 2 Begr RegE UrhG Infoges – BT-Drs. 15/38, S. 25). Kümmert sich ein (wenn auch künstlerisch inaktives) Mitglied im weitesten Sinne um die Vermögensinteressen und rechtliche Belange der Gruppe, kann dieses Mitglied „Vorstand" sein (OLG Köln ZUM 2001, 166, 169).

Bei **ausländischen Künstlern** muss in diesem Fall das einzelne Mitglied in   **15**
Deutschland geschützt sein (vgl. § 125 Rn. 4; zur Beweislast für die Staatsangehörigkeit OLG Köln GRUR-RR 2005, 75 – *Queen*). Macht jedoch der Vorstand, Leiter oder gewählte Vertreter Ansprüche der Gruppe geltend, muss es ausreichen, wenn ein einziges Mitglied der Gruppe Schutz in Deutschland beanspruchen kann.

Der **Arbeitgeber einer Gruppe** kommt nicht als ihr „Leiter" in Betracht. Hat   **16**
ein Solist eine **Begleitband** engagiert, gilt er als deren Arbeitgeber. In diesem Fall ist der Leiter, Vorstand oder gewählte Vertreter der Begleitband, nicht

der Solist, "Leiter" im Sinne des Gesetzes (BGH GRUR 1999, 49, 50 – *Bruce Springsteen and his Band*). Beim Einsatz von Studiomusikern („Session Musicians"), die für eine Aufnahmesitzung engagiert werden (meist vom die Produktion organisierenden und finanzierenden Tonträgerhersteller) wird es – jedenfalls was diese Musiker angeht – meist an einem „Leiter" fehlen, jedenfalls soweit sie nicht als Ensemble unter Vertrag genommen werden.

17 Bei länger bestehenden oder auf **Dauer angelegten Zusammenschlüssen** von Künstlern, bei denen im Laufe der Zeit die Mitglieder wechseln, kann der **aktuelle Vorstand** (Leiter oder gewählte Vertreter) auch die bereits vor seiner Amtszeit entstandenen **Ansprüche und Rechte früherer Mitglieder** wahrzunehmen, wenn die betreffende Künstlergruppe eine einem Verein oder einer Gesellschaft ähnliche Struktur aufweist und über einen längeren Zeitraum unabhängig von einem Wechsel der Mitglieder in ihrer Eigenart fortbesteht (BGH GRUR 2005, 502, 504 – *Götterdämmerung*). Dass die Mitglieder eines Orchesters lediglich für **wiederkehrende Festspiele** unter Vertrag genommen werden, zwischen den Spielzeiten einzelne Mitglieder ausscheiden und neue hinzutreten, steht nicht entgegen, wenn sich die Zusammenstellung eines Orchesters für die jeweilige Festspielsaison alljährlich wiederholt (BGH a. a. O.).

18 **c) Zu S. 4: Ausnahme bei besonderem Interesse:** Die Ausnahme des S. 4 stellt klar, dass trotz Zugehörigkeit zu einem Ensemble mit einem Vorstand, Leiter oder gewählten Vertreter ausnahmsweise ein Anspruch auf individuelle Namensnennung besteht (und zwar auch gegen den Willen des Leiters), wenn der einzelne ein besonderes Interesse an der persönlichen Nennung besitzt, etwa ein Solist im Chor (so ausdrücklich Begr RegE UrhG Infoges – BT-Drs. 15/38, S. 23). Ferner wird man im Regelfall bei den in § 80 Abs. 1 a. F. (vgl. § 80 Rn. 1) noch ausdrücklich erwähnten Solisten, Dirigenten und Regisseuren generell ein solches besonderes Interesse annehmen dürfen (Schricker/Loewenheim/*Vogel*[4] Rn. 36; *Dünnwald/Gerlach* Rn. 14; zu einem Fall, wo dies ausnahmsweise bei einem Dirigenten nicht der Fall war: LG Köln ZUM-RD 2008, 212, 213;).

4. Abs. 3: Verweis auf § 10 Abs. 1

19 Die Vorschrift ist eingefügt worden aufgrund des Gesetzes zur Verbesserung der Durchsetzung von Rechten des geistigen Eigentums mit Wirkung zum 1.9.2008 (BGBl. I S. 1191 ff. und dient der Umsetzung von Art. 5 Buchst. b) der Enforcement-RL. Ausweislich ErwG 19 der Richtlinie soll die gesetzliche Vermutung auch für Inhaber verwandter Schutzrechte Anwendung finden, da die Bemühung, Rechte durchzusetzen und Produktpiraterie zu bekämpfen, häufig von Inhabern verwandter Schutzrechte, etwa von Tonträgerherstellern vorgenommen wird. Darauf verweist die deutsche Gesetzesbegründung (RegE UmsG Enforcement-RL – BT-Drs. 16/5048, S. 47).

20 Da die Tonträgerhersteller bei der Piratiebekämpfung regelmäßig die Rechte der ausübenden Künstler mit vertreten, stellt sich die Frage, ob sie insoweit über eine Vollmacht bzw. Ermächtigung des Künstlers verfügen müssen, um sich auf die Vermutung stützen zu können, oder ob es ausreicht, deren ausschließliche Nutzungsrechte erworben zu haben. Nach der Gesetzesbegründung rechtfertigen es Sinn und Zweck der Enforcement-RL, auch die Inhaber ausschließlicher Nutzungsrechte mit der Vermutung der Rechtsinhaberschaft bezogen auf ihr Nutzungsrecht auszustatten (RegE UmsG Enforcement-RL – BT-Drs. 16/5048, S. 47). Dieser Gedanke hat Eingang in § 10 Abs. 3 n. F. gefunden, auf den § 74 Abs. 3 jedoch keinen Bezug nimmt. Dies ist systematisch korrekt, weil sich § 10 Abs. 3 S. 2 auf die Inhaber ausschließlicher Nutzungsrechte (und nicht, wie § 74, den ursprünglichen Rechtsinhaber, hier also den ausübenden Künstler) bezieht.

Daran, dass § 10 Abs. 3 sich auch auf die Inhaber ausschließlicher Nutzungs- **21**
rechte an Leistungen ausübender Künstler bezieht, kann schon wegen der dortigen ausdrücklichen Bezugnahme auf den „ursprünglichen Inhaber des verwandten Schutzrechts" kein Zweifel bestehen. Diese Bezugnahme in Abs. 3
S. 2 würde keinen Sinn machen, wenn sie sich nicht auf Abs. 3 S. 1 bezöge.
§ 10 ist mithin bezüglich ausübender Künstler wie folgt zu lesen:

„Wer auf den Vervielfältigungsstücken eines erschienenen Bild- oder Tonträ- **22**
gers auf einer Aufnahme der Darbietung in der üblichen Weise als ausübender
Künstler bezeichnet ist, wird bis zum Beweis des Gegenteils als ausübender
Künstler der Darbietung angesehen; dies gilt auch für eine Bezeichnung, die
als Deckname oder Künstlername des ausübenden Künstlers bekannt ist.
Für die Inhaber ausschließlicher Nutzungsrechte an Rechten ausübender
Künstler gilt dies, soweit es sich um Verfahren des einstweiligen Rechtsschutzes
handelt oder Unterlassungsansprüche geltend gemacht werden. Die Vermutung
gilt nicht im Verhältnis zum ursprünglichen Inhaber des verwandten Schutz-
rechts."

III. Prozessuales

Die Darlegungs- und Beweislast für die **Existenz eines Vorstandes oder Leiters** **23**
trifft denjenigen, der die Behauptung des Künstlers bestreitet, eine Musikgruppe verfüge nicht über einen Vorstand, Leiter oder gewählten Vertreter
(BGH GRUR 1993, 550, 551 – *The Doors*).

Obwohl die Prozessführungsbefugnis als Prozessvoraussetzung grundsätzlich **24**
in jeder Lage des Verfahrens, also auch noch in der Revisionsinstanz, von Amts
wegen zu prüfen ist, müssen in Fällen der gesetzlichen oder gewillkürten **Pro-**
zessstandschaft (wenn der Vorstand oder Leiter befugt ist, die Rechte und Ansprüche der Gruppe geltend zu machen, handelt es sich um einen Fall der
gesetzlichen Prozessstandschaft, OLG Frankfurt GRUR 1985, 380) die Tatsachen, aus denen sich die Prozessführungsbefugnis ergibt, spätestens im Zeitpunkt der letzten mündlichen Verhandlung vor dem Berufungsgericht vorgelegen haben (BGH GRUR 1993, 550, 551 – *The Doors*; BGH NJW 1988, 1585,
1587 m. w. N.).

Handelt es sich bei der **Künstlergruppe** um eine **juristische Person** (und zwar **25**
ggf. auch nach ausländischem Recht), kann dies der aus der Verletzung eines
eigenen Leistungsschutzrechts hergeleiteten eigenen Prozessführungsbefugnis
des Künstlers entgegenstehen (BGH GRUR 1993, 550, 552 – *The Doors*). Vgl.
§ 75 Rn. 38; vgl. § 80 Rn. 37 ff.

§ 75 Beeinträchtigung der Darbietung

[1]Der ausübende Künstler hat das Recht, eine Entstellung oder eine andere
Beeinträchtigung seiner Darbietung zu verbieten, die geeignet ist, sein Ansehen oder seinen Ruf als ausübender Künstler zu gefährden. [2]Haben mehrere
ausübende Künstler gemeinsam eine Darbietung erbracht, so haben sie bei
der Ausübung des Rechts aufeinander angemessene Rücksicht zu nehmen.

I. Allgemeines

1. Früheres Recht

1 Die Vorschrift wurde neu gefasst mit Wirkung zum 13.9.2003 (BGBl. I S. 1774). Die bis dahin geltende Fassung lautete:

> **§ 83 Schutz gegen Entstellung**
> (1) Der ausübende Künstler hat das Recht, eine Entstellung oder eine andere Beeinträchtigung seiner Darbietung zu verbieten, die geeignet ist, sein Ansehen oder seinen Ruf als ausübender Künstler zu gefährden.
> (2) Haben mehrere ausübende Künstler gemeinsam eine Darbietung erbracht, so haben sie bei der Ausübung des Rechts aufeinander angemessene Rücksicht zu nehmen.
> (3) (...)

Der Wortlaut der Vorschrift ist also unverändert geblieben und hat lediglich seinen Standort im Gesetz verändert. Aus Abs. 2 der a. F. wurde S. 2 n. F.

2 Bereits vor Inkrafttreten des UrhG konnte bei einer schwerwiegenden Verletzung des Künstlerpersönlichkeitsrechts ein immaterieller Schadensersatz in gleicher Weise und in gleichem Umfang nach §§ 83 a. F., 97 Abs. 2 UrhG zugebilligt werden (so zum Urheberpersönlichkeitsrecht BGH GRUR 1971, 525, 526 – *Petite Jacqueline*).

2. Verhältnis zu anderen Normen und zum Vertragsrecht

3 Wirkt der Künstler in einem **Filmwerk** mit, kann er nach **§ 93 Abs. 1 S. 2** hinsichtlich der Herstellung und Verwertung des Filmwerkes nur gröbliche Entstellungen oder andere gröbliche Beeinträchtigungen verbieten.

4 Im Rahmen des Erwerbs von Nutzungsrechten kommt über den Verweis in § 79 Abs. 2 S. 2 auch das **Änderungsverbot des § 39** entsprechend zur Anwendung. Dies bedeutet eine Neuerung gegenüber dem früheren Recht, nach dem Änderungen nur verbietbar waren, soweit sie den Grad einer Entstellung nach § 83 a. F. erreichten (KG GRUR-RR 2004, 129, 131 – *Modernisierung einer Liedaufnahme*).

5 Änderungs- und Bearbeitungsverbote können auch **aus dem Künstlervertrag** folgen, binden dann aber nur den Vertragspartner (KG GRUR-RR 2004, 129, 131 – *Modernisierung einer Liedaufnahme*).

6 Gerade bei der Abwehr unautorisierter Ton- oder Bildtonaufnahmen treten neben die Abwehransprüche aus den Verwertungsrechten, insb. § 77, 78 Abs. 1 diejenigen aus dem **Bildnisschutz** (§§ 22, 23 KUG; näher dazu *Dünnwald/Gerlach* Vor § 74 Rn. 19), soweit die unerlaubte Verwertung der Darbietung in Verbindung mit Bildnissen der mitwirkenden Künstler erfolgt bzw. dem **Namensrecht** (§ 12 BGB; näher dazu *Dünnwald/Gerlach* Vor § 74 Rn. 18) und dem **allgemeinen Persönlichkeitsrecht** (zur Reichweite dieses Schutzes vor allem: BGH GRUR 1968, 652, 654 – *Ligaspieler*; BGH GRUR 1979, 425, 426 – *Fußballspieler*; BGH GRUR 1997, 1152, 1153 – *Bob Dylan*; näher dazu *Dünnwald/Gerlach* Vor § 74 Rn. 17 ff.; zum postmortalen Schutz: BGH

GRUR 2000, 709, 711 – *Marlene Dietrich*; BGH GRUR 2002, 690, 691 – *Marlene Dietrich*; BGH GRUR 2007, 168, 169 – *kinski-klaus.de*; näher dazu *Dünnwald/Gerlach* Vor § 74 Rn. 21). Weitere Abwehransprüche können sich aus dem UWG ergeben (dazu eingehend auf der Basis des alten UWG OLG Hamburg GRUR 1989, 525, 526 – *Die Zauberflöte II*; OLG Köln GRUR 1992, 388, 390 – *Prince*; näher dazu *Dünnwald/Gerlach* Vor § 74 Rn. 20). Zu dem gesamten Themenkomplex vgl. § 77 Rn. 7.

3. Internationales Urheberrecht

Diese Möglichkeiten spielen besonders dort eine wichtige Rolle, wo der Schutz **7** der Verwertungsrechte ausländischer Künstler nicht über Staatsverträge gesichert ist. In diesen Fällen genießen Künstler nur den Minimalschutz nach § 125 Abs. 6, der neben §§ 74, 77 Abs. 1 und 78 Abs. 1 Nr. 3 auch für § 75 für anwendbar erklärt. Soweit also eine Abwehr unerlaubter Nutzungen auf Grundlage der §§ 77 Abs. 1 und 78 Abs. 1 Nr. 3 scheitert, gewinnen mögliche Unterlassungsansprüche, die sich auf eine Verletzung der Künstlerpersönlichkeitsrechte, und hier insb. des § 75, stützen lassen, besondere Bedeutung (OLG Köln GRUR 1992, 388, 389).

II. Tatbestand

1. Entstellung oder sonstige Beeinträchtigung

Bei § 75 kommt dasselbe dreistufige Prüfungsverfahren zur Anwendung, wie **8** es von § 14 bekannt ist. Nach der Feststellung einer objektiven Beeinträchtigung oder Entstellung (1. Stufe) und deren Eignung zur Gefährdung des künstlerischen Rufes oder Ansehens (2. Stufe) ist auf einer dritten Stufe abzuwägen, ob dem gefährdeten Künstlerinteresse oder den Gegeninteressen der Vorrang einzuräumen ist (OLG Dresden ZUM 2000, 955, 957 – *Die Csárdásfürstin*). Wegen des unterschiedlichen Schutzgegenstands (Werk einerseits, Darbietung des Werkes andererseits) indiziert eine Entstellung des dargebotenen Werks nach § 14 nicht zugleich eine Entstellung oder Beeinträchtigung nach § 75 (so auch *Dünnwald/Gerlach* Rn. 6).

Eine Entstellung oder andere Beeinträchtigung der Darbietung kommt in ver- **9** schiedenen tatsächlichen Konstellationen in Betracht:

Geht die künstlerische Leistung, wie etwa beim Bühnenregisseur, **der Darbie- 10 tung voraus** (vgl. § 73 Rn. 19), kann die Entstellung in der Abweichung der Darbietung von dem liegen, was der Regisseur festgelegt hatte (OLG Dresden ZUM 2000, 955 – *Die Csárdásfürstin*; OLG München NJW 1996, 1157, 1158 – *Iphigenie in Aulis*).

Während der Darbietung selbst kommt eine Entstellung oder sonstige Beein- **11** trächtigung vor allem dann in Betracht, wenn tatsächliche Bedingungen sich gleichsam zwischen den Darbietenden und sein Publikum schieben und die ungestörte Wahrnehmung verhindern. Dies kann z. B. der Fall sein, wenn die Soundanlage (in der Fachsprache: „PA" für „public address"), über welche die Darbietung in den Saal übermittelt wird, die Darbietung verzerrt. Denkbar wäre aber auch, dass ein Ort, an dem die Darbietung stattfindet, für diese Darbietung ungeeignet ist (z. B. wegen mangelhafter Akustik oder nicht abstellbarer Lärmquellen).

Solche Fälle dürften indes praktisch kaum relevant werden, da der Unterlas- **12** sungsanspruch in solchen Fällen regelmäßig durch Abbruch der Darbietung – also durch den oder die Künstler selbst – verwirklicht werden kann. Damit aber verlagert sich die Frage, ob der Abbruch (oder die Weigerung, die Leistung zu erbringen) zulässig ist, ins Vertragsrecht. Wenn der Künstler weiß, dass voraussichtlich die Bühne ungeeignet ist, darf er sich eben nicht darauf einlassen, sie zu bespielen. §§ 79 Abs. 2 S. 2, 39 kommen – jedenfalls direkt – nicht zur Anwendung, weil die Live-Darbietung selbst nicht mit einem Verwertungsrecht versehen ist (vgl. Vor §§ 73 ff. Rn. 1).

13 Die meisten Beeinträchtigungen dürften in Zusammenhang mit der Aufzeichnung von Darbietung auf **Bild- oder Tonträger** stattfinden. Zudem sind diese Fälle von besonderer Bedeutung, weil die unbegrenzte Reproduzierbarkeit der Aufnahme einen besonders intensiven Eingriff zu begründen vermag. Zu denken ist hier sowohl an Fälle, in denen eine Darbietung aufgezeichnet wurde, die bereits als Live-Darbietung – etwa wegen mangelhafter Akustik – eine Entstellung oder andere Beeinträchtigung beinhaltete, als auch an Fälle, in denen die an sich nicht entstellte oder beeinträchtigte Darbietung in mangelhafter technischer Qualität aufgenommen wurde.

14 Auch bei den verschiedenen Arten der **öffentlichen Wiedergabe** von Live-Darbietungen bzw. Bild- oder Tonträgeraufzeichnungen davon kommt eine Entstellung oder sonstige Beeinträchtigung in Betracht, wenn durch technische Mängel die Wiedergabe der Darbietung verzerrt erscheint.

15 Schließlich kann der Eingriff darin liegen, dass eine – für sich genommen nicht entstellte – Darbietung **in einen Zusammenhang gestellt wird,** der die Interessen des Künstlers beeinträchtigt. Solche Fälle sind denkbar, wenn die (als solche nicht beeinträchtigte) Darbietung
  – für **Werbezwecke** (BGH GRUR 1979, 637, 638 f. – *White Christmas*);
  – in **politisch extremistischen Zusammenhängen** (zu § 14: OLG Frankfurt GRUR 1995, 215, 216 – *Springtoifel*);
  – in anderer Weise mit anderen Gegenständen verbunden wird, die den Interessen des Künstlers abträglich sind (etwa durch das Cover eines Tonträgers) oder durch die **Verbindung einer Tonaufnahme mit Bildern** in einer beeinträchtigenden Weise (i. d. S. für den Werkschutz BGH GRUR 2002, 532, 534 – *Unikatrahmen*);
  – eines Schauspielers neu synchronisiert wird. Diese Möglichkeit spielt eine Rolle sowohl bei der **Synchronisation** fremdsprachiger wie auch deutschsprachiger Darbietungen (hier ist aber § 93 Abs. 1 S. 2 zu beachten);
  – **bruchstückhaft** weiterverwendet wird (sog. *Sampling*), wobei hier der Anwendungsbereich von § 75 erst eröffnet ist, wenn die dargebotene Passage Werk(teil)-Schutz genießt (näher dazu vgl. § 73 Rn. 8; vgl. § 77 Rn. 18, a. A. *Dünnwald/Gerlach* Rn. 13; so auch, jedoch auf Basis einer fälschlich zu weiten Auslegung der Schutzfähigkeit i. S. v. § 73, LG Hamburg ZUM-RD 2010, 399, 413, n. rkr.).

2. Eignung zur Gefährdung des Ansehens oder Rufs als ausübender Künstler

16 Die Gefährdung des Ansehens oder des Rufs des Künstlers allein vermittelt noch keinen Unterlassungsanspruch, wenn sie nicht auf einer Entstellung oder sonstigen Beeinträchtigung beruht. Die Veröffentlichung der (erlaubten) Opernaufnahme mit der perfekt aufgezeichneten Darbietung eines indisponierten Sängers kann also nicht auf der Grundlage des § 75 verboten werden. **Verunglückte Darbietungen** gibt es, so lange Künstler auf Bühnen gestanden haben. Wird solch eine Darbietung live gesendet, mag dies peinlich für den Betroffenen sein, lässt sich jedoch nicht ändern, wenn er zur Sendung die erforderlichen (§ 78 Abs. 1 Ziff. 2) Rechte eingeräumt hat. Auch die weitere Verwertung von erlaubten Aufnahmen solcher Darbietungen oder die Wiederholungssendung richtet sich vor allem nach den geschlossenen Verträgen. Denkbar wäre in solchen Fällen meist nicht einmal ein Rückruf gemäß §§ 79 Abs. 2 S. 2, 42, weil er nicht auf gewandelter Überzeugung beruhen würde.

Allenfalls käme ein Unterlassungsanspruch wegen Verletzung des allgemeinen Persönlichkeitsrechts in Betracht, der dann aber wohl dem Wertungsmodell des Rückrufs wegen gewandelter Überzeugung unterworfen werden müsste, insb. der dort angeordneten Entschädigungspflicht (näher dazu vgl. § 79 Rn. 93).

Das künstlerpersönlichkeitsrechtliche Entstellungsverbot reicht weniger weit **17** als das urheberrechtliche Entstellungsverbot nach § 14 UrhG. Während § 14 UrhG auf die Eignung des Eingriffs abstellt, die berechtigten geistigen oder persönlichen Interessen des Urhebers am Werk zu gefährden, kann ein ausübender Künstler nur solche Beeinträchtigungen verbieten, **die geeignet sind, sein Ansehen oder seinen Ruf als ausübender Künstler zu gefährden.**

Grundsätzlich wird die Eignung zur Gefährdung des künstlerischen Rufes oder **18** **Ansehens durch das objektive Vorliegen der Beeinträchtigung indiziert** (OLG Dresden ZUM 2000, 955 – *Die Csárdásfürstin* unter Hinweis auf OLG München GRUR Int. 1993, 323, 333 – *Christoph Columbus*). Allerdings lässt sich diese Vermutung wegen der Besonderheiten des künstlerischen Leistungsschutzes in bestimmten Fallgruppen regelmäßig entkräften:

In Fällen der **mangelhaften Aufzeichnung** oder **Übertragung** fehlt es an der **19** Eignung zur Gefährdung des Ansehens, wenn der Hörer der Aufnahme die Mängel einer unzureichenden Technik oder Übertragung oder Aufzeichnung, und nicht einer mangelhaften künstlerischen Leistung des Künstlers zuschreibt (GRUR 1987, 814, 816 – *Die Zauberflöte*; OLG Köln GRUR 1992, 388, 389).

Werden technisch mangelhafte Live-Aufnahmen auf Ton- oder Bildträgern verwertet, kann durch einen deutlichen **Hinweis auf der Verpackung** auf die Umstände, unter denen die Aufnahme hergestellt wurde die Eignung zur Rufgefährdung beseitigt werden (OLG Köln GRUR 1992, 388, 390 – *Prince*; OLG Hamburg GRUR 1992, 746, 748 – *Rolling Stones*). **20**

Bei einer **Rundfunkübertragung** oder der **Sendung einer technisch mangelhaf-** **21** **ten Aufzeichnung** wird wohl zu unterscheiden sein: Bei kurzen Stücken dürfte ein entsprechender Hinweis des Moderators in ähnlicher Weise wie bei einem Ton- oder Bildträger die Eignung zur Rufgefährdung ausschließen. Anders mag es aussehen, wenn eine ganze Oper, eine ganze Symphonie oder ein ganzer Konzertmitschnitt gesendet wird. Immer vorausgesetzt, die schlechte Qualität ist nicht bereits an sich als rein aufzeichnungstechnisch bedingt erkennbar, und ferner unterstellt, der Künstler ist überhaupt identifizierbar, wird es kaum ausreichen, dass ganz zu Beginn und nach dem Ende der Sendung auf die Gründe der mangelhaften Qualität hingewiesen wurde, weil eine zu große Zahl Hörer während der der Darbietung ein- und wieder ausschaltet.

Ob die Ruf- oder Ansehensgefährdung in der **Öffentlichkeit oder in Fachkrei-** **22** **sen** zu befürchten ist, spielt keine Rolle. Abgesehen davon, dass sich eine Rufbeeinträchtigung, die zunächst nur von Fachkreisen wahrgenommen wird, über die Medien auf die allgemeine Öffentlichkeit fortzupflanzen pflegt, ist gerade die Rufbeeinträchtigung im Kreis der Kollegen, Kritiker und Veranstalter besonders einschneidend. Da allerdings der Künstler aus § 75 (vgl. Rn. 16), keinen Anspruch auf Unterdrückung misslungener Darbietungen ableiten kann und Experten regelmäßig besonders gut zwischen technischen und künstlerischen Defiziten zu unterscheiden vermögen, dürfte die Möglichkeit einer Entstellung oder sonstigen Beeinträchtigung, die nur für Experten erkennbar ist, praktisch kaum eine Rolle spielen. Umgekehrt ist es eher wahrscheinlich, dass die allgemeine Öffentlichkeit gewisse technische Mängel mit der – an sich fehlerfreien – Leistung des Künstlers assoziiert.

Dabei geht es hier nicht nur um die Frage, ob die vermeintlich mangelhafte **23** Darbietung dem Künstler zugerechnet wird. Bei der unveränderten Übernahme in einen rufgefährdenden Zusammenhang kann die rufschädigende Wirkung auch darin liegen, dass der Künstler befürchten muss, ihm könnte unterstellt werden, er habe dieser Beeinträchtigung zugestimmt (Schricker/Loewenheim/ *Vogel*[4] Rn. 31).

3. Im Rahmen des vertraglichen Nutzungsrechtserwerbs: entsprechende Anwendung des § 39 gemäß § 79

24 Da es sich bei dem Recht nach § 75 um ein Künstlerpersönlichkeitsrecht handelt, das nicht übertragbar ist (was sich unmittelbar aus § 79 Abs. 1 ergibt), stellt sich wie bei den Urheberrechten die Frage nach dem Verhältnis zwischen dem allgemeinen Entstellungsverbot (dort § 14, hier § 75) und den Änderungsregeln des § 39 (auf ausübende Künstler über § 79 Abs. 2 S. 2 anwendbar). Auf die dortige Kommentierung sei zunächst verwiesen (vgl. § 39 Rn. 1 ff.).

25 Im Falle von **Eingriffen in eine Theaterinszenierung** sind vom Künstler solche Beeinträchtigungen hinzunehmen, die sich im Zuge der Aufführungen zwangsläufig ergeben, wie etwa durch bekannte technische Notwendigkeiten veranlasste Abänderungen. Auch unbehebbare organisatorische Probleme, etwa der Besetzung, können möglicherweise Eingriffe in eine Inszenierung mit der Folge einer Beeinträchtigung erforderlich machen, die indes als ohne weiteres zugestanden gelten dürfen (OLG München NJW 1996, 1157).

26 Umgekehrt muss sich der Veranstalter die ihm bei Vertragsschluss bekannte Konzeption einer Inszenierung entgegenhalten lassen, etwa wenn er damit rechnen musste, dass besonders drastische Ausdrucksmittel bei einem Teil des Publikums zu heftigen Reaktionen führen. Wer dies vermeiden will, muss im Regievertrag ausdrücklich einen Änderungsvorbehalt regeln (OLG Dresden ZUM 2000, 955, 958 – *Die Csárdásfürstin*).

27 Im **Musikbereich** stellt sich die Frage nach der Reichweite der vertraglichen Vereinbarungen vor allem, wenn die Darbietung vom Nutzungsrechtsinhaber später in einen neuen Zusammenhang gestellt wird, ohne dass der Künstler – wie dies normalerweise während der Produktion der Fall wäre – das neu entstandene Endprodukt nochmals zu Gehör bekommt, also etwa bei der Neuabmischung von in Mehrspurtechnik hergestelltem (Archiv-) Material. In der Regel lassen sich die Tonträgerhersteller in den Künstlerverträgen das Recht einräumen, solche Neuabmischungen vornehmen zu dürfen. Wo solche Klauseln fehlen, dürfte sich die Befugnis dazu meist nach § 31 Abs. 5 vom Vertragszweck gedeckt sein (i. d. S. KG Berlin GRUR-RR 2004, 129, 131 – *Modernisierung einer Liedaufnahme*, allerdings noch zur Rechtslage vor der Novelle von 2003; Schricker/Loewenheim/Krüger[4] § 79 Rn. 12; *Dünnwald/Gerlach* Rn. 9 f., 16).

28 Normalerweise dürfte die Bandbreite dessen, was die Parteien im Zusammenhang mit der ursprünglichen Veröffentlichung praktiziert haben, als Maßstab für das dienen können, was auch künftig nicht geeignet ist, sein Ansehen oder seinen Ruf als ausübender Künstler zu gefährden: Wenn also beispielsweise bei einer Single-Veröffentlichung bereits im Rahmen der ursprünglichen Produktion verschiedene Versionen erstellt wurden oder jedenfalls zwischen den Parteien Einigkeit darüber bestand, dass solche Versionen bei Bedarf hergestellt werden sollten, ist grundsätzlich davon auszugehen, dass dem Künstler nicht daran gelegen war, seine Darbietung ausschließlich in einer ganz konkreten Form ausgewertet zu sehen.

29 Ihre Grenze findet die Änderungsbefugnis in entstellenden Veränderungen der Aufnahme als solcher (also bei willkürlichen Veränderungen des Klangs, die nicht lediglich der Verbesserung – etwa durch Ausschaltung von Nebengeräuschen – dienen) sowie bei der Einfügung der Darbietung in rufgefährdende Zusammenhänge.

Ansehen und Ruf als ausübender Künstler sind in einem solchen Fall selbst **30** dann gefährdet, wenn der Nutzer den Namen des Künstlers nicht nennt. Abgesehen davon, dass der Künstler in einem solchen Fall immer befürchten müsste, an gewissen Eigenarten seiner Darbietung gleichwohl erkannt zu werden, kann bereits aus systematischen Gründen ein Verstoß gegen das Entstellungsverbot nicht ausgerechnet mit einem Verstoß gegen das Namensnennungsgebot gerechtfertigt werden.

4.   S. 2: Rücksichtnahmegebot bei mehreren ausübenden Künstlern

Das Rücksichtnahmegebot verstößt nicht, wie bisweilen vertreten (*Dünnwald* **31** ZUM 2004, 161, 176, wohl nicht aufrechterhalten in *Dünnwald/Gerlach* Rn. 19 ff.), gegen die Vorgaben des Art. 5 WPPT, der eine solche Einschränkung nicht ausdrücklich vorsieht. Es besitzt auch im deutschen Recht nur klarstellende Funktion, denn es bringt lediglich eine **allgemeine Regel** zum Ausdruck, die sich ohne weiteres aus dem Nebeneinander mehrerer gleichgerichteter absoluter Rechte ergibt: Da das Leistungsschutzrecht des ausübenden Künstlers ihn nicht nur in seinen Verbots-, sondern vor allem in seinen Auswertungsinteressen schützt, würde die uneingeschränkte Möglichkeit des einzelnen Künstlers, die Auswertung insgesamt zu verbieten, das Interesse der übrigen mitwirkenden Künstler an einer Auswertung zunichte machen (dazu ausführlich *Schaefer* FS Nordemann II S. 227, 230 ff.).

Wie stets in solchen Fällen, muss also in einer **Interessenabwägung** geklärt **32** werden, in welchem Verhältnis diese Interessen zueinander stehen (OLG München NJW 1996, 1157, 1159 – *Iphigenie in Aulis*). Ist von der Entstellung oder Beeinträchtigung nur ein einzelner mitwirkender Künstler betroffen, setzt sich sein Interesse leichter durch, als wenn der Eingriff die **Darbietung insgesamt** erfasst, die übrigen Mitwirkenden aber keinen Grund sehen, deshalb ein Verbot auszusprechen.

Doch selbst **wenn nur ein einzelner Künstler** betroffen ist, wird stets sein Anteil **33** an der gesamten Darbietung zu bewerten sein. Bei der Bewertung sind zwei aus der Gesetzessystematik folgende Faktoren von Bedeutung:

Gerade bei einem **geringen Anteil des einzelnen Künstlers** an der Gesamtdarbie- **34** tung wird es häufig bereits an der von S. 1 vorausgesetzten Eignung fehlen, sein Ansehen oder seinen Ruf als ausübender Künstler zu gefährden.

In solchen Fällen wird die Zahl der übrigen Mitwirkenden und deren gerecht- **35** fertigte Interessen in die Betrachtung einzubeziehen sein. **Je geringer die Zahl der übrigen Mitwirkenden und je geringer das Interesse an der Auswertung gerade einer speziellen Darbietung, desto eher wird sich das Verbietungsinteresse des einzelnen Künstlers durchsetzen lassen.** Ist etwa in einer Opernaufzeichnung eines bestimmten Abends die Leistung eines Solisten durch einen Mikrofonfehler entstellt, könnte versucht werden, die entstellten Teile durch fehlerfreie Aufnahmen aus andern Abenden – so vorhanden – zu ersetzen – falls sich nicht (vgl. Rn. 20 f.) durch geeignete Hinweise auf der Verpackung sogar die Eignung zur Gefährdung der Künstlerinteressen insgesamt beheben lässt.

Ist all dies nicht möglich, und erleben am selben Abend, an dem die Leistung **36** des einzelnen Künstlers entstellt war, das Ensemble und andere Solisten eine Sternstunde, muss der einzelne Künstler mit seinem Verbietungsinteresse zurückstehen, sofern es sich nicht um gröbliche Entstellungen oder Beeinträchtigungen handelt. Insofern wäre es verfehlt, aus der **Sonderregel für Filmwerke** in § 93 Abs. 1 S. 2 ableiten zu wollen, im Umkehrschluss dürfte außerhalb von Filmwerken nie eine Beschränkung des Verbietungsrechts auf gröbliche Entstellungen oder andere gröbliche Beeinträchtigungen stattfinden. Im Filmbereich nämlich ist diese Situation typisch (weil es dort nicht nur die Interessen der mitwirkenden Künstler, sondern auch diejenigen der Filmurheber und der sonstigen Mitwirkenden in die Abwägung einzubeziehen wären), während sie im Fall der reinen künstlerischen Darbietung eher die Ausnahme darstellt. Ausnahmsweise also kann auch außerhalb des Filmbereichs im Rahmen der Interessenabwägung eine nicht-gröbliche Entstellung oder Beeinträchtigung erforderlich, gerechtfertigt und hinzunehmen sein.

37 Im Übrigen hat der Gesetzgeber sich entschieden, für die Geltendmachung des Rechts nicht der Lösung des § 74 Abs. 2 zu folgen. Damit gilt die Vorschrift sowohl innerhalb von Ensembles, wie auch im Verhältnis zwischen Ensembles und den Solisten. Allerdings wird der Orchestervorstand, der Chorleiter usw. regelmäßig für die dem Ensemble angehörigen Künstler Verbotsansprüche geltend machen können. Erklärt er dagegen aufgrund einer Mehrheitsentscheidung, die Gruppe sei trotz der Entstellung oder Beeinträchtigung einverstanden mit der Verwertung, bleibt das Recht des Einzelnen an der Geltendmachung seines Verbotsrechts unberührt. Allerdings wird es sich in solchen Fällen wegen des Gebots der Rücksichtnahme meist nicht durchsetzen.

5. Rechtsfolgen
37a Der Verstoß gegen § 75 eröffnet nicht nur Unterlassungsansprüche, sondern sämtliche Rechtsfolgen des § 97 (so, noch auf Basis des § 83 a. F. OLG Hamburg GRUR 1992, 512 – *Prince*).

III. Prozessuales
38 Die Rechte des Künstlers aus § 75 können ausnahmsweise auch von Dritten, etwa Tonträgerherstellern, im Wege der gewillkürten Prozessstandschaft geltend gemacht werden, wenn diese ein gerechtfertigtes Interesse an einer solchen Rechtsdurchsetzung nachweisen (BGH GRUR 1995, 668, 670 – *Emil Nolde*; OLG Hamburg ZUM 2008, 438, 441 – *Anita*, beide zur Prozessstandschaft für Urheber). Dies dürfte in allen Fällen bestehen, in denen der Künstler seinem Vertragspartner den umfassenden Schutz seiner Rechte anvertraut. Besonders ausländische Künstler wären ohne einen für sie in Deutschland handelnden Vertragspartner nicht dazu in der Lage, ihre Rechte selbst durchzusetzen. Wo allerdings der Künstler selbst seine Rechte wahrnimmt, kann der betreffende Vertragspartner nicht noch daneben in Prozessstandschaft für ihn auftreten (i. d. S. OLG Hamburg ZUM-RD 2010, 260, 268).

§ 76   Dauer der Persönlichkeitsrechte

[1]Die in den §§ 74 und 75 bezeichneten Rechte erlöschen mit dem Tode des ausübenden Künstlers, jedoch erst 50 Jahre nach der Darbietung, wenn der ausübende Künstler vor Ablauf dieser Frist verstorben ist, sowie nicht vor Ablauf der für die Verwertungsrechte nach § 82 geltenden Frist. [2]Die Frist ist nach § 69 zu berechnen. [3]Haben mehrere ausübende Künstler gemeinsam eine Darbietung erbracht, so ist der Tod des letzten der beteiligten ausübenden Künstler maßgeblich. [4]Nach dem Tod des ausübenden Künstlers stehen die Rechte seinen Angehörigen (§ 60 Abs. 2) zu.

Übersicht   Rn.

I.   Allgemeines

1.   Früheres Recht, Geltung für ältere Darbietungen

Die Vorschrift wurde neu gefasst mit Wirkung zum 13.9.2003 (BGBl. I **1**
S. 1774). Die bis dahin geltende Fassung lautete:

§ 83   Schutz gegen Entstellung
(1) (...)
(2) (...)
(3) Das Recht erlischt mit dem Tode des ausübenden Künstlers, jedoch erst fünfzig
Jahre nach der Darbietung, wenn der ausübende Künstler vor Ablauf dieser Frist
verstorben ist; die Frist ist nach § 69 zu berechnen. Nach dem Tode des ausübenden Künstlers steht das Recht seinen Angehörigen (§ 60 Abs. 3) zu.

Die Vorschrift ist gegenüber der früheren Fassung in dreierlei Hinsicht geändert
worden: § 76 n. F. bezieht sich nicht mehr nur auf das Entstellungsverbot
(§ 75), sondern auch auf das in § 74 enthaltene Namensnennungsgebot. Ferner
schreibt die neue Norm vor, dass der Schutz mindestens so lange dauert wie
der Schutz der Verwertungsrechte. Schließlich enthält sie eine besondere Regelung über gemeinsame Darbietungen.

Da das Gesetz keine diesbezüglichen Übergangsbestimmungen enthält (§ 137f **2**
kommt schon dem Tatbestand nach nicht zur Anwendung), gilt die neue Fassung erst ab ihrem Inkrafttreten. **War die Frist nach altem Recht bereits abgelaufen, wird sie also nicht neu begründet.**

Eine **Ausnahme** gilt für das Namensnennungsrecht nach § 74. Dieses ist erst- **3**
mals mit demselben Gesetz eingeführt worden, das auch den Schutzlauf regelt
und kann insoweit die in § 76 n. F. vorgesehene Frist in Anspruch nehmen
(ebenso Schricker/Loewenheim/*Vogel*[4] Rn. 11).

2.   Rechtsnatur

Das Künstlerpersönlichkeitsrecht ist nur ein Ausschnitt und eine besondere Er- **4**
scheinungsform des allgemeinen Persönlichkeitsrechts (so zum Urheberpersönlichkeitsrecht BGH GRUR 1971, 525, 526 – *Petite Jacqueline*). Die Frage nach
der Rechtsnatur gewinnt Bedeutung bei der Frage nach der Vererblichkeit (vgl.
Rn. 11 ff.).

3.   Verhältnis zu anderen Vorschriften

Da in Verletzungsfällen neben dem Schutz des Künstlerpersönlichkeitsrechts **5**
häufig auch Schutz über das allgemeine Persönlichkeitsrecht gesucht werden
wird, gewinnt die neuere Rechtsprechung zu Bestand und Dauer des postmortalen Schutzes besondere Bedeutung (BGH GRUR 2000, 709, 711 – *Marlene
Dietrich*; BGH GRUR 2002, 690, 691 – *Marlene Dietrich*). Die Schutzdauer
der vermögenswerten Bestandteile des postmortalen Persönlichkeitsrechts ist
wie das Recht am eigenen Bild auf zehn Jahre nach dem Tod der Person begrenzt. Der postmortale Schutz des allgemeinen Persönlichkeitsrechts endet jedoch damit nicht insgesamt. Unter den Voraussetzungen und im Umfang des
postmortalen Schutzes der ideellen Bestandteile des postmortalen Persönlichkeitsrechts besteht er fort (BGH GRUR 2007, 168, 169 – *kinski-klaus.de*).

Ferner ist der Geldentschädigungsanspruch nach allgemeinem Persönlichkeitsrecht nicht vererblich (BGH GRUR 2014, 702). Die Schutzdauer der Verwertungsrechte des ausübenden Künstlers ist in § 82 geregelt.

II. Tatbestand

1. Zu S. 1: Gegenstand der Frist und Schutzfristanknüpfung

6 Durch den Versuch, die Änderungen des § 83 a. F. lediglich zu ergänzen, ist die Vorschrift unnötig schwer lesbar geraten. Einfacher ausgedrückt, lautet die Grundregel des § 76 S. 1: **Der Schutz nach §§ 74 und 75 gilt auf Lebenszeit, mindestens aber so lange, wie nach § 82 die Verwertungsrechte geschützt sind.**

7 Durch Bezugnahme auf die Verwertungsrechte wurde eine Vorgabe von Art. 5 Abs. 2 S. 1 WPPT umgesetzt. Mit der Kombination beider Regeln sollte gewährleistet werden, dass die persönlichkeitsrechtlichen Interessen von Künstlern, die vor Schutzablauf der Verwertungsrechte (§ 82) sterben, gegenüber Verwertern durchsetzbar bleiben (RegE UrhG Infoges – BT-Drs. 15/38, S. 23).

2. Zu S. 2: Anwendbarkeit des § 69 für den Fristbeginn

8 Für die Fristberechnung gilt, wie auch bei § 82, die allgemeine urheberrechtliche Regel des § 69 zum Fristbeginn. Da § 76 S. 1 in seiner ersten Alternative keinen Fristbeginn, sondern ein Fristende regelt, endet der Schutz mit dem Todestag des Künstlers, nicht erst mit dem Jahresende, in den sein Todestag fällt.

3. Zu S. 3: Fristlauf bei Künstlermehrheit

9 Für den Lauf des Schutzes auf Lebenszeit ist bei gemeinsamen Darbietungen nunmehr die Lebensdauer des längstlebenden Mitwirkenden maßgeblich. Jeder einzelne der übrigen Mitwirkenden kommt in den Genuss dieser längsten Frist. Da die Regel der getrennten Verwertbarkeit (§ 80 Abs. 1 S. 1) hier nicht übernommen wurde, gilt dies ganz allgemein für jedwede Mitwirkung an der Darbietung, auch im Filmbereich. Da jedoch gerade im Film wegen § 93 Abs. 1 Künstlerpersönlichkeitsrechte nur im Ausnahmefall durchsetzbar sind, dürfte die praktische Bedeutung dieser Schutzerweiterung weniger gravierend ausfallen, als es auf den ersten Blick erscheint.

10 Nach der früheren Regelung des § 83 Abs. 3 a. F. liefen die Schutzfristen aller an einer Darbietung beteiligten Künstler getrennt voneinander. Damit war die Darbietung im Ergebnis zwar regelmäßig ebenfalls so lange geschützt, wie der längstlebende Künstler, jedoch konnte nur dieser, und auch nur hinsichtlich seines Anteils an der Darbietung den Schutz geltend machen.

4. Zu S. 4: Vererblichkeit nur an Angehörige

11 Diese Bestimmung kann nur zur Anwendung kommen, wenn die Schutzfrist nicht mit dem Tod des Künstlers endet, weil sonst bei Eintritt des Erbfalls kein Recht mehr existiert, das einem Angehörigen zustehen könnte. Dies ist entweder der Fall, wenn der Schutz der Verwertungsrechte nach § 82 noch andauert, oder wenn ein anderer mitwirkender Künstler den Verstorbenen überlebt.

12 Während jedoch § 30 bei den Urhebern die Rechtsnachfolge auch an andere als Angehörige (§ 60 Abs. 2) vorsieht, und diesen insb. im Wege letztwilliger Verfügungen, sogar in den Fällen des § 29 Abs. 1, eine freie Bestimmung der Rechtsnachfolge auch hinsichtlich der Urheberpersönlichkeitsrechte erlaubt, ist ausübenden Künstlern diese Möglichkeit ausnahmslos verwehrt. Mit der **zwingenden Regelung, die Künstlerpersönlichkeitsrechte den Angehörigen vorzubehalten,** lehnt sich § 76 S. 4 an den Schutz des postmortalen Persönlichkeitsrechts an (BGH GRUR 2000, 709, 711 – *Marlene Dietrich*; BGH GRUR 2002, 690, 691 – *Marlene Dietrich*; BGH GRUR 2007, 168, 169 – *kinski-klaus.de*; BGH ZUM 2012, 474 Tz. 23).

Hat der ausübende Künstler also umfassend testamentarisch über seine Rechte **13** verfügt, kann es zu einem **Auseinanderfallen der Verwertungs- und Künstlerpersönlichkeitsrechte** kommen. Ist der Erbe nicht zugleich „Angehöriger" (§ 60 Abs. 2), fehlt ihm die Möglichkeit, Verletzungen des Künstlerpersönlichkeitsrechts geltend zu machen, und zwar selbst dann, wenn die Schutzfrist dafür noch nicht abgelaufen ist.

§ 77 Aufnahme, Vervielfältigung und Verbreitung

(1) Der ausübende Künstler hat das ausschließliche Recht, seine Darbietung auf Bild- oder Tonträger aufzunehmen.

(2) [1]Der ausübende Künstler hat das ausschließliche Recht, den Bild- oder Tonträger, auf den seine Darbietung aufgenommen worden ist, zu vervielfältigen und zu verbreiten. [2]§ 27 ist entsprechend anzuwenden.

Übersicht

I. Allgemeines

1. Bedeutung der Norm

§ 77 entspricht systematisch dem § 15 Abs. 1, ohne indes der Aufzählung ein **1** „insbesondere" voranzustellen. Der Umfang der dem Künstler zustehenden Ausschließlichkeitsrechte ist deshalb abschließend enumerativ definiert. Andere Rechte als diejenigen, welche §§ 77 und 78 dem ausübenden Künstler ausdrücklich zuweisen, stehen ihm mithin nicht zu.

2. Früheres Recht

Die Vorschrift wurde neu gefasst mit Wirkung zum 13.9.2003 (BGBl. I **2** S. 1774). Die bis dahin geltende Fassung lautete:

§ 75 Aufnahme, Vervielfältigung und Verbreitung
(1) Die Darbietung des ausübenden Künstlers darf nur mit seiner Einwilligung auf Bild- oder Tonträger aufgenommen werden.
(2) Der ausübende Künstler hat das ausschließliche Recht, den Bild- oder Tonträger zu vervielfältigen und zu verbreiten.
(3) Auf die Vergütungsansprüche des ausübenden Künstlers für die Vermietung und das Verleihen der Bild- oder Tonträger findet § 27 entsprechende Anwendung.
(4) (...)
(5) (...)

3 Mit dem als Einwilligungsrecht ausgestalteten Abs. 1 knüpfte § 75 a. F. an die bis 1995 geltende Rechtslage an. Bis zum 30.6.1995 (die Änderung mit BGBl. I, S. 842 trat zum 1.7.1995 in Kraft) lautete die Vorschrift wie folgt:

§ 75 Vervielfältigung
Die Darbietung des ausübenden Künstlers darf nur mit seiner Einwilligung auf Bild- oder Tonträger aufgenommen werden. Die Bild- oder Tonträger dürfen nur mit seiner Einwilligung vervielfältigt werden.

Die Änderung erfolgte im Zusammenhang mit der Umsetzung der Vermiet- und Verleih-RL und verschaffte den ausübenden Künstlern in Abs. 2 erstmals ausschließliche Verwertungsrechte nach dem Vorbild des § 15. Zuvor war auch das Vervielfältigungsrecht als Einwilligungsrecht ausgestaltet. Ein Verbreitungsrecht fehlte ganz, sodass ein Schutz gegen die Verbreitung unerlaubt hergestellter Vervielfältigungsstücke nur über § 96 Abs. 1 möglich war.

4 Bei der Auslegung von Altverträgen kommt vor diesem Hintergrund § 137e Abs. 4 S. 3 besondere Bedeutung zu. Wenn ein ausübender Künstler vor dem 30.6.1995 in einem Film mitgewirkt oder in die Benutzung seiner Darbietung im Film eingewilligt hat, gelten die ausschließlichen Rechte als auf den Filmhersteller übertragen. Hat er in die Aufnahme seiner Aufnahme auf Tonträger und die Vervielfältigung eingewilligt, gilt die Einwilligung zwingend als Übertragung des Verbreitungsrechts, einschließlich des Vermietrechts.

5 § 78 a. F. (bis 30.6.1995 gültigen Fassung) erlaubte dem Künstler auch die nachträgliche Einwilligung, selbst wenn er über die Rechte und Ansprüche nach §§ 74–77 (a. F.) bereits verfügt hatte. Die Vorschrift lautete:

§ 78 Abtretung
Der ausübende Künstler kann die nach den §§ 74 bis 77 gewährten Rechte und Ansprüche an Dritte abtreten; jedoch behält er stets die Befugnis, die in den §§ 74, 75 und 76 Abs. 1 vorgesehene Einwilligung auch selbst zu erteilen.

Da gemäß § 137e Abs. 1 die am 30.6.1995 in Kraft getretenen Vorschriften auch auf vorher geschaffene Darbietungen und Tonträger Anwendung finden, besteht diese Möglichkeit der nachträglichen Einwilligung durch den Künstler nicht mehr fort, selbst wenn die betreffende Darbietung (bzw. deren Aufnahme auf Bild- oder Tonträger) vor dem 30.6.1995 stattgefunden hat.

II. Tatbestand

1. Abs. 1: Das Aufnahmerecht

6 Dass die Aufnahme getrennt vom Vervielfältigungsrecht mit einem eigenen Ausschließlichkeitsrecht des Künstlers versehen ist, hängt mit dem spezifischen Gegenstand des Künstlerschutzes zusammen (ausführlich vgl. Vor §§ 73 ff. Rn. 1 f.). Da die Darbietung als solche nicht geschützt ist, kann in deren Aufnahme noch keine Vervielfältigung liegen (während das in der Darbietung verkörperte Werk durch die Aufnahme im Sinne des § 16 Abs. 2 vervielfältigt wird). Damit legt bei ausübenden Künstlern erst die Aufnahme der Darbietung den Gegenstand fest, der Schutz gegen die unerlaubte Vervielfältigung genießt. Das Vervielfältigungsrecht bezieht sich also nicht auf die Darbietung an sich, sondern auf die zuvor erfolgte **Aufnahme** einer Darbietung (a. A. *Dünnwald* ZUM 2004, 161, 164 f.).

7 Damit lässt sich aus § 77 Abs. 1 kein Anspruch des Künstlers ableiten, gegen **Nachahmer** vorzugehen, welche die Charakteristiken einer Darbietung wiederholen und von diesen Nachahmungen Aufnahmen herstellen (im Musikbereich heißen solche Nachahmungen *Soundalikes* – ausführlich dazu *Schierholz* S. 26 ff.; *Dünnwald/Gerlach*, Vor § 74 Rn. 22 ff.). Ein Schutz kommt insoweit

nur über das allgemeine Persönlichkeitsrecht, das Namens- und Wettbewerbsrecht in Betracht (so z. B. zur Werbung mit Doppelgängern BGH GRUR 2000,
715 – *Der blaue Engel*; OLG Karlsruhe AfP 1996, 282 – *Ivan Rebroff*; näher
dazu *Dünnwald/Gerlach*, Vor § 74 Rn. 19, 23). Die parodistische oder ver-
fremdende Verwendung der individuellen Art der Darbietung und der charakteristischen Erscheinung ist erlaubt, soweit für solche Darbietungen nicht mit
dem Namen des Originalkünstlers geworben wird (LG Düsseldorf, NJW 1987,
1413 – *Heino*; näher dazu *Dünnwald/Gerlach*, Vor § 74 Rn. 19, 25). Insofern
gelten die gleichen Kriterien wie generell für die Parodie (vgl. §§ 23/24
Rn. 89 f.). s. zum gesamten Themenkomplex auch vgl. § 75 Rn. 6.

Haben bei einer Mehrzahl ausübender Künstler nicht alle in die Aufnahme   **8**
eingewilligt, bestimmen sich die Rechtsfolgen nach § 80.

2. Abs. 2 S. 1: Das Vervielfältigungsrecht

Wie gerade ausgeführt, bezieht sich das Vervielfältigungsrecht ausschließlich   **9**
auf Bild- oder Tonträger (i. S. d. § 16 Abs. 2), auf denen die Darbietung aufgezeichnet ist. Dabei ist es ohne Belang, ob die Aufnahme mit oder ohne Zustimmung des Künstlers entstanden ist. Die (unerlaubte) Vervielfältigung von Live-
Mitschnitten nach Theater- oder Musikdarbietungen, bei denen z. B. unklar ist,
ob sie unerlaubt hergestellt wurden, verstößt jedenfalls gegen Abs. 2. Umgekehrt kann wegen der Trennung beider Rechte allein aus der Tatsache, dass
der Künstler in die Aufnahme eingewilligt hat, noch nicht gefolgert werden,
er habe auch die Vervielfältigungsrechte an der Aufnahme eingeräumt (OLG
München ZUM 1997, 144, 145 – *Prince*). Zu Vervielfältigungen im Zusammenhang mit Sendung und öffentlicher Wiedergabe vgl. § 78 Rn. 10, 24, 28 f.

a) Praktische Auswirkungen der Trennung von Aufnahme- und Vervielfälti-   **10**
gungsrecht: Im Künstlervertragsrecht kommt es zu Situationen, in denen der
Künstler geradezu planmäßig zwar das Aufnahmerecht, nicht dagegen ein darüber hinausgehendes Vervielfältigungsrecht einräumt, und zwar z. B. wegen
etwaiger Exklusivbindungen, die der Künstler eingegangen ist (vgl. § 79
Rn. 20).

Ein typisches Beispiel ist die Einräumung des Aufnahmerechts an ein Sendeun-   **11**
ternehmen. Hat sich etwa ein Künstler an einen Tonträgerhersteller im Wege
einer persönlichen oder einer Titelexklusivität gebunden (dazu vgl. § 79
Rn. 18 ff.), wird ihm sein Vertragspartner dennoch häufig erlauben, in Rundfunksendungen mitzuwirken oder Konzertaufzeichnungen für reine Sendezwecke zuzulassen. Diese Ausnahmen kann er nur machen, wenn er nicht befürchten muss, dass die Aufnahmen anschließend ihrerseits auf Tonträger
erscheinen, weil der Künstler damit gegen seine Exklusivbindung verstieße. Zur
dinglichen Absicherung enthalten viele Exklusivverträge Vorab-Einräumungen
von Nutzungsrechten an Aufnahmen des Künstlers während der Exklusivität-
speriode, ganz unabhängig davon, für wen der Künstler (ggf. auch vertragswidrig) eine Aufnahme eingespielt hat. Aufgrund der so erworbenen Nutzungsrechte kann der Exklusivvertragspartner die Auswertung vertragswidrig
entstandener „Drittaufnahmen" verhindern. Selbst auswerten kann er sie nicht,
da die Dritten regelmäßig eigene Rechte, z. B. gemäß § 85, erwerben.

Durch die Trennung von Aufnahme- und Vervielfältigungsrecht kann der   **12**
Künstler bis zu einem gewissen Grad das Fehlen eines Veröffentlichungsrechts
überbrücken. Ohne ausdrückliche Freigabe durch Einräumung von Vervielfältigungsrechten an der Aufnahme kann nämlich der Verwerter nicht vervielfältigen. Allerdings wird diese Möglichkeit kaum je praktisch relevant, da der
Künstler dem Verwerter meist das Aufnahmerecht zugleich mit weiteren Rechten (z. B. Sendung oder Vervielfältigung und Verbreitung), die eine Veröffentli-

chung ermöglichen, im Voraus einräumt. Insofern muss er – wenn gewünscht – die Verpflichtung zur „Abnahme" gewisser Aufnahmen (gleiches gilt für die Sendung und öffentliche Wiedergabe solcher stets „nicht erschienener" und damit nicht § 78 Abs. 2 unterliegender Aufnahmen), eigens vertraglich vereinbaren.

13 **b) Vervielfältigungsrecht und Bearbeitung bestehender Aufnahmen:** Auf ausübende Künstler ist zwar § 23 nicht anwendbar, wohl aber § 39, und zwar über die Verweisung des § 79 Abs. 2 S. 2 (vgl. § 79 Rn. 88, vgl. § 75 Rn. 24 ff.). Seit der BGH den § 24 auf Leistungsschutzrechte entsprechend anzuwenden beginnt (auf Tonträgerherstellerrechte: BGH GRUR 2009, 403, 406 Tz. 25 – *Metall auf Metall*; auf Filmhersteller- bzw. Laufbildrechte: BGH GRUR 2008, 693, 694 Tz. 24 – *TV-Total*), stellt sich die Frage, ob auch § 23 auf Leistungsschutzrechte entsprechend anwendbar sein müsste. Nach der hier vertretenen Auffassung ist dies nicht der Fall. Die Möglichkeit einer Bearbeitung wie einer freien Benutzung ist dem Werkschaffen eigen. Die Entscheidung über eine Verfassungsbeschwerde u. a. wegen der gerade zitierten Rechtsprechung des BGH in Sachen *Metall auf Metall* äußert sich zu diesem Thema nicht. Das BVerfG führt lediglich allgemein aus (GRUR 2016, 690), die von Art. 5 Abs. 3 S. 1 GG geforderte kunstspezifische Betrachtung verlange, die Übernahme von Ausschnitten urheberrechtlich geschützter Gegenstände als Mittel künstlerischen Ausdrucks und künstlerischer Gestaltung anzuerkennen. Stehe dieser Entfaltungsfreiheit ein Eingriff in Urheber- oder Leistungsschutzrechte gegenüber, der die Verwertungsmöglichkeiten nur geringfügig beschränkt, so könnten die Verwertungsinteressen der Rechteinhaber zu Gunsten der Kunstfreiheit zurückzutreten haben (vgl. Rn. 86). Zugleich sei jedoch die Zulässigkeit einer freien Benutzung von Tonträgern zu künstlerischen Zwecken nicht gleichbedeutend mit der generellen Zulässigkeit des erlaubnis- und vergütungsfreien Sampling. So bleibe es im Falle nichtkünstlerischer Nutzungen bei der Lizenzierungspflicht. Außerdem erlaube § 24 Abs. 1 UrhG eine freie Benutzung auch nur, soweit ein hinreichender Abstand des Werks zu der entnommenen Sequenz oder zum Original Tonträger insgesamt bestehe (Rn. 80). Obwohl das BVerfG in dieser auf § 85 fokussierten Entscheidung die entsprechende Anwendung von § 24 als eine mögliche Lösung ausführlich diskutiert (Rn. 76 ff.) schweigt es nicht nur zum Künstlerschutz (der ja regelmäßig mit betroffen ist), sondern auch zur Anwendbarkeit von § 23, obwohl dies im diskutierten Zusammenhang angezeigt gewesen (und das Gericht im Rahmen der Schilderung der Sach- und Rechtslage in Rn. 6 sogar ausdrücklich darauf hinweist: *„§ 24 UrhG steht in unmittelbarem systematischem Zusammenhang mit dem ausschließlichen Recht des Urhebers gemäß § 23 UrhG, Bearbeitungen oder Umgestaltungen seines Werks zu veröffentlichen und zu verwerten"* – insoweit nicht abgedruckt bei der GRUR-Veröffentlichung, jedoch verfügbar im Rahmen des Volltexts unter: https://www.bundesverfassungsgericht.de/SharedDocs/Entscheidungen/DE/2016/05/rs20160531_1bvr158513.html, zuletzt abgerufen am 12.7.2017). Das Angebot rechtswidriger Vervielfältigungsstücke an die Öffentlichkeit ist nicht durch die Kunstfreiheit geschützt (BGH GRUR 2016, 493 Rn. 24 – *Al die Meola*). Die Kunstfreiheit wird um des künstlerischen Schaffens willen gewährleistet, während die Vermittlung des Kunstwerkes demgegenüber eine dienende Funktion hat. Diese dienende Funktion schließt jedenfalls eine Inanspruchnahme des Grundrechts durch den Mittler aus, wenn dieser den Interessen des Künstlers zuwiderhandelt, indem er unberechtigt Vervielfältigungsstücke veräußert.

14 Unabhängig davon spielt der Zweck des zwischen Nutzer und Künstler geschlossenen Vertrags eine wichtige Rolle für die Bestimmung dessen, was der Künstler hinzunehmen hat. So bleibt die Verwendung der ursprünglichen Aufnahme im Rahmen einer bloßen Modernisierung des ursprünglichen Werks

bzw. der ursprünglichen Aufnahme innerhalb eines dem Produzenten eröffneten Bearbeitungsspielraums zulässig (KG GRUR-RR 2004, 129, 130 – *Modernisierung einer Liedaufnahme*).

Außerhalb dessen, was ein Vertrag mit dem Nutzer erlaubt, besteht ein sehr   **15**
weitgehender Schutz gegen Bearbeitungen und Änderungen, gerade weil ein
Verweis auf § 23 fehlt, und zwar über das Vervielfältigungsrecht. Dies gilt insbesondere seit der – insofern systematisch nicht unproblematischen (vgl. §§ 23/
24 Rn. 8 ff.) – Entscheidung des BGH in Sachen *Beuys Aktion* (GRUR 2014,
65), wo es heißt (vgl. Rn. 36), wonach jede Bearbeitung oder andere Umgestaltung i. S. d. § 23 S. 1 UrhG, soweit sie körperlich festgelegt sei, zugleich eine
Vervielfältigung i. S. d. § 16 UrhG darstelle.

§ 23 regelt einen Ausgleich zwischen dem Interesse der Kreativen an der freien   **16**
Nutzbarkeit fremder Werke für das eigene Werkschaffen und dem Interesse des
bearbeiteten oder umgestalteten Werks, über das Ob und die Bedingungen einer wirtschaftlichen Verwertung der Bearbeitung (oder sonstigen Umgestaltung) zu entscheiden. Daher ist ein ganz wesentliches Element des § 23 die
in S. 1 geregelte Bearbeitungsfreiheit (*Ulmer*, Urheber- und VerlagsR^3 § 56 IV
S. 270). Jeder darf grundsätzlich vorbestehende Werke bearbeiten, solange er
die Bearbeitung nicht verwertet. Ohne § 23 S. 1 wäre bereits die Bearbeitung
oder sonstige Umgestaltung im privaten Bereich schon allein deshalb unzulässig, weil die Bearbeitung regelmäßig mit einer (teilweisen) Vervielfältigung
des Originals einhergeht (was indes die oben zu vgl. Rn. 15 gemachte apodiktische
Erklärung des BGH nicht rechtfertigt, denn z. B. eine Übersetzung, gemäß § 3
eine der „klassischen" Bearbeitungen, muss im Rahmen der Bearbeitungsfreiheit aus einem körperlich festgelegten Original – einem im Laden gekauften
Buch – ohne Eingriff in das Vervielfältigungsrecht möglich sein, obwohl sowohl dieses Original, als auch die Übersetzung körperlich festgelegt sind. Falls
der BGH gesagt hätte, dass die Bearbeitung eines konkreten Werks der Bildenden Künste meist von einer Vervielfältigung eines Werks**stücks** ausgehe (z. B.
der Kopie eines Originalgemäldes oder einer Fotografie) entspräche dies der
hier vertretenen Auffassung, denn auch die „Bearbeitung" einer Aufnahme
wird regelmäßig nicht an der Verkörperung der Originalaufnahme, sondern an
einer für den Zweck der Umgestaltung hergestellten Kopie erfolgen.
Im Ergebnis gilt für Aufnahmen von geschützten Darbietungen die Bearbeitungsfreiheit nicht.

In einer (unerlaubten) Bearbeitung einer Aufnahme außerhalb eines Vertrags-   **17**
verhältnisses über den Nutzungsrechtserwerb liegt daher stets eine Vervielfältigung, die mangels Bearbeitungsfreiheit dem Exklusivrecht des Künstlers unterliegt. Damit kann der Künstler Dritten sowohl über das Vervielfältigungsrecht
des § 77 Abs. 2, als auch gegebenenfalls über das Entstellungsverbot nach § 75
(vgl. Rn. 24 ff.) sowie § § 79 Abs. 2 S. 2, 39 bereits die Herstellung einer Bearbeitung untersagen, solange in der Bearbeitung die künstlerischen Züge erkennbar bleiben, die den Schutz nach § 73 begründen.

c) Tonträgersampling: Beim sog. Tonträger-Sampling (vgl. § 85 Rn. 48 f.) wer-   **18**
den kürzeste Ausschnitte einer Darbietung verwendet, um sie in anderen
Klangzusammenhängen neu zu verwenden, also gleichsam als Klangerzeuger
im Sinne von Musikinstrumenten. Ähnlich wie bei der Verwendung von Teilen
eines geschützten Werks kann der Künstler nur insoweit Schutz beanspruchen,
als der entnommene Teil für sich Künstlerschutz nach § 73 begründen könnte,
also ein „Werk" interpretiert wird. Ist der Ausschnitt so kurz, dass ein Werkschutz nicht in Betracht kommt, kann an einem solchen Ausschnitt angesichts
der strengen Werkakzessorietät des Künstlerschutzes kein Schutz bestehen (s.
dazu ausführlich vgl. § 73 Rn. 8 sowie oben vgl. Rn. 13). Diese Tatsache wird

in Fällen des Sampling regelmäßig dem Schutz des Fragments entgegenstehen, sodass dem Künstler – wenn er beispielsweise an seiner charakteristischen Stimme erkennbar ist – und vorbehaltlich der zu vgl. Rn. 13 dargestellten Vorgaben des BVerfG abermals nur aus allgemeinem Persönlichkeitsrecht gegen ein solches Sampling vorgehen könnte (vgl. Rn. 7). Praktisch werden solche Fälle denn auch fast ausnahmslos über die Tonträgerherstellerrechte verfolgt (vgl. § 85 Rn. 48 f.). Dass damit der Schutz des Tonträgerherstellers beim Sampling weiter reichen kann als der des ausübenden Künstlers und selbst des Musikurhebers, hat nichts mit dem Schutzumfang zu tun, sondern mit dem anderen Schutzgegenstand (Festlegung im Gegensatz zum Werk, so ausdrücklich BGH GRUR 2009, 403 Tz. 16 – *Metall auf Metall*, jedoch ohne ausdrücklichen Bezug zum Künstlerrecht).

3. Abs. 2 S. 1: Das Verbreitungsrecht

19 Hinsichtlich des Verbreitungsrechts des ausübenden Künstlers gelten keine Besonderheiten gegenüber den entsprechenden Verbreitungsrechten der Musikurheber (LG Hamburg ZUM-RD 2011, 700, 701). Entsprechend hat der BGH in Sachen *Al di Meola* klargestellt, dass die bereits für das Urheberrecht geltende Rechtsprechung des EuGH, wonach der Inhaber des ausschließlichen Verbreitungsrechts an einem geschützten Werk Angebote zum Erwerb oder gezielte Werbung in Bezug auf das Original oder auf Vervielfältigungsstücke des Werkes auch dann verbieten kann, wenn nicht erwiesen ist, dass es aufgrund dieser Werbung zu einem Erwerb des Schutzgegenstands durch einen Käufer aus der Union gekommen ist, sofern die Werbung die Verbraucher des Mitgliedstaats, in dem das Werk urheberrechtlich geschützt ist, zu dessen Erwerb anregt (EuGH, GRUR 2015, 665 Rn. 35 – *Dimensione und Labianca/Knoll*) auch das ausschließliche Recht des ausübenden Künstlers nach § 77 Abs. 2 S. 1 Fall 2 UrhG umfasst. Bereits das Einstellen eines Ton- oder Bildtonträgers auf einer Internetverkaufsplattform, durch das zum Erwerb von Vervielfältigungsstücken des Bildtonträgers aufgefordert wird, verletzt daher das ausschließliche Verbreitungsrecht des ausübenden Künstlers. Auf die Besonderheiten der alten Rechtslage (vor dem 30.6.1995) wurde bereits eingangs (vgl. Rn. 2) hingewiesen. Das ausschließliche Verbreitungsrecht des ausübenden Künstlers nach Abs. 2 S. 1 umfasst auch das Recht, diesen Bild- oder Tonträger der Öffentlichkeit zum Erwerb anzubieten und gegenüber der Öffentlichkeit gezielt für den Erwerb dieses Bild- oder Tonträgers zu werben (BGH GRUR 2016, 493 Rn. 12–14 – *Al die Meola*). s. zum Verhältnis von Verbreitungsrecht und Kunstfreiheit ferner vgl. Rn. 13 a. E.

20 Auch hinsichtlich des Vermietrechts ergeben sich keine Besonderheiten gegenüber der für Urheber geltenden Situation (§ 17). Hier ist insb. § 137e Abs. 4 S. 3 zu beachten, was die Auslegung von Altverträgen aus der Zeit betrifft, in der das deutsche Recht noch kein Vermietrecht vorsah.

4. Abs. 3 S. 2: Vergütung für Vermietung und Verleihen

21 Auch hier gelten gegenüber der für Urheber anzuwenden Rechtslage keine Besonderheiten. Abermals sei auf § 137e Abs. 2 und 3 (hinsichtlich der Geltung für Altverträge) verwiesen.

§ 78   Öffentliche Wiedergabe

(1) Der ausübende Künstler hat das ausschließliche Recht, seine Darbietung
1. **öffentlich zugänglich zu machen (§ 19a),**
2. **zu senden, es sei denn, dass die Darbietung erlaubterweise auf Bild- oder Tonträger aufgenommen worden ist, die erschienen oder erlaubterweise öffentlich zugänglich gemacht worden sind,**

3. außerhalb des Raumes, in dem sie stattfindet, durch Bildschirm, Lautsprecher oder ähnliche technische Einrichtungen öffentlich wahrnehmbar zu machen.

(2) Dem ausübenden Künstler ist eine angemessene Vergütung zu zahlen, wenn

1. die Darbietung nach Absatz 1 Nr. 2 erlaubterweise gesendet,
2. die Darbietung mittels Bild- oder Tonträger öffentlich wahrnehmbar gemacht oder
3. die Sendung oder die auf öffentlicher Zugänglichmachung beruhende Wiedergabe der Darbietung öffentlich wahrnehmbar gemacht wird.

(3) ¹Auf Vergütungsansprüche nach Absatz 2 kann der ausübende Künstler im Voraus nicht verzichten. ²Sie können im Voraus nur an eine Verwertungsgesellschaft abgetreten werden.

(4) § 20b gilt entsprechend.

Übersicht

I. Allgemeines

1. Bedeutung der Norm

§ 78 Abs. 1 entspricht systematisch dem § 15 Abs. 2, ohne indes der Aufzählung ein „insbesondere" voranzustellen. Der Umfang der dem Künstler zustehenden Ausschließlichkeitsrechte ist nicht offen, sondern abschließend enumerativ definiert. Andere Rechte als diejenigen, welche §§ 77 und 78 dem ausübenden Künstler ausdrücklich zuweisen, stehen ihm mithin nicht zu.   **1**

2. Früheres Recht

Die Vorschrift wurde neu gefasst mit Wirkung zum 13.9.2003 (BGBl. I S. 1774). Die bis dahin geltende Regelung lautete: **2**

§ 74 Bildschirm- und Lautsprecherübertragung

Die Darbietung des ausübenden Künstlers darf nur mit seiner Einwilligung außerhalb des Raumes, in dem sie stattfindet, durch Bildschirm, Lautsprecher oder ähnliche technische Einrichtungen öffentlich wahrnehmbar gemacht werden.

§ 76 Funksendung

(1) Die Darbietung des ausübenden Künstlers darf nur mit seiner Einwilligung durch Funk gesendet werden.

(2) Die Darbietung des ausübenden Künstlers, die erlaubterweise auf Bild- oder Tonträger aufgenommen worden ist, darf ohne seine Einwilligung durch Funk gesendet werden, wenn die Bild- und Tonträger erschienen sind; jedoch ist ihm hierfür eine angemessene Vergütung zu zahlen.
(3) § 20b gilt entsprechend.

§ 77 Öffentliche Wiedergabe

Wird die Darbietung des ausübenden Künstlers mittels Bild- oder Tonträger oder die Funksendung seiner Darbietung öffentlich wahrnehmbar gemacht, so ist ihm hierfür eine angemessene Vergütung zu zahlen.

§ 78 Abtretung

Der ausübende Künstler kann die nach den §§ 74 bis 77 gewährten Rechte und Ansprüche an Dritte abtreten. § 75 Abs. 3 in Verbindung mit § 27 Abs. 1 Satz 2 und 3 bleibt unberührt.

3.   Verwertungsgesellschaft

3 Die Vergütungsansprüche nach § 78 Abs. 2 werden von der GVL (Gesellschaft zur Verwertung von Leistungsschutzrechten – www.gvl.de) wahrgenommen (vgl. Rn. 15), wobei sie hinsichtlich der Ansprüche nach Abs. 2 Ziff. 2 mit der GEMA kooperiert, die das Inkasso auch für die GVL übernimmt (dazu vgl. Rn. 30a).

II.   Tatbestand

1.   Abs. 1: Die dem Künstler zugewiesenen Ausschließlichkeitsrechte

4 Zu den in Abs. 1 genannten Exklusivrechten tritt noch dasjenige (freilich nur durch eine Verwertungsgesellschaft ausübbare) Recht nach § 20b Abs. 1, wie aus § 78 Abs. 4 hervorgeht.

5 **a) Abs. 1 Ziff. 1: Öffentliche Zugänglichmachung auf Abruf (§ 19a):** Hinsichtlich der Definition des Rechts verweist die Vorschrift selbst auf § 19a, sodass hinsichtlich Inhalt, Umfang und Abgrenzung des Rechts zu den übrigen Formen der öffentlichen Wiedergabe auf die Kommentierung zu dieser Vorschrift verwiesen werden kann. Das Ausschließlichkeitsrecht bezieht sich auf jedwede öffentliche Zugänglichmachung der Darbietung, ist aber praktisch beschränkt auf Bild- und Tonträgeraufzeichnungen der betreffenden Darbietungen, da eine Live-Übertragung der Darbietung stets nur zu genau dem Zeitpunkt abrufbar sein kann, zu dem sie tatsächlich stattfindet, also nicht „zu Zeiten ihrer Wahl", wie es § 19a voraussetzt. Art. 3 Abs. 2 Buchst. a Info-RL 2001/29/EG, ebenso wie Art. 14 WPPT verlangen vom Gesetzgeber daher auch lediglich zwingend, das Recht in Bezug auf die Aufzeichnung von Darbietungen zu gewährleisten. Da auch die Live-Sendung dem ausübenden Künstler als Exklusivrecht zugewiesen ist, kann letztlich offen bleiben, ob die Übertragung eines Live-Ereignisses auf Abruf, z. B. über das Internet, Ziff. 1 oder Ziff. 2 unterfällt.

6 **b) Abs. 1 Ziff. 2: Sendung von nicht erschienenen oder öffentlich zugänglich gemachten Darbietungen:** Nach der im Kern aus § 76 Abs. 2 a. F. übernommenen Bestimmung bleibt dem ausübenden Künstler ein **ausschließliches Senderecht** für folgende Fälle:
– die Darbietung wird live gesendet;
– die Darbietung wird von einer vom Sender hergestellten ephemeren Vervielfältigung i. S. d. § 55 gesendet;
– die Darbietung wird von einem Bild- oder Tonträger gesendet, der **ohne Einwilligung des Künstlers aufgenommen** worden ist, was sich übrigens auch aus § 96 Abs. 1 ergibt. Solche Tonträger können ohne den erklärten Willen des Künstlers nicht i. S. d. § 6 Abs. 2 „erscheinen". Ohne Einwilligung des ausübenden Künstlers ist es also nicht zulässig, so genannte Boot-

legs (unerlaubte Live-Mitschnitte von Darbietungen des ausübenden Künstlers) zu senden, selbst wenn diese in beträchtlichen Stückzahlen auf den Markt und möglicherweise in die Archive der Sender gelangt sind. Haben bei einer Mehrzahl ausübender Künstler nicht alle in die Aufnahme eingewilligt, bestimmen sich die Rechtsfolgen nach § 80;

– die Aufnahme ist zwar mit Einwilligung des Künstlers entstanden, jedoch **ohne seine Einwilligung vervielfältigt, angeboten oder in Verkehr gebracht** worden, ist also nicht „erschienen" (§ 6 Abs. 2). Theoretisch denkbar ist dies für einen Fall, in dem ein ausübender Künstler in die Aufnahme eingewilligt hat, jedoch ohne seinem Vertragspartner ein Vervielfältigungsrecht einzuräumen, was z. B. im Zusammenhang mit der Rundfunksendung einer Darbietung der Fall sein mag (vgl. § 77 Rn. 11). Würde der Sender in einem solchen Fall die (legal mit Erlaubnis des Künstlers hergestellte) Aufnahme ohne separaten Rechtserwerb beim Künstler vervielfältigen und z. B. an andere Sender verbreiten oder unerlaubt kommerziell auf Tonträgern auswerten, handelte es sich bei solchen Vervielfältigungsstücken insoweit um nicht erschienene Tonträger, die von anderen Sendern, die ein solches Vervielfältigungsstück erworben haben, nicht ohne Einwilligung des Künstlers gesendet werden dürften (so bereits Begr RegE UrhG 1962 – BT-Drs. IV/270, S. 92).

Der **Begriff „erlaubterweise öffentlich zugänglich gemacht"** ist in diesem Zusammenhang insofern unglücklich gewählt, als in § 78 Abs. 1 Ziff. 1 unter diesem Begriff das Recht gemäß § 19a verstanden, zugleich aber in § 20 das Senderecht mit genau denselben Worten beschrieben wird. Man könnte also zu dem Schluss gelangen, dass z. B. Wiederholungssendungen ohne Einwilligung des ausübenden Künstlers möglich sind, sofern eine erste erlaubte Sendung vorangegangen ist. Obwohl auch Art. 6 (i) WPPT einer solchen Auslegung nicht entgegenstünde, ergibt sich aus der Gesetzesbegründung (RegE UrhG Infoges – BT-Drs. 15/38, S. 24), dass tatsächlich mit dem Begriff „**öffentlich zugänglich gemacht**" ausschließlich das **Recht gemäß § 19a gemeint** sein kann. Die Begründung verweist nämlich lediglich auf die bisher in § 76 a. F. enthaltene Regelung, die selbstverständlich das Senderecht auch für Wiederholungssendungen als Exklusivrecht vorsah (Dreier/Schulze/*Dreier*[5] Rn. 6, Schricker/Loewenheim/*Krüger*[4] Rn. 5 sowie *Dünnwald/Gerlach* Rn. 33). Die Erweiterung des § 78 Abs. 1 Ziff. 2 auf „erlaubterweise öffentlich zugänglich gemachte" Darbietungen bezieht sich vielmehr offenbar darauf, dass in § 6 Abs. 2 der Begriff des „Erscheinens" nicht auf die öffentliche Zugänglichmachung auf Abruf erstreckt worden ist, sodass die gewählte Formulierung den Wunsch des Gesetzgebers ausdrückt, erlaubterweise vervielfältigte und verbreitete (also „erschienene") mit erlaubterweise der Öffentlichkeit auf Abruf zugänglich gemachten Aufnahmen gleichzustellen. **7**

Ton- und Bildtonträger, vor allem Videos, **die nur zum Zwecke der Vermietung in Verkehr gebracht wurden,** dürfen nach h. M. ohne Einwilligung gesendet werden (sofern dies ohne Verstoß gegen etwaige vertragliche Bindungen zulässig ist). Zwar ist wegen § 17 Abs. 2 das Verbreitungsrecht nicht erschöpft, jedoch erfordert § 6 Abs. 2 nicht, dass das „Inverkehrbringen" im Wege der Veräußerung erfolgt (h. M., statt vieler vgl. § 6 Rn. 24, Schricker/Loewenheim/*Katzenberger*[4] § 6 Rn. 36 unter Verweis auf RegE UrhG 1962 – BT-Drs. IV/270, 40), sodass solche Vermiet-Bild- oder Tonträger stets als „erschienen" gelten müssen. Insofern spielt auch die Entscheidung des EuGH GRUR 2008, 604 Tz. 41 – *Peek & Cloppenburg/Cassina* und das darauf beruhende Urteil des BGH ZUM-RD 2009, 531 Tz. 16 an dieser Stelle keine Rolle, wonach keine Verbreitung vorliegt, wenn der Öffentlichkeit nur der Gebrauch von Werkstücken eines urheberrechtlich geschützten Werkes überlassen wird, ohne dass eine Übertragung des Eigentums an dem Gegenstand erfolgt. **8**

9 Nicht ausdrücklich geregelt ist die Frage, ob das Sendeprivileg bezüglich erschienener Tonträger auch dann gilt, wenn diese in einem nicht dem Zweck der Vorschrift entsprechenden Weise verwendet werden, etwa **im Zusammenhang mit Werbung** (allgemein im Sinne einer eigenen Erlaubnispflicht Schricker/Loewenheim/*Krüger*[4] Rn. 24a; Dreier/Schulze/*Dreier*[5] Rn. 12; Wandtke/Bullinger/*Büscher*[4] Rn. 20). Hier ist zu differenzieren:

10 Bei der Herstellung von **Werbespots**, ob für den Hörfunk oder in Videoform für das Fernsehen, ist regelmäßig eine Vervielfältigung der betreffenden Tonträgeraufnahme erforderlich, und da keine der Schrankenbestimmungen (insb. nicht § 55, da insoweit nicht der Sender, sondern ein Werbetreibender die Vervielfältigung vornimmt; zum Verhältnis zwischen Tonträgerhersteller und Künstler in solchen Fällen BGH GRUR 1979, 637, 639 – *White Christmas*; vgl. § 75 Rn. 15) die Vervielfältigung erlaubt, ist hier regelmäßig eine Einzelfreigabe durch den betreffenden Tonträger- oder Bildtonträgerhersteller erforderlich, im Rahmen derer üblicherweise auch die diesen regelmäßig eingeräumten Rechte der ausübenden Künstler individuell wahrgenommen werden. Ein so hergestellter Werbespot unterliegt also § 78 Abs. 2 hinsichtlich der darin enthaltenen erschienenen Aufnahmen, kann jedoch wegen § 96 Abs. 1 nicht gesendet werden, ohne zuvor die Einwilligung zur Vervielfältigung im Rahmen der Herstellung des Spots erworben zu haben.

11 Wird dagegen die Werbebotschaft mit dem erschienenen Ton- oder Bildtonträger nicht im Rahmen eines vorproduzierten Werbespots, sondern **live verbunden**, stehen dem ausübenden Künstler zur Abwehr lediglich das Künstlerpersönlichkeitsrecht (insb. § 75), das allgemeine Persönlichkeitsrecht (zu beidem vgl. § 75 Rn. 6) und das Wettbewerbsrecht zur Verfügung, insb. über das medienrechtliche Gebot der Trennung von Werbung und redaktionellen Inhalten (s. dazu BGH GRUR 1995, 744, 750 – *Feuer, Eis & Dynamit I*).

12 c) **Abs. 1 Ziff. 3: Öffentliche Wahrnehmbarmachung:** Die Vorschrift entspricht inhaltlich weitgehend § 19 Abs. 3 (vgl. § 19 Rn. 22 ff.). Dem ausübenden Künstler steht also nur dieses Teilrecht aus § 19 Abs. 1 und 2 zu (wie es auch in § 37 Abs. 3 als trennbarer Teil erkennbar wird), nicht das vollständige Vortrags- und Aufführungsrecht. Es betrifft **ausschließlich die öffentliche Wahrnehmbarmachung der Live-Darbietung.** Bild- oder Tonträger dürfen ohne vorherige Einwilligung öffentlich wahrnehmbar gemacht werden und unterliegen lediglich dem Vergütungsanspruch des Abs. 2 Ziff. 2.

13 Gedacht ist bei Abs. 1 Ziff. 3 z.B. an die Lautsprecher- oder Bildübertragung für Zuhörer außerhalb des Konzertsaals (kritisch im Hinblick auf das Fehlen eines Rechts innerhalb des Raumes *Dünnwald* ZUM 2004, 161, 177 und *Dünnwald/Gerlach* Rn. 25). Hier, und fast ausschließlich hier, kann das Exklusivrecht eigene wirtschaftliche Bedeutung erhalten, besonders, wenn die Wahrnehmbarmachung von jemand anderem veranstaltet wird als dem Veranstalter der Darbietung im Konzertsaal. Unter „Raum" ist dabei nicht notwendig ein geschlossener Raum zu verstehen, sondern der Raum, in dem die Darbietung – auch unter freiem Himmel – bestimmungsgemäß stattfindet. Innerhalb des bestimmungsgemäß adressierten Raumes darf also, wie dies besonders bei Open Air Konzerten der Fall ist, für die weiter entfernt stehenden Besucher ohne weiteres eine Wahrnehmbarmachung erfolgen.

14 Wenn nicht ausnahmsweise der Veranstalter der Wahrnehmbarmachung nicht identisch mit dem Veranstalter der Darbietung sein sollte, bleibt indes die Frage nach der rechtlichen Qualität der öffentlichen Wahrnehmbarmachung praktisch irrelevant. Da nämlich der Veranstalter mit den betreffenden Künstlern ohnehin stets Verträge geschlossen hat, werden die Parteien regelmäßig auch geregelt haben, ob und in welcher Weise eine Wahrnehmbarmachung der Darbietung innerhalb oder außerhalb des Raumes erfolgen, und wie sie vergütet werden soll. Dies gilt insb. für den Fall, dass ein Konzert oder eine Theateraufführung für zu spät Gekommene ins Foyer übertragen wird (so auch Schricker/Loewenheim/*Krüger*[4] Rn. 13).

2. Abs. 2: Die dem Künstler zugewiesenen Vergütungsansprüche

Die Vergütungsansprüche des § 78 Abs. 2 stellen den Hauptgegenstand der   **15** Wahrnehmungstätigkeit der Verwertungsgesellschaft GVL (mehr unter www.gvl.de) dar. Diese nimmt nicht nur die Vergütungsansprüche der ausübenden Künstler wahr, sondern auch die an diesen Vergütungsansprüchen gemäß § 86 UrhG bestehenden Beteiligungsansprüche der Tonträgerhersteller. Es handelt sich zwar durchweg nicht um Vergütungsansprüche, die verwertungsgesellschaftenpflichtig wären, jedoch ließen sich vom einzelnen Künstler kaum sinnvoll durchsetzen. Da die Vergütungsansprüche überdies gemäß Abs. 3 unverzichtbar sind um im Voraus nur an eine Verwertungsgesellschaft abgetreten werden können, ist die GVL gegenwärtig in Deutschland die einzige Anspruchstellerin für Vergütungen nach § 78 Abs. 2 (zum Fall einer Tarifstreitigkeit in diesem Bereich LG Köln ZUM-RD 2008, 248). Die **Vergütungsansprüche** gemäß § 78 Abs. 2 **sind in § 49 VGG nicht genannt** und begründen keine Erlaubnispflicht nach § 77 Abs. 2 Nr. 1 VGG.

Als Ausnahmevorschriften sind sämtliche Vergütungstatbestände eng auszule-   **16** gen, sodass es im Zweifel beim Ausschließlichkeitsrecht bleibt (s. aber BGH GRUR 1981, 360, 362 – *Erscheinen von Tonträgern* wonach für das Erscheinenlassen eine Bemusterung nur an den institutionellen Abnehmermarkt wie Sendeanstalten, Filmproduzenten und Werbeunternehmen ausreicht; differenzierend BGH GRUR 2004, 669, 670 – *Musikmehrkanaldienst*; für eine generell enge Auslegung Dreier/Schulze/*Dreier*[5] Rn. 12, a. A. seit der 4. Auflage Schricker/Loewenheim/*Krüger*[4] Rn. 5, 21 sowie *Dünnwald/Gerlach* Rn. 28).

a) Abs. 2 Ziff. 1: Sendung erschienener oder öffentlich zugänglich gemachter   **17** **Darbietungen:** Zur Abgrenzung von Sendung (§ 20), öffentlicher Zugänglichmachung auf Abruf (§ 19a) und sonstigen Formen der öffentlichen Wiedergabe sei auf die Kommentierung zu den betreffenden Vorschriften verwiesen (besonders vgl. § 19a Rn. 7 ff., 14 ff.).

Dabei besteht hier die besondere Schwierigkeit, dass **für ausübende Künstler –**   **18** **anders für Urheber – kein Auffangtatbestand nach dem Muster des § 15 Abs. 2 S. 1** zur Verfügung steht, dem nicht zuordenbare Nutzungen ohne weiteres unterfallen. Um zu vermeiden, dass nicht zuordenbare Nutzungen entgegen der Intention des Gesetzgebers ganz aus dem Schutz herausfallen (also weder einem Exklusivrecht, noch einem Vergütungsanspruch unterliegen), muss die Auslegung des § 78 dieser Tatsache Rechnung tragen. **Dadurch kann es zu der Situation kommen, dass gewisse Nutzungshandlungen bezüglich Darbietungen ausübender Künstlern anders subsumiert werden müssen als bezüglich der Nutzung von Werken.**

Während lineares Internetradio ohne Beeinflussungsmöglichkeiten durch den   **19** Nutzer dem Abs. 2 Ziff. 1 unterfällt (so ausdrücklich LG Hamburg ZUM 2013, 226), wird die Zuordnung schwierig, wenn, wie etwa bei sog. „Push-" und anderen „**Near-on-Demand**"-Diensten, weder das Leitbild der Sendung noch das der öffentlichen Zugänglichmachung auf Abruf verwirklicht ist, darf daraus nicht gefolgert werden, solche Dienste seien dem Schutz insgesamt entzogen. Dies hat der Gesetzgeber erkennbar nicht beabsichtigt. Er hat bei der Umsetzung der Info-RL 2001/29/EG lediglich die Einordnung solcher „Near-on-Demand"-Dienste offen lassen wollen (RegE UrhG Infoges – BT-Drs. 15/38, S. 16 f.). Da diese Zuordnungsfragen stets in Zusammenhang mit dem

Recht des Urhebers diskutiert wurden, dem der Auffangtatbestand des § 15 Abs. 2 S. 1 zur Verfügung steht, wurden die sich daraus für ausübende Künstler daraus ergebenden Schwierigkeiten nicht erkannt.

20   Da jedoch ein „Near-on-Demand"-Dienst stets einen gravierenderen Eingriff in die Rechtsposition des ausübenden Künstlers begründet als eine einfache Rundfunksendung, muss **jede hier entstehende Lücke stets als planwidrig** gelten. Erkennbar hat der Gesetzgeber zwar in Kauf genommen, dass die Zuordnung zu einem der dem Künstler zustehenden Exklusivrechte oder zu einem der Vergütungstatbestände offen bliebe. Aus der gesamten Gesetzgebungsgeschichte ist jedoch nicht erkennbar, dass je die Auffassung vertreten worden sei, nicht zuordenbare Nutzungshandlungen sollten ganz ohne Schutz bleiben.

21   Die planwidrige Lücke ist bei „Near-on-Demand"-Diensten **durch analoge Anwendung des § 78 Abs. 1 Ziff. 1** zu schließen, da die Tatbestände der Vergütungsansprüche als Ausnahmen eng auszulegen sind (vgl. Rn. 16; sehr str.; für eine solche Zuordnung nun ausdrücklich zum Parallelfall bei der Auslegung von §§ 85, 86 OLG Hamburg ZUM 2009, 414 Tz. 31 – *staytuned III*; ähnlich i. E. im Wege der reinen Auslegung Dreier/Schulze/*Dreier*[5] § 19a Rn. 10; vgl. § 20 Rn. 16; zu einem Fall der Lückenausfüllung außerhalb des Urheberrechts aus jüngerer Zeit z. B. BGH NJW-RR 2007, 937, 938).

22   Der **Maßstab für die Angemessenheit** der Sendevergütung, wie auch der übrigen Vergütungsansprüche, ist nicht einheitlich, sondern trägt stets den besonderen Umständen der Nutzung Rechnung. Eine besonders intensive Nutzung, wie etwa im Bereich hochspezialisierter Mehrkanaldienste, verdient eine erheblich viel höhere Vergütung als eine Sendung, die dem Leitbild der traditionellen Rundfunksendung entspricht (BGH GRUR 2004, 669, 670 – *Musikmehrkanaldienst*).

23   Die **Tariffindung für die Senderechtsvergütung** führt häufig vor die Schiedsstelle nach dem Verwertungsgesellschaftengesetz (jetzt: § 92 VGG, früher § 14 UrhWahrnG). Der BGH hatte sich insb. mit Gesamtvertragsverfahren (jetzt: §§ 35, 92 VGG, früher: §§ 12, 14 UrhWahrnG) der privaten und öffentlich-rechtlichen Rundfunkveranstalter zu beschäftigen (zum privaten Rundfunk: BGH GRUR 2001, 1139 – *Gesamtvertrag privater Rundfunk*; zum öffentlich-rechtlichen Rundfunk: BGH I ZR 32/99 BGH-Report 2002, 34).

24   Praktisch senden die Rundfunksender nicht direkt von den betreffenden Bild- oder Tonträgern, wie sie erschienen sind, sondern vervielfältigen diese im Rahmen der Produktion einer Sendung oder durch Aufnahme in ihre Archive. Dafür benötigen sie die **Vervielfältigungsrechte** der ausübenden Künstler (und Tonträgerhersteller), meist über den von §§ 83, 55 vorgesehenen Zeitraum hinaus. Daher umfassen die Gesamtverträge, welche die GVL mit den Sendeunternehmen geschlossen hat, auch die Einräumung von Vervielfältigungsrechten zu eigenen Sendezwecken.

25   Auch der sogenannte „**Ladenfunk**", also die gezielt für den Einzelhandel gestaltete und häufig auf einzelne Handelsketten zugeschnittene, codierte und daher nicht außerhalb der Ladengeschäfte frei empfangbare Rundfunksendung unterfällt Abs. 2 Ziff. 1. Da er regelmäßig zum Zweck der öffentlichen Wiedergabe durch Lautsprecher in den Geschäften erfolgt, tritt neben die Sendevergütung stets auch eine solche nach Abs. 2 Ziff. 3.

26   Inzwischen haben sich für die Belieferung solcher Ladenfunkanbieter, durchaus aber auch gewöhnlicher Rundfunksender, mit Musikprogrammen eigene Dienstleister, sogenannte (Radio-) **Syndicator**, herausgebildet (das Geschäftsmodell heißt **Syndication**). Sie bieten vorgefertigte Programme verschiedenen

Sendern an. Daher können sie sich nicht auf die Schranke des § 55 (i. V. m. § 83) berufen, sondern müssen von den betreffenden ausübenden Künstlern und Tonträgerherstellern (regelmäßig über diese) die für Herstellung und Vertrieb an Sender benötigten Vervielfältigungs- und Verbreitungsrechte erwerben. Die betreffenden Tonträgerhersteller vergeben solche Kopplungslizenzen, wenn überhaupt, mit einer strengen Zweckbeschränkung auf die Nutzung zur öffentlichen Wiedergabe, um zu verhindern, dass solche „Super-Kopplungen" mit häufig aktuellem Hit-Material, auf den Endverbraucher-Markt gelangen.

b) Abs. 2 Ziff. 2: Öffentliche Wahrnehmbarmachung mittels Bild- oder Tonträger: Die Vorschrift enthält **keine Beschränkung auf erschienene Bild- oder Tonträger.** Allerdings ergibt sich aus § 96 Abs. 1, dass ohne Einwilligung des Künstlers vervielfältigte Tonträger nicht zur öffentlichen Wiedergabe benutzt werden dürfen (besonders unerlaubte Aufnahmen werden nämlich regelmäßig auch ohne Einwilligung des Künstlers vervielfältigt), sodass die Beschränkung hier praktisch entbehrlich erscheint (anders als im Bereich der Sendung, wo der Fall der mit Einwilligung des Künstlers aufgenommene, jedoch nicht erschienene Bild- oder Tonträger durchaus eine praktische Rolle spielen kann). Die jüngste Rechtsprechung des EuGH, insbesondere in Sachen *Del Corso* (GRUR 2012, 593), hatte auch zulasten der ausübenden Künstler eine Neudefinition des Begriffs der „Öffentlichkeit" im Sinne des § 15 Abs. 3 zur Folge. Entsprechend hat der BGH entschieden (GRUR 2016, 278 – *Hintergrundmusik in Zahnarztpraxen*), dass die Wiedergabe von Hörfunksendungen in Wartezimmern von Zahnarztpraxen im Allgemeinen nicht als öffentliche Wiedergabe im Sinne von § 15 Abs. 3 UrhG anzusehen sei und keinen Anspruch der ausübenden Künstler auf angemessene Vergütung begründe. Der Umstand, dass ausübende Künstler anders als Tonträgerhersteller auch Künstlerpersönlichkeitsrechte haben, ändere nichts daran, dass es sich bei dem den ausübenden Künstlern und Tonträgerherstellern nach Art. 8 Abs. 2 Vermiet- und Verleih-RL zustehenden Vergütungsanspruch im Wesentlichen um ein wirtschaftliches Recht mit Entschädigungscharakter handelt (Rn. 42). Zu den Einzelheiten des geänderten Öffentlichkeitsbegriffs vgl. § 15 Rn. 27 ff.

27

Ähnlich wie bei der Sendung wird auch im Bereich der öffentlichen Wahrnehmbarmachung **kaum je direkt von handelsüblichen Bild- oder Tonträgern** gearbeitet. Auch hier geht meist eine Vervielfältigungshandlung voraus. Die über § 83 anwendbaren Schrankenregelungen gelten hier regelmäßig nicht, § 55 ebensowenig (keine Sendung) wie § 56 (kein Bezug auf Vorführung oder Instandsetzung von Geräten, unverzügliche Löschungspflicht) und § 53 (wegen § 53 Abs. 6). Die GVL bietet daher den Erwerb der Nutzungsrechte zur Vervielfältigung für eigene öffentliche Wahrnehmbarmachungszwecke an.

28

Dabei kommt es besonders bei **Discjockeys (DJs)** regelmäßig zu dem Problem, dass die öffentliche Wahrnehmbarmachung über den Veranstalter abgegolten wird, der keine Vervielfältigungen vornimmt, während der vervielfältigende DJ keine Verträge über die öffentliche Wiedergabe schließt und daher auch keinen Aufschlag entrichtet. Die GEMA hat inzwischen eigens für diese Fälle den Tarif VR-Ö veröffentlicht. Die GVL plant ähnliches.

29

Abgesehen von dieser Ausnahme gilt auch im Bereich der öffentlichen Wahrnehmbarmachung, wie oben zur Sendung von Bild- oder Tonträgern ausgeführt (vgl. Rn. 26), dass jedenfalls dort gesondert die Vervielfältigungs- und Verbreitungsrechte erworben werden müssen, wo ein **Anbieter konfektionierte Bild- oder Tonträgerzusammenschnitte herstellt und Dritten zum Zwecke der öffentlichen Wiedergabe anbietet** (während der DJ seine Zusammenschnitte regelmäßig nicht aus der Hand gibt). Diese Rechte werden nicht von der GVL vergeben, sondern müssen – wie beim Rundfunk Syndication – von den

30

Rechteinhabern (praktisch also über die betreffenden Tonträgerhersteller) direkt erworben werden (vgl. Rn. 26). Solche Kopplungen finden sich nicht nur im Bereich der Musikuntermalung in Läden, sondern auch bei Musik für Fitness-Studios und ähnliche hochspezialisierte Interessenten, stets zum Zwecke der öffentlichen Wiedergabe.

30a Die öffentliche Wahrnehmbarmachung von Tonträger- oder Bildtonträgermusik wird **seit Jahrzehnten über ein Inkassomandat der GVL über die GEMA administriert,** und zwar in Form eines Aufschlags von 20 % auf den entsprechenden Tarif der GEMA. Der Versuch der GVL, den eigenen Tarifansatz zu entkoppeln und separat zu erhöhen, hat zu der Entscheidung des BGH *Gesamtvertrag Tanzschulkurse* (GRUR 2015, 61) geführt. Hier führt der BGH zunächst aus (a. a. O. Rn. 66, 67), dass keine Regel bestehe, wonach eine Beteiligung von bis zu 10 % an den Bruttoeinnahmen unangemessen hoch sei. Tatsächlich könne die Belastungsgrenze sowohl oberhalb als auch unterhalb einer 10 %-igen Beteiligung an den Bruttoeinnahmen liegen. Zugleich sei eine Vergütung aber auch nicht schon allein deshalb angemessen, weil sie eine Belastungsgrenze nicht überschreitet. Haben sich die Parteien langjährig in Gesamtverträgen geeinigt, könne sich (von der Änderung der tatsächlichen Nutzung abgesehen) die von den Nutzern. insgesamt zu zahlende Vergütung nicht allein deshalb erhöhen, weil die wirtschaftliche Bedeutung der GEMA und GVL wahrgenommenen Rechte in ihrem Verhältnis zueinander für den hier in Rede stehenden Verwertungsvorgang anders zu beurteilen seien, Im Ergebnis lehnt der BGH die geforderte Erhöhung der Lizenz in Summe (d. h. dessen, was vom Nutzer an GEMA und GVL insgesamt zu zahlen ist) ab und verweist ggf. auf eine Neubestimmung der jeweiligen Einzeltarife von GEMA und GVL bei gleich bleibender Summe (a. a. O. Rn. 109).

31 Mit § 78 Abs. 2 Ziff. 2 konkurriert der Vergütungsanspruch nach § 52 Abs. 1 S. 2 (i. V. m. § 83).

32 **c) Abs. 2 Ziff. 3: Öffentliche Wahrnehmbarmachung von Sendungen oder öffentlich zugänglich gemachter Wiedergaben der Darbietung:** Ausweislich der Gesetzesbegründung (RegE UrhG Infoges – BT-Drs. 15/38, S. 24) handelt es sich bei Abs. 2 Ziff. 3 um eine dem erweiterten Rechtekanon angepasste Fortschreibung des § 77 a. F., die strukturell als dem § 22 entsprechend verstanden werden soll. Es geht also um die Radiosendung, die über Lautsprecher in der Gaststube eines Restaurants läuft oder eine „Online-Musikbox" in einer Gaststätte, bei der die Musik nicht über im Gerät vorhandene Tonträger (dies wäre ein Fall des Abs. 2 Ziff. 2), sondern über einen Online-Abrufdienst zugänglich gemacht und dann ebenfalls über Lautsprecher wahrnehmbar wird (so ausdrücklich OLG Hamburg ZUM 2009, 414, 416 zum Parallelfall bei §§ 85, 86). Zur neueren Entwicklung des Öffentlichkeitsbegriffs, die sich in einigen Fällen unmittelbar auf die Wiedergabe von Hörfunksendungen (konkret in Wartezimmern von Zahnarztpraxen) auswirkt, vgl. Rn. 27.

33 Beim „Ladenfunk" (vgl. Rn. 25) wird neben der Vergütung für die öffentliche Wiedergabe nach Abs. 2 Ziff. 3 auch eine solche für die Sendung als solche nach Abs. 2 Ziff. 1 fällig.

3. Abs. 3: Unverzichtbarkeit der Vergütungsansprüche

34 Hinsichtlich der Auswirkungen des Abs. 3 sei auf die diesbezügliche Kommentierung zu § 79 verwiesen (vgl. § 79 Rn. 36, 41).

4. Abs. 4: Verweis auf Kabelweitersende-Bestimmungen

35 Zu § 20b sei zunächst auf die dortige Kommentierung verwiesen. Während § 78 hinsichtlich der ursprünglichen Sendung zwischen dem Exklusivrecht nach § 78 Abs. 1 Ziff. 2 und dem Vergütungsanspruch nach § 78 Abs. 2 Ziff. 2 unterscheidet, enthält § 20b Abs. 1 keine solche Unterscheidung. Ausweislich Art. 9 Abs. 1 und ErwG 27 **Kabel- und Satelliten-RL bezieht sich die Richtlinie nur auf solche Handlungen, für** einen Kabelnetzbetreiber für jeden weiterverbreiteten Programmteil die Genehmigung benötigt.

Da die Kabelweitersendung „Sendung" i. S. d. § 20 ist (vgl. § 20 Rn. 4), bezieht   **36** sich die entsprechende Anwendbarkeit des § 20b lediglich auf § 78 Abs. 1 Ziff. 2, also das exklusive Sendrecht des ausübenden Künstlers. Hinsichtlich der Sendung erschienener Bild- und Tonträger bleibt es auch bei Kabelweitersendung bei dem Vergütungsanspruch nach § 78 Abs. 2 Nr. 2 (i. d. S. RegE 4. ÄndG – BT-Drs. 13/4796, S. 2, 10).

§ 79   Nutzungsrechte

(1) Der ausübende Künstler kann seine Rechte und Ansprüche aus den §§ 77 und 78 übertragen. § 78 Abs. 3 und 4 bleibt unberührt.

(2) Der ausübende Künstler kann einem anderen das Recht einräumen, die Darbietung auf einzelne oder alle der ihm vorbehaltenen Nutzungsarten zu nutzen.

(2a) Auf Übertragungen nach Absatz 1 und Rechtseinräumungen nach Absatz 2 sind die §§ 31, 32 bis 32b, 32d bis 40 ,41, 42, und 43 entsprechend anzuwenden.

(3) [1]Unterlässt es der Tonträgerhersteller, Kopien des Tonträgers in ausreichender Menge zum Verkauf anzubieten oder den Tonträger öffentlich zugänglich zu machen, so kann der ausübende Künstler den Vertrag, mit dem er dem Tonträgerhersteller seine Rechte an der Aufzeichnung der Darbietung eingeräumt oder übertragen hat (Übertragungsvertrag), kündigen. [2]Die Kündigung ist zulässig
1. nach Ablauf von 50 Jahren nach dem Erscheinen eines Tonträgers oder 50 Jahre nach der ersten erlaubten Benutzung des Tonträgers zur öffentlichen Wiedergabe, wenn der Tonträger nicht erschienen ist, und
2. wenn der Tonträgerhersteller innerhalb eines Jahres nach Mitteilung des ausübenden Künstlers, den Übertragungsvertrag kündigen zu wollen, nicht beide in Satz 1 genannten Nutzungshandlungen ausführt.
[3]Ist der Übertragungsvertrag gekündigt, so erlöschen die Rechte des Tonträgerherstellers am Tonträger. [4]Auf das Kündigungsrecht kann der ausübende Künstler nicht verzichten.

I.   Allgemeines

1.   Früheres Recht, zeitliche Geltung

1   Die Vorschrift wurde zuletzt neu gefasst mit Wirkung zum 1.3.2017 (BGBl. 2016 I S. 3037). Die nun gestrichene Fassung von Abs. 2 S. 2, die in geändertem Wortlaut nun zu Abs. 2a wurde, lautete:

Die §§ 31, 32 bis 32b, 33 bis 42 und 43 sind entsprechend anzuwenden.

Die zuletzt gestrichene Fassung war zum 1.1.2008 in Kraft getreten (BGBl. 2007 I S. 2513). Davor hatte seit dem 14.9.2003 (BGBl. I S. 1774) **Abs. 2 S. 2** wie folgt gelautet:

Abs. 1 bis 3 und 5 sowie die §§ 32 bis 43 sind entsprechend anzuwenden.

2   Gemäß § 132 Abs. 4 und 3 ist auf Verträge, die **vor dem 1.7.2002** geschlossen worden sind, sowie auf sonstige Sachverhalte, die vor diesem Zeitpunkt entstanden sind, das Gesetz in der am 28. März 2002 geltenden Fassung weiter anzuwenden. Diese Vorschriften lauteten (da das UrhVG 2002, **BGBl. I, 2002, Nr. 21, S. 1155–1158**, vom 22.3.2002 mit den gerade zitierten Bestimmungen ausweislich seines Art. 3 **erst zum 1.7.2002 in Kraft trat**) wie folgt:

§ 75 Aufnahme, Vervielfältigung und Verbreitung
(...)
(3) Auf die Vergütungsansprüche des ausübenden Künstlers für die Vermietung und das Verleihen der Bild- oder Tonträger findet § 27 entsprechende Anwendung.

§ 76 Funksendung
(...)
(3) § 20b gilt entsprechend.

§ 78 Abtretung
Der ausübende Künstler kann die nach den §§ 74 bis 77 gewährten Rechte und Ansprüche an Dritte abtreten. § 75 Abs. 3 in Verbindung mit § 27 Abs. 1 Satz 2 und 3 bleibt unberührt.

§ 79 Ausübende Künstler in Arbeits- oder Dienstverhältnissen
Hat ein ausübender Künstler eine Darbietung in Erfüllung seiner Verpflichtungen aus einem Arbeits- oder Dienstverhältnis erbracht, so bestimmt sich, wenn keine

besonderen Vereinbarungen getroffen sind, nach dem Wesen des Arbeits- oder Dienstverhältnisses, in welchem Umfang und unter welchen Bedingungen der Arbeitgeber oder Dienstherr die Darbietung benutzen und anderen ihre Benutzung gestatten darf.

Hinsichtlich Verträgen, die **zwischen** dem **1.7.2002** (worauf sich der zu diesem **3** Zeitpunkt in Kraft getretene § 132 Abs. 3, 4 bezieht) und dem **13.9.2003** geschlossen wurden, als im neuen § 79 Abs. 2 erstmals auf die Vorschriften des Urhebervertragsrechts verwiesen wurde, bleibt es bei der in dieser Zwischenzeit geltenden Rechtslage. **Insb. §§ 40 und 41 sind im Rahmen solcher Verträge nicht entsprechend anwendbar.**

Gemäß § 75 Abs. 4 in der zwischen 1.7.2002 und 13.9.2003 gültigen Fassung **4** waren lediglich § 31 Abs. 5 und die §§ 32, 32a, 36, 36a und 39 entsprechend anwendbar. Dabei muss es bleiben (i. d. S. wohl auch BGH GRUR 2003, 234, 235 – *EROC III*). Auch der damalige § 132 erstreckte die entsprechende Anwendung für ausübende Künstler nicht auf den Abs. 1, in dem ausdrücklich von § 40 und § 41 die Rede war, sondern begnügte sich mit einer Verweisung auf Abs. 3, in dem es nur um die Ansprüche nach §§ 32, 32a geht. In den späteren Fassungen des § 132 oder anderen Übergangsbestimmungen findet sich ebenfalls kein Hinweis, dass das neue Recht im Hinblick auf bestehende Verträge nach altem Recht gelten solle (a. A. ohne Begründung Schricker/Loewenheim/*Krüger*[4] Rn. 17a).

§ 32a findet gemäß § 132 Abs. 4 und 3 auch bei älteren Verträgen entsprechende Anwendung, wenn anspruchsbegründende Sachverhalte nach dem **5** 28.3.2002 entstanden sind. Auf Verträge, die zwischen 1.6.2001 und 30.6.2002 geschlossen wurden, ist § 32 entsprechend anzuwenden, sofern von dem eingeräumten Recht oder der Erlaubnis nach dem 30.6.2002 Gebrauch gemacht wird; zur Frage der Geltung des § 31 Abs. 4 vor dem UrhVG 2002, vgl. Rn. 68, zur Frage der Geltung der §§ 40, 41 vgl. Rn. 61, 89 ff. In Zusammenhang mit der 2017 in Kraft getretenen Änderung (Rn. 1) wurde § 132 um einen neuen Abs. 3a ergänzt. Danach sind auf Verträge oder sonstige Sachverhalte, die vor dem 1. März 2017 geschlossen worden oder entstanden sind, die Vorschriften dieses Gesetzes in der bis zum 1. März 2017 geltenden Fassung weiter anzuwenden. § 41 (Rückrufsrecht wegen Nichtausübung) in der am 1. März 2017 geltenden Fassung findet auf Sachverhalte Anwendung, die seit dem 1. März 2018 entstanden sind. (Dies betrifft den neu ins Gesetz aufgenommenen § 41 Abs. 4.)

Zu Verträgen, die aus der Zeit vor dem Inkrafttreten des UrhG (1.1.1966) **6** datieren, s. § 135; s. dazu ferner OLG Hamburg, ZUM 1991, 143.

Da aufgrund § 79 Abs. 2a hinsichtlich der Arbeits- und Dienstverhältnisse **7** § 43 entsprechend gilt, ist diese Vorschrift nach § 132 Abs. 1 S. 2 auch bei ausübenden Künstlern rückwirkend entsprechend anzuwenden, mit der Folge, dass § 43 entsprechend sogar auf Alt-Verträge anwendbar ist, die vor Inkrafttreten des Gesetzes (im Jahre 1966) geschlossen worden sind.

2. Internationales Urheberrecht

EU und EWR-Bürger genießen im Übrigen gemäß §§ 125 Abs. 1, 120 Abs. 2 **8** ohne weiteres Inländerbehandlung. **Nicht-EU-Bürger** profitieren von deutscher Inländerbehandlung nur nach Maßgabe des § 125 Abs. 2–5 ggf. in Verbindung mit den maßgeblichen Staatsverträgen.

Von besonderer Bedeutung ist die Frage, in welchem Umfang eine (Voraus-) **9** Übertragung von Rechten und Ansprüchen, die ein in Deutschland geschützter Künstler im Ausland (z. B. auf einen dortigen Tonträgerhersteller) vorgenommen hat, für Deutschland wirkt, wenn diese Übertragung nach dem Recht dieses ausländischen Staates zulässig war. Es geht hier um die Frage, ob dem in Deutschland §§ 79 Abs. 1 S. 1, 78 Abs. 3 und 4 entgegenstünden.

10 Die Frage, ob eine Anknüpfung an das (ausländische) Vertragsstatut in Betracht kommt, oder ob es sich hier um gesetzliche Vergütungsansprüche handelt, die stets nach dem Recht des Schutzlandes, hier also Deutschland, zu beurteilen wären (vgl. Vor §§ 120 ff. Rn. 58 ff.), dürfte in der Praxis kaum von Belang sein, da jedenfalls in den genannten Fällen eine gesetzliche Beschränkung der Abtretbarkeit angeordnet ist, die stets nach Schutzlandrecht, hier also nach den Bestimmungen des UrhG, zu beurteilen ist (vgl. Vor §§ 120 ff. Rn. 65, 73). Wenn also ein Künstler im Ausland nicht gerade gegenüber einer dortigen Verwertungsgesellschaft verfügt hat (insoweit bestünde keine Unabtretbarkeit), ist eine ausländische Vorausabtretung im Hinblick auf §§ 79 Abs. 1 S. 2, 78 Abs. 3 und 4 in Deutschland unwirksam, soweit es darum ginge, den Künstleranteil für sich (den Tonträgerhersteller) zu erwerben.

11 Anders ist es in Fällen, in denen ein Hersteller die Vergütungsansprüche der ausübenden Künstler erwirbt, um sie in eine Verwertungsgesellschaft einzubringen, der sowohl ausübende Künstler wie auch Hersteller angehören können (z. B. der GVL), um damit die eigene Beteiligung gem. § 86 zu gewährleisten. Ausdrücklich geregelt ist ein solcher Fall in § 63a sowie §§ 27 Abs. 2, 27a VGG nur für Urheber, und zwar im Hinblick auf die Sach- und Rechtslage, die der Entscheidung BGH GRUR 2016, 596 – *Verlegeranteil* zugrunde lag (vgl. Rn. 9). Für ausübende Künstler im Verhältnis zu Tonträgerherstellern fehlt eine ausdrückliche Regelung. Die aus der BGH-Entscheidung in Sachen *Verlegeranteil* folgenden Grundsätze (dazu vgl. § 63a Rn. 5, 14 ff.) sind hier nicht anzuwenden, da die Vergütungsansprüche gemäß § 78 Abs. 2 eine andere Rechtsqualität aufweisen als die gemäß §§ 44a-63a. Der Vergütungsanspruch nach § 78 Abs. 2 Nr. 1 und 2 geht auf Art. 8 Abs. 2 der Vermiet- und Verleih RL zurück, §§ 54 ff. auf Art. 5 Abs. 2 Buchst. a und b der Info-RL. Dass eine Einbringung durch den Hersteller bei den Ansprüchen gemäß § 78 Abs. 2 sogar unproblematischer als bei Urhebern möglich sein muss, folgt aus einer richtlinienkonformen Auslegung von Art. 8 Abs. 2 der Vermiet- und Verleih RL. Diese Vorschrift verlangt zwingend, dass bei Nutzung eines zu Handelszwecken veröffentlichten Tonträgers für drahtlos übertragene Rundfunksendungen oder eine öffentliche Wiedergabe die Zahlung **einer einzigen angemessenen Vergütung durch den Nutzer und die Aufteilung dieser Vergütung auf die ausübenden Künstler und die Tonträgerhersteller** zu gewährleisten ist. Ohne die Möglichkeit, den Vergütungsanspruch nötigenfalls durch den nach § 86 beteiligungsberechtigten Tonträgerhersteller in die GVL einzubringen, würde diese Vorschrift unterlaufen, denn falls die dem Hersteller im Ausland eingeräumten Ansprüche des Künstlers nicht von ihm eingebracht werden könnten, liefe der ihm garantierte Beteiligungsanspruch leer.

12 Bei § 32a kann es im Rahmen des Abs. 2 zu einer Haftung des deutschen Lizenznehmers kommen, selbst wenn das Vertragsverhältnis mit dem ausübenden Künstler ausländischem Recht unterliegt (dazu vgl. § 32 Rn. 17a).

3. Grundbegriffe des Künstlervertragsrechts

13 § 79 betrifft in der Praxis vor allem die Rechtsbeziehungen zwischen dem ausübenden Künstler und den Herstellern gewisser Produktionen, also die Verträge mit Veranstaltern (§ 81), Tonträgerherstellern (§ 85), Sendeunternehmen (§ 87) und Filmherstellern (§ 92).

14 Diese Vertragsverhältnisse weisen eine Reihe struktureller Besonderheiten auf, die für die wirtschaftliche und urheberrechtliche Würdigung solcher Vertragswerke von erheblicher Bedeutung sind. Im Einzelnen:

a) Trennung von Verträgen über Nutzungsrechte von Verträgen über die Er- **15**
bringung einer künstlerischen Leistung als solcher: In allen Verträgen ist die
Verpflichtung zur Erbringung einer Leistung in Form einer künstlerischen Darbietung gedanklich zu trennen von der Einräumung von Rechten an diesen
Darbietungen. So beziehen sich etwaige Ansprüche auf angemessene Vergütung
in entsprechender Anwendung des § 32 stets nur auf die von einem Künstler
eingeräumten Nutzungsrechte, nicht dagegen auf seine Verpflichtung zur Erbringung einer künstlerischen Leistung aufgrund eines Werk- oder Dienstver-
trags. Insoweit unterliegen Verträge mit ausübenden Künstlern den allgemeinen
Regeln des BGB und gegebenenfalls des Arbeitsrechts (so ausdrücklich RegE
UrhVG 2002 – BT-Drs. 14/7564, S. 5 i. V. m. BT-Drs. 14/6433, S. 18 zu § 75
Abs. 4 a. F.; näher zu den arbeitsrechtlichen Aspekten: *Weiss* S. 77 ff.).

b) Regelmäßiges Nebeneinander von Rechten der ausübenden Künstler und **16**
ihrer Verwertungspartner: Die eingangs genannten typischen Vertragspartner
der ausübenden Künstler erwerben regelmäßig neben diesen originär entsprechende eigene Verwertungsrechte (Veranstalter: gem. § 81; Tonträgerhersteller:
gem. § 85; Sendeunternehmen: gem. § 87; Filmhersteller: gem. § 94), die sie
unabhängig vom Künstler exklusiv ausüben können. Verpflichtet sich also ein
ausübender Künstler gegenüber einem Konzertveranstalter zur Erbringung einer künstlerischen Leistung, so kann er zwar über seine Rechte aus § 77 Abs. 1
verbieten, dass die Darbietung aufgenommen wird. Erlaubt er jedoch die Aufzeichnung und erlaubt sie auch der Veranstalter, so erwirbt dieser nach § 81 ein
eigenes Leistungsschutzrecht und derjenige, dem beide die Aufnahme erlaubt
haben, eines nach § 85, die beide neben das Recht des ausübenden Künstlers
an derselben Aufnahme treten. Gleiches gilt für das Verhältnis zwischen ausübendem Künstler und Tonträgerhersteller, Sendeunternehmen oder Filmhersteller. Stets existieren neben den Rechten der ausübenden Künstlerentspre-
chende Rechte der jeweiligen Hersteller-Vertragspartner.

Dieses Nebeneinander macht Vereinbarungen zwischen Künstler und Verwer- **17**
tungspartner über die Verwertung erforderlich, weil sonst die Ausschließlichkeitsrechte des einen (Künstler) die Verwertbarkeit der Ausschließlichkeitsrechte des
jeweils anderen (Hersteller) blockieren könnten (Beispiel: Der Lizenznehmer eines
Tonträgerherstellers kann die ihm eingeräumten Nutzungsrechte aus § 85 nicht
ohne parallele Rechtseinräumung des Künstlers nutzen und umgekehrt – bei der
Nutzung von Tonträgermusik ist ferner regelmäßig eine Lizenz der GEMA an den
Rechten der Musikautoren erforderlich). Deshalb erwirbt regelmäßig der jeweilige Verwertungspartner vertraglich (im Musikbereich: „Künstlervertrag") die
Rechte des ausübenden Künstlers nach § 79, um anschließend Nutzungsinteres-
senten die Nutzungsrechte des Künstlers zusammen mit den eigenen aus einer
Hand anbieten zu können. Das typische Nebeneinander von Rechten des ausübenden Künstlers und seines Verwertungs-Partners führt daher regelmäßig zu Problemen, wenn solche Verträge, die zur gemeinsamen Verwertung eingegangen werden, ganz oder tw. beendet werden – etwa durch einen isolierten Rechterückruf
des Künstlers (vgl. Rn. 61 ff.). Der hier beschriebene Vertrag ist regelmäßig der
„Übertragungsvertrag" im Sinne des Abs. 3.

c) Künstlervertragliche Exklusivbindungen: Die Leistungen ausübender Künst- **18**
ler besitzen ihrem Wesen nach keine einmalige Natur. Ihre charakteristische
Eigenschaft liegt in ihrer Wiederholbarkeit. Ein urheberrechtlich geschütztes
Werk ist definitionsgemäß (§ 2 Abs. 2) nicht wiederholbar (eine Wiederholung
eines Werkes stellte eine Vervielfältigung dar), die künstlerische Darbietung
schon. Während also ein Violinkonzert als Komposition mit der Schöpfung als
einmalig in die Welt tritt, muss der Violinenvirtuose, der es interpretiert, dazu
in der Lage sein, seine Interpretation an mehreren Konzertabenden nacheinander in nahezu identischer Weise zu Gehör zu bringen (vgl. § 77 Rn. 6).

19 Deshalb hat der jeweilige Vermarktungspartner ein Interesse daran, den betreffenden Künstler exklusiv an sich zu binden. Einem Tonträgerhersteller z. B. ist nur tw. damit gedient, über den Künstlervertrag eine für ihn eingespielte Aufnahme für den Zeitraum der Schutzdauer exklusiv kontrollieren zu können. Ihm muss auch daran liegen, dass der ausübenden Künstler nach Beginn der Auswertung (und besonders im Fall eines großen Erfolgs) nicht mit einem Wettbewerber des Tonträgerherstellers eine gleich klingende Produktion erneut einspielt. Damit würden zwei gleich klingende Aufnahmen in Konkurrenz zueinander treten und die Verwertungsmöglichkeiten des früheren Vertragspartners wären massiv eingeschränkt, zumal er – anders als der „Trittbrettfahrer" (der ja nur bei erfolgreichen Produktionen aufspringen würde) – auch noch die Risiken für diejenigen Aufnahmen trüge, die sich als nicht so erfolgreich herausgestellt haben.

20 Dies ist der wirtschaftliche Hintergrund für Künstler-Exklusivbindungen, die in verschiedenen Konstellationen vorkommen. Die stärkste Form der Exklusivbindung liegt in der **persönlichen Exklusivität**. Dabei verpflichtet sich der ausübende Künstler, in einem festgelegten Zeitraum (meist nicht mehr als fünf Jahre) Darbietungen ausschließlich für den Vertragspartner zu erbringen. Abstufungen sind dabei die Regel. So sind bei einem Künstler-Exklusivvertrag mit einem Tonträgerhersteller regelmäßig Live-Auftritte weiterhin möglich. Auch für die Mitwirkung in Fernseh- oder Radiosendungen enthalten Exklusivverträge häufig (sehr eng gefasste) Ausnahmen. Typischerweise verbieten Exklusivverträge dem Künstler nicht nur, während des Exklusivitätszeitraums anderen als dem Vertragspartner Aufnahmen zu erlauben, sondern enthalten auch eine dingliche Vorauseinräumung der Nutzungsrechte gemäß § 77, 78 UrhG, was die Vervielfältigung, Verbreitung und öffentliche Wiedergabe (einschließlich des Rechts zur öffentlichen Zugänglichmachung auf Abruf) der entsprechenden Aufnahme angeht, auf den Tonträgerhersteller (s. dazu Rn. 33). Damit können Dritte diese Rechte regelmäßig selbst dann nicht mehr vom Künstler erwerben, wenn dieser – unter Verstoß gegen seine schuldrechtliche Verpflichtung – eine Aufnahme erlaubt haben sollte.

21 Im Rahmen der **Titelexklusivität** verpflichtet sich ein ausübender Künstler, ein bestimmtes Werk während des Laufs der Exklusivbindung nicht für einen anderen Hersteller einzuspielen (BGH GRUR 2002, 795, 796 – *Titelexklusivität*).

22 Besonders häufig ist die Kombination einer persönlichen Exklusivität während der Vertragslaufzeit, in der die Parteien eine umfassende Zusammenarbeit vereinbart haben und einer anschließenden, ebenfalls zeitlich begrenzten, Titelexklusivität hinsichtlich der während der Zeit der persönlichen Exklusivbindung eingespielten Titel.

23 d) **Die Vergütung des ausübenden Künstlers:** Vergütet werden ausübende Künstler bei der Verwertung von audio- bzw. audiovisuellen (z. B. sog. Videoclips) Festlegungen ihrer Darbietungen im Musik- und Wortbereich (im Film- und Fernsehbereich gelten andere Regelungen s. dazu etwa den Tarifverträgen von BFFS, ver.di und Produzentenallianz von Juli 2013, abrufbar unter http://www.produzentenallianz.de/fileadmin/data/dokumente/Offizielle_Dokumente/TV_Schauspieler-Kleindarsteller_2014.pdf, zuletzt abgerufen am 24.7.2017) regelmäßig auf der Basis von Stückbeteiligungen beim Verkauf von Vervielfältigungsstücken oder von Downloads. Anders als bei urheberrechtlich geschützten Werken, die kraft ihrer Individualität einen relativ gut bestimmbaren werkimmanenten Wert aufweisen, ist der Wert einer Darbietung von weiteren Faktoren abhängig, die nichts mit der Qualität der eigentlichen Darbietung zu tun haben, etwa der Berühmtheit des Künstlers.

Hier reicht die Skala vom Star, bei dem nicht nur die individuelle Art der **24** Darbietung, sondern auch in der Praxis die Persönlichkeit des Künstlers in die Bemessung der Vergütung einbezogen wird, bis zum Komparsen, der gerade nur eben die Schwelle einer überhaupt schutzfähigen Leistung nach § 73 erfüllt. Im Musikbereich hat sich dafür die grobe Unterscheidung zwischen den namentlich herausgestellten Solisten und Bandmitgliedern („**featured artists**") und den vielleicht namentlich erwähnten, jedenfalls aber nicht herausgestellten Begleitmusikern oder Studiomusikern („**non featured artists**" – auch: „**session musicians**" oder „**Studiomusiker**" genannt) herausgebildet. Eine ähnliche Unterscheidung findet sich jedoch auch im Film- und Fernsehbereich (s. die zu Rn. 23 zitierten Tarifverträge). Das UrhG vollzieht diesen Unterschied z. B. in § 79a nach, s. die dortige Kommentierung).

Diese Unterscheidung ist durchaus hilfreich, weil sie verdeutlicht, wo die **25** Grenze verläuft: Während bei den herausgehobenen Künstlern die persönliche Art der Darbietung im Vordergrund steht und ein solcher Künstler mithin nicht ersetzt werden kann, ohne die spezifische Natur der Darbietung zu verändern, erbringen die nicht eigens herausgehobenen Künstler in erster Linie eine lediglich der Art nach bestimmte Leistung, bei der es nicht auf die Erbringung gerade durch denjenigen Künstler ankommt, der an der Produktion mitgewirkt hat. In einem solchen Fall ähnelt die Leistung des ausübenden Künstlers derjenigen eines nach den „Regeln der Kunst" arbeitenden Handwerkers, der ein bestimmtes Werkstück abzuliefern oder eine bestimmte Dienstleistung zu erbringen hat. Eine einzelne Chorstimme im Hintergrund eines Popsongs zum Beispiel kann von jedem Künstler mit gleicher Stimmlage und Ausbildung gesungen werden, ganz wie ein nach bestimmten Maßen zu fertigender Holztisch von jedem qualifizierten Schreiner angefertigt werden kann. Freilich bestehen zwischen den beiden Extremen vielfältige Abstufungen (gerade bei Orchestermusikern fällt die Grenzziehung häufig schwer). Gleichwohl lassen es diese zum Teil erheblichen Unterschiede in der „Erkennbarkeit" der Leistung gerechtfertigt erscheinen, insb. bei der Anwendung der Vorschriften über die angemessene Vergütung (vgl. Rn. 71 ff.) mit unterschiedlichen Maßstäben zu arbeiten. Eine pauschale Einmalvergütung, die für den Solo-Interpreten eines Popsongs unangemessen wäre, mag für den Hintergrundvokalisten bei derselben Einspielung durchaus angemessen sein.

Ferner ist in diesem Zusammenhang zu berücksichtigen, dass die **Berühmtheit** **26** **eines Künstlers** bei der Bestimmung der angemessenen Vergütung i. S. d. künstlerischen Leistungsschutzes nicht ohne weiteres berücksichtigt werden darf. Wie oben ausgeführt, finden die Vorschriften der §§ 73 ff. auf viele aus dem Fernsehen bekannte Sprecher und Moderatoren keine Anwendung, weil sie entweder keine urheberrechtlich geschützten Werke darbieten oder aber dies in einer nicht hinreichend künstlerischen Form tun (gleiches gilt für Sportler und andere im Licht der Öffentlichkeit agierende Persönlichkeiten, vgl. § 73 Rn. 6). Persönliche mediale Berühmtheit als solche hat für die Bestimmung der angemessenen Vergütung eines ausübenden Künstlers i. S. d. §§ 32, 32a grundsätzlich keine Rolle zu spielen, es sei denn, die Berühmtheit wäre unmittelbar in der geschützten Darbietung begründet.

Bei der Bemessung der angemessenen Vergütung ist zunächst Art, Umfang und **27** Bedeutung des künstlerischen Beitrags zur Gesamtproduktion zu ermitteln. Ausgangspunkt sollte dabei die Überlegung sein, ob es sich bei dem ausübenden Künstler eher um einen persönlich herausgehobenen („featured artist") oder um einen lediglich mitwirkenden („non-featured") und in seiner Leistung theoretisch durch andere substituierbaren Künstler handelt. Für beide Gruppen gelten regelmäßig in den verschiedenen Branchen unterschiedliche Branchenübungen für die Vergütung.

28   Für die Gruppen der persönlich herausgehobenen („featured artists") und der lediglich mitwirkenden („non featured artists") Künstler ist dann jeweils der Anteil im Verhältnis zur Produktion als Ganzes zu bewerten (insb. der zeitliche Anteil und die Bedeutung des Beitrags in inhaltlicher, also künstlerischer Sicht). Ferner ist zu bewerten der Anteil des einzelnen Künstlers im Verhältnis zur Zahl und Art der Beiträge aller weiteren mitwirkenden Künstler. Schließlich ist für die Bemessung des angemessenen Anteils zu berücksichtigen, ob neben den künstlerischen Beiträgen auch noch für weitere Beiträge, etwa an verschiedene Urheber im Rahmen einer Film- oder Fernsehproduktion, vergütet werden muss.

29   **e) Der Bandübernahmevertrag im Musikgeschäft:** Im Musikbereich wird die Vertragspraxis zwischen den großen Tonträgerfirmen („Labels") und ausübenden Künstlern seit Jahren beherrscht vom Typus der so genannten „Bandübernahmeverträge". Diese Verträge tragen dem Nebeneinander von Künstler und Herstellerrechten an derselben Aufnahme Rechnung, indem sie alle Rechte an einer Aufnahme vor der eigentlichen Vermarktung zusammenführen. Bandhersteller sind sozusagen Tonträgerhersteller ohne Massenvervielfältigung, Marketing und Vertrieb. In diesen Fällen agiert entweder der ausübende Künstler selbst, eine von ihnen (mit) kontrollierte Firma oder ein unabhängiger Dritter als Tonträgerhersteller, indem er die Produktion wirtschaftlich und organisatorisch verantwortet. Er schließt als Hersteller die erforderlichen Verträge mit dem (künstlerischen) Produzenten, Tonmeister, Tonstudio und vor allem den übrigen ausübenden Künstlern (insbesondere etwaigen Studiomusikern) und übergibt (als sog. „Bandgeber") das fertig produzierte Band einer Tonträgerfirma zur weiteren Auswertung (dem sog. „Bandnehmer"; zu dessen Aufwendungen bezüglich Marketing und Promotion OLG Hamm, ZUM 2007, 923 – *Nichtzustandekommen eines Bandübernahmevertrags*). Zu den Auswirkungen dieser Gestaltung vgl. Rn. 92b. Der Vertrag zwischen Bandgeber und Bandnehmer ist kein „Übertragungsvertrag" im Sinne des Abs. 3, weil nicht der Künstler, sondern der Bandgeber die (von ihm selbst beim Künstler eingeholten) Rechte einräumt.

30   Bandübernahmeverträge werfen im Hinblick auf die Bestimmung der angemessenen Vergütung eine Reihe von Fragen auf, auf die unten näher einzugehen sein wird (vgl. Rn. 80 ff., 126). (Auftrags-)Produzentenverträge im Filmbereich werden im Zusammenhang mit den für Filmhersteller geltenden Bestimmungen erläutert (insb. vgl. Vor §§ 88 ff. Rn. 55 ff.).

31   **f) Mehrere ausübende Künstler:** Erbringen mehrere ausübende Künstler gemeinsam eine Darbietung oder verpflichten sie sich dazu, eine solche zu erbringen, gelten die zusätzlich die besonderen Regeln der §§ 74 Abs. 2, 80.

II.   Tatbestand

1.   Rechtsübertragung (Abs. 1)

32   Übertragbar ist nicht das Leistungsschutzrecht des ausübenden Künstlers als solches. Vielmehr können nach Abs. 1 S. 1 Gegenstand einer (sog. translativen) Übertragung nur die in §§ 77 und 78 genannten Rechte und Ansprüche sein. Der Gesetzgeber verwendet dabei die Ausdrücke „übertragen" (in § 79 Abs. 1) für die translative Übertragung eines Rechts und „abtreten" (z. B. in § 78 Abs. 3) für Verfügungen über bloße Vergütungsansprüche. Geht es um Darbietungen **mehrerer ausübender Künstler,** besonders von Künstlergruppen, ist stets § 80 zu beachten.

33   **a) Unbeschränkt übertragbare Rechte:** Unbeschränkt übertragbar sind (die entsprechenden Legaldefinitionen aus den Urheber geltenden Normen jeweils in Klammern):

- das ausschließliche Recht, seine Darbietung auf Bild- oder Tonträger aufzunehmen;
- das ausschließliche Recht, den Bild- oder Tonträger, auf den seine Darbietung aufgenommen worden ist, zu vervielfältigen (§ 16);
- das ausschließliche Recht, den Bild- oder Tonträger, auf den seine Darbietung aufgenommen worden ist, zu verbreiten (§ 17);
- das ausschließliche Recht, seine Darbietung öffentlich zugänglich zu machen (§ 19a);
- das ausschließliche Senderecht (§ 20) mit Ausnahme von Darbietungen, die auf Bild- oder Tonträgern aufgenommen sind, welche erschienen (§ 6 Abs. 2) oder erlaubterweise öffentlich zugänglich gemacht (§ 19a) worden sind;
- das Recht der öffentlichen Wahrnehmbarmachung (§ 19 Abs. 3);
- das Recht der Kabelweitersendung (§ 20b Abs. 1), das freilich nur durch eine Verwertungsgesellschaft geltend gemacht werden kann;

All diese „Rechte" i. S. d. S. 1 sind unbeschränkt übertragbar (dazu auch oben vgl. Rn. 20 sowie, angesichts der ab 1. März 2017 geltenden Anwendbarkeit des § 40, vgl. Rn. 92–92c), und zwar auch im Wege einer Vorausverfügung, was sich im Umkehrschluss sowohl aus Abs. 2 wie auch aus § 92 Abs. 2 ergibt. **Die Möglichkeit der umfassenden Rechtsübertragung im Voraus ist eingeschränkt durch § 92 Abs. 2 zugunsten der Verwertung in einem Film.** **34**

Die Auffassung, das Aufnahmerecht (§ 77 Abs. 1) sei nicht oder nicht ohne weiteres übertragbar (so Schricker/Loewenheim/*Krüger*[4] Rn. 4), findet im Gesetz keine Stütze. **35**

b) Laut § 79 Abs. 1 S. 1 beschränkt abtretbare Ansprüche: „Ansprüche", von denen § 79 Abs. 1 S. 1 ebenfalls spricht, sind demgegenüber nach S. 2 tatsächlich nur beschränkt abtretbar, und zwar wegen des Verweises auf § 78 Abs. 3 und 4. Es handelt sich dabei um folgende Ansprüche: **36**
- die Vergütungsansprüche nach § 27 Abs. 1 (über den Verweis auf § 77) für das Vermieten nach Einräumung des Vermietrechts (§ 17 Abs. 2, 3); das Gesetz schweigt hinsichtlich der Frage, ob die (Vollrechts-) Übertragung (nach § 79 Abs. 1 S. 1) des Vermietrechts als „Einräumung des Vermietrechts" zu verstehen ist; nach den zwingenden Vorgaben der zugrunde liegenden Vermiet- und Verleih-RL (Art. 2 Abs. 4, Art. 4 Abs. 1 RL) ist dies der Fall (Schricker/Loewenheim/*Loewenheim*[4] § 27 Rn. 2);
- die Vergütungsansprüche nach § 27 Abs. 2 (über den Verweis auf § 77) für das Verleihen;
- die Vergütungsansprüche gemäß § 78 Abs. 2 Nr. 1 bei Darbietungen, die nach § 78 Abs. 1 Nr. 2 erlaubterweise gesendet (§ 20) werden, weil die Darbietung erlaubterweise auf Bild- oder Tonträger aufgenommen worden ist, die erschienen oder erlaubterweise öffentlich zugänglich gemacht worden sind;
- die Vergütungsansprüche nach § 78 Abs. 2 Nr. 2 bei Darbietungen, die mittels Bild- oder Tonträger öffentlich wahrnehmbar gemacht werden (§§ 21, 19 Abs. 3);
- die Vergütungsansprüche nach § 78 Abs. 2 Nr. 3, wenn eine Sendung oder eine auf öffentlicher Zugänglichmachung beruhende Wiedergabe der Darbietung öffentlich wahrnehmbar gemacht wird (§§ 22, 19 Abs. 3).

Auf all diese Vergütungsansprüche kann der ausübende Künstler **im Voraus** nicht verzichten und sie **im Voraus** nur an eine Verwertungsgesellschaft abtreten. Vor diesem Hintergrund muss man sich fragen, warum § 79 S. 1 überhaupt noch „Ansprüche" in die Regel der freien Übertragbarkeit aufnimmt. **37**

Dies geschah wohl im Hinblick darauf, dass ein **nachträglicher** Verzicht oder eine **nachträgliche** Übertragung möglich bleibt. Freilich wird die nachträgliche **38**

Übertragbarkeit von Ansprüchen im Tätigkeitsbereich von Verwertungsgesellschaften die Ausnahme bleiben, da deren Wahrnehmungs- bzw. Berechtigungsverträge ihrerseits stets eine Vorausabtretung vorsehen (z. B. bei der GVL in Ziff. I (1) des WahrnehmungsV für ausübende Künstler), sodass dem ausübenden Künstler, der einer Verwertungsgesellschaft angehört, im Regelfall gar nichts bleibt, was er nachträglich übertragen könnte.

39 Ferner ist in diesem Zusammenhang zu beachten:
- Die Ansprüche aus § 27 sind nach § 27 Abs. 3 verwertungsgesellschaftenpflichtig und können gar nicht individuell wahrgenommen werden.
- Bei den von § 78 Abs. 4 für ebenfalls entsprechend anwendbar erklärten **Vergütungsansprüchen nach § 20b Abs. 2**, die im Falle der Einräumung des Kabelweitersendungsrechts entstehen, ergibt sich die Verwertungsgesellschaftenpflicht und Unverzichtbarkeit unmittelbar aus § 20b Abs. 2, mit der Einschränkung des § 20b Abs. 2 S. 4.

40 Nach dem oben Gesagten lässt sich in der Praxis normalerweise mit einer einfachen Faustregel arbeiten: **Die Vollrechtsübertragung wirkt nur hinsichtlich der Exklusivrechte des ausübenden Künstlers. Vergütungsansprüche** (mit Ausnahme der §§ 32, 32a, vgl. Rn. 71 ff.) **dürften dagegen im Regelfall für den Künstler von einer Verwertungsgesellschaft wahrgenommen werden und sind meist der freien Disposition entzogen** (zu der Möglichkeit, dass sich ein ausübender Künstler dazu verpflichtet, seine Vergütungsansprüche nicht in eine Verwertungsgesellschaft einzubringen, vgl. § 63a Rn. 13).

41 Nachdem mit Wirkung zum 1.1.2008 zu § 63a S. 2 der letzte Hs. hinzugefügt worden ist, lässt sich gut vertreten, die darin enthaltene Regel auch im Hinblick auf die Ansprüche nach §§ 79 Abs. 1 S. 2, 78 Abs. 3 und 4 anzuwenden. Ausweislich der Gesetzesbegründung (RegE 2. Korb – BT-Drs. 16/1828, S. 32) soll zwar § 63a S. 2 2. Hs. ausschließlich auf Verleger, nicht auf Leistungsschutzberechtigte anwendbar sein, da diese, so die Begründung, den Verwertungsgesellschaften „eigene Rechte zur Wahrnehmung übertragen" könnten. Diese Aussage kann sich jedoch nach dem Zusammenhang, in dem diese Beschränkung angeordnet wird, nur auf die Vergütungsansprüche nach §§ 44a bis 63a (die in der Tat ausübenden Künstlern und Tonträgerherstellern nebeneinander zustehen) beziehen. Hinsichtlich der Vergütungsansprüche aus § 78 Abs. 2 dagegen verfügen Tonträgerhersteller gemäß § 86 lediglich über einen Beteiligungsanspruch am Vergütungsanspruch des ausübenden Künstlers, nicht etwa über einen autonomen Vergütungsanspruch, geschweige denn über ein eigenes „Recht". Der Beteiligungsanspruch des Tonträgerherstellers liefe leer, wenn er nicht in die Lage versetzt würde, die eigentlich im Voraus unabtretbaren Ansprüche des Künstlers in die gemeinsame Verwertungsgesellschaft (hier also regelmäßig die GVL) einzubringen. Die Interessenlage gleicht genau derjenigen, die § 63a S. 2 regelt. Zumindest in diesem Fall wäre es also nicht zuletzt aufgrund der gebotenen richtlinienkonformen Auslegung im Hinblick auf Art. 8 Abs. 2 der Vermiet- und Verleih RL angebracht, die ohnehin von der Verweissystematik des UrhG vorgesehene entsprechende Anwendbarkeit (§ 83) auch auf ausübende Künstler in ihrem Verhältnis zu Tonträgerherstellern zu erstrecken. Art. 8 Abs. 2 Vermiet- und Verleih-RL verlangt zwingend, dass bei Nutzung eines zu Handelszwecken veröffentlichten Tonträgers für drahtlos übertragene Rundfunksendungen oder eine öffentliche Wiedergabe die Zahlung einer einzigen angemessenen Vergütung durch den Nutzer und die Aufteilung dieser Vergütung auf die ausübenden Künstler und die Tonträgerhersteller zu gewährleisten ist (vgl. Rn. 11)

42 Zum Zweck der Einbringung in eine gemeinsame VGen der ausübenden Künstler und Hersteller (wie die GVL) könnte also z. B. auch ein Tonträgerhersteller die eigentlich im Voraus unabtretbaren Ansprüche des ausübenden Künstlers erwerben.

Selbst wenn man der hier vertretenen Lösung über eine richtlinienkonforme **43** Auslegung nicht folgen wollte, bliebe hinsichtlich der beschränkt übertragbaren Vergütungsansprüche jedenfalls die **Ermächtigung** an einen Tonträger- oder Filmhersteller, Veranstalter oder Sendeunternehmen wirksam, **Vergütungsansprüche** des ausübenden Künstlers im eigenen Namen **in eine Verwertungsgesellschaft** einzubringen (§ 185 BGB). Angesichts der Tatsache, dass die Hersteller ihre Beteiligungsansprüche (§ 86) nur realisieren können, wenn die Rechte der betreffenden ausübenden Künstler zuvor in die GVL eingebracht wurden, ist es abermals gerechtfertigt, richtlinienkonform etwaige Übertragungs- in Ermächtigungsklauseln umzudeuten (§ 140 BGB).

Auf beide Weisen können insb. Vergütungsansprüche ausübender Künstler, die **44** nicht Mitglied der GVL und auch nicht über Gegenseitigkeitsverträge repräsentiert sind, über die mit diesen Künstlern verbundenen Tonträgerhersteller in die GVL eingebracht werden. Die auf die Künstler entfallenden Vergütungsanteile unterliegen bei der Ausschüttung dem GVL-Verteilungsplan (vgl. Rn. 11).

Das Abtretungsverbot hinsichtlich der Vergütungsansprüche bezieht sich nicht **45** auf die **Ansprüche eines Berechtigten gegen die Verwertungsgesellschaft**, und zwar auf Ausschüttung des dem Berechtigten gemäß Verteilungsplan zustehenden Anteils aus dem Vergütungsaufkommen. Eine solche Abtretung – auch im Voraus – bleibt grundsätzlich möglich (zu den Einzelheiten vgl. § 63a Rn. 15).

c) Weitere nur beschränkt übertragbare Ansprüche und Rechte: Vergütungsan- 46 sprüche jenseits des Verweisungskatalogs des § 79 Abs. 1 S. 2, nämlich insb. solche, die in Zusammenhang mit den Schrankenregelungen von Teil 1, Abschnitt 6 (§§ 44a bis 63a) stehen, sind laut § 63a im Voraus unverzichtbar und nicht im Voraus abtretbar. Diese Vorschriften sind gemäß § 83 auf ausübende Künstler entsprechend anwendbar, sodass eine Bezugnahme auf sie im Rahmen des § 79 unterbleiben konnte.

Nicht umfasst sind ferner die Vergütungsansprüche nach §§ 32 und 32a. Mit **47** ihnen beschäftigt sich Abs. 2a (vgl. Rn. 71 ff.).

Ebenfalls nicht übertragbar sind die Künstlerpersönlichkeitsrechte aus 48 §§ 74 und 75, weil nicht in § 79 Abs. 1 genannt. Auch der Erwerber umfassender exklusiver Rechte kann also nicht über das Namensnennungsrecht und Beeinträchtigungsverbot verfügen.

d) Zum Verhältnis von Abs. 1 zu Abs. 2: Bis zur Novelle von 2016 (Streichung **49** des ehemaligen Abs. 2 S. 2, vgl. Rn. 1) stellte sich die Frage, inwieweit im Bereich der Vollrechtsübertragung nach § 79 Abs. 1 die in Abs. 2 genannten Vorschriften, insb. bezüglich der Vergütungsansprüche nach §§ 32, 32a Anwendung finden. Deren Anwendbarkeit ist durch den neuen Abs. 2a seit 1. März 2017 klar geregelt. Für bis Ende Februar 2017 geschlossene Verträge (vgl. Rn. 5) bleibt es jedoch bei der früheren Rechtslage. Der in § 79 Abs. 2 a.F. enthaltene Verweis auf §§ 32, 32a bezog sich lediglich auf die Einräumung von Nutzungsrechten. Kurzerhand zu postulieren, die Verweisung des § 79 Abs. 2 S. 2 hätte nach der Entstehungsgeschichte der Norm auch auf den Abs. 1 bezogen werden müssen, wie dies nach der damals wohl h.M. gesehen wurde (Schricker/Loewenheim/*Krüger*[4] Rn. 5; Wandtke/Bullinger/*Block*[3] § 29 Rn. 11; Loewenheim/*Vogel*[2] § 38 Rn. 85; *Gerlach* ZUM 2008, 372, 375; *Dünnwald/ Gerlach* Rn. 6), lief jedoch auf eine Auslegung *contra legem* hinaus. In der Begründung zur Novelle von 2016, die zum 1. März 2017 in Kraft trat wird

die hier vertretene Auffassung (keine Wirkung auf Rechtsübertragungen) ausdrücklich bestätigt (RegE UrhVG 2016 – BT-Drs. 18/8625, 30 f.).

50 *[derzeit leer]*

51 Die Grundregel der Abtretbarkeit (Übertragbarkeit) der einzelnen Ausschließlichkeitsrechte des ausübenden Künstlers geht ausweislich der Gesetzesbegründung zur oben (vgl. Rn. 2) zitierten, bis 30.6.2002 gültigen Vorgängerregelung
des § 78 S. 1 a. F. (RegE 3. ÄndG – BT-Drs. 13/115, S. 4, 15) **direkt auf die
diesbezüglichen Vorgaben der Vermiet- und Verleih-RL** zurück, nämlich Art. 2
Abs. 4 (Vermietrecht), Art. 7 Abs. 2 (Vervielfältigungsrecht) und Art. 9 Abs. 4
(Verbreitungsrecht). Die Übertragbarkeit dieser Rechte musste der deutsche
Gesetzgeber also zwingend vorsehen.

52 Erst seit der Gesetzesänderung von 2016 sind die nun in Abs. 2a geregelten
Verweise auch auf Rechtsübertragungen zu beziehen. Bei bis Ende Februar
2017 geschlossenen Verträgen bleibt es dabei, dass die in Abs. 2a genannten
Normen (nach Maßgabe des § 132) nicht auf Rechtsübertragungen anwendbar
sind (vgl. Rn. 5).

53 Rechtsübertragungen nach Abs. 1 unterlagen bis 28. Februar 2017 insb. nicht
der (speziellen) Zweckübertragungsregel des § 31 Abs. 5. Dies war auch konsequent, denn der Wunsch der Parteien, ein Recht insgesamt zu übertragen,
macht die weitere Bestimmung des Vertragszwecks entbehrlich. Der Vertragszweck liegt gewissermaßen in der Übertragung des jeweiligen Rechts in seiner
Gänze. Eine weitere Spezifizierung widerspräche diesem Zweck. Nur wenn
keine Übertragung gewollt ist, sondern lediglich eine Nutzungsrechtseinräumung, lassen sich die §§ 31 Abs. 1 bis 3 und 5, 32 bis 43 sinnvoll anwenden.

54 Zugleich bedeutete dies aber, dass Verträge mit ausübenden Künstlern, die
Rechtsübertragungen i. S. d. § 79 Abs. 1 S. 1 enthielten, nach den von der
Rechtsprechung entwickelten Grundsätzen über die Nichtigkeit gewisser
Künstlerverträge nach § 138 BGB (vgl. Rn. 71) anfälliger sein mochten, gerade
weil sie nicht der nach §§ 32, 32a vorgesehenen Korrekturmöglichkeit unter-
liegen.

55 Als Maßstab für die Prüfung der Sittenwidrigkeit solcher Verträge mussten
schon damals die (unmittelbar nicht entsprechend anwendbaren) Vorschriften
des Urhebervertragsrechts, besonders die §§ 32, 32a herangezogen werden,
denn was bei der Nutzungsrechtseinräumung angemessen war, musste auch für
die die Übertragung des gesamten Rechts als Maßstab Geltung beanspruchen.

56 Die Möglichkeit der Rechtsübertragung nach Abs. 1 war also auch schon vor
dem Inkrafttreten der Neuregelung am 1. März 2017 alles andere als ein einfacher „Ausweg" aus der entsprechenden Anwendung des Urhebervertragsrechts. Sie hatte vor allem dort ihre praktische Berechtigung, wo z. B. Künstler
und Hersteller ihre Rechte in gemeinsame Projekte einbringen, etwa in projekt-
bezogene Gesellschaften, an welcher der Künstler ebenso wie der Hersteller
beteiligt sind (vgl. Rn. 29).

2. Nutzungsrechtseinräumung (Abs. 2)

56a Das Gesetz verwendet hier den praktisch identischen Wortlaut wie § 31 Abs. 1
S. 1. Wie sogleich (vgl. Rn. 57 ff.) auszuführen sein wird, sind wesentliche Normen des Urhebervertragsrechts entsprechend anwendbar.

3. Verweis auf Normen des Urhebervertragsrechts (Abs. 2a)

57 Die mit Wirkung zum 1.3.2017 (vgl. Rn. 1) in einen neuen Abs. 2a ausgegli-
derten Verweise betreffen nunmehr nach Abs. 1 übertragene und nach Abs. 2

eingeräumte Rechte gleichermaßen. Vom Verweis **nicht umfasst** sind §§ 31a, 32c, 40a, 42a und 44. Der Gesetzgeber hat bei der Novelle von 2016 abermals die Gelegenheit verpasst, (anders als noch im UrhVG 2002 in § 75 Abs. 4 a. F., vgl. Rn. 4) – eine Reihe von Unklarheiten bei der entsprechenden Anwendung der Normen auszuräumen, die vom Verweis des Abs. 2a umfasst sind, da einige von ihnen gar nicht, andere nicht sinnvoll auf ausübende Künstler anwendbar sind. Probleme machen dabei sämtlich Vorschriften, die in der Verweisung des § 75 Abs. 4 a. F. (in der zwischen 1.7.2002 und 13.9.2003 gültigen Fassung) nicht aufgeführt waren, was für die redaktionelle Sorgfalt bei der früheren (allerdings war bei § 75 Abs. 4 a. F. ein Verweis auf § 32b versehentlich unterblieben) und eine gewisse Nachlässigkeit bei den Neufassungen seither spricht.

Geht es um Darbietungen mehrerer ausübender Künstler, besonders von Künstlergruppen, ist stets § 80 zu beachten.   **58**

a) Trotz Verweises nicht oder nicht sinnvoll anwendbare Vorschriften (§§ 37, **59** **38, 41):** § 37 ist – obgleich in der Sammelverweisung des § 79 Abs. 2a enthalten – nicht sinnvoll auf ausübende Künstler anwendbar. Der Abs. 1 der Vorschrift bereits deshalb nicht, weil ausübenden Künstlern weder ein Veröffentlichungs- noch ein Bearbeitungsrecht (§§ 12, 23) zusteht und ein Recht, das dem ausübenden Künstler von Gesetzes wegen gar nicht zusteht, auch nicht Gegenstand einer Zweifelsregelung sein kann (a. A. Schricker/Loewenheim/*Krüger*[4] Rn. 17; zum Bearbeitungsrecht in Altverträgen KG GRUR-RR 2004, 129, 131 – *Modernisierung einer Liedaufnahme*). Dass es sich bei der Bezugnahme auf § 37 um einen Redaktionsfehler handeln muss, zeigt sich auch bei einer Betrachtung der übrigen Absätze der Vorschrift: § 37 Abs. 2 ist nicht sinnvoll anwendbar, weil sich das Vervielfältigungs- und Verbreitungsrecht des ausübenden Künstlers ohnehin nur auf Bild- oder Tonträger bezieht. Für § 37 Abs. 3 gilt das gleiche: Der ausübende Künstler verfügt über ein ausschließliches Recht überhaupt nur hinsichtlich der Wiedergabe außerhalb des Raumes, in dem sie stattfindet (§ 78 Abs. 1 Nr. 3). Der geringe Unterschied im Wortlaut („der Veranstaltung" in § 37 Abs. 3, „des Raumes" in § 78 Abs. 1 Nr. 3) fällt dabei praktisch nicht ins Gewicht. Die in § 37 vorgesehenen Auslegungsregeln, nach denen im Zweifel die einzigen dem Künstler überhaupt zustehenden Ausschließlichkeitsrechte nicht übertragen seien, müssen unter solchen Umständen ebenso ignoriert werden wie die in § 37 Abs. 1 vorgesehene Anwendung von Vorschriften, die der Gesetzgeber dem ausübenden Künstler insgesamt vorenthalten hat (i. d. S. auch *Dünnwald/Gerlach* Rn. 20).

§ 38 ist ebenfalls nicht sinnvoll auf Verträge mit ausübenden Künstlern an-   **60** wendbar, da sich diese Vorschrift auf Zeitungs- und Zeitschriftenbeiträge bezieht. Die Beiträge müssen zum Bereich von Literatur, Wissenschaft und Kunst gehören (Schricker/Loewenheim/*Schricker/Peukert*[4] § 38 Rn. 8). Dies ist auf künstlerische Darbietungen – auch entsprechend – nicht sinnvoll übertragbar (a. A. offenbar *Dünnwald/Gerlach* Rn. 22, jedoch nur um den Preis einer nicht zu rechtfertigenden Überdehnung des Wortlauts von § 38).

Nur scheinbar von Bedeutung für Verträge mit ausübenden Künstlern ist § 41.   **61** Tatsächlich enthalten im Hinblick auf § 31 Abs. 5 viele Künstlerverträge umfangreiche Klauseln, in denen sich die jeweiligen Hersteller – jenseits des eigentlichen Vertragszwecks – ausschließliche Nutzungsrechte an einer Vielzahl im einzelnen bezeichneter Nutzungsarten einräumen lassen, ohne dass zum Zeitpunkt des Vertragsschlusses in jedem Fall bereits konkrete Pläne für die tatsächliche Verwertung in jeder dieser Nutzungsarten bestünden.

Gleichwohl lassen sich die für Urheber geltenden Regeln auf das Verhältnis   **62** zwischen ausübendem Künstler und einem Veranstalter, Tonträgerhersteller oder Sendeunternehmen **nicht sinnvoll anwenden**. Die Rückrufsmöglichkeit für den Urheber wurde geschaffen, um diesen für den Fall der Nichtausübung durch seinen Vertragspartner die Möglichkeit zu geben, nach Rückruf einen anderen Verwerter mit der Wahrnehmung zu betrauen (so bereits RegE UrhG 1962 – BT-Drs. IV/270, S. 60).

63 Die **Möglichkeit der anderweitigen Verwertung scheitert** bei ausübenden Künstlern regelmäßig daran, dass die jeweiligen Veranstalter, Tonträgerhersteller oder Sendeunternehmen an der Aufnahme eigene Leistungsschutzrechte gemäß §§ 81, 85 oder 87 erworben haben (vgl. Rn. 16 f.), die einer anderweitigen Auswertung der auf einem Ton- oder Bildträger festgehaltenen Darbietung durch den Künstler entgegenstünden. Schon deshalb war es sinnvoll, bei der Novelle von 2016 den § 41a nicht für ausübende Künstler entsprechend anwendbar zu erklären.

64 Die Zielrichtung des § 41 (anderweitige Verwertung) unterscheidet die Rückrufmöglichkeit nach § 41 von derjenigen nach § 42 (diesen Unterschied verkennt *Dünnwald/Gerlach* Rn. 26, der § 41 für sinnvoll anwendbar hält). Denn während es bei einem Rückruf nach § 42 dem Künstler durchaus darum geht, die weitere Auswertung einer Aufnahme zu unterbinden, setzt § 41 die anderweitige Verwertbarkeit geradezu voraus. Aufgrund der Vorgabe der Schutzdaueränderungs-RL (2011/77/EU) hat der deutsche Gesetzgeber in Abs. 3 erstmals eine Regelung eingeführt, die dieses Thema einer Lösung zuführt, indem es bei wirksamer Kündigung das Tonträgerherstellerrecht erlöschen lässt (näher dazu vgl. Rn. 66). Auf diese Weise wird die „Auswertungsblockade" des Künstlerrechts verhindert, allerdings um den hohen Preis, das Herstellerrecht ganz entfallen zu lassen. Der EU-Gesetzgeber (durch die Schutzdaueränderungs-RL vom 27.9.2011) konnte zu dieser radikalen Lösung (*„use it or lose it"*) nur greifen, weil bei der Schutzfristenverlängerung nicht in einen bestehenden Schutzlauf eingegriffen wird. Die Vorschrift des Abs. 3 ist also nicht analogiefähig im Hinblick auf den Verweiskanon des Abs. 2a.

65 Unabhängig von der Frage, ob den die jeweiligen Hersteller gegenüber dem ausübenden Künstler eine Auswertungspflicht trifft, könnte sich diese sich nach einem Rechterückruf jedenfalls nur auf die vom ausübenden Künstler erworbenen Rechte beziehen. Eine außervertragliche Auswertungspflicht auch im Hinblick auf die eigenen Rechte des Tonträger- oder Filmherstellers nach §§ 85, 94 lässt sich kaum begründen.

66 **Im Ergebnis bedeutet dies:** Angesichts der Tatsache, dass die ausübenden Künstler die zurückgerufenen Rechte anderweitig nicht verwerten könnten, dürften regelmäßig nicht einmal die von der Norm geforderten berechtigten Interessen, die einen Rückruf rechtfertigen würden, bestehen. Wollte man nämlich einen Rechterückruf zulassen, wäre am Ende weder der ausübende Künstler, noch der Tonträgerhersteller dazu in der Lage, die Aufnahme in der betreffenden Nutzungsart zu verwerten. Da hier ausschließlich **Verwertungsinteressen** in Rede stehen, ist ein solches Verbotsinteresse – anders als z. B. bei einem Rückruf wegen gewandelter Überzeugung nach § 42 – auch nicht aus den künstlerpersönlichkeitsrechtlichen Interessen des Künstlers zu rechtfertigen. Mit dem isolierten Rückruf nach § 41 wäre niemandem gedient (und verstieße möglicherweise gegen das Schikaneverbot des § 226 BGB). § 41 ist daher nicht sinnvoll entsprechend auf ausübende Künstler anwendbar. Wollte man den Rückruf zulassen, blieben jedenfalls in einem solchen Fall etwaige durch den ursprünglichen Erwerber zuvor eingeräumte Nutzungsrechte ohne weiteres wirksam (so für einen Fall des Rückrufs nach § 41: BGH GRUR 2009, 946 – *Reifen Progressiv*; doch auch im Falle der Vertragsaufhebung: GRUR 2012, 914 Tz. 14 – *Take Five* oder Kündigung: BGH GRUR 2012, 916 Tz. 30 – *M2Trade*; zur Situation bezüglich § 42 vgl. Rn. 93).

Für den Bereich der Filmherstellung erklären §§ 92 Abs. 3, 90 Abs. 1 Nr. 3 die   **67**
§§ 41 und 42 ausdrücklich für nicht anwendbar. Dies ist angesichts des oben
Gesagten sinnvoll. Eine Bereinigung der Verweisvorschriften im selben Sinne
wäre auch im Rahmen des § 79 Abs. 2 S. 2 dringend angebracht.

b) Erläuterungen zum Verweiskatalog im Übrigen, insbesondere zu §§ 31, 32,   **68**
32a: Dass der frühere (und nunmehr aufgehobene) § 31 **Abs. 4**, anders als
Abs. 5, noch nie auf Nutzungsrechtseinräumungen in Verträgen mit ausübenden Künstlern anwendbar gewesen sei, wurde gesetzgeberisch ausdrücklich erst
mit der Novelle aus dem März 2002 klargestellt, jedoch entschied der BGH
ungefähr zeitgleich im gleichen Sinne (BGH GRUR 2003, 234, 236 – *EROC*
III).

Dass § 31 **Abs. 5** auch auf Nutzungsrechtseinräumungen in Künstlerverträgen   **69**
anwendbar ist, entsprach auch vor der ausdrücklichen Regelung der ständigen
Rechtsprechung (BGH GRUR 2003, 234, 236 – *EROC III* m. w. N.). Seit der
Novelle von 2016 soll er auch auf Rechtsübertragungen anwendbar sein (vgl.
Rn. 53 zur Rechtslage vor dem 1.3.2017). Es fragt sich allerdings, worin dann
noch der Unterschied zwischen der gesetzlich garantierten Übertragbarkeit der
Rechte im Sinne des Abs. 1 und einer Nutzungsrechtseinräumung liegen soll.
Die Anwendbarkeit von § 31 Abs. 5 auf übertragene Rechte muss daher dort
im Wege einer richtlinienkonformen Auslegung reduziert werden, wo die zwin-
genden Vorgaben der Vermiet- und Verleih-RL (vgl. Rn. 51) betroffen sind,
nämlich Art. 2 Abs. 4 (Vermietrecht), Art. 7 Abs. 2 (Vervielfältigungsrecht) und
Art. 9 Abs. 4 (Verbreitungsrecht).

Dass richtigerweise § **31a nicht** in den Verweiskatalog des § 79 Abs. 2 S. 2   **70**
aufgenommen wurde, ist eine Folge der Tatsache, dass auch § 31 Abs. 4 a. F.
für ausübende Künstler nie galt. **Allerdings wirkt § 31a Abs. 3 insoweit auch**
zugunsten ausübender Künstler, als die Leistungen ausübender Künstler zu den
dort genannten „Werkbeiträgen" zählen (so ausdrücklich RegE 2. Korb – BT-
Drs. 16/1828, S. 24 f.). Sind also Werke und Leistungen mehrerer Beitragender
ein einer Verwertungseinheit zusammengeführt (also z. B. die Komposition, der
Liedtext und die Interpretation bei der Aufnahme eines Popsongs), dürfte z. B.
der von § 31a begünstigte Komponist das ihm nach § 31a Abs. 1 zustehende
Widerrufsrecht nicht wider Treu und Glauben ausüben und hätte dabei nicht
nur etwaige Auswertungsinteressen des Textdichters zu berücksichtigen (der
über ein eigenes Rückrufsrecht verfügt), sondern auch auf diejenigen des ausübenden Künstlers.

Da § 32 entsprechend anwendbar ist, stellt sich die Frage, in welchem Verhält-   **71**
nis diese Vorschrift zu § 138 **BGB** steht. In der Vergangenheit hatte sich die
Rechtsprechung bisweilen mit sittenwidrigen Künstlerverträgen zu beschäftigen.

So hatte der BGH (GRUR 1989, 198 – *Künstlerverträge/Hubert Kah*) zur Sit-   **72**
tenwidrigkeit von Klauseln ausgeführt, die zu einem nicht mehr erträglichen
Ungleichgewicht in den wechselseitigen Leistungen führten, es gehöre zum Wesen eines Verwertungsvertrags, dass der Auswerter, der sich alle Rechte zur
kommerziellen Auswertung übertragen lässt, auch die typischen Risiken einer
solchen Auswertung zu tragen hat, nämlich das Produktionsrisiko und das
Risiko einer fehlgeschlagenen Promotion.

Das OLG Karlsruhe (ZUM 2003, 785 – *Xavier Naidoo*) erklärt auch die Ent-   **73**
scheidungsbefugnis der Produktionsfirma, die Freiheit des Künstlers weitestgehend einzuschränken, indem sie sich ein Bestimmungsrecht über Art, Dauer
und Inhalt seiner künstlerischen Tätigkeit einräumen ließ, als wesentlichen
Faktor bei der Bestimmung der Sittenwidrigkeit. Auch die beliebige Möglich-

keit der Vertragsverlängerung für die Produktionsfirma über die Vertragslaufzeit von 5 Jahren hinaus sei ein solcher Faktor. Damals waren die Schutznor-
men des Urhebervertragsrechts, insbesondere § 40, noch nicht entsprechend
anwendbar (s. o. Rn. 3) und werden entsprechend mit keinem Wort erwähnt.
Nach heutigem Recht wären die betreffenden Verträge insoweit nicht mehr
nichtig, weil sich der Künstler aufgrund der §§ 79 Abs. 2a, 40 von den hier in
Rede stehenden Verpflichtungen lösen könnte.

74 Wegen der zwingenden Verbindung der künstlerischen Leistung mit dem Werk
muss die GEMA im Falle eines nichtigen Künstlervertrags trotz § 34 VGG
(ehemals § 11 UrhWahrnG) nicht an denjenigen lizenzieren, der seine leistungsschutzrechtlichen Nutzungsrechte auf den nichtigen Vertrag zurückführt (BGH
GRUR 2009, 1052 Tz. 20 –*Seeing is Believing*).

75 Das Bundesverfassungsgerichts sieht (NJW 2006, 596, 598 – *Xavier Naidoo*,
es handelt sich hier um den Fall, mit dem auch das OLG Karlsruhe befasst
war) in den §§ 138, 242, 315 BGB sogar einen entsprechenden Schutzauftrag
an den Richter, der den objektiven Grundentscheidungen der Grundrechte in
Fällen gestörter Vertragsparität mit den Mitteln des Zivilrechts Geltung zu
verschaffen habe. Die durch § 2 Abs. 1 GG gewährleistete Privatautonomie
setzte voraus, dass die Bedingungen der Selbstbestimmung des einzelnen auch
tatsächlich gegeben sind. Sei aufgrund einer besonders einseitigen Aufbürdung
von vertraglichen Lasten und einer erheblich ungleichen Verhandlungsposition
der Vertragspartner ersichtlich, dass in einem Vertragsverhältnis ein Partner
ein solches Gewicht hat, dass er den Vertragsinhalt faktisch einseitig bestimmen
kann, sei es Aufgabe des Rechts, auf die Wahrung der Grundrechtspositionen
beider Vertragspartner hinzuwirken.

76 Mit § 32 bezweckt das Gesetz eine Korrektur gerade solcher unangemessener vertraglicher Bestimmungen, soweit diese über die Gewährung einer angemessenen Vergütung korrigierbar sind. Ähnliches gilt für § 40 bei Verpflichtungen
für die Zukunft. § 139 BGB und damit notwendigerweise auch § 138 BGB
sind insoweit nicht anwendbar (so bezüglich § 138 ausdrücklich FormH vom
19. November 2001 zu RegE UrhVG 2002, S. 15; abrufbar auf http://www.ur-
heberrecht.org/UrhGE-2000/download/Formulierungshilfe_20011119.pdf; zuletzt abgerufen am 18.5.2017).

77 Bei der Korrektur ist das Vertragsverhältnis umfassend zu würdigen: Soweit
eine (redliche) Branchenpraxis nicht feststellbar ist, muss die angemessene Vergütung nach billigem Ermessen festgesetzt werden, wobei alle relevanten Umstände zu berücksichtigen sind, wie z. B. Art und Umfang der Nutzung, Marktverhältnisse, Investitionen, Risikotragung, Kosten und Zahl der Werkstücke
sowie die zu erzielenden Einnahmen (FormH vom 19. November 2001 zu
RegE UrhVG 2002, S. 14; s. zu einer Reihe der genannten Kriterien vgl.
Rn. 23 ff.)). Die angemessene Vergütung wird also im Hinblick auf die Gesamtschau der tatsächlichen und vertraglichen Umstände bestimmt.

78 Eine Verlagerung des wirtschaftlichen Risikos in die Sphäre des Künstlers z. B.
würde sich mithin zwar vergütungserhöhend auswirken, nicht aber die Nichtigkeit des Vertrags nach sich ziehen. Die Nichtigkeit nach § 138 BGB käme
nach Einführung des § 32 und der übrigen von Abs. 2a genannten Vorschriften
des Urhebervertragsrechts wohl vor allem hinsichtlich grob unbilliger künstlerischer Weisungsbefugnisse in Betracht. Ob sie eine Gesamtnichtigkeit des Vertrags nach sich ziehen könnte, wäre gesondert zu prüfen.

79 Da auf Rechtsübertragungen nach § 79 Abs. 1 vor März 2017 der § 32 nicht
anwendbar wäre, kam dort eine Nichtigkeit nach § 138 BGB eher in Betracht
(vgl. Rn. 54).

Durch die Einführung von § 79a hat der deutsche Gesetzgeber (im Rahmen **79a** der Umsetzung einer EU Richtlinie, vgl. § 79a Rn. 3 ff.) implizit klargestellt, dass Pauschalvergütungen für „non featured artists" (besonders Studiomusiker, vgl. Rn. 24) grundsätzlich mit § 32 vereinbar sind.

c) Einzelfälle zu §§ 32, 32a (ggf. in Verbindung mit § 32b betreffend Verträge **80** **mit Auslandsbezug):** Die Ansprüche nach §§ 32, 32a kann der Inhaber vom Künstler abgeleiteter Nutzungsrechte nicht geltend machen (LG Hamburg ZUM 2008, 530, 532). Im Fall von **Bandübernahmeverträgen** richtet sich der Anspruch des ausübenden Künstlers gemäß § 32 Abs. 1 ausschließlich gegen den eigenen Vertragspartner, also den Bandhersteller (Tonträgerhersteller i. S. d. § 85). Die das Band übernehmende Tonträgerfirma ist insoweit keinen Ausgleichsansprüchen der ausübenden Künstler ausgesetzt (so auch Dreier/Schulze/ *Schulze*[3] § 32 Rn. 17 – beachte aber die abweichende Regelung bei § 32a).

Bei Anwendung des § 32a auf ausübende Künstler ist zunächst zu beachten, **81** dass ihnen – selbst wenn man alle künstlerischen Leistungen aller künstlerisch Beteiligten zusammen betrachtet – allenfalls ein Anteil an dem Erfolg zugemessen werden kann, der zu den „Erträgen und Vorteilen" aus der Nutzung führt, die Gegenstand der Ansprüche aus § 32a sind. Daneben sind die Urheber und Hersteller mit verantwortlich für den Erfolg. Letztere können sich zwar nicht auf § 32a berufen (s. insoweit §§ 81, 85 Abs. 1, 87 Abs. 2 und 94 Abs. 2), jedoch ist deren Beitrag am Erfolg bei der Bemessung der Vergütung nach § 32a zu berücksichtigen, wenn auch die Leistung des ausübenden Künstlers nicht ursächlich für die Erträgnisse und Vorteile sein muss, die aus der Nutzung des Werkes gezogen werden (so ausdrücklich BeschlE RAusschuss UrhVG 2002 – BT-Drs. 14/8058, S. 19). Bereits im zitierten Bericht des Rechtsausschusses wird ferner **ausdrücklich darauf hingewiesen, dass bei untergeordneten Beiträgen § 32a zurückhaltend anzuwenden sein wird.** Dies gelte insb. bei der Beteiligung ausübender Künstler. Dabei weisen die Berichterstatter auf die Notwendigkeit einer Gesamtbetrachtung der Bedeutung einzelner Beiträge hin (vgl. Rn. 24 ff.). Der BGH hat solche Überlegungen in Zusammenhang mit der Anwendbarkeit des § 32a auf die Nachvergütung von Synchronsprechern angestellt (GRUR 2012, 1248 Tz. 43 ff. – *Synchronsprecher*) und gelangt zu der Auffassung, dass die Tätigkeit des Synchronsprechers bei der Synchronisierung eines Hauptdarstellers nicht auf das bloße Ablesen eines vorgegebenen Textes beschränkt sei, sondern das stimmliche Nachspielen der jeweiligen Filmszenen erfordere. Dann könne im Regelfall nicht davon ausgegangen werden, die Synchronisationsleistung für den Hauptdarsteller eines Films sei von so untergeordneter Bedeutung für das Gesamtwerk, dass ein Anspruch nach § 32a Abs. 2 UrhG von vornherein ausgeschlossen sei (BGH a. a. O. Tz. 44). Regelmäßig dürfte jedenfalls dort keine Anwendungsmöglichkeit für § 32a bleiben, wo im Rahmen von Künstlerexklusivverträgen oder ähnlichen, auf solistische oder Haupt-Künstler bezogenen Vertragsgestaltungen Stückbeteiligungen vereinbart wurden, da diese generell eine Beteiligung an einem Erfolg gewährleisten, die ein „auffälliges Missverhältnis" i. S. d. § 32a ausschließen dürfte, Auf keinen Fall kann über 32a eine Pauschal- in eine Beteiligungsvergütung verwandelt werden. Dagegen spricht schon der § 79a Abs. 1.

In einer Lizenzkette haftet jeder Verwerter dem Urheber grundsätzlich nur für **81a** diejenigen Erträge, die auf der eigenen Stufe angefallen sind (OLG München GRUR-RS 2016, 00855 Rn. 54, 55 m.w.N). Vergleichsmaßstab für die Ermittlung des auffälligen Missverhältnisses sind nur die Erträge und Vorteile, die der Dritte selbst aus der Nutzung der kreativen Leistung erzielt, wobei die vertraglichen Beziehungen in der Lizenzkette zu berücksichtigen sind. (BGH GRUR 2012 496 Rn. 33 – *Das Boot*: auch den Gewinn des Verwerters schmälernde Aufwendungen sind zu berücksichtigen). Anders als bei der Bemessung des Anteils eines Künstlers am Erfolg findet keine Gesamtbetrachtung im Hinblick auf die im Zuge der Lizenzkette von den einzelnen Verwertern erzielten Erlöse statt. Vielmehr wird dem Urheber bzw. ausübenden Künstler nach der Gesetzessystematik ermöglicht, bei demjenigen in der Lizenzkette einen Anspruch auf weitere Beteiligung geltend zu machen, bei dem nach Abzug der jeweilig zu berücksichtigen Aufwendungen immer noch ein Missverhältnis besteht. Der Dritte haftet also nach der Gesetzessystematik nur insoweit, als die von ihm selbst gezogenen Vorteile betroffen sind, denn wenn der Dritte gemäß § 32a Abs. 2 S. 1 UrhG gegenüber dem Künstler haftet, entfällt gemäß der Regelung des § 32a Abs. 2 S. 2 UrhG eine Haftung „des anderen", also der Anspruch des gegen seinen Vertragspartner nach Abs. 1.

82 Im Rahmen dieses engeren Anwendungsbereichs, als er für Urheber gelten würde, besteht im Falle von Bandübernahmeverträgen gemäß § 32a Abs. 2 auch ein direkter Anspruch gegen die Tonträgerfirma, die das Band tatsächlich auswertet. Der Anspruch des § 32a tritt im Anwendungsbereich der §§ 137c Abs. 3, 137 Abs. 3 (Vergütungsanspruch wegen Verlängerung der Schutzfrist) hinter diesen Vorschriften zurück (LG München I ZUM-RD 2012, 49 Tz. 90 – jedoch vgl. § 137 Rn. 13 und vgl. § 137c Rn. 4).

82a Bei der Novelle von 2016 (vgl. Rn. 1) ist auch der Auskunftsanspruch des in diesem Zusammenhang neu geschaffenen § 32d in den Verweis des Abs. 2a aufgenommen worden. Die Ausnahmetatbestände von § 32d Abs. 2 werfen vor allem Fragen auf im Hinblick auf die Darbietungen der Studiomusiker (während es bei den sog. Kleindarstellern im Filmbereich häufig schon an einer geschützten Leistung im Sinne des § 73 (s. dort Rn. 8) fehlen mag). Nach § 32 d Abs. 2 Nr. 1 ist der Anspruch ausgeschlossen, wenn der Urheber einen lediglich nachrangigen Beitrag zu einem Werk, einem Produkt oder einer Dienstleistung erbracht hat. Nachrangig sei ein Beitrag insbesondere dann, wenn er dem Gesamteindruck eines Werkes oder die Beschaffenheit eines Produktes oder einer Dienstleitung wenig prägt, etwa weil er nicht zum typischen Inhalt eines Werkes, eines Produktes oder einer Dienstleistung gehört. Ob ein Beitrag „den Gesamteindruck wenig prägt", ist schwer mit Bestimmtheit feststellbar. Der Rechtsausschuss, auf dessen Betreiben gerade in Abs. 2 Nr. 1 des Entwurfs entscheidende Änderungen vorgenommen wurden, betont unter Verweis auf BGH GRUR 2002, 602 – *Musikfragmente* (BeschlE RAusschuss UrhVG 2016 – BT-Drs. 18/10637, S. 22), dass der Begriff des „nachrangigen Beitrags" keine qualitative Wertung enthalte. Als Beispiele für Beiträge, die nicht zu dem typischen Inhalt eines Werkes, eines Produktes oder einer Dienstleistung gehören und den Gesamteindruck oder die Beschaffenheit wenig prägen, nennt der Ausschussbericht Komparsen oder Journalisten, die zum Beispiel lediglich einen geringfügigen Textbeitrag, Recherche o. ä. zu einem Artikel zuliefern. Sie sollen im Regelfall keinen anlasslosen, jährlichen Auskunftsanspruch haben, weil dadurch bei den betroffenen Verwertern unverhältnismäßiger Aufwand entstünde und damit letztlich das Vergütungsvolumen für die Gesamtheit der Urheber geschmälert würde. Wegen der in Rn. 81 im Rahmen des § 32a UrhG vorzunehmenden Anteilsbewertung wird gerade bei bei Studiomusikern, aber auch bei sonstigen Beteiligten (Fotografen, Grafikdesignern) nicht selten eine so marginale Beteiligung zu erwarten sein, dass sie außer Verhältnis zum vom Hersteller zu treibenden Aufwand steht, da die pauschal abgegoltenen Beteiligten bereits nicht in die elektronischen Abrechnungssysteme integriert sind.

82b § 32e Abs. 1 ist insbesondere bei Bandübernahmeverträgen von Bedeutung, denn dort hat der Vertragspartner des Künstlers dem Tonträgerhersteller das Nutzungsrecht übertragen (als Bandgeber) oder weitere Nutzungsrechte eingeräumt. Das Auskunftsrecht besteht also auch gegen den Bandnehmer und sogar im Rahmen eines Vertriebsvertrags (weil hier ein Verbreitungsrecht lizenziert wird). Zwar sind diese Ansprüche auf Lizenznehmer beschränkt, die die Nutzungsvorgänge in der Lizenzkette wirtschaftlich wesentlich bestimmen oder aus deren Erträgnissen oder Vorteilen sich das auffällige Missverhältnis im Sinne des § 32a Abs. 2 ergibt, jedoch reicht es gem. § 32e Abs. 2, wenn klare Anhaltspunkte für diese Voraussetzungen dargelegt werden. Im Regelfall dürften bei einem Bandübernahme- oder Vertriebsvertrag die Voraussetzungen des § 32e Abs. 1 Nr. 1 vorliegen, jedoch stets nur nach Maßgabe des oben zu vgl. Rn. 81 Ausgeführten.

Die entsprechende Anwendbarkeit von § 33 wirft angesichts der gerade dargestellten Situation hinsichtlich der möglichen Nichtigkeit von Künstlerverträgen die Frage auf, ob ein Sukzessionsschutz auch dann besteht, wenn das dem ursprünglichen Nutzungsrechtserwerb zugrundeliegende Verpflichtungsgeschäft nichtig war oder ein wirksamer Rücktritt vom Vertrag erklärt war. Es geht hier um die Geltung des **Abstraktionsprinzips im Urhebervertragsrecht** (dazu auch oben vgl. Rn. 66 und unten Rn. 93 sowie im Detail vgl. § 31 Rn. 30 ff.). Im Gegensatz zum Sukzessionsschutz beim Wegfall von Rechten *ex nunc* (etwa bei Kündigung oder Rückruf) lässt sich ein Sukzessionsschutz bei – auch unerkannter – Nichtigkeit des zugrundeliegenden Verpflichtungsgeschäfts kaum rechtfertigen (so ist auch BGH GRUR 2009, 1052 Tz. 20 – *Seeing is Believing* zu verstehen). **83**

Gegenwärtig existiert lediglich eine einzige Entscheidung, die sich mit diesem Thema im Hinblick auf Künstlerverträge auseinandersetzt (OLG Karlsruhe ZUM-RR 2007, 76, 78). Sie kommt ohne weiteres zu dem bereits in früherer Rechtsprechung vertretenen Ergebnis (OLG Hamburg GRUR 2002, 335, 336 – *Kinderfernseh-Sendereihe*), das Abstraktionsprinzip besitze im Urhebervertragsrecht nur eingeschränkte Geltung. Diese Rechtsprechung führt aus den oben (vgl. Rn. 63) ausgeführten Gründen letztlich zur Unverwertbarkeit der betreffenden Aufnahmen, da dem Künstler die seine Darbietung betreffenden Herstellerrechte (im Falle des OLG Karlsruhe nach § 85) nicht mit zufallen. Damit kann der Künstler zwar die weitere Verwertung verbieten (mit nach Auffassung des OLG Karlsruhe stark eingeschränkten Möglichkeiten, nach § 97 Schadensersatz von solchen Drittauswertern für die Zeit der unberechtigten Nutzung zu fordern, ZUM-RR 2007, 76, 78), nicht aber die betreffenden Aufnahmen selbst Dritten zur Auswertung überlassen (der BGH GRUR 2009, 1052 Tz. 23 – *Seeing is Believing* geht auf dieses Thema nur im Verhältnis zwischen den Rechten der Musikurheber und der ausübenden Künstler ein und verneint im Fall eines nichtigen Künstlervertrags den Kontrahierungszwang der GEMA nach § 34 VGG (ehemals § 11 UrhWahrnG) im Hinblick auf den Tonträgerhersteller, der den nichtigen Vertrag geschlossen hatte). **84**

Der Verweis auf § 34 bezieht sich auf die translative Weiterübertragung einfacher oder ausschließlicher Nutzungsrechte i. S. d. §§ 79 Abs. 2 S. 1, 31 Abs. 1 bis 3 und nicht auf die Übertragung der Rechte als solcher nach § 79 Abs. 1. Durch die seit der Novelle von 2016 in Abs. 2a angeordnete Anwendbarkeit des § 34 auch auf die Übertragung des „Mutterrechts" stellt sich die bereits oben zu vgl. Rn. 69 dargestellte Notwendigkeit einer richtlinienkonformen Auslegung (s. dort.). Soweit § 34 entsprechend anwendbar ist, stellt sich das bereits wiederholt dargestellte Problem, dass sich die Rechte eines ausübenden Künstlers an einer Aufnahme nicht getrennt von den an derselben Aufnahme bestehenden Rechten der entsprechenden Hersteller verwerten lassen. Es könnte also z. B. bei einer wirksamen Übertragung der Rechte des Tonträgerherstellers nach § 85 Abs. 2 S. 2 (für sie gilt § 34 nicht entsprechend) und einer unwirksamen Übertragung im Sinne der §§ 79 Abs. 2 S. 2, 134 zu einem Auseinanderfallen von Tonträgerhersteller- und Künstlerrecht an derselben Aufnahme kommen, was im Ergebnis dazu führen würde, dass die Aufnahme so- **85** wohl für den Veräußerer als auch für den Erwerber unverwertbar würde. Allerdings enthält § 34 eine Lösung für dieses Problem: „Treu und Glauben" im Sinne von § 34 Abs. 1 gebieten es in diesem Fall dem Künstler regelmäßig, seine Zustimmung nicht zu verweigern. Bei einer CD mit einer Vielzahl von anderen Werken und/oder Leistungen lässt sich zudem aus § 34 Abs. 2 folgern, dass das Recht des Künstlers dem des Herstellers folgen muss (der dem „Herausgeber" i. S. d. § 34 Abs. 2 entspricht; wie hier Schricker/Loewenheim/*Krüger*[4] Rn. 16). Hinsichtlich der von § 34 Abs. 3 angeordneten Rückrufmöglichkeit kann auf Rn. 66 zum Rückruf nach § 41 verwiesen werden. Das gerade Gesagte gilt gleichermaßen für § 35.

86 §§ 34, 35 sind auf Verträge ausübender Künstler mit Filmherstellern nicht anwendbar, §§ 92 Abs. 3, 90.

87 Aufgrund § 36 in entsprechender Anwendung könnten Vereinigungen von ausübenden Künstlern mit Vereinigungen von Nutzern ihrer künstlerischen Darbietungen gemeinsame Vergütungsregeln aufstellen. Gegenwärtig existieren solche gemeinsamen Vergütungsregelungen nur sporadisch, vor allem im audiovisuellen Bereich (vgl. Rn. 23), jedoch nicht in der Musikindustrie, schon mangels eines ausreichenden Organisationsgrads der Künstler. Durch die Novelle von 2016 zieht sich als roter Faden der Gedanke, dass von dem Urheber- und Künstlerschützenden Bestimmungen „nur durch eine Vereinbarung abgewichen werden kann, die auf einer gemeinsamen Vergütungsregelung (§ 36) oder einen Tarifvertrag beruht", so in §§ 32 Abs. 2a, 32d Abs. 3, 32e Abs. 3, 41 Abs. 4 oder 88 Abs. 2. Wegen der Einzelheiten sei auf die Kommentierung zu §§ 36–36c verwiesen.

88 Zur entsprechenden Anwendung des § 39 vgl. § 75 Rn. 24 ff.

89 Bezüglich der entsprechenden Anwendbarkeit des § 40 auf Künstlerverträge sei auf vgl. Rn. 73 f. verwiesen.

90 Auch durch die Anwendung dieser Vorschrift dürfte im Normalfall die Sittenwidrigkeit eines Vertrages, der ohne Hinzutreten der Rückrufmöglichkeit als sittenwidrig einzustufen wäre, ohne weiteres ausgeschlossen sein (so auch Schricker/Loewenheim/*Schricker/Peukert*[4] § 40 Rn. 7, 10).

91 § 40 bezieht sich in entsprechender Anwendung ausschließlich auf Verträge, bei denen eine Darbietung, also ein künstlerisches Projekt nicht näher oder nur der Gattung nach (z. B. „ein Album") bestimmt ist. Die Kündigungsmöglichkeit besteht also nicht bei Verträgen, in denen bereits im Einzelnen definierte Projekte Gegenstand des Vertrages sind.

92 Insb. fallen unter die Regelung Optionsvereinbarungen und Vorverträge, da sonst § 40 durch Abschluss von Vorverträgen umgangen werden könnte (Schricker/Loewenheim/*Schricker/Peukert*[4] § 40 Rn. 4). Allerdings lässt sich auf Optionsvereinbarungen § 40 nur dann sinnvoll anwenden, wenn sie dem Optionsberechtigten die Möglichkeit verschaffen, einen bereits im wesentlichen ausgehandelten Vertrag (etwa entsprechend den Bestimmungen in demjenigen, der die Optionsklausel enthält) durch einseitige Erklärung zu schließen. Einfache Optionsverträge, die lediglich eine Andienungspflicht vorsehen, die jedoch voraussetzen, dass der eigentliche Vertrag erst noch zu verhandeln und gesondert zu schließen ist, fallen nicht unter § 40 (Schricker/Loewenheim/*Schricker/Peukert*[4] § 40 Rn. 7). Die Fälle der §§ 79 Abs. 2a, 40 sind abzugrenzen von den (seltenen) Fällen einer außerordentlichen Kündigung einer Optionsvereinbarung (zu einem solchen Fall LG Berlin ZUM-RD 2002, 257, 258). Gerade wenn sich bei Künstlern Erfolge einstellen, werden während der ersten 5 Jahre der Vertragslaufzeit häufig die Verträge nachverhandelt und verbesserte Konditionen zugunsten des Künstlers vereinbart. Soweit solche Änderungen keine untergeordneten Details, sondern erhebliche Änderungen der wirtschaftlichen Rahmendaten betreffen und schriftlich festgehalten werden, unterbrechen sie den Fristlauf, d. h. die Frist beginnt ab Vereinbarung der Ergänzung neu zu laufen.

Im Bereich der Musikindustrie sind §§ 79 Abs. 2a, 40 auf **Nutzungsrechtsein-** **92a** **räumungen** (Abs. 2) Künstler(exklusiv)verträge (vgl. Rn. 18 f.) ohne weiteres anwendbar. Allerdings gilt die Anwendbarkeit **auf vom Künstler übertragene Rechte** (Abs. 1) erst seit dem 1. März 2017. Eine Vorausübertragung muss also bis dahin möglich gewesen sein, und zwar ohne die Einschränkungen des § 40 (vgl. Rn. 34 und zur Fortgeltung vgl. Rn. 5).

Es stellt sich die Frage, ob § 40 auch für **Bandübernahmeverträge**, gilt, die heute **92b** eine ebenso große Rolle spielen wie Künstlerverträge (vgl. Rn. 29), soweit sich der Künstler hier direkt (d. h. als natürliche Person) oder indirekt (über ein von ihm kontrolliertes oder in seinem Interesse handelndes Unternehmen) **selbst in die Rolle des Tonträgerherstellers** begibt. Da § 40 auf das Recht des Tonträgerherstellers nach § 85 nicht anwendbar ist (die Norm wird in der Verweisung gem. § 85 Abs. 1 nicht genannt), wäre es in solchen Fällen treuwidrig, wenn der Künstler sich selbst bzw. „seiner" Produktionsfirma gegenüber die Kündigung aussprechen würde, nur um auf diesem Umweg der Bandgeberin die Erfüllung eines Vertrags mit dem Bandnehmer verweigern und neu verhandeln zu können. Wer freiwillig selbst als Hersteller-Unternehmer auftritt, bedarf nicht des Schutzes gegenüber anderen Herstellerunternehmen (wie sich abermals aus der gesetzgeberischen Wertung ergibt, § 40 nicht in die Verweise des § 85 Abs. 2 aufzunehmen). Eine Berufung auf den § 40 wäre ihm zudem – trotz der Unverzichtbarkeit laut § 40 Abs. 2 S. 1 – aus dem **Verbot des widersprüchlichen Verhaltens** (§ 242 BGB) verwehrt (zu einer vergleichbaren Interessenlage BGH NJW-RR 1990, 58, 59; zu den Voraussetzungen im Einzelnen m. w. N. BGH NJW-RR 2013, 757 Rn. 12). Der Künstler nimmt hier Vertrauen auf „sein Wort" in der von ihm selbst gewählten Rolle des Herstellers in Anspruch, das er sich in seiner Rolle als Künstler entgegenhalten lassen muss, wenn er nicht – was ihm unschwer möglich wäre – bei Vertragsschluss ausdrücklich darauf hinweist, dass er sich sein Kündigungsrecht vorbehält. Im Übrigen gilt auch hier, im Bereich, der Bandübernahmeverträge, das zu vgl. Rn. 92a Ausgeführte.

Anders mag es allenfalls aussehen, wenn der Bandgeber nicht im Lager des **92c** Künstlers steht, also nicht selbst als in jeder Hinsicht unabhängiger Tonträgerhersteller agiert, der lediglich darauf verzichtet, die kommerzielle Auswertung der fertigen Produktion in eigener Regie vorzunehmen. In solchen Fällen verpflichtet sich der Künstler häufig durch „Künstlerbrief" direkt gegenüber dem Bandnehmer zur Lieferung der Produkte, falls der Bandgeber den Vertrag nicht erfüllt. Ein solcher Fall tritt ein, wenn der Künstler seinen Vertrag seinerseits gem. §§ 79 Abs. 2a, 40 gegenüber dem Bandgeber kündigt. In einem solchen Fall ist der Künstlerbrief wirksam. Der Künstler schuldet also dem Bandnehmer die Lieferung der Produktion als Bandgeber und ist dafür verantwortlich, die Produktion ggf. selbst (als Tonträgerhersteller) zu organisieren, was zu der in vgl. Rn. 92b beschriebenen Situation führt. Falls er sich im Künstlerbrief dagegen lediglich zur Mitwirkung an einer Produktion verpflichtet, läuft die Frist gem. §§ 79 Abs. 2a, 40 gegenüber dem Bandnehmer ab Unterzeichnung des Künstlerbriefes (nicht etwa streng synchron mit seinem Vertrag mit dem Bandgeber, obwohl in der Regel tatsächlich beide zumindest annähernd gleichzeitig vom Künstler unterzeichnet zu werden pflegen, so dass häufig § 40 auch aufgrund des Künstlerbriefs anwendbar sein dürfte).

Da es bei der entsprechenden Anwendung des § 42 darum geht, die weitere **93** Verwertung der Darbietung zu verhindern, steht regelmäßig der Verwertung

durch den ausübenden Künstler das parallele Leistungsschutzrecht des Tonträgerherstellers, Veranstalters oder Sendeunternehmens (§§ 81, 85, 87) nicht entgegen. Vielmehr müssen die jeweiligen Vertragspartner des Künstlers es hinnehmen, dass die Verwertung wegen seiner Entscheidung nicht fortgesetzt werden
kann. Dem enttäuschten Interesse des Herstellers an der weiteren Verwertung
ist durch § 42 Abs. 2 Rechnung getragen. Allerdings fragt sich, wie bei einer
Mehrheit ausübender Künstler mit dem Rückrufsinteresse des einzelnen umzugehen ist. Obwohl es sich hier um eine Vorschrift handelt, die stark urheber-
(künstler-) persönlichkeitsrechtlich geprägt ist, steht sie – wie gerade der Verweis in § 79 Abs. 2 und die Stellung des § 42 im Gefüge des Urhebervertragsrechts zeigt – in Zusammenhang mit dem Künstlervertragsrecht (Schricker/Loe-
wenheim/*Dietz/Peukert*[4] § 42 Rn. 4). Über § 80 Abs. 1 S. 2 sind damit die
übrigen mitwirkenden Künstler gegen Rückrufe geschützt, die im Verhältnis zu
den übrigen Mitwirkenden gegen Treu und Glauben verstießen. Auch im Falle
eines Rückrufs wegen gewandelter Überzeugung gilt das oben (vgl. Rn. 66)
zum Sukzessionsschutz Gesagte entsprechend: Im Regelfall bleibt eine vom Erwerber des Nutzungsrechts, dem gegenüber der Rückruf ausgeübt wurde, erteilte einfache Lizenz wirksam (BGH GRUR 2009, 946 – *Reifen Progressiv*;
bestätigt für den Fall der Vertragsaufhebung: GRUR 2012, 914 Tz. 14 – *Take
Five* oder Kündigung, BGH GRUR 2012, 916 Tz. 30 – *M2Trade*). Ob die
vom Bundesgerichtshof angestellte „*Abwägung der typischerweise betroffenen
Interessen*" (*M2Trade* a. a. O.) dazu führen könnte, dass möglicherweise im
Falle eines Rückrufs nach § 42 anders zu entscheiden wäre als bei einem nach
§ 41 (um diese Norm ging es bei *Reifen Progressiv*), lässt sich immerhin nicht
ganz ausschließen; denn das Vertrauen des Unterlizenznehmers in den Fortbestand seines Rechts verdient möglicherweise weniger Schutz, weil auch der
Hauptlizenzgeber selbst die vorzeitige Beendigung des früheren Nutzungsrechts
der Rückrufmöglichkeit ungeschützt ausgesetzt ist und sie weder beeinflussen,
noch vorhersehen kann (allerdings spricht Tz. 17 der *Take Five*-Entscheidung,
wo sich der BGH indirekt auch zu § 42 äußert, eher gegen diese Möglichkeit,).

94 Da sich der Rückruf nur auf Nutzungsrechte erstreckt, dürfen **erschienene Bild-
oder Tonträger auch nach dem Rückruf gemäß § 78 Abs. 1 Nr. 2 gesendet
oder öffentlich wiedergegeben werden.** Insofern bleibt es auch bei den Vergütungsansprüchen nach § 78 Abs. 2. Daher spielt dieses Rückrufsrecht praktisch
kaum eine Rolle.

95 Richtigerweise ist in der ab 1.1.2008 geltenden Fassung des Gesetzes der bis
dahin noch enthaltene Verweis auf § 42a entfernt worden. Es handelte sich
insoweit um ein Redaktionsversehen, da diese Vorschrift (der ehemalige § 61 in
dem bis September 2003 geltenden Fassung des UrhG) sich sinnvoll stets nur
auf Urheber beziehen ließ.

96 Der Verweis auf § 43 ersetzt den inhaltlich ähnlichen § 79 in der bis zum
30.6.2002 geltenden Fassung. Viele ausübende Künstler, besonders Bühnen-
schauspieler, Rundfunksprecher und Orchestermusiker, erbringen ihre Leistungen im Rahmen von Arbeits- oder Dienstverhältnissen.

97 Ob ein **Arbeits- oder Dienstverhältnis** vorliegt, bestimmt sich nach den allgemeinen arbeitsrechtlichen Bestimmungen (vgl. § 43 Rn. 9 ff.; zur Abgrenzung
von freien Mitarbeitern und Arbeitnehmern in Rundfunk und Fernsehen: BAG
UFITA 92, 242; UFITA 96, 280; bei Orchestermusikern BAG UFITA 92, 248;
eingehend ferner Schricker/Loewenheim/*Rojahn*[4] Rn. 18 ff.).

98 Angesichts der gegenüber Urhebern geringeren Zahl von Rechten, über die
ausübende Künstler überhaupt im Sinne einer Rechtsübertragung oder Nutzungsrechtseinräumung verfügen können (vgl. Rn. 33) gestaltet sich die Situation übersichtlicher als bei den Urhebern.

Zunächst kann davon ausgegangen werden, dass **Vergütungsansprüche** i. S. d.   **99**
§§ 79 Abs. 1 S. 2, 78 Abs. 2 und 3 sowie §§ 83, 63, 43 ff. ohne weiteres bei
den betreffenden ausübenden Künstler verbleiben, die sie regelmäßig in die
GVL eingebracht haben.

Eine Ausnahme bildet insoweit das Recht der **Kabelweitersendung nach** § 20b,   **100**
hinsichtlich dessen die beschränkte Vorausabtretbarkeit ausdrücklich unter
dem Vorbehalt etwaiger Tarifverträge, Betriebsvereinbarungen und gemeinsamer Vergütungsregeln mit Sendeunternehmen steht, soweit dadurch dem Urheber eine angemessene Vergütung für jede Kabelweitersendung eingeräumt wird
(§ 20b Abs. 2 S. 4).

Über den Umfang und die Bedingungen der Nutzung hinsichtlich der Exklusi-   **101**
vrechte bestehen im Bühnen- und Orchesterbereich **Normal- bzw. Tarifverträge** (Normalvertrag Bühne (NV-Bühne) neugefasst mit Wirkung zum
1.2.2006; Tarifvertrag für Musiker in Kulturorchestern (TVK) vom 15.4.2003,
im Jahre 2005 tw. gekündigt, nebst Begleittarifvertrag bezüglich der ehemaligen DDR; umfassend dokumentiert in *Bolwin/Sponer*, Bühnentarifrecht und
Nix/Hegemann/Hemke). Ferner sei auf vgl. Rn. 23 verwiesen.

Auch für nicht-tarifgebundene Arbeitsverhältnisse lassen sich aus der tarifver-   **102**
traglichen Praxis jeweils Anhaltspunkte für den Umfang der Rechteeinräumung
ableiten.

Wegen der gesetzlich angeordneten Bindung an den Betriebszweck dürfte **regel-**   **103**
mäßig eine umfassende Rechtsübertragung i. S. d. § 79 Abs. 1 S. 1 **ausscheiden**
(die ja wie oben ausgeführt – vgl. Rn. 53 – grundsätzlich zweckneutral erfolgt)
und stattdessen ein umfassender Übergang von (ausschließlichen) Nutzungsrechten auf den Arbeitgeber vorliegen. Durch die Schaffung des Abs. 2a hat
sich die Bedeutung dieser Frage weiter relativiert (vgl. Rn. 92 ff.). Zu der Frage,
ob und in welchem Umfang im Rahmen der analogen Anwendung von
§ 43 auch die §§ 32 und 32a zur Anwendung kommen vgl. § 43 Rn. 59 f.

4.   Kündigungsrecht (Abs. 3)

Die Vorschrift ist mit Wirkung zum 6.7.2013 (BGBl. 2013 Teil 1 S. 1940) neu   **104**
eingefügt worden, und zwar im Rahmen der Umsetzung der Schutzdaueränderu-
rungs-RL (2011/77/EU).

Abs. 3 lehnt sich eng an Artikel 1 Ziff. 2c der Richtlinie an, gruppiert jedoch   **105**
die Reihenfolge der Tatbestandsvoraussetzungen um. Zum Begriff des „**Über-
tragungsvertrags**" vgl. Rn. 17 und vgl. Rn. 29.

Das Gesetz spricht von „Kopien des Tonträgers". Gemeint sind hier „Verviel-   **106**
fältigungsstücke" im Sinne von §§ 85 Abs. 1, 16 Abs. 1. Mit „öffentlich zugänglich machen" ist, wie aus der Vorgabe der Richtlinie ersichtlich, dass öffentliche Zugänglichmachen auf Abruf im Sinne von §§ 78 Abs. 2 Nr. 3, 19a
gemeint.

a) Kündigungsvoraussetzungen: Chronologisch betrachtet, müssen für eine   **107**
wirksame Kündigung drei Elemente der Reihe nach erfüllt sein (dass sie in
Abs. 3 nicht in der chronologischen Reihenfolge genannt sind, hängt damit
zusammen, dass der deutsche Gesetzgeber den Text der Richtlinie umgruppiert
hat):
– Die Kündigungsmöglichkeit entsteht erst ab dem laut Ziff. 1 genannten
   Zeitpunkt (50 Jahre nach Erscheinen oder 50 Jahre nach der ersten erlaubten Benutzung des Tonträgers zur öffentlichen Wiedergabe, wenn der Tonträger nicht erschienen ist) – s. näher dazu vgl. Rn. 108 ff.;

– Wenn es zu diesem Zeitpunkt der Tonträgerhersteller unterlässt, Kopien des Tonträgers in ausreichender Menge zum Verkauf anzubieten oder den Tonträger öffentlich zugänglich zu machen, kann der ausübende Künstler ihm seine Kündigungsabsicht mitteilen – s. näher dazu vgl. Rn. 111 ff.;

– Erst dann werden die Voraussetzungen laut Ziff. 2 relevant: Wenn der Tonträgerhersteller innerhalb eines Jahres nach dieser Mitteilung nicht beide in S. 1 genannten Nutzungshandlungen ausführt, kann der Künstler wirksam kündigen – s. näher dazu vgl. Rn. 125 f.

108 aa) **Frühestmöglicher Zeitpunkt:** „Nach Ablauf von 50 Jahren" bedeutet damit bei einem im Jahre 1963 erschienenen Tonträger, dass die maßgeblichen Verwertungshandlungen (s. dazu unten vgl. Rn. 111 ff.) am 1. Januar 2014 stattfinden mussten. Die 50-Jahresfrist läuft nämlich am 31. Dezember 2013 ab.

109 Wie die Kündigung selbst (dazu vgl. Rn. 125) ist auch die vorbereitende Mitteilung bedingungsfeindlich, da sie eine Kündigungsvoraussetzung betrifft. Teilt der Künstler seine Kündigungsabsicht vor Ablauf der genannten Frist mit und weiß der Tonträgerhersteller, dass die Frist noch nicht abgelaufen ist, trifft ihn gegenüber seinem Vertragspartner grundsätzlich keine Erklärungspflicht (i. d. S. zu Willenserklärungen BGH NJW 1990, 1601 Tz. 9; OLG Koblenz NJW 2001, 1948 Tz. 19 f.). Grundsätzlich darf davon ausgegangen werden, dass gerade der Künstler regelmäßig mindestens ebenso gut wissen kann wie der Tonträgerhersteller, wann eine Aufnahme erschienen ist. Ist einer der Parteien die Dokumentation abhandengekommen, können die allgemeinen Auskunftsansprüche gemäß § 242 BGB auch gelten, um die Voraussetzungen eines Anspruchs zu klären (st. Rspr. s. BGH NJW-RR 2001, 705 Tz. 7 m. w. N.). Zu dieser Vorbereitung ist jedoch der Künstler verpflichtet. Fehler bei der Vorbereitung gehen zu seinen Lasten (i. d. S. OLG Düsseldorf GRUR Prax 2012, 440 Tz. 60).

110 Obwohl nicht ausdrücklich angeordnet, ist die Frist nach Abs. 3 Nr. 1 nach §§ 82, 69 zu berechnen. Dies ergibt sich zwingend aus Erwägungsgrund 8 der Richtlinie („eine Aufzeichnung, die ohne die Verlängerung der Schutzdauer gemeinfrei wäre"). Gemeint ist hier also ein Gleichlauf mit der gewöhnlichen Schutzfrist, sodass die Frist mit Ende des Jahres zu laufen beginnt, in dem der Tonträger erschienen ist. Unsicherheiten hinsichtlich der genauen Erscheinungsdaten dürften sich dadurch relativieren.

111 bb) **Untätigkeit des Tonträgerherstellers:** Das Recht, die Kündigung anzukündigen, entsteht nur, wenn der Tonträgerhersteller zum Stichtag **weder** (physische) Kopien des Tonträgers anbietet, **noch** die Aufnahme öffentlich zum Abruf zugänglich macht. Demgegenüber muss er nach dem Wortlaut von Abs. 2 Ziff. 2 nach Mitteilung des Künstlers **sowohl** physische Kopien anbieten, **als auch** den Tonträger öffentlich zugänglich zu machen, um nach Mitteilung des Künstlers die Kündigung noch abwenden zu können.

112 Da dieses „Ungleichgewicht" zwischen Voraussetzungen und Rechtsfolgen keine natürliche Erklärung findet und auch in den Erwägungsgründen nicht erläutert wird, handelt es sich hier wahrscheinlich um ein Redaktionsversehen des EU-Gesetzgebers, das der deutsche Gesetzgeber wohl oder übel mit ins deutsche Gesetz übernommen hat. Eine Korrektur durch den nationalen Gesetzgeber verbot sich schon deshalb, weil nicht ersichtlich ist, ob der EU-Gesetzgeber, selbst wenn ein Redaktionsversehen vorgelegen haben sollte, letztlich die kumulative oder alternative Variante vorziehen wollte. Der Unterschied zwischen der ersten Kündigungsvoraussetzung (alternative Angebote) und der Pflicht online und offline anzubieten (kumulative Angebote), nachdem der Künstler seine Kündigungsabsicht mitgeteilt hat, ist also hinzunehmen.

Es stellt sich die Frage, ob es ausreicht, dass der Tonträgerhersteller unmittelbar **113** in der Zeit vor dem Stichtag, wenn auch nicht am Stichtag, eine der Handlungen vorgenommen hat, zum Stichtag aber nicht mehr. Der deutsche Gesetzeswortlaut jedenfalls stellt keine zwingende Verbindung her. Allerdings weicht er insoweit von der Vorgabe der Richtlinie ab, die insoweit klarer formuliert ist, und in der es heißt: „Unterlässt es der Tonträgerhersteller 50 Jahre nach der rechtmäßigen Veröffentlichung des Tonträgers (…), Kopien des Tonträgers in ausreichender Menge zum Verkauf anzubieten oder (…) zugänglich zu machen (…), so kann der ausübende Künstler den Vertrag (…) kündigen.“

Tatsächlich also reicht es aus, wenn der Tonträgerhersteller kurz vor Ablauf der **114** 50 Jahre-Frist eine der beiden genannten Handlungen (physisches oder nicht-physisches Angebot) vornimmt. Umgekehrt hilft es ihm nicht, wenn er erst wenige Wochen vor dem Stichtag damit aufgehört hat, obwohl er zuvor den Tonträger jahrzehntelang angeboten hatte.

Weiter ist fraglich, ob die Angebote ab Ablauf der 50 Jahres-Frist dauernd **115** vorgehalten werden müssen, also für die gesamte Dauer der verlängerten Frist.

Anders als die Jahresfrist des § 137l, die zwingend binnen eines Jahres nach **116** dem im Gesetz genannten Stichtag auszuüben war, handelt es sich bei der Ankündigungsfrist des Abs. 3 zwar ebenfalls um eine Ausschlussfrist, jedoch um eine, die jederzeit während der verlängerten Schutzfrist zu laufen beginnen kann, sobald die Voraussetzungen vorliegen.

Man wird Abs. 3 im Licht der Vorgabe der Richtlinie so lesen müssen, dass die **117** Kündigungsmöglichkeit nach Ablauf der 50 Jahre-Schutzfrist in dem Moment entsteht, in dem der Tonträgerhersteller seine physischen oder nicht-physischen Vertriebsbemühungen dauerhaft (und nicht nur kurzfristig, aus logistischen Schwierigkeiten) einstellt, auch wenn der Tonträger zum Stichtag (50 Jahre nach Erscheinen usw.) noch physisch oder online verfügbar war.

Bei grenzüberschreitenden Sachverhalten kann sich die Kündigungsmöglichkeit **118** nach Abs. 3 nur auf Verträge beziehen, die deutschem Vertragsstatut unterliegen. Ein Künstler, der beispielsweise nach englischem Vertragsstatut mit einem englischen Tonträgerhersteller einen Übertragungsvertrag geschlossen hat, kann diesen nicht mit Verweis darauf kündigen, dass die Kündigungsvoraussetzungen laut § 79 Abs. 3 in Deutschland gegeben seien.

Da sowohl die Richtlinie, wie auch die deutsche Umsetzung in Abs. 3 zu der **119** Frage der räumlichen Definition schweigt, stellt sich auch folgende Frage: Wie ist der Fall zu beurteilen, dass bei einem deutschem Vertragsstatut unterliegenden Vertrag in Deutschland weder Kopien des Tonträgers in ausreichender Menge zum Verkauf angeboten werden, noch der Tonträger öffentlich zugänglich gemacht wird, beides jedoch im europäischen Ausland geschieht. Gerade bei großen Tonträgerherstellern, die aufgrund ihrer „Intercompany Licensing Agreements“ häufig die Rechte an Aufnahmen in ihre internationale Zentrale geben (von wo sie an sämtliche Ländergesellschaften verteilt werden), kann es durchaus zu dieser Situation kommen.

Angesichts des freien Waren- und Dienstleistungsverkehrs innerhalb der EU **120** und im Hinblick auf das in Art. 10 Abs. 2 der Schutzdauer-RL (2006/116/EG) niedergelegten Wertungsmodell, wonach es ausreicht, dass zum Stichtag Schutz in einem einzigen Mitgliedstaat gewährt wird, um ihn für die gesamte EU zu begründen, muss es ausreichen, dass die Aufnahme in einem einzigen EU-Mitgliedstaat in ausreichender Menge zum Verkauf angeboten oder öffentlich zugänglich gemacht ist.

121   Eine ganz andere Frage stellt sich, wenn ein Tonträger – wie bei „Alben" üblich – mehrere Aufnahmen umfasst. Hier sind nämlich möglicherweise für jeden einzelnen „Track" der CD (also für jeden einzelnen Song des Inhaltsverzeichnisses) andere Künstler beteiligt.

122   Die Antwort muss vom Begriff des „Tonträgerherstellers" ausgehen. „Tonträgerhersteller" ist nicht notwendigerweise die Plattenfirma, die das Album anbietet, da dort häufig Aufnahmen verschiedener Hersteller zusammengeführt
werden. Tonträgerhersteller ist das Unternehmen, welches die Erstfestlegung
jeder einzelnen Aufnahme verantwortet hat. Auf einer CD mit zwölf Aufnahmen („tracks") stehen also zwölf Tonträgerherstellerrechte in Rede.

123   Bei einer CD mit mehreren Einzelaufnahmen muss demnach die Prüfung für
jedes einzelne Stück, also jede einzelne Aufnahme auf einer CD gesondert stattfinden, denn jede dieser Aufnahmen ist ggf. „Tonträger" im Sinne der Richtlinie. Dies ist besonders für „Kopplungs-Tonträger" von Bedeutung, auf denen
eine Vielzahl einzelner Aufnahmen aus verschiedenen Quellen vertreten sind.
Erreicht der Tonträgerhersteller die Verlängerung der Schutzfrist hinsichtlich
eines „Original-Albums", aus dem schon vor Jahrzehnten ein Titel in einen
Kopplungs-Tonträger lizenziert worden war, reicht die Verlängerung hinsichtlich der „Quellen-Aufnahme", um sie auch dem Kopplungsalbum zu vermitteln. Umgekehrt gilt dasselbe. Ist eine Aufnahme noch auf einer lizenzierten
Kopplung auf dem Markt (physisch oder offline) verfügbar, vermittelt diese
Verfügbarkeit der Aufnahme auch dem originären Hersteller Schutz vor der
Kündigungsmöglichkeit.

124   Da die Kündigungsmöglichkeit gegenüber dem (ursprünglichen) Vertragspartner geschaffen wird, die Aufnahme jedoch (man denke an das typische Beispiel
von Bandübernahmeverträgen, vgl. Rn. 29) häufig zur Auswertung an Dritte
lizenziert wird, muss es ausreichen, dass ein Lizenznehmer die geforderten
Handlungen vornimmt. Kommt der Lizenznehmer der diesbezüglichen Aufforderung des Lizenzgebers trotz Firstsetzung nicht nach, dürfte angesichts des
drohenden Rechtsverlusts eine außerordentliche Kündigung des Lizenzvertrags
gerechtfertigt sein, um den Eintritt der schwerwiegenden Folgen des Abs. 3 zu
verhindern.

125   **cc) Untätigkeit des Tonträgerherstellers nach Mitteilung:** Da Kündigungserklä-
rungen bedingungsfeindlich sind (OLG Düsseldorf NJW-RR 1990, 1469, zum
Rücktritt: NJW 1986, 2245, 2246), kann der Künstler nicht „prophylaktisch"
kündigen. Die Kündigung lässt sich erst wirksam erklären, wenn deren Voraussetzungen sämtlich erfüllt sind. Da der Stichtag für die maßgeblichen Handlungen „nach Ablauf" von 50 Jahren liegt (vgl. Rn. 110), bedeutet „innerhalb
eines Jahres nach Mitteilung" unter Zugrundelegung der Fristenberechnung
nach § 188 Abs. 2 BGB (anders als bei Abs. 3 Ziff. 1, wo sich die Anwendbarkeit von §§ 82, 69, vgl. Rn. 109, aus ErwG 8 der Richtlinie ableiten lässt,
gilt dies mangels Verweis bei Abs. 3 Ziff. 2 nicht) in dem oben (vgl. Rn. 110)
gewählten Beispiel: Hatten bei einem im Jahre 1963 erschienenen Tonträger die
maßgeblichen Verwertungshandlungen am 1. Januar 2014 nicht stattgefunden,
konnte der Künstler am folgenden Tag, also am 2. Januar 2014, seine Mitteilung (kündigen zu wollen) an den Tonträgerhersteller senden. Die Jahresfrist
des Abs. 3 Ziff. 2 lief dann zum Ende des 2. Januar 2015 ab. Er konnte also bei
Untätigkeit des Tonträgerherstellers frühestens am 3. Januar 2015 kündigen.

125a   Allerdings bestehen durchaus **Zweifel, ob die deutsche Umsetzung in dieser
Hinsicht richtlinienkonform** ist. Die Richtlinie über die Schutzfristenverlängerung (2011/77/EU) ist als Änderung der Schutzdauer-RL (2006/116/EG) angelegt. Dort aber heißt es in Art. 8: „Die in dieser Richtlinie genannten Fristen
werden vom 1. Januar des Jahres an berechnet, das auf das für den Beginn der

Frist maßgebende Ereignis folgt." Das für den Beginn der Frist maßgebliche Ereignis ist die Mitteilung (in Art. 1 Ziff. 2 c Abs. (2a) der Schutzdaueränderungs-RL heißt es: „innerhalb eines Jahres ab der Mitteilung des ausübenden Künstlers"), sodass man in Anwendung des Art. 8 ab dem 1. Januar des auf die Mitteilung folgenden Jahres rechnen müsste. Im obigen Beispiel wäre also die Jahresfrist, innerhalb derer der Tonträgerhersteller nach Mitteilung spätestens handeln muss, erst am 31. Dezember 2015 abgelaufen. Der Künstler konnte erst am 1. Januar 2016 kündigen.

b) Empfänger der Kündigungserklärung: Das Kündigungsrecht bezieht sich auf **126** den Vertrag, mit dem der Künstler dem Tonträgerhersteller seine Rechte an der Aufzeichnung der Darbietung eingeräumt oder übertragen hat. Im Falle von Bandübernahmeverträgen (vgl. Rn. 29) ist dies der Bandgeber, nicht etwa der Übernehmer des fertig hergestellten Bandes, obwohl dieser die faktische Auswertung übernimmt. Es geht hier, ganz ähnlich wie bei § 32 (vgl. Rn. 80), der auch nur auf das Verhältnis zwischen Künstler und Bandgeber anzuwenden ist, streng um die Vertragsbeziehungen zwischen ausübendem Künstler und Tonträgerhersteller. Der deutsche Gesetzgeber hat nämlich gerade keine Regelung entsprechend § 137l Abs. 2 vorgesehen.

c) Kündigungsberechtigte: Art. 1 Ziff. 2 c Abs. (2a) der Richtlinie lautet: „Ent- **127** hält ein Tonträger die Aufzeichnung der Darbietungen von mehreren ausübenden Künstlern, so können diese ihre Übertragungs- oder Abtretungsverträge gemäß den geltenden nationalen Rechtsvorschriften kündigen." Der deutsche Gesetzgeber hat von seiner Regelungsmöglichkeit in diesem Bereich nur dadurch Gebrauch gemacht, dass er dem Verweiskanon in § 80 Abs. 2 die Ausübung des Kündigungsrechts nach § 79 Abs. 3 hinzugefügt hat.

Hier bleiben allerdings Fragen, wenn neben den „featured artists", die mögli- **128** cherweise einen Gruppenvorstand besitzen, auch noch weitere Künstler hinzu engagiert wurden. Hinsichtlich derselben Aufnahme, bei der ja die Beiträge der einzelnen Künstler nicht trennbar sind, kann es also zu einem Nebeneinander verschiedener Verträge kommen. Davon unabhängig ist das Recht an der einheitlichen Darbietung als solcher.

Hier gilt § 80 Abs. 1: „Erbringen mehrere ausübende Künstler gemeinsam eine **129** Darbietung, ohne dass sich ihre Anteile gesondert verwerten lassen, so steht ihnen das Recht zur Verwertung zur gesamten Hand zu. Keiner der Beteiligten ausübenden Künstler darf seine Einwilligung zur Verwertung wider Treu und Glauben verweigern." Für die Geltendmachung der Kündigung gilt gem. § 80 Abs. 2 der § 74 Abs. 2 S. 2, 3 entsprechend.

Abgesehen davon müssen Kündigungen grundsätzlich von sämtlichen beteilig- **130** ten Personen erklärt werden, wenn die zu einer Aufnahme gehörenden Vertragsverhältnisse beendet werden sollen. Künstler, denen jeweils nebeneinander ein Kündigungsrecht zusteht, haben bei der Ausübung dieses Rechts aufeinander Rücksicht zu nehmen. Sonst könnte es zu der unerwünschten Konstellation kommen, dass einzelne Künstler an dem Vertrag festhalten wollen, während ihn andere kündigen möchten. Gelingt es ihnen nicht, zu einer einheitlichen Linie zu gelangen, kann hinsichtlich ein und derselben Aufnahme keine wirksame Kündigung erklärt werden (dazu vgl. § 80 Rn. 36a ff.).

d) Rechtsfolge der Kündigung: Im Falle einer wirksamen Kündigung erlöschen **131** „die Rechte des Tonträgerherstellers am Tonträger". Die Kündigung wird also sofort mit Zugang der Erklärung wirksam. In dem oben (vgl. Rn. 125) gebildeten **Beispiel** wäre die Kündigung also mit Zugang beim Tonträgerhersteller am 3. Januar 2015 wirksam und gleichzeitig erlöschen seine Rechte aus § 85.

132   Die Formulierung „die Rechte" ist missverständlich. Wie alle Bestimmungen des Abs. 3 betrifft auch diese, wie oben ausgeführt (vgl. Rn. 123), jede einzelne Aufnahme. Es kann also sein, dass es bei einer CD mit 20 Titeln (also 20 verschiedenen Aufnahmen) der fortbestehende Schutz einer einzigen dieser 20 Aufnahmen ausreicht, sie gegen unerlaubte 1:1-Vervielfältigung oder Verbreitung zu schützen (anders natürlich, wenn ausschließlich die frei gewordenen Aufnahmen vervielfältigt und verbreitet würden).

5. Einzelfragen

133   Zur **Abdingbarkeit** der Vorschriften laut dem Verweis in Abs. 2a s. die Kommentierungen zu den jeweiligen in Bezug genommenen Normen. Hinsichtlich der **AGB**-rechtlichen Situation sei auf die obigen Ausführungen zur Sittenwidrigkeit von Künstlerverträgen (vgl. Rn. 71 ff.) und allgemeinen Ausführungen zu AGB im Urhebervertragsrecht (vgl. Vor §§ 31 ff. Rn. 192 ff.) verwiesen. Im Künstlervertragsrecht hat vor allem die Einordnung von sog. „**Künstlerquittungen**" eine Rolle gespielt. Eine Rechtsübertragung auf einer quittungsartigen Gagenabrechnung ist weder überraschend noch unangemessen (BGH GRUR 1984, 119, 121 – *Synchronisationssprecher*). Entsprechendes gilt für sogenannte „Künstlerquittungen" von non-featured artists (vgl. Rn. 24), also z. B. Chorsängern (KG GRUR-RR 2004, 129, 130 – *Modernisierung einer Liedaufnahme*).

134   Sogar in der **Vereinbarung einer Vergütung** für die Erbringung einer bestimmten Leistung ohne ausdrückliche Rechtseinräumung kann **zugleich die Übertragung der entsprechenden Verwertungsrechte** liegen (BGH GRUR 2005, 502, 505 – *Götterdämmerung*; BGH GRUR 1960, 614, 618 f. – *Figaros Hochzeit*; OLG Hamburg GRUR 1976, 708, 711 – *Staatstheater*).

III. Vertragsmuster

135   Online bietet der Verband Deutscher Musikschaffender VDM Vertragsmuster an   (http://mustervertraege-musik.vdmplus.de/index.php/vertragsmuster.html?gclid=CMiTnPSZ-bQCFYgXzQodTXkATA zuletzt abgerufen am 18.5.2017).

1.   Künstlerverträge (Musik)

136   Münchener Vertragshandbuch/*Czychowski/Hertin/Klages*[6] Bd. 3/II, XI 23, 24; Moser/Scheuermann/*Gilbert/Scheuermann   (Deubzer/Westerhoff)*   S. 1091–1179.

2.   Bandübernahme-/Vertriebsverträge (Musik)

137   Münchener Vertragshandbuch/*Czychowski/Hertin/Klages*[6] Bd. 3/II, XI 25 A, B; Moser/Scheuermann/*Gilbert/Scheuermann   (Deubzer/Westerhoff)*   S. 1091–1179.

3.   Produzentenverträge (Musik)

138   Moser/Scheuermann/*Gilbert/Scheuermann   (Deubzer/Westerhoff)*   S. 1091–1179.

4.   Sampling- und Remixverträge (Musik)

139   Moser/Scheuermann/*Zimmermann* S. 1180–1202.

IV. Prozessuales

140   Der Erwerb eines Nutzungsrechts wird üblicherweise durch Vorlage einer Vertragsurkunde unter Beweis gestellt. Lässt sich jedoch die tatsächliche Situation den unstreitigen sowie den sonst der Entscheidung zugrunde zu legenden Umständen mit hinreichender Sicherheit entnehmen, darf ein Schluss gezogen werden, auch ohne dass sich die Nutzungsrechtseinräumung unmittelbar aus einer unstreitigen oder im Rahmen der Beweiswürdigung festgestellten Tatsache ergibt (OLG Hamburg ZUM-RD 2010, 125 unter Verweis auf OLG Hamburg ZUM 2001, 325, wo der Senat von wirksamen Repertoireüberlassungsverträgen im Konzernverbund ausgeht, ohne auf der Vorlage dieser Verträge zu bestehen). Im gleichen Sinne hatte das OLG Hamburg zum pauschalen Bestreiten der Aktivlegitimation von Musikverlagen geurteilt (OLG Hamburg, GRUR-RR 2008, 282, 283 – *Anita*): Die Darlegung vollständiger Rechteketten, die den Nutzungsrechtsinhaber lückenlos mit dem ursprünglichen Rechteinhaber verbinden, sei entbehrlich, wenn der Gegner lediglich pauschal und unsubstantiiert aus prozesstaktischen Erwägungen bestreite, ohne Anhaltspunkte dafür vorzutragen, dass die Rechte einem dritten Rechteinhaber zustehen könnten oder einzelfallbezogen konkrete Anhaltspunkte vorträgt, die Zweifel an der Rechteinhaberschaft wecken könnten (die Entscheidung des OLG Hamburg in Sachen *Anita* ist vom BGH bestätigt worden, BGH, GRUR 2010, 920 – *Klingeltöne für Mobiltelefone II*).

Die mit der Rechtsprechung des BGH in Sachen *ALF* (GRUR 1992, 697, 698) und *Laras Tochter* (GRUR 1999, 984, 985) begründete Rechtsprechung, wonach der Inhaber ausschließlicher Rechte sein eigenes Abwehrrecht behält, selbst wenn er ausschließliche Nutzungsrechte einräumt, gilt auch für ausübende Künstler (OLG Köln, ZUM-RD 2010, 327 – *Culcha Candela*). Dieses eigene Abwehrrecht gilt aber auch für den Inhaber ausschließlicher Nutzungsrechte (an den Rechten des ausübenden Künstlers) im Verhältnis zu Unterlizenznehmern, sofern er – etwa wegen Beeinträchtigung seines Anspruchs auf Lizenzgebühren – ein eigenes schutzwürdiges Interesse an der Rechtsverfolgung hat (OLG Köln a. a. O.).

141

§ 79a Vergütungsanspruch des ausübenden Künstlers

(1) [1]Hat der ausübende Künstler einem Tonträgerhersteller gegen Zahlung einer einmaligen Vergütung Rechte an seiner Darbietung eingeräumt oder übertragen, so hat der Tonträgerhersteller dem ausübenden Künstler eine zusätzliche Vergütung in Höhe von 20 Prozent der Einnahmen zu zahlen, die der Tonträgerhersteller aus der Vervielfältigung, dem Vertrieb und der Zugänglichmachung des Tonträgers erzielt, der die Darbietung enthält. [2]Enthält ein Tonträger die Aufzeichnung der Darbietungen von mehreren ausübenden Künstlern, so beläuft sich die Höhe der Vergütung ebenfalls auf insgesamt 20 Prozent der Einnahmen. [3]Als Einnahmen sind die vom Tonträgerhersteller erzielten Einnahmen vor Abzug der Ausgaben anzusehen.

(2) Der Vergütungsanspruch besteht für jedes vollständige Jahr unmittelbar im Anschluss an das 50. Jahr nach Erscheinen des die Darbietung enthaltenden Tonträgers oder mangels Erscheinen an das 50. Jahr nach dessen erster erlaubter Benutzung zur öffentlichen Wiedergabe.

(3) [1]Auf den Vergütungsanspruch nach Absatz 1 kann der ausübende Künstler nicht verzichten. [2]Der Vergütungsanspruch kann nur durch eine Verwertungsgesellschaft geltend gemacht werden. [3]Er kann im Voraus nur an eine Verwertungsgesellschaft abgetreten werden.

(4) Der Tonträgerhersteller ist verpflichtet, dem ausübenden Künstler auf Verlangen Auskunft über die erzielten Einnahmen und sonstige, zur Bezifferung des Vergütungsanspruchs nach Absatz 1 erforderliche Informationen zu erteilen.

(5) Hat der ausübende Künstler einem Tonträgerhersteller gegen Zahlung einer wiederkehrenden Vergütung Rechte an seiner Darbietung eingeräumt oder übertragen, so darf der Tonträgerhersteller nach Ablauf folgender Fristen we-

der Vorschüsse noch vertraglich festgelegte Abzüge von der Vergütung abziehen:

1. 50 Jahre nach dem Erscheinen des Tonträgers, der die Darbietung enthält, oder

2. 50 Jahre nach der ersten erlaubten Benutzung des die Darbietung enthaltenden Tonträgers zur öffentlichen Wiedergabe, wenn der Tonträger nicht erschienen ist.

Übersicht

I. Allgemeines

1. Zur Struktur der Vorschrift

1 Die Vorschrift ist mit Wirkung zum 6.7.2013 neu eingefügt worden, und zwar im Rahmen der Umsetzung der Schutzdaueränderungs-RL (RL 2011/77/EU zur Änderung der Schutzdauer-RL 2006/116/EG).

2 § 79a lehnt sich an die Vorgaben in Artikel 1 Ziff. 2c Abs. (2b)-(2e) Schutzdaueränderungs-RL an, leider nicht mit der wünschenswerten Klarheit.

3 Die Richtlinie und ihr folgend das deutsche Gesetz unterscheidet zwischen Vergütungen für ausübende Künstler, die laut Vertrag mit dem Tonträgerhersteller einmalig (pauschal) vergütet wurden, und solchen Künstlern, die laut Vertrag wiederkehrende Vergütungen erhalten.

4 Der erste Regelungskomplex in Artikel 1 Ziff. 2c Abs. (2b)-(2d) (in der deutschen Umsetzung: Abs. 1 bis 4) Schutzdaueränderungs-RL betrifft vor allem die Gruppe der Studiomusiker, die regelmäßig pauschal vergütet werden („session musicians" oder „non-featured artists", vgl. § 79 Rn. 24, ein Begriff, der übrigens auch in ErwG 9 und 12 zur Richtlinie auftaucht, wenn dort von einer Verteilung an „nicht namentlich genannte ausübende Künstler" die Rede ist).

5 Der zweite Regelungskomplex in Artikel 1 Ziff. .c Abs. (2e) (in der deutschen Umsetzung: Abs. 5) betrifft vor allem die namentlich herausgestellten (Haupt-) Künstler, die regelmäßig eine Erlösbeteiligung erhalten („featured artists", vgl. § 79 Rn. 24).

2. Interpretation der Schutzdaueränderungs-RL durch den deutschen Gesetzgeber in § 79a Abs. 1

Es war ein ausdrücklich erklärtes Ziel der Schutzdaueränderungs-RL, dass **6** nicht zuletzt die Studiomusiker von der Schutzfristenverlängerung profitieren sollten. Aus der Zusammenschau von ErwG 11 und 12 zur Richtlinie wird deutlich, dass der europäische Gesetzgeber hier an in jedem Mitgliedsstaat zu bildende Fonds dachte, die von den jeweiligen Verwertungsgesellschaften der einzelnen Mitgliedsstaaten verwaltet werden. Allerdings lässt der vom europäischen Gesetzgeber eröffnete sehr weite Gestaltungsspielraum auch andere Lösungen zu.

In ErwG 11 zur Schutzdaueränderungs-RL heißt es: „Eine erste begleitende **7** Maßnahme sollte darin bestehen, den Tonträgerherstellern eine Verpflichtung aufzuerlegen, mindestens einmal jährlich einen Betrag in Höhe von 20% der Einnahmen beiseitezulegen (…)." In ErwG 12 heißt es dann: „Die Zahlung dieser Beträge sollte ausschließlich ausübenden Künstlern zugute kommen (…) die ihre Rechte gegen eine einmalige Zahlung an den Tonträgerhersteller übertragen oder abgetreten haben. Die auf diese Weise reservierten Beträge sollen wenigstens einmal jährlich auf individueller Basis (…) ausgezahlt werden."

Deshalb ist der Anspruch des Künstlers laut Artikel 1 Ziff. 2.c Abs. (2b) **8** Schutzdaueränderungs-RL unbeziffert ausgestaltet: „So hat der ausübende Künstler Anspruch auf eine zusätzliche, jährlich zu zahlende Vergütung von Seiten des Tonträgerherstellers (…)". Die Höhe der Beteiligung für die ausübenden Künstler (nicht: den ausübenden Künstler) ist davon getrennt in Abs. (2c) geregelt: „Der Tonträgerhersteller hat (…) für die Zahlung der im Abs. 2b vorgesehenen zusätzlichen, jährlich zu zahlenden Vergütung insgesamt 20% der Einnahmen beiseite zu legen".

Die deutsche Regelung legt Abs. (2b) und (2c) der Schutzdaueränderungs-RL **9** sozusagen zusammen, indem sie dem einzelnen Künstler kurzerhand einen 20%-Anspruch gegen den Tonträgerhersteller zuweist. Sowohl die ErwG, als auch der Wortlaut der Richtlinie gehen zwar davon aus, dass die Zusatzvergütungen von den Verwertungsgesellschaften jeweils genau den Musikern zugute kommen sollen, die sie eingebracht haben (und für die konkreten Darbietungen, an denen sie mitgewirkt haben). Allerdings war, wie die Trennung der Künstlerbeteiligung durch einen unbezifferten Beteiligungsanspruch (Abs. 2b der Richtlinie) und eine „Pflicht des Herstellers, 20% beiseite zu legen" (Abs. 2c der Richtlinie) zeigt, nicht daran gedacht, dass der Beteiligungsanspruch der empfangsberechtigten Künstler an jeder Aufnahme 20% betragen müsste (wie es jetzt das deutsche Gesetz nahelegt). Sonst wäre nämlich die Höhe des individuellen Beteiligungsanspruchs mehr oder weniger vom Zufall abhängig: Je weniger Mitwirkende an einer Darbietung pauschal abgefunden wurden (etwa vier Studiomusiker bei der Aufnahme eines Pop-Songs), desto höher würde deren jeweiliger Anteil an der 20%-Zusatzvergütung (nämlich im Beispiel jeweils 5%). Je mehr Mitwirkende an der Darbietung mitgewirkt haben, desto geringer wäre der Anteil des Einzelnen (etwa bei einem Chor von 50 Mitgliedern pro Chormitglied 0,4%).

Daher sollten nach der Vorstellung des Richtliniengebers die eingesammelten **10** 20%-Beträge in einen gemeinsamen Topf fließen, von dem aus sie anschließend an alle wahrnehmungsberechtigten (Studio-)Musiker „gerecht" verteilt werden, nämlich gemäß Verteilungsplänen, die den Beiträgen und Anteilen der einzelnen mitwirkenden Musikern möglichst entsprechen, sodass alle möglichst gleichmäßig bedacht werden können.

Ob der deutsche Regelungsansatz in § 79a so verstanden werden kann, ob er **11** also diesem vom europäischen Gesetzgeber durch die Abkopplung des Beteiligungsanspruchs vom Inkasso der Vergütung vorgegebenen Weg folgt, ist schwer erkennbar. Die Gesetzesbegründung schweigt zu diesem Thema.

12 Zu den Schwierigkeiten, welche die in § 79a gewählte Formulierung erzeugt, vgl. Rn. 21 ff.

3. Praktische Auswirkungen des Nebeneinanders von pauschal und durch Beteiligung vergüteten Künstlern für die Anwendung von §§ 79 Abs. 3 und 79a

13 Mit dem Zusammenspiel der Kündigungsregelungen nach § 79 Abs. 3 und der Vergütungsregelung nach § 79a beschäftigen sich weder die ErwG zur Richtlinie noch die deutsche Gesetzesbegründung: Da sich § 79a nur auf den ursprünglichen, nach § 79 Abs. 3 ungekündigten Vertrag zwischen Künstler und Tonträgerhersteller bezieht, ist § 79a Abs. 1 nicht mehr anwendbar, nachdem gemäß § 79 Abs. 3 wirksam gekündigt ist.

14 Verwerten also die ausübenden Künstler ihre Aufnahme nicht selbst, sondern betrauen sie damit abermals einen Tonträgerhersteller im Rahmen z. B. eines Vertriebsvertrags, ist dieser nicht zur Zahlung gemäß § 79a Abs. 1 verpflichtet. Möglicherweise ist der europäische Gesetzgeber davon ausgegangen, dass in einem solchen Fall die ausübenden Künstler gegenüber einem solchen Vertragspartner vertraglich neue Beteiligungsregelungen aushandeln würden.

15 Dies ist in der Tat der Fall, wird aber mit Sicherheit zwischen den beteiligten Künstlern zu Problemen führen, da die pauschal vergüteten Künstler einer Verwertung nur zustimmen würden, wenn ihnen die „Haupt-Künstler" eine Beteiligung zugestehen, welche sie nicht schlechter stellt als diejenige nach § 79a Abs. 1.

16 Solange dies zwischen den beteiligten Künstlern nicht geklärt ist, dürften die pauschal vergüteten Künstler ein Interesse daran haben, dass der ursprüngliche Vertrag mit dem Tonträgerhersteller ungekündigt fortbesteht und dem Kündigungsverlangen der anderen Künstler entgegenzutreten, da sie mutmaßlich bei einer Verwertung durch das Künstlerkollektiv nie so gute Bedingungen erzielen können, wie es ihnen das Gesetz durch § 79a Abs. 1 zuweist. Da sich die Anteile der verschiedenen Künstler an einer einheitlichen Aufnahme nicht getrennt verwerten lassen, ist seitens der Künstler sowohl die Kündigung wie auch der Vertragsschluss stets nur einstimmig möglich (vgl. § 79 Rn. 129).

17 Kündigungs- oder Auswertungsblockaden auf der Künstlerseite, die letztlich nur durch Gerichte zu entscheiden sein werden, sind daher bereits jetzt zu erwarten.

II. Tatbestand

1. Vergütungsanspruch für pauschal vergütete Künstler (Abs. 1)

18 a) **Allgemeines:** Wie bereits oben (vgl. Rn. 4) ausgeführt, bezieht sich Abs. 1, wie auch die Absätze 2–4 ausschließlich auf die Gruppe der – häufig nicht namentlich bei der Produktion hervorgehobenen – ausübenden Künstler, die die Rechte an ihren Darbietungen gegen eine pauschale Abschlagszahlung eingeräumt haben, also im Wesentlichen auf die Gruppe der Studiomusiker.

19 Der europäische und deutsche Gesetzgeber erkennt mit der Vorschrift zunächst die Berechtigung an, solche Pauschalvergütungen überhaupt vorzunehmen, was im Hinblick auf §§ 79 Abs. 2 S. 2, 32 Bedeutung besitzt (vgl. § 79 Rn. 79a).

20 Die genannten Ansprüche richten sich gegen den „Tonträgerhersteller". „Tonträgerhersteller" im Sinne des Abs. 1 ist der Vertragspartner des ausübenden Künstlers. Wie im Fall des § 79 Abs. 3 (dort vgl. § 79 Rn. 126) bedeutet dies

bei Bandübernahmeverträgen, dass der Anspruch nur gegenüber dem Bandgeber besteht, nicht gegenüber dem Lizenznehmer des Bandgebers, auch wenn
dieser die tatsächliche Auswertung übernimmt. Ein englischer Künstler, der bei
einer englischen Firma unter Vertrag ist, muss also seine Ansprüche für Nutzungen in Deutschland nach § 79a gegenüber seinem (englischen) Vertragspartner geltend machen.

b) Verhältnis von Vergütungsinkasso und Verteilung: Hier sei zunächst auf **21**
oben (vgl. Rn. 9) verwiesen. Laut Abs. 1 S. 1 hat der Tonträgerhersteller „dem
ausübenden Künstler eine zusätzliche Vergütung in Höhe von 20% der Einnahmen zu zahlen". Damit ordnet der deutsche Gesetzgeber ohne eine diesbezügliche Vorgabe der Richtlinie den Vergütungsanspruch in Höhe von 20% dem
einzelnen mitwirkenden Künstler zu.

Dies kann in Extremfällen zu merkwürdigen Ergebnissen führen. Berühmte **22**
Orchester z. B. werden meist nicht pauschal abgegolten, sondern erhalten eine
Erlösbeteiligung, ganz wie der jeweilige Dirigent. Wird in einem solchen Fall
ein Solist für einen untergeordneten Beitrag pauschal hinzuengagiert, dürfte er
über die ihm gesetzlich zugewiesene 20%-Vergütung mehr erhalten als das
gesamte Orchester oder der Dirigent, ja möglicherweise sogar mehr als beide
gemeinsam. An diesem Beispiel, das freilich nur einen krassen Ausnahmefall
beleuchtet, wird deutlich, dass die direkte Zuweisung des Vergütungsanspruchs
an den ausübenden Künstler unglücklich gewählt ist.

Da der Anspruch gemäß Abs. 3 verwertungsgesellschaftspflichtig ist und im **23**
Voraus nur einmal einer Verwertungsgesellschaft abgetreten werden kann,
wäre ein ausdrücklicher Hinweis sinnvoll gewesen (entweder hier, bei § 79a
Abs. 1 oder in Abs. 3), dass die Zuweisung des Anspruchs an den Künstler die
Verwertungsgesellschaft bei der Verteilung nicht präjudiziert. Da ein ausdrücklicher Hinweis in § 79a fehlt, ist eine richtlinienkonforme Auslegung gefragt,
die es den Verwertungsgesellschaften erlaubt, die eingebrachten Ansprüche anders als direkt an die Künstler auszuschütten, die sie eingebracht haben, nämlich in einer Weise, die Zufälligkeiten bei der Einkommenserzielung im Wege
der Verteilung ausgleicht.

Wie sinnvoll ein ausdrücklicher Hinweis gewesen wäre, zeigt auch die neuere **24**
Rechtsentwicklung. Ob es sich nach den Grundsätzen der BGH-Entscheidung
Verlegeranteil (GRUR 2016, 596) bei dem hier befürworteten Ausgleich durch
Verteilung um eine zulässige Zuweisung eines möglichst leistungsgerechten Anteils an den Einnahmen (a. a. O. Rn 35) oder um eine unzulässige Ausschüttung
an Nichtberechtigte (a. a. O. Rn. 36) handelt, ist immerhin fraglich. Im Ergebnis dürfte aber eine Umverteilung zulässig sein, besonders weil die strenge „Ergebnispflicht" laut der *Verlegeranteil*-Entscheidung stark auf die Art der in
Rede stehenden Vergütungsansprüche (Art. 5 Abs. 2 Buchst. a und b Info-RL)
abstellt (a. a. O. Rn. 46).

c) Umfang der erforderlichen Rechteeinräumung bzw. -übertragung: Abs. 1 **25**
S. 1 spricht von „Rechte an seiner Darbietung eingeräumt oder übertragen",
bestimmt also nicht den Umfang der Rechteeinräumung. Gemeint sind hier die
Rechte, die für eine Verwertung im Sinne von § 79 Abs. 3 erforderlich sind.
Zu Recht weist die Gesetzesbegründung (RegE 8. ÄndG – BT-Drs. 17/12013,
S. 12 f.) darauf hin, dass selbst die von Abs. 1 begünstigten (Studio-)Musiker
in der Regel nicht alle Rechte bzw. Ansprüche pauschal übertragen. Dies ist
nach deutschem Recht auch gar nicht möglich (dazu vgl. § 79 Rn. 32 ff.).

Sie behalten insbesondere ihre Vergütungsansprüche gemäß § 78 Abs. 2 und **26**
solche für Schrankennutzungen gemäß §§ 83, 44a-63a, die sie überwiegend in
die GVL eingebracht haben, denn § 79 Abs. 1 und § 83 i. V. m. § 63a verhin-

dern, dass diese Ansprüche überhaupt auf den Tonträgerhersteller übertragen werden könnten.

27   **d) Keine gesetzliche Vermutung:** Da der deutsche Gesetzgeber § 49 VGG (ehemals § 13c Abs. 2 UrhWahrnG) nicht für entsprechend anwendbar erklärt hat, kann der Anspruch nach § 79a Abs. 1 (durch die Verwertungsgesellschaft) nur geltend gemacht werden, wenn der Vergütungsanspruch in die Verwertungsgesellschaft eingebracht worden ist und die Verwertungsgesellschaft dies bei Anspruchstellung gegenüber dem Tonträgerhersteller auch nachweisen kann. Eine allgemeine Vermutung der Sachbefugnis kann insoweit nicht angenommen werden. Zusätzlich erschwert wird die Rechteeinbringung, da in § 80 Abs. 2 ein Verweis auf § 79a fehlt (vgl. § 80 Rn. 29).

28   **e) Keine Anrechnung der Einkünfte aus gesetzlichen Vergütungsansprüchen auf die 20%-Vergütung:** Einkünfte der Künstler aus den nicht auf den Tonträgerhersteller übertragenen Vergütungsansprüchen gemäß § 78 Abs. 2 und §§ 83, 44a-63a sind auf die Vergütung nach § 79a Abs. 1 nicht anrechenbar (RegE 8. ÄndG – BT-Drs. 17/12013, S. 13 unter Hinweis auf ErwG 13 S. 3). In der Tat wird man davon ausgehen müssen, dass in richtlinienkonformer Auslegung die den allen ausübenden Künstlern bereits jetzt zustehenden gesetzlichen Vergütungsansprüche nicht anrechenbar sind.

29   **f) Bemessungsgrundlage:** Nach **Abs. 1 S. 2** sind Bemessungsgrundlage für die zusätzliche Vergütung die „Einnahmen", die der Tonträgerhersteller aus der Vervielfältigung, dem Vertrieb und der Zugänglichmachung des Tonträgers erzielt, der die Darbietung enthält.

30   Abs. 1 S. 2 bezieht sich nach den Vorgaben der Schutzdaueränderungs-RL auf den Fall, dass an der konkreten Aufnahme mehrere ausübende Künstler beteiligt waren (wie oben, vgl. Rn. 1, an den Beispielen von Studio-Musiker oder einem Chor erläutert) und stellt klar, dass nicht etwa jeder einen Anspruch auf 20% hat, sondern unabhängig von der Zahl der berechtigten Künstler 20% anfallen.

31   Aus den zu § 79 (vgl. § 79 Rn. 121 ff.) dargestellten Gründen ist „Tonträger" stets nur die konkrete Aufnahme, an welcher der betreffende Musiker auch tatsächlich mitgewirkt hat. Enthält also eine CD eine Vielzahl von einzelnen Stücken (Tracks), bezieht sich der Anspruch ggf. nur pro rata auf die Tracks, welche Darbietungen des betreffenden Künstlers enthalten.

32   Abs. 1 S. 2 ist also nicht etwa so zu verstehen, dass etwa bei einer CD mit 20 Tracks die vollen 20% Vergütung anfallen, wenn nur ein einziger Track eine vergütungspflichtige Darbietung enthält, denn „Tonträger" ist stets nur die einzelne Aufnahme. Zu rechnen ist vielmehr pro rata (enthält eine CD 20 Stücke, von denen nur eines Abs. 1 S. 2 unterfällt, werden die Einnahmen durch 20 geteilt und auf dieses Zwanzigstel die 20%-Regel des Abs. 1 S. 1 angewandt).

33   Einnahmen des Tonträgerherstellers, die nicht aus Vervielfältigung, Vertrieb (gemeint ist mit diesem sonst im UrhG nicht vorkommenden Begriff wohl eine Verbreitung durch Veräußerung i. S. v. § 17) und Zugänglichmachung (auf Abruf) erzielt werden, bleiben außer Betracht, insbesondere die Beteiligungen des Tonträgerherstellern an den Sende- und öffentlichen Wiedergabe-Ansprüchen der Vergütungen der ausübenden Künstler (§ 86) sowie die Vergütungen, welche Tonträgerhersteller aus § 85 Abs. 4 insbesondere aus der ZPÜ zufließen.

34   **g) Vor Abzug der Ausgaben:** Laut **Abs. 1 S. 3** sind als Einnahmen die vom Tonträgerhersteller erzielten Einnahmen vor Abzug der Ausgaben anzusehen. Die Gesetzesbegründung bezieht sich insoweit (a. a. O. S. 12) auf ErwG 11 S. 2

der Schutzdaueränderungs-RL und weist darauf hin, dass in der englischen Fassung der Richtlinie das Wort „costs" verwendet wird.

Der Gesetzgeber versucht auf diese Art und Weise auszudrücken, dass Basis für die 20%-Vergütung die Netto-Erlöse aus der Verwertung sein sollen. Es handelt sich also um eine Netto-Erlösbeteiligung vor Abzügen und nicht um eine Gewinnbeteiligung. **35**

2. Zeitliche Berechnungsgrundlage (Abs. 2)

Die Vergütung laut Abs. 1 wird nur einmal jährlich nach Abschluss des jeweiligen Jahres fällig. Dabei ist davon auszugehen, dass den Tonträgerherstellern eine angemessene Frist verbleibt, die sich aus dem Jahresabschluss ergebenden Abrechnungen vorzunehmen (mindestens 6 Wochen). **36**

„Für jedes vollständige Jahr unmittelbar im Anschluss an das 50. Jahr" bedeutet z. B.: Ablauf der 50-Jahre-Frist am 31.12.2013. Vergütungsanspruch entsteht für das Jahr 2014 am 1. Januar 2015. **37**

3. Unverzichtbarkeitsklausel (Abs. 3)/Rechtewahrnehmung

Diese Bestimmung entspricht in Wortlaut und Auslegung anderen Bestimmungen dieser Art, wie etwa in § 78 Abs. 3, was die Unverzichtbarkeit und die Beschränkung der Vorausabtretbarkeit angeht. Auf die dortige Kommentierung sei verwiesen. **38**

Die Unverzichtbarkeit und beschränkte Vorausabtretbarkeit hindert den Künstler nicht, den Anspruch nicht in eine Verwertungsgesellschaft einzubringen. In diesem Fall bleibt er unverwertet (dazu oben vgl. Rn. 27). **39**

Auch die Zuweisung an Verwertungsgesellschaften in S. 2 entspricht ebenfalls Vorbildern in anderen Vorschriften, wie etwa in § 27 Abs. 3. Insoweit sei auf die dortige Kommentierung verwiesen. **40**

Die Rechte werden von der GVL wahrgenommen. Es dürfte sich um den ersten Fall handeln, in denen eine Verwertungsgesellschaft einen Tarif gegenüber den Mitgliedern eines eigenen Gesellschafters (die GVL wird gemeinschaftlich von Tonträgerherstellern und Künstlern getragen) veröffentlicht (Tarif veröffentlicht im BAnz AT vom 18.7.2016). Da jedoch hier die Tarifhöhe im Gesetz festgelegt ist, so dass Streitigkeiten über die Höhe nicht zu erwarten sind, kann man dies ausnahmsweise für zulässig halten. Gleichwohl handelt es sich hier um einen Systembruch (d. h. eigentlich müsste für die Wahrnehmung eines Vergütungsanspruchs der Künstler gegen die Hersteller eine eigene Verwertungsgesellschaft gegründet werden). Zum Vergleich: Der unabhängige Vergütungsanspruch der Künstler aus § 137e Abs. 2 richtet sich gegen die Nutzer, nicht gegen die von der damaligen Gesetzesänderung (Gewährung eines Vermietrechts aufgrund der Vermiet- und Verleih-RL) durch eine gesetzliche Übertragungsvermutung begünstigten Tonträgerhersteller. Vom Projekt eines weiteren gegen den Tonträgerhersteller gerichteten verwertungsgesellschaftspflichtigen Vergütungsanspruchs (RegE UrhVG 2016 – BT-Drs. 18/8625 S. 10 zu § 79b Abs. 1) des ausübenden Künstlers im Rahmen der Novelle von 2016 hat der Gesetzgeber letztlich Abstand genommen. **41**

4. Auskunftsanspruch (Abs. 4)

Da pauschal vergütete ausübende Künstler in ihren Verträgen mit dem Tonträgerhersteller keine Abrechnungs- und Rechnungslegungsvorschriften vereinbart haben, ist der Anspruch laut Abs. 4 erforderlich, um den Anspruch gemäß Abs. 1 ausüben zu können. „Tonträgerhersteller" im Sinne des Abs. 4 ist der Vertragspartner des ausübenden Künstlers. Wie bei Anwendung des § 79 Abs. 3 (dort vgl. § 79 Rn. 126) bedeutet dies bei Bandübernahmeverträgen, **42** dass der Auskunftsanspruch nur gegenüber dem Bandgeber besteht, nicht gegenüber dem Lizenznehmer des Bandgebers, auch wenn dieser die tatsächliche Auswertung übernimmt.

43   Auch der Auskunftsanspruch der ausübenden Künstler wird über den Künstler-Wahrnehmungsvertrag regelmäßig der GVL zur Wahrnehmung eingeräumt.

5. Besondere Bedingungen für die Berechnung vertraglich vereinbarter Beteiligungen bei Künstlern mit Beteiligungsanspruch (Abs. 5)

44   Wie bereits eingangs (vgl. Rn. 5) erläutert, enthält Abs. 5 besondere Regelungen für Künstler, die nach ihren Verträgen eine „wiederkehrende Vergütung" erhalten, was nach der Praxis des Künstlervertragsrechts meist einer prozentualen Umsatzbeteiligung entspricht (vgl. § 79 Rn. 23).

45   Abs. 5 lehnt sich eng an Art. 1 Ziff. 2c Abs. (2e) an. In ErwG 14 zur Schutzdaueränderungs-RL finden sich keine näheren Erläuterungen dazu, was im Einzelnen unter den Begriff „weder Vorschüsse noch vertraglich festgelegte Abzüge" gemeint ist, und auch die Gesetzesbegründung (RegE 8. ÄndG – BT-Drs. 17/12013) schweigt zu dieser Frage.

46   Gemeint sind hier einerseits Verrechnungsklauseln, wonach die vertragliche Beteiligung mit einem Vorschuss an den Künstler verrechnet werden kann, solange die Summe der vertraglich ausgeschütteten Beteiligungen noch nicht die Höhe des Vorschusses erreicht hat.

47   Hat also z. B. ein Künstler einen Vorschuss in Höhe von EUR 20.000,00 erhalten, bis zum Stichtag jedoch nicht mehr als z. B. EUR 15.000,00 Stückbeteiligungen erwirtschaftet, so erhält er ab dem Stichtag gleichwohl die vertraglich geschuldete Vergütung und hat zugleich einen Überschuss von EUR 5.000,00 erzielt, den er nicht an den Tonträgerhersteller zurückzahlen muss.

48   Unter dem Begriff „vertragliche festgelegte Abzüge" sind nur echte Abzüge zu verstehen, wie etwa für Tour Support oder Musikvideos, was bereits die enge sprachliche Verbindung mit den „Vorschüssen" nahelegt (so auch BeckOK UrhR/*Stang*[16] Rn. 26).

49   Soweit die Parteien hingegen für verschiedene Nutzungen unterschiedliche Lizenzhöhen vereinbart haben, muss es dabei bleiben. Häufig sind beispielsweise unterschiedliche Lizenzbeteiligungen je nach der Preisklasse vorgesehen, in denen ein Produkt veräußert wird (Normalpreis, „Mid-Price", „Budget") oder bestimmte Vertriebswege werden mit einer speziellen Beteiligungsregelung versehen (etwa Vertrieb über Clubs, Mailorder oder Direktmarketing – gegenüber dem Vertrieb über den Tonträger-Einzelhandel als Normalfall).

50   Es macht auch keinen Unterschied, wie diese verschiedenen Prozentsätze im Vertrag dargestellt werden. Selbst wenn die (Netto-)Lizenz erst rechnerisch ermittelt werden muss, indem von dem Beteiligungssatz („Headline Rate") prozentuale Abzüge vorgenommen werden (etwa Technik- oder Verpackungsabzüge), bleiben diese zulässig und sind nicht als „Abzüge" zu werten. Es darf keine Rolle spielen, ob die verhandelten Netto-Lizenzsätze als solche ausgewiesen sind oder rechnerisch ermittelt werden müssen, denn es handelt sich um einen Unterschied in der vertraglichen Darstellungstechnik, nicht in der Sache.

§ 79b Vergütungsanspruch des ausübenden Künstlers für später bekannte Nutzungsarten

(1) Der ausübende Künstler hat Anspruch auf eine gesonderte angemessene Vergütung, wenn der Vertragspartner eine neue Art der Nutzung seiner Darbie-

tung aufnimmt, die im Zeitpunkt des Vertragsschlusses vereinbart, aber noch unbekannt war.

(2) ¹Hat der Vertragspartner des ausübenden Künstlers das Nutzungsrecht einem Dritten übertragen, haftet der Dritte mit der Aufnahme der neuen Art der Nutzung für die Vergütung. ²Die Haftung des Vertragspartners entfällt.

(3) Auf die Rechte nach den Absätzen 1 und 2 kann im Voraus nicht verzichtet werden.

Der mit Wirkung ab dem 1. März 2017 der aufgrund der Novelle zum Urhebervertragsrecht (BGBl. I 2016, S. 3037) neu geschaffene § 79b entspricht seinem Ansatz nach § 32c.   **1**

Während der Gesetzgeber den § 32c im § 79b weitgehend kopiert hat, wurden die beiden letzten Sätze des § 32c Abs. 1 UrhG und Abs. 3 S. 2 nicht mit übernommen. Daraus ist zu folgern, dass sie nicht gelten sollen, denn wenn ihre entsprechende Anwendung gewollt gewesen wäre, hätte nichts näher gelegen, als bei der ohnehin erfolgten Änderung des § 79 Abs. 2 S. 2 a. F., aus dem in der Reform von 2016 der jetzige § 79 Abs. 2a geworden ist, auch den § 32c aufzunehmen (die Vorschrift hätte dann gelautet: „Die §§ 31, 32 bis 40, 41, 42 und 43 sind entsprechend anzuwenden.“). Daher sind **§ 32 Abs. 2 und 4 im Rahmen des Anwendungsbereichs von § 79b nicht entsprechend anwendbar** (dagegen außerhalb des § 79b schon, wie § 79 Abs. 2a anordnet).   **2**
Warum im Rahmen des § 79b die Vermutung des § 32 Abs. 2 S. 1, wonach eine nach einer gemeinsamen Vergütungsregel (§ 36) ermittelte Vergütung als angemessen gilt, nicht anwendbar sein soll, erschließt sich indessen nicht. Besonders befremdlich ist das, weil § 32 Abs. 2a, der sich darauf bezieht, offenbar weiter anwendbar sein soll. Das gilt auch bezüglich der Regel des § 32 Abs. 2 S. 2, wonach die Vergütung als angemessen gilt, wenn sie im Zeitpunkt des Vertragsschlusses dem entspricht, was im Geschäftsverkehr nach Art und Umfang der eingeräumten Nutzungsmöglichkeit, insbesondere nach Dauer, Häufigkeit, Ausmaß und Zeitpunkt der Nutzung, unter Berücksichtigung aller Umstände üblicher- und redlicherweise zu leisten ist. Warum dies im Rahmen des § 79b nicht gelten, erklärt sich weder aus sich selbst, noch wird es in der Begründung zum (geänderten) Entwurf (BeschlE RAusschuss UrhVG 2016 – BT-Drs. 18/10637, S. 24) erläutert.
Aus der fehlenden Verweisung auf § 32 Abs. 4 folgt, dass der Künstler, soweit die vereinbarte Vergütung nicht angemessen ist, von seinem Vertragspartner die Einwilligung in die Änderung des Vertrages zwecks Gewährung einer angemessenen Vergütung selbst dann verlangen kann, wenn tarifvertraglich etwas anderes vereinbart ist (§ 32 Abs. 4 verweist auf § 32 Abs. 1 S. 3).
In scharfem Kontrast zu diesen Verschärfungen zugunsten der Künstler steht die Streichung der nach § 32c Abs. 1 S. 3 angeordneten Pflicht, den Künstler über die Aufnahme der neuen Art der Werknutzung unverzüglich zu unterrichten, wie sie im ursprünglichen Regierungsentwurf (RegE UrhVG 2016 – BT-Drs. 18/8625, S. 10, 31) noch enthalten war.
Schließlich fehlt eine Entsprechung für § 32c Abs. 3 S. 2, wonach ungeachtet der Unverzichtbarkeit die Möglichkeit besteht, unentgeltlich ein einfaches Nutzungsrecht für jedermann einzuräumen.

Weder im Regierungsentwurf, noch in der Beschlussempfehlung (BeschlE RAusschuss UrhVG 2016 – BT-Drs. 18/10637, S. 24), auf welche die nun Gesetz gewordene Fassung zurückgeht, findet sich der kleinste Hinweis, dass diese Rechtsfolgen beabsichtigt gewesen waren (die Beschlussempfehlung, a. a. O., erwähnt nur die Streichung der Verwertungsgesellschaftspflicht ausdrücklich). Daher wird man vermuten müssen, dass es sich um ein Redaktionsversehen handelt – hinsichtlich der unterbliebenen Verweise auf § 32 (entsprechend)   **3** möglicherweise aufgrund des Trugschlusses, dass die Geltung der genannten Teile des § 32 bereits durch die in § 79 Abs. 2a angeordnete entsprechende Geltung des § 32 gewährleistet sei. Dieser Schluss verbietet sich jedoch aus systematischen Gründen: Wenn eine ausdrückliche Bezugnahme auf die genannten Teile des § 32 innerhalb des § 32c erforderlich war, ist sie es auch in § 79b. Ferner lässt sich die Streichung der nach § 32c Abs. 1 S. 3 angeordneten Pflicht so nicht erklären, denn der § 32c ist von der Verweisung des § 79 Abs. 2a gerade nicht umfasst. Der Gesetzgeber hätte besser daran getan, auf den § 79b zu verzichten und schlicht einen Verweis auf die entsprechende Geltung von § 32c in den § 79 Abs. 2a aufzunehmen.

§ 80 Gemeinsame Darbietung mehrerer ausübender Künstler

(1) ¹Erbringen mehrere ausübende Künstler gemeinsam eine Darbietung, ohne dass sich ihre Anteile gesondert verwerten lassen, so steht ihnen das Recht zur Verwertung zur gesamten Hand zu. ²Keiner der beteiligten ausübenden Künstler darf seine Einwilligung zur Verwertung wider Treu und Glauben verweigern. ³§ 8 Abs. 2 Satz 3, Abs. 3 und 4 ist entsprechend anzuwenden.

(2) Für die Geltendmachung der sich aus den §§ 77, 78 und 79 Absatz 3 ergebenden Rechte und Ansprüche gilt § 74 Abs. 2 Satz 2 und 3 entsprechend.

Übersicht   Rn.

I. Allgemeines

1 Die Vorschrift wurde neu gefasst mit Wirkung zum 13.9.2003 (BGBl. I S. 1774). Die bis dahin geltende Fassung lautete:

§ 80 Chor-, Orchester- und Bühnenaufführungen
(1) Bei Chor-, Orchester- und Bühnenaufführungen genügt in den Fällen der §§ 74, 75 Abs. 1 und 2 und § 76 Abs. 1 neben der Einwilligung der Solisten, des Dirigenten und des Regisseurs die Einwilligung der gewählten Vertreter (Vorstände) der mitwirkenden Künstlergruppen, wie Chor, Orchester, Ballett und Bühnenensemble. Hat eine Gruppe keinen Vorstand, so wird die Einwilligung der ihr angehörenden ausübenden Künstler durch die Einwilligung des Leiters der Gruppe ersetzt.
(2) Zur Geltendmachung der sich aus den §§ 74 bis 77 ergebenden Rechte mit Ausnahme der Einwilligungsrechte sind bei Chor-, Orchester- und Bühnenaufführungen für die mitwirkenden Künstlergruppen jeweils deren Vorstände und, soweit für eine Gruppe ein Vorstand nicht besteht, der Leiter dieser Gruppe allein ermächtigt. Die Ermächtigung kann auf eine Verwertungsgesellschaft übertragen werden.

§ 75 Aufnahme, Vervielfältigung und Verbreitung
(...)
(5) Haben mehrere ausübende Künstler gemeinsam eine Darbietung erbracht, ohne dass sich ihre Anteile gesondert verwerten lassen, können sie vor Beginn der Darbietung eine Person bestimmen, die zur Ausübung ihrer Ansprüche aus den §§ 32, 32a befugt ist. § 80 bleibt unberührt.

Das geltende Recht gliedert über den Verweis in Abs. 2 einen wichtigen Teil 2
dessen, was § 80 a. F. regelte, in § 74 Abs. 2 S. 2 und 3 aus (vgl. § 74 Rn. 9 ff.),
was die Regelung der Rechtsausübung bei einer Mehrheit ausübender Künstler
eher unübersichtlicher macht. Der neu gefasste § 80 enthält nun eine allgemeine, an § 8 angelehnte Regel, die über die frühere Geltung nur für Chor-,
Orchester- und Bühnenaufführungen hinausgeht (RegE UrhG Infoges – BT-
Drs. 15/38 S. 24).

II. Tatbestand

1. Zu Abs. 1

§ 80 Abs. 1 betrifft sämtliche individuell ausübbaren, nicht künstlerpersönlich- 3
keitsrechtlichen Rechte des ausübenden Künstlers, also nicht die Vergütungsansprüche gem. §§ 78 Abs. 2, 79a oder die kraft § 83 geltenden Vergütungsansprüche aufgrund der Schrankenvorschriften der §§ 44a bis 63a. Abs. 2 betrifft
nur die Rechte und Ansprüche nach §§ 77, 78 und § 79 Abs. 3.

a) S. 1: Gemeinsame Darbietung, ohne dass sich die Anteile gesondert verwer- 4
ten lassen: Anders als § 74 (hinsichtlich der Persönlichkeitsrechte) verlangt
§ 80 nicht nur, dass die Künstler die Darbietung gemeinsam erbracht haben,
sondern darüber hinaus, dass sich ihre Anteile nicht gesondert verwerten lassen. Dies entspricht der Formulierung von § 8 Abs. 1 zur Miturheberschaft
und dem § 75 Abs. 5 in der Fassung des UrhVG von 2002 (BGBl. I 1155), vgl.
Rn. 1.

Allerdings sind die praktischen Auswirkungen für Künstler unter Umständen 5
verschieden von denen bei Urhebern. Während sich nämlich die Frage der gesonderten Verwertbarkeit bei einem Werk auf einen geistigen Gegenstand bezieht, lassen sich einheitliche Darbietungen auch technisch zerlegen. Werden
nämlich einzelne Stimmen oder Instrumente in Mehrspurtechnik getrennt aufgezeichnet, lassen sich die Anteile an der gleichzeitigen Aufnahme durchaus
getrennt verwerten.

Daneben bleiben die „traditionellen" Fälle (dazu näher Schricker/Loewenheim/ 6
Krüger[4] § 80 Rn. 4, unter Verweis auf diese Stelle LG Köln ZUM-RD 2008,
211, 212), in denen eine Darbietung – oder Teile davon – sich nicht aus technischen, sondern aus sonstigen Gründen getrennt verwerten lassen, wie etwa
Soli, Kadenzen usw. im Musikbereich oder große Monologe im Theater.

Man wird die Vorschrift nicht so lesen dürfen, dass etwa bei getrennter Ver- 7
wertbarkeit § 80 insgesamt nicht mehr anwendbar wäre (so wohl *Dünnwald*
ZUM 2004, 161, 164). Vielmehr lässt sich der Gehalt der Vorschrift in der
Aussage zusammenfassen, dass alles, was sich getrennt verwerten lässt, auch
getrennt verwertet werden darf. Soweit die gemeinsame Darbietung (unter Einschluss der trennbaren Teile) ungetrennt verwertet wird, bleibt es demgegenüber bei der Gesamthandsgemeinschaft. Geht es also nur um die Verwertung
der einzelnen Tonspur, den Monolog, die Kadenz, entscheidet der betreffende
Künstler allein. Wird dieselbe Tonspur, derselbe Monolog oder die Kadenz im
Zusammenhang der Gesamtdarbietung belassen, kommt es zur Gesamthandsgemeinschaft.

Die Gesamthandsgemeinschaft hängt nicht von Vertragsgestaltungen ab, die 8
der Darbietung vorausgehen. Bei einem Konzert werden Dirigent und Solisten
häufig Einzelverträge mit dem Veranstalter geschlossen haben, während das
Orchester entweder aus Angestellten besteht oder den Vertrag vertreten durch
seinen Vorstand geschlossen hat. Gleichwohl ist es nicht dies, was § 80 Abs. 1
mit „getrennter Verwertbarkeit" meint. Vielmehr geht es um die getrennte Ver-

wertbarkeit der Darbietung als solcher, wie sie sämtliche Beteiligten (im Gefolge der geschlossenen Verträge) erbracht haben.

9 Anders als § 80 a. F. macht die geltende Fassung keinen Unterschied mehr zwischen dem Ensemble und den Solisten, Dirigenten und Regisseuren. Auch sie unterliegen also in vollem Umfang der Regelung (zutreffend *Dünnwald* ZUM 2004, 161, 163 f.; so auch, zum Dirigenten, LG Köln ZUM-RD 2008, 211, 212).

10 **b) Rechtsfolge: Gesamthänderische Bindung:** Die für die Verwertung bedeutsamen Rechte und Ansprüche (zu den Künstlerpersönlichkeitsrechten s. § 74 Abs. 2 und vgl. § 74 Rn. 11 ff.) der ausübenden Künstler, also insb. die Einräumung oder Übertragung von Nutzungsrechten, die Verfolgung von Rechtsverletzungen sowie die Geltendmachung obligatorischer Ansprüche aus Verträgen über Nutzungsrechte unterliegen einer gesamthänderischen Bindung (RegE UrhG Infoges – BT-Drs. 15/38, S. 24). Gleiches gilt für die Kündigung von Verträgen (vgl. Rn. 36a ff.).

11 Damit besteht nunmehr Klarheit über die Art der Gemeinschaft. Unter Geltung des § 80 a. F. war auch die Möglichkeit einer Bruchteilsgemeinschaft nach §§ 741 ff. BGB vertreten worden, (s. dazu Schricker/Loewenheim/*Krüger*[4] § 80 Rn. 2). Nunmehr steht fest, dass es sich um eine Gemeinschaft handelt, auf welche die Grundsätze der §§ 709, 714 BGB anwendbar sind, insb. was das Erfordernis der Einstimmigkeit betrifft.

12 Allerdings kommt ein Notverwaltungsrecht nach § 744 Abs. 2 BGB in Betracht, wenn dies zur Erhaltung des wirtschaftlichen Werts der Rechte erforderlich ist (dazu ausführlich vgl. § 8 Rn. 20 ff.).

13 **c) S. 2: Keine Verweigerung der Einwilligung wider Treu und Glauben:** In der Praxis entstehen besonders wegen des Einstimmigkeitserfordernisses Probleme, weil die Zahl der Beteiligten (etwa bei einem Chor oder einem Orchester) regelmäßig viel größer ist als im Bereich der Miturheberschaft (§ 8).

14 Ob ein Künstler (oder ein Ensemble) die Zustimmung wider Treu und Glauben verweigert, ist nach denselben Kriterien zu bestimmen wie bei § 8 Abs. 2 S. 2 (vgl. § 8 Rn. 19). Maßgeblich ist danach zunächst der Zweck, der die Künstler bei der Darbietung zusammengeführt hat. War eine umfassende Verwertung nie geplant oder würde sich ein mitwirkender Künstler durch die Einwilligung mit anderweitigen vertraglichen Bindungen (z. B. Exklusivbindungen, die nur begrenzte Ausnahmen zuließen), insb. solchen, die bereits zur Zeit der Darbietung bestanden, in Widerspruch setzen, so ist diese Ausgangslage jedenfalls dann zugrundezulegen, wenn sich die Umstände seither nicht erkennbar verändert haben. Kamen die Künstler dagegen mit dem Wunsch zusammen, die Darbietung möglichst umfassend zu verwerten, dürfte grundsätzlich der Wunsch der Mehrheit den Ausschlag für das geben, was nach Treu und Glauben auch für den Einzelnen mit abweichenden Wünschen zumutbar ist, soweit nicht die Gründe ausschließlich in der Person dessen vorliegen, der sie geltend macht (dazu ausführlich *Schaefer* FS Nordemann II S. 227, 230 ff.). Nie ist es gerechtfertigt, die erforderliche Einwilligung als Druckmittel gegenüber den anderen mitwirkenden Künstlern einzusetzen, um eine höhere Beteiligung zu erzielen. Gerechtfertigt ist nämlich allenfalls das Interesse des einzelnen Künstlers, das eine bestimmte Verwertung unterbleibt, nicht dagegen das Interesse, sich ein „Veto" gegen eine Verwertung abkaufen zu lassen, gegen die der Künstler eigentlich gar keine Einwände hat (i. d. S. BGH GRUR 1960, 614, 617 – *Figaros Hochzeit*).

15 Künstlergemeinschaften, wie etwa Orchester oder Chöre sind häufig im Innenverhältnis so verfasst, dass Entscheidungen nach einem Mehrheitsprinzip getroffen werden können, sodass sich die Frage stellt, wie dieses mit dem in S. 1 zum Ausdruck gelangenden Einstimmigkeitsprinzip zum Ausgleich zu bringen ist (dazu näher Schricker/Loewenheim/*Krüger*[4] Rn. 5). Da § 80 nur die Verwertung betrifft und Abs. 2 ausdrücklich auf § 74 Abs. 2 S. 2, 3 verweist, setzt sich hier im Zweifel stets die Regelung im Innenverhältnis durch mit der Folge, dass das Interesse des Einzelnen zurückstehen muss (LG Köln ZUM-RD 2008, 211, 212).

Konflikte bei der Ausübung persönlichkeitsrechtlicher Befugnisse der beteiligten Künstler sind ausschließlich nach §§ 74, 75 zu lösen (dies legt bereits die Gesetzesbegründung nahe, RegE UrhG Infoges – BT-Drs. 15/38, S. 24, die bei § 80 ausschließlich auf die verwertungsrechtlichen Aspekte verweist; wie hier Dreier/Schulze/*Dreier*[5] Rn. 4; a. A. Schricker/Loewenheim/*Krüger*[4] Rn. 6). Allerdings ähnelt das Rücksichtnahmegebot des § 75 der Regelung des § 80 Abs. 1 S. 2 (vgl. § 75 Rn. 31 ff.).   **16**

d) S. 3: Verweis auf § 8 Abs. 2 S. 3, Abs. 3, 4: Als Vorschriften, die das Verhältnis der Künstler untereinander betreffen, sind die hier für entsprechend anwendbar erklärten Regeln grundsätzlich dispositiv (Schricker/Loewenheim/ *Krüger*[4] Rn. 7). Übersetzt in die Begrifflichkeit des Künstlerschutzes bedeutet der Verweis also folgendes: **17**

Jeder mitwirkende Künstler ist berechtigt, Ansprüche aus Verletzungen von Rechten an der gemeinsamen Darbietung geltend zu machen; er kann jedoch nur Leistung an alle mitwirkenden Künstler verlangen (entspricht § 8 Abs. 2 S. 3).   **18**

Das Verhältnis von § 80 Abs. 1 S. 3 zu Abs. 3 ist unklar. Ist ein Vorstand, Leiter oder gewählter Vertreter vorhanden, geht § 80 Abs. 2 mit dem Verweis auf § 74 Abs. 2 S. 2, 3 als *lex specialis* vor, weil sonst für § 80 Abs. 2 kaum noch ein sinnvoller Anwendungsbereich bliebe, jedenfalls wenn man unter „Geltendmachung" mehr als den Abschluss von Verträgen verstehen wollte (so nun auch LG Köln ZUM-RD 2008, 211, 212). Damit kann § 8 Abs. 1 S. 3 nur dann anwendbar sein, wenn ein Vorstand, Leiter oder gewählter Vertreter fehlt (so auch Schricker/Loewenheim/*Krüger*[4] Rn. 7), also insb. auf das Verhältnis zwischen Dirigent, Regisseur und Solisten im Verhältnis zum an derselben Darbietung mitwirkenden Ensemble.   **19**

Die Erträgnisse aus der Nutzung der Darbietung gebühren den mitwirkenden Künstlern nach dem Umfang ihrer Mitwirkung an der Darbietung, wenn nichts anderes zwischen den mitwirkenden Künstlern vereinbart ist (entspricht § 8 Abs. 3).   **20**

In der Praxis dürfte diese Vorschrift kaum eine Rolle spielen, weil die Beteiligten an einer Darbietung vor Beginn der Darbietung Verträge geschlossen haben, in denen die Vergütung geregelt ist (s. zu einem Fall der Beteiligung nach Ausscheiden des Künstlers aus der Band, s. OLG Frankfurt aM. ZUM 2015, 260, 262). Allerdings schließen die Künstler diese Verträge regelmäßig mit dem Tonträgerhersteller, Veranstalter oder anderen Dritten (z. B. der GVL), nicht miteinander, wie es § 8 Abs. 3 voraussetzt (dazu ausführlich *Schaefer* FS Nordemann II S. 227, 230 ff.). Nicht unproblematisch ist angesichts dessen die zwingende Vorschrift des § 79a Abs. 1 (vgl. § 79a Rn. 15 f.).   **21**

Ein mitwirkender Urheber kann auf seinen Anteil an den Verwertungsrechten (§§ 77, 78 Abs. 1) verzichten. Der Verzicht ist den anderen mitwirkenden Künstlern gegenüber zu erklären. Mit der Erklärung wächst der Anteil den anderen mitwirkenden Künstlern zu (entspricht § 8 Abs. 4).   **22**

23   Die Verweisung betrifft ausschließlich die dem Künstler zugewiesenen exklusiven Verwertungsrechte gemäß §§ 77, 78 Abs. 1. Da gemäß § 79 Abs. 1 diese Rechte übertragbar sind (dort vgl. § 79 Rn. 32 ff.), steht auch einer Verzichtbarkeit nichts entgegen.

24   Hinsichtlich der von § 80 Abs. 1 nicht betroffenen Vergütungsansprüche bleibt es bei der in §§ 78 Abs. 3, 4, 20b Abs. 2 S. 2, 83, 63a, angeordneten Unverzichtbarkeit.

2.   Zu Abs. 2: Verweisung auf § 74 Abs. 2 Sätze 2 und 3

25   Soweit in der Gesetzesbegründung sowohl der alten wie auch der neuen Fassung auf die Gesichtspunkte der Rechtssicherheit und der Praktikabilität abgestellt wird (RegE UrhG Infoges – BT-Drs. 15/38 S. 24 f.), soll mit der Einräumung der Rechtewahrnehmung durch den Vorstand oder den Leiter der Gruppe der Schwierigkeit begegnet werden, dass andernfalls Dritte mit allen, bei größeren Künstlergruppen wie Orchestern, Chören etc. also mit einer Vielzahl an der Darbietung beteiligten Künstlern Vereinbarungen treffen müssten. Die Neuregelung ändert inhaltlich gegenüber der alten Fassung nichts (so BGH GRUR 2005, 502, 503 – *Götterdämmerung*). Das Innenverhältnis zwischen den Ensemblemitgliedern bleibt von der gesetzlich angeordneten Befugnis unberührt.

26   Wenn eine Gruppe weder über einen Vorstand, noch einen Leiter oder einen gewählten Vertreter verfügt, bleibt auch weiterhin jedes einzelne Mitglied zur Geltendmachung seiner Rechte und Ansprüche berechtigt (so ausdrücklich zu § 80 Abs. 2: RegE UrhG Infoges – BT-Drs. 15/38, S. 25).

27   Trotz des geänderten Wortlauts ist mit der Neufassung von 2003 keine Änderung der materiellen Rechtslage beabsichtigt. Insb. die zu § 80 a. F. ergangene Rechtsprechung soll auch auf die neue Regelung vollständig weiter anwendbar sein (so ausdrücklich RegE UrhG Infoges – BT-Drs. 15/38, S. 24 f.).

28   Auf den ersten Blick scheint der Wortlaut des Gesetzes diesem Ziel zu widersprechen, da die geltende Fassung nicht die umfassende gesetzliche Ermächtigung an den Vorstand enthält, die sich noch in § 80 Abs. 1 a. F. (vgl. Rn. 1) enthielt. Die Vorschrift bezog sich jedoch auf die Einwilligungsrechte nach altem Recht, die in dieser Form nicht fortbestehen. § 80 Abs. 2 a. F. dagegen hatte, abgesehen vom Verweis auf die Übertragbarkeit der Ermächtigung auf eine Verwertungsgesellschaft, einen tatsächlich weitgehend mit § 74 Abs. 2 S. 2, 3 vergleichbaren Regelungsgehalt, wobei die in § 80 a. F. noch vorhandene Beschränkung auf Chor-, Orchester- und Bühnenaufführungen weggefallen ist.

29   Im Außenverhältnis kann der Vorstand, Leiter oder gewählte Vertreter des Ensembles die zur Verwertung notwendigen Rechte einschließlich der Ansprüche aus den §§ 32, 32a gegenüber Dritten wirksam ausüben (RegE UrhG Infoges – BT-Drs. 15/38, S. 24), nicht jedoch solche aus den später hinzugekommen § 79a und 79b, da insoweit ein Verweis fehlt, der § 80 für anwendbar erklärt. Wahrscheinlich handelt es sich hier um ein Redaktionsversehen. Die Beschränkungen der Vorgängervorschrift in § 75 Abs. 5 a. F. (vgl. Rn. 1) – insb. die Notwendigkeit, die zur Geltendmachung berechtigte Person vor Beginn der Darbietung zu bestimmen – gilt nicht fort.

30   Da sich aber § 80 Abs. 2 nicht nur auf „Rechte“ und die Ansprüche aus §§ 32, 32a erstreckt, sondern insb. auf die aus § 80 Abs. 2 fließenden Vergütungsansprüche für Sendung und öffentliche Wiedergabe erschienener Tonträger, stellt sich hier die Frage, wie sich die Regel des § 80 Abs. 2 im Verhältnis zur Verwertungsgesellschaft GVL auswirkt.

Traditionell schließt die GVL stets mit jedem ausübenden Künstler, unabhängig **31** davon, ob er als Selbstständiger oder z. B. als Orchestermusiker in einem Kulturorchester angestellt ist, einen Einzelwahrnehmungsvertrag (*Dünnwald* ZUM 2004, 161, 164), der insb. eine umfassende Vorausabtretung aller künftigen Vergütungsansprüche vorsieht (Fundstelle: https://www.gvl.de/pdf/wahrnehmungsvertrag-ausuebende-kuenstler.pdf; zuletzt abgerufen am 19.6.2008).

Damit ist bereits fraglich, ob die wirksame Einbringung der Rechte an einer **32** Ensembledarbietung auch dann der Regel der §§ 80 Abs. 2, 74 Abs. 2 S. 2, 3 unterliegt, wenn der Künstler bereits zuvor einen Wahrnehmungsvertrag mit der GVL geschlossen hat. Schon unter der Geltung des § 80 Abs. 2 a. F. (vgl. Rn. 1) war allein der Leiter der Gruppe ermächtigt. Allerdings konnte die Ermächtigung auf eine Verwertungsgesellschaft übertragen werden. Die passivische Formulierung ließ offen, ob nur der Leiter die Ermächtigung auf eine Verwertungsgesellschaft übertragen konnte.

Nach dem Wortlaut des geltenden Gesetzes muss der Vorstand, Leiter oder **33** gewählte Vertreter die Ansprüche in die GVL einbringen, es sei denn, man wollte die Einbringung von Rechten und Ansprüchen in eine Verwertungsgesellschaft nicht als „Geltendmachung" von Rechten ansehen. Dies lässt sich mit guten Argumenten vertreten, da die Verwertungsgesellschaft als Treuhänderin im Künstlerinteresse auftritt. Der GVL gegenüber macht also der Künstler seine Vergütungsansprüche nicht geltend im Sinne der §§ 80 Abs. 2, sodass insoweit die Einschaltung des Vorstands, Leiters oder gewählten Vertreters nach § 74 Abs. 2 S. 2, 3 entbehrlich ist (so auch *Dünnwald* ZUM 2004, 161, 164).

Damit sind aber die Probleme noch nicht gelöst, da jedenfalls die GVL die **34** betreffenden Rechte und Ansprüche sehr wohl gegenüber Nutzern geltend macht. Verfügt ein Ensemble über einen Vorstand, Leiter oder gewählten Vertreter, steht diese Rechtswahrnehmung, da sich im neuen Gesetz keine Entsprechung zu § 80 Abs. 2 S. 2 a. F. findet, in klarem Widerspruch zu § 80 Abs. 2.

Da die Gesetzesänderung nicht zum Ziel hatte, eine Änderung der Wahrneh- **35** mungspraxis durch Verwertungsgesellschaften zu erzwingen, darf jedoch davon ausgegangen werden, dass es bei der Möglichkeit bleiben sollte, die Rechte und Ansprüche in gewohnter Weise wahrzunehmen, zumal es sonst zu Wertungswidersprüchen käme: Da das Gesetz in § 78 Abs. 3, 83 i. V. m. 63a, 20b Abs. 2 S. 2, 27 Abs. 3 die Vorausabtretbarkeit nur an Verwertungsgesellschaften bzw. die unbedingte Verwertungsgesellschaftpflichtigkeit gewisser Ansprüche vorsieht, kann es nicht gleichzeitig die Verwertungsgesellschaften an der Wahrnehmung für Ensembles über die einzelnen Ensemblemitglieder hindern wollen, zumal es der Funktion des Vorstands, Leiters oder gewählten Vertreters im Rahmen der kollektiven Wahrnehmung ohnehin nicht bedarf. § 80 Abs. 2 ist also mit der ungeschriebenen Einschränkung zu lesen „soweit diese nicht für die betreffenden Künstler durch eine Verwertungsgesellschaft wahrgenommen werden."

Auf das Außenverhältnis der GVL zu Nutzern haben diese Fragen kaum einen **36** Einfluss, da in jedem Fall nach außen die GVL die Vergütungsansprüche geltend macht und im Zweifel die Vorstände in die Rechtewahrnehmung durch die GVL eingewilligt oder diese genehmigt haben.

Durch das 8. Gesetz zur Änderung des Urheberrechtsgesetzes zur Umsetzung **36a** der Schutzfristenverlängerung für ausübende Künstler und Tonträgerhersteller laut der Schutzdaueränderungs-RL ist der Verweis-Kanon um § 79 Abs. 3 ergänzt worden, also das dort geregelte Kündigungsrecht.

36b Gemeint ist damit, dass bei der Aufnahme einer Ensemble-Darbietung die Kündigungserklärung durch den Vorstand erfolgt.

36c Wegen der besonders schwerwiegenden Folgen der Kündigung nach § 79 Abs. 3 stellen sich hier einige Fragen, die sonst praktisch weniger relevant werden würden. Es geht hier nämlich insbesondere um das Verhältnis zwischen Ensembles, die ihren Willen über einen Vorstand artikulieren und weitere beteiligte Künstler (Solisten und nicht-solistische Musiker, die etwa auf Basis von Pauschalvereinbarungen hinzuengagiert worden sind) bei der Ausübung der Rechte gemäß Abs. 2, besonders im Hinblick auf die Kündigungsmöglichkeit nach § 79 Abs. 3.

36d § 80 Abs. 1 knüpft eben nicht an die Zahl der Vertragsverhältnisse an, die möglicherweise existieren, sondern ausschließlich daran, ob mehrere ausübende Künstler gemeinsam eine Darbietung erbracht haben, ohne dass sich die Anteile gesondert verwerten lassen.

36e Diese Frage hat hohe wirtschaftliche Bedeutung im Hinblick darauf, dass pauschal vergütete Künstler im Falle einer Kündigung die Beteiligungsansprüche gemäß § 79 Abs. 1 verlieren (dazu vgl. § 79a Rn. 13 ff. und vgl. § 79 Rn. 104 ff.). Sie werden also wirtschaftlich meist eher als die durch Erlösbeteiligung vergüteten Solisten und „Haupt-Künstler" trotz Kündigungsmöglichkeit ein Interesse daran haben, an den ursprünglichen Verträgen festzuhalten, solange überhaupt noch eine Aussicht darauf besteht, dass der Tonträgerhersteller die Aufnahmen verwerten wird, wenn auch vielleicht erst nach Ablauf der in § 79 Abs. 3 genannten Frist.

36f Wie zu § 79 Abs. 3 (vgl. § 79 Rn. 128 ff.) ausgeführt, reicht es für eine wirksame Kündigung nicht, dass die durch einen Vorstand vertretene Gruppe kündigt, wenn die weiteren Künstler aufgrund ihrer (separat geschlossenen) Verträge an dem Vertragsverhältnis zum Tonträgerhersteller festhalten wollen. Verweigert also z. B. ein pauschal abgefundener Künstler seine Einwilligung zur Kündigung, obwohl ein durch einen Vorstand vertretenes Ensemble die Kündigung befürwortet, gilt Abs. 1 S. 2 (dazu oben vgl. Rn. 13 ff. und vgl. Rn. 37, 41).

III. Prozessuales

37 Verweigert ein Künstler seine Einwilligung entgegen § 80 Abs. 1 S. 2, darf nicht mit der Verwertung begonnen werden (entsprechend zu BGH GRUR 2002, 248, 252 – *Spiegel CD-ROM*). Das Gesetz schweigt zu der Frage, wer zur Geltendmachung des Anspruchs auf Einwilligung klagebefugt ist. Der Vorstand, Leiter oder gewählte Vertreter kann sich nicht auf die gesetzlich angeordnete Prozessstandschaft nach §§ 80 Abs. 2, 74 Abs. 2 S. 2, 3 berufen, da diese auf die Geltendmachung von Rechten und Ansprüchen aus §§ 77 und 78 beschränkt ist. Daher müssen die übrigen Künstler ihn gemeinschaftlich auf Erteilung der Einwilligung verklagen.

38 Handelt es sich bei dem Künstler, der seine Einwilligung entgegen § 80 Abs. 1 S. 2 verweigert, um das Mitglied eines Ensembles mit einem Vorstand, Leiter oder gewählten Vertreter, könnte der einzelne Künstler jedoch seinen Unterlassungsanspruch (z. B. wegen Verletzung der sich aus §§ 77, 78 ergebenden Exklusivrechte) gegenüber dem Verwerter nicht selbst durchsetzen, weil dem § 74 Abs. 2, 3 entgegenstünde. § 80 Abs. 2 enthält keinen Verweis auf § 74 Abs. 2 S. 4, der ausnahmsweise auch dem einzelnen Künstler das Recht zur Geltendmachung vorbehält. In § 80 Abs. 2 ist zwar § 97 nicht ausdrücklich genannt, jedoch werden Exklusivrechte, die sich aus den §§ 77 und 78 ergeben, auch durch Unterlassungsbegehren „geltend gemacht", sodass sich der Verweis auf § 74 Abs. 2 S. 2, 3 auch auf Unterlassungsbegehren gegenüber Vertragspartnern beziehen muss, mit denen der Vorstand, Leiter oder gewählte Vertreter einen Vertrag geschlossen hat.

Die *actio pro socio* gemäß Abs. 1 S. 3, § 8 Abs. 1 S. 3 kommt demgegenüber nur in Betracht, wenn das Ensemble über keinen Vorstand, Leiter oder gewählten Vertreter verfügt (vgl. Rn. 19 und BGH GRUR 1993, 550, 551 – *The Doors*). Wollte man diese Regel auch in Fällen der innerhalb des Ensembles verweigerten Zustimmung anwenden, wäre der Abs. 2 nicht nur insgesamt entwertet, sondern es käme auch zu einer Leistung (oder Unterlassung) gegenüber denjenigen Ensemblemitgliedern, die mit der vom Einzelnen angegriffenen Verwertung ausdrücklich einverstanden waren.   **39**

Geht in einem solchen Fall der einzelne Künstler davon aus, er dürfe nach Treu und Glauben die Einwilligung verweigern, muss also er den Vorstand, Leiter oder Vertreter auf Unterlassung von Erklärungen in Anspruch nehmen, mit denen er in die Verwertung einwilligt. Dabei wird implizit geprüft, ob der Einzelne im Verhältnis zum Ensemble die Einwilligung verweigern durfte.   **40**

Ein Solist bleibt – selbst wenn er die Darbietung gemeinsam mit einem Ensemble erbringt – stets zur selbständigen Geltendmachung seiner Rechte befugt nach § 80 a. F. (BGH GRUR 1999, 49, 50 – *Bruce Springsteen and his Band*). Verweigert er unter Verstoß gegen § 80 Abs. 1 S. 2 wider Treu und Glauben die Einwilligung und wird seine Einwilligung nicht von den übrigen Künstlern gerichtlich erzwungen, kann er die Nutzung untersagen. Es handelt sich insb. nicht um einen Fall der unzulässigen Rechtsausübung (so ausdrücklich BGH GRUR 2002, 248, 252 – *Spiegel CD-ROM*).   **41**

Der jeweilige Vorstand kann auch die bereits vor seiner Amtszeit entstandene Ansprüche und Rechte früherer Mitglieder wahrzunehmen, jedenfalls wenn die betreffende Künstlergruppe eine einem Verein oder einer Gesellschaft ähnliche Struktur aufweist und über einen längeren Zeitraum unabhängig von einem Wechsel der Mitglieder in ihrer Eigenart fortbesteht (BGH GRUR 2005, 502, 504 – *Götterdämmerung*). Außerdem vgl. § 74 Rn. 17.   **42**

§ 81   Schutz des Veranstalters

[1]Wird die Darbietung des ausübenden Künstlers von einem Unternehmen veranstaltet, so stehen die Rechte nach § 77 Abs. 1 und 2 Satz 1 sowie § 78 Abs. 1 neben dem ausübenden Künstler auch dem Inhaber des Unternehmens zu. [2]§ 10 Abs. 1, § 31 sowie die §§ 33 und 38 gelten entsprechend.

Übersicht

I. Allgemeines

1. Früheres Recht

1 Die Vorschrift wurde mit Wirkung zum 1.1.2008 neu gefasst (BGBl. I 2007 S. 2513). Die bis dahin geltende Fassung unterschied sich nur in der anderen Form des Verweises in S. 2:

§ 81 Schutz des Veranstalters
(...)
§ 31 Abs. 1 bis 3 und 5 sowie die §§ 33 und 38 gelten entsprechend.

Diese Fassung erhielt die Vorschrift mit Wirkung zum 13.9.2003 (BGBl. I S. 1774). Die bis dahin geltende Fassung lautete:

§ 81 Schutz des Veranstalters
Wird die Darbietung des ausübenden Künstlers von einem Unternehmen veranstaltet, so bedarf es in den Fällen der §§ 74, 75 Abs. 1 und 2 und § 76 Abs. 1 neben der Einwilligung des ausübenden Künstlers auch der Einwilligung des Inhabers des Unternehmens.

Die alte Fassung bezog sich auf die früheren Regelungen des Künstlerrechts (hier abgedruckt unter §§ 77 und 78), die anstelle der jetzt geltenden Exklusivrechte Einwilligungsbefugnisse vorsah. Wie beim Tonträgerhersteller (§ 85), Sendeunternehmen (§ 87) und Filmhersteller (§ 94) wird über die Verweisung auf die einschlägigen Vorschriften der §§ 31 ff. das Konzept der Nutzungsrechte (bislang: Einwilligungsrechte) für den Rechtsverkehr zur Anwendung gebracht (RegE UrhG Infoges – BT-Drs. 15/38, S. 25). Eine inhaltliche Änderung ist damit nicht verbunden. Nach wie vor stehen die Rechte des ausübenden Künstlers und des Veranstalters nebeneinander.

2. Verwertungsgesellschaft

2 Die Vergütungsansprüche der Veranstalter nach §§ 44a-63a nimmt traditionell die Gesellschaft zur Verwertung von Leistungsschutzrechten (GVL www.gvl.de) wahr, der jedoch nur wenige Veranstalter angehören. Am 15. September 2014 wurde der „Gesellschaft zur Wahrnehmung von Veranstalterrechten mbH (GWVR) vom DPMA die Zulassung erteilt (BAnz AT vom 10.11.2014). Sie präsentiert sich auf ihrer Homepage http://gwvr.de/info/ (zuletzt abgerufen am 20.7.2017). Lizenznehmer der GWVR seien demnach beispielsweise Onlinedienste wie YouTube, die Aufzeichnungen von Veranstaltungen im Netz streamen oder zum Download abrufbar machen, Radio- und Fernsehsender, die Aufzeichnungen von Veranstaltungen ausstrahlen, und Tonträgerhersteller oder Hersteller von Bildtonträgern mit Aufzeichnungen von Veranstaltungen. Diese Rechte hatten die Veranstalter bisher – insbesondere gegenüber Tonträgerherstellern, aber auch gegenüber Sendern – jahrzehntelang individuell wahrgenommen. Seit Januar 2017 hat die GWVR verschiedene Tarife veröffentlicht (abrufbar über die Website). Mit der GVL hat sich die GWVR wie folgt geeinigt: Die GVL soll wie bisher die, die Ansprüche aus der Privatkopie-Vergütung (wahrgenommen über die ZPÜ) zählen. Die GWVR hingegen nimmt die oben genannten Rechte (Vervielfältigung, Verbreitung und Sendung von Live-Mitschnitten sowie Online-Rechte) wahr, welche bisher individualvertraglich verwertet wurden (s. dazu die entsprechenden Mitteilungen der GVL und der GWVR, abrufbar unter https://www.gvl.de/rechteinhaber/v eranstalterund http://gwvr.de/faq/#ffs-tabbed-115 , beide zuletzt abgerufen am 20.7.2017).

3. Ausländische Berechtigte

3 Der Schutz ausländischer Veranstalter richtet sich nach § 125, da sich die Vorschrift ausweislich ihres Abs. 1 auf den Schutz nach „§§ 73 bis 83" bezieht, also den § 81 umfasst (ebenso OLG München, ZUM 1997 144, 145 – *Prince*).

4. Vom Künstlerschutz abweichende Schutzfrist

Die Schutzfrist beträgt ausweislich des § 82, anders als für ausübende Künstler, **4**
25 Jahre.

II. Tatbestand

1. Die Veranstaltung i. S. d. § 81

Der Schutz des Veranstalters reicht nicht weiter als der des ausübenden Künst- **5**
lers, der die veranstaltete Darbietung erbringt, und auf dessen Schutzvorschriften § 81 Bezug nimmt.

Dies bedeutet zunächst, dass die künstlerische Darbietung als solche veranstaltet **6**
worden sein muss (so auch Schricker/Loewenheim/*Vogel*[4] Rn. 16). Wenigstens die
künstlerische **Live-Darbietung** eines einzigen ausübenden Künstlers ist erforderlich, um den Schutz begründen zu können (wobei dann jedoch z. B. in einer Ge-
sangsdarbietung eine Begleitung vom „Playback"-Band unschädlich wäre).

Eine Musikveranstaltung, bei der lediglich Bild- oder Tonträger mit künstleri- **7**
schen Darbietungen öffentlich wiedergegeben wird (z. B. in einer **Diskothek**),
ist keine Veranstaltung i. S. d. § 81 (was das LG Köln ZUM 2010, 906, 908
unter Bezugnahme auf § 81 zu einer Abiturfeier möglicherweise verkennt).
Dies ergibt sich unmittelbar aus dem Tatbestand, denn in diesem Fall wird
nicht die Darbietung selbst veranstaltet, sondern die öffentliche Wahrnehmbarmachung mittels Bild- oder Tonträger (dazu vgl. Rn. 15).

Ferner ist erforderlich, dass die Darbietung unmittelbar **vor einem Publikum** statt- **8**
findet (h. M., stellvertretend Schricker/Loewenheim/*Vogel*[4] Rn. 17 f.). Das UrhG
verwendet den Begriff der „Veranstaltung" stets in diesem Sinne, wie aus §§ 37
Abs. 3, 52 Abs. 1 und 58 Abs. 1 ablesbar ist. Aufnahmesitzungen im Studio sind
von den entsprechenden Herstellerrechten (§§ 85, 87, 94) hinreichend gegen unerlaubte Leistungsübernahme gesichert und benötigen keinen ergänzenden Veranstalterschutz nach § 81. Allerdings spricht nichts dagegen, den Schutz auch auf
eine nicht beschränkt zugängliche Generalprobe der Darbietung zu erstrecken, da
auch ein solches Publikum die Darbietung bereits zur „Veranstaltung" qualifiziert
(h. M., stellvertretend Schricker/Loewenheim/*Vogel*[4] Rn. 17).

Ob das Publikum „öffentlich" sein muss, wie es die h. M. fordert (stellvertre- **9**
tend Schricker/Loewenheim/Vogel[4] Rn. 18), erscheint demgegenüber äußerst
fraglich. Selbst bei reinen Privatveranstaltungen (wobei beachtet werden sollte,
dass seit der 2003 erfolgten Änderung des § 15 Abs. 3 weit mehr als reine
Privatveranstaltungen vom Begriff der „nicht-öffentliche Wiedergabe" vor
Publikum umfasst sind, vgl. § 15 Rn. 27 ff.) mag für die Organisation ein gewerblich handelnder Veranstalter eingeschaltet werden. Warum er in einem
solchen Fall gegen eine unerlaubte Leistungsübernahme weniger Schutz verdienen sollte als bei einer öffentlichen Veranstaltung, ist nicht ersichtlich. **Auch
eine nicht-öffentliche Veranstaltung vor Publikum genießt also den Schutz nach**
§ 81 (a. A. unsere 9. Aufl. Rn. 4 und die wohl h. M., stellvertretend Schricker/
Loewenheim/*Vogel*[4] Rn. 18; wie hier: *Gentz* GRUR 1968, 182, 183 f.). Allerdings mag es sein, dass in solchen Fällen häufiger als sonst dem Organisator die
Veranstaltereigenschaft fehlt (vgl. Rn. 14), etwa weil ein privater Auftraggeber
komplett das wirtschaftliche Risiko trägt und derjenige, der es trägt, nicht
gewerblich handelt. Unter Umständen kommt hier eine Mitveranstaltereigen-
schaft in Betracht (LG Köln ZUM 2010, 906, 909), s. dazu unten Rn. 15.

Veranstaltungen, die keine künstlerische Darbietung zum Gegenstand haben, **10**
wie z. B. reine **Sportveranstaltungen, sind nicht dem Veranstalterschutz nach**
§ 81 zugänglich (EuGH GRUR Int. 2011, 1063 Tz. 98 f. – *Premier League ./.*

Murphy; GRUR 1990, 702, 705 – *Sportübertragungen*; OLG Hamburg GRUR-RR 2007, 181, 184 – *Slowakischer Fußball*; LG Berlin v. 29.3.2011 – 16 O 270/10, zitiert nach Juris).

11 In einem solchen Fall kann aber der Veranstalter seine Rechtsposition auf das aus §§ 858 ff., 1004 BGB abzuleitende Hausrecht stützen, das auf dem Grundstückseigentum oder -besitz beruht. Es ermöglicht seinem Inhaber, grundsätzlich frei darüber zu entscheiden, wem er den Zutritt zu der Örtlichkeit gestattet und wem er ihn verweigert (BGH GRUR 1962, 201, 203 – *Rundfunkempfang im Hotelzimmer*). Das schließt das Recht ein, den Zutritt nur zu bestimmten Zwecken zu erlauben oder rechtswirksam von Bedingungen wie der Zahlung eines Entgelts abhängig zu machen (GRUR 1990, 702, 706 – *Sportübertragungen*). **Daher kann der Veranstalter als Inhaber des Hausrechts nicht nur die Live-Übertragung und die Aufzeichnung, sondern sogar Hörfunkreportagen z. B. über ein Sportereignis von seiner vorherigen Einwilligung abhängig machen** (BGH GRUR 2006, 249, 250 – *Hörfunkrechte*; wenn auch ohne ausdrückliche Erwähnung dürfte dadurch BGH GRUR 1971, 46, 47 – *Bubi Scholz* i. E. obsolet geworden sein). Bei Ausübung der Rechte nach § 81 übt der Veranstalter gleichzeitig ein ihm etwa zustehendes Hausrecht aus. Eine widersprüchliche Ausübung wäre nach § 242 BGB unzulässig.

12 Wegen dieses ergänzenden Schutzes ist es gerechtfertigt, den Schutz nach § 81 eng begrenzt auf Darbietungen ausübender Künstler zu beschränken (vgl. § 73 Rn. 6 ff.). Aus dieser strengen Akzessorietät (s. dazu insbesondere vgl. § 73 Rn. 8) folgt auch, dass z. B. eine Band für ihre Bühnen-Performance hinsichtlich des den musikalischen Teil ihrer Darbietung übersteigenden Teils der Live-Darbietung nur geschützt ist, wenn dieser „übersteigende Anteil" seinerseits eine künstlerische Darbietung eines schutzfähigen Werks (z. B. der Choreografie) darstellt. Sonstige Live-Elemente, auch wenn noch so beeindruckend, sind für die von § 81 geschützte Leistung irrelevant (im selben Sinne Schricker/Loewenheim/*Vogel*[4] Rn. 19). Bereits die Stellung des § 81 im Zusammenhang mit dem künstlerischen Leistungsschutz macht deutlich, dass der **Schutz des Veranstalters nie weiter reichen kann als derjenige in Summe aller mitwirkenden Künstler.** Ist also eine Sportveranstaltung mit urheber- und künstlerrechtlich schutzfähigen Showeinlagen angereichert, bezieht sich der Schutz nach § 81 nur auf diese.

13 Da der Schutz des Veranstalters immer dem Schutz des Künstlers folgt, bleibt die eigentliche, abstrakte Veranstalterleistung, die Erstellung einer **Produktion,** zwar zur Schutzbegründung (vgl. Rn. 15) unabdingbar, jedoch ist die Produktion als solche, also unabhängig von den einzelnen Abenden z. B. einer Konzertreihe, nicht von § 81 geschützt. Abstrakte Aspekte der Veranstaltung lassen sich tw. über andere Instrumente schützen, wenn z. B. der Regisseur daran eigene Leistungsschutzrechte als ausübender Künstler erwirbt (zutreffend dazu auch *Gentz* GRUR 1968, 182, 184 f.) und sich der Veranstalter insoweit Rechte einräumen lässt. In manchen Fällen mag eine besonders individuelle Produktion in ihrer konkreten Form sogar ein Urheberrecht begründen (vgl. § 73 Rn. 25). Ergänzend bleibt stets die Möglichkeit eines Titelschutzes für den **Titel der Veranstaltung** nach § 5 Abs. 3 MarkenG zu prüfen (KG GRUR-RR 2016, 505). Auch ein wettbewerbsrechtlicher Schutz nach §§ 3, 4 Ziff. 9 UWG mag in Betracht kommen (Schricker/Loewenheim/*Vogel*[4] Rn. 16; so auch zum Schutz der Veranstalterleistung vor Geltung des UrhG und auf Basis des damaligen UWG BGH GRUR 1963, 575, 576 – *Vortragsabend*).

2. Der Veranstalter i. S. d. § 81

14 Das Recht entsteht nur, wenn die Darbietung von einem Unternehmen veranstaltet wird. Der Begriff des Unternehmens ist im UrhG nicht legal definiert.

Das Gesetz verwendet ihn sonst nur in §§ 34, 85, 87 und 100 (sowie in Bezug darauf in §§ 20a und b, 55, 63, 95 b, 126 und 127) stets im Sinne gewerblichen oder freiberuflichen Handelns i. S. d. § 14 BGB. Die amtliche Begründung zum ursprünglichen Gesetzentwurf von 1965 (RegE UrhG 1962 – BT-Drs. IV/270, S. 94) nennt ausdrücklich Bühnenunternehmen, Konzertunternehmen oder dergleichen. Es geht im Entwurf um deren wirtschaftliche Interessen. Im Umkehrschluss aus § 85, der das Recht einem „Hersteller" zuordnet, der ausdrücklich auch bei nicht gewerblichem Handeln den Schutz erwirbt (RegE UrhG 1962 – BT-Drs. IV/270, S. 95), und der mithin das „Unternehmen" nur als einen möglichen Inhaber des Rechts erwähnt, **kann Veranstalter i. S. d. § 81 nur sein, wer die Darbietung in Ausübung einer gewerblichen oder selbständigen beruflichen Tätigkeit veranstaltet** (so auch Schricker/Loewenheim/*Vogel*[4] Rn. 20 f.; a. A. *Gentz* GRUR 1968, 182, 186).

Weiter ist – nicht anders als bei §§ 85, 87 und 94 – erforderlich, dass der **15** Veranstalter die **organisatorische und wirtschaftliche Verantwortung** übernimmt, also insb. die Verträge mit den mitwirkenden Künstlern und dem Publikum schließt und wirtschaftlich verantwortet. Zum Leitbild des Veranstalters gehören u. a. Programmgestaltung, Titelwahl, Künstlerengagements, Saalmiete, Organisation des Kartenverkaufs, Bereitstellung von Bühnen-, Ton- und Lichttechnik und Bewerbung der Veranstaltung (BGH GRUR 1971, 46, 47 – *Bubi Scholz*; BeckOK UrhR/*Stang*[16] Rn. 12 ff.). Wer für eine Veranstaltung lediglich die Räume zur Verfügung stellt, ist noch nicht Veranstalter, kann aber über zusätzliche Leistungen in die Rolle eines (Mit-) Veranstalters gelangen (OLG München GRUR 1979, 152 – *Transvestiten Show*). In diesem Zusammenhang stellt sich die Frage, inwieweit der Veranstalterbegriff im Sinne des § 81 dem entspricht, der in § 42 VGG (früher: § 13b UrhWahrnG) verwendet wird. Bei § 42 VGG geht es um die Verantwortlichkeit für die Meldung und Vergütung öffentlicher Wiedergaben gegenüber der zuständigen Verwertungsgesellschaft (im Bereich der Musik vor allem der GEMA), ganz unabhängig davon, ob Live-Musik aufgeführt oder von Tonträgern wiedergegeben wird. Da § 81 nur Live-Darbietungen betrifft, handelt es sich nicht um den identischen Begriff. Allerdings können die Abgrenzungen, welche von der Rechtsprechung zu § 13b UrhWahrnG und künftig zu § 42 VGG zur Bestimmung der Verantwortlichkeit als „Veranstalter" herangezogen werden, durchaus dabei helfen, den „Veranstalter als Rechteinhaber" im Sinne des § 81 zu bestimmen.

Auch nach der Rechtsprechung zu § 13b UrhWahrnG (zusammenfassend OLG **15a** Hamburg GRUR 2001, 832, 834, LG Köln ZUM 2010, 906, 909) ist „Veranstalter" grundsätzlich derjenige, der sie angeordnet hat und durch dessen Tätigkeit sie ins Werk gesetzt ist (BGH GRUR 1956, 515, 516 – *Tanzkurse*), insbesondere derjenige, der für die Aufführung in organisatorischer und finanzieller Hinsicht verantwortlich ist (BGH GRUR 1972, 141, 142 – *Konzertveranstalter*), wer einen maßgebenden Einfluss auf die Programmgestaltung hat und auch den wirtschaftlichen Nutzen aus der Aufführung zieht (BGH GRUR 1959, 150 – *Musikbox-Aufsteller*). Demgegenüber ist nicht verantwortlich derjenige, der nur die für die Aufführung erforderlichen äußeren Vorkehrungen trifft (BGH GRUR 1959, 150 – *Musikbox-Aufsteller*).

Mehrere Mitveranstalter können nebeneinander verantwortlich sein (BGH **15b** GRUR 1960, 606, 607 – *Eisrevue II*; GRUR 1960, 253, 255 – *Auto-Skooter*). In dem zitierten Fall des OLG Hamburg ging es um eine Live-Veranstaltung, für die durchaus ein Leistungsschutzrecht nach § 81 UrhG hätte begründet werden können. Das OLG Hamburg geht davon aus, dass als „Mitveranstalter" (im Sinne von § 13b UrhWahrnG) auch in Betracht komme, wer keinen Einfluss auf die Programmgestaltung hat und das eigentliche finanzielle Risiko der Konzerte nicht trägt, solange der Betreffende auf Grund der eigenen Haftung gegenüber den Einrichtungen, zu denen sie im Außenverhältnis verantwortlich auftrat (Hallenmiete, Werbepartner usw.), ein erhebliches eigenes Interesse an der Durchführung der Veranstaltungen unter Beweis stellt. Es besteht kein Grund, solche Erwägungen nicht auch für die Einordnung gemäß § 81 UrhG gelten zu lassen (so in umgekehrter Richtung von § 81 zu § 13b UrhWahrnG argumentierend LG Köln ZUM 2010, 906, 909).

15c In Fällen des arbeitsteiligen Handels bei der organisatorisch-wirtschaftlichen Verantwortung der prägenden Bestandteile einer Veranstaltung kommt mithin durchaus eine Mitinhaberschaft des Rechts gemäß § 81 UrhG zwischen mehreren Beteiligten in Betracht (mit gleichem Ergebnis für den Fall eines Leistungsschutzrechts nach § 94 für eine Fernsehproduktion OLG Bremen GRUR-RR 2009, 244). Schließt ein Unternehmer die Verträge, ohne selbst das wirtschaftliche Risiko zu tragen, weil sein Auftraggeber alle Rechnungen zahlt, wird auch er neben dem Geldgeber – soweit dieser für die Veranstalter-Eigenschaft qualifiziert ist – Mitveranstalter i. S. d. § 81 (OLG München GRUR 1979, 152 – *Transvestiten Show*).

16 Feste Budgets, die der Auftraggeber zu zahlen bereit ist, sprechen noch keineswegs gegen ein wirtschaftliche Verantwortung des Veranstalters (ähnlich zur Bestimmung der Filmherstellereigenschaft bei Auftragsproduktionen vgl. Vor §§ 88 ff. Rn. 64). Auch wer gegen einen Festpreis einer großen Hochzeitsgesellschaft (so als Beispiel für eine nicht-öffentliche Veranstaltung, die Schutz genießen kann, vgl. Rn. 9) das künstlerische Rahmenprogramm anbietet, muss mit unvorhersehbaren Entwicklungen rechnen, denen er auf eigenes Risiko zu begegnen hat (z. B. Beschaffung von Ersatz für ausgefallene Künstler usw.). Auch in solchen Fällen ist das Unternehmen deshalb Veranstalter i. S. d. § 81. Ein darüber hinausgehendes Auswertungsrisiko kann nicht verlangt werden (wie hier differenzierend Dreier/Schulze/*Dreier*[5] Rn. 4; wohl auch Wandtke/Bullinger/*Büscher*[4] Rn. 9, 11; Schricker/Loewenheim/*Vogel*[4] Rn. 24).

17 Entgegen der in der Vergangenheit dazu vertretenen Auffassung (*Gentz* GRUR 1968, 182, 186) kann – jedenfalls nach dem aktuellen Wortlaut des Gesetzes – theoretisch auch der ausübende Künstler selbst einen Veranstalterschutz nach § 81 beanspruchen, wenn er mit einem Unternehmen selbst die Voraussetzungen erfüllt. Allerdings dürfte die damit verbundene Verdopplung seiner Rechtsstellung an derselben Darbietung für ihn wenig praktische Bedeutung haben.

3. Zu S. 1: Die dem Veranstalter zustehenden Rechte und Ansprüche

18 Von dem Verweis auf §§ 77 Abs. 1 und 2, 78 Abs. 1 sind folgende **Ausschließlichkeitsrechte** umfasst (vgl. § 77 Rn. 6 ff.; außerdem vgl. § 78 Rn. 4 ff.):
- das ausschließliche Recht, die Darbietung auf Bild- oder Tonträger aufzunehmen;
- das ausschließliche Recht, den Bild- oder Tonträger, auf den die Darbietung aufgenommen worden ist, zu vervielfältigen (§ 16);
- das ausschließliche Recht, den Bild- oder Tonträger, auf den die Darbietung aufgenommen worden ist, zu verbreiten (§ 17);
- das ausschließliche Recht, die Darbietung öffentlich zugänglich zu machen (§ 19a);
- das ausschließliche Senderecht (§ 20). Hier gilt insb. die in § 78 Abs. 1 Ziff. 2 enthaltene Beschränkung, dass das Senderecht entfällt, wenn die Darbietung, die auf Bild- oder Tonträgern aufgenommen ist, erschienen (§ 6 Abs. 2) oder erlaubterweise öffentlich zugänglich gemacht (§ 19a) worden ist. **Da dem Veranstalter keiner der Vergütungsansprüche des § 78 Abs. 2 zugutekommt, geht er bei der Rundfunksendung eines nicht von ihm selbst, jedoch legal hergestellten Live-Mitschnitts, der auf Bild- oder Tonträger erscheint, leer aus.** Nur bei einem von ihm selbst (als Tonträger-

hersteller i. S. d. § 85) hergestellten Mitschnitt erlangt er einen Beteiligungs-anspruch über § 86.

– das Recht der öffentlichen Wahrnehmbarmachung (§ 19 Abs. 3) der Live-Darbietung außerhalb des Raumes, in dem sie stattfindet.

Während die Vergütungsansprüche des § 78 Abs. 1 auf den Veranstalter ebenso **19** wenig anwendbar sind wie § 20b oder § 27 (da der Verweis auf § 78 Abs. 2 auf dessen S. 1 beschränkt ist), stehen ihm über den Verweis in § 83 die **Vergütungsansprüche gemäß den urheberrechtlichen Schrankenbestimmungen nach §§ 44a-63a** zu.

4. Zu S. 2: Verweise

a) Übertragbarkeit: Im Gegensatz zu den Regelungen bezüglich der übrigen **20** unternehmensbezogenen verwandten Schutzrechte (§§ 85, 87, 94) enthält § 81 keine ausdrückliche Regelung zu Übertragbarkeit des Rechts. Gleichwohl ist davon auszugehen, dass das Recht insgesamt übertragbar sein muss. Nach § 79 Abs. 1 S. 1 sind die Ausschließlichkeitsrechte des ausübenden Künstlers aus §§ 77 Abs. 1 und 2 S. 1 sowie aus § 78 Abs. 1 uneingeschränkt übertragbar. Es besteht kein Grund, dies hinsichtlich derselben Rechte nicht auch für den Veranstalter vorzusehen (i. d. S. Schricker/Loewenheim/*Vogel*[4] Rn. 31).

b) Einzelverweise: Gerade weil § 81 einen gegenüber § 79 Abs. 2 S. 2 erheblich **21** reduzierten Verweiskatalog enthält, ist es verwunderlich, dass auch hier (vgl. § 79 Rn. 60) mit § 38 auf eine Norm Bezug genommen wird, die sich sinnvoll nur auf Druckwerke beziehen lässt. Zu § 10 Abs. 1 vgl. § 74 Rn. 19 ff.

§ 82 Dauer der Verwertungsrechte

(1) [1]Ist die Darbietung des ausübenden Künstlers auf einem Tonträger aufgezeichnet worden, so erlöschen die in den §§ 77 und 78 bezeichneten Rechte des ausübenden Künstlers 70 Jahre nach dem Erscheinen des Tonträgers oder, wenn dessen erste erlaubte Benutzung zur öffentlichen Wiedergabe früher erfolgt ist, 70 Jahre nach dieser. [2]Ist die Darbietung des ausübenden Künstlers nicht auf einem Tonträger aufgezeichnet worden, so erlöschen die in den §§ 77 und 78 bezeichneten Rechte des ausübenden Künstlers 50 Jahre nach dem Erscheinen der Aufzeichnung, wenn deren erste erlaubte Benutzung zur öffentlichen Wiedergabe früher erfolgt ist, 50 Jahre nach dieser. [3]Die Rechte des ausübenden Künstlers erlöschen jedoch bereits 50 Jahre nach der Darbietung, wenn eine Aufzeichnung innerhalb dieser Frist nicht erschienen oder nicht erlaubterweise zur öffentlichen Wiedergabe benutzt worden ist.

(2) [1]Die in § 81 bezeichneten Rechte des Veranstalters erlöschen 25 Jahre nach Erscheinen einer Aufzeichnung der Darbietung eines ausübenden Künstlers oder, wenn deren erste erlaubte Benutzung zur öffentlichen Wiedergabe früher erfolgt ist, 25 Jahre nach dieser. [2]Die Rechte erlöschen bereits 25 Jahre nach der Darbietung, wenn eine Aufzeichnung innerhalb dieser Frist nicht erschienen oder nicht erlaubterweise zur öffentlichen Wiedergabe benutzt worden ist.

(3) Die Fristen sind nach § 69 zu berechnen.

Übersicht

I. Allgemeines

1. Früheres Recht

1 Die Vorschrift wurde neu gefasst mit Wirkung zum 13.9.2003 (BGBl. I S. 1774). Die bis dahin geltende Fassung lautete:

§ 82 Dauer der Rechte

Ist die Darbietung des ausübenden Künstlers auf einen Bild- oder Tonträger aufge-nommen worden, so erlöschen die Rechte des ausübenden Künstlers fünfzig Jahre, diejenigen des Veranstalters fünfundzwanzig Jahre nach dem Erscheinen des Bild- oder Tonträgers oder, wenn seine erste erlaubte Benutzung zur öffentlichen Wieder-gabe früher erfolgt ist, nach dieser; die Rechte des ausübenden Künstlers erlöschen jedoch bereits fünfzig Jahre nach der Darbietung, diejenigen des Veranstalters fünf-undzwanzig Jahre nach der Darbietung, wenn der Bild- oder Tonträger innerhalb dieser Frist nicht erschienen oder erlaubterweise zur öffentlichen Wiedergabe be-nutzt worden ist. Die Frist ist nach § 69 zu berechnen.

2 Seither lautete sie wie folgt:

§ 82 Dauer der Verwertungsrechte

Ist die Darbietung des ausübenden Künstlers auf einen Bild- oder Tonträger aufge-nommen worden, so erlöschen die in den §§ 77 und 78 bezeichneten Rechte des ausübenden Künstlers 50 Jahre, die in § 81 bezeichnete Rechte des Veranstalters 25 Jahre nach dem Erscheinen des Bild- oder Tonträgers oder, wenn dessen erste erlaubte Benutzung zur öffentlichen Wiedergabe früher erfolgt ist, nach dieser. Die Rechte des ausübenden Künstlers erlöschen jedoch bereits 50 Jahre, diejenigen des Veranstalters 25 Jahre nach der Darbietung, wenn der Bild- oder Tonträger in-nerhalb dieser Frist nicht erschienen oder erlaubterweise zur öffentlichen Wieder-gabe benutzt worden ist. Die Frist nach Satz 1 oder 2 ist nach § 69 zu berechnen.

Die Vorschrift ist mit Wirkung zum 6.7.2013 (BGBl. 2013 I S. 1940) neu ge-fasst worden, und zwar im Rahmen der Umsetzung der Schutzdaueränderungs-RL.

2. Zur Regelungssystematik

3 Gegenüber der bisherigen Fassung ist die Vorschrift erheblich umgestaltet. Al-lerdings erweist sich bei genauerer Betrachtung, dass der große sprachliche Aufwand nur aus einem Grund erforderlich wurde: Mit Umsetzung der Schutz-daueränderungs-RL durch das am 6.7.2013 in Kraft getretene deutsche Umset-zungsgesetz (BGBl. 2013 I S. 1940) war die Unterscheidung zwischen solchen Darbietungen, die auf einem Tonträger aufgezeichnet worden sind (S. 1) und anderweitig aufgezeichneter Darbietungen – was eigentlich nur solche betreffen kann, die auf Bildtonträger aufgezeichnet sind – (S. 2) erforderlich. Die Verlän-gerung bezieht sich nämlich nur auf Erstere.

4 Im Übrigen, auch was die Rechte der Veranstalter nach § 81 betrifft, bleibt es bei der bisherigen Regelung. Bei der Ersetzung des Begriffs „Bild- oder Tonträ-ger" durch „Aufzeichnung" folgt der deutsche Gesetzeswortlaut im Übrigen, wie auch bei der Ausgestaltung der Schutzfristenverlängerung als solcher, der Vorgabe der Richtlinie in Art. 1 Abs. 2 (b) in Verbindung mit Art. 10 Schutz-dauer-RL (2006/116/EU). Audiovisuelle Aufzeichnungen profitieren nicht von der Verlängerung. Der Sammelbegriff lautet „Aufzeichnung" (S. 3).

Die Vorschrift muss stets mit §§ 137c, 137f und 137m gelesen werden. Während § 137c für alle Darbietungen von Bedeutung ist, die vor dem 1.7.1990 stattgefunden haben, betreffen §§ 137f und 137m die Wiederbegründung abge-laufenen (oder nie vorhandenen) Schutzes im Rahmen der europäischen Schutzfristenharmonisierung und die jüngste Schutzfristverlängerung. Auf der Basis des § 82 allein lässt sich also bei Aufzeichnungen älterer Darbietungen (aus der Zeit vor 1.7.1995) kaum je eine sichere Aussage über die Schutzdauer treffen (dazu das Praxisbeispiel bei § 137m, vgl. § 137m Rn. 10 ff.).   **5**

II. Tatbestand

1. Zu Abs. 1: Betroffene Schutzgegenstände und Schutzanknüpfung beim Schutz ausübender Künstler

a) Schutzgegenstände: Die Vorschrift bezieht sich nur auf die Verwertungs-rechte und Vergütungsansprüche des ausübenden Künstlers aus §§ 77, 78, so-wie die Rechte des Veranstalters nach § 81. Die Schutzdauer der Künstlerper-sönlichkeitsrechte nach §§ 74, 75 ist in § 76 geregelt.   **6**

Anders als § 79 Abs. 1 ist nur von „Rechten", nicht von den (Vergütungs-) „Ansprüchen" des ausübenden Künstlers die Rede. Allerdings ist die Vorschrift ohne weiteres auch auf diese zu beziehen (Schricker/Loewenheim/*Vogel*[4] Rn. 1, Dreier/Schulze/*Dreier*[5] Rn. 1). Die aus § 83 erwachsenden Vergütungsansprü-che nach §§ 44a bis 63a beziehen ihre Schutzfrist unmittelbar aus §§ 77, 78, da sie als Vergütung für die vom Künstler und Veranstalter im Rahmen der Schranken hinzunehmenden Nutzung dieser Rechte gelten. Dass dies auch für die Ansprüche gem. § 79a UrhG gelten muss, ergibt sich unmittelbar aus dem Gegenstand des § 79a.   **7**

b) Schutzanknüpfung: – aa) Allgemeines: Anders als § 76, der für die Künstler-persönlichkeitsrechte nur an die Darbietung anknüpft, sieht § 82 als Hauptan-knüpfung das Erscheinen des Bild- oder Tonträgers (§ 6 Abs. 2) oder dessen erlaubte erste Benutzung zur öffentlichen Wiedergabe als zusätzliche Kriterien vor. Da allerdings die Rechte nach § 76 stets so lange geschützt sind wie nach § 82, wirkt sich dies nicht in einem unterschiedlichen Lauf der Fristen aus.   **8**

Der Schutz des ausübenden Künstlers und Veranstalters nimmt nicht teil an der in § 85 Abs. 3 aufgrund Art. 11 Abs. 2 Info-RL geänderten Anknüpfung für Tonträgerhersteller (dazu ausführlich Wandtke/Bullinger/*Schaefer*[4] § 85 Rn. 28). Die höchste Schutzfrist beträgt damit 100 Jahre, wenn der Tonträger kurz vor Ablauf von 50 Jahren nach Herstellung (was stets gleichbedeutend mit dem Zeitpunkt der Darbietung ist) entweder erscheint oder öffentlich wie-dergegeben wird. Während allerdings beim ausübenden Künstler durch die er-laubte öffentliche Wiedergabe unwiderruflich die 50-jährige Frist in Gang ge-setzt wird, kann für den Tonträgerhersteller innerhalb von 50 Jahren nach Herstellung mit dem Erscheinenlassen ein neuer Fristen-Startschuss gesetzt werden, selbst wenn z. B. eine Aufnahme unmittelbar nach Herstellung bereits durch Rundfunksendung öffentlich wiedergegeben worden war. Von dieser Re-gelung profitieren praktisch ausschließlich (öffentlich-rechtliche) Rundfunkun-ternehmen, die häufig über Archivmaterial verfügen, das in der Vergangenheit nicht erschienen, sondern ausschließlich durch Sendung verwertet worden ist.   **9**

10 Durch die Schutzdaueränderungs-RL entsteht ein kaum zu rechtfertigender Wertungswiderspruch zu der im vorangegangenen Abs. (vgl. Rn. 9) erläuterten faktischen Schutzfristverlängerung durch die im Gefolge der Info-RL ermöglichte Neu-Anknüpfung des Herstellerschutzes: Während der Hersteller einer für Sendezwecke hergestellten und vor Jahrzehnten gesendeten, aber noch nicht erschienenen Aufnahme eine Schutzfristenverlängerung „ohne Pflichten", ja sogar ohne jede Künstlerbeteiligung erhält (weil, wie gesagt, die ausübenden Künstler nicht an der Schutzfristenverlängerung aufgrund der Info-RL teilhaben – es existiert in § 82 keine Regelung entsprechend § 85 Abs. 3 S. 2), beträgt die Schutzfristverlängerung für den „Normalfall", nämlich erschiene Tonträger, lediglich 20 Jahre und ist mit umfangreichen Bindungen (§§ 79 Abs. 3, 79a) verbunden, unter anderem mit zwingenden Regeln zur Beteiligung der ausübenden Künstler. Dieser Wertungswiderspruch wird fast zwangsläufig zu erheblichen Wettbewerbsverzerrungen bei der Verwertung von Altrepertoire führen, weil die Verwerter insbesondere von Aufnahmen aus Rundfunkarchiven gegenüber den angestammten Vertragspartnern der jeweiligen Künstler, welche die „Originalveröffentlichungen" verwerten, kalkulatorisch notwendig im Vorteil sein werden. Diese Ungleichbehandlung (insbesondere aufgrund der fehlenden Künstlerbeteiligung beim Erscheinenlassen von Sende-Archivaufnahmen) erscheint auch als verfassungsrechtlich (im Hinblick auf Art. 3 und 14 GG) äußerst bedenklich.

11 Der EuGH hat auf Basis der revidierten Schutzdauer-RL (RL 2006/116/EG) in einem das Tonträgerherstellerrecht betreffenden Fall entschieden (GRUR 2009, 393 – *Sony Music ./. Falcon*, dazu vgl. § 85 Rn. 68), dass die vorgesehenen Schutzfristen auch Anwendung finden, wenn die Aufnahme als solche am 1.7.1995 in zumindest einem Mitgliedstaat gemäß den nationalen Bestimmungen dieses Mitgliedstaats geschützt war, und zwar unabhängig von der Staatsangehörigkeit des Tonträgerherstellers (aber eben nur, wenn er in dem betreffenden anderen Mitgliedstaat Schutz genoss). Diese Erwägungen lassen sich auf den Schutz des ausübenden Künstlers übertragen.

12 **bb) Schutz bei auf Tonträger aufgezeichneten Darbietungen (Abs. 1 S. 1):** Die Schutzfrist für auf Tonträger aufgezeichnete Darbietungen (nicht: auf Bild- und Tonträger aufgezeichnete Darbietungen) wird unter den Bindungen der § 79 Abs. 3, 79a von 50 auf 70 Jahre verlängert. Die mögliche Höchstschutzdauer beträgt damit 120 Jahre (früher: 100 Jahre), wenn ein weder erschienener noch öffentlich wiedergegebener Tonträger kurz vor Ende der 50-Jahres-Frist des Abs. 1 S. 3 erscheint oder öffentlich wiedergegeben wird.

13 **cc) Schutz bei anderen als auf Tonträger aufgezeichneten Darbietungen (Abs. 1 S. 2, 3):** Es bleibt bei der bisherigen Schutzfrist von 50 Jahren. Sie gilt auch bezüglich Darbietungen, die auf Bild- und Tonträger aufgezeichnet wurden. Die mögliche Höchstschutzdauer beträgt damit wie bisher 100 Jahre, wenn ein weder erschienener noch öffentlich wiedergegebener Tonträger kurz vor Ende der 50-Jahresfrist des Abs. 1 S. 3 erscheint oder öffentlich wiedergegeben wird.

2. Zu Abs. 2: Dauer des Schutzes des Veranstalters

14 Die Vorschrift zur Berechnung der 25-Jahre Schutzfrist des Veranstalters ist nun in einen eigenen Abs. ausgegliedert. Inhaltlich hat sich gegenüber der Situation vor der jüngsten Novelle nichts geändert.

3. Übersicht zum Lauf der Schutzfristen hinsichtlich der Schutzfristen der ausübendem Künstler nach §§ 76 und 82, des Veranstalters und der verschiedenen Herstellerrechte

15 Die folgende Übersicht stellt an einem willkürlich gebildeten Beispiel die praktischen Auswirkungen der unterschiedlichen Schutzanknüpfungen hinsichtlich der persönlichkeits- und verwertungsrechtlichen Aspekte des Künstlerschutzes, des

Veranstalterschutzes, des Tonträger- und Filmherstellerschutzes sowie des Schutzes des Sendeunternehmens einander gegenüber. Dabei wird sichtbar, dass die verschiedenen Schutzfristenregeln durchaus zu höchst unterschiedlichen Ergebnissen führen können, und zwar ohne dass in diesem Schema bereits die zusätzlichen Komplikationen durch eine Mehrheit von Berechtigten, die Beteiligung ausländischer Berechtigter oder die Begründung des Schutzlaufes in der Zeit vor Inkrafttreten des UrhG (eine detaillierte Darstellung der Einzelheit der Schutzbegründung für ausübende Künstler im Zusammenspiel mit §§ 137c, 137f und 137m findet sich zu vgl. § 137 Rn. 10 ff.) berücksicht wären. Dabei verstehen sich nach unten fortlaufend die zusätzlichen Kriterien als zu den voran stehenden jeweils hinzutretend.

	Ausübende Künstler § 76	Ausübende Künstler § 82 Abs. 1 S. 1	Ausübende Künstler § 82 Abs. 1 S. 2	Veranstalter § 82 Abs. 2	Tonträgerhersteller § 85	Sendeunternehmen § 87	Filmhersteller § 94
Darbietung: 1.3.2008	31.12.2058[2]	31.12.2058[1]	31.12.2058[1]	31.12.2033[1]	./.	./.	./.
Live-Sendung 1.3.2008	./.	./.		./.	./.	31.12.2058[8]	./.
Herstellung des Bild- oder Tonträgers 1.3.2008	./.	./.		./.	31.12.2078[3]	./.	31.12.2058[9]
Erste erlaubte öffentliche Wiedergabe des nicht erschienenen Bild- oder Tonträgers 1.5.2009	31.12.2059[5]	31.12.2079[1a]	31.12.2059[4]	31.12.2034[4]	31.12.2079[3]	31.12.2059[8] (falls Sendung und vorher keine Live-Sendung)	31.12.2059[9]
Erscheinen des Bild- oder Tonträgers 1.6.2020	31.12.2059[5]	31.12.2079[1a]	31.12.2059[4]	31.12.2034[4]	31.12.2090[6]	./.	31.12.2059[9]
Tod des ausübenden Künstlers 1.10.2059	31.12.2059[5]	31.12.2079[1a]	frei	frei	31.12.2090[6]	frei	frei
Alternativ:							
Tod des ausübenden Künstlers 1.10.2060	1.10.2060[7]	31.12.2079[1a]	frei	frei	31.12.2090[6]	frei	frei

Erläuterungen:
./. = für den Fristlauf irrelevant
1) Anknüpfung: § 82 Abs. 1 S. 3
1a) Anknüpfung: § 82 Abs. 1 S. 1
2) Anknüpfung: § 76 S. 1
3) Anknüpfung: § 85 Abs. 3 S. 3
4) Anknüpfung: § 82 Abs. 1 S. 2
5) Anknüpfung: § 76 S. 1 2. Hs.
6) Anknüpfung: § 85 Abs. 3 S. 1, 2
7) Anknüpfung: § 76 S. 1
8) Anknüpfung: § 87 Abs. 3
9) Anknüpfung: § 94 Abs. 3

4.　Zu Abs. 4: Verweis auf § 69

16 Für § 82 gilt, wie auch für § 76, die allgemeine urheberrechtliche Regel des § 69 für den Fristbeginn.

§ 83　Schranken der Verwertungsrechte

Auf die dem ausübenden Künstler nach den §§ 77 und 78 sowie die dem Veranstalter nach § 81 zustehenden Rechte sind die Vorschriften des Abschnitts 6 des Teils 1 entsprechend anzuwenden.

I.　Allgemeines

1.　Früheres Recht

1 Die Vorschrift wurde neu gefasst mit Wirkung zum 13.9.2003 (BGBl. I S. 1774). Die bis dahin geltende Fassung lautete:

§ 84 Beschränkung der Rechte
Auf die dem ausübenden Künstler und dem Veranstalter nach diesem Abschnitt zustehenden Rechte sind die Vorschriften des Sechsten Abschnitts des Ersten Teils mit Ausnahme des § 61 sinngemäß anzuwenden.

2.　Verwertungsgesellschaften

2 Die aus den Vorschriften des Abschnitts 6 des Teils 1 fließenden Vergütungsansprüche werden heute regelmäßig durch die Gesellschaft zur Verwertung von Leistungsschutzrechten (GVL, www.gvl.de) wahrgenommen, die hinsichtlich der §§ 54–54h geregelten Ansprüche ihrerseits mit den anderen Verwertungsgesellschaften in der Zentralstelle für Private Überspielungsrechte (ZPÜ) zusammengeschlossen ist (Informationen unter: www.Zpue.de, zuletzt abgerufen am 1.6.2017).

II.　Tatbestand

1.　Verweis auf die Schrankenvorschriften

3 Die Vorschrift bezieht ihre Bedeutung aus Sicht der ausübenden Künstler und Veranstalter nicht nur durch die Bezugnahme auf die Schrankenvorschriften der §§ 44a-63a, sondern vor allem durch die in diesem Zusammenhang gewährten Vergütungsansprüche.

Anders als die Ansprüche gemäß § 78 Abs. 2, an denen die Tonträgerhersteller **4** gemäß § 86 lediglich beteiligt sind, stehen den Tonträgerherstellern (§ 85 Abs. 4), wie auch den Sendeunternehmen (§ 87 Abs. 4) und Filmherstellern (§ 94 Abs. 4) hinsichtlich der Ansprüche aus Abschnitt 6 des Teils 1 autonome Vergütungsansprüche zu, sodass z. B. hinsichtlich einer bei einem Konzert aufgezeichneten und gesendeten Darbietung die Ansprüche der mitwirkenden Künstler, des Veranstalters, des Sendeunternehmens und des Tonträgerherstellers nebeneinander zur Anwendung gelangen.

2. Bemerkungen zu einzelnen Schrankenvorschriften

a) § 50 Berichterstattung über Tagesereignisse: Hier mag es gerade im Veran- **5** staltungsbereich zu bisher nicht gelösten Wertungswidersprüchen kommen. Während nämlich der Veranstalter im Sinne des § 81 einer geschützten Darbietung die Anwendung der Schranke nach § 50 hinzunehmen hat, ist dies beim Veranstalter eines nicht nach § 81 geschützten Ereignisses nicht ohne weiteres der Fall. Stützt also z. B. ein Sportveranstalter seinen Schutz auf das aus §§ 858 ff., 1004 BGB abzuleitende Hausrecht (vgl. § 81 Rn. 11) kann der Veranstalter als Inhaber des Hausrechts nicht nur die Live-Übertragung und die Aufzeichnung, sondern sogar Hörfunkreportagen z. B. über ein Sportereignis von seiner vorherigen Einwilligung abhängig machen (BGH GRUR 2006, 249, 250 – *Hörfunkrechte*). Die jüngere Rechtsprechung hat sich mit dem Wertungsmodell des § 50 in diesem Zusammenhang nicht auseinandergesetzt, anders übrigens als bezüglich eines Parallelfalls im Bereich der Schranke des § 59 (dort BGH GRUR 1990, 390, 391 – *Friesenhaus*; später allerdings ohne solche Bezugnahme auf das Wertungsmodell weiterentwickelt in BGH GRUR 2011, 323 Rn. 11 ff., 16 – *Preußische Gärten und Parkanlagen I*; GRUR 2013, 623 Rn. 21 ff. – *Preußische Gärten und Parkanlagen II*)).

b) § 51 Zitate: Bei der entsprechenden Anwendung des § 51 hat sich durch die **6** Novelle von 2017 durch das UrhWissG geändert. Bisher musste die Belegfunktion nicht nur hinsichtlich des Werkes selbst bestehen, vielmehr musste sie auch hinsichtlich der künstlerischen Interpretation gerade in der verwendeten Aufnahme vorliegen, um eine Anwendung der Schranke im Hinblick auf den ausübenden Künstler zu rechtfertigen. Dies ändert sich durch die Anfügung des neuen letzten Satzes in § 51. Von der Zitierbefugnis ist nunmehr umfasst die Vervielfältigung des zitierten Werkes, auch wenn diese selbst durch ein verwandtes Schutzrecht geschützt ist. Es reicht also, wenn der Zitatzweck betreffend das Werk erfüllt ist. Die Gesetzesbegründung nennt keine Beispiele aus dem Musikbereich, doch ist die Formulierung so offen, dass sie ohne weiteres auf die §§ 73 ff. anwendbar ist (RegE UrhWissG 2017 – BT-Drs. 18/12329, S. 32).

c) § 52 Öffentliche Wiedergabe: Der Vergütungsanspruch nach dieser Vor- **7** schrift konkurriert im Bereich des Künstlerschutzes mit der Regelung betreffend die öffentliche Wiedergabe von Bild- oder Tonträgern nach § 78 Abs. 2 Ziff. 2. Da § 52 den § 73 ausdrücklich erwähnt, hat der Gesetzgeber die Regelung im Bewusstsein dieser Konkurrenz geschaffen. Damit ist die Schranke des § 52 auf die öffentliche Wiedergabe der dem Künstler nach § 78 Abs. 1 als Ausschließlichkeitsrechte zugewiesenen Formen der öffentlichen Wiedergabe zu beziehen (insb. Live-Konzerte).

d) § 55 Vervielfältigung durch Sendeunternehmen: Die engen Beschränkungen **8** des § 55 spielen in der gegenwärtigen Praxis keine Rolle. In ihren Verträgen mit der GVL erwerben die öffentlich-rechtlichen und privaten Sender regelmäßig ein Recht der dauerhaften Speicherung.

e) § 57 Unwesentliches Beiwerk: Diese Schranke kommt nur dann zum Tra- **9** gen, wenn der Einsatz künstlerischer Darbietungen „im Hintergrund" nicht auf einer bewussten Entscheidung des Nutzers beruht. Wenn also z. B. in der szenischen Handlung einer Fernsehserie vorgesehen ist, dass während eines Gesprächs im Hintergrund „Musik aus dem Radio" zu hören sein soll, kann sich der Produzent der Fernsehserie nicht auf § 57 berufen, weil in solchen Fällen die Nutzung nie „unwesentlich" im Sinne des § 57 sein kann. Anwendbar wäre dagegen die Vorschrift z. B., wenn bei einem Dokumentarfilm über einen Jahrmarkt Musik zu hören ist, während ein Schausteller interviewt wird.

9a   f) § 60a Gesetzlich erlaubte Nutzungen für Unterricht, Wissenschaft und Institutionen: Die Schranke ist mit der Novelle von 2017 durch das UrhWissG an eine neue Stelle gewandert und neu formuliert worden. Nicht durch § 60a Abs. 1 und 2 erlaubt ist die Aufnahme auf Bild- oder, während es öffentlich vorgetragen, aufgeführt oder vorgeführt wird. Damit bleibt die unbedingte Hoheit des ausübenden Künstlers über die Aufnahme (§ 77 Abs. 1) gewahrt.

9b   g) § 60b Unterrichts- und Lehrmedien: Die Schranke ist mit der Novelle von 2017 durch das UrhWissG aus § 46 an eine neue Stelle gewandert und neu formuliert worden. Nunmehr dürfen Hersteller von Unterrichts- und Lehrmedien für solche Sammlungen bis zu 10 Prozent eines veröffentlichten Werkes vervielfältigen, verbreiten und öffentlich zugänglich machen, ohne dass es einer vertraglich eingeräumten Lizenz bedarf. Durch den Verweis des § 83 gilt dies nun auch für die Leistungen der ausübenden Künstler und Veranstalter. Der Vergütungsanspruch ergibt sich aus § 60h Abs. 1 S. 1.

9c   h) § 60c Wissenschaftliche Forschung: Hier gilt das zu Rn. 9a Gesagte entsprechend.

10   i) Nicht entsprechend anwendbare Vorschriften: Der generelle Bezug auf die Vorschriften des Abschnitts 6 des Teils 1 führt dazu, dass formell auch Vorschriften für entsprechend anwendbar erklärt sind, die im Hinblick auf die Leistungen des ausübenden Künstlers oder des Veranstalters ihrem Wortlaut und Sinn nach nicht in Betracht kommen, wie insb. § 58 (Werke in Ausstellungen, öffentlichem Verkauf und öffentlich zugänglichen Einrichtungen), § 59 (Werke an öffentlichen Plätzen) und § 60 (Bildnisse).

§ 84   *(weggefallen)*

§ 84 wurde durch das UrhG Infoges (1. Korb) mit Wirkung zum 13. September 2003 aufgehoben. Die Vorschrift befindet sich heute in § 83, vgl. § 83 Rn. 1.

Abschnitt 4 **Schutz des Herstellers von Tonträgern**

§ 85   Verwertungsrechte

(1) [1]Der Hersteller eines Tonträgers hat das ausschließliche Recht, den Tonträger zu vervielfältigen, zu verbreiten und öffentlich zugänglich zu machen. [2]Ist der Tonträger in einem Unternehmen hergestellt worden, so gilt der Inhaber des Unternehmens als Hersteller. [3]Das Recht entsteht nicht durch Vervielfältigung eines Tonträgers.

(2) [1]Das Recht ist übertragbar. [2]Der Tonträgerhersteller kann einem anderen das Recht einräumen, den Tonträger auf einzelne oder alle der ihm vorbehaltenen Nutzungsarten zu nutzen. [3]§ 31 und die §§ 33 und 38 gelten entsprechend.

(3) [1]Das Recht erlischt 70 Jahre nach dem Erscheinen des Tonträgers. [2]Ist der Tonträger innerhalb von 50 Jahren nach der Herstellung nicht erschienen,

aber erlaubterweise zur öffentlichen Wiedergabe benutzt worden, so erlischt das Recht 70 Jahre nach dieser. [3]Ist der Tonträger innerhalb dieser Frist nicht erschienen oder erlaubterweise zur öffentlichen Wiedergabe benutzt worden, so erlischt das Recht 50 Jahre nach der Herstellung des Tonträgers. [4]Die Frist ist nach § 69 zu berechnen.

(4) § 10 Abs. 1 und § 27 Abs. 2 und 3 sowie die Vorschriften des Teil 1 Abschnitt 6 gelten entsprechend.

Übersicht

I. Allgemeines

1. Sinn und Zweck, Schutzgegenstand

1 a) **Sinn und Zweck:** Die Leistungen des Tonträgerherstellers sind regelmäßig weder künstlerisch noch schöpferisch und dennoch von einem für die kulturelle Fortentwicklung besonderen Wert: Der Tonträgerhersteller **fixiert vergängliche klangliche Ereignisse** und Geschehnisse – seien es musikalische Darbietungen, seien es gesprochene Worte oder schlicht naturgegebene Klänge – und stellt sie auf diesem Wege einem breiten Publikum zur Verfügung. Zugleich bilden Tonträger oftmals die entscheidende Brücke zwischen dem ausübenden Künstler, dem Werkvermittler und der Allgemeinheit. Es sind vor allem die Tonträgeraufnahmen, auf denen die Darbietungen des Künstlers fixiert sind, die dem breiten Publikum zu Gehör gebracht werden. Hiervon ist der ausübende Künstler in nicht unerheblicher Weise abhängig. Der als Leistungsschutzrecht ausgestaltete Schutz des Herstellers von Tonträgern als sog. „mechanisches Recht" will das **technische Können** und die **wirtschaftlichen Aufwendungen** schützen, die für die erstmalige Aufnahme einer Werkdarbietung oder einer sonstigen Tonfolge auf einen Tonträger erforderlich sind (RegE UrhG 1962 – BT-Drs. IV/270, S. 96).

2 Schon sehr frühzeitig wurde die unerlaubte Vervielfältigung und Verbreitung von Tonträgern von der Rechtsprechung als unbillig empfunden: Der Unternehmer werde um die Früchte seiner Arbeit gebracht, wenn eine von ihm hergestellte Schallplatte von Dritten schlicht nachgepresst wird (so schon das Reichsgericht in seiner Entscheidung RGZ 1973, 294 – *Schallplatten* aus dem Jahr 1910). Als unternehmensbezogenes Recht (Schricker/Loewenheim/*Vogel*[5] Rn. 13) ist es Aufgabe der §§ 85 f., ein **Schmarotzen fremder Leistungen** zu unterbinden, ohne jedoch den allgemeinen Grundsatz der Nachahmungsfreiheit, der auch das Recht des unlauteren Wettbewerbs im Rahmen des ergänzenden Leistungsschutzrechts prägt (vgl. Rn. 76 ff.), anzutasten. Das Tonträgerherstellerecht hat seinem Wesen nach eine stark wettbewerbsrechtliche Orientierung und Ausprägung und kann insofern als wettbewerbsrechtliche Vorschrift in einem urheberrechtlichen Gewande, jedenfalls aber als urheberrechtliche Norm mit starker **wettbewerbsrechtlicher** Ausprägung bezeichnet werden.

3 b) **Schutzgegenstand:** Schutzgegenstand des Tonträgerherstellerrechts ist die in einem Tonträger verkörperte wettbewerbliche **Herstellerleistung als immaterielles Gut** (LG Köln ZUM-RD 1998, 371, 378 – *Nutzungsrechte an Remix-Version*; *v. Ungern-Sternberg* GRUR 2010, 386, 386). Einerseits besteht das Schutzrecht nicht schon abstrakt, also gänzlich losgelöst von dem Tonträger, denn das Tonträgerherstellerrecht ist ohne das Vorliegen eines Tonträgers nicht denkbar; die Herstellerleistung manifestiert sich gerade erst in dem Tonträger. Deshalb liegt der Schutzgegenstand nicht schon in der Leistung selbst als immaterielles Gut (so aber BGH GRUR 2009, 403, 404 Tz. 14 – *Metall auf Metall I*; BGH GRUR 2013, 614 Tz. 18 – *Metall auf Metall II*; OLG Frankfurt aM. ZUM 2005, 477, 479 – *TV-Total*). Andererseits wird aber auch nicht allein das körperliche Produkt, also der physische Tonträger, als rein materielles Gut geschützt (s. zum Filmträger: BGH GRUR 2010, 620, 622 Tz. 35 – *Film-Einzelbilder* und BGH GRUR 2008, 693, 694 Tz. 16 – *TV-Total*), da dies dem Schutzinteresse nicht hinreichend gerecht würde (a. A.: *Dünnwald* UFITA 76 [1976], 167). Das Tonträgerherstellerrecht ist keine besondere Ausprägung des Sachenrechts, sondern soll in Bezug auf die Herstellung der Inhalte von Tonträgern erbrachte Leistungen schützen. Der Tonträger ist bildlich gesprochen der „Träger" des Schutzrechts; Schutzgegenstand ist mithin die **in dem Tonträger verkörperte wettbewerbliche Leistung.**

2. Früheres Recht

Mangels spezieller positiv-rechtlicher Normierungen kamen bei dem unerlaub-   **4**
ten „Nachpressen" von Schallplatten vor Schaffung des UrhG vor allem
§§ 823, 826 BGB (s. RGZ 73, 294 – *Schallplatten*), nach Inkrafttreten des
UWG im Jahr 1909 zudem **wettbewerbsrechtliche Vorschriften** (§ 1 UWG a. F.)
zum Tragen. Erstmals mit der Novellierung des LUG vom 22.5.1910 fand der
Tonträgerhersteller – unter Einfluss der RBÜ – eine gesetzliche Berücksichtigung: Gemäß § 2 Abs. 2 LUG wurde der Schutz zugunsten des Tonträgerherstellers derivativ von dem Recht des **ausübenden Künstlers**, dem sog. „Interpre-
tenrecht" abgeleitet. Die Festlegung einer Darbietung galt als eine Bearbeitung
(sog. „**fiktives Bearbeitungsrecht**"), an der dem Tonträgerhersteller ein Nutzungsrecht seitens des ausübenden Künstlers eingeräumt wurde (Schricker/Loe-
wenheim/*Vogel*[5] Rn. 4).

Das heutige Tonträgerherstellerrecht wurde erst mit der Schaffung des Urhe-   **5**
berrechtsgesetzes mit Wirkung zum 1.1.1966 positiv-rechtlich normiert; zuvor
sah das deutsche Recht **keinen speziellen Schutz** zugunsten der Tonträgerhersteller vor (s. a. BGH GRUR 2007, 502, 502 ff. – *Tonträger aus Drittstaaten*).

3. Europäisches und internationales Recht

Das Tonträgerherstellerrecht ist durch eine Vielzahl internationaler Verträge   **6**
und europäischer Richtlinien geprägt. Die positiv-rechtliche Normierung des
Schutzes des Tonträgerherstellers geht im Wesentlichen zurück auf die Unterzeichnung des **Rom-Abkommens (RA)** aus dem Jahr 1961, das zeitgleich mit
dem UrhG in Kraft getreten ist. Dieses sieht in Art. 10 RA die Normierung
eines originären Schutzrechts des Tonträgerherstellers vor unmittelbaren oder
mittelbaren Vervielfältigungen sowie in Art. 12 RA Vergütungsansprüche für
die öffentliche Wiedergabe von Tonträgern vor. Dem wurde mit der Schaffung
der §§ 85, 86 Rechnung getragen. Auch Art. 2 des **Genfer Tonträgerabkommens (GTA)** von 1971 bietet dem Tonträgerhersteller einen Schutz gegen unerlaubte Vervielfältigungen sowie gegen die unerlaubte Einfuhr und Verbreitung.
Ferner begründen Art. 3 und 14 **TRIPS** sowie Art. 11 ff. WPPT Schutzrechte
zugunsten des Tonträgerherstellers (näher hierzu vgl. Vor §§ 120 ff. Rn. 30 ff.).

Keinen Schutz hingegen bietet die **Revidierte Berner Übereinkunft (RBÜ)**, die   **7**
nur für Urheberrechte, nicht aber für Leistungsschutzrechte gilt (BGH GRUR
1992, 845, 846 – *Cliff Richard* zum Leistungsschutzrecht des ausübenden
Künstlers). Gleiches gilt für das **Übereinkommen mit den USA** vom 15.1.1892
über den gegenseitigen Schutz der Urheberrechte (RGBl. 1892, 473), das ebenfalls das Tonträgerherstellerrecht nicht betrifft (BGH GRUR 1986, 454 – *Bob
Dylan*). Die **Pariser Verbandsübereinkunft (PVÜ)** kann lediglich – im Einzelfall – einen wettbewerbsrechtlichen Schutz bieten, sofern die Voraussetzungen
des unlauteren Wettbewerbs erfüllt sind (BGH GRUR 1986, 454 – *Bob Dylan*
sowie BGH GRUR 1987, 814 – *Die Zauberflöte*). Urheberrechtliche Schutzrechte zugunsten des Tonträgerherstellers sieht die Übereinkunft gleichwohl
nicht vor.

Das Tonträgerherstellerrecht hat sodann unter Einfluss europarechtlicher Vor-   **8**
gaben einige Änderungen erfahren. Die Vermiet- und Verleih-RL (92/100/
EWG) beinhaltet insb. Vorgaben zum Vermietrecht und dem Vergütungsanspruch für das Verleihen von Tonträgern, die mit dem 3. ÄndG 1995 in nationales Recht umgesetzt wurden. Zugleich wurde mit demselben Gesetz die
Schutzdauer-RL (93/98/EWG), welche später durch die Schutzdauer-RL 2006/
116/EG ersetzt wurde, umgesetzt. Sie sah eine Harmonisierung der Schutzdauern des Urhebers und bestimmter verwandter Schutzrechte vor und führte u. a.
zur Verlängerung der Schutzdauer des Tonträgerherstellerrechts auf 50 Jahre.
In Umsetzung der RL 2011/77/EU, welche die Schutzdauer-RL (92/100/EWG)

änderte, wurde die Schutzdauer mit dem 8. ÄndG 2013 in einem weiteren Schritt auf 70 Jahre angehoben. Schließlich beinhaltet die Info-RL (2001/29/ EG) Vorgaben in Bezug auf den Schutz zugunsten Urheber und bestimmter Leistungsschutzberechtigter, darunter auch zugunsten der Tonträgerhersteller. Sie wurde zum einen mit dem UrhG Infoges vom 10.9.2003 sowie zum zweiten mit dem 2. Korb vom 26.11.2007 in nationales Recht umgesetzt. Mit Blick auf Art. 3 Abs. 2 Info-RL und zugleich in Erfüllung der Verpflichtung aus Art. 14 WPPT wurde dem Tonträgerhersteller insb. das ausschließliche Recht der öffentlichen Zugänglichmachung (§ 19a) zuerkannt und weiter klargestellt, dass auch der Tonträgerhersteller an seinen Rechten Nutzungsrechte einräumen kann. Schließlich nahm die Enforcement-RL Einfluss auf die Regelung des § 85: Mit dem Gesetz zur Verbesserung der Durchsetzung von Rechten des geistigen Eigentums vom 7.7.2008 wurde Art. 5 b) der Enforcement-RL (Vermutung der Rechtsinhaberschaft) durch Änderung des Abs. 4 (Verweis auf § 10 Abs. 1) umgesetzt.

II. Tatbestand

1. Tonträgerbegriff und Aufnahmegegenstand

9   **a) Tonträger:** Das Tonträgerherstellerrecht erfordert als Schutzvoraussetzung das Vorliegen eines **Tonträgers**. Dies ist nach der Legaldefinition des § 16 Abs. 2 eine Vorrichtung zur wiederholbaren Wiedergabe von Tonfolgen, wobei der Begriff der „Tonfolge" nicht im musikwissenschaftlichen Sinne, sondern – sehr allgemein – im Sinne eines „Klanges" zu verstehen ist (zum Aufnahmegegenstand vgl. Rn. 15 ff.). Als Tonträger kommen demnach sämtliche Vorrichtungen in Betracht, die „Töne tragen" können, solange sie nur geeignet sind, die aufgenommenen Tonfolgen (Klänge) wiederholbar wiederzugeben (BGH GRUR 1999, 577, 578 – *Sendeunternehmen als Tonträgerhersteller*).

10   **Klassischerweise** fallen unter den Tonträgerbegriff Schellack- und Vinylplatten, Magnetbänder, Kassetten und CDs, aber auch Walzen für Drehorgeln usw. Der Tonträgerbegriff ist aber nicht auf die – ohnehin mittlerweile tw. überholten – klassischen Medien beschränkt, weshalb auch Vorrichtungen, wie Festplatten, DVDs, Memorycards, USB-Sticks, SD-Karten, Blu-Ray Discs etc. hierzu zählen können. Auch **Smartphones**, Tablet-PCs und Multimedia-Handys können Tonträger sein, sofern auf ihnen Tonfolgen fixiert werden. Nicht entscheidend ist, mit welchem technischen Verfahren die Töne auf dem Tonträger festgehalten werden; deshalb kommen analoge Aufnahmen ebenso in Betracht, wie – heute überwiegend üblich – digitale Fixierungen. Eine nur vorübergehende **flüchtige Speicherung** genügt den Anforderungen aber nicht, weshalb bspw. das kurzfristige Zwischenspeichern einer Aufnahme in den flüchtigen Speicher eines Computers (Cache) kein Tonträgerherstellerrecht begründet kann. Es fehlt hier an einer dauerhaften Festlegung.

11   Traditionelle **Musikinstrumente**, wie bspw. ein Klavier oder eine Gitarre sind keine Tonträger, weil sie keine Töne „tragen", sondern diese vielmehr durch Betätigung des Benutzers erzeugen. Es sind keine Tonträger, sondern Klangerzeuger. Allerdings können elektronische Musikinstrumente, wie bspw. **digitale Keyboards** oder elektronische Schlagzeuge, im Einzelfall als Tonträger anzusehen sein, soweit diese digitalisierte Klänge speichern und wiedergeben und die Klänge nicht im Gerät selbst erzeugt werden. Zumeist wird der Klang dann jedoch zunächst außerhalb des Gerätes gespeichert und hiernach in das Instrument übertragen, sodass das Gerät eine Vervielfältigung der Tonträgeraufnahme enthält. Auch bei **Synthesizern** ist danach zu differenzieren, ob die Klänge bei dem Spiel erst erzeugt werden oder dort zuvor erzeugte Klänge fixiert sind.

Ein Tonträger ist immer ein **körperlicher Gegenstand**, also eine gegenständliche   **12**
Sache. Deshalb sind etwa Audiodateien (wie bspw. MP3- oder WAV-Dateien)
genau genommen selbst nicht als Tonträger anzusehen, sondern allein die körperlichen Medien, auf denen sie gespeichert sind (z. B. Festplatte, CD, DVD,
Speicherkarten usw.). **MIDI-Dateien** sind zusätzlich auch aus einem anderen
Grund keine Tonträger: Sie selbst beinhalten generell keine Klänge, sondern
ausschließlich Steuerinformationen, mit denen elektrische Instrumente oder
Klangerzeuger (z. B. Digital-Pianos, Synthesizer, Soundkarten) angesteuert werden. Vergleichbar ist dies mit einer Steuerungssoftware für Roboter: Das Steue-
rungsprogramm selbst beinhaltet keinen sich hebenden Arm, sondern lediglich
die Information, dass und wie der Roboter seinen Arm heben soll.

b) Bild- und Tonträger: Einen Sonderfall bildet der „**Bild- und Tonträger**"   **13**
gemäß § 94 Abs. 1. Dieser erfasst schon dem Wortsinn nach sowohl Bild- als
auch Toninformationen. Ein Beispiel hierfür ist eine **DVD**, auf der sowohl Bildfolgen als auch Tonfolgen festgehalten sind. Traditionell fallen hierunter Filmstreifen mitsamt der verbundenen Tonspur.

Soweit Bild und Ton auf einem derartigen Medium verbunden sind, sind   **14**
§§ 94 f. gegenüber §§ 85 f. **lex specialis**, sodass hier das reine Tonträgerherstellerrecht (§§ 85 f.) durch die spezielleren Vorschriften der §§ 94 f. verdrängt
wird. Dies gilt auch dann, wenn Ton und Film – wie heute üblich – zunächst
getrennt voneinander aufgenommen (s. zu diesem Fall unter Anwendung des
GTA auch OLG Hamburg ZUM-RD 1997, 389 – *Nirvana*) und in einem späteren Schritt technisch wie auch inhaltlich derart miteinander **verbunden** werden,
dass sich der Tonteil als integraler Bestandteil des Filmes erweist (*Dünnwald*
UFITA 76 [1976], 168). Heute ist es üblich, Tonspuren zunächst vorzuprodu-
zieren und zu einem späteren Zeitpunkt mit zusätzlichen Bildinformationen zu
einem Bild- und Tonträger zu vereinen. Sofern Bild und Ton eine inhaltliche
Einheit bilden, unterfällt der gesamte Bild-/Tonträger (sowohl hinsichtlich der
Toninformationen als auch hinsichtlich der Bildinformationen) ausschließlich
den §§ 94 f (lex specialis). Des Rückgriffs auf § 85 f. bedarf es insoweit nicht.
Anders hingegen die Rechtslage nach dem **GTA**: Bei einem Bild- und Tonträger
handelt es sich nicht um einen Tonträger gem. Art. 1a GTA, da es sich nicht
um eine „ausschließlich auf den Ton beschränkte Festlegung" handelt (OLG
München ZUM-RD 1997, 358 – *Schutzlückenpiraterie*). Zur nachträglichen
Auskopplung einer Tonspur zur isolierten Vermarktung vgl. Rn. 27.

c) Aufnahmegegenstand: Aufnahmegegenstand kann jedwedes hörbare Tonma-   **15**
terial sein, gleich welchen Ursprungs der aufgenommene Klang ist und gleich
welche **Qualität** der Klang aufweist. Die **Quantität** ist ebenso unerheblich wie
die Frage, ob das Aufgenommene dem **Werkbegriff** des § 2 Abs. 2 unterfällt;
das Tonträgerherstellerrecht entsteht völlig losgelöst von der Frage, ob die
„Tonfolge" eine persönliche geistige Schöpfung ist (BGH GRUR 2009, 403,
404 Tz. 13 – *Metall auf Metall I*). Sofern die Legaldefinition des Tonträgers in
§ 16 Abs. 2 auf den Werkbegriff Bezug nimmt, erfolgt dies allein aus systematischen Gründen (Wandtke/Bullinger/*Schaefer*[4] Rn. 3): Die §§ 15 ff., in die auch
§ 16 Abs. 2 eingegliedert ist, befassen sich mit den urheberrechtlichen Verwertungsrechten von Werken (§ 2), sodass die Bezugnahme auf das Werk in § 16
Abs. 2 (nur) dieser systematischen Stellung geschuldet ist und bei der Bestimmung des Aufnahmegegenstandes im Rahmen des § 85 keine Bedeutung hat.
Der Aufnahmegegenstand muss auch keine Darbietung i. S. d. § 73 sein; allerdings setzt der Beteiligungsanspruch des Tonträgerherstellers gegen den ausübenden Künstler gem. § 86 natürlich eine solche voraus (vgl. § 86 Rn. 7).

Zu den Aufnahmegegenständen zählen also neben musikalischen Darbietungen   **16**
und Sprachaufnahmen **sämtliche Klänge, Laute und Geräusche**, wie das Bach-

plätschern, Vogelgezwitscher, Froschquaken oder Verkehrslärm, sofern sich deren Fixierung als honorierbare Leistung (vgl. Rn. 24 ff.) erweist. Dies begründet sich damit, dass § 85 auch und insb. die Festlegung einer (grundsätzlich) nicht wiederholbaren klanglichen Situation honorieren soll. Dieser Schutz wird unabhängig von der Art des Aufnahmegegenstandes gewährt. Der Aufnahmegegenstand selbst kann aber, sofern er denn Ergebnis einer besonderen durch das UrhG honorierte Leistung darstellt, durch andere Urheber- oder **Leistungsschutzrechte** geschützt sein, wie bspw. als Leistung eines **ausübenden Künstlers** (s. § 73) oder als Musik- oder Sprachwerk. Auch ist es denkbar, dass die Zusammenstellung der Klänge eine **Datenbank** gem. §§ 87a ff. darstellt. Voraussetzung für die Begründung des Tonträgerherstellerrechts ist all dies jedoch nicht.

17 Unbeachtlich ist schließlich, ob und inwieweit die Aufnahme des Aufnahmegegenstandes möglicherweise die **Rechte Dritter** (z. B. des Urhebers, des ausübenden Künstlers oder eines Sendeunternehmens) verletzen könnte. Das Tonträgerherstellerrecht entsteht abstrakt und unabhängig von der Frage der Berechtigung der Aufnahme bzw. dessen Verwertung (OLG Köln ZUM-RD 1998, 371, 379 – *Nutzungsrechte an Remix-Version*). Deshalb ist es ohne weiteres denkbar, dass die Festlegung eines Tonträgers eigene Rechte **begründet** und zugleich fremde Rechte **verletzt**. Unter Umständen haben zwar Dritte wegen der Verletzung ihrer Rechte Unterlassungsansprüche gegen den Tonträgerhersteller, weil dieser mit der Aufnahme bspw. Schutzgegenstände unzulässig vervielfältigt hat oder Persönlichkeitsrechte verletzt, jedoch ändert dies an der Entstehung und der Durchsetzbarkeit des Tonträgerherstellerrechts als solches nichts.

18 **d) Erstmalige Festlegung (Fixierung) des Aufnahmegegenstandes:** Das Recht entsteht mit der (erstmaligen) Festlegung des Klanges auf einem Tonträger:

19 **aa) Fixierung (Festlegung):** Der Aufnahmegegenstand muss in einer Weise erstmalig **fixiert** werden, dass er mit Hilfe des Tonträgers in identischer Form **wiederholbar wiedergegeben** werden kann. Auf eine besondere Stetigkeit oder Dauerhaftigkeit kommt es nicht an, weshalb das Herstellerrecht auch bei der Fixierung auf einem Speichermedium entsteht, das gelöscht, überschrieben oder überspielt werden kann. Jedoch genügt eine nur flüchtige Speicherung, beispielsweise im Zwischenspeicher des Computers (Cache), nicht. Denn hier wäre die „Festlegung" ebenso flüchtig, wie die Tonfolge, die fixiert werden soll (dazu auch vgl. Rn. 10).

20 **bb) Erstmaligkeit (Vervielfältigungsbegriff des Abs. 1 S. 3):** Das Tonträgerherstellerrecht wird nur bei der **erstmaligen** Festlegung des Klanges begründet (s. OLG Hamburg ZUM 2009, 414, 415 – *StayTuned III*). Dies bedeutet, dass das Recht nur an der ersten Aufnahme des Klanges, nicht auch an **Vervielfältigungsstücken** von einem vorhandenen Tonträger entsteht (Abs. 1 S. 3). Vor allem bei der Musikproduktion wird der Tonträger, auf dem der Klang erstmals fixiert wird, als „**Master**" bezeichnet. Er dient dann der Anfertigung der Vervielfältigungsstücke. An diesem setzt sich das an der Erstaufnahme (Master) begründete Tonträgerherstellerrecht unmittelbar fort, sodass es unerheblich ist, ob das Master nach Anfertigung der Kopie bspw. untergeht (Dreier/Schulze/ *Schulze*[5] Rn. 20). Eine Verletzungshandlung liegt deshalb auch dann vor, wenn ein Vervielfältigungsstück einer Masteraufnahme ohne Zustimmung des Rechteinhabers (nochmals) vervielfältigt, verbreitet oder öffentlich zugänglich gemacht wird, was auch der Regelfall einer Verletzungshandlung ist.

21 Die reine Vervielfältigung eines Tonträgers begründet hingegen kein eigenes neues Recht, was Abs. 1 S. 3 klarstellt. Unter der in Abs. 1 S. 3 genannten Vervielfältigung („Das Recht entsteht nicht durch Vervielfältigung eines Tonträgers") ist das reine Kopieren, also **Reproduzieren** eines Tonträgers zu verstehen. Schon die Gesetzesbegründung zu diesem Satz lässt dies erkennen, die hier den Begriff des Kopierens verwendet: Das Tonträgerherstellerrecht solle nicht durch „Kopieren einer bereits vorhandenen Aufnahme" entstehen (RegE UrhG 1962 – BT-Drs. IV/270, S. 96). Der Begriff der Vervielfältigung in Abs. 1 S. 3 ist etwas missverständlich, und er ist inhaltlich zu unterscheiden von den Vervielfältigungsbegriffen in Abs. 1 S. 1 und insb. des § 16 (näher: *Boddien* S. 112 ff.). Er ist im Verhältnis zu Abs. 1 S. 2 und § 16 enger und bezieht sich ausschließlich auf die **Begründung** von Schutzrechten, während die Vervielfältigungsbegriffe des **Abs. 1 S. 1** und des § 16 den **Verbots- bzw. Verwertungstatbestand** betreffen. Die Vervielfältigungsbegriffe des Abs. 1 S. 1 und des § 16 sind grundsätzlich weit zu verstehen und umfassen jede Form der körperlichen Festlegung, die geeignet ist, das Werk den menschlichen Sinnen auf irgendeine Weise unmittelbar oder mittelbar **wahrnehmbar** zu machen (BGH GRUR 1983, 28, 29 – *Presseberichterstattung und Kunstwerkwiedergabe II*; BGH GRUR 1991, 449, 453 – *Betriebssystem*). Demgegenüber wird durch Abs. 1 S. 3 mit Blick auf den Schutzzweck der Norm nur **klargestellt**, dass das Tonträgerherstellerrecht dann nicht entsteht, wenn lediglich ein Tonträger kopiert wird, weil hierbei schlicht **keine eigenen schützenswerten Leistungen** erbracht werden. Die Gesetzesbegründung zu Abs. 1 S. 3 nennt hierfür zutreffend die Beispiele des Überspielens einer Schallplatte auf Tonband oder das Mitschneiden einer Rundfunksendung (RegE UrhG 1962 – BT-Drs. IV/270, S. 96). In diesen Fällen werden gerade keine Leistungen erbracht, die der Gesetzgeber einem besonderen Schutz unterstellen wollte. Werden aber nach § 85 schützenswerte Leistungen erbracht, und sei es im Zusammenhang mit einer Vervielfältigungshandlung eines vorhandenen Tonträgers durch **Veränderungen der Klänge**, ist die Tür zu einem (neuen) Tonträgerherstellerrecht geöffnet und für Abs. 1 S. 3 kein Raum (näher zum Ganzen am Beispiel des Remastering vgl. Rn. 28 ff.).

22 Eine Vervielfältigung gem. **Abs. 1 S. 3** ist inhaltlich immer zugleich eine solche i. S. d. Abs. 1 S. 1 sowie i. S. d. § 16. Allerdings muss eine Vervielfältigung gem. Abs. 1 S. 1 und/oder § 16 nicht notwendigerweise zugleich eine Vervielfältigung gem. Abs. 1 S. 3 darstellen. Zur Verdeutlichung: Singt ein Sänger eine auf einem Tonträger fixierte Musikaufnahme nach und fixiert seinen Gesang seinerseits auf einem Tonträger, liegt hierin zweifelsfrei eine urheberrechtliche Vervielfältigungshandlung gem. § 16; zugleich entsteht aber zu seinen Gunsten auch ein neues Tonträgerherstellerrecht, ohne dass Abs. 1 S. 3 dem entgegenstünde. Gleiches gilt für einen **Disk-Jockey**, der vorhandene Tonaufnahmen miteinander vermischt und zu einem neuen Ganzen verschmelzen lässt: Der DJ **vervielfältigt** die Originalaufnahme in tonträgerrechtlicher (§ 85 Abs. 1 S. 1), zumeist auch in urheberrechtlicher (§ 16) Hinsicht (und verletzt ggf. die diesbezüglichen Rechte eines Dritten); gleichzeitig **begründet** er aber mit der Festlegung ein (neues) Tonträgerherstellerrecht, obwohl (sogar: indem) er die Originalaufnahme „vervielfältigt". Das Tonträgerherstellerrecht entsteht in diesen Fällen gerade „durch Vervielfältigung eines Tonträgers".

23 Die **Erstmaligkeit** der Aufnahme darf nicht mit einer **Einmaligkeit** oder **Exklusivität** gleichgesetzt werden: Der Entstehung des Tonträgerherstellerrechts steht es nicht entgegen, wenn ein und derselbe Klang zeitgleich von verschiedenen Personen auf unterschiedlichen Tonträgern fixiert wird; es entsteht an jedem so erstellten Tonträger ein eigenständiges, originäres Tonträgerherstellerrecht.

24 e) **Erforderlicher Aufwand:** Das Tonträgerherstellerrecht wird nur begründet, wenn die Festlegung Resultat eines „**gewissen Aufwandes**" ist (ebenso BeckOK UrhR/*Stang*[15] Rn. 14). Schon nach der Gesetzesbegründung bezieht sich das Schutzrecht auf die „hochwertige technische Leistung und die großen wirtschaftlichen Aufwendungen, die die Herstellung eines zum Vertrieb geeigneten Tonträgers" erfordert (RegE UrhG 1962 – BT-Drs. IV/270, S. 95). Deshalb muss ein Tonträgerherstellerrecht ausscheiden, wenn zwar ein Tonträger hergestellt wurde, die Tonträgerherstellung aber ohne einen nennenswerten Aufwand erfolgt ist. Hier kommt im Übrigen auch die Bedeutung des Schutzgegenstandes zum Tragen: Schutzgegenstand ist nicht der Tonträger als solcher, sondern die in ihm verkörperte wettbewerbliche Herstellerleistung (vgl. Rn. 3).

25 Die **Anforderungen** an die insoweit erforderlichen Leistungen sind jedoch nach h. A. **niedrig** anzusetzen, sodass Amateuraufnahmen in gleicher Weise geschützt sind, wie Profiproduktionen (so ausdrücklich: Reg UrhG 1962 – BT-Drs. IV/270, S. 95), sofern eben nur „gewisse" Aufwendungen erbracht worden sind. Die Abgrenzung zwischen „gerade noch" und „gerade nicht mehr" hinreichenden Leistungen ist im Einzelfall schwierig zu beurteilen; im Zweifel ist wohl zugunsten des Tonträgerherstellers zu entscheiden. In jedem Falle kommt es auf die Qualität der Aufnahme nicht an.

26 Umstritten ist, ob das bloße **Mitschneiden** eines Live-Ereignisses durch Privatpersonen, wie der illegale Mitschnitt eines Live-Musikkonzertes (sog. „**bootlegs**"), schutzbegründend ist. Es muss bezweifelt werden, dass das reine Betätigen einer Aufnahmetaste und bestenfalls noch das Hochhalten eines Mikrofons, eines Diktiergerätes oder eines MP3-Rekorders den zwar geringen, aber dennoch bestehenden Anforderungen an die Leistungen in technischer, organisatorischer und wirtschaftlicher Hinsicht gerecht wird. Wenngleich es nicht von vornherein gänzlich ausgeschlossen ist, dass im Einzelfall auch bei einem Live-Mitschnitt derartige Leistungen erbracht werden, wird es zumeist an einer derartigen honorierbaren Leistung fehlen (ebenso Dreier/Schulze/ *Schulze*[5] Rn. 26; Wandtke/Bullinger/*Schaefer*[4] Rn. 14; Schricker/Loewenheim/ *Vogel*[5] Rn. 25). Die vorstehende Problematik stellt sich aber nur bei dem Mitschnitt eines **Live-Ereignisses** (z. B. Live-Konzert). Wird ein Konzert hingegen zunächst von dem **Sendeunternehmen** (§ 87) festgelegt, später gesendet und von einem Dritten mitgeschnitten, entsteht – da es sich dann um eine reine Vervielfältigung (Abs. 1 S. 3), nicht aber um eine Erstfixierung handelt – kein neues Tonträgerherstellerrecht; der Mitschneidende verletzt darüber hinaus die Tonträgerherstellerrechte des Sendeunternehmens (OLG Hamburg ZUM-RD 1997, 389 – *Nirvana*).

27 f) **Aufnahmezweck:** Der **Zweck** der Aufnahme ist für die Begründung des Tonträgerherstellerrechts grundsätzlich **nicht von Belang** (BGH GRUR 1999, 577, 578 – *Sendeunternehmen als Tonträgerhersteller*; BGH GRUR 1982, 102, 103 – *Masterbänder*). Deshalb entsteht das Schutzrecht auch an Aufnahmen, wenn die Tonträger überhaupt nicht oder noch nicht zur **Verbreitung bestimmt** waren, weil sie z. B. noch nicht endgültig abgemischt wurden (OLG Hamburg ZUM 2003, 315, 316 – *ROCK NORD*). Obschon es grundsätzlich für die Begründung des Tonträgerherstellerrechts nicht auf eine besondere Zweckbestimmung ankommt, besteht in bestimmten Konstellationen aber ein Sonderfall bei den **Bild- und Tonträgern** gem. § 94 Abs. 1 (vgl. Rn. 13 f.): Trennt ein Filmhersteller die Tonspur eines Films von den Bildbestandteilen, um diese gesondert als Tonträger zu vermarkten (z. B. als Soundtrack zum Film), entsteht das Recht des § 85 an der Tonspur in dem Augenblick, in dem sie zum Zwecke der selbständigen Verbreitung vervielfältigt wird (*Dünnwald* UFITA 76 [1976], 165, 168; Wandtke/Bullinger/*Schaefer*[4] Rn. 5). In diesem Fall ist ausnahmsweise auf die **Zweckbestimmung** der Auskopplung abzustellen. Gleiches gilt für den umgekehrten Fall, dass eine vorhandene Tonspur mit Bildinformationen zu einem Bild- und Tonträger vereint wird; dann verdrängen die §§ 94 f. die Vorschriften der §§ 85 f. aufgrund dieser Zweckbestimmung (Loewenheim/ *Vogel*[2] § 40 Rn. 33).

g) **Einzelfragen zu besonderen Formen der Musikproduktion: – aa) Remaste-**   **28**
ring (technische Klangaufbereitung): Unter dem **Remastering** ist die Aufnahme
eines Tonträgers mit bereits vorhandenem Tonmaterial in technisch aufbereite-
ter, gegenüber dem Original verbesserter Klangqualität, zu verstehen. Die Altaufnahme wird gem. Abs. 1 S. 1 vervielfältigt und mit Hilfe modernster Stu-
diotechnik **klanglich aufbereitet**, etwa von störenden Nebengeräuschen
(Knacken, Knistern, Rauschen usw.) befreit, klanglich manipuliert (z. B. Fre-
quenzanpassungen) oder gar um fehlende Klanginformationen (z. B. Bassinfor-
mationen, Raumklanginformationen) ergänzt. Dies betrifft bspw. alte Schel-
lack- und Vinylplatten aus den vergangenen Jahrzehnten oder auch die
Filmmusik alter Filmklassiker, die nochmals isoliert als Tonträger vermarktet
werden soll.

Die h. A. lehnt die Entstehung von Tonträgerherstellerrechten vor allem mit   **29**
Blick auf Abs. 1 S. 3 ab: Der Originalklang werde lediglich **vervielfältigt gem.**
Abs. 1 S. 3, weil kein neuer Klang erstmals fixiert, sondern eine bereits bestehende Tonträgeraufnahme **wiederholt festgelegt** werde (so etwa Schricker/Loe-
wenheim/*Vogel*[5] Rn. 27; Dreier/Schulze/*Schulze*[5] Rn. 21; Möhring/Nicolini/
Kroitzsch[2] Rn. 11). Tw. wird eingewandt, dass die technische Klangaufbereitung mit der **Bearbeitung** eines Werkes zu vergleichen sei, jedoch das Tonträgerherstellerrecht kein Bearbeitungsrecht kenne, sodass auch kein neuer Schutz
entstehen könne (Dreier/Schulze/*Schulze*[5] Rn. 21). Schließlich komme es zu einer die Schutzfristen unterlaufenden ungewollten **Schutzfristenverlängerung** zu
Lasten der Allgemeinheit (Loewenheim/*Vogel*[2] § 40 Rn. 32; Lehmann/*v. Lewinski* S. 156).

Dem kann gleichwohl nicht gefolgt werden. Sogar zumeist wird durch das   **30**
Remastering ein eigenes Tonträgerherstellerrecht begründet, sofern die technische Aufbereitung – die regelmäßig kostenintensiv und technisch äußerst aufwändig ist – gegenüber dem Original etwas **klanglich Neues** hervorbringt und
dieser (neue) Klang in dieser Form **erstmals fixiert** wird. In diesem Fall dient
nämlich das Original – vergleichbar mit einem Musikinstrument – lediglich als
Klangquelle zur Schaffung und Fixierung eines neuen Klanges (ähnlich auch
Wandtke/Bullinger/*Schaefer*[4] Rn. 16; *Hodik* ZUM 1987, 510, 511 f. für das
österreichische Tonträgerherstellerrecht sowie *Knies* S. 191 und *Dünnwald*,
UFITA 76 [1976], 165, 176). Es liegt kein Fall der Vervielfältigung gem. **Abs. 1**
S. 3, sondern bestenfalls i. S. d. **Abs. 1 S. 1** und des § 16 vor, was aber auf die
Schutzbegründung grundsätzlich keinen Einfluss hat, solange und soweit die
Originalaufnahme nicht lediglich ohne Erbringung eigener Leistungen kopiert
wird (ausführlich hierzu vgl. Rn. 20 ff.). Eines ausdrücklichen **Tonträgerbear-**
beitungsrechts bedarf es nicht, weil der Vorgang – die erstmalige Festlegung
eines Klanges – bereits unmittelbar von Abs. 1 S. 1 erfasst ist.

Beim Remastering werden regelmäßig jene **technischen, organisatorischen und**   **31**
wirtschaftlichen Leistungen erbracht, die der Gesetzgeber mit der Schaffung
des § 85 geschützt wissen wollte; sie stehen den Leistungen bei einer originären
Musikproduktion in nichts nach, zumal die Anforderungen an die im Rahmen
des § 85 zu erbringenden Leistungen ohnehin gering sind. Resultat der erbrachten Leistung ist ein im Vergleich mit dem Original **neuer Klang**, der in dieser
Form erstmalig zu einem Tonträger fixiert wird. Die technische Aufbereitung
alten Klangmaterials ist im Übrigen ohne weiteres vergleichbar mit dem **Nach-**
colorieren von Bildaufnahmen. Wird eine alte in schwarz/weiß gedrehte Filmaufnahme nachträglich mit Bildinformationen versehen, nimmt die wohl h. A.
im Rahmen des § 94 an, dass diese Leistung über die „reine Vervielfältigung"
hinausgehe und deshalb ein eigenes Filmherstellerrecht begründe (etwa Dreier/
Schulze/*Schulze*[5] § 94 Rn. 17). Auch die Entstehung eines (neuen) **Senderechts**
gem. § 87 wird durchaus angenommen, wenn das ursprünglich gesendete Ma-

terial verändert wurde (s. Schricker/Loewenheim/*v. Ungern-Sternberg*[5] § 87 Rn. 69) Nichts anderes gilt aber bei der Restauration von Tonaufnahmen, zumal auch hier nicht nur Geräusche entfernt, sondern die Aufnahmen oftmals um zusätzliche Klanginformationen ergänzt werden. Es wäre auch nicht einzusehen, weshalb sich derjenige, der mit einem **Mindestmaß** an technischem Aufwand Vogelgesang auf einem Tonträger fixiert, auf das Tonträgerherstellerrecht berufen könnte, während demjenigen, der eine Altaufnahme unter Einsatz spezieller Sach- und Fachkunde, organisatorischem Aufwand und Geld aufwändig restauriert und auf diese Weise ein klangtechnisch neues Produkt mit einem eigenen wirtschaftlichen Wert festlegt, der Schutz versagt würde. Zu einer **Schutzfristverlängerung** des Originals kommt es ebenfalls nicht, weil das neue Tonträgerherstellerrecht ausschließlich **an der neuen (remasterten) Fassung** entsteht und das Original selbst völlig unangetastet bleibt.

32 Die Änderungen müssen aber zum einen **klanglich wahrnehmbar** und zum anderen Resultat einer **eigenständigen Leistung** sein, die § 85 schützen will. § 85 scheidet deshalb aus, wenn die Einwirkungen auf den Originalklang derart gering sind, dass nicht von einem gegenüber dem Original „neuen" Klang gesprochen werden kann oder aber die Klangveränderung lediglich Resultat eines automatischen Verfahrens ist, das keinerlei wirtschaftlichen, organisatorischen oder technischen Aufwand erfordert hat (hierzu *Dünnwald*, UFITA 76 [1976] 176; *Sternberg-Lieben* S. 57 und ferner Wandtke/Bullinger/*Wandtke*[3] Rn. 16). Zum Ganzen s. *Boddien* S. 110 ff.

33 Die klangliche Restauration alter Tonträgeraufnahmen führt freilich nicht dazu, dass hierdurch zugunsten des ausübenden Künstlers, der an der Originalaufnahme mitgewirkt hat, **neue Schutzrechte** entstehen würden (hierzu OLG Hamburg ZUM-RD 2002, 145, 149 – *Aufbesserung des Tonträgers*; s. a. KG GRUR-RR 2004, 129, 131 – *Modernisierung einer Liedaufnahme*). Denn die eigentliche, schützenswerte Leistung des ausübenden Künstlers wurde ausschließlich bei Schaffung des Originals erbracht, die schon entsprechend Berücksichtigung gefunden hat. Auch sonst hat das Remastering auf die **Schutzfristen** des Originals keinerlei Auswirkung; der „neue" Schutz erstreckt sich ausschließlich auf die modernisierte Fassung und lässt die Schutzfristen der Altaufnahme gänzlich unberührt.

34 bb) **Coverversionen:** Bei einer **Coverversion** handelt es sich um eine Neuproduktion eines bereits zuvor veröffentlichten Musikwerkes unter weitgehender Beibehaltung der Eigentümlichkeiten des Originals. Das Originalwerk wird in der Coverversion mal mehr, mal weniger stark aufgehen, wobei in der Regel dessen wesentlichen Züge (vor allem die Titelmelodie und der Songtext) deutlich erkennbar sind. Die Produktion einer Coverversion ist in der Regel von dem Bestreben motiviert, einen einst erfolgreichen Hit nochmals gewinnbringend zu vertonen und sich auf diese Weise an dessen Erfolg anzuhängen. Bspw. wurde der Song „Yesterday" der *Beatles* über 1.600 Mal von unterschiedlichen Interpreten mit unterschiedlichen Erfolgen nachproduziert. Zumeist erfolgt die Neueinspielung durch andere Interpreten; zwingend ist dies aber nicht (anders die Formulierung des BGH in der Entscheidung GRUR 1998, 376, 376 – *Coverversion*; zu dem Begriff der Coverversion ferner *Peter F. Schulz* FS Hertin S. 213, 215; Loewenheim/*Czychowski*[2] § 9 Rn. 79). Auch der Originalinterpret kann seinen einstigen Hit nochmals in einer unterschiedlichen Ausformung als Coverversion herausbringen.

35 Das Original wird für die Produktion der Coverversion nur inhaltlich herangezogen; es dient als **Vorbild**, nicht als technische Vorlage im tonträgerrechtlichen Sinne. Da also sämtliche Klänge von Grunde auf neu eingespielt werden, entstehen hier unproblematisch neue Tonträgerherstellerrechte, die gänzlich unabhängig von den Rechten an der Originalaufnahme bestehen.

cc) Re-Recording: Beim sog. **Re-Recording** handelt es sich ebenfalls um die   **36**
komplette Neueinspielung vorbestehender Musikwerke. Das Originalwerk
wird noch einmal „nachgespielt" und/oder nachgesungen, wobei hier jedoch
in der Regel – anders als bei der Coverversion – angestrebt wird, der Originalaufnahme klanglich so weit es geht gleichzukommen. Oftmals werden Re-Re-
cordings unmittelbar von den Interpreten eingesungen, welche schon bei der
Originalaufnahme mitgewirkt haben („Original-Artist-Re-Recording"). Eine
Neuaufnahme kann bspw. dann sinnvoll sein, wenn die Originalaufnahme
nach heutigen Maßstäben starke **klangliche Defizite** aufweist und sich eine
Restauration nicht lohnt. Auch kann es sein, dass ein Interpret sein Plattenlabel
wechselt und seinen „Hit" nochmals für das neue Label einsingt, sofern sein
Vertrag mit dem vorherigen Label dies zulässt, er seinem alten Partner die
Rechte also nicht exklusiv eingeräumt hat. Schließlich werden mitunter Re-
Recordings angefertigt, um diese auf sog. „**Compilations**" oder „**Samplern**"
(eine Zusammenstellung von Musikstücken zumeist unterschiedlicher Interpre-
ten wie „Die Sommerhits der 90'er") herauszubringen.

Das Original dient nicht nur als (inhaltliches) musikalisches Vorbild, sondern   **37**
als unmittelbare (klangliche) **Vorlage,** die es nachzuahmen gilt. Allerdings wird
beim Re-Recordering – anders als beim Remastering – die Tonträgeraufnahme
des Originals in technischer Hinsicht nicht als unmittelbare Klangquelle herangezogen. Die Re-Recording-Aufnahme wird vollständig mit Instrumenten und
Stimmen **erneut eingespielt.** Da hierbei sämtliche Klänge erstmals festgelegt
werden, entsteht zugunsten der Neuaufnahme – unbeschadet des Originals –
unproblematisch ein originäres Tonträgerherstellerrecht.

dd) Mehrspurtechnik und Remix: Heutige Musikproduktionen erfolgen in ei-   **38**
nem sog. **Multitrack-Verfahren,** also in Mehrspurtechnik. Die ein Musikwerk
bildenden einzelnen Stimmen und Instrumente werden jeweils auf separaten
Spuren („Tracks") aufgenommen, die jeweils einzeln zugänglich, abspielbar
und veränderbar sind (*Ernst* S. 70). Erst in einem nächsten Schritt werden dann
die vorliegenden Tracks zu einem Gesamtwerk abgemischt und in dieser Form
auf einem (weiteren) Tonträger fixiert. Da die einzelnen Spuren – gewissermaßen das Rohmaterial – getrennt voneinander festgelegt sind (und i. d. R. auch
bleiben), können sie jederzeit beliebig neu abgemischt werden. Hierdurch entsteht ein sog. „**Remix**" von dem Original (OLG Köln ZUM-RD 1998, 371 –
Schutz von Remixes). Von einem Musikwerk werden auf diese Weise eine
ganze Reihe unterschiedlicher Abmischungen mit jeweils unterschiedlichen musikalischen Ausprägungen angefertigt (z. B. „Radio-Mix" oder eine „Hip-Hop-
Version").

Das originäre Tonträgerherstellerrecht entsteht bereits an den Aufnahmen der   **39**
einzelnen Tracks, denn die bis dahin erbrachte Herstellerleistung hat sich bereits in diesen Tonträgern schutzbegründend verkörpert (ebenso: Wandtke/Bul-
linger/*Schaefer*[4] Rn. 4; Dreier/Schulze/*Schulze*[5] Rn. 20). Insb. ist es unerheblich, ob die Tracks ihrerseits zur Verbreitung oder Veröffentlichung bestimmt
waren (was i. d. R. gerade nicht der Fall ist), denn für die Begründung des
Tonträgerherstellerrechts kommt es grundsätzlich auf eine **Zweckbestimmung**
der Aufnahme nicht an (vgl. Rn. 27). Das an den einzelnen Spur-Aufnahmen
entstandene Tonträgerherstellerrecht setzt sich an dem später zusammengesetz-
ten „Mix" unmittelbar fort. Dies bedeutet jedoch nicht, dass auch an
dem Mix als solchen ebenfalls Tonträgerherstellerrechte entstehen können.
Dies wird sogar regelmäßig zusätzlich der Fall sein. Denn üblicherweise wird
während des **Abmischvorganges** auf die Klänge der einzelnen Spuren akustisch
eingewirkt, mit der Folge, dass sich die gesamte (abgemischte) Festlegung als
eine „neue" Aufnahme erweist. In diesem Falle fungieren die einzelnen Spuren
als Klangquelle für die Festlegung eines neuen Klanges.

2. Tonträgerhersteller als Rechtsinhaber

40 a) Begriff des Tonträgerherstellers: Schutzrechtsinhaber ist der Hersteller des Tonträgers. Das ist – frei von speziellen Terminologien in der Musikbranche – stets derjenige, der die organisatorische, technische und wirtschaftliche Leistung der Tonträgerherstellung erbringt (BGH GRUR 2009, 403, 403 Tz. 8 – *Metall auf Metall I*; OLG Hamm GRUR 2014, 1203, 1203 – *Raubkopien*; OLG Frankfurt aM. GRUR-RR 2015, 233, Tz. 19 – *P & C Vermerk*). Es ist danach zu fragen, wem der **Erfolg der Herstellerleistung**, die § 85 schützen will, zuzuordnen ist (BGH GRUR 2004, 421, 423 – *Tonträgerpiraterie durch CD-Export*; BGH GRUR 1993, 472, 473 – *Filmhersteller* für den Begriff des Filmherstellers; OLG Hamburg GRUR 1997, 826 – *Erkennungsmelodie*), wer also die **wirtschaftliche Verantwortung** trägt, beispielsweise die erforderlichen Sach- und Personalverträge schließt. Als Tonträgerhersteller kommen gleichermaßen sowohl natürliche als auch – wie in der Praxis zumeist – juristische Personen in Betracht. Ist der Tonträger in einem Unternehmen hergestellt worden, gilt der Inhaber des Unternehmens als Hersteller (Abs. 1 S. 2).

41 Traditionell hat das sog. **Label** (Plattenfirma) die Leistungen des Tonträgerherstellers i. S. d. § 85 erbracht; heutzutage fallen Tonträgerhersteller einerseits und das Label andererseits häufig auseinander (Wandtke/Bullinger/*Schaefer*[4] Rn. 9). Meist konzentrieren sich die Plattenlabels heute nämlich auf die **Akquise** und **Betreuung** der ausübenden Künstler und nehmen die Aufgaben des Marketings wahr, während sie die Produktion und Herstellung der Tonträger vertraglich selbständigen Musikproduzenten überlassen; in diesem Fall sind regelmäßig nur letztere als originäre Tonträgerhersteller anzusehen (hierzu OLG Hamburg GRUR 1997, 826, 827 – *Erkennungsmelodie*), wobei sich die Plattenlabels die Tonträgerherstellerrechte im Wege eines Bandübernahmevertrages üblicherweise abtreten lassen.

42 Der **Tonmeister bzw. Toningenieur** ist, sofern er nicht zugleich die organisatorische und wirtschaftliche Hoheit innehat, in der Regel kein Tonträgerhersteller. Er ist zwar derjenige, der funktionell im Tonstudio die Technik bedient und die Aufnahme bewirkt, allerdings fehlt es meist an der Gesamtverantwortlichkeit der Tonträgerherstellung. Zu den Rechten des Tonmeisters bzw. des Toningenieurs als ausübender Künstler vgl. § 73 Rn. 34. Ebenso wenig ist Tonträgerhersteller das **Presswerk**, das – ähnlich wie eine Druckerei im Printbereich – weisungsgebunden anhand des produzierten Masters lediglich Vervielfältigungsstücke anfertigt und regelmäßig im Auftrag Dritter handelt (Dreier/Schulze/*Schulze*[5] Rn. 8; Wandtke/Bullinger/*Schaefer*[4] Rn. 12).

43 Das **Sendeunternehmen** (§ 87) kann durchaus Tonträgerhersteller sein, nämlich dann, wenn es Tonfolgen erstmals festlegt, und sei es auch mit Blick auf die spätere Sendung (BGH GRUR 1999, 577, 578 – *Sendeunternehmen als Tonträgerhersteller*). Ihm steht in dieser Eigenschaft ein angemessener Anteil an den nach § 54 Abs. 1 UrhG gezahlten Vergütungen zu, wenn es die konkrete Produktion als Tonträger in eigener Regie oder durch Lizenznehmer vervielfältigt und verbreitet; die bloße Herstellung des Tonträgers allein genügt für die Entstehung des Anspruches hierbei nicht (BGH a. a. O. – *Sendeunternehmen als Tonträgerhersteller*; a. A.: *Loewenheim* GRUR 1998, 513).

44 b) **Persönlicher Anwendungsbereich: – aa) Inländer:** Den Schutz nach § 85 genießen zunächst **deutsche Staatsangehörige** bzw. Unternehmen mit Sitz in Deutschland (§ 126 Abs. 1; s. OLG Hamm GRUR 2014, 1203, Tz. 8 – *Raubkopien*). Gleiches gilt für Deutsche i. S. d. § 116 Abs. 1 GG, die nicht die deutsche Staatsangehörigkeit besitzen (§ 120 Abs. 2 Nr. 1). Für die vor dem Inkrafttreten des Einigungsvertrages, also vor der deutschen Wiedervereinigung

(3.10.1990) geschaffenen Werke gilt dies über § 1 der Anlage I Kap. III Sachgebiet E Abschnitt II 2 des Einigungsvertrages (EV).

bb) Angehörige der Europäischen Union: Gem. § 120 Abs. 2 Nr. 2 stehen Angehörige eines EU-Mitgliedsstaates oder Staatsangehörige eines anderen Vertragsstaates der EWG deutschen Staatsangehörigen gleich, was über § 126 Abs. 1 S. 2 auch für die Tonträgerhersteller gilt. Sie genießen einen uneingeschränkten Inländerschutz (s. hierzu die wegweisende Entscheidung EuGH GRUR 1994, 280 – *Phil Collins*; s. ferner: BGH GRUR 1999, 49 – *Bruce Springsteen and his Band*; BGH GRUR Int. 1995, 503 – *Cliff Richard II*; BGH GRUR 1994, 794 – *Rolling Stones*). Ferner werden Unternehmen mit Sitz in einem anderen Mitgliedstaat der EU oder in einem anderen Vertragsstaat der EWG gleichgesetzt mit Unternehmen mit Sitz in Deutschland (§ 126 Abs. 1 S. 3).   **45**

cc) Angehörige von Drittländern: Über § 126 Abs. 2 genießen auch **sonstige ausländische Staatsangehörige und Unternehmen** Schutz für ihre im Geltungsbereich des UrhG erschienenen Tonträger, es sei denn, dass der Tonträger früher als 30 Jahre vor dem Erscheinen im Geltungsbereich des UrhG außerhalb dieses Bereichs erschienen (s. § 6 Abs. 2) ist. Hier kommt es allerdings zu einem **Schutzfristenvergleich:** Der nach dem deutschen UrhG gewährte Schutz endet spätestens mit Ablauf der Schutzdauer in dem Heimatstaat (§ 126 Abs. 2 S. 3). Für Einzelheiten vgl. § 126 Rn. 6 f.   **46**

3.   Schutzumfang und freie Benutzung (§ 24 analog)

Der Schutz der §§ 85 f. umfasst den Tonträger **als Ganzes** sowie einzelne **Teile** hiervon, wie bspw. auf einer CD enthaltene Musiktitel. Es versteht sich von selbst, dass eine Verletzungshandlung demnach nicht nur dann vorliegt, wenn eine CD vollständig vervielfältigt, sondern auch dann, wenn lediglich ein einzelner Titel kopiert wird.   **47**

Gegenstand mittlerweile zahlreicher obergerichtlicher Entscheidungen ist das **Sampling**, das vor allem in den Bereichen Hip-Hop und Rap häufig zur Anwendung gelangt: Hier werden einer bestehenden Tonaufnahme kurze Teile („Samples") entnommen und in neue Musikwerke integriert. Dies kann etwa ein gesungenes „Hey!", ein kurzer Basslauf, ein Rhythmus-Fetzen oder auch schlicht ein charakteristischer Ton bzw. Klang sein. Dies tat auch der Produzent *Moses Pelham* bei der Produktion eines Songs („*Nur mir*"): Er entnahm dem im Jahr 1977 veröffentlichten Titel „Metall auf Metall" der Musikgruppe *Kraftwerk* eine zwei Sekunden lange Rhythmussequenz und verwendete sie im eigenen Song in fortlaufender Wiederholung („Loop"), was Gegenstand der Entscheidungen BGH GRUR 2009, 403 – *Metall auf Metall I* und BGH GRUR 2013, 614 – *Metall auf Metall II* war. Diese hat das BVerfG mit der Entscheidung GRUR 2016, 690 – *Metall auf Metall* unter Zurückverweisung der Sachen zugunsten des Produzenten *Pelham* unter Verweis auf die Kunstfreiheit aufgehoben. Mit der Vorlageentscheidung BGH GRUR 2017, 895 – *Metall auf Metall III* legte der BGH die Rechtsfragen und die Frage der Vereinbarkeit mit den unionsrechtlichen Vorgaben nunmehr dem EuGH vor.
Es stellen sich bei diesem Streit zwei wesentliche Fragen: Erstens, ob der Schutz des § 85 auch **Klein- und Kleinstteile** umfasst oder er auf ein Klangmaterial einer bestimmten Länge und/oder Qualität beschränkt ist. Zweitens, ob und unter welchen Voraussetzungen die Grundsätze der **freien Benutzung (§ 24 analog)** auf das Tonträgerherstellerrecht anzuwenden sind.   **48**

a) Schutzumfang: Was den Schutzumfang des § 85 betrifft, hat sich der BGH in der Entscheidung BGH GRUR 2009, 403, Tz. 11 ff. – *Metall auf Metall I* der wohl überwiegend vertretenen Ansicht (bspw. *Schulze* ZUM 1994, 15, 20; *Weßling*   **49**

S. 159; *Schorn* GRUR 1989, 579, 580; *Hertin* GRUR 1989, 578, 578; *ders.*
GRUR 1991, 722, 730; *Spieß* ZUM 1991, 524, 534; *Müller* ZUM 1999, 55, 558;
Dreier/Schulze/*Schulze*[5] Rn. 25) angeschlossen: Ein Eingriff in das durch Abs. 1
geschützte ausschließliche Recht des Tonträgerherstellers liegt bereits dann vor,
wenn einem Tonträger **kleinste Tonpartikel** entnommen werden; auf einen wirtschaftlichen Vorteil des Übernehmenden oder auf einen messbaren wirtschaftlichen Nachteil des Rechtsinhabers kommt es grundsätzlich nicht an (BGH GRUR
2009, 403, 404 Tz. 11 ff. – *Metall auf Metall I*; Vorinstanz: OLG Hamburg
GRUR-RR 2007, 3, 4 – *Metall auf Metall I*; ebenso: LG Hamburg ZUM-RD
2010, 399, 409; s. a. v. *Ungern-Sternberg* GRUR 2010, 386, 387, der die Aussage
des BGH einschränkend versteht; krit. auch Anm. *Hoeren* MMR 2009, 253, 257;
s. a. Anm. *Lindhorst* GRUR 2009, 406). Nach anderer Ansicht muss der entnommene Tonträgerteil zumindest einen substantiellen, wettbewerblich relevanten Bestandteil der Herstellerleistung verkörpern, da der Schutz des § 85 ein Mindestmaß an wirtschaftlichem, organisatorischen und technischen Aufwand verlange
(s. bspw. OLG Hamburg GRUR Int. 1999, 390 – *Tonträgersampling*; OLG Hamburg ZUM 1991, 545 – *Rolling Stones*; auch *Knies* S. 192; *Bindhardt* S. 132; Loe-
wenheim/*Vogel*[2] § 40 Rn. 42).
Das **BVerfG** hat diese Frage offengelassen, jedoch die von dem BGH diesbezüglich vertretene Ansicht als jedenfalls nicht grundrechtswidrig akzeptiert: Die
Annahme eines Eingriffs in das Tonträgerherstellerrecht schon bei der Entnahme einer nur kurzen Rhythmussequenz stelle für sich genommen (noch)
keine ungerechtfertigte Beeinträchtigung der Kunstfreiheit dar (BVerfG GRUR
2016, 690, Tz. 93 – *Metall auf Metall III*); andererseits sei der Schutz kleiner
und kleinster Teile durch ein Leistungsschutzrecht, das im Zeitablauf die Nutzung des kulturellen Bestandes weiter erschweren oder unmöglich machen
könnte, jedenfalls von Verfassungs wegen auch nicht geboten (BVerfG a. a. O.,
Tz. 104).
Die Frage, ob ein Eingriff in das Tonträgerherstellerrecht vorliegt, wenn dem
Tonträger kleinste Tonfetzen entnommen und diese auf andere Tonträger übertragen werden, wovon der BGH selbst ausgeht, ist Gegenstand der Vorlagefrage 1 der **Vorlageentscheidung** BGH GRUR 2017, 895 – *Metall auf Metall
III*. Ihr schließt sich die vom BGH selbst ebenfalls bejahte Frage an, ob Tonträger, die fremde Tonfetzen enthalten, eine Kopie des anderen Tonträgers darstellen.

49a   b) **Berücksichtigung der Kunstfreiheit:** In den Entscheidungen *Metall auf Metall
I und II* betonte der BGH, dass beim Sampling die Grundsätze **der freien Benutzung** gem. § 24 Abs. 1 zur Anwendung gelangen könnten. Voraussetzung sei, dass
durch die Benutzung fremder Tonträgerteile ein **selbständiges neues Werk** entstehe
und dieses einen **hinreichend großen Abstand** zu dem einem Tonträger entnommenen Werk wahre. Für die analoge Anwendung des § 24 Abs. 1 sei aber in zwei Fällen kein Raum: Zum einen dann nicht, wenn einem Musikwerk erkennbar eine
Melodie entnommen und diese dem neuen Werk zugrunde gelegt werde (BGH
GRUR 2009, 403 Tz. 24 – *Metall auf Metall I*; s. § 24 Abs. 2). Zum anderen
scheide eine zulässige freie Benutzung aus, wenn das Sampling nicht notwendig
sei, es dem Übernehmenden also möglich ist, die Töne, Klänge oder Tonfolgen
auch selbst einzuspielen (BGH GRUR 2009, 403 Tz. 23 – *Metall auf Metall I*;
BGH GRUR 2013, 614 Tz. 13 – *Metall auf Metall II*). Hierbei sei auf die Fähigkeiten und technischen Möglichkeiten eines **durchschnittlich ausgestatteten Musikproduzenten** zum Zeitpunkt der Entnahme der fremden Tonaufnahme abzustellen
(BGH GRUR 2013, 614 Tz. 26 ff. – *Metall auf Metall II*). Im Übrigen könne sich
der Künstler um eine **Samplelizenz** bemühen.

49b   Das **BVerfG** hielt es für „jedenfalls vertretbar", im Hinblick auf die Nutzung
von Ausschnitten aus Tonträgern durch Sampling eine planwidrige Gesetzeslü-
cke anzunehmen und billigte grundsätzlich die **analoge Anwendung des** § 24

I. Hierdurch werde der durch die Anwendung von § 85 I 1 auf Samples drohenden Beschränkung der künstlerischen Betätigungsfreiheit in vertretbarer Weise begegnet (BVerfG GRUR 2016, 690, Tz. 94 – *Metall auf Metall III*). Der BGH habe allerdings die sich gegenüberstehenden Grundrechte, nämlich die Eigentumsgarantie des Tonträgerherstellers (Art 14 I GG) einerseits und der Kunstfreiheit „Sample-Nutzers" (Art. 5 III 1 GG) andererseits, nicht rechtsfehlerfrei **gewichtet.** Unter Berücksichtigung der geringen Eingriffsintensität in die Eigentumsrechte des Tonträgerherstellers werde weder der Verweis auf die Möglichkeit einer Lizenzierung (**Samplelizenz**) noch der Verweis auf eine etwaige **Nachspielbarkeit** den geschützten Interessen des Künstlers hinreichend gerecht. Auf die Einräumung einer Lizenz habe der Künstler schon keinen Anspruch, abgesehen von den Kosten, die mit einer Samplelizenz einhergehen. Das Nachspielen von Klängen sei mitunter sehr aufwendig und stelle keinen gleichwertigen Ersatz für das den Hip-Hop stilprägende Element des Samplings dar; der Rückgriff auf das Original sei ein wesentliches Element eines experimentell synthetisierenden Schaffensprozesses, was bei der gebotenen **kunstspezifischen Betrachtung** als „genrespezifischen Aspekt" zu berücksichtigen sei.

Mit der **Vorlageentscheidung** BGH GRUR 2017, 895 – *Metall auf Metall III* (Vorlagefrage 3) legt der BGH dem EuGH die Frage vor, ob die Mitgliedsstaaten, wie mit § 24 Abs. 1 UrhG, klarstellend vorsehen können, dass das Tonträgerherstellerrecht in der Weise immanent beschränkt ist, dass ein selbständiges Werk, das in **freier Benutzung** eines Tonträgers geschaffen wurde, zustimmungsfrei verwertet werden darf. Überdies stelle sich die Frage, ob sich der Übernehmende ggf. auf ein **Zitatrecht** (§ 51) berufen könne, selbst wenn es nicht erkennbar ist, dass ein fremder Schutzgegenstand benutzt wird (Vorlagefrage 4), was von dem BGH verneint wird. Schließlich wirft der BGH die Fragen auf, ob die Vorschriften des Unionsrechts zum Tonträgerherstellerrecht einerseits und zu den Ausnahmen oder Beschränkungen dieser Rechte andererseits Umsetzungsspielräume im nationalen Recht lassen (Vorlagefrage 5) und in welcher Weise die betroffenen Grundrechte der EU-Grundrechtscharta zu gewichten sind (Vorlagefrage 6).

Die vom BGH und auch vom BVerfG in den *Metall-auf-Metall*-Entscheidungen herangezogenen Erwägungen und Argumente erinnern unweigerlich an das **Lauterkeitsrecht**, dort insbesondere an den wettbewerblichen Nachahmungsschutz (§ 4 Nr. 3 UWG). So wird vom BVerfG (a. a. O., Tz. 102) bei der Interessensabwägung z. B. nach der „Bekanntheit" und „Signifikanz" des Originals (wie wettbewerbsrechtliche Eigenart) und dem „Abstand zum Original" (wie Grad der Leistungsübernahme) gefragt, und jedenfalls der BGH stellt auch Fragen der Vermeidbarkeit und Zumutbarkeit des Ausweichens auf Alternativen („Erwerben einer Sample-Lizenz?"; „Nachspielen möglich?"). Dies ist mit Blick auf die **lauterkeitsrechtlichen Wurzeln** des § 85 (dazu oben vgl. Rn. 2 und 4) eigentlich auch gar nicht überraschend.

49c

Letztlich geht es bei der Sampling-Problematik im Kern mehr um eine mit Aspekten der Kunstfreiheit angereicherte wettbewerbliche Wertung als Fragen, die mithilfe des § 24 I beantwortet werden könnten. Die **analoge Anwendung des § 24** auf Leistungsschutzrechte, die von dem BGH bereits bei anderen Gelegenheiten diskutiert wurde (z. B. BGH GRUR 2008, 693 Tz. 23 ff. – *TV-Total*; BGH GRUR 2000, 703, 704 – *Mattscheibe*), stößt auf **Bedenken**. § 24 und § 85 sind – eine planwidrige Regelungslücke und vergleichbare Interessenslagen einmal angenommen – im Ergebnis dogmatisch schlicht inkompatibel. Dies liegt daran, dass es im Tonträgerherstellerrecht „ausgerechnet" an dem Element fehlt, dessen Vorliegen § 24 gerade voraussetzt: einer persönlichen geistigen Schöpfung. § 85 schützt gerade keine schöpferischen, sondern technische, organisatorische und wirtschaftliche Leistungen (vgl. Rn. 1). Dies hat zur Folge, dass einerseits die Kriterien, die im Rahmen des § 24 relevant sind (innerer/äußerer Werkabstand; Blässetheorie) nicht passen wollen, andererseits aber Kriterien relevant werden, die wiederum § 24 völlig fremd sind bzw. dort gerade keine Rolle spielen (Erforderlichkeit; Möglichkeit des Ausweichens auf Alternativen). Schöpferische Leistungen einerseits und Tonträgerherstellerleistungen andererseits sind derartig wesensverschieden, dass die Inkompatibilität selbst über eine, eigentlich mindestens doppelte, Analogie schwerlich überwunden werden kann.

49d Der Kunstfreiheit könnte auf andere Weise Rechnung getragen werden, nämlich mittels einer **einschränkenden Auslegung** des § 85 I 1, was auch das BVerfG hat anklingen lassen (BVerfG, a. a. O., Tz. 110): § 85 I 1 könne dahingehend einschränkend ausgelegt werden, dass das Sampling erst dann einen Eingriff in das Tonträgerherstellerrecht darstellt, wenn die „wirtschaftlichen Interessen des Tonträgerherstellers in erheblicher Weise berührt" werden. Dieser dogmatische Ansatz wäre gegenüber der analogen Anwendung des § 24 vorzugswürdig. § 85 I 1 kann im Lichte des Schutzzwecks der Norm unter Berücksichtigung der Kunstfreiheit einerseits und der Interessen des Tonträgerherstellers andererseits im Einzelfall unbeschadet eines generell umfassenden tonträgerrechtlichen Schutzes auch von kleinsten Tonpartikeln einschränkend anzuwenden sein. Einen Eingriff in das Tonträgerherstellerrecht aber generell pauschal nur dann anzunehmen, wenn die wirtschaftlichen Interessen des Tonträgerherstellers „in erheblicher Weise" beeinträchtigt sind, wäre wiederum nicht sachgerecht. Vielmehr sind die sich gegenüberstehenden Interessen unter Berücksichtigung der Umstände des Einzelfalls abzuwägen, wobei z. B. der Umfang der Übernahme oder auch die zeitlicher und/oder inhaltliche Nähe zum Original relevante Kriterien sein können (s. hierzu BVerfG a. a. O., Tz. 108). Zu § 24 im Kontext von Leistungsschutzrechten vgl. §§ 23/24 Rn. 4 ff.; zur Problematik des Samplings aus Sicht des Rechts der ausübenden Künstler vgl. § 77 Rn. 18.

4. Rechte des Tonträgerherstellers

50 a) **Verbotsrechte:** Dem Tonträgerhersteller stehen die drei in Abs. 1 S. 1 genannten **Ausschließlichkeitsrechte** zu: Das Vervielfältigungsrecht (§ 16), das Verbreitungsrecht (§ 17) sowie das Recht der öffentlichen Zugänglichmachung (§ 19a). Der Katalog des Abs. 1 S. 1 ist **abschließend.** Einen generellen Schutz gegen nachschaffende Leistungen oder gegen Entstellungen und Kürzungen, wie dies in § 94 Abs. 1 S. 2 für den Filmhersteller geregelt ist, sieht das Tonträgerherstellerrecht nicht vor; s. aber Abs. 3 i. V. m. § 62. Auch kommen u. U. wettbewerbsrechtliche Ansprüche in Betracht (näher hierzu vgl. Rn. 76 ff.). Verletzungen dieser Ausschließlichkeitsrechte können zivilrechtlich gem. §§ 97 ff. verfolgt werden; Verletzer können gem. § 97 Abs. 1 S. 1 vor allem auf Beseitigung der Beeinträchtigung, auf Unterlassung sowie auf Schadenersatz § 97 Abs. 1 S. 1 in Anspruch genommen werden.

51 Die **öffentliche Wiedergabe** (§ 15 Abs. 2) eines bereits erschienenen Tonträgers kann der Tonträgerhersteller – mit Ausnahme der öffentlichen Zugänglichmachung – nicht verhindern; allerdings steht ihm gem. § 86 ein Beteiligungsanspruch an der Vergütung des ausübenden Künstlers zu (vgl. § 86 Rn. 1 ff.).

52 aa) **Vervielfältigung:** Ohne Zustimmung des Tonträgerherstellers bzw. des Rechteinhabers ist es Dritten untersagt, **Vervielfältigungsstücke** des Tonträgers herzustellen (§ 16). Allerdings ist hierbei zu beachten, dass das Anfertigen eines Vervielfältigungsstückes bei gleichzeitiger Änderung des Ausgangsmaterials u. U. selbst Tonträgerherstellerrechte begründen kann (vgl. Rn. 17). Eine Vervielfältigungshandlung kann demnach durchaus gleichzeitig **rechtsverletzend** und schutzbegründend sein. Der Tonträgerhersteller kann sich auch gegen Vervielfältigungen **in veränderter Form** zur Wehr setzen (Dreier/Schulze/*Schulze*[5] Rn. 33). Zu dem (weiten) Vervielfältigungsbegriff des § 16 im Vergleich zu dem (engen) des Abs. 1 S. 3 vgl. Rn. 21 f. Zu der Übernahme von Klein- und Kleinstteilen, insbesondere im Wege des **Sampling**, vgl. Rn. 48 f.

bb) Verbreitung: Für das Recht der **Verbreitung** gilt § 17. Demnach hat der   **53** Tonträgerhersteller das ausschließliche Recht, das Master oder Vervielfältigungsstücke hiervon anzubieten oder in den Verkehr zu bringen. Er kann also Einfluss auf die Art und Weise der Verbreitung (etwa in zeitlicher, räumlicher und sachlicher Hinsicht) nehmen. Der Versand von Werkexemplaren ins Ausland ist als rechtsverletzendes Inverkehrbringen im Inland anzusehen (BGH GRUR 2004, 421, 424 f. – *Tonträgerpiraterie durch CD-Export*).

Aber auch im Rahmen des Tonträgerherstellerrechts ist der **Erschöpfungs**   **54** **grundsatz** des § 17 Abs. 2 zu beachten: Ist ein Tonträger mit Zustimmung des Rechteinhabers im Gebiet der EU oder des EWR in Verkehr gebracht worden, ist die Weiterverbreitung – mit Ausnahme der Vermietung – zulässig (hierzu BGH GRUR 1981, 587 – *Schallplattenimport*; BGH GRUR 1982, 100 – *Schallplattenexport*). Innerhalb der EU/des EWR oder auch nur innerhalb Deutschlands ist eine vertragliche räumliche Beschränkung eines Nutzungsrechts deshalb grundsätzlich nicht realisierbar.

Die **Vermietung** ist seit Inkrafttreten des 3. ÄndG (Übergangsregel: § 137e)   **55** ausdrücklich vom **Erschöpfungsgrundsatz ausgenommen** (zur alten Rechtslage: BGH GRUR 1986, 736, 737 – *Schallplattenvermietung*; BVerfG GRUR 1990, 183, 184 – *Vermietungsvorbehalt*). Die Änderung geht zurück auf Art. 14 Abs. 4 TRIPS. Das **Verleihen** von Tonträgern ist generell zustimmungsfrei zulässig (vgl. Rn. 74). Erfolgt das Verleihen jedoch durch eine der Öffentlichkeit zugängliche Einrichtung, hat diese hierfür eine angemessene Vergütung zu entrichten (Abs. 4 i. V. m. § 27 Abs. 2).

cc) Recht der öffentlichen Zugänglichmachung: § 85 gewährt dem Tonträger   **56** hersteller seit Inkrafttreten des UrhG Infoges vom 10.9.2003 das ausschließliche Recht, den Tonträger drahtgebunden oder drahtlos der Öffentlichkeit in einer Weise zugänglich zu machen, dass es Mitgliedern der **Öffentlichkeit** von Orten und zu Zeiten ihrer Wahl **zugänglich** ist, was auf Art. 14 WPPT sowie Art. 3 Abs. 2 Info-RL zurückgeht. Es gilt § **19a**. Statt den Tonträgerhersteller lediglich über einen **Vergütungsanspruch** an diesen Verwertungsformen zu beteiligen, steht ihm nunmehr ein **Ausschließlichkeitsrecht** zu, wodurch den Entwicklungen der letzten Jahre Rechnung getragen wurde. Die hiervon betroffenen Online-Verwertungsformen, wie das Online-Streaming (hierzu OLG Hamburg ZUM 2009, 414, 414 – *StayTuned III*; OLG Hamburg MMR 2006, 173 – *staytuned*), Music-On-Demand, Online-Musik-Shops aber auch Musiktauschbörsen („Peer-to-Peer"-Netzwerke) haben mittlerweile einen enormen Stellenwert erlangt. Es handelt sich hierbei um Formen der Erstverwertung der Tonträger, welche die herkömmlichen Erstverwertungsarten ergänzen, tw. sogar ersetzen (Wandtke/Bullinger/*Schaefer*[4] Rn. 21; Dreier/Schulze/*Schulze*[5] Rn. 39). Demgemäß war es sachgerecht und zeitgemäß, den Tonträgerhersteller insoweit nicht lediglich auf Vergütungsansprüche zu verweisen, sondern ihm entsprechende Verbotsrechte zu gewähren.

Zu beachten ist, dass es im Rahmen der öffentlichen Zugänglichmachung auf   **57** ein „**Erscheinen**" des Tonträgers **nicht ankommt**; dem Tonträgerhersteller steht das Recht der öffentlichen Zugänglichmachung unmittelbar **mit Herstellung** des Tonträgers zu (Schricker/Loewenheim/*Vogel*[5] Rn. 55). Mangels spezieller Übergangsvorschriften gilt § 19a gem. § 129 Abs. 1 rückwirkend auch für Tonträger, die vor Normierung des Rechts der öffentlichen Zugänglichmachung hergestellt wurden (ebenso Dreier/Schulze/*Schulze*[5] Rn. 42).

b) Beteiligungsanspruch: Zur Beteiligung an **Vergütungsansprüchen** s. § 86.   **58**

5. Übertragbarkeit des Rechts und Einräumung von Nutzungsrechten (Abs. 2)

59 a) **Übertragbarkeit des Tonträgerherstellerrechts (Abs. 2 S. 1):** Das Tonträgerherstellerrecht ist ein Leistungsschutzrecht vermögensrechtlicher Natur ohne persönlichkeitsrechtlichen Kern und als solches, was Abs. 2 S. 1 lediglich klarstellt, auf Dritte in Gänze **übertragbar** (BGH GRUR 1994, 210, 211 – *Beatles*). Dies unterscheidet das Tonträgerherstellerrecht von dem Urheberrecht, das als solches gerade nicht vollständig übertragbar ist (§ 29 Abs. 1). Für die Rechtsübertragung gelten die §§ 413 BGB, 398 ff. BGB, wobei – wie bei allen Rechtsübertragungen – zu beachten ist, dass die zu übertragenden Rechte **bestimmt**, zumindest aber **bestimmbar** sein müssen. Eine globale Rechtsübertragung hinsichtlich eines gesamten Repertoires eines bestimmten Künstlers sowie die Rechte an künftig noch herzustellender Aufnahmen dieses Künstlers ist, da zumindest hinreichend bestimmbar, zulässig, ohne dass die Titel einzeln bezeichnet werden müssten (OLG Hamburg GRUR-RR 2001, 121, 124 – *Cat Stevens*). Das Tonträgerherstellerrecht ist schon wegen der freien Übertragbarkeit unproblematisch auch **vererbbar** (§§ 1922 ff. BGB), sofern es sich bei dem Tonträgerhersteller um eine natürliche Person handelt.

60 b) **Nutzungsrechtseinräumung (Abs. 2 S. 2 und S. 3):** Selbstverständlich kann der Tonträgerhersteller Dritten ein **vertragliches Nutzungsrecht** an dem Tonträger **einräumen.** Dies entsprach auch schon vor Einführung des **Abs. 2 S. 2** durch das UrhG Infoges vom 10.9.2003 der h. A. und dem praktizierten Rechtsalltag. Für die Einräumung der Nutzungsrechte gelten aufgrund der Verweisungsnorm des **Abs. 2 S. 3** § 31 (Einräumung von Nutzungsrechten) sowie § 33 (Weiterwirkung von Nutzungsrechten) und § 38 (Beiträge zu Sammlungen) entsprechend. Bei der Verweisung auf die §§ 31 ff. wurden diejenigen Vorschriften ausgeklammert, die entweder vertragsrechtliche Konkretisierungen des Urheberpersönlichkeitsrechts sind (§§ 39, 40, 42) oder lediglich dem Schutz des Urhebers als der regelmäßig schwächeren Vertragspartei dienen (RegE UrhG Infoges – BT-Drs. 15/38, S. 25).

61 Die Verweisungsnorm des **Abs. 2 S. 3** bezieht sich ausschließlich auf den vorhergehenden **Abs. 2 S. 2,** der die **Einräumung** von Nutzungsrechten betrifft, findet aber keine Anwendung auf die in Abs. 2 S. 1 geregelte **Rechtsübertragung.** Denn im Falle des Abs. 2 S. 1 werden einem Dritten keine Nutzungsrechte an dem Tonträgerherstellerrecht eingeräumt, sondern das Recht wird vollständig auf ihn übertragen. Auf ein derartiges Rechtsgeschäft sind die §§ 31 ff., die originär auf den Urheber – nicht also auf einen Leistungsschutzberechtigten – zugeschnitten sind, schon dem Grunde nach nicht anwendbar, denn ihnen ist eine vollständige Übertragung des Urheberrechtsrechts wegen § 29 Abs. 1 von vornherein fremd. Insb. kommt bei der Vollrechtsübertragung des Tonträgerherstellerrechts der **Zweckübertragungsgedanke** des § 31 Abs. 5 nicht zum Tragen, was auch ohne weiteres gerechtfertigt ist, weil es bei einer Vollrechtsübertragung gerade dem Willen der Parteien und daher dem Vertragszweck entspricht, das Tonträgerherstellerrecht in Gänze in einer Weise zu übertragen, dass der Erwerber vollständig in die Position des Übertragenden rückt. Deshalb wäre die Anwendung des § 31 bei einer vollständigen Übertragung des Rechts ebenso wenig sinnvoll wie ein Sukzessionsschutz (§ 33) oder die Sonderregelung des § 38.

6. Schutzfristen (Abs. 3)

62 a) **Schutzfrist:** Zu Gunsten des Tonträgerherstellers gilt eine Schutzfrist von **70 Jahren** für den Fall, dass der Tonträger innerhalb von 50 Jahren nach Herstellung erschienen oder (ohne erschienen zu sein) erlaubterweise innerhalb von 50 Jahren nach Herstellung öffentlich wiedergegeben wurde. Ist er weder erschienen noch erlaubterweise öffentlich wiedergegeben worden, gilt eine Frist von 50 Jahren ab Herstellung:

Grundsätzlich beginnt die Frist mit **Erscheinen** des Tonträgers (Abs. 3 S. 1). **63**
Der Tonträger ist erschienen, wenn mit Zustimmung des Berechtigten Vervielfältigungsstücke in genügender Zahl der Öffentlichkeit angeboten oder in Verkehr gebracht worden sind (§ 6 Abs. 2). Das „Erscheinen" setzt nicht voraus,
dass der Tonträger von der breiten Öffentlichkeit erworben wurde; es genügt,
wenn Vervielfältigungsstücke in **für die Öffentlichkeit genügender Anzahl** hergestellt worden sind und die Öffentlichkeit die Möglichkeit erhält, das Werk
mit Auge oder Ohr wahrzunehmen (BGH GRUR 1981, 360, 362 – *Erscheinen
von Tonträgern*). Ist der Tonträger von vornherein zum breiten Verkauf an die
Öffentlichkeit bestimmt, genügt eine geringe Anzahl von Vervielfältigungsstücken, die bspw. lediglich zur Bemusterung durch Sendeunternehmen oder Werbeagenturen hergestellt wurden, nicht den Anforderungen an das „Erscheinen", weil der Tonträger nicht in „genügender Zahl" in den Verkehr gebracht
wurde (OLG Frankfurt ZUM 1996, 697, 702 – *Yellow Submarine*; Dreier/
Schulze/*Schulze*[5] Rn. 6; Schricker/Loewenheim/*Vogel*[5] Rn. 11).

Ist der Tonträger innerhalb von 50 Jahren nach der Herstellung **nicht erschienen,**   **63a**
aber erlaubterweise **öffentlich wiedergegeben** worden, beginnt die Frist von
70 Jahren mit der öffentlichen Wiedergabe des Tonträgers (Abs. 3 S. 2). Ist der
Tonträger aber innerhalb dieser Frist (50 Jahre) weder erschienen noch öffentlich
wiedergegeben worden, beginnt eine Frist von 50 Jahren mit dessen **Herstellung**
(Abs. 3 S. 3). Die Tatbestände sind in dieser Reihenfolge (Erscheinen, öffentliche
Wiedergabe, Herstellung) jeweils subsidiär. Auf den Zeitpunkt der öffentlichen
Wiedergabe ist folglich nur dann abzustellen, wenn der Tonträger nicht erschienen
ist; andererseits ist aber ebenfalls dann auf das „Erscheinen" abzustellen, wenn
der Tonträger vor Erscheinen öffentlich wiedergegeben wurde. Ist also bspw. ein
Tonträger zunächst nur öffentlich wiedergegeben worden und erst Jahre später er-
schienen, beginnt die fünfzigjährige Frist erst mit „Erscheinen".

Während schon die Definition des „Erscheinens" gem. § 6 Abs. 2 die **Zustim-**   **64**
mung des Rechtsinhabers beinhaltet, verlangt Abs. 3 hinsichtlich der „öffentlichen Wiedergabe", dass diese **„erlaubterweise"** erfolgen muss. Fehlt es an der
Berechtigung, beginnt die Frist überhaupt nicht zu laufen.

Abs. 3 S. 4: Für die Fristberechnung gilt § 69. Die Frist beginnt mit dem Ablauf   **65**
des Kalenderjahres, in dem das für den Beginn der Frist maßgebende Ereignis
(hier: Erscheinen, öffentliche Wiedergabe oder Herstellung) eingetreten ist.

b) Älteres Recht, Übergangsvorschriften und Wiederaufleben des Schutzes: Für   **66**
alle **vor dem Inkrafttreten** des UrhG (1.1.1966) erschienenen Tonträger findet
§ 85 **keine Anwendung**, weil für den Tonträgerhersteller vor diesem Tag kein
Schutz nach urheberrechtlichen Bestimmungen, sondern nur nach § 1 UWG,
§§ 823, 826 BGB bestand (§ 129 Abs. 1; s. BGH GRUR 1994, 210, 212 –
Beatles).

Unter Geltung von § 85 Abs. 2 UrhG in seiner ersten Fassung bestand Schutz   **67**
des Tonträgerherstellers für die Dauer von **25 Jahren**. Auf 50 Jahre wurde die
Schutzfrist erst in Umsetzung der Schutzdauer-RL 93/98/EWG (ersetzt durch
die kodifizierte Fassung 2006/116/EG) mit dem 3. ÄndG 1995 mit Wirkung
zum 1.7.1995 verlängert; die weitere Verlängerung auf nunmehr 70 Jahre erfolgte mit dem 8. ÄndG 2013. Über § 137f Abs. 1 S. 2 galt die 50-Jahres-Frist
für sämtliche Tonträger, deren Schutz am 1.7.1995 noch nicht erloschen waren.
War der Schutz zu diesem Zeitpunkt **erloschen**, lebte er gem. **§ 137f Abs. 2**
wieder auf, wenn der Tonträger zu diesem Zeitpunkt in einem anderen Mitgliedstaat der EU oder des EWR (noch) geschützt war (hierzu OLG Hamburg,
GRUR 2000, 707, 708 – *Frank Sinatra*; sowie OLG Hamburg GRUR-RR
2001, 73, 78 – *Frank Sinatra*).

67a   Umstritten war, ob § 137 Abs. 2 bzw. Art. 10 Abs. 2 der Schutzdauer-RL auch dann Anwendung findet, wenn der betreffende Gegenstand in dem Mitgliedstaat, in dem Schutz beansprucht wird, vor Inkrafttreten der Schutzdauer-RL (1.7.1995) **zu keiner Zeit geschützt war.** Dies wurde aufgrund eines Vorabentscheidungsersuchens des BGH in einem die Tonträgeraufnahmen von *Bob Dylan* betreffenden Verfahren (BGH GRUR 2007, 502 – *Tonträger aus Drittstaaten*; hierzu *v. Ungern-Sternberg* GRUR 2008, 291, 294) durch den **EuGH** insbesondere unter Hinweis auf den Wortlaut der Schutzdauer-RL bejaht (EuGH GRUR 2009, 393 – *Sony/Falcon*; kritisch hierzu: *Klett/F. Flechsig* GRUR Int. 2009, 895 ff. ; vgl. § 137f Rn. 11 f.). Art. 10 Abs. 2 Schutzdauer-RL (1.7.1995) setze nur voraus, dass der Gegenstand am 1.7.1995 zumindest *in einem* Mitgliedsstaat aufgrund nationaler Vorschriften geschützt war oder jedenfalls die Schutzkriterien der Vermiet- und Verleih-RL erfüllte; hierbei müsse es sich gleichwohl nicht um den Mitgliedsstaat handeln, in dem der Schutz beansprucht wird (EuGH GRUR 2009, 393 Tz. 22 – *Sony/Falcon*). Die Vorschrift des § 137f Abs. 2 wird nunmehr entsprechend richtlinienkonform auszulegen sein (BGH in der **Folgeentscheidung:** BGH GRUR Int. 2010, 532, 534 Tz. 22 – *Tonträger aus Drittstaaten II*; OLG Rostock ZUM 2012, 258*).*

68   In der Entscheidung EuGH GRUR 2009, 393 Tz. 22 – *Sony/Falcon* beantwortete der EuGH auch eine weitere wichtige Frage, nämlich ob sich auch **Angehörige eines Drittstaates** auf die Regelung des Art. 10 Abs. 2 der Schutzdauer-RL berufen können. Während der BGH dies im Rahmen des Vorlagebeschlusses noch verneint hatte (BGH GRUR 2007, 502, 504 Tz. 23 – *Tonträger aus Drittstaaten*), vertrat der EuGH die gegenteilige Ansicht: Entscheidend sei allein, ob zugunsten des Tonträgerhersteller jedenfalls in einem Mitgliedsstaat vor dem 1.7.1995 ein entsprechender Schutz bestand, ohne dass es darauf ankäme, ob er Drittstaatenangehöriger oder Angehöriger eines Mitgliedsstaates ist (EuGH a.a.O. Tz. 35 ff.). Folge ist, dass **Tonträgerhersteller aus Drittstaaten** in Deutschland Ansprüche hinsichtlich solcher Tonträger geltend machen können, die im Inland erstmals **vor Inkrafttreten des UrhG** (1.1.1966) erschienen sind (und somit in Deutschland nach dem UrhG niemals geschützt waren), wenn und soweit die Tonträger jedenfalls in einem anderen Mitgliedstaat (z. B. in Großbritannien) vor dem 1.7.1995 geschützt waren.

69   Im Unterschied zur heutigen Regelung sah § 85 Abs. 2 in seiner ersten Fassung vor, dass der Schutzfristbeginn an die erlaubte öffentliche Wiedergabe geknüpft wird, sofern diese dem „Erscheinen" vorgelagert war. Entscheidend war also der **frühere Zeitpunkt.** Heute hingegen setzt das Erscheinen die Frist (erneut) in Gang, selbst wenn der Tonträger zuvor erlaubterweise öffentlich wiedergegeben wurde (oben vgl. Rn. 63a). In den Genuss der 50-jährigen Schutzfrist des 3. ÄndG 1995 kamen gem. § 137j Abs. 2 rückwirkend Tonträger, deren Schutz am 22.12.2002 noch nicht erloschen war. Kommt es insoweit zu einem Wiederaufleben eines Schutzes, stehen die Rechte dem Tonträgerhersteller zu (§ 137j Abs. 3). Entsprechend § 137j Abs. 2 ist auch die Übergangsregel zu dem 8. ÄndG 2013 (70-jährige Schutzfrist) ausgestaltet: Gem. § 137m Abs. 1 genießen solche Tonträger die Schutzfrist von 70 Jahren, deren Schutz am 1. November 2013 nach der zuvor geltenden Fassung (50-jährige Schutzfrist) noch nicht erloschen war.

7.   Verweise des Abs. 4

70   Gem. **Abs. 4** sind § 27 Abs. 2 und 3 sowie die Vorschriften des 6. Abschnitts des Teils 1 entsprechend anzuwenden:

71   a) § 10 Abs. 1 (**Vermutung der Rechtsinhaberschaft**): Mit dem Gesetz zur Verbesserung der Durchsetzung von Rechten des geistigen Eigentums vom 7.7.2008 (**UmsG Enforcement-RL**) wurde die Verweisungsnorm des Abs. 4 um einen Verweis auf § 10 Abs. 1 ergänzt, wodurch Art. 5 b) der Enforcement-RL umgesetzt wurde. Es besteht nunmehr auch zugunsten des Tonträgerherstellers eine **gesetzliche Vermutung der Rechtsinhaberschaft**, wenn er auf einer erschienenen Vervielfältigung des Tonträgers in der üblichen Weise als Rechtsinhaber bezeichnet ist. Es entspricht schon seit jeher der gängigen Praxis, dass Tonträgerhersteller die von ihnen produzierten Tonträger und/oder ihre Umhüllungen mit einem von einer Jahreszahl gefolgten eingekreisten „P" (sog. „P-Vermerk") versehen, wodurch vor allem das Jahr der Erstveröffentlichung der Tonträgeraufnahme zum Ausdruck gebracht werden soll (s. a. Art. 5 GTA sowie Art. 11 RA). Diese Form der Kennzeichnung der Tonträger dürfte gewissermaßen *die* „übliche" i. S. d. § 10 Abs. 1 darstellen. Eine Kennzeichnung kann sowohl auf dem Tonträger selbst (z. B. auf einer CD) als auch, da dies ebenfalls üblich ist, auf Verpackungen, Hüllen, Booklets, Inlets usw. erfolgen. Zwingend ist die Wiedergabe des eingekreisten „P" indessen nicht.

Inhalt der Vermutung ist, dass der Bezeichnete, der sowohl eine natürliche als auch eine juristische Person sein kann, **Rechtsinhaber**, also Inhaber der Tonträgerherstellerrechte gem. § 85 ist. Sinn und Zweck der Vorschrift ist es, dem Rechtsinhaber die Durchsetzung seiner Ansprüche dahingehend zu erleichtern, dass er – bis zum Beweis des Gegenteils – zunächst keinen Beweis über seine Rechtsinhaberschaft zu erbringen muss. In der Regel wird der Rechtsinhaber auch zugleich derjenige sein, der die Herstellerleistung selbst erbracht hat. Zwingend ist dies allerdings nicht, da der Rechtsinhaber nicht zwangsläufig auch der **Tonträgerhersteller** sein muss; dieser kann seine Rechte bspw. gem. Abs. 2 S. 1 einem Dritten übertragen haben. **72**

Vor Inkrafttreten des UmsG Enforcement-RL war es umstritten, ob § 10 Abs. 1 – ggf. analog – auf die Tonträgerhersteller anzuwenden ist. Dies wurde vom BGH verneint (BGH GRUR 2003, 228, 230 – *P-Vermerk*; s. hierzu *Grünberger* GRUR 2006, 894, 898 ff.). Allerdings könne dem „P-Vermerk" eine **starke tatsächliche Indizwirkung** dahingehend zukommen, dass dem darin genannten Unternehmen ausschließliche Tonträgerherstellerrechte zustehen – sei es aus eigenem Recht als Tonträgerhersteller, sei es auf Grund einer Vollrechtsübertragung des Rechts des Tonträgerherstellers oder sei es auf Grund des Erwerbs einer ausschließlichen Lizenz (BGH GRUR 2003, 228, 230 – *P-Vermerk*). Hinsichtlich der Vermutung des § 10 Abs. 1 ist diese Rechtsprechung mittlerweile wegen der Neufassung des § 85 Abs. 4 **überholt**. Allerdings hat der BGH in seiner Entscheidung auch zutreffend bemerkt, dass im Rahmen des Tonträgerherstellerrechts für die Anwendung des § **10 Abs. 2** (auf den § 85 Abs. 4 nicht verweist) kein Raum ist, weil diese Vorschrift auf die Interessen des anonym gebliebenen Autors zugeschnitten sind und persönlichkeitsrechtlich motiviert sei. **73**

b) § **27 Abs. 2 und 3 (Vergütungsanspruch):** Der Tonträgerhersteller hat einen **gesetzlichen Vergütungsanspruch** für das (unentgeltliche) Verleihen von Tonträgern durch der Öffentlichkeit zugängliche Einrichtungen. Diese Ansprüche können nur durch eine **Verwertungsgesellschaft** geltend gemacht werden (§ 27 Abs. 3), wobei diese Rechte in der Praxis von der GVL wahrgenommen werden. Ausdrücklich ausgenommen von der Verweisung des Abs. 4 ist § 27 Abs. 1, der einen Vergütungsanspruch gegen **Vermieter** von Tonträgern normiert. Dem Tonträgerhersteller steht kein gesetzlicher Vergütungsanspruch aus Vermietung gegen den Vermieter zu; die Vergütung für die Einräumung des Vermietrechts erfolgt mithin auf der Grundlage vertraglicher Abreden. **74**

c) **Weitere Verweisungen:** Ferner sind gem. Abs. 4 die Vorschriften des Abschnitts 6 des Teils 1 anwendbar. Das sind die **Schrankenbestimmungen** der §§ 44a bis 63a einschließlich der dort normierten **Vergütungsansprüche**, insb. **75** im Rahmen der §§ 45a, 46 Abs. 4, 47 Abs. 2 S. 2, 52a Abs. 4, 54 Abs. 1 und 54h Abs. 2. Hervorgehoben sei hier das sich aus § 62 ergebene **Änderungsverbot**. Demgemäß dürfen auch an Tonträgeraufnahmen Änderungen grundsätzlich nicht vorgenommen werden. Ferner ist § 63 zu beachten: Es besteht eine Pflicht zur **Herstellernennung** (Quellenangabe), soweit § 63 nicht selbst Ausnahmen zulässt.

III. Verhältnis zu anderen Vorschriften

1. Wettbewerbsrechtliche Vorschriften

76 Neben das Tonträgerherstellerrecht können ergänzend **wettbewerbsrechtliche Vorschriften** treten.

77 Grundsätzlich hat das Wettbewerbsrecht die Wertung eines bestehenden Sonderrechtsschutzes hinzunehmen, und es darf über die bewusste Begrenzung der gewährten Ausschließlichkeitsrechte nicht hinausgehen (z. B. BGH GRUR 1994, 630, 632 – *Cartier-Armreif*; BGH GRUR 1986, 454, 456 – *Bob Dylan*; BGH GRUR 1952, 516, 519 f. – *Hummel-Figuren*). Deshalb gilt außerhalb der Schranken des Urheberrechts der Grundsatz der **Nachahmungsfreiheit**. Allerdings sind im Einzelfall die Schutzrichtungen des UrhG einerseits und des UWG andererseits zu beachten: Während das Urheberrecht an die geschützte Leistung anknüpft, also das **Erfolgsunrecht** betrifft, befasst sich das UWG in erster Linie mit dem **Handlungsunrecht**, also der Art und Weise einer Wettbewerbshandlung (*Götting* Mitt.d.PA 2005, 12, 13; *Nirk* GRUR 1993, 247, 249). Die Verletzungstatbestände des UrhG decken jedoch grundsätzlich auch die Verletzungshandlung ab, welche zu der Urheberrechtsverletzung führen, sodass für das UWG nur dann Raum ist, wenn und soweit besondere, außerhalb des Urheberrechts liegende Umstände vorliegen, die außerhalb des sondergesetzlichen Tatbestands liegen (s. z. B. BGH GRUR 2017, 79, Tz. 37 – *Segmentstruktur*; BGH GRUR 2003, 958, 962 – *Paperboy*; BGH GRUR 1987, 814, 816 – *Die Zauberflöte*; BGH GRUR 1976, 317, 322 – *Unsterbliche Stimmen*; BGH GRUR 1966, 503, 506 – *Apfel-Madonna*). In diesen Fällen kann es neben dem Urheberrecht oder an Stelle des Urheberrechts auch zur Anwendung wettbewerbsrechtlicher Vorschriften kommen.

78 Im Bereich des Tonträgerherstellerrechts kommt insb. ein **ergänzender wettbewerbsrechtlicher Leistungsschutz** gem. **§ 4 Nr. 3 UWG** in Betracht. Danach ist es (unter anderem) unlauter, nachgeahmte Waren anzubieten, wenn hierdurch über die betriebliche Herkunft getäuscht wird, die Wertschätzung der nachgeahmten Ware unangemessen ausgenutzt oder beeinträchtigt wird oder die für die Nachahmung erforderlichen Kenntnisse oder Unterlagen unredlich erlangt wurden.

79 Im Einzelfall kann auch eine wettbewerbsrechtliche **Behinderung** eines Mitbewerbers gem. § 4 Nr. 4 UWG in Betracht kommen. Von Bedeutung ist im Tonträgerbereich vor allem die unmittelbare Leistungsübernahme, etwa das schlichte **Nachpressen oder -brennen** von Schallplatten oder CDs oder das gewerbliche unberechtigte Kopieren von Tondateien. Es ist davon auszugehen, dass im Falle einer identischen, unmittelbaren Übernahme einer fremden Leistung, wie etwa ein Tonträger, zugleich eine Behinderung des ursprünglichen Leistungserbringers liegt, denn der Übernehmende erspart sich in unlauterer Weise diejenigen **Investitionen**, die für die Erbringung der übernommenen Leistung erforderlich gewesen wären, und er erlangt hierdurch gegenüber dem eigentliche Leistungserbringer einen Wettbewerbsvorteil: Er ist aufgrund der Leistungsübernahme in der Lage, den Tonträger günstiger am Markt anzubieten; jedenfalls hat er im Vergleich zu dem ursprünglichen Leistungserbringer eine größere Gewinnspanne. So erkannte auch schon das Reichsgericht, dass der Hersteller eines Tonträgers im Falle des schlichten Nachpressens einer Schallplatte durch einen Dritten um die Früchte seiner Arbeit gebracht werde (RGZ 73, 294, 297 – *Schallplatten*). Nicht unlauter hingegen sei nach einer Entscheidung des BGH aus den siebziger Jahren die Übernahme von – gemeinfreien – Tonträgeraufnahmen, wenn der Übernehmende mit einer klanglichen Aufbereitung des Ausgangsmaterials eigene Leistungen erbracht hat, welche die Übernahme nur als nachschaffend erscheinen lässt (BGH GRUR 1976, 317, 322 – *Unsterbliche Stimmen*).

Schließlich kann im Einzelfall der **Irreführungtatbestand** des § 5 UWG zur Anwendung gelangen. So könnte etwa eine unlautere Irreführung über Merkmale eines Tonträgers gem. § 5 Abs. 1 Nr. 1 UWG vorliegen, wenn ein Tonträgerhersteller ein **Re-Recording** (vgl. Rn. 36 f.) eines bekannten Musikstückes vertreibt und es für den Verkehr nicht hinreichend deutlich erkennbar ist, dass es sich nicht um das erwartete bekannte Original handelt. Hierin kann zugleich eine **wettbewerbsrechtliche Verwechslungsgefahr** mit dem Original im Sinne des § 5 Abs. 2 UWG liegen. Über die Vorschrift des § 5 **Abs. 2 UWG** können ggf. sogar Marktteilnehmer gegen Wettbewerber vorgehen, die **Raubkopien** von Tonträgern vertreiben. In den 1980er Jahren hatten zwar sowohl das OLG Köln (OLG Köln GRUR 1983, 133 – *Schallplatten*) als auch das OLG Hamm (OLG Hamm GRUR 1984, 539 – *Videocassetten*) betont, dass es grundsätzlich Aufgabe des Rechtsinhabers sei, gegen Rechtsverletzungen vorzugehen; § 85 sei – so das OLG Köln – für Mitbewerber eine wettbewerbsneutrale Vorschrift, auf die sie sich nicht berufen können. Dies wird man aus dem Blickwinkel des damals noch nicht existierenden § 5 Abs. 2 UWG heraus nun wohl anders zu bewerten haben. Erweckt der Vertreiber (z. B. ein Händler) einer illegalen Kopie eines Tonträgers den Eindruck, es handele sich um ein Original, wird eine Verwechslungsgefahr im Sinne des § 5 Abs. 2 UWG anzunehmen sein. Gegen diese können sich Wettbewerber wenden, ohne dass sie selbst ausschließliche Nutzungsrechtsinhaber sein müssten. Der Vorwurf bezieht sich hierbei nicht auf die Verletzung von Urheberrechten, sondern auf die durch den Vertrieb des Produkts begründete lauterkeitsrechtliche Verwechslungsgefahr.

79a

2. Das Recht des ausübenden Künstlers

Das Tonträgerherstellerrecht und das Recht des ausübenden Künstlers (§§ 73 ff.) sind eng miteinander verwoben. Gem. § 77 steht dem **ausübenden Künstler** das ausschließliche Recht zu, seine Darbietung auf einem Tonträger aufzunehmen und diesen Tonträger zu vervielfältigen und zu verbreiten. Schon aus diesem Grunde erfordert die Verwertung der Tonträgeraufnahme eines ausübenden Künstlers ein **enges Zusammenspiel** zwischen dem Tonträgerhersteller und dem ausübenden Künstler, was regelmäßig über sog. Künstlerverträge vertraglich realisiert wird. Dort räumt der ausübende Künstler dem Tonträgerhersteller gegen Lizenzgebühren zumeist umfassend Nutzungsrechte an seinen Leistungen ein. Regelmäßig sichert der ausübende Künstler zugleich zu, die Darbietung in einem bestimmten Zeitraum nicht für Dritte aufzunehmen oder gar in einem bestimmten Zeitraum ausschließlich für den Tonträgerhersteller tätig zu sein (Wandtke/Bullinger/*Schaefer*[4] Rn. 26).

80

Das enge Band zwischen dem Tonträgerherstellerrecht sowie dem Recht des ausübenden Künstlers besteht auch hinsichtlich der **Vergütungsansprüche**: Gem. § 78 Abs. 2 Nr. 2 ist dem ausübenden Künstler eine angemessene Vergütung zu zahlen, wenn seine Darbietung mittels Tonträger öffentlich wahrnehmbar gemacht wird. Dem Tonträgerhersteller steht gegen den ausübenden Künstler wiederum über § 86 eine angemessene Beteiligung an dieser Vergütung zu (s. § 86).

81

3.   Bild- und Tonträger gem. § 94

82   Zu dem Verhältnis zu §§ 94 ff. (Bild-/Tonträger) vgl. Rn. 13 f. und vgl. Rn. 27.

§ 86   Anspruch auf Beteiligung

Wird ein erschienener oder erlaubterweise öffentlich zugänglich gemachter Tonträger, auf den die Darbietung eines ausübenden Künstlers aufgenommen ist, zur öffentlichen Wiedergabe der Darbietung benutzt, so hat der Hersteller des Tonträgers gegen den ausübenden Künstler einen Anspruch auf angemessene Beteiligung an der Vergütung, die dieser nach § 78 Abs. 2 erhält.

I.   Allgemeines

1.   Sinn und Zweck

1   § 85 Abs. 1 gewährt dem Tonträgerhersteller die für die **Erstverwertung** erforderlichen Verwertungsrechte, nämlich das Recht der Vervielfältigung (§ 16), das Recht der Verbreitung (§ 17) sowie das Recht der öffentlichen Zugänglichmachung (19a). Er kann also grundsätzlich frei bestimmen, ob und in welcher Form der Tonträger verwertet wird und dahingehende Verbotsrechte ausüben. § 86 setzt auf der zweiten Ebene – nämlich der Ebene der **Zweitverwertung** – an und beteiligt den Tonträgerhersteller an dem **Vergütungsanspruch des ausübenden Künstlers**, dessen Darbietung auf dem Tonträger, den der Tonträgerhersteller hergestellt hat, aufgenommen und gem. § 78 Abs. 2 benutzt wird. Dies ist vor allem im Bereich der Sendung (§ 20) und öffentlichen Wiedergabe (§§ 21, 22) der Tonträger von Bedeutung, da dem Tonträgerhersteller hinsichtlich dieser Verwertungsformen kein Verbotsrecht zugebilligt wurde. Hat sich der Tonträgerhersteller dazu entschlossen, den Tonträger auf den Markt zu bringen, soll er die weitere Verwertung in Form der Sendung oder öffentlichen Wiedergabe nicht mehr verbieten können, sondern nur noch an den Vergütungsansprüchen des ausübenden Künstlers beteiligt werden. Die Tonträgerhersteller sollen zwar ein angemessenes Entgelt auch für die mittelbare Verwertung ihrer Leistung erhalten, diese jedoch nicht verbieten können, weil die Gefahr besteht, dass sie ein solches Verbotsrecht dazu benutzen könnten, die Verwendung „mechanischer Musik" zum Nachteil der Urheber einzuschränken oder ganz zu untersagen (RegE UrhG 1962 – BT-Drs. IV/270, S. 96).

2   § 86 normiert zugunsten des Tonträgerherstellers einen **schuldrechtlichen Beteiligungsanspruch**. Ein eigener – von dem des ausübenden Künstlers losgelöster– Vergütungsanspruch steht dem Tonträgerhersteller nicht zu. Im **Außenverhältnis** sehen sich Dritte also lediglich **einem Vergütungsanspruch** ausgesetzt, der jedoch im **Innenverhältnis** zwischen den Tonträgerherstellern und den ausübenden Künstlern verteilt wird. In der Praxis sind die Vergütungsansprüche des ausübenden Künstlers ebenso, wie die Beteiligungsansprüche des Tonträgerherstellers, in die Verwertungsgesellschaft GVL eingebracht, welche die Rechte für beide gemeinsam wahrnimmt.

2. Früheres Recht

Nach Geltung des LUG stand dem Tonträgerhersteller ein von dem Recht des   **3** ausübenden Künstlers abgeleitetes „**fiktives Bearbeiterurheberrecht**" zu (vgl. § 85 Rn. 4). Regelmäßig ließ sich der Tonträgerhersteller von den ausübenden Künstlern, deren Darbietungen er auf Tonträger aufgenommen hat, die entsprechenden Verbotsrechte abtreten (RegE UrhG 1962 – BT-Drs. IV/270 S. 95). Dem Tonträgerhersteller stand insoweit ein **eigenes, aber abgeleitetes Verbotsrecht** zu, und zwar auch gegen den Urheber, der den Tonträger öffentlich wiedergeben wollte (hierzu BGH GRUR 1960, 619 – *Künstlerlizenz bei öffentlicher Wiedergabe von Schallplatten*).

Bei der Schaffung des UrhG wurde diskutiert, ob dem Tonträgerhersteller –   **4** neben dem des ausübenden Künstlers – ein **eigener Vergütungsanspruch** gewährt werden soll. Dies hätte nach Ansicht des Gesetzgebers jedoch zu einer zusätzlichen Belastung der Sendegesellschaften und der Veranstalter öffentlicher Wiedergaben mittels Tonträger geführt. Bei der Abwägung, wem der Anspruch zuerkannt werden soll, wurde dem ausübenden Künstler für seine künstlerische Leistung den Vorzug gegeben, weil der Tonträgerhersteller „nur" eine technische Leistung erbringe (RegE UrhG 1962 – BT-Drs. IV/270, S. 97). So erklärt sich der heutige Beteiligungsanspruch, wie er in § 86 normiert wurde.

3. Europäisches und internationales Recht

Es wird zunächst auf die Kommentierung zu § 85 verwiesen (vgl. § 85   **5** Rn. 6 ff.). Bereits in Art. 12 des **Rom-Abkommens** findet sich eine Regelung in Bezug auf die angemessene Vergütung für die Benutzung „zu Handelszwecken veröffentlichter Tonträger" oder Vervielfältigungsstücken hiervon für Funksendung oder für die öffentliche Wiedergabe. Danach hat der Benutzer entweder den ausübenden Künstler oder den Tonträgerherstellern oder beiden eine einzige angemessene Vergütung zu zahlen. Der deutsche Gesetzgeber hat sich für die oben (vgl. Rn. 4) beschrieben Variante entschieden, nämlich den Vergütungsanspruch dem ausübenden Künstler und dem Tonträgerhersteller einen Beteiligungsanspruch gegen den ausübenden Künstler zuzusprechen. Dies steht auch im Einklang mit den Vorgaben der **Vermiet- und Verleih-RL**, dort Art. 8 Abs. 1 und 2.

II. Tatbestand

1. Tonträger mit aufgenommener Darbietung eines ausübenden Künstlers

Voraussetzung für den Beteiligungsanspruch ist die **öffentliche Wiedergabe eines Tonträgers**. Es müssen folglich die schutzbegründenden Voraussetzungen   **6** des § 85 Abs. 1 erfüllt sein, jedoch mit folgender **Besonderheit**: Da der Beteiligungsanspruch des Tonträgerherstellers unmittelbar an den Vergütungsanspruch des ausübenden Künstlers geknüpft und insoweit akzessorisch ist, muss es sich bei dem Aufnahmegegenstand des § 85 Abs. 1 (vgl. § 85 Rn. 15 ff.) zwingend um eine **Darbietung gem. § 73** handeln. Die öffentliche Wiedergabe von Aufnahmegegenständen, die nicht dem Darbietungsbegriff unterfallen, lösen keine Beteiligungsansprüche aus, da hier schon keine Vergütungsansprüche zugunsten eines ausübenden Künstlers begründet werden, an denen der Hersteller des Tonträgers beteiligt werden könnte. Ein Beteiligungsanspruch ist also insb. bei der Wiedergabe von Tonträgern ausgeschlossen, auf denen reine Geräusche, wie das Bachplätschern, Vogelstimmen oder sonstige Laute, die nicht von einem Menschen dargeboten werden, aufgenommen sind. In diesen Fällen mögen dem Tonträgerherstellers zwar durchaus die Verbotsrechte des § 85 UrhG zustehen; ein Vergütungsanspruch scheidet mangels einer Leistung des ausübenden Künstlers gleichwohl aus. Hierdurch kommt auch die Wertung des Gesetzgebers zum Ausdruck, dass in erster Linie die Tätigkeiten des Tonträgerherstellers im kulturellen Bereich honoriert und privilegiert werden sollen (Schricker/Loewenheim/*Vogel*[5] Rn. 5).

7 Ferner muss das Dargebotene entweder jedenfalls dem Grunde nach dem **Werkbegriff** des § 2 unterfallen oder aber eine auf einem Tonträger fixierte Ausdrucksform der **Volkskunst** sein. Denn nur dann entstehen Rechte zugunsten des ausübenden Künstlers (s. § 73). Sofern ein Werk dargeboten wird, genügt es aber, dass das Dargebotene lediglich dem Grunde nach **schutzfähig** ist. Nicht erforderlich ist, dass das Dargebotene nach wie vor als Werk geschützt ist (Dreier/Schulze/*Schulze*[5] Rn. 2; Schricker/Loewenheim/*Vogel*[5] Rn. 8; dazu auch vgl. § 73 Rn. 8 ff.).

2. Erschienen oder öffentlich zugänglich gemacht

8 Der Tonträger muss entweder (erlaubterweise) **erschienen** oder **öffentlich zugänglich gemacht** worden sein. Andernfalls entsteht zugunsten des Tonträgerherstellers kein Vergütungsanspruch.

9 a) **Erscheinen:** Es gilt § 6 Abs. 2 (vgl. § 6 Rn. 15 ff. sowie vgl. § 85 Rn. 63).

10 b) **Öffentliche Zugänglichmachung:** Der Vergütungsanspruch entsteht auch dann, wenn der Tonträger öffentlich zugänglich gemacht wurde (§ 19a; s. Kommentierung dort). Entscheidend ist hier, dass der Öffentlichkeit der Zugriff auf die Tonträgeraufnahme ermöglicht wird, gleich ob dies drahtlos oder drahtgebunden erfolgt. Bedeutung erlangt diese Tatbestandsalternative u. a. bei Verwertungshandlungen im Internet, wie das **Online-Streaming** (s. z.B. OLG Hamburg ZUM 2009, 414, 414 – *StayTuned III),* dem Verwenden von **File-Sharing-Systemen** und sonstigen **Pull-Diensten** (Näheres vgl. § 19a Rn. 14 ff.; ferner *Schack* GRUR 2007, 639, 640 ff.).

11 c) **Erlaubterweise:** Der Beteiligungsanspruch entsteht ferner nur, wenn der Tonträger erlaubterweise, also **mit Zustimmung des Berechtigten,** erschienen ist oder öffentlich zugänglich gemacht wurde. Berechtigter ist hierbei der **Tonträgerhersteller.** Fehlt es an dieser zwingend erforderlichen Zustimmung, kommt § 86 nicht zur Anwendung. Der Tonträgerhersteller kann, soweit der Tonträger unerlaubt vervielfältigt (§ 16) und/oder öffentlich zugänglich gemacht (§ 19a) wird, aus seinen Verbotsrechten gem. § 85 vorgehen und **Schadenersatzansprüche** geltend machen; ein gesetzlicher Vergütungsanspruch bzw. eine Beteiligung hieran entsteht gleichwohl nicht.

3. Zur öffentlichen Wiedergabe benutzt

12 Der Beteiligungsanspruch entsteht, wenn der erlaubterweise erschienene oder öffentlich zugänglich gemachte Tonträger „zur **öffentlichen Wiedergabe** der Darbietung benutzt" wird. Die „öffentliche Wiedergabe" ist im Sinne der §§ 15 Abs. 2 und 3, 78 Abs. 2 zu verstehen. Es fallen hierunter vor allem die Sendung von Tonträgern und deren öffentliche Wahrnehmbarmachung.

13 Das Recht der **öffentlichen Zugänglichmachung** (§ 19a) ist schon von dem **Verbotsrecht** des ausübenden Künstlers (vgl. § 78 Abs. 1 Nr. 1) und des Tonträgerherstellers (§ 85 Abs. 1) erfasst. Es wird hier also bereits ein Schutz auf der Ebene der **Erstverwertung** gewährt, und der Hersteller von Tonträgern ist insoweit nicht lediglich auf einen Beteiligungsanspruch verwiesen (s. OLG Hamburg, ZUM 2009, 414, 415 – *StayTuned III*); Wandtke/Bullinger/*Schaefer*[3] Rn. 5; s. a. *Bortloff* GRUR Int. 2003, 669, 674 f.).

Nach zutreffender Ansicht des BGH sind sog. **Mehrkanaldienste** als Sendung   **14** zu qualifizieren, was zur Folge hat, dass die Tonträgerhersteller dort ebenfalls nur einen Anspruch auf eine Beteiligung an der angemessenen Vergütung des ausübenden Künstlers haben (BGH GRUR 2004, 669, 671 f. – *Mehrkanaldienst;* s. a. *Schwenzer* GRUR Int. 2001, 722, 723 ff.).

III. Rechtsfolge: Angemessene Beteiligung

1. Anspruchsinhalt

Der Tonträgerhersteller hat gegen den ausübenden Künstler einen **schuldrecht-**   **15** **lichen Anspruch** auf eine **angemessene Beteiligung** an seinen Vergütungsansprüchen gem. § 78 Abs. 2. Dies setzt voraus, dass dem ausübenden Künstler selbst ein entsprechender Vergütungsanspruch zusteht. Gegen sonstige Dritte hat der Tonträgerhersteller keine Vergütungsansprüche. § 86 regelt nur das Verhältnis zwischen dem Tonträgerhersteller und dem ausübenden Künstler und beinhaltet insbesondere keine gesonderte Nutzungsberechtigung (LG Hamburg ZUM 2007, 869, 870).

Der Vergütungsanspruch des ausübenden Künstlers kann (seit Inkrafttreten des   **16** Gesetzes zur Regelung des Urheberrechts in der Informationsgesellschaft am 13.9.2003 nach heutigem Recht im Voraus nur an die **Verwertungsgesellschaft abgetreten** werden, nicht aber an sonstige Dritte (§ 78 Abs. 3). Vor dieser Gesetzesänderung war es dem ausübenden Künstler ohne weiteres möglich, seine Vergütungsansprüche an beliebige Dritte, so auch an den Tonträgerhersteller, abzutreten. Hatte der ausübende Künstler seine Vergütungsansprüche gegen ein Honorar an den Tonträgerhersteller abgetreten, konnten Beteiligungsansprüche des Tonträgerherstellers hieran nicht mehr entstehen, weil ihnen die Grundlage entzogen worden sei (OLG Hamburg GRUR 1997, 826, 827 – *Erkennungsmelodie*).

2. Rechtewahrnehmung

Sowohl der Vergütungsanspruch des ausübenden Künstlers als auch der Beteili-   **17** gungsanspruch des Tonträgerherstellers werden i. d. R. von der **Verwertungsgesellschaft** GVL wahrgenommen. Sofern der ausübende Künstler vor Inkrafttreten des Infoges (13.9.2003) im Wege eines Künstlervertrages seine Vergütungsansprüche an den Tonträgerhersteller abgetreten hatte (vgl. Rn. 16), bringt Letzterer diese wieder in die GVL ein (Wandtke/Bullinger/*Schaefer*[4] Rn. 4).

3. Beteiligungshöhe

Die Höhe der Vergütung des Tonträgerherstellers steht in **unmittelbarer Abhän-**   **18** **gigkeit** zu der Höhe der Vergütung des ausübenden Künstlers. Hinsichtlich des Anteilssatzes schweigt das Gesetz; der Gesetzgeber beschränkt sich darauf, auszusprechen, dass die Beteiligung „angemessen" sein soll und überlässt es der Rechtsprechung, über die Angemessenheit zu befinden. In der Praxis erfolgt die Verteilung auf der Grundlage von **Verteilungsplänen der GVL**, die jährlich vom Beirat beschlossen werden und auch im Internet unter www.gvl.de einsehbar sind (s. hierzu auch LG Köln ZUM-RD 2008, 248, 249). Allgemeine Verteilungsgrundsätze sind im Gesellschaftsvertrag der GVL festgelegt.

19 Grundsätzlich werden die Einnahmen der GVL zwischen den ausübenden Künstlern und den Tonträgerherstellern im **Verhältnis 50:50** verteilt. Auf Seiten der ausübenden Künstler richtet sich die Ausschüttung nach den Einnahmen, die ein Künstler in dem der Ausschüttung vorangehenden Jahr direkt aus einem Tonträgernutzungsvertrag erzielt hat. Sie hat demgemäß mit der **tatsächlichen Nutzung** kaum etwas zu tun. Auf Seiten der Tonträgerhersteller wird entweder an die Sendeminuten, die auf einen bestimmten Tonträgerhersteller, der über einen sog. Label Code identifiziert wird, angeknüpft. Alternativ erfolgt die Ausschüttung auf der Grundlage der tatsächlich gespielten Tracks, was über das GVL-Herstellerportal label.gvl (www.label.gvl.de)erfasst werden kann.

Abschnitt 5 **Schutz des Sendeunternehmens**

§ 87 Sendeunternehmen

(1) Das Sendeunternehmen hat das ausschließliche Recht,
1. **seine Funksendung weiterzusenden und öffentlich zugänglich zu machen,**
2. **seine Funksendung auf Bild- oder Tonträger aufzunehmen, Lichtbilder von seiner Funksendung herzustellen sowie die Bild- oder Tonträger oder Lichtbilder zu vervielfältigen und zu verbreiten, ausgenommen das Vermietrecht,**
3. **an Stellen, die der Öffentlichkeit nur gegen Zahlung eines Eintrittsgeldes zugänglich sind, seine Funksendung öffentlich wahrnehmbar zu machen.**

(2) ¹Das Recht ist übertragbar. ²Das Sendeunternehmen kann einem anderen das Recht einräumen, die Funksendung auf einzelne oder alle der ihm vorbehaltenen Nutzungsarten zu nutzen. ³§ 31 und die §§ 33 und 38 gelten entsprechend.

(3) ¹Das Recht erlischt 50 Jahre nach der ersten Funksendung. ²Die Frist ist nach § 69 zu berechnen.

(4) § 10 Abs. 1 sowie die Vorschriften des Teils 1 Abschnitt 6 mit Ausnahme des § 47 Absatz 2 Satz 2 und des § 54 Abs. 1 gelten entsprechend.

(5) ¹Sendeunternehmen und Kabelunternehmen sind gegenseitig verpflichtet, einen Vertrag über die Kabelweitersendung im Sinne des § 20b Abs. 1 Satz 1 zu angemessenen Bedingungen abzuschließen, sofern nicht ein die Ablehnung des Vertragsabschlusses sachlich rechtfertigender Grund besteht; die Verpflichtung des Sendeunternehmens gilt auch für die ihm in Bezug auf die eigene Sendung eingeräumten oder übertragenen Senderechte. ²Auf Verlangen des Kabelunternehmens oder des Sendeunternehmens ist der Vertrag gemeinsam mit den in Bezug auf die Kabelweitersendung anspruchsberechtigten Verwertungsgesellschaften zu schließen, sofern nicht ein die Ablehnung eines gemeinsamen Vertragsschlusses sachlich rechtfertigender Grund besteht.

Übersicht

I. Allgemeines

1. Sinn und Zweck, Überblick und Schutzgegenstand

a) Sinn und Zweck: Das Sendeunternehmen ist das Unternehmen, das Inhalte **1** durch **Funksendung** der Öffentlichkeit zugänglich macht. Dies erfordert regelmäßig, ähnlich wie die Herstellung eines Tonträgers oder eines Bildträgers, einen **technischen, wirtschaftlichen** wie auch **organisatorischen Aufwand,** den der Gesetzgeber als schützenswert erachtet. Nach der Gesetzesbegründung (RegE UrhG 1962 – BT-Drs. IV/270, S. 97) soll sich ein Dritter die von dem Sendeunternehmen erbrachten Leistungen nicht mühelos zu Nutze machen, indem er die Sendung eines Dritten etwa zur Weitersendung übernimmt, sie auf Bild- oder Tonträger überträgt oder öffentlich wiedergibt. In Übereinstimmung mit dem Europäischen Abkommen zum Schutz von Fernsehsendungen vom 22.6.1960 (Straßburger Fernsehabkommen [SFA]) und dem Rom-Abkommen vom 26.10.1961 (RA) hat der Gesetzgeber den Sendeunternehmen mit § 87 ein eigenes Schutzrecht in Form eines **verwandten Leistungsschutzrechts** zuerkannt. Das sich aus § 87 ergebende Recht ist als Eigentum gem. Art. 14 Abs. 1 S. 1 GG ein Recht mit **Verfassungsrang** (BVerfG NJW 1998, 1627, 1631), wobei sich öffentlich-rechtliche Rundfunkanstalten jedoch auf eine Grundrechtsverletzung insoweit grundsätzlich nicht berufen können (BVerfG NJW 1988, 1715, 1715).

In der Praxis ist ein Sendeunternehmen oftmals nicht auf die Schutzrechte des **2** § 87 angewiesen. Regelmäßig haben sie sich vertraglich von den Rechtsinhabern des zu sendenden Inhaltes (z. B. von den Autoren, Regisseuren, Schauspielern und sonstigen ausübende Künstlern, Film- und Tonträgerherstellern) umfangreich Nutzungsrechte einräumen oder Rechte übertragen lassen, sodass zur Durchsetzung der in § 87 genannten Verbotsrechte ein Rückgriff auf originär eigene Rechte gem. § 87 meist nicht erforderlich ist. Die Sendeunternehmen können ihre Ansprüche insoweit häufig schon auf von **Dritten abgeleitete Rechte** stützen. Überdies stehen den Sendeunternehmen – neben den Rechten aus § 87 – oft auch andere originär eigene Rechte, insb. anderweitige Leistungsschutzrechte zu. So ist es denkbar, dass das Sendeunternehmen zugleich **Tonträgerhersteller** (§ 85) oder **Filmhersteller** (§ 94) ist. Auch kann das Sendeunternehmen im Einzelfall **Veranstalter** gem. § 81 sein. Diese anderen Leistungsschutzrechte treten neben das Recht des Sendeunternehmens und beinhalten ihrerseits umfangreiche Verbotsrechte. Das selbstständige Leistungsschutzrecht zugunsten der Sendeunternehmen ist aber in den Fällen von Bedeutung, in denen sich das Sendeunternehmen nicht auf sonstige originär eigene oder von Dritten abgeleitete Rechte berufen kann.

3 Schon im Jahr 1958, also vor Inkrafttreten des UrhG, hatte sich der BGH mit der Schutzwürdigkeit der mit der Sendung einhergehenden organisatorisch-technischen Leistung befasst und dem Sendeunternehmen Verbotsansprüche unter **wettbewerbsrechtlichen Gesichtspunkten** zugestanden (BGH GRUR 1962, 470 – *AKI*). Dies verdeutlicht, dass auch das Recht des Sendeunternehmens (wie das Tonträgerherstellerrecht) eine Art wettbewerbsrechtliche Vorschrift im urheberrechtlichen Gewand darstellt, jedenfalls einen starken wettbewerbsrechtlichen Hintergrund aufweist. Es gewährt einen Schutz gegen die mühelose Ausbeutung des organisatorisch-technischen Aufwands bei der Veranstaltung von Sendungen, welche mit Blick auf die moderne verfügbare Technik heute besonders mühelos ist.

4 b) **Überblick:** Das Recht des Sendeunternehmens gem. § 87 beinhaltet zunächst die in **Abs. 1** abschließend genannten **Ausschließlichkeitsrechte**, nämlich das ausschließliche Recht zur Weitersendung und öffentlichen Zugänglichmachung (Nr. 1), zur Aufnahme der Funksendung auf Bild- oder Tonträgern, zur Herstellung von Lichtbildern von der Funksendung, zur Vervielfältigung und Verbreitung (mit Ausnahme der Vermietung) dieser Bild- oder Tonträger oder Lichtbilder (Nr. 2) sowie das Recht, die Funksendung an Stellen, die der Öffentlichkeit nur gegen Zahlung eines Eintrittsgeldes zugänglich sind, öffentlich wahrnehmbar zu machen (Nr. 3).
Abs. 2 regelt die **Übertragbarkeit** des Rechts als solches sowie die Einräumung von **Nutzungsrechten**. **Abs. 3** betrifft die Dauer der **Schutzfrist** des Rechts zugunsten des Sendeunternehmens. Die Verweisungsnorm des **Abs. 4** führt zur Anwendbarkeit der Vermutungsregel aus § 10 Abs. 1 sowie der in §§ 44a bis 63a normierten **Schrankenbestimmungen** (mit Ausnahme des § 47 Abs. 2 S. 2 und des § 54 Abs. 1) einschließlich der dort enthaltenen Vergütungsansprüche. Schließlich beinhaltet **Abs. 5** einen Kontrahierungszwang zwischen dem Sendeunternehmen und den Kabelunternehmen in Bezug auf die Kabelweitersendung (§ 20b Abs. 1 S. 1).

5 c) **Schutzgegenstand:** Schutzgegenstand des § 87 ist der in Form des Funks gesendete Sendeinhalt als **immaterielles Gut** (s. Dreier/Schulze/*Dreier*[5] Rn. 9; Schricker/Loewenheim/*v. Ungern-Sternberg*[5] Rn. 23) Hierbei ist einerseits zu beachten, dass das Recht des Sendeunternehmens **kein reiner Inhaltsschutz** ist, also nicht auf den Schutz der gesendeten Inhalte als solchen abzielt. Denn wurde ein Inhalt noch nicht gesendet, genießt er – jedenfalls gem. § 87 – noch keinen Schutz. Andererseits geht es im Rahmen des § 87 auch nicht um den Schutz der Sendetechnik oder des isoliert betrachten Sendevorganges als solchen. Ähnlich, wie sich im Rahmen des Tonträgerherstellerrechts die Herstellerleistung in dem Tonträger verkörpern muss (vgl. § 85 Rn. 3), muss sich auch im Bereich des Rechts des Sendeunternehmens die zu honorierende Leistung gerade in der (technischen) Sendung der Inhalte manifestieren.

2. Früheres, internationales und europäisches Recht

6 Das originäre deutsche Recht des Sendeunternehmens gem. § 87 wurde – unter Einfluss des **Straßburger Fernsehabkommen** (SFA; auch Europäisches Fernsehabkommen) vom 22.6.1960 und des **Rom-Abkommens** vom 26.10.1961 (s. Art. 13 RA) – schon in der ersten Fassung des UrhG berücksichtigt. Das SFA gewährt einen Schutz gegen unerlaubte Weitersendungen und öffentliche Übertragungen von Sendungen sowie Fixierungen hiervon, allerdings ausschließlich bezogen auf **reine Fernsehsendungen** (nicht aber: Hörfunksendungen). Das Rom-Abkommen sieht in Art. 13 Buchst. a) bis d) einen Schutz gegen unerlaubte Weitersendungen, Festlegungen sowie Vervielfältigungen vor. Nicht erfasst sind hierbei Punkt-zu-

Punkt-Satellitensendungen sowie die Kabelweiterleitung (Loewenheim/*Flechsig*[2] § 41 Rn. 78). Das **Brüsseler Satellitenabkommen (BSA)** vom 21.5.1974 sieht Ausschließlichkeitsrechte zugunsten der Sendeunternehmen in Bezug auf die Weitersendung per Satellit (s. Art. 2 BSA) vor (Schricker/Loewenheim/*v. Ungern-Sternberg*[5] Rn. 19 ff.). Schließlich finden sich in Art. 14 Abs. 3 **TRIPS** Vorgaben zum Schutzumfang des Rechts der Sendeunternehmen.

Die mit dem UrhG normierte nationale Vorschrift hat durch unterschiedliche – **7** meist europarechtlich motivierte – Reformen einige Änderungen erfahren (ausführlich zu den europäischen Richtlinien: Loewenheim/*Flechsig*[2] § 41 Rn. 86 ff.). Mit dem **3. ÄndG 1995** wurde die **Vermiet- und Verleih-RL** vom 19.11.1992 in nationales Recht umgesetzt. Nach den Vorgaben dieser Richtlinie wurde Abs. 1 Ziff. 2 um das Verbreitungsrecht – mit Ausnahme des Vermietrechts – ergänzt. Ferner musste mit Blick auf Art. 8 Abs. 3 der Richtlinie das Recht der öffentlichen Wiedergabe über die Fernsehsendung hinaus auf jegliche Funksendungen, also einschließlich des Hörfunks erstreckt werden, was durch die Neufassung der Nr. 2 realisiert wurde. Die **Übergangsschrift** in Bezug auf die Umsetzung der Vermiet- und Verleih-RL findet sich in § 137e.

In Umsetzung der Schutzdauer-RL vom 19.10.1993, dort Art. 3 Abs. 4, **8** wurde – ebenfalls mit dem **3. ÄndG 1995** – in Abs. 3 S. 1 die Schutzdauer von bisher 25 Jahren auf 50 Jahre verlängert und zugleich durch Einfügung des Wortes „ersten" klargestellt, dass die Schutzfrist mit der ersten Funksendung beginnt. Die Neuregelung trat am 1.7.1995 in Kraft; die **Übergangsregelungen** finden sich in § 137 f.

Durch das **4. ÄndG 1998** hat der Gesetzgeber die Satelliten- und Kabel-RL **9** vom 27.9.1993 in nationales Recht umgesetzt. Seither wird in § 20 der Satellitenrundfunk klarstellend ausdrücklich als Beispiel für eine technische Art der Sendung erwähnt; auch wurde der veraltete Begriff des „Drahtfunks" durch den Begriff „Kabelfunk" ersetzt. Geschützt sind nunmehr ferner Funksendungen und Weitersendungen, die durch eine europäische Satellitensendung übertragen werden (§ 20a Abs. 3). Ebenfalls unter Einfluss der Satelliten- und Kabel-RL wurde dem Sendeunternehmen wie auch dem Kabelunternehmen in Abs. 4 (heute: Abs. 5) ein zivilrechtlicher Kontrahierungszwang in Bezug auf die Einräumung des Rechts zur Kabelweitersendung (§ 20b Abs. 1) auferlegt.

Die Info-RL führte zur Änderung des Rechts der Sendeunternehmen durch das **10** UrhG Infoges vom 10.9.2003. Berücksichtigt wurde vor allem die Vorgabe des Art. 3 Abs. 2 d der Info-RL, das Recht der öffentlichen Zugänglichmachung neben den ausübenden Künstlern und den Tonträgerherstellern auch den Sendeunternehmen zuzuordnen. Auch die Übertragung des Senderechts sowie die Einräumung von Nutzungsrechten sind nunmehr ausdrücklich geregelt (Abs. 2). Schließlich nahm auch die Enforcement-RL Einfluss auf die Regelung des § 87. Mit dem Gesetz zur Verbesserung der Durchsetzung von Rechten des geistigen Eigentums vom 7.7.2008 wurde Art. 5b) der Enforcement-RL (Vermutung der Rechtsinhaberschaft) durch eine Änderung des Abs. 4 (Verweis auf § 10 Abs. 1) umgesetzt.

Fremdenrechtliche Bestimmungen zu § 87 finden sich in § **127** (Einzelheiten: **11** vgl. § 127 Rn. 1 ff.).

II.   Tatbestand und Rechtsfolge

1.   Sendeunternehmen

Der Begriff des **Sendeunternehmens** ist gesetzlich nicht definiert und im Lichte **12** des Schutzzwecks der Norm zu bestimmen. Mit Blick auf § 20, der die Legaldefinition des Senderechts beinhaltet, sowie § 20a ist **Inhaber** der Rechte gem. § 87 derjenige, der durch Funk gem. § 20 (z. B. durch Ton- und Fernsehrund-funk, Satellitenrundfunk, Kabelfunk oder ähnliche technische Mittel) oder durch eine Satellitensendung (§ 20a Abs. 3) eine **Funksendung veranstaltet**, die zum unmittelbaren gleichzeitigen Empfang durch die Öffentlichkeit (hierzu vgl. Rn. 20) bestimmt ist (s. Schricker/Loewenheim/*v. Ungern-Sternberg*[5] Rn. 50; Loewenheim/*Flechsig*[2], § 41 Rn. 7; Dreier/Schulze/*Dreier*[5] Rn. 5). Als **Veranstalter** in diesem Sinne gilt unter Berücksichtigung des Schutzzwecks der Norm, wer die Funksendung in organisatorischer und wirtschaftlicher Hinsicht **tatsächlich verantwortet** (Loewenheim/*Flechsig*[2] § 41 Rn. 8; Wandtke/Bullinger/*Ehrhardt*[4] Rn. 9; BeckOK UrhR/*Hillig*[16] Rn. 3; vgl. § 85 Rn. 40 ff. zum Begriff des Tonträgerherstellers). Dies muss nicht immer derjenige sein, der die **Sendeanlage** als solche betreibt; stellt der Betreiber der Sendeanlage die Technik lediglich einem Dritten zur Benutzung zur Verfügung, ist er nicht schon deshalb ein Sendeunternehmen in diesem Sinne (Dreier/Schulze/*Dreier*[5] Rn. 6; Schricker/Loewenheim/*v. Ungern-Sternberg*[5] Rn. 55 m. w. N.). Umgekehrt muss das Sendeunternehmen aber selbst kein Betreiber einer eigenen Sendeanlage sein (Loewenheim/*Flechsig*[2] § 41 Rn. 8; BeckOK UrhR/*Hillig*[16] Rn. 3), sondern er kann sich zur Erbringung der Sendeleistung selbstverständlich auch der Leistungen und der Technik Dritter bedienen.

13   Die Eigenschaft als Sendeunternehmen ist unter Berücksichtigung der Umstände des Einzelfalls zu bestimmen. Entscheidend ist, dass dem Sendeunternehmen der organisatorische und wirtschaftliche **Erfolg** zuzurechnen ist. Dies ist bspw. nicht der Fall bei einem **Kabelunternehmen** oder **Kabelverbreiter**, der das Signal eines Dritten lediglich unverändert und zeitgleich weitersendet (Schricker/Loewenheim/*v. Ungern-Sternberg*[5] Rn. 51; Loewenheim/*Flechsig*[2] § 41 Rn. 8; Wandtke/Bullinger/*Ehrhardt*[4] Rn. 13).

14   Inhaber des Schutzrechts ist der Rechtsträger des Sendeunternehmens. Unerheblich ist, ob es sich bei dem Sendenden um ein zugelassenes oder ein **illegales** Sendeunternehmen (Schwarzsender, Piratensender) handelt (Wandtke/Bullinger/*Ehrhardt*[4] Rn. 7). Auf die Rechtsform des Sendeunternehmens kommt es ebenfalls nicht an (Dreier/Schulze/*Dreier*[5] Rn. 5). Als Inhaber des Schutzrechts kommen deshalb neben **juristischen Personen** des Privatrechts und des öffentlichen Rechts auch **natürliche Personen** in Betracht, solange und soweit von ihnen die von § 87 honorierten Leistungen erbracht werden.

15   § 87 ist ein Leistungsschutzrecht und dient dem Schutz einer honorierbaren technischen, wirtschaftlichen und organisatorischen **Leistung**. Die **Anforderungen** an die zu erbringenden Leistungen sind aber nach allgemeiner Ansicht, ähnlich wie im Recht des Tonträgerherstellers (vgl. § 85 Rn. 24 ff.), **gering** (OLG München ZUM 2012, 54); es genügt ein Mindestmaß organisatorischer und wirtschaftlicher Leistung, die der Gesetzgeber über die Norm geschützt wissen will. Eine „Leistungshöhe", ähnlich der Schöpfungshöhe im Rahmen des § 2 Abs. 2, kennt das Senderecht nicht.

16   Da es im Rahmen des § 87 um den Schutz der Funksendung als solche geht, kommt es nicht darauf an, ob das sendende Unternehmen zugleich **Produzent der Inhalte** ist oder diese anderweitig verantwortet. Die geschützte Leistung liegt in dem organisatorischen, wirtschaftlichen und technischen Aufwand, der mit dem reinen Sendevorgang einhergeht, und zwar unabhängig von der Art und der Herkunft der gesendeten Inhalte. **Produktionsunternehmen** (z. B. Film- oder Fernsehproduzenten), die die zu sendenden Inhalte produzieren, sind deshalb grundsätzlich keine Sendeunternehmen, es sei denn sie sind zugleich diejenigen, die ihre eigenen Inhalte auch senden. Die Leistungen der Produktion einer Sendung sind ggf. über andere Urheber- und/oder Leistungsschutzrechte geschützt. Unerheblich ist es im Übrigen auch, ob die Sendung der Inhalte **Rechte Dritter,** z. B. die von Urhebern oder ausübenden Künstlern, **verletzt.** Das Senderecht entsteht abstrakt und unabhängig von der Frage der Berechtigung zur Sendung, sodass die Sendung durchaus schutzbegründend und zugleich rechtsverletzend sein kann (vgl. § 85 Rn. 17).

2. Funksendung (Abs. 1)

a) Allgemeines: Wie der Begriff des Sendeunternehmens wird auch der in   **17** § 87 mehrfach benutzte Begriff der **Funksendung** selbst im UrhG nicht definiert und hat sogar innerhalb des § 87 unterschiedliche Inhalte. Zum einen findet er in **Abs. 1** Verwendung zur Beschreibung des **Leistungsgegenstandes,** also der nach § 87 geschützten Leistung, indem formuliert wird, welche ausschließlichen Rechte dem Sendeunternehmen „an seiner Funksendung" zustehen. Gleichermaßen wird in Abs. 2 S. 2 (Einräumung von Nutzungsrechten) auf diesen Leistungsgegenstand Bezug genommen. Die in **Abs. 3** genannte (erste) „Funksendung" hingegen meint nicht den Leistungsgegenstand, sondern den **technischen Vorgang des Sendens,** der zur Berechnung der **Schutzfrist** heranzuziehen ist. Durch diese in Abs. 3 genannte „erste Funksendung" entsteht das Recht des Sendeunternehmens an der Funksendung gem. Abs. 1.

b) Funksendung als geschützte Leistung: Der Begriff der Funksendung im   **18** Sinne des Abs. 1 ist im Zusammenhang mit § 20 (s. dort), in dem das Senderecht definiert ist, sowie mit § 20a zu verstehen. Gem. § 20 ist das Senderecht das Recht, das Werk durch Funk der Öffentlichkeit zugänglich zu machen. Für den Begriff des „Funks" werden in § 20 beispielhaft Ton- und Fernsehrundfunk, Satellitenrundfunk und Kabelfunk genannt, ohne dass dieser Katalog abschließend wäre. Umfasst sind sowohl **drahtlose** (terrestrisch wie auch per Satellit) als auch **draht-/kabelgebundene** Sendungen. Der Begriff der Sendung schließt gem. § 20a europäische **Satellitenübertragungen** ein. **Analoge Funksendungen** fallen ebenso in den Schutzbereich wie **digitale** Übertragungen; ferner ist es unerheblich, ob die Signale **unkodiert** oder **verschlüsselt** gesendet werden.

Die Inhalte müssen der Öffentlichkeit (vgl. Rn. 20) zum **gleichzeitigen Emp-**   **19** **fang** übermittelt werden, nicht aber zum Empfang zu Zeiten der Wahl der Empfänger. Letzteres wäre kein Fall der Sendung gem. § 20, sondern eine **öffentliche Zugänglichmachung** gem. § 19a. Die öffentlichen Zugänglichmachung bezieht sich auf das Bereithalten eines Werkes zum Abruf durch Mitglieder der Öffentlichkeit von Orten und Zeiten ihrer Wahl; hierbei kommt es darauf an, ob sich das Werk zu dem Zeitpunkt der Abrufbarkeit in der **Zugriffssphäre des Anbieters** befindet (BGH GRUR 2009, 845, 847 Tz. 27 – *Internet-Videorecorder* m. Anm. *Becker* sowie OLG Dresden GRUR-RR 2011, 413, 416 – *save.tv*). Dies ist bei dem **On-Demand-Streaming** der Fall, bei einem **Live-Stream,** also beim Streaming in Echtzeit, indessen **nicht.** Beim On-Demand-Streaming kann der Nutzer selbst darüber entscheiden, wann er den Stream startet; er kann ihn anhalten und das Programm meist sogar vor- und zurückspulen. Dies ist bei dem Live-Stream, z. B. bei einem parallelen Internetstreaming eines Fernsehsenders, hingegen anders: Der Nutzer kann sich hier, ganz ähnlich wie bei dem Einschalten eines Fernsehers, nur in das laufende Programm hineinschalten, ohne den Start oder das Ende des Programms beeinflussen zu können.

aa) Öffentlichkeit: Eine Funksendung i. S. d. Abs. 1 liegt nur dann vor, wenn   **20** sich die (Funk-)Sendung an die **Öffentlichkeit** richtet (§ 20). Dies ist nicht die Allgemeinheit als solche, sondern die Öffentlichkeit im Sinne des § 15 Abs. 3, sodass die Sendung an eine „Mehrzahl von Mitgliedern der Öffentlichkeit", die nicht durch gegenseitige Beziehung miteinander oder durch Beziehung zum

Sendeunternehmen verbunden sind, genügt. Die Sendung muss zum zeitgleichen Empfang durch diese Öffentlichkeit bestimmt sein (Loewenheim/*Flechsig*[2] § 41 Rn. 11; Schricker/Loewenheim/*v. Ungern-Sternberg*[5] Rn. 58).

Nach Ansicht des EuGH setzt der Begriff der Öffentlichkeit eine „unbestimmte Zahl" und auch „ziemlich große" Zahl von Adressaten voraus (EuGH GRUR 2016, 60, Tz. 21 – *SBS/SABAM*); völlig unbeschränkt sein muss die Öffentlichkeit aber wiederum nicht, so dass Sendungen innerhalb eines Unternehmens oder einer Einrichtung (z. B. **Hotel- oder Krankenhaussendungen**) dem Schutz des § 87 unterfallen können (s. EuGH GRUR 2007, 225, 227 Tz. 38, 47 und 57 – *SGAE/Rafael*; BVerfG ZUM 2011, 835, 838 Tz. 29; BGH GRUR 2010, 530, 531 Tz. 18 – *Regio-Vertrag*; OLG Hamm GRUR-RR 2007, 379 – *Kabelfernsehen in Hotelzimmern*; BGH GRUR 1994, 797 – *Verteileranlage im Krankenhaus*; BGH GRUR 1994, 45, 46 – *Verteileranlagen*).

Auch im Falle des – nur durch einen begrenzten Teil der allgemeinen Öffentlichkeit empfangbaren – verschlüsselten **Pay-TV** – sei es ein „Pay-Per-View" oder ein „Pay-Per-Channel"-Programm – liegt in der Regel eine Sendung an die Öffentlichkeit vor (Dreier/Schulze/*Dreier*[5] Rn. 10). Eine individuelle Kommunikation innerhalb eines abgegrenzten Personenkreises (z. B. Polizei-, See-, Flugzeugfunk usw.) erfolgt regelmäßig nicht öffentlich (Dreier/Schulze/*Dreier*[5] Rn. 10; Schricker/Loewenheim/*v. Ungern-Sternberg*[5] Rn. 58).

21 **bb) Erstmaligkeit der Sendung:** Das Recht des § 87 entsteht nur bei der **erstmaligen Sendung** des Sendeguts, nicht aber bei einer (identischen) **wiederholenden Sendung** (Dreier/Schulze/*Dreier*[5] Rn. 9; Schricker/Loewenheim/*v. Ungern-Sternberg*[5] Rn. 66 f.; Loewenheim/*Flechsig*[2] § 41 Rn. 15; BeckOK UrhR/*Hillig*[16] Rn. 16). Dies gilt unabhängig davon, ob die neuerliche Sendung durch das ursprüngliche Sendeunternehmen nochmals oder aber durch einen sonstigen Dritten erfolgt. Obschon diese Handlungen im Einzelfall durchaus selbst einen wirtschaftlichen, technischen und organisatorischen Aufwand erfordern, kommt es bei einer **identischen Weitersendung** nicht zur Begründung eines neuen Schutzrechts. Zu Recht wird zur Begründung vor allem auf Art. 3 Abs. 4 Schutzdauer-RL (93/98/EWG) hingewiesen. Dort wird die Berechnung der Schutzdauer der Rechte zugunsten des Sendeunternehmens gerade an die „Erstsendung" geknüpft, wodurch verhindert werden soll, dass eine neue Frist in den Fällen zu laufen beginnt, in denen eine Sendung mit einer vorhergehenden identisch ist (ErwG 19 Schutzdauer-RL). Wie aber auch im Rahmen des § 85 bei der „Erstfixierung" ist auch hier die **Erstmaligkeit** nicht mit einer „**Einmaligkeit**" gleichzusetzen. Senden etwa mehrere Sendeunternehmen unabhängig voneinander denselben Inhalt – sei es zeitgleich, sei es zeitversetzt –, können Rechte gem. § 87 ohne weiteres jedem sendenden Unternehmen zustehen.

22 Ein **(neues) Recht** kann im Übrigen dann begründet werden, wenn das bereits zuvor gesendete Material verändert und diese **veränderte Form** erstmals gesendet wird. Voraussetzung hierfür ist, dass die geänderte Form im Vergleich zu dem bereits zuvor Gesendeten als eine „andere" Funksendung anzusehen ist (zutreffend Schricker/Loewenheim/*v. Ungern-Sternberg*[5] Rn. 69; Loewenheim/ *Flechsig*[2] § 41 Rn. 15; BeckOK UrhR/*Hillig*[16] Rn. 16; zur Parallelproblematik hierzu vgl. § 85 Rn. 20 ff. und Rn. 29 ff.). Dies ist bspw. denkbar, wenn ein Schwarz/Weiß-Film nachträglich koloriert, ein Stummfilm nachträglich mit Ton versehen, ein Film in synchronisierter Fassung erstmals gesendet wird oder sonstige deutliche Änderungen an dem Material vorgenommen werden. Zu einem Konflikt mit Art. 3 Abs. 4 Schutzdauer-RL sowie mit dem dortigen ErwG 19 kommt es nicht, weil die **Schutzfristen** hinsichtlich der „Erstsendung" nicht tangiert werden; neue Schutzrechte entstehen ausschließlich an der geänderten, in dieser Form erstmals gesendeten Fassung, die die einstige Sendung unberührt lassen.

cc) Sendeinhalte: Art und Inhalt des Gesendeten sind nicht entscheidend, so- **23** lange es „sendefähig" ist. Insb. ist es nicht erforderlich, dass die gesendeten Inhalte dem Werkbegriff des § 2 unterfallen. Neben Ton- und Bildinformationen kommen als Sendeinhalte bspw. auch reine Textinformationen, wie **Teletext** und **Videotext** (Möhring/Nicolini/*Hillig*[2] Rn. 13) sowie **elektronische Programmführer** (Electronic Program Guides, **EPG**; s. hierzu OLG Düsseldorf GRUR-RR 2011, 153 – *EPG-Daten*; OLG Köln MMR 2010, 625 – *Presselounges*) in Betracht.

3. Ausschließlichkeitsrechte (Abs. 1)

Dem Sendeunternehmen stehen an der Funksendung die in Abs. 1 genannten **24** **Verbotsrechte** zu. Dieser Katalog ist **abschließend**. Verletzungen dieser Ausschließlichkeitsrechte können zivilrechtlich gem. §§ 97 ff. verfolgt werden; Verletzer können gem. § 97 Abs. 1 S. 1 vor allem auf Beseitigung der Beeinträchtigung, auf Unterlassung sowie auf Schadenersatz § 97 Abs. 1 S. 1 in Anspruch genommen werden.

a) Rechte des Abs. 1 Nr. 1: Gem. Abs. 1 Nr. 1 hat das Sendeunternehmen das **25** ausschließliche Recht, seine Funksendung **weiterzusenden** und **öffentlich zugänglich zu machen.**

aa) Weitersendung: Das ausschließliche Recht zur Weitersendung der Funksen- **26** dung beinhaltet die zeitgleiche, unveränderte, integrale Weiterausstrahlung, also die sog. „**Simultanausstrahlung**" der Funksendung (Loewenheim/*Flechsig*[2] § 41 Rn. 28; Dreier/Schulze/*Dreier*[5] Rn. 13; Schricker/Loewenheim/*v. Ungern-Sternberg*[5] Rn. 78 f.). Diese Weitersendung ist eine **Sendung** im Sinne des § 20, umfasst also sämtliche hierunter fallenden Verfahren (s. Rn. 18 ff.). Als Weitersendung in Betracht kommen demnach sowohl **drahtlose** (terrestrisch wie auch per Satellit) als auch **draht-/kabelgebundene** Weitersendungen einschließlich der europäischen **Satellitensendung** (§ 20a). Zusätzlich zu der Zeitgleichheit der Weitersendung muss ihre **Bedeutung als Werknutzung** anderen durch öffentliche Wiedergabe erfolgten Werknutzungen entsprechen (BGH GRUR 2013, 618 Tz. 41 – *Internet-Videorecorder II*; BGH ZUM-RD 2013, 314 Tz. 55; BGH GRUR 2009, 845 Tz. 31 f. – *Internet-Videorecorder*).

Eine Weitersendung kann auch über das **Internet** erfolgen, insbesondere in **27** Form des **Live-Streaming** (z. B. Internet-TV), allerdings nur dann, wenn und soweit die Signale tatsächlich „in Echtzeit" weiter übertragen werden (OLG Hamburg GRUR-RR 2006, 148, 149 – *Cybersky*). Eine Zeitgleichheit ist auch dann noch anzunehmen, wenn eine automatisch vorgenommene technische Aufbereitung der empfangenen Signale zum Zweck der sich unmittelbar anschließenden Weitersendung zu einer vorherigen Aufzeichnung und einer gewissen Zeitverschiebung führt (BGH ZUM-RD 2013, 314 Tz. 56). Tatsächlich **zeitversetzte Sendungen** stellen indessen keine „Weitersendungen" dar (s. BGH GRUR 2010, 530, 531 Tz. 21 – *Regio-Vertrag*; BGH GRUR 2009, 845, 847 Tz. 29 – *Internet-Videorecorder* m. Anm. *Becker*; OLG Dresden ZUM 2007, 203). Wird die Funksendung zunächst auf einem Tonträger, einem Bildträger oder einem Bild-/Tonträger festgelegt und erst zu einem späteren Zeitpunkt gesendet, wäre allerdings der Anwendungsbereich des Abs. 1 Nr. 2 (Vervielfältigung) eröffnet; zudem könnte dies sowohl Tonträger- (§ 85) als auch Filmherstellerrechte (§ 94) tangieren (Loewenheim/*Flechsig*[2] § 41 Rn. 28; Schricker/Loewenheim/*v. Ungern-Sternberg*[5] Rn. 79; Dreier/Schulze/*Dreier*[5] Rn. 13; Wandtke/Bullinger/*Erhardt*[4] Rn. 14).
Sendender (und damit im Falle der Rechtswidrigkeit: Anspruchsschuldner) ist im Falle einer Weitersendung derjenige, der die **Entscheidungen trifft**, welche Funksendungen an eine Öffentlichkeit gesendet werden, nicht dagegen derjenige, der lediglich die hierfür erforderlichen technischen Vorrichtungen bereit-

stellt und betreibt (BGH GRUR 2010, 530, 531 Tz. 23 – *Regio-Vertrag*; s. hierzu BVerfG MMR 2011, 827– *Regio-Vertrag*; s. a. *Riesenhuber* ZUM 2011, 134). Bei der Bestimmung des Sendenden ist auf die Umstände des Einzelfalls abzustellen. Während in dem zuletzt erwähnten *Regio-Vertrag*-Urteil des BGH der Kabelnetzbetreiber ein Hotel mit den Fernsehprogrammen versorgte und somit als Sendender galt, war dies in den Sachverhalten, die den Entscheidungen EuGH GRUR 2007, 225 – *SGAE/Rafael* und OLG München ZUM 2012, 54 zugrunde lagen, anders: Dort waren aufgrund der konkreten Umstände die Hotelbetreiber als „Sendende" anzusehen. Nach überwiegender Ansicht muss der Weitersendende – entgegen der Definition der „Weitersendung" in Art. 3 lit. g) des Rom-Abkommens („durch ein anderes Sendeunternehmen") – **nicht** unbedingt selbst ein **Sendeunternehmen** im Sinne des § 87 sein (Schricker/Loewenheim/*v. Ungern-Sternberg*[5] Rn. 84; BeckOK UrhR/*Hillig*[16] Rn. 18; Loewenheim/*Flechsig*[2] § 41 Rn. 30).

28   Ein Eingriff in das Recht der Weitersendung ist nicht nur dann gegeben, wenn die Weitersendung **unmittelbar an die Sendung** des Rechtsinhabers (Sendeunternehmens) anknüpft. Es genügt, wenn der Weitersendung eine gleichzeitige **Anschlusssendung** eines anderen Unternehmens oder aber eine Richtfunk-, Kabel- oder Satellitenübertragung der Funksendung durch das Sendeunternehmen selbst oder auch durch einen Dritten zugrunde liegt (Schricker/Loewenheim/*v. Ungern-Sternberg*[5] Rn. 83; Loewenheim/*Flechsig*[2], § 41 Rn. 30; einschränkend: Dreier/Schulze/*Dreier*[5] Rn. 13). Eine Verletzung setzt also nicht zwingend voraus, dass unmittelbar das an die Öffentlichkeit gerichtete Signal „angezapft" und weitergeleitet wird.

29   **bb) Öffentliche Zugänglichmachung:** Dem Sendeunternehmen steht überdies das ausschließliche Recht zu, die Funksendung **öffentlich zugänglich** zu machen. Es wird auf die Kommentierung zu § 19a verwiesen. Besondere Bedeutung hat dieses Verbotsrecht vor allem bei der Wiedergabe der Funksendung im **Internet** nach einem erfolgten Mitschnitt einer Funksendung. Zwar greift bereits der Mitschnitt in die Vervielfältigungsrechte gem. Abs. 1 Nr. 2 ein, jedoch – so betont auch der Gesetzgeber – entspricht es dem Grundkonzept des Urheberrechtsgesetzes, bei einer Mehrheit von aufeinander folgenden, eine wirtschaftliche Einheit bildenden Verwertungshandlungen gleichwohl auf jeder Stufe eine Kontrolle durch den Rechtsinhaber zu ermöglichen (RegE UrhG Infoges – BT-Drs. 15/38, S. 25). Dies ist nicht zuletzt dann relevant, falls der Mitschnitt und die öffentliche Zugänglichmachung durch unterschiedliche Personen erfolgt.

29a   Das OLG Köln hat in dem Angebot eines **Online-Videorekorders** für Dritte einen Eingriff in das Recht der öffentlichen Zugänglichmachung des Sendeunternehmens gem. Abs. 1 Nr. 1 erkannt und zugleich eine Vervielfältigungshandlung gem. Abs. 1 Nr. 2 angenommen (OLG Köln GRUR-RR 2006, 5 – *Personal Video Recorder*; s.a. OLG Hamburg GRUR-RR 2006, 148, 149 – *Cybersky*). Allerdings ist stets die konkrete technische Realisierung des Dienstes zu berücksichtigen: In den Internet-Videorekorder-Fällen „**Shift.TV**" (BGH GRUR 2009, 845 – *Internet-Videorecorder*; BGH GRUR 2013, 618 – *Internet-Videorecorder II*) und **Save.TV** (BGH ZUM-RD 2013, 314;) wurden die Sendungen (jedenfalls nach den – unter den Parteien strittigen – Feststellungen des Berufungsgerichts) von dem Anbieter zunächst in Form einer „Masterkopie" (Kopiervorlage) aufgezeichnet. Von dieser Masterkopie wurden jeweils für jeden Kunden **gesonderte Kopien**, also separate Dateien, angefertigt und diese dann in das jeweilige Serververzeichnis des Kunden eingestellt. Jeder Kunde verfügte also über eine „eigene" Kopie, auf die er Zugriff hatte. In diesem Fall macht der Anbieter die Inhalte zwar gegenüber dem einzelnen Kunden zugänglich, allerdings jede Kopie nur einem, und nicht gegenüber der Öffentlichkeit, da andere Personen als der konkrete Kunde keinen Zugriff auf die Dateikopie hatten. Ein einzelner Kunde ist aber ebenso wenig die „Öffentlichkeit" wie die Summe einzelner Nutzer, welche die Sendung möglicherweise parallel haben aufzeichnen lassen (s. BGH GRUR 2013, 618 Tz. 22 – *Internet-Videorecorder II*; BGH GRUR 2009, 845, 847 Tz. 25 f. – *Internet-Videorecorder* m. Anm. *Becker*). Wird aber eine Datei gleichzeitig mehreren nicht persönlich miteinander verbundenen Kunden gegenüber zum Abruf bereitgehalten, läge ein öffentliches Zugänglichmachen vor.

b) Rechte des Abs. 1 Nr. 2: Abs. 1 Nr. 2 gewährt dem Sendeunternehmen zunächst das Recht, seine Funksendung auf Bild- oder Tonträgern **aufzunehmen**, also eine Fixierung der Funksendung durch Übertragung auf diese Vorrichtungen zur wiederholbaren Wiedergabe vorzunehmen (§ 16 Abs. 2). Das Recht der „Aufnahme" in diesem Sinne umfasst nur die **erstmalige Festlegung** der Funksendung, nicht aber die wiederholte Fixierung einer bereits zuvor festgelegten Aufnahme. Allerdings steht dem Sendeunternehmen neben dem Recht der erstmaligen Fixierung der Funksendung („aufnehmen") ohnehin auch das ausschließliche Recht der **Vervielfältigung** (§ 16) zu, die anhand der erstmaligen Fixierung oder an Vervielfältigungsstücken hiervon vorgenommen wird. **30**

Im Zusammenhang mit der Nutzung der schon oben mehrfach angesprochenen **Online-Videorekorder** (dazu bereits vgl. Rn. 29) kommt es stets zur urheberrechtsrelevanten **Vervielfältigung** von Sendungen, nämlich in Form digitaler Festlegungen auf dem einem Kunden zur Verfügung gestellten Speicherplatz. Da sich die Angebote der Online-Videorekorder grundsätzlich an Private richten, könnte die Vervielfältigung allerdings gem. § 53 **Abs. 1 (privater Gebrauch)** privilegiert und zustimmungsfrei zulässig sein. In diesem Kontext stellt sich die Frage, wer als Hersteller der Vervielfältigungsstücke anzusehen ist. Ist dies der (private) Nutzer selbst, kommt die Anwendung des § 53 Abs. 1 S. 1 in Betracht; stellte man hingegen auf den Anbieter ab, käme ggf. § 53 Abs. 1 S. 2 zum Tragen, wenn und soweit die Vervielfältigungshandlung dem privaten Nutzer zuzurechnen ist und unentgeltlich erfolgt. Während es bei der Frage der Herstellereigenschaft auf eine rein technische Betrachtung ankommt, ist die im Zuge des § 53 zu hinterfragende Zurechnung aufgrund einer am Zweck des Privilegs ausgerichteten **normativen Bewertung** zu beurteilen. Die Vervielfältigung kann dem privat handelnden Nutzer zugerechnet werden, wenn der im Auftrag handelnde Hersteller im Sinne eines „notwendigen Werkzeugs" gleichsam „an die Stelle des Vervielfältigungsgerätes" tritt (s. BGH GRUR 2009, 845, 846 Tz. 17 – *Internet-Videorecorder* m. Anm. *Becker*; Vorinstanz: OLG Dresden GRUR-RR 2007, 138 – *Online-Videorekorder*). Das OLG Dresden ist auf der Grundlage der Revisionsentscheidung des BGH davon ausgegangen, dass in dem zu beurteilenden Online-Videorekorder-Fall der **Nutzer selbst als Hersteller** anzusehen sei; er löse durch sein Handeln einen vollständig automatisierten Aufzeichnungsprozess aus und vervielfältige die Sendung daher selbst (OLG Dresden GRUR-RR 2011, 413, 415 – *save.tv*). In den Fällen OLG Köln GRUR-RR 2006, 5 – *Personal Video Recorder* sowie LG München, GRUR-RS 2016, 21276 – Online-Videorekorder) wurde dies anders beurteilt und die Vervielfältigungshoheit bei dem Anbieter gesehen. **30a**

Es kommt auf die konkreten Umstände des Einzelfalls an, insbesondere im Hinblick auf die technische Realisierung des Angebotes. Wie schon in Rn. 29 erläutert, kam es bei den Fällen **Save.TV** und **Shift.TV** zu einer zweistufigen Kopierhandlung: Es wurde zunächst auf Anforderung der Kunden unter Abgreifen der Funksendung eine „Masterkopie" angefertigt, die als Kopiervorlage für die Anfertigung von weiteren Kopien für die einzelnen Kunden herangezogen wurde. Zutreffend nimmt der BGH hier entsprechend auch im Kontext der Schrankenregelung eine Differenzierung vor: Während die zweite Verviel- **30b** fältigungshandlung (Kopie von der Masterkopie für den Kunden) von § 53 Abs. 1 S. 1 gedeckt sei, gelte dies für die erste Handlung (Herstellung der Masterkopie) hingegen nicht, denn anders als die Kundenkopie diene diese nicht (genau genommen müsste es wohl heißen: „nicht nur") dem privaten Gebrauch des Nutzers, der nicht einmal eine Kontrolle über diese zentrale Kopiervorlage ausübe; diese Vervielfältigungshandlung erfolge nicht durch eine natürliche Person zum Privatgebrauch und im Übrigen auch zu Erwerbszwecken (BGH ZUM-RD 2013, 314 Tz. 17 ff.).

31 Überdies hat das Sendeunternehmen das ausschließliche Recht, die hergestellten Bild- und Tonträger zu **verbreiten** (§ 17 Abs. 1). Die Erweiterung des Rechtekatalogs um das Recht der Verbreitung geht zurück auf Art. 9 der Vermiet- und Verleih-RL, der mit dem 3. ÄndG 1995 umgesetzt wurde; eines Rückgriffs auf § 96 bedarf es demnach nicht mehr. Der **Erschöpfungsgrundsatz gem.** § 17 Abs. 2 ist zu beachten; allerdings werden die Sendungen in der Praxis von dem Sendeunternehmen wohl eher selten als erste Fixierung oder als Vervielfältigungsstück in den Verkehr gebracht.
Von dem Verbreitungsrecht ausdrücklich ausgenommen ist das Recht der **Vermietung** (§ 17 Abs. 3). Dieses kann das Sendeunternehmen aber u. U. dann geltend machen, wenn es entweder selbst Tonträger- (§ 85) oder Filmhersteller (§ 94) ist oder es seine Rechte von Dritten, denen das ausschließliche Vermietrecht zusteht, ableiten kann.

32 Ergänzt wird der Schutz durch das ausschließliche Recht, **Lichtbilder** (§ 72) von der Funksendung **anzufertigen** sowie diese zu **vervielfältigen** und zu verbreiten (mit Ausnahme der Vermietung). Das Anfertigen von **Bildschirmfotos** für Fernsehprogrammführer zur Illustration des Inhalts eines angekündigten Programmpunktes kann ggf. von der Schranke des § 50 gedeckt sein (s. OLG Köln GRUR-RR 2005, 105 – *Elektronischer Programmführer*). Zum Zitatrecht gem. § 51 s. LG Berlin GRUR 2000, 797, 797 – *Screenshots*.

33 c) **Recht des Abs. 1 Nr. 3:** Schließlich gewährt Abs. 1 Nr. 3 dem Sendeunternehmen das ausschließliche Recht, die Funksendung an Stellen, die der Öffentlichkeit nur gegen Zahlung eines Eintrittsgeldes zugänglich sind, öffentlich wahrnehmbar zu machen. Das Recht des **öffentlichen Wahrnehmbarmachens** entspricht inhaltlich im Wesentlichen § 22 (Dreier/Schulze/*Dreier*[5] Rn. 5). Klassischerweise erfolgt die Wahrnehmbarmachung der Funksendung über Leinwände, Bildschirme, Lautsprecher und ähnliche technische Vorrichtungen. Der Begriff der **Öffentlichkeit** richtet sich nach § 15 Abs. 3.

34 Das ausschließliche Recht des Abs. 1 Nr. 3 gilt nur, soweit die Funksendung an einem Ort öffentlich wahrnehmbar gemacht wird, der der Öffentlichkeit gegen **Zahlung eines Eintrittsgeldes** zugänglich ist. Der Begriff des Eintrittsgeldes ist mit Blick auf den Schutzweck tendenziell weit zu verstehen. Er umfasst nicht nur das von dem Publikum zu zahlende unmittelbare Eintrittsentgelt (z. B. bei einem Kinobesuch, Discotheken), sondern auch **indirekte und verdeckte Zahlungen** (insb. umgelegte Gelder), wie bspw. erhöhte Speisen- und Getränkepreise, Unkostenbeiträge oder die Erhebung eines Mitgliedspreises (s. BeckOK UrhR/*Hillig*[16] Rn. 33; Loewenheim/*Flechsig*[2] § 41 Rn. 40 f.; zurückhaltender: Dreier/Schulze/*Dreier*[5] Rn. 17; Wandtke/Bullinger/*Erhardt*[4] Rn. 23; hierzu auch *Götting* ZUM 2005, 185). Vorstehende Erwägungen sind bspw. bei dem **Public Viewing**, also bei der Live-Übertragung von sportlichen oder kulturellen Großveranstaltungen an öffentlichen Plätzen, von Bedeutung. Eine derartige Live-Wiedergabe greift jedenfalls dann in die Ausschließlichkeitsrechte des Sendeunternehmens sein, wenn von den Besuchern Eintrittsgelder verlangt oder die Kosten anderweitig umgelegt werden.

4. Übertragbarkeit des Rechts und Einräumung von Nutzungsrechten (Abs. 2)

a) Übertragbarkeit (Abs. 2 S. 1): Das Recht der Sendeunternehmen ist ein Leistungsschutzrecht vermögensrechtlicher Natur ohne persönlichkeitsrechtlichen Kern und als solches auf Dritte in Gänze **übertragbar.** Dies wird in Abs. 2 S. 1 klargestellt. Auf die Rechtsübertragung finden die §§ 413, 398 ff. BGB Anwendung. Die zu übertragenden Rechte müssen hinreichend **bestimmt,** zumindest aber **bestimmbar** sein. Die sich aus § 87 ergebenen Rechte sind, sofern das Sendeunternehmen eine natürliche Person ist, unproblematisch auch **vererbbar** (§§ 1922 ff. BGB).   **35**

b) Nutzungsrechtseinräumung (Abs. 2 S. 2 und S. 3): In Abs. 2 S. 2 wird überdies klargestellt, dass das Sendeunternehmen an seinen Rechten aus § 87 Dritten **vertragliche Nutzungsrechte** einräumen kann. Für die Einräumung der Nutzungsrechte gelten aufgrund der Verweisungsnorm des **Abs. 2 S. 3** die Vorschriften des § 31 (Einräumung von Nutzungsrechten), des § 33 (Weiterwirkung von Nutzungsrechten) sowie § 38 (Beiträge zu Sammlungen) entsprechend. Bei der Verweisung auf die §§ 31 ff. wurden diejenigen Vorschriften ausgeklammert, die entweder vertragsrechtliche Konkretisierungen des Urheberpersönlichkeitsrechts sind (§§ 39, 40, 42) oder lediglich dem Schutz des Urhebers als der regelmäßig schwächeren Vertragspartei dienen (RegE UrhG Infoges – BT-Drs. 15/38, S. 25).   **36**

Die Verweisungsnorm des **Abs. 2 S. 3** bezieht ausschließlich auf den vorhergehenden **Abs. 2 S. 2,** der die **Einräumung** von Nutzungsrechten betrifft; er findet keine Anwendung auf die in Abs. 2 S. 1 geregelte **Rechtsübertragung.** Zur Parallelvorschrift des § 85 Abs. 2 S. 3 vgl. § 85 Rn. 61. Insb. kommt bei der Rechtsübertragung der **Zweckübertragungsgedanke** des § 31 Abs. 5 nicht zum Tragen.   **37**

5. Schutzfristen (Abs. 3)

Zu Gunsten des Sendeunternehmens gilt eine Schutzfrist von **50 Jahren** (Abs. 3 S. 1). Maßgeblich für die Berechnung der Schutzdauer ist der Tag der **ersten Funksendung** im Sinne des **technischen Vorgangs** (vgl. Rn. 17). Dies entspricht nunmehr den Vorgaben des Art. 3 Abs. 4 Schutzdauer-RL (98/93/EWG bzw. 2006/116/EG), in dem die Schutzdauer an die „Erstsendung" geknüpft ist. Die Frist beginnt gem. **Abs. 3 S. 2** i. V. m. § 69 mit dem Ablauf des Kalenderjahres, in welchem die erste Funksendung erfolgt ist.   **38**

Unter Geltung von § 87 Abs. 2 UrhG in seiner ersten Fassung bestand der Schutz zugunsten des Sendeunternehmens für die Dauer von 25 Jahren. Erst mit dem 3. ÄndG 1995 und mit Wirkung zum 1.7.1995 wurde die Schutzfrist – in Umsetzung der Schutzdauer-RL – auf 50 Jahre verlängert. Die **Übergangsvorschrift** findet sich in § 137f (vgl. § 137f Rn. 1 ff.).   **39**

6. Verweise des Abs. 4

a) § 10 Abs. 1 (Vermutung der Rechtsinhaberschaft): Mit dem Gesetz zur Verbesserung der Durchsetzung von Rechten des geistigen Eigentums vom 7.7.2008 wurde in Umsetzung von Art. 5 b) der Enforcement-RL die Verweisungsnorm des Abs. 4 um einen Verweis auf § 10 Abs. 1 ergänzt. Nunmehr kann sich auch das Sendeunternehmen auf eine **gesetzliche Vermutung der Rechtsinhaberschaft** berufen, sofern es in der üblichen Weise als Rechtsinhaber bezeichnet ist. Dies kann etwa durch die Aufnahme einer Senderkennung oder durch einen entsprechenden Vor- oder Abspann erfolgen.   **40**

Inhalt der Vermutung ist, dass der Bezeichnete **Inhaber der Rechte** aus § 87 ist. Die Vermutung soll dem Rechtsinhaber die Durchsetzung seiner Ansprüche   **41**

dahingehend erleichtern, dass er – bis zum Beweis des Gegenteils – zunächst keinen Beweis über seine Rechtsinhaberschaft zu erbringen muss. In der Regel wird der Rechtsinhaber auch zugleich derjenige sein, der die Leistungen des § 87 erbracht hat, also das Sendeunternehmen selbst. Zwingend ist dies gleichwohl nicht, da der Rechtsinhaber nicht zwangsläufig auch das Sendeunternehmen sein muss; dieses kann seine Rechte bspw. gem. Abs. 2 S. 1 einem Dritten übertragen haben.

42   **b) Weitere Verweise (Schrankenbestimmungen):** Ferner sind gem. Abs. 4 die Vorschriften des Abschnitts 6 des Teils 1 mit Ausnahme des § 54 Abs. 1 (Vergütungspflicht bei privatem und sonstigen eigenen Gebrauch) anwendbar. Das sind die **Schrankenbestimmungen** der §§ 44a bis 63a einschließlich der dort normierten **Vergütungsansprüche**, insb. im Rahmen der §§ 45a, 46 Abs. 4, 52a Abs. 4, und 54h Abs. 2.

43   Von der Verweisung ausdrücklich **ausgenommen** ist die **Geräte- und Leerträgervergütung** des **§ 54 Abs. 1** (zur Verfassungsmäßigkeit s. BVerfG NJW 1988, 1715; zum Ganzen auch Dreier/Schulze/*Dreier*[5] Rn. 24 sowie Schricker/Loewenheim/*v. Ungern-Sternberg*[5] Rn. 101 ff., jeweils m. w. N.). Eine in diesem Zusammenhang stehende Nichtzulassungsbeschwerde der Verwertungsgesellschaft VG Media, die in der Regelung des Abs. 4 einen Verstoß gegen Art. 5 Abs. 2 lit. b der **Info-RL** erkannte, wurde vom BGH zurückgewiesen (BGH GRUR 2010, 924 – *Gerechter Ausgleich*). Es sei kein qualifizierter Verstoß gegen die Info-RL erkennbar, da zum einen in dieser nur von einem „gerechten Ausgleich" und nicht etwa von der Zahlung einer „angemessenen Vergütung" die Rede sei (Tz. 9). Zum anderen seien Sendeunternehmen oftmals zugleich Ton- oder Filmhersteller und so bereits vielfach an dem Vergütungsaufkommen beteiligt. Eine darüberhinausgehende Vergütung ginge zulasten der übrigen Leistungsschutzberechtigten (Tz. 14).

7. Verträge über die Kabelweitersendung (Abs. 5)

44   Gem. Abs. 5 werden **Sendeunternehmen** und **Kabelunternehmen** wechselseitig dazu verpflichtet, einen gemeinsamen Vertrag in Bezug auf die Kabelweitersendung (§ 20b Abs. 1 S. 1) zu angemessenen Bedingungen abzuschließen. Die Vorschrift beinhaltet einen gesetzlichen **Kontrahierungszwang** und geht zurück auf die Satelliten- und Kabel-RL (krit. hierzu: *Gounalakis* NJW 1999, 545, 545 ff.). Hintergrund ist § 20b Abs. 1 S. 2, der die Sendeunternehmen von der **Verwertungsgesellschaftspflicht** ausnimmt und insoweit freistellt, ob die Sendeunternehmen ihre eigenen und von Dritten abgeleiteten Rechte in Bezug auf die Kabelweitersendung in die VG einbringen (Wandtke/Bullinger/*Erhardt*[4] Rn. 21; Loewenheim/*Flechsig*[2] § 41 Rn. 57). Der Kontrahierungszwang besteht in dem Verhältnis zwischen dem Sende- und dem Kabelunternehmen, während die **Verwertungsgesellschaften** über Abs. 5 S. 2 mittelbar in die zu schließenden Verträge eingebunden werden (BVerfG MMR 2011, 827, 828, Tz. 25 – *Regio-Vertrag*).

45   Abs. 5 begründet sowohl zugunsten des Sendeunternehmens als auch zugunsten des Kabelunternehmens jeweils einen zivilrechtlichen Anspruch gegen den anderen **auf Abschluss eines Vertrages** zu angemessenen Bedingungen. Gleichermaßen besteht aber auch ein Anspruch, bereits bestehende – zu angemessenen Bedingungen abgeschlossene – Verträge nicht ohne rechtfertigenden Grund zu beenden, wenn die Voraussetzung des Abs. 5 bei Beendigung des Vertrages (noch) vorliegen (Schricker/Loewenheim/*v. Ungern-Sternberg*[5] Rn. 113, 121; BGH GRUR 2003, 893, 894 – *Schülertransporte*). Inhaltlich umfasst er nicht nur die **eigenen Rechte** des Sendeunternehmens gem. § 87, sondern auch die von Urhebern oder anderen Leistungsschutzberechtigten abgeleiteten, also dem Sendeunternehmen eingeräumten oder an das Sendeunternehmen abgetretenen **Rechte Dritter (Abs. 5 Hs. 2)**. Da Abs. 5 lediglich einen Anspruch gegen den anderen auf Abschluss eines Vertrages gewährt, besteht vor Abschluss dieses Vertrages noch keine unmittelbare Berechtigung zur Kabelweitersendung (OLG Dresden GRUR 2003, 601, 603 f. –*Kontrahierungszwang*; Schricker/ Loewenheim/*v. Ungern-Sternberg*[5] Rn. 122).

Die erforderliche **Angemessenheit** der Bedingungen, was insbesondere – aber nicht   **46** nur – die Frage der Vergütung betrifft (s. OLG München ZUM 2012, 54, 62), setzt voraus, dass die sich gegenüberstehenden beiderseitigen Interessen angemessen in Ausgleich gebracht werden. Sie kann aber im europarechtlichen Vergleich durchaus unterschiedlich ausfallen (hierzu EuGH GRUR 2003, 325 – *SENA/NOS*; weitere Nachweise auch bei Wandtke/Bullinger/*Erhardt*[4] Rn. 23). Die Bedingungen gelten grundsätzlich als angemessen, wenn sie **marktüblich** sind (s. hierzu Dreier/ Schulze/*Dreier*[5] Rn. 28; Wandtke/Bullinger/*Erhardt*[4] Rn. 23; Loewenheim/*Flechsig*[2] § 41 Rn. 59;). Im Übrigen ist auf den Einzelfall abzustellen.

Die Kontrahierungspflicht entfällt ausdrücklich dann, wenn für die **Ablehnung**   **47** des Vertragsschlusses ein **sachlich gerechtfertigter Grund** gegeben ist (s. hierzu Art. 12 der Satelliten- und Kabel-RL: „nicht ohne triftigen Grund"; s. a. Art. 3 Abs. 3 SFA; RegE 4. ÄndG – BT-Drs. 13/4796, S. 15; OLG Dresden GRUR 2003, 601 – *Kontrahierungszwang*; Walter/*Dreier*/*Walter* Art. 10 Rn. 4). In Betracht kommen hier sowohl **tatsächliche** als auch **rechtliche Gründe**. So ist es etwa denkbar, dass das Sendeunternehmen überhaupt nicht Inhaber der Weitersenderechte ist oder die Weitersendung Rechte Dritter verletzten würde (Dreier/ Schulze/*Dreier*[5] Rn. 27). Auch können dem Vertragsschluss medienrechtliche Vorschriften der einzelnen Länder entgegenstehen (RegE 4. ÄndG – BT-Drs. 13/4796, S. 15; *Christmann/Enßlin/Wachs* MMR 2005, 291, 293). Werden gänzlich überhöhte Entgelte gefordert, sind schon keine „angemessenen Bedingungen" gegeben. Übersteigt ein Angebot das Marktübliche nur eher mäßig, liegt nicht bereits hierin ein Grund zur berechtigten Verweigerung zum Vertragsschluss (s. OLG München ZUM 2012, 54). Eine unberechtigte Ablehnung kann u. U. zu Schadenersatzansprüchen des anderen führen (s. hierzu *Weisser/ Höppener* ZUM 2003, 597, 608 f.).

Zu kartellrechtlichen Aspekten des Abs. 5 s. BGH GRUR 1996, 808, 810 f. –   **48** *Pay-TV-Durchleitung*; Immenga/Mestmäcker/*Markert* § 20 Rn. 204 ff.; Schricker/Loewenheim/*v. Ungern-Sternberg*[5] Rn. 124 m.w.N).

III. Prozessuales

Für Streitigkeiten zwischen Sende- und Kabelunternehmen hinsichtlich des   **49** Kontrahierungszwangs gem. **Abs. 5** ist die **Schiedsstelle** beim Deutschen Patent- und Markenamt (**DPMA**) anzurufen (§ 92 Abs. 2 VGG). Dies gilt jedoch ausschließlich für die den Abs. 5 betreffenden Auseinandersetzungen; der Geltendmachung von **Verletzungsansprüchen** (insb. von Unterlassungsansprüchen) ist ein Schiedsstellenverfahren grundsätzlich nicht vorgeschaltet. Zu einem Streitfall hinsichtlich Abs. 5 zählt bspw. nicht die Frage, ob ein Kabelunternehmen schon vor Abschluss eines derartigen Vertrages zur Weitersendung berechtigt ist (OLG Dresden GRUR 2003, 601, 603 – *Kontrahierungszwang*; s. a. OLG Dresden ZUM 2003, 231).

Nach Durchführung des Streitschlichtungsverfahrens ist der ordentliche Gerichts-   **50** weg eröffnet, wobei erstinstanzlich **ausschließlich** das **OLG München** zuständig ist (§ 129 Abs. 1 i. V. m. § 92 Abs. 2 VGG). Dieses setzt den Inhalt des Vertrages zwischen den Parteien (Sendeunternehmen und Kabelunternehmen) sowie die Art und Höhe der nach Abs. 5 angemessenen Vergütung nach billigem Ermessen fest (BeckOK UrhR/*Hillig*[16] Rn. 47.2; OLG München ZUM 2012, 54, 62; vorausgegangenes Schlichtungsverfahren des DPMA: ZUM 2009, 180).

IV. Verhältnis zu anderen Vorschriften

51 Ein Sendeunternehmen kann neben den in § 87 geschützten Leistungen zugleich oder zusätzlich Leistungen erbringen, die in den Schutzbereich anderer Leistungsschutzrechte fallen. So kann es bspw. zugleich **Tonträgerhersteller** (§ 85; s. hierzu BGH GRUR 1999, 577, 578 – *Sendeunternehmen als Tonträgerhersteller*), **Filmhersteller** (§ 94) oder auch **Veranstalter** (§ 81) sein. Die insoweit entstehenden Rechte treten selbständig neben die aus § 87.

52 Im Einzelfall kommen darüber hinaus ergänzend **wettbewerbsrechtliche Vorschriften** des UWG in Betracht, auf die sich das Sendeunternehmen berufen kann, was dem Grunde nach auch für öffentlich-rechtliche Rundfunkanstalten gilt (s. schon BGH GRUR 1962, 470 – *AKI*).

53 So wurde bspw. das Inverkehrbringen von **Decodern** zur widerrechtlichen Dekodierung verschlüsselter **Pay-TV**-Sendungen zutreffend unter dem Aspekt der Behinderung gem. § 1 UWG a. F. (heute: §§ 3, 4 Nr. 4 UWG) als wettbewerbswidrig erachtet (etwa OLG München WRP 1992, 661). Heute verstoßen derartige Geräte regelmäßig gegen die Bestimmungen des ZKDSG; s. z. B. OLG Frankfurt GRUR-RR 2003, 287 – *Magic Modul*. Sog. „**Werbeblocker**", die automatisch mittels spezieller technischer Verfahren Werbeinhalte aus einer Sendung filtern oder zur Werbezeit zu einem Parallelprogramm schalten, wurden als zulässig erachtet (BGH GRUR 2004, 877, 878 ff. – *Werbeblocker* sowie die vorinstanzliche Entscheidung KG MMR 2002, 483 – *Werbeblocker „Fernsehfee"* und hierzu *Ladeur* GRUR 2005, 559 ff. sowie *Hoeren* EWiR 2004, 1193).

Abschnitt 6 **Schutz des Datenbankherstellers**

Vorbemerkung   §§ 87a bis 87e

Übersicht   Rn.

I. Allgemeines

1. Sinn und Zweck des Datenbankschutzes

1 Datenbanken sind eines der Kernelemente der Wissensgesellschaft. Die Wissensgesellschaft, die bekanntlich die Warenverkehrsgesellschaft ablöst, ist nicht mehr auf Austausch von materiellen Gegenständen, sondern auf den Zugang zu immateriellen Gütern angewiesen (zu dieser Entwicklung Bröcker/Czychowski/Schäfer/*Czychowski* § 1 Rn. 2 ff., 45). Erst durch die – gewissermaßen als Basistechnologie zu bezeichnende – Digitalisierung ist es überhaupt möglich geworden, Wissen relativ einfach in größeren Mengen zu akkumulieren und über Suchmechanismen verfügbar zu machen. Enzyklopädien oder gar – weiter zurück – Klosterbibliotheken reichten eben nur für die Verbreitung von Wissen in einer gewissen Schicht. Digitale Sammlungen von Wissen hingegen sind – nimmt man noch das Internet als Verbreitungsmedium hinzu – überall speicherbar und für viel mehr Menschen zugänglich. Es liegt daher auf der Hand, dass derartigen Wissensansammlungen eines Schutzes bedürfen. Was aber sind solche Wissensansammlungen anderes als Datenbanken?

2. Entstehungsgeschichte

a) EU-Recht – die Datenbank-RL: Bereits 1988 hatte die EU-Kommission in einem Grünbuch einen besonderen Schutz für Datenbanken angemahnt. Ihr erster Vorschlag für eine entsprechende Richtlinie (aus dem Jahr 1992) enthielt dann auch bereits ein eigenes (eher wettbewerbsrechtlich geprägtes) Schutzrecht, ein sog. Recht sui generis, wenn auch noch in anderer Form als es schließlich in der Richtlinie eingeführt wurde (hierzu Walter/*v. Lewinski* vor Art. 1 Datenbank-RL Rn. 2 f.; ausführlich zur Entstehungsgeschichte auch Schricker/Loewenheim/*Vogel*[5] Rn. 8).   **2**

Grundlage der §§ 87a-e ist daher die **Datenbank-RL** (ABl. EG Nr. I 77 S. 20). Sie bedurfte der Umsetzung in deutsches Recht zum 1.1.1998 und wurde auch exakt zu diesem Datum umgesetzt. Das schließlich in der Richtlinie aufgenommene Recht sui generis schützt – anders als das Urheberrecht – aber nicht den Schöpfer, sondern denjenigen, der die Investition tätig, nämlich den **Datenbankhersteller**. Getrennt von diesen Sonderregeln enthält die Richtlinie aber auch urheberrechtliche Regelungen zu Datenbanken, die die Hürde des Werkschutzes nehmen (ausführlich zu dieser Zweigliedrigkeit Schricker/Loewenheim/*Vogel*[5] Rn. 9).   **3**

Das Recht sui generis war von seinem Sinn und Zweck klar darauf ausgerichtet, die Investition in die Datenbank zu schützen; hierbei geht es der Richtlinie nicht um die Daten selbst, sondern um den **Schutz der finanziellen und beruflichen Investition**, die in die Beschaffung und das Sammeln des Datenbankinhalts getätigt wurde (so ausdrücklich ErwG 39 Datenbank-RL).   **4**

Mit dieser Umsetzung geht natürlich einher, dass die Regelungen der §§ 87a ff. **richtlinienkonform auszulegen** sind (vgl. Rn. 11; Schricker/Loewenheim/*Vogel*[5] Rn. 12; Wandtke/Bullinger/*Thum*/*Hermes*[4] Rn. 16 ff.). Das bedeutet also, dass bei Zweifeln oder Unklarheiten die Bestimmungen des nationalen Rechts sich am Wortlaut und Zweck der sie bindenden Richtlinien-Vorgaben zu orientieren haben und auch die Rechtsprechung anderer Mitgliedsstaaten der EU zu berücksichtigen ist (s. die hervorragende Übersicht des Informationsrecht-Instituts von *Hugenholtz* auf www.ivir.nl/files/database/index.html, zuletzt abgerufen am 21.10.2011, auf die Wandtke/Bullinger/*Thum*/*Hermes*[4] Rn. 16 hinweisen). Zum britischen Recht *Westkamp*, Der Schutz von Datenbanken und Informationssammlungen im britischen und deutschen Recht.   **5**

Mit diesem Recht sui generis hat die EU eine wirkliche **Innovation** (Walter/*v. Lewinski* vor Art. 1 Datenbank-RL Rn. 8) im Bereich der Geistigen Eigentumsrechte geschaffen. Es war daher nur folgerichtig, sich um eine **internationale Erstreckung** dieses Schutzes zu bemühen. Denn anders war eine Anerkennung einfacher Datenbanken außerhalb der EU kaum denkbar (Art. 11 Datenbank-RL zu den internationalen Regelungen). Allerdings sind die entsprechenden   **6**

Verhandlungen bei der WIPO noch nicht besonders weit gediehen (ausführlicher vgl. Rn. 18 sowie WIPO-Dok BCP/CE/VI/13 vom 1.2.1996; zur weiteren Genese s. Walter/*v. Lewinski* vor Art. 1 Datenbank-RL Rn. 8.

7   Nach Art. 16 Abs. 3 der Datenbank-RL ist die Kommission verpflichtet, in regelmäßigen Abständen – die sie allerdings für den ersten Bericht sogleich um vier Jahre überzogen hat – einen **Bericht über die Anwendung der Richtlinie** zu erstatten. Der erste dieser Berichte fällt sehr kritisch aus und geht sogar so weit, die Rücknahme der Richtlinie zu erwägen (Bericht der EG-Kommission vom 12.12.2005, S. 24). Im Ergebnis wird wahrscheinlich – zumindest in nächster Zeit – sich am Rechtsbestand nichts ändern, auch wenn einige der Vorschläge zur Überarbeitung durchaus sinnvoll erscheinen (zu dem Bericht im Detail *Kur* GRUR Int. 2006, 725; Wandtke/Bullinger/*Thum/Hermes*[4] Rn. 6 ff.). Kritisch zum Datenbankrecht auch *Ehmann* GRUR 2008, 474. Eine Bestandsaufnahme liefert *Wiebe* CR 2014, 1.

8   **b) Das IuKDG:** Das Gesetz, das einen eigenen Schutz für derartige Datenbanken in Deutschland einführte, hat den hybriden Titel „*Gesetz zur Regelung der Rahmenbedingungen für Informations- und Kommunikationsdienste*"; es griff gleich in dreifache Hinsicht „daneben": Zum einen behauptet es, mit den Datenbanken die „Informations- und Kommunikationstechnologie" **insgesamt zu regeln** (RegE IuKDG – BT-Drs. 13/7385, S. 16); zum anderen führt es zum wiederholten Male für einen bestimmten Schutzgegenstand aus unserer Sicht unglückliche Sonderregelungen ein; der Urheberrechtsgesetzgeber setzt damit eine Entwicklung fort, die bei der Aufnahme der §§ 69a ff. mit dem besonderen Schutz für Computerprogramme seinen Anfang genommen hatte. Rechtspolitische Zweifel, ob die zunehmende „**Verwettbewerbsrechtlichung**" dem Urheberrecht gut tut, sind gestattet (zur zunehmenden „Technisierung" des Urheberrechts s. Büllesbach/Büchner/*Czychowski* S. 131, 147 ff.; zur **Tendenz des immer stärkeren Investitionsschutzes**: *Dreier* CR 2000, 45, 46). Schließlich – aber das gehört nicht in das Urheberrecht – bemühte der Gesetzgeber sich zum Ende einer Legislaturperiode in öffentlichkeitswirksamer Weise „das Internet" zu regeln und „verkaufte" das Gesetz damit als das erste Gesetz, das Regelungen zu Haftungsfragen, Datenschutz im Internet etc. enthielt; eine „Spitzenstellung", die nur allzu bald dazu führte, dass das Gesetz von EU-rechtlichen Vorgaben überholt wurde und der Novellierung bedurfte. So ist denn auch nicht verwunderlich, dass die erste Evaluierung der Datenbank-RL zu dem Ergebnis kommt, „that with respect to non-original databases, the assumption that more and more layers of IP protection means more innovations and growth appears not to hold up" (Bericht der EG-Kommission vom 12.12.2005, S. 24).

9   Die Datenbank-RL hat nicht vorgegeben, dass das von ihr geschaffene Schutzrecht sui generis **im Urheberrecht umgesetzt** werden muss. Die Gesetzesbegründung formulierte daher auch durchaus vorsichtig, „es wird vorgeschlagen, das Schutzrecht des Datenbankherstellers als Leistungsschutzrecht […] einzustellen." (RegE IuKDG – BT-Drs. 13/7385, S. 42) und erwog sogar, es in einem eigenen Gesetz, z. B. dem vergleichbar dem Halbleiterschutzgesetz, zu verorten (RegE IuKDG – BT-Drs. 13/7385, S. 41). Dies lag u. E. durchaus nahe, trägt das Schutzrecht doch eher wettbewerbsrechtliche Züge (z. B. ErwG 6 der Datenbank-RL). Es im Urheberrechtsgesetz zu verankern (zu rechtspolitischen Erwägungen und zur Diskussion um die Systematik Schricker/Loewenheim/*Vogel*[5] Rn. 16), entspricht aber einer seit langem wirkenden Entwicklung, zunehmend wettbewerbsrechtliche Schutzmechanismen in das Urheberrecht aufzunehmen (Büllesbach/Büchner/*Czychowski* S. 131, 147 ff.; mit all den Problemen, die dies mit sich bringt). Dennoch überwogen die Stimmen für eine Inkorporation in das Urheberrecht; man denke nur an die vergleichbare Situation der verwandten Schutzrechte des Veranstalters, Tonträgerherstellers, Filmproduzenten oder Sendeunternehmers. All diese schützen im Ergebnis auch eher Investitionen in das wirtschaftliche Umfeld der Verwertung urheberrechtlich schutzfähiger Werke (zur Umsetzungsentwicklung *Vogel* ZUM 1997, 592, 594 ff.).

Wesentlichster Unterschied gegenüber den eben genannten anderen verwandten Schutzrechten ist, dass das Schutzrecht sui generis nicht eine bloße Tätigkeit – z. B. die Herstellung eines Tonträgers oder einer Fotografie schützt – sondern **neben** dieser **Tätigkeit** (hier: Herstellung einer Datenbank) zusätzliche **quantitative und qualitative Voraussetzungen** aufstellt, die erfüllt sein müssen, sodass unsere 9. Aufl./*Hertin* Rn. 4 zu Recht darauf hingewiesen hat, dass es letztlich immer von der Entscheidung im Einzelfall abhängt, ob und inwieweit der Hersteller einer Datenbank gegen Nutzungen Dritter geschützt ist (daher unterscheidet die EU-Kommission es auch zu Recht von **den verwandten Schutzrechten:** Erklärung der Kommission zu Art. 2 Enforcement-RL, Bl. f. PMZ 2005, 336). **10**

c) **Richtlinienkonforme Auslegung:** Wie alle Normen, die auf EU-Richtlinien zurückgehen, müssen auch die Bestimmungen über das Recht sui generis, also die §§ 87a-e **richtlinienkonform ausgelegt** werden (ausführlich dazu Schricker/Loewenheim/*Vogel*[5] Rn. 12 ff.). Dies entspricht der allgemeinen Pflicht zur gemeinschaftsrechtskonformen Auslegung von Normen und wird als deren wichtigster Sonderfall verstanden (statt aller MüKo BGB/*Säcker*[7] Einl. BGB Rn. 146). Darunter wird verstanden, dass das einzelstaatliche Gericht die nationalen Vorschriften unter voller Ausschöpfung des Beurteilungsspielraums, den ihm das nationale Recht einräumt, in Übereinstimmung mit den Anforderungen des Gemeinschaftsrechts auszulegen und anzuwenden hat (EuGH Slg. 1984, 1891 Tz. 28 – *von Colsen und Kamann*). Die Gerichte sind dabei aufgerufen, alles zu tun, was in ihrer Zuständigkeit liegt, um die volle Wirksamkeit (effet utile) der fraglichen Richtlinie zu gewährleisten und zu einem Ergebnis zu gelangen, das mit dem von der Richtlinie verfolgten Ziel übereinstimmt (EuGH NJW 2004, 3547 – *Pfeiffer*). Der BGH hat diese Art der Auslegung in st. Rspr. akzeptiert (s. nur BGH NJW 1996, 55, 56). Die Pflicht beginnt spätestens mit Ablauf der Umsetzungsfrist (EuGH NJW 2006, 2465, 2468 Tz. 113 ff. – *Adeneler*), was im vorliegenden Fall aber kein Problem darstellte. **11**

d) **Schutz von Datenbanken vor dem IuKDG:** Dass Datenbaken als zentrale Elemente der Wissensgesellschaft Schutz benötigten, hatten wir oben gezeigt (vgl. Rn. 1). Sie waren aber auch **vor dem IuKDG** bzw. der Datenbank-RL **nicht schutzlos.** Vielmehr wurde ihr Schutz im Wesentlichen über § 1 UWG a. F. erreicht. Voraussetzung hierfür war – neben einem Handeln zu Zwecken des Wettbewerbs – das Vorliegen eines besonderen Unlauterkeitsmomentes. Dies konnte z. B. in einer unmittelbaren Leistungsübernahme bei vermeidbarer Herkunftstäuschung zu sehen sein (BGH GRUR 1988, 308, 309 – *Informationsdienst*, OLG Karlsruhe WRP 1997, 55, 56 – *Telefonverzeichnis*, OLG Frankfurt WRP 1996, 1175, 1187 – *Telefonauskunft CD-ROM*). Gesetzessammlungen wurde nach dieser Rechtsprechung jedoch ein Schutz versagt (OLG München NJW 1997, 1931 – *Gesetzessammlung auf CD-ROM* und dazu die kritische Anmerkung *Axel Nordemann*/*Czychowski* NJW 1998, 1603). Auf diese Rechtsprechung, die z. T. nach wie vor Bedeutung hat, kommen wir unten noch einmal zurück (vgl. Rn. 26). **12**

Jenseits dieses wettbewerbsrechtlichen Schutzes waren seltene Fälle denkbar, in denen Auswahl und Anordnung der Datenbankinhalte sowie die Form einer Datenbank als **Schriftwerk** gem. § 2 Abs. 1 Nr. 1 oder als **Sammelwerk** gem. § 4 a. F. urheberrechtlichen Schutz genoss (BGH GRUR 1987, 704, 705 f. – *Warenzeichenlexika*; Negativbeispiel: BGH GRUR 1999, 923 – *Tele-Info-CD*). Für einen Schutz nach § 4 a. F. forderte die h. M. allerdings, dass das Sammelwerk aus urhe- **13** berrechtlich geschützten Elementen bestand (vgl. § 4 Rn. 16 m. w. N.). Natürlich war es auch denkbar, dass der Datenbankinhalt selbst Schutz genoss, als Werk oder als Gegenstand eines verwandten Schutzrechtes (BGH GRUR 1999, 923 – *CB-Infobank I*; *Loewenheim*, Datenbanken, S. 15 ff.).

14 All diese Schutzansätze liefen (jedenfalls mit der h. M.) **ins Leere**, wenn die Inhalte der Datenbank **nicht urheber- oder sonst sonderrechtlich** geschützt waren und dem Verwerter der Datenbank **kein wettbewerbsrechtlicher Vorwurf** zu machen war. Darüber hinaus hatte ein solcher selten zu begründender wettbewerbsrechtlicher Schutz den Nachteil, dass nur die Verbreitung verboten werden konnte, **nicht aber die Herstellung** (BGH GRUR 1999, 923, 927 – *CB-Infobank I Tele-Info-CD* m. w. N.). Schließlich war die **zeitliche Dauer** eines etwaigen wettbewerbsrechtlichen Schutzes **unklar** (Schricker/Loewenheim/*Vogel*[5] Rn. 5; Wandtke/Bullinger/*Thum/Hermes*[4] Rn. 3).

3. Sui generis Schutz nach internationale Konventionen

15 Bevor die EU ihre Mitgliedsstaaten auf Einführung eines Recht sui generis für Datenbanken verpflichtete, bestand weder nach RBÜ noch nach TRIPS Abkommen ein Schutz: Dem Wortlaut des **Art 2 Abs. 5 RBÜ** zufolge sind nur Sammlungen von Werken, jedoch nicht solche bloßer Daten (Datenbanken) von Art. 5 RBÜ erfasst. Es wird zwar zumindest vertreten, dass für bloße *„compilation of data"* von Elementen ohne Werkcharakter Schutz nach Art. 1 RBÜ besteht, sofern die Schaffung der Datenbank eine schöpferische Leistung in ihrer Anordnung und Sammlung darstellt, da der Schutz der schöpferischen Leistung der Erstellung einer Datenbank nicht von der Schutzfähigkeit seiner ihn konstituierenden Elemente abhängen kann (Ficsor, Protection of databases, Vortrag anlässlich der WIPO-ESCWA Arab Regional Conference on Intellectual Property and Electronic Commerce in Beirut, 7./8.5.2003, S. 3, abrufbar unter http://www.wipo.int/edocs/mdocs/arab/en/2003/ec_bey/pdf/wipo-escwa_ec_bey_03_6a.pdf, zuletzt abgerufen am 18.1.2017). Einen sui generis Schutz gerade für „nicht-originelle" Datenbanken kann dies aber auch nicht begründen.

16 **Artikel 10.2 TRIPS** weicht im Wortlaut von Art. 2 Abs. 5 RBÜ zwar dahingehend ab, dass er *"compilations of data or other material"* umfasst und diese als solche (*„as such"*) schützt, aufgrund der eindeutigen Einschränkung des Art. 10.2 TRIPS, dass nur solche Sammlungen geschützt werden, die wegen der Eigenart ihrer Sammlung oder Anordnung schöpferische Leistungen sind, kann dies jedoch nicht als Ansatzpunkt für einen sui generis Schutz von Datenbanken verwendet werden.

17 Es war daher nur folgerichtig, dass sich die **EU 1996** auf der Internationalen Konferenz zum Abschluss des **WIPO-Urheberrechtsvertrag** (engl. WIPO Copyright Treaty, WCT) in Genf zu den stärksten **Befürwortern einer Erstreckung** des sui-generis-Schutzes für Datenbanken auf das internationale Recht gehörte (Frage 182 der Konferenz der AIPPI 2004 in Genf, S. 9, abrufbar unter http://aippi.org/wp-content/uploads/committees/182/SR182German.pdf, zuletzt abgerufen am 18.1.2017). Der WCT ist ein die RBÜ und TRIPS ergänzendes und fortentwickelndes Sonderabkommen im Sinne des Art. 20 RBÜ, das den rechtlichen Rahmen für die Anpassung der nationalen Urheberrechtsgesetze an die Anforderungen digitaler Netzmedien umreißen sollte. Der WCT selbst wurde durch die Info-RL 2001/29/EG aus dem Jahr 2001 umgesetzt (*Lauber/Schwipps* GRUR 2004, 293, 293; zur deutschen Umsetzung vgl. Vor §§ 95a ff. Rn. 14 ff.).

18 Die **EU scheiterte** auf der WCT-Konferenz mit ihrem Anliegen (Art. 11 Datenbank-RL zu den internationalen Regelungen) einfache Datenbanken auch außerhalb der EU zu schützen (WIPO-Dok BCP/CE/VI/13 vom 1.2.1996; Walter/

v. Lewinski vor Art. 1 Datenbank-RL Rn. 8). Der vom 2. bis 20.12.1996 in Genf abgehaltenen Diplomatischen Konferenz der WIPO lagen zwar der Entwurf für einen Vertrag für ein Schutzrecht sui generis an Datenbanken vor, der mehr oder weniger der EU-Datenbank-RL entsprach (Basic proposal for the substantive provisions of the treaty on intellectual property in respect of databases, 30 August 1996, WIPO Document CRNR/DC/6; abrufbar unter http://www.wipo.int/edocs/mdocs/diplconf/en/crnr_dc/crnr_dc_6.pdf, zuletzt abgerufen am 18.1.2017). Artikel 5 WCT zum Schutz von „*compilations of data*" soll jedoch nach der einschlägigen "Gemeinsamen Erklärung" vom 20.12.1996 zu Artikel 5 WCT im rechtlichen Umfang nicht über den durch RBÜ und TRIPS gewährten Schutz von Datenbankwerken hinausgehen, sodass der WCT keinen Schutz sui generis enthält („The scope of protection for compilations of data (databases) under Article 5 of this Treaty, read with Article 2, is consistent with Article 2 of the Berne Convention and on a par with the relevant provisions of the TRIPS Agreement."; s. a. Antrag der Delegationen Indiens, Jordaniens, Pakistan, der Philippinen, Qatar, Korea, Singapur, Sri Lanka und Thailands den expliziten Ausschluss eines sui generis Schutzes in Art. 5 WCT aufzunehmen in WIPO Dokument CRNR/DC/19 v. 19.12.1996). Sieben der acht seit dem Abschluss des WCT abgehaltenen Sitzungen ders WIPO **Standing Committee on Copyright and Related Rights** (SCCR)" haben den sui generis Schutz für Datenbanken thematisiert, ohne dass seine Einführung auf internationaler Ebene in greifbare Nähe gerückt wäre (ausführlicher *Ficsor*, Protection of databases, WIPO Dokument WIPO-ESCWA/EC/BEY/03/6.A, S. 7).

Zu den anderen Staaten s. die Diplomatische Konferenz der WIPO 1996 zum Urheberrecht und zu verwandten Schutzrechten (zs. mit *J. Gaster*), ZUM 1997, 607; zu einer Übersicht vgl. Rn. 21.   **19**

II. Übersicht über den Regelungsgehalt

§ 87a legt zunächst die **Legaldefinitionen,** insb. der einfachen Datenbank, fest. Die **Rechte** des Herstellers und die ihm gezogene **Grenzen** finden sich sodann in §§ 87b und c, vom Aufbau her vergleichbar also der Sondervorschriften für Computerprogramme in §§ 69a ff. (im Detail zum Überblick und zur Systematik Schricker/Loewenheim/*Vogel*[5] Rn. 14 ff.). Einen guten Überblick jedenfalls für das Recht der elektronischen Datenbanken bietet auch *Haberstumpf* GRUR 2003, 14. § 87d bestimmt die **Dauer der Rechte,** und § 87e regelt die zwingende Anwendbarkeit der §§ 87a ff. in Bezug auf **vertragliche Umgehungsversuche.**   **20**

Darüber hinaus enthält das „Umsetzungspaket" noch Regelungen in § 4 zur Neubestimmung von Datenbankwerken als Sammelwerken, einen neuen § 55a hinsichtlich der **Schranke** der zulässigen Benutzung eines Datenbankwerkes durch dessen Eigentümer. § **127a** enthält die Bestimmungen zur **internationalen Anwendbarkeit;** sein Abs. 2 normiert, dass die §§ 87a ff. auch denjenigen nach deutschem Recht gegründeten juristischen Personen zu Gute kommen, deren Hauptverwaltung oder Hauptniederlassung in Deutschland oder gleichgestellten Gebieten liegt oder deren Sitz sich in diesen gleichgestellten Gebieten befindet, deren Tätigkeit aber eine tatsächliche Verbindung zu Deutschland oder diesen Gebieten aufweist (im Detail s. § 127a). Im Übrigen gilt Gegenseitigkeit (§ 127a Abs. 3), also gerade **nicht** der **Inländergleichbehandlungsgrundsatz** der urheberrechtlichen Konventionen, denn das Recht sui generis fällt eben nicht unter deren Schutzgegenstände. Zur Übersicht über die Ausprägung vergleichbarer Schutzgegenstände in **anderen Staaten** außerhalb der EU *Enmin* IIC 2004, 365 für China; *Grosse Ruse-Khan* UFITA 3/2004, 859 sowie *Wu* BTLJ 2002, 571 für die USA; für Indien: *Gupta* JIPL&P 2007, 553 ff. Die Übergangsregeln finden sich in § 137a).   **21**

III. Verhältnis zu anderen Schutzmöglichkeiten und -gegenständen

22   Die Datenbank-RL beschränkt nicht die Möglichkeit, Datenbanken über das Recht sui generis hinaus immaterialgüterrechtlich (z. B. durch Patente oder das Urheberrecht), auch wettbewerbsrechtlich zu schützen (so ausdrücklich Art. 13 Datenbank-RL). Zunächst aber sei noch einmal betont, dass der urheberrechtliche Schutz von Datenbanken bei der Umsetzung der Datenbank-RL konkretisiert sowie tw. erweitert wurde: s. die Änderungen der §§ 4, 23 S. 2, 119 Abs. 3 sowie die Einfügung von §§ 53 Abs. 5, 55a, 63 Abs. 1 S. 2, 108 Abs. 1 Nr. 8, 127a und 137g. Soweit § 4 die Definition des Datenbankwerkes ändert, dürfte darin auch eine inhaltliche Änderung zum Ausdruck kommen, nämlich dass nun bei Datenbankwerken – ebenso wie bei Computerprogrammen oder Werken der Fotografie durch die entsprechenden EG-Richtlinien – keine besonders strengen Anforderungen an die Werkqualität mehr gelten (i. E. vgl. § 4 Rn. 27 ff.). Schließlich hat der EuGH durch diese auf EG-Recht zurückgehenden Änderungen die Auslegungskompetenz hinsichtlich aller in deutsches Recht umgesetzten zwingenden urheberrechtlichen Bestimmungen der Datenbank-RL gewonnen (zur richtlinienkonformen Auslegung vgl. Rn. 11).

1.   Rechte und Pflichten in Bezug auf die in eine Datenbank aufgenommenen Daten u. a., insb. Urheberrecht und verwandte Schutzrechte

23   Art. 13 Datenbank-RL erwähnt an erster Stelle als „andere Rechtsvorschrift" **das Urheberrecht selbst**. Gemeint sind hierbei aber nicht die Datenbankwerke, deren Schutzvoraussetzungen durch die Richtlinie selbst angepasst wurden (vgl. § 4 Rn. 13). Art. 13 Datenbank-RL erwähnt das Urheberrecht und die verwandten Schutzrechte nur unter dem Oberbegriff „in Bezug auf die in eine Datenbank aufgenommenen Daten, Werke oder andere Elemente". Für diese gelten natürlich alle Möglichkeiten des Werkschutzes (EuGH GRUR 2005, 244, 250 Tz. 72 – *BHB Pferdewetten*), wie z. B. für Filmdatenbanken der Schutz der einzelnen Inhalte der Datenbank als Filmwerk, ohne dass der Schutz sui generis zu neuen Rechten an den Werken führen würde (EuGH GRUR 2005, 244, 250 Tz. 72 – *BHB Pferdewetten*). **Art. 7 Abs. 4** spricht daher auch vom **Inhalt der Datenbank**. Die des Weiteren erwähnten verwandten Schutzrechte können z. B. für einfache Fotografien nach § 72 eine Rolle spielen. Andere Rechten und Pflichten in Bezug auf die in eine Datenbank aufgenommenen Daten, Werke oder andere Elemente sind derzeit, jedenfalls in Deutschland, nicht zu erkennen, mögen sich aber ergeben.

2.   Gewerbliche Schutzrechte

24   Die gewerblichen Schutzrechte erwähnt Art. 13 Datenbank-RL tw. noch mit den überholten Namen (z. B. „Warenzeichen"), ohne dass damit aber nicht umfassend das Kennzeichenrecht, das ja hinsichtlich des Markenrechts selbst auf EU-Harmonisierung beruht, gemeint wäre. Ansonsten zählen hierzu **Patente, Gebrauchs- und Geschmacksmuster** (wohl auch das nicht eingetragene EG-Geschmacksmuster). Soweit einzelne gewerbliche Schutzrechte nicht genannt sind (z. B. **Halbleiter**), ist damit kein Ausschluss verbunden (s. den „insbesondere"-Zusatz in Art. 13 Datenbank-RL). Die Liste ist insofern nicht abschließend und vielmehr **sinngemäß** auf **alle vergleichbaren Rechte** zu erstrecken.

3.   Kartellrecht

25   Art. 13 Datenbank-RL erwähnt ausdrücklich, dass sowohl das nationale als auch das EG-Kartellrecht vom neuen Recht sui generis unberührt bleibt. Diese eigentliche Selbstverständlichkeit (zum Verhältnis des Kartellrechts zu den geistigen Eigentumsrechten vgl. Vor §§ 31 ff. Rn. 58) führte wohl mehr zufällig genau im Spannungsverhältnis von Datenbank- zu Kartellrecht zu einem der ersten Fälle, in denen die Frage des Zugangs zu wesentlichen Einrichtungen („**essential facilities**") diskutiert wurde. In einer Reihe von nationalen und EG-Entscheidungen befasste sich schlussendlich der EuGH mit der Frage, ob die Ausübung eines Ausschließlichkeitsrechts nach §§ 87a ff. durch einen marktbeherrschenden Datenbankanbieter als solche eine Rechtfertigung für ein kartellrechtswidriges Verhalten darstellen könne (EuGH GRUR Int. 2004, 644, 646 – *IMS-Health* und das einleitende deutsche Verfügungsverfahren: OLG Frankfurt MMR 2003, 45, 49 – *IMS Health*; allg. hierzu vgl. Vor §§ 31 ff. Rn. 272). Es gilt der Grundsatz, wie auch bei den gewerblichen Schutzrechten, dass der Bestand der Schutzrechte kartellrechtsfest ist, allerdings ihre Ausübung im Einzelfall einer kartellrechtlichen Prüfung standhalten muss.

4. Wettbewerbsrecht

Ein wettbewerbsrechtlicher Schutz von Datenbanken dürfte neben den nunmehrigen Spezialregeln der §§ 87a ff. die größte Bedeutung bei sonstigen Schutzmechanismen spielen. Er kommt grundsätzlich nur nach §§ 3, 4 Ziff. 9 UWG in Betracht, es sei denn, es liegen andere besondere Umstände wie z. B. Geheimnisverrat vor, die dann auch Ansprüche aus §§ 17, 18 UWG oder §§ 823 Abs. 1 sowie 823 Abs. 2, 1004 BGB analog eröffnen würden. In jedem Fall müssen zunächst die allgemeinen Tatbestandsmerkmale jedes Wettbewerbsverstoßes vorliegen: Es muss sich um eine Handeln im geschäftlichen Verkehr und ein solches zu Zwecken des Wettbewerbs handeln (insofern s. die einschlägige wettbewerbsrechtliche Literatur und Rechtsprechung). Neuerungen gibt es bei der Frage des **Wettbewerbsverhältnisses**: So hat der BGH entschieden, dass im Interesse eines wirksamen wettbewerbsrechtlichen Individualschutzes an das Bestehen eines Wettbewerbsverhältnisses keine hohen Anforderungen zu stellen; es wird daher insb. keine Branchengleichheit vorausgesetzt. Da es für die wettbewerbsrechtliche Beurteilung regelmäßig nur um die konkret beanstandete Wettbewerbshandlung geht, genügt es, dass die Parteien durch eine Handlung miteinander in Wettbewerb getreten sind, auch wenn ihre Unternehmen im Übrigen unterschiedlichen Branchen angehören. Im Fall eines sog. Werbeblockers ging der BGH davon aus, dass die unternehmerische Tätigkeit eines werbefinanzierten Fernsehsender durch ein Auftreten auf zwei verschiedenen Märkten gekennzeichnet ist: Zum einen bietet der Sender gegen Entgelt Sendeplätze für die Ausstrahlung von Werbung an, woraus er sich finanziert. Zum anderen präsentiert er den Fernsehzuschauern unentgeltlich sein Programm. Auf diesem Markt tritt das Unternehmen, das Werbeblocker anbietet, mit dem angegriffenen Verhalten in Wettbewerb. Das von ihm angebotene Gerät mit Werbeblocker-Funktion stellt zwar eine andersartige gewerbliche Leistung dar als diejenige, die der Sender den Zuschauern präsentiert. Das Unternehmen wendet sich mit seinem Angebot aber ebenso wie der Sender – wenn auch mit umgekehrter Zielrichtung – an Fernsehkonsumenten. Eine geringere Anzahl von Werbezuschauern mindert aus der Sicht der Werbekunden die Attraktivität der von dem Sender angebotenen Werbesendeplätze und kann daher deren **Absatz behindern** (GRUR 2004, 877, 878 f. – *Werbeblocker*). Hierauf haben etliche Obergerichte bei den Entscheidungen zu **virtuellen Videorecordern** rekurriert (vgl. § 53 Rn. 10; z. B. OLG Dresden K&R 2007, 278, 282). Wettbewerbsrechtliche Ansprüche können nur auf solche Nutzungen der betroffenen Datenbank Anwendung finden, die in irgendeiner – auch nur theoretisch denkbaren – Form einen negativen Einfluss auf den Absatz dieser Datenbank haben. Alle anderen Produkte, die keine zumindest theoretische Substitutionsfunktion im Hinblick auf das Produkt haben, können nicht über das UWG angegriffen werden, auch wenn sie die entsprechende Datenbank für die Erstellung des Produktes zwingend brauchen. Besteht ein objektives Wettbewerbsverhältnis, dürfte es wenige Probleme bereiten, auch noch die Wettbewerbsabsicht anzunehmen. Denn grundsätzlich wird sie bei Gewerbetreibenden vermutet (BGH GRUR 1962, 34, 36 – *Torsana*; BGH GRUR 1990, 463, 464 – *Firmenrufnummer*; BGH GRUR 1992, 707, 708 – *Erdgassteuer*; BGH GRUR 1997, 916, 918 – *Kaffeebohne*).

27 Es können verschiedene Tatbestände des UWG betroffen sein. Denkbar wäre zunächst die **Unlautere Nachahmung** (§§ 3, 4 Ziff. 9 UWG). Grundsätzlich ahmt derjenige eine fremde Leistung nach, der seinen Wettbewerb auf fremde Leistung aufbaut (BGHZ 3, 365, 369 – *Gummisohle*; BGHZ 28, 387, 393 – *Nelkensteck-linge*). Insoweit kommt die Anwendung des Tatbestandes der unlauteren Nachahmung i. S. d. §§ 3, 4 Ziff. 9 UWG im Hinblick auf all diejenigen Produkte in Betracht, die die betroffene Datenbank verwenden. Das sind nicht nur direkte Konkurrenzprodukte, sondern auch Applikationen der Datenbanken Dritter, z. B. zur Verifizierung von Daten /Pflege von Adressbeständen, zur Recherche, zur Datengrundlage z. B. für Touren- und Gebietsplanungen, zur Sortierung von Adressbeständen oder zur Gebietsaufteilung im Vertrieb.

28 Dies bedeutet aber noch nicht, dass dieses Nachahmen unproblematisch sittenwidrig und damit gem. §§ 3, 4 Ziff. 9 UWG verboten werde. Für eine freie technische und geistige Entwicklung i. S. d. von §§ 3, 4 Ziff. 9 UWG geschützten Leistungswettbewerbes ist es erforderlich, dass auch Leistungen, die von anderen erbracht werden, für gewerbliche Tätigkeiten genutzt werden können. Denn jeder Fortschritt knüpft an Bestehendes an (BGHZ 28, 387, 394 – *Nelkenstecklinge*). Deshalb ist das Nachahmen fremder Leistung grundsätzlich erlaubt und nur in bestimmten Fällen sittenwidrig. In st. Rspr. nimmt der BGH insoweit an, dass Nachbau und Vervielfältigung fremder, nicht mehr unter Sonderrechtsschutz stehender Produkte und Werke nach § 1 UWG a. F. bzw. nunmehr §§ 3, 4 UWG wettbewerbswidrig sein kann, wenn das Produkt bzw. Werk von wettbewerblicher Eigenart ist und **besondere Umstände** hinzutreten, die den Nachbau unlauter erscheinen lassen (für technische Erzeugnisse: BGH GRUR 1996, 210, 211 – *Vakuumpumpen*; BGH GRUR 1999, 751, 752 – *Güllepumpen*; BGH GRUR 1999, 1106, 1108 – *Rollstuhlnachbau*; BGH GRUR 2000, 521, 523 – *Modulgerüst*; zuletzt BGH WRP 2002, 207, 209 – *Noppenbahnen*; für Werke: BGH GRUR 1999, 923, 926 – *Tele-Info-CD*).

29 Stehen Produkte bzw. Werke unter Sonderrechtsschutz, verlangt der BGH das Vorliegen „eines über die Wertung im Rahmen des Sonderrechtsschutzes hinausgehenden Unlauterkeitsmerkmals" (BGH GRUR 1999, 923, 926 – *Tele-Info-CD*). Die betroffene Datensammlung muss also **wettbewerbliche Eigenart** besitzen (s. die einschlägige Fachliteratur und Rechtsprechung). Eine solche wettbewerbliche Eigenart setzt voraus, dass die konkrete Ausgestaltung oder bestimmte Merkmale der Sammlung geeignet sind, die interessierten Verkehrskreise auf seine **betriebliche Herkunft** oder seine Besonderheiten hinzuweisen (st. Rspr.: BGH GRUR 1998, 830, 833 – *Les-Paul-Gitarren*; BGH GRUR 2000, 521, 523 – *Modulgerüst*; BGH WRP 2001, 1294, 1298 – *Laubhefter*; BGH WRP 2002, 207, 209 – *Noppenbahnen*). Wettbewerbliche Eigenart kann sich also insb. aus der äußeren Gestaltung der Datenbank innerhalb des jeweiligen Produktes ergeben. Sofern ein Dritter nicht nur die Rohdaten, sondern auch die äußere Gestaltung des Produktes nachahmt, wäre auf die wettbewerbliche Eigenart der äußeren Gestaltung der Produkte abzustellen.

30 Denkbar ist auch, dass Dritte allein die Rohdaten übernehmen, um daraus entweder vom Äußeren her ein eigenständiges Konkurrenzprodukt zu machen oder die Rohdaten für andere Applikationen zu verwenden. Für die Rohdaten scheidet zunächst eine wettbewerbliche Eigenart wegen Hinweises auf eine betriebliche Herkunft aus, weil solchen Rohdaten Gestaltungsmerkmale fehlen, die es für den Verkehr erkennbar werden lassen, dass er es mit offiziellen oder originalen Rohdaten zu tun hat. Aus diesem Grund hat der BGH auch für die Rohdaten von Telefonbüchern eine wettbewerbliche Eigenart mangels Hinweises auf eine betriebliche Herkunft abgelehnt (BGH GRUR 1999, 923, 927 – *Tele-Info-CD*). Allerdings hat der BGH im Hinblick auf die Rohdaten, wie sie für Telefonbücher verwendet werden, eine wettbewerbliche Eigenart deshalb angenommen, weil der Verkehr mit den Rohdaten für Telefonbücher eine besondere Gütevorstellung verbinde und deshalb eine wettbewerbliche Eigenart wegen Hinweises auf Besonderheiten des Erzeugnisses vorliege (BGH GRUR 1999, 923, 927 – *Tele-Info-CD*). Wettbewerbliche Eigenart kann Rohdaten aber auch noch aus einem anderen Grund zukommen. In seiner Entscheidung *Informationsdienst* hat der Bundesgerichtshof bereits dann eine wettbewerbliche Eigenart angenommen, wenn das nachgeahmte Erzeugnis mit einem erheblichen Personal- und Kostenaufwand (im konkreten Fall umfassende Aufwendung für einen Redaktionsbetrieb) erstellt wird (BGH GRUR 1988, 308, 309 – *Informationsdienst*; dem folgend KG GRUR-RR 2001, 102, 103 – *Stellenmarkt*). Da bestimmte Rohdaten mit großem Aufwand ständig gepflegt und aktualisiert werden müssen, dürfte jedenfalls auch insoweit von einer wettbewerblichen Eigenart auszugehen sein. Es ist allerdings etwas überraschend, dass der BGH in seiner *Tele-Info-CD*-Entscheidung nicht auf die Entscheidung *Informationsdienst* abgestellt hat, sondern die wettbewerbliche Eigenart allein mit den besonderen Gütevorstellungen des Verkehrs begründete. Wahrscheinlich ist der Grund darin zu suchen, dass eine wettbewerbliche Eigenart, die sich allein auf Kosten und Mühen des Nachgeahmten stützt, sehr leicht auszuhebeln wäre: Der Nachahmende müsste dann nur belegen, dass er größere eigene Kosten und Mühen aufgewendet hat, was insb. bei Applikationen der Rohdaten sehr einfach zu begründen sein dürfte.

Eine wettbewerbliche Eigenart der Rohdaten für sich genommen genügt jedoch nicht. Es müssen noch **besondere Unlauterkeitsmerkmale** hinzukommen. Beispielhaft seien hier einige genannt: Eine **vermeidbare Herkunftstäuschung** liegt vor, wenn der Verkehr aus den ihm entgegentretenden wettbewerblich eigenartigen Elementen des Werkes den Schluss zieht, der Nachahmende stehe in herstellermäßigen Beziehungen zum Nachgeahmten (BGH GRUR 1998, 830, 833 – *Les-Paul-Gitarren*; zuletzt BGH WRP 2002, 207, 209 – *Noppenbahnen*). Neben der Verwendung von Marken und Firma als Herkunftskennzeichen kann hier insb. der farblichen Ausgestaltung der Konkurrenzprodukte Bedeutung zukommen (zum Aspekt der Farbgestaltung im Rahmen der vermeidbaren Herkunftstäuschung BGH WRP 2002, 207. 211 – *Noppenbahnen* unter Verweis auf BGH GRUR 2000, 521, 524 – *Modulgerüst*; sowie BGH GRUR 2001, 251, 253 – *Messerkennzeichnung*). Für die **Rufausbeutung** als besonderes Unlauterkeitsmerkmal ist nicht Voraussetzung, dass sich der Verkehr falsche Gedanken über die Herkunft des Nachahmenden Produkts macht, es also noch nicht einmal zu einer Gefahr der Rufschädigung kommt. Eine Anlehnung an den guten Ruf eines Originalherstellers kann auch aus anderen Gründen als der Gefahr der Rufschädigung wettbewerbsrechtlich unlauter sein (BGH GRUR 1985, 876, 878 – *Tchibo-Rolex*; BGH GRUR 1996, 508, 509 – *Uhren-Applikation*; BGH GRUR 1998, 830, 833 – *Les-Paul-Gitarren*). Deshalb hat der Bundesgerichtshof im Fall *Tele-Info-CD* eine Unlauterkeit selbst bei Fehlen einer vermeidbaren Herkunftstäuschung im Hinblick auf das vertriebene nachahmende Produkt angenommen, und zwar deshalb, weil die besonderen Gütevorstellungen, die der Verkehr mit dem verwendeten Telefonrohdaten verbindet, in unlauterer Weise ausgenutzt worden seien. Das konkurrierende Telefonverzeichnis des Nachahmenden baue auf diesen Gütevorstellungen auf und beruhe nicht auf eigenen Recherchen des Nachahmenden (BGH GRUR 1999, 923, 927 – *Tele-Info-CD*). In der vorgenannten *Tele-Info-CD-Entscheidung* des Bundesgerichtshofes ist als weiteres Unlauterkeitsmerkmal auch eine **Gefährdung der Investitionen** beim Sammeln und Pflegen der dortigen Telefonteilnehmerdaten angeführt. Konkret begründet wird die Gefährdung der Investitionen als Unlauterkeitsmerkmal damit, dass nach § 1 Nr. 1 lit. b) TUDVO

eine Verpflichtung zur Veröffentlichung von Teilnehmerdaten durch den Nachgeahmten besteht (BGH GRUR 1999, 923, 927 – *Tele-Info-CD*). Wenn also eine
rechtliche (möglicherweise auch tatsächliche) Verpflichtung besteht, die betroffenen Daten ständig zu pflegen und zu aktualisieren, dürfte dieses Unlauterkeitsmerkmal eingreifen. Darüber hinaus ist darauf hinzuweisen, dass sich in der
Rechtsprechung des Bundesgerichtshofes und von Oberlandesgerichten durchaus
auch Entscheidungen finden, die eine Gefährdung von Investitionen als weiteres
Unlauterkeitsmerkmal anerkannt haben, ohne dass eine rechtliche Verpflichtung
des Nachgeahmten zur Leistung der Investition bestanden hätte. Insoweit kommt
der bereits oben genannten Entscheidung des Bundesgerichtshofes Informationsdienst Bedeutung zu. In Informationsdienst genügte es dem Bundesgerichtshof,
dass eine mit erheblichen Kosten und Mühen erstellte Publikation eines Informati-
onsdienstes systematisch durch ein Konkurrenzerzeugnis nachgeahmt wurde
(BGH GRUR 1988, 308, 310 – *Informationsdienst*). In neuerer Zeit haben sich
dem mehrere Oberlandesgerichte angeschlossen und daraus die Übernahme von
fremden Inseraten in eine eigene Zusammenstellung von Inseraten als unlauter
verboten (KG GRUR-RR 2001, 102, 103 – *Stellenmarkt*; dem folgend OLG München GRUR-RR 2001, 228, 229 – *Übernahme fremder Inserate*). Insoweit muss
es sich nach Auffassung der Oberlandesgerichte noch nicht einmal um ein vollständig substituierendes Konkurrenzerzeugnis handeln. Es genügte, dass nur für
einen bestimmten Personenkreis interessante Inserate übernommen wurden, die
dann nur diesem bestimmten Personenkreis angeboten wurden (KG GRUR-RR
2001, 102, 103 – *Stellenmarkt*).

32   Es ist nicht so, dass schon das Vorliegen eines besonderen Unlauterkeitsmerkmals die Unlauterkeit der Nachahmung begründen würde. Ob Umstände vorliegen, die das Unlauterkeitsurteil rechtfertigen, bedarf einer **Gesamtbewertung**
des einheitlichen Lebenssachverhalts nach Anlass, Durchführung und Auswirkung des wettbewerblichen Vorgehens des Übernehmers unter der Abwägung
der betroffenen Interessen. Insb. ist die Wechselwirkung zu berücksichtigen,
die zwischen den besonderen wettbewerblichen Umständen, dem Grad der
wettbewerblichen Eigenart und der Art und Weise und der Intensität der Übernahme fremder Leistung besteht (st. Rspr.: BGH GRUR 1996, 210, 211 –
Vakuumpumpen; BGH GRUR 1997, 308, 311 – *Wärme fürs Leben*; BGH
GRUR 1998, 830, 833 – *Les-Paul-Gitarren*; BGH GRUR 1999, 751, 752 –
Güllepumpen; BGH GRUR 1999, 1106, 1108 – *Rollstuhlnachbau*).

33   Im Hinblick auf die **Rechtsfolgen** der wettbewerbsrechtlichen Ansprüche ist einiges zu beachten. Der **Unterlassungsanspruch** kann nur die **Verbreitung** der betroffenen Daten umfassen. Denn im Rahmen des wettbewerbsrechtlichen Leistungsschutzes kann immer nur die Verbreitung, nicht jedoch die Herstellung als solche
untersagt werden (BGH GRUR 1968, 591 – *Pulverbehälter*; BGH GRUR 1982,
305, 308 – *Büromöbelprogramm*; BGH GRUR 1996, 210, 212 – *Vakuumpumpe*;
BGH GRUR 1999, 751 – *Güllepumpe*; BGH GRUR 1999, 923, 927 – *Tele-Info-
CD*). Deswegen können aus dem UWG auch **keine Vernichtungsansprüche** hergeleitet werden (BGH GRUR 1988, 690, 693 – *Kristallfiguren*; BGH GRUR 1999,
923, 928 – *Tele-Info-CD*). Daneben kann **Schadensersatz** verlangt werden. Das
setzt zwar einen Verschuldensvorwurf an den Nachahmenden voraus. Wegen der
leichten Verletzlichkeit von Immaterialgüterechten einschließlich des ergänzenden
wettbewerbsrechtlichen Leistungsschutzes als Quasi-Immaterialgüterecht sind
hier aber sehr strenge Anforderungen an die Beachtung der erforderlichen Sorgfalt
zu stellen. Ein Rechtsirrtum ist nur dann entschuldigt, wenn der Irrende bei Anwendung der im Verkehr erforderlichen Sorgfalt mit einer anderen Beurteilung
durch die Gerichte nicht zu rechnen brauchte. Schon bei einer zweifelhaften
Rechtslage scheidet das aus (BGH GRUR 1961, 97, 99 – *Sportheim*; BGH GRUR
1969, 418, 422 – *Standesbeamte*; BGH GRUR 1963, 197, 202 – *Zahnprothesen-*

Pflegemittel; BGH GRUR 1965, 198, 202 – *Küchenmaschine*; BGH GRUR 1990, 474, 476 – *Neugeborenentransporte*).

5. Geschäftsgeheimnisse u. a.

Neben den **Geschäftsgeheimnissen** erwähnt Art. 13 Datenbank-RL auch noch **34** die **Sicherheit**, die **Vertraulichkeit** und den **Schutz personenbezogener Daten** und der **Privatsphäre**. Dies ist einer der ersten Momente, in denen ein Regelwerk des Urheberrechts konkret Bezug nimmt auf Datenschutz im weiteren Sinne. Es zeigt damit eine Entwicklung auf, die das Urheberrecht noch viel beschäftigen wird. Denn mit der zunehmenden Digitalisierung geraten die beiden Rechtsgebiete immer öfter in Spannungsfelder (z. B. bei der Frage, ob Auskunftsansprüche gegen Access-Provider gewährt werden sollen: dazu *Czychowski* MMR 2004, 514, 515; gegen Internet-Service-Provider: *Spindler/ Dorschel* CR 2005, 38). Hinzu kommt, dass Nutzerprofile, nicht nur bei Datenbanknutzung, für das Marketing natürlich ein interessantes Objekt sind. Es macht daher bereits das Wort vom „Personal Data as Intellectual Property" die Runde (zur Datenschutzproblematik aus Sicht des Internet: Bröcker/Czychowski/Schäfer/*Bröcker* § 5 Rn. 11 ff.). Für die praktische Anwendung ist lediglich zu beachten, dass zwar ein Datenbankschutz nach §§ 87a ff. existieren kann, der Verwerter dieses Schutzrechts aber nicht enthoben ist zu überprüfen, ob seine Verwertung mit den Regeln des Schutzes der Privatsphäre oder des Datenschutzes in Einklang steht. Auch kann der Inhalt der Datenbank ein Geschäftsgeheimnis darstellen und damit vertraglich oder nach §§ 17, 18 UWG, §§ 823 Abs. 1, 2 1004 BGB analog geschützt sein (BGH NJW 2006, 3424 – *Kundendatenprogramm*). So gewährt z. B. allein der Aufbau einer Datenbank von verbotenen Paparazzi-Fotografien berühmter Persönlichkeiten, zwar vielleicht ein Recht nach §§ 87a ff., aber keinen Freibrief der Verwertung dieser Datenbank. Das ist aber durchaus nichts Ungewöhnliches im Urheberrecht. Denn auch der Fotograf einer solchen einzelnen verbotenen Fotografie hat natürlich ein Recht an seiner Fotografie, das ihm auch die Privatsphäre des betroffenen Dritten nicht nimmt. Er kann es eben nur nicht verwerten.

6. Retrieval-Software

Auf den ersten Blick unerwähnt bleibt in Art. 13 Datenbank-RL ein sehr we- **35** sentliches Element jeder Datenbank, nämlich die Software, mit der die Suchfunktion ausgeführt wird, die sog. Retrieval Software. Allerdings ist diese i. d. R. als Softwarewerk urheberrechtlich geschützt. Auch wenn sich dieser Schutz nicht auf die „Daten, Werke und andere Elemente" bezieht, die Art. 13 Datenbank-RL für die urheberrechtliche Anknüpfung nennt, bleibt deren Schutz selbstverständlich parallel bestehen (Art 1 Abs. 3 und ErwG 23 Datenbank-RL). Auch wenn also die Datenbank selbst nicht angetastet wird, kann in der Übernahme der Retrieval-Software ohne weiteres ein Urheberrechtsverstoß liegen.

IV. Verhältnis zur „Informationsfreiheit"

Es ist eingewandt worden, der Datenbankschutz sui generis gefährde die Infor- **36** mationsfreiheit (*Heinrich* WRP 1997, 275; auch in diese Richtung *Ehmann* GRUR 2008, 474); jedenfalls sei daher der Begriff der Wesentlichkeit streng auszulegen. Ob es wirklich ein „allgemein anerkanntes Prinzip der Gemeinfreiheit von Informationen" gibt, das nicht unterlaufen werden darf, erscheint höchst zweifelhaft (so unsere 9. Auflage/*Hertin* § 87a Rn. 9 unter Bezug auf *Kappes* ZEuP 1997, 670; *Wiebe* CR 1996, 198, 204; die hierzu die Weiteren von *Hertin* u. a. in Bezug genommenen Entscheidungen des BGH GRUR 1963, 633, 634 – *Rechenschieber*; BGH GRUR 1981, 352, 353 – *Staatsexamensarbeit* stützen dies jedoch nicht, denn der BGH spricht nur davon, dass ein „Gedankeninhalt", der sich z. B. in einem Werk materialisiert hat oder eine „wissenschaftliche Lehre", gemeinfrei bleibt; Gedankeninhalt ist jedoch nicht notwendigerweise mit Informationen gleichzusetzen). Zu Recht wird daher betont, dass das Informationsinteresse der Allgemeinheit in Abwägungsvorgängen nicht überbewertet werden darf (zu parallelen Problemen aus dem Presserecht *Fechner/Popp* AfP 2006, 213, 215; zu der generellen Thematik auch *Nolte*, Informationsmehrwertdienste und Urheberrecht). Möglicherweise ist die Verortung dieser Diskussion (auch) bei dem Recht sui generis aber auch deshalb überflüssig, weil die §§ 87a ff. gar nicht „die Informationen" in einer Datenbank schützen (zum Schutzgegenstand vgl. § 87a Rn. 5 ff.). Der BGH scheint in diese Richtung zu tendieren (BGH GRUR 2007, 688 – *Gedichttitelliste II* mit der Vorlagefrage, ob Art. 7 Abs. 2 lit. a) Datenbank-RL ein physisches Kopieren für die Entnahme voraussetzt (oder ob auch die bloße Informationsentnahme und anderweitige eigene Eingabe ausreicht). Der EuGH hat hierzu klargestellt, dass das Datenbankrecht nicht den Zugang zu Informationen behindert, da es Abfragen nicht tangiert (EuGH GRUR 2008, 1077 Tz. 51 ff.). Nur unter den besonderen Voraussetzungen des § 87b bzw. der Regeln der Datenbank-RL kann der Inhaber des *sui generis* Rechts den Zugang zur Datenbank kontrollieren (EuGH GRUR 2008, 1077 Tz. 53 ff.). Des Weiteren sei hierzu klargestellt, dass die grundgesetzlich verbürgte sog. Informationsfreiheit (Art. 5 Abs. 1 S. 1 Hs. 2 GG) lediglich sicherstellt, dass man sich **aus allgemein zugänglichen Quellen** ungehindert unterrichten kann. Dogmatischer Ausgangspunkt einer Interessensabwägung ist also nicht die durch Investitionsschutz eingeschränkte Informationsfreiheit nach Art. 5 GG (s. aber BGH GRUR 2005, 857, 859 – *HIT BILANZ*, der dogmatisch ebenfalls von einer durch Art. 5 geschützten „Informationsfreiheit" ausgeht und in den Schutzrechten nach UrhG einen legitimen Interessensausgleich durch Schrankenregelung sieht), sondern der **durch Informationsinteressen eingeschränkte Eigentumsschutz nach Art. 14 GG.** Dies bedeutet also, dass man nicht etwa nur aufgrund der Informationsfreiheit fremdes geistiges Eigentum nutzen darf; die Nutzung fremden geistigen Eigentums vielmehr regeln die Schranken des jeweiligen Schutzrechts, so z. B. die §§ 44a ff. Derartige Nutzungsmöglichkeiten sind also nicht Ausfluss der – schon gar **nicht als Anspruch** zu verstehenden – Informationsfreiheit, sondern **Zeichen der Sozialbindung des Eigentums.** Über die Zugänglichkeit und die Art der Zugangseröffnung entscheidet, wer nach der Rechtsordnung über ein entsprechendes Bestimmungsrecht verfügt (BVerfGE 103, 44, 60).

37 Diese Diskussion krankt u. E. zudem daran, dass **viel zu undifferenziert** von „Informationen" gesprochen wird, die freizuhalten bzw. zugänglich sein sollen. **Informationen sind** jedoch **nicht mit urheberrechtlichen Schutzgegenständen gleichzusetzen.** Tatsächlich verbirgt sich hinter dieser Auseinandersetzung, die in letzter Zeit auch zunehmenden Einfluss auf Gesetzgebungsprozesse gewinnt, nicht mehr und nicht weniger als die **grundsätzliche Diskussion um den Zugang zu Eigentum;** man sollte insofern nicht zwischen materiellem und immateriellem Eigentum unterscheiden. Ein **Anspruch** auf Zugang (neudeutsch „Access") ist jedoch zumindest **verfassungsrechtlich nicht herzuleiten:** Zwar können Grundrechte nach neuerer Auffassung nicht nur grundgesetzlich verbürgte Freiheitsgewährleistungen als Abwehrrechte der Rechtsunterworfenen gegenüber staatlichen Zugriffen gewähren, sondern – in allerdings sehr engen Grenzen – auch Ansprüche auf Leistung und Teilhabe. Dies ist Ausdruck der in der Gesamtheit und Gesamtschau der Grundrechte zum Ausdruck kommenden objektiven Wertordnung (BVerfGE 33, 303 ff. – *Numerus Clausus*), wonach sich der Grundrechtsschutz im dortigen Fall des Art. 12 Abs. 1 GG nicht in der den Freiheitsrechten herkömmlich beigemessenen Schutzfunktion gegen finale Eingriffe der öffentlichen Gewalt erschöpft; vielmehr soll die freie Wahl der Ausbildungsstätte über ein bloßes Abwehrrecht hinaus den freien Zugang zu Ausbildungseinrichtungen mit umfassen. Das BVerfG formuliert indessen selbst, dass bei der **Ableitung solcher positiven Leistungsansprüche**, sofern nicht ausnahmsweise der Verfassungstext selbst (wie etwa in Art. 6 Abs. 4 GG für den Mutterschutz) eine andere Einschätzung erfordert, **äußerste Zurückhaltung** geboten sei. Die Grundrechte kennen das hier diskutierte Recht auf Zugang nicht: Art. 5 Abs. 1 GG normiert u. a. lediglich das oben bereits konturierte Recht eines jeden, sich aus allgemein zugänglichen Quellen ungehindert unterrichten zu können. Art. 3 Abs. 1 GG, dem allgemeine Gleichheitsgrundsatz, wohnt nach moderner Ausdeutung zwar ebenfalls eine objektiv-rechtliche Bedeutung inne, aber nach überwiegender Auffassung lassen sich hieraus keine verfassungsunmittelbaren, originären Leistungsansprüche ableiten (schon weil es an Verteilungsmaßstäben fehle, so Sachs/*Osterloh* Art. 3 Rz. 55 m. w. N.). Schließlich hilft professionellen Dienstleistern auch Art. 12 GG eventuell nicht weiter. In der schon erwähnten *Numerus-clausus*-Entscheidung hat das BVerfG bei der Zuerkennung des Rechts zur Zulassung zu dem von dem Grundrechtsträger gewünschten Hochschulstudium ausdrücklich betont, dass das Freiheitsrecht des Art. 12 Abs. 1 GG ohne den freien Zugang zu Ausbildungseinrichtungen, also ohne die tatsächliche Voraussetzung für seine Inanspruchnahme wertlos wäre (BVerfGE 33, 303, 330 f.). Man wird schwerlich behaupten können, dass für private Dienstleister das Grundrecht aus Art. 12 Abs. 1 GG "wertlos" ist, nur deswegen weil sie auf fremdes Eigentum zum Zwecke der Information nicht zugreifen können.

Auch **Zugangsansprüche aus einfachem Recht** sind **nicht ersichtlich** (sogar das spezielle Gesetz über die Weiterverwendung von Informationen öffentlicher Stellen negiert solche ausdrücklich: § 1 Abs. 2a IWG). In diesem Zusammenhang ist zu betonen, dass die in Bund und Ländern im vergangenen Jahrzehnt stark diskutierten Informationsfreiheitsansprüche, die in einigen Ländern nun auch gesetzlich abgesichert sind (etwa in Berlin durch das Gesetz zur Förderung der Informationsfreiheit im Land Berlin vom 15. Oktober 1999, GVBl. 1999, Nr. 45, S. 561), insoweit ohne Belang sind. Diese Gesetze regeln Informationsrechte gegenüber Behörden und sonstigen öffentlichen Stellen, also Rechte auf Einsicht in oder Auskunft über den Inhalt der von öffentlichen Stelle geführten Akten (exemplarisch §§ 2, 3 Berliner Informationsfreiheitsgesetz). Verwertungsbefugnisse an solchen Akten regeln sie nicht, ihr Regelungsgegenstand ist vielmehr lediglich der eingeschränkte Zugang zu Informationen, akkumuliert in Akten von öffentlichen Stellen. Ebenfalls **nicht vergleichbar** ist die sog. **Open Access Bewegung** (http://www.open-access.net), denn auch sie vermag einen Anspruch auf Zugang nicht zu begründen, sondern weist nur auf Missstände bei der Ausübung von Schutzrechten hin (beispielhaft *Heckmann/Weber* GRUR Int. 2006, 995); damit zeigt sie aber auch bereits, wo das Thema eigentlich hingehört, nämlich in das **Kartellrecht** und die Diskussion um die sog. **essential facilities doctrin** (dazu vgl. Vor §§ 31 ff. Rn. 272; zu einem neuen Ansatz in ähnlicher Richtung: *Bartmann* S. 387: Freihalten von sog. Gatekeeper-Elementen wie Schnittstellen, Ideen, Informationen oder Strukturen).

38

§ 87a   Begriffsbestimmungen

(1) [1]Datenbank im Sinne dieses Gesetzes ist eine Sammlung von Werken, Daten oder anderen unabhängigen Elementen, die systematisch oder methodisch angeordnet und einzeln mit Hilfe elektronischer Mittel oder auf andere Weise zugänglich sind und deren Beschaffung, Überprüfung oder Darstellung eine nach Art oder Umfang wesentliche Investition erfordert. [2]Eine in ihrem Inhalt nach Art oder Umfang wesentlich geänderte Datenbank gilt als neue Datenbank, sofern die Änderung eine nach Art oder Umfang wesentliche Investition erfordert.

(2) Datenbankhersteller im Sinne dieses Gesetzes ist derjenige, der die Investition im Sinne des Absatzes 1 vorgenommen hat.

Übersicht

I. Allgemeines

1. Sinn und Zweck

1 Mit fortschreitendem Übergang der Warenverkehrs- zur Wissensgesellschaft werden immer mehr Datenbanken, insb. in elektronischer Form, geschaffen. Auch wenn das Datenbankrecht nicht auf elektronische Datenbanken beschränkt ist (ErwG 14 Datenbank-RL; vgl. Rn. 13), waren **elektronische Datenbanken** jedoch ein **treibender Faktor** bei der Entwicklung des Rechtes sui generis. Das neue Recht soll vor allem einen Anreiz setzen, Arbeitsvorgänge durch Datenbanken zu erleichtern und zu beschleunigen. Zu Sinn und Zweck ausführlicher vgl. Vor §§ 87a ff. Rn. 1.

2. EU-Recht

2 Zur Entstehungsgeschichte vgl. Vor §§ 87a ff. Rn. 2 ff. Angesichts der Grundlage der Regelung in Art. 7 Abs. 1 i. V. m. Art 1 Abs. 2 Datenbank-RL ist **richtlinienkonforme Auslegung** geboten. Es gilt zwischen Datenbankwerken (vgl. § 4 Rn. 31 ff.) und einfachen Datenbanken (dazu hier) zu unterscheiden (zu den Überschneidungen der beiden Schutzregime vgl. § 4 Rn. 37). § 87a enthält die **wichtigsten Begriffsbestimmungen** für dieses einfache Datenbankrecht, nämlich die der „Datenbank" in Abs. 1 S. 1, des „Datenbankherstellers" in Abs. 2 und der Abgrenzung zur neuen Datenbank in Abs. 1 S. 2. Die EU-Kommission hat das Datenbankrecht zwischenzeitlich recht kritisch evaluiert; dazu vgl. Vor §§ 87a ff. Rn. 7.

3. Technischer Hintergrund

3 Wegen der technischen Besonderheiten seien elektronische Datenbanken hier kurz erläutert: Elektronische Datenbanken sind nach wie vor im Grunde genommen Karteikästen. Sie sammeln Daten, die aus der Sicht des Erstellers zusammengehören, z. B. eine Personaldatenbank oder eine Lagerinventardatenbank. Es gibt hierarchische, relationale, multidimensionale und objektorientierte Datenbanken. Die Datenbank wird üblicherweise von einem Datenbankverwaltungssystem, einem speziellen Computerprogramm, verwaltet. Ein solches System – zusammen mit einer oder mehreren Datenbanken – nennt man „Datenbanksystem". Datenbanksysteme sind heutzutage das Rückgrat jedes größeren Softwaresystems (zu den technischen Grundlagen *Haberstumpf* GRUR 2003, 14, 15 ff.). Egal, ob Webshop, Finanzbuchhaltung oder Wikipedia, überall steht ein Datenbanksystem dahinter. Das grundlegende Element einer Datenbank ist der Datensatz (er entspricht einer Karteikarte). Aus einer gewissen Anzahl von Datensätzen wird eine Tabelle oder Liste gebildet. Mehrere Tabellen, die zu einer Gesamtheit zusammengefasst und untereinander verknüpft werden, sind dann eine Datenbank (zu einem Überblick www.wikipedia.de Stichwort: „Datenbank", abgerufen am 5.1.2017).

Eine erste Generation von Datenbanken waren die **Lochkarten**, die aber unprak-   **4**
tisch, langsam und fehleranfällig waren. Ein wesentlicher Nachteil war zudem, dass man sie hintereinander lesen musste. Dies hatte zur Folge, dass alle Informationen, die vor der Gesuchten standen, ausgelesen und verarbeitet werden mussten. Etwa um 1960 begann man daher, die Daten auf Speichermedien wie Festplatten zu halten. Dadurch wurde nicht nur nicht-sequentieller Zugriff möglich, sondern auch ein paralleler Zugriff mehrerer Nutzer. Es folgten die sog. **hierarchischen Datenbanken**. In ihnen werden die Datensätze in einer Baumstruktur nach dem *Eltern-Kind-Prinzip* abgelegt. Nachteil von hierarchischen Datenbanken ist, dass Verknüpfungen über mehrere Ebenen nicht möglich sind und – bedingt durch die Baumstruktur – zum Auffinden eines bestimmten Datensatzes relativ viel Zeit benötigt wird. Ein großer Sprung gelang dann *Edgar F. Codd* am IBM Almaden Research Center. Er schuf die Grundlagen für **relationale Datenbanken**, die heute immer noch zu den am meisten genutzten Datenbankmodellen gehören (Stichwort: „Datenbank", „Geschichte", www.wikipedia.de, abgerufen am 5.1.2017). Relationale Datenbanken sind heute am weitesten verbreitet. In ihnen werden Daten (Texte, Zahlen und Binärdaten) in Tabellen abgespeichert. Diese Tabellen bezeichnet man mathematisch als „*Relationen*", woher der Name der Datenbankstruktur erklärlich wird. Damit die Datensätze eindeutig identifiziert werden können, muss man einen eindeutigen Primärschlüssel vergeben. Zum schnelleren Auffinden der Daten werden Indexe über bestimmte Spalten, so genannte Schlüsselspalten, erzeugt. Eine relationale Datenbank besteht nicht nur aus einer Tabelle, sondern aus vielen, die miteinander verknüpft sind. Diese Verknüpfungen werden „*Beziehungen*" genannt. Die Beziehung geschieht immer über einen Schlüssel, der eine Tabellenzeile und damit eine Informationsmenge eindeutig charakterisiert – z. B. eine Postadresse. Der Schlüssel könnte hier die Kundennummer sein. Über die Beziehung können nun andere Informationen in anderen Tabellen dazu aufgesucht werden, z. B. Rechnungen, Briefe, Behandlungen usw., ohne dass diese spezifische Konstellation an Informationen in einer ebenso spezifischen Tabelle stehen müsste. (Stichwort: „Relationale Datenbank" auf www.wikipedia.de, abgerufen am 5.1.2017). Für relationale Datenbanken gibt es mit **SQL** eine verbreitete und tw. standardisierte Anfragesprache. Im Gegensatz zu hierarchischen Datenbanken können die Datensätze in **Netzwerkdatenbanken** auf mehreren Wegen verknüpft sein und nicht nur entlang Eltern-Kind-Relationen. In neuerer Zeit setzen sich **objektorientierte Datenbanken** immer mehr durch. Bei relationalen Datenbanken geht es zuerst um die Struktur, in der die jeweiligen Daten gespeichert werden sollen. Objektorientierte Datenbanken dagegen folgen der objektorientierten Programmiermethode, d. h. die Datenbankstruktur wird nicht zuerst „leer" geschaffen, sondern diese Datenbankstruktur orientiert sich an den zunächst niedergelegten einzelnen Daten, die den Ausgangspunkt der Datenbank ausmachen. Als ein Objekt wird die Zusammenfassung von zugehörigen Attributen bezeichnet, also gehört z. B. die Farbe und das Gewicht eines Autos zu dem Objekt „Auto". Attribute beschreiben ein Objekt näher. Daten und Methoden werden

nicht getrennt gespeichert. Der Vorteil einer solchen objektorientierten Datenbank liegt in der Möglichkeit, Objekte ineinander zu schachteln, um auch komplexe Strukturen abzubilden, wie zum Beispiel Firma → Abteilung → Mitarbeiter. Schließlich gibt es verstärkt sog. **multidimensionale Datenbanken**, auch MDDB (Multi-dimensional database) genannt. Hierunter versteht man ein Datenbanksystem, das die auf konzeptioneller Ebene dargestellten multidimensionalen Datenstrukturen auch in ihrer physischen Datenbank- und Speicherstruktur umsetzt (Stichwort: „Multidimensionale Datenbank" auf www.wikipedia.de, abgerufen am 5.1.2017).

II. Tatbestand

1. Gegenstand des Schutzes

5 Zum Begriff „Datenbank" und ihrem technischen Aufbau zunächst vgl. Rn. 2 f. Gegenstand des Schutzes nach §§ 87a ff. sind allerdings nur Teile dessen, was nicht-juristisch als Datenbank begriffen wird. Eine solche Datenbank kann man verstehen als **Sammlung von Inhalten**, zugänglich über ein **Ordnungs- und Suchhilfesystem** (z. B. Computerprogramm), das über eine **Suchhilfe** (z. B. Thesaurus, Index) funktioniert. Dann umfasst der Schutz nach §§ 87a ff. sowohl die Sammlung als auch die Suchhilfe (ErwG 17 und 20 Datenbank-RL), nicht aber das Ordnungs- und Suchhilfesystem (ErwG 23 Datenbank-RL). Die Inhalte können verschiedenster Art sein (Texte, Fotos, Zahlen, Film- und Musiksequenzen, aber auch Buchstabenzahlenkombinationen wie z. B. Autokennzeichen).

6 **Gegenstand des Rechts** des Datenbankherstellers sind aber weder die in die Datenbank aufgenommenen Informationen selbst in Form von Werken, Daten und anderen Elementen, noch die Datenbank an sich als Summe dieser Informationen (so aber *Bensinger* S. 108 ff.), sondern nur die Datenbank als Gesamtheit und Erscheinungsform des immateriellen Guts, das mit wesentlichem Investitionsaufwand zusammengetragen wurde (Schricker/Loewenheim/*Vogel*[5] Rn. 30 m. w. N.; ähnlich OLG Hamburg GRUR 2000, 319, 320 – *Börsendaten*; Wandtke/Bullinger/*Thum/Hermes*[4] Rn. 2) oder unter den besonderen Voraussetzungen des § 87b Abs. 1 S. 2 unwesentliche Teile (vgl. § 87b Rn. 21 ff.). Erst recht nicht Gegenstand des Schutzes sind die Informationen selbst, also der Datenbankinhalt (Schricker/Loewenheim/*Vogel*[5] Rn. 30; so aber unsere 9. Aufl./*Hertin* § 87b Rn. 13). Ihrem Hersteller ist deshalb auch nur ihre Vervielfältigung insgesamt oder ihrer wesentlichen Teile *als solche* vorbehalten (Schricker/Loewenheim/*Vogel*[5] § 87b Rn. 12 ff. mit Beispielen). Zur Bedeutung des Schutzgegenstandes auch beim Begriff der Wesentlichkeit vgl. Rn. 14 ff.

7 **Gemeinsamkeit von Datenbank** und **Datenbankwerk** ist die Sammlung von Elementen, die systematisch oder methodisch angeordnet und einzeln mit Hilfe elektronischer Mittel zugänglich sind. Unterschied ist, dass Datenbankwerke eine geringfügige geistige Schöpfung (Individualität) verlangen, während Datenbanken eine nach Art oder Umfang wesentliche Investition bei der Beschaffung, Überprüfung oder Darstellung ihres Inhaltes erfordern.

2. Begriff und Schutzvoraussetzungen: Datenbank (Abs. 1 S. 1)

8 Dem Datenbankrecht zugänglich sind nicht alle Ansammlungen von Daten, sondern nach § 87a Abs. 1 nur

„eine Sammlung von Werken, Daten oder anderen unabhängigen Elementen, die systematisch oder methodisch angeordnet und einzeln mit Hilfe elektronischer Mittel [...] zugänglich sind und deren Beschaffung, Überprüfung oder Darstellung eine nach Art oder Umfang wesentliche Investition erfordert."

§ 87a Abs. 1 S. 1 enthält also eine **Legaldefinition**. Man kann sagen, dass diese von einem eher weiten Datenbankbegriff ausgeht (Schricker/Loewenheim/*Vogel*[5] Rn. 5: weite Auslegung). Es muss sich bei den in solchen Datenbanken enthaltenen Daten also zunächst um *unabhängige* Elemente handeln. Dies scheint einer der zentralen Begriffe des Datenbankrechts zu sein. Mit ihm scheiden solche Zusammenstellungen aus dem Schutzbereich der §§ 87a ff. aus, die ein verbindliches inhaltliches Gewebe (Schricker/Loewenheim/*Vogel*[5] Rn. 8) aufweisen.

a) Sammlungen von Werken, Daten oder anderen unabhängigen Elementen: **9** Der Begriff dessen, aus was eine Datenbank besteht, nämlich Werke, Daten oder andere unabhängige **Elemente**, entspricht dem in § 4, da diese Voraussetzung durch die Harmonisierung auf EU-Ebene einheitlich vorgegeben wurde. Daher kann vor allem umfänglich auf die **Kommentierung vgl. § 4 Rn. 17 ff.** **verwiesen** werden. Wesentlich ist, dass die Elemente nicht selbständig urheberrechtlich geschützt sein müssen. Die wichtige Voraussetzung der **Unabhängigkeit** der Elemente (auch hierzu vgl. § 4 Rn. 24 ff.) dient dazu sicherzustellen, dass – in Abgrenzung zu z. B. Büchern oder Musikstücken – die Elemente nicht erst aus einem inhaltlichen Gewebe heraus Sinn ergeben (Dreier/Schulze/*Dreier*[5] § 4 Rn. 10; Schricker/Loewenheim/*Loewenheim*[4] § 4 Rn. 8 und nun Schricker/Loewenheim/*Leistner*[5] Rn. 17 f.; unsere 9. Aufl./*Hertin* § 4 Rn. 3; Walter/ *v. Lewinski* Art. 1 Datenbank-RL Rn. 18) oder anders ausgedrückt: die einzelnen Elemente dürfen nicht inhaltlich aufeinander bezogen und auch nicht in einem einheitlichen Schaffensvorgang miteinander verschmolzen sein (Wandtke/Bullinger/*Thum/Hermes*[4] § 87a Rn. 12). Der EuGH sieht Unabhängigkeit dann als gegeben an, wenn die einzelnen Elemente sich voneinander trennen lassen, ohne dass der Wert ihres informativen, literarischen, künstlerischen, musikalischen oder sonstigen Inhalts dadurch beeinträchtigt wird (EuGH GRUR Int. 2005, 239, 241 – *Fixtures-Fußballspielpläne I*; EuGH GRUR 2005, 254, 255 – *Fixtures-Fußballspielpläne II*). Dem ist der BGH gefolgt (BGH GRUR 2005, 940, 941 – *Marktstudien*; BGH GRUR 2005, 857, 858 – *HIT BILANZ*). Leider hat der **EuGH** das **Tatbestandsmerkmal** der Unabhängigkeit ohne Not in einer Entscheidung über die Schutzfähigkeit topografischer Karten **nahezu aufgegeben (vgl. § 4 Rn. 28)** und wertet geografische Daten (Koordinaten bestimmter Punkte der Erdoberfläche, also z. B., dass sich an einer bestimmten Stelle Wald oder ein See befindet) als unabhängige Elemente (EuGH GRUR 2015, 1187 Tz. 25 f. – *Freistaat Bayern ./. Verlag Esterbauer GmbH*; anders noch der BGH im Vorlagebeschluss: BGH GRUR 2014, 1197 – *TK 50* und nach der EuGH Entscheidung dann BGH GRUR 2016, 930 – *TK 50 II* sowie Anmerkung von *Czychowski* GRUR-Prax 2016, 333; dazu *Leistner* GRUR 2016, 42).

Derartige Sammlungen können **beispielsweise** bestehen aus: **Übersichten über** **10** **Messe-Veranstaltungen** (LG Köln, K&R 1999, 40), **Kleinanzeigen** (LG Köln ZUM-RD 2000, 155; LG Berlin ZUM 1999, 420;), einer **Sammlung lyrischer Textbeiträge** (LG Köln ZUM 2001, 714; ebenso LG Mannheim GRUR-RR 2004, 196 – *Freiburger Anthologie*, für eine Gedichtsammlung), Linksammlungen (LG Köln ZUM-RD 2000, 304; AG Rostock MMR 2001, 631), einem **EDV-gesteuerten Ticket-Verkaufssystem** mit Informationen über Veranstalter, Veranstaltungen und Vorverkaufsstellen (KG GRUR 2001, 155) aber auch aus einer gedruckten Sammlung von Ausschreibungen (OLG Dresden ZUM 2001, 595) oder eben solchen **Übersichten über den Verkauf von Tiefdruckmaschinen** (OLG Köln GRUR-RR 2001, 292). Eine ganze Reihe von Entscheidungen beschäftigte sich mit **Stellenanzeigen** (OLG München GRUR-RR 2001, 228; LG München I K&R 2002, 258 – *sueddeutsche.de*; auch *Klein* GRUR 2005, 377). Das bekannte **Roche Medizin Lexikon** stellt nach Ansicht des OLG Hamburg ebenso eine derartige Datensammlung dar (OLG Hamburg ZUM 2001,

512) wie der bekannte **Briefmarken-Michel-Katalog** (offen gelassen wohl BGH GRUR 2006, 493 – *Michel-Nummern*) oder wie (in der Veröffentlichung leider nicht nähe präzisierte) **Daten einer Marktstudie** (OLG München GRUR-RR 2002, 89 – *GfK-Daten*; eingehender die Revisionsinstanz: BGH GRUR 2005, 940, 941 – *Marktstudien*) oder der aus verschiedenen Veröffentlichungen zusammengetragenen Daten, die für eine **elektronische Zollanmeldung** erforderlich sind (OLG Köln GRUR-RR 2006, 78 – *Elektronischer Zolltarif*) und nachfolgend auch der BGH (BGH GRUR 2009, 852 – *Elektronischer Zolltarif*). Dasselbe gilt für die **Zusammenstellung von Musiktiteln** ihrer Beliebtheit gemäß (BGH GRUR 2005, 857 – *HIT-BILANZ*). Auch einem Bewertungssystem über Zahnarztleistungen wurde Datenbankschutz zuerkannt (OLG Köln MMR 2009, 191 und nachfolgend BGH GRUR 2011, 724 – *Zweite Zahnarztmeinung*). Eine Online-Automobilbörse mit nach Marken und Autotypen geordneten Einträgen stellt zweifelsfrei eine Datenbank dar (OLG Hamburg CR 2009, 526 – *Screen Scraping*). Die periodische Veröffentlichung von Aufsätzen in Zeitschriften soll keine Datenbank entstehen lassen können (OLG München MMR 2007, 525, 526 – *Subito*). Ob **topografische Landkarten** der Landesvermessungsämter wirklich die Voraussetzung der Unabhängigkeit erfüllen, erscheint zweifelhaft (dazu vgl. § 4 Rn. 28 m. w. N. und *Czychowski* GRUR-Prax 2016, 333 sowie pro Schutz *Leistner* GRUR 2016, 42. Zu Recht weist *Vogel* darauf hin, dass die bestimmten Landkarten zugrunde liegenden digitalen Objektkartenkataloge wohl die Unabhängigkeit zugesprochen werden kann (Schricker/Loewenheim/*Vogel*[5] Rn. 17). Datum, Uhrzeit und Namen von zu diesen spielenden **Fußballmannschaften** waren Gegenstand der bereits erwähnten Leitentscheidung des EuGH (EuGH GRUR 2005, 254, 255 – *Fixtures-Fußballspielpläne II*). Ein **Bewertungssystem für Zahnarztleistungen** war Gegenstand einer Entscheidung des OLG Köln (OLG Köln K&R 2009, 52).

11   **b) Systematisch und methodisch angeordnet:** Die eben beschriebenen einzelnen Elemente müssen systematisch oder methodisch angeordnet sein; das unterscheidet die einfache Datenbank vom Datenbankwerk, bei dem die Auswahl oder Anordnung eine persönliche geistige Schöpfung darstellen muss. Eine systematische oder methodische Anordnung liegt dann vor, wenn sie nach bestimmten **Ordnungskriterien**, seien sie logisch oder sachlich, zusammengestellt sind; ausreichend ist aber eine Zusammenstellung nach Ordnungsgesichtspunkten, die den Zugriff auf die einzelnen Elemente ermöglicht BeckOK UrhR/*Ahlberg*[16] § 4 UrhG Rn. 16 f.; Schricker/Loewenheim/*Loewenheim*[4] § 4 Rn. 36 und Schricker/Loewenheim/*Leistner*[5] § 4 Rn. 15). Als **systematische Ordnung** sind denkbar alphabethische, numerische, geografische, chronologische oder thematische Anordnungen (Schricker/Loewenheim/*Vogel*[5] Rn. 19). Eine **methodische Anordnung** liegt vor, wenn der Datenbankinhalt zur Verwirklichung eines vom Hersteller oder Nutzer vorgegebenen Zwecks planmäßig strukturiert wird (unsere 9. Aufl./*Hertin* Rn. 4). Die systematische oder methodische Anordnung bedeutet nicht, dass die physische Speicherung der Datenbankelemente in geordneter Weise erfolgt (ErwG 21 Datenbank-RL). Man sollte also fragen, ob es zwingend ist, die Daten so zu strukturieren, wie dies erfolgt ist. Hätte man zwanglos eine völlig andere Struktur wählen können, spricht dies für die systematische und methodische Anordnung. Daher ist auch anerkannt, dass eine Sammlung von Daten nur dann nicht als systematisch/methodisch geordnet gilt, wenn es sich um eine willkürliche und unstrukturierte Datenanhäufung handelt (OLG München GRUR-RR 2001, 228, 229 – *Übernahme fremder Inserate*; KG GRUR-RR 2001, 102, 102 – *Stellenmarkt*; *Leistner* S. 53 ff.; Walter/*v. Lewinski* Art. 1 Datenbank-RL Rn. 18 f.). Ausgeschlossen werden sollen also nur Sammlungen von Daten, bei welchen der Zufall eine Rolle spielt (*Leistner* GRUR Int. 1999, 824 mit seinem Beispiel des World-Wide-Web des Internets als nicht schutzfähige Datenanhäufung; Walter/*v. Lewinski* Art. 1 Datenbank-RL Rn. 20). Beispielhaft sei hier auch genannt der Stellenmarkt einer Tageszeitung, der den beiden oben genannten Entscheidungen zugrunde lag. Auch wenn Volltextdatenbanken zum Teil ohne systematischen Index auskommen, bedeutet dies gleichwohl nicht, dass sie als Datenhaufen vom Schutz ausgenommen wären (HK-UrhR/*Kotthoff*[3] Rn. 20; Schricker/Loewenheim/*Vogel*[5] Rn. 23). Der EuGH sieht diese Tatbestandsvoraussetzung – er orientiert sich in seiner Auslegung eng an der Gesetzgebungshistorie der Richtlinie – als unverzichtbares Ordnungskriterium, das der **Wiedergewinnung der** sonst unstrukturierten und gewissermaßen nicht auffindbaren **Elemente** dient (EuGH GRUR 2005, 254, 255 – *Fixtures-Fußballspielpläne II*). Der bloße hohe Informationswert reicht also nicht für den Schutz als Datenbank, wenn man jedes Element einzeln ansteuern müsste (EuGH GRUR 2005, 254, 255 – *Fixtures-Fußballspielpläne II*). Die Zusammenstellung von Datum, Uhrzeit und Namen von den spielenden Fußballmannschaften würde diese Anforderungen erfüllen (EuGH GRUR 2005, 254, 255 – *Fixtures-Fußballspielpläne II*). Websites als solchen (also nicht etwa darauf enthaltenen Sammlungen von z. B. Links) wird i. d. R. diese Systematik abgesprochen (Schricker/Loewenheim/*Vogel*[5] Rn. 30; nicht ganz deutlich: OLG Frankfurt GRUR-RR 2005, 299, 300 – *Online-Stellenmarkt*). Zum Schutz von **Websites** allg. vgl. § 2 Rn. 116 u. 231. Zu einem Beispiel, dass Texte einer Website nach § 2 Abs. 1 Nr. 1 schutzfähig sein können: LG Berlin ZUM-RD 2006, 573. Eine über „Macromedia Directors" erstellte Menüführung für ein **multimediales Produkt** ist regelmäßig nicht schutzfähig (LG Köln MMR 2006, 52).

Besonders **hohe Anforderungen** sind an das qualitative Merkmal der systematischen und methodischen Anordnung **nicht** zu stellen (Schricker/Loewenheim/*Vogel*[5] Rn. 19; Wandtke/Bullinger/*Thum*/*Hermes*[4] Rn. 24). Gilt schon für die Schöpfungshöhe bei Datenbankwerken, dass diese nur geringen Anforderungen genügen muss (vgl. § 4 Rn. 31 ff.), gilt dies erst recht für die keinen Werkschutz voraussetzende einfache Datenbank. Es sind also keine besonderen geistig-ästhetischen Anforderungen zu stellen, sondern immer das „banale" Ziel der Auffindbarkeit der Elemente im Blick zu halten.   **12**

c) Einzeln mit Hilfe elektronischer Mittel oder anders zugänglich: Schließlich   **13** müssen die Elemente einzeln zugänglich sein. Zugänglichkeit bedeutet, unter Berücksichtigung der Anordnungskriterien **auf die Elemente zugreifen** zu können und sie abzufragen. Was immer der Nutzer auf diese Art und Weise isoliert erhält, dürfte als Element i. S. d. §§ 87a ff. einzuordnen sein; daher schafft das Merkmal der einzelnen Zugänglichkeit auch mittelbar eine Abgrenzung für den Begriff des Elements (Wandtke/Bullinger/*Thum*/*Hermes*[4] Rn. 16). Bei einer elektronischen Datenbank kann der Zugang zu den Daten durch Recherche online oder offline erfolgen (Schricker/Loewenheim/*Leistner*[5] § 4 Rn. 57). Schließlich stellt diese Tatbestandsvoraussetzung ihrem Wortlaut nach bereits klar, dass das Recht sui generis **sowohl elektronische als auch auf analoger Technik basierende Datenbanken unter Schutz** stellt (allg. M.; statt vieler Schricker/Loewenheim/*Vogel*[5] Rn. 27; anders noch unsere 9. Aufl./*Hertin* Rn. 5). Das Element der Zugänglichkeit schafft im Übrigen ein weiteres Abgrenzungsmerkmal, um inhaltlich verwobene Datenansammlungen, wie Computerspiele oder Filme, vom Schutz auszuschließen. Denn auf die einzelne Spielsequenz eines Computerspiels kann man eben nicht einzeln/direkt zugreifen; man muss sie vielmehr im Spielablauf an sich vorbeiziehen lassen.

d) Wesentliche Investition für Beschaffung, Überprüfung, Darstellung: –   **14** **aa) Begriff der Investition:** Wesentlich für das Recht sui generis ist die Voraussetzung einer wesentlichen Investition. Hieran manifestiert sich, dass der Schutz sui generis Investitions- und nicht Kreativschutz ist (ErwG 7, 11 und 12 der Datenbank-RL). Investition stammt ab vom lateinischen *investire* (= einkleiden, bekleiden) und hatte zunächst auch nur hieraus übertragene Bedeutungen („Investiturstreit"). Der heutige Bedeutungsgehalt wird als jung, dem

19. Jahrhundert entstammend, bezeichnet (*Duden*, Herkunftswörterbuch, Band 7, Stichwort „Investieren") und erklärt die „langfristige Anlage von Kapital in Sachgütern" (*Duden*, Herkunftswörterbuch, Band 7, Stichwort „Investieren"). Damit scheint uns eine wesentliche, bereits dem Wortlaut des Gesetzes zu entnehmende, Voraussetzung, die **Langfristigkeit der Anlage** zu sein. Bloß auf kurzfristige Ergebnisse gerichtete Anlagen zur Erschaffung von Datenbanken, die damit ebenfalls nur kurzlebig sind, müssten dem Wortlaut nach aus § 87a ausscheiden. Im Übrigen bedeutet Investition **Einsatz von Mitteln zur Erreichung eines Zwecks** (Walter/*v. Lewinski* Art. 7 Datenbank-RL Rn. 4). Welche Mittel dies sei können, definiert weder die Datenbank-RL, noch das Urheberrechtsgesetz nebst Materialien; ErwG 7 Datenbank-RL spricht aber von „menschlichen, technischen und finanziellen Mitteln", ohne dass diese Aufzählung abschließend wäre. ErwG 40 Datenbank-RL führt auch den Einsatz von Zeit, Arbeit und Energie auf. Die Investition entfällt nicht mit einem etwaigen Ausgleich derselben durch Dritte (zur Toll-Collect-Datenbank: BGH GRUR 2010, 1004 Tz. 26 – *Autobahnmaut*); auch ist keine Voraussetzung des Schutzes, dass der Inhaber die Datenbank kommerziell verwertet (BGH GRUR 2010, 1004 Tz. 26 – *Autobahnmaut* unter Bezug auf Schricker/*Vogel*[3] Rn. 4).

15   bb) **Begriff der Wesentlichkeit:** Was unter dem Begriff der **Wesentlichkeit** zu verstehen ist, ist noch nicht abschließend geklärt. Das Gesetz und die Richtlinie sind an dieser Stelle bewusst recht allgemein und sprechen nur von „in qualitativ und quantitativer Hinsicht" bzw. „Art oder Umfang" wesentlichen Investitionen (Art. 7 Abs. 1 Datenbank-RL bzw. § 87a Abs. 1 S. 1). Die Begründung des deutschen Umsetzungsgesetzes bedeutet dem Anwender lediglich, dass anhand einer **wertenden Beurteilung** der Schutzwürdigkeit der Investition festzustellen sein wird, ob eine in qualitativer und quantitativer Hinsicht wesentliche Investition vorliegt (RegE IuKDG – BT-Drs. 13/7385, S. 45). Viel anzufangen ist damit im Einzelfall nicht. Auch der EuGH hilft in seinen Leitentscheidungen wenig; er formuliert nur, dass die quantitative Beurteilung sich auf **Mittel** bezieht, die sich **beziffern lassen**; die qualitative hingegen auf **nicht quantifizierbare Anstrengungen**, wie eine geistige Anstrengung oder Verbrauch von Energie (EuGH GRUR 2005, 252, 253 – *Fixtures-Fußballspielpläne II*). Sicher dürfte aber sein, dass je höher eine Investitionsleistung ausgefallen ist, also der Aufwand an Geld, Arbeit und Zeit, desto eher liegt ein Leistungsschutz im Sinne des § 87a UrhG vor. Zu Recht wird betont, dass der Begriff der Wesentlichkeit eigenständig und ohne Rückgriff auf verwandte Begriffe z. B. aus dem Wettbewerbsrecht erarbeitet werden muss (Walter/*v. Lewinski* Art. 7 Datenbank-RL Rn. 11; Wandtke/Bullinger/*Thum*[2] Rn. 24; BeckOK UrhR/*Koch*[14] Rn. 22). **Sämtliche wirtschaftliche Aufwendungen** sind als wesentlich zu berücksichtigen, die für den Aufbau, die Darstellung, die Aktualisierung einer Datenbank erforderlich sind (Schricker/Loewenheim/*Vogel*[5] Rn. 52). Dazu zählen die unten näher konkretisierten Aufwendungen für die **Beschaffung des Datenbankinhalts**, der **Datenaufbereitung** sowie die **Kosten für die Bereitstellung** der Datenbank. Die dem Umfang nach wesentliche Investition liegt gerade in der Aufwendung finanzieller Mittel und dem sonstigen Aufwand in Form von **Zeit, Arbeit und Energie**. Die der Art nach wesentliche Investition ist in eine Datenbank geflossen, die vielleicht nur geringe Datenmengen enthält, dafür aber noch nie in dieser Form und Vollständigkeit zusammengestellt worden ist (Schricker/Loewenheim/*Vogel*[5] Rn. 52).

16   Es entspricht der überwiegenden Meinung, dass ein besonderes **substantielles Gewicht** der Investition **nicht erforderlich** ist, auch wenn die Formulierungen dieser „Schwelle" sehr unterschiedlich sind (i. E. *Derclaye* IIC 36/2006, 2, 30; *Gaster* Rn. 476; *Haberstumpf* GRUR 1999, 14, 26 f.; *Kindler* K&R 2000, 265, 271; *Leistner* GRUR Int. 1999, 819; Möhring/Schulze/Ulmer/Zweigert/*Lehmann*, Anm. 7; HK–UrhR/*Kotthoff*[3] Rn. 30; Schricker/Loewenheim/*Vogel*[5] Rn. 52; Wandtke/Bullinger/*Thum*/*Hermes*[4] Rn. 55 ff.; a. A. LG Köln ZUM-RD

2000, 304, 306 – *Kidnet.de*; *Schack*, Urheber- und UrhebervertragsR[7] Rn. 745; *ders.* MMR 2001, 9, 12; unsere 9. Aufl./*Hertin* Rn. 9; noch Dreier/Schulze/*Dreier*[3] Rn. 14: nicht allzu niedrig; nunmehr Dreier/Schulze/*Dreier*[5] Rn. 14: nicht zu hoch unter Bezugnahme auf BGH GRUR 2011, 724 Tz. 23 – *Zweite Zahnarztmeinung*; s. allerdings unsere Einschränkung zur Kurzlebigkeit der Anlage vgl. Rn. 14). Im Hinblick darauf, dass das Kriterium der Wesentlichkeit allerdings eigentlich die entscheidende Schutzvoraussetzung ist, sind hieran Zweifel angebracht, jedenfalls wenn man diese Situation sogleich zu einem Regel/Ausnahme-Verhältnis umfunktioniert (Wandtke/Bullinger/*Thum*/*Hermes*[4] Rn. 56). Die Diskussion hierzu dürfte sicherlich noch nicht abgeschlossen sein (s. a. die differenzierte Darstellung der Meinungen bei Dreier/Schulze/*Dreier*[5] Rn. 14). Der BGH hat sich aber mittlerweile auf eine niedrige Schwelle festgelegt („nicht notwendig substantielles Gewicht"): GRUR 2011, 724 Tz. 23 – *Zweite Zahnarztmeinung*. Ob der Begriff der Wesentlichkeit aber tatsächlich in **Interdependenz mit der Informationsfreiheit** steht (darauf hinweisend noch Dreier/Schulze/*Dreier*[3] Rn. 14; nunmehr wohl nicht mehr vertretend Dreier/Schulze/*Dreier*[5] Rn. 14), erscheint uns zweifelhaft (vgl. Vor §§ 87a ff. Rn. 36 ff.). Denn auch beim Werkbegriff bzw. der Gestaltungshöhe sollte die Informationsfreiheit keine vordringliche Rolle spielen. Die Frage des Schutzes eines Gegenstandes im Urheberrecht verhindert keineswegs den Zugang zu Informationen. Werk und Information ist zudem nicht gleichzusetzen (eingehend zu diesem Thema vgl. Vor §§ 87a ff. Rn. 36 ff.).

Der Schutz der Datenbank setzt bereits mit einer wesentlichen **Erstinvestition** **17**
ein. Ein hoher Aufwand an Folgeinvestitionen erlangt daher erst Bedeutung, wenn es darum geht, eine neue Schutzfrist in Gang zu setzen, da bei wesentlichen Folgeinvestitionen eine veränderte und damit im Sinne von § 87a Abs. 1 S. 2 neue Datenbank entsteht. Eine wesentliche Folgeinvestition muss nicht unbedingt dem Umfang entsprechen, der für die Erstinvestition erforderlich war, da naturgemäß eine Änderung weniger Aufwand erfordert (Schricker/Loewenheim/*Vogel*[5] Rn. 61). Dazu im Detail vgl. Rn. 28.

Die **Rechtsprechung** hat sich der ihr vom Gesetzgeber gestellten Aufgabe der **18**
Definition der wesentlichen Investition das eine Mal intensiv, ein anderes Mal offensichtlich weniger intensiv angenommen: BGH GRUR 1999, 923, 926 – *Tele-Info-CD*: 93 Mio. DM Beschaffungskosten für 30 Mio. Datensätze; OLG Hamburg GRUR 2000, 319 – *Börsendaten*: Daten von über 500 deutschen Aktiengesellschaften, durch acht festangestellte Analysten zusammengetragen und berechnet (i. E. offen gelassen); LG Berlin CR 1999, 388: Online-Versionen von Tageszeitungen, ohne Kosten für Print-Ausgabe; LG Köln ZUM-RD 2000, 304: Wesentliche Investition bereits bei 251 Links; KG GRUR 2001, 155: Veranstalterdaten 0,10 DM pro Ticket, 0,25 DM Netz- und Rechnerkosten pro Ticket, Gesamtkosten ca. 20 Mio. DM, inkl. Softwarekosten; LG Köln MMR 2002, 689, 690: *Online-Fahrplan* mit Bahnverbindungen, 2,5 Mio. € jährlich für Aufbereitung der Daten; BGH GRUR 2003, 958, 962 – *Paperboy*: Online-Versionen von Tageszeitungen, auch Kosten für Print-Ausgabe berücksichtigt, aber nur Datenbankschutz unterstellt; LG Mannheim GRUR-RR 2004, 196: Kosten von € 34.900 für Gedichtsammlung. OLG Köln: € 4.000 für Konzeption zzgl. € 5.000 für Integration ausreichend (OLG Köln K&R 2009, 52). Aus all dem lässt sich (leider) keine nachvollziehbare Ordnung oder gar Vorgaben entnehmen. Die Gerichte scheinen mehr oder weniger unsicher den Einzelfall aufgrund individueller (vielleicht subjektiver?) Entscheidungen, die wenig quantifizierbar erscheinen, zu lösen.

cc) **Berücksichtigungsfähigkeit einzelner Aufwendungen:** **Bezugspunkt** der In- **19**
vestition ist alles, was für den **Aufbau, die Darstellung, die Aktualisierung** einer Datenbank erforderlich ist. Hierzu zählt zu allererst die Recherche nach den ein-

zelnen Elementen, den Daten, diese zu überprüfen und anzuordnen (Wandtke/Bullinger/*Thum*/*Hermes*[4] Rn. 36). Weiterhin können hierzu aber auch zählen die Personalkosten für die vorgenannten Tätigkeiten oder aber Lizenzzahlungen für Elemente, die nur gegen Entgelt zu erwerben sind (Wandtke/Bullinger/*Thum*/*Hermes*[4] Rn. 37); dabei muss es sich u. E. nicht nur um urheber- oder sonstiges schutzrechtlich geschütztes Material handeln, auch die Zahlung von Lizenzen für ansonsten freie Daten fällt hierunter. Dies alles gilt aber nicht für den Ankauf ganzer vorbestehender Datenbanken; die Kosten hierfür sind keine Investitionen i. S. d. § 87a (Dreier/Schulze/*Dreier*[5] Rn. 13 a. E.; Wandtke/Bullinger/*Thum*/*Hermes*[4] Rn. 39). Der EuGH ist der Ansicht, dass nur solche Investitionen, die eingesetzt werden, **um Daten zu ermitteln** berücksichtigungsfähig sind; nicht gilt dies für Investitionen, die eingesetzt werden, um Elemente, aus denen der Inhalt der Datenbank besteht, überhaupt erst zu schaffen (EuGH GRUR 2005, 244, 247 – *BHB-Pferdewetten*; EuGH GRUR 2005, 252, 253 – *Fixtures-Fußballspielpläne I*; EuGH GRUR 2005, 254, 256 – *Fixtures-Fußballspielpläne II*; dazu nun auch OLG Hamburg CR 2018, 22). Die Kosten für die Festlegung von z. B. – wie entschieden – Fußballspielplänen sind also nicht vom Investitionsbegriff erfasst, wohl hingegen die Aufwendungen für das Zusammentragen dieser Daten von den jeweiligen „Schöpfern", in dem entschiedenen Fall also die betroffenen Sport-Ligen. Im konkreten Fall lehnte der EuGH jedoch die Wesentlichkeit einer solchen Investition ab, weil die (vom Investitionsbegriff ausgeschlossene) Festlegung der Spieldaten unmittelbar mit dem (allenfalls für eine Investition in Frage kommenden) Zusammentragen dieser Daten zusammenfiel. Hintergrund aus Sicht des EuGH soll sein, dass das Recht sui generis nicht die Schaffung von Daten bzw. Elementen fördern wolle, sondern nur von Datenbanken (EuGH GRUR 2005, 244, 247 – *BHB-Pferdewetten*; EuGH GRUR 2005, 252, 253 – *Fixtures-Fußballspielpläne I*; EuGH GRUR 2005, 254, 256 – *Fixtures-Fußballspielpläne II*; dazu nun auch OLG Hamburg CR 2018, 22). Ob dies in dieser Strenge richtig ist, erscheint zweifelhaft: *Lehmann* (CR 2005, 15, 16) weist zu Recht darauf hin, dass die Gewinnung von Daten, das sog. „data mining", regelmäßig nicht nur Schwerpunkt der unternehmerischen Leistung, sondern auch den Großteil der Investitionen ausmachen wird. Zu den berücksichtigungsfähigen Kosten gehören sicherlich auch die Aufwendungen für die **Darstellung des Datenbankinhalts**, also Erstellung von Tabellen (Schricker/Loewenheim/*Vogel*[5] Rn. 43), Überlegungen zur Struktur der Datenbankfelder und deren Verknüpfung oder überhaupt zum Umfang dessen, was in eine Datenbank aufgenommen wird. Schließlich gehören – besonders bei online betriebenen Datenbanken – die **Kosten der Bereitstellung**, also z. B. Server und Hosting sowie ASP-Gebühren zu den berücksichtigungsfähigen Aufwendungen. Was in die **Kontrolle der einzelnen Elemente** investiert wird, ist ebenfalls berücksichtigungsfähig (EuGH GRUR 2005, 244, 247 – *BHB-Pferdewetten*; EuGH GRUR 2005, 252, 253 – *Fixtures-Fußballspielpläne I*); nicht hingegen, wenn diese Überprüfungsmaßnahmen im Laufe des Stadiums der Erzeugung der Elemente stattfinden (EuGH GRUR 2005, 244, 247 – *BHB-Pferdewetten*; EuGH GRUR 2005, 252, 253 – *Fixtures-Fußballspielpläne I*). Diese Vorgaben des EuGH müssen eigentlich dazu führen, dass in Zukunft Anspruchsteller sehr differenziert den Bezug der vorzutragenden Investitionen nachweisen müssen.

20   **Aufwendungen für die Datenbank**software sind bei der Beurteilung der Investition zu berücksichtigen, wenn diese Software nicht der Erzeugung der Daten dient (BGH GRUR 2011, 724 Tz. 20 f. – *Zweite Zahnarztmeinung*). Zuvor war umstritten, ob solche Kosten außen vor zu bleiben haben (verneinend: OLG Düsseldorf MMR 1999, 729,732 – *Frames*; Wandtke/Bullinger/*Thum*[2] Rn. 35; bejahend: KG CR 2000, 812, 812 f. – *Ticket-Verkauf*; OLG Dresden ZUM 2001, 595 – *Ausschreibungsunterlagen*; Schricker/Loewenheim/*Vogel*[5] Rn. 45; Wandtke/Bullinger/*Thum*/*Hermes*[4] Rn. 39; offen lassend noch: Dreier/Schulze/*Dreier*[2] Rn. 13, nunmehr bejahend: Dreier/Schulze/*Dreier*[5] Rn. 13;

wohl eher ablehnend: *Krekel* WRP 2011, 436 ff.). Für uns spricht viel dafür, die Aufwendungen für Datenbanksoftware zu berücksichtigen, denn sie ist bei elektronischen Datenbanken integraler Bestandteil einer Datenbank. Die in Rn. 18 beschriebenen Möglichkeiten bei der Darstellung des Datenbankinhalts wären bei elektronischen Datenbanken ohne ein Computerprogramm, das z. B. relationale Verknüpfungen zwischen den verschiedenen Feldern einer Datenbank ermöglicht, nicht denkbar. Daher kann man das Computerprogramm auch kaum von Inhalt und vor allem Struktur einer Datenbank trennen. Das bedeutet nicht, dass man das Computerprogramm automatisch auch als Computerprogramm i. S. d. §§ 69a ff. schützt; es widerspricht auch nicht Art. 1 Abs. 3 Datenbank-RL, denn letzterer lässt eben nur den Datenbankschutz nicht automatisch zum Computerprogrammschutz werden. Als ebenso ungeklärt bezeichnete *Dreier* die generelle Frage, inwieweit **Investitionen** in solche **Produkte** berücksichtigungsfähig sind, auf denen die **Datenbank erst aufbaut** (Dreier/ Schulze/*Dreier*³ Rn. 13 mit bejahenden Beispielen LG Köln CR 1999, 593 und LG Berlin CR 1999, 388 für Print-Anzeigenteil als Grundlage eines Online-Angebots; nunmehr wohl nicht mehr vertretend Dreier/Schulze/*Dreier*⁵ Rn. 13). U. E. dürfte dies seit den bereits erwähnten Leitentscheidungen des EuGH geklärt sein, denn dort setzt der EuGH unseres Erachtens voraus, dass auch Fremddatenbeschaffung zu den berücksichtigungsfähigen Investitionen zählt, solange damit nicht lediglich die Erzeugungskosten, die nicht berücksichtigbar sind, kaschiert werden. Er spricht – in Abgrenzung von menschlichen – von finanziellen Ressourcen, die unseres Erachtens nur einer derartigen Beschaffung dienen können (EuGH GRUR 2005, 252, 253 Tz. 28 – *Fixtures-Fußballspielpläne I*); dann kann es keinen Unterschied machen, ob diese Daten in fremden „Produkten" enthalten sind und en bloc eingekauft oder einzeln beschafft werden. Tatsächlich spricht der EuGH auch davon, dass es keinen Unterschied mache, ob die Erstellung einer Datenbank mit der Ausübung einer „Haupttätigkeit" verbunden sei (EuGH GRUR 2005, 244, 247 – *BHB-Pferdewetten*). In einem solchen Fall müsse aber die Selbständigkeit der für § 87a relevanten Handlungen nachgewiesen werden (EuGH GRUR 2005, 244, 247 – *BHB-Pferdewetten*).

Man kann die Auffassung vertreten, dass der EuGH sich in den eben genannten **21** Leitentscheidungen auch gegen die sog. **Spin-Off-Theorie** von *Davison/Hugenholtz* EIPR 2005, Vol. 3, 134 ausgesprochen hat: Nicht zu den berücksichtigungsfähigen Investitionen gehören danach unabhängige vorangegangene Leistungen, bei denen sich als reines Neben- oder Abfallprodukt noch eine Datenbank ergibt (der EuGH spricht davon, dass „das Erzeugen von Elementen" nicht geschützt wird, „die später in eine Datenbank zusammengestellt werden können" (EuGH GRUR 2005, 244, 247 – *BHB-Pferdewetten*; EuGH GRUR 2005, 252, 253 – *Fixtures-Fußballspielpläne I*; EuGH GRUR 2005, 254, 256 – *Fixtures-Fußballspielpläne II*). Als Beispiele seien hier die entschiedenen Pferdewettpläne und Fußballspielpläne genannt. Zu Recht betont *Thum*, dass der EuGH mit dieser Herausnahme reiner Datengenerierungen aus dem Schutzbereich der §§ 87a ff. einem Missbrauch des Schutzrechts vorbeugt (Wandtke/Bullinger/*Thum*⁴ Rn. 41). Man könnte dies auch als einen Beleg dafür werten, dass der EuGH sich sonst erneut mit dem **Kartellrecht** (Stichwort „IMS Health", vgl. Vor §§ 87a ff. Rn. 25) hätte auseinandersetzen müssen, denn der Ruf nach „Aufschließen" oder „Aufbrechen" der sog. Single-Source-Informationsanbieter wäre sonst gewiss sogleich erfolgt (*Davison/Hugenholtz* EIPR 2005, Vol. 3, 134). Alles in allem scheint uns die EuGH-Rechtsprechung zwar einige Probleme gelöst, andere jedoch aufgeworfen zu haben, nämlich die Frage nach der Abgrenzung, was eine „an sich unabhängige Leistung" ist und wann etwas als bloßes „Abfall- oder Nebenprodukt" anzusehen ist. Als offen nach den EuGH-Entscheidungen werden weiter diskutiert: Ist der **Beobach-**

tungs- und Messaufwand, den man bei wissenschaftlichen Untersuchungen hat, eine berücksichtigungsfähige Investition oder bloßer (nichtberücksichtigungsfähiger) Aufwand für die Erzeugung von Daten? (Berücksichtigungsfähig: *Leistner* S. 152; § 87a Rn. 18; Wandtke/Bullinger/*Thum/Hermes*[4] Rn. 49; nicht berücksichtigungsfähig: Schricker/Loewenheim/*Vogel*[5] Rn. 47; zweifelnd *Lehmann* CR 2005, 16 f.; *Davison/Hugenholtz* EIPR 2005, Vol. 3, 134.) Man kann sich dies sehr plastisch bei meteorologischen Daten, wie der allbekannten „Unwetterzentrale", vorstellen. Anders als einen Fußballspielplan denkt sich der Meteorologe die Wetterdaten – auch wenn man das vielleicht zuweilen meint – nicht aus, sondern gewinnt sie aus vorhandenen Informationen. Dieser Gewinnungsaufwand soll aber durchaus von §§ 87a ff. geschützt werden. Der BGH hat dies in seiner Hit-Bilanzen Entscheidung dadurch abgegrenzt, dass die Information nicht erst durch eine Messung erzeugt worden sein darf und zudem weiterhin jedermann zur Verfügung stehen muss (BGH GRUR 2005, 857 – *HIT-BILANZ*). Das wird vor allem bei **Big Data Anwendungen** eine besondere Rolle spielen, da bei diesen oftmals gemessene Daten im Zentrum des Interesses stehen, z. B. bei den viel diskutierten Turbinendaten eines Flugzeugs oder den Fahrverhaltensdaten eines Autos. Zu Big Data und Datenbankschutz s. *Schmidt/Zech* CR 2017, 417.

22   Die dargestellten **Kosten** können sich in verschiedener **Form** niederschlagen: Sie können **Personalkosten** sein (LG München I MMR 2002, 58 – *Schlagzeilensammlung im Internet*; LG München I ZUM 2001, 1008, 1010 – *Main-Post*), aber auch in **Druckkosten** bei nicht-elektronischen Datenbanken (Schricker/Loewenheim/*Vogel*[5] Rn. 43) oder **Erwerbskosten** bei Zuerwerb bestimmter Bestandteile, z. B. der vorhandenen Struktur der Datenfelder. Lizenzgebühren für den Erwerb einer vorbestehenden Datenbank gehören aber nicht dazu (BGH GRUR 2009, 852, 853 f. – *Elektronischer Zolltarif*). Schließlich ist auch der **eigene Aufwand** des Herstellers oder z. B. des Geschäftsführers einer GmbH in Form fiktiver Lohnkosten für aufgewendete Zeit, Arbeit und Energie (z. B. Überprüfungsaufwand) berücksichtigungsfähig (ErwG 40 Datenbank-RL; EuGH GRUR 2005, 254, 256 – *Fixtures-Fußballspielpläne II* unter ausdrücklichen Bezug auf diesen ErwG und ErwG 7 und 39). Zu Recht wird insoweit ein weiter Investitionsbegriff argumentiert, der jeglichen Einsatz von Menschen, Material oder Finanzen erfasst (*Derclaye* IIC 36/2006, 2, 30). Die **Investitionen des Subauftragnehmers** werden dem Auftraggeber zugerechnet (BGH GRUR 1999, 923, 926 – *Tele-Info-CD*); zur Frage der Auswirkungen eines Auftrags an einen Dritten auf dessen Stellung als Mitberechtigter vgl. Rn. 25.

23   **e) Abgrenzungen zu Datenbankwerken und zu anderen Schutzgegenständen:** ErwG. 39 der Datenbank-RL stellt das Verhältnis zwischen Datenbankwerk und einfacher Datenbank plastisch dar, wenn er formuliert, dass „neben dem Urheberrecht an der Auswahl und Anordnung des Inhalts einer Datenbank" das neue Schutzrecht tritt. Die beiden Schutzrechte ergänzen sich also; es ist denkbar, dass an einer Datenbank beide Schutzrechte existieren, wie es denkbar ist, dass nur eines von beiden greift (vgl. § 4 Rn. 49). Die beiden Schutzmöglichkeiten schließen sich also nicht aus, sondern können sich ergänzen. Oft wird es aber wohl so sein, dass nur entweder ein Datenbankwerk oder eine einfache Datenbank vorliegt. Der wesentliche Unterschied zwischen beiden Schutzinstrumenten besteht – wie in § 4 (vgl. § 4 Rn. 49) dargestellt – darin, dass für das Datenbankwerk noch alle Voraussetzungen eines urheberrechtlichen Werkes, also eine persönliche geistige Schöpfung, vorliegen müssen. Nicht erforderlich ist dafür aber, dass der Gegenstand des Schutzes eine wesentliche Investition erfordert.

24   Jede Datenbank bedarf eines **Ordnungs- und Suchhilfesystems**, z. B. eines Computerprogramms (vgl. Rn. 19). Letzteres gibt es natürlich nur bei elektronisch zugänglichen Datenbanken. Es wird vom Datenbank-Schutzrecht nicht erfasst (ErwG 23 Datenbank-RL). Sein Schutz regeln vielmehr die §§ 69a ff. Etwas anderes gilt aber für die **Suchhilfe** (z. B. Thesaurus, Index, vgl. Rn. 5 und vgl. § 4 Rn. 27). Diese kann nach ErwG 20 der Datenbank-RL vom Schutz mit umfasst sein.

3. Inhaber des Schutzrechts (Abs. 2)

Originärer Inhaber des Schutzrechtes sui generis an der Datenbank ist der Datenbankhersteller. Dies ist diejenige natürliche oder juristische **Person, die die wesentlichen Investitionen** vorgenommen hat und damit das organisatorische und wirtschaftliche Risiko trägt, welches mit dem Aufbau einer Datenbank verbunden ist (ErwG 14 Datenbank-RL). Noch deutlicher wird es in ErwG 41 Datenbank-RL: „Hersteller einer Datenbank ist die Person, die die Initiative ergreift und das Investitionsrisiko trägt", so auch OLG Köln CR 2014, 569, 570 – *Photovoltaik-Datenbank*. Das Gesetz verlangt also, dass zwei Voraussetzungen erfüllt sind, die gemeinhin auch mit der Unternehmereigenschaft schlechthin verkörpert werden: Geld allein reicht nicht, es muss der Wille bzw. Drang zum Handeln hinzukommen, eben „Initiative" und „Anlage". Der bloß passive Geldgeber – fast wäre man versucht an gewisse Tiervergleiche, die in jüngster Zeit in Mode gekommen sind, zu denken – ist also kein Investor i. S. d. §§ 87a ff. I. d. R. dürften allerdings beide Voraussetzungen zusammen vorliegen. Im Übrigen kann für **Grundsätze und Kriterien der Abgrenzung von vergleichbaren Unternehmerschutzrechten** ins Urheberrecht verwiesen werden (z. B. Tonträgerhersteller § 85; zu Sendeunternehmen § 87; zu Filmhersteller § 94). Unschädlich ist, wenn Teile des Investitionsaufwandes durch Dritte erbracht werden, wenn diese vom Datenbankhersteller beauftragt wurden (BGH GRUR 1999, 923, 926 – *Tele-Info-CD*); eine solche Situation reicht nicht für eine gemeinschaftliche Rechteinhaberschaft (BGH GRUR 1999, 923, 926 – *Tele-Info-CD*). Im Gegensatz zur (möglicherweise juristischen) Person des „Investors" steht die natürliche Person, die (evtl. im Angestelltenverhältnis) die sammelnde, sichtende und prüfende Tätigkeit selbst vornimmt oder der Unternehmer, der im Lohnauftrag in diesem Sinne tätig wird. Sie alle mögen schöpferisch tätig sein, an dem Schutzrecht der §§ 87a ff. haben sie nicht teil (Schricker/Loewenheim/*Vogel*[5] Rn. 70). Dies kann sich nur dann ändern, wenn sie ihre Tätigkeit in der Aufbauphase einer Datenbank unentgeltlich unter Erwartung einer Beteiligung in der Zukunft leisten. Denn **Investition** meint nicht nur die **entgeltliche Anlage** (vgl. Rn. 14).

Fallen beide oben genannten Definitionskriterien, also „Initiative" und „Risikotragung", bei **mehreren Personen** zusammen, wirken diese also bei der Erstellung oder Änderung der Datenbank investiv zusammen, steht ihnen das Schutzrecht sui generis gemeinsam zu. Ob dieses „gemeinsam" mangels ausdrücklicher Regelung dann analog § 8 oder in Rechtsgemeinschaft gem. § 741 BGB oder als BGB-Gesellschaft nach § 705 BGB ausgestaltet ist, ist offen; es wird alles vertreten (Gemeinschaft: unsere 9. Aufl./*Hertin* Rn. 11; meist Gesellschaft: Schricker/Loewenheim/*Vogel*[5] Rn. 73; HK-UrhR/*Kotthoff*[3] Rn. 42; Wandtke/Bullinger/*Thum/Hermes*[4] Rn. 138 ff., es sei denn keine vertragliche Bindung, dann Gemeinschaft; § 8, jedenfalls bei natürlichen Personen: Dreier/Schulze/*Dreier*[5] Rn. 21). Zu Recht weist *Vogel* darauf hin, dass es zunächst auf die getroffenen Vereinbarungen ankommt (Schricker/Loewenheim/*Vogel*[5] Rn. 73); da diese – mangels ausdrücklich abweichender Regelung – wohl den gemeinsamen Zweck des Datenbankaufbaus und ihrer Verwertung verfolgen, wird man wohl in der Tat i. d. R. von einer Gesellschaft bürgerlichen Rechts ausgehen müssen. Voraussetzung dafür ist aber in jedem Fall, dass die Personen auch wirklich bei allen einzelnen Tatbestandsvoraussetzungen des § 87a zusammenarbeiten; alleine die gemeinsame Mitwirkung bei der Herstellung reicht

25

26

nicht (BGH GRUR 1999, 923, 926 – *Tele-Info-CD*). Damit weicht § 87a von den Regelungen für Werke, insb. § 8 ab; es kann also – bei Zusammenfallen des Schutzes nach § 87a mit dem nach § 4 – zu unterschiedlichen (jedenfalls originären) Rechteinhabern kommen (zu Recht deshalb so Schricker/Loewenheim/*Vogel*[5] Rn. 73). Beide sind dann in Bezug auf etwaige Schadensersatzansprüche nicht etwa Gesamtgläubiger (BGH GRUR 2007, 685, 687 Tz. 27 – *Gedichttitelliste I*).

27   Die Rechte der §§ 87a ff. können auch Datenbankherstellern zu Gute kommen, die **öffentlich-rechtliche juristische Personen** sind (so nun auch ausdrücklich für eine Stadt BGH GRUR 2007, 137, 137 f. – *Bodenrichtwertsammlung*). Damit enthält das Urheberrecht erstmals seit den Zeiten des LUG wieder eine Bestimmung, die originäre Rechteinhaberschaft auch öffentlich-rechtlicher Körperschaften ermöglicht. Zu Recht wird darauf hingewiesen, dass derartige öffentlich-rechtliche Anbieter allerdings in ihren gesetzlichen Publizitäts- und Informationspflichten eingeschränkt werden können (*Tountopoulos* CR 1998, 129, 132 ff. zu § 9 HGB). Ob Private aber derartige öffentlich zugängliche Datenbanken gewerblich dergestalt auswerten dürfen, dass sie im Rahmen der Zugänglichkeit vollständige Kopien ziehen, ist eine Frage des § 87b (vgl. § 87b Rn. 15).

28   Dass ein **Unternehmer**, der eine **Datenbank** aufgebaut hat, diese **nicht selber auswertet**, nimmt ihm nicht die Herstellereigenschaft (Schricker/Loewenheim/*Vogel*[5] Rn. 70; Wandtke/Bullinger/*Thum*/*Hermes*[4] Rn. 133), denn er trägt ohne weiteres die notwendigen Risiken.

28a   Die **Vermutung des § 10** kann entsprechend angewandt werden (OLG Köln CR 2014, 569, 570 – *Photovoltaik-Datenbank*).

28b   Seit kurzem wird im Rahmen der zunehmenden Digitalisierung über neue Technologien gesprochen, die juristische Abläufe zunehmend automatisieren. Dazu gehört auch die sog. **Blockchain-Technologie.** Diese ist als verteilte Datenbank aufgebaut. z. B. die Internet-Währung Bitcoins bedient sich dieser Technologie und speichert Daten zu Transaktionen in sog. Blöcken (Blocks) ab. Die Blocks werden untereinander validiert über sog. Hashwerte, eine Technologie die aus der Kryptografie bekannt ist. Diese Blöcke sind miteinander verkettet in der sog. Blockchain. Da die beteiligten Computer die für eine Transaktion relevanten Blockchains speichern und nicht veränderbar sind, kann das System automatisiert z. B. Verträge über den Kauf von Anleihen an der Börse abwickeln, ohne dass ein Mensch eingreifen muss. Neben Fragen des Vertragsrechts und des Datenschutzrechts (dazu *Schrey*/*Thalhofer* NJW 2017, 1431), dürfte es sich bei so eingesetzten blockchains um Datenbanken handeln. Die interessantere Frage in der Praxis dürfte dabei sein, wer **Datenbankhersteller** ist, vor allem, da die Daten dezentral erzeugt und abgelegt werden und vor dem Hintergrund, dass blockchains als open source und als proprietäre Lösung angeboten werden. Hierfür kommt es auf die oben dargestellten allgemeinen Kriterien an.

4. Neuinvestitionen (Abs. 1 S. 2)

29   Art. 10 Abs. 3 Datenbank-RL gewährt das Schutzrecht sui generis für bestimmte Änderungen der Datenbank neu. Es muss sich handeln um eine

„in qualitativer oder quantitativer Hinsicht wesentliche Änderung des Inhalts einer Datenbank einschließlich wesentlicher Änderungen infolge der Anhäufung von aufeinanderfolgenden Zusätzen, Löschungen oder Veränderungen, aufgrund derer angenommen werden kann, dass eine in qualitativer oder quantitativer Hinsicht wesentliche Neuinvestition erfolgt ist".

Grammatikalisch unklar ist, ob die Neuinvestition immer erforderlich ist oder diese nur gefordert ist bei solchen Änderungen, die keine in qualitativer oder quantitativer Hinsicht wesentliche Änderung des Inhalts sind. Jedenfalls kann die wesentliche Neuinvestition nach Erwägungsgrund 55 der Datenbank-RL bereits in der eingehenden Überprüfung des Inhalts einer Datenbank bestehen. Das Kriterium der Wesentlichkeit dürfte ebenso wie bei der ursprünglichen Datenbank auszulegen sein (so auch Walter/*v. Lewinski* Art. 10 Datenbank-RL Rn. 6).

Die Bedeutung des Schutzes wesentlicher Neuinvestitionen wird einem erst durch § 87d bewusst: Durch die Schutzdauerregelung in Kombination mit diesem Abs. 1 S. 2 kann es zu einem **faktisch endlosen Datenbankschutz** kommen. Dasselbe Phänomen kennen wird übrigens vom Schutz der Computerprogramme, dort allerdings aus anderen Gründen (vgl. Vor §§ 69a ff. Rn. 7).   **30**

Voraussetzung für eine neue Datenbank in Sinne der Norm ist eine nach **Art und Umfang wesentliche Inhaltsänderung** an einer bestehenden Datenbank. Art. 10 Abs. 3 Datenbank-RL stellt klar, dass eine solche Inhaltsänderung auch in der **wesentlichen Anhäufung** von aufeinanderfolgenden Zusätzen, Löschungen oder Veränderungen liegen kann. Natürlich kann auch der **Ersatz, die Ergänzung, die Streichung** veralteter oder die **Aufnahme neuer Datensätze** ausreichen Schricker/Loewenheim/*Vogel*[5] Rn. 63). **Sichtbar** werden müssen die **Änderungen nicht**; auch die eingehende Überprüfung ohne Änderung des Inhalts kann genügen, wie ErwG 55 Datenbank-RL ausdrücklich erwähnt. Der Hersteller wird also gut daran tun, derartige nicht sichtbare Aufwendungen besonders beweissicher zu dokumentieren; etwa durch Stundenzettel der Bearbeiter oder gar Mitschnitte; es gibt mittlerweile auch Computerprogramme, die die Cursorbewegungen aufzeichnen und so z. B. den Scroll-Aufwand dokumentierbar machen.   **31**

Zu der Regelung gibt es bislang noch – soweit ersichtlich – **keine Entscheidungspraxis**, die den unbestimmten Rechtsbegriff der „wesentlichen" Inhaltsänderung beurteilt hätte. Wie immer in solchen Situationen wird daher betont, dass die Entscheidung nur im Einzelfall getroffen werden kann. Dabei ist die Schnelllebigkeit der Daten (z. B. Restaurantführer ./. Sammlung der deutschen Laubbäume) sicherlich ebenso zu berücksichtigen, wie der Aufwand Überprüfung und Fortschreibung (eher gering bei Datenbank über 30 spezielle deutsche Tagungshotels ./. eher hoch bei einer Datenbank über alle in Deutschland vergebenen Namen für Neugeborene).   **32**

Die **Investition**, die der Hersteller neu in die geänderte Datenbank vornimmt, muss ihrerseits wiederum „**wesentlich**" sein (so auch Dreier/Schulze/*Dreier*[5] Rn. 18; Schricker/Loewenheim/*Vogel*[5] Rn. 60; *Gaster* Rn. 643; *Leistner* S. 203). Ob hierfür die Regelungen der Wesentlichkeit aus Abs. 1 S. 1 (vgl. Rn. 14 ff.) gelten, ist wohl noch offen; es dürfte aber vieles dafür sprechen, keine zu strengen Anforderungen zu stellen, da Änderungen, die in der Natur der Sache begründet sind, weniger Aufwand verursachen als Neuerstellungen (so auch Schricker/Loewenheim/*Vogel*[5] Rn. 61). Wann die Investition in dem gegebenen 15 Jahres-Zeitraum vorgenommen wird, ist unerheblich (Wandtke/Bullinger/*Thum*/*Hermes*[4] Rn. 124 f.).   **33**

III. Prozessuales

Wie bei jedem Schutzrecht trägt derjenige, der sich auf eine Inhaberschaft an einem Schutzrecht beruft, zunächst die **Beweislast** dafür, dass die Tatbestandsvoraussetzungen des Schutzrechts vorliegen; in unserem Fall muss der (behauptende) Inhaber also darlegen und ggf. beweisen, dass und was er in die Datenbank investiert hat und wann diese fertig gestellt bzw. wesentlich geändert (für diese Tatbestandsvoraussetzungen ausdrücklich ErwG 53 und 54 der Datenbank-RL) wurde (mit diesem Argument wegen fehlenden Vortrags ausdrück-   **34**

lich einen Antrag auf Erlass einer Einstweiligen Verfügung ablehnend OLG
Düsseldorf ZUM-RD 2008, 598, 600). Das bedeutet also insb., dass man **Ver-
gleichsexemplare** der **unterschiedlichen Entstehungsdaten** aufbewahren und
beweissicher **dokumentieren** muss. Hierzu gehört auch der Nachweis, dass diejenige Investition, die durch *Beschaffung* der Elemente, ihre *Überprüfung* oder
Darstellung in der Datenbank veranlasst wurde (und dies in quantitativer oder
qualitativer Hinsicht wesentlich), selbstständig ist gegenüber denjenigen Mitteln, die eingesetzt worden sind, um diese Elemente erst zu erzeugen, (EuGH
GRUR 2005, 244, 247 – *BHB-Pferdewetten;* EuGH GRUR 2005, 252, 253 –
Fixtures-Fußballspielpläne I; EuGH GRUR 2005, 254, 256 – *Fixtures-Fußball-
spielpläne II*). Die Anforderungen dürften spätestens seit der erwähnten Kon-
kretisierung durch den EuGH streng sein (so bereits zuvor OLG Düsseldorf
MMR 1999, 729 – *Frames*). Soweit der Unternehmer Dritte mit der Erstellung
einzelner Teilaufgaben beauftragt hat, sind die notwendigen Beweise durch
Vorlage von Rechnungen und Zahlbelegen zu führen. Andernfalls wird die
Vorlage von Personaleinsatzplänen hilfreich sein (Wandtke/Bullinger/*Thum/
Hermes*[4] Rn. 155); auch der persönliche Einsatz des Unternehmers kann durch
fiktive Lohnkosten in Ansatz gebracht werden (Wandtke/Bullinger/*Thum/Her-
mes*[4] Rn. 155 unter Verweis auf *Leistner* S. 154). Zu Beweisfragen bei den
nichtsichtbaren Aufwendungen für neue Datenbanken i. S. d. Abs. 1 S. 2 vgl.
Rn. 30. Zur Beweislastverteilung allg. *Leistner* JZ 2005, 408, 410.

IV. Anwendbarkeit der Regeln des § 5 UrhG über Amtliche Werke

35 Die Frage, ob § 5 auf die Regeln über einfache Datenbanken analog anzuwen-
den ist, **war einige Zeit unklar** (unsere 9. Aufl./ *Nordemann* § 5 Rn. 9). Der
Bundesgerichtshof hatte dies zunächst offen gelassen, aber bereits anlässlich
der *Tele-Info-CD*-Entscheidung deutlich klargestellt, dass für die Frage der An-
wendbarkeit von § 5 es keinen Unterschied macht, ob es sich um eine einfache
Datenbank oder ein Datenbankwerk handelt (BGH GRUR 1999, 923, 925 f. –
Tele-Info-CD); i. S. einer Anwendbarkeit plädieren seitdem Dreier/Schulze/
Dreier[5] Rn. 2; a. A.: OLG Dresden ZUM 2001, 595, 597 f. – *Ausschreibungs-
blatt*, dazu aber sogleich die BGH-Entscheidung; Möhring/Nicolini/*Decker*[2]
Vor §§ 87a ff. Rn. 9; Schricker/Loewenheim/*Katzenberger/Metzger*[5] § 5
Rn. 18; Schricker/Loewenheim/*Vogel*[5] § 87b Rn. 71; Wandtke/Bullinger/
Thum[2] Rn. 82). Mittlerweile hat der BGH in einer neueren Entscheidung zwar
umfänglich zum Vorliegen von § 5 Stellung genommen – und es im konkreten
Fall verneint-, allerdings darin immer noch nicht ausdrücklich erklärt, ob er
§ 5 bei §§ 87a ff. überhaupt anwenden will (BGH GRUR 2007, 137, 138 –
Bodenrichtwertsammlung; ebenso offen lassend: BGH GRUR 2009, 852 –
Elektronischer Zolltarif). In einer weiteren Entscheidung hat er sich dann zu
einer Vorlage an den EuGH entschieden und inzident ausgeführt, dass er von
einer Anwendbarkeit ausgehe, da es sich um eine planwidrige Regelungslücke
handele, der auch kein Analogieverbot entgegenstehe (BGH GRUR 2007,
500 – *Sächsischer Ausschreibungsdienst*). Zu einem Urteil des EuGH kam es
nicht, da die Rechtssache sich zwischenzeitlich erledigt hatte (s. ABl. C. 285
vom 8.11.2008, S. 32). U. E. ist die offenbar dahinter stehende Frage, ob –
nunmehr ausdrücklich zugelassene (vgl. Rn. 20) – öffentlich-rechtliche Rechteinhaber sich einer Ausschlachtung mit Steuergeldern aufgebauter Datenbanken ausgesetzt sehen, keineswegs so drängend. Denn auch mit öffentlichen
Mitteln erstellte Publikationen, wie die der Zentrale für Politische Bildung,
sehen sich solchen Ängsten nicht ausgesetzt. Nicht jeder mit öffentlichem Geld
finanzierte urheberrechtlich geschützte Gegenstand ist automatisch § 5 Abs. 2
ausgesetzt. Nur unter den besonderen Voraussetzungen der Veröffentlichung
im amtlichen Interesse zur allgemeinen Kenntnisnahme kann § 5 Abs. 2 eingreifen (dazu nunmehr ausführlich BGH GRUR 2007, 137, 138 – *Bodenricht-*

wertsammlung). Ob der Richtliniengeber wirklich keinen Umsetzungsspielraum gab (Walter/*v. Lewinski* Datenbank-RL Art. 9 Rn. 5) oder das (nationalstaatlich sehr unterschiedliche) Problem nicht schlicht übersehen hat, ist keineswegs klar. Der Österreichisches Oberste Gerichtshof wendet die dem § 5 vergleichbare Vorschrift des § 7 ÖstUrhG auf einfache Datenbanken nicht an (ÖGH GRUR Int. 2004, 66 – EDV-*Firmenbuch I*).

§ 87b Rechte des Datenbankherstellers

(1) ¹Der Datenbankhersteller hat das ausschließliche Recht, die Datenbank insgesamt oder einen nach Art und Umfang wesentlichen Teil der Datenbank zu vervielfältigen, zu verbreiten und öffentlich wiederzugeben. ²Der Vervielfältigung, Verbreitung oder öffentlichen Wiedergabe eines nach Art oder Umfang wesentlichen Teils der Datenbank steht die wiederholte und systematische Vervielfältigung, Verbreitung oder öffentliche Wiedergabe von nach Art und Umfang unwesentlichen Teilen der Datenbank gleich, sofern diese Handlungen einer normalen Auswertung der Datenbank zuwiderlaufen oder die berechtigten Interessen des Datenbankherstellers unzumutbar beeinträchtigen.

(2) § 10 Abs. 1, § 17 Abs. 2 und § 27 Abs. 2 und 3 gelten entsprechend.

I. Allgemeines

1. Sinn und Zweck

§ 87b zieht mit seinen Definitionen die **Grenze** zwischen privatem **Investitionsschutz** und u.a. **Gewährleistung der Freiheit bloßer Informationen**. § 87b Abs. 1 S. 1 definiert einerseits den eigentlichen Schutzumfang des Rechtes sui generis. Negativ gewendet definiert § 87b Abs. 1 S. 2 durch die möglichen Verletzungshandlungen auch, ab wann Informationen einen Organisationsgrad erreicht haben, ab dem sie dem Gemeingut und damit der freien Nutzung entzo-   **1** gen sind, sodass ihre Nutzung der Zustimmung des Datenbankherstellers bedarf.

2. EU-Recht und Systematik

2 Zur Entstehungsgeschichte vgl. Vor §§ 87a ff. Rn. 2 ff. Art. 7 Datenbank-RL regelt den EU-rechtlichen Rahmen für den Gegenstand des einfachen Datenbankrechts. Der deutsche Gesetzgeber hat die dem deutschen Urheberrecht fremde Terminologie der *„Entnahme"* und *„Weiterverwendung"* den Verwertungsrechten und der Systematik der §§ 15 ff. angepasst. Damit definiert § 87b **Abs. 1 S. 1** den eigentlichen Schutzumfang des Rechtes sui generis. Es ist – wie Art. 7 Abs. 3 Datenbank-RL regelt – übertragbar und ist als **absolutes Recht** einzuordnen. Ausschließlich der Datenbankhersteller ist berechtigt, einen wesentlichen Teil oder die gesamte Datenbank zu vervielfältigen, zu verbreiten oder öffentlich wiederzugeben. Anderen kann er diese Nutzungshandlungen verbieten oder vertraglich gestatten (vgl. § 87e Rn. 9 ff.). § 87b **Abs. 1 S. 2** stellt die Nutzung unwesentlicher Teile ebenfalls unter das Recht, wenn sie wiederholt und systematisch erfolgt und diese Handlungen einer normalen Auswertung der Datenbank zuwiderlaufen oder die berechtigten Interessen des Datenbankherstellers unzumutbar beeinträchtigen. Die Begrenzung auf wesentliche Teile (Abs. 1 S. 1) bzw. auf bestimmte systematische Ausbeutungen (Abs. 1 S. 2) stellt **keine Schranke** dar (Schricker/Loewenheim/*Vogel*[5] Rn. 1), sondern definiert den Umfang des Rechts. **Abs. 2** regelt die Erschöpfung bei bestimmten Formen der Verbreitung. § 87b ist – wie alle Bestimmungen der §§ 87a ff. – **richtlinienkonform** auszulegen.

3 Anders als der vergleichbare Art. 4 Software-RL schafft Art. 7 Datenbank-RL **neue urheberrechtliche Terminologie** und entfernt sich von dem herkömmlich gebrauchten Vokabular der Verwertungsrechte. Er gewährt dem Rechteinhaber die **Entnahme** und/oder die **Weiterverwendung** der Gesamtheit oder eines in qualitativer oder quantitativer Hinsicht wesentlichen Teils des Inhalts einer Datenbank. Die Entnahme ist in Art. 7 Abs. 2 lit. a) Datenbank-RL legaldefiniert (im Wesentlichen als jede Form der Übertragung auf ein anderes Medium), die Weiterverwendung in Art. 7 Abs. 2 lit. b) Datenbank-RL (im Wesentlichen als jede Form der öffentlichen Verfügbarmachung). Ausgenommen hiervon ist in jedem Fall die Abfrage einer durch den Berechtigten öffentlich zugänglich gemachten Datenbank (EuGH GRUR 2005, 244, 249, Rn. 56 – *BHB-Pferdewetten*). Die deutschen Gesetzestermini der **Vervielfältigung, Verbreitung** und **öffentlichen Wiedergabe** entsprechen den §§ 16, 17 und 19a und decken die EU-rechtlichen Vorgaben ab, jedenfalls nach ausdrücklicher Aufnahme auch des Rechts nach § 19a (Dreier/Schulze/*Dreier*[5] Rn. 3 m. w. N. auch zum früheren Streit um die fehlende öffentliche Wiedergabe).

4 Auch die nicht erwähnte **Bearbeitung** (§ 23) dürfte im Wege richtlinienkonformer Auslegung jedenfalls soweit aufgenommen sein, als damit eine Entnahme und/oder die Weiterverwendung der Gesamtheit oder eines in qualitativer oder quantitativer Hinsicht wesentlichen Teils des Inhalts einer Datenbank bzw. der Parallelhandlungen nach Abs. 1 S. 2 verbunden ist (Dreier/Schulze/*Dreier*[5] Rn. 3; a. A. Schricker/Loewenheim/*Vogel*[5] Rn. 13, der nur unveränderte Übernahmen erfasst wissen will). U. E. stellt sich dieser vermeintlich strenge Gegensatz der Ansichten nicht, denn man darf an die Terminologie nicht mit urheber*werk*rechtlicher Brille herantreten. Ziel des *sui generis*-Schutzes ist **Investitionsschutz** (EuGH GRUR 2005, 244, 249 – *BHB-Pferdewetten*; GRUR 2005, 857, 859 – *HIT BILANZ*); solange eine Bearbeitung im klassischen urheber*werk*rechtlichen Sinne aber eine Entnahme und/oder die Weiterverwendung der Gesamtheit oder eines in qualitativer oder quantitativer Hinsicht wesentlichen Teils des Inhalts einer Datenbank bzw. der Parallelhandlungen nach Abs. 1 S. 2 darstellt, gefährdet sie die Investition und ist vom Schutzumfang des § 87b erfasst. Genau so scheint es auch der BGH zu formulieren, wenn er den Verbotstenor einer Bearbeitung gestattet, aber die konkrete Verletzungsform aufgenommen wissen will (BGH GRUR 2005, 857, 859 sub II.2.h) – *HIT BILANZ*). Interessanterweise scheint dies aber das erste Mal zu sein, dass für ein Leistungsschutzrecht überhaupt ein „Bearbeitungsrecht" anerkannt wird (zu den parallelen Problemen s. §§ 73 ff.; allgemein zum Schutzinhalt vgl. Rn. 5 ff).

II.   Tatbestand

1.   Schutzgegenstand (Zustimmungsbedürftige Nutzung), nach Art und Umfang wesentlicher Teil

Kern des § 87b und auch der Regelung, auf der er beruht (Art. 7 Datenbank-RL), ist die **Grenzziehung** zwischen der Nutzung einer Datenbank, die ohne Zustimmung des Rechteinhabers erlaubt ist und der, für die man die Zustimmung benötigt. Dies wird deutlicher an der Überschrift des Art. 7 Datenbank-RL, der gerade nicht ausdrücklich von den Rechten des Rechteinhabers spricht, sondern vom Gegenstand des Schutzes. Die Nutzer dürfen unwesentliche Teile der Datenbank beliebig vervielfältigen, verbreiten und öffentlich wiedergeben, soweit dies von den weiter vorgesehenen Grenzen, die in § 87b Abs. 1 S. 2 geregelt sind, gedeckt ist. Das Schutzrecht setzt also erst ein, wenn die Nutzung eine **Wesentlichkeitsgrenze** überschreitet. Dabei hat weder der Richtliniengeber noch der Umsetzungs-Gesetzgeber (übrigens wohl in keinem Land der EU; Umsetzungsstand in den EU-Ländern einsehbar auf www.ivir.nl/files/database/index.html, abgerufen am 28.8.2011) Hilfestellung für die Auslegung dieses Begriffs gegeben. Die Bestimmung wird vielmehr ausdrücklich der Rechtsprechung zugewiesen (RegE IuKDG – BT-Drs. 13/7385, S. 45). Letztlich obliegt sie gem. Art. 267 AEUV dem EuGH, der sich auch bereits in einer der erwähnten (vgl. § 87a Rn. 10) ersten Leitentscheidungen zum Datenbankrecht geäußert hat (zu Details vgl. Rn. 8 f.).   **5**

Ein wesentlicher oder unwesentlicher Teil einer Datenbank kann ein einzelnes Element oder eine Anzahl von Elementen sein, je nachdem wie komplex Struktur und Inhalt einer Datenbank sind. Auch das Abfragesystem, ein Index oder der Thesaurus sind schutzfähige Teile der Datenbank (vgl. § 87a Rn. 5) und können daher bei der Bestimmung der Wesentlichkeit eine Rolle spielen. Wann ein solcher Teil die Wesentlichkeitsgrenze überspringt, muss aus seiner **Art** oder seinem **Umfang unter Bezug zur Gesamtdatenbank** bestimmt werden. Mangels anderer Anhaltspunkte im Gesetz oder seiner Begründung muss die nähere Bestimmung des Begriffs wohl zunächst über den Gesetzeszweck erfolgen, dem Investitionsschutz (ErwG 42 Datenbank-RL). Also dürfte sich die Wesentlichkeit zunächst daran orientieren, was diese Investition in bestimmtem Ausmaß gefährdet.   **6**

Damit scheiden zunächst die Elemente der Datenbank für die Bestimmung der Wesentlichkeit aus, die nicht durch die wesentliche Investition entstanden sind. Diese dürften von vornherein unwesentlich sein. Hierzu können z. B. automatisch vom Fotoapparat generierte Nummern in einer Datenbank gesammelter digitaler Fotografien gehören. Wie gezeigt, sind die Begriffe der **wesentlichen Investition** i. S. d. § 87a und **des wesentlichen Teils** im Sinne des § 87b zwar aufeinander bezogen; sie sind aber **keineswegs deckungsgleich** (so schon unsere 9. Aufl./*Hertin* Rn. 13).   **7**

Zur Bestimmung der Wesentlichkeit eines Teils und zu deren Abgrenzung von unwesentlichen Teilen ist vielmehr auf eine **Wechselwirkung zwischen der Art und dem Umfang des Teils und der Höhe der Investition** abzustellen, die sich in dem   **8**

Teil verwirklicht (so unsere 9. Aufl./*Hertin* Rn. 13). Dabei sind aber per se an die Erfüllung des Wesentlichkeitserfordernisses **keine besonders strengen Anforderungen** zu stellen (*Bennecke* CR 2004 608, 612 f.; *Leistner* S. 179; Schricker/Loewenheim/*Vogel*[5] Rn. 36; a. A. Dreier/Schulze/*Dreier*[5] Rn. 5; unsere 9. Aufl./*Hertin* Rn. 13; Loewenheim/*Loewenheim*[2] § 43 Rn. 18). Der Gesetzgeber hat vielmehr das Schutzrecht bewusst über die existierenden engen Grenzen (insb. aus dem UWG) hinweg entworfen (RegE IuKDG – BT-Drs. 13/7385, S. 40). Auch ist die Informationsfreiheit u. E. durch ein starkes Schutzrecht sui generis nicht betroffen (vgl. Vor §§ 87a ff. Rn. 36 ff.; so aber unsere 9. Aufl./*Hertin* § 87a Rn. 9 und Dreier/Schulze/*Dreier*[5] Rn. 5; *Heinrich* WRP 1997, 275, 275 (linke Spalte); *Gaster* CR 1997, 669, 671; *Wiebe* CR 1996, 198, 202), denn die Einarbeitung, das Lesen oder die sonstige bloße Benutzung der Daten unterfällt nicht dem Schutzumfang des Rechtes sui generis. Dieses ist klar investitionsbezogen (so ausdrücklich im Zusammenhang mit dem Begriff der Wesentlichkeit noch einmal EuGH GRUR 2005, 244, 250 Tz. 69 – *BHB-Pferdewetten; Bennecke* CR 2004 608, 612). Andere Auffassungen beruhen auf einem zu weiten Verständnis des Schutzgegenstandes des Rechtes sui generis, das gerade nicht den Inhalt als solchen schützt (dazu vgl. § 87a Rn. 6). Etwaige Auswüchse bei der Zugangsbeschränkung müssen über das Kartellrecht korrigiert werden (allg. zum Verhältnis Informationsfreiheit ./. Urheberrecht vgl. Vor §§ 87a ff. Rn. 36 ff.

9 Der **EuGH** hat in einer seiner Leitentscheidungen zum Recht sui generis die Grundlinien vorgegeben: Weder der den von einer Entnahme betroffenen Elementen **innewohnende Wert,** noch die **Bedeutung der Daten** für den Benutzer sind für die Wesentlichkeit entscheidend (EuGH GRUR 2005, 244, 250 Tz. 72 – *BHB-Pferdewetten).* Ob ein wesentlicher Teil entnommen wurde, ist vielmehr nach dem **Verhältnis des entnommenen Datenvolumens zum Gesamtdatenvolumen** zu bestimmen (EuGH GRUR 2005, 244, 250 – *BHB-Pferdewetten).* Viel mehr Aufschlussreiches enthält die erwähnte Entscheidung des EuGH aber leider auch nicht; sie erschöpft sich ansonsten in Zirkelschlüssen, wenn sie z. B. ausführt, dass ein unwesentlicher Teil der Teil der Datenbank ist, der nicht dem Begriff „wesentlicher Teil" entspricht (EuGH GRUR 2005, 244, 250 Tz. 73 – *BHB-Pferdewetten).* Der BGH hat sich den grundsätzlichen Ausführungen des EuGH angeschlossen (BGH GRUR 2005, 857, 859 – *HIT-BILANZ).* Damit kommt es also allein auf einen objektiven Wert an. Damit steht fest, dass **einzelne Elemente** der Datenbank **keinen wesentlichen Teil** ausmachen können (Dreier/Schulze/*Dreier*[5] Rn. 7); auch das **Ordnungssystem,** das hinter einer Datenbank steht (und möglicherweise eine persönliche geistige Schöpfung darstellt, sodass die Datenbank zum Datenbankwerk wird), nimmt nicht am Schutz des § 87b teil, denn es ist nicht Teil der Datenmenge (vgl. § 87a Rn. 8; OLG Frankfurt MMR 2003, 45, 48 – *IMS Health).* Umgekehrt kann aber die **andersartige Anordnung** von übernommenen Elementen die Verletzung des § 87b nicht kaschieren (EuGH GRUR 2005, 244, 250 Tz. 81 – *BHB-Pferdewetten;* BGH GRUR 2005, 857, 859 – *HIT-BILANZ;* die Struktur muss nicht übernommen werden: BGH GRUR 2011, 724 – *Zweite Zahnarztmeinung).* Ob das oben erwähnte Kriterium des EuGH des Verhältnisses des entnommenen Datenvolumens zum Gesamtdatenvolumen als abschließend zu verstehen ist (so offenbar Wandtke/Bullinger/*Thum/Hermes*[4] Rn. 11; *Bennecke* CR 2004, 608, 612 f.), scheint uns keineswegs klar, denn der EuGH formuliert nicht etwa, dass die Frage des Ob der Wesentlichkeit „nur" auf diese Weise bestimmt werden könne. Unseres Erachtens bleibt daher genügend Raum, die Gesamtinvestitionshöhe oder auch die Besonderheiten der entnommenen Teile in die Betrachtung einzubeziehen, wenn dies der Einzelfall erforderlich macht.

10 Es wird schwer fallen, das vom EuGH angesprochene Verhältnis näher generell zu **quantifizieren,** auch wenn dies für die Praxis äußerst wünschenswert wäre. Einige sprechen davon, dass jedenfalls bei **mehr als 50% Übernahme** des Datenbankinhalts eine Verletzung regelmäßig zu bejahen wäre (Wandtke/Bullinger/*Thum*/*Hermes*[4] Rn. 15). Wir tun uns mit derart konkreten Zahlen schwer und wären mit solch verhältnismäßig hohen Zahlen angesichts der u. E. niedrigeren Wesentlichkeitsschwelle auch vorsichtig. Die Rechtsprechung scheint ebenfalls vorsichtig zu sein; Beispiele finden sich nämlich eher für die umgekehrte Frage der Unwesentlichkeit (99 von 70.000 Stellenanzeigen LG Köln AfP 1999, 95, 96; 1 Veranstalter von 300–400 KG ZUM 2001, 70, 72 – *Veranstalterdatenbank*; 350 von 3.500 Zahnarztbewertungen OLG Köln MMR 2009, 191). Der BGH geht mittlerweile davon aus, dass 10 % Entnahme kein quantitativ wesentlicher Teil sei, lässt aber Raum für auch quantitativ geringere Entnahmen, wenn diese qualitativ wesentlich sind (BGH GRUR 2011, 724 – *Zweite Zahnarztmeinung*). Ob Art. 7 Abs. 2 lit. a) Datenbank-RL ein **physisches Kopieren für die Entnahme** voraussetzt (oder ob auch die bloße Informationsentnahme und anderweitige eigene Eingabe ausreicht), hat der EuGH mittlerweile nach Vorlagebeschluss im Sinne einer Entnahme geklärt (BGH NJW 2008, 755 – *Gedichttitelliste II* mit der Vorlagefrage und EuGH GRUR 2008, 1077). Der EuGH geht davon aus, dass auch Untergruppen einer Datenbank – wenn sie selber die Anforderungen des § 87a erfüllen – einzeln betrachtet werden können (EuGH GRUR 2009, 572, 577 f. – *Apis/Lakorda*). Für das OLG Hamburg kommt es bei einer **automatisierten Abfrage vieler Nutzer** auf eine Datenbank für den Begriff der Wesentlichkeit nicht auf die Summe der Einzelabfragen an, sondern auf die individuelle Abfrage, die im entschiedenen Fall nur einzelne Datensätze betraf und damit nicht einen nach Art und Umfang wesentlichen Teil (OLG Hamburg CR 2009, 526, 528 f. – *Screen Scraping*; LG Hamburg CR 2010, 747). Dem ist der BGH voll gefolgt: BGH GRUR 2011, 728 – *Automobil-Onlinebörse*.

2. Schutzinhalt (Rechte des Datenbankherstellers)

§ 87b Abs. 1 S. 1 definiert den eigentlichen Schutzumfang des Rechtes sui generis. Ausschließlich der Datenbankhersteller ist berechtigt, einen wesentlichen Teil oder die gesamte Datenbank zu vervielfältigen, zu verbreiten oder öffentlich wiederzugeben. Anderen kann er diese Nutzungshandlungen verbieten oder vertraglich gestatten (vgl. § 87e Rn. 9 ff.). § 87b Abs. 1 S. 2 stellt die Nutzung unwesentlicher Teile ebenfalls unter das Recht, wenn sie wiederholt und systematisch erfolgt und diese Handlungen einer normalen Auswertung der Datenbank zuwiderlaufen oder die berechtigten Interessen des Datenbankherstellers unzumutbar beeinträchtigen. Die Begrenzung auf wesentliche Teile (Abs. 1 S. 1) bzw. auf bestimmte systematische Ausbeutungen (Abs. 1 S. 2) stellt keine Schranke dar (Schricker/Loewenheim/*Vogel*[5] Rn. 1), sondern definiert den Umfang des Rechts. Es ist – wie Art. 7 Abs. 3 Datenbank-RL regelt – **übertragbar** und ist als **absolutes Recht** einzuordnen Abs. 2 regelt die Erschöpfung bei bestimmten Formen der Verbreitung. **11**

Anders als das Urheberrecht (s. §§ 15 ff.) kennt das Recht sui generis nur **12** einen relativ beschränkten Katalog an Rechten, die seinen Schutzumfang ausmachen. Die Richtlinie wählt dabei – anders als das Gesetz – als Ausgangspunkt bewusst einen Terminus, der den Unterschied zwischen Recht sui generis und Urheberrecht offen legen soll, nämlich den der **Entnahme** (Art. 7 Abs. 1 und Abs. 2 lit. a) Datenbank-RL) und den daran anknüpfenden Begriff der **Weiterverwendung** (Art. 7 Abs. 1 und Abs. 2 lit. b) Datenbank-RL). Der EuGH hat klargestellt, dass der Datenbankhersteller seine Rechte nicht etwa dadurch verliert, dass er die Datenbank der Öffentlichkeit zugänglich macht (EuGH GRUR 2005, 244, 249 – *BHB-Pferdewetten*); zur **Benutzung** der Datenbank vgl. Rn. 20.

Nach Art. 7 Abs. 1 hat der Datenbankhersteller das Recht, die Entnahme und/ **13** oder die Weiterverwendung der Gesamtheit oder eines in qualitativer oder quantitativer Hinsicht wesentlichen Teils des Inhalts seiner Datenbank zu untersagen.

Da die Richtlinie diese **Entnahme** aber nahezu gleichlautend mit einer Vervielfältigung definiert, nämlich als ständige oder vorübergehende Übertragung der Gesamtheit oder eines wesentlichen Teils des Inhalts einer Datenbank auf einen anderen Datenträger, ungeachtet der dafür verwendeten Mittel und der Form der Entnahme, besteht in der Sache zur Vervielfältigung kein Unterschied (Walter/*v. Lewinski* Art. 7 Datenbank-RL Rn. 19). Zum Teil werden die Begriffe sogar als Synonym angesehen (OLG Köln CR 2006, 368, 371 – *Elektronischer Zolltarif*). Daher war es auch folgerichtig, dass der deutsche Umsetzungsgesetzgeber sich an den Termini des deutschen Urheberrechtsgesetzes orientiert hat und den Begriff der Entnahme zugunsten der Vervielfältigung zurückgestellt hat. Mittlerweile hat der EuGH geklärt, dass auch die Übernahme von Elementen von einer in eine andere Datenbank mittels Bildschirmabfrage und einer im einzelnen vorgenommenen Abwägung der darin enthaltenen Elemente eine Entnahme sein kann (EuGH GRUR 2008, 1077). Der EuGH geht also offenbar von einem eher weiten Verständnis aus und fasst unter den Begriff der Entnahme eine Übertragung der Gesamtheit oder eines Teils des Inhalts einer Datenbank auf einen anderen Datenträger (EuGH GRUR 2008, 1077 Tz. 36). Mittlerweile betont er auch explizit, dass der Begriff der Entnahme weit auszulegen ist und jede unerlaubte Aneignung der Gesamtheit oder eines Teils der Datenbank umfasst (EuGH GRUR 2009, 572 – *Apis/Lakorda*). Die **Weiterverwendung** hingegen ist ein neuer Begriff, der zudem noch gegenüber dem noch im Richtlinienvorschlag verwendeten Begriff der „Weiterverwertung" deutlich erweitert ist. Nach der Legaldefinition (Art. 7 Abs. 2 lit. b) Datenbank-RL) handelt es sich um die öffentliche Verfügbarmachung der Gesamtheit oder eines wesentlichen Teils des Inhalts der Datenbank durch die Verbreitung von Vervielfältigungsstücken, durch Vermietung, durch Online-Übermittlung oder durch andere Formen der Übermittlung. Damit erfasst es auch bloße Benutzungshandlungen (Walter/*v. Lewinski* Art. 7 Datenbank-RL Rn. 24); ein Umstand, der dem Urheberrecht sonst fremd ist (zu den Besonderheiten bei den §§ 69a ff. vgl. § 69c Rn. 6 ff.). Diesen Begriff hat der deutsche Umsetzungsgesetzgeber nicht aufgenommen. Es bleibt daher abzuwarten, wie die Gerichte hierauf reagieren. Der Regierungsentwurf hatte noch vorgeschlagen, den Richtlinienwortlaut aufzunehmen (RegE IuKDG – BT-Drs. 13/7385, S. 40). In der verabschiedeten Fassung finden sich dann aber doch nur die Begriffe **Vervielfältigung, Verbreitung und öffentliche Wiedergabe**. Dies dürfte dazu führen, dass Richtlinienkonformität herzustellen ist und daher bei der Auslegung des § 87b diese Begriffe im Sinn der Richtlinie verstanden werden müssen. Schlussendlich wird dies wohl der EuGH entscheiden, dem die letztverbindliche Auslegungskompetenz für die Tatbestandsmerkmale Vervielfältigung, Verbreitung und öffentliche Wiedergabe zusteht (Art. 267 AEUV).

14 **a) Vervielfältigung:** Es gelten die allgemeinen Anmerkungen zum Vervielfältigungsrecht (s. die Kommentierung bei §§ 15 f.). Das Schutzrecht sui generis weist jedoch einige **Besonderheiten** in Bezug auf die Vervielfältigung auf: Die Richtlinie selbst definiert die der Vervielfältigung im Wesentlichen gleichzusetzende Entnahme als ständige oder vorübergehende Übertragung der Gesamtheit oder eines wesentlichen Teils des Inhalts einer Datenbank auf einen anderen Datenträger ungeachtet der dafür verwendeten Mittel und der Form der Entnahme (Art. 7 Abs. 2 lit. a) Datenbank-RL). Damit ist jede Vervielfältigung erfasst, die der Wahrnehmung durch die menschlichen Sinne dient (zur parallelen Problematik im § 69c Nr. 1 vgl. § 69c Rn. 8 ff.). Hierzu gehören z. B. auch das Laden in den Arbeitsspeicher eines Personalcomputers oder die Speicherung auf einem Datenträger. Die englische Originalfassung der Richtlinie spricht anstelle des „Datenträgers" allerdings nur von „another medium" und geht damit über den deutschen Wortlaut hinaus. Der BGH sieht keinen Unterschied zwischen Vervielfältigung und Entnahme (BGH GRUR 2009, 852, 854 – *Elektronischer Zolltarif*).

Die (Be)nutzung einer elektronischen Datenbank (inkl. Anzeige auf dem Bild-   **15**
schirm) kann voraussetzen, dass ein Teil der Datenbestände oder gar ein wesentlicher Teil i. S. d. Norm in den Arbeitsspeicher geladen wird. ErwG 44 formuliert
diesen Sachverhalt ähnlich offen wie Art. 4 lit. a) S. 2 Software-RL (bzw. § 69c
Ziff. 1 S. 2). Damit dürfte aber entsprechend der mittlerweile h. M. zu Art. 4 lit. a)
S. 2 Software-RL (bzw. § 69c Ziff. 1 S. 2) (s. hierzu § 69c Nr. 1; vgl. § 69c
Rn. 6 ff.) klar sein, dass für diese Handlungen die Zustimmung des Rechteinhabers erforderlich ist (*Katzenberger* GRUR 1993, 632; *Kotthoff* GRUR 1997, 597,
601; *Leupold* CR 1998, 238 f.). Anders als bei Computerprogrammen gibt es aber
in den §§ 87a ff. keine ausdrückliche Ausnahme dieser Handlungen von den zustimmungsbedürftigen Handlungen, wie dies mit § 69d Abs. 1 für Computerprogramme existiert. Allerdings deuten ErwG 34 und 42 Datenbank-RL eine solche
konkludente Freistellung an. Der EuGH hat sie ausdrücklich formuliert und damit
die Lücke geschlossen: Ausgenommen von den Rechten des Datenbankherstellers
ist in jedem Fall die Abfrage einer durch den Berechtigten öffentlich zugänglich
gemachten Datenbank (EuGH GRUR 2005, 244, 249 Tz. 54 – *BHB-Pferdewetten*; wiederholt in EuGH GRUR 2008, 1077 Tz. 51). Der BGH hält daher die
bloße Übertragung einer Datenbank von einer CD-ROM auf die Festplatte eines
Computers (anders: Die danach erfolgende Verwendung für einen Datenabgleich)
zwar für eine Vervielfältigung, sie sei aber als normale Nutzung nicht rechtswidrig
(BGH GRUR 2009, 852, 853 f. – *Elektronischer Zolltarif*). Zu weiteren Formen
der Benutzung: Schricker/Loewenheim/*Vogel*[5] Rn. 12. Ob die bestimmungsgemäße Benutzung einer elektronischen Datenbank auch erfasst, dass Private öffentlich zugängliche Datenbanken gewerblich dergestalt auswerten dürfen, dass sie im
Rahmen der Zugänglichkeit vollständige Kopien ziehen, erscheint zweifelhaft (im
Einzelnen hierzu Schricker/Loewenheim/*Vogel*[5] Rn. 71).

Jegliche weitergehenden Nutzungen, z. B. das Zurverfügungstellen im Internet, die   **16**
Nutzung in einem Intranet oder Angebote im Mobile-Business bedürfen hingegen
der ausdrücklichen Zustimmung des Datenbankherstellers, da sie einen Vervielfältigungsvorgang *darstellen* (a. A. *Kotthoff* GRUR 1997, 597, 599) bzw. das Recht
der öffentlichen Zugänglichmachung (§ 19a) betreffen, das im Recht der „Weiterverwendung" aus der Datenbank-RL bzw. in dem der öffentlichen Wiedergabe
(vgl. Rn. 18) enthalten ist. Zu den einzelnen Formen, insb. digitaler Vervielfälti-
gungsformen, auch zu (Deep-) Links, Frames etc., allg. im Detail s. § 16. Dies betrifft – anders als bei Computerprogrammen (s. § 69d Abs. 2) – auch die Erstellung einer Sicherungskopie. Die Ausnahmevorschrift des § 87c Abs. 1 Nr. 1
erlaubt lediglich in engen Grenzen die Vervielfältigung einer Datenbank zu privaten Zwecken. Sie umfasst nur wesentliche Teile, nicht die gesamte Datenbank.
§ 69d Abs. 2 ist nicht anwendbar, weil er nur für Computerprogramme gilt. Für
eine analoge Anwendung des § 69d Abs. 2 besteht kein Bedürfnis. Der Datenträger, auf dem der Benutzer die Datenbank erworben hat, ist Sicherung genug. Es
muss zur Sicherung nicht noch ein zweiter Datenträger hergestellt werden. Da der
EuGH mittlerweile geklärt hat, dass auch die Übernahme von Elementen von einer
in eine andere Datenbank mittels Bildschirmabfrage und einer im Einzelnen vorgenommenen Abwägung der darin enthaltenen Elemente eine Entnahme sein
kann (EuGH GRUR 2008, 1077), dürfte diese Nutzungsform in richtlinienkonformer Auslegung auch dem Vervielfältigungsbegriff unterfallen.

b) Verbreitung: Die Verbreitung i. S. d. § 87b entspricht dem Verbreitungsrecht   **17**
des § 17 und bezieht sich ebenso nur auf körperlich verbreitete Datenbanken
(ErwG 33 Datenbank-RL; Walter/*v. Lewinski* Art. 7 Datenbank-RL Rn. 33;
RegE IuKDG – BT-Drs. 13/7385, S. 43 f.; *Loewenheim*, Datenbanken, S. 41;
Gaster CR 1997, 669, 675; zur parallelen Problematik der „nicht-körperlichen
Verbreitung" vgl. § 69c Rn. 26, 32 ff.). Zur Erschöpfung vgl. Rn. 30 f. Das
Angebot einer Datenbank zur Online-Abfrage sowie deren Online-Nutzung
berührten das Verbreitungsrecht des Datenbankherstellers nicht. Die Mitglieds-

staaten können dies nach dem Text der Richtlinie aber vorsehen (Walter/*v. Lewinski* Art. 7 Datenbank-RL Rn. 37).

18 c) **Öffentliche Wiedergabe:** Die öffentliche Wiedergabe hat durch die Änderungen im sog. 1. Korb eine größere Bedeutung erlangt; denn sie umfasst nun auch das („neue") Recht der **öffentlichen Zugänglichmachung** (§ 19a). Dies konnte bei Einfügung der §§ 87a ff. in das Urheberrechtsgesetz zwar noch nicht vorausgesehen werden, folgt aber zwanglos aus der Systematik und auch den Richtlinienvorgaben. Denn Art. 7 Abs. 2 lit. b) Datenbank-RL erfasst mit dem Begriff der „Weiterverwendung" auch diese öffentliche Zugänglichmachung (auch Walter/*v. Lewinski* Art. 7 Datenbank-RL Rn. 37 und 38; so nun auch BGH GRUR 2010, 1004 Tz. 36 – *Autobahnmaut*; dem hat sich der EuGH angeschlossen: EuGH GRUR Int. 2012, 1113 Tz. 20 ff. – *Football Dataco/ Sportsradar*). Dazu gehören vor allem die Nutzungen von Datenbanken im Internet durch Einstellen auf eine Website und Ermöglichen des Abrufs. Im Einzelnen kann auf die Kommentierung bei §§ 15, 19a verwiesen werden. Unter öffentlicher Wiedergabe ist auch das Zurverfügungstellen einzelner Datensätze aus der Toll-Collect-Datenbank an Einzelnutzer eines Drittanbieters über einen Internet-Service zu verstehen, wenn diese Nutzer in ihrer Gesamtheit eine Öffentlichkeit bilden (BGH GRUR 2010, 1004 Tz. 35 ff. – *Autobahnmaut*). Unter den EU-rechtlichen Begriff der Weiterverwendung fasst der EuGH auch Nutzungen von **Meta-Suchmaschinen**. Diese unterfallen § 87b UrhG und den Begriff der Weiterverwendung, sofern diese spezialisierte Metasuchmaschine (1) dem Endnutzer ein Suchformular zur Verfügung stellt, das im Wesentlichen dieselben Optionen wie das Suchformular der Datenbank bietet; (2) die Suchanfragen der Endnutzer „in Echtzeit" in die Suchmaschine übersetzt, mit der die Datenbank ausgestattet ist, sodass alle Daten dieser Datenbank durchsucht werden, und (3) dem Endnutzer die gefundenen Ergebnisse unter dem Erscheinungsbild ihrer Website präsentiert, wobei sie Dubletten in einem einzigen Element zusammenführt, aber in einer Reihenfolge, die auf Kriterien basiert, die mit denen vergleichbar sind, die von der Suchmaschine der betreffenden Datenbank für die Darstellung der Ergebnisse verwendet werden (EuGH GRUR 2014, 166 – *Innoweb/Wengener*).

19 Der Begriff der **Öffentlichkeit** entspricht dabei zunächst dem allgemeinen Begriff des § 15 Abs. 3 (Einzelheiten vgl. § 15 Rn. 30 ff.). Auf den alten Streit, ob es für die Öffentlichkeit darauf ankommt, ob die Personen die Datenbank gleichzeitig oder hintereinander abfragen (dazu LG Berlin *Erich Schulze* LGZ 98, 5; Lehmann/*Hoeren* S. 86; *Schricker*, UrhR InfoGes S. 134 ff; *Kotthoff* GRUR 1997, 600; *Berger* GRUR 1997, 169, 179; *Leupold* CR 1998, 234, 237), kommt es mithin nicht mehr an (dazu noch unsere 9. Aufl./*Hertin* § 87b Rn. 9; jetzt vgl. § 15 Rn. 35). In diesem Sinn auch BGH GRUR 2010, 1004 Tz. 34 – *Autobahnmaut*. Durch die Rechtsprechung des EuGH zu Art. 3 Abs. 1 Info-RL (Recht der öffentlichen Wiedergabe) hat der Öffentlichkeitsbegriff allerdings erhebliche Änderungen erfahren, sodass die Legaldefinition des § 15 Abs. 2 faktisch überholt und nur noch eingeschränkt anwendbar ist (s. dazu insb. vgl. § 15 Rn. 29, 35 ff.). Ob die zum allgemeinen Öffentlichkeitsbegriff vornehmlich im Bereich von Werknutzungen ohne Berührung zu Datenbanken entwickelten Kriterien – **unbestimmte Anzahl potentieller Adressaten** (vgl. § 15 Rn. 41), Erreichen eines **neuen Publikums** (vgl. § 15 Rn. 42 f.) und dienen zu **Erwerbszwecken** (vgl. § 15 Rn. 44) – auch für den harmonisierten Datenbankbereich anwendbar sind, ist nicht klar. Der EuGH äußert sich dazu in den unter vgl. § 15 Rn. 47 zitierten Entscheidungen nicht. Da er jedoch erkennen lässt, dass er den Begriff vereinheitlichen will, muss man wohl davon ausgehen.

20 d) **Nicht vom Wortlaut erfasste Handlungen:** Wir hatten oben (vgl. Rn. 11) gezeigt, dass die Richtlinie andere Begriffe für die Rechte des Datenbankherstellers verwendet als der deutsche Umsetzungsgesetzgeber; nicht erfasst von den Begriffen der Vervielfältigung, Verbreitung und öffentlichen Wiedergabe sind **einfache Benutzungshandlungen** sowie die **Bearbeitung**. Diese wird man jedoch im Wege der richtlinienkonformen Auslegung mit in den Kanon des § 87b hineinzulesen haben (vgl. Rn. 4; Dreier/Schulze/*Dreier*[5] Rn. 3; a.A. Schricker/Loewenheim/*Vogel*[5] Rn. 13), hinsichtlich einfacher Benutzungshandlungen jedoch mit einer Einschränkung: Ausgenommen von den Rechten des Datenbankherstellers ist in jedem Fall die Abfrage einer durch den Berechtigten öffentlich zugänglich gemachten Datenbank (EuGH GRUR 2005, 244, 249 Tz. 54 – *BHB-Pferdewetten*).

3.   Gleichstellung unwesentlicher Teile (Abs. 1 S. 2)

Da § 87b Abs. 1 S. 1 erstmals im Urheberrechtsgesetz den Umfang des Schutzes   **21**
eines Rechts an inhaltlich-quantitative Vorgaben (wesentlicher Teil) geknüpft hat, muss sich das Gesetz auch zur Entnahme unwesentlicher Teile verhalten, will es diese nicht völlig schutzlos stellen. Abs. 1 S. 2 tut dies und offenbart damit den wettbewerbsrechtlichen Hintergrund des Rechts sui generis. Denn es knüpft den Schutz unwesentlicher Teile an Handlungen an, die wettbewerbsrechtlich geprägt sind. Die **allgemeinen Voraussetzungen** für den Schutz der Datenbank müssen auch im Fall des Abs. 1 S. 2 gegeben sein (vgl. Rn. 5 ff.); das Gesetz regelt nur die inkriminierten Handlungen anders.

a) **Art und Umfang unwesentlicher Teile:** Ein unwesentlicher Teil kann zu-   **22**
nächst in der einfachen **Umkehr der Definition des wesentlichen Teils** gesehen werden (dazu vgl. Rn. 7 ff.), also alles das erfassen, was die Investition nicht automatisch gefährdet, etwa die Entnahme nur jedes zehnten Tagungshotels in einer Datenbank über solche in Deutschland oder die Darstellung aller Laubbäume mit der Endung „-en".

b) **Wiederholte und systematische „Ausbeutung":** Der ergänzende Schutz wird   **23**
nicht vorbehaltlos gewährt. Er setzt vielmehr voraus, dass es sich um eine wiederholte und systematische Nutzung handelt. Beide Kriterien müssen **kumulativ** vorliegen. Die wiederholte Nutzung unwesentlicher Teile bedeutet natürlich nicht, dass ein gleiches Element mehrfach genutzt werden muss, denn dann würde der Umgehungsschutz wohl leerlaufen. Diese Art der Nutzung verlangt vielmehr nach einem Prinzip, dem sachliche oder logische Erwägungen des Benutzers zugrunde liegen (unsere 9. Aufl./*Hertin* Rn. 14). Es grenzt die verbotenen Handlungen damit von völlig wahllos zu nur zufällig erfolgenden Entnahmen ab (Walter/*v. Lewinski* Art. 7 Datenbank-RL Rn. 17). Der **EuGH** hat mittlerweile das zusätzliche Kriterium aufgestellt, dass die Teile, die wiederholt und systematisch entnommen werden, in **ihrer Summe einen wesentlichen Teil** nach Abs. 1 S. 1 ausmachen müssen (EuGH GRUR 2005, 244, 249 – *BHB-Pferdewetten*). Dies hatten einzelne zuvor schon so gesehen (KG GRUR-RR 2004, 228, 235 – *Ausschnittdienst*; OLG Dresden ZUM 2001, 597; *Haberstumpf* GRUR 2003, 14, 28. Dieses Merkmal war für das OLG Hamburg beim sog. Screen-Scraping einer Online-Automobilbörse nicht erfüllt, OLG Hamburg CR 2009, 526, 529 f. – *Screen Scraping*. In dieselbe Richtung OLG Frankfurt MMR 2009, 400; LG Hamburg CR 2010, 747. Das sieht auch der BGH so: BGH GRUR 2011, 728 – *Automobil-Onlinebörse*). Der BGH hat das sog. Screen Scraping bislang nur unter wettbewerbsrechtlichen Gesichtspunkten würdigen können: BGH NJW 2014,3307– *Flugvermittlung im Internet* und dazu *Czychowski* NJW 2014, 3277. Das vorangehende Urteil des OLG Hamburg ITRB 2012, 77 verneinte erneut die Verletzung des § 87b.

c) **Interessenabwägung:** Handlungen, die bloß an objektiven Kriterien gemes-   **24**
sen würden, reichten der Datenbank-RL aber nicht. Hinzukommen muss eine Voraussetzung, die die Interessen des Rechtinhabers abwägt. Dabei kennt das

Gesetz an dieser Stelle zwei Alternativen; das **Zuwiderlaufen der normalen Auswertung** oder die **unzumutbare Beeinträchtigung**. Damit wird einmal mehr deutlich, dass das Recht sui generis – jedenfalls nach deutschem Verständnis – wettbewerbsrechtlichen Charakter hat, denn eine derartige Interessenabwägung kennt insb. das deutsche Lauterkeitsrecht aus der alten Fallgruppe der unmittelbaren Leistungsübernahme, jetzt §§ 3, 4 Ziff. 9 UWG (statt aller *Nordemann*[11] Rn. 713, 747 f.). Dabei dürfte sich eine gleitende Abwägung anbieten. Je mehr sich der unwesentliche Teil einem wesentlichen Teil nähert, desto weniger Gewicht ist auf das zusätzliche Moment des Zuwiderlaufens bzw. der Interessenbeeinträchtigung zu legen. Der gemeinsame Standpunkt zur Richtlinie ging sogar so weit zu verlangen, dass eine Entnahme unwesentlicher Teile „einer Handlung" (nach Art. 7 Abs. 1 Datenbank-RL) gleichkommen" müsse (dazu und zu den Motiven für die Änderung: Walter/*v. Lewinski* Art. 7 Datenbank-RL Rn. 19 sub. Fn. 225). Für beide Alternativen ist weder erforderlich, dass ein **konkreter Schaden** nachgewiesen wird (Schricker/Loewenheim/*Vogel*[5] Rn. 65; Dreier/Schulze/*Dreier*[5] Rn. 14), noch, dass eine **Schädigungsabsicht** vorliegt; allerdings betont der EuGH, dass nur eine schwerwiegende Beeinträchtigung der Investition des Datenbankherstellers für die Bejahung der Unzumutbarkeit ausreicht (EuGH GRUR 2005, 244, 249 – *BHB-Pferdewetten*).

25   **aa) Zuwiderlaufen der normalen Auswertung:** Anders als die Richtlinie, die fragt, ob die Handlung „einer normalen Nutzung [...] entgegensteht" (Art. 7 Abs. 5 Datenbank-RL), wählt der deutsche Umsetzungsgesetzgeber die Worte „einer normalen Auswertung [...] zuwiderläuft". Damit könnte man meinen, dass der Gesetzgeber mit der „Auswertung" einen neuen Terminus einführt, der zudem mit dem Wort „zuwiderlaufen" eine *besonders krasse* Verletzung erfordert, da dieses Wort in der deutschen Sprache recht absolut gebraucht wird. Die Begründung stellt aber klar, dass damit nur die Wortwahl an die amtliche deutsche Übersetzung von Art. 9 Abs. 2 RBÜ angeglichen werden soll und zudem ein Gleichklang mit der englischen und französischen Sprachfassung der Richtlinie sowie der parallelen Vorschrift für Computerprogramme (§ 69e Abs. 3) hergestellt werden soll (RegE IuKDG – BT-Drs. 13/7385, S. 45). An dieser eigenmächtigen Textänderung sei Kritik erlaubt, da zum einen sprechen Art. 9 Abs. 2 RBÜ und § 69e Abs. 3 nicht von „zuwiderlaufen", sondern von „beeinträchtigen", zum anderen sind auch die ausländischen Sprachfassungen mit den Worten „conflict" oder „supposeraient" deutlich vorsichtiger. Wichtiger aber scheint, dass die für die gleiche Wortwahl herangezogenen vermeintlichen Parallelnormen gar nicht solche sind. Art. 9 Abs. 2 RBÜ regelt einen Sonderfall der Vervielfältigung und führt den Drei-Stufentest ein. § 69e Abs. 3 ist eine Sonderregelung einer speziellen Schranke aus dem Recht der Computerprogramme, nämlich der lediglich dort vorkommenden Problematik der Dekompilierung. Der § 69e zugrundeliegende Art. 6 Abs. 3 Software-RL nimmt daher ausdrücklich Bezug auf Art. 9 Abs. 2 RBÜ. Es ist also eine richtlinienkonforme Angleichung der Wortwahl vorzunehmen, die dazu führt, dass weder ein neuer Terminus zu interpretieren ist, noch eine besondere Intensität der Verletzung gegeben sein muss. Auf die allgemeinen Anforderungen des EuGH sei aber verwiesen (vgl. Rn. 24).

26   Die **normale Auswertung** der Datenbank gibt zunächst der Datenbankhersteller mit seinen Vertriebsaktivitäten vor. Der Begriff kann mit Blick auf die Art der Datenbank und ihren Zweck bestimmt werden. Eine Datenbank mit Informationen über den Wasserstand eines Sees wird vielleicht normalerweise genutzt, um Fischer oder Anlieger zu informieren und vielleicht auch Grundlagenforschung in Bezug auf Klimaveränderungen zu betreiben. Die Entnahme einer Wochenreihe von Wasserständen für einen Sportanglerverband, um in dessen Vereinsheim zu zeigen, wie die Angler trotz hohem Wasserstand gut geangelt haben, dürfte kaum die normale Auswertung beeinträchtigen. Dennoch **verbieten** sich **generalisierende Begriffs-**

festlegungen, was als normale Auswertung einer Datenbank anzusehen ist. Maßgeblich wird darauf abzustellen sein, ob die Art der wiederholten und systematischen Auswertung geeignet ist, die wirtschaftliche Verwertung der Datenbank durch ihren Hersteller zu gefährden.

Andererseits indiziert **nicht jede Einschränkung der Verwertungsmöglichkeiten,** also etwa jeder Entgang oder jede Erschwerung des Abschlusses eines Lizenzvertrages, schon einen Verstoß gegen § 87b (Dreier/Schulze/*Dreier*[5] Rn. 14; a. A. aber Schricker/Loewenheim/*Vogel*[5]   Rn. 65;   Wandtke/Bullinger/*Thum/Hermes*[4] Rn. 73; BeckOK UrhR/*Koch*[15] Rn. 17). Es spricht angesichts der wettbewerbsrechtlichen Wurzeln des Rechts sui generis viel dafür, danach zu differenzieren, ob die beiden Produkte in unmittelbarer Konkurrenz zueinander treten (so Dreier/Schulze/*Dreier*[5] Rn. 14 unter Verweis auf OLG Dresden ZUM 2001, 595, 597 unter Verweis auf ErwG 42 [parasitäres Konkurrenzprodukt]; LG Köln MMR 2002, 689, 690; LG München I K&R 2002, 261, 264; *Bornkamm* FS Erdmann S. 29, 46), man könnte auch formulieren, ob es sich um **Substitutionsprodukte** handelt. Das soll nicht verhindern, dass dem Datenbankhersteller aber natürlich auch die Erschließung neuer Märkte vorbehalten bleibt (Wandtke/Bullinger/*Thum/Hermes*[4] Rn. 73). Bei der **Entnahme von Inhalten** aus fremden Datenbanken mittels eines Suchdienstes in ein eigenes Angebot, wurde eine unzumutbare Beeinträchtigung bejaht (LG Köln CR 1999, 593 Ls. 2; CR 2000, 400, 401). Umgekehrt ist das **Verlinken auf fremde Inhalte,** jedenfalls mittels eines Deep-Links, zulässig (BGH GRUR 2003, 958, 962 – *Paperboy*; *Klein* GRUR 2005, 377, 382). Derartige Deep-Links kann man mit wechselnden URL-Zuweisungen verhindern, da die Links dann ins Leere laufen.

27

bb) Beeinträchtigung der berechtigten Interessen des Datenbankherstellers: Neben dieser Fallgruppe kennt das Gesetz auch die zweite Handlungsalternative der **unzumutbaren Beeinträchtigung berechtigter Interessen** des Datenbankherstellers. Diese erfasst investitionsschädliche Auswertungen von Datenbanken, die sich noch im Rahmen einer normalen Auswertung der Datenbank bewegen und damit nicht der ersten Alternative unterfallen (ErwG 42 Datenbank-RL), gleichwohl dennoch zu missbilligen sind. Im Hinblick auf den Gesetzeszweck des Investitionsschutzes (vgl. Rn. 4) muss die Amortisation der Investition gefährdet werden (Dreier/Schulze/*Dreier*[5] Rn. 16). Auch hier wird dies nur im Wege einer **umfassenden Interessenabwägung** zu bestimmen sein. Ob man in diese Interessenabwägung bereits mit einem Vorrang für Informationssuchdienste wegen der Bedeutung in der Informationsgesellschaft hineingehen darf (Dreier/Schulze/*Dreier*[5] Rn. 16 unter Verweis auf LG München I K&R 2002, 258; a. A. *Leistner* S. 182), scheint zweifelhaft.

28

Bisherige Entscheidungen mussten sich vor allem mit dem Ausfall von Werbeeinnahmen auseinandersetzen, da die entsprechende Datenbank von den Nutzern nicht mehr wahrgenommen wurde (LG Berlin CR 1999, 388, 389; LG Köln CR 1999, 593, 595); einher damit geht oft die Gefahr für den Datenbankbetreiber, dass ihm die Kundenbindung verloren geht (LG Köln ZUM 2001, 714). Eine bloße Linkliste stellt demgegenüber keine unzumutbare Beeinträchtigung der Interessen dar (OLG München CR 2002, 452).

29

4.   Erschöpfung des Verbreitungsrechts (Abs. 2)

Das Verbreitungsrecht erschöpft sich auch beim Recht sui generis, wie der Verweis in Abs. 2 auf § 17 Abs. 2 regelt. Das bedeutet, dass das Verbreitungsrecht am Original oder einem Vervielfältigungsstück der einfachen Datenbank mit Ausnahme des Rechts zur Vermietung aufhört zu existieren, sobald ein körperliches Werkstück in der EU/EWR mit Zustimmung des Berechtigten in Verkehr gebracht wurde. Die Richtlinie formuliert die Erschöpfung in ihrem Art. 7 Abs. 2 lit. b) S. 2 Datenbank-RL ebenso wie beim Datenbank-Urheberrecht

30

(Art. 5 lit. c) S. 2 Datenbank-RL). Dabei erschöpft sich nach dem Wortlaut – abgesehen von Vermietung und Verleih, die in der Vermiet- und Verleih-RL geregelt sind – das Verbreitungsrecht nicht bei Schenkung und Kauf, denn der Richtliniengeber formuliert anders als der deutsche Gesetzgeber „Erstverkauf". Nicht umsonst sind an dieser Formulierung aber systematische und teleologische Zweifel laut geworden (Walter/*v. Lewinski* Art. 5 Datenbank-RL Rn. 14). Man darf daher davon ausgehen, dass der deutsche Umsetzungsgesetzgeber zu Recht auf die allgemeinere Formulierung des § 17 Abs. 2 verwiesen hat.

31 Das Verbreitungsrecht erlischt bei der **Online Übermittlung** nicht; dabei kommt es nicht darauf an, ob ein physisches Vervielfältigungsstück übermittelt wird oder der Nutzer sich „nur" eine Datei auf seinem Bildschirm anzeigen lässt und damit in der Regel auch in seinen Arbeitsspeicher lädt (so ausdrücklich ErwG 43 Datenbank-RL; auch Walter/*v. Lewinski* Art. 7 Datenbank-RL Rn. 17); zur Einordnung einer Nutzung im Online-Bereich unter die verschiedenen Verwertungsrechte vgl. Rn. 17. Umstritten ist, ob das „konkrete Exemplar" einer Datenbank, das online übermittelt wurde, weiterverbreitet werden darf (pro: Dreier/Schulze/*Dreier*[5] Rn. 18 unter Verweis auf die Grundfreiheiten; contra: Wandtke/Bullinger/*Thum/Hermes*[4] Rn. 63; Walter/*v. Lewinski* Art. 7 Datenbank-RL Rn. 37). Uns erscheint dies das identische Problem bei jeder Online-Verbreitung digitaler Daten (vgl. § 69c Rn. 26, 32 ff.). Insofern unsauber OLG München GRUR-RR 2002, 89, 90 – *GfK-Marktdaten*, das von Erschöpfung hinsichtlich „der Marktdaten" spricht.

5. Vermietung und Verleih

32 Ausgenommen von der Erschöpfung des Verbreitungsrechts am Original oder einem Vervielfältigungsstück der Datenbank ist – durch den Verweis auf § 17 Abs. 2 und die dort geregelte Ausnahme – das **Vermietrecht**. Letzteres kann der Rechteinhaber also kontrollieren, auch wenn die Datenbank in Verkehr gebracht wurde. Man wird Vermieten im herkömmlichen Sinn des BGB als entgeltliche Gebrauchsüberlassung der Datenbank auf Zeit verstehen müssen. Anders als das Vermieten kann der Rechteinhaber den **Verleih** nicht verbieten. Denn der in Bezug genommene § 27 Abs. 2 und 3 gewährt dem Rechteinhaber nur einen Vergütungsanspruch (s. § 27). Unter „Verleih" ist die zeitlich begrenzte, weder unmittelbar noch mittelbar Erwerbszwecken dienende Gebrauchsüberlassung zu verstehen. Für den öffentlichen Verleih steht dem Rechteinhaber nach Maßgabe der Verweisung in Abs. 2 auf § 27 Abs. 2 und 3 nur ein Vergütungsanspruch zu, der allerdings über eine Verwertungsgesellschaft geltend gemacht werden muss (s. § 27). s. dazu auch Walter/*v. Lewinski* Art. 7 Datenbank-RL Rn. 35 a. E.

6. Inhabervermutung

33 Durch das Gesetz zur Umsetzung der Enforcement-RL ist Abs. 2 um eine entsprechende Anwendung der Vermutung des § 10 Abs. 1 ergänzt worden (s. hierzu *Czychowski* GRUR-RR 2008, 856). Damit gilt für Inhaber des Rechts nach § 87a nun auch eine Inhabervermutung entsprechend der Urhebervermutung (dazu s. § 10). Erforderlich ist eine übliche Bezeichnung, die bei Datenbanken wohl vergleichbar sonstigen verwandten Schutzrechten in einem P-Vermerk bestehen könnte, aber auch z. B. „Datenbankhersteller" lauten kann in Anlehnung an den Gesetzeswortlaut des § 87b.

III. AGB-Recht/Vertragsrecht

34 Der Datenbankhersteller kann seine ihm nach § 87b gewährten Rechte einschränkungslos **übertragen**, wie dies auch bei den sonstigen Unternehmer-Schutzrechten der Fall ist (s. §§ 85, 86; § 94; § 87), was sich aber auch aus

Nr. 7 Abs. 3 Datenbank-RL ergibt. Er kann sich den Umfang seiner Rechte, wie er oben dargestellt wurde, aber nicht durch vertragliche Vereinbarung erweitern, etwa dadurch, dass er vertraglich vereinbart, dass der Erwerber jegliche (auch unwesentliche) Teile der Datenbank ohne weitere Voraussetzungen nicht weitergibt. Näheres hierzu ist in § 87e geregelt, dessen einer Satz Thomas Mann alle Ehre machen würde (vgl. § 87e Rn. 1; weitergehende vertragliche Grenzen und Regelungen sind dort ebenfalls kommentiert).

IV. Prozessuales

Die **Darlegungslast** für Aktivprozesse im Verletzungsfall umfasst alle oben dargestellten Tatbestandsvoraussetzungen. Dabei wird zunächst ausreichen, dass z. B. bei den Investitionen deren Wesentlichkeit schlüssig vorgetragen ist. Erst bei entsprechendem Bestreiten wird der Anspruchsteller sie offen legen müssen. Da es sich hierbei i. d. R. um sensible Unternehmensdaten handelt, kann es sich anbieten, die Öffentlichkeit von der Verhandlung ausschließen zu lassen (§ 174 GVG). Muss der Rechteinhaber Betriebsgeheimnisse offen legen, wird er sich auf einen **Wirtschaftsprüfervorbehalt** zurückziehen dürfen (BGH GRUR 1962, 354, 357 – *Furniergitter*; BGH GRUR 1981, 535 – *Wirtschaftsprüfervorbehalt*). Nächste Hürde für den Anspruchsteller ist der Vortrag zur Übernahme der Daten. Hier kann er sich denselben Problemen ausgesetzt sehen wie Softwareunternehmen, sollten die Daten nicht frei zugänglich sein. Insoweit sei auf die Kommentierung vgl. Vor §§ 69a ff. Rn. 17 verwiesen. Sicherlich kann es zur Beweisführung hilfreich sein, nachverfolgbare einzelne Fehler in die eigene Datenbank einzustreuen, an deren Übernahme man später den Verletzer überführen kann. Der EuGH sieht es als Indiz an, dass eine Entnahme stattgefunden hat, wenn materielle und technische Merkmale, die der Inhalt einer Datenbank aufweist, auch im Inhalt einer anderen vorkommen; allerdings darf sich dann diese Übereinstimmung nicht bloß durch andere Faktoren erklären lassen. Auch die Tatsache, dass der erste Datenbankhersteller die Elemente seiner Datenbank aus nichtöffentlichen Quellen beschafft hat, genügt als Beweis für eine Entnahme nicht, kann aber wiederum ein Indiz sein (EuGH GRUR 2009, 572 – *Apis/Lakorda*).

Auch für die Frage der **Bestimmtheit eines etwaigen Unterlassungsantrags** kann auf die Ausführungen bei den Computerprogrammen verwiesen werden (vgl. Vor §§ 69a ff. Rn. 21). Es genügt in der Regel die Beifügung eines Datenträgers. Bei der Formulierung eines **Verbotstenors** sollte man im Fall einer **Bearbeitung** (vgl. Rn. 2) Vorsicht walten lassen, denn diese ist von § 87b nur umfasst, wenn sie eine Entnahme und/oder die Weiterverwendung der Gesamtheit oder eines in qualitativer oder quantitativer Hinsicht wesentlichen Teils des Inhalts einer Datenbank bzw. der Parallelhandlungen nach Abs. 1 S. 2 darstellt; man muss also in den Verbotstenor einer solchen „Bearbeitung" die konkrete Verletzungsform aufnehmen (BGH GRUR 2005, 857, 859 sub II.2.h) – *HIT BILANZ*). Dasselbe gilt für eine möglichst genaue Beschreibung des entnommenen Teils generell.

V. Verhältnis zu anderen Vorschriften

Neben den Regelungen der §§ 87a ff. sind natürlich die allgemeinen urheberrechtlichen Vorschriften über **urheberrechtlich geschützte Datenbanken** anwendbar (vgl. § 4 Rn. 49). Es ist durchaus denkbar, dass eine Datenbank sowohl urheberrechtlich geschützt ist als auch eine wesentliche Investition erforderte und daher Schutz nach den §§ 87a ff. genießt (vgl. § 4 Rn. 49). Darüber hinaus ist eine **Anwendung des UWG** unter den erweiterten Voraussetzungen des wettbewerbsrechtlichen Leistungsschutzes zumindest denkbar (vgl. Vor §§ 87a ff. Rn. 26 ff.).

§ 87c Schranken des Rechts des Datenbankherstellers

(1) [1]Die Vervielfältigung eines nach Art oder Umfang wesentlichen Teils einer Datenbank ist zulässig
1. zum privaten Gebrauch; dies gilt nicht für eine Datenbank, deren Elemente einzeln mit Hilfe elektronischer Mittel zugänglich sind,
2. zu Zwecken der wissenschaftlichen Forschung gemäß den §§ 60c und 60d,
3. zu Zwecken der Veranschaulichung des Unterrichts und der Lehre gemäß den §§ 60a und 60b.

[2]In den Fällen der Nummern 2 und 3 ist die Quelle deutlich anzugeben und gilt § 60g Abs. 1 entsprechend.

(2) Die Vervielfältigung, Verbreitung und öffentliche Wiedergabe eines nach Art oder Umfang wesentlichen Teils einer Datenbank ist zulässig zur Verwendung in Verfahren vor einem Gericht, einem Schiedsgericht oder einer Behörde sowie für Zwecke der öffentlichen Sicherheit.

§ 87c wurde durch das UrhWissG 2017 mit Wirkung zum 1. März 2018 geändert. Zur bis dahin geltenden Fassung s. unsere 11. Aufl.

I. Allgemeines

1. Sinn und Zweck

1 § 87c enthält die speziellen Schrankenregelungen für einfache Datenbanken.

2. Zusammenhang mit der Richtlinie

2 Zur Entstehungsgeschichte vgl. Vor §§ 87a ff. Rn. 2 ff. Die Richtlinie gewährt diese Schrankenbestimmungen nur dem **rechtmäßigen Benutzer** einer Datenbank, und zudem von „einer der Öffentlichkeit zur Verfügung gestellten Datenbank". Beide Begriffe finden sich in der deutschen Schrankenregelung nicht. Der Begriff des rechtmäßigen Benutzers begegnet uns bei § 69d (vgl. Rn. 10 ff.) und dient eigentlich dem Konzept des EU-Rechts, wonach der, der ein Computerprogramm regelgemäß erworben hat, es „normal" soll nutzen dürfen, ohne noch besondere Nutzungsrechte eingeräumt bekommen zu müssen (dazu im Detail vgl. § 69d Rn. 13 ff. m. w. N.). Der Begriff verwundert daher an dieser Stelle auf den ersten Blick, da die bloße Benutzung einer Datenbank nach deutschem Verständnis keine urheberrechtlichen Rechte berührt (aber s. § 87b). Da die Datenbank-RL aber für den Schutzumfang des Rechtes sui generis bewusst urheberrechtsuntypische Begriffe wie „Entnahme" und „Weiterverwendung" eingeführt hat und dadurch auch die Benutzung in diese Rechte eingreifen kann (§ 87b), bedurfte es der Einführung des rechtmäßigen Benutzers auch an dieser Stelle.

Allerdings fehlt auch in der Richtlinie für die „normale" Benutzung eine   **3** Regelung, die dem § 69d vergleichbar wäre (zur Lösung dieses Problems, auch durch den EuGH, vgl. § 87b Rn. 20). Der Begriff des rechtmäßigen Benutzers erschließt sich – ebenso wie in § 69d (vgl. Rn. 10 ff.) – durch eine **Verbindung zum Vertragsrecht**, hier § 87e: Danach ist rechtmäßiger Benutzer der Eigentümer eines mit Zustimmung des Datenbankherstellers durch Veräußerung in Verkehr gebrachten Vervielfältigungsstücks der Datenbank, der in sonstiger Weise zu dessen Gebrauch Berechtigte oder derjenige, dem eine Datenbank aufgrund eines mit dem Datenbankhersteller oder eines mit dessen Zustimmung mit einem Dritten geschlossenen Vertrags zugänglich gemacht wird. Da § 87c den rechtmäßigen Benutzer nicht enthält, ist zu überlegen, ob diese Voraussetzung im Wege richtlinienkonformer Auslegung hineingelesen wird (dafür wohl: Dreier/Schulze/*Dreier*[5] Rn. 4; dagegen: Wandtke/Bullinger/*Thum*/*Hermes*[4] Rn. 11 f.). Dafür spricht wohl, dass die Situation der §§ 87a ff. durch die durch die Richtlinien vorgegebenen weiten Begriffe der Entnahme und Weiterverwendung mit der des Softwareurheberrechts (§ 69d) vergleichbar ist und man für die Situation des „normalen" Nutzers eine Lösung finden musste; dann aber muss es auch eine parallel laufende Schrankenbestimmung geben, die ebenfalls den rechtmäßigen Benutzer voraussetzt. Für die Bestimmung des Umfangs der rechtmäßigen Benutzung kann man auf die Erkenntnisse zu § 69d zurückgreifen (vgl. § 69d Rn. 10 ff.). Dies würde bedeuten, dass z. B. **illegal erworbene Datenbanken** generell (ohne Unterschied, ob es elektronische sind [für diese ergibt sich das Privileg aus § 87c Abs. 1 S. 1 Nr. 1 Hs. 2 und § 53 Abs. 5] oder analoge) kein Privileg der Privatkopie kennen. Dasselbe gilt für die weitere Voraussetzung, die „einer der Öffentlichkeit zur Verfügung gestellten Datenbank", die im deutschen Recht ebenfalls nicht vorkommt.

Ebenso wird man im Wege richtlinienkonformer Auslegung die Schrankenrege-   **4** lungen **nur auf veröffentlichte** (§ 6) **Datenbanken** anwenden können (s. a. Dreier/Schulze/*Dreier*[5] Rn. 4; Schricker/Loewenheim/*Vogel*[5] Rn. 7; Wandtke/ Bullinger/*Thum*/*Hermes*[4] § 87c Rn. 4).

II.   Tatbestand

1.   „Wesentlicher Teil"

Dreh- und Angelpunkt der Schrankenregelung des § 87c ist einmal mehr –   **5** wie schon beim Schutzumfang in § 87b (vgl. § 87b Rn. 5 ff.) – der Begriff des „wesentlichen Teils" einer Datenbank. Denn die geregelten Ausnahmen vom Recht sui generis gestatten keineswegs die entsprechend zugelassene Nutzung der gesamten Datenbank, sondern nur die Nutzung **wesentlicher Teile**. **Unwesentliche Teile** zu nutzen, ist nach § 87b Abs. 1 vorbehaltlich dessen S. 2 ohnehin erlaubt (vgl. § 87b Rn. 21 ff.). Zum Begriff des wesentlichen Teils vgl. § 87b Rn. 5 ff. Hinzu tritt die bei Schranken ohnehin in aller Regel gebotene **enge Auslegung** (dazu für § 87c Schricker/Loewenheim/*Vogel*[5] Rn. 6).

2.   Zulässige Handlungen

6 Die zulässigen Handlungen sind abschließend in Abs. 1 und für einen ein ein-zelnen weiteren Fall in Abs. 2 aufgezählt. Damit sind die Schranken **erschöp-fend geregelt** (zu Analogiefragen vgl. Rn. 18). Weitere Schranken gibt es für Datenbanken nicht. Hintergrund ist, dass die Richtlinie jegliche kommerzielle Nutzung über Schranken verhindern wollte (ErwG 50 Datenbank-RL und aus-drücklich unter Bezugnahme hierauf auch RegE IuKDG – BT-Drs. 13/7385, S. 46). Die Schrankenregelungen des § 87c sind zudem **vergütungsfrei** ausge-staltet (vgl. Rn. 15). Ob die Nutzungshandlungen der Nr. 1- 3, Abs. 2 auch **durch Dritte vorgenommen** werden dürfen, ist umstritten. Im Allgemeinen wird dies zu Recht entsprechend den Regelungen in § 53 für zulässig gehalten (Dreier/Schulze/*Dreier*[5] Rn. 5; BeckOK UrhR/*Koch*[15] Rn. 1; offen lassend: Wandtke/Bullinger/*Thum/Hermes*[4] Rn. 14).

7 **a) Privater Gebrauch: Abs. 1 Ziff. 1** gestattet zunächst die Vervielfältigung we-sentlicher Teile der Datenbank, beschränkt auf den privaten Gebrauch. Dies gilt allerdings nur für **nicht-elektronische Datenbanken:** Denn ausgenommen hiervon werden nach S. 2 wesentliche Teile von Datenbanken, die einzeln mit Hilfe elektronischer Mittel zugänglich sind (AG Rostock CR 2001, 786, 787; Dreier/Schulze/*Dreier*[5] Rn. 7; Schricker/Loewenheim/*Vogel*[5] Rn. 13; a. A. un-sere 9. Aufl./*Hertin* Rn. 4). Dies betrifft also alle Datenbanken, die sich auf digitalen Medien – wie CD-Is etc. – befinden ebenso wie alle Datenbanken, die über das Internet zugänglich sind. Art. 9 lit. a Datenbank-RL formuliert diese Ausnahme zwar positiv („einer nichtelektronischen Datenbank"). Dadurch dass sich der deutsche Umsetzungsgesetzgeber aber an der Basisdefinition der Datenbank (Art. 1 Abs. 2 Datenbank-RL) orientiert, dürfte damit keine materi-elle Änderung verbunden sein. Zu den Details des privaten Gebrauchs s. § 53 Abs. 1 S. 1; dazu s. § 53. Die Schranke bedeutet auch, dass z. B. online abgeru-fene Datenbankinhalte – wenn es sich um wesentliche Teile handelt – nur mit Zustimmung des Datenbankherstellers auf der Festplatte oder einem Datenträ-ger gespeichert werden dürfen.

8 **b) Wissenschaftliche Forschung:** Die wissenschaftliche Forschung gestattet **Abs. 1 Ziff. 2 in der neuen Formulierung des UrhWissG 2017.** Zum Umfang wird auf §§ 60c und 60d verwiesen. Diese Schrankenregelung ist nicht auf nicht-elektronische Datenbanken beschränkt, wohl allerdings auf die Verviel-fältigung; eine Verbreitung ist nicht zulässig. Anders als die parallele Schran-kennorm des § 53 Abs. 2 Nr. 1 erfordert diese Schranke aber zudem, dass die Nutzung nicht-kommerziell (§§ 60c und 60d) erfolgt. Wegen der Begrifflich-keiten s. § 53 Abs. 2 Nr. 1. Damit kehrt der Gesetzestext wieder zur Richtlinie zurück, denn Art. 9 lit. b) Datenbank-RL verlangt „soweit dies durch den nichtkommerziellen Zweck gerechtfertigt ist", wohingegen § 87c Abs. 1 Ziff. 2 zuvor verlangte, dass die Vervielfältigung einerseits zum wissenschaftlichen Ge-brauch geboten ist und andererseits nicht zu gewerblichen Zwecken erfolgt. Der wissenschaftliche Zweck erfasst Naturwissenschaften wie Geisteswissen-schaften (ErwG 36). Gewerblich ist nicht im Sinne der Gewerbeordnung, son-dern als kommerziell zu verstehen (ErwG 50). Jede wissenschaftliche Nutzung einer Datenbank, die von der auch nur langfristigen Absicht geleitet wird, ein Wirtschaftsgut zu schaffen und kommerziell zu verwerten, kann sich auf die Ausnahme des Abs. 1 Nr. 2 nicht berufen (unsere 9. Aufl./*Hertin* Rn. 5).

9 Schließlich bedarf die zulässige Berufung auf diese Schranke, dass der Nutzer die **Quelle deutlich angibt.** Zu Recht wird darauf hingewiesen, dass es sich hierbei um ein persönlichkeitsrechtlich verankertes Quellengebot handelt. Daher sind neben dem Namen des Datenbankherstellers auch die Bezeichnung der Datenbank, unter der die Datenbank vom Hersteller zugänglich gemacht wird, anzugeben (Dreier/Schulze/*Dreier*[5] Rn. 11; Schricker/Loewenheim/*Vo-*

gel[5] Rn. 17; Wandtke/Bullinger/*Thum/Hermes*[4] Rn. 32). Die Rechtsfolgen eines Verstoßes gegen dieses Teilgebot ergeben sich, wenn auch nicht ausdrücklich in § 87c erwähnt, indirekt aus § 63 (vgl. Rn. 14).

c) Unterrichts- und Lehrzwecke: Während das sog. IuKDG, mit dem die Datenbank-RL in deutsches Recht umgesetzt wurde (vgl. Vor §§ 87a ff. Rn. 8 ff.), noch eine längere Fassung des Abs. 1 Nr. 3 enthielt, änderte der Gesetzgeber dies bereits im Jahr 1998 auf Betreiben des Bundesrats. Ursprünglich gestattete die Schranke die Vervielfältigung eines nach Art und Umfang wesentlichen Teils der Datenbank zum eigenen Gebrauch im Schulunterricht, in nicht-gewerblichen Einrichtungen der Aus- und Weiterbildung sowie in der Berufsbildung in der für eine Schulklasse erforderlichen Anzahl. Die zunächst geltende Fassung orientierte sich am Text von Art. 9 lit. b) Datenbank-RL. Allerdings beschränkt dieser, anders als das deutsche Recht, die Schranke auf die „Entnahme", ließe also eine Gestattung der Benutzung zu (so auch Walter/*v. Lewinski* Art. 9 Datenbank-RL Rn. 9). Nunmehr wird Unterricht und Lehre gestattet und auf §§ 60a und 60b verwiesen. **10**

Unterricht ist jede plan- und regelmäßige Unterweisung eines Lernenden durch einen Lehrenden in einem theoretischen oder praktischen Fach. Die Form oder der institutionelle Rahmen des Unterrichts sind unerheblich. Der Unterricht an allgemeinbildenden Schulen, an Hoch-, Fachhoch- und Fachschulen, an weiterbildenden Schulen oder an Volkshochschulen wird von der Ausnahmevorschrift prinzipiell ebenso erfasst wie der Unterricht an Privatschulen und privaten Hochschulen, der den öffentlich-rechtlichen Unterricht lediglich substituiert (unsere 9. Aufl./*Hertin* Rn. 6). Ausgenommen von der Schranke ist lediglich solcher Unterricht, der **gewerblichen Zwecken** dient, also den oben erwähnten kommerziellen Interessen (vgl. Rn. 8). **Reiner Hochschul-Unterricht** (zur Vorregelung: Dreier/Schulze/*Dreier*[5] Rn. 12 unter Hinweis auf die engere parallele Regelung des § 53 Abs. 3 Nr. 1; Wandtke/Bullinger/*Thum/Hermes*[4] Rn. 29; einschränkend Schricker/Loewenheim/*Vogel*[5] Rn. 19 für den wissenschaftlichen Gebrauch i. S. d. Nr. 2 im Rahmen der wissenschaftlichen Lehre) ist nunmehr durch die Aufnahme der Lehre ebenfalls umfasst. Das bedeutet z. B., dass private Weiterbildungsinstitute oder auch solche, die im Auftrag der Jobcenter tätig sind, nicht von Abs. 1 Nr. 3 erfasst werden. **11**

Nicht jede Benutzung im Rahmen der freigestellten Bildungseinrichtungen ist gestattet; es muss eine Benutzung **zur Veranschaulichung** sein, diese muss also den Unterricht unterstützen und darf nicht Selbstzweck sein (Schricker/Loewenheim/*Vogel*[5] Rn. 20). Daher wird zurecht darauf hingewiesen, dass Hilfsmaterialien nur für den Lehrer § 87c nicht unterfallen (Dreier/Schulze/*Dreier*[5] Rn. 14). Schließlich gilt auch für Nr. 3 die **Pflicht zur Quellenangabe** (vgl. Rn. 12). **12**

d) Rechtspflege und Zwecke der öffentlichen Sicherheit: Anders als Abs. 1, der lediglich die Vervielfältigung gestattet, eröffnet Abs. 2 für **Justiz-Zwecke** auch die Verbreitung und öffentliche Wiedergabe. Zu den Begrifflichkeiten s. die parallelen Normen der allgemeinen Schrankenregelungen (§ 45). Während die ersten drei Zwecke (Verwendung in Verfahren **vor einem Gericht, einem Schiedsgericht oder einer Behörde**) exakt den Formulierungen in § 45 Abs. 1 entsprechen, gestattet die vierte Alternative die Verwendung für **Zwecke der öffentlichen Sicherheit** und geht damit über § 45 Abs. 2 hinaus. Dieser erlaubt nämlich nur die Nutzung von Bildnissen und setzt voraus, dass der Nutzer eine Behörde oder ein Gericht ist. Man kann daher daran denken, wenn Werke oder Leistungen, die urheberrechtlich oder leistungsschutzrechtlich geschützt sind, für Zwecke der öffentlichen Sicherheit einer Datenbank entnommen werden sollen, § 45 Abs. 2 deshalb ergänzend zu berücksichtigen (Dreier/Schulze/ **13**

Dreier[5] Rn. 18; Schricker/Loewenheim/*Vogel*[5] Rn. 22; a. A. BeckOK UrhR/ *Koch*[15] Rn. 19). Öffentliche Sicherheit umfasst Präventivmaßnahmen ebenso wie Maßnahmen der Verfolgung von Straftaten und Ordnungswidrigkeiten. Auf die Ausnahmevorschrift können sich auch Privatpersonen berufen, sofern sie ausnahmsweise berechtigt sind, Zwecke der öffentlichen Sicherheit als Beliehene, Verwaltungshelfer, privat Inpflichtgenommene oder Beauftragte zu verfolgen.

3. Quellenangabe

14 Diese spezielle Schrankenregelung für das Recht sui generis soll weitestgehend mit den Schrankenregelungen im Urheberrecht synchronisiert werden, wenn auch diese Regelung vom Umfang her insgesamt deutlich kürzer greift als die urheberrechtlichen Schrankenregelungen (s. die Formulierung „Gleichklang" in der Gesetzesbegründung: RegE IuKDG – BT-Drs. 13/7385, S. 46). Daher gibt es – neben den materiellen Voraussetzungen – weitere Anforderungen eher formeller Art: In den Fällen des Abs. 1 Ziff. 2 und 3 (bei der Vervielfältigung wesentlicher Teile im wissenschaftlichen und lehrenden Zusammenhang) ist z. B. immer die **Quelle deutlich anzugeben**.

4. Kein Vergütungsanspruch

15 Während das IuKDG in seiner Entwurfsfassung noch einen Absatz enthielt, der §§ 54–54h für besondere Fälle der Nutzung für entsprechend anwendbar erklärte, verzichtet die endgültige Gesetzesfassung darauf. Der Datenbankhersteller hat also **keinen Vergütungsanspruch** bei Nutzungen, die unter einzelne Schrankenregelungen fallen. Ob dies mit dem Eigentumsgrundrecht vereinbar ist, wird das Bundesverfassungsgericht zu entscheiden haben.

III. AGB-Recht/Vertrag

16 Eine Erweiterung der Schranken durch vertragliche Vereinbarung stellt faktisch eine vertragliche Nutzungsbeschränkung dar. Dies ist im Rahmen des urhebervertragsrechtlich Zulässigen möglich (allg. dazu vgl. Vor §§ 31 ff. Rn. 192 ff. und im Rahmen des Datenbankrechts zu den Verträgen s. § 87e). Verkürzungen der Schrankenbestimmungen sind hingegen unwirksam.

IV. Prozessuales

17 Es gilt die allgemeine Regel, dass der Schrankenbegünstigte die ihn begünstigenden Voraussetzungen des § 87c darzulegen und ggf. zu beweisen hat (vgl. Vor §§ 44a ff. 1 ff.).

V. Verhältnis zu anderen Vorschriften

1. Lex specialis zu übrigen Schranken des UrhG

18 § 87c ist hinsichtlich des Schutzrechts sui generis gegenüber den allgemeinen Schranken **lex specialis** (vgl. Rn. 3). Er basiert auf Art. 9 Datenbank-RL, der **abschließend** die Schranken vorgibt. Deshalb kommt ein **Rückgriff, auch analog,** auf die allgemeinen in §§ 44a ff. normierte Ausnahmen **nicht in Betracht** (OLG Dresden ZUM 2001, 595, 598 – *Printmedium als Datenbank*; Dreier/ Schulze/*Dreier*[5] Rn. 1; Schricker/Loewenheim/*Vogel*[5] Rn. 1; Wandtke/Bullinger/*Thum/Hermes*[4] Rn. 1, 39 ff.). Dasselbe gilt für spezielle Schrankenregelungen wie die der Sicherungskopie in § 69d, deren analoge Anwendung zum Teil diskutiert wird (Dreier/Schulze/*Dreier*[5] Rn. 1). Allerdings werden einem die §§ 44a ff. sicherlich behilflich sein können bei der Auslegung einzelner Begriffe, die zum Teil identisch in § 87c wiederkehren (so schon unsere 9. Aufl./*Hertin*

Rn. 3; Dreier/Schulze/*Dreier*[5] Rn. 1). Der deutsche Gesetzgeber hat den Text nicht wörtlich umgesetzt, sondern versucht an die Termini des deutschen Urheberrechts anzugleichen (vgl. § 87b Rn. 3). Bei der Nutzung von Datenbankinhalten, die selbständig urheberrechtlich oder leistungsschutzrechtlich geschützt werden, sind diese Bestimmungen aber ergänzend zu beachten. Außerdem kann bei der Auslegung einzelner Tatbestandsmerkmale des § 87c auf die entsprechenden Vorschriften der §§ 44a ff. zurückgegriffen werden. § 53 Abs. 5 enthält eine Sondervorschrift der Schranken nur für Datenbank*werke*.

2. Amtliche Werke

Zu der Frage, ob für amtliche Datenbanken die Sonderregel des § 5 Abs. 2　**19** entsprechend gilt, vgl. § 87a Rn. 35.

3. §§ 95a ff.

Die Regeln über technische Schutzmechanismen in den §§ 95a ff. sind ein-　**20** schränkungslos auch auf Datenbanken anwendbar (zum Streitstand bei der anders gelagerten Materie der Computerprogramme vgl. § 69a Rn. 44 ff.).

§ 87d　Dauer der Rechte

[1]Die Rechte des Datenbankherstellers erlöschen fünfzehn Jahre nach der Veröffentlichung der Datenbank, jedoch bereits fünfzehn Jahre nach der Herstellung, wenn die Datenbank innerhalb dieser Frist nicht veröffentlicht worden ist. [2]Die Frist ist nach § 69 zu berechnen.

Übersicht

I.　Allgemeines

Zur Entstehungsgeschichte vgl. Vor §§ 87a ff. Rn. 2 ff. Das Recht sui generis　**1** soll dem Investitionsschutz dienen (vgl. § 87b Rn. 4). Der Richtliniengeber ging – nachdem die Kommission ursprünglich eine Schutzdauer von 10 Jahren vorgeschlagen hatte – davon aus, dass nach **15 Jahren** diese Investitionen amortisiert seien (Begründung geänderter RL-Vorschlag 7). Art. 10 Abs. 1 und 2 Datenbank-RL bestimmen diese Schutzdauer. Der deutsche Umsetzungsgesetzgeber hat sich dem ebenso ohne nähere Begründung angeschlossen (RegE IuKDG – BT-Drs. 13/7385, S. 47). Daher wird sie zu Recht als willkürlich bezeichnet (Dreier/Schulze/*Dreier*[5] Rn. 1). Es steht aus, dass eine volkswirtschaftlich fundierte Studie die Schutzdauern der verschiedenen gewerblichen Schutzrechte und Urheberrechte sowie Leistungsschutzrechte untersucht und den Juristen Grundlagen für ihre manchmal recht willkürlich wirkenden Entscheidungen an die Hand gibt.

II.　Tatbestand

1. Schutzdauerbeginn

Anders als z. B. die Fristen für ausübende Künstler **beginnt** die Schutzdauer **mit**　**2** **der Veröffentlichung** der Datenbank (bei Ausübenden Künstlern ist Erscheinen

i. S. d. § 6 Abs. 2 erforderlich), d. h. wenn die Datenbank mit Zustimmung des Berechtigten der Öffentlichkeit zugänglich gemacht wurde (§ 6 Abs. 1). Dieser Zeitpunkt wird **auf die Herstellung verschoben, wenn** die Datenbank **nicht innerhalb von 15 Jahren** ab Herstellung **veröffentlicht** wird (§ 87d S. 1 Alt. 2). Zum Begriff der Veröffentlichung s. die Kommentierung zu § 6. Er ist z. B. dann nicht erfüllt, wenn die Datenbank lediglich ausgewählt Nutzern individuell zur Kenntnis gebracht wird, z. B. per Pull-Service oder E-Mail. Die Herstellung setzt voraus, dass die Datenbank alle Tatbestandsmerkmale des § 87a erfüllt, also sobald z. B. die Wesentlichkeitsschwelle der Investitionen genommen ist (Dreier/Schulze/*Dreier*[5] Rn. 4; Schricker/Loewenheim/*Vogel*[5] Rn. 3; BeckOK UrhR/*Koch*[15] Rn. 4; so noch Wandtke/Bullinger/*Thum*[2] Rn. 7; nunmehr in Abgrenzung zur h. M. stärker auch die subjektive Vorstellung des Herstellers als zweiten Bestimmungsfaktor betonend Wandtke/Bullinger/*Thum*/*Hermes*[4] Rn. 7); erst sobald das der Fall ist, kann sie als hergestellt gelten und kann die Schutzdauer beginnen. Unerheblich ist, ob der Datenbankhersteller sie selbst als hergestellt betrachtet oder etwa meint, es müssten noch letzte Arbeiten an ihr durchgeführt werden. Zur Beweislast vgl. Rn. 6.

2. Ende der Schutzdauer

3 Das Schutzrecht erlischt in der Regel (zu Ausnahmen vgl. Rn. 5) **15 Jahre nach der Veröffentlichung.** Gemäß **§ 69** bedeutet dies mit Ablauf des 31. Dezember des fünfzehnten Jahres, das der Veröffentlichung bzw. bei einer unveröffentlichten Datenbank der Herstellung folgt (kritisch *Heinz* GRUR 1996, 455, 456). Zur Übergangsregel für Datenbanken, die vor Einführung des Schutzes sui generis hergestellt wurden, s. § 137g Abs. 2. Dennoch ist der Ablauf einer Schutzdauer für den Schutzumfang der **Datenbank,** in die **wesentlich neu investiert** wurde, nicht bedeutungslos. Denn der Schutz beschränkt sich prinzipiell auf die Teile der Datenbank, in denen sich die wesentliche Investition niederschlägt. Da die wesentliche Investition, die das Schutzrecht sui generis ursprünglich begründete, andere Teile der Datenbank betreffen kann als die wesentliche Investition, die zu einem neuen Schutzrecht sui generis führt, können wesentliche Teile zu unwesentlichen Teilen werden, wenn das Schutzrecht für die Investition abgelaufen ist, die diese Teile betrifft. Das Auslaufen des Schutzrechts sui generis bedeutet nicht, dass nicht für den in der Datenbank enthaltenen Inhalt nicht noch andere Schutzrechte, sei urheberrechtliche, sei es gar gewerbliche Schutzrechte, laufen.

3. Berechnung bei neuen Datenbanken i. S. d. § 87a Abs. 1 S. 2

4 Der erste deutsche Umsetzungsentwurf hatte noch einen eigenen Abs. 2 zur Schutzfrist vorgesehen, der bei jeder wesentlichen Neuinvestition „eine eigene Schutzdauer" in Gang setzte. Das ist zu Recht im Gesetz nicht übernommen worden, auch wenn Art. 10 Abs. 3 Datenbank-RL eine solche Bestimmung vorsieht. Denn jede wesentliche Investition in eine Datenbank führt nach § 87a Abs. 1 S. 2 zu einem **neuen Schutzrecht** sui generis an der Datenbank. Auch wenn der Richtliniengeber offenbar davon ausging, dass sich dadurch die alte Schutzfrist verlängert, ist es u. E. kein Verstoß der Umsetzung, dass der deutsche Gesetzgeber dies negiert und logisch folgerichtig die Verlängerung alleine über das eo ipso entstehende neue Schutzrecht konstruiert.

5 Es sei an dieser Stelle daran erinnert, dass bereits eine eingehende Überprüfung des Inhalts der Datenbank für eine wesentliche Neuinvestition ausreichen kann (vgl. § 87a Rn. 28; ErwG 55 Datenbank-RL). Das bedeutet, dass im Ergebnis sich bei einer Datenbank, die regelmäßig gepflegt wird, die Schutzrechte sui generis wie Perlen an einer Kette ohne Unterbrechung aneinanderreihen und zeitlich sogar überlappen können, sodass theoretisch eine Art **„Ewigkeitsschutz"** denkbar ist (so ausdrücklich RegE IuKDG – BT-Drs. 13/7385, S. 47

und zu Recht unsere 9. Aufl./*Hertin* § 87a Rn. 10; ebenso offenbar auch Dreier/Schulze/*Dreier*[5] Rn. 6 ff.; Wandtke/Bullinger/*Thum/Hermes*[4] Rn. 9; a. A. neuer Schutz nur für neue Teile: *Gaster* Rn. 651 f.; gesamte Datenbank bei in ihrer Gesamtheit aktualisierten Datenbanken: BeckOK UrhR/*Koch*[15] Rn. 10; vermittelnd: Schricker/Loewenheim/*Vogel*[5] Rn. 6 f.: zwar gesamte Datenbank, aber bei Verletzung nur der von Neuinvestition beeinflusste Teil zu berücksichtigen). Keine der Lösungen vermag das Beweisdilemma zu lösen, das mit Neuinvestitionen entsteht. Hat die Rechtsprechung und Praxis schon erhebliche Schwierigkeiten mit dem Merkmal der wesentlichen Investition überhaupt (vgl. § 87a Rn. 14 ff.), wird sie dieses Problem, das sich in der Praxis bislang mangels erstmaligen Ablaufens der 15 Jahre noch nicht stellte, nicht zu lösen in der Lage sein. Dogmatik hin oder her, an dieser Stelle ist unseres Erachtens eine pragmatische Lösung gefragt, die sich aus unserer Sicht nur in einem automatischen Schutz der gesamten Datenbank für die neuen 15 Jahre finden lässt, denn dann muss „nur" erneut bestimmt werden, ob eine wesentliche (nun „Neu"-)Investition stattgefunden hat. Und mit dieser Sisyphusarbeit hat die Rechtsprechung dann ja bereits 15 Jahre Erfahrung.

III. Prozessuales

Die **Beweislast** für den Zeitpunkt der Fertigstellung, also auch für den Zeitpunkt zu dem die Datenbank hergestellt oder veröffentlicht wurde, trägt der Datenbankhersteller (ErwG 53 Datenbank-RL). Dasselbe gilt für die Tatbestandsmerkmale der wesentlichen Neuinvestition (ErwG 54 Datenbank-RL; s. hierzu auch BGH MMR 2011, 104 Tz. 20 – *Markenheftchen*). **6**

IV. Verhältnis zu anderen Normen

Es gelten im Übrigen die allgemeinen Schutzdauerregeln zur Fristberechnung (§ 69). **7**

§ 87e Verträge über die Benutzung einer Datenbank

Eine vertragliche Vereinbarung, durch die sich der Eigentümer eines mit Zustimmung des Datenbankherstellers durch Veräußerung in Verkehr gebrachten Vervielfältigungsstücks der Datenbank, der in sonstiger Weise zu dessen Gebrauch Berechtigte oder derjenige, dem eine Datenbank aufgrund eines mit dem Datenbankhersteller oder eines mit dessen Zustimmung mit einem Dritten geschlossenen Vertrags zugänglich gemacht wird, gegenüber dem Datenbankhersteller verpflichtet, die Vervielfältigung, Verbreitung oder öffentliche Wiedergabe von nach Art und Umfang unwesentlichen Teilen der Datenbank zu unterlassen, ist insoweit unwirksam, als diese Handlungen weder einer normalen Auswertung der Datenbank zuwiderlaufen noch die berechtigten Interessen des Datenbankherstellers unzumutbar beeinträchtigen.

I. Allgemeines: Zusammenhang mit der Richtlinie und praktische Bedeutung

1 Zur Entstehungsgeschichte vgl. Vor §§ 87a ff. Rn. 2 ff. Ebenso wie die Software-RL kennt auch die Datenbank-RL in Art. 8 eine Regelung, die Rechte des sog. rechtmäßigen Benutzers festlegt. Anders als in § 69d für Computerprogramme hat sich der deutsche Umsetzungsgesetzgeber entschlossen, dies nicht als Ausnahme von den Verwertungsrechten des Rechtsinhabers zu formulieren, sondern in einen vertragsrechtlichen Zusammenhang zu stellen und dabei zugleich die Regelung des Art. 15 Datenbank-RL mit umzusetzen. Der Regierungsentwurf sah dies noch anders vor (RegE IuKDG – BT-Drs. 13/7385, S. 47 f.). Ziel der Richtlinienregelung und damit auch der deutschen Norm ist es, zu verhindern, dass sog. **rechtmäßige Benutzer** (zu diesem Begriff vgl. § 69d Rn. 10 sowie vgl. § 87c Rn. 3; hier vgl. Rn. 4) an einer „**normalen Benutzung**" der Datenbank gehindert werden. Sie dient damit der **Umlauffähigkeit von Datenbanken.** Dem Rechtsinhaber ist es daher verboten, bestimmte Nutzungshandlungen in Bezug auf unwesentliche Teile der Datenbank vertraglich zu untersagen.

2 Da § 87b Abs. 1 S. 2 unwesentliche Teile vom Schutzumfang unter bestimmten Bedingungen ausnimmt, ist es in der Tat realistisch, dass Rechtsinhaber versuchen, den Schutzumfang vertraglich zu erweitern. Diesem soll § 87d vorbeugen (*Vogel* ZUM 1997, 592, 598). Damit ist § 87e zugleich ein argumentum e contrario für die Frage, ob vertraglich die Anwendbarkeit des Urheberrechts, z. B. im Bereich der angewandten Kunst, die im Einzelfall vielleicht nicht unter das Urheberrecht fällt, regelbar ist (vgl. § 2 Rn. 146 ff.). Die Bestimmung ist i. S. d. **Art. 9 Rom-I-VO** (Art. 34 EGBGB a. F.) zwingendes Recht (Dreier/Schulze/*Dreier*[5] Rn. 1; Schricker/Loewenheim/*Vogel*[5] Rn. 4; Wandtke/Bullinger/*Thum*/*Hermes*[4] § 87e Rn. 2). Die Bestimmung findet keine Anwendung auf Fälle, denen keine nach dem Urheberrecht schutzfähige Datenbank zugrunde liegt (EuGH GRUR 2015, 253 – *Ryanair/PR Aviaton*).

II. Tatbestand

1. Weitergehende vertragliche Nutzungsbeschränkungen

3 Der Inhaber des Schutzrechts sui generis soll gegenüber seinem Vertragspartner nicht zu etwas berechtigt sein, was er einem Dritten, mit dem er nicht vertraglich verbunden ist, nicht verbieten könnte, weil das Schutzrecht bestimmte Handlungen eben gar nicht in seinen Schutzumfang aufgenommen hat. Denn das von jedermann zu beachtende dingliche Ausschließlichkeitsrecht des Datenbankherstellers erstreckt sich selbst nur auf die **Nutzung von mindestens einem wesentlichen Teil der Datenbank.** Die Nutzung unwesentliche Teile verletzt das Ausschließlichkeitsrecht nicht, solange sie einer **normalen Auswertung** der Datenbank **nicht zuwiderläuft** und die **berechtigten Interessen** des Datenbankherstellers nicht unzumutbar beeinträchtigt. Die Datenbank-RL gestattet selbst „unrechtmäßigen" Benutzern die Entnahme und Weiterverwendung unwesentlicher Datenbankteile. Verboten ist nach deren Art 7 Abs. 1 Datenbank-RL nur die Entnahme oder Weiterverwendung der Gesamtheit oder eines qualitativ oder quantitativ wesentlichen Teils der Datenbank.

a) In Bezug auf Eigentümer Vervielfältigungsstück/zum Gebrauch Berechtig-   **4** **ten:** Voraussetzung für die Anwendbarkeit des § 87e ist, dass eine der folgenden Personengruppen betroffen ist: (1) Eigentümer eines mit Zustimmung des Datenbankherstellers durch Veräußerung in Verkehr gebrachten Vervielfältigungsstücks der Datenbank oder (2) der in sonstiger Weise zu dessen Gebrauch Berechtigte oder (3) derjenige, dem eine Datenbank aufgrund eines mit dem Datenbankhersteller oder eines mit dessen Zustimmung mit einem Dritten geschlossenen Vertrags zugänglich gemacht wird. Was ein **Vervielfältigungsstück der Datenbank** ist, ergibt sich aus dem allgemeinen Vervielfältigungsbegriff (s. § 16). Da auch die Kopie einer Datenbank auf einem Datenträger eine Vervielfältigung sein kann, statuiert der Gesetzgeber an dieser Stelle, dass Eigentum an Daten möglich ist (ausführlich zu diesem Problem vgl. § 69d Rn. 10 ff. und Bröcker/Czychowski/Schäfer/*Czychowski* § 13 Rn. 16; *Spindler/Klöhn* CR 2003, 81 ff.). Schwieriger ist der Begriff des **zum Gebrauch Berechtigten** oder, wie die Richtlinie formuliert, rechtmäßigen Benutzers. Dieser dem deutschen Urheberrecht fremde Begriff findet sich auch schon in den EG-rechtlich geprägten Regelungen über Computerprogramme, dort in § 69d Abs. 1 (zur Begriffsbestimmung vgl. § 69d Rn. 10 ff.). Die letzte Alternative der Person, der eine **Datenbank zugänglich gemacht** wird, soll lediglich sicherstellen, dass Nutzer, die Datenbanken nur im Online-Verkehr nutzen, nicht schutzlos gestellt sind; u. E. ist diese Alternative aber unnötig, da Alternative 2 diese Fälle bereits abdeckt. In jedem Fall erfasst die Alternative 3 nicht nur Verträge des Datenbankherstellers selbst, sondern auch des Inhabers des Rechts, soweit er dieses vom Hersteller ableitet, denn das Recht sui generis ist übertragbar (Dreier/Schulze/*Dreier*[5] Rn. 4).

b) Betreffend unwesentliche Teile: Der Begriff der unwesentlichen Teile **ent-**   **5** **spricht** dem in § 87b (vgl. § 87b Rn. 22). Der Gesetzeswortlaut spricht zwar von „nach Art und Umfang" unwesentlichen Teilen. Hierbei handelt es sich aber um ein Redaktionsversehen; es muss „oder" heißen (so noch Dreier/Schulze/*Dreier*[2] Rn. 5; seit der 3. Auflage kein Redaktionsversehen mehr annehmend, da ansonsten eine Diskrepanz zum Ausschließlichkeitsrecht des Datenbankherstellers nach § 87b Abs. 1 S. 1 entstünde, Dreier/Schulze/*Dreier*[5] Rn. 5; nunmehr entgegen der 3. Auflage ebenfalls kein Redaktionsversehen mehr annehmend Schricker/Loewenheim/*Vogel*[5] Rn. 10).

c) Zuwiderlaufen einer normalen Auswertung/Beeinträchtigung der Interessen   **6** **des Datenbankherstellers:** Vertragliche Regelungen, die darauf gerichtet sind, die Verwendung unwesentlicher Teile auszuschließen oder einzuschränken, sind allerdings nur dann unwirksam, wenn diese Nutzung einer normalen Auswertung der Datenbank nicht zuwiderläuft oder die berechtigten Interessen des Datenbankherstellers nicht unzumutbar beeinträchtigt. Auch diese Begriffe **entsprechen** denen des § 87b (vgl. § 87b Rn. 25 ff.).

Besteht die Datenbank aus mehreren Bereichen, die separat zugänglich sind,   **7** darf der Datenbankhersteller dem Benutzer vertraglich allerdings die Nutzung unwesentlicher Teile aus Bereichen der Datenbank untersagen, für die er keine Zugangsberechtigung erwirbt. Ansonsten sind **Eigenbedarfsklauseln** oder **Kopierklauseln,** wie sie häufig in Datenbankverträgen enthalten sind, aber nur noch wirksam, wenn sie dem Benutzer die unbeschränkte Nutzung unwesentlicher Teile für beliebige Zwecke und gegenüber jedermann belassen; entsprechende einschränkende Vertragsklauseln in Verträgen, die vor dem 1.1.1998 geschlossen wurden, bleiben aber gemäß § 137g wirksam (unsere 9. Aufl./*Hertin*[9] Rn. 1).

2. Rechtsfolgen bei Verstößen

8 Anders als bei AGB führt ein Verstoß gegen § 87e nicht zur Unwirksamkeit der gesamten Klausel. Eine **geltungserhaltende Reduktion** ist vielmehr zulässig (Dreier/Schulze/*Dreier*[5] Rn. 7). Im Übrigen gilt § 139 BGB.

III. Vertragspraxis im Bereich der Datenbanken

1. Vertragstypen

9 Zur **Verfügung** über die Rechte aus §§ 87a ff. selbst zunächst vgl. § 87b Rn. 34. Unnötig zu erwähnen, dass Datenbanken in einer Wissensverkehrsgesellschaft eine zunehmende Relevanz zukommt. Die Zeit und Mühen, die man spart, wenn man für Recherchen nicht mehr Archive aufsuchen muss, können enorm sein. Datenbanken tragen damit ganz erheblich zum weiter beschleunigten Informationszugang bei. Dabei kann der Nutzer entweder lediglich an einem **reinen Zugang** interessiert sein oder aber daran, die **Daten** auch physisch **verfügbar zu bekommen**. Als Beispiele kann man sich den Zugang zu einzelnen Informationen, etwa über die Belastbarkeit von Kinderfahrradanhängern aus der immensen Flut an Daten der Stiftung Warentest vorstellen oder aber die Übermittlung von Daten einer Wetterdatenbank, weil man auf seiner privaten Homepage das Wetter seines Geburtstags der Welt in Erinnerung rufen will.

10 Im Verhältnis zwischen dem Anbieter der Datenbank und ihrem Nutzer unterscheidet man **Offline-Verträge**, bei denen die Nutzung mittels eines Datenträgers (z. B. CD-ROM oder gar Karteikarten) erfolgt, von **Online-Verträgen**, im Rahmen derer die Daten mittels elektronischer Datenfernübertragung zur Verfügung gestellt werden. Durch die Zurverfügungstellung des Datenträgers (Übereignung oder bloße Besitzverschaffung auf kauf- oder mietvertraglicher Grundlage: *Mehrings* NJW 1993, 3102, 3106) wird dem Nutzer der Datenbank „echter Informationsbesitz" eingeräumt (so schon *Moufang* FS Schricker I S. 571, 586; zur Einordnung von „Informationen" vgl. § 69c Rn. 36). Der Offline-Nutzer genießt insoweit eine intensivere Nutzungsmöglichkeit, weil er die Datenbank unabhängig von etwaigen zeitlichen, inhaltlichen oder sonstigen Beschränkungen in der Verfügbarkeit des Servers oder der Onlineverbindung nutzen kann. Einfluss auf die hier vorzunehmende rechtliche Einordnung der Datenbanknutzung hat die Unterscheidung in Online- und Offline-Verträge allerdings nicht, da die Auswertung eines Immaterialgüterrechts zu trennen ist von der Frage der Eigentumsverhältnisse an dem das Immaterialgut verkörpernden Datenträger (s. auch *Rehbinder/Peukert*[17] Rn. 162, 164, 841). Wir wollen im Folgenden **kursorisch einen Blick** auf die **zwei wesentlichen Vertragstypen** im Verhältnis Nutzer/Anbieter und ihre **urheberrechtlichen Besonderheiten** werfen. Zu **Zwangslizenzen** vgl. Vor §§ 31 ff. Rn. 84.

2. Verträge über den Zugang zu Datenbanken

11 Bei Verträgen über den Zugang zu Datenbanken stehen sich die **Hauptpflicht** des Betreibers bzw. sonstigen Anbieters, den Zugang zu den Daten zu ermöglichen der **Vergütungspflicht** des Nutzers gegenüber. Soweit der Zugang unentgeltlich angeboten wird, dürfte der Vertrag am ehesten einer Leihe entsprechen (Spindler/Schuster/*Schuppert* Teil II Rn. 60). Soweit der Zugang entgeltlich erfolgt, müsste Pachtrecht (§§ 581 ff. BGB) für den Zugang zur Datenbank und die Recherchemöglichkeit Anwendung finden. Der Anbieter ist danach verpflichtet, die vertraglich vereinbarten Datenbanken sowie die zu ihrer Nutzung erforderliche Software (die wiederum selbst urheberrechtlich geschützt sein und entsprechende Nutzungsrechtseinräumungen erfordern kann) in einem für die Informationsrecherche geeigneten Zustand bereit zu halten. Der Download von Daten hingegen dürfte sich wohl eher nach Geschäftsbesorgungsrecht richten; ggf. wird ein solcher Vertrag verbunden mit Regelungen, ob und wenn ja in welchem Umfang der Nutzer die **Ergebnisse seiner Recherche** weiter nutzen darf. Denkbar sind insoweit Rechtseinräumungen zur gewerblichen Nutzung, in elektronischen Archiven, zum Angebot an Dritte etc. (*Loewenheim/Koch*, Online-Recht[2] § 77 Rn. 134). Mangels anderweitiger vertraglicher Regelungen – soweit § 87e diese zulässt – wird man – für den Fall, dass die Datenbank §§ 87a ff. oder die recherchierten Elemente sonstigen Schutzgegenständen des **Urheberrechts** unterfallen – unter Rückgriff auf die **Zweckübertragungstheorie** mit Kaufrechtselementen richten (so wohl auch Spindler/Schuster/*Schuppert* Teil II Rn. 59, der für die Recherche aber pacht- *und* mietrechtliche Regeln anwenden will). **Umfang und Inhalt der Datenbank** werden i. d. R. in einem Anhang zum Vertrag konkretisiert. Der Vertragstyp kennt als besonderer Zugangsvertrag alle Schwierigkeiten der Leistungsbeschreibung und des technischen Zugangs bzw. vorübergehenden Zugangssperrungen wie man sie aus Access-Verträgen kennt (im Detail hierzu Bröcker/Czychowski/Schäfer/*Czychowski* § 13 Rn. 65 ff., 81 ff, 150 ff.). Nutzt der Kunde nicht eine vorbestehende Datenbank, sondern lässt sie sich für von ihm übermittelte Daten programmieren, dominiert hinsichtlich der Erstellung der Datenbank Werkvertragsrecht; zudem mietet der Kunde regelmäßig auf dem Server des Anbieters einen gewissen Umfang an Speicherkapazität für die Niederlegung der Datenbank (im Detail zum sog. *Application Service Providing* vgl. § 69c Rn. 74 ff.; Redeker/*Gennen/Laue*[30] Kap. 1.17 sowie BGH WM 2007, 467 ff.); der Zugang zur individuell gestalteten Datenbank erfolgt dann im Wege des Online-Zugriffs auf Grundlage der o. g. Rechtsgrundsätze, ohne dass auf dem Computer des Kunden eine Software zur Nutzung der Datenbank installiert werden muss.

I. d. R. dürfte eine Datenbank, die einem eine Recherche zu einem Fachthema ermöglicht, nicht zu dem Zweck weiterer Vervielfältigungen oder gar Verbreitungen zur Verfügung stehen, als die der privaten Nutzung durch den jeweiligen Nutzer. Dieser hat sich also jeder weiteren urheberrechtlich relevanten Nutzungshandlung zu enthalten. Ob die sonst für derartige private Nutzungen geltende Norm des § 53 UrhG in diesem Zusammenhang gilt, ist keineswegs klar. Angesichts der neuen Möglichkeiten, die neue Medien wie das Internet bieten, spricht viel dafür, die Vorschriften über die private Vervielfältigung teleologisch zu reduzieren (ausführlich *Schaefer* S. 191 ff.; *Braun* GRUR 2001, 1106, 1107 ff.). Daher kann das Herunterladen bestimmter Informationen oder Dateien auf die Festplatte nicht mehr als private Vervielfältigung eines Inhalts angesehen werden, der zuvor unkörperlich zugänglich gemacht wurde, sondern stellt eine zustimmungsbedürftige Nutzung eines Vervielfältigungsrechts dar, das je nach Vertrag allerdings auch eingeräumt sein bzw. über die neuen **Digital Rights Management-Systeme** eingeräumt werden kann. Um die Datenbank und ihre Inhalte mehrfach verwerten zu können, erfolgt die Nutzungsrechtseinräumung i. a. R. in Form einer einfachen Lizenz, § 31 Abs. 2. Neben den Nutzungsrechten für die Verwertung der Datenbank bzw. des Datenbankteils sind die Urheberrechte an den in die Datenbank aufgenommenen Werken zu beachten, die durch die Aufnahme in die Datenbank unberührt bleiben (Art. 3 Abs. 2 Datenbank-RL) und für deren Verwertung ebenfalls Nutzungsrechte vertraglich eingeräumt werden müssen.

12

Die **Höhe der Lizenzgebühr** für den Zugang zu einer Datenbank ist abhängig von dem Umfang der Zugriffsrechte (gesamte Datenbank oder nur einzelne Module), zeitlichen Nutzungsbeschränkungen, dem Umfang der am Rechercheergebnis eingeräumten Nutzungsrechte, der Ausgestaltung als Einzelplatz – oder Netzwerklizenz, der Qualität und dem Umfang der in der Datenbank aufbereiteten Datensätze etc. Zudem wird vielfach unterschieden zwischen den Gebühren für das Einrichten des Zugangs einschließlich des Überlassens der

13

erforderlichen Software und den Gebühren pro abgerufenem Datenbankelement (Vertragsmuster bei *Loewenheim/Koch*[2] § 77 Rn. 187).

14   Interessant ist darüber hinaus, inwieweit der Datenbankanbieter **Nutzungen vertraglich untersagen** kann, wenn der Gegenstand nicht dem Urheberrecht unterfällt, also weder dem Recht sui generis der §§ 87a ff., noch dem eigentlichen Urheberrecht nach § 2 UrhG. In diesem Fall dürfte eine analoge Anwendung des Urheberrechts über eine vertragliche Regelung möglich sein (zu dieser allgemeinen urheberrechtlichen Frage KG ZUM 2005, 230; OLG Köln GRUR 1986, 889, 892; Hasselblatt/*Axel Nordemann/Czychowski*[4] § 44 Rn. 155 – nicht unumstritten), wenn diese auch selbstverständlich nur *inter partes* wirkt und keine dem Urheberrecht sonst zukommende *inter omnes* Wirkung entfaltet.

15   Der Datenbankbetreiber steht für die **Zugriffsmöglichkeit** auf die Datenbank und die **Abrufbarkeit** der in ihr gespeicherten Daten während der eingangs beschriebenen Betriebszeit ein. Denn nach § 581 BGB ist Hauptpflicht des Verpächters, im Falle der entgeltlichen Zugangsgewährung, die Gebrauchsgewährung wie bei der Miete. Hinzu tritt, dass ein Vertrag über den Zugang zu Datenbanken nicht alleine abstrakt den Zugang regelt, sondern auch für einen gewissen Inhalt bürgt. Der Nutzer ist in einzelnen Gebieten – etwa in der Medizin oder der Geowissenschaft – darauf angewiesen, dass die Datenbank vollständig ist und richtige Informationen enthält. Den Hersteller trifft eine **Produkthaftung für immaterielle Leistungen** (vgl. § 69c Rn. 37). Ist die Datenbank inhaltlich fehlerhaft, enthält also beispielsweise falsche Literaturangaben, oder ist unvollständig/fehlerhaft auf dem Datenträger abgespeichert, so kann ein Sachmangel vorliegen; hat der Betreiber der Datenbank hingegen die Vertriebsrechte an den einzelnen Elementen der Datenbank nicht ordnungsgemäß eingeholt, so ist die Datenbank insoweit mit einem Rechtsmangel behaftet (*Loewenheim/Koch*, Online-Recht[2] § 77 Rn. 137). Folglich können nach den allgemeinen Gewährleistungsregeln Minderungs- bzw. Rücktrittsrechte sowie gegebenenfalls Schadensersatzansprüche entstehen (im Detail hierzu Loewenheim/*Jan Bernd Nordemann*[2] § 62 Rn. 2 ff. allgemein zur Gewährleistung und Haftung des Rechtsinhabers; zur Gewährleistung bei Softwaremängeln grundlegend BGH NJW 1988, 406 ff.).

3.   Verträge über das Herunterladen von Daten (Downloading-Verträge)

16   Solange und soweit der Nutzer sich mit dem bloßen Zugang zu Inhalten nicht zufrieden gibt (geben kann) – dann würde es sich um den oben beschriebenen Zugangsvertrag handeln – wird es **Verträge über Zuordnungsveränderungen** wie den Downloadvertrag geben. Man sollte sich hierunter jedoch keinen eigenen Vertragstypen vorstellen, denn letztendlich bildet diese Vertragsart lediglich das digitale Gegenstück zu den geläufigen Vertragstypen des BGB, sei es Kauf, Miete, Schenkung oder anderes. Der Vertrag über das Herunterladen von Daten enthält im Übrigen je nach Ausgestaltung viele Elemente des oben beschriebenen Vertrages über den Zugang zu Datenbanken. Eine miet-/pachtvertragliche Ausgestaltung des Vertrags wird insb. bei einer zeitlich begrenzten Überlassung der Datenbankelemente vorliegen; die (zumindest analoge) Anwendung des Kaufrechts hinsichtlich des Abspeicherns eines Datenbankelements auf dem eigenen Rechner liegt nahe, da es keinen Unterschied machen kann, ob die Information auf einem Datenträger verkörpert geliefert oder als Datei digital übermittelt wird (*Loewenheim/Koch*, Online-Recht[2] § 77 Rn. 146). **Gegenstand des Vertrages** sind im Einzelfall näher zu konkretisierende Daten. Die Konkretisierung kann über eine vorangegangene Recherche des Kunden, aber auch des Anbieters für den Kunden erfolgen, wie dies zum Beispiel bei Datenbanken mit juristischen Informationen der Fall ist. Es ist aber auch denkbar, dass der Anbieter lediglich einige wenige auszu wählende Dateien zum Download bereithält, etwa Geodaten über den Tsunami im indischen Ozean. Dem Anbieter obliegt als **Hauptpflicht** bei Verträgen über das Herunterladen von Daten, dem Nutzer eben dieses Herunterladen zu ermöglichen. Hierzu gehört zweifelsohne auch, sofern es sich um urheber- oder sonst schutzrechtlich geschützte Daten handelt, die entsprechende **Einräumung der notwendigen Nutzungsrechte.** Ob diese lediglich das Vervielfältigungsrecht zum Abspeichern auf dem Speicher des Nutzers umfassen oder weitergehende Nutzungs- oder gar Änderungsrechte, sollte der Vertrag im Einzelfall regeln. Sollte dieser keine Regelungen enthalten, wird bei urheberrechtlich relevanten Daten die oben dargestellte Zweckübertragungstheorie eingreifen, an Hand derer man den Umfang der Nutzungsrechte zu bestimmen hat. Auch bei diesen Verträgen gelten die oben (vgl. Rn. 15) dargestellten spezifischen Fragen der Produkthaftung für immaterielle Leistungen.

4. Vertragsbeziehung zwischen Datenbankherstellern und Datenlieferanten

Soweit der Hersteller einer Datenbank (oder eines Datenbankwerks) urheberrechtlich geschützte Elemente in seine Datenbank aufnehmen möchte, muss er sich – soweit nicht im Einzelfall eine gesetzliche Schrankenregelung eingreift – die entsprechenden Nutzungsrechte durch den Urheber bzw. dessen Verwertungsgesellschaft einräumen lassen. Neben dem in jedem Fall der Datenbankherstellung erforderlichen Vervielfältigungsrecht werden je nach Art der Datenbank und ihrer beabsichtigten Verwendung auch das Bearbeitungs- und Verbreitungsrecht sowie das Recht der öffentlichen Zugänglichmachung bei einem Angebot der Datenbank im Internet erforderlich sein. Denkbar sind in diesem Zusammenhang sowohl rein schuldrechtliche als auch dingliche Beschränkungen der Lizenzierung, beispielsweise um zu verhindern, dass das Werk mit bestimmten anderen Werken gemeinsam in eine Datenbank aufgenommen wird (*Loewenheim/Koch*, Online-Recht² § 77 Rn. 171). Zudem gilt es, bei Aufnahme der Werke in die Datenbank die Urheberpersönlichkeitsrechte, insb. den Anspruch des Urhebers auf Anerkennung seiner Urheberschaft bzw. auf Namensnennung, zu beachten. **17**

Abschnitt 7 **Schutz des Presseverlegers**

§ 87f   **Presseverleger**

(1) ¹Der Hersteller eines Presseerzeugnisses (Presseverleger) hat das ausschließliche Recht, das Presseerzeugnis oder Teile hiervon zu gewerblichen Zwecken öffentlich zugänglich zu machen, es sei denn, es handelt sich um einzelne Wörter oder kleinste Textausschnitte. ²Ist das Presseerzeugnis in einem Unternehmen hergestellt worden, so gilt der Inhaber des Unternehmens als Hersteller.

(2) ¹Ein Presseerzeugnis ist die redaktionell-technische Festlegung journalistischer Beiträge im Rahmen einer unter einem Titel auf beliebigen Trägern periodisch veröffentlichten Sammlung, die bei Würdigung der Gesamtumstände als überwiegend verlagstypisch anzusehen ist und die nicht überwiegend der Eigenwerbung dient. ²Journalistische Beiträge sind insbesondere Artikel und Abbildungen, die der Informationsvermittlung, Meinungsbildung oder Unterhaltung dienen.

Übersicht

I.   Allgemeines

1.   Sinn und Zweck/Historie

1 Wirtschaftliche Macht bzw. die Gefährdung derselben war historisch gesehen schon oft Anlass für Rechtsetzung. Dies gilt auch und gerade für den Verlagsbereich. Bevor sich die Idee vom geistigen Eigentum, das in Kontinentaleuropa vornehmlich persönlichkeitsrechtlich fundiert ist, und seinen ersten Kombinationspunkt in den Gesetzen der französischen Revolution fand (vgl. Einl. UrhG Rn. 24) Bahn brach, waren es die Verleger, die ihre Vorstellungen von einem „Verlagseigentum" durchsetzten. Insbesondere in den nicht derart territorial zersplitterten Staaten wie England und Frankreich bildeten sich mächtige Vereinigungen, die auf Rechtsnormen hinwirkten, die sie gegen Nachdruck und damit Wettbewerb schützten. Zu nennen ist hier insbesondere die berühmte **Stationers Company**, eine Buchhändlergilde aus England. Diesen wurde durch königliche Verordnungen von 1556 und 1559 ein privileggleiches Druckgenehmigungsrecht erteilt (ausführlich *Gieseke* S. 138 ff.).

2 In den modernen Urheberrechtsgesetzen hingegen trat der Schutz der verlegerischen Leistung nicht explizit in Erscheinung. Allerdings gab es auch z. B. in den 80er Jahren eine Diskussion über die Einführung eines verwandten Schutzrechtes für Verleger (s. die Aufsätze von *Dietz* Börsenblatt 3/1989; *Schulze* Börsenblatt 4/1989; *Sellier* Börsenblatt 2/1989; *Sieger* Börsenblatt 7/1989 und *Soetenhorst* GRUR Int. 1989, 760).

3 In Deutschland wurde der Schutz verlegerischer Leistungen (nicht beschränkt auf die hier zu diskutierenden *presse*verlegerischen Leistungen) de lege lata lange Zeit im Wesentlichen über das **Wettbewerbsrecht** erreicht. So entschied der BGH bereits 1968 unter ausdrücklicher Bezugnahme auf die Rechtsprechung des Reichsgerichts zur unmittelbaren Leistungsübernahme, dass eine solche unlauter ist, wenn die Aneignung des fremden Arbeitsergebnisses zum Schaden dessen geschieht, dem billigerweise die Früchte davon zukommen müssten. Dies ließe sich auch bei der Vervielfältigung gemeinfreier Werke der Literatur denken, wobei es nicht einmal entscheidend darauf ankomme, ob sie auf fotomechanischem Wege vervielfältigt werden. Wettbewerbsrechtlicher Schutz könne vielmehr auch geboten sein, wenn ein gemeinfreies Werk mit sehr erheblichem, wenn auch nicht dem Urheberschutz zugänglichen Aufwand textlich revidiert, entziffert oder in einer neuen Form angeordnet worden ist und dann ein anderer sogleich dazu übergeht, es nachzudrucken, noch ehe dem ersten Verleger eine angemessene Zeit zur Verfügung steht, um die nach ordnungsgemäßer verlegerischer Planung zu erwartende Nachfrage zu befriedigen. Der BGH fährt fort, dass entscheidend nicht ist, welches Mittel zur Vervielfältigung angewandt wird, sondern ob die Anwendung dieses Mittels unter Berücksichtigung der sonstigen Umstände des Falles dazu führt, den Veranstalter des ersten Drucks in unbilliger Weise um die Früchte seiner Arbeit zu bringen. Dies soll auch von der Art des Werkes und den Erwartungen der Käuferkreise abhängen (s. BGH GRUR 1969, 186 – *Reprint*). Diese Grundsätze hat der BGH sodann bestätigt in BGH GRUR 1972, 127 – *Formulare*. In der ersten Entscheidung zu einem fotomechanischen Nachdruck von Noten gemeinfreier Musikwerke hält der BGH dann fest, dass kein Verstoß gegen das Wettbewerbsrecht vorliegt, wenn seit Herstellung und Druck der Druckvorlagen für die Notenbilder 50 Jahre verstrichen sind und keine anderweitigen unlauterkeitsbegründenden Umstände vorliegen (BGH GRUR 1986, 895 – *Notenstichbilder*). Heute lassen sich diese Entscheidungen unter §§ 3 Abs. 1, 4 Nr. 4 UWG fassen, die neben § 87 f. UrhG anwendbar bleiben.

Ein wesentlicher historischer Einschnitt stellte die in den 90er Jahren einsetzende zunehmende **Digitalisierung** und Internationalisierung über das Internet dar (s. Bröcker/Czychowski/Schäfer/*Czychowski* § 1 Rn 13 ff.). Die Verleger, vor allen Dingen Zeitungsverleger, entschieden sich früh, etliche ihrer im gedruckten Umfeld gegen Entgelt abgegebenen Druckwerke digital zunächst für den Endnutzer kostenfrei im Internet zur Verfügung zu stellen. Es zeigte sich, dass bei ihnen – wie bei vielen anderen Inhalteindustrien – es ein langer Weg war, kommerziell werthaltige digitale Angebote aufzubauen. In dieser Zeit brachen allerdings andere Einnahmenmodelle, insbesondere im kommerziellen Anzeigengeschäft, ein. Gleichzeitig traten neue Spieler auf, wie Suchmaschinen, deren Geschäftsmodell grundsätzlich unterschiedlich war, das aber fremde Inhalte, die kostenfrei im Internet waren, voraussetzte. Im Jahr 2009 kam es daher zu Diskussionen, die schlussendlich in einer Erwähnung eines neuen Leistungsschutzrechts für Presseverleger im Koalitionsvertrag der damaligen Regierung mündeten (**Koalitionsvertrag** zwischen CDU, CSU und FDP vom 26.10.2009, Seite 104, der in den Einleitungssätzen der Gesetzesbegründung erwähnt wird). Ergebnis weiterer Diskussionen war dann der Referentenentwurf des Bundesministeriums der Justiz vom 27.7.2012 und schließlich der RegE 7. ÄndG – BT-Drs. 17/11470; dazu und zu einem vorangegangenen Entwurf bereits *Schwarz* GRUR-Prax 2010, 283; *Ladeur* AfP 2012, 420; *Ensthaler/Blanz* GRUR 2012, 1104; *Stieper* ZUM 2013, 10; *Peifer* GRUR-Prax 2013, 149), der im Laufe des Gesetzgebungsverfahrens noch geringfügig, aber inhaltlich nicht unwesentlich (dazu unten vgl. Rn. 25, 33) angepasst wurde (BeschlE RAusschuss 7. ÄndG – BT-Drs. 17/12534). Parallel dazu wurde eine intensive öffentliche Debatte geführt (s. hierzu nur *Frey* MMR 2010, 291), die in einer eigenen Kampagne eines großen Suchmaschinenanbieters gipfelte (s. beck-aktuell, Google startet Kampagne gegen Leistungsschutzrecht, becklink 1023705), der selbst versuchte, auf das Gesetzgebungsverfahren Einfluss zu nehmen (dazu s. *Czychowski/Schaefer* Handelsblatt 30.11.2012, S. 31).

4

Das neue Leistungsschutzrecht hat mehrere Gründe. Zunächst soll der **Presseverleger davor geschützt** werden, **dass andere Nutzer in der digitalen Welt für die eigene Wertschöpfung systematisch auf die verlegerische Leistung zugreifen** (RegE 7. ÄndG – BT-Drs. 17/11470, S. 6, l. Spalte). Es greift damit eine Forderung aus dem Umfeld von Presseverlagen auf (*Hegemann/Heine* AfP 2009, 201, 205). Letztlich geht es darum, den Presseverlegern im Hinblick auf bestimmte digitale Nutzungen ein **Verbotsrecht zu gewähren und damit einen Vergütungsanspruch** dort zu schaffen, wo bislang die Presseinhalte kostenlos genutzt werden. Das gilt vor allem für Suchmaschinen (*Jan Bernd Nordemann/Wolters* ZUM 2016, 846, 846, 851). Allgemein zu den neuen Regelungen *Spindler* WRP 2013, 967; *Rieger*, Ein Leistungsschutzrecht für Presseverleger.

5

Der Gesetzgeber hat jedoch klargestellt, dass die Einführung eines neuen Leistungsschutzrechts **nicht als ein gesetzgeberischer Schutz von alten, überholten Geschäftsmodellen** missverstanden werden soll (RegE 7. ÄndG – BT-Drs. 17/ 11470, S. 6, l. Spalte). Da geänderte Rahmenbedingungen für Presseverleger im Internet zugleich die **begrenzten Umfang** gewährt werden, wie dies zum Schutz berechtigter verlegerischer Interessen erforderlich ist. Erforderlich sei ein Schutz nur vor systematischen Zugriffen auf die verlegerische Leistung durch die gewerblichen Anbieter von Suchmaschinen und gewerbliche Anbieter von solchen Diensten im Netz, die Inhalte entsprechend einer Suchmaschine aufbereiten. Denn deren Geschäftsmodell sei in besonderer Weise darauf ausgerichtet, für die eigene Wertschöpfung auch auf die verlegerische Leistung zuzugreifen (RegE 7. ÄndG – BT-Drs. 17/11470, S. 6). Der Informationsfluss im Internet soll durch die Regelung nicht beeinträchtigt werden (RegE 7. ÄndG – BT-Drs. 17/11470, S. 6). Dies soll auch hinsichtlich der Verletzung des neuen Leistungsschutzrechts für Presseverleger gelten. **Das neue Schutzrecht ermöglicht es insbesondere nicht, eine Verlinkung auf frei und legal zugängliche Presseinhalte zu verbieten** (RegE 7. ÄndG – BT-Drs. 17/11470, S. 6).

6 Ein weiterer Grund für die Einführung ist, dass Presseverlage argumentiert haben, eine **Rechtsverfolgung** der unerlaubten Nutzung von urheberrechtlich geschützten Beiträgen und Teilen davon sei oft wegen komplexer Rechtenachweise **schwierig** (kritisch dazu etwa *Stieper* ZUM 2013, 10, 10 f.; s. zum Ganzen auch Dreier/Schulze/*Dreier*[5] Rn. 1). Mit der Einführung eines Leistungsschutzrechts für Presseverleger soll daher den Presseverlagen ein eigenes Schutzrecht gewährt werden, das sie in die Lage versetzt, einfacher und umfassender gegen Rechtsverletzungen im Internet vorzugehen; Presseverleger müssten nun bei Verletzungshandlungen nicht mehr den komplexen Nachweis der Rechtekette führen, sondern können unmittelbar aus eigenem Recht vorgehen und insbesondere auch Unterlassungsansprüche geltend machen (RegE 7. ÄndG – BT-Drs. 17/11470, S. 6).

7 **Bislang ist das Leistungsschutzrecht in der Praxis nicht wirksam.** Insbesondere hat es für Presseverleger noch nicht die vom Gesetzgeber gewünschten Wirkung erzielt, dass die Presseverleger über das ausschließliche Recht die Möglichkeit erhalten, Internetnutzungen ihrer Inhalte durch Suchmaschinen und vergleichbare Dienste zu monetarisieren (vgl. Rn. 5). Die **Presseverleger räumen** bislang **der mit Abstand wichtigsten Suchmaschine,** *Google,* **Nutzungsrechte ohne Entgelt** ein. Gegenüber den Presseverlegern, die ihre Rechte über die *Verwertungsgesellschaft Media* wahrnehmen, hatte *Google* zuletzt damit gedroht, ihre Inhalte zwar nicht ganz auszulisten, aber immerhin auf die Wiedergabe von Snippets und Vorschaubildern komplett zu verzichten, sofern die Verleger nicht ihre Zustimmung zur kostenlosen Nutzung des Leistungsschutzrechts durch *Google* erteilen. Letztlich haben die relevanten Presseverleger dem zugestimmt, so dass aus diesem Grund keine Einnahmen der Presseverleger aus Suchmaschinennutzungen zu beobachten sind (s. zum Sachverhalt LG Berlin ZUM 2016, 879; *Hegemann* ZUM 2017, 123, 124). Das Verhalten von *Google* ist Gegenstand einer kartellrechtlichen Auseinandersetzung, in der bislang das LG Berlin entschied, dass kein **Missbrauch einer marktbeherrschenden Stellung** durch *Google* gegeben sei (LG Berlin ZUM 2016, 879; zustimmend *Kersting/Dworschak* ZUM 2016, 840). Das kann nicht überzeugen (*Jan Bernd Nordemann/ Wolters* ZUM 2016, 846, 848 ff.). Auszugehen ist von einem dreiseitigen Markt, und zwar dem Suchmarkt (gegenüber Suchenden), dem Indexierungsmarkt (gegenüber den Websitebetreibern, hier den Presseverlegern) und dem Werbemarkt (gegenüber den Werbekunden); eingehend zur Marktabgrenzung BKartA, Beschl. v. 8.9.2015, B6–126/14 = BeckRS 2016, 01138; *Körber* WuW 2015, 120; *Koenig/Meyer* K&R 2014, 765; *Kersting/Dworschak* NZKart 2013, 46; *Jan Bernd Nordemann/Wolters* ZUM 2016, 846, 848 ff. m. w. N.), auf dem Google auch marktbeherrschend ist (*Koenig/Meyer* K&R 2014, 765; *Jan Bernd Nordemann/Wolters* ZUM 2016, 846, 849 f. m. w. N.; a. A. *Kersting/Dworschak* ZUM 2016, 840; offen BKartA, Beschl. v. 8.9.2015, B6–126/14 = BeckRS 2016, 01138; für eine Marktbeherrschung im Bereich Shopping Europäische Kommission, 27.6.2017, factsheet MEMO/17/1785). Das Verhalten von Google verletzt dabei sowohl das Diskriminierungs- als auch das Ausbeutungsverbot gem. § 19 GWB, Art. 102 AEUV. Zwar kann ein marktbeherrschendes Unternehmen wie *Google* nicht gezwungen werden, eine Lizenz zu nehmen; jedoch ist der Zwang zur Gratislizenz missbräuchlich. Insoweit kommt es bei der Interessenabwägung entscheidend darauf an, dass der Gesetzgeber ein Instrument der Monetarisierung für die Presseverleger schaffen wollte, was von einem Marktbeherrscher erzwungene Gratislizenzen aber gerade verhindern (*Jan Bernd Nordemann/Wolters* ZUM 2016, 846, 850 ff.; a. A. BKartA, Beschl. v. 8.9.2015, B6–126/14 = BeckRS 2016, 01138).

2. Verfassungsrechtliche Aspekte

Die Gesetzesbegründung spricht ausdrücklich davon, dass der Gesetzgeber angesichts der oben beschriebenen Entwicklung die wirtschaftlichen Interessen von Presseverlegern auf der einen Seite und kommerziellen Nutzern auf der anderen Seite neu ausbalancieren müsse (RegE 7. ÄndG – BT-Drs. 17/11470, S. 6, l. Spalte). **8**

Auf Seiten der (Presse-)Verleger lässt sich natürlich **Art. 14 GG** und ihr grundgesetzlich verbürgtes Eigentum anführen. Ob diese Grundrechtsposition allerdings derart durch die bestehende Rechtslage ausgehöhlt wird, dass sich geradezu ein Regelungsauftrag an den Gesetzgeber zum Schutz der Grundrechtsposition ergibt (zu einer solchen Konstellation beim Vergütungsrecht vgl. § 32 Rn. 8 f.), kann an dieser Stelle nicht vertieft untersucht werden, mag aber bezweifelt werden. Gegen das Leistungsschutzrecht wird vor allen Dingen **Art. 5 Abs. 1 GG** mit seiner Meinungsfreiheit – die dann oft verkürzt wird auf eine „Freiheit der Kommunikation" – ins Feld geführt (*Enthaler/Blanz* GRUR 2012, S. 1104, 1008 f. listen diese Argumente allerdings nur auf). Auch auf dieser Seite ist aber zu bedenken, dass das neue Leistungsschutzrecht durch Herausnahme der kleinsten Textausschnitte jedenfalls einen Ansatz für eine Verhältnismäßigkeitsprüfung beinhaltet. Zudem darf man den urheberrechtlichen Schutz nicht mit einer Beschränkung der Informationsfreiheit gleichsetzen (vgl. Vor §§ 87a ff. Rn. 36 ff.). Der erste verfassungsrechtliche Test der neuen Normen ist daran gescheitert, dass das BVerfG die Verfassungsbeschwerde durch Nutzer des Leistungsschutzrechts wegen Subsidiarität nicht zur Entscheidung annahm (BVerfG GRUR 2017, 159 – *News-Aggregatoren*). **9**

3. EU-Recht und internationale Konventionen

Das EU-Recht enthält noch keine Regelungen zu einem Leistungsschutzrecht für Presseverleger. Allerdings plant die EU-Kommission die Einführung eines EU-weiten Leistungsschutzrechts für Presseverleger, das zum Teil weit über die deutsche Regelung hinausgehen würde: Artt. 11 ff. des Vorschlages für eine Richtlinie über das Urheberrecht im digitalen Binnenmarkt vom 14.9.2016 COM (2016) 593 final. **10**

Art. 12 EU-Schutzdauer-RL enthält eine an die Mitgliedsstaaten gerichtete Pflicht zur Notifizierung bei Einführung neuer verwandter Schutzrechte (und zwar gemäß Abs. 1 bereits hinsichtlich der Entwürfe zu solchen Gesetzen). Eine solche Notifizierung ist nicht erfolgt. Ob und ggf. in welcher Weise eine solche Pflicht bestanden hat, wird nunmehr gerichtlich geklärt. Das LG Berlin hat einen Rechtsstreit zu §§ 87f ff. ausgesetzt und dem EuGH vorgelegt, weil es wissen will, ob die Notifizierungsregelungen aus Art. 1 Nr. 5 Info-Verfahrens- **11**

RL eingehalten wurden (LG Berlin GRUR Int. 2017, 534; gegen eine Notifizierungspflicht OLG München K&R 2016, 752).

12 Auch internationale Konventionen sehen keine Vorgaben vor. Allerdings bestimmt Art. 2 Abs. 8 RBÜ, dass Werkschutz nach dieser Konvention nicht für „Tagesneuigkeiten oder vermischte Nachrichten, die einfache Zeitungsmitteilungen darstellen", besteht. Da es dort um den Werkschutz geht und nicht um ein Leistungsschutzrecht, ist die Norm für die Schaffung eines neuen Leistungsschutzrechts kein Hindernis.

II. Tatbestand

1. Anwendbarkeit

13 Die Regelungen der §§ 87f ff. traten zum 1.8.2013 in Kraft. **Übergangsvorschriften** enthält das Gesetz nicht. Es gilt mithin unmittelbar und für alle am 1.8.2013 in den Schutzgegenstand fallende Presseerzeugnisse (so auch Dreier/Schulze/*Dreier*[5] Rn. 6). Zur **persönlichen** Anwendbarkeit vgl. Rn. 23 f.

14 Zur **Internationalen Anwendbarkeit:** Das Gesetz enthält keine fremdenrechtliche Regelung. Damit muss das **Territorialitätsprinzip** des Urheberrechts gelten. Ob das allerdings bedeutet, dass Presseverleger mit Sitz außerhalb Deutschlands vom Schutz ausgenommen sind, steht damit noch nicht fest. Immerhin erbringen sie die geschützte Leistung – und zwar gleichzeitig – auch in Deutschland. Der das gesamte deutsche Fremdenrecht durchziehende Gedanke der Schutzgewährung bei Simultanveröffentlichung realisiert sich hier, beim Leistungsschutzrecht des Presseverlegers, in geradezu idealer Weise, so dass § 121 Abs. 1 analog angewendet werden kann. Zu bedenken ist jedoch die fehlende materielle Reziprozität. Jedenfalls wird man EU-rechtskonform davon auszugehen haben, dass Unternehmen mit Sitz in anderen EU-Staaten (bzw. EU-Staatsangehörige) den Schutz genießen müssen (s. die für Werke geltende Regelung in § 120). Letztlich sollten auch nicht EU-ausländische Presseverleger mit einem Presseerzeugnis, das auf den deutschen Markt gerichtet (zu der Bedeutung der Ausrichtung eines Erzeugnisses im internationalen Urheberrecht auf den deutschen Markt vgl. Vor §§ 120 ff. Rn. 77 ff.) und innerhalb der Frist des § 121 Abs. 1 simultan veröffentlicht wurde, geschützt sein (gl. A. Dreier/Schulze/*Dreier*[5] Rn. 10).

2. Schutzgegenstand

15 Das Schutzrecht bezieht sich auf ein „**Presseerzeugnis**". Dieses wird in § 87f Abs. 2 legal definiert.

16 Dabei ist, wie auch bei anderen Leistungsschutzrechten, etwa dem Tonträgerherstellerrecht, **zwischen dem Gegenstand des Leistungsschutzrecht und etwaig in ihm verkörperten urheberrechtlichen Werken zu unterscheiden.** Das erkennt auch die Gesetzesbegründung (RegE 7. ÄndG – BT-Drs. 17/11470, S. 7). Das ist allerdings, wie zu zeigen sein wird, im konkreten Einzelfall kaum möglich (kritisch in diese Richtung auch *Ohly* WRP 2012, 41, 46; *Stieper* ZUM 2013, 10, 13). Problematisch ist die überproportionale Vielzahl unbestimmter Rechtsbegriffe, insbesondere mit Blick auf den Schutzgegenstand und die Reichweite des Schutzrechts, was zu beträchtlichen Auslegungsproblemen und Unsicherheiten führt, die letztlich nur von der Rechtsprechung geklärt werden können (Dreier/Schulze/*Dreier*[5] Rn. 5).

17 Der Gesetzgeber hat sich bei der Formulierung von Abs. 1 an das Vorbild des § 85 Abs. 1 angelehnt (worauf auch RegE 7. ÄndG – BT-Drs. 17/11470, S. 7 ausdrücklich hinweist). Damit schützt das Leistungsschutzrecht das **Presseerzeugnis in seiner konkreten Festlegung.** Beim Tonträgerherstellerrecht besteht die Festlegung in der Erstfestlegung in Form einer Aufnahme. Schutzgegenstand ist die darin verkörperte organisatorisch-wirtschaftliche Leistung des Tonträgerherstellers. Ähnliches hat der Gesetzgeber bei den Leistungsschutzrechten der Filmhersteller (§ 94 Abs. 1: Erstfestlegung des Filmwerks) und in § 87 Abs. 1 (Sendesignal) geregelt. An einer solchen klaren Beschreibung dessen, was eigentlich die „konkrete Festlegung" im Sinne von § 87f Abs. 2 sei, fehlt es auch in der Gesetzesbegründung. Dort (RegE 7. ÄndG – BT-Drs. 17/11470, S. 8) heißt es lediglich, die Vorschrift knüpfe „an eine **konkrete Festlegung des Verlagsprodukts an, nämlich an das Presseerzeugnis als Ausdruck der Verlegerleistung.**" Damit ist aber nicht das grafische Erscheinungsbild der Zeitungsseite gemeint, das noch am ehesten dem Konzept der „Erstfestlegung" im Sinne des § 85 Abs. 1 entspräche. Denn laut der Gesetzesbegründung (a. a. O.) „kommt es nicht darauf an, auf welche Art und Weise die Veröffentlichung erfolgt, ob also das Presseerzeugnis lediglich offline, in elektronischer Form oder kombiniert offline und online publiziert wird." Damit ist im Grunde **alles, was unter der Verantwortung eines „Herstellers" auf beliebigen Trägern online oder offline angeboten wird,** qualifiziert, als Festlegung im Sinne von § 87f Abs. 2 zu dienen. Anschließend ist dann anhand der weiteren Tatbestandsmerkmale des Abs. 2 zu prüfen, ob diese Festlegung Schutz genießt. Laut der Antwort der Bundesregierung auf eine kleine Anfrage (Antw BReg v. 10.12.2012 – BT-Drs. 17/11792, S. 3) ist die Festlegung von journalistischen Beiträgen in Presseerzeugnissen durch verschiedene Verlage auch für jeden von diesem geschützt, wenn die verschiedenen Verlage jeweils identische Formulierungen benutzen. Schutzgegenstand ist nicht das einzelne Wort oder die einzelne Meldung. **Wer die in einem Presseerzeugnis verwendeten Worte gebraucht, ohne dabei die Festlegung des Presseerzeugnisses zu nutzen, greift nicht in das Leistungsschutzrecht des Presseverlegers ein** (a. a. O., S. 2 unten). Woran aber erkennt man, welche von mehreren Festlegungen desselben Inhalts als Quelle benutzt wurde? Eine Tonträgeraufnahme im Sinne des § 85 Abs. 1 ist immer einmalig. Selbst wenn fünf Hersteller dasselbe Konzert parallel live mitschneiden, lässt sich anschließend jede einzelne dieser Aufnahmen messtechnisch von den anderen unterscheiden. Dies dürfte, unspezifisch, wie der Begriff der „Festlegung" in § 87f formuliert ist, im Bereich des Leistungsschutzrechts der Presseverleger kaum entsprechend bewerkstelligen lassen. Während bei der Verletzung eines Tonträgerherstellerrechts regelmäßig ein messtechnischer Nachweis erbracht werden kann, wenn die Benutzung einer bestimmten Aufnahme bestritten wird, dürfte im Bereich des § 87f – je nach Fallgestaltung – sehr schwierig bewerkstelligen lassen.

Allerdings kommt es darauf möglicherweise in der Praxis auch gar nicht an, da das Leistungsschutzrecht auf eine bestimmte Nutzungsform zugeschnitten ist, bei der das Problem praktisch nicht auftaucht. Es geht nämlich ausweislich der Begründung (RegE 7. ÄndG – BT-Drs. 17/11470, S. 6) um den Schutz „nur vor systematischen Zugriffen auf die verlegerische Leistung durch die gewerblichen **Anbieter von Suchmaschinen und gewerbliche Anbieter von solchen Diensten im Netz, die Inhalte entsprechend einer Suchmaschine aufbereiten** (...). Erfasst sind also unabhängig von ihrer technischen Ausgestaltung auch (...) Dienste, die nicht das gesamte Internet durchsuchen, sondern lediglich einzelne, ausgewählte Bereiche hiervon, also auch sogenannten News-Aggregatoren, soweit sie nach Art einer Suchmaschine ihre Treffer generieren oder ihre Ergebnisse darstellen. Demgegenüber werden Dienste nicht erfasst, die die verlegerische Leistung auf andere Weise nutzen, z. B. indem sie dem Internetnutzer aufgrund eigener Wertung eine Auswahl von Presseerzeugnissen anzeigen." Aus der ungenügenden Bestimmbarkeit der „Festlegung" der Presseerzeugnisse werden sich in der Praxis daher schon deshalb in der Regel keine Probleme ergeben, weil die **Betreiber solcher Dienste aus der Natur ihrer**

18

Dienste gezwungen sind, die Quelle anzugeben und damit offenzulegen, wessen Festlegung sie verwerten. Newsdienste ohne solche Quellenangaben existieren gegenwärtig nicht, und es dürfte auch kaum eine Nachfrage nach solchen Diensten existieren.

19 Das Gesetz gewährt diesen Schutz für das Presseerzeugnis in seiner konkreten Festlegung unbeschadet des Schutzes der darin enthaltenen Elemente wie Grafiken, Lichtbilder oder Bewegtbilder (RegE 7. ÄndG – BT-Drs. 17/11470, S. 8). Damit aber geht der **Schutz des Leistungsschutzrechts des Presseverlegers** erheblich **über den Schutz der Urheber und sonstigen Leistungsschutzberechtigten hinaus**. Der BGH hat in Sachen *Vorschaubilder* (BGH GRUR 2010, 628 Tz. 33 ff.) und *Vorschaubilder II* (BGH GRUR 2012, 602 Tz. 18 ff.) geurteilt, dass ein Urheber, der geschützte Bilder öffentlich zugänglich macht, ohne technische mögliche Vorkehrungen gegen ein Auffinden und Anzeigen durch Suchmaschinen zu treffen, durch schlüssiges Verhalten seine (schlichte) Einwilligung in eine Widergabe der Abbildung als Vorschaubild und ein dadurch bewirktes öffentliches Zugänglichmachen des abgebildeten Werkes durch eine Suchmaschine erklärt (dazu *Peifer* GRUR-Prax 2013, 149, 152; *Kühne* CR 2013, 169, 171). Von dieser Rechtsprechung des Bundesgerichtshofes will nun offenbar § 87f den Presseverleger ausnehmen, während alle Berechtigten an den in solchen Presseerzeugnissen enthaltenen Beiträgen bestehenden Rechte weiterhin der *Vorschaubilder*-Rechtsprechung des Bundesgerichtshofes unterworfen bleiben (näher zum Verhältnis zur *Vorschaubilder*-Rechtsprechung vgl. Rn. 32).

20 a) **Gegenstand nur Text oder mehr?:** Auf den ersten Blick unklar ist nach der Formulierung des Gesetzestextes, ob unter „Presseerzeugnis" **nur Textinhalte** zu verstehen sind. Einige Formulierungen im Gesetzestext und dessen Begründung lassen das vermuten (so die Ausnahme vom Umfang in S. 1 „einzelne Wörter oder kleinste Textausschnitte" oder auch Hinweise auf „Nachrichtenzusammenstellungen" oder „Beiträge" in der Begründung zu § 87f). Allerdings spricht bereits Abs. 2 S. 2 auch von „Abbildungen". Richtigerweise müssen andere Inhalte als Texte umfasst sein, denn es gibt auch **andere journalistische Inhalte**, wie **Bilder, Bewegtbilder** oder **Grafiken**. Wenn diese die anderen Anforderungen erfüllen, also z. B. journalistisch sind (dazu sogleich), müssen auch diese Inhalte vom Schutz des Rechts erfasst werden (so auch Dreier/Schulze/*Dreier*[5] Rn. 12). Ob dann bestimmte Formen der Nutzung dieser Inhalte, etwa weil eine faktische Einwilligung zur Nutzung vorliegt, keine Rechtsverletzungen darstellen (entsprechend der Rechtsprechung des Bundesgerichtshofs zum Werkschutz (GRUR 2010, 628 – *Vorschaubilder I* und GRUR 2012, 602 – *Vorschaubilder II*), ist eine andere Frage. Auch das LG Berlin scheint davon auszugehen, dass auch Fotoinhalte unter den Begriff des Presseerzeugnisses fallen (LG Berlin CR 2015, 396).

21 b) **Sammlung journalistischer Beiträge/Presseerzeugnis:** Oberbegriff der Definition nach Abs. 2 ist die „Sammlung"; dabei muss es sich bei dieser aber um ein Presseerzeugnis handeln. Der übliche **Begriff der Presse** umfasst alle zur Verbreitung geeigneten und bestimmten Druckerzeugnisse und Informationsträger, die nicht unter den Film- und Rundfunkbegriff fallen (BeckOK Info- und MedR/*Kühling*[16] Art. 5 GG Rn. 45 m. w. N.). Auch die Landespressegesetze enthalten in ihren Legaldefinitionen Formulierungen wie

„Druckwerke im Sinne dieses Gesetzes sind alle mittels der Buchdruckerpresse oder eines sonstigen zur Massenherstellung geeigneten Vervielfältigungsverfahrens hergestellten und zur Verbreitung bestimmten Schriften, besprochene Tonträger, bildlichen Darstellungen mit und ohne Schrift und Musikalien mit Text oder Erläuterungen" (§ 6 Abs. 1 Berliner Pressegesetz)

Damit ist also, auch verfassungsrechtlich vorgeprägt, von einem **weiten Pressebegriff** auszugehen. Voraussetzung ist dann nur, dass der Gegenstand journalis-

tisch erarbeitet wurde. Dies dürfte vergleichbar der Voraussetzung „redaktionell" eine inhaltliche Auseinandersetzung mit dem Gegenstand erfordern.
Andererseits impliziert die Verwendung des weiten Begriffs „Presseerzeugnisse", dass das Schutzrecht nicht beschränkt ist auf tagesaktuelle Berichterstattung. Der Gesetzgeber hat offenbar bewusst nicht die Formulierung aus
§ 49 gewählt und auf Zeitungen oder „andere lediglich Tagesinteressen dienende Informationsblätter" abgestellt. Nur der Begriff „journalistisch" deutet
in diese Richtung. Nach der Definition des Deutschen Journalistenverbandes
(DJV Wissen 4: Berufsbild Journalist/Journalistin) vermitteln Journalistinnen
und Journalisten „auf Grund eigener Recherchen und/oder durch sorgfältige
Bearbeitung fremder Quellen Informationen und Meinungen über aktuelle
oder für die Öffentlichkeit bedeutsame Ereignisse, Entwicklungen und Hintergründe." Trotz des nicht ganz präzisen Wortlauts sind mithin vom Schutzgegenstand des Rechts keine reinen Fachpublikationen oder wissenschaftliche
Zeitschriften erfasst, es sei denn deren Zusammenstellung in einer Publikation
beinhaltet eine journalistische Aufbereitung bzw. selbst journalistisch inhaltliche Arbeit bei der Zusammenstellung, wie z. B. die „Research Highlights" in
Nature o. ä. Das BVerfG äußert sich noch nicht in der Sache, weist aber darauf
hin, dass zu beachten sei, dass Suchmaschinen einem automatisierten Betrieb
unterliegen, was bei der Bestimmung der Begriffe „Presseerzeugnis" und
„kleinste Textausschnitte" zu berücksichtigen sei (BVerfG GRUR 2017, 159
Tz. 15 – *News-Aggregatoren*). In Zeiten künstlicher Intelligenz und eines immens starken Suchalgorhythmus von Firmen wie *Google* scheint das eine Un-
terschätzung der technischen Möglichkeiten.

Geschützt ist jedoch nicht jede Festlegung. Die Festlegung muss vielmehr **Teil**   **22**
einer Sammlung journalistischer Beiträge sein, die nicht einmalig, sondern fortlaufend unter einem Titel erscheint. Damit wird eine redaktionelle Auswahl
ebenso vorausgesetzt wie ein regelmäßiges Erscheinen der journalistischen Beiträge. Eine bloße Nachrichtenzusammenstellung ist daher vom Schutz nicht
umfasst. Auch Beiträge, die überwiegend der Eigenwerbung dienen, wie Publikationen zur Kundenbindung bzw. Neukundengewinnung, genießen keinen
Schutz (RegE 7. ÄndG – BT-Drs. 17/11470, S. 7).

c) **Festlegung:** In dem Versuch, parallel zum Tonträgerherstellerrecht einen Aus-   **23**
gangspunkt für den Schutzgegenstand zu finden, wählt das Gesetz die Formulierung der „Festlegung". Es bedarf also einer **Fixierung**, wobei diese – anders
als noch die Diskussionen in den 80er Jahren, die sich um Druckwerke drehten
(*Soetenhorst* GRUR Int. 1998, 760, 771) – auch eine digitale Festlegung sein
kann. Damit geht aber gleich das erste Dilemma einher, denn die digitale Festlegung eines kurzen Wortstrings wird sich kaum eineindeutig von einer anderen
digitalen Festlegung, die ohne Übernahme dieser Leistung selbst geschaffen
wurde, unterscheiden lassen (dazu im Einzelnen vgl. Rn. 17). Mit anderen
Worten: Anders als beim Tonträgerherstellerrecht ist bereits die Unterscheidung zwischen Werk bzw. Werkteil und Schutzgegenstand des Leistungsschutzrechts nicht möglich (kritisch zur Definition des Schutzgegenstandes auch
Schwarz GRUR Prax 2010, 283, 284 f.).

Dabei kommt es nicht darauf an, auf welche Art und Weise die Veröffentli-   **24**
chung erfolgt, ob also das Presseerzeugnis lediglich offline, in elektronischer
Form oder kombiniert offline und online publiziert wird (RegE 7. ÄndG – BT-
Drs. 17/11470, S. 7).

d) **Redaktionell-technisch:** Der Begriff soll offenbar bedeuten, dass nicht nur   **25**
die bloße technische Festlegung Schutzvoraussetzung ist, sondern eine redaktionelle Arbeit, mithin **inhaltliche Auseinandersetzung**, mit dem Inhalt stattgefunden haben muss, damit sie vom Schutzgegenstand erfasst wird. Ausscheiden

werden mithin lediglich technische Aneinanderreihungen von Worten, insbesondere automatisch erstellte Listen o. ä. Dieses Erfordernis geht einher mit der Anforderung der journalistischen „Qualität", die ein Beitrag erfüllen muss (so auch Dreier/Schulze/*Dreier*[5] Rn. 12; dazu oben vgl. Rn. 16).

26 **e) Auf beliebigen Trägern:** Damit ist, wie oben dargestellt (vgl. Rn. 18), nicht nur die gedruckte Offline-Version einer Publikation erfasst, sondern auch jegliche Form von digitalen Publikationen, sei es auf CD-ROM, DVD oder aber auch im Internet.

27 **f) Würdigung der Gesamtumstände:** Der Gesetzgeber hat eine Reihe **offener Formulierungen** aufgenommen, um der Rechtsprechung Spielraum bei der Definition des Schutzgegenstandes einzuräumen. Nur solche Gegenstände, die bei Würdigung der Gesamtumstände als **überwiegend verlagstypisch** anzusehen sind und die nicht überwiegend der Eigenwerbung dienen, sollen vom Schutz umfasst sein (kritisch zu diesen offenen Formulierungen *Stieper* ZUM 2013, 10, 13). Zu Recht wird moniert, dass unklar bleibt, was als überwiegend verlagstypisch anzusehen ist (so noch Dreier/Schulze/*Schulze*[4] §§ 87f-87h Rn. 8). Überwiegend verlagstypisch ist eine periodisch veröffentlichte Sammlung dann, wenn sie redaktionell gestaltet ist. Der Begriff ist nicht nur auf eine klassische Verlagstätigkeit oder eine solche im Sinne des Presserechts beschränkt, sondern erfasst in einem weiten Sinn jede redaktionelle Tätigkeit (Dreier/Schulze/*Dreier*[5] Rn. 13). Die Gesetzesbegründung spricht davon, dass bei Internet-Blogs zu differenzieren sei, denn diese gibt es in zahlreichen Varianten. Wenn ein Blog sich als eine redaktionell ausgewählte Sammlung journalistischer Beiträge darstellt, die fortlaufend unter einem Titel erscheint, wird auch ein Blogger durch das neue Leistungsschutzrecht geschützt und ist damit vergütungsberechtigt, wenn andere seinen Blog nutzen. Ist z. B. ein Blogger hauptberuflich als freiberuflicher Journalist tätig und setzt er sich auf seinem Blog mit seinem Schwerpunktthema auseinander, dann handelt er, wenn er hierbei Presseerzeugnisse von Dritten nutzt, zu gewerblichen Zwecken. Wenn sich sein Blog als eine verlagstypische Leistung darstellt, kommt der Blogger in den Genuss des neuen Leistungsschutzrechts (RegE 7. ÄndG – BT-Drs. 17/11470, S. 7; Dreier/Schulze/*Dreier*[5] Rn. 13).

3. Schutzinhaber

28 Inhaber ist nach § 87f Abs. 1 der Presseverleger, nämlich der **Hersteller des Presseerzeugnisses**, somit wie bei dem vergleichbaren Leistungsschutzrecht des Tonträgerherstellers (Dreier/Schulze/*Dreier*[5] Rn. 8) oder des Filmherstellers. Presseverleger soll derjenige sein, der die wirtschaftlich-organisatorische und technische Leistung erbringt, die für die Publikation eines Presseerzeugnisses erforderlich ist; er sei es auch, der durch die gerade in der digitalen Welt leicht mögliche gewerbliche Onlinenutzung des Presseerzeugnisses durch Dritte geschädigt wird (RegE 7. ÄndG – BT-Drs. 17/11470, S. 7). s. a. die Kommentierungen zu § 85 und zu § 94.

29 Inhaber kann **auch** ein **Unternehmen** sein (S. 2). Damit knüpft das Gesetz an das Tonträgerherstellerrecht an. Maßgeblich ist insoweit, wie auch bei der entsprechenden Regelung in § 85 Abs. 1 S. 2, wer den wirtschaftlichen Erfolg verantwortet und wem dieser zuzurechnen ist (RegE 7. ÄndG – BT-Drs. 17/11470, S. 7).

4. Umfang des Schutzrechts

30 **a) Öffentliche Zugänglichmachung:** In § 87f Abs. 1 ist ein Teil (zu mehr vgl. § 87g Rn. 8) des Umfangs des Schutzrechts geregelt, nämlich den Schutzgegenstand **zu gewerblichen Zwecken öffentlich zugänglich** zu machen. Zunächst ist es also auf das Recht der öffentlichen Zugänglichmachung des Presseerzeugnisses beschränkt. Anders als noch in den Begründungen des Referentenentwurfs (Referentenentwurf des Bundesministeriums der Justiz vom 27.7.2012, S. 10

oben) formuliert, setzt die Gesetzesbegründung (RegE 7. ÄndG – BT-Drs. 17/
11470, S. 8, l. Spalte oben) nicht voraus, dass eine „Entnahme" vorliegt. Es
reicht eine „Nutzung". Damit gelten also die allgemeinen Anforderungen an
das Recht der öffentlichen Zugänglichmachung (§ 19a). Nicht etwa sind Wertungen aus dem EU-rechtlich vorgegebenen Datenbankrecht zu übertragen, das
für eine Verletzung eine Entnahme voraussetzt (Art. 7 Abs. 1 Datenbank-RL).
Auch das Bereithalten zum Abruf von Artikelausschnitten durch ein Medienbe-
obachtungsunternehmen stellt eine öffentliche Zugänglichmachung dar (OLG
München K&R 2016, 752).

Dennoch fragt sich, ob jeder Eingriff in das Recht der öffentlichen Zugänglich-   **31**
machung i. S. d. § 19a eine **Ausbeutung der unternehmerischen Leistung des
Presseverlegers** darstellt, mit anderen Worten, ob zusätzlich zu einem Eingriff
in das Verwertungsrecht (und den anderen sogleich zu behandelnden Voraussetzungen des Schutzumfangs des § 87f sowie der ratio des Gesetzes) notwendig ist, dass in der Art und Weise des Eingriffs in das Verwertungsrecht sich
auch gerade ein unlauterer Zugriff auf die verlegerische Leistung manifestiert
(s. RegE 7. ÄndG – BT-Drs. 17/11470, S. 6: „Zugriff auf die verlegerische
Leistung"). Da das Recht als Leistungsschutzrecht ausgestaltet und dieses
zudem wettbewerbsrechtlich vorgeprägt ist (oben vgl. Rn. 3), kann man dies
vertreten.

Angesichts der sog. **Vorschaubilder**-Rechtsprechung des Bundesgerichtshofes zur   **32**
schlichten Einwilligung (GRUR 2010, 628 – *Vorschaubilder I* und GRUR 2012,
602 – *Vorschaubilder II*; dazu ausführlich vgl. § 97 Rn. 25 ff.) stellt sich allerdings
die **Frage, ob das neue Recht** ohne den Einsatz technischer Schutzmaßnahmen
überhaupt ausgeübt werden kann und nicht **durch die Annahme einer schlichten
Einwilligung der Verleger leerläuft** (dazu *Koroch* GRUR 2017, 127, 129; *Kreutzer*
MMR 2014, 512, 514; *Heine/Stang* AfP 2013, 177, 181; *Alexander* WRP 2013,
1123, 1128; *Stieper* ZUM 2013, 10, 16 f.; *Spindler* WRP 2013, 967, 973 f.; *Ohly*
WRP 2012, 41, 47; Dreier/Schulze/*Dreier*[5] Rn. 18; Schricker/Loewenheim/*Stieper*[5] Rn. 47; Wandtke/Bullinger/*Jani*[4] Rn. 26). Aus dem Gesetzeswortlaut ergibt
sich nicht, dass diese Rechtsprechung auf das neue Leistungsschutzrecht unanwendbar sein sollte (so auch Dreier/Schulze/*Dreier*[5] Rn. 18, der als ungeklärt erachtet, inwieweit ein Presseverleger, der seine Werke zum freien Zugriff ins Internet stellt, damit zugleich eine einfache Einwilligung zur Indexierung erteilt). Dies
ist umso brisanter, als – wie bei der Bildersuche – durchaus Möglichkeiten bestehen, die Auffindbarkeit technisch zu unterbinden (abgesehen davon, dass Dienste
wie Google News die Option anbieten, das eigene Presseerzeugnis von der Auswertung auszunehmen). Nach dem in der Gesetzesbegründung zum Ausdruck
kommenden Willen des Gesetzgebers ist allerdings davon auszugehen, dass das
Recht der öffentlichen Zugänglichmachung auch dann ausübbar sein soll, wenn
der Inhaber des Schutzrechts keine technischen Schutzmaßnahmen gegen das Auffinden ergreift (dazu oben vgl. Rn. 18). Das ist im Gesetzeswortlaut nicht aufgegriffen worden, so dass denkbar ist, dass die Rechtsprechung den nicht im Gesetzestext manifestierten Willen der am Gesetzgebungsprozess Beteiligten für
unerheblich erachten könnte (siehe BGH GRUR 2012, 1026 Tz. 27 ff. – *Alles
kann besser werden*). Jedoch würde das Leistungsschutzrechts einen wesentlichen
Anwendungsbereich verlieren, würde man ohne technische Schutzmaßnahmen
eine Einwilligung im Sinne von BGH *Vorschaubilder* annehmen. Der Gesetzgeber
hat das Leistungsschutzrecht in Kenntnis der BGH-Rechtsprechung geschaffen
und wollte, dass die Ausnahme für „kleinste Textausschnitte" die Thematik der
Vorschaubilder-Rechtsprechung abschließend regelt (s. BeschlE RAusschuss 7.
ÄndG – BT-Drs. 17/12534, S. 5); zu „kleinsten Textausschnitten" vgl. Rn. 39.
**Letztlich ist damit gegen eine Anwendbarkeit der *Vorschaubilder*-Rechtspre-
chung auf das Leistungsschutzrecht zu entscheiden** (so auch *Koroch* GRUR 2017,
127, 130; *Alexander* WRP 2013, 1123, 1128; *Heine/Stang* AfP 2013, 177, 181;

Spindler WRP 2013, 967, 973 f.; Wandtke/Bullinger/*Jani*[4] Rn. 26; Dreier/Schulze/ *Dreier*[5] Rn. 18; Schricker/Loewenheim/*Stieper*[5] Rn. 47; a. A. *Kreutzer* MMR 2014, 512, 514; offen: OLG München K&R 2016, 752). Auch die Schiedsstelle des DPMA geht davon aus, dass bei Suchmaschinennutzung keine Einwilligung gegeben ist, in dem es dort der Wert des Leistungsschutzrechts auf größer als Null ansetzt (Schiedsstelle, Az. Sch-Urh 13/14, Umdruck, S. 38, n. v.; *Jan Bernd Nordemann/Wolters* ZUM 2016, 846, 847).

33 Eine schlichte **Einwilligung scheidet** aus, wenn der Presseverleger **einschränkende technische Vorkehrungen getroffen** hat, weil durch die Einrichtung der technischen Vorkehrung der Verleger erkennbar macht, dass er den öffentlichen Zugang zu den angebotenen Inhalten nicht ohne Beschränkungen ermöglichen will. Etwas anderes gilt, wenn die Vorkehrung die von § 87f erfasste Nutzung üblicherweise nicht verhindert (OLG München K&R 2016, 752). Eine solche technische Vorkehrung, die die Einwilligung ausschließt, kann ein Metered Paywall sein, es sein denn, es geht um eine Suchmaschinennutzung und die Metered Paywall Vorrichtung lässt suchmaschinenübliche Nutzungen entgeltfrei zu (OLG München K&R 2016, 752), .

34 Nach dem Gesetzgeber ist nicht erforderlich, die Frage zu entscheiden, die seinerzeit dem Bundesgerichtshof vorlag (Az. I ZR 116/10, *MyVideo*), aber wegen Verfahrensbeendigung nicht entschieden wurde, nämlich ob für die Onlinenutzung auch das **Vervielfältigungsrecht für den Upload** auf den Server als selbstständige Nutzungshandlung lizenziert werden kann bzw. lizenziert werden muss (RegE 7. ÄndG – BT-Drs. 17/11470, S. 7). Das Leistungsschutzrecht soll nach der Koalitionsvereinbarung die Durchsetzung von Rechten im Internet gewährleisten. Dieser Schutz wird schon dann gewährleistet, wenn die Presseverleger **nur das Recht der öffentlichen Zugänglichmachung** (§ 19a) erhalten. Das Vervielfältigungsrecht sei für den Schutz der Presseverleger im Internet nicht notwendig (RegE 7. ÄndG – BT-Drs. 17/11470, S. 7).

35 **b) Gegenüber bestimmten gewerblichen Diensten:** Der Umfang wird vor allem aber durch Abs. 4 bestimmt. § 87f Abs. 1 ist also zusammen zu lesen mit Abs. 4, wonach das Recht der öffentlichen Zugänglichmachung nur gewährt wird gegen gewerbliche Anbieter von Suchmaschinen oder gewerbliche Anbieter von Diensten, die Inhalte entsprechend aufbereiten (zur Kritik an dieser unglücklichen Verknüpfung von Schutzgegenstand und Umfang bereits *Stellungnahme der* GRUR, GRUR 2013, 268, 269).

36 **Anbieter von Suchmaschinen** sind Personen, die ein Computerprogramm über das Internet zur Verfügung stellen, mit dessen Hilfe man Inhalte, die auf einzelnen an das Internet angeschlossenen Computern abgespeichert sind, auffinden kann. Voraussetzung für eine Suchmaschine ist, dass sie einen Index aus Schlüsselwörtern besitzt, damit sie bei Eingabe eines Suchwortes durch einen Nutzer die endlos große Datenmenge der Inhalte schnell und effizient durchsuchen kann. Darüber hinaus interpretieren Suchmaschinen die Eingabe und gewichten die aufgefundenen Ergebnisse, in der Regel nach ihrer Relevanz für den Nutzer. Schließlich liefert eine Suchmaschine dem Nutzer eine wie auch immer aufbereitete Ergebnisliste, in der Regel mit kurzen Ausschnitten des Ergebnisses und einem Link auf das Ergebnis, damit der Nutzer schnell zu dem Originalangebot des Inhalts springen kann. Erfasst werden von dieser Definition auch sog. **Metasuchmaschinen**; diese fragen für den Nutzer bei mehreren regulären Suchmaschinen an und erreichen so ein kombiniertes Ergebnis der Einzelabfragen, ersparen dem Nutzer also lediglich die Nutzung verschiedener Suchmaschinen. Welches Suchverfahren eine Suchmaschine anwendet, *ist für die Qualifikation als Suchmaschine i. S. d.* § 87f unerheblich. **Anbieter von Diensten, die Inhalte entsprechend aufbereiten**, nennt die Begründung des Rechtsausschusses „Aggregatoren" (BeschlE RAusschuss 7.

ÄndG – BT-Drs. 17/12534, S. 6). Diese Definition erfasst unabhängig von ihrer technischen Ausgestaltung Dienste, die nicht das gesamte Internet durchsuchen, sondern lediglich einzelne, ausgewählte Bereiche hiervon, also auch so genannte News-Aggregatoren (zur Definition *Kühne* CR 2013, 169), soweit sie nach Art einer Suchmaschine ihre Treffer generieren oder ihre Ergebnisse darstellen (RegE 7. ÄndG – BT-Drs. 17/11470, S. 6). Demgegenüber werden Dienste nicht erfasst, die die verlegerische Leistung auf andere Weise nutzen, z. B. indem sie dem Internetnutzer aufgrund eigener Wertung eine Auswahl von Presseerzeugnissen anzeigen; auch Suchfunktionen innerhalb des eigenen Datenbestandes werden vom Leistungsschutzrecht nicht betroffen. Es gilt auch nicht für andere Nutzer, wie z. B. Unternehmen der sonstigen gewerblichen Wirtschaft, Verbände, Rechtsanwaltskanzleien, Blogger oder private bzw. ehrenamtliche Nutzer. Die vorgeschlagene Regelung soll damit keine Änderung der Nutzungsmöglichkeiten anderer Nutzer und für Verbraucher bedeuten (RegE 7. ÄndG – BT-Drs. 17/11470, S. 6).

Das Ausschließlichkeitsrecht des Presseverlegers als ein Verbotsrecht erfasst im Übrigen nur das Recht, das Presseerzeugnis – sei es unmittelbar oder mittelbar – **zu gewerblichen Zwecken** öffentlich zugänglich zu machen. Abweichend vom gewerbe- oder steuerrechtlichen Gewerbebegriff erfasst die Zugänglichmachung „zu gewerblichen Zwecken" jede Zugänglichmachung, die mittelbar oder unmittelbar der Erzielung von Einnahmen dient sowie jede Zugänglichmachung, die im Zusammenhang mit einer Erwerbstätigkeit steht (RegE 7. ÄndG – BT-Drs. 17/11470, S. 7). Rein private Nutzungshandlungen sind folglich ebenso wenig erfasst wie nicht-gewerbliche Handlungen der öffentlichen Hand (Dreier/Schulze/*Dreier*[5] Rn. 16). Der Schutz, den Urheber und sonstige Leistungsschutzberechtigte hinsichtlich ihrer Werke und Schutzgegenständen gegen eine rechtswidrige Nutzung im Internet genießen, bleibt jedoch in vollem Umfang erhalten und wird von dieser Neuregelung nicht tangiert (RegE 7. ÄndG – BT-Drs. 17/11470, S. 7). **37**

c) Ausnahme einzelner Wörter und kleinster Textausschnitte: Durch Änderung des Rechtsausschusses wurde § 87f Abs. 1 S. 1 weiter eingeschränkt. „Einzelne Wörter oder kleinste Textausschnitte" sind nunmehr vom Schutzumfang des Rechts ausgenommen. Damit sind die Ausführungen zum Schutzumfang in der Gesetzesbegründung **38**

„Das Leistungsschutzrecht schützt bereits kleine Teile des Presseerzeugnisses. Hier kann nichts anderes gelten, als das, was der Bundesgerichtshof mit Blick auf das Leistungsschutzrecht der Tonträgerhersteller in seinem Urteil „Metall auf Metall" (Urteil vom 20. November 2008, Az. I ZR 112/06) ausgeführt hat. Ebenso wie beim Leistungsschutzrecht des Tonträgerherstellers der Schutzgegenstand nicht der Tonträger selbst ist, ist auch hier nicht das Presseerzeugnis selbst Schutzgegenstand, sondern die zur Festlegung des Presseerzeugnisses erforderliche wirtschaftliche, organisatorische und technische Leistung des Presseverlegers. Die unternehmerische Leistung umfasst jeden Teil des Presseerzeugnisses; die erforderlichen Mittel müssen für einen kleinen Teil genauso bereitgestellt werden, wie für die gesamte Festlegung einer Ausgabe. In diese unternehmerische Leistung greift auch derjenige ein, der nur kleine Teile nutzt."

obsolet (RegE 7. ÄndG – BT-Drs. 17/11470, S. 7). Als relativ klar erscheinen die Tatbestandsmerkmale **„einzelne Wörter"**. Damit sind isolierte Wörter gemeint, die in keinem verständlichen Zusammenhang mehr stehen.

Was allerdings neben der klaren Bestimmung „einzelne Wörter" den **Begriff der „kleinsten Textausschnitte"** (auch „Snippets" genannt) ausmacht, bleibt klärungsbedürftig. Zunächst ist der Begriff **unabhängig vom Werkbegriff des § 2** auszulegen. Es können auch Textausschnitte geschützt sein, wenn sie die Voraussetzungen des § 2 nicht erfüllen; das ist vor dem Hintergrund des Beteiligungsanspruchs des Urhebers des Presseinhalts gem. § 87h vertretbar (Schiedsstelle, Az. Sch-Urh 13/14, Umdruck, S. 32, n. v.). Eine weitere Konkretisie- **39** rung ergibt sich aus der Begründung des Rechtsausschusses im Gesetzgebungsverfahren, der sicherstellen wollte, dass Suchmaschinenanbieter und Aggregatoren ihre Suchergebnisse „kurz bezeichnen" können, ohne in das Schutzrecht einzugreifen (BeschlE RAusschuss 7. ÄndG – BT-Drs. 17/12534, S. 6). Die Rechtsprechung des Bundesgerichtshofes (GRUR 2009, 403 – *Metall auf Metall*) soll gerade keine Anwendung finden (BeschlE RAusschuss 7. ÄndG – BT-Drs. 17/12534, S. 6). Schlagzeilen wie „Bayern schlägt Schalke" sollen ausgenommen sein (BeschlE RAusschuss 7. ÄndG – BT-Drs. 17/12534, S. 6). Für derart kurze Textpassagen sollen Suchmaschinenanbieter und Aggregatoren keine Zustimmung der Inhaber des Leistungsschutzrechts bedürfen, was den Rechtsgedanken der Rechtsprechung des Bundesgerichtshofs (GRUR 2010, 628 – *Vorschaubilder I* und Urteil vom GRUR 2012, 602 – *Vorschaubilder II*) umsetze (BeschlE RAusschuss 7. ÄndG – BT-Drs. 17/12534, S. 6), also eine rechtfertigende Einwilligung zu unterstellen ist (*Kosuch* GRUR 2017, 127, 130 m. w. N.); zur Vorschaubilder-Rechtsprechung vgl. Rn. 23 und § 97 Rn. 25 ff. Zu Recht weisen einzelne Mitglieder des Rechtsausschusses darauf hin, dass mit der Herausnahme „kleinster Textausschnitte" und der damit verbundenen Einschränkung des Schutzumfangs des Rechtes die ursprüngliche Intention des Gesetzes ad absurdum geführt sei (BeschlE RAusschuss 7. ÄndG – BT-Drs. 17/12534, S. 4). Letztlich wird es sich bei „kleinsten Textausschnitten" damit um Textpassagen handeln, die **ein bis drei Wörter** umfassen (entsprechend dem Beispiel in der Begründung des Rechtsausschusses). Nur in Einzelfällen können „kleinste Textausschnitte auch mehr Wörter sein, z. B. wenn es noch banalere Wörter sind (ausführlich dazu *Peifer* GRUR-Prax 2013, 149, 151; *Kühne* CR 2013, 169. 170). Angesichts der Intention des Gesetzgebers, insbesondere die Suchmaschinennutzung zu Gunsten von Verlegern zu monetarisieren (vgl. Rn. 5 f.), sollten jedoch **Textausschnitte von mindestens 7 Wörtern** grundsätzlich **keine kleinsten Textausschnitte** sein und unter das Leistungsschutzrecht fallen (Schiedsstelle, Az. Sch-Urh 13/14, Umdruck, S. 38, n. v.; *Jan Bernd Nordemann/ Wolters* ZUM 2016, 846, 847). Damit fallen die üblichen **Snippets, die von Suchmaschinen angezeigt werden**, in den Anwendungsbereich des Leistungsschutzrechts (gl. A. Schiedsstelle, Az. Sch-Urh 13/14, Umdruck, S. 38, n.v.; *Hegemann* ZUM 2017, 123, 124). Das OLG München sieht Textausschnitte mit einem Umfang von **mindestens 25 Wörtern** nicht als kleinste Textausschnitte an (OLG München K&R 2016, 752). Ohnehin nicht erfasst die Formulierung „kleinste Textausschnitte" **in qualitativer Hinsicht für sich stehende Ausdrücke** – wie etwa „Wir sind Papst"-, weil sie keinen Ausschnitt bilden. Der Begriff des Ausschnitts setzt denklogisch voraus, dass es einen größeren Text im Zusammenhang gibt, aus dem diese entnommen sind.

40 Da der Schutz des Leistungsschutzrechts auch andere Gegenstände als Texte umfasst (dazu oben vgl. Rn. 15), bleibt unklar, ob auch bei diesen kleinere Teile – wie immer diese dann definiert würden – aus dem Schutz herausgenommen werden sollen. Letztlich spricht dagegen entscheidend der Wortlaut, der nur auf Textteile und Wörter abstellt.

41 **d) Verhältnis zur Verlinkung:** Schließlich soll der Informationsfluss im Internet durch die Regelung nicht beeinträchtigt werden. So wird eine **bloße Verlinkung** vom Leistungsschutzrecht **nicht** erfasst und bleibt weiterhin zulässig (RegE 7. ÄndG – BT-Drs. 17/11470, S. 6 unter Bezug auf BGH GRUR 2003, 958 – *Paperboy*). Hierbei sind allerdings die Vorgaben der neuen EuGH-Rechtsprechung zur öffentlichen Wiedergabe zu beachten, wonach die Prüfung zweistufig erfolgt: Erstens muss eine **Handlung der Wiedergabe** vorliegen und zweitens muss die Wiedergabe **öffentlich** sein (vgl. § 15 Rn. 38 ff.) Im Ergebnis sind damit nur Verlinkungen zulässig, die auf rechtmäßig und frei (ohne Schutzvorrichtungen) öffentlich zugängliche Presseinhalte verlinken.

42 *[bleibt offen]*

III. Prozessuales

Für den Fall, dass eine Verletzung des Rechts geltend gemacht wird, liegt die **43** **Darlegungs- und Beweislast** für die positiven Tatbestandsmerkmale des § 87f Abs. 1 S. 1 beim Presseverleger. Das gilt insbesondere für die Eigenschaft als Presseverleger, die Einordnung als Presseerzeugnis und die öffentliche Zugänglichmachung des Presseerzeugnisses insgesamt oder in Teilen. Demgegenüber trägt der vermeintliche Verletzer die Last im auf die Ausnahme in § 87f Abs. 1 S. 1, nämlich die öffentliche Zugänglichmachung bloß von einzelnen Wörtern oder kleinsten Textausschnitten.

IV. Verhältnis zu anderen Regelungen

Die oben dargestellten Ansprüche nach **UWG** (vgl. Rn. 3) sind neben § 97 f ff. **44** UrhG anwendbar. Zum **Kartellrecht** und insbesondere zum Missbrauch einer Marktbeherrschenden Stellung durch nutzende Suchmaschinen bei Forderung von Gratislizenzen vgl. Rn. 7.

§ 87g   Übertragbarkeit, Dauer und Schranken des Rechts

(1) [1]Das Recht des Presseverlegers nach § 87f Absatz 1 Satz 1 ist übertragbar. [2]Die §§ 31 und 33 gelten entsprechend.

(2) Das Recht erlischt ein Jahr nach der Veröffentlichung des Presseerzeugnisses.

(3) Das Recht des Presseverlegers kann nicht zum Nachteil des Urhebers oder eines Leistungsschutzberechtigten geltend gemacht werden, dessen Werk oder nach diesem Gesetz geschützter Schutzgegenstand im Presseerzeugnis enthalten ist.

(4) [1]Zulässig ist die öffentliche Zugänglichmachung von Presseerzeugnissen oder Teilen hiervon, soweit sie nicht durch gewerbliche Anbieter von Suchmaschinen oder gewerbliche Anbieter von Diensten erfolgt, die Inhalte entsprechend aufbereiten. [2]Im Übrigen gelten die Vorschriften des Teils 1 Abschnitt 6 entsprechend.

I. Allgemeines

§ 87g enthält Regeln zum Vertragsrecht des neuen Schutzrechts, dessen Schutz- **1** dauer und seinen Schranken.

II. Tatbestand

1. Übertragbarkeit

Als vermögensrechtliches Leistungsschutzrecht ohne persönlichkeitsrechtlichen **2** Inhalt ist das Recht **verkehrsfähig** und als Ganzes **übertragbar** (Wandtke/Bullinger/*Jani*[4] Rn. 1; Dreier/Schulze/*Dreier*[5] Rn. 2); die Gesetzesbegründung verweist insoweit auf das genauso ausgestaltete Recht des Tonträger- oder Filmherstellers (RegE 7. ÄndG – BT-Drs. 17/11470, S. 8). Daneben verweist S. 2 wie auch die Regelungen anderer Leistungsschutzrechte auf die §§ 31 und 33 und erklärt diese für entsprechend anwendbar, sodass neben der Übertragung auch eine bloße **Nutzungsrechtseinräumung** möglich ist (Dreier/Schulze/*Dreier*[5] Rn. 2). Darin ist der ökonomische Wert dieses Leistungsschutzrechts zu sehen (Wandtke/Bullinger/*Jani*[4] Rn. 1). Ein Anspruch auf angemessene Vergütung i. S. v. § 32 steht den Presseverlegern jedoch nicht zu (Dreier/Schulze/*Dreier*[5] Rn. 2).

2. Dauer

3 Das Schutzrecht gilt für **ein Jahr nach der Veröffentlichung** des Presseerzeugnisses. Auf die Schwierigkeit mit der Fixierung (vgl. § 87f Rn. 23) sei verwiesen.

4 Der Gesetzesbegründung erscheint die Dauer von einem Jahr seit Veröffentlichung angemessen und ausreichend (RegE 7. ÄndG – BT-Drs. 17/11470, S. 8), ohne dies aber ökonomisch oder rechtlich zu begründen (kritisch auch Wandtke/Bullinger/*Jani*[4] Rn. 2). Die kurze Dauer ist ein politischer Kompromiss, erklärt sich aber auch daraus, dass die Übernahme geschützter Presseerzeugnisse wegen deren Aktualität wirtschaftlich vor allem im zeitlichen Zusammenhang mit der Erstveröffentlichung bedeutsam ist. Es ist davon auszugehen, dass die Frist gem. § 69 als Jahresfrist zu berechnen ist (Dreier/Schulze/*Dreier*[5] Rn. 3).

3. Keine Ausübung zum Nachteil des Urhebers oder eines Leistungsschutzberechtigten.

5 Wir haben bereits erläutert, dass der Schutzgegenstand von den in ihm ggfs. verkörperten Werken oder anderen Schutzgegenständen zu trennen ist (oben vgl. Rn. 2). Abs. 3 bestimmt zudem, dass das Leistungsschutzrecht nicht zum Nachteil der Urheber und Leistungsschutzberechtigten ausgeübt werden darf. Damit soll den Urhebern und Leistungsschutzberechtigten z. B. weiterhin möglich sein, im Internet Eigenwerbung für von ihnen verfasste Beiträge zu betreiben, ohne in das Leistungsschutzrecht einzugreifen (RegE 7. ÄndG – BT-Drs. 17/11470, S. 8). Bei Eigenwerbung durch den Urheber bzw. Leistungsschutzberechtigten entsteht allerdings gar kein Konflikt, da das Verlegerleistungsschutzrecht ohnehin nur gegenüber gewerblichen Anbietern von Suchmaschinen und aggregierenden Diensteanbietern besteht. Zu einem Konfliktfall kann es kommen, wenn der Urheber seinen Artikel öffentlich zugänglich machen möchte und die Geltendmachung des Verlegerleistungsschutzrechts dessen Auffindbarkeit erschwert. (Dreier/Schulze/*Dreier*[5] Rn. 4).
Nach dem klaren Wortlaut greift diese Bestimmung nur für die originären Inhaber der entsprechenden Rechte, nicht etwa für abgeleitete Nutzungsrechtsinhaber (wohl a. A. Dreier/Schulze/*Dreier*[5] Rn. 4, der eine indirekte Beeinträchtigung der Interessen der Urheber und Leistungsschutzberechtigten darin erblickt, dass die Geltendmachung des Verlegerleistungsschutzrechts den Interessen abgeleiteter Nutzungsrechtsinhaber an den im Presseerzeugnis enthaltenen Werken bzw. Schutzgegenständen zuwider laufen und damit den wirtschaftlichen Wert dieser Nutzungsrechte schmälern könnte).

6 Regelungstechnisch ist Abs. 3 wohl als **Einrede** formuliert, die vom betroffenen Suchmaschinenbetreiber oder „Aggregator" zu erheben ist mit der Folge, dass er etwaige Nachteile des Urhebers auch zu beweisen hat (so auch Dreier/Schulze/*Dreier*[5] Rn. 5). Ob allerdings diese Nachteile objektiv-abstrakt zu bestimmen sind oder konkret, dazu schweigen das Gesetz und seine Begründung.

7 Welche Nachteile in Betracht kommen, ist völlig offen. Es ist nicht einmal klar, ob damit nur wirtschaftliche Nachteile gemeint sind, also etwa in der Situation, dass der Autor an einer, notfalls auch kostenlosen Auswertung durch News-Dienste interessiert ist und der Verlag, der seinen Artikel veröffentlicht hat, nicht – oder umgekehrt.

4. Schranke

Die einzige besondere Schranke des Rechts ist in § 87g Abs. 4 bezeichnet, ge-hört allerdings eigentlich zum Schutzumfang (so auch Dreier/Schulze/*Dreier*[5] Rn. 6: „eher unglücklich als Schranke formulierte Regelung"; vgl. § 87f Rn. 25). Im Übrigen gelten die allgemeinen Schranken der §§ 44a ff. Somit bleibt vor allem das Zitatrecht nach § 51 erhalten (Dreier/Schulze/*Dreier*[5] Rn. 9). Die Regelung kollidiert nicht mit der Info-RL, da das Verlegerschutz-recht nicht harmonisiert ist.

Die Gesetzesbegründung betont, dass die gesetzlich zulässige Nutzung von ur-heberrechtlich geschützten Werken, die in den Presserzeugnissen enthalten sind, sich weiterhin nach den hierfür maßgebenden Bestimmungen der §§ 44a ff. beurteilt (RegE 7. ÄndG – BT-Drs. 17/11470, S. 8).

Die besondere Schranke (bzw. Definition des Schutzumfangs) soll den Presseverle-ger nur vor der systematischen Nutzung seiner verlegerischen Leistung durch ge-werbliche Anbieter von Suchmaschinen und von gewerblichen Diensten, die In-halte entsprechend aufbereiten, schützen, die ihr spezifisches Geschäftsmodell gerade auf diese Nutzung ausgerichtet haben; andere Nutzer, wie z. B. Blogger, Un-ternehmen der sonstigen gewerblichen Wirtschaft, Verbände, Rechtsanwaltskanz-leien oder private bzw. ehrenamtliche Nutzer, sollen somit nicht erfasst werden. Ihre Rechte und Interessen werden durch das vorgeschlagene Leistungsschutzrecht für Presseverleger mithin nicht berührt (RegE 7. ÄndG – BT-Drs. 17/11470, S. 8; s. hierzu auch Dreier/Schulze/*Dreier*[5] Rn. 8). Der Gesetzgeber reagierte damit auf die erheblichen Proteste gegen das Leistungsschutzrecht (Wandtke/Bullinger/*Jani*[4] Rn. 13). Im Übrigen wird eine abschließende Klärung von Einzelfällen erst durch die Rechtsprechung erwartet (Dreier/Schulze/*Dreier*[5] Rn. 8).

[derzeit leer] 11

[derzeit leer] 12

III. Verhältnis zu anderen Regelungen

Nach § 87g Abs. 2 S. 2 gelten die Vorschriften des Teils 1 Abschnitt 6, mithin 13 die Schrankenregelungen der §§ 44a bis 63a, entsprechend. Damit soll insbe-sondere das im Pressebereich wichtige Zitatrecht nach § 51 erhalten bleiben, sofern die konkrete Festlegung als Grundlage des Zitats genutzt wird (RegE 7. ÄndG – BT-Drs. 17/11470, S. 8).

§ 87h Beteiligungsanspruch des Urhebers

Der Urheber ist an einer Vergütung angemessen zu beteiligen.

Übersicht

I. Allgemeines

1 Die Regelung soll den Interessen der Urheber dadurch ausreichend Rechnung tragen, dass sie ausdrücklich einen Beteiligungsanspruch des Urhebers an der Verwertung des Leistungsschutzrechts vorsieht. Damit soll die in den §§ 11 und 32 zum Ausdruck kommende verfassungsrechtlich begründete Wertung bekräftigt werden, wonach der Urheber an jeder wirtschaftlichen Nutzung seines Werkes angemessen zu beteiligen ist (RegE 7. ÄndG – BT-Drs. 17/11470, S. 8; Dreier/Schulze/*Dreier*[5] Rn. 1).

II. Tatbestand

1. Beteiligungsanspruch des Urhebers

2 Ohne dass der Gesetzestext überhaupt klarstellt, **welcher Urheber** gemeint ist (es muss sich wohl um den handeln, der urheberrechtlich relevante Inhalte zum Schutzgegenstand beigetragen hat), statuiert er einen Vergütungsanspruch. Dieser Anspruch ist systemfremd. Denn das verfassungsrechtlich argumentierte besondere Schutzbedürfnis der Urheber für einen eigenen Vergütungsanspruch, der mittlerweile in § 32 normiert ist, bezieht sich natürlich auf ihr Werkschaffen. Sie sind mithin hierfür bereits über § 32 „versorgt". Einen darüber hinausgehenden zusätzlichen Vergütungsanspruch auf Beteiligung an einer Vergütung des Leistungsschutzinhabers ist verfassungsrechtlich mit den Argumenten, die für § 32 bemüht werden (vgl. § 32 Rn. 8 f.), nicht begründbar. Das Gesetz stärkt daher die Stellung der Urheber überobligatorisch (in diesem Sinne auch Dreier/Schulze/*Dreier*[5] Rn. 1). Zwar handelt es sich um den gleichen Grundgedanken, aber der Gesetzgeber hat hiermit einen Anspruch sui generis geschaffen (Dreier/Schulze/*Dreier*[5] Rn. 1). Der Anspruch ist nach dem Wortlaut auf den Urheber beschränkt und steht Leistungsschutzberechtigten nicht zu (Dreier/Schulze/*Dreier*[5] Rn. 2). Es ist nicht von einem Redaktionsversehen auszugehen, sondern es handelt sich um eine bewusste Beschränkung auf den Urheber (Wandtke/Bullinger/*Jani*[4] Rn. 1). Schuldner des Anspruchs ist der Presseverleger, und zwar auch in dem Fall, dass dieser sein Ausschließlichkeitsrecht einer Verwertungsgesellschaft übertragen hat (Dreier/Schulze/*Dreier*[5] Rn. 3).

3 Der Grund für diesen Beteiligungsanspruch dürfte darin liegen, dass die genutzten Teile häufig – und gerade im Hinblick auf die bei § 87f (vgl. § 87f Rn. 12) genannten Beschränkungen durch die RBÜ – unterhalb der Grenze der urheberrechtlichen Schutzfähigkeit (als Werk) bleiben dürften.

4 Wenn also das Verbotsrecht – was zu erwarten ist – von den Rechteinhabern in einen Vergütungsanspruch umgemünzt werden sollte, wären die Autoren daran zu beteiligen, selbst wenn die entnommenen Teile nicht urheberrechtlich geschützt wären.

2. Ausgestaltung und Höhe

5 Auch wenn am Sinn und Zweck des § 87z Zweifel angebracht sind (dazu oben vgl. Rn. 2), der **Begriff** der Angemessenheit dürfte sich **entsprechend** § 32 bestimmen. Angesichts der verfassungs- und urheberrechtlich nicht gebotenen Beteiligung dürften allerdings allenfalls geringe Beteiligungen oder auch Einmalzahlungen erreichbar sein. Bemessungsgrundlage ist die tatsächlich vom Presseverleger erzielte Vergütung (Wandtke/Bullinger/*Jani*[4] Rn. 4; Dreier/Schulze/*Dreier*[5] Rn. 5).

6 Der Bundesrat hatte in seiner Stellungnahme gefordert zu prüfen, ob der Vergütungsanspruch **nicht verwertungsgesellschaftspflichtig** ausgestaltet werden sollte (StellungN BR bei RegE 7. ÄndG – BT-Drs. 17/11470, S. 10); die Bundesregierung wollte dies jedoch nicht vorsehen, es vielmehr den Verhandlungen der Betroffenen überlassen. Dass in Folge dessen jeder einzelne Urheber den Anspruch gegenüber seinem Verleger selbst geltend machen muss, erschwert die Durchsetzbarkeit des Beteiligungsanspruchs in der Praxis erheblich (Dreier/Schulze/*Dreier*[5] Rn. 4).

3. Anspruchsgegner

Anspruchsgegner ist der Inhaber des Schutzrechts, also der Presseverleger **6a** (Schricker/Loewenheim/*Stieper*[5] Rn. 3). Bei Übertragung dürfte § 34 Abs. 4 analog greifen (so wohl auch Schricker/Loewenheim/*Stieper*[5] Rn. 3), im Falle der Vertragsübernahme muss § 415 Abs. 1 BGB beachtet werden. Zum Anspruchsgegner im Falle der Übertragung auf eine Verwertungsgesellschaft s. Schricker/Loewenheim/*Stieper*[5] Rn. 4.

III. AGB-Recht

Das Gesetz sagt nichts darüber, ob der Beteiligungsanspruch zwingend ist. Eine **7** Regelung entsprechend § 32b fehlt. Es dürfte daher, auch mangels verfassungsrechtlicher Legitimation des § 87h, möglich erscheinen, diesen **vertraglich abzubedingen**.

[derzeit leer] **8**

IV. Verhältnis zu anderen Normen

Parallel wird häufig der Leistungsschutzberechtigte auch aus abgeleitetem **9** Recht des Urhebers vorgehen können. Etwaige Beteiligungen dafür richten sich nicht nach § 87h, sondern nach § 32.

Teil 3 Besondere Bestimmungen für Filme

I. Sinn und Zweck; Systematik

Ein Filmwerk unterscheidet sich von anderen Werkarten vor allem durch den gro- **1**
ßen Kreis der an seiner Herstellung beteiligten Personen. Zunächst entstehen
Filme auf der Grundlage **vorbestehender Werke**; ein Roman und ein darauf basierendes Drehbuch werden verfilmt, ein bekannter Schlager wird als Filmmusik genutzt. Den Prozess der Schöpfung des eigentlichen Filmwerks können verschiedene Filmurheber begleiten; der RegE UrhG nennt **Regisseur, Kameramann,
Cutter** und möglicherweise einzelne Filmdarsteller, wenn sie ausnahmslos schöpferisch (§ 2) zur Gestaltung des Filmwerks beitragen (RegE UrhG 1962 – BT-Drs.
IV/270, S. 98). Die **Darsteller** dürften ansonsten im Regelfall als ausübende Künstler (§§ 73 ff.) geschützte Leistungen erbringen. An Filmwerken ist also ein illustrer
Haufen verschiedenster Urheber und Leistungsschutzberechtigter beteiligt. Das
würde die Auswertbarkeit des Filmwerkes in Frage stellen, wenn die Rechte nicht
in einer Hand konzentriert werden. An einer Auswertbarkeit hat gerade der Filmhersteller ein großes Interesse. Denn er stellt Filmwerke i. d. R. mit großem Kostenaufwand und entsprechendem finanziellen Risiko zum Zweck der gewerblichen
Verwertung her. Die §§ 88 bis 94 beruhen daher auf dem **Grundgedanken**, dass
dem Filmhersteller eine weitgehend **ungestörte wirtschaftliche Auswertung** des
Filmes für die Amortisation seiner Kosten gesichert werden soll (RegE UrhG
1962 – BT-Drs. IV/270, S. 98; *Loewenheim* UFITA 126 [1994], 99, 110; *Poll*
GRUR Int. 2003, 290, 291; Dreier/Schulze/*Schulze*⁵ Rn. 1). Das soll durch eine
Bündelung aller Rechte in seiner Hand bewirkt werden.

Die Bündelung der Rechte in der Hand des Filmherstellers ist aber auch aus **2**
Sicht der Urheber- bzw. Leistungsschutzberechtigten durchaus wünschenswert.
Ohne Zusammenfassung der Rechte könnten **Einzelne die Verwertung** dadurch
behindern, dass sie ihre Rechte als Blockademittel einsetzen. Im Extremfall
könnte ein Einzelner die Auswertung komplett verhindern. § 93 Abs. 1 S. 2,
der eine Rücksichtnahmepflicht unter einzelnen originären Rechteinhabern für
den Fall der Entstellung von Filmwerken anordnet, sollte insoweit den Rang
einer allgemeinen Regel erhalten. Eine Rücksichtnahmepflicht kann ferner
auch über den Übertragungszweckgedanken des § 31 Abs. 5 durchschlagen
(*Schaefer* FS Wilhelm Nordemann II S. 227 ff.; vgl. § 31 Rn. 111).

Dieser Interessenlage bei der Schöpfung eines Filmwerks als Ergebnis einer **3**
Vielzahl von Schaffensleistungen unter der organisatorischen Leistung eines
Filmherstellers tragen die §§ 88 bis 94 Rechnung, und zwar in dreifacher Hin-

sicht: Sie enthalten **Rechtseinräumungsvermutungen**, ordnen **Einschränkungen** der nicht an den Filmhersteller vergebenen **Rechte** an und schaffen zudem ein **originäres eigenes Leistungsschutzrecht** des Produzenten.

4   Die **Rechtseinräumungsvermutungen** sind Auslegungsregeln für die vertragliche Einräumung aller erforderlichen Rechte in dem Umfang, die der Produzent für die Herstellung und die Auswertung des hergestellten Filmwerkes benötigt. Die §§ 88 ff. **differenzieren** dabei nach der **Art der Beiträge** zum Filmwerk. Diese werden unterschieden in: vorbestehende Werke, Werke der unmittelbar an der Herstellung des Filmwerkes Beteiligten sowie Leistungen ausübender Künstler (RegE UrhG 1962 – BT-Drs. IV/270, S. 99). § 88 enthält eine Vermutung für Urheber **vorbestehender Werke**, nach der sie dem Filmhersteller im Zweifel die ausschließlichen Rechte einräumen, unabhängig vom Film bestehende Werke (bspw. Roman, Filmmusik) in unveränderter oder (meist) veränderter Form für die Herstellung und Auswertung des Films zu benutzen. Das deckt die Herstellung eines konkreten Filmes und beinhaltet nicht das Recht zur Wiederverfilmung. § 89 ist eine dem ähnliche Vermutung für diejenigen, die schöpferisch unmittelbar bei der **Filmherstellung** mitwirken (Regisseur, Kameramann, Cutter etc.) und deren Beiträge nicht vom Filmwerk zu trennen sind (zur Abgrenzung von vorbestehenden Werken vgl. Rn. 16 ff.). § 92 enthält eine wiederum mit § 89 vergleichbare Regelung über die Rechteeinräumung an den Leistungen **ausübender Künstler** bei der Filmherstellung.

5   Die Beteiligten müssen zudem eine gewisse **Einschränkung der ihnen verbliebenen Rechte** im Filmbereich in Kauf nehmen. § 90 erleichtert dem Filmhersteller die Verwertung des Filmes, indem er ab Beginn der Dreharbeiten die Bindungen zu den Rechten der Filmschaffenden i. S. d. §§ 88, 89, 92 dadurch lockert, dass die Zustimmungserfordernisse für die Übertragung (§ 34) und Einräumung von Nutzungsrechten weiterer Stufen (§ 35) ebenso für unanwendbar erklärt werden wie das Rückrufsrecht wegen Nichtausübung (§ 41) und wegen gewandelter Überzeugung (§ 42). Ähnlich schränkt § 93 die Geltendmachung persönlichkeitsrechtlicher Belange bei Entstellungen und Beeinträchtigungen sowie beim Namensnennungsrecht ein.

6   Schließlich wird dem Filmhersteller ein **eigenes Leistungsschutzrecht** am Filmträger mit einer Schutzdauer von 50 Jahren ab Erscheinen an die Hand gegeben (§ 94).

7   Die §§ 88 ff. sind seit Inkrafttreten **rechtspolitischer Kritik** ausgesetzt. Beklagt wurden zum einen die Unzulänglichkeiten des Regelungssystems, die zumindest vor der Urheberrechtsnovelle 2002 den praktischen Erfordernissen der Filmwirtschaft nicht genügten. Insb. zielte das auf die – 2002 aufgehobene, aber für Altverträge weiterhin relevante – Beschränkung des § 88 a. F. auf Kino- und Fernsehfilme (vgl. § 88 Rn. 9 ff.), der der Filmwirtschaft mit ihrem Trend zur Totalauswertung auch in neuen Medien nicht genügend Rechnung trug. Aber auch heute gibt es Stimmen, denen die Privilegierung des Filmherstellers nicht weit genug geht (s. die rechtspolitische Forderung von *J. Kreile/Höflinger* ZUM 2003, 719, und *Rehbinder/Peukert*[17] Rn. 394 nach einem originären Urheberrecht des Produzenten, vgl. Rn. 22). In entgegengesetzter Richtung werden zu Unrecht Bedenken gegen Eingriffe in die Rechte der Haupturheber des Filmwerkes geäußert (statt vieler Schricker/Loewenheim/*Katzenberger/N.Reber*[5] Rn. 38 ff.; Dreier/Schulze/*Schulze*[5] Rn. 4). Gegen die §§ 88 bis 94 kann insoweit nicht eingewandt werden, der Filmhersteller werde gegenüber anderen Werkproduktionen (wie Opern, Computerprogramme) privilegiert, bei denen ein ähnliches hohes Produktionsrisiko und vergleichbare Schwierigkeiten beim Rechteerwerb auftreten können (so Dreier/Schulze/*Schulze*[5] Rn. 4). Der Gesetzgeber hat diese Ungleichbehandlung gesehen und ausdrücklich in Kauf genommen (RegE UrhG 1962 – BT-

Drs. IV/270, S. 100). Zudem weiß jeder Praktiker um die Schwierigkeiten, die aufgrund der fehlenden Regelung in anderen Bereichen auftreten können, sodass eher für solche Werkarten ebenfalls an eine spezielle Regelung gedacht werden sollte, als die Filmbestimmungen zu modifizieren. Ferner wird zu Unrecht angeführt, dass heute durch die veränderten wirtschaftlichen Verhältnisse in der Filmindustrie die Produktionsrisiken weitgehend gestreut seien und tw. gar kein großes wirtschaftliches Risiko (öffentliche Förderung; Auftragsproduktionen) mehr bestehe. Das geht am Schutzweck der §§ 88 ff. vorbei. Es kommt nicht ausschließlich darauf an, dass Filmhersteller – trotz aller direkten und indirekten öffentlichen Förderung – nach wie vor enorme wirtschaftliche Risiken bei allen Produktionsformen eingehen. Außerhalb von Auftragsproduktionen (vgl. Rn. 57 ff.) sind die Risiken zudem nur schwer kalkulierbar, wie immer wieder auftretende Flops zeigen. Entscheidend ist, dass die Verwertbarkeit von Filmwerken ohne Bündelung der Rechte in der Hand des Filmherstellers stark leiden würde. Das betrifft gerade künstlerisch anspruchsvolle Filme, die kommerziell weniger Erfolg versprechend sein werden. Die Gewährleistung der Rechtebündelung in einer Hand war Grund für den Gesetzgeber, mit dem „2. Korb" 2007 für Verträge ab 1.1.2008 (und über § 137l auch für Verträge von 1.1.1996 bis 31.12.2007) auch die Rechte an unbekannten Nutzungsarten in die Hände des Filmproduzenten zu geben (RegE 2. Korb – BT-Drs. 16/1828, S. 32 f.; s. a. *Wilhelm Nordemann/Jan Bernd Nordemann* GRUR 2003, 947, 948). Zudem würde eine Entbündelung der Rechte die Gefahr von Rechteblockaden vergrößern. Insgesamt erscheinen die Regelungen der §§ 88 bis 94 danach immer noch als sinnvoller Interessenausgleich, zumal die angemessene Vergütung durch §§ 11 S. 2, 32, 32a, 32b, 79 Abs. 2 gewährleistet ist. **Eine restriktive Auslegung der Filmrechtsbestimmungen ist deshalb nicht angezeigt.** Vielmehr sollten sie zur Vereinfachung des Rechtsverkehrs durch Rechtebündelung möglichst umfassend **auch auf Filmen ähnliche Werke** wie Musikvideos, Video- und Computerspiele sowie Multimediawerke angewendet werden (vgl. Rn. 11 ff., str.).

II. Anwendungsbereich

1. Sachlicher Anwendungsbereich („Filme")

Die Vorschriften finden Anwendung auf **Filme**. Der Filmbegriff bestimmt daher die sachliche Reichweite der §§ 88 ff. **8**

a) Film (Definition): Ein **Film** ist jede Folge von Bildern oder von Bildern und **9** Tönen; die Bilder müssen dabei den Eindruck eines bewegten Bildes entstehen lassen (*Baur* UFITA 3 [2004], 665, 670; v. Hartlieb/Schwarz/ *Schwarz/Dobberstein*⁵ 34. Kap. Rn. 2; Schricker/Loewenheim/*Katzenberger/N. Reber*⁵ Rn. 20; Wandtke/Bullinger/*Manegold/Czernik*⁴ Rn. 52). Das gilt unabhängig von der Schöpfungshöhe (zu Filmwerk vgl. Rn. 10; zu Laufbild vgl. Rn. 15; weiterhin vgl. § 95 Rn. 4 ff.), der Herstellungsart, dem Speichermedium oder der Wiedergabetechnik. Das Gesetz differenziert nicht danach, ob der Film klassisch auf Celluloid gebannt ist, ob eine Videoaufnahme vorliegt oder ob der Film gänzlich im Computer entstand (*Loewenheim* GRUR 1996, 830, 832). Auch ist für den Filmbegriff grds. irrelevant, wenn keine Fixierung existiert wie etwa bei Fernseh-Livesendungen (RegE UrhG 1962 – BT-Drs. IV/270, S. 98; Schricker/Loewenheim/*Katzenberger/N.Reber*⁵ Rn. 21); ein Leistungsschutzrecht des § 94 scheidet aber in diesen Fällen aus, weil nach deutschem Recht eine vorherige Fixierung auf einen Träger für § 94 Voraussetzung ist (vgl. § 94 Rn. 32 ff.; rechtsvergleichend aus europäischer Sicht dazu *Poll* GRUR Int. 2003, 290, 293).

b) Kinofilme, Videofilme, Fernsehfilme; Auswertungsfenster: Ein Film kann auf **10** unterschiedliche Nutzungsarten ausgewertet werden: öffentliche Vorführung im Kino mit vorherigem Verleih; Herstellung von Videos/DVDs, deren Vermietung und späterer Verkauf; öffentliche Zugänglichmachung (insb. via Internet, aber auch in Hotels oder in Flugzeugen) zum einmaligen Ansehen (streaming), für temporäre Kopien oder für permanente Kopien; Sendung im Pay-TV oder im frei empfangbaren Fernsehen (zur Auswertungspraxis *Christmann* ZUM 2006, 23; *v. Petersdorff-Campen* ZUM 1996, 1037, 1045). Für erfolgversprechende Filmwerke versuchen die Produzenten regelmäßig, die vorerwähnten Nutzungsformen zeitlich aufeinander folgen zu lassen (sog. **Auswertungsfenster**). Bezeichnet werden solche Filme regelmäßig als **Kinofilme**, weil das erste Auswertungsfenster das Kino ist. Die Mehrzahl der Filme durchläuft allerdings nicht alle vorgenannten Auswertungsformen. Sie werden dann wiederum nach der ersten bestimmungsgemäßen Auswertungsform bezeichnet. **Videofilme** (auch bezeichnet als Videogramme) sind zunächst zur Vermietung und Veräußerung an die Allgemeinheit bzw. zum entgeltlichen Video-On-Demand Abruf durch die Allgemeinheit bestimmt. Der Sprachgebrauch ist dabei weniger technisch zu verstehen, sodass darunter auch Filme auf DVD oder anderen Trägern verstanden werden. Filme, die zur Sendung im Fernsehen vorgesehen sind, heißen Fernsehfilme. Die Unterscheidung nach bestimmungsgemäßer Erstverwertung kann für die Auslegung von Rechtseinräumungen nach dem **Übertragungszweckgedanken** von Bedeutung sein, insb. für Verträge zwischen Verwertern, für die die §§ 88, 89, 92 nicht gelten (vgl. Rn. 67 ff.).

11 **c) Musikvideos:** Auf Musikvideos können die §§ 88 bis 94 angewendet werden, sofern sie Filmwerke sind; ansonsten gilt für sie der Laufbildschutz des § 95 (eingehend zum Schutz als Werk vgl. § 2 Rn. 207; ferner KG GRUR-RR 2010, 372, 373 – *Musikvideoclip*). Der Werkcharakter kann vor allem dann fehlen, wenn es sich nur um eine nicht schöpferische Vervielfältigung einer Bühnendarbietung handelt; bei bloß konzertanter Aufführung soll noch nicht einmal eine Bearbeitung durch die filmische Aufzeichnung gegeben sein (BGH GRUR 2006, 319 – *Alpensinfonie*; zw., vgl. § 88 Rn. 55). Liegt ein Werk – auch als kleine Münze – vor, ist es nicht angezeigt, die §§ 88 bis 94 restriktiv anzuwenden und insb. eine Anwendung des § 92 auszuschließen (str., vgl. § 92 Rn. 17). Denn auch hier kann der Sinn und Zweck der Filmvorschriften nur durch Bündelung der Rechte in der Hand des Filmherstellers erreicht werden.

12 **d) Filmähnliche Werke (Computerspiele, trans- und crossmediale Produktionen, sonstige Multimediawerke:** Die §§ 88 ff. sollten auch auf mit (herkömmlichen) **Filmen ähnlichen Werken** angewendet werden können. Eine hinreichende Filmähnlichkeit liegt vor, wenn (1) das Werk maßgeblich durch Bewegtinhalte (vgl. Rn. 9) geprägt wird, (2) als Gesamtwerk – wie beim herkömmlichen Film – verschiedene Werkarten miteinander kombiniert werden, so dass eine Rechtebündelung in der Hand des Herstellers sinnvoll ist, und (3) die Herstellung mit einem unternehmerischen Risiko einhergeht, der Filmproduktionen vergleichbar ist (zutreffend *Hansen* ZUM 2014, 175, 178). In diesen Fällen erscheint die Vereinfachung der Verwertung wegen der Rechtebündelung durch die §§ 88 ff. in der Hand des Herstellers als angezeigt (ferner vgl. Rn. 7). Das ist auch für die beteiligten Urheber vorteilhaft, weil sie über §§ 32, 32a, 32c an einer erfolgreichen Verwertung profitieren. Teilweise wird eine Anwendung der §§ 88 ff. auf solche filmähnliche Werke abgelehnt, weil es sich bei den §§ 88 ff. um eng auszulegende Ausnahmevorschriften handele (Schricker/Loewenheim/*Katzenberger*/N. *Reber*[5] Rn. 46; Dreier/Schulze/*Schulze*[5] Rn. 4). Zu beachten ist aber, dass auch nach dieser Auffassung der Bewegtbild-Teil unter die §§ 88 ff. fällt (Schricker/Loewenheim/*Katzenberger*/N. *Reber*[5] Rn. 46). Wenn der Bewegtbild-Teil das Gesamtwerk prägt, sollte jedoch auch das Gesamtwerk von den §§ 88 ff. profitieren. Damit geht es bei der Erstreckung der §§ 88 ff. auf filmähnliche Werke auch nicht um deren analoge Anwendung, sondern um eine am Sinn und Zweck ausgerichtete Auslegung des Tatbestandes (vgl. Rn. 7). Die Anwendung der §§ 88 ff. kann aber nur im Hinblick auf die Nutzungsrechte gelten, die für die Verwertung benötigt werden, die vom Bewegtbild geprägt wird. Denn auch bei herkömmlichen Filmen erstreckt sich die Anwendung nur auf filmische Nutzungen (vgl. § 88 Rn. 69; vgl. § 89 Rn. 41). Damit können die §§ 88 ff. bei Computerspielen, trans- und crossmedialen Produktionen sowie sonstigen Multimediawerken auf die Nutzungsrechte angewendet werden, die für die Verwertung des durch das Bewegtbild geprägten Teils des Gesamtwerkes relevant sind. Lässt sich das durch Bewegtbild geprägte Gesamtwerk allerdings nur sinnvoll einheitlich verwerten, können die §§ 88 ff. auch auf die nicht filmischen Verwertungen angewendet werden, wie nachfolgend erläutert.

Computerspiele sind eine Kombination aus verschiedenen Werkarten. Nach zutreffender Auffassung kommt eine Anwendung der §§ 88 ff. auf Computerspiele dabei nur in Betracht, *soweit* die Werkart Film (Bewegtbild) betroffen ist (*Bullinger/Czychowski* GRUR 2011, 19, 21 ff.; Schricker/Loewenheim/*Katzenberger/N. Reber*[5] Rn. 44; Berger/Wündisch/*Wündisch*[2] § 36 Rn. 10; *Oehler* S. 455 ff. m. w. N.; s. a. BGH GRUR 2013, 370 Tz. 14 – *Alone in the Dark*: jedenfalls ein Werk, das ähnlich wie ein Filmwerk geschaffen). Sie müssen also die für den Filmbegriff relevanten bewegten Bilder (ggf. in Kombination mit Tönen) enthalten (vgl. Rn. 9). Das gilt nicht nur für sog. gescriptete Spiele, die einer vorbestimmten Handlung folgen und den Spieler im Handlungsrahmen agieren lassen, der vom Gamedesigner gesteckt wurde. Vielmehr sollten die §§ 88 ff. auch auf Spiele mit sogenannten offenen Welten (Open-World-Spiele, Sandbox-Games) angewendet werden. Hier kann der Spieler innerhalb der Gameengine kreativ tätig werden und die virtuelle Welt als Drehset benutzen. Der Spieler kann dann zum Beispiel einen virtuellen Charakter als Schauspieler einsetzen und eine Story spielen lassen. Auch hier steuert das Spiel aber relevante bewegte Bilder bei. Insbesondere findet § 88 auf Stoffurheber von Computerspielen Anwendung (vgl. § 88 Rn. 39). Diejenigen, die das Spiel vergleichbar einem Regisseur, Architekten, Tonmeister oder Cutter kreativ inszenieren, fallen unter § 89, Sprecher von Dialogen gemäß Skript unter § 90. Dem Produzenten steht für Computerspiele mit Bewegtbildern ein eigenes Leistungsschutzrecht nach § 94 zu. Stimmen, die für eine zurückhaltende Anwendung der Filmvorschriften plädieren (*Poll* GRUR Int. 2003, 290, 294, der eine Ausdehnung auf audiovisuelle Werke nur de lege ferenda erwägt), können nicht überzeugen. Das gilt auch für Forderungen, die Filmvorschriften auf Computerspiele nicht anzuwenden, weil ihr Schwerpunkt auf dem Computerprogramm liege und damit die §§ 69a ff. exklusiv anwendbar seien (*Kreutzer* CR 2007, 1, 6). Es ist nicht ersichtlich, warum die §§ 88 bis 95 auf die für Multimediawerke typische Verschmelzung von Sprache, Daten, Computerprogramm und bewegten Bilder überhaupt keine Anwendung finden sollten. Gerade die Komplexität des Multimediawerkes spricht für die Ausnutzung der Bündelungswirkung (vgl. Rn. 1 ff.) der §§ 88 bis 95. Allerdings muss im Hinblick auf **Werkarten, die nicht filmisch sind,** differenziert werden. Auf den **Programmteil** finden **§§ 69a ff.** Anwendung (*Bullinger/Czychowski* GRUR 2011, 19, 21 ff.; Berger/Wündisch/*Wündisch*[2] § 36 Rn. 9; *Oehler* S. 459), für einfache **Datenbanken** gelten **§§ 87a ff.** Ist eine **Trennung des Programm- oder Datenbankteils vom Inhalt in Form des Bewegtbildes nicht möglich,** kommt **zusätzlich eine Anwendung der §§ 88 ff.** in Betracht (*Bullinger/Czychowski* GRUR 2011, 19, 25); ferner vgl. Rn. 12. Das ist auch keine bloß analoge Anwendung der §§ 88 ff. (a. A. *Oehler* S. 462 ff., der eine analoge Anwendung ablehnt), weil in Fällen der fehlenden Trennbarkeit eine visuelle Umsetzung des Programms oder der Datenbank stattfindet und insbesondere die Vermutung des § 88 Abs. 1 direkt greifen kann. Auch vgl. Vor §§ 69a ff. Rn. 10. – Eine ganz andere Frage ist, ob **Bildfolgen gespielter Computerspiele** einen eigenen Schutz erfahren. Ein solcher Schutz kommt für die Computerspieler (Gamer) zunächst nach § 73 ff. als **ausübende Künstler** in Betracht, in manchen Konstellationen (z. B. Computerspiele in offenen Welten) auch nach § 2 als **Urheber** (vgl. § 89 Rn. 28a; eingehend *Hofmann* ZUM 2013, 279 ff.; *Bleckat* MMR-Aktuell 2016, 379661; *Bullinger/Czychowski* GRUR 2011, 19, 23).

12a

12b   Transmediale Produktionen verteilen eigenständige Elemente einer übergreifenden Gesamtgeschichte auf mehrere Medien; eine Auswertung in den verschiedenen Medien ist grundsätzlich getrennt möglich (eingehend *Hansen* ZUM 2014, 175, 176). Soweit solche Produktionen einen prägenden Bewegtbildanteil haben, kommt im Hinblick auf die Nutzungsrechte, die für die Verwertung des Bewegtbild-Teils benötigt werden, eine Anwendung der §§ 88 ff. in Betracht (vgl. Rn. 12; *Hansen* ZUM 2014, 175, 178). Anders ist es bei **crossmedialen Produktionen**, wenn sie zwingend medienübergreifend genutzt werden müssen, beispielsweise wenn der Bewegtbild-Teil zwingend mit einem Quiz verknüpft ist, das im Internet öffentlich zugänglich ist. Der Reiz crossmedialer Produktionen kann gerade darin liegen, dass sich der Nutzer ein „Puzzle" aus verschiedenen Medien zusammensetzen muss (*Hansen* ZUM 2014, 175, 176). Bei solchen zwingenden Kombinationen fallen bei Prägung des Gesamtwerkes durch das Bewegtbild auch die anderen Medien unter die §§ 88 ff.

12c   Auch bei **sonstigen Multimediawerken** gilt nichts anderes als bei Computerspielen (vgl. Rn. 12a; a. A. Schricker/Loewenheim/*Katzenberger/N. Reber*[5] Rn. 46): Wenn es sich um filmähnliche Werke handelt (vgl. Rn. 12), gelten für die filmische Verwertung des Bewegtbild-Teils die §§ 88 ff.; lässt sich der (prägende) Bewegtbild-Teil nicht von der Verwertung isolieren, gelten sie für die Verwertung insgesamt.

13   e) **Tonbildschauen:** Im Gegensatz zu Filmen weisen **Tonbildschauen** keine bewegte Bildfolge auf und sind damit weder unter den Begriff der Filmwerke noch der Laufbilder subsumierbar. Auf sie sind die §§ 88 ff. nicht anwendbar (Dreier/Schulze/*Schulze*[5] Rn. 4; Schricker/Loewenheim/*Katzenberger/N. Reber*[5] Rn. 45; a. A. *Gernot Schulze* FuR 1983, 374, 378).

14   f) **Sonstige Bildfolgen:** Auch **Amateurfilme** fallen unabhängig von ihrem Inhalt (private Urlaubsreise, Familienfest; Dokumentation) unter den Filmbegriff (Schricker/Loewenheim/*Katzenberger/N. Reber*[5] § 95 Rn. 12 mit dem zutreffender Hinweis, dass es sich im Regelfall um Laufbilder nach § 95 handeln wird). Das Gleiche gilt für Bildfolgen, die durch **WebCam-, Überwachungskamera- und Bildtelefonübertragungen** ggf. automatisch erzeugt werden (Wandtke/Bullinger/*Manegold/Czernik*[4] Rn. 53, einschränkend aber *dies.* § 95 Rn. 11). Es wäre nicht einzusehen, dass die als Filmhersteller anzusehende Person den Schutz der §§ 94, 95 nicht in Anspruch nehmen kann, wenn es zu einer Verwertung (ggf. auch nur illegal durch Dritte) kommt. Die Wirkung der Rechtebündelung der §§ 88 bis 93 ist zugunsten des Filmherstellers allerdings nur begrenzt, wenn die Herstellung nicht zur Verwertung erfolgte, weil dann die Zweifelsregelungen der §§ 88, 89 und 92 und damit auch §§ 90 und 93 nicht anwendbar sind (vgl. § 88 Rn. 99, vgl. § 89 Rn. 67 ff., vgl. § 92 Rn. 42).

15   g) **Laufbilder:** Die §§ 88 bis 94 finden lediglich auf Filmwerke unmittelbar Anwendung. Nicht jeder Film in dem vorgenannten Sinne ist aber ein **Filmwerk**. Dafür muss der Film als persönlich geistige Schöpfung die Schutzvoraussetzungen eines Werkes i. S. d. § 2 Abs. 1 Nr. 6 erfüllen (vgl. § 2 Rn. 208). Filme, die keinen Werkscharakter aufweisen, werden als **Laufbilder** bezeichnet. Zur Abgrenzung vgl. § 95 Rn. 4 ff. Auf Laufbilder finden kraft Verweises in § 95 die §§ 88, 89 Abs. 4, 90, 93 und 94 entsprechende Anwendung.

2.   Persönlicher Anwendungsbereich

16   a) **Urheber vorbestehender Werke:** Ausgangspunkt eines Filmwerkes ist i. d. R. ein vorbestehendes Werk, z. B. ein Drehbuch oder ein Roman. Das zeigt auch die Systematik der §§ 88 bis 95, die mit § 88 die Regelung zum Rechteerwerb für die Verfilmung solcher vorbestehender Werke an den Anfang stellt. **Nicht filmbestimmte** (vorbestehende) **Werke** wie verfilmte Romane, Bühnenwerke etc. werden im Gegensatz zu **filmbestimmten Werken** wie Exposé, Treatment, Drehbuch, Filmmusik, Kulissen, Kostüme usw. nicht speziell für die Herstellung des Filmes geschaffen. Insb. bei filmbestimmten Werken kann sich ein **Abgrenzungsproblem** zu den schöpferischen Leistungen stellen, die unmittelbar bei der Filmherstellung Mitwirkende als **Filmurheber** erbringen und für die § 89 Regelungen enthält. Entscheidend für die Abgrenzung ist nicht, ob das vorbestehende Werk filmbestimmt oder unabhängig davon geschaffen wurde, sondern ob es sich als schöpferische Leistung gedanklich vom Film **trennen und selbständig verwerten lässt** (dann § 88) oder untrennbar in ihm aufgeht (dann § 89, RegE UrhG 1962 – BT-Drs. IV/270, S. 99; vgl. § 88 Rn. 31 ff.).

Streitig ist, ob für vorbestehende Werke **zusätzlich** § 89 einschlägig ist, soweit es sich um **filmbestimmte Werke** handelt. Das postuliert die Lehre vom **Doppelcharakter** vorbestehender Werke. Nach ihr sind die Schöpfer vorbestehender Werke neben ihrer Eigenschaft als deren Urheber auch Miturheber des Filmwerkes, was mit der engen Ausstrahlungs- und Integrationswirkung begründet wird, die extra für den Film geschaffene Werke auch auf das Filmwerk haben (*Bohr* ZUM 1992, 121, 123 ff.; *Götting* ZUM 1999, 3, 6 ff.; Schricker/Loewenheim/*Katzenberger*/ *N. Reber*[5] Rn. 69). Zu den filmbestimmten (vorbestehenden) Werken werden insb. Drehbuch, Treatment und Filmexposé gerechnet. Auch Filmbauten und Kostüme zählen dazu, deren Einordnung sonst davon abhängt, ob sie separat verwertbar sind (vgl. Rn. 16). Die Lehre vom Doppelcharakter kann aber nicht überzeugen. Das bloße Vorhandensein von Elementen vorbestehender Werke im Filmwerk darf nicht dazu führen, dass der Kreis der Filmurheber erweitert wird. Vorbestehende Werke und das Filmwerk bestehen grds. **unabhängig voneinander,** mag das Filmwerk auch von den Einflüssen der filmbestimmten Werke durchsetzt sein (Dreier/Schulze/*Schulze*[5] Rn. 10; BeckOK UrhR/*Diesbach*[16] UrhG § 88 Rn. 9; Wandtke/Bullinger/*Manegold/Czernik*[4] Rn. 67; *Schack*, Urheber- und UrhebervertragsR[7] Rn. 337). Auch die Gesetzesbegründung spricht eindeutig gegen die Lehre vom Doppelcharakter: Danach scheiden die Urheber vorbestehender mit Zweckbestimmung für das Filmwerk geschaffener Werke als Filmurheber aus, „weil das Filmwerk etwas anderes und mehr ist als nur die Darstellung der für das Filmwerk benutzten Werke" (RegE UrhG 1962 – BT-Drs. IV/270, S. 99). Danach verbietet die Systematik der §§ 88, 89 eine Einbeziehung vorbestehender filmbestimmter Werke, die gesondert verwertbar sind, in § 89 (OLG Hamburg GRUR 1997, 822, 824 – *Edgar Wallace Filme*, wenn auch i. E. offengelassen). Die praktische Bedeutung des Meinungsstreites hat sich mit der Angleichung des § 88 an die umfassende Rechtseinräumungsvermutung des § 89 zumindest für Neuverträge verringert (vgl. § 88 Rn. 9 ff.). Für Vergütungen durch Wahrnehmungsgesellschaften (*Götting* ZUM 1999, 3, 4; Wandtke/Bullinger/*Manegold/Czernik*[4] Rn. 66) wie bei Vermietung und Verleih gem. § 27 oder der Leerkassetten- und Geräteabgabe gem. § 54 ist jedenfalls darauf zu achten, dass es **nicht** zu einer **doppelten Vergütung** für ein und denselben schöpferischen Beitrag kommt. Für das Recht zur Namensnennung des Urhebers gilt in jedem Fall § 13.

Von der Frage des Doppelcharakters eines vorbestehenden Werkes ist die **Doppelfunktion** bzw. Doppeltätigkeit eines Urhebers zu unterscheiden (vgl. § 89 Rn. 18). Hierbei geht es nicht nur um die Doppelqualifikation der Urheberstellung an vorbestehenden Werken, sondern um eine tatsächliche Doppelfunktion eines Urhebers, der mehrere schöpferische Beiträge sowohl für vorbestehende Werke als auch für das Filmwerk erbringt. Beispielsweise kann ein Regisseur auch das Drehbuch verfassen. In solchen Fällen handelt es sich um zwei verschiedene schöpferische Leistungen, von denen jede getrennt betrachtet wird. Das Drehbuch als vorbestehendes Werk unterfällt § 88, die Regieleistung allein § 89.

Der persönliche Anwendungsbereich des § 88 beschränkt sich nicht auf Verträge unmittelbar zwischen dem Urheber und dem Filmhersteller. Auch Ver-

17

18

19

träge mit Dritten können § 88 unterfallen, solange die Ausdehnung der Vorschriften auf Dritte durch den Zweck gerechtfertigt ist, die für die Auswertung erforderlichen Rechte beim Filmhersteller zu bündeln. Dritte können daher solche Personen oder Unternehmen sein, die sich in der **Rechtekette vom Urheber zum Filmhersteller** wiederfinden. Daher fallen auch Verträge zwischen Inhabern der vom Urheber abgeleiteten Rechte (z. B. **Verlage**) und dem Filmhersteller in den Anwendungsbereich des § 88 (Dreier/Schulze/*Schulze*[5] Rn. 6; Schricker/Loewenheim/*Katzenberger/N. Reber*[5] § 88 Rn. 28; Wandtke/Bullinger/*Manegold/Czernik*[4] § 88 Rn. 14; vgl. § 88 Rn. 25).

20   b) **Urheber des Filmwerkes:** Für die Frage, wer Urheber eines Filmwerkes ist, findet sich im Gesetz keine spezielle Regelung. Es ist vielmehr eine Frage des jeweiligen Einzelfalles, welche Mitwirkenden ihre schöpferischen Beiträge derart in das Filmwerk einfließen ließen, dass sie die Schwelle zur (Mit-)Urheberschaft am Filmwerk überschreiten (RegE UrhG 1962 – BT-Drs. IV/270, S. 100; vgl. § 89 Rn. 13 ff.). Nicht jede individuelle Mitwirkungshandlung bei der Filmherstellung überschreitet die Schwelle zur persönlich-geistigen Schöpfung. Eine gesetzliche Bestimmung, die sich hier an bestimmten Berufsbildern oder Funktionen bei der Filmherstellung orientiert, lässt sich im UrhG und insb. in § 89 nicht finden; s.a. RegE UrhG 1962 – BT-Drs. IV/270, S. 99). Indiziell kann auf § 65 Abs. 2 zurückgegriffen werden, der die Schutzdauer eines Filmwerkes festlegt und die Schutzfrist an den Tod des Längstlebenden aus dem Kreis von Hauptregisseur (als einzigem dort genannten Filmurheber), Drehbuchurheber und Filmmusikkomponisten koppelt. Jedenfalls der **Regisseur**, regelmäßig aber auch **Kameramann** und **Cutter**, ist Filmurheber i. S. d. § 89. Zu weiteren Mitwirkenden als Filmurheber vgl. § 89 Rn. 23 ff. Mitwirkende ohne eigenschöpferische Beiträge fallen aus dem Kreis der Urheber am Filmwerk ebenso wie der Filmproduzent als solcher, der für seine (nicht schöpferische) Leistung das Leistungsschutzrecht des § 94 erhält (zum fehlenden Produzentenurheberrecht vgl. Rn. 22). Von den Urhebern am Filmwerk sind die Urheber vorbestehender Werke zu unterscheiden; auch letztere sind grds. keine Filmurheber, sofern das Werk gesondert verwertbar ist (vgl. Rn. 16 ff.).

21   c) **Ausübende Künstler:** Als ausübende Künstler können Mitwirkende das Leistungsschutzrecht der §§ 73 ff. erwerben, das der Filmhersteller bei der Auswertung des Filmes beachten muss. Aufgrund der ähnlichen Interessenlage enthält § 92 für diesen Fall eine dem § 89 vergleichbare Regelung, um auch hier eine Rechtekonzentration in den Händen des Filmherstellers zu bewirken und die Auswertung zu erleichtern. Ausführlich vgl. § 92 Rn. 1 ff.

22   d) **Filmhersteller:** Auch für Filme gilt das allgemeine urheberrechtliche **Schöpferprinzip** (RegE UrhG 1962 – BT-Drs. IV/270, S. 100 f.). Anders als das angloamerikanische Copyright-System (*Poll* GRUR Int. 2003, 290, 295; *Wilhelm Nordemann/Jan Bernd Nordemann* FS Schricker II S. 473, 474 f.) kennt das deutsche Recht daher **keine fiktive originäre Urheberschaft des Filmherstellers.** Diese wurde vor dem Inkrafttreten des UrhG im Jahr 1965 noch diskutiert (*Baur* UFITA 3/2004, 665, 690 ff.). Der Gesetzgeber entschied sich indes dagegen, um keinen „Präzedenzfall" für die Durchbrechung des Schöpferprinzips zu schaffen (RegE UrhG 1962 – BT-Drs. IV/270, S. 100; *Katzenberger* ZUM 2003, 712, 715; *Poll* ZUM 1999, 29, 30; *Götting* ZUM 1999, 3, 4), auch wenn Art. 14bis RBÜ es gestatten würde, die Urheber am Filmwerk in dieser Weise festzulegen (allerdings wäre dies EU-rechtswidrig, vgl. Rn. 25). Die Rechtsstellung des Filmherstellers ist im Ergebnis durch die Kombination der Rechtsübertragungsvermutungen der §§ 88, 89, 92 sowie des originären Leistungsschutzes in § 94 einem originären Produzenten-Copyright angenähert (Wandtke/Bullinger/*Manegold/Czernik*[4] Rn. 24 f.). Urheber am Filmwerk sind indes nur daran **schöpferisch mitwirkende natürliche Personen.** Das schließt die finanzielle und organisatorische Leistung des Produzenten aus. Sofern er allerdings – was in einigen Fällen denkbar erscheint – eigene schöpferische Beiträge erbringt, wird er (Mit-)Urheber des Filmwerkes. Dann geht seine Rolle aber über die eines bloßen Produzenten hinaus (vgl. § 89 Rn. 19; eingehend *Schwarz/Hansen* GRUR 2011, 109 ff.). Zur europäischen Rechtslage im Vergleich *Poll* GRUR Int. 2003, 290; *Poll* ZUM 1999, 29, 33. Für den Schutz seines erheblichen unternehmerischen Aufwandes bei der Planung, Finanzierung, Vorbereitung, Durchführung, Organisation und Verwertung des Filmes gewährt § 94 dem Filmhersteller ein originäres Leistungsschutzrecht.

e) **Auswertungsverträge zwischen Verwertern:** Die §§ 88 bis 94 beanspruchen **23** keine Geltung für **Verträge zwischen dem Produzenten und Auswertern** im Hinblick auf den fertigen Film (sog. Auswertungsverträge). Das sind z. B. Kino-Verleihverträge, Video-/DVD-, On-Demand-, Fernsehauswertungsverträge etc.; zu den Auswertungsfenstern vgl. Rn. 10. Dort gelten die allgemeinen Grundsätze des (sekundären) Urhebervertragsrechts, das grds. auch nicht in den §§ 31 ff. geregelt ist (eingehend zum sekundären Urhebervertragsrecht vgl. Vor §§ 31 ff. Rn. 223 ff.; speziell zu Auswertungsverträgen im Filmbereich vgl. Rn. 67 ff.).

3. EU-Recht, Internationales Recht

Im Hinblick auf **internationale Urheberrechtsabkommen** sind insb. die filmrecht- **24** lichen Bestimmungen in der RBÜ zu erwähnen (zu internationalen Urheberrechtsabkommen eingehend vgl. Vor §§ 120 ff. Rn. 5 ff.). Nach Art. 2 RBÜ sind „Filmwerke einschließlich der Werke, die durch ein ähnliches Verfahren wie Filmwerke hervorgebracht sind", als „Werke der Literatur und Kunst" dem Urheberrechtsschutz zu unterstellen. Ferner ordnet **Art. 14bis Abs. 1 RBÜ** an, dass das Filmwerk, auch wenn es auf einer Bearbeitung eines vorbestehenden Werkes beruht, wie ein Originalwerk zu schützen ist. **Art. 14bis Abs. 2 RBÜ** stellt allen Verbandsländern frei, den Inhaber des Urheberrechts am Filmwerk zu bestimmen, der also nicht zwingend der Urheber sein muss; so kann insb. in „work-for-hire"-Situationen nach US-Recht der Filmhersteller originärer Inhaber der Urheberrechte werden. Sofern deutsches Recht (nach dem Schutzlandprinzip, vgl. Vor §§ 120 ff. Rn. 59 ff.) anwendbar ist, darf allerdings das Schöpferprinzip des § 7 nicht durchbrochen werden, sodass der Filmhersteller als originärer Inhaber des Urheberrechts in einen ausschließlichen Lizenznehmer mit allen Rechten umzudeuten ist (OLG Köln ZUM-RD 2015, 382, 383 – *Reasonable Doubt,* unter Verweis auf OLG Köln, Beschluss vom 11. November 2010, Az.: 6 W 182/10; *Wilhelm Nordemann/Jan Bernd Nordemann* FS Schricker II S. 473, 474 f.). Wegen der Anerkennung des Schöpferprinzips gemäß § 7 UrhG gilt für Deutschland die Regelung des Art. 14bis Abs. 2 lit. b): Danach wird vermutet, dass der Filmhersteller ohne anderweitige vertragliche Vereinbarung mit dem Urheber das Filmwerk verwerten darf. Zwar stellt Art. 14bis Abs. 3 RBÜ frei, diese Regelung nicht auf Urheber der Drehbücher, der Dialoge, der musikalischen Werke und auf den Hauptregisseur anzuwenden. Deutschland hat davon in Ansehung der §§ 88, 89 aber offensichtlich keinen Gebrauch gemacht. Zu beachten sind – der RBÜ gem. Art. 20 S. 2 – vorgehende **bilaterale Urheberrechtsabkommen** (vgl. Vor §§ 120 ff. Rn. 52 ff.). Von großer praktischer Bedeutung ist hier das **deutsch-US-amerikanische Abkommen von 1892** (vgl. Vor §§ 120 ff. Rn. 55 ff.).

EU-Recht gibt vor, dass der **Hauptregisseur als Filmurheber** oder Filmmiturhe- **25** ber anzuerkennen ist (EuGH GRUR 2012, 489 Tz. 47 – *Luksan/van der Let*). Auch die EU hat sich damit – wie Deutschland – für ein System entschieden, in dem das **Schöpferprinzip** gilt und es nicht möglich ist, dass dem Hauptregisseur seine „Verwertungsrechte abgesprochen werden", namentlich das Vervielfältigungsrecht, das Recht zur Ausstrahlung über Satellit und jedes andere Recht zur öffentlichen Wiedergabe im Sinne des EU-Rechts (EuGH GRUR 2012, 489 Tz. 67 ff. – *Luksan/van der Let*, unter Berufung auf Art. 2 und 3 Info-RL, Art. 1 und 2 Kabel und Satelliten-RL). EU- Mitgliedsstaaten ist insoweit untersagt, andere als den Regisseur als „Urheber" zu behandeln (wie z. B. in den USA nach „work-for-hire", vgl. Rn. 24) oder auch nur eine Legalzession (*cessio legis*) der Rechte auf den Filmproduzenten zu Lasten des Hauptregisseurs vorzusehen (EuGH GRUR 2012, 489 Tz. 47 – *Luksan/van der Let*). Die Ausnahmeregelung des Art. 14bis Abs. 3 RBÜ (vgl. Rn. 24) ist den Mitgliedsstaaten durch Art. 351 Abs. 1 AEUV verstellt (EuGH GRUR 2012, 489 Tz. 60 ff. – *Luksan/van der Let*). Mit (widerleglichen) Vermutungsregeln zugunsten des Filmherstellers – wie das deutsche Recht in den §§ 88, 89 – darf der nationale Gesetzgeber aber arbeiten (EuGH GRUR 2012, 489 Tz. 76 ff. – *Luksan/van der Let*). Darüber hinaus ist bislang auf **EU-Ebene keine Harmonisierung** der Filmrechtsbestimmungen erfolgt (s. a. *Poll* GRUR Int. 2003, 290).

26   Bislang gab es nur sehr rudimentäre Regelungen in internationalen Abkommen im Hinblick auf das Leistungsschutzrecht der **ausübenden Künstler** für die Mitwirkung in Filmen. Nach Art. 7 Nr. 1 lit. b) **Rom-Abkommen** (vgl. Vor §§ 120 ff. Rn. 34 ff.) ist vorgeschrieben, dass dem ausübenden Künstler Schutz gegen eine Festlegung seiner Darbietung ohne seine Zustimmung zu gewähren ist. Das umfasst auch die filmische Festlegung (*Ulmer* GRUR Int. 1961, 569, 582, 591; Schricker/Loewenheim/*Katzenberger/N. Reber*[5] Vor §§ 120 ff. Rn. 62). Nach Art. 19 Rom-Abkommen hat der ausübende Künstler keine darüber hinaus gehenden Rechte, sodass die filmische Auswertung keinen weiteren Mindestrechten des ausübenden Künstlers nach dem Rom-Abkommen unterliegt. Die Bestimmungen des **WIPO-Vertrag über Darbietungen und Tonträger** (WPPT) (vgl. Vor §§ 120 ff. Rn. 30 ff.) gelten nur für Tonträger, nicht aber für Bildtonträger). Wenn allerdings Filmmusik separat auf Tonträgern verwertet wird, fällt dies durchaus unter den WPPT (*v. Lewinski* GRUR Int. 1997, 667, 678). Auch das **Genfer-Tonträger-Abkommen** (vgl. Vor §§ 120 ff. Rn. 43 ff.) erfasst gem. Art. 1 lit. a) Darbietungen in Filmen nicht (*Ulmer* GRUR Int. 1972, 68, 70; Schricker/Loewenheim/*Katzenberger/N. Reber*[5] Vor §§ 120 ff. Rn. 81). Einen **umfassenderen** internationalen **Schutz** wird allerdings das neue **Internationale WIPO-Abkommen zum Schutz audiovisueller Darbietungen**, auch genannt WIPO Audiovisual Performances Treaty (**WAPT**), auslösen, das am 24.6.2012 von WIPO-Mitgliedsstaaten auf einer diplomatischen Konferenz in Beijing angenommen wurde. Das Abkommen tritt in Kraft, wenn es von 30 Staaten ratifiziert wurde. Im deutschen und im EU-Recht wird das Abkommen grundsätzlich keinen Änderungsbedarf auslösen; das dort geänderte Leistungsschutzrecht entspricht dem Schutzniveau des WAPT. Persönlich schützt das WAPT die Staatsangehörigen der anderen Vertragsstaaten und Personen, die ihren gewöhnlichen Aufenthaltsort in einem anderen Vertragsstaat haben, sodass vorher bestehende Schutzlücken geschlossen werden. Zum WAPT eingehend vgl. Vor §§ 120 ff. Rn. 49 ff.; ferner *v. Welser* GRUR Prax 2012, 345; s. auch *v. Lewinski* GRUR Int. 2001, 529. **Keine internationalen Konventionen** gelten für **Filmhersteller** (§ 94) bzw. **Laufbildhersteller** (§ 95). Zur rechtlichen Stellung des Filmproduzenten im internationalen Vergleich *Katzenberger* ZUM 2003, 712; *Loef/Verweyen* ZUM 2007, 706; vgl. § 94 Rn. 7.

27   **Internationalprivatrechtlich** kommt es entscheidend darauf an, wie die Anknüpfung vorzunehmen ist. Hier kommen insb. **Schutzlandprinzip** (z. B. Urheberschaft), **Vertragsstatut** (Anwendbarkeit der vertragsrechtlichen Bestimmungen der §§ 88 bis 92) und **Deliktsstatut** (anwendbares Recht bei Urheberrechtsverletzungen) für eine Anknüpfung in Frage (eingehend vgl. Vor §§ 120 ff. Rn. 58 ff.).

III.   Früheres Recht

1.   Reformen des UrhG

28   Bei vorbestehenden Werken wich § 88 a. F., der vornehmlich auf die Herstellung von Kino- und Fernsehfilme ausgerichtet war, mit seinem Katalog enumerativer Rechtseinräumungsvermutungen erheblich von der umfassenden Vermutung des § 89 ab (vgl. § 88 Rn. 9 ff.). Erst durch das Gesetz zur Stärkung der vertraglichen Stellung von Urhebern und ausübenden Künstlern vom 22.3.2002 (UrhVG 2002) wurden die Regelungen des § 88 geändert und an die des § 89 angenähert. Auf Verträge vom **1.1.1966 bis zum 30.6.2002** findet gem. § 132 Abs. 3 S. 1 weiterhin die damals geltende Fassung der §§ 88 ff. Anwendung. Für Verträge ab 1.7.2002 wurde außerdem § 91 abgeschafft, der die Rechte zur filmischen Verwertung der einzelnen Lichtbilder, aus denen ein Film besteht, dem Filmhersteller zuweist. Für Verträge vom 1.1.1966 bis 30.6.2002 gilt aber gem. § 132 Abs. 3 S. 1 nach wie vor § 91 a. F. (vgl. § 91 Rn. 1).

Das Gesetz zur Regelung des Urheberrechts in der Informationsgesellschaft **29** vom 10.9.2003 fügte in **§ 94 Abs. 2** die **S. 2 und 3** neu ein, ohne dass dies die Rechtslage verändert hätte (dazu vgl. § 94 Rn. 4), sodass auch keine Übergangsvorschrift besteht.

Durch den „**2. Korb**" wurden die §§ 88 und 89 um die Einräumung von Rech- **30** ten an **unbekannten Nutzungsarten** erweitert. Damit gehört jetzt ein Erwerb dieser Rechte zum Regelkatalog der §§ 88, 89, muss aber schriftlich verabredet werden (§ 31a). Die neu gefassten §§ 88 und 89 gelten aber erst für **Verträge,** die **ab 1.1.2008** geschlossen wurden. Auch wenn eine Regelung in § 132 fehlt, ergibt sich das zwingend aus dem Umkehrschluss aus § 137l (vgl. § 31a Rn. 7). Für Verträge bis zum 31.12.2007 ist vor allem § 137l als Übergangsvorschrift für die Neuregelung zu unbekannten Nutzungsarten (§§ 31a, 88 Abs. 1 S. 2, 89 Abs. 1 S. 2) zu beachten, der einen Nacherwerb der Rechte an unbekannten Nutzungsarten durch den Filmhersteller auch für Verträge ab 1.1.1966 erlaubt (vgl. § 88 Rn. 72 f., vgl. § 89 Rn. 43 ff.).

Die **Urhebervertragsrechtsreform** 2016 hat mit **Wirkung für Verträge ab** **30a** 1.3.2017 (§ 132 Abs. 3a, Abs. 4) eine wesentliche **Änderung** für die Einräumung **des Verfilmungsrechts** in § 88 Abs. 2 S. 2 mit sich gebracht. Es kann nunmehr nur noch für maximal zehn Jahre eingeräumt werden; abweichende Vereinbarungen sind nur in gemeinsamen vergütungsregeln oder Tarifverträgen möglich (dazu vgl. § 88 Rn. 85 ff.). Außerdem änderte die Urhebervertrags-rechtsreform 2016 § 90; danach kann ein Ausschluss des Rückrufsrechts nach § 41 für maximal 5 Jahre im Voraus vereinbart werden (§ 90 Abs. 1 S. 3); der neue § 40a ist gem. § 90 Abs. 2 vollständig von einer Anwendung auf die Rechte der §§ 88, 89 Abs. 1 ausgeschlossen.

2. LUG/KUG

Die besonderen Vorschriften für den Filmbereich in §§ 88 bis 95 traten mit **31** dem UrhG am 1.1.1966 in Kraft. Vorher fanden sich filmspezifische Normen nur in § 12 Abs. 2 Nr. 6 LUG, wonach die Verfilmung eines Sprachwerkes eine zustimmungsbedürftige Bearbeitung ist, und § 15a KUG, nach dem das Filmwerk urheberrechtlichen Schutz genießt. Die zeitliche Anwendung des UrhG regeln die allgemeinen Übergangsvorschriften in den §§ 129 ff.

Alle Regelungen über das **Urheberrecht** als solches, die etwa seine Entstehung, **32** seinen Umfang sowie seine Schranken betreffen, gelten gem. § 129 Abs. 1 S. 1 auch für die vor dem Inkrafttreten des UrhG am 1.1.1966 geschaffenen Werke. Das Filmwerk in Form seiner einzelnen Schöpfungsbeiträge durch Stoffurheber bzw. durch Filmurheber ist auch vor diesem Zeitpunkt nach Maßgabe des UrhG geschützt. **Leistungsschutzrechte** bestehen für Filme vor diesem Zeitpunkt nur insoweit, als ihnen auch vor dem Inkrafttreten des UrhG Schutz gewährt wurde (§ 129 Abs. 1 S. 2). Damit können **ausübende Künstler** Schutz nur genießen, wie es vor Inkrafttreten des UrhG der Fall war. Keinen Schutz können deshalb bei Altfilmen **Schauspieler** als ausübende Künstler und musikalische ausübende Künstler ohne vorbestehende Tonaufnahme (vgl. § 92 Rn. 3) beanspruchen, weil das früher gewährte fiktive Bearbeiterurheberrecht des § 2 Abs. 2 LUG nur für den Tonträger gilt (§ 135). Auch Filmhersteller (§ 94) und Laufbildhersteller (§ 95) sind für Altfilme nicht geschützt, weil diese Leistungsschutzrechte erst mit dem UrhG ab 1.1.1966 eingeführt wurden (zur Abgrenzung Alt- und Neufilm vgl. § 94 Rn. 29 ff.). Der **Kameramann als Lichtbildner** (der **einzelnen Lichtbilder** eines Films) war nach altem Recht durch sein Urheberrecht an nichtschöpferischen Fotografien gem. §§ 1, 3 KUG geschützt, sodass Schutz nach § 72 auch nach neuem Recht besteht (§§ 129 Abs. 1 S. 2, 135); für Verträge bis 30.6.2002 ist insoweit § 91 a. F. zu beachten (vgl. § 91 Rn. 1). Dieser Schutz bezieht sich allerdings nur auf die isolierte Auswertung des Filmeinzelbildes. Schutz für das Bewegtbild für den Kameramann kann sich aus § 72 nicht ergeben (vgl. § 89 Rn. 79).

33 Von der Anwendbarkeit originär urheberrechtlicher Regelungen ist die Anwendbarkeit von **urhebervertragsrechtlichen Regeln** zu trennen. Die Auslegung von Filmrechtsverträgen bemisst sich nach den zum Zeitpunkt des Vertragsschlusses jeweils geltenden Regeln (§ 132 Abs. 1; vgl. § 132 Rn. 5 ff.). Insb. die urhebervertraglichen Regelungen der §§ 88, 89, 90, 91 a. F., 92, 93 gelten nicht für Altverträge. Auch die allgemeinen urhebervertraglichen Regelungen der §§ 31 ff. (mit Ausnahme der §§ 40–43) beanspruchen keine Wirkung (BGH GRUR 2011, 714 Tz. 13 – *Der Frosch mit der Maske*). Eine Ausnahme bildet allerdings § 137, der anordnet, dass nach LUG und KUG zulässige Übertragungen des Urheberrechts in Nutzungsrechteinräumungen nach § 31 umgedeutet werden und auch keine Rechte erfassen, die erst durch das UrhG begründet wurden. Ferner war auch nach altem Recht vor Inkrafttreten des UrhG insb. der Übertragungszweckgedanke als allgemeiner (ungeschriebener) Auslegungsgrundsatz anerkannt (vgl. § 31 Rn. 113). Gerade er kann bei älteren Filmrechtsverträgen zu ähnlichen Ergebnissen wie die §§ 88 ff. führen, umschließt doch der Zweck der Verträge im Regelfall die Herstellung und filmische Auswertung der Filme (für vorbestehende Werke vgl. § 88 Rn. 5 ff.; für Beiträge zum Filmwerk selbst vgl. § 89 Rn. 3 ff.).

3. DDR-Recht

34 Bis zum 31.12.1965 galten in der DDR LUG und KUG. Danach trat ab 1.1.1966 das UrhG-DDR in Kraft (eingehend *Wandtke/Haupt* GRUR 1992, 21, 22; *Haupt* ZUM 1999, 380, 381; v. Hartlieb/Schwarz/*Haupt*[5] 55. Kap. Rn. 22).

35 a) **Urheberrechte, Leistungsschutzrechte:** Nach § 95 URG gelten alle Regelungen über das **Urheberrecht** als solches, die z. B. seine Entstehung, seinen Umfang sowie seine Schranken betreffen, auch für die vor dem Inkrafttreten des URG am 1.1.1966 geschaffenen Werke. Das URG folgte im Hinblick auf Filme dem Schöpferprinzip, wonach Urheber nur natürliche Personen sein können (§ 6 URG). Bei Filmwerken wurden als Urheber zumeist Regisseur, Kameramann und Cutter gesehen, wobei die schöpferische Tätigkeit im Einzelfall zu bestimmen war. Die Herstellung des Filmes war eine Kollektivleistung (*Wandtke/Haupt* GRUR 1992, 21, 22; *Wandtke* GRUR 1999, 305, 306 mit der Einschränkung, dass die Praxis der Einordnung des Regisseurs als Urheber nicht immer folgte). Das in der DDR geltende Gesetz über das Urheberrecht ist gem. Art. 8 EV mit Wirkung vom 3.10.1990 außer Kraft getreten. Mit diesem Zeitpunkt wurde das bundesdeutsche Recht inklusive des UrhG global auf die DDR durch Art. 8 EV übergeleitet. Gem. Anlage I EV Kap. III E Abschnitt II Nr. 2 § 1 (KG GRUR 1999, 721 – *DEFA Film*; KG GRUR 1999, 328, 329 – *Barfuß ins Bett*; andere Verweisnormen in KG MMR 2003, 110 – *Paul und Paula*: Anlage I EV Kapitel II Abschnitt II Nr. 2 § 1), der besondere Bestimmungen für das Urheberrecht enthält, ist das UrhG auch auf die vor dem Beitritt geschaffenen Werke anwendbar. Damit gilt für Fragen, die das Urheberrecht als solches betreffen – z. B. ob und durch wen zuvor Werke geschaffen wurden – das Urheberrecht der BRD (BGH GRUR 2001, 826, 827 – *Barfuß ins Bett*; KG MMR 2003, 110 – *Paul und Paula*; KG GRUR 1999, 721 – *DEFA Film*; KG AfP 1999, 77). Gleiches gilt für **Leistungsschutzrechte des Filmherstellers** nach §§ 94, 95. Die DEFA als Rechtsnachfolgerin der VEB DEFA Studios verfügt für die von ihr hergestellten Filme seit dem 3.10.1990 über die Leistungsschutzrechte des Filmherstellers (KG MMR 2003, 110 – *Paul und Paula*; KG GRUR 1999, 721 – *DEFA Film*).

b) DDR-Urhebervertragsrecht: Anderes gilt für das Urhebervertragsrecht und **36** insb. die Einräumung von Nutzungsrechten in der DDR. Auf urheberrechtliche Nutzungsverträge als Schuldverträge, die in der Zeit vor dem 3.10.1990 abgeschlossen wurden, wird gem. Art. 232 § 1 EGBGB das bisherige Recht der DDR angewendet. Die Auslegung der Verträge richtet sich daher nach dem damaligen Urhebervertragsrecht (BGH GRUR 2001, 826, 827 – *Barfuß ins Bett*; KG ZUM 1999, 415 – *DEFA-Film*; KG ZUM-RD 1999, 484, 486 – *Flüstern und Schreien*; *Püschel* GRUR 1992, 579, 582; *Wandtke* GRUR 1991, 263, 265; Dreier/Schulze/*Schulze*[5] Rn. 18). Hierzu zählen auch Normen, die den Umfang der **Rechtseinräumung** von Nutzungsverträgen regeln (ausführlich *Haupt* ZUM 1999, 380; *Wandtke/Haupt* GRUR 1992, 21). Für Altverträge vor dem 1.1.1966 gelten gem. § 95 Abs. 2 URG LUG bzw. KUG.

In den §§ 60 ff. UrhG-DDR war der Umfang der urhebervertraglichen Rechte- **37** einräumung im Filmbereich geregelt. Zu unterscheiden war zwischen Filmwerken, die zur Vorführung bestimmt waren, und Fernsehwerken, deren bestimmungsgemäße Nutzung die Sendung darstellte. Dementsprechend wurden regelmäßig Verfilmungs- sowie Vorführungs- oder Senderechte eingeräumt (*Wandtke/Haupt* GRUR 1992, 21, 23). Die Videoauswertung wurde wegen ihrer geringen praktischen Bedeutung nicht vom UrhG-DDR erwähnt (*Wandtke/Haupt* GRUR 1992, 21, 24 f.; vgl. Rn. 38; vgl. Rn. 44). Anwendung fand im Urheberrecht der DDR der **Übertragungszweckgedanke** (OLG München ZUM 2000, 61, 64 – *Das kalte Herz* für einen Fall unter Geltung des LUG; *Wandtke/Haupt* GRUR 1992, 21, 25; *Wandtke* GRUR 1999, 305, 310; *Püschel* GRUR 1992, 579, 582).

aa) Urheber im Arbeitsverhältnis: Eine spezielle Vorschrift für Urheber im **Ar-** **38** **beitsverhältnis** enthielt der – vom Zweck dem heutigen § 43 UrhG ähnliche – § 20 UrhG-DDR, demzufolge sämtliche Rechte an den Betrieb übertragen bzw. eingeräumt werden sollen, den dieser zur Lösung **betrieblicher Aufgaben** benötigt. Hierzu konnte auch die Lizenzvergabe ins Ausland zählen (BGH GRUR 2001, 826, 828 – *Barfuß ins Bett*). Der Sache nach war § 20 UrhG-DDR vom Übertragungszweckgedanken geprägt (*Wandtke* GRUR 1999, 305, 308). Er betraf vor allem Regisseure und andere Filmschaffende im Arbeitsverhältnis. An ihm richteten sich ggf. anwendbare Rahmenkollektivverträge für den Filmbereich aus. Hersteller des Filmes war zumeist die DEFA. Sie erwarb beispielsweise aufgrund der arbeitsvertraglichen Regelung des § 20 UrhG-DDR die Nutzungsrechte auch für die – 1989 auch in der DDR bekannte – Videoverwertung an einem durch einen angestellten Regisseur hergestellten Filmwerk (KG GRUR 1999, 721, 723 – *DEFA Film*).

Gem. § 10 Abs. 2 UrhG-DDR war der **filmherstellende Betrieb** (z. B. die DEFA- **39** Studios) ausschließlich, auch unter Ausschluss der Filmurheber (Arbeiter oder freie Mitarbeiter), zur **kollektiven Wahrnehmung des Urheberrechts** berechtigt. Zweck dieser Regelung war aufgrund der komplexen Rechtslage bei einer Vielzahl Mitwirkender – ähnlich den §§ 88 ff. (vgl. Rn. 1 ff.) – die Konzentration der Rechte zwecks Wahrnehmung in einer Hand. Damit war aber kein Rechtsübergang kraft Gesetzes verbunden, sondern nur eine kollektive Wahrnehmungsbefugnis (BGH GRUR 2001, 826, 827 – *Barfuß ins Bett*). Die in § 10 Abs. 2 UrhG-DDR begründete Befugnis des Betriebs zur Wahrnehmung der Rechte an Film- und Fernsehwerken ist mit dem Inkrafttreten des Einigungsvertrages entfallen, weil sich gem. Art. 8 EV i. V. m. Anlage I EV Kap. III E Abschnitt II Nr. 2 die Befugnis zur Wahrnehmung von Rechten an urheberrechtlich geschützten Werken allein nach dem UrhG richtet (BGH GRUR 2001, 826, 827 – *Barfuß ins Bett*; KG ZUM 1999, 415, 416 – *DEFA-Film* mit Abdruck der Normen). § 10 Abs. 2 verdrängt damit § 20 UrhG-DDR nicht (KG GRUR 1999, 721, 722 – *DEFA Film*; KG ZUM-RD 2000, 384; a. A. *Haupt* ZUM 1999, 380, 384).

40   **bb) Normativbestimmungen, Vertragsmuster, Rahmenkollektivverträge:** Das Urhebervertragsrecht der DDR favorisierte einen Vertragsabschluss auf der Grundlage der Vertragsmuster (BGH GRUR 2001, 826, 827 – *Barfuß ins Bett*); dies lässt sich aus § 41 Abs. 2 UrhG-DDR herleiten, wonach unter den dort genannten Voraussetzungen immer die subsidiäre Geltung der Vertragsmuster als Vertragsinhalt bestimmt wird (KG ZUM-RD 2000, 384; *Arends* S. 137).

41   Praktisch wichtig sind hier die **Normativbestimmungen für Filmschaffende**. Nach dem Kammergericht bestand in der DDR zunächst die Übung, Filmverträge auf der Grundlage der historischen Vorläufer der Normativbestimmungen abzuschließen. Die Normativbestimmungen für Filmschaffende beruhten auf den inhaltlich identischen „Allgemeinen Anstellungsbedingungen" der Reichsfilmkammer aus dem Jahr 1940 und der Tarifordnung für Filmschaffende vom 19.8.1943, die sodann ab 1948 mit identischem Inhalt als Normativbestimmungen für Filmschaffende bezeichnet und in gleicher Weise bis zum Jahre 1988 verwendet worden seien (abgedruckt bei *Haupt* UFITA 2003/I, 69 ff.). Auch wenn der konkrete Vertrag nicht mehr auffindbar sei, könne bei Vorlage von Verträgen für vergleichbare Sachverhalte, die sie einbeziehen, ein Anscheinsbeweis zugunsten ihrer Anwendbarkeit gelten (KG ZUM-RD 2000, 384). Das erscheint neuerdings vor dem Hintergrund der Rechtsprechung des BGH als zweifelhaft. Danach begründen andere zur gleichen Zeit durch bekannte Filmurheber abgeschlossene Verträge keine tatsächliche Vermutung, dass bis 1966 sämtliche Filmschaffende – und insbesondere bekannte Filmurheber – den Filmherstellern durch Bezugnahme auf entsprechende Tarifordnungen umfassende Nutzungsrechte auch für unbekannte Nutzungsarten eingeräumt hätten (BGH GRUR 2011, 714 Tz. 34 – *Der Frosch mit der Maske*). Allerdings betrifft diese BGH-Rechtsprechung einen westdeutschen Regisseur, die erfahrungsgemäß größere Verhandlungsspielräume besaßen als ihre ostdeutschen Kollegen. Auch das OLG München (MMR 2002, 312, 314 – *Spielbankaffäre)* hat die Normativbestimmungen für Filmschaffende bei Verwendung von Standard-Urheberrechtsverträgen angewendet.

42   Diese wurden am 24.10.1955 durch einen **Rahmenvertrag** zwischen Ministerium für Kultur, Hauptverwaltung Film, und dem deutschen Schriftstellerverband mit Geltung bis zum 31.12.1974 ergänzt. Auch er enthielt Bestimmungen über den Umfang eingeräumter Rechte zur Herstellung und Auswertung von Filmen. Letztere sollten das Produktionsstudio für die Dauer von 5 Jahren nach Uraufführung (mit einseitiger Verlängerungsmöglichkeit durch das Produktionsstudio) zur umfassenden Verwertung befähigen, insb. durch Vervielfältigung, Verbreitung, Vorführung, Synchronisation, Vertrieb im Ausland, Sendung, Bearbeitung und Übertragung der Rechte an Dritte mit Anzeigepflicht. Es bestanden Enthaltungspflichten des Urhebers; Auf- sowie Vorführungsrechte und damit verbundene Verleihrechte des Filmes in der jeweilig bestehenden Fassung konnten auch nach Fünfjahresfrist fortbestehen (Abdruck der Regelungen bei *Haupt* ZUM 1999, 380, 381 f.).

Dem Rahmenvertrag folgte am 22.7.1975 die Anweisung des Ministeriums für **43** Kultur über Vertragsmuster und literarische Grundlagen von Filmwerken. Das dortige Vertragsmuster für einen **Szenariumsvertrag** enthielt die vorformulierte Vereinbarung über eine ausschließliche Rechteeinräumung für die Herstellung und Auswertung eines Filmes in jeder möglichen Form (insb. Vervielfältigung, Verbreitung, Vorführung, Synchronisation, Vertrieb im Ausland, Sendung im Fernsehen) für die Dauer von fünf Jahren nach Uraufführung, längstens 10 Jahre nach Abnahme des Szenariums. Nach Ablauf war das Studio berechtigt, den hergestellten Film in den zu diesem Zeitpunkt bestehenden Fassungen nach eigenem Ermessen weiter zur Aufführung und Vorführung zu bringen, was auch heute noch eine gültige Rechtseinräumung darstellt (KG ZUM-RD 2000, 384). Ausführlich zum Szenariumsvertrag *Haupt* ZUM 1999, 380, 381 ff. Zu einem Sachverhalt, in dem streitig war, ob ein Szenariumsvertrag oder ein Vertrag gemäß den Normativbestimmungen für Filmschaffende abgeschlossen wurde, KG ZUM-RD 2000, 384, das letztlich die Normativbestimmungen anwendete. Für Mitarbeiter des Fernsehens der DDR ist bei der Rechtseinräumung der **Rahmenkollektivvertrag Fernsehen** vom 12.8.1975 zu beachten, der auf § 20 Abs. 2 UrhG-DDR Bezug nimmt und alle für den betrieblichen Zweck erforderlichen Nutzungsrechte erfasst (BGH GRUR 2001, 826, 829 – *Barfuß ins Bett*).

cc) Übertragung unbekannter Nutzungsarten: Im Urheberrecht der DDR exis- **44** tierte ebenso wie im bundesdeutschen Recht für Verträge vor 1966 **kein Verbot** der Einräumung von Rechten an **unbekannten Nutzungsarten** (BGH GRUR 2001, 826, 828 – *Barfuß ins Bett*; KG ZUM-RD 2000, 384; a. A. Wandtke/Bullinger/*Wandtke*[4] § 4 EVtr Rn. 66, der dies aus § 39 lit. a) sowohl für Neuverträge ab 1.1.1966 als auch für Altverträge wegen § 95 Abs. 2 S. 2 URG herleiten will; weder Wortlaut noch *ratio legis* geben das jedoch her). Damit entscheidet eine Vertragsauslegung – insb. unter Berücksichtigung des Übertragungszweckgedankens – darüber, ob Rechte an unbekannten Nutzungsarten eingeräumt wurden (ausführlich vgl. § 31 Rn. 172 ff.). Nach Ziffer 3.1 der Normativbestimmungen für Filmschaffende (dazu vgl. Rn. 41) werden die Nutzungsrechte auf zur Zeit des Vertragsschlusses noch nicht bekannten Verwendungsgebieten dem Studio zur alleinigen Verwendung zugewiesen, mithin Rechte an unbekannten Nutzungsarten eingeräumt. Das erfasst insb. bei Vertragsschluss noch unbekannte **Videorechte** (KG ZUM-RD 2000, 384; a. A. Wandtke/Bullinger/*Wandtke*[4] § 4 EVtr Rn. 67), die im Übrigen seit spätestens 1979 den Filmschaffenden bekannt waren, auch wenn es in der DDR keine relevante Videonutzung gab (KG ZUM-RD 2000, 384; a. A. Wandtke/Bullinger/*Wandtke*[4] § 4 EVtr Rn. 67: erst ab der Wende bekannt). Überdies wurde am 12.6.1984 ein „Gemeinsamer Rechtsstandpunkt des Ministeriums für Kultur und des Staatlichen Komitees für Fernsehen beim Ministerrat der DDR zur Übertragung von Nutzungsbefugnissen für Film und Fernsehwerke" geschaffen, der Kraft ministerieller Weisung auch die Videoverwertung und damals zumindest in der DDR unbekannte Nutzungsarten in die Rechtseinräumung einbezog, nicht zuletzt, um die Auslandsverwertung zu erleichtern (eine Relevanz für die Auslegung von Nutzungsverträgen ablehnend *Wandtke/Haupt* GRUR 1992, 21, 25 f.). Auch **On-Demand-Rechte** sind nach den Normativbestimmungen für Filmschaffende eingeräumt, sofern man sie überhaupt als früher unbekannte Nutzungsarten einordnen will (vgl. § 31a Rn. 41). **Pay-TV** (vgl. § 31a Rn. 37, str.), **Kabel- und Satelliten-TV** (vgl. § 31a Rn. 36) sind keine neuen Nutzungsarten im Hinblick auf das auch in der DDR bekannte terrestrische Fernsehen (KG ZUM-RD 2000, 384). Die Anwendung des § 31 Abs. 4 a. F. vom 1.1.1966 bis 31.12.2007 (vgl. § 31a Rn. 6 ff.) abgeschlossene Verträge, die eine **Rechtseinräumung für das Gebiet der BRD** zum Gegenstand hatten, wurde vom BGH offen gelassen (BGH GRUR 2001, 826, 828 – *Barfuß*

ins Bett), ist jedoch abzulehnen. § 31 Abs. 4 a. F. wird auch internationalprivatrechtlich nicht nach dem Schutzlandprinzip, sondern nach dem Vertragsstatut
angeknüpft (str., vgl. § 31a Rn. 14; vgl. Vor §§ 120 ff. Rn. 88). Insb. im Filmbereich hat der Gesetzgeber § 31 Abs. 4 a. F. als „weder im Interesse der Urheber noch im Interesse der Filmproduzenten und auch nicht im Interesse der
Konsumenten" gebrandmarkt (RegE 2. Korb – BT-Drs. 16/1828, S. 33), sodass
eine extensive Anwendung weder internationalprivatrechtlich noch auf DDR-
Verträge als angezeigt erscheint. Die gegenteilige Auffassung wird § 137l zu
beachten haben (vgl. § 137l Rn. 4).

45 dd) **Schicksal eingeräumter Nutzungsrechte nach der Wende:** Zu Nutzungsrechten, die vor der Einheit auf das jeweilige ehemalige Staatsterritorium der
DDR bzw. der BRD räumlich beschränkt eingeräumt wurden und einer möglichen Vertragsanpassung, insb. im Hinblick auf Senderecht und Verbreitungsrecht, vgl. Vor §§ 31 ff. Rn. 93 ff.

IV. Verträge im Filmbereich

46 Unter Filmverträgen versteht die Praxis einen bunten Strauß verschiedenster
Vertragstypen. Sie sind im UrhG im Hinblick auf **Verträge des Urhebers bzw.
des ausübenden Künstlers** einer beschränkten Regelung in den §§ **88 bis 93**
zugeführt. Dort finden sich nur Regelungen für die Einräumung (einschließlich
Übertragung für den ausübenden Künstler), die Vergütung sowie den Rückruf
von Nutzungsrechten. Ferner kann für das Vertragsrecht im Hinblick auf das
Leistungsschutzrecht des Produzenten auf die eher rudimentäre Regelung in
§ **94 Abs. 2** zurückgegriffen werden. Ansonsten fehlt eine grundsätzliche Regelung im UrhG. Zu **Rundfunkverträgen** allgemein vgl. Vor §§ 31 ff. Rn. 372 ff.,
zu **Sendeverträgen** jedoch vgl. Rn. 97. Folgender Überblick über die weiteren
Filmverträge, auch soweit sie nicht vom UrhG geregelt sind:

1. Verfilmungsverträge („Stoffverträge")

47 Bei einer Verfilmung werden zunächst bereits existierende Werke filmisch genutzt. Das können vorbestehende Romane, Bühnenstücke, Drehbücher oder
Musik sein. Gegenstand des Vertrages ist also die Einräumung von Rechten
für die Benutzung von vorbestehenden Werken für die Herstellung eines Filmes.
Die vorbestehenden Werke werden im Regelfall für das Filmwerk bearbeitet
(§ 23). Verfilmungsverträge sind Verträge eigener Art mit Elementen des Kauf-
oder Pachtvertrages (Dreier/Schulze/*Schulze*[5] Vor § 31 Rn. 169; Schricker/Loe-
wenheim/*Ohly*[5] Vor §§ 31 ff. Rn. 138).

48 Nach der **Auslegungsregel** des § **88 Abs. 1** erwirbt der Filmproduzent eine
weitgehend **unbeschränkte filmische Auswertungsbefugnis**, die beispielsweise
Vervielfältigung, Verbreitung, Sendung, Vorführrecht und – da seit Jahren bekannt – die öffentliche Zugänglichmachung im Internet erfasst, einschließlich
der Befugnis zur Bearbeitung und Umgestaltung der zugrunde liegenden Werke.
Nach § 88 Abs. 1 n. F. erfasst diese Vermutung ohne Widerrufsmöglichkeit
auch **unbekannte Nutzungsarten;** allerdings besteht insoweit ein Schriftformgebot nach Abs. 1 S. 2. Eine Auswertungspflicht besteht im Zweifel bei Beteiligungsvergütung, bei Pauschalvergütung entscheidet der Einzelfall (vgl. Vor
§§ 31 ff. Rn. 41 ff.). Eingeräumt wird das Verfilmungsrecht im Regelfall durch
den **Urheber** selbst oder die jeweiligen Rechteinhaber wie **Verlage,** die die
Rechte als Nebenrechte halten. Auch dafür gilt nach h. M. § 88 (vgl. § 88
Rn. 25). Sehr häufig erfolgt der Erwerb der Stoffrechte über **Optionsverträge**
(dazu im Einzelnen vgl. Vor §§ 31 ff. Rn. 311 ff.), damit der Produzent sich die
Stoffe sichert, um danach zu klären, ob das Projekt realisierbar ist. In vielen
Fällen wird die Option nicht gezogen. Zu Stoffverträgen im Einzelnen vgl. § 88

Rn. 1 ff. S. ferner zu den Einschränkungen der §§ 34, 35 und der §§ 41, 42 gemäß § 90 sowie zum nur eingeschränkten Schutz vor Entstellung und zur Namensnennung gemäß § 93 die Kommentierungen dort. Bei **Nutzung von Musikwerken** für Filme gelten Besonderheiten, weil die Rechte tw. über Verwertungsgesellschaften eingeholt werden müssen; vgl. Rn. 110 für das grundsätzliche Verfilmungsrecht (Synchronisationsrecht); zur Auswertung des Films vgl. Vor §§ 88 ff. Rn. 67 ff. Zu **Musikvideos** vgl. Rn. 11. Zu filmähnlich geschaffenen Werken, insbesondere zu **Computerspielen, trans- und crossmedialen Produktionen und sonstigen Multimediaproduktionen** vgl. Rn. 12 ff.

2. Verträge mit Filmurhebern

An der Produktion des Filmes sind regelmäßig eine Vielzahl kreativer Personen   **49**
beteiligt, z. B. **Regisseur, Kameramann, Architekt, Tonmeister oder Cutter.** Sofern sie als sog. Filmurheber urheberrechtlich geschützte Werke (§ 2) schaffen (vgl. § 89 Rn. 13 ff.), muss der Filmproduzent die relevanten Nutzungsrechte von ihnen erwerben, um den Film nutzen zu können. Zu **Computerspielen** und sonstigen filmähnlichen **Multimediaproduktionen** vgl. Rn. 12 ff. Nach der **Auslegungsregel** des § 89 Abs. 1 erhält der Produzent von den Filmurhebern im Zweifel umfassende ausschließliche Nutzungsrechte. Nach § 89 Abs. 1 n. F. erfasst diese Vermutung ohne Widerrufsmöglichkeit auch unbekannte Nutzungsarten; jedoch ist das Schriftformgebot des Abs. 1 S. 2 zu beachten. Meist ist der Umfang der Rechtseinräumung in den zugrunde liegenden Dienst- oder Arbeitsverträgen oder Tarifverträgen explizit geregelt. Zu den Verträgen mit Filmurhebern im Einzelnen s. § 89. § 90 enthält über dies Einschränkungen der §§ 34, 35 und der §§ 41, 42; § 93 gewährt nur eingeschränkten Schutz vor Entstellung und begrenzt die Namensnennung; s. die dortigen Kommentierungen.

3. Verträge mit ausübenden Künstlern

An einem Filmwerk wirken außerdem zahlreiche ausübende Künstler, insb.   **50**
Schauspieler, aber auch Sänger und Musiker der Filmmusik mit. Ihnen stehen eigene Leistungsschutzrechte nach §§ 73 ff. zu. Der Filmproduzent muss also für eine ungehinderte Verwertung des Filmes auch über diese Rechte verfügen. Zu Gunsten des Filmproduzenten enthält § 92 eine Vermutung, dass ihm umfassende Nutzungsrechte eingeräumt sind (Abs. 1); ferner wird er vor Vorausverfügungen des ausübenden Künstlers geschützt (Abs. 2). Schließlich enthält § 92 Abs. 3 einen Verweis auf die Einschränkung der Rechte des Urhebers in § 90, die damit auch zu Lasten der ausübenden Künstler gilt. Häufig sind ausübende Künstler jedoch Arbeitnehmer, sodass die Rechteverschaffung über den Arbeits- und Tarifvertrag geht und § 92 nicht eingreift; vgl. § 93 Rn. 25.

4. Verträge über Leistungsschutzrechte des Filmherstellers und des Laufbildherstellers

Der Filmproduzent erwirbt neben den Rechten der Urheber nach §§ 88, 89   **51**
bzw. der ausübenden Künstler nach § 92 darüber hinaus ein **eigenes Leistungsschutzrecht gemäß § 94.** Grund für diese Rechtekonzentration aus abgeleiteten Rechten und eigenem Leistungsschutzrecht in der Hand des Produzenten ist zum einen die Vielzahl anfallender Rechte und zum anderen der Herstellungsaufwand des Filmes, der eine effiziente Verwertung erfordert, die nicht durch Blockadeaktionen einzelner Filmschaffender behindert werden soll (vgl. Rn. 2). Soll das Filmwerk von Dritten ausgewertet werden, sind sie also neben den Rechten der Urheber (§§ 88, 89) und der ausübenden Künstler (§ 92) auch auf die Rechte des Filmherstellers angewiesen. Vgl. § 94 Rn. 1 ff.

Bildfolgen bzw. Bild- und Tonfolgen, die sich **nicht als Filmwerk** gemäß § 2   **52**
Abs. 1 Nr. 6 qualifizieren, werden als **Laufbilder** bezeichnet. Für sie erhält der Hersteller gemäß § 95 ein **eigenes Leistungsschutzrecht**, sodass bei Verwertung

durch Dritte auch insoweit ein eigenständiger Lizenzierungsbedarf entsteht. Vgl. § 95 Rn. 1 ff.

5. Verträge über Synchronisation und Untertitelung

53   **Fremdsprachige Filme** werden zur Nutzung in Deutschland regelmäßig in deutscher Sprache synchronisiert, zumindest untertitelt. Dadurch kann ein eigenes **Leistungsschutzrecht** als Filmherstellungsrecht gemäß § 94 entstehen (vgl. § 94 Rn. 27 ff.). Überdies entstehen auch **neue Urheberrechte** (z. B. des Übersetzers und Skriptautors) und **Leistungsschutzrechte der ausübenden Künstler** (Synchronsprecher, Regisseur), für die die relevanten Rechte erworben werden müssen. Oft ist der Rechteinhaber aber nicht selbst Hersteller der Synchronisation oder Untertitelung, weil dies der Verleiher, der Videolizenznehmer oder die Sendeanstalt im Rahmen des entsprechenden Auswertungsvertrages (vgl. Rn. 67 ff.) übernimmt. Diesen müssen dann entsprechende **Bearbeitungsrechte** eingeräumt sein. Nur die Untertitelungsrechte, aber keine Synchronisationsrechte sind eingeräumt, wenn lediglich „sub-titling", aber kein „dubbing" gestattet ist (OLG Köln ZUM 2007, 401, 403). Umgekehrt sollte der Rechteinhaber des Originalfilms darauf achten, die **Rechte an der Synchronisation oder Untertitelung** vollständig zu erhalten, damit er nach Ablauf des Lizenzvertrages die synchronisierte oder untertitelte Fassung weiter nutzen kann. Ggf. muss er sich an den Kosten beteiligen oder ein Entgelt für den Rechteerwerb bezahlen.

54   Werden **deutsche Filme** für den Weltvertrieb (vgl. Rn. 107 ff.) synchronisiert oder untertitelt, stehen die dafür erforderlichen Bearbeitungsrechte der Urheber regelmäßig dem Inhaber der Verfilmungsrechte (§ 88 Abs. 1) bzw. dem Filmhersteller als Inhaber der Rechte am Filmwerk (§ 89 Abs. 1) zu. Denn §§ 88 Abs. 1 und § 89 Abs. 1 erwähnen ausdrücklich die Erlaubnis zu Übersetzungen des fertigen Films.

6. Produktionsverträge

55   **a) Co-Produktionsverträge:** Die Produktion eines Filmes muss nicht durch ein Unternehmen, sondern kann durch **mehrere Co-Produzenten** erfolgen. Sie sind dann auch **gemeinsam Filmhersteller** gemäß § 94. Für eine Co-Produktion kommen verschiedene Gründe in Betracht, z. B. Teilung des finanziellen Risikos, steuerliche Erwägungen, Qualifizierung für öffentliche Subventionen. Tw. beteiligen sich auch Auswerter als Co-Produzenten und erhalten im Gegenzug die sie interessierenden Rechte, beispielsweise co-produzierende Rundfunkanstalten die Senderechte. In diesen Fällen liegt jedoch nicht immer eine „echte" Co-Produktion vor, insb. wenn sich der Beitrag des Co-Produzenten auf finanzielle Beiträge beschränkt (im Einzelnen zur Abgrenzung von „echter" und „unechter" Co-Produktion vgl. § 94 Rn. 22 f.). Die Feststellung in einem Vertrag, das Auswertungsrecht an einem Film liege bereits bei einer Partei, kann rechtsverbindlichen Charakter haben, wenn die Umstände des Falles dies nahe legen (s. BGH ZUM 2010, 431 Tz. 29). Haben die Produzenten die Rechte unter sich aufgeteilt, kommt bei wesentlicher **Veränderung der Geschäftsgrundlage** durch Änderung der politischen Situation (z. B. Wiedervereinigung Deutschlands) oder durch technischen Fortschritt gemäß den Grundsätzen über die Störung der Geschäftsgrundlage (§ 313 BGB) eine **Vertragsanpassung** oder nachrangig eine **Beendigung** in Betracht (vgl. Vor §§ 31 ff. Rn. 100 ff.). In jedem Fall vorrangig bleibt aber eine **ergänzende Vertragsauslegung**, z. B. ein vertraglicher Anspruch auf Einräumung weiterer Nutzungsrechte oder eine gemeinsame Inhaberschaft bei nicht eindeutig verteilten Rechten [BGH GRUR 2005, 320, 322 f. – *Kehraus*; ferner nach Zurückweisung durch den BGH: OLG München ZUM 2010, 719). Tw. kennen Co-Produktionsverträge auch einen „**federführenden" Produzenten**, der unter bestimmten Voraussetzungen als alleiniger Filmhersteller gemäß § 94 und damit auch als Inhaber der von Filmurhebern eingeräumten Rechte zu behandeln ist (vgl. § 94 Rn. 23).

Sofern bei Anwendbarkeit deutschen Rechts keine anderweitige Regelung ge- **56**
troffen wird, liegt während des Produktionsprozesses regelmäßig eine **Gesellschaft bürgerlichen Rechts** (§§ 705 ff. BGB) oder unter den Voraussetzungen
des § 1 HGB auch eine **OHG** (§§ 105 ff. HBG) vor. Es finden im Hinblick auf
das entstandene gemeinsame Leistungsschutzrecht nach § 94 die Regelungen
des § 8 entsprechende Anwendung (vgl. § 94 Rn. 22). Nach Produktionsende
wandelt sich die Co-Produktionsgesellschaft im Regelfall in eine **Bruchteilsgemeinschaft** gemäß §§ 741 ff. BGB um (v. Hartlieb/Schwarz/*Schwarz*⁵ Kap. 83
Rn. 7); die Produzenten können allerdings auch eine Auseinandersetzung wählen und z. B. die Rechte nach Medien oder Sprachfassungen aufteilen (Berger/
Wündisch/*Blank/Kummermehr/Diesbach*² § 19 Rn. 157). Dann gilt – mangels
abweichender Parteivereinbarung – anders als in der GbR (§ 709 Abs. 1 BGB)
grds. das Mehrheitsprinzip bei Auswertungsentscheidungen, § 745 Abs. 1
BGB.

b) Auftragsproduktionen: Bei Auftragsproduktionen beauftragt ein Verwerter **57**
einen Produzenten mit der Herstellung eines Filmes. Auftragsproduktionen
spielen eine bedeutende Rolle im Programmangebot von Fernsehanstalten. Unterschieden werden echte und unechte Auftragsproduktionen. Bei der **echten
Auftragsproduktion** bleibt der Produzent Filmhersteller im Sinne des § 94 und
erwirbt damit ein eigenes Leistungsschutzrecht; es findet **Werkvertragsrecht**
Anwendung (OLG München ZUM-RD 2009, 606, 608; LG München I ZUM
2008, 161, 163 – *Vote Media IV; Johannes Kreile* ZUM 1991, 386, 388; Ber-
ger/Wündisch/*Blank/Kummermehr/Diesbach*² § 19 Rn. 136; Loewenheim/*Castendyk*² § 75 Rn. 115; v. Hartlieb/Schwarz/*Schwarz*⁵ Kap. 84 Rn. 4). Nach
Fristsetzung mit Ablehnungsandrohung zurücktreten kann der Auftraggeber
nur, wenn der Leistungsgegenstand eindeutig bestimmt ist (OLG München
ZUM-RD 2009, 606, 609, für einen Dokumentarfilm). Demgegenüber ist der
Auftraggeber bei **unechten Auftragsproduktionen** selbst Filmhersteller gemäß
§ 94; der Filmhersteller ist hier im Rahmen eines Geschäftsbesorgungsvertrages
mit dienstvertraglichen Elementen tätig (ebenso für Anwendung von **Geschäftsbesorgungsrecht:** v. Hartlieb/Schwarz/*Schwarz*⁵ Kap. 85 Rn. 3; für alleinige
Anwendung Dienstvertragsrecht *Johannes Kreile* ZUM 1991, 386, 388; offen:
Loewenheim/*Castendyk*² § 75 Rn. 115, Berger/Wündisch/*Blank/Kummer-
mehr/Diesbach*² § 19 Rn. 137). Zu den Details der Abgrenzung zwischen echt
und unecht vgl. § 94 Rn. 22 f.

aa) Echte Auftragsproduktion: Der Filmproduzent erwirbt bei der echten Auf- **58**
tragsproduktion alle relevanten Rechte (**urheberrechtliche Nutzungsrechte** gemäß §§ 88, 89, **Leistungsschutzrechte** gemäß § 94) zunächst selbst. Auf die
Rechtseinräumung an den Fernsehsender findet der **Übertragungszwecke-
danke** gemäß § 31 Abs. 5 Anwendung, und zwar im Hinblick auf die Weitergabe der urheberrechtlichen Nutzungsrechte in Form des allgemeinen Übertragungszweckgedankens (vgl. § 31 Rn. 118 ff.) und im Hinblick auf die
Leistungsschutzrechte gemäß § 94 Abs. 2. „Fernsehmäßige Nutzung" umfasst
deshalb im Zweifel nur die unkörperlichen Fernsehsenderechte, nicht die
Rechte des körperlichen Vertriebs als Video (OLG Düsseldorf GRUR-RR
2002, 121, 122 – *Das weite Land*). Auch die Formulierung „*Der Vertragspartner überträgt ... sämtliche bei ihm entstehenden oder entstandenen urheberrechtlichen Nutzungs-, Leistungsschutz- und sonstige Rechte für Rundfunksendungen mittels Kabel, Satellit (gleich welcher Art) und/oder für terrestrische
und/oder sämtliche drahtlose Ausstrahlung einschließlich der Weiterverbreitung in Kabelanlagen ohne zeitliche bzw. örtliche Einschränkungen.*" erfasst
nur dann neben Fernsehsenderechten auch Videorechte, wenn der Sender darlegen und ggf. beweisen kann, dass der Vertragszweck auch auf eine Videoverwertung gerichtet war (OLG München ZUM-RD 1998, 101, 106 – *Auf und
davon*). Allerdings ist mittlerweile wohl von einer Branchenübung der Fernseh-

anstalten auszugehen, sich sämtliche Rechte von Auftragsproduzenten übertragen zu lassen, vor allem wenn eine Vollfinanzierung durch den Sender stattfindet („**Buy-Out**"; *Johannes Kreile* ZUM 1991, 386, 390; Loewenheim/ *Castendyk*[2] § 75 Rn. 130; in v. Hartlieb/Schwarz/*Ulrich Reber*[5] Kap. 93 Rn. 26). Für **öffentlich-rechtliche Anstalten** sind allerdings bestimmte „**Eckpunkte**" zu beachten (ARD-Produktionen): „Eckpunkte für ausgewogene Vertragsbedingungen und eine faire Aufteilung der Verwertungsrechte bei Produktionen für die Genres Fiktion, Unterhaltung und Dokumentation" der ARD-Landesrundfunkanstalten/DEGETO (Eckpunkt 2.0) ab 1.1.2016; ZDF-Auftragsproduktionen: „Eckpunkte der vertraglichen Zusammenarbeit bei ZDF-Auftragsproduktionen" vom 27.9.2010 sowie „Das ZDF und die Fernsehproduzenten – Rahmenbedingungen einer fairen Zusammenarbeit 12/2016; jeweils erhältlich über www.produzentenallianz.de). Sofern der Produzent einen Finanzierungsbeitrag erbringt, bleiben ihm gewisse Rechte (dazu v. Hartlieb/ Schwarz/*Schwarz*[5] 84. Kap. Rn. 17; s. a. aus Sicht des ZDF *Weber* ZUM 2014, 740 ff.; aus Sicht der Produzenten und speziell zu VoD *Schwarz* ZUM 2014, 758, 760 ff.). Auch im Bereich Dokumentarfilme existieren seit Mai 2013 solche „Eckpunkte der vertraglichen Zusammenarbeit für vollfinanzierte dokumentarische Auftragsproduktionen" (s. www.produzentenallianz.de). Mit privaten Sendeanstalten (über den Verband privater Rundfunk und Telemedien e. V. – „VPRT") existierte ebenfalls eine Vereinbarung verschiedener Filmproduzentenverbände vom 18.12.2008, die Ende 2013 ausgelaufen ist, aber zumindest noch faktische Bedeutung hat (*Schwarz* ZUM 2014, 758, 761; *Bareiss/ Menz* FS Mathias Schwarz S. 121, 131). Sie befasst sich insbesondere mit den On-Demand-Rechten.

59   Regelmäßig erfolgt dies in Allgemeinen Geschäftsbedingungen. Eine **AGB-Kontrolle** kommt nach den Grundsätzen des Übertragungszweckgedankens grundsätzlich nicht in Betracht. Jedoch darf eine Sendeanstalt wegen unangemessener Benachteiligung eine Nutzung in einer bestimmten Nutzungsart (Video) durch den lizenzgebenden Produzenten nicht formularmäßig von ihrer Zustimmung abhängig machen, wenn der Sendeanstalt nicht das Recht an der betreffenden Nutzungsart eingeräumt wurde (OLG Düsseldorf GRUR-RR 2002, 121, 122 – *Das weite Land*). Ausnahmen sind dann zuzulassen, wenn die Verweigerung der Zustimmung formularmäßig daran geknüpft ist, dass die weitere Verwertung inhaltlich für den Auftraggeber (ausnahmsweise) nicht mehr zumutbar ist. Überdies sollten die „Eckpunkte" (vgl. Rn. 58) eine gewisse Bedeutung bei der AGB-Kontrolle einnehmen. Eine geltungserhaltende Reduktion zu weit gefasster AGB ist auch im kaufmännischen Verkehr nicht möglich (BGH NJW 1993, 1787; BGH NJW 1985, 319; a. A. für die betreffende AGB-Klausel von Rundfunkanstalten offenbar Loewenheim/*Castendyk*[2] § 75 Rn. 132 m. Fn. 260).

60   Dem Produzenten stehen als Inhaber des Leistungsschutzrechts gemäß § 94 Abs. 4 **Vergütungsansprüche** gemäß §§ 20b Abs. 2, 27 Abs. 2, 46 Abs. 4, 47 Abs. 2, 54 ff. zu. Diese sind gemäß §§ 20b Abs. 2, 27 Abs. 2, 63a im Voraus nicht verzichtbar und können im Voraus nur an eine Verwertungsgesellschaft abgetreten werden, sodass eine Vorausabtretung an Fernsehanstalten ausscheidet. Auch eine Umgehung des Vorausabtretungsverbotes durch Beteiligung an den Einnahmen der Produzenten von Verwertungsgesellschaften begegnet Bedenken (OLG Düsseldorf GRUR-RR 2002, 121, 123 – *Das weite Land*; Loewenheim/*Castendyk*[2] § 75 Rn. 137); jedoch zu bestimmten Gestaltungsmöglichkeiten vgl. § 63a Rn. 13 ff.

61   Üblicherweise bestehen **Nennungsverpflichtungen** sowohl zugunsten des Produzenten als auch zugunsten des Fernsehsenders, die – sofern branchenüblich – auch formularmäßig vereinbart werden können. Die Verletzung solcher Nennungsverpflichtungen löst jedoch nur vertragliche Ansprüche aus, weil einem Produzenten kein deliktisches Recht nach § 13 zusteht.

Die **Vergütung** des Produzenten erfolgt regelmäßig nach einem bestimmten **62** Schema: Der Fernsehsender setzt kalkulatorische Herstellungskosten an; der Produzent darf dabei „Handlungsunkosten" von 6% und einen „Gewinn" von 7,5% zu seinen Gunsten einstellen. Problematisch ist, dass die wirklichen Herstellungskosten in vielen Fällen über den kalkulatorischen Kosten liegen. Der Produzent trägt dieses Risiko allein; deshalb erscheint es auch als AGB-rechtswidrig, die kalkulatorischen Kosten weiter abzusenken, wenn beispielsweise die vereinbarten Schauspielergagen tatsächlich niedriger als kalkuliert ausfallen, §§ 307, 308 Nr. 4 BGB (Loewenheim/*Castendyk*[2] § 75 Rn. 141). Tw. werden Bonuszahlungen für besonders erfolgreiche Filme und Wiederholungshonorare (direkt an die Urheber bzw. ausübenden Künstler) gezahlt (eingehend Loewenheim/*Castendyk*[2] § 75 Rn. 142 ff., 236 ff.). Die „Eckpunkte" (vgl. Rn. 58) gewähren den Auftragsproduzenten neuerdings bestimmte Beteiligungsansprüche (näher v. Hartlieb/Schwarz/*Schwarz*[5] 84. Kap. Rn. 9).

Abzugrenzen ist die echte Auftragsproduktion als Werkvertrag **vom Lizenzver-** **63** **trag,** auf den pacht- und/oder kaufrechtliche Bestimmungen besser passen (vgl. Vor §§ 31 ff. Rn. 164 ff., 287). Insb. können Produzenten im Wege eines sog. „Pre-Sale" Lizenzvertrages einen Film vor Herstellung an Sender lizenzieren. Sofern der Fernsehsender wie ein Besteller Einfluss in redaktioneller, künstlerischer oder organisatorischer Hinsicht durch Weisungsbefugnisse, Abnahmerechte oder Beistellung von Drehbüchern bzw. organisatorischen Leistungen wie Versicherungen (dazu Loewenheim/*Castendyk*[2] § 75 Rn. 146) auf die Produktion behält, liegt aber eher eine echte Auftragsproduktion vor (Loewenheim/*Castendyk*[2] § 75 Rn. 122).

bb) Unechte Auftragsproduktion: Bei unechten Auftragsproduktionen be- **64** stimmt der Auftraggeber die Filmproduktion in allen wesentlichen Elementen selbst. Der **unechte Produzent** ist nur **„verlängerte Werkbank"** (unsere 9. Aufl./ *Hertin* § 94 Rn. 5) des Auftraggebers. Dementsprechend erwirbt der Auftraggeber im Regelfall auch die Nutzungsrechte der Urheber und ausübenden Künstler selbst. Erfolgt der Erwerb im Namen des unechten Auftragsproduzenten, hat der Auftraggeber einen Anspruch auf Weiterübertragung, muss aber die Auslagen für den Rechteerwerb erstatten (§§ 675, 670 BGB). Dem Auftraggeber steht als eigentlichem Filmhersteller auch das Leistungsschutzrecht des § 94 zu (vgl. § 94 Rn. 24 f.). Unechte Auftragsproduzenten werden als **reine Dienstleister** in der Praxis für Filmfonds tätig, sog. **Produktionsdienstleister** (production service companies), wenn aus steuerlichen Gründen der Fonds (echter) Filmhersteller sein muss (eingehend v. Hartlieb/Schwarz/*Schwarz*[5] Kap. 85 Rn. 4 f.; Loewenheim/*Castendyk*[2] § 75 Rn. 120 ff.). Ferner finden sich unechte Auftragsproduktionen in der Werbefilmproduktion sowie für filmische Beiträge zu Nachrichten- und Magazinsendungen.

c) Produktionsvorbereitung und -entwicklung: Filmproduzenten werden insb. **65** von Fernsehanstalten auch beauftragt, bestimmte Projekte vorzubereiten oder zu entwickeln, bevor die Entscheidung über die tatsächliche Herstellung des Films fällt. Es handelt sich um Werkverträge. Insoweit kann beispielsweise eine Drehbuchentwicklung vereinbart werden. Der Produzent wird dabei i. d. R. verpflichtet, die entstehenden Rechte einzuholen und an den Sender weiterzugeben. Kommt es nicht zu einer Herstellung des Filmes, wird regelmäßig ein Recht des Produzenten verabredet, die Rechte zurück zu erwerben und den Film allein herzustellen. Die vom Sender gezahlte Vergütung wird üblicherweise auf die ggf. bei Herstellung gezahlte Vergütung angerechnet. Die öffentlich-rechtlichen Rundfunkanstalten haben für Drehbuchentwicklungsverträge mit dem Verband der Bühnen- und Medienverlage (www.buehnenverleger.de) (ARD-) Drehbuchauftragsverträge (2003) bzw. (ZDF-) Werknutzungsverträge (2005) ausgehandelt, die als Normverträge gelten können (zu Normverträgen vgl. Vor §§ 31 ff. Rn. 298). Sie werden gerade neu verhandelt (Stand Januar 2012). Zu den einzelnen Vertragswerken im Ablauf der Produktion: *v. Hartlieb/Schwarz*[5] Kap. 88–104, insb. zu Verfilmungs- und Drehbuchverträgen s. Kap. 93; *Loewenheim/Castendyk*[2] § 75 Rn. 152 ff. Bei Produktionsvorbereitung und Produktionsentwicklung kann § 88 entsprechend auch auf die Auftraggeber anwendet werden (vgl. § 88 Rn. 25).

66   **d) Produktion von filmähnlichen Werken, insbesondere Computerspielen, trans- und crossmedialen Produktionen und sonstigen Multimediaproduktionen:** Auch filmähnliche Werke, insbesondere Computerspiele, trans- und crossmediale Produktionen und sonstige Multimediaproduktionen, können als Filmwerke auch unter die Bestimmungen der §§ 88 ff. fallen (vgl. Rn. 12 ff.). Zu Computerspielproduktionsverträgen vgl. § 69a Rn. 10 und vgl. § 69c Rn. 39. Zum Computerspiel als Merchandisingprodukt vgl. Vor §§ 31 ff. Rn. 422 ff.

7.   Filmauswertungsverträge

67   Für die Auswertung eines Filmes stehen unterschiedlichste Formen (sog. Auswertungsfenster) bereit (vgl. Rn. 10): Die Mehrzahl der Filme durchläuft allerdings nicht alle vorgenannten Auswertungsformen. Sie werden z. B. nur auf Video/DVD ausgewertet oder nur gesendet, je nach Nutzungspotenzial des Filmes.

68   Die auf diese Auswertung bezogenen Verträge des Filmproduzenten mit verschiedenen Nutzern über die Auswertung des Filmwerkes haben große wirtschaftliche und praktische Bedeutung in der Filmbranche. Die Verträge regeln die Vergabe von urheberrechtlichen Nutzungsrechten, die der Produzent von den Urhebern erworben hat (vgl. Rn. 46 ff. sowie §§ 88, 89). Ferner vergibt der Produzent auch seine eigenen Leistungsschutzrechte gem. § 94 an den Auswerter. Nur im Hinblick auf solche eigenen Leistungsschutzrechte des Filmproduzenten enthält das UrhG in § 94 Abs. 2 eine Regelung. Insb. die Weitergabe von urheberrechtlichen Nutzungsrechten von Produzent an Verwerter ist im UrhG **nicht geregelt**, weil das UrhG sog. sekundäres Urhebervertragsrecht grds. nicht erfasst (vgl. Rn. 23). Für sämtliche Filmauswertungsverträge des sekundären Urhebervertragsrechts gilt jedoch zur Bestimmung des Umfangs der Rechtseinräumung der **allgemeine Übertragungszweckgedanke**, es sei denn, es liegt die Situation eines vollständigen Rechtskaufes mit translativer Übertragung aller Rechte vor (allgemein zum Übertragungszweckgedanken vgl. § 31 Rn. 118 ff.). Das sollte allerdings die Ausnahme bleiben, weil Auswertungsverträge i. d. R. zeitlich, räumlich und/oder inhaltlich nur beschränkte Rechte einräumen.

69   **a) Filmverleih (Verleihverträge):** Mit **Filmverleih** ist die Auswertung vor öffentlichem Publikum gemeint. Primär ist damit die Kinoauswertung gemeint; es kommt aber auch eine Endnutzung durch Fluggesellschaften ("Inflight-Rechte"), Filmfestivals, Film-Clubs, Jugendheime, Krankenhäuser oder Schulen in Betracht.

70   Beim Filmverleih können Verleihunternehmen zwischen Produzent und Auswerter geschaltet werden, die die Vergabe der Rechte an Spielstätten und die Kontrolle des Vorführentgeltes ("Leihmiete") übernehmen. Mit ihnen schließt der Produzent einen **Verleihvertrag**. Insb. unabhängige kleine und mittlere Filmproduzenten bedienen sich solcher "Verleiher".

71   Mit der **Digitalisierung der Kinos** wird sich die Aufgabe der Verleiher allerdings nicht unwesentlich ändern. Der Film wird von einem zentralen Server zum

Kino per Datenleitung übertragen. Damit werden keine Filmrollen mehr „verliehen", sondern der Film wird den Kinos auf Abruf zur Vorführung zugänglich gemacht. Die Kosten des Zugänglichmachens des Films sind im Vergleich zur Herstellung von Kopien auf körperlichen Datendatenträgern („Filmrollen") gering. Ein Film kann ohne erhebliche Zusatzkosten beliebig häufig gleichzeitig „verliehen" werden. Wegen der digitalen Vorlage ist auch die Zahl der Kopien aus Qualitätsgründen nicht begrenzt.

aa) Umfang der eingeräumten Rechte: Üblicherweise werden durch Verleihverträge **ausschließliche Rechte** eingeräumt. Zu Zeiten der analogen Kinoauswertung, die mit körperlichen Filmrollen arbeitete, war klar, dass es um eine Nutzungsrechtseinräumung im Hinblick auf das **Recht der öffentlichen Vorführung** (§ 19 Abs. 4) ging. Nach Digitalisierung der Kinos (vgl. Rn. 71) machen die Kinos den Film öffentlich wahrnehmbar, der ihnen vorher (auf Abruf per Datenleitung) zugänglich gemacht wurde; das fällt nach wie vor unter § 19 Abs. 4 und nicht unter § 22 (str., vgl. § 22 Rn. 6). Eher selten sind allerdings reine Verleihverträge. Häufiger wird dem Verleiher auch das Video/DVD-Recht eingeräumt (zum Videolizenzvertrag vgl. Rn. 83 ff.), und zwar vor allem dann, wenn der Verleiher sämtliche Werbekosten übernimmt, weil von diesen Investitionen später auch der Video/DVD-Vertrieb profitiert, sich also das finanzielle Risiko für den Verleiher minimiert. Oft erfolgt die Einräumung von Video/DVD-Rechten ferner gemeinsam mit On-Demand-Rechten für das Internet, weil diese Rechte letztlich in direkte Konkurrenz zueinander treten (zu On-Demand-Rechten vgl. Rn. 90 ff.). Tw. werden den Verleihern auch die Senderechte (vgl. Rn. 97 ff.) eingeräumt. Ohne ausdrückliche Regelung oder in Zweifelsfällen kann der allgemeine Übertragungszweckgedanke bei der Bestimmung des Rechteumfanges helfen (vgl. Vor §§ 31 ff. Rn. 238); im Zweifel ist Zweck des Vertrages allerdings nur die Kinoauswertung.

72

Mitunter wird dem Verleiher auch das **Synchronisations- und/oder Untertitelungsrecht** als **Bearbeitungsrecht** eingeräumt, insb. bei fremdsprachigen Filmen, die im deutschsprachigen Raum ausgewertet oder bei deutschsprachigen Filmen, die im Ausland ausgewertet werden sollen (vgl. Rn. 53 f.).

73

bb) Lizenzgebiet/-dauer: Das **Lizenzgebiet** umfasst bei deutschsprachigen Filmen regelmäßig Deutschland, Österreich, den deutschsprachigen Teil der Schweiz und Lichtenstein; im Zweifel ist deshalb von einer Einräumung in diesem Umfang auszugehen (a. A. Loewenheim/*Schwarz*/*Reber*² § 74 Rn. 242: im Zweifel nur Deutschland). Zeitlich gilt ohne anderweitige Abrede wegen Branchenüblichkeit eine **Lizenzzeit** von 5 Jahren (v. Hartlieb/Schwarz/*Schwarz*⁵ Kap. 159 Rn. 17; Loewenheim/*Schwarz*/*Reber*² § 74 Rn. 244; s. aber Berger/Wündisch/*Blank*/*Kummermehr*/*Diesbach*² § 19 Rn. 172: zehn oder fünfzehn Jahre üblich).

74

cc) Nebenpflichten: Bei nur beschränkter Rechtevergabe an den Verleiher bestehen **Enthaltungspflichten des Produzenten**, die Auswertung durch den Verleiher nicht durch Vergabe der übrigen Rechte zu behindern. Diese ergeben sich ungeschrieben aus der vertraglichen Treuepflicht (*Schwarz* ZUM 2000, 816, 831 f.; Loewenheim/*Schwarz*/*Reber*² § 74 Rn. 257; ferner BGH GRUR 1969, 364, 366 – *Fernsehauswertung* für einen Treueverstoß nach Vergabe von Bühnenrechten durch gleichzeitige Vergabe von Senderechten an Dritte). Insoweit bestehen insb. **Sperrzeiten**, in denen eine Auswertung in den einzelnen Auswertungsfenstern (vgl. Rn. 10) ohne Konkurrenz sein muss. Anhaltspunkte ergeben sich aus den Sperrzeiten, die der Produzent bei öffentlicher Förderung des Films gem. § 53 FFG einhalten muss (6 Monate DVD und entgeltlicher Abruf; 12 Monate Pay-TV; 18 Monate frei-empfangbares TV und unentgeltliche Videoabrufdienste), die Enthaltungspflicht kann aber im Einzelfall kürzer

75

sein (Loewenheim/*Schwarz*/*Reber*² § 74 Rn. 258). Im Hinblick auf die Sperrzeit besteht oft das Problem, dass bei Abschluss der weiteren Auswertungsverträge der Kinostarttermin, also der Beginn des Laufes der Sperrzeit, nicht feststeht. Die Praxis behilft sich hier mit einer Geltung der Sperrzeit ab Kinostart.
Zu seiner Absicherung sollte der Produzent die gesperrten Rechte aufschiebend
bedingt einräumen, sodass er dinglich vor einer Nutzung geschützt ist. Möglich
ist auch eine rein schuldrechtliche Verpflichtung, die Rechte nicht auszuüben;
sie beschränkt Ansprüche jedoch auf den Vertragspartner, was bei vertragswidriger Weitergabe von Rechten ggf. kaum weiterhilft.

76 **Sachliche Enthaltungspflichten** können gelten, wenn ein direktes Konkurrenzprodukt nicht Gegenstand des Verleihvertrages war, z. B. ein Director's Cut.
Für andere Filme bloß des gleichen Genres besteht aber keine Enthaltungspflicht (vgl. Vor §§ 31 ff. Rn. 247 ff. sowie Loewenheim/*Jan Bernd Nordemann*² § 64 Rn. 146 für den belletristischen Bereich). Anders kann dies bei
Gebrauchszwecken dienenden Filmwerken sein, weil diese eher in Konkurrenz
untereinander stehen können.

77 Eine **Auswertungspflicht** des Filmverleihers ergibt sich zwar nicht aus §§ 1, 14
VerlG, auch nicht analog. Bei einem Filmverleihvertrag ist jedoch eine Auswertungspflicht auch ohne ausdrückliche Vereinbarung insb. dann anzunehmen,
wenn eine Verteilung des Einspielergebnisses unter den Vertragsparteien vereinbart ist (BGH GRUR 2003, 173, 175 – *Filmauswertungspflicht*; BGH GRUR
1951, 471 – *Filmverwertungsvertrag*; ferner – zum Patentrecht – BGH GRUR
2000, 138 – *Knopflochnähmaschinen*). Der Umstand, dass der Verleiher auch
die so genannten Herausbringungskosten (insb. die Kosten für die Werbung
und die Filmkopien) zu tragen hat, spricht insoweit zusätzlich für eine Auswertungspflicht (BGH GRUR 2003, 173, 175 – *Filmauswertungspflicht*). Bei **Pauschalvergütung** ist hingegen nicht von einer Regel auszugehen, dass keine Auswertungspflicht besteht (Loewenheim/*Schwarz*/*Reber*² § 74 Rn. 268). Denn die
Vereinbarung einer solchen Vergütung kann häufig Ausdruck der wirtschaftlichen Kräfteverhältnisse sein, die es dem Lizenznehmer erlaubten, eine solche
Art der Vergütung durchzusetzen, ohne dass dies notwendig mit einer untergeordneten Bedeutung der Auswertung einhergehen muss (BGH GRUR 2005,
148, 150 – *Oceano Mare* für den Verlagsbereich). Bei Pauschalvergütung sollte
deshalb **auf den Einzelfall abgestellt** werden. Eine ungeschriebene Auswertungspflicht kann insb. bestehen, wenn nach dem zugrundeliegenden **Zweck
des Vertrages** die **Auswertung bedeutend** war, z. B. um die Verwertung der
noch beim Lizenzgeber verbliebenen Rechte zu fördern. Besteht eine Auswertungspflicht, richtet sich ihr Umfang nicht allein nach einem für den Filmproduzenten optimalen wirtschaftlichen Ergebnis. Vielmehr darf der Verleiher die
Interessen anderer Filmhersteller, deren Filme er gleichzeitig im Verleih hat,
und sein Interesse einer dauerhaften Zusammenarbeit mit den Kinobesitzern
berücksichtigen, sodass die Auswertungspflicht insoweit eingeengt werden
kann (BGH GRUR 2003, 173, 175 – *Filmauswertungspflicht*; zustimmend
Oberbergfell ZUM 2003, 292, 295).

78 Gerade bei Beteiligungsvergütung ist ferner davon auszugehen, dass im Zweifel
kein Recht zur **Sublizenzierung** an dritte Verleiher besteht. Bei der Lizenzvergabe gegen prozentuale Beteiligung bringt der Lizenzgeber – anders als bei
der Lizenz gegen Festpreis – seinem Vertragspartner ein besonderes Vertrauen
entgegen. Denn er ist im Interesse einer effektiven Auswertung von dessen Einsatzfähigkeit und -bereitschaft und bezüglich der Abrechnung auch von dessen
Zuverlässigkeit abhängig. Insoweit gewährt nur der Zustimmungsvorbehalt die
Möglichkeit, auf die für die Auswertung wesentliche Auswahl des Nutzungsberechtigten Einfluss zu nehmen (BGH GRUR 1987, 37, 38 – *Videolizenzvertrag*). Etwas anderes gilt für räumliche Gebiete, für die auch der Lizenzgeber

weiß, dass sich der Verleiher Dritter bedienen muss, weil er dort nicht (ausreichend) vertreten ist (z. B. im nicht-deutschsprachigen Ausland). Es sollte allerdings möglich sein, im kaufmännischen Verkehr ein Sublizenzierungsrecht auch formularvertraglich zu vereinbaren, weil dies auch für Urheberverträge trotz §§ 34, 35 möglich ist (vgl. § 34 Rn. 41 f.).

Die Rechteinhaber verpflichten die Verleiher neuerdings häufig zu umfassenden **79** **technischen Maßnahmen** zum Schutz der Filme vor illegaler Nutzung nach dem Stand der Technik (vgl. § 95a Rn. 7 ff.). Das ist mit § 1 GWB bzw. Art 81 EG vereinbar (vgl. Vor §§ 31 ff. Rn. 72) und auch AGB-rechtlich nicht zu beanstanden, weil ein effektiver Schutz vor Piraterie im beiderseitigen Interesse liegt.

dd) Kostentragung: Der **Verleiher** trägt im Zweifel die Kosten für die **Herstel-** **80** **lung der Kopien** (v. Hartlieb/Schwarz/*Schwarz*⁵ Kap. 162 Rn. 1). Die Kopien werden vom Negativ gezogen, das der Produzent bei einem Kopierwerk hinterlegt; insoweit erhält der Verleiher eine sog. Ziehungsgenehmigung durch den Produzenten. Vom Originalnegativ können jedoch aus technischen Gründen nur eine begrenzte Anzahl von Kopien gefertigt werden, sodass regelmäßig ein sog. Internegativ hergestellt wird. Ohne gegenteilige Abrede wird der Verleiher die Kosten der Herstellung des Internegativs tragen müssen, weil er mit der Herstellung der Kopien belastet ist. Tw. liefert der Produzent dem Verleiher auch direkt das Negativ oder – aus Qualitätsgründen allerdings seltener – ein digitales Masterband. Empfohlen wird aus Sicht des Produzenten, geliefertes Material dem Verleiher lediglich zu verleihen bzw. zu verpachten, weil dann das Verbreitungsrecht des Produzenten gemäß § 17 am Band nicht erschöpft ist und er bei unberechtigter Weitergabe auch gegenüber Dritten (deliktisch) vorgehen könnte (Loewenheim/*Schwarz*/*Reber*² § 74 Rn. 297). Zur Frage des Herausgabeanspruches des Filmproduzenten gegen den Verleiher nach Kündigung des Verleihvertrages, wenn der Verleiher (rechtmäßig) bei Dritten Kopien unter Vereinbarung eines Eigentumsvorbehaltes gezogen hat, BGH GRUR 1971, 481, 483 – *Filmverleih*. Mit der **Digitalisierung der Kinos** (vgl. Rn. 70) verschwinden körperlich verbreitete Filmkopien und die vorgenannten Fragestellungen. Ohne gegenteilige Abrede wird der Verleiher die Kosten dafür tragen müssen, die gelieferte digitale Vorlage an die Kinos zu übertragen. Konkrete Abreden finden sich meist auch zur **Mindestkopienanzahl für den Kinostart** oder für das **Werbebudget**. Im Zweifel muss der Verleiher die **Anträge bei der** FSK zur jugend- und feiertagsschutzrechtlichen Freigabe und Kennzeichnung stellen (für den Videovertrieb ebenso Loewenheim/*Schwarz*/ *Reber*² § 74 Rn. 303). Der Produzent schuldet allerdings Mitwirkung, auch durch die Filmurheber wie Regisseur, wenn diese das Verfahren befördert.

ee) Vergütung: Die Nutzungsvergütung ist üblicherweise wie folgt geregelt: **81** Von den Einnahmen des Verleihers werden zunächst die Vorkosten des Verleihs (insb. für Kopien und Werbung) abgezogen. Der Verleiher erhält vom Rest 35 % bis 50 %, sog. **Verleihspesen;** für öffentlich geförderte Filme stellt 35 % gemäß § 20 der Richtlinie für die Referenzförderung auch die Höchstbeteiligung nach der Grundsätzen einer sparsamen Wirtschaftsführung dar, sodass sich die Verleihspesen erst nach Rückführung der Förderung auf 50 % erhöhen können. Tw. werden die Vorkosten des Verleihs auch erst vom verbleibenden Produzentenanteil von 65 % bis 50 % abgezogen. Jedoch können vorab zu bezahlende Minimumgarantien (vgl. Rn. 89) zugunsten des Produzenten vereinbart werden (zur Verwertung von Filmwerken und Berechnungsarten der Vergütung v. Hartlieb/Schwarz/*Schwarz*⁵ Kap. 166 Rn. 1 ff.).

Grds. nicht in die Vergütung einzubeziehen ist die Nutzung der Werke der **82** **Musikurheber.** Ihre Rechte der öffentlichen Vorführung werden im Regelfall durch die musikalische Verwertungsgesellschaft GEMA wahrgenommen und von den Kinos mit der GEMA abgerechnet (vgl. Rn. 110 ff.); allerdings müssen die Musikurheber (bzw. für sie tätige Musikverlage) bei der Filmherstellung das Recht der Verbindung der Musik mit dem Film gewährt haben (vgl. Rn. 48). Die Werbung für die öffentliche Vorführung des Films ist GEMA-frei, weil die Werbung für eine erlaubte Nutzung keine relevante Nutzung ist (vgl. § 31 Rn. 64; Praxis der GEMA tw. anders). Die VG BildKunst nimmt überdies ebenfalls Rechte der öffentlichen Vorführung für die ihr angeschlossenen Berufsgruppen I (Bildende Künstler) und II (Fotografen, Designer) gemäß § 1 lit. b) Wahrnehmungsvertrag wahr, nicht aber für die der Berufsgruppe III angehörenden Regisseure und sonstigen Filmurheber.

82a ff) **Verträge mit den Kinos, Filmclubs etc.:** Primär findet in der Praxis durch die „Verleiher" ein „Verleih" an Kinos statt. Die entsprechende **Nutzungsrechtseinräumung** ist i. d. R. **einfach.** Üblicherweise erhalten die Lizenzgeber als **Nutzungsvergütung** 50% der Kasseneinnahmen. Daneben können auch Fluggesellschaften („Inflight-Rechte"), Filmfestivals, Film-Clubs, Jugendheime, Krankenhäuser oder Schulen als öffentliche Vorführer in Betracht kommen und erhalten im Regelfall die entsprechende einfachen Nutzungsrechte. Der Verleih an nicht gewinnmaximierend tätige Vorführer wie Film-Clubs, Jugendheime oder öffentliche Schulen wird dabei meist als nicht-kommerzielle Vorführung bezeichnet, auch wenn die Vorführung dort gegen Entgelt erfolgt.

82b Bei Filmverleih werden die Kinobetreiber, aber auch andere Nutzer, zunehmend durch die Rechteinhaber verpflichtet, **technische Maßnahmen** (vgl. § 95a Rn. 1 ff.) nach dem Stand der Technik zum Schutz vor illegalen Nutzungen, z. B. Abfilmen im Kino, zu ergreifen. Dagegen bestehen grds. auch keine Bedenken bei Anwendbarkeit von **AGB-Recht,** weil ein Schutz vor Filmpiraterie auch im Interesse des Kinobetreibers ist.

83 b) **Videolizenzverträge:** Für den Vertrieb auf Video/DVD (oder technischen Substituten) können Videovertriebsunternehmen eingeschaltet werden, sofern der Produzent nicht selbst über eine entsprechende Infrastruktur verfügt. Oft erfolgt die Einräumung gemeinsam mit den Verleihrechten (vgl. Rn. 71 ff.). Video war bis in die 1970er Jahre eine **unbekannte Nutzungsart,** sodass möglicherweise der Produzent die Rechte wegen § 31 Abs. 4 a. F. bei Vertragsschluss ab 1.1.1966 nicht vom Urheber erhalten hat (vgl. § 31a Rn. 38); § 137l sollte jedoch zugunsten des Produzenten Abhilfe schaffen (vgl. § 137l Rn. 14). Zu Verträgen mit dem Urheber vor 1966 vgl. § 31a Rn. 5; § 137l gilt hier nicht.

84 aa) **Umfang der eingeräumten Rechte:** I. d. R. werden den Videovertriebsunternehmen **ausschließliche Rechte** eingeräumt. Die Lizenzzeit ist i. d. R. begrenzt und beträgt meist 5 bis 7 Jahre. Inhaltlich erhält der Lizenznehmer Vervielfältigungs- (§ 16) und Verbreitungsrechte (§ 17) als Video. Die Verbreitungsrechte umfassen i. d. R. sowohl die Vermietung (§ 17 Abs. 3) als auch den Verkauf (§ 17 Abs. 2). Dabei ist grds. davon auszugehen, dass die Nutzungsart „Video" auch **DVDs** erfasst, weil Videokassetten von DVDs substituiert werden, sodass es damit an einer wirtschaftlich eigenständigen Verwendungsform „DVD" fehlt (BGH GRUR 2005, 937, 939 f. – *Der Zauberberg*). Mithin entspricht es deshalb dem Übertragungszweckgedanken, auch die substituierende Technik der DVD in den Vertrag einzubeziehen. Auch der BGH sah eine DVD-Nutzung durch die Klausel „Verwertung durch andere zurzeit bekannte Verfahren, einschließlich AV-Verfahren und -träger, gleichgültig, ob sie bereits in Benutzung sind oder in Zukunft genutzt werden" als erfasst an (BGH GRUR 2005, 937, 940 f. – *Der Zauberberg*). Entsprechendes sollte für andere technische Substitute von Video oder DVD gelten, z. B. für die blu-ray disc (OLG München GRUR-RR 2011, 303, 304 – *Blu-ray Disc*). Einem Filme verkaufenden Unternehmen wird kein Vorführungsrecht für nebenbei laufende Filmaufführungen im Geschäft eingeräumt (OLG Düsseldorf GRUR 1979, 53, 54 – *Laufbilder*). Jedoch können nicht herunterladbare kurze Ausschnitte im Internet lediglich als Mittel der Absatzwerbung für körperliche Trägermedien von deren Verwertungsbefugnissen umfasst sein (KG GRUR 2003, 1038 – *Klaus Kinski Rezitationen* für die Rechte ausübender Künstler und CDs, m. E. auf Filme und DVD übertragbar). **In räumlicher Hinsicht** ist beim Videovertrieb zu bedenken, dass sich das Verbreitungsrecht bei Veräußerung gemäß § 17 Abs. 2 EU- bzw. EWR-weit erschöpft, sodass es sinnvoll sein kann, von vornherein die Rechte EU- bzw. EWR-weit zu vergeben (vgl. § 31 Rn. 15 ff.). Kleiner als Deutschland darf das Lizenzgebiet für die Verbreitung ohnehin nicht sein (vgl. § 31 Rn. 46 ff.).

Durch den Videolizenzvertrag wird der Videovertrieb in die Lage versetzt, seinerseits **Videovertriebsverträge** mit Videozwischen- oder Videoeinzelhändlern abzuschließen. Für die **Vermietung** erhalten die Händler regelmäßig das einfache Vermietungsrecht für ein bestimmtes Lizenzgebiet und eine bestimmte Lizenzzeit. **Im Kaufbereich** veräußert der Videohersteller die Träger an Zwischen- und Einzelhändler; wegen der Erschöpfungswirkung dieser Veräußerung (§ 17 Abs. 2) werden regelmäßig keine besonderen Vereinbarungen zum Nutzungsumfang getroffen.   **85**

Im Hinblick auf die **Filmmusik** bedarf es nicht der Einräumung eines Filmherstellungsrechts („Synchronisationsrecht", vgl. § 88 Rn. 36), wenn die Verbindung des Filmes und der Musik bereits anderweitig (z. B. im Rahmen der Filmherstellung) erlaubt wurde (BGH GRUR 1994, 41, 43 – *Videozweitauswertung II*; str., a. A. *Gernot Schulze* GRUR 2001, 1084, 1087). Diese Erlaubnis gilt dann für alle Nutzungsarten; ein eigenes Videofilmherstellungsrecht existiert nicht. Die Auswertungsrechte als solche müssen aber noch eingeräumt werden. Davon wird das Vervielfältigungs- und Verbreitungsrecht im Regelfall bei der GEMA als musikalischer Verwertungsgesellschaft eingeholt und bezahlt, sodass der Filmproduzent insoweit keine Rechte einräumt. Die Werbung für die Videos/DVDs unter Verwendung von Filmmusik ist GEMA-frei, weil die Werbung für eine erlaubte Nutzung keine relevante Nutzung ist (vgl. § 31 Rn. 64; Praxis der GEMA tw. anders). Zu GEMA und Buyout nach ausländischem Recht, insb. „work-for-hire", vgl. Rn. 110. Geht es um reine Konzertmitschnitte auf DVD, benötigt das Videounternehmen kein Filmherstellungsrecht (BGH GRUR 2006, 319 – *Alpensinfonie*; zur Kritik vgl. § 88 Rn. 55). Allerdings sind ggf. bestehende Leistungsschutzrechte (z. B. ausübende Künstler, Sendeunternehmen, Filmhersteller) von den Rechteinhabern einzuholen.   **86**

bb) Nebenpflichten: Aus der **vertraglichen Treuepflicht** können sich für den Produzenten bei der Rechtevergabe insb. Sperrfristen, aber auch **sachliche Enthaltungspflichten** ergeben (vgl. Rn. 75 f. für den Verleihvertrag). Eine **Auswertungspflicht** des Videovertriebsunternehmens besteht, wenn eine Beteiligungsvergütung vereinbart ist, bei Pauschalvergütung entscheidet der Einzelfall (vgl. Rn. 77 für den Verleihvertrag). Ein **Sublizenzierungsrecht** an andere Videohersteller kann im Zweifel bei Beteiligungsvergütung nicht angenommen werden (BGH GRUR 1987, 37, 38 – *Videolizenzvertrag*; vgl. Rn. 78 für den Verleihvertrag).   **87**

Ohne gegenteilige Absprache muss die Lizenznehmerin auf ihre Kosten die FSK-Anträge stellen (vgl. Rn. 80 für den Verleihvertrag). Der Lizenzgeber schuldet im Zweifel die Materiallieferung eines kopierfähigen Videomasterbandes, bei neueren Filmen seit Beginn des digitalen Zeitalters regelmäßig in Form eines digitalisierten Bandes. Häufig liegen jedoch gerade ältere Filme nicht in DVD-Qualität vor. Im Zweifel sollte der Lizenznehmer die zusätzlichen Kosten für die Aufbereitung tragen, wenn ihm die mangelnde DVD-Qualität bekannt war. Der Produzent schuldet ggf. Mitwirkung (in Form der Filmurheber, insb.   **88** des Regisseurs) bei der Nachbearbeitung, z. B. wegen der Farbbestimmung bei älteren Masterbändern. Empfohlen wird aus Sicht des Produzenten, das Masterband dem Lizenznehmer lediglich zu verleihen bzw. zu verpachten, weil dann das Verbreitungsrecht des Produzenten gemäß § 17 am Band nicht erschöpft ist und er bei unberechtigter Weitergabe auch gegenüber Dritten (deliktisch) vorgehen könnte (Loewenheim/*Schwarz*/*Reber*[2] § 74 Rn. 297).

89   cc) **Vergütung:** Als Nutzungsvergütung erhält der Lizenzgeber bei Vermietung üblicherweise 30% der Einnahmen. An den Verkaufserlösen ist der Lizenzgeber mit 20% beteiligt, tw. kombiniert mit einer Stückzahlvergütung (v. Hartlieb/*Schwarz*/*Schwarz*[5] Kap. 222 Rn. 8: 30% bis 35% bei Vermietung, sonst 12,5 bis 25%). Werden von den Einnahmen vorher die Vorkosten (Kopierkosten, Werbung) abgezogen, kann die Vergütung auch höher liegen. Häufig wird dem Lizenzgeber eine (anrechenbare) **Minimumgarantie** bei Vertragsschluss gezahlt. Diese Minimumgarantie muss auch bei Kündigung des Lizenzvertrages durch den Lizenzgeber gezahlt werden, und zwar unabhängig davon, ob die Kündigung wirksam ist oder nicht. Der Lizenznehmer kann jedoch die Einrede des nichterfüllten Vertrages gem. § 320 BGB erheben, wenn der Lizenzgeber nicht substantiiert darlegt und ggf. beweist, dass er Inhaber der lizensierten Rechte ist (LG München I ZUM-RD 2011, 641, 643).

90   c) **Online-/On-Demand-/Videoabruf-Verträge:** Das öffentliche Zugänglichmachen von Filmen im Internet auf individuellen Abruf ist heute gängige Praxis. Im Regelfall erfolgt das Online-Angebot nicht durch die Rechteinhaber selbst, sondern durch spezialisierte Download-Plattformen (auch „Videoabrufdienste"), die sich allerdings Konkurrenz durch illegale Internet-Tauschbörsen oder Streaming-Seiten ausgesetzt sehen. Die legalen Plattformen konzipieren ihr Angebot regelmäßig entsprechend dem Videovertrieb: tw. werden Filme – ähnlich der Videovermietung – nur zum sofortigen Betrachten (streaming) oder zumindest nur für einen begrenzten Nutzungszeitraum (z. B. 24h) zur Verfügung gestellt; dies wird in der Branche auch als „**Video on Demand" (VoD)** bezeichnet, obwohl der rechtliche Begriff des On-Demand eigentlich weiter ist. Das öffentliche Zugänglichmachen im Internet zum permanenten Download – vergleichbar dem Videoverkauf – wird „**electronic sell-through" (EST)** oder „Download To Own" (DTO) genannt. Weiter differenziert wird nach Abrechnungsform, z. B. Zahlung je Abruf („TVoD" – **Transactional VoD**) oder Abruf in einem Abonnement („SVoD" – **Subscription VoD**); letzteres kommt einer Pay-TV Nutzung nahe. Andere On-Demand Nutzungen liegen wirtschaftlicher noch dichter an der Sendenutzung, z. B. zeitlich begrenzte „**Catch-up"-Nutzungen** (z. B. 7-Day-Catch-Up). Insoweit „schweben" die On-Demand Nutzungen gewissermaßen zwischen den verschiedenen tradierten Auswertungsformen (*Bareiss*/*Menz*, FS Mathias Schwarz S. 121, 134, dort auch eingehend auf noch weitere Nutzungsformen), was Lizenzverhandlungen zuweilen komplex macht. Erreicht werden Nutzungsbeschränkungen für On-Demand über sog. **Digital Rights Management** (DRM), s. § 95c.

91   Neben der Nutzungsart Internet existieren im Online-Bereich noch weitere Nutzungsformen, die sich tw. auf andere Datennetze als das Internet stützen, beispielsweise On-Demand in Hotels und Gaststätten oder in Flugzeugen und Schiffen. Hierüber werden jeweils separate Lizenzverträge der Rechteinhaber meist mit auf den On-Demand-Vertrieb in diesen Bereichen spezialisierten Zwischenhändlern abgeschlossen.

92   Für On-Demand-Nutzungen kommen verschiedene voneinander abspaltbare Nutzungsarten in Betracht, vgl. § 31 Rn. 76; Bei der On-Demand Nutzung kann es sich tw. um eine unbekannte Nutzungsart handeln (str., vgl. § 31a Rn. 41), sodass Altverträge des Produzenten ab 1.1.1966 mit den Urhebern das Recht wegen § 31 Abs. 4 a. F. möglicherweise nicht umfassen (vgl. § 31a Rn. 6 ff.); jedoch sollte § 137l im Regelfall helfen (vgl. § 137l Rn. 14). Zu Altverträgen mit Urhebern vor 1966 vgl. § 31a Rn. 5.

aa) Umfang der eingeräumten Rechte: Für den Umfang der Rechteeinräumung **93** gilt der allgemeine Übertragungszweckgedanke. Eine Rechteklausel („in allen audiovisuellen Verfahren") deckt nach Auffassung des OLG München neben Videorechten auch On-Demand-Rechte ab (OLG München NJW-RR 1999, 988 – *Video On Demand*). In der Tat spricht für eine großzügige Auslegung des Zwecks von Verträgen, dass die On-Demand-Nutzung den Video-Nutzungsarten wesentlich angenähert ist (vgl. Rn. 72) und diese tw. substituiert. Gerade eine solche Substitution spricht aber dafür, dass der Vertragszweck auch On-Demand erfassen kann (BGH GRUR 2005, 937, 940 – *Der Zauberberg*). Dies gilt allerdings nur dann, wenn nach dem Vertragszweck von einer umfassenden Nutzungsrechtseinräumung auszugehen ist, weil die Nutzungsart On-Demand durchaus separat lizenziert werden kann (aber in der Praxis selten wird). In die gleiche Richtung geht eine Entscheidung des LG München I, die unter „alle Formen von Online-Diensten" für den Live-Mitschnitt eines Konzertes nicht nur das Angebot zum Download (und Speichern auf individuellen Abruf) aus dem Internet, sondern auch von „Streaming Webcast" (ohne Speichermöglichkeit, aber auf individuellen Abruf) verstanden (LG München I ZUM 2001, 260); zum Übertragungszweckgedanken ferner vgl. § 31 Rn. 164. Für den Umfang der Rechteeinräumung existiert im Übrigen eine einheitliche Praxis erst in Ansätzen. Tw. werden einfache Lizenzen erteilt, tw. erfolgt auch eine exklusive Zusammenarbeit mit einer Plattform. Die Lizenzzeit ist i. d. R. beschränkt, z. B. auf 5 Jahre. Das Lizenzgebiet umfasst üblicherweise nur die deutschsprachigen Länder. Die Plattformen müssen deshalb Maßnahmen der Identifizierung der Nutzer ergreifen (z. B. Post-Identverfahren), was im Übrigen auch wegen der Bestimmungen zum Jugendschutz („FSK-Freigabe") zwingend ist. Verstöße gegen das Jugendschutzrecht sind unlauter nach §§ 3, 4 Nr. 11 UWG (BGH GRUR 2007, 890 – *Jugendgefährdende Medien auf eBay*). – Zu beachten sind die Regelungen in § 67 Abs. 9 FFG für geförderte Kinofilme, die Protokollerklärung zu § 6 RStV sowie die Regelungen in § 11d RStV und § 11f Abs. 4 RStV, die eine faire Verteilung von Verwertungsrechten und ausgewogene Vertragsbedingungen gewährleisten sollen (*Bareiss/Menz* FS Mathias Schwarz S. 121, 129); zum Rechteumfang für den Videoabruf bei teilfinanzierten Auftragsproduktionen öffentlich-rechtlicher Anstalten vgl. Rn. 99; zu den Eckpunkte-Vereinbarungen mit den öffentlich-rechtlichen Rundfunkanstalten sowie einer Vereinbarung im Bereich privater Rundfunk vgl. Rn. 58; zu den vorstehenden Vereinbarungen speziell für On-Demand: *Schwarz* ZUM 2014, 758; *Bareiss/Menz* FS Mathias Schwarz S. 121, 130 ff.

bb) Nebenpflichten: Mangels anderweitiger Abrede muss sich um das FSK- **94** Verfahren die Plattform als Nutzerin kümmern. Bei Beteiligungsvergütung besteht im Zweifel eine Auswertungspflicht (vgl. Rn. 77 zu den Verleihverträgen) und im Zweifel ein grundsätzliches Sublizenzierungsverbot (vgl. Rn. 78 zu den Verleihverträgen). Eine Sublizenzierung der Rechte sollte aber zumindest mangels anderweitiger Abrede erlaubt sein, wenn mit der Technik der Plattform auch andere Plattformen für Dritte betrieben werden, was durchaus üblich ist („powered-by"-Modelle). I. d. R. verpflichten die Rechteinhaber die Plattformbetreiber auch zu umfassenden technischen Maßnahmen zum Schutz der Filme vor illegaler Nutzung (vgl. § 95a Rn. 7 ff.). Das ist mit § 1 GWB bzw. Art 101 AEUV vereinbar (vgl. Vor §§ 31 ff. Rn. 71) und auch AGB-rechtlich nicht zu beanstanden, weil ein effektiver Schutz vor Piraterie ebenfalls im Interesse des Plattformbetreibers ist.

Es gelten **ungeschriebene Treuepflichten** des Rechteinhabers (vgl. Rn. 75 zu **95** den Verleihverträgen). Die Sperrzeit ist nach § 53 FFG für öffentlich geförderte

Filme und die Nutzung in entgeltlichen Videoabrufdiensten 6 Monate ab Kinostart, für unentgeltliche Videoabrufdienste sogar 18 Monate ab Kinostart; in
der Praxis ist allerdings eine parallele Auswertung mit Videorechten üblich,
weil die Nutzungsarten auch – wie gesehen – parallel zur Videovermietung
bzw. dem Videoverkauf konzipiert sind.

96 cc) **Vergütung:** Als **Nutzungsvergütung** wird üblicherweise eine **Beteiligungs-**
vergütung vereinbart; sie liegt bei 40–50% der Einnahmen der Plattform, sofern die Nutzungsform eine Vergütung vorsieht. Möglicherweise müssen die
Rechte der Filmmusikurheber separat vergütet werden. Ihre Rechte (nicht aber
die der ausübenden Künstler) werden regelmäßig von der GEMA gegenüber
der Plattform beansprucht; das erscheint aber mangels hinreichender Rechteeinräumung an die GEMA durch Musikverlage bzw. durch andere ausländische Verwertungsgesellschaften nach wie vor in vielen Fällen zweifelhaft. Ohnehin nimmt die GEMA keine Rechte für Filmmusik wahr, die in „work-for-
hire"-Situationen nach US-Recht entstanden sind (vgl. Rn. 111); zur GEMA-
freien Werbung für erlaubte Nutzungen vgl. Rn. 82. Zu Minimumgarantien
vgl. Rn. 89.

97 d) **Sendeverträge:** Für die Sendung in Rundfunk und Fernsehen erwerben öffentlich-rechtliche und private Sendeanstalten vom Rechteinhaber das Senderecht im Sinne der §§ 20, 20a, 20b. Tw. erfolgt die Vergabe der Senderechte
im Zuge einer Produktionsvereinbarung mit dem Sendeunternehmen, insb. bei
Auftragsproduktionen (vgl. Rn. 57 ff.). Reine Auswertungslizenzen kommen
auch in Form einer sog. „Pre-Sale"-Lizenz für noch nicht hergestellte Filme vor
(zur Abgrenzung zur Auftragsproduktion vgl. Rn. 63).

98 aa) **Umfang der eingeräumten Rechte:** Der Umfang der Rechteeinräumung
hängt entscheidend vom Finanzierungsanteil des Senders ab. Bei **Vollfinanzie-**
rung beansprucht der Sender i. d. R. alle Rechte (Sendung, aber auch Verleih,
Video, On-Demand) weltweit für die gesamte Schutzfrist, zumal in diesen Fällen regelmäßig auch Produzenten mit wenig Verhandlungsmacht Vertragspartner sind (Loewenheim/*Castendyk*[2] § 75 Rn. 36 unter Verweis auf OLG München ZUM 1998, 101, 106). Für **öffentlich-rechtliche Anstalten** sind allerdings
bestimmte „**Eckpunkte**" zu beachten (vgl. Rn. 58; erhältlich über www.produ-
zentenallianz.de), z. B. können nicht genutzte Rechte an die Produzenten zurückfallen werden.

99 In Fällen einer **teilweisen Finanzierung oder bei Fehlen jeder Finanzierung**
durch den Sender sind die Lizenzen aber oft **enger.** Sofern ein Auftragsprodu-
zent für eine öffentlich-rechtliche Anstalt einen Finanzierungsbeitrag erbringt,
räumt er zwar vor allem ausschließliche Senderechte ein, ihm bleiben nach den
„Eckpunkte"-Papieren aber gewisse andere Rechte (vgl. Rn. 58; dazu v. Hart-
lieb/Schwarz/*Schwarz*[5] 84. Kap. Rn. 17). Den öffentlich-rechtlichen Sendern
wird z. B. regelmäßig ein „7-day-catch-up-Recht" zum kostenlosen Abruf gewährt, für den Umfang entgeltlicher Rechte kommt es aber auf den Finanzierungsanteil der Sender an. An freien Produktionen erhalten die Sender meist
nur die (**ausschließlichen**) **Senderechte.** In Frage kommende Nutzungsarten
gem. § 31 Abs. 1 sind frei-empfangbares Fernsehen und Pay-TV. Pay-TV kann
sich weiter in pay-per-view (pro Sendung), pay-per-channel (pro Kanal) und
pay-per-bouquet (pro Bündel von Programmen) unterteilen. Ferner kann schon
wegen §§ 20, 20a und 20b unterschieden werden zwischen terrestrischer, Satel-
liten- und Kabelnutzung. Beispielsweise Pay-TV findet tw. ausschließlich über
Kabel statt, sodass insoweit auch nur Kabelrechte eingeräumt werden können.
Ferner sollte die Sendung per Internet-TV eine selbständig abspaltbare Nutzungsart sein. Werden Rechte zur Kabelweitersendung (§ 20b) eingeräumt, ist
davon nicht ohne weiteres die Internetweitersendung von originär terrestrisch,

per Satellit oder Kabel ausgestrahlten Programmen umfasst, weil die Internet(weiter)sendung nicht unter § 20b fällt (vgl. § 20b Rn. 13). Richtigerweise ist auf den Vertragszweck abzustellen: ist er so umfassend, dass dem Sender die Nutzung aller technischen Weiterübertragungswege ermöglicht werden sollte, ist auch die Internetweitersendung erlaubt. Heute findet eine umfassende Internetweitersendung durch die großen Sender aber nur tw. statt, sodass ein solcher Vertragszweck nur zurückhaltend angenommen werden kann. – Gemäß § 20b Abs. 1 kann das Kabelweitersenderecht nur von Verwertungsgesellschaften geltend gemacht werden; dennoch lassen sich die Sender das Recht einräumen (s. a. § 20b Abs. 2). Weitere eigenständige Formen des Senderechts sind sog. Near-On-Demand-Sendungen. Sie wiederholen eine Sendung ständig, sodass der Nutzer mehr oder weniger den Zeitpunkt individuell bestimmen kann, zu dem er die Sendung sieht. Dennoch fällt diese Nutzung unter das Senderecht (vgl. § 19a Rn. 17). Echte On-Demand-Rechte erhalten die Sender außerhalb von Auftragsproduktionen regelmäßig nicht, weil die Filmproduzenten hierfür eigene Lizenzen an spezialisierte Plattformen vergeben.

Die umfassende Einräumung räumlich, zeitlich und inhaltlich unbeschränkter Rechte für alle Zwecke des Rundfunks, einen Film ganz oder tw. beliebig oft zu benutzen, berechtigt auch zur Verwendung von Einzelbildern als **Standbilder im Internet** für Programmhinweise (OLG Köln MMR 2005, 185, 186 – *Standbilder im Internet* zu einem Vertrag zwischen Filmurheber/Produzent und Rundfunkanstalt).   **100**

Umstritten ist, ob Pay-TV bis vor kurzem eine **unbekannte Nutzungsart** war und deshalb der Produzent in Verträgen ab 1.1.1996 wegen § 31 Abs. 4 a. F. möglicherweise vom Urheber die entsprechende Rechte nicht erwerben konnte (vgl. § 31a Rn. 37); § 137l bringt aber im Regelfall zumindest einen Nacherwerb (vgl. § 137l Rn. 14). Satelliten- und Kabelnutzung sind keine unbekannten Nutzungsarten im Vergleich zum terrestrischen Fernsehen, das seit den 1930er Jahren bekannt ist (zum Ganzen vgl. § 31a Rn. 35 ff.).   **101**

bb) Lizenzdauer/-gebiet: Die Lizenzzeit beträgt i. d. R. 3 bis 10 Jahre. Die **Anzahl der Sendungen** kann begrenzt sein. Tw. wird auch nur die Zahl der Sendungen innerhalb eines bestimmten Zeitfensters verabredet, und der Vertrag endet mit der letzten zulässigen Sendung. Das Lizenzgebiet ist regelmäßig Deutschland, oft erweitert um Österreich, den deutschsprachigen Teil der Schweiz, Lichtenstein, Luxemburg und das „Alto Adige". Nach der Einführung des Sendelandprinzips durch die Kabel- und Satellitenrichtlinie der EU (vgl. § 20a Rn. 8 ff.) ist es jedoch nicht mehr möglich, sich dinglich gegen eine Einstrahlung für Sendungen aus dem EU-Ausland abzusichern. Erst recht gilt dies bei Sendung über Internet. Deshalb können die Sender Exklusivität vor allem über eine ausschließliche Nutzung der deutschen Sprachfassung sicherstellen. So sieht beispielsweise die Regelsammlung Bühnenverlage/Rundfunk – Fernsehen – (RS Fernsehen, vgl. § 88 Rn. 25) vor, dass eine Rechteeinräumung für die Satellitensendung (Sendelandgrundsatz) nur für Deutschland erfolgt, gleichzeitig der Verlag aber garantiert, keine Rechte in deutscher Sprache zur Satellitensendung an Dritte vergeben zu haben (zu die Exklusivität sichernden Maßnahmen, wenn die Rechte für Deutschland und Österreich getrennt vergeben werden, auch Loewenheim/*Castendyk*[2] § 75 Rn. 64). Für Filme, die unter das FFG fallen, können gem. §§ 53, 67 FFG Einschränkungen bei der zeitlichen Vergabe der Rechte zu beachten sein.   **102**

cc) Nebenpflichten: Die Frage der Auswertungspflicht ist **umstritten**. Nach einer Auffassung soll sie „in der Regel" nicht bestehen (so Dreier/Schulze/*Schulze*[5] Vor § 31 Rn. 174; zurückhaltender: Schricker/Loewenheim/*Ohly*[5] Vor §§ 31 ff. Rn. 135, der lediglich darauf verweist, dass die Sendeanstalten eine   **103**

Auswertungspflicht regelmäßig ausschließen). Andere wollen niemals eine Auswertungspflicht annehmen, auch nicht bei Beteiligungsvergütung (Loewenheim/*Castendyk*[2] § 75 Rn. 25). Zutreffender Weise ist zu differenzieren: Im (seltenen) Fall einer **Beteiligungsvergütung** des Produzenten ist **im Zweifel** von einer **Auswertungspflicht** auszugehen (vgl. Rn. 77 zum Verleihvertrag, insb. BGH GRUR 2003, 173, 175 – *Filmauswertungspflicht* zur vertragsimmanenten Auswertungspflicht des Verleihers). Bei **Pauschalvergütung** ist hingegen auf den **Einzelfall** abzustellen. Denn die Vereinbarung einer solchen Pauschalvergütung muss nicht notwendig mit einer untergeordneten Bedeutung der Auswertung einhergehen, sondern kann Ausdruck der wirtschaftlichen Kräfteverhältnisse sein, die es dem Sender erlauben, eine solche Art der Vergütung durchzusetzen (BGH GRUR 2005, 148, 150 – *Oceano Mare*, für den Verlagsbereich und dort für einen Urhebervertrag), oder aus Praktikabilitätsgründen verabredet werden (zu den Schwierigkeiten der Berechnung einer Beteiligungsvergütung nach den Werbeerlösen oder Rundfunkgebühren, Loewenheim/*Castendyk*[2] § 75 Rn. 22, 71). Danach besteht eine ungeschriebene Auswertungspflicht, wenn die Interessen des Rechteinhabers an einer Auswertung überwiegen, beispielsweise wenn nach dem zugrundeliegenden **Zweck des Vertrages** (einschließlich seiner Lizenzlaufzeit, des Lizenzgebietes) die **Auswertung bedeutend** war, insb. um die Verwertung der noch beim Lizenzgeber verbliebenen Rechte zu fördern.

104 Nur bei Beteiligungsvergütung besteht außerdem im Zweifel ein grundsätzliches **Sublizenzierungsverbot** (vgl. Rn. 78 zu den Verleihverträgen); Beschränkungen der Sublizenzierung an „Rundfunkanstalten der ARD, des ORF, der SRG sowie dritte Programmveranstalter innerhalb des Lizenzgebietes" wirken aber nur schuldrechtlich und eröffnen keine deliktischen Ansprüche gegen den (vertragswidrig) sublizenzierten Sender (OLG München GRUR 1996, 972 – *Accatone*).

105 Es gelten **ungeschriebene Treuepflichten** („**Enthaltungspflichten**") des Rechteinhabers, z. B. gegenüber Pay-TV-Sendern, die Rechte nicht zur zeitgleichen Sendung an das Free-TV zu vergeben (vgl. Rn. 75 f. zu den Verleihverträgen). Umgekehrt sollte sich der Rechteinhaber gegen eine vorzeitige Nutzung durch die Sender durch eine aufschiebend bedingte Rechtevergabe absichern. Die **Sperrzeit** nach § 53 FFG für öffentlich geförderte Filme beträgt 12 Monate für Pay-TV und 18 Monate für frei empfangbares Fernsehen jeweils ab Kinostart. Als **Material** ist im Zweifel ein Sendeband im üblichen Format zu liefern (vgl. Rn. 80 zum Verleihvertrag).

106 dd) **Vergütung:** Als **Nutzungsvergütung** wird üblicherweise eine Pauschalvergütung vereinbart; sie schwankt stark je nach Potenzial und möglichem Sendeplatz des Filmes. Tw. wird der Pauschalpreis auch an den Kinoerfolg und dort an bestimmte Zuschauerzahlen geknüpft. Noch anders werden **TV-Auftragsproduktionen** vergütet (vgl. Rn. 62). Die Vergütung der **Filmmusik** erfolgt über die GEMA (Musikurheber), die mit Pauschalverträgen an die deutschen Sender gebunden ist. Die Sendung von **kurzen nicht-dramatisierten Texten** (bis 10 Minuten im Fernsehen) ist gegenüber der VG Wort zu vergüten (§ 1 Nr. 7 Wahrnehmungsvertrag VG Wort). Senderechte an Werken der bildenden Künste (Berufsgruppe I) vergibt im Regelfall die VG BildKunst, für Fotografen und Designer (Berufsgruppe II) allerdings nur begrenzt (§ 1 lit. c) Wahrnehmungsvertrag der VG BildKunst). Zu gesetzlichen Vergütungsansprüchen vgl. Rn. 113.

107 e) **Weltvertriebsverträge:** Viele deutsche Produzenten haben eine sichere Marktkenntnis nur im Hinblick auf den deutschsprachigen Raum (Deutschland, Österreich, deutschsprachiger Teil der Schweiz, Lichtenstein, Luxemburg,

Alto Adige). Insb. für die übrigen Territorien schalten sie sog. Weltvertriebsunternehmen ein. Im Regelfall erfolgt eine echte Lizenzierung; dann liegt ein eigener Vertrag mit pachtähnlichen Elementen nahe. Die Weltvertriebsunternehmen vertreiben den Film im eigenen Namen und auf eigene Rechnung. Seltener wird der Weltvertrieb als Agent, der im Namen des Produzenten handelt (zum Agentenvertrag vgl. Vor §§ 31 ff. Rn. 325 ff.), oder als Kommissionär im eigenen Namen auf fremde Rechnung (zum Kommissionsvertrag vgl. Vor §§ 31 ff. Rn. 328) tätig. Der Weltvertriebsvertrag kann entweder nach Abschluss der Projektentwicklung („Presale"), vor Veröffentlichung oder nach Veröffentlichung abgeschlossen werden. Bei „Presale" werden häufig noch bestimmte „Essentials" wie Drehbuchautor, Regisseur, Hauptdarsteller und/oder FSK-Freigabe dem Weltvertriebsunternehmen garantiert.

Inhaltlich umfasst der Weltvertrieb **sämtliche Nutzungsarten**, also insb. **Verleih, Video/DVD, Online/On-Demand/Videoabruf, Sendung**. Auch **Bearbeitungsrechte** werden üblicherweise bei erforderlicher Herstellung von Synchronfassungen eingeräumt. Ferner können Zensurbestimmungen in verschiedenen Ländern eine Bearbeitung erfordern. Die **Lizenzzeit** beträgt ab 5 Jahre, oft 7 oder gar 10 bis 15 Jahre (so Loewenheim/*Schwarz/Reber*[2] § 74 Rn. 314 m. w. N.). Das **Lizenzgebiet** ist weltweit mit Ausnahme der Länder, die sich der Produzent selbst vorbehalten hat. Im Zweifel besteht ein umfassendes **Sublizenzierungsrecht** des Weltvertriebes auch bei Beteiligungsvergütung des Produzenten, weil üblicherweise Sublizenzen in einzelnen Ländern für einen effektiven Vertrieb vor Ort vergeben werden müssen. Lediglich mit Sendeanstalten werden tw. direkt durch das Weltvertriebsunternehmen Lizenzverträge abgeschlossen. Eine **Auswertungspflicht** sollte bei Beteiligungsvergütung im Zweifel anzunehmen sein (vgl. Rn. 77 zum Verleihvertrag), sinnvoll sind Regelungen zur Veröffentlichungspflicht im Kino (in welchen Ländern und mit wie vielen Kopien mindestens).   **108**

Die **Nutzungsvergütung** erfolgt i. d. R. durch Beteiligung an den Einnahmen. Allerdings ist für die Höhe der Beteiligung entscheidend, ob die Vorkosten vorweg oder von der Beteiligung abzuziehen sind. Insoweit sollte auch vereinbart werden, ob Vorkosten, die für eine bestimmte Nutzungsart (z. B. Verleih) anfallen, mit Einnahmen für andere Nutzungsarten verrechnet werden dürfen (sog. „Crossen"). Im Zweifel ist davon nicht auszugehen. Häufig werden Minimumgarantien zugunsten des Produzenten vereinbart, zum kleineren Teil zahlbar bei Vertragsschluss und zum größeren Teil zahlbar bei Lieferung des Films.   **109**

f) **Wahrnehmung von Rechten durch Verwertungsgesellschaften:** Im Hinblick auf **Filmmusik** ist zwischen Synchronisationsrecht und Auswertungsrecht zu unterscheiden: Das **Synchronisationsrecht** für das Musikwerk (Komposition und Text) liegt zwar grds. bei der musikalischen Verwertungsgesellschaft GEMA. Die Wahrnehmungsbefugnis ist aber auflösend bedingt; im Regelfall nimmt der Urheber (oder sein Musikverlag) das Recht selbst wahr (dazu vgl. § 88 Rn. 36). Für die **Auswertung** werden Filmrechte umfassend durch die musikalische Verwertungsgesellschaft GEMA (**Musikurheber**) und tw. auch durch die GVL (**ausübende Künstler, Tonträgerhersteller, Filmhersteller**) wahrgenommen, und zwar sowohl bei Verleih (vgl. Rn. 71 ff.) als auch bei Video/DVD (vgl. Rn. 83 ff.) als auch bei Sendung (vgl. Rn. 97 ff.). Auch für die Nutzung von Filmmusik durch On-Demand im Internet beansprucht die GEMA eine umfassende Wahrnehmungsbefugnis, was aber etwas zweifelhaft ist (vgl. Rn. 90 ff.). **Werbespots** sind eigenständige Nutzungsarten und gem. § 1k GEMA-Berechtigungsvertrag von der kollektiven Rechtewahrnehmung nicht gedeckt (OLG Hamburg GRUR 1991, 599, 600 – *Rundfunkwerbung*; zum Werbebegriff OLG München NJW 1998, 1413, 1415 – *O Fortuna*). Darunter fallen auch eigene Programmtrailer eines Fernsehsenders, da es für den Urheber   **110** weniger wichtig ist, wer die werbliche Ankündigung herstellt, als dass er mit seiner Einwilligung die werbliche Verwendung des Werkes steuern kann (OLG München NJW 1998, 1413, 1415 – *O Fortuna*). Allerdings ist die **Eigenwerbung** für die filmische Nutzung (Kino, Video/DVD, Fernsehen etc.) unter Verwendung der existierenden Filmmusik GEMA-frei, weil die Werbung für eine erlaubte Nutzung keine relevante Nutzung ist (vgl. § 31 Rn. 64; Praxis der GEMA tw. anders). Zur Praxis der GEMA im Bereich Filmmusik allgemein *Kyre* UFITA 2011, 81, 86 ff.; *Becker* ZUM 1999, 16, 19 ff.

111   Eine Wahrnehmung der Filmmusikrechte insb. durch die GEMA scheidet aus, wenn sie die Rechte weder von einem Mitglied noch von einer ausländischen Schwesterorganisation erhalten hat. Das erscheint z. B. dann ausgeschlossen, wenn es sich um Filmmusik handelt, die in den USA als **„work made for hire"** beispielsweise durch einen Arbeitnehmer für einen Arbeitgeber speziell für einen bestimmten Film geschaffen wurde. Nach US-Urheberrecht wird dann der Arbeitgeber „Urheber", nach deutschem internationalen Urheberprivatrecht bleibt davon zumindest eine ausschließliche Rechteeinräumung an den Arbeitgeber nach US-Vertragsstatut übrig (*Wilhelm Nordemann/Jan Bernd Nordemann* FS Schricker II S. 473 ff.; s. a. den Parteivortrag, wiedergegeben in BGH GRUR 1988, 296, 297 – *GEMA-Vermutung IV*; vgl. Vor §§ 120 ff. Rn. 84). Dann wird selbst bei Mitgliedschaft des Urhebers in der GEMA durch die mit „work for hire" verbundene ausschließliche Rechtseinräumung nach US-Vertragsstatut die Wahrnehmungsbefugnis der GEMA durchbrochen (so auch LG München I Urteil vom 26.11.1985, Az. 7 O 17215/85 (n. v.); ferner *Jan Bernd Nordemann* JCSUSA (2006) 53, 603, 614; *Heyde* FS Mathias Schwarz S. 149, 162 ff.,). Auch nach der Praxis der GEMA nimmt die GEMA Rechte an dieser Filmmusik nicht wahr. Eine Ausnahme gilt für bestimmte Senderechte an Filmmusik, die die GEMA über Gegenseitigkeitsvereinbarungen mit ausländischen Verwertungsgesellschaften, z. B. der ASCAP, beansprucht (dazu *Heyde* FS Mathias Schwarz S. 149, 162 ff., 168). Werden Musiktexte, die als work for hire geschaffen wurden und von ihr nicht wahrgenommen werden, durch ein GEMA-Mitglied übersetzt, beansprucht die GEMA zumindest 50% des einschlägigen Tarifs.

112   Die VG Wort nimmt für Wortautoren insb. im Sendebereich Rechte wahr (vgl. Rn. 97 ff.), die VG BildKunst für die Berufsgruppe I (Bildende Künstler) und für die Berufsgruppe II (Fotografen, Designer) vor allem im Bereich Verleih (vgl. Rn. 68 ff.) und Sendung (vgl. Rn. 97 ff.), für die Berufsgruppe III (Filmurheber) allerdings nur in sehr begrenztem Umfang (s. a. auch die Wahrnehmungsverträge der VG BildKunst, www.bildkunst.de).

113   Urhebern, ausübenden Künstlern und Produzenten (als Inhaberin des Leistungsschutzrechts gemäß § 94 Abs. 4) stehen über dies **gesetzliche Vergütungsansprüche** gemäß §§ 20b Abs. 2, 27 Abs. 2, 46 Abs. 4, 47 Abs. 2, 54 ff. zu. Diese sind gemäß §§ 20b Abs. 2, 27 Abs. 2, 63a im Voraus nicht verzichtbar und können im Voraus nur an eine Verwertungsgesellschaft abgetreten werden; zu Vorausabtretungen an Fernsehanstalten bei der Auftragsproduktion vgl. Rn. 59; zu bestimmten Gestaltungsmöglichkeiten vgl. § 63a Rn. 14 ff. Die gesetzlichen Vergütungsansprüche werden von verschiedenen Verwertungsgesellschaften wahrgenommen, beispielsweise GEMA, GVL, VG Wort, VG BildKunst, VFF, GWFF, VGF und VG Media.

114   g) **Musterverträge und Weiterführendes:** Mustervertrag für Filmverträge in Münchener Vertragshandbuch/*Klages*[7] Bd. 3/II, IX. 28–31; *Delp*, Publizistik Nr. 656; Mustervertrag für Sendeverträge in Münchener Vertragshandbuch/*Erhardt*[7] Bd. 3/II IX. 37A–39; *Delp*, Publizistik Nr. 795 ff.; Mustervertrag für Auftragsproduktionen in Münchener Vertragshandbuch/*Hertin/S. Wagner*[7]

Bd. 3/II, IX. 41–42; ferner Berger/Wündisch/*Blank/Kummermehr/Diesbach*[2], § 19 Film- und Fernsehvertrag und § 20 Sendevertrag, insbesondere mit Checklisten bzw. Musterverträgen zu den Vertragstypen; *v. Hartlieb/Schwarz*[5]; *Homann*, Praxishandbuch Filmrecht; *Klages*, Grundzüge des Filmrechts; *v. Olenhusen*, Kommentar und Handbuch mit Vertragsmustern; Loewenheim/*Schwarz/Reber*[2] § 74 zu Filmverträgen; Loewenheim/*Castendyk*[2] § 75 zu Sendeverträgen; zum Filmmusikvertrag v. Hartlieb/Schwarz/*Reich*[5] Kap. 99 Rn. 1 ff.

V. Verhältnis der §§ 88 bis 95 zu anderen Vorschriften

Neben den „besonderen Bestimmungen für Filme" in den §§ 88 bis 95 bleiben **115** die **allgemeine Vorschriften** nur insoweit anwendbar, als die §§ 88 bis 93 keine spezielleren Regeln aufstellen. Danach ist § 31 Abs. 5 für Urheber durch die §§ 88, 89 (vgl. § 88 Rn. 99; vgl. § 89 Rn. 67 ff.) und für ausübende Künstler durch § 92 (vgl. § 92 Rn. 42 f.) außer Kraft gesetzt. Das Gleiche gilt gemäß § 90 für §§ 34, 35, 41, und 42, für vorbestehende Werke (§ 88) allerdings erst ab Beginn der Dreharbeiten; im Hinblick auf das Rückrufsrecht des § 41 kann bis zum Beginn der Dreharbeiten eine Ausschluss-Frist von 5 Jahren für den Rückruf im Voraus zu Gunsten des Filmherstellers vereinbart werden. § 40a gilt für die in §§ 88 und 89 Abs. 1 bezeichneten Rechte überhaupt nicht zu Gunsten von Urhebern. Die Rechte der Urheber und Leistungsschutzberechtigten gemäß §§ 14, 75 sind durch § 93 modifiziert. §§ 31, 31a, 32 bis 33, 36 bis 40 sowie § 43 gelten aber ohne Einschränkung, sieht man einmal von der fehlenden Widerrufsmöglichkeit für Rechte an unbekannten Nutzungsarten gem. § 31a ab (§§ 88, 89 jeweils Abs. 1 S. 2). Auch die Regelungen zum Schutz von Filmwerken (§ 2 Abs. 2 Nr. 6, Abs. 2, §§ 3 bis 6), zum Urheber (§§ 7 bis 10), zum Inhalt des Urheberrechts (§ 11), zum Urheberpersönlichkeitsrecht (§§ 12 bis 13; wegen § 93 allerdings ausgenommen § 14), zu den Verwertungsrechten (§§ 15 bis 24), zu den sonstigen Rechten des Urhebers (§§ 25, 27), zur Rechtsnachfolge (§§ 28 bis 30) und zu Schranken (§§ 44a bis 63a) sowie zur Dauer des Urheberrechts (§§ 64–69) finden neben den §§ 88 ff. Anwendung. Zum Verhältnis der §§ 69a ff. zu §§ 88 ff. bei **Computerspielen** vgl. Rn. 12a.

§ 88   Recht zur Verfilmung

(1) [1]Gestattet der Urheber einem anderen, sein Werk zu verfilmen, so liegt darin im Zweifel die Einräumung des ausschließlichen Rechts, das Werk unverändert oder unter Bearbeitung oder Umgestaltung zur Herstellung eines Filmwerkes zu benutzen und das Filmwerk sowie Übersetzungen und andere filmische Bearbeitungen auf alle Nutzungsarten zu nutzen. [2]§ 31a Abs. 1 Satz 3 und 4 und Abs. 2 bis 4 findet keine Anwendung.

(2) [1]Die in Absatz 1 bezeichneten Befugnisse berechtigen im Zweifel nicht zu einer Wiederverfilmung des Werkes. [2]Der Urheber ist berechtigt, sein Werk nach Ablauf von zehn Jahren nach Vertragsabschluss anderweit filmisch zu verwerten. Von Satz 2 kann zum Nachteil des Urhebers nur durch eine Vereinbarung abgewichen werden, die auf einer gemeinsamen Vergütungsregel (§ 36) oder einem Tarifvertrag beruht.

(3) *(weggefallen)*

Übersicht

I. Allgemeines

1. Sinn und Zweck

1   **Zweck** des § 88 ist, die für die Auswertung erforderlichen **Nutzungsrechte** an vorbestehenden Werken zu **konzentrieren**. § 88 Abs. 1 S. 1 lässt offen, ob diese Konzentration beim Filmhersteller erfolgt („einem anderen"). Regelmäßig sind es jedoch **Filmhersteller**, die Verfilmungsverträge mit den Urhebern (tw. auch mit Verlagen, vgl. Rn. 25) abschließen. Der Filmhersteller trägt bei der Produktion das wirtschaftliche Risiko und hat u. U. erhebliche Investitionen erbracht.

Dieser Interessenlage trägt das Gesetz dadurch Rechnung, dass es ihm eine möglichst ungehinderte Verwertung des Filmes ermöglichen und hierbei Rechtssicherheit geben will. Von diesem Gedanken ist der gesamte Regelungskomplex der §§ 88 ff. durchzogen (vgl. Vor §§ 88 ff. Rn. 1 ff.).

Will der Filmhersteller **vorbestehende** urheberrechtlich geschützte **Werke** für **2** die Herstellung eines Filmes verwenden, muss er sich hierfür die erforderlichen **Nutzungsrechte** vom Urheber einräumen lassen. Zunächst müssen die vorbestehenden Werke wegen der erforderlichen Anpassung an das Medium Film oder des entstehenden neuen Gesamteindrucks aufgrund der Medienkombination i. d. R. **bearbeitet** (§ 23) werden (vgl. Rn. 53). Weiter muss der Filmhersteller auch über die relevanten Nutzungsrechte für das vorbestehende Werk im Hinblick auf die **spätere Auswertung** des Films verfügen (vgl. Rn. 58 ff., vgl. Rn. 64 ff.).

Regelungen zur Rechtseinräumung treffen die §§ 31 ff. Als Sondervorschrift **3** für den Filmbereich strebt § 88 dieses Ziel durch **gesetzliche Auslegungsregeln** über den Umfang der vertraglichen Rechtseinräumung an (vgl. Rn. 21). Insofern kann man § 88 auch als spezielle **Konkretisierung des Übertragungszweckgedankens** des § 31 Abs. 5 im Filmbereich begreifen (vgl. Rn. 99). Im Unterschied zu § 31 Abs. 5 wirkt § 88 zugunsten des Filmherstellers. Die gesetzliche Auslegungsregel entfaltet Wirkung auf die **AGB-Kontrolle** (vgl. Rn. 74). **Dritte,** die nicht am Verfilmungsvertrag beteiligt waren, dürfen sich **darauf berufen,** sofern es um die Einräumung der Stoffrechte geht (vgl. Rn. 97).

Für Verträge ab 1.1.2008 enthält § 88 Abs. 1 S. 1 (zu Altverträgen vgl. Rn. 5 ff.) **4** seit dem „2. Korb" eine Auslegungsregel, die nicht nur die **Rechte an allen bekannten filmischen Nutzungsarten,** sondern **auch an bei Vertragsschluss unbekannten filmischen Nutzungsarten** umfasst. Die Ergänzung des § 88 Abs. 1 S. 1 durch Rechte an unbekannten Nutzungsarten steht in vollem Einklang mit seinem Sinn und Zweck, alle denkbaren filmischen Auswertungsrechte in der Hand des Filmherstellers zu bündeln; das erfasst insb. eine „möglichst ungehinderte Verwertung des Films in einer unbekannten Nutzungsart" (RegE 2. Korb – BT-Drs. 16/1828, S. 33). Gerade das Verbot der Rechteeinräumung an unbekannten Nutzungsarten (§ 31 Abs. 4 a. F.) behinderte die Auswertung von Filmen in den neuen Medien. Der erforderliche Nacherwerb von Rechten – z. B. für die Videonutzung, die erst ab den 1970er Jahren bekannt war, vgl. § 31a Rn. 38 – stößt wegen der Vielzahl beteiligter Urheber vorbestehender Werke auf praktische Schwierigkeiten. Für jeden Beteiligten wäre aufwendig zu prüfen, ob dieser überhaupt Urheber ist (bei Filmurhebern i. S. d. § 89 sogar noch eher als bei Urhebern vorbestehender Werke i. S. d. § 88). Er müsste ausfindig gemacht werden und zu Nachverhandlungen überhaupt bereit sein. Wenn nicht schon Suche und Rechtsunsicherheit über den Kreis der Urheber aufgrund prohibitiver Transaktionskosten den Rechteerwerb verhindern, so kann letztlich die Auswertung durch dessen Weigerung blockiert werden, was weder im Interesse der Filmproduzenten noch der übrigen Urheber noch der Konsumenten ist. Auch der Zweck des § 31 Abs. 4 a. F., dem Urheber Mehrerträgnisse zu sichern (vgl. § 31a Rn. 2), drohte, in diesem Fall verfehlt zu werden (Begr. RegE 2. Korb – BT-Drs. 16/1828, S. 33: „weder im Interesse des Urhebers noch der Filmproduzenten und auch nicht im Interesse der Konsumenten"; *Castendyk/Kirchherr* ZUM 2003, 751; *Jan Bernd Nordemann/Wilhelm Nordemann* GRUR 2003, 947, 948; *Gernot Schulze* GRUR 2005, 828, 831; kritisch *Frey/Rudolph* ZUM 2007, 13, 20). Das Gesetz zieht sich deshalb auf ein bloßes Schriftformgebot zurück (§ 88 Abs. 1 S. 2). Die Regelung des § 88 Abs. 1 S. 2 erleichtert darüber hinaus noch die Verwertung des Filmwerkes, indem die Widerrufsrechte des § 31a ausgeschlossen werden. Für die Urheber erfolgt der Ausgleich auf der Vergütungsseite durch den gesetzlichen Anspruch auf angemessene Vergütung aus § 32c.

2. Früheres Recht

5   **a) LUG/KUG (Altverträge bis 31.12.1965):** Für die **vertragliche Rechtseinräumung** gilt gem. § 132 Abs. 1 die frühere Rechtslage (vgl. Vor §§ 31 ff. Rn. 14; vgl. Vor §§ 88 ff. Rn. 28). Damit ist § 88 auf Altverträge **vor dem 1.1.1966 nicht anwendbar** (Schricker/Loewenheim/*Katzenberger/N. Reber*[5] Vor §§ 88 ff. Rn. 49; Wandtke/Bullinger/*Manegold/Czernik*[4] Vor §§ 88 ff. Rn. 40; für die Anwendung des § 88 Abs. 2 S. 2 auf Altverträge Dreier/Schulze/*Schulze*[5] Rn. 72, was gem. § 132 Abs. 1 aber *contra legem* ist). Jedoch richtet sich der Schutz der vor 1966 geschaffenen Werke gem. § 129 Abs. 1 UrhG nach den Vorschriften des UrhG. Eine damals vereinbarte – und mögliche – Übertragung des Urheberrechts führt unter Geltung des heutigen UrhG dazu, dass dem Empfänger gem. § 137 lediglich die entsprechenden Nutzungsrechte zustehen (OLG Hamburg GRUR-RR 2003, 33, 35 – *Maschinenmensch*). Zu **DDR-Verträgen** vor 1966 vgl. Vor §§ 88 ff. Rn. 34 ff.

6   Vor Inkrafttreten des UrhG am 1.1.1966 regelte § 12 Abs. 2 Nr. 6 LUG, dass eine Verfilmung eines Sprachwerkes eine zustimmungsbedürftige Bearbeitung ist. § 15a KUG erkannte an, dass das entstehende Filmwerk selbst urheberrechtlichen Schutz genoss. Für Altverträge vor dem 1.1.1966 existierten aber keine besonderen Auslegungsregeln zum Rechteerwerb bei der Filmherstellung. Vielmehr wurde der damals noch nicht kodifizierte allgemeine **Übertragungszweckgedanke** als Auslegungshilfe anwendet (BGH GRUR 2011, 714 Tz. 14 ff. – *Der Frosch mit der Maske*; BGHZ 5, 116, 121 – *Parkstraße 13*; BGHZ 9, 262, 265 – *Lied der Wildbahn I*, insoweit nicht in GRUR 1953, 299; BGH GRUR 1957, 611, 612 – *Bel Ami*; OLG Hamburg GRUR-RR 2003, 33, 35 – *Maschinenmensch;* OLG Frankfurt aM. ZUM 2000, 595, 596 – *Sturm am Tegernsee;* KG GRUR 1933, 510, 511). Nach ihr erfolgte im Zweifelsfall die Rechteeinräumung in einem solchen Umfang, wie sie erforderlich war, um den mit dem Vertrag angestrebten Zweck zu erreichen (vgl. § 31 Rn. 113). Der Zweck des Vertrags bestimmte sich maßgeblich nach der angestrebten **Primärverwertung (Kinofilme, Fernsehfilme)**. Zunächst gab es allerdings nur Kinofilme, weil die Nutzung im Fernsehen unbekannt oder unüblich war. Grundsätzlich erteilte ein Urheber mit der Erlaubnis, das von ihm verfasste Drehbuch für die Herstellung eines Filmwerkes zu verwenden, im Zweifel die Einwilligung zur öffentlichen Vorführung in Kinos einschließlich dafür erforderlicher Vervielfältigung und Verbreitung von Filmträgern (BGH GRUR 1952, 530 – *Parkstraße 13;* BGH GRUR 1955, 596, 597 – *Lied der Wildbahn II;* BGH GRUR 1955, 596 – *Lied der Wildbahn III*). Die Fernsehnutzung war seit 1939 bekannt (vgl. § 31a Rn. 47). Ab wann die Einräumung von Fernsehsenderechten üblich war, ist noch nicht abschließend geklärt: 1939 bzw. 1954 (BGH GRUR 1982, 727, 729 – *Altverträge*), 1950 noch unüblich, weil das Fernsehen sich im „Entwicklungs- und Erprobungsstadium" befand (BGH GRUR 1969, 364, 366 – *Fernsehauswertung*). Ab Mitte der 1950er Jahre standen sich danach als Primärnutzung wohl Kinofilme und Fernsehfilme gegenüber. Nach dem Übertragungszweckgedanken wurden bei einem **Fernsehfilm** im Zweifel **keine Rechte für die Kinoauswertung** eingeräumt, bei einem **Kinofilm** im Zweifel **keine Rechte für die Fernsehauswertung** (BGH GRUR 1969, 364, 366 – *Fernsehauswertung*). Bei einem Kinofilm war der Filmhersteller vielmehr nur dann auch zur Auswertung des Films im Fernsehen berechtigt, wenn ihm auch diese Nutzungsart im Vertrag eindeutig übertragen worden ist (verneint von BGH GRUR 1969, 143, 145 – *Curt-Goetz-Filme II* und BGH GRUR 1969, 364, 365 – *Fernsehauswertung*). Auch eine 1955 vereinbarte Vertragsklausel über die Wiedergabe eines Werkes in Tonfilm und Rundfunk umfasste ebenfalls nicht die Fernsehrechte, weil Film und Fernsehen damals getrennte Medien waren und das schon bekannte Fernsehen nicht erwähnt wurde (OLG Frankfurt aM. ZUM 2000, 595, 596 – *Sturm am Tegernsee*). Sind

Verfilmungsrechte eines literarischen Stoffes für einen Kinofilm eingeräumt, so erfasst eine Vertragsbestimmung, die im Jahr 1959 die Wiedergabe durch „Television" regelt, ihrem Zweck nach nur die Zweitnutzung im Fernsehen, nicht aber die **Wiederverfilmung** zum Zwecke einer Fernsehsendung (BGH GRUR 1976, 382, 384 – *Kaviar*).

Rechte an bei Vertragsschluss **unbekannten Nutzungsarten** waren nur dann   **7** eingeräumt, wenn sie ausdrücklich im Vertrag bezeichnet waren oder dem Urheber für die Verwertung in der damals unbekannten Nutzungsart nach dem Vertrag eine angemessene Beteiligungsvergütung zufließt (BGH GRUR 2011, 714 Tz. 13 – *Der Frosch mit der Maske*; im Einzelnen vgl. § 31 Rn. 172). Eine Einräumung war nicht wie in § 31 Abs. 4 UrhG a. F. verboten. Nach dessen Wegfall (vgl. § 31a Rn. 6 ff.) gilt die Übergangsvorschrift in § 137l nicht für Verträge vor dem 1.1.1996, sodass es bei der bisherigen Praxis bleiben muss. Beispiele: **Fernsehsendung** – bekannt ab 1939 (vgl. § 31a Rn. 47): Die Rechtseinräumung für die Fernsehnutzung als unbekannte Nutzungsart sollte im Regelfall sämtliche unterschiedlichen Fernsehsendungsarten umfassen, die zwar keine neuen Nutzungsarten gem. § 31a, jedoch abspaltbare Nutzungsarten nach § 31 Abs. 1 sind (Kabel-, Satelliten-, Internet- bzw. Pay-TV; vgl. § 31 Rn. 73 ff.). **Videorechte** (bis in die 1970er unbekannt) und andere neue Nutzungsarten im Filmbereich (vgl. § 31a Rn. 38) sind durch Altverträge ebenfalls nur eingeräumt, wenn es einen ausdrücklichen Vertragswortlaut gibt, der unbekannte Nutzungsarten einbezieht, oder dem Urheber durch den Vertrag eine angemessene Beteiligungsvergütung gewährt wird (BGH GRUR 2011, 714 Tz. 14 ff. – *Der Frosch mit der Maske*; vgl. § 31 Rn. 172).

Vor dem zweiten Weltkrieg wurden zwischen Urhebern und Filmherstellern   **8** häufig **Normalverträge** über den Erwerb der Verfilmungsrechte geschlossen (BGH GRUR 1969, 364, 366 – *Fernsehauswertung*). Eine ähnliche Funktion verfolgten auch die damals von der Reichsfilmkammer herausgegebenen „Allgemeinen Anstellungsbedingungen" aus dem Jahr 1940 sowie die Tarifordnung für Filmschaffende vom 19.8.1943 (abgedruckt bei *Haupt* UFITA 2003/I, 69 ff.; ferner v. Hartlieb/Schwarz/*Schorn*[5] 55. Kap. Rn. 8; im Hinblick auf die Regelungen zu unbekannten Nutzungsarten auch wiedergegeben bei BGH GRUR 2011, 714 Tz. 33 – *Der Frosch mit der Maske*). Später wurde in Verträgen mit Filmurhebern oft auf den „Tarifvertrag für Filmschaffende" vom 19.12.1959 verwiesen (abgedruckt bei *Haupt* UFITA 2003/I, 69 ff.; für unbekannte Nutzungsarten wiedergegeben in BGH GRUR 2011, 714 Tz. 32 – *Der Frosch mit der Maske*). Soll ein Rechteerwerb auf diese Tarifordnungen oder -verträge gestützt werden, so ist deren **Einbeziehung** in den Individualvertrag von demjenigen darzulegen und ggf. zu beweisen, der sich auf diese Einbeziehung beruft. Schwierigkeiten entstehen vor allem dann, wenn der Vertrag nicht mehr vorgelegt werden kann. Nach der Rechtsprechung des BGH begründen andere zur gleichen Zeit durch bekannte Filmurheber abgeschlossene Verträge keine tatsächliche Vermutung, dass bis 1966 sämtliche Filmschaffende – und insbesondere bekannte Filmurheber – den Filmherstellern durch Bezugnahme auf entsprechende Tarifordnungen umfassende Nutzungsrechte auch für unbekannte Nutzungsarten eingeräumt hätten (BGH GRUR 2011, 714 Tz. 34 – *Der Frosch mit der Maske*). Eine Einbeziehung kann auch nicht durch den bloßen Hinweis auf die damalige Geschäftspolitik der UFA erfolgreich dargelegt werden, die Verträge immer zugrunde zu legen, auch wenn es sich um eine andere als im Normalvertrag genannte Gattung vorbestehender Werke handelt (OLG Hamburg GRUR-RR 2003, 33, 35 – *Maschinenmensch*: Für Rechte an einer Plastik ist der Normalvertrag für Drehbücher nicht unmittelbar anwendbar). Wenn Streichungen in den Normalverträgen vorgenommen wurden, kann ebenfalls kein Anscheinsbeweis mehr angenommen werden, dass eine Einräumung erfolgt (OLG München UFITA 65 (1972), 268 – *Karl Valentin*). Sind die

Bestimmungen indes einbezogen, kann die Vereinbarung einer „sinngemäßen" Anwendung sich durch Vertragsauslegung auch vom Wortlaut der in Bezug genommenen Normativbestimmungen entfernen (BGH GRUR 1957, 611, 613 – *Bel Ami*: Kein Wiederverfilmungsrecht für Filmmusik, obwohl der einbezogene Normalvertrag Drehbuch ein solches für Drehbücher vorsah, weil absehbar sein muss, in welchem filmischen Rahmen die Musik dargeboten wird).

9 b) UrhG 1965 (Altverträge vom 1.1.1966 bis 30.6.2002): Für Verträge, die vom 1.1.1966 bis 30.6.2002 abgeschlossen wurden, ist gem. § 132 Abs. 3 S. 1 die ursprüngliche Fassung des § 88 aus dem UrhG 1965 anzuwenden (zu **DDR-Verträgen** von 1966 bis 2.10.1990 vgl. Vor §§ 88 ff. Rn. 34 ff.). § 88 a. F. lautete wie folgt:

§ 88 Recht zur Verfilmung
(1) Gestattet der Urheber einem anderen, sein Werk zu verfilmen, so liegt darin im Zweifel die Einräumung folgender ausschließlicher Nutzungsrechte:
1. das Werk unverändert oder unter Bearbeitung oder Umgestaltung zur Herstellung eines Filmwerkes zu benutzen;
2. das Filmwerk zu vervielfältigen und zu verbreiten;
3. das Filmwerk öffentlich vorzuführen, wenn es sich um ein zur Vorführung bestimmtes Filmwerk handelt;
4. das Filmwerk durch Funk zu senden, wenn es sich um ein zur Funksendung bestimmtes Filmwerk handelt;
5. Übersetzungen und andere filmische Bearbeitungen oder Umgestaltungen des Filmwerkes in gleichem Umfang wie dieses zu verwerten.
(2) Die in Absatz 1 bezeichneten Befugnisse berechtigen im Zweifel nicht zu einer Wiederverfilmung des Werkes. Der Urheber ist im Zweifel berechtigt, sein Werk nach Ablauf von 10 Jahren nach Vertragsabschluss anderweit filmisch zu verwerten.
(3) Die vorstehenden Bestimmungen sind auf die in den §§ 70 und 71 bezeichneten Schutzrechte entsprechend anzuwenden.

10 § 88 a. F. hatte – anders als die heutige Regelung – keinen generalklauselartigen Charakter, sondern enthielt einen **enumerativen Katalog** von Rechtseinräumungsvermutungen, der bei Inkrafttreten des UrhG zum 1.1.1966 üblichen Auswertungspraxis Rechnung tragen sollte. Diese umfasste die bestimmungsgemäße Erstverwertung des Filmes im Inland und Ausland, was u. U. eine Übersetzung und die Anpassung an die dortigen Verhältnisse erfordern konnte (RegE UrhG 1962 – BT-Drs. IV/270, S. 98).

11 § 88 Abs. 1 Nr. 1 a. F. findet sich sprachlich angepasst in § 88 Abs. 1 n. F. wieder. Er regelt die vom Filmhersteller bei der Benutzung des vorbestehenden Werkes – ggf. auch unter Bearbeitung oder Umgestaltung – zur **Herstellung** des Filmes benötigten Rechte (vgl. Rn. 50 ff.).

12 § 88 Abs. 1 Nr. 2–4 a. F. enthalten eine Aufzählung der für die **Auswertung** typischerweise erforderlichen Nutzungsrechte. Während § 89 abweichend zu § 88 schon immer die Nutzung der schöpferischen Beiträge der Filmschaffenden in allen bekannten Nutzungsarten beinhaltete, enthielt § 88 das vom damaligen Gesetzgeber in den Blick genommene **Leitbild** der Auswertung in den typischen Formen des **Kinofilms oder** (nicht und) des **Fernsehfilms**. Nur in diesem Rahmen findet sich der schon früher anerkannte Grundsatz wieder, dass das Verfilmungsrecht nicht nur die Herstellung des Filmes, sondern auch die Auswertung z. B. durch öffentliche Vorführung (einschließlich dafür erforderlicher Vervielfältigung und Verbreitung) deckt (BGH GRUR 1952, 530 – *Parkstraße 13*). Die von der Vermutung des § 88 Abs. 1 a. F. erfassten Auswertungsmöglichkeiten für Kino- (**Nr. 3**) bzw. Fernsehfilme (**Nr. 4**) beschränkten sich auf den jeweiligen **Primärzweck** des Vertrages mit dem Urheber (RegE UrhG 1962 – BT-Drs. IV/270, S. 98; *Götting* ZUM 1999, 3, 10). Bei einem

Kinofilm behielt der Urheber die Fernsehrechte (BGH GRUR 1976, 382, 383 – *Kaviar*). Umgekehrt räumte der Urheber bei einem Fernsehfilm im Zweifel nur Senderechte ein, aber keine Vorführrechte (BGH GRUR 1974, 786, 787 – *Kassettenfilm*; BGH GRUR 1969, 364, 366 – *Fernsehauswertung*). Was der Primärzweck ist, ob der Film also zur Vorführung im Kino, zur Funksendung im Fernsehen oder gar zur – damals ungeregelten – Vervielfältigung und Verbreitung auf Video bestimmt war, ergab sich aus der Auslegung der Parteivereinbarungen unter Einbeziehung der Umstände des Einzelfalles wie der Bezeichnung des Filmwerkes, der Person des Rechteerwerbers (z. B. sprach Rundfunkanstalt eher für Fernsehverwertung), dem Zweck der Produktion etc.

An diesem Zweck ausgerichtet ermöglichte § 88 Abs. 1 Nr. 2 a. F. die **Vervielfältigung** und **Verbreitung** der für den jeweiligen Verwendungszweck notwendigen Vervielfältigungsstücke. Hierunter fiel beispielsweise die Herstellung von Filmkopien für Lichtspielhäuser oder von senderinternen Exemplaren für die Sendeanstalten. Kopien für andere Zwecke waren nicht von der Zweifelsregel umfasst.   **13**

§ 88 Abs. 1 **Nr. 5** a. F., der Übersetzungen und andere filmische Bearbeitungen regelt, wurde sprachlich modifiziert beibehalten, sodass auf die Kommentierung zur aktuellen Fassung verwiesen werden kann (vgl. Rn. 58 ff.). Jedoch erlaubte das Übersetzungs- und Bearbeitungsrecht gem. § 88 Abs. 1 Nr. 5 a. F. im Zweifel nur die Auswertungen, die dem Filmhersteller auch ansonsten eingeräumt waren.   **14**

Im Hinblick auf die Auswertung enthielt § 88 a. F. danach nur Zweifelsregelungen für die Primärnutzung (vgl. Rn. 12). Für die Auslegung der vertraglichen Rechtseinräumung für die Zweitnutzung (Sekundärnutzung) musste jedoch der Übertragungszweckgedanke (§ 31 Abs. 5) herangezogen werden. § 88 Abs. 1 a. F. lässt aufgrund der enumerativen Aufzählung von (Primär-)Nutzungsrechten für nicht genannte (Sekundär-)Nutzungen Raum für den Übertragungszweckgedanken (s. nur BGH v. 8.7.1993 – I ZR 196/91 – GRUR 1994, 41, 43 – *Videozweitauswertung II*; OLG Frankfurt GRUR 1989, 203 – *Wüstenflug*). Die Vertragsauslegung nach dem Übertragungszweckgedanken kam deshalb insb. dann zum Tragen, wenn der Film gerade **nicht** nach seinem **Primärverwertungszweck** benutzt werden sollte. Eine Einräumung von Rechten für „alle Rundfunk- und Filmzwecke" an eine öffentlich-rechtliche Rundfunkanstalt im Jahr 1966 umfasst nicht das Recht zur Schmalfilmverwertung durch Vorführung im nichtgewerblichen Bereich (BGH GRUR 1974, 786, 788 – *Kassettenfilm*). Bei zur öffentlichen Vorführung bestimmten Filmen deckt die Vergabe von Schmalfilmverleihrechten nicht die Rechte für die nicht-öffentliche Vorführung etwa beim Heimgebrauch (BGH GRUR 1977, 42, 45 f. – *Schmalfilmrechte*). Auch erlaubt die Einräumung von Schmalfilmrechten keine Sendung im Fernsehen (BGH GRUR 1960, 197, 198 – *Keine Ferien für den lieben Gott*). In einem Produktionsvertrag zur Herstellung eines Fernsehfilmes ist im Zweifel nur das Recht zur Sendung und nicht das Recht zur Videozweitauswertung erfasst (OLG München ZUM-RD 1998, 101 – *Auf und davon*). Freilich ließ sich die Zweifelsregelung dadurch umgehen, dass all diese Rechte ausdrücklich eingeräumt wurden (s. BGH GRUR 1984, 45, 48 – *Honorarbedingungen: Sendevertrag*). Für die Nutzung von Filmmusik in der Videozweitauswertung von Kinospielfilmen bedarf es allein der Übertragung der Vervielfältigungs- und Verbreitungsrechte von der GEMA; ein selbständiges Video-Verfilmungsrecht ist nicht erforderlich, da ein solches nicht vergeben wurde (BGH GRUR 1994, 41, 43 – *Videozweitauswertung II*; str., vgl. Vor §§ 88 ff. Rn. 86). Bei Original-Videoproduktionen handelt es sich bei der Verwertung auf Video freilich um eine – vom Vertragszweck gedeckte – Primärverwertung (Dreier/Schulze/*Schulze*[5] Rn. 58).   **15**

16 Neue, bei Vertragsschluss **unbekannte Nutzungsarten** konnten gem. § 31 Abs. 4 a. F. nicht eingeräumt werden. Vergleiche hiermit nach dessen Wegfall nun die Übergangsvorschrift in § 137l, die i. d. R. den Nacherwerb ermöglicht.

17 c) **Urhebervertragsrechtsreform (Altverträge vom 1.7.2002 bis 31.12.2007):** Mit dem Gesetz zur Stärkung der vertraglichen Stellung von Urhebern und ausübenden Künstlern vom 22.3.2002 wurden die Vermutungsregeln des § 88 Abs. 1 an die des § 89 a. F. angeglichen, um im Zweifel sämtliche filmischen Verwertungsbefugnisse in der Hand des Produzenten zu sammeln, was den heutigen Filmverwertungsbedingungen mit Tendenz zur Totalauswertung (vgl. Vor §§ 88 ff. Rn. 1 ff.) Rechnung tragen sollte (BeschlE RAusschuss UrhVG 2002 – BT-Drs. 14/8058, S. 21). So sah es § 89 bereits seit 1.1.1996 für die Filmurheber vor. Die Neuregelungen finden gem. § 132 Abs. 3 S. 1 auf Verträge ab dem 1.7.2002 Anwendung. **Die neue Fassung** war gegenüber der früheren Ausrichtung auf Kino- oder Fernsehfilm und dem an diesen Nutzungsformen ausgerichteten Rechtserwerb erheblich **weiter** und flexibler. Eine Differenzierung zwischen Primär- und Sekundärverwertung, wie sie für § 88 Abs. 1 a. F. erforderlich ist (vgl. Rn. 12), fand nicht mehr statt. Der Filmhersteller erwirbt im Zweifel das Recht, den unter Nutzung des vorbestehenden Werkes hergestellten Film **auf alle bekannten Nutzungsarten** zu nutzen. Die Vorschriften zur Wiederverfilmung in § 88 Abs. 2 a. F. wurden in § 88 Abs. 2 n. F. **unverändert** übernommen. **Aufgehoben** wurde § 88 Abs. 3. Die dortigen Vorschriften über nachgelassene Werke (§ 71) finden sich nun in § 71 Abs. 1 S. 3 (s. die Kommentierung dort); die Regelungen für wissenschaftliche Werke (§ 70) wurden vom Gesetzgeber für praktisch unbedeutsam befunden und daher verworfen (vgl. Rn. 41).

18 § 88 in der Fassung bis 31.12.2007 lautete:

§ 88 Recht zur Verfilmung
(1) Gestattet der Urheber einem anderen, sein Werk zu verfilmen, so liegt darin im Zweifel die Einräumung des ausschließlichen Rechts, das Werk unverändert oder unter Bearbeitung oder Umgestaltung zur Herstellung eines Filmwerkes zu benutzen und das Filmwerk sowie Übersetzungen und andere filmische Bearbeitungen auf alle bekannten Nutzungsarten zu nutzen.
(2) Die in Absatz 1 bezeichneten Befugnisse berechtigen im Zweifel nicht zu einer Wiederverfilmung des Werkes. Der Urheber ist im Zweifel berechtigt, sein Werk nach Ablauf von zehn Jahren nach Vertragsabschluss anderweit filmisch zu verwerten.

19 d) **„2. Korb" (Verträge ab 1.1.2008):** § 88 wurde durch den sog. „2. Korb" mit Wirkung für Verträge ab 1.1.2008 ein weiteres Mal geändert, um die Vermutung des § 88 Abs. 1 auch auf **Rechte an unbekannten Nutzungsarten** zu erweitern. Ferner wurde im Zuge der Neuregelung der Rechte an unbekannten Nutzungsarten das Widerrufsrecht des § 31a für Verfilmungsverträge eingeschränkt (vgl. Rn. 107). Auch wenn es an einer Regelung in § 132 fehlt, ergibt sich die zeitliche Geltung der Reform für Verträge ab 1.1.2008 aus dem Umkehrschluss aus § 137l Abs. 1 S. 1. Davor bezog sich § 88 Abs. 1 a. F. nur auf Rechte an bekannten Nutzungsarten, wie der frühere Wortlaut („alle bekannten Nutzungsarten") klarstellte. Allerdings gewährleistet § 137l jetzt grundsätzlich auch für vom 1.1.1966 bis 31.12.2007 abgeschlossene Altverträge, dass der Filmhersteller die Rechte an unbekannten Nutzungsarten erwirbt, sofern die Vermutung des § 88 Abs. 1 a. F. auf ihn angewendet werden konnte (vgl. § 137l Rn. 14). Andere Änderungen als die Erweiterungen im Hinblick auf Rechte an unbekannten Nutzungsarten brachte der 2. Korb nicht.

19a e) **Urhebervertragsrechtsreform 2016:** Die Urhebervertragsrechtsreform 2016 änderte § 88 Abs. 2 und führte durch die Streichung der Wörter „im Zweifel" und Anfügen des neuen S. 3 ein zwingendes Wiederverfilmungsrecht für den Urheber nach Ablauf von zehn Jahren seit Vertragsabschluss ein (vgl. Rn. 85 ff.). Der neue

§ 88 Abs. 2 S. 2 und S. 3 gilt für Verträge ab 1.3.2017 (§ 132 Abs. 3a). Für davor geschlossene Verträge gilt § 88 Abs. 2 a. F. weiter. Er lautete:

¹Die in Absatz 1 bezeichneten Befugnisse berechtigen im Zweifel nicht zu einer Wiederverfilmung des Werkes. ²Der Urheber ist im Zweifel berechtigt, sein Werk nach Ablauf von zehn Jahren nach Vertragsabschluss anderweit filmisch zu verwerten.

§ 88 Abs. 2 S. 1 a. F. enthielt eine Zweifelsregelung, die einer Einräumung eines – ggf. auch ausschließlichen und zeitlich sowie quantitativ unbegrenzten – Wiederverfilmungsrechts nicht entgegenstand (eingehend vgl. Rn. 76 ff.). Der Unterschied zur aktuellen Gesetzesfassung liegt darin, dass aktuell nur noch eine Einräumung eines ausschließlichen Wiederverfilmungsrechts für 10 Jahre zulässig ist (vgl. Rn. 87), während für Verträge bis 28.2.2017 die **Ausschließlichkeit zeitlich unbegrenzt** bis zum Ablauf der Schutzfrist vereinbart werden durfte. Das Gleiche gilt auch für § 88 **Abs. 2 S. 2 a. F.**: Die Enthaltungspflicht kann heute nur noch für maximal 10 Jahre vereinbart werden (vgl. Rn. 86). Die Regelung des § 88 Abs. 2 S. 2 war demgegenüber **dispositiv**. Sie war auch in **AGB** beliebig formularmäßig bis hin zu einer dauerhaften Enthaltungspflicht verlängerbar (Wandtke/Bullinger/*Manegold/Czernik*⁴ Rn. 82; s. ferner BGH GRUR 1984, 45, 48 – *Honorarbedingungen: Sendevertrag*). Auch in der neueren Zeit hat der Bundesgerichtshof es abgelehnt, Auslegungsregeln im Urhebervertragsrecht zur Inhaltskontrolle heranzuziehen (BGH GRUR 2014, 556 Tz. 13 – *Rechteeinräumung Synchronsprecher*, auch zu § 88 Abs. 1; BGH GRUR 2012, 1031 Tz. 16 ff., 22 – *Honorarbedingungen Freie Journalisten*, zu § 31 Abs. 5; vgl. Vor §§ 31 ff. Rn. 202). Damit sind längere Enthaltungspflichten als 10 Jahre nach § 88 Abs. 2 S. 2 a. F. bei Altverträgen bis 28.2.2017 nicht kontrollfähig. Möglicherweise greifen aber § 41 oder zumindest die §§ 32, 32a, wenn die Enthaltungspflicht einer Einräumung des ausschließlichen Wiederverfilmungsrechtes gleichzustellen ist. Auch für andere Nutzungsarten als Wiederverfilmung können explizite Sperrfristen vereinbart werden, insb. für verschiedene Auswertungsmedien (BGH GRUR 1976, 382, 384 – *Kaviar*). Eine eigenständige Bedeutung erlangt die Regelung des § 88 Abs. 2 S. 2 a. F. für Altverträge bis 28.2.2017 jedoch nur, soweit dem Filmhersteller kein ausschließliches Wiederverfilmungsrecht eingeräumt wurde. In Fällen eines Erwerbs des ausschließlichen Wiederverfilmungsrechts durch den Filmhersteller braucht es keine Enthaltungspflicht des Urhebers, weil er bereits durch die ausschließliche Vergabe an einer Wiederverfilmung gehindert ist (§ 31 Abs. 3) bzw. die Rechte nicht erneut vergeben kann.

3.   EU-Recht und Internationales Recht

Zum **Europarecht** und zum **internationalen Konventionsrecht** vgl. Vor §§ 88 ff. Rn. 24. Im **Internationalen Urheberprivatrecht** muss § 88 zu den Regelungen des **Vertragsstatutes** gerechnet werden, so dass § 88 auf Verträge keine Anwendung findet, die sich nach ausländischem Vertragsstatut richten (siehe *Schwarz* FS Schulze 2017 S. 315, 322) . Im Hinblick auf § 88 **Abs. 2 S. 2 und S. 3** liegt **keine Eingriffsnorm** im Sinne des Art. 9 Abs. 1 Rom-I-VO vor. Anders als für die §§ 32, 32a mit der Bestimmung in § 32b hat der deutsche Gesetzgeber für § 88 Abs. 2 keine Regelung zur zwingenden internationalen Anwendung geschaffen; zur nicht zwingenden Anknüpfung im internationalen Privatrecht ferner vgl. Vor §§ 120 ff. Rn. 86 ff. Zum **US Recht**, insbesondere dem Rechtserwerb nach „work for hire", vgl. Vor §§ 88 ff. Rn. 24.   **20**

II. Tatbestand

1.   Einräumung von Nutzungsrechten an vorbestehenden Werken zur Verfilmung (Abs. 1)

a) Auslegungsregel („im Zweifel"): Gestattet der Urheber einem anderen, sein Werk zu verfilmen, so trifft § 88 Regelungen nur „im Zweifel". § 88 Abs. 1   **21**

ist ähnlich dem Übertragungszweckgedanken des § 31 Abs. 5 (vgl. § 31 Rn. 108 ff.) eine **gesetzliche Auslegungsregel** für den Fall, dass die Parteien keine anderslautende Vereinbarung getroffen haben (RegE UrhG 1962 – BT-Drs. IV/270, S. 98;). Sie erfasst daher insb. solche Rechte, über die die Parteien keine Vereinbarung getroffen haben, ist aber **nachrangig** gegenüber eindeutigen ausdrücklichen oder konkludenten Parteivereinbarungen über den Rechteumfang, die für einen Zweifelsfall keinen Raum lassen (BGH GRUR 1984, 45, 48 f. – *Honorarbedingungen: Sendevertrag*). Eine konkludente Parteiver-einbarung kann sich auch aus der Anwendung des **Übertragungszweckgedankens** (§ 31 Abs. 5) ergeben, wenn der Zweck der Verfilmung „ohne Zweifel" den Rechteumfang des § 88 Abs. 1 nicht erfordert. Dann tritt § 88 Abs. 1 hin-ter § 31 Abs. 5 zurück (im Einzelnen eingehend vgl. Rn. 99 ff.). Das kann insb. dann relevant werden, wenn der Film in einer unüblichen Sekundärnutzungsart ausgewertet wird (z. B. ein Fernsehfilm als Kinofilm).

22   **b) Gestattung des Urhebers:** Der Urheber gem. §§ 7 ff. (vgl. Vor §§ 88 ff. Rn. 16 ff; zu den einzelnen Werkarten vgl. Rn. 31 ff.) muss die Verfilmung „ge-stattet" haben. Das setzt eine **vertragliche Vereinbarung** voraus. Diese kann ausdrücklich oder auch **konkludent** erfolgen; für die ohne ausdrückliche Ab-rede erforderliche Auslegung kann auf § 31 Abs. 5 zurückgegriffen werden (Berger/Wündisch/*Blank/Kummermehr/Diesbach*[2] § 19 Rn. 13; Dreier/Schulze/ *Schulze*[5] Rn. 3). Das Bühnenaufführungsrecht umfasst vor dem Hintergrund des § 31 Abs. 5 nicht das Verfilmungsrecht, wenn es nicht ausdrücklich einge-räumt ist (BGH GRUR 1971, 35 – *Maske in Blau*). Ein **Formzwang (Schrift-form)** besteht grundsätzlich im Hinblick auf die Einräumung von Rechten an **unbekannten Nutzungsarten**, weil § 31a Abs. 1 S. 1 gemäß § 88 Abs. 1 S. 2 ausdrücklich anwendbar bleibt (RegE 2. Korb – BT-Drs. 16/1828, S. 32 f. ; ein-gehend und zur Kritik vgl. Rn. 72). Im Zweifel bleibt bei Verträgen, die die erforderliche Schriftform nicht haben, jedoch die Einräumung für alle bekann-ten filmischen Nutzungsarten, für das Filmherstellungsrecht und für das Bear-beitungsrecht wirksam (§ 139 BGB).

23   Die Gestattung erfolgt üblicherweise im Rahmen von schriftlichen **Nutzungs-verträgen**. Diese sind insb. bei laufender Beteiligung des Urhebers Dauer-schuldverhältnisse (eingehend zu Nutzungsverträgen vgl. Vor §§ 31 ff. Rn. 164 ff.). Oft enthalten diese Nutzungsverträge ausdrückliche Rechteklau-seln, sodass § 88 Abs. 1 als Zweifelsregelung grundsätzlich nicht angewendet werden muss und seine praktische Bedeutung begrenzt ist. Bei Schriftwerken findet häufig eine Gestattung der Verfilmung in **Verlagsverträgen** als Neben-rechtseinräumung gegenüber Verlegern statt. Ansonsten verbleibt dem Urhe-ber das Verfilmungsrecht (§ 2 Abs. 2 Nr. 5 VerlG; s. a. die Kommentierung hierzu). Damit der Verleger sich auf die Einräumung gemäß § 88 Abs. 1 beru-fen kann, genügt es jedoch, dass der Verleger sich die Verfilmung gestatten lässt; spezifische Abreden zum Umfang der Rechtseinräumung sind nicht not-wendig, weil die Vermutung des § 88 Abs. 1 dem Verleger als „anderem" zu Gute kommt (zur Anwendung des § 88 auf Verträge zwischen Verleger und Filmproduzent vgl. Rn. 25). Für vorbestehende Bühnenwerke oder Drehbü-cher sei auf die **Regelsammlungen** Verlage/Rundfunk für Fernsehen (RS Fern-sehen) verwiesen (vgl. Rn. 25; vgl. Vor §§ 31 ff. Rn. 349). Rechtseinräumun-gen erfolgen auch im Rahmen von **Arbeits- und Dienstverträgen** (zum Verhältnis des § 88 zu § 43 vgl. Rn. 104). Als vertragliche Vereinbarungen kommen ferner **Tarifverträge** (s. BGH GRUR 1995, 212, 213 – *Videozweit-auswertung III* zu § 89; OLG Hamburg GRUR 1977, 556, 558 – *Zwischen Marx und Rothschild*; ferner vgl. § 43 Rn. 34 ff.) und die **Berechtigungsver-träge** der Verwertungsgesellschaften in Betracht. § 88 ist auf den GEMA-Be-rechtigungsvertrag insoweit anwendbar, als er Verfilmungsrechte regelt und Raum für eine Auslegung lässt (s. Wandtke/Bullinger/*Manegold/Czernik*[4]

Rn. 47; vgl. Vor §§ 88 ff. Rn. 110 ff.). Häufig finden sich hier **AGB** (vgl. Rn. 74).

§ 88 Abs. 1 gilt auch für **Optionsverträge**, die einen späteren Erwerb des Verfil- **24** mungsrechts durch einseitige Ausübung einer Option ermöglichen (für die An- wendung des § 88 Wandtke/Bullinger/*Manegold/Czernik*[4] Rn. 20; zum Opti- onsvertrag allgemein vgl. Vor §§ 31 ff. Rn. 311 ff.). Ein Optionsvertrag zwischen dem Verfasser eines noch unveröffentlichten Filmmanuskriptes und einem Filmhersteller über den Erwerb von Verfilmungsrechten berechtigt die- sen im Zweifel nicht, bereits während des Laufes der Optionsfrist und vor Ausübung Bearbeitungen des Filmstoffes herstellen zu lassen (BGH GRUR 1963, 441, 443 – *Mit Dir allein*).

Nach zutreffender herrschender Auffassung ist § 88 **nicht nur auf Verträge des** **25** **Urhebers** anwendbar, sondern auch auf **Verträge zwischen Verwertern**, durch die die Verfilmung gestattet wird (Büscher/Dittmer/Schiwy/*Lewke*[3] Rn. 6; Dreier/Schulze/*Schulze*[5] Rn. 26; Schricker/Loewenheim/*Katzenberger/N. Re-* *ber*[5] Rn. 28; Wandtke/Bullinger/*Manegold/Czernik*[4] Rn. 14; Berger/Wündisch/ *Blank/Kummermehr/Diesbach*[2] § 19 Rn. 15). Der Wortlaut des § 88 Abs. 1 ist insoweit zu eng, er entspricht allerdings der grundsätzlichen Systematik der urhebervertragsrechtlichen Bestimmungen des UrhG, nur die Nutzungsrechts- einräumung durch den Urheber bzw. Leistungsschutzberechtigten, nicht jedoch das sekundäre Urhebervertragsrecht zu regeln (vgl. Vor §§ 31 ff. Rn. 1 ff.). Letztlich muss sich aber der Sinn und Zweck des § 88 durchsetzen (vgl. Rn. 1 ff.). Die Rechtebündelung beim Filmhersteller wäre nicht zu erreichen, wenn nicht sämtliche Gestattungen zur Verfilmung in der vorhergehenden Rechtekette durch die Zweifelsregelungen des § 88 abgesichert wären. Insb. Verträge von Verlagen oder Verwertungsgesellschaften, die Stoffrechte halten, mit dem Filmhersteller können § 88 unterfallen. Für den Rechteerwerb von Verlagen durch Sendeunternehmen für Eigen- oder Auftragsproduktionen exis- tieren die **Regelsammlungen** Verlage/Rundfunk für Fernsehen (RS Fernsehen), die zumindest für vorbestehende Bühnenwerke oder Drehbücher angemessene Bedingungen und Vergütungssätze aufstellen (dazu umfassend vgl. Vor §§ 31 ff. Rn. 349). Ob ihnen für sämtliche Schriftwerke Pilotwirkung zu- kommt, ist zweifelhaft (so aber Loewenheim/*Castendyk*[2] § 75 Rn. 223, 261 ff.). **Keine Anwendung** findet § 88 auf die Gestattung zur Auswertung des Filmes, also auf **Verträge** in der Rechtekette „hinter" dem Filmhersteller.

c) „einem anderen": Der „andere", dem der **Urheber** die Verfilmung gestattet, **26** muss nicht zwingend ein Filmhersteller sein, auch wenn § 88 vor allem die Bündelung der Rechte in seiner Hand vor Augen hatte. Für eine Ausdehnung auf andere Personen spricht bereits der Wortlaut. Überdies kann auch der Film- hersteller von einer Anwendung des § 88 auf frühere Stufen der Rechtskette profitieren, weil ihn dies in die Lage versetzt, z. B. vom „anderen" sämtliche Rechte im Sinne des § 88 zu erwerben. „Andere" sind deshalb insb. Verlage, die sich Verfilmungsrechte als Nebenrechte vom Urheber einräumen lassen, oder Verwertungsgesellschaften (vgl. Rn. 25). Jedoch profitiert nicht nur der Filmhersteller von § 88 Abs. 1, weil sich auch beliebige Dritte auf seine gesetzli- chen Auslegungsregeln berufen können (vgl. Rn. 23).

d) „zu verfilmen": Voraussetzung des § 88 ist, dass der Urheber zugestimmt **27** hat, sein vorbestehendes Werk „zu verfilmen". Die Verfilmung als Benutzung eines Werkes zur Herstellung eines Filmes ist eine zwingende Voraussetzung für die Anwendung des § 88. Als Regelung scheidet § 88 aus, wenn kein **Film** hergestellt werden soll. Kein Film liegt vor, wenn eine Tonbildschau produziert wird; Videospiele oder Multimediawerke mit bewegten Bildfolgen sind aber Filme (zum Filmbegriff vgl. Vor §§ 88 ff. Rn. 8 ff.). Die Art der Primärverwertung (z. B. Kinofilm oder Fernsehfilm) oder inhaltliche Differenzierungen (z. B. Werbefilm oder Spielfilm) spielen für den Filmbegriff keine Rolle. Ein Film setzt nicht notwendigerweise ein Filmwerk voraus. Über § 95 gilt § 88 auch für Filme in Form von bloßen Laufbildern, die keinen Werkscharakter aufweisen (BGH GRUR 1985, 529, 530 – *Happening*). Vgl. § 95 Rn. 16 ff. § 88 erfasst nicht nur die **Erstverfilmung**; auch für die Gestattung von **Zweit-, Dritt- und weiteren Verfilmungen** stellen die Regelungen sinnvolle Zweifelstatbestände auf; s. hierzu § 88 Abs. 2, vgl. Rn. 76 ff.

28 Für die Verfilmung ist die **Verbindung der Werke auf einem Trägermedium nicht zwingend** Voraussetzung. Beispielsweise ist eine Verfilmung auch dann anzunehmen, wenn ein Musikstück parallel zu einem Film abgespielt wird. Entscheidend ist die Zweckbestimmung einer gewollten Verbindung von Bild und Ton. Diese kann sich in der übereinstimmenden Struktur und dem aufeinander abgestimmten Rhythmus von Musik und Bild äußern, welche es nicht möglich macht, einfach eine andere Begleitmusik zu verwenden (LG München I ZUM 1993, 289, 291, für eine mit *Orffs* Werk unterlegte Videoprojektion auf einem Popkonzert). In einem solchen Fall werden die Rechte zur Verfilmung benötigt, nicht lediglich zur öffentlichen Verwendung des Tonträgers mit der Musik oder zur Vorführung eines (fertigen) Filmes.

29 Unerheblich für den Verfilmungsbegriff ist ferner, ob das vorbestehende Werk **unverändert oder unter Bearbeitung bzw. Umgestaltung** (vgl. Rn. 53) „verfilmt" wird. Der Wortlaut ist insoweit ausdrücklich offen.

30 Wenn schon ein **fertiger Film** vorhanden ist und dessen Verwertung im Raum steht, kann nicht mehr von Verfilmung gesprochen werden. Dann ist als Auslegungsregel nicht auf § 88, sondern auf den allgemeinen Übertragungszweckgedanken des § 31 Abs. 5 als Maßstab zurückzugreifen. Anders ist es jedoch, wenn ein fertiger Film zur Herstellung eines anderen Films genutzt werden soll. Dies wird von § 88 erfasst (vgl. Rn. 40).

31 e) **Vorbestehendes Werk als Objekt der Verfilmung** („**sein Werk**"): Die vorbestehenden Werke sind von den schöpferischen Beiträgen der Filmschaffenden i. S. d. § 89 abzugrenzen (RegE UrhG 1962 – BT-Drs. IV/270, S. 99; vgl. Vor §§ 88 ff. Rn. 16 ff.). Unerheblich für die Einordnung als vorbestehendes Werk und die Anwendung des § 88 ist, ob das Werk vom Filmwerk unabhängig geschaffen wurde (wie Roman oder Bühnenwerk), oder aber als Exposé, Treatment, Drehbuch und ggf. Filmmusik ein filmbestimmtes Werk vorliegt. Entscheidend ist allein, ob sich dieses als schöpferische Leistung gedanklich **vom Film unterscheidbar und gesondert verwerten lässt**, oder aber ob es untrennbar in ihm aufgeht (RegE UrhG 1962 – BT-Drs. IV/270, S. 99; LG München I ZUM-RD 2009, 134, 157 – *Die wilden Kerle*; *Götting* ZUM 1999, 3, 5; Dreier/Schulze/*Schulze*[5] Rn. 5; kritisch *Poll* GRUR Int. 2003, 290, 297). Eine konkrete Vermarktungsfähigkeit braucht hierfür nicht nachgewiesen zu werden; es reicht die gedanklich-theoretische Verwertbarkeit außerhalb des Films (LG München I ZUM-RD 2009, 134, 157 – *Die wilden Kerle*; Wandtke/Bullinger/*Manegold/Czernik*[4] Vor §§ 88 ff. Rn. 73; kritisch mit Blick auf praktische Verwertbarkeit *Götting* ZUM 1999, 3, 6; BeckOK UrhR/*Diesbach*[14] Rn. 7). Die Lehre vom Doppelcharakter, nach der sich speziell für den Film („filmbestimmt") geschaffene Werke sowohl für § 88 Abs. 1 als auch für § 89 Abs. 1 qualifizieren (*Bohr* ZUM 1992, 121, 123 ff.; Schricker/Loewenheim/*Katzenberger/N. Reber*[5] Vor §§ 88 ff. Rn. 69), ist abzulehnen (vgl. Vor §§ 88 ff. Rn. 17 ff.). Seit Angleichung des § 88 Abs. 1 an § 89 Abs. 1 hat der Meinungsstreit für Verträge ab 1.7.2002 grundsätzlich keine praktische Bedeutung mehr (zur alten Rechtslage vgl. Rn. 9 ff.; *Götting* ZUM 1999, 3, 4), sondern allenfalls noch für das Wiederverfilmungsrecht des § 88 Abs. 2, der keine Entsprechung im Wortlaut des § 89 hat (vgl. § 89 Rn. 62). Im Einzelfall kann ein Urheber vorbestehender Werke allerdings eine **Doppelfunktion** ausüben und auch Filmurheber sein (vgl. Vor §§ 88 ff. Rn. 18; vgl. § 89 Rn. 56).

Der Kreis denkbarer vorbestehender Werke im Rahmen des § 88 ist weit. Sie müssen als Ganzes oder in Teilen im Film lediglich – mit ihren urheberrechtlich geschützten Elementen gem. § 2 – **erkennbar** sein (Dreier/Schulze/*Schulze*[5] Rn. 6; Wandtke/Bullinger/*Manegold/Czernik*[4] Rn. 26).   **32**

Oft entstehen Filme auf der Grundlage von **Sprachwerken**. Das können filmunabhängig vorbestehende **fiktionale Werke** wie ein **Roman, Kurzgeschichte** oder **Bühnenstück** (BGH GRUR 1952, 530) sein. Die **bloße Idee** als solche ist **nicht** als Werk schutzfähig und kann daher auch kein vorbestehendes Werk sein. Erforderlich ist vielmehr, dass sich die Idee in schöpferischer Weise konkretisiert und ihr durch sprachliche oder bildliche Darstellung eine persönlich geistige Gestalt gegeben wurde (BGH GRUR 2003, 876, 877 GRUR 2003, 876 – *Sendeformat*; BGH GRUR 1963, 40, 42 – *Straßen – gestern und morgen*). Die **Verwendung filmischen Allgemeinguts** (z. B. fröhliche Menschen in Uniformen) wird diese Voraussetzungen nicht erfüllen. Nicht schutzfähig ist auch die Idee einer Försterspielfilmserie als solche, die einen verwitweten Förster mit Kindern in der bayerischen Landschaft agieren lässt, wohl aber das **konkrete Konzept** zu der Fernsehserie. Wenn daraus lediglich ein verwitweter Förster mit Kindern, der mit Umweltfragen, dem Waldsterben und ökologischen Problemen zu tun hat, die tragende Rolle eines Adelshauses und die überwältigende bayerische Landschaft als Hintergrund übernommen werden, die Handlung im Detail aber anders ausgestaltet ist, liegt nur eine freie Benutzung nicht schutzfähiger Elemente vor (OLG München GRUR 1990, 674, 675 – *Forsthaus Falkenau*). Der urheberrechtliche Schutz kann sich auf die erdachten Charaktere, das Milieu und das Handlungsgefüge ebenso erstrecken wie auf dramatische Konflikte und Höhepunkte (BGH GRUR 1959, 379, 381 – *Gaspatrone* für ein Bühnenwerk; BGH GRUR 1963, 441 – *Mit Dir allein*) oder einen bestimmten **Einfall** für einen Handlungsablauf (BGH GRUR 1978, 302, 304 – *Wolfsblut*). Dabei genügt – zumindest theoretisch – für die sprachliche Ausformung auch eine mündliche Übermittlung (Wandtke/Bullinger/*Manegold/Czernik*[4] Rn. 29). Weiterführend zur Schutzfähigkeit vgl. § 2 Rn. 43 ff.; zur Abgrenzung unfreie Bearbeitung/freie Benutzung vgl. §§ 23/24 Rn. 30 ff.   **33**

Als vorbestehende Werke kommen auch Darstellungen tatsächlicher Ereignisse wie z. B. **Sachbücher** in Betracht; der Werkcharakter beruht hier indes nicht auf dem gemeinfreien Inhalt, sondern nur auf der Art und Weise der schöpferischen Darstellung (vgl. § 2 Rn. 59 ff.). Wenn sich die Werkqualität auslösenden Elemente nicht im Film wiederfinden, werden urheberrechtliche Nutzungsrechte nicht benötigt. Wird dennoch ein Verfilmungsvertrag abgeschlossen, liegt eine Leereinräumung vor (dazu vgl. Vor §§ 31 ff. Rn. 174). Oft wird in Zweifelsfällen ein Vertrag Sinn machen, um Rechtssicherheit herzustellen; dieser ist ohnehin konfliktvermeidend, wenn der Film auf das Buch Bezug nehmen will (Film zum Buch) und damit ohne Zustimmung unlauter (§§ 3, 4 Nr. 9, 5 UWG) sein könnte oder titelrechtliche Erlaubnisse (§ 5 Abs. 3 MarkenG) erforderlich sind. Ähnliche Maßstäbe gelten für Briefe und **persönliche Aufzeichnungen**, wenn sie tatsächliche Ereignisse wiedergeben, die nicht lediglich der Vorstellung des Schöpfers entspringen. Freilich sind in diesem Fall auch die Persönlichkeitsrechte des Betroffenen zu beachten (Dreier/Schulze/*Schulze*[5] Rn. 10)).   **34**

Die Umsetzung des Films erfolgt in mehreren Stufen vom Exposé über das Treatment bis hin zum Roh- und dann kurbelfertigen Drehbuch (*Bohr* ZUM 1992, 121, 122; *Götting* ZUM 1999, 3, 7; *Poll* GRUR Int. 2003, 290, 297). Alle diese Vorstufen des Filmes haben i. d. R. jeweils Werkcharakter und sind   **35** vorbestehende Werke i. S. d. § 88 (BGH GRUR 1963, 441, 443 – *Mit Dir allein*; Wandtke/Bullinger/*Manegold*/*Czernik*[4] Rn. 29; *Götting* ZUM 1999, 3, 7; *Katzenberger* ZUM 1988, 545, 548). Die nachfolgende Stufe ist im Regelfall jeweils eine Bearbeitung (§§ 3, 23) der früheren Stufe. Das **Exposé** ist eine kurze, skizzenhafte textliche Schilderung des Handlungsablaufes (BGH GRUR 1963, 40, 41 – *Straßen – gestern und morgen*; OLG München GRUR 1990, 674 – *Forsthaus Falkenau* zur Abgrenzung von schutzfähigem Exposé zu schutzunfähigen Ideen). Hieraus entsteht dann das **Treatment** als ausführlichere filmbezogene Ausarbeitung, die die Charaktere des Filmes darstellt und die Handlung schon nach Schauplätzen, Szenen und Bildern aufgliedert. Auf dessen Basis wird das Rohdrehbuch mit Dialogen bzw. dann das kurbelfertige **Drehbuch** mit für die Aufnahme erforderlichen Einzelanweisungen wie Regie, Kameraeinstellung, akustische und optische Ausgestaltung etc. erstellt. Auch der **Synchronautor** fällt unter § 88 (a. A. LG München I FuR 1984, 534 – *All About Eve*, das § 89 anwendete).

36 Als vorbestehende Werke kommen zudem **Musikwerke** in Betracht (BGH GRUR 1957, 611 – *Bel ami*; BGH GRUR 1994, 41, *Videozweitauswertung II*; KG GRUR 1986, 536, 537 – *Kinderoper*). Das sind im Film verwendete Musikstücke wie Opern, Lieder, Teile von Sinfonien und dgl., vor allem aber auch die für den Film komponierte Filmmusik. Auch wenn diese einen dienenden Charakter hat und vor allem die Rezeption und Wirkung des Filmes beeinflussen soll (*v. Becker* ZUM 1999, 16), lässt auch sie sich – wie auch § 89 Abs. 3 entnommen werden kann – gesondert verwerten (*Poll* GRUR Int. 2003, 290, 295). Das Verfilmungsrecht für Musik wird vielfach auch als **Synchronisationsrecht** bezeichnet. Dieses Recht verbraucht sich mit der Verbindung der Musik mit dem Film. Eine Begrenzung der Einräumung des Synchronisationsrechts auf bestimmte Nutzungsarten (vgl. Rn. 44) oder bestimmte Nutzungszeiten (vgl. Rn. 48) hat damit keine dingliche Wirkung, gilt also nicht gegenüber jedermann. Solche Abreden können aber relativ zwischen den Parteien wirken. Im Hinblick auf die Auswertungsrechte am (synchronisierten) Film sind insb. von **Verwertungsgesellschaften** wahrgenommene Rechte zu beachten (dazu vgl. Vor §§ 88 ff. Rn. 110 ff.). In AGB von Fernsehanstalten wird teilweise festgelegt, an wen **Auftragskomponisten** für Filme ihre Werke in **Verlag** geben müssen (eingehend vgl. § 31 Rn. 184). Werden **Opern als vorbestehende Werke abgefilmt**, ist zu prüfen, ob ein Filmwerk oder nur Laufbilder entstehen (vgl. § 95 Rn. 4 ff.).

37 Auch **pantomimische Werke** und Werke der Tanzkunst können sich im Film wiederfinden, wenn beispielsweise durch ihre Choreographie Schöpfungshöhe erreichende Bühnenwerke und Ballettaufführungen mit Bild und Ton aufgezeichnet werden (Dreier/Schulze/*Schulze*[5] Rn. 6). Das kann auch für ein Kunst-Happening gelten, in dem die Aussage eines bestimmten Gemäldes durch Symbolik und Ausdrucksformen in eine choreographieähnliche Darstellung übertragen wird (BGH GRUR 1985, 529 – *Happening*). **Figuren** können als urheberrechtlich geschützte Werke insb. bei Comicfilmen vorbestehende Werke sein (BGH GRUR 1994, 206, 207 – *Alcolix*; BGH GRUR 1994, 191, 192 – *Asterix-Persiflagen*; vgl. § 2 Rn. 138). Die Illustrationen einer Kinderbuchreihe, die als Grundlage für einen Realfilm dient, sind keine vorbestehenden Werke i. S. v. §§ 88 Abs. 1, auch wenn beim Casting die Ähnlichkeit der Schauspieler mit den Illustrationen der Protagonisten mitberücksichtigt wird (LG München I ZUM-RD 2009, 134, 158 – *Die wilden Kerle*).

38 Für **Filmarchitektur** und deren Modelle ist – wenn sie Werkqualität als Werke der Baukunst erreichen – im Einzelfall entscheidend, wie eng die Eingliederung in die konkrete Filmproduktion ist und ob die Werke theoretisch auch anderweitig z. B. in anderen Filmproduktionen verwendet werden können. Nur dann greift § 88 und nicht § 89. Bei Filmbauten und Filmkulissen ist eine für § 88 erforderliche gesonderte Verwertung außerhalb des konkreten Filmes wegen der Wiederverwendbarkeit für andere Filme oder Bühneninszenierungen zwar theoretisch denkbar (*Schack*, Urheber- und VerlagsR[7] Rn. 337), letztlich aber eine Frage des Einzelfalles (zur Filmarchitektur unter Anwendung des § 89: BGH GRUR 2005, 937, 938 f. – *Der Zauberberg*; ferner: *Bohr* UFITA 78 [1977], 95, 145; *Haupt/Ullmann* ZUM 2005, 883, 885; *Katzenberger* ZUM 1988, 545, 549; *Loewenheim* UFITA 126 [1994], 99, 122; mit Hinweis auf die atmosphärische Wirkung gerade für einen bestimmten Film *Götting* ZUM 1999, 3, 7). Gleiche Maßstäbe gelten für geschaffene **Bühnenbilder**, die Schöpfungshöhe durch die Abstimmung von Raum, Farbe und Licht erlangen können. **Öffentliche Bauwerke** oder Werke an öffentlichen Plätzen können für die Filmherstellung verwendete vorbestehende Werke sein, wenn sie im Film erkennbar sind. Hier erleichtert die Schranke des § 59 die Verwendung, wenn es sich um dauerhafte Werke handelt (S. 1) und sich die Verwendung bei Bauwerken auf die Außenansicht beschränkt (S. 2). Auch **Kostüme, Dekoration** und **Requisiten** können auf diese Weise theoretisch gesondert verwertet werden (*Schack*, Urheber- und VerlagsR [7] Rn. 337), anderenfalls unterfallen sie § 89 (dafür generell *Katzenberger* ZUM 1988, 545, 549; *Loewenheim* UFITA 126 [1994], 99, 122). Sie sind gem. § 2 Abs. 1 Nr. 4 als Werke der *bildenden* Kunst geschützt (BGH GRUR-RR 2003, 33, 34 – *Maschinenmensch*). Werden Kostüme, Dekoration und Requisiten außerhalb des Films als Alltagsgegenstände im Wege des **Merchandising** genutzt, handelt es sich um *angewandte* Kunst, für die etwas andere Schutzvoraussetzungen gelten; vgl. § 2 Rn. 137 ff.).

Auf **Computerspiele**, die Bewegtbilder enthalten, sind die §§ 88 ff. und die §§ 69a ff. grundsätzlich parallel anwendbar (eingehend *Bullinger/Czychowski* GRUR 2011, 19, 21 m. w. N.; ferner vgl. § 69a Rn. 10 und vgl. Vor §§ 88 ff. Rn. 12a). § 88 findet deshalb auf Stoffurheber von Computerspielen Anwendung, z. B. auf **Storyschreiber, Dialogschreiber oder Zeichner vorbestehender Figuren.** Sofern das Computerspiel auf einen vorbestehenden Film oder Roman zurückgreift, fallen auch die Urheber solcher Werke unter § 88, wenn sie die Herstellung des Computerspiels erlauben. Auf die (vorbestehenden) **Computerprogramme als solche** finden aber nur die §§ 69a ff. Anwendung. Allerdings können hier die Übergänge fließend sein, wenn eine Trennung von Computerprogramm und Inhalt in Form des Bewegtbildes nicht möglich ist; vgl. Vor §§ 88 ff. Rn. 12 ff. Bei **transmedialen und crossmedialen Produktionen** gilt das Gleiche. Handelt es sich um filmähnliche Werke, ist § 88 einschlägig, soweit es um die filmische Nutzung geht; bei fehlender Trennbarkeit der filmischen von der sonstigen Nutzung und Prägung des Gesamtwerkes durch das Bewegtbild kann § 88 auf alle Nutzungen angewendet werden (vgl. Vor §§ 88 ff. Rn. 12b). Zu **sonstigen Multimediawerken** vgl. Vor §§ 88 ff. Rn. 12c.   **39**

Auch **Filmwerke** selbst können vorbestehende Werke sein, wie im Fall von Neuverfilmungen, die selbstständig schutzfähige inhaltliche Elemente eines anderen Filmes verwenden. Das können etwa **Rückblenden** sein, unter Beachtung der Anforderungen an ein schutzfähiges Werk im Einzelfall auch besonders schöpferische **Handlungseinfälle** und **Charakterprofile** (zur Übernahme umfangreicher Teile der Handlung, der Charaktere, ihrer Umgebung und des gesamten Beziehungsgeflechtes bei einem literarischen Werk als Anknüpfungspunkt für eine lineare Fortsetzungsgeschichte: BGH v. 29.4.1999 – I ZR 65/96 – GRUR 1999, 984 – *Laras Tochter*). Danach müssen auch **Fortsetzungsfilme**, Vorgeschichten und Ableger eines Filmes im Grunde unter dem Blickwinkel des § 88 betrachtet werden. Ob so weit zu gehen ist, dass von einer Verfilmung unter Rückgriff auf einen anderen Film als vorbestehendes Werk schon dann ausgegangen werden kann, wenn der vorige Film für das Verständnis eines anderen erforderlich ist (so sehr weitgehend Wandtke/Bullinger/*Mane-*   **40** *gold/Czernik*[4] Rn. 39), muss jedoch bezweifelt werden, wenn er nicht konkrete inhaltliche für sich schon schutzfähige Gestaltungselemente übernimmt. Bei Rückblenden greift mangels Belegfunktion die Zitatschranke des § 51 Nr. 2 grds. nicht (Wandtke/Bullinger/*Manegold/Czernik*[4] Rn. 39); anders bei Rückblendungen in einem Dokumentarfilm über Entwicklung des Tonfilms (BGH GRUR 1987, 362, 364 – *Filmzitat*). Der mit dem „2. Korb" erweiterte § 51 n. F. deckt erforderliche Filmzitate nun direkt ab.

41 Die Regelung des § 88 setzt ein urheberrechtlich geschütztes Werk voraus. Auf **verwandte Schutzrechte (Leistungsschutzrechte)** ist § 88 nur bei entsprechendem Verweis anwendbar. Für **nachgelassene Werke** (§ 71) findet sich ein solcher in § 71 Abs. 1 S. 3, **nicht** aber für **wissenschaftliche Ausgaben** (§ 70). In § 88 Abs. 3 a. F. existierte zwar eine solche Regelung. Diese fiel mit der Urhebervertragsrechtsreform 2002 weg, weil nach Ansicht des Gesetzgebers eine Verfilmung hier nicht in Betracht komme (RegE UrhVG 2002 – BT-Drs. 14/6433, S. 19). Wenn sich im Einzelfall dennoch ein Bedürfnis ergeben sollte, das vom Gesetzgeber übersehen wurde, kann eine Analogie in Erwägung gezogen werden. Auf **Lichtbilder** (§ 72) findet § 88 genauso wenig Anwendung wie auf die Leistungsschutzrechte des **Tonträgerherstellers** (§ 85) oder des **Sendeunternehmens** (§ 87) (Dreier/Schulze/*Schulze*[5] Rn. 75; Wandtke/Bullinger/*Manegold/Czernik*[4] Rn. 58). Insoweit greift also § 88 nicht. Für **ausübende Künstler** gilt allein § 92. – **Produzenten** können Miturheber im Sinne von § 88 sein, wenn sie urheberrechtlich geschützte Beiträge leisten, z. B. bei der Drehbuchentwicklung, wie dies „Kreativproduzenten" nicht selten tatsächlich tun (*Schwarz/Hansen* GRUR 2011, 109 ff.); vgl. § 89 Rn. 19.

42 **f) Umfang der im Zweifel eingeräumten Rechte: – aa) Unterscheidung Filmherstellung, Filmbearbeitung, Filmauswertung:** Der Vertragspartner des Urhebers erhält aus der Rechteeinräumung ein Rechtebündel aus Filmherstellungsrecht, Bearbeitungsrecht am fertigen Film und Nutzungsrechten. Gedanklich ist also zwischen folgenden Rechten zu unterscheiden: dem Recht zur eigentlichen Filmherstellung („das Werk unverändert oder unter Bearbeitung oder Umgestaltung zur Herstellung eines Filmwerkes zu benutzen"), dem Recht zur Bearbeitung des fertigen Films („Übersetzungen und andere filmische Bearbeitungen [des Filmwerkes] ... zu nutzen") und dem Recht zur Auswertung („auf alle Nutzungsarten"); RegE UrhG 1962 – BT-Drs. IV/270, S. 98; *Urek* ZUM 1993, 168, 169.

43 Das erstgenannte Filmherstellungsrecht oder Verfilmungsrecht i. e. S. räumt die erforderlichen Nutzungsrechte für die Verwendung des vorbestehenden Werkes zur Herstellung des Films ein. Je nach der Art und Weise der Benutzung des vorbestehenden Werke kann dies eine bloße Vervielfältigung oder – das ist der Regelfall – eine Bearbeitung i. S. d. § 23 sein. Isoliert betrachtet ist es freilich wirtschaftlich wertlos, wenn nicht zugleich das Filmauswertungsrecht dem Filmhersteller die Nutzungsrechte zur wirtschaftlichen Verwertung des Filmes z. B. durch Vervielfältigung und Verbreitung des Filmträgers, öffentlicher Vorführung, Sendung oder Videonutzung gibt. Die Trennung zwischen Herstellung und Auswertung kam in § 88 a. F. (vgl. Rn. 9 ff.) klarer zum Ausdruck (Nr. 1 Herstellung; Nr. 2–5 Auswertung; RegE UrhG 1962 – BT-Drs. IV/270, S. 98), findet sich aber auch heute noch in der differenzierenden Gesetzesformulierung des § 88 wieder, das vorbestehende Werk „zur Herstellung eines Filmwerkes zu benutzen" und daneben „das Filmwerk [...] zu nutzen". Auch § 90 Abs. 1 differenziert zwischen der Auswertung und der Herstellung; nur für letztere gilt § 90 Abs. 1 S. 2. Das **Verfilmungsrecht** (i. w. S.) bildet für die Verfilmung und die Auswertung einen **Oberbegriff**, der umfassend mitsamt Auswertungsrechten zu verstehen ist (zur Terminologie BGH GRUR 1994, 41, 43 – *Videozweitauswertung II*; Wandtke/Bullinger/*Manegold/Czernik*[4] Vor §§ 88 ff. Rn. 77).

Das **Filmherstellungsrecht** wird grundsätzlich **unabhängig und isoliert von den**   **44**
Auswertungsrechten eingeräumt. Wenn die Verfilmung einmal gestattet wurde,
muss nicht noch gesondert für jede Auswertung die Verfilmung erlaubt werden.
Beispielsweise für Filmmusik bedarf es nicht der Einräumung eines Filmherstellungsrechts („Synchronisationsrecht") speziell für die Videoverwertung, wenn
die Verbindung des Filmes und der Musik schon vorher im Rahmen der Filmherstellung erlaubt wurde (BGH GRUR 1994, 41, 43 – *Videozweitauswer-*
tung II; *Poll* GRUR 1994, 44; *v. Petersdorff-Campen* ZUM 1996, 1037, 1045;
Urek ZUM 1993, 168, 170; Schricker/Loewenheim/*Katzenberger/N. Reber*[5]
Vor §§ 88 ff. Rn. 29; *Schack*, Urheber- und VerlagsR[7] Rn. 472; a. A. *Gernot*
Schulze GRUR 2001, 1084, 1087). Engere Einräumungen des Filmherstellungsrechts wirken nur relativ zwischen den Vertragsparteien, haben aber keine
dingliche Wirkung. Die Nutzungsrechte für die Auswertung als solche müssen
aber vom Urheber eingeräumt werden. Allerdings liegen die Nutzungsrechte
zur Auswertung von **musikalischen Werken** tw. bei der GEMA. So wird das
Vervielfältigungs- und Verbreitungsrecht i. d. R. bei der GEMA als musikalischer Verwertungsgesellschaft eingeholt und bezahlt (zu Ausnahmen vgl. Vor
§§ 88 ff. Rn. 110 ff.), sodass der Filmproduzent insoweit keine Rechte vom Urheber erwirbt; der Filmproduzent erwirbt vom Urheber (oder Musikverlag)
also nur das Filmherstellungsrecht (Synchronisationsrecht), die Auswertungsrechte erwirbt er bei Urhebern, die GEMA-Mitglied sind, von der GEMA. Geht
es um reine Konzertmitschnitte auf DVD, benötigt das Videounternehmen
noch nicht einmal das Filmherstellungsrecht (BGH GRUR 2006, 319 – *Alpens-*
infonie; zur Kritik vgl. Rn. 55), sondern nur die Auswertungsrechte. Diese
können insb. von der GEMA erworben werden. Ferner sind ggf. bestehende
Leistungsschutzrechte (z. B. ausübende Künstler, Sendeunternehmen, Filmhersteller) von den Rechteinhabern einzuholen.

bb) Ausschließlichkeit der Nutzungsrechte: Im Zweifel erwirbt der Filmherstel-   **45**
ler ein ausschließliches Recht (§ 31 Abs. 3), das Dritte einschließlich des Urhebers von der Nutzung ausschließt, solange nichts anderes vereinbart ist. Die
Ausschließlichkeit bezieht sich auf die Filmherstellung unter Verwendung des
vorbestehenden Werkes und auf die Verwertung des Filmes. Die Exklusivität
für die Wiederverfilmung unterliegt indes der zeitlichen Begrenzung des
§ 88 Abs. 2 S. 1 (vgl. Rn. 76).

Im Gegensatz zu einfachen Nutzungsrechten fließt aus dem ausschließlichen   **46**
Nutzungsrecht neben der **positiven Nutzungsbefugnis** auch eine **negative Ab-**
wehrbefugnis mit der Möglichkeit zum Verbot der Nutzung (vgl. § 31
Rn. 20 ff.). Dem Berechtigten steht ein selbständiges Klagerecht gegen jeden
zur Verfügung, der in die eingeräumte Rechtsposition eingreift. Neben dem
Nutzungsrechteinhaber bleibt auch der Urheber aktivlegitimiert, selbst wenn
er von Nutzungshandlungen ausgeschlossen ist, sofern er ein berechtigtes Interesse an einem Vorgehen gegen Rechtsverletzungen hat; zum Ganzen vgl. § 97
Rn. 127 ff.

Die Ausschließlichkeitsvermutung gilt nur „im Zweifel", also vorbehaltlich ei-   **47**
ner anderen vertraglichen Vereinbarung und kann widerlegt werden, wenn es
ein besonderer Vertragszweck rechtfertigt (zur Rolle des § 31 Abs. 5 vgl.
Rn. 99). Bei Werken wie bekannten Musikstücken, die nicht unmittelbar auf
den Film bezogen sind, wird oftmals keine ausschließliche Nutzung bezweckt
sein, weil die Auswertung des Filmes nicht durch die anderweitige Nutzung der
Musik leidet. Erwirbt der Filmhersteller Rechte von **Verwertungsgesellschaften**
(z. B. der GEMA, vgl. Rn. 44), können diese ebenfalls nur einfache Nutzungsrechte sein.

cc) Zeitlicher Umfang: Das Verfilmungsrecht wird zeitlich **im Zweifel unbe-**   **48**
grenzt eingeräumt (Dreier/Schulze/*Schulze*[5] Rn. 39; Wandtke/Bullinger/*Mane-*

gold/Czernik[4] Rn. 60). Das gilt sowohl für die Herstellung als auch für die Auswertung des Filmes. Der – bei einer zeitlichen Beschränkung des Filmherstellungsrechts relevante – Zeitpunkt des Beginns der Verfilmung ist der Beginn der Dreharbeiten. Wenn das **Herstellungsrecht zeitlich vertraglich begrenzt** wird, wirkt die zeitliche Begrenzung nicht dinglich für die Auswertungsrechte (a. A. Dreier/Schulze/*Schulze*[5] Rn. 39), sondern allenfalls relativ nur zwischen den Vertragsparteien. Denn das Herstellungsrecht verbraucht sich mit der Filmherstellung (*Schwarz/Schwarz* ZUM 1988, 429, 433; *Urek* ZUM 1993, 168, 171; vgl. Rn. 44). Etwas anderes kann auch nicht BGH GRUR 1952, 530 – *Parkstraße 113* entnommen werden. Dort ging es zwar um die Frage, ob eine zeitliche Beschränkung der „Verfilmungsrechte" auf die Herstellung oder auch auf die Auswertung bezogen war; für Letzteres sprach im konkreten Fall, dass die Frist mit der Uraufführung beginnen sollte. Eine generelle Parallelität der zeitlichen Beschränkung für die Filmherstellung mit der Filmauswertung kann man dem jedoch nicht entnehmen (s. a. *Schwarz/Schwarz* ZUM 1988, 429, 433). Filme werden heute üblicherweise langfristig ausgewertet, sodass – auch wenn zeitliche Vorgaben zur Filmherstellung gemacht werden – die Auswertung zeitlich unbegrenzt erfolgen darf. Das gilt insb., um ggf. die hohen Investitionen für die Produktion wieder hereinzuspielen. Eine Beschränkung für die Auswertung muss daher explizit für die Auswertung selbst vereinbart werden und kann nicht allein aus einer Beschränkung des Herstellungsrechts abgeleitet werden. Im Bereich der **Filmmusik** spielt der Meinungsstreit regelmäßig keine Rolle, weil dort die Auswertungsrechte im Regelfall von der GEMA wahrgenommen werden, die Auswertungsrechte also gar nicht Teil der Nutzungsrechtseinräumung durch den Musikurheber sind (eingehend *Schwarz/Schwarz* ZUM 1988, 429, 433, unter Verweis auf eine entgegenstehende n. v.-Entscheidung des OLG München v. 30.4.1987, die allerdings durch BGH GRUR 1994, 41, 43 – *Videozweitauswertung II*, überholt sein sollte). Die GEMA ist zu einer Einräumung grundsätzlich verpflichtet (§ 34 VGG). Zeitliche Befristungen für die Einräumung des Filmherstellungsrechts an Filmmusik wirken deshalb allenfalls schuldrechtlich. Eine Unwirksamkeit zeitlicher Beschränkungen in AGB als überraschend oder nach § 307 BGB erscheint über dies als denkbar. Ein **Rückruf von Nutzungsrechten gem. §§ 41, 42** ist ab Beginn der Dreharbeiten nicht mehr möglich (§ 90 Abs. 1). Eine **außerordentliche Kündigung** ist ebenfalls ausgeschlossen, vgl. Rn. 70. Zur zeitlichen Beschränkung der Vergabe von **Wiederverfilmungsrechten** durch den Urheber s. § 88 Abs. 2 und vgl. Rn. 76 ff.

49 dd) **Räumlicher Umfang:** Das Territorialitätsprinzip stellt Werke in jedem Land nach der dortigen Urheberrechtsordnung unter Schutz. Bei der Rechteeinräumung können daher räumlich für jedes Land einzeln Nutzungsrechte vergeben werden (vgl. Vor §§ 31 ff. Rn. 64 ff.) Im Zweifel erhält der Filmhersteller ein **räumlich unbeschränktes** Weltverfilmungsrecht (RegE UrhG 1962 – BT-Drs. IV/270, S. 98; *Götting* ZUM 1999, 3, 10; Dreier/Schulze/*Schulze*[5] Rn. 43; Schricker/Loewenheim/*Katzenberger/N. Reber*[5] Rn. 34; Wandtke/Bullinger/*Manegold/Czernik*[4] Rn. 66; Büscher/Dittmer/Schiwy/*Lewke*[3] Rn. 15; a. A. unsere 9. Aufl./*Hertin* Rn. 24 zu § 88 a. F., der zu Unrecht § 31 Abs. 5 anwenden wollte). Nur in Ausnahmefällen kann die umfassende Vermutungsregel des § 88 durch einen anderen Vertragszweck widerlegt werden (vgl. Rn. 99). Die weltweite Auswertung bei Filmwerken ist spätestens seit Inkrafttreten des UrhG am 1.1.1966 die Regel (zur Rechtslage vor Inkrafttreten des UrhG KG GRUR 1933, 510, 511) und von den Vertragsparteien üblicherweise beabsichtigt. Dafür spricht nicht zuletzt die ausdrückliche Befugnis zur Nutzung von Übersetzungen in § 88 Abs. 1 Nr. 5 a. F. und § 88 Abs. 1 n. F. Sofern eine territoriale Beschränkung gewünscht ist, sollte diese territoriale Beschränkung also ausdrücklich vereinbart werden (s. für eine Aufteilung von Senderechten an Rundfunksendungen BGH GRUR 1997, 215, 218 –

Klimbim; BGH GRUR 1969, 364, 365 – *Fernsehauswertung* für einen Vorbehalt des Vertriebs in englischsprachigen Gebieten zugunsten eines Stoffurhebers; s. für eine Einräumung durch Tarifvertrag OLG Hamburg GRUR 1977, 556, 558 – *Zwischen Marx und Rothschild*).

ee) Inhaltlicher Umfang Filmherstellung („zur Herstellung eines Filmwerkes"): **50**
Im Zweifel ermöglicht das Recht zur Verfilmung nur die Nutzung vorbestehender Werke zur Herstellung **eines bestimmten Filmes** (RegE UrhG 1962 – BT-Drs. IV/270, S. 99; BGH GRUR 1957, 611 – *Bel ami*). Hat diese stattgefunden, kann die Verwendung vorbestehender Werke für eine Wiederverfilmung (§ 88 Abs. 2; vgl. Rn. 76 ff.) nicht auf § 88 gestützt werden. So ist von § 88 die Nutzung von Musik bei einer Wiederverfilmung (BGH GRUR 1957, 611, 613 – *Bel ami*) oder eines Drehbuches für einen anderen Film nicht gedeckt (BGH UFITA 24 [1957], 399, 405 – *Lied der Wildbahn III*; beide Urteile zu Altverträgen vor 1966). Auch die Filmausstattung – sofern als vorbestehendes Werk anzusehen, vgl. Rn. 38 – darf im Zweifel nur ein einziges Mal verfilmt werden; die Herstellung eines (zweiten) Dokumentationsfilms über die Entstehung des ersten Films unter Wiedergabe der Filmausstattung ist nicht von § 88 Abs. 1 gedeckt (s. BGH GRUR 2005, 937, 940 – *Der Zauberberg*, allerdings zu einem Fall des § 89). Jedoch ist die Bearbeitung des hergestellten Films in den Grenzen des § 93 zulässig, sodass daraus auch ein weiterer Film entstehen kann (eingehend vgl. Rn. 60 ff.). Urheberrechtlich relevante **Vorbereitungshandlungen der Verfilmung** sind von der Regel des § 88 Abs. 1 erfasst (Wandtke/Bullinger/*Manegold*/*Czernik*[4] Rn. 65). Dass § 23 S. 2 und § 90 Abs. 1 S. 2 hier strikt auf den Beginn der Dreharbeiten abstellen, steht dem nicht entgegen. § 23 S. 2 nennt mit dem Beginn der Dreharbeiten als den beim Film letzten Zeitpunkt für die Bearbeitung ohne Zustimmung. Und § 90 Abs. 1 S. 2 erleichtert dem Filmhersteller ab diesem Zeitpunkt die Handhabung der Rechte zur Verfilmung.

Die Auslegungsregel des § 88 Abs. 1 umfasst im Rahmen der Filmherstellung **51**
keine nicht-filmischen Nutzungen, wie die Herausgabe eines Buches zum Film, die gesonderte Verwertung von Filmmusik oder die Herstellung und den Vertrieb von Merchandisingobjekten auf der Grundlage vorbestehender Werke (RegE UrhG 1962 – BT-Drs. IV/270, S. 98; Dreier/Schulze/*Schulze*[5] Rn. 54; Wandtke/Bullinger/*Manegold*/*Czernik*[4] Vor §§ 88 ff. Rn. 86; Einzelfälle vgl. Rn. 69). Denn dabei handelt es sich nicht um eine „Verfilmung".

Unveränderte Benutzung des Werkes: Der Filmhersteller erhält für das vorbe- **52**
stehende Werk im Zweifel das Recht, es zur Filmherstellung unverändert oder in Bearbeitungen zu nutzen. Die unveränderte Benutzung eines vorbestehenden Werkes zur Filmherstellung kommt eher selten vor und ist eine **Vervielfältigung** i. S. d. § 16 Abs. 2 (BGH GRUR 2006, 319, 321 – *Alpensinfonie*; OLG München GRUR 2003, 420, 421 – *Alpensinfonie*; LG München I ZUM 1993, 289, 291 – *O Fortuna*; Schricker/Loewenheim/*Katzenberger*/*N. Reber*[5] Vor §§ 88 ff. Rn. 24; a. A. Dreier/Schulze/*Schulze*[5] Rn. 11: fast immer Bearbeitung). Eine **Vervielfältigung,** aber keine Bearbeitung i. S. d. § 23 S. 2 sah der BGH in der Herstellung eines Films, der aus der unveränderten Aufzeichnung des im Konzert aufgeführten Musikwerks mit unterlegten Bildern mehrerer Kameras mit Schnitten auf Dirigent, Publikum und einzelne Musiker bestand (BGH GRUR 2006, 319, 321 – *Alpensinfonie*; genauso OLG München GRUR 2003, 420, 421 – *Alpensinfonie*; zur Kritik vgl. Rn. 55). Unzutreffend erscheint, die bloße Vervielfältigung nur bei einer Filmkopie des fertigen Filmes für möglich zu halten (Dreier/Schulze/*Schulze*[5] Rn. 12). Denn das betrifft die Auswertung des Filmes, nicht seine Herstellung (vgl. Rn. 42 ff.).

Benutzung unter Bearbeitung oder Umgestaltung: § 88 Abs. 1 erlaubt ferner **53**
im Zweifel eine Bearbeitung oder Umgestaltung des vorbestehenden Werkes

zur Filmherstellung. Damit wird auf den **Begriff** der „Bearbeitung" bzw. „Umgestaltung" gemäß § **23** abgestellt (vgl. §§ 23/24 Rn. 8 ff.). Das Vorliegen einer Bearbeitung oder Umgestaltung dürfte bei einer Verfilmung sogar – im Gegensatz zur bloß unveränderten Werknutzung – **die Regel sein** (KG ZUM 2003, 863, 866 – *Beat Club*; OLG München GRUR 1990, 674, 675 – *Forsthaus Falkenau*; LG München I ZUM 1993, 289, 291; *Götting* ZUM 1999, 3, 6; *Katzenberger* ZUM 1988, 545, 548). Gem. § 23 S. 2 ist die **Zustimmung** zu Bearbeitungen schon **bei der Verfilmung** und nicht erst mit der Veröffentlichung oder Verwertung (§ 23 S. 1) des fertigen Films erforderlich. Entscheidender Zeitpunkt ist der Beginn der Dreharbeiten (Wandtke/Bullinger/*Manegold/ Czernik*[4] Rn. 65). Diese Zustimmung und damit das Recht zur Bearbeitung ist gerade Gegenstand der Auslegungsregel des § 88 Abs. 1.

54   Unproblematisch liegt bei **Veränderung des vorbestehenden Werkes** eine Bearbeitung vor. Vorbestehende Sprachwerke müssen beispielsweise an das Medium Film angepasst werden, Dialoge werden verändert, die Handlung angepasst; Musik wird gekürzt, um die szenisch-atmosphärische Untermalung zu tragen. Zu den verändernden Bearbeitungen zählen auch Übersetzungen des vorbestehenden Werkes bei der Herstellung (Wandtke/Bullinger/*Manegold/ Czernik*[4] Rn. 67).

55   Selbst in den Fällen, in denen **vorbestehende Werke unverändert** in das Filmwerk übernommen werden, kann eine Bearbeitung oder Umgestaltung vorliegen. Allerdings muss sich aus der **Verbindung** des Werkes mit dem Medium Film ein neuer und **anderer Gesamteindruck** ergeben, der über die bloße Vervielfältigung des Werkes hinausgeht (LG München I ZUM 1993, 289, 291 – *O Fortuna; Gernot Schulze* GRUR 2001, 1084, 1085; Dreier/Schulze/*Schulze*[5] Rn. 11; *Rehbinder/Peukert*[17] Rn. 509, die zugleich auch eine Vervielfältigung annehmen). Das ist aus der Perspektive des angesprochenen Verkehrs zu entscheiden. Für vorbestehende Werke in Form von **Filmbauten, Bühnenbildern, Kostüme, Dekoration und Requisiten** (vgl. Rn. 38) dürfte danach regelmäßig eine Bearbeitung oder Umgestaltung vorliegen, weil i. d. R. ein neuer Gesamteindruck durch eine neue Verfilmung entsteht. Die Verbindung von **Musik und Spielfilm** gestaltet sich danach im Regelfall als Bearbeitung, weil Musik oftmals den Film „trägt" und der Dramatisierung dient, Emotionen erweckt und Leitmotive des Filmes zu tragen vermag (*v. Becker* ZUM 1999, 16). Wegen der engen Verbindung als Gesamtkunstwerk genießt u. U. die Verbindung von Musik und Film auf der Basis der Grenzen einer zulässigen Bearbeitung Schutz auch gegen eine etwaige Trennung beider Elemente (BGH GRUR 1957, 611, 613 – *Bel ami*; OLG München GRUR Int. 1993, 332 – *Christoph Columbus*). Auch bei **Verfilmung tatsächlicher Ereignisse** wie eines **Konzerts** oder eines **Theaterstückes** können filmtechnische Gestaltungsmittel (Schnitte, Kameraperspektiven etc.) zu einer völlig anderen Wahrnehmung für den Filmzuschauer im Vergleich zur herkömmlichen Zuschauerperspektive führen (Dreier/ Schulze/*Schulze*[5] Rn. 12; offen gelassen in BGH GRUR 1985, 529 – *Happening*; zurückhaltend auch *Urek* ZUM 1993, 168, 171). Der **Bundesgerichtshof** meint jedoch, bei einer Fernsehaufzeichnung eines Konzertes liege keine Bearbeitung, sondern eine unveränderte Vervielfältigung vor (BGH GRUR 2006, 319, 322 – *Alpensinfonie*; LG München ZUM-RD 2016, 55 – *Sylvesterkonzert*; ferner Schricker/Loewenheim/*Katzenberger/N. Reber*[5] Vor §§ 88 ff. Rn. 24; Wandtke/Bullinger/*Manegold/Czernik*[4] Rn. 24). Das erscheint jedenfalls als generelle Regel untauglich. Es kann keine Rede davon sein, dass bei Konzertaufzeichnungen eines Musikwerkes „lediglich dessen Darbietung" gezeigt wird (so aber BGH a. a. O.). In Fällen der unveränderten Nutzung ist sorgfältig zu prüfen, ob durch audiovisuelle Veränderungen, Akzentsetzungen und Schnitte tatsächlich der Gesamteindruck wesentlich verändert wird oder nicht. Auch Fernsehaufzeichnungen sind aber heute regelmäßig Filmwerke, die vor allem durch Regie-, Kamera- und Beleuchtungswerke den Gesamteindruck für den Betrachter – im Gegensatz zum bloßen Hören – ganz wesentlich verändern. Erschöpfen sich jedoch (ausnahmsweise) die Bilder in einer Wiedergabe des **realen** musikalischen **Geschehens**, etwa beim Abfilmen eines Bühnenstückes aus nur einer Perspektive ohne jeden Schnitt, kann das Argument des Gesamteindruckes nicht zur Annahme einer Bearbeitung führen.

Auch bei der (unveränderten) **Verfilmung eines Drehbuches** liegt schon wegen des Medienbruches eine Bearbeitung vor (Wandtke/Bullinger/*Manegold/Czernik*[4] Rn. 23).   **56**

Bei Fehlen einer entsprechenden Regelung ist im Zweifel davon auszugehen, dass den Erwerber des Verfilmungsrechts **keine Verfilmungspflicht** trifft. Das ist unabhängig davon, ob der Urheber erlösbeteiligt ist oder pauschal vergütet wird (zur Frage der Auswertungspflicht nach erfolgter Verfilmung in diesen Konstellationen vgl. Rn. 70). Dass der Urheber den Filmhersteller dazu verpflichten kann, die mit erheblichen Investitionen verbundene Verfilmung vorzunehmen, liegt eher fern. Der Filmhersteller kann deshalb auch willkürlich von der Verfilmung absehen (a. A. BGH UFITA 37 (1962), 336 – *Hochspannung*; wie hier Wandtke/Bullinger/*Manegold/Czernik*[4] Rn. 25). Die Auswertungspflicht dürfte in diesem Fall regelmäßig die Grenze der Zumutbarkeit (BGH GRUR 2003, 173, 175 – *Filmauswertungspflicht* i. E. deswegen verneint) überschreiten. Zudem verbleibt dem Urheber für das Recht zur Verfilmung bis zum Beginn der Dreharbeiten (§ 90 Abs. 1 S. 2) das Rückrufsrecht wegen Nichtausübung (§ 41). Ferner kann er für die Verfilmungs-(Nutzungs-)möglichkeit eine angemessene Vergütung nach § 32 fordern, wie die Praxis der Optionsverträge im Filmstoffbereich zeigt (vgl. Vor §§ 88 ff. Rn. 48), dass auch die Möglichkeit der Verfilmung geldwert ist. – Das **Verfilmungsrecht** darf **ohne Zustimmung des Urhebers nicht übertragen** werden (§ 34); § 88 Abs. 1 beinhaltet keine solche Zustimmung. Aus Verwertersicht empfiehlt sich, sich die Zustimmung vorab vertraglich geben zu lassen. Ab Drehbeginn greift indes § 90 Abs. 1 S. 1, der eine Anwendung von § 34 ausschließt (vgl. Rn. 106).   **57**

ff) Inhaltlicher Umfang für „Übersetzungen und andere filmische Bearbeitungen": Von der Bearbeitung des vorbestehenden Werkes durch die Verfilmung ist Erlaubnis zu Übersetzungen und anderen filmischen Bearbeitungen **des fertigen Films** zu unterscheiden. § 88 Abs. 1 bezieht diese ausdrücklich in die vermutete Rechtseinräumung ein. Insoweit wird die Regel des § 39 Abs. 2 zugunsten des Filmherstellers eingeschränkt, dem eine weitgehende Rechtebündelung gewährt werden soll.   **58**

Übersetzungen sind Synchronisation oder Untertitelung des fertigen Films.   **59**

Umstritten ist, wie weit das Recht zu **„anderen filmischen Bearbeitungen"** geht. Tw. wird die Auffassung vertreten, dieses Recht beziehe sich auf die Nutzung des fertigen Films im Ausland, sodass nur filmische Bearbeitungen erfasst seien, die für die Anpassung des konkreten Films an die ausländischen Verhältnisse erforderlich seien (Dreier/Schulze/*Schulze*[5] Rn. 45; Schricker/Loewenheim/*Katzenberger/N. Reber*[5] Rn. 53). Die Gesetzesmaterialien sind nicht eindeutig: Einerseits sagt der RegE UrhG, dass der Filmhersteller das Recht haben müsse, das Filmwerk in fremde Sprachen übersetzen zu lassen oder es sonst den ausländischen Verhältnissen anzupassen (RegE UrhG 1962 – BT-Drs. IV/270, S. 98). Andererseits wird als Beschränkung des Bearbeitungsrechts später nur der filmische Charakter erwähnt, aber keine anderen Einschränkungen gemacht (RegE). Der Wortlaut gibt Einschränkungen des Tatbestandsmerkmals „andere filmische Bearbeitungen" auf eine bloße Anpassung an ausländische Verhältnisse nicht her. Erlaubt ist grundsätzlich **jede filmische Bearbeitung des**   **60** existierenden Filmmaterials (BeckOK UrhR/*Diesbach*[16] Rn. 36; a. A. *Gernot Schulze* GRUR 1994, 855, 860, *Platho* GRUR 1987, 424, 425, wonach der Film nicht in seinem Wesen angetastet werden dürfe). Etwas anderes ergibt sich auch nicht aus der Systematik, weil die Übersetzung bloß ein Unterfall der anderen filmischen Bearbeitung ist (so auch HK-UrhR/*Meckel*[3] Rn. 11). Zu beachten ist allerdings die **Grenze des** § 93, die auch dem Stoffurheber Entstellungsschutz gewährt. Ferner wird der Umfang des filmischen Bearbeitungsrechts systematisch durch das grundsätzlich nicht eingeräumte **Wiederverfilmungsrecht** (§ 88 Abs. 2) begrenzt. Die Bearbeitung des fertigen Films darf also nicht einer Neuverfilmung gleichzusetzen sein (Wandtke/Bullinger/*Manegold/Czernik*[4] Rn. 67: keine „schleichende Neuverfilmung").

61 Danach sind **Werbetrailer** in jedem Fall von der Vermutung erfasst, weil im Vergleich zum hergestellten Film keine eigenständige Nutzungsart gegeben ist (vgl. § 31 Rn. 64). Die heute übliche Verwendung von Werkteilen für ein „**Making Of**" (Dokumentation über die Entstehung des Films) sollte ebenfalls im Zweifel von § 88 Abs. 1 erlaubt sein, sofern es sich nicht um eine Wiederverfilmung, sondern um eine Bearbeitung des hergestellten Film(material)s handelt (a. A. BeckOK UrhR/*Diesbach*[16] Rn. 25). Die Entscheidung des BGH *Der Zauberberg* (BGH GRUR 2005, 937, 940) steht dem nicht entgegen; zwar ging es dort um ein „making of", jedoch wurde nicht Material des fertigen Films verwendet, sondern die urheberrechtlich geschützte Filmausstattung wurde in der Dokumentation gesondert abgefilmt. Die Verwendung des nichtfilmischen Stoffes ist jedoch im Zweifel nur für die Herstellung „eines" Filmes gestattet (vgl. Rn. 50). Auch spricht nichts dagegen, dass im Zweifel nach § 88 Abs. 1 aus dem hergestellten Film im Wege der Bearbeitung **mehrere Teile** oder aus mehreren Teilen ein Film entstehen dürfen (BeckOK UrhR/*Diesbach*[16] Rn. 36; a. A. Dreier/Schulze/*Schulze*[5] Rn. 45), und zwar einschließlich zusammenfassender Rückblenden, die vor die einzelnen Teile gesetzt werden. Denn das ist keine Neuverfilmung; es entsteht nur eine neue Serien-Fassung des existierenden Filmmaterials. Auch andere Bearbeitungen, z. B. **Kolorierung** (*Kreile/Westphal* GRUR 1996, 254, 258), die Hereinnahme anderen hergestellten Filmmaterials („**Director's Cut**"; BeckOK UrhR/*Diesbach*[16] Rn. 36) oder eine **Verkürzung** sind in den Grenzen des § 93 zulässig. Bei **Formatänderungen** kommt etwa eine Anpassung an eine Fernsehübertragung im 4:3 Format aus dem 16:9 Format einer Kinofassung in Betracht. Weil das Ausstrahlen mit horizontalen schwarzen Balken unter Wahrung des Originalverhältnisses möglich ist, wird das Abschneiden des Bildes am Rand tw. kritisch betrachtet (*Gernot Schulze* GRUR 1994, 855, 860 f.). Unproblematisch in den Grenzen des § 93 möglich sind Bearbeitungen, die zur **Nutzung im Ausland** erforderlich sind, insb. wegen Zensur- oder aus Verständnisgründen (Schricker/Loewenheim/*Katzenberger/N. Reber*[5] Rn. 53; Wandtke/Bullinger/*Manegold/Czernik*[4] Rn. 67).

62 Die Nutzung von Filmausschnitten in beliebiger oder festgelegter Auswahl zu bestimmten Zwecken wird als **Klammerteilauswertung** bezeichnet. Zunächst ist zu klären, ob Fragmente und Ausschnitte eines Films **ohne Zustimmung des Rechteinhabers** („urheberrechtsfrei") für einen anderen Film benutzt werden dürfen. Eine urheberrechtsfreie Teilauswertung ist jedenfalls möglich, wenn die benutzten Werkteile nicht isoliert urheberrechtsschutzfähig sind (BGH GRUR 1953, 299, 301 – *Lied der Wildbahn I*; OLG Frankfurt ZUM 2005, 477, 479 – *TV TOTAL*; *Feyock/Straßer* ZUM 1992, 11, 13). Entgegenstehen können dem aber u. U. Leistungsschutzrechte des Produzenten (§§ 94, 95; vgl. § 95 Rn. 24) oder Persönlichkeitsrechte. Sind – wie beim Film wegen der szenisch-gestalterischen Dichte meist anzunehmen, jedenfalls bei längeren Szenen – die übernommenen Werkteile für sich schutzfähig, so ist eine Teilwerknutzung grds. zustimmungsbedürftig (OLG München NJW 1998, 1413, 1414 – *O Fortuna*). Auch kurzen Filmabschnitten kann, soweit es sich um zusammenhängende Bildfolgen bzw. Bild- und Toneinheiten handelt, durch die spezielle Art der Beleuchtung, durch die Kameraeinstellung und ähnliches eine schöpferische Prägung zukommen. Das ist regelmäßig bei Spielfilmen der Fall (OLG Hamburg GRUR 1997, 822, 825 – *Edgar-Wallace-Filme*), seltener bei aktuellen Dokumentaraufnahmen von Tagesereignissen (LG Berlin GRUR 1962, 207, 208 – *Maifeiern*). Überdies ist eine freie Benutzung (§ 24) zu prüfen, die bei Verwendung von Filmausschnitten in einer Satire vorliegen kann (OLG Hamburg GRUR 1997, 822, 824 f. – *Edgar-Wallace-Filme*). Beim Film kann ferner die Zitatschranke des § 51 greifen (BGH GRUR 1987, 362, 364 – *Filmzitat*; § 51 n. F. deckt durch die Herabstufung der bisherigen Zitatzwecke auf Regelbeispiele auch Filmwerke). **Inhaber des Klammerteilrechts** ist zur filmischen Verwertung im Zweifel der Inhaber der Stoffrechte gem. § 88 Abs. 1 (a. A. unsere 9. Aufl./ *Hertin* Rn. 16, 21; Dreier/Schulze/*Schulze*[5] Rn. 45; Schricker/Loewenheim/ *Katzenberger*/N. *Reber*[5] Rn. 53). Die Grenze bildet hier neben § 93 insb. § 88 Abs. 2: es dürfen nicht so viele Klammerteile lizenziert werden, dass eine Neuverfilmung des bisherigen Films vorliegt. Der Geltung der Vermutung des § 88 Abs. 1 auch für Klammerteilrechte steht die Rechtsprechung für Altverträge vor 1966 nicht entgegen, weil dafür § 88 noch nicht galt. Hier musste der Übertragungszweckgedanke angewendet werden, die zu urheberfreundlicheren Ergebnissen führte (zum Verhältnis vgl. Rn. 5 ff.; vgl. Rn. 99). So gestattete ein auf öffentliche Vorführung gerichteter Alt-Filmverwertungsvertrag nicht die selbständige Auswertung einzelner urheberrechtlich schutzfähiger Bildfolgen einer Szene (BGHZ 9, 262, 265 – *Lied der Wildbahn I*, insoweit nicht in GRUR 1953, 299). Gleiches gilt für einzelne Lichtbilder (BGHZ 9, 262, 265 – *Lied der Wildbahn I*). Zu beachten sind bei der Klammerteilauswertung auch die Rechte der Filmurheber (§ 89 Abs. 1), für die allerdings Gleiches wie für die Stoffurheber gilt (vgl. § 89 Rn. 36). Anderes gilt, wenn die Filmausschnitte, z. B. als Szenenfotos (Standbild), nicht filmisch genutzt werden; hier bestimmt sich ohne ausdrückliche vertragliche Regelung nach § 31 Abs. 5, wer Inhaber der Rechte ist (vgl. § 91 Rn. 13).

Bereits nach dem Wortlaut nicht erfasst sind aber **außerfilmische Bearbeitungen.** So kann der Filmhersteller beispielsweise keine Bühnenfassung des Filmes produzieren (RegE UrhG 1962 – BT-Drs. IV/270, S. 98). Auch **Merchandisinggrechte** (z. B. Buch zum Film, Aufkleber, Soundtrack) sind in der Zweifelsregelung des § 88 Abs. 1 nicht enthalten (Dreier/Schulze/*Schulze*[5] Rn. 54; vgl. Rn. 69).   **63**

gg) Inhaltlicher Umfang Auswertungsrecht („auf alle Nutzungsarten"): Neben dem Recht zur Herstellung des Filmes gibt § 88 Abs. 1 im Zweifel auch das unbeschränkte Recht zur Auswertung, ohne das die Herstellung wirtschaftlich leer laufen würde. Es ist neben dem Recht zur Herstellung schon im Wortlaut gesondert als Recht genannt, „das Filmwerk [...] zu nutzen".   **64**

Das **Filmherstellungsrecht** wird grundsätzlich **unabhängig und isoliert von den Auswertungsrechten** eingeräumt. Wenn die Verfilmung einmal gestattet wurde, muss nicht noch gesondert jede Auswertung der Verfilmung erlaubt werden. Beispielsweise für Filmmusik bedarf es nicht der Einräumung eines Filmherstellungsrechts („Synchronisationsrecht") speziell für die Videoverwertung, wenn die Verbindung des Filmes und der Musik schon vorher im Rahmen der Filmherstellung erlaubt wurde (str., im Einzelnen vgl. Rn. 44). Für Filmmusik genügt also nach der erlaubten Herstellung eines Fernsehfilmes bei Zweitauswertung eines Filmes auf Video oder DVD die Einholung der Vervielfältigungs- und Verbreitungsrechte für Video und DVD, die von der GEMA erworben werden können.   **65**

Bekannte Nutzungsarten: Jede Verwertungsform ist dann eigenständige (bekannte) dinglich gegenüber jedermann wirkende Nutzungsart, wenn sie eine   **66**

hinreichend klar abgrenzbare, konkrete technisch und wirtschaftlich eigenständige Verwendungsform des Werkes darstellt (zur Eigenständigkeit von Nutzungsarten vgl. § 31 Rn. 10 ff.). Im Filmbereich sind danach bekannte Nutzungsarten die üblichen Auswertungsfenster Verleih zur öffentlichen Vorführung, insb. an Kinos (aber auch an Fluggesellschaften und Clubs), Herstellung von Videos/DVDs (BGH GRUR 1976, 382, 384 – *Kaviar*; BGH GRUR 1991, 133, 136 – *Videozweitauswertung*), deren Vermietung oder Verkauf (jeweils eigenständig nach BGH GRUR 1987, 37, 39 – *Videolizenzvertrag*), öffentliche Zugänglichmachung (insb. via Internet), Sendung im frei empfangbaren Fernsehen (BGH GRUR 1969, 364, 366 – *Fernsehauswertung*) oder im Pay-TV. Nach dem Urhebervertragsrecht der ehemaligen DDR wurden demgegenüber Fernsehübertragung und Vorführung im Kino derselben Nutzungsart zugeordnet (KG ZUM-RD 1999, 484, 485 – *Flüstern und Schreien*; zu DDR-Verträgen vgl. Vor §§ 88 ff. Rn. 36 ff.). Diese Nutzungsarten lassen sich aber noch weiter unterteilen; vgl. § 31 Rn. 73 ff. hierzu ausführlich; auch zu den einzelnen Verträgen zwischen den relevanten Verwertern vgl. Vor §§ 88 ff. Rn. 69 ff.

67   Eine **Differenzierung nach dem Primärzweck des Filmes** (etwa in Kino-, Fernseh-, Videofilm) findet im Hinblick auf bekannte Nutzungsarten **nicht** mehr statt (zu § 88 a. F. vgl. Rn. 9). § 88 Abs. 1 n. F. trägt dem Umstand Rechnung, dass der größte Teil kommerzieller Filmproduktionen heute auf eine umfassende wirtschaftliche Auswertung in einer Vielzahl von Medien gerichtet ist (auch wenn tatsächlich später wegen mangelnden Potentials keine Nutzung in allen Medien stattfindet). Filmproduktionen, die von vornherein nur auf eine Verwertung in einem Medium abzielen, sind die Ausnahme. Freilich kann sich die Lage in Einzelfällen anders gestalten, in denen der Film von vornherein auf eine Verwertung nur in bestimmten Medien angelegt war, und die Vermutung des § 88 Abs. 1 beispielsweise durch bestimmte Indizien wie Aufnahmeverfahren, Thema, Länge oder explizite Bezeichnung zweifelsfrei (vgl. Rn. 21) widerlegt werden kann. Das wird bei künstlerischen oder wissenschaftlichen Filmen ohne Zwang zur wirtschaftlich umfassenden Verwertung eher anzunehmen sein als bei Massenspielfilmen. Für Fernsehfilme ist von einer umfassenden Rechtseinräumung nach § 88 Abs. 1 ohne Beschränkungen auszugehen (a. A. Büscher/Dittmer/Schiwy/*Lewke*[3] Rn. 19), weil z. B. eine Kinonutzung nicht von vornherein zweifelsfrei ausgeschlossen werden kann. § 88 Abs. 1 n. F. dürfte allerdings die Verfilmung eines Happenings zu Lehrzwecken an einer Universität und deren Vervielfältigung und kommerzielle Verwertung durch Videos nicht decken (gl. A. Büscher/Dittmer/Schiwy/*Lewke*[3] Rn. 17 für ein Lehrvideo über Segelsport; s. a. BGH GRUR 1985, 529, 530 – *Happening* zu § 88 a. F.).

68   **Unbekannte Nutzungsarten:** Unbekannte Nutzungsarten zählen seit dem 2. Korb, also für Verträge ab 1.1.2008 (vgl. Rn. 19), zum Umfang der Vermutung des § 88 Abs. 1. Diese Regelung ist nach bisherigem Erkenntnisstand verfassungsgemäß (BVerfG GRUR 2010, 332 Tz. 68 ff.). Damit werden im Zweifel dem „anderen" **alle Rechte** an unbekannten Nutzungsarten eingeräumt. Die Vermutung bezieht sich allerdings – wie auch sonst, vgl. Rn. 69 – nur auf die **filmischen Rechte**. Außerfilmische unbekannte Nutzungsarten sind nicht erfasst. Zur Definition von unbekannten Nutzungsarten, die von der Definition bekannter Nutzungsarten abweicht, vgl. § 31a Rn. 21 ff. Zu **Schriftformgebot**, Ausschluss des **Widerrufsrechts** und zur **Vergütung** vgl. Rn. 72 f. Für Altverträge vom 1.1.1966 bis 31.12.2007 galten die verschiedenen Fassungen des § 88 Abs. 1 a. F. (vgl. Rn. 9 ff.), die sich nur auf bekannte Nutzungsarten bezogen. Allerdings sollte für Altverträge vom 1.1.1966 bis 31.12.2007 die Problematik durch § 137l aus Sicht des Filmherstellers weitgehend entschärft sein, weil er danach auch Rechte an den unbekannten (filmischen) Nutzungsarten erwirbt, wenn die Vermutung der Einräumung der bekannten filmischen Nutzungsarten nach § 88 Abs. 1 a. F. für ihn greift (vgl. § 137l Rn. 14). Zu Verträgen vor 1966 vgl. § 31 Rn. 172 ff. – **Abweichende vertragliche Vereinbarungen**, die dem Urheber unbekannte Nutzungsrechte vorbehalten, bleiben möglich.

Außerfilmische Nutzungen: § 88 Abs. 1 greift **nicht für außerfilmische Nutzungen** (Berger/Wündisch/*Blank/Kummermehr/Diesbach*[2] § 19 Rn. 14; Dreier/Schulze/*Schulze*[5] Rn. 54; Büscher/Dittmer/Schiwy/*Lewke*[3] Rn. 17). Diese bemisst sich an § 31 Abs. 5. Eine außerfilmische Nutzung liegt vor, wenn das Werk weder im Rahmen der Auswertung des Filmwerkes noch in Form eines Films genutzt wird (BGH GRUR 2010, 620 Tz. 10 – *Film-Einzelbilder*). Die Vergabe von **Merchandisingrechten** war Anfang der 50er Jahre nicht allgemein üblich und ist ohne Erwähnung im Vertragswortlaut daher nicht erfolgt (OLG Frankfurt ZUM 2000, 595, 596 – *Sturm am Tegernsee*). Das gilt auch nach der Zweifelsregelung des § 88 Abs. 1. Davon würde auch ein Buch zum Film nicht erfasst (Dreier/Schulze/*Schulze*[5] Rn. 54). Auch ist die Nutzung einer für Filmzwecke hergestellten Plastik für außerfilmische Zwecke in einem journalistischen Artikel nicht erlaubt, wenn sie nicht der **Bewerbung des Filmes** dient (OLG Hamburg GRUR-RR 2003, 33, 35 – *Maschinenmensch* zu einem Altvertrag). Die Einräumung nur eines ausschließlichen Vorführungsrechtes an einem Film gestattet nicht, **einzelne Lichtbilder** außerfilmisch zu verwenden (BGH GRUR 1953, 299– *Lied der Wildbahn I*); zur außer-filmischen Nutzung von Standbildern ferner vgl. § 91 Rn. Rn. 13; zur filmischen Nutzung von Standbildern vgl. Rn. 62 und vgl. § 91 Rn. 10 ff. Wenn aber eine Verwertung im Kino, im Fernsehen und durch Video gestattet wurde – wie sie nach § 88 Abs. 1 der Regelfall ist –, kann ein Lichtbild zum Zweck der **Werbung für einen Film** nicht nur für Kino und Fernsehen, sondern außerfilmisch auch als **Coverbild für Videos** eingesetzt werden (OLG München ZUM 1995, 798, 799 f. – *Das Boot*). Die umfassende Einräumung räumlich, zeitlich und inhaltlich unbeschränkter Rechte für alle Zwecke des Rundfunks, einen Film ganz oder tw. beliebig oft zu benutzen, berechtigt auch zur Verwendung von Einzelbildern als **Standbilder im Internet** für Programmhinweise (OLG Köln MMR 2005, 185, 186 – *Standbilder im Internet* zu einem Vertrag zwischen Filmurheber/Produzent und Rundfunkanstalt). Nicht speicherbare kurze Ausschnitte im Internet lediglich als Mittel der **Absatzwerbung** für körperliche Trägermedien sind von den Verwertungsbefugnissen umfasst (KG GRUR 2003, 1038 – *Klaus Kinski Rezitationen* für die Rechte ausübender Künstler und CDs, erscheint auf Filme und DVD ohne weiteres übertragbar). Denn es liegt bei Eigenwerbung gar keine eigenständige Nutzung vor (vgl. § 31 Rn. 64). Sind Rechte für eine außerfilmische Nutzung, z. B. Merchandisingrechte, eingeräumt, sollte im Vertrag klargestellt werden, ob diese **Nutzungserlaubnis nur eine filmbezogene (außerfilmische) Nutzung** einschließt **oder auch eine Nutzung ohne jeden Filmbezug.** Ohne eine solche Klarstellung ist nach § 31 Abs. 5 zu entscheiden.

Auswertungspflicht: Die Frage der Auswertungspflicht ist in § 88 nicht geregelt. Sie kann vertraglich vereinbart werden. Nach zutreffender Auffassung kann eine Auswertungspflicht durch **Auslegung** auch ohne ausdrückliche Abrede im Vertrag gewonnen werden (Dreier/Schulze/*Schulze*[5] § 31 Rn. 61). Eine **Beteiligungsvergütung spricht im Zweifel für eine Auswertungspflicht.** Denn für den Fall, dass der Vertragspartner nicht auswertet, ginge der nur am Erlös beteiligte Urheber leer aus. Es entspricht aber in der Regel nicht den Vorstellungen der vertragsschließenden Parteien, dass die Gegenleistung für die Einräumung der Nutzungsrechte an dem zu schaffenden Werk von einem Umstand abhängt, dessen Vorliegen allein vom Willen des Schuldners abhängt (für Filmverträge, allerdings zwischen Verwertern: BGH GRUR 2003, 173, 175 – *Filmauswertungspflicht*; BGH GRUR 1951, 471 – *Filmverwertungsvertrag*; OLG München ZUM 2000, 1093, 1096 – *Pinocchio*; *Obergfell* S. 153; im Tonträ-

69

70

gerbereich: BGH UFITA 86 (1980), 240, 243; zum Aufführungsvertrag BGH GRUR 1954, 412 – *Platzzuschüsse*; im Verlagsbereich zur Abgrenzung von Verlags- und Bestellvertrag BGH GRUR 2005, 148, 150 – *Oceano Mare*; ferner – zum Patentrecht – BGH GRUR 2000, 138 – *Knopflochnähmaschinen*). Dass der das Recht Einräumende bestimmte Vorkosten (insb. die Kosten für die Werbung und die Herstellung von Vervielfältigungsstücken) zu tragen hat, spricht insoweit zusätzlich für eine Auswertungspflicht (BGH GRUR 2003, 173, 175 – *Filmauswertungspflicht*, allerdings für einen Vertrag zwischen Verwertern). Nach Ansicht des BGH soll die Vereinbarung eines **Pauschalhonorars**, also einer erfolgsunabhängigen Einmalvergütung, jedenfalls für Verlagsverträge nicht im Umkehrschluss ein Indiz für das Fehlen einer Auswertungspflicht sein. Denn die Vereinbarung einer solchen Vergütung könne häufig Ausdruck der wirtschaftlichen Kräfteverhältnisse sein, die es dem Verleger erlauben, eine solche Art der Vergütung durchzusetzen, ohne dass dies notwendig mit einer untergeordneten Bedeutung des Werkes einhergehen müsse (BGH GRUR 2005, 148, 150 – *Oceano Mare*, für den Verlagsbereich). Auf den Filmbereich und insb. auf pauschal honorierte Verträge nach § 88 kann das nicht ohne weiteres übertragen werden; bei Pauschalhonorar besteht keine Auswertungspflicht sein (Dreier/Schulze/*Schulze*[5] Rn. 40). Denn der Urheber hat die Möglichkeit, die Verfilmungsrechte – ggf. nach Ablauf der Frist – neu zu vergeben, § 88 Abs. 2. Damit können **urheberpersönlichkeitsrechtliche Belange**, sein Werk erscheinen zu lassen und damit einer größeren Öffentlichkeit zugänglich zu machen (so BGH GRUR 2005, 148, 150 – *Oceano Mare*, für den Verlagsbereich), in der Regel keinen Ausschlag für eine Auswertungspflicht geben. Bei einer Mischform aus Beteiligungs- und Pauschalhonorar wird eine Einzelfallbetrachtung erforderlich sein, um zu bestimmen, ob das Pauschalhonorar unzureichend ist, um die Vergütungsinteressen des Urhebers zu befriedigen. Besteht – z. B. wegen Beteiligungshonorars – eine Auswertungspflicht, können allerdings die **Rechtsfolgen** nur modifiziert gelten (vgl. Vor §§ 31 ff. Rn. 41 ff. allgemein zu Rechtsfolgen der Verletzung der Auswertungspflicht). Insb. besteht dann kein **Kündigungsrecht** für den Urheber. Das ergibt sich aus § 90 Abs. 1 S. 1, der das Rückrufsrecht des § 41 ausschließt. § 90 Abs. 1 S. 1 darf aber nicht durch Kündigungen unterlaufen werden. Der Urheber kann auf Schadensersatz oder Erfüllung der Ausübungspflicht klagen. Zur Verfilmungspflicht vgl. Rn. 57.

71   **Gesetzliche Vergütungsansprüche des Urhebers**, die im Hinblick auf die Auswertung des Films anfallen, werden von § 88 Abs. 1 nicht erfasst und stehen weiter dem Urheber zu (Ulmer/*Eilfort* S. 98 ff.; Schricker/Loewenheim/*Katzenberger/N. Reber*[5] Rn. 11; Wandtke/Bullinger/*Manegold/Czernik*[4] zum parallelen § 89 Rn. 28; wohl auch Loewenheim/*Schwarz/Reber*[2] § 74 Rn. 39; a.A *Schack*, Urheber- und VerlagsR[7] Rn. 479 für § 89). Dafür spricht schon der Wortlaut des § 88 Abs. 1, der nur „alle Nutzungsarten", aber keine Vergütungsansprüche erwähnt; zur Abtretbarkeit gesetzlicher Vergütungsansprüche § 63a. **Zweitwiedergaberechte** (öffentliche Wiedergabe von Fernsehsendungen beim Empfang gem. § 22 und sekundäres Kabelfernsehen) wollte der Gesetzgeber nach § 88 Abs. 1 a. F. (UrhG 1965; vgl. Rn. 9 ff.) beim Urheber belassen (RegE UrhG 1962 – BT-Drs. IV/270, S. 99). Heute bezieht sich die Auslegungsregel auf „alle" Nutzungsarten, sodass auch Zweitwiedergaberechte von § 88 Abs. 1 erfasst werden (a. A. Schricker/Loewenheim/*Katzenberger/N. Reber*[5] Rn. 49; vgl. § 89 Rn. 42). Anders kann es jedoch sein, wenn die Parteien eine Nutzung nur zu Rundfunkzwecken vereinbart haben, damit die Regel des § 88 Abs. 1 durch eine vertragliche Abrede durchbrochen und § 31 Abs. 5 anwendbar ist (OLG Frankfurt GRUR 1989, 203, 204 – *Wüstenflug*).

72   **g) Unbekannte Nutzungsarten (Abs. 1 S. 2):** Erst für Verträge ab 1.1.2008 sind Rechte an unbekannten Nutzungsarten in die Zweifelsregelung des § 88 Abs. 1

S. 1 einbezogen (vgl. Rn. 68, dort auch zum Umfang der vermuteten Rechtseinräumung). § 88 Abs. 1 S. 2 regelt, inwiefern die Regelungen des allgemeinen
Urhebervertragsrechts in §§ 31a, 32c zu unbekannten Nutzungsarten auf Stoffverträge Anwendung finden. § 88 lässt das **Schriftformerfordernis** des
§ 31a Abs. 1 S. 1 unangetastet (RegE 2. Korb – BT-Drs. 16/1828, S. 33). Das
passt allerdings kaum zur Zweifelsregelung des § 88 Abs. 1 S. 1, die den Filmhersteller gerade unabhängig von expliziten Rechtseinräumungen machen will.
Entsprechend restriktiv sollte eine Anwendung des § 31a Abs. 1 S. 1 erfolgen.
Nach dem Wortlaut genügt es, wenn Urheber und „anderer" die Einräumung
von unbekannten Nutzungsarten schriftlich fixieren. Eine generelle Formulierung wie „Der Urheber stimmt der Auswertung in allen bekannten und unbekannten Nutzungsarten zu" genügt. Allerdings muss in diesem Zusammenhang
klar sein, dass sich diese Erklärung auf die Vereinbarung zur Verfilmung (vgl.
Rn. 27 ff.) bezieht, was sich aber auch aus den Umständen ergeben kann. Zu
Altverträgen vor 2008 vgl. Rn. 69.

Einen wirtschaftlichen **Ausgleich** für den Urheber wegen der Einräumung der   **73**
Rechte an unbekannten Nutzungsarten soll der Anspruch auf angemessene
Vergütung in § 32c bringen, der ebenfalls auf Verfilmungsverträge anwendbar
ist (RegE 2. Korb – BT-Drs. 16/1828, S. 33). Ob hingegen in diesem Zusammenhang die §§ 14, 93 zum Schutz der berechtigten Interessen der Urheber
dienen können (so *Schwarz/Evers* ZUM 2005, 113, 114), erscheint angesichts
der derzeit großzügigen Gerichtspraxis (vgl. § 93 Rn. 10 ff.) eher zweifelhaft.
Demgegenüber ist das **Widerrufsrecht** (§ 31a Abs. 1 S. 3 und 4, Abs. 2 bis 4)
gem. § 88 Abs. 1 S. 2 **generell ausgeschlossen**, sonst könnten sich Urheber von
der Rechtseinräumung einfach wieder distanzieren und die Regelung des
§ 88 n. F. zu leicht unterlaufen (*Schwarz/Evers* ZUM 2005, 113, 114).

h) Abweichende Vereinbarungen, insb. AGB-Recht: Die Rechteeinräumung er-   **74**
folgt in der Praxis regelmäßig durch **allgemeine Geschäftsbedingungen**, die als
ausdrückliche vertragliche Abrede der Zweifelsregelung des § 88 Abs. 1 vorgehen (BGH GRUR 1984, 45, 48 f. – *Honorarbedingungen: Sendevertrag*, für
Honorar- und Geschäftsbedingungen von Sendeanstalten). Ein Verweis ist auch
möglich auf vorformulierte Vertragsbedingungen außerhalb des konkreten Vertrages. Wird auf einen Formularvertrag Bezug genommen, der nicht unmittelbar das individuelle Vertragsverhältnis betrifft, ist dessen Einbeziehung darzulegen (BGH GRUR 2011, 714 Tz. 30 ff. – *Der Frosch mit der Maske*; OLG
Hamburg v. 10.7.2002 – 5 U 41/01 – GRUR-RR 2003, 33, 35 – *Maschinenmensch* für einen Altvertrag mit Verweis auf den Normalvertrag der UFA für
Filmdrehbücher, der jedenfalls nicht unbesehen auf einen Filmplastiken schöp-
fenden Bildhauer anwendbar ist). Die Gestattung zur Verfilmung in einem Formularvertrag kann überraschend sein (§ 305c BGB); völlig üblich ist die formularmäßige Gestattung des Urhebers allerdings nicht nur gegenüber
Filmherstellern, sondern auch in Verlagsverträgen. Nach der Rechtsprechung
des BGH ist § 88 Abs. 1 für die AGB-Kontrolle bei Formularverträgen kein
gesetzlicher Maßstab i. S. d. § 307 Abs. 2 Nr. 1 BGB (BGH GRUR 2014, 556
Tz. 13 – *Rechteeinräumung Synchronsprecher*; BGH GRUR 1984, 45, 48 f. –
Honorarbedingungen: Sendevertrag; generell zu Zweifelsregeln und AGB-Kontrolle: BGH GRUR 2012, 1031 Tz. 16 ff., 22 – *Honorarbedingungen Freie
Journalisten*; etwas abweichend BGH GRUR 2005, 937, 939 – *Der Zauberberg* zu § 89 Abs. 1). Eine Inhaltskontrolle der Nutzungsrechtseinräumung ist
damit grundsätzlich möglich (str., vgl. Vor §§ 31 ff. Rn. 202 ff.). – Die
verbreitete Praxis (so auch Berger/Wündisch/*Blank/Kummermehr/Diesbach*²
§ 19 Rn. 27), mit Stoffurhebern eine **umfassende filmische Nutzungsrechtseinräumung** zu vereinbaren, macht im Übrigen spätestens seit 1.1.2008 (vgl.
Rn. 19) wegen der seitdem geltenden umfassenden Einräumungsvermutung für
filmische Rechte aus Produzentensicht keinen Sinn mehr, sondern **birgt die Ge-**

fahr einer Aushöhlung der Vermutungsregel des § 88 Abs. 1 durch entgegenstehende Individualvereinbarung (vgl. Rn. 21). Jedenfalls für filmische Nutzungsrechte erscheint es danach insb. für den Erwerb der bekannten und unbekannten Nutzungsrechte als ausreichend, wenn der schriftliche Vertrag auf den Rechteumfang des § 88 Abs. 1 Bezug nimmt und daneben wegen § 88 Abs. 1 S. 2 noch die Einräumung für unbekannte Nutzungsarten erwähnt (vgl. Rn. 72 f.). Allenfalls muss eine – von §§ 88 Abs. 1, 90 bis Drehbeginn nicht vertraglich erlaubte – Zustimmung zur Übertragung des Verfilmungsrechts nach § 34 zusätzlich vereinbart werden. Auch das Recht zur Wiederverfilmung, zu Prequels, Sequels etc. ist nicht von der Zweifelsregel des § 88 Abs. 1 erfasst (vgl. Rn. 85 ff.). Genauso bleibt beim Produzenten für **von § 88 Abs. 1 nicht erfasste außerfilmische Rechte** – z. B. Merchandisingrechte, vgl. Rn. 63, 69 – die Spezifizierungslast, weil § 31 Abs. 5 Anwendung findet (vgl. § 31 Rn. 124 f.). Hier muss es aus seiner Sicht also bei den umfassenden Rechteklauseln bleiben. In Formularverträgen sind solche umfassenden Rechteklauseln auch im Hinblick auf außerfilmische Rechte **AGB-kontrollfrei**, weil der anwendbare allgemeine Übertragungszweckgedanke keine AGB-Kontrolle erlaubt (BGH GRUR 2014, 556 Tz. 15 ff. – *Rechteeinräumung Synchronsprecher*; BGH GRUR 2012, 1031 Tz. 16 ff. – *Honorarbedingungen Freie Journalisten; Jan Bernd Nordemann* NJW 2012, 3121, 3123). Das gilt selbst dann, wenn filmfremde Verwertungen – insbesondere das Merchandising – nur ausnahmsweise im Fall von „Blockbuster-Erfolgen" realistisch sind (BGH GRUR 2014, 556 Tz. 20 – *Rechteeinräumung Synchronsprecher*). Eine andere Frage ist die Einhaltung des Transparenzgebots nach § 307 Abs. 1 S. 2 BGB. Bei pauschaler Vergütung liegt in der fehlenden Aufschlüsselung des Honorars im Hinblick auf die Einräumung von Rechten jedoch kein Verstoß gegen das Transparenzgebot vor (BGH GRUR 2014, 556 Tz. 24 – *Rechteeinräumung Synchronsprecher*).

75   i) **Filmmusik und Verwertungsgesellschaften:** Vgl. Vor §§ 88 ff. Rn. 110 ff. sowie vgl. Rn. 36, 44, 48.

2. Wiederverfilmung und weitere Verwertung durch den Urheber (Abs. 2)

76   a) **Im Zweifel kein Wiederverfilmungsrecht (Abs. 2 S. 1):** Die nach Abs. 1 eingeräumten Rechte zur Verfilmung vorbestehender Werke erlauben die einmalige Herstellung eines bestimmten Filmes, dessen filmische Bearbeitung und Auswertung. Zur Wiederverfilmung enthält Abs. 2 die Regelung, dass mit dem Verfilmungsrecht im Zweifel **nicht das Recht** verbunden ist, eine Wiederverfilmung (**Remake**) des Stoffes vorzunehmen. Das war auch schon vor Inkrafttreten des UrhG anerkannt (BGH GRUR 1957, 611, 613 – *Bel ami* für Filmmusik; BGH GRUR 1957, 614, 615 – *Ferien vom Ich*). Zum Tatbestandsmerkmal „im Zweifel" vgl. Rn. 21.

77   Eine **Wiederverfilmung** liegt vor, wenn eine **zweite Filmfassung desselben Stoffes** angefertigt wird. Danach kommt es darauf an, inwieweit **Elemente des vorbestehenden Werkes** durch den neuen Film **genutzt** werden. Das können etwa die Handlung oder auch einzelne Charaktere sein, sofern diese schutzfähig sind. Keine Wiederverfilmung eines vorbestehenden Werkes liegt dann vor, wenn nur einige wenige Elemente übernommen werden, die für sich genommen nicht geschützt sind (zur gleichgelagerten Problematik bei der Erstverfilmung vgl. Rn. 62). Bei vorbestehenden Werken, die den Film stofflich prägen (zugrundeliegender **Roman oder Drehbuch**) ist grundsätzlich jeder Film auf dieser Grundlage eine Wiederverfilmung des vorbestehenden Werkes. Bei anderen vorbestehenden Werken, aus denen sich der Filmstoff nicht unmittelbar ableitet, wie verwendeter **Musik oder Kulissen**, ist eine Beziehung zwischen dem neuen Film und dem Stoff des alten Filmes erforderlich, um überhaupt von einer Wiederverfilmung sprechen zu können (Dreier/Schulze/*Schulze*[5] Rn. 64).

Vom Recht zur Wiederverfilmung erfasst werden dann nur Filme mit einer **im Wesentlichen gleichgelagerten Filmhandlung**. Denn nur dann kann von einer „Wiederverfilmung" die Rede sein. Die Verwendung von Filmmusik für gänzlich andere Filme ist in eingeräumten Rechten zur Nutzung für eine Wiederverfilmung nicht enthalten (BGH GRUR 1957, 611, 612 – *bel ami*). Die Comicfassung eines zunächst mit realen Darstellern verfilmten Stoffes ist regelmäßig „Wiederverfilmung", sofern die Filmhandlung im Wesentlichen gleich bleibt. Keine Wiederverfilmung sind dementsprechend **Sequels** (Fortsetzungen), **Prequels** (Vorgeschichten) oder andere **Fortentwicklungen** (a. A. *Schwarz* FS Schulze 2017 S. 315, 316 f.; jedoch besteht in diesen Fällen gerade nicht die von Schwarz angenommene Konkurrenzsituation); das jeweilige Recht muss separat eingeräumt werden und ist von § 88 Abs. 2 nicht erfasst.

Keine Wiederverfilmung liegt vor, wenn der **Erstfilm noch gar nicht hergestellt** ist. In zeitlicher Hinsicht ist die Herstellung des Erstfilms erst beendet mit der Freigabe zur Veröffentlichung. Das ist i. d. R. die vorbehaltlose Abnahme der Nullkopie durch den Hauptregisseur (KG NJW-RR 1986, 608 – *Paris/Texas*). Von einer Fertigstellung ist darüber hinaus auch dann auszugehen, wenn der Film zwar fertig, die Veröffentlichung aber aus wirtschaftlichen Gründen verzögert wird (Wandtke/Bullinger/*Manegold/Czernik*[4] Rn. 77). **78**

Die Wiederverfilmung des § 88 Abs. 2 muss von der **Bearbeitung des hergestellten Erstfilms**, die nach § 88 Abs. 1 im Zweifel erlaubt ist, **abgegrenzt** werden. Eine Bearbeitung liegt vor, wenn für den Erstfilm hergestelltes Filmmaterial verändert wird, also gekürzt, zu einer Fortsetzungsserie oder zu einer anderen Fassung („Director's Cut") geschnitten wird (vgl. Rn. 61). Sobald Neuaufnahmen nach Abschluss der Herstellung des Erstfilms (vgl. Rn. 78) stattfinden, liegt aber eine Wiederverfilmung vor (BeckOK UrhR/*Diesbach*[16] Rn. 37; HK-UrhR/*Meckel*[3] Rn. 13). **79**

b) Einräumung des Wiederverfilmungsrechts in Abweichung von Abs. 2 S. 1: Wie auch § 88 Abs. 1 enthält Abs. 2 S. 1 eine Auslegungsregel über den Umfang der Rechtseinräumung, sofern die Parteien nichts anderes vereinbart haben („im Zweifel"). Die Auslegungsregel des **Abs. 2 S. 1** ist damit gegenüber Parteivereinbarungen nachrangig. **Wiederverfilmungsrechte können** also **durch den Urheber vertraglich eingeräumt** werden. Als bloße Auslegungsregel steht § 88 Abs. 2 auch nicht einer AGB-mäßigen Einräumung entgegen (allg. zur fehlenden AGB-Kontrolle durch Auslegungsregeln: BGH GRUR 2014, 556 Tz. 13 – *Rechteeinräumung Synchronsprecher*, dort zu § 88 Abs. 1; BGH GRUR 2012, 1031 Tz. 16 ff., 22 – *Honorarbedingungen Freie Journalisten*, zu § 31 Abs. 5). Das ausschließliche Recht zur **Wiederverfilmung** kann damit auch durch **AGB** eingeräumt werden (BGH GRUR 1984, 45, 49 – *Honorarbedingungen: Sendevertrag*). Das Gleiche gilt für die Einräumung des Rechts zu **Sequels, Prequels oder anderen Fortentwicklungen.** Dafür spricht schon, dass die Rechte bei Nichtgebrauch gem. § 41 zurückgerufen werden können. Damit ist – ggf. auch formularmäßig – als „Weniger" ebenfalls zulässig, wenn der Verleger den Urheber zur zukünftigen Einräumung von Wiederverfilmungs-, Prequel- oder Sequelrechten für den Fall verpflichtet, dass der Verleger einen Filmproduzenten findet, an den er die Rechte weitergeben kann. In der Praxis ist die Einräumung des Wiederverfilmungsrechts sowie von Prequel- und Sequelrechten auch nicht unüblich. **79a**

Ist das Recht zur Wiederverfilmung oder auch für Sequels, Prequels etc. eingeräumt, so gelten dafür dieselben Regelungen des UrhG wie für die Erstverfilmung. Insb. finden die Regelungen der §§ 88 Abs. 1 und Abs. 2, 90, 93 Anwendung. Auch im Fall der Wiederverfilmung, des Sequels oder Prequels benötigt der Produzent die Rechtebündelung des § 88 Abs. 1 für eine erfolgversprechende Verwertung, nach Beginn der Dreharbeiten für die Wiederverfil- **79b** mung, das Sequel oder Prequel müssen deshalb auch die §§ 34, 35, 41, 42 ausgeschlossen sein (§ 90 Abs. 1; vgl. § 90 Rn. 10). Daher ist insb. ein Rückruf gem. § 41 oder § 42 ausgeschlossen, wenn für die Wiederverfilmung, das Sequel oder Prequel bereits § 90 Abs. 1 S. 2 eingreift. Ab Drehbeginn können die Rechte auch ohne Zustimmung des Urhebers übertragen (§ 34) oder sublizensiert (§ 35) werden, vorher allerdings nicht, sodass es sich aus Produzentensicht empfiehlt, sich die Zustimmung des Urhebers für das Verfilmungs-, Sequel- und Prequelrecht vorab erteilen zu lassen. Wichtig ist jedoch, dass die Wiederverfilmungsrechte nur maximal für 10 Jahre ausschließlich und danach in bloß einfacher Form eingeräumt werden können. Das ergibt sich aus der „gesetzlichen Erlaubnis" des Abs. 2 S. 3, nach der der Urheber sein Werk nach 10 Jahren wiederverfilmen kann (vgl. Rn. 85 ff.).

79c   Die **Auflösung** des auch eine Wiederverfilmung gestattenden Verfilmungsvertrages zwischen dem Urheber und dem (Erst)filmproduzenten führt allerdings regelmäßig zu einem **Rechterückfall** an den Urheber. Dies gilt aber nicht für die Wiederverfilmungsrechte, die bereits an Dritte weitergegeben wurden (im Einzelnen vgl. § 31 Rn. 34, zu vertraglichen Gestaltungsmöglichkeiten vgl. § 31 Rn. 36 ff.).

80   c) **Anderweitige filmische Verwertung durch den Urheber nach 10 Jahren (Abs. 2 S. 2):** Nach Ablauf von 10 Jahren ab Vertragsschluss darf der Urheber sein Werk anderweitig filmisch verwerten. Umgekehrt betrachtet besteht für ihn eine Sperrfrist (**Enthaltungspflicht**) von 10 Jahren ab Vertragsschluss für anderweitige filmische Verwertungen seines Werkes.

81   **„Anderweitig filmisch zu verwerten"** meint dabei eine **Wiederverfilmung** des Werkes (zum Begriff vgl. Rn. 77 ff.). Das ergibt sich nicht nur aus der systematischen Stellung des S. 2 in der Regelung zur Wiederverfilmung, sondern auch aus der Gesetzesbegründung. Der Filmhersteller sollte vor empfindlichen wirtschaftlichen Einbußen geschützt werden, wenn er mit einem Dritten konkurrieren müsste, der einen Film gleichen Stoffes auf den Markt bringt. Wegen des Amortisationsschutzes muss er daher die Möglichkeit haben, in gewissem zeitlichen Rahmen Zweitverfilmungen zu verhindern (RegE UrhG 1962 – BT-Drs. IV/270, S. 99). Deshalb fallen **Sequels, Prequels oder andere Fortentwicklungen** nicht unter S. 2, weil sie keine Wiederverfilmung sind (vgl. Rn. 77) und auch eine für die Wiederverfilmung typische Konkurrenzsituation i. d. R. nicht zu beobachten ist. Es besteht für Verträge ab 1.3.2017 (vgl. Rn. 19a) **keine Möglichkeit abweichender Vereinbarungen,** vgl. Rn. 85.

82   Der dem (Erst-)Filmhersteller gewährte Schutz vor Wiederverfilmung endet nach 10 Jahren **ab Vertragsschluss.** Vertragsschluss meint dabei die Abrede, mit der Nutzungsrechte eingeräumt werden, weil erst ab diesem Zeitpunkt das zeitliche Fenster für den Herstellerschutz laufen darf. Die 10-Jahres-Frist läuft ab Wirksamkeit der Nutzungsrechtseinräumung. Bei **Optionsverträgen,** die später aufgrund Ausübung zu Nutzungsrechtseinräumungen führen, ist also auf den Zeitpunkt abzustellen, in dem die Option gezogen wurde und die Nutzungsmöglichkeit zur Verfilmung gem. § 88 Abs. 1 bestand (*Schwarz* FS Schulze 2017 S. 315, 318; Wandtke/Bullinger/*Manegold/Czernik*[4] Rn. 81).

83   § 88 Abs. 2 S. 2 betrifft nicht die **Nutzungsrechte** des Filmherstellers **nach § 88 Abs. 1,** soweit diese eingeräumt wurden. Da deren Umfang in zeitlicher Hinsicht im Zweifel umfassend ist (vgl. Rn. 48), **enden** sie **nicht nach 10 Jahren** (RegE UrhG 1962 – BT-Drs. IV/270, S. 99; Dreier/Schulze/*Schulze*[5] Rn. 70; kritisch zu Unrecht unsere 9. Aufl./*Hertin* Rn. 29). Rechte, die dem Filmhersteller nach § 88 Abs. 1 eingeräumt wurden, werden durch § 88 Abs. 2 S. 2 gar nicht berührt.

Die Regelung des § 88 Abs. 2 S. 2 begründet Enthaltungspflichten des Urhe-   **84**
bers. Der Urheber darf Wiederverfilmungsrechte nicht innerhalb von 10 Jahren
erneut vergeben. Fraglich ist die **Rechtsnatur** solcher **Enthaltungsverpflichtun-**
gen. Bei Verletzung von Enthaltungspflichten durch Vergabe konkurrierender
Nutzungsarten soll nach einer verbreiteten Auffassung nicht nur ein **vertragli-**
cher Anspruch bestehen. Vielmehr sei auch ein **urheberrechtlicher (deliktischer)**
Anspruch gegen Dritte möglich, weil das negative Verbotsrecht insoweit weiter
reiche als die positive Benutzungserlaubnis und auch Nutzungen innerhalb der
Enthaltungspflicht des Urhebers umfasse (Wandtke/Bullinger/*Wandtke/Gru-*
nert[4] Vor § 31 Rn. 117). In dieser Allgemeinheit kann für die Verletzung von
Enthaltungspflichten keine Umwandlung in deliktische Ansprüche anerkannt
werden (vgl. § 31 Rn. 21 ff.). Für die Enthaltungspflicht des § 88 Abs. 2 S. 2
erscheint es aber als zutreffend, negative Verbotsrechte des Filmherstellers auch
gegenüber Dritten zuzusprechen (Schricker/Loewenheim/*Katzenberger/N. Re-*
ber[5] Rn. 57; Dreier/Schulze/*Schulze*[5] Rn. 68). Dies ergibt sich für § 88 Abs. 2
S. 2 zunächst eindeutig aus der Gesetzesbegründung, die Ansprüche auch gegenüber Dritten gewähren will (RegE UrhG 1962 – BT-Drs. IV/270, S. 99).
Außerdem entscheidet nach ihrem Wortlaut der Übertragungszweckgedanke
des § 31 Abs. 5 darüber, wie weit das negative Verbotsrecht reicht (so auch
Schricker/Loewenheim/*Ohly*[5] Vor §§ 31 ff. Rn. 101). § 88 Abs. 2 S. 2 enthält
aber eine spezielle Regelung, die § 31 Abs. 5 vorgeht (vgl. Rn. 99). Danach ist
also für eine Verletzung der Enthaltungspflicht zur Wiederverfilmung gem.
§ 88 Abs. 2 S. 2 ein gegenüber Dritten wirkendes negatives Verbotsrecht anzuerkennen. Nach Ablauf der 10 Jahre besteht die Enthaltungspflicht mangels
anderweitiger Abrede nicht mehr (vgl. Rn. 88).

Eine **eigenständige Bedeutung** erlangt § 88 Abs. 2 S. 2 **nur, soweit dem Film-**   **84a**
hersteller kein ausschließliches Wiederverfilmungsrecht eingeräumt wurde. In
Fällen eines Erwerbs des ausschließlichen Wiederverfilmungsrechts durch den
Filmhersteller braucht es keine Enthaltungspflicht des Urhebers, weil er bereits
durch die ausschließliche Vergabe an einer Wiederverfilmung gehindert ist
(§ 31 Abs. 3) bzw. die Rechte nicht erneut vergeben kann.

d) Keine abweichenden Vereinbarungen – gesetzliche Begrenzung des Wieder-   **85**
verfilmungsrechts auf 10 Jahre (Abs. 2 S. 3): Abs. 2 S. 3 und sein Verbot abweichender Vereinbarungen ist erst durch die Urhebervertragsrechtsnovelle 2016
aufgenommen worden und gilt **nur für Verträge ab 1.3.2017** (vgl. Rn. 19a);
zur internationalprivatrechtlichen Anwendbarkeit bei ausländischem Vertragsstatut vgl. Rn. 20. Der Gesetzgeber wollte dadurch die Stellung des Urhebers
bei Werken, die schon verfilmt wurden, stärken. Durch Abs. 2 S. 3 wird dem
Urheber „die gesetzliche Erlaubnis" gegeben, sein **Werk nach 10 Jahren wie-**
derverfilmen zu lassen (RegE UrhVG 2016 – BT-Drs. 18/8625, S. 31). Leider
entspricht der Wortlaut diesem Regelungsziel nicht. Denn der jetzt zwingende
S. 2 betrifft eigentlich nur die Enthaltungspflicht (vgl. Rn. 84), die nur dann
praktische Relevanz erhält, wenn der Urheber das Wiederverfilmungsrecht
nicht oder jedenfalls nicht länger als 10 Jahre eingeräumt hat. Eine Einräumung des Wiederverfilmungsrechts war nach altem Recht auch zeitlich unbegrenzt bis zum Ablauf der Schutzfrist trotz § 88 Abs. 2 S. 1 möglich (vgl.
Rn. 19a). Dem Willen des Gesetzgebers („gesetzliche Erlaubnis" zur Wiederverfilmung für den Urheber) und dem sich daraus ergebenden Sinn und Zweck
der Vorschrift würde man aber nicht gerecht, wenn man den zwingenden Charakter des S. 3 auf Vereinbarungen zur Enthaltungspflicht nach Abs. 2 S. 2 beschränken würde, ohne gleichzeitig auch die Möglichkeit für den Urheber zu
begrenzen, Wiederverfilmungsrechte für eine längere Frist als 10 Jahre nach
Abs. 2 S. 1 einzuräumen. Danach hat der zwingende Charakter des Abs. 2 S. 3
eine zweifache Konsequenz:

86 Erstens darf der Urheber **keine längere Enthaltungspflicht für eine Wiederver-filmung** verabreden als 10 Jahre. Das gilt unabhängig davon, ob der Urheber Nutzungsrechte zur Wiederverfilmung eingeräumt hat oder nicht (*Schwarz* FS Schulze 2017 S. 315, 319). Dies entspricht auch dem Wortlaut des Abs. 2 S. 3.

87 Zweitens darf der Urheber – über den Wortlaut des Abs. 2 S. 3 hinaus – **keine Einräumung des ausschließlichen Wiederverfilmungsrechts für einen längeren Zeitraum** als 10 Jahre zustimmen, so dass der Urheber in der Lage bleibt, nach 10 Jahren das Recht neu zu vergeben. Damit erhält auch Abs. 2 S. 1 in gewissem Umfang einen zwingenden Charakter. Fraglich ist jedoch, wie dies rechtlich gelöst werden soll. Denkbar wäre, dem Urheber nur noch die Vergabe von einfachen Wiederverfilmungsrechten zu erlauben und für die 10-Jahres-Frist eine Enthaltungspflicht des Urhebers anzunehmen. Es spricht jedoch nichts dagegen, dem Urheber auch die Einräumung eines maximal auf 10 Jahre befristeten ausschließlichen Wiederverfilmungsrechts zu ermöglichen. Es muss zusätzlich möglich sein, dass der Filmhersteller nach Ablauf der 10-Jahres-Frist ein dauerhaftes einfaches Wiederverfilmungsrecht behält, weil dies die Möglichkeit für den Urheber zur Neuvergabe nicht ausschließt; in den Gesetzgebungsmaterialien ist auch nirgends die Rede von einer ausschließlichen Wiederverfilmung durch den Urheber nach Ablauf der Frist. Damit liegt es nahe, die Rechtsfolge von § 88 Abs. 2 S. 3 an § 40a Abs. 1 anzunähern. Der Gesetzgeber hat auch den Ausschluss des § 40a im Filmbereich damit begründet, dass er § 88 Abs. 2 S. 2 im Filmbereich zwingend ausgestaltet habe (RegE UrhVG 2016 – BT Drs. 18/8625, S. 31, dort zu § 90). Die Parallele zu § 40a wird wie folgt hergestellt: **Der Urheber kann für 10 Jahre ausschließliche Rechte und danach unbegrenzt einfache Rechte einräumen,** wobei der Unterschied allerdings darin liegt, dass § 40a Abs. 1 diese Rechtsfolge auch ohne entsprechende Vertragsgestaltung anordnet (vgl. § 40a Rn. 15 ff.). Der Urheber kann für weitere 10 Jahre nach Ablauf der ersten 10 Jahre einem zweiten Filmhersteller wiederum ausschließliche Rechte einräumen. Die Einräumung ausschließlicher Rechte an den zweiten Filmhersteller bleibt möglich, wenn vorher ein einfaches Recht eingeräumt wurde (vgl. § 31 Rn. 94; vgl. § 33 Rn. 8). Hierbei ist jedoch der Sukzessionsschutz des ersten Filmherstellers als Inhaber einfacher Rechte gem. § 33 S. 1 zu beachten; das ausschließliche Wiederverfilmungsrecht des zweiten Filmherstellers ist also mit dem einfachen Recht des ersten belastet (vgl. § 33 Rn. 8).

88 Bei **anderslautenden Verträgen** ist im Hinblick auf beide zeitliche Begrenzungen (Enthaltungspflicht und ausschließliche Nutzungsrechtseinräumung) von einem **gesetzlichen Verbot i. S. d. § 134 BGB** auszugehen. Es handelt sich nicht um eine bloße Beschränkung des rechtlichen Könnens des Urhebers, sondern um die gesetzliche Untersagung einer möglichen rechtsgeschäftlichen Gestaltung. Vertragliche Vereinbarungen, die gegen Abs. 2 S. 3 verstoßen, sind gem. § 134 BGB nichtig. Für Allgemeine Geschäftsbedingungen ist § 305c Abs. 2 BGB zu beachten. Inwieweit der Restvertrag alleine fortbestehen kann, beurteilt sich grundsätzlich nach den Bestimmungen des **§ 139 BGB** für die Wirksamkeit von teilnichtigen Verträgen. Danach ist von Gesamtnichtigkeit auszugehen, wenn nicht anzunehmen ist, dass das Rechtsgeschäft auch ohne den nichtigen Teil abgeschlossen worden wäre. Entscheidend ist dabei der (hypothetische) Wille der Parteien. Stellen die verbleibenden Teile des Vertrages keine „sinnvolle" Regelung mehr da, ist von Gesamtnichtigkeit auszugehen. Für **Allgemeine Geschäftsbedingungen** gilt § 306 BGB, der der allgemeinen Regel des § 139 BGB vorgeht (BGH NJW 2007, 3568 – *KFZ-Vertragshändler III*). Gesamtnichtigkeit ist dann anzunehmen, wenn ein Festhalten am Vertrag auch unter Berücksichtigung der Ergänzung durch dispositives Gesetzesrecht eine unzumutbare Härte für eine Vertragspartei darstellen würde. Solche Probleme können entstehen, wenn dem Urheber für eine zeitliche unbegrenzte Exklusivität bis zum Ablauf der Schutzfrist ein wesentlicher Teil der Vergütung gezahlt wurde (Beispiel: Urheber eine berühmten Romans, der für ausschließliche Wiederverfilmungsrechte bis zum Ablauf der Schutzfrist eine beträchtliche Vergütung erhält). Haben die Parteien mittels einer **salvatorischen Klausel** vereinbart, dass die Unwirksamkeit einzelner Klauseln die Wirksamkeit der anderen nicht berühren soll, so gilt die Vermutung des § 139 BGB in umgekehrter Richtung. Es ist also zu fragen, ob die Parteien den Vertrag ohne die nichtigen Bestimmungen abgeschlossen hätten oder ob sie hiervon wegen der wesentlichen Veränderung der wirtschaftlichen Grundlagen durch die Teilnichtigkeit abgesehen hätten. Eine **geltungserhaltende Reduktion** oder auch eine **Umdeutung** nach § 140 BGB sollte für die zeitliche Überschreitung der erlaubten Ausschließlichkeit insbesondere bei Bestehen einer salvatorischen Klausel erwogen werden. Letztlich geht es nur um eine zeitliche Überschreitung. Ein Verbot geltungserhaltender Reduktion steht der Umformulierung einer Vertragsklausel selbst im Hinblick auf das ungleich stärker sanktionierte Kartellverbot gem. § 1 GWB nicht entgegen, wenn die Umformulierung dazu dienen soll, dass der Vertrag seinen hauptsächlichen Leistungsinhalt behält (BGH GRUR 2011, 641 Tz. 54 – *Jette Joop* m. w. N.). Ist also der Vertrag hauptsächlich auf die (erste) Verfilmung gerichtet und erscheint das (ausschließliche) Wiederverfilmungsrecht eher als Aspekt am Rande, spricht viel für eine geltungserhaltende Reduktion. Ist die Klausel in **Allgemeinen Geschäftsbedingungen** enthalten, scheidet eine geltungserhaltende Reduktion im Grundsatz schon von Rechts wegen aus. Auch eine salvatorische Ersetzungsklausel (Verpflichtung, anstelle der unwirksamen Klausel eine dieser nahekommende ergänzende Vereinbarung zu treffen) ist, sofern sich der Verwender darauf beruft, wegen Verstoßes gegen § 307 Abs. 1 BGB unwirksam (BGH NJW 2007, 3568 – *KFZ-Vertragshändler III*; BGH NJW 2002, 894, 895), weil er ansonsten das Risiko der Unwirksamkeit des gesamten Vertrages in unangemessener Weise auf den Vertragspartner abwälzt. Es kommt dann allenfalls dispositives Gesetzesrecht zum Zuge, soweit es existiert. Damit wäre der Filmhersteller allerdings auf die Zweifelsregelung des § 88 Abs. 2 S. 1 zurück geworfen, nach der der Filmhersteller gar kein Wiederverfilmungsrecht erwirbt. Zusätzlich ist jedoch eine ergänzende Vertragsauslegung bis maximal zur Einräumung eines zeitlich auf 10 Jahre befristeten ausschließlichen Wiederverfilmungsrechts mit unbegrenzter Fortsetzung denkbar, soweit der Filmhersteller auch auf das Wiederverfilmungsrecht gezahlt hat. – Zum Anspruch auf weitere Einräumung des ausschließlichen Wiederverfilmungsrechts aus Treu und Glauben gem. § 242 BGB unten vgl. Rn. 88a.

88a

Fraglich ist, ob der Filmhersteller mit dem Urheber bereits beim ersten Vertragsschluss am Beginn der 10-Jahres-Frist eine **Sicherung** vereinbaren kann, dass der **Filmhersteller** den **ersten Zugriff auf die Rechte** hat, wenn die Ausschließlichkeit ausläuft. In Betracht kommt ein **Optionsrecht** zu Gunsten des Werknutzers (vgl. Vor §§ 31 ff. Rn. 311 ff.). Inhaltlich wäre ein solches Optionsrecht auf den erneuten Erwerb eines ausschließlichen Wiederverfilmungsrechts gerichtet. Gegen die Zulässigkeit der Vereinbarung eines solchen Optionsrechts ließe sich anführen, Abs. 2 S. 3 wolle dem Urheber die Möglichkeit der freien Verfügung über das ausschließliche Wiederverfilmungsrecht nach zehn Jahren gewähren (so *Schwarz* FS Schulze 2017 S. 315, 319, der sich deshalb auch gegen ein Optionsrecht ausspricht). Allerdings kann es für den Urheber sinnvoll sein, mit dem ersten Filmhersteller erneut zu kontrahieren, weil der Urheber dann eine vollständige (und wertvollere) Exklusivität bieten kann; einem zweiten Filmhersteller könnte der Urheber nur ein mit einem einfachen Nutzungsrecht belastetes ausschließliche Wiederverfilmungsrecht einräumen (vgl. Rn. 84a). Ohne eine solche Optionsmöglichkeit würde § 88 Abs. 2 S. 3 *zu Lasten des Urhebers* dessen Stoffrechte erheblich entwerten. Gerade Verfilmungsrechte an berühmten Stoffen, für deren Exklusivität Filmhersteller bereit sind, erhebliche Beträge zu bezahlen, sinken in ihrem Wert, wenn der Urheber nicht gewährleisten kann, dass nach Ablauf von 10 Jahren keine konkurrierende Verfilmung stattfindet. Damit spricht nichts gegen Verpflichtungen des Urhebers, mit seinem ersten Vertragspartner schon im ersten Vertrag über eine Option zu kontrahieren. Auch die Möglichkeit einer ständigen Erneuerung der Option im 10-Jahres-Rhythmus ist damit möglich. Allerdings muss dem Urheber schon wegen § 32 eine angemessene Vergütung sicher sein (zur angemessenen Vergütung für Optionen vgl. § 32 Rn. 113; ferner vgl. § 40a Rn. 23 ff.). Diese kann konkret in einer bestimmten Höhe, abstrakt als „Anspruch auf angemessene Vergütung" oder mit Bestimmungsrecht des Werknutzers gem. § 315 BGB vereinbart werden. Ferner kommt ein **Vorkaufsrecht** (§§ 463 ff. BGB) in Betracht, nach dem der Werknutzer ausschließliche Rechte zu dem Preis vorrangig erwerben kann, zu dem der Urheber diese Dritten anbietet (ähnlich *Schwarz* FS Schulze 2017 S. 315, 319, der ein Recht der „first negotiation" oder der „last refusal" für zulässig hält). Ein Vorkaufsrecht ist möglich, weil der Urheber das Wiederverfilmungsrecht erneut (für zehn Jahre) als ausschließliches Recht einräumen kann (vgl. Rn. 87). Das Vorkaufsrecht gewährleistet auch eine Verhandlungssituation wie bei einer erneuten Vergabe durch den Urheber, weil der erste Filmhersteller in die mit dem zweiten Filmhersteller ausgehandelten Konditionen einsteigt. Denkbar ist schließlich bei fehlender Einräumung eines auf 10 Jahre befristeten ausschließlichen Wiederverfilmungsrechts ein **Anspruch auf weitere Einräumung des ausschließlichen Wiederverfilmungsrechts aus Treu und Glauben gem. § 242 BGB**; das erfordert eine Abwägung aller Umstände des Einzelfalls und setzt in jedem Fall das Angebot einer angemessenen Vergütung für die zusätzlichen Rechte voraus (eingehend vgl. Vor §§ 31 ff. Rn. 93 ff.). Im Hinblick auf § 88 Abs. 2 S. 3 wird das allerdings wegen der Grundentscheidung des Gesetzgebers die Ausnahme bleiben müssen. Ausnahmekonstellationen kommen bei sehr erheblichen Investitionen des Filmherstellers in die Verfilmung und einem hinreichenden schutzwürdigen Vertrauenstatbestand auf seiner Seite in Betracht.

88b Für Abweichungen in **Gemeinsamen Vergütungsregeln** und **Tarifverträgen** gelten **keine Einschränkungen.** Gemeinsame Vergütungsregeln sind in §§ 32 Abs. 2 S. 1, 36 legaldefiniert (vgl. § 36 Rn. 4 ff.), zu **Tarifverträgen** vgl. § 36 Rn. 27. Die Parteien können die ausschließlichen Wiederverfilmungsrechte und die Enthaltungspflichten in solchen Vereinbarungen z. B. auf die gesamte gesetzliche Schutzfrist ausdehnen. Der RegE UrhVG 2016 wollte über diese „halbzwingende" Regelung den Abschluss von gemeinsamen Vergütungsregeln und Tarifverträgen fördern. Bei Verträgen, die der Urheber allein aushandele, bestehe die Gefahr, dass sie nicht „fair" seien; gemeinsame Vergütungsregeln und Tarifverträge seien dagegen „auf Augenhöhe" ausgehandelt (RegE UrhVG 2016 – BT Drs. 18/8625, S. 18, 30); zu weiteren „halbzwingenden" Regelungen s. die Kommentierungen zu § 32d Abs. 3, § 32e Abs. 3, § 40a Abs. 4, § 41 Abs. 4. Die Regelung des § 88 Abs. 2 S. 3 verbietet nur Abweichungen zu Lasten des Urhebers, nicht zu Lasten des Filmherstellers. Im Filmbereich existieren umfassende gemeinsame Vergütungsregeln (z. B. für Drehbuchautoren); vgl. § 36 Rn. 32 ff. Bislang regeln jedoch keine Abweichung von § 88 Abs. 2 S. 3.

88c **Nur** die **Wiederverfilmung** ist von Abs. 3 S. 2 erfasst. Zum Begriff vgl. Rn. 77. **Nicht** erfasst sind also insbesondere **Prequels und Sequels,** für die nach wie vor die Vertragsfreiheit gilt.

88d Rechtspolitisch erscheint die Regelung in § 88 Abs. 2 S. 3 als verfehlt. Es handelt sich um einen Fall der gesetzlichen Überregulierung. Dem Sinn und Zweck des § 88 Abs. 2 S. 3, dem Urheber zeitnah eine Wiederverfilmung zu ermöglichen, wird ausreichend durch § 41 Rechnung getragen. Danach kann der Urheber ein nicht genutztes Wiederverfilmungsrecht zurückrufen (vgl. § 90 Rn. 9).

Bei genutzten Wiederverfilmungsrechten besteht kein Anlass für einen Rechterückfall an den Urheber, weil er daran gem. §§ 32 ff. in Form einer angemessenen Vergütung partizipiert. Da nach ausländischem Vertragsstatut kontrahierende Filmhersteller die Wiederverfilmungsrechte unbeschränkt erwerben können (zum internationalen Privatrecht vgl. Rn. 20), bedeutet § 88 Abs. 2 S. 3 ferner eine Schwächung des Standortes Deutschland zur Filmherstellung, der im Wettbewerb mit anderen Standorten steht. Ferner schwächt § 88 Abs. 2 S. 3 auch den deutschen Stoffurheber im internationalen Wettbewerb mit ausländischen Stoffurhebern, die bei Veräußerung zeitlich unbegrenzte Rechte einräumen können. Das gilt zumindest dann, wenn sich die Einräumung durch den deutschen Stoffurheber nach deutschem Vertragsstatut richtet (vgl. Rn. 20).

e) Weitere Enthaltungspflichten des Urhebers: Über die Pflicht des § 88 Abs. 2   **89**
S. 2 hinaus, sich der **Vergabe von Wiederverfilmungsrechten** zu enthalten (vgl. Rn. 80 ff.), können weitere Enthaltungspflichten des Urhebers bestehen, wenn Handlungen des Urhebers die **Auswertung** vergebener Rechte **nachhaltig stören** können (BGH GRUR 1969, 364, 366 f. – *Fernsehauswertung*; BGH GRUR 1957, 614, 616 – *Ferien vom Ich*). Das folgt aus (ggf. ungeschriebenen) vertraglichen Nebenpflichten. Eine nachhaltige Störung der Auswertung liegt nahe bei Verwendung vorbestehender Werke wie Romane und Drehbücher, die den **Film handlungsmäßig prägen.** Nur **selten** wird sie in Betracht kommen bei anderen Werken, die nur der **Untermalung** dienen und nicht den Film als solchen ausmachen, wie etwa Filmmusik, Kulissen und dgl. (*Ulmer* GRUR 1957, 613, 614; Dreier/Schulze/*Schulze*[5] Rn 69). Daher beschränken sich die Enthaltungspflichten regelmäßig auf den konkreten Filmstoff. Aber auch hier ist die Rechtsprechung eher zurückhaltend (BGH GRUR 1969, 364, 366 f. – *Fernsehauswertung*; dort keine Beeinträchtigung einer Bühnenaufführung durch Fernsehsendung). Enthaltungspflichten wurden – mangels hinreichender Darlegung – ebenso verneint für die kommerzielle Nutzung einer bekannten Mausfigur als Puppe im Verhältnis zum Fernsehsenderecht, insb. wenn die Absicht des kommerziellen Puppenvertriebs bei Vertragsschluss bekannt war (BGH GRUR 1983, 370, 373 – *Mausfigur*). Enthaltungspflichten außerhalb des § 88 Abs. 2 S. 2 (dazu vgl. Rn. 84) wirken grundsätzlich nur relativ und treffen damit nur den **Urheber als Vertragspartner.** Bei Verletzungen der Enthaltungspflicht kommen negative Verbotsansprüche gegenüber Dritten i. d. R. wegen Anwendung des § 31 Abs. 5 ausnahmsweise nur dann in Betracht, wenn der Urheber niemandem Rechte eingeräumt hat (vgl. § 31 Rn. 21 ff.). Sie **erlöschen** auch nach Ablauf der **Zehnjahresfrist** des § 88 Abs. 2 S. 2. Denn wenn schon das Gesetz von der Zulässigkeit der unmittelbar konkurrierenden Nutzung in Form der Wiederverfilmung ausgeht, muss dasselbe erst recht für konkurrierende Nutzungen in anderen Nutzungsarten gelten.

III. Titelrechtliche Fragen

Bestimmte vorbestehende Werke können ganz wesentlich die Handlung des   **90**
Films prägen. Das gilt insb. für Sprachwerke, z. B. Roman, Sachbuch, Drehbuch, Treatment (vgl. Rn. 33). § 39 Abs. 1 schreibt nach hiesiger Auffassung nicht vor, dass der Titel zwingend auch für den Film verwendet werden muss. Denn das speziellere Bearbeitungsrecht des § 88 Abs. 1 verdrängt § 39 insgesamt (vgl. Rn. 103) und umfasst auch ein Recht zur Titeländerung. Auch § 93 kann nicht eingewendet werden (vgl. § 93 Rn. 33).

Oft wird der Filmhersteller aber daran interessiert sein, den Titel vorbestehen-   **91**
der Werke, die die Filmhandlung prägen, auch als Filmtitel zu verwenden. In aller Regel enthält die Nutzungsrechtseinräumung gem. § 88 **Abs. 1** zumindest für die Filmhandlung prägende Werke auch die **konkludente Gestattung** (wenn

auch nicht die Pflicht, vgl. Rn. 90), den **Werktitel zu verwenden**. Der Werktitel soll die Werke inhaltlich von einander unterscheiden, sodass der Urheber stillschweigend mit § 88 Abs. 1 auch die Möglichkeit einräumt, den Titel für den Film mit dem lizenzierten Stoff zu verwenden, um das Filmwerk mit diesem speziellen Inhalt von anderen zu unterscheiden.

92 Fehlt es (ausnahmsweise) an einer (ggf. konkludenten) vertraglichen Gestattung, kommen deliktische Ansprüche des Urhebers in Betracht. In der Regel sind Titel urheberrechtlich zwar nicht geschützt (vgl. § 2 Rn. 53). Jedoch kann das **MarkenG** verletzt sein. Bei kommerziell bedeutenden Filmen erfolgt häufig eine **Markeneintragung** beim DPMA (§ 4 MarkenG) bzw. einer Unionsmarke, insb. um das Merchandisinggeschäft abzusichern (zu den Voraussetzungen eines Markenschutzes am Beispiel von Romantiteln *Wilhelm, Axel und Jan Bernd Nordemann* FS Erdmann S. 327, 331 ff.). Ansonsten (bzw. ggf. daneben) können **Titelrechte** entstanden sein (§ 5 Abs. 3 MarkenG). Dafür muss der Werktitel benutzt werden, also das Werk unter dem Titel in den Verkehr gebracht sein. Das setzt die öffentliche Aufnahme des Vertriebs des fertigen Produkts voraus (BGH GRUR 1998, 1010, 1012 – *WINCAD*; BGH GRUR 1998, 155, 157 – *PowerPoint*; BGH GRUR 1997, 902, 903 – *FTOS*). Insb. nicht veröffentlichte (§ 6 Abs. 1 UrhG) Werke qualifizieren sich deshalb nicht für einen Titelschutz nach § 5 Abs. 3 MarkenG. Mit nicht veröffentlichten Drehbüchern oder Treatments kann deshalb kein markenrechtlicher Konflikt des Urhebers mit dem Filmhersteller entstehen. Der Prioritätszeitpunkt kann durch eine **Titelschutzanzeige** in einem geeigneten Medium vorverlegt werden, wenn in angemessener Zeit eine Veröffentlichung erfolgt (*Nordemann*[11] Rn. 1437 ff.). Der Titelschutz entfällt bei vollständiger Benutzungsaufgabe; bei Filmen kommt es darauf an, ob nach der Verkehrsanschauung noch mit einer weiteren Nutzung zu rechnen ist. Bei regelmäßig im Fernsehen – wenn auch in größeren Abständen – wiederholten Sendungen bleibt damit das Titelrecht bestehen (OLG München GRUR-RR 2009, 307 juris Tz. 35 – *Der Seewolf* m. w. N.). Außerdem muss der Titel schutzfähig, also **unterscheidungskräftig** sein; die Voraussetzungen hierfür sind aber denkbar gering. Sofern der Verkehr im Hinblick auf die betroffene Werkkategorie an beschreibende Titel gewöhnt ist, sind auch eher beschreibende Titel unterscheidungskräftig, wenn sie ein Mindestmaß an Unterscheidungskraft aufweisen (BGH GRUR 2016, 939 Tz. 29 – *wetter.de*), was z. B. für Nachrichtensendungen (BGHZ 147, 56, 61 f. – *Tagesschau*) und Titel von Dokumentationssendungen gelten sollte, aber nicht zwingend auch für fiktionale Filme (s. im Einzelnen die Erläuterungswerke zum MarkenG: Ströbele/Hacker/*Hacker*[10] § 5 MarkenG Rn. 102 ff.; *Fezer*[4] § 15 Rn. 238 ff.; *Ingerl/Rohnke*[3] § 15 Rn. 129 ff.; *Nordemann*[11] Rn. 1441 ff.). Die Grenze für eine Verkehrsdurchsetzung, die die originäre Schutzunfähigkeit überwindet, dürfte dort liegen, wo 50 % der Verkehrskreise einen bestimmten Titel als Unterscheidungsmerkmal von anderen Titeln ansehen (s. BGH GRUR 2016, 939 Tz. 42 – *wetter.de*). Bei Vorliegen von Titelschutz muss darüber hinaus geklärt werden, ob überhaupt eine **Verletzung gem. § 15 Abs. 2 MarkenG** vorliegt. Titel schützen i. d. R. Werke vor einer unmittelbaren Verwechslung mit anderen Werken, nicht aber vor Herkunftsverwechslungen. Es muss demnach für eine Verletzung der Titelschutzrechte die Gefahr bestehen, dass der Verkehr den einen Titel für den anderen hält (BGH GRUR 2005, 264, 266 – *Das Telefon-Sparbuch*; BGH GRUR 2001, 1050 – *Tagesschau*). Vor Herkunftsverwechslungen (z. B. irrtümliches Unterstellen von unternehmerischen oder organisatorischen Verbindungen) schützen Titelrechte ausnahmsweise dann, wenn der Titel zugleich einen Herkunftshinweis enthält, z. B. enthalten bekannte Zeitschriften- und Zeitungstitel Herkunftshinweise auf den Verleger (BGH GRUR 2016, 1301 Tz. 23 – *Kinderstube*; BGH GRUR 2000, 504, 505 – *FACTS*; BGH GRUR 2000, 71, 72 –

Szene) oder bekannte Fernsehsendungstitel auf den Sender (BGH v. 1.3.2001 –
I ZR 211/98 – GRUR 2001, 1050, 1051 – *Tagesschau*). Damit ist es nicht
zwingend, eine Verwechslungsgefahr anzunehmen, nur weil vorbestehendes
Schriftwerk und Filmwerk denselben oder einen ähnlichen Titel tragen. Allerdings weist die Werkkategorie der Filme zu Romanen eine besonders enge Beziehung auf, weil in Filmen häufig Romanvorlagen umgesetzt werden (BGH
GRUR 2003, 440 Tz. 27 – *Winnetous Rückkehr*). Jedenfalls bei bekannten
Filmtiteln wird man bei Identität oder hochgradiger Ähnlichkeit im Regelfall
zu einer Verletzung kommen (BGH GRUR 1977, 543, 546 – *Der 7. Sinn*: Titel
der *bekannten* Verkehrssendung durch thematisch gleichgerichtetes Würfelspiel
verletzt; s. aber LG München I GRUR 1987, 458: nicht bekannter Buchtitel
durch identischen Titel einer Sendereihe bei thematischer Überschneidung verletzt, zw.). **Bei gemeinfreien Filmvorlagen** (z. B. Romanen) entfällt nicht etwa
der kennzeichenrechtliche Titelschutz nach § 5 Abs. 3 MarkenG mit der urheberrechtlichen Gemeinfreiheit. Für den kennzeichenrechtlichen Titelschutz
kommt es allein auf die Unterscheidungskraft sowie die Ingebrauchnahme des
Titels an. Es gilt ein gegenüber dem Urheberrecht eigenständiger kennzeichen-
rechtlicher Werkbegriff (BGH GRUR 2016, 1301 Tz. 17 – *Kinderstube*). Jedermann darf zwar Nachdrucke des gemeinfreien Werkes unter seinem Titel veröffentlichen und vertreiben. Es entfällt jedoch weder das Recht des ursprünglich
Titelschutzberechtigten noch das eines sonstigen Verwenders des Titels im Zusammenhang mit dem Werk. Diese können Rechte aus dem Titel geltend machen, wenn dieser für ein neues, ein anderes Werk benutzt wird (BGH GRUR
2003, 440 Tz. 24 – *Winnetous Rückkehr*; dazu eingehend *Peschel-Mehner* FS
Mathias Schwarz S. 269, 272 ff.). Allerdings ist die Schutzschranke des § 23
Nr. 2 MarkenG zu beachten. Derr BGH hat die Verwendung eines Romantitels
„Tarzan of the Apes" für die Verfilmung bei urheberrechtlicher Gemeinfreiheit
aus § 23 Nr. 2 MarkenG gerechtfertigt; aus einer Urheberrechtsverletzung
könne ein Verstoß gegen die guten Sitten bei Gemeinfreiheit gerade nicht hergeleitet werden (BGH GRUR 2014, 559 Tz. 65 ff. – *Tarzan*). Offen bleibt jedoch,
ob genau der gleiche Titel verwendet werden darf wie bei einer früheren Verfilmung. Nach dem OLG München darf wegen § 23 Nr. 2 MarkenG eine mehrere Jahrzehnte jüngere Verfilmung denselben Titel wie die davon unabhängige
Erstverfilmung tragen (auch keine Zusätze), wenn der Titel zur Bezeichnung
des Romans üblich ist (OLG München ZUM 2009, 654, 656 f. – *Der Seewolf*).
Das erscheint als zweifelhaft; der ältere Titel wäre damit grundsätzlich eine
wirksamen Schutzes vor Verwechslungsgefahr wegen Gemeinfreiheit der Vorlage beraubt, obwohl die titelrechtliche Beurteilung gerade unabhängig von der
urheberrechtlichen Lage erfolgen muss. Der jüngere Titel muss danach angemessene Zusätze tragen, die eine Unterscheidung ermöglichen. Es liegt ein Fall
von Gleichnamigkeit („Gleichgewichtslage") vor; vgl. Rn. 93. § 23 Nr. 2 MarkenG kommt von vornherein nicht in Frage, wenn es sich um eine sehr freie
Bearbeitung des Romanstoffs handelt (LG Nürnberg-Fürth BeckRS 2016,
07457; *Peschel-Mehner* FS Mathias Schwarz S. 269, 276).

Problematisch ist die Frage der Verwendung des Titel eines vorbestehenden **93**
Werkes für eine **Wiederverfilmung** (vgl. Rn. 76 ff.), wenn die Erstverfilmung
(oder eine andere Verfilmung) bereits diesen Titel trägt und damit Titelrechte
des ersten Filmherstellers (zur Inhaberschaft vgl. Rn. 94) bestehen. Hier kann
es insb. dazu kommen, dass der Verkehr über die Identität der Filme irrt und
deshalb der Schutzbereich des § 15 MarkenG eröffnet ist (vgl. Rn. 92). Nicht
als zutreffend erscheint es, dennoch dem Wiederverfilmenden zu gestatten, den
Titel ohne Änderungen zu verwenden (so aber wohl Dreier/Schulze/*Schulze*[5]
Rn. 71 unter unzutreffendem Verweis auf BGH GRUR 2003, 440 Tz. 24 –
Winnetous Rückkehr, der nur die identische Titelnutzung für das gemeinfreie
Werk in derselben Werkkategorie erlaubt und ausdrücklich die Verfilmung da-

von unterscheidet)); ferner vgl. Rn. 92. Jedoch muss erlaubt sein, dass die Wiederverfilmung titelmäßig in gewisser Weise auf das vorbestehende Werk Bezug nimmt, weil es wiederverfilmt wird. Deshalb liegt ein Fall von Gleichnamigkeit („Gleichgewichtslage") vor (dazu *Ingerl/Rohnke*[3] § 23 Rn. 26 ff.; *Nordemann*[11] Rn. 1494 ff.), in dem der Wiederverfilmende als Inhaber des jüngeren Titelrechts mit eindeutigen Titelzusätzen arbeiten muss, die klarstellen, dass es sich um ein anderes Filmwerk handelt. Das gilt auch für **Sequels, Prequels und andere Fortentwicklungen** des vorbestehenden Werkes: auch hier darf der Filmhersteller den Titel des vorbestehenden Werkes benutzen, muss aber durch Titelzusätze eine Identitätsverwechslung mit der Originalverfilmung ausschließen.

94   **Inhaber der Titelrechte** am Filmwerk gem. § 5 Abs. 3 MarkenG ist derjenige, der die Herrschaft über die Verbindung des Werkes mit dem Titel und dessen Ingebrauchnahme hat, also grundsätzlich der Filmhersteller (KG GRUR 2000, 906, 907 – *Gute Zeiten – schlechte Zeiten*: Produktionsfirma bei Fernsehproduktion; *Ingerl/Rohnke*[3] § 5 Rn. 102; nach v. Hartlieb/Schwarz/*Peschel-Mehner*[5] Kap. 75 Rn. 1 bei Auftragsproduktion der ausstrahlende Fernsehsender; daneben der Co-Produzent, selbst bei der Auftragsproduktion für einen Sender: OLG München GRUR-RR 2009, 307 juris Tz. 34 – *Der Seewolf*). Der Stoffurheber ist allenfalls Inhaber der Titelrechte am vorbestehenden Werk (BGH GRUR 2005, 264, 265 – *Das Telefon-Sparbuch*; s. a. *Wilhelm, Axel und Jan Bernd Nordemann* FS Erdmann S. 327, 340), wenn daran Titelrechte durch öffentliche Benutzung entstanden sind, was insb. bei Drehbüchern zweifelhaft ist (vgl. Rn. 92). Bei umfassender ausschließlicher Nutzungsrechtseinräumung an einen Verwerter (z. B. Verlag) kann das Titelrecht aber auch für das vorbestehende Werk dem Verwerter zustehen (BGH GRUR 2005, 264, 265 – *Das Telefon-Sparbuch*; BGH GRUR 1990, 218, 220 – *Verschenktexte*).

IV. Prozessuales

95   Das **Verbotsrecht des Rechteinhabers** (z. B. des Filmherstellers) kann über die Grenzen der positiven Nutzung hinausgehen (vgl. § 31 Rn. 20 ff.). Das gilt für Enthaltungspflichten des Stoffurhebers grundsätzlich aber wohl nur für die Wiederverfilmung (vgl. Rn. 84; vgl. Rn. 89). Bei Verletzung werden Ansprüche des Rechteinhabers nach §§ 97 ff. ausgelöst. Für die Aktivlegitimation kann schon eine mittelbare wirtschaftliche Beeinträchtigung reichen, etwa eine Gefährdung des Nutzungsentgeltes (BGH GRUR 1999, 984, 985 – *Laras Tochter*; BGH GRUR 1992, 697, 698 f. – *ALF*; vgl. § 97 Rn. 132 ff.). Der **Urheber** bleibt zur Geltendmachung von Unterlassungsansprüchen gegen Verletzer auch dann befugt, wenn er die relevanten Nutzungsrechte eingeräumt hat (vgl. § 97 Rn. 128). Bei einer Nutzung des vorbestehenden Werkes über § 88 bzw. die Vereinbarung hinaus hat der Urheber grundsätzlich sämtliche Ansprüche nach §§ 97 ff.

96   Die **Darlegungs- und Beweislast** ist differenziert zu sehen. Für die Gestattung zur Verfilmung liegt sie beim „anderen", weil insoweit kein Zweifelstatbestand in § 88 Abs. 1 vorliegt (zu § 31 Abs. 5 vgl. Rn. 100). Dafür, dass eine andere Nutzungsrechtseinräumung als die in § 88 Abs. 1 vorgesehene verabredet wurde, trägt der Urheber die Darlegungs- und Beweislast (s. zum Fall einer erfolgreichen Widerlegung der Vermutung: BGH GRUR 1985, 529, 530 – *Happening*). Gem. § 88 Abs. 2 wiederum obliegen Darlegung und Beweis dem Verfilmenden, dass – abweichend von der Regel des S. 1 – das Wiederverfilmungsrecht eingeräumt wurde bzw. demjenigen, der sich auf eine vertragliche Abweichung vom 10-Jahre-Zeitraum des S. 2 beruft. Wer sich auf die Einräumung von außerfilmischen Rechten beruft, die von § 88 gar nicht erfasst werden, muss das im Rahmen von § 31 Abs. 5 ggf. substantiiert darlegen und beweisen (vgl. Rn. 101).

Auf die Auslegungsregeln des § 88 kann sich nicht nur der andere („einem anderen"), z. B. der Filmhersteller, berufen. Vielmehr kommt § 88 der Charakter einer generellen Auslegungsregel zu, die **auch zugunsten beliebiger Dritter im Prozess** wirken kann, um eine Rechtseinräumung des Urhebers (oder eines Verwerters, vgl. Rn. 25) an einen anderen zu behaupten. So können sich weitere Verwerter in der Auswertungskette (z. B. der Videoanbieter, der Internetanbieter) dafür auf § 88 berufen, dass die Rechtekette beim Urheber ordnungsgemäß begonnen hat und die Rechte an einen anderen eingeräumt wurden. Umgekehrt können sich auch als Verletzer in Anspruch Genommene zum Bestreiten der Aktivlegitimation des Urhebers (z. B. für Schadensersatzansprüche; zu Unterlassungsansprüchen bliebe der Urheber berechtigt, vgl. § 97 Rn. 127 f.) oder eines Dritten auf § 88 berufen. Nicht anwendbar ist § 88 allerdings auf die Rechtseinräumung zwischen Auswertern im Hinblick auf den fertigen Film (vgl. Rn. 25).   **97**

Zu **Vereinbarungen** – insb. in AGB –, mit denen **Unterlassungsansprüche** vor Beendigung der Produktion und Erstveröffentlichung des Films ausgeschlossen werden vgl. Vor §§ 31 ff. Rn. 211; dort auch zur Möglichkeit, zumindest eine Geltendmachung im **Einstweiligen Verfügungsverfahren** formularvertraglich zu verbieten.   **98**

V. Verhältnis zu anderen Vorschriften

1. Übertragungszweckgedanke (§ 31 Abs. 5)

Nach einer verbreiteten Auffassung soll § 31 Abs. 5 Vorrang vor der Auslegungsregel des **§ 88 Abs. 1** zukommen. Die Zweifelsregel des § 88 Abs. 1 käme danach nur noch zur Anwendung, wenn der vertragliche Zweck der Einräumung von Nutzungsrechten gem. § 31 Abs. 5 nicht zweifelsfrei festgestellt werden kann (Dreier/Schulze/*Schulze*[5] Rn. 3: § 31 Abs. 5 uneingeschränkt anwendbar; HK-UrhR/*Meckel*[3] Rn. 2: § 88 subsidiär zu § 31 Abs. 5; Loewenheim/*Schwarz/Reber*[2] § 74 Rn. 20). Das Verhältnis des Übertragungszweckgedankens gem. § 31 Abs. 5 zur Auslegungsregel des § 88 Abs. 1 hat sich aber seit der Angleichung des § 88 Abs. 1 an § 89 Abs. 1 (vgl. Rn. 17) für Verträge ab 1.7.2002 (für Altverträge vgl. Rn. 9 ff.) verschoben. Insoweit ist es auch nicht weiterführend, wenn zur Begründung der vorgenannten Auffassung auf Rechtsprechung zu § 88 Abs. 1 a. F. verwiesen wird (Dreier/Schulze/*Schulze*[5] Rn. 3; HK-UrhR/*Meckel*[3] Rn. 2; Loewenheim/*Schwarz/Reber*[2] § 74 Rn. 20 verweisen auf die Kommentierung von Möhring/Nicolini/*Lütje*[2], die ebenfalls zu § 88 Abs. 1 a. F. erfolgt). Vielmehr kommt der besonderen, auf eine umfassende Rechtseinräumung zugunsten des Nutzungsrechtserwerbers abzielenden **Auslegungsregel des § 88 Abs. 1** für Filmwerke gegenüber der allgemeinen Auslegungsregel des § 31 Abs. 5 **grundsätzlich** der **Vorrang** zu (Wandtke/Bullinger/*Manegold/Czernik*[4] Rn. 2; Schricker/Loewenheim/*Katzenberger/N. Reber*[5] Rn. 11; BGH GRUR 2014, 556 Tz. 13 – *Rechteeinräumung Synchronsprecher*; BGH GRUR 2005, 937, 939 – *Der Zauberberg*; für die nach der Angleichung beider Normen nun vergleichbare Situation bei § 89 genauso: *Haupt/Ullmann* ZUM 2005, 883, 886; *Gernot Schulze* GRUR 1994, 855, 863; *Schack*, Urheber- und VerlagsR[7] Rn. 479; BeckOK UrhR/*Diesbach*[16] UrhG § 89 Rn. 21; a. A. grundsätzlicher Vorrang von § 31 Abs. 5: Büscher/Dittmer/Schiwy/*Lewke*[3] Rn. 9). Im Zweifel ist also von einem Vertragszweck auszugehen, nach dem dem anderen sämtliche bekannten und unbekannten filmischen Nutzungsarten eingeräumt werden sollen. Abweichendes muss vereinbart werden, mindestens in Form eines engeren Vertragszwecks, als ihn § 88 Abs. 1 voraussetzt. Der Urheber muss solche Abweichungen zweifelsfrei darlegen   **99** und ggf. beweisen. So etwa deckt die Verfilmung eines Happenings an einer Universität nicht die Vervielfältigung und kommerzielle Verwertung von Videoaufnahmen, wenn der Urheber zweifelsfrei darlegen kann, dass die Verfilmung nur zu Lehrzwecken erfolgte (BGH GRUR 1985, 529, 530 – *Happening*). Wer sein vorbestehendes Werk von Überwachungskameras filmen lässt (z. B. Straßenkunst), der kann nicht an der Vermutung des § 88 (i. V. m. § 95) festgehalten werden, weil eine kommerzielle Nutzung über die Überwachung hinaus nicht Zweck des Einverständnisses war. Anders kann es bei WebCams liegen, die automatisch aufzeichnen, bei denen aber die Aufzeichnung auf eine kommerzielle Nutzung gerichtet ist (z. B. Internet-Soap). Der grundsätzliche Vorrang vor § 31 Abs. 5 muss im Übrigen auch im Hinblick auf § 88 **Abs. 2** gelten, sodass insb. bei Verletzung des § 88 Abs. 2 S. 2 auch negative Verbotsansprüche gegenüber Dritten bestehen, die nach dem Übertragungszweckgedanken nicht zuzubilligen wären (vgl. Rn. 84).

100 Allerdings ist der Übertragungszweckgedanke des § 31 Abs. 5 zunächst derart **vorgelagert**, dass der Vertragszweck bestimmt, ob **überhaupt** eine **Verfilmung** beabsichtigt ist (vgl. Rn. 22). Denn auf diese Frage sind Zweifelsregeln des § 88 Abs. 1 und Abs. 2 schon nach ihrem Wortlaut gar nicht anwendbar.

101 Zudem bleibt § 31 Abs. 5 neben § 88 Abs. 1 **anwendbar**, wenn es um Rechte geht, die **außerhalb** des **Anwendungsbereiches** des § 88 Abs. 1 liegen. Das konnte für § 88 a. F. insb. für filmische Sekundärnutzungen der Fall sein, weil dessen Reichweite bei der Filmauswertung auf Kinofilme und Fernsehfilme als Primärverwertung begrenzt war (eingehend vgl. Rn. 9 ff.). Heute erfasst die Zweifelsregelung des § 88 Abs. 1 indessen alle bekannten und unbekannten filmischen Nutzungsarten für den herzustellenden Film. Damit sind heute vornehmlich solche Rechtseinräumungen nach § 31 Abs. 5 zu bestimmen, die **nicht** unmittelbar für eine **konkrete Verfilmung** erforderlich sind, sondern die Verwertung des Materials für andere Filme oder **filmfremde Nutzungen** wie etwa Merchandising betreffen (s. OLG Hamburg GRUR-RR 2003, 33, 35 – *Maschinenmensch* für einen Abdruck einer im Film verwendeten Plastik in einer Zeitschrift bei einem Altvertrag vor 1965; *Gernot Schulze* GRUR 1994, 855, 864).

102 Auch die Rechtevergabe durch den Filmhersteller zur **Auswertung eines fertigen Films** regelt § 31 Abs. 5, weil auf solche Auswertungsverträge in der Kette „hinter" dem Filmhersteller die §§ 88 ff. gar nicht anwendbar sind (ausführlich: vgl. Vor §§ 88 ff. Rn. 68).

2. Bearbeitungen (§§ 37, 39, 23 S. 2)

103 § 37 **Abs. 1**, wonach der Urheber im Zweifel das Recht zur Veröffentlichung oder Verwertung einer Bearbeitung behält, wird vom spezielleren § 88 Abs. 1, der für die Filmherstellung eine Bearbeitung oder Umgestaltung vorbestehender Werke als Regelfall voraussetzt, verdrängt (Dreier/Schulze/*Schulze*[5] Rn. 34; Wandtke/Bullinger/*Manegold/Czernik*[4] Rn. 8). Gleiches gilt für § 37 Abs. 2. § 88 ist auch im Hinblick auf § 39 die speziellere Vorschrift; das **Änderungsverbot** des § 39 Abs. 1 gilt also nur in den Grenzen des § 88. Die für eine Bearbeitung erforderliche Einwilligung (§ 23 S. 1), die durch das Herstellungsrecht gem. § 88 Abs. 1 erteilt wird, ist beim Filmwerk schon bei seiner Herstellung (§ 23 S. 2) erforderlich, nicht erst bei der Auswertung.

3. Arbeits- und Dienstverhältnisse (§ 43)

104 Für Arbeits- und Dienstverträge geht § 88 den Regelungen in § 43 vor. Eine eigenständige Bedeutung hat § 43 dort, wo § 88 Abs. 1 nicht anwendbar ist und stattdessen eigentlich auf § 31 Abs. 5 zurückgegriffen werden müsste (vgl. Rn. 100 f.; zum Verhältnis des § 43 zu § 31 Abs. 5 vgl. § 43 Rn. 45).

4. Urheberpersönlichkeitsrechte (§§ 12 bis 14)

Das **Veröffentlichungsrecht** des Urhebers **gem.** § 12 ist durch die Rechteeinräu- **105**
mung gem. § 88 Abs. 1 abbedungen. Anders als bei § 89 (vgl. § 89 Rn. 72 ff.)
kann nicht davon ausgegangen werden, dass dem Urheber eines vorbestehenden
Werkes noch das Recht zustehen soll, über die Veröffentlichung des Filmwerkes
zu entscheiden. Im Gegensatz zum Filmurheber gem. § 89 nimmt er nicht regelmäßig an der Filmherstellung teil; für ihn ist nicht vorgesehen, die Herstellung
des Films zu beeinflussen. Der Stoffurheber kann sich allerdings das Veröffentlichungsrecht individualvertraglich vorbehalten; formularvertraglich erscheint
dies zumindest bei Überraschung gem. § 305c BGB als problematisch. Darüber
hinaus kann aber eine blockierende Ausübung gegen § 242 BGB verstoßen
(OLG Köln GRUR-RR 2005, 337 – *Dokumentarfilm Massaker*, zu § 89). Das
Namensnennungsrecht gem. § 13 bleibt von der Rechteeinräumung gem. § 88
Abs. 1 unberührt. Auch schon vor Inkrafttreten des UrhG war anerkannt, dass
dem Urheber eines zur Verfilmung benutzten Werkes auf Grund seines Urheber-
persönlichkeitsrechts ein Anspruch auf Namensnennung, z. B. im Vorspann des
Films, zukam (BGH GRUR 1963, 40, 42 – *Straßen – gestern und morgen*). Bei
Verträgen mit dem Urheber sollte zur Vermeidung von Streit die Art der Nen-
nung festgelegt werden, also Reihenfolge, Schriftgröße, Alleinstellung, Vor- bzw.
Abspann. Ohne Vereinbarung kommt es auf die Üblichkeit an. Nicht üblich ist
die Erwähnung von Urhebern untergeordneter Teile, z. B. des Vorspanns von
Serien wie des Tatort-Vorspanns (OLG München GRUR-RR 2011, 245, 248 –
Tatort-Vorspann). Der **Entstellungsschutz gem.** § 14 wird durch § 93 modifi-
ziert, s. die dortige Kommentierung.

5. Modifikationen der §§ 34, 35, 41, 42 durch § 90 Abs. 1; Ausschluss des § 40a durch § 90 Abs. 2

Gem. § 90 Abs. 1 kann der Produzent nach Drehbeginn weitere Rechte zur **106**
Nutzung ohne Zustimmung des Urhebers einräumen (§ 31 Abs. 3 i. V. m. § 35)
oder übertragen (§ 34). Auch sind **Rückrufsrechte** wegen Nichtausübung
(§ 41) und wegen gewandelter Überzeugung (§ 42) ab diesem Zeitpunkt **ausgeschlossen**. Diese Einschränkungen der Urheberbefugnisse betreffen nicht das
Filmherstellungsrecht vor Beginn der Dreharbeiten, sondern nur danach (ohne
Recht zur Wiederverfilmung wird es dann aber „verbraucht" sein), sowie das
Filmauswertungsrecht nach Beginn der Dreharbeiten (RegE UrhG 1962 – BT-
Drs. IV/270, S. 99). Da sich § 90 Abs. 1 S. 1 auf die Rechte gem. § 88 Abs. 1
bezieht, gelten seine Einschränkungen auch für ein entgegen der Zweifelsregelung des § 88 Abs. 2 S. 1 eingeräumtes Wiederverfilmungsrecht und ein Wiederverfilmungsrecht für sonstige filmische Rechte (z. B. Sequels, Prequels, Fortentwicklungen), weil es sich auch dabei um eine Gestattung zur Verfilmung
nach § 88 Abs. 1 handelt (str., vgl. § 90 Rn. 10). Nach neuen § 90 Abs. 1 S. 3
(zur zeitlichen Anwendbarkeit s. § 132 Abs. 3a S. 2) kann ein Ausschluss des
Rückrufsrechts nach § 41 für maximal 5 Jahre im Voraus vereinbart werden
(vgl. § 90 Rn. 12b).

§ 90 Abs. 2 schließt eine Anwendung des § 40a (Recht zur anderweitigen Ver- **106a**
wertung nach 10 Jahren bei pauschaler Vergütung) auf die Rechte der in § 88
(Abs. 1 und Abs. 2) aus (vgl. § 90 Rn. 12b).

6. Unbekannte Nutzungsarten (§§ 31a, 32c, 137l)

Für die Einräumung der Rechte an unbekannten Nutzungsarten gem. § 88 **107**
Abs. 1 ist das Schriftformgebot des § 31a Abs. 1 S. 1 und 2 gem. § 88 Abs. 1
S. 2 nicht aufgehoben (vgl. Rn. 72); für die Vergütung gilt § 32c (vgl. Rn. 73).
Zur Einräumung von Rechten an unbekannten Nutzungsarten von 1966 bis
2007 vgl. Rn. 68 und die Kommentierung zu § 137l. Zu Verträgen vor 1966
vgl. § 31 Rn. 172 ff.

7. Laufbilder (§ 95)

108 Die Auslegungsregel des § 88 ist über den **Verweis** § 95 auch auf Laufbilder ohne Werkcharakter anwendbar (zu den Begriffen vgl. Vor §§ 88 ff. Rn. 15; zur Abgrenzung vgl. § 95 Rn. 4 ff.).

8. Vergütungsvorschriften

109 Grundsätzlich gelten auch für Stoffurheber des § 88 die allgemeinen Vergütungsvorschriften der §§ 32 bis 32c, 36, 36a; s. die Kommentierungen dort. Insbesondere existieren im Filmbereich umfassende gemeinsame Vergütungsregeln (z. B. für Drehbuchautoren); vgl. § 36 Rn. 32 ff. Zu Tarifverträgen vgl. § 43 Rn. 34 ff.

§ 89   Rechte am Filmwerk

(1) [1]Wer sich zur Mitwirkung bei der Herstellung eines Filmes verpflichtet, räumt damit für den Fall, dass er ein Urheberrecht am Filmwerk erwirbt, dem Filmhersteller im Zweifel das ausschließliche Recht ein, das Filmwerk sowie Übersetzungen und andere filmische Bearbeitungen oder Umgestaltungen des Filmwerkes auf alle Nutzungsarten zu nutzen. [2]§ 31a Abs. 1 Satz 3 und 4 und Abs. 2 bis 4 findet keine Anwendung.

(2) Hat der Urheber des Filmwerkes das in Absatz 1 bezeichnete Nutzungsrecht im Voraus einem Dritten eingeräumt, so behält er gleichwohl stets die Befugnis, dieses Recht beschränkt oder unbeschränkt dem Filmhersteller einzuräumen.

(3) Die Urheberrechte an den zur Herstellung des Filmwerkes benutzten Werken, wie Roman, Drehbuch und Filmmusik, bleiben unberührt.

(4) Für die Rechte zur filmischen Verwertung der bei der Herstellung eines Filmwerkes entstehenden Lichtbilder und Lichtbildwerke gelten die Absätze 1 und 2 entsprechend.

Übersicht

I.　Allgemeines

1.　Sinn und Zweck

Nach § 89 Abs. 1 räumen sämtliche bei der Filmproduktion Mitwirkende, **1**
die schöpferisch gem. § 2 als Urheber tätig sind, dem Filmproduzenten im
Zweifel die für die Verwertung des Filmes erforderlichen Nutzungsrechte ein
(RegE UrhG 1962 – BT-Drs. IV/270, S. 100). **Zweck** des § 89 Abs. 1 ist es, die
für die Auswertung erforderlichen **Nutzungsrechte in der Hand des Filmherstellers zu konzentrieren.** Er trägt bei der Produktion das wirtschaftliche Risiko
und hat u. U. erhebliche Investitionen erbracht und ist für die Amortisation
auf eine möglichst ungehinderte Verwertung des Filmes und Rechtssicherheit
angewiesen. Von diesem Gedanken ist der gesamte Regelungskomplex der
§§ 88 bis 95 durchzogen (vgl. Vor §§ 88 ff. Rn. 1 ff.). Im Hinblick auf die von
§ 89 erfassten Filmurheber stellt sich zudem das Problem, dass sich oft gar
nicht zuverlässig feststellen lässt, wer eigentlich neben dem (Haupt)Regisseur
Filmurheber ist (eingehend vgl. Rn. 13 ff.). Auch dieses Problem beseitigt § 89
Abs. 1 mit der Zweifelsregelung, die sich auf alle möglichen Filmurheber bezieht. Man kann § 89 Abs. 1 auch als Konkretisierung des Übertragungszweckgedankens des § 31 Abs. 5 im Filmbereich (vgl. Rn. 67 ff.) begreifen, der allerdings hier zugunsten des Filmherstellers und nicht des Urhebers wirkt. Das
erfolgt weder über einen gesetzlich angeordneten Rechtsübergang („Legalzession“, eine solche hatte der RefE zum „2. Korb“ noch vorgesehen, s. die damalige Diskussion, pro Zession: *Schwarz/Evers* ZUM 2005, 113, 114; *Poll*
GRUR Int. 2003, 290, 297 ff.; *Poll* ZUM 2003, 866; kritisch *Wilhelm Norde-
mann/Pfennig* ZUM 2005, 689; ein solcher wäre auch europarechtswidrig, s.
EuGH GRUR 2012, 489 Tz. 67 ff. – *Luksan/van der Let*) noch über ein originäres Produzentenurheberrecht (vgl. Vor §§ 88 ff. Rn. 22), sondern über eine
gesetzliche Auslegungsregel. Die im Zweifel gem. Abs. 1 dem Filmhersteller
eingeräumten Rechte erlauben nicht nur die **Bearbeitung einschließlich Übersetzung,** sondern auch die **Auswertung in allen filmischen Nutzungsarten.** Für
Verträge ab 1.1.2008 beinhaltet dies nach dem „2. Korb“ auch Rechte an bei
Vertragsschluss **unbekannten filmischen Nutzungsarten,** wenn die Schriftform
des § 31a Abs. 1 gewahrt ist (vgl. Rn. 43 ff.). Die Vergütungspflicht des § 32c

gilt auch für Filmverträge, das Rückrufsrecht des § 31a jedoch nicht (§ 89 Abs. 1 S. 2). Die Einbeziehung von Rechten an unbekannten Nutzungsarten steht in vollem Einklang mit dem Sinn und Zweck des § 89, eine „möglichst ungehinderte Verwertung des Films durch den Filmhersteller zu gewährleisten" (RegE 2. Korb – BT-Drs. 18/1828, S. 33). Gerade das Verbot der Rechteeinräumung an unbekannten Nutzungsarten (§ 31 Abs. 4 a. F.) behinderte die Auswertung von Filmen in den neuen Medien (eingehend vgl. § 88 Rn. 4).

2   § 89 Abs. 2 dient dem gleichen Zweck wie Abs. 1. Er soll die Rechtekonzentration in der Hand des Filmherstellers auch dann gewährleisten, wenn die Filmurheber ihre Rechte z. B. an eine Verwertungsgesellschaft im Voraus abgetreten haben. **Abs. 3** stellt die systematische Trennung der Rechte der Urheber von vorbestehenden Werken einerseits und der Filmurheber andererseits klar, auch wenn sie bei der Filmherstellung eine Doppelfunktion ausüben. **Abs. 4** erstreckt den Anwendungsbereich auf Lichtbilder und ersetzt damit § 91 a. F.

2. Früheres Recht

3   a) KUG/LUG (**Altverträge bis 31.12.1965**): Die Schutzvoraussetzungen bei vor 1966 geschaffenen Werke richten sich gem. § 129 Abs. 1 heute nach den Vorschriften des UrhG. Vor Inkrafttreten des UrhG am 1.1.1966 wurde das Filmwerk als urheberrechtliches Schutzobjekt anerkannt und in § 15a KUG sowie (im Hinblick auf vorbestehende Werke der Literatur) in §§ 12 Abs. 2 Nr. 6, 14 Nr. 6 LUG erwähnt. Auch damals galt das Schöpferprinzip, wonach der Filmhersteller kein originäres Urheberrecht erwarb (BGH GRUR 1960, 199, 200 – *Tofifa*; *Gernot Schulze* GRUR 1994, 855, 858). Daher mussten die bei der Produktion mitwirkenden Urheber dem Filmhersteller die erforderlichen Nutzungsrechte zur Auswertung des Filmes einräumen. Sofern vor dem 1.1.1966 erlaubter Weise das Urheberrecht übertragen wurde, ist das heute in eine entsprechende Nutzungsrechtseinräumung umzudeuten (§ 137). Für die vertraglichen Rechtseinräumungen gilt gem. § 132 Abs. 1 jedoch ansonsten die frühere Rechtslage (vgl. Vor §§ 31 ff. Rn. 14 f.; vgl. Vor §§ 88 ff. Rn. 31). § 89 ist damit **auf Altverträge vor dem 1.1.1966 nicht anwendbar** (BGH GRUR 2011, 714 Tz. 13 – *Der Frosch mit der Maske*); zu **DDR-Verträgen** bis 31.12.1965 vgl. Vor §§ 88 ff. Rn. 34 ff.

4   Das frühere Recht kannte keine Zweifelsregelung, die mit § 89 Abs. 1 vergleichbar gewesen wäre. Die Rolle des § 89 Abs. 1 übernimmt bei Altverträgen der – damals noch nicht kodifizierte – **Übertragungszweckgedanke** (BGH GRUR 2011, 714 Tz. 16 ff. – *Der Frosch mit der Maske*; BGH UFITA 55 [1970] 313, 316 – *Triumph des Willens*; ÖOGH ZUM-RD 2004, 563, 566, zum deutschen LUG). Nach dem Übertragungszweckgedanken erfolgte im Zweifelsfall die Rechtseinräumung in einem solchen Umfang, wie sie erforderlich war, um den mit dem Vertrag angestrebten Zweck zu erreichen (vgl. § 31 Rn. 108 ff.). Es ist noch nicht abschließend geklärt, ob dies zu gleichen Ergebnissen wie nach dem heutigen § 89 führt. Jedenfalls für Urheber vorbestehender Werke (heute § 88) bringt die Anwendung des Übertragungszweckgedankens eine geringere Rechtseinräumung als nach geltendem Recht: Der Zweck des Vertrags mit dem Stoffurheber bestimmte sich maßgeblich nach der angestrebten **Primärverwertung (Kinofilme, Fernsehfilme)**. Nach dem Übertragungszweckgedanken wurden bei einem Fernsehfilm im Zweifel keine Rechte für die Kinoauswertung eingeräumt, bei einem Kinofilm im Zweifel keine Rechte für die Fernsehauswertung (BGH GRUR 1969, 364, 366 – *Fernsehauswertung*). Bei einem Kinofilm war der Filmhersteller vielmehr nur dann auch zur Auswertung des Films im Fernsehen berechtigt, wenn ihm auch diese Nutzungsart im Vertrag eindeutig übertragen worden ist (verneint von BGH GRUR 1969, 143, 145 – *Curt-Goetz-Filme II* und BGH GRUR 1969, 364, 365 – *Fernsehauswertung*). Vgl. § 88 Rn. 6. Allerdings kam diese Praxis auch in dem zunächst engeren Rechteumfang zum Ausdruck, den § 88 Abs. 1 a. F. bis 2002 gewährte (vgl. § 88 Rn. 9 ff.), während gem. § 89 von vornherein eine sämtliche bekannten Nutzungsarten umfassende Rechtseinräumung anzunehmen war (zu Unrecht str., vgl. Rn. 40). Die **Begründung zu § 89** (§ 99 E-UrhG) spricht von einer „Regel", nach der schon vor Inkrafttreten des § 89 Abs. 1 eine Rechteeinräumung im Umfang des § 89 Abs. 1 erfolgte (RegE UrhG 1962 – BT-Drs. IV/270, S. 100). Dafür spricht auch, dass vor 1966 produzierte Filme ohne diese großzügigere Betrachtung kaum verkehrsfähig wären (LG München I ZUM-RD 2007, 307 – *10 ältere Filme im ZDF*). Danach wird derjenige, der sich als Filmurheber für Altverträge auf eine von § 89 abweichende Regel beruft, das Gegenteil zu beweisen haben. Deshalb ist es im Ergebnis zutreffend, wenn das LG München I (FuR 1984, 534, 535 – *All About Eve*, wenn auch unter verfehlter Anwendung des § 89; genauso LG München *Erich Schulze* LGZ 180, 4 – *Landung in Salerno*) für einen 1951 synchronisierten Film angenommen hat, dass für einen Kinofilm nicht nur die Kinorechte, sondern auch die Fernsehrechte beim Filmhersteller liegen, weil 1939 Fernsehen schon eine bekannte Nutzungsart war (vgl. § 31a Rn. 36, 47). Diese umfassende Rechtseinräumung für alle bekannten Nutzungsarten gilt – insb. wenn der Abschluss von damals üblichen Standardverträgen wie z. B. der **Normalfilmverträge** der Reichsfilmkammer vom Filmhersteller nachgewiesen ist (LG München I ZUM-RD 2007, 307 – *10 ältere Filme im ZDF*); zu Normalfilmverträgen vor und nach dem 2. Weltkrieg eingehend vgl. § 88 Rn. 8. Für anonym hergestellte NS-Propagandafilme (z. B. Kriegswochenschauen aus 1940 bis 1942) muss das ebenfalls gelten (im Ergebnis ebenso, allerdings unter unzulässigem Rückgriff auf § 89: LG München I ZUM-RD 1998, 89, 92; LG München I ZUM 1993, 370, 374; LG München I GRUR 1991, 377, 379 – *NS-Propagandafilme*).

Die vorerwähnte Beweisregel bezieht sich indes nur auf bekannte Nutzungsarten, weil der Gesetzgeber nur für diese eine Kodifizierung der üblichen Praxis in § 89 unterstellte. Die Einräumung von Rechten an bei Vertragsschluss **unbekannten Nutzungsarten** muss danach der Filmhersteller darlegen und beweisen (BGH GRUR 2011, 714 Tz. 13 – *Der Frosch mit der Maske*: „volle" Darlegungs- und Beweislast). Sie sind im Regelfall nur eingeräumt, wenn sie ausdrücklich im Vertrag bezeichnet waren oder dem Urheber ein angemessenes Beteiligungshonorar auch für die Verwertung in der neuen Nutzungsart nach dem Vertrag zufließt (BGH GRUR 2011, 714 Tz. 15 ff. – *Der Frosch mit der Maske*; im Einzelnen vgl. § 31 Rn. 172 ff.). Eine Einräumung war nicht wie in § 31 Abs. 4 UrhG a. F. verboten. Nach dessen Wegfall (vgl. § 31a Rn. 6 ff.) gilt die Übergangsvorschrift in § 137l jedoch ausdrücklich nicht für Verträge vor dem 1.1.1966, sodass es bei der bisherigen Praxis verbleibt. Beispiele für unbekannte Nutzungsarten: **Fernsehsendung** bekannt ab 1939 (vgl. § 31a Rn. 36, 47). Die Rechtseinräumung für die bei Vertragsschluss bekannte Fernsehnutzung sollte im Regelfall sämtliche unterschiedlichen Fernsehsendungsarten umfassen, die zwar keine neuen Nutzungsarten gem. § 31a, jedoch abspaltbare Nutzungsarten nach § 31 Abs. 1 sind (Kabel-, Satelliten-, Internet- bzw. Pay-TV; vgl. § 31 Rn. 73 ff.; vgl. § 31a Rn. 36 ff.). **Videorechte** (bis in die 1970er unbekannt) und andere neue Nutzungsarten im Filmbereich (vgl. § 31a Rn. 38) sind durch Altverträge ebenfalls nur eingeräumt, wenn es einen ausdrücklichen Vertragswortlaut gibt, der unbekannte Nutzungsarten einbezieht, oder wenn dem Urheber eine angemessene Beteiligungsvergütung durch den Vertrag gewährt wird (BGH GRUR 2011, 714 Tz. 14 ff. – *Der Frosch mit der Maske*; vgl. § 31 Rn. 172 ff.).

b) UrhG 1965 (Altverträge vom 1.1.1966 bis 30.6.2002): Änderungen erfuhr § 89 mit dem Gesetz zur Stärkung der vertraglichen Stellung von Urhebern und ausübenden Künstlern vom 22.3.2002. § 89 **wurde um Abs. 4 ergänzt,** der den

Regelungsgehalt des § 91 a. F. übernahm (BeschlE RAusschuss UrhVG 2002 – BT-Drs. 14/8058, S. 22). Dass der Rechteerwerb nun auf die Rechtseinräumungsvermutung des § 89 gestützt wurde, brachte im Ergebnis für den Filmhersteller keine Änderungen mit sich. Auf Verträge, die vor dem 1.7.2002 geschlossen wurden, finden gem. § 132 Abs. 3 S. 1 ohnehin §§ 89, 91 a. F. weiterhin Anwendung. Zur Rechtsstellung der ausübenden Künstler und zur Anwendbarkeit des § 91, der nun in § 89 Abs. 4 aufgegangen ist, vgl. § 91 Rn. 1 ff. Rechte an **unbekannten Nutzungsarten**, die Verträge nicht dem Filmhersteller einräumen konnten (§ 31 Abs. 4 a. F.), können bei Altverträgen vom 1.1.1966 bis 30.6.2002 dem Filmhersteller nach § 137l zustehen (vgl. § 137l Rn. 1 ff.). Zu DDR-Verträgen vom 1.1.1966 bis 1.10.1990 vgl. Vor §§ 88 ff. Rn. 34 ff.

7   c) **Vor dem „2. Korb" (Altverträge vom 1.7.2002 bis 31.12.2007):** Der „2. Korb" schaffte das Verbot der Einräumung von Rechten an unbekannten Nutzungsarten ab (§ 31 Abs. 4 a. F.) und erweiterte gleichzeitig den Umfang der Zweifelsregel des § 89 Abs. 1 auch auf Rechte an **unbekannten Nutzungsarten** (§ 89 Abs. 1 S. 2). Allerdings besteht das Schriftformgebot des § 31a. Für Altverträge vor Inkrafttreten des „2. Korbes" am 1.1.2008 gilt jedoch die neue Fassung des § 89 Abs. 1 nicht. Zwar hat der Gesetzgeber des „2. Korbes" versäumt, für Altverträge bis 31.12.2007 eine Regelung in § 132 aufzunehmen. Jedoch ist § 137l Abs. 1 S. 1 im Umkehrschluss die generelle Regel zu entnehmen, dass auf Altverträge stets das bei Abschluss geltende Urhebervertragsrecht anzuwenden ist. Das bedeutet, dass für Altverträge vom 1.7.2002 bis 31.12.2007 im Hinblick auf unbekannte filmische Nutzungsarten nicht auf § 89 Abs. 1, sondern auf § 137l zurückzugreifen ist (§ 137l).

3.   EU-Recht und Internationales Recht

8   Zum **Europarecht** und zum **internationalen Konventionsrecht** vgl. Vor §§ 88 ff. Rn. 24. Im **Internationalen Urheberprivatrecht** muss § 89 zu den Regelungen des **Vertragsstatutes** gerechnet werden. § 89 kann also auf Verträge mit ausländischem Vertragsstatut nicht angewendet werden. Eingriffsnormen im Sinne des Art. 9 Rom-I-VO sind nicht ersichtlich; zur nicht zwingenden Anknüpfung im internationalen Privatrecht ferner vgl. Vor §§ 120 ff. Rn. 86 ff. Zum **US Recht**, insbesondere dem Rechtserwerb nach „work for hire", vgl. Vor §§ 88 ff. Rn. 24.

II.   Tatbestand

1.   Einräumung von Nutzungsrechten am Filmwerk zur Filmverwertung (Abs. 1)

9   a) **„im Zweifel":** Wie auch § 88 Abs. 1 gilt § 89 Abs. 1 nur „im Zweifel" und ist damit eine **gesetzliche Auslegungsregel** über den Umfang eingeräumter Nutzungsrechte für den Fall, dass die Parteien keine anderslautende Vereinbarung getroffen haben (*Katzenberger* ZUM 2003, 712, 713; Dreier/Schulze/*Schulze*[5] Rn. 1). Sie hat **dispositiven Charakter** und wird durch eindeutige – ausdrückliche oder konkludente – Parteivereinbarungen verdrängt. Das sind zum einen Vereinbarungen, die einen anderen Rechtumfang definieren. Zum anderen kommen auch abweichende Abreden in Betracht, die ausdrücklich oder konkludent einen anderen Vertragszweck festlegen, als ihn § 89 Abs. 1 unterstellt; dann setzt sich der Übertragungszweckgedanke des § 31 Abs. 5 gegen § 89 Abs. 1 durch (vgl. Rn. 69 ff.). Das kann insb. dann relevant werden, wenn der Film in einer unüblichen Sekundärnutzungsart ausgewertet wird (z. B. ein Fernsehfilm als Kinofilm). Zum AGB-Recht vgl. Rn. 47.

10   b) **Mitwirkung „bei Herstellung eines Filmwerkes":** Der Wortlaut des § 89 Abs. 1 spricht von „Filmwerk"; und auch in der Regelung für Laufbilder (§ 95) findet sich kein Verweis auf § 89. Der fertige Film muss daher **Werkcharakter** (§ 2) aufweisen. Bloße Laufbilder reichen nicht. Unterhalb der Schwelle zur persönlich-geistigen Schöpfung könnten die Rechte der Mitwirkenden, die Gegenstand der Vermutungsregel des § 89 sind, nicht entstanden sein. Zur Rechtslage bei Laufbildern und zur Abgrenzung s. die Kommentierung zu § 95. Zu den Anforderungen an die Schutzfähigkeit als Filmwerk vgl. § 2 Rn. 201 ff. Sofern Live-Bilder Werkcharakter (§ 2) aufweisen, können die daran Mitwirkenden unter § 89 fallen (vgl. Vor §§ 88 ff. Rn. 9).

c) Verpflichtung zur Mitwirkung: Die vertragliche Rechtseinräumung erfordert **11** eine Verpflichtung zur Mitwirkung an der Filmproduktion, die zugleich auch die **Grundlage der Rechtseinräumung** an dem dabei entstehenden Filmwerk darstellt. Sie kann ein Arbeits-, Werk-, Dienst-, Gesellschafts- oder sonstiger Mitwirkungsvertrag sein (Dreier/Schulze/*Schulze*[5] Rn. 23; Schricker/Loewenheim/*Katzenberger/N. Reber*[5] Rn. 9; Büscher/Dittmer/Schiwy/*Lewke*[3] Rn. 6). Ohne die Verpflichtung zu einer solchen Mitwirkung läuft die Rechtseinräumungsvermutung des § 89 Abs. 1 leer. Eine Einigung über die Mitwirkung ist auch konkludent denkbar (BGH GRUR 1960, 199, 200 – *Tofifa*). Im Zweifel nach § 31 Abs. 5 zu klären, ob eine Verpflichtung besteht, bei der Herstellung des Filmes überhaupt mitzuwirken (vgl. Rn. 69). Zur Rolle von Tarifverträgen und AGB vgl. Rn. 47. Für die vertragliche Grundlage besteht nach §§ 31a Abs. 1 S. 1, 89 Abs. 1 S. 2 ein **Schriftformgebot**, wenn auch Rechte an **unbekannten Nutzungsarten** eingeräumt werden sollen (vgl. Rn. 44 ff.). Im Zweifel bleibt bei Verträgen, die die erforderliche Schriftform nicht haben, jedoch die Einräumung für alle bekannten filmischen Nutzungsarten und das Bearbeitungsrecht wirksam (§ 139 BGB).

Mit der Verpflichtung zur Mitwirkung korrespondiert nicht zwingend ein **12** **Recht zur Mitwirkung**. Zwischen den Vertragsparteien kann auch ein Leistungsbestimmungsrecht i. S. d. § 315 Abs. 1 BGB derart vereinbart werden, dass der Produzent im Produktionsprozess auf Teile der Leistungen eines Filmurhebers verzichten und für die weitere Produktion auf einen anderen zurückgreifen kann. In diesem Fall erwirbt er die für die Verwertung der verwendeten Teile erforderlichen Nutzungs- und Bearbeitungsrechte (zu einer solchen vertraglichen Gestaltung OLG München ZUM 2000, 767, 770 f. – *down under*).

d) Mitwirkung als Filmurheber: Die schöpferische Mitwirkungsleistung muss **13** Werkcharakter aufweisen. Beim schutzfähigen Filmwerk muss es wegen des Schöpferprinzips (vgl. Rn. 10) **mindestens einen Urheber** geben. Urheber ist im Regelfall der Hauptregisseur, den § 65 Abs. 2 als einzigen Filmurheber erwähnt. Die Gesetzesbegründung nennt als mögliche Urheber neben dem Regisseur auch Kameramann, Cutter und andere Mitwirkende (RegE UrhG 1962 – BT-Drs. IV/270, S. 100) wie Tonmeister, Filmarchitekten, Beleuchter und nicht zuletzt im Einzelfall sogar Schauspieler.

Bei der Bestimmung, wer Filmurheber ist, sollte auf die Umstände des jeweiligen Einzelfalles abgestellt werden. Das UrhG folgt – als Ausfluss des **Schöpferprinzips** – dieser letztgenannten **Einzelfallmethode** (RegE UrhG 1962 – BT-Drs. IV/270, S. 100; BGH GRUR 2002, 961, 962 – *Mischtonmeister*; OLG Köln GRUR-RR 2005, 337, 338 – *Dokumentarfilm Massaker*; Götting ZUM 1999, 3, 7; *Katzenberger* ZUM 1988, 545, 554; *Kreile/Westphal* GRUR 1996, 254, 256; *Rehbinder/Peukert*[17] Rn. 383; zur Rechtslage im europäischen Vergleich *Poll* GRUR Int. 2003, 290, 295). Die Urheberschaft kann nicht nach der Kategorienmethode bestimmt werden, die typologisch einen bestimmten Kreis von Filmschaffenden definiert (für eine modifizierte Kategorienmethode und kritisch zur Einzelfallmethode *Bohr* UFITA 78

[1977], 95, 99). Zwar kann die Einzelfallmethode unter dem Aspekt der Rechtssicherheit kritisiert werden (*Poll* ZUM 1999, 29, 30 f.). Regelmäßig wird das im Endeffekt jedenfalls dann keine erheblichen Probleme aufwerfen, wenn § 89 Abs. 1 anwendbar ist und damit alle (möglichen) Urheber erfasst. Zudem haben sich im Laufe der Zeit in der Praxis gewisse Linien abgezeichnet (zur Rechtsprechung zu den einzelnen Mitwirkenden vgl. Rn. 20 ff.). Zur Praxis gehören auch **Verteilungspläne** von Verwertungsgesellschaften, die als **Indiz** wirken können. So nennt etwa die VG BildKunst neben dem Regisseur auch Kameraleute, Cutter, Szenen- und Kostümbildner (*Wilhelm Nordemann/Pfennig* ZUM 2005, 689; *Pfennig* ZUM 1999, 36). Wenn man diesen groben Ausgangspunkt wählt, darf nicht vergessen werden, dass Verteilungspläne eine typologische Betrachtung vornehmen, die von den einzelnen Mitwirkungsleistungen im Einzelfall durchaus abweichen kann. Wenn hingegen Rechte kollektiv wahrgenommen werden und dazu im Voraus eine generelle Betrachtung regelmäßiger Urheberschaftsverhältnisse bei der Herstellung eines Filmwerkes erforderlich sind, so etwa bei der Frage der Aufstellung des Verteilungsschlüssels einer Verwertungsgesellschaft, ist eine gewisse **typisierte Betrachtung** angebracht (BGH GRUR 2002, 961, 962 – *Mischtonmeister; Loewenheim* UFITA 126 [1994], 99, 117; Schricker/Loewenheim/*Katzenberger/N. Reber*[5] Vor § 88 Rn. 73) Das kann dazu führen, dass Personengruppen, die nicht regelmäßig schutzfähige Leistungen erbringen, nicht in den Verteilungsplan einer Verwertungsgesellschaft aufgenommen werden müssen, mögen sie auch im Einzelfall Miturheber sein.

15 Filmurheber müssen schöpferische Beiträge bei der Herstellung des Filmes erbringen, deren Funktion sich nicht lediglich in organisatorischen oder technischen Aufgaben erschöpft. Als grobe Regel für die Bestimmung der schöpferischen Mitwirkung kann man sich daran orientieren, ob die eigene Leistung noch **Raum für schöpferische Tätigkeit** lässt oder sich unter andere Leistungen, z. B. die Vorgaben des Regisseurs, **unterordnen** muss (LG Köln ZUM-RD 1998, 455, 457 – *Filmtonmeister*). Da das Filmwerk als Schutzobjekt im Laufe des Produktionsprozesses entsteht, müssen an diesem die Filmurheber notwendigerweise teilhaben (*Poll* ZUM 1999, 29, 30). Meist wird die Mitwirkung bei den **Dreharbeiten** erfolgen (RegE UrhG 1962 – BT-Drs. IV/270, S. 99). Eine Sicht, die hier stehen bleibt, ist indes zu eng. Die Mitwirkung kann zeitlich im Einzelfall weiter reichen und sich auf alle schöpferischen Beiträge erstrecken, die sich erkennbar im Filmwerk niederschlagen, so etwa bei Pre- oder Postproduction (Dreier/Schulze/*Schulze*[5] Rn. 6; Wandtke/Bullinger/*Manegold/Czernik*[4] Rn. 13).

16 **Abgrenzung von Stoffurhebern** (§ 88): Filmurheber erbringen **schöpferische Leistungen**, die im **Filmwerk untrennbar** aufgehen, ohne gedanklich vom Film unterscheidbar und gesondert verwertbar zu sein (RegE UrhG 1962 – BT-Drs. IV/270, S. 99; LG München I ZUM-RD 2009, 134, 157 – *Die wilden Kerle; Götting* ZUM 1999, 3, 5; Dreier/Schulze/*Schulze*[5] Rn. 6; kritisch *Poll* GRUR Int. 2003, 290, 297; vgl. Vor §§ 88 ff. Rn. 16 ff.; vgl. § 88 Rn. 31 ff.). Nur dann ist § 89 einschlägig. Anderenfalls handelt es sich bei der Leistung um ein vorbestehendes Werk, für die Rechtseinräumung gilt dann § 88. Eine konkrete Vermarktungsfähigkeit braucht hierfür nicht nachgewiesen zu werden; es reicht die gedanklich-theoretische Verwertbarkeit außerhalb des Films (LG München I ZUM-RD 2009, 134, 157 – *Die wilden Kerle*; kritisch mit Blick auf praktische Verwertbarkeit *Götting* ZUM 1999, 3, 6).

17 **Ausübende Künstler** sind grundsätzlich keine Filmurheber (RegE UrhG 1962 – BT-Drs. IV/270, S. 99; *Loewenheim* UFITA 126 [1994], 99, 109). Deren Rechte regelt § 92. Das gilt insb. für Filmschauspieler, die höchstens im Einzelfall einen schöpferischen Beitrag zum Filmwerk leisten (vgl. Rn. 25).

Im Einzelfall kann ein Filmurheber eine **Doppel- oder Mehrfachfunktion** aus- **18**
üben (*Gernot Schulze* GRUR 1994, 855, 856; Dreier/Schule/*Schulze*[5] vor
§§ 88 ff. Rn. 13). Es ist möglich, dass eine Person mehrere Leistungen erbringt.
Der Regisseur kann etwa das Drehbuch schreiben (BGH GRUR 1995,
212, 213 – *Videozweitauswertung III*). Auch kann der Drehbuchautor, der das
Drehbuch während des Verfilmungsprozesses an den Film anpasst und auf die
Schöpfung des Filmes Einfluss nimmt, im Einzelfall auch Filmurheber sein
(*Gernot Schulze* GRUR 1994, 855, 856), ebenso wie der Urheber einer vorbestehenden schöpferischen Leistung, die die Atmosphäre des Filmes entscheidend prägt (*Götting* ZUM 1999, 3, 8). Auch eine Doppelfunktion als Urheber
(§ 88) und ausübender Künstler (§ 92) ist denkbar, wenn etwa der Filmkomponist die Aufnahme der Musik dirigiert oder der Regisseur zugleich als Schauspieler agiert (BGH GRUR 1984, 730, 732 – *Filmregisseur*). In Fällen der Doppelfunktion ist die Rechteeinräumung am Filmwerk hinsichtlich aller
erbrachten schutzfähigen Leistungen **einzeln zu prüfen**. Bei einem Regisseur
und Drehbuchschreiber sind daher die Rechte für die Verwendung des Drehbuches als vorbestehendes Werk (§ 88) und der Regieleistung als Filmurheber
(§ 89) für die Verfilmung erforderlich (BGH GRUR 1995, 212, 213 – *Videozweitauswertung III*). Dabei müssen für eine Doppelfunktion aber **verschiedene Leistungen** gegeben sein. Bei einer untrennbaren Leistung, die Urheberrechtsschutz genießt, würde das Urheberrecht das verwandte Schutzrecht mit
umfassen. Neben der schöpferischen Leistung der Filmregie, die § 89 unterfällt,
ist angesichts derselben Leistung für die Regelung des § 92 kein Raum (BGH
GRUR 1984, 730, 733 – *Filmregisseur*; krit. wegen der bisweilen schwierigen
Abgrenzung zwischen Werkschöpfung und Werkinterpretation *Schricker*
GRUR 1984, 733, 734; *Hoeren* GRUR 1992, 145, 150). – Die Doppelfunktion
hat nichts mit der **Lehre vom Doppelcharakter vorbestehender Werke** zu tun,
nach der eine schöpferische Leistung sowohl unter § 88 als auch unter § 89 fallen kann. Das ist indes abzulehnen (vgl. Vor §§ 88 ff. Rn. 17).

Der **Filmhersteller** ist trotz seiner organisatorischen und wirtschaftlichen Leis- **19**
tung bei der Filmproduktion kein Filmurheber i. S. d. § 89 (*Ott* ZUM 2003,
765; *Poll* ZUM 1999, 29, 30; *Kreile/Westphal* GRUR 1996, 254, 256; *Loewenheim* UFITA 126 [1994], 99, 109; mit rechtspolitischer Forderung nach
einem originären Produzentenurheberrecht *Rehbinder/Peukert*[17] Rn. 394;
Kreile/Höflinger ZUM 2003, 719). Sinn der Vorschrift ist es gerade, die Nutzungsrechte der Filmurheber in seiner Hand zu bündeln. Stattdessen steht dem
Filmhersteller das originäre Leistungsschutzrecht des § 94 zu. In vielen Fällen
ist aber nicht ausgeschlossen, dass der Filmhersteller selbst auch schöpferische
Beiträge erbringt, die ihn zum Filmurheber machen (BGH GRUR 1993,
472 f. – *Filmhersteller*; eingehend *Schwarz/Hansen* GRUR 2011, 109 ff.; *Baur*
UFITA 3 [2004], 665, 701). Er kann z. B. Co-Regisseur, Co-Kameramann oder
Co-Cutter sein. In einem solchen Fall einer **Doppelfunktion** (vgl. Rn. 18) als
„**Kreativproduzent**" und schöpferischer Filmurheber geht seine Rolle aber über
die eines bloßen Produzenten hinaus (OLG Köln GRUR-RR 2005, 179 –
Standbilder im Internet).

Der **Regisseur** ist regelmäßig Urheber (RegE UrhG 1962 – BT-Drs. IV/270, **20**
S. 98; BGH GRUR 1984, 730, 733 – *Filmregisseur*). Hiervon gehen auch
Art. 2 Abs. 1 Schutzdauer-RL und im Anschluss daran § 65 Abs. 2 aus. Er
zeichnet für die gesamte künstlerische Aufsicht über die Herstellung verantwortlich, leitet die Darsteller und ihr Spiel, steuert die szenische Handlung und
ihre Umsetzung, beaufsichtigt den Schnitt und Tontechnik, sodass ihm letztlich
die „künstlerische Entscheidungshoheit" bei der Umsetzung des geistigen Konzeptes in die filmische Bildform zukommt (BGH GRUR 1991, 133, 134 – *Videozweitauswertung*). Die von ihm durchzuführende Auswahl, Anordnung
und Sammlung des Stoffes sowie die Art der Zusammenstellung der einzelnen

Bildfolgen stellt sich unbestritten als das Ergebnis schöpferischen Schaffens dar (BGH GRUR 1953, 299, 301 f. – *Lied der Wildbahn I*; BGH GRUR 1984, 730, 732 – *Filmregisseur*). Filmurheber kann auch der **Synchronregisseur** sein, der neue Dialoge schöpferisch gestaltet sowie Bild- und Tonfolgen zu einer neuen Einheit zusammenfügt (LG München I FuR 1984, 534, 535 – *All about Eve*). Der Synchronautor fällt jedoch unter § 88, weil es sich um ein vorbestehendes Werk handelt (*Götting* ZUM 1999, 3, 7; vgl. § 88 Rn. 35).

21   Auch der **Kameramann** ist im Regelfall durch seine schöpferische Leistung innerhalb des vom Regisseur vorgegebenen Spielraums bei der Umsetzung des Geschehens in das Medium Film, durch die Wahl von Perspektiven und Szenenauflösung, von Bild-, Farb- und Lichtkonzeptionen oder sogar der Wahl von Drehstätten ein Filmurheber (RegE UrhG 1962 – BT-Drs. IV/270, S. 98; OLG München GRUR-RR 2010, 416, 417 – *Das Boot*, eingehender Vorinstanz LG München I GRUR-RR 2009, 385; OLG Köln GRUR-RR 2005, 337, 338 – *Dokumentarfilm Massaker*; LG Köln ZUM-RD 1998, 455, 457 – *Filmtonmeister*; eingehend: *Hertin* UFITA 118/1992, 57 ff.; *Gernot Schulze* GRUR 1994, 855 ff.; *Wilhelm Nordemann/Pfennig* ZUM 2005, 689; *Haupt/Ullmann* ZUM 2005, 883, 885; *Poll* ZUM 1999, 29, 32 f.; *Wandtke* FS Schricker II S. 609, 610; jetzt auch v. Hartlieb/Schwarz/*Dobberstein/Schwarz/Hansen*[5] Kap. 36 Rn. 9). Auch – bzw. gerade – bei Dokumentarfilmen kann seiner schöpferischen Leistung eine größere Bedeutung für das Filmwerk zukommen (OLG Köln GRUR-RR 2005, 337, 338 – *Dokumentarfilm Massaker*). Geht die Kameraführung jedoch über das rein Handwerkliche nicht hinaus und lässt einen individuellen eigenschöpferischen Teil vermissen, scheidet ein urheberrechtlicher Schutz aus, z. B. wenn ein Kameramann nicht vorhergesehene aktuelle Ereignisse abfilmt, die er in der konkreten Situation nach vorgefundenen Verhältnissen ohne Vorbereitung aufzuzeichnen hatte (KG ZUM-RD 2012, 321, 324 – *Tod des Peter Fechter*; aber vgl. Rn. 79) oder wenn Kameraleute Sportereignisse nach genauen Vorgaben Dritter von vorgegeben Positionen filmen. – Gleichzeitig können Kameraleute auch Urheber (§ 2 Abs. 1 Nr. 5) bzw. Lichtbildner (§ 72) im Hinblick auf **Einzelbilder** sein. Dann gilt für Verträge ab 1.7.2002 § 89 Abs. 4 und vom 1.1.1966 bis 30.6.2002 § 91 a. F. (s. die jeweilige Kommentierung dazu). Der Schutz für die Einzelbilder erstreckt sich jedoch nicht auf das Bewegtbild (str., vgl. Rn. 78).

22   Filmurheber sind unter den soeben genannten Voraussetzungen meist auch **Cutter** (RegE UrhG 1962 – BT-Drs. IV/270, S. 98; *Wilhelm Nordemann/Pfennig* ZUM 2005, 689; *Haupt/Ullmann* ZUM 2005, 883, 885; *Poll* ZUM 1999, 29, 32 f.; *Movsessian* UFITA 79 [1977], 213, 225; *Bohr* UFITA 78 [1977], 95, 110; *Wandtke* FS Schricker II S. 609, 610; Dreier/Schulze/*Schulze*[5] Rn. 12). Etwas anderes gilt dann, wenn der Film nicht geschnitten wird, z. B. bei Liveaufnahmen.

23   Für andere Personen ist eine stärkere Orientierung am Einzelfall angebracht. Ein **Mischtonmeister** kann Urheber sein, wenn er für einen Spielfilm in schöpferischer Weise eine eigene Klangwelt schafft, die sich nicht in lediglich handwerklichem Umgang mit der modernen Mischtechnik für eine saubere Abmischung erschöpft (BGH GRUR 2002, 961, 962 – *Mischtonmeister*). Auch hier kommt es auf die Umstände des Einzelfalles an. Insb. ist der schöpferische Spielraum maßgebend, den er anders als etwa der Tonmeister bei der Aufnahme von Musik hat, dem die Möglichkeit zur künstlerischen Einflussnahme fehlt. Eine Urheberschaft ist eher bei Kinofilmen, anspruchsvollen Fernseh- und Dokumentarfilmen anzunehmen als bei Fernsehspielen, Serien oder Industriefilmen. Ein Anspruch auf Aufnahme in den Wahrnehmungsvertrag einer Verwertungsgesellschaft besteht nicht, da dieser als Massengeschäft typisierend auf schöpferische Leistungen einer Berufsgruppe abstellen muss, um nicht in jedem Einzelfall die Urheberschaft mit erheblichem Aufwand prüfen zu müssen. Gerade wegen der Differenzierung nach Art des Filmes und eigenem Beitrag kann generell eine Urheberschaft des Mischtonmeisters nicht angenommen werden (BGH GRUR 2002, 961, 962 – *Mischtonmeister*).

Eine ähnlich differenzierte Betrachtung ist für den **Chef-Beleuchter** und **Special-** **24** **Effects-Verantwortlichen** angezeigt. Die Verwendung von Licht und Schatten als Ausdrucksmittel, das die Atmosphäre und dramatische Wirkung des Filmes erzeugt und über die bloße Erhellung der Szene hinausgeht, kann ein schöpferischer Werkbeitrag sein (*Bohr* UFITA 78 [1977], 95, 105; Wandtke/Bullinger/ *Manegold/Czernik*[4] Vor §§ 88 ff. Rn. 72).

Darsteller können nur dann ausnahmsweise Filmurheber sein, wenn ihre Bei- **25** träge von eigenen Darstellungsideen geprägt werden und die künstlerischen Vorgaben des Regisseurs für das Spiel eigenen Raum lassen (*Schack*, Urheber- und UrhebervertragsR[7] Rn. 336; wegen klarer gesetzlicher Regelung ablehnend *Bohr* UFITA 78 [1977], 95, 113). Sonst handelt es sich bei Darstellern im Regelfall um ausübende Künstler i. S. d. § 92. Jedoch kann der Schöpfer eines **Animationsfilmcharakters** Filmurheber sein, wenn sein schöpferischer Beitrag über den schon vorhandenen, sich aus dem Aussehen des Charakters und seiner künstlerischen Prägung ergebenden Beitrag als vorbestehendes Werk hinausgeht, sich also insb. aus **Bewegungen, Gesten und bewegten Ausdrucksweisen** ergibt (Dreier/Schulze/*Schulze*[5] Rn. 20; Wandtke/Bullinger/*Manegold/Czernik*[4] Vor §§ 88 ff. Rn. 72); tw. liegt eine Doppelfunktion vor (vgl. Rn. 18).

Auch einem **Filmarchitekten** kann die Stellung als Filmurheber zukommen **26** (BGH GRUR 2005, 937, 938 f. – *Der Zauberberg*), jedenfalls bei wesentlichem Einfluss der Architektur auf den Film (*Götting* ZUM 1999, 3, 7). Auch ist Voraussetzung, dass für sich genommen urheberrechtlich geschützte Werke entstehen, was z. B. bei der Herstellung von üblichen und nicht individuellen Fassaden abzulehnen ist. In Abgrenzung zu vorbestehenden Werken (§ 88) kommt es auch hier darauf an, ob sich die Beiträge vom Filmwerk trennen und gedanklich eigenständig verwerten lassen (dagegen und für § 89 *Katzenberger* ZUM 1988, 545, 549; *Loewenheim* UFITA 126 [1994], 99, 122; Dreier/Schulze/ *Schulze*[5] Rn. 13; für § 88 Wandtke/Bullinger/*Manegold/Czernik*[4] Vor §§ 88 ff. Rn. 73; *Schack*, Urheber- und UrhebervertragsR[7] Rn. 337). Ist das der Fall, muss Filmarchitektur nach § 88 beurteilt werden (vgl. § 88 Rn. 38). Praktisch ergeben sich hieraus wegen der Angleichung von § 88 an § 89 heute nur für Altverträge vor dem 1.7.2002 Unterschiede (vgl. § 88 Rn. 9 ff.; vgl. § 89 Rn. 6).

Masken gelangen meist nur dann in den Kreis der schöpferischen Mitwirkungs- **27** leistungen, wenn sie im Einzelfall prägende Wirkung auf die Atmosphäre des Filmes haben (*Götting* ZUM 1999, 3, 8; dafür *Katzenberger* ZUM 1988, 545, 549; zurückhaltender *Bohr* UFITA 78 [1977], 95, 106). Hier ist aber sorgfältig zu prüfen, ob die Tätigkeit eines Maskenbildners sich nicht nur in der handwerklichen Nachvollziehung vorgegebener Formgestaltungen erschöpft (so BGH GRUR 1974, 672 – *Celestina* zum Leistungsschutz nach § 73). Gleiches gilt für **Kostümbildner.** Auch sie können bei entsprechender Wirkung auf den Film und Erstellung von individuellen Kostümen (§ 2) Miturheber sein *(Wilhelm Nordemann/Pfennig* ZUM 2005, 689; *Loewenheim* UFITA 126 [1994], 99, 122), oder aber – je nach anderweitiger Verwertbarkeit – unter Umständen als Urheber vorbestehender Werke eingeordnet werden, vgl. § 88 Rn. 38.

Drehbuchautoren sind Schöpfer vorbestehender Werke. Das Schicksal der **28** Rechte an diesen Werken bemisst sich nach § 88 (Dreier/Schulze/*Schulze*[5] Rn. 16; a. A. nach der Lehre vom Doppelcharakter vorbestehender Werke *Bohr* ZUM 1992, 121, 123 ff.; *Bohr* UFITA 78 [1977], 95, 131, 138.; Schricker/

Loewenheim/*Katzenberger*/N. *Reber*[5] Vor §§ 88 ff. Rn. 69 sowie § 88 Rn. 18; vgl. Vor §§ 88 ff. Rn. 17). Bei **Filmkomponisten** ist zu differenzieren: Ist die Musik eigens für den Film komponiert und geht außerdem untrennbar in ihm auf, ohne gedanklich vom Film unterscheidbar und gesondert verwertbar zu sein, ist § 89 anzuwenden, ansonsten § 88.

28a   Die Zweifelsregelung des § 89 Abs. 1 gilt grundsätzlich auch für **Urheber von Computerspielen**, soweit in ihnen Bewegtbilder enthalten sind; §§ 69a ff. und §§ 88 ff. sind insoweit parallel anwendbar (eingehend *Bullinger/Czychowski* GRUR 2011, 19, 21 m. w. N.; ferner vgl. § 69a Rn. 10 und vgl. Vor §§ 88 ff. Rn. 12a). Diejenigen, die das Spiel als **Leaddesigner** (vergleichbar einem Filmregisseur) oder einem **Leveldesigner** (vergleichbar einem Filmarchitekten und Beleuchter) kreativ inszenieren, fallen unter § 89. Auch die **Programmierer** der Gameengine erfasst § 89, wenn sie eigenen Spielraum für kreative Entscheidungen für das audiovisuelle Bewegtbild haben – und nicht nur den Quellcode für ein festgelegtes Bewegtbild schreiben. Haben sie keinen solchen Spielraum, sind nur die §§ 69a ff. anwendbar, es sei denn, das Programm lässt sich nicht vom Bewegtbild trennen (vgl. Vor §§ 88 ff. Rn. 12a). Urheber sind aber im Regelfall **nicht die Spieler**, weil sie sich im von den Spielurhebern festgelegten Handlungsrahmen bewegen (vgl. Vor §§ 88 ff. Rn. 12a). Anderes gilt jedoch für Spiele, die sogenannte offene Welten zur Verfügung stellen (Sandbox-Games). Hier kann der Spieler innerhalb der Gameengine kreativ tätig werden und die virtuelle Welt als Drehset benutzen. Der Spieler kann zum Beispiel den virtuellen Charakter als Schauspieler einsetzen und eine Story spielen lassen. Hier wird der Spieler selbst zum (Film-)Urheber, allerdings unter Benutzung der im Computerspiel vorbestehenden Werke (§ 2) und Leistungen (§§ 94, 95). Ein entsprechendes Verfilmungsrecht ist ihm mindestens konkludent eingeräumt (§ 23 S. 2); ob er auch ein Recht auf öffentliche Auswertung hat, ist Auslegungsfrage. – Auf die technische Umsetzung der kreativen Leistungen der Gamedesigner in **Computerprogrammen** finden aber nur die §§ 69a ff. Anwendung. Allerdings können hier die Übergänge fließend sein, wenn eine Trennung von Computerprogramm und Inhalt in Form des Bewegtbildes nicht möglich ist (vgl. Vor §§ 88 ff. Rn. 12a). Bei **transmedialen und crossmedialen Produktionen** findet § 89 nur auf die Urheber des filmischen Teils Anwendung; eine Ausdehnung auch auf die Urheber, die nicht am filmischen Teil beteiligt sind, kann stattfinden, wenn der nicht-filmische Teil zwingend mit dem filmischen Teil verknüpft ist (vgl. Vor §§ 88 ff. Rn. 12b). Zu **sonstigen Multimediaproduktionen** vgl. Vor §§ 88 ff. Rn. 12c.

29   e) **Einräumung an den Filmhersteller:** Zur Definition des Filmherstellers vgl. § 94 Rn. 8 ff. Der Wortlaut des § 89 Abs. 1 setzt nicht zwingend einen Vertragsschluss des Filmurhebers mit dem Filmhersteller voraus, weil der notwendige Vertragspartner des Filmurhebers im Tatbestand nicht näher definiert wird. Dennoch ist nach dem Sinn und Zweck des § 89 ein **Vertrag mit dem Filmhersteller** zwingend. Der Urheber muss also Vertragspartner des Filmherstellers sein (Büscher/Dittmer/Schiwy/*Lewke*[3] Rn. 6). Erfolgt der Vertragsschluss des Filmurhebers nicht mit dem Filmhersteller, sondern mit einem Dritten, z. B. mit einem bloßen Financier, findet die gesetzliche Auslegungsregel des § 89 Abs. 1 keine Anwendung; der Filmhersteller kann dann aber gem. § 89 Abs. 2 auch weiterhin noch Rechte vom Filmurheber erwerben. Ist die mit dem Filmurheber kontrahierende Partei unklar, sollte zumindest die **Zweifelsregel** gelten, dass der **Filmhersteller der Vertragspartner** ist. Denn er trägt die wirtschaftliche und organisatorische Verantwortung und ist deshalb der naheliegendste Vertragspartner des Filmurhebers.

30   f) **Umfang der eingeräumten Rechte für die Nutzung des Filmwerkes:** Rechtsfolge des § 89 Abs. 1 ist die **Einräumung des Bearbeitungsrechts und aller filmi-**

schen Nutzungsrechte. Anders als bei § 88 Abs. 1 sind Filmherstellungsrechte (vgl. § 88 Rn. 42 ff., 50 ff.) nicht Gegenstand der Einräumung, weil es bei den Mitwirkungsleistungen noch gar kein schutzfähiges Werk gibt, das für die Herstellung des Filmes benutzt werden könnte. Vielmehr wird das schutzfähige Werk – der Film selbst – erst durch die Leistungen geschaffen, die Gegenstand der Auslegungsregel sind.

aa) Ausschließlichkeit der Nutzungsrechte: Im Zweifel erwirbt der Filmhersteller ein ausschließliches Recht (§ 31 Abs. 3), das alle Dritten einschließlich des Urhebers selbst von der Nutzung ausschließt, solange nichts anderes vereinbart ist. Der Urheber, z.B. der Regisseur, darf also den Film selbst nicht nutzen, z.B. nicht in Ausschnitten zur Eigenwerbung auf seine Homepage stellen. Aus dem ausschließlichen Nutzungsrecht fließt im Gegensatz zu einfachen Nutzungsrechten neben der **positiven Nutzungsbefugnis** auch eine **negative Abwehrbefugnis,** die die Möglichkeit zum eigenen Vorgehen gegen die Nutzung durch Dritte und die erforderliche prozessuale Aktivlegitimation beinhaltet.   **31**

bb) Zeitlicher Umfang: Die eingeräumten Nutzungsrechte unterliegen im Zweifel keiner zeitlichen Beschränkung (Dreier/Schulze/*Schulze*[5] Rn. 27), sondern sind bis zum Ende der urheberrechtlichen Schutzfrist eingeräumt. Ein Rückruf von Nutzungsrechten gem. §§ 41, 42 ist ab Beginn der Dreharbeiten nicht mehr möglich (§ 90 Abs. 1). Auch eine außerordentliche Kündigung wird durch den Rechtsgedanken des § 90 Abs. 1 ausgeschlossen. Allerdings stehen dem Filmurheber Erfüllungs- und Schadensersatzansprüche zu, wenn eine Ausübungspflicht durch den Filmhersteller verletzt wird (vgl. § 88 Rn. 70).   **32**

cc) Räumlicher Umfang: Im Zweifel erhält der Filmhersteller ein **räumlich unbeschränktes** Weltnutzungsrecht (Dreier/Schulze/*Schulze*[5] Rn. 27; Wandtke/Bullinger/*Manegold/Czernik*[4] Rn. 28). Eine territoriale Beschränkung muss grds. ausdrücklich vereinbart werden (s. etwa für eine Aufteilung von Senderechten an Rundfunksendungen BGH GRUR 1997, 215, 218 – *Klimbim*; für Rechtseinräumung durch Tarifvertrag OLG Hamburg GRUR 1977, 556, 558 – *Zwischen Marx und Rothschild*).   **33**

dd) Inhaltlicher Umfang „Übersetzungen und andere filmische Bearbeitungen oder Umgestaltungen": Wie auch § 88 Abs. 1 für vorbestehende Werke ermöglicht § 89 Abs. 1 die Verwertung von Übersetzungen und anderen filmischen Bearbeitungen. Dass § 89 Abs. 1 zusätzlich noch „Umgestaltungen" erwähnt, fällt nicht weiter ins Gewicht. Umgestaltungen unterscheiden sich nur dadurch von Bearbeitungen, dass die Umgestaltungsleistung nicht für sich genommen urheberrechtlich geschützt ist (vgl. §§ 23/24 Rn. 10). Es sollte danach ein Redaktionsfehler sein, dass § 88 Abs. 1 „Umgestaltungen" nicht erwähnt. Deshalb kann auf die Ausführungen zu § 88 Abs. 1 zum inhaltlichen Umfang des Bearbeitungsrechts verwiesen werden (vgl. § 88 Rn. 58 ff.). Grenze für das Bearbeitungsrecht des § 89 Abs. 1 ist vor allem § 93.   **34**

Da sich die Filmurheber im Regelfall nur zur Mitwirkung an der Herstellung eines konkreten Filmes verpflichten, ist – wie auch bei § 88 (vgl. § 88 Rn. 50) – nur die Verwendung der schöpferischen Beiträge in dem durch sie geschaffenen konkreten Filmwerk gedeckt, nicht dagegen „**für einen anderen Film**" (RegE UrhG 1962 – BT-Drs. IV/270, S. 100). Allerdings sind dem Filmhersteller „Übersetzungen und andere filmische Bearbeitungen oder Umgestaltungen des Filmwerks" erlaubt, sodass hier eine Abgrenzung erforderlich ist. Wie bei § 88 ist dem Filmhersteller eine filmische **Verwendung des Filmmaterials** umfassend auch für andere Filmwerke **gestattet** (vgl. § 88 Rn. 60 ff., im Einzelnen str.). Dafür, dass – in den Grenzen des § 93 – eine Bearbeitung des Filmmaterials für den Produzenten uneingeschränkt möglich ist, spricht im Rahmen des § 89 noch ein systematisches Argument. § 89 Abs. 4 enthält eine gesetzliche   **35**

Auslegungsregel, dass der Filmhersteller die bei Herstellung des Filmwerkes entstehenden Lichtbilder und Lichtbildwerke im Rahmen des Abs. 1, also insb. in allen Nutzungsarten, filmisch auswerten darf. Wenn der Filmhersteller aber einzelne Lichtbilder und Lichtbildwerke filmisch auf sämtliche Arten nutzen darf, ist nicht einzusehen, warum der Filmhersteller nicht Ausschnitte in Form von bewegten Bildern genauso verwenden darf.

36   Insb. die Bearbeitung zu **Werbetrailern**, die **Herstellung mehrerer Teile, Kolorierung, Verkürzung, Klammerteilauswertung** sind deshalb erst Recht auch nach § 89 Abs. 1 erlaubt (vgl. § 88 Rn. 62). Bei der Produktion des Films wird das abgefilmte Material für die vorführfertige Endfassung (final cut) zurechtgeschnitten. Rechte an dem dafür nicht benutzten **Schnitt- und Restmaterial** sind grds. von § 89 Abs. 1 erfasst (a. A. *Haupt/Ullmann* ZUM 2005, 883, 886). Insb. kann deshalb dieses Material für ein **Making Of** (Dokumentation über die Entstehung des Films) benutzt werden. Nicht erlaubt ist aber, die urheberrechtlich geschützte Filmausstattung für eine Dokumentation gesondert abzufilmen (BGH GRUR 2005, 937, 940 – *Der Zauberberg*), weil dann nicht Material des fertigen Films verwendet wird. Auch eine zweite Schnittfassung – wie der **Director's Cut** – ist nach § 89 Abs. 1 erlaubt (*Haupt/Ullmann* ZUM 2005, 883, 885). Allerdings müssen die Urheberpersönlichkeitsrechte eingehalten werden, sofern sie neben § 89 noch wirken (vgl. Rn. 74 ff.). Für den Director's Cut muss der Regisseur insb. die Zustimmung zur Veröffentlichung geben (§ 12), die aber auch konkludent erteilt sein kann (vgl. Rn. 75).

37   Die **Wiederverfilmung** ist – anders als für Verfilmungsverträge in § 88 Abs. 2 – in § 89 nicht geregelt. Nach der herrschenden Auffassung bezieht sich die Auslegungsregel des § 89 Abs. 1 nur auf Bearbeitungen und Umgestaltungen des hergestellten Filmmaterials, nicht auf eine Neuverfilmung (Dreier/Schulze/ *Schulze*[5] Rn. 28; Schricker/Loewenheim/*Katzenberger*/N. *Reber*[5] Rn. 20; BeckOK UrhR/*Diesbach*[16] Rn. 24). Schöpferische Einfälle des Regisseurs (§ 2), die nicht im Drehbuch angelegt sind, dürfen nach dieser Auffassung beispielsweise nicht für ein Remake verwendet werden. Das Gleiche gilt für Filmarchitektur, die unter § 89 fällt. Auch **Prequels, Sequels und andere Fortentwicklungen** würden genauso wenig von § 89 Abs. 1 erfasst wie andere Filme, die gar keine Beziehung zum Erstfilm haben und schöpferische Leistungen der Filmurheber außerhalb des Filmmaterials verwenden. Die herrschende Auffassung erscheint systematisch als zweifelhaft, weil § 89 Wiederverfilmungsrechte gerade nicht ausdrücklich dem Urheber vorbehält. Es erscheint auch als sinnvoll, die Filmurheber des § 89 anders als die Urheber nach § 88 zu behandeln, deren Werke vorbestehend und abtrennbar sind. Die von § 89 erfassten urheberrechtlichen Leistungen sind unmittelbar mit dem Film verbunden und gehen ineinander auf. Überdies entstehen für z. B. Remakes durch die zahlreichen Filmurheber nach § 89, die regelmäßig mitwirken, sehr hohe Transaktionskosten bis hin zu Blockademöglichkeiten eines einzelnen Urhebers. Es erscheint deshalb als zutreffend, dass § 89 die Wiederverfilmungsrechte im Zweifel dem Filmproduzenten zuschlägt. Da damit die ausschließlichen Wiederverfilmungsrechte für die gesamte Schutzfrist direkt in der Vermutung des § 89 Abs. 1 enthalten sind, gilt § 88 Abs. 2 nicht, auch nicht analog. Der Filmhersteller kann sich also zur Klarstellung auch ausdrücklich vertraglich die ausschließlichen Wiederverfilmungsrechte zeitlich unbegrenzt einräumen lassen, weil § 88 Abs. 2 S. 3 keine Anwendung findet. Die herrschende Auffassung wird zumindest erste Anbietungspflichten für die Filmurheber gegenüber dem Filmproduzenten nach § 242 BGB und Enthaltungspflichten analog § 88 Abs. 2 S. 2 anzuerkennen haben, wobei § 88 Abs. 2 S. 3 nicht analog gelten sollte (vgl. Rn. 62). Hat der Filmurheber indes dem *Filmhersteller* Rechte zur Wiederverfilmung sowie für Prequels, Sequels und andere Fortentwicklungen eingeräumt, gilt dafür die Vermutungsregel des § 88 Abs. 1 (vgl. Rn. 69); denn insoweit handelt es sich bei den relevanten Werken der Filmurheber um vorbestehende Werke. Vgl. § 88 Rn. 86 f.

Nachträgliche Änderungen können vertraglich **von der Zustimmung des Urhebers** **38** (z. B. des Regisseurs) **abhängig gemacht** werden; in diesem Falle ist die Übertragung der Bearbeitungsrechte dinglich beschränkt, und der Filmhersteller erwirbt keine eigenen Änderungsrechte (OLG München UFITA 48 [1966], 287, 291 – *Veränderungsverbotsklausel*). Dann kann allerdings eine **Zustimmungspflicht** nach Treu und Glauben bestehen, wenn nach einer Interessenabwägung unter Berücksichtigung der wirtschaftlichen Interessen des Filmherstellers und des Umfangs der Entstellung die Bearbeitung dem Urheber zumutbar ist (a. A. OLG München UFITA 48 [1966], 287, 290 – *Veränderungsverbotsklausel*). Es darf zudem ein **Leistungsbestimmungsrecht** i. S. d. § 315 Abs. 1 BGB derart vereinbart werden, dass der Filmhersteller im Produktionsprozess auf Teile der Leistungen eines Filmurhebers verzichten und für die weitere Produktion auf einen anderen zurückgreifen kann. In diesem Fall erwirbt er die für die Auswertung der verwendeten Teile erforderlichen Nutzungs- und Bearbeitungsrechte (zu einer solchen vertraglichen Gestaltung OLG München ZUM 2000, 767, 770 f. – *down under*).

ee) **Inhaltlicher Umfang der Auswertung** („alle Nutzungsarten"): Die Ausle- **39** gungsregel des § 89 Abs. 1 erfasst sämtliche („alle") Nutzungsarten. Unter **Nutzungsart** versteht man eine hinreichend klar abgrenzbare, konkrete technisch und wirtschaftlich eigenständige Verwendungsform des Werkes. Ihr Zuschnitt hat dingliche Wirkung. Im Filmbereich sind danach bekannte Nutzungsarten die üblichen Auswertungsfenster Verleih zur öffentlichen Vorführung, insb. an Kinos (aber auch an Fluggesellschaften und Clubs), Herstellung von Videos/DVDs (BGH GRUR 2005, 937 – *Der Zauberberg*; BGH GRUR 1991, 133, 136 – *Videozweitauswertung*), deren Vermietung oder Verkauf (jeweils eigenständig nach BGH GRUR 1987, 37, 39 – *Videolizenzvertrag*), öffentliche Zugänglichmachung (insb. via Internet), Sendung im frei empfangbaren Fernsehen (BGH GRUR 1969, 364, 366 – *Fernsehauswertung*) oder im Pay-TV. Nach dem Urhebervertragsrecht der damaligen **DDR** wurden demgegenüber Fernsehübertragung und Vorführung im Kino derselben Nutzungsart zugeordnet (KG ZUM-RD 1999, 484, 485 – *Flüstern und Schreien*; zu DDR-Verträgen vgl. Vor §§ 88 ff. Rn. 34 ff.). Diese Nutzungsarten lassen sich aber noch weiter unterteilen; ausführlich vgl. § 31 Rn. 73 ff.; auch zu den einzelnen Verträgen zwischen den relevanten Verwertern vgl. Vor §§ 88 ff. Rn. 67 ff. „Alle" bedeutet **bekannte und unbekannte Nutzungsarten**; der „2. Korb" hat mit Wirkung für Verträge ab 1.1.2008 die Beschränkung der Vermutung auf bekannte Nutzungsarten abgeschafft (vgl. Rn. 44 ff.). Zur Frage der **Auswertungspflicht** für den Filmhersteller vgl. § 88 Rn. 70.

Allerdings soll nach einer Auffassung im Schrifttum der inhaltliche Umfang **40** der eingeräumten Nutzungsarten je **nach** Art der **Primärverwertung** (Fernsehfilme, Kinofilme, Videofilme oder heute auch Internet- bzw. MobileTV-Filme) begrenzt sein und insb. unübliche Sekundärnutzungen nicht erfassen (Dreier/Schulze/*Schulze*[5] Rn. 26; Schricker/Loewenheim/*Katzenberger*/N. Reber[5] Rn. 10 ff.). Beispielhaft wird die öffentliche Vorführung von Fernsehfilmen der öffentlich-rechtlichen Rundfunkanstalten genannt (Schricker/Loewenheim/*Katzenberger*/N. Reber[5] Rn. 17). Dem ist jedenfalls insoweit nicht zu folgen, als von vornherein unübliche Sekundärnutzungen aus dem Anwendungsbereich des § 89 Abs. 1 herausgenommen werden sollen. Denn § 89 Abs. 1 geht davon aus, dass eine filmische Totalauswertung durch den Filmhersteller üblich ist und ihm deshalb alle filmischen Nutzungsrechte zustehen (vgl. Rn. 1). § 89 Abs. 1 hat – im Gegensatz zu § 88 Abs. 1 a. F. (vgl. § 88 Rn. 9 ff.) – nie zwischen Primär- und Sekundärverwertung differenziert. Das muss auch für bestimmte Produzentengruppen wie die öffentlich-rechtlichen Anstalten gelten, zumal auch diese heute die Totalauswertung über ausgelagerte Produktionsgesellschaften betreiben (gl. A. BeckOK UrhR/*Diesbach*[16] Rn. 25: Im Zweifel wird ein ausschließliches Nutzungsrecht an ‚allen' Nutzungsarten eingeräumt). Im Einzelfall kann jedoch der Urheber darlegen und ggf. beweisen, dass der Zweck der Vereinbarung gem. § 31 Abs. 5 mit dem Filmhersteller enger war, sodass die Auslegungsregel („im Zweifel") widerlegt ist und keine Anwendung mehr findet (dazu eingehend vgl. Rn. 69 ff.). So deckt die Verfilmung eines Happenings an einer Universität zu **Lehrzwecken** nicht die Vervielfältigung und kommerzielle Verwertung von Videoaufnahmen ab (BGH GRUR 1985, 529, 530 – *Happening* zu § 88). Die vertraglich verabredete Verwertung einer Produktion „zu **Rundfunkzwecken**" umfasst beispielsweise die Sendung selbst, Herstellung, Vervielfältigung und Verbreitung von Wiedergabematerial zu diesem Zweck, Archivierung oder Überlassung an einen Transskriptionsdienst, regelmäßig aber nicht die Verwertung des Wiedergabematerials zur nicht funkmäßigen Wiedergabe für Werbesendungen. Werbung ist nur auf Messen, Ausstellungen, Festivals und Wettbewerben erlaubt, wenn die aufgeführten Veranstaltungen einer Leistungsschau über die Produktion der Sendeunternehmen dienen (OLG Frankfurt GRUR 1989, 203, 204 – *Wüstenflug* für Filmauswertung unter § 31 Abs. 5). Ohne solche Abreden, die die Zweifelsregelung des § 89 Abs. 1 begrenzen, spricht aber nichts dagegen, dass der Filmhersteller den Film auch für **Zwecke fremder Werbung** nutzen kann (a. A. Dreier/Schulze/*Schulze*[5] Rn. 31), weil diese Nutzung zur Totalauswertung des Filmwerkes zählt. Für **Zwecke der Werbung für den Film selbst** (z. B. in Werbetrailern) ist die Nutzung stets erlaubt, weil gar keine eigenständige Nutzungsart vorliegt (vgl. § 31 Rn. 64). Zum Umfang des Bearbeitungsrechts vgl. Rn. 34 ff.

41 Rechte zur **nicht-filmischen Nutzung** sind nicht erfasst (Dreier/Schulze/*Schulze*[5] Rn. 33; Schricker/Loewenheim/*Katzenberger*/N. *Reber*[5] Rn. 20; Wandtke/Bullinger/*Manegold*/*Czernik*[4] Rn. 27). Solche Nutzungen sind bei Rechten der Filmurheber weniger häufig als bei Rechten am vorbestehenden Werken (vgl. § 88 Rn. 69), aber nicht ausgeschlossen. Beispiel (zu Abs. 1 i. V. m. Abs. 4): Der Kameramann verwendet die geschaffenen Lichtbildwerke einzeln in einem anderen Medium als Film, z. B. Buch zum Film. Zweck des § 89 ist es allein, die Rechte in der Hand des Filmherstellers zu konzentrieren, die er zur Auswertung des geschaffenen Filmes benötigt. Deshalb ist nicht-filmisches **Merchandising** nicht erfasst. Die Einräumung beurteilt sich dann direkt nach dem Übertragungszweckgedanken (§ 31 Abs. 5), es sei denn es liegt eine ausdrückliche Abrede vor (vgl. Rn. 46 f.). Die Auswertung der Tonspur (z. B. als **Filmmusik**) auf eigenständigen Tonträgern ist ohne vertragliche Abrede dem Filmhersteller nicht erlaubt, eine diesbezügliche Rechteeinräumung in AGB aber wirksam (BGH GRUR 1984, 119, 120 – *Synchronisationssprecher* zur vergleichbaren Lage bei ausübenden Künstlern).

42 Da nach dem Wortlaut des § 89 Abs. 1 nur Nutzungsrechte Gegenstand der Rechtseinräumung sind, behalten die Filmurheber ihre gesetzlichen **Vergütungsansprüche** (OLG Köln ZUM 2000, 320, 325 – *Schlafes Bruder*; *Gernot Schulze* GRUR 1994, 855, 865; *Katzenberger* ZUM 1988, 545, 554; Schricker/Loewenheim/*Katzenberger*/N. *Reber*[5] Rn. 19; a. A. *Rehbinder* ZUM 1990, 234, 238; *Schack* ZUM 1989, 267, 271; *ders.*, Urheber- und UrhebervertragsR[7] Rn. 479). Zu vertraglichen Abtretungen s. die Kommentierung zu § 63a. **Zweitwiedergaberechte** (öffentliche Wiedergabe von Fernsehsendungen beim Empfang gem. § 22 und sekundäres Kabelfernsehen) sind dagegen Nutzungsrechte und werden deshalb auch von der Vermutung des § 89 Abs. 1 erfasst (v. Hartlieb/Schwarz/*Reber*[5] Kap. 39 Rn. 3, Kap. 51 Rn. 8; a. A. Wandtke/Bullinger/*Manegold*/*Czernik*[4] Rn. 28; *Katzenberger* ZUM 1988, 545, 554; Dreier/Schulze/*Schulze*[5] Rn. 34; Schricker/Loewenheim/*Katzenberger*/N. *Reber*[5] Rn. 19).

ff) Unbekannte Nutzungsarten (Abs. 1 S. 2): Das Verbot der Rechteeinräu- **43**
mung an unbekannten Nutzungsarten (§ 31 Abs. 4 a.F) wurde mit dem
„2. Korb" für Verträge ab 1.1.2008 abgeschafft; seitdem erstreckt sich § 89
Abs. 1 auf alle, auch im Zeitpunkt des Vertrages unbekannte (filmische) Nutzungsarten (zu Altverträgen bis zum 31.12.2007 vgl. Rn. 6 f.; vgl. § 137l
Rn. 14). Diese Regelung ist nach bisherigem Erkenntnisstand verfassungsgemäß (BVerfG GRUR 2010, 332 Tz. 68 ff.). Zu unbekannten Nutzungsarten
allgemein vgl. § 31a Rn. 26 ff. § 89 Abs. 1 S. 2 regelt, inwiefern die Regelungen
des allgemeinen Urhebervertragsrechts der §§ 31 ff. zu unbekannten Nutzungsarten auf Verträge mit Filmurhebern Anwendung finden.

Nach § 89 Abs. 1 S. 2 bleibt das **Schriftformerfordernis** des § 31a Abs. 1 S. 1 **44**
unangetastet (RegE 2. Korb – BT-Drs. 16/1828, S. 33). Das verträgt sich allerdings kaum mit der Zweifelsregelung des § 89 Abs. 1 S. 1, die den Filmhersteller unabhängig von expliziten Rechtseinräumungen machen will. Deshalb
sollte eine Anwendung des § 31a Abs. 1 S. 1 **restriktiv** erfolgen. Nach dem
Wortlaut genügt es, wenn Urheber und Filmhersteller die Einräumung von unbekannten Nutzungsarten schriftlich fixieren. Eine generelle Formulierung wie
„Der Urheber stimmt der Auswertung in allen bekannten und unbekannten
Nutzungsarten zu" genügt. Allerdings muss in diesem Zusammenhang klar
sein, dass sich diese Erklärung auf die Vereinbarung zur Mitwirkung an der
Verfilmung (vgl. Rn. 11 f.) bezieht, was sich aber auch aus den Umständen
ergeben kann.

Einen wirtschaftlichen **Ausgleich** für den Urheber soll der Anspruch auf ange- **45**
messene **Vergütung** in § 32c bringen, der anwendbar ist, weil er nicht von
§ 89 Abs. 1 S. 2 ausgenommen wird. Demgegenüber ist das **Widerrufsrecht**
(§ 31a Abs. 1 S. 3 und 4, Abs. 2 bis 4) nach § 89 Abs. 1 S. 2 **generell ausgeschlossen**, sonst könnten sich Urheber von der Rechtseinräumung einfach wieder distanzieren (*Schwarz/Evers* ZUM 2005, 113, 114).

gg) Abweichende Vereinbarungen, AGB und Tarifverträge: § 89 Abs. 1 ist le- **46**
diglich eine Zweifelsregelung. Abweichende Abreden gehen vor. Die verbreitete
Produzentenpraxis (so auch Berger/Wündisch/*Blank/Kummermehr/Diesbach*²
§ 19 Rn. 27), mit Stoffurhebern eine **umfassende filmische Nutzungsrechtseinräumung** zu vereinbaren, macht im Übrigen spätestens seit 1.1.2008 (vgl.
Rn. 19) wegen der seitdem geltenden umfassenden Einräumungsvermutung für
filmische Rechte aus Produzentensicht keinen Sinn mehr, sondern **birgt die Gefahr einer Aushöhlung der Vermutungsregel des** § 89 Abs. 1 durch entgegenstehende Individualvereinbarung (vgl. Rn. 9). Jedenfalls für die inhaltlich von
§ 89 Abs. 1 erfassten filmischen Nutzungsrechte (vgl. Rn. 34 ff.) erscheint es
danach insb. für den Erwerb der bekannten und unbekannten Nutzungsrechte
als ausreichend, wenn der schriftliche Vertrag auf den Rechteumfang des § 89
Abs. 1 Bezug nimmt und daneben wegen § 89 Abs. 1 S. 2 noch die Einräumung
für unbekannte Nutzungsarten erwähnt (vgl. Rn. 43 f.). Für **von § 89 Abs. 1
nicht erfasste außerfilmische Rechte** – z. B. Merchandisingrechte, vgl. Rn. 41 –
bleibt beim Produzenten aber die Spezifizierungslast, weil § 31 Abs. 5 Anwendung findet (vgl. § 31 Rn. 124 f.). Hier muss es aus seiner Sicht also bei den
umfassenden Rechteklauseln bleiben. – Von § 89 abweichende Abreden können formularmäßig in **AGB** getroffen werden (BGH GRUR 1984, 45, 48 f. –
Honorarbedingungen: Sendevertrag), was auch üblich ist (*Wilhelm Norde-
mann/Pfennig* ZUM 2005, 689, 691; *Katzenberger* ZUM 1988, 545, 552).
Auch die für Rechte an unbekannten Nutzungsarten erforderliche Schriftform
gem. § 31a Abs. 1 wird durch Formularverträge gewahrt (vgl. § 31a Rn. 53a).
Nach dem Bundesgerichtshof sind die Zweifelsregeln des § 89 Abs. 1 kein gesetzlicher Maßstab i. S. d. § 307 Abs. 2 Nr. 1 BGB (BGH GRUR 2014, 556
Tz. 13 – *Rechteeinräumung Synchronsprecher*; BGH GRUR 1984, 45, 48 f. –

Honorarbedingungen: Sendevertrag; allg. gegen eine AGB-Kontrolle durch urhebervertragsrechtliche Auslegungsregeln: BGH GRUR 2012, 1031 Tz. 16 ff.,
22 – *Honorarbedingungen Freie Journalisten*; etwas anders aber BGH GRUR
2005, 937, 939 – *Der Zauberberg*). Damit können für „alle" filmischen Nutzungsarten (bekannt und unbekannt), für die § 89 Abs. 1 eine Rechtseinräumung erlaubt, in Formularverträgen die Rechte eingeräumt werden. Aber auch
bei nicht-filmischen Rechten (z. B. Merchandising, vgl. Rn. 41) scheidet eine
AGB-Kontrolle nach der Rechtsprechung des BGH aus (BGH GRUR 2014,
556 Tz. 15 ff. – *Rechteeinräumung Synchronsprecher*; Jan Bernd Nordemann
NJW 2012, 3121, 3124; str., vgl. Vor §§ 31 ff. Rn. 202 ff.). Das gilt selbst
dann, wenn filmfremde Verwertungen – insbesondere das Merchandising – nur
ausnahmsweise im Fall von „Blockbuster-Erfolgen" realistisch sind (BGH
GRUR 2014, 556 Tz. 20 – *Rechteeinräumung Synchronsprecher*). Allerdings
muss das Transparenzgebots nach § 307 Abs. 1 S. 2 BGB eingehalten werden.
Bei pauschaler Vergütung liegt in der fehlenden Aufschlüsselung des Honorars
im Hinblick auf die Einräumung von Rechten noch kein Verstoß gegen das
Transparenzgebot (BGH GRUR 2014, 556 Tz. 24 – *Rechteeinräumung Syn-
chronsprecher*). Zu den **Normativbestimmungen** bei Altverträgen vor 1966 für
Filmschaffende und deren Einbeziehung in Verträge vgl. § 88 Rn. 8. Zum
DDR-Recht vgl. Vor §§ 88 ff. Rn. 34 ff.

47 Als Abweichung von der Regel des § 89 Abs. 1 kommen auch **Tarifverträge** in
Betracht, in denen Regelungen über Rechtseinräumungen enthalten sind. Insb.
für Altverträge ist als vertragsrechtliche Grundlage für das Tätigwerden von
Filmschaffenden auf die von der Reichsfilmkammer herausgegebenen Allgemeinen Anstellungsbedingungen hinzuweisen. Auch heute existieren Tarifverträge für Filmschaffende (ausführlich vgl. § 43 Rn. 34 ff.; zur Bezugnahme auf
Tarifverträge in einem Vertrag: BGH GRUR 2011, 714 Tz. 30 ff. – *Der Frosch
mit der Maske*; OLG Hamburg GRUR 1990, 822, 823 – *Edgar-Wallace-Filme*;
ferner OLG Hamburg GRUR 1977, 556, 558 – *Zwischen Marx und Rothschild*). Zum Ergänzungstarifvertrag Erlösbeteiligung Kinofilm *Schwarz* ZUM
2013, 730 ff.; zur Tarifpraxis der ARD-Anstalten *Kähler* ZUM 2016, 417,
421 f.

48 hh) **Verwertungsgesellschaften:** Vgl. Vor §§ 88 ff. Rn. 110 ff.

2. Vorherige Verfügungen des Filmurhebers an Dritte (Abs. 2)

49 a) **Vorausverfügung durch den Filmurheber:** Der Filmurheber muss „im Voraus" verfügt haben. Das bezieht sich offensichtlich auf eine Verfügung **vor der
Rechtseinräumung an den Filmhersteller** nach Abs. 1. Nachträgliche Einräumungen von Rechten, die der Filmhersteller nicht erworben hat, werden also
nicht erfasst. Damit betrifft Abs. 2 im Regelfall **Rechtseinräumungen an einem
künftigen Werk**, weil der Filmhersteller erst nach Nutzungsrechteinholung
den Film herstellen wird. Die Einräumung von Rechten an künftigen Werken
ist nur im Rahmen des § 40 möglich. Auch geht es **nur um Verfügungen** (a. A.
Dreier/Schulze/*Schulze*[5] Rn. 36), nicht um bloße Verpflichtungsgeschäfte des
Filmurhebers (zum Trennungsprinzip vgl. § 31 Rn. 29). Denn Verpflichtungsgeschäfte allein beseitigen nicht die Möglichkeit des Filmherstellers, das Recht
noch zu erwerben. Für Verpflichtungsgeschäfte hat Abs. 2 allenfalls mittelbare
Wirkung insoweit, als Schadensersatzansprüche des Dritten gegen den Filmurheber wegen Nichterfüllung ausgeschlossen sind (vgl. Rn. 55).

50 b) **Vorausverfügung an einen Dritten:** Nach der Gesetzesbegründung zielt
Abs. 2 vor allem auf einen Schutz des Filmherstellers vor „unkontrollierba-
ren Vorausabtretungen" des Filmurhebers **an Verwertungsgesellschaften**
(RegE UrhG 1962 – BT-Drs. IV/270, S. 100). Verwertungsgesellschaften lassen
sich im Regelfall vom Urheber bei Abschluss von Wahrnehmungsverträgen

Rechte an sämtlichen zukünftigen Werken einräumen. Aber auch Vorausabtretungen **an sonstige Dritte** sind wegen des offenen Wortlauts erfasst. Damit ist der Filmhersteller frei, urheberrechtliche Nutzungsrechte vom Urheber direkt zu erwerben. Das ist praktisch außer bei Verwertungsgesellschaften z. B. dann relevant, wenn der Urheber als Arbeitnehmer die Rechte einem technischen Dienstleister des Filmherstellers eingeräumt hat, z. B. im Bereich Special Effects. Soweit sich der Filmhersteller jedoch vertraglich die Rechte von seinem Dienstleister holt, ist § 89 Abs. 2 zulässigerweise abbedungen (vgl. Rn. 54).

c) Nutzungsrecht nach Abs. 1: Sachlich bezieht sich Abs. 2 nur auf **Rechte, die** **von der gesetzlichen Auslegungsregel des § 89 Abs. 1 erfasst** werden. Darüber **51** hinausgehende Verfügungen durch den Urheber sind nicht betroffen (zum Umfang des Abs. 1 im Einzelnen vgl. Rn. 30 ff.). Abs. 2 findet danach insb. keine Anwendung auf das Wiederverfilmungsrecht, auf das Recht zur Herstellung von filmischen Fortentwicklungen einschließlich Sequels und Prequels sowie auf gesetzliche Vergütungsansprüche (str., je nachdem, ob gesetzliche Vergütungsansprüche unter Abs. 1 gefasst werden: wie hier Schricker/Loewenheim/*Katzenberger/N. Reber*[5] Rn. 21; Wandtke/Bullinger/*Manegold*[4] Rn. 31; a. A. *Schack* ZUM 1989, 267, 271; *ders.*, Urheber- und UrhebervertragsR[7] Rn. 479; vgl. Rn. 42). Da Zweitwiedergaberechte von der Auslegungsregel des Abs. 1 erreicht werden (str., vgl. Rn. 42), ist Abs. 2 insoweit anwendbar.

d) Erhalt der Befugnis zur Rechteeinräumung an Filmhersteller (Rechtsfolge): **52** Abs. 2 will dem Filmurheber ermöglichen, sämtliche Rechte, die die Auslegungsregel des Abs. 1 erfasst, trotz Vorausverfügung durch den Urheber zu erwerben. Der Filmhersteller kann die vereinbarten Rechte also auch dann erwerben, wenn sie zuvor schon einem Dritten eingeräumt wurden. Das widerspricht eigentlich dem urheberrechtlich Prioritätsprinzip, nach dem die erste Verfügung der zweiten vorgeht (vgl. § 33 Rn. 7). Um keine systemfremde Ausnahme vom Prioritätsprinzip zuzulassen, werden verschiedene Konstruktionsmöglichkeiten vertreten. So werden die Rechtsfolgen des § 89 Abs. 2 teils auf eine Verdopplung der Verfügungsbefugnis (Schricker/Loewenheim/*Katzenberger/N. Reber*[5] Rn. 22; so noch Möhring/Nicolini/*Lütje*[2] Rn. 31), teils auf eine **auflösende Bedingung gem. § 158 Abs. 2 BGB** gestützt, die die Wirksamkeit der ersten Verfügung beendet (*Bohr* ZUM 1992, 121, 132; Dreier/Schulze/*Schulze*[5] Rn. 36; Wandtke/Bullinger/*Manegold/Czernik*[4] Rn. 29; nunmehr auch BeckOK UrhR/*Diesbach*[16] Rn. 32). Für die letztgenannte Lösung spricht, dass nur durch eine Auslösung der Vorausverfügung die Ausschließlichkeit der Rechtseinräumung für den Filmhersteller gewährleistet werden kann. Insb. Verwertungsgesellschaften müssen aufgrund des Abschlusszwanges jedem beliebigen Dritten zumindest einfache Nutzungsrechte einräumen (§ 34 VGG), sodass die Exklusivität der Rechte des Filmherstellers ernsthaft gefährdet wäre. Jegliche **Schadensersatzansprüche des Dritten gegen den Filmhersteller** wegen Entfalls der Rechtseinräumung sind **ausgeschlossen** (a. A. Schricker/Loewenheim/*Katzenberger/N. Reber*[5] Rn. 22, der §§ 826 BGB, 3 UWG anwenden will), weil dies dem Schutzzweck des Abs. 2 zugunsten des Filmherstellers widerspräche.

Abs. 2 gilt nur dann, wenn der Filmurheber **an den Filmhersteller** verfügt, nicht **53** aber bei Rechtseinräumung an einen Dritten (Dreier/Schulze/*Schulze*[5] Rn. 36).

e) Keine anderweitigen Abreden: Die Vorschrift ist nicht ohne Zustimmung **54** des Filmherstellers abdingbar (Wandtke/Bullinger/*Manegold/Czernik*[4] Rn. 30; möglicherweise enger: BeckOK UrhR/*Diesbach*[16] Rn. 32: § 89 Abs. 2 ist zwingend und unabdingbar). Alles andere wäre mit dem Schutzzweck des Abs. 2, dem Filmhersteller den Erwerb des gesamten Rechtekatalogs des Abs. 1 offen zu halten, nicht vereinbar. Die Zustimmung des Filmherstellers zu abweichenden Abreden kann auch konkludent erteilt sein, insbesondere wenn der Filmhersteller mit dem Rechteinhaber zum Rechteerwerb kontrahiert. Ein solcher Fall kann vorliegen, wenn der Filmhersteller – z. B. für Special Effects – einen technischen Dienstleister einschaltet und sich vom Dienstleister die beim Dienstleister liegenden Rechte der Urheber übertragen lässt (aber vgl. Rn. 50).

55   f) **Ansprüche des Dritten gegen den Filmurheber:** Der Filmurheber ist dem Dritten **nicht** zum **Schadensersatz** (insb. wegen Nichterfüllung) verpflichtet, wenn Abs. 2 greift (a. A. Schricker/Loewenheim/*Katzenberger*/N. *Reber*[5] Rn. 22; Dreier/Schulze/*Schulze*[5] Rn. 36). Ausdrücklich bezieht der Gesetzgeber auch den Filmurheber in den Schutzbereich des Abs. 2 ein, um seine persönliche Handlungsfreiheit bei Vorausabtretungen an Verwertungsgesellschaften zu wahren (RegE UrhG 1962 – BT-Drs. IV/270, S. 100). Es findet deshalb lediglich eine Rückabwicklung nach **Bereicherungsrecht** (§§ 812 ff. BGB) statt, um den früheren Rechtszustand wieder herzustellen (§ 158 Abs. 2 BGB).

3.   Unterscheidung zwischen Urhebern vorbestehender Werke und Filmurhebern (Abs. 3)

56   § 89 Abs. 3 hat **klarstellenden Charakter**. Er betont die Unterscheidung zwischen den Rechten der Filmurheber, die sich nach § 89 bemessen, und denen der Urheber vorbestehender Werke, die § 88 regelt (RegE UrhG 1962 – BT-Drs. IV/270, S. 100). Deshalb erscheint auch die Lehre vom Doppelcharakter vorbestehender Werke, die sowohl unter § 88 als auch unter § 89 fallen sollen, als zweifelhaft (eingehend vgl. Vor §§ 88 ff. Rn. 17). Davon unberührt bleibt die Erbringung gedanklich trennbarer schöpferischer Leistungen durch ein und dieselbe Person (z. B. Drehbuch und Regie durch eine Person). Bei einer solchen Doppelfunktion kommen beide Normen parallel zur Anwendung (vgl. Rn. 18).

4.   Rechteerwerb an Lichtbildern und Lichtbildwerken (Abs. 4)

57   Vor der Einführung des Abs. 4 erwarb der Filmhersteller die Rechte an Lichtbildern durch § 91 a. F. Dieser ordnete ursprünglich an, dass der Filmhersteller die Rechte zur filmischen Verwertung der bei der Herstellung des Filmwerkes entstehenden Lichtbilder erhält und dem Lichtbildner insofern keine Rechte zustehen. Der Streit, ob es sich hierbei nur um eine gesetzliche Auslegungsregel (so Dreier/Schulze/*Schulze*[5] § 91 Rn. 7; unsere 9. Aufl./*Hertin* § 91 Rn. 1) oder eine Legalzession (Schricker/Loewenheim/*Katzenberger*/N. *Reber*[5] § 91 Rn. 6) handelt, wurde nunmehr gesetzlich beendet und zugunsten einer **gesetzlichen Auslegungsregel** gelöst. Denn Abs. 4 verweist auf die gesetzliche Auslegungsregel des Abs. 1. Daneben ist Abs. 4 allerdings im Rahmen des Verweises auf Abs. 2 auch mehr als eine Auslegungsregel.

58   Die Auslegungsregel des § 89 Abs. 4 findet nur auf „**Filmwerke**" Anwendung. Mithin werden Nutzungsrechte an Filmeinzelbildern aus bloßen Laufbildern (§ 95) nicht erfasst. Das hat allerdings nur für die isolierte Nutzung der Filmeinzelbilder, nicht für die Nutzung als Bewegtbild Bedeutung (vgl. Rn. 78). – Durch die Einführung des Abs. 4 wurde klargestellt, dass die Vorschrift nicht nur für Filmeinzelbilder in Form von **Lichtbildern** (§ 72) gilt, sondern auch für **Lichtbildwerke** im Sinne des § 2 Abs. 1 Nr. 5 (BeschlE RAusschuss UrhVG 2002 – BT-Drs. 14/8058, S. 22). Damit ist der Streit beendet, ob sich § 91 a. F. nur auf Rechte an Lichtbildern oder auch an Lichtbildwerken erstreckte. Ansonsten hat sich in der Praxis nichts geändert, weil der Umfang des Rechteerwerbs nach § 91 a. F. und nach § 89 Abs. 4 n. F. parallel laufen. Vgl. § 91 Rn. 1 ff.

59   Damit § 89 Abs. 4 Anwendung findet, muss der **Filmhersteller** (vgl. § 94 Rn. 8 ff.) **mit** dem Urheber bzw. Lichtbildner der Filmeinzelbilder (also dem **Kameramann) einen Vertrag geschlossen haben**. Verträge mit Dritten scheiden aus. Wohl besteht aber eine Vermutung für einen Vertragsschluss mit dem Filmhersteller bei Zweifeln über den Vertragspartner (zu Abs. 1 vgl. Rn. 29).

Für eine umfassende **Auswertung** erwirbt der Filmhersteller gem. § 89 Abs. 4 **im Zweifel** auch die erforderlichen Verwertungsrechte an den einzelnen Lichtbildern und Lichtbildwerken. Der Umfang der Nutzungsrechtseinräumung ist identisch mit dem **Umfang nach** § 89 Abs. 1. Das betrifft aber – nach dem ausdrücklichen Wortlaut des Abs. 4 – nur die filmische Verwertung. Die **nicht-filmische Verwertung** – z. B. in Form von Merchandising oder einem Buch zum Film – wird schon nach dem Wortlaut von § 89 Abs. 4 nicht erfasst. Was „filmische" Verwendung umfasst, ist allerdings umstritten; vgl. § 91 Rn. 11. Da der Umfang der Rechtseinräumung nach § 89 Abs. 4 und § 91 a. F. parallel laufen, wird auch ansonsten für den Umfang der Rechtseinräumung auf die Kommentierung zu § 91 verwiesen, vgl. § 91 Rn. 10 ff. Eine Besonderheit ergibt sich allerdings für § 89 Abs. 4 im Hinblick auf Verträge ab 1.3.2017 (§ 132 Abs. 3a) und insbesondere für §§ 40a, 41 n. F.: Da § 90 auf außerfilmische Rechte keine Anwendung findet (vgl. § 90 Rn. 10), gelten die §§ 40a, 41 im Hinblick auf außerfilmische Rechte ohne Maßgabe des § 90. **§ 89 Abs. 2** ordnet an, dass Vorausverfügungen, insb. an Verwertungsgesellschaften, für Lichtbilder oder Lichtbildwerke auflösend dadurch bedingt sind (§ 158 Abs. 2 BGB), dass der Lichtbildner bzw. Urheber dem Filmhersteller die Rechte einräumt (vgl. Rn. 49 ff.).

60

Für **Altverträge bis zum 30.6.2002** gilt weiterhin § 91 a. F. Das ergibt sich aus § 132 Abs. 3 S. 1. s. deshalb die Kommentierung zu § 91 a. F.

61

5. Enthaltungspflichten der Filmurheber

Den **Filmurheber** kann für Rechte, die er nicht eingeräumt hat, eine **Enthaltungspflicht** treffen, sofern es um eine **Nutzung** geht, die die Auswertung durch den Filmhersteller **nachhaltig stört** (vgl. § 88 Rn. 89). Sofern mit der herrschenden Auffassung z. B. eine **Wiederverfilmung** nicht in der Vermutungsregel des § 89 Abs. 1 enthalten ist (vgl. Rn. 37), trifft den Urheber analog § 88 Abs. 2 S. 2 eine Enthaltungspflicht von 10 Jahren nach Vertragsabschluss; diese ist vertraglich beliebig verlängerbar; wegen des nachhaltigen Eingriffs in die Vertragsfreiheit sollte die Ausnahmebestimmung des § 88 Abs. 2 S. 3 nicht analog angewendet werden (zu § 88 Abs. 2 S. 3 vgl. § 88 Rn. 85 ff.). Eine Enthaltungspflicht sollte auch für die schöpferische Mitwirkung an einem **Bühnenstück** zutreffen, das eine unmittelbare Konkurrenz darstellt (BGH GRUR 1969, 364, 366 f. – *Fernsehauswertung*). Für **Prequels, Sequels und andere Fortentwicklungen** (vgl. Rn. 37) gilt das aber regelmäßig nicht, weil nicht von einer Konkurrenzsituation auszugehen ist. Enthaltungspflichten haben regelmäßig nur **schuldrechtlichen Charakter** (vgl. § 31 Rn. 21 f.), für das Wiederverfilmungsrecht ist aber wohl auch für § 89 eine Ausnahme zu machen und insoweit eine **absolute Wirkung auch gegenüber Dritten** anzunehmen (vgl. § 88 Rn. 84).

62

III. Prozessuales

Das deliktische **Verbotsrecht des Filmherstellers** entspricht seinen Nutzungsrechten, kann aber über die Grenzen der positiven Nutzungsbefugnis hinausgehen (vgl. § 31 Rn. 20 ff.). Deliktisch vorgehen kann der Filmhersteller bei Verletzung der Enthaltungspflicht zur Wiederverfilmung durch den Filmurheber nach deren Ablauf aber nur, wenn der Urheber nicht zugestimmt hat und die Nutzung des Dritten damit gegenüber dem Urheber rechtswidrig ist. Bei Verletzung werden Ansprüche des Filmherstellers nach §§ 97 ff. ausgelöst. Für die Aktivlegitimation kann schon eine mittelbare wirtschaftliche Beeinträchtigung reichen, etwa eine Gefährdung des Nutzungsentgeltes (BGH GRUR 1999,

62a

984, 985 – *Laras Tochter*; BGH GRUR 1992, 697, 698 f. – *ALF*; OLG Hamburg GRUR 1991, 207, 208 – *ALF*; Dreier/Schulze/*Schulze*⁵ § 31 Rn. 56; vgl. § 97 Rn. 132 ff.). Der **Filmurheber** bleibt zur Geltendmachung von Unterlassungsansprüchen gegen Verletzer auch dann befugt, wenn er die relevanten Nutzungsrechte eingeräumt hat (vgl. § 97 Rn. 128). Bei einer Nutzung des Filmwerkes über § 89 bzw. die Vereinbarung hinaus hat der Urheber sämtliche Ansprüche nach §§ 97 ff., sofern eine dinglich wirkende Beschränkung übergangen wurde (vgl. § 31 Rn. 11).

63 Die **Darlegungs- und Beweislast** ist differenziert zu sehen. Für die Verpflichtung zur Mitwirkung bei der Herstellung eines Films liegt sie beim Filmhersteller, weil insoweit der Vermutungstatbestand des § 89 Abs. 1 (zu § 31 Abs. 5 vgl. Rn. 67 ff.) nicht greift. Dafür, dass eine andere Nutzungsrechtseinräumung als die in § 89 Abs. 1 oder Abs. 4 vorgesehene verabredet wurde, trägt der Urheber die Darlegungs- und Beweislast (zum Fall einer erfolgreichen Widerlegung der Vermutung: BGH GRUR 1985, 529, 530 – *Happening*). Wer sich auf die Einräumung von außerfilmischen Rechten beruft, die von § 89 gar nicht erfasst werden, muss das im Rahmen von § 31 Abs. 5 ggf. substantiiert darlegen und beweisen (vgl. Rn. 67 ff.).

64 Die **Nennung eines Mitwirkenden** im Vor- oder Abspann des Filmes bzw. in sonst üblicher Weise kann den Nachweis seiner Miturheberschaft am Filmwerk erleichtern. Wenn seine dort erwähnte Funktion eine typische schöpferische Leistung (z. B. Regie) ist, wird die Miturheberschaft vermutet (BGH GRUR 1986, 887, 888 – *BORA BORA*).

65 Auf die Auslegungsregeln des § 89 kann sich nicht nur der Filmhersteller berufen. Vielmehr kommt § 89 der Charakter einer generellen Auslegungsregel zu, die **auch zugunsten beliebiger Dritter im Prozess** wirken kann, um damit die **Rechtseinräumung des Filmurhebers an den Filmhersteller** zu behaupten. So können sich weitere Verwerter in der Auswertungskette (z. B. der Videoanbieter, der Internetanbieter) dafür auf § 89 berufen, dass die Rechtekette beim Urheber ordnungsgemäß begonnen hat und die Rechte an den Filmhersteller eingeräumt wurden. Umgekehrt können sich auch der als Verletzer in Anspruch Genommene zum Bestreiten der Aktivlegitimation des Urhebers (z. B. für Schadensersatzansprüche; zu Unterlassungsansprüchen bliebe der Urheber berechtigt, vgl. § 97 Rn. 128) oder eines Dritten auf § 89 berufen. Nicht anwendbar ist § 89 allerdings auf die Rechtseinräumung zwischen Auswertern im Hinblick auf den fertigen Film (vgl. Rn. 29).

66 Zu **Vereinbarungen** – insb. in AGB –, mit denen **Unterlassungsansprüche** vor Beendigung der Produktion und Erstveröffentlichung des Films ausgeschlossen werden, vgl. Vor §§ 31 ff. Rn. 211; dort auch zur Möglichkeit, zumindest eine Geltendmachung im **Einstweiligen Verfügungsverfahren** formularvertraglich zu verbieten.

IV. Verhältnis zu anderen Vorschriften

1. Übertragungszweckgedanke (§ 31 Abs. 5)

67 Bei § 89 stellt sich die Frage nach dem Verhältnis zum Übertragungszweckgedanken (§ 31 Abs. 5). Beide Vorschriften sind als Auslegungsregeln ähnlicher Rechtsnatur und steuern den Umfang der Rechteeinräumung. Diesen Regelungszweck verfolgen sie aber mit unterschiedlichen Ausgangspunkten: Während § 31 Abs. 5 davon ausgeht, dass der Urheber nur so viele Rechte einräumt, wie zur Erfüllung des Vertragszwecks (zwingend) notwendig sind (vgl. § 31 Rn. 126 ff.), will § 89 erreichen, dass dem Filmhersteller sämtliche („alle") filmischen Nutzungsrechte zustehen. Damit **konkretisiert** er aber regelmäßig den

Übertragungszweckgedanken für den Filmbereich zugunsten des Filmherstellers (*Movsessian* UFITA 79 [1977], 213, 225). § 89 kommt damit für Filmwerke gegenüber der allgemeinen Auslegungsregel des § 31 Abs. 5 grds. der **Vorrang** zu (BGH GRUR 2014, 556 Tz. 13 – *Rechteeinräumung Synchronsprecher;* BGH GRUR 2005, 937, 939 – *Der Zauberberg; Poll* ZUM 1999, 29, 35; Wandtke/Bullinger/*Manegold/Czernik*[4] Rn. 18; Schricker/Loewenheim/*Katzenberger/ N. Reber*[5] Rn. 3; Büscher/Dittmer/Schiwy/*Lewke*[3] Rn. 2). Wenn sich der Filmurheber auf einen Zweck beruft, der ausnahmsweise vom Zweck des § 89 abweicht, muss er dies darlegen und ggf. beweisen. Zweifel gehen gem. § 89 zu seinen Lasten. Gelungen ist dem Urheber ein solcher Beleg bei Verfilmung eines Happenings an einer Universität zu Lehrzwecken, was nicht die Vervielfältigung und kommerzielle Verwertung von Videoaufnahmen deckte (BGH GRUR 1985, 529, 530 – *Happening;* auch *Bohr* ZUM 1992, 121, 132).

Nach dem Regelungszweck des § 89, alle filmischen Rechte dem Produzenten **68** zu geben, darf es auch keine einschränkende Auslegung unter Heranziehung des § 31 Abs. 5 geben, dass die Zweifelsregeln des § 89 sich nur auf die **primäre Nutzungsart** beziehen, nicht aber auf die Sekundärnutzung. Wird etwa ein Fernsehfilm gedreht, so werden nicht nur die für die Fernsehauswertung erforderlichen Rechte eingeräumt, das gilt insb. für **öffentlich-rechtliche Rundfunkanstalten**, auch wenn ihnen gar keine Kompetenz außerhalb der Primärverwertung zusteht (wie hier Wandtke/Bullinger/*Manegold/Czernik*[4] Rn. 21; BeckOK UrhR/*Diesbach*[16] Rn. 25). Aufgrund des Vorranges des § 89 vor § 31 Abs. 5 wäre allenfalls denkbar, dass die Zweifelsregelungen des § 89 im Einzelfall widerlegt werden. Das dürfte aber eine größere Ausnahme darstellen, weil heute alle Filmproduzenten eine Totalverwertung anstreben. Das trifft auch auf die Produktionstöchter der öffentlich-rechtlichen Anstalten zu; früher war das aber durchaus anders, sodass bei Altverträgen der Urheber die Möglichkeit hat, einen von der Zweifelsregelung abweichenden Zweck darzulegen und ggf. zu beweisen. Das gilt insb. dann, wenn ausdrücklich eine Nutzung „zu Rundfunkzwecken" verabredet wurde und damit die Zweifelsregelung des § 89 nicht einschlägig ist (OLG Frankfurt GRUR 1989, 203, 204 – *Wüstenflug;* vgl. Rn. 40).

§ 31 Abs. 5 gilt jedoch **außerhalb des Anwendungsbereiches** der Zweifelsregelun- **69** gen des § 89. Danach ist nach § 31 Abs. 5 zu klären, ob eine **Verpflichtung** besteht, bei der Herstellung des Filmes **überhaupt mitzuwirken** (Dreier/Schulze/*Schulze*[5] Rn. 2). Auch bleibt der Übertragungszweckgedanke des § 31 Abs. 5 neben § 89 Abs. 1 anwendbar, wenn es um Rechte geht, die von seiner Einräumungsvermutung nicht umfasst sind, wie z. B. **nicht-filmische** Auswertungsarten wie etwa Merchandising (zu § 88: OLG Hamburg GRUR-RR 2003, 33, 35 – *Maschinenmensch* für einen Altvertrag vor 1965; *Gernot Schulze* GRUR 1994, 855, 864). Ist eine Nutzung des Filmwerkes für einen anderen Film gem. § 31 Abs. 5 hinreichend vereinbart, z. B. eine Nutzung zur **Wiederverfilmung,** für Sequels, Prequels, Fortentwicklungen, gilt aber die Vermutung der Rechtseinräumung gem. § 88 Abs. 1 für den Umfang der Rechtseinräumung (vgl. Rn. 37), weil § 88 Abs. 1 insoweit gegenüber § 31 Abs. 5 vorrangig ist (vgl. § 88 Rn. 89).

Auch die Rechtevergabe durch den Filmhersteller zur Auswertung eines **ferti- 70 gen Films** bemisst sich nach § 31 Abs. 5, weil auf solche **Auswertungsverträge** „hinter" dem Filmhersteller die §§ 88 ff. gar nicht anwendbar sind (vgl. Vor §§ 88 ff. Rn. 68).

2. Arbeits- und Dienstverhältnisse (§ 43)

§ 43 regelt die Rechteeinräumung von Filmurhebern im Dienst- und Arbeits- **71** verhältnis zum Filmhersteller. § 89 **geht** mit seiner umfassenden Rechteeinräumungsvermutung § 43 **vor** (*Haupt/Ullmann* ZUM 2005, 883, 885 sprechen zutreffend von einer lex specialis). Anderes gilt freilich außerhalb des Anwendungsbereiches des § 89, etwa bei nichtfilmischer Nutzung. Hier kann § 43 erhebliche Bedeutung erlangen, zumal sein Umfang auch weiter ist als § 31 Abs. 5. Ferner gelangt § 89 nicht zur Anwendung, wenn zwischen Filmhersteller und Filmurheber ausdrückliche Abreden getroffen, insb. **Tarifverträge** abgeschlossen wurden (vgl. § 43 Rn. 34 ff.).

3. Urheberpersönlichkeitsrechte (§§ 12 bis 14)

72 Von der Rechtseinräumungsvermutung des § 89 Abs. 1 **nicht** umfasst sind **Urheberpersönlichkeitsrechte**, insb. gem. **§§ 12 bis 14** (OLG Köln GRUR-RR 2005, 337 – *Dokumentarfilm Massaker*; OLG München ZUM 2000, 767, 771 – *down under*; GRUR Int. 1993, 332 – *Christoph Columbus*; KG NJW-RR 1986, 608, 609 – *Paris/Texas*).

73 Insb. gilt das für das **Veröffentlichungsrecht** (§ 12). Auch wenn die Verweigerung einer Veröffentlichung die über § 89 Abs. 1 eingeräumten Nutzungsrechte ins Leere laufen lassen kann und die Auswertung behindern mag, ist sie doch der Frage des von § 89 gesteuerten Umfanges der Nutzungsrechtseinräumung vorgelagert. Das Veröffentlichungsrecht gem. § 12 Abs. 1 setzt voraus, dass der Urheber das Werk überhaupt als fertig zur Veröffentlichung freigegeben hat. Das ist jedenfalls vor der Fertigstellung des Werkes zu bezweifeln. Wenn vereinbart ist, dass der Produzent auf Teile der Leistungen eines Regisseurs verzichten kann, beschränkt sich dessen Veröffentlichungsrecht auf die in den bisherigen Produktionsstufen erbrachten Leistungen (OLG München ZUM 2000, 767, 771 – *down under*). Die Veröffentlichung kann auch **konkludent** erklärt werden, etwa durch vorbehaltlose Ablieferung des Filmmaterials (OLG München ZUM 2000, 767, 771 f. – *down under*). Das Veröffentlichungsrecht darf **nicht treuwidrig** geltend gemacht bzw. verweigert werden. Gegen § 242 BGB verstößt es, wenn vollständige Honorarzahlung für das Werk verlangt wird, das in Beschaffenheit und Verwertungsmodalitäten den vertraglichen Vereinbarungen entspricht, gleichzeitig aber über das Veröffentlichungsrecht die Verwertung blockiert wird (OLG Köln GRUR-RR 2005, 337, 338 – *Dokumentarfilm Massaker*).

74 Für den **Urhebernennungsanspruch** des § 13 gilt nichts Besonderes (vgl. § 13 Rn. 1 ff.); dieser ist von § 89 nicht erfasst. Jedoch ist das Recht des Urhebers, sich gem. § 14 gegen **Entstellung** und andere Beeinträchtigungen des Werkes zu wehren, durch § 93 eingeschränkt.

4. Modifikationen der §§ 34, 35, 40a, 41, 42 durch § 90

75 Für die **Filmurheber und die filmische Nutzung** schließt § **90 Abs. 1 S. 1** Rückrufsrechte wegen Nichtausübung (§ 41) und gewandelter Überzeugung (§ 42) sowie Zustimmungserfordernisse für die Übertragung (§ 34) oder Weitereinräumung (§ 35) der Rechte zum Zwecke der Filmauswertung durch Dritte aus. Bei etwaigen Vorausverfügungen der Urheber vor Entstehung des Filmes greift § 89 Abs. 2. Für das Recht der Verfilmung gilt der Ausschluss erst ab Beginn der Dreharbeiten (§ **90 Abs. 1 S. 2**); die Filmurheber gewähren kein Verfilmungsrecht (vgl. Rn. 30), so dass die Bestimmung des § 90 Abs. 1 S. 2 nur für Stoffurheber nach § 88 Abs. 1 Bedeutung erlangt. Nach § **90 Abs. 2** kann das Recht zur anderweitigen Verwertung nach 10 Jahren bei pauschaler Vergütung (§ 40a) auf die Rechte nach § 89 Abs. 1 nicht angewendet werden. Auch für Lichtbilder und Lichtbildwerke gem. § 89 Abs. 4 (vgl. Rn. 57 ff.) sollte dieser Ausschluss gelten, weil § 89 Abs. 4 auf eine entsprechende Anwendung von § 89 Abs. 1 und insofern auf die Rechte zur filmischen Verwertung verweist. – Für **außerfilmische Nutzungen** (z. B. Merchandising) gilt § 90 nicht (vgl. § 90 Rn. 10).

5. Unbekannte Nutzungsarten (§§ 31a, 32c, 137l)

76 Für die Einräumung der Rechte an unbekannten Nutzungsarten gem. § 89 Abs. 1 ist das Schriftformgebot des § 31a Abs. 1 gem. § 89 Abs. 1 S. 2 nicht aufgehoben. Das gilt allerdings nicht für die Einräumung von unbekannten filmischen Nutzungsrechten in Altverträgen vom 1.1.1966 bis 31.12.2007 gem. § 137l, die auch ohne schriftlichen Vertrag im Regelfall der Filmhersteller nacherwirbt (vgl. § 137l Rn. 14). Für Neuverträge ab 1.1.2008 gilt die Vergütungspflicht nach § 32c, für Altverträge die Vergütungspflicht gem. § 137l Abs. 5.

6. Laufbilder (§ 95)

Eine Anwendung des § 89 auf Laufbilder **scheidet aus**, weil in einem solchen Fall kein urheberrechtlich geschütztes Werk (§ 2) entsteht, an dem die Mitwirkenden Rechte nach § 89 geltend machen könnten. **77**

7. Vergütungsvorschriften

Grundsätzlich gelten auch für Filmurheber des § 89 die allgemeinen Vergütungsvorschriften der §§ 32 bis 32c, 36, 36a; s. die Kommentierungen dort. Im Filmbereich existieren umfassende gemeinsame Vergütungsregeln nach § 36 (z. B. für Regisseure und Kameraleute); vgl. § 36 Rn. Rn. 32 ff. Zu Tarifverträgen vgl. § 43 Rn. 34 ff. **78**

8. Lichtbildschutz (§ 72) für den Kameramann: Filmeinzel- und Filmbewegtbilder

Schöpferische Leistungen der Kameraleute sind nach § 2 Abs. 1 Nr. 6 geschützt, sie sind Filmmiturheber. Daneben kommt für das **Bewegtbild** nach der Rechtsprechung des BGH auch ein Schutz nach § 2 Abs. 1 Nr. 5 (Lichtbildwerk) oder zumindest nach § 72 (Lichtbild) in Betracht (BGH GRUR 2014, 363 Tz. 20 – *Peter Fechter*; genauso *Schulze* GRUR 1994, 855, 859; Schricker/Loewenheim/*Vogel*[5] § 72 Rn. 20 f.). Das ist aus systematischen Gründen abzulehnen. Sofern die Kameraleistung nicht schöpferisch gem. § 2 Abs. 2 ist, scheidet für das Bewegtbild ein Schutz aus § 72 aus (*Ekrutt* GRUR 1973, 512, 513 f). Das UrhG will nicht schöpferische Kameraleistungen nur zugunsten des Filmherstellers schützen (§ 95), aber nicht zusätzlich zugunsten der Kameraleute; insoweit ist die ältere Rechtsprechung des BGH (BGH GRUR 1962, 470, 472 – *AKI*) nicht einschlägig, die den Fotografieschutz nach dem früheren KUG auch auf Bewegtbilder bezog, das jedoch eine mit § 95 vergleichbare Norm nicht kannte. Bei Einbeziehung von Bewegtbildern in den Schutz des § 72 wären im Übrigen die Vermutungsregeln des § 89 lückenhaft; für die Rechte der Kameraleute aus § 72 gäbe es keine Vermutungsregel zugunsten des Filmherstellers, wenn der Film keinen Werkcharakter, sondern nur Laufbildniveau erreicht. § 89 Abs. 4 bezieht sich nach seinem ausdrücklichen Wortlaut nur auf „Filmwerke". Damit bezieht sich auch die Vermutungsregel des § 89 Abs. 4 allein auf **isolierte Filmeinzelbilder**, deren Schutz sich bei einfachen Lichtbildern aus § 72 ergibt. Zum Streit ferner vgl. § 72 Rn. 13. **79**

§ 90 Einschränkung der Rechte

(1) [1]Für die in § 88 Absatz 1 und § 89 Absatz 1 bezeichneten Rechte gelten nicht die Bestimmungen
1. über die Übertragung von Nutzungsrechten (§ 34),
2. über die Einräumung weiterer Nutzungsrechte (§ 35) und
3. über die Rückrufsrechte (§§ 41 und 42).
[2]Satz 1 findet bis zum Beginn der Dreharbeiten für das Recht zur Verfilmung keine Anwendung. Ein Ausschluss der Ausübung des Rückrufsrechts wegen Nichtausübung (§ 41) bis zum Beginn der Dreharbeiten kann mit dem Urheber im Voraus für eine Dauer von bis zu fünf Jahren vereinbart werden.

(2) Für die in § 88 und § 89 Absatz 1 bezeichneten Rechte gilt nicht die Bestimmung über das Recht zur anderweitigen Verwertung nach zehn Jahren bei pauschaler Vergütung (§ 40a).

I. Allgemeines

1. Sinn und Zweck

1   § 90 ist ein weiterer gesetzlicher Baustein, um die störungsfreie **wirtschaftliche Totalauswertung des hergestellten Films zu ermöglichen** (vgl. Vor §§ 88 ff. Rn. 1 ff.). Der Filmproduzent muss insb. bei der Auswertung des Filmes anderen Verwertern Nutzungsrechte einräumen bzw. an sie übertragen können. Denn i. d. R. ist der Filmhersteller nicht in der Lage, den Film in allen Verwertungsstufen selbst auszuwerten, und ist damit auf die Weitergabe der Rechte angewiesen. Auch wenn der Film noch nicht hergestellt ist, werden oft schon die künftigen Rechte an ihm verkauft (*v. Frentz/Becker* ZUM 2001, 382 zur Bestimmung der Leistungszeit). So können Nutzungsrechte vorab als Sicherheit für die Filmfinanzierung dienen (*Geulen/Klinger* ZUM 2000, 891, 892). § 90 schränkt daher die Anwendung solcher Vorschriften ein, die Verfügungen über Rechte am Filmwerk – sowohl solcher von Urhebern vorbestehender Werke wie auch der Filmurheber, und über § 92 Abs. 2 auch der ausübenden Künstler – gefährden und einer umfassenden wirtschaftlichen Auswertung im Weg stehen können (RegE UrhG 1962 – BT-Drs. IV/270, S. 100). Insb. gilt das für Zustimmungserfordernisse der Urheber bei der Übertragung (§ 34) und Weitereinräumung von Nutzungsrechten (§ 35) sowie für die Regelungen über den Rückruf (§§ 41, 42). Ausgerichtet an seinem Sinn und Zweck, dem Filmhersteller die wirtschaftliche Auswertung des Filmwerkes zu erleichtern, kann der Wortlaut des § 90 reduziert (BGH GRUR 2001, 826, 830 – *Barfuß ins Bett* zu § 34 Abs. 4, vgl. Rn. 8) oder erweitert (zum Ausschluss ungeschriebener Kündigungsrechte, vgl. Rn. 8 f.) werden. Die Einschränkung des Abs. 1 S. 2 für das Recht zur Verfilmung erklärt sich daraus, dass vor Beginn der Dreharbeiten die zu schützenden Investitionen regelmäßig noch nicht in einem erheblichen Umfang getätigt wurden (RegE UrhG 1962 – BT-Drs. IV/270, S. 101).

2. Früheres Recht

2   Vom 1.1.1966 bis 30.6.2002 lautete § 90 wie folgt:

§ 90 Einschränkung der Rechte
Die Bestimmungen über die Übertragung von Nutzungsrechten (§ 34) und über die Einräumung weiterer Nutzungsrechte (§ 35) sowie über das Rückrufrecht wegen Nichtausübung (§ 41) und wegen gewandelter Überzeugung (§ 42) gelten nicht für die in § 88 Abs. 1 Nr. 2 bis 5 und § 89 Abs. 1 bezeichneten Rechte. Dem Urheber des Filmwerkes (§ 89) stehen Ansprüche aus § 36 nicht zu.

Vom 1.7.2002 bis 28. Februar 2017 galt folgende Fassung: **3**

[1]Die Bestimmungen über die Übertragung von Nutzungsrechten (§ 34) und über die Einräumung weiterer Nutzungsrechte (§ 35) sowie über das Rückrufrecht wegen Nichtausübung (§ 41) und wegen gewandelter Überzeugung (§ 42) gelten nicht für die in § 88 Abs. 1 und § 89 Abs. 1 bezeichneten Rechte. [2]Satz 1 findet bis zum Beginn der Dreharbeiten für das Recht zur Verfilmung keine Anwendung.

Insoweit erfuhr § **90 S. 1 a. F.** einige **redaktionelle Änderungen**; er wurde an die geänderte Fassung des § 88 angepasst. Die in § **90 S. 2 a. F.** (vom 1.1.1966 bis 30.6.2002) normierte und oft kritisierte (*Gernot Schulze* GRUR 1994, 855, 862; unsere 9. Aufl./*Hertin* Rn. 1; Schricker/Loewenheim/*Katzenberger/ N. Reber*[5] Rn. 2) Unanwendbarkeit des ehemaligen Bestsellerparagraphen § 36 a. F. wurde fallengelassen. Auch bei Altverträgen bis zum 30.6.2002 konnten sich Urheber nun gem. § 132 Abs. 3 auf den „Nachfolger" des § 36 a. F., nämlich auf § **32a**, berufen (vgl. § 132 Rn. 15 ff.), und zwar für Sachverhalte nach dem 28.3.2002 (§ 132 Abs. 3 S. 2). Das gilt selbst für Altverträge bis zum 31.12.1965 (vgl. § 132 Rn. 19). § 36 a. F. kann Sachverhalte bis 28.3.2002 theoretisch erfassen; das wird aber schon wegen der Verjährungsregeln des BGB kaum noch eine praktische Rolle spielen (vgl. § 102 Rn. 4 ff.).

An Stelle der weggefallenen Regelung wurde in § **90 S. 2 a. F.** klargestellt, dass   **4**
S. 1 zeitlich für das Recht zur Verfilmung erst ab Beginn der Dreharbeiten gilt, was auch schon nach alter Rechtslage ähnlich zu beurteilen war. § 90 a. F. (vom 1.1.1996 bis 30.6.2002) ordnete die Erleichterungen nämlich nur für § 88 Nr. 2 bis 5 an, nicht aber für das Recht zur Herstellung eines Filmwerkes in Nr. 1. Damit kam es für die Frage von Zustimmungsbedürfnissen auf den genauen Zeitpunkt der Herstellung an, der mitunter schwierig zu bestimmen war. § 90 S. 2 a. F. (vom 1.7.2002 bis 28.2.2017) rekurriert demgegenüber klarer auf den Beginn der Dreharbeiten (RegE UrhVG 2002 – BT-Drs. 14/6433, S. 19; BeschlE RAusschuss UrhVG 2002 – BT-Drs. 14/8058, S. 22). Zu Problemen kann § 90 S. 1 a. F. führen, wenn das Verfilmungsrecht beispielsweise nach Beginn der Dreharbeiten, aber noch während der Herstellung übertragen werden sollte. Wegen der erbrachten Investitionen wurde zu Recht auch damals schon auf den Beginn der Dreharbeiten abgestellt (Schricker/Loewenheim/*Katzenberger/N. Reber*[5] Rn. 10; a. A. Dreier/Schulze/*Schulze*[5] Rn. 10 mit Blick auf das dem Filmhersteller mit der Verfilmung entgegengebrachte persönliche Vertrauen; gegen den Schutz eines bestimmten Projektstandes auch unsere 9. Aufl./ *Hertin* Rn. 4; zur Definition „Beginn der Dreharbeiten" vgl. Rn. 12), sodass die Auswirkungen der Reform gering sind. Auf **Altverträge vor dem 1.7.2002** findet § 90 a. F. gem. § 132 Abs. 3 S. 1 weiterhin Anwendung.

Die **Urhebervertragsrechtsreform 2016** hat mit **Wirkung für Verträge ab**   **4a**
1.3.2017 (§ 132 Abs. 3a) den Wortlaut des § 90 noch einmal in die derzeit geltende Fassung geändert. § 90 Abs. 1 S. 1 wurde in übersichtlicherer Form umformuliert in § 90 Abs. 1 S. 1, ohne dass dies materielle Änderungen mit sich gebracht hätte. § 90 S. 2 a. F. blieb ebenfalls in seinem materiellen Regelungsgehalt unverändert und findet sich jetzt in § 90 Abs. 1 S. 2. Nach dem neuen § 90 Abs. 1 S. 3 kann ein Ausschluss des Rückrufsrechts nach § 41 für maximal 5 Jahre im Voraus vereinbart werden; auch das brachte keine materielle Änderung der bisherigen Rechtslage mit sich (vgl. Rn. 12a).

Nach § 132 Abs. 1 ist § 90 auf **Altverträge vor dem 1.1.1966** nicht anwendbar.   **5**
Zu diesem Zeitpunkt bestanden aber auch die für nicht anwendbar erklärten gesetzlichen Schutzvorschriften zugunsten der Urheber noch nicht. Zu DDR-Verträgen vgl. Vor §§ 88 ff. Rn. 34 ff.

3.   EU-Recht und Internationales Recht
Dazu vgl. Vor §§ 88 ff. Rn. 24 ff.   **6**

II. Tatbestand

1. Rechtsnatur; abweichende Abreden

7 Bei § 90 handelt es sich um **keine Auslegungsregel** (Dreier/Schulze/*Schulze*[5] Rn. 5; Wandtke/Bullinger/*Manegold/Czernik*[4] Rn. 1). Die Norm schließt kraft Gesetzes die genannten Zustimmungserfordernisse (§§ 34, 35), und Rückrufsrechte (§§ 41, 42) der Urheber sowie den automatischen Rechterückfall an den Urheber (§ 40a) aus. § 90 ist aber **dispositiver Natur** (Dreier/Schulze/*Schulze*[5] Rn. 8). Die Parteien können vereinbaren, dass die Regelungen der §§ 34, 35, 41 und 42 gelten sollen. Das kann **ausdrücklich** oder auch **konkludent** geschehen. Um bei konkludenter Vereinbarung ausnahmsweise von der gesetzlichen Regelung abzuweichen, müssen jedoch klare Anhaltspunkte vorhanden sein, zumal die gesetzliche Regelung im Regelfall auch der Interessenlage bei der Filmauswertung entspricht. **Von § 90 Abs. 1 S. 1 oder von Abs. 2 abweichende Vereinbarungen** durch AGB sind ausgeschlossen. Sofern solche Abreden nicht schon am Verbot überraschender Klauseln scheitern, verstoßen sie gegen § 307 BGB. Will der Filmproduzent die Wirkungen des § 90 Abs. 1 S. 1 für das Verfilmungsrecht schon vor Drehbeginn erzielen, also **§ 90 Abs. 1 S. 2 abbedingen** (das kann sehr interessengerecht sein, vgl. Rn. 12), so ist das nur eingeschränkt möglich. Es sind die Einschränkungen zu beachten, die für formularvertragliche oder individualvertragliche Abreden im Hinblick auf §§ 34, 35, 41, 42 gelten (s. die Kommentierungen dort).

2. Ausschluss der §§ 34, 35, 41, 42 (Abs. 1 S. 1)

8 § 90 Abs. 1 S. 1 Nr. 1 schließt eine Anwendung des § 34 (Übertragung von Nutzungsrechten) grds. aus. Insb. ist danach **keine Zustimmung des Urhebers bei Übertragung** von Nutzungsrechten erforderlich (§ 34 Abs. 1 S. 1). Anders als das Zustimmungserfordernis bei der Übertragung von Nutzungsrechten (§ 34 Abs. 1) ist die angeordnete gesamtschuldnerische **Haftung** (§ 34 Abs. 4) nicht ausgeschlossen. Der Zweck des § 90, die ungestörte Verwertung des Filmwerkes zu erleichtern, erfordert dies nicht (BGH GRUR 2001, 826, 830 – *Barfuß ins Bett*; OLG München GRUR-RR 2010, 416, 422 – *Das Boot*; Dreier/Schulze/*Schulze*[5] Rn. 14; Schricker/Loewenheim/*Katzenberger/N. Reber*[5] Rn. 5; Wandtke/Bullinger/*Manegold/Czernik*[4] Rn. 15). Bei unbekannten Nutzungsarten (§§ 32c, 137l) und bei der Bestsellervergütung (§ 32a) haftet allerdings der neue Nutzungsrechtsinhaber allein. Ferner steht dem Urheber auch **kein Rückrufsrecht** gem. § 34 Abs. 3 S. 2 und S. 3 zu; nach der *ratio legis* besteht darüber hinaus auch **kein ungeschriebenes Kündigungsrecht** aus wichtigem Grund in solchen Fällen (dazu vgl. § 34 Rn. 29). Im Hinblick auf die Einräumung von weiteren Nutzungsrechten gem. § 35 ist eine Zustimmungspflicht des Urhebers ebenfalls ausgeschlossen (§ 90 Abs. 1 S. 1 Nr. 2). Auch ein ungeschriebenes außerordentliches Kündigungsrecht existiert hier nicht.

9 Ferner ordnet § 90 Abs. 1 S. 1 Nr. 3 an, dass § 41 (Rückruf ausschließlicher Nutzungsrechte wegen fehlender oder unzureichender Ausübung) nicht angewendet wird. Der Ausschluss des Rechterückfalls bei fehlender oder unzureichender Ausübung gilt nach dem Sinn und Zweck des § 90 Abs. 1 S. 1 auch für andere Rechtsinstitute, beispielsweise für die **außerordentliche Kündigung wegen Nichtausübung bei Auswertungspflichten** (dazu vgl. § 88 Rn. 70). § 90 Abs. 1 S. 1 Nr. 3 lässt sich insoweit die **allgemeine Regel** entnehmen, dass er den **Grundsatz** des **automatischen Rechterückfalls** im Verhältnis des Urhebers zum Nutzungsrechtserwerber bei Entfall des Verpflichtungsgeschäfts **durchbricht** (zu diesem Grundsatz vgl. § 31 Rn. 30 ff.), sofern der Dreh begonnen hat (*Jan Bernd Nordemann* FS Wandtke S. 185, 192). Es bleiben bei Verletzung der Auswertungspflicht allerdings Schadensersatz- und Erfüllungsansprüche. Mit dem Sinn und Zweck des § 90 Abs. 1 S. 1, die wirtschaftliche Auswertung

durch den Filmhersteller zu erleichtern, ist es nicht zu vereinbaren, die Rückrufsrechte des § 41 bei **Ablauf der Leistungsschutzrechte** des Filmherstellers
(§ 94) wieder aufleben zu lassen (so aber Dreier/Schulze/*Schulze*[5] Rn. 15).
§ 90 Abs. 1 Nr. 3 muss über die gesamte Schutzdauer des Urheberrechts und
nicht nur des Leistungsschutzrechts wirken. Auch für §§ 88 Abs. 1 und 89
Abs. 2 ist anerkannt, dass sie für die gesamte Schutzdauer des Urheberrechts
gelten, vgl. § 88 Rn. 48; vgl. § 89 Rn. 32. Ein Rückruf nach § **42** ist gem. § 90
Abs. 1 S. 1 Nr. 3 ebenfalls vollständig ausgeschlossen.

Nach seinem Sinn und Zweck, die störungsfreie wirtschaftliche Totalauswertung   **9a**
des Filmes sicherzustellen, kommt § 90 Abs. 1 S. 1 UrhG darüber hinaus auch Bedeutung für die Frage zu, ob (**zweitstufige**) **Nutzungsrechte an den Filmurheber
zurückfallen,** wenn das Erstgeschäft mit dem Urheber hinfällig wird. Ein häufiger
Fall ist z. B. die Unterlizensierung von Verfilmungsrechten (§§ 35, 88) durch Verlage an Filmhersteller. Entfällt der Verlagsvertrag des Verlages mit dem Urheber,
stellt sich die Frage, ob damit auch die Unterlizenz an den Filmhersteller an den
Urheber heimfällt. Bereits im allgemeinen Urhebervertragsrecht besteht hier im
Grundsatz ein **Sukzessionsschutz** für den Inhaber abgeleiteter Unterlizenzen (§ 35)
oder weiterübertragener Rechte (§ 34); dazu vgl. § 31 Rn. 30 ff. Nach § 90 Abs. 1
S. 1 ist es **ausgeschlossen,** dass von diesem Grundsatz nach Drehbeginn **Ausnahmen** zugelassen werden (s. a. Berger/Wündisch/*Berger*[2] § 1 Rn. 35; *Zehnsdorf*
S. 157; *Jan Bernd Nordemann* FS Wandtke S. 185, 192).

§ 90 Abs. 1 S. 1 betrifft eigentlich nach seinem Wortlaut **nur die** von den Urhebern   **10**
vorbestehenden Werke gem. § 88 Abs. 1 und von den Filmurhebern **gem.** § 89
Abs. 1 an den Filmhersteller **eingeräumten Rechte.** Ausführlich vgl. § 88 Rn. 48 ff.
und vgl. § 89 Rn. 30 ff. Abweichend vom Wortlaut kann § 90 Abs. 1 S. 1 allerdings immer nur insoweit angewendet werden, als die in §§ 88 Abs. 1, 89 Abs. 1
bezeichneten Rechte **tatsächlich eingeräumt wurden.** Nur im Rahmen der gestatteten Verwertung sollen die Erleichterungen dem Filmhersteller auch zugutekommen. Umgekehrt stellt sich – insb. bei Altverträgen vom 1.1.1966 bis 30.6.2002,
für die § 88 Abs. 1 a. F. enger gefasst war, vgl. § 88 Rn. 9 ff. – die Frage, ob die
Erleichterungen auch für Rechte gelten, die nicht von der Zweifelsregel erfasst,
gleichwohl aber **gesondert vertraglich eingeräumt** wurden. Das ist angesichts des
Zwecks der §§ 88 ff., die ungestörte filmische Auswertung zu gewährleisten, richtigerweise für **filmische Rechte** zu bejahen (Schricker/Loewenheim/*Katzenberger*/
N. Reber[5] Rn. 3; Wandtke/Bullinger/*Manegold*/*Czernik*[4] Rn. 6; a. A. für Altverträge bis 30.6.2002 Dreier/Schulze/*Schulze*[5] Rn. 6). Auch bei **unbekannten filmischen Nutzungsarten,** die in Altverträgen vom 1.1.1966 bis 31.12.2007 wegen
§ 31 Abs. 4 a. F. nicht eingeräumt werden konnten, sollte bei vertraglichem Nacherwerb § 90 Abs. 1 S. 1 gelten (so auch Dreier/Schulze/*Schulze*[5] Rn. 6). Bei Nacherwerb von filmischen Rechten über die Einräumungsfiktion des § 137l ist § 90
Abs. 1 S. 1 ebenfalls einschlägig (zur Anwendung des § 41 auf die Einräumungsfiktion des § 137l vgl. § 41 Rn. 55). § 90 Abs. 1 S. 1 kann ferner auf das gesondert
vertraglich gewährte Recht zur **Wiederverfilmung (Remake)** angewendet werden,
allerdings erst ab Drehbeginn der Wiederverfilmung (*Graef* GRUR Prax 2010,
192; Dreier/Schulze/*Schulze*[5] Rn. 11; Schricker/Loewenheim/*Katzenberger*/
N. Reber[5] Rn. 12; Wandtke/Bullinger/*Manegold*/*Czernik*[4] Rn. 4; anders als tw.
dort angegeben, ist das nicht bestritten). Denn die Gestattung zur Wiederverfilmung ist eine filmische Nutzung. Der Filmhersteller benötigt den Schutz des
§ 90 Abs. 1 ab Beginn der Dreharbeiten der Wiederverfilmung. Das Gleiche gilt
für **Fortentwicklungsrechte (z. B. Sequels, Prequels);** auch hier greift § 90 Abs. 1
ab Drehbeginn des Sequels oder Prequels. Sind die Rechte für mehrere Wiederverfilmungen, Sequels oder Prequels eingeräumt, gilt § 90 Abs. 1 für jede Wiederverfilmung, jedes Sequel oder jedes Prequel gesondert, d. h. der Drehbeginn z. B. für
eine Wiederverfilmung beseitigt nicht die Rechte des Urhebers nach §§ 34, 35, 41,
42 für weitere Wiederverfilmungen (*Graef* GRUR Prax 2010, 192). Schließlich

fällt das Recht zur Verwendung der schöpferischen Leistungen **in einem anderen Film** – auch soweit nicht von §§ 88 Abs. 1, 89 Abs. 1 gedeckt, str.; vgl. § 88 Rn. 60 ff. und vgl. § 89 Rn. 34 ff. – unter § 90 Abs. 1 S. 1 (a. A. Dreier/Schulze/ *Schulze*[5] Rn. 7). Denn auch dabei handelt es sich um filmische Nutzungen, für die der Schutzzweck des § 90 Abs. 1 einschlägig ist. Über filmische Nutzungen geht der Anwendungsbereich des § 90 Abs. 1 S. 1 aber nicht hinaus, weil der Filmhersteller hier nicht besser gestellt werden kann als jeder andere nicht-filmische Verwerter. § 90 Abs. 1 erfasst also **keine außerfilmischen Nutzungsarten** (vgl. § 88 Rn. 69 und vgl. § 89 Rn. 41) wie etwa Merchandising. – Die Begrenzung auf Rechte nach § 89 Abs. 1 bedeutet nicht, dass die Rechte nach **§ 89 Abs. 4 (Lichtbilder und Lichtbildwerke)** nicht erfasst wären, weil § 89 Abs. 4 auf eine entsprechende Anwendung von § 89 Abs. 1 verweist (vgl. § 89 Rn. 75).

3.   Keine Anwendung für Verfilmungsrecht bis Beginn der Dreharbeiten (Abs. 1 S. 2)

11   Vor Beginn der Dreharbeiten hat der Filmhersteller noch **keine wesentlichen Aufwendungen** getätigt, so dass seine Schutzbedürftigkeit geringer ist (RegE UrhG 1962 – BT-Drs. IV/270, S. 101). Aus diesem Grund findet § 90 Abs. 1 S. 1 vor diesem Zeitpunkt gem. Abs. 1 S. 2 für das Recht zur Verfilmung keine Anwendung. Wie die gleich lautende Überschrift des § 88 zeigt, sind mit „Recht zur Verfilmung" **alle von § 88 Abs. 1 erfassten filmischen Rechte** gemeint und nicht nur das Filmherstellungsrecht im engeren Sinne (vgl. § 88 Rn. 48 ff.). Eine isolierte Regelung des Filmherstellungsrechts ohne die Auswertungsrechte des § 88 Abs. 1 würde auch keinen Sinn machen. Darüber hinaus fallen auch sämtliche gesondert vertraglich über § 88 Abs. 1 hinaus eingeräumten filmischen Rechte unter § 90 Abs. 1 S. 2, weil sie auch unter § 90 Abs. 1 S. 1 fallen (vgl. Rn. 10). Insb. der filmische Stoffrechteerwerb über die Einräumungsfiktion des § 137l fällt unter § 90 Abs. 1 S. 2 (vgl. Rn. 10), sodass die darüber eingeräumten Rechte insb. nicht zurückgerufen werden können, wenn die Dreharbeiten bereits begonnen wurden oder gar schon ein ausgewerteter Film vorliegt. § 90 Abs. 1 S. 2 gilt **nicht** für die Rechtseinräumung der **Filmurheber** gem. § 89 Abs. 1, weil § 89 Abs. 1 kein Recht zur Verfilmung einräumt (vgl. § 89 Rn. 30).

12   **Beginn der Dreharbeiten:** Damit ist **Beginn der Filmaufnahmen** gemeint, also der Zeitpunkt, ab dem die Kamera läuft. Wie Abs. 1 S. 1 (vgl. Rn. 8) ist allerdings auch der Wortlaut des Abs. 1 S. 2 entsprechend seinem Sinn und Zweck ggf. zu überwinden. Die Erwägung des Gesetzgebers, der Filmhersteller habe vor Beginn der Dreharbeiten noch keine wesentlichen Aufwendungen getätigt, trifft nicht in jedem Fall zu, etwa bei erheblichen **organisatorischen Vorbereitungen** schon **vor Drehbeginn**, Pre-Production, Finanzierungsverträgen oder erheblichen Aufwendungen für andere Stoffverträge (Schricker/Loewenheim/ *Katzenberger/N. Reber*[5]   Rn. 10;   Wandtke/Bullinger/*Manegold/Czernik* [4] Rn. 9), sodass in diesen Fällen § 90 Abs. 1 S. 1 auch vor Beginn der Dreharbeiten ausgeschlossen sein kann (Wandtke/Bullinger/*Manegold/Czernik* [4] Rn. 9 wollen § 242 BGB anwenden). Umgekehrt kann nach Beginn der Dreharbeiten § 90 Abs. 1 S. 2 noch anwendbar sein, wenn die **Herstellung** des Filmvorhabens endgültig **aufgegeben** und nicht nur vorübergehend unterbrochen wird (Wandtke/Bullinger/*Manegold/Czernik* [4] Rn. 10). Falls die Dreharbeiten **nicht ernsthaft** begonnen werden – etwa um nur den Ausschluss des Rückrufrechtes herbeizuführen –, kann sich der Stoffurheber ebenfalls auf § 90 Abs. 1 S. 2 berufen (Dreier/Schulze/*Schulze*[5] Rn. 10). Ein bloßer **Produzentenwechsel** nach Beginn der Dreharbeiten genügt jedoch nicht, weil dies § 90 Abs. 1 S. 2 gerade ermöglichen will (Wandtke/Bullinger/*Manegold/Czernik* [4] Rn. 10).

4.   Ausschluss des Rückrufsrechts nach § 41 für bis zu 5 Jahre (Abs. 1 S. 3)

12a   § 90 Abs. 1 S. 3 erlaubt dem Vertragspartner des Urhebers, einen Ausschluss der Ausübung des Rückrufsrechts wegen unzureichender oder fehlender Ausübung nach § 41 für eine Dauer von bis zu 5 Jahren zu vereinbaren. De Regelung ist seit der Urhebervertragsrechtsreform 2016 neu in § 90 Abs. 1 S. 3. Zur temporalen Anwendbarkeit s. § 132 Abs. 3a. **An der materiellen Rechtslage hat sich dadurch nichts geändert**, weil schon nach der alten Rechtslage ein Ausschluss für bis zu 5 Jahre gem. § 41 Abs. 4 S. 2 a. F. vereinbart werden konnte (vgl. § 41 Rn. 2a). Da die Bestimmung in § 41 jedoch mit der Urhebervertragsrechtsreform 2016 auf eine maximale Dauer von 2 Jahren verkürzt wurde (§ 41 Abs. 2 und Abs. 4 n. F.), wurde für das Verfilmungsrecht durch den Bundestag eine Sonderregelung in § 90 Abs. 1 S. 3 aufgenommen, die die bisherige Maximalfrist von 5 Jahren beibehalten sollte. Das beruht auf dem Gedanken, dass **Vorbereitungen zum Beginn der Dreharbeiten** teilweise einen **längeren Zeitraum als 2 Jahre** benötigen, so dass die Vereinbarung der längeren 5-Jahres-Frist für das Verfilmungsrecht auch individualvertraglich möglich sein sollte (Bericht RAusschuss UrhVG 2016 – BT-Drs. 18/10637, S. 24). Weitere Verlängerungen über 5 Jahres hinaus sind nur gem. § 41 Abs. 4 durch gemeinsame Vergütungsregeln (§ 36) oder Tarifverträge möglich (§ 41 Rn. 48 ff.). Zu Gunsten des Urhebers kann individualvertraglich oder in AGB eine kürzere Frist vorgesehen werden. **Zum sonstigen Tatbestand des § 41** vgl. § 41 Rn. 4 ff., insbesondere zur Frage der **Nichtausübung oder unzureichenden Ausübung** des Nutzungsrechts speziell zum Filmbereich vgl. § 41 Rn. 21; zur **Nachfrist** im Filmbereich vgl. § 41 Rn. 31.

5.　Keine Anwendung des Rechts zur anderweitigen Verwertung nach zehn Jahren (Abs. 2)

Das Recht zur anderweitigen Verwertung nach zehn Jahren (§ 40a) gilt für die in § 88 und § 89 Abs. 1 aufgeführten Rechte nicht, § 90 Abs. 2. Der Gesetzgeber war der Auffassung, die (nunmehr zwingende) Regelung des § 88 Abs. 2 S. 2 genüge im Filmbereich (RegE UrhVG 2016 – BT Drs. 18/8625, S. 31). Die Begrenzung auf Rechte nach § 89 Abs. 1 bedeutet nicht, dass die Rechte nach § 89 Abs. 4 (Lichtbilder und Lichtbildwerke) nicht erfasst wären, weil § 89 Abs. 4 auf eine entsprechende Anwendung von § 89 Abs. 1 verweist. § 40a kann damit auch auf Lichtbilder und Lichtbildwerke nach § 89 Abs. 4 nicht angewendet werden (vgl. § 89 Rn. 75). Zur vertraglichen Abdingbarkeit zu Gunsten des Urhebers vgl. Rn. 7. **12b**

III.　Prozessuales

Die **Darlegungs- und Beweislast** für eine von § 90 Abs. 1 S. 1 abweichende Vereinbarung trägt der Urheber. Allerdings muss derjenige, der sich auf S. 1 beruft, im Zweifel darlegen und beweisen, dass die Dreharbeiten begonnen haben und damit S. 1 auch auf die Rechtseinräumung nach § 88 Abs. 1 anzuwenden ist. **13**

Auf die Bestimmung des § 90 kann sich nicht nur der Filmhersteller berufen. Vielmehr können sich auch **beliebige Dritte im Prozess** darauf berufen, um einen fehlenden Rückfall der Rechte vom Filmhersteller (oder anderen Verwertern) an den Urheber zu behaupten. Umgekehrt können auch als Verletzer in Anspruch Genommene zum Bestreiten der Aktivlegitimation des Urhebers (z. B. für Schadensersatzansprüche; zu Unterlassungsansprüchen bliebe der Urheber berechtigt, vgl. § 97 Rn. 128) § 90 anführen. **14**

IV.　Verhältnis zu anderen Vorschriften

Auf § 90 wird in § 92 Abs. 3 verwiesen. Damit gelten auch beim Erwerb der Rechte von ausübenden Künstlern bei der Filmherstellung die in § 90 genann- **15** ten Erleichterungen. § 92 Abs. 3 geht allerdings für § 90 Abs. 2 ins Leere, weil § 40a auf ausübende Künstler keine Anwendung findet (§ 79 Abs. 2a).

§ 91   *(aufgehoben) Rechte an Lichtbildern [nur gültig für Verträge vom 1.1.1966 bis 30.6.2002]*

Die Rechte zur filmischen Verwertung der bei der Herstellung eines Filmwerkes entstehenden Lichtbilder erwirbt der Filmhersteller. Dem Lichtbildner stehen insoweit keine Rechte zu.

§ 91 wurde durch das UrhVG 2002 mit Wirkung zum 22. März 2002 aufgehoben.

I. Allgemeines

1. Sinn und Zweck

1 § 91 a. F. stand als Kameraleute diskriminierende Regelung in der Kritik (RegE UrhVG 2002 – BT-Drs. 14/6433, S. 19). Er wurde durch das UrhVG vom 22.3.2002 aufgehoben. Das Schicksal der Rechte an den einzelnen Bildern des Filmes wird heute durch § **89 Abs. 4** geregelt. Danach gilt für Lichtbilder und Lichtbildwerke die Auslegungsregel des § 89 Abs. 1, wonach der Lichtbildner, der sich zur Mitwirkung bei der Herstellung eines Filmes verpflichtet, dem Filmhersteller im Zweifel das ausschließliche Recht einräumt, das Filmwerk sowie Übersetzungen und andere filmische Bearbeitungen oder Umgestaltungen des Filmwerkes auf alle Nutzungsarten zu nutzen. § 91 a. F. findet auf **Altverträge vom 1.1.1966 bis zum 1.7.2002** gem. § 132 Abs. 1 und Abs. 3 **weiterhin** Anwendung (BGH GRUR 2010, 620 Tz. 12 – *Film-Einzelbilder*).

2 Auch § 91 gehörte zu den Bausteinen des Gesetzgebers, mit denen er gewährleisten wollte, dass der **Filmhersteller alle für die filmische Auswertung erforderlichen Rechte** hält (vgl. Vor §§ 88 ff. Rn. 1). Ein Film ist aus vielen **Einzelbildern** zusammengesetzt (RegE UrhG 1962 – BT-Drs. IV/270, S. 101). Das gilt unabhängig davon, ob ein fotochemisches (Filmrolle) oder ein elektronisches Aufzeichnungsverfahren (Video, digitale Speichermedien) verwendet wurde. Die Einzelbilder sind isoliert als Lichtbilder (§ 72) oder Lichtbildwerke (§ 2 Abs. 1 Nr. 5) schutzfähig. Der Lichtbildner bzw. Urheber ist der Kameramann (Dreier/Schulze/*Schulze*[5] Rn. 3; Wandtke/Bullinger/*Manegold/Czernik*[4] Rn. 6). Da die Auswertung des gesamten Filmes immer auch die Urheberrechte des Kameramannes an den Einzelbildern erfassen würde, braucht der Filmhersteller von ihm dieselben Rechte, die er auch für das Filmwerk als solches benötigt (Dreier/Schulze/*Schulze*[5] Rn. 3; Schricker/Loewenheim/*Katzenberger/ N. Reber*[5] Rn. 1). Das gewährleistete § 91 a. F. für Lichtbilder, für Lichtbildwerke galt stets die Vermutung des § 89 Abs. 1 vgl. Rn. 7. Der **Umfang der eingeräumten Rechte gem. § 91 a. F. läuft mit § 89 Abs. 4 parallel** (vgl. Rn. 10), allerdings ist unklar, ob § 91 a. F. dafür die gleiche dogmatische Konstruktion verwendet (vgl. Rn. 9).

2. Früheres Recht (KUG)

Vor Inkrafttreten des UrhG am 1.1.1966 gilt für den Bereich des Urhebervertragsrechts und der Rechteeinräumung an Werken gem. § 132 Abs. 1 die frühere Rechtslage (vgl. Vor §§ 31 ff. Rn. 14 f.; vgl. Vor §§ 88 ff. Rn. 9 ff.). Damit ist § **91 a. F. auf Altverträge vor dem 1.1.1966 nicht anwendbar.** Es existierte damals keine dem § 91 a. F. vergleichbare Regelung, obwohl anerkannt war, dass neben dem Schutz des Filmwerkes als solchem ein Schutz der daraus bestehenden Einzelbilder existiert. Zum Schutz der damaligen Lichtbildner gem. §§ 1, 3 KUG i. V. m. §§ 129 Abs. 1 S. 2, 135 vgl. § 135 Rn. 1.   **3**

Bei der Beurteilung solcher Altverträge ist in Bezug auf die Rechte an einzelnen Lichtbildern auf den allgemeinen (nicht kodifizierten) **Übertragungszweckgedanken** zurückzugreifen, sofern die Parteien keine ausdrücklichen Abreden geschlossen haben. Nach ihm erfolgt im Zweifelsfall die Rechtseinräumung in einem solchen Maß, wie sie erforderlich ist, um den mit dem Vertrag angestrebten Zweck zu erreichen. Der Zweck eines Vertrages über die Mitwirkung an einem Film deckt im Regelfall die zum Vertragsschluss **üblichen Auswertungsarten** (vgl. Vor §§ 88 ff. Rn. 10) für die Einzelbilder ab. In jedem Fall hat damit der Filmhersteller das Recht, die Einzelbilder zum Zweck der **Bewerbung des Films** zu vergeben (vgl. Rn. 11 ff. zur Verwendung für **Programmhinweise** oder als **Coverbild**, wenn die relevanten Nutzungsrechte für den Film eingeräumt sind). Auch sollte das Recht umfasst sein, die **Einzelbilder im konkreten Film** zu nutzen (Dreier/Schulze/*Schulze*[5] Rn. 14, Rn. 9). Ob jedoch das Recht zur **Klammerteilauswertung in anderen Filmen**, das § 91 gewährt (str., vgl. Rn. 11), gem. dem Übertragungszweckgedanken eingeräumt war, erscheint als zweifelhaft. Die Einräumung eines ausschließlichen Vorführungsrechtes an einem Film gestattete – außerhalb des Bewerbungsrechts – nicht, einzelne Lichtbilder zu verwenden (BGH GRUR 1953, 299 – *Lied der Wildbahn I*). Eine **nicht-filmische Verwendung** war – wie bei § 91 – in keinem Fall erfasst.   **4**

Die Rechte an Einzelbildern hatten **vor 1966** für den Filmhersteller **eine eigenständige Bedeutung** bei **unerlaubter Nutzung von Filmausschnitten durch Dritte.** Über das Urheberrecht am Film kann die sog. Klammerteilauswertung (vgl. § 88 Rn. 62) nur verboten werden, wenn die entnommenen Teile des Filmes als Werk schutzfähig sind, was bei Einzelbildern, kurzen Szenen oder einem eher dokumentarischem Charakter des Filmes nicht immer der Fall sein mag (BGH GRUR 1963, 40, 41 – *Straßen – gestern und morgen*; BGH GRUR 1953, 299, 301 – *Lied der Wildbahn I*; LG Berlin GRUR 1962, 207, 208 – *Maifeiern*). Da es vor 1966 den Leistungsschutz des Filmproduzenten nach § 94 noch nicht gab, waren die erworbenen Rechte an den Einzelbildern notwendig, um eine Klammerteilnutzung – auch von bewegten Bildern – durch Dritte zu verhindern, wenn man nicht auf wettbewerbsrechtliche Ansprüche zurückgreifen wollte (zum früheren wettbewerbsrechtlichen Schutz eines Sendeunternehmens s. BGH GRUR 1962, 470, 457 – *AKI*). Seit dem UrhG hat sich das geändert, und dem Filmhersteller stehen die Rechte am Filmwerk (§§ 88, 89), an den einzelnen Bildern (§ 91 a. F., § 89 Abs. 4 n. F.) und ein eigenes Leistungsschutzrecht gem. § 94 (ggf. mit § 95) zu. Deshalb kommt es auch nicht mehr in Betracht, dass nach dem UrhG für den Kameramann im Hinblick auf das Bewegtbild zusätzlich zu seinem Schutz als Filmmiturheber gem. § 2 Abs. 1 Nr. 6 auch noch Schutz als Fotograf (§ 2 Abs. 1 Nr. 5) oder   **5** als einfacher Lichtbildner (§ 72) besteht. Dieser Schutz kommt nur für isolierte Filmeinzelbilder in Betracht (str., vgl. § 89 Rn. 79).

II. Tatbestand

1. Lichtbilder und Lichtbildwerke

6 Bloße **Lichtbilder** (§ 72) sind schon dem Wortlaut nach Regelungsgegenstand, **nicht** aber **Lichtbildwerke**. Nach Ansicht des Gesetzgebers des UrhG 1965 handelte es sich bei den Einzelbildern eines Filmes nicht um Lichtbildwerke, weil die Einzelbilder zwangsläufig als Zufallsprodukte bei der Filmproduktion entstünden (RegE UrhG 1962 – BT-Drs. IV/270, S. 101). Die Schutzfähigkeit und Werkqualität der Einzelbilder ist jedoch für jedes Bild eigenständig nach § 2 zu beurteilen und nicht danach, ob sie Eingang in ein Filmwerk finden. Insoweit ist der Kritik (s. nur Dreier/Schulze/*Schulze*[5] Rn. 4) an der Gesetzesbegründung zuzustimmen. Dass Werke bei der Schöpfung eines Gesamtkunstwerkes in eine andere Werkgattung integriert werden, nimmt ihnen nicht die isoliert bestehende Schutzfähigkeit. Um Lichtbildwerke handelt es sich, wenn durch Licht, Bildausschnitt, Blickwinkel und andere Gestaltungselemente eine bestimmte Aussage oder Stimmung vermittelt wird (Dreier/Schulze/*Schulze*[5] Rn. 5; vgl. § 2 Rn. 191 ff.).

7 Für **Lichtbildwerke** gilt § 91 a. F. danach von vornherein nicht, sondern § 89 Abs. 1 (Dreier/Schulze/*Schulze*[5] Rn. 8; Schricker/Loewenheim/*Katzenberger/ N. Reber*[5] Rn. 12). Ein praktischer Unterschied ergibt sich daraus nicht, weil nach der hier vertretenen Auffassung der Umfang der Rechtseinräumung nach § 91 und § 89 Abs. 1 identisch ist (vgl. Rn. 10).

2. Bei der Herstellung eines Filmwerkes entstanden

8 Zudem erfordert § 91 a. F., dass die Lichtbilder „bei der Herstellung eines Filmwerkes" entstanden sind. Der Rechtserwerb findet im Hinblick auf alle während der Dreharbeiten aufgenommenen Bilder statt, die nach ihrer **Zweckbestimmung** bei der Aufnahme der Herstellung eines Filmwerkes dienen sollen (Wandtke/Bullinger/*Manegold/Czernik*[4] Rn. 8). Das gilt unabhängig von der tatsächlichen Verwendung in der endgültigen Schnittfassung (Schricker/Loewenheim/*Katzenberger/N. Reber*[5] Rn. 10; Wandtke/Bullinger/*Manegold/Czernik*[4] Rn. 8; a. A. *Haupt/Ullmann* ZUM 2005, 883, 887: grds. kein Rechtserwerb an nicht verwendetem **Schnitt- und Restmaterial**, vgl. § 89 Rn. 36). Diese Zweckbestimmung ex ante fehlt bei Probeaufnahmen oder Set- und Standfotografien aus bloßem Anlass der Produktion (Wandtke/Bullinger/*Manegold/Czernik*[4] Rn. 8; Schricker/Loewenheim/*Katzenberger/N. Reber*[5] Rn. 10). Diese Rechte bleiben beim Kameramann.

3. Rechtserwerb durch Filmhersteller

9 a) **Rechtsnatur:** Die Rechtsnatur des Rechtserwerbs war bei § 91 a. F. umstritten. Teils wurde von einer schlecht formulierten Auslegungsregel ausgegangen (so Dreier/Schulze/*Schulze*[5] Rn. 7; unsere 9. Aufl./*Hertin* Rn. 1), teils eine Legalzession (Möhring/Nicolini/*Lütje*[2] Rn. 1; Schricker/Loewenheim/*Katzenberger/N. Reber*[5] Rn. 6) oder gar ein das Schöpferprinzip durchbrechender originärer Rechtserwerb angenommen (*Ulmer*, Urheber- und Verlags R[3] S. 180). Nach der Gesetzesbegründung (RegE UrhG 1962 – BT-Drs. IV/270, S. 101: „unmittelbarer Übergang dieser Rechte auf den Filmhersteller") muss eigentlich von einer **Legalzession** ausgegangen werden. Eine Legalzession ist allerdings EU-rechtlich mangelhaft (vgl. Vor §§ 88 ff. Rn. 25), sodass von einer bloßen Auslegungsregel auszugehen ist. Da § 91 dispositiv ist (vgl. Rn. 17), besteht in der Praxis aber kein nennenswerter Unterschied zwischen Legalzession und Auslegungsregel.

b) Umfang des Rechtserwerbs: Der Umfang des Rechtserwerbs nach § 91 a. F.   **10**
deckt sich grundsätzlich **mit dem Umfang des Rechtserwerbs nach § 89 Abs. 1.**
Durch die Neuregelung in § 89 Abs. 4, der auf § 89 Abs. 1 nur verweist, wurde
nach geltender Rechtslage dieser Gleichlauf bestätigt.

Der Filmhersteller erwirbt von jedem bei der Filmherstellung mitwirkenden Kame-   **11**
ramann als Lichtbildner die dabei entstehenden Rechte, soweit es um die filmische
Nutzung geht („filmische Verwertung"; s. a. RegE UrhG 1962 – BT-Drs. IV/270,
S. 101). Erfasst ist **jede Form der filmischen Verwertung.** Wenig überzeugend ist
es, eine Nutzung der Einzelbilder nur für den hergestellten **konkreten** Film zu erlauben (so aber Dreier/Schulze/*Schulze*[5] Rn. 10; Schricker/Loewenheim/*Katzen-
berger/N. Reber*[5] Rn. 7; Wandtke/Bullinger/*Manegold/Czernik*[4] Rn. 8; Büscher/
Dittmer/Schiwy/*Lewke*[3] § 89 Rn. 13; offen BGH GRUR 2010, 620 Tz. 16 ff. –
Film-Einzelbilder). Vielmehr fällt wie bei § 88 Abs. 1 (vgl. § 88 Rn. 62) und § 89
Abs. 1 (vgl. § 89 Rn. 36) das Abklammern von Einzelbildern (sog. **Klammerteilauswertung**) und die isolierte Verwendung in anderen Filmen oder filmischen Medien unter § 91. Etwas anderes ergibt sich insb. nicht aus der amtlichen Begründung zu § 91 (im RegE UrhG 1962 – BT-Drs. IV/270, S. 101, finden sich hierzu
keine Ausführungen). § 91 wäre auch seiner praktischen Relevanz beraubt, würde
man die danach allein erfasste filmische Nutzung auf den konkreten Film veren-
gen. Praktisch niemals werden Lichtbilder in demselben Film noch einmal gezeigt,
umso häufiger jedoch in anderen Filmen. Für eine erlaubte Klammerteilauswertung spricht auch, dass dem Filmhersteller aus § 94 dieses Recht in Form eines
Leistungsschutzrechts zusteht (BGH GRUR 2010, 620 Tz. 35 – *Film-Einzelbilder*), die §§ 88 ff. aber gerade ein Auseinanderfallen von filmischen Rechten und
die damit verbundenen Verwertungsprobleme verhindern wollte (vgl. Vor §§ 88 ff.
Rn. 1 ff.). Ferner ist das (filmische) digitale **picture sampling** grds. in den Grenzen
des § 93 erlaubt (a. A. *Gernot Schulze* GRUR 1994, 855, 860). Im Hinblick auf
die filmische Verwertung ist § 90 analog anzuwenden, weil auf die Neuregelung in
§ 89 Abs. 4 § 90 direkt Anwendung findet (vgl. § 89 Rn. 79) und beide Bestimmungen parallel laufen.

Auch die Verwendung von Einzelbildern zur **Bewerbung der Auswertung des kon-**   **12**
kreten Films ist – selbstverständlich – von § 91 erfasst. Denn insoweit liegt gar
keine eigenständige Nutzung vor (vgl. § 31 Rn. 64). Die Argumentation des OLG
Köln, dass die umfassende Einräumung räumlich, zeitlich und inhaltlich unbeschränkter Rechte für alle Zwecke des Rundfunks, einen Film ganz oder tw. beliebig oft zu benutzen, auch zur Verwendung von Einzelbildern als **Standbilder im**
Internet für Programmhinweise berechtige (OLG Köln MMR 2005, 185, 186 zu
§ 31 Abs. 5 bei einem Vertrag zwischen Filmurheber/Produzent und Rundfunkanstalt) ist deshalb sogar überflüssig. Für alle filmischen Nutzungsarten, für die der
Kameramann dem Filmhersteller die Rechte eingeräumt hat, darf also mit Filmeinzelbildern geworben werden. Das schließt auch **nicht-filmische Werbemedien** wie
Zeitungen, Zeitschriften oder Plakate ein (a. A. Möhring/Nicolini/*Lütje*[2] Rn. 9;
Schricker/Loewenheim/*Katzenberger/N. Reber*[5] Rn. 7; Wandtke/Bullinger/*Mane-
gold/Czernik*[4] Rn. 10; offen: BGH GRUR 2010, 620 Tz. 16 ff. – *Film-Einzelbilder*). Erst recht sind filmische Medien wie DVD-Cover eingeschlossen.

Nicht von den erworbenen Rechten gedeckt sind **außerfilmische Nutzungen**   **13**
(RegE UrhG 1962 – BT-Drs. IV/270, S. 101; BGH GRUR 2010, 620 Tz. 18 –
Film-Einzelbilder). Das gilt insb. für Buchillustrationen und nicht-filmisches Merchandising (Büscher/Dittmer/Schiwy/*Lewke*[3] § 89 Rn. 13; Dreier/Schulze/*Schulze*[5] Rn. 11; Schricker/Loewenheim/*Katzenberger/N. Reber*[5] Rn. 8; Wandtke/Bul-
linger/*Manegold/Czernik*[4] Rn. 10), aber auch für ein Online-Archiv mit
Szenenbildern aus verschiedenen Filmen (BGH GRUR 2010, 620 Tz. 18 – *Film-
Einzelbilder*). Die Rechte verbleiben insofern dem Kameramann (S. 2), wenn hier
keine anderweitigen vertraglichen Vereinbarungen getroffen wurden (vgl.

Rn. 17). Anstelle von § 91 gilt die Auslegungsregel des § 31 Abs. 5. Der Filmhersteller kann allerdings aus § 94 vorgehen, wenn außerfilmisch Szenenbilder aus dem Film verwendet werden (BGH GRUR 2010, 620 Tz. 35 – *Film-Einzelbilder*). § 90 gilt bei nicht-filmischer Nutzung nicht (vgl. § 90 Rn. 10).

14   **Zweitwiedergaberechte** (§ 22) sind – wie bei § 89 (vgl. § 89 Rn. 42) – Gegenstand des § 91 a.F. (a.A. Dreier/Schulze/*Schulze*[5] Rn. 11; Schricker/Loewenheim/*Katzenberger*/N. *Reber*[5] Rn. 9; Wandtke/Bullinger/*Manegold*/*Czernik*[4] Rn. 11), jedoch nicht **gesetzliche Vergütungsansprüche**, bspw. aus § 27 Abs. 1 (Vermietung und Verleih) und §§ 54 ff. (Leermedienabgabe), weil § 91 ausdrücklich auf „Rechte" und nicht auf Vergütungsansprüche abstellt (Dreier/Schulze/*Schulze*[5] Rn. 11; Schricker/Loewenheim/*Katzenberger*/N. *Reber*[5] Rn. 9; Wandtke/Bullinger/*Manegold*/*Czernik*[4] Rn. 11; a.A. *Schack* ZUM 1989, 267, 283. Vgl. § 89 Rn. 42).

15   Auf § 91 a.F. war das Verbot der Einräumung von **Rechten an unbekannten Nutzungsarten** in § 31 Abs. 4 a.F. anwendbar, auch wenn man § 91 a.F. als Legalzession begreift (Schricker/Loewenheim/*Katzenberger*/N. *Reber*[5] Rn. 6), weil § 72 auch auf § 31 Abs. 4 a.F. verwies. Nach dessen Wegfall gilt als Übergangsregelung § 137l. Dieser enthält eine Übertragungsfiktion für Rechte an neuen Nutzungsarten zugunsten eines Erwerbers aller wesentlichen zum Zeitpunkt des Vertragsschlusses übertragbaren Nutzungsrechte. Mithin erwirbt der Filmhersteller, der gem. § 91 alle Lichtbildrechte erworben hat, nach § 137l auch alle (filmischen) unbekannten Nutzungsarten. Die Übergangsvorschrift § 137l spricht zwar nur von Urhebern. Jedoch wird man von einer analogen Anwendung auf Lichtbilder i.S.d. § 72 ausgehen müssen. Anderenfalls würde die vor allem für Filmwerke bezweckte Erleichterung bei Altverträgen während der Geltung des § 31 Abs. 4 gefährdet werden (vgl. § 137l Rn. 6).

16   **c) Erwerb durch Filmhersteller:** Nur der Filmhersteller als Vertragspartner von Kameraleuten wird von § 91 a.F. privilegiert. Hat der Kameramann mit Dritten kontrahiert, hilft dem Filmhersteller bei Altverträgen, auf die § 91 a.F. anwendbar ist, nicht § 89 Abs. 2. Bei Zweifeln über den Vertragspartner besteht aber die Vermutung, dass der Filmhersteller als wirtschaftliche und organisatorisch verantwortliche Vertragspartei ist. Zur Definition des Filmherstellers vgl. § 94 Rn. 8 ff.

4. Abweichende Vereinbarungen

17   § 91 war **dispositiv** (Schricker/Loewenheim/*Katzenberger*/N. *Reber*[5] Rn. 13). Abweichende Vereinbarungen können sich auch konkludent ergeben. Nicht anders als beim jetzigen § 89 Abs. 1, 4 kann auf den Übertragungszweckgedanken zurückgegriffen werden, wenn die vertraglichen Verhältnisse, in denen der Kameramann zum Filmhersteller steht, auslegungsbedürftigen Raum z.B. für von § 91 nicht erfasste außerfilmische Rechtseinräumungen lassen. In **AGB und Formularverträgen** sollte § 91 – wie § 89 (vgl. § 89 Rn. 46) – kein gesetzlicher Maßstab nach § 307 Abs. 2 Nr. 1 BGB sein. Damit ist eine Inhaltskontrolle bei Rechtseinräumungen grundsätzlich nicht möglich (vgl. Vor §§ 31 ff. Rn. 202 ff.).

III. Prozessuales

18   Dazu vgl. § 89 Rn. 62a ff.

IV. Verhältnis zu anderen Vorschriften

19   Wie bei § 89 (vgl. § 89 Rn. 67) ist der Übertragungszweckgedanke **des** § 31 Abs. 5 in seiner Wirkung als entgegenlaufende Auslegungsregel im tatbestandlichen Bereich des § 91 a. F. grds. nicht anwendbar. Anderes gilt für die vorgelagerte Frage, ob ein Lichtbildner überhaupt bei der Herstellung eines Filmes mitwirken sollte, und außerhalb seines tatbestandlichen Anwendungsbereiches wie bei außerfilmischen Nutzungen der Bilder.

Ähnliches lässt sich für § 43 sagen, der die Rechteeinräumung im Dienst- und   **20** Arbeitsverhältnis angestellter Filmschaffender regelt. Der vorrangige § 91 a. F. geht über den Umfang hinaus, den § 43 an Rechten gewähren würde. Insoweit ist § 43 nicht maßgeblich. Außerhalb des § 91 kann § 43 erhebliche Bedeutung erlangen, zumal sein Umfang auch weiter reicht als der des § 31 Abs. 5.

Die Urheberpersönlichkeitsrechte der §§ **12 bis 14** gelten auch für die von   **21** § 91 erfassten Lichtbildner gem. § 72 Abs. 1. Insoweit gilt das zu § 89 Gesagte (vgl. § 89 Rn. 72 ff.).

§ 91 a. F. ist auf **Laufbilder** anwendbar. Das ordnete § 95 a. F. für Verträge bis   **22** 30.6.2002 ausdrücklich an. Für die heutige Gesetzeslage gilt nichts anderes, weil § 95 auf § 89 Abs. 4 verweist. Handelt es sich um ein Lichtbildwerk und einen Altvertrag bis 30.6.2002, ist ebenfalls § 89 Abs. 1 einschlägig (vgl. Rn. 6). Das einzelne Bild kann auch dann ein Lichtbildwerk sein, wenn der Film kein Filmwerk, sondern lediglich Laufbild ist. Einzelne Stellen eines Laufbildes, die bei stehender Ansicht Werkcharakter hätten, müssen noch nicht zwingend durch ihre Integration in den gesamten Film zu einem Filmwerk führen. Die Werkhöhe eines Einzelbildes kann – jedenfalls dann, wenn in verschiedenen Szenen eine Vielzahl solcher Bilder existiert – aber ein Indiz für die Unterscheidung in Film und Laufbilder sein (Wandtke/Bullinger/*Manegold/ Czernik*[4] Rn. 6).

§ 92   Ausübende Künstler

(1) Schließt ein ausübender Künstler mit dem Filmhersteller einen Vertrag über seine Mitwirkung bei der Herstellung eines Filmwerks, so liegt darin im Zweifel hinsichtlich der Verwertung des Filmwerks die Einräumung des Rechts, die Darbietung auf eine der dem ausübenden Künstler nach § 77 Abs. 1 und 2 Satz 1 und § 78 Abs. 1 Nr. 1 und 2 vorbehaltenen Nutzungsarten zu nutzen.

(2) Hat der ausübende Künstler im Voraus ein in Absatz 1 genanntes Recht übertragen oder einem Dritten hieran ein Nutzungsrecht eingeräumt, so behält er gleichwohl die Befugnis, dem Filmhersteller dieses Recht hinsichtlich der Verwertung des Filmwerkes zu übertragen oder einzuräumen.

(3) § 90 gilt entsprechend.

Übersicht

I.   Allgemeines

1.   Sinn und Zweck

1   Als Mitwirkende können neben Filmurhebern auch ausübende Künstler (z. B. Schauspieler, Musiker) Rechte am Filmwerk erwerben. Ihnen stehen die Leistungsschutzrechte nach §§ 73 ff. zu. Wie bei Filmurhebern ist auch der Kreis mitwirkender ausübender Künstler oft groß und im Vorhinein möglicherweise schwer zu überschauen. Danach besteht die Gefahr, dass der Filmhersteller nicht alle notwendigen Rechte erwirbt. Auch ist denkbar, dass einige ausübende Künstler beim erforderlichen Nacherwerb ihre Rechte zur Blockade nutzen. Hier gewährt **§ 92 Abs. 1** – vergleichbar der für Filmurheber geltenden Vorschrift des § 89 – dem Produzenten die für die Verwertung des Filmes erforderlichen Nutzungsrechte aller bei der Filmproduktion mitwirkenden ausübenden Künstler, soweit solche entstehen. **Zweck** des § 92 ist es, die für die Auswertung erforderlichen **Nutzungsrechte** in der Hand des Filmherstellers zu **konzentrieren**. Er trägt bei der Produktion das wirtschaftliche Risiko, hat u. U. erhebliche Investitionen erbracht und ist für die Amortisation auf eine möglichst ungehinderte Verwertung des Filmes und Rechtssicherheit angewiesen (RegE UrhG 1962 – BT-Drs. IV/270, S. 102). Insofern kann man § 92 als Konkretisierung des Übertragungszweckgedankens des § 31 Abs. 5 im Filmbereich zugunsten des Filmherstellers (und nicht zugunsten des ausübenden Künstlers) begreifen. Zweck sämtlicher Mitwirkungshandlungen bei der Filmherstellung ist es nämlich, dem Produzenten die für die Auswertung erforderlichen Rechte zu verschaffen. Das erfolgt in der geltenden Fassung des § 92 parallel zu § 89 durch eine **Auslegungsregel** über den Umfang der jeweiligen vertraglichen Vereinbarungen mit den ausübenden Künstlern, die dem Filmhersteller den abgeleiteten Rechtserwerb erleichtert. Abs. 1 wurde seit Inkrafttreten des UrhG 1966 **mehrfach geändert** (zum früheren Recht vgl. Rn. 3 ff.). Die heutige Fassung **gilt für Verträge ab 13.9.2003** (vgl. Rn. 8 ff.).

2   **§ 92 Abs. 2** dient dem gleichen Zweck. Er soll den Erwerb der Rechte durch den Filmhersteller auch dann gewährleisten, wenn die Filmurheber ihre Rechte z. B. an eine Verwertungsgesellschaft im Voraus abgetreten haben. **Abs. 3** erklärt die eigentlich nur für Filmurheber geltende Vorschrift des § 90 für anwendbar, der Zustimmungserfordernisse des ausübenden Künstlers bei der Übertragung bzw. Weitereinräumung der Rechte und etwaige Rückrufsmöglichkeiten ausschließt.

2.   Früheres Recht

3   a) **Altverträge bis 31.12.1965:** Die Schutzvoraussetzungen bei vor 1966 geschaffenen Werken richten sich gem. § 129 Abs. 1 UrhG nach den Vorschriften des UrhG. Leistungsschutzrechte bestehen für Filme vor diesem Zeitpunkt nur insoweit, als ihnen auch vor dem Inkrafttreten des UrhG durch LUG oder KUG Schutz gewährt wurde (§§ 129 Abs. 1 S. 2). Aufnahmen der Darbietungen **ausübender Künstler** auf Tonträger waren als fiktives Bearbeitungsrecht urheberrechtlich **geschützt** (§ 2 Abs. 2 LUG; BGH GRUR 1962, 370, 373 – *Schallplatteneinblendung*). Das galt aber **nicht** für **Schauspieler** oder **musikalische ausübende Künstler**, sofern **keine vorbestehende Tonaufnahme** in den Film integriert wurde (unsere 9. Aufl./*Hertin* Vor §§ 88 ff. Rn. 15), denen damit für Leistungen vor dem 1.1.1996 keine Rechte zustehen.

Sofern Rechte nach LUG bestanden, gilt für die vertragliche Rechtseinräumung **4** gem. § 132 die frühere Rechtslage. § 92 ist auf Altverträge vor 1966 nicht anwendbar. Das gilt auch für die neue Fassung ab 1.7.1995 (a. A. Dreier/Schulze/ *Schulze*[5] Rn. 5), weil dem § 132 Abs. 1 entgegensteht. Die Übergangsregel des § 137e Abs. 4 wirkt auch nur für Verträge ab 1.1.1966 (Schricker/Loewenheim/*Katzenberger/N. Reber*[5] Rn. 4). Für die Beurteilung von Altverträgen bis 31.12.1965 ist daher auf die allgemeinen Grundsätze des vor dem UrhG 1965 nicht kodifizierten Übertragungszweckgedankens zurückzugreifen, der auch auf verwandte Schutzrechte Anwendung findet (vgl. § 31 Rn. 118), sofern die Parteien keine ausdrücklichen Abreden geschlossen haben. Ob der Übertragungszweckgedanke bei Altverträgen zu den gleichen Ergebnissen führt wie heute die Auslegungsregel des § 92 n. F. (so Dreier/Schulze/*Schulze*[5] Rn. 5), erscheint noch nicht als gesichert (vgl. § 89 Rn. 4 f.). Allerdings ging der Gesetzgeber wohl davon aus, dass eine vollständige Rechtseinräumung – wie heute nach § 92 n. F. – üblich war (RegE UrhG 1962 – BT-Drs. IV/270, S. 102), sodass wie bei Filmurhebern (vgl. § 89 Rn. 4) eine Vermutung für eine Rechtseinräumung nach dem Übertragungszweckgedanken im Umfang des § 92 n. F. besteht.

b) Altverträge vom 1.1.1966 bis 29.6.1995: Der mit Inkrafttreten des UrhG **5** am 1.1.1966 eingeführte § 92 a. F. (i. d. F. von UrhG 1965) lautete wie folgt:

§ 92 Ausübende Künstler [Fassung bis 30.6.1995]:
Ausübenden Künstlern, die bei der Herstellung eines Filmwerks mitwirken oder deren Darbietungen erlaubterweise zur Herstellung eines Filmwerkes benutzt werden, stehen hinsichtlich der Verwertung des Filmwerkes Rechte nach § 75 S. 2, §§ 76 und 77 nicht zu.

Nach dieser Regelung entstanden bestimmte Verwertungsrechte gar nicht erst **6** bei den ausübenden Künstlern, um die Auswertung des Filmwerkes von ihrer Einwilligung unabhängig zu machen und ungestört zu ermöglichen (RegE UrhG 1962 – BT-Drs. IV/270, S. 101). Die umfassende Regelung beschränkte sich nicht auf Nutzungsrechte, sondern schloss auch Vergütungsansprüche (§§ 86 Abs. 2, 87 a. F.) aus. Der Gesetzgeber sah das dadurch als gerechtfertigt an, dass die Leistung und ihre Verwertung bereits durch eine angemessene Vergütung für die Mitwirkung bei der Filmherstellung abgegolten sei. Zudem sei die in der Gesamtschöpfung aufgegangene Leistung nicht wiederholbar, und für persönliche Auftritte entstehe durch Filmwerk keine Konkurrenz (RegE UrhG 1962 – BT-Drs. IV/270, S. 101). Diese Folgen waren im Vergleich zur heutigen Übertragungsvermutung umfassender (*Poll* ZUM 2003, 866).

§ 137e Abs. 1 S. 2 ordnet jedoch **rückwirkend** im Hinblick auf die Altverträge **7** vom 1.1.1966 bis 29.6.1995 eine Umwandlung der fehlenden Entstehung der Rechte in eine **Übertragung der Rechte an den Filmhersteller** an. Das Gleiche gilt, wenn zumindest die Mitwirkungshandlung bei Herstellung des Filmwerkes bis 29.6.1995 erfolgte. Damit sind DVD-Rechte, Filmwerke aus den Jahren 1967 bis 1970 auf Bild-/Tonträger aufzunehmen und zu verbreiten, an die Sendeanstalt (Radio Bremen) als Filmhersteller übertragen (KG v. 27.6.2003 – 5

U 96/03 – ZUM 2003, 863, 864 – *Beat Club*). Vergütungsansprüche nach §§ 27 Abs. 1 und 3, 77 Abs. 2 S. 2 sollen allerdings von dieser Übertragung nicht umfasst sein und jetzt wieder dem ausübenden Künstler zustehen (Schricker/Loewenheim/*Katzenberger/N. Reber*[5] § 137e Rn. 5; so auch für § 27 Abs. 1: RegE ÄndG 1994 – BT-Drs. 13/115, S. 18).

8   c) **Altverträge vom 30.6.1995 bis 12.9.2003:** Erhebliche Änderungen erfuhr § 92 a. F. durch das dritte Urheberrechtsänderungsgesetz vom 23.6.1995, das die Vermiet- und Verleih-RL in das deutsche Recht umsetzte und am 30.6.1995 in Kraft trat. Die neue Fassung lautete:

> **§ 92 Ausübende Künstler [Fassung bis 12.9.2003]**
> (1) Schließt ein ausübender Künstler mit dem Filmhersteller einen Vertrag über seine Mitwirkung bei der Herstellung eines Filmwerks, so liegt darin im Zweifel hinsichtlich der Verwertung des Filmwerks die Abtretung der Rechte nach § 75 Abs. 1 und 2 und § 76 Abs. 1.
> (2) Hat der ausübende Künstler ein in Absatz 1 genanntes Recht im Voraus an einen Dritten abgetreten, so behält er gleichwohl die Befugnis, dieses Recht hinsichtlich der Verwertung des Filmwerkes an den Filmhersteller abzutreten.

9   Die Neufassung war erforderlich geworden, weil § 92 i. d. F. von 1965 gegen die Vermiet- und Verleih-RL verstieß. Nach Art. 2 Abs. 1, 5 Vermiet- und Verleih-RL stand den ausübenden Künstlern das Vermietrecht an ihren Darbietungen zu. Eine dies regelnde Übertragungsvermutung muss zumindest widerlegbar, das Recht auf angemessene Vergütung muss gem. Art. 4 unverzichtbar sein. Hiermit war § 92 i. d. F. v. 1965 zumindest im Hinblick auf die Rechte aus Vermietung und Verleih unvereinbar, weil er alle Nutzungsrechte und Vergütungsansprüche schon von der Entstehung ausschloss. Das nahm der Gesetzgeber zum Anlass, § 92 über den Bereich der Vermiet- und Verleih-RL komplett zu ändern und die oft kritisierte (*Wilhelm Nordemann* GRUR 1991, 1, 9) Schlechterstellung ausübender Künstler gegenüber den Filmurhebern bei der Rechtseinräumung aufzuheben. Dazu wurde § 92 Abs. 1 in eine dem § 89 Abs. 1 ähnliche widerlegbare **Vermutung der Rechtsabtretung** umgewandelt. In § 92 Abs. 2 wurde eine dem § 89 Abs. 2 **vergleichbare** Regelung für Vorausabtretungen aufgenommen, die verhindern soll, die Filmauswertung durch Vorausabtretungen zu erschweren (RegE ÄndG 1994 – BT-Drs. 13/115, S. 16).

10   d) **Verträge ab 13.9.2003:** Die heute geltenden Änderungen erfuhr § 92 durch das Gesetz zur Regelung des Urheberrechts in der Informationsgesellschaft vom 10.9.2003, das am 13.9.2003 in Kraft trat. In **Abs. 1** wurden die Verweise auf die geänderten §§ 73 bis 88 aufgenommen. Statt von Einwilligungsrechten der ausübenden Künstler spricht § 92 Abs. 1 nun von dem Recht, die Darbietung auf eine dem Künstler vorbehaltene Nutzungsart zu nutzen. Damit wird über die Abtretung der Rechte als translative Übertragung auch sprachlich der Weg zu einer konstitutiven Rechtseinräumung vollzogen. Die gleichen Anpassungen betrafen **Abs. 2. Neu angefügt wurde Abs. 3.** Die Neufassung 2003 des § 79 Abs. 2 verweist nämlich für ausübende Künstler auf die §§ 32 bis 43 und damit auch auf die Zustimmungserfordernisse und Rückrufsrechte, die gem. § 90 im Filmbereich für Urheber gerade nicht gelten sollen. Die dort für den Filmhersteller durch § 90 gewährten Erleichterungen finden damit gem. dem neu geschaffenen Abs. 3 auch bei ausübenden Künstlern Anwendung (RegE UrhG Infoges – BT-Drs. 15/38, S. 25).

11   Für den **zeitlichen Geltungsbereich der Neufassung fehlt jede gesetzliche Regelung.** Damit ist davon auszugehen, dass **ab dem 13.9.2003**, also dem Datum des Inkrafttretens, abgeschlossene Verträge erfasst sind. Das ergibt sich auch aus § 132 Abs. 1, der für die Anwendbarkeit vertragsrechtlicher Vorschriften auf den Zeitpunkt des Vertragsschlusses abstellt (vgl. § 79 Rn. 1 ff.).

Der „**2. Korb**" 2007, insb. seine Änderungen für **unbekannte Nutzungsarten**,   **12** hatte keine Auswirkungen. § 31a, der seitdem die Schriftform für die Einräumung von bei Vertragsschluss unbekannten Nutzungsrechten anordnet, ist auf ausübende Künstler nicht anwendbar (§ 79 Abs. 2 S. 2; vgl. § 79 Rn. 70), sodass auch § 32c keine Wirkung entfalten kann. § 137l gilt für Altverträge mit ausübenden Künstlern nicht, weil das Verbot der Übertragung unbekannter Nutzungsarten für ausübende Künstler gem. § 31 Abs. 4 a. F. mangels Verweises nicht galt, und eine entsprechende Anwendung des § 31 Abs. 4 a. F. auf sonstige Leistungsschutzrechte hat der BGH abgelehnt (BGH GRUR 2003, 234, 236 – *EROC III*). Die Urhebervertragsrechtsnovelle 2016 hat für Verträge ab 1.3.2017 (§ 132 Abs. 4) allerdings für ausübende Künstler einen Vergütungsanspruch für bei Vertragsschluss unbekannte Nutzungsarten eingeführt, sobald die Nutzung aufgenommen wurde (§ 79b Abs. 1). Diesen Vergütungsanspruch lässt § 92 unberührt (vgl. Rn. 48).

3. EU-Recht und Internationales Recht

Zum **Europarecht** und zum **internationalen Konventionsrecht** vgl. Vor §§ 88 ff.   **13** Rn. 24. Zur EU-Vermiet- und Verleih-RL vgl. § 92 Rn. 9. Insb. schreibt Art. 2 Abs. 5 Vermiet- und Verleih-RL eine Vermutung vor, dass das Vermiet- und Verleihrecht beim Filmhersteller liegt. Im **Internationalen Urheberprivatrecht** muss § 92 zu den Regelungen des **Vertragsstatutes** gerechnet werden. § 92 kann also auf Verträge mit ausländischem Vertragsstatut nicht angewendet werden. Eingriffsnormen im Sinne des Art. 9 Rom-I-VO sind nicht ersichtlich; zur nicht zwingenden Anknüpfung im internationalen Privatrecht ferner vgl. Vor §§ 120 ff. Rn. 86 ff.

II. Tatbestand

1. Einräumung von Rechten an der Darbietung ausübender Künstler (Abs. 1)

a) Auslegungsregel („im Zweifel"): Wie auch § 89 Abs. 1 gilt § 92 Abs. 1 nur   **14** „im Zweifel" und ist damit eine **gesetzliche Auslegungsregel** über den Umfang eingeräumter Nutzungsrechte für den Fall, dass die Parteien keine anderslautende Vereinbarung getroffen haben (*Katzenberger* ZUM 2003, 712, 713; Dreier/Schulze/*Schulze*[5] Rn. 2). Sie hat **dispositiven Charakter** (Dreier/Schulze/*Schulze*[5] Rn. 3; Schricker/Loewenheim/*Katzenberger/N. Reber*[5] Rn. 14). Erstens ist sie also dann nicht anwendbar, wenn die Parteien ausdrücklich oder konkludent einen anderen Rechteumfang so vereinbaren, dass für einen Zweifelsfall kein Raum bleibt. Zweitens kommen abweichende Abreden in Betracht, die – eindeutig ohne Zweifel – einen anderen als den von § 92 Abs. 1 unterstellten Vertragszweck festlegen; dann setzt sich der Übertragungszweckgedanke gegen § 92 Abs. 1 durch (vgl. Rn. 41).

Die Zweifelsregelung des § 92 Abs. 1 gilt ohnehin nicht für die Frage, ob über-   **15** haupt die Verpflichtung, bei der Herstellung des Filmes mitzuwirken, übernommen wurde (vgl. Rn. 43). Auch bleibt § 31 Abs. 5 **außerhalb** seines **Anwendungsbereiches** anwendbar, also z. B. wenn es um Rechte geht, die **nichtfilmische** Verwertungen betreffen. Vgl. Rn. 43.

b) Mitwirkung „bei der Herstellung eines Filmwerkes": Der Wortlaut des   **16** § 92 Abs. 1 spricht von „**Filmwerk**"; und auch in der Regelung für Laufbilder (§ 95) findet sich kein Verweis auf § 92. Der fertige Film muss daher **Werkcharakter** (§ 2) aufweisen. Bloße Laufbilder, wie z. B. sehr einfache Aufzeichnungen von Opern, Theaterstücken und Konzerten, reichen nicht (Dreier/Schulze/*Schulze*[5] Rn. 10; Wandtke/Bullinger/*Manegold/Czernik*[4] Rn. 10; Schricker/Loewenheim/*Katzenberger/N. Reber*[5] Rn. 9; vgl. § 95 Rn. 4 ff.). Bei Laufbildern steht nämlich nicht die schöpferische Leistung für den Film als Gesamtkunstwerk, sondern die Leistung der aufgenommenen ausübenden Künstler im Mittelpunkt. Die Leistung der ausübenden Künstler dominiert damit die Laufbilder. Sie können anderen Darbietungen des ausübenden Künstlers durchaus Konkurrenz machen (RegE UrhG 1962 – BT-Drs. IV/270, S. 103). In einem solchen Fall muss der Filmhersteller die Rechte der §§ 77, 78 erwerben und kann nicht auf § 92 zurückgreifen.

17 **Musikfilme,** insb. **Musikvideos,** haben meist Werkcharakter, weil ein erheblicher Einsatz visueller Gestaltungsmittel neben der Darbietung erfolgt; anders ist das beim bloßen Abfilmen eines Konzertes, vgl. § 95 Rn. 7. Auch bei Werkcharakter des Musikvideos wird angezweifelt, ob § 92 Anwendung finde, weil das Musikvideo in Konkurrenz zu anderen Darbietungen des ausübenden Künstlers trete (Dreier/Schulze/*Schulze*[5] Rn. 10; Schricker/Loewenheim/*Katzenberger/N. Reber*[5] Rn. 10 differenziert, ob Bild und Ton zu einer Einheit verschmelzen, was aber regelmäßig der Fall ist; a. A. zu Recht Wandtke/Bullinger/*Manegold/Czernik*[4] Rn. 12). Das ist abzulehnen. Dass bei Musikvideos die Leistung der Künstler generell im Vordergrund stehe, kann angesichts der anderen künstlerischen Leistungen (insb. Regie) nicht gesagt werden. Vielmehr besteht gerade bei Musikvideos als Filmwerke ein Bedürfnis für die Anwendung der Zweifelsregelung, weil der Filmhersteller mit einer Vielzahl Mitwirkender (Filmurheber, ausübende Künstler) arbeiten muss. – Auch **Computerspiele, transmediale, crossmediale und sonstige multimediale Produktionen** können relevante Filmwerke gem. § 92 sein (vgl. Vor §§ 88 ff. Rn. 12 ff.); insbesondere auf Sprecher von Figuren in Computerspielen kann danach § 92 angewendet werden. Das Gleiche gilt für Computerspieler (Gamer); vgl. Vor §§ 88 ff. Rn. 12.

18 c) **Vertrag mit dem Filmhersteller:** Während § 92 i. d. F. von 1965 noch auf eine tatsächliche Mitwirkung (oder die erlaubte Benutzung einer Darbietung) bei der Herstellung des Filmwerkes abstellte, erfordert § 92 n. F. eine vertragliche Verpflichtung zur Mitwirkung an der Filmproduktion. Der Vertrag bildet die **Grundlage der Rechtseinräumung** an der im Film aufgehenden Darbietung.

19 Wie bei § 89 kann es sich um einen Arbeits-, Werk-, Dienst-, Gesellschafts- oder sonstigen Mitwirkungsvertrag handeln (Dreier/Schulze/*Schulze*[5] Rn. 8; vgl. Rn. 21; ferner vgl. § 89 Rn. 11). Eine Einigung über die Mitwirkung ist auch **konkludent** denkbar (Wandtke/Bullinger/*Manegold/Czernik*[4] Rn. 7). Die Verpflichtung zur Mitwirkung muss **mit dem Filmhersteller selbst** eingegangen werden (Wandtke/Bullinger/*Manegold/Czernik*[4] Rn. 6), die Abrede des ausübenden Künstlers mit einem Dritten genügt nicht (Dreier/Schulze/*Schulze*[5] Rn. 9; Schricker/Loewenheim/*Katzenberger/N. Reber*[5] Rn. 7; Wandtke/Bullinger/*Manegold/Czernik*[4] Rn. 7; a. A. noch Möhring/Nicolini/*Lütje*[2] Rn. 9; nunmehr hiesiger Ansicht BeckOK UrhR/*Diesbach*[16] Rn. 14). Ein Vertrag des ausübenden Künstlers mit einem Tonträgerhersteller oder einem Sendeunternehmen (das nicht Filmhersteller ist) genügt also nicht. Das ist eine Änderung der Rechtslage gegenüber § 92 i. d. F. von 1965, der für die Nutzung der Beiträge ausübender Künstler im Film darauf abstellte, dass deren Darbietungen erlaubterweise zur Herstellung des Filmwerkes benutzt werden. Diese Erlaubnis konnte auch mittelbar für die Nutzung einer vorher schon bestehenden Aufzeichnung der Leistung beispielsweise gegenüber dem Tonträgerhersteller erteilt werden, wenn der Tonträger später im Film verwendet werden sollte.

20 Zudem findet § 92 **nicht** auf das (sekundäre) Urhebervertragsrecht zwischen **Filmhersteller und Auswerter** Anwendung (vgl. Vor §§ 88 ff. Rn. 23); der Auswerter kann sich aber in gewissem Umfang auf § 92 berufen, vgl. § 89 Rn. 65 („Prozessuales").

d) Mitwirkung als ausübender Künstler: § 92 erfasst die Rechte derjenigen Personen, die bei der Herstellung eines Filmes als ausübende Künstler mitwirken. Zum **Begriff** der ausübenden Künstler vgl. § 73 Rn. 6 ff. Bei der Filmherstellung sind das regelmäßig Filmschauspieler, Synchronsprecher, Musiker, Sänger, Tänzer, Dirigenten und andere Personen, die bei der Herstellung des Filmwerkes künstlerisch tätig sind. Auch ausübende Künstler, die an Computerspielen mitwirken, können unter § 92 fallen; das Gleiche gilt für Computerspieler (Gamer) im Hinblick auf die Bildfolgen der von ihnen gespielten Spiele (vgl. Vor §§ 88 ff. Rn. 12). Wie auch bei den Filmurhebern beschränkt sich der für die Mitwirkung relevante Zeitraum nicht auf die unmittelbaren Dreharbeiten, sondern umfasst auch Pre- und Postproduktion; dafür sind Abreden sinnvoll, dass dem Darsteller anderen Arbeiten nur dann gestattet sind, wenn sie nicht mit der vertragsgegenständlichen Produktion kollidieren (sog. First-Call-Recht; Berger/Wündisch/*Blank/Kummermehr/Diesbach*[2] § 19 Rn. 122). Hauptdarsteller werden häufig für die gesamte Drehzeit exklusiv verpflichtet (eingehend zu Schauspielerverträgen (Berger/Wündisch/*Blank/Kummermehr/Diesbach*[2] § 19 Rn. 121 ff.).   **21**

Ausübende Künstler sind **keine Filmurheber** (RegE UrhG 1962 – BT-Drs. IV/270, S. 99) und daher von diesen (§ 89) und von den Urhebern vorbestehender Werke (§ 88) abzugrenzen. Das erfolgt über ihre fehlende, kein Werk hervorbringende schöpferische Leistung. Daher kommen Regisseur, Kameramann, Cutter (vgl. § 89 Rn. 13 ff.) für § 92 nicht in Betracht.   **22**

Im Einzelfall kann ein ausübender Künstler eine **Doppelfunktion** ausüben und auch Filmurheber oder Urheber vorbestehender Werke sein (Dreier/Schulze/*Schulze*[5] Rn. 6; Wandtke/Bullinger/*Manegold/Czernik*[4] Rn. 5; vgl. Vor §§ 88 ff. Rn. 18; vgl. § 89 Rn. 18). Abzustellen ist auf die jeweilige **Leistung**, nicht auf die Person des Leistungserbringers. Denkbar ist nämlich, dass eine Person mehrere Leistungen erbringt. So kann etwa der Filmkomponist die Aufnahme der Musik dirigieren oder der Regisseur zugleich als Schauspieler agieren (BGH GRUR 1984, 730, 732 – *Filmregisseur*). Für eine Doppelfunktion müssen die jeweils erbrachten Leistungen **verschieden** sein. Bei einer untrennbaren einheitlichen Leistung, die Urheberrechtsschutz genießt, würde das Urheberrecht das verwandte Schutzrecht mit umfassen. Beispielsweise ist neben der schöpferischen Leistung der Filmregie, die § 89 unterfällt, für die Regelung des § 92 kein Raum, auch wenn die Regie auf die künstlerische Aufführung Einfluss nimmt. (BGH GRUR 1984, 730, 733 – *Filmregisseur*; krit. wegen der bisweilen schwierigen Abgrenzung zwischen Werkschöpfung und Werkinterpretation *Schricker* GRUR 1984, 733, 734). Schwierigkeiten mit dem Erfordernis der Verschiedenartigkeit der Leistungen bestehen vor allem bei Darstellern, wenn ihre Beiträge von eigenen Darstellungsideen geprägt werden und die künstlerischen Vorgaben des Regisseurs für das Spiel eigenen Raum lassen. Bei möglicher Differenzierung der Leistungen kommt dann eine Doppelfunktion in Frage (unsere 9. Aufl./*Hertin* Rn. 3; wegen angeblich klarer gesetzlicher Regelung ablehnend *Bohr* UFITA 78 [1977], 95, 113). In Fällen der Doppelfunktion ist die Rechtseinräumung am Filmwerk hinsichtlich aller erbrachten schutzfähigen Leistungen einzeln zu prüfen, also jeweils an § 88 bei vorbestehenden Werken, an § 89 bei Leistungen der Filmurheber und an § 92 bei denen ausübender Künstler.   **23**

Der ausübende Künstler muss **nicht „live"** bei der Herstellung mitwirken. Es können auch **Aufnahmen von Darbietungen** genutzt werden. Die Einblendung einer auf Tonträger aufgenommenen Leistung ist eine Vervielfältigung (Dreier/Schulze/*Schulze*[5] Rn. 9). Die Frage der Abgrenzung zwischen Verfilmung und – darüber hinausgehender – Bearbeitung (vgl. § 88 Rn. 42 ff.), stellt sich hier nicht, weil ausübende Künstler keine Bearbeitungsrechte haben. § 92 sollte auch für solche Darbietungen ausübender Künstler greifen, die bereits auf   **24**

Bild-/Tonträger aufgenommen wurden und nun im Film verwendet werden sollen; denn wie gesehen ist auch dafür eine Rechtseinräumung erforderlich, sodass der Regelungszweck des § 92 greift (unsere 9. Aufl./*Hertin* Rn. 3; wohl auch Dreier/Schulze/*Schulze*[5] Rn. 9; a. A. Schricker/Loewenheim/*Katzenberger/ N. Reber*[5] Rn. 8; Wandtke/Bullinger/*Manegold/Czernik*[4] Rn. 11). Allerdings erfasst § 92 nur die Rechte ausübender Künstler, nicht anderweitig bestehende Rechte von Tonträgerherstellern (§ 85) oder Urhebern des zugrunde liegenden Werkes (z. B. Musikurheber), die gesondert eingeholt werden müssen (für vorbestehende Werke gilt § 88). Die Verwendung eines **erschienenen Bild-/Tonträgers** von Darbietungen ausübender Künstler für eine **Livesendung** ist gem. § 78 Abs. 1 Nr. 2 – unbeschadet etwaiger Ansprüche aus §§ 75, 93 gegen die Einblendung – auch ohne die Einwilligung der ausübenden Künstler zulässig, wofür ihnen gem. § 78 Abs. 2 Nr. 1 Vergütungsansprüche zustehen. Daher bedarf es einer Rechtseinräumung i. S. d. § 92 bei Livesendungen nicht (Wandtke/ Bullinger/*Manegold/Czernik*[4] Rn. 11; Schricker/Loewenheim/*Katzenberger/ N. Reber*[5] Rn. 7); wird diese jedoch anderweitig als „Konserve" genutzt, muss eine Vereinbarung gem. § 92 abgeschlossen werden.

25   e) **Umfang der eingeräumten Rechte:** Der Filmhersteller erwirbt im Zweifel von jedem ausübenden Künstler, der sich zur Mitwirkung bei der Filmherstellung verpflichtet hat, die diesem zustehenden und in § 92 Abs. 1 genannten Rechte. Die in § 92 Abs. 1 nicht erwähnten Rechte, die dem ausübenden Künstler gem. §§ 73 ff. zustehen, verbleiben ihm. Etwas anderes kann nur abweichend vertraglich vereinbart werden (vgl. Rn. 35 f.).

26   Die im Filmbereich **von der Einräumungsvermutung erfassten Rechte** sind in den §§ 77 Abs. 1, 2 S. 1, 78 Abs. 1 Nr. 1, 2 aufgezählt. Im Gegensatz zur umfassenden Befugnis des Urhebers zur Auswertung seines Werkes (zum nicht abschließenden Charakter der Verwertungsrechte vgl. § 29 Rn. 15) sind die Rechte ausübender Künstler enumerativ in den §§ 74 ff. (die hier interessierenden Verwertungsrechte in den §§ 77, 78) aufgeführt. Der Verweis in § 92 Abs. 1 bezieht sich auf die **Filmauswertungsrechte** des Künstlers, seine Darbietung auf Bild- oder Tonträger aufzunehmen (§ 77 Abs. 1), diesen Bild- oder Tonträger zu vervielfältigen und zu verbreiten (§ 77 Abs. 2), seine Darbietung öffentlich zugänglich zu machen (§ 78 Abs. 1 Nr. 1) und zu senden (§ 78 Abs. 1 Nr. 2), es sei denn, dass sie erlaubter Weise auf Bild- oder Tonträgern aufgenommen worden sind, die erschienen oder erlaubter Weise öffentlich zugänglich gemacht worden sind. Diese ausschließlichen Rechte sind ihrerseits in technisch und wirtschaftlich eigenständige Nutzungsarten (vgl. § 31 Rn. 9 ff.) aufteilbar. Ein **Filmherstellungsrecht** oder ein **Recht zur filmischen Bearbeitung** stehen dem ausübenden Künstler schon originär nicht zu. Deshalb erstreckt sich die Einräumungsvermutung des § 92 Abs. 1 auch nicht darauf.

27   Durch § 92 werden – auch wenn es der Wortlaut im Gegensatz zu § 89 nicht erwähnt – **ausschließliche Nutzungsrechte** vergeben (Schricker/Loewenheim/ *Katzenberge/N. Reber*[5] Rn. 11 sieht die Unterlassung einer näheren Qualifikation als Redaktionsversehen), die alle Dritten einschließlich des Urhebers selbst von der Nutzung ausschließen, solange nichts anderes vereinbart ist (vgl. § 89 Rn. 31; vgl. § 31 Rn. 91 ff.). Wie bei § 89 gibt es im Zweifel **keine zeitlichen** (also Rechte bis zum Ende der Schutzfrist) **und räumlichen** (also weltweite Rechte) **Beschränkungen** (vgl. § 89 Rn. 32 f.).

28   **Inhaltlicher Umfang:** Auch der inhaltliche Umfang der Vermutung reicht weit. Im Rahmen filmischer Verwertung, soweit die genannten Rechte der ausübenden Künstler geltend gemacht werden können, erhält der Hersteller alle für die Auswertung erforderlichen Nutzungsarten (vgl. § 89 Rn. 39 ff. im Einzelnen). Das umfasst alle denkbaren „Auswertungsfenster" (Kino, Leih-Video/DVD,

Kauf-Video/DVD, entsprechende On-Demand-Nutzung, Fernsehen als Pay-TV, als Pay per view, Pay per channel, Free-TV etc.; vgl. Vor §§ 88 ff. Rn. 10).

Wie bei § 89 fand sich auch in § 92 noch niemals eine **Differenzierung nach**   **29** **Art der Primärverwertung.** Zum Streit über daraus folgende Einschränkungen für Sekundärverwertungen (z. B. Kinofilm als Fernsehfilm) zur gleichgelagerten Problematik bei § 89; vgl. § 89 Rn. 40. Im Ergebnis wird man – wie dort – für § 92 eine umfassende, Primär- und Sekundärverwertungsmedien erfassende Rechtseinräumung annehmen dürfen. Nur in Ausnahmefällen wird die umfassende Einräumungsvermutung des § 92 durch den konkreten Vertragszweck widerlegt werden können, wenn die filmische Nutzung sich gerade nicht auf alle dort genannten Rechte und die Nutzungsarten daran erstrecken soll. Es ist der konkrete Nachweis zu führen, dass die Zweckbestimmung des Filmes für eine Auslegung nach der Zweifelsregel des § 91 keinen Raum ließ. Das wird allenfalls bei Filmen eines bestimmten Typs (etwa Lehrfilmen oder Werbefilmen) in Betracht kommen (vgl. § 89 Rn. 40).

Bei Vertragsschluss **unbekannte Nutzungsarten** sind von der Zweifelsregel er-   **30** fasst (genauso: v. Hartlieb/Schwarz/U. *Reber*[5] 63. Kap. Rn. 4; Schricker/Loewenheim/*Katzenberger/N. Reber*[5] Rn. 16). Ob die Nutzungsart bei Vertragsschluss bekannt war, spielt (und spielte auch früher) keine Rolle. Eine Anwendung des § 31 Abs. 4 a. F. auf Leistungsschutzrechte von ausübenden Künstlern hat der BGH abgelehnt (BGH GRUR 2003, 234, 236 – *EROC III*); auch § 31a n. F. gilt für sie nicht. Allerdings gilt für Verträge ab 1.3.2017 (s. § 132 Abs. 3a und Abs. 4) ein unverzichtbarer Anspruch auf gesonderte angemessene Vergütung, § 79b.

Da sich die ausübenden Künstler im Regelfall nur zur Mitwirkung an der Her-   **31** stellung eines konkreten Filmes verpflichten, ist – wie auch bei § 89 (vgl. § 89 Rn. 35) – nur die Verwendung ihrer Leistungen in dem durch sie geschaffenen **konkreten Filmwerk** gedeckt, nicht dagegen in anderen Filmwerken (Wandtke/Bullinger/*Manegold/Czernik*[4] Rn. 13; Schricker/Loewenheim/*Katzenberger/N. Reber*[5] Rn. 15). Jedoch fällt die **Nutzung des Filmmaterials des konkreten Films** unter § 92 (genauso wie bei §§ 88, 89; str.; vgl. § 88 Rn. 60 ff.). So darf der Filmhersteller Filmausschnitte in beliebiger Auswahl zu anderen filmischen Zwecken nutzen, z. B. für die filmische Bewerbung des konkreten Films (z. B. Trailer). Der Filmhersteller darf aber auch das Filmmaterial für andere Filme („**Klammerteilauswertung**") verwenden (str., a. A. Schricker/Loewenheim/*Katzenberger/N. Reber*[5] Rn. 15; Wandtke/Bullinger/*Manegold/Czernik*[4] Rn. 15; vgl. § 88 Rn. 60 ff.). Aus der Gesetzesbegründung ergibt sich nichts anderes, weil die Gesetzesbegründung nur auf die nicht-filmische Verwertung von Ausschnitten eingeht (RegE UrhG 1962 – BT-Drs. IV/270, S. 101: Nutzung als Tonträger, Sendung im Hörfunk). Mit Abbildungen des ausübenden Künstlers **darf** über dies **für den Film** auch **nicht-filmisch** (z. B. in der Presse oder auf Plakaten) **geworben werden.**

Allerdings sind – wie bei §§ 88, 89 – keine Rechte zur **nicht-filmischen Nut-**   **32** **zung** erfasst. Deren Einräumung beurteilt sich nach § 31 **Abs. 5.** Die Auswertung der Tonspur auf Tonträgern ist ohne vertragliche Abrede regelmäßig ohne dahingehenden Vertragszweck genauso wenig erlaubt wie die Sendung im Hörfunk (RegE UrhG 1962 – BT-Drs. IV/270, S. 101) oder Merchandising (Berger/Wündisch/*Blank/Kummermehr/Diesbach*[2] § 19 Rn. 124). Eine diesbezügliche Rechtseinräumung in AGB ist aber wirksam (BGH GRUR 2014, 556 Tz. 15 ff. – *Rechteeinräumung Synchronsprecher*; BGH GRUR 1984, 119, 120 – *Synchronisationssprecher*; allg. zur fehlenden AGB-Kontrolle durch § 31 Abs. 5: BGH GRUR 2012, 1031 Tz. 16 ff. – *Honorarbedingungen Freie Journalisten*). Anderes gilt auch nicht, wenn filmfremde Verwertungen – z. B. das

Merchandising – nur ausnahmsweise im Fall von „Blockbuster-Erfolgen" realistisch sind (BGH GRUR 2014, 556 Tz. 20 – *Rechteeinräumung Synchronsprecher*). Das Transparenzgebot nach § 307 Abs. 1 S. 2 BGB ist jedoch zu beachten. Bei pauschaler Vergütung liegt in der fehlenden Aufschlüsselung des Honorars im Hinblick auf die Einräumung von Rechten noch kein Verstoß gegen das Transparenzgebot (BGH GRUR 2014, 556 Tz. 24 – *Rechteeinräumung Synchronsprecher*).

33 Da nur Nutzungsrechte Gegenstand der Rechtseinräumung sind, behalten die ausübenden Künstler auch ihre **gesetzlichen Vergütungsansprüche** aus §§ 83 i. V. m. 27, 46 Abs. 4, 47 Abs. 2 S. 2, 54 sowie § 78 Abs. 2 Nr. 1 bis 3 (Schricker/Loewenheim/*Katzenberger/N. Reber*[5] Rn. 4; Wandtke/Bullinger/ *Manegold/Czernik*[4] Rn. 17). Anders regelte das noch § 92 i. d. F. von 1965 (vgl. Rn. 5 ff.). Gleiches gilt für die vertragsrechtlichen Vergütungsansprüche der §§ 32, 32a, 32c (zustimmend Schricker/Loewenheim/*Katzenberger/N. Reber*[5] Rn. 4; v. Hartlieb/Schwarz/*U. Reber*[5] 63. Kap. Rn. 10).

34 **f) Verwertungsgesellschaften:** Wird zur Filmherstellung Musik von vorbestehenden Tonträgern übernommen, so sind die Leistungsschutzrechte der Tonträgerhersteller und ausübenden Künstler, welche üblicherweise von ersteren erworben wurden, zu beachten. Diese werden regelmäßig nicht von VGen wahrgenommen, sondern sie nehmen selbst wahr (*Becker* ZUM 1999, 16, 20), solange keine Produktion der Fernsehsender zu eigenen Sendezwecken vorliegt, die von den Tonträgersendeverträgen zwischen den Sendern und der Wahrnehmungsgesellschaft GVL erfasst sind. Eine Auswertung außerhalb des Fernsehens (z. B. im Kino oder auf Video) erfordert indes einen gesonderten Rechtserwerb beim ausübenden Künstler und Tonträgerhersteller (*Ventroni* ZUM 1999, 24, 25).

35 **g) Abweichende Vereinbarungen, insb. Tarifverträge, Gemeinsame Vergütungsregeln und AGB:** Oft stehen ausübende Künstler bei der Filmherstellung in einem Arbeitsverhältnis zum Filmhersteller. Daher ist auf etwaige **tarifvertragliche Regelungen** zu achten, die die Rechtseinräumung regeln und als vertragliche Vereinbarungen dem § 92 Abs. 1 vorgehen. Insb. bei Eigen- und ggf. auch bei Auftragsproduktionen des öffentlich-rechtlichen Fernsehens kommen meist Tarifverträge zur Anwendung (für eine Rechtseinräumung durch Tarifvertrag einer Rundfunkanstalt: OLG Hamburg GRUR 1977, 556, 558 – *Zwischen Marx und Rothschild*). Zu Tarifverträgen im Filmbereich vgl. § 43 Rn. 34 ff. Ferner existieren für Filmschauspieler auch **gemeinsame Vergütungsregeln** nach § 36, vgl. § 36 Rn. 32 ff.

36 Auch **AGB** können die Verpflichtung und den Umfang der Rechtseinräumung bestimmen (zur AGB-Kontrolle vgl. § 31 Rn. 179 ff.; speziell Honorar- und Geschäftsbedingungen von Filmherstellern BGH GRUR 2014, 556 Tz. 13 – *Rechteeinräumung Synchronsprecher*, sowie von Sendeanstalten BGH GRUR 1984, 45, 48 f. – *Honorarbedingungen: Sendevertrag*). Gegenüber AGB ist die Auslegungsregel des § 92 Abs. 1 nachrangig (BGH GRUR 2014, 556 Tz. 13 – *Rechteeinräumung Synchronsprecher*), wenn die Regelung in den AGB zweifelsfrei ist. Bei der AGB-Kontrolle ist § 92 Abs. 1 als Zweifelsregel nach der BGH-Rechtsprechung kein gesetzlicher Maßstab i. S. d. § 307 Abs. 2 Nr. 1 BGB, was eine AGB-Kontrolle der Rechtseinräumung grundsätzlich ausschließt (vgl. § 31 Rn. 181 ff.). Die **nicht-filmische Auswertung** der Leistungen des ausübenden Künstlers, z. B. auf reinen Tonträgern oder durch Sendung im Hörfunk, ist von § 92 nicht erfasst (vgl. Rn. 32); eine diesbezügliche Rechtseinräumung in AGB an den Filmhersteller ist aber wirksam (BGH GRUR 2014, 556 Tz. 15 ff. – *Rechteeinräumung Synchronsprecher*; BGH GRUR 1984, 119, 120 – *Synchronisationssprecher*); vgl. Rn. 32. Zu Formularverträgen und deren in Bezugnahme bei **Altverträgen** vgl. § 89 Rn. 4.

2. Rechteerwerb bei Vorausverfügungen an Dritte (Abs. 2)

§ 92 Abs. 2 gewährleistet, dass der Filmhersteller auch dann die für die Aus- **37**
wertung des Filmes notwendigen Verwertungsrechte erhält, wenn sie im Voraus
an einen Dritten übertragen wurden. Das entspricht § 89 Abs. 2. Wie auch bei
§ 89 Abs. 2 greift § 92 Abs. 2 nur, wenn **an den Filmhersteller** verfügt wurde,
nicht aber an einen Dritten. Sachlich bezieht er sich nur auf Verfügungen über
Rechte, die dem Filmhersteller gem. § 92 Abs. 1 eingeräumt worden wären,
wenn keine Vorausverfügung vorgenommen worden wäre. Darüber hinausgehende Verfügungen an den Ersterwerber sind nicht betroffen (Schricker/Loe-
wenheim/*Katzenberger*/N. *Reber*[5] Rn. 17; Wandtke/Bullinger/*Manegold*/*Czernik*[4] Rn. 20). Das gilt insb. für gesetzliche Vergütungsansprüche (vgl. Rn. 33).
Die Vorschrift des § 92 Abs. 2 ist nicht ohne Zustimmung des Filmherstellers
abdingbar. Insgesamt wird weiterführend auf die Kommentierung zu § 89
Abs. 2 verwiesen (vgl. § 89 Rn. 49).

3. Einschränkung der Rechte des ausübenden Künstlers durch Verweis auf § 90 (Abs. 3)

§ 92 Abs. 3 erklärt für die Rechtseinräumung ausübender Künstler an den **38**
Filmhersteller die Regelung des § 90 für „entsprechend" anwendbar, damit der
Filmhersteller ungestört auswerten kann (RegE UrhG Infoges – BT-Drs. 15/38,
S. 25). Damit sind folgende Rechte, die ausübenden Künstlern gem. § 79 Abs. 2
S. 2 zustehen, gem. § 90 **Abs. 1 S. 1** ausgeschlossen: Rückrufsrechte wegen
Nichtausübung durch den Filmhersteller (§ 41) und gewandelter Überzeugung
(§ 42) sowie Zustimmungserfordernisse für die Übertragung (§ 34) oder Weitereinräumung (§ 35) der Rechte zum Zwecke der Filmauswertung durch
Dritte. Zur Reichweite des Ausschlusses im Einzelnen vgl. § 90 Rn. 8 ff. Entsprechend der Regelung des § 90 für §§ 88, 89 wird man den Ausschluss nur
auf die Nutzungsrechtseinräumung nach § 92 Abs. 1 beziehen müssen. Nicht
von §§ 92 Abs. 2, 90 erfasst sind also beispielsweise nicht-filmische Nutzungsrechte (vgl. Rn. 32). § 92 Abs. 2 ist allerdings unabhängig davon anwendbar,
ob die Rechte über die Vermutungsregel des Abs. 1 erworben wurden oder ob
insoweit eine eindeutige vertragliche Einräumung existiert und es auf Abs. 1
nicht mehr ankommt. Bei vertraglicher Abrede einer Rechts*übertragung* durch
den ausübenden Künstler ist § 92 Abs. 3 für Verträge bis 28.2.2017 (§ 132
Abs. 3a, Abs. 4) obsolet, weil die ausgeschlossenen Rechte zugunsten des ausübenden Künstler nicht anwendbar waren (str., vgl. § 79 Rn. 32 ff.). Für Verträge ab 1.3.2017 (§ 132 Abs. 3a, Abs. 4) gilt § 79 Abs. 2a, der die §§ 34, 35,
41 und 42 für anwendbar erklärt, so dass § 92 Abs. 3 nunmehr Bedeutung
erlangt und greifen kann. Die Regelung des Abs. 2 ist mit Zustimmung des
Filmherstellers **abdingbar** (Wandtke/Bullinger/*Manegold*/*Czernik*[4] Rn. 19).

Auf § 90 **Abs. 1 S. 2** verweist § 92 Abs. 2 nicht (einschränkend Wandtke/Bul- **39**
linger/*Manegold*/*Czernik*[4] Rn. 19: S. 2 fällt für ausübende Künstler weniger ins
Gewicht). Denn die Regelung des § 92 kann mit der Rechtseinräumung durch
Filmurheber nach § 89 verglichen werden (vgl. Rn. 1; so auch RegE UrhG Infoges – BT-Drs. 15/38, S. 25), für die § 90 S. 2 ebenfalls nicht anwendbar ist (vgl.
§ 90 Rn. 11).

Im Hinblick auf § 90 Abs. 2 geht die Verweisung des § 92 Abs. 3 ins Leere, **39a**
weil § 40a auf ausübende Künstler keine Anwendung findet (§ 79 Abs. 2a).

Die Regelung des Abs. 3 gilt nur für **Verträge**, die **ab dem 13.9.2003** abge- **40**
schlossen wurden (vgl. Rn. 10). Da erst ab diesem Zeitpunkt die §§ 34, 35,
41, 42 für Verträge von ausübenden Künstlern galten (vgl. § 79 Rn. 1 ff.), muss
nicht diskutiert werden, ob § 92 Abs. 3 analog auch Rückwirkung entfalten
kann.

III. Prozessuales

41   Vgl. § 89 Rn. 63 ff.

IV. Verhältnis zu anderen Vorschriften

1.   Übertragungszweckgedanke (§ 31 Abs. 5)

42   Der in § 31 Abs. 5 verankerte Übertragungszweckgedanke ist auch auf ausübende Künstler anwendbar. Das ergibt sich nun aus dem Verweis in § 79 Abs. 2 S. 2, war aber auch schon vorher anerkannt (BGH GRUR 2003, 234, 236 – *EROC III*; BGH GRUR 1984, 119, 121 – *Synchronisationssprecher*). Bei der Rechts*übertragung* kann das anders sein; hier kommt allerdings möglicherweise der nicht kodifizierte allgemeine Übertragungszweckgedanke zum Tragen. § 92 Abs. 1 ordnet aber ohne gegenteilige Abrede eine „Einräumung" an. Wie bei § 88 (vgl. § 88 Rn. 99 ff.) und § 89 (vgl. § 89 Rn. 67 ff.) stellt sich daher auch bei § 92 Abs. 1 die Frage nach dem Verhältnis zu § 31 Abs. 5. Und wie bei den genannten Vorschriften gilt der grundsätzliche **Vorrang** des § 92. Dieser **konkretisiert** den Zweckübertragungsgedanken für den Filmbereich, da es im Regelfall dem Vertragszweck entspricht, dass die Mitwirkenden dem Produzenten die Rechte einräumen, die dieser zur Auswertung des Filmes benötigt.

43   Das gilt aber nur im Anwendungsbereich des § 92. Raum für § 31 Abs. 5 bleibt dort, wo die Frage zu klären ist, ob überhaupt die Verpflichtung, bei der Herstellung des Filmes mitzuwirken, als Tatbestandsmerkmal des § 92 übernommen wurde (Dreier/Schulze/*Schulze*[5] Rn. 4). Auch bleibt § 31 Abs. 5 **außerhalb** seines **Anwendungsbereiches** anwendbar, wenn es also z.B. um Rechte geht, die **nicht-filmische** Verwertungen betreffen (vgl. Rn. 32).

2.   Arbeits- und Dienstverhältnisse (§ 43)

44   Ähnliches gilt für § 43, der die Rechtseinräumung im Dienst- und Arbeitsverhältnis angestellter Filmschaffender regelt. § 92 geht mit seiner umfassenden Rechtseinräumungsvermutung über den Umfang hinaus, den § 43 an Rechten gewährt. Insoweit ist § 43 nicht maßgeblich (*Haupt/Ullmann* ZUM 2005, 883, 885). Anderes gilt freilich **außerhalb** des **Anwendungsbereiches** des § 92, etwa bei nichtfilmischer Nutzung. Hier kann § 43 erhebliche Bedeutung erlangen, zumal der daraus resultierende Umfang der Rechtseinräumung auch weiter ist als der des – sonst anwendbaren – § 31 Abs. 5.

3.   Persönlichkeitsrechte

45   § 92 regelt lediglich die Einräumung von Nutzungsrechten und ist hier auf Filmauswertungsrechte beschränkt; denn dem ausübenden Künstler stehen kein Filmherstellungsrecht und kein Recht zur filmischen Bearbeitung zu (vgl. Rn. 26). Persönlichkeitsrechte des ausübenden Künstlers, insb. nach § 75 (**Entstellungsverbot**), bleiben aber von § 92 unberührt. Das regelt § 93 Abs. 1 (vgl. § 93 Rn. 7 ff.). Zur verwandten Frage, ob ein Schauspieler eine Drehbuchänderung wegen seines Rollenprofils akzeptieren muss, vgl. § 93 Rn. 21. § 93 Abs. 2 enthält auch eine Modifikation zum **Namensnennungsrecht** gemäß § 74 Abs. 1.

4.   Andere verwandte Schutzrechte

46   Bei Einblendungen vorbestehender Darbietungen im Film müssen ggf. auch die Rechte des Tonträgerherstellers (§ 85), des Sendeunternehmens (§ 87) und des Filmherstellers eines anderen Films (§ 94) beachtet werden, bei Nutzung von Live-Darbietungen u.U. auch die des Veranstalters (§ 81).

passung des Verweises in Abs. 1 an die Neufassung der §§ 73 ff.; statt auf § 83 a. F. verweist er nun auf § 75 (RegE UrhG Infoges – BT-Drs. 15/38, S. 25). Um den Schwierigkeiten des in § 74 n. F. geregelten Namensnennungsrechtes für ausübende Künstler im Filmbereich zu begegnen, wo häufig eine Vielzahl Mitwirkender zu finden ist, die oft nicht alle genannt werden können, wurde Abs. 2 ebenfalls mit Wirkung zum 12.9.2003 neu eingefügt (BeschlE RAusschuss UrhG Infoges – BT-Drs. 15/837, S. 35); eine Rückwirkungsproblematik besteht insoweit nicht, weil auch § 74 keine Rückwirkung entfaltet (vgl. § 74 Rn. 1).

3. EU-Recht und Internationales Recht

Zu den Filmbestimmungen vgl. Vor §§ 88 ff. Rn. 24 ff. Ferner zum Entstellungsverbot vgl. § 14 Rn. 3 f. Die Regelung des § 93 Abs. 1 wird in der deutschen Literatur vor dem Hintergrund des Art. 6bis Abs. 1 RBÜ (zur RBÜ vgl. Vor §§ 120 ff. Rn. 12 ff.) kritisiert, die dem Urheber das Recht gewährt, Entstellungen zu verbieten. Das gilt gem. Art. 14bis Abs. 1 S. 2 RBÜ auch für Filmwerke. Jedoch legt Art. 6bis Abs. 1 RBÜ nicht fest, dass für Filmwerke der gleiche sehr weitgehende Entstellungsschutz des § 14 UrhG wie für andere Werke gewährleistet sein muss. Ohnehin ist § 93 dispositiv (vgl. Rn. 25) und erlaubt eine Interessenabwägung (vgl. Rn. 14). § 93 ist damit konventionskonform (Schricker/Loewenheim/*Dietz/Peukert*[4] Rn. 3 mit Verweis auf eine gleich lautende Entscheidung des LG München I MR 4/1985 Archiv 4/5 – *Die unendliche Geschichte*, nicht in OLG München GRUR 1986, 460, 461 – *Die unendliche Geschichte*; Wandtke/Bullinger/*Manegold/Czernik*[4] Rn. 3; *Ulmer*, Urheber- und VerlagsR[3] § 36 III 2; a. A. unsere 9. Aufl./*Hertin* Rn. 4; Dreier/Schulze/*Schulze*[5] Rn. 2). Im **Internationalen Urheberprivatrecht** muss § 93 zu den Regelungen des **Vertragsstatutes** gerechnet werden. § 93 kann also auf Verträge mit ausländischem Vertragsstatut nicht angewendet werden. Eine Eingriffsnorm gem. Art. 9 Rom-I-VO ist nicht ersichtlich; zur nicht zwingenden Anknüpfung im internationalen Privatrecht ferner vgl. Vor §§ 120 ff. Rn. 86 ff.

II. Tatbestand

1. Modifikation des Persönlichkeitsrechtsschutzes der §§ 14 und 75 (Abs. 1)

a) **Persönlicher Anwendungsbereich:** In personeller Hinsicht findet § 93 Anwendung auf **Urheber vorbestehender Werke** (§ 88; vgl. § 88 Rn. 48 ff.) und **Filmurheber** (§ 89; vgl. § 89 Rn. 30 ff.); dann modifiziert er § 14. Außerdem gilt er für **ausübende Künstler** als Inhaber verwandter Schutzrechte, z. B. Filmschauspieler oder bei Einspielung bei Filmmusik mitwirkender Musiker; dann ändert er die Parallelvorschrift des § 75. Soweit für **Lichtbilder** (§ 72 Abs. 1) und **wissenschaftliche Ausgaben** (§ 70 Abs. 1) die urheberrechtlichen Vorschriften mitsamt des § 14 für anwendbar erklärt werden, führt das, soweit es den Filmbereich betrifft, auch dort zu einer Modifikation durch § 93 (Schricker/Loewenheim/*Dietz/Peukert*[5] Rn. 8). Eine praktisch relevante Rolle hat beispielsweise die Anwendung des § 93 auf Lichtbilder beim stets neben dem Filmwerk bestehenden Lichtbildschutz der Einzelbilder (s. § 91 a. F. bzw. § 89 Abs. 4). Auf **Tonträgerhersteller** ist § 93 nicht anzuwenden. Zwar hat auch er ein verwandtes Schutzrecht, jedoch keinen Entstellungsschutz gem. §§ 14 oder 75, sodass die Verschärfung des Maßstabes in § 93 leer laufen würde (a. A. für eine Anwendung des § 93 für im Film verwendete Leistungen des Tonträgerherstellers *Dünnwald* UFITA 76 [1976], 165, 189).

b) **Vertrag mit dem Urheber oder ausübenden Künstler:** § 93 ist vertragsrechtlicher Natur und eine spezielle Regelung zu § 39 Abs. 1 (vgl. Rn. 1). Deshalb setzt § 93 – ohne dies in seinem Wortlaut zu erwähnen – einen Vertrag mit dem Urheber oder ausübenden Künstler voraus (Schricker/Loewenheim/*Dietz/ Peukert*[4] Rn. 16; a. A. BeckOK UrhR/*Diesbach*[16] Rn. 10: tatsächliche Mitwirkung auch ohne wirksamen Vertrag ausreichend). Aus der systematischen Stellung des § 93 ergibt sich ferner, dass es sich um eine Vereinbarung nach § 88, § 89 oder § 92 handeln muss. Dadurch wird der Vertragspartner regelmäßig auch die gesondert zu betrachtenden Bearbeitungsrechte erwerben (vgl. Rn. 1 a. E.). Vertragsfremde Dritte können sich nur beschränkt auf die Wirkungen des § 93 berufen (vgl. Rn. 31).

9   **c) Hinsichtlich der Herstellung und Verwertung des Filmwerkes:** Der Urheber ist eigentlich während der Filmherstellung und Verwertung des Filmwerkes vor Entstellungen i. S. d. § 14 geschützt; dementsprechend findet auch der großzügigere Maßstab des § 93 schon **während des Herstellungsprozesses** Anwendung, wenn die schöpferische Leistung entstellend verändert wird (OLG München ZUM 2000, 767, 772 – *down under*). Die Abmilderung des Entstellungsverbotes zugunsten des Filmherstellers gilt ferner sowohl für die **Erst-** als auch für die **Zweitauswertung** eines Filmes (Schricker/Loewenheim/ *Dietz/Peukert*[4] Rn. 11; Wandtke/Bullinger/*Manegold/Czernik*[4] Rn. 8; zum Begriff Erst- und Zweitauswertung vgl. Vor §§ 88 ff. Rn. 10). Eine teleologische Reduktion auf die Erstauswertung deswegen, weil schon durch sie die Herstellungskosten amortisiert würden (*Zlanabitnig* AfP 2005, 35, 37; *Wandtke* FS Schricker II S. 609, 613), hat im Regelungszwecks des § 93 keine Stütze (vgl. Rn. 1) und erscheint angesichts der heutigen Tendenz zur Totalauswertung (vgl. Vor §§ 88 ff. Rn. 1 ff.) nicht angezeigt. Wie allgemein bei den Vorschriften der §§ 88 ff. findet § 93 nur auf die filmische Verwertung Anwendung, wo die besondere Interessenlage eine Privilegierung des Filmherstellers rechtfertigt (vgl. Vor §§ 88 ff. Rn. 1 ff.; vgl. § 88 Rn. 69). Bei der **filmfremden** Verwertung, so etwa beim Merchandising, gesonderter Verwertung der Filmmusik oder Büchern zum Film, unterliegt der Verwerter den allgemeinen, **strengeren** Regelungen der §§ 14, 75 i. V. m. § 39 (Schricker/Loewenheim/*Dietz/Peukert*[4] Rn. 11; Wandtke/Bullinger/*Manegold/Czernik*[4] Rn. 9). Bei **Computerspielen, transmedialen, crossmedialen und sonstigen multimedialen Produktionen** kommt eine Anwendung auch auf die nicht-filmischen Teile in Betracht, wenn sie sich nicht vom filmischen Teil trennen lassen (vgl. Vor §§ 88 ff. Rn. 12 ff.). Zu trans- und crossmedialen Produktionen auch unten, vgl. Rn. 23.

10   **d) Gröbliche Entstellungen und andere gröbliche Beeinträchtigungen: – aa) Begriff der gröblichen Beeinträchtigung und Entstellung:** Ausgangspunkt der Prüfung ist die Feststellung einer **Entstellung** i. S. d. §§ 14, 75; dazu vgl. § 14 Rn. 5 ff.; vgl. § 75 Rn. 8 ff. Die Entstellung ist ein besonders schwerer Fall des **Oberbegriffs** der Beeinträchtigung (KG GRUR 2004, 497, 498 – *Schlacht um Berlin*). Eine genaue Differenzierung ist für die Anwendung dieser Vorschrift nicht erforderlich (Wandtke/Bullinger/*Manegold/Czernik*[4] Rn. 18). Entstellung ist **jede Veränderung der Wesenszüge** eines Werkes, also nach KG „jede Verzerrung oder Verfälschung der Wesenszüge des Werkes, wie etwa bei Veränderungen des Werkcharakters, Verzerrung oder Verfälschung der Grundauffassung des Werks, Verstümmelung, Sinnentstellung oder Änderung des Aussagegehaltes eines Werkes durch Streichungen oder Zusätze" (KG GRUR 2004, 497, 498 – *Schlacht um Berlin*, unter Berufung auf OLG München GRUR 1986, 460, 461 – *Die unendliche Geschichte*). Eine gröbliche Entstellung – oder Beeinträchtigung – kann auch dann vorliegen, wenn das Werk in einen anderen beeinträchtigenden Zusammenhang gestellt wird, ohne dabei seine Substanz zu tangieren, sog. **indirekter Eingriff**, vgl. § 14 Rn. 12. Das kommt im Hinblick auf § 93 dann in Betracht, wenn vorbestehende Werke verfilmt werden, ohne sie zu verändern, sie aber in einen (gröblich) entstellenden Kontext gestellt werden, z. B. ein Musikwerk als Titelmelodie für eine „anrüchige" Sendung genutzt wird und der Urheber das Sendekonzept nicht kennt (LG Hamburg GRUR-RR 2015, 140, 141 – *Forever Young*).

Gröblich ist eine Entstellung oder Beeinträchtigung dann, wenn sie **in besonders starker Weise** die in §§ 14 und 75 genannten Interessen des Urhebers oder des Leistungsschutzberechtigten verletzt. Dabei muss über den konkret geänderten Teil hinaus der geistig-ästhetische Gesamteindruck des Werkes entstellt sein (KG GRUR 2004, 497, 498 – *Schlacht um Berlin*; OLG München GRUR 1986, 460, 462 – *Die unendliche Geschichte*). Die Voraussetzungen für den Schutz gegen Entstellungen liegen beim Filmwerk in jedem Fall dann vor, wenn eine **völlige Verkehrung des ursprünglichen Sinngehalts** des Filmwerkes bzw. des ihm zugrundeliegenden Werkes oder eine völlige Verunstaltung von urheberrechtlich wesentlichen Teilen des Filmes oder Werkes entgegen den Intentionen der Urheber- oder Leistungsschutzberechtigten stattfindet (KG GRUR 2004, 497, 499 – *Schlacht um Berlin*; OLG München GRUR 1986, 460, 461 – *Die unendliche Geschichte*; *Götting* ZUM 1999, 3, 8). Jedoch ist stets eine **Interessenabwägung** durchzuführen, sodass keine starre Grenze gezogen werden kann (Wandtke/Bullinger/*Manegold/Czernik*[4] Rn. 19; BeckOK UrhR/*Diesbach*[16] Rn. 16; ausführlich zur Interessenabwägung vgl. Rn. 15). Tw. soll darüber hinaus in verfassungs- und konventionskonformer Auslegung am Maßstab des Urheber- und allgemeinen Persönlichkeitsrechts die hohe Schwelle der gröblichen Entstellung des § 93 als solche korrigiert werden; denn schon der Entstellungsbegriff als solcher mache einen Eingriff in die Werkintegrität nicht mehr hinnehmbar, womit der Begriff gröblich leerlaufe (*Gernot Schulze* GRUR 1994, 855, 860; *Wandtke* FS Schricker II S. 609, 612; unsere 9. Aufl./*Hertin* Rn. 5). Eine solche Sicht lässt die gesetzgeberische Wertung des § 93 außer Acht (OLG München GRUR 1986, 460, 461 – *Die unendliche Geschichte*), sodass über das zusätzliche tatbestandliche Erfordernis der Gröblichkeit nicht hinweggegangen werden kann. Ohnehin sind die genannten **Verfassungswerte** bei der für § 93 notwendigen Interessenabwägung zu beachten. § 93 muss in seiner Auslegung und Anwendung für einen angemessenen Ausgleich der verfassungsrechtlichen Interessen insb. der Kunstfreiheit des Art. 5 Abs. 3 GG und (Urheber)persönlichkeitsrechten i. S. d. Art. 2 Abs. 1 i. V. m. Art. 1 Abs. 1 GG Sorge tragen (BVerfG NJW 2001, 600). **11**

bb) Maßstab und Methode: Der **Maßstab** für die Feststellung der gröblichen Entstellung ist wie bei § 14 **objektiv**. Anders als beispielsweise im französischen Recht, wo die Verletzung des droit moral subjektiviert aus Künstlersicht auf dessen Empfinden einer Beeinträchtigung aufbaut (*Rosén* GRUR Int. 2004, 1002, 1010), kommt es im deutschen Recht auf den ästhetischen Eindruck an, den das Werk dem für Kunst empfänglichen und mit Kunstdingen durchschnittlich vertrauten Menschen vermittelt. Diese Ausrichtung auf den **Rezipientenkreis** und dessen Verständnis verbietet es, die Interpretation durch Fachgelehrte oder den Autor selbst für allein maßgeblich zu befinden (OLG München GRUR 1986, 460, 462 – *Die unendliche Geschichte*; zu § 14 BGH GRUR 1974, 675, 677 – *Schulerweiterung*; BGH GRUR 1982, 107, 110 – *Kirchen-Innenraumgestaltung*). **12**

Ausgangspunkt für die Prüfung ist das Werk in der ihm vom Urheber verliehenen Gestalt, die diesem als die bestmögliche erscheint und die demgemäß auch vom außen stehenden Betrachter als Ausgangspunkt gewählt werden muss (KG GRUR 2004, 497, 499 – *Schlacht um Berlin*). Dabei ist ein Vergleich zwischen Grundinhalt und Grundaussagen des **Gesamtwerkes** anzustellen, nicht einzelner Szenen. Eine isoliert betrachtete Szene kann zunächst entstellend wirken; sie kann jedoch durch eine nachfolgende Darstellung wieder im Gesamtzusammenhang relativiert werden (OLG München GRUR 1986, 460, 462 – *Die unendliche Geschichte*; OLG München GRUR Int. 1993, 332 – *Christoph Columbus* am Maßstab des § 14). **13**

14 Die Grenze zur gröblichen Entstellung wird maßgeblich durch eine **Interessenabwägung** bestimmt (KG GRUR 2004, 497, 498 – *Schlacht um Berlin*; *Rosén* GRUR Int. 2004, 1002, 1005 auch zum italienischen, französischen und schwedischen Recht; *Kreile/Westphal* GRUR 1996, 254, 257; *von Lewinski/ Dreier* GRUR Int. 1989, 635, 645). Systematisch als zweifelhaft erscheint es, zunächst die gröbliche Entstellung festzustellen und erst danach die Interessenabwägung vorzunehmen (so aber OLG München GRUR 1986, 460, 463 – *Die unendliche Geschichte*; *Schack*, Urheber- und UrhebervertragsR[7] Rn. 404; so auch noch Möhring/Nicolini/*Lütje*[2] Rn. 31; nunmehr a. A. wie hier BeckOK UrhR/*Diesbach*[16] Rn. 25; Schricker/Loewenheim/*Dietz/Peukert*[4] Rn. 15; wohl ebenfalls KG GRUR 2004, 497, 498 – *Schlacht um Berlin*), weil schon das Tatbestandsmerkmal „gröblich" offen ist und damit eine Auslegung im Einzelfall erfordert.

15 cc) **Interessen der Urheber oder ausübenden Künstler:** Zu berücksichtigen sind Art und **Gestaltungshöhe** des Werkes: Je größer die Individualität der Schöpfung ist und je höher die künstlerische Ambition, desto eher wird eine Entstellung eintreten können (OLG München GRUR 1986, 460, 461 – *Die unendliche Geschichte*; BeckOK UrhR/*Diesbach*[16] Rn. 16; Schricker/Loewenheim/ *Dietz/Peukert*[4] Rn. 21). Gerade bei Filmklassikern und preisgekrönten Filmen kommt eine **Rufbeeinträchtigung** des Urhebers in Betracht (KG GRUR 2004, 497, 498 – *Schlacht um Berlin*, im konkreten Fall aber verneint); **Art und Intensität des Eingriffes** sind ebenfalls relevant (OLG München GRUR Int. 1993, 332, 333 – *Christoph Columbus* am Maßstab der §§ 14, 39 Abs. 2; *v. Lewinski/Dreier* GRUR Int. 1989, 635, 645; Wandtke/Bullinger/*Manegold/ Czernik*[4] Rn. 19), genauso seine **filmische Notwendigkeit** (Dreier/Schulze/ *Schulze*[5] Rn. 9). Das Rücksichtnahmegebot des § 93 Abs. 1 S. 2 stellt klar, dass im Rahmen der Interessenabwägung die **Interessen der anderen Urheber bzw. ausübenden Künstler,** die keine Ansprüche stellen, an Herstellung und Verwertung des Filmes ebenfalls zu berücksichtigen sind (vgl. Rn. 24). Das soll vor allem eine Blockade der Interessen Vieler durch Einzelne verhindern (vgl. § 75 Rn. 31 ff. zu § 75 S. 2). Danach können auch schwerwiegende Entstellungen nach Interessenabwägung nicht als gröblich anzusehen sein, wenn das Filmwerk ansonsten zu Lasten der anderen gesperrt wäre.

16 dd) **Verwerterinteressen: Möglichst umfassende Verwertungsmöglichkeit** (RegE UrhG 1962 – BT-Drs. IV/270, S. 102); wirtschaftliche Schäden durch einen **Auswertungsstop** (OLG München GRUR 1986, 460, 463 – *Die unendliche Geschichte*; kritisch *Schack*, Urheber- und UrhebervertragsR[7] Rn. 404); auch eine **Einwilligung** kann Bedeutung erlangen, weil sie zwar die konkrete gröbliche Entstellungshandlung nicht deckt, eine **Entstellung in anderer Form** aber von gleichem Gewicht vom Urheber aus wirtschaftlichen Gründen gebilligt wurde (OLG München GRUR 1986, 460, 463 – *Die unendliche Geschichte*). Der Filmhersteller hat insb. **während der Herstellungszeit** ein großes Interesse, Änderungen an den quasi „vorläufigen" Beiträgen vorzunehmen, um bis zur Endfassung des Filmes **flexibel zu bleiben** und die Produktion erfolgreich abzuschließen (v. Hartlieb/Schwarz/*Schwarz/Hansen*[5] Kap. 44 Rn. 14). Zu Gunsten des Verwerters können Interessen berücksichtigt werden, die aus der Abgrenzung von §§ 23, 24 für Parodie, Satire und Karikatur bekannt sind und insbesondere zu einem hinreichenden Abstand der Werke führen (vgl. §§ 23/24 Rn. 50 ff.). Das Landgericht Hamburg hat beispielsweise erwogen, eine anti-thematisch parodistische Nutzung des Werkes zu Gunsten des Verwerters zu berücksichtigen (LG Hamburg GRUR-RR 2015, 140, 142 – *Forever Young*). Hier ist allerdings bei § 93 etwas Zurückhaltung geboten, weil es insoweit um Nutzungen geht, die vom Urheber bzw. vom ausübenden Künstler gestattet wurden, weil das Recht der freien Benutzung (§ 24) nicht greift. Er besteht deshalb auch im Regelfall kein berechtigtes Interesse aus Urhebersicht, sich anti-thematisch mit ihm als Vertragspartner auseinanderzusetzen. Sofern die Entstellung unter § 24 fällt, kommt § 93 allerdings nicht zur Anwendung, weil dann eine Nutzung außerhalb des Vertragsverhältnisses urheberrechtsfrei erfolgt (vgl. Rn. 36).

ee) Abwägung: Bei der Abwägung dieser Interessen ist **der gesetzgeberische**   **17**
Zweck zu berücksichtigen. **Verwertungsinteressen** am Filmwerk wird ein grundsätzlicher **Vorrang** gegenüber solchen Entstellungen bzw. Beeinträchtigungen eingeräumt, die keine schwerwiegende Interessengefährdung des Betroffenen zur Folge haben (OLG München GRUR 1986, 460, 461 – *Die unendliche Geschichte;* KG GRUR 2004, 497, 498 – *Schlacht um Berlin*). Damit soll der Weg solchen Änderungen am Filmwerk oder am vorbestehenden Werk geebnet werden, die geeignet sein können, die wirtschaftlichen Auswertungschancen des Filmes zu verbessern, auch wenn hierdurch Beeinträchtigungen von Urheberpersönlichkeitsrechten eintreten können. Es gibt nach § 93 gerade **kein Recht der Urheber auf die Ursprungsfassung** des Werkes (KG GRUR 2004, 497, 498 – *Schlacht um Berlin;* zu möglichen abweichenden Vereinbarungen vgl. Rn. 25). Im Übrigen sind sämtliche Umstände des Einzelfalls zu berücksichtigen. Auch grundrechtlich geschützte Interessen sind einzustellen.

ff) Einzelfälle: Gröbliche Entstellungen sind zunächst in den Fällen zu vernei-   **18**
nen, die dem Gesetzgeber zum Anwendungsbereich der Vorschrift des § 93 vorschwebten (RegE UrhG 1962 – BT-Drs. IV/270, S. 102). Das sind i. d. R. Werkkürzungen im Rahmen der **freiwilligen Selbstkontrolle** (zu Unrecht kritisch zur Kürzung wegen FSK, wenn sie nur einer zeitlich früheren und damit ertragreicheren Verwertung dienen soll, *Zlanabitnig* AfP 2005, 35, 37), die Anpassung an **ausländische Verhältnisse** zur dortigen Verwertung (**Untertitel, Synchronisation** oder **Kürzungen** zum Zwecke des jeweiligen Jugendschutzes). Diese Anpassungen und Änderungen des Werkes, die einer sachgerechten filmischen Verwertung dienen, sind regelmäßig von geringer Intensität (Wandtke/Bullinger/*Manegold/Czernik*[4]   Rn. 22 f.;   v.   Hartlieb/Schwarz/*Schwarz/Hansen*[5] Kap. 44 Rn. 16 f.).

Bei der **Filmherstellung** muss der **Stoffurheber, z. B. der Romanautor,** inhaltli-   **19**
che Änderungen des vorbestehenden Werkes in großem Umfang hinnehmen. Der Film ist ein anderes Medium mit andersartigen Ausdrucksmitteln als beispielsweise ein Roman. Durch den Umsetzungsprozess geht manches verloren oder muss anders dargestellt werden. Charaktere oder die Handlungsstruktur können in gewissen Grenzen verändert werden. Je größer die Individualität der Schöpfung ist und je höher die künstlerische Ambition, desto eher wird eine Entstellung eintreten (OLG München GRUR 1986, 460, 461 – *Die unendliche Geschichte;* BeckOK UrhR/*Diesbach*[16] Rn. 16; Schricker/Loewenheim/*Dietz/ Peukert*[4] Rn. 21). Die Grenze ist bei **Schlüsselszenen** erreicht, die dem Geist und der Tendenz eines vorbestehenden Werkes völlig zuwiderlaufen. Beispiel ist eine Schlussszene, die die Trennung zwischen Phantasievorstellung der Hauptfigur und der Realität als Gag für den Schluss aufspart, wodurch die zentrale Aussage und Ernsthaftigkeit des vorbestehenden Romans geändert wurde (OLG München GRUR 1986, 460, 462 – *Die unendliche Geschichte;* i. E. aber bei Interessenabwägung verneint wegen Billigung einer ähnlichen Entstellung von gleichem Gewicht). Auch die Veränderung des Schlusses von einem Massensuizid zu einem Happyend wäre gröblich entstellend, selbst wenn das unveränderte Werk nur schwierig zu vermarkten wäre. Gleiches gilt bei einer **Vielzahl von Änderungen,** die den Gesamteindruck völlig verkehren. So ist es beispielsweise eine gröbliche Entstellung, Oscar-Wilde-Zitate in ein Drehbuch nachträglich einzubauen, wenn dadurch die Atmosphäre des Buches am Anfang verfremdet wurde; ferner war eine **Hauptfigur,** die im ursprünglichen Drehbuch eine zentrale Rolle gespielt hatte, in der endgültigen Fassung nicht

mehr erkennbar (KG UFITA 59 (1971), 279, 283 – *Kriminalspiel*). Das **Hinzu-fügen von Figuren** bedarf einer Einzelfallanalyse, ob dadurch der Gesamtcharakter bzw. die Gesamtaussage in besonders starker Weise verändert werden. Allein aus der Tatsache, dass ein **Regisseur als Filmurheber** bei der Herstellung des Filmes **nicht** bis zum Ende **mitwirkt**, kann keine gröbliche Entstellung hergeleitet werden (OLG München ZUM 2000, 767, 772 – *down under*).

20   Probleme wirft auch die **Kürzung** von Filmen für die **Verwertung** auf. Als Entstellung wurde die Kürzung eines Dokumentarfilms um ein Drittel gewertet, wobei erschwerend hinzukam, dass gar keine Verwertungsrechte erworben waren (OLG Frankfurt GRUR 1989, 203, 205 – *Wüstenflug*, jedoch auf § 14 gestützt). Auch die Kürzung eines einstündigen Fernsehfilms um 10 Minuten kann bereits eine Entstellung des Filmwerkes darstellen (LG Berlin ZUM 1997, 758, 761 – *Barfuß ins Bett*). Demgegenüber wurde die Kürzung eines Dokumentarfilms über Berlin von Silvester 1944 bis Silvester 1945 um die Ereignisse nach Kriegsende, mithin um die Hälfte seiner Laufzeit, für zulässig erachtet; das sei zwar entstellend, mangels völliger Verkehrung des ursprünglichen Sinngehaltes werde aber nicht die Schwelle zur gröblichen Entstellung erreicht. Denn im Film sei das Kriegsende als Sollbruchstelle angelegt (KG GRUR 2004, 497, 498 – *Schlacht um Berlin*). Die Entscheidung erscheint als etwas zweifelhaft, vor allem weil es sich um einen Film von anerkannt hohem künstlerischem Rang handelte (Bundesfilmpreis, für „Oskar" nominiert; kritisch auch *Zlanabitnig* AfP 2005, 35, 38; *Wandtke* FS Schricker II S. 609, 612). Die Umarbeitung einer Miniserie zu einem verkürzten Spielfilm dürfte grundsätzlich zulässig sein (v. Hartlieb/Schwarz/*Schwarz/Hansen*[5] Kap. 44 Rn. 17). Zu weitgehend gegen die Filmkürzung aus Gründen der Programmgestaltung von Fernsehsendern *Zlanabitnig* AfP 2005, 35, 37, wonach sich die Programmgestaltung an der Länge des Filmes auszurichten habe; denn die wirtschaftlichen Interessen des Verwerters haben grds. Vorrang. Entschärft werden kann die Problematik der gröblichen Entstellung durch Kürzung dadurch, dass bei der Auswertung eine Kennzeichnung erfolgt, dass es sich nur um „Ausschnitte" oder eine „gekürzte Fassung" handelt, weil dann die Interessenbeeinträchtigung der Urheber abgeschwächt wird.

21   Gröbliche Entstellung ist auch beim **Austausch** von **Werkteilen** denkbar. Ein kompletter Austausch von Filmmusik bei einem Filmwerk ist gröblich entstellend, wenn es in erheblichem Maße durch die Filmmusik, etwa mit Leitmotiven, musikalisch getragen wird (OLG München GRUR Int. 1993, 332, 333 – *Christoph Columbus* am Maßstab der §§ 14, 39 Abs. 2). Werden kurze Original-Filmszenen neu montiert und synchronisiert und die Original-Filmmusik in den kurzen Ausschnitten weggelassen, kann deren Urheber kein schützenswertes Interesse haben, Änderungen des Filmwerkes zu verhindern, die seine eigene Leistung in keiner Weise berühren. Insb. wird sein Musikwerk gerade dann nicht entstellt, wenn es schlicht weggelassen wird (OLG Hamburg GRUR 1997, 822, 824 f. – *Edgar-Wallace-Filme* für einzelne Szenen). Nicht von § 93 Abs. 1 geregelt ist der Fall, dass **der ausübende Künstler sich zur Mitwirkung** verpflichtet, danach jedoch das **Drehbuch geändert** wird. Es spricht aber einiges dafür, die Konstellation § 93 Abs. 1 analog anzuwenden (BAG BB 2007, 2035 Tz. 27). Nur wenn das Rollenprofil des ausübenden Künstlers erheblich missachtet wird, kommt eine Unzulässigkeit der Drehbuchänderung in Betracht.

22   Bei **Werbeunterbrechungen** kommt es auf die **Frequenz** und **Platzierung** der Unterbrechung an. Gegen eine Entstellung spricht das Füllen hierfür vorhandener Sollbruchstellen, dafür eine hohe Frequenz von Werbeblöcken (*Zlanabitnig* AfP 2005, 35, 38 f.; *Reupert* S. 150 f.; *Schack*, Urheber- und UrhebervertragsR[7] Rn. 402 f.). Bei Filmen mit künstlerischem Anspruch ist eher von einer gröblichen Entstellung auszugehen (Schricker/Loewenheim/*Dietz/Peukert*[4] Rn. 21), etwa wenn er derart unterbrochen wird, dass der Erzählrhythmus des Films völlig zersplittert wird (*Schack*, Urheber- und UrhebervertragsR[7] Rn. 402 unter Verweis auf Trib. Roma GRUR Int. 1985, 586, 588 – *Serafino*: achtmal unterbrochen durch insgesamt 66 Werbespots). Wenn man für die Bewertung eine objektivierte Sicht (vgl. Rn. 12) für ausschlaggebend hält, wird man im normalen Unterhaltungsfilmbereich aus Publikumssicht jedoch Gewöhnungseffekte (*Rehbinder*[16] Rn. 287) an die mittlerweile übliche Fernsehwerbung zu beachten haben. Hier wird § 93 auf Extremfälle beschränkt bleiben, die offensichtliche Missachtung oder weitgehende Ignoranz gegenüber dem künstlerischen Konzept des Films zum Ausdruck bringen (*Rosén* GRUR Int. 2004, 1002, 1005). Ein Abgleich an medienrechtlichen Vorgaben wie z. B. dem Rundfunkstaatsvertrag ist jedenfalls nicht ausgeschlossen, was das Höchstmaß der Zulässigkeit angeht (Schricker/Loewenheim/*Dietz/Peukert*[4] Rn. 21; Wandtke/Bullinger/*Manegold/Czernik*[4] Rn. 32; v. Hartlieb/Schwarz/*Schwarz/Hansen*[5] Kap. 44 Rn. 19; a. A. noch Möhring/Nicolini/*Lütje*[2] Rn. 27; nunmehr wie hier BeckOK UrhR/*Diesbach*[16] Rn. 21).

Gröblich entstellend sind schwerwiegende **Formatänderungen** (*Reupert* S. 154; **23** differenzierend nach künstlerischem Einsatz der Farbgebung und Gestaltungshöhe *v. Lewinski/Dreier* GRUR Int. 1989, 635, 645; LG Kopenhagen GRUR Int. 1998, 336). Auch die **Nachkolorierung** von Schwarzweißfilmen kann nur ausnahmsweise gröblich entstellend sein (v. Hartlieb/Schwarz/*Schwarz/Hansen*[5] Kap. 44 Rn. 20; enger und Nachkolorierungen grds. als gröbliche Entstellung ansehend: *Platho* GRUR 1987, 424, 426; *v. Lewinski/Dreier* GRUR Int. 1989, 635, 646; *Reupert* S. 142 ff.; Schricker/Loewenheim/*Dietz/Peukert*[4] Rn. 22; *Schack*, Urheber- und UrhebervertragsR[7] Rn. 402), wenn die Schwarzweiß Technik zum integralen künstlerischen Bestandteil gehört. Das ist insb. der Fall, wenn Filme in schwarz-weiß hergestellt wurden, obwohl die Farbtechnologie zur Verfügung stand (Beispiel: „The Good German" aus dem Jahr 2006). Ansonsten muss für den Regelfall die Kolorierung zulässig sein. Das gilt vor allem in Fällen, in denen die Herstellung ohne Farbe nur erfolgte, weil die Technologie noch nicht zur Verfügung stand, wesentliche künstlerische Aspekte aber nicht gegen eine Kolorierung sprechen. Im Übrigen ist die Kolorierungstechnik heute unter Einsatz von EDV so fortschrittlich, dass eine Kolorierung erfolgen kann, als ob der Film in Farbe gedreht gewesen wäre (v. Hartlieb/Schwarz/*Schwarz/Hansen*[5] Kap. 44 Rn. 20). Eine Kolorierung üblicher Unterhaltungs- oder Dokumentarfilme muss zulässig sein, wenn die Verwertungsmöglichkeiten ansonsten erheblich eingeschränkt wären. Zeichentrickfilme aus den 1930iger Jahren dürfen beispielsweise nachkoloriert werden, weil sie dadurch sogar gewinnen und tw. überhaupt erst wieder auswertbar werden. Ganz ähnliche Grundsätze sollten für die **nachträgliche Filmkonvertierung in 3D** gelten (v. Hartlieb/Schwarz/*Schwarz/Hansen*[5] Kap. 44 Rn. 21 f.). Je besser die eingesetzte Konvertierungstechnik ist, desto seltener kommt eine gröbliche Entstellung in Betracht. Bei technisch einwandfreier Konvertierung können ausnahmsweise wesentliche künstlerische Aspekte gegen eine Konvertierung sprechen. Ist die Konvertierung schlecht gemacht, kann eine gröbliche Entstellung eher vorliegen. Schauspieler können verzerrt – z. B. mit überlangem Kinn – dargestellt und damit die Grenze zur gröblichen Entstellung überschritten sein. Spürbare Änderungen der **Laufgeschwindigkeit** sind hingegen problematisch (*von der Horst* ZUM 1994, 239; *v. Lewinski/Dreier* GRUR Int. 1989, 635; *Schack*, Urheber- und UrhebervertragsR[7] Rn. 402; Schricker/Loewenheim/*Dietz/Peukert*[4] Rn. 24). Das Abschneiden des **Abspanns** (dazu *Reupert* S. 157) kann dann gröblich entstellend sein, wenn dieser noch zum wesentlichen Inhalt des Filmes gehört und beispielsweise noch einige Schlüsselszenen gezeigt werden. Ansonsten mag der Gewöhnungseffekt zu berücksichtigen sein, im Fernsehen – anders im Kino und auf Video, DVD – keinen vollständigen Abspann zu sehen zu bekommen (i. E. für die Zulässigkeit auch Wandtke/Bullinger/*Manegold/ Czernik*[4] Rn. 29). Allerdings kann ein Verstoß gegen § 13 gegeben sein, den § 93 Abs. 2 nicht regelt. Auch das Einblenden des **Senderlogos** ist wegen Publikumsgewöhnung und geringer Beeinträchtigung zulässig (*Reupert* S. 159; Schricker/Loewenheim/*Dietz/Peukert*[4] Rn. 21; Wandtke/Bullinger/*Manegold/Czernik*[4] Rn. 33). Eine grobe Entstellung eines Musikwerkes kann durch **Nutzung als Titelmelodie** angenommen werden, wenn das Sendungskonzept ohne Kenntnis des Musikurhebers einen anrüchigen Kontext aufweist, z. B. wenn in der Sendung die Protagonisten regelmäßig Ressentiments gegenüber Frauen, Ausländern und Homosexuellen äußern (LG Hamburg GRUR-RR 2015, 140, 141 – *Forever Young*). Kritisch beurteilt wird tw. auch das **Begleitmaterial auf DVDs,** in dem beispielsweise ein Film ohne Tonspur mit Kommentaren des Regisseurs oder der Mitwirkenden versehen ist (Schricker/Loewenheim/*Dietz/Peukert*[4] Rn. 24). Ob darin eine Entstellung liegt, mag schon wegen der in diesem kommerziellen Auswertungsbereich gesteigerten Publikumsgewöhnung zu bezweifeln sein. Zudem liegt aber beim Begleitmaterial – ähnlich kommentierten Buchausgaben – der Schwerpunkt oftmals auf Erläuterungen und Hintergründen, sodass der nur mit Bild ablaufende Film nicht entstellt wird, weil es bei der Nutzung des Bonusmaterials – anders als beim Anschauen des Filmes selbst – aus der Sicht des Publikums gar nicht zentral um dessen Rezeption geht. Die Persönlichkeitsrechte der Filmurheber können kaum gröblich beeinträchtigt sein. Besondere Fragen stellen sich bei **transmedialen und crossmedialen Produktionen,** in denen ein Werk über mehrere Medien hinweg aufgeteilt ("zerlegt") wird (eingehend *Hansen* ZUM 2014, 175, 176). Unter bestimmten Voraussetzungen kann § 93 auch auf den nicht-filmischen Teil Anwendung finden (vgl. Vor §§ 88 ff. Rn. 12b). Transmediale oder crossmedialen Produktionen sollten für sich genommen noch keine gröbliche Entstellung sein (*Hansen* ZUM 2014, 175, 179). Allerdings kann sich aus der konkreten Aufteilung eine gröbliche Entstellung ergeben, wenn einer der vorgenannten Fälle vorliegt, z. B. bei Wegfall oder vollständiger Änderung von Schlüsselszenen (vgl. Rn. 19; s. *Hansen* ZUM 2014, 175, 179, mit dem Fall der Änderung des Happy-Ends im TV-Films durch den Tod des Protagonisten im Computerspiel).

23a   Eine Entstellung – oder Beeinträchtigung – kann auch dann vorliegen, wenn das Werk in einen anderen beeinträchtigenden Zusammenhang gestellt wird, ohne dabei seine Substanz zu tangieren (so genannte indirekter Eingriff, s. *Wandtke/Bullinger*[3] § 14 Rn. 1; *Dreier/Schulze*[3] § 14 Rn. 6; unsere 10. Aufl. § 14 Rn. 12; GRUR-RR 2015, 140).

24   e) **Rücksichtnahme bei Ausübung (Abs. 1 S. 2):** Das Rücksichtnahmegebot des § 93 Abs. 1 S. 2 stellt klar, dass im Rahmen der Interessenabwägung nicht nur die Interessen des die Ansprüche geltend machenden Urhebers bzw. ausübenden Künstlers zu berücksichtigen sind, sondern auch die Interessen nicht in den Rechtsstreit einbezogener anderer Urheber bzw. ausübender Künstler (Schricker/Loewenheim/*Dietz/Peukert*[4] Rn. 10; Wandtke/Bullinger/*Manegold/Czernik*[4] Rn. 37; a. A. noch Möhring/Nicolini/*Lütje*[2] Rn. 31 f.: gesonderte Interessenabwägung nach Feststellung der Gröblichkeit; nunmehr wie hier BeckOK UrhR/*Diesbach*[16] Rn. 25). Vgl. Rn. 14; vgl. § 75 Rn. 31 ff. zu § 75 S. 2.

25   f) **Abweichende Vereinbarungen:** § 93 Abs. 1 ist **dispositiv** und damit einer abweichenden Parteivereinbarung zugänglich (so auch Schricker/Loewenheim/*Dietz/Peukert*[4] Rn. 18; Wandtke/Bullinger/*Manegold/Czernik*[4] Rn. 4; Berger/Wündisch/*Blank/Kummermehr/Diesbach*[2] § 19 Rn. 45). Das gilt nach allgemeiner Auffassung jedenfalls **zugunsten der Urheber oder ausübenden Künstler.** Ein Beispiel wäre ein vertraglicher Vorbehalt zugunsten des Filmregisseurs für die Abnahme des "final cut" (v. Hartlieb/Schwarz/*Schwarz/Hansen*[5] Kap. 44 Rn. 27) oder die vertragliche Reduzierung auf die Zulässigkeit bloß "einfacher" (d. h. nicht besonders schwerwiegende) Entstellungen (Berger/

Wündisch/*Blank/Kummermehr/Diesbach*[2] § 19 Rn. 45), was beides in der Praxis die große Ausnahme ist. Nach bestrittener, aber zutreffender Auffassung kann § 93 Abs. 1 außerdem **zu Lasten der Urheber oder ausübenden Künstler** vertraglich geändert werden (OLG München GRUR 1986, 460, 463 – *Die unendliche Geschichte*; *Schricker* FS Hubmann S. 409, 417, v. Hartlieb/ Schwarz/*Schwarz/Hansen*[5] Kap. 44 Rn. 28; Berger/Wündisch/*Blank/Kummermehr/Diesbach*[2] § 19 Rn. 45; BeckOK UrhR/*Diesbach*[16] Rn. 26; Dreier/ Schulze/*Schulze*[5] Rn. 11; Schricker/Loewenheim/*Dietz/Peukert*[4] Rn. 18; a. A. *Bohr* ZUM 1992, 121, 132; unsere 9. Aufl./*Hertin* Rn. 7). Eine solche Verschärfung der Entstellungsbefugnisse ist jedoch an bestimmte inhaltliche Voraussetzungen gebunden. Denn auf das aus dem Urheberpersönlichkeitsrecht fließende Recht, sich gegen gröbliche Entstellungen und Beeinträchtigungen zu wehren, kann der Urheber nicht in genereller Form vollständig verzichten. Doch kann im Einzelfall auf seine Ausübung verzichtet werden, weil insoweit Rechtsgeschäfte auch über Urheberpersönlichkeitsrechte zulässig sind (vgl. § 39 Rn. 15 ff.). Das muss sich jedoch auf eine **hinreichend konkretisierbare,** zumindest **in groben Zügen erkennbare** gröbliche Entstellung beziehen, deren Folgen überschaubar sind, um wirksam zu sein (OLG München GRUR 1986, 460, 463 – *Die unendliche Geschichte*; *Schricker* FS Hubmann S. 409, 417; Berger/Wündisch/*Blank/Kummermehr/Diesbach*[2] § 19 Rn. 45; Dreier/Schulze/ *Schulze*[5] Rn. 11; Schricker/Loewenheim/*Dietz/Peukert*[4] Rn. 18). Beispiele sind konkret benannte Änderungen der Handlung, insb. die Änderung von Schlüsselszenen (vgl. Rn. 19); hier kann z. B. vereinbart werden, dass dem Romanurheber (§ 88) das Drehbuch vorgelegt wird und er die darin enthaltenen gröblichen Entstellungen erlaubt. Auch zunächst gröblich entstellende Kürzungen, Werbeunterbrechungen, Kolorierungen sowie Format- oder Geschwindigkeitsänderungen können konkret erlaubt werden. – Eine Änderung des § 93 zu Lasten des Urhebers ist auch durch **AGB** möglich (*Jan Bernd Nordemann* NJW 2012, 3121, 3123; so wohl auch Schricker/Loewenheim/*Dietz/Peukert*[4] Rn. 17). Das lässt sich aus BGH GRUR 1984, 45, 51 – *Honorarbedingungen: Sendevertrag* (s. a. OLG Hamburg GRUR-RR 2011, 293, 300 – *Buy-Out mit Pauschalabgeltung*) entnehmen, wo für Fernsehautoren ein formularmäßiges Bearbeitungsrecht „unter Wahrung der geistigen Eigenart des Werkes" für zulässig nach §§ 23, 39 befunden, ein etwaig entgegenstehendes generelles Verbot der formularmäßigen Eingrenzung nach § 93 jedoch nicht thematisiert wird. Zunächst ist zu beachten, dass § 93 i. V. m. § 14 hier bei der **AGB-Inhaltskontrolle** Leitbildcharakter i. S. d. § 307 Abs. 2 Nr. 1 BGB hat. Unterhalb der Schwelle der gröblichen Beeinträchtigung können Änderungsrechte deshalb auch völlig pauschal in Formularverträgen erlaubt werden, weil der Urheber damit nicht schlechter steht als bei Anwendung des § 93 (*Jan Bernd Nordemann* NJW 2012, 3121, 3123). Formularmäßige Abreden, die gröbliche Beeinträchtigungen erlauben, sind nur mit konkreten Änderungsvorgaben möglich. Insb. Werbeunterbrechungen, Kolorierung sowie Format- und Geschwindigkeitsänderungen sollten jedoch vorab in relativ abstrakter Form verabredbar sein. Zur Rolle einer Einwilligung in eine andere als die vorgenommene Form der Entstellung bei der Interessenabwägung vgl. Rn. 16. Zu **Tarifverträgen** im Film- und Fernsehbereich vgl. § 43 Rn. 34 ff.

2. Namensnennungsrecht ausübender Künstler (Abs. 2)

Ausübenden Künstlern gibt § 74 Abs. 1 seit der Reform 2003 das Recht zur **26** Namensnennung, was sich bei einer Filmproduktion wegen der Vielzahl Mitwirkender u. U. schwierig gestaltet. Daher wird das **Namensnennungsrecht** seit 2003 durch § 93 Abs. 2 **eingeschränkt,** wenn es für den Filmproduzenten einen unverhältnismäßigen Aufwand bedeutet (zum früheren Recht vgl. Rn. 4 f.). § 93 Abs. 2 findet wegen des Verweises in § 95 auch auf **Laufbilder** Anwendung. Die Bestimmung bezieht sich **nur** auf **ausübende Künstler** und die ihnen nach § 74 Abs. 1 gewährten Rechte. Keine Anwendung findet § 93 Abs. 2 auf das Nennungsrecht der Urheber nach § 13, das also nicht modifiziert wird (zu den Nennungsrechten der Urheber s. die Kommentierung dort). § 93 Abs. 2 ist **dispositiv** (v. Hartlieb/Schwarz/*Schwarz/Hansen*[5] Kap. 44 Rn. 28; Dreier/Schulze/*Schulze*[5] Rn. 20). Bei formularmäßiger Abrede (vgl. Vor §§ 31 ff. Rn. 152 ff.) hat § 93 Abs. 2 allerdings Leitbildcharakter i. S. d. § 307 Abs. 2 Nr. 1 BGB, vgl. Rn. 25. Zu Tarifverträgen vgl. § 43 Rn. 34 ff.

27 § 93 Abs. 2 stellt auf die Nennung „jedes einzelnen an einem Film mitwirkenden ausübenden Künstlers" ab. Daraus wurde hergeleitet, dass die **Nennung einer Künstlergruppe** i. S. d. § 74 Abs. 2 (Chöre, Orchester, Bands etc.) nicht erfasst sei und deshalb Künstlergruppen ohne jede Einschränkung immer genannt werden müssten (Schricker/Loewenheim/*Dietz/Peukert*[4] Rn. 4b). Das ist nicht überzeugend, weil die Nennung von Künstlergruppen ebenfalls einen unverhältnismäßigen Aufwand bedeuten kann, z. B. bei Verwendung kurzer Teile aus musikalischen Darbietungen. Insoweit kann es keinen Unterschied machen, ob (zufällig) eine Darbietung einer Gruppe oder eines einzelnen Interpreten vorliegt.

28 Die **(Un-)Verhältnismäßigkeit** bemisst sich nach einer **Abwägung** der konkreten Umstände des Einzelfalls. Es sind **Art, Umfang, Gewicht und Qualität** der Mitwirkungsleistung zu berücksichtigen. Auch spielen die **Möglichkeiten der Namensnennung** in der jeweils gewählten Auswertungsform eine Rolle (eingeschränktere Nennungsmöglichkeit im Fernsehbereich aufgrund Sendervorgaben, an die der Filmhersteller gebunden ist). Der **Branchenübung** kommt entscheidendes Gewicht zu (so auch v. Hartlieb/Schwarz/*Schwarz/Hansen*[5] Kap. 44 Rn. 10). Bei Hauptdarstellern wird die Namensnennung regelmäßig nicht unzumutbar sein (Dreier/Schulze/*Schulze*[5] Rn. 19; Schricker/Loewenheim/*Dietz/Peukert*[4] Rn. 4c); allerdings ist es bei täglich ausgestrahlten Fernsehserien zulässig, auch die Hauptdarsteller nur wenige Sekunden im Abspann einzublenden (v. Hartlieb/Schwarz/*Schwarz/Hansen*[5] Kap. 44 Rn. 10); bei kurzen Werbefilmen ist es gar üblich und zulässig, die Hauptdarsteller (und auch die Filmurheber) gar nicht zu nennen (Dreier/Schulze/*Schulze*[5] Rn. 19). Maßgeblicher **Zeitpunkt** für die Abwägungsentscheidung ist die Herstellung des Vor- bzw. Abspanns; deshalb besteht auch für später prämierte kleine Nebenrollen keine Nennungsverpflichtung, wenn die Bedeutung der Rolle bei Herstellung des Abspanns noch nicht erkennbar war.

III. Prozessuales

29 Die **Darlegungs- und Beweislast** für die gröbliche Entstellung i. S. d. Abs. 1 trägt der Urheber; für den unverhältnismäßigen Aufwand i. S. d. Abs. 2 ist der Produzent beweispflichtig (Wandtke/Bullinger/*Manegold/Czernik*[4] Rn. 39).

30 § 93 ist eine vertragsrechtliche Vorschrift (vgl. Rn. 4). Danach unzulässige gröbliche Entstellungen sind ein Verstoß gegen § 14 (Urheber) bzw. § 75 **oder** § 74 Abs. 1 (ausübender Künstler). Diese Verstöße wiederum lösen die **Rechtsfolgen der §§ 97 ff.** aus. **Unterlassungsansprüche** (§ 97 Abs. 1 S. 1) auf ein Verbot der Nutzung des Filmes können nach dem Verhältnismäßigkeitsprinzip (§ 242 BGB) bei gröblichen Entstellungen ausgeschlossen sein, wenn eine Änderung des Titels und der Entfall der Namensnennung ausreichend ist; der Unterlassungsanspruch geht dann nur auf das Verbot der Titel- und Namensverwendung (Schricker/Loewenheim/*Dietz/Peukert*[4] Rn. 12; Dreier/Schulze/*Schulze*[5] Rn. 16). **Schadensersatzansprüche** können nach § 97 Abs. 2 bestehen. In der raren Gerichtspraxis, die eine gröbliche Entstellung angenommen hat, hat das Kammergericht bei Verfremdung der Atmosphäre eines Drehbuches durch Einfügung von Oscar-Wilde-Zitaten und bei Herausnahme einer Haupt-figur eine **Geldentschädigung** von DM 5.000 Anfang der 1970iger Jahre zuge-sprochen (KG UFITA 59 (1971), 279, 284 – *Kriminalspiel*; vgl. Rn. 19). Für die Bemessung der Geldentschädigung ist mindernd zu berücksichtigen, wenn der Verwerter einen Hinweis auf die Änderungen gibt, z. B. „sehr freie Bearbei-tung nach" o. Ä. (KG UFITA 59 (1971), 279, 284 – *Kriminalspiel*; Schricker/Loewenheim/*Dietz/Peukert*[4] Rn. 25).

Auf die vertragsrechtliche Bestimmung des § 93 kann sich nicht nur der Ver-tragspartner des Urhebers bzw. des ausübenden Künstlers, also insb. der Film-hersteller, berufen. Da dem von § 93 geregelten Rechtsgeschäft über Urheber-persönlichkeitsrechte dinglicher Charakter zukommt, kann § 93 als generelle Auslegungsregel **auch zugunsten beliebiger Dritter im Prozess** wirken, um eine zulässige Änderung durch den Vertragspartner des Urhebers zu behaupten. So können sich weitere Verwerter in der Auswertungskette dafür auf § 93 berufen, dass die Änderung vom Urheber oder ausübenden Künstler gegenüber dem Filmhersteller erlaubt wurde. Umgekehrt können sich auch der als deliktischer Verletzer in Anspruch Genommene zum Bestreiten der Aktivlegitimation des Urhebers (z. B. für Schadensersatzansprüche; zu Unterlassungsansprüchen bliebe der Urheber berechtigt, vgl. § 97 Rn. 128) oder eines Dritten auf § 93 berufen. § 93 erlaubt allerdings nicht die Änderung durch Dritte, die kei-nen Vertrag mit dem Urheber haben und auch vom Vertragspartner des Urhe-bers nicht das Recht zur Änderung erhalten haben. Fehlt es an einer Erlaubnis für den Ändernden, können Urheber und Filmhersteller (§ 94 Abs. 1 S. 2) ge-meinsam gegen jegliche (nicht nur gröbliche) Entstellungen vorgehen (Dreier/Schulze/*Schulze*[5] Rn. 17).

31

Zu **Vereinbarungen** – insb. in AGB –, mit denen **Unterlassungsansprüche** vor Beendigung der Produktion und Erstveröffentlichung des Filmes ausgeschlos-sen werden, vgl. Vor §§ 31 ff. Rn. 211; dort auch zur Möglichkeit, zumindest eine Geltendmachung im **Einstweiligen Verfügungsverfahren** formularvertrag-lich zu verbieten.

32

IV. Verhältnis zu anderen Vorschriften

§ 93 Abs. 1 ist eine spezielle, § **39 Abs. 1** vorgehende vertragsrechtliche Rege-lung. Das gilt auch für das Recht zur **Titeländerung** nach § 39 Abs. 1 (Schri-cker/Loewenheim/*Dietz/Peukert*[4] Rn. 15; Wandtke/Bullinger/*Manegold/Czer-nik*[4] Rn. 15, die das schon aus den §§ 88, 89 herleiten wollen). Der Filmhersteller ist aber auch frei, bei zulässiger Entstellung nach § 93 den ur-sprünglichen **Titel beizubehalten**.

33

Auch wenn die Rspr. bisweilen ohne Grund nur auf § **14** zurückgreift, ohne § 93 Abs. 1 auch nur zu erwähnen (so OLG München GRUR Int. 1993, 332 – *Christoph Columbus*; OLG Frankfurt GRUR 1989, 203, 205 – *Wüstenflug*; kritisch auch Schricker/Loewenheim/*Dietz/Peukert*[4] Rn. 11), ist § 93 als Modi-fikation des § 14 im Filmbereich vorrangig. Die Erwägungen zur Entstellung (vgl. § 14 Rn. 5 ff.) finden in § 93 sämtlich Berücksichtigung, wenn auch unter einem gesetzlich zugunsten des Filmherstellers modifizierten Abwägungsmaß-stab.

34

Aus dem Kreis der urheberpersönlichkeitsrechtlichen Vorschriften modifiziert § 93 Abs. 1 lediglich das Entstellungsverbot des § 14. § **12 Abs. 1** (**Erstveröf-fentlichung**) ist grds. für Urheber vorbestehender Werke abbedungen (§ 88 Rn. 105); das gilt auch bei nach § 93 zulässigen Entstellungen. Für Filmurheber (§ 89) ist das anders: § 12 Abs. 1 wird durch die Gestattung nach § 93 nicht berührt, weil noch nicht einmal § 89 (vgl. § 89 Rn. 72) ein solches Recht ge-

35

währt; allerdings wird das Recht konkludent eingeräumt, wenn der Urheber die Arbeit am Werk beendet und dem Filmhersteller zur Nutzung überlässt (OLG München ZUM 2000, 767, 771 f. – *down under*; Wandtke/Bullinger/ *Manegold/Czernik*[4] Rn. 8). Ansonsten hat der Filmhersteller einen Anspruch darauf, dass die Einwilligung nicht treuwidrig verweigert wird (OLG Köln GRUR-RR 2005, 337, 338 – *Dokumentarfilm-Massaker*). Treuwidrig wäre aber eine Berufung auf Änderungen, zu denen der Filmhersteller nach § 93 befugt war; sonst liefe § 93 leer. Ähnliches gilt für § 13 (**Urhebernennung**). § 13 wird grds. durch § 93 **nicht berührt** und ist vom Filmhersteller zu beachten (KG NJW-RR 1986, 608 – *Paris/Texas*; Schricker/Loewenheim/*Dietz/Peukert*[4] Rn. 12; Wandtke/Bullinger/*Manegold/Czernik*[4] Rn. 10). Genauso ist es für § 75 im Hinblick auf ausübende Künstler, allerdings mit der Einschränkung des § 93 Abs. 2. Die **Namensnennung** nachträglich **zurückziehen** kann der Urheber oder ausübende Künstler erst ab der Grenze der gröblichen Entstellung, nicht schon bei Streit darüber (wie hier KG *Erich Schulze* KGZ 60 für die Namensnennung eines ausübenden Künstlers; v. Hartlieb/Schwarz/*Schwarz/ Hansen*[5] Kap. 44 Rn. 8; a. A. Dreier/Schulze/*Schulze*[5] Rn. 16 unter Berufung auf OLG Saarbrücken UFITA 79 (1977), 366; wohl auch Schricker/Loewenheim/*Dietz/Peukert*[4] Rn. 12). Die Regelung des § 93 wäre konterkariert, wenn zwar § 93 auch gröbliche Entstellungen ohne Zustimmung zuließe, der Urheber oder ausübende Künstler aber dennoch seine Nennung oder den Titel zurückziehen könnte. Das gilt insb. im Verwertungsstadium, weil die Änderung des Vor- oder Abspanns mit großem wirtschaftlichen Aufwand verbunden ist, wenn der Film z. B. schon im Kino läuft oder auf DVD erschienen ist. § 93 will aber gerade die wirtschaftliche Auswertung durch den Filmhersteller gewährleisten.

36 Die Einschränkung des Entstellungsschutzes gemäß § 93 Abs. 1 für Stoffurheber, Filmurheber und ausübende Künstler betrifft nur den urheberpersönlichkeitsrechtlichen Aspekt von Änderungen; über die von § 93 Abs. 1 erfassten Urheberpersönlichkeitsrechte hinaus muss der Verwerter also über die **Bearbeitungsrechte** (§ 23) verfügen. Der Umfang dieser Rechtseinräumung ist für Stoffurheber in § 88 **Abs. 1**, für Filmurheber in § 89 **Abs. 1** und für ausübende Künstler in § 92 geregelt und von den dort zu findenden Zweifelsregelungen umfasst; s. die Kommentierungen dort. Soweit eine **freie Benutzung vorliegt** (§ 24), greift § 93 grundsätzlich nicht, weil eine erlaubt Handlung vorliegt; etwas anderes gilt, wenn vertraglich etwas anderes vereinbart ist.

37 Das Recht des Filmherstellers, gegen Entstellungen vorzugehen (§ 94 **Abs. 1 S. 2**), steht neben etwaigen Ansprüchen des Urhebers oder ausübenden Künstlers nach den §§ 93, 14.

38 Kraft des Verweises in § 95 gelten § 93 Abs. 1 und Abs. 2 auch für **Laufbilder**. Da es bei diesen aber mangels Werkcharakter des Filmes keine Filmurheber gibt, hat § 93 Abs. 1 insoweit nur für vorbestehende Werke und ausübende Künstler Bedeutung.

§ 94   Schutz des Filmherstellers

(1) [1]**Der Filmhersteller hat das ausschließliche Recht, den Bildträger oder Bild- und Tonträger, auf den das Filmwerk aufgenommen ist, zu vervielfältigen, zu verbreiten und zur öffentlichen Vorführung, Funksendung oder öffentlichen Zugänglichmachung zu benutzen.** [2]**Der Filmhersteller hat ferner das Recht, jede Entstellung oder Kürzung des Bildträgers oder Bild- und Tonträgers zu verbieten, die geeignet ist, seine berechtigten Interessen an diesem zu gefährden.**

(2) ¹Das Recht ist übertragbar. ²Der Filmhersteller kann einem anderen das Recht einräumen, den Bildträger oder Bild- und Tonträger auf einzelne oder alle der ihm vorbehaltenen Nutzungsarten zu nutzen. § 31 und die §§ 33 und 38 gelten entsprechend.

(3) Das Recht erlischt fünfzig Jahre nach dem Erscheinen des Bildträgers oder Bild- und Tonträgers oder, wenn seine erste erlaubte Benutzung zur öffentlichen Wiedergabe früher erfolgt ist, nach dieser, jedoch bereits fünfzig Jahre nach der Herstellung, wenn der Bildträger oder Bild- und Tonträger innerhalb dieser Frist nicht erschienen oder erlaubterweise zur öffentlichen Wiedergabe benutzt worden ist.

(4) § 10 Abs. 1 und die §§ 20b und 27 Abs. 2 und 3 sowie die Vorschriften des Abschnitts 6 des Teils 1 sind entsprechend anzuwenden.

Übersicht

I.   Allgemeines

1.   Sinn und Zweck

Der Filmhersteller erhält durch § 94 ein originäres Schutzrecht, mit dem **1** seine organisatorische und wirtschaftliche Leistung honoriert werden soll (RegE UrhG 1962 – BT-Drs. IV/270, S. 102). Da er kein originäres Urheberrecht hat, das aus seiner Produzentenstellung als solcher folgt (vgl. Vor §§ 88 ff. Rn. 22), könnte er sich sonst nur auf abgeleitete Rechte stützen. Deshalb gewährt ihm § 94 ein originäres Schutzrecht, ähnlich dem Tonträgerhersteller

(§§ 85 f.), Sendeunternehmen (§ 87) und Datenbankhersteller (§§ 87a ff.). In der **Schutzwürdigkeit seiner organisatorischen und wirtschaftlichen Leistung** steht er diesen nicht nach (RegE UrhG 1962 – BT-Drs. IV/270, S. 102). Anders als das Urheberrecht bezieht sich der Schutz nicht auf das Filmwerk als solches, sondern nur auf den „Filmstreifen, d. h. den Bildträger oder Bild- und Tonträger, auf den das Filmwerk aufgenommen ist" (RegE UrhG 1962 – BT-Drs. IV/270, S. 102). Das hat gewisse Einschränkungen des Schutzes zur Folge (kein Schutz für Live-Sendungen oder Remakes; vgl. Rn. 35). Das originäre Leistungsschutzrecht des Filmherstellers nach § 94 ist von den **Rechten der §§ 88, 89, 92 zu unterscheiden**, welche den Urhebern vorbestehender Werke, den Filmurhebern und den ausübenden Künstlern als Filmschaffende zustehen und der Filmhersteller von diesen abgeleitet erwirbt. Im Hinblick auf das durch § 94 gewährte Leistungsschutzrecht ist seine **verfassungsrechtliche Verankerung** zu betonen. Das Leistungsschutzrecht gem. § 94 gewährt ein geistiges Eigentumsrecht, das unter den Schutzbereich des Art. 14 GG, Art. 17 Abs. 2 EU-GR-Charta fällt. Das Leistungsschutzrecht und seine Ausgestaltung dienen dem Ausgleich widerstreitender Interessen; dabei kollidierende Grundrechtspositionen sind im Wege der praktischen Konkordanz in Ausgleich zu bringen (BVerfG GRUR 20116, 690 Tz. 70 – *Metall auf Metall* m. w. N., zu § 85). Beschränkungen des Verfügungsrechts sind leichter zu rechtfertigen als solche des Verwertungsrechts, die ein gesteigertes öffentliches Interesse erfordern; damit steht im Vordergrund, dass der Inhaber des Rechts auf der Grundlage einer ausschließlichen Verbotsposition die Vergütung aushandeln kann (BVerfG GRUR 20116, 690 Tz. 73 – *Metall auf Metall* m. w. N., zu § 85). Das Leistungsschutzrecht muss dafür nach § 94 durchsetzungsstark ausgestaltet und insbesondere so ausgestaltet sein, dass keine ungerechtfertigten absoluten Schutzlücken bei seiner Durchsetzung entstehen (dazu vgl. § 97 Rn. 4b). Jede denkbare Verwertungsmöglichkeit muss dem Inhaber allerdings auch nicht zugeordnet sein (BVerfG GRUR 20116, 690 Tz. 87 – *Metall auf Metall* m. w. N., zu § 85).

2. Früheres Recht

2   a) **Nullkopie bis 31.12.1965:** Vor Inkrafttreten des UrhG am 1.1.1966 war dem Urheberrecht ein besonderes Leistungsschutzrecht des Filmproduzenten fremd. Nach der zeitlichen Übergangsvorschrift des § 129 Abs. 1 S. 2 wurde es auch nicht rückwirkend geschaffen. Damit können Filmhersteller für vor Inkrafttreten des UrhG hergestellte Filme **keinen Leistungsschutz** aus § 94 beanspruchen; entscheidend ist der Zeitpunkt der Fertigstellung der Nullkopie. Der Filmhersteller muss sich also ggf. auf die abgeleiteten Rechte der Stoffurheber (vgl. § 88 Rn. 5 ff.) oder der Filmurheber (vgl. § 89 Rn. 30 ff.) berufen. Keine Rechte existieren im Hinblick auf die ausübenden Künstler (vgl. § 92 Rn. 3 f.): Schauspieler und sonstige ausübende Künstler im Film (Schricker/Loewenheim/*Katzenberger/N. Reber*[5] Rn. 4). Eine Ausnahme gilt gem. § 2 Abs. 2 LUG nur für musikalische ausübende Künstler, deren Darbietung auf Tonträger unabhängig von der Verfilmung existierte (BGH GRUR 1962, 370, 373 – *Schallplatteneinblendung*; zur Übergangsregel s. §§ 135 f.).

3   b) **Frühere Fassungen des UrhG:** § 94 erfuhr seit dem 1.1.1966 mehrere Änderungen. Durch das ÄndG 1995 wurde mit Wirkung zum **1.7.1995** die Schutzdauer-RL umgesetzt und verlängerte die in **§ 94 Abs. 3** geregelte **Schutzdauer auf 50 Jahre**. Die Schutzdauer des § 94 Abs. 3 a. F. betrug 25 Jahre seit Erscheinen des Filmträgers. Auch der Anknüpfungszeitpunkt für die Berechnung wurde geändert. Die Neuregelung gilt gem. § 137f Abs. 1 S. 2 für alle am 1.6.1995 noch nicht erloschenen Schutzrechte. War der Schutz schon erloschen, lebte er wieder auf, wenn das Leistungsschutzrecht zumindest in einem anderen EU- oder EWR-Staat noch bestand (§ 137f Abs. 2 S. 2). In **§ 94 Abs. 4**

wurde – ebenfalls durch das ÄndG 1995 – ein Verweis auf die Vergütungsregel des § 27 Abs. 2, 3 geschaffen. Die Umsetzung der Satelliten- und Kabel-RL durch das ÄndG 1998 fügte in § 94 Abs. 3 den Verweis auf § 20b ein.

In § 94 Abs. 1 wurde durch das UrhG Infoges v. 10.9.2003 als Umsetzung **4** des Art. 3 Abs. 2c der Info-RL dem Filmhersteller das **Recht der öffentlichen Zugänglichmachung gem.** § 19a zugewiesen (RegE UrhG Infoges – BT-Drs. 15/ 38, S. 25). Da die Aufzählung der Verwertungsrechte in § 94 Abs. 1 abschließend ist (vgl. Rn. 37), kann sich der Filmhersteller – auch für davor hergestellte Filme – also erst ab **13.9.2003** (Inkrafttreten) auf das Recht nach § 19a berufen, zumal Übergangsbestimmungen (§§ 129 ff.) nicht existieren. Das Kammergericht will wegen einer planwidrigen Regelungslücke für frühere Sachverhalte §§ 94, 19a zumindest analog anwenden (KG MMR 2003, 110, 111 – *Paul und Paula* zur Verwertung von Filmausschnitten im Internet). Gleichfalls mit der Novelle 2003 wurde § 94 Abs. 2 um die **Möglichkeit der konstitutiven Nutzungsrechtseinräumung** am Leistungsschutzrecht ergänzt (**neue S. 2 und 3**). Eine inhaltliche Änderung brachte das nicht mit sich, weil bereits vorher die §§ 31 ff. analog angewendet wurden, sofern sie auf das Leistungsschutzrecht des § 94 passten; das waren die heutigen §§ 31, 33, 38, insb. nicht jedoch § 31 Abs. 4 a. F. (vgl. Rn. 52).

Schließlich hat der „2. Korb" mit Wirkung zum **1.1.2008** den Verweis in § 94 **5** Abs. 2 S. 3 auf „§ 31 und §§ 33 und 38 gelten entsprechend" anstelle von „§ 31 Abs. 1 bis 3 und 5 und die §§ 33 bis 38 gelten entsprechend" geändert. Das war nur eine redaktionelle Änderung ohne inhaltliche Bedeutung; sie war wegen des Entfalls des § 31 Abs. 4 sprachlich sinnvoll. Zum **DDR-Recht** vgl. Rn. 7.

3. EU-Recht und internationales Recht

EU-Recht hat das Leistungsschutzrecht des Filmherstellers tw. durch **Richtli- 6 nien** harmonisiert. Art. 2 Abs. 1 Vermiet- und Verleih-RL, Art. 3 Abs. 3 Schutzdauer-RL sowie Art. 2 lit. d) und 3 Abs. 2 lit. c) Info-RL definieren den Filmhersteller als „Hersteller der erstmaligen Aufzeichnung eines Films" bzw. „von Filmen". Diese Richtlinien enthalten dann auch im Detail Vorgaben für das Vermiet- und Verleihrecht (Vermiet- und Verleih-RL), das Vervielfältigungsrecht bzw. das Recht der öffentlichen Wiedergabe (Info-RL), zu Schranken (Info-RL), Sanktionen und Rechtsbehelfen (Info-RL und Enforcement-RL) sowie zur Schutzdauer des Leistungsschutzrechts (Schutzdauer-RL); zu den Richtlinien vgl. Einl. UrhG Rn. 37 ff. Insbesondere die Frage nach dem Schutzgegenstand (vgl. Rn. 32 ff.) ist danach letztlich genauso eine europarechtliche Frage wie die Anwendung des § 24 (vgl. Rn. 40) und der übrigen Schrankenbestimmungen, die in Art. 5 Info-RL geregelt sind (vgl. Rn. 57), auf das Leistungsschutzrecht (zu § 85: BVerfG GRUR 2016, 690 Tz. 95 ff. – *Metall auf Metall*; ferner die nachfolgende EuGH-Vorlage: BGH v. 1.6.2017, I ZR 115/16 Tz. 17 ff. – *Metall auf Metall III*).

Über die EU hinaus besteht **keine internationale Konvention** über einen Leis- **7** tungsschutz des Filmherstellers (*Loef/Verweyen* ZUM 2007, 706, 707; *Katzenberger* ZUM 2003, 712, 714; zu verschiedenen Schutzgegenständen im europäischen Vergleich *Poll* GRUR Int. 2003, 290, 292 ff.). Auch Art. 14bis RBÜ trifft hierfür keine Regelung, weil es dort nur um die Möglichkeit geht, dem Filmhersteller eine Stellung als Filmurheber zuzuweisen, nicht aber um einen davon losgelösten originären Leistungsschutz. Vor diesem Hintergrund finden sich Beschränkungen der personellen Anwendbarkeit in § 128. Der Schutz besteht nur zugunsten des **Filmherstellers mit Sitz in Deutschland** (§ 128 Abs. 1 S. 1) **oder in der EU** (§§ 128 Abs. 1 S. 2, 126 Abs. 1 S. 3). § 94 ist auch auf zu **DDR-Zeiten ab 1966** (vgl. Rn. 2) hergestellte Filme zugunsten der DEFA als Rechtsnachfolgerin des VEB DEFA Studios anwendbar (KG v. 27.8.2002 – 5 U 46/01 – MMR 2003, 110 – *Paul und Paula*; KG GRUR 1999, 721 – *DEFA Film*; vgl. Vor §§ 88 ff. Rn. 35). Ferner entsteht das Schutzrecht **für nicht EU-Produzenten**, wenn der Film innerhalb von 30 Tagen nach erstmaligem Erscheinen im Ausland auch in Deutschland erschienen ist (§§ 128 Abs. 2, 126 Abs. 2); zutreffend ist es wegen des gemeinschaftsrechtlichen Diskriminierungsverbotes indes, den Wortlaut der §§ 128 Abs. 2, 126 Abs. 2 erweiternd dahin auszulegen, dass auch ein Erscheinen innerhalb der Frist in einem anderen EU-Staat – und sei es nur durch einen Lizenznehmer – genügt (*Loef/Verweyen* ZUM 2007, 706, 707; vgl. § 128 Rn. 3). Bei einer Schutzfrist „Null" wegen fehlender Gewährung eines Rechts im Sitzland kommt auch kein Schutz nach UrhG in Frage (vgl. § 128 Rn. 3). Da z.B. in den USA kein Leistungsschutzrecht des Filmherstellers gem. § 94 besteht, können sich US-Produzenten regelmäßig nicht auf § 94 berufen, sofern der Film nicht innerhalb von 30 Tagen nach Ersterscheinen in der EU erschienen ist, wie eben erläutert. Fehlt es an einem Schutz, müssen diese also aus abgeleiteten Rechten der Stoff- bzw. Filmurheber, der ausübenden Künstler oder ggf. des Herstellers der deutschen Synchronfassung (vgl. Rn. 30) vorgehen. Zur rechtlichen Stellung des Filmproduzenten im internationalen Vergleich *Katzenberger* ZUM 2003, 712; v. Hartlieb/Schwarz/*U. Reber*[5] 68. Kap. Rn. 11 ff.

II. Tatbestand

1. Leistungsschutzrecht des Filmherstellers (Abs. 1 S. 1)

8 a) **Filmhersteller: – aa) Allgemeines:** Eine Legaldefinition des Filmherstellerbegriffes enthält das UrhG nicht. Der RegE UrhG 1965 wollte die „**erhebliche organisatorische und wirtschaftliche Leistung**" des Filmherstellers honorieren (RegE UrhG 1962 – BT-Drs. IV/270, S. 102). Üblicherweise werden diese Begriffe erweiternd ausgelegt und zu organisatorischen noch technische Leistungen und zu wirtschaftlichen noch rechtliche Leistungen gerechnet. Damit sind Leistungen **technischer, organisatorischer, wirtschaftlicher und rechtlicher Art** relevant (ausführlich *Pense* ZUM 1999, 121, 122 ff.; *Baur* UFITA 3 [2004], 665, 715 ff.; Wandtke/Bullinger/*Manegold/Czernik*[4] Rn. 35 ff.).

9 In **wirtschaftlicher** Hinsicht gehören zu den Aufgaben des Produzenten zunächst die **Kostenkalkulation**, die Kontrolle ihrer **Einhaltung** sowie die Übernahme des Risikos, dass es zu „**Überschreitungskosten**" kommt. Auch die **Finanzierung** ist eine Herstellerleistung. Mit der Kapitalbeschaffung (z.B. durch Eigenkapital, Kredite, Verleih- und Vertriebsgarantien, Fördermittel) wird i.d.R. ein wirtschaftliches Risiko übernommen. Das Risiko kann aber auch aus anderen Faktoren erwachsen, etwa ein **Fertigstellungsrisiko** im Rahmen einer Auftragsproduktion als Werkvertrag (dazu *Baur* UFITA 3 [2004], 665, 752 ff.). Insoweit spricht für seine wirtschaftliche Verantwortung, wenn er als Versicherungsnehmer mit dem Begünstigten einer Fertigstellungsversicherung („completion bond"; dazu *Reden-Lütcken/Thomale* ZUM 2004, 896 ff.; zur Verletzung des Versicherungsvertrages durch Produktionsabbruch: LG Köln BeckRS 2006 07258) identisch ist (Wandtke/Bullinger/*Manegold/Czernik*[4] Rn. 44). Auch wenn man auf die wirtschaftliche Verantwortung abstellt, muss der Filmhersteller daher nicht notwendigerweise allein die Finanzierung des Projektes betreiben (BeckOK UrhR/*Diesbach*[16] Rn. 14).

10 **Organisatorische** Produzentenleistungen sind zunächst auf den Inhalt des Filmes bezogen, also z.B. Festlegung des zu verfilmenden Stoffes, personelle Auswahl der Stoffautoren (z.B. Treatment, Drehbuch oder ggf. Roman), des Regisseurs und anderer Filmurheber, der Hauptdarsteller, der Nebenrollen und des technischen Personals; ferner Beschaffung des erforderlichen Materials, der

Studioräume und der sonstigen Drehorte; Festlegung des Drehplans; Überwachung der Dreharbeiten und der Postproduktion.

Dieser Katalog organisatorischer Leistungen zeigt zugleich, wo der Filmhersteller auf **rechtlicher** Ebene tätig wird. Er muss die erforderlichen Verträge mit den Stoffurhebern, Filmurhebern, ausübenden Künstlern, technischem Personal, die Mietverträge für die Drehorte und die Postproduktion abschließen. Relevant für die Bestimmung der Herstellereigenschaft sind aber nur Verträge im eigenen Namen, insb. ein **eigener Rechteerwerb** der für die Herstellung und Auswertung des Filmes nötigen Rechte (*Pense* ZUM 1999, 121, 125; Schricker/Loewenheim/*Katzenberger/N. Reber*⁵ Vor §§ 88 ff. Rn. 31; v. Hartlieb/Schwarz/*U. Reber*⁵ Kap. 59 Rn. 12). Daneben kann es auch genügen, wenn zwar ein Dritter die Verträge im eigenen Namen, aber auf Rechnung des Filmherstellers schließt (zur unechten Auftragsproduktion vgl. Rn. 25; v. Hartlieb/Schwarz/*U. Reber*⁵ Kap. 59 Rn. 12). Irrelevant ist indes, ob der Filmhersteller die erforderlichen Rechte auch tatsächlich erworben hat; die Filmherstellung nach § 94 ist ein Realakt (vgl. Rn. 16). Auch ein **rechtswidriges Filmwerk löst die Leistungsschutzrechte** des Filmherstellers nach § 94 **aus** (OLG Rostock ZUM 2016, 665; OLG Hamburg GRUR-RR 2010, 409, 411 – *Konzertfilm*). **11**

Oft werden die vorgenannten Leistungen nicht aus einer Hand erbracht. Dann ist in einer **Gesamtschau** zu ermitteln, wer Filmhersteller ist. Die genaue Gewichtung der Faktoren ist noch nicht abschließend geklärt. Nach dem Sinn und Zweck ist entscheidend, wer das **unternehmerische Risiko** für die Filmherstellung trägt. Die **Rechtsprechung** liegt auf dieser Linie. Der BGH hält für entscheidend, wer die Herstellung „in ihren wirtschaftlichen Folgen verantwortet" (BGH GRUR 1993, 472, 473 – *Filmhersteller*). Nach dem OLG Hamburg ist maßgeblich, „wer die wirtschaftliche Verantwortung trägt, nicht wer im Einzelfall Hand angelegt hat" (OLG Hamburg GRUR-RR 2010, 409, 411 – *Konzertfilm*). Das OLG Dresden (ZUM-RD 2013, 245, 246 – *VFF-Klausel*), das OLG Düsseldorf (GRUR-RR 2002, 121, 122 – *Das weite Land*), das OLG Bremen (GRUR-RR 2009, 244, 246 – *Mitherstellerschaft*; jedoch vgl. Rn. 13) und das LG München I (ZUM 2008, 161, 163 – *Vote Media IV*) benennen das wirtschaftliche und organisatorische Risiko der Herstellung. Der BFH NJW 1996, 1013 hält das Treffen der „notwendigen Entscheidungen als Unternehmer" und Verantwortung für „die wirtschaftlichen Folgen" für ausschlaggebend. Auch die Literatur ist dem größtenteils gefolgt (*Baur* UFITA 3 [2004, 665, 728; *Movsessian* UFITA 79 [1977], 213, 235; *v. Gamm* § 94 Rn. 3; BeckOK UrhR/*Diesbach*¹⁶ Rn. 12; aber vgl. Rn. 13). Für die Zuweisung des unternehmerischen Risikos kommt erhebliche – meist entscheidende – Bedeutung zu, **auf wessen Namen und Rechnung die Verträge** abgeschlossen, insb. die für die Produktion und spätere Verwertung notwendigen Rechte erworben wurden (BGH GRUR 1993, 472, 473 – *Filmhersteller*; BFH NJW 1996, 1013; *Dünnwald* UFITA 76 [1976], 165, 178; Schricker/Loewenheim/*Katzenberger/N. Reber*⁵ Vor §§ 88 ff. Rn. 31; v. Hartlieb/Schwarz/*U. Reber*⁵ Kap. 59 Rn. 12; auf die haftungsrechtlichen Folgen unterbliebenen Rechteerwerbs abstellend *Baur* UFITA 3[2004], 665, 764). Es kommt insoweit aber nur auf die Verteilung der unternehmerischen Risiken an. Wenn der Unternehmer geschickt verhandelt und sein tatsächliches Risiko durch Vorvergabe der Rechte (z. B. Zahlung von Verleih- und Vertriebsgarantien durch Auswerter), durch Übernahme des Überschreitungskostenrisikos durch Dritte oder durch Inanspruchnahme von Fördermitteln minimiert, so ist das irrelevant (Wandtke/Bullinger/*Manegold/Czernik*⁴ Rn. 45). **12**

Tw. wird allerdings neben der Übernahme des unternehmerischen Risikos zusätzlich verlangt, dass eine **tatsächliche (organisatorische) Kontrolle** der Produktion stattfindet (Wandtke/Bullinger/*Manegold/Czernik*⁴ Rn. 49; Dreier/ **13**

Schulze/*Schulze*[5] Rn. 4; wohl auch OLG Stuttgart ZUM-RD 2003, 586, 589 – *Sex-Aufnahmen*; OLG Bremen GRUR-RR 2009, 244, 246 – *Mithersteller-schaft*; a. A. wie hier BeckOK UrhR/*Diesbach*[16] Rn. 13). Ein bloßer Organisator, der die Drehtermine organisiert und Regie, Drehbuch und Aufnahmeleitung organisiert, **aber kein finanzielles Risiko** trägt, kann **kein Mithersteller** sein (a. A. OLG Bremen GRUR-RR 2009, 244, 246 – *Mitherstellerschaft*). Alles andere stünde im Widerspruch zur Rechtsprechung des BGH, der beispielsweise die (bedeutende) tatsächliche Einflussnahme *Reiner Maria Fassbenders* auf die Herstellung des Films „Die Ehe der Maria Braun" für unerheblich hielt und allein auf die wirtschaftliche Verantwortung abstellte (BGH GRUR 1993, 472, 473 – *Filmhersteller*). Sie widerspricht auch dem Sinn und Zweck des § 94. Die Regierungsbegründung rechtfertigt die Filmrechtsbestimmungen der §§ 88 bis 94 primär mit dem „Kostenrisiko" des Filmherstellers (RegE UrhG 1962 – BT-Drs. IV/270, S. 98).

14   Schon nach dem RegE UrhG 1965 bezieht sich § 94 auf die „nicht schöpferische" Leistung des Filmherstellers (RegE UrhG 1962 – BT-Drs. IV/270, S. 102). **Künstlerische Aspekte** spielen deshalb keine Rolle (BGH GRUR 1993, 472, 473 – *Filmhersteller*; OLG Bremen GRUR-RR 2009, 244, 245 – *Mithersteller-schaft*; LG München I ZUM 2008, 161, 163 – *Vote Media IV*). Der **Filmhersteller** ist trotz seiner organisatorischen und wirtschaftlichen Leistung bei der Filmproduktion **kein Filmurheber** i. S. d. § 89 (*Loewenheim* UFITA 126 [1994], 99, 109; *Ott* ZUM 2003, 765). Er übernimmt die wirtschaftliche Verantwortung und führt organisatorische Tätigkeiten durch, erbringt in seiner Eigenschaft als Filmhersteller aber keine künstlerisch-schöpferische Leistung. Im Einzelfall ist nicht ausgeschlossen, dass er selbst auch schöpferische Beiträge erbringt, die ihn in den Kreis der Filmurheber heben (BGH GRUR 1993, 472, 473 – *Filmhersteller*). In einem solchen Fall einer Doppelfunktion als Produzent und schöpferischer Filmurheber geht seine Rolle aber über die eines bloßen Produzenten hinaus (zur sog. Doppelfunktion vgl. § 89 Rn. 19; ferner OLG Köln GRUR-RR 2005, 179 – *Standbilder im Internet*).

15   Relevant ist nur die Filmherstellung, nicht andere Leistungen, die unabhängig davon erbracht werden. Bei aufgezeichneten **Veranstaltungen** (zum fehlenden Schutz für Live-Veranstaltungen vgl. Rn. 35) kann der Unternehmer, welcher die Veranstaltung organisiert, ein anderer sein als der Filmhersteller gem. § 94. Filmhersteller ist nicht derjenige, der das gefilmte Ereignis veranstaltet, sondern derjenige, der das **Risiko der Filmherstellung** trägt (OLG München NJW-RR 1997, 1405, 1406 – *Box Classics*).

16   Die Filmherstellung ist ein **Realakt** und beurteilt sich damit **objektiv nach den tatsächlichen Verhältnissen** (BGH GRUR 1993, 472, 473 – *Filmhersteller*; OLG Bremen GRUR-RR 2009, 244, 246 – *Mitherstellerschaft*). Die **subjektiven Vorstellungen** der Parteien sind nicht ausschlaggebend, solange sie nicht den tatsächlichen wirtschaftlichen Verhältnissen entsprechen. Deshalb ist über den originären Rechteerwerb in der Person des Filmherstellers auch – im Gegensatz zu einer späteren Übertragung der daraus erwachsenden Rechte – keine isolierte **vertragliche Vereinbarung** ohne tatsächliche Übernahme des unternehmerischen Risikos möglich (Dreier/Schulze/*Schulze*[5] Rn. 6; Wandtke/Bullinger/*Manegold/Czernik*[4] Rn. 30). Die Übernahme des unternehmerischen Risikos ist insoweit akzessorisch zur Übertragung des (Anwartschafts-)Rechts gem. § 94 – genauso wie grds. ein geschäftliches Bezeichnungsrecht nach § 5 Abs. 1 MarkenG nicht ohne das Geschäft übertragen werden kann (BGH GRUR 2002, 972, 975 – *FROMMIA*; dort teilw. str.). Deshalb können vertragliche Vereinbarungen auch bei Übernahme des unternehmerischen Risikos zu einem Wechsel des Anwartschaftsrechts führen (Vgl. Rn. 21; str.). – Ohnehin dürfen Vereinbarungen über die Herstellerstellung zumindest zur Annahme eines abgeleiteten Rechteerwerbs herangezogen werden (BGH UFITA 55 [1970] 313, 320 f. – *Triumph des Willens* zu den Filmurheberrechten am genannten Film, die wegen der Umstände des Einzelfalls der NSDAP zufielen, auch wenn die Regisseurin, was offengelassen wurde, als Filmhersteller anzusehen wäre).

Das **Leistungsschutzrecht** des § 94 **steht dem Inhaber des Unternehmens zu**   **17** (BGH GRUR 1993, 472, 473 – *Filmhersteller*; Dreier/Schulze/*Schulze*[5] Rn. 5; Schricker/Loewenheim/*Katzenberger/N. Reber*[5] Vor §§ 88 ff. Rn. 37). Denn § 94 will das Ergebnis eines besonderen unternehmerischen Aufwands mit den Mitteln eines Schutzrechts demjenigen zuordnen, der den Aufwand als Unternehmer getätigt hat. Auch § 85 Abs. 1 S. 2 verweist für den durch ein Unternehmen hergestellten Tonträger für das entstehende Tonträgerherstellungsrecht auf dessen Inhaber. Das Fehlen dieser Regelung in § 94 wird als Redaktionsversehen angesehen. Natürliche Personen können danach nur dann Produzent sein, wenn sie Inhaber des Unternehmens sind, das das unternehmerische Risiko der Filmherstellung trägt. Nicht zu verwechseln damit ist die **Nennung von persönlichen Produzenten** („produziert von…", „creative producer", „executive producer" etc.), die für die Herstellung wichtig waren, aber nicht das unternehmerische Risiko trugen (eingehend v. Hartlieb/Schwarz/*Schwarz*[5] Kap. 82 Rn. 9).

Ein **quantitativer** wirtschaftlicher **Mindestaufwand** bei der Filmherstellung   **18** wird erstaunlicherweise von der h. M. nicht vorausgesetzt. Danach erwerben auch Amateurfilmer, die ohne jedes wirtschaftliche Risiko arbeiten, an ihren Filmen (ggf. bei nicht schöpferischen Laufbildern über den Verweis in § 95) die Rechte aus § 94 (OLG Hamburg GRUR-RR 2010, 409, 411 – *Konzertfilm*; *Baur* UFITA 3 [2004], 665, 767; *Dünnwald* UFITA 76 [1976], 165, 173; Schricker/Loewenheim/*Katzenberger/N. Reber*[5] Rn. 16 unter Verweis auf die Gesetzesmotive zu § 85, denen § 94 nachgebildet ist; Wandtke/Bullinger/*Manegold/ Czernik*[4] Rn. 22; a. A. *Schorn* GRUR 1983, 718, 721). Nach dem Sinn und Zweck des § 94, der unternehmerisches Risiko belohnen will, ist das kaum gerechtfertigt. Für Amateurfilmer scheint im Übrigen der Schutz aus § 72 genügend zu sein. Die Schwelle des wirtschaftlichen Aufwandes sollte allerdings nicht zu hoch gesetzt werden, weil auch ein kleines Risiko belohnt werden kann. Ferner ist ein **qualitativer Mindestaufwand** für die Filmherstellung zu fordern; es muss sich um einen eigenständigen Film handeln (eingehend *Baur* UFITA 3 [2004], 665, 738, 769). Hierüber besteht weitgehend Einigkeit. Vor diesem Hintergrund ist die **bloße Herstellung von Videos oder DVDs** von der Nullkopie keine Filmproduktion (*v. Petersdorff-Campen* ZUM 1996, 1037, 1045; *Reupert* S. 189; Dreier/Schulze/*Schulze*[5] Rn. 14; Schricker/Loewenheim/*Katzenberger/N. Reber*[5] Rn. 12); zur Ausschnittsverwertung und Bearbeitungen von früher erstfixierten Filmen (**Kolorierung, Synchronfassung**) vgl. Rn. 27 ff.

Die **steuerrechtliche Beurteilung** spielt für das Urheberrecht zwar grds. keine   **19** Rolle (Dreier/Schulze/*Schulze*[5] Rn. 18). Umgekehrt stellt das Steuerrecht aber auf urheberrechtliche Begriffe ab; beispielsweise wird beim Filmhersteller gem. § 94 UrhG die Filmproduktion als „immaterielles Wirtschaftgut" gem. § 39 AO aktiviert (BFH NJW 1996, 1013; ausführlich zum Steuerrecht des Filmherstellers Wandtke/Bullinger/*Manegold/Czernik*[4] Rn. 16 f.).

Relevanter Zeitpunkt für die Bestimmung des Filmherstellers ist die Erstfixie-   **20** rung des Filmträgers (*Pense* ZUM 1999, 121, 125; *Baur* UFITA 3 [2004] 665, 734; Wandtke/Bullinger/*Manegold/Czernik*[4] Rn. 47; BeckOK UrhR/*Diesbach*[16] Rn. 17; wohl auch OLG München NJW 1998, 1413, 1414 – *O Fortuna*: erstmalige Herstellung der Bildfolgen; einschränkend Dreier/Schulze/ *Schulze*[5] Rn. 7, der Produzenten, die vor Erstfixierung relevanten Leistungen erbracht haben, zu Mitproduzenten analog § 8 machen will). Das ergibt sich nicht nur aus dem Wortlaut des § 94 („-träger, auf den … aufgenommen *ist*"), sondern auch aus einer richtlinienkonformen Auslegung. Die Info-RL definiert in Art. 2 lit d), Art. 3 Abs. 2 lit. c) den Filmhersteller als „Hersteller der erstmaligen Aufzeichnung von Filmen" (genauso Art. 2, 7 und 9 Vermiet- und Verleih-RL). Zur Frage der Übertragbarkeit von Leistungen bei Produzentenwechsel während der Produktion vgl. Rn. 21; zur Erstfixierung vgl. Rn. 34.

21   **bb) Produzentenwechsel während der Herstellung:** Umstritten ist, ob bei Wechsel des Filmherstellers während der Produktion die bislang erbrachte Herstellerleistung i. S. d. § 94 vertraglich übertragen werden kann (dafür *Baur* UFITA 3 [2004] 665, 764 f.; Wandtke/Bullinger/*Manegold/Czernik*[4] Rn. 47). Dem wird entgegengehalten, dass insb. bei einem Produzentenwechsel der später eintretende und zum Zeitpunkt der Erstfixierung tätige – im Extremfall nur quasi eine Endleistung erbringende – Produzent u. U. einen Großteil der honorierenswerten organisatorischen Leistung nicht erbracht habe; deshalb sei eine differenzierende Betrachtung angezeigt, die eine Mitherstellerschaft (analog § 8) je nach Umfang der erbrachten Leistungen ergeben könne (Dreier/Schulze/ *Schulze*[5] Rn. 7). Jedoch kommt es für die Zurechnung der Herstellereigenschaft weniger auf organisatorische Akte, sondern entscheidend darauf an, wer das unternehmerische Risiko trägt (vgl. Rn. 12 f.). Das ist i. d. R. derjenige, auf dessen Namen und Rechnung die Verträge abgeschlossen sind und wer die relevanten Nutzungsrechte (§§ 88, 89, 92) hält. Damit ist dieses Risiko vertraglich übertragbar. Das kann durch Schuldübernahme (§§ 414 ff. BGB) bei Zustimmung der Gläubiger bzw. durch Rechtsübertragung nach §§ 34, 90 UrhG erfolgen. Komplexer wird die Beurteilung, wenn nur ein Schuldbeitritt (Schuldmitübernahme) ohne Zustimmung des Gläubigers (bei interner Risikoübernahme; sonst möglicherweise Co-Produktion, vgl. Rn. 22 f.) oder gar lediglich eine interne Übernahme des unternehmerischen Risikos durch den neuen Produzenten erfolgt. Im Einzelfall kann aber für die Herstellereigenschaft auch ausreichend sein, dass die relevanten Verträge zwar nicht auf den Namen, zumindest aber auf Rechnung des übernehmenden Produzenten laufen (vgl. Rn. 25 zur unechten Auftragsproduktion).

22   **cc) Co-Produktionen:** Eine Co-Produktion liegt dann als tatsächlich gemeinschaftliche Produktion vor, wenn die Hersteller aufgrund unternehmerischen Zusammenwirkens und beiderseitig getragener unternehmerischer Risiken für die Produktion die Anforderungen an die Herstellereigenschaft **gemeinsam** erfüllen. Sie müssen Entscheidungen gemeinsam treffen und Risiken gemeinsam tragen (Dreier/Schulze/*Schulze*[3] Rn. 10). Dann entsteht das Leistungsschutzrecht bei beiden **in gesamthänderischer Bindung** unter entsprechender Anwendung des § 8 (OLG Bremen GRUR-RR 2009, 244, 246). Insbesondere die Regelungen zur Verwertung, Änderung und Aktivlegitimation gem. § 8 Abs. 2 können hier praktische Bedeutung erlangen. Je nach Anteil an der Co-Produktion können gem. § 8 Abs. 3 analog die Erträgnisse für die Nutzung des Films verteilt werden. Kann bei zwei Co-Produzenten nicht eindeutig festgestellt werden, wessen Beitrag überwiegt, ist von einer jeweils hälftigen Beteiligung auszugehen (OLG Bremen GRUR-RR 2009, 244, 246). Von der Co-Produktion abzugrenzen ist die **Kofinanzierung**, bei der es an einer gemeinsamen Filmherstellung fehlt. Vielmehr will sich der Kofinanzierer im Gegenzug zu einer rein finanziellen Beteiligung zumeist vorab Auswertungsrechte am Film sichern (*Baur* UFITA 3 [2004], 665, 679; *Friccius* ZUM 1991, 392, 393).

23   Indizien für eine Co-Produktion sind etwa ein gemeinsamer Rechteerwerb sowie ein etwaiges Einbringen bereits erworbener Rechte und die Verteilung des Risikos. Ein solches gleichstufiges Zusammenwirken führt im Produktionsstadium häufig zur Form der GbR (*Friccius* ZUM 1991, 392, 393; Dreier/Schulze/

Schulze[5] Rn. 10; Schricker/Loewenheim/*Katzenberger/N. Reber*[5] Vor §§ 88 ff. Rn. 36; Wandtke/Bullinger/*Manegold/Czernik*[4] Rn. 54). Tritt ein Gesellschafter im Außenverhältnis als **federführender Produzent** auf, ist zu differenzieren. Übernimmt er die unternehmerische Verantwortung (Abschluss der Verträge im eigenen Namen und für eigene Rechnung; ggf. noch Übernahme der Überschreitungskosten), dann erfolgt bei ihm als alleinigem Filmhersteller i. S. d. § 94 auch ein originärer Rechteerwerb, auch wenn die Auswertung gemeinschaftlich erfolgt. Aus seinen gesellschaftsrechtlichen Pflichten muss er das Recht dann ggf. einbringen (Wandtke/Bullinger/*Manegold/Czernik*[4] Rn. 55). Handelt der federführende Produzent jedoch im Namen und für Rechnung aller (Dreier/Schulze/*Schulze*[5] Rn. 10), dann sind alle Mitwirkenden Filmhersteller i. S. d. § 94. Der Titel des Vertrages ist für seine Einordnung nicht entscheidend. Ein als „Co-Produktionsvertrag" betitelter Vertrag zwischen einer öffentlich-rechtlicher Fernsehanstalt und einem Musikverlag, der eine Kooperation beider als gleichrangiger Vertragspartner regelt, die Federführung für die TV-Produktion und die Postproduktion trennt, die Auswertungsrechte beiden Vertragsparteien aufgeteilt zuweist, eigenständige Beiträge zur Herstellung der Produktion vereinbart (Personal bzw. Übertragungstechnik) sowie die Finanzierung verteilt und an den mit der vertragsgegenständlichen Leistungen verbundenen Kosten ausrichtet, ist ein echter Co-Produktionsvertrag, nicht nur eine Auftragsproduktion (OLG München GRUR 2003, 420, 421 f. – *Alpensinfonie*). Ferner zu Co-Produktionsverträgen vgl. Vor §§ 88 ff. Rn. 55 f.

dd) Auftragsproduktionen: Für § 94 ist zwischen echten und unechten Auftragsproduktionen zu **unterscheiden.** Auch hier ist der relevante Zeitpunkt die Erstfixierung des Trägers (OLG München NJW 1998, 1413, 1414 – *O Fortuna*: erstmalige Herstellung der Bildfolgen). Zu diesen Auftragsproduktionen allgemein vgl. Vor §§ 88 ff. Rn. 57 ff. **Echte Auftragsproduktionen** zeichnen sich durch die weitgehend selbstständige Stellung des Auftragnehmers bei der Herstellung des Filmes aus. Er erbringt die Leistung als selbständiger Unternehmer, was es rechtfertigt, ihn als Filmhersteller i. S. d. § 94 zu sehen (OLG Dresden ZUM-RD 2013, 245, 246 – *VFF-Klausel*; LG München I ZUM 2008, 161, 163 – *Vote Media IV*; *Kreile* ZUM 1991, 386, 387; *Pense* ZUM 1999, 121, 123; Wandtke/Bullinger/*Manegold/Czernik*[4] Rn. 33). Die **Bezeichnung** eines Vertrages hat auf die tatsächliche Rechtsnatur keinen Einfluss. Allerdings kann der Umstand, dass die Parteien eine gesonderte Übertragung der Rechte aus § 94 für erforderlich hielten, ein **Indiz** für einen originären Rechtserwerb beim Auftragnehmer sein (Wandtke/Bullinger/*Manegold/Czernik*[4] Rn. 30). Entscheidend bleibt jedoch, wer rein tatsächlich das **unternehmerische Risiko der Filmherstellung** übernimmt (vgl. Rn. 12 f.). Bei einem „Film-Lizenzvertrag" zwischen einem herstellenden Unternehmen und einer öffentlich-rechtlichen Rundfunkanstalt ist ersteres Filmhersteller i. S. d. § 94, wenn das Risiko der Herstellung dort lag (OLG Dresden ZUM-RD 2013, 245, 247 – *VFF-Klausel*; OLG Düsseldorf GRUR-RR 2002, 121, 122 – *Das weite Land*), weil das Kostenüberschreitungsrisiko, das Fertigstellungs- und Abnahmerisiko bei diesem lag. Das gilt auch dann, wenn das finanzielle Risiko vertraglich abgesichert ist (vgl. Rn. 12 a. E.). Auch ein gewisses Maß an Einflussnahme des Auftraggebers auf den Film schadet nicht (KG GRUR 1999, 721 – *DEFA Film*; LG München I ZUM 2008, 161, 163 – *Vote Media IV*; zu Mitspracherechten von Finanziers *Baur* UFITA 3 [2004], 665, 681; *Friccius* ZUM 1991, 392), selbst wenn wichtige Entscheidungen nur noch gemeinsam mit dem Auftraggeber getroffen werden (*Pense* ZUM 1999, 121, 123). Die Bereitstellung von Material, Kapital sowie Sach- und Personalbeistellungen sind allein ebenfalls kein Argument für die Begründung des Leistungsschutzrechts (OLG Dresden ZUM-RD 2013, 245, 247 – *VFF-Klausel*; OLG Düsseldorf GRUR-RR 2002, 121, 122 – *Das weite Land*; *Pense* ZUM 1999, 121, 123; a. A. OLG Bremen GRUR-RR 2009,

24

244, 246 – *Mitherstellerschaft*; eingehend vgl. Rn. 13). Das Gleiche gilt, selbst wenn dem Auftraggeber sämtliche Nutzungsrechte (§§ 88, 89, 92) weiter über-tragen sind und klar ist, dass nur er den Film auswerten wird. Denn dem Auftragnehmer verbleibt in allen vorgenannten Konstellationen das entschei-dende unternehmerische Risiko (vgl. Rn. 12 f.), insb. das Kosten-, Abnahme- und Fertigstellungsrisiko: dass der Film den vom Auftraggeber z. B. bei Fest-preisproduktionen vorgegebenen Budgetrahmen sprengt, nicht den Anforde-rungen genügt oder zu spät fertig wird (*Pense* ZUM 1999, 121, 123; Dreier/Schulze/*Schulze*[5] Rn. 8; Wandtke/Bullinger/*Manegold*/*Czernik*[4] Rn. 33). Bei der Aufnahme einer **Sportveranstaltung** ist nach den genannten Maßstäben Filmhersteller nicht der Veranstalter, sondern derjenige, der unter Einsatz von eigenen sachlichen Mitteln den Film herstellt und damit das unternehmerische Risiko der Filmherstellung trägt (OLG München NJW-RR 1997, 1405, 1406 – *Box Classics*).

25 Bei einer **unechten Auftragsproduktion** (vgl. Vor §§ 88 ff. Rn. 64) trägt der Auftraggeber das unternehmerische Risiko und ist deshalb Filmhersteller nach § 94. Der Auftragnehmer ist nur „verlängerte Werkbank" des Auftraggebers. Relevante Kriterien sind die Bestimmung des Budgets, Übernahme des Über-schreitungskostenrisikos, Haftung für die Fertigstellung. Entscheidende Bedeu-tung im Rahmen des § 94 hat erneut die Frage, **auf wessen Namen und Rech-nung die Verträge** abgeschlossen, insb. die für die Produktion und spätere Verwertung notwendigen Rechte erworben wurden (vgl. Rn. 12; ferner *Pense* ZUM 1999, 121, 124; *Kreile* ZUM 1991, 386, 387; *Baur* UFITA 3 [2004], 665, 677; Dreier/Schulze/*Schulze*[5] Rn. 9; Wandtke/Bullinger/*Manegold*/*Czer-nik*[4] Rn. 34). Da der Auftragnehmer als Dienstleister für den Auftraggeber tätig wird, ist aber auch unschädlich, wenn der Auftragnehmer den Vertrags-schluss bzw. den Rechtserwerb auf eigenen Namen, aber **auf Rechnung des Auftragnehmers** durchführt.

26 ee) **Filmfonds:** Tw. sind Filmfonds in die Finanzierung eines Filmes eingeschal-tet. Filmfonds können nur dann Filmhersteller nach § 94 sein, wenn sie das unternehmerische Risiko tragen. Filmfonds können sich hier im Rahmen von unechten Auftragsproduktionen (vgl. Rn. 25) eines Produktionsdienstleisters bedienen, bleiben aber Filmhersteller (v. Hartlieb/Schwarz/*U. Reber*[5] Kap. 85 Rn. 5; Loewenheim/*Castendyk*[2] § 75 Rn. 120 ff.). Dass Filmfonds dabei oft keine tatsächliche Kontrolle über die Produktion ausüben, sondern sie nur wirtschaftlich verantworten, ist für § 94 unschädlich (BeckOK UrhR/*Dies-bach*[16] Rn. 13; a. A. Wandtke/Bullinger/*Manegold*/*Czernik*[4] Rn. 49); vgl. Rn. 13. Die **steuerrechtliche Beurteilung** spielt für das Urheberrecht keine Rolle (Dreier/Schulze/*Schulze*[5] Rn. 18; dazu ausführlich Wandtke/Bullinger/*Mane-gold*/*Czernik*[4] Rn. 16 f.).

27 ff) **Filmhersteller bei Kopien, Ausschnitten, Synchronfilmen, Restaurierungen und anderen Bearbeitungen:** Das Leistungsschutzrecht des § 94 wird dem Her-steller für die Übernahme des unternehmerischen Risikos der Filmherstellung gewährt (vgl. Rn. 12). Deshalb erscheint es als gerechtfertigt, **quantitativ** einen unternehmerischen **Mindestaufwand als Filmhersteller** zu fordern, ohne den ein unternehmerisches Risiko nicht entstehen kann (str., vgl. Rn. 18). Darüber hinaus muss daneben als **qualitatives Element** auch die Eigenständigkeit des hergestellten Filmes hinzukommen (weitgehend unstr., vgl. Rn. 18).

28 Vor diesem Hintergrund ist die Herstellung von **Videos** von der Nullkopie keine Filmproduktion (*v. Petersdorff-Campen* ZUM 1996, 1037, 1045; *Reu-pert* S. 189; Dreier/Schulze/*Schulze*[5] Rn. 14; Schricker/Loewenheim/*Katzenber-ger*/*N. Reber*[5] Rn. 12). Gleiches gilt für die Herstellung von **DVDs**. Die dabei erfolgende **Digitalisierung** älterer Filme auf analogen oder fotochemischen Trägermedien hat keinen qualitativ eigenständigen Charakter, mögen damit auch gewisse Qualitätsverbesserungen beim Wiedergabemedium einhergehen. Letztlich geht es hier nicht darum, die Qualität des Originals zu verbessern, sondern sich dem Eindruck des Originals weitestgehend anzunähern (*v. Petersdorff-Campen* ZUM 1996, 1037, 1045; Dreier/Schulze/*Schulze*[5] Rn. 16; Wandtke/Bullinger/*Manegold/Czernik*[4] Rn. 25). Auch die üblichen DVD-Bonuselemente reichen nicht, weil sie unabhängig vom Film hinzugegeben werden, ihn also nicht qualitativ berühren.

Bei Verwendung von Trägermaterial eines bereits fixierten Filmwerkes ist die **qualitative Grenze der Eigenständigkeit** i. d. R. erreicht, wenn eine eigenständig schutzfähige **Bearbeitung** (§ 3) im Vergleich zum früher fixierten Filmwerk entstanden ist (in diese Richtung auch Wandtke/Bullinger/*Manegold/Czernik*[4] Rn. 27; anders: *Dünnwald* UFITA 79 [1976], 165, 176, der eine eigene Programmentscheidung fordert). Bei Laufbildern (§ 95) wird man noch geringere Anforderungen stellen müssen. Die **Neuherstellung von Bild- und Tonelementen** kann also bei Vorliegen der Voraussetzungen des § 3 eine Filmherstellung sein. Bei **Schnittveränderungen** kommt es dann auf die Verwendung des vorhandenen Materials und die Art der Neuzusammenstellung an (für neue DVD-Sprach- und Schnittfassungen *v. Petersdorff-Campen* ZUM 1996, 1037, 1045). **Filmcollagen** und Filme, die **Ausschnitte** aus einem früheren Film verwenden, sind danach eigenständig mit einem Recht nach § 94 ausgestattet, wenn sie nicht bloß aus einer Aneinanderreihung der Ausschnitte bestehen (so wohl im Fall OLG Stuttgart ZUM-RD 2003, 586, 589 – *Sex-Aufnahmen*), sondern eigenständigen Werkcharakter haben (wie hier Schricker/Loewenheim/*Katzenberger/N. Reber*[5] Rn. 13). Allerdings führt das hinsichtlich der Ausschnitte nicht zu einem Recht aus § 94, sondern nur hinsichtlich des neuen Filmwerkes (Dreier/Schulze/*Schulze*[5] Rn. 29).

29

Die **Synchronfassung** eines Filmes ist durch die Verbindung des Filmes mit der neuen Tonspur ein neues Filmwerk; der Synchronproduzent als erstmaliger Hersteller eines solchen neuen Bild-/Tonträgers ist damit Filmhersteller i. S. d. § 94 (OLG Köln v. 18.10.2013, Az. 6 U 93/13, juris Tz. 5; OLG Rostock ZUM 2016, 665; LG Hamburg ZUM 2015, 164, 166; *Baur* UFITA 3 [2004], 665, 738, 769; Dreier/Schulze/*Schulze*[5] Rn. 15; Wandtke/Bullinger/*Manegold/Czernik*[4] Rn. 23).

30

Die bloße Ausbesserung von Schäden, auch unter Einsatz von Digitaltechnik, im Zuge einer **Restaurierung** ist regelmäßig keine Neuherstellung (*Baur* UFITA 3 [2004, 665, 738, 770; Schricker/Loewenheim/*Katzenberger/N. Reber*[5] Rn. 15; Wandtke/Bullinger/*Manegold/Czernik*[4] Rn. 26). Anderes gilt für die aufwändige und vom Ergebnis im Vergleich zum Ausgangsfilm qualitativ andere **Nachkolorierung** (*Baur* UFITA 3 [2004, 665, 738, 769; Dreier/Schulze/*Schulze*[5] Rn. 17; Schricker/Loewenheim/*Katzenberger/N. Reber*[5] Rn. 15; Wandtke/Bullinger/*Manegold/Czernik*[4] Rn. 27; a. A. *Reupert* S. 190). Das gilt insb. für die Kolorierung von Zeichentrickfilmen, wenn sie tw. neu gezeichnet werden müssen.

31

gg) Musikvideos: Auch Musikvideos können Filmwerke nach § 94 darstellen. Die Bündelung der Rechte in der Hand des Produzenten nach den §§ 88 ff. macht für Musikvideos genauso viel Sinn wie für Spielfilme. Filmhersteller im Sinne des § 94 Abs. 1 ist, wer die organisatorische Gesamtleitung der Produktion eines Musikvideos ausübt und **das** volle **Risiko der erfolgreichen Verfilmung trägt,** z. B. eine Überschreitung eines festen, vom Auftraggeber eingeräumten Kostenrahmens übernehmen muss (KG GRUR-RR 2010, 372, 373 – *Musikvideoclip*). Ein Tonträgerhersteller wird noch nicht dadurch zum (Mit-)Hersteller, weil er die Rechte an den Musiktiteln und die Musiker beisteuert (KG a. a. O.).

31a

31b **hh) Computerspiele:** Auch bei Computerspielen, die Filmwerke sind (vgl. Vor §§ 88 ff. Rn. 12), erwirbt der Hersteller ein Leistungsschutzrecht nach § 94. Hersteller ist, wer objektiv nach den tatsächlichen Verhältnissen (vgl. Rn. 15) das unternehmerische Risiko (vgl. Rn. 12) der Herstellung des Computerspiels trägt. Das ist in der Regel der Developer, also das Entwicklungsstudio (*Bullinger/Czychowski* GRUR 2011, 19, 23). Sehr oft ist der Publisher Mithersteller, wenn er die Entwicklung des Spiels vorfinanziert und die Entwicklung als Produzent begleitet. In der Praxis hat sich das Modell „Advance against Royalties" etabliert. Der Developer entwickelt das Spiel, der Publisher finanziert es vor und kontrolliert als Geldgeber und Produzent die Produktion. Erst nach Abzug der vom Publisher bezahlten Produktionskosten bekommt der Developer seine Erlösbeteiligung. Developer und Publisher teilen sich in diesen Fällen das wirtschaftliche Risiko. Ist der Publisher lediglich für das Marketing und den Vertrieb zuständig und trägt er kein unternehmerisches Risiko für die Fertigstellung des Spiels, ist seine Herstellereigenschaft zu verneinen.

31c **ii) Trans- und crossmediale Produktionen:** Bei transmedialen und crossmedialen Produktionen (eingehend vgl. Vor §§ 88 ff. Rn. 12b) kann § 94 für den Bewegtbildteil Anwendung finden. Bei crossmedialen Produktionen, die zwingend medienübergreifend genutzt werden müssen (Beispiel: Bewegtbild-Teil ist zwingend mit einem Quiz verknüpft, das im Internet öffentlich zugänglich ist), kommt zwar darüber hinaus auch eine Anwendung auf nicht-Bewegtbildteil in Betracht. Wegen des Schutzgegenstandes des § 94, der auf den Filmträger beschränkt ist (vgl. Rn. 32 ff.), erscheint das allerdings als praktisch irrelevant.

32 **b) Filmträger als Schutzgegenstand:** Während die speziellen urhebervertragsrechtlichen Vorschriften der §§ 88, 89, 92 an den Filmbegriff anknüpfen, der keine körperliche Fixierung voraussetzt (vgl. Vor §§ 88 ff. Rn. 9), ist das Leistungsschutzrecht des Filmherstellers an die Voraussetzung der Aufnahme eines Filmes (Filmwerk oder Lichtbild) auf einen Bild- oder Bild- und Tonträger gebunden (RegE UrhG 1962 – BT-Drs. IV/270, S. 98). Schutzgegenstand ist also der **gegenständliche Filmträger** (Wandtke/Bullinger/*Manegold/Czernik*[4] Rn. 6). Das ist der **Bild- oder Bild-/Tonträger**, auf dem der Film **erstmals fixiert** wurde.

33 Der Filmträger ist das **Speichermedium** zur wiederholten Wiedergabe, auf dem der Film dauerhaft festgehalten werden kann (Wandtke/Bullinger/*Manegold/Czernik*[4] Rn. 20). Das **Aufnahmeverfahren** – fotochemisch, analoges Magnetband, digitales Speichermedium – spielt keine Rolle (Dreier/Schulze/*Schulze*[5] Rn. 22; Wandtke/Bullinger/*Manegold/Czernik*[4] Rn. 20). Auch der **Filminhalt** oder der **Filmzweck** – private oder kommerzielle Auswertung – (Dreier/Schulze/*Schulze*[5] Rn. 23; Wandtke/Bullinger/*Manegold/Czernik*[4] Rn. 20) sind genauso **unbedeutend** wie die **Rechtmäßigkeit der Filmaufnahme**, insb. im Hinblick auf das Bestehen etwaiger nicht erworbener Rechte an vorbestehenden Werken oder von Mitwirkenden (Dreier/Schulze/*Schulze*[5] Rn. 25; Wandtke/Bullinger/*Manegold/Czernik*[4] Rn. 7). Für einen direkten Schutz nach § 94 muss der Inhalt des Trägers allerdings Werkcharakter aufweisen („Filmwerk"). Ansonsten besteht auch für einfache Laufbilder Schutz wegen des Verweises von § 95 auf § 94.

34 Für das Entstehen des Leistungsschutzes i. S. d. § 94 ist die **Erstfixierung** des Filmträgers im Sinne der erstmaligen Festlegung des Filmes in seiner endgültigen Form entscheidend (OLG Düsseldorf GRUR 1979, 53, 54 – *Laufbilder*; *Pense* ZUM 1999, 121, 125; *Baur* UFITA 3 [2004], 665, 728; Dreier/Schulze/*Schulze*[5] Rn. 26; Wandtke/Bullinger/*Manegold/Czernik*[4] Rn. 21). **Mit dem Realakt der Erstfixierung entsteht das Recht des § 94** (Wandtke/Bullinger/*Manegold/Czernik*[4] Rn. 10). Zumeist wird es sich dabei um die Nullkopie des Filmes handeln. Spätere Kopien sind keine Filmträger i. S. d. § 94 mehr; bei folgenden Vervielfältigungshandlungen, wie etwa der Herstellung von Video-Masterbän-

dern von der Nullkopie, entstehen folglich keine neuen Rechte (OLG Düsseldorf GRUR 1979, 53, 54 – *Laufbilder*; *Dünnwald* UFITA 79 [1976], 165,
176); vgl. Rn. 27.

Mangels Erstfixierung ist § 94 nicht anwendbar bei einer **Liveübertragung** im   **35**
Fernsehen, auch wenn eine zeitgleiche Erstfixierung stattfindet (RegE UrhG
1962 – BT-Drs. IV/270, S. 102; *Movsessian* UFITA 79 [1977], 213, 236; Dreier/
Schulze/*Schulze*[5] Rn. 21; Wandtke/Bullinger/*Manegold/Czernik*[4] Rn. 22). In einem solchen Fall greift nur der Schutz des Sendeunternehmens nach § 87. Anderes
gilt aber, wenn eine Sendung vorher aufgezeichnet und später auf Grund der Erstfixierung ausgestrahlt wird (OLG Frankfurt ZUM 2005, 477, 479 – *TV Total*;
Wandtke/Bullinger/*Manegold/Czernik*[4] Rn. 22). Das mag auf den ersten Blick etwas willkürlich erscheinen. Die Differenzierung rechtfertigt sich jedoch daraus,
dass bei einer vorherigen Aufzeichnung ein unternehmerisches Risiko wegen der
zeitversetzten Verwertung entsteht, das den Regelungszweck des § 94 ausmacht.
Insoweit hat auch das Entstellungsverbot des § 94 Abs. 1 S. 2 bei zeitversetzter
Nutzung Sinn, während es bei Live-Sendungen irrelevant ist.

Zur **Abgrenzung** zu anderen verwandten Schutzrechten, insb. zum Recht des   **36**
Tonträgerherstellers (§ 85), des Sendeunternehmens (§ 87) und des Veranstalters (§ 81) vgl. Rn. 62 ff.

c) Schutzumfang des § 94 Abs. 1 S. 1: Die **Rechte** des Filmherstellers sind in   **37**
§ 94 Abs. 1 **abschließend aufgezählt** (Dreier/Schulze/*Schulze*[5] Rn. 32;
Wandtke/Bullinger/*Manegold/Czernik*[4] Rn. 59). Der Filmhersteller hat das ausschließliche Recht, den Bildträger oder Bild- und Tonträger, auf den das Filmwerk aufgenommen ist, zu vervielfältigen (§ 16), zu verbreiten (§ 17) sowie zur
öffentlichen Vorführung (§ 19 Abs. 4), Funksendung (§ 20) oder öffentlichen
Zugänglichmachung (§ 19a) zu nutzen. Für Details s. die entsprechenden Kommentierungen. Die vorgenannten Verwertungsrechte beziehen sich auf **alle bekannten und unbekannten Nutzungsarten.** Zu bekannten Nutzungsarten im
Filmbereich innerhalb dieser Verwertungsrechte vgl. § 31 Rn. 73 ff. und zu
(ggf. früher) unbekannten Nutzungsarten im Filmbereich vgl. § 31a Rn. 36 ff.
Anders als die §§ 88, 89 bezieht sich § 94 auch auf **nicht-filmische Nutzungen**
von Bildmaterial oder Bildtonmaterial, z. B. eines Standbildes in einem Buch
oder der Tonspur auf Tonträger (vgl. Rn. 39). Auf die Schranken dieser Befugnisse sowie Vergütungsansprüche verweist Abs. 4 (vgl. Rn. 55 ff.).

§ 94 gilt erst ab Erstfixierung (vgl. Rn. 34). Das **Vervielfältigungsrecht** ist euro-   **38**
parechtlich harmonisiert (Art. 2 lit. d) Info-RL); insoweit gilt nichts anderes als
für § 16; s. deshalb zunächst die Kommentierung zu § 16. Das Recht erfasst
nicht schon die erste Aufnahme des Filmes, sondern die erste Kopie ausgehend
von der Nullkopie (Wandtke/Bullinger/*Manegold/Czernik*[4] Rn. 21). Die Rechte
des Filmherstellers zur Vervielfältigung sind auch bei einer Vervielfältigung von
Teilen des Filmes berührt, seien dies einzelne Elemente wie die Tonspur oder
Ausschnitte des Filmes (BGH GRUR 2008, 693 Tz. 16 – *TV-Total*, zur unzulässigen Übernahme eines 20 Sekunden langen Interviews in eine Satiresendung;
Dreier/Schulze/*Schulze*[5] Rn. 29). Entgegen dem insoweit missverständlichen
Wortlaut kommt es aber nicht darauf an, dass der Filmträger direkt verwendet
wurde. Vielmehr unterfällt es auch dem Vervielfältigungsrecht des § 94, wenn
der Filmträger als Quelle nicht unmittelbar verwendet wird, beispielsweise bei
Fernsehsendung vorproduzierter Filme ein direkter Mitschnitt des Sendesignals
erfolgt und deshalb vom Träger für die Vervielfältigung nicht unmittelbar Gebrauch gemacht wird (BGH GRUR 2008, 693 Tz. 16 – *TV-Total*; ferner BGH
GRUR 2010, 620 Tz. 35 – *Film-Einzelbilder*).

Das **Vorführungsrecht** ist nicht europarechtlich harmonisiert; die europäische   **39**
Harmonisierung bezieht sich nur auf eine Harmonisierung der öffentlichen

Wiedergabe gegenüber Abwesenden (EuGH, GRUR 2012, 156 Tz. 200 ff. – *Association Premier League/Murphy*; s. auch ErwG 23 S. 2 der Info-RL; *Jan Bernd Nordemann* GRUR 2016, 245, 245). s. deshalb zunächst die Kommentierung zu § 19. Im Hinblick auf das **Senderecht** (§ 94 Abs. 1 S. 1 Fall 4) besteht eine europarechtliche Besonderheit: Ein ausschließliches Recht des Filmherstellers, den Bildträger oder Bild- und Tonträger, auf den das Filmwerk aufgenommen ist, zur Funksendung zu benutzen, ist im Unionsrecht nicht vorgesehen. Bei einer Funksendung handelt es sich nicht um ein öffentliches Zugänglichmachen gem. Art. 3 Abs. 2 lit. c) Info-RL, weil das Filmwerk dadurch Mitgliedern der Öffentlichkeit nicht von Orten und zu Zeiten ihrer Wahl, sondern allein linear zur Zeit der Sendung zugänglich gemacht wird. Art. 8 Vermiet- und Verleih-RL (2006/115) sieht lediglich für ausübende Künstler, Tonträgerhersteller und Sendeunternehmen, nicht aber für Filmhersteller ausschließliche Rechte und Vergütungsansprüche vor. ErwG. 16 Vermiet- und Verleih-RL erlaubt Mitgliedstaaten allerdings, für Inhaber von verwandten Schutzrechten einen weiterreichenden Schutz vorzusehen, als in dieser Richtlinie hinsichtlich der öffentlichen Sendung und Wiedergabe vorgeschrieben. Der deutsche Gesetzgeber durfte daher für Filmhersteller in § 94 Abs. 1 S. 1 das ausschließliche Recht zur Funksendung vorsehen. Da es keine Anhaltspunkte für die Annahme gibt, der deutsche Gesetzgeber habe hier einen anderen Begriff der öffentlichen Wiedergabe durch Funksendung zugrunde legen wollen als in den Bestimmungen, die der Umsetzung entsprechender Richtlinien dienen, ist auch die Bestimmung des § 94 Abs. 1 S. 1 Fall 4 UrhG unionsrechtskonform auszulegen (BGH GRUR 2016, 697 Tz. 40 – *Königshof*; s. a. BGH, GRUR 2016, 71 Tz. 38 und 41 – *Ramses*), so dass das Senderecht auch für Leistungsschutzrecht nach § 94 mit dem Urheberrecht parallel läuft und auf die Kommentierung zu § 20 zu verweisen ist. – Das Vorführungs- und Senderecht nach § 94 umfasst nicht das **Zweitwiedergaberecht i. S. d. § 22** (*Dünnwald* UFITA 79 [1976], 165, 186; Dreier/Schulze/*Schulze*[5] Rn. 39).

39a Das **Recht der öffentlichen Zugänglichmachung** (s. zunächst die Kommentierung zu § 19a) ist – wie § 19a – europarechtlich determiniert (Art. 3 Abs. 2 lit. c) Info-RL). Das Recht wurde erst mit der Novelle 2003 in § 94 aufgenommen; der Upload in Peer-to-Peer-Netzwerken (Internettauschbörsen) verletzt dieses Recht (BGH GRUR 2017, 386 Tz. 10 – *Afterlife* m. w. N.); vgl. Rn. 39. Da die Aufzählung der Verwertungsrechte in § 94 Abs. 1 abschließend ist (vgl. Rn. 37), kann sich der Filmhersteller also erst ab dem **13.9.2003** (Inkrafttreten) direkt auf das Recht nach § 19a berufen, zumal auch Übergangsbestimmungen (§§ 129 ff.) nicht existieren. Das Kammergericht will wegen einer planwidrigen Regelungslücke auch auf davor liegende Sachverhalte die §§ 94, 19a analog anwenden (KG MMR 2003, 110, 111 – *Paul und Paula* zur Verwertung von Filmausschnitten im Internet).

40 U. U. kommt trotz Vervielfältigung (und ggf. Verbreitung) eine **freie Benutzung** in entsprechender Anwendung des § 24 in Betracht, wenn ein neues schutzfähiges Werk geschaffen wurde, das Bildmaterial des Filmes verwendet (BGH GRUR 2008, 693 Tz. 24 ff. – *TV-Total*; BGH GRUR 2000, 703, 704 – *Mattscheibe*: bejaht bei Übernahme von Teilen einer Dauerwerbesendung in eine Satiresendung; verneint von Vorinstanz OLG München MMR 1998, 254, 255 – *Kalkofe*; ebenso verneint bei Nutzung eines Interviews für eine Komikshow BGH GRUR 2008, 693 Tz. 24 ff. – *TV-Total*; a. A. Dreier/Schulze/*Schulze*[5] Rn. 33). Die grundsätzliche Anwendbarkeit von § 24 ist insbesondere bei verfassungskonformer Auslegung des § 94 zwingend; insbesondere bei künstlerischer Betätigung muss die Übernahme fremder Ausschnitte im Rahmen des § 24 großzügiger erfolgen als bei nichtkünstlerischer Nutzung (s. die parallele Entscheidung des BVerfG zu § 85: BVerfG GRUR 2016, 690 Tz. 86, 95 ff. – *Metall auf Metall*; s. a. die nachfolgende EuGH-Vorlage: BGH v. 1.6.2017, I

ZR 115/16 Tz. 17 ff. – *Metall auf Metall III*); zum Europarecht vgl. Rn. 6. Auch die **Schrankenbestimmungen der** §§ 44a ff. können hier greifen (vgl. Rn. 57). s. zu § 24 und den Schranken in §§ 44a ff. auch die anderweitigen Kommentierungen: vgl. §§ 23/24 Rn. 4b; vgl. § 85 Rn. 75.

Der Aufwand für die Herstellung der übernommenen Bildfolge ist unerheblich; **41** auch „kleinste Teile" wie z.B. kurze Bildfolgen (BGH GRUR 2008, 693 Tz. 19 – *TV-Total*; KG MMR 2003, 110, 111 – *Paul und Paula;* OLG München MMR 1998, 254, 255 – *Kalkofe*) sowie einzelne **Standbilder** (BGH GRUR 2010, 620 Tz. 18 – *Film-Einzelbilder*; OLG Köln MMR 2005, 185, 186 – *Standbilder im Internet*), die aus dem Filmträger übernommen werden, sind über § 94 geschützt. Auf die Werkqualität (§ 2) des isolierten Teiles kommt es nicht an. Nicht nur der gesamte Film, sondern auch die isolierte **Tonspur** darf nicht ohne Erlaubnis vervielfältigt werden; das erfasst beispielsweise die außerfilmische Verwertung der Tonspur (Dreier/Schulze/*Schulze*[5] Rn. 42; Wandtke/Bullinger/*Manegold/Czernik*[4] Rn. 8, vgl. Rn. 62). – Die Abgrenzung, ob § 94 oder § 95 Anwendung findet, richtet sich nicht nach der Werkqualität des Ausschnitts, sondern nach der Werkqualität des gesamten Films (dazu vgl. § 95 Rn. 4 ff.). In **Tauschbörsennutzungen** („Peer-To-Peer") ist es üblich, die Datei von vielen Anbietern zu beziehen; dabei werden nur **Dateifragmente** bezogen, die für sich genommen nicht lauffähig sind (LG Frankenthal ZUM-RD 2016, 648, 650; *Heinemeyer/Kreitlow/Nordmeyer/Sabellek* MMR 2012, 279, 281). Nach dem BGH (GRUR 2016, 176 Tz. 27 – *Tauschbörse I*; BGH GRUR 2016, 184 Tz. 20 – *Tauschbörse II*; jeweils zu § 85) genügt auch die Verwendung kleinster Fetzen der Aufnahme für eine Verletzung. Das LG Frankenthal meint zu Unrecht dennoch, dass die Zugänglichmachung nicht lauffähiger Teile eines Filmwerkes nicht in das Leistungsschutzrecht eingreife; es beruft sich auf BVerfG Metall auf Metall, die den BGH korrigiert habe (LG Frankenthal ZUM-RD 2016, 648, 650). Auch das BVerfG hat jedoch den Schutzbereich des Leistungsschutzrechts mit „kleinsten Rhythmussequenzen" unbeanstandet gelassen und nur die Anwendung der Schranken des UrhG durch den BGH beanstandet (BVerfG GRUR 2016, 690 Tz. 92 – *Metall auf Metall*, zu § 85). Der BGH hat nunmehr für § 85 die Frage des Schutzbereichs dem EuGH vorgelegt (BGH v. 1.6.2017, I ZR 115/16 Tz. 17 ff. – *Metall auf Metall III*). Ohnehin überzeugt die Rechtsprechung des LG Frankenthal nicht, weil mit seiner Auffassung eine Urheberrechtsverletzung in Mittäterschaft (Mittäter sind dann alle Tauschbörsennutzer, die Dateifragmente zur Verfügung gestellt haben) anzunehmen wäre (so auch OLG Köln GRUR-RR 2016, 399).

§ 94 schützt nur gegen die unmittelbare **Übernahme** der technisch-organisato- **42** rischen Leistung des Filmherstellers durch die genannten Verwertungshandlungen, so wie sie sich im Filmträger als konkrete Bild-/Tonfolge niedergeschlagen hat. Ein Schutz gegen bloß **nachschaffende Übernahme**, inhaltliche Anlehnung, Fortsetzungsfilme, **Remakes** etc. besteht nicht (OLG München GRUR Int. 1993, 332, 334 – *Christoph Columbus*; Dreier/Schulze/*Schulze*[5] Rn. 27; Wandtke/Bullinger/*Manegold/Czernik*[4] Rn. 6). Insoweit muss der Filmhersteller auf ihm zustehende urheberrechtliche Nutzungsrechte zurückgreifen (vgl. § 88 Rn. 76 ff.; vgl. § 89 Rn. 37). Jedoch kommt ausnahmsweise ein Schutz aus den §§ 3, 4 Nr. 9 UWG in Betracht (vgl. Rn. 65).

Das Leistungsschutzrecht des § 94 differenziert nicht nach Filmarten wie z.B. **43** **Kino- und Fernsehfilm, Spiel- oder Werbefilm** (*Dünnwald* UFITA 79 [1976], 165, 184; Wandtke/Bullinger/*Manegold/Czernik*[4] Rn. 7). Praktische Bedeutung kommt dem bei den abgeleiteten Rechten vorbestehender Werke unter § 88 a. F. zu. Bei Altverträgen vom 1.1.1966 bis zum 30.6.2002 ist in Ermangelung einer ausdrücklichen Vereinbarung über den abgeleiteten Rechteerwerb an vorbestehenden Werken noch zwischen Kino- und Fernsehfilm zu unterscheiden; bei einem Kinofilm wird die Einräumung von Fernsehrechten nicht vermutet (vgl. § 88 Rn. 9 ff.). Für Neuverträge nach § 88 und für § 89 wird eine solche Differenzierung zwar diskutiert, ist aber abzulehnen (vgl. § 88 Rn. 67 ff.; vgl. § 89 Rn. 40). Die Rechte des Filmherstellers aus § 94 bei Herstellung der Nullkopie ab dem 1.1.1966 umfassten immer alle Nutzungsarten innerhalb der gewährten Verwertungsrechte. Daher kann er die Verwertung des hergestellten Filmes in einer anderen Primärnutzung auch dann untersagen, wenn er dieses Recht aus abgeleiteten Rechten nicht erworben hat (Wandtke/Bullinger/*Manegold/Czernik*⁴ Rn. 7).

2. Entstellungsschutz (Abs. 1 S. 2)

44 Der Filmhersteller genießt gem. § 94 Abs. 1 S. 2 einen dem § 14 angenäherten Entstellungsschutz für den Film. Damit geht § 94 über den Inhalt der anderen verwandten Schutzrechte hinaus und bildet eine Ausnahme (Wandtke/Bullinger/*Manegold/Czernik*³ Rn. 62). **Eigenständige Bedeutung** erlangt der Entstellungsschutz etwa dann, wenn für eine Geltendmachung von Persönlichkeitsrechten der Mitwirkenden **nach den §§ 14, 75 keine Aktivlegitimation** des Filmherstellers besteht. Da die §§ 88, 89, 92 die Persönlichkeitsrechte der Urheber bzw. ausübenden Künstler nicht erfassen (vgl. § 88 Rn. 105), kann der Filmhersteller ohne anders lautende Vereinbarung nicht aus diesen Rechten vorgehen. Ohnehin können nur Persönlichkeitsrechte **Betroffener** geltend gemacht werden; es gilt nämlich der Grundsatz, dass sich deren Leistung in der konkret entstellten Szene wiederfinden muss, um den Schutz aus Persönlichkeitsrechten auszulösen (OLG Hamburg GRUR 1997, 822, 824 f. – *Edgar-Wallace-Filme*, wo sich der Schöpfer der weggelassenen Filmmusik nicht auf Entstellung berufen konnte). Allerdings scheitert eine Anwendung von Rechten nach den §§ 14, 75 durch den Filmhersteller bei unerlaubter Entstellung durch Dritte nicht daran, dass die **Persönlichkeitsrechte nach § 93 beschränkt** sind; diese Beschränkung gilt nur gegenüber dem Hersteller und von diesem zur Änderung ermächtigten Dritten; in Fällen der vom Hersteller nicht erlaubten Entstellung kann also auch bei nicht gröblicher Entstellung aus den §§ 14, 75 durch den Urheber bzw. ausübenden Künstler vorgegangen werden (Dreier/Schulze/*Schulze*⁵ Rn. 45). Der Filmhersteller kann sich entweder diese Rechte einräumen lassen oder in gewillkürter Prozessstandschaft vorgehen (Dreier/Schulze/*Schulze*⁵ Rn. 45); dann hat § 94 Abs. 1 S. 2 keine eigenständige Bedeutung.

45 Der allgemeine Entstellungsschutz der §§ 14, 75 ist ein Ausfluss der **Persönlichkeitsrechte** von Urhebern und ausübenden Künstlern. Das ist aber **nicht** die **Grundlage** des § 94 Abs. 1 S. 2 (BeckOK UrhR/*Diesbach*¹⁶ Rn. 32; Wandtke/Bullinger/*Manegold/Czernik*⁴ Rn. 62; *Schack*, Urheber- und UrhebervertragsR⁷ Rn. 716; a. A. *Dünnwald* UFITA 79 [1976], 165, 188; *Wandtke* FS Schricker II S. 609, 615; Dreier/Schulze/*Schulze*⁵ Rn. 43: Schutz der „ideellen" Interessen des Filmherstellers). Ein Schutz ideeller Interessen des Filmherstellers würde seltsam anmuten, weil das Recht des § 94 – auch des Abs. 1 S. 2 – vollständig übertragbar ist (vgl. Rn. 50). Vorzugswürdig ist daher ein Verständnis, das das Entstellungsverbot zugunsten des Filmherstellers primär aus seinen wirtschaftlichen Interessen ableitet. Der Entstellungsschutz beruht auf dem **Schutz der unternehmerischen Leistung**.

46 Die Regelung erfasst **Entstellungen und Kürzungen**. Die Kürzung ist das Regelbeispiel der Entstellung (Wandtke/Bullinger/*Manegold/Czernik*⁴ Rn. 64).

47 Ob eine Entstellung vorliegt, ist wie auch bei § 14 im Wege einer **Interessenabwägung** festzustellen. Da § 94 Abs. 1 S. 2 keine ideellen Interessen des Filmherstellers schützt (vgl. Rn. 45), sind auf Seiten des Filmherstellers wirtschaftliche

Interessen zu berücksichtigen. Die **abstrakte Eignung zur Gefährdung wirtschaftlicher Interessen** genügt (Dreier/Schulze/*Schulze*[5] Rn. 44; Schricker/Loewenheim/*Katzenberger*/N. *Reber*[5] Rn. 28; Wandtke/Bullinger/*Manegold*/*Czernik*[4] Rn. 62). Entstellende Änderungen müssen im Hinblick auf den gesamten Film (*Dünnwald* UFITA 79 [1976], 165, 188) derartige negative Auswirkungen auf seine Verwertung befürchten lassen. Auch der **Zweck und die Art** der Auswertung sind zu berücksichtigen. Für Verwertungszwecke notwendig gekürzte Vorführungen, etwa im Ausland oder Flugzeug, sind nicht entstellend (Dreier/Schulze/*Schulze*[5] Rn. 44).

Keine Anwendung findet § 93 und die von § 93 angeordnete Beschränkung auf   **48** nur gröbliche Entstellungen. Der dort vorherrschende Grundgedanke, dass die persönlichkeitsrechtlichen Befugnisse der Urheber zugunsten des Filmherstellers abgeschwächt werden sollen, greift bei § 94 Abs. 1 S. 2 gerade nicht (Dreier/Schulze/*Schulze*[5] Rn. 44; BeckOK UrhR/*Diesbach*[16] Rn. 34; Wandtke/Bullinger/*Manegold*/*Czernik*[4] Rn. 62; a. A. für eine Anwendung der höheren Anforderungen des § 93 für im Film verwendete Leistungen *Dünnwald* UFITA 76 [1976], 165, 189). Aus demselben Grund kann auch bei einem Vorgehen aus den abgeleiteten Rechten der Urheber der Maßstab des § 93 keine Anwendung finden (vgl. Rn. 44).

Tw. wird **rechtspolitisch kritisiert**, dass der Schutz des § 94 Abs. 1 S. 2 weiter   **49** reiche als der Schutz für Urheber und ausübende Künstler gem. den §§ 14, 75 (*Wandtke* FS Schricker II S. 609, 614), weil auf den Filmhersteller die Beschränkung des Entstellungsschutzes auf gröbliche Entstellungen i. S. d. § 93 nicht anwendbar ist. Diese Kritik übersieht jedoch, dass § 93 dem Filmhersteller wegen des unternehmerischen Risikos der Filmherstellung Bewegungsfreiheit verschaffen will. Eine solche Rechtfertigung ist im Verhältnis des Filmherstellers zu bloßen Auswertern nicht ersichtlich. Sonstige Dritte, die nicht vom Filmhersteller zu Änderungen ermächtigt sind, können von § 93 ohnehin nicht profitieren (vgl. Rn. 44).

3. Übertragbarkeit und Rechtsverkehr (Abs. 2)

Abs. 2 regelt die Nutzung des Filmherstellerrechtes im Rechtsverkehr. Das **Leistungsschutzrecht** ist (translativ) **übertragbar und vererblich (S. 1)**. Es kann also   **50** insgesamt auf Dritte durch Rechtsgeschäft übertragen werden (KG GRUR-RR 2010, 372, 373 – *Musikvideoclip*) – anders als das Urheberrecht (vgl. § 29 Rn. 6 f.). Sofern ein Dritter – wie im Regelfall – neben der Übertragung des Leistungsschutzrechtes auch die dem Filmhersteller durch die Urheber nach §§ 88, 89 eingeräumten Nutzungsrechte und die durch die ausübenden Künstler nach § 92 eingeräumten Rechte übertragen erhalten will, sollte das im Vertrag ausdrücklich spezifiziert werden. Ohne Spezifizierung spricht allerdings auch die Vertragsauslegung nach dem Übertragungszweckgedanken dafür (vgl. Rn. 52). Übertragen werden können auch **die gesetzlichen Vergütungsansprüche**, auf die Abs. 4 verweist (vgl. Rn. 55). Die Übertragung des Leistungsschutzrechts und der Vergütungsansprüche kann aber auch **auseinanderfallen**. Das gilt vor allem dann, wenn Vergütungsansprüche im Voraus nicht bzw. nur an eine Verwertungsgesellschaft abtretbar sind (s. § 20b Abs. 2 S. 3). Aber auch in anderen Fällen muss keine Parallelität gegeben sein; zur Auslegung nach dem Übertragungszweckgedanken vgl. Rn. 52.

S. 2 stellt klar, dass wie bei urheberrechtlichen Nutzungsrechten auch eine   **51** **konstitutive Rechtseinräumung** am Leistungsschutzrecht möglich ist (vgl. § 29 Rn. 14 ff.). Das ist von der vollständigen Übertragung des Leistungsschutzrechts zu unterscheiden (vgl. Rn. 50). Zur **Abgrenzung zwischen Übertragung und Einräumung** sowie zur Vertragsauslegung bei unklaren Formulierungen vgl. § 34 Rn. 9.

52   Die Verweise in S. 3 auf die §§ 31, 33 und 38 betreffen Vorschriften des Urhebervertragsrechts (s. die Kommentierungen dort). Ausgenommen sind diejenigen, die die Urheber als schwächere Vertragspartei schützen sollen (§§ 32, 32a, 34, 35, 36, 36a, 37, 40a, 41, 43) oder Urheberpersönlichkeitsrechte betreffen (§§ 39, 40, 42; RegE UrhG Infoges – BT-Drs. 15/38, S. 26, 25). Im Hinblick auf **unbekannte Nutzungsarten** war § 31 Abs. 4 a. F. (vgl. § 31a Rn. 6 ff.) niemals anwendbar (Dreier/ Schulze/*Schulze*[5] Rn. 48; ebenso zum Leistungsschutzrecht des ausübenden Künstlers BGH GRUR 2003, 234, 235 – *EROC III*), genauso wenig wie heute § 31a (aber bei Anwendbarkeit des Übertragungszweckgedankens vgl. § 31 Rn. 172 ff.). Der Verweis des S. 3 betrifft **nur konstitutive Rechtseinräumungen nach S. 2**, weil nur diese in den §§ 31, 33 und 38 geregelt sind (vgl. § 79 Rn. 49 ff. zur Parallelvorschrift § 79 Abs. 2 S. 2). Insb. gilt danach der **Übertragungszweckgedanke** des § 31 Abs. 5 nur für Nutzungsrechtseinräumungen, nicht aber für bloße Übertragungen nach S. 1. Auf die Übertragung des Leistungsschutzrechts kann aber der allgemeine (nicht kodifizierte) Übertragungszweckgedanke Anwendung finden (KG GRUR-RR 2010, 372, 374 – *Musikvideoclip*; OLG Düsseldorf GRUR-RR 2002, 121, 122 – *Das weite Land*; so auch BGH GRUR 2003, 234, 235 – *EROC III* allgemein für Leistungsschutzrechte). Einer Rechteübertragung „zwecks fernsehmäßiger Verwertung" zwischen Filmproduzenten und Rundfunkanstalt unterfallen nach diesem Maßstab nicht auch die Rechte für eine körperliche Auswertung auf Video (OLG Düsseldorf GRUR-RR 2002, 121, 122 – *Das weite Land*). Eine Übertragung auch der Vergütungsansprüche nach § 94 Abs. 4 (neben den ausdrücklich erwähnten Leistungsschutzrechten) ist nicht anzunehmen, wenn keine ausdrückliche Regelung zu den Vergütungsansprüchen im Vertrag enthalten ist, der Vertrag nach seinem Zweck aber nicht auch die Übertragung der Vergütungsansprüche erfordert, keine entsprechende Branchenübung besteht oder wenn ein sog. Verwertungsgesellschaftsvorbehalt vereinbart wurde („Unberührt bleiben etwaige von Verwertungsgesellschaften wahrgenommenen Ansprüche") (KG GRUR-RR 2010, 372, 374 – *Musikvideoclip*). Die Anwendung des Übertragungszweckgedankens kann allerdings nicht zu Einschränkungen bei der Rechtsübertragung führen, wenn die – nach Abs. 2 S. 1 zulässige – vollständige Übertragung des Leistungsschutzrechts Zweck des Vertrages ist. Die Vertragsparteien sollten für diesen Fall allerdings diesen Zweck ausdrücklich vertraglich beschreiben. **Vereinbarungen über die Filmherstellereigenschaft** können als Einräumung oder Übertragung von Nutzungsrechten ausgelegt werden (BGH UFITA 55 [1970], 313, 321 – *Triumph des Willens*: Vereinbarung über die Filmherstellereigenschaft der NSDAP bei Auftragsproduktion ist Einräumung der für die Filmverwertung erforderlichen Rechte). Auf formularmäßige Vereinbarungen zwischen Filmhersteller und Auftraggeber finden die §§ 307 ff. BGB Anwendung (OLG Dresden ZUM-RD 2013, 245, 247 – *VFF-Klausel*, dort zum Wahlrecht des Filmherstellers für VGen im Hinblick auf Ansprüche, die nur durch VGen geltend gemacht werden dürfen; vgl. Rn. 55). Ergänzend zum **Vertragsrecht zwischen Verwertern** (vgl. Vor §§ 31 ff. Rn. 223 ff.).

4. Schutzdauer (Abs. 3)

53   Der Filmhersteller erhält ein Leistungsschutzrecht für die Dauer von 50 Jahren. Das entspricht der Rechtslage bei § 82 (ausübende Künstler) und § 85 Abs. 2 (Tonträgerhersteller). **Früher** betrug die Schutzfrist nur **25 Jahre** und wurde wegen der Schutzdauer-RL für alle am 1.6.1995 noch geschützten Filme verlängert (vgl. Rn. 3 und § 137f Abs. 1 und Abs. 2).

54   Die Fristberechnung knüpft ihren Beginn entweder an die Herstellung, wenn der Film innerhalb von **50 Jahren** weder erschienen ist (§ 6 Abs. 2) noch eine erlaubte öffentliche Wiedergabe (§ 15 Abs. 2; z. B. Vorführung, öffentliche Zugänglichmachung, Sendung) des Filmes stattgefunden hat. Relevant ist allerdings nur eine öffentliche Widergabe, für die das betreffende Verwertungsrecht gem. § 94 besteht (also nicht § 22, vgl. Rn. 41). **Herstellung** bedeutet **Erstfixierung des Films als Nullkopie** (vgl. Rn. 34). Ist der Film innerhalb von 50 Jahren erschienen oder hat eine erlaubte öffentliche Widergabe stattgefunden, ist dies der Beginn der Schutzfrist. Theoretisch kann der Film seit der Erstfixierung 50 Jahre Schutz genießen, die sich nochmals um 50 Jahre verlängern, wenn er kurz vor Ablauf der ersten 50 Jahre erscheint oder öffentlich wiedergegeben wird. Die Frist beginnt mit Ablauf des Kalenderjahres, in dem das maßgebliche Ereignis eintritt. Die fehlende Nennung von § 69 in § 94 – anders als z. B. in § 85 Abs. 3 – wird allgemein als Redaktionsversehen gesehen (Dreier/Schulze/*Schulze*[5] Rn. 52; Wandtke/Bullinger/*Manegold/Czernik*[4] Rn. 72); auch der RegE UrhG 1965 geht von Parallelität zu sonstigen Leistungsschutzrechten aus (RegE UrhG 1962 – BT-Drs. IV/270, S. 102).

5.   Verweis auf anwendbare Vorschriften (Abs. 4)

a) Vermutungsregel des § 10 Abs. 1: Nach § 94 Abs. 4 findet die Vermutungsregel des § 10 Abs. 1 auf das Leistungsschutzrecht des Produzenten entsprechende Anwendung. Das ist auf Art. 5 lit b) Enforcement-RL zurückzuführen. § 94 Abs. 4 wurde zum 1.9.2008 ergänzt (zur zeitlichen Anwendbarkeit vgl. § 97 Rn. 4). Davor kann mit einer tatsächlichen Vermutung gearbeitet werden (OLG Hamburg GRUR-RR 2010, 409, 411 – *Konzertfilm*). – Gem. §§ 94 Abs. 4, 10 Abs. 1 UrhG wird, wer in üblicher Weise auf einem Vervielfältigungsstück als Leistungsschutzberechtigter bezeichnet ist, widerleglich als Inhaber des Leistungsschutzrechts vermutet. Diese Bezeichnung kann entweder ausdrücklich („Filmhersteller:"), durch den üblichen „(P)"-Vermerk (OLG Hamburg GRUR-RR 2010, 409, 411 – *Konzertfilm*) oder auch durch einen „©"-Vermerk (OLG Köln v. 18.10.2013, Az. 6 U 93/13, juris Tz. 6: "Film © Tobis. Alle Rechte vorbehalten") erfolgen. Um unnötige Unsicherheiten zu vermeiden, sollte die genaue Firma angegeben werden; wegen § 10 Abs. 1 2. Hs. ist das aber nicht zwingend, sofern mindestens die übliche Geschäftsbezeichnung nach § 5 Abs. 2 MarkenG verwendet wird. „Auf" dem Vervielfältigungsstück bedeutet z. B. auf dem Cover oder direkt auf dem Träger. Bei Auslegung nach dem Sinn und Zweck ist auch eine Bezeichnung im Vor- oder Abspann eines Films erfasst. Ansonsten könnten Filmhersteller, deren Film noch in der Kinoauswertung ist, die Voraussetzung für die Vermutungsregel nicht erfüllen, sofern keine Filmträger mit entsprechenden Vermerken existieren. Da das Leistungsschutzrecht vollständig übertragbar ist (vgl. Rn. 50), kann sich auch ein bloßer Erwerber des Leistungsschutzrechts auf die Vermutung berufen; für einen bloßen Nutzungsberechtigten (§ 94 Abs. 2 S. 2) gilt die Vermutungsregel jedoch nicht, weil § 94 Abs. 4 nur auf § 10 Abs. 1 und nicht auch auf § 10 Abs. 3 verweist.   **54a**

b) Gesetzliche Vergütungsansprüche (§§ 20b, 27 Abs. 2, 3): Auch dem Filmhersteller steht durch den in Verweis genommenen § 20b das verwertungsgesellschaftspflichtige Recht zur Kabelweitersendung und der entsprechende Vergütungsanspruch zu. Zudem erhält er für den öffentlichen Verleih (§ 27 Abs. 2, 3) eine – ebenso verwertungsgesellschaftspflichtige – angemessene Vergütung. Mangels Verweis auf Abs. 1 steht ihm kein Anspruch auf eine Vergütung aus Vermietung (§ 27 Abs. 1) zu (Dreier/Schulze/*Schulze*[5] Rn. 57). Filmhersteller als originäre Inhaber des Leistungsschutzrechts nach § 94 haben grundsätzlich Wahlfreiheit, über welche Verwertungsgesellschaft sie die Vergütungsansprüche wahrnehmen lassen, sodass sie eine anders lautende AGB-Klausel einer Rundfunkgesellschaft unangemessen gem. § 307 BGB benachteiligt (OLG Dresden ZUM-RD 2013, 245, 248 – *VFF-Klausel*); ferner vgl. Rn. 58.   **55**

c) Vorschriften des 6. Abschnitts des Teils 1 (Schranken): Der Verweis auf die Vorschriften des 6. Abschnitts des Teils 1 bezieht sich auf die §§ 44a bis 63a. Die Zwangslizenz des § 42a findet auf den Filmhersteller keine entsprechende   **56**

Anwendung (Wandtke/Bullinger/*Manegold*/*Czernik*[4] Rn. 77), weil darauf in § 94 Abs. 4 nicht verwiesen wird.

57 Im Hinblick auf die **Schrankenbestimmungen** der §§ 44a bis 63 wird auf die entsprechende Kommentierung verwiesen. Die Befugnisse des Filmherstellers reichen jedenfalls nicht weiter als die der Urheber. Insbesondere kann sich der Nutzer von Filmausschnitten auf das Zitatrecht nach § 51 (BGH GRUR 2008, 693 Tz. 39 ff. – *TV-Total*; dort im Ergebnis verneint) oder die Schranke der Berichterstattung gem. § 50 (BGH GRUR 2008, 693 Tz. 39 ff. – *TV-Total*; dort im Ergebnis verneint) berufen. Probleme bereitet eine Anwendung der Schranken der Nutzung als unwesentliches Beiwerk (§ 57, allenfalls bei Filmausschnitten denkbar), der Nutzung in Ausstellungen, öffentlichem Verkauf und öffentlich zugänglichen Einrichtungen (§ 58, wohl nur bei Filmeinzelbildern), von Werken an öffentlichen Plätzen (§ 59, nur im seltenen Fall einer Filmdauerinstallation) oder von Bildnissen (§ 60). Das Änderungsverbot (§ 62) und die Quellenangabepflicht (§ 63) gelten jedenfalls auch zugunsten des Filmherstellers (Dreier/Schulze/*Schulze*[5] Rn. 60). Da die Schranken europarechtlich in Art. 5 Info-RL determiniert sind, bedarf eine abschließende Entscheidung im Zweifel (Art. 267 AEUV) der Klärung durch den EuGH (s. zu § 85 und zu § 24: BVerfG GRUR 2016, 690 Tz. 95 ff. – *Metall auf Metall*; nachfolgende EuGH-Vorlage: BGH v. 1.6.2017, I ZR 115/16 Tz. 17 ff. – *Metall auf Metall III*); ferner vgl. Rn. 6.

58 Gem. § 63a kann auf die **gesetzlichen Vergütungsansprüche** im Voraus nicht verzichtet werden; eine Vorausabtretung ist nur an eine Verwertungsgesellschaft möglich. Allerdings ist eine Übertragung des gesamten Leistungsschutzrechts (vgl. Rn. 50) mit den gesetzlichen Vergütungsansprüchen denkbar (str., vgl. § 63a Rn. 8). **Problematisch** ist die Vergütung aus § 47 Abs. 2 S. 2 (**Schulfunksendungen**) und § 54 Abs. 1 (**Geräte- und Speichermedienabgabe**) **bei Sendeunternehmen**. Diese können bei einer auf einem Filmträger fixierten Eigenproduktion auch Filmhersteller sein. Die genannten Vergütungsansprüche stehen über den Verweis des § 94 Abs. 4 dem Filmhersteller, nicht aber dem Sendeunternehmen zu (§ 87 Abs. 4). Damit würde im Grunde der Ausschluss der Vergütung in § 87 Abs. 4 immer dann leerlaufen, wenn keine Livesendung vorliegt, weil dann eigentlich § 94 Anwendung findet (vgl. Rn. 35). Deshalb ist von der Filmherstellerstellung i. S. d. § 94 auf der Ebene der Vergütungsansprüche zu differenzieren: Ein Vorrang des § 87 Abs. 4 besteht dann, wenn Sendeunternehmen nur für Sendezwecke produzieren und die Filme nicht für Vorführung und Zweitverwertung vorgesehen sind. In diesem Fall sind also auch Vergütungsansprüche nach § 94 ausgeschlossen. Sollen Filme aber nicht nur zur Sendung, sondern auch anderweitig genutzt werden (z. B. zur Vorführung oder Verbreitung als Video), dann ist das Sendeunternehmen in Ansehung der Vergütung auch Filmhersteller gem. § 94 (so für Tonträgerhersteller BGH GRUR 1999, 577, 578 – *Sendeunternehmen als Tonträgerhersteller* m. Anm. *Jan Bernd Nordemann*/*Brock* K&R 1999, 323 f.; ebenso Vorinstanz OLG Hamburg ZUM 1997, 43, 44 ff.; Dreier/Schulze/*Schulze*[5] Rn. 59; Schricker/Loewenheim/*Katzenberger*/*N. Reber*[5] Rn. 31; Wandtke/Bullinger/*Manegold*/*Czernik*[4] Rn. 81; einschränkend für öffentlich-rechtliche Fernsehanstalten *Schack*[7] Rn. 708 Fn. 37 mit Hinweis auf die Grenzen der zulässigen Randnutzung; gegen ein Recht des Sendeunternehmens aus § 94 bzgl. des für die Sendung benutzten Programmträgers *Dünnwald* UFITA 79 [1976], 165, 170 f., 190).

III. Prozessuales

59 Die **Darlegungs- und Beweislast** für das Entstehen des Leistungsschutzrechts (Filmherstellereigenschaft; Erstfixierung auf Bild- oder Bild-/Tonträger) trägt der Anspruchsteller, der Rechte aus § 94 ableiten will. Allerdings kann die Darlegungs- und Beweislast umgedreht sein, wenn sich der Filmhersteller auf §§ 94 Abs. 4, 10 Abs. 1 berufen kann (vgl. Rn. 54a). – Auch wenn in § 94 nur abschließend aufgezählte Befugnisse eingeräumt werden, können diese **positiven Nutzungsbefugnisse** u. U. über die vom Urheber dem Filmhersteller eingeräumten Nutzungsrechte hinausgehen, insb. bei Stoffverträgen nach § 88 Abs. 1 a. F. vom 1.1.1966 bis zum 30.6.2002 (vgl. Rn. 43). – Beim Vorgehen gegen unerlaubte Nutzungen steht dem Filmhersteller im Regelfall ein ganzes Bündel abgeleiteter Nutzungsrechte neben den Rechten aus § 94 zu (vgl. Rn. 61). Er muss im Hinblick auf den **Streitgegenstand** entscheiden, auf welches Recht er sich beruft, ist aber nicht gezwungen, sämtliche Rechte zum Streitgegenstand zu machen (vgl. § 97 Rn. 49 ff.).

Ansprüche auf Unterlassung, Beseitigung und Schadensersatz wegen Verletzung der Rechte aus § 94 ergeben sich aus § 97 Abs. 1. Schadensersatzansprüche nach § 97 Abs. 2 scheiden mangels dortigen Verweises auf § 94 aus. Der Filmhersteller kann aber einen Anspruch auf Vernichtung der rechtswidrig hergestellten Vervielfältigungsstücke aus § 98 und auf Überlassung aus § 99 geltend machen. Strafrechtliche Sanktionen finden sich in den §§ 108 Nr. 7, 108a. **60**

IV. Verhältnis zu anderen Vorschriften

1. Urheberrechte und Leistungsschutzrechte der Mitwirkenden

Neben seinem originären Leistungsschutzrecht aus § 94 verfügt der Produzent über die abgeleiteten filmischen Nutzungsrechte an den Urheberrechten am Filmwerk (§ 89 Abs. 1) und an vorbestehenden Werken (§ 88 Abs. 1) sowie an Leistungsschutzrechten der ausübenden Künstler (§ 93). Auch kann er die Filmeinzelbilder filmisch nutzen (§ 89 Abs. 4). Diese Rechte **konkurrieren** mit dem Leistungsschutzrecht nach § 94. Damit das Leistungsschutzrecht des § 94 bei ihm entsteht, muss der Filmhersteller nicht notwendig über Rechte der Stoff- oder Filmurheber bzw. der ausübenden Künstler verfügen, weil die Rechte aus § 94 eigenständig sind. Allerdings ist es ein entscheidendes Kriterium für die Annahme der Herstellereigenschaft und damit für die originäre Zuweisung der Rechte des § 94, wo die Rechte nach den §§ 88, 89, 92 liegen (vgl. Rn. 12). Der Filmauswerter muss also im Regelfall ein ganzes Bündel von Rechten erwerben. Beim Vorgehen gegen unerlaubte Nutzungen hat der Filmhersteller ein Wahlrecht, aus welchem Recht er vorgeht. Das Leistungsschutzrecht des § 94 wird dabei am einfachsten darzulegen sein, da er für seine Aktivlegitimation den Rechteerwerb nicht belegen muss. Bei **Schadensersatzansprüchen** ist zu bedenken, dass die einzelnen Rechte aus dem Bündel üblicherweise nur insgesamt gegenüber dem Filmhersteller entgolten werden und deshalb im Regelfall nur *eine* angemessene Lizenzgebühr gefordert werden kann. Eigenständige Bedeutung erlangen die abgeleiteten Nutzungsrechte aus Sicht des Filmherstellers dann, wenn die Schutzfrist des § 94 Abs. 3 abgelaufen ist. **61**

2. Leistungsschutzrechte für Unternehmer

Die isolierte **Tonspur** des Filmes kann u. U. als Tonträger eingeordnet werden; damit stellt sich die Frage nach dem Verhältnis des § 94 zu den Rechten des **Tonträgerherstellers** (§ 85). Da beim Film Bild und Ton eine Einheit bilden, **umfasst** der Schutz des § 94 auch den Ton; ein Rückgriff auf den weniger weit reichenden § 85 bei isolierter Verwendung der Tonspur durch Dritte ist nicht erforderlich (*Dünnwald* UFITA 79 [1976], 165, 168; Dreier/Schulze/*Schulze*[5] Rn. 13, 30; Schricker/Loewenheim/*Katzenberger*/*N. Reber*[5] Rn. 11; a.A. mit technischem Ansatz, ob die Tonspur isoliert vorliegt und (noch) nicht in den **62**

Film montiert wurde (dann § 85) Wandtke/Bullinger/*Manegold/Czernik*[4] Rn. 11). Wurde eine Tonspur zur gesonderten Verwertung (z. B. als Soundtrack) gefertigt und damit die Verbindung der Bild-Tonfolge gelöst, ist § 85 jedoch allein anwendbar.

63 § 87 (**Recht der Sendeanstalten**) steht grds. gleichrangig neben § 94. Sendeunternehmen erwerben für eine Sendung Rechte nach § 87. § 94 ist daneben anwendbar, wenn für den selbst hergestellten Film auch Bild-/Tonträger produziert werden. Das Sendeunternehmen ist daher bzgl. des selbst produzierten Filmes und der für Sendezwecke gefertigten Programmträger auch Filmhersteller i. S. d. § 94, sofern keine Livesendung (vgl. Rn. 35) vorliegt. § 87 Abs. 4 schließt das nicht aus (so für Tonträgerhersteller BGH GRUR 1999, 577, 578 – *Sendeunternehmen als Tonträgerhersteller*; Dreier/Schulze/*Schulze*[5] Rn. 12; unsere 9. Aufl./*Hertin* Rn. 7; Wandtke/Bullinger/*Manegold/Czernik*[4] Rn. 13; a. A. *Dünnwald* UFITA 79 [1976], 165, 170 ff.: bei Programmträgern für Sendezwecke sei § 87 lex specialis; § 94 greife erst bei erstmaliger Vervielfältigung dieses Programmträgers zu Verwertungszwecken außerhalb der Sendung). Zu den Problemen der **gesetzlichen Vergütungsansprüche** und der Spezialität des § 87 Abs. 4 vgl. Rn. 58.

64 Neben § 94 soll § 81 (**Veranstalterrechte**) auf die Filmproduktion anwendbar sein. Da die Filmproduktion als solche jedoch im Regelfall nichtöffentlichen Charakter hat, wird § 81 zumeist leerlaufen (a. A. Wandtke/Bullinger/*Manegold/Czernik*[4] Rn. 14). Der Veranstalter eines abgefilmten Events wird allein durch seine Veranstalterstellung noch nicht zum Filmhersteller (vgl. Rn. 15).

3.   Wettbewerbsrecht (UWG)

65 Vor der Kodifikation der verwandten Schutzrechte ab 1.1.1966 (vgl. Rn. 2 ff.) wurde die unternehmerische Leistung über das UWG geschützt (BGH GRUR 1962, 470, 457 – *AKI* für Sendeunternehmen). Der Leistungsschutz des Produzenten aus § 94 ist an sich ein wettbewerbsrechtlicher Sondertatbestand, der an den erbrachten unternehmerischen Aufwand anknüpft (*Movsessian* UFITA 79 [1977], 213, 235). Für einen Rückgriff auf den ergänzenden Leistungsschutz i. S. d. § 4 Nr. 3 UWG für den unmittelbaren Schutz der erbrachten Leistung als solcher ist daneben kein Raum (BGH GRUR 1992, 697, 699 – *ALF*; Dreier/Schulze/*Schulze*[5] Rn. 54). Wohl aber kommt der ergänzende Leistungsschutz gegen die Art und Weise der Übernahme dann in Betracht, wenn der Film eine wettbewerbliche Eigenart aufweist, diese in dem nachgemachten Film übernommen wurde und außerdem die in § 4 Nr. 3 UWG genannten besonderen Umstände vermeidbare Herkunftstäuschung, unlautere Rufausbeutung oder unredliche Kenntniserlangung vorliegen. Dann kann im Ausnahmefall auch ein Schutz gegen nachschaffende Übernahme möglich sein, der aus § 94 allein ausscheidet (vgl. Rn. 42; vgl. Einl. UrhG Rn. 85).

4.   Filmförderrecht, Handels- und Steuerrecht

66 Das FFG und auch das **Landesförderrecht** verweisen ebenfalls auf den Begriff des „Herstellers" des Filmes (z. B. §§ 41 ff. FFG). Jedoch läuft das förderungsrechtliche Verständnis nicht vollständig mit dem urheberrechtlichen Verständnis des § 94 parallel, insb. weil die Herstellereigenschaft im Förderrecht nicht zum Zeitpunkt der Erstfixierung (Nullkopie) festgestellt wird (v. Hartlieb/Schwarz/*v. Have/Schwarz*[5] Kap. 111 Rn. 10). Das **Steuerrecht** stellt tw. auf urheberrechtliche Begriffe ab (BFH NJW 1996, 1013; ausführlich zum Steuerrecht des Filmherstellers Wandtke/Bullinger/*Manegold/Czernik*[4] Rn. 16 f.; v. Hartlieb/Schwarz/*Dörfler/Ketterl/Wunderlich*[5] Kap. 294 ff.); umgekehrt ist die steuerrechtliche Beurteilung für die urheberrechtliche Einordnung als Filmproduzent irrelevant (Dreier/Schulze/*Schulze*[5] Rn. 18).

Abschnitt 2 **Laufbilder**

§ 95 **Laufbilder**

Die §§ 88, 89 Abs. 4, 90, 93 und 94 sind auf Bildfolgen und Bild- und Tonfolgen, die nicht als Filmwerke geschützt sind, entsprechend anzuwenden.

Übersicht Rn.

I. Allgemeines

1. Sinn und Zweck

Zweck des § 95 ist es, dem Filmhersteller die Auswertung des Filmes unabhängig von dessen Charakter als Filmwerk (§ 2) zu erleichtern. Unabhängig von der schöpferischen Qualität des Filmes hat der Filmhersteller einen erheblichen **organisatorischen Aufwand**; die Bedingungen für die Herstellung und Verwertung sind i. d. R. die gleichen wie beim Filmwerk (RegE UrhG 1962 – BT-Drs. IV/270, S. 102). Daher erscheint es angezeigt, ihm auch für bloße Laufbilder den Schutz und die Erleichterungen der §§ 88, 89 Abs. 4, 90, 93 und 94 für die Filmauswertung zuzusprechen. Ohnehin ist der Werkcharakter im Einzelfall u. U. schwer festzustellen; insofern dient § 95 auch der **Rechtssicherheit** (RegE UrhG 1962 – BT-Drs. IV/270, S. 102) und verhindert Abgrenzungsprobleme, ob im Einzelfall ein Filmwerk vorliegt oder nicht (dies z. B. offengelassen von OLG Düsseldorf v. 19.9.1978 – 20 U 19/78 – GRUR 1979, 53 – *Laufbilder*; KG MMR 2003, 110, 111 – *Paul und Paula*). **1**

2. Früheres Recht

Der Schutz von Laufbildern wurde mit Inkrafttreten des UrhG am 1.1.1966 eingeführt. Vorher fanden sich für Laufbilder keine Sonderregelungen. Entstand bei der Filmherstellung vor dem 1.1.1966 ein Film ohne Werkcharakter (Laufbilder), so sind diese Laufbilder als solche bis heute ohne Schutz (§ 129 Abs. 1 S. 2). In Betracht kommt allerdings ein Schutz wegen der abgelichteten vorbestehenden Werke und – soweit solche existierten – wegen Schutzrechten ausübender Künstler. Außerdem befürwortet die herrschende Auffassung einen Schutz der bei Herstellung der Laufbilder zwangsläufig entstehenden einzelnen Lichtbilder (BGH GRUR 2014, 363 Tz. 20 – *Peter Fechter*; genauso *Schulze* **2**

GRUR 1994, 855, 859; Schricker/Loewenheim/*Vogel*[5] § 72 Rn. 21; a. A. *Ekrutt* GRUR 1973, 512, 513 f.). Mit dieser Auffassung sind auch vor 1966 entstandene Laufbilder nach § 72 geschützt, weil § 72 unabhängig von der Werkqualität auch Altaufnahmen erfasst (vgl. § 72 Rn. 3, dort auch zur Schutzfrist). Die herrschende Auffassung ist aus systematischen Gründen abzulehnen; eingehend vgl. § 89 Rn. 79. Schutz besteht lediglich im Hinblick auf die isolierte Nutzung der Filmeinzelbilder. Wer Schutz nach § 72 gewährt, muss für den Umfang der Rechtseinräumung auf den allgemeinen Übertragungszweckgedanken zurückgreifen (vgl. § 88 Rn. 5 ff., vgl. § 91 Rn. 3; vgl. § 92 Rn. 3 ff.). Die Erleichterungen der §§ 90, 93 kamen weder für Filmwerke noch für Laufbilder in Betracht, weil sie nicht existierten. Auch das originäre Leistungsschutzrecht des Produzenten gem. § 94 gab es nicht (vgl. § 94 Rn. 2). Zum DDR-Recht vgl. Vor §§ 88 ff. Rn. 35.

3. EU-Recht und Internationales Recht

3   Vgl. § 94 Rn. 6. Instruktiv zum Schutz von Laufbildern ausländischer Hersteller in Deutschland LG München I ZUM-RD 2013, 558.

II. Tatbestand

1. Abgrenzung Filmwerk – Laufbilder

4   **Oberbegriff** für Filmwerke und Laufbilder ist der **Film** (Dreier/Schulze/*Schulze*[5] Rn. 7; Schricker/Loewenheim/*Katzenberger/N. Reber*[5] Rn. 8). Dieser ist eine Bild- oder Bild-/Tonfolge, die beim Betrachter den Eindruck eines bewegten Bildes entstehen lässt (vgl. Vor §§ 88 ff. Rn. 9; dort auch zu Grenzfällen wie trans- und crossmedialen Werken sowie sonstigen Multimediaprodukten); zu Computerspielen und Icon unten vgl. Rn. 14 f. Nicht jeder Film ist auch ein Filmwerk. Ein Filmwerk setzt voraus, dass der Film auf einer persönlich schöpferischen Gestaltung beruht und ihm daher **Werkqualität** i. S. d. § 2 Abs. 1 Nr. 6 zukommt. Spielraum für schöpferische filmische Gestaltung gem. § 2 besteht vor allem bei der Auswahl, Anordnung und Sammlung des Filmstoffes sowie der Art der Zusammenstellung der einzelnen Bildfolgen. Filme, die mangels persönlich geistiger Schöpfung keinen Werkcharakter aufweisen, sind **Laufbilder** (KG ZUM 2003, 863, 864 – *Beat Club; Schricker* GRUR 1984, 733; Dreier/Schulze/*Schulze*[5] Rn. 6; Schricker/Loewenheim/*Katzenberger/ N. Reber*[5] Rn. 8; Wandtke/Bullinger/*Manegold/Czernik*[4] Rn. 4). Die Abgrenzung der Filmwerke von den Laufbildern bemisst sich also nach der urheberrechtlichen Schutzfähigkeit als Werk i. S. d. § 2 Abs. 1 Nr. 6. Sie kann im Einzelfall durchaus schwierig sein, denn auch Filmwerke können als „Kleine Münze" Schutz genießen. Unerheblich für die Abgrenzung sind die Art des Aufnahmeverfahrens und ihr Verwendungszweck (Schricker/Loewenheim/*Katzenberger/N. Reber*[5] Rn. 6; Wandtke/Bullinger/*Manegold/Czernik*[4] Rn. 4). Live-Sendungen können auch Laufbilder sein (Wandtke/Bullinger/*Manegold/ Czernik*[4] Rn. 10), mag sich der Filmhersteller dann auch nicht auf Rechte i. S. d. §§ 95, 94 berufen können (vgl. Rn. 27).

5   Die schöpferische Gestaltung des Filmwerkes (§ 2) kommt durch Ausnutzung der **filmischen Gestaltungsmöglichkeiten** zustande. Zunächst vgl. § 2 Rn. 201 ff. hierzu. Da es um „filmische" Schöpfung geht, **kommt es auf den Inhalt der vorbestehenden (verfilmten) Werke** wie Roman, Treatment oder Drehbuch grds. **nicht an.** Ein ausgefeiltes Bühnenstück, dass aus nur einer Kameraperspektive schematisch abgefilmt wird, ist danach jedenfalls kein Film-, aber natürlich ein Schriftwerk (RegE UrhG 1962 – BT-Drs. IV/270, S. 102). Auch auf die Frage, ob der Inhalt eines Fußballspiels urheberrechtlich geschützt ist oder nur die im Vorfeld gespielte Hymne (dazu EuGH GRUR Int. 2011, 1063 Tz. 152 – *Premier League/Murphy*), ist für den Schutz der Filmaufnahmen als Filmwerk oder Laufbilder unbeachtlich. Vielmehr ist auf Individualität von Regie, Kameraführung (Motivwahl, Bildausschnitte, Perspektiven, Beleuchtung, Zoom, Kamerafahrten), visuelle Effekte, Tongestaltung und insb. Schnitt abzustellen (KG ZUM 2003, 863, 864 – *Beat Club*; Wandtke/Bullinger/ *Manegold/Czernik*[4] Rn. 13). Durch die filmische **Auswahl, Anordnung und Sammlung des Stoffes** sowie durch die Art der **Zusammenstellung der einzelnen Bildfolgen** muss sich der Film als das Ergebnis individuellen Schaffens darstellen (BGH GRUR 1953, 299 BGH GRUR 1984, 730, 732 – *Filmregisseur*; KG ZUM 2003, 863, 864 – *Beat Club*; LG München I ZUM-RD 1998, 89, 92 – *Deutsche Wochenschauen*). Eine eigenschöpferische Gestaltung kann insb. dann zu bejahen sein, wenn der Film die Handschrift des Regisseurs trägt (KG ZUM 2003, 863, 864 – *Beat Club*). Auch die Gestaltung des Tonteils kann ein Laufbild zum Filmwerk machen. – Soweit urheberrechtlich geschützte Elemente als vorbestehende Werke im Film gezeigt werden, müssen die Rechte eingeholt werden (vgl. Rn. 16 ff.).

Diese Voraussetzungen können auch bei Filmen vorliegen, die darauf abzielen, **6** ein **wirkliches Geschehen** im Bild festzuhalten, wenngleich sie bei einer lediglich naturgetreuen Wiedergabe vorgegebener Gegenstände und Naturereignisse nicht zwingend vorliegen (BGH GRUR 1953, 299 – *Lied der Wildbahn I* für Tieraufnahmen, Einzelfälle vgl. Rn. 11 ff.). Es kommt dann darauf an, ob die filmischen Gestaltungsmöglichkeiten nicht auf eine bloß naturgemäße Wiedergabe eingeengt sind und sich nicht in der bloß schematischen Aneinanderreihung von Lichtbildern erschöpfen (BGH GRUR 1984, 730, 732 – *Filmregisseur*; KG ZUM 2003, 863, 864 – *Beat Club*). Das ist meist der Fall bei der schematischen Aufnahme und Wiedergabe chronologischer Abläufe (Wandtke/ Bullinger/*Manegold/Czernik*[4] Rn. 6), wenn etwa der Film oder Filmausschnitt durch die Natur der Sache, den vorgegebenen Gegenstand oder die Zweckbestimmung in einer Weise vorbestimmt ist, dass bei jeder Verfilmung im Wesentlichen dasselbe Ergebnis herauskommt (*Schricker* GRUR 1991, 563, 567). Ganz entscheidend kommt es insoweit also auf die Individualität der filmischen Mittel, insb. die **Bildregie** an. Für die Einordnung des Werkes als Filmwerk oder Laufbild ist der **Eindruck beim Betrachter** des Werkes entscheidend (KG ZUM 2003, 863, 864 – *Beat Club*). Ob die filmischen Mittel bei der Inszenierung des Filmes oder erst bei der Nachbearbeitung eingesetzt werden, ist unerheblich (*Feyock/Straßer* ZUM 1992, 11, 15 f.).

Typische Formen von Laufbildern sind filmische Aufzeichnungen oder Live- **7** Sendungen von **Darbietungen ausübender Künstler** wie etwa Opernaufführungen, Solodarbietungen einzelner Sänger, Tänzer oder Musiker (KG ZUM 2003, 863, 864 – *Beat Club*; Schricker/Loewenheim/*Katzenberger/N. Reber*[5] Rn. 9). Das gilt jedenfalls dann, wenn die Bühnenwerke ohne schöpferische Leistung des Kameramannes z. B. mit feststehender Kamera oder wenigen feststehenden oder lediglich schwenkbaren Kameras aufgenommen worden sind (RegE UrhG 1962 – BT-Drs. IV/270, S. 102; KG ZUM 2003, 863, 864 – *Beat Club*), was heutzutage nicht mehr die Regel ist. Nur als Laufbild wurde die Verfilmung einer **Theaterinszenierung** angesehen (OLG Koblenz GRUR Int. 1968, 164, 165 – *Liebeshändel in Chioggia*; zustimmend Schricker/Loewenheim/*Katzenberger/N. Reber*[5] Rn. 9); das kann aber nicht generalisiert werden, weil oft auch bei Theateraufführungen auf eine aufwändige Kamerabegleitung geachtet wird (kritisch auch Dreier/Schulze/*Schulze*[5] Rn. 10). Die gleichen Maßstäbe sollten für **Konzertmitschnitte** gelten. Insoweit kann auch der Sammlung, Auswahl und Zusammenstellung in der Post-Production-Phase schöpferischer Charakter zukommen (ausführlich OLG Hamburg GRUR-RR 2010, 409, 410 – *Konzertfilm*). Wenn etwa durch die Verwendung gezielter Schnitte bei einer Konzertübertragung in schöpferischer Weise den Betrachtern neben dem Kunstgenuss ein unmittelbarer Eindruck von der Konzertatmosphäre durch

Einblendung einerseits des Publikums, andererseits des Musikerensembles vermittelt wird, kann der schöpferische Werkscharakter zu bejahen sein (OLG
München GRUR 2003, 420, 421 – *Alpensinfonie*). In der Revisionsinstanz
meinte der BGH zwar, die Bildfolgen des Filmes können das Musikwerk nicht
„verfilmen". Auch bei einem Film über eine Konzertaufführung des Werkes
könne lediglich dessen Darbietung gezeigt werden (BGH GRUR 2006, 319,
321 f. – *Alpensinfonie*; zur Kritik daran vgl. § 88 Rn. 55). Jedoch ist damit
wohl nichts dazu gesagt, ob der Film Werkcharakter hat. Ohnehin wäre es
auch zu pauschal, aufgezeichneten **Fernsehshows** generell die Werkqualität abzusprechen (so aber Wandtke/Bullinger/*Manegold/Czernik*[4] Rn. 7); das gilt unabhängig von der diskutierten urheberrechtlichen Schutzfähigkeit des ihnen
zugrundeliegenden Konzeptes (vgl. § 2 Rn. 232).

8   Jedes **Musikvideo** ist nach diesen Maßstäben im Einzelfall darauf zu prüfen,
ob es eigenschöpferische Prägung aufweist. Über ein bloßes Laufbild geht es
hinaus, wenn das Musikvideo dem Betrachter durch die Kameraführung, die
gewählten Schnitte und die eingesetzten technischen Effekte in einem erheblichen Umfang einen das ästhetische Empfinden ansprechenden filmischen Eindruck des musikalischen Geschehens vermittelt und sich nicht nur mit einer
optischen Wiedergabe des realen Eindrucks begnügt (KG ZUM 2003,
863, 864 – *Beat Club*; KG GRUR-RR 2010, 372, 373 – *Musikvideoclip*; vgl.
§ 92 Rn. 17).

9   Bloße Laufbilder sind i. d. R. **Nachrichten** (*Kreile/Westphal* GRUR 1996, 254;
Wandtke/Bullinger/*Manegold/Czernik*[4] Rn. 6), soweit der Nachrichtensprecher
oder die gezeigten Ereignisse nur schematisch abgefilmt werden, ebenso **Inter-
viewsendungen**. Auf den nicht filmischen Inhalt kommt es für die Abgrenzung
zwischen Laufbild und Filmwerk wiederum nicht an (vgl. Rn. 5; zutreffend
Wandtke/Bullinger/*Manegold/Czernik*[4] Rn. 6, wonach auch „Geplauder" in einem Interview ein Filmwerk sein kann). Vielmehr ist entscheidend, ob durch
Kamera- und Blickwinkelauswahl, unterschiedliche Szenenzuschnitte, deren
Auswahl und Zusammenstellung Werkqualität erreicht werden. Bei kurzen
Nachrichtenbeiträgen wird diese selten zu finden sein. Eine in knapper Form
gezeigte Wiedergabe von Tagesereignissen wie politischen, wirtschaftlichen und
kulturellen Begebenheiten, die im Wesentlichen nur in dieser Weise gezeigt werden können, ist regelmäßig Laufbild (LG Berlin GRUR 1962, 207, 208 – *Maifeiern* für die Aufnahme einer Maifeier mit Truppen- und Gewerkschaftsparade
von 45 Sekunden). Eine **Sportberichterstattung** (z. B. Fußballübertragung), deren Bildregie mit zahlreichen Kameraperspektiven und Wiederholungen arbeitet, stellt aber regelmäßig ein Filmwerk dar. Zusammenfassungen von Sportereignissen sind ebenfalls im Regelfall Werke (EuGH GRUR Int. 2011, 1063
Tz. 152 – *Premier League/Murphy*).

10   **Propagandafilme** werden schon wegen der beabsichtigten Wirkung regelmäßig
auf besondere filmische Gestaltungsmittel zurückgreifen (Werkcharakter bejaht
von BGH UFITA 55 [1970] 313, 316 – *Triumph des Willens;* LG München I
ZUM-RD 1998, 89, 92 – *Deutsche Wochenschauen*; LG München I ZUM
1993, 370, 373 – *NS Propagandafilme*). Ihr Propagandazweck gebietet eine
künstlerisch-manipulative Gestaltung. Das gilt auch in kurzen Ausschnitten,
beispielsweise bei Kriegswochenschauen, wo gerade der gezielte Einsatz von
Bildern, Musik, Kameraperspektiven und Lichtgestaltung geboten war, um Eindrücke zu erzielen (LG München I ZUM-RD 1998, 89, 93 – *Deutsche Wochenschauen*; *Feyock/Straßer* ZUM 1992, 11, 19).

11   Bei **Dokumentar-** und **wissenschaftlichen Filmen** kann filmische Auswahl, Anordnung und Zusammenstellung des Stoffes zu Werkcharakter führen, wenn
nicht lediglich das bloßen Geschehen ohne Individualität abgefilmt wird

(Dreier/Schulze/*Schulze*[5] Rn. 10; Schricker/Loewenheim/*Katzenberger/N. Reber*[5] Rn. 11). Das kann etwa durch Erläuterungen, Interviews und Gespräche als wesentliche Begleitumstände zum abgefilmten Geschehen erfolgen (BGH GRUR 1984, 730, 732 – *Filmregisseur*). Auch hier kommt es aber nicht auf deren Inhalt, sondern entscheidend auf den Einsatz filmtechnischer Mittel an. Insb. längere Dokumentarfilme können filmische Gestaltungselemente aufweisen (*Hoeren* GRUR 1992, 145, 147 ff.; Wandtke/Bullinger/*Manegold/Czernik*[4] Rn. 8). Ein Filmwerk liegt auch nahe, wenn die beschreibende Darstellung in eine dramaturgische Handlung eingebaut und diese filmisch individuell umgesetzt wurde (BGH GRUR 1984, 730, 732 – *Filmregisseur*).

Verneint wurde der Werkscharakter für eine kurze Aufnahme fliegender Vögel **12** in einem **Naturfilm** (BGH GRUR 1953, 299 – *Lied der Wildbahn I*). **Pornofilme** werden in der Rspr. meist als Laufbilder beurteilt (OLG Hamburg GRUR 1984, 663 – *Video Intim*; LG München I ZUM-RD 2013, 558; offengelassen von OLG Düsseldorf GRUR 1979, 53 – *Laufbilder* wegen des identischen Schutzes von Film und Laufbild gegen unberechtigte öffentliche Vorführung im Geschäft). **Amateurfilme** sind üblicherweise Laufbilder (Schricker/Loewenheim/*Katzenberger/N. Reber*[5] Rn. 12).

Die Abgrenzungsfrage zwischen Filmwerk und Laufbild stellt sich auch bei **13** **Filmausschnitten**. Hat der betreffende Filmausschnitt für sich genommen schon Werkqualität (§ 2), kann der Filmhersteller dagegen bereits aus seinen urheberrechtlichen Nutzungsrechten am Werk vorgehen, vorausgesetzt, er besitzt die sog. Klammerteilrechte (vgl. § 88 Rn. 62). Werkschutz einzelner Szenen wird eher bei Spielfilmen zu finden sein, in denen sich die schöpferische Prägung auch in den einzelnen Szenen erfahren lässt. Diese kann durch Beleuchtung, Kameraeinstellung, Schnitt und andere Stilmittel realisiert werden (OLG Hamburg GRUR 1997, 822, 825 – *Edgar-Wallace-Filme*). Die Leistungsschutzrechte der §§ 94, 95 bieten dagegen nicht nur gegen die Verwertung von Filmausschnitten mit Werkqualität, sondern (auch) Schutz gegen die Entnahme nur kleiner, nicht als Werk geschützter Teile (BGH GRUR 2008, 693 Tz. 19 ff. – *TV-Total*, dort für ein 20-sekündiges Interview mit einer Passantin; BGH GRUR 2000, 703, 704 – *Mattscheibe*, sowie OLG München MMR 1998, 254, 255 – *Kalkofe* für 58 Sekunden einer Dauerwerbesendung; BGH GRUR 1953, 299 BGH GRUR 1953, 299 – *Lied der Wildbahn I* für einen Ausschnitt aus einem Naturfilm, der nur Flugaufnahmen von Schwänen zeigte; LG Stuttgart ZUM 2003, 156, 157 – *NPD-Spitzel* für einen 20 Sekunden langen Interviewausschnitt). Tw. lassen die Gerichte die Abgrenzung auch offen (so KG MMR 2003, 110, 112 – *Paul und Paula* für einminütige Filmausschnitte). Insb. wegen der unterschiedlichen Schutzfristen kann es aber vor allem für ältere Filme erforderlich sein, die Frage zu beantworten, ob ein Filmausschnitt Werkcharakter hat. Die Abgrenzung, ob § 94 oder § 95 Anwendung findet, richtet sich allerdings nicht nach der Werkqualität des Ausschnitts, sondern nach der Werkqualität des gesamten Films.

2. Sonstige Bildfolgen (Computerspiele, Icons, Überwachungskameras etc.)

Noch etwas ungeklärt ist die Anwendung des § 95 auf **sonstige „Bildfolgen"** **14** bzw. **„Bild- und Tonfolgen"**. Die Rspr. geht für **Video- und Computerspiele** von einer Anwendung zumindest des § 95 aus (zu Videospielen: BayObLG GRUR 1992, 508 – *Verwertung von Computerspielen*; OLG Köln GRUR 1992, 312, 313 – *Amiga-Club*; OLG Hamburg GRUR 1990, 127, 128 – *Super Mario III*; vgl. § 2 Rn. 204; zustimmend, aber kritisch zur undifferenzierten Bejahung des Laufbildschutzes ohne Beachtung der persönlichen Anwendbarkeit des § 95 auf ausländische Hersteller gem. § 128 Schricker/Loewenheim/*Katzenberger/N. Reber*[5] Rn. 12). Dem ist zu folgen (vgl. Vor §§ 88 ff. Rn. 12, dort auch zur Kritik in der Literatur). Ausgangspunkt für einen Schutz von

Video- und Computerspielen ist das wahrnehmbare Bewegtbild, ggf. kombiniert mit Ton. **Im Regelfall** kommt Computerspielen **Werkqualität** nach § 2 zu (vgl. Vor §§ 88 ff. Rn. 12; vgl. § 88 Rn. 39; vgl. § 89 Rn. 28a), sodass § **94 als Leistungsschutzrecht** greift (vgl. § 94 Rn. 31b). Für einfachste Computerspiele ohne Werkqualität als visuelles oder audiovisuelles Produkt gilt hingegen § 95. Das diesem zugrundeliegende technische Programm ist als Sprachwerk geschützt; auf dieses findet § 95 keine Anwendung (vgl. Vor §§ 88 ff. Rn. 12; ferner *Koch* GRUR 1995, 459, 463; Wandtke/Bullinger/*Manegold*/*Czernik*[4] Rn. 5). Allerdings können hier die Übergänge fließend sein, wenn eine Trennung von Computerprogramm und Inhalt in Form des Bewegtbildes nicht möglich ist (vgl. Vor §§ 88 ff. Rn. 12a; vgl. § 89 Rn. 28a). Wenn das bewegte **Bild interaktiv erzeugt** wird, scheidet eine Einordnung als Laufbild nicht aus (a. A. Dreier/Schulze/*Schulze*[5] Rn. 9). Die interaktiv erzeugten Bilder sind durch die Programmierung vorgegeben, sodass der Spieler nur noch als Werkzeug des Filmherstellers fungiert; er kann keine Bildfolgen erzeugen, die der Hersteller nicht vorgesehen hat. Anders kann das bei sog. **Sandbox-Games** sein (vgl. § 89 Rn. 28a). Auch hier kann indes ein Leistungsschutzrecht desjenigen, der die Gameengine hergestellt hat, einschlägig sein, wenn der Spieler die in ihr angelegten Bewegtbilder verwendet. Haben sie Werkcharakter, gilt § 94, ansonsten gewährt § 95 Schutz. Es kommt aber eine Anwendung der §§ 23, 24 oder der sonstigen Schrankenbestimmungen in Betracht (vgl. Rn. 27).

15 Für Bildfolgen bzw. Bild- und Tonfolgen i. S. d. § 94 besteht im Übrigen **keine Relevanzschwelle**. Bewegte **Icons** und einfache bewegte Grafiken als Bildfolgen auf Benutzeroberflächen oder Homepages sind als solche über § 95 geschützt (Wandtke/Bullinger/*Manegold*/*Czernik*[4] Rn. 5), auch wenn sie in 3 Minuten ohne großen Aufwand erstellt werden können. Auch **Amateurfilme**, sowie **WebCam-, Überwachungskamera- und Bildtelefonübertragungen**, die automatisch erzeugt werden, sind danach Bildfolgen bzw. Bild- und Tonfolgen gem. § 95. Auch ein Blick zum Lichtbildschutz gem. § 72 zeigt, dass dort Lichtbilder aus automatisierten Aufnahmevorgängen (Passbildautomaten, Satellitenfotos etc.) ebenfalls erfasst werden. Nur bloße Reproduktionsvorgänge (z. B. **Abfilmen eines vorbestehenden Films**) sind wie bei § 72 nicht geschützt (BGH GRUR 1990, 669, 673 – *Bibel-Reproduktion*; vgl. § 72 Rn. 9). Ansätze für eine restriktivere Auslegung des Tatbestandsmerkmals „Bildfolge", weil die Zuerkennung des Leistungsschutzrechts des § 94 oder der Vermutungsregeln der §§ 88, 89 Abs. 4, 90, 93 nicht als opportun erscheine (so Dreier/Schulze/*Schulze*[5] Rn. 9), sind abzulehnen. Denn die Anwendung der vorerwähnten Vorschriften scheitert bereits aus anderen Gründen. So erfüllen Amateurfilme nicht den Filmherstellerbegriff des § 94 (str., vgl. § 94 Rn. 18). Mit unternehmerischem Aufwand aufgestellte WebCams, Überwachungskameras und Bildtelefone scheitern zwar nicht am Begriff des Filmherstellers; jedoch sind die Aufnahmen regelmäßig nicht zur filmischen Verwertung gefertigt, sodass i. d. R. die Vermutungstatbestände der §§ 88, 89 Abs. 4, 90, 93 gar nicht zur Anwendung gelangen (vgl. § 89 Rn. 11 f.).

3. Anwendung der §§ 88, 89 Abs. 4, 90, 93 und 94

16 a) **Rechte an vorbestehenden Werken** (§ 88): Dass vorbestehende urheberrechtschutzfähige Werke für Laufbilder verwendet werden, hat auf die Schutz(un)fähigkeit als Filmwerk keinen unmittelbaren Einfluss (Schricker/Loewenheim/*Katzenberger*/*N. Reber*[5] Rn. 13), da sich die Werkqualität des Filmes nach den verwendeten spezifisch filmischen Gestaltungsmöglichkeiten (z. B. Regie, Kameraperspektiven, Schnitt) bemisst, nicht nach denjenigen bei der Schöpfung vorbestehender und für den Film verwendeter Werke (vgl. Rn. 5). Daher ist auch der Hersteller eines Laufbildes auf den Erwerb der Rechte zur Filmherstellung und -verwertung angewiesen, wenn er beispielsweise ein Drehbuch, schöpferische Kulissen oder Filmmusik verwendet. Derjenige, der Fußballspiele mit vorheriger Hymne des Veranstalters nutzen will, muss auch die Rechte an der Hymne einholen (EuGH GRUR Int. 2011, 1063 Tz. 152 – *Premier League/ Murphy*).

Allerdings ist § 88 restriktiv auszulegen, wenn er über § 95 Anwendung findet. **17** Bei der Verwendung vorbestehender Werke für ein bloßes Laufbild ohne schöpferische filmische Umsetzungselemente steht der Urheber des vorbestehenden Werkes genauso im besonderen Focus wie der ausübende Künstler. Der ausübende Künstler wird jedoch von § 95 privilegiert, in dem keine Verweisung auf § 93 erfolgt (vgl. Rn. 21). Daher können zumindest bei einfachen Aufnahmen (z. B. schematische Übertragungen von Theateraufführungen) die Regeln des § 88 zu weit gehen. Es kann durch eine der Regelung des § 88 Abs. 2 vorrangige Vertragsauslegung ein jederzeitiges Wiederverfilmungsrecht oder zumindest ein zeitlich deutlich unter 10 Jahren liegendes Exklusivrecht anzunehmen sein (Dreier/Schulze/*Schulze*[5] Rn. 14; Schricker/Loewenheim/*Katzenberger/N. Reber*[5] Rn. 13; Wandtke/ Bullinger/*Manegold/Czernik*[4] Rn. 16). Andere Werke als die Aufnahme des Bühnenstückes, also beispielsweise eine bearbeitete Neu-Inszenierung (§ 3) oder gar eine echte Verfilmung, fallen ohnehin nicht unter die Vermutung des § 88 (Dreier/ Schulze/*Schulze*[5] Rn. 15; a. A. unsere 9. Aufl./*Hertin* Rn. 7 für die Neu-Inszenierung), können aber (ggf. ungeschriebene) Enthaltungspflichten verletzen (vgl. Vor §§ 31 ff. Rn. 45 ff.).

Im Hinblick auf **anderweitige vertragliche Regelungen** gilt folgendes: Die Aus- **17a** legungsregeln des § 88 Abs. 1 (Nutzung vorbestehender Werke zur Erstellung von Laufbildern) sind vertraglich abdingbar (vgl. § 88 Rn. 74). Für § 88 Abs. 2 (Wiederverfilmungsrecht) gilt für Verträge bis 28.2.2017 das Gleiche (vgl. § 88 Rn. 19a). Seit der Urhebervertragsrechtsreform 2016 und damit für Verträge ab 1.3.2017 (§ 132 Abs. 3a) ist nach § 88 Abs. 2 S. 3 die 10-jährige Enthaltungspflicht des § 88 Abs. 2 S. 2 für den Urheber allerdings auch für Laufbilder nach § 95 die zwingende Obergrenze (RegE UrhVG 2016 – BT Drs. 18/8625, S. 31). Das gilt unabhängig davon, ob der Urheber Nutzungsrechte zur Wiederverfilmung eingeräumt hat oder nicht. Zusätzlich darf der Urheber – über den Wortlaut des Abs. 2 S. 3 hinaus – keine Einräumung des ausschließlichen Wiederverfilmungsrechts für einen längeren Zeitraum als 10 Jahre zustimmen, damit der Urheber in der Lage bleibt, nach 10 Jahren das Recht neu zu vergeben. Damit erhält auch Abs. 2 S. 1 in gewissem Umfang einen zwingenden Charakter. Im Ergebnis kann damit der Urheber nur noch ausschließliche Rechte für 10 Jahre und danach unbegrenzt einfache Rechte einräumen (eingehend vgl. § 88 Rn. 85 ff.).

b) Keine Rechte der Filmurheber (§ 89 Abs. 1): Ein Verweis auf § 89 Abs. 1 **18** enthält § 95 deswegen nicht, weil es ohne Werkscharakter des Filmes bei Laufbildern keine mitwirkenden Filmurheber gibt, auf deren Rechte der Produzent angewiesen wäre.

c) Rechte an Lichtbildern (§ 89 Abs. 4): Bei der Herstellung eines Laufbildes **19** entsteht eine Vielzahl Einzelbilder, die als Lichtbilder oder Lichtbildwerke unabhängig vom Film schutzfähig sind (vgl. § 89 Rn. 53 ff.; vgl. § 91 Rn. 2), wobei der Kameramann Lichtbildner bzw. Urheber ist. Daher muss auch die Vermutungsregelung des § 89 Abs. 4 Anwendung finden, die dem Erwerb der für die Filmauswertung erforderlichen Rechte an diesen Bildern durch den Filmhersteller dient. Die Vermutungsregel des § 89 Abs. 4 erfasst allerdings nur filmische Nutzungen der Einzelbilder; für nicht-filmische Nutzungen gilt § 31 Abs. 5 (vgl. § 89 Rn. 60).

d) Einschränkung von Zustimmungserfordernissen und Rückruf (§ 90): Auch **20** die Einschränkungen der Urheberbefugnisse und die damit korrespondierenden

Erleichterungen für die Filmverwertung, die § 90 anordnet, sind anwendbar. Mangels Verweises des § 94 auf § 89 Abs. 1 bis 2 und auf § 93 Abs. 4 gelten die Einschränkungen des § 90 aber nicht für Filmurheber (§ 89 Abs. 1) und nicht für ausübende Künstler (§ 92).

21   **e) Keine Einräumungsvermutung für ausübende Künstler gem. § 92:** Die Regelung des § 92, die für die Rechte ausübender Künstler eine ebensolche Einräumungsvermutung vorsieht, gilt bewusst nicht für Laufbilder (RegE UrhG 1962 – BT-Drs. IV/270, S. 103; KG ZUM 2003, 863, 864 – *Beat Club*; *Movsessian* UFITA 79 [1977], 213, 233; Schricker/Loewenheim/*Katzenberger/ N. Reber*[5] Rn. 17; Wandtke/Bullinger/*Manegold/Czernik*[4] Rn. 7). Denn als bloßes Laufbild setzt der Film keine schöpferischen individuellen filmischen Gestaltungsmittel ein. Die **Leistungen der ausübenden Künstler** stehen bei Laufbildern damit regelmäßig **im Vordergrund** und verschmelzen nicht wie bei einem Filmwerk mit anderen schöpferischen (filmischen) Beiträgen (RegE UrhG 1962 – BT-Drs. IV/270, S. 103; KG ZUM 2003, 863, 864 – *Beat Club*). Es wird gleichsam nur der Zuschauerkreis der Darbietung über das Filmmedium erweitert, sodass das Laufbild der Darbietung durchaus Konkurrenz machen kann (RegE UrhG 1962 – BT-Drs. IV/270, S. 103). In einem solchen Fall muss der Filmhersteller die Rechte der §§ 77, 78 erwerben und kann nicht auf § 92 zurückgreifen. Es gilt der Übertragungszweckgedanke gem. § 31 Abs. 5 (Schricker/Loewenheim/*Katzenberger/N. Reber*[5] Rn. 17). Zur Anwendung des § 92 auf **Musikvideos** als Filmwerke vgl. § 92 Rn. 17.

22   **f) Entstellungsverbot (§ 93):** § 93 gilt über § 95 auch bei Laufbildern. Der Anwendungsbereich beschränkt sich allerdings von vornherein auf die Urheberpersönlichkeitsrechte gem. § 14 der Urheber vorbestehender Werke (§ 88) und der Lichtbildurheber bzw. Lichtbildner (§ 89 Abs. 4), weil weder auf Filmurheber (§§ 89 Abs. 1 und 2, 14) noch auf ausübende Künstler (§§ 93, 75) ein Verweis erfolgt.

23   Zu Recht wurde schon in unserer 9. Auflage (9. Aufl./*Hertin* Rn. 10) kritisiert, dass damit etwa der Inszenierung und Aufführung eines Bühnenstückes über das Entstellungsverbot des § 14 Grenzen gezogen sind, seiner Veränderung im Rahmen der Verfilmung bzw. der Auswertung aber nicht. Dieses de lege lata nicht umgehbare Problem ist bei der für § 93 erforderlichen Interessenabwägung zu berücksichtigen. Da dort auch die Gestaltungshöhe des Filmes ein Faktor ist, wird sie, wenn nur ein Laufbild vorliegt, eher zugunsten der Urheber ausfallen (Dreier/Schulze/*Schulze*[5] Rn. 20).

24   **g) Leistungsschutzrecht des Filmherstellers (§ 94):** Der Verweis auf § 94 gewährt dem Filmhersteller auch bei Laufbildern sein originäres Leistungsschutzrecht. Die praktische Bedeutung ist erheblich. Im Zweifelsfall kann der Filmhersteller gegen die unberechtigte Nutzung des Filmes durch Dritte jedenfalls über sein eigenes Recht gem. §§ 95, 94 vorgehen, ohne die Werkqualität des Filmes oder -ausschnitts (KG MMR 2003, 110, 112 – *Paul und Paula)* und das Bestehen und den Erwerb der abgeleiteten Rechte der Filmschaffenden belegen zu müssen (Schricker/Loewenheim/*Katzenberger/N. Reber*[5] Rn. 4; Wandtke/Bullinger/*Manegold/Czernik*[4] Rn. 2).

25   Das Leistungsschutzrecht des § 94 honoriert die **Übernahme des unternehmerischen Risikos,** das auch dann eingegangen sein kann, wenn die künstlerische Qualität des Filmes nicht die Anforderungen an ein urheberrechtlich schutzfähiges Werk erfüllt (zum Nachrang künstlerischer Aspekte bei der Bestimmung des Filmherstellers vgl. § 94 Rn. 14). Allerdings müssen auch beim Laufbildschutz gewisse **quantitative und qualitative Anforderungen** an den **Filmhersteller** gestellt werden (eingehend § 94 Rn. 18). Quantitativ erfüllen Amateurvideos ohne jeden wirtschaftlichen Aufwand (z. B. Urlaubsvideos) nicht die

Voraussetzungen des § 94 und sind nur nach § 72, nicht aber über den (unternehmerischen!) Leistungsschutz vom UrhG erfasst. Auch ein hinreichender qualitativer Beitrag des Filmherstellers ist zu fordern. Das ist vor allem für Laufbilder relevant, die vorfixierte Filme verwenden. Hier kann allerdings nicht wie bei Filmwerken auf das Vorliegen einer selbständigen Bearbeitung nach § 3 abgestellt werden (vgl. § 94 Rn. 29). Vielmehr muss – parallel zu § 72 – ein Mindestmaß an zwar nicht schöpferischer, aber doch persönlich geistiger Leistung in dem Film verkörpert sein (BGH GRUR 1990, 669, 673 – *Bibel-Reproduktion* zu § 72). Werden nur schematisch vorfixierte Filme aneinander gereiht, entsteht kein (neues) Leistungsschutzrecht, bei einer individuellen Auswahl oder Anordnung von Ausschnitten kann das aber der Fall sein.

§ 94 gewährt auch im Hinblick auf Laufbilder das ausschließliche Recht, den **26** Bildträger oder Bild- und Tonträger, auf den das Filmwerk aufgenommen ist, zu **vervielfältigen**, zu **verbreiten** und zur **öffentlichen Vorführung, Funksendung** oder **öffentlichen Zugänglichmachung** zu benutzen. Wie auch bei urheberrechtlichen Werken bestehen diese Rechte als selbständige Nutzungsformen nebeneinander (im Einzelnen vgl. § 94 Rn. 37 ff.). Der **Umfang der Rechtseinräumung oder -übertragung** durch den Filmhersteller **an Auswerter** bestimmt sich auch hier nach dem verfolgten Vertragszweck (OLG Düsseldorf GRUR 1979, 53, 54 – *Laufbilder*), was sich für Nutzungsrechtseinräumungen (nicht aber für bloße Übertragungen) auch aus dem Verweis §§ 95, 94 Abs. 2 S. 2 auf den Übertragungszweckgedanken in § 31 Abs. 5 ergibt (zum **Vertragsrecht** vgl. § 94 Rn. 50 ff.; ferner für das Vertragsrecht zwischen Verwertern vgl. Vor §§ 31 ff. Rn. 223 ff.). – Die Auslegungsregeln der §§ 88, 89 Abs. 4, 93 sowie die Regelungen des § 90 gelten zu Gunsten des Laufbildherstellers (vgl. Rn. 16 ff.).

Das Leistungsschutzrecht gewährt Schutz gegen die in § 94 genannten Handlun- **27** gen. **Es verbietet nur die Übernahme des im Filmträger verkörperten Materials** (BGH GRUR 2008, 693 Tz. 19 ff. – *TV-Total*), auch kleinster Ausschnitte oder nur der Tonspur (vgl. § 94 Rn. 39), **nicht** aber die **nachschaffende Verwendung des Filmstoffes** oder die Herstellung eines Filmes mit gleichem Geschehen (**Remake**) oder einer **Fortsetzung** (Dreier/Schulze/*Schulze*[5] Rn. 15; Schricker/Loewenheim/*Katzenberger/N. Reber*[5] Rn. 20; Wandtke/Bullinger/*Manegold/Czernik*[4] Rn. 18). **Live-Sendungen** sind zwar als Laufbilder schutzfähig, jedoch fehlt in diesem Fall ein Filmträger, sodass der Schutz des § 94 für den Filmhersteller ausscheidet (vgl. § 94 Rn. 35). Eingehend zum Umfang des Rechtes vgl. § 94 Rn. 37 ff. Die **Schrankenbestimmungen** der §§ 44a ff. sind über § 94 Abs. 4 auch auf Laufbilder anwendbar, z. B. § 50 oder § 51 (BGH GRUR 2008, 693 Tz. 42 ff. – *TV-Total*); vgl. § 94 Rn. 56 ff. **Eine freie Benutzung gem.** § 24 ist trotz der Bezugnahme von § 24 auf Werke denkbar, allerdings nur in entsprechender Anwendung. Eine freie Benutzung von Laufbildern liegt danach vor, wenn ein selbständiges Werk mit den Laufbildern geschaffen wird. Der neue Beitrag ist mit den vorbestehenden Elementen zu vergleichen. Entscheidend ist, ob das neue Werk zu dem aus der Vorlage Entlehnten einen so großen inneren Abstand hält, dass es seinem Wesen nach als selbständig anzusehen ist. Bei der Prüfung dieser Frage ist ein strenger Maßstab angebracht, wenn es um die Beurteilung einer unveränderten Übernahme geschützter Laufbilder geht. Eine freie Benutzung geschützter Laufbilder kann unter diesen Umständen anzunehmen sein, wenn sich das neue Werk mit der benutzten Vorlage kritisch auseinandersetzt, wie dies bei einer Parodie oder Satire der Fall ist (BGH GRUR 2008, 693 Tz. 25 ff., 36 – *TV-Total*); ferner vgl. § 94 Rn. 40.

III. Prozessuales

Vgl. § 94 Rn. 59 ff.   **28**

IV. Verhältnis zu anderen Vorschriften, insbesondere Lichtbildschutz (§ 72)

29 Zunächst vgl. § 94 Rn. 61 ff.

30 Für Laufbilder scheidet wegen ihres fehlenden schöpferischen Charakters für das **Bewegtbild** ein Schutz aus § 72 aus (str., vgl. § 89 Rn. 78 und vgl. § 72 Rn. 13; zum früheren Recht oben vgl. Rn. 3). Schutz besteht lediglich im Hinblick auf die isolierte Nutzung der **Filmeinzelbilder.** Für die isolierte Nutzung von Film Einzelbilder gilt die Auslegungsregel des § 89 Abs. 4 zu Gunsten des Filmherstellers im Hinblick auf eine filmische Nutzung (vgl. Rn. 19).

Teil 4 Gemeinsame Bestimmungen für Urheberrecht und verwandte Schutzrechte

Abschnitt 1 Ergänzende Schutzbestimmungen

Vorbemerkung §§ 95a bis 96

Übersicht

I. Überblick

Der Ökonom *von Hajek* hatte noch propagiert, dass es für die Entwicklung **1** einer Gesellschaft neben der Familie und dem Wettbewerb insb. des Sacheigentums bedürfe. Mittlerweile sind wir in der **Wissensverkehrsgesellschaft** angekommen und diese benötigt als „Saft zum Leben" geistige Güter. Also sollte der Schutz Geistigen Eigentums über jeden Zweifel erhaben sein. Ist er das? Eine der Voraussetzungen für die Entwicklung des Unkörperlichen als Grundlage des Geistigen Eigentums ist die **Digitalisierung** und die mit ihr einhergehende Weiterentwicklung der Computertechnik, die über größere Speicher, schnellere Prozessoren und größere Übertragungsbandbreiten in Netzen die exponentielle Ausbreitung von Unkörperlichem beförderte. Daher dürfte u. E. das geistige Eigentum immer noch eine zentrale Rolle, wenn nicht die Grundvoraussetzung der Wissensverkehrsgesellschaft, spielen; es wird in ihr jedoch vielleicht nicht mehr derart um den Austausch von (geistigem) Eigentum gegen Geld gehen, wie wir es noch aus der Warenverkehrsgesellschaft gewöhnt waren, sondern mehr um den Zugang zu demselben. Deshalb wird auch bereits das „Verschwinden des Eigentums" postuliert (hierzu Bröcker/Czychowski/Schäfer/*Czychowski* § 1 Rn. 2 ff. unter Bezug auf *Rifkin* passim). Einer der Vordenker, der früh die Bedeutung der Digitalisierung und der sich daraus ergebenden Gefahren erkannt hat, ist *Lawrence Lessig*. *Lessig* führt einem dies in seinem Buch „Code and other Laws of Cyberspace" eindrucksvoll vor Augen, wenn er davon spricht, dass der *Code*, verstanden als **Quellcode**, das **neue Gesetz** sein wird. Der in den Kindertagen des Internets entstandene Eindruck eines chaotischen Netzwerkes, das einer Regulierung nicht zugänglich ist, er-weist sich möglicherweise nur als eine vorübergehende Tendenz. Für die Zu-kunft steht zu befürchten, dass das Internet der am engsten regulierte Raum dieser Welt sein wird. Dabei wird diese Regulierung eben – anders als in den Jahrhunderten zuvor – nicht mehr vom Staat alleine ausgehen, sondern zu großen Teilen von den Inhabern des *Code*, möglicherweise unter direkter oder indirekter Einflussnahme des Staates, möglicherweise aber auch selbständig. Dann aber ist es in der Tat bedeutsam, dass Juristen sich über den Inhalt derar-tiger Regulierungen Gedanken machen.

2 Ein wesentliches Phänomen dieser neuen Welt – zum Teil essentieller „Bestand-teil" dieses *Codes* – ist dabei die von *Lessig* zu Recht als janusköpfig bezeich-nete **Kryptographie** (*Lessig*, Code S. 35 ff.). Die Kryptographie wird einerseits Voraussetzung dafür sein, dass wir z. B. **Authentifizierung** im Internet rechtssi-cher durchsetzen können und zudem die **Privatsphäre durch Verschlüsselung absichern;** sie wird andererseits aber auch eine erhebliche Hürde für die Verfol-gung von Rechtsverletzungen – etwa bei verschlüsselt übermittelten urheber-rechtsverletzenden Kopien – beinhalten und uns zum Beispiel bei Digital Rights Management-Systemen wiederbegegnen. Daher verwundert es auch nicht, dass die Begegnung des Urheberrechts mit dem Techникschutz auch die erste Begeg-nung des Urheberrechts mit dem **Datenschutz** bedeutet. Datenschutz nimmt aber auch in anderer Hinsicht eine immer wichtigere Rolle ein und gerät zuneh-mend (Stichwort: Personal Data as Intellectual Property) in den „Sog" des Geistigen Eigentums. All diese Themen begegnen uns im Urheberrecht selten so gedrängt wie bei den §§ 95a ff.

3 Die rasante Entwicklung der kommerziellen Nutzung des Internets setzte bekannt-lich Anfang/Mitte der 90er Jahre ein, nachdem zuvor bereits das Zeitalter der Digi-talisierung eingeläutet wurde. Die World Intellectual Property Organisation (WIPO) erkannte dies als eine der ersten internationalen Organisationen. So wur-den im Dezember 1996 in Genf von einer diplomatischen Konferenz zwei WIPO-**Verträge** beschlossen, die das Urheberrecht und bestimmte verwandte Rechte den neuen digitalen Bedingungen anpassen sollten (WIPO Copyright Treaty (WCT) vom 20.12.1996, deutsche Fassung veröffentlicht in Abl. EG 1998 Nr. C 165, S. 9 und WIPO Performances and Phonograms Treaty (WPPT) vom 20.12.1996, deut-sche Fassung veröffentlicht in Abl. EG 1998 Nr. C 165, S. 13 – zu diesen Verträgen *Reinbothe/v. Lewinski*, passim und *Ficsor*, passim). Ein Kernanliegen dieser Ver-träge ist die **Ausdehnung der Schutzinstrumentarien** des Urheberrechts in die Tech-nik hinein (s. zu dieser Idee bereits der Gedanke „The answer to the machine is in the machine", Clark, Charles: „The answer to the machine is in the machine" and other collected writings /Charles Clark. – Ed. by *Jon Bing* and *Thomas Dreier*. Oslo: Norwegian Research Center for Computers and Law, 2005 (CompLex; 2005,4); *Hugenholtz*/Clark S. 139), wie es in Art. 11 und 12 WCT sowie Art. 18 und 19 WPPT deutlich wird. Denn Rechteinhaber klagten über eine mit herkömm-lichen rechtlichen Instrumentarien kaum noch zu beherrschende technische Ent-wicklung, nämlich die Digitalisierung (zu deren Bedeutung in Bezug auf das Urhe-berrecht beispielhaft Bröcker/Czychowski/Schäfer/*Wirtz* § 8 Rn. 7 ff. m. w. N.). Damit führte man Schutz vor Technik durch Technik ein (zum Folgenden allg. Loe-wenheim/*Peukert* § 33, 1 ff.; Schricker/Loewenheim/*Götting*[5] Rn. 2 ff.).

4 Nachdem bereits 1998 ein erster Referentenentwurf aus dem Bundesministe-rium der Justiz in neuen §§ 96a und 96b diese Vorschriften nahezu wörtlich zur Übernahme vorschlug (Diskussionsentwurf eines Fünften Gesetzes zur Än-derung des Urheberrechtsgesetzes vom 7.7.1998, abgedruckt bei *Marcel Schulze*, Mat. UrhG S. 1524 ff.), überholte diesen Entwurf zunächst die Ent-wicklung auf EU-Ebene. Dort wurde über mehrere Jahre harter Debatten am 22.5.2001 die **Richtlinie zur Harmonisierung bestimmter Aspekte des Urheber-**

rechts und der verwandten Schutzrechte in der Informationsgesellschaft verabschiedet (Info-RL, Abl. EG Nr. L 167/10 = GRUR Int. 2001, 745.). Der Bund wartete auf genau diese Richtlinie, um nicht mit dem ursprünglichen Referententenentwurf ein Gesetz vorzulegen, das bald wieder aufgrund von EU-Vorgaben hätte geändert werden müssen.

Die erwähnten WIPO-Verträge erfordern – ebenso wie die Info-RL – eine An-   **5** passung des deutschen Rechts, soweit es um den Schutz technischer Maßnahmen und um den Schutz von Informationen über die Rechteverwaltung geht. Die neuen §§ 95a und 95b setzen Art. 6 Info-RL um, der den Schutz wirksamer technischer Maßnahmen regelt; § 95c setzt Art. 7 Info-RL um, der Pflichten in Bezug auf Informationen für die Rechtewahrnehmung bestimmt. Damit wird zugleich den laut Gesetzesbegründung weniger weitreichenden Vorgaben aus Art. 11 und 12 WCT sowie Art. 18 und 19 WPPT entsprochen.

II. Die historische Entwicklung

1. Die WIPO-Verträge 1996 und ihr technischer Schutzansatz

Nach der letzten Revision der Berner Übereinkunft im Jahr **1971** in Paris gab   **6** es eine Zeit relativer gesetzgeberischer Ruhe im internationalen Urheberrecht; es war die Zeit des sog. **„guided development"** (*Ricketson* S. 919). Hierunter verstand man die Begleitung nationaler Gesetzgebungsakte durch die WIPO mit praktischen Hilfen und Mustertexten statt neuer internationaler Verträge (*Ficsor* Rn. 1.03 ff.). Gegen Ende dieser Zeit in den **90er Jahren** entwickelte die WIPO auch erste Überlegungen für die **Einbeziehung technischer Schutzmaßnahmen** für urheberrechtlich geschützte Gegenstände. Diese finden sich zum ersten Mal in den „WIPO Model Provisions for Legislation in the Field of Copyright" und dem „WIPO Model Law on the Protection of Producers of Phonograms" (zu beidem *Ficsor* Rn. 1.15 ff.). Die in diesen Entwürfen enthaltenen Bestimmungen deuten den Schutz technischer Maßnahmen an (WIPO-Dokument CE/MPC/I/2-II). Von dort bis zu dem endgültigen Text der WIPO-Verträge war es noch ein weiter Weg (dazu *Ficsor* Rn. 6.02 ff. und *Reinbothe/ v. Lewinski* Chapter 1 Rn. 9 ff.).

Die Bestimmungen in **Art. 11, 12 WCT** sowie **Art. 18 und 19 WPPT** sind erheb-   **7** lich schlanker als die §§ 95a-d. Allerdings geben sie auch nur den Rahmen vor, den der nationale Gesetzgeber auszufüllen hat. Sie setzen auch nur einen **Minimalstandard**, der ohne weiteres auf nationaler Ebene verschärft werden kann (*Reinbothe/v. Lewinski* Art. 11 Rn. 22). Sie sind Leitlinie, aber auch Auslegungshilfe für die nationalen Bestimmungen. Wir werden daher unten bei der Interpretation der einzelnen Tatbestandsmerkmale einen genaueren Blick auf die WIPO-Bestimmungen werfen. Die WIPO-Bestimmungen haben aber bereits den sowohl später im DMCA als auch in der Info-RL gewählten Weg vorgezeichnet, dass es sich bei der Einführung von technischen Schutzmaßnahmen nicht um ein neues Verwertungsrecht der Urheber handelt, sondern um eine Hilfe bei der Rechtsdurchsetzung. Daher muss man die Bestimmungen auch in der Nähe jener der Rechtsdurchsetzung verorten (*Reinbothe/v. Lewinski* Art. 11 Rn. 16).

Art. 11 WCT resp. Art. 18 WPPT sprechen lediglich den **Kernbereich** techni-   **8** scher Schutzmaßnahmen an, nämlich (1) **Ziel des Verbots**, (2) **den Interessenausgleich** und (3) eher indirekt das **Verhältnis von Verwertungsrechten zu Schrankenbestimmungen**. Die Bestimmungen enthalten sich bewusst der Frage, wie dieses Konzept umgesetzt werden soll/muss. Daher haben die **nationalen Gesetzgeber** auch einen weiten **Ermessensspielraum** (*Reinbothe/v. Lewinski* Art. 11 Rn. 16). Dennoch sind die Regeln aus dem WCT und WPPT natürlich bei der Auslegung der EU-Richtlinie und des nationalen deutschen Rechts nicht unberücksichtigt zu lassen. Offen scheint die Frage, inwieweit die Bestimmungen auch Schutz gegen vorbereitende Handlungen bieten (sollen) (*Reinbothe/v. Lewinski* Art. 11 Rn. 23).

9   Demgegenüber regeln Art. 12 WCT resp. Art. 19 WPPT Verpflichtungen in Bezug auf Rechteverwaltungssysteme. Anders als Art. 11 WCT/Art. 18 WPPT enthält Art. 12 Abs. 2 WCT/Art. 19 Abs. 2 WPPT eine Legaldefinition der Rechteverwaltungssysteme und ist daher ein wenig konkreter in seinen Vorgaben an die nationalen Gesetzgeber. Nach Art. 12 WCT z. B. muss ein Rechteverwaltungssystem das Werk, den Urheber und jeden sonstigen Rechteinhaber oder die Bedingungen zur Nutzung des Werkes beinhalten sowie schließlich einen ggf. verwendeten Code, wie die ISBN oder den Digital Object Identifier (DOI) (zu weiteren Codes *Reinbothe/v. Lewinski* Art. 12 Rn. 23). Man kann diese Bestimmungen daher gut auch als neues technisches Urhebervertragsrecht verstehen und weniger bei der Rechtedurchsetzung verorten als die Art. 11 WCT/Art. 18 WPPT (s. hierzu die Kommentierung bei § 95c).

2.   Die Info-RL und ihre Art. 6 und 7

10   Die EU-Kommission hatte bereits 1995, also vor den eben beschriebenen WIPO-Verträgen, das **Grünbuch „Urheberrecht und verwandte Schutzrechte in der Informationsgesellschaft"** (KOM (95) 382 endg. vom 19. Juli 1995) erstellt. Es diente als Basis für eine – untertrieben – als „mehrjährige Konsultation aller beteiligten Kreise" bezeichnete Phase, korrekt wohl eher „intensive Lobbyarbeit auf europäischer Ebene" titulierte. Zwischenstand dieser Entwicklung war der 1997 von der EU-Kommission vorgelegte Vorschlag für eine Richtlinie des Europäischen Parlaments und des Rates zur Harmonisierung bestimmter Aspekte des Urheberrechts und der verwandten Schutzrechte in der Informationsgesellschaft (KOM (97) 628 endg. v. 10.12.1997). Die „intensive Diskussion" ging im sich daran anschließenden Rechtssetzungsverfahren weiter und mündete in die am 22.5.2001 erlassene Info-RL (Abl. EG L 167 vom 22.6.2001 S. 10). Diese Richtlinie setzt u. a. die eben beschriebenen WIPO-Verpflichtungen auf Gemeinschaftsebene um (dazu umfassend *Casellati* 24 CJLA (2001), 369).

11   Dabei geht sie hinsichtlich der Umsetzung des **Schutzes technischer Maßnahmen** (**Art. 6**) in ihrem Detaillierungsgrad deutlich über die Formulierungen der WIPO-Verträge hinaus und bezieht auch das Recht sui generis der Datenbankhersteller mit in den technischen Schutz ein. Darüber hinaus sind auch die Umgehung von technischen Schutzmaßnahmen fördernde Handlungen von den Bestimmungen erfasst. Im Hinblick auf das Verhältnis zwischen technischen Schutzvorrichtungen und Schrankenregelungen gibt Art. 6 Abs. 4 Info-RL vor, welche der Schrankenregelungen durchsetzungsstark auszugestalten sind. Dabei gewährt das EU-Recht etwaigen freiwilligen Maßnahmen der Rechteinhaber aber Vorrang; hierunter dürften wohl in erster Linie vertragliche Absprachen mit Verbraucherschutzorganisationen zu verstehen sein. Hinsichtlich der digitalen Privatkopie (Art. 5 Abs. 2 lit. B) Info-RL) ist diese Norm aber fakultativ ausgestaltet.

12   Schließlich setzt Art. 7 Info-RL Art. 12 WCT/Art. 19 WPPT und seinen **Schutz von Rechteverwaltungsinformationen** um, lehnt sich dabei aber erheblich enger an den Wortlaut dieser internationalen Bestimmungen an, als dies die Richtlinie bei den technischen Schutzmaßnahmen macht. Auch hier ist das Recht sui generis der Datenbankhersteller mit vom Schutz umfasst.

13   Zugleich beschränkt sich die Richtlinie nicht nur auf die bloße Umsetzung der WIPO-Verträge, sondern harmonisiert etwa die Definition des Vervielfältigungsrechts sowie – über das neue Recht der öffentlichen Zugänglichmachung hinaus – die Definition des Rechts der öffentlichen Wiedergabe insgesamt.

3. Das Gesetz zur Regelung des Urheberrechts in der Informationsgesellschaft

Wie bereits oben (vgl. Rn. 4) erwähnt, hatte das Bundesjustizministerium 1998 – **14** noch vor der EU-Richtlinie – einen ersten Umsetzungsvorschlag unterbreitet. Dieser war u. a. vorbereitet worden durch die Enquete-Kommission des Deutschen Bundestages „Zukunft der Medien in Wirtschaft und Gesellschaft – Deutschlands Weg in die Informationsgesellschaft". Deren Zwischenbericht zum Thema „Neue Medien und Urheberrecht" (BT-Drs. 13/8110) enthielt Empfehlungen zur Anpassung des Urheberrechts. Weitere **Vorarbeiten** leistete das damals noch so benannte Max-Planck-Institut für ausländisches und internationales Patent-, Urheber- und Wettbewerbsrecht in dem vom Bundesjustizministerium in Auftrag gegebene Gutachten „Urheberrecht auf dem Weg zur Informationsgesellschaft" (*Schricker*, Markenrecht) wie dies die offizielle Gesetzesbegründung zu Recht hervorhebt.

Der Gesetzentwurf hat dann insb. die Empfehlungen aufgegriffen, die sich mit **15** den hier beschriebenen Regelungen aus den WIPO-Verträgen befassen. Im Übrigen versuchte der Gesetzentwurf aber, die bereits auf EU-Ebene als besonders streitig erkannten Fragen (z. B. das (angebliche) sog. Recht auf digitale Privatkopie) auszuklammern und einem sog. 2. Korb vorzubehalten (kritisch zum Entwurf mit einer detaillierten Stellungnahme *Lindner* K&R 2002, 56). Man hoffte, so den „**1. Korb**", also die **dringendsten zur Umsetzung anstehenden Regelungen**, schneller durch den Gesetzgebungsprozess zu bekommen (RegE UrhG Infoges – BT-Drs 15/38, S. 14 f. ; zur weiteren Genese des Gesetzes einschließlich der Stellungnahmen der interessierten Kreise s. die spezielle Internetseite des Instituts für Urheber- und Medienrecht unter http://www.urheberrecht.org/topic/Info-RiLi/, abgerufen am 29.8.2011).

Schlussendlich hält sich das Gesetz bei den hier in Rede stehenden Bestimmun- **16** gen **eng an die** Info-RL (im Übrigen zum Gesetz *Czychowski* NJW 2003, 620 ff.; *Lauber/Schwipps* GRUR 2004, 293; *Pleister/Ruttig* MMR 2003, 763; *Schippan* ZUM 2003, 378 ff., 678 ff.; *Wandtke* K&R 2003, 109; *Trayer*, Technische Schutzmaßnahmen und elektronische Rechtewahrnehmungssysteme; aus Sicht des Verbraucherschutzes: *v. Braunmühl* ZUM 2000, 804). Die §§ 95a und 95b setzen also Art. 6 Info-RL um, der den Schutz wirksamer technischer Maßnahmen regelt; § 95c setzt Art. 7 Info-RL um, der Pflichten in Bezug auf Informationen für die Rechtewahrnehmung bestimmt. Damit wird zugleich den weniger weitgehenden Vorgaben aus Art. 11 und 12 WCT sowie Art. 18 und 19 WPPT entsprochen. Die Regel des § 95d hingegen ist eine Erfindung des deutschen Gesetzgebers. Die Umsetzung in anderen Mitgliedsstaaten der EU lief weitestgehend ohne eine vergleichbare Norm ab (überblicksartig *v. Lewinski* IIC 2004, 844; *Retzer* CRi 2002, 134).

III. Rechtevergleichende Übersicht, insb. der DMCA

Die Vereinigten Staaten setzten als erster Staat die Bestimmungen der WIPO- **17** Verträge über technische Schutzmaßnahmen und elektronische Rechteverwaltung in ihr nationales Recht um. Dies geschah im sog. **Digital Millennium Copyright Act,** kurz DMCA (17 U.S.C. §§ 1201 ff. (2000) = Gesetzestext abrufbar unter http://www.copyright.gov/legislation/dmca.pdf, abgerufen am 29.8.2011). Dieser enthält in Sec. 1201–1205 die wie folgt gegliederten Regeln über "Anti-Circumvention":
1. '1201. Circumvention of copyright protection systems.
2. '1202. Integrity of copyright management information.
3. '1203. Civil remedies.
4. '1204. Criminal offenses and penalties.
5. '1205. Savings Clause.

und folgt damit den Vorgaben der WIPO, ohne sich zu sehr an deren allgemeinem Text zu orientieren (im Einzelnen zum DMCA Benchell 21 JMARJCIL 1, 2 ff.). Wir werden bei den einzelnen Bestimmungen der §§ 95a ff. einen Blick über den Atlantik werfen. Die US-Amerikaner hinterfragen ihre eigenen Regeln mittlerweile selbstkritisch (Technological Protection Systems for Digitalized Copyrighted Works: A Report to Congress, abrufbar unter http://www.us pto.gov/web/offices/dcom/olia/teachreport.pdf; abgerufen am 31.8.2011).

18 Weitere Staaten und ihre Umsetzung der WIPO-Verträge seien hier nur mit Nachweisen genannt: *Li* S. 99 ff, rechtevergleichend zu internationalen, europäischen, deutschen und US-Regeln der technischen Schutzmaßnahmen; *Viegener* UFITA 2006, 479 ff. sowie *Girsberger*, Schutz von technischen Maßnahmen im Urheberrecht.

IV. Neues Schutzsystem: Technik statt Recht?

19 Wer kennt es nicht: Mit einem spitzen Gegenstand konnte man als Kind die Plastiklaschen am oberen Ende einer Musikkassette herausbrechen und so sich davor bewahren, dass seine Lieblingsmusik, die man mühsam aus der Hitparadensendung mitgeschnitten hatte, unbedacht überspielt wurde. Wer wollte angesichts solcher technischen Finessen behaupten, Kopierschutzsysteme seien eine neue Erfindung? Bei Computerprogrammen ist man ebenfalls seit Jahrzehnten an sie gewöhnt, sei es bei der technischen Absicherung der Verschlüsselung des Codes, sei es bei Zugangskontrollen wie Dongles u. Ä.

1. Rechtfertigung, Sinn und Zweck

20 Doch die **Digitalisierung** ist eine neue **Herausforderung**, die rein **rechtliche Schutzmaßnahmen** an ihre **Grenzen** stoßen lässt, wie nicht zuletzt die Krise der Tonträgerindustrie beweist. Leider verzichtet die Gesetzesbegründung auf eine eigene Rechtfertigung dieser Bestimmungen und bezieht sich nur auf die Vorgaben aus der Richtlinie und den WIPO-Verträgen. Erstaunlicherweise begründen die ErwG 47–56 die entsprechenden Bestimmungen der Info-RL fast ausschließlich mit den Gefahren, die von technischen Maßnahmen für die Allgemeinheit ausgehen können. Die Vorbereitungen zu den WIPO-Verträgen sind aufschlussreicher: Die Vorbereitungsdokumente zu den Verträgen enthalten an einer Stelle Regeln zu „Obligations concerning equipment used for acts covered by protection". Diese rechtfertigen solche Regeln damit, dass die immer neuen Wellen technologischer Veränderung die angemessene Ausübung von Urheberrechten unterminieren. Es sei gerechtfertigt, immer dann, wenn genau diese Technologien Schutz bieten könnten, diese auch angewandt werden sollten (WIPO-Dokument CE/MPC/I/2-III, paras 320–1; so auch *Ficsor* Rn. 6.03). Der Text spricht sogar von „the application [...] should be made obligatory".

21 Gerade aus dieser Rechtfertigung ergeben sich aber auch die **Grenzen derartiger Schutzsysteme** (vgl. Rn. 29 ff.). Zudem stehen der Teil der neuen Schutzmaßnahmen der §§ 95a ff., der sich mit der Rechteverwaltung beschäftigt, also § 95c, in Wettbewerb zum herkömmlichen Rechteverwaltungssystem, insb. dem der Verwertungsgesellschaften. Hinter dem Stichwort **kollektive vs. individuelle Rechtewahrnehmung** verbirgt sich nicht mehr und nicht weniger als der Überlebenskampf der Verwertungsgesellschaften (zu der Einschätzung der EU-Kommission hierzu Mitteilung der Kommission über die Wahrnehmung von Urheberrechten und verwandten Schutzrechten im Binnenmarkt vom 16.4.2004 KOM (2004) 261 endg., 11 ff.).

2. Funktionsweise und Struktur

22 Die **Funktionsweise** erläutern wir im Detail an den Stellen, an denen die Schutzmaßnahmen kommentiert werden (vgl. § 95a Rn. 11 ff. oder vgl. § 95c Rn. 7 ff.).

Die **Struktur** der ergänzenden Schutzbestimmungen ist einfach. Es gibt techni-　**23**
sche Maßnahmen, die Werke oder andere nach dem Gesetz geschützte Gegenstände schützen (§§ 95a und b) und es gibt den Schutz der zur Rechtewahrnehmung erforderlichen Informationen (§ 95c), gewissermaßen das **technische
Urhebervertragsrecht** (vgl. § 95c Rn. 11). Während erstere unterteilt werden
können in Systeme, die eine Zugangskontrolle leisten und solche, die eine Nutzungskontrolle durchführen, gibt es bei letzteren keine solche Gruppierung
(zum Hintergrund: WIPO, Current Developments in the Field of Digital Rights
Management, 2003 prepared by Jeffrey P. *Cunard*, Keith *Hill*, and Mr. Chris
Barlas, 1. August 2003; abrufbar unter http://www.wipo.int/edocs/mdocs/co-
pyright/en/sccr_10/sccr_10_2_rev.pdf, abgerufen am 11.4.2013; EU Comission
Staff Working Paper: Digital Rights: Background, Systems, Assessment, 14–
02–2002 SEC (2002) 197, abrufbar unter http://ec.europa.eu/information_so
ciety/newsroom/documents/drm_workingdoc.pdf, abgerufen am 31.8.2011).

3. Rechtsnatur und Rechtsfolgen

Die **Gesetzesbegründung schweigt** zur Rechtsnatur der §§ 95a ff. Denkbar wäre　**24**
es, die Bestimmungen als neues verwandtes Schutzrecht oder sonstiges Recht
i. S. d. §§ 97 ff. einzuordnen oder sie schlicht für das zu nehmen, als was sie bezeichnet sind, als ergänzende Schutzbestimmungen (jedenfalls kein neues Leistungsschutzrecht: Schricker/Loewenheim/*Götting*[5] Rn. 11; Loewenheim/*Peukert*
§ 33 Rn. 11; auf § 97 zurückgreifend: *Arlt* MMR 2005, 148, 149 f.; ein das Urheberrecht flankierendes Recht bzw. Rechtsschutz: Schricker/Loewenheim/*Götting*[5]
Rn. 11; Wandtke/Bullinger/*Wandtke/Ohst*[4] Rn. 4; so nun auch LG München I v.
14.11.2007 – 21 O 6742/07, UA S. 14 – *Heise-Online* (Hauptsacheverfahren)),
ein Pseudo-Urheberrecht (*Schack*, Urheber- und UrhebervertragsR[4] Rn. 732k).
Tatsächlich wird man nach den einzelnen Regeln zu differenzieren haben:

§ 95d ist zunächst als **bloße Informationspflichtenregelung** von der hiesigen　**25**
Betrachtung auszunehmen. Die gehört zwar systematisch zu den neuen Regeln,
ist jedoch weder in den WIPO-Verträgen vorgegeben, noch in der Info-RL enthalten. § 95a hingegen stellt zunächst klar, dass Rechteinhaber berechtigt sind,
ihre Werke oder andere Schutzgegenstände mit technischen Maßnahmen zu
schützen. Er stellt sodann ein abstraktes Verbot für bestimmte Umgehungsmaßnahmen auf. Geknüpft hieran sind sodann **straf- und ordnungswidrigkei-
tenrechtliche Rechtsfolgen** (§ 108b und § 111a). **Zivilrechtliche** Rechtsfolgen
sind nicht ausdrücklich geregelt. § 95b hingegen begrenzt § 95a und gewährt
für bestimmte Schrankenbegünstigte einen **Individualanspruch.** § 95c schließlich ist wie § 95a als **abstrakte Erlaubnis** für den Schutz der zur Rechtewahrnehmung erforderlichen Informationen anzusehen verbunden mit entsprechenden Verboten der Umgehung bzw. Manipulation. Auch hier gilt das zu § 95a
Gesagte zu den Rechtsfolgen.

Wenn man nun § 95a und § 95c als zentrale und neue Normen hinsichtlich　**26**
ihrer Rechtsnatur analysiert, steht zunächst der klare **Wortlaut gegen eine Einordnung als Recht** i. S. d. §§ 97 ff., denn die Regeln sprechen nur bestimmte
Verbote aus, gewähren aber – anders als die Verwertungsrechte oder verwandte
Schutzrechte – kein „Recht". Systematisch hat sie der Gesetzgeber im vierten
Teil des Gesetzes verortet, der sich fast ausschließlich mit den Rechtsfolgen
beschäftigt. Er hat die Regeln dabei dem alten § 96 zur Seite gestellt, und nur
den ersten Abschnitt umbenannt. Er ist jedoch nicht so weit gegangen, die
Vorschriften in den Abschnitt „Rechteverletzungen", also bei den Ansprüchen,
aufzunehmen. Das ist auch folgerichtig, denn die Bestimmungen sind mehr und
enthalten auch unterschiedliche Inhalte. Allerdings wird der alte § 96 UrhG
als Recht i. S. d. §§ 97 ff. angesehen (Schricker/Loewenheim/*Grünberger*[5] § 96
Rn. 5). Dennoch dürfte eine ebensolche Einordnung auch der §§ 95a und c
zweifelhaft sein, denn dem Gesetzgeber wäre es ein Leichtes gewesen, z. B.

durch eine Verweisung in § 97 sie auch in den Kreis der dort genannten Rechte aufzunehmen.

27 Ebenso **unklar** geregelt sind die **zivilrechtlichen Rechtsfolgen**. Greifen §§ 97 ff. oder sind andere Wege zu beschreiten (vgl. § 95a Rn. 50)? Die zivilrechtlichen Ansprüche ergeben sich aus den Regelungen als Schutzgesetz i. S. d. § 823 Abs. 2 BGB (i. d. S. Schricker/Loewenheim/*Götting*[5] § 95a Rn. 40; *Schack*, Urheber- und UrhebervertragsR[4] Rn. 732m) und der analogen Anwendung, z. B. des § 1004 BGB (so auch OLG München ZUM 2005, 896, 900 – *Heise Online* und so nun auch LG München I v. 14.11.2007 – 21 O 6742/07, UA S. 15 – *Heise-Online* (Hauptsacheverfahren)). Auch sind die speziellen urheberrechtlichen Ansprüche, z. B. auf Drittauskunft (§ 101a) oder Vernichtung (§ 98), anwendbar, da man die Regelungen ihrer besonderen Wirksamkeit, zu deren Durchsetzung sie gerade geschaffen wurden, berauben würde.

28 Ob die zivilrechtliche Verfolgung von Verstößen wirklich eher über Verbandsklagen erfolgt (Schricker/Loewenheim/*Götting*[5] Rn. 16), erscheint uns nicht zuletzt angesichts der bereits vorliegenden individuell durchgefochtenen Entscheidungen zweifelhaft. Aus Sicht der Verletzten jedenfalls gibt es zwar die eben beschriebenen Unsicherheiten der Grundlagen ihrer zivilrechtlichen Ansprüche; ein Hindernis der zivilrechtlichen Rechteverfolgung stellen die §§ 95a ff. aber keinesfalls dar.

V. Gegenargumente und Grenzen der Zulässigkeit

29 Bereits im Vorfeld der Verabschiedung der Info-RL, auch und gerade aber auf nationaler Ebene vor der Verabschiedung des Gesetzes zum Urheberrecht in der Informationsgesellschaft, haben sich viele kritische Stimmen zu Wort gemeldet, die erhebliche Bedenken gegen die Einführung der technischen Schutzmaßnahmen als Fremdkörper im Urheberrecht ins Feld führten (für mehr freiwillige Vereinbarungen der beteiligten Parteien und einen stärkeren Interessensausgleich: *Enders* ZUM 2004, 593). Viele davon beriefen sich auf eine angebliche **Einschränkung der Informationsfreiheit**. Wenige lassen auch die Vorteile eines solchen Schutzregimes zu Wort kommen, die sich in stärkerer Produktdiversifizierung und Preisdifferenzierung zeigen (Dreier/Schulze/*Dreier/Specht*[5] § 95a Rn. 2). Sortiert man diese Stimmen, ergeben sich wohl **vier Argumente** bzw. **Richtungen dieser Bedenken:**

1. Code as Law

30 *Lessig* führt in seinem Buch „Code and other Laws of Cyberspace" den Gedanken ein, dass der Code, verstanden als Quellcode, einst Gesetze ersetzen könnte. Es sei zu befürchten, dass das Internet der am engsten regulierte Raum der Welt würde und diese Regulierung – anders als in den Jahrhunderten zuvor – nicht mehr vom Staat alleine ausgehen, sondern zu großen Teilen von den Inhabern des Code, möglicherweise unter direkter oder indirekter Einflussnahme des Staates, möglicherweise aber auch selbstständig. Auf DRMs übertragen würde dies bedeuten, **private Anbieter bestimmen, wer wann was nutzen darf**, auch wenn es eigentlich gesetzliche Schranken des Urheberrechts gibt, die diese Anbieter aber nicht interessieren. Dem ist durch § 95b ein Riegel vorgeschoben. Allerdings trifft *Lessigs* Argument auf zwei wenig beachtete andere Konstellationen möglicherweise zu: Wie geht man mit Datenträgern um, die (technisch geschützt) gemeinfreie Werke und geschützte Werke kombinieren? Für sie könnten die §§ 95a ff. gelten, obwohl damit auch gemeinfreie Werke – was die Gesetzesbegründung ausdrücklich ausschloss (vgl. § 95a Rn. 33) – den §§ 95a ff. unterstellt werden (hierzu *Boddien* passim). Zum anderen: Wenn die §§ 95a ff. für gemeinfreie Werke oder z. B. Logos, auf die ein Geschmacksmusterrecht gilt, nicht gelten, ist es Personen, die diese

Gegenstände veröffentlichen, natürlich auch möglich, diese Gegenstände mit technischen Schutzmaßnahmen zu versehen, die noch nicht einmal eine § 95b-Schranke kennen, mit anderen Worten unumgehbar sind. Denkbar wäre es, dass auf diesem Weg „Code as Law" entsteht, allerdings dürften auch hier die Grenzen der § 826 BGB bzw. §§ 3, 4 UWG zu beachten sein (zu vergleichbaren Sachverhalten der Programmsperren und deren Grenzen vgl. § 69d Rn. 32).

2. Informationsfreiheit

Wir haben die Zusammenhänge zwischen urheberrechtlichen Rechten und der Informationsfreiheit bereits an anderer Stelle ausführlich diskutiert (vgl. Vor §§ 87a ff. Rn. 36 ff). Diese als Zugangsdiskussion pointierbare Auseinandersetzung findet aber auch und gerade im Bereich der §§ 95a ff. statt (*Sandberger* ZUM 2006, 818 kritisch zur Gesetzeslage und plädierend für die **Open Access Bewegung**; kritisch zur allzu schnellen Berufung auf die Informationsfreiheit, auch zu Recht *Pichlmaier* CR 2003, 910, 913; ähnlich kritisch *Geiger* GRUR Int. 2004, 815, der für eine Rückkehr zum Interessenausgleich im Urheberrecht plädiert und eine Zurücknahme einiger aus seiner Sicht überzogener Schutzansprüche „der Rechteinhaber" anmahnt. In anderen Staaten wird diese Diskussion ebenfalls geführt: z. B. *Ottolia* IIC 2004, 491 mit ihrem Blick auf die Schwierigkeiten mit dem in den USA existierenden „fair-use"-Systems). **31**

3. Datenschutz

Nach § 1 TMG gehören zu den Telemediendiensten u. a. auch Angebote zur Information oder Kommunikation, soweit nicht die redaktionelle Gestaltung zur Meinungsbildung für die Allgemeinheit im Vordergrund steht (Datendienste, zum Beispiel Verkehrs-, Wetter-, Umwelt- und Börsendaten, Verbreitung von Informationen über Waren und Dienstleistungsangebote), sowie Angebote von Waren und Dienstleistungen in elektronisch abrufbaren Datenbanken mit interaktivem Zugriff und unmittelbarer Bestellmöglichkeit. Damit unterfallen wesentliche Angebote sog. Digitalen Contents, wie Musikabrufdienste oder Video-on-demand-Dienste, dem Telemedienrecht. Für dieses gilt das spezielle Datenschutzrecht aus dem TMG. Selbstverständlich setzen also die einzelnen Bestimmungen des TMG den Angeboten, die für ihren Schutz sich auf §§ 95a ff. berufen, Grenzen. Anbieter von elektronischen Lizenzierungssystemen müssen sich also an die Vorgaben des TMG und der sonstigen Datenschutzbestimmungen halten. Andererseits stellen die §§ 95a ff. aber auch nicht etwa den Datenschutz generell in Frage oder sollten als Hindernis für den Datenschutz bezeichnet werden, denn man würde auch nicht auf die Idee kommen, Einlasskontrollen bei Popkonzerten – im Zeitalter von Terrorgefahren auch nicht eben niedrigschwellig – als Verstoß gegen Datenschutzrecht zu bezeichnen. **32**

4. Verfassungsrecht

Insb. Hersteller von Software oder sonstigen technischen Mitteln zur Umgehung von Schutzmaßnahmen wandten sich recht früh mit verfassungsrechtlichen Bedenken gegen die neuen Regelungen. Eine Auslegung, die jedes Durchbrechen von Kopierschutzmechanismen, also auch solches, das lediglich privaten Nutzern zur privaten Nutzung verhelfen soll, als Verstoß gegen § 95a auffasse, verstieße gegen Art. 12 Abs. 1 S. 1 GG und Art. 14 Abs. 1 S. 1 GG der entsprechenden Hersteller (*Holznagel/Brüggemann* MMR 2003, 767). Damit argumentiert diese Meinung für ein ungeschriebenes Recht zur Durchsetzung der Privatkopie-Schranke des § 53 Abs. 1 UrhG. Verfassungsrechtliche Bedenken gegen die Normen (dazu *Diemar* GRUR 2002, 587, 591; *Schweikart* UFITA 2005, 7, 16; *Ulbricht* CR 2004, 674, 679; *Holznagel/Brüggemann* MMR 2003, 767) hat das BVerfG apodiktisch verworfen (BVerfG MMR 2005, 751; i. d. S. bereits ausführlich zuvor zu Recht *Arlt* CR 2005, 646). Bereits das OLG München hatte sie zu Recht nicht erkennen können (OLG München **33**

GRUR-RR 2005, 372, 372 oder auch OLG München ZUM 2005, 896 – *AnyDVD*; die Verfassungsbeschwerde gegen die letztinstanzliche Entscheidung des OLG München im vorläufigen Rechtsschutz hat das BVerfG als unzulässig angesehen, da zunächst das Hauptsacheverfahren durchgeführt werden müsse: BVerfG GRUR 2007, 1064, 1065 Tz. 12 ff. – *Kopierschutzumgehung*).

VI. Verhältnis zu anderen Regelungen

34 Zunächst sei erwähnt, dass es für **Computerprogramme** eine Sonderregel für technische Schutzmaßnahmen gibt (§ 69f Abs. 2) und § 69a Abs. 5 bestimmt, dass die §§ 95a-d auf Computerprogramme keine Anwendung finden (zu den Abgrenzungsschwierigkeiten und den tatsächlichen Überschneidungen aber vgl. § 69a Rn. 44 ff.).

1. Strafrecht

35 Auch weiterhin bleiben die allgemeinen Regelungen des Strafrechts anwendbar, die neben einen Verstoß gegen §§ 95a ff. treten können. Dies sind – neben allgemeinen Vorschriften wie § 303a StGB – seit dem **41. Strafrechtsänderungsgesetz** 2007 insb. der neu gefasste § 202a StGB (Überwindung einer Zugangssicherung) und die neuen §§ 202b StGB (Abfangen von Daten) sowie 202c StGB (Vorbereiten des Ausspähens und Abfangens von Daten). Unklar bleibt uns dabei das Verhältnis dieser offensichtlich in Teilen mit §§ 95a ff. und 108b UrhG parallel laufenden Vorschriften (§ 108b; das Verhältnis zum Strafrecht äußerst kritisch betrachtend *Abdallah/Gercke/Reinert* ZUM 2004, 31).

2. UWG, BGB

36 Denkbar sind auch Ansprüche aus dem UWG (dazu ausführlich vgl. Vor §§ 87a ff. Rn. 1 ff. sowie vgl. Vor §§ 69a ff. 1 ff.), die neben §§ 95a ff. anwendbar bleiben, ebenso wie Ansprüche aus §§ 823, 1004 BGB (Wandtke/Bullinger/ *Wandtke/Ohst*[4] § 95a Rn. 6). Wir besprechen dies bei den jeweiligen Kommentierungen. Allerdings bringt der Vertrieb von Produkten mit technischen Schutzmaßnahmen auch allgemein zivilrechtliche Fragen, wie die der Sach- und Rechtsmängelhaftung, mit sich (*Diesbach* K&R 2004, 8, 13 f.; *Goldmann* ZUM 2002, 362).

3. ZKDSG

37 Schließlich ist das neue Zugangskontrolldiensteschutzgesetz (ZKDSG) zu nennen. Dieses schützt in Umsetzung der Conditional-Access-RL kostenpflichtige Rundfunk-, Tele- und Mediendienste vor unberechtigter Nutzung (dazu *Bär/ Hoffmann* MMR 2002, 654; *Linnenborn* K&R 2002, 571 ff.; zur Abgrenzung der beiden Schutzinstrumente und zur Umsetzung der eben genannten Richtlinie s. a. Bericht der Kommission über den rechtlichen Schutz elektronischer Bezahldienste vom 24.4.2003 KOM (2003) endg., 24 ff.). Anders als die §§ 95a ff. schützen diese Regelungen allerdings den **Dienst als solches,** ohne dass es auf urheberrechtlich geschützte Werke oder andere Schutzgegenstände ankäme. Gleichwohl kann die Praxis zu diesem parallelen Gesetz sicherlich auch für die Auslegung der §§ 95a ff. von Bedeutung werden. Zudem ist für den Praktiker immer daran zu denken, ob bei einem Verstoß möglicherweise aus beiden Gesetzen vorgegangen werden kann, denn sie **schließen sich nicht gegenseitig aus** (Wandtke/Bullinger/*Wandtke/Ohst*[4] § 95a Rn. 7; HK-UrhR/ *Dreyer* vor 95a ff. Rn. 14; *Bechtold* S. 219 ff.; Schricker/Loewenheim/*Götting*[5] Rn. 24; Loewenheim/*Peukert* § 34 Rn. 27; a. A. *Arlt* GRUR 2004, 548, 552, der §§ 95a ff. als lex specialis ansieht). Dies folgt aus Art. 9 Info-RL, der ausdrücklich die Regelungen u. a. zur Zugangskontrolle unberührt lässt.

§95a Schutz technischer Maßnahmen

(1) Wirksame technische Maßnahmen zum Schutz eines nach diesem Gesetz geschützten Werkes oder eines anderen nach diesem Gesetz geschützten Schutzgegenstandes dürfen ohne Zustimmung des Rechtsinhabers nicht umgangen werden, soweit dem Handelnden bekannt ist oder den Umständen nach bekannt sein muss, dass die Umgehung erfolgt, um den Zugang zu einem solchen Werk oder Schutzgegenstand oder deren Nutzung zu ermöglichen.

(2) [1]Technische Maßnahmen im Sinne dieses Gesetzes sind Technologien, Vorrichtungen und Bestandteile, die im normalen Betrieb dazu bestimmt sind, geschützte Werke oder andere nach diesem Gesetz geschützte Schutzgegenstände betreffende Handlungen, die vom Rechtsinhaber nicht genehmigt sind, zu verhindern oder einzuschränken. [2]Technische Maßnahmen sind wirksam, soweit durch sie die Nutzung eines geschützten Werkes oder eines anderen nach diesem Gesetz geschützten Schutzgegenstandes von dem Rechtsinhaber durch eine Zugangskontrolle, einen Schutzmechanismus wie Verschlüsselung, Verzerrung oder sonstige Umwandlung oder einen Mechanismus zur Kontrolle der Vervielfältigung, die die Erreichung des Schutzziels sicherstellen, unter Kontrolle gehalten wird.

(3) Verboten sind die Herstellung, die Einfuhr, die Verbreitung, der Verkauf, die Vermietung, die Werbung im Hinblick auf Verkauf oder Vermietung und der gewerblichen Zwecken dienende Besitz von Vorrichtungen, Erzeugnissen oder Bestandteilen sowie die Erbringung von Dienstleistungen, die
1. Gegenstand einer Verkaufsförderung, Werbung oder Vermarktung mit dem Ziel der Umgehung wirksamer technischer Maßnahmen sind oder
2. abgesehen von der Umgehung wirksamer technischer Maßnahmen nur einen begrenzten wirtschaftlichen Zweck oder Nutzen haben oder
3. hauptsächlich entworfen, hergestellt, angepasst oder erbracht werden, um die Umgehung wirksamer technischer Maßnahmen zu ermöglichen oder zu erleichtern.

(4) Von den Verboten der Absätze 1 und 3 unberührt bleiben Aufgaben und Befugnisse öffentlicher Stellen zum Zwecke des Schutzes der öffentlichen Sicherheit oder der Strafrechtspflege.

Übersicht

I. Allgemeines

1. Sinn und Zweck

1   Die Bestimmung ist Kern der neuen ergänzenden Schutzbestimmungen im Vierten Teil des Gesetzes. Sie enthält ein **Verbot bestimmter Umgehungshandlungen** und flankiert damit den rechtlichen Schutz des Urheberrechts durch eigenständige Maßnahmen der Rechteinhaber in technischer Hinsicht sowie deren Grenzen. Schon die Info-RL stellt aber klar, dass es keine Verpflichtung zur Verwendung derartiger technischer Maßnahmen gibt (ErwG 48 Info-RL). Im Grunde genommen enthält § 95a eine Regelung, nach der es dem Wohnungseigentümer (hier: Rechteinhaber) erlaubt ist, seine vermietete Wohnung (hier: mit Nutzungsrechten belastetes geschütztes Werk o.ä.) mit einem Schloss zu versehen, damit kein anderer als der Mieter (hier: berechtigter Nutzer) hinein kann, und zugleich ein Verbot für Dritte, dieses Schloss zu knacken. Damit erhält der Wohnungseigentümer neben den Ansprüchen gegen den Dritten wegen Hausfriedensbruchs auch solche wegen Aufbrechen des Schlosses, um im Bild zu bleiben. Derartige technische Schutzmaßnahmen sind in der dem Urheberrecht vorauseilenden Technik schon länger bekannt. Sie sind dem Recht oftmals zum ersten Mal bei der Frage des Patentschutzes dieser Systeme begegnet. Die entsprechenden Patente können dabei eine aufschlussreiche Quelle für die Wirksamkeit solcher Maßnahmen sein, ohne dass Patentschutz natürlich Voraussetzung für eine Anwendung der urheberrechtlichen Regeln wäre. Die Vorschrift stellt eine der typischen Beispiele hypertropher neuer Gesetzesbestimmungen dar. Sie ist für Laien kaum noch lesbar. Ob es daher sinnvoll war – wie die Begründung formuliert – bei der „Formulierung der einzelnen Absätze bewusst darauf (zu) verzichten, die Regelung – wie vereinzelt vorgeschlagen –, ‚sprachlich zu verdichten' oder zusätzliche Elemente aufzunehmen", bezweifeln wir. Die „möglichst präzise Übernahme der Richtlinie" erscheint uns keineswegs „optimaler Ausgangspunkt für eine in diesem Bereich besonders wichtige einheitliche Anwendung und Auslegung in allen Mitgliedstaaten" (RegE UrhG Infoges – BT-Drs. 15/38, S. 26).

2. Entwicklungsgeschichte und vergleichbare Regelungen

2   Zur Historie vgl. Vor §§ 95a ff. Rn. 4 ff. Die Vorschrift ist mit dem Gesetz zur Regelung des Urheberrechts in der Informationsgesellschaft in das Gesetz aufgenommen worden; sie dient der Umsetzung der entsprechenden Verpflichtungen aus den **WIPO-Verträgen von 1996** und **Art. 6 Info-RL**.

3   Es existieren vergleichbare Vorschriften in § 87 **TKG** und dem ZKDSG (zu letzterem und dem Verhältnis zu §§ 95a ff. vgl. Vor §§ 95a ff. Rn. 34 ff.). Auch der wenig beachtete § 69f **Abs. 2** sei hier genannt.

3.   Internationales

Die Vorschrift dient der Umsetzung von **Art. 11 WCT**:   **4**

„Contracting Parties shall provide adequate legal protection and effective legal reme-dies against the circumvention of effective technological measures that are used by authors in connection with the exercise of their rights under this Treaty or the Berne Convention and that restrict acts, in respect of their works, which are not authorized by the authors concerned or permitted by law."

In den USA gibt es im **DMCA** eine vergleichbare und ebenfalls auf den Bestim-   **5** mungen der WIPO-Verträge beruhende Regelung (sec. 1201 (a) des DMCA).

Der DMCA knüpft ebenso wie das deutsche Recht an die Wirksamkeit einer   **6** technologischen Maßnahme an, enthält aber – anders als das deutsche Recht – **kein subjektives Moment** wie das deutsche Gesetz es im letzten Hs. des ersten Satzes eingeführt hat (zum Rechtsstand in den USA u. a. *Gottschalk* MMR 2003, 148; *Hammond/Brunelli et al.* 8 Texas Wesleyan Law Review (2002) 593; *Marks/Turnbull* JCSUSA 1998/99, 563).

II.   Tatbestand

1.   Anwendungsbereich in zeitlicher, persönlicher und sachlicher Hinsicht

§ 95a kennt **keine Grenzen** hinsichtlich seiner **zeitlichen Anwendbarkeit**, ist aber   **7** erst auf Sachverhalte anwendbar, die ab dem **13.9.2003** (Art. 6 Abs. 1 UrhG Info-ges) begonnen haben. International privatrechtlich gilt auch für § 95a das Schutz-landprinzip (implizit so OLG München MMR 2005, 768, 770 – *Heise Online*; zum Schutzlandprinzip vgl. Vor §§ 120 ff. Rn. 59 ff.). Die Anwendbarkeit in sach-licher Hinsicht betrifft **geschützte Werke** oder **andere nach diesem Gesetz ge-schützte Schutzgegenstände** und wird unten bei den Tatbestandsvoraussetzungen behandelt (vgl. Rn. 32 ff.). Zu den Fragen des Anwendungsbereichs der Kenn-zeichnungspflicht aus § 95d vgl. § 95d Rn. 5. Ein besonderes Problem stellt die Abgrenzung der Anwendbarkeit zu § 69f und der Anwendung von technischen Schutzmaßnahmen bei Computerprogrammen dar. Man denke nur an Compu-ter-/Videospiele, die zur Steuerung Computerprogramme einsetzen, allgemein aber als audiovisuelle Werke angesehen werden (vgl. § 2 Rn. 193). Die Mehrzahl dieser Spiele hat umfangreiche Musik- und Film-Dateien mit auf dem Datenträger, für die §§ 95a ff. Anwendung finden würden. Es ist dabei zu unterscheiden zwi-schen dem jeweiligen Schutzgegenstand der technischen Maßnahme, also ob die Schutzmaßnahme auf den Schutz des als Film- oder Musikwerk geschützten Spiel-inhaltes oder auf das den Ablauf steuernde Computerspiel bezogen ist (detailliert zu dieser Frage vgl. § 69a Rn. 10 f., weiterhin vgl. § 69a Rn. 44). Dazu nun EuGH MMR 2014, 610 – *Nintendo/PC Box* und unten Rn. 13 a. E. und BGH GRUR 2015, 672 Tz. 57 – *Videospiel-Konsolen II.*

Zum **persönlichen Anwendungsbereich** schweigt das Gesetz. Es formuliert pas-   **8** siv („Verboten ist [...]"), was eigentlich für Vertragsjuristen einer der schwers-ten Fehler ist, den man begehen kann, denn dann weiß keiner, *wer* etwas ver-langen kann. Man wird § 95a aber wohl dahingehend auszulegen haben, dass er für alle die Rechteinhaber anwendbar ist, die sich einer technischen Schutz-maßnahme bedienen (OLG München MMR 2005, 768, 769 – *Heise Online*; Wandtke/Bullinger/*Wandtke/Ohst*[4] Rn. 92; *Arlt* MMR 2005, 148, 159; a. A. für die Hersteller der Schutzmaßnahmen *Pleister/Ruttig* MMR 2003, 763, 766; unklar und generell gegen alle zivilrechtlichen Ansprüche *Spiecker* GRUR 2004, 475, 481; Details zu Fragen der Aktivlegitimation vgl. Rn. 50). Das zeigt sich auch daran, dass der Rechtsinhaber derjenige ist, dessen Zustimmung vor-liegen muss („[...] ohne Zustimmung des Rechtsinhabers [...]"). Nicht ausrei-chend ist, dass ein Dritter die technische Schutzmaßnahme einsetzt (so nun auch LG München I v. 26.7.2012 – 7 O 10502712), denn § 95a unterstützt die sonstigen urheberrechtlichen Ansprüche der Rechteinhaber, will aber nicht ein neues Schutzregime losgelöst vom Urheberrecht etablieren; letzteres ist eher im ZKDSG verankert, das den Dienst an sich schützt und nicht die Inhalte.

9 Sachlich ist der **Anwendungsbereich** des § 95a durch seine Legaldefinitionen bestimmt. § 95b Abs. 4 stellt jedoch bestimmte technische Vorrichtungen per Gesetz unter den Schutz des § 95a. Dies betrifft all diejenigen technischen Maßnahmen, die zur Erfüllung der Verpflichtungen nach § 95b Abs. 1, also zur Durchsetzung von Schrankenbestimmungen, und zur Umsetzung freiwilliger Vereinbarungen, angewandt werden. Auch diese Maßnahmen müssen technische Maßnahmen i. S. d. § 95a Abs. 2 S. 1 sein, so zumindest der klare Wortlaut des Gesetzes. Sie müssen aber wohl nicht die strengeren Maßstäbe der Wirksamkeit nach § 95a Abs. 2 S. 2 erfüllen. Ob die in Bezug genommenen freiwilligen Maßnahmen nur solche nach § 95b Abs. 2 S. 2 sind, ist dem Gesetz nicht zu entnehmen, aber zu vermuten. Die Gesetzesbegründung sagt hierzu nichts, sondern spricht nur davon, dass Abs. 4 in Umsetzung von Artikel 6 Abs. 4 Unterabs. 3 der Info-RL ausdrücklich den Rechtsschutz nach § 95a auch für freiwillig oder aufgrund einer Inanspruchnahme angewandte technische Maßnahmen gewährt (RegE UrhG Infoges – BT-Drs. 15/38, S. 27).

2. Legaldefinitionen

10 Abs. 2 enthält zwei Legaldefinitionen zweier zentraler Begriffe, die für die weitere Auslegung der Bestimmung maßgeblich ist, weshalb sie hier vorgezogen kommentiert werden.

11 a) **Technische Maßnahmen: Definition (Abs. 2): – aa) Technologien, Vorrichtungen und Bestandteile:** Die Gesetzesbegründung betont, dass technische Schutzmaßnahmen **unabhängig von der verwendeten Technologie** vor Umgehung geschützt werden; so gelte § 95a also auch für softwareimplementierte Schutzmaßnahmen (RegE UrhG Infoges – BT-Drs. 15/38, S. 26). Im Übrigen gibt sie aber keine Anhaltspunkte für die Begriffe Technologien, Vorrichtungen und Bestandteile. Der Gesetzgeber schien bemüht, einen möglichst weitgreifenden Begriff zu finden, der sowohl produktbezogen (Vorrichtungen), als auch verfahrensbezogen (Technologien) ist und zudem auch Teile dieser beiden (Bestandteile) umfasst. Unter diesen Begriffen ist also jedweder Gegenstand oder jedwedes Verfahren zu verstehen. Wir verwenden der Einfachheit halber für diese Trias im Folgenden den Begriff Technologien.

12 bb) **Im normalen Betrieb dazu bestimmt:** Diese Technologien fallen nur dann unter den Anwendungsbereich der §§ 95a f., wenn sie im normalen Betrieb dazu bestimmt sind, geschützte Werke oder andere nach diesem Gesetz geschützte Schutzgegenstände (zum Begriff vgl. Rn. 23) betreffende Handlungen, die vom Rechtsinhaber nicht genehmigt sind, zu verhindern oder einzuschränken. Mit diesem Merkmal wollte der Gesetzgeber ganz offensichtlich solche **Technologien** vom Anwendungsbereich ausnehmen, die **durch Manipulation** oder **beiläufig auch zum Schutz** urheberrechtlich geschützter Werke **eingesetzt werden.** Erfasst werden also nur solche Technologien, die gerade zum technischen Schutz betrieben werden, deren wesentlicher Zweck also dieser Schutz ist. Damit unterscheidet sich § 95a von § 69d; die dortigen Technologien müssen „allein dazu bestimmt" sein, z. B. eine Umgehung zu erleichtern (zum dortigen Begriff vgl. § 69f Rn. 11). Dabei ist der Begriff „normaler Betrieb" im Hinblick auf die Selbstbestimmung der Rechteinhaber, welche Technologie sie zum Schutz einsetzen, wohl eher weit auszulegen. Der Begriff stammt aus der Info-RL, allerdings ohne dass er dort oder in den Erwägungsgründen näher erläutert würde. Walter/*v. Lewinski* sprechen davon, dass das „normale Funktionieren" erfasst werde, also „ohne besondere zusätzliche technische Vorkehrungen oder Manipulationen" dieser Schutz erreicht werde (Walter/*v. Lewinski* Info-RL Rn. 155).

Der Begriff dürfte im Hinblick auf die Anwendbarkeit nach einer **objektiven** **13** **Zweckbestimmung** zu ermitteln sein, also nicht etwa anhand subjektiver Kriterien des Einsetzenden beurteilt werden (so auch Schricker/Loewenheim/*Götting*[5] Rn. 19; Wandtke/Bullinger/*Wandtke/Ohst*[4] Rn. 43; *Wand* S. 107 f.; Loewenheim/ *Peukert*[2] § 34 Rn. 10). Diese Zweckbestimmung hat sich – wenn sie wirklich objektiv sein will – an dem in Rede stehenden Einsatz bzw. – wenn dieser erst bevorsteht – bevorstehenden Einsatz zu orientieren und kann nur dann auf den vom Hersteller intendierten Einsatz abstellen, wenn die anderen nicht zu ermitteln sind (in diese Richtung auch Wandtke/Bullinger/*Wandtke/Ohst*[4] Rn. 43; a. A. *Wand* S. 107 f., der den Zweck abstrakt bestimmen will). Letztlich entscheidend dürfte das Verständnis der angesprochenen Verkehrskreise sein (für die parallele Norm des § 2 ZKDSG OLG Frankfurt GRUR-RR 2003, 287, 287 – *Magic Modul*). Dem steht nicht entgegen, wenn der Hersteller durch eine nicht ernst genommene Bestimmungsangabe versucht, dem Verkehrsverständnis zu entgehen (für die parallele Norm des § 2 ZKDSG OLG Frankfurt GRUR-RR 2003, 287, 287 – *Magic Modul*). Auch schadet es nicht für eine Anwendung der Norm, dass für die Vorrichtung oder Dienstleistung auch legale Zwecke denkbar sind (für die parallele Norm des § 2 ZKDSG OLG Frankfurt GRUR-RR 2003, 287, 287 – *Magic Modul*). In einem solchen Fall dürfte eine Gesamtbetrachtung angemessen sein, ob die unerlaubte Nutzung noch von der objektiven Zweckbestimmung erfasst wird; dies dürfte ausreichen (für die parallele Norm des § 2 ZKDSG OLG Frankfurt GRUR-RR 2003, 287, 287 – *Magic Modul*). Es wäre auch denkbar, die Rechtsprechung zur Verantwortlichkeit der Hersteller von Geräten, die auch bzw. insb. zu Urheberrechtsverletzungen verwendet werden, heranzuziehen (BGH GRUR 1965, 686 – *Grundig-Reporter*; BGH GRUR 1984, 54 –*Kopierläden*; aus dem Ausland: Supreme Court of the USA CRi 2005, 109 – *Grokster*; zur vergleichbaren Frage der Verantwortlichkeit von Software-Providern LG Hamburg ITRB 2006, 8 – *Cybersky* und i. E. ebenso OLG Hamburg CR 2006, 299, 300 f. – *Cybersky* sowie im Hauptsacheverfahren OLG Hamburg ZUM-RD 2007, 569 – *Cybersky*). Jedenfalls nach der alten deutschen Rechtsprechung kommt es darauf an, ob eine **überwiegende Wahrscheinlichkeit** zu einem verletzenden Gebrauch besteht. Nunmehr geraten durch die Hamburger Entscheidungen auch zunehmend Gedanken, die in der Supreme Court Entscheidung aus den USA (Grokster) eine Rolle spielten, in den Blick, nämlich insb., ob der Anbieter mehr oder weniger mit dem urheberrechtsverletzenden Einsatz der Software geworben hat bzw. zu derartigen Einsatz angestiftet hat (in den USA: **„inducement"**). Auch der EuGH stellt nun auf die **bestimmungsgemäße Verwendung** ab (EuGH MMR 2014, 401 – *Nintendo/PC Box*) und schränkt auf einer weiteren Stufe der Prüfung dies dadurch ein, dass der Schutz von Inhalten über technische Schutzsysteme nicht unverhältnismäßig sein darf, insbesondere den Zugang zu rechtmäßigen Nutzungen nicht übermäßig behindern, was der BGH nun aufgegriffen hat (BGH GRUR 2015, 672 Tz. 57 – *Videospiel-Konsolen II*). Für diese **Verhältnismäßigkeitsprüfung** kommt es nicht darauf an, ob die Werbung gerade „zur Umgehung" erfolgt; es soll vielmehr alleine die objektive Eignung zur Umgehung technischer Zugangshindernisse und ihre tatsächliche Nutzung entscheidend sein (BGH GRUR 2015, 672 Tz. 52 ff. – *Videospiel-Konsolen II*; und erneut: BGH GRUR 2017, 541 Tz. 23 – *Videospiel-Konsolen III*). Bei der Abwägung hat das Tatgericht sodann zu prüfen, ob der technische Schutz auf einem die legalen Nutzungsmöglichkeiten weniger einschneidenden Weg bewirkt werden kann (BGH GRUR 2015, 672 Tz. 57 – *Videospiel-Konsolen II*). Technischer Schutz für Videospiele durch eine **Kombination eines Software-Schutzes und proprietärem Format der Videospielkarten** (Slot1-Karten) ist verhältnismäßig und schränkt legale Nutzungsmöglichkeiten nicht übermäßig ein. Alternative Schutzmaßnahmen, die auf Verschlüsselung von

Spieldaten basieren, sind nicht geeignet, da sie keinen Schutz vor Raubkopien bieten. Ein vergleichbares Schutzniveau alternativer Maßnahmen ist jedoch erforderlich (OLG München, CR 2016, 781, 781 f. mit Anmerkung *Conraths*).

14 Schließlich muss der **Zweck** immer **auf den Schutz** von urheberrechtlich geschützten Gegenständen **gerichtet** sein; reine Marktzugangsbeschränkungen sind also von § 95a nicht gedeckt (RegE UrhG Infoges – BT-Drs. 15/38, S. 26; ebenso OLG München, Urteil vom 9.6.2011, Az. 6 U 5037/09, juris, Rn. 146). Anders ausgedrückt: Die technischen Maßnahmen dürfen nicht lediglich urheberrechtlich irrelevante Handlungen erfassen (LG Hamburg ZUM 2016, 892 Tz. 46 unter Verweis auf Dreier/Schulze/*Specht*[5] Rn. 14; Wandtke/Bullinger/ *Wandtke/Ohst*[4] Rn. 43).

15 cc) **Beispiele aus der Praxis:** Die Entwicklung von technischen Maßnahmen schreitet täglich voran. Es ist daher kaum möglich, einen wirklichen Überblick über die am Markt vorhandenen Systeme zu geben. Ein Versuch ohne Anspruch auf Vollständigkeit sei jedoch unternommen. Damit ist aber keine Prüfung der sonstigen oben dargestellten Voraussetzungen (vgl. Rn. 17 ff.) verbunden, da dies nur im Einzelfall anhand jeden Systems erfolgen kann:
- **Zugangskontrolle:** Neben den bereits erwähnten Passwörtern und PIN-Systemen gibt es Systeme, die den Zugang zu einer Unterseite einer Homepage über einen Link dadurch verhindern, dass die URL der entsprechenden Unterseite permanent wechselt.
- **Verschlüsselung:** Das gängigste Verschlüsselungssystem ist Pretty Good Privacy (PGP), das in seiner frühen Version auf dem RSA-Algorithmus, später auf dem DH/DSS-Algorithmus basiert. Pretty Good Privacy (hier die Beschreibung für die Version 6.5.1i (s. Informationen auf http:// www.pgpi.com, zuletzt abgerufen 3.3.2017) oder die Einführung in verschiedene Verschlüsselungsverfahren auf der Website des Konrad-Zuse-Zentrum für Informationstechnik Berlin (ZIB) unter http://www.zib.de, zuletzt abgerufen 3.3.2017) arbeitet mit den folgenden Verfahren:
- **Kompressionsverfahren:** Nach der Verschlüsselung sind Kompressionsverfahren unwirksam. Um aber sicherzustellen, dass bei der Verschlüsselung möglichst kompakte Dateien entstehen, komprimiert PGP die Informationen vor der Verschlüsselung mit Hilfe des Freeware-ZIP-Verfahrens.
- **Message-Digest-Verfahren:** Secure Hash Algorithm (SHA) und den Message-Digest-Algorithm Version 5 (MD5). Letzterer sollte nach Möglichkeit nicht mehr verwendet werden.
- **Symmetrische Verschlüsselungsverfahren:** CAST (Carlisle, Adams und Stafford Tavares), IDEA (International Data Encryption Algorithm), Triple-DES (Data Encryption Standard). CAST ist seit Version 5.0 das Standardverfahren. Es darf weltweit frei verwendet werden darf und gilt als sehr sicher.
- **Asymmetrische Verschlüsselungsverfahren:** RSA (Rivest, Shamir, Adleman), DH/DSS (Diffie-Hellman/Digital-Signature-Standard).
- **Verhinderung des Downloads:** RTMPE-Technologie (LG Hamburg GRUR-RR 2014, 241 – *JDownloader 2*).
- Umgehungssoftware für **Adblocker:** LG Hamburg MMR 2016, 416
- Umgehungssoftware für **Videokonsolenspiele:** BGH GRUR 2015, 672 – *Videospiel-Konsolen II*

Andere **Umwandlungssysteme** sind z. B. das System Nagravision, das Pay-TV Sendungen verschlüsselt oder das Content Scrambling System (CSS), das in DVDs zu deren Schutz dient (s. dazu und zu dessen Entschlüsselung durch DeCSS *Knies* ZUM 2003, 286).

16 **Vervielfältigungskontrolle:** Geläufige Wasserzeichen-Systeme sind SysCop oder Digimarc. Regelrechte Verhinderungen von Kopien können damit natürlich nicht erreicht werden; dies können Systeme wie das Serial Copyright Management System (SCMS), das DAT-Kassetten eigen ist oder das Kopierschutzsystem von Macrovision. Erwähnt sei auch CSS, das System, das DVDs vor unerlaubten Kopien schützt (vgl. Rn. 15).

b) Wirksamkeit: Abs. 2 enthält ebenfalls eine Legaldefinitionen für den in Abs. 1 **17**
verwendeten Begriff der „wirksamen technischen Maßnahmen". Erneut macht die Gesetzesbegründung „wegen des Harmonisierungszieles der Richtlinie" die Notwendigkeit „einer engen Anlehnung an den Wortlaut des Artikel 6 Abs. 3 der Richtlinie" aus. Selbstverständlich dürfte sein, dass technische Maßnahmen grundsätzlich **auch dann wirksam** sein können, wenn ihre **Umgehung theoretisch oder auch praktisch möglich** ist; andernfalls würde das Umgehungsverbot jeweils mit der Umgehung technischer Maßnahmen infolge der dadurch erwiesenen Unwirksamkeit obsolet (RegE UrhG Infoges – BT-Drs. 15/38, S. 26). Die Wirksamkeit einer technischen Maßnahme setzt nicht voraus, dass diese überhaupt nicht umgehbar wäre, denn sonst verbliebe kaum ein Anwendungsbereich für § 95a. Aus dem Blickwinkel eines durchschnittlichen Benutzers ist zu fragen, wie schwierig es für einen potentiellen Verletzer ist, ein Werk trotz der Maßnahme zu nutzen (BGH GRUR 2011, 513 – *Any DVD*; OLG Hamburg GRUR-RR 2010, 153, 154 – *FTA-Receiver*; OLG Hamburg CR 2010, 125, 127 – *Session-ID*; Schricker/Loewenheim/*Götting*[5] Rn. 22; Dreier/Schulze/*Specht*[5] Rn. 16).

aa) Nutzung unter Kontrolle halten: Nach dem klaren Wortlaut muss das Ziel **18**
einer technischen Maßnahme sein, dass sie die Nutzung eines Werkes oder anderen nach dem Urheberrechtsgesetz geschützten Gegenstandes lediglich „unter Kontrolle halten". Auf den ersten Blick scheint es also **nicht erforderlich**, dass eine **Nutzung verhindert** wird. Allerdings enthält § 95a Abs. 2 S. 1 diese Voraussetzung als Teil der Legaldefinition, was technische Maßnahmen überhaupt sind, sodass dies nicht erneut bei der Definition der Wirksamkeit wiederholt werden musste. Für die Wirksamkeit **reicht** also **jede Technologie**, die dem **Verwender** gestattet, **Einfluss** auf die urheberrechtlich **relevante Verwertung** eines Schutzgegenstandes **zu nehmen**; demgegenüber nicht ausreichend dürfte sein, dass der Verwender lediglich die Möglichkeit der Beobachtung des Nutzerverhaltens hat.

bb) Erreichung des Schutzziels sicherstellen: Weitere Voraussetzung für die **19**
Wirksamkeit einer technischen Maßnahme ist, dass sie die **Erreichung des Schutzziels sicherstellt.** Auch wenn der sprachliche Anschluss dieses weiteren Tatbestandskriteriums („die die") nicht ganz glücklich erscheint – und die Definition letztlich einen Zirkelschluss darstellt (zu Recht so Dreier/Schulze/*Dreier/Specht*[5] Rn. 15; Schricker/Loewenheim/*Götting*[5] Rn. 20) –, ist wohl ein Rückbezug auf die verschiedenen Mechanismen der Kontrolle (dazu sogleich vgl. Rn. 22) gemeint. Denn der Relativsatz schließt mit einem Verb im Plural. Mit der Formulierung des Sicherstellens der Erreichung des Schutzziels schien der Gesetzgeber bestrebt klarzustellen, dass technische Maßnahmen grundsätzlich auch dann **wirksam** sein können, wenn ihre **Umgehung theoretisch oder auch praktisch möglich** ist (vgl. Rn. 17). Denn andernfalls hätte der Gesetzgeber nicht auf das Schutzziel, sondern auf das Ergebnis abstellen müssen. Diese Voraussetzung zeigt, dass der Gesetzgeber die Voraussetzungen der Technologien nicht zu hoch schrauben wollte. Offen bleibt, mit welcher Wahrscheinlichkeit das Schutzziel erreicht wird; es scheint also nicht erforderlich, dass der Verwender von technischen Schutzmaßnahmen belegt, wie erfolgreich diese sind. Er muss lediglich dartun, dass diese generell geeignet sind, ihr Schutzziel zu erreichen. Ob dies z. B. beim von Apple in seiner iTunes Software eingesetzten System um eine solche wirksame Maßnahme handelt, hat der Bundesverband Verbraucherzentralen bestritten (Meldung in CR 2006, R99), da die Musikdateien sich auf Audio-CD brennen ließen und anschließend mit derselben Software wieder in mp3-Dateien zurückverwandelt werden konnten, die dann frei verfügbar waren.

20 Dies kann man an einer Reihe von **Faktoren** prüfen, die im Ausland bereits zur Anwendung kamen (Federal Court of Australia CRi 2002, 138):
– Ist das System anwendbar auf eine Mehrzahl von Inhalten und Geschäftsmethoden?
– Ist es effektiv und hinreichend robust?
– Ist es interoperabel mit anderen Systemen?
– Können Endnutzer es einfach bedienen?
– Ist es nach einem möglicherweise durchgeführten Hacker-Angriff erneuerbar?
– Kann es zu angemessenen Preisen angeboten werden?

21 Diese Faktoren sind **weder kumulativ, noch** gar **abschließend** oder **zwingend** zu verstehen; sie sollen lediglich eine **Annäherung** an das neue Phänomen darstellen und zur Diskussion anregen (hierzu auch Bröcker/Czychowski/Schäfer/ *Czychowski* § 13 Rn. 256 ff. m. w. N.). Zu Recht wird insofern auf den **durchschnittlichen Benutzer** abgestellt, nicht etwa den Hacker (Schricker/Loewenheim/*Götting*[5] Rn. 22; Wandtke/Bullinger/*Wandtke/Ohst*[4] Rn. 50; *Hoeren* MMR 2000, 515, 520; *Spindler* GRUR 2002, 105, 115 f.). Man dürfte angesichts der rasanten technischen Entwicklung insgesamt **keine zu strengen Maßstäbe** anlegen (vgl. Rn. 17) und nicht etwa fordern, dass eine technische Maßnahme schon deshalb nicht mehr als wirksam gilt, weil mittlerweile eine neue Maßnahme auf dem Markt verfügbar ist, die wirksamer ist.

22 **cc) Mechanismen der Kontrolle:** Die Legaldefinition enthält auch eine Auflistung der verschiedenen Mechanismen der Kontrolle. Die **Auflistung scheint abschließend** und lässt lediglich bei dem zweiten Mechanismus durch den Zusatz „**sonstige Umwandlung**" einen gewissen **Spielraum**. Allerdings scheinen auch wirksame technische Maßnahmen denkbar, die nicht die Vervielfältigung kontrollieren, sondern allein die öffentliche Zugänglichmachung. Man wird daher diese Mechanismen nur als Mittel zum Zweck weit interpretieren müssen, und entscheidender auf die beiden anderen Tatbestandsmerkmale der Nutzungskontrolle und die Zielgenauigkeit für die Frage der Wirksamkeit abstellen. § 95a umfasst also auch Maßnahmen, die (erst) nach der bereits erfolgten (illegalen) Vervielfältigung eingreifen. Nicht zu verwechseln sind die Technologien des § 95a aber mit solchen Technologien, die der technischen Abwicklung der Urheberverträge dienen, also den Digital Rights Management Systemen, DRM (so offenbar aber Wandtke/Bullinger/ *Wandtke/Ohst*[4] Rn. 35 ff., die unter § 95 Copyright Management Systeme diskutieren). Diese benötigen zwar oftmals auch technische Schutzmaßnahmen nach § 95a, ihr eigentliches Ziel ist aber die technische Abwicklung einer urhebevertragsrechtlichen Transaktion. Geregelt ist der Schutz dieser Systeme in § 95c.

23 Der erste Mechanismus setzt am **Ereignis der Nutzerhandlung** an (Zugangskontrolle). Der Zugang des Nutzers zum Schutzgegenstand soll kontrolliert werden. I. d. R. basiert ein solches System auf einer Authentifikation (z. B. über ein Passwort oder ein biometrisches Merkmal) des Nutzers. Erst wenn der Nutzer authentifiziert ist, wird die Verbindung zum Informationsangebot aufgebaut. Daran schließt sich der zweite Teil des Verfahrens an, nämlich das **eigentliche Zugriffskontrollsystem**, das prüft, ob der so authentifizierte Nutzer berechtigt ist, auf die von ihm angeforderten Daten zuzugreifen. Dies können so einfache Systeme wie erst nach Eingabe eines Passworts zugängliche Textdateien sein, oder aber Systeme, die einen Zugriff zu bestimmten Unterseiten einer Website vor Zugriff schützen, indem diese stets mit neuen, wechselnden URLs versehen werden, um darauf platzierte Links ins Nichts gehen zu lassen (LG Hamburg v. 22.12.2003 – 308 O 511/03 – nicht veröffentlicht). Schließlich sind auch Systeme wie das PIN-System für den Zugang zu herunterladbaren Daten – etwa Test-Berichte unter www.test.de – eine Zugangskontrolle oder der DVD-Ländercode, der das Abspielen nur in bestimmten Staaten erlaubt (Dreier/Schulze/*Dreier/Specht*[5] Rn. 14).

Demgegenüber springt der nächste vom Gesetz genannte Mechanismus auf das **24** Verfahren des Schutzes und sagt nichts darüber, **wie die Handlung des Nutzers kontrolliert** wird. Umwandlung ist der Oberbegriff, unter den Verschlüsselung und Verzerrung gefasst werden. Hierbei handelt es sich um Mechanismen, die den Zustand des Schutzgegenstandes so verändern, dass der Nutzer sie ohne Entschlüsselungs-/Entzerrungshilfen nicht mehr ungestört genießen kann. Eine Parallele hat dies im ZKDSG und dem von Pay-TV-Sendern bekannten verzerrt dargestelltem Fernseh-Empfangs-Bild. Zu derartigen Technologien gehören jegliche symmetrische oder asymmetrische Verschlüsselungsverfahren (dazu *Schulz* GRUR 2006, 470, 471; *Bröcker*/Czychowski/Schäfer/*Bröcker* § 5 Rn. 160 ff. m. w. N.).

Der letzte Mechanismus springt wiederum zur Nutzungshandlung. Anders als die **25** Zugangskontrolle setzt dieser aber nachgelagert an und kontrolliert eine von verschiedenen Verwertungshandlungen, nämlich die Vervielfältigung. Hierbei handelt es sich um den Begriff aus § 16, sodass zur Definition darauf verwiesen werden kann. Ein gängiges System, das Vervielfältigungen zumindest nachvollziehbar macht und damit in gewisser Weise zur Kontrolle beiträgt, ist das in verschiedenen Varianten existierende sog. Wasserzeichen (*Gass* ZUM 1999, 815; *Schulz* GRUR 2006, 470, 472), tw. auch digital fingerprinting genannt.

Wir hatten bereits eingangs dargestellt (vgl. Rn. 22), dass wir die **Verkürzung** auf **26** diese **Verwertungshandlung** für **problematisch** halten. U. E. spricht viel dafür, an dieser Stelle auch weitere Verwertungshandlungen, wie die öffentliche Zugänglichmachung hineinzulesen. Denkbar ist bei dieser Art der Kontrolle, dass die Aktionen des Benutzers kontrolliert und protokolliert werden. So könnte beispielsweise das Speichern auf der lokalen Platte verboten, das Ausdrucken des Dokumentes jedoch erlaubt sein. Dazu werden die Benutzeraktionen durch spezielle Ausgabegeräte (Soft- und/oder Hardware) kontrolliert. An dieser Stelle verwischt im Übrigen auch die Abgrenzung der Technologien des § 95a mit den Schutzsystemen nach § 95c (zur Abgrenzung vgl. Vor §§ 95a ff. Rn. 23).

dd) Einzelne Entscheidungen: Aus Deutschland gibt es – soweit ersichtlich – **27** nur wenige Entscheidungen zu § 95a und der Wirksamkeit einzelner technischer Maßnahmen. Das LG Köln (MMR 2006, 414) setzt sich mit der Frage der Wirksamkeit des **CD-Schutzes** in seiner Entscheidung zu einer Brenner-Software nicht näher auseinander. Das LG Hamburg (v. 22.12.2003 – 308 O 511/03 – nicht veröffentlicht) sieht schon in einem System einer Website, das für einzelne Stadtpläne eine immer wieder **wechselnde URL** vorsieht, eine wirksame technische Maßnahme. Dies lässt der BGH offen: BGH GRUR 2011, 56 – *Session-ID*. Eine Entscheidung des Bezirksgerichtes Helsinki vom 25.5.2007, R 07/1004, Bericht in: ITRB 2007, 150, hält das **Schutzsystem für viele DVDs** und **CSS**, für eine nicht wirksame technische Maßnahme; das Berufungsgericht hat dies allerdings aufgehoben: Court of Appeal of Helsinki Urt. 22.5.2008, R 07/2622. Das LG München I hat im Hauptsacheverfahren *Heise-Online* ohne weitere Begründung (mangels substantiiertem Bestreiten der Beklagten) bestimmte nicht näher bezeichnete Kopierschutztechniken für DVDs (wohl **CSS**, **ARccOS** und **Settec Alpha-DVD**) als wirksam angesehen LG München I v. 14.11.2007 – 21 O 6742/07, UA 17 f. – *Heise-Online* (Hauptsacheverfahren). Das LG München I (MMR 2008, 839 ff.) sieht zu Recht **Modchips**, die für Spielkonsolen zur Umgehung deren Schutzmaßnahmen hergestellt werden, als Gegenstand i. S. d. § 95a an (ebenso LG München I MMR 2010, 341 für Nintendo-DS-Karten, allerdings ohne auf die Frage der Anwendbarkeit der §§ 69a ff. oder 95a ff. auf Computerspiele einzugehen; bestätigt durch OLG München, Urteil vom 9.6.2011, Az. 6 U 5037/09, juris, Rn. 131 wonach Nintendo-DS-Spiele ausschließlich auf speziellen, nur für die Nintendo-DS-Konsole passenden Speichermedien, den Nintendo-DS-Karten, angeboten werden.

Bei der speziellen Formatierung dieser nur von Nintendo hergestellten und auf dem freien Markt nicht verfügbaren Karten handelt es sich um eine wirksame technische Maßnahme i. S. v. § 95a; zur Anwendbarkeit der §§ 69a ff. oder 95a ff. auf Computerspiele vgl. § 69a Rn. 10 f. und oben Rn. 13 sowie die BGH-Entscheidung: BGH GRUR 2015, 672 – *Videospiel-Konsolen II*). Das LG Hamburg entschied zur RTMPE–Technologie, die den Download verhindert: LG Hamburg GRUR-RR 2014, 241 – *JDownloader 2*.

28　c) **Grenzen der Zulässigkeit von technischen Maßnahmen:** Zunächst setzt § 95b der Anwendung technischer Maßnahmen zugunsten bestimmter Schrankenberechtigter Grenzen. Es ist aber auch denkbar, dass **allgemeine Gesetze** Verbote zur Anwendung technischer Maßnahmen aufstellen. Anders als in manchen Staaten hat sich Deutschland aber (bislang) nicht zu Verboten bzw. **Einschränkungen** im Rahmen der **Kryptografie** entschlossen. Deshalb sind derzeit allenfalls Strafgesetze als Grenze denkbar.

29　d) **Standardisierung:** DRM-Systeme, also umfangreichere, sich ergänzende Kombinationen technischer wie nicht-technischer Schutzmaßnahmen, sind auch heute noch häufig herstellerspezifisch. Die Einsicht, dass eine Vereinheitlichung prinzipiell von Vorteil ist, setzt sich sowohl in Politik wie Industrie mittlerweile immer stärker durch (Studie zu DRM in Auftrag gegeben vom BMBF aus dem Jahr 2008). Eine Einigung ist jedoch nicht in Sicht. Insb. als problematisch, da Abhängigkeit erzeugend, wird von einigen Unternehmen die Idee empfunden, sich einem von einem bestimmten Hersteller entwickelten Standard anzuschließen. Insoweit haben eventuell Kooperationsinitiativen zwischen Politik und Industrie bessere Chancen, tatsächlich Standards zu implementieren: Das von der Europäischen Gemeinschaft mitbegründete Europäische Institut für Normung (CEN) widmet sich seit 1997 auch der Normung und Standardisierung im Bereich der Informationstechnologie. In sog. Workshops bietet diese Organisation den Unternehmern die Möglichkeit zur Partizipation in der Standardentwicklung. Diese Tätigkeiten waren explizit in Gang gesetzt worden, um die Grundlage für eine gesetzliche Regelung zu bereiten (DRM Final Report. S. 5). In ähnliche Richtung arbeitet der Global Business Dialog on Electronic Commerce (GDBe), einem losen Zusammenschluss von Top-Managern internationaler Unternehmen des elektronischen Handels. Er hat in seinen Tokyo Recommendations die Bedeutung der Vereinheitlichung derartiger technischer Schutzsysteme herausgestellt (GDBe, Tokyo Recommendation, September 13/14, 2001, S. 51 ff.). Zum Ganzen Bröcker/Czychowski/Schäfer/*Czychowski* § 13 Rn. 257. Beispielhaft sei hier genannt der Standard AACs für HD-DVD Player.

30　Derartige Standardisierung stößt auf **kartellrechtliche Fragen** (dazu *Arlt* GRUR 2005, 1003).

3.　Verbotstatbestände

31　a) **Gemeinsame Voraussetzungen der Verbotstatbestände des § 95a:** Die Verbotstatbestände des § 95a setzen alle die Erfüllung einiger allgemeiner Tatbestandsvoraussetzungen voraus, die zunächst analysiert werden sollen:

32　aa) **Zum Schutz eines Werkes oder eines anderen nach diesem Gesetz geschützten Schutzgegenstandes:** Technische Maßnahmen erfassen nach dem klaren Wortlaut nicht nur **Werke**, sondern auch **andere** nach dem Urheberrechtsgesetz geschützte **Schutzgegenstände**, also sämtliche Rechte aus dem zweiten Teil des Gesetzes (verwandte Schutzrechte einschließlich einfacher Datenbanken), aber auch Laufbilder. WCT **und** WPPT **sind enger.** Art. 11 WCT erfasst nur „Authors", wobei dies nicht zu eng auszulegen sein dürfte (*Reinbothe/von Lewinski* Art. 11 Rn. 25); Art. 18 WPPT spricht nur von „Performers or Producers of Phonograms". Damit fallen aus den internationalen Verpflichtungen wissenschaftliche Ausgaben, nachgelassene Werke, Lichtbildner, Sendeunternehmen, Datenbankhersteller und Laufbild"urheber" heraus.

Die Gesetzesbegründung stellt klar, dass die Vorschrift nicht anwendbar ist auf **33** nicht durch das Urheberrechtsgesetz geschützte Schutzgegenstände, wie etwa **gemeinfreie Werke** (RegE UrhG Infoges – BT-Drs. 15/38, S. 26; a. A. Büscher/Dittmer/Schiwy/*Schmidl/Lickleder*[3] Rn. 18, der § 95a zwar anwendet, aber eine Umgehung zulässt). Also sind auch Schutzmaßnahmen, die etwa zum Geschmacksmuster angemeldete Logos im Internet gegen Änderungen schützen, ebenso wenig erfasst wie technische Schutzmaßnahmen an Marken (zu den sich daraus ergebenden Fragen der technischen Abschottung vgl. Vor §§ 95a ff. Rn. 30). Nach der Gesetzesbegründung ebenso wenig geschützt wird die Einrichtung von Schutzmechanismen allein zum Zwecke der Marktzugangsbeschränkung (RegE UrhG Infoges – BT-Drs. 15/38, S. 26; vgl. Rn. 14). Schließlich regelt der neu eingeführte § 69a Abs. 5, dass die Regeln der §§ 95a-95d nicht auf Computerprogramme anwendbar sind; diese haben vielmehr ihre eigene Regel zu technischen Schutzmaßnahmen (§ 69f Abs. 2; zu den Abgrenzungsproblemen vgl. Rn. 7).

Ungelöst ist damit aber das Problem, was passiert, wenn auf einem Datenträ- **34** ger, der urheberrechtlich geschützte und gemeinfreie Gegenstände gemeinsam enthält, eine einheitliche technische Schutzmaßnahme enthalten ist. Dazu *Boddien*, Alte Musik in neuem Gewand. Nach der wohl bislang einzigen Auffassung ist § 95a immer anwendbar, es sei denn, ganz ausnahmsweise läge ein rechtsmissbräuchliches Verhalten vor (Loewenheim/*Peukert*[2] § 34 Rn. 6; Schricker/Loewenheim/*Götting*[5] Rn. 5; *Boddien* S. 184).

Schließlich gehen technische Schutzmaßnahmen auch den **Schranken** vor (Loe- **35** wenheim/*Peukert*[2] § 34 Rn. 4; Schricker/Loewenheim/*Götting*[5] Rn. 3); das heißt, dass § 95a grundsätzlich anwendbar ist, auch wenn ein schrankenprivilegiertes Verhalten vorliegt. Den Konflikt, der in solchen Situationen entsteht, löst § 95b; im Umkehrschluss heißt dies aber auch, dass alle Handlungen, die nach § 95b nicht dem § 95a entzogen sind, letzterem unterfallen.

bb) Ohne Zustimmung des Rechtsinhabers: Soweit Rechteinhaber ihre Zustim- **36** mung zur Umgehung von Schutzmechanismen erteilen, greift die Vorschrift nicht. Diese Zustimmung kann **auch konkludent** erteilt werden, dann sind im Interesse der Rechtssicherheit aber strenge Anforderungen an sie zu stellen. Zustimmung i. S. d. Norm meint Einwilligung i. S. d. § 183 BGB und kann auch als nachträgliche Zustimmung, mithin Genehmigung, i. S. d. § 184 BGB erteilt werden (Schricker/Loewenheim/*Götting*[5] Rn. 6; Wandtke/Bullinger/*Wandtke/Ohst*[4] Rn. 57). Dem Rechtsinhaber ist es gestattet, die Erfüllung von **Bedingungen an die Zustimmung** zu knüpfen (Wandtke/Bullinger/*Wandtke/Ohst*[4] Rn. 58). Rechtsinhaber ist zunächst der Urheber oder Inhaber des betreffenden Leistungsschutzrechts; im Übrigen sind auch abgeleitete Rechteinhaber berechtigt (Schricker/Loewenheim/ *Götting*[5] Rn. 7; Wandtke/Bullinger/*Wandtke/Ohst*[4] Rn. 59). Diese müssen aber jeder über eine geschlossene Rechtekette zum originären Inhaber verfügen. Im Falle **mehrerer Rechteinhaber** (z. B. Miturheberschaft) ist die Zustimmung aller erforderlich (Dreier/Schulze/*Dreier/Specht*[5] Rn. 11), es sei denn, die Verfolgung von Verstößen gegen § 95a wäre in der Hand eines nach den Absprachen der Beteiligten gebündelt (Loewenheim/*Peukert*[2] § 34 Rn. 14; Schricker/Loewenheim/ *Götting*[5] Rn. 8). Bei Miturheberschaft gilt § 8 analog (Schricker/Loewenheim/ *Götting*[5] Rn. 8), nicht allerdings beim abgeleiteten Rechtserwerb (OLG Frankfurt MMR 2002, 687, 688 – *IMS-Health*). Ausreichend sind in jedem Fall ausschließliche Nutzungsrechte; es dürften aber auch einfache Nutzungsrechte genügen, denn anders ist ein geschlossener Kreislauf von technisch-geschützten Gegenstände nicht zu erzielen. Zudem sollen die §§ 95a ff. ja nur die rechtlichen Schutzmöglichkeiten flankieren (vgl. Rn. 1); sie müssen nicht zwingend mit diesen in allen Fragen

(Aktivlegitimation in der Regel nur beim ausschließlichen Lizenznehmer (vgl. § 97 Rn. 132 ff.) gleichlaufen.

37 **b) Umgehungsverbot: – aa) Tatbestand:** Die eigentliche Tathandlung, die primär verboten ist, ist die **Umgehung der Schutzmechanismen.** Darunter könnte als Definition jedwede Handlung oder Unterlassung zu verstehen sein, die die Anwendung der Schutzmechanismen verhindert oder erschwert (enger *Wand* S. 105: Ausschaltung oder Manipulation; ähnlich auch *Strömer/Gaspers* K&R 2004, 14, 17: technische Manipulation).

38 Der Begriff dürfte weit auszulegen sein (Schricker/Loewenheim/*Götting*[5] Rn. 10; Wandtke/Bullinger/*Wandtke/Ohst*[4] Rn. 53), um der rasanten technischen Entwicklung stand zu halten (so auch LG Hamburg v. 22.12.2003 – 308 O 511/03 – nicht veröffentlicht). Daher dürfte hierunter auch eine digitale Festlegung von analogen Daten zu fassen sein, z. B. die Aufnahme einer kopiergeschützten Musik-CD über die Computer-Soundkarte (sog. **analoge Lücke**), denn das Ergebnis ist nahezu 100% vergleichbar mit einer digitalen Kopie und damit u. E. vom Schutzzweck der Regelung gedeckt (a. A. LG Frankfurt aM. MMR 2006, 766, 767, das dann aber einen Anspruch nach §§ 3, 4 Ziff. 10, 8 UWG zuspricht, unter ausdrücklichem Verweis auf die Problematik des Wettbewerbsverhältnisses und die hierzu von einigen Gerichten herangezogene Rechtsprechung des BGH zu Werbeblockern, vgl. Vor §§ 95a ff. Rn. 36 – zu dem Urteil auch *Schippan* ZUM 2006, 853). Das Problem existiert identisch bei § 95c und elektronischen Lizenzierungssystemen (vgl. § 95c Rn. 18). Das Problem wird sich demnächst technisch erledigen, denn im neuen AACS-Standard soll ab 2014 (bis 31.12.2013) z. B. kein DVD-Player mehr mit analogem Ausgang hergestellt werden (sog. „Analog Sunset" Part 2 der Adapter Compliance Rules for Licensed Products 1.7.3, S. 82 des AACS Interim Adopter Agreement v. 15.2.2006). Ebenso unerheblich ist, wie schwer sich die Schutzmechanismen umgehen lassen, wenn sie nur als wirksam i. S. d. Legaldefinition (vgl. Rn. 7 ff.) einzustufen sind. Ob auch eine **Fehlerkorrektur** eine Umgehung ist, ist strittig (dafür: HK-UrhR/*Dreyer*[3] Rn. 22; Schricker/Loewenheim/*Götting*[5] Rn. 11; Wandtke/Bullinger/*Wandtke/Ohst*[4] Rn. 54; Loewenheim/*Peukert*[2] § 34 Rn. 19; dagegen: *Strömer/Gaspers* K&R 2004, 14, 18). Letztendlich liefe das Zulassen einer solchen Fehlerkorrektur auf **Selbsthilfe** hinaus und die ist im deutschen Recht nach § 229 BGB verboten; daher wird man ohne Zweifel auch die Fehlerkorrektur unter die Umgehung subsumieren müssen. Ob Sekundäransprüche, etwa wegen Mängeln oder gar Ansprüche auf Zurverfügungstellung eines „fehlerfreien" Datenträgers bestehen, ist Frage des zugrunde liegenden schuldrechtlichen Vertrages. Ebenso umstritten ist, ob ein **Mitkopieren** der technischen Schutzmaßnahme eine Umgehung ist (dafür: *Arlt* GRUR 2004, 548, 550; *Ernst* CR 2004, 39, 40; Wandtke/Bullinger/*Wandtke/Ohst*[4] Rn. 55; dagegen: *Strömer/Gaspers* K&R 2004, 14, 18). Uns erscheint dies als Scheinproblem, denn wenn es gelingt, einen Kopierschutz mitzukopieren, ist wohl auch das Kopieren des Schutzgegenstandes gelungen, sodass in jedem Fall eine Umgehung vorliegt. Einige wollen den Begriff der Umgehung verfassungskonform dergestalt auslegen, dass ein ungeschriebenes Recht zur Durchsetzung der Privatkopieschranke existiert (*Holznagel* MMR 2003, 767, 771 ff.; dazu vgl. § 95b Rn. 4).

39 Beispielhaft sei hier genannt das Tool zum Umgehung des DVD-Schutzes DeCSS (dazu *Knies* ZUM 2003, 286; vgl. Rn. 27). Ausreichend ist schon eine Programmierung einer Website, die die URL ständig wechselt und so Deep Links verhindert (LG Hamburg v. 22.12.2003 – 308 O 511/03 – nicht veröffentlicht). Auch **Modchips** – die Schutzmaßnahmen bei Spielkonsolen umgehen – fallen unter Abs. 3 Nr. 2 und 3 (LG München MMR 2008, 839 ff.).

40 **bb) Subjektive Seite:** Das Umgehungsverbot greift nur, soweit dem Handelnden bekannt ist oder den Umständen nach bekannt sein muss (s. § 122 Abs. 2 BGB), dass die Umgehung erfolgt, um den Zugang zu einem solchen Werk oder Schutzgegenstand oder deren Nutzung zu ermöglichen. Die Vorschrift setzt daher nach der Gesetzesbegründung ein auf Werkzugang oder Werkverwertung (Nutzung im urheberrechtlichen Sinne) gerichtetes Umgehungsziel voraus (RegE UrhG Infoges – BT-Drs. 15/38, S. 26. spricht missverständlich von Umgehungs"absicht"). Umgehungshandlungen, die ausschließlich wissenschaftlichen Zwecken dienen (z. B. Kryptographie), sollen nicht erfasst werden (RegE UrhG Infoges – BT-Drs. 15/38, S. 26). Die Gesetzesbegründung scheint zwar davon auszugehen, dass die von der Richtlinie im Zusammenhang mit der Umgehungsabsicht bindend vorgegebene Tatbestandsvoraussetzung der Bösgläubigkeit („Umgehung […] durch eine Person, der bekannt ist oder den Umständen nach bekannt sein muss, dass sie dieses Ziel verfolgt") auch für jene zivilrechtlichen Ansprüche gilt, bei denen – wie beim Unterlassungsanspruch – regelmäßig die objektive Störereigenschaft ausreicht (RegE UrhG Infoges – BT-Drs. 15/38, S. 26). Der BGH hat ein **Verschulden** als allgemeines Tatbestandsmerkmal auch für den **Unterlassungsanspruch verneint** (BGH MMR 2008, 811 – *Clone CD*). Damit spielt die Verschuldensdiskussion nur für weitergehende Ansprüche eine Rolle: Kenntnis der Umgehungshandlung alleine reicht, es muss nicht auch das Unerlaubtsein bekannt sein (*Ernst* CR 2004, 40, 41; *Marly* K&R 1999, 106, 111; Schricker/Loewenheim/*Götting*[5] Rn. 12; Wandtke/Bullinger/*Wandtke*/*Ohst*[4] Rn. 62). Zum **Grad der Fahrlässigkeit** Wandtke/Bullinger/*Wandtke*/*Ohst*[4] Rn. 63 m. w. N., es reicht einfache (*Flechsig* ZUM 2002, 1, 14; Loewenheim/*Peukert*[2] § 34 Rn. 16; Schricker/Loewenheim/ *Götting*[5] Rn. 12; *Wand*, S. 116, 169; a. A.: grobe: *Spindler* GRUR 2002, 105, 116; Wandtke/Bullinger/*Wandtke*/*Ohst*[4] Rn. 63), denn Art. 6 Abs. 1 Info-RL lässt Kennenmüssen genügen. Für die Frage, wann der Handelnde den Umständen nach Kenntnis von dem Umgehungstatbestand hat, dürften keine zu strengen Maßstäbe angelegt werden. Schon eine Veröffentlichung in einschlägigen Endnutzer-Fachzeitschriften reicht u. E. aus.

cc) Rechtfertigungsgründe: Wie bei allen urheberrechtlichen oder allgemeinen **41** deliktischen Ansprüchen sind Rechtfertigungsgründe denkbar. Zu nennen ist hier zunächst die **Genehmigung nach § 184 BGB** (dazu zum allgemeinen urheberrechtlichen Anspruch: BGH GRUR 1959 147, 149 – *Bad auf der Tenne*). Die **Einwilligung** (§ 183 BGB) kommt nicht in Betracht, denn durch sie wird allenfalls ein urheberrechtlicher Nutzungsvertrag geschlossen. Darüber hinaus kommen alle zivilrechtlichen Rechtfertigungsgründe in Betracht: **Schikaneverbot** (§ 226 BGB), **Notwehr** (§ 227 BGB), **Notstand** (§ 228 BGB) und **Selbsthilfe** (§§ 229 ff. BGB) – allerdings nur in den engen Grenzen der §§ 229 ff. BGB – sowie **übergesetzlicher Notstand** (im Einzelnen hierzu vgl. § 97 Rn. 22 f.).

c) Verbotstatbestände im Vorfeld von Umgehungsmaßnahmen (Abs. 3 Nr. 1, 2 und 3): Abs. 3 der Regelung enthält weitere Verbotstatbestände, die sich eng **42** an den Wortlaut des Art. 6 Abs. 2 Info-RL anlehnen. Sie betreffen Verbote im Vorfeld von Umgehungsmaßnahmen.

aa) Tatbestandsmäßige Handlungen: Der erste Komplex betrifft Handlungen, **43** zunächst nämlich **Herstellung** und **Einfuhr**. Der Begriff der Einfuhr umfasst nach der Gesetzesbegründung das Verbringen in den Geltungsbereich dieses Gesetzes (RegE UrhG Infoges – BT-Drs. 15/38, S. 26). s. hierzu auch den entsprechenden Begriff z. B. aus dem Patentrecht (*Mes*[4] § 9 PatG Rn. 51).

Die ebenfalls erfasste **Verbreitung** ist von dem auf körperliche Werkstücke be- **44** schränkten Verbreitungsrecht des § 17 zu unterscheiden (RegE UrhG Infoges – BT-Drs. 15/38, S. 26). **Verkauf, Vermietung** und **Werbung** im Hinblick auf Verkauf oder Vermietung beinhalten keine Besonderheiten. Jedenfalls die ersten beiden Begriffe sind im bürgerlich-rechtlichen Sinn zu verstehen, bedürfen also eines schuldrechtlichen Vertrages (zu Recht so LG Köln CR 2006, 702, 705). Hierzu zählt z. B. die Einstellung in eine Online-Auktion, auch wenn dies von Privaten geschieht (LG Köln CR 2006, 702, 705; die Revisionsentscheidung ebenso: BGH MMR 2008, 811 – *Clone CD*). Als Werbung wurde darüber hinaus – wenig überraschend – nicht die redaktionelle Berichterstattung angesehen (OLG München MMR 2005, 768, 770 – *Heise Online*), es sei denn, das Ziel der Absatzförderung stehe im Vordergrund (OLG München MMR 2005, 768, 770 – *Heise Online*). Das OLG München nahm für das Setzen eines Links auf § 95a verletzende Angebote auch für Presseunternehmen nach den Grundsätzen der Störerhaftung trotz der Presseprivilegierung eine Verantwortlichkeit an (OLG München MMR 2005, 768, 771 – *Heise Online*; so auch LG München I v. 14.11.2007 – 21 O 6742/07, UA S. 19 ff. – *Heise-Online* (Hauptsacheverfahren)). Der BGH hob dies wegen Art. 11 EU-GR-Charta, Art. 5 Abs. 1 GG auf (BGH GRUR 2011, 513 Tz. 19 ff. – *AnyDVD*). Das BVerfG nahm die eingelegte Verfassungsbeschwerde nicht zur Entscheidung an (BVerfG K&R 2012, 200 – *AnyDVD*).

45　　Der **gewerblichen Zwecken dienende Besitz** dürfte wohl nur von dem rein privaten Zwecken dienenden Besitz abzugrenzen sein (Wandtke/Bullinger/*Wandtke/Ohst*[4] Rn. 78). Möglicherweise bietet sich zur Abgrenzung der Verbraucherbegriff aus § 13 BGB an. Das Herunterladen von Hackersoftware auf einen dienstlichen Laptop unterfällt zweifelsohne diesem Tatbestand (OLG Celle ZUM 2010, 594).

46　　**bb) Tatobjekte: Gegenstände und Dienstleistungen mit Zweckbestimmung:** Der zweite Komplex betrifft Gegenstände und Dienstleistungen, die einem bestimmten Zweck dienen. Der Begriff der Dienstleistung kann nach dem Schutzzweck der Norm auch Anleitungen zur Umgehung mit einschließen (RegE UrhG Infoges – BT-Drs. 15/38, S. 26). Dabei unterscheiden sich die Zwecke wie folgt:

- Gegenstand einer Verkaufsförderung, Werbung oder Vermarktung mit dem Ziel der Umgehung wirksamer technischer Maßnahmen oder
- abgesehen von der Umgehung wirksamer technischer Maßnahmen nur einen begrenzten wirtschaftlichen Zweck oder Nutzen haben oder
- hauptsächlich entworfen, hergestellt, angepasst oder erbracht werden, um die Umgehung wirksamer technischer Maßnahmen zu ermöglichen oder zu erleichtern.

Eines dieser Kriterien muss vorliegen; sie sind also **alternativ** zu verstehen (Wandtke/Bullinger/*Wandtke/Ohst*[4] Rn. 82). Da das Ziel der Regelung ist, zu verhindern, dass Allzweckgeräte verboten werden können, nur weil mit ihrer Hilfe auch Umgehungshandlungen vorgenommen werden können (ErwG 48 Info-RL), erfordert die Norm eine genaue Betrachtung der jeweiligen Geräte und deren Zweckrichtung (sich anschließend OLG München, Urteil vom 9.6.2011, Az. 6 U 5037/09, juris, Rn. 143). Entscheidend dürfte eine objektive Betrachtung sein (Schricker/Loewenheim/*Götting*[5] Rn. 35). Zur vergleichbaren Vorschrift des § 2 Ziff. 3 ZKDSG und dem dortigen Begriff des „Bestimmtseins" auch in objektiver Auslegung OLG Frankfurt ITRB 2003, 219.

47　　**Dienstleistung** wird man dabei aber immer im Wortsinn zu verstehen haben, also als menschliches Handeln. Deshalb kann z. B. das Anbieten eines Presseerzeugnisses, das Anleitungen zur Umgehung enthält, zwar eine Dienstleistung sein, die in ihm enthaltenen Anleitungen sind aber keine Dienstleistungen i. S. d. § 95a Abs. 3 (so aber wohl Wandtke/Bullinger/*Wandtke/Ohst*[4] Rn. 79). Es handelt sich dann vielmehr um einen entsprechenden Gegenstand. Die Formulierung in der Gesetzesbegründung ist insofern leicht miss zu verstehen; Anleitung i. S. d. Gesetzesbegründung dürften besser *das Anleiten* zur Umgehung heißen. Daher hat das OLG München zu Recht einen allgemeinen Presseartikel nicht als Dienstleistung i. S. d. § 95a qualifiziert (OLG München MMR 2005, 768, 770 – *Heise Online*) Ob auch Private unter § 95a Abs. 3 fallen, scheint nur auf den ersten Blick unklar (dagegen Wandtke/Bullinger/*Wandtke*/*Ohst*[4] Rn. 80; dafür: Loewenheim/*Peukert*[2] § 34 Rn. 18; Schricker/Loewenheim/*Götting*[5] Rn. 23). Dies scheint uns nicht wirklich problematisch, denn wenn ein Privater eine Vorrichtung zur Umgehung verkauft oder vermietet, verlangt er Geld und tritt damit aus dem rein Privaten heraus. Zudem ist der bloße Besitz vom Gesetzeswortlaut klar nur bei gewerblichem Besitz inkriminiert. Uns erscheint es daher nicht nötig, Private außerhalb des klaren Wortlauts aus dem Anwendungsbereich des § 95a Abs. 3 herauszunehmen.

cc) Subjektive Seite und Rechtfertigungsgründe: Ob für diese Handlungsalter-   **48** nativen eine subjektive Seite vorliegen muss, ist umstritten; so auch LG Köln MMR 2006, 412, 414; zust. *Lindhorst* MMR 2006, 419; a. A. *Spindler* GRUR 2002, 105, 116; Loewenheim/*Peukert*[2] § 35 Rn. 29, § 82 Rn. 7). Der Wortlaut spricht – mangels Aufnahme der subjektiven Zweckrichtung (anders als Abs. 1) klar gegen eine solche Annahme. Es gelten die oben dargestellten Anforderungen. Zu den auch hier denkbaren Rechtfertigungsgründen vgl. Rn. 3.

dd) Ausnahmen für öffentliche Stellen (Strafrechtspflege/öffentliche Sicher-   **49** **heit):** Abs. 4 stellt klar, dass es trotz der in diesem Gesetz getroffenen urheberrechtlichen Regelungen im Interesse der öffentlichen Sicherheit oder der Strafrechtspflege erforderlich sein kann, dass die Absätze 1 und 3 für bestimmte öffentliche Stellen keine Anwendung finden. Die bestehenden Aufgaben und Befugnisse der Strafverfolgungs- und Sicherheitsbehörden werden in den Fällen, in denen sie zum Zwecke und zum Schutz der öffentlichen Sicherheit tätig werden, durch das vorliegende Gesetz weder eingeschränkt noch anderweitig tangiert (RegE UrhG Infoges – BT-Drs. 15/38, S. 26).

4. Aktivlegitimation

Zur **Aktivlegitimation** zunächst oben, vgl. Rn. 8. Sofern mehrere Rechtsinha-   **50** ber verbunden sind, entscheiden die allgemeinen Regeln der §§ 8 und 9. Wie oben (vgl. Rn. 8) dargelegt, ist zunächst jedenfalls der Inhaber ausschließlicher Nutzungsrechte aktivlegitimiert (so nun auch LG München I ZUM-RD 2013, 76; LG Hamburg GRUR-RR 2014, 241 – *JDownloader 2*). Wegen der unsauberen Gesetzesformulierung (dazu oben vgl. Rn. 8) ist offen, ob auch Hersteller oder Betreiber von Schutzmaßnahmen aktivlegitimiert sind. Da § 95a ein Schutzgesetz i. S. d. § 823 Abs. 2 BGB ist (BGH MMR 2008, 811 – *Clone CD*) und als explizites Ziel die Erhöhung der Effektivität der Rechtsverfolgung hat, spricht viel dafür, auch diese Personengruppe als aktivlegitimiert anzusehen (so auch *Pleister*/*Ruttig* MMR 2003, 763, 766; a. A. aber Wandtke/Bullinger/ *Wandtke*/*Ohst*[4] Rn. 92; wohl auch Schricker/Loewenheim/*Götting*[5] Rn. 41).

5. Passivlegitimation

Neben der deliktsrechtlich üblichen Haftung aus Täterschaft und Teilnahme (im   **51** Detail hierzu vgl. § 97 Rn. 145 ff.), stellt sich auch bei §§ 95a ff. die Frage der Störerhaftung, die bekanntlich nur für Unterlassungsansprüche gilt (im Detail hierzu vgl. § 97 Rn. 154 ff.). Grundlage dieser Unterlassungshaftung ist der auch im Immaterialgüterrecht geltende allgemeine Rechtsgrundsatz, dass jeder, der in seinem Verantwortungsbereich eine Gefahrenquelle schafft oder andauern lässt, die ihm zumutbaren Maßnahmen und Vorkehrungen treffen muss, die zur Abwendung der daraus Dritten drohenden Gefahren notwendig ist (BGH GRUR 2007, 890, 893 Tz. 36 – *Jugendgefährdende Medien bei eBay*; für das Urheberrecht erstmals ausdrücklich bekräftigt von BGH GRUR 1984, 54, 55 – *Kopierläden*); eine Handlungspflicht des Angegriffenen (der BGH spricht hier von „Prüfungspflicht") entsteht erst, sobald er selbst oder über Dritte Kenntnis von einem konkreten Urheberrechtsverstoß hat. Ab Kenntniserlangung kann er sich nicht mehr auf die Haftungsfreistellung nach TMG berufen (BGH GRUR 2007, 890, 894 Tz. 42 – *Jugendgefährdende Medien bei eBay*). Dabei muss es technisch möglich sein, die

Unterlassungspflicht technisch zu verwirklichen. Technisch Unmögliches darf das Recht nicht verlangen; schließlich müssen die für eine Umsetzung der Unterlassungspflicht notwendigen Maßnahmen zumutbar sein. Dem Angegriffenen dürfen keine Anforderungen auferlegt werden, die sein von der Rechtsordnung gebilligtes Geschäftsmodell gefährden oder seine Tätigkeit unverhältnismäßig erschweren (BGH GRUR 2007, 890, 894 Tz. 39 – *Jugendgefährdende Medien bei eBay*). Da bei §§ 95a ff. nicht die Verletzung absoluter Rechte in Rede steht (zur Einordnung vgl. Vor §§ 95a ff. Rn. 24 ff.), stellt sich hier seit kurzem verstärkt die Frage, ob die Störerhaftung in Fällen des Verhaltensunrechts anzuwenden ist (erstmals thematisiert dies soweit ersichtlich BGH GRUR 2007, 708, 711 Tz. 40 – *Internetversteigerung* II). Mit einem solchen Fall setzte sich das auch Bundesverfassungsgericht in seiner Entscheidung zu Heise auseinander (BVerfG ZUM 2007, 378, 379; vgl. Vor §§ 95a ff. Rn. 33), nahm aber die dortige Verfassungsbeschwerde nicht zur Entscheidung an, weil die Sache erst durch den BGH entschieden werden müsse (dazu oben vgl. Rn. 44). Es verweist dabei darauf, dass ungeklärt sei, ob die „weite urheberrechtliche Störerhaftung" auch an der Verletzung bloßer Verhaltensnormen, wie § 95a, anknüpfen kann und bezog sich ausdrücklich auf BGH GRUR 2003, 807, 808; *Leible/Sosnitza* NJW 2004, 3225, 3226 f.; *Leistner* GRUR 2006, 801, 802 ff. U. E. mag es sein, dass der Begriff und die Einrichtung der Störerhaftung bei „bloßem" Verhaltensunrecht nicht aufrecht zu erhalten ist; das Ergebnis darf sich jedoch nicht ändern, denn Ausgangspunkt aller Überlegungen zur Verantwortlichkeit muss der allgemeine Rechtsgrundsatz sein, dass jeder, der in seinem Verantwortungsbereich eine Gefahrenquelle schafft oder andauern lässt, die ihm zumutbaren Maßnahmen und Vorkehrungen treffen muss, die zur Abwendung der daraus Dritten drohenden Gefahren notwendig sind (BGH GRUR 2007, 890, 893 Tz. 36 – *Jugendgefährdende Medien bei eBay*). Ob dies anlässlich eines absoluten Schutzrechts oder einer Norm wie § 95a geschieht, darf keinen Unterschied machen; das Gefahrenpotential der Handlungen ist gleich. Zum weiteren „Schicksal" dieser Diskussion um die Störerhaftung vgl. § 97 Rn. 154 ff.

6. Rechtsfolgen der Verstöße

52 Zunächst vgl. Vor §§ 95a ff. Rn. 25 ff. Die Rechtsfolgen sind explizit im Gesetz nur im Hinblick auf Straf- und Ordnungswidrigkeiten geregelt (§§ 108a, 111a). Es blieb die Frage offen, ob auch zivilrechtlich Ansprüche bestehen. Die Begründung geht implizit von solchen Ansprüchen aus, wenn sie von „zivilrechtlichen Ansprüchen" spricht (RegE UrhG Infoges – BT-Drs. 15/38, S. 26). Daher war es nur folgerichtig, dass die ersten Entscheidungen solche anerkannten (LG München I ZUM 2005, 494, 496; LG Köln MMR 2006, 412, 414 („unausgesprochen vorausgesetzt"); OLG München MMR 2005, 768, 770 – *Heise Online*). Der BGH hat dies mittlerweile zu Recht bestätigt und wendet § 823 Abs. 2 BGB an (BGH MMR 2008, 811 – *Clone CD*). Damit ist Grundlage für die Ansprüche auf Unterlassung, Auskunft, Vernichtung und Schadensersatz §§ **823 Abs. 2 resp. 1004 Abs. 1 BGB i. V. m.** § 95a (so BGH GRUR 2015, 672 Tz. 39 – *Videospiel-Konsolen II* und auch HK-UrhR/*Dreyer*[3] Rn. 45; Wandtke/Bullinger/*Wandtke/Ohst*[4] Rn. 88; *Spieker* GRUR 2004, 475, 481 ff.). Abzulehnen ist hingegen eine Verankerung in § 97 (direkt oder zumindest analog: LG Köln MMR 2006, 412, 414; *Arlt* MMR 2005, 148, 149 f), denn der Gesetzgeber hätte dies vorsehen können, hat sich jedoch offenbar bewusst dagegen entschieden (so aber Loewenheim/*Peukert*[2] § 82 Rn. 6; *Arlt* MMR 2005, 148, 149; *Pleister/Ruttig* MMR 2003, 763, 766). Ein Verstoß gegen § 95a Abs. 3 setzt kein Verschulden voraus (BGH MMR 2008, 811 – *Clone CD*), auch wenn dies als ungeschriebenes allgemeines subjektives Tatbestandsmerkmal wegen der Weite des Tatbestands diskutiert wurde.

53 Zwar wird vertreten, dass – jedenfalls für Abs. 1 – der **Anspruch auf Schadensersatz** sich nach den allgemein üblichen **Berechnungsmethoden** richtet (Wandtke/Bullinger/*Wandtke/Ohst*[4] Rn. 89; Loewenheim/*Peukert*[2] § 82 Rn. 12). Ob sich dies angesichts der strukturellen Unterschiede zwischen materiellen Urheberrechten und technischen Schutzmaßnahmen durchhalten lässt, erscheint zweifelhaft (so auch LG Köln MMR 2006, 412, 414). Damit bleibt es bei den allgemeinen Grundsätzen des Schadensersatzrechts. Dass ein Ersatz des **immateriellen Schadens** ausscheidet (Wandtke/Bullinger/*Wandtke*/*Ohst*[4] Rn. 89; Loewenheim/*Peukert*[2] § 82 Rn. 12), ist schon deshalb offensichtlich, weil § 95a kein Persönlichkeitsrecht ist.

Ein vorbereitender **Anspruch auf Auskunft** dürfte aber in jedem Fall bestehen, **54** zumal der BGH diesen in st. Rspr. schon gewohnheitsrechtlich judiziert (dazu ausführlich vgl. § 101 Rn. 10 ff.). Dieser richtet sich auf den gesamten Umfang der Verletzung nach § 95a, insb. also die Anzahl der umgangenen Schutzgegenstände aber auch technische Hintergründe der Umgehung. Über eine analoge Anwendung von § 101a, insb. hinsichtlich einer Auskunft über die gewerblichen Abnehmer des Verletzers, dürfte nachzudenken sein.

Die Ansprüche auf Vernichtung und Überlassung gem. §§ 98, 99 dürften ana- **55** log anzuwenden sein (Wandtke/Bullinger/*Wandtke*/*Ohst*[4] Rn. 90; a. A. *Arlt* MMR 2005, 148, 151; gegen alle zivilrechtlichen Ansprüche *Spiecker* GRUR 2004, 475, 480).

Offen bleibt ebenfalls, ob auch **Selbsthilfe für Rechteinhaber** denkbar ist. Für **56** Schrankenbegünstigte schließt dies die Gesetzesbegründung ausdrücklich aus (RegE UrhG Infoges – BT-Drs. 15/38, S. 27; vgl. § 95b Rn. 16).

III. AGB-Recht

Vielfach wird in AGB, die die Nutzung von Download-Diensten regeln, generell **57** eine Umgehung der mitgelieferten Schutzsysteme untersagt. Man könnte sich fragen, ob ein solches generelles Verbot, das nicht gleichzeitig die Ausnahmeregeln des § 95b wiedergibt oder aber gar die Voraussetzungen des § 95a zu erleichtern sucht, gegen § 307 Abs. 2 S. 2 BGB verstößt. In eine ähnliche Richtung argumentierte der Bundesverband Verbraucherzentrale, der bestritt, dass ein von Apple in seiner iTunes Software eingesetztes System (DRM-System „Fair-Play"), das verhindert, dass die Dateien auf anderen mp3-Playern abgespielt werden können, eine wirksame Maßnahme nach § 95a sei, weshalb die entsprechende Bestimmung in den AGB gegen § 307 Abs. 2 S. 2 BGB verstoße (Meldung in CR 2006, R99), da die Musikdateien sich auf Audio-CD brennen ließen und anschließend mit derselben Software wieder in mp3-Dateien zurückverwandelt werden konnten, die dann frei verfügbar waren (zur Frage der Wirksamkeit vgl. Rn. 17 ff.). Am 22.1.2007 haben der vzbv, die französische Verbraucherorganisation (UFC Que Choisir) und die Verbraucherombudsmänner aus Finnland und Norwegen diesbezüglich wie wegen der Möglichkeit einseitiger stillschweigender AGB-Änderungen durch iTunes eine gemeinsame Erklärung an die Apple-Tochter iTunes mit der Aufforderung zur Abhilfe formuliert. In einem Spitzengespräch in Oslo im April 2007 auf Initiative des Internationalen Phonoverbandes (IFPI) setzten der Verbraucherzentrale Bundesverband (vzbv) in Verbund mit Verbraucherorganisationen aus Frankreich (UFC Que Choisir), Finnland und Norwegen iTunes ein Ultimatum, durch Nachverhandlungen mit den Plattenfirmen bis zum 1.10.2007 eine Einigung zu erzielen, die es Verbrauchern ermöglicht, bei iTunes gekaufte Musikstücke auf Endgeräten ihrer Wahl zu nutzen. Nach Verstreichen der Frist werde man rechtliche Schritte einleiten (Pressemitteilung des vzbv vom 2.4.2007 auf www.vzbv.de, Rubrik „Telekommunikation und Medienpolitik", abgerufen 6.7.2007). Eine ähnliche Fallgestaltung ereignete sich in den USA in Bezug auf den Kopierschutz XCP, der sich ohne Hinweis im Lizenzvertrag einstellte und Änderungen am Betriebssystem vornahm (Mitteilung CR 2006, R3).

IV. Prozessuales

58 Der **Beweis** einer Umgehung wird in der Praxis **nicht immer leicht zu führen** sein. Es dürfte sich daher anbieten, auf die bei ähnlich komplexen technischen Sachverhalten etablierten gewissen **Erleichterungen aus dem Softwareurheberrecht** zurückzugreifen (vgl. Vor §§ 69a ff. Rn. 15 ff.). Soweit allerdings der Beklagte im Prozess trotz Substantiierung der Wirksamkeit einer technischen Schutzmaßnahme, diese nicht substantiiert bestreitet, bedarf es keiner Beweisaufnahme (LG München I v. 14.11.2007 – 21 O 6742/07, UA S. 18 – *Heise-Online* (Hauptsacheverfahren). Es spricht nichts dagegen, Unterlassungsansprüche nach § 95a auch im Wege des **Einstweiligen Verfügungsverfahrens** durchzusetzen (ohne weitere Thematisierung so OLG München MMR 2005, 768, 770 – *Heise Online*). Allerdings dürfte der Antragsteller die genaue Wirkungsweise der technischen Schutzmaßnahme und – soweit möglich – deren Umgehung darzulegen und ggf. glaubhaft zu machen bzw. zu beweisen haben (i. d. S. auch LG Köln CR 2006, 702, 705).

V. Verhältnis zu anderen Vorschriften

59 Zunächst vgl. Vor §§ 95a ff. Rn. 34 ff. § 95a dürfte als **wettbewerbsbezogene Norm** nach der neueren Rechtsprechung des BGH zum Rechtsbruchtatbestand des UWG anzusehen sein (allg. vgl. §§ 23/24 Rn. 98 ff.), sodass ein Verstoß gegen die Norm eine Verfolgung nach § 4 Ziff. 11 UWG ermöglichen würde. Für die parallelen Vorschriften des ZKDSG ist dies auch bereits entschieden worden (OLG Frankfurt GRUR-RR 2003, 287, 287 – *Magic Modul*). Einige Gerichte wenden § 4 Ziff. 10 UWG im Falle der sog. analogen Lücke (vgl. Rn. 38) an (LG Frankfurt aM. MMR 2006, 766, 767). Dies geschieht in der Regel unter Rückgriff auf die *Fernsehfee*-Entscheidung des BGH, in der dieser auch zwischen dem Anbieter einer Werbeblocker-Software und einem TV-Anbieter ein Wettbewerbsverhältnis angenommen hatte (BGH GRUR 2004, 877, 879 – *Werbeblocker*); an letzterem fehlt es nämlich nach den herkömmlichen Regeln zum **Wettbewerbsverhältnis**. Vergleichbare Fälle betreffen die sog. Personal-Video-Recorder (LG Leipzig ZUM 2006, 662; LG Leipzig ZUM 2006, 763; a.A. OLG Köln GRUR-RR 2006, 5, 6 – *personal video recorder*); im Detail vgl. Vor §§ 87a ff. Rn. 26 ff. Zum Verhältnis zum **Datenschutz** vgl. Vor §§ 87a ff. Rn. 37. Http://drim.inf.tu-dresden.de zeigt, dass sich das nicht ausschließt. Zum **Verfassungsrecht** vgl. Vor §§ 95a ff. Rn. 33.

§ 95b Durchsetzung von Schrankenbestimmungen

(1) [1]Soweit ein Rechtsinhaber technische Maßnahmen nach Maßgabe dieses Gesetzes anwendet, ist er verpflichtet, den durch eine der nachfolgend genannten Bestimmungen Begünstigten, soweit sie rechtmäßig Zugang zu dem Werk oder Schutzgegenstand haben, die notwendigen Mittel zur Verfügung zu stellen, um von diesen Bestimmungen in dem erforderlichen Maße Gebrauch machen zu können:
1. **§ 45 (Rechtspflege und öffentliche Sicherheit),**
2. **§ 45a (Behinderte Menschen),**
3. **§ 47 (Schulfunksendungen),**
4. **§ 53 (Vervielfältigungen zum privaten und sonstigen eigenen Gebrauch)**
   a) **Absatz 1, soweit es sich um Vervielfältigungen auf Papier oder einen ähnlichen Träger mittels beliebiger photomechanischer Verfahren oder anderer Verfahren mit ähnlicher Wirkung handelt,**
   b) **Absatz 2 Satz 1 Nr. 2 in Verbindung mit Satz 2 Nr. 1,**
   c) **Absatz 2 Satz 1 Nr. 3 und 4 jeweils in Verbindung mit Satz 2 Nr. 1,**
5. **§ 55 (Vervielfältigung durch Sendeunternehmen),**
6. **§ 60a (Unterricht und Lehre),**

7. § 60b (Unterrichts- und Lehrmedien),
8. § 60c (Wissenschaftliche Forschung),
9. § 60d (Text und Data Mining),
10. § 60e (Bibliotheken)
    a) Absatz 1,
    b) Absatz 2,
    c) Absatz 3,
    d) Absatz 5,
11. § 60f (Archive, Museen und Bildungseinrichtungen).
[2]Vereinbarungen zum Ausschluss der Verpflichtungen nach Satz 1 sind unwirksam.

(2) Wer gegen das Gebot nach Absatz 1 verstößt, kann von dem Begünstigen einer der genannten Bestimmungen darauf in Anspruch genommen werden, die zur Verwirklichung der jeweiligen Befugnis benötigten Mittel zur Verfügung zu stellen.

(3) Die Absätze 1 und 2 gelten nicht, soweit Werke und sonstige Schutzgegenstände der Öffentlichkeit aufgrund einer vertraglichen Vereinbarung in einer Weise zugänglich gemacht werden, dass sie Mitgliedern der Öffentlichkeit von Orten und zu Zeiten ihrer Wahl zugänglich sind.

(4) Zur Erfüllung der Verpflichtungen aus Absatz 1 angewandte technische Maßnahmen, einschließlich der zur Umsetzung freiwilliger Vereinbarungen angewandten Maßnahmen, genießen Rechtsschutz nach § 95a.

§ 95b wurde durch das UrhWissG 2017 mit Wirkung zum 1. März 2018 geändert. Zur bis dahin geltenden Fassung s. unsere 11. Aufl.

Übersicht

I.   Allgemeines

1.   Sinn und Zweck, Entwicklungsgeschichte, Zusammenhang

Zur Historie vgl. Vor §§ 95a ff. Rn. 6 ff. Die Vorschrift ist mit dem **Gesetz** **1** **zur Regelung des Urheberrechts in der Informationsgesellschaft** in das Gesetz aufgenommen worden; sie dient der Umsetzung der entsprechenden Verpflichtungen aus den WIPO-Verträgen von 1996 und der Info-RL (hier: Art. 6 Abs. 4 Unterabs. 1). Die Vorschrift dient damit dazu, die Nutzung bestimmter Schranken für die Begünstigten sicherzustellen. Der europäische Gesetzgeber war der Auffassung, dass nur bestimmte Schranken durchsetzungsstark gestaltet werden müssten, nämlich solche, bei denen das Zugangsinteresse der privilegierten Nutzer größer ist als das Interesse der Rechteinhaber an individueller Kontrolle (zur Info-RL insoweit *Dusollier* IIC 2003, 62); dies erklärt die Auswahl der Schrankenbestimmungen in § 95b (hierzu Schricker/Loewenheim/*Götting*[5] Rn. 2; kritisch dazu Dreier/Schulze/*Dreier/Specht*[5] Rn. 11). Diese Auswahl hebt die Lösung der Info-RL auch von den WIPO-Verträgen ab, die alle Schranken durchsetzungsstark gestaltete (s. Art. 11 WCT), die dieses Thema nicht ausdrücklich ansprechen (*Fiscor* Art. 11 WCT Rn. C 11.23 ff.) und es damit wohl den nationalen/supranationalen Rechtssetzungsinstanzen überlassen haben.

2 § 95b war Gegenstand heftiger Diskussionen im Rahmen des Gesetzgebungsverfahrens zum sog. 2. Korb, dem Zweiten Gesetz zum Urheberrecht in der Informationsgesellschaft (zum Gesetzgebungsverfahren *Hucko* ZUM 2005, 128; *Seibold* ZUM 2003, 130; auch Schricker/Loewenheim/*Götting*[5] Rn. 3; zum Gesetz *Czychowski* GRUR 2008, 586 ff.). Im Rahmen des sog. **2. Korbes** ist lebhaft darüber gestritten worden (z. B. *Häuser* CR 2004, 829; *Czychowski*, GRUR 2008, 586 ff.), ob auch die **Privatkopieschranke** durchsetzungsstark ausgestaltet werden solle, mithin § 53 in den Katalog des § 95b aufgenommen wird. Der Gesetzgeber hat sich dagegen entschieden. Auch in anderen Staaten der EU wird dies so gesehen. So entschied z. B. das Tribunal de grande instance in Paris im sog. Que Choisir-Fall, dass die Privatkopieschranke kein Recht gewähre (Tribunal de grande instance de Paris IIC 2006, 148 – *Que Choisir;* Cour de Cassation v. 28.2.2006, Leitsätze in K&R 2006, 483; Volltext unter http://www.legalis.net/breves-article.php3?id_article=1583, abgerufen am 5.9.2011). Einige entnehmen dem Grundgesetz ein Gebot zur verfassungskonformen Auslegung des § 95b dahingehend, dass ein ungeschriebenes Recht zur Durchsetzung der Privatkopieschranke existiert (*Holznagel* MMR 2003, 763, 771 ff.; dagegen zu Recht *Arlt* CR 2005, 646, 651; *Stickelbrock* GRUR 2004, 736, 741; zuvor bereits richtig *Senftleben* CR 2003, 914, 918 ff. mit Blick auf den Dreistufentest). Dies scheint uns über die Vorgaben der Info-RL hinwegzugehen und die geschichtlichen Hintergründe der §§ 53 ff. außer Acht zu lassen. Zum Verhältnis zwischen Privatkopieschranke und technischen Schutzmaßnahmen s. *Müller* GRUR 2011, 26 ff.

3 In den **USA gibt** es im DMCA eine vergleichbare und ebenfalls auf den Bestimmungen der WIPO-Verträge beruhende Regelung (dazu *Burk/Cohen* HJLT 2001, 41 und zu einem Vergleich UDS ./. EU *Foged* EIPR 2002, 525).

4 Wesentlicher Widerstand gegen die Info-RL und das UrhG Infoges kam von Verbraucherschutzverbänden mit der Begründung, die neuen technischen Schutzmechanismen könnten zu einem Ende der Informationsfreiheit führen, wenn Rechteinhaber selber bestimmen könnten, wem sie Zugang zu den mit technischen Schutzmechanismen versehenen Werkstücken gäben. Im Grunde genommen steht dahinter der Ansatz von *Lessig* mit seiner Angst vor einem „**Code as Law**" (*Lessig*, Code; dazu aus deutscher Sicht Bröcker/Czychowski/Schäfer/*Czychowski* § 1 Rn. 4 m. w. N.; vgl. Vor §§ 95a ff. Rn. 30). Die Gesetzesbegründung spricht den **Sinn und Zweck** an, wenn sie ausführt, dass die Ausgewogenheit der Schrankenbestimmungen für das digitale Umfeld in Gefahr geriete, wenn im Anwendungsbereich technischer Maßnahmen gemäß § 95a ein umfassender und weit in das Vorfeld verlagerter Schutz gewährt würde, ohne zugleich als Äquivalent ein hinreichendes Instrumentarium zur wirksamen Durchsetzung der Nutzungsmöglichkeiten für die Begünstigten von Schranken zu garantieren (RegE UrhG Infoges – BT-Drs. 15/38, S. 26 f.). Zum **verfassungsrechtlichen Spannungsfeld** zwischen verfassungsrechtlich geschützten Urheberinteressen und ebenso grundrechtlich gesicherter Sozialbindung Dreier/Schulze/*Dreier/Specht*[5] Rn. 1. Zu Recht weist er aber darauf hin, dass dieses Spannungsfeld dort nicht existiert, wo Schranken gar nicht aus der Sozialbindung, sondern aus den von ihr formulierten Marktversagen im analogen Bereich resultieren. Diese Fallgestaltungen sind in der Tat sorgsam zu trennen. Eines der prominentesten Beispiele sei hier genannt: § 53 und die viel diskutierte Privatkopieschranke kann man vor dem historischen Hintergrund ihrer Einführung sehr wohl auch nur als Regelung des Marktversagens einordnen (dazu anders aber Dreier/Schulze/*Dreier*[5] § 53 Rn. 1 mit Nachw. auch aus der Rspr.). **Verfassungsrechtliche Bedenken** gegen diese und die andere Normen der §§ 95a ff. (dazu *Schweikart* UFITA 2005 7, 16; *Holznagel/Brüggemann*, MMR 2003, 767; *Diemar* GRUR 2002, 587, 591) hat das BVerfG apodiktisch verworfen (BVerfG MMR 2005, 751).

2. Systematik, Anwendbarkeit

Die Norm hält in ihrem Abs. 1 die Schrankenbestimmungen fest, die durchsetzungsstark ausgestaltet sind, bei denen also Begünstigte Zugang erhalten können. Damit führt die Norm ein **Novum** im deutschen Recht ein, nämlich **Ansprüche von Schrankenberechtigten** in Bezug auf die Durchsetzung von Schrankenbestimmung. Bislang waren Schranken immer als Ausschluss der jeweiligen Nutzungsrechte verstanden worden (statt aller Schricker/Loewenheim/*Melichar/Stieper*[5] Vor §§ 44a ff. Rn. 34), nicht aber als zusätzlicher Anspruch auf bestimmte Handlungen des Rechteinhabers. Abs. 2 beschreibt die den Schrankenbegünstigten zur Verfügung stehenden Rechtsfolgen des Anspruches nach Abs. 1, während Abs. 3 Ausnahmen bei vertraglichen Regelungen aufstellt. Dies erklärt sich aus Art. 6 Abs. 4 Info-RL, der freiwilligen Maßnahmen der Rechteinhaber den Vorzug geben wollte. Schließlich unterstellt Abs. 4 die für die Anwendung der Norm selber eingesetzten technischen Schutzmaßnahmen dem Schutz des § 95a. Umgekehrt kann man § 95b aber **keineswegs die Pflicht entnehmen**, technische **Schutzmaßnahmen anzuwenden**, um nicht des Rechtes nach § 95a verlustig zu gehen (einem derartigen Argument hat das LG Braunschweig AfP 2006, 489, 493 – *Virtueller Videorecorder* zu Recht eine klare Absage erteilt). **5**

§ 95b kennt Grenzen hinsichtlich seiner **zeitlichen Anwendbarkeit** im Hinblick auf den Anspruch nach Abs. 2, der erst am 1.9.2004 in Kraft trat (s. Art. 6 Abs. 2 UrhG Infoges); im Übrigen ist die Norm auf Sachverhalte anwendbar, die ab dem 13.9.2003 (s. Art. 6 Abs. 1 UrhG Infoges) begonnen haben. Die Anwendbarkeit in **persönlicher** Hinsicht betrifft über den Verweis auf „technische Maßnahmen nach Maßgabe dieses Gesetzes" geschützte Werke oder andere nach diesem Gesetz geschützte Schutzgegenstände und wird sogleich bei den Tatbestandsvoraussetzungen behandelt (vgl. Rn. 8 ff.). Nach § 69a Abs. 5 gelten die Regeln der §§ 95a-95d, und damit auch der hier kommentierte § 95b, nicht für Computerprogramme; diese haben vielmehr ihre eigenen Regeln zu technischen Schutzmaßnahmen (s. § 69f und vgl. § 69a Rn. 44 ff. und die dort beschriebenen Abgrenzungsschwierigkeiten), aber keine dem § 95b vergleichbare Regel über die Durchsetzung von Schrankenbestimmungen. **6**

Die Norm ist nicht – anders als § 95a Abs. 3 – auf Vorbereitungshandlungen nach Abs. 3 anwendbar (Schricker/Loewenheim/*Götting*[5] Rn. 3; Wandtke/Bullinger/*Wandtke/Ohst*[4] Rn. 10; kritisch zur Sprache *Hugenholtz* EIPR 2000, 499, 500). **7**

II. Tatbestand

1. Gebot und Anspruch (Abs. 1)

8 Das Gebot in Abs. 1 S. 1 enthält den Anspruch – durch Art. 6 Abs. 4 Unterabs. 1 Info-RL vorgegeben – für Schrankenbegünstigte, dass der Rechteinhaber ihnen die Mittel zur Nutzung der entsprechenden Schranke im erforderlichen Maße zur Verfügung stellt. Die Gesetzesbegründung erläutert, dass Abs. 1 bewusst keine Vorgaben enthält zu Art und Weise oder Form, in der Verwender technischer Schutzmaßnahmen die Nutzung der jeweiligen Schranken zu gewähren haben; auf diese Weise soll ein weiter Gestaltungsspielraum eröffnet werden, der unterschiedlichste Lösungen zulässt (RegE UrhG Infoges – BT-Drs. 15/38, S. 27). Ausfluss dieser Vorgaben ist, dass sich die **Auslegung bewusst flexibel** an die sich wandelnden technischen Bedingungen anpassen sollte (in diese Richtung Schricker/Loewenheim/*Götting*[5] Rn. 7). In **keinem Fall** aber gewährt § 95b einen **Anspruch „auf ein Produkt"**, sondern lediglich **auf Zugang** zu seinem Inhalt. Er ist damit mit dem Gedanken der strengen Copyleft-Lizenzen im Softwarerecht vergleichbar (dazu vgl. GPL Rn. 1 ff.), die über den entsprechenden Lizenzvertrag auch sicherstellen wollen, dass der Nutzer Zugang zum Quellcode erhält.

9 **a) Anwendung technischer Maßnahmen durch Rechteinhaber:** Erste Voraussetzung der Anwendbarkeit des Anspruchs nach Abs. 1 ist, dass der Rechteinhaber technische Maßnahmen anwendet. Technische Maßnahmen sind diejenigen **nach § 95a.** Die Anwendung von Maßnahmen, die die Kriterien des § 95a nicht erfüllen, also etwa solche nach § 69f Abs. 2, berechtigen nicht zu dem Anspruch nach § 95b. Unter Anwendung ist jeglicher Einsatz zu verstehen, der zum Ziel der technischen Maßnahme führt, entweder den unberechtigten Zugang zu verhindern oder andere Ziele gem. § 95a Abs. 2 S. 2 (vgl. § 95a Rn. 10 ff.). Maßnahmen, die **andere Zwecke** verfolgen, etwa die bloße Datenkontrolle (z. B. Cookies), fallen nicht unter § 95a und lösen damit auch keinen Anspruch nach § 95b aus.

10 Inwieweit § 95b Abs. 1 nur auf § 95a Abs. 1 und nicht auf § 95a Abs. 3 Anwendung finden soll (Wandtke/Bullinger/*Wandtke/Ohst*[4] Rn. 10 m. w. N. auch zu einem diesbezüglichen Streit), erschließt sich uns nicht. Denn § 95b setzt nur die Anwendung von technischen Maßnahmen durch den Rechteinhaber voraus, berührt aber die Frage, ob die Umgehungsmaßnahmen hierzu bereits stattgefunden haben (§ 95a Abs. 1) oder erst im Vorbereitungsstadium stecken (§ 95a Abs. 3), gar nicht.

11 **b) Begünstigte:** Die in Abs. 2 enumerativ aufgezählten Begünstigten sind abschließend. Es handelt sich hierbei um die Betroffenen folgender Schrankenbestimmungen, zu deren Anwendbarkeit und sonstigen Voraussetzungen auf die dortige Kommentierung verwiesen wird:
- § 45 (Rechtspflege und öffentliche Sicherheit),
- § 45a (Behinderte Menschen),
- § 47 (Schulfunksendungen),
- § 60a (Unterricht und Lehre),
- § 60b (Unterrichts- und Lehrmedien),
- § 60c (Wissenschaftliche Forschung),
- § 60d (Text und Data Mining),
- § 60e (Bibliotheken), allerdings nur Abs. 1, 2, 3 und 5,
- § 60f (Archive, Museen und Bildungseinrichtungen).

Bei § 53 (**Vervielfältigungen zum privaten und sonstigen eigenen Gebrauch**) gilt es einige Besonderheiten zu beachten: Die allgemeine Schranke der sog. Privatkopie (§ 53 Abs. 1) ist nur von dem Anspruch des § 95b erfasst, soweit es sich um Vervielfältigungen auf Papier oder einen ähnlichen Träger mittels beliebiger photomechanischer Verfahren oder anderer Verfahren mit ähnlicher Wirkung handelt. Das bedeutet, dass insb. die digitale Privatkopie nicht durchsetzungsstark gefasst ist. Hierbei handelt es sich um eine Reminiszenz an den eigentlichen Streit, ob die digitale Privatkopie nicht vollständig aus § 53 herausgenommen werden sollte; ein Streit, der mit dem oben behandelten Kompromiss (vgl. § 53 Rn. 3) im Vermittlungsausschuss sein Ende fand (dazu *Czychowski/Jan Bernd Nordemann* NJW 2004, 1222; *Czychowski* NJW 2003, 2409, 2411; zum 2. Korb vgl. Rn. 2). Zwar wollen Einzelne aufgrund der oben dargestellten **verfassungsrechtlichen Bedenken** (vgl. Rn. 4) die Privatkopieschranke auch im digitalen Umfeld durchsetzungsstark sehen (*Holznagel/Brüggemann* MMR 2003, 767); dies wird jedoch zu Recht mit Blick auf den klaren Wortlaut abgelehnt (Dreier/Schulze/*Dreier/Specht*[5] Rn. 12 unter Verweis auf LG München I v. 4.2.2004 – unveröffentlicht – *DVD-Kopierprogramm Movie Jack*). Ein solches Ergebnis stünde auch diametral gegen die Entstehungsgeschichte, während derer dies ja gerade diskutiert wurde. Unter ähnlichen Trägern i. S. dieses Abs. sind andere analoge Träger zu verstehen, also z. B. Folien, auf denen man gelegentlich Kopien für Vorträge anfertigt. Darüber hinaus sind nur folgende Absätze des § 53 anwendbar: Abs. 2 S. 1 Nr. 2 in Verbindung mit S. 2 Nr. 1 nimmt die Vervielfältigung für bestimmte Archivzwecke auf, aber nur, wenn die zusätzlichen Voraussetzungen des S. 2 Nr. 1, also insb. Vervielfältigung auf Papier vorliegen; schließlich sind zu nennen Abs. 2 S. 1 Nr. 3 (eigene Unterrichtung über Tagesfragen) und 4 (sonstiger eigener Gebrauch) jeweils in Verbindung mit S. 2 Nr. 1'. Der ehemals enthaltene § 53 Abs. 2 S. 1 Nr. 1 (Vervielfältigung zum eigenen wissenschaftlichen Gebrauch) ist in den neugeregelten §§ 60a ff. aufgegangen. Schließlich ist noch § 55 (**Vervielfältigung durch Sendeunternehmen**) zu nennen.

Durchsetzbar sind diese Schranken nicht nur im Fall **urheberrechtlich geschützter Werke**, sondern auch **verwandter Schutzrechte**. Dies kann man zwanglos aus den entsprechenden Verweisungen in den verwandten Schutzrechten auf die Schranken entnehmen, z. B. § 85 Abs. 4 (so auch Schricker/Loewenheim/*Götting*[5] Rn. 17). Allerdings weisen sowohl *Peukert* als auch *Götting* zu Recht darauf hin, dass das Gesetz in Bezug auf Datenbanken eine Lücke enthält: Art. 6 Abs. 4 Unterabs. 5 wendet die § 95b vergleichbare Regelung auch auf die Datenbank-RL an; auch wenn § 87c nicht in § 95b erwähnt wird, müssen die Datenbank-Schranken dennoch auch als durchsetzungsstark verstanden werden, will man nicht in Kollision mit der Richtlinie geraten (Loewenheim/*Peukert*[2] § 36 Rn. 11; Schricker/Loewenheim/*Götting*[5] Rn. 17). **12**

c) Rechtmäßiger Zugang zu dem Werk oder Schutzgegenstand: Voraussetzung für den Anspruch nach § 95b ist, dass der Begünstigte rechtmäßigen Zugang zu dem Werk oder Schutzgegenstand hat. Statt „Werk" muss man natürlich „Vervielfältigungsstück des Werkes" lesen, da es nicht etwa erforderlich ist, Zugang zum Original zu haben. Damit wird zum ersten Mal im Urheberrechtsgesetz der Begriff des Zugangs eingeführt, ein Begriff, der in der Wissensverkehrsgesellschaft zunehmend Bedeutung gewinnen wird (dazu Bröcker/Czychowski/Schäfer/*Czychowski* § 1 Rn. 6 und § 13 Rn. 78 ff.; dazu im 2. Korb *Czychowski* GRUR 2008, 586 ff.). Man könnte zur **Definition** dieses Zugangs an eine Parallele zu der bestimmungsgemäßen Benutzung in § 69d Abs. 1 (vgl. § 69d Rn. 10 ff.) denken. Auch dieser Begriff wird von den tatsächlichen Gegebenheiten beim Erwerb eines Computerprogramms bestimmt und entzieht sich in gewissem Umfang der vertraglichen Definition. Dementsprechend verstehen wir Zugang **weiter als Besitz,** da der Begriff **nur** die **Zugriffsmöglichkeit** voraussetzt. Diese muss jedoch rechtmäßig sein, sich also vom Rechteinhaber ableiten. **Nicht** hingegen gewährt § 95b dem Begünstigten ein **Recht, dass ihm ein Vervielfältigungsstück erst zur Verfügung gestellt wird** (Loewenheim/*Peukert*[2] § 36 Rn. 9; Schricker/Loewenheim/*Götting*[5] Rn. 3). **13**

14 **d) Unwirksamkeit von Vereinbarungen zum Ausschluss der Verpflichtungen nach S. 1:** Jegliche vertraglichen Umgehungsversuche, auch und gerade in AGB, sind nach § 95b Abs. 1 S. 2 unwirksam. Die Norm ist also zwingendes Recht und entzieht der vertraglichen Disposition auch einzelne Teile, wie z. B. den eben behandelten Zugangsbegriff. Damit ist auch jegliche Disposition über den Umfang der Schranken unmöglich gemacht. Ob eine solche Disposition ohnehin den §§ 44a ff. widersprechen würde (so Wandtke/Bullinger/*Wandtke/Ohst*[4] Rn. 36) oder je nach Grundrechtsrelevanz bei jeder Schranke einzeln geklärt werden muss (so Schricker/Loewenheim/*Götting*[5] Rn. 20), bedarf angesichts der klaren Vorgaben jedenfalls in dieser Norm hier keiner Klärung.

2. Anspruchsumfang

15 Die Rechteinhaber haben dem Begünstigten die notwendigen Mittel zur Verfügung zu stellen, um von den in § 95b Abs. 1 genannten Schrankenbestimmungen in dem erforderlichen Maße Gebrauch machen zu können. Die eng am Richtlinientext orientierte abstrakte Beschreibung des Umfanges der zu gewährenden Mittel hält deren Bestimmung vor dem Hintergrund eines sich wandelnden (technischen) Umfeldes flexibel (RegE UrhG Infoges – BT-Drs. 15/38, S. 27). Das bedeutet gleichzeitig einen weiten Gestaltungsspielraum (Dreier/Schulze/*Dreier/Specht*[5] Rn. 10).

16 **a) Notwendige Mittel:** Notwendig ist ein Mittel immer dann, wenn ohne das Mittel der Schrankenbegünstigte die technische Maßnahme nicht überwinden kann. Das Gesetz beschränkt den Anspruch also auf das, was unbedingt erforderlich ist. Ob dem Rechteinhaber verwehrt ist, für die Zurverfügungstellung der Mittel eine **Aufwandsentschädigung** im Sinne eines Kostenersatzes zu verlangen (so Wandtke/Bullinger/*Wandtke/Ohst*[4] Rn. 15; Loewenheim/*Peukert*[2] § 36 Rn. 16) erscheint fraglich.

17 **b) Zur Verfügung zu stellen:** Die Rechteinhaber haben den Begünstigten die Mittel so an die Hand zu geben, dass diese die technische Maßnahme überwinden können. Dazu scheint es nicht zwingend erforderlich, den Begünstigten Besitz der Mittel zu verschaffen. Ein Bereitstellen z. B. von Softwaretools im Wege des Application Service Providing (vgl. § 69c Rn. 74 ff.) dürfte ausreichen.

18 **c) Um von diesen Bestimmungen in dem erforderlichen Maße Gebrauch machen zu können:** Schließlich wird der Anspruch dadurch begrenzt, dass die Mittel nur dazu ausreichen müssen, die Schranke in dem Maß in Anspruch zu nehmen, das durch den Tatbestand der Schranke und die Einschränkungen in § 95b Abs. 1 (dazu oben vgl. Rn. 8) vorgegeben ist. Darüber hinausgehende Nutzungshandlungen sind von § 95b nicht gedeckt. Allerdings soll die Formulierung nach der Gesetzesbegründung zugleich ausschließen, dass die Nutzungsmöglichkeit im Rahmen einer Schrankenbegünstigung auf ein Verfahren beschränkt wird, das nicht mehr oder noch nicht allgemein üblich ist; außerdem schließt die gewählte Formulierung aus, dass die Nutzungsmöglichkeit von Voraussetzungen abhängig gemacht wird, die nur mit mehr als unerheblichem zusätzlichem Aufwand verfügbar sind – wie etwa der Einsatz eines speziellen Betriebssystems (RegE UrhG Infoges – BT-Drs. 15/38, S. 27).

19 **d) Beispiele:** Bereits die Gesetzesbegründung nennt einige Beispiele (RegE UrhG Infoges – BT-Drs. 15/38, S. 27): Denkbar ist danach etwa, den Schrankenbegünstigten **Schlüsselinformationen** zum ein- oder mehrmaligen Überwinden der technischen Maßnahmen zu überlassen. Ferner könnten **Verbänden** von Schrankenbegünstigten **Vervielfältigungsmöglichkeiten zur eigenständigen Verteilung** an einzelne Berechtigte überlassen werden. Berechtigten könnte aber auch die Möglichkeit geboten werden, auf völlig unabhängigem Wege – etwa über einen Internetabruf – weitere Vervielfältigungsstücke (oder auch nur die notwendigen Mittel vgl. Rn. 16) in der jeweils benötigten Form zu erhalten.

3. Ausnahme bei Vereinbarung (Abs. 2 S. 2)

Abs. 2 S. 2 schließt den Anspruch aus, wenn Rechteinhaber die notwendigen **20** technischen Mittel unter einer Vereinbarung zur Verfügung stellen. Dies ist zwar nicht als anspruchshindernde Einwendung ausgestaltet, sondern als Vermutung (vgl. Rn. 31); faktisch wird es sich jedoch angesichts der praktischen Schwierigkeit des Gegenbeweises wie ein Anspruchsausschluss auswirken.

Derartige **Vereinbarungen** sind bislang mit einer Ausnahme aber **nicht bekannt** **21** geworden. Dies ist eine Vereinbarung zwischen der Deutschen Bibliothek und dem Bundesverband der Phonografischen Wirtschaft sowie dem Börsenverein des Deutschen Buchhandels (abrufbar auf http://www.dnb.de/DE/Wir/Recht/VereinbarungUeberDieVervielfaeltigungKopiergeschuetzterWerke.html;   abgerufen am 3.3.2017).

4. Rechtsfolgen bei Verstoß/(Individueller) Anspruch (Abs. 2 S. 1)

Abs. 2 S. 1 statuiert einen **individuellen Anspruch** der Begünstigten nach Abs. 1. **22** Hierbei handelt es sich zweifelsfrei um eine Urhebersache i. S. d. §§ 104 f. (Schricker/Loewenheim/*Götting*[5] Rn. 30). Einher damit geht eine Änderung des **Unterlassungsklagengesetzes**, nach dessen neuem § 2a nun ein Verstoß gegen § 95b Abs. 1 unter den dortigen Voraussetzungen auch mit Unterlassungsklagen der dort Klagebefugten verfolgt werden kann. Zu Recht weist *Götting* darauf hin, dass dieses Verbandsklagerecht eine über den Einzelfall hinausgehende Wirkung verspricht (Schricker/Loewenheim/*Götting*[5] Rn. 21). Zur zeitlichen Anwendung dieses Anspruchs vgl. Rn. 6. Die in § 3 UKlaG genannten anderen Klagebefugten (qualifizierte Einrichtungen, bestimmte Verbände, IHKs) sollen nach der Beschlussempfehlung des Rechtsausschusses des Bundestages nicht klagebefugt sein. Dies wird kritisiert (Dreier/Schulze/*Dreier/Specht*[5] Rn. 6). Ob man § 2a UKlaG in der Praxis wirklich so verstehen würde, dass nur ein Anspruch auf Unterlassung des Einsatzes solcher technischen Maßnahmen dem § 95b widersprechen, gewährt würde (so *Metzger/Kreutzer* MMR 2002, 139, 141), erscheint zweifelhaft. Umgehen kann man diese Problematik in der Tat dadurch, dass man ausnahmsweise aus § 2a UKlaG einen Anspruch auf ein positives Tun entnimmt (zurückhaltend Loewenheim/*Peukert*[2] § 36 Rn. 23; Schricker/Loewenheim/*Götting*[5] Rn. 32).

Ein **Selbsthilferecht** des Begünstigten schließt die Gesetzesbegründung ausdrücklich aus (RegE UrhG Infoges – BT-Drs. 15/38, S. 27). Ein vermeintliches **23** „Right to hack" stellt auch nicht etwa einen Rechtfertigungsgrund dar (BVerfG MMR 2005, 751, 752; Schricker/Loewenheim/*Götting*[5] Rn. 2, 10; Wandtke/Bullinger/*Wandtke/Ohst*[4] Rn. 16; *Spindler* GRUR 2002, 105, 117; *Reinbothe* GRUR Int. 2001, 733, 742 (jedenfalls mit der Feststellung, dass der Staat nicht verpflichtet ist, eine Kopie zu gewährleisten); *Ernst* CR 2004, 39, 41 f.).

Zum **Umfang** des Anspruchs (Mittel zur Verfügung stellen) kann auf die obigen **24** Ausführungen zum Umfang des Gebots nach Abs. 1 verwiesen werden (vgl. Rn. 11 ff.). Die **praktische Durchsetzung** dürfte im Wege der Leistungsklage erfolgen. Entsprechend der üblichen Rechtsprechung zu Leistungsverfügungen (statt aller Zöller/*Vollkommer*[31] § 940 Rn. 6 ff.) ist bei Erfüllung der strengen Anforderungen des Prozessrechts auch eine Durchsetzung im **Einstweiligen Verfügungsverfahren** denkbar. Doch dürften selten die notwendigen Szenarien einer Existenzbedrohung darlegbar sein (daher wohl ein wenig zu offen Schricker/Loewenheim/*Götting*[5] Rn. 30).

Das Instrumentarium zur wirksamen Durchsetzung wird schließlich vervollständigt durch die als **Ordnungswidrigkeit** ausgestaltete Pönalisierung in **25** § 111a Abs. 1 Nr. 2, Abs. 2 und 3 (s. § 111a).

5. Ausschluss bei bestimmter Online-Nutzung

26 Abs. 3 setzt Art. 6 Abs. 4 Unterabs. 4 Info-RL um. Soweit Werke oder andere Schutzgegenstände mit technischen Maßnahmen versehen sind und diese **öffentlich zugänglich** gemacht werden, **greift § 95b nicht.** Mit Zugänglichmachen ist der Bereich des § 19a umfasst, sodass auf die dortigen Ausführungen verwiesen werden kann. Damit ist der Bereich des interaktiven Zurverfügungstellens auf der Grundlage vertraglicher Vereinbarung im Internet von der Regelung ausgenommen. Die Gesetzesbegründung weist zu Recht darauf hin, dass durch die Formulierung „soweit" klargestellt wird, dass sich diese Sonderregelung dabei allein auf die technischen Maßnahmen erstreckt, die konkret im Rahmen des interaktiven Zurverfügungstellens auf der Grundlage vertraglicher Vereinbarung angewandt werden (RegE UrhG Infoges – BT-Drs. 15/38, S. 27). Die Tatsache, dass ein Werk neben anderen Vertriebsformen zusätzlich auch in Form eines interaktiven Angebots auf vertraglicher Basis angeboten wird, bedeutet hingegen nicht, dass die Durchsetzungsmöglichkeiten nach den Absätzen 2 und dem Unterlassungsklagengesetz auch im Bereich der anderen Vertriebsformen eingeschränkt werden (RegE UrhG Infoges – BT-Drs. 15/38, S. 27).

27 Abs. 3 schützt die besonders **verletzliche,** aber auch sehr individuell ausgestaltbare **Situation des konkreten Zugänglichmachens,** also z. B. den **Downloadvorgang** einer Textdatei aus einem Zeitschriftenarchiv im Internet. Dieser Vorgang ist § 95b entzogen. Dies gilt allerdings nicht für das „Produkt" dieses Vorgangs. Wenn ein Nutzer nun also eine digitale, mit Schutzmaßnahmen versehene, Kopie in den Händen hält, ist auf diese § 95b ohne weiteres anwendbar (so wohl auch Wandtke/Bullinger/*Wandtke*/*Ohst*[4] Rn. 45; a. A. offenbar Loewenheim/*Peukert*[2] § 36 Rn. 6; *Spindler* GRUR 2002, 105, 119).

28 Zu Recht weisen *Dreier/Specht* darauf hin, dass einige Schranken nicht durchsetzungsstark gestaltet wurden, obwohl die entsprechenden Schranken überwiegenden Allgemeininteressen zur Durchsetzung verhelfen wollen und nicht lediglich ein Marktversagen regeln (Dreier/Schulze/*Dreier*/*Specht*[5] Rn. 17; relativierend: Schricker/Loewenheim/*Götting*[5] Rn. 26); gewissermaßen haben wir nun also doch **„ein wenig Code as Law"** (vgl. Vor §§ 95a ff. Rn. 30).

6. Erstreckung des Schutzes nach § 95a (Abs. 4)

29 Unabhängig von der Einschränkung des Abs. 3 gewährt Abs. 4 in Umsetzung von Art. 6 Abs. 4 Unterabs. 3 Info-RL ausdrücklich den Rechtsschutz nach § 95a auch für freiwillig oder aufgrund einer Inanspruchnahme angewandte technische Maßnahmen. Damit sichert der Gesetzgeber die Rechteinhaber vor Ausforschung ihrer technischen Schutzmaßnahmen unter dem „Mäntelchen" der Schrankenbegünstigten.

III. Vertragliches/AGB-Recht

30 Abs. 1 S. 2 stellt klar, dass jegliche vertragliche Disposition über Umfang oder Voraussetzungen des § 95b unzulässig sind (vgl. Rn. 14).

IV. Prozessuales

31 Prozessuale Besonderheiten sind oben ausgeführt; vgl. Rn. 20. § 95b Abs. 2 S. 2 enthält eine gesetzliche (widerlegbare) **Vermutung** (Schricker/Loewenheim/*Götting*[5] Rn. 23; Wandtke/Bullinger/*Wandtke*/*Ohst*[4] Rn. 42: Beweislastumkehr), die es zu beachten gilt. Dies soll den Anreiz für freiwillige Vereinbarungen erhöhen (Wandtke/Bullinger/*Wandtke*/*Ohst*[4] Rn. 42). Danach muss derjenige, der sich auf § 95b berufen will, im Anwendungsbereich einer freiwilligen

Vereinbarung darlegen und beweisen, dass die unter dieser Vereinbarung zur Verfügung gestellten Mittel nicht ausreichen. Den Anwendungsbereich einer freiwilligen Vereinbarung muss allerdings der Rechteinhaber darlegen und beweisen.

V. Verhältnis zu anderen Vorschriften

Einen § 95b vergleichbaren Anspruch kennt das deutsche Recht (bislang) soweit ersichtlich nicht. Ein Verstoß gegen § 95b könnte allerdings als Verstoß gegen § 4 Ziff. 11 UWG geahndet werden, natürlich nur unter den allgemeinen Voraussetzungen des UWG (zum Verhältnis der §§ 95a ff. zum UWG vgl. Vor §§ 95a ff. Rn. 36). *Götting* ist zu Recht der Ansicht, dass es sich bei § 95b um eine nach der neueren Rechtsprechung des BGH wettbewerbsbezogene Norm handelt (Schricker/Loewenheim/*Götting*[5] Rn. 33), wenn uns auch die Argumentation, dass § 95b die Informationsfreiheit schützt, nicht überzeugt (zum Verhältnis zur Informationsfreiheit vgl. Vor §§ 87a ff. 36 ff.). Vielmehr dürfte § 95b dem überragend wichtigen Gemeinschaftsgut, dass gerade kein „Code as Law" entsteht (vgl. Rn. 4), dienen. Zum Verhältnis zur Privatkopieschranke (§ 53) dort vgl. § 53 Rn. 3.

32

§ 95c Schutz der zur Rechtewahrnehmung erforderlichen Informationen

(1) Von Rechtsinhabern stammende Informationen für die Rechtewahrnehmung dürfen nicht entfernt oder verändert werden, wenn irgendeine der betreffenden Informationen an einem Vervielfältigungsstück eines Werkes oder eines sonstigen Schutzgegenstandes angebracht ist oder im Zusammenhang mit der öffentlichen Wiedergabe eines solchen Werks oder Schutzgegenstandes erscheint und wenn die Entfernung oder Veränderung wissentlich unbefugt erfolgt und dem Handelnden bekannt ist oder den Umständen nach bekannt sein muss, dass er dadurch die Verletzung von Urheberrechten oder verwandter Schutzrechte veranlasst, ermöglicht, erleichtert oder verschleiert.

(2) Informationen für die Rechtewahrnehmung im Sinne dieses Gesetzes sind elektronische Informationen, die Werke oder andere Schutzgegenstände, den Urheber oder jeden anderen Rechtsinhaber identifizieren, Informationen über die Modalitäten und Bedingungen für die Nutzung der Werke oder Schutzgegenstände sowie die Zahlen und Codes, durch die derartige Informationen ausgedrückt werden.

(3) Werke oder sonstige Schutzgegenstände, bei denen Informationen für die Rechtewahrnehmung unbefugt entfernt oder geändert wurden, dürfen nicht wissentlich unbefugt verbreitet, zur Verbreitung eingeführt, gesendet, öffentlich wiedergegeben oder öffentlich zugänglich gemacht werden, wenn dem Handelnden bekannt ist oder den Umständen nach bekannt sein muss, dass er dadurch die Verletzung von Urheberrechten oder verwandter Schutzrechte veranlasst, ermöglicht, erleichtert oder verschleiert.

Übersicht

I.   Entwicklungsgeschichte, Zusammenhang, Sinn und Zweck

1   Zur Historie vgl. Vor §§ 95a ff. Rn. 4 ff. Die Vorschrift ist mit dem Gesetz zur Regelung des Urheberrechts in der Informationsgesellschaft in das Gesetz aufgenommen worden; sie dient der Umsetzung der entsprechenden Verpflichtungen aus den WIPO-Verträgen von 1996 und der Info-RL und will **elektronische Lizenzierungssysteme** umfassend schützen.

2   Bereits das **Grünbuch der EU-Kommission** über Urheberrecht und verwandte Schutzrechte in der Informationsgesellschaft (KOM (88) 172 endg., 118 ff. und 139 ff.) diskutierte verschiedene sog. **Copyright Managementsysteme** (im Folgenden: elektronische Lizenzierungssysteme). Dies griff die Literatur auf (*Moeschel/Bechthold* MMR 1998, 571 ff.; *Wand* GRUR Int. 1996, 897 ff.). Eines der ersten Projekte war das sog. **CETID**-Projekt der EU-Kommission, das im Rahmen der **ESPRIT**-Förderung durchgeführt wurde und das zusammen mit der International Standardization Organization (ISO) und der WIPO eine umfassende Studie über die technischen und rechtlichen Erfordernisse eines derartigen elektronischen Lizenzierungssystems zusammenstellte (*Briem* MMR 1999, 256, 260 m. w. N.). Hieraus ergaben sich weitere Projekte, die erste Anwendungsmöglichkeiten derartiger Systeme untersuchten: **Copycat** (Copyright Ownership Protection in Computerassistent Training), **Copysmart** und **Talismann** (Tracing Authorrights by Labeling Imagservices and Monitoring Access Network) sowie **Copearms** (Coordinating Project for Electronic Authors' rights Management Systems). Auf der Basis dieser Vorarbeiten startete die EU-Kommission, wiederum im Rahmen der ESPRIT-Förderung im November 1995 das IMPRIMATUR-Projekt (Intellectual Multimedia Property Rights Model and Terminology for Universal Reference). Bei diesem Projekt handelte es sich wohl um das international bisher am breitesten angelegte Forschungsvorhaben, das zudem die verschiedenen Interessenseiten (Urheber, Verwerter, Verwertungsgesellschaften) berücksichtigte. Auf der Basis der Ergebnisse dieses Projektes, das ein Modell für ein elektronisches Lizenzierungssystem, das sogenannte IMPRIMATUR BUSINESS MODELL, ausgearbeitete hatte, laufen mittlerweile mehrere Versuchsprojekte (hierzu *Briem* MMR 1999, 256, 261; *Bechtold* S. 20 f. m. w. N. zu den Projekten, die abrufbar sind z. B. unter http://www.alinari.it/en/progetti-europei.asp, zuletzt abgerufen am 3.3.2017). Immer noch befinden wir uns in einer zweiten Phase derartiger DRM-Projekte, ohne dass diese neuen Schutzarchitekturen, wie sie *Bechtold* bezeichnet, hier alle aufgeführt werden könnten (*Bechtold* S. 122 ff.). Die Kommission hat einen lesenswerten Zwischenbericht gegeben, der in seinem Annex II auch etliche DRM-Projekte benennt (Commission Staff Working Paper on Digital Rights vom 14.2.2002, SEC (2002) 197). Auch die WIPO hat sich umfassend mit den aktuellen Entwicklungen beschäftigt (WIPO Standing Committee on Copyright and Related Rights, 10th Session com 3.–5.11.2003, Current Developments in the Field of Digital Rights Management, WIPO-Dok. SCCR/10/2; abrufbar auf http://www.wipo.int/edocs/mdocs/copyright/en/sccr_10/sccr_10_2_rev.pdf, zuletzt abgerufen am 3.3.2017). Wie bereits an anderer Stelle dargestellt (vgl. Vor §§ 95a ff. Rn. 22 f.), ist Sinn und Zweck dieser elektronischen Lizenzierungssysteme, den Vorgang der Lizenzierung im digitalen Umfeld technisch zu ermöglichen (überblicksartig *Arlt* GRUR 2004, 548). Diese sind daher natürlich auch technischen Angriffen ausgesetzt, sodass sie schutzbedürftig sind (Dreier/Schulze/*Dreier/Specht*[5] Rn. 1). Man könnte daher bei § 95c und den in diesem Zusammenhang eingesetzten Systemen auch von einem **technischen Urhebervertragsrecht** reden. Daneben dient § 95c aber auch der Verfolgung von Verletzungen (Schricker/Loewenheim/*Götting*[5] Rn. 2), denn nur wenn der Rechteinhaber nachvollziehen kann, dass ein Nutzungsvorgang unter Bruch eines elektronischen Lizenzierungssystems durchgeführt wurde, kann er seine Rechte verfolgen.

In den **USA gibt es** im DMCA eine vergleichbare und ebenfalls auf den Bestimmungen der WIPO-Verträge beruhende Regelung (*Gray/DeVries* The Computer & Internet Lawyer 4/2003, 20; vergleichend USA ./. EU: *Fallenböck/Weitzer* CRi 2003, 40). Die wesentliche Bestimmung findet sich in sec. 1202 (a, b) des DMCA.   **3**

II. Systematik, Anwendbarkeit

Das **Funktionieren** elektronischer Lizenzierungssysteme – aber auch die Integrität des Urheberrechts im digitalen Kontext allgemein – setzt i. d. R. **technische Schutzmaßnahmen** nach § 95a voraus. Aber auch elektronische Lizenzierungssysteme selbst müssen vor Umgehung geschützt werden. Dem dienen die Verbote derartiger Umgehung aus Art. 11, 12 WCT, Art. 6 Info-RL und flankierender, bereits existierender strafrechtlicher Schutz (z. B. § 202a StGB).   **4**

§ 95c kennt keine Grenzen hinsichtlich seiner **zeitlichen Anwendbarkeit**, ist aber erst auf Sachverhalte anwendbar, die ab dem 13. September 2003 (Art. 6 Abs. 1 des Gesetzes zur Regelung des Urheberrechts in der Informationsgesellschaft) begonnen haben. Die **Anwendbarkeit** in **sachlicher Hinsicht** betrifft geschützte Werke oder andere nach diesem Gesetz geschützte Schutzgegenstände und wird unten bei den Tatbestandsvoraussetzungen behandelt (vgl. Rn. 19 ff.). Zu den Fragen des Anwendungsbereiches der Kennzeichnungspflicht aus § 95d vgl. § 95d Rn. 6. Ebenso wie bei § 95a (vgl. § 95a Rn. 7) stellt die Abgrenzung der Anwendbarkeit zu § 69f und der Anwendung von elektronischen Lizenzierungssysteme bei Computerprogrammen ein Problem dar. Auch wenn eine parallele Vorschrift zu § 95c bei den §§ 69a ff. nicht existiert, wird man auch bei § 95c nach dem **maßgeblichen Teil des Produktes (Schwerpunkt)** entscheiden (zu Details vgl. § 95a Rn. 7). Zum persönlichen Anwendungsbereich schweigt das Gesetz. Es formuliert wie bei § 95a passiv („[...] dürfen nicht verändert werden [...]"). Man wird dies aber wohl dahingehend auszulegen haben, dass § 95c für alle die Rechteinhaber anwendbar ist, die sich eines elektronischen Lizenzierungssystems bedienen, auch wenn die Formulierung „Von Rechtsinhabern stammende [...]" weitergehend klingt. (Details zu Fragen der Aktivlegitimation vgl. Rn. 28).   **5**

III. Informationen für die Rechtewahrnehmung – Definition (Abs. 2)

Ebenso wie bei § 95a wollen wir den Kern der Norm, nämlich die Legaldefinition der Informationen für die Rechtewahrnehmung aus Abs. 2 vorab behandeln, allerdings zunächst einen Blick auf derartige Systeme im Allgemeinen werfen: **6**

1. Überblick

7 Elektronische Lizenzierungssysteme basieren auf einem **mehrstufigen System**, das wohl auch für zukünftige derartige elektronische Lizenzierungssysteme Gültigkeit behalten wird (zum Nachfolgenden *Bröcker/Czychowski/Schäfer/ Czychowski* § 13 Rn. 250 ff.):

8 Zunächst muss das über derartige elektronische Lizenzierungssysteme „gehandelte" urheberrechtlich **geschützte Werk eindeutig identifizierbar sein.** Hierzu dient der Ausbau international einheitlicher Identifizierungssysteme des Inhalts, der zu Beginn derartiger Projekte steht. Uns allen ist die ISBN-Nummer von Büchern oder die ISSN-Nummer von Zeitschriften bekannt. Diese Systeme sind bei der International Organization for Standardization (ISO) koordiniert. Mittlerweile gibt es aber auch bereits eine eindeutige Identifizierung für Aufnahmen auf Tonträgern, den sogenannten International Standard Recording Code (ISRC). Weitere Systeme sind in Vorbereitung. Zusätzlich zu dieser einheitlichen Identifizierungsnummer ist es notwendig, das Werk mit der Angabe des Ortes, an dem das Werk im Internet auffindbar ist, zu verbinden. Diesem Ziel dient z. B. der Digital Object Identifier (DOI), der von der International DOI Foundation in Genf (http://www.doi.org) vergeben wird. Das auf diesem DOI basierende System enthält drei Elemente: Die einheitliche Identifizierungsnummer, das Routing-System sowie eine Datenbank. Die DOI-Nummer selbst enthält wiederum zwei Elemente: Ein Präfix und ein Suffix. Das Präfix wird dem jeweiligen Verwerter vom Directoring Manager zugeteilt; das Suffix identifiziert den Inhalt und enthält die eben beschriebene einheitliche Nummerierung auf der Basis der ISBN oder anderer internationaler einheitlicher Nummerierungssysteme (zu einem Beispiel einer derartigen DOI wiederum *Briem* MMR 1999, 256, 257). Ganz wesentlich für das Funktionieren dieses ersten Schrittes eines elektronischen Lizenzierungssystems ist, dass das DOI mit einem Routing-System verbunden ist, um das Werk, das an wechselnden Orten im Internet vorhanden sein kann, aufzufinden. Weitere System werden entwickelt, ohne dass sich eines bislang durchgesetzt hätte (zu den Systemen *Bechthold* S. 34 ff.).

9 Ist der Gegenstand eineindeutig identifiziert, muss eine **Technik** eingeführt werden, die **sicherstellt,** dass die eben beschriebenen eineindeutigen **Identifikationssysteme** für Werke, aber auch weitergehende Informationen über das Werk mit demselben **verbunden werden.** Dem dient eine Identifizierung der Nutzungsbedingungen und der Nutzer (zu technischen Details *Bechthold* S. 46 ff.). Zu Recht wird darauf hingewiesen, dass eine derartige Kennzeichnung – wie auch beim DOI – im Idealfall weder durch Filter erkannt, noch durch eine Datenkompression verändert werden kann, sondern zu einem integralen Bestandteil des digitalen Objekts wird (*Briem* MMR 1999, 256, 258).

10 Dritte Stufe eines solchen Lizenzierungssystems ist ein **Schutz der Werke** oder der geschützten Leistungen **selbst** (Zu Verschlüsselungsverfahren allgemein *Bröcker/Czychowski/Schäfer/Czychowski* § 1 Rn. 35 ff.; in diesem Zusammenhang *Bechthold* S. 75 ff.). An dieser Stelle zeigt sich die Verknüpfung von § 95c mit § 95a, denn dieser Schutz kann selber eine technische Schutzmaßnahme nach § 95a darstellen. Welche Art der Sicherung sich schlussendlich durchsetzt und ob es überhaupt eine allgemein sinnvolle geben wird, bleibt abzuwarten. Jedenfalls dürfte auch z. B. eine asymmetrische Verschlüsselung über einen anerkannten Algorithmus als eine „wirksame technologische Maßnahme" gelten.

11 Schließlich bedarf jedes elektronische Lizenzierungssystem einer zentralen Datenbank, die gewissermaßen das Kernstück dieses Systems darstellt. Die Datenbank enthält nicht nur die Informationen über Werke, sondern auch über Rechteinhaber und – vor allem – über die Bedingungen der Urheberrechtsverträge. Es gibt auch für diesen Bereich der elektronischen Lizenzierung verschiedene Projekte, ohne dass eines sich bislang wirklich durchgesetzt hätte (*Briem* MMR 1999, 256, 259 f.). Im engen Zusammenhang mit der Datenbank ist natürlich die schlussendliche Nutzung der Werke über einen Provider zu sehen, der sich auf der Basis des einheitlichen Nummerierungssystems und der digital gekennzeichneten Werke, die ggf. verschlüsselt sind, die notwendigen Informationen aus der Datenbank herauszieht, um sie dem Nutzer im Wege eines primären Urheberrechtsvertrages anzubieten. Daher kann man § 95c auch als Regelung eines **technischen Urhebervertragsrechts** begreifen.

2. Elektronische Informationen

Erfasst werden nur *elektronische* Lizenzierungssysteme, **nicht also analoge**. Damit könnte man die entsprechende Bestimmung – wie oben dargestellt – als digitales oder **technisches Urhebervertragsrecht** bezeichnen. Geschützt sind allerdings nur die elektronischen Informationen, nicht etwa das gesamte elektronische Lizenzierungssystem. Ob daraus folgt, dass z. B. ein Eintrag in der oben (vgl. Rn. 12) beschriebenen Datenbank, der nicht selbst Informationen nach § 95c enthält, frei änderbar ist (so Dreier/Schulze/*Dreier/Specht*[5] Rn. 4), erscheint uns vor dem Hintergrund des umfassenden Schutzanspruchs des § 95c (vgl. Rn. 3) fraglich.   **12**

3. Werke oder andere Schutzgegenstände betreffend

Ebenso wie in § 95a (vgl. § 95a Rn. 32) erfasst die Bestimmung nicht nur Werke, sondern auch andere nach dem Urheberrechtsgesetz geschützte Schutzgegenstände, also sämtliche Rechte aus dem zweiten Teil des Gesetzes (verwandte Schutzrechte einschließlich einfacher Datenbanken), aber auch Laufbilder. Zum sachlichen Anwendungsbereich und dessen Abgrenzungsproblemen vgl. Rn. 6. Die Informationen müssen mit den Werken oder anderen Schutzgegenständen **physisch verbunden** sein (Wandtke/Bullinger/*Wandtke/Ohst*[4] Rn. 13).   **13**

4. Zweck

Die Definition wird inhaltlich erst strukturiert durch die Zweckeinschränkung, die sie in Bezug auf elektronische Lizenzierungssysteme vornimmt: Nur solche Systeme, die entweder den Urheber oder jeden anderen Rechteinhaber identifizieren, oder solche, die Modalitäten und Bedingungen der Nutzung betreffen, sind von § 95c erfasst. Damit ist gemeint, dass ein Nutzungsvorgang abgewickelt werden muss. Damit scheiden **Systeme** aus, die **anonym** in Bezug auf den Rechteinhaber arbeiten und **freie Nutzung** gestatten. Ein System, das nur die Zugriffe auf bestimmte Textdateien protokolliert, weder aber den Urheber kennt, noch Einfluss auf die Nutzung nehmen will, dürfte aus § 95c herausfallen. Identifikation i. S. d. Norm setzt schließlich nicht voraus, dass die entsprechenden Informationen dem Nutzer (immer) sichtbar gemacht werden (hierzu vgl. Rn. 21).   **14**

5. Gleichstellung von Zahlen und Codes, durch die derartige Informationen ausgedrückt werden

Entsprechend dem letzten Hs. von Abs. 2 sind Zahlen und Codes, durch die derartige Informationen ausgedrückt werden, den sonstigen Informationen gleichgestellt.   **15**

6. Grenzen der Zulässigkeit

Es ist durchaus denkbar, dass andere Gesetze der Anwendung derartiger elektronischer Lizenzierungssysteme Grenzen setzen. Zu denken ist hierbei zu allererst an das **Datenschutzrecht** (vgl. § 95a Rn. 59). ErwG 57 Info-RL erkennt dies und statuiert ausdrücklich, dass die entsprechende Datenschutz-RL zu be-   **16** achten ist. Allerdings können elektronische Lizenzierungssysteme **Nutzungsbe-schränkungen** einführen, die z. B. über die **Grenzen des nach §§ 31 ff. Zulässigen** hinausgehen. In einem solchen Fall hilft es u. E. dem Rechteinhaber nicht, das Verbot durch zeitlich wirkende technische Sperren zu umgehen; solche können vielmehr analog der Rechtsprechung zu § 69f und Programmsperren (§ 69f) Haftungsansprüche oder gar Ansprüche nach § 826 BGB auslösen (BGH GRUR 2000, 249, 251 – *Programmsperre* verneint § 826 BGB allerdings im zu entscheidenden Fall mangels Schädigungsvorsatz; nach BGH NJW 1987, 2004 kann eine Programmsperre einen Sachmangel darstellen; anders demgegenüber BGH NJW 1981, 2684).

7. Beispiele

17 Von den eingangs erwähnten existierenden Techniken, die auf den verschiedenen Stufen eines elektronischen Lizenzierungssystems eingesetzt werden, ist noch keine von Gerichten als § 95c genügend anerkannt worden. Dennoch wird man sagen können, dass z. B. der **DOI** ein elektronisches Lizenzierungssystem ist, da er Informationen über die Urheber mit dem Werk verknüpft. Auch digitale Wasserzeichen können den Anforderungen des § 95c genügen, wenn sie etwa ein Werk bezeichnen oder den Urheber kenntlich machen. Anders als bei § 95a ist es für § 95c nicht erforderlich, dass die entsprechende Technik „wirksam" ist. Auch bei elektronischen Lizenzierungssystemen schreitet die **Standardisierung** (vgl. § 95a Rn. 29) voran. Individuell von Fotografen erstellte **Metadaten zu Fotografien**, jedenfalls sog. EXIF-Daten, unterfallen § 95c (OLG Köln MMR 2017, 251).

IV. Entfernungs- und Veränderungsverbot (Abs. 1)

18 Das Entfernungs- und Veränderungsverbot des Abs. 1 ist weitreichend, wenn auch die Gesetzesbegründung wenig hergibt und der Text sich wiederum eng am Wortlaut des Art. 7 Info-RL orientiert. Der Wortlaut des Gesetzes bemüht sich ersichtlich, allgemeine **technikneutrale Begriffe** zu verwenden. Erfasst wird jede **Entfernung oder Veränderung**. Auch diese Begriffe dürften weit auszulegen sein (für § 95a: Schricker/Loewenheim/*Götting*[5] § 95a Rn. 10; Wandtke/Bullinger/*Wandtke*/*Ohst*[4] § 95a Rn. 53), um der rasanten technischen Entwicklung stand zu halten (so auch LG Hamburg v. 22.12.2003 – 308 O 511/03 – nicht veröffentlicht zu § 95a). Denn letztlich ist der Unwertgehalt beider Vorschriften § 95a und § 95c identisch, nur die Zielrichtung eine andere: Einmal das Schutzsystem überhaupt, einmal das Rechteverwaltungssystem. In beiden Fällen geht es dem Verletzer aber darum, Werke oder andere Schutzgegenstände unbefugt zu genießen. Daher dürfte hierunter auch eine digitale Festlegung von analogen Daten (vergleichbar der sog. analogen Lücke, vgl. § 95a Rn. 38) dergestalt zu fassen sein, dass durch eine digitale Aufnahme während des Abspielens von Werken oder anderen Schutzgegenständen, die mit einem Rechteverwaltungssystem nach § 95c versehen sind, Letzteres umgangen wird und der Gegenstand z. B. in (rechteverwaltungsfreie) MP3-, OGG-, WMA-Audiodateien oder WMV- und MP4-Videos umgewandelt wird. Denn hierbei wird also eine Kopie des Schutzgegenstandes hergestellt, der von den Informationen nach § 95c gewissermaßen „befreit" ist. Damit ist aber die vom Berechtigten vorgesehene Verbindung aufgehoben, eine Entfernung vorgenommen.

1. Von Rechtsinhabern stammend

19 Die Informationen nach Abs. 2 müssen **vom Rechteinhaber stammen**. Dabei dürfte nicht erforderlich sein, dass der **Rechteinhaber selbst** sie in das elektronische Lizenzierungssystem eingegeben hat; er kann sich hierbei durchaus **dritter Dienstleister** bedienen. Die Informationen müssen nur auf ihn, als denjenigen, der mit dem Urheber die primären Urheberrechtsverträge geschlossen hat, **zu-**

rückzuführen sein. Mit diesem Kriterium sollen wohl solche Vertriebsinformationen ausgeschlossen werden, die von Unternehmen angebracht werden, die beim Vertrieb der Werke/Werkstücke eingeschaltet werden; denkbar wären z. B. Hinweise über den Vertriebsweg.

2. Platzierung der Information

Auch die Platzierung der Information gibt der Gesetzgeber vor: Um in den Schutzbereich des § 95c zu gelangen, muss die entsprechende Rechteinformation **entweder an einem Vervielfältigungsstück angebracht** sein oder **im Zusammenhang mit der öffentlichen Wiedergabe** erscheinen; dies bedeutet aber auch, dass sie nicht (immer) sichtbar sein müssen (vgl. Rn. 15). Bei körperlichen Nutzungsvorgängen ist also nur die Notwendigkeit vorhanden, die Information an das (es reicht nicht irgendein) Vervielfältigungsstück anzubringen. Hierunter dürfte eine dauerhafte Verknüpfung zu verstehen sein. Demgegenüber scheint bei der unkörperlichen Nutzung i. S. d. § 15 Abs. 2, also der öffentlichen Wiedergabe, immer eine Sichtbarmachung – anders dürfte das Wort „Erscheinen" kaum zu verstehen sein – erforderlich. *Götting* vertritt die Auffassung, dass Handlungen, die bloße Veränderungen an der zum Lizenzierungssystem gehörenden Datenbank vornehmen, nicht verboten sind (Schricker/Loewenheim/*Götting*[5] Rn. 6). Dies dürfte in dieser Allgemeinheit zu weit gehen, denn man muss u. E. das elektronische Lizenzierungssystem als Ganzes sehen; zu einem System, dass auf der Benutzeroberfläche bestimmte Informationen darstellt, gehört zwingend ein oftmals sog. Back End, das nicht sichtbar ist. Wenn an diesem Manipulationen vorgenommen werden, die dem Schutzzweck des § 95c zuwiderlaufen und damit indirekt auch die sichtbaren Informationen geändert werden, muss dies u. E. ausreichen. Andererseits genügt natürlich nicht jede Änderung in einem Gerät, das auch ein elektronisches Lizenzierungssystem enthält.   **20**

Immer muss der **Zweck der Handlung** im Blick gehalten werden; nur solche Handlungen, die darauf gerichtet sind, Urheberrechte oder andere Schutzgegenstände zu verletzen, sind nebst Begleit- und Vorbereitungshandlungen erfasst, § 95c. Zu Recht wird dies als weiteres Merkmal des objektiven Tatbestandes angesehen (Schricker/Loewenheim/*Götting*[5] Rn. 8; a. A. *Bechtold* S. 234, der darin einen Teil des subjektiven Tatbestands sieht). Hierbei dürfte wiederum die objektive Zweckrichtung, die wir schon bei § 95a diskutiert haben (vgl. § 95a Rn. 40), ausreichen; insofern wird auf die dortigen Ausführungen verwiesen.   **21**

3. Subjektive Voraussetzungen

§ 95c stellt, ebenso wie § 95a, bestimmte subjektive Voraussetzungen für den Verbotstatbestand auf, die allerdings weiterreichen als bei § 95a. Vorliegend muss also – anders als in § 95a – ein **wissentlich unbefugtes Handeln** gegeben sein. Wissentlichkeit setzt direkten Vorsatz bzgl. des Unbefugtseins der Handlung voraus, nur bedingter Vorsatz oder Fahrlässigkeit reicht nicht (OLG Köln MMR 2017, 251, 252).   **22**

Darüber hinaus muss dem Handelnden **positiv bekannt** oder den Umständen nach bekannt sein, dass er dadurch die Verletzung von Urheberrechten oder verwandter Schutzrechte veranlasst, ermöglicht, erleichtert oder verschleiert. Damit ist die **fahrlässige Unkenntnis** gemeint, die nach allgemeinen Grundsätzen zu bestimmen ist, denn der Wortlaut lässt keinen anderen Hinweis erkennen. U. E. gelten daher für die Fahrlässigkeit die allgemeinen Maßstäbe (a. A. nur grobe Fahrlässigkeit Schricker/Loewenheim/*Götting*[5] Rn. 10; Wandtke/Bullinger/*Wandtke/Ohst*[4] Rn. 17; Dreier/Schulze/*Specht*[5] Rn. 5 jeweils unter Hinweis auf die englische und französische Fassung der Richtlinie; offen lassend: OLG Köln MMR 2017, 251, 252; zum parallelen Problem bei § 95a vgl.   **23**

§ 95a Rn. 40). Hierbei dürften ebenso strenge Maßstäbe angelegt werden wie im Rahmen der Fahrlässigkeit des § 97 UrhG (vgl. § 97 Rn. 63 ff.).

4. Rechtfertigungsgründe

24 Wie bei allen urheberrechtlichen oder allgemeinen deliktischen Ansprüchen sind Rechtfertigungsgründe denkbar. Zu nennen ist hier zunächst die Genehmigung nach § 184 BGB (zum allgemeinen urheberrechtlichen Anspruch: BGH GRUR 1959, 147, 149 – *Bad auf der Tenne*). Die Einwilligung (§ 183 BGB) kommt nicht in Betracht, denn durch sie wird allenfalls ein urheberrechtlicher Nutzungsvertrag geschlossen. Darüber hinaus kommen alle zivilrechtlichen Rechtfertigungsgründe in Betracht: Schikaneverbot (§ 226 BGB), Notwehr (§ 227 BGB), Notstand (§ 228 BGB) und Selbsthilfe (§§ 229 ff. BGB) – allerdings nur in ihren engen Grenzen nach §§ 229 ff. BGB – sowie übergesetzlicher Notstand (im Einzelnen hierzu vgl. § 97 Rn. 22 f.).

5. Passivlegitimation

25 Vgl. § 95a Rn. 50.

V. Weitere Verbote (Abs. 3)

26 Abs. 3 stellt bestimmte Handlungen denen nach Abs. 2 gleich. Voraussetzung ist auch hier, dass es sich um Werke oder andere Schutzgegenstände (zum Begriff vgl. Rn. 10) handelt, an denen Informationen unbefugt entfernt oder geändert wurden (vgl. Rn. 14 f.). Die **subjektiven Voraussetzungen** entsprechen denen des Abs. 1 (vgl. Rn. 17 ff.). Die Verbotshandlungen umfassen die **Verbreitung,** die **Einfuhr zur Verbreitung,** die **Sendung,** die **öffentliche Wiedergabe** und die **öffentliche Zugänglichmachung**; mit Ausnahme der Einfuhr also Handlungen, die unter die Legaldefinitionen der §§ 15 ff. fallen. Zur Einfuhr vgl. § 95a Rn. 43. Wie bei allen urheberrechtlichen oder allgemeinen deliktischen Ansprüchen sind Rechtfertigungsgründe denkbar. Zu diesen vgl. Rn. 24.

VI. Rechtsfolgen

27 Die Rechtsfolgen sind explizit im Gesetz nur im Hinblick auf **Straf- und Ordnungswidrigkeiten** geregelt (s. §§ 108a, 111a). Es bleibt wie bei § 95a die Frage offen, ob auch **zivilrechtliche Ansprüche** bestehen, die zu bejahen ist. Zu den Ansprüchen auf **Unterlassung, Auskunft, Vernichtung** und **Schadensersatz** vgl. § 95a Rn. 51 ff.

VII. Prozessuales

28 Der Anspruch wird durchgesetzt wie der Anspruch nach § 95a (vgl. § 95a Rn. 51 ff.).

VIII. Verhältnis zu anderen Vorschriften

29 Zum Verhältnis zum Datenschutz vgl. Vor §§ 69a ff. Rn. 24. http://drim.inf.tu-dresden.de zeigt, dass sich das nicht ausschließt (ausführlich hierzu *Arlt* MMR 2007, 683). Denkbar ist, dass eine Manipulation an Daten eines elektronischen Lizenzierungssystems eine Eigentumsverletzung darstellt und nach **§ 823 BGB** verfolgbar ist (Dreier/Schulze/*Dreier/Specht*[5] Rn. 4; Schricker/Loewenheim/*Götting*[5] Rn. 6) oder **§ 826 BGB** eingreift (a. A. *Arlt* S. 222). In jedem Fall sind die strafrechtlichen Vorschriften, z. B. das Verbot der Datenveränderung (§ 303a StGB) in Betracht zu ziehen.

§ 95d   Kennzeichnungspflichten

(1) Werke und andere Schutzgegenstände, die mit technischen Maßnahmen geschützt werden, sind deutlich sichtbar mit Angaben über die Eigenschaften der technischen Maßnahmen zu kennzeichnen.

(2) [1]Wer Werke und andere Schutzgegenstände mit technischen Maßnahmen schützt, hat diese zur Ermöglichung der Geltendmachung von Ansprüchen nach § 95b Abs. 2 mit seinem Namen oder seiner Firma und der zustellungsfähigen Anschrift zu kennzeichnen. [2]Satz 1 findet in den Fällen des § 95b Abs. 3 keine Anwendung.

Übersicht

I.   Allgemeines

1.   Entwicklungsgeschichte, Zusammenhang, Sinn und Zweck, Systematik

Die Norm ist durch das UrhG Infoges neu eingeführt worden. Im Referentenentwurf zum UrhG Infoges war sie noch nicht enthalten, wurde vielmehr offenbar durch Einwände des Verbraucherschutzministeriums erst in den **Regierungsentwurf** (RegE UrhG Infoges – BT-Drs. 15/38, S. 1 ff.) aufgenommen. Die Gesetzesbegründung ist denkbar knapp.   **1**

Da die Norm als solches **nicht** durch die Info-RL vorgegeben war, stellt sich   **2** die Frage, ob sie **richtlinienkonform auszulegen** ist. Für **Abs. 1** ist klar, dass dies **nicht der Fall** ist, da dieser Abs. nicht durch die Richtlinie vorgegeben ist. Dasselbe gilt auf den ersten Blick auch für **Abs. 2**, da die Richtlinie keine Kennzeichnungsvorschriften kennt. Allerdings beruft sich die Gesetzesbegründung auf Art. 6 Abs. 4 der Richtlinie und das dortige Gebot, den Begünstigten „die Mittel zur Nutzung der betreffenden Schranke zur Verfügung zu stellen". Hierzu sei § 95d Abs. 2 eine „flankierende Maßnahme". Ob die Norm damit richtlinienkonform auszulegen ist, darf **bezweifelt** werden. Man wird sich ihr daher wohl zuallererst mit eigenen Auslegungsmethoden des deutschen Rechts nähern müssen. Auf den ersten Blick geht es der Vorschrift in ihrem Abs. 1 um das sehr weite Ziel und den Zweck des Verbraucherschutzes; bei näherer Betrachtung wird aber deutlich, dass der Gesetzgeber dies nur im Hinblick auf die Kaufentscheidung des Verbrauchers im Blick hatte. Denn die Gesetzesbegründung spricht nur die für den „Erwerb maßgeblichen Umstände" an. Diesem Umstand wird Bedeutung zukommen, insb. bei der unten (vgl. Rn. 10 ff.) zu behandelnden Frage, wo und wie die Kennzeichnung zu erfolgen hat. Für Abs. 2 dürfte der Zweck erheblich enger gefasst sein auf die bloße unterstützende Hilfe zur Durchsetzung von Rechten nach § 95b. Die Historie des Gesetzes ist für die Auslegung eher wenig fruchtbar. Allerdings enthält die Begründung den Hinweis, dass die Kennzeichnung „teilweise bereits praktiziert" wird. Hierbei dürfte der Gesetzgeber u. a. auf die bereits im Mai 2002 von der IFPI veröffentlichte Pressemitteilung v. 30.5.2002 Nr. 14/06/02 anspielen, in der den Mitgliedsunternehmen der IFPI eine Handlungsanweisung für eine vergleichbare Kennzeichnung an die Hand gegeben wird (http://www.ifpi.org/content/section_news/20020614.html, abgerufen am 5.9.2011). Diese Art der Kennzeichnung, auf die ebenfalls unten näher einzugehen sein wird, dürfte sich also als Richtlinie im Rahmen der Vorstellungen des Gesetzgebers bewegen. Es wäre aber wünschenswert, wenn das Bundesministerium der Justiz und für Verbraucherschutz sich mit den interessierten Branchenkreisen und Verbraucherverbänden zusammensetzt, um Richtlinien zu entwerfen, wie sie etwa bei den Richtlinien über die allgemeinen Grundsätze für die Gestaltung von Fertigpackungen, Min. Bl. Fin. 1978, 65, für den Bereich des Eichgesetzes existieren.

3 Die Vorschrift betrifft in ihrem Abs. 1 den im deutschen Recht seltenen Fall einer Pflicht zur Angabe von bestimmten Inhalten eines Gegenstandes, nämlich der „Eigenschaften der technischen Maßnahmen". Dagegen konstituiert Abs. 2 die öfter anzutreffende Pflicht, bestimmte formelle Angaben zu Namen und Anschrift zu machen. Die Pflichten stehen gleichwertig nebeneinander, hätten wohl auch in einen Abs. mit einzelnen Ziffern aufgenommen werden können. Die Unterteilung in Absätze hat keine ersichtliche Bedeutung.

2. Höherrangiges Recht

4 Ob die Vorschrift mit höherrangigem Recht vereinbar ist, ist bezweifelt worden (vgl. Vor §§ 95a ff. Rn. 33). Das BVerfG hat sich hierzu in seiner ersten Entscheidung zu den §§ 95a ff. nicht explizit geäußert (BVerfG MMR 2005, 751).

3. Anwendbarkeit

5 § 95d gilt in seinem Anwendungsbereich selbstverständlich auch für „**altes Repertoire**", also bereits existierende Werke und andere Schutzgegenstände. Es kommt in **zeitlicher Hinsicht** also nicht darauf an, ob die Werke oder anderen Schutzgegenstände bereits vor Inkrafttreten des Gesetzes geschaffen wurden und geschützt waren oder erst nach Inkrafttreten geschaffen wurden. Die entsprechende Übergangsregelung des § 137j stellt vielmehr alleine darauf ab, wann die Werke und anderen Schutzgegenstände „neu in den Verkehr gebracht" wurden. In zeitlicher Hinsicht gilt Abs. 1 nach § 137j Abs. 1 nur für alle erst drei Monate nach Inkrafttreten des Gesetzes, also seit dem 1.12.2003, neu in Verkehr gebrachten Werke (vgl. § 137j Rn. 4). Abs. 2 trat erst ein Jahr nach Inkrafttreten des Gesetzes, also am 1.9.2004, in Kraft. Damit sollte Zeit gelassen werden für freiwillige Vereinbarungen (RegE UrhG Infoges – BT-Drs. 15/38, S. 29). Bei § 95d dürfte es sich – trotz der wettbewerbsrechtlichen Färbung (dazu vgl. Rn. 22) um eine Urheberrechtssache i. S. d. § 105 handeln. In persönlicher Hinsicht ist die Anwendbarkeit jedenfalls in Abs. 1 keineswegs klar, da der Gesetzgeber neutral („[...] sind zu kennzeichnen [...]") formuliert (dazu *Diesbach* K&R 2004, 8, 10 f); es spricht aber wohl einiges dafür, die Pflichten aus § 95d dem Rechteinhaber, der auch in den Genuss der Schutzvorschriften der §§ 95a ff. kommt, aufzuerlegen.

II. Tatbestand

1. Kennzeichnungspflicht im Hinblick auf Eigenschaften (Abs. 1)

6 Selten schreibt der Gesetzgeber Normadressaten vor, dass sie über den **Inhalt von Produkten informieren** müssen. Abs. 1 konstituiert eine solche Pflicht, die uns sonst etwa aus dem Heilmittelwerberecht bekannt ist, das vorschreibt, dass bei Werbung für Arzneimittel u. a. über die Zusammensetzung, die Anwendungsgebiete oder Gegenanzeigen informiert werden muss (§ 4 Abs. 1 HWG).

Ähnliches findet sich in der Lebensmittelkennzeichenverordnung, die in § 3 u. a. vorschreibt, dass das Verzeichnis der Zutaten oder deren Menge angegeben wird. Andere Normwerke verlangen lediglich Angaben wie in § 95d Abs. 2, nämlich zu Namen und Adressen (z. B. § 3 Abs. 2 Ziff. 1 Verordnung über die Sicherheit von Spielzeug oder § 3 Abs. 3 Ziff. 1 Medizingeräte-Verordnung). Den erstgenannten Regelwerken scheint gemein, dass sie wohl erheblich höherrangige Interessen, nämlich das Gemeingut Volksgesundheit, schützen. Dies ist bei der hier in Rede stehenden Norm nicht erkennbar. Dieser Umstand dürfte bei der Vereinbarkeit mit höherrangigem Recht (vgl. Rn. 4) und bei der Auslegung zu berücksichtigen sein.

a) Werke und andere Schutzgegenstände, die mit technischen Maßnahmen geschützt werden: Gegenstand der Kennzeichenpflicht sind Schutzgegenstände des Urheberrechtsgesetzes, also neben Werken etwa Leistungen, die Gegenstand eines verwandten Schutzrechtes sind, sonstige geschützte Gegenstände aus dem zweiten Teil des Urheberrechtsgesetzes, aber auch diejenigen Gegenstände von Sondervorschriften des dritten und folgenden Teils (Filme, Laufbilder). Der Gesetzgeber war ganz offensichtlich bemüht, mit dem – dem Urheberrechtsgesetz selbst fremden – Begriff des **Schutzgegenstandes** einen **Oberbegriff** zu finden. Computerprogramme hingegen sind ausgenommen (§ 69a Abs. 5). Dies begründet das Gesetz damit, dass die Info-RL den Rechtsschutz der technischen Schutzmaßnahmen nicht auch auf den Bereich der Computerprogramme erstrecke (RegE UrhG Infoges – BT-Drs. 15/38, S. 22). Dies ist zwar richtig (ErwG 50 Info-RL). Zu Recht weist die Begründung auf erhebliche Probleme im Verhältnis zu § 69d Abs. 2 (Erstellung einer Sicherheitskopie) und § 69e (Dekompilierung) hin, die eine über die Richtlinienumsetzung hinausgehende Ausdehnung des Rechtsschutzes für die genannten Maßnahmen auf Software nicht angezeigt sein lassen (RegE UrhG Infoges – BT-Drs. 15/38, S. 22). Zu den weiteren Problemen der Abgrenzung der Schutzregime bei sich überlappenden Schutzgegenständen (Stichwort: Computerspiele) vgl. § 69a Rn. 44 sowie zur Frage der Durchsetzung des Umgehungsverbotes bei Computerspielen vgl. § 69a Rn. 44 sowie vgl. § 95a Rn. 7.

7

Voraussetzung für eine Anwendung des § 95d ist, dass diese Schutzgegenstände mit technischen Maßnahmen **geschützt werden.** Technische Maßnahmen sind solche, die die Voraussetzungen des § 95a erfüllen. Die die handelnde Person offen lassende Passivformulierung lässt offenbar bewusst Raum dafür, dass es nicht darauf ankommt, wer den Schutz durch technische Maßnahmen vorgenommen hat. Allerdings dürfte der Rechtsinhaber im Falle, dass nicht er die technische Maßnahme angebracht hat, aus der Verantwortlichkeit des § 95d entlassen sein.

8

Nicht unter § 95d fällt die **technische Maßnahme selbst,** über deren Eigenschaften man bei Veräußerung durch einen Hersteller z. B. von Kopierschutztools ja auch informieren könnte; denn sie wird nicht als Gegenstand des Urheberrechtsgesetzes geschützt, sondern ist nur Mittel zum Schutz; sofern es sich um ein Computerprogramm handelt, fällt dieses wegen § 69a Abs. 5 aus dem Anwendungsbereich heraus (vgl. Rn. 7). Die gelegentlich zu hörende Meinung, dass etwa auch Hardware zum Abspielen von solchen Schutzgegenständen unter die Vorschrift falle, findet im klaren Wortlaut des Gesetzes keine Stütze. Fraglich ist allerdings, ob es für die Kennzeichnungspflicht darauf ankommt, ob die Werke noch urheberrechtlich geschützt sind (zu dieser Frage bei § 95a vgl. § 95a Rn. 33). Ebenso fraglich ist, ob § 95d auch auf solche Trägermedien anwendbar ist, die nie ohne Kopierschutz auf dem Markt waren; dies trifft wohl insb. für DVD zu.

9

b) Art und Weise der Kennzeichnung: Das Gesetz gibt vor, dass die Kennzeichnung „**deutlich sichtbar**" zu erfolgen habe und spricht damit einen der für die

10

Praxis bedeutendsten Punkte an. Man wird die Art und Weise der Kennzeichnung danach unterteilen können, **wo** die Informationen platziert werden müssen, **wie** dies zu erfolgen hat, **welcher Sprache** man sich bedienen kann und **wie detailliert** die Informationen sein müssen. Man wird hier für die beiden Absätze zu differenzieren haben und könnte daran denken, auf die Rechtsprechung einzelner Gerichte zurückzugreifen, die zur Kennzeichnung von Tonträgern entwickelt wurde, wenn diese als „Oldies" bezeichnet wurden, tatsächlich aber keine solchen sind (OLG Hamburg OLGR 1999, 333; OLG Hamburg GRUR Int. 1999, 780).

11 Die deutschen verbraucherschützenden Normen kennen eine Verpflichtung zur **Transparenz.** Dies sieht man nicht zuletzt an Bestimmungen wie § 307 Abs. 1 S. 2 BGB, an den Einbeziehungsvoraussetzungen für AGB in § 305 Abs. 2 BGB oder allgemein an neuen Vorschriften, die dieses Ziel sogar im Namen führen: Transparenz- und Publizitätsgesetz vom 19.7.2003, BGBl. I 2002, S. 2681; Transparenzverordnung (EG) Nr. 1049/2001, Abl. EG Nr. L 145, S. 43 = NJW 2001, 3172. Darüber hinaus betont die Gesetzesbegründung, dass § 95d Abs. 1 dazu dient, dass der Verbraucher an den Informationen „seine Erwerbsentscheidung ausrichten" kann. Dies führt für die Frage des **Wo** dazu, dass man annehmen darf, die Informationen müssen außen auf einer Verpackung angebracht werden. Für den Fall, dass es um Datenträger wie CDs oder DVDs geht, bedeutet dies die **Inlay-Card** oder aber die vordere Seite des **Booklets.** Letzteres erscheint uns nicht zwingend geboten, da der Verbraucher durchaus gewohnt ist, die Rückseite einer solchen Verpackung, also die Inlay-Card zu studieren, um nähere Informationen zu erhalten. Dort befinden sich i. d. R. auch alle weitergehenden Informationen zu den Inhalten, den Interpreten etc. Im Fall eines **Online-Angebots**, das i. d. R. mit dem Abdruck des Covers eines solchen Mediums einhergeht, auf welches man zu Initiierung des Download-Vorganges klicken muss, dürften Informationen in der unmittelbaren **Nähe dieses Covers** ausreichen. Nicht ausreichend dürfte es sein, die Informationen in einem Ständer neben dem Regal bereit zu halten. Die Rechtsprechung zur Lebensmittelkennzeichenverordnung kann dabei von Hilfe sein, denn sie verbietet derartige Informationen „in der Nähe", gestattet sie aber auf der Rückseite der Ware (EuGH EuZW 1998, 636 – *Etikettierung von Lebensmitteln*; OLG Koblenz ZLR 1986, 438; OLG München GRUR 1986, 86). Dasselbe gilt dann sicherlich auch für bloße Hinweise auf eine Internet-Seite, auf der sich der Verbraucher informieren kann; diese reichen nicht aus (a. A. wohl Wandtke/Bullinger/ *Wandtke/Ohst*[4] Rn. 10, die jeden „Link" ausreichen lassen, sogar bei einem Offline-Produkt, was aber ja sogar den zusätzlichen Aufwand der Herstellung einer Internet-Verbindung bedeuten würde).

12 Da § 95d im Grunde nur eine Spezialnorm zu § 15 UWG ist, wird man bei seiner Auslegung die grundsätzliche Ausrichtung der verbraucherschützenden Rechtsprechung des EuGH und des BGH zum Verbraucherleitbild zu berücksichtigen haben: Es kommt auf den durchschnittlich informierten, aufmerksamen und verständigen Durchschnittsverbraucher an und darauf, wie dieser eine Angabe wahrscheinlich auffassen wird (EuGH WRP 1995, 677, 678 – *Mars*; EuGH GRUR Int. 2000, 756, 757 – *naturrein*; BGH GRUR 2000, 619 – *Orient-Teppichmuster*).

13 Man wird aber sicherlich zu beachten haben, dass eine Anbringung auf der Innenseite der Inlay-Card, um bei dem CD-Beispiel zu bleiben, nicht mehr ausreicht, damit eine solche Information beim Kauf erkennbar ist, und so dem Ziel der Norm, den Verbraucher beim Kaufentschluss zu unterstützen, nicht gerecht wird. Dasselbe dürfte für solche Stellen einer Verpackung gelten, die auf einer etwaig vorhandenen Plastikeinschweißfolie durch spezielle Aufkleber möglicherweise abgedeckt werden.

Zu der **Frage des Wie** gibt das Gesetz eine klare Antwort: Die Kennzeichnung **14** muss deutlich sichtbar sein. Zur **Auslegung** dieses Begriffs kann man auf **verhältnismäßig umfangreiche und gut vergleichbare Rechtsprechung zu anderen verbraucherschützenden Normen** zurückgreifen. Z. B. § 312c BGB a. F. (nun § 312d BGB) i. V. m. § 1 Abs. 3 Nr. 1 der Informationspflichten-Verordnung a. F. (nun Art. 246b § 1 EGBGB) oder § 305 Abs. 3 BGB sowie § 6 TMG kennen nahezu gleichlautende Verpflichtungen. Die Rechtsprechung hat hierzu ausgeführt, dass die Informationen getrennt sein müssen von anderen Informationen; dies könne durch eine andere Farbe der Schrift, eine andere Typografie oder Fettdruck erfolgen (BGH NJW-RR 1990, 368 zu § 1b AbzG a. F.; nun §§ 495, 355 Abs. 2 BGB; OLG München NJW-RR 2002, 399 zu § 7 Abs. 2 VerbrKrG, § 3 FernAbsG, § 361a BGB a. F.; nun §§ 495, 312g, 355 Abs. 2 BGB. Nicht ausreichend sei ein bloßer Absatz, wenn das ganze Layout dieselbe Schrift benutze (BGH NJW 1998, 1980). In einem solchen Fall genügt auch nicht, eine bloße Linie als Unterteilung anzufügen (BGH NJW 1996, 1964 zu § 1b AbzG bzw. § 2 Abs. 1 HWiG, § 7 Abs. 2 VerbrKrG a. F.; nun §§ 312b, 495, 355 Abs. 2 BGB). Ebenfalls schädlich ist, wenn sich neben den notwendigen Informationen weiterer Text derart gestaltet befindet, dass er die Aufmerksamkeit des Lesers besonders auf sich zieht (OLG Naumburg NJW-RR 1994, 377 zu § 2 HWiG a. F.; nun §§ 312b, 355 Abs. 2 BGB). Allerdings kann für § 305 BGB ein gut sichtbarer Link ausreichen (BGH NJW 2006, 2976, 2976), was zeigt, dass die Rechtsprechung durchaus auch neue Techniken akzeptiert; sollte also beim Offline-Vertrieb z. B. in der Zukunft es möglich sein, dass man durch ein einfaches Aktivieren z. B. eines RFID-Chips auf sein Handy die Informationen nach § 95d erhält, dürfte dies u. E. ausreichen.

Die Sprache der Information muss **deutsch** sein (Wandtke/Bullinger/*Wandtke/* **15** *Ohst*[4] Rn. 10; a. A. *Diesbach* K&R 2003, 8, 11), allerdings wohl nur, wenn die Datenträger zielgerichtet erstmals auf den deutschen Markt gebracht wurden. Dies kann wohl dazu führen, dass aufgrund des EU-weiten Erschöpfungsprinzips (§ 17 Abs. 2) Produkte z. B. aus Frankreich ohne Kennzeichnung nach Deutschland gelangen. Solange dies nicht zielgerichtet zur Umgehung missbraucht wird, muss man dies akzeptieren, da ansonsten § 95d Geltung über Deutschland hinaus beanspruchen würde.

c) Angaben über die Eigenschaften der technischen Maßnahmen: Das Gesetz **16** enthält keinerlei Angaben dazu, wie detailliert die Informationen sein müssen. Es spricht nur von „Angaben über die Eigenschaften". Ziel und Zweck der Norm sind jedoch keineswegs ganz allgemeine Verbraucherschutzaspekte; der Gesetzgeber hatte nach seiner Begründung diesen Schutz nur im Hinblick auf die Kaufentscheidung des Verbrauchers im Blick (vgl. Rn. 1 f.). Daher kann man den Detailgrad der Angaben mit guten Gründen reduzieren. Nimmt man hinzu, dass die detaillierteren Angaben aus der oben beschriebenen Lebensmittelkennzeichenverordnung und dem Heilmittelwerbegesetz höherwertige Schutzgüter wie Gesundheit schützen, wird deutlich, dass auch der systematische Zusammenhang der Norm nicht zu großer Detailgenauigkeit zwingt. Formulierungen wie:

> „Enthält Kopierschutz, um zu [...] (kurze Beschreibung von Umfang und Inhalt der Maßnahme) und kann auf folgenden Gerätetypen möglicherweise nicht abgespielt werden: [...]"

dürften den gesetzlichen Anforderungen genügen (zu anderen Formulierungsvorschlägen *Lapp/Lober* ITRB 2003, 234).

2. Kennzeichnungspflicht im Hinblick auf formelle Angaben (Abs. 2)

Im Gegensatz zu den Angaben nach Abs. 1 kennt das deutsche Recht vielfältige **17** Vorschriften, die **Informationen zur leichteren Identitätsfindung** enthalten. Dies ist z. B. § 312c BGB a. F. i. V. m. § 1 Informationspflichten-Verordnung a. F. (nun § 312d BGB i. V. m. Art. 246b § 1 EGBGB) oder § 312e BGB a. F. i. V. m. § 3 Informationspflichten-Verordnung a. F. (nun § 312i BGB i. V. m. Art. 246c EGBGB) aus dem Bereich der Fernabsatz-Verträge oder dem Elektronischen Geschäftsverkehr; gebräuchlich ist dies auch bei den o. g. Vorschriften aus dem Medizingeräterecht oder dem Spielzeugrecht (vgl. Rn. 5). Anders als die Angaben nach Abs. 1 ist es nicht erforderlich, diese Angaben deutlich sichtbar anzubringen.

18 a) **Gegenstände, Zweck und Inhalt der Pflicht:** Gegenstand der Vorschrift sind alle oben (vgl. Rn. 6) genannten Schutzgegenstände. Eine Einschränkung erfährt die Zielrichtung der Norm durch den Zusatz, dass sie dem Zweck dient, Schrankenbegünstigten nach § 95d Abs. 2 zu helfen, ihre Ansprüche auf Zugang durchzusetzen. Pflichtangabe ist zunächst der Name (§ 12 BGB), sowohl im Falle einer Einzelperson als bürgerlicher Name als auch für die sonstigen potentiellen Träger eines Namensrechts (z. B. Vereine, nicht rechtsfähige Personenvereinigungen) bzw. die Firma (§ 17 Abs. 1 HGB) im Falle eines Kaufmanns/Unternehmens. Unter zustellfähiger Anschrift sind die Angaben zu Straße, Postleitzahl, Ort und ggf. Staat zu verstehen (z. B. Palandt/*Grüneberg*[76] Art. 246b § 1 EGBGB Rn. 5). Wenn ein Unternehmen eine eigene Postleitzahl hat, reicht diese selbstverständlich aus. Nicht ausreichend hingegen ist die Angabe eines Postfaches statt einer Straße (OLG Hamburg GRUR-RR 2004, 82 zur parallelen Norm des § 312c BGB a. F.; nun § 312d BGB). Eine deutsche Adresse muss allerdings nicht angegeben werden.

19 b) **Ausnahme für § 95b Abs. 3:** Für Fälle, dass Werke und sonstige Schutzgegenstände der Öffentlichkeit aufgrund einer vertraglichen Vereinbarung in einer Weise zugänglich gemacht werden, dass sie Mitgliedern der Öffentlichkeit von Orten und zu Zeiten ihrer Wahl zugänglich sind (§ 95b Abs. 3), gelten die Pflichten zur Informationsangabe nach § 95d Abs. 2 nicht.

3. Rechtsfolgen

20 Zur Verantwortlichkeit vgl. § 95a Rn. 51.

21 Die Rechtsfolgen eines Verstoßes gegen § 95d Abs. 2 sind zunächst als **Ordnungswidrigkeiten** im Urheberrechtsgesetz selber geregelt (§ 111a Abs. 1 Ziff. 3; s. § 111a). Dabei dürfte in der Übergangszeit der Einführung dieser neuen Norm eine Unsicherheit über Umfang der Pflichten nach § 95d eine gewisse Rolle spielen. Für den Fall, dass ein Gericht eine wohl überlegte, ggf. sogar durch ein Gutachten unterlegte, bestimmte Form der Information dennoch für rechtswidrig erachtet, sei auf die Rechtsprechung zum Verbotsirrtum hingewiesen. Es ist anerkannt, dass aus einem Verhalten, welches sich bei neuen Gesetzen unter sorgfältigen und zumutbaren Rechtserkundigungsmaßnahmen im Rahmen der anerkannten Auslegungsmöglichkeiten als (vermeintlich) rechtmäßig bewegt, ein Schuldvorwurf schwer herzuleiten ist. (Schönke/Schröder/*Cramer/Sternberg-Lieben*[29] § 17 Rn. 19 ff.). Ein Verstoß gegen Abs. 1 ist nicht ordnungswidrigkeiten- oder gar strafbewehrt. Er könnte jedoch Mängelgewährleistungsansprüche nach sich ziehen (Dreier/Schulze/*Dreier/Specht*[5] Rn. 4).

22 Daneben ist es aber auch denkbar, dass **weitergehende zivilrechtliche Ansprüche** bestehen. Zunächst könnte man an Ansprüche nach dem UWG denken. In Frage kommt hier wohl nur §§ 3, 4 Nr. 11 UWG unter dem Gesichtspunkt Vorsprung durch Rechtsbruch (so auch Dreier/Schulze/*Dreier/Specht*[5] Rn. 6). Allerdings setzt dieser nach der neuen höchstrichterlichen Rechtsprechung voraus, dass die verletzte Norm den Leistungswettbewerb selber schützt (BGH GRUR 2002, 825 – *Elektroarbeiten*). Nur in einem solchen Fall führt ein Verstoß gegen die Norm automatisch zu einer Verletzung von § 1 UWG. Für § 95d Abs. 1 dürfte dies kaum einem Zweifel unterliegen, da die Gesetzesbegründung selber davon spricht, dass „das Kennzeichnungsgebot des Absatz 1 [...] der Lauterkeit des Wettbewerbs dient." (RegE UrhG Infoges – BT-Drs. 15/38, S. 28; so daher auch Schricker/Loewenheim/*Götting*[5] Rn. 4). Wir denken allerdings nicht, dass dies auch in Bezug auf § 95d Abs. 2 der Fall ist (so wohl auch Schricker/Loewenheim/*Götting*[5] Rn. 4). Denn einerseits spricht die Gesetzesbegründung im Falle des Abs. 2 von einem solchen Ziel gerade nicht, andererseits gibt es vergleichbare Regelungen zu Namens- und Anschriftsinformationen, bei denen dieser Bezug ebenso mit guten Gründen verneint wird (z. B. § 6 TMG und dazu LG Hamburg NJW-RR 2001, 1075 (dort aber nur Qualifikation als nicht wertbezogene Norm i. S. d. überholten Dogmatik zum Rechtsbruch; keine Aussage über zumindest auch sekundäre wettbewerbliche Schutzfunktion); dazu *Nordemann*[11] Rn. 780; *Wüstenberg* WRP 2002, 782; a. A. für § 6 TMG aber: OLG Hamburg GRUR-RR 2003, 92 (noch zur alten Dogmatik des Vorsprunges durch Rechtsbruch, jedenfalls aber Qualifikation als verbraucherschützende Norm). Eine Verletzung von § 5 UWG (Irreführung) dürfte ausscheiden (so aber Dreier/Schulze/*Dreier/Specht*[5] Rn. 6), da jedenfalls § 95d Abs. 1 eine spezialgesetzliche Ausprägung eines Irreführungsverbotes ist (vgl. Rn. 12).

Ansprüche aus den §§ 823, 1004 BGB werden ebenfalls diskutiert (dafür Wandtke/Bullinger/*Wandtke/Ohst*[4] Rn. 12, allerdings ohne Begründung; Loewenheim/*Peukert*[2] § 36 Rn. 30; Schricker/Loewenheim/*Götting*[5] Rn. 12; HK-UrhR/*Dreyer*[3] Rn. 11). **23**

Schließlich kommen Ansprüche nach dem **Unterlassungsklagengesetz** in Frage. **24** § 2 UKlaG führt nur beispielhaft einige Verbraucherschutzgesetze an, bleibt in seiner Aufzählung aber offen. Deshalb dürfte für die auch verbraucherschützende Norm des § 95d die Anwendung dieses Gesetzes eröffnet sein, auch wenn die Historie des neuen Urheberrechtsgesetzes vielleicht dagegen spricht: Denn das Gesetz zum Urheberrecht in der Informationsgesellschaft führte in seinem Art. 3 einen neuen § 2a UKlaG ein, der sich mit den Bestimmungen für Schrankenbegünstigte in § 95b beschäftigt. Wenn das neue Gesetz also das Unterlassungsklagengesetz änderte, ohne die offene Frage, ob § 2 UKlaG im Falle des § 95d anwendbar ist zu regeln, könnte man hieraus durchaus auch Argumente gegen eine Anwendbarkeit entnehmen.

§ 96 Verwertungsverbot

(1) Rechtswidrig hergestellte Vervielfältigungsstücke dürfen weder verbreitet noch zu öffentlichen Wiedergaben benutzt werden.

(2) Rechtswidrig veranstaltete Funksendungen dürfen nicht auf Bild- oder Tonträger aufgenommen oder öffentlich wiedergegeben werden.

Übersicht

I. Allgemeines

1 Dass der Inhaber eines Verbreitungsrechts, welcher rechtswidrig Vervielfältigungsstücke hergestellt hat, diese nicht verbreiten darf, folgt daraus, dass ihm das Verbreitungsrecht nur an rechtmäßig vervielfältigten Werkexemplaren eingeräumt ist. Gegen ihn richtet sich der unmittelbare Unterlassungs- und Schadensersatzanspruch des § 97 (vgl. § 97 Rn. 29 ff., 61 ff.). Der Schutz des Urhebers und des Leistungsschutzberechtigten wäre jedoch unvollständig, wenn ihnen nicht auch Ansprüche **gegen Dritte** zustünden, die zwar nicht selbst rechtswidrig vervielfältigt (Abs. 1) bzw. nicht selbst Funksendungen rechtswidrig veranstaltet (Abs. 2) haben, aber daraus – bewusst oder unbewusst – Nutzen ziehen. Andernfalls würden Werk bzw. Leistung sehr bald der Kontrolle des Berechtigten entgleiten. Die Bestimmung richtet sich daher **gegen diejenigen Verwerter, die an sich zur Verbreitung (§ 17), zur Aufnahme auf Bild- oder Tonträger** (§ 16 Abs. 2) oder **zur öffentlichen Wiedergabe** (§ 15 Abs. 2) **berechtigt** sind, weil sie ein entsprechendes Nutzungsrecht vertraglich erworben haben (§ 31) oder weil ihnen eine gesetzliche Befugnis zur Seite steht (§§ 44a bis 63), **die aber für solche Nutzungshandlungen auf rechtswidrig hergestellte Vervielfältigungsstücke** (§ 96 Abs. 1) **oder auf rechtswidrige Sendungen zurückgreifen.** s. ferner § 53 Abs. 6.

2 Die Vorschrift des § 96 ist seit Inkrafttreten des UrhG 1966 unverändert. § 96 findet auch auf **Werke** Anwendung, die **vor 1966** geschaffen wurden, § 129 Abs. 1 S. 1. Das Gleiche gilt gem. § 129 Abs. 1 S. 2 für Leistungsschutzrechte.

II. EU-Recht und Internationales Recht

3 **EU-Recht** hat die Verwertungsrechte der §§ 15 bis 22 für Urheber und Leistungsschutzberechtigte weitgehend harmonisiert. Für Urheberrechte ergibt sich insbesondere eine Voll-Harmonisierung des Vervielfältigungsrechts gem. Art. 2 lit. a) Info-RL, des Verbreitungsrechts gem. Art. 4 Abs. 1 Info-RL und des Rechts der öffentlichen Wiedergabe gegenüber Abwesenden gem. Art. 3 Abs. 1 Info-RL. Bei den Leistungsschutzrechten bezieht sich die Harmonisierung auf unterschiedliche Richtlinien, die teilweise auch nur eine Mindestharmonisierung vorsehen. Im Hinblick auf das Vervielfältigungsrecht und das Recht der öffentlichen Zugänglichmachung sind jedoch die Leistungsschutzrechte der ausübenden Künstler, der Tonträgerhersteller, der Filmhersteller und der Sendeunternehmen gem. Art. 2 lit. b) bis lit. e) bzw. Art. 3 Abs. 2 vollharmonisiert, während das Verbreitungsrecht gem. Art. 9 Vermiet- und Verleih-RL für diese Leistungsschutzrechte vollharmonisiert ist. Für das Senderecht besteht dagegen – je nach betroffenem Leistungsschutzrecht – ein unterschiedlicher Harmonisierungsstand. Beispielsweise die lineare Weitersendung einer Live-Sendung im Internet unterliegt für das Leistungsschutzrecht des Sendeunternehmens nur der Mindestharmonisierung gem. Art. 8 Abs. 3 mit ErwG 16 Vermiet- und Verleih-RL (EuGH GRUR 2015, 477 Tz. 33 ff. – *C More Entertainment*). s. zum Harmonisierungstand die einzelnen Kommentierungen zu den Leistungsschutzrechten (§§ 77, 78; §§ 85, 86; § 87; § 94). Damit stellt sich die Frage, ob § 96 **richtlinienkonform** ist. Das wäre **nicht der Fall, wenn der Schutzbereich des § 96 den vollharmonisierten Bereich der von § 96 erfassten Verwertungsrechte erweitert,** also des Vervielfältigungsrechts, des Verbreitungsrechts oder des Rechts der öffentlichen Wiedergabe, soweit dort eine Vollharmonisierung gegeben ist (zutreffend Schricker/Loewenheim/*Grünberger*[5] Rn. 9). Im Hinblick auf **§ 96 Abs. 1** steht jedoch keinesfalls fest, ob den (vollharmonisierten) Verwertungsrechten, insbesondere dem Verbreitungsrecht und dem Recht der öffentlichen Wiedergabe gegenüber Abwesenden, nicht bereits der Schutz-

umfang zukommt, den § 96 Abs. 1 bietet (so aber Schricker/Loewenheim/
Grünberger[5] Rn. 9). Das kann nur durch eine EuGH-Vorlage nach Art. 267
AEUV geklärt werden. Zu beachten ist allerdings, dass § 96 Abs. 1 damit entweder richtlinienkonform, aber ohne eigenständigen Anwendungsbereich neben den vollharmonisierten Verwertungsrechten oder – bei eigenständigem Anwendungsbereich – richtlinienwidrig ist. Etwas ganz anderes gilt, wenn die
rechtswidrige Vervielfältigung nach § 96 Abs. 1 auf einer **Verletzung von Persönlichkeitsrechten** gem. §§ 12 bis 14 beruht. Da diese nicht harmonisiert sind,
besteht insoweit ein Freiraum für den deutschen Gesetzgeber, die Regelung des
§ 96 Abs. 1 zu treffen. Im Hinblick auf **§ 96 Abs. 2** besteht das vorgenannten
Spannungsverhältnis zum EU-Recht nur im Bereich der Vollharmonisierung,
nicht jedoch z. B. im Hinblick auf nur mindest-harmonisierte Verwertungsrechte von Leistungsschutzberechtigten, z. B. des Sendeunternehmens, oder gar
nicht harmonisierten Rechten wie der öffentlichen Wiedergabe gegenüber Anwesenden.

In **internationalen Urheberrechtsabkommen** (vgl. Vor §§ 120 ff. Rn. 4 ff.) fin-   **3a**
den sich keine § 96 regulierenden Bestimmungen. **Internationalprivatrechtlich**
ist § 96 als Norm des Urheberdeliktsrechts nach dem Schutzlandprinzip anzuknüpfen (vgl. Vor § 120 ff. Rn. 59 ff.), d. h. § 96 Abs. 1 gilt für Verbreitungshandlungen und öffentliche Wiedergaben in Deutschland. Der Begriff der
rechtmäßigen Herstellung des Vervielfältigungsstückes ist jedoch differenziert
anzuknüpfen: Das Vertragsstatut gilt für mögliche vertragliche Vervielfälti-
gungserlaubnisse. Sonstige Rechtfertigungen für die Vervielfältigung (Bestehen
eines Schutzrechts; Schutzfristablauf; Schrankenbestimmungen) sind nach
deutschem Recht als Schutzland anzuknüpfen, sodass insoweit Rechtswidrigkeit nach § 96 Abs. 1 gegeben sein kann, auch wenn die Vervielfältigungsstücke
nach ausländischem Recht im Ausland rechtmäßig hergestellt wurden (vgl.
Rn. 6). Für § 96 Abs. 2 gilt das Gleiche; er entfaltet Wirkung für Aufnahmen
auf Bild- oder Tonträger bzw. öffentliche Wiedergaben in Deutschland. Für
die Rechtswidrigkeit ist bei vertraglicher Gestattung auf das Vertragsstatut,
ansonsten auf das für die Sendung internationalprivatrechtlich einschlägige
Recht abzustellen, das nicht zwingend Deutschland als Schutzland sein muss,
nur weil die Sendung in Deutschland empfangbar war (zur Anknüpfung von
Sendungen nach IPR vgl. Vor §§ 120 ff. Rn. 62).

III. Rechtswidrig hergestellte Vervielfältigungsstücke (Abs. 1)

Der Begriff des **Vervielfältigungsstücks** entspricht dem des § 16 Abs. 1 (vgl.   **4**
§ 16 Rn. 9 ff.). **Rechtswidrig hergestellt** ist ein Vervielfältigungsstück, wenn der
Herstellende hierzu weder über eine vertragliche Erlaubnis des Berechtigten
verfügt (§ 31) noch eine gesetzliche Ausnahme (insb. Schranken, s. §§ 44a bis
63) für sich in Anspruch nehmen kann. Eine **vertragliche Berechtigung** ist nicht
gegeben, wenn im Zeitpunkt der Vervielfältigung eine aufschiebende Bedingung noch nicht eingetreten ist (Dreier/Schulze/*Dreier/Specht*[5] Rn. 7 unter Verweis auf OLG München GRUR Int. 1993, 88 – *Betty Carter and her Trio*) bzw.
eine auflösende Bedingung bereits eingetreten war (Möhring/Nicolini/*Lütje*[2]
Rn. 12; Dreier/Schulze/*Dreier/Specht*[5] Rn. 7). Auch unerlaubte Vervielfältigungen von **Werkbearbeitungen oder -umgestaltungen** (§ 23) sind rechtswidrig
gem. § 96 Abs. 1. Ferner sind sämtliche Vervielfältigungshandlungen rechtswidrig, die vom UrhG gewährte **Persönlichkeitsrechte** (§§ 12, 13, 14, 39, 75)
bzw. einfachen Entstellungs- und Kürzungsschutz (§ 94 Abs. 1 S. 2) verletzen.
Eine rechtswidrig entstellende Vervielfältigung ist also rechtswidrig (Dreier/
Schulze/*Dreier/Specht*[5] Rn. 7; a. A. noch Möhring/Nicolini/*Lütje*[2] Rn. 10, nunmehr ebenfalls hiesiger Ansicht BeckOK UrhR/*Reber*[16] Rn. 9), eine Vervielfältigung ohne nach § 13 zwingende Namensnennung ebenfalls. Werke oder Leis-

tungen, die **nicht oder wegen Fristablaufes nicht mehr geschützt** sind, können grundsätzlich nicht rechtswidrig vervielfältigt werden. Vervielfältigungen, die von **Schrankenbestimmungen** gestattet werden, sind nicht rechtswidrig. Eine nach § 53 Abs. 1 unter bestimmten Voraussetzungen rechtmäßige Privatkopie ist deshalb kein rechtswidrig hergestelltes Vervielfältigungsstück nach § 96 Abs. 1; jedoch ordnet § 53 Abs. 6 ein mit § 96 Abs. 1 parallel laufendes Verbreitungs- und öffentliches Wiedergabeverbot an, sodass sich im Ergebnis kein Unterschied zu § 96 Abs. 1 ergibt. Insb. für Filesharing-Piraterie besteht deshalb keine Schutzlücke, zumal der zulässige Bereich im Bereich der Privatkopie seit dem 1.1.2008 durch den Ausschluss von offensichtlich rechtswidrig öffentlich zugänglich gemachten Vorlagen weiter eingeengt wurde (vgl. § 53 Rn. 9 ff.). Eine analoge Anwendung des § 96 Abs. 1 muss jedoch für andere nach Schrankenbestimmungen rechtmäßigen Vervielfältigungshandlungen in Betracht gezogen werden, für die eine Verbreitung oder öffentliche Wiedergabe dem Schrankenzweck widerspräche, z. B. für die öffentliche Ausstellung von Privatkopien, die von rechtswidrigen Vorlagen stammen und nicht die Offensichtlichkeitsgrenze des § 53 Abs. 1 überschreiten. Eine andere Frage ist, ob eigentlich rechtmäßige Vervielfältigungen auch dann im Sinne von § 96 rechtswidrig sind, wenn sie unter Verstoß gegen die **Bestimmungen zum Schutz technischer Maßnahmen gem.** §§ 95a ff. hergestellt werden. Technische Schutzmaßnahmen sind Urheberrechten oder Leistungsschutzrechten nicht gleichgestellt; die Verletzung der §§ 95a ff. ist über § 823 Abs. 2 zu verfolgen, nicht über §§ 97 ff. UrhG (vgl. § 95a Rn. 51 ff.). Deshalb wird eine Vervielfältigung durch Verletzung der §§ 95a ff. nicht (urheberrechtlich) rechtswidrig gem. § 96. – Die Rechtswidrigkeit ist **internationalprivatrechtlich** für vertragliche Gestattungen nach dem Vertragsstatut, ansonsten nach dem Schutzlandprinzip anzuknüpfen (vgl. Rn. 3a).

4a   Die **Verbreitung** gem. § 96 läuft mit der Verbreitung des § 17 parallel (BGH GRUR 2009, 840 Tz. 23 – *Le-Corbusier-Möbel II*). Damit ist nach der EuGH- und BGH-Rechtsprechung mit Verbreitung nur die Übertragung des Eigentums des Originals des Werks oder eines Vervielfältigungsstücks gemeint (BGH GRUR 2009, 840 Tz. 24 – *Le-Corbusier-Möbel II*; aus verfassungsrechtlicher Sicht keine Bedenken bei BVerfG GRUR 2012, 53 Tz. 94 – *Cassina*; zum Ganzen vgl. § 17 Rn. 16.). Die Anwendung des europäischen Verbreitungsbegriffs erscheint als sinnvoll, auch wenn § 96 selbst nicht europarechtlich determiniert ist (vgl. Rn. 3). Es ist nicht ersichtlich, dass der Gesetzgeber bei § 96 einen anderen Verbreitungsbegriff als bei § 17 ansetzen wollte. Der **Begriff der öffentlichen Wiedergabe** entspricht dem des § 15 Abs. 2. – Keine Verbreitung oder öffentliche Wiedergabe liegt vor, wenn **Notenexemplare** für öffentliche **Aufführungen** im Inland benutzt werden. Vielmehr ist überhaupt kein Nutzungsrecht des Urhebers oder Leistungsschutzberechtigten tangiert. Daher ist die Verwendung von im Ausland rechtmäßig hergestelltem Notenmaterial für öffentliche Aufführungen im Inland zulässig (BGH GRUR 1972, 141 f. – *Konzertveranstalter*). Zu rechtswidrig im Inland oder Ausland hergestelltem Notenmaterial vgl. Vor §§ 31 ff. Rn. 352 ff. Nicht unter § 96 Abs. 1 fällt nach zutreffender Auffassung des BGH die (weitere) **Vervielfältigung** des rechtswidrig hergestellten Vervielfältigungsstückes (BGH GRUR 2006, 319 Tz. 35 – *Alpensinfonie*); hierfür enthält § 97 i. V. m. § 16 eine ausreichende Regelung.

5   Die praktische Bedeutung des § 96 Abs. 1 für den Urheber bzw. Leistungsschutzberechtigten ist gering, soweit es sich um **im Inland** hergestellte Exemplare handelt. Da das Vervielfältigungs- und das Verbreitungsrecht meist gekoppelt vergeben werden, dürfte ein Verwerter, der das Verbreitungsrecht ordnungsgemäß erworben hat, nur sehr selten in den Besitz rechtswidrig hergestellter Vervielfältigungsstücke kommen. In Fällen, in denen der Verwerter auch kein Verbreitungsrecht bzw. das relevante Recht der öffentlichen Wiedergabe hat, besitzt § 96 Abs. 1 ohnehin keine eigenständige Bedeutung, weil dann die rechtswidrigen Nutzungshandlungen bereits über die §§ 17, 15 Abs. 2, 97 verfolgt werden können. Die praktische Bedeutung des § 96 für Urheber liegt demnach für den reinen Inlandsbereich vor allem in seiner bloßen Existenz, die Fehldeutungen durch die Gerichte verhindert (Beispiel: OLG München *Erich Schulze* OLGZ 145 – *Mord ohne Mörder*, Ls. 3).

Fraglich ist, ob das Verbreitungsverbot des § 96 auch dann gilt, wenn Verviel-   **6**
fältigungsstücke **aus dem Ausland** importiert werden, deren Herstellung in der Bundesrepublik rechtswidrig wäre, die aber im Herkunftsland **rechtmäßig** her-gestellt werden konnten, insb. weil dort die Schutzfrist schon abgelaufen ist, das Werk nie urheberrechtlich bzw. leistungsschutzrechtlich geschützt war oder kein Staatsvertrag mit der Bundesrepublik besteht (vgl. § 121 Rn. 3 ff.). Für den Bereich des **Urheberrechts** (§ 2) ist das zwar ohne Bedeutung, weil § 17 dem Urheber insoweit ein besonderes Verbreitungsrecht gewährt; danach ist *jede* Verbreitung unzulässig, die er nicht autorisiert hat (zur Erschöpfung des Verbreitungsrechts vgl. § 17 Rn. 24 ff.). Beispielsweise muss § 96 Abs. 1 nicht bemüht werden, um das nicht gestattete Verbreiten von (möglicherweise) in Italien schutzlosen Werken der angewandten Kunst in Deutschland zu unter-binden, weil bereits eine Verletzung des deutschen Verbreitungsrechts vorliegt (BGH GRUR 2007, 871, 873 ff. – *Wagenfeld-Leuchte*; ferner BGH GRUR 2007, 50, 51 – *Le Corbusier-Möbel*). Jedoch hatte der **ausübende Künstler** bis zum Inkrafttreten des ÄndG 1995 am 1.7.1995 kein Verbreitungsrecht, das ihm § 77 Abs. 2 (§ 75 Abs. 2 a. F.) nunmehr zusteht. Der Bundesgerichtshof hat deshalb insoweit § 96 Abs. 1 im Ergebnis entsprechend angewendet (BGH GRUR 1993, 550 – *The Doors*, wo als im Inland rechtswidrig auch eine Ver-vielfältigung angesehen wird, die im Ausland rechtmäßig stattgefunden hat; zu der seinerzeitigen Streitfrage unsere 9. Aufl./*Wilhelm Nordemann* Rn. 3 und *Marly* NJW 1994, 2004, 2007). Diese Fallpraxis hat heute noch Bedeutung für nicht EU-ausländische Künstler (OLG Hamburg ZUM 2004, 133, 136). Allerdings setzt die Anwendung des § 96 Abs. 1 auf Darbietungen ausübender Künstler voraus, dass diese in Deutschland Schutz nach § 125 Abs. 1 bis 5 genießen; § 125 Abs. 6 gewährt nur die ausdrücklich dort genannten Mindest-rechte, nicht aber das Vervielfältigungsrecht des § 75 S. 2, das von § 96 Abs. 1 vorausgesetzt wird (BGH GRUR 1986, 454, 455 – *Bob Dylan* mit Anmerkung von *Krüger* a. a. O. S. 456 und *Schack* GRUR 1986, 734; bestätigt von BVerfGE 81, 12; BGH GRUR 1987, 814, 815 – *Die Zauberflöte*; OLG Ham-burg ZUM 1991, 545, 546 f. – *Swingin'Pigs*). Vgl. § 125 Rn. 6 ff.

§ 96 Abs. 1 erfasst nach seinem Wortlaut nur die Nutzung des rechtswidrig   **7**
hergestellten Vervielfältigungsstückes durch Verbreitung nach § 17 oder durch öffentliche Wiedergabe nach § 15 Abs. 2 (vgl. Rn. 4a). Demgegenüber ist die **Ausstellung** (§ 18) rechtswidrig hergestellter Kopien von Lichtbildern oder Werken der bildenden Künste wohl nur versehentlich nicht in § 96 erwähnt; eine analoge Anwendung des § 96 Abs. 1 darauf ist zulässig (*Maaßen* AfP 2011, 10, 14; Schricker/Loewenheim/*Grünberger*[5] Rn. 19; Dreier/Schulze/ *Dreier/Specht*[5] Rn. 9; Wandtke/Bullinger/*Bullinger*[4] Rn. 22; HK-UrhR/*Meckel*[3] Rn. 8). So dürfen unerlaubte Repliken von Werken der bildenden Kunst nicht in einem öffentlichen Café ausgestellt werden (Schiedsstelle DPMA ZUM 2005, 85). Ein Spannungsverhältnis zum EU-Recht ergibt sich nicht, weil das Ausstellungsrecht nicht EU-rechtlich harmonisiert ist (vgl. Rn. 3).

IV. Rechtswidrig veranstaltete Funksendungen (Abs. 2)

Zum Begriff der **Funksendung** vgl. § 20 Rn. 10. Fraglich ist, ob dazu auch die   **8**
öffentliche Zugänglichmachung nach § 19a, also insb. über das Internet zum

individuellen Abruf, erfasst ist (ablehnend, sogar vor Einführung einer gesonderten Regelung des Rechts der öffentlichen Zugänglichmachung auf individuellen Abruf durch § 19a: *Schack* ZUM 2002, 497; *Kreutzer* GRUR 2001, 193; offen Dreier/Schulze/*Dreier/Specht*[5] Rn. 11). Sofern das einem effektiven Schutz dient, sollte indes eine analoge Anwendung in Betracht gezogen werden, weil es sich bei § 19a – wie bei § 20 – um ein Recht der öffentlichen Zugänglichmachung handelt. Eine analoge Anwendung scheidet nur aus, wenn dies Wertungswidersprüche innerhalb des UrhG auslösen würde. Z. B. ist die Privatkopie von nicht offensichtlich rechtswidrig öffentlich zugänglich gemachten Vorlagen seit dem 2. Korb gem. § 53 Abs. 1 S. 1 zulässig (vgl. § 53 Rn. 9 ff.); damit kann insoweit zumindest eine Aufnahme auf Bild- oder Tonträger erfolgen. § 96 Abs. 2 kann das nicht wieder aufheben (zustimmend *Stieper* MMR 2012, 12, 17). Die öffentliche Wiedergabe von legalen Privatkopien ist aber nach § 53 Abs. 5 n. F. unzulässig. – Zum Begriff der **Rechtswidrigkeit** vgl. Rn. 4, zu seiner internationalprivatrechtlichen Anknüpfung vgl. Rn. 3a. Mit § 53 Abs. 1 S. 1 kann es zu Wertungswidersprüchen kommen, sofern bei Herstellung der Privatkopie nicht offensichtlich war, dass die Funksendung rechtswidrig war; dann sollte § 53 Abs. 1 S. 1 *lex specialis* sein.

9   Die Aufnahme auf einen **Bild- oder Tonträger** ist in § 16 Abs. 2 definiert, die **öffentliche Wiedergabe** in § 15 Abs. 2. Das öffentliche Wiedergaberecht ist auch dann verletzt, wenn die rechtswidrig veranstaltete Funksendung nur indirekt öffentlich wiedergegeben wird, z. B. durch die öffentliche Wiedergabe einer auf Tonträger aufgenommenen illegalen Sendung (Dreier/Schulze/*Dreier/Specht*[5] Rn. 13); insoweit sollte das „oder" als „und/oder" gelesen werden.

10   Die **praktische Bedeutung des § 96 Abs. 2** ist gering geblieben. Die öffentliche Wiedergabe einer rechtswidrigen Funksendung, beispielsweise in einer Gaststätte, kann der Berechtigte, wenn er schon ihre Ausstrahlung nicht verhindern kann, allein aus zeitlichen Gründen erst recht nicht mehr unterbinden. Einen Schadensersatzanspruch gegen den Gastwirt hat er in aller Regel nicht, weil dieser nicht wissen kann, dass die Sendung unrechtmäßig ist (vgl. § 97 Rn. 63); die auch ohne Verschulden gegebenen Ansprüche auf Beseitigung der Beeinträchtigung und auf Unterlassung (vgl. § 97 Rn. 29 ff. und Rn. 55 ff.) helfen ihm nicht, weil die erfolgte öffentliche Wiedergabe nicht ungeschehen gemacht werden kann und Wiederholungsgefahr nicht besteht. Nur wenn die illegale Sendung auch noch vorher auf Bild- oder Tonträger aufgenommen wurde, kann unter dem Gesichtspunkt der Beseitigung der Beeinträchtigung (vgl. § 97 Rn. 55 ff.) deren Vernichtung (§ 98) verlangt werden.

V. Ansprüche, Prozessuales

11   **Ansprüche** bei Verletzung des § 96 ergeben sich aus §§ 97 ff. § 96 ist ein vollwertiges absolutes Recht im Sinne dieser Bestimmungen (Wandtke/Bullinger/*Bullinger*[4] Rn. 3 m. w. N.; Büscher/Dittmer/Schiwy/*Schmidl/Lickleder*[3] Rn. 1). **Anspruchsberechtigt** ist damit in jedem Fall der Urheber bzw. der Inhaber des Leistungsschutzrechts (vgl. § 97 Rn. 127 ff.). Bloß Nutzungsberechtigte müssen über ausschließliche Rechte verfügen (vgl. § 97 Rn. 132 ff.) oder zumindest in Prozessstandschaft bzw. aus abgetretenem Recht (vgl. § 97 Rn. 136 ff.) vorgehen. Für bloß Nutzungsberechtigte ist im Übrigen streitig, auf welches Recht sie ihre Anspruchsberechtigung stützen müssen. Einige halten das Vervielfältigungsrecht (Abs. 1) bzw. das Senderecht (Abs. 2) für einschlägig (*Braun* GRUR Int. 1997, 427; Dreier/Schulze/*Dreier/Specht*[5] Rn. 2; Schricker/Loewenheim/*Grünberger*[5] Rn. 24 m. w. N.), nach anderer Auffassung ist auf das Verbreitungsrecht (Abs. 1) bzw. das Recht der öffentlichen Wiedergabe (Abs. 2) abzustellen (Wandtke/Bullinger/*Bullinger*[4] Rn. 11). Zuzustimmen ist der ersten Auffassung, weil § 96 gerade greift, wenn ein Recht zur Verbreitung oder öffentlichen Wiedergabe besteht (vgl. Rn. 1). Dann kann aber schlecht der Inhaber dieses Rechts auch anspruchsberechtigt sein. Vielmehr hat der Inhaber des Vervielfältigungsrechts bzw. des Senderechts das schutzwürdige Interesse, die Verbreitung bzw. öffentliche Wiedergabe zu verhindern. **Anspruchsverpflichtet** ist derjenige, der als Täter, Teilnehmer oder Störer verbreitet bzw. öffentlich wiedergibt (im Einzelnen vgl. § 97 Rn. 144).

Die **Beweislast** dafür, dass das benutzte Exemplar rechtswidrig hergestellt bzw. **12** die Sendung rechtswidrig ausgestrahlt worden war, trifft den Urheber oder Schutzrechtsinhaber bzw. denjenigen, der das Verbotsrecht aufgrund eines derivativen Rechtserwerbs geltend macht (Nutzungsberechtigter nach § 31). Zweifel gehen zu seinen Lasten. Verstöße gegen § 96 können über die §§ 97 ff. verfolgt werden, weil es sich bei § 96 um absolute Rechte handelt (vgl. § 97 Rn. 9).

VI. Verhältnis zu anderen Vorschriften

Zum Verhältnis des § 53 zu § 96 Abs. 1 vgl. Rn. 4 und zu § 96 Abs. 2 vgl. **13** Rn. 8. Zu den technischen Schutzmaßnahmen nach §§ 95a ff. vgl. Rn. 4. Zu § 97 vgl. Rn. 1.

Abschnitt 2 **Rechtsverletzungen**

Unterabschnitt 1 **Bürgerlich-rechtliche Vorschriften; Rechtsweg**

§ 97 **Anspruch auf Unterlassung und Schadenersatz**

(1) [1]Wer das Urheberrecht oder ein anderes nach diesem Gesetz geschütztes Recht widerrechtlich verletzt, kann von dem Verletzten auf Beseitigung der Beeinträchtigung, bei Wiederholungsgefahr auf Unterlassung in Anspruch genommen werden. [2]Der Anspruch auf Unterlassung besteht auch dann, wenn eine Zuwiderhandlung erstmalig droht.

(2) [1]Wer die Handlung vorsätzlich oder fahrlässig vornimmt, ist dem Verletzten zum Ersatz des daraus entstehenden Schadens verpflichtet. [2]Bei der Bemessung des Schadenersatzes kann auch der Gewinn, den der Verletzer durch die Verletzung des Rechts erzielt hat, berücksichtigt werden. [3]Der Schadenersatzanspruch kann auch auf der Grundlage des Betrages berechnet werden, den der Verletzer als angemessene Vergütung hätte entrichten müssen, wenn er die Erlaubnis zur Nutzung des verletzten Rechts eingeholt hätte. [4]Urheber, Verfasser wissenschaftlicher Ausgaben (§ 70), Lichtbildner (§ 72) und ausübende Künstler (§ 73) können auch wegen des Schadens, der nicht Vermögensschaden ist, eine Entschädigung in Geld verlangen, wenn und soweit dies der Billigkeit entspricht.

Übersicht

I. Allgemeines

1. Sinn und Zweck, Systematik

§ 97 ist die **Zentralnorm des Urheberdeliktsrechts**. Er regelt die für die Praxis **1** sehr bedeutenden Unterlassungs-, Beseitigungs- und Schadensersatzansprüche bei Verletzung des Urheberrechts. Geschützt sind aber nicht nur die Urheber, sondern auch Dritte, die von diesen dinglich wirksame Nutzungsrechte ableiten. Ferner erstreckt sich der Schutz des § 97 auf verwandte Schutzrechte („Leistungsschutzrechte"), die im UrhG geregelt sind; auch hier können Ansprüche nach § 97 dinglich Nutzungsberechtigten zustehen.

§ 97 wird **ergänzt** durch verschiedene **Ansprüche gem. UrhG**: Vernichtungs-, **2** Rückrufs- und Überlassungsansprüche nach § 98, Auskunftsansprüche nach § 101 und Gewohnheitsrecht (§§ 242, 258, 259 BGB), Besichtigungsansprüche nach § 101a, Vorlageansprüche nach § 101b und Urteilveröffentlichungsansprüche nach § 103 sowie die Haftungsverschärfung für Unternehmensinhaber nach § 99. Zu beachten ist ferner die Ausnahmebestimmung des § 100. § 97a enthält eine spezielle Regelung zu außergerichtlichen Abmahnungen. – § 102a lässt **weitere Ansprüche außerhalb des UrhG** zu, insb. Ansprüche aus § 812 BGB und GoA.

3 Zur Ausfüllung der Tatbestände der urheberdeliktsrechtlichen Ansprüche aus §§ 97 ff. gelten **ergänzend** die **allgemeinen deliktrechtlichen Vorschriften** der §§ 823 bis 853 BGB, insb. §§ 827 bis 829, 830 bis 832, 839, 840, 846 BGB; zu § 852 BGB s. § 102 S. 2 UrhG.

4 Die Vorschrift des § 97 UrhG besteht seit Inkrafttreten des UrhG im Jahr 1966 weitgehend unverändert. Im Zuge der **Umsetzung der EU Enforcement-RL** (vgl. Rn. 5) wurde § 97 zum 1.9.2008 **umformuliert**, wobei es zu folgenden, inhaltlich nicht besonders weitreichenden Änderungen gekommen ist (Begr. RegE UmsG Enforcement-RL – BT-Drs. 16/5048, S. 48):

- Die **Rechtsfolgen für Unterlassung** (vgl. Rn. 29 ff.) und **Schadensersatz** (vgl. Rn. 61 ff.) wurden in § 97 n. F. zum Zwecke der Übersichtlichkeit (Begr. RegE a. a. O.) auf die Abs. 1 und 2 verteilt.
- Der **vorbeugende Unterlassungsanspruch** (vgl. Rn. 39 f.) wurde explizit in Abs. 1 S. 2 geregelt.
- Beseitigungsansprüche auf **Rückruf und Entfernung** hat der Gesetzgeber in die Spezialregelung des § 98 Abs. 2 aufgenommen.
- Ebenso sind nun die **drei** lange anerkannten **Berechnungsarten** für den Schadensersatz (vgl. Rn. 68 ff.) ausdrücklich normiert: Der konkrete Schaden ist in § 97 Abs. 2 S. 1 geregelt; die Lizenzanalogie findet sich jetzt in § 97 Abs. 2 S. 3 und die Herausgabe des Verletzergewinns in § 97 Abs. 2 S. 2.
- Nur tw. ausdrücklich geregelt sind in § **101 Auskunfts- und Rechnungslegungsansprüche**, die die Berechnung der vorgenannten Schadensersatzansprüche ermöglichen. Insb. die Streichung des Anspruchs auf Rechnungslegung aus § 97 Abs. 1 S. 2 a.F. bewirkt aber keine inhaltliche Änderung (Begr. RegE UmsG Enforcement-RL – BT-Drs. 16/5048, S. 48); vielmehr ergeben sich die Auskunfts- und Rechnungslegungsansprüche, die § 101 nicht regelt, aus den **allgemeinen gewohnheitsrechtlichen Regelungen des BGB** (vgl. § 101 Rn. 81 ff.).
- Nur für die Sicherung der **Durchsetzung von Schadensersatzansprüchen** sieht § **101b** eine Vorlagepflicht für Bank-, Finanz- und Handelsunterlagen vor, wenn diese einen Hinweis auf beim Schuldner vorhandene Vermögenswerte geben.

2. Zeitliche Anwendbarkeit

4a Die neue Fassung von § 97 trat am 1.9.2008 in Kraft (vgl. Rn. 4). Im Hinblick auf die Änderungen existiert **keine Übergangsvorschrift**. Deshalb kommt es wegen Art. 170 EGBGB darauf an, wann das durch § 97 begründete gesetzliche Schuldverhältnis entstanden ist. Für **Schadensersatzansprüche** ist der Zeitpunkt der Verletzungshandlung entscheidend (BGH GRUR 2015, 264 Tz. 27 – *Hi Hotel II*; BGH GRUR 2009, 660 Tz. 11 – *Resellervertrag*; BGH GRUR 2009, 856 Tz. 20 – *Tripp-Trapp-Stuhl*). Materielle Unterschiede ergeben sich jedoch für Schadensersatzansprüche nicht. Für **Unterlassungsansprüche** gilt anderes: Da er auf die Abwehr künftiger Rechtsverstöße gerichtet ist, kann ein Unterlassungsanspruch nur begründet sein, wenn auf der Grundlage des zum Zeitpunkt der Entscheidung geltenden Rechts Unterlassung verlangt werden kann; es gilt also § 97 n. F. Zudem muss die Handlung zum Zeitpunkt ihrer Begehung urheberrechtswidrig gewesen sein, weil es anderenfalls an der Wiederholungsgefahr fehlt (BGH GRUR 2015, 264 Tz. 27 – *Hi Hotel II*; ferner BGH GRUR 2012, 201 Tz. 16 – *Poker im Internet*, zum UWG). Für **Beseitigungsansprüche** kann nichts anderes gelten, sofern sie eine andauernde Verletzung beseitigen sollen. Wegen § 129 Abs. 1 erstreckt sich § 97 auch auf **Verletzungen von Altwerken**, die vor 1966 noch unter Geltung des LUG bzw. des KUG geschaffen wurden.

3. Verfassungsrechtliche Aspekte (Grundrechte)

Bei der Auslegung der §§ 97 ff. ist zu beachten, dass die aus §§ 97 ff. fließenden **4b** Ansprüche als Sanktion unmittelbar am Eigentumsschutz des Urheberrechts bzw. des Leistungsschutzrechts i. S. d. **Art. 14 GG** teilhaben (BVerfG GRUR 2016, 690 Tz. 69 – *Metall auf Metall*; BVerfG NJW 2003, 1655, 1656 – *Zündholzbriefchen*; BGH GRUR 2017, 386 Tz. 22 – *Afterlife*; eingehend auch *Schwartmann/Hentsch* ZUM 2012, 759, 760 ff.; Schricker/Loewenheim/*Leistner*[5] Vor §§ 97 ff. Rn. 14 ff.). Einen gleichlaufenden Schutz gewährt **Art. 17 Abs. 2 EU-GR-Charta**; sie ist anwendbar, wenn eine Rechtsvorschrift in den Geltungsbereich des Unionsrechts fällt (s. EuGH NJW 2013, 1415 Tz. 19 ff. – *Aklagare/Hans Akerberg Fransson*), was bei Richtlinien der Fall ist, die den Mitgliedstaaten keinen Umsetzungsspielraum überlassen, sondern zwingende Vorgaben machen (BVerfG GRUR 2016, 690 Tz. 115 – *Metall auf Metall*). Auch dieser umfasst das Urheberrecht und die Leistungsschutzrechte. Im Konfliktfall mit anderen Grundrechten muss ein angemessener Ausgleich gefunden werden (EuGH GRUR 2012, 382 Tz. 43 – *SABAM/Netlog*; EuGH GRUR 2011, 1025 Tz. 143 – *L'Oréal/eBay*; EuGH GRUR 2008, 241 Tz. 68 – *Promusicae/Telefónica*, dort auch Teil des Ls.; BVerfG GRUR 2016, 690 Tz. 70 – *Metall auf Metall*; BVerfG GRUR 2012, 390 Tz. 22 – *AnyDVD II*; BVerfG GRUR 1972, 481, 484 – *Kirchen- und Schulgebrauch*; BGH GRUR 2017, 386 Tz. 24 – *Afterlife*; BGH GRUR 2012, 1026 Tz. 41 ff. – *Alles kann besser werden*). Grundrechtliche Aspekte können die Anwendung der §§ 97 ff. erweitern oder einschränken (dazu *Czychowski/Jan Bernd Nordemann* NJW 2008, 3095, 3098; Schricker/Loewenheim/*Leistner*[5] Vor §§ 97 ff. Rn. 16). Für das Recht gem. Art. 17 Abs. 2 EU-GR-Charta ist insbesondere das **Recht auf einen wirksamen Rechtsbehelf** ein allgemeiner Grundsatz des Gemeinschaftsrechts (EuGH GRUR 2017, 316 Tz. 25 – *NEW WAVE*; EuGH GRUR 2011, 1025 Tz. 131 – *L'Oréal/eBay*; EuGH GRUR 2008, 241 Tz. 62 – *Promusicae/Telefónica*; BGH GRUR 2017, 386 Tz. 22 – *Afterlife*; BGH GRUR 2011, 513 Tz. 20 – *AnyDVD*; dazu auch *Czychowski/Jan Bernd Nordemann* NJW 2008, 3095, 3098), was zu einer **erweiternden Auslegung** führen kann. Das gilt beispielsweise – aber nicht nur – dann, wenn ansonsten bei Anwendung der §§ 97 ff. **absolute Schutzlücken** zu Lasten des Rechteinhabers entstehen (*Schwartmann/Hentsch* ZUM 2012, 759, 769 ff.); absolute Schutzlücken verletzen grundsätzlich die Eigentumsgarantie (s. BVerfG GRUR 2011, 223 Tz. 22 f. – *Drucker und Plotter*, zu § 53); der Rechteinhaber darf nicht „faktisch schutzlos gestellt" sein (BGH GRUR 2012, 1026 Tz. 50 – *Alles kann besser werden*, zu § 101). Allerdings können **andere Grundrechte** die Anwendbarkeit der §§ 97 ff. **einschränken**; zur Dogmatik vgl. Rn. 23. Zu nennen ist hier der Schutz der **unternehmerischen Freiheit des Anspruchsgegners** oder der **Datenschutz** im Hinblick auf seine Kunden bzw. ihre **Informationsfreiheit** (EuGH GRUR 2012, 382 Tz. 46 ff. – *SABAM*, zu Betreibern sozialer Netzwerke; EuGH GRUR 2011, 1025 Tz. 142 f. – *L'Oréal/eBay*, zu Internetauktionsplattformen; dazu vgl. Rn. 160 ff.; zu Internetzugangsprovidern: EuGH GRUR 2012, 265 Tz. 44 ff. – *Scarlet/SABAM*; dazu vgl. Rn. 170 ff.). Das Gleiche gilt für das **Fernmeldegeheimnis** (BGH GRUR 2012, 1026 Tz. 43 ff. – *Alles kann besser werden*, dort zu § 101). Die **Presse- und Meinungsfreiheit** kann die täterschaftliche (verneint in BGH ZUM 2013, 406 Tz. 36 – *Jürgen Möllemann*) oder die Teilnehmerhaftung der Presse bei redaktioneller Berichterstattung über urheberrechtsverletzende Angebote einschränken (BGH GRUR 2011, 513 Tz. 21 ff. – *AnyDVD*; aufrechterhalten von BVerfG GRUR 2012, 390 Tz. 26 ff. – *AnyDVD II*; dazu vgl. Rn. 153). Zum Presseprivileg bei urheberrechtswidriger Werbung in Presseorganen vgl. Rn. 183. Der als Verletzer in Anspruch genommene kann sich auch auf die **Kunstfreiheit** (Art. 5 Abs. 3 GG) berufen; allerdings bricht sie im Regelfall in der Prüfung der Verwertungsrechte oder Schranken ein (BVerfG GRUR 2016, 690 Tz. 75 – *Metall auf Metall*, zu

§ 24; BVerfG GRUR 2001, 149 – *Germania 3*, zu § 51). Auch der grundrechtliche **Schutz von Ehe und Familie** kann einschränkend wirken, beispielsweise zur Begrenzung der sekundären Darlegungslast des als Verletzer in Anspruch genommenen, wenn ihm Auskünfte abverlangt werden, die das Verhalten seines Ehegatten oder seiner Kinder betreffen und diese dem Risiko einer zivil- oder strafrechtlichen Inanspruchnahme aussetzen (BGH GRUR 2017, 386 Tz. 23 – *Afterlife*). – Ein ähnliches Konzept mit einer praktischen Konkordanz der widerstreitenden Grundrechte ergibt sich aus der **EMRK** (EGMR GRUR 2013, 859 Tz 34 ff. – *Ashby Donald u. a./Frankreich*; ferner EGMR MMR-Aktuell 2013, 342093; EGMR MMR-Aktuell 2013, 343196; eingehend zur EMRK Schricker/Loewenheim/*Leistner*[5] Vor §§ 97 ff. Rn. 17), die allerdings im Anwendungsbereich der EU-GR-Charta (dazu oben) nicht gilt (BGH GRUR 2017, 901 Tz. 35 – *Afghanistan Papiere*).

4. EU-Recht

5 EU-rechtlich ist insbesondere die **Enforcement-RL** zu beachten, und zwar für alle Verletzungen nach dem Ablauf der Umsetzungsfrist, also dem 29. April 2006 (BGH GRUR 2016, 176 Tz. 55 – *Tauschbörse I*). Damit kann ggf. eine korrigierende richtlinienkonforme Auslegung in Betracht gezogen werden (s. EuGH NJW 2004, 3547, 3549 – *Pfeiffer*; speziell zur Enforcement-RL: BGH GRUR 2007, 708, 711 Tz. 38 – *Internet-Versteigerung II*; zu den Voraussetzungen für eine richtlinienkonforme Auslegung allgemein *Eisenkolb* GRUR 2007, 387, 389). Danach gilt für § 97 – wie für die übrigen urheberdeliktsrechtlichen Normen der §§ 98 ff. – der Grundsatz der Auslegung zugunsten eines **effektiven Urheberrechtsschutzes**, wie ihn Art. 3 Abs. 2 Enforcement-RL und Art. 8 Abs. 1 Info-RL ausdrücklich vorschreiben (EuGH GRUR 2017, 264 Tz. 22 – *OTK/SFP*; EuGH GRUR 2014, 546 Tz. 61 – *ACI Adam*; EuGH GRUR 2008, 241, 243 Tz. 57 – *Promusicae/Telefonica*); das folgt auch aus Art. 17 Abs. 2 EU-RG-Charta. Ggf. muss eine Abwägung mit anderen Grundrechten stattfinden, vgl. Rn. 4b. Die Grundfreiheiten, insbesondere die Warenverkehrs- und die Dienstleistungsfreiheit, sind ebenfalls zu berücksichtigen (EuGH GRUR 2012, 817 Tz. 31 ff. – *Donner*). Die Enforcement-RL soll die Verletzung eines Rechts verhüten, abstellen und beheben (EuGH GRUR 2014, 546 Tz. 61 – *ACI Adam*). Es muss ein hohes, gleichwertiges und „homogenes" Schutzniveau für geistiges Eigentum im Binnenmarkt gewährleistet werden (EuGH GRUR 2017, 264 Tz. 22 – *OTK/SFP*). Die Enforcement-RL erlaubt nationale Rechtsvorschriften, die für die Rechteinhaber günstiger („stärker schützend") sind als die Enforcement-RL (EuGH GRUR 2017, 264 Tz. 23 – *OTK/SFP*), so dass die Enforcement-RL nur das **Mindestniveau** vorgibt (Schricker/Loewenheim/*Leistner*[5] Vor §§ 97 ff. Rn. 6; Dreier/Schulze/*Dreier/Specht*[5] Vor § 97 Rn. 5). Im Detail soll die Enforcement-RL die Durchsetzungsinstrumentarien in den Mitgliedsstaaten harmonisieren. Für **Unterlassungsansprüche** ist insb. auf Art. 11, für **Beseitigungsansprüche** auf Art. 10 und für **Schadensersatzansprüche** auf Art. 13 Enforcement-RL zu verweisen. Grundsätzlich entsprechen die von § 97 gewährten Unterlassungs- und Beseitigungsansprüche aber dem geforderten Standard, sodass der Gesetzgeber zu Recht im Zuge der Umsetzung der Enforcement-RL nur redaktionelle Änderungen vorgenommen hat (vgl. Rn. 4). Für Schadensersatzansprüche könnte sich aber ein europäischer Schadensbegriff ergeben, der eine Änderung der bisherigen deutschen Praxis bedingt (vgl. Rn. 69a). Keine Regelung enthält die Enforcement-RL für Rechtsbehelfe, die keine Verletzung von Rechten betreffen, z. B. also für die Durchsetzung der Privatkopievergütung nach §§ 53 ff. (EuGH GRUR 2014, 546 Tz. 62 ff. – *ACI Adam*). Einen Einfluss auf die Durchsetzung hat auch die **Info-RL**. Sie gewährt in Art. 8 Abs. 3 Info-RL Unterlassungsansprüche gegen Vermittler, insbesondere gegen Internetprovider (vgl. Rn. 159b). Daneben üben auch die in Art. 2 bis 4 Info-RL harmonisierten Verwertungsrechte Einfluss auf

§ 97 UrhG aus, weil der EuGH ihnen über ihre verwertungsrechtliche Bedeutung (§§ 15 ff. UrhG) hinaus auch eine haftungsrechtliche Dimension gegeben hat, z. B. für die Harmonisierung der täterschaftlichen Haftung (vgl. Rn. 144a).

5. Internationales Recht

Genauso wie EU-Recht (vgl. Rn. 5) verpflichten auch internationale Konventionen wie Art. 41 TRIPS (dazu vgl. Vor §§ 120 ff. Rn. 17 ff.) Deutschland zu einem effektiven Urheberrechtsschutz. Art. 45 Abs. 1 TRIPS schreibt vor, einen „angemessenen Schadensersatz" zu ermöglichen. Das Anti-Counterfeiting Trade Agreement (ACTA) ist durch die EU oder Deutschland noch nicht in Kraft gesetzt worden; sollte das der Fall sein, hätte das für das geltende deutsche Recht, insbesondere für die §§ 97 ff., keine Auswirkungen (*Schrey/Haug* K&R 2011, 171 ff.; zu Unrecht einschränkend: *Metzger* JIPITEC 2010, 109 ff.). **6**

Internationalprivatrechtlich erfolgt die Anknüpfung des § 97 nach dem Schutzlandprinzip (eingehend vgl. Vor §§ 120 ff. Rn. 59 ff.). Allein die Widerrechtlichkeit der Verletzungshandlung richtet sich bei möglichen vertraglichen Gestattungen nach Vertragsstatut (BGH GRUR 2015, 264 Tz. 24 – *Hi Hotel II*), im Übrigen aber ebenfalls nach Schutzlandprinzip (BGH GRUR 2015, 264 Tz. 41 – *Hi Hotel II*). Im Hinblick auf die Verletzungshandlung im Inland muss untersucht werden, ob das relevante Recht nach UrhG durch eine Handlung im Inland verletzt ist, auch wenn Teilaspekte der Handlung im Ausland erfolgen (Spindler/Schuster/*Spindler*[3] § 97 UrhG Rn. 12). Die Verletzung z.B. des Vervielfältigungsrechts im Ausland kann keine Ansprüche nach § 97 begründen (BGH GRUR 2017, 793 Tz. 46 – *Mart-Stam-Stuhl*). Ansprüche im Fall einer wegen fehlenden urheberrechtlichen Schutzes in Italien rechtmäßig hergestellten Lampe, die in Deutschland auf Grund bestehenden Urheberrechtsschutzes rechtswidrig verbreitet wird (s. BGH GRUR 2007, 871, 873 ff. – *Wagenfeld-Leuchte*; ferner BGH GRUR 2007, 50, 51 – *Le Corbusier-Möbel*), können dagegen grundsätzlich nach § 97 angeknüpft werden. Die von § 97 gewährten Ansprüche sind aber wegen des sog. Territorialitätsprinzips räumlich auf Deutschland als Schutzland beschränkt; beispielsweise kann Unterlassung nur im Hinblick auf Deutschland und Schadensersatz nur für Verletzungshandlungen in Deutschland verlangt werden; im vorgenannten BGH-Fall waren die Ansprüche deshalb auf die rechtsverletzende Verbreitung beschränkt und umfassten nicht auch die Vervielfältigung (vgl. Vor §§ 120 ff. Rn. 66 ff.). Verbote, Internetinhalte zugänglich zu machen, die sich nur auf Deutschland beziehen, müssen deshalb nur im Hinblick auf Internetnutzer in Deutschland eingehalten werden. Das kann z. B. dadurch geschehen, dass bei Bezahlinhalten Zahlungsdienstleister angewiesen werden, keine Zahlung aus Deutschland heraus mehr zu akzeptieren. Auch müssen die Inhalte für den Abruf durch deutsche IP-Adressen gesperrt werden; wird die IP-Adresse durch ausländische Proxis verschleiert, sind auch diese zu sperren (LG Hamburg CR 2014, 611 juris Rn. 10). **7**

II. Rechtsverletzung

1. Geschützte Rechte

§ 97 kommt nur zum Tragen, wenn absolute Rechte verletzt sind (RegE UrhG 1962 – BT-Drs. IV/270, S. 103). Das gilt sowohl für Abs. 1 (Unterlassungs- und Beseitigungsansprüche) als auch für Abs. 2 (Schadensersatzansprüche). Absolute (auch sog. dingliche) Rechte sind Rechte, die gegenüber jedermann wirken. **8**

a) Urheberrechte: Zu den von § 97 geschützten Rechten gehören zunächst die aus dem Urheberrecht fließenden Persönlichkeitsrechte der Urheber gem. **9**

§§ 12 bis 14 und § 63 sowie die daraus entspringenden **Verwertungsrechte** der Urheber aus den §§ 15 bis 22 und § 69c. Aus Verwertungsrechten können ferner absolut (dinglich) wirkende **Nutzungsrechte** für Dritte abgeleitet werden (vgl. § 29 Rn. 14 ff.; vgl. § 31 Rn. 8 ff.), die ebenfalls geschützte Rechte gem. § 97 sind; der Nutzungsrechtsinhaber kann im Umfang des ihm eingeräumten Rechts und sogar darüber hinaus nach § 97 aktivlegitimiert sein, die Aktivlegitimation des Urhebers kann tw. entfallen (vgl. Rn. 132 ff.). Nutzungsrechtsinhaber, z.B. Verlage, können bei Zitat und mangelhafter Quellenangabe auch Rechte im Rahmen des § 63 geltend machen. Bloß **schuldrechtliche Nutzungserlaubnisse** (vgl. § 29 Rn. 24 f.) sind dagegen keine von § 97 geschützten Rechte, weil sie nicht absoluten Charakters sind; auf ihre Verletzung können Ansprüche nach § 97 nicht gestützt werden. Es bleibt aber die Möglichkeit, aus dem verletzten absoluten Recht des Gestattenden vorzugehen. Verletzungen der **Einwilligungs-** und **Zustimmungsrechte** der Urheber aus den §§ 8 Abs. 2, 9, 23 (in Abgrenzung zu § 24), 34 Abs. 1 S. 1, 35 Abs. 1, 39, 46 Abs. 5, 62 Abs. 4 fallen nach allgemeiner Auffassung unter § 97 (zu §§ 34, 35: BGH GRUR 2015, 264 Tz. 40 – *Hi Hotel II*; BGH GRUR 1987, 37, 39 – *Videolizenzvertrag*; *Schack*, Urheber- und UrhebervertragsR[7] Rn. 761; allgemein: Dreier/Schulze/*Dreier/Specht*[5] Rn. 4; Schricker/Loewenheim/*Leistner*[5] Rn. 15). Allerdings ist die dogmatische Herleitung umstritten: Während teilweise solchen Einwilligungs- und Zustimmungsrechten zwar dingliche, aber keine absolute Wirkung gem. § 97 zugebilligt wird (*Schack*, Urheber- und UrhebervertragsR[7] Rn. 761; Dreier/Schulze/*Dreier/Specht*[5] Rn. 4; Schricker/Loewenheim/*Leistner*[5] Rn. 15), sollte ihre Verletzung richtigerweise direkt von § 97 erfasst werden (in diese Richtung auch BGH GRUR 1987, 37, 39 – *Videolizenzvertrag*: Mit dem Verbleib des Zustimmungsrechts aus § 34 Abs. 1 S. 1 beim Rechteinhaber ist ein Restbestand des eigentlichen Nutzungsrechts zurückgeblieben). Ein praktischer Unterschied ergibt sich nicht, weil nach jeder Auffassung erst die Nutzung von z.B. entgegen §§ 34, 35 weitergegebenen Rechten eine Verletzung darstellt, noch nicht die Verfügung durch den Nichtberechtigten als solche (vgl. Rn. 16). Umgekehrt greift § 97 bei **Nichterfüllung des Anspruchs auf Zustimmung** nach den §§ 8 Abs. 2 S. 2, 9, 25, 34 Abs. 1 S. 2, 35 Abs. 2 nicht (Dreier/Schulze/*Dreier/Specht*[5] Rn. 4; Schricker/Loewenheim/*Leistner*[5] Rn. 15). Die Rechte aus § 96 sind hingegen absolute Rechte, bei deren Verletzung § 97 greifen kann (BGH GRUR 2006, 319, 322 – *Alpensinfonie*). – Das **Eigentum am Werkoriginal oder an Vervielfältigungsstücken** ist kein Recht gem. § 97, weil es zwar ein absolutes, jedoch kein „nach diesem Gesetz geschütztes" Recht ist (BeckOK UrhR/*Reber*[14] Rn. 3; a. A. Dreier/Schulze/*Dreier/Specht*[5] Rn. 5); Auch eine Behinderung oder gar **Verhinderung der (berechtigten) Nutzung eines Rechts** fällt grundsätzlich nicht unter § 97. Das kann beispielsweise Fallgestaltungen betreffen, in denen der Berechtigte fremde technische Vorrichtungen nutzt, die ihm ohne Zustimmung des technischen Dienstleisters keinen Zugriff gewähren, was inbesondere bei einer Abhängigkeit (sog. „customer-lock-in" oder „vendor-lock-in") zu einem faktischen Nutzungsentzug führen kann. Aus §§ 823 Abs. 1, 252 BGB (Dreier/Schulze/*Dreier/Specht*[5] Rn. 5), aus § 826 BGB, bei Vorliegen eines Wettbewerbsverhältnisses aus § 4 Nr. 4 UWG sowie aus Vertrag können sich jedoch Ansprüche ergeben. Ausnahmsweise können zu Gunsten des Urhebers aus urheberpersönlichkeitsrechtlichen Gründen Ansprüche auch gem. § 97 gegeben sein, z.B. auf der Grundlage von § 25.

10   Es ist denkbar, dass **mehrere** geschützte Rechte **gleichzeitig** verletzt werden, z.B. beim Plagiat (vgl. §§ 23/24 Rn. 59 ff.; vgl. nach §§ 23/24 Rn. 1 ff.), wo neben die stets erforderliche Verletzung des Rechts auf Anerkennung der Urheberschaft aus § 13, also eines Persönlichkeitsrechts, meist auch die Verletzung der Verwertungsrechte aus den §§ 16, 17 und des Zustimmungsrechts aus § 23 tritt. In diesen Fällen stehen die Ansprüche, die aus jeder einzelnen Rechtsverletzung erwachsen, selbständig nebeneinander (OLG Hamburg ZUM-RD 2010, 260, 268), sodass z. B. im Falle des Plagiats ein materieller Schadensersatzanspruch aus der Verletzung der Verwertungsrechte neben dem Anspruch auf Ersatz des ideellen Schadens aus der Verletzung des Persönlichkeitsrechts bestehen kann (vgl. Rn. 117 ff.; ferner vgl. § 29 Rn. 13a). Die parallele Verletzung von Rechten kann sich auch auf unterschiedliche Schutzgegenstände beziehen. Z. B. kann die Raubkopie einer Musikaufnahme sowohl das Urheberrecht des Komponisten als auch die Leistungsschutzrechte des ausübenden Künstlers und des Tonträgerherstellers verletzen. Sofern die Rechte in einer Hand liegen, können Ansprüche nach § 97 auch durch eine Person geltend gemacht werden (zur Aktivlegitimation vgl. Rn. 127 ff.).

b) Andere nach diesem Gesetz geschützte Rechte: Auch für Inhaber von **ver-** **11** **wandten Schutzrechten** („Leistungsschutzrechte") gilt § 97, soweit sie absolute Rechte gewähren. Für Verfasser wissenschaftlicher Ausgaben (§ 70) und für Lichtbildner (§ 72) verweist das UrhG auf die Bestimmungen zum Urheberrecht, sodass die Ausführungen oben (vgl. Rn. 9 f.) entsprechend gelten. Für die übrigen Leistungsschutzrechte ist der Katalog der gewährten absoluten Rechte jeweils beim betreffenden Leistungsschutzrecht spezifiziert. Für nachgelassene Werke sei auf den Katalog in § 71 Abs. 1 verwiesen. Die ausübenden Künstler können sich auf die absoluten Rechte in den §§ 74 bis 78 und § 80 berufen, der Veranstalter auf die in § 81 genannten Rechte. Das Gleiche gilt für Tonträgerhersteller (§ 85 Abs. 1, nicht aber § 86), Sendeunternehmen (§ 87 Abs. 1), Datenbankhersteller (§ 87b), Presseverleger (§ 87f) und Filmhersteller (§ 94 Abs. 1). Ferner kann für Rundfunkanstalten als Leistungsschutzberechtigte nach § 87 bei Zitat ohne hinreichende Quellenangabe ein Verstoß gegen § 63 zu Schadensersatzansprüchen nach § 97 führen (LG Berlin GRUR 2000, 797, 798 – *Screenshots*). Außer dem Leistungsschutzrecht des Herausgebers wissenschaftlicher Ausgaben (§ 70) und des Lichtbildners (§ 72) sind sämtliche Leistungsschutzrechte in vollem Umfang übertragbar (vgl. Vor §§ 31 ff. Rn. 218 ff.), sodass sich der jeweilige Inhaber darauf berufen kann. Von allen Leistungsschutzrechten können daneben mit absoluter (dinglicher) Wirkung **Nutzungsrechte** abgespalten werden (vgl. Vor §§ 31 ff. Rn. 217); auch die Verletzung dieser Nutzungsrechte kann – wie bei vom Urheberrecht abgeleiteten Nutzungsrechten, vgl. Rn. 9 – Ansprüche nach § 97 auslösen.

c) Vom Schutz ausgenommene Rechte: Da § 97 nur die Verletzung absoluter **12** Rechte erfasst (vgl. Rn. 8), fallen relative Rechte nicht unter § 97. Damit sind folgende Rechte von einer Anwendung des § 97 **ausgeschlossen: Kontrahierungsansprüche** aus den §§ 5 Abs. 3, 42a, **urhebervertragsrechtliche Ansprüche** (z. B. Zahlungsansprüche, Vertragstrafenansprüche, Vertragsanpassungsansprüche nach den §§ 32, 32a, 32c, 137 Abs. 3, 137b Abs. 3, 137c Abs. 3, 137f Abs. 3, 137j Abs. 4, 137l Abs. 5), **Ansprüche auf gesetzliche Vergütung** gem. §§ 20b Abs. 2, 26 Abs. 1, 27 Abs. 1 und 2, 46 Abs. 4, 47 Abs. 2, 49 Abs. 1 S. 3, 52 Abs. 1 S. 2, 54 Abs. 1, 71 Abs. 1, 76 Abs. 2, 77, 86, 94 Abs. 4 (vgl. § 63a Rn. 11 ff.), sowie **Ansprüche auf Zustimmung** nach den §§ 8 Abs. 2 S. 2, 9, 25, 34 Abs. 1 S. 2, 35 Abs. 2 (vgl. Rn. 9). Leistet bei Ansprüchen dieser Art der Verpflichtete nach Fälligkeit nicht rechtzeitig, so hat der Berechtigte nicht etwa aus § 97, sondern nur aus § 286 BGB Anspruch auf Ersatz des Schadens, der ihm durch den Verzug entsteht, insb. auf Zahlung von Zinsen (§ 288 BGB) und auf Ersatz der Kosten der Rechtsverfolgung. Die Anspruchsgrundlage für Primäransprüche ist der Vertrag oder die genannte Vorschrift des UrhG. – Vom Schutz ausgenommen sind selbstredend auch Urheber- oder Leistungsschutzrechte, deren **Schutzfrist abgelaufen** ist. Zu Schranken unten vgl. Rn. 19.

Zur Verletzung der Vorschriften zu **technischen Schutzmaßnahmen** (§§ 95a bis **13** 95d) und § 97 s. die Kommentierungen zu den §§ 95a bis 95d.

2. Verletzungshandlung

14 Eine Rechtsverletzung liegt vor, **wenn ein Nichtberechtigter eine dem Rechteinhaber vorbehaltene Nutzungshandlung vornimmt** (BGH GRUR 1997, 896, 897 – *Mecki-Igel III*). Es ist also stets zu prüfen, ob in absolut wirkende Persönlichkeitsrechte, Verwertungsrechte, Zustimmungsrechte oder Nutzungsrechte (dazu ausführlich Rn. 132 ff.) eingegriffen wurde. Damit springt die Prüfung des Tatbestandes des § 97 an dieser Stelle auf das betroffene Recht, also z. B. auf § 13 für eine Prüfung der Verletzung des Urhebernennungsanspruches oder auf § 16 für eine Prüfung der Verletzung des Vervielfältigungsrechts; bei Ansprüchen von bloßen Inhabern (beschränkter) Nutzungsrechte ist gleichzeitig zu fragen, ob die Nutzungsrechtseinräumung die Anspruchsberechtigung abdeckt (dazu vgl. Rn. 133). Allerdings setzt die erfolgsbezogene Formulierung des § 97 keine vollständige Verwirklichung der Tatbestände der Persönlichkeitsrechte, Verwertungsrechte, Zustimmungsrechte oder Nutzungsrechte voraus, sondern lediglich eine adäquat kausale Mitwirkung daran. Deshalb können auch mittelbare Verursacher, die nicht alle Tatbestandsmerkmale selbst verwirklichen, täterschaftlich aus § 97 haften, wenn sie eine urheberrechtliche Verkehrspflicht verletzt haben (str., vgl. Rn. 159a). – Es muss sich über dies um eine **Verletzung im Inland** (Deutschland) handeln; eine Verletzung im Ausland – z. B. in Österreich – genügt nicht (vgl. Rn. 7).

15 Wenn Beschränkungen der Rechtseinräumung dingliche Wirkung haben (vgl. § 31 Rn. 11 f.), begeht auch der **Nutzungsberechtigte** eine Rechtsverletzung i. S. d. § 97, der die Grenzen seiner **Nutzungsbefugnisse überschreitet**, also z. B. mehr Bücher druckt und verbreitet als vereinbart (KG ZUM-RD 1997, 138, 142 f. – *Plusauflagen*) oder ein Hörbuch im Internet zum Download öffentlich zugänglich macht (§ 19a), obwohl er nur das Vervielfältigungs- und Verbreitungsrecht (§§ 16, 17) besitzt.

16 Die **Verfügung eines Nichtberechtigten** über ein fremdes Recht ist für sich genommen keine Werknutzung und damit **keine Urheberrechtsverletzung** (BGH GRUR 2002, 963, 964 – *Elektronischer Pressespiegel*; BGH GRUR 1999, 579, 580 – *Hunger und Durst*; BGH GRUR 1999, 152, 154 – *Spielbankaffaire*; LG Mannheim GRUR-RR 2009, 277 – *Pan European License*; wohl a. A. OLG Hamburg ZUM 2004, 483, 486 für eine GEMA-Anmeldung; dort im konkreten Fall aber mangels Rechteinhaberschaft des Klägers verneint); es kann aber eine Mittäterschaft, mittelbare Täterschaft oder Teilnahme an der dadurch veranlassten unberechtigten Nutzungshandlung vorliegen (BGH GRUR 2015, 264 Tz. 34 ff. – *Hi Hotel II*: Mittelbare Täterschaft; BGH GRUR 1999, 152, 154 – *Spielbankaffaire* erwähnt nur die Teilnahme; BGH GRUR 1987, 37, 39 – *Videolizenzvertrag* ohne jede Differenzierung; auch vgl. Rn. 145 ff.) oder über die Grundsätze der Störerhaftung (LG Mannheim GRUR-RR 2009, 277 – *Pan European License*; vgl. Rn. 154 ff.) als Mitwirkungshandlung erfassbar sein. Auch ohne Haftung aus § 97 UrhG kommen aber **bereicherungsrechtliche Ansprüche** in Betracht (vgl. § 102a Rn. 7 ff.).

17 Das bloße **Bestreiten der Inhaberschaft** am Urheberrecht oder an Nutzungsrechten greift nicht in diese Rechte ein, weil es keine Nutzungshandlung darstellt (BGH GRUR 1997, 896, 897 – *Mecki-Igel III*). Sofern eine hinreichende Berühmung vorliegt, können aber vorbeugende Unterlassungsansprüche gegeben sein (vgl. Rn. 39 f.); ferner kann bei Feststellungsinteresse (§ 256 ZPO) Feststellungsklage gegen den Bestreiter erhoben werden. Wer den Rechtinhaber **unberechtigt aus Urheberrecht abmahnt**, begeht zwar keine Urheberrechtsverletzung (a. A. unsere 9. Aufl./*Wilhelm Nordemann* Rn. 7), weil die Verhinderung legaler Nutzungen keine dem Nutzungsrechtsinhaber vorbehaltene *Nutzung*shandlung darstellt. Der zu Unrecht Abmahnende handelt aber rechtswidrig und löst Gegenansprüche aus; anderes gilt bei Schreiben, die nur – unzutreffend – über eine Verletzung informieren, insbesondere über unberechtigte „Notice-and-Takedown-Letter" (vgl. § 97a Rn. 70 f.).

Als Verletzungshandlung kommt **positives Tun** oder **pflichtwidriges Unterlassen** in Betracht. Eine Verletzung durch pflichtwidriges Unterlassen setzt allerdings eine Erfolgsabwendungspflicht voraus, die sich aus Gesetz oder vorangegangenem gefährlichen Tun ergeben kann (zum UWG BGH GRUR 2001, 82, 83 – *Neu in Bielefeld I*). Das können im Bereich der Haftung als Täter vor allem Verkehrspflichten, im Bereich der Störerhaftung auch Prüfpflichten sein (vgl. Rn. 154 ff.). Zur Behinderung oder gar **Verhinderung der (berechtigten) Nutzung eines Rechts** vgl. Rn. 9.   **18**

Eine Verletzungshandlung scheidet aus, wenn ein Erlaubnistatbestand nach UrhG vorliegt, also insb. eine **Schranke gem. §§ 44a ff.** greift, eine **freie Benutzung nach § 24**, oder **keine Widerrechtlichkeit** (vgl. Rn. 20 ff.) gegeben ist. Auch darf selbstredend die **Schutzfrist** des Urheberrechts oder des Leistungsschutzrechts nicht abgelaufen sein.   **19**

Die Verletzungshandlung im Sinne des § 97 ist nicht mit einer täterschaftlichen Begehung gleichzusetzen. Auch bloße Störer, die nicht als Täter haften, können Mitverursacher der Verletzung sein. **Zur Abgrenzung Täterschaft und Störerhaftung** vgl. Rn. 144 ff.   **19a**

3. Widerrechtlichkeit

a) **Rechtswidrigkeit indiziert:** Die Rechtsverletzung muss, um die Ansprüche des § 97 auszulösen, widerrechtlich sein. Die **Widerrechtlichkeit genügt** für den Anspruch auf **Beseitigung** der Beeinträchtigung (vgl. Rn. 55 ff.) und den **Unterlassungsanspruch** (vgl. Rn. 29 ff.). Ob der Verletzer wusste oder auch nur ahnen konnte, dass er eine Rechtsverletzung beging, ist für diese Ansprüche unerheblich. Nur bei den **Schadensersatzansprüchen** muss zur Widerrechtlichkeit der Verletzungshandlung noch ein **Verschulden** des Verletzers hinzutreten (vgl. Rn. 61 ff.).   **20**

Da die Verletzung von Immaterialgütern nicht als Verhaltens-, sondern als Erfolgsunrecht gesehen wird (s. BGH GRUR 2004, 860, 864 – *Internet-Versteigerung*), ist die Rechtswidrigkeit einer Verletzungshandlung **indiziert** und entfällt nur bei dem Verletzer auf Seite stehenden Rechtfertigungsgründen. Dabei wird die Widerrechtlichkeit **vermutet**; wer sich darauf beruft, dass sie ausnahmsweise gerechtfertigt sei, hat das zu beweisen. Zweifel gehen zu seinen Lasten.   **21**

b) **Rechtfertigungsgründe:** Es gibt Rechtsverletzungen, die nicht widerrechtlich sind, weil sie durch einen Rechtfertigungsgrund abgedeckt werden: In Betracht kommen **Schikaneverbot** (§ 226 BGB), **Notwehr** (§ 227 BGB) und **erlaubte Selbsthilfe** (§§ 229 ff. BGB). Urheberrechte können ferner durch einen **gesetzlichen Notstand** gem. §§ 228, 904 BGB eingeschränkt sein (BGH GRUR 2003, 956, 957 – *Gies-Adler*).   **22**

Immer wieder wird auch der nicht ausdrücklich durch Gesetz geregelte **übergesetzliche Notstand** angeführt. Im Kern geht es dabei um die Abwägung des urheberrechtlichen Schutzes mit grundgesetzlichen Positionen, insb. mit Kommunikationsgrundrechten. So sollen etwa Meinungs- und Informationsfreiheit dem Urheberrecht vorgehen, wenn bei Veröffentlichung eines Anwaltsschriftsatzes aus dem Verfahren gegen den DDR-Regimekritiker *Havemann* schützenswerte Belange des Urhebers (Anwalt) nicht gefährdet sind und überragende Interessen der Allgemeinheit eine Veröffentlichung verlangen (OLG Hamburg NJW 1999, 3343, 3344). Parallel argumentierte das LG Berlin GRUR 1962, 207, 210 – *Maifeiern* für die Nutzung der Ost-Wochenschau *Der Augenzeuge* durch den *SFB* in einer politisch-kritischen Fernsehsendung zum 1. Mai. Je-   **23** doch ist der BGH einer Anwendung des Institutes des übergesetzlichen Notstandes mit Recht **entgegengetreten** (BGH GRUR 2017, 901 Tz. 42 – *Afghanistan Papiere*; BGH GRUR 2003, 956, 957 – *Gies-Adler*; dem folgend: BVerfG GRUR 2012, 389 Tz. 14 m. w. N.; *Bornkamm* FS Piper S. 646 ff.; *Seifert* FS Erdmann S. 195, 207 ff.; *Schack* FS Schricker II S. 510, 516 f.; Schricker/Loewenheim/*Melichar/Stieper*[5] Vor §§ 44a ff. Rn. 22; Dreier/Schulze/*Dreier/Specht*[5] Rn. 15; Schricker/Loewenheim/*Leistner*[5] Rn. 38 f.; Wandtke/Bullinger/*v.Wolff*[4] Rn. 34; offen KG ZUM 2008, 329, 331 – *Grass-Briefe in der FAZ*). Ferner vgl. Vor §§ 44a ff. Rn. 2. Bereits die urheberrechtlichen Verwertungsbefugnisse (insb. § 24, s. BGH GRUR 2003, 956, 958 – *Gies-Adler*) sowie die Schrankenbestimmungen der §§ 44a ff. sind verfassungskonform und ggf. erweiternd auszulegen. Das Gleiche gilt für die durch das BGB normierten rechtfertigenden Notstände. Diese Tatbestände sind indes abschließend, sodass eine nachgeordnete Prüfung eines übergesetzlichen Notstandes nicht stattfinden kann. Auch eine dem Urheberrecht und den Notstandsbestimmungen des BGB nachgeschaltete **allgemeine Güter- und Interessenabwägung** kommt nicht in Betracht, weil sie die Kompetenzen der Zivilgerichte überschreiten würde. Bei Verfassungswidrigkeit der Bestimmungen des UrhG (bzw. des BGB) kann nur das BVerfG auf der Grundlage der bekannten Verfahren eingreifen (BGH GRUR 2003, 956, 957 – *Gies-Adler*). Allerdings hat der BGH seine Rechtsprechung kürzlich zur Überprüfung durch den EuGH gestellt (BGH GRUR 2017, 901 Tz. 42 – *Afghanistan Papiere*; BGH GRUR 2017, 895 Tz. 46 ff. – *Metall auf Metall III*), und es kann nicht ausgeschlossen werden, dass der EuGH die bisher in Deutschland herrschende Dogmatik verwirft.

24   c) **Einwilligung, Genehmigung:** Eine Rechtswidrigkeit wird auch durch eine **Zustimmung** (§ 182 BGB) in die Verletzungshandlung ausgeschlossen, wobei sowohl eine vorherige Einwilligung (§ 183 BGB) als auch eine nachträgliche Genehmigung (§ 184 BGB) denkbar sind. Bei späterer Genehmigung durch einen Berechtigten tritt ein nachträglicher Wegfall der Widerrechtlichkeit ein (s. BGH GRUR 1959, 147, 149 f. – *Bad auf der Tenne*). Nicht unter die (rechtfertigende) Zustimmung fällt die (konkludente) Nutzungsrechtseinräumung, die schon den Tatbestand der Verletzungshandlung ausschließt (vgl. Rn. 15). Sie muss allerdings „unzweideutig" sein, dass der Erklärende über sein Urheberrecht in der Weise verfügen will, um einem Dritten daran ein bestimmtes Nutzungsrecht einzuräumen (BGH GRUR 2010, 628 Tz. 29 – *Vorschaubilder*; BGH GRUR 1971, 362, 363 – *Kandinsky II*). Die rechtfertigende – sog. **schlichte** – **Einwilligung** ist unterhalb dieses Niveaus angesiedelt (eingehend BGH GRUR 2010, 628 Tz. 28 ff. – *Vorschaubilder*; ferner *v. Ungern-Sternberg* GRUR 2009, 369 ff.).

25   Im Zusammenhang mit Sachverhalten, in denen die Interessen der Urheber nicht nennenswert beeinträchtigt werden und die Einräumung von Nutzungsrechten wegen zu hoher Transaktionskosten von vornherein nicht in Betracht kommt, hält die Rechtsprechung eine (**rechtfertigende**) **schlichte Einwilligung** in eine Verletzungshandlung für möglich. Rechtsprechung gibt es hier vor allem zu **Bildersuchmaschinen,** die durch die Vervielfältigung und öffentliche Zugänglichmachung sog. **Thumbnails** eigene Nutzungshandlungen unternehmen und deshalb nicht wie ein Hostprovider haftungsprivilegiert sind (vgl. Rn. 160 ff.). Hier sind **drei Fälle zu unterscheiden.** Eine rechtfertigende (schlichte) Einwilligung nimmt der BGH in *Vorschaubilder* zunächst für ein **rechtmäßig im Internet öffentlich zugänglich gemachtes** Foto an, das von der *Google*-Bildersuchmaschine als „Thumbnail" öffentlich zugänglich gemacht wurde. Eine solche Einwilligung sei gegeben, wenn der Berechtigte eine mögliche Blockierung der Suchmaschinenindexierung seines Fotos nicht vornehme. Ein Berechtigter, der Texte oder Bilder im Internet ohne Einschränkung frei zugänglich mache, müsse mit den nach den Umständen üblichen Nutzungshandlungen von Bildersuchmaschinen rechnen (BGH GRUR 2010, 628 Tz. 36 – *Vorschaubilder*). Die Einwilligung könne mit Wirkung für die Zukunft widerrufen werden. Da die Einwilligung mit dem Einstellen der Abbildungen in das Internet ohne hinreichende Sicherungen gegen das Auffinden durch Bildersuchmaschinen erklärt werde, bedürfe es für einen rechtlich beachtlichen Widerruf jedoch grundsätzlich eines gegenläufigen Verhaltens, also der Vornahme der entsprechenden Sicherungen gegen das Auffinden der eingestellten Bilder durch Bildersuchmaschinen (BGH GRUR 2010, 628 Tz. 36 – *Vorschaubilder*). In *Vorschaubilder II* nahm der BGH eine Einwilligung auch im Fall von **rechtswidrig im Internet öffentlich zugänglichen Fotos** an, die (auch) **an anderer Stelle rechtmäßig öffentlich** im Internet **zugänglich waren**. Es sei allgemein bekannt, dass Suchmaschinen, die das Internet in einem automatisierten Verfahren nach Bildern durchsuchen, nicht danach unterscheiden können, ob ein aufgefundenes Bild von einem Berechtigten oder einem Nichtberechtigten ins Internet eingestellt worden sei. Es sei widersprüchlich, wenn der Rechteinhaber vom Suchmaschinenbetreiber verlange, nur Thumbnails solcher Fotos anzuzeigen, die vom Rechteinhaber lizenziert seien (BGH GRUR 2012, 602 Tz. 28 – *Vorschaubilder II*). Der Rechteinhaber hat danach zwei Möglichkeiten, um die Anzeige von rechtswidrig öffentlich zugänglich gemachten Fotos in der Suchmaschine zu verhindern: Er muss seinen Lizenznehmern aufgeben, die Fotos für das Auffinden durch Suchmaschinen zu blockieren, sodass das Foto dort gar nicht mehr erscheint (BGH GRUR 2012, 602 Tz. 27 – *Vorschaubilder II*), oder er muss die Verletzer selbst in Anspruch nehmen (BGH GRUR 2012, 602 Tz. 29 – *Vorschaubilder II*). Der dritte Fall sind **Fotos, die nur ohne Zustimmung des Berechtigten im Internet öffentlich zugänglich gemacht** sind. Hier kann keine Einwilligung zur Suchmaschinennutzung gegeben sein. Nach dem BGH kommt in Betracht, dass die Haftung des Betreibers der Suchmaschine auf solche Verstöße beschränkt sei, die begangen werden, nachdem der Betreiber auf eine klare Rechtsverletzung hingewiesen worden sei. Ein solcher, die Haftung auslösender Hinweis auf eine Urheberrechtsverletzung müsse ihm auch über die urheberrechtliche Berechtigung der Beteiligung hinreichende Klarheit verschaffen (BGH GRUR 2010, 628 Tz. 39 – *Vorschaubilder*; zur „Klarheit" der Rechtsverletzung vgl. Rn. 162). Die Rechtsprechung zu Thumbnails lässt sich problemlos auf andere Inhalte von Suchmaschinen ausdehnen, beispielsweise auf **Snippets** (sofern urheberrechtlich geschützt) in **Textsuchmaschinen** (s. nur KG 10. ZS – MMR 2012, 129, gegen KG 9. ZS – MMR 2010, 495, jeweils zum Persönlichkeitsrecht); zur Haftung von Suchmaschinen wegen Verlinkung vgl. Rn. 167 ff. Auf **Crawler**, die die gefundenen Daten lediglich für eigene Zwecke nutzen (z. B. vervielfältigen), sie aber nicht für alle öffentlich zugänglich machen, erscheint die Rechtsprechung jedoch kaum erweiterbar. Zur Anwendung außerhalb von Suchmaschinen vgl. Rn. 25b.

Diese **Rechtsprechung** ist **in mehrfacher Hinsicht kritikwürdig.** Zunächst wird   **25a**
durch die „Krücke" (*Spindler* GRUR 2010, 785, 791; in diese Richtung auch *Leistner* CR 2008, 499, 507 a. E. und Schricker/Loewenheim/*Leistner*[5] Rn. 36: „Notlösungscharakter"; krit. auch *Conrad* ZUM 2012, 480, 482; s. a. *Ohly* GRUR 2012, 983, 992; *Klass* ZUM 2013, 1, 3; zustimmend aber *Peukert* FS Wandtke S. 466) der rechtfertigenden Einwilligung ein Ersatz für die fehlende gesetzliche Schrankenregelung für Suchmaschinenbetreiber geschaffen. Art. 5 Abs. 3 Info-RL verbietet nationalen Gesetzgebern jedoch die Einführung neuer, dort nicht genannter Schrankenregelungen für das Recht der öffentlichen Zugänglichmachung (so auch *Handig* ZUM 2010, 631, 632; a. A. *Ohly* GRUR 2012, 983, 992, der die Einwilligungslösung des BGH für EU-rechtskonform hält); der BGH erwähnt diese europarechtlichen Aspekte nicht, geschweige denn, dass er die sich aufdrängende Frage nach einer Vorlage an den EuGH erörtert. Außerdem überzeugt im vom BGH geschaffenen Haftungssystem für

eigene Inhalte von Suchmaschinenbetreibern wenig, dass ihre Haftung auf Fälle begrenzt wird, in denen das Foto gar nicht rechtmäßig von Suchmaschinen gefunden werden kann. In solchen Fällen tritt dann sogar noch die Einschränkung hinzu, dass die Suchmaschine erst nach Kenntnis einer „klaren" Verletzung tätig werden muss. Ein berechtigtes allgemeines Interesse daran, dass Suchmaschinen auch nach Kenntnis rechtswidrige Inhalte transportieren dürfen, ist für Infrastrukturdienstleister wie *Google* jedoch nicht grundsätzlich anzuerkennen (eingehend *Jan Bernd Nordemann* CR 2010, 653, 656; a. A. *Conrad* ZUM 2012, 480, 482); für die Linkhaftung vgl. Rn. 167 ff. Ohnehin erscheint es auf dem Boden der geltenden Einwilligungslehre dogmatisch als zweifelhaft von einer Einwilligung für eine öffentliche Zugänglichmachung von Rechtsverletzungen Dritter nur deshalb auszugehen, weil der Nutzer das Werk selbst legal in das Netz gestellt hat (eingehend und ebenfalls krit. *Klass* ZUM 2013, 1, 7; *Ohly* GRUR 2012, 983, 992; *Conrad* ZUM 2012, 480, 481; *Spindler* MMR 2012, 383, 386).

25b **Außerhalb der Tätigkeit der an die Allgemeinheit gerichteten Infrastrukturdienstleister im Internet** sollte man mit der Anwendung der rechtfertigenden Einwilligung noch zurückhaltender sein. Es kommt auf die **objektive Empfängersicht** an (*v. Ungern-Sternberg* GRUR 2009, 369 ff.). Die Einwilligung wird man auf eng begrenzte **Ausnahmefälle** beschränken müssen (s. HK-UrhR/*Meckel*[3] Rn. 35). Anderenfalls würde man durch eine vorschnelle Annahme einer Einwilligung die Tendenz, dass die Nutzung seiner Werke soweit wie möglich dem Urheber vorbehalten bleibt (vgl. § 31 Rn. 109 ff.), auf der Ebene der Rechtswidrigkeit schlichtweg unterlaufen (OLG Hamburg GRUR 2001, 831 – *Roche Lexikon Medizin*). Durch das bloße Einstellen eines Werkes in das Internet wird nur eine Einwilligung erteilt, damit alle Nutzungshandlungen vorzunehmen, die mit der Internetnutzung wesensmäßig verbunden sind, z. B. die vorübergehende Vervielfältigung in den Arbeitsspeicher (*v. Ungern-Sternberg* GRUR 2009, 369, 372), nicht aber die Nutzung für gewerbliche Zwecke, z. B. im Rahmen einer Präsentation. Wer durch eine beschränkende technische Vorkehrung zu erkennen gibt, dass er eine Nutzung nicht wünscht, erteilt keine (schlichte) Einwilligung. Deshalb ist bei Einrichtung eines **Metered Paywall** eine Nutzung von Presseartikeln zum Zweck des Medienmonitoring nicht durch eine Einwilligung gedeckt (OLG München GRUR-RR 2017, 89 Tz. 52 ff. – *Kein Vollgas*, unter Verweis auf BGH GRUR 2011, 56 – *Session-ID*). Werden **Musikaufführungen einer Verwertungsgesellschaft** zwei bis sechs Tage vorher angezeigt, kann aus einer fehlenden Reaktion nicht auf eine Einwilligung der Verwertungsgesellschaft geschlossen werden (BGH GRUR 2012, 715 Tz. 9 ff. – *Bochumer Weihnachtsmarkt*). Bestimmte Nutzungen können durch eine allgemein übliche **Duldungspraxis** legitimiert sein („**Gewohnheitsrecht**"). Streng genommen dürfte es sich dabei wiederum um eine (schlichte) Einwilligung handeln, solange der Rechteinhaber nicht ausdrücklich widerspricht. Eine solche Duldungspraxis besteht zur Vervielfältigung und Verbreitung von Rezensionsauszügen aus Titeln Dritter zur Bewerbung von Büchern im Klappentext, sodass Vervielfältigung und Verbreitung solcher Rezensionsauszüge keine Urheberrechtsverletzung ist. Demgegenüber entfällt für eine öffentliche Zugänglichmachung von solchen Rezensionsauszügen im Internet mangels einheitlicher Übung die Rechtswidrigkeit (OLG München, GRUR-RR 2015, 331, 333 – *Buchrezensionen*).

25c **Testkäufe** des Rechteinhabers zum Nachweis urheberrechtswidriger Nutzungen (z. B. Kauf einer urheberrechtswidrigen DVD; Download eines urheberrechtswidrig öffentlich zugänglich gemachten Computerspiels) beinhalten keine (ausdrückliche oder konkludente) Zustimmung, sodass dadurch die Handlung nicht legalisiert wird (Schricker/Loewenheim/*Leistner*[5] Rn. 40; OGH MuR 2003, 111; davor schon OGH MuR 1993, 229 – *Testbestellung*,

m. Anm. *Walter*; wohl auch BGH GRUR 1992, 612, 614 – *Nicola*, zum SortSchG).

4. Prozessuales im Hinblick auf die Rechtsverletzung

Zur Darlegungs- und Beweislast für das **Bestehen des urheberrechtlichen Schut- 26 zes** gem. § 2 vgl. § 2 Rn. 236 ff. Die dort genannten Grundsätze sollten auch für Leistungsschutzrechte gelten.

Für die **Verletzungshandlung** ist zunächst der Anspruchsteller darlegungs- und 27 beweisbelastet (BGH GRUR 2012, 626 Tz. 26 – *Converse*; OLG München GRUR-RR 2017, 136 Tz. 19 – *Product Key*). Ausnahmen sind tw. im Gesetz selbst angeordnet (Beispiel § 15 Abs. 3: Der Nutzer muss den *nicht*-öffentlichen Charakter der Wiedergabe beweisen). Bestimmte Umstände, die nach der Lebenserfahrung auf eine Rechtsverletzung schließen lassen, begründen außerdem zugunsten des Rechteinhabers einen Beweis des ersten Anscheins für deren Vorliegen, den der Verletzer sodann durch die substantiierte Darlegung der Wahrscheinlichkeit eines abweichenden Geschehensablaufs entkräften müsste. So legen weitgehende Übereinstimmungen zwischen zwei Werken die Annahme nahe, dass der Urheber des jüngeren Werkes das ältere Werk bewusst oder unbewusst benutzt hat (BGH GRUR 1971, 266, 268 – *Magdalenenarie*; BGH GRUR 1981, 267, 269 – *Dirlada*; BGH GRUR 1988, 812, 814 – *Ein bißchen Frieden*). Die Herstellung von Schallplattenhüllen begründet den Beweis des ersten Anscheins dafür, dass eine entsprechende Anzahl Platten hergestellt und vertrieben wurde (BGH GRUR 1987, 630, 631 – *Raubpressungen*). Dass jemand in erheblichem Umfang Raubkopien von Videobändern bestimmter Hersteller gefertigt hat, rechtfertigt jedoch noch nicht die Annahme, er habe dies auch zu Lasten anderer Hersteller getan (BGH GRUR 1990, 353, 354 – *Raubkopien*). Bei Tauschbörsenfällen liegt die Darlegungs- und Beweislast für die Anschlussidentifizierung, also dafür, dass der Anschluss tatsächlich für die Verletzung genutzt wurde, grundsätzlich beim Anspruchsteller, also beim Rechteinhaber. Im Regelfall verwenden die Rechteinhaber eine bestimmte Software, die rechtsverletzende öffentliche Zugänglichmachung durch eine bestimmte IP-Adresse zu belegen; im Einzelnen vgl. Rn. 152. – Zur **Beweissicherung** im Verletzungsprozess vgl. § 101a 1 ff. – Macht der Anspruchsgegner aber geltend, ihm sei ein **Recht zur Nutzung** vertraglich eingeräumt, liegt die Darlegungs- und Beweislast nicht beim Urheber, sondern beim Nutzer (BGH GRUR 1996, 121, 123 – *Pauschale Rechtseinräumung*; OLG Hamburg GRUR 1991, 599, 600 – *Rundfunkwerbung*, LG München I GRUR 1991, 377, 379 – *Veit-Harlan-Videorechte*); das folgt schon aus dem der Regelung des § 31 Abs. 5 zugrunde liegenden Grundsatz, dass das Urheberrecht die Tendenz hat, beim Urheber zurückzubleiben (vgl. § 31 Rn. 109 ff.); Gleiches gilt auch im Rechtsverkehr zwischen Verwertern (vgl. § 31 Rn. 118). Beruft sich ein Nutzer auf eine der **Schrankenregelungen** der §§ 44a ff., nimmt er also eine sein Tun rechtfertigende *Ausnahme* von der Regel des alleinigen Verwertungsrechts des Urhebers in Anspruch, so muss er die tatsächlichen Voraussetzungen dafür darlegen und beweisen (*Flechsig* GRUR 1993, 532, 536; vgl. Vor §§ 44a ff. Rn. 16). Entsprechendes gilt für die **freie Benutzung** nach § 24 (*Schack*, Urheber- und UrhebervertragsR[7] Rn. 762) und für die Erschöpfung des Verbreitungsrechts nach § 17 Abs. 2 (BGH GRUR 2014, 264 Tz. 56 – *UsedSoft II*). – Ist für den Nachweis der Rechtsverletzung ein **Sachverständigenbeweis** erforderlich, kann es notwendig werden, **Geschäftsgeheimnisse des Anspruchsgegners** zu schützen, sofern er darlegt, dass das Gutachten Geschäftsgeheimnisse offenbart und welche Nachteile ihm daraus drohen. Entsprechend den Grundsätzen aus der *Lichtbogenschnürung*-Entscheidung (BGH GRUR 2010, 318 – *Lichtbogenschnürung*) kann die Einsicht in das Gutachten auf rechtsanwaltliche Vertreter des Anspruchstellers beschränkt werden, die zur Verschwiegenheit verpflichtet sind; ferner kann dem Anspruchsteller ein weiterer Sachverständiger beigeordnet werden, der das Gutachten auch im nicht öffentlichen Teil überprüfen kann (eingehend: BGH GRUR 2013, 618 Tz. 19 f. – *Internet-Videorecorder II*). Teilweise hat die Rechtsprechung auch wegen Geheimnisschutzes die Darlegungslast verringert (BGH GRUR 2012, 626 Tz. 26 – *Converse*). So musste der Originalhersteller einer Ware nicht genau spezifizieren, weshalb er über das verwendete Kodierungssystem feststellen konnte, dass es sich um eine Fälschung handele (OLG München GRUR-RR 2017, 136 Tz. 20 – *Product Key*).

28   Die **Widerrechtlichkeit** ist bei Verletzung indiziert; der Anspruchsgegner trägt die Darlegungs- und Beweislast für Rechtfertigungsgründe (vgl. Rn. 21).

III. Ansprüche

1.   Unterlassung (Abs. 1)

29   a) **Wiederherstellender Unterlassungsanspruch (Abs. 1 S. 1):** Das Gesetz regelt den wiederherstellenden Unterlassungsanspruch nach **vorangegangener Rechtsverletzung** in § 97 Abs. 1 S. 1. Er richtet sich gegen jeden Verletzer **ohne Rücksicht auf** dessen **Verschulden** (BGH GRUR 2016, 493 Tz. 16 – *Al Di Meola*). Auch der gutgläubige Verwerter, der nicht wissen konnte, dass er eine Rechtsverletzung beging (z. B. der Gastwirt, der die rechtswidrige Funksendung eines Werkes ahnungslos seinen Gästen darbot), kann auf Unterlassung in Anspruch genommen werden. Der Anspruch setzt nur voraus, dass eine Rechtsverletzung tatsächlich begangen worden ist (dazu vgl. Rn. 14 ff.). Sie muss **im Inland** begangen worden sein (vgl. Rn. 7; OLG München ZUM 2009, 965, 969 – *NS-Zeitungen*); eine Verletzung im Ausland kann allerdings eine Erstbegehungsgefahr auslösen, wenn ausreichende Anhaltspunkte hinzutreten, dass eine Verletzung im Inland droht (vgl. Rn. 39).

30   **Zusätzlich** muss eine **Wiederholungsgefahr** gegeben sein, d. h. die konkrete Gefahr einer künftigen gleichartigen Rechtsverletzung unter den gleichen Tatumständen. Das braucht allerdings nicht besonders dargelegt zu werden. Im Urheberrecht wird – genauso wie im Wettbewerbsrecht – **das Bestehen einer Wiederholungsgefahr bei vorangegangener Verletzung vermutet** (Dreier/Schulze/*Dreier*/*Specht*[5] Rn. 41; Loewenheim/*Vinck*[2] § 81 Rn. 23; zum UWG: BGH GRUR 1980, 724, 727 – *Grand Prix*; BGH GRUR 1955, 97 – *Constanze II*). Ein nach Verletzung abgeschlossener befristeter Lizenzvertrag lässt die Wiederholungsgefahr nicht entfallen (OLG München, ZUM-RD 2015, 275).

31   An die Ausräumung der Vermutung werden **strenge Anforderungen** gestellt (BGH GRUR 2002, 180 – *Weit-Vor-Winter-Schluss-Verkauf*; BGH GRUR 1998, 483, 485 – *Der M-Markt packt aus*; jeweils zum UWG). Schon geringe Zweifel gehen zu Lasten des Schuldners (OLG Köln ZUM-RD 2011, 18, 19 – *The Disco Boys*). **Die bloße Erklärung des Verletzers, er werde das beanstandete Verhalten einstellen, reicht** danach regelmäßig **nicht aus**, auch wenn es sich um ein angesehenes und bedeutendes Unternehmen handelt (s. BGH GRUR 1965, 198, 202 – *Küchenmaschine*). Das Gleiche gilt, wenn der Verletzer die **Verletzung tatsächlich einstellt**, also z. B. eine rechtswidrig öffentlich zugänglich gemachte Werkkopie aus dem Internet entfernt (OLG Hamburg ZUM-RD 2009, 72, 74 – *Stadtplan-Kartenausschnitte*). Auch wenn die Produktion der illegalen Vervielfältigungsstücke endgültig eingestellt wird, **genügt** das grundsätzlich **nicht**. Das schließt nicht aus, dass der Verletzer die Produktion irgendwann fortsetzt (s. BGH GRUR 1998, 1045, 1046 – *Brennwertkessel*). Auch die **Auflösung und Liquidation** einer juristischen Person lässt die Wiederholungsgefahr **nicht entfallen** (BGH GRUR 2008, 625 Tz. 23 – *Fruch-*

textrakt), genauso wenig führt das **Ausscheiden eines Geschäftsführers** beim verletzenden Unternehmen dazu, dass dem früheren Geschäftsführer gegenüber (BGH GRUR 2009, 845 Tz. 47 – *Internet-Videorecorder*) oder seinem bisherigen Unternehmen gegenüber die Wiederholungsgefahr entfiele. Etwas anderes gilt für **Rechtsnachfolger.** Eine auf Grund des persönlichen Verhaltens des Rechtsvorgängers in seiner Person begründete Wiederholungsgefahr geht als ein tatsächlicher Umstand nicht auf den Rechtsnachfolger über (BGH GRUR 2006, 879 Tz. 17 – *Flüssiggastank* m. w. N., zum UWG; zum Urheberrecht: Schwartmann/Möllmann/Bießmann[3] Kap. 34 Rn. 21; Wandtke/Bullinger/*v. Wolff*[4] Rn. 36). Das gilt auch dann, wenn der Rechtsvorgänger nicht wegen persönlichen Fehlverhaltens, sondern wegen Zurechnung fremden Verhaltens z. B. aufgrund § 31 BGB oder § 99 UrhG auf Unterlassung haftete (BGH GRUR 2007, 995, Tz. 10 – *Schuldnachfolge*, zum UWG). Es kommt jedoch eine Erstbegehungsgefahr in Betracht, die allerdings auch bei Fortführung des Betriebs mit identischem Personal weniger streng zu beurteilen ist (BGH NJW 2013, 593 Tz. 26; zur Erstbegehungsgefahr vgl. Rn. 39 ff.). Etwas anderes muss aber gelten, wenn gem. § 30 eine Rechtsnachfolge nach dem Urheber besteht (§ 30) und die Verletzung sich direkt in dem betreffenden Werk verkörpert. Das ist z. B. der Fall, wenn eine nach § 23 S. 2 auch ohne öffentliche Verwertung unzulässige Bearbeitung gegeben ist; vgl. Rn. 181.

Der Wegfall der Wiederholungsgefahr wird vielmehr regelmäßig erst dadurch herbeigeführt, dass der Verletzer sich unter Übernahme einer angemessenen Vertragsstrafe für jeden Fall der schuldhaften (keine Beschränkung, sondern entspricht der ohnehin bestehenden Rechtslage, BGH GRUR 1985, 155, 156 – *Vertragsstrafe bis zu...*) **Zuwiderhandlung unwiderruflich zur Unterlassung verpflichtet** (BGH GRUR 1983, 127, 128 – *Vertragsstrafeversprechen*; ferner BGH GRUR 1994, 304, 306 – *Zigarettenwerbung in Jugendzeitschriften*). Das Angebot darf nicht befristet sein, damit es „unwiderruflich" ist (BGH GRUR 2010, 355 Tz. 21 – *Testfundstelle*). Der **Verzicht** auf die **Einrede des Fortsetzungszusammenhangs** kann nicht verlangt werden; entsprechende Vereinbarungen, die formularmäßig beansprucht werden, sind wegen Verstoßes gegen § 307 Abs. 2 BGB unwirksam (BGH NJW 1993, 721 – *Fortsetzungszusammenhang*); auch bei Individualverträgen findet das Institut des Fortsetzungszusammenhangs keine Anwendung bei der Auslegung von Vertragstrafeversprechen. Vielmehr wird jetzt auf die „**rechtliche Einheit**" abgestellt, die mehrere Handlungen zu einem Verstoß zusammenzieht (BGH GRUR 2001, 758, 759 – *Trainingsvertrag*); ihr Ausschluss darf weder formular- noch individualvertraglich vom Schuldner verlangt werden (*Teplitzky*[11] Kap. 8 Rn. 30a m. w. N.). Die Unterwerfungserklärung als abstraktes Schuldversprechen bzw. -anerkenntnis (§§ 780, 781 BGB) erfordert grundsätzlich **Schriftform** (Köhler/Bornkamm/*Bornkamm*[35] § 12 UWG Rn. 1.139). Das Schriftformerfordernis gilt für den Kaufmann allerdings nicht (§§ 350, 343 HGB). Selbst in diesem Fall ist der Kaufmann aber mit Blick auf den Zweck der Unterwerfung angehalten, diese schriftlich zu bestätigen, da es andernfalls an der Ernstlichkeit der Unterwerfung mangeln könnte (s. a. § 127 Abs. 2 S. 2 BGB). Bei telefonischer oder Fax-Erklärung kann der Verletzte also schriftliche Nachholung verlangen (BGH GRUR 1990, 530, 532 – *Unterwerfung durch Fernschreiben*). Eine auflösend **befristete** Erklärung beseitigt allenfalls die Dringlichkeit, nicht aber die Wiederholungsgefahr; für eine aufschiebend befristete Erklärung gilt das aber nur dann, wenn die Bedingung noch nicht eingetreten, die Erklärung noch nicht wirksam und damit die Wiederholungsgefahr nicht vollständig beseitigt ist (BGH GRUR 2002, 180, 181 – *Weit-Vor-Winter-Schluss-Verkauf*). Die Abgabe der Erklärung unter der auflösenden **Bedingung** einer Änderung der Rechtslage durch Gesetzesänderung oder Änderung der höchstrichterlichen Rechtsprechung ist zulässig, unter derjenigen

32

des Ausgangs des konkreten Prozesses jedoch nicht (BGH GRUR 1993, 677, 678 – *Bedingte Unterwerfung*).

33   **Nicht angemessene** Vertragsstrafeversprechen beseitigen die Wiederholungsgefahr nicht (BGH GRUR 2002, 180, 181 f. – *Weit-Vor-Winter-Schluss-Verkauf*). **Angemessen** ist eine Vertragsstrafe, die so hoch bemessen ist, dass die Wiederholung der Verletzungshandlung sich aller Voraussicht nach für den Verletzer nicht mehr lohnt (BGH GRUR 1994, 146, 147 – *Vertragsstrafebemessung*). Das ist nach verbreiteter Praxis üblicherweise ein Betrag von mindestens € 5.100,- zumindest bei Verletzungen im geschäftlichen Verkehr (auch wegen der Streitwertgrenze des § 23 Nr. 1 GVG). Je nach der Häufigkeit der Verletzung, der wirtschaftlichen Bedeutung des handelnden Unternehmens (BGH GRUR 1983, 127, 129 – *Vertragsstrafeversprechen*), dem Maß des Verschuldens und den sonstigen Umständen kann die Summe auch erheblich höher, selten niedriger liegen (BGH GRUR 1994, 146, 147 – *Vertragsstrafebemessung*; BGH GRUR 2002, 180, 181 – *Weit-Vor-Winter-Schluss-Verkauf*). Ein Vertragsstrafeversprechen unter € 5.000 kann nur bei privaten und geringfügigen Verletzungen in Betracht kommen. Eine **zu hohe** Vertragsstrafenforderung des Verletzten muss der Verletzer nicht akzeptieren. Er muss in diesem Falle dem Verletzten ein „Gegenangebot" machen. Fällt dieses zu niedrig aus, hat der Verletzte eine „Nachfasspflicht" zur Benennung eines angemessenen Betrages (OLG Hamburg GRUR 1988, 929, 930). Zulässig ist auch eine flexible Vertragsstrafe („bis zu ... EUR"), regelmäßig muss der „bis zu"-Betrag aber beim Doppelten des angemessenen Festbetrages liegen (BGH GRUR 1985, 937, 938 – *Vertragsstrafe bis zu... II; Nordemann*[11] Rn. 920). Möglich und verbreitet ist auch ein Vertragsstrafeversprechen nach dem sog. **neuen Hamburger Brauch,** wonach die Vertragsstrafe für jeden Fall der schuldhaften Zuwiderhandlung vom Verletzten nach billigem Ermessen zu bestimmen und im Streitfall vom zuständigen Gericht zu überprüfen ist (BGH GRUR 2010, 355 Tz. 30 – *Testfundstelle*; BGH GRUR 1994, 146 – *Vertragsstrafenbemessung*; BGH GRUR 1990, 1051 – *Vertragsstrafe ohne Obergrenze*). Der neue Hamburger Brauch hat für den Schuldner Vor- und Nachteile. Vorteil ist die größere Flexibilität gerade bei geringfügigen Verstößen. Nachteilhaft kann sich jedoch auswirken, dass das Gericht die Festsetzung durch den Gläubiger nur begrenzt darauf überprüfen kann, ob sie „billig" ist (OLG Düsseldorf MD 2010, 609, 610). Das Angebot einer **Vertragsstrafe,** die **an einen Dritten** auf Forderung des Gläubigers der Unterlassungsvereinbarung zu leisten wäre (§ 328 BGB), beseitigt für den Regelfall nach der älteren Rechtsprechung des BGH die Wiederholungsgefahr nicht (für den Regelfall BGH GRUR 1987, 748, 749 f. – *Getarnte Werbung II* m. w. N. aus der kontroversen Rechtsprechung der Instanzgerichte; ferner *Teplitzky*[11] Kap. 8 Rn. 26 ff.; *Nordemann*[11] Rn. 919); das erscheint jedenfalls dann als nicht haltbar, wenn der Gläubiger es in der Hand hat, die Zahlung an den Dritten, z. B. an eine gemeinnützige Organisation, einzufordern.

34   **Inhaltlich** muss die Unterlassungserklärung die Urheberrechtsverletzung **voll abdecken** (BGH GRUR 2007, 871, 874 – *Wagenfeld-Leuchte*). **Teilunterwerfungen** müssen bei nachvollziehbaren Gründen des Schuldners akzeptiert werden, wenn die Interessen des Gläubigers nicht beeinträchtigt werden; das ist der Fall, wenn sie isolierbare Nutzungshandlungen betreffen, nicht aber für „unwesentliche Teilaspekte". Bei illegalem Anbieten in Deutschland nach § 17 ist eine Verpflichtung, einen werblichen Hinweis auf die Übereignung in Italien zu setzen, unwesentlich (BGH GRUR 2007, 871, 874 – *Wagenfeld-Leuchte*). Die Unterlassungserklärung muss so **verallgemeinert** sein, dass sie alle im **Kern gleichartigen Verletzungsformen** mit abdeckt (BGH GRUR 1997, 379, 380 – *Wegfall der Wiederholungsgefahr II*; BGH GRUR 1996, 290, 291 – *Wegfall der Wiederholungsgefahr*; zum Urheberrecht eingehend: OLG Köln

ZUM-RD 2011, 18, 19 – *The Disco Boys*); zur sog. Kerntheorie eingehend vgl. Rn. 41 ff. Ein dahingehender Erklärungswille des Verletzers muss nicht unbedingt ausdrücklich betont worden sein; er kann sich aus ihrer **Auslegung** gem. §§ 133, 157 BGB ergeben (BGH GRUR 2003, 899, 900 – *Olympiasiegerin*; BGH GRUR 1998, 471, 472 – *Modenschau im Salvatorkeller*), wozu auch Begleitschreiben oder -schriftsätze gehören (BGH GRUR 1998, 483, 485 – *Der M-Markt packt aus*). Das gilt selbst dann, wenn der Gläubiger ein Angebot zur Abgabe einer verallgemeinernden Unterlassungserklärung gemacht hat und der Schuldner mit einer auf die konkrete Verletzungsform beschränkten Erklärung reagiert (BGH GRUR 2003, 899, 900 – *Olympiasiegerin*). Der Gläubiger sollte zur Vermeidung von Auslegungsschwierigkeiten den Schuldner in Zweifelsfällen auffordern, ausdrücklich zu erklären, dass „kerngleiche" Sachverhalte erfasst sind. Wer Unterlassung verspricht, ist im Zweifel nicht verpflichtet sicherzustellen, dass die von ihm bereits verbreiteten Exemplare nicht weiter verteilt, also weiterverbreitet werden (BGH GRUR 2003, 545, 546 – *Hotelfoto*); zum „Rückruf" vgl. § 98 Rn. 23 ff. Der Wirksamkeit der Unterlassungserklärung steht nicht entgegen, wenn sie **ohne Anerkennung einer Rechtspflicht, aber rechtsverbindlich** abgegeben wird. Denn auch in einem solchen Fall entfällt die Wiederholungsgefahr (allgemeine Meinung: Köhler/Bornkamm/*Bornkamm*[35] § 12 UWG Rn. 1.149). Sinn des Vorbehaltes ist in der Regel die Vermeidung der Kostentragungspflicht für die Abmahnkosten (str., ob möglich; vgl. § 97a Rn. 14).

Der Abgemahnte muss **nicht zwingend die vom Gläubiger angebotene Unterlassungserklärung annehmen.** Er kann auch eine selbst formulierte Unterlassungserklärung abgeben, wenn nur seine Erklärung den geltend gemachten Anspruch in vollem Umfang erledigt. Hat der **Verletzer ein ausreichendes Angebot** für ein Unterlassungsversprechen **abgegeben,** so **entfällt die Wiederholungsgefahr** (BGH GRUR 2006, 878, 878 Tz. 20 – *Vertragsstrafenvereinbarung*; zum UrhG: OLG Köln ZUM-RD 2011, 686), auch wenn der Anspruchsberechtigte das Angebot ablehnt. Er kann dann auch im Verletzungsfall die Vertragsstrafe nicht fordern, weil dies das Bestehen eines **Unterlassungs*vertrages*** voraussetzt. Für sein Zustandekommen gelten die §§ **145 ff. BGB** (eingehend vgl. Rn. 221a; ferner BGH GRUR 2006, 878, 878 Tz. 14 – *Vertragsstrafenvereinbarung*; s. ferner *Teplitzky*[11] Kap. 20 Rn. 7 f.); zur **Verletzung von Unterlassungsverträgen** und daraus resultierenden Ansprüchen vgl. Rn. 221a ff. **35**

Ausnahmsweise kann die Wiederholungsgefahr auch ohne strafbewehrte Unterlassungsverpflichtung **wegfallen, wenn** der Verletzte einen **rechtskräftigen Hauptsachetitel** gegen den Verletzer erwirkt (BGH GRUR 2003, 450, 452 – *Bedingte Unterwerfung*) oder der Verletzer, nachdem eine einstweilige Verfügung gegen ihn ergangen ist, eine ausreichende **Abschlusserklärung** (vgl. Rn. 212 ff.) abgegeben hat (BGH GRUR 2005, 692, 694 – *„statt"-Preis*). **36**

Die Abgabe einer strafbewehrten Unterlassungserklärung und ein daraus folgender Unterlassungsvertrag haben für den Schuldner einige Nachteile. Insbesondere haftet er für seine Erfüllungsgehilfen, und es besteht wegen der Vertragstrafe ein finanzieller Verfolgungsanreiz für den Gläubiger (vgl. Rn. 221a ff.). Zur Vermeidung dieser Nachteile wird teilweise versucht, die Wiederholungsgefahr durch eine **notarielle Unterwerfungserklärung** (Unterlassungserklärung) auszuräumen (dazu *Hess* jurisPR-WettbR 2/2015 Anm. 2; *ders.* WRP 2/2015 Editorial; *Pustovalov* ZUM 2016, 426; *Tavanti* WRP 2015, 1411; *Teplitzky* WRP 2015, 527; *Köhler* GRUR 2010, 6). Im Ergebnis entfällt die Wiederholungsgefahr jedoch nicht, es sei denn, der Gläubiger lässt sich darauf ein. Eine notarielle Unterwerfungserklärung **kann** für sich genommen **die Wiederholungsgefahr nicht beseitigen,** wenn der *Gläubiger* keinen Androhungsbeschluss gem. § 890 Abs. 2 ZPO erwirkt und diesen Beschluss formal **36a** zustellt (BGH GRUR 2016, 1316 Tz. 35, 42 – *Notarielle Unterwerfungserklärung*). Der **Gläubiger hat es** also **in der Hand,** sich auf die notarielle Unterlassungserklärung einzulassen. Eine Verweigerung durch den abmahnenden Gläubiger ist nicht treuwidrig, weil § 97a Abs. 1 das gesetzliche Leitbild als vertragsstrafebewehrte Unterlassungserklärung vorgibt (BGH GRUR 2016, 1316 Tz. 37 – *Notarielle Unterwerfungserklärung;* KG GRUR-RR 2017, 286 Tz. 38 – *Vollstreckung der notariellen Unterlassungserklärung;* jeweils zu § 12 Abs. 1 UWG). Außerdem entfällt durch eine notarielle Unterlassungserklärung nicht das **Rechtsschutzbedürfnis für einen gerichtlichen Titel.** Es besteht das Problem der fehlenden Gleichwertigkeit der notariellen Erklärung einerseits gegenüber der vertragsstrafebewehrten Erklärung bzw. dem gerichtlichen Titel andererseits (BGH GRUR 2016, 1316 Tz. 19 ff. – *Notarielle Unterwerfungserklärung;* KG GRUR-RR 2017, 286 Tz. 22 ff. – *Vollstreckung der notariellen Unterlassungserklärung*). Zunächst muss der Gläubiger mit der Möglichkeit rechnen, dass das Ordnungsmittelverfahren vor einem Gericht durchgeführt wird, das nicht für Urheberrecht nach § 104 speziell zuständig ist und deshalb nicht die für die Beurteilung der Reichweite der Unterlassungsverpflichtung (vgl. Rn. 40a) und der Kerngleichheit von Handlungen (vgl. Rn. 41) erforderliche Sachkunde mit bringt (BGH GRUR 2016, 1316 Tz. 24 – *Notarielle Unterwerfungserklärung,* zu § 13 UWG). Das gilt jedenfalls solange, wie nicht ausgeschlossen werden kann, dass das Ordnungsmittelverfahren am Sitz des für den Notar zuständigen Amtsgerichts durchgeführt werden (so die h. M.: KG GRUR-RR 2017, 286 Tz. 22 ff. – *Vollstreckung der notariellen Unterlassungserklärung;* OLG München WRP 2015, 646; a. A. OLG Schleswig BeckRS 2016, 16512: Gericht, das für den Hauptanspruch zuständig ist; offen: BGH GRUR 2016, 1316 Tz. 21 – *Notarielle Unterwerfungserklärung,* zum UWG m. w. N. zum Streitstand). Das kann (muss aber nicht) ein anderes Gericht als das Urhebergericht nach § 104 sein. Außerdem kann eine Rechtsschutzlücke für den Gläubiger entstehen. Solange aus einer notariellen Unterlassungserklärung mangels Zustellung eines Androhungsbeschlusses nach § 890 Abs. 2 ZPO oder Ablaufs der Wartefrist des § 798 ZPO nicht vollstreckt werden kann, verfügt der Gläubiger nicht über eine dem gerichtlichen Titel in der Hauptsache gleichwertige Vollstreckungsmöglichkeit, weil zwischenzeitliche Verstöße des Schuldners gegen seine Unterlassungspflicht nicht geahndet werden können und es somit an der effektiven Sicherung der Unterlassungspflicht fehlt (BGH GRUR 2016, 1316 Tz. 19 ff. – *Notarielle Unterwerfungserklärung*). Die Rechtsschutzlücke beträgt mindestens 2 Wochen und erlaubt dem Gläubiger ein Einstweiliges Verfügungsverfahren, selbst wenn er sich auf die notarielle Unterlassungserklärung einlässt (OLG GRUR-RR 2015, 405 juris Tz. 28). Sobald er sich jedoch darauf einlässt und den Androhungsbeschluss an den Schuldner zugestellt hat, erledigt sich sein Rechtsschutzbedürfnis.

37   Die **Wiederholungsgefahr entsteht neu,** wenn der Verletzer den gleichen oder einen im Kern gleichartigen Verstoß erneut begeht (BGH GRUR 1980, 241 f. – *Rechtsschutzbedürfnis;* BGH GRUR 1990, 542, 543 – *Aufklärungspflicht des Unterwerfungsschuldners*). Der Schuldner muss dann eine höhere Vertragsstrafe versprechen, weil die bisherige offensichtlich nicht genügend war; üblich ist hier für den Regelfall eine Verdoppelung. Dazu und zu anderen Ansprüchen wegen **Verletzung von (strafbewehrten) Unterlassungsverträgen** vgl. Rn. 221a ff.

38   Im Urheberrecht ist denkbar, dass ein Unterlassungsanspruch mehreren Personen zusteht, z. B. dem Urheber und dem ausschließlich Nutzungsberechtigten (zur parallelen Aktivlegitimation vgl. Rn. 128). Dann genügt die **einem dieser Gläubiger** gegenüber erklärte Unterwerfung (sog. **Drittunterwerfung),** um die Wiederholungsgefahr entfallen zu lassen, wenn sie geeignet erscheint, den Verletzer ernsthaft von Wiederholungen abzuhalten (Dreier/Schulze/*Dreier/*

Specht[5] Rn. 42; BeckOK UrhR/*Reber*[14] Rn. 96; s. a. BGH GRUR 1983, 186, 187 – *Wiederholte Unterwerfung*; BGH GRUR 1987, 640, 641 – *Wiederholte Unterwerfung II*). Gleiches sollte gelten, wenn es sich zwar um unterschiedliche Rechte handelt, diese aber im Streitfall vollständig parallel laufen. Beispielsweise bei unerlaubter Verwendung einer Musikaufnahme entfällt also die Wiederholungsgefahr, wenn eine ausreichende Unterlassungserklärung gegenüber dem Inhaber des Urheberrechts (Komponist) oder einem Leistungsschutzberechtigten (ausübende Künstler oder Tonträgerhersteller) abgegeben wird. Die Drittunterwerfung kann auch **unaufgefordert** erfolgen, solange keine Zweifel an der Ernsthaftigkeit der Erklärung und am Durchsetzungswillen des Dritten bestehen (OLG Hamburg NJW-RR 1995, 678, 679; OLG Schleswig NJWE WettbR 1998, 91, 92; OLG Frankfurt WRP 1998, 895, 896; verneint in OLG Frankfurt NJWE WettbR 1998, 256; jeweils zum UWG). Das ist auch kein rechtswidriger Eingriff in den eingerichteten und ausgeübten Gewerbebetrieb des Rechteinhabers (BGH GRUR 2013, 917 Tz. 18 ff. – *Vorbeugende Unterwerfungserklärung*). Es kann aber gegen § 7 Abs. 1 UWG (unzumutbare Belästigung) verstoßen, wenn Rechtsanwälte für ihre Mandanten anderen Rechtsanwälten unaufgefordert Unterlassungserklärungen zusenden, sofern nicht vorab geklärt wurde, dass die adressierten Rechtsanwälte durch die Rechteinhaber mandatiert sind (OLG Hamburg ZUM 2012, 488, 489); im Zweifel muss also der Rechteinhaber selbst angeschrieben werden. Auch ein **von einem Dritten erwirkter rechtskräftiger Hauptsachetitel** (BGH GRUR 2003, 450, 452 – *Bedingte Unterwerfung*) oder die einem Dritten gegenüber abgegebene **Abschlusserklärung nach vorausgegangenem einstweiligen Verfügungsverfahren** (OLG Frankfurt WRP 1997, 44, 46; OLG Zweibrücken NJWE WettbR 1999, 66, 67; beide m. w. N.) beseitigen die Wiederholungsgefahr. Die Unterwerfung gegenüber einem Dritten, der urheberrechtliche Ansprüche gar nicht geltend machen könnte, ist irrelevant (OLG Brandenburg WRP 2000, 427, 428, zum UWG). Das Gleiche muss gelten, wenn der Dritte zwar Unterlassungsansprüche nach § 97 UrhG hat, diese aber nicht vollständig inhaltsgleich sind, z. B. bei Vorgehen des Urhebers nur aus § 13, während der ausschließliche Nutzungsrechtsinhaber aus den §§ 16, 17 vorgeht. Zur **Kostenerstattung** bei Abmahnung durch mehrere Gläubiger vgl. § 97a Rn. 36. Die Möglichkeit der Drittunterwerfung kann für den Gläubiger bedeuten, dass er den Unterlassungsprozess verliert, wenn sich der Schuldner erst vor Gericht darauf beruft. Der BGH nimmt jedoch eine **Aufklärungspflicht des Abgemahnten** aus § 242 BGB an, bei deren schuldhafter Verletzung er sich schadensersatzpflichtig macht (BGH GRUR 1987, 54, 55 – *Aufklärungspflicht des Abgemahnten*; BGH GRUR 1987, 640, 641 – *Wiederholte Unterwerfung II*). Die Aufklärung hat innerhalb der mit der Abmahnung gesetzten Frist zu erfolgen (BGH GRUR 1990, 381 – *Antwortpflicht des Abgemahnten*; BGH GRUR 1990, 542, 543 – *Aufklärungspflicht des Unterwerfungsschuldners*).

b) Vorbeugender Unterlassungsanspruch (Abs. 1 S. 2): Der vorbeugende Unterlassungsanspruch ist seit der Umsetzung der Enforcement-RL ab 1.9.2008 (vgl. Rn. 4) ausdrücklich Gesetz, war aber davor auch schon analog § 97 anerkannt. Er unterscheidet sich vom wiederherstellenden Unterlassungsanspruch dadurch, dass er gerade *keine* vorangegangene Rechtsverletzung voraussetzt. Die hier logisch nicht denkbare Wiederholungsgefahr wird ersetzt durch die konkrete Gefahr einer erstmaligen Rechtsverletzung in der Zukunft, die sog. **Erstbegehungsgefahr** (s. BGH GRUR 2007, 890, 894 Tz. 54 – *jugendgefährdende Medien bei eBay*; BGH GRUR 1992, 404, 405 – *Systemunterschiede*). Sie ist gegeben, wenn **ernsthafte und greifbare tatsächliche Anhaltspunkte** für eine in naher Zukunft konkret drohende Rechtsverletzung bestehen (BGH GRUR 2015, 1108 Tz. 53 – *Green-IT*; BGH GRUR 2009, 841 Tz. 8 – *Cybersky*). Die die Erstbegehungsgefahr begründenden Umstände müssen sich so konkret

39

abzeichnen, dass für alle Tatbestandsmerkmale eine zuverlässige Beurteilung möglich ist (BGH GRUR 2017, 793 Tz. 33 – *Mart-Stam-Stuhl*). Dafür können verschiedene **Fallgruppen** gebildet werden. Zunächst kann eine (andere) Verletzungshandlung begangen worden sein, die die ernsthafte unmittelbar bevorstehende Gefahr auslöst, sodass auch noch **andere gleichartige Verletzungen** vorkommen. Das ist insb. denkbar, wenn der Schuldner eine Internetplattform für Handlungen Dritter zur Verfügung stellt; insoweit erfasst die Erstbegehungsgefahr weitere Verletzungen des Dritten oder anderer Personen zumindest innerhalb derselben Kategorie (BGH GRUR 2007, 708, 711 Tz. 41 – *Internet-Versteigerung II*; BGH GRUR 2007, 890, 894 Tz. 54 – *jugendgefährdende Medien bei eBay*); vgl. Rn. 162. Hierher gehört auch der Fall, dass eine Person bereits ein Werk illegal genutzt hat, dies im Prozess als rechtmäßig verteidigt und die Verletzung anderer **Werke aus der selben Serie** (z. B. einer Schmuckserie) nach den Umständen nahe liegt (OLG Frankfurt ZUM 1996, 97, 99 – *ritte*; OLG Zweibrücken GRUR 1997, 827, 829 – *Pharaon-Schmucklinie*). Die Gefährdung ist aber auch schon dann gegeben, wenn die beanstandete Handlung eine Rechtsverletzung lediglich objektiv nahe legt und begünstigt, z. B. das Betreiben von SB-Copyshops, in denen Verletzungen des § 16 durch die Kunden außerhalb des § 53 wahrscheinlich sind (BGH GRUR 1984, 54, 55 – *Kopierläden*; ferner BGH GRUR 1964, 91, 92 – *Tonbänder-Werbung*; BGH GRUR 1964, 94, 95 f. – *Tonbandgeräte-Händler*; BGH GRUR 1960, 340, 343 – *Werbung für Tonbandgeräte*; BGHZ 42, 118, 122 – *Personalausweise bei Tonbandgerätekauf*). Jedoch begründet die Verletzung selbst in ausländischen Nachbarstaaten (z.B. Polen) für sich genommen keine Erstbegehungsgefahr für Deutschland (BGH GRUR 2017, 793 Tz. 46 – *Mart-Stam-Stuhl*). Bei Präsentation von Waren auf Messen gelten nach der Rechtsprechung die folgenden Grundsätze: Ob die Ausstellung eines urheberrechtswidrigen Produkts eine Erstbegehungsgefahr (für eine Verletzung des Verbreitungsrechts) auslöst, ist eine Frage des Einzelfalls und nicht im Regelfall anzunehmen. Insbesondere fehlt es an einer gezielten Werbung für den Erwerb des ausgestellten Erzeugnisses im Inland, wenn nicht ein vertriebsfertiges Produkt, sondern lediglich ein Prototyp oder eine Designstudie ausgestellt wird, um die Reaktionen des Marktes auch ein erst im Planungszustand befindliches Produkt zu testen (BGH GRUR 2017, 793 Tz. 34 ff. – *Mart-Stam-Stuhl*). Weiter können solche **Handlungen** untersagt werden, welche die befürchtete Rechtsverletzung nur **vorbereiten helfen** (BGH GRUR 2010, 1005 Tz. 12 – *Autobahnmaut*; BGH GRUR 2009, 841 Tz. 13 – *Cybersky*; BGH GRUR 1960, 340, 343 – *Werbung für Tonbandgeräte*). Beispiele sind die Anweisung eines Unternehmens an einen Beauftragten, eine illegale Vervielfältigung vorzunehmen oder die Bewerbung einer Nutzung gegenüber Dritten, die eine Rechtsverletzung wäre (BGH GRUR 2009, 841 Tz. 9 ff. – *Cybersky*) oder die Versendung einer Seriennummer oder eines Product Keys für ein Computerprogramm, das die Empfänger dann aus einer anderen Quelle rechtswidrig vervielfältigen können (BGH GRUR 2015, 1108 Tz. 53 – *Green-IT*; OLG München GRUR-RR 2017, 136 Tz. 30 ff. – *Product Key*). Auch die **Vergabe von Nutzungsrechten** durch Nichtberechtigte kann die Begehungsgefahr begründen, wenn sich dadurch die ernstliche Gefahr der Verletzung beim Empfänger und eine Haftung des Vergebenden – z. B. als mittelbarer Täter oder Beteiligter, vgl. Rn. 16 – ergibt. Begehungsgefahr kann auch dadurch entstehen, dass der andere sich **des Rechts berühmt**, in der fraglichen Weise handeln zu dürfen (BGH GRUR 2001, 1175, 1176 – *Berühmungsaufgabe*; BGH GRUR 1987, 125, 126 – *Berühmung*; differenzierend BGH GRUR 1987, 45, 46 – *Sommerpreiswerbung*). Die **Verteidigung** eines Beklagten **im Prozess** angesichts einer ihm zu Unrecht vorgeworfenen Zuwiderhandlung kann aber nur ausnahmsweise eine vorbeugende Unterlassungsklage rechtfertigen (BGH GRUR 2001, 1174, 1175 – *Berühmungsaufgabe*); der BGH hat das dann bejaht, wenn eine in der Vergangenheit liegende Handlung damals zwar durch einen Recht-

fertigungsgrund gedeckt war, dieser aber später weggefallen ist und der Beklagte im Prozess trotzdem ein Recht zu ihrer Wiederholung behauptet. Die
Frage, ob eine Begehungsgefahr wegen Prozessverhaltens besteht, ist nach dem
Stand der letzten mündlichen Verhandlung zu beantworten (BGH GRUR 2001,
1174, 1175 – *Berühmungsaufgabe*). Will der Angegriffene im Prozess keine
Erstbegehungsgefahr auslösen, aber dennoch um die Rechtmäßigkeit streiten,
sollte er klarstellen, dass die Ausführungen nur zur Rechtsverteidigung dienen
und keine Berühmung darstellen. Ein anderer Fall einer Berühmung ist die
Bewerbung der rechtswidrigen Handlung (sofern darin noch keine Verletzung
liegt, z. B. vgl. § 17 Rn. 14 ff.), z. B. in Produktdarstellungen (BGH GRUR
2009, 841 Tz. 9 ff. – *Cybersky*) oder in Pressemitteilungen (OLG München
ZUM 2009, 965, 969 – *NS-Zeitschriften*).

An den **Wegfall** der Begehungsgefahr stellt der BGH geringere Anforderungen **40**
als im Falle der Wiederholungsgefahr (vgl. Rn. 32 ff.). Bei vorbereitenden
Handlungen oder Erklärungen genügt ein *actus contrarius*, also ein der Be-
gründungshandlung entgegengesetztes Verhalten, das allerdings unmissver-
ständlich und ernst gemeint sein muss (BGH GRUR 2009, 841 Tz. 23 – *Cybersky*). Beispiele sind der Widerruf (BGH GRUR 1992, 116, 117 – *Topfgucker-
Scheck*) oder die (nicht strafbewehrte) Erklärung, man werde die beanstandete
Handlung unterlassen (BGH GRUR 1994, 454, 456 – *Schlankheitswerbung*),
bei der Berühmung deren Aufgabe durch entsprechende unmissverständliche
Erklärung (BGH GRUR 1987, 125, 126 – *Berühmung*; zur Unmissverständ-
lichkeit OLG München ZUM 2009, 965, 969 – *NS-Zeitschriften*). Bei Erstbegehungsgefahr durch Bewerbung einer verletzenden Nutzung durch Dritte genügt ein Einstellen der Werbung gegenüber diesen Dritten dann nicht, wenn
die Werbung noch fortwirkt und damit die Gefahr besteht, dass diese Dritte
verletzt (BGH GRUR 2009, 841 Tz. 26 ff. – *Cybersky*).

**c) Inhalt des Unterlassungsanspruches (insbesondere Abgrenzung vom Beseiti- 40a
gungs- und Rückrufsanspruch):** Der Unterlassungsanspruch verpflichtet den
Schuldner grundsätzlich, die bereits begangene Verletzung oder erstmals konkret drohende Urheberrechtsverletzung zu unterlassen. Demgegenüber ist der
Beseitigungsanspruch (vgl. Rn. 55 ff.) auf Fälle gerichtet, in denen eine fortdauernde Gefährdung nicht durch bloßes Unterlassen beseitigt werden kann. Dadurch kann eine Abgrenzung allerdings tw. nicht erreicht werden, weil auch
Unterlassungsgebote ein positives Handeln verlangen können. Beispiel: Bei Unterlassung der Werknutzung durch Upload nach § 19a ist eine Herausnahme
der Datei aus dem Internet erforderlich (BGH GRUR 2015, 258 Tz. 62 ff. –
CT-Paradies; BGH GRUR 2017, 318 Tz. 12 – *Dügida*); das kann erfordern,
die rechtsverletzende Datei auf mehr als 30 Servern zu löschen (OLG Karlsruhe
CR 2013, 46, 48). Da damit auch Unterlassungsansprüche eine Beseitigung
erfordern können, ist eine Wertung notwendig, ob das (negative) Unterlas-
sungs- oder das (positive) Handlungselement überwiegt (s. a. *Teplitzky*[11]
Kap. 22 Rn. 1 ff.). Probleme bereitet diese Wertung vor allem bei der Frage,
inwieweit der Schuldner bereits verbreitete **urheberrechtswidrige Vervielfältigungsstücke zurückrufen** muss. Der Unterlassungsanspruch enthält grundsätzlich die Verpflichtung, alles Zumutbare zu tun, um die Weiterverbreitung von
rechtsverletzenden Vervielfältigungsstücken zu verhindern (BGH GRUR 2015,
258 Tz. 70 – *CT-Paradies*). Insbesondere muss der Schuldner von ihm angelegte Störungsquellen beseitigen, die **innerhalb seiner Weisungsbefugnis** liegen.
Verletzungsstücke sind zurückzuziehen, wenn er darüber noch die tatsächliche
oder rechtliche **Verfügungsgewalt**, insb. Eigentum, hat (BGH GRUR 1974,
666, 669 – *Reparaturversicherung*; OLG Hamburg NJWE-WettbR 2000, 15,
16 – *Spice Girls*; *Nordemann*[11] Rn. 1652 m. w. N.); auch ein vertragliches Weisungsrecht gegenüber einer Internetauktionsplattform genügt (BGH GRUR
2015, 258 Tz. 70 – *CT-Paradies*). Die Rechtsprechung geht jedoch weiter und

sieht den Schuldner des Unterlassungsanspruchs auch zum Rückruf **gegenüber nicht weisungsabhängigen Personen** als verpflichtet an. Zwar habe der Schuldner für das selbständige Handeln Dritter grundsätzlich nicht einzustehen. Er sei jedoch gehalten, auf Dritte, deren Handeln ihm wirtschaftlich zugutekommt, einzuwirken, wenn er mit einem Verstoß ernstlich rechnen muss und zudem rechtliche oder tatsächliche Einflussmöglichkeiten auf das Verhalten der Dritten hat. Der Schuldner muss „im Rahmen des Möglichen und Zumutbaren auf Dritte einwirken", soweit dies zur Beseitigung eines fortdauernden Störungszustands erforderlich ist (BGH GRUR 2017, 823 Tz. 29 – *Luftentfeuchter*; BGH GRUR 2015, 258 Rn. 70 – *CT-Paradies*). Danach muss ein Schuldner, dem gerichtlich untersagt worden ist, ein Produkt mit einer bestimmten Aufmachung zu vertreiben oder für ein Produkt mit bestimmten Angaben zu werben, grundsätzlich durch einen Rückruf des Produkts dafür sorgen, dass bereits ausgelieferte Produkte von seinen Abnehmern nicht weiter vertrieben werden (BGH GRUR 2017, 823 Tz. 29 – *Luftentfeuchter*; BGH GRUR 2017, 208 Tz. 30 – *Rückruf von RESCUE-Produkten*). Das läuft dann darauf hinaus, dass der Schuldner seinen Abnehmer „eindringlich bitten" muss (OLG Köln GRUR-RR 2008, 365 – *Möbelhandel*). Eine „Rückrufaktion" auf bloße Vermutung hin, dass rechtsverletzendes Material an eine bestimmte Stelle gelangt sein könnte, wird jedoch niemals verlangt (OLG Frankfurt GRUR-RR 2009, 412 – *Abreißschreibtischunterlage*). Unter diese Beseitigungs- und Rückrufsverpflichtungen fällt nach verbreiteter Auffassung auch eine **Löschung aus dem Cache von Speichern Dritter**, mit denen der Schuldner nicht in einer Sonderbeziehung steht, so dass der Schuldner beispielsweise an **Suchmaschinen** herantreten und um Löschung bitten muss (OLG Düsseldorf GRUR-RR 2016, 259; OLG Celle ZUM 2015, 575; a. A. OLG Saarbrücken v. 19.5.2016, 4 U 45/15; zum Ganzen auch *Sakowski* NJW 2016, 3623). Jedoch gehen Beseitigungs- und Rückrufpflichten auch gegenüber nicht weisungsgebundenen Personen aufgrund des Unterlassungsanspruches zu weit (OLG Frankfurt GRUR 2016, 1319 – *Quarantäne Buchung* m. w. N. zum Streitstand; OLG Hamburg NJWE-WettbR 1997, 56 – *Grigia*; *GRUR-Fachausschuss Wettbewerbs- und Markenrecht* GRUR 2017, 885; *Hermanns* GRUR 2017, 977 m. w. N.; dem BGH zustimmend aber z. B. *Sakowski* GRUR 2017, 355, 357). Sie bestehen nur im Rahmen eines **Beseitigungsanspruches** bzw. des seit dem 1.1.2008 ausdrücklich geregelten **Rückrufsanspruches nach** § 98 **Abs. 2 UrhG.** Insbesondere ein Rückruf muss deshalb nach diesen gesetzlichen Regeln erfolgen. Da es sich sowohl beim Unterlassungs-, als auch beim Beseitigungs- und Rückrufsanspruch um europarechtlich durch die Enforcement-RL harmonisierte Ansprüche handelt (vgl. Rn. 5), sollte letztlich der EuGH über die Frage nach Art. 267 AEUV entscheiden (*Hermanns* GRUR 2017, 977, 984; rechtsvergleichend aus Mitgliedsstaaten *Dissmann* GRUR 2017, 986). Der Inhalt des Unterlassungsanspruchs bestimmt sich ansonsten maßgeblich nach der **Kerntheorie**, vgl. Rn. 41 ff. Zur **Verletzung von gerichtlichen Unterlassungstiteln** und Bestrafungsverfahren vgl. Rn. 219; zur **Verletzung von (strafbewehrten) Unterlassungsverträgen** vgl. Rn. 221 a ff.

41   d) **Reichweite des Unterlassungsanspruchs („Kerntheorie"):** Der Unterlassungsanspruch ist inhaltlich auf die Unterlassung der Handlungen (zur Abgrenzung vom Beseitigungsanspruch vgl. Rn. 40a) gerichtet, für die Wiederholungsgefahr oder zumindest Erstbegehungsgefahr besteht. Wiederholungs- oder Erstbegehungsgefahr besteht für die **konkrete Verletzungsform**. Eingeschlossen sind jedoch auch **kerngleiche Handlungen** (BGH GRUR 2013, 1235 Tz. 18 – *Restwertbörse II*; BGH GRUR 2002, 248, 250 – *SPIEGEL-CD-ROM*). Sie sind einzubeziehen, damit der Schuldner auch für Änderungen, die den Kern der Verletzungshandlung nicht verlassen, einen Unterlassungsanspruch hat und der Schuldner nicht durch jede kleine Änderung der Verletzungshandlung aus dem Anwendungsbereich des Unterlassungsanspruches heraus gelangen kann. Zur Antragsfassung, insbesondere zur Beschränkung auf die konkrete Verletzungsform, vgl. Rn. 44 ff.

Kerngleich sind diejenigen Handlungen, in denen das **Charakteristische der konkreten Verletzungshandlung** (also der „Kern") zum Ausdruck kommt. Das Charakteristische der konkreten Verletzungshandlung wird prozessrechtlich bestimmt. Es ist auf das beschränkt, was bereits Prüfungsgegenstand im Erkenntnisverfahren gewesen ist (BGH GRUR 2014, 706 Tz. 13 – *Reichweite des Unterlassungsbots*). Kerngleich ist also das, **was als Sachverhalt schon implizit** bei Entscheidung über den Antrag **im Erkenntnisverfahren geprüft** wurde. Was eine neue rechtliche Bewertung erfordert, ist nicht kerngleich. Danach ist der Kern eng mit dem Streitgegenstand verknüpft: Alles, was ein anderer Streitgegenstand ist, gehört nicht zum Kern (BGH GRUR 2014, 706 Tz. 13 – *Reichweite des Unterlassungsbots*); zum Streitgegenstand vgl. Rn. 49 ff.

41a

Beispiele: Bei unzulässiger öffentlicher Verwertung einer **Bearbeitung** (§ 23) ist konkrete Verletzungshandlung die Bearbeitung, nicht das bearbeitete Original, sodass sich der Unterlassungsanspruch grundsätzlich nur auf die konkrete Bearbeitung bezieht. Umfasst sind neben der konkreten Bearbeitung nur andere Bearbeitungen, die das Charakteristische der verletzenden Bearbeitung enthalten. Für andere Bearbeitungen kann allenfalls dann ein Anspruch bestehen, wenn eine gesonderte Begehungsgefahr besteht (vgl. Rn. 39 und OLG Zweibrücken GRUR 1997, 827, 829 – *Pharaon-Schmucklinie*). Nur ausnahmsweise bezieht sich der Anspruch auf das Original, wenn es sich um eine identische Kopie handelt (BGH GRUR 2003, 786 – *Innungsprogramm*). – Der Unterlassungsanspruch besteht grundsätzlich nur für die **verletzende Nutzungshandlung.** Damit kommt zunächst der **Kategorisierung der Verwertungsrechte** durch das UrhG in den §§ 15 bis 22 Bedeutung zu. Wird ein Werk rechtswidrig vervielfältigt (§ 16) und im Internet gem. § 19a öffentlich zugänglich gemacht, besteht grundsätzlich kein Anspruch auf ein Unterlassen der Verbreitung nach § 17 oder der Sendung nach den §§ 20 ff., es sei denn, dafür läge zumindest eine Erstbegehungsgefahr vor. Das ist der Fall, wenn ein Buch rechtswidrig hergestellt wurde, jedoch die beabsichtigte Verbreitung noch nicht stattgefunden hat oder ein Prospekt öffentlich zugänglich gemacht wird, der sich auch zur Verbreitung eignet. Bei der Kategorisierung des Verletzungskerns nach **Nutzungsarten** (dazu allgemein § 31 Rn. 9 ff.) sollte indes ein großzügigerer Maßstab angelegt werden. Wenn ein Lichtbildwerk rechtswidrig als Poster vervielfältigt und verbreitet wird, kann Unterlassung der Vervielfältigung und Verbreitung des Lichtbildes ohne Spezifizierung auf diese Nutzungsart verlangt werden, denn es ist denkbar, dass das Werk auch in anderen Nutzungsarten, z. B. als Puzzle, vervielfältigt und verbreitet wird. Betreibt der Anspruchsgegner allerdings ein bestimmtes Geschäftsmodell, für das eine umfassende Nutzung nicht ersichtlich ist, muss der Antrag darauf beschränkt sein; eine „insbesondere"-Formulierung genügt nicht (a. A. BGH GRUR 2009, 845 Tz. 11 – *Internet-Videorecorder*). – Das Charakteristische einer Verletzungshandlung kann auch **im Hinblick auf andere, nicht konkret verletzte Schutzrechte (z. B. Urheberrechte für andere Werke)** eine Wiederholungsgefahr entstehen lassen, soweit die Verletzungshandlungen trotz Verschiedenheit der Schutzrechte im Kern gleichartig sind (BGH GRUR 2014, 706 Tz. 12 – *Reichweite des Unterlassungsbots*), z. B. bei Verletzung der Rechte an 5 Fotos aus einem Gutachten auch im Hinblick auf 29 weitere dort enthaltene Fotos. Denn in solchen Fällen ist die unbefugte Nutzung der aus dem Gutachten entnommenen Fotos das Charakteristische der Verletzungshandlung (BGH GRUR 2013, 1235 Tz. 19 – *Restwertbörse II*). Als kerngleich sieht der BGH auch nicht näher spezifizierte Fotos an, die von 63 namentlich genannten Fotografen stammen und in bestimmten Jahrgängen

42

erschienener Zeitschriften enthalten waren, wenn diese Fotos später gleichartig genutzt werden (BGH GRUR 2014, 706 Tz. 12 – *Reichweite des Unterlassungsbots,* unter Verweis auf BGH GRUR 2002, 248, 250 – *SPIEGEL-CD-ROM*). Bei massenhaften Verletzungen im Internet, die gleichartig sind, besteht eine Wiederholungsgefahr für das gesamte Repertoire, auch soweit es (noch) nicht verletzt wurde (OLG Köln WRP 2012, 1007 Tz. 43; OLG Köln vom 2.8.2013 – 6 U 10/13). Das bloße Bestehen von Wiederholungsgefahr genügt aber für sich genommen noch nicht, damit auch andere Schutzrechte als diejenigen, deren Rechtsverletzung vorgetragen wurde, in den Verbotsbereich fallen. Dafür ist zusätzlich Voraussetzung, dass solche kerngleichen Verletzungen in das Erkenntnisverfahren und in die Verurteilung einbezogen sowie abschließend bestimmt sind. Das ist eine Frage der **Antragsfassung,** die bei Einbeziehung einer Vielzahl gleichartig verletzter Schutzrechte besondere Herausforderungen bietet. Dazu vgl. Rn. 47a.

43 Bei **mittelbaren Urheberrechtsverletzungen,** für die der Schuldner nur aufgrund besonderer Zurechnungsnormen, z. B. **als Täter** (vgl. Rn. 150 ff.) oder **als Störer,** haftet (vgl. Rn. 153 ff.), ist zu beachten, dass die Mittelbarkeit ihren Niederschlag in der Beschreibung der konkreten Verletzungsform finden muss. Gegenüber der Haftung für mittelbare Tatbeiträge ist die Haftung für die unmittelbare Tat ein „aliud". **Zu weitgehend** wäre danach ein **Antrag,** ein bestimmtes **Werk anzubieten** (BGH GRUR 2007, 890, 894 Tz. 61 – *jugendgefährdende Medien bei eBay*). Vielmehr zielt die Störerhaftung darauf, Rechtsverletzungen Dritter nicht durch unzureichende Erfüllung von Prüfpflichten zu ermöglichen (BGH GRUR 2010, 633 Tz. 35 f. – *Sommer unseres Lebens*; OLG Köln GRUR-RR 2013, 49, 50 – *Kirschkerne*; OLG Hamm GRUR-RR 2012, 277, für einen Filesharing-Fall). Aus Sicht des Gläubigers wird es Schwierigkeiten machen, die Prüfpflichten z. B. des Providers zu einer zumutbaren Prüfung (Filterverfahren und eventueller anschließender manueller Kontrolle der dadurch ermittelten Treffer) in die Form eines hinreichend bestimmten Klageantrages zu kleiden; auch hierzu hat der BGH gewisse Hinweise gegeben, nach denen der Gläubiger im Klageantrag zumutbare Prüfungsaktivitäten des Schuldners „hinreichend konkret umschreiben und ggf. mit Beispielen" arbeiten müsse (BGH GRUR 2007, 708, 712 Tz. 50 – *Internet-Versteigerung II*) und außerdem klarstellen kann, dass das Verbot nur bei Unterlassen zumutbarer Kontrollmaßnahmen greifen soll (BGH a. a. O. Tz. 52 – *Internet-Versteigerung II*). Ohnehin kann Unterlassung nur für ein Medium verlangt werden, wenn der mittelbare Verletzer dort ausschließlich tätig ist. Gegen nur im Internet tätige Auktionsplattformen besteht deshalb bei rechtswidriger mittelbarer Verbreitung nur Anspruch auf Unterlassung im Internet (BGH GRUR 2007, 890, 894 Tz. 62 – *jugendgefährdende Medien bei eBay*). Wird aber der unmittelbare Verletzer in Anspruch genommen, droht durch ihn regelmäßig auch eine Verbreitung außerhalb des Internets. – Auch **aus Schuldnersicht** muss darauf geachtet werden, eine Unterlassungserklärung abzugeben, die den bestehenden Anspruch erledigt. Wer eine Unterlassungserklärung als Täter abgegeben hat, erledigt damit nicht den Unterlassungsanspruch nicht auch für den Fall, dass eine bloße Störerhaftung besteht (LG Hamburg ZUM 2013, 331, 332). – Zur **mangelnden Berechtigung der Abmahnung,** wenn bloße Störer als Täter abgemahnt werden, vgl. § 97a Rn. 33. – Wegen § 830 Abs. 2 BGB muss **zwischen Täter- und Teilnehmerhaftung** aber **nicht unterschieden** werden; es handelt sich um denselben Streitgegenstand (OLG Stuttgart v. 14.3.2013 – 2 U 161/12).

44 e) **Antragsfassung:** Für die Fassung des prozessualen Unterlassungsantrages ist naturgemäß aus Gläubigersicht zunächst darauf zu achten, dass der Antrag nicht **unbegründet** ist und über den Umfang des Anspruchs hinausgeht, also nur die konkrete Verletzungsform einschließlich kerngleicher Handlungen beschreibt (vgl. Rn. 41 ff.). Unproblematisch ist ein Antrag, der sich abschließend auf die konkrete Verletzungsform beschränkt. Will der Gläubiger einen umfassenderen Titel, der auch kerngleiche Verletzungshandlungen erfasst, muss er aber nicht zwingend einen von der konkreten Verletzungshandlung losgelösten abstrakten Antrag stellen. Vielmehr kann er die konkrete Verletzungshandlung in seinen Antrag aufnehmen; mit einem solchen Antrag ist im Allgemeinen kein Verzicht auf die Unterlassung kerngleicher Verletzungshandlungen verbunden, in denen das Charakteristische der ursprünglichen Verletzungshandlung zum Ausdruck kommt. Etwas anderes gilt aber dann, wenn die Auslegung des Klageantrags ergibt, dass in der Wahl der konkreten Verletzungshandlung als Unterlassungsbegehren eine bewusste Beschränkung liegt (BGH GRUR 2013, 1071 Tz. 14 – *Umsatzangaben*). Nimmt der Gläubiger die konkrete Verletzungsform auf und möchte sich nicht darauf beschränken, ist ihm zu empfehlen, neben der konkreten Verletzungshandlung abstrakt formulierte Merkmale in den Antrag aufzunehmen, um den Kreis der Varianten näher zu bestimmen, die vom Verbot der kerngleichen Verletzungsformen erfasst sein sollen (BGH GRUR 2014, 706 Tz. 11 – *Reichweite des Unterlassungsbots*). Unbegründet sind auch Anträge, die Verhaltensweisen einbeziehen, die nicht schutzrechtsverletzend sind (BGH GRUR 2015, 485 Tz. 24 – *Kinderhochstühle im Internet III*).

44a Verallgemeinerungen können aber auch dazu führen, dass der Unterlassungsantrag gem. § 253 Abs. 2 Nr. 2 ZPO wegen mangelnder Bestimmtheit **unzulässig** ist. Für die hinreichende Bestimmtheit gelten andere Anforderungen als für die Begründetheit (vgl. Rn. 41 ff.), wobei verallgemeinernde Anträge dennoch sowohl unbegründet als auch unzulässig sein können. Unzulässig werden Verallgemeinerungen, wenn der Unterlassungsantrag so weit gefasst ist, dass ihnen Handlungen unterfallen, deren rechtliche Erlaubtheit im Rechtsstreit nicht geprüft worden ist. Gegenüber abstrakten Anträgen könnte sich einerseits der Beklagte nicht erschöpfend verteidigen; andererseits wäre die Entscheidung darüber, was dem Beklagten denn nun konkret verboten sein soll, letztlich vom Vollstreckungsgericht zu treffen (BGH GRUR 2015, 672 Tz. 31 – *Videospiel-Konsolen II*; BGH GRUR 2013, 1235 Tz. 12 – *Restwertbörse II*; BGH GRUR 2008, 357, 358 – *Planfreigabesystem*; BGH GRUR 2003, 958 – *Paperboy*; BGH GRUR 1998, 489, 491 – *Unbestimmter Unterlassungsantrag III*). Allerdings gilt das nicht uneingeschränkt. Vielmehr erfolgt eine Gradwanderung zwischen dem Interesse des Schuldners, genau zu wissen, was ihm verboten ist und dem Interesse des Gläubigers, einen effektiven Titel zu haben, der nicht durch jede kleine Änderung in der Verletzungsform umgangen werden kann. Es lässt sich nicht stets vermeiden, dass im Vollstreckungsverfahren in gewissem Umfang auch Wertungen vorgenommen werden müssen (BGH GRUR 2002, 1088, 1089 – *Zugabenbündel*; s. a. BGH GRUR 2007, 708, 712 Tz. 50 – *Internet-Versteigerung II*).

45 Bei der Unterlassungshaftung **als Täter** einerseits und **als Störer** andererseits handelt es sich um zwei voneinander **zu unterscheidende Anspruchsgründe** (und damit auch Streitgegenstände, vgl. Rn. 49a). Sie stehen in einem „aliud"-Verhältnis zu einander (OLG Köln GRUR-RR 2013, 49, 50 – *Kirschkerne*). Die **Unterlassungsanträge** sollten deshalb **getrennt formuliert** werden (BGH GRUR 2010, 633 Tz. 35 f. – *Sommer unseres Lebens*). Meist werden ein (täterschaftlicher) Hauptantrag und ein auf Störerhaftung beruhender Hilfsantrag sinnvoll sein. Es können aber auch zwei Hauptanträge in Betracht kommen. Denn die Störerhaftung kann eine Haftung auslösen, die über die auf die konkrete Verletzungshandlung beschränkten täterschaftlichen Haftung hinausgeht (vgl. Rn. 159 und für Internetauktionsplattformen und „User-Generated-Content"-sites vgl. Rn. 163). Zur Umschreibung der täterschaftlichen Begehungsform vgl. Rn. 41 f., zur Antragsformulierung bei auf Störerhaftung gestützten

Anträgen vgl. Rn. 43. Ausnahmsweise kann aber für die Täter- und Teilnehmerhaftung einerseits und für die Störerhaftung andererseits auch ein einheitlicher Antrag formuliert werden (so BGH GRUR 2013, 1229 Tz. 25 – *Kinderhochstühle im Internet II*, dort allerdings zur Zulässigkeit).

45a   Eine zu starke Verallgemeinerung des Antrages führt zur **vollständigen Klage-
abweisung**, wenn die konkret beanstandete Maßnahme nicht zweifelsfrei ohne
Schwierigkeiten als Minus von dem zu weit gefassten Klageantrag abgespalten
werden kann (BGH GRUR 2006, 960 – *Anschriftenliste*; BGH GRUR 2000,
239, 341 – *Last-Minute-Reise*; BGH GRUR 1999, 509, 511 – *Vorratslücken*)
oder jedenfalls zur **teilweisen Zurückweisung** des Klageantrags, wenn dem Klagebegehren zu entnehmen ist, dass jedenfalls diese konkret beanstandete Handlung untersagt werden soll (BGH GRUR 2004, 247, 248 – *Krankenkassenzu-
lassung*; BGH GRUR 1999, 760 – *Auslaufmodelle II*), und zwar im
Hauptklageverfahren auch noch in der Revisionsinstanz (BGH GRUR 1992,
561, 562 – *Unbestimmter Unterlassungsantrag II*).

45b   Der BGH entnimmt dem Anspruch der Parteien auf ein faires Gerichtsverfahren zu Recht, dass der **Tatrichter dem Kläger durch einen Hinweis nach § 139
ZPO Gelegenheit geben** muss, seine Anträge zu überprüfen und ggf. neu zu
stellen. Die Klage darf ohne einen gerichtlichen Hinweis nicht als unzulässig
(BGH GRUR 2013, 1235 Tz. 14 – *Restwertbörse II*; BGH GRUR 2003, 886,
887 – *Erbenermittler*) oder unbegründet abgewiesen werden; ist ein Hinweis
durch das Berufungsgericht gegeben worden (BGH GRUR 2011, 134 Tz. 15 –
Perlentaucher) oder sind die Ansprüche ohnehin unbegründet (BGH GRUR
2003, 958 – *Paperboy*), muss allerdings nicht zurückverwiesen werden. Zur
Auslegung des Klageantrages ist der **Klagevortrag heranzuziehen** (BGH GRUR
2017, 390 Tz. 13 – *East Side Gallery*); ferner vgl. Rn. 49 ff.

46   Bei rechtsverletzenden **Bearbeitungen oder Umgestaltungen** muss der Antrag
grundsätzlich die konkrete Form der Verletzung abschließend angeben. Anträge, die abstrakt „Bearbeitungen und andere Umgestaltungen" (OLG Karlsruhe ZUM 2000, 327, 328), oder „irgendwelche Bearbeitungen" verbieten
wollen (s. a. BGH GRUR 2011, 134 Tz. 13 – *Perlentaucher*; BGH GRUR
2001, 453, 454 – *TCM-Zentrum*; BGH GRUR 2002, 86, 88 – *Laubhefter*;
BGH GRUR 1991, 254, 256 – *Unbestimmter Unterlassungsantrag*) sind unzulässig, weil die Abgrenzung zwischen § 23 und § 24 im Regelfall einer neuen
rechtlichen Bewertung in einem Erkenntnisverfahren bedarf (zur parallelen Un-
begründetheit vgl. Rn. 42). Ein „**insbesondere**"-Zusatz wird regelmäßig keine
relevante Konkretisierung mit sich bringen, weil damit nur eine beispielhafte
und keine abschließende Aufzählung verbunden ist (BGH GRUR 2012, 819
Tz. 26 – *Blühende Landschaften*; BGH GRUR 2011, 134 Tz. 14 – *Perlentaucher*; BGH GRUR 2008, 84 – *Versandkosten* zum UWG; Wandtke/Bullinger/
Kefferpütz[4] Vor §§ 97 ff. Rn. 21), Die Rechtsprechung ist aber etwas schwankend (großzügiger z. B. BGH GRUR 2009, 845 Tz. 12 – *Internet-Videorecorder*). Jedoch kann eine Verurteilung ausschließlich reduziert auf den Gegenstand des „insbesondere"-Zusatzes erfolgen, wenn er für sich genommen ein
zulässiger Unterlassungsantrag ist (BGH GRUR 2003, 886, 887 – *Erbenermittler*). Allerdings muss der Antragssteller dann auch regelmäßig mit einer Kostenquote rechnen, weil er im Übrigen einen zu weitgehenden Antrag gestellt hat.
Abschließend und damit zulässig sind Formulierungen wie z. B. „**wie geschehen
in**" mit nachfolgender **Abbildung** der Verletzungsform (BGH GRUR 2004, 72,
72 – *Coenzym Q 10*), weil sie nur die darauf folgende konkrete Verletzungsform einbeziehen. Es kann auch eine Beschreibung **in Worten** erfolgen, sofern
sich die für die Urheberrechtsverletzung relevanten Eigenschaften mit Worten
beschreiben lassen (BGH GRUR 2007, 871 Tz. 19 – *Wagenfeld-Leuchte*). Der
Antrag kann sich auch auf eine **Anlage** beziehen („gemäß Anlage K1"), ohne

mit der Urschrift der Entscheidung körperlich verbunden zu sein, z. B. um auf einen zu den Akten gereichten Videomittschnitt für eine unerlaubte Bühnenaufführung (BGH GRUR 2000, 228, 229 – *Musical-Gala*) oder auf Programmausdrucke bzw. Programmträger (BGH GRUR 2008, 357 Tz. 24 – *Planungsfreigabesystem*) zu verweisen. Die Anlagen müssen aber, soweit es auf sie zur Auslegung der Urteilsformel ankommt, zum Urteil genommen werden (BGH GRUR 2015, 672 Tz. 36 – *Videospiel-Konsolen II*). Eine **farbige Darstellung** der konkreten Verletzungsform ist nur dann erforderlich, wenn die farblichen Elemente die Urheberrechtsverletzung begründen. So bedeutet eine Schwarz-Weiß-Abbildung eine Abstrahierung von Farben, sodass sich insbesondere das Verbot nicht auf die aus dieser Abbildung ersichtlichen Grautöne beschränkt, sondern sich auch auf mehr oder weniger dunkle Tönungen anderer Farben erstreckt. Durch die Bezugnahme auf eine Schwarz-Weiß-Kopie kann sich der Umfang der Unterlassungspflicht gegenüber einer Farbabbildung also zu Lasten des Schuldners erweitern (OLG Frankfurt GRUR 2009, 995 – *farbige Skulpturen*). Zur Vollziehung von einstweiligen Verfügungen bei farbiger Darstellung mittels schwarz-weißer Kopien vgl. Rn. 210a. Sind die Darstellungen – z. B. Fotos – im Unterlassungsantrag **nicht lesbar** und befinden sie sich auch nicht bei den Akten, begründet das die Unzulässigkeit des Antrages (BGH GRUR 2013, 1235 Tz. 12 – *Restwertbörse II*; BGH GRUR 2015, 672 Tz. 36 – *Videospiel-Konsolen II*, zu verloren gegangenen Anlagen).

Bei einer **identischen** (1:1) **Nutzung** durch den Verletzer ist **zu unterscheiden:** **47** Die **konkrete Verletzungsform** muss in den Antrag aufgenommen werden, **wenn gerichtlicher Streit** darüber vorliegt, ob die **konkrete Handlung rechtmäßig war**; das gilt insbesondere, wenn sich der Verletzer – wenn auch erfolglos – auf Schrankenbestimmungen (§§ 44a ff.), z. B. auf das Zitatrecht des § 51, beruft (BGH GRUR 2012, 819 Tz. 26 – *Blühende Landschaften*); es gelten dann die o. g. Anforderungen an die Konkretisierung der Verletzungsform (vgl. Rn. 46). Ansonsten muss es aber auch möglich sein, **nur das Originalwerk in Bezug zu nehmen, wenn eine legale Nutzung in einer bestimmten Form nicht im Streit steht.** Vor allem für klassische Piraterie genügt es danach, das Originalwerk im Antrag aufzuführen (s. BGH GRUR 2003, 786 – *Innungsprogramm*). Es kann sogar eine bloße Bezeichnung des **Titels des Werkes** genügen, wenn dadurch klar ist, welches Werk gemeint ist (BGH GRUR 2000, 228, 229 – *Musical-Gala*), z. B. weil mit dem genannten Filmtitel nur ein Film bezeichnet ist und identisch betitelte Remakes nicht existieren. Nicht hinreichend konkretisiert ist ein Antrag, der lediglich die spezifische Funktionsweise eines Suchdienstes, aber nicht die geltend gemachte Urheberrechtsverletzung als solche beschreibt (BGH GRUR 2003, 958, 960 – *Paperboy*).

Im Übrigen kann das Konkretisierungsgebot im Hinblick auf die verletzten **47a** Schutzrechte großzügig zu handhaben sein, wenn die Gewährleistung einer effektiven Rechtsverfolgung dies erfordert. Das kommt vor allem in Betracht, **wenn** eine **Vielzahl von Schutzrechten betroffen und die Verletzungsform gleichartig** ist; solche gleichartigen Verletzungshandlungen auch für andere Schutzrechte müssen aber **in das Erkenntnisverfahren und die Verurteilung einbezogen sowie abschließend bestimmt** sein (BGH GRUR 2014, 706 Tz. 12 – *Reichweite des Unterlassungsgebots*). Dann fehlt einem Unterlassungsantrag nicht die Bestimmtheit, wenn die betroffenen Schutzrechte nicht einzeln bezeichnet werden, sondern nur das verletzende Medium benannt wird und eine Bezugnahme auf sämtliche Werke des Rechteinhabers erfolgt (BGH GRUR 2002, 248, 250 – *SPIEGEL-CD-ROM*; ähnlich BGH GRUR 2013, 1235 Tz. 18 ff. – *Restwertbörse II*, dort allerdings zur Wiederholungsgefahr; ferner LG München I ZUM 2011, 685; a. A. im Hinblick auf die Bestimmtheit von Abmahnungen: OLG Düsseldorf ZUM-RD 2012, 135, 136), sog. **nicht werkspezifische Anträge**. Die abschließende Bestimmbarkeit der einbezogenen

Schutzrechte bleibt jedoch notwendig (BGH GRUR 2014, 706 Tz. 12 – *Reichweite des Unterlassungsgebots*), was aber nicht zwingend einer Konkretisierung einer Verletzungshandlung für jedes Schutzrecht bedarf. In der Entscheidung *SPIEGEL-CD-ROM* war eine der gleichartigen Verletzungen belegt und folgender Antrag gestellt worden: „*... es zu unterlassen, die Aufnahmen der (in einer Anlage aufgeführten 64) Fotografen auf CD-ROM (Spiegel-Jahrgänge 1989 bis 1993) zu verbreiten oder verbreiten zu lassen.*" Nach dem BGH war dieser Antrag hinreichend bestimmt; er war sogar ohne Not zu eng gefasst. Die Klage hätte daher nicht zwingend darauf beschränkt bleiben müssen, dem Beklagten die Verwendung von Aufnahmen der namentlich genannten Fotografen in zurückliegenden CD-ROM-Ausgaben des SPIEGEL – hier die Jahrgänge 1989 bis 1993 – zu untersagen (BGH GRUR 2002, 248, 250 – *SPIEGEL-CD-ROM*). Komme es zum Streit darüber, ob eine Aufnahme vom Gläubiger des Unterlassungstitels stammt, sei die Urheberschaft in derartigen Fällen notfalls im Vollstreckungsverfahren zu klären (BGH GRUR 2002, 248, 250 – *SPIEGEL-CD-ROM*). Durch den Verweis auf konkrete Fotografen und erschienene Jahrgänge einer Zeitschrift waren die einbezogenen Schutzrechte hinreichend bestimmt (s. BGH GRUR 2014, 706 Tz. 12 – *Reichweite des Unterlassungsgebots*). Gleiches gilt für die Prüfung der Schutzfähigkeit, wenn im Regelfall Schutz nach UrhG besteht (BGH GRUR 1997, 459, 460 – *CB-infobank I*; ähnlich LG München ZUM 2011, 685). Gerade bei der Piraterieverfolgung kann dem Bedeutung zukommen, weil dort regelmäßig eine Vielzahl von Werken eines Rechteinhabers gleichartig illegal genutzt werden. Das gilt vor allem für **Internetplattformen**, über die **unzählige (gleichartige) Rechtsverletzungen** zu beobachten sind. Es ist wenig prozessökonomisch, alle solche Titel in den Unterlassungsantrag aufzunehmen und deren jeweilige Verletzung konkretisieren zu müssen (s. nur BGH GRUR 2013, 1030 Tz. 59 – *File-Hosting-Dienst*, wo die GEMA werkspezifisch aus über 4.800 Werken vorging). Für andere Rechteinhaber als Verwertungsgesellschaften dürfte es im Regelfall sogar unmöglich sein, aus vielen verschiedenen Werken unter Darlegung der Anspruchsberechtigung vorzugehen; so können Filmrechteinhaber, deren Rechte auf einer Internetplattform massenhaft gleichartig verletzt werden, kaum ihre Anspruchsberechtigung für mehrere hundert Filme nachweisen, ohne den Prozess zu sprengen. Ein Antrag auf Unterlassung für verschiedene Schutzrechte (z. B. Urheberrechte an verschiedenen Werken eines Rechteinhabers wie alle Filmwerke im Repertoire eines bestimmten Filmproduzenten) sollte danach zur Sicherung einer effektiven Rechtsverfolgung zulässig sein. Die abschließende Bestimmung der Schutzrechte kann durch die **Einreichung einer Repertoireliste** erfolgen, an deren beschränkender Wirkung sich der Antragsteller festhalten lassen muss. Die Verletzung dieses gesamten Repertoires muss dann nicht geprüft werden; es genügt die Konkretisierung einer Schutzrechtsverletzung aus dem Repertoire. – Im Bereich der Leistungsschutzrechte und dort speziell für das **Recht des Sendeunternehmens nach § 87** erlaubt der BGH Gläubigern schon immer beim Streit über die permanente gleichartige Nutzung ihres Rundfunksignals, einen Antrag auf „ganz allgemeine" Untersagung zu stellen (BGH GRUR 2009, 845 Tz. 10 – *Internet-Videorecorder*). – **Nicht-werkspezifische Anträge** sind jedoch **unzulässig**, wenn nicht gesagt werden kann, dass stets urheberrechtlicher Schutz besteht. Im BGH-Fall *Elektronischer Programmführer* war ein nicht-werkspezifischer Antrag deshalb nur zulässig, wenn „sämtliche" relevanten Bild- und Textbeiträge urheberrechtlich geschützt waren (BGH GRUR 2012, 1062 Tz. 38 – *Elektronischer Programmführer*). An Grenzen stoßen nicht-werkspezifische Unterlassungsanträge auch dann, wenn die Verletzungsform nicht so beschrieben wird, dass sie ausschließlich urheberrechtswidrige Handlungen erfasst. Beispielsweise sind damit Unterlassungsanträge zu abstrakt, die sich lediglich gegen die Vervielfältigung und Verbreitung der in einer Zeitung erscheinenden Artikel und Lichtbilder wenden, ohne zu berücksichtigen, dass eine solche Nutzung durch Schrankenregelungen, beispielsweise durch das Zitatrecht des § 51 UrhG, erlaubt sein kann (BGH GRUR 2012, 819 Tz. 26 – *Blühende Landschaften*). Auch können nicht-werkspezifische Anträge keine Schutzrechte erfassen, die zur Zeit des Erkenntnisverfahrens noch nicht entstanden waren (BGH GRUR 2014, 706 Tz. 13 – *Reichweite des Unterlassungsgebots*).

Auch ansonsten gelten zur Gewährleistung eines effektiven Rechtsschutzes weitere Erleichterungen bei der Antragsfassung. Wenn ein **Internetprovider** zu **zumutbaren Filtermaßnahmen** im Hinblick auf weitere „klare Verdachtsfälle" von Rechtsverletzungen seiner Nutzer verpflichtet ist, kann nach der zutreffenden Rechtsprechung des BGH **keine weitergehende Konkretisierung des Antrages** verlangt werden. Es ist wegen Gläubigerschutzes hinzunehmen, dass eine Verlagerung eines Teils des Streits in das Vollstreckungsverfahren stattfindet (BGH GRUR 2013, 1030 Tz. 21 – *File-Hosting-Dienst*; BGH GRUR 2007, 708, 712 Tz. 48 – *Internet-Versteigerung II*). Insoweit kann auch in den Entscheidungsgründen klargestellt werden, dass nur zumutbare Filteraktivitäten geschuldet sind (BGH a. a. O. Tz. 52). Diese großzügige Rechtsprechung erscheint schon deshalb als überzeugend, weil sonst bei jedem technischen Fortschritt, der die Filterverpflichtungen verändert, ein neuer Titel erwirkt werden müsste. **47b**

Die **Verwendung von gesetzlichen Begriffen** wie z. B. „vervielfältigen" (§ 16), „verbreiten" (§ 17) oder „öffentlich vorführen" (§ 19 Abs. 4) ist möglich, solange kein gerichtlicher Streit darüber vorliegt, ob der Tatbestand erfüllt ist (s. BGH GRUR 2007, 708, 712 Tz. 50 – *Internet-Versteigerung II* m. w. N.). Das Gleiche gilt für sonstige allgemeine Begriffe (BGH GRUR 2017, 266 Tz. 29 – *World of Warcraft I*). Besteht Streit über solche Begriffe, muss der Kläger die Begriffe hinreichend konkret umschreiben und ggf. mit Beispielen unterlegen oder sein Begehren auf die konkrete Verletzungshandlung beschränken (BGH GRUR 2017, 266 Tz. 29 – *World of Warcraft I*). **48**

f) Streitgegenstand: Die Antragsfassung (vgl. Rn. 44 ff.) hat maßgebliche Bedeutung für den Streitgegenstand. Der Streitgegenstand bildet sich **aus Unterlassungsantrag und dem zugrundeliegenden Lebenssachverhalt**, teilweise auch genannt „Klagegrund" (BGH GRUR 2013, 401 Tz. 18 – *Biomineralwasser*; BGH GRUR 2011, 521 Tz. 3 – *TÜV*, zum Markenrecht; BGH GRUR 2006, 53, 54 – *Bauhaus-Glasleuchte II*). Die Zweigliedrigkeit des Streitgegenstandes wurde früher im gesamten Gewerblichen Rechtsschutz und Urheberrecht enger gehandhabt als sonst üblich. Als Lebenssachverhalt akzeptierte der Bundesgerichtshof nämlich nur das, was der Kläger auch vorgetragen hatte; im übrigen Zivilrecht kann dagegen durchaus auch das unter den Lebenssachverhalt fallen, was der Kläger zum Antrag hätte vortragen können oder er unterlassen hat vorzutragen, sodass dem Kläger ein neuer Prozess mit solchem Vortrag versperrt ist (§§ 261, 322 ZPO; dazu *Teplitzky* GRUR 2003, 272, 279). Seit *Biomineralwasser* (BGH GRUR 2013, 401 Tz. 26) scheint der I. Zivilsenat jedoch auch für den Gewerblichen Rechtsschutz und das Urheberrecht wieder auf dem Weg zurück zu einem großzügigeren Streitgegenstandsbegriff wie im allgemeinen Zivilrecht zu sein, innerhalb dessen es nicht zwingend darauf ankommt, was der Kläger vorgetragen hat. **49**

Einen einheitlichen Streitgegenstand bilden alle Sachverhalte, die bei einer vom Standpunkt der Parteien ausgehenden **natürlichen Betrachtungsweise** zu dem durch den Vortrag der Klagepartei zur Entscheidung gestellten Tatsachenkomplex gehören (BGH GRUR 2013, 401 Tz. 19 – *Biomineralwasser*). Es kommt also nicht darauf an, ob sie alle einer einheitlichen rechtlichen Betrachtungsweise unterfallen. Der Bundesgerichtshof formuliert in seiner Leitentscheidung **49a**

TÜV, dass sich die zur Begründung des Antrages vorgetragenen Lebenssachverhalte „grundlegend unterscheiden" müssen (BGH GRUR 2011, 521 Tz. 3 – *TÜV*), damit sie bei natürlicher (also nicht rechtlicher) Betrachtungsweise unterschiedliche Streitgegenstände bilden. Anders ausgedrückt: Die materiellrechtliche Regelung der zusammentreffenden Ansprüche muss für verschiedene Streitgegenstände durch eine Verselbstständigung der einzelnen Lebensvorgänge erkennbar unterschiedlich ausgestaltet sein (BGH GRUR 2013, 401 Tz. 19 – *Biomineralwasser*). Das liegt im Regelfall bei der Berufung auf **unterschiedliche Schutzrechte** vor, die **im Regelfall unterschiedliche Streitgegenstände** sind (BGH GRUR 2014, 706 Tz. 13 – *Reichweite des Unterlassungsgebots*). Geht der Kläger aus einem Schutzrecht vor, wird der Gegenstand der Klage durch den Antrag und das im Einzelnen bezeichnete Schutzrecht festgelegt (BGH GRUR 2011, 1043 Tz. 26 – *TÜV II*; BGH GRUR 2007, 691 Tz. 17 – *Staatsgeschenk*), z. B. bei Berufung auf §§ 97 Abs. 1 S. 1, 17 UrhG einerseits und §§ 8 Abs. 1 S. 1, 3, 4 Nr. 9 lit. a) UWG andererseits (BGH GRUR 2013, 614 Tz. 8 – *Metall auf Metall II*; BGH GRUR 2012, 58 Tz. 14 – *Seilzirkus*; ferner BGH GRUR 2001, 755, 756 – *Telefonkarte*; KG GRUR-RR 2003, 262 – *Harry-Potter-Lehrerhandbuch*; *Nordemann*[11] Rz. 1623 m. w. N.). **Unterschiedliche Werke** sind unterschiedliche Streitgegenstände (BGH GRUR 2014, 706 Tz. 13 – *Reichweite des Unterlassungsgebots*); jedoch zu massenhaften gleichartigen Verletzungen verschiedener Schutzrechte vgl. Rn. 47a. Da das Urheberrecht international aus einem Bündel nationaler Schutzrechte besteht, sind **die jeweiligen nationalen Urheberrechte** ein **eigener Streitgegenstand** (BGH GRUR 2007, 691 Tz. 17 f. – *Staatsgeschenk*). Mehrere Streitgegenstände können auch vorliegen, wenn unterschiedliche Rechte innerhalb des UrhG als Klagegrund genannt werden, z. B. **Urheberrecht und Leistungsschutzrecht** (BGH GRUR 2013, 614 Tz. 8 – *Metall auf Metall II*). Klagt beispielsweise ein Filmhersteller aus den ihm von den Filmurhebern nach § 89 eingeräumten Nutzungsrechten und aus seinen eigenen Leistungsschutzrechten (§ 94) jeweils wegen Verletzung des Vervielfältigungs- und Verbreitungsrechts, sollten im Regelfall unterschiedliche Streitgegenstände vorliegen, schon weil der Rechtserwerb jeweils an unterschiedliche Voraussetzungen gebunden ist. Erst Recht gilt das für Datenbankwerke (Urheberrecht) und einfache Datenbanken (Leistungsschutzrecht), die völlig unterschiedliche Schutzvoraussetzungen haben. Auch Rechte am Lichtbild (§ 72) und Rechte am Filmträger (§§ 94, 95) sind unterschiedliche Klagegründe (BGH GRUR 2010, 620 Tz. 31 – *Film-Einzelbilder*). Die stets bei einer Person entstehenden Urheberrechte am Lichtbildwerk (§ 2 Abs. 1 Nr. 5) einerseits und die Leistungsschutzrechte am einfachen Lichtbild (§ 72) andererseits machen keinen unterschiedlichen Streitgegenstand aus (OLG Köln, GRUR 2015, 167, 169 – *Creative Commons-Lizenz*; *Stieper* WRP 2013, 561, 566; a. A. *Berneke* WRP 2007, 579, 581), weil das Lichtbildwerk nur zusätzliche Voraussetzungen (§ 2 Abs. 2) kennt. Unterschiedliche Leistungsschutzrechte begründen auch unterschiedliche Streitgegenstände, z. B. das Leistungsschutzrecht des Tonträgerherstellers (§ 85) einerseits und das Leistungsschutzrecht des ausübenden Künstlers (§§ 73 ff.) andererseits (BGH GRUR 2013, 614 Tz. 8 – *Metall auf Metall II*), auch wenn es sich um dieselbe Aufnahme handelt. – **Täterschaft und Teilnahme** bilden wegen § 830 Abs. 2 BGB keine unterschiedlichen Streitgegenstände (OLG Stuttgart v. 14.3.2013 – 2 U 161/12). Die **Störerhaftung** sollte demgegenüber ein eigener Streitgegenstand sein, weil sie an völlig andere Voraussetzungen geknüpft ist (s. OLG Köln GRUR-RR 2013, 49, 50 – *Kirschkerne*; LG Hamburg ZUM 2013, 331, 332; unklar BGH GRUR 2013, 1229 Tz. 25 – *Kinderhochstühle im Internet II*). Innerhalb der Störerhaftung von Hostprovidern bilden die Takedown- und Staydownverpflichtungen für die konkret notifizierte Datei einerseits und die Vorsorgepflichten im Hinblick auf gleichartige Verletzungen (vgl. Rn. 162) andererseits unterschiedliche Streitgegenstände (OLG Hamburg v. 12.2.2015, 5

U 118/13, S. 10); dafür spricht, dass es sich einmal um einen wiederherstellenden und einmal um einen vorbeugenden Unterlassungsanspruch handelt. Allerdings können beide Streitgegenstände mit einem einheitlichen Antrag verfolgt werden (vgl. Rn. 50 ff.).

Streitgegenstände müssen vor allem dann voneinander unterschieden werden, **50** wenn sie Teil eines Unterlassungsantrages sind, **ein (einheitlicher) Unterlassungsantrag also mehrere Streitgegenstände beinhaltet.** Liegen **mehrfache Streitgegenstände bei nur einem einheitlichen Antrag** vor, hat das verschiedene Konsequenzen für den Prozess:

Das Gericht darf nicht den Antrag aus einem Streitgegenstand zusprechen, den **51** der Kläger gar nicht eingeführt hat (§ 308 ZPO; eingehend *Berneke* WRP 2007, 579, 585). Das Gericht kann deshalb ein Verbreitungsverbot für ein bestimmtes Produkt nicht auf die §§ 8 Abs. 1 S. 1, 3, 4 Nr. 9 lit. a) UWG stützen, wenn der Kläger sich nur auf Urheberrecht oder Markenrecht gestützt hatte (BGH GRUR 2001, 755, 757 – *Telefonkarte*). Für Ansprüche, die nicht streitgegenständlich sind, entfaltet ein rechtskräftiges Urteil auch keine Sperrwirkung nach § 322 ZPO (BGH GRUR 2001, 755, 757 – *Telefonkarte*). Die Einführung neuer Streitgegenstände ist eine **Klageänderung,** die nach den §§ 263, 264 ZPO bzw. § 533 ZPO zulässig sein muss (*Berneke* WRP 2007, 579, 586). Die **Berufung** muss, um zulässig zu sein, zu jedem (erfolglos geltend gemachten) Streitgegenstand eine Begründung enthalten (BGH GRUR 2006, 429 – *Schlank-Kapseln*). Der **Verfügungsgrund** für einstweilige Verfügungen ist auch für jeden Streitgegenstand gesondert zu prüfen (*Berneke* WRP 2007, 579, 587). Ein Nachschieben von zusätzlichen Streitgegenständen außerhalb der „Frist" ist dringlichkeitsschädlich (OLG Hamburg v. 13.9.2012 – 3 U 107/11 Tz. 68 f., zit. nach juris). Auch für § 93 ZPO ist relevant, ob eine Abmahnung für den gerichtlich geltend gemachten Streitgegenstand erfolgte.

Liegen einem **einheitlichen Antrag zwei Streitgegenstände** zugrunde, **muss der** **52** **Kläger beide Streitgegenstände (kumulativ)** nach der neueren Rechtsprechung seit *TÜV* **zur Entscheidung stellen** (BGH GRUR 2011, 521 Tz. 8 ff – *TÜV* m. w. N. zum Streitstand und zu seiner früheren Rechtsprechung in Tz. 6 ff.; BGH GRUR 2011, zum Urheberrecht: BGH GRUR 2012, 58 Tz. 14 – *Seilzirkus*; s. a. *Bergmann* GRUR 2009, 224 ff.; *Teplitzky*[11] Kap. 46 Rn 5a m. w. N.). Früher ließ der Bundesgerichtshof auch die alternative Berufung auf beide Streitgegenstände zu; das Gericht hatte dann die Wahl, aus welchem Streitgegenstand es den Antrag zusprechen wollte. Heute lehnt der Bundesgerichtshof das unter Hinweis auf die in Fällen einer **alternativen Klagebegründung fehlende Bestimmtheit** nach § 253 Abs. 2 Nr. 2 ZPO ab (BGH GRUR 2013, 614 Tz. 8 – *Metall auf Metall II*; BGH GRUR 2012, 58 Tz. 14 – *Seilzirkus*). Der Kläger muss sich also nach der neuen Rechtsprechung des Bundesgerichtshofes entscheiden, ob er seinen Antrag doppelt begründet und dann auch das (Kosten-)Risiko trägt, dass er nur mit einem Streitgegenstand durchdringt (will er das nicht, darf er seinen Antrag von vornherein nur mit einem Streitgegenstand begründen). Andere Streitgegenstände können hilfsweise (**eventuelle Klagehäufung**) geltend gemacht werden (BGH GRUR 2013, 614 Tz. 8 – *Metall auf Metall II*; BGH GRUR 2012, 58 Tz. 14 – *Seilzirkus*). Die hilfsweise Geltendmachung erfolgt in der schriftsätzlichen Antragsbegründung, nicht im Antrag selbst; denn der Antrag ist für alle Streitgegenstände *ein* identischer Antrag. **Taktisch** bietet sich an, den erfolgversprechendsten Streitgegenstand als Hauptstreitgegenstand geltend zu machen und die übrigen hilfsweise, äußerst hilfsweise usw. Gleichrangig nebeneinander muss der Kläger die Streitgegenstände demgegenüber geltend machen, wenn er sie alle entschieden wissen will. Das kann Sinn machen, wenn dadurch das Verbot weitergeht als bei einem Verbot aus nur einem Streitgegenstand. Auch die Rechtskraftwirkung gem. § 322 ZPO kann relevant sein. Das **Gericht** trifft eine **Hinweispflicht**, wenn nach den Schriftsätzen des Klägers unklar bleibt, welches Rangverhältnis die verschiedenen Streitgegenstände haben sollen (vgl. Rn. 48). Noch in der Revisionsinstanz kann der Kläger die Klage zu einer alternativen oder eventuellen Klagehäufung ändern (BGH GRUR 2013, 614 Tz. 9 – *Metall auf Metall II*). Mit der neuen Rechtsprechung des Bundesgerichtshofes sind die **Schwierigkeiten in einstweiligen Verfügungsverfahren** allerdings noch nicht ganz beseitigt. Einstweilige Verfügungen ergehen **im Beschlussweg oftmals ohne Begründung.** Unterlegt der Antragsteller seinen (einheitlichen) Antrag mit zwei gleichberechtigten Streitgegenständen, kann der Antragsgegner zwar an der Kostenquote erkennen, dass der Antrag im Hinblick auf einen Streitgegenstand erfolglos war. Er kann jedoch ohne Begründung durch das Gericht nicht erkennen, aus welchem Streitgegenstand das Gericht dem Antrag stattgegeben hat. Deshalb muss das Gericht in solchen Fällen auch zum Schutz des Schuldners wegen § 253 Abs. 2 Nr. 2 ZPO in einer kurzen Begründung klarstellen, im Hinblick auf welche Streitgegenstände das Verbot erlassen wurde.

53 g) **Aufbrauchfrist:** Eine Aufbrauchfrist, wie sie auch das Wettbewerbsrecht kennt, kann dem Verletzer eingeräumt werden. § 100 regelt die Vergünstigungen insb. für den schuldlosen Verletzer **nicht abschließend** (str.; im Einzelnen vgl. § 100 Rn. 11). Allerdings sollte § 100 für den nicht schuldhaft Handelnden vorrangig geprüft werden. Für den *schuldhaft* – möglicherweise nur leicht fahrlässig – handelnden Verletzer, für den § 100 nicht gilt, macht *Leistner* (Schricker/Loewenheim/*Leistner*[5] Rn. 338; gl. A. Dreier/Schulze/*Dreier*[5] § 100 Rn. 10) geltend, dass auch der Unterlassungsanspruch in einem gerechten Verhältnis zur Tat und zum Verschulden stehen muss. Dieser Auffassung schließen wir uns an; **Rechtsgrundlage** ist **§ 242 BGB**, der über das gesetzliche Schuldverhältnis, das durch die Urheberrechtsverletzung zwischen Gläubiger und Schuldner des Unterlassungsanspruches entstanden ist, Anwendung findet. Über die Aufbrauchfrist ist **von Amts wegen** zu entscheiden (BGH GRUR 1985, 930, 932 – *JUS-Steuerberatungsgesellschaft*; Köhler/Bornkamm/*Bornkamm*[35] § 8 UWG Rn. 1.80; jeweils zum UWG), und zwar auch im (ggf. einseitigen) Einstweiligen Verfügungsverfahren (OLG Koblenz NJWE-WettbR 1996, 45, OLG Stuttgart WRP 1989, 832, 833; KG WRP 1972, 143, 144; *Nordemann*[11] Rn. 1647; Köhler/Bornkamm/*Bornkamm*[35] § 8 UWG Rn. 1.82; a. A. OLG Frankfurt GRUR 1988, 46, 49 – *Flughafenpassage*). Dennoch ist die Gewährung in der Praxis sehr selten; häufiger kommt es vor, dass die Parteien eine Aufbrauchfrist **in einem Vergleich** vorsehen.

54 Die Voraussetzungen sind im Urheberrecht, wo es sich um die Verletzung absoluter Individualrechte handelt, etwas strenger als im Wettbewerbsrecht, wo **unverhältnismäßige Nachteile** für den Verletzer und das Fehlen einer unzumutbaren Beeinträchtigung des Verletzten als ausreichend angesehen werden, um das gerichtliche Verbot erst nach Ablauf einer (in der Regel kurzen) Aufbrauchfrist wirksam werden zu lassen (BGH GRUR 1990, 522, 528 – *HBV-Familien- und Wohnungsrechtsschutz*; BGH GRUR 1982, 425, 431 – *Brillen-Selbstabgabestellen* – in BGHZ 82, 375 nicht mit abgedruckt). Bei der Verletzung von Urheber- und Leistungsschutzrechten ist vielmehr eine Aufbrauchfrist nur in Ausnahmefällen zu gewähren, in denen die Folgen eines sofortigen Verbots *außer jedem Verhältnis* zu Bedeutung und Schwere der Verletzung stünden (dem folgend: LG Hamburg ZUM 2012, 345, 347; im Patentrecht ebenso: BGH GRUR 2016, 1031 Tz. 45 – *Wärmetauscher*). Zu bedenken ist die richtlinienkonforme Auslegung nach der Enforcement-RL (vgl. Rn. 5). Art. 3 Abs. 1 Enforcement-RL sieht zwar faire und gerechte Maßnahmen vor; diese müssen jedoch nach Abs. 2 wirksam, verhältnismäßig und abschreckend sein und so angewendet werden, dass kein Missbrauch gegeben ist (BGH GRUR 2016, 1031 Tz. 49 – *Wärmetauscher,* zum Patentrecht). Deshalb ist eine **Interessenab-**

wägung vorzunehmen. Hierzu zunächst vgl. § 100 Rn. 6. Zunächst kommt dem Verschulden Bedeutung zu. Grundsätzlich wird wegen des Ausnahmecharakters eine Frist nur bei leichter Fahrlässigkeit in Betracht kommen (LG Hamburg ZUM 2012, 345, 347: Bei argloser und gutgläubiger Handlung); nicht ausreichend ist jedoch, dass Vorinstanzen das Verhalten als nicht verletzend angesehen haben (BGH GRUR 2016, 1031 Tz. 53 – *Wärmetauscher*, zum Patentrecht). Bedeutung kann ferner zeitlichen Umständen zukommen, z. B. dass der Gläubiger mit einem rechtlichen Vorgehen jahrelang gewartet hat (BGH GRUR 1990, 522, 528 – *HBV-Familien- und Wohnungsrechtsschutz*), die rechtsverletzende Nutzung nur für eine überschaubare Zeitspanne droht (LG Hamburg ZUM 2012, 345, 348: 1 Jahr) oder der Schuldner kurzfristig mit dem Verbot konfrontiert wird, insb. in Fällen einer Einstweiligen Verfügung im Beschlussweg (*Berlit* WRP 1998, 250, 252; *Nordemann*[11] Rn. 1647) oder in der Revisionsinstanz nach noch gewonnener Berufungsinstanz (BGH GRUR 1969, 690, 693 – *Faber*; bei Verlust auch der Berufungsinstanz aber in der Regel nicht: BGH GRUR 1968, 431, 433 – *Unfallversorgung*). Zu Gunsten des Schuldners fällt ins Gewicht, wenn die Verletzung nur einen kleinen Teil eines größeren Werkes ausmacht, z. B. Fotos auf 12 von 358 Seiten eines ansonsten legalen Buches (LG Hamburg ZUM 2012, 345, 347), eines Romans, der nur mit erheblichem Änderungsaufwand weiter vertrieben werden könnte, oder eines Filmes, der unzulässiger Weise wenige Sekunden eines Musikwerkes enthält. Genauso wie im Patentrecht kann es sich auch zu Gunsten des Schuldners auswirken, wenn es sich um ein funktionswesentliches Element für ein Produkt handelt, auf dessen Vertrieb der Schuldner zur Aufrechterhaltung seines Geschäftsbetriebs angewiesen ist (BGH GRUR 2016, 1031 Tz. 52 – *Wärmetauscher*, zum Patentrecht und mit strengen Anforderungen an die Substantiierung durch den Schuldner). Auch kann von Bedeutung sein, dass das Werk schon anderweitig veröffentlicht war und diese Verwertung nicht gestört wird (LG Hamburg ZUM 2012, 345, 348). Die Gewährung der Aufbrauchfrist schließt **Schadensersatzansprüche** nicht aus. Das ergibt sich auch aus einem „erst-Recht"-Schluss im Hinblick auf § 100 S. 1, der sogar in Fällen schuldlosen Handelns eine Entschädigung gewährt.

2.　Beseitigung (Abs. 1 S. 1)

Weiterhin hat der Berechtigte gegenüber jedem, **auch** dem **schuldlosen Verletzer**, einen Anspruch auf Beseitigung der Beeinträchtigung (Abs. 1 S. 1 Hs. 1). Streng genommen sind die Unterlassungsansprüche Unterfälle des Beseitigungsanspruchs: In der Gefährdung eines Rechtsguts liegt eine Beeinträchtigung, die in der Regel durch das Unterlassen der gefährdenden Handlung beseitigt wird (s. BGH GRUR 1955, 492, 500 – *Tonband/Grundig-Reporter*). Unterlassungsanspruch und Beseitigungsanspruch sind dennoch wesensverschieden; die Umstellung von einem Unterlassungs- auf einen Beseitigungsantrag ist eine Klageänderung (*Teplitzky* GRUR 1995, 627, 628; BGH NJW-RR 1994, 1404). Der Beseitigungsanspruch im engeren Sinne erfasst grundsätzlich nur die Fälle, in denen eine fortdauernde Gefährdung **nicht durch Unterlassen beseitigt** werden kann; zur Abgrenzung vom Unterlassungsanspruch vgl. Rn. 40a.

55

Beseitigungsansprüche nach § 97 Abs. 1 werden praktisch vor allem bei **Entstellungen** eines Werkes relevant, die die berechtigten Interessen des Urhebers gefährden (s. § 14), und die schon durch ihre bloße Weiterexistenz eine immer neue Gefährdung der Urheberinteressen mit sich bringen, weil z. B. jeder neue Leser des entstellten Romans und jeder Betrachter des entstellten Bildes den Urheber mit dessen Inhalt identifiziert, obwohl die eigentliche Verletzungshandlung – die Herstellung und Veröffentlichung der Entstellung – längst abgeschlossen ist. Berühmtheit erlangte der Fall RGZ 79, 397 – *Felseneiland mit Sirenen*; dort wurde der Eigentümer eines Freskengemäldes zur Entfer-

56

nung eigenmächtiger Übermalungen verurteilt. s. ferner LG Berlin UFITA 3 [1930], 258 – *Eden-Hotel*. Ähnliche Fälle sind im Bereich des § 75 (Entstellung einer künstlerischen Leistung) und im Filmbereich nach § 93 denkbar. – Beseitigung ist ferner auch für **rechtswidrig hergestellte Vervielfältigungsstücke** denkbar, sofern eine Vernichtung (§ 98 Abs. 1) oder eine Überlassung (§ 98 Abs. 3) wegen § 98 Abs. 4 oder Abs. 5 nicht in Betracht kommt. Das sind Maßnahmen wie Schwärzen der beanstandeten Stellen eines Buches, Auswechseln der Seiten, auf denen sich die beanstandeten Stellen befinden (OLG Düsseldorf ZUM 1997, 486), Beseitigung von Entstellungen eines Bildes durch Verbesserung der Kopie usw. In der Regel ist das aber schon durch den Unterlassungsanspruch abgedeckt. § 97 Abs. 1 S. 1 als allgemeiner Beseitigungsanspruch kann über dies für **Rückrufe aus den Vertriebswegen im Onlinebereich**, auf die § 98 Abs. 2 keine Anwendung finden kann, angewendet werden (vgl. § 98 Rn. 25c).

57   **Ansonsten** sind Ansprüche auch **speziell an anderer Stelle im UrhG** geregelt: **Vernichtungsansprüche** gem. § 98 Abs. 1, **Rückrufsansprüche** und Ansprüche auf **Entfernung aus den Vertriebswegen** nach § 98 Abs. 2, **Überlassungsansprüche** nach § 98 Abs. 3 und Ansprüche auf **Bekanntmachung des Urteils** gem. § 103 (s. im Einzelnen die Kommentierungen dort). Diese Normen gehen in ihrem Regelungsbereich vor; außerhalb kann Beseitigung nach § 97 Abs. 1 S. 1 verlangt werden (ferner vgl. § 98 Rn. 40).

58   Wegen der u. U. möglichen **Ablösung des Beseitigungsanspruchs** gem. § 100 vgl. § 100 Rn. 3 ff. Sofern das für den Beseitigungsanspruch erforderlich ist, kann **Auskunft** verlangt werden (BGH GRUR 1995, 427, 428 – *Schwarze Liste*); dazu vgl. § 101 Rn. 1 ff.

59   **Außerhalb des UrhG** hat der Beseitigungsanspruch vor allem für den **Widerruf** unzulässiger Äußerungen Bedeutung (s. BGH GRUR 1995, 424, 426 – *Abnehmerverwarnung*).

60   Der Anspruch auf Beseitigung der Beeinträchtigung darf nicht mit dem Anspruch auf **Wiederherstellung des ursprünglichen Zustandes** (§ 249 BGB) verwechselt werden, der als Schadensersatzanspruch nur bei Verschulden gegeben ist (vgl. Rn. 61 ff.). Ersterer will die Entstehung neuen künftigen Schadens verhindern, letzterer soll bereits entstandene Schäden ausgleichen.

3. Schadensersatz (Abs. 2)

60a   § 97 Abs. 2 hält verschiedene Schadensersatzansprüche bereit: Drei für den materiellen Schadensersatz (§ 97 Abs. 2 S. 1 konkreter Vermögensschaden, vgl. Rn. 70 ff.; § 97 Abs. 2 S. 2 Herausgabe Verletzergewinn, vgl. Rn. 74 ff.; angemessene Lizenzgebühr, vgl. Rn. 86 ff.); für den immatriellen Schadensersatz gilt § 97 Abs. 2 S. 4 (vgl. Rn. 117 ff.). Zwischen den Ansprüchen auf materiellen Schadensersatz besteht ein Vermengungs- und Verquickungverbot, aber auch Wahlfreiheit (vgl. Rn. 69). Immaterieller Schadensersatz kann daneben geltend gemacht werden (vgl. Rn. 124a).

61   a) **Verschulden:** Bei den Schadensersatzansprüchen aus Abs. 2 ist – anders als bei Unterlassungs- und Beseitigungsansprüchen – ein Verschulden des Verletzers erforderlich. Eine verschuldenslose Gefährdungshaftung auf Schadensersatz existiert nicht. Da das Gesetz als Verschuldensformen **Vorsatz und Fahrlässigkeit** gleichrangig nennt (§ 97 Abs. 2 S. 1), kommt es auf eine **Abgrenzung** grundsätzlich nicht an; für die Höhe des Schadensersatzanspruches ist umstritten, ob dem Verschuldensgrad Bedeutung zukommt (vgl. Rn. 61a). Jedoch genügt Fahrlässigkeit nur bei Schadensersatzansprüchen gegen den Täter (dazu vgl. Rn. 145 ff.); Teilnehmer müssen über Teilnahmevorsatz verfügen und die Rechtswidrigkeit der Haupttat kennen (vgl. Rn. 153). **Ergänzend** zu § 97 gelten die **deliktsrechtlichen Bestimmungen des BGB**, also insb. die §§ 827, 828 BGB.

Umstritten ist, ob dem Verschuldensgrad Bedeutung für die Höhe des Scha- **61a** **densersatzanspruches** zukommt. Dafür wird eine richtlinienkonforme Auslegung vor dem Hintergrund der Enforcement-RL angeführt. Art. 3 Enforcement-RL ordne an, dass die Ansprüche nicht nur wirksam und abschreckend, sondern auch verhältnismäßig sein müssten (v. *Ungern-Sternberg* GRUR 2009, 460, 465; dagegen *Kochendörfer* ZUM 2009, 389, 393; offen BGH GRUR 2009, 856 Tz. 54 – *Tripp-Trapp-Stuhl*). Dagegen spricht aber entscheidend, dass der Schadensersatz nach der Konzeption von Enforcement-RL und deutscher Umsetzung (vgl. Rn. 98) gerade nicht der Bestrafung, sondern allein dem Schadensausgleich dienen soll. Es gilt im deutschen Recht der Grundsatz der Totalreparation; der Schuldner muss schon bei geringster Fahrlässigkeit den gesamten Schaden ausgleichen (*Kochendörfer* ZUM 2009, 389, 393; *Bodewig/ Wandtke* GRUR 2008, 220, 229); es ist nicht ersichtlich, dass die Enforcement-RL diesen Grundsatz beseitigen wollte. Außerdem würde eine Relevanz des Veschuldensgrades dem Gläubiger eine Berechnung des Schadensersatzes erheblich erschweren, weil sich der Verschuldensgrad oft im Vorhinein nicht bestimmen lässt; er müsste ferner im Prozess aufwendig und komplex festgestellt werden, was die Effektivität des Rechtsschutzes beschränkt (*Kochendörfer* ZUM 2009, 389, 393).

aa) Vorsatz: Schuldhaft handelt zunächst, wer vorsätzlich eine Rechtsverlet- **62** zung begeht, d. h. entweder weiß, dass er ein Recht verletzt *(dolus directus),* oder es doch bewusst in Kauf nimmt, dass er ein Recht verletzen könnte *(dolus eventualis).* Zum erforderlichen Bewusstsein gehört auch das Bewusstsein der Rechtswidrigkeit, sodass Rechtsirrtümer zumindest den Vorsatz ausschließen können (vgl. Rn. 65). Wer nach einer Abmahnung weiterhandelt, obwohl danach keine Irrtümer bei sachgerechter Betrachtung mehr in Frage kommen, handelt vorsätzlich (LG München I ZUM-RD 2009, 220, 222). Es soll ein starkes Indiz für eine vorsätzliche Handlung sein, wenn sich der Verletzer vor seiner Handlung vergeblich um eine Zustimmung des Rechteinhabers bemüht (*Schwartmann/Möllmann/Bießmann*[3] Kap. 34 Rn. 28 unter Verweis auf OLG München NJW 1996, 135, 136). Eine Ausnahme muss jedoch bei beachtlichen Argumenten des Verletzers für eine rechtmäßige Nutzung gelten (z. B. freie Benutzung, Schranken), die er bereits in der ersten Anfrage an den Rechteinhaber formuliert; dann spricht eher ein Indiz für bloße Fahrlässigkeit.

bb) Fahrlässigkeit: Ein Verschulden trifft aber auch den fahrlässig Handelnden, **63** d. h. denjenigen, der es hätte wissen können, dass er eine Rechtsverletzung beging, der es aber unter Außerachtlassung der im Verkehr erforderlichen Sorgfalt (§ 276 BGB) unterließ, die ihm gegebenen Prüfungsmöglichkeiten auszuschöpfen. Die Rechtsprechung stellt dazu mit Recht **strenge Anforderungen** (BGH GRUR 2015, 258, Tz 264 – *CT-Paradies*; BGH GRUR 2009, 864 Tz. 22 – *CAD-Software*; BGH GRUR 2002, 248, 252 – *SPIEGEL-CD-ROM*; BGH GRUR 1999, 49, 51 – *Bruce Springsteen and his Band*; BGH GRUR 1998, 568, 569 – *Beatles-Doppel-CD*).

Jeder, der ein fremdes Werk (Urheberrecht) oder ein nach dem UrhG geschütz- **64** tes Leistungsschutzrecht (vgl. Rn. 9 ff.) nutzen will, muss sich über die Rechtmäßigkeit seiner Handlungen **Gewissheit verschaffen** (BGH GRUR 2009, 864 Tz. 22 – *CAD-Software*; BGH GRUR 1960, 606, 608 – *Eisrevue II*; KG GRUR 1959, 150, 151 – *Musikbox-Aufsteller*). Seine Anstrengungen muss der **Verletzer** konkret und **substantiiert vortragen** (LG München I ZUM-RD 2009, 220, 222). Er muss sich dazu ggf. die **Legitimation** dessen, von dem er das Recht erwirbt, **nachweisen** lassen (BGH GRUR 1959, 331, 334 – *Dreigroschenroman*

II). Wer die Schutzrechtslage nicht überwacht, handelt sogar grob fahrlässig (BGH GRUR 1977, 598, 601 – *Autoscooterhalle*). Der Verletzer muss sich über den Umfang der ihm zustehenden Benutzungsbefugnisse erforderlichenfalls **rechtskundigen Rat** einholen (OLG Köln ZUM 2009, 961, 964 – *Wie ein Tier im Zoo*; OLG Düsseldorf ZUM 1998, 668, 671). Diese Pflichten treffen vor allem die, bei denen die Nutzung des Werkes ihren Ausgangspunkt nimmt: Den **Autor**, den **Verleger** (z. B. bei Romanen, Büchern politischen oder tatsächlichen Inhalts, wissenschaftlichen Werken, Kunstbänden oder bei periodischen Druckschriften wie Zeitungen, Zeitschriften, Kalendern) und – soweit existent – den **Herausgeber**. Nicht einmal im Programmaustausch zwischen öffentlich-rechtlichen **Rundfunkanstalten**, von denen jede über eine eigene Rechtsabteilung verfügt, darf sich die erwerbende Anstalt auf die Prüfung der Rechtslage durch die andere verlassen (KG UFITA 86 [1980], 249, 252 f. – *Boxweltmeisterschaft*). Der **Importeur** kann für den Inhalt der von ihm vertriebenen Druckwerke verantwortlich sein (BGH GRUR 1977, 114, 115 f. – *VUS*). Auch der Betreiber einer Homepage muss sich vergewissern, dass dort hochgeladene Texte, Fotos oder Stadtpläne genutzt werden dürfen (zum konkludenten Einverständnis der Nutzung im Internet vgl. § 31 Rn. 141). Der Sorgfaltsmaßstab gem. § 276 BGB kann aber je nach **Gefährlichkeitsgrad der Handlung und Funktion des Verletzers differieren.** Höhere Sorgfaltsanforderungen gelten bei hochgradiger Gefährdung der Verwertungsrechte des Urhebers, z. B. wenn ein Werk ohne Einschränkungen durch den Verletzer im Internet zum Download angeboten wird (BGH GRUR 2009, 864 Tz. 22 – *CAD-Software*). Im Gegensatz dazu werden auf **der letzten Handelsstufe** für urheberrechtlich geschützte Waren teils geringere Anforderungen gestellt, weil der Bestand der Rechte schlechter kontrolliert werden kann (s. LG München I ZUM 2000, 519, 521; aber Verschulden i. E. bejaht). **Minderjährige Internetnutzer** haften gem. § 828 BGB. Sie handeln, wenn sie das siebte Lebensjahr vollendet haben, gem. § 828 Abs. 3 BGB für den Fall schuldhaft, dass sie kommerziell wertvolle Fotos aus dem Internet kostenlos herunterladen und dann bei eBay verkaufen, auch wenn der „Copyright-Vermerk" fehlt (OLG Hamburg ZUM-RD 2007, 344, 345; s. a. AG Hannover GRUR-RR 2009, 94 für einen 17jährigen, der Auktionsfotos rechtswidrig nutzte). Bietet ein 17jähriger unberechtigt mittels einer Filesharing-Software urheberrechtlich geschützte Musikaufnahmen zum Download im Internet an, so handelt er schuldhaft; ein Nutzer von Filesharingprogrammen hat sich umfassend über die technische Ausstattung dieser Programme zu informieren, bevor er sie nutzt (LG Düsseldorf ZUM-RD 2011, 696); zur Wirksamkeit von Abmahnungen gegenüber Minderjährigen vgl. § 97a Rn. 8.

65 **Rechtsirrtümer:** Auch wer seinem Verhalten eine bestimmte, von ihm geprüfte und für richtig gehaltene Rechtsauffassung zugrunde legt, kann wegen Fahrlässigkeit zum Schadensersatz verpflichtet sein. Rechtsirrtum **entschuldigt nicht** (*Ullmann* GRUR 1978, 615, 622). Das gilt insb., wenn dem Verletzer gar nicht bewusst ist, dass das genutzte Werk oder die genutzte Leistung geschützt ist. Die Rechtsprechung verlangt, dass derjenige, der fremde Rechte verwertet, sich über die einschlägigen Rechtsfragen unterrichtet (BGH GRUR 1960, 606, 608 – *Eisrevue II*). Lässt sich eine Rechtsfrage nicht zuverlässig beurteilen, weil die Grenzziehung durch die Rechtsprechung fallweise erfolgt, so handelt der Verletzer schuldhaft, wenn er eine ihm günstige Beurteilung unterstellt (BGH GRUR 1974, 669, 672 – *Tierfiguren*). Über den Inhalt höchstrichterlicher Entscheidungen, wie er sich bei **sorgfältiger und objektiver Prüfung** darstellt, darf er sich keinesfalls hinwegsetzen (BGH GRUR 1960, 340, 344 – *Werbung für Tonbandgeräte*; s. a. BGH GRUR 1961, 138, 140 – *Familie Schölermann*). Ein **Verschulden** ist grundsätzlich nur dann **zu verneinen**, wenn bereits eine dem Verwerter **günstige höchstrichterliche Entscheidung** – also des BGH oder auch des RG – vorliegt, die in der Literatur zwar angegriffen, vom BGH aber noch nicht durch ein abweichendes Urteil ersetzt wurde (BGHZ 17, 266, 295 f. – *Tonband/Grundig-Reporter*; BGH GRUR 1961, 97, 99 – *Sportheim*). Abgesehen von dieser Konstellation wird im Regelfall ein verschuldeter Rechtsirrtum anzunehmen sein. Die Rechtsprechung war zwar früher großzügiger und ließ es für Schuldlosigkeit genügen, wenn der BGH eine umstrittene Frage bloß noch nicht entschieden hatte und es der Verletzer auf eine Klärung ankommen ließ (so noch BGH GRUR 1975, 33, 35 – *Alters-Wohnheim*; BGH GRUR 1972, 614, 616 – *Landesversicherungsanstalt*); das war schon deshalb wenig überzeugend, weil damit das rechtliche Risiko einseitig dem Rechteinhaber aufgebürdet wäre (genauso jetzt BGH GRUR 2002, 248, 252 – *SPIEGEL-CD-ROM*). Heute gilt vielmehr Folgendes: Bestehen bei einer zweifelhaften Rechtsfrage Anhaltspunkte dafür, dass der Verletzer mit einer für ihn ungünstigen Entscheidung rechnen muss, handelt er damit fahrlässig, weil er sich **erkennbar im Grenzbereich des rechtlich Zulässigen bewegt** (BGH GRUR 2010, 623 Tz. 32 – *Restwertbörse*; BGH GRUR 2010, 123 Tz. 42 – *Scannertarif*; BGH GRUR 2007, 871, 875 – *Wagenfeld-Leuchte*; BGH GRUR 2002, 248, 252 – *SPIEGEL-CD-ROM*; BGH GRUR 1998, 568, 569 – *Beatles-Doppel-CD*). Das gilt insb. bei uneinheitlicher instanzgerichtlicher Rechtsprechung (BGH GRUR 1998, 568, 569 – *Beatles-Doppel-CD*). Auch handelte ein Verwerter schuldhaft, der im unmittelbaren Vorfeld des *Phil-Collins*-Urteils des EuGH GRUR 1994, 280 (vgl. § 120 Rn. 2) eine in Fachkreisen streitige Schutzrechtslücke ausnutzte (BGH GRUR 1999, 49, 52 – *Bruce Springsteen and his Band*; BGH GRUR 1998, 568, 569 – *Beatles-Doppel-CD*; a. A. Vorinstanz OLG Frankfurt ZUM 1996, 697). Das Gleiche gilt für eine Verletzung, die vor der ausdrücklichen Aufgabe einer bisherigen höchstrichterlichen Rechtsprechung, aber nach einem höchstinstanzlichen Urteil begangen wurde, das begründete Zweifel am Fortbestand der Rechtsprechung weckte (OLG Köln GRUR-RR 2015, 275 juris Tz. 44 – *Designer-Urne*). Es muss sogar schon genügen, wenn – in Abwesenheit von gerichtlichen Entscheidungen – die Frage jedenfalls in der Presse kontrovers diskutiert wird (LG München I GRUR 2005, 574, 576 – *O Fortuna*). Erst Recht liegt Fahrlässigkeit vor, wenn schon veröffentlichte oder zumindest dem Verletzer bekannte rechtskräftige Urteile der Instanzgerichte existieren, die einen für ihn ungünstigen Standpunkt einnehmen (BGH GRUR 1960, 606, 609 – *Eisrevue II*; BGH GRUR 1955, 549 – *Betriebsfest* – in BGHZ 17, 376, 383 insoweit nicht mit abgedruckt). Eine **Ausnahme** ist in außergewöhnlichen Fällen zu machen, wobei aber stets dafür Voraussetzung ist, dass eine **schwierige Frage umstritten** ist *und* überhaupt **noch nicht richterlich entschieden** wurde. Hinzukommen müssen dann noch weitere besondere Umstände, z. B. dass die Unterwerfung einschneidende Maßnahmen erfordern würde, die auch bei günstigem Ausgang des Rechtsstreits noch nachwirken würden (BGHZ 17, 266, 295 f. – *Tonband/Grundig-Reporter*) oder es sich erkennbar um den Musterprozess zur Klärung der Rechtsfrage handelt, der Rechteinhaber aber bislang Dritte auf Schadensersatz nicht in Anspruch genommen hat (deshalb i. E. zutreffend: BGH GRUR 1972, 614, 616 – *Landesversicherungsanstalt*, insoweit in BGHZ 58, 262 nicht mit abgedruckt). – Ein **fehlendes Verschulden** kommt auch in Betracht, wenn **nach früherer Rechtslage keine Verletzung** gegeben war und der Verletzer **keinen Grund** hatte, die **Änderung** als sorgfältiger Teilnehmer am Rechtsverkehr **nachzuvollziehen**; das ist der Fall bei Änderungen ausländischen Urheberrechts, die ohne deutsche Gesetzesänderung in Deutschland ein davor gemeinfreies Werk wieder unter Schutz stellen (OLG Köln GRUR-RR 2012, 104, 107 – *Briefe aus Petersburg*).

Ein **ursprünglich schuldloser Verletzer verliert den guten Glauben** an die Rechtmäßigkeit seines Handelns schon in dem Augenblick, in dem er **erstmals von Umständen erfährt**, die eine **andere rechtliche Bewertung als möglich** erschei- **66** nen lassen. Beispiele sind eine **Abmahnung** oder eine **gegenläufige Rechtsauffassung**, die sonst wie – z. B. durch ein Agentengespräch auf einer Messe – **an den Verletzer seriös herangetragen** wird (OLG Köln GRUR-RR 2012, 104, 107 – *Briefe aus Petersburg*). Setzt er sein Verhalten fort, so macht er sich von diesem Augenblick an schadensersatzpflichtig, weil er sich in den Grenzbereich des rechtlich Zulässigen begibt. Dabei kommt es nicht darauf an, ob ihm Beweise für das Recht des Abmahnenden vorgelegt werden, weil den Verwerter fremder Rechte eine eigene Prüfungspflicht trifft. Eine Ausnahme gilt nur dann, wenn – wie in den zuletzt behandelten Fällen (vgl. Rn. 65 a. E.) – Fahrlässigkeit trotz Kenntnis der Situation wegen unverschuldeten Rechtsirrtums zu verneinen ist. – Zur Rechtsverletzung durch **ungerechtfertigte Verwarnung** vgl. § 97a Rn. 52 ff.

67   **cc) Mitverschulden:** § 254 BGB findet auf die Schadensersatzansprüche nach § 97 Abs. 2 Anwendung. Ein Mitverschulden des Verletzten kann den Schadensersatz **verringern** oder gar ganz **ausschließen**, soweit schuldhaft eine Abwendung oder **Minderung des Schadens** unterlassen wurde (OLG Düsseldorf GRUR-RR 2002, 121 – *Das weite Land*). Ein Mitverschulden wurde beispielsweise darin gesehen, dass der Verletzer auf Abmahnungen hin den Rechteinhaber aufforderte, eine konkrete Liste mit Werken zu übersenden, um Rechtsverletzungen für das gesamte dortige Repertoire abzustellen, eine solche aber nicht übersandt wurde (OLG Düsseldorf GRUR-RR 2002, 121 – *Das weite Land*). Kein Mitverschulden ergibt sich daraus, dass der Urheber oder Rechteinhaber das Werk im Internet nicht mit seinem Namen oder ein Schutzhinweis (z. B. ©) versieht. Ein fehlender Hinweis ist kein Indiz dafür, dass ein Werk oder eine Leistung gemeinfrei ist (BGH GRUR 2010, 616 Tz. 42 f. – *marions-kochbuch.de*).

68   **b) Materieller Schaden (Abs. 2 S. 1 bis 3): – aa) Dreifache Berechnung; Wahlrecht:** Der Anspruch auf materiellen Schadensersatz geht zunächst auf **Naturalrestitution**, also die Wiederherstellung des Zustandes, der bestehen würde, wenn die Rechtsverletzung nicht stattgefunden hätte (s. § 249 BGB). Zur Unterscheidung dieses Anspruchs vom Anspruch auf Beseitigung der Beeinträchtigung vgl. Rn. 60. Da es jedoch gerade im Bereich des Urheberrechts und der verwandten Schutzrechte nicht immer möglich ist, Geschehenes ungeschehen zu machen – die erfolgte Funksendung oder Aufführung kann nicht rückgängig gemacht werden –, ist der Verletzte über § 249 BGB hinaus vielfach auf einen **Geldersatzanspruch** angewiesen. Für diesen Anspruch haben sich **drei Berechnungsarten** entwickelt, nämlich neben dem Ersatz der konkret entstandenen Vermögenseinbuße (§§ 249 bis 252 BGB) auch der Verletzergewinn (§ 97 Abs. 2 S. 2 UrhG) sowie die angemessene Lizenzgebühr (§ 97 Abs. 2 S. 3). Die angemessene Lizenzgebühr ist erst seit dem 1.9.2008 kodifiziert (vgl. Rn. 4), war aber auch im früheren Recht schon allgemein anerkannt (RegE UmsG Enforcement-RL – BT-Drs. 16/5048, S. 33; grundsätzlich BGH GRUR 2000, 226, 227 – *Planungsmappe*; ferner BGH GRUR 1980, 227, 232 – *Monumenta Germaniae Historica*; OLG Hamburg GRUR-RR 2001, 260, 261 – *Loriot-Motive*; *Bodewig/Wandtke* GRUR 2008, 220, 223; *Schaub* GRUR 2005, 918, 919). – Die dreifache Schadensberechnung kommt aber nur für die Verletzung absoluter Immaterialgüterrechte in Betracht, **nicht** für die **Verletzung vertraglicher Pflichten** (BGH GRUR 2002, 795, 797 – *Titelexklusivität*).

69   Der Verletzte hat das **Wahlrecht**, welche der drei Berechnungsalternativen er seinem Anspruch zugrunde legen will (BGH GRUR 2000, 226, 227 – *Planungsmappe*; OLG Düsseldorf ZUM 2004, 307, 309). Von diesem Recht kann er beliebig Gebrauch machen. In der Praxis übt der Gläubiger sein Wahlrecht erst möglichst spät aus. Er wird zunächst für alle drei Berechnungsarten ggf. erforderliche Auskunfts- und Rechnungslegungsansprüche stellen (vgl. § 101

Rn. 10 ff.), ohne sich für eine der drei möglichen Schadensberechnungsarten zu entscheiden (BGH GRUR 1980, 227, 232 – *Monumenta Germaniae Historica*). Auch nach Erteilung der Auskünfte kann er noch im Laufe des Rechtsstreits von der einen auf die andere Berechnungsmethode übergehen, und zwar so lange, bis der Anspruch nach einer der drei Berechnungsarten erfüllt oder rechtskräftig zuerkannt ist (BGH GRUR 2008, 93 Tz. 8, 12 – *Zerkleinerungsvorrichtung*; BGH GRUR 2000, 226, 227 – *Planungsmappe*; BGH GRUR 1993, 757, 758 – *Kollektion Holiday*). Etwas anderes gilt auch dann nicht, wenn der Gläubiger durch bezifferten Zahlungsantrag die Schadensberechnung auf eine Berechnungsart konkretisiert hat (a. A. *v. Weichs/Foerstl* ZUM 2000, 897, 900). Der Gläubiger legt sich bei bezifferten Zahlungsklagen noch nicht einmal auf eine bestimmte Berechnungsalternative als **Streitgegenstand** fest; wechselt der Gläubiger im Prozess die Schadensberechnungsart und erhöht das die Forderung, liegt keine Klageänderung gem. § 264 Nr. 2 ZPO vor (BGH GRUR 2008, 93 Tz. 9 ff. – *Zerkleinerungsvorrichtung*). Der Gläubiger soll allerdings nach wie vor wählen müssen und die Wahl der Berechnungsform nicht dem Gericht von Amts wegen überlassen dürfen (*v. Ungern-Sternberg* GRUR 2008, 291, 300); dem Gläubiger ist insoweit eine hilfsweise Wahl zu raten (s. OLG Düsseldorf GRUR-RR 2006, 393, 394 – *Informationsbroschüre*). Überzeugend ist das nicht; dem Gläubiger sollte auch gestattet werden, dem Gericht die Wahl zu überlassen, weil § 308 Abs. 1 ZPO wegen der Einheitlichkeit des Streitgegenstandes keine Anwendung findet. Stützt der Verletzte sich im Eventualverhältnis auf mehrere Berechnungsarten, so ist stets die für ihn günstigere Berechnungsart in vollem Umfang anzuwenden (BGH GRUR 1993, 55, 58 – *Tchibo/Rolex II*). Die gewählte Berechnungsart muss dann aber ausschließlich zugrunde gelegt werden. Eine Vermengung der Berechnungsarten etwa dahin, dass zusätzlich neben dem Anspruch auf die angemessene Lizenzgebühr (vgl. Rn. 86 ff.) auch noch der weitergehende Schaden wegen entgangenen Gewinns (vgl. Rn. 70 ff.) gefordert werden könnte, findet nicht statt, sog. **Vermengungs- und Verquickungsverbot** (RegE UmsG Enforcement-RL – BT-Drs. 16/5048, S. 33; BGH GRUR 1977, 539, 543 – *Prozessrechner*; *Teplitzky* FS Traub S. 401, 402 ff. m. w. N.; *Wedemeyer* FS Piper S. 787, 804 m. w. N. in Fn. 86). Für unterschiedliche Schadensarten darf aber jeweils eine unterschiedliche Berechnung gewählt werden (BGH GRUR 1980, 841, 844 – *Tolbutamid*; BGH GRUR 1977, 539, 543 – *Prozessrechner*; *Wedemeyer* FS Piper S. 787, 804), z. B. für die Urheberrechtsverletzung die angemessene Lizenzgebühr und für die daraus folgende Abmahnung der konkrete Vermögensschaden (*Jan Bernd Nordemann* WRP 2005, 184 m. w. N.) oder Herausgabe des Verletzergewinns für den illegalen Vertrieb und Rechtsverfolgungskosten durch eine notwendige Ermittlungsreise (BGH GRUR 2007, 431, 435 Tz. 43 – *Steckverbindergehäuse*). Zu Gunsten des Gläubigers folgt aus dem Vermengungs- und Verquickungsverbot, dass die Höhe des Schadensersatzes nach einer Berechnungsform (z. B. angemessene Lizenzgebühr) nicht in der Höhe durch eine andere Berechnungsform (Verletzergewinn) begrenzt wird (BGH GRUR 1993, 55, 58 – *Tchibo/Rolex II*).

69a In der deutschen **Praxis** ist die **angemessene Lizenzgebühr die wichtigste Berechnungsmethode**. Denn der konkrete Vermögensschaden (insbesondere der entgangene Gewinn, vgl. Rn. 70), aber auch die Abschöpfung des Verletzergewinns (insbesondere die Kausalität, vgl. Rn. 78) haben aus Sicht des Verletzten gewisse Defizite. Nach Auffassung des BGH hat sich durch die Enforcement-RL (vgl. Rn. 5) für die Frage der Möglichkeit der Berechnung des Schadensersatzes auf dreierlei Weise nichts geändert (BGH GRUR 2016, 176 Tz. 55 – *Tauschbörse I*). Das erscheint als zweifelhaft.

69b Es ist denkbar, dass sich die deutsche Praxis durch die **Europäisierung des Schadensbegriffs** verschiebt (so auch *Raue* ZUM 2017, 2017, 353, 355). Der

EuGH meint beispielsweise, dass der Ersatz einer angemessenen Lizenzgebühr nicht geeignet ist, eine Entschädigung für den gesamten erlittenen Schaden zu garantieren (EuGH GRUR 2017, 264 Tz. 30 – *OTK/SFP*). Das legt eine großzügere Handhabung des entgangenen Gewinns durch richtlinienkonforme Auslegung (vgl. Rn. 5) nahe, vgl. Rn. 71a. Ferner kann das Vermengungs- und Verquickungsverbot großzügiger zu Gunsten des Verletzten zu handhaben sein, vgl. Rn. 71a.

70 **bb) Konkreter Vermögensschaden:** Der Verletzte kann zunächst den ihm **entgangenen Gewinn** (§ 252 BGB) ersetzt verlangen. Entgangen ist der Gewinn, den der Verletzte, wenn der Verletzer nicht dazwischengetreten wäre, nach dem gewöhnlichen Lauf der Dinge oder nach den besonderen Umständen, insb. nach den getroffenen Anstalten und Vorkehrungen, hätte wahrscheinlich erwarten können (s. § 252 BGB). Dieser Betrag kann vom Gericht nach § 287 ZPO geschätzt werden. Die Anwendung der §§ 252 BGB, 287 ZPO dient dazu, dem Geschädigten den Schadensnachweis zu erleichtern (BGH GRUR 1993, 757, 758 – *Kollektion Holiday*). Dennoch bleibt der **Nachweis** eines entgangenen Gewinns **im Regelfall schwierig.** Zur schlüssigen Geltendmachung eines aus der Urheberrechtsverletzung entgangenen Gewinns muss der Gläubiger zumindest darlegen, dass ohne die Verletzung eine (entsprechende) Nutzung durch ihn oder durch berechtigte Dritte erfolgt wäre. Daraus wäre nach den Grundsätzen der Lebenserfahrung zu folgern, dass die Geschäfte des Verletzers zu einer Beeinträchtigung der Umsatzerwartung des Berechtigten geführt haben. Soll dieser Ursachenzusammenhang in Zweifel gezogen werden, so ist es Sache des Verletzers darzulegen, dass die vom Schadensersatzkläger behauptete Einbuße ganz oder tw. durch andere Gründe als die Verletzung verursacht ist (BGH GRUR 1993, 757, 758 – *Kollektion Holiday*). Ein solcher anderer Grund kann bei fehlender Substituierbarkeit von Produkten gegeben sein (s. OLG Hamburg GRUR-RR 2001, 260, 263 – *Loriot-Motive*: Gewinneinbußen verneint für den Vertrieb von hochwertigen originalen Loriot-Werbekarten, weil nicht durch billige, kostenlos verteilte Werbekarten mit einer Collage verschiedener Motive substituierbar). Benötigt der Verletzte **Informationen** von Seiten des Verletzers, um seinen Schadensersatzanspruch in Form des entgangenen Gewinns berechnen zu können, steht dem Verletzten ein **Auskunfts- und Rechnungslegungsanspruch gegen den Verletzer** zu (vgl. § 101 Rn. 10 ff.).

71 **Beispiele für die Berechnung eines entgangenen Gewinns** bietet der BGH-Fall *Kollektion Holiday*: Hier ging es um die rechtswidrige Nachahmung von Modeartikeln. Als entgangener Gewinn konnten zunächst die aufgrund von wahrscheinlich verursachten Auftragsstornierungen von Abnehmern verlorenen Gewinne verlangt werden; darüber hinaus waren auch wahrscheinliche Nachbestellungen relevant, auch wenn es sich um kurzlebige Modeartikel handelte (BGH GRUR 1993, 757, 758 – *Kollektion Holiday*). Ferner seien erwähnt OLG Hamburg UFITA 65 (1972), 284 (Auswechslung einer betexteten und eingespiegelten Illustriertenseite); OLG Hamburg GRUR Int. 1978, 140 – *membran* (Berechnung von Differenz-Lizenzen beim Reimport von Tonträgern, s. dazu auch BGH GRUR 1988, 606 – *Differenz-Lizenz*), sowie LG Köln AfP 1987, 535, 537 mit ablehnender Anmerkung *Damm* (Verlust von Originaldias beim Verlag; im Ansatz zutreffend, aber sehr optimistisch in der Beurteilung der Aussichten anderweitigen Gewinns), für ein Filmzitat OLG Köln GRUR 1994, 47, 49 – *Filmausschnitt*; endlich BGH GRUR 1991, 332 – *Lizenzmangel* und BGH GRUR 1992, 605 – *Schadensbegrenzungsvergleich* (Kosten eines zur Abwehr von Ansprüchen Dritter abgeschlossenen Vergleichs).

71a Der restriktive Ansatz in Deutschland, der zur schlüssigen Geltendmachung eines aus der Urheberrechtsverletzung entgangenen Gewinns dem Gläubiger abverlangt, dass ohne die Verletzung eine (entsprechende) Nutzung durch ihn oder durch berechtigte Dritte erfolgt wäre, entspricht nicht der **Praxis in anderen EU-Staaten.** Frankreich reguliert Schadensersatz sogar vornehmlich auf der Basis des entgangenen Gewinns, vor allem wenn Verletzer und Verletzter Wettbewerber sind; die angemessene Lizenzgebühr dient dann nur der Ergänzung für den Teil des Schadens, der nicht zu einem Gewinnrückgang geführt hat (*Raue* ZUM 2017, 2017, 353, 355; *ders.*, Dreifache Schadensberechnung S. 152 ff.). Auch der **EuGH** meint, dass der Ersatz einer einfachen Lizenzgebühr nicht geeignet ist, eine Entschädigung für den gesamten erlittenen Schaden zu garantieren (EuGH GRUR 2017, 264 Tz. 30 – *OTK/SFP*), was für eine Ergänzung durch eine **großzügere Handhabung des entgangenen Gewinns** spricht. Jedenfalls dürfte in absehbarer Zeit der deutsche Schadensbegriff im Hinblick auf den zu ersetzenden Mindestschaden (vgl. Rn. 5) erhebliche Änderungen durch die Europäisierung erfahren (so auch *Raue* ZUM 2017, 2017, 353, 355; *Wandtke* FS Schulze 2017 S. 421 ff., der sogar davon ausgeht, dass deshalb eine doppelte Lizenzgebühr geschuldet ist, jedoch vgl. Rn. 98).

Als Vermögenseinbuße (§ 251 Abs. 1 BGB) ist auch der Aufwand des Verletzten zur **Ermittlung und Verfolgung von Rechtsverletzungen** anzusehen (BGH GRUR 2007, 431, 435 Tz. 43 – *Steckverbindergehäuse*; OLG Düsseldorf NJW-RR 1999, 194; LG München I ZUM 2000, 519, 522). Erstattungsfähig sind danach insb. die Anwaltskosten für die (berechtigte) **Abmahnung.** Jedoch ist die Abmahnkostenerstattung als *lex specialis* in § 97a geregelt, sodass Ansprüche aus § 97 insoweit **verdrängt** werden (vgl. § 97a Rn. 76). Die weitere Kommentierung der Abmahnkostenerstattung und sonstiger Ermittlungs- und Verfolgungskosten erfolgt bei § 97a (vgl. § 97a Rn. 31 ff., 37 ff.). **Allgemeine Marktbeobachtungskosten** sind nach bisheriger Auffassung in Deutschland grundsätzlich nicht erstattungsfähig; eine Ausnahme bildet der sog. GEMA-Zuschlag für das **Vorhalten eines Ermittlungsapparates.** Dieser restriktive Ansatz erscheint allerdings als europarechtlich nicht zwingend. Zum Ganzen vgl. Rn. 100. **72**

Umstritten ist, ob **Marktverwirrungsschäden** ersetzt werden, also Schäden, die nicht unmittelbar auf der konkreten Verletzung beruhen (dagegen: BGH GRUR 2000, 226, 227 – *Planungsmappe*, allerdings noch vor der Enforcement-RL; Schricker/Loewenheim/*Wimmers*[5] Rn. 264; dafür: OLG Hamburg *Erich Schulze* OLGZ 148; *v. Ungern-Sternberg* GRUR 2009, 460, 464; Dreier/Schulze/*Dreier/Specht*[5] § 97 Rn. 69; Spindler/Schuster/*Spindler*[3] § 97 UrhG Rn. 51). Letzlich sollte die Auslegung von Art. 13 Enforcement-RL darüber entscheiden (vgl. Rn. 5). Da die Richtlinie eine einfache Lizenzgebühr grundsätzlich nicht als ausreichend ansieht (EuGH GRUR 2017, 264 Tz. 30 – *OTK/SFP*), sollte auch ein Ersatz von Marktverwirrungsschäden denkbar sein; vgl. Rn. 69a. **73**

cc) Herausgabe des Verletzergewinnes (Abs. 2 S. 2): Der Verletzte darf ferner die Herausgabe des Gewinns verlangen, den der Schädiger durch die Rechtsverletzung erzielt hat, Abs. 2 S. 2. Der Anspruch auf Herausgabe des Verletzergewinns zielt auf einen **billigen Ausgleich des Vermögensnachteils,** den der Verletzte erlitten hat. Es wäre unbillig, dem Verletzer einen Gewinn zu belassen, der auf der unbefugten Benutzung des Ausschließlichkeitsrechts beruht. Die Abschöpfung des Verletzergewinns dient zudem der **Sanktionierung des schädigenden Verhaltens** und auf diese Weise der **Prävention** gegen eine Verletzung der besonders schutzbedürftigen Immaterialgüterrechte (BGH ZUM 2013, 406 Tz. 27 – *Jürgen Möllemann*; BGH GRUR 2010, 1090 Tz. 26 – *Werbung eines Nachrichtensenders*; BGH GRUR 2009, 856 Tz. 76 – *Tripp-Trapp-Stuhl*). Mit diesem Rechtsgedanken stünde es in Widerspruch, wenn der Verletzer den auf einer Rechtsverletzung beruhenden Gewinn behalten könnte (zur Entwicklung der Rechtsprechung *Bodewig/Wandtke* GRUR 2008, 220, 224; *Rojahn* GRUR **74**

2005, 623, 628). Teilweise werden Bedenken geäußert, ob die Abschöpfung des Verletzergewinns mit der Enforcement-RL (vgl. Rn. 5), insbesondere mit Art. 13 Abs. 1 S. 1, vereinbar sei. Der Anspruch sei eher einem Bereicherungs- und nicht einem Schadensausgleich gleichzustellen; die Enforcement-RL erkenne nur Schadensersatzansprüche an, die den tatsächlich erlittenen Schaden ausglichen (*Klawitter* CR 2009, 705, 707). Dem ist entgegen zu halten, dass die Enforcement-RL andere Ansprüche – wie Bereicherungsansprüche – nicht verbietet, sodass kein Konflikt ersichtlich ist. Zu Bereicherungsansprüchen vgl. § 102a Rn. 4 ff.

75 (1) **Grundlagen:** Es handelt sich um einen Ausgleichsanspruch, bei dem fingiert wird, dass der Rechteinhaber ohne die Rechtsverletzung **in gleicher Weise Gewinn wie der Verletzer** erzielt hätte (BGH GRUR 2007, 431, 433 – *Steckverbindergehäuse*; BGH GRUR 2002, 532, 535 – *Unikatrahmen*; BGH GRUR 2001, 329, 331 – *Gemeinkostenanteil*; *Loschelder* NJW 2007, 1503; *Meier-Beck* GRUR 2005, 617, 618). Ähnlich wie bei der Lizenzanalogie (vgl. Rn. 89) wird die Herausgabe des Verletzergewinnes damit nicht dadurch ausgeschlossen, dass der **Verletzte** diesen Gewinn tatsächlich **nicht in der gleichen Höhe erzielt** hätte. Ohnehin sind die Verletzten im Urheberrecht häufig gerade natürliche Personen, die ihre Werke nicht in gleicher Weise verwerten können wie hierauf spezialisierte Unternehmen (LG Frankfurt aM. ZUM 2003, 791, 793; *Tilmann* GRUR 2003, 647). Die Gewinnherausgabe ist auch nicht durch die **Höhe einer fiktiven Lizenz** nach der Berechnung im Wege der Lizenzanalogie beschränkt, kann diese daher auch übersteigen (OLG Düsseldorf GRUR 2004, 53, 54). Darin kommt wiederum die Präventionswirkung des Schadensersatzes zum Ausdruck. Der Verletzer kann nicht einwenden, dem Verletzten sei **kein Schaden entstanden** (so aber wohl BeckOK UrhR/*Reber*[14] Rn. 106: Ersatzfähig ist nur der Schaden, welcher dem Verletzten tatsächlich entstanden ist; offen gelassen in OLG Düsseldorf ZUM 2004, 307, 309; dagegen zu Recht Schricker/Loewenheim/*Wimmers*[5] Rn. 288). Die Herausgabe des Verletzergewinnes – anders als die Berechnung des konkreten Schadens – zielt gerade auch auf Abschöpfung und Prävention (vgl. Rn. 74). Der wettbewerbsrechtliche Ausnahmefall, dass die Verletzungshandlung dem Verletzten nur zum Vorteil gereicht, z. B. wenn sich die Absatzchancen des Verletzten durch die Steigerung seiner Bekanntheit erhöhen (BGH GRUR 1995, 349 – *Objektive Schadensberechnung*: Die unlautere Übernahme eines Brillenkataloges war für die Brillen des Klägers Absatz fördernd), ist nicht auf das Urheberrecht übertragbar. Die schuldhafte illegale Nutzung der Rechtspositionen des Verletzten ist stets hinreichender Grund für einen Schadensersatz. Der Verschuldensgrad beeinflusst die Höhe des Schadensersatzes nicht (str., vgl. Rn. 61a).

76 Fraglich ist, ob der Anspruch auf Herausgabe des Verletzergewinns **in einer Vertriebskette gegenüber jedem beteiligten Händler** geltend gemacht werden kann. Nach der zutreffenden Auffassung des BGH ist der Verletzte grundsätzlich berechtigt, von jedem Verletzer innerhalb einer Verletzerkette die Herausgabe des von diesem erzielten Gewinnes als Schadenersatz zu fordern (BGH GRUR 2009, 856 Tz. 61 ff. – *Tripp-Trapp-Stuhl* m. Anm. *Klawitter* CR 2009, 705, 707; dazu auch *Bergmann* GRUR 2010, 874 m. w. N. zum Streitstand; *Holzapfel* GRUR 2012, 242; a. A. noch OLG Hamburg ZUM-RD 2007, 13, 24 – *Tripp-Trapp-Kinderstuhl I*). Bei einer Verletzung von Nutzungsrechten führt bereits der Eingriff in die allein dem Rechteinhaber zugewiesene Nutzungsmöglichkeit als solcher zu einem Schaden im Sinne des Schadensrechtes, sodass der Schaden auch auf jeder Vertriebsstufe in der Verletzerkette auftritt (BGH GRUR 2009, 856 Tz. 69 – *Tripp-Trapp-Stuhl*). Es kann keinen Unterschied machen, ob ein Hersteller direkt an Endverbraucher veräußert oder sich hierzu einer Vertriebskette bedient. Dass der Verletzte die abgeschöpften Gewinnmargen auf bestimmten Handelsstufen selbst nicht hätte erzielen können

(z. B. ein nicht direkt vertreibender Hersteller nicht die Einzelhandelsmarge), ist unbeachtlich (vgl. Rn. 75). Der Bundesgerichtshof hat allerdings anerkannt, dass der vom Lieferanten an den Verletzten herauszugebende Gewinn durch Ersatzzahlungen gemindert werde, die der Lieferant seinen Abnehmern wegen deren Inanspruchnahme durch den Verletzten erbringt (BGH GRUR 2009, 856 Tz. 73 – *Tripp-Trapp-Stuhl*). Jedoch sind Ersatzzahlungen nicht abzuziehen, die der Hersteller deshalb an seine Abnehmer leistet, weil diese am Weitervertrieb der rechtsverletzenden Gegenstände gehindert sind (BGH GRUR 2009, 856 Tz. 74 – *Tripp-Trapp-Stuhl*; krit. *Bergmann* GRUR 2010, 874, 878 ff.).

Die Höhe ist nach § 287 ZPO zu schätzen. Dabei wird den Gerichten ein **77** großer Spielraum zugebilligt; auf die Berechnungsform darf aber dann nicht zurückgegriffen werden, wenn für eine Schätzung jeglicher Anhaltspunkt fehlt (BGH GRUR 2009, 856 Tz. 42 – *Tripp-Trapp-Stuhl*).

(2) **Ursächlichkeit der Verletzung für Gewinn („Kausalitätsquote"):** Der Verlet- **78** zergewinn kann nur **insoweit** verlangt werden, als der Gewinn **auf der unbefugten Nutzung** des geschützten Werkes oder des verletzten Leistungsschutzrechts **beruht** (BGH GRUR 2009, 856 Tz. 41 – *Tripp-Trapp-Stuhl*; BGH GRUR 2002, 532, 535 – *Unikatrahmen*), wie durch die Wendung „durch die Verletzung des Rechts […] erzielt" klargestellt ist. Er kann dagegen nicht die Herausgabe des Gewinns beanspruchen, der auf anderen Umständen – wie etwa der Verletzung der Rechte anderer – beruht (BGH GRUR 2015, 269 Tz. 21 – *K-Theory*). Dabei geht es nicht um eine echte Kausalität, die sich auch schwerlich richterlich feststellen ließe. Vielmehr muss – vergleichbar mit der Bemessung der Mitverschuldensanteile im Rahmen des § 254 BGB – eine Wertung erfolgen. Zu werten ist, inwieweit beim Vertrieb der Produkte die urheberrechtsverletzenden Elemente für die Kaufentschlüsse ursächlich gewesen sind oder ob andere Umstände eine wesentliche Rolle gespielt haben (BGH GRUR 2015, 269 Tz. 25 – *K-Theory*; BGH GRUR 2009, 856 Tz. 42 – *Tripp-Trapp-Stuhl*; BGH GRUR 2007, 431, 434 Tz. 37 – *Steckverbindergehäuse*; BGH GRUR 1959, 379, 380 – *Gasparone*). Das Gericht kann den Abschlag nach § 287 ZPO schätzen (vgl. Rn. 77). Der Kausalitätsabschlag ist vom Verletzergewinn (also den Gesamtgewinn minus unmittelbar zuzurechnender Kosten, vgl. Rn. 80 ff.) und nicht vom Gesamtgewinn zu berechnen (BGH GRUR 2009, 856 Tz. 56 ff. – *Tripp-Trapp-Stuhl*).

Die Kausalität sollte mit **100 %** bewertet werden, wenn nach der Lebenserfah- **79** rung die rechtsverletzende Nutzung gar nicht oder jedenfalls nicht mit Gewinn hätte stattfinden können (genauso zum Markenrecht *Ingerl/Rohnke*[3] Vor §§ 14–19 MarkenG Rn. 238). Ansonsten ermittelt BGH GRUR 1987, 37, 39 f. – *Videolizenzvertrag* den Gewinnanteil zutreffend durch einen **Vergleich mit dem entsprechenden Anteil der Rechtsverletzung an der üblichen Lizenzgebühr für die Gesamtnutzung.** Wird etwa nur das Titelbild einer Zeitschrift übernommen, kann nicht der Erlös für das gesamte übernehmende Heft, sondern allenfalls der durch die Titelgestaltung erzielte Mehrerlös verlangt werden (LG München I AfP 2002, 444, 448 f.) Es kann jedoch auch vorkommen, dass die Gewinnermittlung **nicht nur an den unrechtmäßig verwendeten Elementen** ansetzt. Sie kann auch darüber hinausgehen, wenn etwa andere Elemente rechtmäßig verwendet werden, die künstlerische Verbindung beider zu einem Gesamtkunstwerk aber wiederum nicht durch Nutzungsrechte gedeckt war (BGH GRUR 2002, 532, 535 – *Unikatrahmen*: Herausgabe des Gewinnes nicht nur für Bilderrahmen, sondern wegen der künstlerischen Verbindung (tw.) auch für die gerahmten Bilder). Bei **Werken der angewandten Kunst** (§ 2 Abs. 1 Nr. 4) gilt Folgendes: Sie unterschieden sich von Werken der zweckfreien Kunst darin, dass sie einem Gebrauchszweck dienen. Insoweit wird bei jedem Kaufentschluss auch immer die technische Funktionalität des Stuhls relevant – und nicht bloß dessen Ästhetik. Insoweit ist nach dem BGH ein Abschlag von 10% nicht ausreichend (BGH GRUR 2009, 856 Tz. 47 ff. – *Tripp-Trapp-Stuhl*). Der Bundesgerichtshof wies allerdings das andere Argument der Beklagten ab, es müsse noch ein Abzug dafür vorgenommen werden, dass der rechtsverletzende Stuhl teilweise ästhetisch auch auf vorbekannten Formenschatz zurückgegriffen habe. Wenn die Ästhetik rechtsverletzend sei, sei kein Abzug notwendig (BGH GRUR 2009, 856 Tz. 51 ff. – *Tripp-Trapp-Stuhl*). Bei **Verletzungen im redaktionellen Teil von werbefinanzierten Medien** sind die Einnahmen aus im Umfeld platzierter Werbung mitursächlich (BGH ZUM 2013, 406 Tz. 24 – *Jürgen Möllemann*; BGH GRUR 2010, 1090 Tz. 23 – *Werbung eines Nachrichtensenders*). Es kommt nicht darauf an, ob die Anzeigenkunden den redaktionellen Inhalt der Zeitung vorhersehen konnten (BGH ZUM 2013, 406 Tz. 24 – *Jürgen Möllemann*). Bei einem **werbe- und anzeigenfinanzierten Presseorgan** werden die Werbe- und Anzeigenerlöse durch eine Verletzung im redaktionellen Teil mitverursacht (BGH ZUM 2013, 406 Tz. 24 ff. – *Jürgen Möllemann*). Hat die Verletzung die Auflagenhöhe gesteigert, erhöht das die Quote (BGH ZUM 2013, 406 Tz. 28 – *Jürgen Möllemann*). Bei **Mehrheit verletzter ausschließlicher Rechte** (z. B. Verletzung der Rechte an einer Tonaufnahme: Verletzung der **Urheberrechte und der Leistungsschutzrechte**) muss die Quote auf das verletzte Ausschließlichkeitsrecht berechnet werden, sofern der Anspruchsteller nicht Inhaber aller verletzten Ausschließlichkeitsrechte ist. Das Gleiche gilt bei Geltendmachung der Verletzung von Herausgeberrechten an einer Zeitschrift, wenn daneben auch fremde Rechte von Autoren der Zeitschrift verletzt wurden (BGH GRUR 2015, 269 Tz. 29 – *K-Theory*).

80 (3) **Ermittlung des Verletzergewinns:** Dem Verkaufserlös sind zunächst sämtliche auf die Verletzungshandlung entfallenden Selbstkosten des Verletzers gegenüberzustellen (OLG Köln GRUR 1983, 752, 753 – *Gewinnherausgabe* m. w. N.). Dass der Verletzer damit Materialkosten, Löhne, Verwaltungskosten, Vertriebsgemeinkosten, Sonderkosten des Vertriebs usw. abziehen konnte (s. unsere 9. Aufl./*Wilhelm Nordemann* Rn. 41), machte die Herausgabe des Verletzergewinnes gegenüber der Lizenzanalogie weniger attraktiv. Eine Kehrtwende hat hier die Gemeinkosten-Entscheidung des BGH herbeigeführt, die einen anteiligen **Abzug von Gemeinkosten** vom Verletzergewinn **verbietet** (BGH GRUR 2001, 329 – *Gemeinkostenanteil*). Auch wenn sie zum Geschmacksmusterrecht ergangen ist, kann sie auch auf Ansprüche aus § 97 Abs. 2 S. 2 angewendet werden (BGH GRUR 2009, 856 Tz. 36 – *Tripp-Trapp-Stuhl*). Grund für diese Verschärfung bei der Gewinnberechnung sind vorwiegend Präventionsgesichtspunkte; der BGH wollte vermeiden, dass dem Verletzer ein Deckungsbetrag für seine Gemeinkosten verbleibt (BGH GRUR 2001, 329, 331 – *Gemeinkostenanteil*; *Lehmann* GRUR Int. 2004, 762, 764). Von den erzielten Erlösen sind demnach grundsätzlich nur die variablen Kosten für Herstellung und Vertrieb abzuziehen, nicht aber solche Kosten, die von der konkreten Herstellung der rechtsverletzenden Produkte unabhängig sind.

81 Über die genaue **Abgrenzung** und die **Definition von nicht abzugsfähigen Gemeinkosten** besteht noch keine gänzliche Klarheit. Wegen Überschneidungen bei den Begriffen Fixkosten und variablen Kosten bzw. Stückkosten und Gemeinkosten wird im Schrifttum gar eine Begriffsverwirrung ausgemacht (krit. *Meier-Beck* GRUR 2005, 617, 619; ebenso *Runkel* WRP 2005, 968, 969 gegen eine zu abstrakte Kategorisierung), weil die betriebswirtschaftliche Kategorisierung nicht auf Berechnung eines Verletzergewinnes zugeschnitten sei (*Meier-Beck* GRUR 2005, 617, 620). Jedoch erscheint im Rahmen der vorzunehmenden Schadensschätzung (§ 287 ZPO) ein Abstellen auf allzu formale Kostenbegriffe nicht als angezeigt. Vielmehr ist eine **wertende Betrachtung** vorzunehmen. Alle Kosten sind zu berücksichtigen, „die der Produktion und dem Vertrieb der Verletzungsgegenstände unmittelbar zuzuordnen" sind (BGH

GRUR 2009, 856 Tz. 36 – *Tripp-Trapp-Stuhl*; BGH GRUR 2007, 431, 434 Tz. 30 – *Steckverbindergehäuse* m. w. N. zur Kritik an seiner Kategorisierung). **Nicht anrechnungsfähig** sind die Kosten, die unabhängig vom Umfang der Produktion und des Vertriebs durch die Unterhaltung des Betriebs entstanden sind, weil diese **Kosten beim Verletzten, der einen entsprechenden Betrieb unterhält, ebenfalls angefallen** wären (BGH GRUR 2007, 431, 434 Tz. 32 – *Steckverbindergehäuse*; dazu eingehend *Pross* FS Tilmann S. 881, 884 ff.; *Runkel* WRP 2005, 968 ff.; *Meier-Beck* GRUR 2005, 617, 622), was Gemeinkosten nicht von vornherein von einer Abzugsfähigkeit ausschließt.

Ein-Produkt- oder **Ein-Leistungsunternehmen** können danach stets auch die Gemeinkosten abziehen. Denn diese Kosten werden durch das eine Produkt verursacht (s. OLG Köln GRUR-RR 2005, 247, 248 – *Loseblattwerk*).   **82**

Für Mehrprodukt- oder **Mehrleistungsunternehmen** ergibt sich für **einzelne Kostenarten** folgendes Bild: Der Beweis einer unmittelbaren Zurechnung wird kaum möglich sein bei solchen Gemeinkosten, die unabhängig vom verletzenden Gegenstand im Unternehmen anfallen. Nicht abzugsfähig sind demnach Sach- und Personalkosten beispielsweise für Forschung und Entwicklung und Kosten für Sach- und Personalmittel, die für die Herstellung auch anderer Gegenstände mitbenutzt und „sowieso" vorhanden sind (BGH GRUR 2007, 431, 434 Tz. 32 – *Steckverbindergehäuse*; *Pross* FS Tilmann S. 881, 885). Werden etwa dieselben Räumlichkeiten für die Herstellung verschiedener Produkte gebraucht, so kann die Raummiete nicht anteilig abgezogen werden. Daher geht auch das Argument einer homogenen Kostenstruktur fehl, das einen **pauschalen, anteiligen Abzug** von Gemeinkosten nach dem Verhältnis von rechtswidrig und rechtmäßig vertriebenen Produkten ermöglichen soll (OLG Köln GRUR-RR 2005, 247, 248 f. – *Loseblattwerk*). Anderes gilt, soweit eine unmittelbare Zurechnung bewiesen werden kann. Abzugsfähig können so unmittelbar zurechenbare Mehrkosten wie Fracht und Vertrieb (BGH GRUR 2009, 856 Tz. 37 – *Tripp-Trapp-Stuhl*), Überstunden, Kosten für Verpackung, Marketing, Gewährleistung, Versicherungen, Rechtsverteidigung, ebenso die Anstellung von Personal, das ausschließlich bei der rechtsverletzenden Nutzung tätig ist, oder die Anschaffung zusätzlicher Räume oder Maschinen sein (s. OLG Köln GRUR-RR 2005, 247, 249 – *Loseblattwerk*; ferner *Rennert/Küppers/Tilmann* FS Helm S. 345 ff.), wohl auch deren Abschreibungen (so *Pross* FS Tilmann S. 881, 888). Ein **anteiliger** Abzug ist möglich, sofern diese zusätzlichen Kosten durch die Herstellung der schutzrechtsverletzenden Gegenstände **verursacht** wurden und wenn der **Anteil genau beziffert** werden kann. s. das Beispiel von *Runkel* WRP 2005, 968, 971: Stromzähler an Maschinen zum Nachweis individueller (Mehr-)Energiekosten. Dass also ein Produzent „gemischter" Produkte schlechter steht, gilt insofern primär für die Darlegungs- und Beweislast, ob Kosten sonst nicht angefallen wären (*Runkel* WRP 2005, 968, 971).   **83**

Nicht abzugsfähig sind **Schadensersatzzahlungen**, die der Verletzer gerade wegen der Rechtsverletzungen an seine Abnehmer zahlen muss (BGH GRUR 2002, 532, 535 – *Unikatrahmen*). Denn anders als die o. g. nötigen Herstellungskosten, welche der Verletzer als Aufwendungen abziehen kann, weil sie sich mittelbar im Produkt und im Verkaufspreis niederschlagen und so letztlich dem Verletzten zugute kommen, ist dieser durch Schadensersatzzahlungen in keiner Weise bereichert. Auch die Kosten für **nicht abgesetzte Produkte** kann der Verletzer nicht abziehen (BGH GRUR 2007, 431, 434 Tz. 32 – *Steckverbindergehäuse*).   **84**

Regelmäßig benötigt der Verletzte **umfassende Informationen** von Seiten des Verletzers, um seinen Schadensersatzanspruch in Form der Herausgabe des   **85**

Verletzergewinns berechnen zu können. Dafür steht dem Verletzten ein umfassender **Auskunfts- und Rechnungslegungsanspruch gegen den Verletzer** zu (vgl. § 101 Rn. 10 ff.).

86   **dd) Angemessene Lizenzgebühr (Abs. 2 S. 3):** Der Verletzte kann auch eine angemessene Lizenzgebühr für die Benutzung des ihm zustehenden Rechts fordern. Diese Berechnungsmöglichkeit ist vom Reichsgericht in ständiger Rechtsprechung zunächst zum Patent- und Warenzeichenrecht entwickelt und später wegen der Gleichartigkeit der Interessenlage auf das Urheberrecht übertragen worden (s. die Zusammenstellung der Rechtsprechung in RG GRUR 1934, 627). Die Rechtsprechung des Reichsgerichtes war allgemein anerkannt, sodass der BGH sie als **Gewohnheitsrecht** übernehmen und auf die Verletzung von Persönlichkeitsrechten übertragen konnte (BGHZ 20, 345, 353 – *Paul-Dahlke*). Grundlage dieser Rechtsprechung ist die zutreffende Überlegung dass niemand, der unerlaubt in ausschließliche Rechte anderer eingreift, besser stehen soll, als er im Falle eines ordnungsgemäßen Rechtserwerbs stünde (BGHZ 20, 345, 353 – *Paul-Dahlke*; BGH GRUR 1987, 37, 39 – *Videolizenzvertrag*). Dieser Gedanke kommt also einer bereicherungsrechtlichen Wertabschöpfung i. S. d. § 818 Abs. 2 BGB nahe (*Loewenheim* FS Erdmann S. 131, 135; zu § 812 vgl. § 102a Rn. 4 ff.). Seit dem 1.9.2008 ist die angemessene Lizenzgebühr **in Abs. 2 S. 3 ausdrücklich kodifiziert** (vgl. Rn. 4). Zu europarechtlichen Fragen vgl. Rn. 69a.

87   **(1) Grundlagen:** Der Abschluss eines **Lizenzvertrages zu angemessenen Bedingungen** wird **fingiert** (sog. Lizenzanalogie, s. BGH GRUR 1993, 899, 900 – *Dia-Duplikate*; BGH GRUR 1990, 1008, 1009 – *Lizenzanalogie*; BGH GRUR 1990, 353, 355 – *Raubkopien*; BGH GRUR 1958, 408, 409 – *Herrenreiter*; eingehend *Rogge* FS Nirk S. 929; zur Berechnung fiktiver Schäden *Leisse* GRUR 1988, 88). Die Lizenzanalogie führt aber nicht zur Einräumung von Nutzungsrechten; daher geht ein zukünftiger **Unterlassungsanspruch** nicht durch die Zahlung von Schadensersatz verloren (BGH GRUR 2002, 248, 252 – *SPIEGEL-CD-ROM*).

88   Es kommt **nicht** darauf an, **ob** der Verletzte im Falle einer vorherigen Befragung das betroffene Recht **überhaupt eingeräumt hätte.** Daher kann der Verletzer der Inanspruchnahme nicht entgegensetzen, dass der Verletzte gar keine Lizenzierung beabsichtigte (OLG Hamburg ZUM-RD 1999, 69, 72 für einen Bereicherungsanspruch). Die Zuerkennung einer angemessenen Lizenzgebühr kommt selbst dann in Betracht, wenn die vorherige Erteilung der Zustimmung als **schlechthin undenkbar** erscheint, z. B. weil die Lizenzierung eine Rufschädigung wegen billiger Nachahmung bewirkt (BGH GRUR 1993, 55, 58 – *Tschibo/Rolex II*) oder die Lizenz den Lizenzgeber gekränkt bzw. in eine „unwürdige Lage" gebracht hätte (BGH GRUR 2007, 139, 141 – *Rücktritt des Finanzministers* m. w. N., die entgegenstehende Rechtsprechung z. B. in BGH GRUR 1958, 408, 409 – *Herrenreiter* aufgebend; Dreier/Schulze/*Dreier/Specht*[5] Rn. 61; a. A. noch unsere 9. Aufl./*Wilhelm Nordemann* Rn. 39).

89   Ebenso gleichgültig ist grundsätzlich, ob der **Verletzte in der Lage gewesen** wäre, die angemessene Lizenzgebühr zu erzielen (*Ulmer*, Urheber- und VerlagsR[3] S. 558). Insb. kann es die Berechnung nach der Lizenzanalogie nicht beeinflussen, wenn dem Verletzten eine **eigene wirtschaftliche Auswertung kaum möglich** gewesen wäre. Bei einem unerlaubten Videomitschnitt eines im Auftrag des Verletzers produzierten Theaterstückes, den der Verletzer unentgeltlich an seine Kunden als Werbemittel vertreibt, kann es deshalb nicht darauf ankommen, dass dem Urheber diese Auswertung sonst unmöglich gewesen wäre (a. A. OLG München ZUM-RD 1998, 163, 164 f.). Wer das Werk eines Dritten unberechtigt für kommerzielle Zwecke ausnutzt, zeigt damit, dass der

Nutzung ein wirtschaftlicher Wert zukommt. An der damit geschaffenen vermögensrechtlichen Zuordnung muss sich der Verletzer festhalten lassen (s.
BGH GRUR 2007, 139, 140 – *Rücktritt des Finanzministers*).

Angemessen ist, was ein **vernünftiger Lizenzgeber** im Falle der Rechtevergabe   **90**
gefordert und ein **vernünftiger Lizenznehmer bewilligt** hätte (grundlegend:
BGH GRUR 1990, 1008, 1009 – *Lizenzanalogie*; BGH GRUR 2016, 176
Tz. 65 – *Tauschbörse I*; BGH ZUM 2013, 406 Tz. 30 – *Jürgen Möllemann*).
Der Maßstab ist objektiv; es sind alle Umstände des Einzelfalls zu berücksichti-
gen (BGH ZUM 2013, 406 Tz. 30 – *Jürgen Möllemann*; BGH GRUR 2006,
136, 138 – *Pressefotos*). Wegen des objektiven Maßstabes für die Bestimmung
der fiktiven Lizenz wird der Verletzte wenigstens so gestellt, als hätte er die
Nutzung gegen Zahlung einer **üblichen Lizenz** gestattet (BGH ZUM 2013, 406
Tz. 30 – *Jürgen Möllemann*; BGH GRUR 2011, 720 Tz. 20 – *Multimediashow*;
BGH GRUR 2006, 136 – *Pressefotos*; OLG Frankfurt ZUM 2004, 924, 925;
OLG München NJW-RR 1999, 1497, 1498; OLG München ZUM-RD 1998,
163, 164). Bei **Miturheberschaft** (§ 8) ist bei der Berechnung vom Wert des
gesamten Werkes – und nicht der einzelnen Beiträge – auszugehen. Ansonsten
bestünde die Gefahr, dass ein klagender Urheber zum Nachteil der anderen
Urheber mehr erhält, als ihm zusteht. Sein Anteil berechnet sich nach dem Wert
seiner Mitwirkung an der Schöpfung des Werkes (BGH ZUM 2012, 141
Tz. 11 – *Anhörungsrüge Der Frosch mit der Maske*). Anders sollte dies bei
verbundenen Werken sein (§ 9). Hier können die Beiträge hinreichend getrennt
werden. Das Gleiche gilt bei **Mehrheit verletzter ausschließlicher Rechte** (z. B.
Verletzung der Rechte an einer Tonaufnahme: Verletzung der **Urheberrechte**
und der Leistungsschutzrechte); hier kann die Lizenzgebühr nur für das jeweils
verletzte Ausschließlichkeitsrecht berechnet werden, sofern der Anspruchsteller
nicht Inhaber aller verletzten Ausschließlichkeitsrechte ist.

(2) Angemessene Lizenzbedingungen: Der objektive Maßstab der vernünftigen   **91**
Vertragsparteien gilt zunächst für die Lizenzbedingungen. Der **Umfang der fin-**
gierten Nutzungsrechtseinräumung bestimmt sich also mindestens nach der
Üblichkeit. Es bleibt unberücksichtigt, ob und in welchem Umfang später die
wirtschaftliche Auswertung durch den Verletzer tatsächlich erfolgt oder sich
die Lizenzgebühr für ihn amortisiert. Derjenige, der ausschließliche Rechte anderer verletzt, soll nicht besser dastehen, als er im Falle einer ordnungsgemäß
erteilten Erlaubnis durch den Rechteinhaber gestanden hätte (BGH GRUR
1993, 899, 901 – *Dia-Duplikate*; BGH GRUR 1990, 1008, 1009 – *Lizenzana-*
logie; das bestätigend BVerfG NJW 2003, 1655, 1656 – *Zündholzbriefchen*).
Es mindert den Zahlungsbetrag für die Nutzung von Filmmusik nicht, wenn
ein Kinofilm nur auf zwei Festivals, jedoch nicht in Kinos ausgewertet wurde,
weil die Herstellungsrechte (Synchronisationsrechte) unabhängig von der späteren tatsächlichen Nutzung pauschal (z. B. je Filmmeter) vergütet werden
(BGH GRUR 1990, 1008, 1009 – *Lizenzanalogie*). Da üblicherweise die Lizenz
für die Vervielfältigung und Verbreitung von Bild- und/oder Tonträgern ungeteilt eingeräumt wird, ist die volle angemessene Lizenzgebühr für Vervielfältigung und Verbreitung fällig, auch wenn die Träger (z. B. wegen rechtzeitiger
Entdeckung) nicht an den Handel ausgeliefert oder aber von dort zurückgerufen worden sind (BGH GRUR 1990, 353, 355 – *Raubkopien*; OLG Hamburg
ZUM-RD 1997, 53, 57). Wegen des rein objektiven Maßstabes sind allerdings
übliche Abschläge zu berücksichtigen, beispielsweise für die Nutzung eines Fotos in einer Mantelausgabe, wenn schon eine Lizenz für die Hauptausgabe
bezahlt wurde (BGH GRUR 2006, 136, 138 – *Pressefotos*). Auch für die **fin-**
gierte Lizenzzeit wird auf die Üblichkeit abgestellt (BGH GRUR 1993, 899,
901 – *Dia-Duplikate*, für eine einmalige Pauschallizenz für ein Foto). Das hat
auch einen wichtigen normativen Hintergrund. Bei frühzeitiger Entdeckung
darf sich der Verletzer nicht auf einen kurzen Lizenzzeitraum wegen kurzer

Nutzung berufen können. Werden üblicherweise für die Online-Nutzung juristischer Beiträge nur Lizenzen für einen Zeitraum von 3 Monaten vergeben, darf der Verletzte die angemessene Lizenzgebühr auf diesen Zeitraum berechnen, auch wenn die Verletzung wesentlich kürzer angedauert hat (OLG Frankfurt ZUM 2004, 924, 926). Kartenhersteller können für die Online-Nutzung eine lebenslange Lizenz abrechnen, weil die zeitlich unbefristete Vergabe üblich ist (KG v. 19.2.2008 – 5 U 180/06, S. 6; LG München I CR 2007, 674; LG Nürnberg-Fürth v. 27.6.2005 – 3 S 2161/05, zit. nach *Czychowski/Jan Bernd Nordemann* NJW 2006, 580, 584). Die Üblichkeit kann sich zunächst aus der **eigenen Vertragspraxis des Verletzten** ergeben; gibt es eine solche repräsentative Vertragspraxis nicht, ist entscheidend auf die **Branchenüblichkeit** abzustellen.

92 (3) **Angemessene Lizenzhöhe:** Auch für den Lizenzpreis (Lizenzhöhe) ist zunächst auf die **übliche Vergütung** abzustellen. Gerichte schätzen den Betrag nach ihrer freien Überzeugung (§ 287 ZPO). Ob der Verletzer tatsächlich bereit gewesen wäre, diese Vergütung zu zahlen, ist unerheblich (BGH GRUR 2006, 136, 137 – *Pressefotos*). Es sind zwei Vergütungsmodelle denkbar: Die (einmalige) Pauschalvergütung oder die (laufende) Beteiligungsvergütung bzw. Mischformen aus beiden (Garantievergütung und darauf anzurechnende laufende Beteiligung), je nachdem was üblich ist. Auch im Bereich der Lizenzhöhe ist der Verletzer zu seinem Nachteil daran gebunden, wenn **Mindest- oder Pauschallizenzen** üblich sind, obwohl der **Verletzer nur gering genutzt** hat; der normative Hintergrund ist der gleiche wie bei den Lizenzbedingungen: Eine frühzeitige Entdeckung bzw. die fehlende Nachweismöglichkeit weiterer Verletzungen soll nicht zugunsten des Verletzers gehen (vgl. Rn. 91). Übliche Vergütungen können aus normativen Erwägungen außerdem einer **Angemessenheitskorrektur nach oben** unterworfen werden, wenn sie für den Verletzten unangemessen sind (vgl. Rn. 93). Insb. laufen die Höhe der fingierten Vergütung nach § 97 und die der angemessenen Vergütung nach § 32 parallel (OLG Brandenburg ZUM 2009, 412, 413; OLG Braunschweig GRUR 2012, 920, 922 – *MFM-Honorarempfehlungen*; LG Frankenthal ZUM-RD 2013, 138, 142). Existieren Vergütungsregeln nach § 36, so ist dies für die Schadensschätzung nach § 287 ZPO eine zwingende (Mindest-)Vorgabe. Der Verletzer darf für Ansprüche nach § 97 Abs. 2 S. 3 nicht besser stehen als der legal nutzende Vertragspartner des Urhebers. Auf eine Korrektur üblicher, aber zu niedriger Vergütungen nach § 32 darf sich nicht nur der Urheber, sondern auch der (aktivlegitimierte) Verwerter berufen, insb. wenn der Verwerter dem Urheber wiederum eine angemessene Beteiligung am Schadensersatz aus § 32 schuldet (vgl. Rn. 94, 107). Zu angemessenen Vergütungen nach § 32 vgl. § 32 Rn. 33 ff. Eine **Angemessenheitskorrektur nach unten** kann erfolgen, wenn die Verletzung nur als Annex zu einer erlaubten Erstnutzung zu sehen ist. Dann ist nur ein Erhöhungsbetrag zu der bereits für die erlaubte Nutzung gezahlten Vergütung geschuldet (OLG Brandenburg v. 28.8.2012 – 6 U 78/11 – Tz. 104, zit. nach juris, unter Berufung auf BGH GRUR 2006, 136 Tz. 26 – *Pressefotos*; OLG Hamburg ZUM-RD 2009, 382, 390 – *Yacht II*). In Ausnahmefällen (s. § 11 S. 2) kann die **Lizenzgebühr bei null** liegen, wenn das angemessen ist. Das kommt insbesondere in Betracht, wenn der Verletzte relevante andere (als finanzielle) Vorteile aus der Verletzung zieht. Das Landgericht Berlin wollte bei Nutzung von Fotos eines Hochzeitsausstatters im Rahmen eines Internetforums keine angemessene Lizenzgebühr zusprechen, weil vernünftige Lizenzpartner für solche nicht vermögenswerten Nutzungen keinen Lizenzpreis vereinbaren und die Verwendung der Fotos einen nicht unerheblichen Werbewert für den verletzten Fotografen hatte (LG Berlin GRUR-RR 2009, 215 – *Fotos im Hochzeitsforum*). Außerdem kann ein Schadensersatzanspruch ausfallen, wenn der Verletzer das Werk in der wirtschaftlich entscheidenden Nutzungsart legal nutzt und sich die Verletzung nur auf eine völlig untergeordnete Nutzungsart bezieht, die regelmäßig nicht gesondert vergütet wird (OLG Düsseldorf MMR 2011, 52, 53 – *Vergütung für die Nutzung von Lichtbildern in E-Paper*). Zur Schadensberechnung bei üblicherweise kostenlosen Lizenzen vgl. Rn. 93a.

Für die übliche Vergütung ist **zunächst** auf die **eigene Vertragspraxis des Verletzten** abzustellen. Ist eine ausreichende Zahl von Lizenzverträgen in Höhe der geforderten Vergütung abgeschlossen worden, muss die angemessene Lizenzgebühr auf dieser Grundlage berechnet werden. Das gilt selbst dann, wenn diese Lizenzgebühren über dem Durchschnitt vergleichbarer Vergütungen liegen (BGH GRUR 2009, 660 Tz. 32 – *Reseller Vertrag*). Die Darlegungs- und Beweislast für eine solche eigene Vertragspraxis trägt der Verletzte. Noch offen ist, welchen Umfang die eigene Vertragspraxis haben muss, um relevant zu sein. In jedem Fall genügt es, wenn die „Mehrzahl der Lizenzverträge" in der beanspruchten Höhe abgeschlossen wurden (s. BGH GRUR 2009, 660 Tz. 32 – *Reseller Vertrag*). Aber auch eine **repräsentative Anzahl von Verträgen** sollte ausreichend sein (s. OLG Braunschweig GRUR 2012, 920, 923 – *MFM-Honorarempfehlungen*). Repräsentativität meint insoweit, dass eine hinreichende Zahl von Verträgen vorliegt, um einen **Missbrauch auszuschließen** (LG Berlin ZUM-RD 2011, 101, 103: 10 von 500 Verträgen genügen); s. a. § 36 Abs. 2. Es muss sich nicht um den Regelvertrag handeln, weil es zu Lasten des Verletzers wirken muss, wenn der Verletzte jedenfalls bei einer gewissen Zahl von Verträgen die Lizenzgebühr durchsetzen konnte. Eine bloße Preisliste ist jedoch nicht ausreichend, soweit der Verletzte nicht belegen kann, dass die dort angegebenen Listenpreise für Lizenzeinräumungen am Markt tatsächlich erzielbar sind (LG Berlin GRUR-RR 2010, 422). Nach Abmahnungen zustande gekommene Verträge sind einzubeziehen, weil der Verletzte nicht schlechter gestellt werden darf als ein ordentlicher Lizenzgeber. Wird nach Beendigung eines Nutzungsvertrages die **Verwertung in derselben Nutzungsart rechtsverletzend fortgesetzt,** so kann die vereinbarte Vergütung einen Anhaltspunkt für die Höhe der Lizenz darstellen (OLG München NJW-RR 1999, 1497, 1498; weitergehend LG München I GRUR-Prax 2012, 144: Bemessungsgrundlage). Erfolgt eine Verletzung in einer anderen Nutzungsart, muss der vormals bestehende Vertrag nicht als Indiz zum Nachteil des Verletzten herangezogen werden (OLG Köln ZUM-RD 1998, 213, 218 auch für ähnliche Nutzungsarten wie Verlagsrechte für MIDI- bzw. DIN A4-Ausgabe), sondern erfolgt nach den marktüblichen Tarifen (vgl. Rn. 94). Ein Betrag, auf den sich die Parteien vorvertraglich schon geeinigt hatten, wirkt aber als Anhaltspunkt (OGH ZUM 1987, 446, 450; OLG München ZUM 1990, 43). Schließt der Verletzte üblicherweise Lizenzverträge nur mit (nicht rückzahlbarer) Minimumvergütung ab, kann der Schadensersatz auch mindestens in dieser Höhe berechnet werden (vgl. Rn. 112). Die eigene Lizenzierungspraxis des Verletzten kann **kein relevanter Maßstab** für die Berechnung der angemessenen Lizenzgebühr sein, wenn diese **unterhalb des objektiven Wertes der Nutzungserlaubnis** liegt. Bei der Berechnung des Schadens im Wege der angemessenen Lizenzgebühr kann also insbesondere auf eine frühere Vereinbarung zwischen den Parteien nur dann zurückgegriffen werden, wenn die frühere Vereinbarung nicht unterhalb des objektiven Wertes der Nutzungsberechtigung liegt (BGH GRUR 2009, 407 Tz. 25 ff. – *Whistling for a train*; KG MMR 2013, 52, 54). Der objektive Wert sollte sich anhand dessen bestimmen, was angemessen im Sinne des § 32 ist; vgl. Rn. 92.

93

Besondere Schwierigkeiten macht die Schadensberechnung, wenn der Urheber das verletzte Schutzrecht regelmäßig kostenlos lizenziert. Beispielsweise kann der Urheber ein **unentgeltliches einfaches Nutzungsrecht an jedermann** einräumen (§ 32 Abs. 3 S. 3), z. B. im Rahmen einer **Creative Commons Lizenz** (dazu

93a

vgl. Vor §§ 31 ff. Rn. 330a ff.). Ferner bieten auch **Bilddatenbanken** unter bestimmten Lizenzbedingungen **kostenlose Lizenzen.** Unproblematisch kann der Urheber eine angemessene Lizenzgebühr verlangen, wenn die **Nutzung außerhalb der erlaubten Nutzungsart** liegt. Allerdings kann die kostenlose Nutzungsmöglichkeit beschränkend auf die Höhe wirken: Gewährt der Urheber die kostenlose Nutzungsmöglichkeit, um einen bestimmten wirtschaftlichen Wert zu erzielen, muss er sich daran auch bei Nutzung in einer anderen wirtschaftlich vergleichbaren Nutzungsart festhalten lassen. Wenn sich z. B. ein bestimmter wirtschaftlicher Wert für den Fall eines elektronischen Verweises auf die Internetseite des Urhebers ergibt und er deshalb eine kostenlose Lizenz für die Nutzung der Fotografien angeboten hat, wäre es rechtlich unbedenklich, im Rahmen der Schadensschätzung maßgeblich auf den wirtschaftlichen Wert der durch einen elektronischen Verweis bewirkten Werbung für die Internetseite des Urhebers abzustellen (BGH GRUR 2015, 258 Tz. 75 – *CT-Paradies*). **Bei Einhaltung der Nutzungsart, aber Verstoß gegen (deliktisch abgesicherte) Lizenzbedingungen** kann der Urheber als Schadensersatz nur für die Verletzung eine angemessene Lizenzgebühr verlangen, die im Rahmen der Lizenz nicht üblicherweise vergütungsfrei bleibt. Ist beispielsweise die Verletzung auf die fehlende Urhebernennung (Delikt nach § 13) zurückzuführen, kann nur die fehlende Urhebernennung als Schadensersatz geltend gemacht werden (vgl. Rn. 101), nicht die Nutzung als solche. Darf der Lizenznehmer nur selbst kostenlos nutzen, gestattet aber urheberrechtswidrig einem Dritten die Nutzung (bei Nutzung durch den Dritten: Delikt nach §§ 34, 35; vgl. Rn. 9), kann die angemessene Lizenzgebühr nur für die übliche Vergütung für die Weitergabe der Rechte ohne Berücksichtigung der (ja üblicherweise vergütungsfreien) Nutzung als solcher berechnet werden. Umstritten ist in solchen Fällen jedoch, ob der Urheber für die Nicht-Einhaltung der Lizenzbedingungen einen materiellen Schadensersatz gem. § 97 Abs. 2 S. 3 beanspruchen kann. Nach einer Auffassung kommt in solchen Fällen einer rechtsverletzend fehlenden Urhebernennung keine angemessene Lizenzgebühr in Frage, insbesondere auch nicht als Vielfaches einer fiktiven Lizenzgebühr, weil diese Lizenzgebühr „0" sei (OLG Köln GRUR 2015, 167, 173 – *Creative Commons-Lizenz,* unter Verweis auf eine Entscheidung der *Rechtsbank Amsterdam* vom 9. März 2006, Az.: KG 06–176 SR). Zutreffend sollte jedoch sein, einen Schadensersatzanspruch grundsätzlich zu gewähren, ihn jedoch der Höhe nach zu begrenzen. Insbesondere die MFM-Bildhonorare (vgl. Rn. 115) können im Fotobereich keine Anwendung finden (KG ZUM 2016, 657; LG Bochum MMR 2017, 200, 201; LG München I, MMR 2015, 467, 469; *Koreng* K&R 2015, 99, 102). Vielmehr ist die angemessene Lizenzgebühr unter Berücksichtigung aller Umstände des Einzelfalls nach § 287 ZPO zu schätzen. Die unentgeltliche Lizenzierung des betroffenen Werkes unter bloßer Urhebernennungspflicht weist stark darauf hin, dass der Urheber im Verletzungszeitraum unter anderem dieses Werk nicht – schon gar nicht in nennenswertem Umfang – zu den MFM-Sätzen tatsächlich lizenzieren konnte und lizenziert hat, sondern auf das dortige Geschäftsmodell mit unentgeltlicher Lizenzierung unter Urhebernennung ausweichen musste, etwa um sich zunächst einen gewissen Ruf zu erwerben (KG ZUM 2016, 657). Wenn allerdings jegliche Anhaltpunkte für einen materiellen Schaden fehlen, kann die Lizenzgebühr auch „0" betragen. Das wird für die bedingungswidrige Nutzung von Open-Source-Software nach GNU-General-Public-License Bedingungen angenommen (OLG Hamm K&R 2017, 590, 593).

93b **Verwertungsgesellschaften** rechnen im Rahmen ihrer Wahrnehmungsbefugnis die tarifmäßige Vergütung gem. §§ 38, 39 VGG ab; es besteht aber keine durchgängige Vermutung für eine Angemessenheit trotz der Staatsaufsicht über das Tarifsystem (BGH GRUR 1986, 376, 377 – *Filmmusik*); die VG kann aber wie jeder andere Verletzte darlegen und ggf. beweisen, dass die Tarife üblich sind. Enthält das Tarifwerk der VG einen Tarif, der dem Grunde nach auf die in Rede stehende Nutzung anwendbar ist, aber zu einer der Höhe nach unangemessenen Vergütung führt, so ist die Höhe der im Tarif vorgesehenen Vergütung auf das angemessene Maß zu reduzieren. Zur Bestimmung des angemessenen Maßes der Vergütung dürfen andere, eine ähnliche Nutzung betreffende Tarife herangezogen werden (BGH GRUR 2011, 720 Tz. 29 ff. – *Mulitmediashow*).

Wenn es keine Vertragspraxis des Verletzten gibt, kann zur Bestimmung der   **94** Üblichkeit auf **branchenübliche Vergütungssätze und Tarife** zurückgegriffen werden (BGH ZUM 2013, 406 Tz. 30 – *Jürgen Möllemann*). Als branchenüblich veröffentlichte Vergütungssätze und Tarife müssen **repräsentativ** sein, um als Berechnungsgrundlage dienen zu können (BGH GRUR 2010, 623 Tz. 36 – *Restwertbörse*; BGH GRUR 2006, 136, 138 – *Pressefotos*; BGH GRUR 1987, 36 – *Liedtextwiedergabe*). Das sollte für die geltenden **Honorarordnungen** (z. B. HOAI, RVG) unterstellt werden, weil ihnen Normcharakter zukommt. **Tarifverträge, Normverträge** und **gemeinsame Vergütungsregeln** (§ 36) sind ebenfalls regelmäßig repräsentativ, weil sie im Regelfall einen gerechten Interessenausgleich zwischen Urheber- und Verwerterseite darstellen (vgl. Vor §§ 31 ff. Rn. 298 f.; zu Tarifverträgen vgl. § 43 Rn. 34 ff.; zu gemeinsamen Vergütungsregeln vgl. § 36 Rn. 1 ff.). Im Regelfall repräsentativ sollten auch **Marktübersichten** sein, die auf einer zuverlässigen empirischen Grundlage ermittelt wurden (z. B. „Bildhonorare" der MFM, dazu *Jan Bernd* Nordemann ZUM 1998, 642, 645; s. aber BGH GRUR 2010, 623 Tz. 36 – *Restwertbörse*; BGH GRUR 2006, 136, 138 – *Pressefotos*; weitere Beispiele vgl. Rn. 108 ff.). Auch auf die **Tarife von Verwertungsgesellschaften** kann wegen §§ 38, 39 VGG als „Anhaltspunkt" zurückgegriffen werden, selbst wenn der Anspruchsteller keine VG ist und selbst wenn sie nicht als allgemein übliche Vergütungssätze anzusehen sind (BGH ZUM-RD 2013, 243 Tz. 18; BGH GRUR 2009, 407 Tz. 29 – *Whistling for a Train*), z. B. auf die Tarife der VG BildKunst (vgl. Rn. 114); im Bereich der Tauschbörsenverletzungen wird bei Musikwerken auf die Tarife der GEMA zurückgegriffen (OLG Köln MMR 2013, 319, 320; LG Düsseldorf MMR 2011, 111; LG Hamburg MMR 2011, 53, 55); eingehend vgl. Rn. 111. Etwas anderes gilt, wenn ein Lizenzgeber zu den niedrigen Tarifen der VG keine Lizenzen vergeben würde (LG München I GRUR 2005, 574, 576 – *O Fortuna*: Für bestimmte GEMA-Tarife). **Einseitige Verbandsempfehlungen** sind hingegen allenfalls tauglich, um das Höchstniveau nach oben abzusichern. Übliche Vergütungen sind nur die Mindestvergütung. Wichtig ist, dass ggf. wegen § 32 eine **Angemessenheitskorrektur nach oben** vorzunehmen sein kann (vgl. Rn. 92). Grundsätzlich gilt – wegen § 32 – der **Beteiligungsgrundsatz** (BGH GRUR 2013, 717 Tz. 25 – *Covermount*, zu § 13 Abs. 3 UrhWahrnG a. F., jetzt § 39 VGG); der Verletzte ist an jeder wirtschaftlichen Nutzung seines Werkes angemessen zu beteiligen (zu § 32: BGH GRUR 2009, 1148 Tz. 23 – *Talking to Addison*; vgl. § 32 Rn. 45 ff.). Bei einer fortlaufenden Nutzung des Werkes wird dem Beteiligungsgrundsatz am besten durch eine erfolgsabhängige Vergütung entsprochen (BGH a. a. O., Tz. 23 – *Talking to Addison*); zu § 32 in den einzelnen Branchen vgl. § 32 Rn. 59 ff. Eine **Mindest- oder Pauschalvergütung** kann aber angemessen sein, wenn mit einer wirtschaftlichen Nutzung nur geringe direkte geldwerte Vorteile erzielt werden (BGH GRUR 2013, 717 Tz. 26 – *Covermount*, für Film-DVDs, die Zeitschriften ohne Aufpreis beigegeben werden). – Zu **kartellrechtlichen Fragen** von verbandsmäßigen Honorarordnungen, Marktübersichten, Tarifen und Empfehlungen vgl. Vor §§ 31 ff. Rn. 80 (Autorenverbände) und vgl. Vor §§ 31 ff. Rn. 257 f. (Verwerterverbände). Zur Frage, ob ein **Sachverständigengutachten** eingeholt werden muss, und zu weiteren prozessualen Fragen vgl. Rn. 106.

95 Wenn **branchenübliche Vergütungssätze und Tarife keine direkte Regelung** für
die streitgegenständliche Nutzung beinhalten, können sie zumindest als Ausgangspunkt angewendet werden (BGH GRUR 1986, 376 – *Filmmusik*; OLG
Brandenburg ZUM 2009, 412; LG München I ZUM 2000, 519, 521 f.). Das
Geiche gilt, wenn der angewendete Vergütungssatz auf Angemessenheit überprüft werden soll (BGH GRUR 2013, 717 Tz. 34 – *Covermount*, zu § 13
Abs. 3 S. 1 UrhWahrnG a. F., jetzt § 39 VGG). Es ist derjenige Tarif zugrunde
zu legen, der nach seinen Merkmalen und Vergütungssätzen dem Nutzungsvorgang **am nächsten** liegt (BGH GRUR 1976, 35, 36 – *Bar-Filmmusik*). Dabei
sind die Umstände des Einzelfalls und insb. die Vergleichbarkeit zwischen Nutzung und Tarif zu würdigen. Im Prozess muss dann allerdings im Regelfall ein
Sachverständigengutachten eingeholt werden, bevor nach § 287 ZPO geschätzt
werden kann (BVerfG NJW 2003, 1655 – *Zündholzbriefchen*; BGH GRUR
2006, 136, 138 – *Pressefotos*; s. aber OLG Brandenburg ZUM 2009, 412, das
kein Gutachten einholte). Eine hinreichende Vergleichbarkeit ist z. B. zwischen
dem Preis für die Vollversion und dem Preis für eine verletzende Teilversion
gegeben (BGH GRUR 2009, 864 Tz. 39 – *CAD-Software*); die Abschläge müssen gem. § 287 ZPO geschätzt werden. Vergleichbar sind auch bei privater
Verletzung Vergütungssätze, die für eine kommerzielle Nutzung ermittelt wurden, wobei dann jedoch erhebliche Abschläge vorzunehmen sind (OLG Brandenburg ZUM 2009, 412; a. A. OLG Braunschweig GRUR 2012, 920, 923 –
MFM-Honorarempfehlungen: Keine Vergleichbarkeit; genauso LG Düsseldorf
ZUM-RD 2013, 204, 205). Auch dass es um verschiedene Waren geht, steht
einer Vergleichbarkeit nicht von vornherein entgegen. Maßgebliche Erwägung
ist vielmehr der vergleichbare Einfluss der konkreten Werknutzung auf den
Wert des Produktes und die damit verbundenen geldwerten Vorteile (s. den
Einigungsvorschlag der Schiedsstelle DPMA ZUM 2005, 90, 91 zur Anwendbarkeit des Tarifes der VG BildKunst für den Abdruck von Werken der bildenden Kunst auf Textilien für Kosmetikartikel; s. DPMA ZUM 2005, 85, 88 zur
Anwendbarkeit des Tarifes für Reproduktionen zu Werbe- und Dekorations-
zwecken auf eine handgemalte Caféinneneinrichtung). Bei der Veranstaltung
von Konzerten kommen als Beurteilungsfaktoren für die Anwendbarkeit eines
Tarifes die Zuschauerzahl, Kulturförderung und das offensichtliche Verhältnis
der Tarifvergütung zu den Einnahmen in Betracht (s. LG Mannheim NJW
1998, 1417, 1418 f. für eine Anwendung eines Tarifes für Musikaufführungen
als Großveranstaltungen (VK G) statt für kleinere Konzerte ernster Musik (E)
auf ein Konzert der *Drei Tenöre*). Die MFM-Bildhonorare für Fotografen (vgl.
Rn. 115) können auch für die Lizenzierung des Motivs relevant sein (LG Leipzig GRUR 2002, 424, 425 – *Hirschgewand*). Branchenübliche Vergütungssätze
und Tarife können dann **keine Anhaltspunkte für die Schadensschätzung** liefern, wenn die in ihnen genannten Nutzungen **nicht vergleichbar** mit der Verletzungshandlung sind. Keine Anhaltspunkte sollen sich z. B. aus branchenüblichen Vergütungssätzen für die Vermarktung von Fotos ergeben, wenn die
verletzende Nutzung zur Restwertermittlung durch ein Versicherungsunterneh-
men erfolgt (BGH GRUR 2012, 623 Tz. 37 – *Restwertbörse*, zw.).

96 **Übliche Lizenzgebühren** sind nur der **Mindestschaden**. Stets sind die **Umstände
des Einzelfalls** maßgeblich, die einen Schadensersatz über die üblichen Lizenzgebühren hinaus rechtfertigen können (BGH GRUR 2006, 136, 137 f. – *Pressefotos*; BGH GRUR 1980, 841, 844 – *Tolbutamid*; *Bodewig/Wandtke* GRUR
2008, 220, 225); zu Zuschlägen vgl. Rn. 98 ff. Auch europarechtlich ist das
geboten, eine einfache angemessene Lizenzgebühr deckt im Regelfall nicht den
ganzen Schaden ab; vgl. Rn. 69a, vgl. Rn. 71a. Insb. sind **Vor- und Nachteile
des Verletzers** gegenüber einem ordnungsgemäßen Lizenznehmer zu bedenken;
z. B. ist es ein Vorteil für den Verletzer, nicht vertraglich Zahlung nebst **Zinsen**
(vgl. Rn. 105) zu schulden und sich – anders als der legale Lizenznehmer – auf

die mangelnde Schutzfähigkeit berufen zu können (*Tetzner* GRUR 2009, 6, 11; BeckOK UrhR/*Reber*[14] Rn. 126 ff.; Dreier/Schulze/*Dreier*/*Specht*[5] Rn. 62). Nachteile des Verletzers (rechtlich ungewisse Situation; Gefahr der höheren Schadensersatzpflicht nach der alternativen Berechnungsmethode Verletzergewinn; vgl. Rn. 74 ff.) gleichen die Vorteile allenfalls aus; sie können nicht dazu führen, die Lizenzgebühr zu mindern (BGH GRUR 1980, 841, 844 – *Tolbutamid*; *Dreier* GRUR Int. 2004, 706, 709). Insb. in Fällen einer **Imageschädigung** durch (fiktive) Lizenzierung von billigen Nachahmungen kommt ein erheblicher Zuschlag auf die übliche Lizenzgebühr in Betracht (BGH GRUR 2006, 143, 146 – *Catwalk*; BGH GRUR 1993, 55, 58 – *Tchibo/Rolex II*, der allerdings Abschläge bei umfassender sonstiger Nachahmung durch Dritte erlaubt). Außerdem ist erhöhend zu berücksichtigen, wenn die **Preise des Verletzers erheblich unter denen der ordentlichen Lizenznehmer** liegen *und* diese Preise des Verletzers eine Berechnungsgrundlage für die übliche Lizenzgebühr darstellen. Im Regelfall wird eine solche günstige Preisgestaltung darauf zurückzuführen sein, dass der Verletzer keine begleitenden und den Verkaufspreis verteuernden Verpflichtungen gegenüber dem Rechteinhaber – anders als seine ordentlichen Lizenznehmer – eingehen musste, z. B. Qualitätsvorgaben, Buchführungs- und Rechnungslegungs-, Entwicklungs- und Vermarktungspflichten (s. BGH GRUR 2006, 143, 145 – *Catwalk*; *Kochendörfer* ZUM 2009, 389, 392 f.; *Tetzner* GRUR 2009, 6, 11). Ist eine **Minimumvergütung** objektiv üblich, kann diese als angemessene Vergütung gegenüber dem Verletzer berechnet werden (wichtig z. B. im DVD-Bereich, vgl. Rn. 112); anders kann das bei Zugrundelegen von Tarifen von VGen sein, die Minimumvergütungen als Festbeträge vorsehen; bei solchen Minimumvergütungen ist schon wegen der Bestimmungen des VGG, das für die Tarife von VGen gilt, danach zu fragen, ob sie angemessen sind (BGH GRUR 1988, 373, 376 – *Schallplattenimport III*); bei Beteiligungsvergütungen besteht dieses Risiko von vornherein nicht (BGH ZUM-RD 2013, 243 Tz. 10). Auch kommt ein Aufschlag wegen verminderter Werbewirkung bei fehlender Urheber-, Künstler- oder Quellenangabe in Betracht (vgl. Rn. 101). Schließlich können übliche Lizenzgebühren wegen der Parallelität mit § 32 nach oben zu korrigieren sein (vgl. Rn. 92).

Lässt sich eine **übliche Vergütung** nach der Vertragspraxis des Verletzten oder branchenüblichen Vergütungssätzen und Tarifen **nicht feststellen**, so wird als angemessen diejenige Lizenzgebühr angesehen, die bei objektiver Betrachtung ein vernünftiger Lizenzgeber gefordert und ein vernünftiger Lizenznehmer bewilligt hätte (BGH GRUR 2016, 176 Tz. 65 – *Tauschbörse I*; BGH GRUR 1990, 1008, 1009 – *Lizenzanalogie*; BGH GRUR 1987, 36 – *Liedtextwiedergabe II*). Dementsprechend werden hierbei alle Umstände zu berücksichtigen sein, die auch bei freien Lizenzverhandlungen auf die Höhe der Vergütung Einfluss gehabt hätten (BGH GRUR 2006, 143, 146 – *Catwalk*). Auch diese Lizenzgebühr ist nach § 287 ZPO zu **schätzen** (BGH GRUR 2016, 176 Tz. 57 – *Tauschbörse I*; BGH GRUR 2009, 864 Tz. 39 – *CAD-Software*; BGH GRUR 2009, 660 Tz. 34 ff. – *Reseller Vertrag*), was nicht ohne Sachverständigengutachten geschehen kann, es sei denn, dem Gericht stehen hinreichende tatsächliche Anhaltspunkte zur Verfügung und es „hängt nicht völlig in der Luft" (BVerfG GRUR-RR 2011, 375 Tz. 20 ff. – *Fiktive Lizenzgebühr*, zum allg. Persönlichkeitsrecht). Allerdings sind an Art und Umfang der vom Geschädigten beizubringenden Schätzgrundlagen nur geringe Anforderungen zu stellen; dem Tatrichter kommt zudem in den Grenzen eines freien Ermessens ein großer Spielraum zu (BGH GRUR 2016, 176 Tz. 57 – *Tauschbörse I*). Zunächst können **Anhaltspunkte aus vergleichbaren Nutzungen** gewonnen werden, für die eine eigene Vertragspraxis des Gläubigers oder zumindest eine branchenübliche Vergütung festgestellt werden kann (dazu vgl. Rn. 95). Ferner sind **alle Umstände des Einzelfalls** relevant, also die künstlerische **Qua-**

97

lität und **Bekanntheitsgrad** des Werkes (BGH GRUR 2009, 660 Tz. 40 – *Re-seller Vertrag*; OLG Hamburg GRUR-RR 2001, 260, 264 – *Loriot-Motive*), **Imageschäden** des Verletzten (BGH GRUR 1993, 55, 58 – *Tchibo/Rolex II*), z. B. Vertrieb von vorher nur im Kunsthandel erhältlichen Werken über Discounter, Entfall von Werbewirkung durch **fehlende Urheber-, Künstler- oder sonstige Quellenangabe** (ausführlich vgl. Rn. 101), ferner **Zeitdauer, Ort, Art und Intensität** der durch den **fiktiven** Lizenzvertrag eingeräumten **Nutzungsmöglichkeit** (BGH GRUR 2009, 864 Tz. 39 – *CAD-Software*: Anzahl der Aufrufe bei rechtsverletzenden Programmen; ferner BGH GRUR 2009, 660 Tz. 39 – *Reseller Vertrag*; BGH GRUR 1990, 1008, 1010 – *Lizenzanalogie*; insb. zur erwarteten Verbreitung, bspw. Auflagenzahl von Werbeprospekten OLG München AfP 2003, 272, 273; OLG München ZUM 2003, 139, 140 für die Lizenzanalogie bei Persönlichkeitsrechtsverletzung). **Unerheblich** sind aber **der vom Verletzer erzielte Gewinn** (BGH GRUR 2009, 660 Tz. 41 – *Reseller Vertrag*) oder Kostenfragen wie die **Herstellungskosten** (OLG Frankfurt ZUM 2004, 924, 925). Der **Händlerabgabepreis** z. B. von Software, CDs oder DVDs ist nicht deckungsgleich mit der angemessenen Lizenzgebühr (LG Stuttgart CR 2000, 663, 664), wohl aber kann sie sich als Prozentsatz des Händlerabgabepreises berechnen.

98   **(4) Zuschläge (Strafschadensersatz, Verletzerzuschläge, GEMA-Kontrollzuschläge; fehlende Urheber- oder Quellenangabe, zusätzliche Schadenspositionen):** Das geltende deutsche Recht kennt grundsätzlich **keine** sog. **Verletzerzuschläge (auch Strafschadensersatz)**, also Zuschläge auf die angemessene Lizenzgebühr wegen des Umstandes der Verletzung. Die Rechtsprechung stand dem schon seit langem ablehnend gegenüber (BGH GRUR 1986, 376 – *Filmmusik*), und der Gesetzgeber hat im Zuge der Umsetzung der Enforcement-RL (vgl. Rn. 4) daran trotz gewisser Opposition des Bundesrates festgehalten (RegE UmsG Enforcement-RL – BT-Drs. 16/5048, S. 48; für eine Vermutung eines Schadens in Höhe der doppelten angemessenen Lizenzgebühr mit Möglichkeit für den Verletzer, einen niedrigeren Gewinn darzulegen und ggf. zu beweisen: StellungN BR RegE UmsG Enforcement-RL – BT-Drs. 16/5048, S. 61; dazu ferner *Bodewig/Wandtke* GRUR 2008, 220). Diese Entscheidung des Gesetzgebers kann auch nicht durch eine richtlinienkonforme Auslegung des § 97 Abs. 2 S. 3 korrigiert werden. Zwar lässt die Enforcement-RL Verletzerzuschläge (z. B. Verdopplung der angemessenen Lizenzgebühr) zu (s. EuGH GRUR 2017, 264 Tz. 28 ff. – *OTK/SFP*: Ausnahmsweise ist die doppelte Lizenzgebühr nur dann unzulässig, wenn sie den tatsächlich erlittenen Schaden eindeutig und beträchtlich überschreitet). Jedoch schreibt sie Verletzerzuschläge auch nicht zwingend vor, weil im Rechtssetzungsverfahren eine ursprünglich vorgesehene doppelte Lizenzgebühr wieder gestrichen und in Art. 13 Abs. 1 lit. b) Enforcement-RL auf „mindestens" die angemessene Lizenzgebühr zurückgegangen wurde (LG Berlin ZUM-RD 2011, 101, 104; *Stieper* WRP 2010, 624, 628; *Kochendörfer* ZUM 2009, 389, 392; Schricker/Loewenheim/*Wimmers*[5] Rn. 283; a. A. *Würtenberger* FS Schulze 2017 S. 431, 434; *Wandtke*, FS Schulze 2017 S. 421, 424 ff., der sich allerdings zu Unrecht auf EuGH GRUR 2017, 264 Tz. 28 ff. – *OTK/SFP* beruft; *Tetzner* GRUR 2009, 6, 9; *v. Ungern-Sternberg* GRUR 2009, 460, 463 f.; *Haft/Donle/Ehlers/Nack* GRUR Int. 2005, 403, 406 f.; s. a. *Bodewig/Wandtke* GRUR 2008, 220, 225 m. w. N.). Danach steht der Verletzer also bei der angemessenen Lizenzgebühr grundsätzlich nicht schlechter da als ein ordentlicher Lizenznehmer. Insb. der **Verschuldensgrad des Verletzers** ist unerheblich und führt nicht zu einem Zu- oder Abschlag (str., vgl. Rn. 61a). Der Ausschluss von Verletzerzuschlägen bedeutet aber nicht, dass neben der angemessenen Lizenzgebühr nicht noch **zusätzliche Schadenspositionen** berechnet und zu einer Erhöhung des Schadensersatzanspruches führen könnten (vgl. Rn. 101a).

Die grundsätzliche Verweigerung von Verletzerzuschlägen durch das geltende **99**
Recht ist **rechtspolitisch** zu beklagen, weil es damit funktionierende Geschäftsmodelle von vorsätzlichen Verletzern insb. bei geringem Entdeckungsrisiko ge-
ben kann. Ohnehin ist es für den Verletzten mühselig und kostenaufwendig,
Verletzungen zu ermitteln, was seinen Schaden erhöht. Zumindest in Fällen
vorsätzlicher Verletzungen wäre danach ein Verletzerzuschlag als pauschaler
Schadensersatz gerechtfertigt und stünde im Einklang mit der Enforcement-
RL, weil diese durch ausdrückliche Erwähnung der „abschreckenden" Wirkung von Sanktionen (Art. 3 Abs. 2) die mit dem Verletzerzuschlag verbundene
Präventionswirkung billigt (*Haft/Donle/Ehlers/Nack* GRUR Int. 2005, 403,
406 f., die die Einführung eines 2fachen Lizenzsatzes als pauschalen Schadensersatz bei Vorsatz, einen mittleren Satz von 1,5 mit Möglichkeit der Ermäßigung auf 1,0 bei leichter Fahrlässigkeit fordern; ebenso *Bodewig/Wandtke*
GRUR 2008, 220, 221, 225 ff., die eine 2-fache Lizenzgebühr ohne Rücksicht
auf Vorsatz fordern; zum Ganzen ferner *Dreier* GRUR Int. 2004, 706, 707;
für eine Ausdehnung aus generalpräventiven Erwägungen *Loewenheim* FS Erdmann S. 131, 139; krit. zum geltenden Recht auch *Rogge* FS Nirk S. 929, 934;
Strafzuschläge ablehnend *Kochendörfer* ZUM 2009, 389, 392 m. w. N. zum
Streitstand). Auch aus diesen Gründen wird beim Schadensersatz auf Herausgabe des Verletzergewinns (§ 97 Abs. 2 S. 2) bereits nach geltendem Recht
mehr abgeschöpft als der reale Gewinn des Verletzers (vgl. Rn. 75).

Ausnahmsweise gewährt die Rechtsprechung einen Zuschlag für die Lizenzge-　**100**
bühr in Form der **Verdopplung der Lizenzgebühr** für **Verwertungsgesellschaf-**
ten, die Nutzungsrechte und Vergütungsansprüche weit überwiegend im
Bereich der sog. Massennutzungen wahrnehmen und bei denen der Verwaltungsaufwand zur Ermittlung und Verfolgung von Rechtsverletzungen (angeblich) ungleich höher sei als bei individuell genutzten Rechten. Diese Rechtsprechung gilt namentlich bei Verletzung von Bühnenaufführungsrechten (BGH
GRUR 1986, 376, 380 – *Filmmusik*; BGH GRUR 1973, 379, 380 – *Doppelte*
Tarifgebühr; OLG Hamburg GRUR 2001, 832, 835 – *Tourneeveranstalter*;
Loewenheim FS Erdmann S. 131). Dem liegen zwei Gedanken zugrunde: Zum
einen muss ein umfangreicher **Überwachungsapparat** unterhalten werden
(OLG Hamburg GRUR 2001, 832, 835 – *Tourneeveranstalter*; *Loewenheim*
FS Erdmann S. 131, 132), sodass man die Verdopplung der Gebühr auch als
zulässigen Ausnahmefall eines pauschalierten Ersatzes von Vorhaltekosten ver-
stehen kann (krit. hierzu und für eine gesetzliche Regelung *Wandtke* GRUR
2000, 942, 945 f.; wohl auch *Schack*, Urheber- und UrhebervertragsR[7]
Rn. 782 ff.). Zum anderen ist es der Gedanke der **Prävention**, da die leichte
Verletzbarkeit und schwierige Aufdeckung von Rechtsverletzungen sonst kaum
einen Anreiz zur Einholung einer Werknutzungserlaubnis bei der VG böten
(LG München I ZUM-RD 1998, 34, 35; *Bodewig/Wandtke* GRUR 2008, 220,
222). Der BGH betont jedoch den (vermeintlichen) **Ausnahmecharakter** dieser
Rechtsprechung und will sie nur bei der ungenehmigten öffentlichen Musikwiedergabe (§ 15 Abs. 2) gelten lassen, nicht aber bei Verletzung kollektiv wahrge-
nommener körperlicher Verwertungsrechte (§ 15 Abs. 1) oder gar bei individuell wahrgenommenen Rechten (BGH GRUR 1986, 376, 380 – *Filmmusik*;
BGH GRUR 1988, 296, 299 – *GEMA-Vermutung IV*; OLG Frankfurt GRUR
1989, 419 f. – *Verletzerzuschlag*; OLG Hamburg GRUR 2001, 832, 835 –
Tourneeveranstalter; gegen eine Übertragbarkeit wegen des Ausnahmecharakters auch OLG Frankfurt MMR 2004, 476, 477; OLG Düsseldorf NJW-RR
1999, 194, 195; LG Berlin ZUM 1998, 673, 674). Wirklich überzeugend ist
diese restriktive Rechtsprechung nicht, weil die Argumente zur Begründung
der Ausnahme (Überwachungsapparat und vor allem Prävention) auch über
die ungenehmigte öffentliche Musikwiedergabe hinaus Geltung beanspruchen
(*Bodewig/Wandtke* GRUR 2008, 220, 222; *Loewenheim* FS Erdmann S. 131,

139; unsere 9. Aufl./*Wilhelm Nordemann* Rn. 38). Der EuGH hat bislang offen gelassen, ob allgemeine Marktbeobachtungkosten unter **Art. 13 Enforcement-RL** fallen (EuGH GRUR Int. 2016, Tz. 35, 39 – *United Video Properties*) und deshalb im Rahmen des harmonisierten Mindestniveaus (vgl. Rn. 5) auch vom deutschen Recht gewährt werden müssen. Allerdings ist darauf zu verweisen, dass nach seiner Rechtsprechung der Ersatz einer einfachen Lizenzgebühr nicht geeignet ist, eine Entschädigung für den gesamten erlittenen Schaden zu garantieren (EuGH GRUR 2017, 264 Tz. 30 – *OTK/SFP*), was für eine Berücksichtigung auch der allgemeinen Marktbeobachtungkosten als Mindestschaden spricht.

101   Zuschläge auf die angemessene Lizenzgebühr gem. § 97 Abs. 2 S. 3 kommen außerdem bei fehlender oder falscher **Urheber-, Künstler- oder Quellengabe** (§§ 13, 63, 74) in Betracht (ferner vgl. § 13 Rn. 30 ff.). Nicht zutreffend ist jedenfalls, dass solche Zuschläge von vornherein nicht denkbar sind (so wohl OLG Hamburg GRUR-RR 2010, 378 – *Food-Fotografie*). Sie dürfen allerdings nicht als Verletzerzuschlag begründet werden (vgl. Rn. 98; ferner OLG Braunschweig GRUR 2012, 920, 924 – *MFM-Honorarempfehlungen*), sondern müssen auf **§ 97 Abs. 2 S. 3** (angemessene Lizenzgebühr) **oder § 97 Abs. 2 S. 4** (immaterieller Schadensersatz) gestützt sein (BGH GRUR 2015, 780 Tz. 37 – *Motorradteile*; KG ZUM-RD 2013, 578, 581; Dreier/Schulze/*Dreier*[5] 73; BeckOK-UrhR/*Reber*[14] Rn. 132; Schricker/Loewenheim/*Wimmers*[5] Rn. 303). Sofern teilweise die Auffassung vertreten wird, Verletzungen des Urhebernennungsrechts gem. § 13 könnten lediglich einen immateriellen Schadensersatz nach § 97 Abs. 2 S. 4 auslösen (*Spieker* GRUR 2006, 118, 121; wohl auch LG Kiel ZUM 2005, 81, 85 – *CD-Bilddateien*), kann das nicht überzeugen. Ein materieller Schadensersatz scheitert nicht schon daran, dass eine fehlerhafte Urheber-, Künstler- oder Quellenangabe nicht lizenzierungsfähig wäre (so unzutreffend *Spieker* GRUR 2006, 118, 121), weil es z. B. für Urheber durchaus denkbar ist, gegen höhere Vergütung auf die Namensnennung zu verzichten oder eine Vertragsstrafe bei Nichtnennung als Aufschlag auf die Lizenzgebühr zu vereinbaren (so KG ZUM-RD 2013, 578, 581). Es ist über dies anerkannt, dass die fehlende Nennung wirtschaftliche Nachteile für den Urheber nach sich ziehen kann, z. B. wegen Verlust von Folgeaufträgen (BGH GRUR 2015, 780 Tz. 39 – *Motorradteile*; ferner BGH GRUR 1981, 676, 678 – *Architektenwerbung*; LG Berlin ZUM 1998, 673, 674; LG Hamburg ZUM 2004, 675, 679; LG Leipzig GRUR 2002, 424, 425 – *Hirschgewand*). Auch die sehr starke Pauschalierung des gewährten Schadensersatzanspruches auf der Basis von Zuschlägen auf die angemessene Lizenzgebühr spricht dagegen, auf die eher am Einzelfall orientierte Berechnung des § 97 Abs. 2 S. 4 zurückzugreifen. Damit kann ohne Rückgriff auf die strengeren Voraussetzungen des § 97 Abs. 2 S. 4 ein Zuschlag gewährt werden, wenn die fehlende oder falsche Nennung eine wirtschaftlich nachteilige Auswirkung für den Verletzten aufweist, also **kommerzialisierbar** ist. Denn in diesen Fällen hat die fehlerhafte Nennung Einfluss auf die Lizenzhöhe, weil zu fingieren ist, dass der Urheber nur gegen Aufschlag eine Nutzung ohne hinreichende Nennung erlaubt hätte. Das ist beispielsweise im **Fotobereich** der Fall, wo bei fehlender Fotografennennung ein Zuschlag üblich ist und von der Rechtsprechung auch ohne Prüfung der Voraussetzungen des Abs. 2 S. 4 regelmäßig gewährt wird (krit. zu dieser Pauschalierung: *Schack*, Urheber- und UrhebervertragsR[7] Rn. 784). OLG Düsseldorf (GRUR-RR 2006, 393), LG Düsseldorf (ZUM 2016, 297, 298; ZUM-RD 2013, 206, 207), KG (ZUM-RD 2013, 578, 581), LG Berlin (ZUM 1998, 673, 674, dort als „ständige Rechtsprechung der Kammer" bezeichnet), OLG Frankfurt (ZUM-RD 2016, 720, 723 – *Erteilung von Unterlizenzen von Modefotografien*), LG Leipzig (GRUR 2002, 424, 425 – *Hirschgewand*) und LG München I (LG München I GRUR-RR 2009, 92, 94 – *Foto von Computertastatur*;

ZUM-RD 1997, 249, 254) sprechen regelmäßig einen 100%igen Aufschlag auf die angemessene Lizenzgebühr zu. Allerdings gibt es auch Einschränkungen: Nach dem OLG Hamm (ZUM-RD 2016, 729, 738 – *Unberechtigte Weitergabe von Werbefotos an Vertriebspartner*) ist der Zuschlag zu kürzen, wenn Fotos auf einer Website mit begrenzter Werbewirkung genutzt werden. Das OLG Braunschweig sieht im Fall einer fehlenden Nennung bei privat auf eBay genutzten Fotos keine Kommerzialisierbarkeit und auch keine hinreichenden Ansatzpunkte für einen immateriellen Schadensersatzanspruch, sodass ein Zuschlag ausscheide (OLG Braunschweig GRUR 2012, 920, 924 f. – *MFM-Honorarempfehlungen*, zw. im Hinblick auf fehlende Kommerzialisierbarkeit). Das OLG München wählt einen geringeren Zuschlag als 100 %, wenn es sich nicht um professionell erstellte Fotografien handelt (ZUM-RD 2014, 165: 50 %). Das LG Düsseldorf meint, bei Rechtsnachfolgern des Urhebers (§ 30) nur 25 % Zuschlag zusprechen zu müssen (LG Köln ZUM-RD 2018, 24, 30), was allerdings der Gleichstellung von Urheber und Rechtsnachfolger in § 30 nicht gerecht wird. Die Hamburger Gerichte differenzierten früher nach der „Wertigkeit des Urhebervermerkes" und gewährten tw. einen Zuschlag von 100% (LG Hamburg ZUM 2004, 675, 679 m. w. N. auch für andere Gerichte), tw. aber auch nur von 50% (AG Hamburg ZUM 2006, 586, 589); nunmehr steht das OLG Hamburg – aus wenig überzeugenden Gründen, s. o. – allerdings solchen Aufschlägen kritischer gegenüber (OLG Hamburg GRUR-RR 2010, 378 – *Food-Fotografie*, i. E. aber offen gelassen, ob jeder Zuschlag wegen fehlender Nennung abzulehnen sei). Zum Schadensersatz wegen fehlender Nennung **bei kostenlosen Lizenzen** vgl. Rn. 93a. Für **Schriftwerke** berechnet das OLG München einen 100%igen Aufschlag bei fehlender Autorenzuordnung der Einzelbeiträge eines Gesamtwerkes (OLG München ZUM 2000, 404, 407). Das LG Berlin gesteht 100% Zuschlag bei fehlerhafter Nennung des Autors eines Kriminalromans zu (LG Berlin ZUM-RD 2006, 443), allerdings aus § 97 Abs. 2 S. 4, was in Fällen der fehlerhaften Autorenbenennung in der Tat näher als ein materieller Schadensersatzanspruch liegt, weil die fehlerhafte (im Gegensatz zur fehlenden) Nennung kaum kommerzialisierbar ist. Aus § 97 Abs. 2 S. 3 – und nicht aus § 97 Abs. 2 S. 4 – kann über dies auch für **fehlerhafte Quellengaben nach** § 63 materieller Schadensersatz verlangt werden, wenn eine Verletzung des § 13 von vornherein ausscheidet. So konnte eine Rundfunkanstalt als Inhaber der Rechte nach § 87, die nicht Träger des Rechts aus § 13 ist, bei Zitat von Screenshots und fehlerhafter Quellenangabe einen materiellen Schadensersatzanspruch stellen, und zwar in Höhe von 50% der üblichen Lizenzgebühr (LG Berlin GRUR 2000, 797, 798 – *Screenshots*). Das Kammergericht geht noch weiter und billigt Verletzten **auch außerhalb der Nennungspflichten der §§ 13, 63, 74** einen Anspruch aus § 97 Abs. 2 S. 3 wegen fehlender Quellenangabe zu, wenn der üblichen **Nennung der Quelle** eine **relevante Werbewirkung** für den Verletzten zukommt; der Verletzte kann insoweit auch ein bloßer Verwerter sein. Im Fall ging es um den fehlenden (üblichen) ©-Vermerk bei rechtsverletzender Nutzung von Kartenmaterial (KG MMR 2013, 52, 54 Tz. 44, zit. nach juris). Diese Auffassung verdient Zustimmung, sofern tatsächlich die Nennung üblich ist, ihr ein relevanter Werbewert zukommt und damit ein kommerzialisierbarer Schaden beobachtet werden kann.

Neben die angemessene Lizenzgebühr können **zusätzliche Schadenspositionen** treten (*Würtenberger* FS Schulze 2017 S. 431, 434 ff.; *Kochendörfer* ZUM 2009, 389, 393; *Stieper* WRP 2010, 624, 628; eingehend auch *Tetzner* GRUR 2009, 6, 10 ff., wenn auch unter der Bezeichnung „Verletzerzuschlag"). Der Unterschied zu nicht zulässigen pauschalen Verletzerzuschlägen (vgl. Rn. 98, str.) liegt darin, dass es sich um konkrete Schadenspositionen handelt, die substantiiert vorgetragen und ggf. bewiesen werden müssen. Dass zusätzliche Schadenspositionen neben die angemessene Lizenzgebühr treten können, ergibt sich

101a

aus einer richtlinienkonformen Auslegung des Art. 13 Abs. 1 lit. b) Enforcement-RL („mindestens"); vgl. Rn. 69a f., vgl. Rn. 71a. Allerdings muss darauf
geachtet werden, das Vermengungs- und Verquickungsverbot nicht zu verletzen
(vgl. Rn. 69, aber vgl. Rn. 69a). Zusätzliche Schadenspositionen können insbesondere **Rechtsverfolgungskosten** sein, also Anwaltskosten (Erstattung gem.
§ 97a, vgl. § 97a Rn. 38 ff.) und sonstige Verfolgungs- und Ermittlungskosten
(vgl. § 97a Rn. 42). Ferner kommen Zuschläge für **Zinsen** (vgl. Rn. 105), **Imageschäden** (vgl. Rn. 96 f.) und/oder für einen „zu niedrigen" **Verkaufspreis des
Verletzers** (vgl. Rn. 96) in Betracht.

102 **(5) Lizenzberechnung bei Verletzung über mehrere Stufen und bei Lizenzstu-
fung:** Die Lizenzberechnung wird komplexer, wenn die Verletzung über mehrere Stufen hinweg erfolgt. Insoweit ist jedoch zu unterscheiden zwischen *mehreren* Verletzungen durch (körperlichen) Warenvertrieb auf mehreren
Handelsstufen (Vertriebskette) einerseits und *einer* Verletzung durch Lizenzierung über mehrere Stufen (Lizenzstufen).

102a Ist eine urheberrechtsverletzende Ware über **mehrere Handelsstufen (Vertriebskette)** verbreitet worden, haften alle Verletzer innerhalb einer Vertriebskette als
Gesamtschuldner auf den Betrag der angemessenen Lizenzgebühr, der auf ihre
jeweilige Verletzungshandlung entfällt (*Holzapfel* GRUR 2012, 242, 247 f.).
Jedoch steht dem Verletzten gegen anderen (vor- oder nachstufigen) Gesamt-
schuldnern kein weiterer Anspruch zu, wenn ein Gesamtschuldner den Gläubiger befriedigt (*Holzapfel* GRUR 2012, 242, 246 m. w. N.); der Gläubiger kann
also z. B. vom erstverbreitenden Hersteller eine Lizenzgebühr für Vervielfältigung und Verbreitung verlangen, jedoch vom zweitverbreitenden Großhändler
und letztverbreitenden Einzelhändler dann nicht mehr. Spalten sich die Stufen
in verschiedene Groß- oder Einzelhändler auf, schulden diese jeweils nur eine
Lizenzgebühr für den auf sie entfallenden Teil der Verletzung (*Holzapfel* GRUR
2012, 242, 248), sodass es als sinnvoll erscheint, zunächst den Erstverbreiter
in Anspruch zu nehmen. In jedem Fall sollte geprüft werden, ob nicht ein
Ausweichen auf eine Berechnung des Schadensersatzes als Verletzergewinn
möglicherweise mehr Erfolg verspricht (vgl. Rn. 76, str.).

103 Beispiele für die **Verletzung durch Lizenzierung über mehrere Stufen (Lizenz-
stufung)** sind illustrierte Sonderausgaben, die der Verleger (als Hauptlizenznehmer) nicht selbst verlegt, sondern die der Verleger an einen anderen Verlag
unterlizensiert, oder Computerprogramme, die der Hauptlizenznehmer als Reseller Endkunden im Wege der Unterlizenz zur unkörperlichen Nutzung überlässt (BGH GRUR 2009, 660 – *Reseller Vertrag*). Hier ist zunächst zu beachten, dass die Rechtsvergabe als solche nicht rechtverletzend ist; es kann aber
eine Mittäterschaft, mittelbare Täterschaft oder Teilnahme an der dadurch veranlassten unberechtigten Nutzungshandlung vorliegen (vgl. Rn. 16). Können
danach mehrere Verletzer auf Schadensersatz für Nutzungshandlungen in Anspruch genommen werden, gelten zunächst die o. g. Grundsätze zur gesamtschuldnerischen Haftung (vgl. Rn. 102a). Im Hinblick auf die Lizenzhöhe ist
allerdings zusätzlich zu fragen, ob sich der Gläubiger an dem durch die Schuldner gewählten Lizenzmodell festhalten lassen muss oder ob der Gläubiger die
Lizenzgebühr ohne jede Berücksichtigung dieses Unterlizenzmodells als direkte
Lizenz berechnen kann, wenn das für ihn günstiger ist. Im Beispiel ist also
fraglich, ob der Verletzte nicht nur mindestens einen angemessenen Anteil an
der an den Unterlizenzgeber üblicherweise gezahlten Unterlizenzvergütung verlangen kann, sondern alternativ auch eine Beteiligung am Ladenpreis oder
sonstigen Endkundenpreis der unterlizensierten Ausgabe, die im Zweifel höher
liegt (vgl. § 32 Rn. 61). Nach dem Bundesgerichtshof hat der Gläubiger ein
Wahlrecht. Er dürfe gegenüber den Schuldnern auch die Lizenzgebühren in
Anschlag bringen, die sich üblicherweise für eine direkte Lizenz an den Endnut-

zer berechne (BGH GRUR 2009, 660 Tz. 35 – *Reseller Vertrag*). Der verletzende (vermeintliche) Unterlizenzgeber kann bei Inanspruchnahme durch den Verletzten noch nicht einmal die Beträge in Anrechnung bringen, die er seinen Abnehmern (den Endnutzern) an Schadenersatz gezahlt habe (BGH GRUR 2009, 660 Tz. 39 – *Reseller Vertrag*, für § 97 a. F.). Ansonsten führt der Bundesgerichtshof noch im Einzelnen aus, inwieweit tatsächlich durch den verletzenden Unterlizenzgeber geleistete Schadenersatzzahlungen die Lizenzforderung an den Endnutzer vermindern können, weil der verletzende Unterlizenzgeber und verletzender Endnutzer Gesamtschuldner seien (BGH GRUR 2009, 660 Tz. 40 ff. – *Reseller Vertrag*). Diese Rechtsprechung des Bundesgerichtshofes erscheint als zutreffend, wenn eine direkte Lizenz an den Endkunden entweder der eigenen Vertragspraxis des Gläubigers oder zumindest der Branchenüblichkeit entspricht. Entspricht jedoch nur die Unterlizenz seiner eigenen Vertragspraxis bzw. der Branchenüblichkeit, darf der Gläubiger seine Lizenzgebühr nur danach berechnen. Ansonsten bestünde für den Gläubiger die Möglichkeit, wesentlich höhere Lizenzgebühren zu kassieren als bei ordnungsgemäßer Lizenzierung. In Fällen, in denen eine Zahlung des Subverlegers an den vermeintlichen „Lizenzgeber" erfolgte, bietet sich an, die gesamte Sublizenzvergütung als Verletzergewinn beim „Lizenzgeber" abzuschöpfen (vgl. Rn. 80 ff.).

(6) Nutzung von Werkteilen: Bei unrechtmäßiger Nutzung von Werkteilen ist in der Regel ein Lizenzanteil zu zahlen, der den Umfang des Werkteils im Verhältnis zum Gesamtumfang des benutzenden (nicht des benutzten) Werkes entspricht; bei 50 Seiten unerlaubter Übernahme in einem Roman von 500 Seiten wäre das ein Autorenhonorar von 1% des um die Mehrwertsteuer verminderten Ladenpreises, weil die übliche und angemessene Vergütung bei 10% dieses Ladenpreises liegt (zur angemessenen Vergütung im Belletristikbereich vgl. Rn. 109). In manchen Nutzungsbereichen gelten für Teilübernahmen jedoch abweichende, meist höhere Sätze; Abdruckrechte für Fotos werden beispielsweise zu festen Pauschalsätzen, gestaffelt nach Art und Auflage des Druckwerks, vergeben (vgl. Rn. 115). **104**

(7) Zinsen: Da Nutzungsverträge ferner die Zahlung der vereinbarten Lizenzen zu bestimmten regelmäßigen und ständig wiederkehrenden Fälligkeitsterminen vorzusehen pflegen, kann der Verletzte Zinsen für die Zeit zwischen Rechtsverletzung und Zahlung verlangen (BGH GRUR 1982, 301, 304 – *Kunststoffhohlprofil II*; BGHZ 82, 310, 321 f. – *Fersenabstützvorrichtung*; LG Berlin GRUR-RR 2003, 97, 98; eingehend *Tetzner* GRUR 2009, 6, 12), also nicht erst ab Verzug bei Zahlungsaufforderung nach Entdeckung. **105**

(8) Prozessuales: § 287 ZPO findet Anwendung. Grundsätzlich trägt der Verletzte als Anspruchsteller die **Darlegungs- und Beweislast** für die Höhe der angemessenen Lizenzgebühr. Eigene Vertragspraxis (vgl. Rn. 93) muss der Gläubiger deshalb substantiiert vortragen und ggf. beweisen. Das gleiche gilt für branchenübliche Vergütungssätze und Tarife (vgl. Rn. 94). Ist eine übliche Vergütung nicht feststellbar und kommt es danach auf Anhaltspunkte für eine Schadensschätzung an (vgl. Rn. 97), sind an Art und Umfang der beizubringenden Schätzungsgrundlagen aber nur geringe Anforderungen zu stellen (BGH GRUR 1993, 55, 59 – *Tchibo/Rolex II*). Die Schadensberechnung nach der fiktiven angemessenen Lizenzgebühr soll aus Billigkeitsgründen die Rechtsverfolgung erleichtern. Denn sie wurde im Hinblick auf die konkreten Schutzbedürfnisse des Verletzten und vor allem wegen der Schwierigkeiten einer konkreten Schadensberechnung entwickelt. Leitet sich die angemessene Lizenzgebühr als Zuschlag zu einer bereits für eine erlaubte Nutzung gezahlten Vergütung ab (vgl. Rn. 109), muss der Gläubiger zu dieser Bemessungsgrundlage für solche Aufschläge substantiiert vorgetragen und insbesondere darlegen, welche Vergütung er erhalten hat (OLG Brandenburg v. 28.8.2012 – 6 U 78/11 – Tz. 107, **106**

zit. nach juris). – Beruft sich der Gläubiger auf als repräsentativ anerkannte Vergütungssätze (vgl. Rn. 94), dreht sich die Darlegungs- und Beweislast, und der Verletzer muss ihre fehlende Üblichkeit darlegen und ggf. beweisen. Ob ein **Sachverständigengutachten** eingeholt werden muss, hängt vom Vortrag des Schuldners ab: Wenn er substantiiert vorträgt, dass die vom Gläubiger vorgetragenen Vergütungen nicht branchenüblich sind, kann das Gericht das nicht einfach übergehen (BGH GRUR 2006, 136, 138 – *Pressefotos*), sondern muss ein Sachverständigengutachten einholen und kann erst dann § 287 ZPO anwenden. Bei Tarifverträgen, Normverträgen, gemeinsamen Vergütungsregeln und allgemein anerkannten Marktübersichten trägt allerdings der Schuldner die Beweislast für eine Unüblichkeit, d. h. er muss ggf. (Zeugen- oder Sachverständigen-)Beweis anbieten. Zweifel können beispielsweise bei Tarif- oder Normverträgen oder gemeinsamen Vergütungsregeln auftauchen, wenn die Verwerterseite nicht repräsentativ vertreten war. Fehlt es an einem substantiierten Bestreiten, erscheint es allerdings als prozessökonomisch, direkt ohne Sachverständigengutachten Honorarordnungen, Tarif- oder Normverträge bzw. allgemein anerkannte Marktübersichten, z. B. im Fotobereich die „Bildhonorare" der MFM, als Grundlage einer gerichtlichen Schätzung gem. § 287 ZPO einzubeziehen (OLG Brandenburg ZUM 2009, 412; OLG Düsseldorf GRUR-RR 2006, 393, 394 – *Informationsbroschüre*; LG Kiel ZUM 2005, 81, 84 – *CD-Bilddateien*; s. a. LG München I ZUM 2006, 666, 669 – *Architekturfotografien*; LG Mannheim BeckRS 2007, 00797 – *Freiburger Ansichten 2003*; LG Berlin ZUM 1998, 673; *Jan Bernd Nordemann* ZUM 1998, 642, 645; insoweit von BGH GRUR 2006, 136, 138 – *Pressefotos* nicht entschieden; dagegen: OLG Hamburg GRUR-RR 2010, 378 – *Food-Fotografie*: Lediglich brauchbarer Überblick durch Bildhonorare der MFM). Verlangt der Gläubiger mehr, weil seine eigene übliche Vertragspraxis über den als repräsentativ anerkannten Entgelt liegt, trägt er insoweit die Darlegungs- und Beweislast. Grundsätzlich muss ein Sachverständigengutachten eingeholt werden, wenn es weder eine übliche Vertragspraxis des Gläubigers noch allgemein anerkannte und repräsentative Vergütungssätze gibt, weil das Gericht sonst keine hinreichende Grundlage für eine Schadensschätzung nach § 287 ZPO hat; das gilt insb. wegen Art. 14 GG zugunsten des Gläubigers (BVerfG NJW 2003, 1655 – *Zündholzbriefchen*). Fehlen dem Gläubiger Informationen des Schuldners zur Berechnung des Schadensersatzanspruches, steht ihm gegen den Schuldner ein **Auskunftsanspruch** zu (vgl. § 101 Rn. 10 ff.). Zur Möglichkeit der **unbezifferten Leistungsklage** vgl. Rn. 126.

107 (9) **Beteiligung des Urhebers bzw. Lizenzgebers** („Drittberechtigung") **an der Schadensersatzzahlung:** Wenn der aktivlegitimierte Verwerter (vgl. Rn. 132) eine angemessenen Lizenzgebühr vereinnahmt, sind mögliche Drittberechtigungen an der Schadensersatzzahlung zu beachten. Der Gläubiger muss den Urheber oder andere Lizenzgeber daran beteiligen, wenn eine **Beteiligungsvergütung des Urhebers oder Lizenzgebers** für die legale Nutzung **vereinbart** ist. In aller Regel dürfte hier einschlägig sein die für Sublizenzen vereinbarte Beteiligung, weil die fiktive Lizenz eine solche Sublizenz fingiert. Wenn der Verwerter nach dem Nutzungsvertrag mit dem Urheber bzw. Lizenzgeber das Recht hat, etwaige tatsächliche Kosten vorher abzuziehen, darf der Verwerter seine Rechtsverfolgungskosten abziehen, auch wenn sie über RVG liegen. Allerdings findet § 32 auf die Beteiligung des Urhebers an Schadensersatzzahlungen Anwendung. Zum Verlagsrecht vgl. § 22 VerlG Rn. 11 ff.

107a Da es sich um eine Schadensersatzforderung handelt, kann der **Schuldner** bei Drittberechtigungen allerdings den **Einwand geltend machen**, dem Gläubiger sei gar **kein Schaden in der Höhe der Drittbeteiligung** entstanden. Dem Gläubiger ist bei (zumindest teilweiser) Drittberechtigung am Schadensersatz nur dann ein Schaden auch in Höhe der Drittbeteiligung entstanden, wenn Drittberechtigte den Gläubiger in Höhe des Minderbetrags auf Schadensersatz in Anspruch nehmen könnten *und* die Beteiligung gegenüber dem Gläubiger auch tatsächlich durch die Dritten geltend gemacht wird (BGH NJW-RR 2008, 786 Tz. 16).

(10) Einzelfälle angemessener Lizenzen nach Branchen: Wegen der Parallelität **108** der angemessenen Vergütung nach § 32 und der angemessenen Lizenzgebühr nach § 97 Abs. 1 S. 1 (vgl. Rn. 92) sei zunächst auf die Ausführungen zu § 32 verwiesen, vgl. § 32 Rn. 60 ff.

Für **belletristische Werke** und eine Buchnutzung berechnet sich die angemessene **109** Lizenzgebühr des Urhebers als Beteiligung am Ladenpreis ohne Mehrwertsteuer; die Sätze für angemessene Lizenzgebühren können aus der einschlägigen gemeinsamen Vergütungsregel gem. § 36 abgelesen werden (vgl. § 32 Rn. 61). Anspruchstellende Verlage dürfen aber auch darauf abstellen, zu welchen Bedingungen üblicherweise Sublizenzen erteilt werden, wenn diese Berechnung günstiger ist. Für den Abdruck eines Kinderbuches mit Illustrationen in einer Zeitung mit einer Auflage von 800.000 Exemplaren hat das OLG Hamburg (ZUM-RD 1999, 448, 449) eine Lizenzgebühr von nicht unter DM 15.000 für angemessen gehalten. Zu Stoffrechten für die Verfilmung vgl. § 32 Rn. 61. Bei **Tauschbörsenverletzungen** (rechtswidriges **Filesharing**) existiert im Regelfall keine übliche Lizenz im Hinblick auf **eBooks.** Das AG München schätzt den Schaden auf € 500 (AG München v. 11.11.2009 – 142 C 14130/09). Bei einem dauerhaften öffentlichen Zugänglichmachen eines eBooks als PDF auf einer Website sind € 3.000 nicht überzogen. Für **Hörbücher** wurden € 450 bei illegaler Taschbörsennutzung eines Hörbuches (LG Köln ZUM 2016, 301, 304) bzw. € 900 für 4 Titel (AG München MMR 2014, 197, 198) für angemessen erachtet, was beides als zu niedrig erscheint; insoweit gilt Vergleichbares wie bei Filmen, vgl. Rn. 112. Wurde ein **übersetztes Werk** illegal genutzt, ist die Übersetzung ggf. zusätzlich zu berücksichtigen, weil die Übersetzer zusätzlich absatzbezogen zu vergüten sind (vgl. § 32 Rn. 87 ff.). Im Hinblick auf **Sachbücher** existiert keine Vergütungsregel, und die Vergütungen sind unterschiedlich (vgl. § 32 Rn. 62). Generell wird man jedoch auch hier davon auszugehen haben, dass die Beteiligungsvergütung für die Normalausgabe bei 10% vom Ladenpreis ohne Mehrwertsteuer (Loewenheim/*Czychowski*[2] § 65 Rn. 24) und für die Zweitverwertung als Taschenbuch etwas darunter (5% bis 8%; ggf. gestaffelt je nach Auflage bis 15%) liegt. Dass der Autor einen Druckkostenzuschuss gezahlt hat, muss unberücksichtigt bleiben, weil dies nur die Frage betrifft, wie das wirtschaftliche Risiko der Veröffentlichung zwischen Autor und Verleger verteilt ist. Im Hinblick auf **eBooks** wurden bei **Tauschbörsenverletzungen** (rechtswidriges **Filesharing**) ohne Vergütung für den Uploader für ein lexikalisches Werk wie den „Brockhaus" € 3.000 für angemessenen erachtet (AG Madgeburg v. 12.5.2010 – 140 C 2323/09). Für die rechtswidrige Veröffentlichung von **Fachaufsätzen** im Internet kann auf die DJU-Empfehlungen zurückgegriffen werden, allerdings nur mit erheblichen Abschlägen (OLG Hamburg ZUM-RD 2013, 390, 394, ohne Einholung eines Sachverständigengutachtens; s. a. LG Frankfurt ZUM-RD 2009, 22). Für **Bühnenwerke** enthält die Regelsammlung Verlage (Vertrieb)/ Bühnen („RS Bühne") angemessene Aufführungshonorare (BGH GRUR 2000, 869, 871 – *Salome III*; eingehend vgl. Vor §§ 31 ff. Rn. 336 ff.; für freie und Amateurtheater vgl. Vor §§ 31 ff. Rn. 345). Die angemessene Vergütung für Sendungen vorbestehender Bühnenwerke kann der Regelsammlung Rundfunk/Verlage für Hörfunk und Fernsehen entnommen werden (vgl. Vor §§ 31 ff. Rn. 349; ferner vgl. § 32 Rn. 64). Daraus ergeben sich auch Anhaltspunkte für die übliche Vergütung von **Scripts** und **Drehbüchern** bei Verfilmung (vgl. § 32 Rn. 63). Für eine angemessene Nutzungsvergütung für **journalistische Werke** ist im Bereich Tageszeitungen vor allem auf die existierende **gemeinsame Vergütungsregel** für „hauptberufliche Journalisten und Journalistinnen an Tageszeitungen" (abrufbar z. B. über www.bdzv.de) hinzuweisen (vgl. § 32 Rn. 66 ff.); die Honorartabelle des

Deutschen Journalisten-Verbandes erscheint demgegenüber als einseitige Empfehlung, die nur vorsichtig heranzuziehen ist (s. LG Potsdam GRUR-RR 2011, 309, für den Online-Bereich). Ist die Verletzung nur als **Annex zu einer erlaubten Erstnutzung** zu sehen, kommt grundsätzlich nur ein Erhöhungsbetrag zu der bereits für die erlaubte Nutzung gezahlten Vergütung in Betracht. Das gilt z. B. dann, wenn der Zeitungsverleger Presseartikel im Print legal nutzt, jedoch keine Rechte für bestimmte elektronische Nutzungsarten hatte (OLG Brandenburg v. 28.8.2012 – 6 U 78/11 Tz. 104, zit. nach juris, unter Berufung auf BGH GRUR 2006, 136 Tz. 26 – *Pressefotos*; OLG Hamburg ZUM-RD 2009, 382, 390 – *Yacht II*). Wird für die zusätzliche Nutzung üblicherweise keine zusätzliche Vergütung gezahlt, kann sich der Schadensersatz auch auf null reduzieren (OLG Düsseldorf MMR 2011, 52, 53 – *Vergütung für die Nutzung von Lichtbildern in E-Paper*). Die frühere gemeinsame Vergütungsregel für „hauptberufliche Journalisten und Journalistinnen an Tageszeitungen" sah eine gesonderte Vergütung für die elektronische Archivnutzung von Tageszeitungsartikeln z. B. nur unter bestimmten Voraussetzungen vor, sodass eine zusätzliche Vergütung nur dann in Frage kommt. Ansonsten zu Zeitungen und Zeitschriften vgl. § 32 Rn. 66 ff., zur Internetnutzung vgl. § 32 Rn. 73 ff. Geht der Verleger vor, kann die angemessene Lizenzgebühr auch darüber liegen; viele Verlage haben insb. für die Onlinenutzung inzwischen eigene Tarifsysteme aufgestellt, die bei Üblichkeit (vgl. Rn. 93) zu berücksichtigen sind. Vgl. § 32 Rn. 79 ff. zu angemessenen Journalistenhonoraren im Rundfunk. Zu **Werbe- und PR-Texten** sowie **Reden** vgl. § 32 Rn. 85 f. Zu Aufschlägen wegen Verstoßes gegen § 13 vgl. Rn. 101.

110 Im **Softwarebereich** existiert keine übliche Vergütung für Programmierer (vgl. § 32 Rn. 97). Im Regelfall stellt ohnehin der Verwerter Schadensersatzansprüche, sodass es auf die aus seiner Sicht übliche Nutzungsvergütung ankommt. Bei der OEM-Version einer Software ist Maßstab nur die legale OEM Version, nicht aber die Einzelhandelsvollversion (OLG Düsseldorf GRUR-RR 2005, 213, 214 – *OEM-Version*).

111 Für **Musik** lassen sich auch ohne Bestehen einer Vergütungsregel Näherungswerte für übliche Vergütungen der Komponisten und Texter bestimmen (vgl. § 32 Rn. 98 f.). Musikverlage oder andere Verwerter berufen sich als übliche und angemessene Vergütung häufig auf die Erfahrungsregeln des Deutschen Musikverlegerverbandes (DMV), weil es sich um eine empirische Erhebung unter den Musikverlagen handeln soll, um die Schadensberechnung als angemessene Lizenzgebühr zu erleichtern (dazu Moser/Scheuermann/*Schulz*[6] S. 1363 f.; Rückgriff auf die Erfahrungsregeln durch den Sachverständigen z. B. in LG München I GRUR 2005, 574, 576 – *O Fortuna*). Das muss bei substantiiertem Bestreiten allerdings durch Sachverständigengutachten abgesichert werden (vgl. Rn. 106); die Erfahrungsregeln des DMV stehen in Verdacht, eine eher einseitige Erwartungshaltung der Musikverleger zu sein und nicht die üblichen, von Lizenznehmern akzeptierten Vergütungssätze widerzuspiegeln (so Schwartmann/ *Möllmann/Bießmann*[3] Kap. 34 Rn. 39). Beim Abdruck von Liedertexten in auflagenstarken Zeitungen und Zeitschriften war früher eine Lizenzgebühr von $^1/_{10}$ Pfennig pro Exemplar üblich (LG München I UFITA 52 [1969], 247 – *Wenn die Elisabeth* und LG Berlin UFITA 85 [1979], 282 – *Lili Marleen*); seither wurde nach unseren Beobachtungen teils mehr gezahlt, teils diese Berechnungsweise generell bestritten; BGH GRUR 1987, 36 – *Liedtextwiedergabe II* hat $^2/_{10}$ Pfennig je Exemplar für Nutzung Anfang der 1980er Jahre für angemessen gehalten, und zwar auch bei Auflagen von über 3 Mio.; heute sollten mindestens $^2/_{10}$ Cent angemessen sein. Im Bereich der **Tauschbörsenverletzungen** (**Filesharing**-Verletzungen) hat sich nach mehreren BGH-Entscheidungen (BGH GRUR 2016, 176 Tz. 54 ff. – *Tauschbörse I*; BGH GRUR 2016, 184 Tz. 39 ff. – *Tauschbörse II*; BGH GRUR 2016, 191 Tz. 49 ff. – *Tauschbörse III*; BGH GRUR 2016, 1280 Tz. 56 – *Everytime we touch*) eine angemessene Lizenzgebühr von EUR 200,00 je Musiktitel konkretisiert. Dabei geht der BGH von einer Lizenzgebühr von EUR 0,50 pro Download und einer durchschnittlichen Downloadzahl von 400 aus. Im Streit waren jeweils 15 rechtswidrig upgeloadete Musiktitel. Bei größerer Titelzahl muss allerdings ein Nachlass gewährt werden. Denn es erscheint ausgeschlossen, dass ein vernünftig denkender privater Musiknutzer für die vertragliche Einräumung von Nutzungsrechten eine Lizenzgebühr von 200 € je Musikaufnahme zahlen würde, wenn Gegenstand dieser Vereinbarung das öffentliche Zugänglichmachen einer großen Anzahl von Musikaufnahmen wäre (BGH GRUR 2016, 176 Tz. 65 – *Tauschbörse I*; BGH GRUR 2016, 184 Tz. 48 – *Tauschbörse II*). Daraus ergibt sich ferner, dass es den Verletzer nicht entlastet, wenn er nur einzelne (aber urheber- oder leistungsschutzrechtlich geschützte) Teile von Musikwerken zum Upload anbietet, die sich dann im Zusammenwirken mit anderen Uploadern erst zum Musikstück zusammensetzen (sog. Chunks); üblich ist eben, eine Lizenz für den Upload des gesamten Musikstückes zu nehmen, nimmt der Verletzer weniger, gereicht ihm das nicht zum Vorteil (a. A. *Heinemeyer/Kreitlow/Nordmeyer/Sabellek* MMR 2012, 279, 281; *Solmecke/Bärenfänger* MMR 2011, 567, 569). „Chunks" verletzen für sich genommen auch das Leistungsschutzrecht (BGH GRUR 2016, 176 Tz. 26 – *Tauschbörse I*; BGH GRUR 2016, 184 Tz. 73 – *Tauschbörse II*); bei urheberrechtlich geschützten Werken kommt zumindest eine mittäterschaftliche Haftung in Betracht, vgl. Rn. 146. Etwas anderes gilt allenfalls, wenn der Uploader selbst überhaupt nicht über einen (urheber- oder leistungsschutzrechtlich) geschützten Teil der Musik verfügt, sondern nur automatisiert, quasi als Zwischenspeicher, bloße Chunks zur Verfügung erhält.– Zu Tarifen der GEMA als angemessene Lizenzgebühr ferner vgl. Rn. 94; insb. zu Filmmusik vgl. Vor §§ 88 ff. Rn. 110 f. Zu ausübenden musikalischen Künstlern vgl. § 32 Rn. 105.

Film und Fernsehen: Für die **Filmurheber** (§ 89) existieren einzelne Tarifverträge und verschiedene gemeinsame Vergütungsregeln nach § 36 (vgl. § 32 Rn. 103); zu **Stoffurhebern** (§ 88) und insb. verfilmten Romanen, Scripts und Drehbüchern vgl. § 32 Rn. 61 und vgl. § 32 Rn. 64; zu Filmmusik vgl. Vor §§ 88 ff. Rn. 110 f. Geht der **Verwerter als Rechteinhaber** vor, richtet sich der Schadensersatz nach der für die illegale Nutzung angemessenen, also mindestens der üblichen Vergütung. Zur üblichen Lizenzierung bei Drehbuchentwicklung vgl. Vor §§ 88 ff. Rn. 65, bei Verträgen mit Filmverleihern vgl. Vor §§ 88 ff. Rn. 69 f., bei Verträgen mit Filmtheatern vgl. Vor §§ 88 ff. Rn. 71 ff., bei Video-/DVD-Lizenzverträgen vgl. Vor §§ 88 ff. Rn. 83 ff., bei Internetnutzung und anderen Netzwerknutzungen (z. B. in Hotels) vgl. Vor §§ 88 ff. Rn. 90 ff. und bei Sendung vgl. Vor §§ 88 ff. Rn. 97 ff. Für die Ausstrahlung eines Spielfilmes mit mehreren Wiederholungen OLG Hamburg AfP 2001, 125. Ist eine **Minimumgarantie** üblich, kann die angemessene Lizenzgebühr auch danach berechnet werden (s. OLG München ZUM-RD 1997, 551, 555; zu Unrecht krit. *Wente* ZUM 1997, 643, 645 ff.). Das ergibt sich schon daraus, dass der Verletzer nicht besser stehen darf als ein ordentlicher Lizenznehmer. Selbst wenn der Verletzer ein kleineres oder gar kein relevantes Zeitfenster zur Verwertung hat, ist das unbeachtlich; bei frühzeitiger Entdeckung darf sich der Verletzer nicht auf einen „zu kurzen" Lizenzzeitraum berufen (vgl. Rn. 91 f.). Ausnahmen gelten wegen des VGG nur bei Tarifen von VGen (BGH GRUR 1988, 373, 376 – *Schallplattenimport III*). Bei **Tauschbörsenverletzungen** (rechtswidriges **Filesharing**) existiert im Regelfall keine übliche Lizenz, weil Filme grundsätzlich nicht lizensiert in (kostenlosen) Tauschbörsen genutzt werden. Die Berechnung des Schadensersatzes auf der Basis der tatsächlichen Downloads erscheint als untauglich. Im Musikbereich (vgl. Rn. 111) hat der BGH allerdings als Berechnungsgrundlage gem. § 287 ZPO 400 Downloads bei Tauschbörsenupload gebilligt. Das erscheint im Filmbereich als zweifelhaft,

112

weil die Downloadzahl je nach Atrraktivität des Films stark schwanken kann. Abzustellen ist weiter auf eine übliche Lizenz für den Upload eines Werkes im Internet an die jeweilige Zielgruppe; vorrangig ist die eigene Lizenzpraxis des Verletzten zu betrachten (vgl. Rn. 93). Vielfach ist es üblich, Minimumzahlungen für Lizenzen der öffentlichen Zugänglichmachung im Internet (§ 19a) zu vereinbaren. Es muss lizenzerhöhend wirken, wenn die Verletzung bestimmte exklusive Auswertungsfenster wie die Kinoauswertung stört (vgl. Vor §§ 88 ff. Rn. 10) oder gar eine „frühe" Zugänglichmachung im Internet mit entsprechend großem Potential der „Weiterverbreitung" (Lawineneffekt) der Verletzung ist (s. zur höheren Werthaltigkeit von Lizenzen vor der DVD-Veröffentlichung: BGH GRUR 2016, 1275 Tz. 59 – *Tannöd*, dort zum Streitwert). Auch die Attraktivität des Films wirkt lizenzbildend. Deshalb kann je nach Film die Lizenzgebühr sehr unterschiedlich sein. Für einen atrraktiven Film im Kinofenster können durchaus je (permanenten) Download € 20 bis € 50 anfallen. Eine Lizenzgebühr von € 1.000 (LG Hamburg v. 28.3.2013 – 310 O 391/11; LG Hamburg v. 18.3.2011 – 310 O 367/10) erscheint jedenfalls für die öffentliche Zugänglichmachung eines aktuellen und attraktiven Kinofilms vor Veröffentlichung genauso als zu niedrig wie € 400 bis € 600 (LG Köln ZUM 2016, 301, 304) oder € 400 (LG Düsseldorf ZUM 2016, 460) für einen aktuellen Kinofilm nach Veröffentlichung. Nur für kommerziell eher uninteressante Pornofilme kann danach eine Lizenzgebühr von nur € 300 (LG Magdeburg v. 11.5.2011 – 7 O 1337/10) oder € 100 angemessen sein (AG Halle v. 24.11.2009 – 95 C 3258/09). Der Anspruch auf Lizenzgebühr scheitert bei Filmen, die nach Jugendmedienschutzrecht altersbeschränkt sind, nicht daran, dass ihre freie Zugänglichmachung auch deshalb rechtswidrig war. Die freie Zugänglichmachung ohne Altersverifikation ist urheberrechtlich sogar erhöht gefährlich, weil sie einen weiteren Nutzerkreis anspricht. Zudem kann es den Verletzer nicht entlasten, wenn er auch noch weitere Rechtsnormen neben dem UrhG bricht. Im Bereich **Computerspiele** wird bei Tauschbörsenverletzungen teilweise ebenfalls der vom BGH gebilligte nach § 287 ZPO geschätzte Downloadzahl von 400 mit dem Preis für einen Download des Spiels multipliziert (LG Stuttgart v. 30.9.2005, Az. 24 O 179/15 n. v.: 400 x € 20 = € 8.000); auch hier gilt jedoch, dass die Downloadzahl je nach Atrraktivität des Spiel varrieren kann.

113 Bei **Bauwerken** ist zunächst im Einzelfall zu untersuchen, ob und ggf. inwieweit eine Nutzungsrechtseinräumung vorliegt („Ob" der Nutzungsrechtseinräumung vgl. § 31 Rn. 139 f., zur einfachen oder ausschließlichen Einräumung vgl. § 31 Rn. 86 ff. sowie zum inhaltlichen Umfang vgl. § 31 Rn. 143; zur formularmäßigen Einräumung vgl. § 31 Rn. 170). Bei Berechnung als **angemessene Lizenzgebühr** ist die illegale Nutzung von Bauwerken aus Architektensicht nach der **HOAI** zu vergüten, wobei aber nur die gem. § 2 schöpferischen Leistungselemente berücksichtigt werden (OLG Hamm NJW-RR 2000, 191; OLG Nürnberg NJW-RR 1998, 47; OLG Jena BauR 1999, 672; LG Oldenburg v. 5.6.2013 – 5 O 3989/11, S. 10; Neuenfeld/Baden/Dohna/Groscurth/*Neuenfeld*[3] Teil III Rn. 106; a. A. OLG Köln BauR 1991, 647), sodass die HOAI insoweit zumindest als **Richtschnur** heranzuziehen ist (OLG Celle ZUM-RD 2011, 339 Tz. 30, zit. nach juris m. w. N.; LG Oldenburg v. 5.6.2013 – 5 O 3989/11, S. 10). Die urheberrechtlich relevanten Leistungsphasen der HOAI sind Nr. 1 bis 3, 5 und 8 (OLG Hamm NJW-RR 2000, 191; OLG Jena BauR 1999, 672, 675; OLG Nürnberg NJW-RR 1998, 47; dagegen: Neuenfeld/Baden/Dohna/Groscurth/*Neuenfeld*[3] Teil III Rn. 110). Bei Beendigung des Architektenvertrages vor Fertigstellung gem. § 649 S. 1 BGB kann der Architekt nach der BGH-Rechtsprechung nicht mehr den Vergütungsanspruch im Sinne von § 649 S. 2 BGB nach HOAI minus 40% ersparter Aufwendungen berechnen, sondern er muss konkrete prüffähige Berechnungen vorlegen (BGH NJW

1999, 418, 420). Damit ist es auch unmöglich, deliktische Schadensersatzansprüche wegen Urheberrechtsverletzung (§ 97) durch Ausführung der Pläne nach § 649 S. 2 BGB zu berechnen (offen OLG Frankfurt GRUR-RR 2007, 307, 308 – *Mehrfamilienhaus*). Ferner vgl. § 32 Rn. 106. Ansonsten ist der Architekt frei, statt der angemessenen Lizenzgebühr auch nach dem **Verletzergewinn oder** dem **konkreten eigenen Schaden** zu berechnen (vgl. Rn. 68 f.), allerdings gibt es in der Praxis dafür im Regelfall keine geeignete Grundlage.

In der **bildenden Kunst** ist im Verlagsbereich zwischen eigentlichem Kunstverlag und bloßer Illustration anderer verlegter Werke zu unterscheiden (vgl. Vor §§ 31 ff. Rn. 377 ff.). Beim Kunstverlag kann für die übliche Vergütung als grobe Regel auf die Vergütung von verlegten Schriftwerken (vgl. Rn. 109) zurückgegriffen werden. Bei Illustrationen ist aber auch eine Pauschalvergütung denkbar (zum Ganzen vgl. § 32 Rn. 107). Ansonsten können die Tarife der VG BildKunst (www.bildkunst.de) herangezogen werden. Für Zeichnungen auf Lutschern wurde unter Rückgriff auf die Praxis der VG BildKunst eine Beteiligungsvergütung von 3% auf den Nettoabgabepreis an den Handel als angemessen erachtet (LG München I GRUR-Prax 2012, 144). s. ferner für die Verwertung von Zeichnungen auf Werbepostkarten OLG Hamburg GRUR-RR 2001, 260, 264 – *Loriot-Motive*, das 10% eines fiktiven Händlerabgabepreises von 0,35 DM berechnet. Für die illegale Nutzung von **Design** (Kommunikationsdesign, Produktdesign, Textleistungen, vgl. Vor §§ 31 ff. Rn. 394 ff.) kommt nur dann ein Anspruch aus § 97 auf angemessene Lizenzgebühr in Betracht, wenn die hohen Anforderungen gem. § 2 erfüllt sind. Zur angemessenen Lizenz ausführlich vgl. § 32 Rn. 109. **114**

Sehr häufig sind Streitigkeiten um die angemessene Lizenzgebühr bei illegaler Nutzung von **Fotografien** (§ 2 Abs. 1 Nr. 5; § 72). Zunächst sollte der Anspruchsteller überprüfen, ob er sich nicht auf eine eigene Vertragspraxis berufen kann (vgl. Rn. 93). Besondere Schwierigkeiten macht eine **Vertragspraxis, das Foto ohne Lizenzgebühr zu lizenzieren**, insbesondere bei Creative Commons-Lizenzen; dazu vgl. Rn. 93a. Ansonsten kommen als Anhaltspunkte vor allem die „**Bildhonorare**" der Mittelstandsgemeinschaft Foto-Marketing (**MFM**; s. www.bvpa.org), die Tarife der VG BildKunst (www.bildkunst.de) oder die Tarife für Fotodesign aus dem Tarifvertrag AGD/SDSt (www.agd.de) in Betracht; vgl. § 32 Rn. 111; zum Ganzen auch *Wanckel*[4] Rn. 437 ff. Am häufigsten ist der Rückgriff auf die „Bildhonorare" der MFM, denen einige Gerichte offener (s. OLG Brandenburg ZUM 2009, 412: Unmittelbare Berücksichtigung für Schadensschätzung; KG ZUM-RD 2013, 578, 581: Ausgangspunkt für § 287 ZPO; LG Düsseldorf ZUM RD – 2018, 24, 29 m. w. N.) als andere (OLG Hamburg GRUR-RR 2010, 378 – *Food-Fotografie*: Lediglich brauchbarer Anhaltspunkt; anders aber bei vertraglicher Einbeziehung der Bildhonorare der MFM: OLG Hamburg ZUM-RD 2009, 382 – *Yacht II*) gegenüber stehen. Nachweise zur neueren Praxis bei *Czychowski/Jan Bernd Nordemann* GRUR-RR 2017, 169; *Jan Bernd Nordemann/Waiblinger* GRUR-RR 2016, 177; *Czychowski/Jan Bernd Nordemann* GRUR-RR 2015, 185. Die MFM-Bildhonorare geben lediglich einen Marktüberblick für Entgelte für professionelle Fotos; für einfache „**Amateur**"-**Lichtbilder** sollten Abschläge anfallen (OLG München ZUM-RD 2014, 165; OLG Hamm BeckRS 2014, 04652; OLG Köln ZUM 2014, 973; Abschläge gelten auch bei einfachen professionellen Produktfotos (LG Düsseldorf GRUR-RR 2017, 496 – *Produktfotos*: Abzug von 1/3); genauso gelten die MFM-Bildhonorare nur bei kommerzieller Nutzung, nicht jedoch für eine **private Nutzung**. Dennoch können sie – mit entsprechenden Abschlägen – auch auf private Nutzungen angewendet werden (OLG Brandenburg ZUM 2009, 412: € 20 je Lichtbild bei privater Nutzung auf eBay; a. A. OLG Braunschweig GRUR 2012, 920, 923 – *MFM-Honorarempfehlungen*: keine Vergleichbarkeit, ebenfalls zur privaten Nutzung von Produktfotos **115** bei eBay; LG Düsseldorf ZUM-RD 2013, 204, 205: Heranziehung nur, wenn auf beiden Seiten professionelle Marktteilnehmer; ähnlich LG Köln ZUM-RD 2018, 24, 29). **Auftragsfotografien** erfassen die „Bildhonorare" ebenfalls nicht unmittelbar, weil dort nur der Lizenzpreis für auftragsfrei entstandene Fotos abgebildet ist; die genannten Lizenzpreise sind deshalb „um die mit Rücksicht auf die spezifisch dem damaligen Auftraggeber zugebilligten Vergünstigungen zu bereinigen" (OLG München ZUM 2014, 420, 423 – *Kippschalter*; ähnlich OLG Frankfurt ZUM-RD 2016, 720, 724 – *Erteilung von Unterlizenzen von Modefotografien*; OLG Hamm ZUM-RD 2016, 729, 738 – *Unberechtigte Weitergabe von Werbefotos an Vertriebspartner*). Das gilt erst Recht dann, wenn es bloß um einen Schadensersatz wegen der fehlenden Zustimmung nach §§ 34, 35 geht (OLG Frankfurt ZUM-RD 2016, 720, 724 – *Erteilung von Unterlizenzen von Modefotografien*; OLG München ZUM 2014, 420, 423 – *Kippschalter*). Bei solchen (**unerlaubten**) **Annexnutzungen** zu erlaubten Erstnutzungen kann allenfalls ein Zuschlag verlangt werden, bei fehlender Üblichkeit einer zusätzlichen Nutzung kann der Zuschlag auch ganz ausfallen (vgl. Rn. 109). Nach dem LG Berlin können die „Bildhonorare" schon im Ansatz nicht zur Bestimmung der angemessenen Lizenzgebühr zugrunde gelegt werden, wenn der klagende Fotograf im Hinblick auf die streitgegenständlichen Fotos über keine eigene Lizenzierungspraxis verfügt, die die Erträge nach den MFM-Bildhonoraren rechtfertigen würde (LG Berlin ZUM 215, 1011). Das wird parktisch relevant, wenn der (professionelle) Fotograf nur für einen Auftraggeber tätig wird, er jedoch seine Fotos nicht an Dritte auslizenziert. Zum Ganzen ferner vgl. Rn. 95. Zur Frage, ob ein **Sachverständigengutachten** eingeholt werden muss, vgl. Rn. 106. Für die Nutzung von Lichtbildern kann bei stark verkleinerten, qualitativ minderwertigen **Thumbnails** im Internet nicht die übliche MFM-Lizenzgebühr für das größere und qualitativ hochwertigere Bild gefordert werden (LG Bielefeld CR 2006, 350). Für die Lizenzierung von **Motiven** können die Bildhonorare zumindest als Anhaltspunkt dienen (LG Leipzig GRUR 2002, 424, 425 – *Hirschgewand*). Kommt zur illegalen Nutzung eine **fehlende Fotografennennung** hinzu, so ist dies schon im Rahmen des materiellen Schadensersatzes in Form eines Aufschlages zu berücksichtigen (vgl. Rn. 101); auf immateriellen Schadensersatz nach § 97 Abs. 2 S. 4 wegen Urheberpersönlichkeitsrechtsrechtsverletzung (§ 13) mit seinen strengeren Voraussetzungen muss nur bei fehlerhafter Nennung zurückgegriffen werden, weil diese nicht kommerzialisierbar ist. Anderes gilt bei der **Entstellung** nach § 14, die üblicherweise nur von § 97 Abs. 2 S. 4 erfasst wird (vgl. Rn. 118, 124).

116 Wenn **Internetbeiträge** unrechtmäßig in ein fremdes Angebot übernommen wurden, aber legal von einer Vielzahl von Nutzern abrufbar waren, kann nur die Höhe einer einfachen, aber keiner ausschließlichen Lizenz maßgeblich sein (OLG Frankfurt MMR 2004, 476, 477).

117 c) **Immaterieller Schaden** („**Schmerzensgeld**"; Abs. 2 S. 4): – aa) **Anspruchsberechtigte:** Nach dem ausdrücklichen Wortlaut des Abs. 2 S. 4 sind nur Urheber (§ 7) anspruchsberechtigt. Mit ihnen gleichgestellt sind Verfasser wissenschaftlicher Ausgaben (§ 70), Lichtbildner (§ 72) und ausübende Künstler (§ 73), weil diesen wie Urhebern auch Persönlichkeitsrechte zustehen können. Auch der Erbe oder Vermächtnisnehmer als Rechtsnachfolger des Urhebers (§ 30), des Verfassers wissenschaftlicher Ausgaben (§§ 70, 30) und des Lichtbildners (§§ 72, 30) bzw. die Angehörigen des ausübenden Künstlers (§§ 76 S. 4, 60 Abs. 2) können immaterielle Schadensersatzansprüche stellen (str., vgl. § 30 Rn. 10). Bloßen Lizenznehmern – auch ausschließlichen – stehen keine eigenen Ansprüche zu (OLG Hamburg UFITA 65 [1972], 284, 287, LG Berlin ZUM-RD 2011, 101, 104; LG Köln ZUM 2010, 369 – *Filmbeschreibungen*). Zur gewillkürten Prozessstandschaft vgl. Rn. 141.

bb) Verletzung ideeller Interessen: Der sachliche Anwendungsbereich des **118** Abs. 2 ist auf die Verletzung von **Persönlichkeitsrechten** beschränkt, die das UrhG gewährt: Für die Verletzung des Urheberpersönlichkeitsrechts hat die geistige und persönliche Beziehung des Urhebers zu seinem Werk im Sinne von § 11 S. 1 UrhG maßgebliche Bedeutung BGH GRUR 2016, 1157 Tz. 47 – *Auf fett getrimmt).* Für Urheber und Gleichgestellte (§§ 70, 72) sind danach § 12 (Veröffentlichungsrecht), § 13 (Anerkennung der Urheberschaft) und § 14 (Entstellung) einschlägig, § 39 jedoch nur bei entstellender Änderung. Darüber hinaus kann die Verletzung des § 25, obwohl er einen persönlichkeitsrechtlichen Einschlag hat, die Zuerkennung immateriellen Schadensersatzes nicht rechtfertigen (vgl. Rn. 9). Auch eine zum Schadensersatz verpflichtende Verletzung des Rückrufsrechts aus § 41 ist nicht denkbar. Für ausübende Künstler kommt nur eine Verletzung der §§ 74 oder 75 in Betracht.

Die Verletzung von **Verwertungsrechten** (§§ 15 bis 23) kann keine Ansprüche **119** nach § 97 Abs. 2 S. 4 auslösen (str.; BGH GRUR 2015, 1189 Tz. 89 – *Goldrapper*, zu § 97 a. F.; OLG Hamburg NJW-RR 1995, 562, 563 – *Ile de France*; a. A. *Ulmer*, Urheber- und VerlagsR³ S. 557; *Schack*, Urheber- und UrhebervertragsR⁷ Rn. 785). Die Gesetzesbegründung zum UrhG bezieht sich ausdrücklich nur auf das „Urheberpersönlichkeitsrecht" (Begr RegE UrhG 1962 – BT-Drs. IV/270, S. 104). Irgendeine Schutzlücke entsteht nicht, weil als Auffangnorm für immaterielle Schäden, die der Urheber ohne Verletzung von Urheberpersönlichkeitsrechten erleidet, § 823 Abs. 1 BGB (allgemeines Persönlichkeitsrecht) zur Verfügung steht (BGH GRUR 1995, 668, 670 – *Emil Nolde*). Für die Verletzung von Verwertungsrechten bleiben damit nur die Schadensersatzansprüche nach § 97 Abs. 2 S. 1 bis S. 3, die neben Ansprüchen aus S. 4 geltend gemacht werden können (vgl. Rn. 124a).

Umgekehrt kann allerdings die Verletzung von Persönlichkeitsrechten nach **120** UrhG **materielle Schadensersatzansprüche** gem. § 97 Abs. 2 S. 1 bis S. 3 auslösen. Das gilt insb. dann, wenn die Schäden kommerzialisierbar sind (vgl. Rn. 101, 124).

cc) Billigkeit: Die Entschädigung in Geld muss der Billigkeit entsprechen. Nach **121** diesem Kriterium bemisst sich sowohl das „Ob" des Anspruches („wenn") als auch dessen **Höhe** („soweit"). Mit ersterer Voraussetzung („Ob") will der Gesetzgeber offensichtlich der Rechtsprechung des BGHs folgen, der bei unbedeutenden Verletzungen zwar einen Unterlassungs- und Beseitigungsanspruch gibt, aber keinen immateriellen Schadensersatz zubilligt, sondern auf dem Standpunkt steht, dass aus Billigkeitsgründen nur bei **schwerwiegenden Eingriffen** in ideelle Rechte eine Geldentschädigung gerechtfertigt sei, **soweit sie nicht in anderer Weise befriedigend aufgefangen** werden können (BGHZ 35, 363, 369 – *Ginseng-Wurzel*; BGHZ 39, 124, 133 – *Fernsehansagerin*). Davon ist auch bei der Anwendung des § 97 Abs. 2 S. 4 auszugehen (BGH GRUR 2016, 1157 Tz. 43 – *Auf fett getrimmt*; BGH GRUR 2015, 780 Tz. 38 – *Motorradteile*; zu § 97 Abs. 2 a. F.: BGH GRUR 2015, 1189 Tz. 89 – *Goldrapper*, unter Verweis auf BGH GRUR 1971, 525, 526 – *Petite Jacqueline*). Der Anspruch aus § 97 Abs. 2 S. 4 hat danach 2 Voraussetzungen: (1) Schwerwiegender Eingriff und (2) kein anderweitig befriedigender Ausgleich. Es kommt auf **die gesamten Umstände des Einzelfalls** an (BGH GRUR 2015, 1189 Tz. 89 – *Goldrapper).* Der Ersatz eines solchen immateriellen Schadens dient der **Genugtuung und der Prävention**, nicht aber der Abschöpfung eines durch die Verletzung des Urheberpersönlichkeitsrechts erzielten wirtschaftlichen Vorteils (BGH GRUR 2015, 780 Tz. 38 – *Motorradteile*).

Für die Frage nach einem **hinreichend schwerwiegenden Eingriff** sind wie bei **122** § 253 Abs. 2 BGB insb. die Bedeutung und Tragweite des Eingriffes (Ausmaß

der Verbreitung, Nachhaltigkeit, Fortdauer der Beeinträchtigung), ferner Anlass und Beweggrund des Handelnden sowie der Grad seines Verschuldens zu
berücksichtigen (BGH GRUR 2015, 1189 Tz. 89 – *Goldrapper*; BGH GRUR
2005, 179, 181 – *Carolines Tochter*; BGH GRUR 1997, 396, 400 – *Polizei-
chef*; BGH GRUR 1995, 224, 228 – *Erfundenes Exclusiv-Interview*; ähnlich
in Österreich zu § 87 Abs. 2 östUrhG OGH ZUM-RD 1998, 533, 538 f.;
Briem GRUR Int. 1999, 936, 942 ff.). Im Einzelnen s. die folgenden Gesichtspunkte, die im Rahmen der Billigkeitsprüfung zu berücksichtigen sind, aber
nicht kumulativ oder gar sämtlich vorzuliegen brauchen. Vielmehr genügt es
regelmäßig, wenn auch nur einer von ihnen vorliegt; nur Vorsatz ist für sich
genommen nicht ausreichend (eingehend auch *Spieker* GRUR 2006, 118,
121):

– Bedeutung und **Tragweite des Eingriffs**: Gekürzte Wiedergabe einer Operette
  im Rahmen einer Eisrevue ist keine schwerwiegende Beeinträchtigung, wenn
  sie auf den Gegebenheiten des Eiskunstlaufs beruht (BGH GRUR 1966, 570,
  571 – *Eisrevue III*); genauso spricht gegen eine hinreichende Schwere, wenn
  es sich nur um kurze Musiksequenzen von 10 Sekunden Dauer und nicht um
  ganze Musikstücke handelt (BGH GRUR 2015, 1189 Tz. 93 – *Goldrapper*).
  Dagegen ist eine anonyme Verwendung eines wesentlichen Teilausschnittes
  eines Lichtbildwerkes schwerwiegend (BGH GRUR 1971, 525, 526 – *Petite
  Jacqueline*). **Verneint** wurde ein schwerwiegender Eingriff bei einer nicht
  mehr durch Nutzungsrechte gedeckten Veröffentlichung von Fotos, die aber
  genau zu diesem Zweck gemacht und auch für frühere Veröffentlichungen
  überlassen wurden (OLG Hamburg ZUM 1998, 324, 325; LG Berlin ZUM
  1998, 673, 674). Auch alle geringfügigen und privaten Verletzungen können
  keine Ansprüche nach § 97 Abs. 2 S. 4 auslösen, z. B. die unerlaubte Verwendung von Fotos im Rahmen einer privaten Internetauktion (OLG Braunschweig GRUR 2012, 920, 925 – *MFM-Honorarempfehlungen*).

– **Nachhaltigkeit und Fortdauer** der Interessen- oder gar Rufschädigung des
  Verletzten: Es ist stets zu untersuchen, ob die Schädigung von einer Art ist,
  die **dauerhaft die Interessen** des Verletzten **beeinträchtigt** (zum allg. Persönlichkeitsrecht: OLG Karlsruhe GRUR-RR 2009, 415, 416 – *Bordsteinduell*).
  Dabei kommt es auch darauf an, wie bekannt das Werk der Öffentlichkeit
  ist; ordnet die Öffentlichkeit das verletzende Werk nicht dem Originalurheber zu, spricht das gegen einen Anspruch (BGH GRUR 2015, 1189 Tz. 94 –
  Goldrapper). Das Gleiche gilt, wenn sie keine Billigung durch den Originalurheber unterstellt (BGH GRUR 2016, 1157 Tz. 47, 55 – *Auf fett getrimmt*,
  für den Fall einer offensichtlichen Parodie). Der Eindruck der Öffentlichkeit,
  der Verletzte habe sein Werk aus kommerziellen Interessen in künstlerisch
  abwertender Weise verwertet (BGH GRUR 1971, 525, 526 – *Petite Jacqueline*), kann durchaus dauerhaft sein; die Beeinträchtigung des wissenschaftlichen oder künstlerischen Ansehens ohne rechtfertigenden Grund ist in der
  Regel als nachhaltig und schwerwiegend anzusehen (OLG Frankfurt GRUR
  1964, 561, 562 – *Plexiglas*; s. a. OLG München ZUM-RD 1997, 350,
  351 f. – *Cristoforo Colombo* für den teilweisen Austausch einer Filmmusik;
  LG Hamburg GRUR-RS 2016, 119355: Versehen eines bekannten Hits mit
  rechtsradikalem Text). Ein schwerer Eingriff liegt danach bei einer **falschen
  Autorennennung** vor (OLG Frankfurt MMR 2004, 476, 477), auch wenn
  dies versehentlich erfolgt und **unverzüglich richtig gestellt wird** (LG Berlin
  ZUM-RD 2006, 443; a. A. Vorinstanz AG Charlottenburg ZUM-RD 2005,
  356, 357), allerdings drückt dies die Höhe der Geldentschädigung. Bei bloß
  unterlassener Namensnennung kommt es auf den Einzelfall an (offenbar
  a. A. und im Grundsatz gegen einen Anspruch: Schricker/Loewenheim/*Wimmers*[5] Rn. 303); bei Nutzung von Fotos von Kfz-Teilen auf eBay zu Werbezwecken spricht viel gegen einen Anspruch (BGH GRUR 2015, 780 Tz. 38 –
  Motorradteile), bei fehlender Namensnennung auf einem Romancover viel

dafür; vgl. Rn. 124. Wer auf fremdem Eigentum – wenn auch geduldet – Kunstwerke auf dafür nicht vorbereiteten Grund aufbringt, muss von vornherein damit rechnen, dass sein Werk bei späteren Sanierungsmaßnahmen Schaden nimmt oder ganz zerstört wird (LG Berlin ZUM 2012, 507, 509 – *Mauerbilder*).

– **Anlass und Beweggrund** des Handelns: Absicht der Auflagensteigerung (BGH GRUR 1995, 224, 229 – *Erfundenes Exclusiv-Interview*); besondere Hartnäckigkeit wiederholter Veröffentlichungen (BGH GRUR 2005, 179, 181 – *Carolines Tochter*; KG ZUM-RD 2003, 527, 530); zugunsten des Verletzers: Bloßes Versehen (LG Berlin ZUM-RD 2006, 443).
– Ausmaß der **Verbreitung**: Auflagenhöhe, Zuschauer- oder Hörerzahl (BGH GRUR 1972, 97 – *Liebestropfen*).
– Grad des **Verschuldens** des Verletzers: Vorsatz, leichtfertiges Handeln oder nur einfache Fahrlässigkeit (BGH GRUR 2016, 1157 Tz. 51 – *Auf fett getrimmt*: Keine gezielte Verletzung; BGH GRUR 2015, 1189 Tz. 97 – *Goldrapper*: Keine positive Kenntnis; BGH GRUR 1972, 97, 99 – *Liebestropfen*; Schricker/Loewenheim/*Wimmers*[5] Rn. 302), besondere Hartnäckigkeit einer wiederholten vorsätzlichen Verletzungshandlung (BGH GRUR 1996, 227, 229 – *Wiederholungsveröffentlichung*; OLG Frankfurt MMR 2004, 476, 477).
– **künstlerischer Rang** des Verletzten innerhalb seines Wirkungskreises: Bild einer Schauspielerin für klassische Rollen in der Werbung für ein Potenzstärkungsmittel (BGH GRUR 1972, 97 – *Liebestropfen* zum Recht am eigenen Bild).
– Auch die **Missachtung der Entschließungsfreiheit** des Urhebers durch den Verletzer wird im Rahmen der Billigkeitsprüfung zu dessen Nachteil berücksichtigt (BGH GRUR 1971, 525, 526 – *Petite Jacqueline*; BGH GRUR 1996, 227, 229 – *Wiederholungsveröffentlichung*; verkannt von OLG Hamburg GRUR 1990, 36 – *Schmerzensgeld*).
– Unberücksichtigt bleibt, ob der Urheber bereits verstorben ist und die Ansprüche „nur" von seinem **Rechtsnachfolger** (§ 30) gestellt werden (vgl. § 30 Rn. 10). Insb. ist es nicht billig, ihm einen geringeren Schadensersatzanspruch zu gewähren (so aber Schricker/Loewenheim/*Ohly*[5] § 30 Rn. 8; HK-UrhR/*Kotthoff*[3] § 30 Rn. 5).

Die Gewährung einer Geldentschädigung hängt allerdings nicht nur von der Schwere des Eingriffs ab; es kommt vielmehr auf die gesamten Umstände des Einzelfalls an, nach denen zu beurteilen ist, ob **ein anderweitiger befriedigender Ausgleich für die Persönlichkeitsrechtsverletzung** fehlt (BGH GRUR 2015, 1189 Tz. 89 – *Goldrapper*). Wenn **Genugtuung durch Unterlassung, Gegendarstellung, Widerruf oder auf andere Weise** erreicht werden kann, spricht das gegen einen Anspruch. Kein anderweitig befriedigender Ausgleich kommt in Betracht, wenn ein Werk unter eigenmächtig geändertem, zu Missverständnissen Anlass gebendem Titel verbreitet wurde (OLG München ZUM 1996, 424, 426 – *Rieser Leben*), wenn ein Film nach eigenmächtigem Austausch der Filmmusik ausgestrahlt wurde (OLG München ZUM-RD 1997, 350, 352 f. – *Cristoforo Colombo*) oder wenn verschiedene juristische Fachaufsätze in ein eigenes Internetangebot unter Täuschung über die Autorenschaft zur Ausnutzung der Werbewirkung übernommen wurden (OLG Frankfurt MMR 2004, 476, 477). Soweit allerdings die Beseitigung durch Unterlassung und Widerruf noch möglich ist, kann das die Höhe des Anspruchs beeinflussen oder sogar ganz ausschließen (BGH GRUR 2015, 1189 Tz. 89 – *Goldrapper*). In Betracht kommt insbesondere eine Richtigstellung, z. B. bei einer entstellenden Parodie eines Fotos dahingehend, dass es sich um ohne Zustimmung des Fotografen entstellte Bilder gehandelt hat (BGH GRUR 2016, 1157 Tz. 53 ff. – *Auf fett getrimmt*).

122a

123   Wegen des Bußcharakters, der im immateriellen Schadensersatzanspruch mitschwingt (BGHZ 18, 149, 155), ist bei der Bemessung der Höhe auch deren **Präventivwirkung** einzubeziehen, damit sich Verletzungshandlungen als nicht lohnend erweisen (BGH GRUR 2015, 780 Tz. 38 – *Motorradteile*; OLG München ZUM-RD 1997, 350, 351 f. – *Cristoforo Colombo*; *Lehmann* GRUR Int. 2004, 762, 764; ebenso zum allgemeinen Persönlichkeitsrecht BGH GRUR 2005, 179, 181; OLG München GRUR-RR 2002, 341 – *Marlene Dietrich nackt*; *Traub* FS Erdmann S. 211 ff.). Geringe Summen führen nur dazu, dass der Verwerter, der öfter in die Gefahr der Verletzung von Urheberrechten kommt, sie in Zukunft einfach einkalkuliert, um sich so einen Freibrief für z. B. ungehinderte Entstellungen des Werkes oder andere Verstöße gegen die §§ 12 bis 14 buchstäblich zu erkaufen. Der immaterielle Schadensersatz muss so fühlbar sein, dass sich weitere Verletzungen nicht „lohnen".

124   Die **Höhe** des immateriellen Schadensersatzes richtet sich – anders als im allgemeinen Persönlichkeitsrecht – im Regelfall nicht nach einer freien Schätzung. Vielmehr wird er grundsätzlich durch **Aufschlag auf die angemessene Lizenzgebühr** geschätzt (eingehend zur Berechnung der angemessenen Lizenzgebühr vgl. Rn. 86 ff.). Das liegt insb. bei Verletzungen der §§ 12 bis 14 nahe, denen auch wirtschaftliche Verwertungen nach §§ 15 bis 23 mit einem bestimmbaren angemessenen Lizenzpreis zugrunde liegen. Demnach kann eine Verletzung des Urheberpersönlichkeitsrechts von Architekten nach dem Kostenvolumen für das betreffende Gebäude berechnet werden (a. A. OLG München ZUM 2009, 971, 975 – *Pinakothek der Moderne*), weil auch die angemessene Lizenzgebühr in Form des HOAI-Honorars für die schöpferischen Leistungsphasen sich danach richtet (vgl. Rn. 113). Bei **Entstellungen** hängt die Höhe des Aufschlages von der Schwere der Verletzung des § 14 (bzw. § 75) ab. Bei einer illegalen Nutzung eines Drehbuches, das der Verletzer zugleich in seinen Wesenszügen verändert hat, würden wir beispielsweise neben dem üblichen Drehbuchhonorar einen Zuschlag von 100% für die Entstellung für angemessen halten (ebenso OLG Frankfurt GRUR 1989, 203, 205 – *Wüstenflug*). Gerade bei schwerwiegenden Entstellungen muss 100% aber nicht die Obergrenze bilden. Auch bei **unterlassener oder falscher Namensnennung** – sofern hinreichend schwerwiegender Verstoß gegen § 13, vgl. Rn. 122 – ist die Berechnung des Schadensersatzes als Zuschlag auf die angemessene Lizenzgebühr anerkannt (OLG Düsseldorf GRUR-RR 2006, 393, 394 – *Informationsbroschüre*; OLG Frankfurt MMR 2004, 476, 477). Des Umwegs über Abs. 2 S. 4 – und der Prüfung seiner schärferen Voraussetzungen – bedarf es aber nicht, wenn die fehlende oder fehlerhafte Nennung wirtschaftlich für den Urheber nachteilig und damit kommerzialisierbar ist, weil die Berechnung dann als materieller Schadensersatz erfolgen kann (str., vgl. Rn. 101). Insb. gilt dies dort, wo es üblich ist, einen Aufschlag auf die Lizenzgebühr bei fehlender Urhebernennung wegen des Verlustes an Werbewirksamkeit aufzunehmen, z. B. im Fotobereich, sodass dort der Aufschlag direkt aus § 97 Abs. 2 S. 3 gewährt werden kann; auch für die Verletzung des § 13 liegen die Zuschläge bei bis zu 100% (eingehend auch zu anderen Bereichen vgl. Rn. 101, dort auch zu den in der Praxis je nach Gericht variierenden Zuschlagshöhen), bei sehr schwerwiegenden Beeinträchtigungen können sie auch darüber liegen (*Spieker* GRUR 2006, 118, 122). Eine **Einbeziehung des Verletzergewinns** in die Berechnung des immateriellen Schadensersatzes ist im Urheberrecht (anders als im allgemeinen Persönlichkeitsrecht, s. BGH GRUR 1995, 224, 229 – *Erfundenes Exklusiv-Interview*) bislang nicht erfolgt, aber aus Präventionsgesichtpunkten ebenfalls denkbar.

124a   **d) Verhältnis zwischen materiellen und immateriellen Schadensersatzansprüchen:** Der Anspruch auf immateriellen Schadensersatz steht selbständig neben dem Anspruch auf materiellen Schadensersatz. Während innerhalb der drei materiellen Berechnungsformen ein Wahlrecht mit grundsätzlichem Vermischungs- und Verquickungsverbot besteht (vgl. Rn. 69), kann der immaterielle Schadensersatz selbständig neben dem materiellen Schadensersatz geltend gemacht werden. Das gibt auch das EU-Recht (vgl. Rn. 5) vor (EuGH GRUR 2016, 485 Tz. 16 – *Liffers*), auch vgl. Rn. 119.

e) **Umsatzsteuer** (**„Mehrwertsteuer"**): Schadensersatzzahlungen in Höhe des **125** **entgangenen Gewinns und des Verletzergewinns** oder in Form **immateriellen Schadensersatzes** sind umsatzsteuerrechtlich kein Entgelt, weil die Leistung nicht für eine Lieferung oder sonstige Leistung gem. § 1 Abs. 1 UStG an den Verletzten erfolgt, sondern weil der Verletzer nach Gesetz für einen Schaden und seine Folgen einzustehen hat (s. BGH NJW-RR 2006, 189). Sie sind deshalb ohne Umsatzsteuer zu zahlen, auch wenn der Verletzte Vorsteuer ausweist. Umstritten ist dies jedoch bei Schadensberechnung nach der **angemessenen Lizenzgebühr**. Nach herrschender Auffassung liegt auch dann umsatzsteuerrechtlich kein Entgelt vor, so dass keine Umsatzsteuer anfällt (BGH GRUR 2009, 660 Tz. 28 – *Reseller Vertrag*; LG München I ZUM 2006, 666; LG Berlin v. 12.9.2014, 16 O 271/13 n. v.; *Kähler* K&R 2017, 369, 370 m. w. N.; allgemein zu Schadensersatzleistungen auch BFH v. 21.12.2016, Az.: XI R 27/14 Tz. 19 = WRP 2017, 712). Nach anderer Auffassung stellt die angemessene Lizenzgebühr einen unechten Schadensersatz dar, der in Wahrheit eine umsatzsteuerrelevante Leistung sei, so dass Umsatzsteuer anfalle (*Lütke* UR 2016, 537, 539 ff.). Auch wenn es rechtspolitisch verfehlt ist, den Verletzer durch Entfall der Umsatzsteuerpflicht zu privilegieren (so zutreffend *Kähler* K&R 2017, 369, 371), so erscheint nach der aktuellen Gesetzeslage die herrschende Auffassung vorzugswürdig. Das gesetzliche Schuldverhältnis, das durch die Verletzung entsteht, bedingt umsatzsteuerrechtlich keinen Leistungsaustausch; die Lizenz wird bloß fingiert. Auch bei Geltendmachung einer angemessenen Lizenzgebühr fällt deshalb keine Umsatzsteuer an. In **Vergleichsvereinbarungen** ist allerdings empfehlenswert, ausdrücklich auf den Zahlungsgrund „Schadensersatz" hinzuweisen. Immer wieder regeln Vergleiche allerdings die (unerlaubte) Nutzung in der Vergangenheit (Schadensersatz) und die Erlaubnis der zukünftigen Nutzung, die kein Schadensersatz ist und für die damit Umsatzsteuer anfallen kann. In solchen Fällen ist der Gläubiger verpflichtet, dem Schuldner eine **Rechnung** auszustellen, die den **Anforderungen des Umsatzsteuergesetzes** entspricht (BGH GRUR 2012, 711 Tz. 44 – *Barmen Live*). – Zur **Umsatzsteuer bei Abmahnkosten** und der anderen Rechtslage dort vgl. § 97a Rn. 41a.

f) **Prozessuales, insb. Stufenklage und unbezifferte Leistungsklage:** Kann der **126** Schadensersatzanspruch noch nicht abschließend berechnet werden, weil noch Informationen fehlen, können diese über Auskunfts- und Rechnungslegungsansprüche geltend gemacht werden (vgl. § 101 Rn. 10 ff.). Erteilt der Auskunftsverpflichtete nicht freiwillig Auskunft, kann die Auskunfts- und Rechnungslegungsklage im Wege einer Stufenklage (§ 254 ZPO) zur Hemmung der Verjährung des Schadensersatzanspruches mit einem noch unbezifferten Leistungsantrag auf Schadensersatzzahlung verknüpft werden. Ein solcher Leistungsantrag ist allerdings weitgehend unüblich. Da erfahrungsgemäß die meisten Prozesse im Höheverfahren verglichen werden, sobald Auskunft und Rechnungslegung erfolgt sind, lassen die Gerichte aus Gründen der Prozessökonomie statt der Leistungsklage auf Zahlung des aus der Auskunft zu ermittelnden Schadensersatzbetrages eine **Kombination** von Auskunfts- und Rechnungslegungsanspruch mit einem **Antrag auf Feststellung** zu, dass der Verletzer den entstandenen und noch entstehenden Schaden dem Grunde nach zu ersetzen habe. Diese im gesamten gewerblichen Rechtsschutz geübte Praxis, dass das Feststellungsinteresse nicht allein durch die Möglichkeit einer Stufenklage entfällt (BGH GRUR 1969, 283, 286 – *Schornsteinauskleidung*), gilt auch für urheberrechtliche Streitigkeiten (BGH GRUR 2010, 57 Tz. 17 – *Scannertarif*; BGH GRUR 2003, 900 – *Feststellungsinteresse III*; BGH ZUM 2001, 981, 982 – *Feststellungsinteresse II*; BGH ZUM

2001, 983, 984 – *Gesamtvertrag privater Rundfunk*; BGH GRUR 2000, 226, 227 – *Planungsmappe*; BGH GRUR 1975, 85 – *Clarissa*; BGH GRUR 1976, 317, 319 – *Unsterbliche Stimmen*; BGH GRUR 1980, 227, 228 – *Monumenta Germaniae Historica*). Letztlich handelt es sich um eine in das Gewand der Feststellungsklage gekleidete unbestimmte Leistungsklage mit der Folge, dass Verjährung nicht eintritt (OLG Köln GRUR 1983, 752, 753 – *Gewinnherausgabe*). Für die Feststellungsklage besteht ein Feststellungsinteresse, ohne dass ein besonderer Nachweis eines hinreichend wahrscheinlichen Schadenseintritts zu fordern ist (BGH GRUR 2006, 421 Tz. 45 – *Markenperfümverkäufe*; zum UrhR: *v. Ungern-Sternberg* GRUR 2008, 291, 295). Für die Bestimmtheit gelten die Anforderungen an Unterlassungsanträge (vgl. Rn. 44 ff.) entsprechend (BGH GRUR 2008, 357 Tz. 21 – *Planungsfreigabesystem*). Allerdings darf der Feststellungsantrag nicht dazu benutzt werden, mehr zu erreichen, als über eine Leistungsklage möglich wäre. Kommt eine Leistungsklage nur für bis zur mündlichen Verhandlung entstandene Ansprüche in Frage, beschränkt sich auch das Feststellungsinteresse und damit der Feststellungsantrag darauf (s. BGH GRUR 2010, 57 Tz. 17 – *Scannertarif*). – Anstelle eines bezifferten Zahlungsantrages ist auch ein **unbezifferter Klageantrag** möglich. Das gilt für alle drei Berechnungsalternativen des materiellen Schadensersatzes (konkreter Vermögensschaden, Herausgabe Verletzergewinn; angemessene Lizenzgebühr; vgl. Rn. 68 ff.) und den immateriellen Schadensersatz (vgl. Rn. 117 ff.) gleichermaßen, weil jeweils § 287 ZPO Anwendung findet (vgl. Rn. 106 für die angemessene Lizenzgebühr). Bei Anwendbarkeit des § 287 ZPO ist ein unbezifferter Klageantrag zulässig (BGH NJW 1970, 281; BAG v. 3.9.1998 – 8 AZR 14/97 Tz. 45, zit. nach juris; krit. Zöller/*Greger*[31] § 253 Rn. 14 f. m. w. N.). Allerdings setzt ein solcher unbezifferter Klageantrag voraus, dass die Tatsachen, die das Gericht für die Schätzung heranziehen muss, benannt und die Größenordnung der geltend gemachten Forderung zum Beispiel durch die Benennung eines Mindestbetrages klargestellt wird (BGH GRUR 2006, 219, 221 Tz. 11 – *Detektionseinrichtung II*; BGH NJW 1996, 2425; BGH NJW 1982, 340; BAG a. a. O.). Deshalb müssen ggf. auch noch Auskunftserteilung und Rechnungslegung vorher erfolgen. – Zur effektiveren Durchsetzung des Schadensersatzanspruches gewährt § **101b** einen Anspruch auf Vorlage bestimmter Belege; s. die Kommentierung dort.

IV. Aktivlegitimation (Anspruchsberechtigung)

1. Urheber

127   Der Urheber oder der Erbe des Urheberrechts (§§ 28, 30) ist der originäre Inhaber aller Urheberpersönlichkeits-, Verwertungs- und Zustimmungsrechte, die für eine Verletzung in Betracht kommen (vgl. Rn. 9 f.). Zur rechtlichen oder tatsächlichen Vermutung, wer Urheber ist, vgl. § 10 Rn. 14 ff. Als **Inhaber** ist der Urheber deshalb stets für Verletzungen dieser Rechte für alle Ansprüche nach § 97 aktivlegitimiert. Das Gleiche gilt, wenn er lediglich **einfache Rechte** an Dritte (§ 31 Abs. 2) eingeräumt hat (allg. M.: Dreier/Schulze/*Dreier/Specht*[5] Rn. 20; BeckOK UrhR/*Reber*[14] Rn. 25). Irrelevant ist das Bestehen von anderen Rechten neben den Urheberrechten; z. B. beeinträchtigen etwaige Persönlichkeitsrechte Dritter – wie der abgebildeten Person – die Aktivlegitimation des Urhebers zur Durchsetzung seiner eigenen Rechte am Lichtbildwerk nicht (OLG Hamburg AfP 1987, 691, 692). Ansprüche kann auch der **Rechtsnachfolger** des Urhebers (§ 30) stellen. Das gilt auch für immaterielle Schadensersatzansprüche (str.; vgl. § 30 Rn. 10). Hat der Urheber, Verfasser oder Lichtbildner einen **Testamentsvollstrecker** eingesetzt (§ 28 Abs. 2), so ist allein dieser zur Geltendmachung der Ansprüche aktivlegitimiert, obwohl nicht er, sondern der Erbe Inhaber des Rechts und damit Verletzter ist (s. § 2212 BGB; BGH GRUR 2016, 487 Tz. 27 – *Wagenfeld-Leuchte II*).

Der Urheber kann **ausschließliche Nutzungsrechte** einräumen (§ 31 Abs. 3). **128**
Selbst wenn der Urheber danach nicht mehr Inhaber der verletzten Rechte ist,
kann seine **Aktivlegitimation erhalten** bleiben. Anerkannt ist, dass der Inhaber des
Urheberrechts, auch wenn er Dritten ein ausschließliches Nutzungsrecht daran
eingeräumt hat, (neben dem Dritten; vgl. Rn. 133) berechtigt bleibt, selbst Ansprüche wegen Rechtsverletzung geltend zu machen, soweit er ein **eigenes schutzwürdiges Interesse an der rechtlichen Verfolgung** dieser Ansprüche hat. Ein solches eigenes schutzwürdiges Interesse besteht dann, wenn der Rechteinhaber sich
eine **fortdauernde Beteiligung am wirtschaftlichen Erfolg aus der Verwertung** seines Rechts vorbehalten hat (BGH GRUR 2016, 487 Tz. 26 – *Wagenfeld-Leuchte
II*: Vergütung von 5 % des Nettoverkaufspreises für jedes verkaufte Vervielfältigungsstück; BGH GRUR 1992, 697, 698 f. – *ALF* m. w. N.; BGHZ 22, 209, 212 –
Europapost; BGH GRUR 1960, 251, 252 – *Mecki-Igel II*). Das gilt zunächst für
Unterlassungs- und Beseitigungsansprüche. Für die Aktivlegitimation für Unter-
lassungs- und Beseitigungsansprüche bedarf es keiner Feststellung, dass die Lizenzeinnahmen des Lizenzgebers durch die Verletzungshandlung tatsächlich beeinträchtigt sind (BGH GRUR 1999, 984, 985 – *Laras Tochter* OLG Köln ZUM-
RD 2015, 382 – *Reasonable Doubt*). Seine Aktivlegitimation für **Schadensersatzansprüche** beschränkt sich allerdings der Höhe nach auf den Schaden, der gerade
ihm selbst – trotz der Einräumung ausschließlicher Nutzungsrechte – durch die
Verletzung entstanden ist (BGH GRUR 1999, 984, 988 – *Laras Tochter*). Kein
schützwürdiges Interesse besteht bei bloß mittelbaren Schäden des Urhebers
durch geringeren Gewinn von Gesellschaften, an denen er beteiligt ist (OLG München GRUR 2005, 1038, 1040 – *Hundertwasser-Haus II*); ferner nicht, wenn der
Urheber vorab pauschal abgegolten wurde, es sei denn, ihm steht ein Korrekturanspruch gegen seinen Vertragspartner nach §§ 32, 32a zu. Bei **Schadensersatzansprüchen wegen Verletzung urheberpersönlichkeitsrechtlicher Befugnisse** ist
ebenfalls auf das schutzwürdige Interesse des Urhebers abzustellen. Ein Anspruch
scheidet aus, wenn der Urheber das verletzte Urheberpersönlichkeitsrecht einem
Dritten ausschließlich eingeräumt hat, z. B. die Veröffentlichungsbefugnis gem.
§ 12, das Namensnennungsrecht des § 13 oder das Änderungsrecht gem. §§ 39,
14. Der Urheber behält jedoch einen Schadensersatzanspruch, wenn er mit dem
ausschließlich Nutzungsberechtigten ein Beteiligungshonorar vereinbart hat und
er für die Verletzung von Urheberpersönlichkeitsrechten einen materiellen Schadensersatzanspruch wegen Kommerzialisierbarkeit der Verletzung stellt (vgl.
Rn. 101, 124). Immaterieller Schadensersatz kann ihm hingegen nicht zustehen.
Im Rahmen des unverzichtbaren Kerns der Urheberpersönlichkeitsrechte bleibt
der Urheber stets zu Schadensersatzansprüchen befugt, beispielsweise bei nicht im
Vorhinein einwilligungsfähigen Entstellungen nach § 14 (dazu vgl. § 14
Rn. 21 ff.). – Die **Ansprüche des Urhebers** stehen **selbständig neben den Ansprüchen des Nutzungsrechtsinhabers** (dazu vgl. Rn. 132 ff.). Auch wenn der Urheber
in gewissem Umfang bei ausschließlicher Nutzungsrechtseinräumung aktivlegitimiert bleibt, kann er nicht für den Nutzungsrechtsinhaber auf dessen Ansprüche
verzichten; vergleicht sich beispielsweise der Urheber mit dem Verletzer, beeinträchtigt das die Position des Nutzungsrechtsinhabers nicht (*Walter* Rn. 1753).

Darüber hinaus wird mit Recht angenommen, dass der Urheber **selbst im Fall** **128a**
der ausschließlichen Einräumung der verletzten Rechte an einen Dritten – für
Unterlassungsansprüche gem. § 97 Abs. 1 (vgl. Rn. 29 ff.) und für **Beseitigungsansprüche** gem. §§ 97 Abs. 1, 98 **stets aktivlegitimiert** ist, ohne dass es
auf eine fortdauernde Beteiligung am wirtschaftlichen Erfolg aus der Verwertung seines Rechts ankäme. Das erscheint als zutreffend. Das Urheberrecht
vermittelt ein immerwährendes Band zum Werk unabhängig von der Vergabe
von Nutzungsrechten (§ 11). Deshalb hat der Urheberrechtsinhaber an Unter-
lassungs- und Beseitigungsansprüchen stets ein eigenes schutzwürdiges Interesse (OLG München GRUR 2005, 1038, 1040 – *Hundertwasser-Haus II*;

OLG Hamburg AfP 2002, 322, 323; OLG Düsseldorf GRUR 1993, 903, 907 – *Bauhaus-Leuchte*, sofern Urheberpersönlichkeitsrechte und Zustimmungsrechte nach § 34 noch beim Urheber; *Berger* FS Schulze 2017 S. 353, 358; BeckOK UrhR/*Reber*[14] Rn. 25; *Ulmer*, Urheber- und VerlagsR[3] S. 543; a. A. LG Düsseldorf ZUM-RD 2014, 387 juris Tz. 40 – *Eisenbahnfotografien*). Für **Schadensersatzansprüche** des Urhebers gilt etwas anderes. Hier ist sein schutzwürdiges Interesse gesondert festzustellen (so auch Schricker/Loewenheim/ *Leistner*[5] Rn. 44; a. A. *Berger* FS Schulze 2017 S. 353, 358, der allerdings Schadensersatzansprüche des Urhebers als unbegründet abweisen will, wenn dem Urheber z.B. wegen Einmalvergütung der Lizenz kein Schaden entstanden sein kann); vgl. Rn. 128.

2. Leistungsschutzberechtigte

129 Für Leistungsschutzberechtigte wie die **Verfasser wissenschaftlicher Ausgaben** (§ 70) und **Lichtbildner** (§ 72) gilt das zum Urheberrechtsinhaber Gesagte entsprechend (vgl. Rn. 127 f.), weil sie dem Urheber gleichgestellt sind.

130 Für **andere Leistungsschutzberechtigte** richtet sich die Aktivlegitimation grundsätzlich danach, wer Inhaber des verletzten Rechts ist. Bei **Übertragung des Leistungsschutzrechts** auf einen anderen ist der Erwerber als Inhaber des Leistungsschutzrechts für alle in Betracht kommenden Ansprüche nach § 97 aktivlegitimiert. Die Aktivlegitimation des früheren Inhabers erlischt mit der Übertragung für die Zukunft; der Erwerber tritt an seine Stelle. Für die Vergangenheit bleibt sie bestehen (OLG München GRUR 1984, 524, 525 – *Nachtblende*). Nur der ausübende Künstler (bzw. die in § 76 genannten Angehörigen) bleibt für den unübertragbaren Kern seiner Persönlichkeitsrechte (vgl. § 74 Rn. 5 ff. und vgl. § 75 Rn. 16 ff.) stets aktivlegitimiert. Der Entstellungsschutz des Filmproduzenten (§ 94 Abs. 1 S. 1) ist demgegenüber mangels persönlichkeitsrechtlichem Charakter voll übertragbar und bleibt auch bei Übertragung des Filmherstellerrechts nicht beim ursprünglichen Produzenten zurück (vgl. § 94 Rn. 44 ff.), sodass er auch nicht mehr aktivlegitimiert ist. Die **Einräumung von Nutzungsrechten** am Leistungsschutzrecht ist unschädlich, sofern nur einfache Leistungsschutzrechte eingeräumt werden. Bei ausschließlicher Einräumung der verletzten Rechte an einen Dritten kann dem Inhaber des Leistungsschutzrechts nicht generell eine Aktivlegitimation zugebilligt werden. Denn dem Leistungsschutzberechtigten fehlt das notwendige immerwährende ideelle Band zu seinem Leistungsschutzrecht. Deshalb ist sowohl für Unterlassungs- und Beseitigungsansprüche als auch für Schadensersatzansprüche auf ein **schutzwürdiges materielles Interesse** des Leistungsschutzberechtigten abzustellen (BGH GRUR 2013, 618 Tz. 32 ff. – *Internet-Videorecorder II*). Es liegt vor, wenn zwar eine ausschließliche Rechtseinräumung der verletzten Rechte vorliegt, der Leistungsschutzberechtigte aber dennoch ein berechtigtes Interesse hat, insb. wenn er über ein Beteiligungshonorar vergütet wird (BGH GRUR 2013, 618 Tz. 35 – *Internet-Videorecorder II*); vgl. Rn. 128. Das schutzwürdige Interesse eines Filmproduzenten (§ 94) ist nicht gegeben, wenn er einer Fernsehanstalt räumlich, zeitlich und inhaltlich unbeschränkte ausschließliche Nutzungsrechte inklusive der Verwertung im Internet ohne Beteiligungshonorar eingeräumt hatte und der Film im Internet durch Dritte illegal verwendet wird; hier muss die Fernsehanstalt klagen.

3. Mehrheit von Urhebern oder Leistungsschutzberechtigten

131 Bei **Miturhebern** und **Künstlergruppen** bestehen die Sonderregelungen des § 8 Abs. 2 S. 3 und des § 80 Abs. 1 S. 3 für eine gesetzliche Prozessstandschaft (s. die Kommentierungen dort). Da in diesen Fällen ein einheitliches Urheberrecht bzw. Leistungsschutzrecht entsteht, ist eine Urheberrechtsverletzung des einen Miturhebers oder Mitgliedes einer Künstlergruppe gegenüber den anderen Berechtigten im Sinne von § 97 ausgeschlossen. Hier sind Ansprüche lediglich aus Vertrag denkbar. Zur Aktivlegitimation des Nutzungsberechtigten, wenn nicht alle Miturheber der Nutzungsrechtseinräumung zugestimmt haben, vgl. Rn. 133. Bei bloß **verbundenen Werken** (§ 9) besteht grundsätzlich eine Aktivlegitimation nur für das selbst geschaffene Werk. § 9 regelt nur die schuldrechtliche Sonderverbindung zwischen den Urhebern von zur gemeinsamen Verwertung verbundenen, im Übrigen aber selbständig verwertbaren Werken, erlaubt aber nicht Ansprüche der Urheber verbundener Werke gegen Dritte wegen des nicht selbst geschaffenen Werkes (BGH GRUR 2015, 1189 Tz. 18 ff.– *Goldrapper*, dort auch zur Frage, ob die Urheber verbundener Werke wegen Bildung einer GbR aktivlegitimiert sind).

4. Nutzungsrechtsinhaber

Der Inhaber **einfacher Nutzungsrechte** ist nicht aktivlegitimiert. Er kann allenfalls im Wege der gewillkürten Prozessstandschaft (Unterlassungs- und Beseitigungsansprüche) bzw. bei Abtretung (Schadensersatzansprüche) im eigenen Namen vorgehen (vgl. Rn. 136 ff.).   **132**

Aktivlegitimiert ist der **ausschließliche** Inhaber (§ 31 Abs. 3) der verletzten **Nutzungsrechte** sowohl für Unterlassungs- und Beseitigungsansprüche gem. § 97 Abs. 1 als auch für (materielle) Schadensersatzansprüche gem. § 97 Abs. 2 (BGH GRUR 1999, 984, 985 – *Laras Tochter*; OLG Hamburg ZUM-RD 2002, 181, 187 – *Tripp-Trapp-Stuhl*). **Zeitlich** ist für Unterlassungsansprüche erforderlich, dass der Nutzungsrechtsinhaber sowohl zum Zeitpunkt der Verletzungshandlung als auch zum Zeitpunkt der Entscheidung noch befugt war (BGH GRUR 2014, 65 Tz. 20 – *Beuys-Aktion*). Für Schadensersatzansprüche kommt es auf den *Verletzungszeitpunkt* an. – Im Prozess führt Bestreiten der Aktivlegitimation im Regelfall dazu, dass der Erwerb der ausschließlichen Nutzungsrechte in Form einer sog. **Rechtekette** im Einzelnen vom Kläger dargelegt werden muss, eingehend vgl. Rn. 143. Zur **Vermutung** ausschließlicher Nutzungsrechte vgl. § 10 Rn. 55 ff. Bei **Miturheberschaft** benötigt der Nutzungsrechtsinhaber die Rechte aller Miturheber; sonst kann er nicht gegen Verletzungen vorgehen; in Betracht kommt dann nur eine gewillkürte Prozessstandschaft (vgl. Rn. 138 ff.) für einzelne Miturheber (OLG Frankfurt MMR 2003, 45, 47 – *IMS Health*; Dreier/Schulze/*Schulze*⁵ § 8 Rn. 20 und 23) oder ein Vorgehen der einzelnen Miturheber selbst mit Aktivlegitimation nach § 8 Abs. 2 S. 3 (vgl. § 8 Rn. 22). Werden die ausschließlichen Nutzungsrechte durch eine Gemeinschaft (§§ 741 ff. BGB) oder Gesellschaft bürgerlichen Rechts (§§ 705 ff. BGB) gehalten, gelten deren Regeln für die Aktivlegitimation. Bei einer vollständigen **Übertragung von Rechten auf einen Dritten** erlischt die Aktivlegitimation des Veräußernden (BGH GRUR 2013, 618 Tz. 26 ff. – *Internet-Videorecorder II*). Von der Übertragung ist allerdings die Rechtseinräumung zu unterscheiden (eingehend vgl. § 34 Rn. ff., zur Auslegung unklarer Vereinbarungen vgl. § 34 Rn. 9); die Rechtseinräumung an Dritte führt nicht unbedingt zum Erlöschen der Aktivlegitimation. **Früher** eingeräumte **einfache Nutzungsrechte**, welche sich gegen die Befugnis eines späteren Inhabers ausschließlicher Rechte gem. § 31 Abs. 3 durchsetzen, hindern die Aktivlegitimation des ausschließlich Berechtigten nicht. Das gilt erst recht, wenn sie demnächst auslaufen (OLG Hamburg GRUR-RR 2001, 260, 261 – *Loriot-Motive*). Geht die Rechtseinräumung wegen **prioritärer älterer ausschließlicher Rechtseinräumungen** ins Leere, kommt aber keine Aktivlegitimation in Frage (vgl. § 33 Rn. 7); denkbar ist aber eine Abtretung (vgl. Rn. 136) oder eine gewillkürte Prozessstandschaft (vgl. Rn. 138). Auch die Vergabe (nur) eines Erstveröffentlichungsrechts durch den Inhaber ausschließlicher Nutzungsrechte wirkt sich nicht hinderlich für dessen Aktivlegitimation aus (OLG Köln ZUM-RD 1998, 110, 113). Das Recht des ausschließlich Nutzungsberechtigten kann auch ver-   **133**

letzt sein, wenn die Verletzung zwar nicht in seine (**positive**) **Benutzungserlaubnis** fällt, jedoch von seinem (**negativen**) **Verbietungsrecht** erfasst wird. Ob das
der Fall ist, richtet sich nach der vertraglichen Vereinbarung mit dem Urheber,
die ggf. nach § 31 Abs. 5 ausgelegt werden muss (ausführlich vgl. § 31
Rn. 20 ff., 144). Unter diesen Voraussetzungen kann etwa ein Inhaber umfassender ausschließlicher Nutzungsrechte an einem Werk die Vervielfältigung
und Verbreitung einer unfreien Bearbeitung des Werkes **untersagen**, auch wenn
er selbst eine solche Werknutzung nicht vornehmen darf (BGH GRUR 1999,
984, 985 – *Laras Tochter*). Insoweit kommt auch eine Anspruchsberechtigung
in Betracht, wenn die **ausschließliche Lizenz noch nicht begonnen** hat. Voraussetzung ist jedoch, dass entweder eine Verletzung auch noch zum Lizenzbeginn
droht (dann aber Verbot erst ab Lizenzbeginn) oder schon jetzt hinreichende
wirtschaftliche Interessen des zukünftigen Lizenznehmers beeinträchtigt sind
(*Raitz von Frentz/Masch* UFITA 2009, 665). Das kann der Fall sein bei zukünftigen Video-Rechten, die schon vor Lizenzbeginn durch eine illegale Nutzung
im Internet wirtschaftlich beeinträchtigt werden. Neben Unterlassung kann der
Nutzungsrechtsinhaber nach der Rechtsprechung auch materiellen **Schadensersatz** verlangen, sofern sein negatives Verbotsrecht tangiert ist (BGH GRUR
1999, 984, 988 – *Laras Tochter*). Das erscheint indes als zweifelhaft, weil ein
eigener materieller Schaden nur im Rahmen der eigenen Benutzungsbefugnis
des Nutzungsberechtigten denkbar ist; insb. die Zuerkennung einer angemessenen Lizenzgebühr für Handlungen, die er nicht selbst hätte erlauben dürfen,
erscheint widersinnig. Eine Aktivlegitimation für **immaterielle Schadensersatzansprüche** (§ 97 Abs. 2 S. 4) für den Nutzungsberechtigten ist abzulehnen,
auch wenn ausschließliche urheberpersönlichkeitsrechtliche Befugnisse eingeräumt werden können. Diese ausschließlichen Nutzungsrechte vermitteln seinem Inhaber keine ideellen Interessen, die ausschließlich über § 97 Abs. 2 S. 4
erfasst werden. Häufig sind solche Verletzungen aber kommerzialisierbar, sodass sie insb. gem. S. 3 geltend gemacht werden können. Das gilt insbesondere
für Ansprüche wegen Verletzung des Urhebernennungsrechts (vgl. Rn. 101;
s. a. KG ZUM-RD 2013, 578, 581 f., zur Aktivlegitimation einer Bildagentur).
Ansonsten kommt nur eine gewillkürte Prozessstandschaft in Frage (vgl.
Rn. 138).

133a   Werden an Unterlizenznehmer eingeräumte ausschließliche Nutzungsrechte
verletzt, kann **der ausschließliche Lizenzgeber** für Unterlassungs-, Beseitigungs-
und Schadensersatzansprüchen dennoch aktivlegitimiert sein. Voraussetzung
ist, dass er ein eigenes schutzwürdiges Interesse an der rechtlichen Verfolgung
dieser Ansprüche hat. Ein solches eigenes schutzwürdiges Interesse besteht
dann, wenn der Rechteinhaber sich eine fortdauernde Beteiligung am wirtschaftlichen Erfolg aus der Verwertung seines Rechts vorbehalten hat. Insoweit
gilt nichts anderes als für Urheber, vgl. Rn. 128.

134   Die gleichen Grundsätze – vgl. Rn. 132 f. – gelten für den **Unterlizenznehmer**,
also Inhaber von Nutzungsrechten, die sich ihrerseits von Nutzungsrechten
ableiten; zu solchen „Enkelrechten" vgl. § 29 Rn. 22.

135   Die Aktivlegitimation von **Verwertungsgesellschaften** ergibt sich aus deren
Wahrnehmungsbefugnis gem. § 9 VGG und wird gem. §§ 48 ff. VGG vermu-
tet. Daneben existieren aber zu ihren Gunsten auch die Vermutungen des § 10
Abs. 3.

5. Dritte

136   a) **Abtretung von Ansprüchen: Unterlassungs- und Beseitigungsansprüche** können nicht selbständig an Dritte abgetreten werden (BGH GRUR 2016, 1048
Rn. 20 – *An evening with Marlene Dietrich*; OLG Hamburg ZUM 1999, 78,
80; Schricker/Loewenheim/*Leistner*[5] Rn. 49; BeckOK UrhR/*Reber*[14] Rn. 144;

zum Namensrecht auch BGH GRUR 1993, 151, 152 – *Universitätsemblem*). Es handelt sich um höchstpersönliche Ansprüche gem. § 399 1. Alt BGB, deren Inhalt sich mit Abtretung verändern würde (BGH GRUR 2016, 1048 Rn. 20 – *An evening with Marlene Dietrich*). Hier bleibt nur, solche Ansprüche in gewillkürter Prozessstandschaft geltend zu machen (vgl. Rn. 138 ff.).

Demgegenüber können **Schadensersatzansprüche** gem. § 398 BGB selbständig **137** abgetreten werden, und zwar nicht nur materielle, sondern auch immaterielle Schadensersatzansprüche (BeckOK UrhR/*Reber*[14] Rn. 143). Irgendeines berechtigten Interesses des Abtretungsempfängers bedarf es – anders als bei der gewillkürten Prozessstandschaft, vgl. Rn. 138 – nicht. Für vorbereitende **unselbständige Auskunftsansprüche** (vgl. § 101 Rn. 10) kann nichts anderes gelten. Eine Abtretung von Schadensersatzansprüchen kann nicht konkludent daraus entnommen werden, dass eine Leereinräumung von Nutzungsrechten an den Dritten erfolgt ist (BGH GRUR 2009, 939 Tz. 31 – *Mambo No. 5*). **Nutzungsberechtigte** können ihre Schadensersatzansprüche wegen Urheberrechtsverletzung und dazu gehörende vorbereitende Auskunftsansprüche **ohne Zustimmung des Urhebers** abtreten; die Regelung des § 34 Abs. 2 gilt für die Abtretung solcher Ansprüche nicht (LG Köln ZUM 2010, 369, 371).

b) **Gewillkürte Prozessstandschaft:** Die Wahrnehmung fremder Rechte im eige- **138** nen Namen (sog. **gewillkürte Prozessstandschaft**) ist im Regelfall nicht zulässig. Die Rechtsprechung lässt sie aber dann zu, wenn der Rechteinhaber eine **Ermächtigung** gegeben hat **und** der Dritte ein eigenes **berechtigtes Interesse** an der Geltendmachung hat (BGH GRUR 2016, 1048 Rn. 21 – *An evening with Marlene Dietrich*; BGH GRUR 2002, 248, 250 – *SPIEGEL-CD-ROM*; BGH GRUR 1995, 668, 670 – *Emil Nolde*; BGH GRUR 1983, 371, 372 – *Mausfigur* m. w. N.; OLG München GRUR 2005, 1038, 1040 – *Hundertwasserhaus II*; OLG Köln NJW 2000, 1726). Von der Geltendmachung fremder Rechte durch Prozessstandschaft ist der Fall zu unterscheiden, dass im Urheberrecht sogar das eigene schutzwürdige Interesse zur Geltendmachung von eigenen Ansprüchen genügen kann (vgl. Rn. 130 und vgl. Rn. 133). Die gewillkürte Prozessstandschaft macht vor allem für Unterlassungs- und Beseitigungsansprüche Sinn, weil sie nicht abgetreten werden können (vgl. Rn. 136). Für Schadensersatzansprüche ist hingegen eine Abtretung zulässig; sie können aber auch in gewillkürter Prozessstandschaft geltend gemacht werden (OLG München GRUR 2005, 1038, 1040 – *Hundertwasserhaus II*); dann muss allerdings Zahlung an den Rechteinhaber verlangt werden (HK-UrhR/*Meckel*[3] Rn. 24).

Eine **Ermächtigung** zur prozessualen Geltendmachung muss nicht stets aus- **139** drücklich erfolgen. Eine unwirksame Abtretung (etwa bei wegen Inhaltsänderung unübertragbaren Unterlassungsansprüchen, vgl. Rn. 136) ist in eine Ermächtigung umdeutbar (BGH GRUR 2002, 248, 250 – *SPIEGEL-CD-ROM*; strenger OLG München GRUR 2005, 1038, 1040 – *Hundertwasser-Haus II*). Die Zustimmung ergibt sich konkludent aus dem Verwertungsvertrag, wenn dieser den Verwerter berechtigt und verpflichtet, die Interessen des Urhebers am Werk umfassend wahrzunehmen (BGHZ 15, 249 – *Cosima Wagner*; Schricker/Loewenheim/*Leistner*[5] Rn. 50), wie das auf viele Verlagsverträge, Bühnenvertriebsverträge und ähnliche treuhänderische Rechtsverhältnisse zutrifft. Sie ist nur aus wichtigem Grunde widerruflich; der Urheber kann sie im Einzelfall aber faktisch gegenstandslos machen, indem er auf den ihm zustehenden konkreten Anspruch verzichtet. Hat der Verwerter allerdings einen eigenen Anspruch, streitet für ihn kein berechtigtes Interesse (vgl. Rn. 133). Bei Musikverlagsverträgen, sofern sie – wie häufig – ins Leere gehende Rechtseinräumungen enthalten (vgl. § 33 Rn. 8), kann aber nicht von einer konkludenten Zustimmung ausgegangen werden; sie muss ausdrücklich erteilt werden. – Die Ermächtigung ist vom **Anspruchsinhaber** zu erteilen.

140   Für das berechtigte Interesse kommt es darauf an, ob der Ermächtigte auf Grund der besonderen Beziehung zum Rechteinhaber ein eigenes schutzwürdiges Interesse an der Rechtsverfolgung hat (BGH GRUR 2006, 329 Tz. 21 – *Gewinnfahrzeug mit Fahrzeugemblem*, zum Markenrecht). Das berechtigte Interesse kann **auch wirtschaftlicher Natur** sein (BGH GRUR 2016, 1048 Rn. 21 – *An evening with Marlene Dietrich*; BGH GRUR 2014, 65 Tz. 24 – *Beuys-Aktion* m. w. N.). Ein berechtigtes Interesse wurde etwa **bejaht** für einen **Berufsverband** von Fotografen, dessen Satzungszweck auch die Rechtsverfolgung deckt. Bei einem Berufsverband sei auch ohne Feststellungen in der Satzung davon auszugehen, dass die gerichtliche Geltendmachung für einen Teil seiner Mitglieder zu den Verbandsaufgaben gehöre (BGH GRUR 2002, 248, 250 – *SPIEGEL-CD-ROM*). Andere Gerichte haben allerdings betont, ein Verband habe – ohne ausdrücklich Regelung in der Satzung – keine Aktivlegitimation, Individualansprüche geltend zu machen, solange nicht alle Mitglieder ein Interesse an der Klärung der darin aufgeworfenen abstrakten Rechtsfragen hätten (OLG Düsseldorf ZUM 2001, 256, 258, rkr., Nichtzulassungsbeschwerde zurückgewiesen: KZR 102/10). Ein berechtigtes Interesse für die Wahrnehmung von Ansprüchen aus dem Urheberrecht eines Malers hat eine **Stiftung**, die die satzungsmäßige Aufgabe hat, dem allgemeinen Nutzen durch Förderung der Liebe zur Kunst zu dienen und den Nachlass des Malers gebührend zu pflegen und zu verwalten (BGH GRUR 1995, 668, 670 – *Emil Nolde*). **Verbundene Unternehmen** (Konzernunternehmen) haben ein hinreichendes wirtschaftliches Interesse, wenn die Aufgabenverteilung im Unternehmensverbund ihnen die Rechtsdurchsetzung zuweist (BGH GRUR 2006, 329 Tz. 21 – *Gewinnfahrzeug mit Fahrzeugemblem*, zum Markenrecht). Sind Ansprüche **sicherungshalber** abgetreten, hat der **Abtretende** ein hinreichendes wirtschaftliches Interesse (BGH GRUR 2009, 181 Tz. 21 – *Kinderwärmekissen*), genauso wie diejenigen, denen Nutzungsrechte zur bloßen Wahrnehmung eingeräumt wurden (BGH GRUR 2016, 1048 Rn. 21 – *An evening with Marlene Dietrich*). Ebenso kann sich auf ein berechtigtes Interesse der **Inhaber eines einfachen Nutzungsrechts** berufen, der gegen Verletzungen des Nutzungsrechts vorgeht (BGH GRUR 1961, 635, 636 – *Stahlrohrstuhl* unter Hinweis auf BGHZ 19, 69, 71; BGH GRUR 1959, 200, 201 – *Heiligenhof*; BGH GRUR 1981, 652 – *Stühle und Tische*; s. aber OLG Hamburg UFITA 67 [1973], 245 – *Die englische Geliebte* zu der schwierigen Frage eines eigenen Schadensersatzanspruches des einfachen Lizenznehmers; *Fischer* GRUR 1980, 374 für das Patentrecht), auch **Vertriebsberechtigte**, die mit Zustimmung des Rechteinhabers handeln, haben ein berechtigtes Interesse (BGH GRUR 2016, 490 Tz. 21 – *Marcel-Breuer-Möbel II*). Das Interesse kann sich auch daraus ergeben, dass zwar nicht die verletzten Rechte, aber andere Nutzungsrechte in umfassender Weise eingeräumt sind und im Klageverfahren eine unberechtigte Erstveröffentlichung oder Ausstellung streitgegenständlich ist, die das **Ansehen des Urhebers und die Wertschätzung seiner Werke** und damit letztlich die Verwertungsinteressen am Werk des Urhebers insgesamt beeinträchtigen können (BGH GRUR 2014, 65 Tz. 26 – *Beuys-Aktion*). Die Aktivlegitimation wurde **verneint** bspw. für eine wohl hauptsächlich für die Geltendmachung eines Anspruches gegründete Gesellschaft, nachdem eine Rechtsübertragung auf diese gescheitert war (LG München I ZUM-RD 2001, 203, 206 f.) sowie für eine VG, die Ansprüche ihrer Mitglieder, die ihr lediglich eine Inkassovollmacht erteilt hatten, im eigenen Namen geltend machte (BGH GRUR 1994, 800, 801 – *Museumskatalog*, in BGHZ 126, 313 nicht mit abgedruckt). Hat der Ermächtigte einen eigenen gleichlautenden Anspruch, besteht kein berechtigtes Interesse an einer Prozessstandschaft. Ansonsten käme es zu einer unnötigen Vervielfältigung der Ansprüche und Streitgegenstände (*Köhler/Bornkamm/Köhler/Feddersen*[35] § 8 UWG Rn. 3.19 und 3.22 für das UWG). Nach OLG München liegt ein berechtigtes Interesse eines Urhebers im Hinblick auf Schadensersatzansprüche einer

Gesellschaft nicht vor, an der er bloß beteiligt ist (OLG München GRUR 2005, 1038, 1040 – *Hundertwasser-Haus II*); das ist fraglich, weil er doch zumindest einen mittelbaren Schaden und damit ein berechtigtes wirtschaftliches Interesse hat. Ein eigenes (schutzwürdiges) Interesse ist jedoch zu verneinen, wenn der Berechtigte **vermögenslos** ist und Kostenerstattungsansprüche gegen ihn daher nicht durchsetzbar wären (BGH GRUR 2009, 181 Tz. 22 – *Kinderwärmekissen* m. w. N.).

Insb. zur Geltendmachung von Ansprüchen aus dem **Urheberpersönlichkeits-**   **141** **recht** (§§ 12 bis 14, 63) und **Persönlichkeitsrecht** des ausübenden Künstlers (§§ 74, 75) gelten aber weitere **Einschränkungen:** Die gewillkürte Prozessstandschaft ist nach der Rechtsprechung des BGH unzulässig, wenn das einzuklagende Recht höchstpersönlichen Charakter hat und mit dem Rechtinhaber, in dessen Person es entstanden ist, so eng verknüpft ist, dass die Möglichkeit dazu im Widerspruch stünde, eine gerichtliche Geltendmachung einem Dritten im eigenen Namen zu überlassen (BGH GRUR 2014, 65 Tz. 25 – *Beuys-Aktion*; BGH GRUR 1995, 668, 670 – *Emil Nolde*; BGH GRUR 1983, 379, 381 – *Geldmafiosi* m. w. N.). Das sollte im Urheberrecht, soweit Persönlichkeitsrechte an Verwerter eingeräumt werden können (z. B. Veröffentlichungsrecht; Änderungsrechte gem. §§ 12, 39), nicht eng gehandhabt werden. Ein Verwerter darf danach auch zu Ansprüchen aus Urheberpersönlichkeitsrecht ermächtigt werden, wenn die Rechtseinräumung an den Verwerter eine hinreichende Beziehung zur Persönlichkeitsrechtsverletzung aufweist (HK-UrhR/*Meckel*[3] Rn. 25; Schricker/Loewenheim/ *Leistner*[5] Rn. 50). Keinesfalls ist zusätzlich zu fordern, dass das verletzte Urheberpersönlichkeitsrecht übertragbar ist (so aber Dreier/Schulze/*Dreier/Specht*[5] Rn. 21; Schricker/Loewenheim/*Leistner*[5] Rn. 50), weil damit grundsätzlich nicht abtretbare Unterlassungs- und Beseitigungsansprüche (vgl. Rn. 136) niemals in Prozessstandschaft geltend gemacht werden könnten. Wem ein konkretes Bearbeitungsrecht zusteht, darf im Regelfall deshalb auch dazu ermächtigt werden, Unterlassungs-, Beseitigungs- und Schadensersatzansprüche (Zahlung an den Urheber, vgl. Rn. 138) wegen Entstellung (§ 14) geltend zu machen. Eine VG darf Ansprüche wegen Entstellung geltend machen, wenn ihre Nutzungsrechte damit im Zusammenhang stehen (BGH GRUR 2014, 65 Tz. 25 – *Beuys-Aktion*). – Fraglich ist, an wen die Ermächtigungsbefugnis übergeht, wenn der ursprüngliche Rechtsträger **verstorben** ist. Für derartige Fälle ist in der Rechtsprechung zum allgemeinen Persönlichkeitsrecht anerkannt, dass in erster Linie der vom Verstorbenen zu Lebzeiten Berufene und daneben seine nahen Angehörigen als Wahrnehmungsberechtigte anzusehen sind (BGH GRUR 1995, 668, 670 – *Emil Nolde* unter Verweis auf BGHZ 50, 133, 137 ff., 140 – *Mephisto*). Daraus lässt sich aber für Ansprüche nach § 97 nur für Rechte des ausübenden Künstlers nach §§ 74, 75 wegen § 76 ein Ermächtigungsrecht für Angehörige herleiten, nicht für Rechte des Urhebers (s. jedoch BGH GRUR 1995, 668, 670 – *Emil Nolde*, der das auch für Rechte aus § 13 annimmt). Zur Ermächtigung für urheberpersönlichkeitsrechtliche Ansprüche ist nur der Inhaber des Urheberrechts als Rechtsnachfolger des Urhebers (§ 30) befugt, weil er in vollem Umfang in die Rechtsstellung des Urhebers einrückt.

c) Gesetzliche Prozessstandschaft: Neben der gewillkürten kommt auch eine   **142** gesetzliche Prozessstandschaft für **Miturheber** gem. § 8 Abs. 2 S. 3 und für **ausübende Künstler** gem. § 80 Abs. 1 S. 3 in Betracht (s. z. B. für den Vorstand eines Orchesters für die individuellen Leistungsschutzrechte gem. § 80 Abs. 1 S. 3 OLG Karlsruhe GRUR-RR 2002, 219 – *Götterdämmerung*; Schricker/ Loewenheim/*Leistner*[5] Rn. 51); vgl. § 8 Rn. 22; vgl. § 80 Rn. 17 ff.

6. Darlegungs- und Beweislast

Dem Anspruchsteller (Gläubiger) obliegt Darlegung und Beweis, dass er an-   **143** spruchberechtigt ist oder in Prozessstandschaft vorgehen kann. Der Anspruchsgegner kann grundsätzlich gem. § 138 Abs. 4 ZPO die Anspruchsberechtigung mit Nichtwissen bestreiten. Der Anspruchsteller muss dann konkret vortragen, „wann, wo und durch welche Erklärungen" oder Handlungen der Rechtserwerb stattgefunden hat (LG Hamburg ZUM-RD 2010, 419, 420 – *13 Fotografien*). Allerdings werden dem Anspruchsberechtigten zahlreiche Erleichterungen gewährt. Zunächst ist eine Berufung auf die **Vermutungsregeln des § 10** für die Aktivlegitimation als Urheber (Abs. 1), als Herausgeber (Abs. 2) und als ausschließlich Nutzungsberechtigter (Abs. 3) denkbar, s. die Kommentierung dort. Daneben trifft den Schuldner die Darlegungs- und Beweislast, wenn der **Gläubiger unstreitig Inhaber der Rechte war** und der Schuldner diese Rechte entweder vom Gläubiger oder über Dritte erworben haben will (BGH MMR 2011, 45 Tz. 18). Soweit die Vermutungswirkungen des § 10 UrhG nicht greifen, ist darüber hinaus ein **Indizienbeweis** zulässig, bei dem mittelbare Tatsachen die Grundlage für die Annahme der Rechteinhaberschaft liefern (BGH GRUR 2016, 176 Tz. 20 – *Tauschbörse I*). Es würde die Durchsetzung eines Rechts unzumutbar erschweren, wenn auf ein bloßes Bestreiten mit Nichtwissen (§ 138 Abs. 4 ZPO) hin für jedes einzelne Werk oder Leistung die insoweit relevanten Einzelheiten dargelegt und bewiesen werden müssten. Ein weitergehender Vortrag ist erst erforderlich, wenn vom Beklagten konkrete Anhaltspunkte dargelegt werden, die gegen die Richtigkeit des Vortrags des Klägers sprechen (BGH GRUR 2016, 176 Tz. 20 – *Tauschbörse I*). Im Hinblick auf den Rechtserwerb wird § 138 Abs. 4 ZPO insbesondere dann zurückgedrängt, wenn der **Anspruchsteller substantiiert zum Rechtserwerb** vorträgt; dann darf der Anspruchsgegner nicht pauschal mit Nichtwissen bestreiten oder unspezifiziert behaupten, ein Dritter habe ihm die Rechte eingeräumt (OLG Hamm ZUM 2009, 159, 161 – *Fallschirmsprung*; OLG Hamburg GRUR-RR 2008, 282, 283 – *Anita*; s. a. OLG Hamburg NJW-RR 2001, 693, 694 f. – *Frank Sinatra*; AG Düsseldorf ZUM-RD 2010, 95: Beweis des ersten Anscheins für Urheberschaft eines Fotos, wenn andere Fotos aus der Serie vorgelegt werden; offen BGH MMR 2011, 45 Tz. 16). Das sollte gerade bei Werken gelten, deren Rechte häufiger den Inhaber gewechselt haben und deshalb über längere „Rechteketten" verfügen. Denn ansonsten wären die Werke nicht mehr verkehrsfähig (LG München I ZUM-RD 2007, 302). Mit Recht verlangt das OLG Hamburg nur dann eine lückenlose Dokumentation und ggf. Nachweis dieser Rechtekette, wenn der Verletzer seinerseits sich substantiiert darauf berufen hat, ihm seien von dritter Seite entsprechende Rechte eingeräumt worden. Bestreitet der Verletzer aber die Rechteinhaberschaft lediglich pauschal und unsubstantiiert mit Nichtwissen und behauptet selbst nicht, dass die Rechte einem dritten Rechteinhaber zustehen könnten, ist der Anspruchsteller nicht verpflichtet, vollständige Rechteketten nachzuweisen (OLG Hamburg GRUR-RR 2008, 282, 283 – *Anita*; s. a. OLG Hamburg NJW-RR 2001, 693, 694 f. – *Frank Sinatra*). Ist der Vortrag des Anspruchstellers zur Rechtekette durch eine widerspruchsfreie ausländische Registereintragung (z. B. im US-Copyright Register) unterlegt, muss der Anspruchsgegner ohnehin substantiiert durch alternative Rechteketten bestreiten (OLG Hamburg NJW-RR 2001, 693, 695 – *Frank Sinatra*: „weitere Nachweise zur Rechteinhaberschaft sind von der Klägerin ohne konkrete Gegendarstellung der Beklagten auch insoweit nicht zu fordern"; ferner OLG Frankfurt ZUM-RD 2004, 349, 354 – *Anonyme Alkoholiker*, insoweit nicht in GRUR-RR 2004, 99 abgedruckt; OLG München ZUM 1999, 653, 655 – *M – Eine Stadt such einen Mörder*); insbesondere zur umfassenden Rechteinhaberschaft durch Inhaberschaft des US-Copyright vgl. § 31 Rn. 117, vgl. § 31a Rn. 12. Ein hinreichendes Indiz für die Rechteinhaberschaft am Leistungsschutzrecht des Tonträgerherstellers (§ 85) stellt die Eintragung als Lieferant eines Musiktitels in der im Handel führenden Datenbank dar (BGH GRUR 2016, 176 Tz. 20 – *Tauschbörse I*). In Fällen, in denen substantiiert die Rechtekette bestritten wird, bleibt es allerdings bei der vollen Darlegungs- und Beweislast des Anspruchstellers (s. zu einem solchen Fall BGH GRUR 2011, 456 – *Satan der Rache*, Vorinstanzen: OLG Mün-

chen ZUM 2009, 245; LG München I ZUM-RD 2007, 302). – Es ist widersprüchlich und damit prozessual unbeachtlich, einen Teil einer Rechtekette zu bestreiten,
auf den man sich beim eigenen Vortrag selbst beruft (a. A. LG München I ZUM-
RD 2007, 302) – Der Lizenzgeber kann verpflichtet sein, den Lizenznehmer bei
der Rechtsdurchsetzung dadurch zu unterstützen, dass er eine dokumentierte
Rechtekette zur Verfügung stellt (OLG München ZUM-RD 2011, 94).

V. Passivlegitimation (Anspruchsverpflichtung)

Im UrhG ist die Passivlegitimation nicht gesondert geregelt, sieht man einmal   **144**
von der Haftung des Unternehmensinhabers auf Unterlassung für seine Arbeitnehmer und Beauftragten gem. § 99 (s. die Kommentierung dort) ab. Deshalb
ist auf die **allgemeinen Regelungen** zurückzugreifen. Für die Frage, ob die Tä-
ter- oder Teilnahmequalifikation vorliegt, ist grundsätzlich auf **strafrechtliche
Grundsätze** abzustellen (BGH, GRUR 2015, 987 Tz. 15 – *Trassenfieber*; BGH
GRUR 2011, 1018 Tz. 17 ff. – *Automobil-Onlinebörse*). Weiter sind vor allem
die Haftungsregeln des Deliktsrechts im BGB (§§ 823 ff. BGB) einschließlich
allgemeiner Institute wie der Störerhaftung zu beachten, ansonsten aber auch
spezielle Haftungsprivilegierungen wie die des TMG (vgl. Rn. 184 ff.). Prallen
grundrechtlich abgesicherte Positionen aufeinander, kann eine grundrechtskon-
forme Auslegung eine **Haftung erweitern oder einschränken**, je nachdem, wie
die Abwägung der Grundrechte gegeneinander und ihr angemessener Ausgleich
ausgeht (vgl. Rn. 4b); eine Haftungserweiterung kommt insbesondere bei Gefahr von absoluten Schutzlücken zu Lasten des Rechteinhabers in Betracht,
eine Haftungseinschränkung bei der redaktionellen Presseberichterstattung
(vgl. Rn. 153) oder bei der Tätigkeit von Internetprovidern (vgl. Rn. 160 ff. für
Hostprovider; vgl. Rn. 170 ff. für Internetzugangsprovider).

Die Regeln zur Passivlegitimation werden durch **europarechtliche Vorgaben** er-   **144a**
heblich beeinflusst. Die deutsche Störerhaftung auf **Unterlassung und Beseitigung** hat für Vermittler von Rechtsverletzungen ihre europarechtliche Grundlage in **Art. 8 Abs. 3 Info-RL** (vgl. Rn. 159b). Im Hinblick auf die Täter- und
Teilnehmer-Haftung, die auch auf Schadensersatz geht, war der Bundesgerichtshof der Auffassung, dass sie sich allein nach nationalem Recht richtet
(BGH GRUR 2013, 1229 Tz. 30 – *Kinderhochstühle im Internet II*, unter Berufung auf EuGH GRUR 2011, 1025 Tz. 116, 118, *L'Oréal/eBay*). Jedenfalls
nach der neuen Rechtsprechung des EuGH bestehen ernsthafte Zweifel an einem rein nationalen Haftungskonzept im Bereich Täterschaft und Teilnahme.
Für die harmonisierte öffentlichen Wiedergabe gem. Art. 3 Abs. 1 Info-RL hat
der EuGH in seinen Entscheidungen *GS Media/Sanoma* (GRUR 2016, 1152),
Brein/Wullems „Filmspeler" (GRUR 2017, 2017, 610) und *Brein/Ziggo „The
PirateBay"* (GRUR 2017, 790) die öffentliche Wiedergabe nicht nur verwer-
tungsrechtlich, sondern auch haftungsrechtlich interpretiert (*Leistner* GRUR
2017, 755; *ders.* ZUM 2016, 980, 981 ff.; *Ohly* GRUR 2016, 1155, 1156 f.;
ders. FS Schulze S. 387, 393 ff.; *Grünberger* ZUM 2016, 095, 913 ff.), in dem
er ein vorsätzliches Handeln und die Verletzung von Pflichten zum Tatbestandsmerkmal von Verwertungsrechten erklärt. Nach deutscher Dogmatik
mag das den Unterschied zwischen Verwertungsrechten einerseits und Haftungsregeln andererseits verwischen. Letzlich kann eine sinnvolle Auslegung
der Verwertungsrechte aber nicht ohne Wertungen aus dem Haftungsrecht auskommen. Zudem sieht es der EuGH offenbar als wünschenswert an, die nationalen Haftungskonzepte im Bereich der **Täterschaft und Teilnahme** zu einem
europäischen Haftungskonzept zu harmonisieren. Das erscheint gerade **im Bereich der öffentlichen Wiedergabe** und speziell für das Recht der öffentlichen
Zugänglichmachung im Internet als zutreffender Ansatz, weil sie regelmäßig
grenzüberschreitend erfolgt. Das europäische Haftungskonzept ist umfassender

als das bisherige deutsche Haftungskonzept und sollte insbesondere im Bereich der öffentlichen Wiedergabe zu einer **erweiterten Haftung von Internetprovidern bei Verkehrspflichtverletzungen** führen, auch wenn sie im Sinne des bisherigen deutschen Begriffs der Täterschaft nicht haften würden, sondern nur sekundär als Teilnehmer oder Störer (so auch *Leistner* GRUR 2017, 755; *Jaworski/Jan Bernd Nordemann* GRUR 2017, 567, 571; s.a. *Ohly* GRUR 2017, 441, 445 f. m.w.N. zur dann täterschaftlichen fahrlässigen Beihilfe). Insweit kann die deutsche Praxis zur Haftung von Tätern weiter geführt werden (vgl. Rn. 145 ff.). Die Teilnehmerhaftung wird jedoch möglicherweise obsolet (vgl. Rn. 153 ff.), und auch außerhalb der bisherigen Täter- und Teilnehmerhaftung sollte sich eine Haftung wegen Verkehrspflichtverletzungen etablieren, die teilweise an die Stelle der bisherigen Störerhaftung tritt (vgl. Rn. 154 ff., vgl. Rn. 159a). Zum Haftungskonzept des EuGH eingehend vgl. Rn. 150 ff. Über dies sind die **Haftungsprivilegien für Internetprovider in Art. 12 bis 15 E-Commerce-RL** (§§ 7 bis 10 TMG) ebenfalls europarechtlich **harmonisiert** (vgl. Rn. 187).

1. Täter

145 Die Ansprüche richten sich zunächst gegen denjenigen, der die Rechtsverletzung selbst **als Täter** begangen hat. Dafür ist auf die strafrechtlichen Grundsätze zurückzugreifen (BGH GRUR 2011, 1018 Tz. 17 – *Automobil-Online-börse*). Der **objektive Tatbestand**, der die Zuwiderhandlung ausmacht, und der **subjektive Tatbestand** müssen verwirklicht sein. Als Verletzungshandlung kommt sowohl **positives Tun** als auch ein **(pflichtwidriges) Unterlassen** in Betracht (vgl. Rn. 18). Ergänzend gelten die **deliktsrechtlichen Regelungen des BGB** (vgl. Rn. 144), insbesondere § 830 BGB. **Minderjährige** haften nach § 828 BGB, nicht nach §§ 104 ff. BGB (BGH ZUM 2011, 493 Tz. 5 – *Zulassungsgründe*); zur täterschäftlichen Haftung von Minderjährigen eingehend OLG Hamburg ZUM-RD 2007, 344, 345. Eltern haften für ihre minderjährigen Kinder nach § 832 Abs. 1 S. 1 Fall 1 BGB als Täter, wenn sie ihre Aufsichtsplicht verletzen (BGH GRUR 2016, 184 Tz. 29 ff. – *Tauschbörse II*; BGH GRUR 2013, 511 Tz. 13 – *Morpheus*).

145a a) **Alleintäter (§ 25 Abs. 1, 1. Alt StGB):** Für die Täterschaft gem. § 25 Abs. 1, 1. Alt StGB genügt es, wenn der Täter die objektiven Tatbestandsmerkmale für die Rechtsverletzung **selbst erfüllt** (BGH GRUR 2013, 1229 Tz. 29 – *Kinderhochstühle im Internet II*; BGH GRUR 2011, 1018 Tz. 17 – *Automobil-Onlinebörse*; Schricker/Loewenheim/*Leistner*[5] Rn. 59). Wer z.B. lediglich eine **Software zur Verfügung stellt**, mit der Urheberrechtsverletzungen begangen werden, ist kein Täter gem. § 25 Abs. 1, 1. Alt. StGB, weil die Nutzer die Verletzung selbst begehen (BGH GRUR 2011, 1018 Tz. 19 – *Automobil-Onlinebörse*). Bei der Planung und Errichtung urheberrechtsverletzender Bauwerke ist der **Architekt Täter**; der **Bauherr** trägt nur die wirtschaftliche Verantwortung, kann jedoch Mittäter (vgl. Rn. 146) sein, wenn er die Pläne kennt, gutheißt und danach bauen lässt (s. LG Oldenburg v. 5.6.2013 – 5 O 3989/ 11, S. 8 f.; Schricker/Loewenheim/*Leistner*[5] Rn. 61). Zur wertenden Betrachtung bei Hilfspersonen vgl. Rn. 148 ff. Da juristische Personen nur durch **natürliche Personen** handeln können, ist Täter also erst einmal ihr handelnder Vertreter (dazu *Klaka* GRUR 1988, 729). Für die Haftung der **juristischen Person** bedarf es besonderer Zurechnungsnormen (vgl. Rn. 177 ff.). Der gesetzliche Vertreter selbst haftet als Täter auch dann, wenn er nur einen Beschluss eines anderen Organs – z.B. des Aufsichtsrats – ausgeführt hat (OLG Hamburg GRUR-RR 2006, 182, 184 – *Miss 17*; *Klaka* GRUR 1988, 729).

145b Täter einer illegalen **Vervielfältigung** (§ 16) ist, wer die Kopien selbst anfertigt; zu weiteren Details des Vervielfältigungsbegriffs vgl. § 16 Rn. 9 ff. Den **Verbreitungstatbestand** (§ 17) erfüllt derjenige, der das Original oder ein Vervielfältigungsstück anbietet, in Verkehr bringt oder zumindest bewirbt (vgl. § 17 Rn. 11 ff.). Beim **Vorführungsrecht** (§ 19 Abs. 4) die Person, die das Werk öffentlich wahrnehmbar macht (vgl. § 19 Rn. 27 ff.), und beim **Senderecht** die Person, die bei wertender Betrachtung Kontrolle und Verantwortung für den Sendevorgang ausübt (vgl. § 20 Rn. 10 ff.), für die Europäische Satellitensendung ist das das Sendeunternehmen nach § 20a Abs. 3 (vgl. § 20a Rn. 8 ff.) und für die Kabelweitersendung gem. § 20b das Kabelunternehmen (vgl. § 20b Rn. 10 ff.). Beim öffentlichen Zugänglichmachen haftet derjenige als Täter, der den Upload veranlasst (vgl. § 19a Rn. 9). Das **europäische Haftungskonzept** bezieht in den Täterbegriff bei der **öffentlichen Wiedergabe** jedoch auch noch weitere Personen als Täter ein, vgl. Rn. 150 ff. Zu **weiteren Hilfspersonen, Infrastrukturprovidern** und **Gliedern der Vertriebskette** vgl. Rn. 148a ff.

Die täterschaftliche Haftung wurde außerdem teilweise **Eigenhändlern als** **145c** **nachgeordneten Gliedern der Vertriebskette** – vor allem für **Internethandelsplattformen, die im eigenen Namen verkaufen** – in Frage gestellt. Nach Auffassung des LG Berlin ist ein Buchhändler, der ein rechtsverletzendes Buch veräußert, kein Täter (LG Berlin GRUR-RR 2009, 216 – *Buchhändlerhaftung*), sondern allenfalls Störer (dazu vgl. Rn. 159a). Der Buchhändler handle insoweit als „Werkzeug des eigenverantwortlich handelnden Verlages". Jedoch erfolgt bei wertender Betrachtung kein untergeordneter Beitrag des Buchhändlers. Er ist deshalb Täter. Der Buchhändler veräußert das Buch im eigenen Namen und auf eigene Rechnung (BGH GRUR 2016, 493 Tz. 20 – *Al Di Meola*; LG Hamburg ZUM-RD 2013, 651, 654; LG Hamburg GRUR-RR 2011, 249 – *Online-Buchhändler*). Die Haftung des Eigenhändlers als Täter entfällt auch nicht bei Berücksichtigung der Kunstfreiheit aus Art. 5 Abs. 3 S. 1 GG oder wegen Art. 14 GG durch den Umstand, dass z. B. die Internethandelsplattform alle von ihr angebotenen Werkstücke einer Überprüfung unterziehen muss. Es überwiegt das Interesse der Rechteinhaber, rechtswidrige Nutzungshandlungen im Onlinehandel zu unterbinden, solange die Plattform die rechtswidrigen Angebote unschwer identifizieren kann (BGH GRUR 2016, 493 Tz. 25 – *Al Di Meola*; a. A. noch LG Hamburg, 3. ZK, GRUR-RR 2011, 249 – *Online Buchhändler*; *v. Walter* FS Wandtke S. 555). Entsprechendes muss auch für andere Branchen wie den Video- oder Computerspielhandel gelten. Sie müssen sich ggf. vertraglich bei ihren jeweiligen Lieferanten schadlos halten. **Zeitungen** und **andere, die für fremde** (urheberrechtswidrige) **Werbung Werbeplatz vergeben,** haften jedoch nicht als Täter, sondern nach Kenntnis allenfalls als Störer (BGH GRUR 1999, 418 – *Möbelklassiker*; zum Presseprivileg bei der Haftung vgl. Rn. 183). Zur täterschaftlichen Haftung von Handelsplattformen für fremde Angebote vgl. Rn. 148a ff., zur Störerhaftung vgl. Rn. 160 ff.

b) Mittäter (§ 25 Abs. 2 StGB): Handeln mehrere Personen, können sie Mittä- **146** ter sein (§ 25 Abs. 2 StGB, § 830 Abs. 1 BGB); dafür müssen sie bewusst und gewollt als Mittäter zusammenwirken. Als Mittäter kommen insb. Personen in Betracht, die nicht wie der eigentliche Täter alle objektiven Tatbestandsmerkmale selbst verwirklichen. Vielmehr handelt mittäterschaftlich, wer seinen eigenen Tatbeitrag so in die Tat einfügt, dass dieser Beitrag als Teil der Handlung eines anderen Beteiligten und umgekehrt dessen Handeln als Ergänzung des eigenen Tatanteils erscheint. Stets muss sich die Mitwirkung nach der Willensrichtung des als Mittäter in Anspruch genommenen als Teil der Tätigkeit aller darstellen (BGH GRUR 2017, 273, Tz. 13 – *kinox.to*). Insoweit kann sogar genügen, wenn der Mittäter die Tat beauftragt (s. BGH GRUR 1994, 363, 365 – *Holzhandelsprogramm*, i. E. offen, ob Mittäter oder Anstifter) oder sie nur vorbereitet und unterstützt (BGH GRUR 2017, 273, Tz. 13 – *kinox.to*). Im Regelfall wird dann auch eine Anstiftung gegeben sein; wegen der Gleichstellung in § 830 Abs. 2 BGB ist eine Unterscheidung irrelevant. Mittäterschaft besteht nicht nur dann, wenn mehrere Verletzer gemeinschaftlich gehandelt haben, sondern auch dann, wenn **jeder selbstständig** in gewolltem Zusammen-wirken eine **Ursache für die Rechtsverletzung** gesetzt hat. Ursächlich, also *conditio sine qua non*, war das Verhalten, wenn ein sog. **adäquater Kausalzusammenhang** zwischen dem beanstandeten Verhalten und der Rechtsverletzung besteht (ständige Rspr. seit BGHZ 42, 118, 124 – *Personalausweise beim Tonbandgerätekauf*; s.a. OLG Hamburg ZUM 1996, 687, 688 f. für die Mitwirkung bei der Verbreitung von Raubkopien; Spindler/Schuster/*Spindler*[3] Rn. 16). Deshalb sind z. B. bei einem Roman, der ein Plagiat enthält, der Autor, der das fremde Werk unter seinem eigenen Namen in Verlag gibt, der Verleger, der es vervielfältigt und verbreitet, Mittäter der begangenen Rechtsverletzung. Existiert – wie z. B. häufig bei periodischen Druckwerken – ein Herausgeber, ist er ebenfalls Mittäter. Zu den Mittätern sind auch die weiteren Glieder der Vertriebskette wie Groß- und Einzelhändler zu zählen (vgl. Rn. 145c). Beseitigungs-, Unterlassungs- und Auskunftsansprüche können gegen alle erhoben werden (vgl. Rn. 151); erst beim Anspruch auf Schadensersatz ist die weitere Frage zu prüfen, ob die Rechtsverletzung von dem in Anspruch Genommenen verschuldet ist (zur Sorgfaltspflicht des Autors, des Verlegers und der Händler vgl. Rn. 64). Auch haftet neben demjenigen, der die ungenehmigte Aufführung eines geschützten Werkes selbst in Gang gesetzt hat, also z. B. der ausführenden Band, als Mittäter auch der Veranstalter, d. h. derjenige, der die Aufführung angeordnet hat und für sie in organisatorischer und finanzieller Hinsicht verantwortlich ist (BGH GRUR 1956, 515, 516 – *Tanzkurse* m. w. N.; OLG München GRUR 1979, 152 – *Transvestiten-Show*; KG GRUR 1959, 150 f. – *Musikbox-Aufsteller* m. w. N.). Kennzeichen dafür ist neben dem wirtschaftlichen Interesse vor allem der Einfluss auf die Programmgestaltung, sei es auch nur durch Beschränkung der dem Aufführenden zur Verfügung gestellten Auswahl an Stücken (KG a. a. O.). Er haftet allerdings nicht für die Rechtmäßigkeit der Benutzung von Noten, die das Orchester selbst mitbringt (BGH GRUR 1972, 141, 142 – *Konzertveranstalter*). Mittäter ist auch der „Lizenzgeber" für die illegale Vervielfältigung und Vermietung von Videos (s. BGH GRUR 1987, 37, 39 – *Videolizenzvertrag* ohne ausdrückliche Benennung, ob Täter oder Teilnehmer). Betreiber von Link-Sammlungen, die mit Uploadern zusammenarbeiten, um illegale Inhalte öffentlich über von den Uploadern genutzte File-Hoster zugänglich zu machen, haften als Mittäter gemeinsam mit den Uploadern (BGH GRUR 2017, 273, Tz. 15 ff. – *kinox.to*). Eine mittäterschaftliche Urheberrechtsverletzung begehen auch Uploader in Tauschbörsen, die Dateifragmente („Chunks") zur Verfügung stellen, aus denen der Downloader eine funktionsfähige Datei mit dem geschützten Gegenstand zusammensetzen kann (OLG Köln GRUR-RR 2016, 399; so jetzt auch BGH v. 26.2.2018, I ZR 186/16). Nach dem Europäischen Haftungsmodell kommt darüber hinaus auch die Haftung von sekundär Verantwortlichen als Mittäter in Betracht, selbst wenn sie keine Tatherrschaft haben, vgl. Rn. 150 ff. Das gilt insbesondere für **Linksetzer** (vgl. Rn. 166), **Suchmaschinen** (vgl. Rn. 167) und **Hostprovider** (vgl. Rn. 150c ff.).

147   c) **Mittelbare Täter** (**§ 25 Abs. 1, 2. Alt StGB**): Auch mittelbare Täter werden erfasst, also Täter, die die Verletzungshandlung durch einen (nicht als Täter qualifizierten) Dritten verüben (§ 25 Abs. 1, 2. Alt. StGB). Das setzt Tatherrschaft voraus. Diese fehlt, wenn Dritte eigenverantwortlich über die Urheberrechtsverletzung bestimmen (BGH GRUR 2011, 1018 Tz. 21 – *Automobil-Onlinebörse*), z. B. wenn Dritte eine Software zu Urheberrechtsverletzungen verwenden. Dann kommt aber bei Vorsatz des mittelbaren Verursachers Mittäterschaft (vgl. Rn. 146) oder Teilnahme (vgl. Rn. 154 ff.) in Betracht. Als mittelbarer Täter ist jedoch anzusehen, wer z. B. durch irreführende Angaben über die tatsächliche Lage eine Rechtsverletzung herbeiführt oder jedenfalls eine entsprechende Gefahr begründet (Schricker/Loewenheim/*Leistner*[5] Rn. 63; Dreier/

Schulze/*Dreier*/*Specht*[5] Rn. 23). Ein Beispiel wäre die unzutreffende Behauptung durch Notenlieferanten, man könne „tantiemefreie Tanzmusik" an Gastwirte usw. liefern, sodass es zu illegalen Aufführung eines Musikwerkes kam (s. BGH GRUR 1955, 351, 354 – *GEMA*).

d) Subjektiver Tatbestand: Der Täter muss seine Tat **willentlich** begangen haben. Mittäter müssen also, wenn sie nicht selbst den objektiven Tatbestand vollständig verwirklichen, Kenntnis von den Tatbeiträgen der anderen Mittäter haben. Dass er damit **Unrecht** tue, braucht dem Täter aber **nicht bewusst** gewesen zu sein (OLG Hamburg ZUM-RD 2007, 344, 345; KG *Erich Schulze* KGZ 56, 12 f. – *Zille-Ball*); in Fällen fehlenden Unrechtsbewusstseins kommt zumindest Fahrlässigkeit in Betracht, kann ausnahmsweise das z. B. für den Schadensersatzanspruch erforderliche Verschulden fehlen (vgl. Rn. 61 ff.).

148

e) Abgrenzung (Hilfspersonen, Infrastrukturprovider): Eine **wertende Betrachtung**, ob eine täterschaftliche Verletzung vorliegt, wird in Grenzfällen erforderlich. Dabei handelt es sich weniger um eine „sozialtypische" (so Dreier/Schulze/*Dreier*/*Specht*[5] Rn. 32), sondern um eine normative Bewertung. Kein Täter ist, wer als unselbständige **Hilfsperson aufgrund einer untergeordneten Stellung keine eigene Entscheidungsbefugnis** hat (BGH GRUR 2016, 493 Tz. 20 – *Al Di Meola* m. w. N.; Dreier/Schulze/*Dreier*/*Specht*[5] Rn. 32), z. B. bei **Boten und Briefträgern** (Dreier/Schulze/*Dreier*/*Specht*[5] Rn. 32), anderen reinen Zustellern (wie z. B. Spediteuren), **Plakatklebern, Prospektverteilern** (Köhler/Bornkamm/ *Köhler*/*Feddersen*[35] § 8 UWG Rn. 2.15b), wohl auch bei Presseorganen, soweit sie Anzeigen für Kunden veröffentlichen (vgl. Rn. 183), oder bei **Vermietern** (sofern ohne inhaltlichen Einfluss auf Mieter; s. LG Düsseldorf NJOZ 2012, 1939, 1940 m. w. N. zum Streitstand; AG Bremen GRUR-RR 2004, 163; jedoch BGH GRUR 1995, 601 – *Bahnhofs-Verkaufsstellen*). Zur Störerhaftung vgl. Rn. 174b. Reine Drucker und Kopierwerke, die nur im Lohnauftrag handeln, sollten im Regelfall nur unselbständige Hilfspersonen des Auftraggebers sein (s. BGH GRUR 1982, 102, 103 – *Masterbänder*), ferner angeblich auch Buchhandlungen, die für Lesungen Dritter in der eigenen Buchhandlung Broschüren dieses Dritten mit urheberrechtswidrigen Fotos auslegen (OLG Thüringen GRUR-RR 2011, 7, zw.). Täter sind aber Eigenhändler, weil sie nicht bloß untergeordnet tätig sind (BGH GRUR 2016, 493 Tz. 20 – *Al Di Meola*); vgl. Rn. 145c. **Theaterbetreiber** haften als Veranstalter täterschaftlich im Sinne von § 13b Abs. 1 UrhWahrnG a. F., wenn sie hinreichend an der Aufführung mitwirken, z. B. den Saal für die Aufführung zur Verfügung stellen, die Veranstaltungsbesucher bewirten, die Bewirtungserlöse vereinnahmen und für die Aufführung im eigenen Veranstaltungskalender werben (BGH GRUR 2015, 987 Tz. 15 ff. – *Trassenfieber*).

148a

Bei technischen Infrastrukturprovidern ist nach der bisherigen Rechtsprechung zu differenzieren: Weist das UrhG ihren Tätigkeiten besondere Verwertungsrechte zu, sind sie als Täter qualifiziert; das gilt z. B. für die **Betreiber von Kabelnetzen**, deren Tätigkeit § 20b erfasst (s. BGH GRUR 1988, 208, 209 – *Kabelfernsehen II*, noch vor Einführung des § 20b). Das Gleiche gilt für Internetprovider, die aus der selbständigen Einspeisung von Fernsehsignalen in das Internet zur dortigen Weitersendung ihr Geschäftsmodell bilden. Ansonsten sind technische Infrastrukturprovider unbeachtliche Hilfspersonen, wenn sie nur neutral und passiv die technischen Voraussetzungen für eine (fremde) Verletzung bereitstellen und betreiben (BGH GRUR 2010, 530 Tz. 23 – *Regio-Vertrag*). Nicht als Täter qualifizierte Hilfsperson ist damit, wer die für eine illegale Aufführung erforderlichen äußeren Vorkehrungen trifft, also z. B. der **Stromversorger**, der den Strom für die Musikbox liefert (KG GRUR 1959, 150 f. – *Musikbox-Aufsteller*). Auch der bloße **Softwareprovider** ist kein Täter der von den Nutzern begangenen Verletzungen (BGH GRUR 2011, 1018

148b

Tz. 19 – *Automobil-Onlinebörse*; BGH GRUR 2009, 842 Tz. 13 – *Cybersky*),
der **Internetzugangsprovider** kein Täter eines rechtsverletzenden Uploads seines
Kunden in das Internet, der **Inhaber eines Internetanschlusses** kein unmittelbarer Täter, wenn er die Verletzung nicht selbst begangen hat, sondern nur ein
den Anschluss nutzender Dritter (BGH GRUR 2010, 633 Tz. 10 ff. – *Sommer
unseres Lebens*); aber vgl. Rn. 152. Der Betreiber eines virtuellen Online-Vi-
deorecorders, der separate Kopien von Fernsehsendungen für jeden Nutzer als
dessen notwendiges Werkzeug vollautomatisch speichert, haftet nicht als Täter
einer Vervielfältigungshandlung, aber einer (Weiter-)Sendung an seine Nutzer
(BGH GRUR 2009, 845 Tz. 17–23, 33 – *Internet-Videorecorder*, zw. im Hinblick auf Vervielfältigung). Auch ein **Provider von Speicherplatz** im Internet
qualifiziert sich nicht als Täter einer Vervielfältigung oder öffentlichen Zugänglichmachung durch seine Kunden (BGH GRUR 2013, 370 Tz. 16 – *Alone in
the Dark*). **Internetauktionshäuser**, die nur Dritten ein Angebot ermöglichen,
keine Täter einer Verbreitung (s. BGH GRUR 2007, 708, 710 Tz. 28 – *Internet-Versteigerung II* zum Markenrecht). Eigenhändler sind aber Täter im Fall
einer unzulässigen Verbreitung, vgl. Rn. 148a.

148c Bislang qualifizierte sich ein **Infrastrukturprovider** noch nicht einmal dann als
Täter, wenn er **seine neutrale und passive Vermittlerstellung verlasst** (BGH
GRUR 2013, 1229 Tz. 29 ff. – *Kinderhochstühle im Internet II*), solange kein
Vorsatz im Hinblick auf die konkrete Verletzung besteht. Hosting-Plattformen,
deren Funktionsumfang des Inhalteangebots (Suche/Kategorisierung nach Gen-
res/Filterung/Markierung/Playlisten/Abspielfunktionen/Empfehlungen   an
Dritte usw.) weit über die Notwendigkeiten und die Stellung eines Host-Providers hinausgeht, fallen zwar wegen ihrer aktiven Rolle aus dem Privileg des
§ 10 TMG heraus (vgl. Rn. 187), sollen aber dennoch nicht als Täter haften
(OLG Hamburg ZUM-RD 2016, 83 juris Tz. 346 ff. – *YouTube*; OLG München GRUR 2016, 612 – *Allegro Barbaro*). Das läuft allerdings dem **Europäischen Haftungsmodell des EuGH** zuwider, der insbesondere im Bereich der
öffentlichen Wiedergabe bei einer „deliberate intervention" des Providers und
Verletzung von Verkehrspflichten eine täterschaftliche Haftung annimmt, vgl.
Rn. 150 ff.

148d **Anderes gilt,** wenn der **Infrastrukturdienstleister in der Auftraggeberrolle** agiert
und der Auftragnehmer, der die urheberrechtlich relevante Handlung veran-
lasst, das „notwendige Werkzeug" oder „verlängerter Arm" des Auftraggebers
ist (BGH GRUR 2010, 530 Tz. 26 – *Regio-Vertrag* m. w. N.). Dann ist der
Auftraggeber Täter. Ein Beispiel sind als Täter haftende Spediteure, die als
Hilfsorgan eines Verkäufers im Inland urheberrechtsverletzende Möbel in das
Inland verbringen, auch wenn eigentlich der Käufer den Spediteur beauftragt
(BGH GRUR 2011, 227 Tz. 24 – *Italienische Bauhausmöbel*). Hierhin gehört
auch der Fall, dass eine **Hosting-Plattform eine einheitliche Gestaltung der gehosteten Fremdangebote Dritter vorgibt.** Wenn z. B. der Amazon-Marketplace
einheitliche Fotos für Fremdangebote Dritter vorschreibt, handelt er im Hinblick auf die verletzende Nutzung der Lichtbilder als Täter (KG GRUR-RR
2016, 265 – *Davidoff-Parfum*; OLG München GRUR-RR 2016, 316 – *Freizeitrucksack*; OLG Düsseldorf ZUM 2016, 869 juris Tz. 25 – *Bevorzugter Händler*). Besser sollten solche Fälle allerings beim Zueigenmachen (vgl. Rn. 149)
eingeordnet werden (*Hohlweck* ZUM 2017, 109, 113). Der Händler haftet auf
solchen Plattformen als Störer dafür, dass er sein Angebot auch ohne Kenntnis
einer rechtsverletzenden Manipulation regelmäßig überprüft (BGH GRUR
2016, 936 Tz. 22 ff. – *Angebotsmanipulation bei Amazon*, zum MarkenG); zur
Störerhaftung vgl. Rn. 150 ff.

149 f) **Zurechnunggründe (insb. Zueigenmachen fremder Inhalte; Rechtsschein; El-
ternhaftung):** Für eigene Inhalte besteht grundsätzlich eine Täterhaftung. Ei-

gene Inhalte liegen auch vor, wenn **eigene Mitarbeiter** den rechtsverletzenden Inhalt für das Unternehmen nutzen (BGH v. 4.7.2013 – I ZR 39/12, Tz. 20 – *Terminhinweis mit Kartenausschnitt*). Aus Sicht von Hilfspersonen oder Infrastrukturprovidern liegen jedoch im Regelfall für sie **fremde Inhalte** vor. Wer sich fremde rechtsverletzende Inhalte **zu Eigen macht,** der haftet wie ein Täter (BGH GRUR 2010, 616 Tz. 32 – *marions-kochbuch.de*), auch wenn es sich eigentlich um Hilfspersonen oder Infrastrukturprovider handelt (vgl. Rn. 148 ff.). Das lässt sich im Umkehrschluss aus § 10 TMG herleiten, der Hostprovider nur für fremde Inhalte haften lässt; eine Parallele besteht auch im Presserecht, das die Presse für Inhalte Dritter wie der Äußernde selbst haften lässt, wenn sie sich Äußerungen zu Eigen macht (s. BGH GRUR 2013, 312 Tz. 14 – *IM-Christoph*; BGH GRUR 2010, 458 Tz. 9 ff. m. w. N.), wobei allerdings möglicherweise wegen der presserechtlichen Spezialthematik andere Grundsätze als im Urheberrecht gelten. Im Urheberrecht ist maßgeblich für ein Zueigenmachen eine objektive Sicht auf der Grundlage einer **Gesamtbetrachtung aller relevanten Umstände,** also ob **ein verständiger Internetnutzer** den **Eindruck** gewinnt, es handele sich um eigene Inhalte, weil „tatsächlich und nach außen sichtbar" die inhaltliche Verantwortung übernommen wurde (BGH GRUR 2010, 616 Tz. 23 f. – *marions-kochbuch.de*). Ein Zueigenmachen liegt vor, wenn der Provider nach dem Eindruck des verständigen Internetnutzers die Kontrolle über die Inhalte ausübt (*Specht* ZUM 2017, 114, 117). Allerdings ist bei der Annahme einer Identifikation mit fremden Inhalten grundsätzlich Zurückhaltung geboten (BGH GRUR 2015, 1129 Tz. 25 – *Hotelbewertungsportal*); Eigene Inhalte sind **Internetzeitungen,** auch wenn einzelne Artikel mit dem Namen von Redakteuren gekennzeichnet sind. Bei **Hostprovidern** (vgl. Rn. 160 ff.), die Inhalte ihrer Nutzer veröffentlichen (user generated content, z. B. Filme, Musik, Fotos), sprechen folgende Punkte für eigene Inhalte: Redaktionelle Sichtung durch den Provider (z. B. Überprüfung von in Portal eingestellten Nutzerbewertungen auf Vollständigkeit und Richtigkeit: BGH GRUR 2017, 844 Tz. 18 ff. – *Klinikbewertungen*); die von Nutzern hochgeladenen Inhalte bilden den redaktionellen Kerngehalt der Site; die hochgeladenen Inhalte werden sogar mit der Marke (Logo) des Providers versehen; in seinen allgemeinen Geschäftsbedingungen lässt sich der Provider das Recht einräumen, dass alle von den Nutzern zur Verfügung gestellten Inhalte durch den Provider selbst oder durch Dritte genutzt werden dürfen (BGH GRUR 2010, 616 Rz. 24 ff. – *marions-kochbuch.de*), nach Aufruf von user generated content wird Werbung durch den Provider eingeblendet (OLG Hamburg MMR 2011, 49 Tz. 38, zit. nach juris – *sevenload*), der Provider gewährt im eigenen Namen gegen Entgelt die Möglichkeit, die Inhalte zu nutzen, z. B. Fotos auszudrucken (OLG Hamburg ZUM 2009, 642, 644 – *Gitarrist im Nebel*). Es ist dann unerheblich, dass die Inhalte als „fremde Inhalte" gekennzeichnet werden (BGH GRUR 2010, 616 Tz. 27 – *marions-kochbuch.de*). Auch Hosting-Plattformen, die eine einheitliche Gestaltung der gehosteten Fremdangebote Dritter vorgeben, machen sich diese Inhalte zu Eigen (vgl. Rn. 148d). Für Internetauktionsdienste (BGH GRUR 2004, 860, 862 – *Internet-Versteigerung*) hat der BGH ein Zueigenmachen verneint. Auch für die Videoplattform YouTube wird ein Zueigenmachen von der Rechtsprechung bislang abgelehnt (OLG Hamburg ZUM-RD 2016, 83 juris Tz. 187 ff. – *YouTube*; OLG München GRUR 2016, 612 juris Tz. 45 ff. – *Allegro Barbaro*; dazu auch *Leistner* ZUM 2012, 722, 731; *Krüger/Apel* MMR 2012, 144, 147). Beim **Framing** macht sich der Framende das geschützte Werk zu eigen (BGH GRUR 2013, 818 Tz. 27 – *Die Realität I*; vgl. § 19a Rn. 23c), genauso wie bei konzerninternen Verlinkungen auf eine Website mit derselben Firma und demselben Geschäftszweck (OLG Frankfurt K&R 2017, 588, 589). Demgegenüber liegt in der **„Teilen"-Funktion in sozialen Netzwerken** kein Zueigenmachen (OLG Frankfurt GRUR-RR 2016, 307). Weitere Praxis bei Spindler/Schuster/*Hoffmann*[3] § 7 TMG

Rn. 15 ff. – Das deutsche Konzept des Zueigenmachens findet im (urheberrechtlichen) **Europarecht** keine Stütze. Dort stehen vielmehr das aktive Handeln zur Zugangsgewährung und die Verletzung von Verkehrspflichten im Vordergrund. Das gilt insbesondere in allen Linking-Fällen, aber auch für Hostingprovider (vgl. Rn. 150 ff.; speziell zum Linking vgl. Rn. 166 f.). **Das Konzept des Zueigenmachens kann deshalb nur eingeschränkt forttbestehen.** Liegt ein Zueiegnmachen vor, spricht dies für eine „deliberate intervention" des Providers und damit für das Bestehen von Verkehrspflichten (vgl. Rn. 150c). Allerdings kann eine täterschaftliche Haftung auch unterhalb der Schwelle des Zueigenmachens nach europäischem Recht gegeben sein, wenn eine „deliberate intervention" aus anderen Gründen gegeben ist.

149a Eine täterschaftliche Haftung kann außerdem in Betracht kommen, wenn **andere „allgemeine Zurechnungsgründe"** vorliegen. Nach der *Halzband*-**Rechtsprechung** des BGH haftet der Inhabers eines eBay-Kontos als täterschaftlicher Mitverursacher von Urheberrechtsverletzungen, die seine Ehefrau über das Konto begangen hatte (BGH GRUR 2009, 597 Tz. 16 – *Halzband*). *Leistner* nennt das zutreffend **„Account-Haftung"** (Schricker/Loewenheim/*Leistner*[5] Rn. 66), wobei es allerdings noch andere Fälle der Rechtsscheinshaftung geben kann. Jedenfalls braucht nicht – wie sonst für Mitverursacher, die eigentlich keine Täter sind – auf die Störerhaftung zurückgegriffen zu werden (vgl. Rn. 154 ff.). Ein „allgemeiner Zurechnungsgrund" wird vom BGH aber keinesfalls großzügig angenommen. Nach späterer Aussage des BGH beruhte die Zurechnung in *Halzband* auf dem Gedanken, dass der mittelbar Verursachende den Rechtsschein gesetzt hat, selbst tätig zu werden (BGH GRUR 2010, 633 Tz. 14 – *Sommer unseres Lebens*). Ein solcher Rechtsschein sei nicht gegeben bei einer vom Inhaber eines Internetzugangs nicht autorisierten Nutzung des Zugangs. Richtigerweise sollten die Fälle einer Zurechung wegen Rechtsscheins als täterschaftliche Haftung aufgrund Verkehrspflichtverletzung eingeordnet werden (*Leistner* GRUR-Beil. 1/2010, 1 6 ff.; Schricker/Loewenheim/*Leistner*[5] Rn. 66 m. w. N. zur Kritik); das gilt auch im Europäischen Haftungsmodell (vgl. Rn. 150 ff.).

149b **Eltern** haften für ihre minderjährigen Kinder nach § 832 Abs. 1 S. 1 Fall 1 BGB als Täter, wenn sie ihre Aufsichtsplicht verletzen (BGH GRUR 2016, 184 Tz. 29 ff. – *Tauschbörse II*; BGH GRUR 2013, 511 Tz. 13 – *Morpheus*). Vgl. Rn. 172.

150 **g) Neues Europäisches Haftungmodell – Verletzung von Verkehrspflichten:** Bei mittelbaren Verursachern oder Mitverursachern von Rechtsverletzungen kann die Frage, ob sie als Täter haften, nur durch Wertung beantwortet werden. Die Wertung, wer als Täter haften sollt, bezieht sich maßgeblich auf die durch die Handlung **tangierten urheberrechtlichen Normen**, insbesondere auf die tangierten **urheberrechtlichen Verwertungsrechte** der §§ 15 ff. und der ggf. einschlägigen **Schrankenbestimmungen** der §§ 44a ff. (BGH GRUR 2009, 845 Tz. 17 – *Internet-Videorecorder*). Eine solche wertende Betrachtung kann nicht nach nationalen Maßstäben erfolgen (a. A. noch BGH GRUR 2013, 1229 Tz. 30 – *Kinderhochstühle im Internet II*, unter Berufung auf EuGH GRUR 2011, 1025 Tz. 116, 118 – *L'Oréal/eBay*; dagegen *Stieper* ZUM 2017, 132, 138; *Leistner* ZUM 2016, 580, 582; *v. Ungern-Sternberg* GRUR 2012, 576, 581; *Jan Bernd Nordemann* GRUR 2011, 977, 979). Denn ein großer Teil der Verwertungsrechte und die Schrankenbestimmungen sind durch Art. 2 ff. Info-RL harmonisiertes EU-Recht. Dementsprechend entwickelt der EuGH derzeit ein eigenes wertendes **europäisches Haftungsmodell**, das auch Fälle einbezieht, die im deutschen Recht bislang als sekundäre Haftung von Teilnehmern oder Störern eingestuft wurden (so auch *Leistner* GRUR 2017, 755; *Jaworski/Jan Bernd Nordemann* GRUR 2017, 567, 571; *Tolkmitt* FS Büscher 2018 S. 249, 258 ff.;

Ohly, FS Schulze, 2017, S. 387, 394; *ders.* ZUM 2017, 793 ff.; *ders.* GRUR 2018, 187, 188; *Conrad /Schubert* ZUM 2018, 132, 134). Die Fälle betreffen bislang das harmonisierte Verwertungsrecht der **öffentlichen Wiedergabe** (Art. 3 Abs. 1 Info-RL) und dort die **Haftung von Internetprovidern** (EuGH GRUR 2016, 1152 – *GS Media/Sanoma*; EuGH GRUR 2017, 610 – *Brein/ Wullems „Filmspeler"*; EuGH GRUR 2017, 790 – *Brein/Ziggo „The Pirate-Bay"*); eingehend vgl. Rn. 150a. Es kann jedoch auch auf andere voll harmonisierte Verwertungsrechte wie das **Vervielfältigungs- und Verbreitungsrecht** übertragen werden. Auch im Bereich der nicht harmonisierten Verwertungsrechte (z. B. öffentliche Wiedergabe gegenüber Anwesenden; s. *Jan Bernd Nordemann* GRUR 2016, 245) sollte das europäische Haftungskonzept zur Vermeidung einer überkomplexen urheberrechtlichen Lage Anwendung finden.

Der **EuGH** sah sich im Rahmen der Auslegung des Verwertungsrechts der öffentlichen Wiedergabe schon seit langem gezwungen, auch Haftungsfragen zu erörtern. Beispielsweise stellt es einen eigenen (täterschaftlichen) Eingriff in das Recht der öffentlichen Wiedergabe dar, wenn die Wiedergabe in einem „neuen technischen Verfahren" erfolgt und „Öffentlichkeit" vorliegt (EuGH GRUR 2016, 60 Tz. 17 – *SBS/SABAM*; EuGH GRUR 2013, 500 Tz. 24 ff. – *ITV/ TVCatchup*; *Leistner* GRUR 2017, 755, 758; *Jan Bernd Nordemann* GRUR 2016, 245, 246). Ausgangspunkt der neusten Entwicklung beim EuGH war jedoch die Entscheidung **GS Media/Sanoma**. Dort entschied der EuGH, dass im Fall des Hyperlinkings der Verlinkende grundsätzlich eine öffentliche Wiedergabehandlung begehe, wenn er weiß oder hätte wissen müssen, dass der Link auf einen rechtswidrigen Inhalt geht. Für Verlinkende, die in Gewinnerzielungsabsicht handeln, gilt nach dem EuGH sogar eine Vermutung, dass ein solches Setzen von Hyperlinks in voller Kenntnis der fehlenden Erlaubnis des Urheberrechtsinhabers erfolgt ist (EuGH GRUR 2016, 1152 Tz. 39 ff. – *GS Media/Sanoma*). In **Brein/Wullems „Filmspeler"** bestätigte der EuGH diese Grundsätze und kam zu einer (täterschaftlichen) Haftung eines Verkäufers von Mediaplayern, auf denen Hyperlinks auf rechtswidrige Inhalte vorinstalliert waren (EuGH GRUR 2017, 610 Tz. 49 ff. – *Brein/Wullems „Filmspeler"*). In einer weiteren Entscheidung **Brein/Ziggo „The PirateBay"** entschied der EuGH, dass die Internetplattform *The PirateBay* das Recht der öffentlichen Wiedergabe selbst verletze, obwohl es sich um eine Plattform handelt, auf der nur Metainformationen (vergleichbar mit Hyperlinks) veröffentlicht werden, die von den Nutzern selbst hochgeladen werden. Insoweit hilft *The PirateBay* lediglich dabei, dass sich Nutzer des BitTorent-Netzwerks (Tauschbörse) finden. Dennoch verletzt die Plattform nach dem EuGH selbst Rechte der öffentlichen Wiedergabe. *The PirateBay* handele vorsätzlich, um Dritten Zugang zu geschützten Werken zu gewähren, indem die Plattform die BitTorrent-Dateien indexierte und erfasste, um den Nutzern der Plattform zu ermöglichen, diese Werke aufzufinden und sie im Rahmen einer Tauschbörse zu teilen; ohne die Plattform wäre das Teilen „zumindest komplexer" (EuGH a. a. O. Tz. 36 – *Brein/Ziggo „The PirateBay"*). Außerdem teile der Index die aufgelisteten Werke auf der Grundlage ihrer Art, ihres Genres oder ihrer Popularität in verschiedene Kategorien ein, wobei die Betreiber überprüften, dass ein Werk in die richtige Kategorie eingeordnet werde. Auch löschten die Betreiber veraltete oder fehlerhafte Torrent-Dateien und filterten aktiv bestimmte Inhalte (EuGH a. a. O. Tz. 38 – *Brein/Ziggo „The PirateBay"*). Schwedische Strafgerichte hatten bislang die Betreiber bloß wegen Beihilfe verurteilt (Stockholms Tingsrätt, Dom 2009–04–17, Mål nr B 13301–06; dazu *Göcke* ZaöRV 2009, 865, allerdings mit unzutreffender urheberrechtlicher Bewertung). Entscheidend stellte der EuGH für die täterschaftliche Haftung auf **zwei Faktoren** ab: **(1) Volle Kenntnis der Folgen seines Verhaltens, um Dritten Zugang zu gewähren,** besser in der englischen Fassung: „**deliberate intervention**" (EuGH

150a

GRUR 2017, 790 Tz. 26, 36 – *Brein/Ziggo „The PirateBay"*); (**2**) **Verletzung der Pflicht, durch den Zugang Dritten keine rechtswidrige öffentliche Wiedergabe zu gewähren** (EuGH a. a. O. Tz. 40 ff. – *Brein/Ziggo „The PirateBay"*). Zwar hat der EuGH noch nicht klargestellt, inwieweit diese Rechtsprechung verallgemeinerungsfähig ist. Es erscheint jedoch naheliegend, die Aussagen des EuGH als den Ausgangspunkt für die Entwicklung eines europäischen Haftungskonzepts im Bereich der harmonisierten Verwertungsrechte zu verstehen (ähnlich *Leistner* GRUR 2017, 755; *Ohly* FS Schulze S. 387, 393 ff.; *ders.* ZUM 2017, 793). Es handelt sich um ein täterschaftliches Haftungskonzept, das keine Tatherrschaft voraussetzt (*Ohly* ZUM 2017, 793, 796; *Tolkmitt* FS Büscher 2018 S. 249, 261 ff.), sondern eben nur an eine „deliberate intervention" anknüpft. Zusätzlich müssen Pflichten verletzt sein.

150b   Auch **im deutschen Recht** wird bereits seit einiger Zeit über eine täterschaftliche Haftung von mittelbaren oder Mitverursachern wegen Verkehrspflichtverletzung – statt einer Störerhaftung, vgl. Rn. 154 ff. – diskutiert. Im Bereich des allgemeinen Verhaltensunrechts (z. B. GWB; UWG mit Ausnahme von §§ 4 Nr. 9, 17, 18 UWG) hat der BGH Zweifel an einer Anwendung der Störerhaftung im Hinblick auf Mitverursacher (BGH GRUR 2007, 708, 711 Tz. 40 – *Internet-Versteigerung II* m. w. N.), sodass er auf die Prüfung der **Verletzung von Verkehrspflichten** abstellt (BGH GRUR 2007, 890, 894 Tz. 36 ff. – *jugendgefährdende Medien bei eBay*; dazu *Ahrens* WRP 2007, 1281, 1286; *Köhler* GRUR 2008, 1). Bei Verletzung von absoluten Rechten – wie z. B. des Urheberrechts oder eines Leistungsschutzrechts gem. UrhG – blieb der **BGH** aber bisher für das urheberrechtliche Haftungskonzept des Mitverursachers bei der Anwendung der **Störerhaftung** (grundlegend: BGH GRUR 2010, 633 Tz. 13 – *Sommer unseres Lebens*; ferner BGH GRUR 20121, 1018 Tz. 18 – *Automobil-Onlinebörse*; zustimmend: *v. Ungern-Sternberg* GRUR 2012, 576, 581; *Schack* FS Reuter S. 1172 ff.). Die Ablehnung täterschaftlicher Ansprüche, insbesondere von Schadensersatzansprüchen, steht in einem gewissen Widerspruch zur Rechtsprechung des Xa. (Patent-)Senates des BGH, der zu einer offensiveren Annahme täterschaftlicher Haftung tendiert (s. z. B. BGH Xa. Senat GRUR 2009, 1142 Tz. 30 ff. – *MP3-Player-Import*, insbesondere die Tz. 34 und 38 sehr deutlich zu den Unterschieden in den Senatsrechtsprechungen). Allerdings kennt das Patentrecht in §§ 10, 139 PatG – anders als das UrhG – auch ausdrücklich eine täterschaftliche Haftung für mittelbare Verletzungen (dazu *Leistner* GRUR-Beilage 2010, 1, 14). Im Ergebnis sprechen jedoch auch im deutschen Urheberrecht die **besseren Argumente dafür, für Mitverursacher (täterschaftliche) Ansprüche** wegen Verletzung urheberrechtlicher Verkehrspflichten zuzulassen (so auch *Ohly*, FS Schulze 2017, S. 387, 394; *ders.* GRUR 2017, 441, 445; *ders.* ZUM 2015, 308, 315; *Schaefer* ZUM 2010, 699, 700; *Fürst* WRP 2009, 378, 389; *Czychowski/Jan Bernd Nordemann* GRUR 2013, 986, 990; *Jan Bernd Nordemann* FS Loewenheim 2009 215, 219; für das Markenrecht *Köhler* GRUR 2008, 1, 7; grundlegend *Leistner* GRUR-Beilage 2010, 1, 22 ff.; *Jaworski* S. 58 ff.; *Angelika Schneider* S. 197 ff.). Das scheitert – entgegen der Auffassung des BGH – nicht schon daran, dass (täterschaftliche) **Ansprüche aus** § 97 UrhG die Verletzung der Verwertungsrechte der §§ 15 ff. voraussetzten, was bei mittelbaren Verursachern im Regelfall ausscheide. Die erfolgsbezogene Formulierung des § 97 setzt eine vollständige Verwirklichung der Tatbestände der §§ 15 ff. gar nicht voraus, sondern lediglich eine adäquat kausale Mitwirkung daran (*Spindler/Leistner* GRUR Int. 2005, 773, 788 m. w. N.; *Czychowski/Jan Bernd Nordemann* GRUR 2013, 986, 990; *Angelika Schneider* S. 197 ff. m. w. N.). Das zeigt auch die vom BGH selbst anerkannte täterschaftliche Fallgruppe der Zurechnung fremder Verletzungshandlungen wegen Rechtsscheins (vgl. Rn. 149a). Auch die in vgl. Rn. 150a erwähnte EuGH-Rechtsprechung zur öffentlichen Wiedergabe spricht neuerdings entscheidend für die Möglichkeit der täterschaftlichen Haftung für Verkehrspflichtverletzungen (*Tolkmitt* FS Büscher 2018 S. 249, 264; *Ohly*, FS Schulze 2017, S. 387, 394 f.). Im Ergebnis sollte der BGH seine bisherige grundsätzliche Ablehnung einer täterschaftlichen Haftung mittelbarer Verursacher aufgeben, zumindest aber die Frage dem EuGH zur Klärung vorlegen (Art. 267 AEUV). Auch der BGH scheint jetzt indes bereits dem europäischen Haftungsmodell zu folgen, in dem er unter Berufung auf das neue Haftungskonzept des EuGH auf Suchmaschinen bei der Wiedergabe von Thumbnails aus illegalen Quellen ein flexibles System aus täterschaftlichen Verkehrspflichten anwendet (BGH GRUR 2018, 178 Tz. 54 ff., Tz. 69 ff. – *Vorschaubilder III*).

Allerdings gilt im Einklang mit dem EuGH die Einschränkung für eine Haftung **150c** von mittelbaren Verursachern wegen Verletzung einer Verkehrspflicht, dass zwar keine Tatherrschaft (*Ohly* ZUM 2017, 793, 796; *Tolkmitt* FS Büscher 2018 S. 249, 261 ff.), aber ein vorsätzliches Handeln (**volle Kenntnis der Folgen seines Verhaltens oder „deliberate intervention"**), um Zugang zu gewähren, gegeben sein muss (EuGH GRUR 2017, 790 Tz. 26, 36 – *Brein/Ziggo „The PirateBay"*); vgl. Rn. 150a. Diese Voraussetzung hat eine wichtige Funktion. Sie bildet die **Abgrenzung der täterschaftlichen Haftung von der bloßen Unterlassungshaftung**, insbesondere der Störerhaftung (vgl. Rn. Rn. 154), die mit Art. 8 Abs. 3 Info-RL ebenfalls eine EU-rechtliche Grundlage aufweist (vgl. Rn. 159b). Abzustellen ist auf die bereits vom EuGH entwickelten Kriterien (vgl. Rn. 150a). Um in den Anwendungsbereich des (täterschaftlichen) Europäischen Haftungsmodells zu gelangen, ist zunächst eine **aktive Rolle des Providers** erforderlich. **Neutrale und passive Provider scheiden als Täter aus.** Damit bildet das Haftungskonzept des EuGH auch eine passende **Schnittstelle zu den Haftungsprivilegien für Internetprovider.** Bislang ergab sich hier im deutschen Haftungsmodell eine Lücke, weil selbst bei aktiver Rolle des Providers und Entfall des Haftungsprivilegs kein Anspruch auf Schadensersatz wegen täterschaftlicher Haftung gestellt werden konnte (so i. E. auch Schricker/Loewenheim/*Leistner*[5] Rn. 114 Fn. 380). Wichtige Faktoren bei der Annahme einer tendenziösen Rolle eines Providers sind z. B. Werbemaßnahmen, Strukturierung und Präsentation des Angebots, Refinanzierungsstruktur sowie Anonymität der Nutzer (Schricker/Loewenheim/*Leistner*[5] Rn. 129). Insbesondere im Bereich der Hostprovider (Art. 14 E-Commerce-RL und § 10 TMG) verlassen die Hostprivder das Privileg, wenn sie eine „aktive Rolle" im Hinblick auf den Zugang zu den von ihnen gehosteten Inhalten übernehmen (EuGH GRUR 2011, 1025 Tz. 120 f. – *L'Oréal/eBay*; vgl. Rn. 187), z. B. wenn eine Internetauktionsplattform (**Hostprovider**) seinen Kunden Hilfestellung dahingehend leistet, die Präsentation der betreffenden Verkaufsangebote zu optimieren oder diese Angebote – etwa durch Adwords-Anzeigen in Referenzierungsdiensten wie zum Beispiel Google – zu bewerben (so auch OLG Hamburg ZUM-RD 2012, 465, 472 – *YouTube/GEMA*; s. a. BGH GRUR 2013, 1329 – *Kinderhochstühle im Internet II*). Entscheidend für eine aktive Rolle ist also, dass der Provider nicht länger eine technisch neutrale, passive und automatisch datenverarbeitende Rolle spielt (Schricker/Loewenheim/*Leistner*[5] Rn. 98). Gibt die Hosting-Plattform einheitliche Fotos für Fremdangebote Dritter vor, handelt sie im Hinblick auf die Lichtbilder als Täter (KG GRUR-RR 2016, 265 – *Davidoff-Parfum*; OLG München GRUR-RR 2016, 316 – *Freizeitrucksack*); vgl. Rn. 148d. Hosting-Plattformen, deren Funktionsumfang des Inhalteangebots (Suche und Kategorisierung nach Genres mit Filterung, Markierung, Playlisten, Abspielfunktionen, Empfehlungen an Dritte usw.) weit über die Notwendigkeiten und die Stellung eines Host-Providers hinausgeht, werden wegen ihrer aktiven Rolle als nicht mehr vom Privileg erfasst angesehen (OLG Hamburg ZUM-RD 2016, 83 juris Tz. 346, 350 – *YouTube*; OLG München GRUR

2016, 612 – *Allegro Barbaro*). Auch das Schaffen von Kategorien (wie „Kinofilme" zum kostenlosen Download), die auf Verletzungen ausgerichtet sind, spricht für eine aktive Rolle (*Czychowski/Jan Bernd Nordemann* GRUR 2013, 986, 989; enger: *Holznagel* CR 2017, 463, 469). Erst Recht spielt eine hinreichend aktive Rolle, wer sich als Hostprovider die Inhalte seiner Nutzer zu Eigen macht (vgl. Rn. 149). Nicht ausreichend für eine aktive Rolle ist bei Internetauktionsplattformen allerdings die Speicherung von Verkaufsangeboten, die Festlegung von Modalitäten für den Dienst, der Erhalt einer Vergütung dafür und oder die Erteilung von Auskünften allgemeiner Art an die Kunden (EuGH GRUR 2011, 1025 Tz. 115 – *L'Oréal/eBay*), auch nicht der Emailversand von neuen Angeboten an Nutzer (BGH GRUR 2015, 485 Tz. 44 – *Kinderhochstühle im Internet III*). Sharehoster (File-Hoster) können je nach Geschäftsmodell eine aktive Rolle spielen und damit auch bei Verkahrspflichtverletzung als Täter haften. Das gilt wenn sie über das bloße Speichern hinaus durch verschiedene Maßnahmen rechtswidrige Inhalte anwerben, z. B. durch anonyme Nutzungsmöglichkeit, kostenlose Speicherung, aber Vergütung schneller Downloads und Belohnung von Uploadern attraktiver (häufig downgeloadeter) Inhalte (*Holznagel* CR 2017, 463, 466, 467). Ergänzend zu Art. 14 E-Commerce-RL und § 10 TMG vgl. Rn. 187. Da neutrale und lediglich passive Provider nicht als Täter in Frage kommen, können z. B. allgemeine **Internetzugangsprovider**, die sich als bloßer „mere conduit" für Verletzungen Dritter betätigen, keine Täter sein. Für sie bleibt nur die Unterlassungshaftung (*Leistner* GRUR 2017, 755, 759; anders aber bei Zugangsprovidern des Verletzers, die eine aktive Rolle spielen: *Jan Bernd Nordemann* GRUR 2016, 1097, 1102 f.); ferner vgl. Rn. 170. **Linksetzer** sind demgegenüber nicht neutral und passiv, sondern begehen eine Wiedergabehandlung; sie sind deshalb Teil des Europäischen Haftungskonzepts und haften bei Verkehrspflichtverletzungen als Täter, weil sie dann „öffentlich" wiedergeben (eingehend vgl. Rn. 165). Für Links, die **Internetsuchmaschinen** automatisch generieren, gilt das Gleiche (vgl. Rn. 167). Daneben ist die Anzeige von Suchergebnissen bei Internetsuchmaschinen eine eigene (täterschaftliche) Handlung i. S. e. öffentlichen Zugänglichmachung gemäß § 19a UrhG (BGH GRUR 2010, 628 Tz. 19 – *Vorschaubilder I*; aber vgl. Rn. 25 f.). Neben der „aktiven Rolle" ist darüber hinaus auch eine „Kenntnis", also Vorsatz, erforderlich. Noch nicht abschließend geklärt ist, worauf sich der Vorsatz beziehen muss. Klar sollte sein, dass jedenfalls für **Provider, die eine aktive Rolle spielen und verletzungsgeneigte Dienste anbieten**, eine **allgemeine Kenntnis** genügt, dass sie Zugang zu rechtsverletzenden Inhalten gewähren (*Leistner* GRUR 2017, 755, 757). Denn der EuGH hat einen Linksetzer mit gefahrgeneigter Tätigkeit auch wegen bloßer Fahrlässigkeit haften lassen (EuGH GRUR 2016, 1152 Tz. 39 ff., 49 – *GS Media/Sanoma*). Auch in *Brein/Ziggo „The PirateBay"* mit der gefahrgeneigten und aktiven Rolle von *The PirateBay* bezog der EuGH die „deliberate intervention" nicht auf die Kenntnis der Rechtswidrigkeit des konkreten Inhalts, zu dem Zugang gewährt wurde. Auch bei gefahrgeneigten Hosting-Plattformen wie *The PirateBay*, die aktiv Leistungen einer Suchmaschine und eines Index erbringen, kommt es für eine „deliberate intervention" nicht auf die Kenntnis der Rechtswidrigkeit des konkreten Inhalts an (EuGH a. a. O. Tz. 36, 38 – *Brein/Ziggo „The PirateBay"*). Noch nicht entschieden hat der EuGH über die Frage, welche Kenntnis nicht verletzungsgeneigte Dienste aufweisen müssen. Teilweise wird hier befürwortet, eine konkrete Kenntnis der Rechtswidrigkeit des Inhalts zu verlangen (*Leistner* GRUR 2017, 755, 757, 759). Das erscheint als etwas zu eng. Die konkrete Kenntnis von der Rechtswidrigkeit darf jedenfalls nicht so ausgelegt werden, dass eine fahrlässige Verletzung von Verkehrspflichten als zweite Voraussetzung der täterschaftlichen Haftung (vgl. Rn. 150d) und insbesondere auch die fahrlässige Beihilfe möglich bleibt; denn sie ist eine besondere Errungenschaft im Rahmen der Verletzung von Verkehrspflichten (so auch *Leistner* GRUR 2017, 755; *Jaworski/Jan Bernd Nordemann* GRUR 2017, 567, 571; *Ohly* GRUR 2017, 441, 445 f. m. w. N.; *ders.*, FS Schulze 2017, S. 387, 395; im Ergebnis ebenso, wenn auch kritisch: *Tolkmitt* FS Büscher 2018, S. 249, 261 ff.). Ansonsten ergäbe sich auch kein Unterschied im Vergleich zur bisherigen Gehilfenhaftung (vgl. Rn. 153b). Damit können Verkehrspflichten nach Kenntniserlangung auch über die konkrete Verletzung hinaus bestehen, soweit das zumutbar ist (vgl. Rn. 150d). Bei Hostprovidern genügt z. B. eine konkrete Kenntnis von klaren Verletzungen, um Verkehrs-pflichten für den Schutzgegenstand (z. B. das Werk) insgesamt auszulösen; es besteht dann die Pflicht, auch andere genauso offensichtliche Verletzungen des Schutzgegenstandes zu verhindern, selbst wenn keine konkrete Kenntnis dieser Verletzung besteht. Insoweit gilt nichts anderes als für die Prüfpflichten der Störerhaftung, vgl. Rn. 162. Zur konkreten Kenntnis bei § 10 TMG, Art. 14 E-Commerce-RL vgl. Rn. 187.

Die **Verkehrspflichten** sollten nicht mit den Sorgfaltsflichten gleich gesetzt **150d** werden, die im Bereich des Verschuldens im Urheberrecht gelten (vgl. Rn. 61 ff.). Denn sie sind zu streng (*Grünberger* ZUM 2016, 905, 916; *Ohly* ZUM 2015, 308, 315). Vielmehr erscheint es als angezeigt, sie mit der für die Unterlassungshaftung nach Art. 8 Abs. 3 Info-RL und der deutschen Störer-haftung relevanten **Prüfpflicht parallel laufen** zu lassen (so offenbar auch BGH GRUR 2018, 178 Tz. 69 ff. – *Vorschaubilder III*, wo der BGH wie selbstverständlich seine Rechtsprechung zu Prüfpflichten auch auf täterschaft-liche Pflichten gem. europäischem Haftungskonzept anwendet; i.Erg. ge-nauso: *Tolkmitt* FS Büscher 2018 S. 249, 264; für das deutsche UWG: BGH GRUR 2007, 890, 894 Tz. 38 – *jugendgefährende Medien bei eBay*, für das UWG; ferner *Tolkmitt* FS Büscher 2018 S. 249, 264; *Ahrens* WRP 2007, 1281, 1286; *Haedicke* GRUR 1999, 397, 401; *Dustmann* S. 57). Das gilt insbesondere für **Hostprovider** und andere Intermediäre. Der EuGH hat ein solch flexibles System mit Abwägung der grundrechtlichen Positionen (Recht-einhaber: Geistiges Eigentum; Intermediär: Kommunikations-, Meinungs-und unternehmerische Freiheit; Nutzer: Informationsfreiheit) bereits für Host Provider (EuGH GRUR 2011, 1025 Tz. 128 ff. – *L'Oréal/eBay*) und für Zu-gangsprovider (EuGH GRUR 2014, 468 Tz. 37 – *UPC TeleKabel/Constantin*) für den Unterlassungsanspruch nach Art. 8 Abs. 3 Info-RL anerkannt. Insbe-sondere gilt danach eine „situationsadäquate Sorgfalt" (*Grünberger* ZUM 2016, 905, 918), die z. B. die soziale Bedeutung oder Gefahrgeneigtheit be-rücksichtigt (*Ohly* GRUR 2016, 1155, 1157). Im Einzelnen zur Prüfpflicht im Rahmen von Art. 8 Abs. 3 Info-RL und der Störerhaftung vgl. Rn. 157 ff. Für **Linksetzer (Linkprovider)** einschließlich **Suchmaschinen** sollte Gleiches gelten, auch wenn sie streng genommen keine Intermediäre sind; sie sind aber Intermediären hinreichend vergleichbar (so offenbar auch BGH GRUR 2018, 178 Tz. 69 ff. – *Vorschaubilder III*, allerdings zu Thumbnails und nicht zu Links; ferner *Flechsig* FS Mathias Schwarz S. 291, 295 ff; *Jani/Leenen* GRUR 2014, 362, 363; *Spindler* GRUR 2016, 157, 159; *Grünberger* ZUM 2016, 905, 918); zu Pflichten von Linksetzern vgl. Rn. 166 und von Suchmaschinen vgl. Rn. 167. Nach der Rechtsprechung des EuGH gilt für Provider, die **mit Gewinnerzielungsabsicht** handeln, eine **Vermutung**, dass ihre Handlung in voller Kenntnis der fehlenden Erlaubnis des Urheberrechtsinhabers erfolgt ist (EuGH GRUR 2016, 1152 Tz. 39 ff. – *GS Media/Sanoma*; EuGH GRUR 2017, 610 Tz. 49 ff. – *Brein/Wullems „Filmspeler"*; EuGH GRUR 2017, 790 Tz. 46 – *Brein/Ziggo „The PirateBay"*). Eine Gewinnerzielungsabsicht liegt vor, sofern eine Website insgesamt auf Gewinnerzielung ausgerichtet ist und „beträchtliche Werbeeinnahmen" erzielt (EuGH GRUR 2017, 790 Tz. 46 – *Brein/Ziggo „The PirateBay"*), auch wenn mit dem konkreten Link kein Ge-winn oder sogar kein Entgelt verbunden ist (LG Hamburg GRUR-RR 2017,

216 – *Bundesverwaltungsgericht mit UFO*). Die Vermutung kann durch die Durchführung angemessener ex ante-Prüfungsmaßnahmen widerlegt werden (*Leistner* GRUR 2017, 755, 759). Für Suchmaschinen soll sie nicht gelten, vgl. Rn. 167.

150e   Da es sich um eine täterschaftliche Haftung handelt, steht grundsätzlich der gesamte Katalog an Ansprüchen der §§ 97 ff. zur Verfügung, also neben **Unterlassungsansprüchen** (§ 97 Abs. 1) insbesondere auch **Schadensersatzansprüche** (§ 97 Abs. 2; zutreffend: *Ohly* FS Schulze S. 387, 394 f.). Begrenzt wird die Haftung auf Schadensersatz allerdings durch das Verschuldenserfordernis (*Leistner* GRUR 2017, 755, 760; zum Verschulden oben vgl. Rn. 61 ff.), das jedoch bei Feststellung einer Verkehrspflichtverletzung kaum eine nennenswerte Begrenzungsfunktion mit sich bringen sollte (de lege ferenda für eine Begrenzung auf grobe Fahrlässigkeit: *Ohly* ZUM 2015, 308, 316). Wichtiger sollten eine bewegliche Festlegung der Verkehrspflichten (vgl. Rn. 150d) und die begrenzende Funktion der **Providerprivilegien der Art. 12 bis 15 E-Commerce-Richtlinie** (§§ 7 bis 10 TMG; dazu vgl. Rn. 184 ff.) sein. Im Bereich der Hostprovider läuft Art. 14 E-Commerce-RL (§ 10 TMG) allerdings mit den Haftungsregeln parallel (vgl. Rn. 150c). Eine Begrenzung der Schadensersatzpflicht durch eine Verringerung der angemessenen Lizenzgebühr wegen bloß mittelbarer Urheberrechtsverletzung (so *Ohly* FS Schulze S. 387, 394; *ders.* ZUM 2015, 308, 316: Begrenzung auf den Gewinn des mittelbaren Verletzers) erscheint demgegenüber nicht als überzeugend; mittelbare Verletzungen sind aus Sicht des Lizenzgebers nicht weniger gefährlich und damit nicht „preiswerter" als unmittelbare Verletzungen.

150f   Der **Ansatz des EuGH** für eine täterschaftliche Haftung von Providern **ist überzeugend** und insbesondere geeignet, ihre verschiedenen Geschäftsmodelle differenziert zu würdigen. Das Erfordernis der „deliberate intervention" (aktive Rolle) scheidet Provider aus der täterschaftlichen Haftung aus, die nur neutral und passiv technische Dienstleistungen für Verletzungen Dritter bereitstellen; sie haften nur auf Unterlassung als Vermittler nach Art. 8 Abs. 3 Info-RL (umgesetzt durch die deutsche Störerhaftung), weil sie am besten in der Lage sind, Verletzungen ein Ende zu bereiten (vgl. Rn. 159b, vgl. Rn. 160 ff.). Wenn der Provider aber eine aktive Rolle übernimmt, erscheint es auch als angemessen, ihm Verkehrspflichten aufzuerlegen. Diese können allerdings – wie bei Art. 8 Abs. 3 Info-RL und der Störerhaftung – flexibel gehandhabt werden, um erwünschte Geschäftsmodelle nicht zu gefährden. Umgekehrt können sie gefährlichen Geschäftsmodellen verschärfte Pflichten auferlegen (vgl. Rn. 157). Nicht überzeugend ist deshalb, dass ein Modell mit täterschaftlicher Haftung „aktiver" Provider, die gegen Verkehrspflichten verstoßen, auf ein Verbot solcher Provider hinausliefe (so aber *Nolte* ZUM 2017, 304, 305). Auch die **Europäische Kommission** hat mit ihrem **Vorschlag für eine Richtlinie über das Urheberrecht im digitalen Binnenmarkt** (KOM/2016/0593 endg. – 2016/0280 (COD) und dort in Art. 13 mit ErwG 38 ein vergleichbares Modell vorgeschlagen (dazu *Klett/Schlüter* WRP 2017, 15; *Heckmann/Wimmers* CR 2016, 836; s. a. die Symposiumsvorträge: *Holzmüller* ZUM 2017, 301, 303, *Gerlach* ZUM 2017, 312; *Conrad* ZUM 2017, 289; *Nolte* ZUM 2017, 304; zusammenfassend *Grünberger* ZUM 2017, 89). Solange der Gesetzgeber jedoch nicht tätig wird, ist gegen eine Fortentwicklung des Rechts durch den EuGH und die übrigen Gerichte nichts einzuwenden (krit. *Ohly* FS Schulze S. 387, 395: Politische Entscheidung durch den Gesetzgeber notwendig; ähnlich *Leistner* GRUR 2017, 755: „Ein Gerichtshof als Ersatzgesetzgeber"; ferner *Tolkmitt* FS Büscher 2018 S. 249, 264).

150g   Ein **anderer Ansatz** ist eine **Haftung wegen Teilnahme durch Unterlassen**; die Verkehrspflicht würde eine Garantstellung auslösen (OLG Hamburg WRP

2008, 1569 m. krit. Anm. *Wiebe* WRP 2012, 1182; dafür *Holznagel* CR 2017, 463, 466, offen gelassen in BGH GRUR 2011, 152 Tz. 34 – *Kinderhochstühle im Internet*; s. a. OLG Hamburg GRUR-RR 2013, 94, 96 – *Kinderhochstühle II*). Allerdings müsste dann jede – und nicht nur eine nachhaltige – Verkehrspflichtverletzung zur Beteiligtenhaftung führen (vgl. Rn. 153b) und ein Vorsatz dürfte nicht im Hinblick auf die Haupttat verlangt werden (a. A. BGH GRUR 2015, 485 Tz. 42 – *Kinderhochstühle im Internet III*; vgl. Rn. 153b). Wegen der Gleichstellung der Täter und Beteiligtenhaftung in § 830 Abs. 2 BGB würde dieses Konzept zu gleichen Ergebnissen wie die täterschaftliche Haftung für Verkehrspflichtverletzungen gelangen.

h) Mehrheit von Tätern: Bei einer Mehrheit von Tätern hat es der Verletzte in **151** der Hand, alle in Anspruch zu nehmen oder einen von ihnen, z. B. den finanziell leistungsfähigsten, herauszugreifen (s. OLG Jena MMR 2004, 418, 419; KG NJW-RR 2001, 185, 186). Das kommt insb. in einer Lieferkette in Betracht (zu den Möglichkeiten der Inanspruchnahme dort eingehend *Götz* GRUR 2001, 295 ff.). Für Schadensersatzansprüche haften mehrere Täter als **Gesamtschuldner** (§ 840 Abs. 1 BGB), ebenso mehrere Mittäter (§ 830 Abs. 1 BGB). Das gilt auch für den Auskunfts- und Rechnungslegungsanspruch (s. dazu die Kommentierung zu § 101). Auch für den Beseitigungsanspruch gilt gem. § 421 S. 1 BGB die Gesamtschuld, wenn eine Beseitigung durch nur einen Schuldner genügt (so z. B. für den Vernichtungsanspruch gem. § 98). **Schuldner des Unterlassungsanspruches** stehen sich aber nicht als Gesamtschuldner gem. § 421 S. 1 BGB gegenüber, weil es nicht ausreichend wäre, wenn nur einer von ihnen erfüllt.

Trotz Mehrheit von Tätern **scheidet** eine **Gesamtschuld** aus, wenn es sich um **151a** **separate Verletzungen** handelt, die einen eigenen (getrennten) Schaden verursachen (BGH GRUR 2009, 856 Tz. 68 – *Tripp-Trapp-Stuhl*). Bei einer Verletzung von Nutzungsrechten führt bereits der Eingriff in die allein dem Rechteinhaber zugewiesene Nutzungsmöglichkeit als solche zu einem Schaden im Sinne des Schadensersatzrechts. Auf eine bloße Gleichartigkeit kommt es nicht an. Verletzungen durch verschiedene Täter **in unterschiedlichen Medien** lösen deshalb keine Gesamtschuld aus (BGH GRUR 1985, 398, 400 – *Nacktfotos*). Jeder Verletzer **innerhalb einer Verletzerkette** greift durch das unbefugte Inverkehrbringen des Schutzgegenstandes erneut in das ausschließlich dem Rechteinhaber zugewiesene Verbreitungsrecht ein, sodass eine Gesamtschuld ausscheidet (BGH GRUR 2009, 856 Tz. 68 – *Tripp-Trapp-Stuhl*). Das leuchtet bei Schadensberechnung in Form des Verletzergewinns (vgl. Rn. 74 ff.), um die es im BGH-Fall ging, auch im Ergebnis unmittelbar ein, weil auf jeder Stufe der Verletzergewinn separat entsteht; zu Anrechnungsmöglichkeiten bei Regress vgl. Rn. 76. Bei der Berechnung in Form der angemessenen Lizenzgebühr (vgl. Rn. 86 ff.) kann das anders sein. Denn üblicherweise fällt in einer Vertriebskette eine Lizenz nur einmal an. In solchen Fällen müssen die Glieder der Kette zumindest „wie" Gesamtschuldner behandelt werden.

i) Prozessuales: Der Verletzte muss als Anspruchsteller grundsätzlich **darlegen** **152** und ggf. **beweisen**, dass eine täterschaftliche Handlung vorliegt (BGH GRUR 2017, 386 Tz. 14 – *Afterlife*; BGH GRUR 2016, 191 Tz. 37 – *Tauschbörse III*; BGH GRUR 2014, 657 Tz. 14 – *BearShare*). Allerdings kommt eine sog. **sekundäre Darlegungslast** für den Anspruchsgegner in Betracht, wenn es sich um Tatsachen aus seinem Wahrnehmungsbereich handelt, deren Kenntnis dem Anspruchsteller verschlossen sind (statt aller Zöller/*Greger*[31] Vor § 284 Rn. 34 m. w. N.).

Ist eine Urheberrechtsverletzung (im Regelfall durch **Tauschbörsennutzug im** **152a** **Wege des Filesharings**) über einen bestimmten **Internetanschluss** begangen worden, besteht eine **tatsächliche Vermutung** für die Täterschaft des Anschluss-inhabers, wenn zum Zeitpunkt der Rechtsverletzung keine anderen Personen diesen Anschluss nutzen konnten (BGH GRUR 2017, 386 Tz. 14 – *Afterlife*). Jedoch ist die tatsächliche Vermutung durch eine Nutzungsmöglichkeit Dritter ausgeschlossen, wenn der Anschluss zum Tatzeitpunkt nicht hinreichend gesichert war oder bewusst anderen Personen zur Nutzung überlassen wurde. In diesen Fällen trifft den Anschlussinhaber eine **sekundäre Darlegungs- und Beweislast**. Dieser genügt er, wenn er dazu vorträgt, ob andere Personen und ggf. welche anderen Personen selbständig Zugang zu seinem Anschluss hatten und als Täter in Frage kommen. Insoweit ist der Anschlussinhaber im Rahmen des Zumutbaren zur Nachforschung verpflichtet (BGH GRUR 2017, 386 Tz. 15 – *Afterlife*; BGH GRUR 2016, 191 Tz. 37 – *Tauschbörse III*; BGH GRUR 2014, 657 Tz. 15 ff. – *BearShare*; *Jan Bernd Nordemann* GRUR 2016, 1097, 1101 m. w. N.). Der Anschlussinhaber muss zur Entlastung substantiiert die ernst-hafte Möglichkeit eines alternativen Geschehensablaufs darlegen, also mit den Rechtsverletzungen nichts zu tun zu haben (OLG Köln, MMR 2012, 549, 550; OLG München v. 1.10.2012 – 6 W 1705/12; LG München I v. 25.3.2013 – 21 S 28809/11 – Tz. 33, zit. nach juris). Dazu gehört z. B., ob auf dem von ihm genutzten Rechner Filesharingsoftware installiert war (BGH GRUR 2017, 386 Tz. 27 – *Afterlife*). Die pauschale Behauptung einer bloß theoretischen Möglichkeit des Zugriffs von im Haushalt lebenden Dritten genügt nicht (BVerfG ZUM-RD 2017 70 Tz. 16 ff.; BVerfG ZUM–RD 2017, 73 Tz. 20 ff.; BGH GRUR 2017, 386 Tz. 15 – *Afterlife*; BGH GRUR 2016, 191 Tz. 43 – *Tauschbörse III*). Vielmehr bedarf es eines substantiierten Vortrages, wer noch konkret (Name, ggf. abweichende Anschrift) Zugang zum Anschluss hatte, so-dass sich die ernsthafte Möglichkeit eines abweichenden Geschehensablaufes – nämlich der Täterschaft eines Dritten – ergibt (OLG München ZUM 2016, 384 Tz. 29 – *Loud*; OLG Köln GRUR-RR 2012, 329, 330; *Solmecke/Rüther/Herkens* MMR 2013, 217, 220). Das soll gewährleisten, dass der Rechteinhaber im Regelfall den Dritten statt des Anspruchsinhabers als Täter in Anspruch nehmen kann (s. LG München I GRUR-RR 2017, 188, 189 – *Das verlorene Symbol*). Die Entscheidungspraxis der Gerichte zur Darlegungslast ist aber et-was uneinheitlich (eingehend *Specht* GRUR 2017, 42, 44; *Obergfell* NJW 2016, 910, 913; *Jan Bernd Nordemann/Waiblinger* GRUR-RR 2016, 177, 185; s. a. die Nachw. bei BVerfG ZUM-RD 2017, 70 Tz. 14 und BVerfG ZUM-RD 2017, 73 Tz. 19). Bestreitet der Anschlussinhaber gleichzeitig, dass die von ihm benannten Personen die Verletzung begangen haben, trägt er widersprüch-lich vor und haftet als Täter (a. A. LG Mannheim MMR 2007, 459). Der Anschlussinhaber muss aber nicht eigene Nachforschungen anstellen, wer von mehreren Mitbenutzern als Täter in Frage kommt (OLG Hamm GRUR-RR 2012, 277). Kommt mehr als nur ein weiterer Nutzer als Täter in Betracht, kann das dazu führen, dass der eigentliche Täter (mit zivilrechtlichen Mitteln) nicht ermittelbar ist, wenn alle Zugangsberechtigten die Täterschaft bestreiten; der Anschlussinhaber muss den Täter nicht identifizieren (LG Köln CR 2012, 821, 823). In Betracht kommt aber eine Haftung des Anschlussinhabers (WLAN-Provider) nach § 7 Abs. 4 TMG oder alternativ nach der Störerhaf-tung; die Haftung des Anschlussinhabers sollte gerade bei vielen Zugangsbe-rechtigten streng gehandhabt werden, um absolute Schutzlücken zu vermeiden (vgl. Rn. 172; vgl. Rn. 4b). Für eine Mittäterschaft (mit dem Sohn) genügt nicht, dass auf dem Rechner des Sohns ein Dateiordner gespeichert ist, der den Namen des Anschlussinhabers („Papas Musik") trägt (BGH GRUR 2013, 511 Tz. 34 f. – *Morpheus*).

152b Etwas unklar sind die Maßstäbe nach der Rechtsprechung des BGH für die Darlegungslast im Hinblick auf **Dritte, die Familienangehörige sind**. Bei der Bestimmung der Reichweite der sekundären Darlegungslast im Hinblick auf

die Nutzung des Anschlusses durch Dritte sind auf Seiten des Urheberrechtsinhabers die Grundrechte zu berücksichtigen (vgl. Rn. 4b; vgl. Rn. 5), also Eigen-
tumsgrundrechte (Art. 17 Abs. 2 EU-GR-Charta, Art. 14 GG) auf Seiten des
Rechteinhabers. Sind die Personen, die den Anschluss mitgenutzt haben, Ehegatten oder Familienangehörige, so wirkt zugunsten des Anschlussinhabers der
grundrechtliche Schutz von Ehe und Familie (Art. 7 EU-GR-Charta, Art. 6
Abs. 1 GG) (BGH GRUR 2017, 386 Tz. 22 ff. – *Afterlife*). Dem Inhaber eines
privaten Internetanschlusses ist es nach dem BGH regelmäßig nicht zumutbar,
die Internetnutzung seines Ehegatten einer Dokumentation zu unterwerfen, um
im gerichtlichen Verfahren seine täterschaftliche Haftung abwenden zu können. Der Anschlussinhaber müsse dann keine näheren Einzelheiten zu Zeitpunkt und Art der Internetnutzung vortragen oder die Untersuchung des Computers seines Ehegatten im Hinblick auf die Existenz von Filesharing-Software
unternehmen (BGH GRUR 2017, 386 Tz. 26 – *Afterlife*). Diese Rechtsprechung würde allerdings streng genommen dazu führen, dass in „Familienfällen" Schadensersatzansprüche vielfach nicht mehr durchsetzbar sind, weil der
Täter nicht hinreichend eingegrenzt wird. Das LG München I hat deshalb dem
EuGH gem. Art. 267 AEUV die Frage vorgelegt, ob die BGH-Rechtsprechung
die Grundsätze der wirksamen und abschreckenden Sanktionen (Art. 8 Abs. 1
Abs. 2 Info-RL) bzw. der Wirksamkeit von Maßnahmen zur Durchsetzung der
Rechte des Geistigen Eigentums (Art. 3 Abs. 2 Enforcement-RL) verletzt (LG
München I GRUR-RR 2017, 188, 189 – *Das verlorene Symbol*; zustimmend
Radmann ZUM-RD 2017, 347; zur Vorlage auch *Pichlmaier* FS Schulze 2017
S. 397), weil sich regelmäßige Schutzlücken auftun (vgl. Rn. 172, vgl. Rn. 4b).
Allerdings hat der BGH seine Rechtsprechung inzwischen selbst konkretisiert.
In anderen „Familienfällen" hatte er die pauschale Behauptung einer bloß
theoretischen Möglichkeit des Zugriffs von im Haushalt lebenden Familienan-
gehörigen nicht genügen lassen (BGH GRUR 2016, 191 Tz. 43 – *Tauschbörse
III*). Danach hat der BGH noch klargestellt, dass die Eltern als Anschlussinhaber ihrer sekundären Darlegungslast nicht dadurch nachkommen, dass sie die
eigene Täterschaft bestreiten und lediglich angeben, ihre drei volljährigen Kinder hätten auch Zugang. Weigern sie sich, Auskunft über den Namen des Täter
zu erteilen, sei es nicht grundrechtswidrig, wenn die Eltern als Täter haften
(BGH GRUR 2017, 1233 Tz. 24 ff. – *Loud*; siehe zur Entwicklung der BGH-
Rechtsprechung auch *Pichlmaier* FS Schulze 2017 S. 397, 399 ff.).

Die Darlegungs- und Beweislast für die **Anschlussidentifizierung**, also dafür, dass **152c**
der Anschluss tatsächlich für die Verletzung genutzt wurde, liegt grundsätzlich
beim Anspruchsteller, also beim Rechteinhaber. Im Regelfall verwenden die Rechteinhaber eine bestimmte Software, die rechtsverletzende öffentliche Zugänglichmachung durch eine bestimmte IP-Adresse zu belegen. Der zuständige Zugangsprovider teilt dann gem. § 101 den Klarnamen mit; vgl. § 101 Rn. 61. Der Beweis,
dass unter einer IP-Adresse während eines bestimmten Zeitraums geschützte Dateien öffentlich zugänglich gemacht worden sind, kann dadurch geführt werden,
dass ein durch Screenshots dokumentierter Ermittlungsvorgang des vom Rechteinhaber beauftragten Unternehmens vorgelegt und der regelmäßige Ablauf des Ermittlungsvorgangs durch einen Mitarbeiter des Unternehmens erläutert wird
(BGH GRUR 2016, 176 Tz. 35 – *Tauschbörse I*). Ferner muss der Rechteinhaber
beweisen, dass eine durch das mit den Nachforschungen beauftragte Unternehmen
ermittelte IP-Adresse zum Tatzeitpunkt dem konkreten Internetanschluss zugeordnet war. Der Beweis kann regelmäßig durch die vom Internetprovider im Rahmen
staatsanwaltschaftlicher Ermittlungen zur Aufklärung von Urheberrechtsverletzungen im Wege des Filesharing durchgeführte Zuordnung geführt werden. Fehlt
es an konkreten Anhaltspunkten für eine Fehlzuordnung, ist es nicht erforderlich,
dass ein Rechteinhaber nachweist, dass die durch den Internetprovider vorgenommenen Zuordnungen stets absolut fehlerfrei sind (BGH GRUR 2016, 176

Tz. 39 ff. – *Tauschbörse I*). Nichts anderes sollte auch bei zivilrechtlicher Ermittlung nach § 101 gelten.

2. Teilnehmer (Anstifter, Gehilfen)

153   Wer den objektiven Tatbestand der Rechtsverletzung nicht selbst erfüllt, einen anderen aber dazu **angestiftet** oder ihm dazu **Beihilfe** geleistet hat, haftet gleichwohl wie ein Mittäter (§ 830 Abs. 2 BGB). Auch hier gelten die **strafrechtlichen Maßstäbe** gem. § 26 StGB für die Anstiftung und gem. § 27 StGB für die Beihilfe (BGH GRUR 2011, 1018 Tz. 24 – *Automobil-Onlinebörse*). Die Teilnehmerhaftung wird bei konsequenter Anwendung des Europäischen Haftungsmodells obsolet; vgl. Rn. 153d, vgl. Rn. 150 ff.

153a   Für eine Teilnahmehaftung muss **objektiv** eine Anstiftungs- oder Beihilfehandlung gegeben sein. Hieran werden keine strengen Anforderungen gestellt, für eine Beihilfe genügt bereits jede Förderung der Haupttat (BGH (VI. ZS) NJW 2005, 556, 557; *Angelika Schneider* S. 38 m. w. N.). Außerdem muss eine **rechtswidrige Haupttat** vorliegen (BGH GRUR 2011, 1018 Tz. 24, 26 – *Automobil-Onlinebörse*; BGH GRUR 2010, 530 Tz. 27 – *Regio-Vertrag*). Denkbar ist auch, dass noch keine solche rechtswidrige Haupttat vorliegt, aber die Teilnahmehandlung die Gefahr der Erstbegehung der rechtswidrigen Haupttat begründet; dann ist zumindest ein vorbeugender Unterlassungsanspruch (vgl. Rn. 39) gegen den Teilnehmer gegeben (BGH GRUR 2007, 708 Tz. 30 – *Internet-Versteigerung II*, zum Markenrecht; OLG München GRUR-RR 2009, 85, 87 – *AnyDVD II*, zum Urheberrecht). Für eine **Beihilfe** ist nach der h. M. **keine Kausalität** der Beihilfehandlung erforderlich; es genügt, dass die Beihilfehandlung als solche geeignet ist, die Tatbegehung zu fördern (zu § 830 Abs. 2 BGB: BGH NJW-RR 2005, 556, 557 m.w.N; *Jaworski/Jan Bernd Nordemann* GRUR 2017, 567, 568 m. w. N.; *Jaworski* S. 153 ff. m. w. N.; zum StGB: Schönke/Schröder/*Heine/Weißer*[29] § 27 StGB Rn. 6 m. w. N.). Eine **Hilfeleistung** kann auch **durch Unterlassen** erfolgen (BGH GRUR 2011, 152 Tz. 34 – *Kinderhochstühle im Internet I*). In solchen Fällen liegt der Schwerpunkt der Vorwerfbarkeit gegenüber dem Hilfeleistenden nicht im Unterstützungsbeitrag, sondern darin, dass er den Unterstützungsbeitrag nicht unterbindet, nachdem er erfahren hat, dass sein Handeln zur Begehung von rechtswidrigen Handlungen „missbraucht" wird. Ein derartiger Fall kann etwa anzunehmen sein, wenn ein File-Hosting-Provider erfährt, dass einer seiner Nutzer mittels des zur Verfügung gestellten Speicherplatzes Urheberrechtsverletzungen begeht. Eine Haftung für eine Beihilfe durch Unterlassen ist nur dann anzunehmen, wenn den Gehilfen eine Rechtspflicht (Garantenpflicht) trifft, den Erfolg abzuwenden (BGH GRUR 2011, 152 Tz. 34 – *Kinderhochstühle im Internet I*), was anzunehmen ist, wenn der Hilfeleistende ein besonders gefahrgeneigtes Geschäftsmodell betreibt (wobei dann auch von einer Hilfeleistung durch aktives Tun ausgegangen werden könnte; *Jaworski/Jan Bernd Nordemann* GRUR 2017, 567, 568). Jedenfalls wenn der Hilfeleistende Kenntnis hat, dass sein Dienst in erheblichem Umfang zur Begehung von rechtswidrigen Haupttaten genutzt wird, ist von einer Rechtsverletzungsabwendungspflicht und damit von einer Garantenpflicht auszugehen (BGH GRUR 2004, 860, 863 f. – *Internet-Versteigerung I*; BGH GRUR 2007, 708 Tz. 32 – *Internet-Versteigerung II*).

153b   Subjektiv ist der **doppelte Vorsatz** im Hinblick auf die **Anstiftung oder Beihilfe** und im Hinblick auf die **Haupttat** Tatbestandsmerkmal (eingehend *Jaworski/Jan Bernd Nordemann* GRUR 2017, 567, 568 m. w. N.; *Holznagel* CR 2017, 463, 467; *Jaworski* S. 161 ff.); eine unbewusste, d. h. fahrlässige oder gar schuldlose Anstiftung oder Beihilfe gibt es nicht. Deshalb sind auch diejenigen Ansprüche des § 97, die an sich kein Verschulden voraussetzen (vgl. Rn. 29, 39, 55), im Falle der Anstiftung oder Beihilfe nur gegeben, wenn Vorsatz im Hinblick auf die Haupttat festgestellt werden kann (BGH GRUR 2013, 1229 Tz. 32 – *Kinderhochstühle im Internet II*); BGH GRUR 2011, 1018 Tz. 24 – *Automobil-Online-*

börse; BGHZ 42, 118, 123 – *Personalausweise beim Tonbandgerätekauf*). Bedingter Vorsatz genügt (BGH GRUR 2013, 1229 Tz. 32 – *Kinderhochstühle im Internet II*); BGH GRUR 2011, 1018 Tz. 24 – *Automobil-Onlinebörse*; BGH GRUR 2007, 708, 711 Tz. 31 – *Internet-Versteigerung II* m. w. N.; s. a. OLG Frankfurt AfP 1997, 547, 548: Veröffentlichung von Anzeigen für Plagiate von Le Corbusier-Möbeln trotz Kenntnis der Arbeitsweise des Anzeigenden aus früherer Abmahnung), wobei der Vorsatz auch das **Bewusstsein der Rechtswidrigkeit der Haupttat** einschließen muss (BGH GRUR 2013, 1229 Tz. 32 – *Kinderhochstühle im Internet II*); BGH GRUR 2011, 1018 Tz. 24 – *Automobil-Onlinebörse*; BGH GRUR 2007, 708, 711 Tz. 31 – *Internet-Versteigerung II* m. w. N.). Dieses fehlt bei einem Verleger, der nicht weiß, dass er eine urheberrechtswidrige Anzeige abdruckt (BGH GRUR 1999, 418, 419 – *Möbelklassiker*). **Fraglich** ist, ob sich der **Vorsatz auf eine konkrete Haupttat beziehen muss.** Gerade in Internetsachverhalten unterstützt der Gehilfe – z. B. ein Hostprovider durch Speichern der rechtswidrig öffentlich zugänglich gemachten Datei – die rechtswidrige Haupttat, hat aber von der konkreten rechtswidrigen Haupttat keine Kenntnis. Die Rechtsprechung des Bundesgerichtshofs ist nicht eindeutig. Teilweise wurde Kenntnis der konkret drohenden Haupttat verlangt (BGH GRUR 2015, 485 Tz. 37, 42 ff. – *Kinderhochstühle im Internet III*; BGH GRUR 2013, 1229 Tz. 32 – *Kinderhochstühle im Internet II*; BGH GRUR 2009, 597 Rn. 14 – *Halzband*; ferner OLG München GRUR 2016, 612, 615 f. – *Allegro barbaro*; krit. wegen der abweichenden strafrechtlichen Praxis des BGH: *Jaworski/Jan Bernd Nordemann* GRUR 2017, 567, 570; *Jaworski* S. 161 ff.). Außerdem ließ der BGH offen, ob sich der Gehilfenvorsatz ohne konkrete Kenntnis der Haupttat schon aus einer **nachhaltigen Verletzung von Prüfpflichten** ergeben kann (BGH GRUR 2011, 152 Tz. 33 – *Kinderhochstühle im Internet*; BGH GRUR 2007, 708 Tz. 32 – *Internet-Versteigerung II*; BGH GRUR 2004, 860, 863 f. – *Internet-Versteigerung I*). Das OLG Hamburg hat aufgrund der nachhaltigen Verletzung von Prüfungspflichten eine Beihilfe durch Unterlassen angenommen (OLG Hamburg MMR 2013, 533, 534; OLG Frankfurt ZUM-RD 2014, 87; LG Frankfurt aM. v. 5.2.2014, 2–06 O 319/13, juris Tz. 46; krit. zum Erfordernis der nachhaltigen Verletzung: *Jaworski/Jan Bernd Nordemann* GRUR 2017, 567, 570). Nachhaltig sind Prüfpflichtverletzungen dann, wenn die Maßnahmen nach einer Interessenabwägung im Einzelfall erheblich und ohne Not hinter den Prüfpflichten zurückbleiben, auch bloß gleichartige Rechtsverletzungen zu filtern und dadurch die Interessen des Rechteinhabers wesentlich verletzt werden. Ein Beispiel bilden Sharehoster, die nach Kenntnis nur die rechtsverletzenden Dateien löschen, aber keine zumutbaren Schritte zur Verhinderung genauso klarer ähnlicher Rechtsverletzungen des selben oder anderer Täter ergreifen: Kein Einsatz eines (zumutbaren) Wortfilters für die übrigen gespeicherten Dateien; keine Möglichkeit vorgehalten, Wiederholungstäter zu identifizieren; kein Durchsuchen ihnen mitgeteilter Linkverzeichnisse (vgl. Rn. 163a). Der BGH deutete aber auch an, dass sich der Gehilfenvorsatz nicht auf einzelne Haupttaten konkretisiert haben muss, wenn der Gehilfe ein zwar legales, aber **gefahrgeneigtes Geschäftsmodell** betreibt (BGH GRUR 2008, 810 Tz. 41 ff. – *Kommunalversicherer*, zum UWG). Dem ist zuzustimmen (*Jaworski/Jan Bernd Nordemann* GRUR 2017, 567, 568; *Holznagel* CR 2017, 463, 46 f.). Bei der Auslegung des Gehilfenbegriffs sind die im Strafrecht entwickelten Rechtsgrundsätze heranzuziehen (vgl. Rn. 153). Im Strafrecht muss der Gehilfe aber noch nicht einmal Tatopfer, Tatzeit und Begehungsweise kennen, um eine Haupttat vorsätzlich fördern zu können (BGH NStZ 1997, 272, 273; *Jänich* LMK 2007, 239931). Es genügt schon eine Vorstellung in Umrissen von Anzahl und Zeitraum der Taten (BGH NStZ 2002, 200 Tz. 10; s. a. BGH NJW-RR 2011, 1193 Tz. 32, 35). Jedenfalls bei besonderer Gefahrgeneigtheit des Geschäftsmodells sollte es ausreichen, dass eine solche bloß umrissartige Vorstellung gegeben ist (*Jaworski/Jan Bernd Nordemann* GRUR 2017, 567, 568; *Jan Bernd Norde-*

mann/Waiblinger MMR 2017, 211, 213; *Holznagel* CR 2017, 463, 466 f.; ähnlich BGH NJW-RR 2011, 1193 Tz. 39, zu Terminsoptionsgeschäften). Teilweise wird dieses Ergebnis auch aus der Rechtsprechung des BGH zu „neutralen" Handlungen hergeleitet (OLG München GRUR 2017, 619 – *uploaded*, unter Verweis auf BGH NStZ 2002, 200 Rn. 10). Danach sind sogenannte berufstypische „neutrale" Handlungen im Rahmen der strafrechtlichen Beihilfe gegenüber sonstigen Handlungen privilegiert. Sofern der Hilfeleistende es lediglich für möglich hält, dass sein Handlungsbeitrag zur Begehung einer Straftat genutzt wird, ist sein Handeln regelmäßig nur dann als strafbare Beihilfe anzusehen, wenn er erkennt, dass die Begehung einer Straftat sehr wahrscheinlich war (BGH NJW 2000, 3010, 3011; BGH NZWiSt 2014, 139 Rn. 29; im Zivilrecht für § 830 Abs. 2 BGB: BGH NJW 2012, 3177 Tz. 27; BGH NJW-RR 2011, 197 Tz. 47). Beispielsweise haften danach **Hostprovider**, deren Geschäftsmodell auf klare Rechtsverletzungen Dritter angelegt ist, auch ohne Kenntnis der konkreten Verletzung als Gehilfe. Nichts anderes sollte gelten für Dienstleister, die den Betreibern solcher Geschäftsmodelle Hilfe leisten. Erlangt der als Gehilfe in Anspruch genommene Dienstleister davon Kenntnis, handelt er mit dem erforderlichen Vorsatz, wenn er seinen Förderungsbeitrag nicht einstellt (keine Kausalität erforderlich, vgl. Rn. 153a). Genauso haften **Werbung Treibende** als Gehilfen, wenn sie auf Diensten, die auf Rechtsverletzungen angelegt sind, Werbung schalten. Sie müssen lediglich Kenntnis des illegalen Geschäftsmodells, aber nicht der konkreten Verletzung haben. Durch die Werbeschaltung unterstützen sie vorsätzlich die „Ausrichtung auf eine systematische Rechtsverletzung als Bestandteil des Geschäftsmodells" (OLG Stuttgart v. 14.3.2013 – 2 U 161/12, zum UWG; zum UrhG: *Jan Bernd Nordemann/Waiblinger* MMR 2017, 211, 213; zur Störerhaftung vgl. Rn. 174). Nichts anderes sollte grundsätzlich für andere Vertragspartner solcher Dienste wie **Finanzdienstleister** gelten (eingehend *Jaworski*, Die Haftung von Kreditkartenunternehmen für Urheberrechtsverletzungen Dritter). Subsidiär kommt eine Störerhaftung in Betracht (vgl. Rn. 154 ff.). Besteht danach – z. B. bei nicht gefahrgeneigtem Geschäftsmodell – kein ausreichender Vorsatz, bleibt die Störerhaftung (vgl. Rn. 154 ff., aber vgl. Rn. 159a). – Zu **Haftungsprivilegien der Provider** vgl. Rn. 184 ff, insbesondere zu Hostprovidern und dort zu § 10 TMG vgl. Rn. 187. Als Teilnehmer haften außerdem **technische Infrastrukturprovider**, die eigentlich keine Täter sind (vgl. Rn. 149 ff.), wenn sie die **rechtsverletzende Nutzung ihrer Dienste bewerben** (BGH GRUR 2009, 842 Tz. 13 – *Cybersky*: Teilnehmerhaftung kann dahinstehen, da umfassende Unterlassungshaftung als Störer).

153c   Zu **Haftungsprivilegien der Provider** vgl. Rn. 184 ff. Im Hinblick auf **urheberrechtswidrige Anzeigen**, aber auch für die **redaktionelle Presseberichterstattung über urheberrechtswidrige Nutzungen** muss die **Teilnehmerhaftung der Presse** wegen der verfassungsrechtlich verbürgten Presse- und Meinungsfreiheit **einschränkend ausgelegt** werden, sog. **Presseprivileg**; dazu eingehend vgl. Rn. 183.

153d   Der EuGH entwickelt derzeit insbesondere im Bereich der öffentlichen Wiedergabe für Internetprovider ein **europäisches Haftungskonzept** für die täterschaftliche Haftung. Es ist umfassender als die deutsche Gehilfenhaftung und führt zu einer erweiterten Haftung von Internetprovidern bei Verkehrspflichtverletzungen, auch wenn sie im Sinne des bisherigen deutschen Begriffs der Täterschaft oder Beihilfe nicht haften würden, sondern allenfalls sekundär als Störer. Insbesondere wird eine täterschaftliche Haftung auch bei **fahrlässiger Beihilfe** möglich (*Leistner* GRUR 2017, 755; *Jaworski/Jan Bernd Nordemann* GRUR 2017, 567, 571; *Ohly* GRUR 2017, 441, 445 f. m. w. N.; *ders.* FS Schulze S. 387, 395; *Tolkmitt* FS Büscher 2018 S. 249, 261). Insoweit kann die deutsche Praxis zur Haftung von Gehilfen allenfalls insoweit weiter geführt werden, als sie zu gleichen Ergebnissen wie das Europäische Haftungsmodell führt. Zum Haftungskonzept des EuGH eingehend vgl. Rn. 150 ff.

3. Störerhaftung (nur Unterlassung und Beseitigung)

Mittelbare Verursacher oder Mitverursacher der Rechtsverletzung, die nicht **154**
schon als Täter (vgl. Rn. 145 ff.) oder Teilnehmer (vgl. Rn. 153 ff.) haften,
kann eine aus Sachenrecht (§ 1004 BGB) hergeleitete Störerhaftung treffen
(eingehend *Köhler* GRUR 2008, 1, 6; krit. zur Herleitung aus § 1004: *Ahrens*
WRP 2007, 1281, 1284 m. w. N.). Die Störerhaftung ist also **gegenüber der
Täter- oder Teilnehmerhaftung** des Störers **subsidiär** (BGH GRUR 2013, 1030
Tz. 28 – *File-Hosting-Dienst*). **Anspruchsgrundlage** der Störerhaftung ist also
nicht § 97 UrhG, sondern **§ 1004 BGB analog** (BGH GRUR 2002, 618, 619 –
Meißner Dekor m. w. N.).

Über die Störerhaftung lassen sich **nur Unterlassungsansprüche** (BGH GRUR **155**
2004, 860, 864 – *Internet-Versteigerung*) und **Beseitigungsansprüche** (BGH
GRUR 2002, 618, 619 – *Meißner Dekor*; *Ahrens* WRP 2007, 1281) erfassen,
insbesondere **keine Schadensersatzansprüche**. Jedoch vgl. Rn. 159a.

Als **erste Voraussetzung** muss der Störer, ohne Täter oder Teilnehmer zu sein, **156**
in irgendeiner Weise **willentlich** und **adäquat kausal** zur Verletzung eines geschützten Gutes **beitragen** (BGH GRUR 2016, 268 Tz. 21 – *Störerhaftung des
Access-Providers*; BGH GRUR 2013, 370 Tz. 19 – *Alone in the Dark*). Auf
ein Verschulden kommt es dabei nicht an. – Jedoch muss der Störer als **zweite
Voraussetzung** die **rechtliche Möglichkeit zur Verhinderung** der Haupttat haben (BGH GRUR 1999, 418, 419 – *Möbelklassiker*). Das sollte auf Hilfspersonen des Verletzers (vgl. Rn. 148) grundsätzlich zutreffen, weil im Regelfall die
Möglichkeit für die Hilfsperson besteht, sich rechtswidrigen Handlungen zu
verweigern. Das gilt insb., wenn die Hilfsperson mit dem Verletzer vertraglich
verbunden ist, weil in aller Regel in solchen Fällen eine außerordentliche Kündigung des Vertrages mit dem Rechtsverletzer möglich ist. Wer dieses Kündigungsrecht vertraglich ausschließt, bindet sich selbst ohne Not die Hände und
haftet wegen dieser Vertragsgestaltung (OLG Frankfurt GRUR 2003, 805,
806 – *0190-Inkasso-Nummer*; *Nordemann*[11] Rn. 894; s. jetzt aber § 13a TKG;
ferner *Ahrens* WRP 2007, 1281, 1289).

Um die Störerhaftung nicht ausufern zu lassen, hat die Rechtsprechung als **157**
Korrektiv eine **dritte Voraussetzung** eingeführt. Der Störer muss eine bestehende **Prüfungspflicht verletzt** haben. Während die früheren Entscheidungen
diese Einschränkung mit einer Rechtsfolgenkorrektur über § 242 BGB begründeten, führt die fehlende Verletzung einer Prüfpflicht nun zum Entfall des haf-
tungsbegründenden Tatbestandes der Mitwirkungshandlung (BGH GRUR
2013, 370 Tz. 19 – *Alone in the Dark*: Haftungsvoraussetzung; grundlegend:
BGH GRUR 1999, 418, 420 – *Möbelklassiker*; dazu *Haedicke* GRUR 1999,
397, 399). Die Feststellung einer solchen Prüfungspflichtverletzung bedarf einer **umfassenden Interessenabwägung** und wertenden Risikozuweisung, ob die
Prüfungspflicht zumutbar war (BGH GRUR 2016, 268 Tz. 21 – *Störerhaftung
des Access-Providers*; BGH GRUR 2013, 1030 Tz. 30 – *File-Hosting-Dienst*
m. w. N.; BGH GRUR 2013, 370 Tz. 19 – *Alone in the Dark*). Das setzt in
aller Regel voraus, dass der **Urheberrechtsverstoß** für den mittelbaren Störer
erkennbar ist; es muss sich also entweder um eine ohne weiteres erkennbare
Verletzung handeln oder der mittelbare Störer muss durch den Verletzten über
die Verletzung in Kenntnis gesetzt werden (BGH GRUR 1999, 418, 419 –
Möbelklassiker; BGH GRUR 1984, 54, 55 – *Kopierläden*; BGH GRUR 1965,
104 – *Personalausweise*). Auch spielt die **Funktion und Aufgabenstellung** des
als Störer in Anspruch Genommenen mit Blick auf die Eigenverantwortung des
eigentlichen Urheberrechtsverletzers eine Rolle (BGH GRUR 2015, 485
Tz. 50 – *Kinderhochstühle im Internet III*; s. BGH GRUR 2003, 969, 970 f. –
Ausschreibung von Vermessungsleistungen). Dabei kann auch auf **gesetzlich
normierte Pflichten** zurückgegriffen werden, z. B. läuft die Prüfpflicht von Auf-

sichtspflichtigen mit ihren gesetzlichen Pflichten nach § 832 BGB parallel (BGH GRUR 2013, 511 Tz. 42 – *Morpheus*; aber vgl. Rn. 159a). Auch das **Geschäftsmodell** ist von Bedeutung. Wer ohne Gewinnerzielungsabsicht im öffentlichen Interesse handelt, wird großzügiger behandelt als Störer, die aus der Verletzung Gewinn ziehen (BGH GRUR 2015, 485 Tz. 50 – *Kinderhochstühle im Internet III*; BGH GRUR 2013, 1229 Tz. 34 – *Kinderhochstühle im Internet II*). Grundsätzlich **legale Geschäftsmodelle** dürfen jedoch **nicht durch Prüfpflichten wirtschaftlich gefährdet** und die Tätigkeit ihrer Betreiber nicht wesentlich erschwert werden (BGH GRUR 2016, 268 Tz. 27 – *Störerhaftung des Access-Providers*; BGH GRUR 2013, 1229 Tz. 47 – *Kinderhochstühle im Internet II*; BGH GRUR 2013, 370 Tz. 28 – *Alone in the Dark*). Es besteht aber kein absoluter Veränderungsschutz für legale Geschäftsmodelle, die Verletzungen produzieren (*Jan Bernd Nordemann* ZUM 2010, 604, 605). Ganz **anders liegt es**, wenn das **Geschäftsmodell** von vornherein **auf Rechtsverletzungen** der Nutzer **angelegt** ist. Dann besteht schon vor Erlangung der Kenntnis der konkreten Rechtsverletzung die Pflicht, Gefahren auszuräumen (BGH GRUR 2016, 268 Tz. 26 – *Störerhaftung des Access-Providers*; BGH GRUR 2013, 1030 Tz. 31, 44 – *File-Hosting-Dienst*). Sofern für legale Nutzungsmöglichkeiten ein technisches und wirtschaftliches Bedürfnis besteht und sie in großer Zahl vorhanden und üblich sind, ist ein auf Rechtsverletzungen angelegtes Geschäftsmodell aber nicht gegeben (BGH GRUR 2013, 370 Tz. 23 – *Alone in the Dark*). Anders ist es aber, wenn eine rechtswidrige Nutzung gezielt beworben (BGH GRUR 2009, 841 Tz. 21 f. – *Cybersky*) oder sonstwie gefördert wird (BGH GRUR 2016, 268 Tz. 26 – *Störerhaftung des Access-Providers*). Wenn der als Störer in Anspruch Genommene durch eigene Maßnahmen die **Gefahr der Verletzung** durch die Nutzer bloß **fördert**, aber sein Geschäftsmodell in vielfältiger Weise auch legal genutzt werden kann, muss der Hoster für eine Störerhaftung nach der Rechtsprechung des Bundesgerichtshofes durch eine Beanstandung Kenntnis von der konkreten Verletzung erlangen (BGH GRUR 2013, 1030 Tz. 44 – *File-Hosting-Dienst*). Das erscheint als zweifelhaft, weil die Förderungshandlung bereits die Gefahrenquelle eröffnet. Immerhin will der BGH in solchen Fällen nach Kenntniserlangung schärfere Prüfpflichten gelten lassen (BGH GRUR 2013, 1030 Tz. 45 – *File-Hosting-Dienst*); auch haftet ein Störer schärfer, wenn er seine neutrale Stellung als Infrastrukturprovider verlässt und eine **aktive Rolle** einnimmt (BGH GRUR 2013, 1229 Tz. 48, 55 ff. – *Kinderhochstühle im Internet II*). Wichtige Faktoren für Annahme einer tendenziösen Rolle sind z. B. Werbemaßnahmen, Strukturierung und Präsentation des Angebots, Refinanzierungsstruktur, Anonymität der Nutzer (Schricker/Loewenheim/*Leistner*[5] Rn. 129, 156); im Europäischen Haftungsmodell löst das bereits eine täterschaftliche Haftung aus, im Einzelnen vgl. Rn. 150c, vgl. Rn. 159a. Weiter ist darauf abzustellen, ob die geförderte Rechtsverletzung eines Dritten aufgrund einer unklaren **Rechtslage erst nach eingehender rechtlicher oder tatsächlicher Prüfung** festgestellt werden kann **oder** aber für den als Störer in Anspruch Genommenen **offenkundig und unschwer zu erkennen** ist (BGH GRUR 2015, 485 Tz. 50 – *Kinderhochstühle im Internet III*; z. B. zu Hostprovidern vgl. Rn. 162 f.). Zu den Prüfpflichten im Einzelnen für verschiedene Provider und andere Störer unten vgl. Rn. 160 ff.

157a   Wer grundsätzlich sicher gehen will, dass eine Störerhaftung eintritt, muss den nicht als Täter oder Teilnehmer haftenden Verursacher von der Verletzung in Kenntnis setzen (vgl. Rn. 157). Ausnahmsweise werden auch Prüfpflichten ohne Kenntniserlangung angenommen. Das ist vor allem der Fall, wenn das Verhalten gefahrerhöhend ist (BGH GRUR 2016, 936 Tz. 22 ff. – *Angebotsmanipulation bei Amazon*, zum MarkenG und für den Fall, dass das eigene Angebot durch Dritte manipuliert werden kann). Nach Kenntniserlangung ist im Regelfall bei fortdauernder Verletzung eine Haftung als Täter oder Teilnehmer gegeben, sodass der Störerhaftung vor allem für den Anspruchsumfang Bedeutung zukommen kann (vgl. Rn. 159). Für das **Schreiben**, mit dem die Kenntnis vermittelt wird, kann – sofern nicht schon vorher eine Haftung bestand – **keine Kostenerstattung** verlangt werden (OLG Hamburg ZUM-RD 2009, 317, 325 – *Mettenden*; OLG Hamburg ZUM-RD 2000, 173, 179; LG Berlin MMR 2004, 195, 197; Schricker/Loewenheim/*Leistner*[5] Rn. 130). Der Verletzte muss den Störer nicht selbst in Kenntnis setzen; es genügt, dass ein Dritter dem Störer die Kenntnis vermittelt (*Koch* KSzW 2010, 229, 231 m. Fn. 21).

Der Störer haftet aber **nicht bloß subsidiär**, falls ein Vorgehen gegen den Täter   **158**
oder etwaige Teilnehmer nicht möglich ist (BGH GRUR 2016, 268 Tz. 87 – *Störerhaftung des Access-Providers*; BGH GRUR 2007, 724, 725 Tz. 13 – *Meinungsforum*; BGH GRUR 2007, 890, 894 Tz. 40 – *jugendgefährdende Medien bei eBay*; BGH GRUR 1995, 601, 603 – *Bahnhofsverkaufsstellen*; BGH GRUR 1957, 352 – *Pertussin II*; *Angelika Schneider* S. 224 f., auch m. w. N. zum Streitstand; enger *Köhler* GRUR 2008, 1, 4 f.; *Ahrens* WRP 2007, 1281, 1287, 1290; *Spindler/Volkmann* WRP 2003, 1, 7; *Spindler* CR 2012, 176, 178; Leistner/*Spindler* S. 212, 227); ein fehlendes Vorgehen gegen unmittelbare Verletzer oder ein Fehlen von Sicherungsmaßnahmen auf Seiten des Verletzten kann allenfalls Einfluss auf die wertende Zuweisung von Prüfungspflichten auf Seiten des Störers haben (*Ahrens* WRP 2007, 1281, 1287, 1290); bei massenhaften Verletzungen, die ihre Quelle beim Störer haben, kann die höhere Effektivität seiner Inanspruchnahme sogar zugunsten einer Prüfpflicht sprechen (BGH GRUR 2007, 890, 894 Tz. 40 – *jugendgefährdende Medien bei eBay*). Umgekehrt kann eine Störerhaftung ausscheiden, wenn der Verletzte bereits den unmittelbaren Verletzer erfolgreich in Anspruch genommen *und* damit die Quelle verstopft hat; handelt der Täter aber weiter trotz strafbewehrter Unterlassungserklärung, gerichtlichem Titel etc., kann ein Vorgehen gegen den Störer nach wie vor zumutbar sein (a. A. OLG Köln GRUR-RR 2013, 49, 50 f. – *Kirschkerne*). Eine „Quasi"-Subsidiarität gilt allerdings im Rahmen der Zumutbarkeitsprüfung von (allgemeinen) Zugangsprovidern (vgl. Rn. 170 ff., dort auch zur Kritik). Zum Rechtsmissbrauch vgl. Rn. 192.

Rechtsfolge der Störerhaftung ist eine **Unterlassungs- und Beseitigungshaftung**   **159**
(vgl. Rn. 41 ff.) im Umfang der zumutbaren Prüfpflichten. Diese können über die Haftung als Täter oder Teilnehmer hinausgehen, die sich wegen des Vorsatzerfordernisses grundsätzlich nur auf die konkrete Verletzungshandlung bezieht (aber vgl. Rn. 153b). Ein Beispiel für die weitergehende Haftung des Störers ist die zukünftige Haftung auch für andere bloß gleichartige Rechtsverletzungen, die vom Teilnahmevorsatz nicht umfasst sind (s. BGH GRUR 2007, 708 Tz. 32 und 45 – *Internet-Versteigerung II*). Diese zukünftigen Kontrollpflichten können entweder personenbezogen (zukünftige Handlungen desselben unmittelbaren Verletzers) oder inhaltsbezogen (zukünftige vergleichbare Verletzungen desselben Rechts) sein (BGH GRUR 2007, 890, 894 Tz. 44, 46 – *jugendgefährende Medien bei eBay*). Der **Inhalt des Unterlassungsanspruchs** richtet sich nach dem zu unterlassenden Tatbeitrag des Störers, bei Beseitigung nach der vorzunehmenden Handlung. Zur prozessualen Antragsfassung vgl. Rn. 43 und vgl. Rn. 175. Aus der Störerhaftung ergeben sich **keine Schadensersatzansprüche** (vgl. Rn. 155).

Die bloße Störerhaftung von mittelbaren Verursachern und Mitversursachern   **159a**
von Rechtsverletzungen kann nicht überzeugen. Vielmehr ist einer **täterschaftlichen Haftung wegen Verkehrspflichtverletzung** der Vorzug zu geben. Der Patentsenat des BGH und verbreitete Stimmen in der Literatur sehen darin schon seit längerer Zeit eine überzeugende Alternative (vgl. Rn. 150b). Neuerdings spricht für die Möglichkeit der täterschaftlichen Haftung für Verkehrspflichtverletzungen auch die Rechtsprechung des EuGH im Bereich der Haftung für

die Verletzung des öffentlichen Wiedergaberechts (vgl. Rn. 150 ff.). Es erscheint als sachgerecht, dieses Europäische Haftungsmodell auch auf den nicht-harmonisierten Teil der öffentlichen Wiedergabe sowie auf andere (harmonisierte und nicht-harmonisierte) Verwertungsrechte auszudehnen (vgl. Rn. 150). Allerdings gilt im Einklang mit dem EuGH die Einschränkung für eine Haftung von mittelbaren Verursachern wegen Verletzung einer Verkehrspflicht, dass ein **vorsätzliches Handeln (volle Kenntnis der Folgen seines Verhaltens oder „deliberate intervention"), um Zugang zu gewähren, gegeben sein muss** (EuGH GRUR 2017, 790 Tz. 26, 36 – *Brein/Ziggo „The PirateBay"*); vgl. Rn. 150c. Diese Voraussetzung hat eine wichtige Funktion. Sie bildet die **Abgrenzung** der täterschaftliche Haftung **von der bloßen Störerhaftung** (nur Unterlassungs- und Beseitigung), die mit Art. 8 Abs. 3 Info-RL ebenfalls eine EU-rechtlichen Grundlage aufweist (vgl. Rn. 159b).

159b   Auch die bloße **Unterlassungs- und Beseitigungshaftung nach der Störerhaftung** ist EU-rechtlich gem. **Art. 8 Abs. 3 Info-RL** harmonisiert. Das gilt jedenfalls **für Vermittler** gem. Art. 8 Abs. 3 Info-RL. Der Vermittlerbegriff wird großzügig ausgelegt und ist gegeben, wenn eine Dienstleistung erbracht wird, die geeignet ist, von einer oder mehreren anderen Personen zur Verletzung eines oder mehrerer Rechte des geistigen Eigentums benutzt zu werden. Ein Vertragsverhältnis, sonstiges Schuldverhältnis oder sonst „besonderes Verhältnis" zum Verletzer ist nicht erforderlich (EuGH GRUR 2016, 1062 Tz. 23 – *Tommy Hilfiger/Delta Center*; EuGH GRUR 2014, 468 Tz. 32, 35 – *UPC Telekabel/Constantin*). Streng genommen ist noch nicht einmal ein kausaler Beitrag zur Verletzungshandlung notwendig; es genügt, wenn die Verletzungshandlung gefördert wird. Insoweit ist die deutsche Störerhaftung richtlinienkonform auszulegen (*Czychowski/Jan Bernd Nordemann* GRUR 2013, 986, 988; Schricker/Loewenheim/*Leistner*[5] Vor §§ 97 ff. Rn. 9). Auch ein Zugangsprovider des Abrufenden ist deshalb Vermittler der eigentlich vom Uploader begangenen Urheberrechtsverletzung gem. § 19a (EuGH GRUR 2014, 468 Tz. 32, 40 – *UPC Telekabel/Constantin*; dem folgend BGH GRUR 2016, 268 Tz. 25 – *Störerhaftung des Access-Providers*; *Czychowski/Jan Bernd Nordemann* GRUR 2013, 986, 988). Als Vermittler sollten damit sämtliche Internetprovider gelten, sofern ihre technischen Dienstleistungen für die Verletzung relevant sind, z. B. Hostprovider (EuGH GRUR 2012, 382 Tz. 28 ff. – *Netlog/SABAM*) oder Internetzugangsprovider (EuGH GRUR 2014, 468 Tz. 29 ff. – *UPC Telekabel/Constantin*; EuGH GRUR 2009, 579 Tz. 46 – *LSG/Tele2*, m. Anm. *Jan Bernd Nordemann/Schaefer* GRUR 2009, 583), aber auch **in der Offline-Welt** Betreiber von (realen) Marktplätzen, die an Verletzer untervermieten (EuGH GRUR 2016, 1062 Tz. 26 ff. – *Tommy Hilfiger/Delta Center*). Eine solche großzügige Auslegung des Begriffs des Vermittlers ist auch deshalb angezeigt, weil Ansprüche gegen Vermittler gem. Art. 8 Abs. 3 Info-RL **unabhängig von der etwaigen eigenen Verantwortlichkeit des Vermittlers** gestellt werden können (EuGH GRUR 2011, 1025 Tz. 127 – *L'Oréal/eBay*). **ErwG 59 Info-RL** sieht den Grund für die Haftung der Provider darin, dass sie „oftmals ... selbst am besten in der Lage (sind), Rechtsverstößen ... ein Ende zu setzen". Seiner Natur nach steht ein solcher Anspruch der Hilfeleistungspflicht in „Unglücksfällen oder gemeiner Gefahr oder Not" (s. § 323c StGB, dort sogar strafbewehrt) nahe (*Czychowski/Jan Bernd Nordemann* GRUR 2013, 986, 988 ff.; ähnlich *Hofmann* GRUR 2015, 123, 128). Dem entspricht es, wenn die Haftung des Vermittlers mit dem „cheapest cost avoider"-Ansatz begründet wird (*Leistner* ZUM 2012, 722, 723). Der Anspruch wird nicht einschränkungslos gewährt. Denn er steht insbesondere unter der Voraussetzung der **Verhältnismäßigkeit** (EuGH GRUR 2014, 468 Tz. 44 ff. – *UPC Telekabel/Constantin*; EuGH GRUR 2011, 1025 Tz. 139, 140, 144 – *L'Oréal/eBay*: Maßnahmen müssen wirksam, verhältnismäßig und abschreckend sein und dürfen keine Schranken für den rechtmäßigen Handel errichten). Dabei spielt auch die verfassungsmäßige Absicherung des Urheberrechts als Geistiges Eigentum eine Rolle (vgl. Rn. 4b). Im Konfliktfall mit anderen Grundrechten muss ein angemessener Ausgleich gefunden werden (EuGH GRUR 2014, 468 Tz. 44 ff. – *UPC Telekabel/Constantin*; EuGH GRUR 2012, 382 Tz. 43 – *SA-BAM/Netlog*; EuGH GRUR 2011, 1025 Tz. 143 – *L'Oréal/eBay*; EuGH GRUR 2008, 241 Tz. 68 – *Promusicae/Telefónica*). Die **Modalitäten der Anordnungen**, wie z. B. Anordnungen in Bezug auf die zu erfüllenden Voraussetzungen und das einzuhaltende Verfahren, sind **im nationalen Recht** zu regeln (EuGH GRUR 2014, 468 Tz. 43 – *UPC Telekabel/Constantin*). Dem entspricht es allerdings nicht, wenn der BGH in der Verhältnismäßigkeitsprüfung einen eigenen nationalen Standpunkt einnimmt (BGH GRUR 2016, 268 Tz. 22, 81 ff., 90 – *Störerhaftung des Access-Providers*), weil diese Prüfung – wie eben gesehen – europarechtlich determiniert ist. Insbesondere die Voraussetzung der Subsidiarität der Inanspruchnahme von Zugangsprovidern ist deshalb europarechtlich auszulegen und bedarf der Letztkontrolle durch den EuGH, vgl. Rn. 170 ff. Art. 8 Abs. 3 Info-RL gewährt nur **Unterlassungs- und Beseitigungsansprüche**, keine Schadensersatzansprüche; s. die englische Fassung der Info-RL und dort die Übersetzung des deutschen Begriffs der Anordnung mit „injunction". Einen **Richervorbehalt** enthält Art. 8 Abs. 3 Info-RL nicht (*Sesing/Putzki* MMR 2016, 660, 664; a. A. *Heidrich/Heymann* MMR 2016, 370, 373); zu § 7 Abs. 3 S. 1 TMG vgl. Rn. 185a. In Abgrenzung zur Haftung nach Art. 8 Abs. 3 Info-RL hat der EuGH für Provider, die eine aktive Rolle spielen, eine täterschaftliche Haftung entwickelt, die insbesondere auch auf Schadensersatz geht, vgl. Rn. 150 ff.

Die deutsche Störerhaftung von Vermittlern ist danach **richtlinienkonform** im Lichte des Art. 8 Abs. 3 Info-RL **auszulegen**, weil Art. 8 Abs. 3 Info-RL insoweit durch die Störerhaftung in deutsches Recht umgesetzt wird (BGH GRUR 2016, 268 Tz. 22 – *Störerhaftung des Access-Providers*; BGH GRUR 2007, 708 Tz. 36 – *Internet-Versteigerung II*, zu Art. 11 S. 3 Enforcement-RL). Teilweise wird auch gefordert, Ansprüche nach Art. 8 Abs. 3 Info-RL im deutschen Recht auf ein von der Störerhaftung verschiedenes Haftungskonzept zu stützten (*Hofmann* GRUR 2015, 123, 128, mit konkreten Vorschlägen für eine Ausgestaltung bei Zugangsprovidern; ähnlich *Ohly*, Gutachten zum 70. Deutchen Juristentag, S. 105 ff.; s. a. *Nolte/Wimmers* GRUR 2014, 16, 20). Solange der Gesetzgeber in der existierenden Störerhaftung die deutsche Umsetzung sieht (RegE UrhG Infoges – BT-Drs. 15/38, S. 39 f.; *Czychowski/Jan Bernd Nordemann* GRUR 2013, 986, 989), ist für solche Vorschläge nur Raum *de lege ferenda*. Seit dem 3. TMGÄndG (in Kraft seit 13.10.2017; vgl. Rn. 4a; vgl. Rn. 184 ff.) ist allerdings ein kleiner Bereich von Art. 8 Abs. 3 Info-RL ausdrücklich in deutsches Recht umgesetzt: § 7 **Abs. 4 TMG** enthält jetzt die Anspruchsgrundlage für Sperransprüche gegen **WLAN-Provider**, so dass die Störerhaftung hier nicht mehr greift (vgl. Rn. 172).

159c

a) Hostprovider: Hostprovider (tw. auch Contentprovider) stellen **Speicherplatz für Inhalte** zur Verfügung, **die von ihren Nutzern eingegeben** werden. Eine Gruppe bilden Dienste, die **nur speichern**, aber die gespeicherten Inhalte **nicht** von sich aus **veröffentlichen**. Beispiele sind sog. **Webhoster**, die ihre Server an Kunden zur Ablage beliebiger Inhalte vermieten (z. B. 1&1) oder kostenlos bzw. anderweitig finanziert zur Verfügung stellen (sog. **Sharehoster**, auch File-Hoster). Gerade im „Web 2.0" gibt es aber auch eine große Anzahl von Hostprovidern, die eine **Oberfläche** zur Verfügung stellen, damit die Inhalte der Nutzer veröffentlicht und gefunden werden können; sie werden auch als „**user generated content**" Websites bezeichnet (vgl. Vor §§ 31 ff. Rn. 430a). Zu nennen sind Internetauktionsplattformen (eBay etc.), Diskussionsforen, soziale Netzwerke (z. B. facebook), Plattformen für Videos (z. B. YouTube) und Fotos

160

(z. B. flickr), Webblogs (www.blogspot.com; s. a. OLG Düsseldorf MMR 2012, 118), Webblog-Suchmaschinen bzw. -ratingsysteme (z. B. Technorati), Internetenzyklopädien (z. B. Wikipedia: LG Berlin ZUM-RD 2012, 160, 161) usw., soweit sie die Inhalte nicht selbst erstellt haben. Das unterschiedliche Geschäftsmodell kann den Umfang der Prüfpflichten beeinflussen (vgl. Rn. 162 ff.).

160a   Hostprovider können als **Täter** haften. In Betracht kommt insbesondere eine Haftung wegen Wechsels in die Auftraggeberrolle (vgl. Rn. 148d), wegen Zueigenmachens (vgl. Rn. 149) oder aufgrund einer aktiven Rolle mit Kenntnis („deliberate intervention") im neuen Europäischen Haftungsmodell (vgl. Rn. 150 ff., insbesondere vgl. Rn. 150c). Überdies ist eine Haftung als **Gehilfe** denkbar, wobei insbesondere der erforderliche Vorsatz teilweise Schwierigkeiten bereitet (vgl. Rn. 153b). Eine Unterscheidung zwischen Täter und Gehilfe muss wegen § 830 Abs. 2 BGB nicht erfolgen. Die Störerhaftung erfolgt nur subsidiär zur Täter- oder Gehilfenhaftung.

161   Im Rahmen der **Störerhaftung** ist ein Hostprovider grundsätzlich nicht verpflichtet, die von seinen Nutzern auf seinen Servern gespeicherten urheberrechtlich relevanten fremden Informationen auf Rechtsverletzung zu überprüfen. Vielmehr ist er für urheberrechtsverletzende **fremde Inhalte** auf seiner Plattform grundsätzlich erst nach Kenntniserlangung verantwortlich, weil die Rechtsverletzung erst dann für den Provider erkennbar wird (BGH GRUR 2015, 485 Tz. 51 – *Kinderhochstühle im Internet III*; BGH GRUR 2013, 370 Tz. 28 – *Alone in the Dark*; BGH GRUR 2007, 708, 712 Tz. 45 f. – *Internet-Versteigerung II*). Der Hostprovider erlangt in der Regel durch eine **Beanstandung** (auch etwas unpräzise aufgrund des DMCA genannt **Notice-and-Takedown-Letter**) des Rechteinhabers Kenntnis. Streng genommen ist Schriftform (§ 126 BGB) oder Textform (§ 127 BGB) aber nicht Voraussetzung, weil es lediglich um die Vermittlung der Kenntnis geht, was auch mündlich geschehen kann. Aus Beweisgründen wird aber im Regelfall mindestens eine E-Mail versandt. An die Kenntniserlangung sind keine allzu strengen Maßstäbe anzulegen. Die Beanstandung muss alle Informationen enthalten, damit der als Störer in Anspruch Genommene die von seiner Prüfpflicht umfassten Rechtsverletzungen identifizieren kann. Der Maßstab ist hier etwas flexibel; das Ausmaß des insoweit vom Betreiber zu verlangenden Prüfungsaufwandes hängt von den Umständen des Einzelfalls ab, insbesondere vom Gewicht der angezeigten Rechtsverletzungen auf der einen und den Erkenntnismöglichkeiten des Betreibers auf der anderen Seite (BGH GRUR 2011, 1038 Tz. 28 – *Stiftparfüm*; Schricker/Loewenheim/*Leistner*[5] Rn. 131). Die Information muss die eigene Aktivlegitimation (vgl. Rn. 127 ff.) begründen, das Werk oder die geschützte Leistung hinreichend klar identifizieren (OLG Hamburg ZUM-RD 2010, 466, 467: Bei Grafiken reicht die Nennung des Titels wegen fehlender Zuordnungsmöglichkeit nicht) und die Verletzungshandlung darlegen; beispielsweise sollte bei Abrufbarkeit der Verletzung über eine URL die Angabe der aktuellen URL in jedem Fall genügend sein. Beweise müssen nicht vorgelegt werden. Bei berechtigten Zweifeln besteht eine Nachfasspflicht des Hostproviders (BGH GRUR 2011, 1038 Tz. 32 – *Stiftparfüm*). Geht es um einen Hinweis auf eine „klare" Rechtsverletzung, die erweiterte Prüfpflichten auslöst (vgl. Rn. 162), muss die Beanstandung so konkret gefasst sein, dass der Adressat des Hinweises den Rechtsverstoß unschwer – das heißt ohne eingehende rechtliche und tatsächliche Überprüfung – feststellen kann (BGH GRUR 2011, 1038 Tz. 28 – *Stiftparfüm*; Schricker/Loewenheim/*Leistner*[5] Rn. 131). Für die **Beanstandung**, mit dem die Kenntnis vermittelt wird, kann – sofern nicht schon vorher eine Haftung bestand – **keine Kostenerstattung** verlangt werden (vgl. Rn. 157a). – Der Hoster haftet **nicht bloß subsidiär**, wenn ein Vorgehen gegen den Täter nicht möglich ist, sondern neben dem Täter oder sonstigen Störern (BGH

GRUR 2007, 724, 725 Tz. 13 – *Meinungsforum*; auch vgl. Rn. 158). – **Ohne vorherige Kenntnis haften** Hoster als Störer, wenn das **Geschäftsmodell** von vornherein **auf Rechtsverletzungen** der Nutzer **angelegt** ist (BGH GRUR 2013, 1030 Tz. 44 – *File-Hosting-Dienst*). Fallen darunter nur bestimmte Teile des Hostingdienstes, erstreckt sich die Haftung nur dann nicht auf andere Teile, wenn sich das auf Verletzungen angelegte Geschäftsmodell eindeutig nicht auf sie bezieht. – Wenn der als Störer in Anspruch Genommene durch eigene Maßnahmen die **Gefahr der Verletzung** durch die Nutzer bloß **fördert**, aber sein Geschäftsmodell in vielfältiger Weise auch legal genutzt werden kann, muss der Hoster für eine Störerhaftung nach der Rechtsprechung des Bundesgerichtshofes durch eine Beanstandung Kenntnis von der konkreten Verletzung erlangen, haftet dann allerdings schärfer (BGH GRUR 2013, 1030 Tz. 44 f. – *File-Hosting-Dienst*); zur Kritik vgl. Rn. 157. Gleiches gilt, wenn der Hoster seine neutrale Position verlässt und z. B. für Rechtsverletzungen wirbt (BGH GRUR 2013, 1229 Tz. 48, 55 ff. – *Kinderhochstühle im Internet II).* – Täterschaftlich haften sie ohnehin für ihre **eigenen Inhalte**, also auch für solche, die sie sich zu Eigen machen (eingehend vgl. Rn. 149b).

Fraglich ist, ob der Hostprovider zur Konkretisierung seiner Prüfpflichten zunächst die **Beanstandung** des Rechteinhabers **an den Nutzer** des Hostproviders **zur Stellungnahme weiterzuleiten** hat. Im **allgemeinen Persönlichkeitsrecht** nimmt der Bundesgerichtshof das als Regelfall an (BGH GRUR 2016, 855 Tz. 24 ff. – *jameda.de*; BGH GRUR 2012, 311 Tz. 27 – *Blog-Eintrag*; dazu *Hofmann* ZUM 2017, 102, 104). Bleibe eine Stellungnahme innerhalb einer nach den Umständen angemessenen Frist aus, sei von der Berechtigung der Beanstandung auszugehen und die beanstandete Information zu löschen. Ergeben sich aber wegen der Stellungnahme berechtigte Zweifel, sei der Provider grundsätzlich gehalten, dem Betroffenen dies mitzuteilen und gegebenenfalls Nachweise zu verlangen, aus denen sich die behauptete Rechtsverletzung ergibt. Bleibe eine Stellungnahme des Betroffenen aus oder lege er gegebenenfalls erforderliche Nachweise nicht vor, sei eine weitere Prüfung nicht veranlasst (BGH GRUR 2012, 311 Tz. 27 – *Blog-Eintrag*). Allerdings weist das Gericht zutreffend darauf hin, dass sich bei der Verletzung von Persönlichkeitsrechten eine Verletzung nicht stets ohne Einschaltung des Äußernden feststellen lassen wird; es kann darauf ankommen, ob eine Tatsachenbehauptung wahr oder unwahr ist, was sich der Kenntnis des Hostproviders entzieht (BGH GRUR 2012, 311 Tz. 25 – *Blog-Eintrag*; dazu *Spindler* CR 2012, 176). **Im Urheberrecht** muss dieses Modell **etwas modifiziert** werden. Bei „klaren" Rechtsverletzungen (vgl. Rn. 162) erscheint eine Weiterleitung an den Nutzer als nicht angezeigt, sondern verhindert einen effektiven Rechtsschutz. Allenfalls ist denkbar, dass der Hostprovider die Information zunächst nur sperrt (nicht endgültig löscht, s. a. *Spindler* CR 2012, 176, 178) und der Nutzer zumindest parallel mit der Sperrung informiert wird (so auch LG Hamburg MMR 2012, 404, 406 a. E. – *GEMA*, dort zum „Dispute"-Verfahren von YouTube; s. a. BGH GRUR 2013, 370 Tz. 45 – *Alone in the Dark*). Bei „nicht-klaren" Rechtsverletzungen (vgl. Rn. 162a) erscheint es hingegen im Regelfall als opportun, den Nutzer entsprechend dem für das Persönlichkeitsrecht entwickelten Verfahren zu hören, bevor gesperrt oder gelöscht wird. **Rechtsschutz für unberechtigte Löschungen** gegen den Provider ergibt sich aus Vertragsrecht (*Hofmann* ZUM 2017, 102, 108; für Zugangsprovider: *Marly* GRUR 2014, 472, 473; *Jan Bernd Nordemann* ZUM 2014, 499, 500; vgl. Rn. 171) und auch wegen Förderung fremden Wettbewerbs bei unberechtigten Beanstandungen durch Wettbewerber (*Hofmann* ZUM 2017, 102, 108). Denkbar ist auch eine Verletzung von § 823 BGB. Eingehend zu unberechtigten Beanstandungen, insbesondere zu unberechtigten Notice-and-Takedown-Verlangen, und einem Vorgehen gegen den Beanstandenden vgl. § 97a Rn. 70 f.

161a

162   **Umfang der Unterlassungspflicht** (dazu eingehend *Jan Bernd Nordemann* CR 2010, 653, 655 ff.; *Jan Bernd Nordemann* JIPITEC (2011) 37, abrufbar unter www.jipitec.eu, in Englischer Sprache): Nach Kenntniserlangung einer Rechtsverletzung besteht für einen Hostprovider eine Prüfungspflicht, Rechtsverletzungen, für die konkrete Anhaltspunkte bestehen, durch seine Prüfung zu verhindern. Hinreichend konkrete Anhaltspunkte liegen nach der zutreffenden Auffassung des Bundesgerichtshofes vor, wenn eine Wiederholungs- oder Erstbegehungsgefahr für die Rechtsverletzung gegeben ist (BGH GRUR 2007, Tz. 41, 44 – *Internet-Versteigerung II*; s. a. *Loschelder/Dörre* WRP 2010, 822, 824; *Leistner* GRUR-Beilage 2010, 1, 3). Nach der ständigen Rechtsprechung des BGH schuldet der Hostingprovider nach Kenntniserlangung von einer **klaren Rechtsverletzung** die Erfüllung einer **dreifachen Prüfpflicht**: Wegen Wiederholungsgefahr besteht die Pflicht erstens, dass er die (klare) Verletzung aus seinen Speichern herausnimmt (sog. **Takedown**) und zweitens, dass sich die identische Verletzung nicht wiederholt (sog. **Staydown**). Drittens besteht im Fall von solchen klaren Rechtsverletzungen für den Hostprovider die Pflicht, (präventiv) **Vorsorge** dafür zu treffen, dass es möglichst **nicht** zu **weiteren gleichartigen Rechtsverletzungen** kommt (BGH GRUR 2013, 1229 Tz. 44 – *Kinderhochstühle im Internet II*; BGH GRUR 2013, 370 Tz. 29 – *Alone in the Dark*; BGH GRUR 2011, 1038 Tz. 39 – *Stiftparfüm*; BGH GRUR 2004, 860, 864 – *Internet-Versteigerung*). Das kann entweder auf Wiederholungsgefahr (wenn die gleichartige Verletzung „kerngleich" war, vgl. Rn. 41 ff.) oder auf Erstbegehungsgefahr (zu den Voraussetzungen vgl. Rn. 39) beruhen (BGH GRUR 2007, 890, 894 Tz. 54 – *jugendgefährdende Medien bei eBay*; BGH GRUR 2007, 708, 711 Tz. 41 – *Internet-Versteigerung II*). Diese Rechtsprechung wird zu Unrecht als zu weitgehend kritisiert (*Nolte/Wimmers* GRUR 2014, 16, 20; *Breyer* MMR 2009, 14, 15; *Sobola/Kohl* CR 2005, 443, 449; *Rücker* CR 2005, 347, 348). Der EuGH hat auf Vorlage des britischen High Court erklärt, dass das Haftungsmodell der deutschen Rechtsprechung sich aus Art. 8 Abs. 3 Info-RL (dazu vgl. Rn. 159b) verpflichtend für alle EU-Mitgliedsstaaten ergebe (EuGH GRUR 2011, 1025 Tz. 131 ff. – *L'Oréal/eBay*; s. a. Tz. 50 mit Vorlagefrage 10; dazu *Jan Bernd Nordemann* GRUR 2011, 977, 980; ferner EuGH GRUR 2012, 382 Tz. 29 – *SABAM/Netlog*). **Gleichartig sind Verletzungen** auf jeden Fall dann, wenn dasselbe Werk betroffen ist und Wiederholungsgefahr („Kerngleichheit" notwendig, vgl. Rn. 41) oder Erstbegehungsgefahr (vgl. Rn. 39) besteht (ebenso Schricker/Loewenheim/*Leistner*[5] Rn. 134). Es spielt keine Rolle, ob die Kopie oder der Täter identisch sind (BGH GRUR 2013, 1030 Tz. 49, 53 – *File-Hosting-Dienst*; BGH GRUR 2013, 370 Tz. 32 – *Alone in the Dark*). Das gebietet die Effektivität des Urheberrechtsschutzes (*Obergfell* NJW 2013, 1995, 1998; krit. *Peifer* FS Bornkamm S. 937, 944). Sofern Kenntnis von Verletzungen vieler Werke vermittelt wird, bestehen die Pflichten für jedes einzelne Werk (BGH GRUR 2013, 1030 Tz. 59 – *File-Hosting-Dienst*: Auch bei über 4.800 Werken zumutbar); zur Antragsfassung vgl. Rn. 47a. Die Gleichartigkeit muss sich aber nicht auf dasselbe Werk beschränken, das im „Notice-and-Takedown-Letter" benannt ist. Auch eine Verletzung anderer Werke der gleichen Kategorie kann als gleichartig angesehen werden, sofern sie vom selben Täter stammt und keine neue rechtliche Wertung erfordert (BGH GRUR 2007, 890 Tz. 44 – *Jugendgefährende Medien bei eBay*; OLG Hamburg MMR 2010, 51, 54 – *Rapidshare*; *Czychowski/Jan Bernd Nordemann* GRUR 2013, 986, 992; *Jan Bernd Nordemann* CR 2010, 653, 657). Insoweit muss Wiederholungsgefahr („Kerngleichheit", vgl. Rn. 41 ff.) oder zumindest Erstbegehungsgefahr bestehen (nur auf Wiederholungsgefahr abstellend Schricker/Loewenheim/*Leistner*[5] Rn. 134). Zurückhaltender angenommen werden sollte eine Vorsorgepflicht des Hostproviders auch für andere Werke anderer Kategorien, die nicht im Notice-and-Takedown-Letter enthalten sind und nicht vom Ersttäter stammen. Es darf zu keinem Konflikt mit § 7 Abs. 2 S. 2 TMG (Art. 15 E-Commerce-RL) und dem dortigen Verbot der proaktiven allgemeinen Überwachungspflicht kommen (vgl. Rn. 186; *Czychowski/Jan Bernd Nordemann* GRUR 2013, 986, 992). Beispielsweise darf einem Hostprovider zur Vermeidung zukünftiger Urheberrechtsverletzungen kein System der präventiven Komplettfilterung aller Nutzer und aller Inhalte ohne zeitliche Begrenzung auf seine Kosten zur Vermeidung von Urheberrechtsverletzungen aufgegeben werden (EuGH GRUR 2012, 382 Tz. 34 ff. – *SABAM/Netlog*). Jedoch kann sich etwas anderes ergeben, wenn das Geschäftsmodell von vornherein auf Rechtsverletzungen der Nutzer angelegt ist (vgl. Rn. 161), z. B. wenn Internetforen sich auf bestimmte verletzungsanfällige Themen beziehen und es bereits in der Vergangenheit mehrfach zum Hochladen rechtsverletzender Bilder gekommen ist (OLG Hamburg NJOZ 2009, 2835, 2840 – *Long Island Ice Tea*) oder das Geschäftsmodell einer Kunstversteigerungsplattform die Grenzen des § 58 Abs. 1 nicht beachtet und es deshalb wahrscheinlich ist, dass es zu Rechtverletzungen kommt (OLG Köln GRUR-RR 2009, 4, 6 – *Auktionsportal für Kunstwerke*, dort sogar Gehilfeneigenschaft angenommen). – Für eine **„klare" Rechtsverletzung** muss der Hostprovider den Rechtsverstoß unschwer – das heißt ohne eingehende rechtliche und tatsächliche Überprüfung – feststellen können; es dürfen keine berechtigten Zweifel bleiben (BGH GRUR 2011, 1038 Tz. 28 ff. – *Stiftparfüm*; eingehend auch *Jan Bernd Nordemann* CR 2010, 653, 658), was ausscheidet, wenn die Rechtslage kontrovers diskutiert wird (Dreier/Schulze/*Dreier/Specht*[5] Rn. 33a). Urheberrechtlich ist also auf die Klarheit der Verletzung der Urheberpersönlichkeitsrechte (§§ 12 bis 14 UrhG) bzw. auf die Klarheit der Verletzung der Verwertungsrechte der §§ 15 ff. UrhG abzustellen. Das öffentliche Zugänglichmachen von 1:1-Kopien urheberrechtlich geschützter Werke ist danach eine „klare" Verletzung. Aber auch veränderte Werke sind noch „klare" Verletzungen, solange nicht eine freie Benutzung (§ 24 UrhG) ernsthaft in Betracht kommt. Auch andere urheberrechtliche Schrankenbestimmungen (§§ 44a ff. UrhG) ändern solange nichts an einer „klaren" Rechtsverletzung, wie ihre Anwendung nicht ernsthaft in Betracht kommt. Da insbesondere für die öffentliche Zugänglichmachung im Internet gem. § 19a UrhG keine Schrankenbestimmungen – auch bei privatem Handeln – ernsthaft in Betracht kommen, ist bei öffentlicher Zugänglichmachung im Internet regelmäßig von einer „klaren" Rechtsverletzung auszugehen (*Jan Bernd Nordemann* CR 2010, 653, 658). Ferner ist eine **„Klarheit" der Aktivlegitimation** erforderlich, sodass keine berechtigten Zweifel bestehen dürfen. Bei langen Rechteketten sollte der Rechteinhaber versuchen, mit den Vermutungsregeln des § 10 UrhG zu arbeiten. Er kann daneben die Kette substantiiert offenlegen, eine Erklärung abgeben, die ihn im Fall der Unwahrheit dem Risiko der strafrechtlichen Verfolgung aussetzt, oder den Hostprovider freistellen (*Jan Bernd Nordemann* CR 2010, 653, 658).

Die urheberrechtlichen Prüfpflichten für Hostprovider nach Hinweis auf eine **162a** „nicht klare" (vgl. Rn. 162) **Rechtsverletzung** sind noch nicht abschließend durch die Rechtsprechung festgelegt. Die *ambiente.de*-Entscheidung des BGH begrenzt die Prüfpflicht nur dann auf bekannte klare (dort genannt: „offenkundige, vom zuständigen Sachbearbeiter der Bekl. unschwer zu erkennende") Fälle, wenn der Provider eine quasi-staatliche Tätigkeit ausübt (BGH GRUR 2001, 1038, 1040; bestätigt durch BGH GRUR 2012, 651 Tz. 24 ff. – *regierung-oberfranken.de*). In anderem Zusammenhang hat der BGH betont, ein Hostprovider wie eBay sei nicht verpflichtet, komplizierte Beurteilungen im Einzelfall durchzuführen, ob ein als rechtsverletzend beanstandetes Angebot ein Schutzrecht tatsächlich verletzt oder sich als wettbewerbswidrig erweist (BGH GRUR 2011, 152 Tz. 48 – *Kinderhochstühle im Internet*). Teilweise wird bei nicht-klaren Fällen jede Prüfpflicht abgelehnt (OLG München ZUM

2012, 344, 347; *Klatt* ZUM 2009, 265, 27 m. w. N.; *Eck/Ruess* MMR 2003, 363, 365). Demgegenüber sollte ein differenzierter Ansatz verfolgt werden, der die Interessen im Einzelfall gegenüberstellt. Im Grundsatz kann eine Prüfpflicht des Hostproviders bei bloßer Rechtswidrigkeit entstehen; es obliegt dem Risiko des Hostproviders, ob er sich in den Streit seines Kunden mit dem Rechteinhaber einlässt (*Jan Bernd Nordemann* CR 2010, 653, 656). In jedem Fall muss der Hostprovider nach Kenntnis für „nicht klare" Rechtsverletzungen haften, wenn sein Nutzer anonym handelt und deshalb ein Vorgehen gegen den Hostprovider die einzige Möglichkeit für den Rechteinhaber ist, die Verletzung abzustellen. Die Prüfpflichten des Hostproviders gehen aber nur dahin, die Rechtsverletzung zu löschen (**takedown**) und ihre erneute Speicherung durch den selben Nutzer zu verhindern (**staydown**). Präventive Vorsorgepflichten, auch andere gleichartige Verletzungen zu verhindern, bestehen hingegen – anders als bei klaren Verletzungen (vgl. Rn. 162) – nicht.

163   Im Hinblick auf die **konkreten Prüfpflichten** ist zwischen den unterschiedlichen Geschäftsmodellen der Hostprovider zu unterscheiden und auf die verschiedenen Beurteilungskriterien für den Umfang der Prüfpflicht abzustellen (eingehend vgl. Rn. 157). Eine Kategorie bilden Hostprovider, die **lediglich Speicherplatz** zur Verfügung stellen, jedoch über ihren Dienst keine Veröffentlichung ermöglichen. Das trifft vor allem auf **Sharehoster** (z. B. Rapidshare) zu. Sie erlauben – meist unentgeltlich – das Speichern von Inhalten auf ihren Servern. Ein Entgelt fällt oft für eine beschleunigte Downloadmöglichkeit an. Die Inhalte werden durch die Nutzer veröffentlicht, indem sie den vom Sharehoster zur Verfügung gestellten Link, der zur gespeicherten Datei führt, an anderer Stelle (z. B. in sog. **Linksammlungen**) veröffentlichen. Sharehoster leisten insoweit einen im Ausgangspunkt geringeren Verursachungsbeitrag als (auch) veröffentlichende Plattformen (BGH GRUR 2013, 370 Tz. 21 – *Alone in the Dark*). Bei Sharehostern kommt auch im Regelfall nicht in Frage, dass sie sich als „Nur-Speichernde" die Inhalte zu Eigen machen und deshalb täterschaftlich haften (BGH GRUR 2013, 370 Tz. 21 – *Alone in the Dark*); vgl. Rn. 149b. Allerdings ist in tatsächlicher Hinsicht zu prüfen, ob das **Geschäftsmodell auf Rechtsverletzungen angelegt** ist; dann bestehen umfassende Prüfpflichten sogar ohne Kenntnis von konkreten Verletzungen (BGH GRUR 2013, 1030 Tz. 44 – *File-Hosting-Dienst*). Sharehoster, die im Rahmen eines grundsätzlich legalen Geschäftsmodells bloß Verletzungen fördern, haften ab Kenntniserlangung von konkreten Verletzungen verschärft (BGH GRUR 2013, 1030 Tz. 45 – *File-Hosting-Dienst*). Vor allem bei Sharehostern, die massenhaft für illegale öffentliche Zugänglichmachungen auf anderen Websites benutzt werden, die Nutzer auch noch für einen möglichst häufigen Abruf der Datei belohnen und Entgelt für einen beschleunigten Abruf verlangen, kommt das in Betracht (BGH GRUR 2013, 1030 Tz. 36 ff. – *File-Hosting-Dienst*, zu Rapidshare; aufgrund anderen Sachvortrages noch zurückhaltend: BGH GRUR 2013, 370 Tz. 23 ff. – *Alone in the Dark*; krit. *Rössel* CR 2013, 229, 233). Auch Sharehoster **mit einwandfreiem Geschäftsmodell** haften aber nach Kenntnis von konkreten Rechtsverletzungen auf **takedown** und **staydown** (*Jan Bernd Nordemann* ZUM 2010, 604), bei **klaren Rechtsverletzungen** darüber hinaus auch auf **Vorsorge**, dass möglichst **keine weiteren gleichartigen Rechtsverletzungen** vorkommen (BGH GRUR 2013, 370 Tz. 29 – *Alone in the Dark*). Gleichartige Rechtsverletzungen meint hier (mindestens) dasselbe Werk, nach Kenntnis kann das auch eine sehr hohe Werkzahl sein (vgl. Rn. 162). Gerade die konkreten Vorsorgepflichten können sich bei verschärfter Haftung ausdehnen (vgl. Rn. 163a). Werden bei einem Sharehoster sämtliche Kinoneustarts des letzten Jahres eines Rechteinhabers gespeichert und über Drittseiten (Linksammlungen) öffentlich zugänglich gemacht, besteht eine Prüfpflicht für den Sharehoster auf Sperrung eines Filmwerkes, das kurz vor der Kinopremiere steht, nach dem der Filmtitel und der Umstand der kurz bevorstehenden Premiere mitgeteilt wurde (*Jan Bernd Nordemann* CR 2010, 653, 657, unter Berufung auf LG München I, Beschl. v. 24.8.2009 – 21 O 15925/09, n. v.). – Einen intensiven Verursachungsbeitrag zu einer illegalen rechtswidrigen öffentlichen Zugänglichmachung leisten Hosting-Plattformen, die die Informationen ihrer Nutzer veröffentlichen (sog. **user-generated content-Dienste**), vgl. Rn. 160. Sie veröffentlichen entweder Links auf Dateien, die bei Sharehostern gespeichert sind (sog. **Linksammlungen**), oder sie speichern die Inhalte **auf eigenen Servern**. Hier kommt zunächst in Betracht, dass sich der user-generated content-Dienst die Inhalte zu Eigen macht und damit täterschaftlich haftet (vgl. Rn. 149b, zur Gehilfenhaftung vgl. Rn. 153b). Bleibt es bei einer bloßen Störerhaftung, besteht eine verschärfte Haftung ohne Kenntnis der konkreten Rechtsverletzung, sofern das Geschäftsmodell auf Rechtsverletzungen angelegt ist (*Rössel* CR 2013, 229, 232). Beispielsweise kann ein Hostprovider Kategorien wie „aktuelle Kinofilme" oder „Serien" einrichten und damit Urheberrechtsverletzungen geradezu provozieren. Vergleichbare Prüfpflichten müssen allerdings auch gelten, wenn sich bestimmte eigentlich „neutrale" Kategorien als erhöht verletzungsanfällig herausstellen, z. B. überwiegend (50 %+) aus Verletzungen bestehen; sobald der Hoster davon Kenntnis hat, haftet er für alle darüber eingestellten Verletzungen, wenn er die Kategorie nicht unverzüglich sperrt (*Jan Bernd Nordemann* CR 2010, 653, 657). Bei unproblematischeren Geschäftsmodellen gilt takedown und staydown sowie bei klaren Verletzungen die bekannten Vorsorgeverpflichtungen (vgl. Rn. 162). Bei **Internethandelsplattformen** trifft den Betreiber im Hinblick auf Fremdangebote Dritter die Verpflichtung, Vorsorge zu treffen, dass es nach Kenntniserlangung von einer offensichtlichen Verletzung nicht zu weiteren derartigen Verletzungen komme. Insoweit erfasst die Störerhaftung also nicht nur eine Wiederholung des konkreten rechtsverletzenden Angebotes (BGH GRUR 2004, 860, 864 – *Internet-Versteigerung*), sondern auch gleichartige genauso offensichtliche Verletzungen. Da für diese jedoch eine Wiederholungs- oder Erstbegehungsgefahr bestehen muss (BGH GRUR 2007, 890, 894 Tz. 54 – *jugendgefährende Medien bei eBay*; BGH GRUR 2007, 708, 711 Tz. 41 – *Internet–Versteigerung II*), geht das nicht über die Teilnahmehaftung hinaus (vgl. Rn. 159). Eine Verletzung anderer Werke der gleichen Kategorie kann nur als gleichartig angesehen werden, wenn mindestens Erstbegehungsgefahr besteht (vgl. Rn. 162). Internetauktionsplattformen haften schärfer, wenn sie ihre neutrale Stellung verlassen und eine aktive Rolle einnehmen (BGH GRUR 2013, 1229 Tz. 48, 55 ff. – *Kinderhochstühle im Internet II*). Wichtige Faktoren für Annahme einer tendenziösen Rolle sind z. B. Werbemaßnahmen, Strukturierung und Präsentation des Angebots, Refinanzierungsstruktur, Anonymität der Nutzer (Schricker/Loewenheim/*Leistner*[5] Rn. 129, 156). Im Europäischen Haftungsmodell führt das sogar zu einer täterschaftlichen Haftung; im Einzelnen vgl. Rn. 150c; zur täterschaftlichen Haftung bei Werbevorgaben durch die Plattform ferner vgl. Rn. 148d. Stets als Täter haften Plattformen, die als Eigenhändler auftreten (vgl. Rn. 145c). Für **Videoportale** gelten die vorgenannten Ausführungen für Internethandelsplattformen entsprechend. Es besteht bei Kenntniserlangung von klaren Rechtsverletzungen die Verpflichtung, Vorsorge zu treffen, dass es nicht zu weiteren derartigen Verletzungen kommt. Die Verpflichtung besteht für das notifizierte Werk insgesamt, also nicht nur für das konkrete Video (OLG Hamburg ZUM-RD 2016, 83 – *YouTube/GEMA*); zu den Maßnahmen vgl. Rn. 163a. Im Fall einer aktiven Rolle haften sie nach dem Europäischen Haftungsmodell als Täter, vgl. Rn. 150c. Für **Online-Enzyklopädien** gelten die vorgenannten Grundsätze entsprechend, wenn sie als Hostprovider Speicherplatz für fremde Inhalte Dritter bereithalten (Schricker/Loewenheim/*Leistner*[5] Rn. 160); das Gleiche gilt für **Soziale Netzwerke**, **Webforen** und **Blogs** (Schricker/Loewenheim/*Leistner*[5] Rn. 171, 195). – Zu **Usenet-Providern** vgl.

Rn. 164. Zu **Linkverschlüsselungsdiensten** (sog. Link-Referrer) *Jan Bernd Nordemann* 2 (2011) JIPITEC 37 Tz. 7 ff.

163a Hostprovidern stehen verschiedene **konkrete Werkzeuge** zur Einhaltung ihrer Pflichten aus der Störerhaftung zur Verfügung (eingehend *Rössel* CR 2013, 229, 234 ff.; *Jan Bernd Nordemann* CR 2010. 653, 658 ff.). Sie müssen allerdings stets aufgrund einer Interessenabwägung auf ihre **technische und wirtschaftliche Zumutbarkeit** überprüft werden (BGH GRUR 2013, 370 Tz. 31 – *Alone in the Dark*). Das Geschäftsmodell des Hosters darf nicht grundlegend in Frage gestellt werden (BGH GRUR 2013, 370 Tz. 28, 45 – *Alone in the Dark*), allerdings genießt es auch im beweglichen System der Zumutbarkeit (*Leistner* GRUR-Beilage 2010, 1, 32) keinen absoluten Veränderungsschutz (*Jan Bernd Nordemann* CR 2010, 653, 660). Nach dem EuGH müssen die Maßnahmen wirksam, verhältnismäßig und abschreckend sein und dürfen keine Schranken für den rechtmäßigen Handel errichten, müssen also **verhältnismäßig** sein (EuGH GRUR 2011, 1025 Tz. 139, 140, 144 – *L'Oréal/eBay*). Relevant sind außerdem z. B. Intensität der Gefahr, wirtschaftliche Vorteile des Hosters aufgrund der Verletzung, Gewicht der Interessen des Urheberrechtsinhabers, Aufwand zur Begrenzung der Gefahr, fehlende oder bestehende Möglichkeiten, die Quelle der Verletzung anderweitig genauso effektiv abzustellen, Verursachungsbeitrag des Hosters, Umfang der durch die Maßnahmen ausgelösten „false negatives", also der unzutreffender Weise vom Werkzeug erfassten (legalen) Inhalte. Zu bedenken ist auch, ob die Maßnahmen **in Kombination** einsetzbar sind (instruktiv: LG Hamburg MMR 2012, 404, 407 – *GEMA*). Sinnvoll, aber nicht hinreichend effektiv sind **Aufforderungen an die Nutzer,** Rechtsverletzungen zu unterlassen (BGH GRUR 2013, 1030 Tz. 52 – *File-Hosting-Dienst*). **Hashwert-Filter** können takedown und staydown sichern. Ein **Lösch-Interface** gibt dem Rechteinhaber die Möglichkeit, Verletzungen schnell zu unterbinden. Für sich genommen genügt dies aber nicht zur Pflichterfüllung. Zwar schuldet nach dem BGH der Hostprovider keine Überprüfung, die der Rechteinhaber mit gleichem Aufwand selbst bewerkstelligen könne (BGH GRUR 2011, 152 Tz. 41 – *Kinderhochstühle im Internet*, zum eBay VeRI-Programm), woraus aber nicht zu folgern ist, der Rechteinhaber müsse erst einmal selbst nach Verletzungen über ein Interface recherchieren (LG Hamburg MMR 2012, 404, 407 – *GEMA*; a. A. *Spindler* GRUR 2011, 101, 104). Der EuGH hat Vorsorgepflichten für eBay trotz VeRI-Programm angenommen (EuGH GRUR 2011, 1025 Tz. 46 – *L'Oréal/eBay*). Der BGH lehnt ein Lösch-Interface zumindest dann ab, wenn darüber nicht der Täter ermittelt werden kann (BGH GRUR 2013, 1030 Tz. 54 – *File-Hosting-Dienst*). **Keywordfilter und andere textbasierte Prüfmaßnahmen** sind oft geeignete Werkzeuge (zu Wortfiltern *Kastl* GRUR 2016, 671, 672). Bei **„User-Generated-Content"-sites** (seien es Linksammlungen oder Dienste, die die Werke selbst speichern, vgl. Rn. 163) besteht eine hohe Wahrscheinlichkeit, mit Wortfiltern die rechtsverletzenden Dateien zu finden, weil auch die Nutzer mit Hilfe solcher Wortfilter suchen (OLG Hamburg ZUM-RD 2016, 83 juris Tz. 394 ff. – *YouTube/GEMA*). Das zur Verfügung stehende Suchwort muss aber in der Lage sein, eine *nennenswerte Eingrenzung* auf Urherberrechtsverletzungen zu filternden Dateien zu erreichen, damit nicht eine unverhältnismäßige Zahl von „false negatives" produziert wird (dazu *Leistner* ZUM 2012, 722, 732). Es liegt nahe, für die Suche nach urherberrechtsverletzenden Dateien auf die zeichenrechtliche Unterscheidungskraft des Suchwortes oder der Suchwortkombination als geschäftliche Bezeichnung (§ 5 Abs. 2 und Abs. 3 MarkenG) oder als Marke (§ 8 Abs. 2 Nr. 1 MarkenG) abzustellen. Danach sind unterscheidungskräftige Suchwörter wie z. B. „culcha" für das Herausfiltern von illegalen Uploads des Titels „EY DJ" der Band „Culcha Candela" im Regelfall geeignet (zutreffend LG Berlin v. 10.6.2008 – 15 O 144/08 – S. 11), ein Suchwort wie bloß „DJ" aber möglicherweise nicht. Naheliegende Abwandlungen müssen ebenfalls gesucht werden, z. B. bei einem Filmtitel „Harry Potter und der Stein der Weisen" auch „Harry Potter I", bei einem Filmtitel „New Kids Turbo" auch „NKT" (LG München I v. 9.1.2012 – 21 O 10974/11) oder Falschbezeichnungen von Autoren bei zutreffendem Titel (OLG Hamburg ZUM-RD 2016, 83 juris Tz. 394 ff. – *YouTube/GEMA*). Der Rechtsinhaber muss sich nicht darauf verweisen lassen, vom Hostprovider zur Verfügung gestellte Filter (z. B. Content-ID von YouTube) selbst zu nutzen (OLG Hamburg ZUM-RD 2016, 83 juris Tz. 482 ff. – *YouTube/GEM*). Bei **Sharehostern** ist eine textbasierte Suche deshalb hinreichend effektiv, weil die Nutzer die Dateien oft mit dem Werktitel bezeichnen; bei Software und Computerspielen ist ein Wortfilter geeignet, Verletzungen aufzuspüren, auch wenn möglicherweise nicht alle verletzenden Dateien gefunden werden können (BGH GRUR 2013, 370 Tz. 35, 45 – *Alone in the Dark*). Die Prüfpflicht umfasst insoweit auch die Suche nach „ähnlichen Ergebnissen", also z. B. im Hinblick auf das Werk „Der Vorleser" auch nach „orleser" (BGH v. 15.8.2013 – I ZR 85/12 Tz. 60 – *File-Hosting-Dienst III*). Für Werke, für die die Privatkopieschranke des § 53 Abs. 1 gilt, ist Zurückhaltung geboten, wenn die Suche zu viele legale Kopien („false negatives") hervorbringt (OLG Hamburg MMR 2012, 393, 401 – *Rapidshare II*). Allerdings gibt es keinen Erfahrungssatz, dass die Anwendung eines Wortfilters zu einer unzumutbar großen Zahl von Löschungen rechtmäßiger Nutzungen führt (BGH GRUR 2013, 1030 Tz. 62 – *File-Hosting-Dienst*; ähnlich *Leistner* ZUM 2012, 722, 732). Ohnehin kann es von Filmen im Kinofenster und später wegen Kopierschutz kaum legale Privatkopien geben (*Maximilian Becker/Felix Becker* WRP 2013, 41, 47). Wegen des möglicherweise begrenzten Erfolges des textbasierten Filterns werden Sharehoster zusätzlich verpflichtet, auch Seiten, die rechtswidrig Links auf die bei Sharehoster gespeicherten Dateien veröffentlichen (sog. **Linksamlungen**) zu **durchsuchen**, um rechtswidrig dort veröffentlichte Links auf Dateien beim Sharehoster zu finden (BGH GRUR 2013, 1030 Tz. 56 ff. – *File-Hosting-Dienst*). Die Pflicht bezieht sich auf eine „kleine Anzahl" (wohl einstellig), die dem Sharehoster vom Gläubiger mitgeteilt werden (BGH GRUR 2013, 370 Tz. 38 f. – *Alone in the Dark*). Fördert der Sharehoster allerdings Rechtsverletzungen durch sein Geschäftsmodell, greift eine verschärfte Haftung (vgl. Rn. 163). Der Sharehoster muss alle in Betracht kommenden Linksammlungen durchsuchen; es besteht insoweit eine selbständige „Marktbeobachtungspflicht" des Sharehosters unter Zuhilfenahme von allgemeinen Suchmaschinen (BGH GRUR 2013, 1030 Tz. 60 – *File-Hosting-Dienst*). Die Kontrolle der Linksammlungen kann automatisiert oder manuell geschehen. Denkbar sind auch Filtersysteme, die Audiodateien bzw. audiovisuelle Dateien inhaltlich erkennen (**Inhaltefilter**); sie werden z. B. von YouTube genutzt (sog. „Content-ID-Verfahren", s. OLG Hamburg ZUM-RD 2016, 83 juris Tz. 482 ff. – *YouTube/GEMA*). Für **alle vorgenannten Filtermaßnahmen** (Wort- und Inhaltefilter) ist zu beachten, dass sie sich im Rahmen des **Verbots** halten müssen, **Providern allgemeine Überwachungspflichten aufzuerlegen** (§ 7 Abs. 2 TMG; Art. 15 E-Commerce-RL); dazu vgl. Rn. 186. Sofern automatische Filtervorrichtungen lückenhaft sind und Rechtsverletzungen nicht ausschließen können, müssen sie **händisch** im Rahmen des Zumutbaren **nachkontrolliert** werden (BGH GRUR 2013, 370 Tz. 39, 45 – *Alone in the Dark*; *Leistner* ZUM 2012, 722, 732; krit. *Nolte/Wimmers* GRUR 2014, 16, 21). Eine dafür notwendige Erweiterung des Kontrollpersonals ist nicht zwingend unzumutbar (OLG Köln GRUR-RR 2008, 35, 37 – *Rapidshare*). Allerdings kommt es auf die Umstände des Einzelfalls an (genauso: Dreier/Schulze/*Dreier/Specht*[5] Rn. 33b). Bei verletzungsgeneigten Diensten ist auch bei händisch zu überprüfenden 300 Treffern auf 17 zu filternde Einzeltitel nicht von einer Unzumutbarkeit auszugehen (BGH GRUR 2013, 1030 Tz. 59 – *File-Hosting-Dienst*: Über 4.800 Werke zumutbar), anders aber, wenn es sich um ein neutrales Geschäftsmodell handelt und der Anteil der aufgedeckten Rechtsverletzungen unter 0,5 % liegt (s. BGH GRUR 2011, 152 Tz. 41 – *Kinderhochstühle im Internet*, zu eBay). Wer seine neutrale Stellung verlässt und rechtsverletzende Auktionen bewirbt, muss alle Treffer, die so beworbene Angebote auslösen, überprüfen (BGH GRUR 2013, 1229 Tz. 48 – *Kinderhochstühle im Internet II*; vgl. Rn. 161). Grundsätzlich hält es der EuGH für eine wirksame und zugleich verhältnismäßige Maßnahme, wenn der Betreiber eines Online-Marktplatzes als Vorsorgemaßnahme in der Lage ist, **Verletzer** zu **identifizieren** (EuGH GRUR 2011, 1025 Tz. 141 – *L'Oréal/eBay*). Vorsorgemaßnahmen eines Sharehosters, dessen Dienste umfassend für Rechtsverletzungen genutzt wurden, sind solange unzureichend, wie der Hostprovider seine rechtsverletzenden Nutzer nicht identifiziert und Maßnahmen gegen Wiederholungstäter ergreift. Das ist von „entscheidendem Gewicht", weil ansonsten der Sharehoster seinen Nutzern ein Handeln in vollständiger Anonymität ermöglicht und damit einen „hohen Anreiz" für Rechtsverletzungen bietet (zutreffend OLG Hamburg MMR 2012, 393, 399 Tz. 173 (juris) – *Rapidshare II*; s. a. BGH GRUR 2013, 1030 Tz. 40 – *File-Hosting-Dienst*). Es ist allerdings bislang ungeklärt, ob das eine zwingende Registrierung unter Klarnamen voraussetzt oder auch andere Maßnahmen wie z. B. Protokollierung der IP-Adresse genügend sein können.

163b   Auch **rechtspolitisch** wird die **Anonymität der Rechtsverletzer** inzwischen als eine der Hauptursachen für Rechtsverletzungen, die von Hostprovidern vermittelt werden, diskutiert. Der sog. „**A/B/C-Approach**" will der „Verantwortungsdiffusion", die auch durch die komplexe Zumutbarkeitsprüfung bei Hostprovidern entsteht, ein einfacheres und rechtssichereres Haftungsmodell gegenüberstellen. Danach haftet der Hostprovider selbst, wenn er aktiv anonymisiert; ermöglicht er die Identifizierung seiner Nutzer, ist er von jeder Haftung frei, und nur der rechtsverletzende Nutzer haftet. Zwischen diesen beiden Optionen hat der Hostprovider die freie Wahl (eingehend *Herwig* ZD 2012, 558, 562).

164   **b) Cacheprovider:** Für die Haftung von **Cacheprovidern** gelten die gleichen Grundsätze wie bei Hostprovidern (vgl. Rn. 160 ff.). Cacheprovider waren in Form von Usenet-Providern Gegenstand der Rechtsprechung. Das „Usenet" ist ein weltweites Netzwerk aus Diskussionsforen („Newsgroups"), die teilweise zum Tausch von urheberrechtsverletzenden Dateien genutzt werden. **Usenet-Provider** stellen Nutzern je nach Angebot (teilweise gegen Entgelt) Zugang, Speicherplatz und Software („Newsclient") einschließlich Indexfunktion zur Verfügung. Er muss zunächst die Verletzungshandlung auf seinen eigenen Speichern eliminieren (a. A. wohl OLG Düsseldorf ZUM 2008, 332, 334 – *Usenet*, das jede Haftung ablehnt). Allerdings kann das Filtern technisch anspruchsvoller sein, weil bei jeder neuen Anforderung von Daten aus dem Netz diese wieder auf die Cachespeicher übertragen werden. Jedoch ist dem Cacheprovider grundsätzlich zuzumuten, über eine entsprechende Filtersoftware seine Cachespeicher ständig darauf zu überprüfen, ob die konkrete Verletzung erneut vorliegt (a. A. OLG Düsseldorf ZUM 2008, 332, 334 – *Usenet*); für bloß gleichartige Verletzungen kommt es darauf an, ob eine Filtertechnologie besteht, die gewissen Erfolg verspricht. Im Übrigen schließen eigene Möglichkeiten der Beseitigung der Verletzung den Anspruch nicht aus (vgl. Rn. 163a zum Lösch-Interface; a. A. OLG Düsseldorf ZUM 2008, 332, 335 – *Usenet*); das kann allenfalls sehr aufwändige Filterverpflichtungen begrenzen. Nach dem OLG Hamburg haftet der Usenet-Provider demgegenüber wie ein Access-Provider (OLG Hamburg ZUM-RD 2009, 439 – *Usenet II*; zustimmend Schricker/Loewenheim/*Leistner*[5] Rn. 208); zur Haftung von Zugangsprovidern vgl. Rn. 170. Ihn treffe allerdings eine umfassende Haftung, wenn er für eine illegale Nutzung seiner Dienste werbe (OLG Hamburg ZUM-RD 2009, 439 – *Usenet II*). Strenger sei auch die Haftung des „ursprünglichen" („initial") Usenet-Providers, dessen Nutzer die Verletzung in das Usenet einbringt. Er hafte wie ein Hostprovider; nach einem „Cancel-Request" des Rechteinhabers müsse er im gesamten Usenet für eine Löschung der rechtsverletzenden Datei sorgen und bei klaren Verletzungen filtern, damit diese und gleichartige Verletzungen nicht mehr vorkommen (OLG Hamburg ZUM-RD 2009, 246 – *Usenet*; OLG Hamburg ZUM-RD 2009, 439 – *Usenet II*; dem folgend Schricker/Loewenheim/ *Leistner*[5] Rn. 209).

c) Linksetzer: Für Linksetzer existiert umfassende Rechtsprechung des EuGH **165** zur Frage, ob eine öffentliche Wiedergabe als **Täter** vorliegt (allgemein vgl. § 15 Rn. 40 ff.). Danach ist das Setzen eines Links grundsätzlich eine täterschaftliche Wiedergabehandlung, für die allerdings in einem zweiten Schritt zu fragen ist, ob sie öffentlich ist. Dafür muss die Verlinkung ein neues Publikum erreichen. **Keine öffentliche Wiedergabe** bedingen **Links auf allgemein öffentlich im Internet legal zugängliche Werke.** Umgekehrt sind Links eine öffentliche Wiedergabe, die auf nur beschränkt im Internet öffentlich zugänglich gemachte Inhalte führen und dadurch **Zugangsbeschränkungen umgehen** (EuGH GRUR 2014, 360 Tz. 24 ff. – *Svensson*). Beispiele für solche Zugangsbeschränkungen sind Session-ID (BGH GRUR 2011, 56 Tz. 25 ff. – *Session-ID*) oder Paywall (OLG München K&R 2016,752 – *Kein Vollgas*). Außerdem begeht der Verlinkende bei **Links auf einen urheberrechtswidrigen Inhalt** grundsätzlich (täterschaftlich) eine öffentliche Wiedergabehandlung, wenn er **weiß oder hätte wissen müssen, dass der Link auf einen rechtswidrigen Inhalt geht** (EuGH GRUR 2016, 1152 Tz. 39 ff. – *GS Media/Sanoma*; eingehend: *Flechsig* FS Mathias Schwarz S. 291, 295 ff; *Jani/Leenen* GRUR 2014, 362, 363; *Spindler* GRUR 2016, 157, 159; *Grünberger* ZUM 2016, 905, 918). Zusätzliche Voraussetzung ist, dass der verlinkte Inhalt nirgendwo unbeschränkt mit Erlaubnis des Inhabers zugänglich gemacht wird (EuGH GRUR 2016, 1152 Tz. 52 – *GS Media/Sanoma*). Es genügt wohl jede solche legale Zugänglichmachung, auch wenn sie schwierig zu finden ist (EuGH C-301/15 v. 16.11.2016 Tz. 36 – *Soulier*). Im Hinblick auf die **Sorgfaltsanforderungen** (hätte wissen müssen) differenziert der EuGH zwischen Links ohne und mit Gewinnerzielungsabsicht: Bei Linksetzern **ohne Gewinnerzielungsabsicht** bestehen Pflichten grundsätzlich nur dann, wenn der Linksetzer einen Hinweis erhalten hat, dass der Link auf einen rechtswidrigen Inhalt geht (EuGH GRUR 2016, 1152 Tz. 49 – *GS Media/Sanoma*). Damit gilt hier ein Notice-and-Takedown-System ähnlich Art. 14 E-Commerce-RL (§ 10 TMG). Eine Prüfpflicht ohne Notifizierung besteht erst ab der Grenze der Offensichtlichkeit. Hier drängt sich eine Parallele zu § 53 UrhG auf (*Grünberger* ZUM 2016, 905, 916; *Leistner* ZUM 2016, 980, 982; *Ohly* GRUR 2016, 1155, 1157). Für Verlinkende, die **mit Gewinnerzielungsabsicht** handeln, gilt nach dem EuGH demgegenüber eine Vermutung, dass ein solches Setzen von Hyperlinks in voller Kenntnis der fehlenden Erlaubnis des Urheberrechtsinhabers erfolgt ist (EuGH GRUR 2016, 1152 Tz. 39 ff. – *GS Media/Sanoma*; EuGH GRUR 2017, 610 Tz. 49 ff. – *Brein/Wullems „Filmspeler"*). Eine Gewinnerzielungsabsicht liegt vor, sofern die Website insgesamt auf Gewinnerzielung ausgerichtet ist und „beträchtliche Werbeeinnahmen" erzielt (EuGH GRUR 2017, 790 Tz. 46 – *Brein/Ziggo „The PirateBay"*), auch wenn mit dem konkreten Link kein Gewinn oder sogar kein Entgelt verbunden ist (LG Hamburg GRUR-RR 2017, 216 – *Bundeswaltungsgericht mit UFO*).

Damit hat der EuGH letztlich bestimmte **Verkehrspflichten für Linksetzer** eingeführt, bei deren Verletzung sie täterschaftlich haften; vgl. Rn. 150 ff. Keinesfalls kann für alle gewerblichen Linksetzer jedoch der gleiche Sorgfaltsmaßstab angelegt werden (LG Hamburg v. 13.6.2017, 310 O 117/17 juris Rn. 68). Vielmehr sollten die Pflichten für Linksetzer beweglich gehandhabt werden. Hier spielen alle Umstände des Einzelfalls eine Rolle; es kann auf die Kriterien für die Störerhaftung von Internetprovidern verwiesen werden, vgl. Rn. 157 ff. Für **165a** die Linksetzung spezifische Kriterien sind z. B. vollautomatisierte Generierung der Links ohne vorherige Kenntnisnahme der verlinkten Inhalte, Existenz von zumutbaren automatisierten Prüfungswerkzeugen, Anhaltspunkte für eine Rechtswidrigkeit aus dem verlinkten Inhalt (LG Hamburg v. 13.6.2017, 310 O 117/17 juris Rn. 80 ff.). Eine besondere Bedeutung kommt dabei der Gefährlichkeit des Links zu (offen: LG Hamburg v. 13.6.2017, 310 O 117/17 juris Rn. 78). Auch bislang war schon – insbesondere im Rahmen der Prüfpflichten der Störerhaftung – anerkannt, dass der Linksetzer haftet, wenn die Rechtswidrigkeit einer verlinkten Seite nahe liegt, etwa bei Verweis auf für Urheberrechtsverletzungen bekannte „Hacker"-Seiten oder Downloadforen (*Spindler* GRUR 2004, 724, 728; *Volkmann* GRUR 2005, 200, 205; Bröcker/Czychowski/Schäfer/*Dustmann* § 4 Rn. 110). Bei Hyperlinks auf klar rechtsverletzende Seiten können auch „Disclaimer" die Haftung nicht beseitigen (LG Berlin MMR 2005, 718, 719). Das bewegliche Haftungsmodell lässt sich anhand eines **Ampelmodells** wie folgt illustrieren: „Grünes Licht" gilt für einen „ungefährlichen" Link, bei dem keine Anhaltspunkte für Rechtswidrigkeit des verlinkten Inhalts bestehen und es sich um eine Website mit legalem Geschäftsmodell handelt, für die noch keine Verletzung notifiziert wurde. Eine Prüfpflicht entsteht erst ab Notifizierung. „Gelb" spiegelt einen „gefährlichen" Link wider, bei dem Anhaltspunkte für eine Rechtswidrigkeit des Inhalts bestehen oder der Link auf eine Website mit legalem, aber erhöht verletzungsanfälligem Geschäftsmodell geht. Hier besteht eine Prüfpflicht bei Linksetzung; nach Notifizierung des Geschäftsmodells besteht sie auch für Links auf gleichartige Verletzungen. „Rot" steht für klar rechtswidrige Links, deren Rechtswidrigkeit klar erkennbar ist oder die auf eine Website mit illegalem Geschäftsmodell führt, so dass dort regelmäßig illegale Inhalte öffentlich zugänglich gemacht werden. Bei „rot" besteht eine Prüfpflicht bei Linksetzung. Im Hinblick auf Verlinkung auf urheberrechtswidrige Inhalte, um über diese **redaktionell** zu **berichten**, bricht die bewegliche Betrachtung ein (*Hofmann* K&R 2016, 706, 708). Es gilt grundsätzlich das **Presseprivileg** (vgl. Rn. 183), wenn der Hyperlink der Ergänzung eines redaktionellen Artikels dient (BGH GRUR 2011, 513 Tz. 21 ff., 29 – *AnyDVD*; aufrechterhalten von BVerfG GRUR 2012, 390 Tz. 26 ff. – *AnyDVD II*; BGH GRUR 2004, 693, 696 – *Schöner Wetten*); nach Kenntniserlangung muss die Verlinkung aber herausgenommen werden, wenn die Rechtswidrigkeit keinen durchgreifenden Zweifeln begegnet. Das ist der Fall, wenn eine direkte Verlinkung auf gegen § 95a verstoßende Kopierschutzumgehungsprogramme erfolgt und die Rechtswidrigkeit der Angebote dem Linksetzer anhand getätigter Äußerungen auch bewusst ist (a. A. BGH GRUR 2011, 513 Tz. 24 – *AnyDVD*, allerdings ohne nähere Diskussion dieses Punktes); dazu auch vgl. Rn. 153.

166 Sofern ein Link eine öffentliche Wiedergabe darstellt, besteht eine **volle täterschaftliche Haftung des Linksetzers** gem. §§ 97 ff. Der Linksetzer haftet also nicht nur auf **Unterlassung** (§ 97 Abs. 1), sondern insbesondere auch auf **Schadensersatz** (§ 97 Abs. 2). Der Anspruchsteller trägt für seine fehlende Zustimmung zur erstmaligen öffentlichen Zugänglichmachung seines Werkes die **Darlegungs- und Beweislast**. Denn seine Zustimmung beseitigt nicht erst die Rechtswidrigkeit des Links und damit der öffentlichen Wiedergabe. Vielmehr ist die Verlinkung schon tatbestandsmäßig keine öffentliche Wiedergabe, wenn eine Zustimmung gegeben ist (OLG München v. 25.8.2016, 6 U 1092/11 = BeckRS 2016, 16428 – *Die Realität III*). Ob neben der täterschaftlichen Haftung noch Raum für eine **Störerhaftung** (nur Unterlassung und Beseitigung) bleibt, ist offen. Die Verkehrspflichten der täterschaftlichen Haftung sollten mit den Prüfpflichten der Störerhaftung parallel laufen (vgl. Rn. 165), so dass die subsidiäre Störerhaftung zurücktritt (vgl. Rn. 154). Damit erscheint kaum Raum für eine eigenständige Bedeutung der Störerhaftung bei Linksetzern im Urheberrecht.

Bislang ging die **deutsche Rechtsprechung** davon aus, dass das **Linksetzen eine**   **166a**
urheberrechtlich neutrale Handlung ist (BGH GRUR 2003, 958 juris Tz. 51 –
Paperboy). Nach Kenntnis von der Verlinkung auf einen rechtswidrigen Inhalt
kam eine Störerhaftung in Betracht (BGH GRUR 2016, 209 – Haftung für
Hyperlink); eine täterschaftliche Haftung bei Zueigenmachen des Links (BGH
GRUR 2016, 936 Tz. 28 – *Angebotsmanipulation bei Amazon*, zum MarkenG); ferner zur bisherigen Rechtsprechung s. unsere 10. Aufl Rn. 165. **Nach**
der EuGH-Rechtsprechung kann diese Rechtsprechung im Urheberrecht nicht
mehr aufrechterhalten werden. Der BGH hat bereits die Änderungen nach
EuGH *Svensson* (EuGH GRUR 2014, 360 Tz. 24 ff.; vgl. Rn. 165) nachvollzogen; seine Lösung für die Verlinkung auf rechtswidrige Inhalte (Link ist stets
eine öffentliche Wiedergabe; s. BGH GRUR 2016, 171 – *Die Realität II*; dazu
Jan Bernd Nordemann GRUR 2016, 245, 247) entspricht jedoch nicht der
Lösung des EuGH in *GS Media/Sanoma*; vgl. Rn. 165. Für die deutsche
Rechtsanwendung ist jedoch wichtig, dass das Verlinken auf einen rechtswidrig
gem. § 19a zugänglich gemachten Inhalt keine Verletzung des Rechts der öffentlichen Zugänglichmachung nach § 19a, sondern eines **unbenannten Rechts**
der öffentlichen Wiedergabe (§ 15 Abs. 2) darstellt (BGH GRUR 2016, 171
Tz. 18 – *Die Realität II*; LG Hamburg v. 13.6.2017, 310 O 117/17 juris
Rn. 40). Außerhalb des Urheberrechts könnte die bisherige Rechtsprechung
allerdings fortgesetzt werden.

d) Suchmaschinen, automatisierte Linkverzeichnisse: Suchmaschinen generie-   **167**
ren automatisch Links auf fremde Inhalte. Die EuGH-Rechtsprechung für
Linksetzer (vgl. Rn. 165 f.) gilt auch für Suchmaschinen (BGH GRUR 2018,
178 Tz. 54 ff. – *Vorschaubilder III*). Dafür spricht, dass es keinen nennenswerten Unterschied machen kann, ob Links automatisch oder manuell gesetzt werden (im Ergebnis genauso für automatisch erstellte Linkvverzeichnisse LG
Hamburg v. 13.6.2017, 310 O 117/17 juris Rn. 42 ff.). Deshalb gilt bei **Such-**
maschinen im Hinblick auf die dort generierten Links nichts anderes als für
Linksetzer (so auch *Tolkmitt* FS Büscher 2018 S. 249, 262; *Flechsig* FS Mathias
Schwarz S. 291, 302); zu Linksetzern vgl. Rn. 165 f. Sie begehen bei **Links auf**
einen urheberrechtswidrigen Inhalt grundsätzlich eine öffentliche Wiedergabehandlung als **Täter**, wenn die Suchmaschine **weiß oder hätte wissen müssen,**
dass der Link auf einen rechtswidrigen Inhalt geht (BGH GRUR 2018, 178
Tz. 54 – *Vorschaubilder III*; siehe ferner EuGH GRUR 2016, 1152 Tz. 39 ff. –
GS Media/Sanoma); ferner vgl. Rn. 150 ff. Wer die automatische Generierung
von Links durch Suchmaschinen nicht als täterschaftlich einordnen will, muss
die Störerhaftung (vgl. Rn. 154 ff.) greifen lassen. Sowohl für die täterschaftliche Haftung als auch für die Störerhaftung sollten aber identische Pflichten
gelten; dazu vgl. Rn. 167a.

Im Hinblick auf die **Pflichten** für Suchmaschinen **mit Gewinnerzielungsab-**   **167a**
sicht gilt eigentlich nach dem EuGH eine Vermutung, dass ein Setzen von
Hyperlinks in voller Kenntnis der fehlenden Erlaubnis des Urheberrechtsinhabers erfolgt ist (EuGH GRUR 2016, 1152 Tz. 39 ff. – *GS Media/Sanoma*;
EuGH GRUR 2017, 610 Tz. 49 ff. – *Brein/Wullems „Filmspeler"*). Dennoch
will der Bundesgerichtshof diese Vermutung nicht auf Suchmaschinen anwenden, weil dies eine allgemeine Überwachungspflicht für Suchmaschinen bedeuten würde. Dem stehe jedoch Aufgabe und Funktionsweise von Suchmaschinen entgegen (BGH GRUR 2018, 178 Tz. 60 ff. – *Vorschaubilder III*;
zustimmend *Conrad/Schubert* ZUM 2018, 132, 134; *Ohly* GRUR 2018, 187,
188; *Rauer* WRP 2018, 278, 282; *Schierholz* ZUM 2018, 135, 136; krit.
Jani NJW 2018, 781). Diese Frage hätte jedoch dem EuGH vorgelegt werden
müssen (*Ohly* GRUR 2018, 187, 188). In jedem Fall müssen die Verkehrs-
flichten für Suchmaschinen wiederum wie für andere Internetprovider (vgl.
Rn. 157 ff.; zu Linksetzern vgl. Rn. 165a) beweglich je nach Gefährlichkeit

des Links gehandhabt werden. Bei Suchmaschinen mit neutralem Geschäftsmodell ist ihre soziale Erwünschtheit zu berücksichtigen (BGH GRUR 2018,
174 Tz. 60 – *Vorschaubilder III*). Ab Kenntniserlangung hat der BGH Prüf-
und Überwachungspflichten angenommen und insbesondere bei Thumbnails
eine Pflicht zum Einsatz von Wortfiltern angenommen, eine Pflicht zu Bildfil-
tersoftware jedoch an Beweisfragen scheitern lassen (BGH GRUR 2018, 178
Tz. 69 ff. – *Vorschaubilder III*). Zu berücksichtigen ist auch eine ggf. auf
Seiten der Suchmaschine existierende Marktmacht der Suchmaschine (*Jani*
NJW 2018, 781). Bedient man sich wieder des **Ampelmodells** (vgl. Rn. 165a),
besteht bei „Grün" eine Prüfpflicht nur für den konkreten Link nach Notifizierung, bei „Gelb" eine Prüfpflicht des konkreten Links und ggf. für gleichartige Verletzungen (bei Notifizierung des gefährlichen Geschäftsmodells).
Bei „Rot" trifft die Suchmaschine nicht nur eine Prüfpflicht für den konkreten Link, sondern nach Notifizierung des illegalen Geschäftsmodells der Website auch für jeden anderen gleichartigen Link. Denn erhält die Suchmaschine
durch die Beanstandung eines Rechteinhabers Kenntnis von Diensten, deren
Geschäftsmodell von vornherein **auf klare Rechtsverletzungen angelegt** ist
und bei denen es deshalb systematisch und regelmäßig zu klaren Rechtsverletzungen kommt, ist es verhältnismäßig, dass die Suchmaschine mehr tun muss,
als bloß den einen bekannten Link auf offensichtlich urheberrechtsverletzende Inhalte zu löschen (*Czychowski/Jan Bernd Nordemann* GRUR 2013,
986, 992). Denn dann weiß der Suchmaschinenbetreiber, dass die Website im
Regelfall Links auf urheberrechtswidrige Inhalte produziert. In solchen Fällen
erscheint es auch als sachgerecht, die Vermutung, die der EuGH für Linksetzer eingeführt hatte, wieder anzuwenden (für eine differenzierte Anwendung
der Vermutung auch *Rauer* WRP 2018, 278, 282). Dann kommt insbesondere eine vollständige **De-Indexierung** (De-Listing) in Betracht, um einen effizienten Rechtsschutz zu gewährleisten (s. Cour d'Appel de Paris Pôle 5
Chambre 1, arret vom 15.3.2016, n°040/2016, der dies im Rahmen der Unterlassungshaftung aus Art. 8 Abs. 3 Info-RL herleitet; vgl. Rn. 159b). Eine
bloße Herabstufung des Dienstes auf hintere Plätze in den Suchergebnissen
ist ebenfalls denkbar (dazu *Rössel* CR 2013, 229, 231), allerdings nur, wenn
sie effektiv ist und nicht die Auffindbarkeit der illegalen Inhalte erleichtert,
z. B. für Nutzer, die die Herabstufung kennen und deshalb ihre Suche von
hinten beginnen, oder über das Einstellen der gelöschten Links in eine recher-
chierbare Datenbank (s. OLG München v. 7.6.2017, 18 W 826/17 juris
Tz. 35). Aufgrund der weitreichenden Konsequenzen von Maßnahmen erscheint es als opportun, dass die Suchmaschine den Inhalteanbieter von Sperrmaßnahmen in Kenntnis setzt und eine **Möglichkeit der Stellungnahme** gewährt (zum Ablauf vgl. Rn. 161). Jedoch darf die Sperrmaßnahme vorher
umgesetzt werden, wenn es sich ja stets um eine klare Verletzung handelt.
Soweit im allgemeinen Persönlichkeitsrecht eine Anwendung des Subsidiari-
tätseinwands bei der Haftung analog Zugangsprovidern (vgl. Rn. 171a) zugelassen wird (so jedenfalls OLG Schleswig CR 2017, 817, zw.), kann dies im
Urheberrecht wegen der täterschaftlichen Haftung nicht greifen. Im Bereich
grundsätzlich legaler Geschäftsmodelle erscheinen De-Indexierung und Herabstufung aber im Regelfall als unverhältnismäßig, weil Suchmaschinen, vor
allem Google, als Zugangsvermittler für Inhalteanbieter regelmäßig unverzichtbar sind. – **Zu unberechtigten Beanstandungen** vgl. § 97a Rn. 70 f.

167b Daneben ist die **Anzeige der Suchergebnisse selbst** (sofern als solche urheberrechtlich geschützt) bei Internetsuchmaschinen eine eigene (täterschaftliche)
Handlung i. S. e. öffentlichen Zugänglichmachung gemäß § 19a UrhG (BGH
GRUR 2010, 628 Tz. 19 – *Vorschaubilder I*); aber vgl. Rn. 25 f. Ferner BGH
v. 21.9.2017, I ZR 11/16 – *Vorschaubilder III*, Entscheidungsgründe bislang
n. v.).

Zu beachten sind mögliche **Haftungsprivilegien** für Suchmaschinen, die aller-   **167c**
dings im Rahmen des vorgenannten Haftungsmodells des EuGH grundsätzlich
keine eigenständige Bedeutung haben sollten; vgl. Rn. 187a. s. aber BGH v.
21.9.2017, I ZR 11/16 – *Vorschaubilder III*, Entscheidungsgründe bislang n. v.

Mit Links gleich zu behandeln sind Inhalte der Suchmaschine, die als **Sucher-**   **167d**
gänzungsvorschläge („**Autocomplete**"-Funktion) den Nutzern unterbreitet
werden (zum Persönlichkeitsrecht: BGH GRUR 2013, 751 Tz. 17 ff. – *„Auto-*
complete"-Funktion, dort zwar als eigene Inhalte bewertet, aber Haftung wie
ein Hostprovider, s. BGH a. a. O. Tz. 29). Der Suchmaschinenbetreiber muss
zunächst in Kenntnis gesetzt werden; danach ist er verpflichtet, Suchergänzungsvorschläge für diese und gleichartige, genauso offensichtliche Verletzungen zu verhindern (zum Persönlichkeitsrecht: BGH GRUR 2013, 751 Tz. 30 –
„Autocomplete"-Funktion). Suchergänzungsvorschläge sind also zu löschen
und gleichartige Vorschläge in Zukunft zu verhindern, wenn sie zu Suchergebnissen führen, die ihrerseits auf offensichtlich unzulässige Inhalte verweisen;
ein Beispiel wäre ein Suchergänzungsvorschlag „Kinofilm XY gratis downloaden". Suchergänzungsvorschläge dürfen auch nicht dazu führen, dass die eben
erwähnten Verpflichtungen der Suchmaschine zur De-Indexierung oder zur Herabstufung unterlaufen werden.

Internationale Suchmaschinen erfüllen ihre Pflichten dadurch, dass sie alle ihre   **167e**
an das deutsche Publikum gerichtete Suchangebote entsprechend sperren, was
mehr umfassen kann als nur die .de-Website (Schricker/Loewenheim/*Leistner*[5]
Rn. 206; OLG Hamburg MMR 2010, 432 – *google.com*, zum Äußerungsrecht).

Genauso wie Suchmaschinen sollten **automatisch generierte Linkverzeichnisse**   **168**
haften. Sie sind allerdings nicht zu verwechseln mit **Plattformen**, die Nutzern
das **Posten von Links** ermöglichen. Sie haften regelmäßig wie Hostprovider
(vgl. Rn. 160 ff.), weil sie Speicherplatz für die Ablage fremder Inhalte (Links)
zur Verfügung stellen.

e) **Domaininhaber und -verwalter:** Der **Domaininhaber** haftet grundsätzlich für   **169**
die Inhalte seiner Homepage schon täterschaftlich (bei Unternehmenshomepa-
ges über §§ 31, 89 BGB, ggf. § 99 UrhG, § 831 BGB; vgl. Rn. 177 ff.), wenn
der Domaininhaber die Inhalte der Website kontrolliert. Darüber kann z. B.
das nach § 5 TMG vorgeschriebene Impressum Aufschluss geben. Fehlt eine
unmittelbare Kontrolle der Inhalte durch den Domaininhaber, besteht deshalb
insbesondere eine Pflicht des Domaininhabers für ein vorschriftsmäßiges Impressum zu sorgen; über sein Fehlen muss der Domaininhaber nicht erst in
Kenntnis gesetzt werden, damit die Pflicht entsteht, weil ansonsten eine effektive Verfolgung von Verletzungen nie gewährleistet wäre. Bei vorschriftsmä-
ßigem Impressum sollte der Domaininhaber wie ein Hostprovider haften (vgl.
Rn. 160 ff.); insbesondere bei gefahrerhöhenden Umständen kann deshalb auch
eine Prüfpflicht ohne vorherige Kenntnis entstehen. – Der **Admin-C**, der bei
.de-Registrierungen z. B. die Funktion ähnlich eines Inlandsvertreters erfüllt,
kann als Täter oder Gehilfe nach den allgemeinen Voraussetzungen haften (vgl.
Rn. 145 ff.). Ansonsten ist seine Störerhaftung umstritten. Allerdings ist zu differenzieren zwischen seiner Haftung für den Domainnamen selbst und den
abrufbaren Inhalten (Dreier/Schulze/*Dreier*/*Specht*[5] Rn. 34; Schricker/Loewen-
heim/*Leistner*[5] Rn. 141 ff.). Teilweise wird eine Haftung vollständig abgelehnt,
weil sich die Funktion des Admin-C auf das Innenverhältnis zum Domaininhaber beschränke (OLG Köln GRUR-RR 2009, 27, 29; OLG Hamburg MMR
2007, 601, 602; s. aber OLG Hamburg MMR 2012, 489). Teilweise wird auch
generell eine bloß subsidiäre Inanspruchnahme befürwortet, also wenn mit zumutbarem Aufwand nicht erfolgversprechend gegen den Domaininhaber vor-

gangen werden kann (KG MMR 2006, 392, 393; Schricker/Loewenheim/*Leistner*[5] Rn. 78, 82); dagegen spricht allerdings die Risikozuweisung an den Admin-C, der in einer zumindest mittelbaren vertraglichen Verbindung zum Verletzer befindet. Deshalb haftet der Admin-C grundsätzlich als Störer (OLG Frankfurt MMR 2014, 134). Das gilt insbesondere dann, wenn besondere gefahrerhöhende Umstände des Einzelfalls auf Seiten des eigentlichen Domaininhabers vorliegen (BGH GRUR 2013, 294 Tz. 20 ff. – *dlg.de*; BGH GRUR 2012, 304 Tz. 63 – *Basler-Haar-Kosmetik*). Eine Haftung für urheberrechtsverletzende Inhalte auf der Website kommt also in Betracht, wenn die Website erhöht verletzungsanfällig ist, also z. B. ihr Geschäftsmodell von vornherein auf klare Rechtsverletzungen angelegt ist und es deshalb systematisch und regelmäßig zu klaren Rechtsverletzungen kommt (zur vergleichbaren Lage bei Zugangsprovidern vgl. Rn. 170 ff.). Bei geringerer Verletzungsintensität kann es hinreichend gefahrerhöhend wirken, wenn die Website kein vorschriftsmäßiges Impressum hat und deshalb eine Verfolgung des Websitebetreibers unmöglich ist. – Auf den Zonenverwalter (**Zone-C**) überträgt LG Bielefeld MMR 2004, 551, 552, die zurückhaltenden Ausführungen des BGH zur Störerhaftung der DENIC und fordert einen rechtskräftigen gerichtlichen Titel gegen den Verletzer. Der BGH hatte die DENIC als zentrale Registrierungsstelle (**Registry**) wegen ihrer quasi-öffentlichen Aufgabe grundsätzlich von Prüfungspflichten auf Kennzeichenverletzungen durch den Domainnamen bei der Erstregistrierung freigestellt, und auch nach einem Hinweis bei offenkundiger Rechtsverletzung nur eine solche für möglich gehalten, die für die Registry ohne weiteres feststellbar ist (BGH GRUR 2012, 651 Tz. 24 ff. – *regierung-oberfranken.de*; BGH GRUR 2001, 1038, 1040 – *ambiente.de*; jeweils zum Kennzeichenrecht). Für über eine Domain abrufbare rechtswidrige Inhalte haftet die DENIC vor Kenntniserlangung nicht (OLG Hamburg ZUM 2005, 392, 393). Nach Kenntniserlangung sollte die Registry zumindest als Störer bei Websites haften, deren Geschäftsmodell von vornherein auf klare Rechtsverletzungen angelegt ist und bei denen es deshalb systematisch und regelmäßig zu klaren Rechtsverletzungen kommt (zu Suchmaschinen vgl. Rn. 167; zu Zugangsprovidern vgl. Rn. 171). Dafür muss sich das rechtswidrige Geschäftsmodell nicht schon aus dem Domainnamen ergeben (so aber Schricker/Loewenheim/*Leistner*[5] Rn. 146). Denn die Registry stellt dem Betreiber der Website mit der Domain ein unverzichtbares Werkzeug zur Verfügung, über das die Website aufgerufen wird. Der **Registrar** haftet nicht unbedingt so begrenzt wie die Registry (zum Kennzeichenrecht: LG München I MMR 2002, 690, 691; LG Bremen ZUM-RD 2000, 558, 559 – *photo-dose.de*; s. aber OLG Hamburg GRUR-RR 2003, 332, 334). Nach Hinweis der Rechteinhaber an den Registrar, dass offenkundige Urheberrechtsverletzungen auf der Website begangen werden, haftet der Registrar als Störer, wenn er keine Maßnahmen wie die Suspendierung (Dekonnektierung) der Domain ergreift (OLG Saarbrücken MMR 2015, 120 juris Tz. 53 ff. – *h33t.com*; LG Saarbrücken GRUR-RR 2014, 328 (LS); s. a. die Anm. *Jan Bernd Nordemann* in MMR 2014, 407; genauso LG Saarbrücken v. 30.8.2017, 7 O 17/15 n. v.; LG Köln v. 5.12.2017, 14 O 125/16 n. v.). Es kommt nicht auf einen „over-spill" auf rechtmäßige Inhalte an, weil der (vertraglich mit dem Registrar verbundene) Domaininhaber jederzeit die Möglichkeit hat, eine Aufhebung der Suspendierung der Domain zu erreichen, indem er die Urheberrechtsverletzungen von der Seite nimmt (OLG Saarbrücken MMR 2015, 120 juris Tz. 54 – *h33t.com*; genauso im Persönlichkeitsrecht KG ZUM-RD 2015, 216, 217; einschränkend, allerdings für nicht klare Persönlichkeitsrechtsverletzungen: OLG Frankfurt MMR 2016, 139 juris Tz. 20). Da der Registrar Dienstleister des Verletzers ist, kommt auch keine Subsidiarität der Inanspruchnahme von Registraren analog einem (allgemeinen) Zugangsprovider (vgl. Rn. 170) in Betracht (LG Saarbrücken v. 30.8.2017, 7 O 17/15 n. v.; s. a. *Jan Bernd Nordemann* GRUR 2016, 1097, 1102; wohl a. A., allerdings für nicht klare Persönlichkeitsrechtsverletzungen: OLG Frankfurt MMR 2016, 139 juris Tz. 20). Handelt es sich um eine Domain, deren Geschäftsmodell von vornherein auf klare Rechtsverletzungen angelegt ist und bei der es deshalb systematisch und regelmäßig zu klaren Rechtsverletzungen kommt, kommt nach Kenntnis ferner eine (vorrangige) Gehilfenhaftung in Betracht (vgl. Rn. 153b; *Jan Bernd Nordemann* in MMR 2014, 407; so auch LG Köln v. 5.12.2017, 14 O 125/16 n. v., für die Freigabe der Domain einer solchen Website zur Umregistrierung). Da sich aus der Störerhaftung neben Unterlassungs- auch Beseitigungsansprüche ergeben, haftet der Registrar neben einer Unterlassung seiner Dienstleistung für den Verletzer darauf, dass die Domain dem Verletzer auch bei anderen Registraren nicht mehr für Verletzungen zur Verfügung steht (LG Köln v. 5.12.2017, 14 O 125/16 n. v.). Ein so erzwungener Domainwechsel führt regelmäßig zu einem erheblichen Trafficverlust der Website und damit zu einer Abschwächung des Verletzungsumfanges. Im einstweiligen Verfahren kann ein solcher Anspruch über ein einstweiliges Verbot gesichert werden, die Domain zu übertragen („Freezing"). – Sofern der Registrar (oder die Registry) gleichzeitig **Hostingleistungen** anbietet, haftet er als Hostprovider (vgl. Rn. 160 ff.).

f) Internetzugangsprovider: Internetzugangsprovider (auch Access-Provider) **170** können als **Täter** haften, sofern sie ihre neutrale und passive Stellung verlassen und eine aktive Rolle übernehmen (vgl. Rn. 150 ff.). Das kommt vor allem in Betracht für Zugangsprovider des Verletzers (vgl. Rn. 171c). Insbesondere können sie aufgrund einer aktiven Rolle („deliberate intervention") im neuen Europäischen Haftungsmodell (vgl. Rn. 150 ff., insbesondere vgl. Rn. 150c) täterschaftlich bei Verkehrspflichtverletzung haften. Über dies ist eine Haftung als **Gehilfe** denkbar, wobei insbesondere der erforderliche Vorsatz teilweise Schwierigkeiten bereitet (vgl. Rn. 153b). Eine Unterscheidung zwischen Täter und Gehilfe muss wegen § 830 Abs. 2 BGB nicht erfolgen. Für Zugangsprovider, die nur neutral und passiv Zugang zum Internet gewähren (vgl. Rn. 171a), erscheint demgegenüber grundsätzlich nur die **Störerhaftung** in Frage zu kommen. Die Störerhaftung ist subsidiär zur Täter- oder Gehilfenhaftung (vgl. Rn. 154). Als Störer können Zugangsprovider in richtlinienkonformer Auslegung auf der Grundlage von Art. 8 Abs. 3 Info-RL in Anspruch genommen werden. Zugangsprovider sind „Vermittler" i. S. d. Art. 8 Abs. 3 Info-RL (EuGH GRUR 2012, 265 Tz. 30 – *Scarlet/SABAM*; EuGH GRUR 2009, 579 Tz. 44 – *LSG/Tele2*; dazu *Schaefer/Jan Bernd Nordemann* GRUR 2009, 583). Sie müssen nicht nur die mittels ihrer Dienste bereits begangenen Verletzungen beenden, sondern auch neuen Verletzungen vorbeugen (EuGH GRUR 2014, 468 Tz. 37 – *UPC Telekabel/Constantin*; EuGH GRUR 2012, 265 Tz. 31 – *Scarlet/SABAM*). Das hat sich durch das 3. TMGÄndG (in Kraft seit 13.10.2017, vgl. Rn. 4a) nicht geändert. Zwar schließt **§ 8 Abs. 1 S. 2 TMG** Unterlassungs- und Beseitigungsansprüche aus; bei richtlinienkonformer Auslegung müssen Ansprüche, die auf Art. 8 Abs. 3 Info-RL gestützt werden, jedoch erhalten bleiben (vgl. Rn. 188). § 8 Abs. 1 S. 2 TMG schließt auch eine Erstattung vorgerichtlicher Abmahnkosten und von Anwaltskosten im gerichtlichen Verfahren aus; Letzteres ist jedoch europarechtswidrig (vgl. Rn. 188). Für eine Inanspruchnahme von Zugangsprovidern besteht trotz § 7 Abs. 3 TMG kein Richtervorbehalt (vgl. Rn. 159b; vgl. Rn. 185a).

Im Fokus der Rechtsprechung zur Störerhaftung standen bislang **Zugangspro- 171 vider, die nicht die Dienstleister des Verletzers** sind. In Betracht kommen hier vor allem Szenarien, in denen der Dritte rechtswidrig öffentlich zugänglich gemachte Werke bloß abruft und der (ggf. ebenfalls rechtswidrige) Abruf nicht streitgenständlich ist, jedoch vom Zugangsprovider eine Sperre des Zugangs zur Rechtsverletzung gefordert wird. Insbesondere stehen hier Ansprüche auf **Website-Sperren** in Rede. Der **EuGH** hat solche Sperransprüche auf der

Grundlage von Art. 8 Abs. 3 Info-RL in Abwägung der betroffenen Grundrechte aller Beteiligten (Rechteinhaber, Provider, Nutzer; vgl. Rn. 4a) angenommen, wenn die Spermaßnahmen Internetnutzern nicht unnötig die Möglichkeit vorenthalten, in rechtmäßiger Weise Zugang zu den verfügbaren Informationen zu erlangen. Außerdem müssen die Sperren bewirken, dass unerlaubte Zugriffe auf die Schutzgegenstände verhindert oder zumindest erschwert werden und dass die Internetnutzer, die die Dienste des Adressaten der Anordnung in Anspruch nehmen, zuverlässig davon abgehalten werden, auf die ihnen unter Verletzung des Rechts des geistigen Eigentums zugänglich gemachten Schutzgegenstände zuzugreifen (EuGH GRUR 2014, 468 Tz. 42 ff. – UPC Telekabel/Constantin). Der **BGH** hat im Nachgang Ansprüche nach der deutschen Störerhaftung grundsätzlich akzeptiert (BGH GRUR 2016, 268 Tz. 21 ff. – Störerhaftung des Access-Providers). Dem ist zuzustimmen (grundsätzlich ebenso: Leistner/Grisse GRUR 2015, 19; Sesing/Putzki MMR 2016, 660; Jan Bernd Nordemann ZUM 2014, 499; Czychowski/Jan Bernd Nordemann GRUR 2013, 986, 992; Schricker/Loewenheim/Leistner[5] Rn. 139; krit.: Obergfell K&R 2017, 361, 363; Nazari-Khanachayi GRUR 2015, 115; Marly GRUR 2014, 472; Heidrich/Heymann MMR 2016, 370; Brinkel/Osthaus CR 2014, 642; Ohly ZUM 2015, 308, 318: Nur mit ausdrücklicher gesetzlicher Grundlage; ders., Gutachten zum 70. Deutschen Juristentag S. 108 ff.). Art. 8 Abs. 3 Info-RL erlaubt gerade eine Inanspruchnahme von Vermittlern, die zwar nicht für die Verletzung (mit-)verwantwortlich sind, aber in einer guten Position sind zu helfen (vgl. Rn. 159b). Eine angeblich fehlende **Effektivität wegen Umgehungsmöglichkeiten** kann schon aus normativen Gründen nicht tragen, weil Sperren erst einmal den gewählten Zugangsweg versperren und deshalb das Unrechtsbewusstsein der Nutzer verstärken (BGH GRUR 2016, 268 Tz. 48 – Störerhaftung des Access-Providers). Auch tatsächlich geht die – stets nur pauschal – behauptete fehlende Effektivität (so Heidrich/Heymann MMR 2016, 370, 372; Obergfell K&R 2017, 361, 363) fehl, weil empirische Untersuchungen belegen, dass gesperrte Websites einen erheblichen Trafficverlust erfahren (so auch British High Court GRUR 2015, 178 Tz. 218 ff. – Cartier v. British Sky; Rosati JIPL&P 2017, 338, 343 m. Fn. 73; ferner z. B. auf der Grundlage von mehreren 100 gesperrten Seiten in Portugal 70 % Verlust: http://www.incoproip.com/case_studies_reports_catego ries/site-blocking-efficacy-portugal/, abgerufen am 22.10.2017). Ein paralleles Vorgehen gegen alle Internetzugangsprovider ist ebenfalls nicht erforderlich; dem Anspruchsteller steht es frei, gegen welche Schuldner er vorgeht (s. zum UWG-Verfügungsgrund: OLG Hamburg WRP 2013, 1209 Tz. 16; OLG Frankfurt GRUR 2002, 236; Fezer/Büscher[2] § 12 UWG Rn. 85; Köhler/Bornkamm/Köhler[35] § 12 UWG Rn. 3.19 m. w. N.). Auch der BGH hat keinen Anstoß daran genommen, dass nur ein Zugangsprovider verklagt wurde (BGH GRUR 2016, 268 – Störerhaftung des Access-Providers). Nach dem EuGH müssen die nationalen Verfahrensvorschriften die **Möglichkeit für Internetnutzer** vorsehen, **ihre Rechte vor Gericht geltend zu machen**, sobald die vom Anbieter von Internetzugangsdiensten getroffenen Durchführungsmaßnahmen bekannt sind (EuGH GRUR 2014, 468 Tz. 57 – UPC Telekabel/Constantin). Im deutschen Recht existieren solche Verfahrensvorschriften nicht. Genügend ist jedoch der grundsätzlich bestehende vertragliche Anspruch des Nutzers gegen seinen Zugangsprovider (BGH GRUR 2016, 268 Tz. 57 – Störerhaftung des Access-Providers; OGH GRUR Int. 2014, 1074, 1079; Sesing/Putzki MMR 2016, 660, 664; Leistner/Grisse GRUR 2015, 105, 110: „vorübergehende Notlösung"; Jan Bernd Nordemann ZUM 2014, 499, 500; a. A. Spindler GRUR 2016, 451, 457; ders. GRUR 2014, 826, 833 f.; Ohly ZUM 2015, 308, 318). Websitesperren scheitern auch nicht daran, dass sie im Regelfall wesentlich mehr Inhalte sperren, als die streitgenständlichen Rechte schützen (sog. „**Overblocking**"). Rechtswidrige Inhalte, die Rechte Dritter verletzen, sind von vornherein auszublenden (BGH GRUR 2016, 268 Tz. 55 a. E. – *Störerhaftung des Access-Providers*). Im Hinblick auf rechtmäßige Inhalte muss ein zumutbares Maß sperrbar sein, damit sich der Anbieter eines auf Rechtsverletzungen angelegten Geschäftsmodells nicht hinter wenigen legalen Angeboten verstecken kann (BGH GRUR 2016, 268 Tz. 55 – *Störerhaftung des Access-Providers*; *Leistner/Grisse* GRUR 2015, 105, 108; *Jan Bernd Nordemann* ZUM 2014, 499, 500). Es ist nicht auf eine absolute Zahl rechtmäßiger Angebote auf der jeweiligen Seite, sondern auf das Gesamtverhältnis von rechtmäßigen zu rechtswidrigen Inhalten abzustellen und zu fragen, ob es sich um eine nicht ins Gewicht fallende Größenordnung von legalen Inhalten handelt; bei nur 4 % rechtmäßigen Inhalten ist eine Sperre zumutbar (BGH GRUR 2016, 268 Tz. 55 f. – *Störerhaftung des Access-Providers*). Das Verhältnis kann dabei auch noch mehr zu Gunsten rechtmäßiger Inhalte ausschlagen; denn ein Informationsbezug aus einem auf Rechtsverletzungen angelegten Geschäftsmodell erscheint als wenig schutzwürdig.

Jedoch besteht nach dem BGH wegen des Erfordernisses der Verhältnismäßig-   **171a** keit nur eine **Subsidiarität der Haftung** des Zugangsproviders. Eine Störerhaftung komme nur in Betracht, wenn der Rechteinhaber zunächst erfolglos **zumutbare Anstrengungen** unternommen habe, gegen diejenigen Beteiligten vorzugehen, die – wie der Betreiber der Internetseite – die **Rechtsverletzung selbst begangen** haben oder – wie der Host-Provider – **zur Rechtsverletzung durch die Erbringung von Dienstleistungen beigetragen** haben (BGH GRUR 2016, 268 Tz. 83 – *Störerhaftung des Access-Providers*). Der BGH begründet das damit, dass der Betreiber der Website und sein Hostprovider „wesentlich näher an der Rechtsgutsverletzung sind als derjenige, der nur allgemein den Zugang zum Internet vermittelt." (BGH a. a. O. Tz. 83). Die Zumutbarkeit der Inanspruchnahme von Betreibern und ihren Dienstleistern muss aus der Sicht eines objektiven Betrachters im Rahmen einer lebensnahen Einzelfallbetrachtung erfolgen, die allerdings typisieren kann (ähnlich *Leistner/Grisse* GRUR 2015, 105, 107). Insbesondere ist die Effektivität des Rechtsschutzes im schnelllebigen Internet in den Blick zu nehmen (*Leistner/Grisse* GRUR 2015, 105, 107 f.). Es ist von Bedeutung, ob und ggf. wie der Betreiber oder Dienstleister versucht, seine Identität zu verschleiern, in welchem Land er sitzt und ob dort eine effektive Durchsetzung der Verletzung des (ggf. auch nur deutschen) Urheberrechts gewährleistet ist. Zivilrechtliche Vollstreckungsversuche im nicht-EU-Ausland verbieten sich im Regelfall (*Leistner/Grisse* GRUR 2015, 105, 107). Sind die Betreiber trotz strafrechtlicher Ermittlungen nicht greifbar (z. B. Einstellung des Verfahrens wegen nicht ermittelbarer Täter oder nicht vollstreckbarer Haftbefehl), sollte regelmäßig eine Erfolglosigkeit zu Gunsten des Rechteinhabers angenommen werden, und zwar auch im Hinblick auf die Dienstleister, weil illegalen Geschäftsmodellen eine unübersehbare Zahl von Hosting-Dienstleistern zur Verfügung steht. Das Gleiche gilt bei regelmäßiger Änderung des Hostproviders, sobald dieser angegangen wird (sog. „Hosting-Nomadismus"; offen gelassen von BGH GRUR 2016, 268 Tz. 85 – *Störerhaftung des Access-Providers*). Im schnelllebigen Internet bietet vor allem das **Einstweilige Verfügungsverfahren** (vgl. Rn. 198 ff.) effektiven Rechtsschutz. Dafür muss das Subsidiaritätserfordernis entsprechend modifiziert werden. Das vorherige Erwirken von Titeln ist untunlich, insbesondere wenn sie im Ausland in einer anderen Sprache zugestellt werden müssen, weil die Zustellung der Übersetzung Monate benötigt. – Keine Subsidiarität besteht für die Inanspruchnahme von Zugangsprovidern, die **Dienstleister des Verletzers** sind (*Jan Bernd Nordemann* GRUR 2016, 1097, 1102; vgl. Rn. 171c), oder von Domainprovidern des Verletzers (vgl. Rn. 169). Allerdings sind nach der neueren Rechtsprechung des EuGH auch die Abrufenden von illegalen Inhalten Verletzer; das gilt insbesondere für die Abrufenden illegaler Streams (EuGH

GRUR 2017, 610 Tz. 59 – *Brein/Wullems „Filmspeler")*. Sofern der Sperranspruch darauf gestützt wird, erscheint ein Subsidiaritätserfordernis als zweifelhaft, weil die Abrufenden Kunden des Zugangsproviders sind und damit genauso nah an der Rechtsgutsverletzung stehen wie derjenige, der die Inhalte zugänglich macht. Zumindest muss dies jedoch Auswirkungen auf die Zumutbarkeit von Sperrkosten haben (vgl. Rn. 171a). – **In anderen EU-Mitgliedstaaten** ist die Praxis zur Subsidiarität weniger streng als in Deutschland (British High Court GRUR 2015, 178 Tz. 162, 197 ff. – *Cartier v. British Sky*; dazu *Hofmann* GRUR 2015, 123, 124; *Jan Bernd Nordemann* GRUR-Prax 2016, 491). Es erscheint als fraglich, ob nationale Gerichte insoweit jeweils ein eigenes Verhältnismäßigkeitskonzept und dort eigenes Subsidiaritätskriterien entwickeln dürfen (vgl. Rn. 159b); das sollte durch den EuGH nach Art. 267 AEUV geklärt werden.

171b In Betracht kommende konkrete **Sperrmaßnahmen** (eingehend: BGH GRUR 2016, 268 Tz. 29 ff. – *Störerhaftung des Access-Providers*; *Durner* ZUM 2010, 833, 841; *Sieber/Nolde* S. 182 ff.): Ein Zugangsprovider ist wegen § 7 **Abs. 2 TMG, Art. 15 E-Commerce-RL** und aus verfassungsrechtlichen Gründen nicht verpflichtet, seinen gesamten Verkehr, insbesondere im Hinblick auf die Verwendung von Peer-to-Peer-Programmen (z. B. Internettauschbörsen), unterschiedslos für alle Kunden präventiv ausschließlich auf seine eigenen Kosten und zeitlich unbegrenzt zu filtern (EuGH GRUR 2012, 265 Tz. 36 ff. – *Scarlet/ SABAM*). Eine Haftung von Zugangsprovidern kommt also nur für weniger weitreichende Maßnahmen in Betracht. Technisch einfach sind Sperrungen der Domains von ganzen Websites auf den DNS-Servern des Zugangsproviders (sog. **DNS-Sperrung**) und die **Sperrung der IP-Adressen,** die Websites nutzen. Auch die **Sperrung konkreter URLs** kommt in Betracht, genauso wie **Filtermaßnahmen** für die urheberrechtsverletzenden Inhalte; diese Filtermaßnahmen sind einerseits sehr zielgerichtet, die Zumutbarkeit muss aber andererseits im Einzelfall u. a. aufgrund ihrer Effektivität und des (höheren) technischen Aufwands entschieden werden. Sie dürfen aber keine Filterung des gesamten Datenverkehrs des Zugangsproviders bedeuten; das scheidet aus, wenn sie z. B. nur den Verkehr bestimmter IP-Adressen filtern. Die vorgenannten Sperrmaßnahmen berühren nicht das **Fernmeldegeheimnis** gem. Art. 10 Abs. 1 GG, Art. 7 EU-GR-Charta (BGH GRUR 2016, 268 Tz. 67 ff. – *Störerhaftung des Access-Providers* m. w. N. zum Streitstand; *Durner* ZUM 2010, 833, 845; *Spindler* GRUR 2016, 451, 455; *Leistner/Grisse* GRUR 2015, 19, 24 f.; krit. *Heidrich/Heymann* MMR 2016, 370). Das Zitiergebot ist schon deshalb nicht einschlägig, weil es bei zivilrechtlichen Sperransprüchen um eine Drittwirkung von Grundrechten und nicht um einen staatlichen Eingriff geht (*Durner* ZUM 2010, 833, 836 ff. m. w. N. aus der Rspr. des BVerfG). Die **Kosten der Sperrmaßnahmen** trägt grundsätzlich der Provider (EuGH GRUR 2014, 468 Tz. 50 – *UPC Telekabel/Constantin*; BGH GRUR 2016, 268 Tz. 37 – *Störerhaftung des Access-Providers*; *Jan Bernd Nordemann* ZUM 2014, 499, 500; aus EU-Sicht auch *Rosati* JIPL&P 2017, 338, 343; krit. *Leistner/Grisse* GRUR 2015, 105, 112; s. a. *Spindler* GRUR 2014, 826, 833). Die Kosten dürfen aber nicht unzumutbar sein. Bei Art und Umfang des vom Zugangsvermittler aufzubringenden administrativen, technischen und finanziellen Aufwands für die Durchsetzung einer Sperranordnung handelt es sich um einen Aspekt, der im Rahmen der umfassenden Grundrechtsabwägung zu berücksichtigen ist (BGH GRUR 2016, 268 Tz. 37 – *Störerhaftung des Access-Providers*). Allerdings ist zu bedenken, dass der EuGH den Wesensgehalt des Rechts auf unternehmerische Freiheit durch eine Sperranordnung nicht tangiert sieht, wenn dem Diensteanbieter die Verpflichtung auferlegt wird, seine Ressourcen für eventuell kostenträchtige Maßnahmen einzusetzen, die beträchtliche Auswirkungen auf die Ausgestaltung seiner Tätigkeit haben oder schwierige und komplexe technische Lösungen erfordern (EuGH GRUR 2014, 468 Tz. 49 ff. – *UPC Telekabel/Constantin*). Zu bedenken ist ferner im Hinblick auf die Zumutbarkeit, dass auch die Abrufenden von illegalen Inhalten Verletzer sind (EuGH GRUR 2017, 610 Tz. 59 – *Brein/Wullems „Filmspeler"*), so dass es als zumutbar erscheint, dass der Zugangsprovider die Kosten, die erforderlich sind, um seine Kunden von rechtsverletzenden Abrufen abzuhalten, in sein Geschäftsmodell einstellt. Da der Anspruchsteller im Regelfall keinen Einblick in die Infrastruktur des Zugangsproviders hat, muss der Zugangsprovider im Rahmen der ihn treffenden **sekundären Darlegungslast** im Einzelnen vortragen, welche Schutzmaßnahmen er ergreifen kann und weshalb sie unzumutbare Kosten auslösen (BGH GRUR 2016, 268 Tz. 40 – *Störerhaftung des Access-Providers*).

Ist der **Zugangsprovider Dienstleister des Verletzers**, kann zunächst keine Subsidiarität der Inanspruchnahme – wie bei allgemeinen Zugangsprovidern, vgl. Rn. 171a – gelten. Denn solche Zugangsprovider stehen „im Lager" des Verletzers, so dass schon aus Gründen der Risikozuweisung die Haftung des Zugangsproviders für den von ihm ausgesuchten Vertragspartner nicht privilegiert sein kann. Etwas anderes kann auch nicht bei Vertragsketten hin zum Zugangsprovider gelten, weil das die wertende Risikozuweisung nicht ändert (*Jan Bernd Nordemann* GRUR 2016, 1097, 1102; dem folgend: LG Saarbrücken v. 30.8.2017, 7 O 17/15 n. v.). Beispielsweise haftet der Provider eines Upstreams eines illegalen Live-Streams von Fußball-Bundesligaspielen als Störer, sobald er davon in Kenntnis gesetzt wurde (LG Frankfurt aM. ZUM 2016, 67 – *Illegale Live-Streams von Spielen der Fußball-Bundesliga*). Es kommen kundenbezogene Vorsorgemaßnahmen in Betracht. Für kundenbezogene Maßnahmen ist die Identifizierung des rechtsverletzenden Kunden erforderlich; dafür muss der Verletzte auf § 101 Abs. 2 zurückgreifen; im Einzelnen vgl. § 101 Rn. 55. Zugangsprovider, die ihre verletzenden Kunden (ggf. in der Vertragskette) nicht identifizieren (können), leisten insoweit nur ungenügend Vorsorge, weil damit unmöglich wird, naheliegende Wiederholungstäter auszuschließen (vgl. Rn. 163a a. E.). Kundenbezogene Vorsorgepflichten können ansonsten insbesondere Maßnahmen umfassen, die vergleichbar mit Sharehostern sind (LG Frankfurt aM. ZUM 2016, 67 – *Illegale Live-Streams von Spielen der Fußball-Bundesliga*); vgl. Rn. 163a, also neben Filtermaßnahmen auch Lösch-Interfaces und die Kontrolle von verletzenden Websites, über die der Verletzer den Zugang zur Verletzung veröffentlicht. Denkbar ist ferner eine Beschränkung der Nutzung des Kundenzugangs (z. B. für bestimmte Ports) oder seine Sperrung. Ein temporäres Sperren z. B. bis zur verpflichtenden Bestätigung des Kunden, die Verletzung und gleichartige Verletzungen nicht zu wiederholen, kann für einfache Verletzungen eine dauerhafte Sperrung für schwere oder wiederholte Verletzungen erwogen werden. Angesichts der heute bestehenden großen Ausweichmöglichkeiten kann der dauerhaften Sperrung nicht mit einem Kontrahierungsanspruch des Kunden gegen den Provider begegnet werden. – Vorsorgemaßnahmen können vom Provider verlangt werden, auch wenn er das in seinen AGB nicht geregelt hat; ansonsten könnte der Provider durch die Gestaltung seiner Kunden-AGB seine Sperrpflichten gegenüber Verletzern begrenzen.   **171c**

g) Inhaber von Internetzugängen (insb. kommerzielle und private WLAN-Provider): Zur Haftung des Inhabers eines Internetzuganges hat sich im Verlauf der massenhaften Verfolgung der Tauschbörsenpiraterie eine umfassende Rechtsprechung – auch des BGH – entwickelt. Hat der Inhaber die Tat selbst gegangen, haftet er als **Täter** (vgl. Rn. 145 ff.). Es gilt eine tatsächliche Vermutung, dass der Anschlussinhaber Täter war (vgl. Rn. 152, dort auch zur Frage der Beweislast für die zutreffende Anschlussidentifizierung). Ansonsten kommt für (kommerzielle und private) WLAN-Provider ab dem Inkrafttreten des 3.   **172**

TMGÄndG am 13.10.2017 (dazu vgl. Rn. 184 ff.; zur zeitlichen Anwendbarkeit vgl. Rn. 4a) nur noch ein **Sperranspruch nach** § 7 **Abs. 4 S. 1 TMG** in Betracht (vgl. Rn. 172a). Davor und außerhalb von WLANs besteht die **Störerhaftung** des Anschlussinhabers (vgl. Rn. 172b) fort.

172a   Nach § 7 **Abs. 4 S. 1 TMG** besteht gegen einen **WLAN-Provider** ein Anspruch auf Sperrung der Nutzung von Informationen, um die Wiederholung einer Rechtsverletzung zu verhindern (eingehend *Nicolai* ZUM 2018, 33; *Sesing/ Baumann* MMR 2017, 583; *Spindler* NJW 2017, 2305; *Mantz* GRUR 2017, 969; *Haun* WRP 2017, 780; *Conraths/Peintinger* GRUR-Prax 2017, 206). Das ist eine **Umsetzung von Art. 8 Abs. 3 Info-RL** (RegE 3. TMGÄndG – BT-Drs. 18/12202, S. 12), so dass ggf. eine europarechtskonforme Auslegung erfolgen muss (vgl. Rn. 159b). WLAN-Provider sind in § 8 Abs. 3 TMG legaldefiniert. Darunter fallen **sowohl private als auch gewerbliche WLANs.** Europarechtlich harmonisiert sind allerdings nur gewerbliche WLANs; die deutsche Gleichstellung privater WLANs ist europarechtlich nicht zu beanstanden (*Mantz/Sassenberg* MMR 2015, 85, 87; *Jan Bernd Nordemann* GRUR 2016, 1097, 1098; BeckOK Info- und MedR/*Paal*[13] § 7 TMG Rn. 19). Zu beachten ist, dass § 8 Abs. 3 auf WLANs „mit geringer Reichweite" begrenzt ist, so dass davon beispielsweise Funknetzwerke mit größerer Reichweite nicht erfasst werden. Sie haften deshalb wie allgemeine Zugangsprovider (*Spindler* NJW 2016, 2449, 2450; *Jan Bernd Nordemann* GRUR 2016, 1097, 1098; dazu vgl. Rn. 170 ff.) und fallen nicht unter § 7 Abs. 4 S. 1 TMG. Ein Anspruch nach § 7 Abs. 4 S. 1 TMG setzt weiter die Verletzung eines Rechts am geistigen Eigentum eines anderen voraus. Davon erfasst werden alle Rechte, deren Verletzung auch über § 97 UrhG geschützt ist (vgl. Rn. 8 ff.), also **Urheber- und Leistungsschutzrechte**, nicht jedoch vertragliche Ansprüche oder technische Schutzmaßnahmen. Ferner besteht ein **Subsidiaritätserfordernis** („keine andere Möglichkeit, der Verletzung seines Rechts abzuhelfen"). Auch wenn der Gesetzgeber des 3. TMGÄndG das nicht erwähnt (RegE 3. TMGÄndG – BT-Drs. 18/12202, S. 12), ist es doch offensichtlich der BGH-Rechtsprechung zu allgemeinen Zugangsprovidern nachgebildet (BGH GRUR 2016, 268 Tz. 83 – *Störerhaftung des Access-Providers*) und entsprechend auszulegen (*Sesing/Baumann* MMR 2017, 583, 587; *Conrads/Peintinger* GRUR-Prax 2017, 206, 207). Da eine Registrierungspflicht nach § 8 Abs. 4 TMG nicht besteht (s. dazu unten), dürfte eine Inanspruchnahme der Täter im Regelfall ausscheiden (*Sesing/Baumann* MMR 2017, 583, 587). Dem Subsidiaritätserfordernis kommt jedoch bei Sperrung von Inhalten Bedeutung zu, die nicht vom Nutzer des WLANs, sondern von Dritten in das Netz gestellt wurden. Insoweit läuft es parallel mit den Sperrfällen bei allgemeinen Zugangsprovidern (zur Subsidiarität bei allgemeinen Zugangsprovidern vgl. Rn. 171a). Als **Rechtsfolge** kann eine **Sperrung von Informationen** verlangt werden, um die Wiederholung der Rechtsverletzung zu verhindern. Maßnahmen, die nur mit einer Erstbegehungsgefahr (vgl. Rn. 39) begründet werden können, fallen also nicht darunter. Die Wiederholungsgefahr erfasst allerdings auch kerngleiche Verstöße (vgl. Rn. 41), so dass bei Betrieb mehrerer WLANs alle erfasst werden können (offen: *Conrads/Peintinger* GRUR-Prax 2017, 206, 207). Welche Maßnahme in Betracht kommt, hängt vom Einzelfall ab (RegE 3. TMGÄndG – BT-Drs. 18/ 12202, S. 12). Sie muss **technisch möglich, wirtschaftlich zumutbar** und **verhältnismäßig** sein, wie § 7 **Abs. 4 S. 2 TMG** ausdrücklich klarstellt. Erforderlich ist daher stets eine Interessenabwägung im Einzelfall. Die grundrechtlich geschützten Interessen aller Betroffenen sowie das Telekommunikationsgeheimnis sind angemessen zu berücksichtigen (RegE 3. TMGÄndG – BT-Drs. 18/12202, S. 12); zur Grundrechtsabwägung bei Sperransprüchen gegen allgemeine Zugangsprovider vgl. Rn. 171 ff. Insbesondere darf eine Sperrmaßnahme nicht zu „Overblocking" führen (vgl. Rn. 171). Möglich sind daher auch Maßnahmen, die vom Eingriffscharakter unterhalb einer Sperrung liegen, wie zum Beispiel Datenmengenbegrenzungen, wenn sie im Einzelfall angemessen sind (RegE 3. TMGÄndG – BT-Drs. 18/12202, S. 12; zweifelnd, aber zumindest tauglich gegen massenhafte Rechtsverletzungen: *Sesing/Baumann* MMR 2017, 583, 588; *Nicolai* ZUM 2018, 33, 38: „Gefährdungsminimierung"). Der RegE erwähnt als weitere Einzelmaßnahmen Portsperren am Router, um den Zugang zu Peer-to-Peer Netzwerken und den Zugriff auf illegale Tauschbörsen zu verhindern (RegE 3. TMGÄndG – BT-Drs. 18/12202, S. 12). Auch wenn sie umgangen werden können, scheitert eine Zumutbarkeit daran nicht (LG Hamburg MMR 2011, 475; *Czychowski/Jan Bernd Nordemann* GRUR 2013, 986, 993; *Jan Bernd Nordemann* GRUR 2016, 1097, 1102; *Nicolai* ZUM 2018, 33, 38: „tauglich", aber Gefahr des Overblocking; a. A. *Sesing/Baumann* MMR 2017, 583, 587; *Bisle/Frommer* CR 2017, 54, 57; *Haun* WRP 2017, 780, 784; *Mantz/Sassenberg* NJW 2014, 3537, 3542), weil sie das Unrechtsbewusstsein des WLAN-Nutzers verstärken (s. BGH GRUR 2016, 268 Tz. 48 – *Störerhaftung des Access-Providers*); vgl. Rn 171. Daneben kommen Sperren des Zugriffs auf eine bestimmte Webseite vom betroffenen Zugangspunkt des Diensteanbieters in Betracht, ggf. zeitlich befristet. Router könnten heute schon über die Einstellungen den Zugriff auf bestimmte Websites verhindern, auf denen Rechtsverletzungen begangen wurden (RegE 3. TMGÄndG – BT-Drs. 18/12202, S. 12; eingehend zu DNS-, IP- und URL-Sperren *Nicolai* ZUM 2018, 33, 38; dazu auch vgl. Rn. 171b). Ein Passwortschutz des WLANs oder eine Registrierungspflicht, die noch vom EuGH für ausreichend gehalten wurde (GRUR 2016, 1146 Tz. 90 ff. – *McFadden/Sony Music*; dazu *Jan Bernd Nordemann* GRUR 2016, 1097, 1101), ist nach § 7 Abs. 4 S. 1 TMG nicht erforderlich, wie jetzt § 8 Abs. 4 TMG klarstellt. Das erscheint als EU-rechtskonform, solange die Sperrmaßnahmen nach § 7 Abs. 4 TMG effektiven Rechtsschutz ermöglichen und insbesondere **keine absoluten Rechtsschutzlücken** schaffen (*Sesing/Baumann* MMR 2017, 583, 585 m. w. N.; *Bisle/Frommer* CR 2017, 54, 57; *Haun* WRP 2017, 780, 781 f.; *Conrads/Peitinger* GRUR-Prax 2017, 206, 208; *Hoeren/Klein* MMR 2016, 764, 765; *Obergfell* NJW 2016, 3489, 3492; *Sesing* MMR 2016, 645, 646; *Jan Bernd Nordemann* GRUR 2016, 1097, 1102). Denn solche absoluten Rechtsschutzlücken bilden die europarechtliche Grenze (EuGH GRUR 2016, 1146 Tz. 98 – *McFadden/Sony Music*). Wenn die vom Gesetzgeber anvisierten Sperrmaßnahmen solche Lücken lassen, müsste in europarechtskonformer Auslegung von § 7 Abs. 4 S. 1 TMG doch wieder Passwortschutz und Registrierungspflicht eingeführt werden (*Sesing/Baumann* MMR 2017, 583, 588), die der EuGH für grundsätzlich ausreichend hält (zum Passwortschutz vgl. Rn. 172b). Vor allem wenn man mit Blick auf die geringe wirtschaftliche Leistungsfähigkeit von kleinen WLAN-Providern die Zumutbarkeit komplexerer technischer Sperrmaßnahmen ablehnt (*Obergfell* K&R 2017, 361, 363; bei „Laien" z. B. für Portsperren auch: *Sesing/Baumann* MMR 2017, 583, 587), wird das in Betracht kommen. Andere Ansprüche als Sperransprüche sind gegen WLAN-Provider ausgeschlossen (§ 7 Abs. 4 S. 3 TMG), und zwar nicht nur sämtliche Schadensersatz und sie vorbereitende Auskunftsansprüche, sondern auch alle Unterlassungs- und Beseitigungsansprüche einschließlich der Störerhaftung (RegE 3. TMGÄndG – BT-Drs. 18/12202, S. 12 f.); die zusätzliche Regelung in § 8 Abs. 1 S. 2 TMG sollte deshalb für WLAN-Provider keine eigenständige Bedeutung erlangen. § 7 Abs. 4 S. 3 TMG schützt die WLAN-Provider vor **Erstattung der vorgerichtlichen Kosten** für alle Ansprüche, insb. Sperransprüche (Abmahnkosten, dazu s. die Kommentierung zu § 97a). Das Gleiche gilt für **außergerichtliche Kosten**, also der Anwaltsgebühren im Gerichtsverfahren (RegE 3. TMGÄndG – BT-Drs. 18/12202, S. 13). Die Privilegierung für die Kostenerstattung im gerichtlichen Verfahren ist allerdings wegen Art. 14 Enforcement-RL genauso europarechtswidrig wie die entsprechende Privilegierung für allgemeine Zugangsprovider in § 8 Abs. 1 S. 2 TMG (vgl. Rn. 188; genauso *Spindler* NJW 2017, 2305, 2308; *Nicolai* ZUM 2018, 33, 42). Ohnehin bestehen bleibt nach § 7 Abs. 4 TMG die Haftung des WLAN-Providers für die **Gerichtskosten**, wenn er den Gerichtsprozess verliert (RegE 3. TMGÄndG – BT-Drs. 18/12202, S. 13); vgl. Rn. 188a. Haftet der **WLAN-Provider als Täter** (vgl. Rn. 145 ff.) oder wirkt er nach § 8 Abs. 1 S. 3 TMG **mit dem Täter kollusiv zusammen**, scheidet die privilegierte Haftung nach § 7 Abs. 4 aus.

172b Findet § 7 Abs. 4 TMG inhaltlich oder zeitlich keine Anwendung, bleibt in Konstellationen, in denen eine Haftung des Anschlussinhabers als Täter oder Teilnehmer ausscheidet, die Störerhaftung. Zwar sind Anschlussinhaber Zugangsprovider im Sinne des § 8 Abs. 1 S. 1 TMG. Der Ausschluss von Unterlassungs- und Beseitigungsansprüchen in § 8 Abs. 1 S. 2 erfasst jedoch wegen richtlinienkonformer Auslegung nicht die Störerhaftung. Denn im Urheberrecht ist sie die Umsetzung von Art. 8 Abs. 3 Info-RL (vgl. Rn. 159b). Insoweit gilt nichts anderes als für allgemeine Zugangsprovider (vgl. Rn. 188.). Folgende **Fallgruppen** sind bei **der Störerhaftung** zu unterscheiden:
- Nach *Sommer unseres Lebens* haftet der Inhaber eines Internetanschlusses, der ein **privates WLAN** betreibt, für Urheberrechtsverletzungen Dritter als Störer wegen Prüfpflichtverletzung, wenn die **Urheberrechtsverletzungen durch (unbefugte) Dritte aufgrund eines nicht hinreichend gesicherten WLAN-Zugangs** begangen werden. Es bestehe eine Prüfpflicht zur Einhaltung der im Zeitpunkt der Installation für den privaten Bereich üblichen Sicherungen. Das könne insbesondere ein individueller Passwortschutz sein, der im konkreten Fall nicht installiert war (BGH GRUR 2010, 633 Tz. 20 ff. – *Sommer unseres Lebens*). Das Passwort muss ausreichend lang und sicher sein (BGH GRUR 2017, 617 Tz. 14 – *WLAN-Schlüssel*). Hat der Hersteller für Geräte eines bestimmten Typs ein identisches Passwort vergeben, muss der Anschlussinhaber ein eigenes Passwort vergeben; vergibt der Hersteller individuelle Passwörter für jedes Gerät, ist die Individualität dadurch gewahrt, auch wenn die Passwortvergabe durch den Hersteller Sicherheitslücken ausweist (BGH GRUR 2017, 617 Tz. 14 f. – *WLAN-Schlüssel*). Dem Anschlussinhaber obliegt eine sekundäre Darlegungslast zu den von ihm bei der Inbetriebnahme des Routers getroffenen Sicherheitsvorkehrungen, der er durch Angabe des Routertyps und des Passworts genügt. Der Kläger ist für die Behauptung darlegungs- und beweispflichtig, es habe sich um ein für eine Vielzahl von Geräten voreingestelltes Passwort gehandelt (BGH GRUR 2017, 617 Tz. 19 – *WLAN-Schlüssel*); zur Rechtslage für WLAN-Provider ab 13.10.2017 vgl. Rn. 172a.
- **Im privaten Bereich** gelten nach der BGH-Rechtsprechung (zusammenfassend *Specht* GRUR 2017, 42; *Obergfell* NJW 2016, 910) bei Überlassung des Internetzugangs an minderjährige Familienangehörige (BGH GRUR 2013, 511 Tz. 22 ff. – *Morpheus*), volljährige Familienangehörige (BGH GRUR 2014, 657 Tz. 21 ff. – *BearShare*) einschließlich des Ehepartners (BGH GRUR 2014, 657 Tz. 28 – *BearShare*), volljährige Mitbewohner und Besucher (BGH GRUR 2016, 1289 Tz. 19 ff. – *Silver Linings Playbook*) eingeschränkte Vorsorgepflichten: Nur bei Überlassung an Fremde, an nicht hinreichend belehrte bzw. beaufsichtigte minderjährige Kinder und bei konkreten Anhaltspunkten für Rechtsverletzungen kann eine Störerhaftung greifen. Es besteht auch keine „Vorab"-Verpflichtung, generell den Zugang zum Internet im Hinblick auf Tauschbörsen zu erschweren (BGH GRUR 2013, 511 Tz. 24 – *Morpheus*), z. B. durch gezielte Portsperrung (krit. *Gooren* ZUM 2013, 479, 481). Überwachungs- und Sperrungsverpflichtungen entstehen erst, wenn die Erziehungsberechtigten konkrete Anhaltspunkte haben, dass das Kind die Verbote nicht einhält (BGH GRUR 2016, 184 Tz. 32 ff. – *Tauschbörse II*; BGH GRUR 2013, 511 Tz. 24 –

Morpheus). Auch aus der allgemeinen (abstrakten) Erfahrung, dass Kinder Verbote „gelegentlich übertreten", könne nicht hergleitet werden, Eltern müssten auch ohne konkrete Hinweise Sperrmaßnahmen ergreifen (BGH GRUR 2013, 511 Tz. 25 – *Morpheus*). Wenn die Eltern allerdings eine solche Übertretung im Bereich des Urheberrechts *konkret* feststellen, müssen sie Sperrmaßnahmen ergreifen (BGH GRUR 2016, 184 Tz. 32 – *Tauschbörse II*; a. A. *Rauer/Pfuhl* WRP 2013, 802, 804). Für § **832 BGB** gelten die gleichen Maßstäbe (BGH GRUR 2016, 184 Tz. 29 ff. – *Tauschbörse II*; BGH GRUR 2013, 511 Tz. 12 ff. – *Morpheus*; zustimmend *Brüggemann* CR 2013, 327, 329; krit. *Schaub* GRUR 2013, 515, 516, für eine Differenzierung zwischen Aufsichtspflichten bei § 832 BGB und Prüfpflichten für den Internetzugang bei der Störerhaftung); allerdings greifen hier sogar **Schadensersatzansprüche**, die insbesondere nach den Grundsätzen der angemessenen Lizenzgebühr berechnet werden dürfen (BGH GRUR 2016, 184 Tz. 40 – *Tauschbörse II*); zur angemessenen Lizenzgebühr vgl. Rn. 86 ff. Ohne konkrete Kenntnis des Anschlussinhabers von der Rechtsverletzung kommt also seine Störerhaftung bzw. eine Verletzung des § 832 BGB bei Erfüllung der Belehrungspflichten nicht in Betracht; die Abmahnung gegen den Anschlussinhaber geht ins Leere. Das allgemeine Belehrungsgespräch muss im Bestreitensfall substantiiert vorgetragen und ggf. bewiesen werden (OLG Köln MMR 2013, 319, 320).

– Auch der **Arbeitgeber** haftet für private Urheberrechtsverletzungen seiner Arbeitnehmer, wenn er keine Sicherungsmaßnahmen gegen nahe liegende Verletzung ergreift; konkrete Anhaltspunkte müssen nicht gegeben sein (a. A. LG München I CR 2008, 49). § 99 verschärft die Haftung nur für Handlungen im Unternehmen, schließt aber eine Störerhaftung nach allgemeinen Grundsätzen wegen privater Handlungen schon wegen § 102a nicht aus (a. A. *Leistner/Stang* WRP 2008, 533, 552). Als kommerzielle Betreiber der Infrastruktur ist Arbeitgebern regelmäßig zuzumuten, technische Maßnahmen zu ergreifen, z. B. bestimmte Ports zu sperren, die für Tauschbörsenverletzungen regelmäßig genutzt werden. Zur vertraglichen Absicherung von „Bring Your Own Devices" im Arbeitsrecht *Arning/Moos/Becker* CR 2012, 592.

– **Gewerbliche Anbieter von Interanschlüssen** – wie z. B. **Internet-Cafés, Hotels, Krankenhäuser, öffentliche WLANs, Vermieter in Ferienanlagen** etc. – haben Prüfpflichten, weil Verletzungen über ihre Internetanschlüsse naheliegen und es ihnen als kommerzielle Anbieter der Anschlüsse möglich und zumutbar erscheint, Gegenmaßnahmen zu ergreifen. Geschäftsmodelle sind vor allem dann erhöht verletzungsanfällig, wenn sie dem Nutzer eine anonyme Verletzung ermöglichen (LG Hamburg MMR 2006, 763, 764; ähnlich *Spindler* CR 2010, 592, 599 f.). Das öffentliche Zurverfügungstellen von WLANs ohne Passwortschutz und ohne jede andere Maßnahme gegen Urheberrechtsverletzungen ist auch ohne konkrete Anhaltspunkte für Verletzungen pflichtverletzend im Sinne der Störerhaftung (KG MMR 2017, 486; LG Hamburg MMR 2006, 763, 764; *Czychowski/Jan Bernd Nordemann* GRUR 2013, 986, 993; a. A. AG Frankfurt aM. CR 2015, 337); dafür spielt es keine Rolle, ob eine gesetzliche Verpflichtung zur Speicherung der Nutzerdaten besteht (gegen eine gesetzliche Speicherpflicht LG München I ZUM-RD 2012, 557, 558 ff.). Eine bloße Belehrung genügt in solchen Fällen auch nicht; anders kann das sein, wenn der Betreiber den Verletzer identifizieren und dem Rechteinhaber Auskunft erteilen kann (s. LG Frankfurt aM. MMR 2011, 401, für Hotels, allerdings dort ohne Erörterung der Identifizierungsmöglichkeit; LG Frankfurt aM. GRUR-RR 2013, 507, zu Ferienwohnungen; ferner AG München GRUR-RR 2012, 336, keine Haftung eines Vermieters, der im Mietvertrag seinen Mieter belehrt hat). Allerdings ist es das Wesen bestimmter „HotSpots", jedermann – insbesondere unentgeltlich – einen Internetzugang für einen gewissen Zeitraum zur Verfügung zu stellen, ohne auf das individuelle Surf- oder Downloadverhalten des jeweiligen Nutzers maßgeblichen Einfluss nehmen zu können. Selbst wenn das eine Registrierung mit Rückverfolgungsmöglichkeit ausschließt, bedeutet dies nicht, dass Urheberrechtsverletzung in solchen Szenarien unverfolgbar gestellt und deshalb zu tolerieren wären (so aber wohl LG Frankenthal MMR 2009, 487, 488). Möglich und zumutbar bei anonymer und nicht rückverfolgbarer Nutzungsmöglichkeit sind technische Gegenmaßnahmen gegen verletzungsanfällige Nutzungen, z. B. im Hinblick auf Tauschbörsenverletzungen die Sperrung bestimmter Ports (str., vgl. Rn. 172a). Zur Rechtslage für WLAN-Provider ab 13.10.2017 vgl. Rn. 172a.

– Wer **öffentliche Internetzugänge** mit einem **Tor-Exit-Node** betreibt, der Dritten eine völlig überwachungslose Nutzung ermöglicht, haftet nach dem LG Berlin für Urheberrechtsverletzungen als Störer, wenn konkrete Anhaltspunkte für einen Missbrauch bestehen und keinerlei Sicherungsmaßnahmen ergriffen wurden (LG Berlin GRUR-RR 2017, 299 – *Tor-Exit-Node*; zw., Prüfpflichten bestehen auch ohne konkrete Anhaltspunkte). Wird ein solcher Zugang mittels WLAN zur Verfügung gestellt, greift allerdings ab 13.10.2017 die Neuregelung, vgl. Rn. 172a.

– Auch eine bloße **Störerhaftung entfällt**, wenn **kein Sachverhalt** verwirklicht ist, der eine bestehende **Prüfpflicht** im Hinblick auf eine Urheberrechtsverletzung **verletzen** könnte. Wer beispielsweise zum Verletzungszeitpunkt seinen Anschluss keinem Dritten überlassen hat und weder einen WLAN-Router noch einen DSL-Router besessen hat, die ein drahtloses Zugreifen von außen ohne sein Zutun ermöglicht hätten, kann keine Pflichtverletzung begangen haben, die Dritten die Verletzung ermöglicht hätte. Die bloße Tatsache, über einen Internetanschluss zu verfügen, ist nicht ausreichend (LG München I v. 25.3.2013 – 21 S 28809/11 – Tz. 38, zit. nach juris). **Rechtsfolge** bei Pflichtverletzung als **Störer** sind **Unterlassungsansprüche**, aber nach der Rspr. **keine Schadensersatzansprüche** (vgl. Rn. 159); Letztere kommen aber z. B. bei nachhaltiger Verletzung von Pflichten in Betracht (vgl. Rn. 153c). Eine **Abmahnkostenerstattung** bei Störerhaftung könnte eigentlich nach § 97 Abs. 3 stattfinden (vgl. § 97a Rn. 31 ff.); sie ist jedoch für Zugangsprovider nach § 8 Abs. 1 S. 2 TMG ausgeschlossen; vgl. Rn. 188. Das Gleiche gilt für eine Erstattung der **Anwaltskosten** bei Unterliegen **im gerichtlichen Verfahren**, was jedoch europarechtswidrig ist; vgl. Rn. 188.

173   **h) Software-, App-, Hardware- und Geräteanbieter:** Software- (einschließlich App-), Hardware- oder Geräteanbieter sind nach Kenntniserlangung grundsätzlich für Urheberrechtsverletzungen verantwortlich, die unbekannte Nutzer eigenverantwortlich im Rahmen des bestimmungsgemäßen Gebrauchs vornehmen. Sie haften aber im Regelfall nicht auf „Schlechthin"-Unterlassung des Vertriebs (BGH GRUR 1965, 104, 107 – *Personalausweise*) bzw. der Nutzungserlaubnis (BGH GRUR 1984, 54, 55 – *Kopierläden*); s. a. aus den USA Supreme Court GRUR Int. 2005, 859 – *Grokster*. Auch besteht kein Anspruch auf namentliche Erfassung aller Nutzer (BGH GRUR 1965, 104, 107 – *Personalausweise*) oder auf Durchsuchen der persönlichen Unterlagen aller – auch der legalen – Nutzer (BGH GRUR 1984, 54, 55 – *Kopierläden*). Die Anbieter müssen aber **Warnhinweise** darauf geben, wenn die Nutzung bei bestimmungsgemäßem Gebrauch urheberrechtswidrig sein kann (BGH GRUR 1984, 54, 55 – *Kopierläden*). Auf **Unterlassen** des Vertriebs „schlechthin" kann aber ein Anspruch bestehen. Das gilt zunächst, wenn der Software-, Hardware- oder Geräteanbieter die **Möglichkeit der Rechtsverletzung bewirbt** (BGH GRUR 2009, 841 Tz. 21, 30 ff. – *Cybersky*; Schricker/Loewenheim/*Leistner*[5] Rn. 193; ähnlich US Supreme Court GRUR Int. 2005, 859 – *Grokster*; dazu *Spindler/ Leistner* GRUR Int. 2005, 773). Dieses „Schlechthin"-Verbot kann der Anbieter nur dadurch befolgen, dass er eine rechtsverletzende Benutzung, z. B. durch Filter, ausschließt (BGH GRUR 2009, 841 Tz. 34 – *Cybersky*). Ansonsten kommt ein „Schlechthin"-Verbot nur bei **nennenswert urheberrechtswidriger Nutzung** der Soft- oder Hardware in Betracht. Die Rechtsprechung hat zur Quantität dieses Teils noch keine klaren Aussagen getroffen. Einmal hat sie einen „geringfügigen, aber doch nicht ganz zu vernachlässigenden Teil" (BGH GRUR 1965, 104, 107 – *Personalausweise*) für ausreichend gehalten, ein anderes Mal den Anspruch ausgeschlossen, wenn ein „großer Teil" der Nutzer legal handelt (BGH GRUR 1984, 54, 55 – *Kopierläden*). Jedenfalls bei praktisch vollständig illegal genutzter Software, Apps, Hardware oder Geräten sollte ein „Schlechthin"-Verbot möglich sein, wenn andere (wirksame) Maßnahmen nicht in Frage kommen oder ineffizient sind. Unter diesen Voraussetzungen können z. B. Softwareprovider für **Internettauschbörsen** haftbar gemacht werden (*Jan Bernd Nordemann/Dustmann* CR 2004, 380, 381 f.). Mindestens trifft den Anbieter von Tauschbörsensoftware eine Aufklärungspflicht gegenüber den Nutzern, dass bestimmte Handlungen ohne Zustimmung des Rechteinhabers urheberrechtsverletzend sind (s. OLG Frankfurt GRUR-RR 2013, 17 (Ls.), dort zu Schadensersatzpflicht des Softwareanbieters gegenüber dem Verletzer, wenn der Verletzer nicht auf die verletzungsanfällige Upload-Funktion bei Erwerb der Tauschbörsensoftware hingewiesen wird; zustimmend (Schricker/Loewenheim/*Leistner*[5] Rn. 194). Zur Haftung von Usenet-Providern vgl. Rn. 164. – Sofern ein Provider neben Software, Apps, Hardware oder Geräte auch noch andere Leistungen anbietet, haftet er dafür nach den dafür einschlägigen Regeln; das gilt z. B., wenn ein **App-Provider auch Hostingleistungen** erbringt (dazu vgl. Rn. 160 ff.).

i) Bei Verletzungen Werbung Treibende: Im Hinblick auf Dienste, deren Geschäftsmodell auf klare Rechtsverletzungen angelegt ist und bei denen es deshalb systematisch und regelmäßig zu klaren Rechtsverletzungen kommt, haftet der dort Werbung Treibende nach Kenntniserlangung darauf, auf seinem solchen Dienst gar keine Werbung mehr zu schalten. Zwar kann sich im Regelfall keine Täterhaftung ergeben. Nach Kenntniserlangung vom Geschäftsmodell haftet der Werbetreibende jedoch als Gehilfe (*Jan Bernd Nordemann/Waiblinger* MMR 2017, 211, 213; genauso OLG Stuttgart v. 14.3.2013, 2 U 161/12, für einen Internetdienst, der auf Verletzungen des Jugendmedienrechts angelegt war). Das Werbeentgelt stellt den notwendigen Förderbeitrag dar. Auch der doppelte Gehilfenvorsatz ist gegeben, weil auf Websites mit solchen Geschäftsmodellen zukünftige Urheberrechtsverletzungen und damit eine Werbung im Zusammenhang mit Verletzungen wahrscheinlich sind. Subsidiär greift auch die Störerhaftung (*Jan Bernd Nordemann/Waiblinger* MMR 2017, 211, 213 f.; genauso OLG München MMR 2009, 126, 127; LG Frankfurt aM. K&R 2008, 315, 316; jeweils zum UWG). Die erforderliche adäquate Kausalität ergibt sich daraus, dass eine Vielzahl von kleinen Einnahmen aus Werbung dem rechtswidrigen Geschäftsmodell des Dienstes zum Fortbestand verhilft (LG München I v. 18.4.2011 11 – HK O 2987/11; *Jan Bernd Nordemann/Waiblinger* MMR 2017, 211, 213; s. a. BGH NJW 1990, 2560, 2566 – *Lederspray*: Kausalität des Tatbeitrags jedes einzelnen im Zusammenspiel mit den Tatbeiträgen bei Gremienentscheidungen; dazu MüKo BGB/*Wagner*[6] § 830 Rn. 61). Für die rechtliche Möglichkeit, die Verletzung zu verhindern, kommt es nicht auf Ausweichmöglichkeiten des Verletzers auf Andere an (*Jan Bernd Nordemann/Waiblinger* MMR 2017, 211, 214; BGH GRUR 1976, 256, 258 – *Rechenscheibe*); der Werbung Treibende muss vertraglich sicherstellen, dass seine Werbung nicht bei urheberrechtswidrigen Inhalten platziert wird (s. BGH GRUR 1988, 829, 830 – *Verkaufsfahrten II*). Die Prüfpflicht ergibt sich nach Kenntniserlangung aus der Mitbegründung der Gefahrenquelle (a. A. OLG Stuttgart v. 14.3.2013 – Az. 2 U 161/12, das jedoch bei Werbung in solchen rechtswidri-

174

gen Geschäftsmodellen eine Gehilfenhaftung annimmt, die sogar Schadensersatzansprüche auslösen kann, s. oben und vgl. Rn. 153 ff.). Auch **Vermittler von Werbung** haften als Gehilfe bzw. als Störer (*Jan Bernd Nordemann/Waiblinger* MMR 2017, 211, 215; zu Affiliates OLG München MMR 2009, 126, 127). Bei **Internetdiensten mit grundsätzlich legalem Geschäftsmodell** soll eine Haftung des Werbung Treibenden generell ausscheiden, auch wenn er Kenntnis erlangt, dass er neben (ausnahmsweise) rechtswidrigen Inhalten wirbt (LG München I ZUM 2009, 592, 593; dem folgend *Schack* FS Reuter S. 1167, 1178). Das überzeugt nicht, weil auch hier die erforderliche adäquat kausale Kausalität noch gegeben ist und der Werbung Treibende den Dienst verpflichten könnte, seine Werbung dort nicht mehr zu schalten (grundsätzlich für Möglichkeit der Störerhaftung auch: Schricker/Loewenheim/*Leistner*[5] Rn. 83). Die Prüfpflicht des Werbung Treibenden bezieht sich aber nur auf das Unterlassen der Werbung neben diesem konkreten rechtswidrigen Inhalt.

174a j) **Finanzdienstleister für Verletzer: Kreditinstitute** und **Zahlungsdienstleister** (z. B. Kreditkartenunternehmen) haften als Störer **nach Kenntniserlangung**, wenn über ihre Konten Vergütungen für **klare Verletzungshandlungen** abgewickelt werden (eingehend: *Jaworski* S. 173 ff., 190; Schricker/Loewenheim/*Leistner*[5] Rn. 83; für UWG: OLG Jena GRUR-RR 2006, 134, 136 – *sportwetten.de*; *Hecker/Steegmann* WRP 2006, 1293; für Persönlichkeitsrechtsverletzungen: LG Berlin ZUM-RD 2005, 148; krit. *Ahrens* WRP 2007, 1281, 1288). Im Hinblick auf **Dienste, deren Geschäftsmodell von vornherein auf klare Rechtsverletzungen angelegt** ist und bei denen es **deshalb systematisch und regelmäßig** zu **klaren Rechtsverletzungen** kommt, kann sich sogar nach Kenntniserlangung eine Verpflichtung ergeben, überhaupt keine Finanzdienstleistungen mehr für den Dienst zu erbringen; insoweit steht der (rechtsverletzende) Dienst als Kunde des Finanzdienstleisters sogar enger an der Verletzung als Suchmaschinen (vgl. Rn. 167) oder Zugangsprovider (vgl. Rn. 170), sodass vorrangig eine **Gehilfenhaftung** zu prüfen ist (vgl. Rn. 153b; dazu auch *Jaworski* S. 168 ff.). Anders als in Deutschland gibt es in den USA schon umfassende Gerichtspraxis zu Schutzrechtsverletzungen (Ninth Circuit 2006 494 F.3d at 788 ff. – *Perfect 10, Inc., v. Visa International Service Ass'n*: Ablehnung der Haftung von Kreditkartenunternehmen für die Marken- und Urheberrechtsverletzungen ihrer Vertragspartner in einem *summary judgement*, wobei jedoch einer der entscheidenden Richter abweichender Ansicht war; abweichend: Southern District of New York 721 F. Supp. 2d 228 (S.D.N.Y. 2010) – *Gucci America, Inc. v. Frontline Processing Corp.*: Ablehnung einer *motion to dismiss* eines Kreditkartenunternehmens gegen Guccis Inanspruchnahme wegen Markenrechtsverletzungen der Vertragspartner des Kreditkartenunternehmens und somit Bejahung der Möglichkeit einer Haftung von Kreditkartenunternehmen); eingehend *Jaworski* S. 120 ff.

174b k) **Roboter und automatisierte Agenten:** Für Roboter und automatisierte Agenten haftet derjenige, der sie verantwortet (eingehend zu Robotern Gless/Seelmann/*Zech* S. 163 ff.). Sind die Täter- (vgl. Rn. 145 ff.) und Teilnehmerqualifikationen (vgl. Rn. 153 ff.) nicht gegeben, können sie als Störer haften. **Der bloße Umstand der Automatisierung beseitigt nicht grundsätzlich die Haftung,** kann sich aber im Rahmen der Pflichten insbesondere bei erwünschten Geschäftsmodellen haftungsmildernd auswirken, vgl. Rn. 157; s. zu Plattformen vgl. Rn. 160 ff.; zu Suchmaschinen vgl. Rn. 167 ff.

174c l) **Weitere Störer:** Auch für **andere mittelbare Verursacher oder Mitverursacher,** die nicht schon als Täter haften (vgl. Rn. 145 ff.), gilt die Störerhaftung. Für **Boten, Briefträger, Zusteller, Lagerhalter, Prospektverteiler** oder **Spediteure** als untergeordnete Hilfspersonen ist die Verletzung nicht ohne weiteres erkennbar. Insbesondere den Spediteur trifft keine generelle Prüfungspflicht im Hinblick auf Schutzrechtsverletzungen durch die transportierte Ware (BGH Xa. (Patent-)Senat GRUR 2009, 1142 Tz. 41 – *MP3-Player-Import*; BGH I. Senat GRUR 1957, 352, 354 – *Taeschner/Pertussin II*). Eine Pflicht zur Einholung von Erkundigungen und gegebenenfalls zur eigenen Prüfung der Ware kann jedoch für den Spediteur entstehen, wenn ihm konkrete Anhaltspunkte für eine Schutzrechtsverletzung vorliegen (BGH Xa. (Patent-)Senat GRUR 2009, 1142 Tz. 44 ff. – *MP3-Player-Import*). Allerdings nimmt der Xa. (Patent-)Senat des Bundesgerichtshofes dann eine täterschaftliche Haftung an; im Urheberrecht geht der I. Zivilsenat immer noch von einer bloßen Störerhaftung in solchen Fällen im Hinblick auf gleichartige zukünftige Verletzungen aus (eingehend vgl. Rn. 159a); nur bei nachhaltiger Verletzung von Prüfpflichten kommt eine Teilnahme in Betracht (vgl. Rn. 153c, dort auch zur Kritik). Wird die objektive Hilfeleistung für die *konkrete* Haupttat nicht abgestellt, dürfte über dies der subjektive Tatbestand der Beihilfe erfüllt sein; das gilt erst recht, wenn es sich um ein gefahrgeneigtes Geschäftsmodell handelt (vgl. Rn. 153b). Weiter kommt auch eine täterschaftliche Haftung nach dem neuen Europäischen Haftungsmodell vor allem bei mittelbarer Verursachung einer rechtswidrigen öffentlicher Wiedergabe, aber auch einer rechtswidrigen Vervielfältigung oder Verbreitung in Frage, wenn der Mitverursacher eine aktive Rolle einnimmt, vgl. Rn. 150 ff. Parallele Haftungsvoraussetzungen auf der Grundlage der Störerhaftung sollten für **Vermieter** von Räumlichkeiten gelten, in denen Verletzungen stattfinden, die aber keinen Einfluss auf die Programmgestaltung haben (LG Düsseldorf NJOZ 2012, 1939, 1940 m. w. N. zum Streitstand, ob Schadensersatzansprüche möglich sind; zurückhaltender: Schricker/Loewenheim/*Leistner*[5] Rn. 83). Teilweise übernehmen Vermieter aber auch einen gewissen inhaltlichen Einfluss auf die präsentierten Waren oder Dienstleistungen, so dass sie näher an der Verletzung stehen als „einfache" Vermieter (s. Schricker/Loewenheim/*Leistner*[5] Rn. 83). Ein Beispiel sind **Betreiber von (realen) Marktplätzen (wie Messen und Ausstellungen)**, die an Verletzer untervermieten. Sie sind insbesondere Vermittler gem. Art. 8 Abs. 3 Info-RL (EuGH GRUR 2016, 1062 Tz. 26 ff. – *Tommy Hilfiger/Delta Center*), so dass eine Störerhaftung schon wegen Art. 8 Abs. 3 Info-RL erfolgen muss. Für die Bestimmung der abstrakten Prüfpflichten kann auf die Praxis zu Hostprovidern, die inhaltlich auf ein bestimmtes Zielpublikum ausgerichtet sind, zurückgegriffen werden; die konkreten Prüfpflichten müssen aber berücksichtigen, dass bei realen Marktplätzen regelmäßig keine elektronischen, sondern nur händische Maßnahmen zur Verfügung stehen; zu Hostprovidern vgl. Rn. 160 ff. **Der Händler auf einer Hosting-Plattform, die eine einheitliche Gestaltung der Angebote vorgibt,** haftet nur als Störer für rechtsverletzende Manipulationen durch Dritte. Er muss sein Angebot auch ohne Kenntnis einer rechtsverletzenden Manipulation regelmäßig überprüfen (BGH GRUR 2016, 936 Tz. 22 ff. – *Angebotsmanipulation bei Amazon*, zum MarkenG); die Plattform haftet als Täter (vgl. Rn. 148d; vgl. Rn. 150c). – **Presseunternehmen** sind für ihre Anzeigenteile – nicht aber für ihre redaktionellen Teile – privilegiert (vgl. Rn. 183). Die Verantwortung i. S. d. Presserechts ist bloßes Indiz für die Störerhaftung (BGH GRUR 1977, 114 – *VUS*).

m) Prozessuales: Bei der Haftung **als Täter** einerseits und **als Störer** andererseits müssen die Unterlassungsanträge grundsätzlich **getrennt formuliert** werden (vgl. Rn. 44a). Zur Umschreibung der täterschaftlichen Begehungsform vgl. Rn. 41 f., zur Antragsformulierung bei auf Störerhaftung gestützten Anträgen vgl. Rn. 43. Zwischen **Täter- und Teilnehmerhaftung** muss schon wegen § 830 Abs. 2 BGB nicht unterschieden werden, sodass die Antragsformulierung einheitlich sein kann (OLG Stuttgart v. 14.3.2013 – 2 U 161/12). **175**

Das Fehlen technisch möglicher und zumutbarer Kontrollmaßnahmen kann entweder die Haftung im Erkenntnisverfahren begründen oder – wenn ein ent- **176** sprechender Titel schon existiert – im Ordnungsmittelverfahren (§ 890 ZPO; vgl. Rn. 219) zu einer Bestrafung des Schuldners führen. Die **Darlegungs- und Beweislast** für Erkenntnis- und Ordnungsmittelverfahren liegt grundsätzlich beim Gläubiger. Das gilt sowohl für die Kenntnis des Störers von der Verletzung als auch für die Zumutbarkeit der Prüfung (BGH GRUR 2016, 268 Tz. 40 – *Störerhaftung des Access-Providers*). Sekundäre Darlegungslasten (Zöller/*Greger*[31] Vor § 284 Rn. 34 m. w. N.) sind zu berücksichtigen, da der Gläubiger regelmäßig über entsprechende Kenntnisse aus der Sphäre des Schuldners nicht verfügt (BGH GRUR 2008, 1097 Tz. 19 – *Namensklau im Internet*). Dem Schuldner obliegt es daher, im Einzelnen vorzutragen, welche Schutzmaßnahmen er ergreifen kann und weshalb ihm – falls diese Maßnahmen keinen lückenlosen Schutz gewährleisten – weitergehende Maßnahmen nicht zuzumuten sind (BGH GRUR 2016, 268 Tz. 40 – *Störerhaftung des Access-Providers*; BGH GRUR 2008, 1097 Tz. 20 – *Namensklau im Internet*). Die Darlegungs- und Beweislast für die Erfüllung der Prüfpflicht trägt der Störer (OLG Düsseldorf MMR 2006, 618, 620). Der bloße Umstand, dass urheberrechtlich geschützte Dateien öffentlich zugänglich gemacht worden sind, lässt für sich genommen keinen Schluss auf unzureichende Vorsorgemaßnahmen zu, vor allem wenn der Hostprovider ausführlich zu von ihm verwendeten Kontrollmaßnahmen vorgetragen hat (BGH ZUM 2014, 144, 145 – *Kochrezepte*). Wenn aber trotz Prüfpflicht gar keine Überprüfungen vorgenommen werden, greift ein Beweis des ersten Anscheins, dass die Rechtsverletzung auf der Pflichtverletzung beruht (BGH GRUR 2016, 936 Tz. 31 – *Angebotsmanipulation bei Amazon*, zum MarkenG).

176a   Unterlassungsansprüche bei Verletzung von Prüfpflichten nach der Störerhaftung können zu **gerichtlichen Unterlassungstiteln** führen. Sie sind **nach § 890 ZPO** im Fall ihrer schuldhaften Verletzung **vollstreckbar**. Die Annahme mangelnden Verschuldens ist dabei zurückhaltend zu handhaben (Schricker/Loewenheim/*Leistner*[5] Rn. 136). Die Beantwortung der Frage, ob ein Schuldner die ihn treffenden Prüfpflichten schuldhaft verletzt hat, kann sich vom Erkenntnis- in das Vollstreckungsverfahren verlagern. Das gilt insbesondere im Hinblick auf die anzuwendenden Maßnahmen, die nicht im Unterlassungstitel abschließend festgelegt sein müssen. Vielmehr kann auch hier der Schuldner grundsätzlich sebst bestimmen, wie er seiner Unterlassungspflicht nachkommt. Es reicht aus, wenn sich die zu befolgenden Sorgfalts- und Prüfpflichten aus der Klagebegründung und den Entscheidungsgründen ergeben (BGH GRUR 2016, 268 Tz. 14 – *Störerhaftung des Access-Providers*; BGH GRUR 2013, 1229 Tz. 25 – *Kinderhochstühle im Internet II*; BGH GRUR 2013, 1030 Tz. 21 – *File-Hosting-Dienst*; Schricker/Loewenheim/*Leistner*[5] Rn. 136). Zur Zwangsvollstreckung aus Unterlassungstiteln ferner vgl. Rn. 218 ff.

4. Haftung für Dritte

177   Als **Täter, Teilnehmer oder Störer** sind zunächst **nur natürliche Personen** qualifiziert.

178   a) **Haftung von juristischen Personen:** Daneben haften juristische Personen, wenn besondere Zurechnungsnormen existieren (zu § 812 BGB jedoch vgl. § 102a Rn. 4). Für juristische Personen und parteifähige Handelsgesellschaften kommt die **Organhaftung** der §§ 30, 31, 89 BGB zum Zuge: Handlungen ihrer Organe sind ihre eigenen Handlungen. Das Gleiche gilt für die GbR (BGH GRUR 2006, 493, 494 Tz. 21 – *Michel-Katalog*: Wie OHG) und den nicht rechtsfähigen Verein (§ 54 BGB). Als Organ werden nicht nur die per Satzung oder Gesellschaftsvertrag bestimmten Personen, sondern alle angesehen, denen aufgrund allgemeiner unternehmerischer Handhabung bedeutsame Funktionen zur selbständigen und eigenverantwortlichen Ausführung, also „**Führungsaufgaben**", zugewiesen sind (Köhler/Bornkamm/*Köhler/Feddersen*[35] § 8 UWG

Rn. 2.19 m. w. N.; s. a. BGH NJW 1998, 1854, 1856). Das kann auch ein Filialleiter oder ein Handelsvertreter mit Führungsaufgaben sein. Ist eine natürliche Person Organ mehrerer juristischer Personen, entscheidet nicht der innere Wille, sondern eine objektive Betrachtung (Köhler/Bornkamm/*Köhler/Feddersen*[35] § 8 UWG Rn. 2.19, unter Verweis auf BGH GRUR 2009, 1167 Tz. 27 – *Partnerprogramm*).

Außerhalb der Organhaftung erfolgt eine Zurechnung auf das Unternehmen   **179** gem. § 831 BGB, also mit Exkulpationsmöglichkeit. Für **Unterlassungsansprüche** und Beseitigungsansprüche gem. § 97 Abs. 1 und § 98 schließt § 99 UrhG die Exkulpation jedoch zu Lasten des Inhabers eines Unternehmens aus, sofern ein Arbeitnehmer oder Beauftragter des Unternehmens gehandelt hat (s. im Einzelnen die Kommentierung zu § 99).

b) Haftung der Organe und Gesellschafter: Geschäftsführer und Vorstände   **180** haften für in ihrem Unternehmen begangene Urheberrechtsverletzungen **persönlich**, wenn sie Täter oder Teilnehmer (vgl. Rn. 145 ff.) sind. Inwieweit sie im Übrigen als mittelbare Verursacher haften, ist in der Rechtsprechung nunmehr geklärt; es gelten die gleichen Maßstäbe wie im gewerblichen Rechtsschutz (BGH GRUR 2014, 833 – *Geschäftsführerhaftung*; BGH GRUR 2015, 909 Tz. 45 – *Exzenterzähne*). Ein Geschäftsführer haftet für Urheberrechtsverletzungen der von ihm vertretenen Gesellschaft persönlich, wenn er an ihnen entweder durch positives Tun beteiligt war oder wenn er sie aufgrund einer nach allgemeinen Grundsätzen des Deliktsrechts begründeten Garantenstellung hätte verhindern müssen (BGH GRUR 2017, 541 Tz. 25 – *Videospiel-Konsolen III*; BGH GRUR 2016, 490 Tz. 36 – *Marcel-Breuer-Möbel II*; BGH GRUR 2016, 487 Tz. 34 – *Wagenfeld-Leuchte II*; BGH GRUR 2015, 672 Tz. 78 ff. – *Videospiel-Konsolen II*). Er hat keine Garantenpflicht, jedwedes deliktisches Handeln – also im urheberrechtlichen Bereich jegliche Urheberrechtsverletzung – zu verhindern. Beruht jedoch die Rechtsverletzung auf einer Maßnahme der Gesellschaft, über die typischerweise auf Geschäftsführungsebene entschieden wird, kann nach dem äußeren Erscheinungsbild und mangels abweichender Feststellungen davon ausgegangen werden, dass sie von dem oder den Geschäftsführern veranlasst worden sind (BGH a. a. O. Tz. 34 – *Wagenfeld-Leuchte II*; BGH a. a. O. Tz. 36 – *Marcel-Breuer-Möbel II*). Der BGH nahm einen solchen typischen Geschehensablauf im Hinblick auf den allgemeinen Werbeauftritt eines Unternehmens, der urheberrechtsverletzend war, an. Jedenfalls entscheide typischerweise die Geschäftsführungsebene darüber, ob und inwieweit von der Gesellschaft hergestellte und vertriebene Produkte im Ausland vertrieben und beworben werden (BGH a. a. O. Tz. 35 – *Wagenfeld-Leuchte II*; BGH a. a. O. Tz. 37 – *Marcel-Breuer-Möbel II*). Der alleinige Geschäftsführer einer Gesellschaft, die eine Kette von Einzelhandelsgeschäften betreibt, entscheidet typischerweise, welche Produkte in das Sortiment aufgenommen werden (BGH GRUR 2016, 803 Tz. 62 – *Armbanduhr*). Nach Zugang einer Abmahnung, die einen relevanten Teil des Geschäfts betrifft, entscheidet typischerweise die Geschäftsführungsebene über eine Fortsetzung (OLG München MMR 2017, 339 Tz. 188). Diese Rechtsprechung – insbesondere ein Abstellen auf eine Kenntnis des Geschäftsführers von der konkreten Verletzung – ist unbefriedigend; denn sie privilegiert arbeitsteilige Großunternehmen gegenüber Kleinunternehmen, in denen das Organ über alles unterrichtet ist (OLG Frankfurt GRUR-RR 2001, 198, 199 – *Verantwortlichkeit* wollte deshalb nur noch Organe im Ausland oder im Gefängnis nicht haften lassen). Z. B. kann sich ein Geschäftsführer dadurch entlasten, dass er tatsächlich nicht mit bestimmten Aufgaben betraut war, auch wenn typischerweise Geschäftsführer solche Tätigkeiten wahrnehmen (OLG München GRUR-RR 2017, 256260 – *Videospiel-Konsolen*). Mit der Rechtsprechung des Bundesgerichtshofes kommt danach bei mittelbaren Verursachungsbeiträgen des Geschäftsführers

wohl nur eine Haftung auf der Grundlage der Störerhaftung – im Regelfall
nach Kenntniserlangung – in Betracht (vgl. Rn. 154 ff.; BGH GRUR 2017, 541
Tz. 38 – *Videospiel-Konsolen III*). Die persönliche Haftung des Geschäftsführers ist auch ursprünglich auf der Grundlage der Störerhaftung entwickelt worden (s. BGH GRUR 1986, 248 – *Sporthosen*; KG GRUR-RR 2013, 172 Tz. 34
(juris) – *Haftung des Geschäftsführers einer GmbH, Haustürwerbung*, zum
UWG). Die Haftung des Geschäftsführers auf Unterlassung und insbesondere
die Wiederholungsgefahr fällt nicht dadurch weg, dass er das Unternehmen
verlässt (BGH GRUR 2009, 845 Tz. 47 – *Internet-Videorecorder*). Die Haftung entfällt in GmbHs auch nicht durch Anweisungen der Gesellschafter, die
der Geschäftsführer zu befolgen hat (OLG Hamburg GRUR-RR 2006, 182,
184 – *Miss 17*). Die **Gesellschafter** haften in ihrer Stellung (also unabhängig
von Geschäftsführungsaufgaben) aber nur bei Kenntnis und Möglichkeit der
Verhinderung; die Anordnung persönlicher Haftung in Personengesellschaften
nach den §§ 128, 129 HGB löst keine persönlichen deliktischen Ansprüche aus
(BGH GRUR 2006, 493, 494 Tz. 22 – *Michel-Katalog*). Sie haben auch sonst
keine geschäftsführenden Organen vergleichbaren Pflichten.

181   **c) Haftung bei Rechtsnachfolge und Arbeitsplatzwechsel:** Der **Rechtsnachfolger** haftet grundsätzlich für Ansprüche, die bei Rechtsnachfolge bestanden, soweit die Rechtsnachfolge auch den relevanten Anspruch erfasst. Für Unterlassungsansprüche bestehen allerdings weitgehende Ausnahmen, weil es sich um
höchstpersönliche Ansprüche handelt, die nicht durch Rechtsnachfolge übergehen können (vgl. Rn. 31). Aus der Rechtsnachfolge des Urhebers gem. § 30
ergibt sich zunächst einmal gar keine Haftung des Rechtsnachfolgers. § 30
bezieht sich nur auf *Rechte* des Urhebers und nicht auf Verpflichtungen. Allerdings muss dann etwas anderes gelten, wenn der Anspruch mit dem Urheber-
recht eine hinreichend enge Verbindung aufweist. Wenn schon die Herstellung
der Bearbeitung auch ohne zusätzliche öffentliche Verwertungshandlungen unzulässig ist (§ 23 S. 2), haftet diese Verletzung dem Urheberrecht dergestalt an,
dass nach § 30 eine Haftung des Rechtsnachfolgers entsteht, und zwar nicht
nur auf Schadensersatz, sondern auch auf Unterlassung. – Durch einen **Arbeitsplatzwechsel** des Täters, Teilnehmers oder Störers entfällt weder seine eigene
Haftung noch die des früheren Unternehmens (zum UWG: Köhler/Bornkamm/
Köhler/Feddersen[35] § 8 UWG Rn. 2.31 m. w. N.; vgl. § 99 Rn. 9); nur Beseitigungsansprüche gehen bei Unmöglichkeit ins Leere.

182   **d) Amtshaftung:** Die **Haftung des Staates** für unerlaubte Handlungen, die jemand in Ausübung eines ihm anvertrauten öffentlichen Amtes begeht, kann
sich aus **Art. 34 GG**, **§ 839 BGB** ergeben (s. BGH GRUR 2009, 864 Tz. 10 ff.,
32 ff. – *CAD-Software*, für eine rechtswidrig durch einen Hochschullehrer in
das Internet gestellte Software; BGH GRUR 1993, 37 – *Seminarkopien* für
Raubdrucke, die ein Hochschullehrer zu Unterrichtszwecken hatte herstellen
lassen; ferner OLG Karlsruhe GRUR 1987, 818, 821 – *Referendarkurs*; OLG
Düsseldorf GRUR 1987, 909 – *Stadtarchiv*). Eine Urheberrechtsverletzung ist
im Regelfall auch eine Amtspflichtverletzung gegenüber dem Rechteinhaber
(BGH GRUR 2009, 864 Tz. 14 – *CAD-Software*). Eine Haftungsprivilegierung
kann sich daraus ergeben, dass den Beamten in der Regel kein Verschulden
trifft, wenn ein mit mehreren Rechtskundigen besetztes Kollegialgericht die
Amtstätigkeit als objektiv rechtmäßig beurteilt hat (BGH GRUR 2009, 864
Tz. 20 – *CAD-Software*); anders als sonst (vgl. Rn. 65) kann hier also eine
günstige erst- oder zweitinstanzliche Entscheidung genügen, um das Verschulden entfallen zu lassen. Bei bloßer Fahrlässigkeit des Beamten ist gem. § 839
Abs. 1 S. 2 BGB zu beachten, ob nicht anderweitige Ersatzmöglichkeiten für
den Anspruchsteller bestehen. Anderweitige Ersatzmöglichkeiten sind jedoch
nur Schadensersatzansprüche gegen Dritte, die sich auf die identische Urheberrechtsverletzung beziehen; z. B. ist das rechtswidrige öffentliche Zugänglichma-

chen durch einen Beamten nicht identisch mit seiner rechtswidrigen Vervielfältigung durch Nutzer (Download), sodass gegen Nutzer keine anderweitigen Ersatzmöglichkeiten bestehen (BGH GRUR 2009, 864 Tz. 31 – *CAD-Software*). Der Anspruch richtet sich gegen die Körperschaft, die den Amtsträger angestellt hat und ihm damit die Möglichkeit zur Amtsausübung eröffnet hat (BGH GRUR 2009, 864 Tz. 11 f. – *CAD-Software*). Das Land haftet für Urheberrechtsverletzungen, die durch einen bei ihm beschäftigten Lehrer auf eine Schulhomepage eingestellt werden, auch wenn der Kreis der Schulträger ist (zu § 99: OLG Frankfurt GRUR 2017, 814 juris Tz. 26 ff. – *Cartoon auf Homepage*; zu § 97 Abs. 2: Vorinstanz LG Frankfurt ZUM-RD 2017, 217, 219; LG Madgeburg ZUM 2014, 905, 906; s. aber OLG Celle MMR 2016, 336). Ist kein Dienstherr vorhanden, kann die Stelle in die Haftung genommen werden, die dem Amtsträger die konkrete Aufgabe, bei der die Urheberrechtsverletzung begangen wurde, anvertraut hat (s. BGH GRUR 1993, 37 – *Seminarkopien*). Der Unterlassungsanspruch aus § 97 Abs. 1 gegen den handelnden Amtsträger selbst wird dadurch aber nicht verdrängt (s. BGH GRUR 1993, 37, 39 – *Seminarkopien*). Bei auf bestimmte Behörden (hier Schule) bezogenen Verletzungen besteht für den Unterlassungsanspruch nur eine Wiederholungsgefahr für im selben behördlichen Umfeld erfolgende Verstöße, nicht für Verstöße in allen Behörden des Trägers (OLG Frankfurt GRUR 2017, 814 juris Tz. 36 – *Cartoon auf Homepage*). Für die Unterlassungshaftung kann auch auf § 99 abgestellt werden, vgl. § 99 Rn. 6.

5. Haftungsprivilegien

a) Presseprivileg: Die **Veröffentlichung** von (urheberrechtsverletzenden) **Anzeigen** stellt grundsätzlich keine vorsätzliche **Beihilfe** dar, solange dem Verleger die Rechtswidrigkeit unbekannt ist (s. BGH GRUR 1999, 418, 420 – *Möbelklassiker*); auch eine **Täterschaft** scheidet wegen unselbständiger Hilfstätigkeit aus (vgl. Rn. 148). Im Lichte von Art. 5 GG und Art. 11 EU-GR-Charta ist im Rahmen des sog. Presseprivilegs auch die **Störerhaftung** (und dort die Prüfungspflicht) ohne Kenntnis der Verletzung auf Fälle grober, unschwer zu erkennender Verstöße begrenzt (BGH GRUR 1999, 418, 420 – *Möbelklassiker* für den Fall des Abdrucks von Anzeigen mit urheberrechtswidrigen Möbelabbildungen; KG GRUR-RR 2005, 250 – *Haschischraucher*). Im Europäischen Haftungskonzept (vgl. Rn. 150 ff.) muss das Gleiche bei der Auslegung der dortigen Verkehrspflichten gelten. Nach Kenntniserlangung von der Verletzungshandlung (z. B. durch schriftliche Unterrichtung) haftet der Verleger aber als vorsätzlicher Teilnehmer (vgl. Rn. 153 ff.), als Störer (vgl. Rn. 154 ff.) oder im Europäischen Haftungskonzept auch als Täter (vgl. Rn. Rn. 150 ff.). Die Unterrichtung durch den Rechtsverletzer muss allerdings so substantiiert sein, dass die Verletzung aus sich heraus ersichtlich ist (KG GRUR-RR 2005, 250 – *Haschischraucher*). Das Presseprivileg gilt im Anzeigengeschäft nur soweit, als dieses der Finanzierung redaktioneller Inhalte im Aufgabenbereich der Presse dienen soll. Auf das Privileg kann sich nicht berufen, wer die reine Vermarktung von Anzeigen als Hauptzweck verfolgt (OLG Hamburg GRUR-RR 2001, 260, 262 – *Loriot-Motive*: Abgelehnt für die Herstellung einer Werbepostkarte). Für den redaktionellen Teil haftet der Verleger ohne Privileg, weil es sich um eigene Inhalte handelt. – Im Rahmen der **redaktionellen Presseberichterstattung über urheberrechtswidrige Nutzungen** muss die **Haftung der Presse** ebenfalls wegen des Presseprivilegs **einschränkend ausgelegt** werden. Es ist eine Interessenabwägung vorzunehmen. Die Pressefreiheit rechtfertigt keine schuldhaften Urheberrechtsverletzungen im redaktionellen Teil, durch die sich der Verlag in unzulässiger Weise Vorteile im Wettbewerb verschafft (BGH ZUM 2013, 406 Tz. 36 – *Jürgen Möllemann*). Eine Linksetzung auf ein urheberrechtswidriges gewerbliches Angebot begründet nach dem BGH jedoch keine Teilnehmerhaftung, obwohl in dem

183

dazugehörigen Bericht die Rechtswidrigkeit des Angebots betont wird, also seitens der Presse das Bewusstsein der Rechtswidrigkeit gegeben war (BGH GRUR 2011, 513 Tz. 21 ff. – *AnyDVD*; aufrechterhalten von BVerfG GRUR 2012, 390 Tz. 26 ff. – *AnyDVD II*). Angeblich soll deshalb eine Haftung ausscheiden, weil der Leser durch den Hinweis auf die Rechtswidrigkeit gewarnt werde („Warnfunktion"), das Angebot zu nutzen (BGH GRUR 2011, 513 Tz. 28 – *AnyDVD*). Daran bestehen schon deshalb durchgreifende Zweifel, weil solche „Warnungen" geeignet sind, rechtswidrige Geschäftsmodelle nachhaltig zu fördern. Gerade bei einer Berichterstattung über Geschäftsmodelle, die das Urheberrecht in erheblichem Umfang aus rein gewerblichen Gründen verletzen, erscheint das Recht der Berichterstattung der Presse gerade zum Schutz des Urheberrecht vor solchen Geschäftsmodellen nachrangig. Anders mag dies bei einer Berichterstattung über politische Themen sein. Im Europäischen Haftungsmodell (vgl. Rn. 150 ff.) und dort insbesondere bei der Linksetzung (vgl. Rn. 16 5 ff.) gelten die Privilegien für die redaktionelle Berichterstattung entsprechend.

183a **b) Händlerprivileg?: Buchhändler haften als Täter** der Verbreitungshandlung bzw. – bei elektronischen Büchern – als Täter der öffentlichen Zugänglichmachung gem. § 19a; **str.**, eingehend vgl. Rn. 145c. Eine Haftungsbeschränkung ergibt sich auch nicht aus Art. 5 Abs. 3 S. 1 oder Art. 14 GG; vgl. Rn. 145c.

184 **c) Internetprovider (Haftungsprivilegien nach TMG): Art. 12 bis 15 E-Commerce-RL** schreiben Haftungserleichterungen für bestimmte Internetprovider vor. Es handelt sich nicht um Anspruchsgrundlagen, sondern um einen Schutz vor bestehenden Ansprüchen. Früher erfolgte die Umsetzung in den §§ 8 bis 11 TDG a. F., ab dem 1.3.2007 in den §§ 7 bis 10 TMG, ohne dass dies inhaltliche Änderungen gebracht hätte (s. *Hoeren* NJW 2007, 801; *Spindler* CR 2007, 239; *Schmitz* K&R 2007, 135). Relevante Änderungen für die Haftung von WLAN-Providern (§ 8 Abs. 3 TMG) hat noch nicht das 2. TMGÄndG ab 27.7.2016 (dazu *Spindler* NJW 2016, 2449; *Franz/Sakowski* CR 2016, 524; *Lütke* NJ 2016, 413; *Jan Bernd Nordemann* GRUR 2016, 1097, 1098), aber das 3. TMGÄndG ab 13.10.2017 (dazu *Sesing/Baumann* MMR 2017, 583; *Spindler* NJW 2017, 2305; *Mantz* GRUR 2017, 969; *Haun* WRP 2017, 780; *Conraths/Peintinger* GRUR-Prax 2017, 206) mit sich gebracht; vgl. Rn. 188a. Nur geringfügige Änderungen ergeben sich für allgemeine Zugangsprovider (vgl. Rn. 188) und für die Unterlassungs- und Beseitigungshaftung von Providern allgemein (vgl. Rn. 185a). Die Normtexte der §§ 7 bis 10 TMG sind über www.frommnordemann.de abrufbar.

185 Die Haftungsprivilegierung des TMG erfasst auch **Ansprüche nach dem UrhG.** Sie gelten **für Schadensersatzansprüche** (einschließlich sie vorbereitender unselbständiger Auskunftsansprüche, vgl. § 101 Rn. 10; zu selbständigen Auskunftsansprüchen enthält § 101 eine eigenständige Regelung, vgl. § 101 Rn. 36 ff.). Das Privileg kann deshalb in Zukunft größere praktische Bedeutung erlangen, weil Provider nach dem neuen Europäischen Haftungsmodell täterschaftlich und damit auch auf Schadensersatz haften (vgl. Rn. 150 ff.). Haftungsgrund und die Privilegien des TMG sollten jedoch weitgehend parallel laufen (vgl. Rn. 150c). Denkbar ist jedoch auch, dass die Privilegien des TMG einen vom Haftungsmodell gewährten Schadensersatzanspruch ausschließen. Soweit unter den Voraussetzungen der §§ 102a UrhG, 812 ff. BGB Lizenzansprüche aus **ungerechtfertigter Bereicherung** in Betracht kommen und diese funktional einer Schadensberechnung über die Lizenzanalogie nahe kommen, werden sie von den Haftungsprivilegierungen nicht erfasst. Zwar mag für eine Privilegierung sprechen, dass der Schutz vor finanziellen Ansprüchen sonst unterlaufen werden könnte. Bei genauer Betrachtung sind Bereicherungsansprüche jedoch nicht hinreichend vergleichbar mit Schadensersatzansprüchen. Vielmehr dienen Bereicherungsansprüche einer Verschiebung der Bereicherung, die dem Bereicherten nach dem Gesamturteil der Rechtsordnung nicht gebührt; letztlich geht es also um eine Gerechtigkeitskorrektur, der das TMG nicht mit einer eigenen abschließenden Wertung im Weg stehen darf (anders noch unsere 11. Aufl. Rn. 185; wie jetzt aber schon unsere 9. Aufl./*Wilhelm Nordemann* Rn. 18a). **§§ 8 bis 10 TMG** (Art. 12 bis 14 E-Commerce-RL) finden **keine Anwendung auf Unterlassungs- und Beseitigungsansprüche** (EuGH GRUR 2016, 1146 Tz. 76–78 – *McFadden/Sony Music*; BGH GRUR 2007, 708, 710 Tz. 19 – *Internet-Versteigerung II*; BGH VI.ZS GRUR 2012, 311 Tz. 19 – *Blog-Eintrag*; BGH GRUR 2004, 860, 862 – *Internet-Versteigerung*; ebenso für Österreich OGH MMR 2004, 525; *Leistner* GRUR-Beilage 2010, 1, 28; Schricker/Loewenheim/*Leistner*[5] Rn. 108; *Bott/Conrad/Joachim/Jan Bernd Nordemann/Pilla* GRUR Int. 2011, 905, 906; *Jan Bernd Nordemann* GRUR 2016, 1097, 1100; *ders.* GRUR 2011, 977, 978; *Spindler* JZ 2012, 311; a. A. *Hacker* GRUR-Prax 2011, 391; *Wiebe* WRP 2012, 1182, 1186), wie sich im Übrigen schon aus § 7 Abs. 3 S. 1 TMG (Art. 12 Abs. 3, 13 Abs. 2, 14 Abs. 3 E-Commerce-RL) ergibt. Zu den nicht vom Privileg der §§ 8 bis 10 TMG erfassten Ansprüchen gehören auch vorgerichtliche Abmahnkosten und gerichtliche Kostenerstattungansprüche, soweit sie Unterlassungs- und Beseitigungsansprüche betreffen (EuGH GRUR 2016, 1146 Tz. 76–78 – *McFadden/Sony Music*; *Jan Bernd Nordemann* GRUR 2016, 1097, 1100). **Anwendbar auf Unterlassungs- und Beseitigungsansprüche bleibt aber § 7 Abs. 2 TMG**, also das Verbot, die Provider zu einer allgemeinen Überwachung zu verpflichten (Art. 15 E-Commerce-RL), vgl. Rn. 186. Für die Unterlassungs- und Beseitigungshaftung gelten die allgemeinen Grundsätze der Störerhaftung, für welche sich im Bereich der Internetprovider mittlerweile eine recht umfangreiche Rechtsprechung herausgebildet hat (vgl. Rn. 160 ff.). Einschränkungen gelten für WLAN-Provider (§ 8 Abs. 3 TMG), die nicht allgemein auf Unterlassung und Beseitigung haften, sondern nur auf Sperrung (§ 7 Abs. 4 TMG); vgl. Rn. 188.

§ 7 Abs. 3 S. 1 TMG bestätigt, dass Unterlassungs- und Beseitigungsansprüche gegen Provider trotz der Privilegien möglich bleiben. Danach bleiben Verpflichtungen zur Entfernung von Informationen oder zur Sperrung der Nutzung von Informationen nach den allgemeinen Gesetzen aufgrund von gerichtlichen oder behördlichen Anordnungen auch im Falle der Nichtverantwortlichkeit des Diensteanbieters nach den §§ 8 bis 10 unberührt. Diese Regelung basiert auf Art. 12 Abs. 3, Art. 13 Abs. 2 und Art. 14 Abs. 3 E-Commerce-RL. Trotz des etwas missverständlichen Wortlautes des § 7 Abs. 3 S 1 ist damit nicht gemeint, dass eine Inanspruchnahme der Provider auf Unterlassung oder Beseitigung (vgl. Rn. 185) stets nur nach gerichtlicher oder behördlicher Anordnung möglich ist. Vielmehr müssen solche Anordnungen vom nationalen Rechtssystem bloß vorgesehen sein (RegE 3. TMGÄndG – BT-Drs. 18/12202, S. 11). Es besteht also **kein Richtervorbehalt** (*Mantz* GRUR 2017, 969, 975; *Hofmann* GPR 2017, 176, 181 f.; in diese Richtung auch *Grisse* GRUR 2017, 1073, 1076 wohl a. A. *Obergfell* K&R 2017. 361, 363; *D. Holznagel* CR 2017, 738, 740, der am Beispiel der Hostprovider schön aufzeigt, dass eine solche Auslegung die Rechtsdurchsetzung erschwert und verteuert). Auch Sperren nach § 7 Abs. 4 TMG kennen keinen Richtervorbehalt (*Mantz* GRUR 2017, 969, 975). Ein solcher ergibt sich auch nicht bei richtlinienkonformer Auslegung von Art. 8 Abs. 3 Info-RL (vgl. Rn. 159b). § 7 Abs. 3 S. 1 TMG schreibt vor, dass Anordnungen nur **„nach den allgemeinen Gesetzen"** erfolgen. Dazu zählen nicht nur gesetzlich geschriebene Grundlagen, sondern auch Richterrecht wie die Störerhaftung, die für die Providerhaftung nach wie vor eine bedeutende Rolle spielt (vgl. § 160 ff.). Das gilt insbesondere dann, wenn eine Störerhaftung aus europarechtlichen Gründen zwingend ist.

185a

186   Die Haftungsprivilegierung greift – grob gesprochen – bei allen technischen Vorgängen, ein Kommunikationsnetz zu betreiben, den Zugang zu diesem zu vermitteln oder dabei von Dritten zur Verfügung gestellte Informationen und Daten zu speichern (RegE EGG – BT-Drs. 14/6098, S. 22 f.). Sie rechtfertigt sich daraus, dass dies regelmäßig **automatisierte Vorgänge** sind, bei denen der Betreiber keine Kontrolle der Inhalte vornimmt bzw. unter normalen Umständen ohne Hinweise auf konkrete Rechtsverletzungen auch nicht vornehmen kann. Insb. kann von ihnen grds. **keine generelle Überwachung** der Inhalte gefordert werden. Das ordnet § 7 Abs. 2 TMG in Umsetzung von Art. 15 E-Commerce-RL an. Noch nicht abschließend geklärt ist, ob die Regelung für alle Vermittler (im Sinne des § 8 Abs. 3 Info-RL; vgl. Rn. 159b) gilt oder auf Zugangs-, Cache- oder Hostprovider gem. §§ 8 bis 10 TMG beschränkt ist (für eine breitere Anwendung: *Kastl* GRUR 2016, 671, 676; s. a. *Solmecke/Dam* MMR 2012, 337, 337; *Bäcker* ZUM 2012, 311, 311 f.). Den Providern kann nicht auferlegt werden, in einem System der präventiven Komplettfilterung alle Nutzer und alle Inhalte ohne zeitliche Begrenzung auf Kosten des Providers zu filtern (EuGH GRUR 2016, 1146 Tz. 87 – *McFadden/Sony Music*; EuGH GRUR 2012, 382 Tz. 34 ff. – *SABAM/Netlog*). Spezifische Überwachungspflichten sind aber zulässig (ErwG 47 E-Commerce-RL). In jedem Fall spezifisch sind Überwachungspflichten im Hinblick auf einen bestimmten Verletzer und insbesondere sein Nutzerkonto (EuGH GRUR 2011, 1025 Tz. 141 f. – *L'Oréal/eBay*). Was spezifische Überwachungspflichten sind, ist für **Filter** noch nicht abschließend geklärt (dazu allgemein *Kastl* GRUR 2016, 671 und zum Streitstand a. a. O. 676; *Wimmers* AfP 2015, 202, 205), könnte jedoch durch eine OGH-Vorlage jetzt durch den EuGH geklärt werden (OGH MMR 2018, 145, dort zur präventiven Kontrolle sinngleicher Äußerungen im allgemeinen Persönlichkeitsrecht nach Kenntniserlangung von einer spezifischen Verletzung). Bei rein quantitativer Betrachtung durchsuchen Wortfilter schon nicht alle Inhalte und sind deshalb unproblematisch (BGH ZUM-RD 2013, 565 Tz. 56 – *File-Hosting-Dienst II*; BGH ZUM-RD 2013, 514 Tz. 61 – *File-Hosting-Dienst III*). Bei Inhaltefiltern ist das nicht zwingend anders. Ausreichend, um aus dem Anwendungsbereich herauszugelangen, ist eine Beschränkung auf bestimmte Inhalte, z. B. bei einem notifizierten Filmtitel auf eine bestimmte Mindestlänge oder auf ein bestimmtes Dateiformat. Bei rein qualitativer Betrachtung erscheint § 7 Abs. 2 TMG nicht mehr als tangiert, wenn sich die Filtermaßnahme auf bestimmte Schutzgegenstände (z. B. Werke) beschränkt (*Kastl* GRUR 2016, 671, 676). Es kommt dann nur auf die Zumutbarkeit an; dafür ist eine Grundrechtsabwägung vorzunehmen (EuGH GRUR 2016, 1146 Tz. 87 ff. – *McFadden/Sony Music*) und die Zumutbarkeit von Filterverpflichtungen festzustellen. Das Kriterium der Zumutbarkeit korrespondiert regelmäßig mit den zumutbaren Prüfungspflichten bei der Störerhaftung (vgl. Rn. 150 ff.) und sorgt de facto für einen **Gleichlauf zwischen der Störerhaftung** (**Unterlassung und Beseitigung**); soweit Provider täterschaftlich bei Verkehrspflichtverletzung haften (vgl. Rn. 150 ff.), laufen auch diese Pflichten parallel. Zu Filterpflichten von Hostprovidern vgl. Rn. 163a, von Zugangsprovidern vgl. Rn. 170.

187   Der **Hostprovider** (§ 10 TMG) haftet für **eigene Inhalte** (dazu vgl. Rn. 149b) ohne Privilegierung; die Privilegierung des § 10 TMG gilt **nur für fremde Inhalte**. Diese Unterscheidung ist allerdings in Art. 14 E-Commerce-RL, auf dem § 10 TMG beruht, nicht angelegt (zu dieser Rechtsdifferenz: *Nolte/Wimmers* GRUR 2014, 16, 20; *Leistner* ZUM 2012, 722, 725; *v. Walter* FS Wandtke 547 ff.; Spindler/Schuster/*Hoffmann*[3] § 7 TMG Rn. 6). Nach dem EuGH ist vielmehr entscheidend, dass der Hostprovider **keine „aktive Rolle"** spielt, die ihm eine Kenntnis der Daten oder eine Kontrolle über sie verschaffen konnte. Dann sei er nicht vom Privileg vorausgesetzter rein technischer und automatischer Vermittler (EuGH GRUR 2011, 1025 Tz. 112 f., 116 – *L'Oréal/eBay*; eingehend *Wiebe* WRP 2012, 1182, 1187 f. Schricker/Loewenheim/*Leistner*[5] Rn. 98). Notwendig ist eine aktive Rolle gerade **im Hinblick auf die konkret beanstandeten Angebote** (BGH MMR 2012, 815 Tz. 6 – *Anhörungsrüge Stiftparfüm*, unter Berufung auf EuGH GRUR 2011, 1025 Tz. 116 – *L'Oréal/eBay*; Schricker/Loewenheim/*Leistner*[5] Rn. 98). Abstrakte Informationen und Tipps zum Speichern von Inhalten genügen deshalb nicht (OLG Hamburg ZUM-RD 2012, 465, 472). Eine aktive Rolle kann nach dem EuGH gegeben sein, wenn eine Internetauktionsplattform (Hostprovider) seinen Kunden Hilfestellung dahingehend leistet, die Präsentation der betreffenden Verkaufsangebote zu optimieren oder diese Angebote – etwa durch Adwords-Anzeigen in Referenzierungsdiensten wie zum Beispiel Google – zu bewerben (so auch OLG Hamburg ZUM-RD 2012, 465, 472; s. a. BGH GRUR 2013, 1329 – *Kinderhochstühle im Internet II*; krit. *Wiebe* WRP 2012, 1182, 1187 f.). Hosting-Plattformen, deren Funktionsumfang das Inhalteangebots (Suche/Kategorisierung nach Genres/Filterung/Markierung/Playlisten/Abspielfunktionen/Empfehlungen an Dritte usw.) weit über die Notwendigkeiten und die Stellung eines Host-Provider hinausgeht, werden wegen ihrer aktiven Rolle als nicht mehr vom Privileg erfasst angesehen (OLG Hamburg ZUM-RD 2016, 83 juris Tz. 346, 350 – *YouTube*). Auch sollte es für eine aktive Rolle genügend sein, wenn der Hostprovider Kategorien schafft, die klare Rechtsverletzungen anziehen, z. B. eine Kategorie „aktuelle Kinofilme" im Rahmen einer Linksammlung. Danach kann zwar gesagt werden, dass regelmäßig in Fällen von zu Eigen gemachten Inhalten eine aktive Rolle des Providers vorliegt, sodass das deutsche Recht insoweit nicht abweicht (s. EuGH MMR 2016, 63 Tz. 45 – *Papasavvas*). Jedoch kann eine aktive Rolle auch ohne zu Eigen Machen gegeben sein. Sofern § 10 TMG insoweit zu einer anderen Anwendung des Privilegs führt, muss eine richtlinienkonforme Auslegung erfolgen. Nach **§ 10 S. 1 Nr. 1 TMG** dürfen Hostprovider keine Kenntnis von der rechtswidrigen Handlung oder der Information haben; im Falle von Schadensersatzansprüchen dürfen ihnen auch keine Tatsachen oder Umstände bekannt sein, aus denen die rechtswidrige Handlung oder die Information offensichtlich wird; gem. **§ 10 S. 1 Nr. 2 TMG** müssen sie unverzüglich tätig geworden sein, um die Information zu entfernen oder den Zugang zu ihr zu sperren, sobald sie diese Kenntnis erlangt haben. Der EuGH legt die zugrunde liegenden Art. 14 Abs. 1 lit a) und lit b) E-Commerce-RL dahingehend aus, dass ein Hostingprovider dann sein Privileg verliert und insbesondere auf Schadensersatz haftet, wenn er sich nicht wie ein „**sorgfältiger Wirtschaftsteilnehmer**" verhält. Dem Hostprovider ist das Privileg also dann verwehrt, „wenn er sich etwaiger Tatsachen oder Umstände bewusst war, auf deren Grundlage ein sorgfältiger Wirtschaftsteilnehmer die in Rede stehende Rechtswidrigkeit hätte feststellen und nach Art. 14 Abs. 1 lit. b) E-Commerce-RL hätte vorgehen müssen" (EuGH GRUR 2011, 1025 Tz. 120 f. – *L'Oréal/eBay*). Insoweit erscheint es als zweifelhaft, ob „Kenntnis" im Sinne von Art. 14 E-Commerce-RL wirklich mit der positiven Kenntnis der Rechtswidrigkeit gleichzusetzen ist (so *Fitzner* MMR 2011, 83, 85, im Anschluss an EuGH GRUR 2010, 445 Tz. 109 – *Google France and Google*). Damit erscheint insbesondere auch die (deutsche) Diskussion über eine (enge) Auslegung des Tatbestandsmerkmals der „Kenntnis" überholt; auf eine positive Kenntnis der einzelnen Information und seiner Rechtswidrigkeit (also der konkreten Verletzung) kann es für den Entfall des Privilegs nicht mehr ankommen (zum Meinungsstand Spindler/Schuster/*Hoffmann*[3] § 10 TMG Rn. 18 ff. m. w. N.). Dennoch steht nach dem OLG München der Annahme eines Gehilfenvorsatzes eines Sharehosters (File-Hosters), der keine Kenntnis von konkreten Rechtsverletzungen hat, § 10 S. 1 TMG entgegen (OLG München GRUR 2017, 619 – *uploaded*, ZUM-RD 2017, 331, WRP 2017, 733). Allerdings hat das OLG München zugleich festgestellt, dass eine Gehilfenhaftung des Providers durchaus in Bezug auf wiederholte Verletzungen desselben Werkes durch denselben Nutzer in Betracht kommt, weil dann § 10 S. 1 TMG nicht entgegenstehen würde (OLG München GRUR 2017, 619 – *uploaded*). Das OLG argumentiert, § 10 S. 1 Nr. 1 Alt. 2 TMG regele nur die Fahrlässigkeitshaftung und finde bei der zwingend vorsätzlichen Gehilfenhaftung keine Anwendung. Jedoch spricht für die Anwendung des § 10 S. 1 Nr. 1 Alt. 2 TMG auf vorsätzliches Handeln, dass nicht ersichtlich ist, warum der bloß fahrlässig Handelnde gegenüber dem vorsätzlich Handelnden durch § 10 S. 1 Nr. 1 TMG schlechter gestellt werden soll (*Jaworski/Jan Bernd Nordemann* GRUR 2017, 567, 571). Ohnehin ist § 10 TMG wegen einer aktiven Rolle nicht auf Sharehoster (File-Hoster) anwendbar, wenn sie nach ihrem Geschäftsmodell eine aktive Rolle spielen und über das bloße Speichern hinaus durch verschiedene Maßnahmen rechtswidrige Inhalte anwerben, z. B. durch anonyme Nutzungsmöglichkeit, kostenlose Speicherung, aber Vergütung schneller Downloads und Belohnung von Uploadern attraktiver (häufig downgeloadeter) Inhalte (*Holznagel* CR 2017, 463, 466, 467). Damit läuft das Haftungsprivileg des § 10 TMG parallel mit der **Störerhaftung** (*Jan Bernd Nordemann* GRUR 2011, 977, 978 a. E.) bzw. mit der täterschaftlichen Haftung nach dem **Europäischen Haftungsmodell** (vgl. Rn. 150 ff.; insb. vgl. Rn. 150c), und es entfällt, sobald diese Haftung greift. Für Beispiele von Pflichtverletzungen beim Hostproviding vgl. Rn. 160 ff.

187a Hostprovidern gleichzustellen sind **Suchmaschinen**, sofern sie **bezahlte Links** generieren, z. B. Google Adwords (EuGH GRUR 2010, 445 Tz. 106 ff. – *Google und Google France*, zu Art. 14 E-Commerce-RL). Nach Auffassung des BGH gilt das Privileg auch für alle anderen Inhalte der Suchmaschine, also z. B. für Fotos, die in der Bildersuchmaschine als **eigene Inhalte** z. B. als „Thumbnail" öffentlich zugänglich gemacht werden (BGH GRUR 2010, 628 Tz. 39 – *Vorschaubilder*). Sie haften also grundsätzlich erst nach Kenntniserlangung (OLG Hamburg GRUR 2007, 241, 244 – *Preispiraten*; s. a. KG GRUR-RR 2007, 68 – *Keyword-Advertising*). Ob das Haftungsprivileg auch für automatisch generierte **unbezahlte** („**redaktionelle**") **Links** greift, ist noch durch den EuGH ungeklärt (dagegen: BGH GRUR 2016, 209 Tz. 12 – *Haftung für Hyperlink*; s. a. *Jani/Leenen* GRUR 2014, 362, 363; *Leistner* GRUR 2014, 1145, 1154; *Ohly* GRUR 2016, 1155, 1157); dafür spricht aber, dass eine Privilegierung *erst recht* bei unbezahlten Links erfolgen sollte. Da sich Suchmaschinen im Rahmen des Privilegs des Art. 14 E-Commerce-RL (§ 10 TMG) wie ein „sorgfältiger Wirtschaftsteilnehmer" verhalten müssen (vgl. Rn. 187), dürfte es **grundsätzlich keine eigenständige Bedeutung des Privilegs** geben, wenn der Suchmaschine eine Verletzung der Verkehrspflichten bei Veröffentlichung von Links nach dem Haftungsmodell des EuGH vorzuwerfen ist (vgl. Rn. 167).

188 Eine ähnliche Haftungsprivilegierung erfahren **Internetzugangsprovider** (**Access Provider**), die fremde Inhalte lediglich durchleiten (§ 8 TMG), oder Provider, die im Wege des **Cachings** zur beschleunigten Übertragung zwischenspeichern (§ 9 TMG). § 8 bezieht sich dabei auf den Access Provider, der als Netzbetreiber keine Inhalte als solche anbietet, sondern nur den Zugang zum Netz als solchem; § 9 bezieht sich auf denjenigen, der hierzu auch übertragene Inhalte zwischenspeichert. Privilegierungsgrund ist auch hier, dass beide beim Durchleiten als automatischem Vorgang regelmäßig keine Kenntnis über die Daten erhalten, keine generelle Kontrolle ausüben können und dementsprechend auch keine eigene Entscheidung treffen (RegE EGG – BT-Drs. 14/6098, S. 24). Das Privileg gilt nur unter den Voraussetzungen der §§ 8 und 9. Insb. dürfen die Informationen dabei nicht über die zur Übermittlung bzw. Zwischenspeicherung zwingend notwendigen technischen Vorgänge hinaus verändert werden. Access Provider dürfen zudem nicht selbst als Veranlasser der Übermittlung tätig werden und deren individuelle Adressaten selbst bestimmen (§ 8 Abs. 1 Nr. 1, 2 TMG). Und die Zulässigkeit des Cachings von Informationen ist gekoppelt an deren fortbestehendes Vorhandensein am Ausgangsort der Übertragung (§ 9 Abs. 1 Nr. 5 TMG). Mit Kenntnis von der Entfernung am Ausgangsort müssen die Informationen unverzüglich gelöscht werden. Schließlich sind die Haftungsprivilegien der §§ 8, 9 TMG auch dann nicht anwendbar, wenn Diensteanbieter und Nutzer zusammenarbeiten, um rechtswidrige Handlungen zu begehen (§§ 8 Abs. 1 S. 3, 9 S. 2 TMG). I. E. läuft auch hier die Haftungsregelung mit der Störerhaftung parallel (für Cacheprovider vgl. Rn. 164 und für Internetzugangsprovider vgl. Rn. 170 f.). Für **Internetzugangsanbieter** enthält § 8 Abs. 1 S. 2 TMG seit dem 3. TMGÄndG ab 13.10.2017 einen expliziten **Ausschluss sämtlicher Ansprüche auf Schadensersatz, Unterlassung und Beseitigung.** Mit dem Ausschluss von Unterlassungs- und Beseitigungsansprüchen sind nach dem Wortlaut eigentlich auch Ansprüche gem. Störerhaftung unmöglich (so wohl in der Tat RegE 3. TMGÄndG – BT-Drs. 18/12202, S. 13). Nach einer Auffassung ergibt sich jedoch aus der Entstehungsgeschichte und der Systematik, dass § 8 Abs. 1 S. 2 TMG nur auf WLAN-Provider Anwendung findet (LG München I v. 1.2.2018, 7 O 17752/17). Dieses Ergebnis ergibt sich ferner aus Europarecht. Da die Störerhaftung im Urheberrecht im Hinblick auf Zugangsprovider die deutsche Umsetzung von Art. 8 Abs. 3 Info-RL darstellt und zwingend Unterlassungs- und Beseitigungsansprüche gegen Zugangsprovider voraussetzt (vgl. Rn. 170), muss der Ausschluss in § 8 Abs. 1 S. 2 **richtlinienkonform ausgelegt** werden. Unterlassungs- und Beseitigungsansprüche bleiben möglich, soweit Art. 8 Abs. 3 Info-RL dies vorgibt (zutreffend *Grisse* GRUR 2017, 1071, 1079; *Sesing/Baumann* MMR 2017, 583, 588; wohl auch *Spindler* CR 2017, 333, 334, *Nicolai* ZUM 2018, 33, 42 f.). Andere wollen § 8 Abs. 1 S. 2 TMG nur dann richtlinienkonform gegen seinen Wortlaut auslegen, wenn eine Verfolgung der Kunden des Zugangsproviders nicht möglich ist (*Mantz* GRUR 2017, 969, 977); eine solche Verfolgung ist jedoch nur bei rechtswidrigen Uploads von Kunden des Providers denkbar, also nicht bei illegalen Streaming und Downloadangeboten und kann deshalb nur in beschränkten Szenarien greifen. Das wird der europarechtlichen Vorgabe aus Art. 8 Abs. 3 Info-RL nicht gerecht, weil es gerade in Szenarien des rechtswidrigen Uploads durch Kunden des Zugangsproviders (z.B. Tauschbörsen) wesentlich effektiver sein kann, allgemeine Zugangsprovider auf Unterlassung (z.B. zur Sperrung illegaler Portale als Mittler der Verletzung) in Anspruch zu nehmen (so auch *Grisse* GRUR 2017, 1073, 1080). Diese richtlinienkonforme Auslegung ist zwingend. Nach der gefestigten Rechtsprechung des BGH muss eine Auslegung notfalls das nationale Recht richtlinienkonform fortbilden. Eine Rechtsfortbildung setzt eine verdeckte Regelungslücke im Sinne einer planwidrigen Unvollständigkeit des Gesetzes voraus. Das ist anzunehmen, wenn der Gesetzgeber mit der von ihm geschaffenen Regelung eine Richtlinie umsetzen wollte, hierbei aber deren Inhalt missverstanden hat (BGH NJW 2016, 1718 Tz. 37 m. w. N.; BGH NJW 2009, 427 Tz. 22 – *Quelle II*). Der Gesetzgeber des 3. TMGÄndG wollte konform mit Art. 8 Abs. 3 Info-RL handeln, wie er mehrfach betont. Z. B. schafft das 3.TMG-ÄnderungG den Sperranspruch gegen WLAN-Provider, um Art. 8 Abs. 3 Info-RL umzusetzen (RegE 3. TMGÄndG – BT-Drs. 18/12202, S. 12). Es kann deshalb nicht davon ausgegangen werden, dass der Gesetzgeber für allgemeine Zugangsprovider, die nicht unter § 7 Abs. 4 TMG fallen, Art. 8 Abs. 3 Info-RL zuwider handeln wollte. Das Ergebnis der richtlinienkonformen Auslegung sollte sein, § 8 Abs. 1 S. 2 einschränkend dahin auszulegen, dass er Ansprüche auf Unterlassung, die auf Art. 8 Abs. 3 Info-RL beruhen, nicht ausschließt. Das würde zu einer Anwendung der Störerhaftung führen (vgl. Rn. 170 ff.). Eine andere denkbare Lösung wäre, § 7 Abs. 4 TMG analog auch auf allgemeine Zugangsprovider anzuwenden (vgl. Rn. 172), was allerdings wegen der auf WLAN-Provider und Sperren ausgerichteten Formulierung nur als die zweitbeste Lösung erscheint; insbesondere passt die Bestimmung nicht auf Zugangsprovider, die Upstream-Provider sind (vgl. Rn. 170). Weiter enthält § 8 Abs. 1 S. 2 TMG im Hinblick auf die damit noch möglichen Unterlassungs- und Beseitigungsansprüche gegen allgemeine Zugangsprovider das Privileg, dass sie nicht auf **Erstattung der vorgerichtlichen Kosten** (Abmahnkosten, dazu s. die Kommentierung zu § 97a) **und der außergerichtlichen Kosten**, also der Anwaltsgebühren im Gerichtsverfahren, haften

(RegE 3. TMGÄndG – BT-Drs. 18/12202, S. 13). Die Privilegierung für die Kostenerstattung im gerichtlichen Verfahren ist wegen Art. 14 Enforcement-RL **europarechtswidrig** (*Spindler* NJW 2017, 2305, 2308). Denn die in Art. 14 Enforcement-RL vorgesehene Kostentragungspflicht für die im Prozess unterlegene Partei bezieht sich auf alle Verfahren, die unter die Enforcement-RL fallen (EuGH GRUR 2015, 1035 Tz. 78 – *Diageo Brands*); bei Pauschalierung muss die Kostenerstattung so hoch ausfallen, dass wenigstens ein erheblicher und angemessener Teil der zumutbaren Kosten von der unterlegenen Partei getragen wird (EuGH GRUR Int. 2016, 962 Tz. 26 ff. – *United Video Properties*). Die **Gerichtskosten** sind ohnehin – wie bei WLAN-Providern, vgl. Rn. 188a – vom Zugangsprovider im Fall eines verloreren Gerichtsprozesses zu tragen; insoweit enthält § 8 Abs. 1 S. 2 keine Regelung.

188a   **WLAN-Provider** sind seit dem 2. TMGÄndG (in Kraft ab 27.7.2016) den Zugangsprovidern gleichgestellt, § 8 Abs. 3 TMG (eingehend *Spindler* NJW 2016, 2449; *Franz/Sakowski* CR 2016, 524; *Lütke* NJ 2016, 413; *Jan Bernd Nordemann* GRUR 2016, 1097, 1098). Das wirkt allerdings nur deklaratorisch, weil sie ansonsten in die größere Gruppe der Zugangsprovider gefallen wären (EuGH GRUR 2016, 1146 Tz. 31 ff. – *McFadden/Sony Music*; *Jan Bernd Nordemann* GRUR 2016, 1097, 1099). Die Regelung in § 8 Abs. 3 TMG gilt für private und gewerbliche WLANs gleichermaßen. Europarechtlich harmonisiert sind allerdings nur gewerbliche WLANs; die deutsche Gleichstellung privater WLANs ist europarechtlich nicht zu beanstanden (*Mantz/Sassenberg* MMR 2015, 85, 87; *Jan Bernd Nordemann* GRUR 2016, 1097, 1098; BeckOK Info- und MedR/*Paal*[13] § 7 TMG Rn. 19). Das 3. TMGÄndG hat für WLAN-Provider **ab 13.10.2017** (zur zeitlichen Anwendbarkeit vgl. Rn. 4a) eine **Sonderregelung** eingeführt (dazu *Sesing/Baumann* MMR 2017, 583; *Spindler* NJW 2017, 2305; *Mantz* GRUR 2017, 969; *Haun* WRP 2017, 780; *Conraths/Peintinger* GRUR-Prax 2017, 206). Sie haften, wenn die Voraussetzungen des § 8 Abs. 1 S. 1 TMG erfüllt sind, grundsätzlich überhaupt nicht mehr, und zwar **weder auf Schadensersatz noch auf Unterlassung oder Beseitigung** (§ 8 Abs. 1 S. 2 TMG). Damit ist für WLAN-Provider insbesondere die Störerhaftung abgeschafft (RegE 3. TMGÄndG – BT-Drs. 18/12202, S. 13). Bislang konnte von WLAN-Betreibern die Einhaltung von Prüfpflichten in Form verschiedener Sicherungsmaßnahmen verlangt werden wie z. B. Passwortsicherung oder Portsperrung (vgl. Rn. 172). WLAN-Provider haften allerdings auf **Sperrung** gem. § 7 Abs. 4 S. 1 und S. 2 TMG; § 7 Abs. 4 S. 1 TMG stellt insoweit – anders als die Privilegien der §§ 8 bis 10 TMG, die bloß vor Ansprüchen schützen – die erste und einzige Anspruchsgrundlage dar, die sich im TMG gegen Provider findet. Zu solchen Sperransprüchen gegen WLAN-Provider eingehend vgl. Rn. 172. § 7 Abs. 4 S. 3 TMG enthält für solche Sperransprüche wiederum das Privileg, dass WLAN-Provider auch nicht auf **Erstattung der vorgerichtlichen Kosten** (Abmahnkosten, dazu s. die Kommentierung zu § 97a) und **der außergerichtlichen Kosten**, also der Anwaltsgebühren im Gerichtsverfahren, haften (RegE 3. TMGÄndG – BT-Drs. 18/12202, S. 13). Die Privilegierung für die Kostenerstattung im gerichtlichen Verfahren ist aber wegen Art. 14 Enforcement-RL genauso europarechtswidrig wie die entsprechende Privilegierung für allgemeine Zugangsprovider in § 8 Abs. 1 S. 2 TMG (vgl. Rn. 188; genauso *Spindler* NJW 2017, 2305, 2308). Ohnehin bestehen bleibt nach § 7 Abs. 4 TMG die Haftung des WLAN-Providers für die **Gerichtskosten**, wenn er den Gerichtsprozess verliert (RegE 3. TMGÄndG – BT-Drs. 18/12202, S. 13).

VI. Rechtsmissbrauch; Verjährung; Verwirkung

189   Das UrhG, insb. § 97, enthält keine Vorschrift zur rechtsmissbräuchlichen Geltendmachung von Ansprüchen. Die Bundesrechtsanwaltskammer hatte im Gesetzgebungsverfahren zur Umsetzung der Enforcement-RL erfolglos angeregt, eine Missbrauchsvorschrift wie in **§ 8 Abs. 4 UWG** zu schaffen (BRAK-Stellung-nahme-Nr. 38/2007, S. 6). Dementsprechend kann § 8 Abs. 4 UWG auch nicht analog herangezogen werden, weil es an einer planwidrigen Regelungslücke fehlt (BGH GRUR 2013, 176 Tz. 14 – *Ferienluxuswohnung*; *Jan Bernd Nordemann* WRP 2005, 184, 189). Auch für urheberrechtliche Ansprüche gilt aber ein allge-meines Verbot der unzulässigen Rechtsausübung nach den **§§ 242, 826 BGB**, sodass die Praxis des § 8 Abs. 4 UWG, der die selben Wurzeln hat, auch im UrhG fruchtbar gemacht werden kann (BGH GRUR 2013, 176 Tz. 14 – *Ferien-luxuswohnung*; OLG München ZUM-RD 2012, 479, 484 – *Mein Kampf*; OLG Hamm ZUM-RD 2010, 135, 140; *Jan Bernd Nordemann* WRP 2005, 184, 189; im Markenrecht genauso OLG Stuttgart GRUR-RR 2002, 381, 382 – *Hot Chili/ Chili Works*; OLG Düsseldorf GRUR-RR 2002, 215, 216 – *Serienabmahnung*). Dabei sind aber die Unterschiede zwischen dem Lauterkeitsrecht und dem Urhe-berrecht zu beachten (BGH GRUR 2013, 176 Tz. 15 – *Ferienluxuswohnung*). Bei Annahme der Rechtsmissbräuchlichkeit im Urheberrecht ist noch größere **Zurückhaltung** als im UWG geboten, weil es sich um subjektiv-rechtlichen Ver-mögensschutz gem. Art. 14 GG handelt (vgl. Einl. UrhG Rn. 64 ff.), während das UWG nur Verhaltensunrecht mit einer Vielzahl von Anspruchsberechtigten aufgreift (OLG Hamm MMR 2012, 119, 121; *Jan Bernd Nordemann* WRP 2005, 184, 190). Es ist eine sorgfältige **Abwägung aller Umstände des Einzelfalls** anzustellen (BGH GRUR 2017, 266 Tz. 23 – *World of Warcraft I*). Einzelne Umstände können zwar für sich genommen nicht ausreichend sein, aber zusam-men mit weiteren Umständen einen Rechtsmissbrauch begründen. Von einem Rechtsmissbrauch ist auszugehen, wenn **das beherrschende Motiv** des Gläubi-gers **sachfremde Ziele** sind (BGH GRUR 2017, 266 Tz. 23 – *World of Warcraft I*). – Die Rechtsmissbräuchlichkeit ist **von Amts wegen** auch ohne spezifische Einrede zu berücksichtigen (OLG Hamm ZUM-RD 2010, 135, 140), jedoch trägt die **Darlegungs- und Beweislast** der **Schuldner** (OLG Köln NJWE 1999, 252, 253; *Nordemann*[11] Rn. 990).

Eine umfassende, auch **massenhafte Abmahn- und Gerichtstätigkeit** allein kann   **190**
für sich genommen nicht missbräuchlich sein. Ansonsten wäre der Rechteinha-ber bei massenhaften Verletzungen schutzlos (OLG Hamm MMR 2012, 119, 121; OLG Hamm MMR 2001, 611, 612 – *FTP-Explorer*, für das Markenrecht; s. a. zum UWG: OLG Köln GRUR-RR 2010, 339, 341 – *Matratzen im Härte-test*; OLG Hamm GRUR-RR 2009, 444 – *Generierung von Ansprüchen*; OLG Hamburg ZUM 2009, 575, 576 – *Ich & Ich*). Beispielsweise kann eine Miss-bräuchlichkeit nicht bereits aus dem Umstand hergeleitet werden, dass mehr als 100 Zahnärzte, die dieselben Fotos jeweils gesondert rechtswidrig nutzen, auf Unterlassung in Anspruch genommen werden (OLG Hamm MMR 2012, 119, 121).

Missbräuchlich kann ein Vorgehen aber sein, wenn das **Gebührenerzielungsin-**   **191**
teresse im Vordergrund steht (BGH GRUR 2013, 176 Tz. 21 – *Ferienluxus-wohnung*; s. a. § 8 Abs. 4 UWG). Beispiele: Die Abmahntätigkeit ist wesentlich umfangreicher als die nur zum Schein geführte Geschäftstätigkeit; der Abmah-nende verdient an den Gebühreneinkünften seines Anwaltes mit; der Abmah-nende versucht nicht, seine Ansprüche gerichtlich durchzusetzen oder klagt ständig nur den Kostenerstattungsanspruch, nicht aber Unterlassung oder Schadensersatz ein (eingehend *Jan Bernd Nordemann* WRP 2005, 184, 190 m. w. N. aus der Rechtsprechung zum UWG). Auch bei diesen Fallgestaltungen ist aber zu bedenken, dass es eine legitime Strategie des Rechteinhabers sein kann, über Gebührenforderungen Urheberrechtsverletzer abzuschrecken.

Ein Missbrauch kann sich insbesondere wegen **übermäßiger Kostenbelastung** er-   **192**
geben. Hier kann grundsätzlich auf die umfassende Praxis zu § 8 Abs. 4 UWG zu-

rückgegriffen werden (dazu Köhler/Bornkamm/*Köhler/Feddersen*³⁵ § 8 UWG Rn. 4.13 ff.; Fezer/*Büscher*³ § 8 UWG Rn. 281 ff.; *Nordemann*¹¹ Rn. 987 ff.; *Teplitzky*¹¹ Kap. 13 Rn. 43 ff.). Ein Anhaltspunkt für eine rechtsmissbräuchliche Rechtsverfolgung kann sich daraus ergeben, dass der Anspruchsteller mehrere gleichartige oder in einem inneren Zusammenhang stehende Rechtsverstöße gegen eine Person oder mehrere Personen ohne sachlichen Grund in getrennten Verfahren verfolgt und dadurch die Kostenlast erheblich erhöht (BGH GRUR 2017, 266 Tz. 23 – *World of Warcraft I*). So kann es eine unzulässige **„Salami-Taktik"** (s. BGH GRUR 2010, 454 Tz. 19 ff. – *Klassenlotterie*; OLG Hamburg WRP 1996, 579, 580) sein, wenn der Verletzte, der aus mehreren Rechten (Urheberrecht, Leistungsschutzrecht) anspruchsberechtigt ist, aus beiden Rechten getrennt vorgeht und dadurch höhere Kosten verursacht; etwas anderes gilt dann, wenn es einen **sachlichen Grund** gibt (BGH GRUR 2017, 266 Tz. 24 – *World of Warcraft I*; BGH GRUR 2010, 454 Tz. 19 ff. – *Klassenlotterie*), z. B. weil ein Recht eine kompliziert zu belegende Rechtekette aufweist. Nicht missbräuchlich handelt ferner, wer jeweils selbständige Verletzungen getrennt abmahnt, z. B. die Verletzung seiner Rechte an denselben Lichtbildern auf unterschiedlichen Internetauftritten (BGH GRUR 2013, 176 Tz. 23 – *Ferienluxuswohnung*). Eine unzulässige „Salami"-Taktik muss aber sich vorwerfen lassen, wer bei einer Vielzahl von Rechtsverletzungen auf einer Website nach unterschiedlichen Werken getrennt vorgeht, wenn das alleine dem Zweck dient, den Schuldner mit Kosten zu belasten; grundsätzlich liegt allerdings ein sachlicher Grund für eine Trennung nahe, wenn die Rechteinhaber verschieden sind (OLG Hamburg ZUM 2009, 575, 576; s. a. KG GRUR-RR 2012, 134 – *Neujahrskonzert 2011*, zum UWG). Wer dann auch noch **parallel zur Abmahnung einen Verfügungsantrag stellt**, verstärkt die Gründe, einen Missbrauch anzunehmen (KG GRUR-RR 2012, 134 – *Neujahrskonzert 2011*, zum UWG); da in solchen Fällen keine Abmahnkostenerstattung anfällt (vgl. § 97a Rn. 12), kann in der Geltendmachung der Abmahnkostenerstattung ohne Erwähnung des parallelen Verfügungsantrages zugleich ein Betrugsversuch nach § 263 StGB liegen (KG GRUR-RR 2012, 134 – *Neujahrskonzert 2011*, zum UWG). **Getrennte Abmahnungen oder Klagen gegen verschiedene Verletzer** wegen einer einheitlichen Verletzung sind dann grundsätzlich unzulässig, wenn die Verletzer miteinander verbunden sind (z. B. Unternehmen und Geschäftsführer; konzernverbundene Unternehmen) und ohne Nachteile als Streitgenossen in Anspruch genommen werden könnten (BGH GRUR 2013, 176 Tz. 23 – *Ferienluxuswohnung*; BGH GRUR 2006, 243 Tz. 16 f. – *Mega Sale*, zum UWG und dort zu einer gemeinschaftlichen Werbeanzeige von drei Konzerngesellschaften), dadurch höhere Kosten entstehen und nicht zu befürchten ist, dass die einzelnen Verfahren einen unterschiedlichen Verlauf nehmen (KG WRP 2012, 1140, 1141 m. Anm. *Menke* WRP 2012, 1143; OLG Hamm ZUM-RD 2010, 135, 140; Köhler/Bornkamm/*Köhler/Feddersen*³⁵ § 8 UWG Rn. 4.16 m. w. N.). Den Rechteinhabern steht es jedoch frei, ihre Rechte gegen verschiedene – nicht verbundene – Rechtsverletzer mit unterschiedlicher Intensität zu verfolgen (OLG Köln ZUM 2012, 583, 584). Jedoch soll es rechtsmissbräuchlich sein, einen bloßen **Störer** (vgl. Rn. 154 ff.) in Anspruch zu nehmen, wenn gegen den – personenverschiedenen – Täter bereits erfolgreich vorgegangen wurde (OLG Köln GRUR- RR 2013, 49, 50 f. – *Kirschkerne*). Etwas anderes muss gelten, wenn die Inanspruchnahme des Störers der Vorbeugung weiterer Verletzungen – auch durch andere Täter – dient, vor allem wenn der Täter trotz strafbewehrter Unterlassungserklärung oder gerichtlichem Titel weiterhandelt (vgl. Rn. 159 ff.). **Mehrere Anspruchsberechtigte**, also z. B. Urheber und ausschließlicher Rechteinhaber, können **getrennt** vorgehen, wenn sie sich unabhängig von einander verhalten. Konzernunternehmen, die ihr Vorgehen koordinieren, müssen aber gemeinsam vorgehen (s. zum UWG BGH GRUR 2000, 1089, 1091 – *Missbräuchliche Mehrfachverfolgung*; bei fehlender Konzernverbindung OLG München GRUR-RR 2002, 119 – *Rechtsmissbrauch*). Bei der Erstattung der Kosten für (nicht missbräuchliche) Abmahnungen ist zu beachten, dass **getrennte Abmahnungen** durch denselben Anwalt nur einen einzigen Erstattungsanspruch auslösen können, wenn die Abmahnungen dieselbe Angelegenheit betrafen (vgl. § 97a Rn. 41). Der Umstand, dass mit der **Abmahnung mehr Verletzungshandlungen** gerügt werden, **als später eingeklagt** werden, lässt nicht auf einen Rechtsmissbrauch schließen (BGH GRUR 2013, 176 Tz. 25 – *Ferienluxuswohnung*). Ein **bewusst überhöhter Streitwert** ist für sich genommen nicht ausreichend, um einen Rechtsmissbrauch anzunehmen (BGH GRUR 2013, 176 Tz. 25 – *Ferienluxuswohnung*; OLG Köln GRUR-RR 2013, 341, 342 – *überhöhter Streitwert*, auch zu § 263 StGB).

Widersprüchliches Verhalten kann rechtsmissbräuchlich sein, wenn der Berechtigte einen Vertrauenstatbestand schafft, zu dem er sich nicht nach Treu und Glauben in Widerspruch setzen darf, z.B. vorherige Auskunftserteilung, dass keine Rechte am Werk bestehen und spätere Anspruchsstellung (BGH GRUR 2013, 717 Tz. 46 – *Covermount*, dort i. E. § 242 BGB abgelehnt), oder Suchmaschinenoptimierung und später Vorgehen wegen Nutzung durch Suchmaschinen (OLG Jena K&R 2008, 301, 306). Zur Verwirkung vgl. § 102 Rn. 11 ff. Es verstößt gegen § 242 BGB, wenn der **Gerichtsstand** grundsätzlich allein danach ausgewählt wird, dass er vom Sitz des Gegners möglichst weit entfernt liegt (KG GRUR-RR 2008, 212, 212 – *Fliegender Gerichtsstand*; ferner auch LG Braunschweig GRUR-RR 2008, 214, 215 – *Massenabmahner*, wegen Streuung der Gerichtsstände). Die Inanspruchnahme des „fliegenden Gerichtsstandes" bei Filesharing-Fällen begründet aber für sich genommen keinen Rechtsmissbrauch (LG Frankfurt aM. CIPR 2012, 86; s. jetzt aber § 104a). Ein Rechtsmissbrauch, insbesondere in Filesharing-Fällen, kann nicht daraus hergeleitet werden, dass der Gläubiger die **Rechtsverletzungen durch Dritte selbständig ermitteln lässt** und seine Anwälte bevollmächtigt, weitgehend selbständig Vergleichsverhandlungen zu führen (OLG Köln ZUM 2012, 583, 584). – Ist die **öffentliche Hand Rechteinhaber** – z. B. als gesetzlicher Erbe, vgl. § 28 Rn. 2 –, kann insbesondere der Gleichsatz des Art. 3 Abs. 1 GG die Geltendmachung von Ansprüchen einschränken (OLG München ZUM-RD 2012, 479, 485 – *Mein Kampf*). Allerdings darf Ungleiches ungleich behandelt werden. Insbesondere **bei nationalsozialistischen Werken** ist ein urheberrechtliches Vorgehen des staatlichen Rechteinhabers nicht schon deshalb rechtsmissbräuchlich, weil die angestrebte (urheberrechtsverletzende) Nutzung ansonsten rechtskonform ist und nicht gegen Strafvorschriften verstößt (OLG München ZUM-RD 2012, 479, 484 – *Mein Kampf*). – Zu **Zwangslizenzen** vgl. Vor §§ 31 ff. Rn. 83 ff.

     192a

Rechtsfolge eines missbräuchlichen Vorgehens ist das Erlöschen des Anspruches. Bei **Abmahnungen** besteht kein Kostenerstattungsanspruch nach § 97a Abs. 3 S. 1 (BGH GRUR 2013, 176 Tz. 20 – *Ferienluxuswohnung*), ggf. eine Rückforderungsmöglichkeit nach § 812 Abs. 1 S. 1 1. Alt. BGB sowie ein Kostenerstattungsanspruch für erforderliche (vgl. § 97a Rn. 38 ff.) Anwaltskosten aus § 826 BGB (s. LG Berlin v. 18.1.2007 – Az. 16 O 570/06). Insoweit kann auch der abmahnende Anwalt als Gesamtschuldner in Anspruch genommen werden, sofern er vorsätzlich handelte. Ein **Unterlassungsvertrag** kann aus wichtigem Grund gekündigt werden (§ 314 BGB). Eine **Klage** ist wegen fehlender Prozessführungsbefugnis als unzulässig abzuweisen (str.; BGH GRUR 2006, 243 Tz. 22 – *Mega Sale*; s. a. *Teplitzky*[11] Kap. 13 Rn. 50 m. w. N. zum Streitstand). Das gilt allerdings **nicht, wenn nur die Abmahnung, aber nicht die Klage rechtsmissbräuchlich** ist (BGH GRUR 2013, 176 Tz. 17 f. – *Ferienluxuswohnung*; a. A. OLG Hamm ZUM-RD 2010, 135, 140). Insoweit gilt anderes als im UWG, weil es im UWG – anders als im Urheberrecht – eine Vielzahl von anderen Klageberechtigten gibt, die trotzdem noch gegen das Unrecht vorgehen können.

     193

Zur **Verjährung** der Ansprüche aus § 97 vgl. § 102 Rn. 4. Zur **Verwirkung** vgl. § 102 Rn. 11 ff.

     194

VII. Durchsetzung der Ansprüche

195 Die Durchsetzung der Ansprüche aus § 97 richtet sich im Wesentlichen nach den aus dem UWG und dem übrigen gewerblichen Rechtschutz bekannten Regeln (dazu Köhler/Bornkamm/*Bornkamm*[35] § 12 UWG; *Nordemann*[11] Rn. 982 ff.). Es gibt nur wenige Besonderheiten:

1. Abmahnung

196 Auch im Urheberrecht gilt wegen § 93 ZPO eine grundsätzliche Abmahnlast. Diese Abmahnung ist seit der Umsetzung der Enforcement-RL in § 97a speziell geregelt (s. die Kommentierung dort).

2. Zuständigkeit der Gerichte

197 Die örtliche, sachliche und funktionale Zuständigkeit der Gerichte ist bei §§ 104a, 105 kommentiert, s. die Kommentierungen dort.

3. Einstweiliges Verfügungsverfahren

198 a) **Verfügungsanspruch:** Das einstweilige Verfügungsverfahren eignet sich wegen seines vorläufigen Charakters grundsätzlich nur für die Verfolgung von **Unterlassungsansprüchen** (vgl. Rn. 29 ff.). Zulässig ist auch eine **Sicherungsverfügung** im Hinblick auf **Vernichtungs- oder Herausgabeansprüche** (vgl. § 98 Rn. 38). Ausnahmsweise kann auch **Auskunft** begehrt werden, sofern die Voraussetzungen des § 101 Abs. 7 vorliegen (vgl. § 101 Rn. 39 f.). – Eine **negative Feststellung** des angeblichen Verletzers, der sich zu Unrecht angegriffen fühlt, kann nur im Klagewege verfolgt werden. Eine „negative Feststellungsverfügung" gibt es nicht.

199 b) **Verfügungsgrund:** Für den Erlass einer einstweiligen Verfügung muss neben dem Verfügungsanspruch auch ein Verfügungsgrund vorliegen. Ist schon der Verfügungsanspruch zu verneinen, muss der Verfügungsgrund nicht mehr geprüft werden (OLG Köln GRUR-RR 2005, 228). Der Verfügungsgrund ist für jeden Streitgegenstand (vgl. Rn. 49 ff.) gesondert festzustellen (*Berneke* WRP 2007, 579, 587). Er kann für eine einstweilige Verfügung nach h. M. nicht auf die **Vermutung** des § 12 Abs. 2 UWG (§ 25 UWG a. F.) gestützt werden; diese gilt **nicht** – auch nicht analog – für Urheberrechtsverletzungen (OLG Naumburg ZUM 2013, 149 Tz. 4 (juris); OLG Frankfurt MMR 2010, 681; OLG Stuttgart ZUM-RD 2009, 455, 457; KG GRUR-RR 2003, 262 – *Harry Potter Lehrerhandbuch*; KG NJW-RR 2001, 1201 – *Urheberrechtsschutz für Gartenanlage*; OLG Hamburg ZUM 2009, 72, 74 juris Tz. 36 – *Kartenausschnitte*; OLG Hamburg ZUM-RD 1998, 272, 273 – *Tomb Raider*; OLG Köln GRUR 2000, 417; OLG München ZUM-RD 2012, 479, 485 – *Mein Kampf*; *Retzer* GRUR 2009, 329, 331 m. w. N.; *Gutsche* FS Nordemann I S. 82; *Teplitzky*[11] Kap. 54 Rn. 20b m. w. N.; offen OLG Celle GRUR 1998, 50 – *Amiga-Betriebssystem*; a. A. OLG Karlsruhe GRUR 1994, 726, 728 – *Bildschirmmasken*). Vielmehr soll die **Darlegungs- und Beweislast** dafür, dass die Voraussetzungen der §§ 935, 940 ZPO erfüllt sind, beim verletzten **Anspruchsteller** liegen (OLG Hamburg ZUM 2007, 917). Ganz konsequent ist das nicht, weil im Markenrecht tw. die vorgenannten Gerichte die Analogiebildung erlauben (KG MarkenR 2008, 219; KG GRUR-RR 2004, 303, 305 – *automobil TEST*; OLG Hamburg WRP 1998, 326: OLG Köln GRUR 2001, 424, 425; krit. dazu *Teplitzky*[11] Kap. 54 Rn. 20c; a. A. OLG München GRUR 2007, 174 – *Wettenvermittlung*). Jedenfalls sollte das Urheberrecht als absolutes Recht nicht entscheidend schlechter stehen als das bloße Verhaltensunrecht nach UWG (so zu Recht OLG Karlsruhe GRUR 1994, 726, 728 – *Bildschirmmasken*). Ein wirksamer Urheberrechtschutz wird überdies vom EU-Recht als allgemeiner Grundsatz des Gemeinschaftsrechts angeordnet (vgl. Rn. 5). Deshalb müssen zumindest die §§ 935, 940 ZPO **großzügig zugunsten des Verletzten** ausgelegt werden, weil das einstweilige Verfahren im Regelfall unverzichtbarer Bestandteil eines wirksamen Rechtsschutzes ist.

Für die §§ 935, 940 ZPO ist eine **Interessenabwägung** erforderlich (OLG **200** Naumburg ZUM 2013, 149 Tz. 8 (juris); Zöller/*Vollkommer*[31] § 940 ZPO Rn. 4; Thomas/Putzo/*Seiler*[37] § 940 ZPO Rn. 5; Musielak/*Huber*[14] § 940 ZPO Rn. 4; s. a. *Retzer* GRUR 2009, 329, 331). Es kommt – schon mangels Geltung des § 12 Abs. 2 UWG analog – nicht bloß darauf an, die „Dringlichkeitsfrist" (vgl. Rn. 203) einzuhalten. Die schutzwürdigen Interessen beider Seiten sind gegeneinander abzuwägen. Jedoch fällt diese Abwägung **im Zweifel zugunsten** des wirksamen Urheberschutzes und damit **des Rechteinhabers** aus.

Unhaltbar ist es vor diesem Hintergrund, den Verfügungsgrund zu verneinen, **201** weil die zu entscheidenden **Rechtsfragen** neue urheberrechtliche Grundsatzfragen aufwerfen (so aber KG GRUR-RR 2003, 262 – *Harry-Potter-Lehrerhandbuch*). Wirksamer Rechtsschutz darf nicht an ungeklärten rechtlichen Fragen scheitern, weil das Gericht das Recht kennen muss (*iura novit curia*). Auch bei Notwendigkeit einer Anwendung ausländischen Rechts kann einstweiliger Rechtsschutz nicht schlechthin versagt werden (OLG Köln ZUM 2007, 401, 402). Dagegen kann der Verfügungsgrund verneint werden, wenn die **Tatsachen** des Falls sich nicht hinreichend im Verfügungsverfahren aufklären lassen (KG CR 1994, 738; LG Köln ZUM 2003, 508, 511). Primär sollten das aber Fälle sein, in denen die Verletzungshandlung tatsächlich komplex ist und z. B. für eine abschließende Beurteilung ein Sachverständigengutachten im Hauptsacheverfahren eingeholt oder Zeugen persönlich gehört werden müssen. Für sich genommen kann aber nicht genügen, dass die Rechtekette kompliziert ist, weil ansonsten für das Werk niemals einstweiliger Rechtsschutz beansprucht werden könnte; mit Recht stellt deshalb OLG Celle GRUR 1998, 50 – *Amiga-Betriebssystem* für das Fehlen des Verfügungsgrundes nicht allein darauf ab, dass die Rechteinhaberschaft komplex war. Im Sinne eines wirksamen Urheberrechtsschutzes ist **zweitinstanzlicher Sachvortrag** großzügig zuzulassen und eine Nachlässigkeit gem. § 531 Abs. 2 ZPO im Zweifel abzulehnen. Das gilt beispielsweise, wenn die komplizierte Rechtekette erst in der mündlichen Verhandlung der ersten Instanz relevant bestritten wird (OLG Hamburg GRUR-RR 2003, 135, 136 – *Bryan Adams*).

Zu Gunsten des Antragstellers spricht vor allem sein **Interesse an einem wirksa- 202 men Rechtsschutz.** Droht eine erstmalige Verletzung oder eine Fortsetzung der Verletzung, droht ihm grundsätzlich ein irreparabler Nachteil, der nicht mehr ungeschehen gemacht werden kann (OLG Naumburg ZUM 2013, 149 Tz. 9 (juris); LG Stuttgart ZUM-RD 2017, 232, 235 – *Linux*; ähnlich OLG München ZUM-RD 2012, 479, 485 – *Mein Kampf*). Dieser Nachteil sollte auch grundsätzlich schwerwiegend sein, weil nach deutschem Recht Primärrechtsschutz gilt und nicht der Grundsatz „dulde und liquidiere" (OLG Naumburg ZUM 2013, 149 Tz. 9, zit. nach juris; s. *Haft/Nack/Lunze/Heusch/Schohe/Joachim* GRUR Int. 2011, 927). Deshalb bleibt der Verfügungsgrund bestehen, wenn eine urheberrechtsverletzende Website nicht mehr von der Hauptseite, aber noch über Suchprogramme erreichbar ist (OLG Hamburg ZUM 2009, 72, 74 juris Tz. 38 – *Kartenausschnitte*; nur für den Ausnahmefall eines vorübergehenden „Tests" anders OLG Hamburg ZUM 2007, 917; LG Köln v. 18.3.2008 – 28 O 518/07; a. A. KG v. 19.6.2007 – 5 W 140/07 und LG München I v. 6.7.2007 – 7 O 11707/07). Teilweise wird jedoch ein Verfügungsgrund verneint, wenn der **Verstoß beendet** wurde **und keine Anhaltspunkte für eine Wiederaufnahme** der verletzenden Handlung bestehen (OLG München v. 25.7.2008, 6 W 1850/08, juris Tz. 5 f.). Umgekehrt ausgedrückt wird für einen Verfügungsgrund verlangt, dass die Verletzung des Rechts fortdauert und dem Verletzten daraus ein Schaden erwächst (OLG Köln v. 10.7.2015, Az. 6 U

195/14 juris Tz. 13; OLG Köln WRP 2014, 1085 juris Tz. 11). Das ist nicht überzeugend. Das Risiko, dass der Verletzer doch weiterhandelt, müsste der Verletzte tragen. Gegen eine solche Risikoverteilung steht schon die Vermutung der Wiederholungsgefahr bei vorangegangener Verletzung (vgl. Rn. 30). Für den Erlass einer einstweiligen Verfügung kann eine **Nachahmungsgefahr** sprechen, z. B. wenn eine unrechtmäßige Vervielfältigung den Eindruck erweckt, dass ein Werk nicht urheberrechtlich geschützt sei und daher von jedem anderen auch vervielfältigt werden könne (OLG Köln ZUM-RD 1998, 110).

203   Der Verletzte muss außerdem ein Interesse an einer dringlichen Rechtsverfolgung haben („**Dringlichkeit**"). Dieses Erfordernis ist nicht etwa durch die Enforcement-RL (vgl. Rn. 5) entfallen (OLG Düsseldorf GRUR-RR 2009, 157 – *Olanzapin-Eilverfahren*), auch wenn einige EU-Mitgliedstaaten eine Dringlichkeit nicht voraussetzen. Wartet der Verletzte nach Kenntnis zu lange mit der Antragstellung, ist das dringlichkeitsschädlich. Die „**Dringlichkeitsfrist**" ab Kenntnis wird von den OLGen **unterschiedlich** gesehen; hier gilt nichts anders als für das UWG (eingehend mit Nachweisen Köhler/Bornkamm/*Köhler*[35] § 12 UWG Rn. 3.15b; *Nordemann*[11] Rn. 1559). OLG München (GRUR 1992, 328; genauso LG München I ZUM-RD 2001, 203, 205), OLG Nürnberg, OLG Jena (WRP 1997, 703 nach *Orth*), OLG Hamm (OLG Hamm MMR 2009, 628) und OLG Köln (GRUR 2000, 167) sind mit einer starren Frist von 1 Monat am strengsten. Das Kammergericht arbeitet mit einer starren Frist von 2 Monaten (KG MD 2011, 803; KG MD 2009, 427). Die anderen Gerichte wenden flexiblere Fristen von 1 bis 2 Monaten je nach Einzelfall an, bei triftigen Gründen auch länger: Das OLG Düsseldorf hat im Regelfall bei mehr als 2 Monaten Zweifel an der Dringlichkeit (OLG Düsseldorf NJWE-WettbR 1999, 15), das OLG Karlsruhe betont die 1-Monats-Regel, will aber Abweichungen im Einzelfall zulassen (OLG Karlsruhe WRP 2007, 822, 823), während das OLG Stuttgart im Regelfall 2 Monate, jedenfalls aber 3 Monate als dringlichkeitsschädlich ansieht (OLG Stuttgart ZUM-RD 2009, 455, 457; LG Stuttgart ZUM-RD 2017, 232, 235 – *Linux*). Das OLG Rostock (nach *Koch* WRP 2002, 191, 196) gesteht 2 bis 3 Monate zu. OLG Hamburg WRP 1996, 774 verwahrt sich gegen feste Zeitgrenzen, krit. ist hier schon 1 Monat bei völliger Untätigkeit, 6 Wochen bei zwischenzeitlicher Abmahnung und Weihnachten/Jahreswechsel sind nicht dringlichkeitsschädlich (OLG Hamburg GRUR-RR 2008, 385); so i. E. OLG Frankfurt WRP 2001, 951, s. a. WRP 1990, 836 f., wo es unter besonderen Umständen 4 1/2 Monate noch akzeptiert hat. 6 Monate dürften aber im Regelfall bei allen Gerichten zu lang sein (KG NJW-RR 2001, 1201, 1202 – *Urheberrechtsschutz für Gartenanlage*). Ein „Taktieren" und Zeigen von Kooperationsbereitschaft im Hinblick auf weitere Aufträge kommt dem Rechteinhaber nicht zugute (KG NJW-RR 2001, 1201, 1202 – *Urheberrechtsschutz für Gartenanlage*). Insb. kann ein triftiger Grund für eine längere Frist aber gegeben sein, wenn der Verfügungsantrag mit größerem Aufwand verbunden ist, z. B. bei längeren Rechteketten oder bei ausländischen Antragstellern wegen des Übersetzungs- und Abstimmungsaufwandes. Bei Überschreiten der o. g. „Richtwerte" muss der Anspruchsteller aber substantiiert vortragen, dass er bei der notwendigen Beschaffung von Glaubhaftmachungsmitteln zügig und mit dem gebotenen Nachdruck vorgegangen ist (OLG Stuttgart ZUM-RD 2009, 455, 458).

204   Das eigene Verhalten des Verletzten kann auch noch **während des Verfügungsverfahrens** die ursprünglich gegebene Dringlichkeit wegfallen lassen. So wenn er ein Versäumnisurteil gegen sich ergehen lässt (OLG Frankfurt WRP 1995, 502) oder sich die Frist zur Berufungsbegründung verlängern lässt (OLG Hamm NJWE-WettbR 1996, 169 f.; OLG Nürnberg GRUR 1987, 727; OLG Frankfurt GRUR 1993, 855 Ls.; KG GRUR 1999, 1133 Ls.), nicht hingegen, wenn er nur die gesetzlichen Fristen ausschöpft (a. A. OLG Düsseldorf NJWE

1997, 27, 28; dagegen mit Recht KG NJW-RR 1993, 555 f. m. w. N.; OLG München GRUR 1992, 328; OLG Köln NJWE-WettbR 1997, 176, 177; OLG Karlsruhe WRP 1997, 811, 812; OLG Hamm NJW-RR 1993, 366, 367; s. zum Ganzen *Teplitzky* WRP 2013, 1414, 1417); das gilt auch für die Vollziehungsfrist (a. A. OLG Düsseldorf WRP 1999, 865, das nur ein Zuwarten von 2 Wochen für nicht dringlichkeitsschädlich hält). Wer nach Erlass einer Verfügung ohne besonderen Grund nicht vollstreckt, handelt dringlichkeitsschädlich (KG MD 2010, 951 m. w. N.; *Danckwerts* GRUR-Prax 2010, 473). Fraglich ist, ob der Verfügungsgrund auch dann entfällt, wenn der Antragsteller mit seinem Antrag in der ersten Instanz nicht durchdringt und **bei einem anderen Gericht neu stellt** („Forum-Shopping"). Wird in einem solchen Fall der Antrag zurückgenommen und innerhalb der Dringlichkeitsfrist bei einem anderen Gericht neu gestellt, kann das schon deshalb nicht dringlichkeitsschädlich sein, weil der Antragsteller dadurch in besonderem Maße zeigt, wie dringlich ihm der Erlass der Verfügung ist (KG GRUR-RR 2017, 128 juris Tz. 3; OLG Düsseldorf (Kartellsenat) GRUR 2006, 782, 785; OLG Hamburg (3. Senat) GRUR-RR 2002, 226; ebenso OLG Hamburg (3. Senat) BeckRS 2010, 11000; zustimmend *Schmidhuber/Haberer* WRP 2013, 436, 439; jurisPK-UWG/*Hess*[4] § 12 UWG Rn 137; Fezer/*Büscher*[3] § 12 UWG Rn 87; a. A. OLG München WRP 2011, 364, 366 – *Programmpaket LIGA total*; OLG Frankfurt GRUR 2005, 972 – *Forum-Shopping*; zustimmend *Danckwerts* GRUR 2008, 763, 766 m. w. N.; *Teplitzky* GRUR 2008, 34, 39). Jedoch muss dann etwas anderes gelten, wenn der Antrag deshalb zurückgenommen und neu gestellt wird, um eine Beteiligung des Antragsgegners am Verfahren zu verhindern (KG GRUR-RR 2017, 128 juris Tz. 3; OLG Hamburg GRUR 2007, 614, 614 – *forum-shopping*: Rücknahme nach Anberaumung einer mündlichen Verhandlung); das ist zu vermuten, wenn der Antragsgegner den früheren Antrag bei einem anderen Gericht verschweigt (KG GRUR-RR 2017, 128 juris Tz. 3). Nicht zulässig ist auch, wenn ein Verfügungsantrag bei einem Gericht neu gestellt wird, während er noch bei einem anderen Gericht rechtshängig ist (OLG Hamburg GRUR-RR 2010, 266, 267 – *forum-shopping II*). Schließlich begibt sich ein Antragsteller des Verfügungsgrundes, wenn er nach Ablehnung seines Antrages beim Landgericht seinen Antrag zurücknimmt und bei einem anderen Gericht neu stellt (KG GRUR-RR 2017, 128 juris Tz. 3; jurisPK-UWG/*Hess*[4] § 12 UWG Rn 137) oder die sofortige Beschwerde zwar einlegt, aber ausdrücklich mit der Begründung warten will, bis das Erstgericht seine Nichtabhilfeentscheidung begründet hat (KG MarkenR 2008, 219). **Veränderte Umstände**, z. B. die plötzliche Verstärkung der Verletzung, lassen die Dringlichkeit auch nach langem Zuwarten wieder aufleben (OLG Koblenz GRUR 1996, 499 f.; OLG Frankfurt AfP 1987, 528; *Traub* WRP 1981, 16 m. w. N.; *Nordemann*[11] Rn. 1559).

Die **„Frist" beginnt erst ab positiver Kenntnis der Tatumstände beim Rechtein-** **205** **haber** zu laufen. Die Kenntnis ist – wie die Ansprüche aus § 97 – **werkbezogen** zu verstehen. Eine Kenntnis anderer Rechtsverletzungen ist unschädlich (OLG Hamburg ZUM 2009, 575, 578 – *Ich & Ich*; OLG Köln ZUM-RD 1998, 110; LG Hamburg ZUM 2009, 582, 587 – *Zattoo*). Also muss zu der Kenntnis, dass ein bestimmtes Ladengeschäft ständig illegale Tonträger verkauft, auch die Kenntnis kommen, dass das streitgegenständliche Werk dort illegal genutzt wird. Bei einer Internetdownloadplattform muss die Kenntnis des Rechteinhabers vom Upload des streitgegenständlichen Werkes gegeben sein; auch wenn er im Hinblick auf andere Verletzungen noch nie gegen die Plattform vorgegangen ist, besteht im Hinblick auf ein neu upgeloadetes Werk eine neue Dringlichkeit, weil es im Belieben des Rechteinhabers steht zu entscheiden, jetzt zumindest im Hinblick auf dieses Werk vorzugehen. Dringlichkeitsschädlich ist es nach einer Auffassung, wenn gegen eine **aufgrund Erstbegehungsgefahr dro-**

hende Handlung zunächst **nicht vorgegangen** wird, sondern erst nach Verletzung. Das erscheint als wenig überzeugend; der Gläubiger muss zuwarten können, ob der Schuldner die Verletzung überhaupt begeht (OLG München Mitt. d. PA. 1999, 223, 227; OLG Hamburg GRUR-RR 2002, 345, 346 – *SAP*; OLG Hamburg CR 2000, 658; ferner Harte/Henning/*Retzer*[4] § 12 UWG Rn 315; a. A. OLG Stuttgart ZUM-RD 2009, 455, 459 m. w. N.; OLG Köln WRP 1997, 872; KG NJW-RR 2001, 1201, 1202). Allerdings besteht kein Verfügungsgrund mehr, wenn ein Gläubiger gegen eine **frühere Verletzung des Werkes oder der Leistung nicht vorgegangen** ist, sofern es sich qualitativ um die kerngleiche Rechtsfrage handelt, mag die neue Verletzung auch in einen etwas anderen Sachverhalt eingekleidet sein (OLG Hamburg GRUR-RR 2010, 57, 58; *Koch/Vykydal* WRP 2005, 688; Harte/Henning/*Retzer*[4] § 12 UWG Rn 315). Das wird insbesondere relevant, wenn die frühere Verletzung eine andere Nutzungsart betrifft. Für die Frage der Kenntnis gelten die allgemeinen Grundsätze der **Wissenszurechnung** (§ 166 BGB); maßgeblich ist das Wissen der Personen, die beim Rechteinhaber für die Geltendmachung von Urheberrechtsverstößen oder deren Ermittlung zuständig sind (OLG Frankfurt WRP 2013, 1068, 1069; OLG Köln WRP 1999, 222; sog. Wissensvertreter); dabei kann es sich auch um außenstehende Dritte handeln, allerdings nur wenn sie ausdrücklich zu Wissensvertretern bestellt wurden (OLG Hamburg GRUR-RR 2006, 374, 376 – *Neueröffnung*; a. A. OLG Frankfurt WRP 2013, 1068, 1069, zu externen Rechtsanwälten, unter Berufung auf BGHZ 117, 104, 106). Allerdings ist hier auch zu beachten, dass Großunternehmen sich nicht hinter ihrer arbeitsteiligen Arbeitsweise verstecken dürfen; der Einzelunternehmer, der alles weiß, soll nicht schlechter fahren als das Großunternehmen (OLG Frankfurt NJW 2000, 1961, 1962). **Fahrlässige Unkenntnis** beseitigt die Dringlichkeit **nicht**; niemand ist zur Marktbeobachtung verpflichtet (OLG Köln GRUR-RR 2003, 187, 188; *Nordemann*[11] Rn. 1559 m. w. N.; *Teplitzky*[11] Kap 54 Rn. 29). Umstritten ist, ob auch grob fahrlässige Unkenntnis genügt (dafür: OLG München MD 2007, 973; Köhler/Bornkamm/*Köhler*[35] § 12 UWG Rn 3.15a; *Teplitzky* FS Loschelder S. 391, 393 ff.; Harte/Henning/*Retzer*[4] § 12 UWG Rn 312; dagegen: OLG Köln GRUR-RR 2003, 1187, 1188; OLG Hamburg WRP 2008, 149, 150; Fezer/*Büscher*[3] § 12 UWG Rn. 80; jurisPK-UWG/*Hess*[2] § 12 UWG Rn. 93; offen: OLG Stuttgart MD 2009, 165), was angesichts der auch bei grob fahrlässiger Unkenntnis eintretenden Verjährung aber naheliegt. Die Gerichte, die eine grobe Fahrlässigkeit nicht genügen lassen, helfen sich allerdings mit einer großzügigen Annahme einer positiven Kenntnis, wenn eindeutige Anhaltspunkte dafür vorliegen. Teilweise wird auch darauf abgestellt, dass sich ein Unternehmen der Kenntnis nicht „bewusst verschließen" darf (OLG Hamburg GRUR-RR 2010, 57, 58; jurisPK-UWG/*Hess*[2] § 12 Rn 93; Fezer/*Büscher*[3] § 12 UWG Rn 80 m. w. N., was der groben Fahrlässigkeit sehr nahe kommt; jedoch ist grob fahrlässige Unkenntnis, also ein bewusstes Sich-Verschließen, schädlich (OLG Hamburg WRP 1999, 683, 684; Köhler/Bornkamm/*Köhler*[35] § 12 UWG Rn. 3.15a).

206   Auf **Schuldnerseite** fällt gegen den Verfügungsgrund ins Gewicht, welche Nachteile er durch die Verfügung erleiden würde. Beispielsweise kann sein **Schaden aus der Vollziehung der Verfügung** besonders hoch sein (KG GRUR-RR 2004, 303, 306 – *automobil TEST*; OLG München GRUR 1988, 709, 710; OLG Celle GRUR 1998, 50 – *Amiga-Betriebssystem*), insb. wenn ein Herstellungs- oder Vertriebsverbot angeordnet wird, oder er ist aus anderen Gründen dringend auf die Nutzung angewiesen (OLG Naumburg ZUM 2013, 149 Tz. 10 f. (juris)). Ist die einstweilige Verfügung nicht offensichtlich berechtigt, kann in diesen Fällen eine **Sicherheitsleistung** gem. § 921 S. 2 ZPO durch das Gericht angeordnet werden (s. KG NJW-RR 1986, 1127, 1128); von der Verneinung des Verfügungsgrundes sollte nur zurückhaltend Gebrauch gemacht werden, um eine wirksame Rechtsverfolgung zu gewährleisten (deshalb zw. OLG Celle GRUR 1998, 50 – *Amiga-Betriebssystem*). Eine Sicherheitsleistung ist auch denkbar, wenn die Vermögensverhältnisse des Gläubigers die Realisierung von Schadensersatzansprüchen nach Aufhebung unwahrscheinlich machen (KG GRUR-RR 2004, 303, 306 – *automobil TEST* m. w. N.).

Im Urheberrecht werden einstweilige Verfügungen zumeist **ohne jede Anhörung** des Gegners erlassen. Das ist insbesondere im Hinblick auf Verfahrengrundrechte nicht völlig unproblematisch (OLG Hamburg GRUR 2007, 614 – *forum-shopping*), insb. wenn eine Anhörung zur Klärung des Sachverhaltes sinnvoll erscheint. Ein Gehör im Wege der Abmahnkorrespondenz erscheint aber im Regelfall als genügend. Auch ansonsten sollte das Anhörungserfordernis nicht überbetont werden (eingehend *Danckwerts* GRUR 2008, 763, 764 ff.; strenger *Teplitzky* GRUR 2008, 34; s. a. *Teplitzky* WRP 2017, 1163 unter Verweis auf BVerfG v. 6.6.2017, Az. 1 BvQ 16/17 Tz. 10 f. = WRP 2017, 1073). Jegliche Anhörung verbietet sich ohnehin, wenn diese den Schuldner warnen und das Ziel des Verfügungsantrages zunichte machen würde wie z. B. bei der Sicherungsverfügung (vgl. § 98 Rn. 38). Zur Schutzschrift vgl. Rn. 211. Bei Verletzung von Verfahrengrundrechten kommt auch eine Verfassungsbeschwerde gegen eine Einstweilige Verfügung in Betracht (BVerfG v. 6.6.2017, Az. 1 BvQ 16/17 Tz. 10 f. = WRP 2017, 1073). **207**

Soweit auf die Geltendmachung von Unterlassungsansprüchen durch einstweilige Verfügung im Wege eines *pactum de non petendo* verzichtet werden soll, kann das unzulässig sein (vgl. Vor §§ 31 ff. Rn. 211). **208**

Zu **internationalen Aspekten** der Durchsetzung im einstweiligen Verfügungsverfahren, insb. im Lichte des TRIPS und der EUGVÜ s. *Grosheide* GRUR Int. 2000, 310; ferner vgl. Vor §§ 120 ff. Rn. 102. **209**

c) Glaubhaftmachung: Glaubhaftmachungsmittel sind **Urkunden** (§§ 415 ff. ZPO), **eidesstattliche Versicherungen** (§ 294 Abs. 1 ZPO) und **präsente Zeugen** (§ 254 Abs. 2 ZPO); sie können auch durch eine **anwaltliche Versicherung** ersetzt werden. Die pauschale Versicherung des Anspruchstellers, der Tatsachenvortrag der Antragsschrift sei zutreffend, reicht nicht aus (BGH NJW 1988, 2045 f.: „Unsitte"). **210**

d) Vollziehung der einstweiligen Verfügung: Eine einstweilige Verfügung muss vollzogen werden, § 929 Abs. 2 ZPO; s. die einschlägige Literatur hierzu. Die fehlende Vollziehung kann die Beklagte mit dem Widerspruch und der Berufung geltend machen. Bei urheberrechtlichen Verfügungen kann es zu unwirksamen Vollziehungen kommen, wenn der Unterlassungsantrag mit seiner Darstellung der konkreten Verletzungsform (vgl. 46 ff.) **farbig** sind. In der Rechtsprechung ist noch nicht abschließend geklärt, ob auch eine schwarzweiße Zustellung bei ursprünglich farbiger Urschrift ausreichend ist. Einige OLGe lehnen eine ordnungsgemäße Vollziehung in solchen Fällen aus formalen Gründen ab (OLG Frankfurt GRUR 2009, 995 – *farbige Skulpturen*; OLG Hamburg GRUR-RR 2007, 406 – *farbige Verbindungsanlage*; LG Magdeburg DGVZ 2010, 159 m. w. N.). Nach einer anderen Auffassung ist eine schwarzweiße Zustellung wirksam, wenn dadurch die Ermittlung des Verbotsumfangs nicht erschwert wird (OLG Köln GRUR-RR 2010, 175 – *farbige Lichtbilder im Beschlusstenor*). Dieser Auffassung ist der Vorzug zu geben. Nur schwerwiegende Abweichungen, also solche in wesentlichen Punkten, führen zur Unwirksamkeit der Zustellung (BGH NJW 2001, 1653, 1654). Das ist nicht der Fall, wenn die in der einstweiligen Verfügung enthaltenen farbigen Ablichtungen allein der Identifizierung urheberrechtswidrig verwendeter Lichtbilder dienen. Im Einzelfall kann eine farbige Darstellung jedoch erforderlich sein, um den Inhalt und/oder Umfang eines Verbots bestimmen zu können. **210a**

4. Schutzschrift

211 Wer als Anspruchsgegner mit einem Antrag auf Erlass einer einstweiligen Verfügung rechnet, kann Schutzschriften hinterlegen, um auch im Fall einer Entscheidung ohne mündliche Verhandlung gehört zu werden (allg. *Teplitzky* NJW 1989, 1667; *Nordemann*[11] Rn. 1552 ff. mit Muster zum UWG; *Ahrens/Spätgens*[4] Kap 6 Rn. 1 ff.). Sie ist in der ZPO jetzt ausdrücklich geregelt (§§ **945a, 945b ZPO**). Einzelheiten regelt die auf dieser Grundlage erlassene Verordnung über das elektronische Schutzschriftenregister (Schutzschriftenregisterverordnung – SRVO). Die Schutzschrift muss beim zentralen elektronischen Schutzschriftenregister (ZSSR) über das „besondere Elektronische Anwaltspostfach" (bEA) elektronisch hinterlegt werden (näheres https://www.zssr.justiz.de sowie https://schutzschriftenregister.hessen.de/). Wenn der Antrag abgelehnt oder zurückgenommen wird, hat der Antragsgegner auf Kostenantrag Anspruch auf Kostenerstattung (BGH GRUR 2003, 456 – *Kosten einer Schutzschrift*); das gilt sogar bei Hinterlegung nach Rücknahme des Verfügungsantrags, wenn vorher der Verfahrensbevollmächtigte des Antragsgegners den Auftrag zur Erstellung der Schutzschrift schon entgegengenommen hatte (BGH GRUR 2007, 727, 728 – *Kosten der Schutzschrift II*: 0,8 Gebühr gem. Nr. 3101 Nr. 1 VV RVG).

5. Abschlussschreiben, Abschlusserklärung

212 Nach erfolgreicher Geltendmachung eines **Anspruchs** im Verfügungsverfahren muss der Antragsteller zunächst die Reaktion des Antragsgegners abwarten. Er muss ihm deshalb nach Vollziehung der einstweiligen Verfügung noch angemessene Zeit zur Entscheidung lassen, ob der Antragsgegner die Sache ausfechten will (OLG Dresden NJWE 1996, 138; OLG Karlsruhe WRP 1996, 922 f.; OLG München NJWE 1998, 255). Die **Wartefrist** beträgt mindestens **zwei Wochen** (OLG Hamburg WRP 2014, 483, 485; OLG Celle WRP 1996, 757, 758; OLG München NJWE-WettbR 1998, 255; jurisPK-UWG/*Hess*[2] § 12 UWG Rn. 138, 140), eher sogar 1 Monat (OLG Stuttgart WRP 2007, 688). Diese Frist ist nicht starr, sondern kann bei besonderen Umständen auch für einen längeren Zeitraum gelten (OLG Frankfurt GRUR-RR 2003, 294 – *Wartefrist*), z. B. bei komplexer Rechtslage, vielen Beteiligten, oder ausländischen Anspruchsgegnern. Nach Ablauf der Wartefrist versendet der Gläubiger ein sog. **Abschlussschreiben**, in dem er den Schuldner auffordert, die einstweilige Verfügung als endgültige Regelung anzuerkennen und ggf. die noch offenen übrigen Ansprüche (z. B. Schadensersatzansprüche) zu erledigen (Muster bei *Nordemann*[11] Rn. 1594). Wird die Hauptklage erhoben, ohne dass dem das Abschlussschreiben voranging, so riskiert der Kläger die Auferlegung der Kosten nach § 93 ZPO, wenn der Beklagte den Anspruch sofort, d. h. innerhalb der Frist für die Verteidigungsanzeige (§ 271 Abs. 2 ZPO), anerkennt. Zu den **Kosten** des Abschlussschreibens vgl. § 97a Rn. 73 f. Für den Kostenerstattungsanspruch gilt § **97a Abs. 3 S. 1, nicht aber § 97 Abs. 2 analog** (vgl. § 97a Rn. 76). Es ist also für den Schuldner zur Kostenvermeidung sinnvoll, schon innerhalb der Wartefrist unaufgefordert zu reagieren.

213 Inhaltlich muss die **Abschlusserklärung das Ziel erreichen, den Titel aus dem Verfügungsverfahren einem endgültigen Titel gleichzustellen.** Deshalb muss der Schuldner umfassend auf seine Rechtsmittel aus § 924 ZPO (Widerspruch), § 926 ZPO (Anordnung Klageerhebung) und nach § 927 ZPO (Aufhebung der Verfügung wegen veränderter Umstände) verzichten, sofern sie noch nicht verbraucht sind (BGH GRUR 1991, 76, 77 – *Abschlusserklärung*; BGH GRUR 1989, 115 – *Mietwagenmitfahrt* m. w. N.). Allerdings muss der Schuldner nicht vollständig alle Rechte aus § 927 ZPO aufgeben, weil sein Verzicht nur so weit gehen muss, wie auch ein rechtskräftiger Hauptsachetitel gehen würde. Gegenüber einem rechtskräftigen Hauptsachetitel kann der Schuldner noch die

Einwendungen erheben, die eine Vollstreckungsgegenklage aus § 767 ZPO erlauben. Deshalb sollte der Schuldner formulieren, dass er die einstweilige Verfügung **„als nach Bestandskraft und Wirkung einem rechtskräftigen Hauptsachetitel entsprechend anerkennt und demgemäß auf alle Rechte verzichtet, soweit auch ein Vorgehen gegen einen rechtskräftigen Hauptsachetitel ausgeschlossen wäre"** (s. *Teplitzky*[11] Kap. 43 Rn. 8; *Nordemann*[11] Rn. 1598).

Auch wenn der Unterlassungstenor in unzulässiger Weise unbestimmt ist (dazu vgl. Rn. 44), meint der BGH, dass **eingrenzende Hinweise** bei Abschlusserklärungen nicht möglich seien (BGH GRUR 2005, 692, 694 – *„statt"-Preis*). Zumindest bei ohne Begründung erlassenen einstweiligen Verfügungen sollte aber eine Ausnahme zugelassen werden, wenn ihnen Antragsschriften zugrunde liegen, die für einen Antrag mehrere Begründungen und damit mehrere Streitgegenstände einführen (vgl. Rn. 52). Der Schuldner kann nicht wissen, welche Begründung aus der Antragsschrift sich das Gericht bei Erlass der Verfügung zu Eigen gemacht hat. Er hat danach ein berechtigtes Interesse daran klarzustellen, inwieweit er die einstweilige Verfügung anerkennt (*Nordemann*[11] Rn. 1600; s.a. OLG Köln WRP 1998, 791, 794 – *Regional beschränkte Abschlusserklärung*). Auf eine Abschlusserklärung, deren Bestand vom **Ergebnis eines Parallelverfahrens abhängig** gemacht wird, braucht der Verletzte sich nicht einzulassen (BGH GRUR 1991, 76 f. – *Abschlusserklärung*). Bei mangelhafter Abschlusserklärung muss der Gläubiger dem Schuldner **Gelegenheit zur Nachbesserung** geben (OLG Stuttgart WRP 1996, 152, 153). Eine ausreichende Abschlusserklärung lässt das **Rechtsschutzbedürfnis** für die Hauptsacheklage entfallen (BGH GRUR 2005, 692, 694 – *„statt"-Preis*).

214

Eine nur **mündlich abgegebene Erklärung** ist nicht ausreichend (KG GRUR 1991, 258 – *Mündliche Abschlusserklärung*). Ein **Fax** des Verletzers wahrt zwar die ihm gesetzte Frist; der Gläubiger hat aber Anspruch auf Nachsendung eines unterschriebenen Originals (s. BGH GRUR 1990, 530, 532 – *Unterwerfung durch Fernschreiben*).

215

6. Klage, negative Feststellungsklage

Unterlassungs-, Auskunfts- und Sicherungsansprüche, die sich für das einstweilige Verfahren eignen (vgl. Rn. 198), können selbstredend auch nur im ordentlichen Klageverfahren geltend gemacht werden. Es muss allerdings zur Vermeidung der Kostenfolge des § 93 ZPO vorher abgemahnt werden (vgl. § 97a Rn. 75). Fand vorher ein einstweiliges Verfügungsverfahren statt, muss der Gläubiger vorher ein Abschlussverfahren durchlaufen (vgl. Rn. 212 ff.). Tw. wird auch der im Verfügungsverfahren unterlegene Antragsgegner dem Antragsteller eine **Frist zur Erhebung der Hauptklage** nach § 926 ZPO setzen lassen, wenn er sich davon etwas verspricht (andere Beweislage, günstigere BGH-Rechtsprechung). Andere Ansprüche, insb. Schadensersatz-, Beseitigungs- und Herausgabeansprüche, können nur im ordentlichen Klageverfahren geltend gemacht werden.

216

Der angebliche Verletzer, der sich zu Unrecht angegriffen fühlt, kann das über eine negative Feststellungsklage klären. Das **Feststellungsinteresse** (§ 256 Abs. 1 ZPO) besteht grundsätzlich nur, wenn dem Recht oder der Rechtslage des Kl. eine gegenwärtige Gefahr der Unsicherheit droht und wenn das erstrebte Urteil geeignet ist, diese Gefahr zu beseitigen (s. BGH NJW 2010, 1877 Tz. 12; *Zöller/Greger*[31] § 256 Rn. 7). Insbesondere können Rechtsberühmungen ein solches Feststellungsinteresse auslösen. Damit kann **negative Feststellungsklage** erhoben werden, um eine etwaige Schadensersatzpflicht des zu Unrecht Abmahnenden dem Grunde nach zu klären (vgl. § 97a Rn. 16), wenn ein Drehbuchautor sich berühmt, sein Drehbuch sei bei einer Verfilmung verwendet worden und er deshalb Zahlungsansprüche erhebt (KG ZUM-RD 2009, 379, 381), außerdem wenn die Klärung der angeblichen Unterlassungsansprüche dazu dient, Rechtssicherheit z. B. für er-

217

neute, gleichartige Sachverhalte in der Gegenwart und in der Zukunft zu erlangen (BGH GRUR 1985, 571, 572 – *Feststellungsinteresse*; LG München I GRUR-RR 2008, 44, 46 – *Eine Freundin für Pumuckl*; LG Stuttgart MMR 2008, 63 ff. für die versehentliche Abmahnung von Privaten). Bei unberechtigter Abmahnung auf Unterlassung kann der Verletzer aber auch positive Gegenansprüche stellen (vgl. § 97a Rn. 52 ff.). Das negative Feststellungsinteresse entfällt nachträglich, wenn der Anspruchsteller ebenfalls (ggf. durch (Leistungs-) Widerklage) klagt und seine Klage nicht mehr einseitig zurückgenommen werden kann (BGHZ 99, 340, 342 – *Parallelverfahren*). Zu Fragen des Gerichtsstands und des Verhältnisses zur positiven Unterlassungsklage *Schotthöfer* WRP 1986, 14; s. ferner OLG Köln WRP 1986, 428. Eine **Abmahnung** vor Klageerhebung ist nur in Ausnahmefällen erforderlich (BGH GRUR 2006, 168, 169 – *Unberechtigte Abmahnung*; BGH GRUR 2004, 790, 792 – *Gegenabmahnung*; OLG Stuttgart MMR 2011, 833). Umstände, unter denen ausnahmsweise eine Gegenabmahnung als erforderlich angesehen wurde, sind: Offensichtlich unzutreffende Ausgangsannahmen in der ursprünglichen Abmahnung, bei deren Richtigstellung mit einer Revision der Auffassung des angeblich Verletzten (= zu Unrecht Abmahnenden) gerechnet werden kann (BGH GRUR, 168, 169 – *Unberechtigte Abmahnung*; BGH GRUR 2004, 790, 792 – *Gegenabmahnung*; KG ZUM-RD 2009, 379, 381; *Teplitzky*[11] Kap. 41 Rn. 74 m. w. N.); eine längere Zeitspanne seit der Abmahnung, in der entgegen der Androhung keine gerichtlichen Schritte erfolgt sind (BGH GRUR 2004, 790, 792 – *Gegenabmahnung*; s. a. OLG Stuttgart NJWE-WettbR 2000, 100, 101, wo 5 Monate zwischen Abmahnung und Klageerhebung als zu kurz angesehen wurden, um einen solchen Fall anzunehmen); Zurückweisung eines auf Erlass einer einstweiligen Verfügung gerichteten Antrags durch das Gericht und fehlende Weiterverfolgung des behaupteten Unterlassungsanspruchs durch den Abmahnenden (OLG Oldenburg WRP 2004, 652, 653).

7. Zwangsvollstreckung von Unterlassungstiteln

218 Unterlassungstitel werden nach den §§ 890, 891 ZPO vollstreckt. Einstweilige Verfügungen müssen vorher vollzogen (§ 929 ZPO), Hauptsachetitel müssen mit Vollstreckungsklausel zugestellt sein. Ein Insolvenzverfahren gegen den Schuldner hindert die Zwangsvollstreckung gegen ihn wegen Verstoßes gegen eine Unterlassungsverpflichtung nicht (KG GRUR 2000, 1112).

219 Eine Bestrafung des Schuldners kommt nur für Handlungen in Betracht, die zwar nicht dem Wortlaut des Titels, wohl aber den Charakteristika der durch ihn verbotenen Verletzungshandlung entsprechen (sog. „**Kerntheorie**"; ausführlich hierzu vgl. Rn. 41 ff.). Zu einer Mehrzahl von Verstößen BGH GRUR 2001, 758, 759 – *Trainingsvertrag*; *Mankowski* WRP 1996, 1144; *Ulrich* WRP 1997, 93; *Schuschke* WRP 2000, 1008 m. w. N. Eine Bestrafung gem. §§ 890, 891 ZPO setzt **eigenes Verschulden** voraus (BVerfGE 84, 82). § 278 BGB findet keine Anwendung. Der **Schuldner trägt** für sein fehlendes Verschulden die **Darlegungs- und Beweislast** (OLG Köln WRP 1981, 546). Die Rechtsprechung ist streng. Irrelevant ist die Berufung auf eine entsprechende Beratung seines Anwalts (OLG Frankfurt NJW-RR 1996, 1071). Der Schuldner muss alles Zumutbare *tun*, um Verstöße zu verhindern. Der Schuldner muss seinen Mitarbeitern oder Beauftragten **mitteilen**, dass ihm per Androhung von Ordnungsmitteln bis € 250.000,-, ersatzweise Ordnungshaft, die entsprechende Handlung verboten wurde und sie angesichts dessen schriftlich auffordern, die relevanten Handlungen zu unterlassen. Nur dann können die Beauftragten und Mitarbeiter die Bedeutung ihres Handelns richtig einschätzen (OLG Nürnberg WRP 1999, 1184, 1185; OLG Hamburg NJW-RR 1993, 1392). Verletzungsstücke sind aber nur zurückzuziehen, wenn er darüber noch die Verfügungsgewalt, insb. Eigentum, hat (**str.**, a. A. die BGH-Rechtsprechung, vgl. Rn. 40a). Der Gläubiger sollte deshalb einen Rückrufsanspruch gesondert nach § 98 Abs. 2 geltend machen (vgl. § 98 Rn. 23 ff.). Nach der Rechtsprechung muss muss der Schuldner bei rechtswidriger öffentlicher Wiedergabe sicherstellen, dass nur noch seine korrigierte Homepage – auch über Suchmaschinen – abrufbar ist, was zweifelhaft ist (vgl. Rn. 40a). Ausnahmsweise wurde ein **Verschulden verneint,** wo das Unterlassungsgebot mehrere Jahre ordnungsgemäß befolgt und erst dann ein „Ausreißer" passiert war (OLG Frankfurt NJWE 1996, 156). Kein Verschulden liegt auch vor, wenn ein Host Provider als Störer zu zumutbaren Filteraktivitäten verpflichtet wurde, Verletzungen Dritter über seine Plattform aber nur mit unzumutbarem Aufwand ermittelbar waren (BGH GRUR 2007, 708, 712 Tz. 47 – *Internet-Versteigerung II*).

Für die **Höhe** der Ordnungsstrafe sind alle Umstände des Einzelfalles zu betrachten und der Grundsatz der Verhältnismäßigkeit zu beachten (BGH GRUR 2017, 318 Tz. 16 – *Dügida*). Die Ordnungsmittel des § 890 ZPO dienen als zivilrechtliche Beugemaßnahme – präventiv – der Verhinderung künftiger Zuwiderhandlungen. Daneben stellen sie – repressiv – eine strafähnliche Sanktion für die Übertretung des gerichtlichen Verbots dar (BGH GRUR 2017, 318 Tz. 17 – *Dügida* m. w. N.). Die Bemessung der Ordnungsmittel muss damit primär mit Blick auf den Schuldner und dessen Verhalten vorgenommen werden. Zu berücksichtigen sind insb. Art, Umfang und Dauer des Verstoßes, der Verschuldensgrad, der Vorteil des Verletzers aus der Verletzungshandlung und die Gefährlichkeit der begangenen und möglichen künftigen Verletzungshandlungen für den Verletzten. Eine Titelverletzung soll sich für den Schuldner nicht lohnen (BGH GRUR 2017, 318 Tz. 17, 26 – *Dügida* m. w. N.; BGH GRUR 2004, 264, 268 – *Euro-Einführungsrabatt*). Das OLG Köln schöpft deshalb zu Recht den vollen aus dem Verstoß erzielten Gewinn ab (WRP 1987, 569). Ferner müssen auch die wirtschaftlichen Verhältnisse des Zuwiderhandelnden berücksichtigt werden (BGH GRUR 2017, 318 Tz. 18 ff. – *Dügida*). Im Beschwerdeverfahren gilt ein Verschlechterungsverbot (BGH GRUR 2017, 318 Tz. 29 – *Dügida* m. w. N.). **220**

Im Übrigen kann für die Zwangsvollstreckung aus urheberrechtlichen Titeln auf die Ausführungen zur wettbewerbsrechtlichen Unterlassungsvollstreckung verwiesen werden; s. *Teplitzky*[11] Kap. 57 Rn. 1 ff.; *Nordemann*[11] Rn. 1649 ff. **221**

8.   Ansprüche aus (strafbewehrtem) Unterlassungsvertrag

Häufig ist der Schuldner eines Unterlassungsanspruches nach Abmahnung durch den Gläubiger nicht an einer gerichtlichen Auseinandersetzung interessiert und gibt deshalb eine strafbewehrte Unterlassungserklärung ab (vgl. Rn. 32 ff.). Kommt danach ein (strafbewehrter) Unterlassungsvertrag zustande, kann das verschiedene Ansprüche des Gläubigers auslösen. Für das **Zustandekommen** einer Unterlassungsvereinbarung gelten die **allgemeinen Vorschriften** (BGH GRUR 2010, 355 Tz. 17 ff. – *Testfundstelle*; eingehend auch *Nordemann*[11] Rn. 930 m. w. N.). Mithin bedarf es eines **Angebots und dessen Annahme,** damit eine Unterlassungsvereinbarung abgeschlossen wird. Nimmt der Schuldner die vom Gläubiger in der Abmahnung angebotene Unterlassungserklärung ohne Änderungen innerhalb der Abmahnfrist an, ist eine solche Vereinbarung geschlossen. Ein vom Schuldner verändert angenommenes Angebot ist ein neues Angebot des Schuldners; auch dieses muss der Gläubiger grundsätzlich annehmen (§ 150 Abs. 2 BGB). Im Zweifel ist davon auszugehen, dass der Schuldner – um die Wiederholungsgefahr entfallen zu lassen (vgl. Rn. 32 ff.) – sein Angebot unbefristet (trotz § 147 Abs. 2 BGB) abgibt. Nur dann kann ein Verzicht auf den Zugang der Annahmeerklärung gem. § 151 BGB unterstellt werden, wenn die Unterlassungserklärung nicht oder zumindest nicht in einem wesentlichen Punkt von demjenigen abweicht, was der Anspruchsteller insoweit verlangt hat (BGH GRUR 2002, 824, 825 – *Teilunterwerfung*; OLG Köln GRUR-RR 2010, 339 – *Matratzen im Härtetest*). Es würde zu weit gehen, für jede Unterlassungserklärung von einem Verzicht auf eine Annahme auszugehen (a. A. wohl Köhler/Bornkamm/*Bornkamm*[35] § 12 UWG Rn 1.161). Formulie- **221a** rungen des Schuldners wie „die Angelegenheit ist damit erledigt, und wir schließen unsere Akte" können aber für einen Verzicht sprechen. Nimmt der Gläubiger die Unterlassungserklärung an, kommt der Unterlassungsvertrag grundsätzlich erst **im Zeitpunkt der Annahme zustande** (BGH GRUR 2006, 878 Tz. 17 ff. – *Vertragsstrafenvereinbarung*). Das kann dem Schuldner über kleine Änderungen der vom Gläubiger angebotenen Erklärung erlauben, noch einige Tage herauszuholen. Der Abgemahnte muss **nicht zwingend die vom Gläubiger angebotene Unterlassungserklärung annehmen**. Er kann auch eine selbst formulierte Unterlassungserklärung abgeben, wenn nur seine Erklärung den geltend gemachten Anspruch in vollem Umfang erledigt (OLG Köln ZUM-RD 2011, 686).

221b   **Unterlassungsverträge** sind nach den auch sonst für die Vertragsauslegung geltenden Grundsätzen **auszulegen**. Maßgeblich ist danach der wirkliche Wille der Vertragsparteien (§§ 133, 157 BGB). Bei seiner Ermittlung sind neben dem Erklärungswortlaut die beiderseits bekannten Umstände wie insbesondere die Art und Weise des Zustandekommens der Vereinbarung, deren Zweck, die Wettbewerbsbeziehung zwischen den Vertragsparteien sowie deren Interessenlage heranzuziehen (BGH GRUR 2010, 167 Tz. 19 – *Unrichtige Aufsichtsbehörde*). Bei offensichtlich falscher Verwendung von urheberrechtlichen Begrifflichkeiten (z. B. „Verbreiten" statt richtig „öffentlich zugänglich zu machen") kann die Unterlassungserklärung kontra Wortlaut in dem Sinne auslegt werden, dass die öffentliche Zugänglichmachung zu unterlassen war (BGH GRUR 2015, 258 Tz. 58 – *CT-Paradies*: „falsa demonstratio non nocet"). Bei der Auslegung ist auch auf Auslegungsgrundsätze für Unterlassungsurteile zurückzugreifen. Für die Frage, ob eine **Verletzung** vorliegt, kann grundsätzlich auf die Auslegung des gesetzlichen Unterlassungsanspruchs zurückgegriffen werden; denn im Zweifel wollte der Schuldner den gesamten gesetzlichen Unterlassungsanspruch erledigen. Danach ist insbesondere auf die „**Kerntheorie**" (vgl. Rn. 41 ff.) zu verweisen (zum UWG: BGH GRUR 2010, 749 Tz. 45 – *Erinnerungswerbung im Internet*; BGH GRUR 1998, 483, 485 – *Der M.-Markt packt aus*; BGH GRUR 1996, 290, 291 – *Wegfall der Wiederholungsgefahr*; zum UrhG: OLG Köln ZUM-RD 2011, 18, 19 – *The Disco Boys*). Nach der BGH-Rechtsprechung umfasst der vertragliche Unterlassungsanspruch auch Beseitigungs- und Rückrufspflichten; zum Ganzen vgl. Rn. 40a. Im Zweifel wollten die Parteien streitige Fragen abschließend klären (BGH GRUR 2010, 167 Tz. 21 – *Unrichtige Aufsichtsbehörde*, zum UWG), sodass z. B. der Einwand der fehlenden Schutzfähigkeit (§ 2) oder der fehlenden Anspruchsberechtigung im Hinblick auf Ansprüche aus der Unterlassungsvereinbarung ausgeschlossen ist. Gibt der Schuldner eine Erklärung ab, die öffentliche Zugänglichmachung im Internet zu unterlassen, genügt zur Einhaltung nicht die Löschung des Links zwischen dem redaktionellen Beitrag und der Verletzung (Lichtbild), weil auch eine solche Verletzung im Zweifel von der Kerntheorie erfasst wird (OLG Karlsruhe GRUR-RR 2013, 206, 207 – *Brainstorming*). Vorformulierte Unterlassungserklärungen, die vom Schuldner angenommen werden, unterliegen der **AGB-Kontrolle** (BGH NJW 1993, 721, 722 f. – *Fortsetzungszusammenhang*). Eine vorformulierte Unterlassungserklärung, die auf das gesamte, nicht durch eine beigefügte Liste konkretisierte Musikrepertoire des Gläubigers gerichtet ist, ist nicht grundsätzlich AGB-rechtswidrig (OLG Düsseldorf ZUM-RD 2012, 135, 136). Denn nicht werkspezifische Unterlassungsansprüche bestehen, wenn viele verschiedene Werke gleichartig verletzt werden und eine Verletzung konkret belegt wird (vgl. Rn. 47a; BGH GRUR 2002, 248, 250 – *SPIEGEL-CD-ROM*). In anderen Konstellationen, vor allem bei fehlender Gleichartigkeit, kommt allerdings eine Unwirksamkeit nach § 307 BGB in Betracht. Eine unangemessene Benachteiligung im Sinne von § 307 Abs. 1 BGB liegt auch vor, wenn die in allgemeinen Geschäftsbedingungen geforderte Vertragsstrafe unter Berücksichtigung der maßgeblichen Faktoren (Schwere und Ausmaß der Zuwiderhandlung, Gefährlichkeit, Verschulden, Pauschalierung des zu erwartenden Schadens) ohne jegliche Differenzierung außergewöhnlich hoch ist, z. B. EUR 25.000 für eine durchschnittliche Verletzung (OLG Thüringen WRP 2012, 1012, 1013).

Bei **Verletzung** von strafbewehrten Unterlassungsverträgen kann der Gläubiger **221c** die **Vertragsstrafe einfordern**. Dafür muss **Verschulden** vorliegen (§§ 276, 278 BGB), was allerdings bei Verletzung vermutet wird (BGH GRUR 2017, 823 Tz. 33 – *Luftentfeuchter*). Der Vertragsstrafenschuldner muss sich nach den §§ 339, 286 Abs. 4 BGB entlasten, während im Ordnungsverfahren grundsätzlich der Gläubiger die Beweislast hat (*Steinbeck* GRUR 1994, 90, 92; *Nordemann*[11] Rn. 1650). Der Schuldner haftet – anders als nach § 890 ZPO im Bestrafungsverfahren wegen Verstoßes gegen einen gerichtlichen Unterlassungstitel – nach § 278 BGB auch für seine **Erfüllungsgehilfen**. Erfüllungsgehilfen sind beispielsweise seine Werbeagentur (BGH GRUR 1985, 1065, 1066 – *Erfüllungsgehilfe*; zu Affiliates: OLG Köln MMR 2010, 782 – *Betreiber von Affiliate-Programmen*), nicht aber der Vorbehaltskäufer bei einem Eigentumsvorbehalt (BGH GRUR 2017, 823 Tz. 20 ff. – *Luftentfeuchter*). Es ist für den Schuldner auch nicht möglich, nur eine Haftung bei schuldhafter Zuwiderhandlung im Sinne des § 890 ZPO zu versprechen, es sei denn, der Gläubiger lässt sich darauf freiwillig ein (OLG Frankfurt GRUR-RR 2003, 198, 199 – *Erlassvertrag*; *Teplitzky*[11] Kap. 8 Rn 29; *Nordemann*[11] Rn. 1675; a. A. *Traub* FS Gaedertz S. 563, 572; offen BGH GRUR 1999, 501 – *Vergleichen Sie*). Bei mehrfachen Verletzungen ist die Annahme eines **Fortsetzungszusammenhangs** unzulässig (vgl. Rn. 219 f. zu gerichtlichen Ordnungsgeldern), sondern nur die Berücksichtigung der etwaigen rechtlichen Einheit mehrerer Verstöße. Der Gläubiger hat also keinen Anspruch auf Ausschluss der Einrede des Fortsetzungszusammenhanges. Vereinbaren die Parteien den Ausschluss der Einrede des Fortsetzungszusammenhanges, ist der Schuldner nicht daran gebunden (*Teplitzky*[11] Kap. 8 Rn 30a, unter Verweis auf BGH GRUR 2001, 758, 759 – *Trainingsvertrag*; *Nordemann*[11] Rn. 931). Gleichartige Verletzungshandlungen sind bei natürlicher Handlungseinheit nur als eine einzige Verletzung einer strafbewehrten Unterlassungserklärung anzusehen, insbesondere wenn nur eine Löschungshandlung nicht unternommen wurde (BGH GRUR 2015, 258 Tz. 76 – *CT-Paradies*: 54 Lichtbilder, die nicht aus dem Internet herausgenommen wurden, stellen nur einen Verstoß dar). Für Verstöße gegen ein Vertragsstrafeversprechen nach **Hamburger Brauch** (vgl. Rn. 33) gilt § 315 BGB. An eine einmal bestimmte Bezifferung ist der Gläubiger gebunden (OLG Hamburg AfP 2003, 56). Die Geltendmachung einer Vertragsstrafe kann **rechtsmissbräuchlich** sein (BGH GRUR 2012, 949 Tz. 21 ff. – *Missbräuchliche Vertragsstrafe*). – Der Gläubiger kann **zusätzlich** zur Vertragsstrafe auch seinen **vertraglichen Unterlassungsanspruch** geltend machen. Schließlich kann der Gläubiger (zusätzlich zu der Vertragsstrafenforderung und dem vertraglichen Unterlassungsanspruch) einen **neuen gesetzlichen Unterlassungsanspruch** stellen, wofür es ein Rechtsschutzbedürfnis auch bei bestehendem strafbewehrtem Unterlassungsvertrag gibt (BGH GRUR 1980, 241, 242 – *Rechtsschutzbedürfnis*; OLG Frankfurt GRUR-RR 2009, 412 – *Abreißschreibtischunterlage*). Die Wiederholungsgefahr entsteht neu, weil sich die bisherige Strafdrohung als nicht ausreichend erwiesen hat. Der Schuldner kann den gesetzlichen Unterlassungsanspruch nur dadurch erledigen, dass er eine neue Unterlassungserklärung mit erheblich erhöhter Vertragsstrafe anbietet. In der Praxis wird das bisherige Vertragsstrafversprechen meist verdoppelt. Der zusätzliche gesetzliche Unterlassungsanspruch setzt allerdings voraus, dass eine Urheberrechtsverletzung zu Lasten des Gläubigers vorliegt; anders als bei den Ansprüchen aus dem Unterlassungsvertrag kann sich der Schuldner also mit deren Fehlen verteidigen.

221d   Im Hinblick auf eine **Beendigung des Unterlassungsvertrages** ist zu unterscheiden: Bei **Änderung der Rechtslage**, die den durch das Vertragsstrafeversprechen abgesicherten Unterlassungsanspruch gegenstandslos macht oder auch nur die Aktivlegitimation des Gläubigers entfallen lässt, ist der Unterlassungsvertrag wegen Wegfalls der Geschäftsgrundlage für die Zukunft **kündbar** (BGHZ 133, 316, 327 f. – *Altunterwerfung I*; BGHZ 133, 337 – *Altunterwerfung II*; etwas einschränkend BGH GRUR 1998, 953, 954 – *Altunterwerfung III*; *Teplitzky* WRP 1995, 275, 278; eingehend auch *Nordemann*[11] Rn. 932). Eine Änderung der Rechtslage ist **eine Gesetzesänderung** oder eine entsprechende **Änderung der höchstrichterlichen Rechtsprechung** (OLG Hamburg NJWE 2000, 129, 130 – *Roy Black* m. w. N.). Einer **Kündigung bedarf es** nur dann **nicht**, wenn ohne Zweifel feststeht, dass die von der Unterlassungserklärung umfasste Handlung jetzt legal ist (BGHZ 133, 316 – *Altunterwerfung I*). Das sollte insbesondere bei eindeutigem Ablauf der Schutzfrist (§ 64) der Fall sein; in einigen Fällen, z. B. bei Fotos, ist die Berechnung der Schutzfrist allerdings komplex (vgl. § 64 Rn. 16 f.). In diesen Fällen empfiehlt sich deshalb eine Kündigung. Gleiches gilt in Fällen mehrgliedriger Unterlassungsverpflichtungen, von denen eine obsolet ist. Eine vor Änderung der Rechtslage schon verwirkte Vertragsstrafe kann noch gefordert werden (KG GRUR 1995, 144, 146 f; a. A. LG Frankfurt WRP 1995, 67; *Heckelmann* WRP 1995, 166, 169). Auch ohne Änderung der Rechtslage kann ein Unterlassungsvertrag **wegen Verstoßes gegen das Kartellverbot** nach Art. 101 AEUV Abs. 1 (früher Art. 81 Abs. 1 EGV), § 1 GWB, § 134 BGB **unwirksam** sein. Das gilt dann, wenn der Unterlassungsvertrag dem Schuldner Wettbewerbsbeschränkungen auferlegt. Zur Frage, ob rechtswidriger Wettbewerb eine solche Beschränkung darstellt, vgl. Vor §§ 31 ff. Rn. 258. Überdies billigt das Kartellverbot Vertragsparteien bei Vergleichen einen Beurteilungsspielraum zu (EuGH Slg 1985, I-363, 385 – *BAT Cigaretten-Fabriken/Kommission*; BGH WuW/E BGH 2003, 2005 – *Vertragsstrafenrückzahlung*; Loewenheim/Meessen/Riesenkampff//Kersting/Meyer-Lindemann/ *Jan Bernd Nordemann*[3] GRUR Rn. 34 m. w. N.; a. A. MüKo GWB/*Säcker*[2] § 1 GWB Rn. 48). Die Grenze des Kartellverbotes ist also übertreten, wenn keine ernsthaften Anhaltspunkte für eine Urheberrechtsverletzung gegeben sind. **Nicht kündbar** – z. B. wegen Wegfalls der Geschäftsgrundlage – ist ein Unterlassungsvertrag, wenn der Schuldner nach Zustandekommen des Unterlassungsvertrages eine zuvor erlassene einstweilige Verfügung als endgültige Regelung durch eine **Abschlusserklärung** (vgl. Rn. 212) anerkennt (BGH GRUR 2010, 355 Tz. 25 – *Testfundstelle*).

9.   Kosten, Streitwert

222   Die Kosten für die Beschaffung der **Beweismittel** (z. B. des Buches oder der CD, worin sich die Rechtsverletzung verkörpert) sind im Verletzungsprozess nach § 91 ZPO zu erstatten, jedoch sind die Testkaufkosten nur Zug um Zug gegen Übergabe und Übereignung der gekauften Sache festzusetzen (KGR 2003, 163; OLG Stuttgart NJW-RR 1986, 978; nach Herausgabe entstehen dann aber wieder Ansprüche gegen den Verletzer nach § 98, weil er wieder Eigentümer ist; zur Kritik vgl. § 98 Rn. 15). Die **Kosten für Farbdrucke** oder **Farbkopien** im Originalschriftsatz für das Gericht sind nicht erstattungsfähig, Farbdrucke in Gegnerschriftsätzen werden allein nach Nr. 7000 Nr. 1 b) VV RVG erstattet (OLG Hamburg WRP 2012, 1461, 1462). Kosten für die Einholung eines **Privatgutachtens** sind erstattungsfähig, wenn eine verständige und wirtschaftlich vernünftig denkende Partei die Kosten auslösende Maßnahme ex ante als sachdienlich ansehen durfte. Die Erstattungsfähigkeit solcher Kosten setzt nicht zusätzlich voraus, dass das Privatgutachten im Rahmen einer ex-post-Betrachtung tatsächlich die Entscheidung des Gerichts beeinflusst hat (BGH NJW 2012, 1370 Tz. 12; enger: OLG Frankfurt GRUR 1994, 532, 533 – *Software-Prozess*: Ergebnisse müssen vom Gericht verwertet oder nur mit seiner Hilfe konnte die Rechtsverteidigung im Prozess sachgerecht vorbereitet werden). Andere Aufwendungen zur Ermittlung und Rechtsverfolgung können nur im Kostenerstattungsverfahren geltend gemacht werden, wenn sie der Vorbereitung eines konkret bevorstehenden Rechtsschutzes dienen (BGH GRUR 2006, 439, 440 – *nicht anrechenbare Geschäftsgebühr*). Insb. die Kosten einer Abmahnung (vgl. § 97a Rn. 31 ff.) können nur als Kostenerstattung nach § 97a und nicht als Schadensersatz nach § 97 Abs. 2 geltend gemacht werden (vgl. § 97a Rn. 76). Zu den Kosten eines Abschlussschreibens vgl. § 97a Rn. 73 f.

Bei Unterlassungs- und Beseitigungsansprüchen wird der Streitwert vom Gericht nach freiem Ermessen geschätzt (§ 3 ZPO); das Gleiche gilt für Abmahnungen, deren Streitwert nach § 23 Abs. 3 S. 2 RVG nach billigem Ermessen zu bestimmen ist (BGH GRUR 2016, 1275 Tz. 30 – *Tannöd*); beachte aber die Streitwertbegrenzung für Abmhanungen gem. § 97a Abs. 3 S. 2 (vgl. § 97a Rn. 43 ff.). Für die Streitwertbestimmung maßgebend ist das wirtschaftliche (§§ 15 ff. UrhG) oder ideelle (§§ 12–14 UrhG) Interesse des Klägers, künftige Verletzungen zu verhindern. Das Interesse an der Rechtsverfolgung richtet sich demgemäß weniger nach dem mit der bereits begangenen Zuwiderhandlung verbundenen wirtschaftlichen Schaden. Dies erfolgt aus einer „ex ante" Sicht (KG ZUM-RD 2011, 543). Der Streitwertangabe des Klägers kommt indizielle Bedeutung zu (BGH GRUR 1986, 93, 94 – *Berufungssumme*), ist aber aufgrund objektiver Faktoren zu überprüfen. Das wichtigste Merkmal ist der sog. Angriffsfaktor (Stellung des Verletzers und des Verletzten, Qualität der Urheberrechtsverletzung, drohender Verletzungsumfang, Art der Begehung des Rechtsverstoßes und eine hierdurch etwa begründete Gefahr der Nachahmung durch Dritte, subjektive Umstände auf Seiten des Verletzers wie z. B. Verschuldensgrad: BGH GRUR 2016, 1275 Tz. 34 – *Tannöd*; ferner KG ZUM-RD 2011, 543; Mayer/Kroiß/*Nordemann-Schiffel*[6] Anhang I Abschnitt V Rn. 13). Der Angriffsfaktor kann weit über den Umfang der tatsächlichen Verletzung hinausgehen, weil es gerade Sinn des Unterlassungsanspruches ist, nicht nur die vorliegende, sondern auch weitere kerngleiche Verletzungen zu verbieten. Der Gefährlichkeit der bereits begangenen Verletzungshandlung kommt bei der Wertbemessung deshalb Indizwirkung zu. Beispielsweise stellt ein rechtswidriger kostenloser Upload in einer Tauschbörse an einen unbegrenzten Kreis von Nutzern die kommerzielle Auswertung des Werks insgesamt in Frage (BGH GRUR 2016, 1275 Tz. 41 – *Tannöd*). Neben der Gefährlichkeit kann auch anderen, von der Verletzungshandlung unabhängigen Faktoren – etwa dem Grad der Wahrscheinlichkeit künftiger Zuwiderhandlungen – Rechnung zu tragen sein (BGH GRUR 2016, 1275 Tz. 35 – *Tannöd*). Außerdem ist auch der Marktwert des Werkes wertbildend (BGH GRUR 2016, 1275 Tz. 34, 39 – *Tannöd*)): Bei bekannten Hollywood-Filmen ist danach ein wesentlich höherer Streitwert anzunehmen als bei Fernsehfilmen, die nur einmal verwertbar sind. Werden mehrere Titel aufgrund einer einheitlichen Handlung fahrlässig verletzt, findet keine reine Addition, sondern eine Reduzierung der Einzelstreitwerte oder eine Pauschalbewertung statt (OLG Köln ZUM 2012, 697, 703, für Tauschbörsen-Fall); bei vorsätzlichen Handlungen kommt indes eine solche Privilegierung nicht in Betracht (OLG Hamburg ZUM 2009, 414, 416 – *Stay-Tuned III*). Der Gedanke einer wirksamen Abschreckung kann sich auch für wenig erhebliche Rechtsverstöße streitwerterhöhend auswirken (wie hier: OLG Hamburg GRUR-RR 2004, 342, 343 – *Kartenausschnitte*; ähnlich und auf die große Nachahmungsgefahr bei Rechtsverletzungen im Internet abstellend KG GRUR 2005, 88; ferner KG 24. ZS ZUM-RD 2011, 543; OLG Naumburg v. 24.5.2012 – 9 U 9/12 – Tz. 17, zit. nach juris). Zwar folgt dem die herrschende Auffassung nicht (BGH GRUR 2016, 1275 Tz. 42 – *Tannöd* m. w. N.; OLG Brandenburg ZUM-RD 2014, 347, 349; OLG Hamm v. 13.9.2012 – I-22 W 58/12 – m. w. N.; OLG Celle GRUR-RR 2012, 270 m. w. N.; OLG Braun-

223

schweig GRUR-RR 2012, 93 – *eBay-Produktfoto*; *Teplitzky*[11] Kap. 49
Rn. 14a). Auch sie betont jedoch, dass für die Streitwertfestsetzung die Nachahmungsgefahr durch Dritte berücksichtigt werden dürfe (BGH GRUR 2016,
1275 Tz. 34 – *Tannöd*), was letztlich nicht anders als der Abschreckungsge-
danke ist. Wenig überzeugend sind Versuche einiger Oberlandesgerichte, den
Streitwert nach einer mehrfachen Jahreslizenz zu berechnen (OLG Brandenburg ZUM-RD 2014, 347: Zehnfach; OLG Celle GRUR-RR 2012, 270: Drei-
fach; ähnlich OLG Schleswig ZUM 2010, 68, 69; OLG Hamm ZUM-RD
2013, 71 und OLG Nürnberg ZUM 2013, 410: Zweifach). Das erscheint als zu
schematisch und ist deshalb abzulehnen (BGH GRUR 2016, 1275 Tz. 38 ff. –
Tannöd m. w. N.; BGH ZUM 2016, 1037 2 ff. – *Die Päpstin*). Der drohende
Verletzungsumfang ist nur ein Faktor. Faktoren wie Qualität der Urheberechts-
verletzung, Vorsatz oder „nur" Fahrlässigkeit, Verschleierungsversuche und
Verhalten nach Abmahnung blieben außer Betracht. Bei **verschiedenen Streitge-**
genständen (vgl. Rn. 49 ff.) dürfen die jeweiligen Streitwerte **nicht einfach ad-**
diert werden, wenn sie sich in ihrem wirtschaftlichen Faktor überlagern. Vielmehr muss der Streitwert mit Blick auf die hilfsweise oder kumulativ geltend
gemachten Ansprüche nur angemessen erhöht werden, weil der Angriffsfaktor
unverändert bleibt (BGH GRUR 2016, 1300 Tz. 73 – *Kinderstube*; BGH WRP
2014, 192 Tz. 9 – *Streitwertaddition*). Im **Verhältnis einstweilige Verfügung/**
Hauptklage ist die Streitwertbemessung sehr unterschiedlich (s. a. *Norde-*
mann[11] Rn. 1666). Das Kammergericht legt in der Regel für das Verfügungsverfahren 2/3 des Hauptsachewertes zugrunde (KG ZUM-RD 2011, 543; KG
WRP 2005, 368, 369; genauso OLG Celle GRUR-RR 2012, 270). Das OLG
Hamburg setzt den gleichen Streitwert für beide Verfahren an (NJWE-WettbR
1996, 44; NJWE-WettbR 2000, 247 f.), das OLG Köln nur dann, wenn das
Verfügungsverfahren zur endgültigen Regelung führt (OLG Köln WRP 2000,
650). Die neu 2013 durch § 97a Abs. 3 in das UrhG aufgenommene Deckelung
für **private Urheberrechtsverletzungen** bezieht sich lediglich auf die Kostenerstattungsforderung für die Abmahnung. Verfehlt ist es deshalb, gleich den
Streitwert auch für das Gerichtsverfahren zu deckeln; es war vielmehr gerade
das Ziel der Novellierung, die Streitwerte für die gerichtliche Überprüfung
nicht anzutasten (BeschlE RAussch Unseriöse Geschäftspraktiken – BT-Drs.
17/14192, S. 4; vgl. § 97a Rn. 43). Die **Streitwertbemessungen** sind **regional**
unterschiedlich, s. für illegale Uploads von **Musik** in Filesharing-Netzwerken
(Überblick bei *Mantz* MMR 2014, 195): € 200.000 (OLG Köln ZUM 2012,
697, 703: 1147 Musiktitel); 964 Musiktitel € 50.000 (OLG Köln GRUR-RR
2010, 173 und ZUM 2011, 111, 115); 10 Titel € 15.000 und 5 Titel € 10.000
(OLG Hamburg GRUR-RR 2007, 375); € 6.000 1 aktueller Titel (OLG Frankfurt MMR 2014, 687); für den (gewerblichen) Verkauf eines Tonträgers bei
eBay: € 1.000 (AG Hamburg v. 12.7.2013 – 31c C 225/13), Angebot Konzert-
mittschnitt bei eBay € 12.500 für ein urheberrechtswidriges Angebot eines
Konzertmitschnittes auf eBay (OLG Hamburg ZUM-RD 2015, 664). **Filme:**
Illegaler Upload einer DVD in Tauschbörse: € 10.000, vor der DVD-Auswer-
tung auch darüber (BGH GRUR 2016, 1275 Tz. 59 – *Tannöd*; BGH ZUM
2016, 1037 Tz. 63 – *Die Päpstin*); € 10.000 für eine über eBay angebotene
DVD mit einem „Bootleg" der Gruppe „Genesis" (OLG Hamburg ZUM-RD
2015, 664, 665); **Computerspiele:** € 15.000 für illegalen Upload in Tauschbörse (LG Berlin ZUM 2014, 821, 824); für einen illegal upgeloadeten **Stadt-**
plan: € 10.000 in der Hauptsache (KG GRUR 2005, 88; dem folgend LG
Köln v. 10.4.2008 – 28 O 633/07); € 6.000 identisch für Verfügungs- und
Hauptsacheverfahren (OLG Hamburg GRUR-RR 2004, 342); Dreifacher Wert
des Schadensersatzanspruches = EUR 1.950 für die betreffende Kartengröße
(OLG Schleswig ZUM 2010, 68, 69); **Fotos** (Überblick bei *Lütke* GRUR-RR
2017, 129, allerdings teilweise noch mit der inzw. überholten Rspr. eines Vielfachen der Lizenzgebühr, s. o.): € 15.000,00 bei kommerzieller Verletzung im

Internet „noch vertretbar" (OLG München ZUM 2015, 585, dort auch Überblick über Rspr. anderer Gerichte); € 9.000 für gut sichtbares Produktfoto in gewerblichem Webshop in der Hauptsache oder in der Abmahnung, € 7.500 bei kommerzieller Verletzung (LG Hamburg BeckRS 2015, 01705), € 6.000 im Verfügungsverfahren (KG ZUM-RD 2011, 543), € 6000 bei kommerzieller Internetverletzung (LG Köln MMR 2014, 195), € 3000 bei kleingewerblicher oder privater Internetnutzung (OLG Köln v. 22.11.2011 – 6 W 256/11 – Tz. 3, zit. nach juris), € 3000 bis € 6000 für kommerzielle Internetverletzung (OLG Celle WRP 2016, 907, 908); € 900 (OLG Hamm GRUR-RR 2013, 39 m. w. N.) oder sogar nur € 300 (OLG Braunschweig GRUR-RR 2012, 93; OLG Nürnberg ZUM 2013, 410, 411) für Nutzung Produktfoto in privater eBay-Auktion; LG Düsseldorf ZUM-RD 2013, 204, 205: bei privater Nutzung abgestufter Gegenstandswert von € 375 bis € 3.000 möglich). Bei Bilderserien wird teilweise eine Degression befürwortet (OLG Köln MMR 2017, 191, 192: 9 Produktfotos im eigener Internetauftritt € 36.000 statt € 54.000; AG Düsseldorf GRUR-Prax 2012, 386: 50% ab dem 2. und weitere 50% ab dem 6. Foto). – Die **Streitwertminderung gem. § 12 Abs. 4 UWG** findet keine analoge Anwendung im Urheberrecht (BGH GRUR 2016, 1280 Tz. 73 – *Everytime we touch*; BGH GRUR 2016, 1275 Tz. 45 – *Tannöd*; BGH GRUR 2016, 176 Tz. 81 – *Tauschbörse I*; BGH GRUR 2016, 184 Tz. 74 – *Tauschbörse II*); für **Abmahnungen** gilt aber eine **Streitwertbegrenzung gem. § 97a Abs. 3 S. 2** (vgl. § 97a Rn. 43 ff.).

Bezifferte Anträge auf Schadensersatz werden mit ihrem Wert in die Streitwert-   **223a**
bemessung einbezogen. Bei **Feststellungsanträgen auf Schadensersatz**, die noch nicht beziffert sind, weil die Haftung nur dem Grunde nach festgestellt wird (vgl. Rn. 126), muss eine grobe Schätzung des voraussichtlichen Endergebnisses erfolgen, was naturgemäß schwierig ist. Dann ist ein weiterer Abschlag von 20% wegen des bloß feststellenden Antrages vorzunehmen (Zöller/*Herget*[31] § 3 Rn. 16 „Feststellungsklage"). Bei **negativen Feststellungsklagen** fällt ein solcher Abschlag nach allgemeiner Auffassung nicht an (BGH NJW-RR 1991, 957; KG ZUM-RD 2009, 379, 380 m. w. N.). Umstritten ist jedoch, ob der Streitwert mit dem Streitwert der spiegelbildlichen Leistungsklage aus Sicht des (negativ) Feststellungsbeklagten, mithin des potentiellen Klägers der Leistungsklage gleichzusetzen ist (so KG ZUM-RD 379, 380 mit umfassenden Nachw. zum Streitstand) oder ob es auf die Sicht des (negativen) Feststellungsklägers ankommt (OLG München GRUR 1986, 840; Harte-Bavendamm/Henning-Bodewig/*Retzer*[4] § 12 UWG Rn. 875; *Teplitzky*[11] Kap. 49 Rn. 36). Der erstgenannten Auffassung ist der Vorzug zu geben, weil ansonsten der Streitwert der Feststellungsklage und der sie erledigenden Leistungswiderklage (vgl. Rn. 217) nicht identisch wären. Zum Streitwert des **Vernichtungsanspruches** vgl. § 98 Rn. 36, des **Auskunftsanspruches** vgl. § 101 Rn. 90, des **Bestätigungsanspruches** vgl. § 101a Rn. 32 und des **Vorlageanspruches** nach § 101b vgl. § 101b Rn. 33. In Gerichtsprozessen, in denen die Abmahnkosten neben den abgemahnten Ansprüchen eingeklagt werden, wirken die **Abmahnkosten nicht streitwerterhöhend** (BGH GRUR-RR 2012, 136; s. a. § 43 GKG, § 4 Abs. 1 2. Hs. ZPO). Sie sind allerdings anteilig zu berücksichtigen, wenn der abgemahnte Anspruch nicht eingeklagt wird, z. B. weil die Abmahnung sich auch auf Unterlassungsansprüche bezog, die schon vor Klageerhebung erledigt wurden. Zum **Rechtsmissbrauch** durch Ansetzung eines überhöhten Streitwertes vgl. Rn. 192.

10. Aufrechnung

Die Aufrechnung ist gegenüber den Ansprüchen aus § 97 jederzeit zulässig   **224**
(§ 387 BGB). Ist der Gläubiger Treuhänder, so hängt die Zulässigkeit der Aufrechnung mit einer dem Schuldner gegen den Treugeber zustehenden Forde-

rung von der besonderen Art und Gestaltung des Treuhandverhältnisses ab (BGHZ 25, 360, 367). Den Schadensersatzansprüchen einer VG kann grundsätzlich nicht mit der Aufrechnung von Ansprüchen aus Rechtsbeziehungen des Schuldners zu dem ursprünglichen Inhaber der verletzten Urheberrechte begegnet werden (BGH GRUR 1968, 321, 327 – *Haselnuß*).

VIII. Verhältnis zu anderen Vorschriften

225   Da es sich bei den §§ 97 bis 103 um deliktsrechtliche Regelungen handelt, kann **zur ergänzenden Ausfüllung** der §§ 97 ff. **das allgemeine Deliktsrecht** der §§ 823 bis 853 angewendet werden. Das gilt insb. für die §§ 828, 829, 830 und 840 BGB.

226   Zu **weiteren Ansprüchen** bei Urheberrechtsverletzungen in den §§ **98 bis 103** neben den von § 97 gewährten Unterlassungs-, Beseitigungs- und Schadenersatzansprüchen vgl. Rn. 2 sowie die einzelnen Kommentierungen hierzu. § **97a** stellt allerdings für die Abmahnkostenerstattung (Verfolgungs- und Ermittlungskosten) eine gegenüber § 97 abschließende Spezialregelung dar (vgl. § 97a Rn. 76). § **102a** ordnet ausdrücklich an, dass Ansprüche außerhalb des UrhG unberührt bleiben; vgl. § 102a Rn. 1 ff., insb. für Ansprüche aus BGB (Bereicherungsrecht, GoA) und aus **Vertrag**. Zu den **gerichtlichen Zuständigkeiten** wegen Urheberrechtsverletzungen s. §§ 104, 104a und 105.

227   Die Rechteinhaber sollten bei urheberrechtlichen **Straftaten** auch prüfen, ob sie ihre Schadensersatzersatzansprüche mit Hilfe der staatlichen Ermittlungsbehörden im Wege der sog. **Rückgewinnungshilfe** verwirklichen (§§ **111b ff. StPO**; dazu eingehend *Hansen/Wolff-Rojczyk* GRUR 2007, 468 ff.; vgl. § 106 Rn. 49). Zur **Schadenswiedergutmachung im Adhäsionsverfahren gem.** §§ **403 ff. StPO** *Hansen/Wolff-Rojczyk* GRUR 2009, 644 ff.

228   Verwerter, die als Treuhänder für den Urheber oder Leistungsschutzberechtigten Nutzungsrechte wahrnehmen (insbesondere **Verwertungsgesellschaften** nach dem VGG) **sind grundsätzlich verpflichtet**, im Fall einer Verletzung der von ihnen wahrgenommen Rechte den Verletzer **auf Schadensersatz in Anspruch zu nehmen** (BGH GRUR 2011, 720 Tz. 19 – *Multimediashow*, dort auch zur Berechnung; s. a. §§ 38, 39 VGG).

228a   Zum Verhältnis des § 97 und dort insbesondere des Schadensersatzanspruches auf angemessene Lizenzgebühr und § 32 vgl. Rn. 92 ff.

IX. Anhang: Verletzungen in Internet-Tauschbörsen (Filesharing)

229   Urheberrechtsverletzungen durch Teilnahme an Internettauschbörsen werden massenhaft verfolgt und haben deshalb eine große praktische Bedeutung im Urheberrecht (s. dazu auch *Schwartmann/Möllmann/Bießmann*³ Kap. 32 Rn. 88 ff.; zu Verteidigungsstrategien aus Verbrauchersicht *Lutz* VuR 2010, 337 ff.; Überblick über die aktuelle Rechtslage bei *Specht* GRUR 2017, 42, 44 und *Obergfell* NJW 2016, 910, 913). Nachfolgend erfolgt ein Überblick über die wichtigsten urheberrechtlichen Fragestellungen und wo sie im Kommentar beantwortet werden:

230   Zunächst stellt sich die **Frage des Schutzes nach dem UrhG**, der aber im Regelfall anzunehmen sein dürfte. Bei **Musik** ist die Komposition und der Text im Regelfall nach § 2 Abs. 1 Nr. 2 geschützt, die Leistung der ausübenden Künstler ist mit einem Leistungsschutzrecht nach §§ 77 ff. belegt, hinzu kommt das Leistungsschutzrecht des Tonträgerherstellers (§ 85) und bei Liveaufnahmen zusätzlich des Veranstalters (§ 81). Bei **eBooks** ist der Text nach § 2 Abs. 1

Nr. 1 als Schriftwerk geschützt. Bei **Filmen** besteht urheberrechtlicher Schutz nach § 2 Abs. 1 Nr. 6 und Leistungsschutz nach § 94 bzw. § 95, bei **Software** nach § 2 Abs. 1 Nr. 1 und §§ 69a ff. Zur Problematik von „Chunks" vgl. Rn. 111, vgl. Rn. 146.

Verfolgt wird bei Teilnahme an Tauschbörsen im Regelfall der **rechtsverletzende Upload** der Datei mit geschützten Inhalt (§ 19a).   **231**

Der Rechteinhaber ermittelt im Regelfall eine **IP-Adresse**, die er gem. § 101   **232** Abs. 2, bei dynamischen IP-Adressen auch nach § **101 Abs. 9**, durch Auskunft des zuständigen Zugangsproviders mit einem Klarnamen eines Anschlussinhabers verbindet.

Danach erfolgt eine **Abmahnung des Anschlussinhabers**. Die **Kostenerstattung**   **233** dafür richtet sich nach § 97a (vgl. § 97a Rn. 31 ff.). Die Kostenerstattung kann aber nur noch verlangt werden, wenn der Anschlussinhaber als Täter oder Teilnehmer haftet. Bei Nutzung eines WLANs für die Verletzung (Regelfall) trifft den Anschlussinhaber jedoch keine Abmahnkostenerstattungspflicht mehr, wenn eine Haftung als Täter oder Teilnehmer ausscheidet. Die Störerhaftung und eine Abmahnkostenerstattung dafür sind seit 13.10.2017 (zur zeitlichen Anwendbarkeit vgl. Rn. 4a) abgeschafft (vgl. Rn. 172; vgl. Rn. 188a). s. zur Unterscheidung zwischen Täter- und Teilnehmerhaftung einerseits und Störerhaftung andererseits sogleich. Besteht keine Haftung, auch nicht als Störer, scheidet eine Kostenerstattung nach § 97a ohnehin aus, weil die Abmahnung nicht berechtigt ist (vgl. § 97a Rn. 33 ff.). Die unberechtigte Abmahnung löst Gegenansprüche des Abgemahnten aus (vgl. § 97a Rn. 52 ff.).

Zu Lasten des Anschlussinhabers besteht eine **tatsächliche Vermutung, dass er**   **234** **der Täter war** (vgl. Rn. 152). Kann er sich nicht entlasten und haftet er als Täter, können gegen ihn insbesondere Unterlassungsansprüche nach § 97 Abs. 1 (vgl. Rn. 39 ff.) und Schadensersatzansprüche in Form der angemessenen Lizenzgebühr nach § 97 Abs. 2 S. 3 (vgl. Rn. 86 ff., insbesondere vgl. Rn. 109 ff.) gestellt werden. Zu sonstigen Fragen der **Passivlegitimation** vgl. Rn. 145 ff. Speziell zur Gehilfenhaftung vgl. Rn. 153 ff.

Scheidet seine täterschaftliche Haftung aus, haftete der **Anschlussinhaber frü-**   **235** **her als Störer** (vgl. Rn. 154 ff., insbesondere vgl. Rn. 172); die Haftung ging aber nach der Rechtsprechung **nur auf Unterlassung** (vgl. Rn. 43). Bei Wiederholung der konkreten Verletzung oder nachhaltiger Verletzung von Prüfpflichten als Störer kommt überdies eine Teilnehmerhaftung in Frage (vgl. Rn. 153 ff.). **Seit 13.10.2017** (zur zeitlichen Anwendbarkeit vgl. Rn. 4a) haften **Betreiber privater und kommerzieller WLANs**, die nicht Täter oder Teilnehmer sind, nicht mehr als Störer, sondern **nur noch auf Sperrung gem.** § 7 Abs. 4 TMG; vgl. Rn. 172. Zur vorgerichtlichen und gerichtlichen Kostenerstattung vgl. Rn. 188a.

Der eigentliche Täter haftet neben dem Anschlussinhaber vor allem auf **Unter-**   **236** **lassung** nach § 97 Abs. 1 (vgl. Rn. 39 ff.) und **Schadensersatz** in Form der angemessenen Lizenzgebühr nach § 97 Abs. 2 S. 3 (vgl. Rn. 86 ff., insbesondere vgl. Rn. 109 ff.).

Gerichtliche Streitigkeiten können seit Inkrafttreten des neuen § 104a grund-   **237** sätzlich nur noch am Wohnsitzgericht des Verletzers ausgetragen werden, sofern es sich um eine Klage gegen eine natürliche Person wegen einer privaten Urheberrechtsverletzung handelt; s. die Kommentierung zu § 104a und zu § 105.

Zu den **Streitwerten** vgl. Rn. 223.   **238**

239   Zu sonstigen prozessualen Fragen vgl. Rn. 195 ff.

240   Zum Rechtsmissbrauch vgl. Rn. 189 ff.

§ 97a   Abmahnung

(1) Der Verletzte soll den Verletzer vor Einleitung eines gerichtlichen Verfahrens auf Unterlassung abmahnen und ihm Gelegenheit geben, den Streit durch Abgabe einer mit einer angemessenen Vertragsstrafe bewehrten Unterlassungsverpflichtung beizulegen.

(2) ¹Die Abmahnung hat in klarer und verständlicher Weise
1. Name und Firma des Verletzten anzugeben, wenn der Verletzte nicht selbst, sondern ein Vertreter abmahnt,
2. die Rechtsverletzung genau zu bezeichnen,
3. geltend gemachte Zahlungsansprüche als Schadensersatz- und Aufwendungsersatzansprüche aufzuschlüsseln und,
4. wenn darin eine Aufforderung zur Abgabe einer Unterlassungsverpflichtung enthalten ist, anzugeben, inwieweit die vorgeschlagene Unterlassungsverpflichtung über die abgemahnte Rechtsverletzung hinausgeht.
²Eine Abmahnung, die nicht Satz 1 entspricht, ist unwirksam.

(3) ¹Soweit die Abmahnung berechtigt ist und Absatz 2 Nummern 1 bis 4 entspricht, kann der Ersatz der erforderlichen Aufwendungen verlangt werden. ²Für die Inanspruchnahme anwaltlicher Dienstleistungen beschränkt sich der Ersatz der erforderlichen Aufwendungen hinsichtlich der gesetzlichen Gebühren auf Gebühren nach einem Gegenstandswert für den Unterlassungs- und Beseitigungsanspruch von 1.000 €, wenn der Abgemahnte
1. eine natürliche Person ist, die nach diesem Gesetz geschützte Werke oder andere nach diesem Gesetz geschützte Schutzgegenstände nicht für ihre gewerbliche oder selbständige berufliche Tätigkeit verwendet, und
2. nicht bereits wegen eines Anspruchs des Abmahnenden durch Vertrag, aufgrund einer rechtskräftigen gerichtlichen Entscheidung oder einer einstweiligen Verfügung zur Unterlassung verpflichtet ist.
³Der in Satz 2 genannte Wert ist auch maßgeblich, wenn ein Unterlassungs- und ein Beseitigungsanspruch nebeneinander geltend gemacht werden. ⁴Satz 2 gilt nicht, wenn der genannte Wert nach den besonderen Umständen des Einzelfalls unbillig ist.

(4) ¹Soweit die Abmahnung unberechtigt oder unwirksam ist, kann der Abgemahnte Ersatz der für die Rechtsverteidigung erforderlichen Aufwendungen verlangen, es sei denn, es war für den Abmahnenden nicht erkennbar, dass die Abmahnung unberechtigt war. ²Weiter gehende Ersatzansprüche bleiben unberührt.

Übersicht

I. Allgemeines

1. Sinn und Zweck

§ 97a enthält eine umfassende **Regelung der Abmahnung** als Instrument der **1** **außergerichtlichen Rechtsverfolgung.** Eine so detaillierte Regelung ist im gesamten Bereich des geistigen Eigentums einzigartig. Sie ist darauf zurückzuführen, dass im Urheberrecht Abmahnungen in großer Zahl und insbesondere an Private versandt werden, sodass der Gesetzgeber ein Regelungsbedürfnis gerade zum Schutz des Abgemahnten erkannte. Abs. 1 statuiert zunächst eine Obliegenheit zur Abmahnung (**Abmahnlast**). Sie dient der Beilegung von urheberrechtlichen Streitigkeiten ohne unnötige Inanspruchnahme der Gerichte. Die effektive Beilegung von Streitigkeiten über Unterlassungspflichten soll möglichst zwischen Verletzer und Verletztem bewerkstelligt werden (s. RegE UmsG Enforcement-RL – BT-Drs. 16/5048, S. 48). Auf diese Weise werden nicht nur dem Staat Kosten wegen entbehrlicher Rechtsstreitigkeiten vor den Gerichten erspart, sondern auch den Beteiligten die Gelegenheit gegeben, Kosten und Zeit zu sparen (Kostenvermeidungsfunktion; s. Köhler/Bornkamm/ *Bornkamm*[35] § 12 UWG Rn. 1.5). Abs. 2 listet die **Voraussetzungen für eine wirksame Abmahnung** auf. Abs. 3 S. 1 ermöglicht dem Verletzten, eine **Kostenerstattung** für die berechtigte Abmahnung vom Abgemahnten zu verlangen.

Für **private Urheberrechtsverletzungen** enthält Abs. 3 S. 2 bis S. 4 unter bestimmten Voraussetzungen einen **Deckel für die Kostenerstattung** der Anwaltsgebühren. Schließlich erlaubt Abs. 4 **Gegenansprüche des Abgemahnten** bei unberechtigter oder unwirksamer Abmahnung.

2   **Vorbild** für § 97a Abs. 1 war die Regelung in **§ 12 Abs. 1 UWG** für wettbewerbsrechtliche Abmahnungen (RegE UmsG Enforcement-RL – BT-Drs. 16/5048, S. 48 f.; ebenso Dreier/Schulze/*Dreier/Specht*[5] Rn. 1; BeckOK UrhR/*Reber*[16] Rn. 1), sodass ergänzend auf die Fallpraxis hierzu zurückgegriffen werden kann. Anders, als der RegE UmsG Enforcement-RL angibt (BT-Drs. 16/5048, S. 49), können aber die übrigen Absätze Abs. 2 bis 5 von § 12 UWG bei Urheberrechtsverletzungen keine Anwendung finden. Für gewerbliche Schutzrechte existieren **keine Schwesternormen im PatG, GebrMG, MarkenG, DesignG oder SortSchG.** Der **Regelungszweck** des § 97a verfolgt als Ausgangspunkt den Schutz des Urhebers bzw. der Leistungsschutzberechtigten (RegE UmsG Enforcement-RL – BT-Drs. 16/5048, S. 48). Diese sollen sich gegen die Verletzung ihrer Rechte wehren, dabei anwaltlicher Hilfe bedienen und die notwendigen Kosten erstattet verlangen können (§ 97a Abs. 1 und Abs. 3 S. 1). Durch die inhaltlichen Wirksamkeitsanforderungen an Abmahnungen gem. Abs. 2 sollte für die Abgemahnten die Transparenz erhöht werden, damit sie besser erkennen können, ob die Abmahnung berechtigt ist (RegE Unseriöse Geschäftspraktiken – BT-Drs. 17/13057, S. 13; dazu *Jan Bernd Nordemann/Wolters* ZUM 2014, 25, 26). Abs. 4 mit seinen Gegenansprüchen soll „Waffengleichheit" zwischen dem Abmahnenden und dem Abgemahnten herstellen (RegE Unseriöse Geschäftspraktiken – BT-Drs. 17/13057, S. 14; dazu *Jan Bernd Nordemann/Wolters* ZUM 2014, 25, 30). Durch die Begrenzung der Abmahnkostenerstattung für Anwaltsgebühren auf einen Gegenstandwert von grundsätzlich 1.000 € für privat und als natürliche Person handelnde Abgemahnte wollte der Gesetzgeber eine „teilweise existenzbedrohende Belastung" von Privatpersonen „für Abmahnungen mit mehreren hundert Euro" vermeiden (RegE Unseriöse Geschäftspraktiken – BT-Drs. 17/13057, S. 30; *Jan Bernd Nordemann/Wolters* ZUM 2014, 25, 28); das betrifft vor allem Tauschbörsenfälle. Ob die inzwischen sehr starke Regulierung urheberrechtlicher Abmahnungen den vom Gesetzgeber gewünschten Effekt zu Gunsten der Abgemahnten erreicht hat, lässt sich wegen der unsicheren Datenlage zu Abmahnungen nicht abschließend beurteilen (s. *Schulte-Nölke/Henning-Bodewig/Podszun* S. 13, 202). **Urheberrechtspolitisch verfehlt** ist jedenfalls § 97a Abs. 2 Nr. 4 mit seiner Wirksamkeitsvoraussetzung für die Abmahnung, dass die angebotene Unterlassungserklärung nicht über den materiell-rechtlichen Unterlassungsanspruch hinausgehen darf. Das ist eine über aus komplexe Frage (vgl. Rn. 25), so dass Abmahnende dazu übergehen, keine Unterlassungserklärungen mehr anzubieten, was gerade nicht i. S. d. Abmahnenden ist (Schricker/Loewenheim/*Wimmers*[5] Rn. 21; Büscher/Dittmer/Schiwy/*Niebel*[3] Rn. 7; Dreier/Schulze/*Dreier/Specht*[5] Rn. 5d; *Schulte-Nölke/Henning-Bodewig/Podszun* S. 225 ff.). Nr. 4 ist ein Fall von Überregulierung und sollte abgeschafft werden, bereits heute sollte er auf offensichtliche Fälle beschränkt bleiben (vgl. Rn. 25).

2. Zeitliche Anwendbarkeit, früheres Recht

3   Die aktuelle Fassung des § 97a trat am **9.10.2013** in Kraft. Mangels irgendeiner Übergangsvorschrift kommt es auf den **Zeitpunkt der Abmahnung** an (BGH GRUR 2016, 184 Tz. 54 – *Tauschbörse II*; BGH GRUR 2016, 191 Tz. 58 – *Tauschbörse III*; BGH GRUR 2016, 1275 Tz. 19 – *Tannöd*; offen BVerfG GRUR 2010, 416 Tz. 30 – *Fotoarchiv* m. w. N. zum Streitstand; a. A. noch unsere 10. Aufl. Rn. 3).

Für **Abmahnungen vom 1.9.2008 bis 8.10.2013** gilt folgende Regelung: **3a**

Abmahnung

(1) ¹Der Verletzte soll den Verletzer vor Einleitung eines gerichtlichen Verfahrens auf Unterlassung abmahnen und ihm Gelegenheit geben, den Streit durch Abgabe einer mit einer angemessenen Vertragsstrafe bewehrten Unterlassungsverpflichtung beizulegen. ²Soweit die Abmahnung berechtigt ist, kann der Ersatz der erforderlichen Aufwendungen verlangt werden.

(2) Der Ersatz der erforderlichen Aufwendungen für die Inanspruchnahme anwaltlicher Dienstleistungen für die erstmalige Abmahnung beschränkt sich in einfach gelagerten Fällen mit einer nur unerheblichen Rechtsverletzung außerhalb des geschäftlichen Verkehrs auf 100 Euro.

§ **97a Abs. 1 S. 1** ist unverändert in § 97a Abs. 1 aufgegangen. – § **97a Abs. 1 S. 2 a. F.** findet sich nunmehr in Abs. 3 S. 1, sodass auf die Kommentierung hierzu zu verweisen ist. Auch für einen Erstattungsanspruch nach § 97a Abs. 1 S. 2 a. F. musste die Abmahnung die Voraussetzungen des § 97a Abs. 2 S. 1 Nr. 1 bis Nr. 2 n. F. erfüllen (s. LG München I ZUM-RD 2011, 644; ferner unsere 10. Aufl. Rn. 8), allerdings nicht die Voraussetzungen der Nr. 3 bis Nr. 4. – Die Regelung des § **97a Abs. 2 a. F.** ist ersatzlos entfallen und wurde durch Abs. 3 S. 2 bis 4 ersetzt, der nunmehr für eine Begrenzung der Kostenerstattung bei privaten Urheberrechtsverletzungen sorgen soll. Gegen § 97a Abs. 2 bestanden keine durchgreifenden verfassungsrechtlichen Bedenken (BVerfG GRUR 2010, 416 Tz. 22 – *Fotoarchiv*). Ein „**einfach gelagerter Fall**" liegt vor, wenn „er nach Art und Umfang ohne größeren Arbeitsaufwand zu bearbeiten ist, also zur Routine gehört" (RegE UmsG Enforcement-RL – BT-Drs. 16/5048, S. 49). Der Rechtsausschuss nennt beispielhaft hierfür drei Fallgestaltungen: Öffentliches Zugänglichmachen eines Stadtplanausschnitts der eigenen Wohnungsumgebung ohne Ermächtigung des Rechteinhabers; öffentliches Zugänglichmachen eines Liedtextes ohne Ermächtigung; Verwendung eines Lichtbildes in einem privaten Angebot einer Internetversteigerung ohne vorherigen Rechtserwerb (BeschlE RAusschuss UmsG Enforcement-RL – BT-Drs. 16/8783, S. 63). Das soll offensichtlich Fälle beschreiben, bei denen keinerlei Zweifel an einer Begründetheit der Abmahnung bestehen (zust. OLG Braunschweig GRUR 2012, 920, 921 – *MFM-Honorarempfehlungen*). Das kann allerdings nur anhand einer Einzelfallbetrachtung festgestellt werden. Begründete Zweifel sind indiziert, wenn die Abmahnungsantwort sie aufwirft (*Ewert/v. Hartz* MMR 2009, 84, 87), auch wenn ohne Anerkenntnis einer Rechtspflicht eine Unterlassungserklärung abgegeben wird. Abzustellen ist auf die **Sicht des Durchschnittsanwalts**, nicht des Urheberrechtsspezialisten, weil die Auswahl eines Anwaltes mit Erfahrung und Kompetenz nicht zu Lasten des Verletzten gehen darf (dem folgend: OLG Braunschweig GRUR 2012, 920, 921 – *MFM-Honorarempfehlungen*). Kaum haltbar erscheint es, Urheberrechtsverletzungen in Tauschbörsen generell als einfach gelagerte Fälle einzuordnen (so aber *Faustmann/Ramsperger* MMR 2010, 662, 664). Gerade die Haftung der Anschlussinhaber ist komplex und noch nicht höchstrichterlich für alle Konstellationen entschieden. – Eine **unerhebliche Rechtsverletzung** erfordert ein geringes Ausmaß der Verletzung in qualitativer wie quantitativer Hinsicht, wobei es auf die Umstände des Einzelfalls ankommt (RegE UmsG Enforcement-RL – BT-Drs. 16/5048, S. 49; s. a. LG Köln MMR 2008, 126, 127; dazu eingehend *Wegener/Schlingloff* ZUM 2012, 877). Dabei ist der Begriff der unerheblichen Rechtsverletzung eng auszulegen (vgl. Rn. 30). In aller Regel indiziert die Erforderlichkeit der Abmahnung bereits die Erheblichkeit der Rechtsverletzung, auch wenn eine Einzelfallbetrachtung anhand aller relevanten Kriterien durchzuführen ist (eingehend *Malkus* MMR 2010, 382, 386). Als **qualitative** Kriterien können einschlägig sein z. B. Wert, Art, Aktualität, Bekanntheit, wirtschaftliche Bedeutung des Werkes und Schadenspotential, Verschulden des Verletzers, insbesondere Vorsatz (*Malkus* MMR 2010, 382, 386). In der Gesetzesbegründung wird insb. das öffentliche Zugänglichmachen eines Stadtplanausschnitts der eigenen Wohnungsumgebung, eines Liedtextes auf einer privaten Homepage bzw. die Verwendung eines Lichtbildes in einem privaten Angebot einer Internetversteigerung für eine unerhebliche Rechtsverletzung gehalten (BeschlE RAusschuss UmsG Enforcement-RL – BT-Drs. 16/8783, S. 63). In Relation dazu wird beispielsweise beim Anbieten eines vollständigen aktuellen Kinofilms (LG Berlin MMR 2011, 401; i. Erg. genauso AG Hamburg ZUM-RD 2011, 565) oder Computerspiels (LG Köln GRUR-RR 2011, 358) im Internet die qualitative Erheblichkeit auf der Hand liegen (*Faustmann/Ramsperger* MMR 2010, 662, 665). Wer vorsätzlich einen „Bootleg" eines Live-Mitschnitts, also einen rechtswidrigen Konzertmitschnitt, öffentlich zugänglich macht, begeht wegen direkten Vorsatzes eine nicht nur unerhebliche Rechtsverletzung (LG Hamburg GRUR-RR 2010, 405, 406 – *Bootlegs*). Relevante **quantitative** Kriterien sind beispielsweise: Menge, Größe, Dauer, Häufigkeit, Vollständigkeit, Größe des Adressatenkreises (*Malkus* MMR 2010, 382, 386). Im Anschluss daran erscheint die rechtswidrige Nutzung eines Fotos (OLG Brandenburg ZUM 2009, 412, 414) oder auch von 4 Fotos (OLG Braunschweig GRUR 2012, 920, 921 – *MFM-Honorarempfehlungen*) im Rahmen einer *privaten* Auktion bei eBay noch als unerheblich. Demgegenüber wird bei 300 im Internet urheberrechtsverletzend angebotenen Musiktiteln auf jeden Fall von einer erheblichen Rechtsverletzung auszugehen sein (*Solmecke* MMR 2008, 129, 130), während ein Musiktitel als unerheblich erscheint (*Faustmann/Ramsperger* MMR 2010, 662, 665). Im Ergebnis stellt deshalb das urheberrechtsverletzende Filesharing in den allermeisten Fällen eine erhebliche Rechtsverletzung dar (s. LG Köln MMR 2008, 126 ff.). – Die Deckelung des § 97a Abs. 2 a. F. gilt ferner nur für Fälle, in denen die Rechtsverletzung **außerhalb des geschäftlichen Verkehrs** stattgefunden hat. „Geschäftlicher Verkehr" sollte damit gleichbedeutend mit dem Tatbestandsmerkmal der §§ 14 Abs. 2, 15 Abs. 2 MarkenG sein (s. hierzu die Kommentierungen dort; zustimmend: OLG Braunschweig GRUR 2012, 920, 921 – *MFM-Honorarempfehlungen*; ähnlich LG Hamburg GRUR-RR 2010, 404, 405 – *Bootlegs*). – Die Beschränkung des Kostenerstattungsanspruches gilt nur für die **erstmalige Abmahnung**. Das Vorliegen einer erstmaligen Abmahnung ist aus Sicht des konkret betroffenen Verletzten zu beurteilen (RegE UmsG Enforcement-RL – BT-Drs. 16/5048, S. 49). Für die zweite und folgende Abmahnung greift die Deckelung des Abs. 2 a. F. nicht. Damit sind Fälle gemeint, in denen derselbe Streitgegenstand bereits einmal gegenüber dem Verletzen abgemahnt wurde (a. A. *Ewert/v. Hartz* MMR 2009, 84, 86; *dies.* ZUM 2007, 450, 454: auch Abmahnungen einer anderen Verletzung bei Personenidentität der Parteien). Sobald der Verletzer also auf die erste Abmahnung keine Unterlassungserklärung abgibt, verliert er die Privilegierung des Abs. 2 und kann mit voller Kostenerstattung ein zweites Mal abgemahnt werden. Es kann danach z. B. für den Verletzten sinnvoll sein, zunächst selbst ohne Anwalt abzumahnen, um dann bei Erfolglosigkeit – ohne Anwendung des Abs. 2 – einen Anwalt zu beauftragen (dem folgend: BVerfG GRUR 2010, 416 Tz. 22 – *Fotoarchiv*). Für die zweite urheberrechtliche Abmahnung entfällt auch nicht deshalb eine Kostenerstattung, weil sie nicht erforderlich wäre (vgl. Rn. 27, str.). – **Rechtsfolge:** € 100 maximal für anwaltliche Dienstleistungen: Die Deckelung gilt nur für Kostenersatz anwaltlicher Dienstleistungen, also für die **Anwaltskosten** (vgl. Rn. 28). Für andere erforderliche Kosten der berechtigten Abmahnung bleibt es beim Grundsatz der vollen Erstattungsfähigkeit. Sofern also für die Ermittlung der Rechtsverletzung erforderliche sonstige Auslagen anfallen, etwa für die Ermittlung der Identität des hinter einer IP-Adresse stehenden Verletzers, sind diese nicht Bestandteil des in Abs. 2 genannten Betrages (RegE UmsG Enforcement-RL – BT-Drs. 16/5048, S. 49; BVerfG GRUR 2010, 416 Tz. 25 – *Fotoarchiv*). Nach dem Willen des Gesetzgebers sollen die gedeckelten Gebühren auch anwaltliche **Auslagen für Porto** einschließen (RegE UmsG Enforcement-RL a. a. O.), sodass die Geltendmachung der Auslagenpauschale i. H. v. bis zu € 20 i. S. v. VV 002 RVG ausgeschlossen ist. Das bedeutet, dass die erstattungsfähige Gebühr letztlich nur 80 Euro betragen kann. Ferner beinhaltet die Maximalsumme auch **Steuern** (RegE UmsG Enforcement-RL – BT-Drs. 16/5048, S. 49), also insb. die Umsatzsteuer. Die Deckelung des § 97a Abs. 2 a. F. bezieht sich nicht nur auf die geltend gemachten Unterlassungsansprüche, sondern auf alle mit der Abmahnung verfolgten Ansprüche, also auch auf Schadensersatzansprüche (vgl. Rn. 11). Für Abmahnung bis 8.10.2013 existierte der ausdrücklich geregelte Gegenanspruch des § 97a Abs. 4 S. 1 n. F. noch nicht. Jedoch konnte auch nach altem Recht **bei unberechtigter Abmahnung Gegenansprüche** nach § 823 BGB gestellt werden (eingehend vgl. Rn. 55 ff.).

Für Abmahnungen **vor dem 1.9.2008** war die Abmahnung nicht ausdrücklich **3b** im Urheberrecht geregelt – genauso wie bis heute im Gewerblichen Rechtsschutz. Der Verletzte konnte bei berechtigter Abmahnung Kostenerstattung geltend machen, und zwar bei Verschulden als Schadensersatz aus § 97 und ohne Verschulden aus GoA gem. §§ 670, 677, 683 BGB (eingehend BGH GRUR 2016, 184 Tz. 55 ff. – *Tauschbörse II*; BGH GRUR 2016, 191 Tz. 59 ff. – *Tauschbörse III; Jan Bernd Nordemann* WRP 2005, 184 m. w. N.). Diese Ansprüche erfassten alle Anspruchsarten, also neben der Unterlassung (§ 97 Abs. 1) auch Schadensersatzansprüche (§ 97 Abs. 2) sowie die übrigen Ansprüche aus §§ 98 bis 101b.

3. EU-Recht und internationales Recht

Eine mit § 97a vergleichbare Regelung auf gemeinschaftsrechtlicher Ebene be- **4** steht nicht. Allerdings schreibt Art. 3 Abs. 2 Enforcement-RL vor, dass Durchsetzungsmaßnahmen „wirksam, verhältnismäßig und abschreckend" sein müssen. Art. 13 Abs. 1 Enforcement-RL ordnet an, dass der Verletzte seinen „erlittenen tatsächlichen Schaden" ersetzt verlangen kann. Insoweit sind § **97a Abs. 3 S. 2 und S. 3** restriktiv auszulegen, damit er **richtlinienkonform** ist (vgl. Rn. 31 ff.; s. § 51a).

II. Tatbestand

1. Abmahnungslast (Abs. 1)

a) Rechtsnatur; keine Rechtspflicht zur Abmahnung: Mit dem Begriff „soll" **5** wurde klargestellt, dass keine echte Rechtspflicht zur Abmahnung besteht (RegE UmsG Enforcement-RL – BT-Drs. 16/5048, S. 48 f.). Die Abmahnung ist auch keine Klagevoraussetzung (BeckOK UrhR/*Reber*[16] Rn. 2). Ihr Fehlen präjudiziert weder ein mangelndes Rechtsschutzbedürfnis noch steht ihr Fehlen der Annahme einer Wiederholungsgefahr entgegen (OLG Düsseldorf MD 2006, 1171; jurisPK-UWG/*Hess*[2] § 12 Rn. 3). Es handelt sich um eine Obliegenheit (Dreier/Schulze/*Dreier/Specht*[5] Rn. 2; Wandtke/Bullinger/*Kefferpütz*[4] Rn. 2; Büscher/Dittmer/Schiwy/*Niebel*[3] Rn. 3; Schricker/Loewenheim/*Wimmers*[5] Rn. 8). Wird eine mögliche und zumutbare Abmahnung unterlassen oder ist die Abmahnung nach § 97a Abs. 2 unwirksam (vgl. Rn. 28), riskiert der Verletzte jedoch, dass er die Kosten zu tragen hat, wenn der Beklagte den Anspruch nach § 93 ZPO sofort anerkennt (sog. **Abmahnlast;** so auch Dreier/Schulze/*Dreier/Specht*[5] Rn. 3). Denn in einem solchen Fall hat derjenige das gerichtliche Verfahren veranlasst, der in gegen den Verletzer vorgeht, ohne ihm die hinreichende Möglichkeit zu geben, ein (strafbewehrtes) Unterlassungsversprechen abzugeben. In Ausnahmefällen kann jedoch eine Abmahnung trotz § 93 ZPO entbehrlich sein (vgl. Rn. 16 ff.).

b) Verletzter und Verletzer: Zu Verletzter (Aktivlegitimation) vgl. § 97 **6** Rn. 127 ff. Zu Verletzer vgl. § 97 Rn. 144 ff. Verletzer ist insb. nur derjenige, der bei Abmahnung schon passivlegitimiert war. Das sind neben Täter und Teilnehmer auch bloße Störer. Führt erst die Abmahnung zu Haftung, kommt

§ 97a nicht zur Anwendung; insb. besteht keine Kostenerstattungspflicht (vgl. § 97 Rn. 157a; vgl. Rn. 9).

7   c) **Abmahnung:** Eine Abmahnung i. S. v. § 97a ist die **Mitteilung des Verletzten an den Verletzer, dass der Verletzer durch eine im Einzelnen bezeichnete Handlung einen Urheberrechtsverstoß begangen** habe, verbunden mit der **Aufforderung**, dieses **Verhalten in Zukunft zu unterlassen** (RegE UmsG Enforcement-RL – BT-Drs. 16/5048, S. 48). Eine Abmahnung muss außerdem **gerichtliche Schritte androhen** (OLG München NJWE-WettbR 1998, 65; OLG Düsseldorf WRP 1988, 107, 108; *Nordemann*[11] Rn. 1531 m. w. N.; a. A. scheinbar Dreier/Schulze/*Dreier/Specht*[5] Rn. 5 sowie BeckOK UrhR/*Reber*[16] Rn. 12), was sich allerdings auch aus den Umständen ergeben kann (OLG Hamburg WRP 1986, 292; Köhler/Bornkamm/*Bornkamm*[35] § 12 UWG Rn. 1.23; Teplitzky/*Bacher*[11] Kap. 41 Rn. 14 m.w.N).

8   Da durch den Urheberrechtsverstoß zwischen den Parteien ein gesetzliches Schuldverhältnis zustande gekommen ist, das durch die Abmahnung konkretisiert wurde, spricht man auch vom sog. **Abmahnverhältnis** (s. a. Wandtke/Bullinger/*Kefferpütz*[4] Rn. 28). Daraus können sich für die Parteien **Antwort- und sonstige Treuepflichten** ergeben (BGH GRUR 2016, 184 Tz. 57 – *Tauschbörse II*; BGH GRUR 1990, 381 – *Antwortpflicht des Abgemahnten*; OLG Düsseldorf GRUR-Prax 2009, 23 – *Ersatzfähigkeit anwaltlicher Abmahnkosten*; *Nordemann*[11] Rn. 1528 ff.; Köhler/Bornkamm/*Bornkamm*[35] § 12 Rn 1.11; BeckOK UrhR/*Reber*[16] Rn. 29; Götting/Nordemann/*Schmitz-Fohrmann/Schwab*[3] § 12 UWG Rn. 27 ff.). Zudem trifft den Abgemahnten die Obliegenheit, fristgerecht und inhaltlich verbindlich auf eine berechtigte Abmahnung zu antworten. Eine Pflicht zur „Gegenabmahnung" besteht hingegen nicht (Dreier/Schulze/*Dreier/Specht*[5] Rn. 3, 8; BeckOK UrhR/*Reber*[16] Rn. 30). Aus § 242 BGB können sich daneben Aufklärungspflichten ergeben (näher dazu Wandtke/Bullinger/*Kefferpütz*[4] Rn. 28 f.); z.B. muss der Abmahnende bei unsubstantiierter Behauptung der Urheberschaft in der Abmahnung und einfachem Bestreiten des Abgemahnten die Urheberschaft außergerichtlich substantiieren (OLG Frankfurt ZUM-RD 2018, 7, 8). Die Abmahnung **gegenüber einem Minderjährigen** ohne Zugang an den gesetzlichen Vertreter entfaltet nach der bislang herrschenden Auffassung in analoger Anwendung von § 131 Abs. 2 S. 2 BGB keine Wirkung (OLG München ZUM-RD 2001, 561; zustimmend *Teplitzky*[10], Kap. 41 Rn. 6b Fn. 46; Wandtke/Bullinger/*Kefferpütz*[4] Rn. 2; BeckOK UrhR/*Reber*[16] Rn. 30; wohl auch Dreier/Schulze/*Dreier/Specht*[5] Rn. 3; offen: BGH ZUM 2011, 493). Die Abmahnung bedarf **keiner bestimmten Form** (Köhler/Bornkamm/*Bornkamm*[35] § 12 UWG Rn. 1.26 zum UWG).

9   **Keine Abmahnung** ist die **Berechtigungsanfrage**. Mit ihr wird lediglich angefragt, weshalb sich der Adressat zu einem bestimmten Verhalten berechtigt glaubt. Ihr fehlt es deshalb schon am konkreten Unterwerfungsverlangen (s. Harte-Bavendamm/Hennig-Bodewig/*Omsels*[4] § 4 Nr. 4 UWG Rn. 189 f.; *Teplitzky*[10] § 41 Rn. 79 m. Fn. 384). Enthält ein mit „Berechtigungsanfrage" bezeichnetes Schreiben allerdings ein konkretes Unterwerfungsverlangen, ist sie als Abmahnung einzustufen (OLG Düsseldorf GRUR-RR 2011, 315 – *Bestattungsbehältnis*; Dreier/Schulze/*Dreier/Specht*[5] Rn. 12). K eine Abmahnung ist die **Beanstandung**, mit der ein Mitverursacher von der von ihm mitverursachten Rechtsverletzung **in Kenntnis gesetzt** wird (BGH GRUR 2011, 152 Tz. 68 – *Kinderhochstühle im Internet*; *Spindler* NJW 2016 2449, 2451), sodass auf seiner Seite eine Haftung entstehen kann (vgl. § 97 Rn. 153 für die Gehilfenhaftung; vgl. § 97 Rn. 157 für die Störerhaftung). Das gilt insbesondere für sog. **Notice-and-Takedown-Letter** an Hostprovider (vgl. § 97 Rn. 161), sodass hierfür insbesondere keine Kostenerstattung nach § 97a in Betracht kommt (vgl. § 97 Rn. 157a). Im Gegenzug scheidet allerdings auch eine Haftung des Absenders bei fehlender Berechtigung nach Abs. 4 aus (vgl. Rn. 70).

Zu den **inhaltlichen Anforderungen** an eine Abmahnung gem. § 97a Abs. 2 S. 1 unten vgl. Rn. 19 ff.; zur Fristsetzung vgl. Rn. 29.   **10**

d) **„Auf Unterlassung":** Nach seinem Wortlaut regelt § 97a nur die Abmahnung wegen Unterlassungsansprüchen nach § 97 Abs. 1 (vgl. § 97 Rn. 29 ff.). Andere Ansprüche nach den §§ 97 bis 101b, 103, also **allgemeine Beseitigungs-, Schadensersatz-, Vernichtungs-, Rückrufs-, Überlassungs-, Auskunfts- und Veröffentlichungsverlangen** sollten indes **in entsprechender Anwendung** ebenfalls erfasst sein. Für solche Ansprüche müsste sonst bei Verschulden als Schadensersatz aus § 97 und ohne Verschulden aus GoA gem. §§ 670, 677, 683 BGB ausgewichen werden (s. *Jan Bernd Nordemann* WRP 2005, 184 m. w. N.). Für eine entsprechende Anwendung sprechen jedoch die besseren Argumente: Solche Ansprüche werden regelmäßig neben Unterlassungsansprüchen in derselben Abmahnung geltend gemacht. Der RegE wollte aber mit § 97a „sämtliche Abmahnungen, die auf der Grundlage des Urheberrechtsgesetzes ausgesprochen werden", erfassen (RegE UmsG Enforcement-RL – BT-Drs. 16/5048, S. 48). Offensichtlich wollte der Gesetzgeber damit den besonderen Interessenausgleich, wie er in § 97a Abs. 2 bis 4 geregelt ist, auf alle abgemahnten Ansprüche anwenden. Überdies enthalten z. B. § 97a Abs. 2 S. 1 Nr. 3 eine spezifische Regelung für Schadensersatzansprüche und § 97a Abs. 3 eine spezifische Regelung für Beseitigungsansprüche. Die Beschränkung des Wortlautes des Abs. 1 auf Unterlassungsansprüche sollte danach ein Redaktionsversehen sein. Eine andere Frage ist, ob die berechtigte Abmahnung erfordert, dass wegen der Verletzung mit der Abmahnung auch ein Unterlassungsanspruch geltend gemacht wird (vgl. Rn. 36a).   **11**

e) **Vor Einleitung eines gerichtlichen Verfahrens:** § 97a Abs. 1 regelt nur vorgerichtliche Abmahnungen, nicht jedoch Abmahnungen, die erst nach Erlass einer entsprechenden einstweiligen Verfügung („**Schubladenverfügung**") ausgesprochen werden (BGH GRUR 2010, 855 Tz. 25 – *Folienrollos*; BGH GRUR 2010, 257 Tz. 9, 13 – *Schubladenverfügung*; BGH GRUR 2010, 354 Tz. 8, 10 – *Kräutertee*; jeweils zu § 12 UWG mit insoweit identischem Wortlaut). Dafür kann auch keine Kostenerstattung verlangt werden, auch nicht nach anderen Vorschriften wie z. B. § 97 Abs. 2 S. 1 oder GoA, weil eine Abmahnung insoweit nicht erforderlich ist (BGH GRUR 2010, 855 Tz. 25 – *Folienrollos*; BGH GRUR 2010, 257 Tz. 9, 13 – *Schubladenverfügung*; BGH GRUR 2010, 354 Tz. 8, 10 – *Kräutertee*). Wer **parallel zur Abmahnung einen Verfügungsantrag stellt**, darf keine Abmahnkostenerstattung geltend machen, ohne den parallelen Verfügungsantrag zu erwähnen; ansonsten kommt ein Betrugsversuch nach § 263 StGB in Betracht (KG GRUR-RR 2012, 134 – *Neujahrskonzert 2011*, zum UWG).   **12**

f) **Gelegenheit zur Unterwerfung:** Das Verlangen nach Abgabe einer mit Vertragsstrafe bewehrten Unterlassungsverpflichtung (Unterwerfung) ist für das Vorliegen einer Abmahnung eigentlich nicht konstitutiv. Allerdings bedürfte es in § 97a Abs. 1 UrhG bzw. § 12 Abs. 1 S. 1 UWG nicht eines gesonderten Hinweises auf die entsprechende Aufforderung („abmahnen und…"), sodass zusätzlich ein solches Verlangen zu fordern ist. In der Praxis stellt die Aufforderung zur Unterwerfung den Regelfall dar. § 97a Abs. 1 greift das auf und stellt klar, dass der Verletzte dem Verletzer zumindest die Gelegenheit geben soll, den Unterlassungsanspruch durch Abgabe einer mit einer angemessenen Vertragsstrafe bewehrten Unterlassungsverpflichtung beizulegen. Das trifft indes nur den Fall des wiederherstellenden Unterlassungsanspruches; beim vorbeugenden Unterlassungsanspruch muss nicht in jedem Fall zur Erledigung eine   **13** strafbewehrte Unterlassungserklärung abgegeben werden. Eingehend zum Ganzen vgl. § 97 Rn. 39 f.

14 Die Abgabe einer hinreichend strafbewehrten Unterlassungserklärung lässt die Wiederholungsgefahr entfallen und befriedigt den Unterlassungsanspruch (eingehend: § 97 Rn. 31 ff.; ferner Dreier/Schulze/*Dreier/Specht*[5] Rn. 9; Wandtke/Bullinger/*Kefferpütz*[4] Rn. 35; Büscher/Dittmer/Schiwy/*Niebel*[3] Rn. 7; BeckOK UrhR/*Reber*[16] Rn. 19). Wer sich „**ohne Anerkenntnis einer Rechtspflicht, aber rechtsverbindlich**" unterwirft (vgl. § 97 Rn. 34), kann sich über die Berechtigung der Abmahnung und damit über die Erstattungspflicht gem. § 97a Abs. 1 S. 2 weiter streiten (*Hess* WRP 2003, 353; Köhler/Bornkamm/*Bornkamm*[35] § 12 UWG Rn. 1.145). Fehlt es an einem solchen Vorbehalt, kommt indes unter Berücksichtigung der Umstände des Einzelfalls ein Anerkenntnis auch für den Erstattungsanspruch in Frage (AG Charlottenburg WRP 2002, 1472; kritisch aber *Hess* a. a. O.; s. a. Teplitzky/*Schwippert*[11] Kap. 46 Rn. 45, der triftige Gründe dafür fordert, dem Abgemahnten nicht die Kosten aufzuerlegen).

15 **g) Vollmachtserfordernis bei Anwaltsabmahnung?:** Streitig ist, ob der anwaltlichen Abmahnung wegen § 174 BGB eine Vollmacht beizulegen ist. Das war lange unter den Instanzgerichten **streitig** (s. die Nachweise in unserer 10. Aufl. Rn. 15, bei BGH GRUR 2010, 1120 Tz. 13 – *Vollmachtsnachweis; Schneider* UFITA 2009, 679, 680; *Busch* GRUR 2006, 477 ff.). Der **Bundesgerichtshof** hat vor einiger Zeit zutreffend entschieden, dass die Abmahnung jedenfalls dann kein einseitiges Rechtsgeschäft gem. § 174 S. 1 BGB ist, wenn die Abmahnung mit einem Angebot auf Abschluss eines Unterlassungsvertrages verknüpft wird (BGH GRUR 2010, 1120 Tz. 14 f. – *Vollmachtsnachweis*; zustimmend auch Schricker/Loewenheim/*Wimmers*[5] Rn. 13; Wandtke/Bullinger/*Kefferpütz*[4] Rn. 21; ebenso, allerdings ohne Angabe einer Begründung: BeckOK UrhR/*Reber*[16] Rn. 16; zur Abmahnung per E-Mail s. Wandtke/Bullinger/*Kefferpütz*[4] Rn. 27 m. w. N.). Der Abmahnende riskiert jedoch die Auferlegung der Kosten nach § 93 ZPO, wenn der Abgemahnte sich nicht gegen die Abmahnung inhaltlich wehrt und er lediglich Vollmachtsvorlage verlangt, der Abmahnende aber sofort zu Gericht geht (so wohl BGH GRUR 2010 1120 Tz. 15 – *Vollmachtsnachweis*; OLG Stuttgart NJW 2000, 125). Jedoch können die Interessen des Abmahnenden im Einzelfall überwiegen: Kann er die Vollmachten nur in einem zeitraubenden Verfahren, z. B. bei verschiedenen ausländischen Rechteinhabern, einholen, muss der Schuldner zumindest eine Unterlassungserklärung mit auflösender Bedingung für den Fall abgeben, dass der Vollmachtsnachweis nicht innerhalb einer bestimmten Frist erbracht wird (*Teplitzky* WRP 2010, 1427, 1432). Für § 93 ZPO ist auch kein Raum, wenn der Schuldner die Vollmacht verlangt, ohne eine Unterlassungserklärung anzukündigen (OLG Hamburg WRP 1986, 106).

16 **h) Entbehrlichkeit der Abmahnung:** Es besteht kein Zwang, eine vorgerichtliche Abmahnung auszusprechen, sie ist jedoch im Rahmen des § 93 ZPO von Bedeutung; insoweit besteht **grundsätzlich eine** sog. **Abmahnlast** (vgl. Rn. 5; **anders bei negativen Feststellungsklagen**, vgl. § 97 Rn. 217). **Ausnahmen** von der Abmahnlast gelten zunächst in Fällen, in denen eine Abmahnung **unzumutbar** sein würde (Dreier/Schulze/*Dreier/Specht*[5] Rn. 4; Wandtke/Bullinger/*Kefferpütz*[4] Rn. 3; BeckOK UrhR/*Reber*[16] Rn. 13). Das wird angenommen bei **besonderer Eilbedürftigkeit**, bei der eine Abmahnung zu einer unbilligen Verzögerung für den Verletzten führen würde (Wandtke/Bullinger/*Kefferpütz*[4] Rn. 4); heute ist jedoch fast jeder – insb. Unternehmer – entweder sofort per Fax, Email oder binnen weniger Stunden mit Hilfe eines Kurierdienstes erreichbar. Bei besonderer Dringlichkeit – z. B. auf Messen – lassen sich auch Fristen von wenigen Stunden setzen (OLG Frankfurt GRUR 1984, 693); der Fall der Entbehrlichkeit der Abmahnung wegen besonderer Eilbedürftigkeit wird deshalb nur noch in seltenen Ausnahmefällen eintreten. Unzumutbarkeit wird daneben auch anzunehmen sein, wenn die einstweilige Verfügung im Falle einer Abmahnung ansonsten vermutlich **ins Leere ginge**. Ein Beispiel ist die Vereitelung einer erfolgreichen Sequestration (vgl. § 98 Rn. 38) oder einer Vorlage von Belegen nach § 101b (vgl. § 101b Rn. 34) durch eine vorherige Abmahnung. Dann muss auch wegen der anderen Ansprüche, z.B. auf Unterlassung, nicht vorher abgemahnt werden.

Weiter wird eine Abmahnung auch dann entbehrlich sein, wenn der Verletzte **17** bei objektiver Betrachtung der Meinung sein durfte, dass eine **Durchsetzung des Anspruchs nur mit Hilfe der Gerichte möglich** sein werde (Wandtke/Bullinger/*Kefferpütz*[4] Rn. 3; BeckOK UrhR/*Reber*[16] Rn. 13). Relevant kann hier sowohl der Abmahnung vorausgegangenes als auch späteres Verhalten des Verletzers sein. Eine Entbehrlichkeit ist beispielsweise angenommen worden, wenn schon ein gleichartiger Verstoß erfolglos abgemahnt wurde (OLG Düsseldorf WRP 1998, 1028 f.; OLG Stuttgart NJW-RR 1987, 426; OLG Frankfurt WRP 1976, 775; OLG Hamburg WRP 1974, 632), wenn gegen eine **von den gleichen Personen geführte andere Firma** schon nach Abmahnung wegen des gleichen Verstoßes gerichtlich vorgegangen werden musste (OLG Saarbrücken WRP 1990, 548 f.; OLG Hamburg WRP 1973, 537), nicht jedoch unbedingt ein Unternehmen, das nicht abgemahnt wurde, wenn nur sein Geschäftsführer erfolglos abgemahnt wurde (KG MD 2011, 499); Entbehrlichkeit ist ferner gegeben, wenn der gleiche Anwalt für eine **andere aktivlegitimierte Partei** (z.B. für den Urheber) schon erfolglos abgemahnt hatte; wenn der Verletzer gegen eine Unterlassungsverpflichtung (BGH GRUR 1990, 542, 543 – *Aufklärungspflicht des Unterwerfungsschuldners*) oder gar gegen eine einstweilige Verfügung verstößt (OLG Hamm WRP 1977, 349; OLG Köln WRP 1977, 357), wenn der Verletzer sein Verhalten später als rechtmäßig trotz einer erlassenen Einstweiligen Verfügung verteidigt (sodass bei Schubladenverfügungen – dazu vgl. Rn. 12 – eine Verteidigung gegen die Abmahnung eine Berufung auf § 93 ZPO ausschließt). Nicht ausreichend ist das Äußern einer bloßen Rechtsauffassung, weil damit noch nicht gesagt ist, dass man auch gewillt ist, sich darüber gerichtlich zu streiten (Köhler/Bornkamm/*Bornkamm*[35] § 12 UWG Rn. 1.65).

Vorsatz des Verletzers kann eine Abmahnung nicht für sich genommen ent- **18** behrlich machen (OLG Hamburg GRUR 1995, 836; Teplitzky/*Bacher*[11] Kap. 41 Rn. 25; Köhler/Bornkamm/*Bornkamm*[35] § 12 UWG Rn. 1.66; Dreier/ Schulze/*Dreier/Specht*[5] Rn. 4; Wandtke/Bullinger/*Kefferpütz*[4] Rn. 5; *Nordemann*[11] Rn. 1529; a.A. wohl OLG Köln MD 2001, 1142). Jedoch wird eine vorherige Abmahnung gegenüber systematischen Rechtsverletzern dann für überflüssig gehalten, wenn es sich um „**böswillige**" und „**hartnäckige**" Verletzungen handelt (Teplitzky/*Bacher*[11] Kap. 41 Rn. 26 und Köhler/Bornkamm/ *Bornkamm*[35] § 12 UWG Rn. 1.67, z.B. neben anderen auch KG WRP 2003, 101; OLG München WRP 1996, 930; OLG Hamburg WRP 1995, 1037, 1038). Das kann vor allem dann angenommen werden, wenn der Verletzer mit seinem System darauf spekuliert, den billigeren Weg der außergerichtlichen Unterwerfung gehen zu können.

2.   Wirksamkeit der Abmahnung (Abs. 2), Fristsetzung

a) Voraussetzungen für die Wirksamkeit der Abmahnung (Abs. 2 S. 1): § 97a **19** Abs. 2 S. 1 stellt detaillierte Wirksamkeitsvoraussetzungen für urheberrechtliche Abmahnungen in Form von Informationspflichten auf. Diese dienen dem Schutz des Abgemahnten; er soll besser erkennen können, ob die Abmahnung berechtigt ist (vgl. Rn. 1 f.). Zutreffend ist, dass auch ohne die Regelung die Voraussetzungen gem. Nr. 1 und Nr. 2 zu den (ungeschriebenen) Wirksamkeitsvoraussetzungen gehörten (s. LG München I ZUM-RD 2011, 644; ferner unsere 10. Aufl. Rn. 8) und die Einhaltung von Nr. 3 zumindest „gute Praxis" war (ebenso Dreier/Schulze/*Dreier*/*Specht*[5] Rn. 5). Unzutreffend ist jedoch, dass dies auch für Nr. 4 galt (so aber RegE Unseriöse Geschäftspraktiken – BT-Drs. 17/13057, S. 13; wie hier OLG Frankfurt GRUR-RR 2015, 281; kritisch auch Schricker/Loewenheim/*Wimmers*[5] Rn. 20; Wandtke/Bullinger/*Kefferpütz*[4] Rn. 9, 12 ff.), schon weil dessen genaue Einhaltung in der Praxis große Schwierigkeiten machen wird. Im Übrigen ist die Aufzählung nicht abschließend; Anforderungen aus der Rechtsprechung, die ggf. weiterreichen, gelten weiterhin (Wandtke/Bullinger/*Kefferpütz*[4] Rn. 6).

20   Die Informationen gem. Nr. 1 bis Nr. 4 müssen „**klar und verständlich**" formuliert sein. Entsprechende Anforderungen kennt auch das AGB-rechtliche Transparenzgebot des § 307 Abs. 1 S. 2 BGB. Da § 97a Abs. 2 zumindest ein ähnliches Regelungsziel verfolgt, kann mit gewisser Zurückhaltung auf die für § 307 Abs. 1 S. 2 entwickelten Maßstäbe zurückgegriffen werden (*Jan Bernd Nordemann*/*Wolters* ZUM 2014, 25, 26). Damit kommt es insbesondere auf den Empfängerhorizont an und dort auf den aufmerksamen und sorgfältigen Abgemahnten an (s. zu § 307 Abs. 1 S. 2 BGB: Palandt/*Grüneberg*[76] § 307 Rn. 23 m.w.N.). Bei privaten Verbrauchern, die abgemahnt werden, gelten strengere Anforderungen als für geschäftlich Handelnde. Abmahnungen an Verbraucher sollten in tatsächlicher (nicht aber in rechtlicher) Hinsicht auch ohne juristische Hilfe nachvollziehbar sein.

21   Die Wirksamkeitsvoraussetzungen des Abs. 2 S. 1 gelten nur für **Abmahnungen**, nicht jedoch für andere davon zu unterscheidende Beanstandungen (vgl. Rn. 7 ff.). Auch erfasst Abs. 2 S. 1 nur **urheberrechtliche** Abmahnungen und nicht Abmahnungen aus gewerblichen Schutzrechten. Eine analoge Anwendung verbietet sich, weil der Gesetzgeber die Regelung gerade im Hinblick darauf schuf, dass es sich bei den Abgemahnten „in der Regel ... um Privatpersonen" handelt (RegE Unseriöse Geschäftspraktiken – BT-Drs. 17/13057, S. 13), was bei Verletzung von gewerblichen Schutzrechten nicht der Fall ist. Bei **gemischten Abmahnungen aus gewerblichen Schutzrechten und aus Urheberrecht** setzen sich die Sonderreglungen des § 97a nur für den urheberrechtlichen Teil durch.

22   **Nr. 1:** Danach muss Name oder Firma des Verletzten angegeben werden, wenn der Verletzte nicht selbst, sondern ein Vertreter abmahnt. Das gilt vor allem für anwaltliche Abmahnungen; zum Erfordernis der Vorlage einer Vollmacht vgl. Rn. 15. Nr. 1 dient der Möglichkeit, den Absender der Abmahnung identifizieren zu können, z. B. um die Rechtsinhaberschaft des Abmahnenden zu verifizieren oder Gegenansprüche nach Abs. 4 zu stellen (Dreier/Schulze/*Dreier*/*Specht*[5] Rn. 5a). **Name** meint dabei den Namen gem. § 12 BGB, **Firma** den Handelsnamen des Kaufmanns (§ 17 ff. HGB). Der Rechtsformzusatz gehört zur Firma, ist also zwingend. Der Wortlaut fordert **keine Adressangabe**, geschweige denn eine zustellungsfähige Anschrift mit Angabe der vertretungsberechtigten Organe bei juristischen Personen (Dreier/Schulze/*Dreier*/*Specht*[5] Rn. 5a). Um die Formerfordernisse der Abmahnung nicht unnötig zu überfrachten, sollte sich – anders als bei § 253 ZPO für die Bezeichnung der Parteien – eine Auslegung über den Wortlaut hinaus verbieten (a. A. Schricker/Loewenheim/*Wimmers*[5] Rn. 17). Der Abgemahnte muss vielmehr grundsätzlich versuchen, diese Angaben selbst mit zumutbaren Mitteln zu recherchieren. Offen ist, was gilt, wenn Name oder Firma nicht ausreichen, um unter Zuhilfenahme zumutbarer Recherchemöglichkeiten, z. B. Internet, Telefonverzeichnisse, Handelsregister, den Abmahnenden hinreichend zu identifizieren. Ein Auskunftsanspruch gegenüber dem Bevollmächtigten gem. § 242 BGB scheidet aus, weil kein gesetzliches Schuldverhältnis mit ihm vorliegt. Es besteht aber ein solcher Auskunftsanspruch gegen den Abmahnenden, der ggf. über die Adresse des Bevollmächtigten geltend zu machen ist. Das gilt vor allem für Ansprüche nach Abs. 4, weil für sie das notwendige gesetzliche Schuldverhältnis gegeben ist.

Nr. 2: Ferner ist „die **Rechtsverletzung genau zu bezeichnen**". Nr. 2 hat die **23** materielle Rechtslage nicht geändert (tendenziell höhere Anforderungen im Vergleich zum früheren Recht stellt Wandtke/Bullinger/*Kefferpütz*[4] Rn. 10; nur gegenüber Privaten: Schricker/Loewenheim/*Wimmers*[5] Rn. 18; offen *Schulte-Nölke/Henning-Bodewig/Podszun* S. 222, 224). Denn schon nach altem Recht entsprach es der ständigen Rechtsprechung, dass der Abmahnende die Rechtsverletzung genau zu bezeichnen hat (s. BGH GRUR 2016, 176 Tz. 170 – *Tauschbörse I*; BGH GRUR 2016, 184 Tz. 57 – *Tauschbörse II*). Die Auslegung des Nr. 2 richtet sich nach dem Zweck, dem Abgemahnten die Beurteilung zu erleichtern, ob die Abmahnung berechtigt ist und ob er ein Gerichtsverfahren vermeiden will (Dreier/Schulze/*Dreier/Specht*[5] Rn. 5b). Mahnt der Gläubiger zunächst ab, statt sofort Klage zu erheben oder einen Antrag auf Erlass einer einstweiligen Verfügung zu stellen, gibt er damit dem Schuldner die Möglichkeit, die gerichtliche Auseinandersetzung auf kostengünstige Weise durch Abgabe einer strafbewehrten Unterlassungserklärung abzuwenden. Daher muss der Gläubiger dem Schuldner durch die Abmahnung zu erkennen geben, welches Verhalten des Schuldners er als rechtsverletzend ansieht. **Die Verletzungshandlung muss so konkret angegeben werden, dass der Schuldner erkennen kann, was ihm in tatsächlicher und rechtlicher Hinsicht vorgeworfen wird** (BGH GRUR 2016, 184 Tz. 57 – *Tauschbörse II*; ebenso Wandtke/Bullinger/*Kefferpütz*[4] Rn. 10; BeckOK UrhR/*Reber*[16] Rn. 6). Sie muss also alle Informationen enthalten, die der Verletzer benötigt, um die Chance zu haben, die Beanstandung außergerichtlich zu erledigen (OLG Frankfurt GRUR-RR 2015, 281. OLG Frankfurt GRUR-RR 2015, 200; OLG Hamburg WRP 1996, 773; Köhler/Bornkamm/*Bornkamm*[35] § 12 UWG Rn. 1.15).

Damit muss also die **Verletzungshandlung** als solche hinreichend konkret be- **23a** schrieben werden. Im Fall des Vorwurfs unberechtigter Verbreitung urheberrechtlich geschützter Unterlagen muss z. B. dargestellt werden, worin die Verbreitungshandlung bestanden haben soll (OLG Frankfurt GRUR-RR 2015, 200). Alle Einzelheiten müssen aber nicht mitgeteilt werden (BGH GRUR 2016, 184 Tz. 57 – *Tauschbörse II*). Es muss die **konkrete Verletzungsform** benannt werden (Dreier/Schulze/*Dreier/Specht*[5] Rn. 5b). Wer eine Urheberrechtsverletzung durch Nutzung eines Werkes in voller Länge oder „in Teilen" abmahnt, die geschützten Werkteile nicht näher spezifiziert, setzt sich dem Risiko einer unwirksamen Abmahnung aus (s. a. KG WRP 2007, 1366, 1367, noch zu § 93 ZPO).

Zur **Schutzfähigkeit** müssen nur Ausführungen gemacht werden, wenn für ihre **23b** rechtliche Beurteilung die Kenntnis bestimmter Tatsachen notwendig ist, z. B. bei einem Lateinlehrbuch, dass auch antike Texte enthält (OLG München GRUR 2007, 419, 421 – *Lateinlehrbuch*; Schricker/Loewenheim/*Wimmers*[5] Rn. 18).

Ferner ist auch die **Anspruchsberechtigung** angemessen konkret zu erläutern **23c** (Schricker/Loewenheim/*Wimmers*[5] Rn. 18). In jedem Fall muss die Anspruchsberechtigung korrekt dargestellt sein: Wer aus einer Verletzung von eigenem ausschließlichen Recht abmahnt, tatsächlich aber nur in gewillkürter Prozessstandschaft berechtigt ist (vgl. § 97 Rn. 138 ff.), spricht eine nach Nr. 2 unwirksame Abmahnung aus.

Sowohl für die Verletzungshandlung als auch für die Anspruchsberechtigung **23d** müssen **Beweismittel (oder Glaubhaftmachungsmittel)** nicht vorgelegt werden (KG GRUR 1983, 673, 674 – *Falscher Inserent*; Teplitzky/*Bacher*[11] Kap. 41 Rn. 14c m. w. N.; *Nordemann*[11] Rn. 1531; Dreier/Schulze/*Dreier/Specht*[5]

Rn. 5d; Schricker/Loewenheim/*Wimmers*[5] Rn. 18). Bleiben für den Schuldner gewisse Zweifel am Vorliegen der Anspruchsberechtigung oder an der Rechtsverletzung, ist der Abgemahnte nach Treu und Glauben gehalten, den Abmahnenden auf diese Zweifel hinzuweisen und gegebenenfalls nach den Umständen angemessene Belege für die behaupteten Rechtsverletzungen und die Legitimation zur Rechtsverfolgung zu verlangen (BGH GRUR 2016, 184 Tz. 57 – *Tauschbörse II*; Schricker/Loewenheim/*Wimmers*[5] Rn. 18). Insbesondere muss eine **weitere Substantiierung wegen der Antwortpflicht im Abmahnverhältnis auf Nachfrage eines Verletzers** geschehen, der im Fall einer substantiierten Darlegung ankündigt, die Ansprüche außergerichtlich zu erledigen; ansonsten kann sich der Verletzer auf § 93 ZPO berufen (statt aller Zöller/*Herget*[31] § 93 Rn. 6 „Darlegungen gegenüber Beklagtem"; s. a. BeckOK/*Reber*[13] Rn. 6). Das beseitigt aber nicht die ursprüngliche Wirksamkeit der Abmahnung (*Jan Bernd Nordemann/Wolters* ZUM 2014, 25, 26). Verletzungshandlung (z. B. Ort, Datum, Zeit) und Anspruchsberechtigung (ggf. Rechtekette) müssen also erst auf Nachfrage ggf. substantiiert dargelegt werden.

23e   Bei **Abmahnung von massenhaften Verletzungen** gelten Besonderheiten: Die Abmahnung muss dann nicht für alle gleichartigen Verletzungen spezifizieren, an welchen Werken mehrere Abmahnende welche Rechte behaupten und wie sie sie erworben haben. Eine konkrete Zuordnung in der Abmahnung ist nicht von vornherein geboten, um den Abgemahnten in den Stand zu versetzen, den Vorwurf tatsächlich und rechtlich zu überprüfen und aus ihm die gebotenen Folgerungen zu ziehen. Falls bei einem oder mehreren der aufgelisteten Musikaufnahmen an der Aktivlegitimation konkrete Zweifel bestehen, kann der Abgemahnte nach Treu und Glauben auf diese hinweisen und um Aufklärung im Hinblick auf die behaupteten Rechtsverletzungen und die Legitimation zur Rechtsverfolgung nachsuchen (BGH GRUR 2016, 1280 Tz. 62 – *everytime we touch*: 809 Musiktitel streitgegenständlich; ferner OLG Köln MMR 2012, 616 – *Filesharing: Haftung für volljährigen Sohn*; jeweils zum früheren Recht). Diese Rechtsprechung sollte auch für § 97a Abs. 2 Nr. 2 n. F. gelten, weil Nr. 2 – wie oben dargestellt – keine materielle Änderung der Rechtslage mit sich gebracht hat. Eine andere Frage ist, ob Abmahnungen auch ohne Spezifizierung der Werktitel, z. B. bei massenhaften Verletzungen für das gesamte Repertoire, erfolgen können. Das sollte dort möglich sein, wo auch nicht-werkspezifische Unterlassungsanträge gestellt werden dürfen; vgl. § 97 Rn. 47a (ablehnend Schricker/Loewenheim/*Wimmers*[5] Rn. 18).

23f   Rechtliche Details, insb. die **Anspruchsgrundlage**, muss die Abmahnung nicht enthalten. Auf Nachfrage des Verletzers, der zu einer außergerichtlichen Erledigung bereit ist, müssen ihm einschlägige Entscheidungen übersandt werden, soweit sie dem Abmahnenden bekannt sind (OLG Frankfurt GRUR 1984, 164; Fezer/*Büscher*[3] § 12 UWG Rn. 17; Harte-Bavendamm/Henning-Bodewig/*Brüning*[4] § 12 UWG Rn. 42; Teplitzky/*Bacher*[11] Kap. 41 Rn. 14c m. w. N.).

24   **Nr. 3:** Weiter ist der Abmahnende verpflichtet, „geltend gemachte Zahlungsansprüche als **Schadensersatz- und Aufwendungsersatzansprüche aufzuschlüsseln**". Das soll den Abgemahnten in die Lage versetzen, Schadensersatzansprüche und Kostenerstattungsansprüche getrennt zu bewerten (Dreier/Schulze/*Dreier/Specht*[5] Rn. 5c; ähnlich Wandtke/Bullinger/*Kefferpütz*[4] Rn. 11; Büscher/Dittmer/Schiwy/*Niebel*[3] Rn. 6). Dahinter steht offenbar die Befürchtung, dass einige Abmahnende Beides bewusst vermischen, um flexibler bei der Auskehrung des Zahlungsbetrages an den Verletzten zu sein; eine Kostenerstattung kommt grundsätzlich nur in der Höhe in Betracht, in der der Verletzte seinen abmahnenden Anwalt bezahlen muss. **Schadensersatzansprüche** im Sinne dieser Bestimmung sind nicht nur Ansprüche nach § 97 Abs. 2, sondern auch alle sonstigen vergleichbaren Ansprüche gem. § 102a, insbesondere Bereicherungsansprüche. Aufwendungsersatzansprüche meint Ansprüche nach § 97a Abs. 3 sowie alle vergleichbaren Ansprüche gem. § 97 Abs. 2, § 102a, soweit sie nicht von § 97a Abs. 3 verdrängt werden (vgl. Rn. 76). Offen ist, ob die Verpflichtung des Nr. 2 auch für die **weitere Abmahnkorrespondenz** nach der Abmahnung gilt. Oftmals wird der Schadensersatzanspruch nämlich in der Abmahnung gar nicht beziffert, sondern die Auskunft (§ 101 UrhG, § 242 BGB) eingefordert, um den Schadensersatzanspruch zu berechnen. Nach dem Sinn und Zweck der Bestimmung sollte die weitere Korrespondenz erfasst sein. Nr. 2 ist jedoch genüge getan, wenn schon in der Abmahnung die Kostenerstattungsforderung spezifiziert ist. Dann schadet es nicht, wenn nach Auskunftserteilung ein gemischter pauschaler Betrag zur Erledigung von Kostenerstattung und Schadensersatzanspruch angeboten wird (*Jan Bernd Nordemann/Wolters* ZUM 2014, 25, 26).

Nr. 4: Regelmäßig enthalten Abmahnungen in der Praxis **vorformulierte Unterlassungserklärungen**; dazu besteht allerdings **kein Zwang** (s. BGH GRUR 2016, 184 Tz. 59 – *Tauschbörse II*, zu Abmahnungen nach altem Recht; zum neuen Recht: Schricker/Loewenheim/*Wimmers*[5] Rn. 21; Dreier/Schulze/ *Dreier/Specht*[5] Rn. 5d; Büscher/Dittmer/Schiwy/*Niebel*[3] Rn. 8; *Schulte-Nölke/Henning-Bodewig/Podszun* S. 227). Der Abmahnende kann also Probleme mit Nr. 4 dadurch vermeiden, dass er keine vorformulierte Erklärung anbietet. **25**

Ist in der Abmahnung jedoch eine Aufforderung zur Abgabe einer vorformulierten Unterlassungsverpflichtung enthalten, muss sie **nach Nr. 4 angeben, „inwieweit** die vorgeschlagene Unterlassungsverpflichtung **über die abgemahnte Rechtsverletzung hinausgeht".** Gemeint ist nach dem etwas verunglückten Wortlaut, dass eine **Hinweispflicht** besteht, **wenn die vorgeschlagene Unterlassungserklärung über den materiell-rechtlichen Unterlassungsanspruch hinausgeht** (OLG Frankfurt GRUR-RR 2015, 281; Wandtke/Bullinger/*Kefferpütz*[4] Rn. 13). Insoweit unterscheidet sich Nr. 4 von der Lage nach altem Recht. Hier konnten zu weitgehende Formulierungen in der Unterlassungserklärung die Berechtigung einer Abmahnung im Sinne von § 677 BGB nicht in Frage stellen (BGH GRUR 2016, 184 Tz. 59 – *Tauschbörse II*). Die neue Regelung in Nr. 4 bezieht sich nur auf die Unterlassungsverpflichtung (§ 97 Abs. 1), nicht jedoch auf Beseitigungsansprüche nach § 97 Abs. 1 (zur Abgrenzung vom Unterlassungsanspruch vgl. § 97 Rn. 40a), Schadensersatzansprüche nach § 97 Abs. 2 und sonstige Ansprüche nach § 98 ff. Der Unterlassungsanspruch kann als wiederherstellender Anspruch (bei Wiederholungsgefahr) oder als vorbeugender Anspruch (bei Erstbegehungsgefahr) bestehen (vgl. § 97 Rn. 29 ff.). Es besteht keine Hinweispflicht nach Nr. 4, wenn die geforderte Unterlassungserklärung beide Ansprüche kombiniert und insoweit nicht über den Unterlassungsanspruch hinausgeht (OLG Frankfurt GRUR-RR 2015, 281). Außerdem ist der Unterlassungsanspruch auf die konkrete Verletzungsform zu richten, wobei sog. **kerngleiche Handlungen eingeschlossen** sind. Kerngleich sind diejenigen Handlungen, in denen das Charakteristische der konkreten Verletzungshandlung (also der „Kern") zum Ausdruck kommt (eingehend vgl. § 97 Rn. 41 ff.). Die Reichweite des Unterlassungsanspruches kann grundsätzlich wegen des Abstellens auf die konkrete Verletzungsform nur im Einzelfall bestimmt werden. Häufig ist unklar, ob der Unterlassungsanspruch etwas zu weit geht, sodass darüber bis zum Bundesgerichtshof gestritten wird (z. B. BGH GRUR 2010, 633 Tz. 35 f. – *Sommer unseres Lebens*). Der Wortlaut des Nr. 4 sollte deshalb einschränkend ausgelegt werden, dass die Angabepflicht nur für Fälle gilt, in denen die vorformulierte Unterlassungserklärung **„offensichtlich"** über die abgemahnte Rechtsverletzung hinausgeht (*Jan Bernd Nordemann/Wolters* ZUM 2014, 25, 27). Eine wortlautgetreue Auslegung würde dazu führen, dass in Abmahnungen gar keine Unterlassungserklärung mehr angeboten wird, was **25a** für den Abgemahnten die Rechtssicherheit verringert und deshalb nicht dem Sinn des § 97a Abs. 2 (vgl. Rn. 19) entspricht. Allerdings zeigt auch Nr. 4, dass im Zweifel **angebotene Unterlassungserklärungen eng auszulegen** und sich diese Auslegung an der vorgenannten Kerntheorie orientieren sollte (vgl. § 97 Rn. 221b). **Beispiele für ein offenkundiges Hinausgehen** (auch vgl. § 97 Rn. 42 f.): Bei unzulässiger öffentlicher Verwertung einer Bearbeitung (§ 23) das Verlangen eines abstrakten Versprechens, jede Bearbeitung zu unterlassen, obwohl nur ein Anspruch auf Unterlassung der konkreten Verletzungsform besteht; wird ein Werk rechtswidrig vervielfältigt (§ 16) und im Internet gem. § 19a öffentlich zugänglich gemacht, besteht grundsätzlich kein Anspruch auf ein Unterlassen der Verbreitung nach § 17 oder der Sendung nach den §§ 20 ff.; Forderung einer Unterlassungserklärung für Vervielfältigung, obwohl nur Händler und damit nur Verbreitung; Forderung einer täterschaftlichen Unterlassungserklärung, obwohl nur als Störer in Anspruch genommen. Gar keine Konkretisierung auf bestimmte Verwertungsrechte oder Nutzungsarten ist erforderlich, wenn sich der Schuldner darauf beruft, umfassend zur Verwertung berechtigt zu sein (vgl. § 97 Rn. 42). – Nr. 4 bezieht sich nur auf den Inhalt des Unterlassungsanspruches, **nicht** jedoch auf das begleitende **Vertragsstrafeversprechen** (zustimmend: OLG Frankfurt GRUR-RR 2015, 281; Dreier/ Schulze/*Dreier*/*Specht*[5] Rn. 5d). – Der Abgemahnte muss **nicht zwingend die vom Gläubiger angebotene Unterlassungserklärung annehmen.** Er kann auch eine selbst formulierte Unterlassungserklärung abgeben, wenn nur seine Erklärung den geltend gemachten Anspruch in vollem Umfang erledigt (OLG Köln ZUM-RD 2011, 686; vgl. § 97 Rn. 221a, dort auch zum Zustandekommen des Unterlassungsvertrages). – Der Inhalt einer angebotenen Unterlassungserklärung kann samt Vertragsstrafenregelung der **AGB-Kontrolle** unterfallen (vgl. § 97 Rn. 221b).

26   Besondere Fragen im Hinblick auf **Nr. 4** stellen sich **bei vielen gleichartigen Verletzungen.** In solchen Fällen sollte es zulässig sein, **nicht werkspezifische Unterlassungsansprüche** zu stellen, soweit eine der gleichartigen Verletzungen werkmäßig und die Rechtsinhaberschaft an diesem Werk spezifiziert werden (str., vgl. § 97 Rn. 47a). Bei vielen gleichartigen Verletzungen sollte deshalb auch eine repertoireweite Abmahnung nicht durch Nr. 4 ausgeschlossen sein (a. A. noch zum alten Recht: OLG Düsseldorf ZUM 2012, 135, 136, allerdings ohne Auseinandersetzung mit der in § 97 Rn. 47a zitierten BGH-Rechtsprechung). Wenn es um viele – im Fall über 2.000 – Werke geht, muss die Abmahnung nicht für alle gleichartigen Verletzungen spezifizieren, an welchen Werken der Abmahnende Rechte behauptet (zum neuen Recht: *Jan Bernd Nordemann/ Wolters* ZUM 2014, 25, 27; OLG Köln MMR 2012, 616 – *Filesharing: Haftung für volljährigen Sohn*, zum alten Recht).

27   Über Nr. 1 bis Nr. 4 hinaus ergeben sich weitere inhaltliche **Anforderungen** an die Abmahnung **aus** dem **Begriff der urheberrechtlichen Abmahnung** (dazu vgl. Rn. 7 ff.).

28   **b) Rechtsfolge – Unwirksamkeit der Abmahnung (Abs. 2 S. 2):** Sind die (kumulativen) Voraussetzungen des Abs. 2 S. 1 nicht eingehalten, erklärt Abs. 2 S. 2 die Abmahnung für „unwirksam". Das hat folgende Konsequenzen: **Keine Abmahnkostenerstattung** (Abs. 3 S. 1); der Abgemahnte hat **Gegenansprüche** nach Abs. 4 S. 1. Ferner sollte eine unwirksame Abmahnung auch im Regelfall **nicht geeignet** sein, die **Abmahnlast zu erfüllen** (vgl. Rn. 5), sodass eine Anwendung des § 93 ZPO möglich bleibt. Zwar entspricht es der herrschenden Auffassung zum UWG, dass es für die rechtliche Wirkung gem. § 93 ZPO ohne Belang ist, ob die Abmahnung zu weit geht, also ob zu weitgehende Ansprüche geltend gemacht werden (Köhler/Bornkamm/*Bornkamm*[35] § 12 UWG Rn. 1.19 m. w. N.). Das ist aber wegen des Regelungsziels des § 97a Abs. 2 S. 1 Nr. 4, Transparenz zu schaffen, für urheberrechtliche Abmahnungen anders. Allerdings kann der Abgemahnte die Wirkung der (eigentlich unwirksamen) Abmahnung für § 93 ZPO dadurch herstellen, dass er den Anspruch zurückweist, ohne dass dies auf der fehlenden Transparenz der Abmahnung beruht. Die Wirkung für § 93 ZPO sollte in jedem Fall erhalten bleiben, wenn für die Unterwerfung bloß eine unangemessen hohe Vertragsstrafe gefordert wird (OLG Köln WRP 1988, 56; OLG Hamburg WRP 1977, 808; OLG Hamburg WRP 1990, 32, 33; OLG Stuttgart WRP 1985, 53). Eine Teilunwirksamkeit kommt nicht in Betracht (Dreier/Schulze/*Dreier/Specht*[5] Rn. 5d; Wandtke/Bullinger/*Kefferpütz*[4] Rn. 15). – Eine **Heilung** einer unwirksamen Abmahnung durch ein zweites Schreiben ist grundsätzlich möglich (*Jan Bernd Nordemann/Wolters* ZUM 2014, 25, 28). Denn damit wird die Erfüllung der Informationspflichten nachgeholt und dem Regelungszweck des § 97a Abs. 2 genüge getan. Jedoch kann es nur dann eine Abmahnkostenerstattung nach Abs. 3 S. 1 geben, wenn der Abgemahnte die Ansprüche des Verletzers noch nicht erledigt hat (vgl. Rn. 40). Auch beseitigt die nachträgliche Heilung nicht bereits entstandene Ansprüche des Abgemahnten nach Abs. 4. Eine aufgrund einer unwirksamen Abmahnung abgegebene Unterlassungserklärung bleibt hingegen wirksam (Büscher/Dittmer/Schiwy/*Niebel*[3] Rn. 9; BeckOK UrhR/*Reber*[16] Rn. 15).

Die Informationspflichten des § 97a Abs. 2 S. 1 dienen dem Schutz der Abgemahnten und damit vor allem dem Verbraucherschutz (vgl. Rn. 1 f.). Dennoch ist kommt bei einer Verletzung der Informationspflichten aus mehreren Gründen kein **unlauter Rechtsbruch gem. §§ 3, 3a UWG** in Betracht. Die Abmahnung dürfte schon keine geschäftliche Handlung nach § 2 Abs. 1 Nr. 1 UWG darstellen, weil sie nicht auf einen Waren- oder Leistungsabsatz, sondern auf die Erledigung eines Rechtsstreits gerichtet ist. Sofern die unwirksame Abmahnung an Verbraucher versandt wird, fehlt es überdies an der notwendigen Grundlage von § 97a Abs. 2 im EU-Recht (s. dazu BGH GRUR 2010, 744 Tz. 26 – *Sondernewsletter*; BGH GRUR 2010, 652 Tz. 11 – *Costa Del Sol*; *Nordemann*[11] Rn. 790).   **29**

c) **Fristsetzung:** Die Abmahnung hat aus Gründen der Rechtsklarheit eine **angemessene Frist** zur Erledigung der geltend gemachten Ansprüche zu setzen (str., wie hier: Teplitzky/*Bacher*[11] Kap. 41 Rn. 14d m. w. N. zum Streitstand). Wie lang eine solche Frist bemessen sein muss, ist für jeden Einzelfall gesondert zu prüfen. Zu berücksichtigen ist dabei, dass der Verletzte genügend Zeit erhalten soll, die Beanstandungen in der Abmahnung und die Forderungen zur Unterwerfung – ggf. unter Einschaltung eines Rechtsanwaltes – zu prüfen (Teplitzky/*Bacher*[11] Kap. 41 Rn. 17; Dreier/Schulze/*Dreier/Specht*[5] Rn. 7; *Nordemann*[11] Rn. 1535). Es sind alle Umstände des Einzelfalls zu berücksichtigen: Schwere und Gefährlichkeit der Tat; Vorbereitung eines einstweiligen Verfügungsverfahrens oder (nur) eines Hauptsacheverfahrens (OLG München NJWE-WettbR 1998, 255); Flüchtigkeit der Verletzungshandlung, z. B. auf Messen; eigenes Zuwarten des Verletzten nach Kenntnis. Im Bereich des Wettbewerbsrechts hat die Rechtsprechung sieben bis zehn Kalendertage gewährt (weiterführend Köhler/Bornkamm/*Bornkamm*[35] § 12 UWG Rn. 1.21; *Nordemann*[11] Rn. 1535), was auch im Urheberrecht eine Daumenregel sein sollte, wenn nicht besondere Umstände kürzere Fristen erfordern. Eine zu kurze Frist wird durch eine angemessene Frist ersetzt (BGH GRUR 1990, 381, 382 – *Antwortpflicht des Abgemahnten*; OLG Köln WRP 1996, 1214, 1215; ebenso Dreier/Schulze/*Dreier/Specht*[5] Rn. 7; Wandtke/Bullinger/*Kefferpütz*[4] Rn. 19; BeckOK UrhR/*Reber*[16] Rn. 11). Auf eine **Fristverlängerung** muss sich der Gläubiger zumindest bei triftigen Gründen aufgrund seiner Treuepflichten im Abmahnverhältnis einlassen (Teplitzky/*Bacher*[11] Kap. 41 Rn. 17); kein triftiger Grund ist aber Abwesenheit des Geschäftsführers, weil er für Vertretung sorgen muss (OLG Karlsruhe MD 2009, 331, 333). In jedem Fall muss der Abmahnende aber wegen seiner **Antwortpflicht auf ein Fristverlängerungsgesuch** antworten (vgl. Rn. 8). Umgekehrt kann die Nichteinhaltung einer angemessenen Abmahn-   **30** frist einen Verzugsschaden, z. B. in Form weiterer kostenpflichtiger Anwaltsaufträge, auslösen.

3. Anspruch auf Aufwendungsersatz (Abs. 3 S. 1) und Deckelung (Abs. 3 S. 2 bis S. 4)

31 § 97a Abs. 3 S. 1 gewährt dem Abmahnenden dem Grunde nach einen Anspruch auf Abmahnkostenerstattung, sofern die Abmahnung **wirksam** (Abs. 2 S. 1 Nr. 1 bis 4) und **berechtigt** war. Es können die **erforderlichen Aufwendungen** verlangt werden. Damit entspricht die Regelung bis auf das Wirksamkeitserfordernis der Regelung der Abmahnkosten in § 97a Abs. 1 S. 2 a. F. und damit auch § 12 Abs. 1 S. 2 UWG (s. RegE UmsG Enforcement-RL – BT-Drs. 16/5048, S. 35 und 48 f.). Deswegen kann grundsätzlich auch auf die zu dieser Norm entwickelte Lehre und Rechtsprechung zurückgegriffen werden. Der Anspruch auf Erstattung der erforderlichen Kosten der wirksamen und berechtigten Abmahnung besteht **verschuldensunabhängig**, denn es handelt sich der Sache nach um Aufwendungsersatz und nicht um Schadensersatz. Im Hinblick auf die **Höhe des Aufwendungsersatzes** enthalten **Abs. 3 S. 2 bis S. 4 Sonderregeln für private Verletzungen durch natürliche Personen** zur Begrenzung der Kostenerstattung. Gänzlich ausgeschlossen ist der Kostenerstattungsanspruch gegen **WLAN-Betreiber** und gegen **allgemeine Zugangsprovider** (vgl. Rn. 51b).

32 **a) Wirksame Abmahnung:** s. dazu Abs. 2 S. 1 (vgl. Rn. 19 ff.). Sofern eine der kumulativen Voraussetzungen des Abs. 2 S. 1 nicht erfüllt und damit die Abmahnung nach Abs. 2 S. 2 unwirksam ist, entfällt die Kostenerstattung vollständig, auch wenn der Wortlaut („soweit") Raum für eine teilweise Erstattung ließe. Schon die Verletzung einer der Vorgaben des Abs. 2 S. 1 Nr. 1 bis 4 bedingt eine vollständige Unwirksamkeit nach Abs. 2 S. 2. Bei nur der teilweise berechtigten Abmahnung gilt anderes, vgl. Rn. 33.

33 **b) Berechtigte Abmahnung:** Eine berechtigte Abmahnung muss zunächst **begründet** sein. Die Abmahnung ist begründet, wenn der Abmahnende wegen des beanstandeten Verhaltens einen **durchsetzbaren Anspruch** hat (Wandtke/Bullinger/*Kefferpütz*[4] Rn. 50; BeckOK UrhR/*Reber*[16] Rn. 18). Dazu zählen neben Unterlassungs- auch Beseitigungs-, Schadensersatz und Auskunftsansprüche. Das gilt auch dann, wenn der Anspruch bereits verjährt ist, die Einrede der Verjährung aber noch nicht erhoben wurde; nach Erhebung der Einrede wird die Abmahnung aber als von Anfang an unberechtigt behandelt (Köhler/Bornkamm/*Bornkamm*[35] § 12 UWG Rn. 1.102). Die Rechtskraft der Entscheidung über den Anspruch hat grundsätzlich keine Bindungswirkung für die Frage, ob die Abmahnung berechtigt war (BGH GRUR 2012, 949 Tz. 35 ff. – *Missbräuchliche Vertragsstrafe*). **Der Inhalt des abgemahnten Anspruchs** muss sich **mit dem tatsächlich bestehenden Anspruch decken** (vgl. § 97 Rn. 41 ff.). Eine Abmahnung wegen rechtswidriger Vervielfältigung (§ 16) ist unberechtigt, wenn nur Ansprüche wegen rechtswidriger Verbreitung (§ 17) bestehen. Bei Abmahnung bloß von täterschaftlichen Ansprüchen ist die Störerhaftung grundsätzlich ein aliud (vgl. § 97 Rn. 43), sodass eine Abmahnung unberechtigt ist, wenn der Abgemahnte nur als Störer haftet. Der Abmahnende sollte sich dadurch helfen, dass er sich hilfsweise auf Störerhaftung beruft, sofern sie in Frage kommt. Denn auch eine bei Abmahnung bestehende (vgl. § 97 Rn. 157a) **Störerhaftung** löst eine **berechtigte Abmahnung** im Hinblick auf Unterlassungs- und Beseitigungsansprüche aus (vgl. § 97 Rn. 159); aber vgl. Rn. 51a. – Ist die Abmahnung **nur teilweise** begründet, kommt es auf den Teil an, der berechtigt ist („soweit die Abmahnung berechtigt ist"). Deshalb ist eine Quotelung der Abmahnkostenforderung unter Berücksichtigung des Streitwertes der einzelnen Streitgegenstände vorzunehmen, und zwar im Hinblick auf den berechtigten und den unberechtigten Teil (BGH GRUR 2012, 949 Tz. 49 – *Missbräuchliche Vertragsstrafe*; BGH GRUR 2010, 939 Tz. 41 – *Telefonwer-*

bung nach Unternehmenswechsel; BGH GRUR 2010, 644 Tz. 52. – *Sonder-newsletter*; jeweils zum UWG). Beispiel nach BGH GRUR 2012, 949 Tz. 49 – *Missbräuchliche Vertragsstrafe*: Eine Abmahnung hat einen Streitwert von 42.500 €, ist jedoch nur in Höhe von 37.500 € begründet. Wird für die Abmahnung eine 1,3 Gebühr (vgl. Rn. 28) aus 42.500 €, also 1.266,20 € netto geltend gemacht, kann der Abmahnende davon nur 88,24% verlangen.

Die Abmahnung darf außerdem **nicht missbräuchlich** sein (vgl. Rn. 72). Denn   **34**
durch Missbrauch entfällt naturgemäß die Berechtigung.

Für die Berechtigung ist es aber **irrelevant**, ob die Abmahnung **entbehrlich** war   **35**
(a. A. wohl Köhler/Bornkamm/*Bornkamm*[35] § 12 UWG Rn. 1.82 und 1.100;
zur Frage, wann Abmahnungen entbehrlich sind, vgl. Rn. 16 ff.). Denn die Entbehrlichkeit der Abmahnung privilegiert den Abmahnenden, nimmt ihm jedoch nicht die Möglichkeit der Abmahnung einschließlich Kostenerstattung.

Bei Verletzungen kann es mehrere Anspruchsberechtigte nebeneinander geben   **36**
(vgl. § 97 Rn. 127 ff.), z. B. bei rechtsverletzender Nutzung von Tonaufnahmen Musikurheber und ausschließlich urheberrechtlich Nutzungsberechtigter, Leistungsschutzberechtigte. Bei **mehreren Abmahnungen** sind alle Abmahnungen berechtigt, solange der Schuldner noch keine hinreichende Unterlassungserklärung zumindest gegenüber einem Gläubiger abgegeben hat (sog. **Drittunterwerfung**; vgl. § 97 Rn. 38). Ist das erfolgt, ist die Abmahnung unberechtigt. Sie löst aber Kostenerstattungsansprüche aus, wenn der Gläubiger davon nichts weiß (OLG Oldenburg GRUR-RR 2012, 415 – *Weitere Abmahnung*; Köhler/Bornkamm/*Bornkamm*[35] § 12 UWG Rn. 1.99 f. Zur Kostenerstattung vgl. Rn. 41, zur **Rechtsmissbräuchlichkeit** vgl. § 97 Rn. 192.

Eine Abmahnung stellt sich als unberechtigt dar, wenn sie für eine zweckent-   **36a**
sprechende Rechtsverfolgung nicht notwendig war, weil der **Abmahnende nach einer erfolglos gebliebenen Abmahnung seinen Unterlassungsanspruch nicht weiterverfolgt**, ohne für die nachträgliche Abstandnahme einen nachvollziehbaren Grund anzuführen (LG Frankfurt aM. CR 2016, 329, 330; LG Bielefeld GRUR-RR 2015, 429 – *Filesharing*; a. A. BeckOK/*Reber*[16] Rn. 22: Genügend ist, dass ein existenter und durchsetzbarer Anspruch geltend gemacht wird). Dabei ist allerdings eine *ex ante* Perspektive einzunehmen und zu fragen, ob die Klägerinnen bei der Abmahnung beabsichtigt haben, ihren Unterlassungsanspruch gegebenenfalls einzuklagen (BGH GRUR 2016, 191 Tz. 62 – *Tauschbörse III*). Ein mit der gerichtlichen Geltendmachung des Unterlassungsanspruchs steigendes Kostenrisiko für den Kläger ist kein ausreichender Grund (LG Frankfurt aM. CR 2016, 329, 330).

c) Erforderliche Aufwendungen: Nach § 97a Abs. 3 S. 1 sind nur erforderliche   **37**
Aufwendungen für die Abmahnung erstattungsfähig. Für die Frage der Erforderlichkeit kann grundsätzlich auf der bisherige Rechtsprechung zu 97a Abs. 1 S. 2 a. F. (bzw. davor auf § 97 und GoA; vgl. Rn. 3b) abgestellt werden, die auch nur für erforderliche Aufwendungen Erstattungsansprüche gewährten.

aa) Anwaltskosten: Sie sind dann zu erstatten, wenn die Einschaltung des   **38**
Rechtsanwaltes erforderlich war und die konkreten Gebühren ordnungsgemäß berechnet wurden. Im Markenrecht hat sich die Auffassung durchgesetzt, dass die Einschaltung eines Rechtsanwaltes für den Verletzten **in der Regel** zur zweckentsprechenden Rechtsverfolgung **erforderlich** ist (s. nur OLG Düsseldorf GRUR-RR 2002, 215, 215 – *Serienabmahnung*; OLG Hamm MMR 2001, 611, 611 – *FTP-Explorer*; noch weitergehend *Ingerl/Rohnke*[3] Vor §§ 14 bis 19 MarkenG Rn. 304: stets und ausnahmslos). Es ist nicht ersichtlich, warum im Bereich des Urheberrechts etwas anderes gelten sollte (*Jan Bernd Nordemann* WRP 2005, 184, 185 f.). Zu berücksichtigen ist, dass es –

im Gegensatz beispielsweise zu nach § 8 Abs. 3 Nr. 2 UWG im UWG anspruchsberechtigten Verbänden – nicht die ureigene Aufgabe von den Verletzten ist, Abmahnungen zu verfassen. Wenn der Urheber sich im Rahmen seines Veröffentlichungsrechtes dazu entschieden hat, das Werk in die Öffentlichkeit zu geben, steht vielmehr die Verwertung des Werkes, die regelmäßig von Verwertungsunternehmen übernommen wird, im Mittelpunkt. Rechtsverletzungen werden auch grundsätzlich nur deshalb verfolgt, um eine Störung der Verwertung abzuwehren. Die Verfolgung von Rechtsverletzungen ist also urheberrechtlich gesehen sekundärer Natur im Vergleich zur primären Natur der Nutzung des urheberrechtlich geschützten Werkes.

39 **Ausnahmefälle** sind dementsprechend sehr eng zu handhaben. Anders als das Wettbewerbsrecht, dem sich weite Teile des kaufmännischen Verkehrs in ihrer geschäftlichen Ausübung ständig anpassen müssen, ist das Urheberrecht eine schwierige Spezialmaterie. Diese kann überhaupt nur kompetent gehandhabt werden, wenn juristisches Fachwissen und Erfahrung eingebracht werden. **Einfach gelagerte Fälle,** die im Lauterkeitsrecht die Einschaltung von Anwälten überflüssig machen (BGH GRUR 2004, 789, 790 – *Selbstauftrag*), können im Urheberrecht kaum angenommen werden (eingehend *Jan Bernd Nordemann* WRP 2005, 184, 187; s. a. BGH GRUR 2008, 996 Tz. 40 – *Clone-CD*). Zudem droht bei unberechtigten Abmahnungen ein Schadensersatzanspruch des Abgemahnten (vgl. Rn. 52 ff.). Eine vorhandene **besondere Kompetenz des Verletzten durch eine große Zahl von Abmahnungen** führt keinesfalls ausnahmsweise zum Entfall der Erforderlichkeit der Einschaltung eines externen Anwalts (BGH GRUR 2008, 996 Tz. 40 – *Clone-CD*; *Jan Bernd Nordemann* WRP 2005, 184, 188 f.; für das MarkenG: OLG Hamm MMR 2001, 611, 612 – *FTP-Explorer*; OLG Düsseldorf GRUR-RR 2002, 215 – *Serienabmahnung* für das MarkenG). Das gilt auch dann, wenn der Verletzte eine Zeit lang selbst abgemahnt hat (a. A. OLG Braunschweig GRUR 2012, 920, 921 – *MFM-Honorarempfehlungen*) oder über eine **eigene Rechtsabteilung** verfügt (BGH GRUR 2016, 184 Tz. 61 – *Tauschbörse II*; BGH GRUR 2008, 996 Tz. 40 – *Clone-CD*; BGH GRUR 2010, 1038 Tz. 23 f. – *Kosten für Abschlussschreiben*; BGH GRUR 2008, 928 Tz. 14 ff. – *Abmahnkostenersatz,* unter Abgrenzung zu BGH GRUR 2004, 789, 790 – *Selbstauftrag*; zum UrhG: *Jan Bernd Nordemann* WRP 2005, 184, 188 f.; Wandtke/Bullinger/*Kefferpütz*[4] Rn. 44; BeckOK UrhR/*Reber*[16] Rn. 24; wohl etwas einschränkend: Dreier/Schulze/*Dreier/Specht*[5] Rn. 13: Nur, wenn die Rechtsabteilung nicht routinemäßig mit Urheberrechtsfragen befasst ist; a. A. *Ewert/v. Hartz* ZUM 2007, 450, 452). Denn in den wenigsten Rechtsabteilungen von Unternehmen werden Spezialisten für Urheberrechtsverletzungen abkömmlich sein (instruktiv LG Köln MMR 2008, 126, 128). Zudem ist nicht ersichtlich, warum die knappen und teuren Ressourcen einer Rechtsabteilung dem Verletzer de-facto kostenlos zur Verfügung stehen sollen. Ferner gesteht der BGH dem nach UrhG aktivlegitimierten Rechteinhabern die Entscheidung zu, „ob und wie gegen den Verletzer vorgegangen werden soll" (BGH GRUR 1999, 325, 326 – *Elektronische Pressearchive*). Aus den genannten Gründen wird es ganz besonderer Umstände bedürfen, die Einschaltung eines Anwaltes einmal nicht als erforderlich anzusehen. Entsprechendes gilt für **Verwertungsgesellschaften** gem. VGG. Denn das Geschäft der Verfolgung von Rechtsverletzungen ist ein anderes als das Geschäft der Wahrnehmung. Die einschränkende Rechtsprechung des BGH zur Kostenerstattung von Fachverbänden gem. § 8 Abs. 3 Nr. 2 UWG (BGH GRUR 1984, 691, 692 – *Anwaltsabmahnung*) gilt für die VGen als Anspruchsberechtigte nicht. Das gilt schon deswegen, weil es – anders als im UWG – für die Aktivlegitimation von VGen nicht erforderlich ist, dass sie diese Verletzungen *selbständig* verfolgen können. Eine Ausnahme von der Erforderlichkeit kommt danach nur in Betracht, wenn der Anwalt eine eigene Sache abmahnt, sich also einen **Selbstauftrag** erteilt (BGH GRUR 2008, 996 Tz. 39 – *Clone-CD*; BGH GRUR 2004, 789 – *Selbstauftrag*).

Umstritten ist, ob nach einer ersten (erfolglosen) Abmahnung eine **zweite an- 40 waltliche Abmahnung** erforderlich ist. Nach der Rechtsprechung des BGH zum UWG ist eine zweite Abmahnung wegen desselben oder eines kerngleichen Wettbewerbsverstoßes nicht im Sinne von § 12 Abs. 1 S. 2 UWG berechtigt (BGH GRUR 2013, 307 Tz. 31 – *Unbedenkliche Mehrfachabmahnung*). Für das UrhG sollte indes dann etwas anderes gelten, wenn die erste Abmahnung durch den Rechteinhaber selbst ausgesprochen wurde (a. A. OLG Frankfurt ZUM-RD 2012, 263, 265; *Faustmann/Ramsperger* MMR 2010, 662, 663; *Ewert/v. Hartz* MMR 2009, 84, 86). Eine Kostenerstattung für die zweite anwaltliche Abmahnung bei erster nicht-anwaltlicher Abmahnung erscheint schon deshalb als sinnvoll, weil erfahrungsgemäß nicht-anwaltliche Abmahnungen weniger ernst genommen werden als Anwaltsschreiben (dem folgend: BVerfG GRUR 2010, 416 Tz. 22 – *Fotoarchiv*); zwingt man die Rechteinhaber, sofort zu Gericht zu gehen, werden Gerichte überflüssiger Weise beschäftigt. Keine Erstattung mangels Erforderlichkeit darf es freilich geben, wenn die erste Abmahnung anwaltlich war. Ein zweites Schreiben, dass **zur Heilung der Unwirksamkeit** der ersten Abmahnung versandt wird (vgl. Rn. 28), ist grundsätzlich erforderlich, weil es die Informationspflichten des § 97a Abs. 2 erfüllt. Etwas anderes gilt jedoch, wenn der Abgemahnte die Ansprüche des Verletzers bereits erledigt hat. Je nach den Umständen des Einzelfalls kann auch schon die Einschaltung eines Anwalts genügend sein, um die Erforderlichkeit eines heilenden zweiten Schreibens zu verneinen.

Die **konkrete Höhe der Rechtsanwaltsgebühren** richtet sich im Regelfall nach den 41 im **RVG** getroffenen Bestimmungen (BGH GRUR 2016, 184 Tz. 66 – *Tauschbörse II*). Damit kommt es vor allem auf die Bemessung des Streitwertes und des Gebührensatzes an (zum Streitwert vgl. § 97 Rn. 223). Der **Streitwert** der Abmahnung (einschließlich möglicher weiterer Korrespondenz!) sollte sich nach dem Wert der Hauptsache, nicht nach dem Wert des Verfügungsverfahrens richten, weil die Abmahnung eine endgütige Befriedung anstrebt. Es steht ein Gebührenrahmen von **0,5 bis 2,5** zur Verfügung (§ 14 RVG). Kommt es zum Streit, sind die Gerichte nicht verpflichtet, ein **Gutachten des Vorstandes der Rechtsanwaltskammer** zur Höhe der in Ansatz gebrachten Geschäftsgebühr gemäß § **14 Abs. 2 RVG** einzuholen, der nur in Fällen gilt, in denen die Höhe der Gebühr zwischen Rechtsanwalt und seinem Auftraggeber streitig ist, nicht jedoch im Rechtsstreit mit einem erstattungspflichtigen Dritten (BGH GRUR 2015, 1189 Tz. 104 – *Goldrapper*). Eine Gebühr von mehr als 1,3 kann nach Anm. zu Nr. 2400 VV nur gefordert werden, wenn die Tätigkeit umfangreich oder schwierig ist. Eine höher festgesetzte Gebühr ist voll durch die Gerichte überprüfbar; es gibt keinen Toleranzspielraum für den Abmahner (BGH – VIII. ZS – NJW 2012, 2813; dazu *Bölling* WRP 2012, 1214, 1215; a. A. OLG Frankfurt GRUR-RR 2012, 213, 215 – *Cabat-Tasche*, zu § 4 Nr. 3 UWG). Im Regelfall ist jedoch bei urheberrechtlichen Angelegenheiten von einem hohen Schwierigkeitsgrad auszugehen. Es handelt sich um eine Spezialmaterie, die eine umfassende Einarbeitung eines nicht darauf spezialisierten Anwalts erfordert. Zum breiter bekannten UWG hat der Bundesgerichtshof festgestellt, dass „bei einer wettbewerbsrechtlichen Abmahnung in einem durchschnittlichen Fall nicht von einer unter dem Regelsatz liegenden 1,3fachen Gebühr auszugehen ist." (BGH GRUR 2010, 1120 Tz. 31 – *Vollmachtsnachweis*). Im Regelfall sollte es deshalb im Urheberrecht zulässig sein, für die Abmahnung (einschließlich möglicher weiterer Korrespondenz) eine Gebühr von 1,5 zu verlangen. Über 1,5 kann aber nur hinausgegangen werden, wenn der Abmahnende – neben der grundsätzlichen Schwierigkeit des Urheberrechts – zusätzliche Gründe für einen hohen Schwierigkeitsgrad substantiiert anführt (LG München I ZUM-RD 2006, 144, 145, spricht eine 1,9fache Gebühr wegen vorgetragenen Ermittlungsaufwandes und komplexer Prüfung der Rechtesituation vor Abmahnung zu; AG Düsseldorf ZUM-RD 2008, 216: 1,5fache Gebühr wegen Spezialmaterie und komplexer Rechtsfragen, die höchstrichterlich noch ungeklärt; weitere Entscheidungen bei *Günther* WRP 2009, 118, 120). Meist hat der Anwalt bei Abmahnung noch keinen Prozessauftrag seines Mandanten; schließlich muss erst einmal abgewartet werden, wie der Verletzer auf die Abmahnung reagiert. Der Anwalt sollte das in der Abmahnung auch dadurch betonen, dass er seiner Mandantin empfehlen werde, den Anspruch gerichtlich im Fall des fruchtlosen Fristablaufes geltend zu machen. Formuliert er, dass er ansonsten schon mit der Einleitung gerichtlicher Schritte beauftragt ist, kann der Anwalt nur die gerichtliche Prozessgebühr geltend machen; diese liegt bei 1,3; überdies ist sie – im Gegensatz zu den außergerichtlichen Geschäftsgebühren – voll auf später entstehende gerichtliche Anwaltsgebühren anrechenbar. –Spricht der Verletzer durch einen Anwalt **mehrere getrennte Abmahnungen** gegen verschiedene Verletzer aus, soll der Abmahner jeweils eine 1,3 Geschäftsgebühr fordern dürfen; eine Reduzierung für die zweite und andere mehr oder weniger wortgleiche Abmahnungen komme nicht in Betracht. Wenn der Verletzte berechtigt sei, mehrere Verletzer einzeln abzumahnen, so müsse es auch gerechtfertigt sein, für die Frage der Gebührenhöhe die jeweiligen, selbständig nebeneinander liegenden Verstöße der einzelnen Verletzer unabhängig voneinander zu betrachten (LG München I ZUM-RD 2009, 352, 355). Allerdings kann die Kostenerstattung dennoch nur auf (gesamtschuldnerische) Erstattung einer Gebühr gehen, wenn dieselbe Angelegenheit vorliegt (BGH GRUR 2008, 367, 368 – *Rosenkrieg bei Otto*; ferner BGH GRUR-RR 2010, 269 Tz. 25 ff.; dazu *Frauenschuh* AfP 2010, 113; jeweils zum Äußerungsrecht); zur Missbräuchlichkeit in solchen Fällen vgl. § 97 Rn. 192.

41a   Bislang war es geübte Praxis, dass die Umsatzsteuer ("Mehrwertsteuer"), die der Anwalt erhebt, nur dann vom Verletzer zu erstatten war, wenn der Verletzte nicht vorsteuerabzugsberechtigt ist (s. BGH NJW 1972, 1460). Denn nur in diesen Fällen entstand in Höhe der anwaltlichen Umsatzsteuer beim Verletzten ein Aufwand. Ansonsten waren die Anwaltskosten netto zu erstatten. Der **Bundesfinanzhof** hat mit **Urteil vom 21. Dezember 2016** (Az.: XI R 27/14 Tz. 20 ff. = WRP 2017, 712) zur umsatzsteuerrechtlichen Behandlung der Abmahnkostenerstattung aus § 12 Abs. 1 S. 2 UWG entschieden, dass Zahlungen, die an ein Unternehmen von dessen Wettbewerbern als Aufwendungsersatz aufgrund von Abmahnungen geleistet werden, umsatzsteuerrechtlich als Entgelt im Rahmen eines umsatzsteuerbaren Leistungsaustauschs zwischen dem Unternehmen und dem abgemahnten Wettbewerber – und nicht als nicht-steuerbare Schadensersatzzahlungen – zu qualifizieren seien. Nach dieser Entscheidung ist daher "Leistender" im Sinne des Umsatzsteuerrechts der Abmahnende. Die Entscheidung sollte auch auf die Abmahnkostenerstattung nach § 97a Abs. 2 UrhG übertragbar sein (anders die frühere Entscheidung des FG Berlin-Brandenburg v. 30.11.2016, Az.: 7 K 7078/15, wonach urheberrechtliche Abmahnungen von am Markt tätigen Unternehmen nicht umsatzsteuerpflichtig sind; Rev. zum BFH anhängig, Az. XI R 1/17); sie führt damit zu einer Änderung der Umsatzsteuerpraxis bei der Abmahnkostenerstattung: Soweit der Abmahnende in Bezug auf vereinnahmte Abmahnkosten der Verpflichtung zur Zahlung von Umsatzsteuer unterliegt, muss die Umsatzsteuer beim Abgemahnten geltend gemacht werden. Ob im Leistungsverhältnis Abgemahnter-Abmahnender Umsatzsteuer anfällt, ist danach differenziert zu sehen:

–   Der **Abmahnende sitzt in Deutschland**, der **Abgemahnte ist ein Unternehmen oder eine Privatperson mit Sitz in Deutschland**: Die Leistung unterliegt der deutschen Umsatzsteuer. Mithin werden die Abmahnkosten zzgl. der Umsatzsteuer geltend gemacht. Zum Vorsteuerabzug berechtigte Unternehmen müssen eine ordnungsgemäße Rechnung verlangen. Da Leistender im Sinne des Umsatzsteuerrechts nicht der abmahnende Anwalt, sondern sein

Mandant ist, ist der Abmahnende aus dem gesetzlichen Abmahnverhältnis (vgl. Rn. 8) verpflichtet, eine Rechnung an den Abgemahnten ausstellen, welche den Vorsteuerabzug beim Abgemahnten ermöglicht. Solange ihm keine Rechnung erteilt wurde, steht ihm ein Zurückbehaltungsrecht im Hinblick auf die Abmahnkostenerstattung zu (*Omsels*, jurisPR-WettbR 6/2017 Anm. 1 unter Verweis auf BGH GRUR 2012, 711 Tz. 44 – *Barmen Live*). Die Rechnung kann mit der anwaltlichen Abmahnung versandt werden.

– Der **Abmahnende sitzt nicht in Deutschland**, der **Abgemahnte ist ein Unternehmen mit Sitz im Inland**: In diesem Fall ist die Leistung in Deutschland umsatzsteuerbar. Nach § 13 b UStG schuldet jedoch der Leistungsempfänger, d. h., der Abgemahnte, hierbei die Umsatzsteuer. Das bedeutet, dass in der Rechnung an das abgemahnte Unternehmen keine Umsatzsteuer ausgewiesen werden darf. Steuerschuldner ist in diesen Fällen der Abgemahnte. Er bekommt eine Rechnung ohne Umsatzsteuer, muss aber in seiner Umsatzsteuererklärung die Umsatzsteuer selbst berechnen und abführen. Er kann, wenn er die Voraussetzungen erfüllt, gleichzeitig in identischer Höhe Vorsteuer geltend machen.

– Der **Abmahnende sitzt im EU-Ausland**, der **Abgemahnte ist eine Privatperson mit Sitz im Inland**: In diesem Fall ist die Leistung in Deutschland nicht umsatzsteuerbar, sondern im EU-Ausland. Bei der Erstattung von Abmahnkosten kann daher keine zusätzliche Umsatzsteuer verlangt werden.

– Der **Abmahnende sitzt im Drittland** (alle Länder außerhalb der EU, z. B. USA), der **Abgemahnte ist eine Privatperson mit Sitz im Inland**: In diesem Fall ist die Leistung in Deutschland nicht umsatzsteuerbar, sondern im Drittland (beispielsweise in den USA). Eine Umsatzsteuer ist auf die Abmahnkosten nicht zu berechnen.

bb) Sonstige Verfolgungs- und Ermittlungskosten: Aus § 97a Abs. 3 S. 1 kön-   **42**
nen neben Anwaltskosten für die Abmahnung auch sonstige Verfolgungs- und Ermittlungskosten beansprucht werden (RegE UmsG Enforcement-RL – BT-Drs. 16/5048, S. 49, zu § 97a Abs. 1 S. 2 a. F.; ebenso Dreier/Schulze/*Dreier*/*Specht*[5] Rn. 13; Wandtke/Bullinger/*Kefferpütz*[4] Rn. 42; BeckOK UrhR/*Reber*[16] Rn. 23), also z. B. Ermittlungskosten zur **Identifizierung des Rechtsverletzers** (RegE UmsG Enforcement-RL a. a. O.), was bei **Tauschbörsenverletzungen** neben den Ermittlungskosten, auch die Gerichtskosten des richterlichen Gestattungsverfahrens gem. § 101 Abs. 9 S. 5 UrhG sowie die Kosten für die Beauskunftung durch den Internetprovider beinhaltet. Ferner sind als Kosten erstattungsfähig die für die Ermittlung der Verletzung notwendigen **Reisekosten** (BGH GRUR 2007, 431, 435 Tz. 43 – *Steckverbindergehäuse* für eine Indienreise), **Detektivkosten**. **Testkaufkosten** (z. B. Gestehungskosten für Verletzungsmuster) sind angeblich nur Zug um Zug gegen Übereignung und Übergabe der gekauften Sache (KGR 2003, 163; KG JurBüro 1991, 86; OLG München GRUR 1996, 56, 57 – *Pantherring*; OLG Stuttgart NJW-RR 1986, 978) zu erstatten; es entsteht dann allerdings postwendend ein Anspruch auf Vernichtung nach § 98, weil der Verletzer wieder Eigentum an dem Verletzungsstück erlangt (s. OLG München GRUR 1996, 56, 57 – *Pantherring*). Zur Kritik vgl. § 98 Rn. 15. In begrenztem Umfang können diese Kosten bei späterer gerichtlicher Auseinandersetzung auch im **Kostenfestsetzungsverfahren** geltend gemacht werden (vgl. § 97 Rn. 222). Zur Frage des GEMA-Zuschlags für das **Vorhalten eines Ermittlungsapparates** vgl. § 97 Rn. 100. Zur **Umsatzsteuer** („Mehrwertsteuer") vgl. Rn. 41.

d) Deckelung des Streitwertes bei privaten Verletzungen natürlicher Personen   **43**
(Abs. 3 S. 2 bis S. 4): Hintergrund für die Regelung sind massenhafte Abmahnungen an natürliche Personen wegen privater Verletzungen vor allem in Tauschbörsen (*Müller/Rößner* K&R 2013, 695, 697), aber auch im Fotobereich. Ursprüng-

lich hatte der Gesetzgeber geplant, den Streitwert für das gesamte außergerichtliche und gerichtliche Verfahren zu deckeln (dazu *Krbetschek/Schlingloff* WRP 2014, 1). Der Rechtsausschuss des Bundestages hat diese Streitwertdeckelung dann auf den Anspruch auf Aufwendungsersatz für anwaltliche Leistungen verengt (BeschlE RAusschuss Unseriöse Geschäftspraktiken – BT-Drs. 17/14192, S. 4). Offenbar erfolgte das aber aus ähnlichen Motiven wie die des RegE. Nach dem RegE könnten Erstattungsforderungen von mehreren hundert EURO eine existenzbedrohende Belastung für den Abgemahnten darstellen (RegE Unseriöse Geschäftspraktiken – BT-Drs. 17/13057, S. 30). Dennoch ist die Lösung des Rechtsausschusses maßvoller, weil zumindest gerichtliche Auseinandersetzungen dann zum realen Streitwert geführt werden können. Eine sinnvolle **Alternative** zu § 97a Abs. 3 S. 2 bis S. 4 wäre eine **Begrenzung des Gebührenrahmens** nach § 14 RVG auf z. B. 0,5 bis 1,0, wenn bei massenhaften Abmahnungen der Inhalt für viele Schreiben nicht individuell gestaltet wird. – **Verfassungsmäßige Bedenken** können insbesondere im Hinblick auf die grundsätzliche Gewährleistung des Urheberrechts als geistiges Eigentumsrecht nach Art. 17 Abs. 2 EU-GR-Charta und nach Art. 14 GG entstehen. Zum verfassungsrechtlich relevanten Bereich gehört hier, dass der Urheber seinen Vergütungsanspruch und eine Kostenerstattung gegenüber Verletzern durchsetzen kann (BVerfG GRUR 2010, 416 Tz. 22 – *Fotoarchiv*; BVerfG GRUR 2010, 332 Tz. 39 – *Filmurheber*). Der Gesetzgeber hat aber insoweit einen relativ weiten Gestaltungsspielraum, was verhältnismäßig ist. Der Gestaltungsspielraum ist nicht überschritten, wenn es nur darum geht zu **verhindern**, dass **Verletzer in Bagatellfällen überzogene Anwaltshonorare erstatten** müssen (BVerfG GRUR 2010, 416 Tz. 22 – *Fotoarchiv*, zu § 97a Abs. 2 a. F.). Die Praxis sollte dem Rechnung tragen und § 97a Abs. 3 S. 2 und S. 3 zurückhaltend bzw. S. 4 großzügiger anwenden. Ähnliches sollte auch wegen EU-Recht gelten, vgl. Rn. 4.

44   **aa) Grundsätzliche Streitwertdeckelung für Abmahnkosten (S. 2):** S. 2 enthält die grundsätzliche Begrenzung des Anspruchs auf Aufwendungsersatz für den Abmahner. **Nr. 1 und Nr. 2** stellen zwei **kumulative Voraussetzungen** auf, um in den Anwendungsbereich der Deckelung zu gelangen.

45   Nach **Nr. 1** muss der Abgemahnte eine **natürliche Person** sein (§ 1 BGB). Volljährigkeit ist nicht Voraussetzung. Damit scheiden alle Abmahnungen, die sich gegen andere als natürliche Personen richten, aus dem Anwendungsbereich des § 97a Abs. 3 S. 2 Nr. 1 aus, selbst wenn die abgemahnte Verletzung privater Natur ist (vgl. Rn. 46). Das gilt insbesondere für juristische Personen des Privatrechts oder rechtsfähige Personengesellschaften (GmbH, UG, AG, SE, KGaA, VVaG, eG, SCE, GmbH & Co KG, e. V., Stiftungen, OHG, KG, PartG etc., auch BGB-Außengesellschaft wegen eigener Rechtsfähigkeit) und juristische Personen des öffentlichen Rechts (Körperschaften, Anstalten, Stiftungen, kirchliche Institutionen in öffentlich-rechtlicher Form). Auch nach ausländischem Recht rechtsfähige Institutionen zählen nicht zu den natürlichen Personen (Dreier/Schulze/*Dreier/Specht*[5] Rn. 15).

46   Im Hinblick auf die weiteren Voraussetzungen der Nr. 1 meint **nach diesem Gesetz geschützte Werke** urheberrechtlich nach den §§ 2 bis 4 Schutz genießende Leistungen (wohl auch Dreier/Schulze/*Dreier/Specht*[5] Rn. 16). **Andere nach diesem Gesetz geschützte Schutzgegenstände** umfasst alle Leistungsschutzrechte ("verwandte Schutzrechte"; Dreier/Schulze/*Dreier/Specht*[5] Rn. 16), die im UrhG geregelt sind, also für Verfasser wissenschaftlicher Ausgaben (§ 70), nachgelassene Werke (§ 71), Lichtbildner (§ 72), ausübende Künstler (§§ 74 ff.), Veranstalter (§ 81), Tonträgerhersteller (§ 85), Sendeunternehmen (§ 87), Datenbankhersteller (§ 87b), Presseverleger (§ 87f) und Filmhersteller (§ 94). Da es um Schutzgegenstände und damit – wie in § 97 Abs. 1 – um „Rechte" geht, sollten die ergänzenden Schutzbestimmungen der

§§ 95a bis 96 nicht unter § 97a Abs. 3 S. 2 fallen (*Jan Bernd Nordemann/ Wolters* ZUM 2014, 25, 28). Diese vom UrhG geschützten Leistungen muss der Beklagte „**verwendet**" haben. Da es um Abmahnungen bei Verletzungen geht, muss es sich bei der Verwendung um eine behauptete Verletzung handeln, für die der Abgemahnte in die Haftung genommen wird. Das umfasst in jedem Fall die täterschaftliche Haftung; wegen der Gleichstellung in § 830 Abs. 2 BGB sollte auch die Teilnahmehaftung des Abgemahnten darunter fallen, auch wenn streng genommen er selbst nicht verwendet. Erweiternd ausgelegt werden muss der Wortlaut für Abmahnungen wegen Störerhaftung (*Jan Bernd Nordemann/Wolters* ZUM 2014, 25, 29); der Störer verwendet nicht selbst, sondern ist nur mittelbarer Verursacher (vgl. § 97 Rn. 157). Nach dem Gesetzeszweck sollen aber auch Störer, insbesondere in Tauschbörsenfällen, privilegiert werden (vgl. Rn. 43). Abgemahnte Streitigkeiten, bei denen keine Verletzung des Rechts und eine Haftung des Abgemahnten behauptet wird – wie beispielsweise vertraglicher Natur –, fallen deshalb nicht darunter. Die Verwendung darf „**nicht für ihre gewerbliche oder selbständige berufliche Tätigkeit**" der abgemahnten natürlichen Person erfolgt sein. Der Gesetzgeber wollte für private Urheberrechtsverletzungen die Abmahnkostenerstattung deckeln (vgl. Rn. 43). Damit meint **gewerbliche Tätigkeit jede auf Dauer angelegte und auf den Erwerb gerichtete wirtschaftliche Tätigkeit; eine Gewinnerzielungsabsicht ist nicht notwendig** (LG Köln ZUM-RD 2015, 749, 750 f.). Im Übrigen ist für die Unterscheidung zwischen privaten Verbrauchern und gewerblichen Unternehmern auch auf §§ 13, 14 BGB abzustellen (Rechtsausschuss, BT-Drucks. 17/14216, S. 7, zu § 104a). **Selbständig tätig** wird vom Gesetz gleichgestellt, erfasst also die selbständige berufliche Tätigkeit (Ärzte, Architekten, Anwälte, Künstler, Landwirte etc. (Dreier/Schulze/*Dreier/Specht*[5] Rn. 16; Wandtke/Bullinger/*Kefferpütz*[4] Rn. 53). Der erforderliche **Bezug** („für") liegt vor, wenn die Verwendung mit der gewerblichen oder selbständigen Tätigkeit im Zusammenhang steht (Dreier/Schulze/*Dreier/Specht*[5] Rn. 16). Dafür ist nach einem objektiven Maßstab auf den Einzelfall abzustellen (LG Köln ZUM-RD 2015, 749, 750). Der Zusammenhang liegt vor, wenn die **Verwendung zum Zweck der Ausübung der gewerblichen oder selbständigen Tätigkeit** erfolgt (Wandtke/Bullinger/*Kefferpütz*[5] § 104a Rn. 3; Schricker/Loewenheim/*Wimmers*[5] § 104a Rn. 4 unter Verweis auf Rechtsausschuss, BT-Drucks. 17/14216, S. 7). Ein Beispiel ist die Verwendung eines Lichtbildes im Rahmen eines entgeltlichen anwaltlichen Vortrages. Sofern der Schutzgegenstand zumindest für die gewerbliche oder selbständige Tätigkeit verwendbar ist (z. B. urheberrechtlich geschützter Plan für eine selbständige Tätigkeit als Architekt), ist das ein Indiz gegen die Anwendung der Privilegierung. Unterhaltungsinhalte sprechen für eine private Verwendung. Bei sowohl privaten als auch gewerblichen Verwendungszwecken kommt es darauf an, welcher Zweck überwiegt (Rechtsausschuss, BT-Drucks. 17/14216, S. 7, zu § 104a). Auch **gewerbliche Nebentätigkeiten** sind relevant; es muss sich nicht um eine Haupttätigkeit des Verletzers handeln (LG Köln ZUM-RD 2015, 749, 750). Insoweit kommt der Grenzziehung zwischen privaten und gewerblichen Verletzungen auf **Internetplattformen wie *eBay*** auch hier richtungsweisende Bedeutung zu, wie sie zum UWG (z. B. BGH GRUR 2009, 871 Tz. 23 ff. – *Ohrclips*) oder zum MarkenG (BGH GRUR 2015, 485 Tz. 25 – *Kinderhochstühle im Internet III* m. w. N.) ergangen ist, auch wenn die Regelungszwecke sich nicht vollständig entsprechen. Etwas schwierig einzuordnen sind rechtswidrige **Tauschbörsennutzungen**. Einerseits können sie dem Verletzer Aufwand sparen, indem er für den rechtswidrigen Upload kostenlos kommerziell wertvolle Inhalte erhält. Deshalb wird teilweise vertreten, Tauschbörsenverletzungen in gewerblichem Ausmaß nach § 101 Abs. 1 (entscheidend: Anzahl und die Nachhaltigkeit des rechtsverletzenden Verhaltens) seien nicht mehr privat (LG Köln ZUM-RD 2015, 749, 751; zum gewerblichen Ausmaß vgl. § 101 Rn. 39 ff.). Das gewerbliche Ausmaß ist jedoch nicht der zutreffende Maßstab. Nur wenn die Benutzung zum Zweck einer auf einen wirtschaftlichen Vorteil gerichteten kommerziellen Tätigkeit erfolgt, liegt keine private Tätigkeit vor (siehe BGH GRUR 2015, 485 Tz. 25 – *Kinderhochstühle im Internet III*). Tauschbörsennutzungen erfolgen jedoch zumindest im Hinblick auf privat konsumierte Inhalte nicht zum Zweck einer kommerziellen Tätigkeit, mag es auch zu wirtschaftlichen Einsparungen durch den kostenlosen Erwerb von Inhalten kommen. Deshalb sind Tauschbörsenverletzungen – auch im gewerblichen Ausmaß –, die den Zweck des Bezugs privat zu konsumierender Inhalte haben, privat (OLG Hamburg GRUR-RR 2014, 109 – *Computerspiel-Filesharing*; Büscher/Dittmer/Schiwy/*Niebel*[3] Rn. 11; Wandtke/Bullinger/*Kefferpütz*[5] § 104a Rn. 3; Schricker/Loewenheim/*Wimmers*[5] § 104a Rn. 4; *Schulte-Nölke/Henning-Bodewig/Podszun* S. 234). Nach dem Sinn und Zweck fällt auch die **angestellte berufliche Tätigkeit** nicht unter Abs. 3 S. 2 (zust. Dreier/Schulze/*Dreier/Specht*[5] Rn. 16); missbrauchen Angestellte jedoch ihre berufliche Tätigkeit zu privaten Verletzungen (z. B. durch den Internetzugang des Arbeitgebers), greift die Privilegierung. Bei **abgemahnten Teilnehmern oder Störern** ist aufgrund des Wortlautes zu fragen, ob die abgemahnte Handlung (nicht die Verletzungshandlung) privat ist; der Betreiber eines gewerblichen Internetzuganges fällt deshalb nicht unter die Privilegierung, auch wenn es um private Tauschbörsenverletzungen geht. – Eine **parallele Formulierung** findet sich in **§ 104a Abs. 1 S. 1**, sodass auch auf die Auslegungspraxis hierzu geachtet werden sollte.

47 Nr. 2 war bereits im RegE Gesetz gegen unseriöse Geschäftspraktiken enthalten, allerdings als Ausschlussgrund für eine generelle Deckelung des Streitwertes auch außerhalb der Abmahnung (vgl. Rn. 43). Danach soll die Deckelung **nicht denjenigen zugutekommen, die wiederholt Urheberrechtsverletzungen begangen** haben (RegE Unseriöse Geschäftspraktiken – BT-Drs. 17/13057 S. 30). „Vertrag" meint den Unterlassungsvertrag (vgl. § 97 Rn. 221a ff.), „rechtskräftige gerichtliche Entscheidung" einen solchen Unterlassungstitel nach dem Hauptsacheverfahren (vgl. § 97 Rn. 216 f.), „einstweilige Verfügung" einen Unterlassungstitel aus diesem Verfahren (vgl. § 97 Rn. 198 ff.), der allerdings durch eine Abschlusserklärung als endgültig anerkannt sein muss (zutreffend Dreier/Schulze/*Dreier/Specht*[5] Rn. 18; ebenso wohl Wandtke/Bullinger/*Kefferpütz*[4] Rn. 54; abweichend noch unsere 11. Aufl. Rn. 47); vgl. § 97 Rn. 212 ff. Die vertragliche Verpflichtung bzw. der Titel muss (auch) auf Unterlassung gerichtet sein (krit. dazu Wandtke/Bullinger/*Kefferpütz*[4] Rn. 55); z. B. bloße Zahlungstitel oder die Vereinbarung einer Zahlung ohne Unterlassungsvereinbarung nach der ersten Verletzung genügen nicht. Fraglich ist, ob sich die frühere vertragliche oder gerichtliche Unterlassungsverpflichtung auf denselben Unterlassungsanspruch nach der **Kerntheorie** (vgl. § 97 Rn. 41 ff.) beziehen muss. Dafür spricht, dass der Gesetzgeber „wiederholte" Urheberrechtsverletzungen privilegieren wollte, eine Urheberrechtsverletzung streng genommen jedoch nur bei Kerngleichheit wiederholt ist. Als sinnvoll erscheint es jedoch, Nr. 2 im Zuge der erforderlichen restriktiven Auslegung (vgl. Rn. 43) zumindest bei **gleichartigen (nicht kerngleichen) Verletzungen** auch auszuschließen (*Jan Bernd Nordemann/Wolters* ZUM 2014, 25, 29; a. A. Dreier/Schulze/*Dreier/Specht*[5] Rn. 17, die auch nicht gleichartige Verletzungen zählen wollen).

48 **Rechtsfolge** ist die automatische Deckelung auf **bis zu 1.000 €**. Auf der Basis dieses Streitwertes erfolgt die Berechnung der anwaltlichen Kostenerstattung für die Abmahnung nach RVG. Es handelt sich um einen „bis zu"-Wert. Sofern der Streitwert ohne § 97a Abs. 3 S. 2 niedriger liegt (vgl. § 97 Rn. 223), gilt dieser Wert. Der Deckel bezieht sich nur auf die Inanspruchnahme **anwaltlicher Dienstleistungen**, nicht auf sonstige Aufwendungen des Abmahners (dazu vgl. Rn. 42). Auch wird nur der Wert für Unterlassungs- und Beseitigungsanspruch gedeckelt; geltend gemachte sonstige Ansprüche (z. B. Schadensersatz) kommen hinzu (§ 22 RVG). Die Vorschrift findet auch nur auf die **Forderung des Ab-mahners gegen den Abgemahnten** Anwendung, nicht aber auf die Forderung des abmahnenden Anwalts im Innenverhältnis zu seinem abmahnenden Mandanten. Ferner muss sich der Abgemahnte bei **Gegenansprüchen nach § 97a Abs. 4** nicht an der Deckelung festhalten lassen. Eine offene Frage ist, ob die Streitwertdeckelung nur für jeweils einen (Unterlassungs- und Beseitigungs-)Streitgegenstand (vgl. § 97 Rn. 49 ff.) gilt, also ob **mehrere Streitgegenstände** in der Abmahnung ein Mehrfaches des Streitwertdeckels erlauben. Dagegen spricht aber schon der Wortlaut, der von einer Deckelung je Abmahnung ausgeht (*Jan Bernd Nordemann/Wolters* ZUM 2014, 25, 29). Auch wenn (ggf. ohne Not, zur unzulässigen Salami-Taktik vgl. § 97 Rn. 192) **trennbare Sachverhalte gemeinsam abgemahnt** werden, gilt die Deckelung. Allerdings ist eine Korrektur über S. 4 denkbar (vgl. Rn. 50 f.). – Für die Anrechnung der außergerichtlichen Gebühren gem. Vorb. 3 Abs. 4 S. 1 und S. 4 Teil 3 VV i. V. m. § 15a RVG gilt eine halbe Geschäftsgebühr (0,65) aus einem Streitwert von € 1.000 als anrechenbar, auch wenn der Streitwert im gerichtlichen Verfahren wegen der fehlenden Deckelung höher ist.

bb) Streitwertdeckelung bei Nebeneinander von Unterlassungs- und Beseitigungsansprüchen (S. 3): Diese Regelung stellt klar, dass die Streitwertdeckelung des S. 2 auch gilt, wenn Unterlassungs- und Beseitigungsanspruch nebeneinander geltend gemacht werden. Dann erfolgt **für beide Ansprüche zusammen die Deckelung** (wohl wie hier BeckOK UrhR/*Reber*[16] Rn. 27). Mit Beseitigungsanspruch sind der allgemeine Beseitigungsanspruch des § 97 Abs. 1, aber auch die speziellen Beseitigungsansprüche der §§ 98, 103 gemeint (vgl. § 97 Rn. 55).   **49**

cc) Ausnahme bei Unbilligkeit (S. 4): Schon der RegE hat erkannt, dass eine einheitliche Streitwertdeckelung bei € 1.000 unbillig sein kann. Für die damals geplante generelle Streitwertdeckelung auch über die Abmahnung hinaus im GKG verweist der RegE auf vergleichbare Regelungen in §§ 44 Abs. 3, 45 Abs. 3, 47 Abs. 2, 48 Abs. 3, 49 Abs. 2, 50 Abs. 3, 51 Abs. 3 FamGKG (RegE Unseriöse Geschäftspraktiken – BT-Drs. 17/13057, S. 14), auf die auch zur Auslegung der jetzigen Regelung in § 97a Abs. 3 S. 4 zurückgegriffen werden kann. Die **Darlegungs- und Beweislast** für die Unbilligkeit liegt beim Abmahnenden. Denn es handelt sich um eine Ausnahmeregelung, die Deckelung ist die Regel (Schricker/Loewenheim/*Wimmers*[5] Rn. 45; Dreier/Schulze/*Dreier/Specht*[5] Rn. 19b; BeckOK UrhR/*Reber*[16] Rn. 28; *Schulte-Nölke/Henning-Bodewig/Podszun* S. 230).   **50**

Unbilligkeit versteht der RegE (nicht abschließend) als eine vom **Einzelfall in relevantem Ausmaß vom üblichen Maß abweichende Anzahl oder Schwere der Rechtsverletzung** (RegE Unseriöse Geschäftspraktiken – BT-Drs. 17/13057, S. 29). Das kann aber – entgegen der sprachlich etwas missverständlichen Formulierung – nicht dazu führen, das „übliche Maß ... der Rechtsverletzung" zum Kriterium zu machen. Das übliche Maß von privaten Urheberrechtsverletzungen natürlicher Personen ist sehr unterschiedlich und reicht z. B. vom illegalen Download (Vervielfältigung) eines Fotos bis zu einer illegalen öffentlichen Zugänglichmachung eines wertvollen Films vor Kinostart oder einer wertvollen Software an einen unbegrenzten Adressatenkreis im Internet. Für solche unterschiedlichen Verletzungen gelten ganz unterschiedliche Streitwerte (vgl. § 97 Rn. 223). Auch erscheine es als verfassungsmäßig schwierig (vgl. Rn. 43), die Privilegierung des Verletzers mit der Üblichkeit der Verletzungen zu verknüpfen, weil dann die Privilegierungswirkung mit dem üblichen Umfang von Verletzungen steigen würde. Besser sollte deshalb auf einen Vergleich des üblichen Maßes *des Streitwertes* bei der im Einzelfall gegebenen Anzahl oder Schwere der Rechtsverletzung einerseits mit dem Streitwertdeckel bei € 1.000 andererseits sein (*Jan Bernd Nordemann/Wolters* ZUM 2014, 25, 30). Der übliche   **51**

Streitwert bemisst sich nach objektiven Kriterien (vgl. § 97 Rn. 223). Das Wichtigste ist der Angriffsfaktor (drohender Verletzungsumfang; Qualität der Urheberrechtsverletzung; Vorsatz oder „nur" Fahrlässigkeit; Verschleierungsversuche; Verhalten nach Abmahnung), ferner finden Marktwert des Werkes und der Gedanke einer wirksamen Abschreckung (str.) Berücksichtigung. Dies führt auch außerhalb der Deckelung für private Urheberrechtsverletzungen natürlicher Personen häufig zu Streitwerten bis € 1.000, in vielen Fällen aber wegen der besonderen Gefährlichkeit der Verletzung auch zu höheren Streitwerten (vgl. § 97 Rn. 223). **Unbillig** ist danach eine Streitwertdeckelung bei € 1.000, die ausnahmsweise **die besondere Gefährlichkeit der Verletzung in relevantem Umfang nicht widerspiegelt.** Der relevante Umfang sollte in jedem Fall erreicht sein, wenn **der übliche Streitwert das 10fache von € 1.000** beträgt (*Jan Bernd Nordemann/Wolters* ZUM 2014, 25, 30). Mit Rücksicht darauf, dass der Gesetzgeber gerade **Verletzungen in Tauschbörsen** privilegieren wollte (vgl. Rn. 43), sollte der illegale Upload eines Musiktitels aus den aktuellen Charts (anders aber bei höherer Verletzungsquantität) oder eines schon länger auf DVD bereits erschienen Films von S. 4 nicht erfasst werden. Anders liegt es aber bei gerade auf DVD oder gar gerade erst im Kino angelaufenen Filmen oder Zugänglichmachen einer TV-Serie im unmittelbaren Zusammenhang mit der Erstausstrahlung in den USA (LG Stuttgart v. 21.4.2015, Az. 17 O 329/14; anders: *Müller/Rößner* K&R 2013, 695, 697, die einen aktuellen Kinofilm im Regelfall nicht unter die Ausnahme fassen wollen). Es spricht für eine Anwendung des S. 4, wenn **mehrere eigentlich trennbare Sachverhalte abgemahnt** werden (vgl. Rn. 48). Wegen der **Inflation** wird außerdem in den kommenden Jahren eine Unbilligkeit immer großzügiger anzunehmen sein, weil der absolute Betrag von € 1.000 auf diese Weise der Inflation anzupassen ist. – S. 4 kann **nur** zu einer **Erhöhung des Streitwertes**, nicht zu einer Ermäßigung führen, weil es sich bei der Regelung in S. 2 um eine „bis zu"-Regelung handelt (vgl. Rn. 48).

51a e) **Verjährung:** Die Verjährung des Abmahnkostenanspruches beginnt erst mit dem Zugang der Abmahnung, nicht mit dem Verletzungszeitpunkt (LG Frankfurt aM. GRUR-RR 2015 431; a. A. wohl BeckOK UrhR/*Reber*[16] Rn. 22a, der auf den Versand der Abmahnung abstellt). Für die Verjährungsfrist gilt nicht besonderes (§ 194 ff. BGB).

51b f) **Ausschluss der Kostenerstattung für WLAN- und allgemeine Zugangsprovider:** Gänzlich ausgeschlossen ist der Kostenerstattungsanspruch seit der **TMG-Reform 2017** gem. § 7 Abs. 4 S. 3 TMG gegen WLAN-Betreiber, wie sie in § 8 Abs. 3 TMG legaldefiniert sind (RegE ÄndG TMG – BT-Drs. 186745, S. 9). Das Gleiche gilt gem. § 8 Abs. 1 S. 2 2. Hs. für Kostenerstattungsansprüche gegen allgemeine Zugangsprovider (§ 8 Abs. 1 S. 1 TMG); auch sie sollten von sämtlichen vorgerichtlichen Kosten entbunden werden (RegE ÄndG TMG – BT-Drs. 18/6745, S. 10: Accessprovider sollten generell von Abmahnkosten befreit werden). Zu beachten ist, dass für das Schreiben, das die Gehilfenhaftung (vgl. § 97 Rn. 153) oder die Störerhaftung des Providers erst auslöst, schon nach § 97a keine Kostenerstattung verlangt werden kann (vgl. Rn. 9). Es muss noch geklärt werden, ob der Ausschluss eines vorgerichtlichen Kostenerstattungsanspruchs mit Art. 3 Abs. 2 Enforcement-RL vereinbar ist, weil die Provider vorgerichtlich nicht durch den Haftungssanktionen abgeschreckt werden. Auch könnte es gem. Art. 13 Abs. 1 Enforcement-RL daran fehlen, dass der Verletzte seinen Schaden (in Form von Anwaltskosten für das Vorgehen gegen den Provider) erstattet verlangen kann. Für Hostprovider (§ 10 TMG) und Cacheprovider (§ 9 TMG) gilt der Ausschluss nicht. Eingehend zur TMG-Reform 2017 vgl. § 97 Rn. 188. **Zeitlich** gilt dieser Ausschluss nach TMG allerdings erst **für Abmahnungen ab *****, weil die vorgenannten Bestimmungen des TMG ohne jede Übergangsbestimmung an diesem Tag in Kraft getreten sind und es deshalb auf das Datum der Abmahnung für die zeitliche Anwendung ankommt (vgl. Rn. 3). Mit der **TMG-Novelle 2016** hatte der Gesetzgeber bereits versucht, die Abmahnkostenerstattung in Anlehnung an die Schlussanträge des Generalanwalts im EuGH-Verfahren *McFadden* abzuschaffen (BeschlE Ausschuss ÄndG TMG – BT-Drs. 18/8645, S. 10), war damit allerdings wegen der später abweichenden *McFadden*-Entscheidung des EuGH (GRUR 2016, 1146 Rn. 76 ff.) nicht durchgedrungen (*Franz/Sakowski* CR 2016, 524, 527; *Jan Bernd Nordemann* GRUR 2016, 1097, 1100, 1103). Zu beachten ist, dass nach hiesiger Auffassung mit dem Entfall einer Abmahnkostenerstattung auch der mögliche Gegenanspruch nach § 97a Abs. 4 für die WLAN- und sonstigen Zugangsprovider entfällt (vgl. Rn. 52).

4.   Gegenansprüche bei unberechtigter oder unwirksamer Abmahnung (Abs. 4)

Mit § 97a Abs. 4 S. 1 enthält das UrhG jetzt als einziges Spezialgesetz im Immaterialgüterrecht eine Regelung zu Gegenansprüchen bei unberechtigter oder unwirksamer Abmahnung. Der RegE begründet dies mit „**Waffengleichheit**" (s. *Mantz* CR 2014, 189: Herstellung von Chancengleichheit bei Abmahnungen). Außerdem könnten die Aufwendungen des Abgemahnten bisher nur als Schadensersatzanspruch nach allgemeinem Deliktsrecht mit schwieriger Beweisführung und erheblichem Prozessrisiko geltend gemacht werden (RegE Unseriöse Geschäftspraktiken – BT-Drs. 17/13057, S. 14). Solche Ansprüche, die grundsätzlich nur Gewerbetreibenden zustanden (vgl. Rn. 69), lässt § 97a Abs. 4 S. 2 allerdings weiterhin bestehen; dazu vgl. Rn. 55 ff. Die Einschränkung in S. 1 2. Hs. („es sei denn") stammt vom Rechtsausschuss (BeschlE RAusschuss Unseriöse Geschäftspraktiken – BT-Drs. 17/14192, S. 4). Besteht kein Anspruch auf Abmahnkostenerstattung selbst im Fall von berechtigten Abmahnungen, kommt wegen des herrschenden Prinzips der „Waffengleichheit" auch kein Anspruch nach § 97a Abs. 4 in Betracht. Das gilt z. B. für WLAN- und sonstige Zugangsprovider (vgl. Rn. 51b).   **52**

a) Kostenerstattungsanspruch bei unberechtigter oder unwirksamer Abmahnung (Abs. 4 S. 1): Der Anspruch nach § 97a Abs. 4 S. 1 ist ein Anspruch sui generis, der gem. S. 2 neben anderen Ansprüchen insbesondere aus allgemeinem Deliktsrecht steht. Zum Begriff der **Abmahnung** vgl. Rn. 7 ff. **Unberechtigt** ist die Abmahnung, wenn die geltend gemachten Ansprüche dem Abmahnenden nicht zustehen. Zu unberechtigten Ansprüchen zählen neben Unterlassungs- auch Beseitigungs-, Schadensersatz- und Auskunftsansprüche. Im Übrigen kann auf die Ausführungen oben zur Berechtigung der Abmahnung verwiesen werden (vgl. Rn. 33). Es kommt – wegen der korrespondierenden Regel in Abs. 3 S. 1 „soweit" – auch eine nur teilweise fehlende Berechtigung in Betracht (vgl. Rn. 33), was dann eine Aufrechnung mit den Ansprüchen des Abmahnenden ermöglicht. **Unwirksam** sind Abmahnungen, die nicht den Voraussetzungen des Abs. 2 S. 1 entsprechen (vgl. Rn. 19 ff.; ebenso Büscher/Dittmer/Schiwy/*Niebel*[3] Rn. 17). Es genügt, wenn die Abmahnung entweder unberechtigt oder unwirksam ist.   **53**

Auf ein **Verschulden** des Abmahnenden kommt es grundsätzlich nicht an. Allerdings bestimmt der 2. Hs von S. 1, dass der **Anspruch entfällt**, wenn für den Abmahnenden zum Zeitpunkt der Abmahnung die **fehlende Berechtigung nicht erkennbar** war. Diese tatbestandliche Einschränkung verhindert eine per-se Verantwortlichkeit des unberechtigt Abmahnenden, die schon im allgemeinen Deliktsrecht mit Blick auf das Ziel der Enforcement-RL und einer insoweit gebotenen richtlinienkonformen Auslegung (vgl. Rn. 4) bedenklich wäre (vgl. Rn. 58). Die **Darlegungs- und Beweislast** für den Ausnahmetatbestand trägt der Abmahnende. **Erkennbarkeit** bedeutet, dass die fehlende Berechtigung ohne Abmahnung bei Anwendung der im Verkehr erforderlichen Sorgfalt (§ 276 BGB) hätte ermittelbar sein müssen (*Jan Bernd Nordemann/Wolters* ZUM   **54**

2014, 25, 31). Das lässt den Anspruch z. B. entfallen, wenn die Abmahnung sich an einen Mit- oder mittelbaren Verursacher richtet, dessen Haftung auch bei sorgfältiger Ermittlung erst durch die Abmahnkorrespondenz geklärt werden kann. Ein wichtiger Anwendungsfall sind **Tauschbörsenfälle**, in denen Anschlussinhaber als Täter abgemahnt werden; sie sind mittelbare Verursacher, und für sie besteht sogar eine Vermutung, dass sie als Täter verantwortlich sind (vgl. § 97 Rn. 152). Sofern die Verletzung durch einen Dritten begangen wurde, haften sie aber allenfalls als Störer (vgl. § 97 Rn. 172). Die Abmahnung ist dann zwar unberechtigt (vgl. Rn. 33), führt aber nicht zu Gegenansprüchen. – **Rechtsfolge** ist ein Erstattungsanspruch für erforderliche (vgl. Rn. 38 ff.) Anwaltskosten. Bei unberechtigter anwaltlicher Abmahnung wird es stets erforderlich sein, dass der Abgemahnte selbst einen Anwalt einschaltet (LG München I BeckRS 2015, 20521). Außerdem sollten auch sonstige Kosten erstattungsfähig sein, sofern sie zur Rechtsverteidigung erforderlich sind (vgl. Rn. 42), z. B. Reise- und Detektivkosten. Die **Darlegungs- und Beweislast** trägt der Abgemahnte als Anspruchsteller.

55 b) **Weitergehende Ersatzansprüche bleiben unberührt (Abs. 4 S. 2):** Die Regelung ist wegen des abschließenden Charakters der Vorschriften des § 97a für die urheberrechtliche Abmahnung (vgl. Rn. 76) erforderlich, um Ansprüche wegen **unberechtigter urheberrechtlicher Abmahnungen** aus allgemeinem Deliktsrecht zu erhalten. Auch der RegE erwähnt Ansprüche aus allgemeinem Deliktsrecht bei unberechtigter Abmahnung (RegE Unseriöse Geschäftspraktiken – BT-Drs. 17/13057, S. 14). Daraus können sich aber – anders als der Gesetzeswortlaut sagt – nicht nur *Ersatz*ansprüche, sondern auch **Unterlassungs- und Schadensersatzansprüche** ergeben. Es ist nicht ersichtlich ist, dass S. 2 solche Ansprüche, die inhaltlich über Abs. 4 S. 1 hinausgehen, ausschließt (*Jan Bernd Nordemann/Wolters* ZUM 2014, 25, 31). Die **bloße Unwirksamkeit von Abmahnungen** nach § 97a Abs. 2 sollte indes grundsätzlich nicht genügen, um weitergehende Ansprüche nach allgemeinem Deliktsrecht auslösen; hier bleibt es bei den Ersatzansprüchen des Abs. 4 S. 1. – Zu zusätzlichen Ansprüchen wegen **missbräuchlicher Abmahnung** vgl. § 97 Rn. 193.

56 aa) **Unterlassungsanspruch des Gewerbetreibenden:** Ein Unterlassungsanspruch gegen **unberechtigte** (vgl. Rn. 33 ff.) urheberrechtliche **Abmahnungen** (vgl. Rn. 7 ff.) kann sich aus den **§§ 823 Abs. 1, 1004 BGB analog** ergeben (s. BGH GRUR 2006, 433 – *Unbegründete Abnehmerverwarnung; Deutsch* GRUR 2006, 374, 377). Trotz kritischer Stimmen in der Literatur und der abweichenden Auffassung des I. Zivilsenats (BGH GRUR 2004, 958 – *Unberechtigte Schutzrechtsverwarnung*) hat der (Große Zivilsenat des) BGH daran festgehalten (BGH GRUR 2005, 882 – *Unberechtigte Schutzrechtsverwarnung;* fortgeführt bei BGH GRUR 2006, 219 – *Detektionseinrichtung II;* GRUR 2006, 432 – *Verwarnung aus Kennzeichenrecht II;* GRUR 2006, 433 – *Unbegründete Abnehmerverwarnung*), dass unberechtigte Abmahnungen aus absoluten Schutzrechten wegen angeblicher Verletzungen im geschäftlichen Verkehr einen **Eingriff des Abmahnenden in das Recht am eingerichteten und ausgeübten Gewerbebetrieb** („sonstiges Recht" i. S. v. § 823 Abs. 1 BGB) darstellen können. Zwar betraf die konkrete Entscheidung des Großen Zivilsenates (BGH GRUR 2005, 882 – *Unberechtigte Schutzrechtsverwarnung*) eine Verwarnung aus Kennzeichenrecht. Allerdings ist der Große Senat der differenzierten Betrachtung des vorlegenden 1. Senats (s. BGH GRUR 2004, 958, 959 – *Unberechtigte Schutzrechtsverwarnung*) nicht gefolgt, der zwischen Kennzeichenrechten und sonstigen Schutzrechten unterscheiden wollte (s. *Sack* BB 2005, 2368, 2372; *Deutsch* GRUR 2006, 374). Grundsätzlich liegen der Rechtsprechung zu unberechtigten Abmahnungen bzw. Verwarnungen bezüglich Schutzrechten verallgemeinerungsfähige Erwägungen zugrunde (s. *Teplitzky* GRUR 2005, 9, 10; *Ingerl/Rohnke*[3] vor §§ 14 bis 19 MarkenG Rn. 405). Deswegen können auch Abmahnungen im Urheberrechtsbereich bei fehlender Berechtigung § 823 Abs. 1 BGB unterfallen. Nicht differenziert wird zwischen **Herstellerverwarnung** einerseits und **Abnehmerverwarnung**, also der Abmahnung der Kunden des Herstellers, andererseits. In Fällen einer unberechtigten Abnehmerverwarnung können sowohl dem Abgemahnten als auch dem Hersteller Ansprüche zustehen.

Ein **Eingriff in den Betrieb** liegt vor, wenn der Abgemahnte sich aufgrund der **57** in der Abmahnung angedrohten rechtlichen (und damit wirtschaftlichen) Konsequenzen gezwungen sieht, seine geschäftliche Tätigkeit, etwa seinen Vertrieb, aufgrund der Abmahnung einzuschränken (s. Köhler/Bornkamm/*Köhler*³⁵ § 4 UWG Rn. 4.167). Die Betriebsbezogenheit ist auch dann noch gegeben, wenn der Abmahnende Dritte, z. B. die Abnehmer des vermeintlichen Verletzers abmahnt und diese aufgrund der Abmahnung ihre geschäftlichen Beziehungen zum Unternehmer abbrechen (s. Köhler/Bornkamm/*Köhler*³⁵ § 4 UWG Rn. 4.180; Bamberger/Roth/*Spindler*³ § 823 BGB Rn. 121). Der Eingriff ist zu verneinen, wenn der Abgemahnte bzw. der Abnehmer (endgültig) überhaupt nicht reagiert (s. Bamberger/Roth/*Spindler*³ § 823 BGB Rn. 120).

Der **Eingriff ist** grundsätzlich **rechtswidrig**, wenn dem Abmahnenden der gegen **58** den Abgemahnten geltend gemachte **Anspruch nicht zustand**. Insoweit indiziert der Eingriff in den Betrieb nach der Rechtsprechung des BGH (s. BGH GRUR 2005, 882 ff. – *Unberechtigte Schutzrechtsverwarnung*) grundsätzlich dessen Rechtswidrigkeit. Diese **per-se Rechtswidrigkeit** folgert der BGH aus der bevorzugten Stellung als Inhaber des gewerblichen Schutzrechts (BGH GRUR 2005, 882, 883 f. – *Unberechtigte Schutzrechtsverwarnung*; GRUR 2006, 219, 221 f. – *Detektionseinrichtung II*; neuerliche Zweifel bei BGH GRUR 2006, 432, 433 – *Verwarnung aus Kennzeichenrecht II*; offen gelassen von BGH GRUR 2006, 433, 435 – *Unbegründete Abnehmerverwarnung*). Sie ist mit Blick auf das Ziel der kürzlich umgesetzten Enforcement-RL und einer insoweit gebotenen richtlinienkonformen Auslegung (vgl. Rn. 4) bedenklich (Kritik auch bei OLG Düsseldorf GRUR 2003, 1027, 1028; *Teplitzky* GRUR 2005, 9, 13 f.; *ders.* WRP 2005, 1433; *Sack* VersR 2006, 1001 ff., die eine Interessenabwägung fordern; dagegen *Deutsch* GRUR 2006, 374, 378). Missbräuchliche Abmahnungen sind ohnehin rechtswidrige Eingriffe in den Gewerbebetrieb (vgl. § 97 Rn. 189 ff.).

Der Unterlassungsanspruch setzt zudem eine **Wiederholungsgefahr** voraus. **59** Stellt die unberechtigte Abmahnung einen rechtswidrigen Eingriff in den eingerichteten und ausgeübten Gewerbebetrieb dar, so indiziert das bereits die Wiederholungsgefahr (s. BGH GRUR 2006, 433, 435 a. E. – *Unbegründete Abnehmerverwarnung*). War die ursprüngliche Abmahnung berechtigt und wird sie erst durch später hinzutretende Umstände unberechtigt, entfällt die Wiederholungsgefahr nur dann nicht, wenn sich der Abmahnende weiterhin des geltend gemachten Rechts berühmt.

Der Unterlassungsanspruch aus den §§ 823 Abs. 1, 1004 BGB analog **verjährt** **60** nach den allgemeinen zivilrechtlichen Vorschriften (§§ 195, 199 BGB).

Ein Unterlassungsanspruch kann sich auch aus den §§ **3, 4 Nrn. 1, 2** bzw. **4,** **61** **§ 8 Abs. 1 S. 1 UWG** ergeben (BGH GRUR 2009, 878 Tz. 12 – *Fräsautomat*; BGH GRUR 2006, 433, 434 Tz. 16 – *Unbegründete Abnehmerverwarnung*; *Ullmann* WRP 2006, 1070; Köhler/Bornkamm/*Köhler*³⁵ § 4 UWG Rn. 4.176a; a. A. *Deutsch* GRUR 2006, 374, 375). Das setzt allerdings das Vorliegen einer **Wettbewerbshandlung** (§ 2 Abs. 1 Nr. 1 UWG) voraus. Ansonsten läuft die Beurteilung der Unlauterkeit mit der Rechtswidrigkeit nach § 823 BGB (vgl. Rn. 44 f.) parallel. Allerdings wird eine Anschwärzung i. S. v. Nr. 2 meist daran scheitern, dass es an relevanten (falschen) Tatsachenbehauptungen fehlt, da die

Abmahnung dem Grunde nach eine Meinungsäußerung darstellt (s. *Teplitzky* GRUR 2005, 9, 13) und damit unter § 4 Nr. 1 UWG fällt.

62 Das **Verhältnis** zwischen dem Unterlassungsanspruch aus § 8 UWG und aus den §§ **823 Abs. 1, 1004 BGB** ist nicht abschließend geklärt. Insb. wegen der Dringlichkeitsvermutung (§ 12 Abs. 2 UWG), der gerichtlichen Zuständigkeit (§ 13, 14 UWG) und der kürzeren Verjährung (§ 11 UWG) könnte eine Subsidiarität der Ansprüche aus BGB von praktischer Bedeutung sein. Der Große Senat des BGH hat trotz der dahingehenden Vorlagefrage des I. Senats (s. BGH GRUR 2004, 958, 959 – *Unberechtigte Schutzrechtsverwarnung*) keine Veranlassung gesehen, zum Verhältnis ausdrücklich Stellung zu beziehen (BGH GRUR 2005, 882 ff. – *Unberechtigte Schutzrechtsverwarnung*; s. dazu *Deutsch* GRUR 2006, 374, 375). Dennoch dürfte davon auszugehen sein, dass keine Subsidiarität, sondern Anspruchskonkurrenz gegeben ist (Köhler/Bornkamm/*Köhler*[35] § 4 UWG Rn. 4.176a). Allerdings ist der I. Senat in einer nachfolgenden Entscheidung von „an sich vorrangigen" wettbewerbsrechtlichen Vorschriften ausgegangen (BGH GRUR 2006, 433, 434 Tz. 16 – *Unbegründete Abnehmerverwarnung*). Freilich hat der I. Senat dabei festgestellt, dass die §§ 3, 4 Nr. 2 UWG das Unterlassungsbegehren des Klägers nicht vollständig erfassen konnten, womit es auf die Subsidiarität von § 823 Abs. 1 BGB nicht mehr ankam. Mithin bleibt eine abschließende Entscheidung abzuwarten.

63 **bb) Schadensersatzanspruch des Gewerbetreibenden:** Ein Schadensersatzanspruch bei **unberechtigten** (vgl. Rn. 33 ff.) **Abmahnungen** (vgl. Rn. 7 ff.) kann sich im gewerblichen Bereich aus den §§ **3, 4 Nrn. 8 bzw. 10, § 9 UWG** ergeben (vgl. Rn. 48 f.). Dieser verjährt nach den in § 11 UWG genannten Fristen, also in der Regel nach sechs Monaten. Das Verhältnis zwischen dem Schadensersatzanspruch aus UWG und etwaigen Ansprüchen aus BGB ist nicht abschließend geklärt (vgl. Rn. 62).

64 Ein Schadensersatzanspruch des Abgemahnten oder des Herstellers bei unberechtigten Abnehmerverwarnungen (vgl. Rn. 56) **aus § 823 Abs. 1 BGB** setzt einen schuldhaften rechtswidrigen Eingriff in den eingerichteten und ausgeübten Gewerbebetrieb des Abgemahnten voraus. Grundsätzlich liegt ein Verschulden (s. § 276 BGB) sowohl bei Vorsatz als auch bei Fahrlässigkeit vor. Der rechtswidrige Eingriff ist beispielsweise **vorsätzlich, wenn der Abmahnende weiß, dass die Abmahnung unberechtigt** ist (BGH GRUR 1963, 255, 257 – *Kindernähmaschinen*). Ob ein **fahrlässiger rechtswidriger Eingriff** vorliegt, hängt davon ab, ob der Abmahnende entsprechende **Sorgfaltspflichten** verletzt hat. Für einen niedrigen Sorgfaltsmaßstab könnte zwar der in § 97a Abs. 1 gesetzlich geregelte Vorrang der Abmahnung (vgl. Rn. 5) sprechen, der den Verletzten gerade dazu anhält, vor dem gerichtlichen Verfahren erst einmal abzumahnen. Allerdings hat der (Große Senat des) BGH die **Ausdehnung des prozessualen Privilegs**, wonach auch fahrlässig unberechtigt geklagt werden darf, auf außergerichtliche Abmahnungen ausdrücklich **abgelehnt** (BGH GRUR 2005, 882, 885 – *Unberechtigte Schutzrechtsverwarnung*; GRUR 2006, 219, 221 f. – *Detektionseinrichtung II*; GRUR 2006, 433, 435; so schon *Meier-Beck* GRUR 2005, 535, 539; a. A. wohl Köhler/Bornkamm/*Köhler*[35] § 4 UWG Rn. 4.166 f.; Kritik auch bei *Sack* BB 2005, 2268, 2370; *Wagner/Thole* NJW 2005, 3470, 3472; *Deutsch* GRUR 2006, 374, 376), womit der Verschuldensmaßstab nicht angepasst wird (s. *Wagner/Thole* NJW 2005, 3470, 3472). Das bedeutet, dass **auch (einfach) fahrlässige unberechtigte Abmahnungen** einen schuldhaften rechtswidrigen Eingriff in den Gewerbebetrieb darstellen können (BGH GRUR 2005, 882, 885 a. E. – *Unberechtigte Schutzrechtsverwarnung*; GRUR 2006, 219, 221 f. – *Detektionseinrichtung II*). Art und Umfang der Sorgfaltspflichten des Abmahnenden werden maßgeblich dadurch bestimmt, inwieweit er auf den Bestand und die Tragfähigkeit seines Schutzrechts vertrauen darf (BGH GRUR 2006, 432, 433 – *Verwarnung aus Kennzeichenrecht II*). Mag bei eingetragenen, materiell geprüften Schutzrechten ein gewisses Vertrauen auf die Berechtigung gerechtfertigt sein (BGH a. a. O.), wird der Abmahnende bei Urheberrechten, die gerade nicht behördlich geprüft werden, gewissenhaft und sorgfältig unter Ausschöpfung aller zur Verfügung stehenden Erkenntnismittel zu prüfen haben, ob die Berechtigung zur Abmahnung besteht (s. BGH GRUR 1997, 741, 742 – *Chinaherde*; BGH GRUR 1979, 332, 336 – *Brombeerleuchte*; OLG München ZUM 1994, 734, 735 f.; Bamberger/Roth/*Spindler*[3] § 823 BGB Rn. 123). Das gilt erst recht bei einer (unberechtigten) Abnehmerverwarnung, die nur schuldlos erfolgt, wenn der eigentliche Verletzer erfolglos abgemahnt wurde oder seine Abmahnung ausnahmsweise unzumutbar ist (BGH GRUR 1979, 332, 333 – *Brombeerleuchte*; Köhler/Bornkamm/*Köhler*[35] § 4 UWG Rn. 4.180a; Wandtke/Bullinger/*Kefferpütz*[4] Rn. 43). **In der Regel ist es daher erforderlich, Rechtsrat eines im Urheberrecht spezialisierten Rechtsanwaltes** einzuholen (s. a. *Geisler* jurisPR-BGHZivilR 16/2006 Anm. 5). Bei unberechtigten **Abnehmerverwarnungen** sind die Sorgfaltsanforderungen wegen der hohen Gefährlichkeit für den Hersteller besonders hoch (BGH GRUR 1979, 332, 333 – *Brombeerleuchte*); grundsätzlich muss zunächst eine Herstellerverwarnung ausgesprochen werden, sofern der Hersteller bekannt ist.

Jedenfalls bei vorsätzlichen unberechtigten Abmahnungen, die einen Eingriff **65** in den eingerichteten und ausgeübten Gewerbebetrieb des Abgemahnten darstellen, kommt ein Schadensersatzanspruch aus § **826 BGB** wegen sittenwidriger Schädigung in Betracht (s. *Sack* BB 2005, 2368, 2373) bzw. kann u. U. auf § **824 BGB** gestützt werden; vgl. § 97 Rn. 193.

Der **Umfang des Schadensersatzes** umfasst die Kosten der erforderlichen recht- **66** lichen Prüfung, Beratung und Vertretung der Gegenabmahnung, also die erforderlichen Anwaltskosten (vgl. Rn. 38 ff.). Diese sind allerdings schon vom Anspruch nach § 97a Abs. 4 S. 1 erfasst (vgl. Rn. 54). Ersatzfähig sind ferner die ggf. aufgrund der Störung des Betriebsablaufes entstandenen Schäden einschließlich entgangenen Gewinns (s. Baumbach/Hopt/*Hopt*[37] Vor § 1 HGB Rn. 68). Bei Abnehmerverwarnungen kann insb. der Hersteller seine (mittelbaren) Schäden aus vom Abgemahnten abgebrochenen Geschäften geltend machen.

Schadensmindernd kann sich ein **Mitverschulden** des Abgemahnten auswirken. **67** Ein solches wird insb. dann anzunehmen sein, wenn der Abgemahnte der Abmahnung folgt, obwohl er das Fehlen der Berechtigung unschwer hätte erkennen und den Abmahnenden hätte informieren können (Bamberger/Roth/*Spindler*[3] § 823 BGB Rn. 123; Köhler/Bornkamm/*Köhler*[35] § 4 UWG Rn. 4.181 m. w. N.). Demgegenüber folgt ein Mitverschulden nicht alleine aus der Tatsache, dass der Schaden beim Abgemahnten auf seiner eigenen Willensentscheidung (z. B. den Vertrieb einzustellen) beruht. Denn solches selbstschädigende Verhalten wird grundsätzlich dem unberechtigt Abmahnenden zugerechnet (s. Bamberger/Roth/*Spindler*[3] § 823 BGB Rn. 120).

cc) **Sonstige Ansprüche des Gewerbetreibenden:** Aufwendungsersatz (etwa für **68** rechtliche Beratung) kann der Abgemahnte nur im Rahmen des § 97a Abs. 4 S. 1 (vgl. Rn. 53 ff.) und der genannten Schadensersatzansprüche aus schuldhaftem Eingriff in den eingerichteten und ausgeübten Gewerbebetrieb (vgl. Rn. 63 ff.) geltend machen. Insb. **scheidet ein Aufwendungsersatz nach** den Grundsätzen der **GoA aus** (so auch Köhler/Bornkamm/*Köhler*[35] § 4 UWG Rn. 4.183). Denn der Abgemahnte führt schon kein Geschäft des Abmahnenden (s. a. BGH GRUR 2006, 432, 433 a. E. – *Verwarnung aus Kennzeichenrecht II*). Ebenso ist **kein Anspruch aus** § **311 Abs. 2 BGB** (c. i. c.) gegeben, weil es bei einer unberechtigten Abmahnung am vertragsähnlichen Verhältnis fehlt (Köhler/Bornkamm[35] a. a. O.). Allerdings kommt etwa für die **Kosten der berechtigten Gegenabmahnung** auf Unterlassung (vgl. Rn. 56) eine Kostenerstattung nach § 97a Abs. 3 S. 1 analog in Betracht. Die Kosten des vorgerichtlichen Abwehrschreibens oder der Gegenabmahnung sind nicht im Kostenfestsetzungsverfahren festsetzbar, sondern müssen separat eingeklagt werden (BGH GRUR 2008, 639 – *Kosten eines Abwehrschreibens*; vgl. Rn. 40). Der Abgemahnte kann schließlich **negative Feststellung** einklagen, dass das in der Abmahnung geltend gemachte Recht nicht besteht (vgl. § 97 Rn. 217).

69   **dd) Weitergehende Ansprüche von Privaten:** Private, die zu Unrecht abgemahnt werden, haben grundsätzlich **keine** über § 97a Abs. 4 S. 1 hinausgehenden **Gegenansprüche**, weil im Regelfall keine Verletzung des allgemeinen Persönlichkeitsrechts vorliegt; **anderes** gilt nur **in besonders krassen Fällen** (BGH NJW 2007, 1458; LG Hamburg MMR 2009, 871; LG Bonn NJW-RR 2008, 1576; *Chudziak* GRUR 2012, 133, 136). Deshalb schließt § 97a Abs. 4 S. 1 hier im Sinne der Waffengleichheit (vgl. Rn. 52) eine Lücke. Private können auch auf negative Feststellung klagen (vgl. § 97 Rn. 217).

5.   Gegenansprüche bei unberechtigten Schreiben ohne Abmahncharakter (Berechtigungsanfrage, Notice-and-Takedown-Letter etc.)

70   Anders als die Abmahnung (zur Definition vgl. Rn. 7 ff.) kommen bei unberechtigter **Berechtigungsanfrage** (vgl. Rn. 9) keine Gegenansprüche in Betracht. Die Berechtigungsanfrage dient der Klärung der tatsächlichen Gegebenheiten und kann deshalb für sich genommen keine nachteiligen Folgen für den Adressaten oder seinen Lizenzgeber haben.

71   Durch unberechtigte Schreiben an Dritte, mit denen für diese Dritten eine Haftung begründet werden soll (insbesondere **Notice-and-Takedown-Letter**, vgl. Rn. 9), werden ebenfalls regelmäßig keine Gegenansprüche ausgelöst. Das verbietet schon die Waffengleichheit (vgl. Rn. 52), weil für solche Schreiben auch keine Kostenerstattung verlangt werden kann; denn sie lösen die Haftung erst aus, sodass im Zeitpunkt des Versandes kein gesetzliches Schuldverhältnis mit dem Adressaten besteht. Etwas anders mag ausnahmsweise gelten, wenn solche Schreiben wie Abmahnungen abgefasst sind, also insbesondere rechtliche Konsequenzen androhen (vgl. Rn. 44). In Betracht kommt daneben stets eine Haftung nach §§ 3 Abs. 1, 4 Nr. 4 UWG, sofern dessen Voraussetzungen vorliegen. Beim vergleichbaren Problem der Markenbeschwerde bei Google kommt eine gezielte Behinderung von Mitbewerbern noch nicht durch die Markenbeschwerde selbst, sondern erst in Betracht, wenn der Markeninhaber die Zustimmung zur Freigabe der Werbung bei Google verweigert, obwohl seine Markenrechte durch die beabsichtigte Werbung nicht verletzt werden(BGH GRUR 2015, 607 Tz. 18 – *Uhrenkauf im Internet*).

III. Missbräuchlichkeit der Abmahnung

72   Hierzu vgl. § 97 Rn. 189 ff. Eine missbräuchliche Abmahnung ist eine unberechtigte Abmahnung (vgl. Rn. 34), sodass insbesondere Gegenansprüche nach § 97a Abs. 4 drohen (vgl. Rn. 52 ff.). Zu zusätzlichen Ansprüchen aus § 826 BGB vgl. § 97 Rn. 193.

IV. Analoge Anwendung des § 97a auf Abschlussschreiben

73   Nach erfolgreicher Geltendmachung eines Anspruchs im Verfügungsverfahren kann der Antragsteller dem Antragsgegner ein sog. Abschlussschreiben schicken (vgl. § 97 Rn. 212 ff.). Für die Kostenerstattung kann nach seiner Neufassung § 97a Abs. 3 S. 1 **nicht analog** Anwendung finden, weil danach die Kostenerstattung nicht nur von der Berechtigung der Abmahnung, sondern auch von ihrer Wirksamkeit abhängt und die dafür in Abs. 2 genannten Kriterien nicht auf Abschlussschreiben passen. Danach ist die richtige **Anspruchsgrundlage** jetzt § 280 Abs. 1 BGB (BGH GRUR 2012, 730 Tz. 42 – *Bauheizgerät*; BGH GRUR 2010, 1038 Tz. 19 – *Kosten für Abschlussschreiben*; jeweils zum UWG). **Keine analoge Anwendung** kommt auch für § 97a Abs. 3 S. 2 bis 4 in Betracht, weil es an der Vergleichbarkeit fehlt, wie schon S. 2 Nr. 2 („durch … einstweilige Verfügung zur Unterlassung verpflichtet") zeigt. Auch § 97a Abs. 4 sollte nicht analog angewendet werden, weil die Waffengleichheit keine Gegenansprüche bei unberechtigtem Abschlussschreiben erfordert. – Kostenerstattung gem. § 280 Abs. 1 BGB darf nur verlangt werden, wenn (1) die im Abschlussschreiben geltend gemachten **Ansprüche zum Zeitpunkt seiner Versendung bestehen** und (2) die Versendung des Abschlussschreibens **erforderlich** war (BGH GRUR 2010, 855 Tz. 26 – *Folienrollos* m. w. N.). Die Erforderlichkeit setzt zunächst voraus, dass die **Wartefrist eingehalten** wurde (vgl. § 97 Rn. 212). Ferner muss unklar sein, ob der Schuldner die Sache im Hauptsacheverfahren ausstreiten will. Deshalb entfällt eine Erforderlichkeit noch nicht durch eine Zurückweisung der Abmahnung vor Beginn des Verfügungsverfahrens (BGH GRUR-RR 2008, 368 Tz. 12 – *Gebühren für Abschlussschreiben*), weil das Verfügungsverfahren den Schuldner umgestimmt haben kann. Anders liegt es aber, sofern sich der Antragsgegner eindeutig geäußert hat, dass er die Sache im Hauptsacheverfahren ausstreiten möchte. Auch wenn der Schuldner eine ausreichende Unterlassungserklärung abgegeben hat, ist ein Abschlussschreiben nicht erforderlich (*Nordemann*[11] Rn. 1606 m. w. N.).

Die **Kosten** berechnen sich nach Nr. 2300 VV RVG je nach Umfang, Schwierigkeit und dem Wert der Hauptklage. Grundsätzlich anerkannt ist für den Regelfall eine Geschäftsgebühr von 0,8, weil ein Abschlussschreiben kein einfaches Schreiben i. S. v. Nr. 2402 VV a. F. (jetzt Nr. 2302) sei (OLG Hamburg WRP 2014, 483, 486 m. w. N. zum Streitstand; OLG Düsseldorf v. 30.10.2007 – Az. 20 U 52/07 – zit. nach juris Rn 25; *Günther* WRP 2010, 1440, 1442). Eine höher festgesetzte Gebühr ist voll durch die Gerichte überprüfbar; es gibt keinen Toleranzspielraum für den Gläubiger (BGH – VIII. ZS – NJW 2012, 2813; dazu *Bölling* WRP 2012, 1214, 1215; a. A. OLG Frankfurt GRUR-RR 2012, 213, 215 – *Cabat-Tasche*, zu § 4 Nr. 3 UWG; jeweils zu Abmahngebühren). Mehr als 0,8 sollte nur dann zugesprochen werden, wenn sich für das Abschlussschreiben Schwierigkeiten ergeben, die nicht schon im vorangegangenen Verfügungsverfahren behandelt wurden (OLG Hamburg ZUM-RD 2009, 382, 386 – *Yacht II*; a. A. OLG Hamm WRP 2008, 135 – *Mühewaltung bei Abschlussschreiben* mit durchschnittlicher Geschäftsgebühr von 1,3; s. a. die weiteren Nachw. bei *Günther* WRP 2010, 1440, 1441 f.). Dann kann allerdings auch mehr als eine 1,3fache Gebühr bei ungewöhnlich schwierigen Sachen anfallen (*Nordemann*[11] Rn. 1606; a. A. *Günther* WRP 2010, 1440, 1442). Im Einzelfall kann auch lediglich eine Gebühr für ein Schreiben einfacher Art nach Nr. 2302 VV RVG zu erstatten sein, d. h. eine Gebühr von 0,3 (BGH GRUR 2010, 1038 Tz. 30 f. – *Kosten für Abschlussschreiben*; eingehend OLG Hamburg WRP 2014, 483, 487).

74

V. Prozessuales

Die **Darlegungs- und Beweislast** trägt im Hinblick auf die **Anspruchsvoraussetzungen** des § 97a Abs. 3 S. 1 der Abmahnende, der Abgemahnte jedoch im Hinblick auf die Voraussetzungen des Abs. 4 S. 1. Die Last für die Ausnahmetatbestände von der Deckelung (Abs. 3 S. 4) bzw. von Gegenansprüchen (Abs. 4 S. 1 2. Hs) trägt der Abmahnende. In Fällen des § 93 ZPO (vgl. Rn. 5) berufen sich Beklagte immer wieder darauf, die Abmahnung sei nicht zuge-

75

gangen. Nach dem Bundesgerichtshof gilt für den **Zugang der Abmahnung** folgende Regel zur Darlegungs- und Beweislast: Der Abgemahnte muss beweisen, dass er keinen Anlass zur Klage gegeben hat, das heißt, dass ihm keine Abmahnung zugegangen ist, auf welche er mit einer Unterwerfungserklärung hätte reagieren können (BGH GRUR 2007, 629 Tz. 11 – *Zugang des Abmahnschreibens*). Der Abmahnende hat jedoch – wenn der Abgemahnte den Zugang bestreitet – nach den Grundsätzen der sekundären Darlegungs- und Beweislast die genauen Umstände der Absendung vorzutragen und gegebenenfalls unter Beweis zu stellen. Daraufhin hat der Abgemahnte zu beweisen, dass tatsächlich kein Zugang erfolgt ist, wobei jedoch an den Beweis keine übertriebenen Anforderungen gestellt werden dürfen (BGH GRUR 2007, 629 Tz. 12 f. – *Zugang des Abmahnschreibens*). Letztlich bedeutet das, dass der Abmahnende das Risiko einer abgesandten und verloren gegangenen Abmahnung zu tragen hat. Die Annahmeverweigerung steht dem Zugang gleich (KG GRUR 1989, 618, 619). Da die Einschaltung von Rechtsanwälten für die urheberrechtliche Abmahnung regelmäßig erforderlich ist, liegt die Darlegungs- und Beweislast dafür, dass ausnahmsweise die **Einschaltung von Rechtsanwälten** für die urheberrechtliche Abmahnung **nicht erforderlich** war, beim Abgemahnten (*Jan Bernd Nordemann* WRP 2005, 184, 186). Abmahnkosten sind nicht im **Kostenfestsetzungsverfahren** erstattungsfähig (eingehend vgl. § 97 Rn. 222). Bei gerichtlicher Durchsetzung der abgemahnten Ansprüche und des Kostenerstattungsanspruches erfolgt sogar eine Anrechnung des Abmahnkostenerstattungsanspruches für die außergerichtliche Geschäftsgebühr auf die gerichtlich festzusetzende anwaltliche Verfahrensgebühr in Höhe von 50% (§ 15a RVG). Gerichtliche Streite um Abmahnkosten sind Urheberrechtsstreitsachen, für die auch der **Gerichtsstand** der unerlaubten Handlung greift; zum Gerichtsstand vgl. § 104a Rn. 2 ff. **Gegenansprüche nach § 97a Abs. 4** können auch im Wege der **Widerklage** geltend gemacht werden (LG München I BeckRS 2015, 20521).

VI. Verhältnis zu anderen Vorschriften

76 § 97a ist lex specialis für die Kostenerstattung von Abmahnungen bei urheberrechtlichen Verletzungstatbeständen (RegE UmsG Enforcement-RL – BT-Drs. 16/5048, S. 48 f.). Insb. § 97 Abs. 2 UrhG (AG Hamburg GRUR-RR 2015, 100; a. A. Dreier/Schulze/*Dreier/Specht*[5] Rn. 20; Wandtke/Bullinger/*Kefferpütz*[4] Rn. 47, 56 ff.; Büscher/Dittmer/Schiwy/*Niebel*[3] Rn. 14) bzw. GoA (Dreier/Schulze/*Dreier/Specht*[5] Rn. 1; Wandtke/Bullinger/*Kefferpütz*[4] Rn. 1, 47; vgl. Rn. 3) sowie § 12 UWG analog (vgl. Rn. 2) treten zurück. Allerdings bleiben auf Gegenansprüche wegen unberechtigter Abmahnung wegen der Regelung in § 97a Abs. 4 S. 2 die allgemeinen deliktsrechtlichen Ansprüche anwendbar (vgl. Rn. 55 ff.). Zum UWG und insbesondere Rechtsbruch nach §§ 3, 3a UWG vgl. Rn. 29.

VII. Unterlassungsverträge nach Abmahnung und ohne Abmahnung

77 Nach der Abmahnung ist der Schuldner eines Unterlassungsanspruches häufig nicht an einer gerichtlichen Auseinandersetzung interessiert und gibt deshalb eine strafbewehrte Unterlassungserklärung ab. Auf dieser Grundlage kann ein **Unterlassungsvertrag** entstehen. Zum Zustandekommen und zur Beendigung von Unterlassungsverträgen sowie zu Ansprüchen daraus vgl. § 97 Rn. 221a ff. Zur **AGB-Kontrolle** von Unterlassungsverträgen, die auf vorformulierten Unterlassungserklärungen beruhen, vgl. § 97 Rn. 221b. Zur **unaufgeforderten Übersendung von Unterlassungserklärungen** an den Gläubiger vgl. § 97 Rn. 38.

§ 98 Anspruch auf Vernichtung, Rückruf und Überlassung

(1) ¹Wer das Urheberrecht oder ein anderes nach diesem Gesetz geschütztes Recht widerrechtlich verletzt, kann von dem Verletzten auf Vernichtung der im Besitz oder Eigentum des Verletzers befindlichen rechtswidrig hergestellten, verbreiteten oder zur rechtswidrigen Verbreitung bestimmten Vervielfältigungsstücke in Anspruch genommen werden. ²Satz 1 ist entsprechend auf die im Eigentum des Verletzers stehenden Vorrichtungen anzuwenden, die vorwiegend zur Herstellung dieser Vervielfältigungsstücke gedient haben.

(2) Wer das Urheberrecht oder ein anderes nach diesem Gesetz geschütztes Recht widerrechtlich verletzt, kann von dem Verletzten auf Rückruf von rechtswidrig hergestellten, verbreiteten oder zur rechtswidrigen Verbreitung bestimmten Vervielfältigungsstücke oder auf deren endgültiges Entfernen aus den Vertriebswegen in Anspruch genommen werden.

(3) Statt der in Absatz 1 vorgesehenen Maßnahmen kann der Verletzte verlangen, dass ihm die Vervielfältigungsstücke, die im Eigentum des Verletzers stehen, gegen eine angemessene Vergütung, welche die Herstellungskosten nicht übersteigen darf, überlassen werden.

(4) ¹Die Ansprüche nach den Absätzen 1 bis 3 sind ausgeschlossen, wenn die Maßnahme im Einzelfall unverhältnismäßig ist. ²Bei der Prüfung der Verhältnismäßigkeit sind auch die berechtigten Interessen Dritter zu berücksichtigen.

(5) Bauwerke sowie ausscheidbare Teile von Vervielfältigungsstücken und Vorrichtungen, deren Herstellung und Verbreitung nicht rechtswidrig ist, unterliegen nicht den in den Absätzen 1 bis 3 vorgesehenen Maßnahmen.

Übersicht

I. Allgemeines

§ 98 soll nach dem Willen des Gesetzgebers eine Fortdauer oder Ausweitung **1** der urheberrechtlichen Beeinträchtigung verhüten (RegE UrhG 1962 – BT-Drs. IV/270, S. 104). Seine dogmatische Natur ist noch nicht abschließend geklärt;

eine grundsätzliche Einordnung als **Beseitigungsanspruch** erscheint jedoch als zutreffend (Dreier/Schulze/*Dreier*[5] Rn. 1; HK-UrhR/*Meckel*[3] Rn. 1; Büscher/ Dittmer/Schiwy/*Niebel*[3] Rn. 1; BeckOK UrhR/*Reber*[16] Rn. 1; Schricker/Loewenheim/*Wimmers*[5] Rn. 5; eingehend zur Dogmatik: *Hoffmann* ZGE 2014, 335, 344 ff., 355 ff., der einen vorbeugenden Beseitigungsanspruch annimmt, der die Rechtsfolgen eine Beseitigungsanspruches anordne; ferner *Walchner* S. 65 ff.).

2   Zum 1.9.2008 wurde § 98 reformiert, um die Enforcement-RL umzusetzen (dazu vgl. Rn. 4; vgl. Einl. UrhG Rn. 45). Die neue Fassung ist – mangels irgendwelcher Übergangsvorschriften – auch auf Werke anzuwenden, die vor dem 1.9.2008 geschaffen wurden. Ab dem 1.9.2008 findet § 98 auch auf Verletzungshandlungen Anwendung, die davor begangen wurden, weil es um die Beseitigung von andauernden Verletzungen geht (vgl. § 97 Rn. 4a). Die Umsetzung der Enforcement-RL fasst zunächst die Regelungen für die Vernichtung und Überlassung von Vervielfältigungsstücken und Vorrichtungen, die vorher getrennt in § 98 a. F. bzw. § 99 a. F. normiert waren, in § 98 Abs. 1 und Abs. 3 zusammen. Neu ist der Anspruch auf Rückruf in § 98 Abs. 2. § 98 Abs. 4 enthält eine neue Formulierung für die Verhältnismäßigkeitsprüfung, die vorher in § 98 Abs. 3 a. F. zu finden war. Schließlich wurde der bisherige § 101 Abs. 2 a. F. zu § 98 Abs. 5. Da die Enforcement-RL für das gesamte Recht des Geistigen Eigentums gilt, hat § 98 **im gewerblichen Rechtsschutz** mehrere **Schwesternormen** (§ 140a PatG, § 18 MarkenG, § 43 DesignG), die bei der Auslegung von § 98 UrhG helfen können.

3   § 98 kennt **drei Anspruchsarten:** Den *Vernichtung*sanspruch des § 98 Abs. 1, den *Rückruf*sanspruch des § 98 Abs. 2 und den *Überlassung*sanspruch des § 98 Abs. 3 (s. a. Wandtke/Bullinger/*Bohne*[4] Rn. 1; Dreier/Schulze/*Dreier*[5] Rn. 1; Büscher/Dittmer/Schiwy/*Niebel*[3] Rn. 1; BeckOK UrhR/*Reber*[16] Rn. 1). Der Verletzte hat ein **Wahlrecht** zwischen dem Vernichtungs- und dem Überlassungsanspruch (zum Prozessualen vgl. Rn. 36).

II. EU-Recht und Internationales Recht

4   Allgemein sollte die Auslegung des § 98 Abs. 1 bis 3 an einem effektiven Urheberrechtsschutz orientiert sein, so wie dies Art. 3 Abs. 2 Enforcement-RL und auch Art. 8 Abs. 1 Info-RL **EU-rechtlich** vorschreiben (EuGH GRUR 2008, 241, 244 Tz. 57, 62 – *Promusicae/Telefónica*). Art. 10 Enforcement-RL harmonisiert Vernichtungsansprüche nach § 98 Abs. 1. Ausweislich des RegE UmsG Enforcement-RL entspricht das deutsche Recht diesen Vorgaben, sodass keine inhaltliche Änderung des § 98 bei Umsetzung der Enforcement-RL erfolgt ist. Die Konformität des geltenden deutschen Rechts ist allerdings im Hinblick auf die im EU-Recht fehlende Voraussetzung von Besitz oder Eigentum des Verletzers zweifelhaft; deshalb ist eine richtlinienkonforme Auslegung denkbar (vgl. Rn. 10). Der Rückrufs- und Entfernungsanspruch aus den Vertriebswegen gem. Art. 10 Abs. 1 Enforcement-RL ist in § 98 Abs. 2 umgesetzt, vgl. Rn. 23 ff. Ein Überlassungsanspruch nach § 98 Abs. 3 findet sich zwar in der Enforcement-RL nicht, sollte aber von Art. 16 Enforcement-RL gedeckt sein. Die Verhältnismäßigkeitsregel des § 98 Abs. 4 ergibt sich aus Art. 10 Abs. 3 Enforcement-RL; ferner ist § 98 Abs. 5 Ausfluss der Verhältnismäßigkeit und deshalb richtlinienkonform (RegE UmsG Enforcement-RL – BT-Drs. 16/5048, S. 49). **Internationale Konventionen** verpflichten Deutschland zu einem effektiven Urheberrechtsschutz (Art. 41 TRIPS) sowie zur Gewährung von Vernichtungsansprüchen unter Wahrung der Verhältnismäßigkeit (Art. 46 TRIPS); zu TRIPS vgl. Vor §§ 120 ff. Rn. 17 ff.

Im **internationalen Privatrecht** erfolgt die Anknüpfung des § 98 nach dem   **5**
Schutzlandprinzip (vgl. § 97 Rn. 7; vgl. Vor §§ 120 ff. Rn. 59 ff.). Das hat zur
Konsequenz, dass § 98 nur dann Anwendung findet, wenn die Vervielfälti-
gungsstücke sich in Deutschland befinden (zustimmend: OLG München ZUM
2010, 186, 187 – *La Prière*; Wandtke/Bullinger/*Bohne*[4] Rn. 2; Dreier/Schulze/
Dreier[5] Rn. 8, allerdings unter unzutreffender Berufung auf OLG Düsseldorf
GRUR 1993, 903, 907 – *Bauhaus-Leuchte*, wo der Kläger nur eine Vernichtung im Inland befindlicher Vervielfältigungsstücke beantragt hatte; Büscher/
Dittmer/Schiwy/*Niebel*[3] Rn. 2). Die Rechtswidrigkeit der Vervielfältigung und
Verbreitung richtet sich bei möglichen vertraglichen Gestattungen nach Vertragsstatut, ansonsten nach Schutzlandprinzip. Eine wegen fehlenden urheberrechtlichen Schutzes in Italien rechtmäßig hergestellte Lampe, die in Deutschland wegen bestehenden Urheberrechtsschutzes rechtswidrig verbreitet wird,
unterfällt deshalb § 98 (s. BGH GRUR 2007, 871, 873 ff. – *Wagenfeld-
Leuchte*; ferner BGH GRUR 2007, 50, 51 – *Le Corbusier-Möbel*).

III. Vernichtungsanspruch (Abs. 1)

1. Vernichtung von Vervielfältigungsstücken (S. 1)

Zu „**Urheberrecht oder ein anderes nach diesem Gesetz geschütztes Recht**" vgl.   **6**
§ 97 Rn. 8 ff.; zum Begriff der **widerrechtlichen Verletzung** vgl. § 97 Rn. 14 ff.
Zum **Verletzten** (Aktivlegitimation) vgl. § 97 Rn. 127 ff.

a) Vervielfältigungsstücke: Der Vernichtungsanspruch ist beschränkt auf **Ver-**   **7**
vielfältigungsstücke (dazu vgl. § 16 Rn. 9 ff.). Allerdings muss der Begriff im
Hinblick auf Vervielfältigungsstücke, die als Vorlage nach S. 2 dienen, etwas
eingeschränkt ausgelangt werden, weil S. 2 nur eine Vernichtung von im Eigentum des Verletzers stehenden Vorlagen erlaubt. Richtigerweise sind deshalb
negative Vorlagen, die nur als Vorlage dienen, aber nicht als Substitut das Werk
verkörpern, nur unter S. 2 zu fassen, während positive Vorlagen, die auch als
Substitut des Werkes dienen können, unter S. 1 und S. 2 fallen (Dreier/Schulze/
Dreier[5] Rn. 6). S. 1 umfasst nicht Werkoriginale (gl. A. Wandtke/Bullinger/
Bohne[4] Rn. 21). Damit sind aber nur Bearbeitungen gem. § 3 nicht umfasst;
ihre Vernichtung kann nicht verlangt werden (*v. Gamm* Rn. 4; Schricker/Loe-
wenheim/*Wimmers*[5] Rn. 10; HK-UrhR/*Meckel*[3] Rn. 2). Leermedien werden
ebenfalls nicht von § 98 erfasst (BeckOK UrhR/*Reber*[16] Rn. 2). Ein mehr oder
weniger identisch abgemaltes Ölbild ist eine Vervielfältigung (vgl. § 16 Rn. 11)
und unterfällt deshalb dem Vernichtungsanspruch (OLG Hamburg ZUM
1998, 938), die unfreie schöpferische Bearbeitung gem. § 23 eines Ölbildes
nicht. Vervielfältigungsstücke sollten auch die **Werbemittel** umfassen, in die
das urheberrechtlich geschützte Werk (§ 2) oder die geschützte Leistung aufgenommen ist (BGH GRUR 2016, 803 Tz. 58 – *Armbanduhr*, dort zum Designrecht; a. A. Büscher/Dittmer/Schiwy/*Büscher*[3] § 18 MarkenG Rn. 5; Ströbele/
Hacker/*Ströbele*[11] § 18 MarkenG Rn. 20; jeweils zum MarkenG).

b) Rechtswidrig hergestellt, verbreitet oder zur rechtswidrigen Verbreitung be-   **8**
stimmt: Zum Begriff der **rechtswidrig hergestellten** Vervielfältigungsstücke vgl.
§ 96 Rn. 4 ff. und zum Begriff der **Verbreitung** vgl. § 17 Rn. 7 ff. **Rechtswidrig**
verbreitet sind Vervielfältigungsstücke, die ohne vertragliche Zustimmung des
Berechtigten (z. B. gar kein Verbreitungsrecht oder Verbreitung erfolgt abrede-
widrig) und ohne sonstige urheberrechtliche Gestattung (insb. Erschöpfung
gem. § 17 Abs. 2; allgemeine Schrankenbestimmungen, §§ 44a bis 63) verbreitet werden (s. a. Wandtke/Bullinger/*Bohne*[4] Rn. 23 und Dreier/Schulze/*Dreier*[5]
Rn. 7; zur internationalprivatrechtlichen Anknüpfung von „rechtswidrig" vgl.
Rn. 5). Zur rechtswidrigen Verbreitung **bestimmt** sind Vervielfältigungsstücke,
die eine subjektive Zweckbestimmung der späteren Verbreitung tragen

(Wandtke/Bullinger/*Bohne*[4] Rn. 24; Dreier/Schulze/*Dreier*[5] Rn. 7; Büscher/ Dittmer/Schiwy/*Niebel*[3] Rn. 2). Da es sich um eine innere Tatsache handelt, muss regelmäßig auf Indizien zurückgegriffen werden (Wandtke/Bullinger/*Bohne*[4] Rn. 24; Dreier/Schulze/*Dreier*[5] Rn. 7; Büscher/Dittmer/Schiwy/*Niebel*[3] Rn. 2). Insoweit ist die Herstellung von nicht unerheblichen Mengen an rechtswidrig hergestellten Vervielfältigungsstücken bereits ein Indiz für eine entsprechende subjektive Zweckbestimmung. Auch ein bereits erfolgter Verkauf von Teilen des Lagers ist ein Indiz für die Bestimmtheit des Rests, verbreitet zu werden (Schricker/Loewenheim/*Wimmers*[5] Rn. 9). Kein Indiz bildet aber die Lagerhaltung von rechtmäßig hergestellten Vervielfältigungsstücken, z. B. vor Auslaufen eines Verlagsvertrages, sofern noch keine Bestände nach Vertragsende abgegeben wurden. Allerdings können auch rechtmäßig hergestellte Vervielfältigungsstücke rechtswidrig verbreitet werden (Vervielfältigungsrecht und Verbreitungsrecht sind unabhängig voneinander, Dreier/Schulze/*Dreier*[5] Rn. 7).

9   **c) Besitz oder Eigentum des Verletzers:** Ansprüche bestehen nur für solche Vervielfältigungsstücke, die im **Besitz oder Eigentum des Verletzers** stehen. **Besitz** umfasst unmittelbaren und mittelbaren Besitz. Auch der bloße – nicht besitzende – **Eigentümer** kann nach dem Wortlaut („oder") verpflichtet sein. Die **Vervielfältigungsstücke** müssen sich allerdings **in Deutschland** befinden (vgl. Rn. 5).

10   Die Voraussetzung von „**Besitz oder Eigentum**" ist **abzulehnen**. Trotz der gerade erfolgten Umsetzung der Enforcement-RL hat der Gesetzgeber an der Voraussetzung festgehalten, dass ein Vernichtungsanspruch nur gegen einen Verletzer besteht, der Besitz oder Eigentum hat, obwohl das dem Wortlaut des Art. 10 Abs. 1 Enforcement-RL nicht zu entnehmen ist. Der RegE meint, die Voraussetzung sei Art. 10 Abs. 1 Enforcement-RL „immanent" (RegE UmsG Enforcement-RL – BT-Drs. 16/5048, S. 31). Das ist indes wenig überzeugend und **nicht richtlinienkonform** (*Dreier* GRUR Int. 2004, 706, 712, s. aber Dreier/Schulze/*Dreier*[5] Rn. 8; dem RegE folgend: Wandtke/Bullinger/*Bohne*[4] Rn. 26; *Spindler/Weber* ZUM 2007, 257, 259 f.; *Seichter* WRP 2006, 391, 399 m. Fn. 71; a. A. *Hoffmann* ZGE 2014, 335, 374), weil Art. 10 Abs. 3 Enforcement-RL (umgesetzt in § 98 Abs. 4 S. 2) ausdrücklich die Interessen unbeteiligter Dritter schützt, was nur dann Sinn macht, wenn auch Nicht-Besitzer und Nicht-Eigentümer zur Vernichtung herangezogen werden können; der auf Art. 10 Abs. 3 bezugnehmende ErwG 24 nennt als Dritte sogar „in gutem Glauben handelnde Verbraucher und private Parteien". Da die Umsetzungsfrist der Enforcement-RL schon seit dem 29.4.2006 abgelaufen ist, kann eine korrigierende richtlinienkonforme Auslegung in Betracht gezogen werden (s. BGH GRUR 2007, 708, 711 Tz. 38 – *Internet-Versteigerung II*; zu den Voraussetzungen für eine richtlinienkonforme Auslegung allgemein BGH NJW 2012, 1073; *Eisenkolb* GRUR 2007, 387, 389).

11   Zumindest muss das Tatbestandsmerkmal richtlinienkonform **eng zugunsten des Verletzten ausgelegt** werden. Dafür dass der Schuldner einmal Eigentümer war, kommt dem Gläubiger zwar grundsätzlich die **Darlegungs- und Beweislast** zu; er kann sich jedoch auf die Erleichterung der sekundären Darlegungs- und Beweislast berufen (eingehend vgl. Rn. 39). Der Anspruchsteller muss nach der Rechtsprechung des BGH außerdem nur darlegen und beweisen, dass der Verletzer **einmal Besitz oder Eigentum** an relevanten Vervielfältigungsstücken hatte. Er muss nicht darlegen und ggf. beweisen, dass dies aktuell noch der Fall ist. Die Klärung dieser Frage erfolgt vielmehr im Vollstreckungsverfahren (BGH GRUR 2003, 228, 299 – *P-Vermerk*; OLG Hamm GRUR 1989, 502, 503 – *Bildflecken*). Scheitert ein Anspruch mangels zumindest früheren Besitzes oder Eigentums, kann der Verletzte – im Prozess sinnvoller Weise durch Hilfsantrag – Auskunft darüber verlangen, wer Besitzer oder Eigentümer ist (KG

GRUR-RR 2001, 292, 294 – *Bachforelle*). Tritt vor der Durchsetzung des An-spruchs aus § 98 ein Besitz- oder Eigentumswechsel ein, kann das für den neuen Besitzer oder Eigentümer prozessuale Konsequenzen haben: Jedenfalls nach Klagezustellung muss der spätere Rechtsnachfolger die Entscheidung des Prozesses gegen sich gelten lassen (§ 326 ZPO, OGH ÖBl. 1977, 53, 54 – *Autowerbung mit Banknoten*). Mit einer Eigentumsübertragung *nach* Be-schlagnahme, die wohl nur nach § 931 BGB möglich wäre, würden Verletzer und Erwerber wegen § 935 BGB nichts gewinnen.

Das Tatbestandsmerkmal „Besitz oder Eigentum des Verletzers" wird durch die **12** §§ 830, 840 BGB weiter eingeschränkt: **Passivlegitimiert** sind neben dem **Täter** als Eigentümer oder Besitzer der Vervielfältigungsstücke (vgl. Rn. 9) auch dessen **Mittäter, Anstifter** und **Gehilfen.** Darauf, ob sie Eigentum oder Besitz haben oder je hatten, kommt es nicht an, wenn sie den erforderlichen Doppelvorsatz (Vorsatz rechtswidrige Haupttat und Vorsatz Teilnahme daran, vgl. § 97 Rn. 153) aufweisen (OLG Hamburg GRUR-RR 2007, 3, 5 – *Metall auf Metall*, von BGH GRUR 2009, 403 Tz. 29 – *Metall auf Metall* nicht beanstandet). Auch bloße **Störer** (vgl. § 97 Rn. 154 ff.) haften auf Vernichtung (so im Erg. auch BGH GRUR 2009, 1142 Tz. 29 ff. – *MP3-Player-Import*, zu § 140a PatG m. w. N.), weil der Vernichtungsanspruch ein Beseitigungsanspruch ist (vgl. Rn. 1), auf den die Störerhaftung erstreckt wird (vgl. § 97 Rn. 154). Mit Kenntniserlangung können Störer ohnehin auch als Täter oder Teilnehmer haften, wenn die illegale Vervielfältigung oder Verbreitung fortgesetzt wird (vgl. § 97 Rn. 159). – Aller-dings macht nur die gerichtliche Durchsetzung eines Vernichtungsanspruches in der Praxis nur Sinn, wenn der Schuldner ohne Besitz oder Eigentum eine Herausgabe zur Vernichtung oder eine Vernichtung bewerkstelligen kann. Der Kreis der von Ansprüchen aus § 98 bedrohten Verletzer ist somit beträchtlich: Verleger, CD-Hersteller oder Filmproduzenten sind an der rechtswidrigen Herstellung der Ver-vielfältigungsstücke beteiligt; neben ihnen wirken Buchhändler, Kunsthändler, Filmverleiher, Bühnenvertriebe oder CD-Geschäfte an der rechtswidrigen Ver-breitung mit. Auch Bibliotheken sind von den Ansprüchen aus § 98 bedroht, da das Verbreitungsrecht nur dann mit der Erstveräußerung endet (sich „er-schöpft"), wenn diese rechtmäßig erfolgt war (vgl. § 17 Rn. 24 ff.). Die Darle-gungs- und Beweislast für die Zugehörigkeit zu dem Personenkreis, welcher an der rechtswidrigen Herstellung der Verbreitung der Vervielfältigungsstücke betei-ligt ist, trifft den Verletzten (vgl. § 97 Rn. 176).

d) Kein Verschulden erforderlich: Auf ein **Verschulden** kommt es nicht an **13** (RegE UrhG 1962 – BT-Drs. IV/270, S. 104). Auch der ahnungslose Buch-händler oder CD-Lieferant kann daher aus § 98 in Anspruch genommen wer-den (OLG Frankfurt ZUM 1996, 697, 700, für Tonträger, die vor der *Phil-Collins* -Entscheidung des EuGH vom 20.10.1993 – s. § 120 – im guten Glauben an die Gemeinfreiheit der Aufzeichnungen in Deutschland verbreitet wurden). Für den schuldlosen Verletzer kann allerdings Abs. 4 in Betracht kommen (vgl. Rn. 28). Der schuldlose Verletzer hat auch das Vorrecht der Ablösung, wenn die Voraussetzungen des § 100 vorliegen (vgl. § 100 Rn. 3 ff.).

e) Inhalt des Vernichtungsanspruches: Der Vernichtungsanspruch geht auf **Ver- 14 änderung der Substanz,** sodass eine urheberrechtliche Nutzung nicht mehr möglich ist. Bücher können **eingestampft,** Bilder, Fotografien, Filme, Plastiken aus brennbarem Material usw. können **verbrannt** werden (Wandtke/Bullinger/ *Bohne*[4] Rn. 25; Dreier/Schulze/*Dreier*[5] Rn. 14; Büscher/Dittmer/Schiwy/*Nie-bel*[3] Rn. 4). Bei **digitalen Vervielfältigungsstücken** muss der **Datensatz so ge-löscht** werden, dass die **Daten nicht rekonstruiert werden können** (Dreier/ Schulze/*Dreier*[5] Rn. 14). Zwischen verschiedenen gleich wirksamen Vernich-tungsmöglichkeiten hat der Vernichtende die Wahl.

15 Wer die Vernichtung **durchzuführen** hat, ist dem Gesetz nicht zu entnehmen. BGH GRUR 2003, 228, 229 – *P-Vermerk* geht im Anschluss an BGH GRUR 1997, 899, 902 – *Vernichtungsanspruch* (zu § 18 MarkenG) davon aus, dass dies Sache des **Gerichtsvollziehers** im Vollstreckungsverfahren ist (so auch Wandtke/Bullinger/*Bohne*[4] Rn. 15; Dreier/Schulze/*Dreier*[5] Rn. 15). Daneben kann der **Verletzer** die Vervielfältigungsstücke auch selbst vernichten (was er dann nachzuweisen hat) oder – auf entsprechenden Klageantrag – an den **Verletzten** zum Zwecke der Vernichtung herauszugeben (Dreier/Schulze/*Dreier*[5] Rn. 15; Büscher/Dittmer/Schiwy/*Niebel*[3] Rn. 4); diesen Herausgabeanspruch sieht der BGH jedenfalls dann als gegeben an, wenn sonst das Risiko bestünde, dass die zu vernichtenden Sachen erneut in den Marktkreislauf geraten (BGH GRUR 1997, 899, 902 – *Vernichtungsanspruch*). In dem dort entschiedenen Fall hatte der Verletzer noch nach Erlass einer Verbotsverfügung erneut Piratrieware erworben; dieses Vorverhalten genügte dem Senat – mit Recht – für die Annahme eines solchen Risikos. Die **Kosten der Vernichtung** hat der Verletzer zu tragen; es handelt sich um Vollstreckungskosten (Dreier/Schulze/*Dreier*[5] Rn. 15; Büscher/Dittmer/Schiwy/*Niebel*[3] Rn. 4). Sollte der Verletzte überhöhte Kosten geltend machen, hätte der Verletzer die Möglichkeit, sich dagegen im Vollstreckungsverfahren zur Wehr zu setzen (BGH GRUR 1997, 899, 902 – *Vernichtungsanspruch*). Die Kosten der Vernichtung, die beim Gerichtsvollzieher entstehen, sind im Regelfall angemessen und auch eindeutig belegbar, sodass die Einschaltung des Gerichtsvollziehers schon deshalb sinnvoll ist (HK-UrhR/*Meckel*[3] Rn. 4). Wenn der Verletzte die Herausgabe der dem Verletzer gehörenden **Werkstücke** verlangen kann, um sie sodann zu vernichten, muss er erst recht – *a maiore ad minus* – die ihm selbst gehörenden Werkstücke vernichten dürfen (unzutreffend OLG München GRUR 1996, 56, 57 – *Pantherring* für durch einen Testkauf erworbene Belegexemplare, das die Sanktionsfunktion der Gesamtregelung und das Verhältnis der Ansprüche aus § 98 zueinander verkennt). Der Gläubiger behält auch nach Vernichtung die Möglichkeit, im Kostenfestsetzungsverfahren die Testkaufkosten festsetzen zu lassen, muss allerdings Zug-um-Zug das (unbrauchbare) Material an den Schuldner herausgeben (a. A. KG KGR Berlin 2003, 163: Festsetzung nur bei Zug-um-Zug-Herausgabe des unversehrten Stückes, was unsinniger Weise auf eine Geltendmachung von Vernichtungsansprüchen postwendend nach Herausgabe hinausläuft).

2. Vernichtung von Vorrichtungen (S. 2)

16 Die Regelung zu den Vorrichtungen in S. 2 wurde erst durch die **Umsetzung der Enforcement-RL** zum 1.9.2008 in § 98 aufgenommen; vorher war sie in § 99 a. F. zu finden. Inhaltlich änderte sich aber nichts (RegE UmsG Enforcement-RL – BT-Drs. 16/5048, S. 32, 49).

17 **a) Vorrichtung:** Der Begriff der Vorrichtung ist **weit auszulegen**, um dem Schutzzweck des § 98 gerecht zu werden. So ließ die Novelle 1990 die alte Aufzählung, die sich nur auf Druckvorlagen bezog, wegfallen, um den umfassenden Anwendungsanspruch zu untermauern und „alle denkbaren Vorrichtungen" zu erfassen (RegE ProdPiratG – BT-Drs. 11/4792, S. 43). „Vorrichtung" ist ein neutraler Begriff für **sämtliche Gegenstände**, die der **Herstellung** der Vervielfältigungsstücke **kausal** dienen. Auch erwähnt Art. 10 Enforcement-RL „Materialien und Geräte", was im Rahmen der richtlinienkonformen Auslegung (vgl. Rn. 4) ebenfalls für ein sehr weites Verständnis spricht. Erfasst werden also **Kopiergeräte** (z.B. Fotokopierer, CD- und DVD-Brenner, Kassetten- und Videorecorder; vgl. § 54 Rn. 10) und **Leermedien** (z.B. CDs, DVDs, Compactkassetten, Videokassetten, Disketten, Festplatten), Leermedien scheiden allerdings regelmäßig aus anderen Gründen als Vernichtungsgegenstand des § 98 aus (vgl. Rn. 20). Nach zutreffender Auffassung fallen auch sämtliche

Vorlagen für die Vervielfältigung darunter, z. B. Druckvorlagen wie Lithografien und Druckstöcke (KG GRUR-RR 2001, 292, 294 – *Bachforelle*), Masterbänder im Audio- und Filmbereich, auf Festplatten oder anderen digitalen Medien elektronisch gespeicherte Dateien (Dreier/Schulze/*Dreier*[5] Rn. 10; Schricker/Loewenheim/*Wimmers*[5] Rn. 11a). Es spielt keine Rolle, ob diese Vorlagen rechtmäßig sind (Dreier/Schulze/*Dreier*[5] Rn. 13). Rechtmäßig können Vorlagen z. B. dann sein, wenn die Vorlage rechtmäßig erworben (§ 17) oder erzeugt wurde, z. B. als Privatkopie gem. § 53. In rechtmäßig hergestellten Vorlagen sollte sogar der Hauptanwendungsbereich des § 98 Abs. 1 S. 2 liegen, weil Kopiergeräte, Leermedien und andere kausale Vorrichtungen oft nicht die Mindestvoraussetzung erfüllen werden, dass sie „vorwiegend" zur Herstellung der illegalen Vervielfältigungsstücke gedient haben (vgl. Rn. 20); zudem fallen rechtswidrige Vorlagen schon unter § 98 Abs. 1 S. 1. Wegen der Neutralität des Vorrichtungsbegriffs sind außerdem auch Farben und Leinwand, die zum Herstellen der Kopie eines Ölbildes verwendet werden, oder nachgebaute Kulissen für das Plagiat eines Fotos Vorrichtungen nach § 98 Abs. 1 S. 2. Ein LKW, der zum Transport der Vervielfältigungsstücke verwendet wird, erfüllt aber nicht den Begriff der Vorrichtung nach § 98, wenn er nur die Vervielfältigungsstücke transportiert, es sei denn, der LKW wird als Vervielfältigungswerkstatt genutzt.

b) Vorwiegend zur Herstellung dieser Vervielfältigungsstücke gedient: Nach **18** dem Wortlaut des § 98 Abs. 1 S. 2 muss die Vorrichtung ferner der **Herstellung** „dieser Vervielfältigungsstücke" dienen. Mit „dieser" sind offensichtlich die „rechtswidrig" nach S. 1 hergestellten Vervielfältigungsstücke gemeint. Zur Definition der **rechtswidrigen Vervielfältigung** vgl. § 96 Rn. 4 ff. Vorrichtungen, die zur rechtswidrigen **öffentlichen Wiedergabe** (§ 15 Abs. 2), **Verbreitung** (§ 17) oder **Ausstellung** (§ 18) eingesetzt werden, erfasst § 98 Abs. 1 S. 2 also nicht (Dreier/Schulze/*Dreier*[5] Rn. 11; jeweils für § 15 Abs. 2). Jedoch können solche Vorrichtungen unter § 98 Abs. 1 S. 2 fallen, wenn sie eine rechtswidrige Vervielfältigung kausal bedingen (vgl. Rn. 17); das ist der Fall, wenn aus Internettauschbörsen (offensichtlich rechtswidrig) Vervielfältigungsstücke öffentlich zugänglich gemacht werden (§§ 15 Abs. 2, 19a, ggf. 52 Abs. 3) und damit ein legaler Download wegen § 53 Abs. 1 S. 1 unmöglich ist. In diesen Fällen sind die auf Servern gespeicherten und öffentlich zugänglich gemachten Dateien Vorrichtungen nach § 98 Abs. 1 S. 2 (Dreier/Schulze/*Dreier*[5] Rn. 11).

„Gedient" meint die tatsächliche Verwendung der Vorrichtungen zur rechts-   **19** widrigen Vervielfältigung. Ist das nicht nachweisbar (zur Darlegungs- und Beweislast vgl. Rn. 39), genügt nach dem Wortlaut eine bloße **Bestimmung** zur rechtswidrigen Vervielfältigung nicht (anders § 99 a. F.; a. A. Wandtke/Bullinger/*Bohne*[4] Rn. 25 und Büscher/Dittmer/Schiwy/*Niebel*[3] Rn. 2: Die bisherige Auslegung zu § 99 a. F. ist in § 98 Abs. 1 S. 2 hineinzulesen). Um § 98 Abs. 1 S. 2 bei Schwierigkeiten für den Verletzten, eine Benutzung bestimmter Vorrichtungen nachzuweisen, nicht leer laufen zu lassen, kann umfassend mit Indizien gearbeitet werden. Die Benutzung zur illegalen Vervielfältigung ist bei Kopiergeräten des Verletzers indiziert, wenn er illegale Vervielfältigungsstücke, die auf solchen Kopiergeräten hergestellt werden können, bereits verbreitet hat. Das Angebot an Dritte, an sie Vervielfältigungsstücke eines bestimmten Werkes zu veräußern, ist ein Indiz für die Benutzung der existierenden Vorlage, wenn der Anbietende kein regelmäßiger Händler rechtmäßiger Ware ist; der Eigentümer der Vorlage muss dann von sich aus darlegen und ggf. beweisen, woher er ohne rechtswidrige Vervielfältigung die Stücke bezogen hätte. Das öffentliche Zugänglichmachen („Upload") von Werken in Internettauschbörsen ist ein Indiz für die Benutzung zur illegalen Vervielfältigung, weil der rechtswidrige Download aus den offensichtlich rechtswidrigen Internettauschbörsen der Regelfall ist (§ 53 Abs. 1 S. 1).

20   Eine wesentliche Einschränkung erfährt der weite Tatbestand des § 98 Abs. 1
S. 2 durch das Erfordernis, dass die Vorrichtung **vorwiegend** zur Herstellung
illegaler Vervielfältigungsstücke gedient haben muss. Das geht weiter als das
bisherige Recht in § 99 a. F. (RegE UmsG Enforcement-RL – BT-Drs. 16/5048,
S. 32), das von „ausschließlich oder nahezu ausschließlich" sprach. Eine mehr
als 50%-ige Verwendung ist nunmehr ausreichend (a. A. Wandtke/Bullinger/
Bohne[4] Rn. 34). Damit können Vorrichtungen wie **Kopiergeräte** aus dem Anwendungsbereich des § 98 Abs. 1 S. 2 ausgenommen sein, wenn mit ihnen noch
andere Werke vervielfältigt wurden. Dabei muss es sich allerdings um legale
anderweitige Verwendungen handeln. Der Verletzer kann nicht das Privileg des
fehlenden „vorwiegenden Dienens" deshalb in Anspruch nehmen, weil er noch
andere illegale Vervielfältigungen mit den Vorrichtungen durchführt. Auch
handelsübliche Geräte können danach in den Anwendungsbereich des § 98
Abs. 1 S. 2 gelangen (Dreier/Schulze/*Dreier*[5] Rn. 9), sofern sie vorwiegend zur
Herstellung illegaler Vervielfältigungen benutzt wurden. Da auf die Benutzung
in der Vergangenheit abzustellen ist („gedient haben"), kommt es nicht darauf
an, ob zukünftig eine andere Benutzung denkbar oder geplant ist (wohl auch
Dreier/Schulze/*Dreier*[5] Rn. 13). Eine Anwendung des § 98 Abs. 1 S. 2 auf **Leermedien** sollte indes unmöglich sein, weil sie nicht der Herstellung „gedient
haben" können, sondern ihr allenfalls zukünftig dienen können (gl. A. BGH
GRUR 2015, 672 Tz. 71 – *Videospiel-Konsolen II*; Dreier/Schulze/*Dreier*[5]
Rn. 13; Schricker/Loewenheim/*Wimmers*[5] Rn. 11b). **Vorlagen** werden im Regelfall vorwiegend zur Herstellung rechtswidriger Vervielfältigungsstücke benutzt worden sein, wenn schon rechtswidrige Vervielfältigungen nicht unerheblichen Ausmaßes vorgekommen sind und eine rechtmäßige Vervielfältigung
allenfalls nach § 53 in Betracht kommt, weil Kopien nach § 53 nicht ins Gewicht fallen, jedenfalls nicht mehr als die Hälfte ausmachen.

21   **c) Im Eigentum des Verletzers stehend:** Die Vorrichtung muss im Eigentum des
Verletzers stehen. Bloßer Besitz genügt nicht. Zu „Eigentum" vgl. Rn. 9, zu
„Verletzer" vgl. Rn. 6.

22   **d) Entsprechende Anwendung des § 98 Abs. 1 S. 1:** § 98 Abs. 1 S. 1 ordnet für
die von ihm erfassten Vorrichtungen eine entsprechende Anwendung des § 98
Abs. 1 S. 1 an. Danach ersetzen die von § 98 Abs. 1 S. 2 erfassten Vorrichtungen die von § 98 Abs. 1 S. 1 erfassten Vervielfältigungsstücke; ansonsten bleibt
es unverändert bei Tatbestand und Rechtsfolge des § 98. Insb. ist genauso wie
bei § 98 Abs. 1 S. 1 für § 98 Abs. 1 S. 2 kein Verschulden des Anspruchsgegners Tatbestandsvoraussetzung. Als Rechtsfolge steht dem Verletzten nicht nur
der Vernichtungsanspruch des § 98 Abs. 1 S. 1, sondern auch der Überlassungsanspruch nach § 98 Abs. 3 zu. § 98 Abs. 4 und Abs. 5 gelten ebenfalls. –
§ 98 Abs. 1 S. 1 und § 98 Abs. 1 S. 2 können nebeneinander angewendet werden, wenn ein Gegenstand sowohl Vervielfältigungsstück nach S. 1 als auch
Vorrichtung nach S. 2 ist.

IV. Rückrufsanspruch (Abs. 2)

23   Ein spezieller **Beseitigungsanspruch** ist der Anspruch auf **Rückruf** bzw. **Entfernung** von bereits verbreiteten Vervielfältigungsstücken (*Samer* FS Schulze 2017
S. 403, 404; *Skauradszun/Majer* ZUM 2009, 199, 201). Solche Ansprüche
können sich daneben in gewissem Umfang auch schon **aus Unterlassungsansprüchen** ergeben (**str.**, ausführlich vgl. § 97 Rn. 40a). Der Anspruch dient vor
allem der Ergänzung des Vernichtungsanspruches des Verletzten: Der Verletzte
soll in die Lage versetzt werden, beim Verletzer auch eine Vernichtung von
Vervielfältigungstücken zu erreichen, über die der Verletzer keine Verfügungsgewalt mehr hat (so auch *Samer* FS Schulze 2017 S. 403). Nach einem erfolg-

reichen Rückruf kann er vom Verletzer dann die Vernichtung gem. § 98 Abs. 1 verlangen. Ferner wird die Vertriebskette für die erfolgte Verletzung sensibilisiert (LG Düsseldorf BeckRS 2014, 20388; *Samer* FS Schulze 2017 S. 403). Die Regelung des § 98 Abs. 2 basiert auf **Art. 10 Abs. 1 Enforcement-RL** (vgl. Rn. 4), der einen Anspruch des Verletzten gegen den Verletzer auf Rückruf und Entfernung von rechtswidrig hergestellten, verbreiteten oder zur rechtswidrigen Verbreitung bestimmten Vervielfältigungsstücken aus den Vertriebswegen vorsieht. Nach früherem Recht ergab sich ein solcher Anspruch als Beseitigungsanspruch aus § 1004 BGB analog (RegE Enforcement-RL – BT-Drs. 16/5048, S. 32; a. A. Wandtke/Bullinger/*Bohne*[4] Rn. 37). Zur **gerichtlichen Durchsetzung**, auch **im Verfügungsverfahren**, vgl. Rn. 38.

Zu den Begriffen „Urheberrecht" vgl. § 97 Rn. 9 ff., „ein anderes nach diesem **24** Gesetz geschütztes Recht" vgl. § 97 Rn. 11, „widerrechtlich verletzt" vgl. § 97 Rn. 14 ff., „Verletzten" (Aktivlegitimation) vgl. § 97 Rn. 127 ff. sowie „rechtswidrig hergestellten, verbreiteten oder zur rechtswidrigen Verbreitung bestimmten Vervielfältigungsstücken" vgl. Rn. 7 ff. Da auf den Rückruf von „rechtswidrig hergestellten, verbreiteten oder zur rechtswidrigen Verbreitung bestimmten Vervielfältigungsstücken" abgestellt wird, **zielt das Rückrufsrecht vornehmlich auf den rechtswidrigen Offline-Vertrieb**. Zum rechtswidrigen Online-Vertrieb vgl. Rn. 25c.

Rückruf bedeutet **Rückforderung von Vervielfältigungsstücken, an denen der** **25** **Verletzer die tatsächliche oder rechtliche Verfügungsgewalt verloren hat** (BGH GRUR 2017, 785 Tz. 29 ff. – *Abdichtsystem*, zu § 140a PatG m. w. N.; *Skauradszun/Majer* ZUM 2009, 199, 201; *Kitz* NJW 2008, 2374, 2375; *Samer* FS Schulze 2017 S. 403, 406; Dreier/Schulze/*Dreier*[5] Rn. 17; BeckOK UrhR/*Reber*[16] Rn. 3). Soweit der Verletzer noch rechtliche oder tatsächliche Verfügungsgewalt hat, fällt das nach der herrschenden Auffassung unter die Tatbestandsalternative „Entfernen" (*Skauradszun/Majer* ZUM 2009, 199, 202; *Jänich* MarkenR 2008, 416; *Ingerl/Rohnke*[3] § 18 MarkenG Rn. 48; ähnlich auch LG Düsseldorf v. 9.6.2009 – 4b O 62/09 juris Tz. 79, zu § 140a PatG, unter Berufung auf *Schulte/Kühnen*[9] § 140a PatG Rn. 31; offen: Ströbele/Hacker/*Hacker*[11] § 18 MarkenG Rn. 63; a. A. und es komme nicht auf die Verfügungsgewalt an: *Spindler/Weber* ZUM 2007, 257, 259; *Peukert/Kur* GRUR Int. 2006, 292, 296); dazu auch vgl. Rn. 26. Auch der BGH stellt bei „Entfernen" darauf ab, dass der Verletzer „alle ihm zur Verfügung stehenden und zumutbaren tatsächlichen und rechtlichen Möglichkeiten auszuschöpfen" müsse (BGH GRUR 2017, 785 Tz. 18 – *Abdichtsystem*). Die Verfügungsgewalt hat der Verletzer insb. dann verloren, wenn Vervielfältigungsstücke von Einzelhändlern an den Verbraucher abgegeben werden (BeckOK UrhR/*Reber*[16] Rn. 13). Aus einer Kontroverse zwischen Bundesrat und Bundesregierung im Gesetzgebungsprozess ergibt sich hingegen, dass die Bundesregierung davon ausgegangen ist, ein Anspruch bei Verfügungsgewalt ergebe sich schon aus allgemeinen schuldrechtlichen Vorschriften (RegE UmsG Enforcement-RL – BT Drs. 16/5048, S. 54, 621; dazu auch Schricker/Loewenheim/*Wimmers*[5] Rn. 16). Der Meinungsstreit hat keine praktische Bedeutung, weil nach beiden Auffassungen sichergestellt ist, dass der Verletzer mit noch tatsächlicher oder rechtlicher Verfügungsgewalt gezwungen werden kann, seine Verfügungsgewalt zur Beseitigung der Verletzung geltend zu machen. Der Verletzer muss die Verfügungsgewalt über mindestens ein Vervielfältigungsstück bereits verloren haben; es genügt nicht, dass eine solche Verbreitung nur angeboten wurde (*Kühnen*, Handbuch der Patentverwertung[9], Kap. D Rn. 583; *Samer* FS Schulze 2017 S. 403, 404).

Inhaltlich gilt für den **Anspruch auf Rückruf** Folgendes: Der Schuldner ist ver- **25a** pflichtet, seine Abnehmer ernsthaft **zu einer Rückgabe** der von ihm gelieferten verletzenden Erzeugnisse **aufzufordern**. Er muss **alle zumutbaren Anstrengungen** unternehmen, um die Abnehmer aufgrund der Aufforderung zu einer Rückgabe zu bewegen (BGH GRUR 2017, 785 Tz. 17 – *Abdichtsystem*, zu § 140a PatG m. w. N.). Zumutbar ist insbesondere die Ausschöpfung aller dem Verletzer zur Verfügung stehender Erkenntnisquellen wie Geschäftsunterlagen, Rückfrage bei seinen Abnehmern; die Einschaltung von Detektiven ist aber nicht geschuldet (*Kühnen*, Handbuch der Patentverwertung[9], Kap. D. Rn. 606, 614; *Samer* FS Schulze 2017 S. 403, 406 m. w. N.). Der Verletzer (ohne Verfügungsgewalt, vgl. Rn. 25) muss dem zum Besitz berechtigten **Dritten ein verbindliches Angebot zum unverzüglichen Abschluss eines Rückabwicklungsvertrages unterbreiten**. Dazu wird im Regelfall – im Einzelfall kann je nach Vertragslage Abweichendes gelten – auch gehören, dass der Verletzer die notwendigen Verpackungs- und Rücktransportkosten übernimmt (Wandtke/Bullinger/*Bohne*[4] Rn. 38; Büscher/Dittmer/Schiwy/*Niebel*[3] Rn. 5; Ströbele/Hacker/*Hacker*[11] § 18 MarkenG Rn. 56). Sofern der Dritte zur Annahme nur bei Zahlung eines höheren als des ursprünglichen Preises bereit ist, wird man vom Verletzer das Angebot eines Rückabwicklungsvertrages **zu einem höheren Preis** verlangen dürfen (*Skauradszun*/*Majer* ZUM 2009, 199, 202; a. A. *Hoffmann* ZGE 2014, 335, 361; *Samer* FS Schulze 2017 S. 403, 407 m. w. N.; BeckOK/*Miosga*, MarkenR[9], § 18 MarkenG Rn. 61.1); die Grenze nach oben bildet der Verhältnismäßigkeitsgrundsatz des § 98 Abs. 4. Der Verletzte soll die Verhältnismäßigkeitsprüfung zu seinen Gunsten beeinflussen können, indem er die Vernichtungsansprüche, die dem Verletzer gegenüber dem Dritten ggf. gem. § 98 Abs. 1 zustehen, an den Verletzer gem. § 255 BGB analog abtrete. So könne der Verletzer im Regelfall eine Rückabwicklung zum ursprünglichen Kaufpreis erreichen. Das sei auch im Interesse des Verletzten, weil der Verletzer auf Kosten des Verletzten die weiteren Glieder der Vertriebskette ausfindig mache (eingehend *Skauradszun*/*Majer* ZUM 2009, 199, 202). Als Beseitigungsansprüche (vgl. Rn. 23) sind die Vernichtungsansprüche aber nicht abtretbar (vgl. § 97 Rn. 136); in Betracht kommt allenfalls eine gewillkürte Prozessstandschaft, für die ein hinreichendes Interesse auf Seiten des Verletzers vorliegen sollte (vgl. § 97 Rn. 138). Kommt es innerhalb der Grenzen des § 98 Abs. 4 zu keiner Einigung, fällt das nicht in die Verantwortung des Schuldners. Der Erfolg des Rückrufs ist bei fehlender Verfügungsgewalt nicht geschuldet (BGH GRUR 2017, 785 Tz. 17 – *Abdichtsystem*, zu § 140a PatG m. w. N.; LG Berlin, Urt. v. 31.3.2015, Az. 15 O 62/15, S. 15 (n. v.), zu § 98 UrhG; Dreier/Schulze/*Dreier*[5] Rn. 17; Schricker/Loewenheim/*Wimmers*[5] Rn. 16; *Samer* FS Schulze 2017 S. 403, 408 m. w. N.). Denn die Durchsetzung des Anspruches setzt voraus, dass dem Verletzer der Rückruf möglich ist (RegE UmsG Enforcement-RL – BT-Drs. 16/5048, S. 38). In aller Regel werden die zum Besitz Berechtigten aber ein Interesse an der Rückgabe haben, weil sie ein eigenes Risiko bei der Verbreitung eingehen würden (LG Berlin, Urt. v. 31.3.2015, Az. 15 O 62/15, S. 15 (n. v.); ähnlich Wandtke/Bullinger/*Bohne*[4] Rn. 39; Schricker/Loewenheim/*Wimmers*[5] Rn. 16a). – Kommt ein Rückabwicklungsvertrag zu Stande, ist der Verletzer verpflichtet, den **Rückabwicklungsvertrag unverzüglich umzusetzen und zu erfüllen**. Insbesondere muss der Verletzer die rechtsverletzende Ware zurücknehmen (OLG Düsseldorf InstGE 12, 88, juris Tz. 96 – *Cinch-Stecker*, zu § 140a PatG; Wandtke/Bullinger/*Bohne*[4] Rn. 39). Es besteht ein Anspruch auf **Rückruf auch gegenüber** einem im Ausland ansässigen Lieferanten (BGH GRUR 2017, 785 Tz. 33 – *Abdichtsystem*, zu § 140a PatG m. w. N.). Hiervon zu trennen ist die Frage, ob ein **Verbringen schutzrechtsverletzender Erzeugnisse ins schutzrechtsfreie Ausland** zur Erfüllung des Anspruchs auf endgültige Entfernung aus den Vertriebswegen ausreicht. Das erscheint als zweifelhaft, weil damit die Gefahr der Wiedereinfuhr nicht beseitigt ist (verneinend auch BeckOK/*Miosga*, MarkenR[9] § 18 MarkenG Rn. 53; offen BGH GRUR 2017, 785 Tz. 34 – *Abdichtsystem*, zu § 140a PatG m. w. N.). – Der Verletzte kann nach Durchführung der Rückrufe **Auskunft über den Erfolg** verlangen (Ströbele/Hacker/*Hacker*[11] § 18 MarkenG Rn. 58), sodass er seinerseits wegen der rückabgewickelten Waren gegen den Verletzer Vernichtungsansprüche nach § 98 Abs. 1 stellen kann.

Rückrufsgegner sind **nur die eigenen Vertragspartner** als Abnehmer, nicht **25b** Händler auf weiteren Handelsstufen (a. A. *Samer* FS Schulze 2017 S. 403, 406 m. w. N.; Dreier/Schulze/*Dreier*[5] Rn. 17). Allerdings muss der Rückruf die Aufforderung beinhalten, dass auch dieser Abnehmer bei seinen Abnehmern zurückruft (s. Ströbele/Hacker/*Hacker*[11] § 18 MarkenG Rn. 57, der dieses gestufte Vorgehen zumindest als „vorzugswürdig" bezeichnet). Der Verletzer muss gegenüber jedem Rückrufsgegner zurückrufen, nur dann ist der Anspruch erfüllt. Für einen substantiierten Vortrag, erfüllt zu haben, kann die namentliche Benennung der Rückrufsgegner erforderlich sein (OLG Düsseldorf InstGE 12, 88, juris Tz. 97 – *Cinch-Stecker*, zu § 140a PatG). Sind die Abnehmer nicht namentlich bekannt, kommt nur ein Rückruf durch öffentliche Anzeigen in einschlägigen Medien (Online, Offline) in Betracht (*Jestaedt* GRUR 2009, 102, 103; *Samer* FS Schulze 2017 S. 403, 407). – Der Rückruf erfolgt „aus den Vertriebswegen". Daraus könnte gefolgert werden, dass ein **Rückruf gegenüber privaten oder gewerblichen Endverbrauchern** ausscheidet, weil der Absatz an sie nicht zu den Vertriebswegen gehört, sondern der Vertrieb damit gerade abgeschlossen ist (so *Stieper* AfP 2010, 217, 220; *Jestaedt* GRUR 2009, 102, 105; BeckOK/*Miosga*, MarkenR[9], § 18 MarkenG Rn. 64; *Kühnen*, Handbuch der Patentverwertung[9], Kap. D Rn. 583; differenzierend: *Samer* FS Schulze 2017 S. 403, 405 m. w. N. zum Streitstand, der nur private Verbraucher ausnehmen will, weil für gewerbliche Verbraucher eine höhere Wahrscheinlichkeit des gebrauchten Weiterverkaufs bestehe). Jedoch zeigt ErwG 24 Enforcement-RL, der die Interessen von privaten Verbrauchern explizit erwähnt, dass auch ein Rückruf bei Verbrauchern denkbar ist; allerdings ist insb. die Verhältnismäßigkeit nach Abs. 4 zu beachten (genauso: *Czychowski* GRUR-RR 2008, 265, 267). **Gegenüber geschäftlich handelnden Mittlern** ist eine Verhältnismäßigkeit des Rückrufs und auch der Rückabwicklung indiziert, es sei denn, die Rückabwicklung ist ausnahmsweise unverhältnismäßig kostspielig (vgl. Rn. 25a).

Im **rechtswidrigen Online-Vertrieb**, also bei rechtswidriger öffentlicher Zugäng- **25c** lichmachung nach § 19a und Vervielfältigung durch Endnutzer, ist die Relevanz des Rückrufsanspruches bislang nicht geklärt. Es sollten folgende Grundsätze gelten: Soweit die Vervielfältigung eines privaten Endnutzers auf einer nicht offensichtlich rechtswidrigen öffentlichen Zugänglichmachung beruht, behandelt das Gesetz die **Vervielfältigung** als **legal** (§ 53 Abs. 1); eine erweiternde Auslegung des § 98 Abs. 2 auf solche legalen Vervielfältigungen scheidet aus (*Stieper* AfP 2010, 217, 219, zu eBooks; *Samer* FS Schulze 2017 S. 403, 404). Ist die Vervielfältigung durch den (privat oder geschäftlich handelnden) Endnutzer nicht durch § 53 Abs. 1 gedeckt und auch nicht anders legalisiert, so ist sie rechtswidrig, sodass erst einmal nicht ersichtlich ist, weshalb der Endnutzer als schutzwürdig behandelt werden sollte. § 98 Abs. 2 passt jedoch auch auf diese Fälle nicht, weil es keinen Vertrieb einer rechtswidrigen Kopie gegeben hat, wenn diese erst beim Endkunden entstanden ist (*Stieper* AfP 2010, 217, 219, zu eBooks). Jedoch steht dem Verletzten ein allgemeiner Beseitigungsanspruch (§ 97 Abs. 1 S. 1; vgl. § 97 Rn. 55 ff.) gegen denjenigen zu, der rechtswidrig öffentlich zugänglich gemacht und damit letztlich die rechtswidrigen Vervielfältigungen ausgelöst hat. Auch schon vor § 98 Abs. 2 waren Rückrufsansprüche als allgemeiner Beseitigungsanspruch anerkannt (vgl. Rn. 23); der allgemeine Beseitigungsanspruch schließt ein, dafür zu sorgen, dass die Endkunden ihre rechtswidrigen Vervielfältigungen löschen und kommt damit dem Anspruch aus § 98 Abs. 2 nahe. Zusätzlich kann der Verletzte direkt gegenüber den rechtswidrig vervielfältigenden Endkunden Löschungsansprüche gem. § 98 Abs. 1 geltend machen (vgl. Rn. 14).

26   Der Anspruch auf **Entfernung** kann neben dem Anspruch auf Rückruf geltend gemacht werden (BGH GRUR 2017, 785 Tz. 11 ff. – *Abdichtsystem*, zu § 140a PatG m. w. N.). Der Wortlaut des § 98 Abs. 2 zwar alternativ („oder") formuliert. Für die Zulässigkeit einer kumulativen Geltendmachung spricht jedoch der einander ergänzende Inhalt der beiden Rechtsbehelfe. Der Anspruch auf Entfernung hat neben dem Rückrufsanspruch dann eine eigenständige Bedeutung, wenn Ansprüche auf Entfernung **bei tatsächlicher oder rechtlicher Verfügungsgewalt** des Verletzers angenommen werden (vgl. Rn. 25, str.). Der Anspruch auf endgültiges Entfernen aus den Vertriebswegen verpflichtet den Schuldner insoweit dazu, alle ihm wegen der tatsächlichen oder rechtlichen Verfügungsgewalt zur Verfügung stehenden und zumutbaren tatsächlichen und rechtlichen Möglichkeiten auszuschöpfen, um die weitere oder erneute Zirkulation verletzender Gegenstände in den Vertriebswegen auszuschließen. Dafür kann in bestimmten Fällen zur Erreichung dieses Ziels eine bloße Aufforderung an die Abnehmer geeignet und ausreichend sein. Je nach den Umständen des Einzelfalls kann der Schuldner aber verpflichtet sein, dieses Ziel zusätzlich oder ausschließlich auf anderem Wege anzustreben, etwa durch rechtliche Schritte gegen einen Abnehmer, der eine Rückgabe von vornherein ablehnt (BGH GRUR 2017, 785 Tz. 18 – *Abdichtsystem*, zu § 140a PatG m. w. N.). **Tatsächliche Verfügungsgewalt** bedeutet danach die tatsächliche Möglichkeit, über das rechtswidrige Vervielfältigungsstück zu verfügen. Das kann z. B. der Fall sein, wenn die Ware schon an Dritte verkauft und übereignet ist, sich aber noch im Lager des Verletzers befindet. Der Verletzer kann Herausgabeansprüchen des Dritten die vom Verletzten geltend gemachten Entfernungsansprüche entgegenhalten. **Rechtliche Verfügungsgewalt** hat der **Verletzer im Fall eines durchsetzbaren Herausgabeanspruchs gegen den Dritten** (*Samer* FS Schulze 2017 S. 401, 405; *Ingerl/Rohnke*³ § 18 MarkenG Rn. 48; *Kühnen*, Handbuch der Patentverwertung₉, Kap. D. Rn. 614; *Samer* FS Schulze 2017 S. 403, 408). Der Verletzer ist im Rahmen des Entfernungsanspruches gem. § 98 Abs. 2 verpflichtet, diesen Herausgabeanspruch gegenüber dem Dritten geltend zu machen. **Entfernungsgegner** sind alle, mit denen der Verletzer vertraglich verbunden ist; insoweit gilt nichts anderes als für den Rückrufsanspruch (vgl. Rn. 25b).

V. Überlassungsanspruch (Abs. 3)

27   Der Verletzte hat ein Wahlrecht, alternativ („statt") des Vernichtungsanspruches nach Abs. 1 den Überlassungsanspruchs nach Abs. 3 geltend zu machen (Wandtke/Bullinger/*Bohne*⁴ Rn. 40; Dreier/Schulze/*Dreier*⁵ Rn. 18; Büscher/Dittmer/Schiwy/*Niebel*³ Rn. 6). Zum Verhältnis von Abs. 3 zu Abs. 1, auch im Hinblick auf die prozessuale Ausübung des Wahlrechts, vgl. Rn. 36. Überlassung meint die Übertragung von Eigentum und Besitz an den rechtswidrig hergestellten Vervielfältigungsstücken (Dreier/Schulze/*Dreier*⁵ Rn. 18; BeckOK UrhR/*Reber*¹⁶ Rn. 4). Die **Höhe der angemessenen Vergütung**, die der Verletzte bei Geltendmachung des Überlassungsanspruchs anzubieten hat, wird zweckmäßig in das Ermessen des Gerichts gestellt (s. § 287 ZPO; Dreier/Schulze/*Dreier*⁵ Rn. 19; Büscher/Dittmer/Schiwy/*Niebel*³ Rn. 6; Schricker/Loewenheim/*Wimmers*⁵ Rn. 18). Um den Gerichten die Bestimmung zu ermöglichen, kann der Verletzte im Wege der Stufenklage zunächst Rechnungslegung über die Höhe der Herstellungskosten verlangen (als Unterfall des Auskunftsanspruchs; vgl. § 97 Rn. 126). Die Obergrenze der angemessenen Vergütung stellen die Herstellungskosten dar (Wandtke/Bullinger/*Bohne*⁴ Rn. 41; Dreier/Schulze/*Dreier*⁵ Rn. 19; Büscher/Dittmer/Schiwy/*Niebel*³ Rn. 6; BeckOK UrhR/*Reber*¹⁶ Rn. 4); insoweit sind fixe Kosten aber nur dann zu berücksichtigen, wenn sich die Fixkosten ausschließlich auf die Herstellung der Vervielfältigungsstücke beziehen; insoweit gilt nichts anderes als für den Fixkostenabzug bei Berechnung des Verletzergewinns für den Schadensersatzanspruch (vgl.

§ 97 Rn. 80 ff.). Der Überlassungsanspruch nach Abs. 3 besteht **nur gegenüber dem Eigentümer** der Werkstücke, weil nur dieser das Eigentum an den Verletzten übertragen darf (§ 929 BGB; so auch Wandtke/Bullinger/*Bohne*[4] Rn. 40; BeckOK UrhR/*Reber*[16] Rn. 4; Büscher/Dittmer/Schiwy/*Niebel*[3] Rn. 4). Als Eigentümer darf der Gläubiger mit den Vervielfältigungsstücken nach Belieben verfahren (§ 903 S. 1 BGB). Die Übereignung erfolgt aber ohne irgendeine Nutzungsrechtseinräumung oder -übertragung, sodass sich der Gläubiger ggf. noch von dritter Seite Nutzungsrechte einholen muss, die er zur legalen Verwertung benötigt. Setzt der Gläubiger auf der Grundlage ihm zustehender Nutzungsrechte die Vervielfältigungsstücke ein, werden sie **wie** von ihm **selbst hergestellte Vervielfältigungsstücke behandelt,** sodass eine Verbreitung durch einen Nutzungsberechtigten erfolgen kann, wenn die ggf. vertraglich für die Verbreitung vorausgesetzte Qualität eingehalten ist; Urheber und ausübende Künstler sind an der erfolgreichen Verbreitung zu beteiligen, sofern ein Beteiligungsanspruch besteht. Die erworbenen Vervielfältigungstücke sind auf die erlaubte Auflagenhöhe anzurechnen (Dreier/Schulze/*Dreier*[5] Rn. 21).

VI. Ausschluss bei Unverhältnismäßigkeit (Abs. 4)

Mit der **Umsetzung der Enforcement-RL** ist die bisherige Regelung des § 98 Abs. 3 a. F. durch § 98 Abs. 4 ersetzt worden; die Neuregelung gilt auch für alle Altfälle (vgl. Rn. 2). Die Reform hat eine gewisse inhaltliche Bedeutung, weil sich die Struktur des Unverhältnismäßigkeitseinwandes geändert hat. Nach § 98 Abs. 3 a. F. wurden Vernichtungs- und Überlassungsanspruch auf eine andere verhältnismäßige Maßnahme reduziert, sofern sie existierte; er stellte also die „Doppelbedingung" auf, dass eine Beseitigung auf andere Weise möglich und Vernichtung oder Überlassung unverhältnismäßig ist (statt aller unsere 9. Aufl./*Wilhelm Nordemann* Rn. 5). § 98 Abs. 4 n. F. stellt allein auf die Unverhältnismäßigkeit ab und schließt in diesem Fall Vernichtungs-, Rückrufs- und Überlassungsansprüche aus. Das bedeutet jedoch nicht, dass andere verhältnismäßige Beseitigungsmaßnahmen nicht verlangt werden könnten. Sie finden ihre Anspruchsgrundlage jetzt im allgemeinen Beseitigungsanspruch des § 97 Abs. 1 S. 1, der hilfsweise neben Ansprüchen nach § 98 Abs. 1 bis 3 verfolgt werden kann (zum Prozessualen vgl. Rn. 36). **28**

Die Vernichtung, der Rückruf oder die Überlassung müssen **unverhältnismäßig** sein, d. h. gegen den Verhältnismäßigkeitsgrundsatz verstoßen. Das lässt sich nur **im Einzelfall** und nur **nach einer umfassenden Abwägung des Vernichtungs-, Rückrufs- oder Überlassungsinteresses** des Verletzten einerseits und des Erhaltungsinteresses des Verletzers andererseits entscheiden (BGH GRUR 2006, 504 Tz. 52 – *Parfümtestkäufe*; zu § 18 MarkenG; Dreier/Schulze/*Dreier*[5] Rn. 22; Büscher/Dittmer/Schiwy/*Niebel*[3] Rn. 7; BeckOK UrhR/*Reber*[16] Rn. 5; Schricker/Loewenheim/*Wimmers*[5] Rn. 19). Unter Berücksichtigung der BGH-Rechtsprechung (BGH GRUR 2006, 504 Tz. 52 – *Parfümtestkäufe*; BGH GRUR 1997, 899, 901 – *Vernichtungsanspruch*). Folgende Kriterien sind beispielhaft zu nennen: **29**

– Schuldlosigkeit oder Grad der Schuld des Verletzers (bei ersterer würde bei Vorliegen der dort genannten weiteren Voraussetzungen das Ablösungsrecht des § 100 gegeben sein).
– Schwere des Eingriffs, also unmittelbare Übernahme der Substanz des fremden Werkes oder (nur) Verletzung im Randbereich.
– Umfang des bei Vernichtung, Rückruf oder Überlassung für den Verletzer entstehenden Schadens im Vergleich zu dem durch die Verletzung eingetretenen wirtschaftlichen Schaden des Rechtsinhabers.
– Andere Maßnahmen, die weniger einschneidend sind (dazu eingehend vgl. Rn. 31).

Berechtigte **Interessen Dritter** an der Erhaltung müssen schon nach S. 2 ebenfalls berücksichtigt werden (Dreier/Schulze/*Dreier*[5] Rn. 22). Dazu zählen auch private Verbraucher (ErwG 24 Enforcement-RL). Berechtigt bedeutet, dass sie ihrerseits nicht illegal handeln dürfen, was jedoch z. B. bei einem offensichtlich rechtswidrigen Download aus einer Internettauschbörse der Fall ist (§ 53 Abs. 1).

30   Der BGH betont, dass der Anordnung der Vernichtung eine Art **Sanktionscharakter** innewohne; der Gesetzgeber habe damit einen generalpräventiven Effekt erzielen wollen (BGH GRUR 2006, 504 Tz. 52 – *Parfümtestkäufe*, zu § 18 MarkenG; BGH GRUR 1997, 899, 901 – *Vernichtungsanspruch*). Deswegen genügte ihm im konkreten Fall schon ein über der einfachen Fahrlässigkeit liegendes Verschulden des Verletzers, um trotz der offenbar gegebenen, einfach zu bewerkstelligenden Möglichkeit der Beseitigung des rechtsverletzenden Zustandes das Vorliegen einer Unverhältnismäßigkeit der Vernichtung zu verneinen (BGH GRUR 1997, 899, 901 – *Vernichtungsanspruch*). Bei Fehlen von Schuld oder nur geringer Schuld muss hingegen eine strengere Verhältnismäßigkeitsprüfung stattfinden (BGH GRUR 2006, 504 Tz. 52 – *Parfümtestkäufe*, zu § 18 MarkenG). Eine Vernichtung erscheint jedoch als unverhältnismäßig, wenn der Verletzte vornehmlich finanzielle Interessen hat. Unverhältnismäßigkeit dürfte damit gegeben sein, wenn der Verletzte zu erkennen gegeben hat, dass er bereit ist, bei Lizensierung mit Erlösbeteiligung die Urheberrechtsverletzung zu dulden (LG München I ZUM-RD 2009, 101, 106 – *Still got the Blues*). Nichts anderes kann auch für die Überlassung gelten. Der Rückruf von kommerziellen Händlern dürfte im Regelfall ebenfalls verhältnismäßig sein, schon um weitere Verletzungen zu verhindern. Ein Rückruf von Verbrauchern, die ihrerseits nicht verletzen, muss in jedem Einzelfall auf Verhältnismäßigkeit überprüft werden. Über dies ist zu berücksichtigen, wenn der Verletzer vorsätzlich gehandelt hat und keine Klärung der Rechtesituation mit dem Rechteinhaber gesucht hat, während der Rechteinhaber nach Kenntnis stets ohne Zögern seine Position dargestellt habe (LG Berlin, Urt. v. 31.3.2015, Az. 15 O 62/15, S. 17 (n. v.).

31   Relevant für die Verhältnismäßigkeit ist auch, inwieweit der durch die Rechtsverletzung verursachte Zustand der Werkstücke **auf andere Weise beseitigt** werden könnte. Abzuwägen ist nicht nur zwischen den in § 98 genannten Ansprüchen, sondern auch sonstige mildere Mittel sind in Betracht zu ziehen (Dreier/Schulze/*Dreier*[5] Rn. 24; Büscher/Dittmer/Schiwy/*Niebel*[3] Rn. 7). Vor allem bei schuldlosem Handeln des Verletzers sind bei der Abwägung, ob und durch welche Maßnahmen dem Gebot der Beseitigung des rechtsverletzenden Zustands genügt ist, aus verfassungsrechtlichen Gründen entsprechend geringere Anforderungen zu stellen sein (BGH GRUR 2006, 504 Tz. 52 – *Parfümtestkäufe*, zu § 18 MarkenG). Eine Löschung digitaler Vervielfältigungen muss auch immer nur insoweit erfolgen, wie sie rechtswidrig sind; Dateien mit digital gespeicherten Fotos müssen nur für die illegale Internetnutzung gelöscht werden, Sicherungskopien für erlaubte Printausgaben dürfen bestehen bleiben (OLG Hamburg ZUM-RD 2009, 382, 395 – *Yacht II*). Ausreichend kann sein das Schwärzen der beanstandeten Stellen eines Buches oder das Auswechseln der Seiten, auf denen sich die beanstandeten Stellen befinden (OLG Düsseldorf ZUM 1997, 486; ebenso Dreier/Schulze/*Dreier*[5] Rn. 25; *Samer* FS Schulze 2017 S. 403, 407), Beseitigung von Entstellungen eines Bildes durch Verbesserung der Kopie u. s. w., Überkleben von Verletzungen mit Aufklebern, nicht jedoch bloße Einleger, die herausfallen können (Schricker/Loewenheim/*Wimmers*[5] Rn. 19). Die Kennzeichnung von Änderungen „als nicht vom Berechtigten herrührend" ist in aller Regel gerade nicht geeignet, den Interessen des Verletzten Genüge zu tun (so auch Dreier/Schulze/*Dreier*[5] Rn. 25). Dem Leser, Betrachter oder Hörer würde nach wie vor das unzulässigerweise geänderte

Werk dargeboten. Der Anspruch des Urhebers oder Schutzrechtsinhabers auf unveränderte Darbietung wäre zu einem bloßen Kennzeichnungsanspruch entwertet. Der Verletzer könnte sogar – um das Beispiel *ad absurdum* zu führen – von sich aus schon bei Vornahme der unzulässigen Änderungen diese als „nicht vom Berechtigten herrührend" kennzeichnen, und wäre damit vor jedem Anspruch aus den § 98 von vornherein sicher. – Das Übermalen eines Bildes genügt in keinem Falle, da die spätere Entfernung der Deckschicht nach dem heutigen Stande der Technik ohne Schwierigkeiten möglich ist.

VII. Ausschluss für Bauwerke und ausscheidbare Teile (Abs. 5)

Die Regelung befand sich bis zur Umsetzung der Enforcement-RL (vgl. Rn. 4) **32** in **§ 101 Abs. 2 a. F.** und wurde dann **ohne inhaltliche Änderung** nach § 98 Abs. 5 verschoben (RegE UmsG Enforcement-RL – BT-Drs. 16/5048, S. 49). Sie ist eine spezielle Ausprägung des Verhältnismäßigkeitsgrundsatzes der Art. 3 Abs. 2, 10 Abs. 3 Enforcement-RL, jedoch als **Ausnahmevorschrift** grundsätzlich **eng auszulegen.** Der Wortlaut bezieht sich nur auf einen Ausschluss des § 98 Abs. 1 bis 3. Bei Bauwerken kann aber Abs. 5 auch auf Beseitigungsansprüche nach § 97 Abs. 1 S. 1 angewendet werden (str., vgl. Rn. 34).

1. Bauwerke

„Bauwerke" meint offenbar die in § 2 Abs. 1 Nr. 4 zutreffend so bezeichneten **33** **Werke der Baukunst,** also nur persönliche geistige Schöpfungen. Der abweichende Begriff „Bauwerke" ist wohl aus § 37 Abs. 5 KUG übernommen, ohne dass damit eine inhaltliche Einschränkung oder Erweiterung der Anwendbarkeit bezweckt wäre. Pläne, Skizzen, Modelle solcher Werke unterliegen aber den Ansprüchen aus § 98 Abs. 1 bis 3 (so schon früher *Ulmer,* Urheber- und VerlagsR[3] § 130 I. 3.; ferner Wandtke/Bullinger/*Bohne*[4] Rn. 46; Dreier/ Schulze/*Dreier*[5] Rn. 28; HK-UrhR/*Meckel*[3] Rn. 8; Schricker/Loewenheim/ *Wimmers*[5] Rn. 20b; LG München I ZUM RD 2008, 158 zur einstweiligen Verfügung bei urheberrechtsverletzendem Bau). Von der Vernichtung oder Unbrauchbarmachung ausgenommen sind nur die Gebäude an sich.

§ 98 Abs. 5 erwähnt nur einen Ausschluss von Ansprüchen nach Abs. 1 bis 3. **34** Umstritten ist, inwieweit Abs. 5 **analog** auch **auf Beseitigungsansprüche gem.** **§ 97 Abs. 1 S. 1** anwendbar ist. Hauptanwendungsfall ist die Beseitigung von Entstellungen gem. § 14, unzulässigen Änderungen gem. § 39 oder unfreien Bearbeitungen gem. § 23 bei Bauwerken. Sie fallen schon deshalb nicht unter § 98 Abs. 1 bis 3, weil davon nur rechtswidrig hergestellte oder verbreitete Vervielfältigungsstücke erfasst werden, unzulässig veränderte Bauwerke aber regelmäßig keine rechtswidrig hergestellten oder verbreiteten Vervielfältigungsstücke sind. Das gilt zumindest dann, wenn die Veränderung für sich genommen gem. § 3 urheberrechtlich geschützt ist (vgl. Rn. 7). Jedoch darf § 98 Abs. 5 auch auf Beseitigungsansprüche nach § 97 Abs. 1 S. 1 angewendet werden, wenn es um eine Vernichtung von Teilen von Gebäuden oder ganzen Gebäuden geht, denn in diesen Fällen wäre eine Beseitigungsverpflichtung des Handelnden übermäßig nach Art. 14 GG (LG München I ZUM-RD 2008, 158; *Wedemeier* FS Piper S. 787, 794; Schricker/Loewenheim/*Wimmers*[5] Rn. 20b; a. A. Dreier/Schulze/*Dreier*[5] Rn. 27). Beseitigungsansprüche sollten aber nicht an § 98 Abs. 5 scheitern, wenn es nur um die Beseitigung von Elementen ohne Substanzeingriff geht, also z. B. bei bloßer Entfernung von entstellenden Gemälden an Gebäuden oder bei Beseitigung von entfernbaren Fassadenelementen (LG München I ZUM-RD 2008, 158). Die Gegenauffassung, die generell jeden Ausschluss des § 97 Abs. 1 S. 1 für Bauwerke ablehnt (LG München I FuR 1982, 510, 512 – *ADAC-Hauptverwaltung I*; unsere 9. Aufl./*Wilhelm Nordemann* Rn. 7), übersieht, dass Abs. 5 gerade bei Substanzeingriffen in Gebäude die Rechtsfolgen des UrhG abmildern wollte; es ging dem Gesetzgeber darum, „bestehende Werte nach Möglichkeit zu erhalten" (RegE UrhG 1962 – BT-Drs. IV/270, S. 105). Nicht ersichtlich ist, dass der Gesetzgeber bewusst Beseitigungsansprüche nach § 97 Abs. 1 S. 1 ausgenommen hätte, wahrscheinlich hat er die Problematik schlicht übersehen. Eine zusätzliche Zumutbarkeitsprüfung, wie sie *Wild* fordert, ist jedenfalls bei leichter Fahrlässigkeit oder gar schuldlosem Handeln des Verletzers nicht angezeigt. Anders kann das sein bei grober Fahrlässigkeit oder Vorsatz (vgl. § 97 Rn. 62 ff.).

2. Ausscheidbare Teile

35 § 42 Abs. 1 S. 2 LUG und § 37 Abs. 1 S. 3 KUG bestimmten, dass, wenn nur Teile eines Werkes widerrechtlich hergestellt worden seien, nur die entsprechenden Teile der Vervielfältigungsstücke oder Vorrichtungen dem Vernichtungsanspruch unterlägen. Die Regelung des § 98 Abs. 5 bringt eine Klarstellung: Nur wenn die rechtmäßig hergestellten oder benutzten Teile **ausscheidbar** sind, bleiben sie von der Vernichtung ausgenommen. Das sagt eindeutig, dass eine körperliche Abtrennbarkeit gegeben sein muss. Insoweit ist danach zu fragen, ob die körperliche Abtrennung wirtschaftlich sinnvoll und insb. der abtrennbare Teil selbständig wirtschaftlich verwertbar ist (a. A. HK-UrhR/*Meckel*[3] Rn. 8; Wandtke/Bullinger/*Bohne*[4] Rn. 47). Denn Abs. 5 will „Werte" erhalten (RegE UrhG 1962 – BT-Drs. IV/270, S. 105), nicht irgendwelche wertlosen Bruchstücke von Werken. Das Heraustrennen einzelner Seiten aus Büchern unterfällt deshalb genauso wenig Abs. 5 wie das Löschen einzelner Titel aus CDs oder aus Masterbändern (a. A. Schricker/Loewenheim/*Wimmers*[5] Rn. 20b; Dreier/Schulze/*Dreier*[5] Rn. 29; wie hier wohl Wandtke/Bullinger/*Bohne*[4] Rn. 47). Anders kann das sein bei Sammelwerken, die nach Abtrennung noch einen eigenen wirtschaftlichen Wert haben, z. B. ein Schuber aus 3 CDs, von denen 2 legal sind. Eine zu weitgehende Vernichtung kann Ansprüche des Verletzers aus § 823 Abs. 1 auslösen (Schricker/Loewenheim/*Wimmers*[5] Rn. 20a).

VIII. Prozessuales

36 Der **Antrag auf Herausgabe** an den Gerichtsvollzieher **zur Vernichtung** muss die Person des Gerichtsvollziehers nicht nennen; es genügt ein Antrag, die Vervielfältigungsstücke „zur Vernichtung an einen zur Vernichtung bereiten Gerichtsvollzieher" herauszugeben. Der Vernichtungsantrag kann sich ohne Verstoß gegen das Bestimmtheitsgebot des § 253 Abs. 2 Nr. 2 ZPO nur generell auf sämtliche „im Eigentum" (oder Besitz) des Verletzers stehende Vervielfältigungsstücke beziehen (BGH GRUR 2003, 228, 299 – *P-Vermerk*). Die im Besitz oder Eigentum des Schuldners befindlichen Vervielfältigungsstücke müssen im Antrag nicht individuell genau bezeichnet sein. Es genügt, wenn die Vervielfältigungsstücke als Kopien der streitgegenständlichen Werke erkennbar sind (OLG Hamburg ZUM 1998, 938, 942, im Fall ging es um die Erkennbarkeit als Kopien der Werke von *Chagall, Mirò, Magritte, Picasso* und *Kandinsky*). Das Gleiche sollte für den **Antrag auf Überlassung nach Abs. 3** gelten. Der Verletzte hat ein **Wahlrecht** zwischen dem Vernichtungs- und dem Überlassungsanspruch, das wegen der notwendigen Konkretisierung des Klageantrages spätestens mit der Klageerhebung ausgeübt werden muss (Wandtke/Bullinger/*Bohne*[4] Rn. 12; v. *Gamm* § 98 Rn. 2). Wer einmal sein Wahlrecht ausgeübt hat, ist an die Wahl gebunden (HK-UrhR/*Meckel*[3] Rn. 9). Der Verletzte hat jedoch keinen dieser Ansprüche, wenn die Ausschlusstatbestände der § 98 Abs. 4 oder Abs. 5 erfüllt sind. Deswegen empfiehlt es sich, den Beseitigungsanspruch nach Abs. 3 jedenfalls **hilfsweise** geltend zu machen. Möglich ist freilich auch, überhaupt nur Beseitigung zu verlangen, wenn – was bei klarer Piraterie kaum vorkommen wird – die Unverhältnismäßigkeit sowohl der

Vernichtung als auch der Überlassung von vornherein feststehen sollte. Der **Streitwert** der Vernichtung oder Überlassung ist nicht gleichzusetzen mit dem wirtschaftlichen Wert der Gegenstände. Maßgebend ist vielmehr das Interesse des Klägers, künftige Verletzungen dauerhaft durch Vernichtung oder Überlassung zu verhindern. Deshalb dürfte der Streitwert regelmäßig dem des Unterlassungsanspruches entsprechen (vgl. § 97 Rn. 223). Abzuziehen sind allerdings Verletzungspotenziale, die nicht durch die zu vernichtenden oder zu überlassenden Gegenstände verursacht werden. Bei **Miturhebern** oder **Mit-Leistungsschutzberechtigten** (z. B. Mitfilmherstellern) gilt § 8 Abs. 2 S. 3, sodass die Vernichtungsansprüche im eigenen Namen nur eines Mitinhabers geltend gemacht werden (OLG Bremen GRUR-RR 2009, 244, 247 – *Mitherstellerschaft*).

Vollstreckung: Die Herausgabe zur **Vernichtung** (Abs. 1) wird nach den all- **37** gemeinen Regeln der ZPO vollstreckt (OLG Hamburg GRUR-RR 2007, 3, 5 – *Metall auf Metall*), also nach den §§ 883, 886 ZPO, die die einschlägigen Regelungen für die Herausgabe enthalten (Schricker/Loewenheim/*Wimmers*[5] Rn. 25; a. A. Wandtke/Bullinger/*Bohne*[4] Rn. 15 und Dreier/Schulze/*Dreier*[5] Rn. 15: §§ 887, 888 ZPO). § 894 ZPO findet keine Anwendung. Vernichtungsurteile können gem. §§ 704 ff. ZPO für vorläufig vollstreckbar erklärt werden (BGH GRUR 2009, 403 Tz. 26 – *Metall auf Metall*; OLG Hamburg GRUR-RR 2007, 3, 5 – *Metall auf Metall*; a. A. Dreier/Schulze/*Dreier*[5] Rn. 15). Insbesondere Berufungsurteile sind nach § 708 Nr. 10 ZPO ohne Sicherheitsleistung für vorläufig vollstreckbar zu erklären, allerdings mit Abwendungsbefugnis gemäß § 711 ZPO (BGH GRUR 2009, 403 Tz. 26 – *Metall auf Metall*). **Eine Vernichtung vor Rechtskraft ist damit möglich** (ebenso Dreier/Schulze/*Dreier*[5] Rn. 15). Das ist nicht unverhältnismäßig im Sinne des § 98 Abs. 4 (BGH GRUR 2009, 403 Tz. 27 – *Metall auf Metall*). Der Schuldner des Vernichtungsanspruchs hat die Möglichkeit, einen Schutzantrag nach den §§ 712, 714 ZPO zu stellen, und ist außerdem durch die Schadensersatzpflicht des Gläubigers nach § 717 Abs. 2 ZPO geschützt (BGH GRUR 2009, 403 Tz. 27 – *Metall auf Metall*). Die Vollstreckung eines **Rückrufstitels** nach § 98 Abs. 2 erfolgt gem. § 888 ZPO (ebenso Wandtke/Bullinger/*Bohne*[4] Rn. 16), die eines **Überlassungstitels** nach § 98 Abs. 3 erfolgt für die Herausgabe gem. §§ 883, 886, 704 ff. ZPO (sodass auch insoweit eine vorläufige Vollstreckung denkbar ist; ebenso Wandtke/Bullinger/*Bohne*[4] Rn. 16), für die Übereignung nach den §§ 894 Abs. 1 S. 2, 726, 730 ZPO (Fiktion der Willenserklärung zur Übereignung; Wandtke/Bullinger/*Bohne*[4] Rn. 16: §§ 883, 726 ZPO).

Der Vernichtungs-, Rückrufs- und Überlassungsanspruch können als endgül- **38** tige Maßnahmen grundsätzlich nicht im **Einstweiligen Rechtsschutz** begehrt werden (Wandtke/Bullinger/*Bohne*[4] Rn. 8; Dreier/Schulze/*Dreier*[5] Rn. 15). Zur **Sicherung des Vernichtungsanspruchs** nach Abs. 1, aber auch des Überlassungsanspruches nach Abs. 3 ist die **Sequestration** der rechtswidrig hergestellten, verbreiteten oder zur Verbreitung bestimmten Exemplare durch einstweilige Verfügung zu empfehlen, wobei die Herausgabe an den zuständigen Gerichtsvollzieher zur vorläufigen Verwahrung zu beantragen ist (seine Bestellung zum Sequester hängt in manchen Bundesländern von seiner Zustimmung ab, z. B. in Bayern, und sollte deswegen nicht förmlich beantragt werden; ebenso Wandtke/Bullinger/*Bohne*[4] Rn. 8). Neben dem Anspruch nach Abs. 1 (oder Abs. 3) muss der **Verfügungsgrund** glaubhaft gemacht werden (vgl. § 97 Rn. 199 ff.). Zur Sicherung des Anspruchs auf Vernichtung kann ergänzend zur Herausgabe an den Gerichtsvollzieher ein Verbot der Rückgabe unrechtmäßiger Nachbildungen an den Lieferanten im Wege der einstweiligen Verfügung ausgesprochen werden (OLG Frankfurt GRUR-RR 2003, 96 – *Uhrennachbildungen*). Erforderlich ist, dass für die Sequestration im Verfügungsverfahren ein **eigenständiges Sicherungsbedürfnis** besteht (OLG Frankfurt GRUR 2006, 264 – *Abmahnerfordernis*). Dagegen kann sprechen, dass dem Anspruchsgegner der Vertrieb der Verletzungsgegenstände ohnehin gem. § 97 Abs. 1 untersagt sein wird, weil der Sequestrationsanspruch regelmäßig nur flankierend zu einem Unterlassungsanspruch geltend gemacht wird. Die Sequestration im Verfügungsverfahren erfordert also eine zusätzliche Gefahr, dass der Verletzer trotz Unterlassungsverfügung die bei ihm vorhandenen Verletzungsgegenstände ohne Sequestration veräußern oder sonst beiseiteschaffen könnte. Dafür kann ein erhebliches wirtschaftliches Interesse des Verletzers (z. B. wegen hoher Lagerbestände), eine gute Verkäuflichkeit wegen Nachfrage auf dem Massenmarkt oder eine einfache Möglichkeit des Beiseiteschaffens wegen geringer Größe der Verletzungsgegenstände sprechen (OLG Frankfurt, v. 25.1.2010 – 6 W 4/10 juris Tz. 11 ff. – *USB-Sticks*, zum GeschmMG); s. a. sogleich zu „flüchtiger Ware". Eine **vorherige Abmahnung** ist wegen ihres Vorwarneffekts im Regelfall untunlich; deshalb ist auch bei sofortigem Anerkenntnis des Verletzers die Kostenfolge des § 93 ZPO nicht zu befürchten (OLG Frankfurt GRUR 2006, 264 – *Abmahnerfordernis*; OLG Düsseldorf NJW-RR 1997, 1064; OLG Nürnberg WRP 1995, 427; OLG Hamm GRUR 1989, 502, 503; OLG Hamburg WRP 1988, 47). Eine Abmahnung bleibt daher nur dann erforderlich, wenn der Gläubiger auf Grund besonderer hinzutretender Umstände des Einzelfalls vernünftigerweise davon ausgehen kann, dass der Verletzer bereits einer außergerichtlichen Unterlassungsaufforderung nachkommen und keine „Warenbeseitigung" betreiben werde; dann ist allerdings auch schon der Verfügungsgrund für die Sequestration zweifelhaft (s. o.). Ein Abmahnerfordernis kann allenfalls bei schwer zu transportierender oder kaum ohne Aufsehen absetzbarer Ware anzunehmen sein, nicht jedoch bei **„flüchtigen Waren"** (OLG *Düsseldorf* NJW-RR 1997, 1064), zu denen z. B. Tonträger gehören (LG Hamburg GRUR-RR 2004, 191, 192 – *Flüchtige Ware*), und auch nicht, weil es sich beim Schuldner „nur" um einen Privatmann handelt (LG Hamburg GRUR-RR 2004, 191, 192 – *Flüchtige Ware*). Jedoch ist eine Abmahnung dann nicht entbehrlich, wenn der Gläubiger eine zusammen erlassene Untersagungs- und Sequestrationsverfügung ohne nachvollziehbare Begründung zunächst nur im Hinblick auf die Untersagung vollzieht (KG GRUR-RR 2008, 372 – *Abmahnungskosten*). – Für den **Rückrufsanspruch** nach § 98 Abs. 2 kommt **ausnahmsweise eine Durchsetzung im Verfügungsverfahren** in Fällen offensichtlicher Rechtsverletzung analog § 101 Abs. 7 in Betracht (Ströbele/Hacker/*Hacker*[11] § 18 MarkenG Rn. 61; noch großzügiger: *Ingerl/Rohnke*[3] § 18 MarkenG Rn. 50: Ohne besondere Voraussetzungen möglich, da wegen Rückrücklieferungsmöglichkeit keine Vorwegnahme der Hauptsache).

39 Die **Darlegungs- und Beweislast** im Hinblick auf die Ansprüche nach **Abs. 1 bis 3** trägt grundsätzlich der Verletzte. Den Anspruchsgegner (also hier den Verletzer) trifft aber eine Darlegungslast, „wenn dem außerhalb des Geschehensablaufs stehenden Kläger eine genaue Kenntnis der Tatsachen fehlt, der Beklagte sie dagegen hat und leicht die erforderliche Aufklärung beibringen kann" (so genannte sekundäre Behauptungslast: BGH GRUR 1993, 980, 983 – *Tariflohnunterschreitung*; BGH GRUR 1999, 757, 760 – *Auslaufmodelle I*; ferner BGH GRUR 1961, 356 – *Pressedienst*; jeweils zum UWG). Das dürfte vor allem für S. 2 und dort bei Streit darum Bedeutung erlangen, ob die Vorrichtungen „vorwiegend" illegal genutzt wurden. Für „Eigentum" bzw. „Besitz" an den Vervielfältigungsstücken bzw. „Eigentum" an den Vorrichtungen gelten weitere Besonderheiten (vgl. Rn. 11). Für **Abs. 4 und 5** ist es anders: Nach dem System des Gesetzes, das von dem Vernichtungsanspruch als Regel ausgeht (RegE ProdPiratG – BT-Drs. 11/4792, S. 43; BGH GRUR 1997, 899, 900 – *Vernichtungsanspruch* – zu der Parallelvorschrift des § 18 Abs. 1 MarkenG), hat der Verletzte, der die Vernichtung begehrt, für Abs. 4 oder 5 keine Darlegungs- und Beweislast (diese liegt beim Verletzer, Wandtke/Bullinger/*Bohne*[4] Rn. 4; Dreier/Schulze/*Dreier*[5] Rn. 26; . Bleibt die Unverhältnismäßigkeit zweifelhaft, so ist auf Vernichtung zu erkennen. Bei den Abs. 4 und 5 handelt es sich nicht um Einwände des Verletzers, sondern um Anspruchsausschlussgründe. Sie können durch das Gericht **von Amts wegen angewendet** werden; der Verletzer muss sich nicht darauf berufen.

IX. Verhältnis zu anderen Vorschriften

§ 99 ordnet die Haftung nach § 98 auch für den Inhaber des Unternehmens an (s. dort). Nach § 100 kann bei schuldlosen Verletzern eine **Geldentschädigung** statt der Ansprüche aus § 98 in Betracht kommen. § 98 stellt nur eine Konkretisierung der allgemeinen Beseitigungsansprüche aus § 97 Abs. 1 S. 1 dar; aus § **97 Abs. 1 S. 1** können sich daher **weitere Beseitigungsansprüche** ergeben, die neben § 98 Abs. 1 bis 3 treten, insb. wenn eine Unverhältnismäßigkeit nach Abs. 4 vorliegt (vgl. Rn. 31). Auch den **Schadensersatzanspruch aus** § 97 Abs. 1 kann der Verletzte selbständig *neben* den Vernichtungs-, Rückrufs- und Überlassungsansprüchen des § 98 geltend machen (BGH GRUR 1993, 899, 900 – *Dia-Duplikate*; Wandtke/Bullinger/*Bohne*[4] Rn. 5; *Skauradszun/Majer* ZUM 2009, 199, 200); entsprechendes gilt für den Anspruch auf Beseitigung einer Entstellung (vgl. § 97 Rn. 56). § 69f enthält für **Computerprogramme** Sondervorschriften, die § 98 vorgehen (Dreier/Schulze/*Dreier*[5] Rn. 3); allerdings wird dort eine entsprechende Anwendung des § 98 Abs. 3 und Abs. 4 angeordnet. Zu Vernichtungsansprüchen wegen Umgehung des **Schutzes technischer Maßnahmen** nach § 95a vgl. § 95a Rn. 52 ff. Gegenstände, die keine Vorrichtung darstellen (vgl. Rn. 17 bzw. die weiteren Voraussetzungen des § 98 Abs. 1 S. 2 nicht erfüllen (z. B. vorwiegendes Dienen zur Herstellung von illegalen Vervielfältigungsstücken; vgl. Rn. 18 ff.), können der **Einziehung im Strafverfahren** unterliegen (§ 110 i. V. m. §§ 74 ff. StGB). Die fehlende Anwendbarkeit des § 98 hindert das nicht. Die Einziehung der §§ 74 ff. StGB, die § 110 auch bei Straftaten gegen das Urheberrecht ermöglicht, kennt keine Beschränkung im Hinblick auf das Ausmaß der Benutzung der Vorrichtungen zu rechtswidrigen Zwecken (§ 74 Abs. 1 StGB; dazu *Lührs* GRUR 1994, 264, 267 f.). Zur Möglichkeit der **Einziehung im Strafverfahren** vgl. § 110 Rn. 3 ff. Bei Vergleichen, die einen Rechtsstreit beenden kann die Auslegung dazu führen, dass **im Vergleich nicht erwähnte Vernichtungsansprüche gemäß** § 98 UrhG erfasst werden (OLG Frankfurt aM. ZUM-RD 2016, 228). Parallelvorschriften finden sich insb. in § 18 MarkenG, § 43 GeschmMG und § 37a SortSchG; auf sie sind die Ausführungen zu § 98 analog anwendbar (Wandtke/Bullinger/*Bohne*[4] Rn. 7).

40

§ 99 Haftung des Inhabers eines Unternehmens

Ist in einem Unternehmen von einem Arbeitnehmer oder Beauftragten ein nach diesem Gesetz geschütztes Recht widerrechtlich verletzt worden, hat der Verletzte die Ansprüche aus § 97 Abs. 1 und § 98 auch gegen den Inhaber des Unternehmens.

I. Allgemeines

1 Die Bestimmung war dem früheren Urheberrecht (KUG, LUG) fremd. Sie wurde in das UrhG aufgenommen, um dem Berechtigten die Rechtsverfolgung zu erleichtern, wenn die Rechtsverletzung innerhalb eines Unternehmens geschehen ist (RegE UrhG 1962 – BT-Drs. IV/270, S. 104). Der Verletzte ist vielfach gar nicht in der Lage festzustellen, inwieweit der Inhaber des Unternehmens selbst für die Handlungen seines Angestellten oder Beauftragten verantwortlich ist. Die Neuregelung enthebt ihn – jedenfalls für die von § 99 erfassten Ansprüche – der Notwendigkeit, hierzu Nachforschungen anzustellen.). Damit ist Regelungszweck, dem Unternehmer die **Möglichkeit der Exkulpation** (z. B. aus § 831 Abs. 1 S. 2 BGB) **abzuschneiden**, wenn Urheberrechtsverletzungen aus seinem Betrieb durch Angestellte oder Beauftragte heraus begangen werden. Der Unternehmer soll sich nicht hinter seinem Arbeitnehmer oder Beauftragten "verstecken" können (BGH GRUR 1993, 37, 39 – *Seminarkopien*; OLG Frankfurt GRUR 2017, 814 juris Tz. 24 – *Cartoon auf Homepage*; Wandtke/Bullinger/*Bohne*[4] Rn. 1; Schricker/Loewenheim/*Wimmers*[5] Rn. 1). § 99 ist verfassungsgemäß (BVerfG NJW 1996, 2567). Die Vorschrift ist auf alle Werke in der heute geltenden Fassung anzuwenden; das gilt auch für Werke, die vor 1966 geschaffen wurden (§ 129 Abs. 1 S. 1), und für vor 1966 erbrachte Leistungen, die Leistungsschutzrechte nach dem UrhG auslösen (§ 129 Abs. 1 S. 2). Die Regelung befand sich zunächst in § 100 a. F. Im Zuge der **Umsetzung der Enforcement-RL** (vgl. Rn. 2) wurde § 100 S. 1 a. F. mit rein redaktionellen Anpassungen zu § 99 n. F. Der frühere S. 2 entfiel zugunsten von § 102a ersatzlos, ohne dass dadurch inhaltliche Änderungen bezweckt waren (RegE UmsG Enforcement-RL – BT-Drs. 16/5048, S. 49). **Vorbild** für § 99 waren zunächst §§ 13 Abs. 3, 16 Abs. 4 UWG a. F., später § 13 Abs. 4 UWG a. F., jetzt § 8 **Abs. 2 UWG** (RegE UrhG 1962 – BT-Drs. IV/270, S. 104; OLG München MMR 2014, 694 juris Tz. 49 – *Amazon Produktbilder*; OLG Köln ZUM-RD 2012, 396, 398), so dass ergänzend auch auf die Rechtsprechung und Literatur hierzu zurückgegriffen werden kann.

II. EU-Recht und Internationales Recht

2 Im **EU-Recht** ist die Haftungsverschärfung des § 99 nicht speziell angeordnet, geht aber ohne weiteres mit Art. 3 Abs. 2 Enforcement-RL und auch Art. 8 Abs. 1 Info-RL konform, die eine effektive Durchsetzung des Urheberrechtsschutzes anordnen (ebenso internationale Konventionen wie Art. 46 TRIPS; dazu vgl. Vor §§ 120 ff. Rn. 17 ff.). Ohnehin stellt Art. 16 Enforcement-RL den Mitgliedsstaaten andere angemessene Sanktionen frei. Zum **internationalen Privatrecht** vgl. § 97 Rn. 7.

III. Unterlassungs- und Beseitigungsansprüche gegen den Inhaber des Unternehmens

3 Das Tatbestandsmerkmal „ein nach diesem Gesetz geschütztes Recht widerrechtlich verletzt" entspricht § 97 Abs. 1 S. 1, sodass auf die Kommentierung dort verwiesen wird (vgl. § 97 Rn. 8 ff.).

4 Der Begriff des **Arbeitnehmers** wird, dem Schutzzweck der Bestimmung entsprechend, vom Bundesgerichtshof mit Recht weit ausgelegt: BGH GRUR 1993, 37, 39 – *Seminarkopien* rechnet darunter jeden, der aufgrund eines – auch unentgeltlichen – Beschäftigungsverhältnisses zu weisungsabhängigen Dienstleistungen in einem Unternehmen verpflichtet ist. Beispiele sind neben Angestellten und Arbeitern auch Auszubildende, Praktikanten, Volontäre, Beamte und freiberufliche Mitarbeiter, soweit sie weisungsabhängig sind (Köhler/Bornkamm/*Köhler/Feddersen*[35] § 8 UWG Rn. 2.40; Schricker/Loewenheim/

Wimmers[5] Rn. 5; Dreier/Schulze/*Dreier*[5] Rn. 5). Damit fallen Betriebsräte wegen ihrer fehlenden Weisungsabhängigkeit heraus (Schricker/Loewenheim/ *Wimmers*[5] Rn. 5).

Auch der Begriff des **Beauftragten** wird weit verstanden; es sei auf die Praxis zu   **5** § 8 Abs. 2 UWG verwiesen (z. B. Fezer/*Büscher*[3] § 8 UWG Rn. 214 ff.; Köhler/ Bornkamm/*Köhler/Feddersen*[35] § 8 UWG Rn. 2.41; Götting/Nordemann/ *Schmitz-Fohrmann/Schwab*[3] § 8 UWG Rn. 87 ff.; *Nordemann*[11] Rn. 906). Beauftragte müssen aber als Glied einer Betriebsorganisation erscheinen, und der Betriebsinhaber muss zumindest die Möglichkeit haben, auf ihr Verhalten bestimmenden Einfluss auszuüben (BGH GRUR 2009, 1167 Tz. 21 – *Partnerprogramm*, zu § 14 Abs. 7 MarkenG; BGH GRUR 2008, 186 Tz. 22 – *Telefonaktion*, zu § 8 Abs. 2 UWG; BGH GRUR 1980, 116, 117 – *Textildrucke*; BGH GRUR 1973, 208, 209 – *Neues aus der Medizin*). Bestimmungsmöglichkeit bedeutet, dass der **Unternehmensinhaber den Risikobereich in einem gewissen Umfang beherrscht und ihm ein bestimmender und durchsetzbarer Einfluss** jedenfalls auf diejenige Tätigkeit **eingeräumt** ist, in deren Bereich das fragliche Verhalten fällt. Erforderlich ist daher, dass sich – anders als bei den üblichen Lieferbeziehungen zwischen dem Großhandel und dem Einzelhandel – die Einflussmöglichkeiten des Betriebsinhabers auf alle das Vertriebssystem des Vertragspartners kennzeichnenden wesentlichen Vorgänge erstrecken und dass auch die von den Kunden zu treffenden Maßnahmen zwangsläufig vom Willen des Betriebsinhabers abhängen (BGH GRUR 2011, 543 Tz. 11 – *Änderung der Voreinstellung II*, zu § 8 Abs. 2 UWG). Da die Bestimmungsmöglichkeit genügt, kann sich ein **Unternehmer nicht darauf berufen**, er habe seine **Einflussmöglichkeit nicht genutzt** und dem Beauftragten Entscheidungsfreiheit eingeräumt (BGH GRUR 2011, 543 Tz. 11 – *Änderung der Voreinstellung II*; BGH GRUR 2000, 907, 909 – *Filialleiterfehler*), habe keine Kenntnis gehabt (Wandtke/Bullinger/*Bohne*[4] Rn. 2) oder die Handlung widerspreche seinem ausdrücklichen Willen (Dreier/Schulze/*Dreier*[5] Rn. 6; Schricker/Loewenheim/ *Wimmers*[5] Rn. 1). Es können haften selbständige Gewerbetreibende wie z. B. Franchisenehmer (BGH GRUR 1995, 605, 607 f. – *Franchisenehmer*), Handelsvertreter, Betreuungsfirmen (BGH GRUR 1999, 183, 186 – *HA-RA/Hariva*), Partner („Affiliates"), die Verkehr auf die Internetseite des Unternehmers lenken (BGH GRUR 2009, 1167 Tz. 21 ff. – *Partnerprogramm*, zu § 14 Abs. 7 MarkenG; angeblich aber nicht bei Framing fremder urheberrechtswidriger Inhalte bei „deutlich aufklärenden Hinweises" auf nicht verantwortete Drittinhalte: OLG Köln ZUM-RD 2012, 396, 398, zw.), abhängige Konzernunternehmen bei beherrschendem Einfluss der Mutter (BGH GRUR 2005, 864, 865 – *Meißner Dekor*; s. aber OLG Hamburg MD 2007, 370, 373) oder Werbeagenturen (BGH GRUR 1991, 772, 774 – *Anzeigenrubrik I*) oder andere Ersteller von Werbung wie z. B. für den Unternehmensinhaber werbenden Internetseiten (OLG Frankfurt GRUR-RR 2008, 385, 386 – *Cartoons*), der Hersteller bei Lohnfertigung, – in besonderen Fällen – die Anzeigenredaktion der Zeitung (BGH GRUR 1990, 1039, 1040 – *Anzeigenauftrag*: nicht bei einfachem Anzeigenauftrag, wohl aber bei Dispositionsbefugnis der Redaktion wie bei einer Werbeagentur; OLG Hamm WRP 1998, 327, 328; OLG Düsseldorf WRP 1995, 121, 122) oder Wahlhelfer (OLG Bremen GRUR 1985, 536 f. – *Asterix-Plagiate*). Ein bei Amazon Werbender haftet nicht für die Nutzung rechtswidriger Fotos, die Dritte eingestellt haben, wenn die Nutzung von Amazon wegen einer bestimmten ASIN-Nummer vorgegeben war (OLG München MMR 2014, 694 juris Tz. 49 – *Amazon Produktbilder*). Eine KG haftet nicht ohne weiteres für ihre selbständig tätigen Kommanditisten in deren eigenem Tätigkeitsbereich (OLG Köln GRUR 1984, 881 f. – *Europa-Möbel*). Tw. wird gefordert, als Beauftragte auch Insolvenzverwalter, Testamentsvollstrecker, Eltern, Vormund, Pfleger oder Betreuer anzusehen (*Köhler* GRUR 1991, 344, 352;

mittlerweile a. A. Köhler/Bornkamm/*Köhler/Feddersen*[35] § 8 UWG Rn. 2.42, die aber für eine analoge Anwendung des § 31 BGB plädieren); in ihrer Eigenschaft als unabhängige Organe der Rechtspflege sind Rechtsanwälte keine Beauftragten (OLG München NJWE-WettbR 1999, 5, 6).

6 **In einem Unternehmen** ist die Rechtsverletzung begangen, wenn sie bei der Ausführung der dem Arbeitnehmer im Betrieb obliegenden Tätigkeit oder bei der Ausführung der dem Beauftragten zugewiesenen Aufträge geschehen ist. Der Begriff ist also nicht räumlich, sondern funktional zu verstehen (HK-UrhR/ *Meckel*[3] Rn. 3; Schricker/Loewenheim/*Wimmers*[5] Rn. 3). Insoweit erfordert die Zurechnung **eine enge Verbindung der Rechtsverletzung zum Tätigkeitsbereich des Verletzers** (OLG Frankfurt GRUR 2017, 814 juris Tz. 27 f. – *Cartoon auf Homepage*; Dreier/Schulze/*Dreier*[5] Rn. 4; Wandtke/Bullinger/*Bohne*[4] Rn. 3). So haftet das Sendeunternehmen für die von einem Angestellten veranlasste Sendung, für die ein Senderecht nicht vorlag; der Verleger haftet für seinen Angestellten, der ein Buch in Druck gab, ohne zuvor das Vervielfältigungsrecht zu erwerben. Das Land haftet für Urheberrechtsverletzungen, die durch einen bei ihm beschäftigten Lehrer auf eine Schulhomepage eingestellt werden, auch wenn der Kreis der Schulträger ist (OLG Frankfurt GRUR 2017, 814 juris Tz. 26 ff. – *Cartoon auf Homepage*; s. aber OLG Celle MMR 2016, 336). Dagegen fällt die **nur bei Gelegenheit der betrieblichen Tätigkeit geschehene Rechtsverletzung nicht** unter § 99 (Büscher/Dittmer/Schiwy/*Niebel*[3] Rn. 2; Wandtke/Bullinger/*Bohne*[4] Rn. 3), z. B. ein Reisevertreter, der Schallplatten an Händler verkaufen soll, benutzt sie während der Reise zu einer unzulässigen öffentlichen Wiedergabe. Auch haftet ein Arbeitgeber nicht für private Urheberrechtsverletzungen des Arbeitnehmers auf dem Betriebscomputer, z. B. bei illegaler Nutzung von Internettauschbörsen am Arbeitsplatz (LG München I ZUM 2008, 157, 160); zur Störerhaftung aber vgl. § 97 Rn. 172b. Auch eine private Gefälligkeit für einen Bekannten, die unter Missbrauch des Namens des Unternehmers erfolgt, wird nicht erfasst (BGH GRUR 2007, 994, 995 – *Gefälligkeit*). Die rein private Natur kann aber durch den Inhalt der Verletzung widerlegt sein. Nach § 99 haftet ein Unternehmen für urheberrechtswidrig durch einen Arbeitnehmer kopierte Landkarten. Die Verteidigung des Unternehmens, die Karten seien zu privaten Zwecken kopiert worden, um den Eltern den Weg zum Wohnort des Arbeitnehmers zu illustrieren, stimmte mit der heruntergeladenen Datenmenge nicht überein, sodass der Vortrag zu übergehen war (OLG München GRUR-RR 2007, 345, 346).

7 **Inhaber des Unternehmens** ist bei Einzelfirmen der sie betreibende Kaufmann, also auch der Pächter, Verwalter, Nießbraucher, die Erbengemeinschaft usw. Bei den Personengesellschaften OHG und KG sind Inhaber die Gesellschaften (§§ 124 Abs. 1, 161 Abs. 2 HGB); wegen der Teilrechtsfähigkeit der GbR kann nach Rechtsprechung des BGH (BGH NJW 2001, 1056) die BGB-Gesellschaft als solche haftbar gemacht werden. Bei juristischen Personen (GmbH, AG, KAG, e. V., r. V., Genossenschaften) ist ebenfalls die Gesellschaft als Inhaber des Unternehmens anzusehen. Daneben sieht das OLG Frankfurt auch den Alleingesellschafter einer GmbH als Unternehmensinhaber an (OLG Frankfurt GRUR 1985, 455), genauso wie das OLG Hamburg die Aktionäre bei der AG (OLG Hamburg GRUR-RR 2004, 87). Mit dieser Auffassung wären wohl die persönlich haftenden Gesellschafter einer OHG, KG oder GbR einzeln haftbar (dagegen Köhler/Bornkamm/*Köhler/Feddersen*[35] § 8 UWG Rn. 2.50). Unternehmer im Sinne des § 99 sind auch politische Parteien, Bürgerinitiativen, Vereine und andere Organisationen mit ideeller Zielsetzung (OLG Bremen GRUR 1985, 536 f. – *Asterix-Plagiate* für „Die Grünen") sowie juristische Personen des öffentlichen Rechts (BGH GRUR 1993, 37, 39 – *Seminarkopien*; OLG Frankfurt GRUR 2017, 814 juris Tz. 25 – *Cartoon auf Homepage*)

Als **Rechtsfolge** ordnet § 99 die Haftung des Unternehmensinhabers (vgl. **8**
Rn. 7) für **alle Ansprüche nach § 97 Abs. 1 und § 98** an. Erfasst sind also nur
wiederherstellende und vorbeugende **Unterlassungsansprüche** (§ 97 Abs. 1 S. 1
und S. 2), allgemeine **Beseitigungsansprüche** (§ 97 Abs. 1 S. 1) sowie **Vernichtungsansprüche** (§ 98) und Auskunftsansprüche, soweit sie die vorgenannten
Ansprüche vorbreiten. Eine **Exkulpation** des Unternehmensinhabers – wie z. B.
nach § 831 BGB – ist für diese Ansprüche nicht möglich; allerdings kann
§ 100 greifen (vgl. § 100 Rn. 9 ff.). Die Haftung des Unternehmensinhabers
tritt neben die Haftung des Arbeitnehmers oder Beauftragten; es bestehen also
gegen den Unternehmensinhaber einerseits und gegen den Arbeitnehmer bzw.
Beauftragten andererseits **zwei selbständige Ansprüche**, die unabhängig von
einander geltend gemacht werden können (BGH GRUR 2000, 907 – *Filialleiterfehler*). Die Erledigung z. B. des Unterlassungsanspruches gegen den handelnden Beauftragten durch Abgabe einer hinreichend strafbewehrten Unterlassungserklärung berührt den Unterlassungsanspruch gegen den
Unternehmensinhaber nicht, der selbst eine ausreichende Unterlassungserklärung abgeben muss (BGH GRUR 1995, 605, 608 – *Franchisenehmer*).

Für **Unterlassungsansprüche** kommt es bei Zuwiderhandlungen von Angestell- **9**
ten oder Beauftragten im Hinblick auf die **Wiederholungsgefahr** auf die **in der
Person des Unternehmers** liegenden Umstände an (BGH GRUR 1994, 443,
445 – *Versicherungsvermittlung im öffentlichen Dienst*; dazu *Teplitzky* GRUR
1994, 765). Sie ist bei vorangegangener Verletzung durch Angestellte oder Beauftragte zu vermuten. Die Wiederholungsgefahr entfällt noch nicht mit **Ausscheiden des Arbeitnehmers** bzw. Beauftragten aus dem Vertragsverhältnis mit
dem Unternehmensinhaber, wenn die Zuwiderhandlung vorher begangen
wurde (zustimmend: Schricker/Loewenheim/*Wimmers*[5] Rn. 9); der Unternehmensinhaber haftet allerdings nicht für Verletzungen des Arbeitnehmers oder
Beauftragten bei einem anderen Unternehmen, bevor er zum Unternehmensinhaber gewechselt ist (BGH GRUR 2003, 453, 454 – *Kundenlisten*). Die Wiederholungsgefahr kann auch dann fehlen, wenn der Unternehmer seine Angestellten, nachdem diese eine Verletzung begangen hatten, nicht nur eine
entsprechende schriftliche Belehrung erteilt, sondern zugleich jedes Mitglied
seines Personals zur Zahlung einer Vertragsstrafe für den Fall einer erneuten
Zuwiderhandlung verpflichtet hat und Verstöße seither nicht mehr vorgekommen waren (OLG Karlsruhe GRUR 1969, 141, 142 f. – *EUZELLA*; s. dagegen
OLG Karlsruhe WRP 1979, 51, 55; jeweils zum UWG). Es erscheint jedoch als
zweifelhaft, die Haftung entfallen zu lassen, wenn der für seinen Angestellten
haftende Unternehmer diesen sofort entlassen hat, nachdem er von dem Verstoß erfuhr (s. BGH GRUR 1965, 155 – *Werbefahrer*; ferner OLG Karlsruhe
WRP 1979, 51, 55). Veräußert der – selbst handelnde oder nach § 99 haftende – Unternehmer seinen Betrieb *nach* der Verletzungshandlung, aber *vor*
der Geltendmachung des Unterlassungsanspruchs, so besteht die Wiederholungsgefahr in seiner Person fort; der Erwerber bleibt davon unberührt (*Köhler*
WRP 2000, 921; a. A. *Ahrens* GRUR 1996, 518; jeweils zum UWG).

Prozessuales: Die **Darlegungs- und Beweislast** trägt nach den allgemeinen Re- **10**
geln der Anspruchsteller, also der Verletzte (OLG München GRUR-RR 2007,
345, 346). Jedoch kann sich der Anspruchsteller auf die allgemeinen Regeln
für die Beweiserleichterung berufen (vgl. § 98 Rn. 39). Ohnehin muss der Vortrag des Verletzers, um berücksichtigt zu werden, nachvollziehbar sein; das gilt
insb. für das Merkmal „in einem Unternehmen … verletzt" (vgl. Rn. 6).

IV. Weitergehende Ansprüche

Insb. **Schadensersatzansprüche** (§ 97 Abs. 2), **Besichtigungsansprüche** (§ 101a) **11**
und **Vorlageansprüche** nach § 101b und diese vorbereitende **Auskunftsansprü-**

che (§ 101) können nicht nach § 99 gegen den Unternehmensinhaber gerichtet werden (Schricker/Loewenheim/*Wimmers*[5] Rn. 7; Dreier/Schulze/*Dreier*[5] Rn. 8; Wandtke/Bullinger/*Bohne*[4] Rn. 2). Solche Ansprüche können nur aufgrund anderer gesetzlicher Vorschriften verlangt werden, die § 102a ausdrücklich unberührt lässt (RegE UmsG Enforcement-RL BT-Drs. 16/5048, S. 49). Das sind zunächst wiederum die §§ 97 Abs. 2, 101, 101a, 101b, wenn der Unternehmer selbst gehandelt oder dem Arbeitnehmer oder Beauftragten entsprechende Weisungen erteilt hat, weil er dann als **Täter, Anstifter oder Gehilfe** (§ 830 BGB) anzusehen ist (vgl. § 97 Rn. 144 ff.). Ist das nicht feststellbar, kommt insb. in Betracht: Die sog. **Organhaftung** der juristischen Personen, der OHG und der KG für ihre verfassungsmäßig berufenen Vertreter gem. §§ 31, 89 BGB (vgl. § 97 Rn. 178 f.). Die Haftung für den sog. **Erfüllungsgehilfen,** dessen sich das Unternehmen zur Erfüllung vertraglicher Verpflichtungen bedient und die demnach nur bei der Verletzung von Verträgen oder anderen Schuldverhältnissen eingreift (§ 278 BGB). Die Haftung für den sog. **Verrichtungsgehilfen** (§ 831 BGB; vgl. § 97 Rn. 179), der in Ausübung der ihm übertragenen Tätigkeit einem Dritten Schaden zufügt; für diesen haftet der Unternehmer nicht, wenn er beweist, dass er bei der Auswahl und Beaufsichtigung des Gehilfen die im Verkehr erforderliche Sorgfalt beachtet habe (Entlastungsbeweis, § 831 BGB). Die begrenzte Haftung nach § 99 soll diese Exkulpation gerade ausschließen (vgl. Rn. 1). Die **Störerhaftung,** wenn der Unternehmer die von diesem begangene Rechtsverletzung durch Überlassung von Geräten oder Material ermöglicht hat: Der Unternehmer ist frei, wenn er im Rahmen des Zumutbaren und Erforderlichen trotz Prüfungspflicht geeignete Maßnahmen getroffen hat, durch die Rechtsverletzungen soweit wie möglich verhindert werden können. Die Störerhaftung löst allerdings keine Schadensersatzansprüche, sondern nur Unterlassungs- und Beseitigungsansprüche aus (vgl. § 97 Rn. 154 ff.). Andere weitere Ansprüche, insb. auf Schadensersatz, können sich allerdings aus der **Verletzung von Verkehrssicherungspflichten,** insb. von **Organisationspflichten,** ergeben oder aus der **Haftung des Staates** für unerlaubte Handlungen, die jemand in Ausübung eines ihm anvertrauten öffentlichen Amtes begeht, gem. Art. 34 GG, § 839 BGB (BGH GRUR 1993, 37 – *Seminarkopien*; OLG Frankfurt GRUR 2017, 814 juris Tz. 23 – *Cartoon auf Homepage*); vgl. § 97 Rn. 182. Soweit anstelle des Schadensersatzanspruchs ein Anspruch auf die angemessene Lizenzgebühr aus **§ 812 BGB** geltend gemacht wird (vgl. § 102a Rn. 4 ff.), haftet der Unternehmer stets, da er beim ordnungsgemäßen Lizenzerwerb diese Gebühr seinerseits hätte aufwenden müssen; etwas anderes gilt allerdings bei privaten Rechtsverletzungen des Mitarbeiters z. B. auf Unternehmenscomputern (s. LG München I ZUM 2008, 157, 159). – **Auskunftsansprüche** gem. § 101 können daneben unter den Voraussetzungen des § 101 Abs. 2 auch gegen Nicht-Verantwortliche gerichtet werden. – Die Haftung nach § 99 ist wegen § 102a **nicht** – wie bei § 8 Abs. 2 UWG (so BGH GRUR 1994, 441, 443 – *Kosmetikstudio*) – **subsidiär,** wenn eine Inanspruchnahme schon aus anderen Gründen (§ 830 BGB, § 831 BGB etc.) erfolgen kann.

§ 100 Entschädigung

[1]Handelt der Verletzer weder vorsätzlich noch fahrlässig, kann er zur Abwendung der Ansprüche nach den §§ 97 und 98 den Verletzten in Geld entschädigen, wenn ihm durch die Erfüllung der Ansprüche ein unverhältnismäßig großer Schaden entstehen würde und dem Verletzten die Abfindung in Geld zuzumuten ist. [2]Als Entschädigung ist der Betrag zu zahlen, der im Fall einer vertraglichen Einräumung des Rechts als Vergütung angemessen wäre. [3]Mit der Zahlung der Entschädigung gilt die Einwilligung des Verletzten zur Verwertung im üblichen Umfang als erteilt.

I. Allgemeines

§ 100 sieht die Möglichkeit für den Schuldner vor, Ansprüche nach den   **1**
§§ 97 und 98 unter bestimmten Voraussetzungen abzulösen. Als **Ausnahmevorschrift** ist er eng auszulegen (Wandtke/Bullinger/*Bohne*[4] Rn. 4; Schricker/
Loewenheim/*Wimmers*[5] Rn. 2). Ihm kommt aber **kaum praktische Bedeutung**
zu (s. jedoch BGH GRUR 1976, 317, 321 – *Unsterbliche Stimmen*), insb. weil
unverschuldete Urheberrechtsverletzungen selten sind (vgl. § 97 Rn. 63). Möglicherweise wird die Bestimmung aber für „orphan works" („verwaiste
Werke") zukünftig verstärkt relevant (vgl. Rn. 7). Die Regelung fand sich bis
zum Inkrafttreten der Umsetzung der Enforcement-RL zum 1.9.2008 (vgl.
Rn. 2) in § **101 Abs. 1 a. F.** Durch die Reform hat sich der Wortlaut etwas,
aber inhaltlich nichts geändert (RegE UmsG Enforcement-RL – BT-Drs. 16/
5048, S. 49). § 100 ist in seiner aktuellen Fassung auf **sämtliche Werke** und
Leistungen anzuwenden, die Schutz nach dem UrhG genießen (auch Altwerke
und -leistungen vor 1966, § 129 Abs. 1), weil es an einer Übergangsvorschrift
fehlt, die anderes anordnet.

II. EU-Recht und Internationales Recht

§ 100 geht **EU-rechtlich** konform mit der Enforcement-RL; insb. ist es nach   **2**
Art. 12 Enforcement-RL zulässig, im Fall der unverschuldeten Verletzung die
Ansprüche durch Zahlung einer Entschädigung abzuwehren (RegE UmsG Enforcement-RL – BT-Drs. 16/5048, S. 49). In **Internationalen Konventionen**
kennt auch Art. 46 TRIPS (dazu vgl. Vor §§ 120 ff. Rn. 17 ff.) einen Verhältnismäßigkeitsgrundsatz. Zum internationalen Privatrecht vgl. § 97 Rn. 7 und vgl.
§ 98 Rn. 5.

III. Ablösungsrecht des Schuldners (S. 1)

Abzulösen sind **nur die verschuldensunabhängigen Ansprüche** der §§ 97, 98,   **3**
weil § 100 gerade voraussetzt, dass auch ohne Verschulden eine Haftung besteht. Damit unterliegen Ansprüche auf **Unterlassung und Beseitigung gem.**
§ 97 Abs. 1 sowie auf **Vernichtung, Rückruf und Überlassung gem.** § 98 Abs. 1
bis 3 dem Ablösungsrecht (BeckOK UrhR/*Reber*[16] Rn. 1. Die Ablösungsbefug-
nis gilt auch bei Haftungszurechnung auf den Unternehmensinhaber nach § 99
(Schricker/Loewenheim/*Wimmers*[5] Rn. 4; aber vgl. Rn. 4). Ansprüche auf
Schadensersatz (§ 97 Abs. 2) und der dazugehörige Sicherungsanspruch
(§ 101b) können niemals abgelöst werden, da sie Verschulden voraussetzen.
Verschuldensunabhängige Ansprüche aus Bereicherungsrecht (vgl. § 102a
Rn. 4 ff.) können zwar theoretisch abgelöst werden; § 100 löst dann aber einen
in der Höhe identischen Zahlungsanspruch aus. Nicht anwendbar ist § 100 auf
Auskunftsansprüche (§ 101) und Besichtigungsansprüche (§ 101a), weil der
Wortlaut nur die §§ 97, 98 erwähnt.

4 Voraussetzung für die Anwendung des § 100 ist, dass den Verpflichteten **kein Verschulden** (eingehend vgl. § 97 Rn. 61 ff.) trifft. Als Verschulden gilt sowohl eigenes und fremdes Verschulden, das sich der Schuldner wie eigenes zurechnen lassen muss. Allein der Haftungstatbestand des § 99 sagt also nichts darüber aus, ob ein Ablösungsrecht für den Unternehmer besteht, weil die Haftung nach § 99 unabhängig von einem Verschulden des Unternehmers greift. Damit kommt es auf die übrigen Zurechnungstatbestände für fremdes Verhalten an (vgl. § 97 Rn. 177 ff.): Haftet der Inhaber eines Unternehmens aus den §§ 31, 89 BGB oder wegen Organisationsmangels, so kommt ein Ablösungsrecht für ihn nicht in Betracht, wenn insoweit ein Verschulden des Organs zu beobachten war, das dem Unternehmen wie eigenes zugerechnet wird. Haftet das Unternehmen dagegen nur aus § 831 BGB für seinen Verrichtungsgehilfen (Arbeitnehmer oder Beauftragten), so steht ihm der Entlastungsbeweis dafür offen, dass er bei der Auswahl und Überwachung des Täters die erforderliche Sorgfalt habe walten lassen (RegE UrhG 1962 – BT-Drs. IV/270, S. 105). Das Beispiel zeigt, dass bei mehreren Verpflichteten das Bestehen eines Ablösungsrechts nach § 100 wegen fehlenden Verschuldens für jeden von ihnen *gesondert* zu prüfen ist.

5 Dem Verpflichteten muss ferner bei Erfüllung der Ansprüche ein **unverhältnismäßig großer Schaden** entstehen. Die Begr. (RegE UrhG 1962 – BT-Drs. IV/270, S. 105) setzt den zu erwartenden Schaden in Beziehung zu der Bedeutung der unverschuldeten Rechtsverletzung; diese wiederum kommt im Streitwert des Unterlassungs-, Beseitigungs- oder Vernichtungsanspruchs für den Verletzten zum Ausdruck. Einen Anhaltspunkt für die Bedeutung der Rechtsverletzung bietet ferner die angemessene Lizenzgebühr, die bei ordnungsgemäßem Erwerb des verletzten Rechts zu zahlen gewesen wäre (sie entspricht der Ablösungssumme, S. 2). Unverhältnismäßig groß ist nach alledem in der Regel der Schaden, der zu der üblicherweise zu zahlenden Lizenzgebühr „ganz außer Verhältnis stehen" würde (RegE UrhG a. a. O.). Der RegE UrhG nennt als Beispiel eine Filmproduktion, in deren Rahmen der Produzent (unverschuldet) erforderliche Rechte nicht eingeholt hat, dadurch die gesamte Produktion einer Nutzung nicht zugeführt werden kann und dies zur Bedeutung der unverschuldeten Rechtsverletzung ganz außer Verhältnis stehen würde (RegE UrhG 1962 – BT-Drs. IV/270, S. 105).

6 Dem Verletzten – d. h. dem Inhaber des verletzten Rechts – muss die Ablösung in Geld ferner **zuzumuten** sein. Diese Voraussetzung muss zusätzlich zum unverhältnismäßig hohen Schadenspotential vorliegen. Wenn zwar ein unverhältnismäßig hoher Schaden droht, eine Geldentschädigung dem Verletzten aber nicht zugemutet werden kann, kommt eine Ablösung nicht in Betracht. Eine Ablösung in Geld ist dem Verletzten überall dort zuzumuten, wo davon auszugehen ist, dass er bei ordnungsgemäßer Anfrage zur Einräumung des verletzten Nutzungsrechts, zur Erteilung der fehlenden Einwilligung usw. gegen eine angemessene Lizenzgebühr bereit gewesen wäre. Das trifft nicht zu, wo es sich um Eingriffe in ideelle Belange handelt, weil hier die Erteilung der Zustimmung durch den Verletzten nicht unterstellt werden kann (s. BGHZ 26, 349, 352 f. – *Herrenreiter*). Deshalb wird, wenn es sich um die Ablösung einer Verletzung von Persönlichkeitsrechten handelt, allenfalls bei Geringfügigkeit und auch dann nur ausnahmsweise die Zumutbarkeit für den Verletzten zu bejahen sein (so auch Wandtke/Bullinger/*Bohne*[4] Rn. 8: grundsätzlich unzumutbar; i. E. ebenso Dreier/Schulze/*Dreier*[5] Rn. 6). Bei der Prüfung der Zumutbarkeit kommt es auf eine Abwägung der Interessen beider Seiten an (BGH GRUR 1976, 317, 321 – *Unsterbliche Stimmen*). Je länger die mittels Ablösung erwirkte Nutzungsbefugnis die Nutzungsinteressen des Verletzten beeinträchtigt, umso weniger ist sie zumutbar (BGH a. a. O.). Dass der verletzte Verwerter den Urheber bzw. ausübenden Künstler an den Einnahmen aus seiner eigenen

Vertriebstätigkeit beteiligen muss, ist jedoch entgegen BGH a. a. O. keine Frage der Zumutbarkeit, sondern der Höhe der angemessenen Entschädigung; denn an dieser muss der Verletzte die hinter ihm stehenden Originalberechtigten in der Regel beteiligen (vgl. § 97 Rn. 107 f.).

Abs. 1 kann auch auf Fälle der sog. „orphan works" („verwaiste Werke") aus-   **7**
gedehnt werden. Das sind Werke, für die der Rechtsinhaber unbekannt ist oder nicht ausfindig gemacht werden kann, obwohl eine sorgfältige Suche durchge-führt und dokumentiert ist (s. Art 2 Abs. 1 RL Verwaiste Werke; vgl. Einl. UrhG Rn. 45b). Nach der RL Verwaiste Werke, **die seit 28.10.2012 gilt,** hat der deutsche Gesetzgeber für bestimmte Nutzer wie **öffentlich zugängliche Bibliotheken, Bildungseinrichtungen und Museen sowie Archive, im Bereich des Film- oder Tonerbes tätige Einrichtungen und öffentlich-rechtliche Rundfunkanstalten** besondere Bestimmungen im UrhG geschaffen (BGBl. 2013 I S. 3728; vgl. Einl. UrhG Rn. 45b und §§ 61–61c). Ansonsten kann § 100 vor allem dann greifen, wenn die Rechte an solchen verwaisten Werken bei Verwertungs-gesellschaften (z. B. VG Wort) gegen Entgelt einlizensiert wurden. Aber auch ohne eine solche Lizenz bleibt eine Berufung auf § 100 bei sorgfältiger Recher-che und Dokumentation möglich. Vorsätzliches Verhalten sollte nur sehr zu-rückhaltend angenommen werden, um dem Regelungszweck des § 100 Genüge zu tun. Dass er zusätzlich eine angemessene Vergütung hinterlegt haben muss (*Dreier* FS Schricker I S. 193, 227; ebenso *Schricker*, UrhR InfoGes S. 177), ergibt sich aus § 100 hingegen nicht. Die Regelungen zur sorgfältigen Recher-che und Dokumentation gem. RL Verwaiste Werke sollten entsprechend auch für nicht von der RL erfasste Personen im Rahmen des § 100 gelten.

IV. Höhe der Entschädigung (S. 2)

Die Höhe der **Entschädigung** entspricht der angemessenen Lizenzgebühr (vgl.   **8**
§ 97 Rn. 86 ff.), wie der Wortlaut des S. 2 ausdrücklich anordnet (deshalb auch allg. M.: HK-UrhR/*Meckel*[3] Rn. 8; Schricker/Loewenheim/*Wimmers*[5] Rn. 7; Dreier/Schulze/*Dreier*[5] Rn. 8; BeckOK UrhR/*Reber*[16] Rn. 2).

V. Umfang der Nutzungserlaubnis (S. 3)

Mit der **Zahlung** – nicht etwa erst mit der gerichtlichen Bestätigung, dass die   **9**
Voraussetzungen des § 100 vorlägen und die Höhe der Zahlung angemessen sei – **erwirbt** der Verpflichtete kraft Gesetzes das verletzte **Nutzungsrecht im üblichen Umfange** bzw. gilt die fehlende Einwilligung als erteilt. Dass das Ge-setz nur die zweite Alternative nennt, hat offenbar keine einschränkende Be-deutung. – Da der übliche, insb. also der vom Gesetz für den Normalfall ver-mutete Umfang maßgebend ist, erwirbt z. B. der Verleger ein ausschließliches Vervielfältigungs- und Verbreitungsrecht (§ 1 VerlG), der Filmproduzent ein ausschließliches Verfilmungsrecht mit den Befugnissen des § 88; der ausübende Künstler, dessen Darbietung ohne seine Zustimmung in ein Filmwerk aufge-nommen wurde, räumt mit der Zahlung seine Rechte aus den §§ 77 Abs. 1 und 2 S. 1, 78 Abs. 1 Nr. 1 und Nr. 2 hinsichtlich der Verwertung des Filmwerks ein (§ 92). Existiert keine spezielle Regelung, gilt der Übertragungszweckge-danke gem. § 31 Abs. 5, d. h. der Verletzer erwirbt so viele Rechte, wie dies nach dem Zweck des § 100 zwingend erforderlich ist (zur Zweckübertragungs-theorie vgl. § 31 Rn. 108 ff.).

VI. Prozessuales

Der Anspruchsteller sollte, wenn er im gerichtlichen Verfahren eine Berufung   **10**
des Schuldners auf § 100 erwartet, einen entsprechenden **Hilfsantrag** auf

Zahlung der Entschädigung stellen. Die Festsetzung der Entschädigung nach S. 2 kann im Klageantrag gemäß § 287 ZPO in das Ermessen des Gerichts gestellt werden, das ggf. einen Sachverständigen zu Rate ziehen wird. Zahlt der Verpflichtete vor Rechtshängigkeit oder während des Prozesses eine bestimmte Summe, um die Ansprüche abzuwenden, so trägt er selbst das Risiko für die Angemessenheit des Betrages. – Der Schuldner muss die Voraussetzungen für ein Ablösungsrecht nach Abs. 1 **darlegen und ggf. beweisen**, insb. sein fehlendes Verschulden. – Da es sich um ein Recht des Schuldners handelt, ist eine **Berücksichtigung von Amts wegen** durch das Gericht auch bei ausreichendem Sachvortrag nicht möglich; der Schuldner muss sich vielmehr ausdrücklich darauf berufen (Schricker/Loewenheim/*Wimmers*[5] Rn. 2; Dreier/Schulze/*Dreier*[5] Rn. 7). – Der Verletzer kann bei Streit über das Vorliegen der Voraussetzungen des Abs. 1 und die Angemessenheit der Zahlung **Feststellungsklage** erheben; ist er bereits verklagt worden, kommt eine Feststellungswiderklage in Betracht.

VII. Verhältnis zu anderen Vorschriften

11 Das allgemeine Ablösungsrecht des Schuldners aus **§ 251 Abs. 2 BGB** wird im Bereich des Urheberrechts verdrängt (Wandtke/Bullinger/*Bohne*[4] Rn. 2; HK-UrhR/*Meckel*[3] Rn. 2; a. A. Schricker/Loewenheim/*Wimmers*[5] Rn. 3 und Dreier/Schulze/*Dreier*[5] Rn. 3, die eine Ablösung des von § 100 nicht erfassten Schadensersatzanspruches zulassen wollen). Der Verletzer kann vielmehr stets nur im Rahmen des § 100 ablösen. Die Gewährung einer **Aufbrauchfrist** (vgl. § 97 Rn. 53 f.), insb. bei leichter Fahrlässigkeit, ist durch § 100 nicht ausgeschlossen (Schricker/Loewenheim/*Wimmers*[5] Rn. 11; a. A. Dreier/Schulze/*Dreier*[5] Rn. 10; Loewenheim/*Vinck*[2] § 81 Rn. 96; Wandtke/Bullinger/*Bohne*[4] Rn. 4). Zu **verwaisten Werken** und der nach der RL Verwaiste Werke anstehenden Sonderregelung im UrhG für bestimmte Nutzer vgl. Rn. 7.

§ 101 Anspruch auf Auskunft

(1) [1]**Wer in gewerblichem Ausmaß das Urheberrecht oder ein anderes nach diesem Gesetz geschütztes Recht widerrechtlich verletzt, kann von dem Verletzten auf unverzügliche Auskunft über die Herkunft und den Vertriebsweg der rechtsverletzenden Vervielfältigungsstücke oder sonstigen Erzeugnisse in Anspruch genommen werden.** [2]**Das gewerbliche Ausmaß kann sich sowohl aus der Anzahl der Rechtsverletzungen als auch aus der Schwere der Rechtsverletzung ergeben.**

(2) [1]**In Fällen offensichtlicher Rechtsverletzung oder in Fällen, in denen der Verletzte gegen den Verletzer Klage erhoben hat, besteht der Anspruch unbeschadet von Absatz 1 auch gegen eine Person, die in gewerblichem Ausmaß**
1. **rechtsverletzende Vervielfältigungsstücke in ihrem Besitz hatte,**
2. **rechtsverletzende Dienstleistungen in Anspruch nahm,**
3. **für rechtsverletzende Tätigkeiten genutzte Dienstleistungen erbrachte oder**
4. **nach den Angaben einer in Nummer 1, 2 oder Nummer 3 genannten Person an der Herstellung, Erzeugung oder am Vertrieb solcher Vervielfältigungsstücke, sonstigen Erzeugnisse oder Dienstleistungen beteiligt war,**
es sei denn, die Person wäre nach den §§ 383 bis 385 der Zivilprozessordnung im Prozess gegen den Verletzer zur Zeugnisverweigerung berechtigt. [2]**Im Fall der gerichtlichen Geltendmachung des Anspruchs nach Satz 1 kann das Gericht den gegen den Verletzer anhängigen Rechtsstreit auf Antrag bis zur Erledigung des wegen des Auskunftsanspruchs geführten Rechtsstreits aussetzen.** [3]**Der zur Auskunft Verpflichtete kann von dem Verletzten den Ersatz der für die Auskunftserteilung erforderlichen Aufwendungen verlangen.**

(3) Der zur Auskunft Verpflichtete hat Angaben zu machen über
1. Namen und Anschrift der Hersteller, Lieferanten und anderer Vorbesitzer der Vervielfältigungsstücke oder sonstigen Erzeugnisse, der Nutzer der Dienstleistungen sowie der gewerblichen Abnehmer und Verkaufsstellen, für die sie bestimmt waren, und
2. die Menge der hergestellten, ausgelieferten, erhaltenen oder bestellten Vervielfältigungsstücke oder sonstigen Erzeugnisse sowie über die Preise, die für die betreffenden Vervielfältigungsstücke oder sonstigen Erzeugnisse bezahlt wurden.

(4) Die Ansprüche nach den Absätzen 1 und 2 sind ausgeschlossen, wenn die Inanspruchnahme im Einzelfall unverhältnismäßig ist.

(5) Erteilt der zur Auskunft Verpflichtete die Auskunft vorsätzlich oder grob fahrlässig falsch oder unvollständig, so ist er dem Verletzten zum Ersatz des daraus entstehenden Schadens verpflichtet.

(6) Wer eine wahre Auskunft erteilt hat, ohne dazu nach Absatz 1 oder Absatz 2 verpflichtet gewesen zu sein, haftet Dritten gegenüber nur, wenn er wusste, dass er zur Auskunftserteilung nicht verpflichtet war.

(7) In Fällen offensichtlicher Rechtsverletzung kann die Verpflichtung zur Erteilung der Auskunft im Wege der einstweiligen Verfügung nach den §§ 935 bis 945 der Zivilprozessordnung angeordnet werden.

(8) Die Erkenntnisse dürfen in einem Strafverfahren oder in einem Verfahren nach dem Gesetz über Ordnungswidrigkeiten wegen einer vor der Erteilung der Auskunft begangenen Tat gegen den Verpflichteten oder gegen einen in § 52 Abs. 1 der Strafprozessordnung bezeichneten Angehörigen nur mit Zustimmung des Verpflichteten verwertet werden.

(9) [1]Kann die Auskunft nur unter Verwendung von Verkehrsdaten (§ 3 Nr. 30 des Telekommunikationsgesetzes) erteilt werden, ist für ihre Erteilung eine vorherige richterliche Anordnung über die Zulässigkeit der Verwendung der Verkehrsdaten erforderlich, die von dem Verletzten zu beantragen ist. [2]Für den Erlass dieser Anordnung ist das Landgericht, in dessen Bezirk der zur Auskunft Verpflichtete seinen Wohnsitz, seinen Sitz oder eine Niederlassung hat, ohne Rücksicht auf den Streitwert ausschließlich zuständig. [3]Die Entscheidung trifft die Zivilkammer. [4]Für das Verfahren gelten die Vorschriften des Gesetzes über das Verfahren in Familiensachen und in den Angelegenheiten der freiwilligen Gerichtsbarkeit entsprechend. [5]Die Kosten der richterlichen Anordnung trägt der Verletzte. [6]Gegen die Entscheidung des Landgerichts ist die Beschwerde statthaft. [7]Die Beschwerde ist binnen einer Frist von zwei Wochen einzulegen. [8]Die Vorschriften zum Schutz personenbezogener Daten bleiben im Übrigen unberührt.

(10) Durch Absatz 2 in Verbindung mit Absatz 9 wird das Grundrecht des Fernmeldegeheimnisses (Artikel 10 des Grundgesetzes) eingeschränkt.

Übersicht

I.   Allgemeines

1.   Bedeutung/Sinn und Zweck/Systematische Stellung

1   Ein wesentliches Element der Rechtsverfolgung im Urheberrecht – wie bei allen Rechten des geistigen Eigentums – ist neben dem Anspruch auf Unterlassung der Auskunftsanspruch. Denn durch ihn wird der Verletzte erst in die Lage versetzt, weitergehende Ansprüche, wie den auf Schadensersatz, durchzusetzen. Die Gesetzesbegründung definiert den **Sinn und Zweck** des UmsG Enforcement-RL, mit dem § 101 aufgenommen wurde, ebenso wie *Weiland* zum ProdPiratG (vgl. Rn. 6) wie folgt: „Insgesamt soll durch die Verbesserung der Stellung der Rechtsinhaber beim Kampf gegen Produktpiraterie ein Beitrag zur Stärkung des Geistigen Eigentums geleistet werden." (RegE UmsG Enforcement-RL – BT-Drs. 16/5048, S. 25). Die Vorschrift des § 101 regelt lediglich Auskunftsansprüche, die die Verletzung von Urheberrechten oder anderen geschützten Rechten betrifft. Nicht erfasst werden demnach vertragliche Auskunfts- und Rechnungslegungsansprüche, die bislang aus den §§ 242, 259, 260 BGB entnommen wurden, nunmehr aber in den §§ 32d und 32e kodifiziert sind (s. die Kommentierung dort).

Üblicherweise teilt man im Bereich des geistigen Eigentums Auskunftsansprüche in sog. **selbstständige Auskunftsansprüche** und **unselbstständige Auskunftsansprüche** (dazu im Detail vgl. Rn. 10). Bislang kannte das Urheberrechtsgesetz in § 101a a. F. nur eine Kodifikation des sog. Drittauskunftsanspruchs, eines selbstständigen Auskunftsanspruchs. Der unselbstständige Auskunftsanspruch, oft auch als allgemeiner Auskunftsanspruch bezeichnet, war im UrhG nicht geregelt. Die Rechtsprechung entnahm ihn den §§ 242, 259, 260 BGB und bezeichnete ihn als mittlerweile gewohnheitsrechtlich anerkannten Auskunfts- und Rechnungslegungsanspruch (RegE UmsG Enforcement-RL – BT-Drs. 16/5048, S. 48; RGZ 73, 286, 288; RGZ 158, 377, 379; BGHZ 10, 385, 387 – *Kalkstein*; BGH GRUR 1980, 227, 232 – *Monumenta Germaniae Historica*; OLG Frankfurt GRUR 1998, 47, 50 – *La Boheme*; KG GRUR 2002, 252, 257 – *Mantellieferung*). **2**

§ 101 scheint auf den ersten Blick diese beiden Anspruchsarten abbilden zu wollen; während Abs. 1 den Anspruch gegen den Verletzer umfasst, regelt Abs. 2 den Anspruch gegen Dritte. Doch ganz so einfach ist es nicht. Denn Abs. 1 greift nach dem klaren Wortlaut nur bei Handlungen in gewerblichem Ausmaß (zu Details vgl. Rn. 20 ff.), obwohl der gewohnheitsrechtliche Anspruch – wie überhaupt Urheberrechtsverletzungen generell – ein solches Handeln (anders als z. B. das Markenrecht, wo ein Handeln im geschäftlichen Verkehr erforderlich ist) nicht erfordert. **3**

Daher weist § 101 folgenden **Regelungsgehalt** auf: Er kodifiziert den unselbstständigen Auskunftsanspruch gegen den Verletzer, soweit dieser in gewerblichem Ausmaß handelt und regelt den selbstständigen Auskunftsanspruch (sog. Drittauskunft) neu. Der unselbstständige Auskunftsanspruch gegen den Verletzer, soweit dieser nicht in gewerblichen Ausmaß handelt, bleibt weiterhin dem Gewohnheitsrecht vorbehalten und leitet sich aus §§ 242, 259, 260 BGB ab, denn es ist nicht ersichtlich – und wäre sicher auch verfassungswidrig, da enteignungsgleich –, dass der Gesetzgeber letzteren etwa vollständig abschaffen wollte (so auch Schricker/Loewenheim/*Wimmers*[5] Rn. 16). Dafür spricht, dass die Begründung des Regierungsentwurfs das Handeln im geschäftlichen Verkehr als Voraussetzung für den urheberrechtlichen Auskunftsanspruch nach alter Rechtslage nennt (RegE UmsG Enforcement-RL – BT-Drs. 16/5048, S. 49), was sich offensichtlich nur auf § 101a a. F. bezieht. Andernfalls käme dies einer Einführung des dem Urheberrecht fremden Tatbestandsmerkmals „in gewerblichem Ausmaß" auch bei den dazugehörigen Hauptansprüchen (insb. Schadensersatz) gleich, was kaum verfassungsgemäß sein dürfte. Der BGH wendet – allerdings ohne auf die hier dargestellte Problematik einzugehen – konsequent § 242 BGB als Anspruchsgrundlage für den Auskunftsanspruch, soweit der Verletzer nicht in gewerblichem Ausmaß handelt, an (BGH ZUM-RD 2010, 533, 534 Tz. 43 – *Restwertbörse*). Neben den hier dargestellten Auskunftsansprüchen gibt es andere, wie z. B. den zur Vorbereitung der Ansprüche aus §§ 32, 32a und 32c (dazu unten vgl. Rn. 105; vgl. § 32 Rn. 128; vgl. § 32a Rn. 46; vgl. § 32c Rn. 14). **4**

Der ungeschriebene gewohnheitsrechtliche **Rechnungslegungsanspruch**, der vor allem für die Berechnung von Schadensersatzansprüchen (vgl. § 97 **5**

Rn. 60a ff.) und für Ansprüche aus Bereicherung sowie GoA gegen den Auskunftsverpflichteten Bedeutung hat, ist mit dem UmsG Enforcement-RL ab
1.9.2008 überhaupt nicht mehr gesetzlich geregelt. Denn mit diesem Gesetz
wurde eine gesetzliche Regelung des Rechnungslegungsanspruchs für den Schadensersatz auf Verletzergewinnherausgabe unter Hinweis auf die bestehende
gewohnheitsrechtliche Lage für überflüssig befunden und aus § 97 Abs. 1 S. 2
gestrichen (RegE UmsG Enforcement-RL – BT-Drs. 16/5048, S. 48). Dieser
(ungeschriebene) Anspruch existiert aber fort (vgl. Rn. 29 ff.) und kann auch
der Durchsetzung von Beseitigungsansprüchen dienen (BGH GRUR 1995, 427,
428 – *Schwarze Liste*). Das Gleiche gilt für Unterlassungsansprüche, z. B. bei
Unsicherheit über deren sachliche oder zeitliche Reichweite (Köhler/Born-
kamm/*Köhler*[35] § 9 Rn. 4.4).

2. Früheres Recht

6 Die unmittelbare Vorgängernorm ist § 101a a. F., der durch das ProdPiratG
vom 7.3.1990 (BGBl. 1 S. 422) mit Wirkung zum 1.7.1990 eingeführt worden
war und gewisse Restriktionen enthielt; daneben galt vor Einführung des
§ 101 der allgemeine gewohnheitsrechtliche Auskunftsanspruch (vgl. Rn. 2).
§ 101a war insb. beschränkt auf eine Verletzung durch „Vervielfältigungsstücke" und gewährte die sog. Drittauskunft nur gegen „Verletzer". Damit einher
gingen eine Reihe von Unsicherheiten in Bezug auf die praktisch bedeutsamen
Auskunftsverlangen gegenüber Internet Access-Providern (vgl. Rn. 36 ff., 50,
55 ff.).

7 § 101 trat gem. Art. 10 UmsG Enforcement-RL am 1.9.2008 in Kraft. Nach
der Begründung soll diese Frist von bis zu zwei Monaten dazu dienen, der
Rechtsprechung die Möglichkeit zu geben, sich auf die neuen Bestimmungen
einzustellen (RegE UmsG Enforcement-RL – BT-Drs. 16/5048, S. 52). Ein Bedarf für weitergehende **Übergangsbestimmungen** besteht nach der Begründung
nicht. Die Frage, ob die neuen Ansprüche und Verfahren auch für Rechtsverletzungen gelten, die vor dem Inkrafttreten des Gesetzes begangen worden sind,
ist nach den allgemeinen Grundsätzen zu beurteilen (RegE UmsG Enforcement-
RL – BT-Drs. 16/5048, S. 52).

3. EU-Recht

8 § 101 setzt Art. 8 der sog. Enforcement-RL der EU um, die bis Ende April
2006 umzusetzen war (hierzu bspw. *Nägele/Nitsche* WRP 2007, 1048,
1048 ff.; *Spindler/Weber* ZUM 2007, 257 ff.). § 101 ist daher **richtlinienkonform** auszulegen. Art. 8 war auch vor dem Inkrafttreten des § 101 seit dem
30.4.2006 unmittelbar anwendbar (hierzu Schricker/Loewenheim/Wimmers[5]
Rn. 9; nun ausdrücklich BGH GRUR 2007, 890, 892 – *Internet-Versteigerung
II* zur Enforcement-RL allgemein; zur allgemeinen Frage der unmittelbaren
Anwendung von Richtlinien vgl. Einl. UrhG Rn. 37 ff.). Wesentliche generelle
Vorgabe der Richtlinie ist, dass dem Anspruch eine Grenze durch den Grundsatz der Verhältnismäßigkeit gesetzt wird, was Abs. 4 regelt, allerdings auch in
§ 101a a. F. bereits enthalten war. Nach Art. 3 Abs. 2 Enforcement-RL müssen
die Maßnahmen, Verfahren und Rechtsbehelfe zudem einerseits wirksam, verhältnismäßig und abschreckend sein. Andererseits müssen sie so angewendet
werden, dass die Errichtung von Schranken für den rechtmäßigen Handel vermieden wird und die Gewähr gegen ihren Missbrauch gegeben ist. Die Kommission hat sich hierzu in ihrem Bericht der Kommission über die Anwendung
der Enforcement-RL, KOM (2010) 779 endg. unter Ziff. 3.4. ausdrücklich
dem Recht auf Auskunft und seiner Ausbalancierung mit dem Schutz der Privatsphäre gewidmet. Die Kommission hält es immerhin für eine erwähnenswerte Tatsache, dass es Mitgliedstaaten gibt, die das Recht auf Auskunft „sehr
restriktiv" handhaben.

4. Internationales und ausländisches Recht

Eine Kodifikation des unselbstständigen allgemeinen Auskunftsanspruchs in **9** Internationalen Konventionen existiert nicht. Anderes gilt aber für den selbstständigen Auskunftsanspruch. Art. 47 TRIPS-Übereinkommen verlangt:

„Members may provide that the judicial authorities shall have the authority, unless this would be out of proportion to the seriousness of the infringement, to order the infringer to inform the right holder of the identity of third persons involved in the production and distribution of the infringing goods or services and of their channels of distribution."

Hierunter fallen auch dritte, nur mittelbar Beteiligte (Busche/Stoll/Wiebe/*Vander/Steigüber*[2] Art. 47 Rn. 3); der Anspruch ist nur fakultativ ausgestattet wegen der Besorgnis einzelner Mitgliedsstaaten, das Recht, sich nicht selbst zu bezichtigen, würde verletzt (*Watal* S. 341). Zudem müssen nach Art. 41 TRIPS-Übereinkommen die Mittel zur Durchsetzung geistiger Eigentumsrechte u. a. effizient sein. Die deutsche Rechtslage u. a. in Bezug auf Drittauskünfte ist daher vor dem Umsetzungsgesetz zur Enforcement-RL als nicht ausreichend kritisiert worden (z. B. *Ibbeken* S. 330 ff. sowie *Patnaik* GRUR 2004, 191 ff.).

In vielen **Staaten** wird insbesondere der sog. Drittauskunftsanspruch (dazu un- **9a** ten vgl. Rn. 36 ff.) im Zusammenhang mit Nutzungen im Internet kontrovers diskutiert: In Österreich hat der OGH nach Vorlage zum EuGH (s. dessen Entscheidung EuGH CR 2009, 433 – *LSG/Tele2*) entschieden, dass ein Access Provider einer Verwertungsgesellschaft keine Auskunft darüber erteilen muss, wem er bestimmte IP-Adressen zuordnet (OGH ITRB 2009, 245). Interessant an dieser Entscheidung ist, dass der OGH ausdrücklich auf § 101 Abs. 9 Bezug nimmt und ausführt, dass in Bezug auf diese Regelung dem deutschen Gesetzgeber die datenschutzrechtliche Problematik der IP-Adressen bewusst gewesen sei (OGH ITRB 2009, 245, 246). Zur Praxis in den USA s. District Court for the District of Columbia, decision of April 28, 2008 CRi 2008, 154. Zur Schweiz: Bundesgericht CRi 2011, 28 – *Logistep*.

II. Allgemeiner Auskunftsanspruch (Abs. 1)

1. Überblick

Vielfach weiß der Berechtigte zwar, dass eine Rechtsverletzung vorliegt, ist je- **10** doch über deren Umfang im Ungewissen und dadurch in seiner Rechtsverfolgung behindert. Diesem Dilemma hat die Rechtsordnung schon früh durch den allgemeinen Auskunftsanspruch abgeholfen. Dieser wurde aus den §§ 242, 259, 260 BGB entwickelt und ist mittlerweile **gewohnheitsrechtlich** als Auskunfts- und Rechnungslegungsanspruch anerkannt (RegE UmsG Enforcement-RL – BT-Drs. 16/5048, S. 48; RGZ 73, 286, 288; RGZ 158, 377, 379; BGHZ 10, 385, 387; BGH GRUR 1980, 227, 232 – *Monumenta Germaniae Historica*; OLG Frankfurt GRUR 1998, 47, 50 – *La Boheme*; KG GRUR 2002, 252, 257 – *Mantellieferung*). Das ist verfassungsgemäß (BVerfG GRUR 1997, 124 – *Kopierläden II*). Nach einer bekannten BGH-Formel besteht der Anspruch, wenn der Gläubiger *„in entschuldbarer Weise nicht nur über den Umfang, sondern auch über das Bestehen seines Rechts im Ungewissen ist, er sich die zur Vorbereitung und Durchführung seines Zahlungsanspruchs notwendigen Auskünfte nicht auf zumutbare Weise selbst beschaffen kann und der Verpflichtete sie unschwer, d. h. ohne unbillig belastet zu sein, zu geben vermag"* (BGH GRUR 2007, 532 Tz. 18 – *Meistbegünstigungsvereinbarung*; BGH GRUR 1986, 62, 64 – GEMA-*Vermutung I* m. w. N.; BGH GRUR 1982, 22, 24 – *Tonmeister*; ferner BGH GRUR 2001, 841, 842 – *Entfernung der Herstellungsnummer* zum UWG; zum UrhG: OLG Frankfurt GRUR 1998, 47, 50 – *La Boheme*; *von Weichs/Foerstl* ZUM 2000, 897, 899). Der Anspruch wird als „selbstständig" bezeichnet, sofern er der Durchsetzung von Ansprüchen gegenüber Dritten dient (auch „Drittauskunft") und als „unselbstständig" zur Durchsetzung von Ansprüchen gegenüber dem Auskunftpflichtigen selbst (Köhler/Bornkamm/*Köhler*[35] § 9 Rn. 4.1 m. w. N.).

11 Der hier geregelte Auskunftsanspruch betrifft den unselbstständigen Auskunftsanspruch, allerdings nur für die Variante des Handelns in gewerblichem Ausmaß (vgl. Rn. 4). Für den unselbstständigen Auskunftsanspruch bei Handeln nicht in gewerblichem Ausmaß bleibt es bei dem gewohnheitsrechtlich anerkannten Auskunftsanspruch (dazu vgl. Rn. 2). Zum **Umfang** aller dieser Ansprüche vgl. Rn. 78 ff. In jedem Fall betreffen die Ansprüche lediglich Rechtsverletzungen, nicht Ansprüche aufgrund von Vertragsbeziehungen (s. oben Rn. 1 sowie die Kommentierung bei §§ 32d und 32e).

12 Ein weiterer unselbstständiger Auskunftsanspruch ist in § 101b (Sicherung von Schadensersatzansprüchen) normiert (vgl. § 101b Rn. 1 ff.).

2. Allgemeine Voraussetzungen

13 Da es sich – wie gezeigt (vgl. Rn. 4) – bei dem Anspruch nach Abs. 1 um einen Unterfall des gewohnheitsrechtlich anerkannten unselbstständigen Auskunftsanspruchs handelt, gelten dessen allgemeine Voraussetzungen auch für den Anspruch nach Abs. 1.

14 Nach der BGH-Formel (vgl. Rn. 10) ist erste Voraussetzung, dass der Gläubiger sich die Informationen über **Bestand oder Umfang** seines Rechts **nicht mit zumutbarem Aufwand selbst beschaffen kann** und auch ansonsten **schuldlos** darüber im Ungewissen ist. Informationsquellen, deren Inanspruchnahme rechtswidrig, mit unzumutbarem Aufwand oder erwartungsgemäß nicht mit zutreffenden Auskünften verbunden wäre, muss der Gläubiger nicht wahrnehmen. Verschulden des Gläubigers für seine Ungewissheit ist gegeben, wenn er früher gegebene Informationsmöglichkeiten nicht ausnutzt oder vorhandene Informationen schuldhaft nicht gesichert hat (Köhler/Bornkamm/*Köhler*[35] § 9 Rn. 4.10); aus sich parallel bietenden Informationsquellen darf der Gläubiger aber den Schadensersatzschuldner als Auskunftpflichtigen wählen. In der Regel scheitert der Anspruch bei Auskünften zur Vorbereitung von Schadensersatzansprüchen an diesen Voraussetzungen nicht, weil regelmäßig nur der Schuldner die zur Berechnung erforderlichen Informationen besitzt.

15 Zweite Voraussetzung ist, dass der Schuldner die Informationen unschwer, d. h. ohne unbillig belastet zu sein, zu geben vermag (vgl. Rn. 10). Dies bedingt eine **Verhältnismäßigkeitsprüfung**, die nunmehr in Abs. 4 kodifiziert ist (vgl. Rn. 82 ff.).

3. Rechtsverletzung

16 Unselbstständige Auskunfts- und auch die Rechnungslegungsansprüche (zu Letzteren vgl. Rn. 29 ff.) sind **akzessorisch** zum Bestehen eines Hauptanspruches. Da sie nur dessen Durchsetzung dienen sollen, muss ein entsprechendes gesetzliches Schuldverhältnis zum Auskunftpflichtigen bestehen (BGH GRUR 1988, 604, 605 – *Kopierwerk*). Der Schadensersatzanspruch muss zumindest dem Grunde nach vorliegen können (OLG Nürnberg ZUM-RD 1999, 126, 128; *von Weichs/Foerstl* ZUM 2000, 897, 899). Insb. **Verschulden** muss bei unselbstständigen Ansprüchen, wie dem nach Abs. 1, also gegeben sein, wenn Auskunft zur Berechnung eines Schadensersatzanspruches gegen den Auskunftpflichtigen begehrt wird (BGH GRUR 1988, 604, 605 – *Kopierwerk*; großzügiger KG GRUR 2002, 252, 257 – *Mantellieferung*; unsere 9. Aufl./ *Wilhelm Nordemann* Rn. 27), kein Verschulden dagegen für die Berechnung des Anspruches aus § 812 BGB (vgl. § 102a Rn. 4) oder bei den selbstständigen

Ansprüchen (vgl. Rn. 36 ff.). Schricker/Loewenheim/*Wimmers*[4] Rn. 43 (in Schricker/Loewenheim/*Wimmers*[5] offenbar nicht mehr enthalten) fordert generell kein Verschulden; unseres Erachtens ist aber bei unselbstständigen Auskunftsansprüchen nach dem von ihnen vorbereiteten Hauptanspruch zu differenzieren: wenn nur ein Schadensersatzanspruch vorbereitet wird, ist Verschulden erforderlich, wenn ein Anspruch nach § 812 BGB vorbereitet wird, ist dies nicht der Fall. Jedenfalls für die selbständigen Ansprüche, insbesondere die sog. Drittauskunft, ist nach der hier vertretenen Auffassung (vgl. Rn. 26) auch eine Anspruchsverpflichtung von Störern gegeben, sodass Verschulden nicht erforderlich ist.

Die Rechtsverletzung kann sowohl ein werkbezogenes Urheberrecht als auch jedes andere nach diesem Gesetz **geschützte Recht** betreffen, also jedes der in Teil 2 geregelten verwandten Schutzrechte, aber natürlich auch Laufbilder (§ 95); nicht hingegen §§ 95a, 95c, denn diese sind zumindest nach der hier vertretenen Auffassung keine Rechte (vgl. Vor §§ 95a ff. Rn. 24 ff.).   **17**

Durch die Änderung des Abs. 1 gegenüber § 101a a. F. wird klargestellt, dass der Auskunftsanspruch bei **allen Verletzungshandlungen** eingreift, also nicht auf Fälle der Verletzung von körperlichen Verwertungsrechten (s. § 15 Abs. 1 UrhG) beschränkt ist (RegE UmsG Enforcement-RL – BT-Drs. 16/5048, S. 49).   **18**

Zum **Beweis** einer solchen Verletzung reicht für Auskunftsansprüche im Internet-Umfeld in der Regel der sog. Hashwert, ein mathematischer Algorithmus, der die Zuordnung zu einer IP-Adresse erlaubt (OLG Hamburg MMR 2011, 211; OLG Köln MMR 2011, 394 ff.); zu **weiteren Anforderungen** an den Beweis bei Auskunftsverfahren nach Abs. 9 vgl. Rn. 35.   **19**

4. Gewerbliches Ausmaß

Dieses Tatbestandsmerkmal wurde durch das Gesetz zur Verbesserung der Durchsetzung von Rechten des geistigen Eigentums für alle Auskunftsansprüche im Bereich des gewerblichen Rechtschutzes eingeführt. Doch während es in den §§ 140b PatG, 24b GebrMG, 19 MarkenG, 46 DesignG, 37b SortSchG nur für den selbstständigen Auskunftsanspruch gegen Dritte nach Abs. 2 der jeweiligen Norm gilt, wurde die Voraussetzung in § 101 bereits in Abs. 1 und damit in den unselbstständigen Auskunftsanspruch gegen den Verletzer eingefügt.   **20**

Erst der Rechtsausschuss des Bundestages ersetzte mit dieser Formulierung das noch im Regierungsentwurf enthaltene „Handeln im geschäftlichen Verkehr" (BeschlE RAusschuss RegE UmsG Enforcement-RL – BT-Drs. 16/8783, S. 63). Sie stammt aus Art. 8 Abs. 1 der Enforcement-RL. Hierbei hat der Gesetzgeber aber übersehen, dass das gewerbliche Ausmaß nach der Richtlinie keine Voraussetzung für den Anspruch gegen den Verletzer selbst ist. Die Formulierung taucht in der Richtlinie nur in Abs. 1 lit. a), b) und c) auf, die sich aufgrund der Formulierung „von dem Verletzer und/oder jeder anderen Person erteilt werden, die …" lediglich auf die dritte Person beziehen. Nichts anderes ergibt sich aus Erwägungsgrund 14 der Richtlinie. Demnach müssen die Maßnahmen aus Art. 6 Abs. 2, 8 Abs. 1 und 9 Abs. 2 zwar nur bei in gewerblichem Ausmaß vorgenommenen Rechtsverletzungen angewandt werden, ohne dass dabei zwischen Verletzer und dritter Person unterschieden wird. Die Erwägungsgründe selbst sind aber nicht bindend und können nicht über den Regelungsgehalt des verfügenden Teils der Richtlinie hinausgehen. Der Wortlaut des Art. 8 Abs. 1 der Enforcement-RL ist jedenfalls diesbezüglich eindeutig.   **21**

Beide Formulierungen schränken den Auskunftsanspruch nach Abs. 1 gegenüber dem gewohnheitsrechtlichen Auskunftsanspruch ein. Die Regierungsbegründung offenbart diese Differenzierung nicht auf den ersten Blick, denn sie   **22** spricht in Bezug auf den Anspruch nach Abs. 1 davon, dass „der Anspruch – wie im bereits geltenden Recht und auch im Markenrecht – voraussetzt, dass im geschäftlichen Verkehr gehandelt worden ist" (RegE UmsG Enforcement-RL – BT-Drs. 16/5048, S. 49). Die Beschlussempfehlung des Rechtsausschusses nennt als Grund für die Änderung nur, dass dadurch ein Gleichlauf des deutschen Urheberrechts mit der Richtlinie erreicht werde (BeschlE RAusschuss UmsG Enforcement-RL – BT-Drs. 16/8783, S. 63). Dies führt für das Urheberrecht, das sonst keine Begrenzung der Ansprüche hinsichtlich gewerblicher Handlungen kennt, zur Weitergeltung des gewohnheitsrechtlichen Auskunftsanspruchs für den verbleibenden Bereich (vgl. Rn. 4). Die praktische Bedeutung dieser Einschränkung dürfte daher gering sein.

23 In ErwG 14 der Enforcement-RL heißt es zu Rechtsverletzungen im gewerblichen Ausmaß, sie zeichneten sich dadurch aus, „dass sie zwecks Erlangung eines unmittelbaren oder mittelbaren wirtschaftlichen oder kommerziellen Vorteils vorgenommen werden; dies schließt in der Regel Handlungen aus, die in gutem Glauben von Endverbrauchern vorgenommen werden." Im Ergebnis dürfte das „gewerbliche Ausmaß" ebenso wie das „Handeln im geschäftlichen Verkehr" (zum Begriff im Wettbewerbsrecht Ohly/Sosnitza/*Sosnitza*[7] § 2 UWG Rn. 5 ff.) sehr weit auszulegen sein. Ein inhaltlicher Unterschied zwischen beiden Begriffen besteht nicht.

24 S. 2 konkretisiert zudem das Tatbestandsmerkmal. Danach kann sich das gewerbliche Ausmaß sowohl aus quantitativen (Anzahl der Rechtsverletzungen) als auch qualitativen Aspekten (Schwere der Rechtsverletzung) ergeben. Die Begründung des Rechtsausschusses nennt als Beispiel für schwere Rechtsverletzungen, die ein gewerbliches Ausmaß erreichen, die widerrechtliche öffentliche Zugänglichmachung von besonders umfangreichen Dateien im Internet, etwa eines vollständigen Kinofilms, eines Musikalbums oder Hörbuchs vor oder unmittelbar nach der Veröffentlichung in Deutschland (BeschlE RAusschuss UmsG Enforcement-RL – BT-Drs. 16/8783, S. 63). Da neben dem Anspruch nach Abs. 1 auch – wie beschrieben – der gewohnheitsrechtliche Auskunftsanspruch ohne die Voraussetzung des gewerblichen Ausmaßes existiert, ist die Bedeutung dieses Tatbestandsmerkmals für diesen Anspruch gering. Weitaus bedeutender ist das identische Tatbestandsmerkmal bei dem **selbstständigen Auskunftsanspruch nach Abs. 2** (daher zu **Details dort vgl. Rn. 39 ff.**).

5. Aktivlegitimation (Anspruchsberechtigung)

25 Berechtigt, den Anspruch nach Abs. 1 durchzusetzen, ist derjenige, der verletzt ist. Dies dürfte in der Regel der Inhaber des Urheberrechts und entsprechender abgeleiteter Rechte sein (s. hierzu die allgemeinen Regelungen, vgl. § 97 Rn. 127 ff.). Auch Inhaber ausschließlicher Nutzungsrechte sind unter Umständen aktivlegitimiert (vgl. § 97 Rn. 132 ff.), Voraussetzung ist vor allem ein eigenes wirtschaftliches Interesse (z. B. OLG München ITRB 2013, 76). s. Schricker/Loewenheim/*Wimmers*[5] Rn. 17 f.

6. Passivlegitimation (Anspruchsverpflichtung)

26 Anspruchsverpflichteter ist, wer Verletzer ist. Zum Verletzerbegriff **im Detail** vgl. § 97 Rn. 132 ff. Ob auch der **Störer** hierunter fällt, war bereits unter § 101a. F. für den sog. Drittauskunftsanspruch umstritten (dazu unten vgl. Rn. 46). Ebenso umstritten ist dies für den hier in Rede stehenden unselbstständigen Auskunftsanspruch nach Abs. 1 (gegen eine Störerhaftung wird eingewandt, dass eine Erweiterung des Kreises der Anspruchsverpflichteten die Unterschiede zwischen Rechtsverletzer und Störer auflöse und insoweit der Rechtsprechung des BGH zur Haftung des Störers bei Verletzungen widerspreche, da der Störer lediglich Unterlassungs-, jedoch nicht Abwehransprüchen ausgesetzt sei (Wandtke/Bullinger/*Bohne*[4] Rn. 6 unter Verweis auf BGH MMR

2004, 668). Die Gesetzesmaterialien sind diesbezüglich nicht eindeutig, sondern weisen im Referentenentwurf und im Regierungsentwurf divergierende Ansätze auf. Die Klärung dieser Frage wird an die Gerichte verwiesen. Zu Recht wird jedoch der Anspruch auch bei Störereigenschaft angenommen (OLG München CR 2012, 119 – *Werner eiskalt!*; LG Hamburg, Beschluss vom 18.8.2015 – Az. 308 O 293/15, BeckRS 2015, 16182 für einen Host-Provider; LG München I, Urteil vom 11.7.2014 – Az. 21 O 854/13, BeckRS 2014, 16897 für den Betreiber eines Sharehosting-Dienstes). Nach Ansicht von Dreier/*Dreier*[5] Rn. 4 stellt sich die Frage nach der Störerhaftung nach der Umsetzung der EU-Richtlinie vor noch in den Fällen, in denen die Rechtsverletzung zwar von gewerblichem Ausmaß, jedoch nicht offensichtlich ist. s. a. Schricker/Loewenheim/*Wimmers*[5] Rn. 19 ff.

7.　Rechtsfolgen

Hierzu ausführlich zu beiden Ansprüchen vgl. Rn. 78 ff.　　　　**27**

8.　Grenzen (insb. Wirtschaftsprüfervorbehalt)

Auskunft und auch der sogleich (vgl. Rn. 29 ff.) behandelte Anspruch auf **28** Rechnungslegung können jedoch nur im Rahmen des § 242 BGB verlangt werden. Dabei sind die Bedürfnisse des Verletzten unter schonender Rücksichtnahme auf die Belange des Verletzers maßgeblich, was auf eine Abwägung der beiderseitigen Interessen im Einzelfall hinausläuft (OLG Köln GRUR 1983, 568, 570 – *Video-Kopiergerät* unter Hinweis auf BGHZ 10, 385, 387 – *Kalkstein*). Zur **Verhältnismäßigkeit** Näheres unten, vgl. Rn. 92 ff. Daraus hat die Rechtsprechung den sog. **Wirtschaftsprüfervorbehalt** entwickelt: Hat der Verpflichtete ein berechtigtes Interesse daran, bestimmte Details der von ihm zu erteilenden Auskünfte dem Berechtigten vorzuenthalten, so kann er sie einer Vertrauensperson, in der Regel also einem zur Berufsverschwiegenheit verpflichteten, neutralen Dritten – meist einem Wirtschaftsprüfer – machen, der dann dem Berechtigten auf gezielte Kontrollfragen Antwort zu geben hat; die Vertrauensperson darf der Berechtigte bestimmen (BGH GRUR 2000, 226, 227 – *Planungsmappe*; BGH GRUR 1980, 227, 233 – *Monumenta Germaniae Historica* m. w. N.; BGH GRUR 1997, 807 – *Schlumpfserie*; BGH ZUM 2015, 53; OLG Frankfurt UFITA 93 [1982], 197, 198 – *Erhöhungsgebühr bei Orchestervorstand*; Einzelheiten bei *Oppermann* S. 42 ff.). Die Beschränkung ist dem Verpflichteten bei entsprechender Sachlage auch dann vorzubehalten, wenn kein dahingehender Hilfsantrag gestellt worden ist (BGH GRUR 2000, 226, 227). Allerdings muss der Berechtigte diesen Vorbehalt substantiieren: BGH GRUR 2012, 496 Tz. 83 – *Das Boot*.

III.　Ungeschriebener Rechnungslegungsanspruch

Der Rechnungslegungsanspruch, der der Vorbereitung des bezifferten Gelder- **29** satzanspruches dienen soll, besteht ungeschrieben (vgl. Rn. 5) bei allen Arten des Schadensersatzanspruches nach § 97 Abs. 2 sowie ferner beim Bereicherungsanspruch und Anspruch aus GoA (§ 102a).

Der Verpflichtete muss für die Rechnungslegung eine **geordnete Zusammenstel-** **30** **lung** der Angaben i. S. d. § 259 Abs. 1 BGB liefern (*v. Weichs/Foerstl* ZUM 2000, 897, 899). Der Rechnungslegungsanspruch ist ein Sonderfall des Auskunftsanspruches und kann sich mit ihm decken, da zu einer ordnungsgemäßen Rechnungslegung auch die Offenlegung der Verfügungen, aus denen Gewinne erzielt wurden, gehört (vgl. Rn. 27). Der Rechnungslegungsanspruch ist einerseits enger als die Auskunft aus § 242 BGB. Er ist auf die Gewinnermittlung beschränkt, nicht aber auf die Offenbarung weiterer Verletzungshandlungen (KG AfP 2001, 406, 414 – *Mantellieferung*, insoweit in GRUR 2002, 252 nicht abgedruckt), sodass Fälle denkbar sind, in denen er nicht ausreicht. Auskunfts- und Rechnungslegungsanspruch können daher auch nebeneinander gegeben sein. Rechnungslegung kann allerdings nur insoweit gefordert werden, als dies zur Schadensermittlung erforderlich ist; da diese in aller Regel im Wege der Schätzung nach § 287 ZPO erfolgt, kann, soweit nicht schon §§ 101, 101b eingreifen, beispielsweise die Angabe der Lieferdaten, Lieferpreise und Abnehmer nur insoweit verlangt werden, als es erforderlich ist, um die sonstigen Angaben des Verletzers überprüfen zu können (noch zurückhaltender BGH GRUR 1980, 227, 233 – *Monumenta Germaniae Historica*). Die Rechnungslegung erfordert eine geordnete Zusammenstellung der Einnahmen und Ausgaben, die in **verständlicher, der Nachprüfung zugänglicher Kundgebung der Tatsachen** besteht (BGH NJW 1980, 1275). Dabei ist ggf. Rechnungslegung über solche weitergehenden Daten unter dem sog. Wirtschaftsprüfervorbehalt zu fordern (vgl. Rn. 28). Der Gläubiger darf allerdings Auskunft über sog. Kontrolltatsachen verlangen, die die Überprüfung der Richtigkeit und Vollständigkeit der Angaben ermöglichen (BGH GRUR 1980, 227, 233 – *Monumenta Germaniae Historica*). Insoweit kommt ausnahmsweise auch eine **Vorlage von Belegen** in Betracht (zumindest zur Vermeidung einer Eidesstattlichen Versicherung gem. § 259 Abs. 2 BGB: BGH GRUR 2002, 709, 712 – *Entfernung der Herstellernummer II*). Grundsätzlich kann Einsicht in die Geschäftsbücher oder Vorlage von Belegen aber nicht über diesen Anspruch, sondern allenfalls aus § 101a (ergänzend § 810 BGB) verlangt werden, wenn dessen Voraussetzungen vorliegen (s. OLG Köln GRUR 1995, 676, 677 – *Vorlage von Geschäftsunterlagen*; Einzelheiten bei *Oppermann* S. 195 ff.). Strenger: Schricker/Loewenheim/*Wimmers*[5] Rn. 78: immer nur nach § 101a.

31   In **Österreich** bestehen für den Auskunfts- und Rechnungslegungsanspruch gewisse Abweichungen (OGH ÖBl. 1976, 170 – *Musikautomaten*).

IV. Sog. Drittauskunft (Abs. 2)

32   Der in Abs. 2 geregelte selbstständige Auskunftsanspruch wird oft auch als „Drittauskunft" bezeichnet (zu den Begrifflichkeiten vgl. Rn. 10). Allerdings dürfte diese Regelung **keine abschließende Regelung** von selbstständigen Auskunftsansprüchen darstellen (s. BGH GRUR 1995, 427, 429 – *Schwarze Liste*; BGH GRUR 1994, 630, 633 – *Cartier-Armreif*; jeweils zum UWG), auch nicht nach Umsetzung der Enforcement-RL (vgl. Rn. 4). Es muss der Rechtsprechung überlassen bleiben, entsprechend der technischen und wirtschaftlichen Entwicklung den Schutz des Betroffenen zu verbessern (so zum UWG: BGH GRUR 1994, 630, 633 – *Cartier-Armreif*). Das fordert auch Art. 3 Abs. 2 Enforcement-RL mit dem Hinweis auf „wirksame" Maßnahmen. Lücken, die diese Ansprüche zur Durchsetzung selbstständiger Auskunftsansprüche lassen, werden damit vom ungeschriebenen gewohnheitsrechtlichen Auskunftsanspruch aufgefüllt. Insoweit hätten also OLG Frankfurt (GRUR-RR 2005, 147, 148) und OLG Hamburg (GRUR-RR 2005, 209, 212 – *Rammstein*) bei Drittauskunftsansprüchen gegenüber Zugangsprovidern, um deren Kunden als Urheberrechtsverletzer zu identifizieren, nicht bei einer Prüfung des § 101 (§ 101a a. F.) stehen bleiben dürfen. Die Rechtsprechung gewährt auch in anderen vergleichbaren Rechtsgebieten daher einen „allgemeinen" selbstständigen (Dritt)auskunftsanspruch, so z. B. bei der Verletzung von Persönlichkeitsrechten (LG Berlin ZUM-RD 2006, 522). Zu Recht wird daher der Anspruch aus Abs. 1 – für den Fall, dass eine Störereigenschaft der Inanspruchgenommenen vorliegt – parallel neben dem Anspruch nach Abs. 2 gewährt (OLG München CR 2012, 119 – *Werner eiskalt!*).

33   § 101 geht über den bisherigen „Drittauskunfts"-Anspruch in § 101a a. F. hinaus und hebt die Beschränkung auf eine Verletzung durch „Vervielfältigungsstücke" auf, die § 101a enthielt. Stattdessen führt § 101 zusätzlich den Begriff der „Dienstleistung" ein (dazu im Detail vgl. Rn. 47) und konkretisiert sowie erweitert auch den **Umfang** der zu erteilenden Auskünfte (s. Abs. 3). Darüber hinaus wird die Drittauskunft auch in eine weitere Richtung geöffnet, nämlich dadurch, dass nunmehr zweifelsfrei nicht nur Verletzer in Anspruch genommen werden können, sondern auch die in Abs. 2 definierten Mittler. Für den in der Praxis sehr relevanten Spezialfall des Anspruchs gegen spezielle Mittler, nämlich Internet-Access-Provider, enthält Abs. 9 die Sonderregel, dass diese Auskünfte nur im Rahmen eines gesonderten gerichtlichen Verfahrens (vgl. Rn. 54 ff.) erteilen müssen.

Die *ratio* schon der Vorgängernorm war die Bekämpfung von Produktpiraterie; **34** sie war geschaffen worden, um in Pirateriefällen auch die Absatz- und Vertriebsketten der Piraten aufdecken und dadurch die planmäßige Piraterie und ihre Ursachen besser bekämpfen zu können (RegE ProdPiratG – BT-Drs. 11/4792, S. 15).

1. Offensichtliche Rechtsverletzung

Zum Begriff der Verletzung vgl. Rn. 16. Hierzu können auch Verletzungen von **35** Urheberpersönlichkeitsrechten zählen (OLG Hamburg GRUR-RR 2007, 381 – *BetriebsratsCheck*). Ein Fall offensichtlicher Rechtsverletzung, der die Durchsetzung beider Auskunftsansprüche des Abs. 1 und Abs. 2 im Wege Einstweiliger Verfügung (Abs. 7) und den „Drittauskunftsanspruch" generell ermöglicht, ist dann gegeben, wenn es sich z. B. um Raubdrucke oder -pressungen, Imitationen im Sinne der aus dem UWG bekannten sklavischen, bis in Detail gehenden Nachahmung oder solche Fälschungen handelt, die behaupten oder den Eindruck erwecken, das Original zu sein. Auch in diesen Fällen muss der Antragsteller allerdings glaubhaft machen, dass er oder der Rechteinhaber (zur Aktivlegitimation vgl. Rn. 45 und vgl. § 97 Rn. 127 ff.) dem Hersteller die notwendigen Rechte *nicht* eingeräumt hat. Ist dagegen die **Rechtslage zweifelhaft**, etwa bei Unklarheit des Inlandsschutzes oder des Schutzfristablaufs ist deren Klärung einem Hauptprozess vorzubehalten. Die Offensichtlichkeit wird in der Regel aber **Tatsachenfragen** betreffen, z. B. die Darlegung der Inhaberschaft an den Nutzungsrechten. Das Merkmal der Offensichtlichkeit haben einige Gerichte in den Auseinandersetzungen um die Verantwortlichkeit der Access-Provider in den **Verfahren auf Verkehrsdatenauskunft** (Abs. 9) fruchtbar gemacht; die hier aufgeworfenen Rechtsfragen seien zu kompliziert, als dass es sich um einen Fall offensichtlicher Rechtsverletzung handeln könne: OLG München MMR 2005, 616. Mittlerweile sehen dies viele Gerichte aber anders, werfen aber neue Fragen zu den Verfahren nach Abs. 9 auf (im Detail dazu unten vgl. Rn. 61 und ab Rn. 62 ff.). An der Offensichtlichkeit fehlt es, wenn aufgrund mehrfacher Nennung gleicher IP-Adressen im Auskunftsantrag Zweifel daran bestehen, ob die IP-Adressen zuverlässig ermittelt wurden (OLG Köln K&R 2011, 276). An der Offensichtlichkeit fehlt es auch, wenn die Zuordnung der Verletzung zu den begehrten Verkehrsdaten nicht eindeutig ist (OLG Köln ZUM 2012, 257; OLG Köln CR 2012, 476). Schließlich muss der Offensichtlichkeit bereits **im Zeitpunkt der Antragstellung** genügt sein. Das kann es erforderlich machen, dass der Antragsteller vor Antragstellung einen **unabhängigen Sachverständigen** die zur Ermittlung der IP-Adressen eingesetzte Software prüfen und regelmäßig kontrollieren lässt, um ggfs. darlegen zu können, dass die Ermittlung der IP-Adressen ordnungsgemäß durchgeführt wird bzw. worden ist (OLG Köln CR 2012, 476; OLG Köln MMR 2014, 68 – *Life of Pi*); andere Beweis- oder Glaubhaftmachungsmittel können genügen, wenn ihre Würdigung im Ergebnis so eindeutig ist, dass eine ungerechtfertigte Belastung der Anschlussinhaber ausgeschlossen erscheint (OLG Köln GRUR 2013, 67 – *Ermittlungssoftware*). Es steht der Annahme einer Rechtsverletzung nicht entgegen, dass das Herunterladen einer geschützten Datei technisch so realisiert wird, dass einzelne Fragmente ("Pieces") dieser Datei von verschiedenen Quellen heruntergeladen und erst auf dem Zielrechner zu einem funktionsfähigen Ganzen zusammengefügt werden. Es wird daher auch nicht in Zweifel gezogen, dass das Angebot einer kompletten Datei ohne Zustimmung des Rechteinhabers zum Herunterladen ein unberechtigtes öffentliches Zugänglichmachen darstellt, auch wenn von dieser konkreten Datei in der Regel jeweils nur einzelne Fragmente abgerufen werden (OLG Köln GRUR-RR 2016, 399 Tz. 19; a. A. offenbar LG Frankenthal GRUR-RR 2016, 110, das die hiesige Frage mit der Frage der Verletzung von Leistungsschutzrechten in Folge der Entscheidung BGH GRUR 2009, 403 – *Metall auf Metall* zu verwechseln scheint). Zur Feststellung einer offensichtlichen Rechtsverletzung im Verfahren nach § 101 Abs. 9 UrhG ist auch nicht erforderlich, dass von jeder der ermittelten IP-Adressen das komplette geschützte Werk heruntergeladen wird (bzw. werden kann). Es genügt vielmehr, wenn sich unter Verwendung des sog. Hashwerts feststellen lässt, dass unter einer bestimmten IP-Adresse ein geschütztes Werk angeboten wird. Voraussetzung ist lediglich, dass vor Beginn des Ermittlungsvorgangs überprüft wird, ob eine Datei, die durch einen bestimmten Hashwert identifiziert wird, tatsächlich zu Gunsten des Rechteinhabers geschützt Inhalte enthält (OLG Köln GRUR-RR 2016, 399 Tz. 21).

36 Offensichtlich ist die Rechtsverletzung ferner, wenn die nach Abmahnung vorprozessual erteilte Auskunft nicht ernst gemeint, von vornherein unglaubhaft oder unvollständig ist (BGH GRUR 1994, 630 – *Cartier Armreif*). Zwar kann der Verletzer nicht mehr sagen, als er weiß; die Auskunft ist eine *Wissen*serklärung (BGH GRUR 1994, 630), erklärt er aber zu bestimmten Fragen, das wisse er nicht mehr, so ist diese Auskunft jedenfalls solange als unvollständig anzusehen, als er nicht alle ihm zur Verfügung stehenden Möglichkeiten der Recherche in zumutbarem Umfang ausgenutzt hat (BGH GRUR 1995, 338 – *Kleiderbügel*). Demgemäß hat der Bundesgerichtshof (BGH GRUR 1994, 630 – *Cartier-Armreif*) den Verletzer zwar nicht für verpflichtet gehalten, nach Florenz zu fahren, um dort unter den Händlern auf der Arno-Brücke seinen Lieferanten festzustellen; von einem Juwelier ist jedoch zu erwarten, dass er über seine Einkäufe Buch führt und in Zweifelsfällen bei seinen Lieferanten nachfragt (OLG Zweibrücken GRUR 1997, 827, 829 – *Pharaon-Schmucklinie*).

2. Klageerhebung

37 Neben dem Fall der offensichtlichen Rechtsverletzung gewährt Abs. 2 den „Drittauskunfts"-Anspruch auch, wenn bereits Klage gegen den Verletzer erhoben wurde. Der Verletzte kann dann diesen Anspruch parallel geltend machen – ggf., um seine „Haupt"klage schlüssig zu machen. Das Gericht des ersten Rechtsstreits dürfte das Verfahren dann aussetzen (Abs. 2 S. 2).

38 Nicht mit dem Klageverfahren nach Abs. 2 zu verwechseln ist der gesonderte Richtervorbehalt bei einer Anforderung von Verkehrsdaten nach Abs. 9 (vgl. Rn. 54 ff.).

3. Gewerbliches Ausmaß

39 Die Gesetzesbegründung formuliert, dass „auch der in Absatz 2 geregelte Auskunftsanspruch gegenüber Dritten voraussetzt, dass die Rechtsverletzung im geschäftlichen Verkehr erfolgt ist". Damit soll nach der Gesetzesbegründung auch hier dem ErwG 14 der Enforcement-RL Rechnung getragen, wonach ein Auskunftsanspruch auf jeden Fall dann vorgesehen werden muss, wenn die Rechtsverletzung in gewerblichem Ausmaß vorgenommen worden ist. Wir haben oben bereits gezeigt, dass der Begriff des gewerblichen Ausmaßes dem Urheberrechtsgesetz grundsätzlich als allgemeine Tatbestandsvoraussetzung fremd ist (vgl. Rn. 4). Neben dem nunmehr kodifizierten Teil des selbstständigen Auskunftsanspruchs (zum Begriff vgl. Rn. 2) gibt es weiterhin ungeschriebene selbstständige Auskunftsansprüche, die nicht zwingend auf ein Handeln in gewerblichem Ausmaß beschränkt sind (vgl. Rn. 20 ff.).

Auf eine Handlung im geschäftlichen Verkehr (und damit in gewerblichem **40** Ausmaß) soll in der Regel dann zu schließen sein, wenn ihr Ausmaß über das hinausgeht, was einer Nutzung zum privaten Gebrauch entspricht (RegE UmsG Enforcement-RL – BT-Drs. 16/5048, S. 49). Die Fallpraxis war schon nach wenigen Jahren kaum noch zu überschauen. Der BGH hat zwischenzeitlich aber entschieden, dass der Begriff des gewerblichen Ausmaßes in § 101 Abs. 2 sich nicht auf die Rechtsverletzung, sondern allein auf die Dienstleistung bezieht (BGH GRUR 2012, 1026 – *Alles kann besser werden*; BGH GRUR-RR 2013, 360 – *XVIII PLUS*). Damit gibt es also **keine Einschränkung des Auskunftsanspruchs auf lediglich gewerbliche Rechtsverletzungen** (so bereits *Czychowski* MMR 2004, 514, 515 resp. für die Auslegung des zugrundeliegenden Art. 8 Abs. 1 lit. a) Enforcement-RL und unten vgl. Rn. 44).

(derzeit leer) **41–44**

4. Aktivlegitimation (Anspruchsberechtigung)

Berechtigt, den Anspruch nach Abs. 2 durchzusetzen, ist – wie bei Abs. 1 – **45** derjenige, der verletzt ist (dazu oben vgl. Rn. 25 und allgemein vgl. § 97 Rn. 127 ff.). Dabei reicht bei Inhabern ausschließlicher Nutzungsrechte die Einräumung von Nutzungsarten, die durch die Verletzung in erheblichen Umfang beeinträchtigt werden (OLG München MMR 2013, 317: eingeräumt war Nutzungsart „Datenträger (DVD, BD), nicht Online-Bereich"; verfolgt wurde eine Verletzung im Internet). Der Antragsteller muss ggfs. den Umfang seiner Nutzungsrechte belegen (dazu reichen im Einstweiligen Verfügungsverfahren Eidesstattliche Versicherungen (OLG Köln GRUR-RR 2016, 269 – *Bevorzugter Händler*), gerade wenn Zweifel wegen verschiedener Sprachfassungen eines Filmes bestehen (OLG Köln MMR 2014, 192). Nicht ausreichend für ein Vorgehen gegen ein Computerspiel, das bestimmte Musik benutzt, sind Nutzungsrechte zur Nutzung von Musik in Peer-to-Peer-Netzen (OLG Köln ZUM-RD 2015, 107). Nach Übertragung ausschließlicher Nutzungsrechte an einen Dritten erlischt die Aktivlegitimation (OLG Köln MMR 2015, 610).

5. Passivlegitimation (Anspruchsverpflichtung)

Hierzu zunächst **oben**, vgl. Rn. 26. Bislang wurde der „Drittauskunfts"-An- **46** spruch nur gegen Verletzer gewährt (§ 101a a. F.), wobei umstritten war, ob hierunter auch **Störer** zu verstehen waren (ein objektiv rechtswidriges Verhalten reichte nach Dreier/Schulze/*Dreier*[5] Rn. 8 aus, sodass u. E. auch eine Störereigenschaft ausreichen kann, wenn die weiteren Voraussetzungen für eine Störerstellung vorliegen: *Czychowski* MMR 2004, 514, 515, aber str.). Art. 8 Enforcement-RL erstreckt den Auskunftsanspruch in den in Abs. 1 Buchstaben a bis d genannten Fällen auch auf Dritte, allerdings ohne die Passivlegitimation des Dritten von der Verletzung einer Prüfpflicht abhängig zu machen, wie sie in der deutschen Störerrechtsprechung (noch) gefordert wird (dazu vgl. § 97 Rn. 154 ff. und beispielhaft *Leistner/Stang* WRP 2008, 533 ff.). Nach der Gesetzesbegründung soll nicht davon ausgegangen werden können, dass die Störerhaftung auf den verschiedenen Gebieten des geistigen Eigentums den gesamten Bereich des Art. 8 abdeckt (RegE UmsG Enforcement-RL – BT-Drs. 16/5048, S. 30). Nunmehr definiert Abs. 2 den Kreis der Verpflichteten konkret:

a) Besitzer rechtsverletzender Vervielfältigungsstücke (Nr. 1): Besitz ist der aus **47** dem BGB bekannte Begriff. Zum Terminus der Vervielfältigungsstücke s. § 16. Der Streit, ob der Drittauskunftsanspruch analog auf unkörperliche Up- und

Downloads im Internet anzuwenden ist (*Czychowski*, MMR 2004, 514, 515), ist durch die folgenden Buchstaben obsolet.

48   **b) Inanspruchnehmer rechtsverletzender Dienstleistungen (Nr. 2):** Der Begriff der Dienstleistung ist dem Urheberrechtsgesetz eigentlich fremd. Gemeint ist wohl die Vornahme von urheberrechtswidrigen Handlungen, z. B. das vom Rechteinhaber nicht lizenzierte Angebot auf einer Website, bestimmte urheberrechtliche geschützte Schutzgegenstände herunterzuladen.

49   **c) Dienstleister für rechtsverletzende Tätigkeiten (Nr. 3):** Durch die Regelung in Abs. 2 wird insb. ein Auskunftsanspruch gegenüber Internet-Providern geschaffen (RegE UmsG Enforcement-RL – BT-Drs. 16/5048, S. 49). Denn zuvor war besonders die Anwendung des § 101a a. F. auf Mittler jeder Art, insb. im Internet-Umfeld, auf sog. Zugangs-(Access-)Provider umstritten (vgl. Rn. 6; *Czychowski* MMR 2004, 514; *Kitz* ZUM 2006, 448; *Jan Bernd Nordemann/ Dustmann* CR 2004, 380; *Spindler/Dorschel* CR 2006, 342). Die Rechtsprechung war unterschiedlich: Kein Auskunftsanspruch bei bloßer Störerhaftung, da Haftung nach § 830 BGB Voraussetzung: OLG Frankfurt GRUR-RR 2005, 147, 148; kein Auskunftsanspruch gegen Access Provider, da Privilegierung gemäß § 8 Abs. 2 S. 2 TDG a. F. (§ 7 Abs. 2 S. 2 TMG) nur für Unterlassungsansprüche entfällt: OLG München MMR 2005, 616; Auskunftsanspruch aber gegen Host-Provider: Störer muss den konkreten Anbieter urheberrechtsverletzender Waren nennen, TDDSG steht nicht entgegen: OLG München GRUR 2007, 419, 424; generell kein Auskunftsanspruch, da Verbot der Auskunftserteilung in TDDSG a. F.: KG MMR 2007, 116. Nunmehr aber wird jedoch der Anspruch zu Recht auch bei Störereigenschaft angenommen (OLG München MMR 2012, 115 – *Werner eiskalt!*). Nicht ausreichend für das Tatbestandsmerkmal des Dienstleisters für rechtsverletzende Tätigkeiten soll sein, wenn die Verletzung (hier: Fälschung einer Lizenzdatei) bereits abgeschlossen ist, als sich des Providers (hier: zum Versenden) bedient wird (LG München I MMR 2016, 776 f.); es fehle an einer Dienstleistung im finalen Sinne für die Rechtsverletzung. Wir hegen insoweit Zweifel, denn Ziff. 3 spricht von „für rechtsverletzende Tätigkeiten genutzte Dienstleistungen", und erwähnt einen „finalen Bezug", worauf der sich auch genau beziehen mag, gerade nicht. In Zeiten von Software as a Service, also Nutzungen von Computerprogrammen mittels Netzwerkverbindungen (vgl. § 69c Rn. 74 ff.) ohne eigene Installation, dürfte jedenfalls in Fällen solcher Nutzungen von Access-Providern diese die einzigen sein, die überhaupt Verletzungen „mitbekommen", und nicht zuletzt aufgrund der Intention des Gesetzgebers durch Nr. 3 Verletzungen, die über das Internet begangen werden (s. RegE UmsG Enforcement-RL – BT-Drs. 16/5048, S. 49), verfolgbar zu machen, Nr. 3 einschlägig sein.

50   Voraussetzung ist nun also, dass eine Dienstleistung erbracht wird, die für rechtsverletzende Tätigkeiten genutzt wird. Das kann jede Form einer Leistung sein, sei es Zugangsvermittlung im Internet, seien es Transportdienste auf der Straße. Auf den diese Leistung begründenden Vertrag und dessen Rechtscharakter kommt es nicht an. Denkbar sind Mietverträge, Pachtverträge, aber auch andere Dauerschuldverhältnisse oder auch ein Werkvertrag. Der Begriff, der, wie betont (vgl. Rn. 49), dem Urheberrecht fremd ist, dürfte denkbar weit zu verstehen sein. Webhoster gehören auch dazu (LG Hamburg MMR 2015, 538). Die Tätigkeit wiederum bezieht sich auf alle denkbaren urheberrechtswidrigen Handlungen, also jedwede Handlung, die gegen ein Recht der §§ 12 ff. verstößt. Nicht erfasst von § 101 Abs. 2, Abs. 9 ist die Fallkonstellation, dass der Anschlussinhaber lediglich Kunde bei einem sog. Reseller ist, der dem Verletzten Auskünfte aber ohne Gestattungsanordnung nach § 101 Abs. 9 erteilt hat und der Anschlussinhaber nun in dem Gestattungsverfahren gegen den (Haupt-)Provider versucht, diese Auskunftserteilung im Wege der Beschwerde als unzulässig erklärt zu bekommen (OLG Köln GRUR-RR 2013, 137 – *Reseller*). Ob es für eine solche Konstellation einer zweiten Gestattungs- anordnung gegen den Reseller bedarf, lässt das OLG Köln offen, deutet zu aber an, dass dies nicht der Fall sein dürfte, da diese Auskunft lediglich Be- standsdaten betrifft.

d) Beteiligter an Handlungen nach Nummer 1, 2 oder 3 (Nr. 4): Beteiligter   **51** ist Täter oder Teilnehmer. Zur Problematik des gewerblichen Ausmaßes der Beteiligung vgl. Rn. 39 ff.

6. Einschränkung Zeugnisverweigerungsberechtigung

Wer nach den §§ 383 bis 385 ZPO im Prozess gegen den Verletzer zur Zeugnis-   **52** verweigerung berechtigt ist, ist nach Abs. 2 nicht auskunftspflichtig. Die Ein- schränkung beruht auf Art. 8 Abs. 3 lit. d) der Enforcement-RL. Dadurch soll der Dritte im Rahmen des Auskunftsanspruchs nicht schlechter gestellt werden, als wenn er wegen des Sachverhalts in einem Gerichtsverfahren als Zeuge gela- den wäre (RegE UmsG Enforcement-RL – BT-Drs. 16/5048, S. 39). Ob zu dem Kreis dieser Personen auch Bankangestellte gehören, sodass eine Auskunft über den Inhaber eines Kontos von einer Bank nicht verlangt werden kann, war umstritten (so OLG Naumburg, GRUR-RR 2012, 388; OLG Stuttgart, GRUR- RR 2012, 73, kritisch dazu bereits *Czychowski* GRUR-Prax 2012, 63, da das Bankgeheimnis in Deutschland nur gewohnheitsrechtlich und vertraglich gere- gelt ist). Nach allgemeiner Meinung gehören zum Personenkreis nach § 383 I Nr. 6 ZPO auch Bankangestellte. Zwar ist das so genannte **Bankgeheimnis** nicht gesetzlich normiert, wie man meinen könnte. Nr. 2 AGB-Banken regelt es jedoch zivilvertragsrechtlich und so ist es allgemeine Meinung, dass dem Bankangestellten kraft Natur der Sache vertrauliche Tatsachen im Sinne der eben genannten Norm anvertraut sind, nämlich z. B. die Nummer einer Konto- beziehung und die Inhaberschaft eines Kontos (*Czychowski* EuZW 2015, 745). Der EuGH hat dies nun in einem markenrechtlichen Fall entscheiden (s. *Czy- chowski* EuZW 2015, 745): Der EuGH auferlegt dem BGH zu prüfen, ob das nationale Recht Rechtsbehelfe enthält, die es den zuständigen Justizbehörden ermöglichen, im Einklang mit Erwägungsgrund 17 der Enforcement-RL die Erteilung der erforderlichen Auskünfte über die Identität des Kontoinhabers nach Maßgabe der spezifischen Merkmale des Einzelfalls anzuordnen (EuGH GRUR 2015, 894 Tz. 42 – *Davidoff Hot Water*). Mittlerweile gibt es auch erste Entscheidungen aus dem Urheberrecht, die diese Rechtsprechung übertra- gen (LG Hamburg, Urt. vom 7.7.2016, 308 O 126/16).

7. Kostenerstattung

Abs. 2 S. 3 normiert einen eigenen Kostenerstattungsanspruch des Dritten: Die-   **53** ser kann von dem Verletzten den Ersatz der für die Auskunftserteilung erfor- derlichen Aufwendungen verlangen.

8. Insb. Verkehrsdatenauskunft nach Abs. 9 und prozessuale Maßnahmen

Mit Abs. 2 soll nach der Gesetzesbegründung insb. ein Auskunftsanspruch ge-   **54** gen Internet-Access-Provider eingeführt werden (RegE UmsG Enforcement- RL – BT-Drs. 16/5048, S. 49). Da dieser auf Bedenken seitens des Datenschutz- rechts und des Fernmeldegeheimnis stößt (unsere Stellungnahme dazu vgl. Rn. 72 ff.), ist für die mit einer solchen Auskunft zwingend verbundene Berüh- rung von sog. Verkehrsdaten im telekommunikationsrechtlichen Sinne ein be- sonderes Verfahren nach Abs. 9 eingeführt worden. Mit ihm soll nach dem klar geäußerten Willen des Gesetzgebers dem Rechteinhaber eine Ermittlung des Rechteverletzers ermöglicht werden (RegE UmsG Enforcement-RL – BT- Drs. 16/5048, S. 39). Wir werden sogleich sehen, dass dieses Ziel unter be- stimmten Voraussetzungen nicht erreichbar ist (s. zu diesem Dilemma auch *Rücker*, ZUM 2008, 391 ff.). Allerdings kann das Rechtsschutzbedürfnis für

einen Antrag nach Abs. 9 fehlen, wenn er auf die Verbreitung eines gewaltpor-
nografischen Films, und damit eines nach § 184a StGB verbotenen Produktes,
gestützt wird (OLG Köln GRUR-RR 2013, 324 – *Extreme Pervers Nr. 1*).

55   **a) Vorgaben der Enforcement-RL:** Ob der Auskunftsanspruch nur bei richterlicher Anordnung gilt oder als ein eigenständiger materiell-rechtlicher Anspruch
in nationales Recht umgesetzt werden muss, erschließt sich aus dem Wortlaut
der Richtlinie nicht ohne weiteres. Der Wortlaut der Richtlinie spricht lediglich
davon, dass *„die zuständigen Gerichte [...] eine Anordnung erteilen können
[...]“*. Aber auch Art. 10 Enforcement-RL, der einstweilige Maßnahmen regelt,
wählt einen vergleichbaren Wortlaut. Nun könnte man einwenden, dieser Artikel regelt nur formelle Fragen der Prozessordnung. Allerdings sind auch die
klar materielle Ansprüche regelnden Art. 12 Enforcement-RL (nun überschrieben als „Abhilfemaßnahmen“, in vorheriger Fassung überschrieben als „Rückruf von Waren“) oder der nunmehr in Art. 12 Enforcement-RL eingefügte
Art. 14 Enforcement-RL (Überschrift: „Vernichtung der Ware“) entsprechend
formuliert. Diese vergleichende Betrachtung spricht daher dafür, dass auch
Art. 9 Enforcement-RL einen materiellen Anspruch regelt, der schon ohne gerichtliche Anordnung besteht und lediglich gerichtlich bestätigt bzw. streitweise
gerichtlich durchgesetzt werden kann. Weiterhin nimmt der Wortlaut an anderer Stelle der Richtlinie ausdrücklich auf das in Art. 9 Abs. 1 Enforcement-RL
enthaltene *„Auskunftsrecht“* bzw. *„Recht auf Auskunft“* Bezug. So lautet die
Überschrift des Art. 9 Enforcement-RL *„Recht auf Auskunft“*, in Art. 9 Abs. 3
Ziff. a) und c) Enforcement-RL wird das *„Auskunftsrecht“* angeführt. Auch
unter Heranziehung der Begründung der RL, die ausdrücklich von einem *„Auskunftsrecht“* (s. z.B. KOM (2003) 46 endg., 16, 23 sowie ErwG 7 (S. 31))
ausgeht, kommt man zu diesem Ergebnis. Weiterhin wird betont, dass *„dieser
Artikel den Art. 47 des TRIPs-Übereinkommens über das Recht auf Auskunft
ergänzt“* (KOM (2003) 46 endg., 23). Art. 47 TRIPs-Übereinkommen ist im
Übrigen genauso als Anordnung richterlicher Maßnahmen aufgebaut, beinhaltet aber einen materiellen Anspruch. Darüber hinaus wird hervorgehoben, dass
die Regelung sich *„orientiert an diesbezüglichen Bestimmungen einiger nationaler Normen (Benelux, Deutschland)“* (KOM (2003) 46 endg., 23). Dies bezieht sich auf z.B. § 19 MarkenG oder § 101a UrhG a.F., die zweifelsohne als
materieller Anspruch verstanden werden und nicht etwa unter dem Vorbehalt
einer gerichtlichen Entscheidung stehen, sondern lediglich die Möglichkeit einer gerichtlich erzwingbaren Durchsetzbarkeit kennen (*Fezer* § 19 Rn. 1; Schri-
cker/*Wild*² § 101a Rn. 1). U. E. **verstößt** daher das nach Abs. 9 zwingend vorgeschriebene Verfahren **gegen EU-Recht**. Dem kann man auch nicht mit einem
Verweis auf zwingendes deutsches Verfassungsrecht (hier wohl Fernmeldegeheimnis) entgehen, denn einerseits ist dieses jedenfalls in den Fällen der Tauschbörsenpiraterie nicht einschlägig (dazu vgl. Rn. 75 ff.), andererseits hat das
BVerfG anlässlich der weiter unten besprochenen Entscheidung zur Vorratsdatenspeicherung (vgl. Rn. 74) noch einmal ausdrücklich ausgeführt, dass zwingendes EU-Recht außerhalb der Gerichtsbarkeit des BVerfG liegt, solange – was
derzeit der Fall ist – die Europäische Union einen wirksamen Schutz der Grundrechte gegenüber der Hoheitsgewalt der Gemeinschaften generell gewährleistet,
der vom Grundgesetz jeweils als unabdingbar gebotenen Grundrechtschutz im Wesentlichen gleich zu achten ist (BVerfG MMR 2008, 303 – *Vorratsdatenspeicherung* Tz. 135).

56   **b) Vorgeschriebenes gesondertes Verfahren:** Abs. 9 führt für den u. E. rein materiellen Auskunftsanspruch, entgegen den eben beschriebenen Vorgaben der
RL, ein eigenes rechtsförmliches Verfahren zur Erteilung dieser Auskünfte ein.
Der Verletzte muss eine vorherige richterliche Anordnung über die Zulässigkeit
der Verwendung der Verkehrsdaten beantragen. Erst dann kann, darf und muss
(?) der betroffene Dritte die Auskünfte erteilen.

Zu prozessualen Besonderheiten **unten, vgl. Rn. 104.** Dem Antrag nach Abs. 9 **57** fehlt das **Rechtsschutzbedürfnis,** wenn er auf Verbreitung eines strafrechtlich verbotenen Produktes (hier: gewaltpornografische Darstellungen) gestützt wird (OLG Köln MMR 2014, 135). Das **Verfahren** wird zwingend vor den Landgerichten geführt (Abs. 9 S. 2). Zuständig ist das Landgericht, in dessen Bezirk der zur Auskunft Verpflichtete seinen Wohnsitz, seinen Sitz oder eine Niederlassung hat; und dort die Zivilkammer. Einige Gerichte fordern die Selbstständigkeit der Niederlassung (OLG Nürnberg v. 19.3.2009 – 3 W 1988/08; LG Frankfurt aM. MMR 2008, 829 f.; LG Mannheim v. 22.9.2008 – 7 O 251/ 08). Hiernach kommt es auf den zurechenbar gesetzten Rechtschein der Dauerhaftigkeit und der Berechtigung zum Geschäftsabschluss aus eigener Entscheidung heraus an. Jedoch findet sich weder in den Gesetzesmaterialien noch in dem Wortlaut ein Hinweis auf eine derartige Auslegung (*Klickermann*, K&R 2009, 777 f.). Andere Gerichte stellen auf einen Sachbezug zur Verletzungshandlung in der Weise ab, dass am Ort der Niederlassung ein wesentlicher Beitrag zu den für die rechtsverletzenden Tätigkeiten genutzten Dienstleistungen erbracht wird (OLG Nürnberg v. 19.3.2009 – 3 W 1988/08; OLG Düsseldorf InstGE 10, 241 ff.). Ein weiterer Ansatz ist der, einen Verwaltungssitz des Auskunftspflichtigen im Inland zu fordern (OLG Karlsruhe v. 12.2.2009 – 6 W 79/08; OLG Düsseldorf InstGE 10, 241 ff.). Die ohnehin vielerorts überlasteten Urheberrechtskammern dürften sich also auf einige Mehrarbeit einzustellen haben, was eine zunehmend restriktive Auslegung des Gerichtsstandes (so *Klickermann*, K&R 2009, 777 f.) erklären dürfte.

Das Verfahren folgt den Regeln des Gesetzes über das Verfahren in Familiensachen und Angelegenheiten der freiwilligen Gerichtsbarkeit (**FamFG**), die entsprechend anzuwenden sind. Das bedeutet also z. B., dass es nicht allgemein öffentlich ist und der Amtsermittlungsgrundsatz gilt (§ 26 FamFG). Nach der Gesetzesbegründung soll das Landgericht bei seiner Entscheidung insb. abwägen, ob der Antragsteller Inhaber eines geistigen Schutzrechts ist, eine Verletzung dieses Rechts angenommen werden kann und die Schwere der Rechtsverletzung den Grundrechteingriff (gemeint ist wohl in das Fernmeldegeheimnis, zu unseren Bedenken dagegen vgl. Rn. 74) rechtfertigt. Der Erlass einer Anordnung setzt voraus, dass die sie rechtfertigenden Umstände glaubhaft gemacht sind (OLG Köln ZUM-RD 2013, 260). Der Beschluss des LG im Verfahren nach Abs. 9 wird **mit Bekanntgabe** an die Beteiligten **wirksam** (§§ 40, 41 FamFG), ist also nicht etwa wie eine Verfügung im Parteibetrieb zuzustellen. **58**

Die **Kosten** der richterlichen Anordnung trägt der Verletzte, kann sich diese **59** aber als Schaden natürlich über das Verfahren nach Abs. 9 ermittelten Verletzer wiederholen. Diese Kosten sind in dem nachfolgenden Verfahren gegen den Rechtsverletzer festsetzungsfähig (BGH WRP 2014, 1468 – *Deus Ex*; BGH ZUM-RD 2015, 214). Das Verfahren hat eine pauschale Gerichtsgebühr von € 200,00 (§ 128e KostO). Entgegen anderer Entscheidungen von Untergerichten (LG Köln BeckRS 2012, 25354) hält jedenfalls das OLG Köln daran auch fest (OLG Köln ZUM-RD 2013, 260). Der für die anwaltliche Vergütung maßgebliche Gegenstandswert ist nicht identisch mit der Gebühr nach § 128e KostO. Er wird unterschiedlich angesetzt (OLG Köln: € 3.000,00 im Allgemeinen). Die Gerichte beurteilen teilweise unterschiedlich, wie die Auskunft über verschiedene IP-Adressen sich in diesen Gebühren niederschlägt: Das OLG Köln (MMR 2009, 125 f.) sieht im Zentrum der Betrachtung nicht die einzelne IP-Adresse, sondern das geschützte Werk, sodass Anträge unabhängig von der Zahl der mitgeteilten IP-Adressen einheitlich (mit in der Regel € 3.000,00 als Gegenstandswert) zu bewerten sind (ebenso: OLG Düsseldorf K&R 2009, 346 f.; OLG Köln MMR 2009, 473 f.). Auch das OLG Karlsruhe (WRP 2009, 335 ff.) sieht in dem Umstand, dass dasselbe Werk unter Verwendung unterschiedlicher IP-Adressen zum Download angeboten wurde, keine derartig unterschiedlichen Lebenssachverhalte, dass für jeden Antrag eine gesonderte Gebühr anfällt. Anders aber, wenn in einem Auskunftsersuchen mehrere Anträge zusammengefasst sind, denen unterschiedliche Lebenssachverhalte zugrunde liegen (OLG Karlsruhe MMR 2012, 251). Es kommt danach nicht auf die Anzahl der IP-Adressen, sondern auf die Anzahl der Werke an (OLG Frankfurt aM. GRUR-RR 2009, 407 f.). Das Justizministerium des Landes Nordrhein-Westfalen hat mit Erlass vom 2.2.2009 – 5600 – Z. 286 – verfügt, dass die Gebühr nach § 128e Abs. 1 Nr. 4 KostO für einen Antrag unabhängig von der Zahl der im Antrag bezeichneten IP-Adressen in Höhe von € 200,00 erhoben werde. Das OLG München (CR 2010, 744 ff.; OLG München ZUM-RD 2014, 211) geht sogar noch weiter und setzt auch trotz Zugrundelegung von unterschiedlichen Werken aufgrund der maßgeblichen formalen Betrachtungsweise nur eine Festgebühr an. Wird der Antrag zurückgenommen, bevor über ihn eine Entscheidung ergangen ist, wird eine Gebühr von € 50,00 erhoben (§ 128e Abs. 2 KostO). Von der Erhebung der Gebühr für die Zurückweisung bzw. für die Zurücknahme des Antrags soll im Einzelfall abgesehen werden können, wenn der Antrag auf unverschuldeter Unkenntnis des Antragstellers über die tatsächlichen und rechtlichen Verhältnisse beruht (§ 130 Abs. 5 KostO). Die **Aufwendungen des Providers** kann dieser erstattet verlangen (dazu oben, vgl. Rn. 53). Bei der Beschwerde eines Anschlussinhabers gegen eine Anordnung nach Abs. 9 entspricht der Beschwerdewert dem Wert der Forderung, die der Rechteinhaber geltend macht. Wird die Anordnung hingegen abgelehnt, ist bei Rechtsmitteln der Wert gem. § 36 Abs. 3 GNotKG anzusetzen (OLG Köln CR 2016, 824, nur Ls.).

60 Je nachdem, welcher Auffassung das entscheidende LG zuneigt, ob z. B. unmittelbar eine Auskunftsgestattung erlassen wird oder eine Sicherungsanordnung oder keines von beiden (vgl. Rn. 61), unterscheiden sich die **Entscheidungsformen:** Entweder es ergeht ein Beschluss auf Auskunftsgestattung, eine Anordnung auf vorläufige Sicherung der IP-Daten oder keines von beiden. Nach einer Anordnung hat das Gericht nur auf Antrag einer der Beteiligten das sog. Hauptsacheverfahren einzuleiten (§ 52 Abs. 1 S. 1 FamFG). Die **Rechtsmittel** stellen sich wie folgt dar: Gegen die Entscheidung des LG ist die **Beschwerde** zum OLG statthaft (Abs. 9 S. 5, §§ 58 ff. FamFG). Diese kann auch gewissermaßen als Fortsetzungsfeststellungsbeschwerde das Ziel haben festzustellen, dass die Entscheidung des Gerichts des ersten Rechtszuges den Beschwerdeführer in seinen Rechten verletzt hat, wenn ein berechtigtes Interesse dafür vorliegt (§ 62 Abs. 1 FamFG). **Beschwerdeberechtigt** ist nicht nur der Provider, sondern auch der als weiterer Beteiligter; und zwar auch dann noch, wenn die Auskunft bereits erteilt ist (BGH GRUR 2013, 536 Tz. 13 ff. – *Die Heiligtümer des Todes*). Die **Frist** hierfür beträgt 2 Wochen (Abs. 9 S. 6, anders als § 63 FamFG), spätestens 5 Monate nach (§ 63 Abs. 3 FamFG), nicht allerdings für Anschlussinhaber, die an dem ursprünglichen Verfahren nicht beteiligt waren (BGH GRUR 2013, 536 Tz. 20 ff. – *Die Heiligtümer des Todes*, der offen lässt, ob für diese keine Beschwerdefrist gilt oder die Beschwerdefrist in entsprechender Anwendung des § 63 Abs. 3 S. 1 FamFG mit einer schriftlichen Bekanntgabe des Beschlusses an ihn beginnt). Jedenfalls nach 6 Jahren ist dann aber auch für diese das Beschwerderecht verwirkt (OLG Köln ZUM-RD 2016, 243). Die Beschwerde kann nur darauf gestützt werden, dass die Entscheidung auf einer Verletzung des Rechts beruht. Die Entscheidung des OLG ist nur in den Fällen des § 70 Abs. 2 S. 2 FamFG mit der **Rechtsbeschwerde** anfechtbar. Zulässig bleibt aber auch die **Sprungrechtsbeschwerde** (§ 75 FamFG).

61 Das Verfahren nach Abs. 9 hat erhebliche Diskussionen in der **Literatur** verursacht. *Spindler* (ZUM 2009, 640 ff.): Dynamische IP-Adressen sind Verkehrsdaten (so auch *Jüngel/Geißler* MMR 2008, 787 ff.), die erst durch diese Verbindungen mit einer bestimmten Person verknüpft werden. *Ladeur* K&R 2008, 650 ff.: Problemverlagerung in das Datenschutzrecht. Überlegung, ob nicht ein „Vorschaltverfahren" vor der gerichtlichen Durchsetzung von Ansprüchen in Gestalt eines Mahnverfahrens den Verletzer von der Begehung weiterer Rechtsverletzungen abhalten könnte. *Ladeur* NJOZ 2010, 1606 ff.: Anspruch auch auf Speicherung der Verkehrsdaten durch den Internetprovider gemäß § 101 Abs. 2 i. V. m. Abs. 9 UrhG i. V. m. § 96 Abs. 2 S. 1 TKG. *Jüngel/Geißler* MMR 2008, 787 ff.: Auskunftsanspruch läuft weitgehend leer, da einzig zur Verfügung stehende Daten solche sind, die unabhängig von § 114a TKG gespeichert werden, bspw. Daten zur Rechnungserstellung. Diese Daten müssen aber nach §§ 96 Abs. 2, 97 Abs. 3 S. 3 TKG danach umgehend gelöscht werden. *Kuper* ITRB 2009, 12 ff.: Dynamisch vergebene Adressen sind Verkehrsdaten i. S. d. § 3 Nr. 30 TKG. Dürfen nur im Zusammenhang mit einer Auskunft nach § 113 TKG, also nicht im Rahmen eines Auskunftsersuchens nach § 101 UrhG verwendet werden. Auskunftserteilung nur bei richterlicher Anordnung und Speicherung außerhalb der Vorratsdatenspeicherung aus § 113a TKG möglich. Damit ist § 101 UrhG nicht geeignet, der Urheberrechtsverletzungen im Internet Herr zu werden. Tendenziell zurückhaltender: s. Schricker/Loewenheim/*Wimmers*[5] Rn. 99 ff. Auch die **Rechtsprechung** ist bislang alles andere als einheitlich. Grob lassen sich die verschiedenen Strömungen wie folgt unterteilen: Die Hamburger Gerichte folgen grundsätzlich, wenn auch mit zum Teil abweichenden und differenzierenden Begründungen, der hier aufgezeigten Argumentation: Es besteht aufgrund von § 101 Abs. 9 ein Auskunftsanspruch gegen Provider auf Mitteilung der Klarnamen und Adressen, unter denen sich Nutzer von IP-Adressen bei ihnen angemeldet haben (OLG Hamburg MMR 2010, 338). Demgegenüber wählt eine zweite Gruppe von Gerichten folgende Lösung: Abs. 9 gewährt zwar keinen direkten Auskunftsanspruch im einstweiligen Rechtschutz, aber ermöglicht es Verletzten, schnell dafür zu sorgen, dass Daten zu IP-Adressen nicht gelöscht werden, bevor über deren Herausgabe nicht in einem gesonderten Verfahren entschieden ist (OLG Köln K&R 2008, 751 ff.). Und schließlich gibt es die Gruppe von Gerichten, die all dies ablehnen und argumentiert, es fehle an einer datenschutzrechtlichen Ermächtigungsgrundlage für die Speicherung und dann auch Herausgabe der entsprechenden Daten (OLG Frankfurt aM. MMR 2009, 542; OLG Düsseldorf GRUR-RR 2013, 208). Zu der Sonderproblematik **„Speicherung auf Zuruf"** vgl. Rn. 68a. Der BGH hat nunmehr allgemein das Verfahren nach Abs. 9 als **datenschutzkonform und im Einklang mit Verfassungs- und EU-Recht** bezeichnet (BGH GRUR 2012, 1026 Tz. 37 f., 41 ff. und 53 – *Alles kann besser werden*), ohne allerdings auf die hier dargestellten Fragen im Detail einzugehen.

9. Verhältnis zu Datenschutz- und TK-Recht

Im Blickpunkt der dem Gesetzgebungsverfahren zur Enforcement-RL vorangegangenen Diskussion des Drittauskunftsanspruchs stand die Frage, ob die Bestimmungen des Datenschutzrechts oder das Fernmeldegeheimnis einem Drittauskunftsanspruch entgegen stehen können, etwa ob diese Bestimmungen Zugangsanbieter daran hindern, Rechteinhabern Auskunft über die Identität urheberrechtswidrig handelnder Nutzer zu erteilen. Das Bundesjustizministerium war insoweit der Ansicht, dass eine Auskunftsverpflichtung nach damaligem Recht nur gegenüber den Strafverfolgungsbehörden besteht (Fragebogen des Bundesministeriums der Justiz zum 2. Korb – Frage D.; abrufbar auf http://www.urheberrecht.org/topic/Korb-2/bmj/Fragebogen.pdf; zuletzt abgerufen am 8.3.2017). Oder anders ausgedrückt, ob es datenschutzrechtliche Erlaubnistatbestände für die für den Auskunftsanspruch zwingend erforderliche Nutzung bestimmter Daten gibt bzw. wie der etwaige Eingriff in das Fernmeldegeheimnis gerechtfertigt wird. Der Gesetzgeber hat nun Abs. 9 geschaffen, ohne allerdings alle in diesem Zusammenhang bedeutsamen datenschutzrechtlichen

62

Bestimmungen wirklich zu harmonisieren. Ob dies bewusst erfolgte, darüber streiten sich die Geister. Die Lage scheint sich wie folgt darzustellen:

63   a) **Einführung:** Art. 8 Abs. 3 lit. (a) Enforcement-RL formuliert (insb.), dass der Anspruch nach Abs. 1 „unbeschadet anderer gesetzlicher Bestimmungen gilt, die den Schutz der Vertraulichkeit von Informationsquellen oder die Verarbeitung personenbezogener Daten regeln". Damit ist u. a. das Datenschutzrecht angesprochen. Dies kann aber nicht zu einem Ausschluss des in Abs. 1 gewährten Anspruchs führen. Zum einen wäre es widersinnig, wenn der Richtliniengeber in Abs. 1 einen Anspruch gewährt, um diesen sogleich per se in Abs. 3 durch Datenschutzrecht wieder auszuschließen.

64   Da es sich bei den hier interessierenden Daten (Name, Adresse, aber auch IP-Nummer) jedenfalls nach überwiegender Auffassung (AG Berlin-Mitte K&R 2007, 600; *Pahlen-Brandt*, K&R 2008, 288; a. A. *Eckhardt*, K&R 2007, 602) um personenbezogene Daten i. S. d. Datenschutzrechts handelt (Simitis/*Dammann* § 3 Rn. 10), dürfte das datenschutzrechtliche Verbot mit Erlaubnisvorbehalt greifen (s. § 4 BDSG). Es muss also, wenn – wie hier zu diskutieren – der Auskunftsanspruch nur unter Nutzung dieser Daten möglich ist, sowohl für die Speicherung als auch die etwaige Übermittlung eine Befugnis – besser aus Sicht der Rechteinhaber: eine Verpflichtung – zur Speicherung geben.

65   Zunächst muss geklärt werden, welches datenschutzrechtliche Regime auf die hier interessierenden Vorgänge Anwendung findet (Telekommunikations- oder Telemedienrecht), um dann zu klären, welche Arten von Daten überhaupt betroffen sind und ob diese zu nutzen, die entsprechenden Regelungen gestatten oder – wenn dies nicht der Fall ist –, ob dies mit höherrangigem Recht bzw. allgemeinen Auslegungsgrundsätzen vereinbar ist.

66   b) **Anwendbarkeit von TMG oder TKG:** Die Abgrenzung, wann TMG und wann TKG Anwendung findet, enthält § 1 Abs. 1 TMG, wonach vereinfacht ausgedrückt für die reinen Zugangsdienste TKG Anwendung findet, Inhaltsdienste aber dem TMG unterliegen. Für die hier interessierenden Fälle bedeutet dies, dass das Regime des TMG auf Fälle der Nutzung von Auktionsplattformen oder Inhalte angeboten auf einer Website Anwendung finden kann. Demgegenüber ist die Vermittlung des Zugangs zum Internet, etwa über Provider wie T-Online und deren Vergabe von dynamischen IP-Adressen zur Nutzung des Internet, Telekommunikation.

67   c) **Bei dynamischen IP-Adressen betroffene Daten und Vorgänge:** Will ein Nutzer sich im Internet bewegen, benötigt er zunächst einen sog. Account bei einem Provider. Jedenfalls sein Name und seine Adresse werden zur Begründung des entsprechenden Vertragsverhältnisses benötigt und müssen vom Provider auch zumindest für die Dauer der Vertragsbeziehung gespeichert werden. Hierbei handelt es sich unstreitig um Bestandsdaten sowohl nach TKG als auch nach TMG. Des Weiteren benötigt der Nutzer, der nicht über eine feste IP-Adressse (weil dauerhaften Internet-Zugang) verfügt, eine sog. dynamische IP-Adresse, die der Provider ihm von Fall zu Fall bei seinem Einwählen in das Internet zuweist (hierzu z. B. Scheurle/Mayen/*Fellenberg*[2], § 113a Rn. 24). Wird dem Nutzer dann vom Provider eine dynamische IP-Adresse zugewiesen, um im Einzelfall den Zugang zum Internet zu erhalten und dort etwa Auktionsgeschäfte durchzuführen, sich an einem Chat zu beteiligen oder auf einer Website einen Blog zu verfassen, wohnt diesem Datum ein Nutzungsbezug inne. Daher scheint es sich um Nutzungsdaten im telemedienrechtlichen Sinn (§ 15 TMG) bzw. Verkehrsdaten im telekommunikationsrechtlichen Sinn (§ 3 Nr. 30 TKG) zu handeln. Ob die Verknüpfung von Verkehrsdatum (dynamische IP-Adresse zu einer bestimmten Zeit) sowie Namen und Adresse des Kunden (Bestandsdatum) wiederum die Regeln über Verkehrsdaten betrifft oder die der

Bestandsdaten, scheint uns offen (Für Verkehrsdaten: *Dietrich* GRUR-RR 2006, 145 ff.; *Bär* MMR 2002, 358 ff.; LG Ulm MMR 2004, 187; LG Darmstadt GRUR-RR 2006, 173; für Bestandsdaten: *Sankol* MMR 2006, 361; LG Hamburg MMR 2005, 711; LG Stuttgart CR 2005, 598; LG Offenburg MMR 2008, 480 ff.; zweifelnd, ob Verkehrsdaten: OLG Zweibrücken MMR 2009, 45; *Beck/Kreißig* NStZ 2007, 304 ff.; OLG Wien MMR 2005, 591, 592 geht von den deutschen Bestandsdaten vergleichbaren sog. Stammdaten aus; Gegenäußerung des Bundesrates zu RegE UmsG Enforcement-RL – BT-Drs. 16/5048, S. 56). Es gibt auch Stimmen, die verneinen, dass IP-Adressen überhaupt dem Datenschutzrecht unterfallen (*Sachs* CR 2010, 547 ff.; das aber nun klar verneinend: EuGH GRUR Int. 2016, 1169 – *Breyer/Bundesrepublik Deutschland*; s. zu der EuGH-Entscheidung auch die Anmerkungen von *Eckhardt*, ZUM 2016, 1029 f.; *ders.*, CR 2016, 786 ff.). Wir gehen bei der folgenden Kommentierung von den strengeren Regeln für Verkehrsdaten aus. So auch der BGH (BGH GRUR 2012, 1026 Tz. 37 f., 41 ff. und 53 – *Alles kann besser werden*). Der für Datenschutzrecht zuständige VI. Zivilsenat des BGH sieht dynamische IP-Adressen jedenfalls als personenbezogene Daten an: BGH WRP 2017, 1100.

d) Speicherbefugnis und -verpflichtung:

Verkehrsdaten dürfen gemäß § 96 TKG für die dort genannten Zwecke verwendet werden. Nach dessen Abs. 2 dürfen gespeicherte Verkehrsdaten (es bleibt nach dem Wortlaut unklar, ob dies nur solche sind, die unter den Voraussetzungen des Abs. 1 gespeichert wurden) über das Ende der Verbindung hinaus nur verwendet werden, soweit sie zum Aufbau weiterer Verbindungen oder für die in den §§ 97, 99, 100 und 101 TKG (insb. Entgeltermittlung und Störungszecke) genannten oder *für die durch andere gesetzliche Vorschriften begründeten Zwecke erforderlich sind* (Hervorhebung durch die Verfasser). Auf Letzteres kommen wir weiter unten zurück (vgl. Rn. 72). Mittlerweile hat der für das Datenschutzrecht zuständige 3. Zivilsenat entschieden, dass § 100 Abs. 1 TKG Grundlage für die Speicherung auch von IP-Adressen sein kann, wobei nicht vorausgesetzt wird, dass im Einzelfall bereits Anhaltspunkte für eine Störung oder einen Fehler an den TK-Anlagen vorliegen (BGH MMR 2011, 341). Sie ist auch bei Prepaid-Tarifen zulässig, auf sieben Tage zu begrenzen, darf aber anlasslos sein (BGH MMR 2011, 341). Auch andere Gerichte sehen die Speicherung als zulässig an (OLG Köln GRUR-RR 2016, 225 – *IP-Adressen-Speicherung*). Neben dieser Erlaubnis enthielt § 113a TKG auch eine Speicher*verpflichtung* für Provider aus Gründen der öffentlichen Sicherheit für sechs Monate, die sich nach § 113a Abs. 4 TKG auch auf bestimmte Internet-Daten bezieht (Scheurle/Mayen/*Fellenberg*[2], § 113a Rn. 23 ff.). Zu Letzterem hat das BVerfG entschieden, dass die Regelungen des TKG und der StPO über die Vorratsdatenspeicherung nicht mit Art. 10 GG vereinbar sind, da es an einer dem Verhältnismäßigkeitsgrundsatz entsprechenden Ausgestaltung fehlt. Dieser Verstoß gegen Art. 10 GG führt zur Nichtigkeit der §§ 113a und 113b TKG (BVerfG MMR 2010, 356 ff.). Da diese Regelungen auf der EU-Richtlinie zur Vorratsdatenspeicherung (2006/24/EG) beruhten, war der deutsche Gesetzgeber zur Umsetzung dieser Richtlinie verpflichtet. Ein Vertragsverletzungsverfahren wurde eingeleitet. Dann allerdings erklärte der EuGH die EU-Richtlinie zur Vorratsdatenspeicherung (2006/24/EG) für ungültig (EuGH MMR 2014, 412 – *Digital Rights Ireland Ltd.*). Mittlerweile hat das BVerfG im Rahmen eines Eilverfahrens entschieden, dass eine vorläufige Aussetzung der durch das neue Vorratsdatenspeicherungsgesetz vom 10.12.2015 (BGBl. 2015 I S. 2218) angeordneten Speicherpflicht von Telekommunikations-Verkehrsdaten nicht geboten ist, da im Rahmen der Folgenabwägung die für die Aussetzung erforderlichen besonders schwerwiegenden und irreparablen Nachteile der Datenspeicherung allein nicht erkennbar sind (BVerfG CR 2016, 825, 826). Der EuGH entschied nun, dass auch nationale Umsetzungsgesetze (hier: Schweden

68

und Vereinigtes Königreich) europarechtswidrig seien (EuGH ZUM 2017, 414 – *Tele2 u.a./ Post u.a.*). Entscheidend ist jeweils, dass es sich um eine dauerhafte, anlasslose, flächendeckende und verhaltensunabhängige Vorratsdatenspeicherung handelte. Das Dilemma, ohne notwendigerweise beim Entstehen der Daten durchzuführende Datenspeicherung keine nachträgliche Überprüfung (und damit auch keine hier diskutierten Auskunftsansprüche) zu haben, löste der EuGH nicht.

68a Auch wenn § 113a TKG mit seiner Speicherverpflichtung nichtig ist, gibt es weiterhin andere Daten, die Access-Provider speichern und die Grundlage von Ansprüchen nach § 101 Abs. 9 sein können. Zur Berechtigung derartiger Speicherungen vgl. Rn. 72 ff. Wichtigstes derzeitiges Problem des Verfahrens nach § 101 Abs. 9 ist, dass **Accessprovider** sehr **unterschiedliche Auffassungen** darüber haben, **ob** sie überhaupt **berechtigt** sind, **Daten zu speichern** und **wenn ja wie lange**: Deutschland bietet hier einen „föderales" Bild: Einige Accessprovider halten Daten für sieben Tage (und teilweise mehr) vor. Eine zweite Kategorie von Accessprovidern beschränkt die Datenspeicherung auf etwa zwei Tage und eine dritte Kategorie hält überhaupt keine Daten vor. Dies korrespondiert nur teilweise mit entsprechenden Entscheidungen der jeweils zuständigen Gerichte, die von unterschiedlich langen Speicherberechtigungen ausgehen: z. B. 7 Tage: OLG Frankfurt CR 2011, 96. Daher kommt zuweilen ein Antrag nach § 101 Abs. 9 zu spät, sodass einzelne Rechteinhaber dazu übergegangen waren, eine gerichtliche Verfügung zu erwirken, dass ein Access-Provider die Daten in Zukunft ohne richterliche Anordnung herausgeben muss oder es dem Provider zumindest verboten wird, die IP-Adressen zu löschen. Ob ein solcher urheberrechtlicher **Speicherungsanspruch auf Zuruf** besteht, mithin, dass der Rechteinhaber vom Internetprovider verlangen kann, Verbindungsdaten auf Zuruf zu speichern, damit darüber später Auskunft erteilt werden kann, ist aber umstritten. Dies verneinen die Gerichte aus Düsseldorf, Frankfurt aM., Hamm und München (OLG Düsseldorf MMR 2011, 546; OLG Frankfurt GRUR-RR 2010, 91; OLG Hamm MMR 2011, 193; OLG München ZUM 2012, 592). Fast alle Gerichte gewähren aber zumindest eine Anordnung, dass Daten zu IP-Adressen nicht gelöscht werden, bevor über deren Herausgabe nicht in einem gesonderten Verfahren entschieden ist (s. z. B. OLG Köln K&R 2008, 751 ff.). Mit den sich dann stellenden verfassungsrechtlichen Fragen, dass ein wesentliches Grundrecht, nämlich Artikel 14 GG, für Rechteinhaber faktisch leer läuft (*Jan Bernd Nordemann/Czychowski* NJW 2008, 3095, 3097), beschäftigen sich die Gerichte nur selten (LG München I Beschluß vom 22.8.2011 21 O 13977/11 spricht dies bewusst an und weist die Entscheidung dem Gesetzgeber zu). Unseres Erachtens muss es – **von Verfassungs wegen** – wenn nicht gar eine **Speicherverpflichtung**, so doch zumindest den von einzelnen Gerichten gewährten Speicheranspruch auf Zuruf geben, andernfalls die in *Jan Bernd Nordemann/Czychowski* NJW 2008, 3095, 3097 dargestellten Verstöße gegen Art. 14 GG eintreten. Die Hamburger Gerichte differenzieren: Das OLG Hamburg nimmt eine solche Pflicht aus dem nach Verletzung eintretenden gesetzlichen Schuldverhältnis in engen Grenzen an (OLG Hamburg ZUM 2010, 893). Das LG Hamburg hat seine ursprüngliche Auffassung, wonach sich ein Anspruch auf (weitere) Speicherung von Verkehrsdaten auf § 101 Abs. 2, Abs. 9 stützen lässt, aufgegeben und hält hieran nur für die Fälle fest, in denen es um das Nichtlöschen bzw. weitere Vorhalten von Daten bzgl. abgeschlossener und gerichtlich überprüfter Rechtsverletzungen geht. Für künftige Rechtsverletzungen, bei denen zudem – wie die Antragsgegnerin zutreffend ausführt – die weitere Bevorratung von Daten durch die Antragsgegnerin von der Einschätzung der Antragstellerin bzw. dem von dieser beauftragtem Ermittler abhinge, ob ein Fall einer offensichtlichen Rechtsverletzung in gewerblichem Ausmaß vorliegt, bedürfte eine entsprechende Anordnung dagegen einer

gesonderten datenschutzrechtlichen Ermächtigungsgrundlage. An einer solchen
fehlt es. Das OLG Hamburg folgert die Pflicht des Zugangsvermittlers, von
dem Recht zum weiteren Vorhalten bestimmter Daten aus § 96 Abs. 2 TKG
i. V. m. § 101 Abs. 2, Abs. 9 auf das ausdrückliche, mit einem Verletzungssachverhalt erläuterte Verlangen des Berechtigten, zumindest für einen vorübergehenden Zeitraum, auch tatsächlich Gebrauch zu machen, aus dem gesetzlichen
Schuldverhältnis, das durch die (behauptete) Urheberrechtsverletzung zwischen
dem Anspruchsteller und dem jeweiligen Zugangsvermittler zustande kommt
(OLG Hamburg ZUM 2010, 893). Dieses gesetzliche Schuldverhältnis bezieht
sich nach dem LG Hamburg jedoch nur auf die konkret gerügte Verletzungshandlung. Auf zukünftige Verletzungshandlungen, von denen nicht einmal sicher sei, ob, geschweige denn in welcher konkreten Form sie eintreten werden,
kann sich dieses Schuldverhältnis nicht erstrecken und insoweit kann auch
noch kein weiteres Schuldverhältnis entstanden sein (für alles Vorstehende: LG
Hamburg ZUM 2011, 561). Andere Gericht verneinen eine Speicherpflicht aus
§ 101 UrhG: OLG Düsseldorf ZUM-RD 2013, 526; LG München I ZUM-RD
2012, 557, 560. Der BGH erkennt nun einen solchen Anspruch auf Unterlassung der Löschung erhobener Daten an, spricht aber dem im dortigen Verfahren geltend gemachten Klageantrag die Zulässigkeit ab (BGH, Urt. v.
21.9.2017, I ZR 58/16 – Sicherung der Drittauskunft).

e) Übermittlungsbefugnis: Ferner muss auch eine Übermittlungsbefugnis vorlie-   **69**
gen. Diese richtet sich nach der Art der Rechtsverfolgung. Wird der Weg der
strafrechtlichen Verfolgung (§ 106 UrhG, ggf. § 108a UrhG) eingeschlagen,
können die Ermittlungsbehörden gemäß § 100g Abs. 1 Ziff. 2 StPO die Nutzung von Verkehrsdaten zur Identifizierung des Nutzers durch den Provider
verlangen, einschließlich der Übermittlung des Ergebnisses. § 100g StPO stellt
insoweit eine hinreichende Ermächtigungsgrundlage für die Ermittlungsbehörden dar, zumindest sofern gemäß § 96 TKG erhobene Verkehrsdaten betroffen
sind. Der Weg über das strafrechtliche Ermittlungsverfahren begegnet allerdings teilweise darüber hinaus gehendem Widerstand durch die Strafverfolgungsbehörden, die derartige Ermittlungsverfahren bei massenhafter Verfolgung urheberrechtlicher Internetpiraterie mitunter als belastend und
unangemessen empfinden (AG Offenburg MMR 2007, 809).

In der Praxis ist allerdings der Weg über die strafrechtlichen Ermittlungsbehör-   **70**
den oft die einzige Möglichkeit, um die Identität des Urheberrechtsverletzers
über den Provider zu ermitteln. Denn unter dem alten Recht hatten die Oberlandesgerichte Frankfurt und Hamburg Auskunftsansprüche auf Herausgabe
identifizierender Daten gemäß § 101a a. F. analog verneint (vgl. Rn. 36). Auch
mit Einführung des neuen § 101 Abs. 2 i. V. m. Abs. 9 ist keinesfalls abschließend beantwortet, dass nunmehr ein **zivilrechtlicher Weg** für die Ermittlung
der Identität des Urheberrechtsverletzers und damit für die Verfolgbarkeit der
massenhaften Urheberrechtsverletzungen in Tauschbörsen gegeben ist. Denn
anders als im Bereich der Telemedien mit der gesonderten Ermächtigungsgrundlage für die Datenweitergabe in § 14 Abs. 2 TMG (der Regierungsentwurf begründet ihn ausdrücklich mit dem Gleichlauf zur Enforcement-RL:
RegE ElGVG – BT-Drs. 16/3078, Seite 12; und er ist auch in der Literatur
anerkannt: *Spindler/Weber* ZUM 2007, 257, 261), fehlt für den Anwendungsbereich des TKG ein solcher ausdrücklicher Erlaubnistatbestand im TKG
selbst. Allerdings kann u. E. der oben erwähnte § 96 Abs. 2 S. 1 a. E. TKG
mit der ausdrücklichen Bezugnahme auf Verkehrsdaten in § **101 Abs. 9** eine
hinreichende **Ermächtigungsgrundlage** darstellen (so auch OLG Hamburg
MMR 2010, 338; dogmatisch anders OLG Köln K&R 2008, 751 ff.). Möglich
wäre auch ein Rückgriff auf § 28 Abs. 3 Nr. 1 BDSG, der allerdings umstritten
ist (dafür *Czychowski* MMR 2004, 514, 517 f.; *Jan Bernd Nordemann/Dust-
mann* CR 2004, 380, 385; OLG München GRUR 2007, 419, 424; a. A. aller-

dings *Kitz* ZUM 2006, 448; *Spindler/Dorschel* CR 2006, 342; dafür auch LG Hamburg MMR 2005, 55; diese Entscheidung wurde vom OLG Hamburg allerdings mit anderer Begründung abgeändert).

71 Da § 96 TKG auf den ersten Blick nur Daten zur Entgeltermittlung und Entgeltabrechnung dient, haben verschiedene Gerichte ein Speicherung der Verkehrsdaten gemäß § 96 TKG im Falle von Flatrate-Tarifen für unzulässig gehalten (LG Darmstadt v. 25.1.2006 – 25 S 118/05, in einem Strafverfahren; Revision vom BGH zwar nicht angenommen, aber nur weil die Mindestbeschwerdesumme nicht erreicht wurde (!): BGH MMR 2007, 37; AG Bonn MMR 2008, 203; AG Berlin-Mitte ITRB 2008, 34; AG Darmstadt CR 2006, 38; LG Darmstadt CR 2007, 574 (7 Tage zulässig). Wir bezweifeln die mangelnde Ermächtigungsgrundlage angesichts der oben ausgeführten Verknüpfung von § 96 Abs. 2 S. 1 TKG und § 101 Abs. 9 UrhG jedenfalls ab Einführung von § 101 Abs. 9. Davon scheint auch der BGH auszugehen, ohne dies allerdings explizit zu thematisieren (BGH GRUR 2012, 1026 Tz. 37 f., 41 ff. und 53 – *Alles kann besser werden*).

72 **f) Interessenausgleich zwischen Datenschutz- und Urheberrecht:** U. E. nach muss in diesem Dilemma ein angemessener Ausgleich von Datenschutzrecht und Urheberrecht hergestellt werden (hierzu *Czychowski/Jan Bernd Nordemann* NJW 2008, 3095). Dies gilt zum einen aus verfassungsrechtlichen Gründen: Art. 14 GG schützt im Rahmen des Eigentumsgrundrechts auch das Urheberrecht als geistiges Eigentum (vgl. Einl. UrhG Rn. 64 ff.; BVerfG GRUR 1980, 44, 46 – *Kirchenmusik*; BVerfG GRUR 1989, 193, 196 – *Vollzugsanstalt*; BVerfG GRUR 1999, 226, 228 f. – *DIN-Normen*). Er enthält eine sogenannte Institutsgarantie für das Privateigentum (statt aller Maunz/Dürig/*Papier* Art. 14 Rn. 11); Sachbereiche, die zum elementaren Bestand grundrechtlich geschützter Betätigungen im vermögensrechtlichen Bereich gehören, dürfen nicht der Privatrechtsordnung entzogen werden (BVerfGE 24, 367, 389; BVerfGE 58, 300, 339; Maunz/Dürig/*Papier* Art. 14 Rn. 13). Geschützt ist dabei sowohl die Innehabung, als auch die Nutzung und die Verfügungsmöglichkeit über das Eigentum (Maunz/Dürig/*Papier* Art. 14 Rn. 10 ff.). So hat das BVerfG die Beschränkung eines urheberrechtlichen Schadensersatzanspruchs wegen des geringen wirtschaftlichen Erfolges einer Verletzung als verfassungswidrig eingeordnet (BVerfG NJW 2003, 1655 ff.). Ähnlich gelagert dürften Fälle sein, in denen die Durchsetzung der Eigentumsposition vom Staat faktisch unmöglich gemacht wird. Hierbei dürfte es sich um einen unzulässigen enteignungsgleichen Eingriff handeln, da sie sonstige Beeinträchtigungen, die über bloße Inhaltsbestimmungen hinausgehen, berühren und auch nicht in formeller Hinsicht einer Enteignung nach Art. 14 Abs. 3 GG entsprechen, sondern dennoch die Eigentumsposition für einen bestimmten Bereich gänzlich entziehen. So ist z. B. ein Auskiesungsverbot eines Grundstücks aus Gründen des Wasserrechts an Art. 14 GG gemessen wurden, also der faktische Entzug eines wirtschaftlich bedeutenden Teils der Nutzungsmöglichkeiten eines Grundstücks (BVerfGE 58, 300, 330 ff. – *Naßauskiesung*). Ähnlich dürfte der hier dargestellte Fall zu sehen sein, denn faktisch wird den Rechteinhabern ihre Eigentumsposition entzogen, wenn sie in der weit überwiegenden Zahl der Fälle einer Internet-Nutzung diese nicht mehr gegen Verletzungen kontrollieren können. Zu Letzterem hat das BVerfG entschieden, dass allerdings auch die Begründung von behördlichen Auskunftsansprüchen zur Identifizierung von IP Adressen erhebliches Gewicht hat. Mit ihr wirkt der Gesetzgeber auf die Kommunikationsbedingungen im Internet ein und begrenzt den Umfang ihrer Anonymität. Auf ihrer Grundlage kann in Verbindung mit der systematischen Speicherung der Internetzugangsdaten hinsichtlich zuvor ermittelter IP-Adressen die Identität von Internetnutzern in weitem Umfang ermittelt werden. Innerhalb des ihm dabei zustehenden Gestaltungsspielraums darf der Gesetzgeber solche Auskünfte auch unabhängig von begrenzenden Straftaten oder Rechtsgüterkatalogen für die Verfolgung von Straftaten, für die Gefahrenabwehr und die Aufgabenwahrnehmung der Nachrichtendienste auf der Grundlage der allgemeinen fachrechtlichen Eingriffsermächtigungen zulassen. Hinsichtlich der Eingriffsschwellen ist allerdings sicherzustellen, dass eine Auskunft nicht ins Blaue hinein eingeholt wird, sondern nur aufgrund eines hinreichenden Anfangsverdachts oder einer konkreten Gefahr auf einzelfallbezogener Tatsachenbasis erfolgen darf. Ein Richtervorbehalt muss für solche Auskünfte nicht vorgesehen werden; die Betreffenden müssen von der Einholung einer solchen Auskunft aber benachrichtigt werden. Auch können solche Auskünfte nicht allgemein und uneingeschränkt zur Verfolgung oder Verhinderung jedweder Ordnungswidrigkeiten zugelassen werden. Die Aufhebung der Anonymität im Internet bedarf zumindest einer Rechtsgutbeeinträchtigung, der von der Rechtsordnung auch sonst ein hervorgehobenes Gewicht beigemessen wird. Dies schließt entsprechende Auskünfte zur Verfolgung oder Verhinderung von Ordnungswidrigkeiten nicht vollständig aus. Es muss sich insoweit aber um auch im Einzelfall besonders gewichtige Ordnungswidrigkeiten handeln, die der Gesetzgeber ausdrücklich benennen muss (BVerfG MMR 2010, 356 ff.). Der BGH sieht bei dem Verfahren nach Abs. 9 keine verfassungsrechtlichen Grenzen überschritten und betont ausdrücklich, dass ohne dieses Verfahren die Eigentumsgarantie in den speziell betroffenen Fällen leerlaufen würde (BGH GRUR 2012, 1026 Tz. 47 f. – *Alles kann besser werden*).

Aber auch aus **EU-rechtlichen Erwägungen** kann es keinen absoluten Vorrang des **73** Datenschutzrechts geben: Wie das BVerfG anlässlich der Entscheidung zur Vorratsdatenspeicherung noch einmal ausdrücklich ausführt, liegt zwingendes EU-Recht außerhalb der Gerichtsbarkeit des BVerfG vor, solange – was derzeit der Fall ist – die Europäischen Gemeinschaften einen wirksamen Schutz der Grundrechte gegenüber der Hoheitsgewalt der Gemeinschaften generell gewährleisten, der dem vom Grundgesetz jeweils als unabdingbar gebotenen Grundrechtschutz im Wesentlichen gleich zu achten ist (BVerfG MMR 2008, 303 Tz. 135. – *Vorratsdatenspeicherung*). Für das europäische Recht hat nur wenige Wochen vor der Entscheidung des BVerfG der EuGH betont, dass die Mitgliedstaaten nach Gemeinschaftsrecht dazu verpflichtet seien, sich bei der Umsetzung verschiedener Richtlinien im hier interessierenden Umfeld auf eine Auslegung dieser Richtlinien zu stützen, die es den Mitgliedsstaaten erlaubt, ein „angemessenes Gleichgewicht" zwischen den verschiedenen durch die Gemeinschaftsrechtsordnung geschützten Grundrechten sicherzustellen (EuGH GRUR 2008, 241 – *Promusicae/Telefónica*, dort Teil des Ls.; darauf Bezug nehmend EuGH GRUR 2009, 579 Tz. 26 ff. – *LSG/ Tele2*). Dabei hat sich der EuGH bewusst gegen die Stellungnahme der Generalanwältin gestellt, die ausdrücklich die hier vertretene Auffassung abgelehnt hatte (Schlussanträge der Generalanwältin vom 18.7.2007 Rs C-275/06 in Fn. 47 unter Bezug auf die hier vertretene Auffassung). Stattdessen verpflichtet der EuGH die Behörden und Gerichte der Mitgliedstaaten zur Anwendung des Grundsatzes der Verhältnismäßigkeit, der einen allgemeinen Grundsatz des Gemeinschaftsrechts darstelle (EuGH GRUR 2008, 241 – *Promusicae/Telefónica*, dort Teil des Ls.). In der Entscheidung ging es um die Frage, ob die Mitgliedstaaten im Hinblick auf einen effektiven Schutz des Urheberrechts die Pflicht haben, eine Mitteilung personenbezogener Daten im Rahmen eines zivilrechtlichen Verfahrens vorzusehen. Das verneinte der EuGH zwar, mahnte aber – wie dargestellt – die Einhaltung des Verhältnismäßigkeitsgrundsatzes an. Insb. führte der EuGH aus, dass die Rechte am geistigen Eigentum – wozu auch die Urheberrechte gehören – und das Recht auf einen wirksamen Rechtsbehelf allgemeine Grundsätze des Gemeinschaftsrechts seien (EuGH GRUR 2008, 241 Tz. 62 – *Promusicae/Telefónica*). Diese „allgemeinen Grundsätze des Gemeinschaftsrechts" sind im Hinblick auf den Urheberrechtsschutz auch immer wieder in Richtlinien kodifiziert worden. So sieht beispielsweise Art. 8 Abs. 1 Info-RL vor, dass die Mitgliedstaaten angemessene Sanktionen und Rechtsbehelfe vorsehen und alle notwendigen Maßnahmen treffen, um deren Anwendung sicherzustellen. Zugleich wird darauf verwiesen, dass die Sanktionen „wirksam, verhältnismäßig und abschreckend sein" müssen. Das wiederholt die Enforcement-RL in Art. 3 Abs. 2 unter dem zusätzlichen Hinweis, dass Maßnahmen, Verfahren und Rechtsbehelfe so angewendet werden müssen, „dass die Einrichtung von Schranken für den rechtmäßigen Handel vermieden wird und die Gewähr gegen ihren Missbrauch gegeben ist".

74 Mit diesen allgemeinen Grundsätzen des Gemeinschaftsrechts auf Gewährleistung der Rechte am geistigen Eigentum und auf wirksame Rechtsbehelfe zu ihrem Schutz ist es schlechterdings nicht vereinbar, aus datenschutzrechtlichen Erwägungen die Verfolgbarkeit der oben dargestellten massenhaften Urheberrechtsverletzungen in Internettauschbörsen, sofern die Nutzer dynamische IP-Adressen verwenden, vollständig herauszunehmen. Nichts anderes wäre aber der Fall, wenn weder die Strafverfolgungsbehörden gemäß § 100g StPO noch auf zivilrechtlichem Weg die Urheber gemäß § 101 Abs. 2 UrhG von den Providern die Identifizierung der Urheberrechtsverletzer verlangen könnten. Scheitert ein solches Verlangen in der strafrechtlichen oder zivilrechtlichen Rechtsverfolgung am Verfassungsrecht, wären vielmehr sowohl die verfassungsmäßige Gewährleistung des Urheberrechtschutzes nach Art. 14 GG als auch allgemeine Grundsätze des Gemeinschaftsrechts zum Schutz des Urheberrechts verletzt. Das BVerfG hat in der Hauptsacheentscheidung einen Weg suchen müssen, wie es die Nutzung der nach § 113a TKG gespeicherten Verkehrsdaten für die Ermittlung von Urheberrechtsverletzungen, insb. in Internettauschbörsen, auf strafrechtlichem oder zivilrechtlichem Weg ermöglicht. Zu Letzterem hat das BVerfG entschieden, dass für Auskünfte über die Inhaber bestimmter IP-Adressen, für deren Ermittlung auf vorsorglich gespeicherte Telekommunikationsverkehrsdaten zurückgegriffen werden muss, nicht von Verfassung wegen die sonst für die Verwendung solcher Daten geltenden besonders strengen Voraussetzungen gegeben sein müssen. Soweit für entsprechende Auskünfte seitens der Diensteanbieter unter den derzeitigen technischen Bedingungen, nach denen IP-Adressen überwiegend nur für die jeweilige Sitzung („dynamisch") vergeben werden, Telekommunikationsverkehrsdaten ausgewertet werden müssen, wirft dieses folglich keine prinzipiellen Bedenken auf. Auch kann der Gesetzgeber zur Gewährleistung einer verlässlichen Zuordnung dieser Adressen über einen gewissen Zeitraum die Vorhaltung der entsprechenden Daten beziehungsweise einen weitgehenden Rückgriff auf insoweit vorgehaltene Daten seitens der Diensteanbieter vorsehen. Er hat hierbei einen Gestaltungsspielraum (BVerfG v. 2.3.2010 – 1 BvR 256/08, 1 BvR 263/08 und 1 BvR 586/08). Der EuGH betont nun, dass das Gemeinschaftsrecht jedenfalls einen entsprechenden Auskunftsanspruch auch nicht hindere: EuGH GRUR 2009, 579 Tz. 26 ff. – *LSG/Tele2* und ausdrücklich auch bezogen auf die Vorratsdatenspeicherungs-RL und Datenschutzrecht diese einem Auskunftsanspruch nach nationalem Recht gegen einen Internet-Dienstleister nicht entgegenstehen (EuGH CR 2012, 385 – *Bonnier Audio*). So ausdrücklich nun auch der BGH (BGH GRUR 2012, 1026 Tz. 41 und 53 – *Alles kann besser werden*). Zum Vorschlag für eine **alternative Lösung über unabhängige Dritte** s. *Czychowski/Jan Bernd Nordemann* GRUR 2013, 986, 994 f. Der EuGH hat nun die oben beschriebene Linie einer Interessenabwägung weiter verfolgt und pauschalen Urteilen über die Datenschutzwidrigkeit von Auskunftsersuchen eine klare Absage erteilt: Konkret entschied er, dass Art. 7 lit. f Datenschutz-RL § 15 Abs. 1 TMG entgegensteht, weil diese Norm keine Interessenabwägung vorsieht (EuGH GRUR Int. 2016, 1169 – *Breyer/Bundesrepublik Deutschland*).

75 **g) Fernmeldegeheimnis (Abs. 10):** Teilweise wurde eine hier argumentierte Speicher- und Herausgabepflicht bzw. -erlaubnis mit Blick auf das Fernmeldegeheimnis abgelehnt; diese Problematik hat sich angesichts des nun eingeführten Abs. 9

und dem den Anforderungen des Art. 19 GG genügenden Abs. 10 entschärft. Dennoch wird diese Frage bei der Abwägung (vgl. Rn. 71 ff.) eine Rolle spielen. Das Fernmeldegeheimnis ist jedenfalls bei der wichtigen Fallgruppe der Tauschbörsenpiraterie nicht berührt. Dies vertreten wir weniger wegen der Frage, welche Daten betroffen sind (Bestandsdaten oder Verkehrsdaten – dazu vgl. Rn. 66; nach Ansicht des Bundesrates sollen Bestandsdaten betroffen sein und diese fielen nicht unter das Fernmeldegeheimnis: Stellungahme Bundesrat zu RegE UmsG Enforcement-RL – BT-Drs. 16/5048, S. 56; anders nun aber BVerfG CR 2012, 245 Tz. 120 ff.), vielmehr wegen der Art der betroffenen Internet-Nutzung. Denn der in Rede stehende Datenaustausch (Up- und Downloading) ist schlichtweg kein das Fernmeldegeheimnis nach Art. 10 GG berührender Vorgang; Art. 10 GG schützt, wie das Postgeheimnis, den Nachrichtenverkehr konkreter einzelner Personen untereinander (Maunz/Dürig/*Durner* Art. 10 Rn. 46). Dementsprechend berühren die einfach gesetzlichen Regelungen, die unmittelbar auf das Fernmeldegeheimnis Bezug nehmen (z. B. § 88 TKG), auch nur die individuelle Nachrichtenübermittlung zwischen Personen (statt aller Beck'scher TKG-Kommentar/*Bock*[4], § 88 Rn. 12 f.). Mit diesem Argument mag ein Auskunftsanspruch von Rechteinhabern gegen einen Access-Provider, der individuellen E-Mail-Verkehr zwischen Personen oder die Teilnahme an Chat-Foren betrifft, das Fernmeldegeheimnis berühren. Der Download von Dateien entspricht aber seinem Wesensgehalt der Zuordnungsveränderung von Waren wie etwa beim Tausch oder Kauf. Es käme wohl auch niemand auf die Idee, den Vorgang des Einkaufens in einem Kaufhaus dem Schutzbereich des Art. 10 GG zuzuordnen (s. a. Gegenäußerung des BR zu RegE ElGVG – BT-Drs. 16/3078, S. 18 rechte Spalte unten). Der BGH schien zunächst allerdings das Fernmeldegeheimnis als betroffen anzusehen (BGH GRUR 2012, 1026 Tz. 37 f., 43 – *Alles kann besser werden*), hat mittlerweile aber deutlich festgehalten, dass er den Schutzbereich des Art., 10 Abs. 1 GG als nicht berührt ansieht (BGH GRUR 2016, 268 Tz. 66 f. – *Störerhaftung des Access-Providers*).

h) Vergleich zu anderen Rechtsgebieten, vertragliche Regelung: Erstaunlich ist schließlich, dass die Rechtsprechung (und Öffentlichkeit) in anderen Bereichen als dem Geistigen Eigentum offenbar all die hier diskutierten Probleme mit einem Auskunftsanspruch nicht hat: Gegenüber Mobilfunkbetreibern soll deren Kunde Auskunft über dritte Diensterbringer, die ihn mit unverlangter SMS-Werbung überziehen, haben (BGH MMR 2008, 166 – *SMS-Werbung*, im konkreten Fall aus anderen Gründen abgelehnt). **76**

Der Vollständigkeit halber sei erwähnt, dass es Auskünfte auch auf freiwilliger, **vertragsgestützter Grundlage** gibt. Das ebay – VeRI-Programm (http://pages.ebay.de/vero/about.html, zuletzt abgerufen am 8.3.2017), dessen Datenschutzklausel gerichtlich sanktioniert wurde (OLG Brandenburg MMR 2006, 234 ff.), sei hier genannt, aber auch Verhandlungen über vertragliche Absprachen zwischen Rechteinhabern und Providern. Diese können – jenseits der oben diskutierten eher neuen Rechtslage – nur funktionieren, wenn man – wie hier vertreten (dazu oben, vgl. Rn. 71 ff.) – eine vorhandene datenschutzrechtliche Erlaubnis annimmt oder die Nutzer in datenschutzrechtlich zulässiger Weise ihre Zustimmung zur Weitergabe der Daten gegeben haben. Dann aber steht derartigen Regelungen nichts entgegen (s. dazu auch LG Stuttgart ITRB 2008, 101). **77**

V. Rechtsfolgen der Ansprüche nach Abs. 1 und Abs. 2, Umfang des Anspruchs (Abs. 3)

1. Allgemeines

Abs. 1 bestimmt zunächst die Rechtsfolgen des allgemeinen Auskunftsanspruchs, nämlich die Auskunftspflicht über die Herkunft und den Vertriebsweg der rechtsverletzenden Vervielfältigungsstücke oder sonstigen Erzeugnisse. Da- **78** mit beschränkt Abs. 1 die Rechtsfolgen zunächst auf den ersten Blick auf „rechtsverletzende Vervielfältigungsstücke oder sonstige Erzeugnisse", es gibt also z. B. keine Auskünfte über rechtsverletztende Sendungen. Erst Abs. 3 erweitert diese Rechtsfolgen für beide Ansprüche nach Abs. 1 und Abs. 2 auf Namen und Anschrift der Hersteller, Lieferanten und anderer Vorbesitzer der Vervielfältigungsstücke oder sonstigen Erzeugnisse, der Nutzer der Dienstleistungen sowie der gewerblichen Abnehmer und Verkaufsstellen, für die sie bestimmt waren, und die Menge der hergestellten, ausgelieferten, erhaltenen oder bestellten Vervielfältigungsstücke oder sonstigen Erzeugnisse sowie über die Preise, die für die betreffenden Vervielfältigungsstücke oder sonstigen Erzeugnisse bezahlt wurden. Er geht damit über § 101a Abs. 2 a. F. hinaus, der bestimmte, dass nur die Menge der hergestellten, erhaltenen oder bestellten Vervielfältigungsstücke, Anschriften sämtlicher Hersteller, Lieferanten und anderer Vorbesitzer sowie gewerblicher Abnehmer und Auftraggeber mitzuteilen war. Damit wird insb. der dem deutschen Urheberrecht bislang fremde Begriff der „Dienstleistung" eingeführt bzw. aus der Richtlinie übernommen und die Auskunftspflicht auf Preise erstreckt (RegE UmsG Enforcement-RL – BT-Drs. 16/5048, S. 29). Der Gesetzgeber wählte **gleichartige Formulierungen** auch in anderen Gesetzen des geistigen Eigentums, etwa § 140b Abs. 3 PatG und § 19 Abs. 3 MarkenG. Dadurch werden die dort schon bislang geregelten Auskunftsansprüche auf die Preise erstreckt und im Übrigen lediglich an den Wortlaut der Richtlinie angepasst, ohne inhaltliche Änderungen vorzunehmen (RegE UmsG Enforcement-RL – BT-Drs. 16/5048, S. 39). Abs. 3 dient der Konkretisierung des Umfangs der Auskunft, nicht aber einer Erweiterung der Abs. 1 und 2 (LG Frankfurt aM., GRUR-RR 2017, 3, 4 f., n. rkr.).

2. Zeitpunkt der Auskunft

79 Wie schon § 101a a. F. gilt für die Ansprüche nach Abs. 1 und Abs. 2, dass die Auskunft unverzüglich, also ohne schuldhaftes Verzögern im Sinne des § 121 Abs. 1 BGB, zu erteilen ist. Im Falle des Verzuges, also etwa weil der Verpflichtete nach Verstreichen einer angemessenen Überlegungs- und Suchfrist (hierzu Dreier/Schulze/*Dreier*[5] Rn. 9) keine Auskunft erteilt, darf der Berechtigte auf eigene Kosten Nachforschungen anstellen und diese Kosten dem Verpflichteten in Rechnung stellen (RegE ProdPiratG – BT Drs. 11/4792, S. 34).

3. Umfang

80 Der zur Auskunft Verpflichtete hat alle Angaben zu machen, die z. B. zur Berechnung eines etwaigen Schadensersatzes **erforderlich** (und verhältnismäßig, dazu vgl. Rn. 92 ff.) sind (OLG Hamburg OLGR 2009, 338 – *Bauhaus aus Italien II*). Der Anspruch besteht bei Vorbereitung von Schadensersatzansprüchen nur in dem Umfang, in dem eine Verpflichtung zum Schadensersatz festgestellt werden kann (BGH GRUR 2006, 504 Tz. 45 – *Parfumtestkäufe*; BGH MMR 2011, 45 – *Möllemann Fotos*; BGH ZUM 2013, 406 Tz. 20). Voraussetzung hierfür ist, dass zumindest eine **mittelbare Kausalität** nachgewiesen werden kann zwischen den genutzten Mitteln und ihrer Ursächlichkeit für die Verletzungshandlung (BGH MMR 2011, 45 – *Möllemann Fotos*; BGH ZUM 2013, 406 Tz. 21: „jeder ursächliche Zusammenhang [...] reicht"). Beispielhaft seien hier genannt die im Gesetz erwähnten Auskünfte über Namen und Anschrift der Hersteller, Lieferanten und anderer Vorbesitzer der Vervielfältigungsstücke oder sonstigen Erzeugnisse, der Nutzer der Dienstleistungen sowie der gewerblichen Abnehmer und Verkaufsstellen, für die sie bestimmt waren, und die Menge der hergestellten, ausgelieferten, erhaltenen oder bestellten Vervielfältigungsstücke oder sonstigen Erzeugnisse sowie über die Preise, die für die betreffenden Vervielfältigungsstücke oder sonstigen Erzeugnisse bezahlt wurden. Der Auskunftsanspruch kann bereits durch eine **Nullauskunft** erfüllt werden (BGH GRUR 1958, 149 – *Bleicherde*; OLG Düsseldorf GRUR-RR

2012, 406 – *Nullauskunft*); zu den Anforderungen an eine solche Auskunft in Bezug auf Ernst und Vollständigkeit vgl. Rn. 89.

Die Auskunft muss jedenfalls die **konkrete Verletzungsform** umfassen. Eine **81** Verletzung begründet grundsätzlich die Verpflichtung, über alle anderen – vergangenen und künftigen – Handlungen Auskunft zu erteilen, die in **gleicher Weise** durch den sich aus der konkreten Verletzungshandlung ergebenden Tatbestand gekennzeichnet sind (BGH GRUR 2005, 668, 669 – *Aufbereiter I*). Zwar kann aus § 242 BGB sich eine Beschränkung des Umfangs der Auskunftspflicht ergeben: Liegt nur eine klar abgegrenzte, einmalige Verletzung vor, kann nicht allgemein Auskunft über etwaige weitere Verletzungen gefordert werden (OLG Celle CR 1997, 735, 736, dort aber wohl zu eng gesehen). Wenn aus konkret festgestellten Rechtsverletzungen mit hoher Wahrscheinlichkeit auf andere Rechtsverletzungen geschlossen werden kann, besteht auch insoweit ein Auskunftsanspruch (BGH GRUR 1986, 1247, 1249 – *GEMA-Vermutung II*; OLG Düsseldorf GRUR-RR 2013, 278, 280 – *Ganztagsrealschule*). Das gilt aber dann nicht, wenn für geplante Rechtsverletzungen gerade kein Unterlassungsanspruch geltend gemacht werden soll und ein Schadensersatzanspruch aus Rechtsgründen nicht besteht (OLG Düsseldorf GRUR-RR 2013, 278, 280 – *Ganztagsrealschule*). Allerdings muss auch jenseits der konkreten Verletzungsform Auskunft über solche Handlungen gegeben werden, in denen das **Charakteristische der festgestellten Verletzungsform** zum Ausdruck kommt (BGH ZUM-RD 2010, 533, 534 Tz. 50 – *Restwertbörse* unter Bezug auf BGH WRP 2006, 749 Tz 34, 36 – *Parfumtestkäufe*).

Auskünfte sind Wissenserklärungen (BGH GRUR 2006, 504 Tz. 40 – *Parfum-* **82** *testkäufe)*. Grundsätzlich muss der Auskunftsverpflichtete also nur Auskünfte über ihm selber vorliegende Informationen machen. Diese beschränken sich allerdings nicht auf das präsente Wissen des Auskunftsverpflichteten, sondern ihm sind gewisse **Nachforschungspflichten** auferlegt (BGH GRUR 2003, 433 – *Cartier-Ring*). Daher muss der auf Auskunft in Anspruch genommene Verletzer grundsätzlich in zumutbarem Umfang alle ihm zur Verfügung stehenden Möglichkeiten der Information ausschöpfen; er hat daher seine Geschäftsunterlagen durchzusehen, alle ihm sonst zugänglichen Informationen aus seinem Unternehmensbereich zur Erteilung einer vollständigen Auskunft heranzuziehen und muss sich, wenn dies nicht ausreicht, gegebenenfalls durch Nachfrage bei seinen Lieferanten um Aufklärung bemühen (BGH GRUR 2006, 504 Tz. 40 – *Parfumtestkäufe*). Weitergehende Nachforschungspflichten, insbesondere zu Ermittlungen bei Dritten, bestehen dagegen nicht (BGH GRUR 2003, 433 – *Cartier-Ring*). Im **Konzern** muss die verurteilte Konzerngesellschaft alles ihr Zumutbare tun, um sich die notwendigen Kenntnisse für die Auskunft zu verschaffen; notfalls muss sie den Rechtsweg bestreiten (BGH NJW 2009, 2308 – *Auskunft über Tintenpatronen*; OLG Düsseldorf GRUR-RR 2013, 273 – *Scheibenbremse*, aus dem Patentrecht). Wenn Grund zu der Annahme besteht, dass der Verpflichtete die in der Rechnung enthaltenen Angaben über die Einnahmen nicht mit der erforderlichen Sorgfalt gemacht hat – aber auch nur dann –, kann der Verletzte vom Verletzer die Abgabe einer **eidesstattlichen Versicherung** darüber verlangen, dass die Rechnungslegung nach bestem Wissen vollständig abgegeben worden ist. Dies ergibt sich bereits aus §§ 259 Abs. 2, 260 Abs. 2 BGB, wurde vom BGH aber auch bestätigt (BGH GRUR 1994, 630 – *Cartier-Armreif*; ebenso LG Frankfurt aM., GRUR-RR 2017, 3, 6, n. rkr.). Für diese ist aber die substantiierte Darlegung von Gründen erforderlich, die den Verdacht begründen, dass die erteilte Auskunft falsch ist. Erfüllt wird die Verpflichtung zur Abgabe der eidesstattlichen Versicherung dadurch, dass der Schuldner nach bestem Wissen die erteilte Auskunft so richtig erteilt, als er dazu imstande ist.

83 Die Auskunftspflicht der Abs. 1 und 2 erfasst nicht Angaben über **Umsatz, Gestehungskosten** und gezogenen **Gewinn**. Diese Anspruchziele können sich jedoch aus dem ungeschriebenen allgemeinen Auskunftsanspruch (dazu oben, vgl. Rn. 10, 28) zur Vorbereitung des Schadensersatzanspruchs in der entsprechenden Berechnungsart (vgl. § 97 Rn. 68 ff.) ergeben. Für ihn bestimmen sich Inhalt und Umfang nach § 242 BGB unter Abwägung der Interessen beider Parteien, wobei insbesondere das dem Auskunftsschuldner Zumutbare und das Interesse des Schutzes von dessen Betriebs- und Geschäftsgeheimnissen zu berücksichtigen sind. Diese Anforderungen gelten sowohl für die Frage, über was Auskunft zu leisten ist, als auch für die Frage, in welcher Form diese Auskunft zu geben ist. Nach der oben dargestellten Formel der Rechtsprechung schuldet der Anspruchsverpflichtete grundsätzlich alle Angaben, die der Verletzte benötigt, um seine Rechte – insbesondere zu Schadensberechnung – sachgerecht zu verfolgen (st. Rspr. BGH GRUR 1973, 375, 378 – *Miss Petite*; BGH GRUR 2007, 532 – *Meistbegünstigungsvereinbarung*). Dies umfasst auch **Kontrolltatsachen**, also Tatsachen, die lediglich der Überprüfung der Hauptsachen dienen und die dem Verletzten ein Vorgehen nach §§ 259 Abs. 2, 260 Abs. 2 BGB ermöglichen (BGH GRUR 1980, 227, 244 – *Monumenta Germaniae Historica*; BGH GRUR 1978, 52, 53 – *Fernschreibverzeichnisse.*). Wie weit der Umfang dieses Auskunftsanspruchs hinsichtlich **weiterer Verletzungshandlungen** des gleichen Verletzers geht, ist nicht ganz klar. Einige beziehen den Anspruch nur auf Handlungen des Verletzers in Bezug auf Schutzgegenstände, für welche die Verletzung bereits nachgewiesen ist (BGH (X. Zivilsenat) GRUR 1992, 612, 616 – *Nicola*). Andere lassen den Anspruch auch hinsichtlich weiterer ähnlicher Handlungen zu (BGH (I. Zivilsenat) GRUR 1978, 52, 53 – *Fernschreibverzeichnisse*; BGH GRUR 1965, 313, 314 – *Umsatzauskunft*); dieser Zivilsenat des BGH hat auch die frühere Begrenzung auf diejenigen weiteren Verletzungen, die nach dem Zeitpunkt der frühesten festgestellten Verletzung erfolgt sind (BGH GRUR 1988, 307, 308 – *Gaby*; BGH GRUR 1992, 523, 525 – *Betonsteinelemente*), aufgegeben (BGH GRUR 2007, 877 – *Windsor Estate*). Nach der oben dargestellten Formel der Rechtsprechung aus § 242 BGB entscheiden Informationsbedürfnis, Zumutbarkeit und Verhältnismäßigkeit auch über die Art und Form der Auskunft, insbesondere also darüber, ob als qualifizierte Auskunft Rechnungslegung geschuldet ist (BGH GRUR 1984, 725, 730 – *Dampffrisierstab II*). Eine Auskunft darüber, wer **Inhaber eines Kontos** ist, kann nicht verlangt werden (OLG Stuttgart BeckRS 2012/00685, kritisch dazu *Czychowski* GRUR-Prax 2012, 82; wie OLG Stuttgart im Ergebnis auch OLG Naumburg GRUR-RR 2012, 388).

84 Die **Abgrenzung zur Ausforschung** kann im Einzelfall schwierig sein. Dies läuft auf die Frage hinaus, was der Verletzer an anderen Verletzungen zugeben muss. Zunächst ist der Verletzer nur zur Auskunft über Art, Zeitpunkt und Umfang des konkreten Verletzungsfalls verpflichtet; dies erfasst aber auch im Kern gleichartige Handlungen (BGH WRP 2006, 749 Tz. 34 – *Parfümtestkäufe*), nicht aber alle möglichen weiteren oder auch nur ähnlichen Verletzungshandlungen (BGH GRUR 1980, 1105, 1111 – *Das Medizinsyndikat III*; BGH GRUR 2000, 907, 910 – *Filialleiterfehler*; BGH GRUR 2001, 841, 844 – *Entfernung der Herstellungsnummer II* unter Hinweis auf entspr. Regelungen im ProdPiratG, z. B. § 19 Abs. 1 MarkenG; BGH GRUR 2003, 446, 447 – *Preisempfehlung für Sondermodelle*; BGH GRUR 2006, 426 Tz. 24 – *Direktansprache am Arbeitsplatz II*; OLG Frankfurt GRUR 2007, 612, 613, alles zum UWG). Der Verletzer muss aber ggf. auch **Nachforschungen** anstellen und Informationen bei seinen unmittelbaren Vorlieferanten einholen (OLG Zweibrücken GRUR 1997, 827, 829 – *Pharaon-Schmucklinie*). Sofern der Verletzer behauptet, er könne nicht mehr ermitteln, von welchem von mehreren Lieferanten er die fraglichen Vervielfältigungsstücke erhalten hat, so ist er nicht von der Auskunftspflicht entbunden, sondern muss alle konkret in Betracht kommenden Lieferanten benennen (OLG Köln GRUR 1999, 337, 399 – *Sculpture*). Hier kommt es jedoch auf eine Abwägung im Einzelfall, insb. mit dem **Geheimhaltungsinteresse** des Verletzers, an (zum Markenrecht: *Ingerl/Rohnke*[3] § 19 Rn. 39). Zu Geheimhaltungsfragen vgl. Rn. 28. Auf Abnehmerseite sind dagegen nur die unmittelbaren Abnehmer erfasst (Benkard/*Rogge/Grabinski*[10] § 140b PatG Rn. 6; *Ingerl/Rohnke*[3] § 19 Rn. 32). Mit der Beschränkung auf „gewerbliche" Abnehmer soll sichergestellt werden, dass keine Auskunft zu privaten Abnehmern erteilt werden muss (*Ingerl/Rohnke*[3] § 19 Rn. 33 unter Hinweis auf Amtl. Begr. ProdPiratG Bl. 1990, S. 184). „Gewerbe" ist daher weit zu verstehen und schließt Freiberufler ebenso ein, wie gewerbliche Letztverbraucher (Benkard/*Rogge/Grabinski*[10] § 140b PatG Rn. 6; *Ingerl/Rohnke*[3] § 19 Rn. 33, a. A. *Eichmann* GRUR 1990, 577).

85 Wenn **mehr als die geforderten Informationen** gegeben werden, ist der Auskunftsanspruch erfüllt, selbst wenn dadurch die Übersichtlichkeit erschwert wird (OLG München ZUM-RD 2002, 77, 87 – *Kehraus*). Nach erteilter Auskunft kann der Verletzte weitere Auskünfte fordern, wenn er sie zur Durchsetzung seiner Ansprüche, insb. zur Bezifferung von Zahlungsansprüchen, braucht (BGH GRUR 1974, 53, 54 – *Nebelscheinwerfer;* LG Nürnberg/Fürth GRUR 1988, 817, 818 – *dpa-Fotos;* Schiedsstelle DPMA ZUM 1989, 312, 313; *Tilmann* GRUR 1987, 251 ff.; *v. Weichs/Foerstl* ZUM 2000, 897, 902; *Oppermann* S. 21 ff.).

86 **a) Herkunftsbezogene Angaben:** Der genauere Umfang des Anspruchs lässt sich dreigliedern: Zunächst sind die **herkunftsbezogenen Angaben** zu machen über Namen und Anschriften des Herstellers, des Lieferanten und anderer Vorbesitzer der Vervielfältigungsstücke, sonstiger Erzeugnisse oder Nutzer etc. Anschrift in Abs. 3 ist jede Art von Adresse, auch eine **E-Mail-Adresse** (OLG Köln ZUM-RD 2011, 350; OLG Frankfurt Urt. v. 22.8.2017, 11 U 71/16, a. A. noch die Vorinstanz: LG Frankfurt aM., GRUR-RR 2017, 3, 4 f.), nicht jedoch Telefonnummer und IP-Adresse bzw. genauer wohl **IP-Nummer** (OLG Frankfurt Urt. v. 22.8.2017, 11 U 71/16). Letzters ist zu hinterfragen, denn nach der Gesetzesbegründung soll der Anspruch dem Rechtinhabern gerade eine Möglichkeit eröffnen, den Rechtsverletzer zu ermitteln (RegE UmsG Enforcement-RL BT-Drucks. 16/5948, S. 49); das setzt bei Internet-Verletzungen über Plattformen wie Youtube, bei denen man sich leicht mit kaum rückverfolgbaren email-Adressen registrieren kann, aber die Kenntnis der einzig verlässlichen IP-Nummer voraus – es setzt aber desweiteren wegen der relativ schnellen Löschung dieser Nummern (vgl. Rn. 72 ff.) – wenn es sich um dynamische IP-Nummern handelt – ein sehr schnelles Handeln voraus, da ansonsten schon das Rechtschutzbedürfnis fehlt (OLG Frankfurt Urt. v. 22.8.2017, 11 U 71/16). Die Begriffe „Hersteller", „Lieferanten", „Vorbesitzer", „Nutzer", „Abnehmer" und „Verkaufsstellen" sind tatsächlich-wirtschaftlich zu verstehen, ohne dass es auf das konkrete vertragliche Verhältnis ankommt (zum MarkenG z. B. *Ingerl/Rohnke*[3] § 19 Rn. 32). So kommen als **Vorbesitzer** etwa auch Personen in Betracht, die die Vervielfältigungsstücke transportiert oder gelagert haben (*Eichmann* GRUR 1990, 577 f.). Hierbei sind nicht nur die unmittelbaren, sondern alle Vorbesitzer – soweit bekannt – zu benennen. Zu den genannten Personen dürften, wie im Patentrecht, auch solcher Glieder der Lieferkette gehören, die wesentliche Elemente zur Herstellung der urheberrechtsverletzenden Gegenstände beigesteuert haben (BGH GRUR 1995, 338, 340 rechte Spalte oben – *Kleiderbügel*). Solche Angaben sind aber nur zu machen, wenn sie zur Berechnung des etwaigen Schadensersatzes notwendig sind; sofern die ihnen zugrunde liegenden Handlungen im ggf. urheberrechtsfreien Ausland vorgenommen wurden, können sie nicht Gegenstand eines Auskunftsanspruchs in Deutschland sein (OLG Hamburg GRUR-RR 2009, 322 – *Bauhaus aus Italien II;* anders OLG Karlsruhe Mitt.d.PA 2015, 384 für das Patentrecht).

87   **b) Vertriebsbezogene Angaben:** Des Weiteren sind **vertriebswegbezogene** Namen und Anschriften der gewerblichen Abnehmer und Verkaufsstellen zu nennen; nicht privater Personen und nicht Angebotsempfänger (BGH GRUR 1995, 338, 341, 342 – *Kleiderbügel*).

88   **c) Angaben über Menge und Preis:** Schließlich unterliegen die Menge und der Preis (mit Ausnahme desjenigen, der von privaten Endverbrauchern gezahlt wurde, *Amschwitz* WRP 2011, 303 ff.) der hergestellten, ausgelieferten, erhaltenen oder bestellten Vervielfältigungsstücke oder sonstigen Erzeugnisse ebenfalls der Auskunftsverpflichtung.

89   **d) Folgen bei falscher Auskunft:** Wenn der Verletzte annimmt, die Auskunft sei **unvollständig** oder **falsch**, reicht ein bloßer Verdacht nicht (BGH GRUR 1994, 630, 632 – *Cartier-Armreif;* BGH GRUR 2001, 841, 844 – *Entfernung der Herstellungsnummer II;* OLG Hamburg GRUR-RR 2001, 197). Zwar tritt Erfüllung i. S. d. § 362 BGB nur ein, wenn die Erklärung wahr, ernst gemeint und vollständig ist (BGH GRUR 2001, 841, 844 – *Entfernung der Herstellungsnummer II;* OLG Hamburg GRUR-RR 2001, 197; OLG Köln GRUR-RR 2006, 31; diese Rechtsprechung unterliegt keinen verfassungsrechtlichen Bedenken: BVerfG NJOZ 2011, 1423, allerdings mit Anforderungen an die Verhältnismäßigkeit), das Gegenteil muss aber bewiesen werden. Gelingt dies, kann nach § 888 ZPO vollstreckt werden und parallel ist die Abgabe einer Eidesstattlichen Versicherung möglich (§§ 259, 260 BGB) – dazu oben vgl. Rn. 82. Zur **Nullauskunft** vgl. Rn. 80.

90   **e) Zeitlicher Umfang der Auskunft:** Zeitlich ist die Auskunftspflicht nicht beschränkt auf die Zeit, seit der der Kläger eine konkrete Verletzungshandlung erstmals schlüssig vorgetragen hat (BGH WRP 2007, 1187 Tz. 24 – *Windsor Estate;* Aufgabe von: BGH GRUR 1988, 307, 308 – *Gaby;* vielmehr nun wie der 10. Zivilsenat: BGH GRUR 1992, 612, 615 – *Nicola*).

91   **f) Territorialer Umfang der Auskunft:** Die Auskunft ist auch dann zu erteilen, wenn die Hersteller bzw. Lieferanten sich **im Ausland** befinden und keinerlei Handlungen im Inland vorgenommen haben (*Ingerl/Rohnke*[3] § 19 Rn. 30; *Eichmann* GRUR 1990, 577).

91a   **g) Unmöglichkeit:** Der Passivlegitimierte kann sich auf eine Unmöglichkeit berufen. Dann macht er die Einwendung nach § 275 BGB geltend. Daher obliegt ihm hierfür die Beweislast. Die bloße pauschale Behauptung, Unterlagen nicht vorliegen zu haben, reicht hierfür aber nicht aus (s. OLG Hamm v. 7.6.2010 – I-7 W 13/10 für einen allgemeinen Auskunftsanspruch und OLG Stuttgart vom 29.2.2012 20 W 5/11 in einem aktienrechtlichen Verfahren; OLG Celle ZUM-RD 2013, 119, 120). Angesichts von z. B. handelsrechtlichen Aufbewahrungsfristen und verschiedenen (auch digitalen) Formen der Aufbewahrung von Unternehmensdaten dürfte eine solche Einwendung schwer zu substantiieren sein. Bei einem umfangreichen Geschäftsbetrieb eines Online-Händlers genügt ist es z. B. fernliegend, dass dieser keinerlei Auskunft über die Herkunft der von ihm verwendeten Lichtbilder machen kann (OLG Celle ZUM-RD 2013, 119).

VI. Verhältnismäßigkeit (Abs. 4)

92   Wie die gesamte Enforcement-RL stehen auch die Auskunftsansprüche unter dem Vorbehalt der – in Art. 3 Abs. 2 Enforcement-RL ausdrücklich verankerten – Verhältnismäßigkeit (*Haedicke* FS Schricker II S. 19, 22). Damit ist in jedem Einzelfall eine Interessenabwägung angezeigt, deren Ergebnis von der Eindeutigkeit der Schutzrechtsverletzung, den berechtigten Geheimhaltungsinteressen des Verletzers sowie – bei Dritten – von der Nähe zur Schutzrechtsverletzung abhängt. Dieser Gedanke gilt für alle Auskunftsansprüche und verhindert deren Nutzung allein zur Ausforschung. Er ist in Abs. 4 kodifiziert. Ausführlich dazu Schricker/Loewenheim/*Wimmers*[5] Rn. 85 ff.

Die Auskunft muss geeignet und erforderlich sein, um den Hauptanspruch **93** durchsetzen zu können, z. B. seinen Schadensersatz zu berechnen. Da dem Gläubiger das Wahlrecht bis zuletzt zusteht, braucht er sich zunächst noch nicht für eine der drei möglichen Schadensersatzberechnungsarten zu entscheiden; er kann vielmehr alle Angaben verlangen, die notwendig sind, um seinen Schaden nach jeder der drei Berechnungsarten zu errechnen und darüber hinaus die Richtigkeit der Rechnung nachzuprüfen (BGH GRUR 1980, 227, 232 – *Monumenta Germaniae Historica*). Scheidet aber ein konkreter Vermögensschaden von vornherein aus, weil ein entgangener Gewinn auch bei Auskunft nicht berechnet werden könnte, kann insoweit keine Auskunft verlangt werden (*Köhler* GRUR 1996, 83, 88; Teplitzky/*Löffler*[11] Kap. 38 Rn. 11; *Nordemann*[11] Rn. 968).

Die Auskunftserteilung muss weiter **angemessen** sein. Hier ist eine **umfassende** **94** **Interessenabwägung** vorzunehmen. Nur ausnahmsweise wird der *Arbeitsaufwand* für den Verletzer zu groß sein; der BGH verpflichtet den Verletzer sogar, bei Unmöglichkeit exakter Angaben für die Schätzung einen Wirtschaftsprüfer hinzuzuziehen (BGH GRUR 1982, 723, 727 – *Dampffrisierstab*). Größeres Gewicht hat das berechtigte **Geheimhaltungsinteresse** des Verletzten; grundsätzlich gilt aber auch hier, das es zurücktritt, wenn Daten für die Berechnung zwingend gebraucht werden (BGH GRUR 2006, 419 Tz. 17 – *Noblesse*); häufig genügen aber auch Auskünfte, die unter einem **Wirtschaftsprüfervorbehalt** abgegeben wurden (eingehend vgl. Rn. 28).

VII. Falschauskunft (Abs. 5)

Erteilt der zur Auskunft Verpflichtete die Auskunft vorsätzlich oder grob fahr- **95** lässig falsch oder unvollständig, so ist er dem Verletzten zum Ersatz des daraus entstehenden Schadens verpflichtet.

VIII. Haftung bei Auskunft ohne Verpflichtung

Nach Abs. 6 haftet, wer eine wahre Auskunft erteilt hat, ohne dazu nach Abs. 1 **96** oder 2 verpflichtet gewesen zu sein, Dritten gegenüber nur, wenn er wusste, dass er zur Auskunftserteilung nicht verpflichtet war. Umgekehrt besteht auch eine (vertragliche) Haftung des Providers gegenüber seinen Kunden, wenn er eine falsche Auskunft über die Zuordnung einer IP-Adresse zu einem Kunden erteilt (AG Celle GRUR-RR 2013, 352 – *Falsche IP-Adresse*).

IX. Verwertung der Informationen

Die Erkenntnisse dürfen in einem Strafverfahren oder in einem Verfahren nach **97** dem Gesetz über Ordnungswidrigkeiten wegen einer vor der Erteilung der Auskunft begangenen Tat gegen den Verpflichteten oder gegen einen in § 52 Abs. 1 StPO bezeichneten Angehörigen nur mit Zustimmung des Verpflichteten verwertet werden.

X. Durchsetzung, Prozessuales

1. Allgemeines

Prozessuale Fragen sind bei den in § 101 behandelten Auskunftsansprüchen **98** nach Abs. 1 und 2 zu unterscheiden. **Unselbstständige Auskunftsansprüche**

(Abs. 1) mit Rechnungslegungs- und Schadenersatzanspruch werden meist im Wege der **Stufenklage** (§ 254 ZPO) geltend gemacht. Da ein Leistungsantrag angesichts der drei möglichen Wege der Schadensberechnung selten frühzeitig möglich ist und zudem erfahrungsgemäß die meisten Prozesse im Höheverfahren verglichen werden, sobald Auskunft und Rechnungslegung erfolgt sind, lassen die Gerichte statt der Leistungsklage auf Zahlung des aus der Auskunft zu ermittelnden Schadenersatzbetrages eine Kombination von Auskunfts- und Rechnungslegungsanspruch mit einem Anspruch auf Feststellung zu, dass der Verletzer den entstandenen und noch entstehenden Schaden zu ersetzen habe. Das hat den Vorteil, dass über alle Ansprüche gleichzeitig entschieden werden kann und eine Trennung von Grund- und Höheverfahren unterbleibt. Diese im gesamten gewerblichen Rechtschutz geübte Praxis, dass das Feststellungsinteresse nicht allein durch die Möglichkeit einer Stufenklage entfällt (BGH GRUR 1969, 283, 286 – *Schornsteinauskleidung)*, gilt auch für urheberrechtliche Streitigkeiten (BGH GRUR 2003, 900 – *Feststellungsinteresse III*; BGH ZUM 2001, 981, 982 – *Feststellungsinteresse II*; BGH ZUM 2001, 983, 984 – *Gesamtvertrag privater Rundfunk*; BGH GRUR 2000, 226, 227 – *Planungsmappe*; BGH GRUR 1975, 85 – *Clarissa*; BGH GRUR 1976, 317, 319 – *Unsterbliche Stimmen*; BGH GRUR 1980, 227, 228 – *Monumenta Germaniae Historica)*. Letztlich handelt es sich um eine in das Gewand der Feststellungsklage gekleidete unbestimmte Leistungsklage mit der Folge, dass Verjährung nicht eintritt (OLG Köln GRUR 1983, 752, 753 – *Gewinnherausgabe)*. Dagegen sei bei einem Auskunftsantrag die Formulierung „Auskunft darüber zu geben, wie viele Kopien von urheberrechtlich geschützten Vorlagen [...] hergestellt wurden" nicht ausreichend bestimmt, weil die Frage der Urheberrechtsschutzfähigkeit der Vorlagen, von der die Auskunftspflicht abhängt, im konkreten Fall durchaus unterschiedlich beurteilt werden könne. Die Entscheidung darüber, in welchem Umfang Auskunft zu erteilen ist, werde so unzulässigerweise in das Vollstreckungsverfahren verlagert (BGH NJW 1997, 3440 – *Betreibervergütung)*.

99 Der **selbstständige Auskunftsanspruch** („Drittauskunft") nach Abs. 2 hingegen dürfte in der Regel als eigener Anspruch isoliert geltend gemacht werden und gerade einer „normalen" Urheberrechtsverletzungsklage vorgeschaltet sein. Wiederum gesondert ist das Verfahren nach Abs. 9, also das Auskunftsverfahren vor allem gegen Internet-Access-Provider. Dazu vgl. Rn. 54 ff. und vgl. Rn. 104. Die Vorschriften zum Schutz personenbezogener Daten bleiben im Übrigen unberührt (Abs. 9 S. 9); hier gelten unsere obigen Ausführungen zum Datenschutz (vgl. Rn. 71 ff.).

100 Der **Streitwert** des **Auskunftsanspruches** wird vom Wert der dadurch ermöglichten Ansprüche bestimmt; davon wird ein Bruchteil (ca. ¼ bis $^1/_{10}$) zugrunde gelegt (s. *Eichmann* GRUR 1990, 590; Teplitzky/*Feddersen*[11] Kap. 49 Rn. 37). Beim unselbstständigen Auskunftsanspruch ist der Umfang des Schadensersatzanspruches relevant, beim selbstständigen Auskunftsanspruch der Wert der gegen Dritte ermöglichten Ansprüche. In der Rechtsmittelinstanz ist der Streitwert für den zur Auskunft verpflichteten Schuldner nur noch entsprechend seinem Interesse, keine Auskunft erteilen zu müssen, festzusetzen (BGH GRUR 1995, 701), also nach Aufwand für die Auskunftserteilung und Geheimhaltungsinteressen.

101 Für die **Zuständigkeit** bei kontradiktorischen Auskunftsverfahren, also nicht solche nach Abs. 9, gilt auch § 32 ZPO (OLG München CR 2012, 119 – *Werner eiskalt!*). Für Auskunftsverfahren nach Abs. 9 gilt die dortige Sonderregel des Satzes 2. Insoweit sollen deutsche Gerichte für Provider mit ausschließlichem Sitz im Ausland und auch ohne Niederlassung in Deutschland nicht zuständig sein (OLG München GRUR-RR 2012, 228 – *Englischer Provider)*. Das überzeugt nicht, denn jedenfalls bei außereuropäischen Providern läuft dann die Rechtsverfolgung für Verletzte Inländer faktisch leer. Zudem könnte man daran denken, dass solche ausländischen Provider, die regelmäßig Kundenbeziehungen im Inland haben und ggfs. auch über gemietete Leitungskontingente, jedenfalls über Vermögen i. S. d. § 23 ZPO verfügen. Im Übrigen gelten die allgemeinen Regeln (vgl. § 97 Rn. 197), also auch zur internationalen Zuständigkeit (OLG München CR 2012, 119 – *Werner eiskalt!*) und zur Zurechnung einzelner Handlungen bei der Beteiligung mehrerer (OLG München CR 2012, 119 – *Werner eiskalt!*).

Vollstreckung des Auskunftsanspruchs erfolgt mit den Mitteln des § 888 **102** Abs. 1 ZPO, mit den Mitteln des Zwangsgeldes und zwar – anders als Festsetzung von Ordnungsgeld nach § 890 ZPO – ohne vorherige Androhung (OLG Celle ZUM-RD 2013, 119). Ein titulierter Auskunftsanspruch kann nach einer offensichtlich falschen oder unvollständigen Auskunft im Zwangsmittelverfahren gemäß § 888 ZPO durchgesetzt werden (OLG Frankfurt aM., GRUR-RR 2016, 08120). Dies kann auch bei nicht ernst gemeinter Auskunft angewandt werden oder wenn die Auskunft von vorneherein unglaubhaft oder unvollständig ist (BGH GRUR 1994, 630, 631 f. – *Cartier-Armreif*). Das Zwangsgeld kann gegen Geschäftsführer und seine Gesellschaft parallel verhängt werden (OLG Frankfurt GRUR-RR 2015, 408 – *Zwangsgeld gegen Geschäftsführer*) in Abgrenzung zu BGH GRUR 2012, 541 – *Titelschuldner im Zwangsvollstreckungsverfahren*). Ggf. muss sich der Auskunftsverpflichtete die Mitwirkung Dritter besorgen, wenn dies zumutbar ist, um sich von diesem die erforderlichen Kenntnisse zu verschaffen; hierzu kann er auch durch Zwang angehalten werden (OLG Köln GRUR-RR 2006, 31 – *Mitwirkung eines Dritten*: unzumutbar bei unbekanntem Aufenthaltsort des Dritten). Im Konzern muss die verurteilte Konzerngesellschaft alles ihr Zumutbare tun, um sich die notwendigen Kenntnisse für die Auskunft zu verschaffen; notfalls muss sie den Rechtsweg bestreiten (BGH NJW 2009, 2308 – *Auskunft über Tintenpatronen*). Der Auskunftsvollstreckung stehen Bedenken des Auskunftsschuldners, gegen straf-, ordnungs- oder datenschutzrechtliche Vorschriften zu verstoßen, nicht entgegen (OLG Hamburg ZUM 2005, 660). Ein Vollstreckungstitel ist auslegungsfähig (BGH GRUR 2015, 1248 – *Tonerkartuschen*; OLG Köln ZUM-RD 2016, 27 zu einem Auskunftsanspruch wegen § 32a UrhG). **Einstellung der Zwangsvollstreckung** erfolgt ggfs. über §§ 719 Abs. 1, 707 ZPO, allerdings rechtfertigt der Umstand, dass die vorläufige Vollstreckung von Auskunfts- und Rechnungslegungsansprüchen regelmäßig das Prozessergebnis vorwegnimmt, für sich allein nicht die Annahme, dass eine Vollstreckung nicht zu ersetzende Nachteile zur Folge hätte (BGH NJWE-WettbR 1999, 139; BGH ZUM 2015, 53; OLG Hamburg GRUR-RR 2013, 408 – *Ann Christine*).

2. Einstweilige Verfügung, Abs. 7

Entsprechend Abs. 7 kann bei offensichtlicher Verletzung die Verpflichtung zur **103** Auskunftserteilung im Wege der einstweiligen Verfügung durchgesetzt werden. **Offensichtlich** ist eine Rechtsverletzung, wenn sie so eindeutig ist, dass eine Fehlentscheidung kaum möglich ist (KG GRUR 1997, 129, 130 – *Verhüllter Reichstag*; OLG Hamburg GRUR-RR 2005, 209 – *Rammstein*; OLG Hamburg GRUR-RR 2013, 13, 16 – *Replay PSP*). Der Anspruch nach Abs. 2, 9 dürfte immer im einstweiligen Rechtsschutz geltend gemacht werden, da erhebliche Eilbedürftigkeit wegen der drohenden Löschung der IP-Adressen besteht. Das Vorliegen einer offensichtlichen Rechtsverletzung macht die Prüfung, ob ein Verfügungsgrund vorliegt, nicht entbehrlich (OLG Hamburg CR 2015, 608: zum Markenrecht).

3. Verkehrsdatenauskunft nach Abs. 9

Die Verkehrsdatenauskunft nach Abs. 9 (zu weiteren Verfahrensfragen **vgl.** **104** **Rn. 57 ff. und vgl. Rn. 68a**) folgt je nach zuständigem Gericht unterschiedlichen Regeln. Fast alle Gerichte gewähren bei solchen Providern, die Daten – wenn auch nur vorübergehend – speichern, (zunächst) eine **Anordnung nach FamFG auf vorläufige weitere Speicherung** auch über den vom Provider selbst bestimmte kurze Dauer (z. B. 7 Tage). Einen Anspruch **auf Speicherung auf Zuruf** gewähren aber nur einzelne Gerichte (dazu oben, vgl. Rn. 68a). Der Antrag nach Abs. 9 ist im Übrigen auf eine Gestattung der Auskunft gerichtet; an dem Verfahren sind die Provider nur „Beteiligte", nicht Antragsgegner. In dem Verfahren ist richtigerweise nicht zu prüfen, ob der Provider die Daten noch gespeichert hat (OLG Düsseldorf, vom 21.8.2012 I-20 W 26/12 Rechtsbeschwerde zugelassen; OLG Köln ZUM-RD 2013, 260). Nach erfolgtem Beschluss kann mit diesem vom Provider Auskunft verlangt werden. Weigert der Provider sich Auskunft zu erteilen, etwa mit der Begründung, er habe die Daten nicht mehr vorrätig, dies nach der eben zitierten Rechtsprechung des OLG Düsseldorf in einem neuen Verfahren geklärt werden (zur **Speicherverpflichtung** von Verfassungs wegen vgl. Rn. 68a).

4. Verjährung, Verwirkung

105 Zur **Verjährung** und **Verwirkung** des unselbstständigen Auskunfts- und Rechnungslegungsanspruches vgl. § 102 Rn. 4.

5. Beweisverwertungsverbote

106 Die Zuordnung einer zu einem bestimmten Zeitpunkt benutzten dynamischen IP-Adresse zu einem Anschlussinhaber unterliegt keinem Beweisverwertungsverbot (BGH GRUR 2010, 633 ff. – *Sommer unseres Lebens*; OLG Köln CR 2010, 746). Es gibt auch kein Beweisverwertungsverbot, wenn ein ausländisches Gericht eine spezifische Ermittlungstätigkeit in Bezug auf eine Urheberrechtsverletzung als datenschutzverletzend nach dem dortigen Recht eingeordnet hat (OLG Hamburg MMR 2011, 281, 282). Auch unterliegt eine Auskunft, die der Endkundenanbieter (der ein anderes Unternehmen war als der Netzbetreiber) dem Rechtsinhaber erteilt, im Rechtsstreit gegen den Anschlussinhaber keinem Beweisverwertungsverbot, wenn nur für die Auskunft des Netzbetreibers (eben nicht für die des Endkundenanbieters) ein Verfahren nach § 101 Abs. 9 durchgeführt wurde (BGH Urt. v. 13.7.2017, I ZR 193/16).

XI. Verhältnis zu anderen Vorschriften

107 Anders als nach § 101a Abs. 5 a. F., der bestimmte, dass alle sonstigen vertraglichen und deliktischen Auskunftspflichten unberührt bleiben, scheint § 101 auf den ersten Blick abschließend. Das ist aber nicht der Fall (vgl. Rn. 4). Zudem gibt es neben den hier dargestellten Auskunftsansprüchen andere, wie z. B. den zur Vorbereitung der Ansprüche aus §§ 32, 32a und 32c (vgl. § 32 Rn. 128; vgl. § 32a Rn. 46; vgl. § 32c Rn. 14). In letzter Zeit werden immer öfter Ansprüche auf Zugang zu Informationen nach dem IFG und entsprechender Landesgesetze geltend gemacht, um bei öffentlichen Stellen an Beweise zu gelangen, die mit Hilfe urheberrechtlicher Normen nicht zu erreichen sind. § 1 IFG gewährt jedermann einen Anspruch gegenüber den Behörden des Bundes einen allgemeinen und materiellrechtlich voraussetzungslosen Anspruch auf Zugang zu amtlichen Informationen. Die Vorschrift legt zugleich den Anwendungsbereich des IFG fest durch die Bestimmung des Kreises der Anspruchsverpflichteten. Dies ist neben den Behörden des Bundes, sonstigen Bundesorganen und -einrichtungen auch eine natürliche Person oder juristische Person des Privatrechts (*Schoch*[2] § 1 Rn. 3 ff.), soweit die Behörde sich dieser Person zur Erfüllung ihrer öffentlich-rechtlichen Aufgaben bedient (*Schoch*[2] § 1 Rn. 214). Gegenüber Privatrechtssubjekten ist im IFG ein Anspruch auf Informationszugang nicht vorgesehen (*Schoch*[2] Einl. Rn. 278, § 1 Rn. 214). Umgekehrt sperren weder § 242 BGB noch andere spezialgesetzliche Auskunftsansprüche des

Zivilrechts die Anwendbarkeit des IFG; sie regeln – wie § 242 BGB – Privatrechtsbeziehungen und normieren keinen Zugang zu amtlichen Informationen (*Schoch²* § 1 Rn. 370). Nach § 6 S. 1 IFG besteht der Anspruch auf Informationszugang nicht, soweit der Schutz geistigen Eigentums, und damit insbesondere das Urheberrecht, entgegensteht. Ein Informationszugang zu Ausarbeitungen der Wissenschaftlichen Dienste des Bundestages verletzt jedoch weder das Veröffentlichungsrecht noch Nutzungsrechte. Die bloße Einsichtnahme in das Werk berührt die urheberrechtlichen Verwertungsrechte von vornherein nicht (BVerwG, ZUM-RD 2016, 265, 269). Verfügt eine Behörde oder sonstige Stelle des Bundes über wirtschaftsrechtliche Unterlagen Privater, könnte – so wird kritisiert – über den Umweg des § 1 Abs. 1 IFG der wirtschaftsrechtlich nicht vorgesehene Informationszugang zu jenen Unterlagen erlangt werden. Den Grenzen wirtschaftsrechtlicher Publizitätspflichten und Informationsrechte werden allerdings im Rahmen insbesondere der §§ 5 und 6, ggf. auch des § 3 Nr. 4 IFG, Rechnung getragen (*Schoch²* § 1 Rn. 364 m. w. N.).

Das NetzDG änderte in seinem Art. 2 auch **§ 14 TMG**. Die dortige Auskunftsermächtigung (zu ihr Spindler/Schuster/*Spindler/Nink³* § 14 TMG Rn. 6 ff.) besteht nun nicht nur bei Verletzung von Rechten an geistigem Eigentum, sondern unter bestimmten Umständen nach einem neuen § 14 Abs. 3 TMG auch anderer absolut geschützter Rechte, vor allem also Persönlichkeitsrechten. Ob angesichts der sodann in neuen § 14 Abs. 4 TMG enthaltenen Regelungen zur Durchsetzung dieser Auskunft in einem Verfahren wie nach § 101 Abs. 9 UrhG noch weiter vertreten werden kann, § 14 Abs. 2 und 3 TMG seien eine bloße Ermächtigung und keine Anspruchsgrundlage, scheint zweifelhaft. **108**

§ 101a Anspruch auf Vorlage und Besichtigung

(1) [1]**Wer mit hinreichender Wahrscheinlichkeit das Urheberrecht oder ein anderes nach diesem Gesetz geschütztes Recht widerrechtlich verletzt, kann von dem Verletzten auf Vorlage einer Urkunde oder Besichtigung einer Sache in Anspruch genommen werden, die sich in seiner Verfügungsgewalt befindet, wenn dies zur Begründung von dessen Ansprüchen erforderlich ist.** [2]**Besteht die hinreichende Wahrscheinlichkeit einer in gewerblichem Ausmaß begangenen Rechtsverletzung, erstreckt sich der Anspruch auch auf die Vorlage von Bank-, Finanz- oder Handelsunterlagen.** [3]**Soweit der vermeintliche Verletzer geltend macht, dass es sich um vertrauliche Informationen handelt, trifft das Gericht die erforderlichen Maßnahmen, um den im Einzelfall gebotenen Schutz zu gewährleisten.**

(2) Der Anspruch nach Absatz 1 ist ausgeschlossen, wenn die Inanspruchnahme im Einzelfall unverhältnismäßig ist.

(3) [1]**Die Verpflichtung zur Vorlage einer Urkunde oder zur Duldung der Besichtigung einer Sache kann im Wege der einstweiligen Verfügung nach den Vorschriften der Zivilprozessordnung angeordnet werden.** [2]**Das Gericht trifft die erforderlichen Maßnahmen, um den Schutz vertraulicher Informationen zu gewährleisten.** [3]**Dies gilt insbesondere in den Fällen, in denen die einstweilige Verfügung ohne vorherige Anhörung des Gegners erlassen wird.**

(4) § 811 des Bürgerlichen Gesetzbuchs sowie § 101 Abs. 8 gelten entsprechend.

(5) Wenn keine Verletzung vorlag oder drohte, kann der vermeintliche Verletzer von demjenigen, der die Vorlage oder Besichtigung nach Absatz 1 begehrt hat, den Ersatz des ihm durch das Begehren entstandenen Schadens verlangen.

Übersicht　　　　　　　　　　　　　　　　　　　　　　　　Rn.

I. Allgemeines

1. Bedeutung/Sinn und Zweck/Systematische Stellung

1   Anders als andere Rechtsordnungen kennt das deutsche Prozessrecht kein gesondertes Verfahren, um eine etwaige Beweisnot beim Anspruchsteller auszugleichen. Im US-amerikanischen Recht hilft das sog. **Discovery-Verfahren** (dazu sehr praxisnah und anschaulich *Prütting* AnwBl 2008, 153, 154 ff.) über derartige Situationen hinweg und ist sogar zu einem wesentlichen Teil nahezu jedes US-amerikanischen Zivilprozesses geworden. Derartige Discovery-Verfahren können auch aus Sicht der USA im Ausland belegene Unterlagen betreffen, sind aber auch in umgekehrter Richtung denkbar, sodass sich auch deutsche Verfahrensbeteiligte eines deutschen Rechtsstreits möglicherweise und unter bestimmten Voraussetzungen dieses Instruments bedienen können (s. Mitteilung in GRUR Int. 2004, 889 zu der Entscheidung des US Supreme Courts vom 21.6.2004 in re Intel Corp vs. AMD, Inc. – No. 02–572, abrufbar unter http://www.supremecourt.gov). Das britische Recht kennt sog. **Anton-Pillar-Orders** und im französischen Recht gibt es die sog. **saisie contrefaçon** (Benkard/*Grabinski/Zülch*[11] § 139 PatG Rn. 115). Im deutschen Recht des Geistigen Eigentums bildete sich wohl zunächst in Patent- (dazu *Kühnen* GRUR 2005, 185 ff.) sowie in Softwareverletzungsprozessen die Notwendigkeit heraus, dem Anspruchsteller bei dem Nachweis der anhand konkreter Anhaltspunkte vermuteten, aber nicht beweisbaren Verletzung absoluter Schutzrechte zu helfen. Das Patentrecht war hierbei Vorreiter wichtiger BGH-Entscheidungen. Das Softwarerecht geriet schnell ebenfalls in den Fokus der Judikatur, denn sein besonderer Quellcode-Schutz, der im Grunde genommen einen speziellen Know-how-Schutz darstellt (vgl. Vor §§ 69a ff. Rn. 22 f.), machte eine Beweisführung von Codeverletzungen praktisch unmöglich (vgl. Vor §§ 69a ff. Rn. 15 ff.).

Dies war der Hintergrund, vor dem der Umsetzungsgesetzgeber sich entschied, **2** die vorliegende Norm (und mit ihr vergleichbare Regelungen in den anderen Gesetzen zum Schutz Geistigen Eigentums) einzuführen. Die Vorschrift regelt die Pflicht der Vorlage von Beweismitteln durch den Prozessgegner; sie durchbricht den im Zivilprozessrecht geltenden Beibringungsgrundsatz (RegE UmsG Enforcement-RL – BT-Drs. 16/5048, S. 26).

Nach dem Wortlaut handelt es sich bei der Regelung aus **Art. 6 Enforcement-** **3** **RL** um eine prozessrechtliche Vorschrift (RegE UmsG Enforcement-RL – BT-Drs. 16/5048, S. 26). Der Umsetzungsgesetzgeber wählt aber zu Recht die Umsetzung auf der Grundlage materiell-rechtlicher Ansprüche. Dieser Weg entspricht der Systematik des deutschen Rechts und ermöglicht problemlos eine direkte Erzwingbarkeit der Rechtsfolgen, die den prozessrechtlichen Instituten fremd ist (RegE UmsG Enforcement-RL – BT-Drs. 16/5048, S. 27). Auch wenn das deutsche Recht mit den §§ 422 (Urkundenbeweis) und 371 Abs. 2 ZPO (Augenscheinsbeweis) bereits Vorlagenormen kannte, setzen diese einen materiellen Anspruch voraus, den die Rechtsprechung in den §§ 809, 810 BGB gefunden hat. Obwohl dieser Normenkanon der Vorlagevorschriften durch die §§ 142 und 144 ZPO seit 2001 wesentlich ausgeweitet wurden, mit Hilfe derer nun das Gericht in recht weitem Umfang die Vorlage von Urkunden und Augenscheinsobjekten auch durch den Prozessgegner anordnen kann, bleibt dies jedoch dem Ermessen des Gerichts vorbehalten. In der Praxis finden sich auch wenige Beispiele der Anwendung dieser Normen (zur insgesamt zurückhaltenden Tendenz der deutschen Rechtsprechung, auch vor der Einführung der §§ 142, 144 ZPO *Prütting* AnwBl 2008, 153, 158 ff.). Die Gesetzesbegründung macht zudem zu Recht darauf aufmerksam, dass die Anordnung des Gerichts nicht durchsetzbar ist und bei Nichtvorlage nur die Grundsätze der freien Beweiswürdigung anzuwenden sind oder das Vorbringen des Verletzten als zugestanden zu erachten ist (RegE UmsG Enforcement-RL – BT-Drs. 16/5048, S. 26 f.). Gleichwohl hat der BGH angedeutet, dass – jedenfalls wenn dies zur Aufklärung des Sachverhalts geeignet, erforderlich, verhältnismäßig und angemessen ist – auch ohne einen materiellen Anspruch nach § 142 ZPO die Vorlage von Urkunden geboten sein kann, schon allein um **Art. 43 TRIPS-** **Übereinkommen** und Art. 6 Enforcement-RL Genüge zu tun (BGH GRUR Int. 2007, 157, 161 Tz. 42 – *Restschadstoffentfernung*, allerdings zu einem Fall aus dem Patentrecht). Diese Normlage zusammen mit der durchaus sich erst entwickelnden Rechtsprechung des BGH (BGH GRUR 1985, 512 ff. – *Druckbalken*, dort noch eher strenge Anforderungen an Wahrscheinlichkeit der Rechtsverletzung; nunmehr BGH GRUR 2002, 1045 ff. – *Faxkarte*, jedenfalls bei einem Verstoß gegen das Urheber- bzw. Wettbewerbsrecht diese Einschränkungen eher zurücknehmend) hat den Gesetzgeber bewogen, die Vorgaben der Enforcement-RL in eine eigene Norm zu fassen (RegE UmsG Enforcement-RL – BT-Drs. 16/5048, S. 27).

2. Früheres Recht

Wie eingangs (vgl. Rn. 3) dargestellt, war das Urheberrecht bereits vor Einfüh- **4** rung des § 101a Schauplatz von Vorlageansprüchen. Denn insb. bei der Rechtsdurchsetzung im Bereich der Computerprogramme stand der Verletzte vor Problemen der Beweissicherung, weil man z. B. durch einen Testkauf nur in den Besitz der maschinenlesbaren Form des Programms gelangt, nicht aber ohne weiteres auch in den des Quellcodes; allerdings war der Besichtigungsanspruch im Urheberrecht nicht per se auf Computerprogramme beschränkt (OLG München, InstGE 6, 29 f. zu dem Anspruch auf Vorlage eines Drehbuchs). Sofern aufgrund vorliegender Indizien eine gewisse Wahrscheinlichkeit für eine Rechtsverletzung gegeben ist, konnte der Besichtigungsanspruch des § 809 BGB weiterhelfen: Der Datenträger, auf dem der Quellcode enthalten ist, ist als Sache einzuordnen, der Verletzer wird auch regelmäßig Besitzer desselben sein (ausführlich *Bork* NJW 1997, 1665, 1668 ff.; *Auer-Reinsdorff* ITRB 2006, 82 ff.). Der Anwendungsbereich des § 809 BGB war durch den Bundesgerichtshof auch für Quellcodes eröffnet worden (BGH GRUR 2002, 1046, 1048 – *Faxkarte*; nachfolgend die ursprüngliche Vorinstanz OLG Hamburg ZUM 2005, 394 – *Faxkarte II*). In der Faxkarten-Entscheidung des Bundesgerichtshofs waren die Anforderungen an einen Anspruch nach § 809 BGB i. V. m. § 883 ZPO – wie zuvor bereits vom Kammergericht in einem anderen Fall entschieden (KG GRUR-RR 2001, 118 – *Besichtigungsanspruch bei Computern*) – abgesenkt worden. Es war nur noch erforderlich, dass eine gewisse Wahrscheinlichkeit für eine Verletzung besteht (BGH GRUR 2002, 1046, 1046 – *Faxkarte*; OLG Frankfurt GRUR-RR 2006, 295 – *Quellcode-Besichtigung*). Allerdings durften mit § 809 BGB nicht Tatbestandsvoraussetzungen geklärt werden, die ohne Besichtigung der Sache zu klären sind (OLG Hamburg ZUM 2005, 394 – *Faxkarte II*). Ein Geheimhaltungsinteresse des Besitzers der zu besichtigenden Sache war im Rahmen einer umfassenden Interessenabwägung zu berücksichtigen, führte jedoch nicht dazu, dass generell gesteigerte Anforderungen an die Wahrscheinlichkeit der Rechtsverletzung zu stellen gewesen wären (BGH GRUR 2002, 1046, 1046 – *Faxkarte*). Die Besichtigung konnte auch im Einstweiligen Verfügungsverfahren durchgesetzt werden (KG GRUR-RR 2001, 118 – *Besichtigungsanspruch bei Computern*; OLG Frankfurt GRUR-RR 2006, 295 – *Quellcode-Besichtigung*). Dann allerdings durfte wohl das Ergebnis der Durchsuchung nicht vor Abschluss des Hauptsacheverfahrens an den Antragsteller herausgegeben werden (KG GRUR-RR 2001, 118 – *Besichtigungsanspruch bei Computern*; OLG Frankfurt GRUR-RR 2006, 295 – *Quellcode-Besichtigung*; so auch *Rauschhofer* GRUR-RR 2006, 249, 251; zum Ganzen auch *Schneider* CR 2003, 1 und *Frank/Wiegand* CR 2007, 481; a. A. LG Nürnberg-Fürth MMR 2004, 627, das eine Herausgabe an den Rechteinhaber auch während des Verfügungsverfahren für zulässig hält und die Herausgabe auch auf Lizenzbelege erstreckt).

5 Zur **Vollziehung** einer solchen auch im Wege der Einstweiligen Verfügung zu erwirkenden Maßnahme vgl. Rn. 31. Die vorstehend beschriebene Rechtsprechung dürfte sich auf die neue Norm auswirken; § 809 BGB dürfte aber neben § 101a bei Schutzrechtsverletzungen nicht mehr anwendbar sein, da es nun eine Spezialnorm gibt (hierzu auch vgl. Rn. 39).

3. EU-Recht

6 § 101a geht auf **Art. 6 Enforcement-RL** zurück, der die Befugnis der Gerichte vorsieht, auf Antrag eine Vorlage vom Rechtsinhaber bezeichneter Beweismittel durch die gegnerische Partei anzuordnen, wenn jener alle ihm vernünftigerweise verfügbaren Beweismittel zur hinreichenden Begründung der Ansprüche vorgelegt hat, das Beweismittel genau bezeichnet, das Beweismittel in der Verfügungsgewalt der gegnerischen Partei liegt und die Vorlage keine Geheimhaltungsinteressen der gegnerischen Partei verletzt. Aus dem Erfordernis, Beweismittel zu bezeichnen, folgt, dass es sich dabei nur um solche Beweismittel handeln kann, die der Verletzte kennt, die aber nicht in seiner Verfügungsgewalt sind. Aus der Norm folgt keine Befugnis zur Suche nach ihrer Art nach unbekannten Beweismitteln (*Haedicke* FS Schricker II S. 19, 21). Die Norm ist also **richtlinienkonform** auszulegen. Das deutsche Umsetzungsgesetz (hierzu und zur Vorgeschichte der Norm vgl. Rn. 3 sowie *Czychowski*, GRUR-RR 2008, 265 ff. und *von Hartz* ZUM 2005, 376) trat am 1.9.2008 in Kraft (dazu *Frank/Wiegand* CR 2007, 481; *Seichter* WRP 2006, 391 ff.). Der Gesetzgeber hat sich zu einer Umsetzung als materiellen Anspruch entschieden (vgl. Rn. 9). Lediglich eine Umsetzung der Beweisregel nach Art. 6 Abs. 1 S. 2 Enforcement-RL hielt er für entbehrlich, da deren Umsetzung einerseits im Ermessen der

Mitgliedstaaten liegt, er andererseits mit Blick auf die freie Beweiswürdigung gemäß § 286 ZPO und die in § 287 ZPO geregelten Beweiserleichterungen eine Regelung nicht für erforderlich hielt (RegE UmsG Enforcement-RL – BT-Drs. 16/5048, S. 27).

Parallel dazu ist **Art. 7 Enforcement-RL** zu beachten. Der Regelungsgehalt von **7** Art. 7 Enforcement-RL zielt auf schnelle und wirksame einstweilige Maßnahmen zur Sicherung von Beweismitteln und ist damit eher vorprozessualer Natur. Er zielt nur auf die zeitliche Vorverlagerung des Art. 6, nicht aber auf eine Ausweitung seines Anwendungsbereiches (RefE vom 3.1.2006 UmsG Enforcement-RL, S. 53). Unklar ist, wieso Art. 7 im Gegensatz zu Art. 6 nicht das Erfordernis enthält, Beweismittel konkret zu bezeichnen. Der RefE geht davon aus, dass der nationale Gesetzgeber auf das Erfordernis der Bezeichnung der Beweismittel durch den Antragsteller nicht verzichten müsse, da in der Richtlinie keine Vorgaben zur Darlegungslast gemacht werden. Aber selbst wenn Art. 7 die Möglichkeit geben sollte, auf bislang unbekannte Beweismittel vor Einleitung des Verfahrens zuzugreifen (so etwa *Haedicke* FS Schricker II S. 19, 21, der auf das Fehlen der Formulierung „bezeichneter" Beweismittel im Gegensatz zu Art. 6 verweist), ist diese Bestimmung schon aus Gründen der Verhältnismäßigkeit restriktiv auszulegen und erlaubt jedenfalls keine Ausforschungsmaßnahmen, die dem Discovery-Verfahren des US-amerikanischen Rechts gleichkommen, weil diese zu massiven Beeinträchtigungen führen, ohne dass vorprozessual eine Schutzrechtsverletzung bereits feststeht (so i. E. auch *Haedicke* FS Schricker II S. 19, 25). Bei einem Verständnis des Art. 6 als materiell-rechtlichem Anspruch ist die Umsetzung des Art. 7 durch das selbständige Beweisverfahren §§ 485 ff. ZPO und die einstweilige Verfügung §§ 935 ff. ZPO bereits jetzt weitgehend gewährleistet (s. RefE vom 3.1.2006 UmsG Enforcement-RL, S. 52 ff.).

4. Internationales Recht

Art. 6 Abs. 1 Enforcement-RL und damit auch der eigentliche Anspruch in **8** Abs. 1 entspricht in vollem Umfang Artikel 43 Abs. 1 des TRIPS-Übereinkommens (RegE UmsG Enforcement-RL – BT-Drs. 16/5048, S. 26).

II. Allgemeiner Vorlage- und Besichtigungsanspruch (Abs. 1 S. 1)

1. Allgemeine Voraussetzungen

Abs. 1 statuiert einen **materiellen Vorlageanspruch**. Voraussetzungen für ihn **9** ist, dass das Urheberrecht oder ein anderes nach dem UrhG geschütztes Recht vom Anspruchsgegner mit hinreichender Wahrscheinlichkeit verletzt wurde, der Rechtsinhaber das Beweismittel genau bezeichnet hat, das Beweismittel in der Verfügungsgewalt des Anspruchsgegners liegt und die Vorlage keine Geheimhaltungsinteressen der gegnerischen Partei verletzt. Zur Rechtsverletzung vgl. Rn. 12 f., zur hinreichenden Wahrscheinlichkeit vgl. Rn. 14, zum Geheimhaltungsinteresse vgl. Rn. 22 ff.

Wie **genau** man Beweismittel **bezeichnen** kann (zur prozessualen Frage der Be- **10** stimmtheit des Antrags vgl. Rn. 30), hängt vom Einzelfall ab, aber allgemein setzt dies voraus, dass das Beweismittel eindeutig für Dritte (also im Zweifel für die Vollstreckungsinstanz) identifizierbar ist. Insofern ist auf die Kommentierungen zur Bestimmtheit eines Titels zu verweisen (etwa Thomas/Putzo/*Seiler*[37] vor § 704 ZPO Rn. 16 ff.; Musielak/Voit/*Lackmann*[13] § 704 ZPO Rn. 6). Zu einem anschaulichen Fall, allerdings aus dem Patentrecht und zu § 142 ZPO, ausführlich BGH GRUR 2006, 962 – *Restschadstoffentfernung*.

§ 101a Abs. 1 gewährt keinen unmittelbaren „Drittvorlageanspruch" im wört- **11** lichen Sinne, denn er richtet sich nur gegen den Inhaber der **Verfügungsgewalt**.

Allerdings bleibt § 428 f. ZPO natürlich ebenso unberührt wie § 142 ZPO (dazu sogleich vgl. Rn. 13). Der Begriff der Verfügungsgewalt dürfte mit den Besitzarten des unmittelbaren und mittelbaren Besitzers sowie Mitbesitzers (§§ 854, 866 BGB) übereinstimmen, nicht jedoch den Besitzdiener (§ 855 BGB) umfassen (so zu Recht Schricker/Loewenheim/*Wimmers*[5] Rn. 16, a. A. *Zöllner* GRUR Prax 2010, 74 ff.: Auf die Eigentums- oder Besitzverhältnisse komme es nicht an.). Unabhängig davon ist die Frage zu beurteilen, ob sich der Anspruch nur gegen Täter und Teilnehmer oder auch gegen Störer richtet (dazu vgl. Rn. 12).

2. Rechtsverletzung

12 § 101a bleibt in der Wortwahl an den §§ 97 ff. orientiert und gewährt den Anspruch nur gegen den (mit hinreichender Wahrscheinlichkeit feststehenden) Verletzer. Dabei reicht es, wenn nicht das gesamte Werk verletzt wurde, sondern nur „einzelne Komponenten" (BGH GRUR 2013, 508 Tz. 30 – *UniBasic IDOS*). Das ist selbst dann ausreichend, wenn nicht von vorneherein ausgeschlossen werden kann, dass gerade die übernommenen Komponenten nicht auf einem individuellen Programmierschaffen (im Streitfall ging es um ein Computerprogramm) desjenigen beruhen, von dem der Kläger seine Ansprüche ableitet (BGH GRUR 2013, 508 Tz. 30 – *UniBasic IDOS*). Verletzer ist zunächst jeder **Täter und Teilnehmer** einer Urheberrechtsverletzung (vgl. § 97 Rn. 145 ff.). Ob auch ein **Störer** hierunter zu fassen ist, war schon bei derselben Formulierung des § 101a a. F. für den Auskunftsanspruch umstritten (vgl. § 101 Rn. 46 und vgl. § 97 Rn. 154). Nach hier vertretener Ansicht reicht eine Störerstellung aus, sodass es nicht auf eine Täter- und Teilnehmerstellung ankommt (a. A. Schricker/Loewenheim/*Wimmers*[5] Rn. 15 und § 101 Rn. 28). Insofern kann auf die Literatur zu § 101a a. F. (etwa Dreier/Schulze/*Dreier*[2] Rn. 6; *Czychowski* MMR 2004, 514, 515 m. w. N.) verwiesen werden. Auch eine **Drittvorlage** – sofern Verfügungsgewalt vorliegt (oben vgl. Rn. 11) – scheint – jedenfalls über § 142 ZPO (vgl. Rn. 40) – denkbar (BGH GRUR Int. 2007, 157, 161 – *Restschadstoffentfernung*; a. A. Schricker/Loewenheim/ *Wimmers*[5] Rn. 15). Eine Störereigenschaft muss dieser Dritte aber haben. Denkbar erscheint schließlich eine subsidiäre Inanspruchnahme eines Dritten: Bei einem Dritten, der noch nicht einmal Störer ist, kann nach §§ 887, 888 ZPO vollstreckt werden, sofern er nur Verfügungsgewalt hat und sofern der Schuldner sich weigert (BGH GRUR 2002, 1046, 1048 – *Faxkarte*).

13 Die Rechtsverletzung kann sowohl ein werkbezogenes Urheberrecht als auch **jedes** andere **nach diesem Gesetz geschützte Recht** betreffen, also jedes der in Teil 2 geregelten verwandten Schutzrechte, aber natürlich auch Laufbilder (§ 95); nicht hingegen §§ 95a, 95c, denn diese stellen zumindest nach der hier vertretenen Auffassung keine Rechte dar (vgl. Vor §§ 95a ff. Rn. 24 ff.).

3. Hinreichende Wahrscheinlichkeit

14 Art. 6 Abs. 1 Enforcement-RL setzt für den Vorlageanspruch voraus, dass „alle vernünftigerweise verfügbaren Beweismittel zur hinreichenden Begründung" vorgelegt werden. Dem wird in der deutschen Umsetzung dadurch Rechnung getragen, dass eine hinreichende Wahrscheinlichkeit der Rechtsverletzung verlangt wird. Auf die Vorlage aller verfügbaren Beweismittel kann nicht abgestellt werden, da es sich bei § 101a um einen materiell-rechtlichen Anspruch handelt (RegE UmsG Enforcement-RL – BT-Drs. 16/5048, S. 40). Bei dem Begriff der hinreichenden Wahrscheinlichkeit handelt es sich nach der Gesetzesbegründung (RegE UmsG Enforcement-RL – BT-Drs. 16/5048, S. 40) um den Begriff aus der neueren Rechtsprechung, die für § 809 BGB eine gewisse Wahrscheinlichkeit für eine Verletzung verlangte (BGH GRUR 2002, 1046, 1046 – *Faxkarte*; OLG Frankfurt GRUR-RR 2006, 295 – *Quellcode-Besichtigung*), sodass die materiellen Anforderungen an den Vorlageanspruch sich nicht geändert haben und tendenziell nicht zu streng angesetzt werden dürfen. Eine Glaubhaftmachung der hinreichenden Wahrscheinlichkeit genügt, durch die Vorlage kann der Rechtsinhaber dann Informationen zur weiteren Substantiierung seines Vortrages sammeln (RegE UmsG Enforcement-RL – BT-Drs. 16/5048, S. 40). Auch die Ausführungen der Rechtsprechung zur parallelen prozessualen Norm des § 142 ZPO können dabei herangezogen werden (BGH GRUR Int. 2007, 157, 161 Tz. 42 – *Restschadstoffentfernung*, allerdings zu einem Fall aus dem Patentrecht). Wichtig ist der **Bezugspunkt** der hinreichenden Wahrscheinlichkeit: Ob eine gewisse Wahrscheinlichkeit schon dann besteht, wenn ein ehemaliger Mitarbeiter kurz nach dem Ausscheiden aus der Firma ein funktionsgleiches Konkurrenzprodukt anbietet (*Bork* NJW 1997, 1665, 1668), erscheint zweifelhaft. Heutzutage gibt es gute technische Begründungen, die dann allerdings auch vorgebracht werden müssen, warum eine schnelle Neuprogrammierung möglich war. Unseres Erachtens muss sich daher die gewisse Wahrscheinlichkeit aus dem vermeintlich verletzten Gegenstand selbst ergeben, also z. B. Reproduzierbarkeit von Fehlern einer Ursprungssoftware und einer behauptet neu programmierten Software, Vorliegen identischer fehlerbehafteter Einträge in zwei Datenbanken. In Betracht kommen können Aussagen des Anspruchsgegners sowohl in der Öffentlichkeit als auch in seinen Prospekten oder allgemein in der Werbung sowie Schutzrechtsanmeldungen (Wandtke/Bullinger/*Ohst*[4] Rn. 13), allerdings muss sich dies auf den vermeintlich verletzenden Gegenstand selbst (also z. B. die Programmierung einer Software) beziehen (in diese Richtung auch LG Köln ZUM-RD 2010, 85, das Ähnlichkeiten in den sichtbaren Teilen eines Computerprogramms nicht genügen lässt). Zu Recht erwähnt werden Aussagen Dritter, insb. ehemaliger Mitarbeiter oder Besucher von Messen etc., die dort die Möglichkeit hatten, die Sache zu besichtigen (Wandtke/Bullinger/*Ohst*[4] Rn. 13 unter Verweis auf *Bork* NJW 1997, 1665, 1668; *Tilmann/Schreibauer* GRUR 2002, 1015, 1022; LG Nürnberg-Fürth CR 2004, 890, 891).

4. Erforderlichkeit

Neben dem Kriterium der Verhältnismäßigkeit (dazu vgl. Rn. 26) verlangt das Gesetz als weitere Einschränkung, dass die Vorlage auch erforderlich ist. Gibt es also andere Wege für den Anspruchsteller, seinen Anspruch zu beweisen, ist ihm § 101a versperrt. Hierdurch wird gewährleistet, dass der Anspruch **nicht zur allgemeinen Ausforschung** der Gegenseite missbraucht werden kann (Schricker/Loewenheim/*Wimmers*[5] Rn. 20). Der Anspruchssteller wird die durch die Vorlegung gewonnene Kenntnis jedoch immer dann zur Durchsetzung seiner Ansprüche benötigen, wenn es darum geht, eine bestrittene anspruchsbegründende Tatsache nachzuweisen oder überhaupt erst Kenntnis von dieser Tatsache zu erlangen (RegE UmsG Enforcement-RL – BT-Drs. 16/5048, S. 40). **15**

5. Aktivlegitimation (Anspruchsberechtigung)

Anspruchsberechtigter ist der potentiell Verletzte, also der Inhaber des Urheberrechts oder verwandten Schutzrechts bzw. sonstigen Rechts (so auch Schricker/Loewenheim/*Wimmers*[5] Rn. 14). Auch der Inhaber ausschließlicher Nutzungsrechte ist allerdings aktivlegitimiert entsprechend den allgemeinen Regeln (vgl. § 97 Rn. 127 ff.); und der Inhaber einfacher Nutzungsrechte kann unter bestimmten Voraussetzungen auch aktivlegitimiert sein (vgl. § 97 Rn. 132 ff.). **16**

6. Passivlegitimation (Anspruchsverpflichtung)

Anspruchsverpflichteter ist, wer mit der für den Anspruch erforderlichen hinreichenden Wahrscheinlichkeit **Verletzer** ist und **Verfügungsgewalt** hat (dazu vgl. Rn. 11). Zum Verletzerbegriff vgl. § 97 Rn. 132 ff. Zur Abgrenzung zum **Störer** oben vgl. Rn. 12. **Urkunden** sind in der Regel im Original vorzulegen. **16a**

7. Rechtsfolgen

17 Unmittelbare Rechtsfolge des Anspruchs ist die **Vorlage einer Urkunde** oder die **Besichtigung einer Sache**, sofern sich diese in der Verfügungsgewalt des Verpflichteten befinden. Gegenstand des Anspruchs können somit alle Sachen und Urkunden sein, die für den Nachweis oder die Kenntnisnahme von anspruchsbegründenden Tatsachen erforderlich sind (*Zöllner* GRUR-Prax, 2010, 74 ff.). Für **Sachen** gilt der Sachbegriff des § 90 BGB (dazu und zur Frage der Sachqualität von Software Schricker/Loewenheim/*Wimmers*[5] Rn. 24 m. w. N.). Praktisch durchgeführt wird dies bei den einzelnen Schutzgegenständen des Urheberrechts wohl unterschiedlich. Während z. B. bei einem Drehbuch unschwer durch bloße Einsichtnahme und Gegenüberstellung mit dem vermeintlich vorbestehenden Werk festgestellt werden kann, ob eine Urheberrechtsverletzung vorliegt, dürfte z. B. bei einem Computerprogramm an der bisherigen Praxis (vgl. Rn. 4) festgehalten werden, nach der beansprucht wird, den Quellcode des Programms einem Sachverständigen zum Vergleich mit dem vorbestehenden Programm zu übergeben (zu Geheimhaltungsfragen vgl. Rn. 22 ff.). Nach wie vor zulässig dürfte auch sein, zu beanspruchen, dem Sachverständigen Zugang zu einem genau bezeichneten Computersystem zu gewähren und ihn selber die erforderlichen Kopien des Quellcodes anfertigen zu lassen (KG GRUR-RR 2001, 118 – *Besichtigungsanspruch bei Computern*). Die Vorlegung hat nach § 811 BGB, der ergänzend heranzuziehen ist, an dem **Ort** zu erfolgen, an welchem sich die vorzulegende Sache befindet. Ggfs. muss eine Urkunde für eine angemessene Zeit ausgehändigt werden, wenn dies zur Erreichung des Besichtigungszwecks erforderlich ist. Das dürfte man § 811 Abs. 1 S. 2 BGB entnehmen können. Ob auch **Kopien** angefertigt werden dürfen, regelt das Gesetz nicht. Auch hier dürfte dies bei umfangreichen Unterlagen, die anders nicht gesichtet werden können, zulässig sein (so auch OLG Hamburg Urt. v. 4.3.2004, 11 U 200/03, Tz. 21 zitiert nach juris). Dabei ist aber auf eine Zumutbarkeit für den Vorlegungspflichtigen zu achten.

III. Vorlage- und Besichtigungsanspruch bei hinreichender Wahrscheinlichkeit gewerblichen Ausmaßes (Abs. 1 S. 2)

18 Abs. 1 S. 2 ermöglicht bei einer in gewerblichem Ausmaß begangenen Rechtsverletzung unter den in Abs. 1 genannten Voraussetzungen auch die Vorlage der in der Verfügungsgewalt des Gegners befindlichen **Bank-, Finanz- oder Handelsunterlagen** (zum Begriff s. § 101b). Ein solcher Anspruch war nach deutschem Recht bislang nicht vorhanden (RegE UmsG Enforcement-RL – BT-Drs. 16/5048, S. 27). Es bestand noch nicht einmal ein Anspruch auf Einsicht in die genannten Unterlagen (so etwa OLG Köln GRUR 1995, 676 f.), sodass der Gesetzgeber Umsetzungsbedarf der entsprechenden Regel aus Art. 6 Abs. 2 Enforcement-RL erkannte. Die hier genannten Unterlagen dienen im Fall des § 101a zur Ermittlung der Schadenshöhe, während die Regelungen in § 101b dazu dienen, die begründete Forderung zu realisieren.

1. Verletzung gewerblichen Ausmaßes

19 Zum Begriff vgl. § 101 Rn. 39 f. Er geht auf ErwG 14 der Enforcement-RL zurück: In gewerblichem Ausmaß vorgenommene Rechtsverletzungen zeichnen sich dadurch aus, dass sie zwecks Erlangung eines unmittelbaren oder mittelbaren wirtschaftlichen oder **kommerziellen Vorteils** vorgenommen werden; dies schließt in der Regel Handlungen aus, die in gutem Glauben von Endverbrauchern vorgenommen werden. Grundsätzlich sind die in § 101 **Rn. 39 ff.** dargestellten Voraussetzungen anwendbar. Schricker/Loewenheim/*Wimmers*[5] fordert eine Abgrenzung und Einschränkung gegenüber der Auslegung in § 101. Hiernach muss im Rahmen des § 101a die Erlangung eines unmittelbaren oder mittelbaren wirtschaftlichen oder kommerziellen Vorteils mehr voraussetzen, als die mit jeder Rechtsverletzung im Geschäftsverkehr verbundenen wirtschaftlichen oder kommerziellen Vorteile, vielmehr müsse der Täter gerade die Nachahmung zum Geschäft gemacht haben (Schricker/Loewenheim/*Wimmers*[5] Rn. 30). Uns erscheint das zu weitgehend.

2. Hinreichende Wahrscheinlichkeit

Der Maßstab der hinreichenden Wahrscheinlichkeit ist derselbe wie im Hauptanspruch nach Abs. 1 S. 1 (vgl. Rn. 14), nur bezieht sich hier die hinreichende Wahrscheinlichkeit zusätzlich auf das gewerbliche Ausmaß der Rechtsverletzung. **20**

3. Erweiterte Rechtsfolgen

Die Rechtsfolgen des Anspruchs nach Abs. 1 S. 2 erweitern den Kreis der Unterlagen, die vorzulegen sind, nämlich auf **Bank-, Finanz- oder Handelsunterlagen**. Die Gesetzesbegründung gibt keinen Anhalt, was hierunter zu verstehen ist. Die einzige bloße Erwähnung in ErwG 20 Enforcement-RL hilft auch nicht weiter. Auch der Verweis auf die o.g. (vgl. Rn. 19) Entscheidung des OLG Köln aus dem RegE hilft konkret nicht weiter, denn die Entscheidung spricht ebenfalls nur allgemein von „Geschäftsunterlagen" und „Büchern". Es wird jedoch eine weite Auslegung angebracht sein (so auch Thüringer Oberlandesgericht GRUR-RR 2015, 463 Tz. 30 – *Babybilder*), die aber unter dem Blickwinkel der Erforderlichkeit (vgl. Rn. 15) sowie der Verhältnismäßigkeit (vgl. Rn. 26) im konkreten Einzelfall einzuschränken ist. Insb. sind die in § 257 HGB genannten Unterlagen erfasst, unter anderem Handelsbücher, Jahresabschlüsse, Lageberichte, die empfangenen Handelsbriefe, Wiedergaben der abgesandten Handelsbriefe und Buchungsbelege. Erfasst werden grundsätzlich sämtliche Geschäftsunterlagen, die dem Gläubiger eine Überprüfung der Verlässlichkeit der erteilten Auskunft und Rechnungslegung ermöglichen (Thüringer Oberlandesgericht GRUR-RR 2015, 463 Tz. 38 – *Babybilder* im Anschluss an BGH WRP 2002, 947). Es erscheint dabei nicht erforderlich und wird regelmäßig auch nicht möglich sein, die vorzulegenden Unterlagen konkret oder genau zu bezeichnen. Vielmehr reicht es aus, die Herausgabe sämtlicher Unterlagen mit Bezug zu Verletzungshandlungen zu fordern (Thüringer Oberlandesgericht GRUR-RR 2015, 463 Tz. 57 – *Babybilder*). **21**

IV. Schutz der Vertraulichkeit (Abs. 1 S. 3)

Der Schutz von Geheimhaltungsinteressen ist bewusst nicht als Einwendung formuliert worden, da in nahezu jedem Fall vertrauliche Informationen Gegenstand des Anspruchs sein werden, sodass dieser dann ins Leere liefe. Daher wird ein Weg gewählt, der die Gerichte dazu ermächtigt, den Anspruch so zu fassen, dass der Schutz vertraulicher Informationen im Einzelfall angemessen gewährleistet ist (RegE UmsG Enforcement-RL – BT-Drs. 16/5048, S. 40 f.). Die deutsche Rechtsprechung hatte bereits vor Art. 6 Enforcement-RL und der durch sie neu eingeführten Norm des § 101a Geheimhaltungsinteressen in verschiedener Hinsicht bei Vorlageansprüchen – damals noch auf Basis des § 809 BGB – Rechnung getragen (vgl. Rn. 3). Wichtigstes Element dieser Rechtsprechung war, dass das Ergebnis der Besichtigung – wenn sie im Einstweiligen Verfügungsverfahren durchgesetzt wurde – nicht vor Abschluss des Hauptsacheverfahrens an den Antragsteller herausgegeben werden durfte (KG GRUR-RR 2001, 118 – Besichtigungsanspruch bei Computern; OLG Frankfurt GRUR-RR 2006, 295 – *Quellcode-Besichtigung*; so auch *Rauschhofer* GRUR-RR 2006, 249, 251; zum Ganzen auch *Frank/Wiegand* CR 2007, 481). Es dürfte sich anbieten, dies unter § 101a ebenfalls zu fordern. s. nunmehr die Tendenz in der sog. **Düsseldorfer Besichtigungspraxis** im Detail unten (vgl. **22**

Rn. 27 ff. und 35 zu den Rechtsbehelfen). Zum Schutz der Interessen des Anspruchsgegners im Patentrecht s. *Müller-Stoy* Mitt.d.PA 2010, 267 ff. Ob auch im Hauptsacheverfahren Vertraulichkeit unter den Parteien gewahrt werden muss (in diese Richtung BGH GRUR 2002, 1046 – *Faxkarte*), erscheint uns zweifelhaft, denn der Verletzte muss bei Vorliegen der Voraussetzungen der Ansprüche (insb. hinreichende Wahrscheinlichkeit einer Verletzung) ggf. auch in der Lage sein, das Ergebnis eines Sachverständigengutachtens zu überprüfen; sonst käme dies einem dem deutschen Recht fremden Geheimverfahren gleich. Im Übrigen gewährt § 172 Nr. 2 GVG die weitergehende Möglichkeit, den Geheimhaltungsinteressen jedenfalls insoweit Rechnung zu tragen, dass wenigstens keine Dritte außerhalb des Verfahrens Kenntnis von Details erlangen.

23 Diskutiert wird, ob nicht ein eigenes Vertraulichkeitsverfahren, ein sog. **in-camera-Verfahren**, notwendig ist (*Bornkamm* FS Ullmann S. 893, 904 ff., der sogar trotz Ablehnung im Umsetzungsgesetz eine Einführung in richtlinienkonformer Auslegung für möglich hält).

24 Voraussetzung ist natürlich, dass überhaupt ein Geheimhaltungsinteresse besteht. Dass der Gesetzgeber von „Vertraulichkeit" spricht, dürfte dasselbe meinen. Hierfür muss ein Sachverhalt vorliegen, der etwas Vertrauliches zum Gegenstand hat. Der Gesetzgeber spricht nicht von Know-how, sondern etwas abstrakt von „Vertraulichkeit". Unseres Erachtens dürfte es sich daher anbieten, die **Definition** der Rechtsprechung aus den §§ 17, 18 UWG heranzuziehen. Hiernach werden Geheimnisse geschützt, wenn die entsprechenden Tatsachen nur einem eng begrenzten Personenkreis bekannt sind und die geheim zu haltende Tatsache zu einem Geschäftsbetrieb in Beziehung steht sowie auch als solche geheim gehalten werden soll; schließlich darf die Tatsache anderen nicht oder nicht leicht zugänglich sein (zum Vorstehenden Köhler/Bornkamm/*Köhler*[35] § 17 UWG Rn. 4). Entscheidend bei dieser Definition ist, dass **nicht** die strengen Anforderungen an Know-how (s. z. B. **Art. 1 Abs. 1 lit i**) **TT-GVO**, der u. a. die Wesentlichkeit für die Produktion sowie eine umfassende Beschreibung fordert, damit überprüft werden kann, ob die Merkmale „wesentlich" und „geheim" erfüllt sind) gelten, sondern ein Geheimnis schon bei jedem berechtigten wirtschaftlichen Interesse an der Geheimhaltung der Tatsache vorliegen kann. Überträgt man dies, sind also keine zu strengen Anforderungen an das Vorliegen eines Geheimhaltungsinteresses oder Interesses an Vertraulichkeit zu stellen. Ein solches Interesse dürfte zu allererst bei nicht als open-source (zum Begriff vgl. GPL Rn. 3) verwerteten Computerprogrammen bestehen, bei denen der Quellcode dem besonderen Know-how Schutz des Softwareurheberrechts unterliegt (vgl. Vor §§ 69a ff. Rn. 22 f.). Aber auch andere Konstellationen sind denkbar, etwa das noch nicht veröffentlichte Drehbuch eines im Dreh befindlichen Films, ein noch nicht veröffentlichtes Manuskript oder der neue Titelsong eines unveröffentlichten neuen Musikalbums. Ob bei diesen Fällen im Einzelfall die Voraussetzungen der Ansprüche nach Abs. 1 S. 1 und 2 vorliegen, ist dann natürlich zu prüfen und dürfte bei urheberrechtlichen Schutzgegenständen außerhalb der Computerprogramme, der Verfilmungen, der Ausführung bestimmter Pläne, des Nachbaus eines Architekturwerkes oder der Umgestaltung eines Datenbankwerkes (s. § 23 S. 2) oft auf die zusätzliche Schwierigkeit stoßen, da bei diesen nach § 23 S. 1 die bloße Bearbeitung selbst noch keine Verletzung darstellt, sondern erst deren Veröffentlichung oder Verwertung. Es müssen dann für eine Erstbegehungsgefahr die allgemeinen Voraussetzungen (vgl. § 97 Rn. 39 f.) vorliegen.

25 Soweit es sich nicht um ein Einstweiliges Verfügungsverfahren handelt (dazu unten vgl. Rn. 27 f.) sind die vorstehenden Anforderungen nur auf Einwand des Betroffenen zu prüfen („[...] soweit [...] geltend macht [...]").

V. Verhältnismäßigkeit (Abs. 2)

Wohl weil die Ansprüche des Abs. 1 den Beibringungsgrundsatz des deutschen **26** Zivilprozesses durchbrechen und natürlich angesichts der Vorgaben aus Art. 6 Enforcement-RL ist als Korrektiv der Ansprüche zusätzlich zu prüfen, ob die jeweilige Maßnahme verhältnismäßig ist. Neben der Erforderlichkeit (vgl. Rn. 17) muss also zusätzlich eine Verhältnismäßigkeit i. e. S. vorliegen. Sie ist nach der Gesetzesbegründung insb. dann nicht gegeben, wenn bei **geringfügigen Verletzungen umfangreiche Vorlageansprüche** geltend gemacht werden oder wenn das Geheimhaltungsinteresse bei Weitem überwiegt und diesem auch nicht durch Maßnahmen nach Abs. 1 S. 3 angemessen Rechnung getragen werden kann (RegE UmsG Enforcement-RL – BT-Drs. 16/5048, S. 41). Zu weiteren Einzelheiten vgl. § 101 Rn. 92 ff. Darüber hinaus sind auch die Interessen unbeteiligter Dritter zu berücksichtigen, z. B., wenn das Zulassen einer Besichtigung eine Verletzung der vom Antragsgegner mit Dritten vereinbarten Vertraulichkeit darstellt (Wandtke/Bullinger/*Ohst*[4] Rn. 33 m. w. N.).

VI. Durchsetzung, Prozessuales (Abs. 3)

1. Allgemeines, Verfahrensarten

§ 101a spricht zwar ausdrücklich nur **Hauptsacheverfahren** und **Verfügungs-** **27** **verfahren** an; es ist mittlerweile aber gängige Praxis etlicher Gerichte (ausgehend von den Düsseldorfer Patentverletzungsgerichten), dass mit einem Verfügungsverfahren auch ein **Selbständiges Beweisverfahren** nach §§ 485 ff. ZPO verknüpft werden kann und mittels einer richterlichen Durchsuchungsanordnung nach § 758a ZPO durchgesetzt werden kann. Dies nennt man mittlerweile Düsseldorfer Besichtigungspraxis (s. sehr instruktiv *Zöllner* GRUR Prax 2010, 74 ff.; s. a. *Tinnefeld* CR 2013, 417 ff.). Abs. 3 normiert nunmehr ausdrücklich, dass Vorlageansprüche auch in Verfügungen angeordnet werden können. Die gewisse Unklarheit, mit der sich die deutsche Rechtsprechung insoweit zu § 809 BGB auseinanderzusetzen hatte (vgl. Rn. 3), ist also vom Gesetzgeber beseitigt. Es bedarf für eine solche Verfügung aber weiterhin nach den allgemeinen Regeln eines Verfügungsgrundes i. S. d. §§ 935, 940 ZPO (OLG Köln GRUR-RR 2009, 25 (Ls.) und BeckRS 2009, 08027; OLG Nürnberg GRUR-RR 2016, 108 – *Besichtigungsanspruch*; *Zöllner*, GRUR-Prax 2010, 74 ff.; a. A. OLG Düsseldorf GRUR Prax 2010, 444 – *Zuwarten mit Besichtigungsantrag*, das allerdings von einem „regelmäßig vorliegendem Verfügungsgrund" spricht). Dem steht entgegen *Kühnen* GRUR 2005, 185, 194 und *Tilmann* GRUR 2005, 737 auch nicht Art. 7 der Enforcement-Richtlinie entgegen (OLG Köln GRUR-RR 2009, 25 (Ls.) und BeckRS 2009, 08027). Das KG hat sich in einem Zurückweisungsbeschluss einer Berufung nicht endgültig entschieden: KG v. 17.6.2011 24 U 195/10. Wie hier aber LG Potsdam v. 23.7.2012 2 O 175/12.

Auch wenn der Gesetzgeber hier von „Duldung der Besichtigung" spricht, **28** dürfte damit keine materielle Änderung gegenüber Abs. 1 verbunden sein. Die Maßnahmen werden gegebenenfalls ohne Anhörung der anderen Partei getroffen, insb. dann, wenn durch eine Verzögerung dem Rechtsinhaber wahrscheinlich ein nicht wiedergutzumachender Schaden entstünde, oder wenn nachweislich die Gefahr besteht, dass Beweise vernichtet werden (ausführlich dazu BGH GRUR 2006, 962 – *Restschadstoffentfernung* zu § 142 ZPO allerdings aus dem Patentrecht). Aus diesem Wortlaut wird jedoch die **Dogmatik** und **Ablauf** der Besichtigungsverfügung deutlich: Die richtet sich nach einer ggf. Anordnung eines selbstständigen Beweisverfahrens nach §§ 485 ff. ZPO mit Bestellung eines zur Verschwiegenheit verpflichteten Sachverständigen auf Duldung der Durchsuchung und Besichtigung. Dabei werden die beteiligten Anwälte ggf. (nach der Düsseldorfer Praxis) ebenfalls zur Verschwiegenheit verpflichtet und können dann an der Besichtigung teilnehmen. Die Verschwiegenheitsverpflichtung muss allerdings vom Gericht erfolgen, andernfalls nicht die strafrechtlichen Folgen des § 353d Nr. 2 StGB eintreten, worauf *Kühnen* GRUR 2005, 185, 191 zu Recht hinweist. Schließlich folgen Regelungen zu Einzelheiten der Aushändigung des Gutachtens durch den Sachverständigen. Sie ist also richtigerweise dreigeteilt. Ob die jeweiligen Befehlseingaben des Sachverständigen im Antrag beschrieben sein müssen, ist zwar streitig (*Koch*, Zivilprozess S. 211; *Bork* NJW 1997, 1665, 1671 Fn. 78), dürfte sich im Blick auf die vom Gesetzgeber geforderte Durchsetzungsmöglichkeit auch im Verfügungsverfahren aber als zu strenge Hürde darstellen. Es kann sich im Übrigen anbieten, in den Antrag den **Vorschlag für einen bestimmten Sachverständigen** aufzunehmen, um dem Gericht mühsame Recherchearbeit zu ersparen (so auch OLG Koblenz CR 1991, 673, wonach es sich bei der Sequestration durch eine Fachfirma auch um Verwaltung neben der Verwahrung handelt und dass nur die Kosten der Inbesitznahme und Übergabe als Kosten der Zwangsvollstreckung nach § 788 ZPO festgesetzt werden können; OLG München GRUR 1987, 33 – *Berücksichtigungskosten*). Dabei dürfte in aller Regel eine **Abmahnung** entbehrlich i. S. d. § 93 ZPO sein, ja sich geradewegs verbieten, will man den Zweck der Durchsuchung nicht vereiteln (so für Sequestration allgemein LG Hamburg GRUR-RR 2004, 191 – *Flüchtige Ware*). Einen Anspruch auf Durchsuchung, um festzustellen, ob Besitz besteht, gewährt § 809 BGB (und damit wohl auch § 101a) allerdings nicht (BGH ZUM 2004, 378 – *Kontrollbesuch*, allerdings für Fragen des Verwertungsgesellschaftsrechts). Diese Maßnahmen werden gegebenenfalls ohne Anhörung der anderen Partei getroffen, insb. dann, wenn durch eine Verzögerung dem Rechtsinhaber wahrscheinlich ein nicht wiedergutzumachender Schaden entstünde, oder wenn nachweislich die Gefahr besteht, dass Beweise vernichtet werden. Zu diesem wesentlichen Element der sog. **Düsseldorfer Besichtigungspraxis** hat der BGH nun (allerdings im Rahmen des der Düsseldorfer Besichtigungspraxis entsprechenden selbständigen Beweisverfahrens per Einstweiliger Verfügung) entschieden, dass die Einsicht in das Gutachten zunächst auf namentlich benannte recht- bzw. patentanwaltliche Vertreter der Parteien beschränkt werden darf und diese zur Verschwiegenheit verpflichtet werden (BGH GRUR 2010, 318 Tz. 23 ff. – *Lichtbogenschnürung* zum Patentrecht). Dies dürfte auch auf das Verfahren nach § 101a übertragbar sein.

29 Anders als im Hauptsacheverfahren ist bei Einstweiligen Verfahren, insb. wenn eine einstweilige Verfügung ohne Anhörung des Gegners erlassen wird, vom Gericht zwingend den Vertraulichkeitsinteressen des Verpflichteten Rechnung zu tragen, sodass die obigen Anforderungen (vgl. Rn. 23) in diesen Fällen zwingend und nicht nur auf Einwand des Verpflichteten zur Anwendung kommen.

30 Für den Antrag auf Vorlage gelten die allgemeinen Voraussetzungen der ZPO, insbesondere also die Anforderung der hinreichenden **Bestimmtheit** (§ 253 ZPO). Wie genau man Beweismittel bezeichnen kann, hängt vom Einzelfall ab, aber allgemein setzt dies voraus, dass das Beweismittel eindeutig für Dritte (also im Zweifel für die Vollstreckungsinstanz) identifizierbar ist. Insofern ist auf die Kommentierungen zur Bestimmtheit eines Titels zu verweisen (etwa Thomas/Putzo/*Seiler*[37] vor § 704 ZPO Rn. 16 ff.; Musielak/Voit/*Lackmann*[13] § 704 ZPO Rn. 6). Der Antrag muss sodann alle Tatbestandsvoraussetzungen des § 101a UrhG substantiieren und ggfs. beweisen bzw. glaubhaft machen, also beispielsweise, dass eine hinreichende Wahrscheinlichkeit für Übereinstimmungen zwischen einem Film und einer Biografie besteht. Darüber hinaus muss aber auch glaubhaft gemacht werden, dass unter Umständen übereinstimmende Passagen in der beispielhaften Biografie tatsächlich urheberrechtlichen Schutz genießen.

Die **Vollziehung** der im Wege der Verfügung angeordneten Besichtigung nach **31**
§ 101a erfolgt nach den allgemeinen Regeln: Es gilt also die Vollziehungsfrist
des § 929 ZPO, die sich bei Duldungsverfügungen auf die Zustellung der Be-
schlussverfügung (ggfs. mit Nachweis der Sicherheitsleistung bei begleitender
Sicherheitsanordnung) bezieht, bei Vornahmeverfügungen hingegen nach richtiger Ansicht auch auf die Stellung eines Antrags nach §§ 887, 888 ZPO (so
Schuschke/Walker/*Schuschke*[5] § 929 Rn. 34 m. w. N. aus der obergerichtlichen
Judikatur). Zudem muss innerhalb der Vollziehungsfrist die ggfs. vom Gericht
vorzunehmende Geheimhaltungsverpflichtung (dazu oben vgl. Rn. 22 ff. und
vgl. Rn. 28) angeordnet worden sein. Die **Vollstreckung** einer solchen auch im
Wege der Verfügung zu erwirkenden Maßnahme hängt vom Tenor ab: Soweit
dieser bloß auf Duldung einer Durchsuchung geht, richtet sich die Vollstreckung nach § 890 ZPO, soweit er hingegen auf Vornahme einer Handlung
geht, sind die §§ 887, 888 ZPO einschlägig oder sie erfolgt analog § 883 ZPO
im Wege der Sequestrierung durch einen von einem Sachverständigen unterstützten Gerichtsvollzieher. Unklar ist, welche **prozessualen Folgen** die **Vollziehung** einer solchen Verfügung hat (hierzu unten vgl. Rn. 35). Es wird vertreten,
hierbei handele es sich um eine **Erledigung** der Hauptsache, denn die Besichtigung hat nach Vollziehung stattgefunden und sei nicht rückgängig machbar
(OLG Nürnberg ZUM-RD 2005, 515).

Der **Streitwert** richtet sich nach dem Streitwert des Anspruchs, den § 101a **32**
vorbereitet, also i. d. R. des Unterlassungsanspruchs (so nun auch BGH WRP
2010, 902).

2. Verjährung, Verwirkung
Zur Verjährung und Verwirkung vgl. § 102 Rn. 4. **33**

3. Umgang mit dem Gutachten
Das Gericht hat die Geheimhaltungsinteressen der Beteiligten zu wahren (oben **34**
vgl. Rn. 22 ff.). Daher wird es regelmäßig in einem als Verfügungsverfahren
geführten Besichtigungsverfahren das ggfs. eingeholte Sachverständigengutachten nicht unmittelbar an die Parteien aushändigen (zu Details oben vgl.
Rn. 22 ff. und vgl. Rn. 28). Ggf. muss die Einsicht in das Gutachten zunächst
auf namentlich benannte recht- bzw. patentanwaltliche Vertreter der Parteien
beschränkt werden (vgl. Rn. 28). Will sich der Antragsgegner gegen die Art
und Weise des Umgangs mit diesem Gutachten zur Wehr setzen, kann er dies
mit Hilfe der **Sofortigen Beschwerde** bei entsprechenden Anordnungen, auch
wenn diese nicht als Beschluss erfolgen, tun (vgl. Rn. 35). Dem Antragsgegner
ist umfassend Akteneinsicht zu gewähren, da für den Antragsteller keine Geheimhaltungsinteressen streiten (OLG Köln CR 2017, 293 Tz. 24 ff.).

4. Rechtsbehelfe
Zu den verschiedenen Rechtsbehelfen bei der Düsseldorfer Besichtigungspraxis s. **35**
Zöllner GRUR Prax 2010, 74, 76. Bei Hauptsacheverfahren gelten die üblichen
Rechtsbehelfe. Bei Verfügungsverfahren stellt sich zunächst die Frage, ob mit der
Durchführung der Besichtigung die **Hauptsache erledigt** ist (in diesem Sinne OLG
Nürnberg ZUM-RD 2005, 515). Wenn dies – wegen der bloßen Anordnung einer
Duldung (dazu oben vgl. Rn. 29) – richtigerweise nicht der Fall ist, stellt sich die
Frage des Umfangs des **Widerspruchs.** Soweit der Beschluss die Regelungsinhalte
(Duldung Besichtigung, Beweisanordnung, Regelungen zum Gutachten) nicht
trennt, muss man prüfen, gegen welchen Teil des Beschlusses man vorgehen will.
Wenn etwa die Wahrscheinlichkeit der Rechtverletzung beanstandet wird, muss
Gesamtwiderspruch eingelegt werden. Sind hingegen nur die Geheimhaltungsin-
teressen nicht hinreichend beachtet, dürfte **Teilwiderspruch** zulässig sein (*Zöllner*
GRUR Prax 2010, 74, 76). Und schließlich bleibt die Möglichkeit des **Kostenwi-
derspruchs.** Gegen verfahrensrechtliche Entscheidungen des Gerichts im Rahmen

der Wahrung der Geheimhaltungsinteressen, insbesondere ob und inwieweit dem Antragsteller das Gutachten überlassen wird, ist die **sofortige Beschwerde** der beschwerten Partei gem. § 567 Abs. 1 Nr. 2 ZPO zulässig (OLG Düsseldorf, BeckRS 2009, 17532; *Zöllner* GRUR Prax 2010, 74, 76). Diese im Patentrecht entwickelte Praxis wird nunmehr vom Urheberrechtssenat des OLG Düsseldorf in Zweifel gezogen, denn es gibt oft Konstellationen, in denen das Sachverständigengutachten mangels hinreichender Darlegung von Geheimhaltungsinteressen herausgegeben werden muss, obwohl sich herausstellt, dass das Besichtigungsverfahren zu Unrecht eingeleitet wurde (OLG Düsseldorf GRUR-RR 2016, 224 – *Besichtigungsanordnung*). Für diese unbefriedigenden Fälle deutet das Gericht an, dass es eine Anfechtung der Beweisanordnung (§ 490 Abs. 2 S. 2 ZPO) selbst für möglich hält (OLG Düsseldorf GRUR-RR 2016, 224 – *Besichtigungsanordnung*). Uns überzeugt das, auch wenn das bedeutet, dass man dem Antragsgegner auferlegt, Gesamtwiderspruch einzulegen; dies dürfte zudem unverzüglich zu erfolgen haben, da dann die Rechtmäßigkeit des Verfahrens insgesamt in der Regel vor der nicht rückgängig zu machenden Herausgabe des Sachverständigengutachtens erfolgt – es handelt sich also gewissermaßen um eine **umgekehrte Dringlichkeit**, auch wenn für den Widerspruch keine Frist vorgesehen ist (in diese Richtung OLG Düsseldorf GRUR-RR 2016, 224 – *Besichtigungsanordnung*).

5. Kosten

36 Die Kostentragungspflicht hängt von mehreren Faktoren ab. Wenn das Gericht zur Auffassung kommt, es liegen alle Tatbestandsmerkmale vor und das erstellte Gutachten kommt zweifelsfrei zum Ergebnis, es liegen Tatsachen für eine Urheberrechtsverletzung vor, hat der Antragsgegner/Beklagte die Kosten zu tragen. Das wird sich aber erst im nachfolgenden Verletzungsprozess klären lassen. Bringt das Gutachten aber keine Klarheit hinsichtlich der Verletzungsfrage, ist es **umstritten**, wer die Kosten zu tragen hat: Einige meinen, dass dem Antragsgegner die Kosten des Verfahrens in solchen Fällen nicht aufzuerlegen sind, da die Duldungsverfügung die im Rahmen des selbständigen Beweisverfahrens getroffene Besichtigungsanordnung nur begleite und die Kosten des Beweisverfahrens nur erstattet verlangt werden könnten, wenn der Antragsteller in einem nachfolgenden Verletzungsverfahren obsiege. Dies gelte auch, wenn, von einer Wahrscheinlichkeit einer Urheberrechtsverletzung auszugehen ist (Schulte/*Kühnen* § 140c PatG Rn. 72; *Kühnen* Mitt.d.PA 2009, 216, 217; *Müller-Stoy* Rn. 283 f; so nun auch OLG München InstGE 13, 190; für Entscheidung nach § 91a ZPO ebenso OLG München InstGE 12, 186). Andere sehen für die Kostenentscheidung als maßgeblich alleine an, ob zum Zeitpunkt des Erlasses der Besichtigungsanordnung deren tatbestandlichen Voraussetzungen, insbesondere also eine hinreichende Wahrscheinlichkeit für eine Rechtsverletzung, vorlagen (OLG Frankfurt MMR 2006, 820, 822 und *Zöllner* GRUR-Prax 2010, 74). Letzteres entspricht der üblichen Risikoaufteilung. Das Verfahren nach § 101a, zumal im Verfügungsverfahren, hat allerdings so viel ungewöhnliche Züge in das deutsche Zivilprozessrecht gebracht, dass man mit Üblichkeiten schwerlich argumentieren kann. Uns überzeugt daher die Ansicht des OLG München, die besser die Risikoverteilung berücksichtigt und letztendlich den, der „unschuldig" mit einem Besichtigungsverfahren überzogen wird, schützt. Zum **Verhältnis zum Schadensersatzanspruch** nach Abs. 5 vgl. Rn. 38.

VII. Anwendbarkeit von § 811 BGB und § 101 Abs. 8

37 § 811 BGB regelt den Vorlegungsort (Abs. 1) und trifft eine Aussage dazu, wer Gefahr und Kosten der Vorlegung zu tragen hat (Abs. 2). Bezüglich der Einzelheiten hierzu sei auf die einschlägigen Kommentierungen zum BGB verwiesen. Die Verwendung der über § 101a erlangten Beweismittel in Strafverfahren regelt § 101 Abs. 8 (vgl. § 101 Rn. 97).

VIII. Schadensersatz (Abs. 5)

Vergleichbar § 945 ZPO normiert Abs. 5 einen eigenen **verschuldensunabhängigen** (Schricker/Loewenheim/*Wimmers*[5] Rn. 54) Schadensersatzanspruch für den Fall, dass sich nach Vorlage herausstellt, dass keine Verletzung vorlag. Schon bislang war im deutschen Recht umstritten, welche prozessualen Folgen die Vollziehung einer Einstweiligen Verfügung auf Vorlage hatte. Diese Frage dürfte bestehen bleiben (vgl. Rn. 31). Unabhängig davon besteht aber die zusätzliche Frage, ob dem in Anspruch Genommenen ein Schaden entstanden ist, etwa durch die Verzögerung bei der Verwertung eines Drehbuchs oder den Aufwand der Prüfung eines Quellcodes. Derartige Schäden kann er nach Abs. 5 ersetzt verlangen, u. E. nicht aber die Rechtsverfolgungskosten für das Vorlageverfahren; denn wenn eine hinreichende Wahrscheinlichkeit für den Verletzungsanspruch bestand, bestand der Vorlageanspruch, er hat dieses Verfahren dann verloren (dazu aber oben vgl. Rn. 36). Der Anspruch umfasst auch die **Herausgabe** unter § 101a erlangter Sachen oder Urkunden (*Tilmann* GRUR 2005, 737, 739). | **38**

IX. Verhältnis zu anderen Vorschriften

Wie oben bereits erwähnt (vgl. Rn. 3), sind die bisher für Vorlageansprüche herangezogenen §§ **809, 810 BGB** nicht neben § 101a anwendbar. Anwendbar bleiben aber die prozessualen Normen der §§ **142, 144, 371 Abs. 2** oder **422 ZPO**. Für diese gelten aber wohl nach den Ausführungen des BGH dieselben Anforderungen an die Wahrscheinlichkeit einer Rechtsverletzung, die auch in der Verletzung eines Lizenzvertrages bestehen kann (BGH GRUR Int. 2007, 157, 161 Tz. 42 – *Restschadstoffentfernung*, allerdings zu einem Fall aus dem Patentrecht). Umgekehrt scheidet eine zwingende Anwendung der §§ 142, 144, 371 Abs. 2 ZPO allerdings aus, wenn die Voraussetzungen eines Anspruchs nach § 101a nicht vorliegen (BGH GRUR 2013, 316 Tz. 23 – *Rohrmuffe*, für einen Fall aus dem Patentrecht). In einem solchen Fall kann das Gericht also §§ 142, 144, 371 Abs. 2 ZPO anwenden, muss es aber nicht. Unterbleibt aber eine Anwendung der §§ 142, 144, 371 Abs. 2 ZPO durch das Gericht, obwohl die Voraussetzungen eines Anspruchs nach § 101a vorliegen, kann dies Revisionsgrund (Art. 103 Abs. 1 GG) sein (BGH GRUR 2013, 316 Tz. 20 – *Rohrmuffe*). Die Zivilprozessordnung macht indes die Pflicht zur Vorlage von Beweismitteln durch den Gegner grundsätzlich vom materiellen Recht abhängig (jedenfalls § 422 ZPO für den Urkundenbeweis und § 371 Abs. 2 ZPO für den Augenscheinsbeweis), sodass für diese Normen § 101a als materielle Grundlage zusätzlich in Betracht kommt. Zum Verhältnis zu § 101b vgl. Rn. 18. | **39**

Schließlich bleibt auch das **Selbständige Beweisverfahren** (§ 485 ZPO) anwendbar, das auch im Wege einer Einstweiligen Verfügung durchgesetzt werden kann (im Detail zum sog. Düsseldorfer Besichtigungsverfahren oben vgl. Rn. 27 f.). | **40**

§ 101b Sicherung von Schadensersatzansprüchen

(1) [1]Der Verletzte kann den Verletzer bei einer in gewerblichem Ausmaß begangenen Rechtsverletzung in den Fällen des § 97 Abs. 2 auch auf Vorlage von Bank-, Finanz- oder Handelsunterlagen oder einen geeigneten Zugang zu den entsprechenden Unterlagen in Anspruch nehmen, die sich in der Verfügungsgewalt des Verletzers befinden und die für die Durchsetzung des Schadensersatzanspruchs erforderlich sind, wenn ohne die Vorlage die Erfüllung des Schadensersatzanspruchs fraglich ist. [2]Soweit der Verletzer geltend macht, dass es sich um vertrauliche Informationen handelt, trifft das Gericht die erforderlichen Maßnahmen, um den im Einzelfall gebotenen Schutz zu gewährleisten.

(2) Der Anspruch nach Absatz 1 ist ausgeschlossen, wenn die Inanspruchnahme im Einzelfall unverhältnismäßig ist.

(3) ¹Die Verpflichtung zur Vorlage der in Absatz 1 bezeichneten Urkunden kann im Wege der einstweiligen Verfügung nach den §§ 935 bis 945 der Zivilprozessordnung angeordnet werden, wenn der Schadensersatzanspruch offensichtlich besteht. ²Das Gericht trifft die erforderlichen Maßnahmen, um den Schutz vertraulicher Informationen zu gewährleisten. ³Dies gilt insbesondere in den Fällen, in denen die einstweilige Verfügung ohne vorherige Anhörung des Gegners erlassen wird.

(4) § 811 des Bürgerlichen Gesetzbuchs sowie § 101 Abs. 8 gelten entsprechend.

Übersicht

I. Allgemeines

1. Sinn und Zweck

1 Sinn und Zweck von § 101b ergeben sich aus seiner Entstehungsgeschichte. Die Vorschrift dient der **Umsetzung von Art. 9 Abs. 2 S. 2 Enforcement-RL**. Danach sollen die zuständigen Gerichte die Übermittlung von Bank-, Finanz- oder Handelsunterlagen oder einen geeigneten Zugang zu den entsprechenden Unterlagen anordnen können. Ziel einer solchen Anordnung ist gem. Art. 9 Abs. 2 S. 1 i. V. m. S. 2 Enforcement-RL (*„zu diesem Zweck"*) die Möglichkeit der vorsorglichen Beschlagnahme beweglichen und unbeweglichen Vermögens des Verletzers. Da die Enforcement-RL für das gesamte Recht des Geistigen Eigentums gilt, hat § 101b **im gewerblichen Rechtsschutz** mehrere **Schwesterormen** (§ 140d PatG, § 24d GebrMG, § 19b MarkenG, § 46b DesignG), die bei der Auslegung von § 101b helfen können. Eingehend zur historischen Entwicklung des § 101b und des Art. 9 Abs. 2 S. 2 Enforcement-RL: *Dobinsky* S. 21 ff. § 101b nimmt insoweit eine Sonderstellung ein, als damit **in Geistigen Eigentumsrechten Verletzte mehr Rechte** erhalten als **sonstige Gläubiger** (RegE UmsG Enforcement-RL – BT-Drs. 16/5048, S. 42). Eine Privilegierung ergibt sich insbesondere im Vergleich zu § 917 ZPO sowie zu §§ 802c, 807 ZPO, vgl. Rn. 20. Aus dieser privilegierenden Sonderstellung lässt sich allerdings **nicht**

herleiten, dass § **101b eng auszulegen** sei (so aber OLG Frankfurt ZUM 2012, 46; zustimmend Schricker/Loewenheim/*Wimmers*[5] Rn. 3; Wandtke/Bullinger/ *Ohst*[4] Rn. 2), weil das schon die richtlinienkonforme Auslegung verbietet (vgl. Rn. 4), die ohne Blick auf das sonstige deutsche Recht auskommen muss.

§ 101b unterscheidet sich von § 101a dadurch, dass § 101b nicht der Gewin-   **2** nung von Beweismitteln, sondern der **Sicherung der Erfüllung des Schadenser- satzanspruches** dient (RegE UmsG Enforcement-RL – BT-Drs. 16/5048, S. 41 bzgl. § 140d PatG). § 101b soll gewährleisten, dass der Verletzte Kenntnis von den konkreten Vermögenswerten des Verletzers erlangt (RegE UmsG Enforce- ment-RL – BT-Drs. 16/5048, a. a. O.) und dient nicht wie Art. 6 und 8 Enforce- ment-RL auch der Ermittlung von Hintermännern der Rechtsverletzung. Die über § 101b vermittelte Kenntnis soll der praktischen Durchsetzung des Scha- densersatzanspruchs dienen sowie den Erlass eines Arrests gemäß § 917 ZPO ermöglichen (RegE UmsG Enforcement-RL – BT-Drs. 16/5048, S. 42 bzgl. § 140d PatG; *Peukert/Kur* GRUR Int. 2006, 292, 302; *Dobinsky* S. 32 ff.). Bei der Auslegung ist also stets im Blick zu behalten, dass § 101b **helfen soll, den Schadensersatzanspruch zu realisieren**; das entspricht dem allgemeinen Rege- lungsziel der Enforcement-RL, **Ansprüche** wegen Verletzung des geistigen Ei- gentums **wirksam durchsetzen** zu können (vgl. § 97 Rn. 5).

2.   Früheres Recht

§ 101b ist zum 1.9.2008 in Kraft getreten. Nach bisher geltendem (Vollstre-   **3** ckungs-)Recht musste der Schuldner erst im Rahmen einer eidesstattlichen Ver- sicherung über seine Vermögungsverhältnisse aufklären (§§ **802c, 807 ZPO;** eingehend: *Dobinsky* S. 57 ff.; s. a. RegE UmsG Enforcement-RL – BT-Drs. 16/ 5048, S. 31). Die Insolvenzordnung (s. § 20 Abs. 1 und § 97 InsO) kennt keine Auskunftspflicht gegenüber einem einzelnen Gläubiger. Ein Vorteil des § 101b ist, dass die Voraussetzungen des § 807 ZPO nicht vorliegen müssen. Da es **keine Übergangsvorschrift** gibt, richtet sich die **zeitliche Anwendbarkeit des** § **101b** nach den allgemeinen Regeln. Wegen Art. 170 EGBGB ist danach zu fragen, wann das durch § 101b begründete gesetzliche Schuldverhältnis ent- standen ist. Für **Schadensersatzansprüche** kommt es danach auf den Zeitpunkt der Verletzungshandlung an (vgl. § 97 Rn. 4a). Damit ist auch für die Ansprü- che aus § 101b auf den Zeitpunkt der Verletzungshandlung abzustellen. § 101b findet keine Anwendung zur Sicherung von Schadensersatzansprüchen, die vor dem 1.9.2008 entstanden sind.

3.   EU-Recht und internationales Recht

§ 101b beruht auf der gemeinschaftsrechtlichen Regelung des **Art. 9 Abs. 2**   **4** **Enforcement-RL**, der lautet:

„*[1]Im Falle von Rechtsverletzungen in gewerblichem Ausmaß stellen die Mitglied- staaten sicher, dass die zuständigen Gerichte die Möglichkeit haben, die vorsorgli- che Beschlagnahme beweglichen und unbeweglichen Vermögens des angeblichen Verletzers einschließlich der Sperrung seiner Bankkonten und der Beschlagnahme sonstiger Vermögenswerte anzuordnen, wenn die geschädigte Partei glaubhaft macht, dass die Erfüllung ihrer Schadensatzforderung fraglich ist. [2]Zu diesem Zweck können die zuständigen Behörden die Übermittlung von Bank-, Finanz- oder Handelsunterlagen oder einen geeigneten Zugang zu den entsprechenden Unterla- gen anordnen.*"

Umgesetzt wird in § **101b allein S. 2 des Art. 9 Abs. 2 Enforcement-RL.** Nicht ausdrücklich in das UrhG aufgenommen hat der Gesetzgeber **Art. 9 Abs. 2 S. 1 Enforcement-RL**, der die Möglichkeit einer Beschlagnahme beweglichen und unbeweglichen Vermögens vorschreibt. Der Gesetzgeber war hier – zu Recht – der Auffassung, dass das schon in den bisherigen §§ 916 ff. ZPO hinreichend geregelt ist (RegE UmsG Enforcement-RL – RegE BT-Drs. 16/5048, S. 31). Im

Anschluss daran meinen *Peukert/Kur* GRUR Int. 2006, 292, 302, § 101b UrhG (und die gleichlautenden Regelungen im gewerblichen Rechtsschutz) sei nicht **richtlinienkonform** umgesetzt, weil – anders als bei den §§ 916 ff. ZPO – kein vorläufig vollstreckbares Urteil vorliegen müsse und die Aussagekraft des Vorlageanspruchs begrenzt sei, weil sich die Vermögensverhältnisse wieder geändert haben könnten, wenn das Urteil dann schlussendlich vorläge. Das ist aber nicht ersichtlich. Hintergrund für die gesonderte Regelung des § 101b und seiner Schwesternormen im gewerblichen Rechtsschutz ist das Bestreben, das Zwangsvollstreckungsrecht in der ZPO unverändert zu lassen (RegE UmsG Enforcement-RL – BT-Drs. 16/5048, S. 31). Die Möglichkeit der Übermittlung der Unterlagen als Maßnahme des Zwangsvollstreckungsrechts würde einen Systembruch (RegE UmsG Enforcement-RL a. a. O.) bedeuten, weil der Schuldner grundsätzlich erst im Rahmen einer eidesstattlichen Versicherung (§ 807 ZPO) über seine Vermögungsverhältnisse aufzuklären hat (*Seichter* WRP 2006, 391, 399). Eine Harmonisierung des Vollstreckungsrechts der Mitgliedsstaaten ist ausweislich des 11. Erwägungsgrundes der Enforcement-RL nicht beabsichtigt. Ohnehin lässt Art. 9 Abs. 2 S. 2 auch die jetzt gefundene Regelung sowohl nach Wortlaut als auch nach Sinn und Zweck zu.

5 Eine vergleichbare Regelung im Übereinkommen über handelsbezogene Aspekte der Rechte des geistigen Eigentums (**TRIPS**) fehlt. Dort werden Auskunftsansprüche zumindest vom Wortlaut her lediglich im Rahmen der Beweissicherung im Rahmen der Anspruchsbegründung behandelt, Art. 43, 50 (*Dobinsky* S. 24 ff.). Art. 9 Abs. 2 S. 2 Enforcement-RL und damit auch § 101b sind dem englischen Rechtskreis entlehnt. Dort erging die Maßnahme erstmals im Rahmen einer ergänzenden „ancillary order" zur „Mareva Injunction", die auf das Einfrieren von Vermögenswerten des Verletzers gerichtet ist. Sie kann als unmittelbares Vorbild für § 101b betrachtet werden (*Dobinsky* S. 40 ff.; *Amschewitz* S. 180). – **Internationalprivatrechtlich** gilt § 101b, wenn auch auf den Schadensersatzanspruch deutsches Recht anzuwenden ist (vgl. § 97 Rn. 7).

II. Tatbestand

1. Vorlageanspruch (Abs. 1 S. 1)

6 Der Verletzte kann den Verletzer bei Vorliegen der Voraussetzungen von § 101b Abs. 1 S. 1 auf Vorlage von Bank-, Finanz- oder Handelsunterlagen oder einen geeigneten Zugang zu den entsprechenden Unterlagen in Anspruch nehmen. Obwohl Art. 9 Abs. 2 Enforcement-RL als rein prozessuale Vorschrift konzipiert ist (s. *Knaak* GRUR Int. 2004, 745, 749), hat sich der deutsche Gesetzgeber zu einer Umsetzung durch die **Schaffung eines materiell-rechtlichen Anspruches** entschieden. Eine solche Konzeption entspricht deutscher Rechtstradition. Ein **vollstreckbares Urteil** auf die Zahlung von Schadensersatz ist – im Gegensatz zu § 807 ZPO – gerade **nicht Voraussetzung** (vgl. Rn. 4). In der Praxis empfiehlt sich die Geltendmachung zusammen mit dem Schadensersatzanspruch des § 97 Abs. 2 und im Falle des Vorliegens der Voraussetzungen auch in Kombination mit Ansprüchen gem. § 101a und § 101. Dies kann beispielsweise im Wege der Stufenklage nach § 260 ZPO geschehen.

7 a) **Verletzter (Aktivlegitimation) und Verletzer (Passivlegitimation):** Aktivlegitimiert ist der Verletzte. Zum Begriff „**Verletzter**" vgl. § 97 Rn. 127 ff.

8 § 101b Abs. 1 S. 1 setzt voraus, dass dem Verletzten gegen den Verletzer ein Schadensersatzanspruch zustehen muss (RegE UmsG Enforcement-RL – BT-Drs. 16/5048, S. 41 zu § 140d PatG). „**Verletzer**" und passivlegitimiert gem. § 101b Abs. 1 sollte nur der taugliche **Schuldner eines Schadensersatzanspruches** sein. Damit ist Anspruchsgegner zunächst ein Täter oder Teilnehmer (vgl.

§ 97 Rn. 145 ff.) oder ein Dritter, dem das Verhalten wie ein Täter oder Teilnehmer zugerechnet wird (vgl. § 97 Rn. 177 ff.). Gegen einen **bloßen Störer** bestehen lediglich Unterlassungs- und Beseitigungsansprüche (vgl. § 97 Rn. 154). Insoweit erscheint es als ausgeschlossen, den Störer, der über Bank-, Finanz- oder Handelsunterlagen verfügt, auf Vorlage in Anspruch zu nehmen, obwohl der Wortlaut des § 101b Abs. 1 dies zuließe (bei § 101a sollte hingegen wegen des anderen Regelungszwecks der bloße Störer Anspruchsgegner sein können, str., vgl. § 101a Rn. 12 f.). Jedoch spricht einiges dafür, anstelle der Störerhaftung eine (mittelbare) täterschaftliche Haftung anzunehmen (vgl. § 97 Rn. 155). Dann kommen auch Schadensersatzansprüche gegen solche mittelbaren Täter in Betracht, sodass auch § 101b gegen sie greifen kann (*Dobinsky* S. 66 ff.). Eine andere Frage ist, ob der titulierte Anspruch gegen den Schuldner des Schadensersatzanspruches eine **Vollstreckung** auch **bei nicht auf Schadensersatz haftenden Dritten** gem. § 887 ZPO ermöglicht (dazu vgl. Rn. 35).

b) In gewerblichem Ausmaß begangene Rechtsverletzung: Rechtsverletzung meint nur (widerrechtliche) Urheberrechtsverletzungen i. S. v. § 97 Abs. 1 S. 1, vgl. § 97 Rn. 8 ff., 14 ff., 20 ff.   **9**

Zum Begriff „**in gewerblichem Ausmaß**" s. ErwG 14 Enforcement-RL und im Übrigen die Kommentierung zu § 101 Abs. 2, vgl. § 101 Rn. 39 ff. Letztlich ist der jeweilige Einzelfall zu bewerten. Es verbietet sich, das Merkmal anhand der Schadenshöhe festzumachen; schon der Wortlaut spricht nicht von einer Schadenshöhe in gewerblichem Ausmaß, sondern von einer Verletzung im gewerblichen Ausmaß. Wenig überzeugend ist es deshalb, den Anspruch erst ab einem Richtwert von 5.000,00 € und mehr Schadensersatzforderung greifen zu lassen (so *Amschewitz* S. 119; ablehnend auch *Dobinsky* S. 87 f.). Ohnehin ist nicht ersichtlich, dass eine solche Mindestschwelle richtlinienkonform wäre. Bagatellfälle können über die Erforderlichkeit (vgl. Rn. 18) und die Verhältnismäßigkeit (vgl. Rn. 21) ausgeschieden werden.   **10**

c) In den Fällen des § 97 Abs. 2 UrhG: Voraussetzung für § 101b ist, dass dem Verletzten gegen den Verletzer ein Schadensersatzanspruch i. S. v. § 97 Abs. 2 zusteht (s. RegE UmsG Enforcement-RL – BT-Drs. 16/5048, S. 41 bzgl. § 140d PatG). Das können neben materiellen (§ 97 Abs. 2 S. 1 bis 3) auch immaterielle (§ 97 Abs. 2 S. 4) Schadensersatzansprüche sein.   **11**

d) Bank-, Finanz- oder Handelsunterlagen: Zunächst vgl. § 101a Rn. 22 ff. Der insoweit gleichlautende Tatbestand von § 101a Abs. 1 S. 2 muss aber nicht notwendig parallel ausgelegt werden, da mit den Ansprüchen unterschiedliche Ziele verfolgt werden. Denn nach Art. 9 Abs. 2 S. 1 Enforcement-RL dienen die Unterlagen – anders als bei § 101a – dazu, über das bewegliche (§§ 808, 828 ZPO) und unbewegliche Vermögen des Verletzers zu informieren, damit ggf. eine vorsorgliche Beschlagnahme oder Sperrung von Bankkonten stattfinden kann. „Bank-, Finanz- oder Handelsunterlagen" sind deshalb alle Unterlagen, die **für die Zwangsvollstreckung wegen des Schadensersatzanspruches relevante Informationen über das bewegliche und unbewegliche Vermögen** des Verletzers enthalten (RegE UmsG Enforcement-RL – BT-Drs. 16/5048, S. 41 bzgl. § 140d PatG; eingehend *Dobinsky* S. 106 ff.). Dies ist großzügig auszulegen. Bankunterlagen sind nicht nur Kontoauszüge, sondern auch Depotauszüge, Kontoeröffnungsunterlagen, Wertpapierabrechnungen etc. „Finanzunterlagen" erfasst das gesamte Finanzwesen, also z. B. Buchhaltung, Inventarverzeichnisse, Vermögensverzeichnisse, Grundbuchauszüge, Bilanz, Einnahmen- und Überschussrechnung, Steuererklärung, Versicherungsunterlagen und Unterlagen über Lagerbestände. Handelsunterlagen sind sämtliche Unterlagen, die bei der lieferanten- oder abnehmerbezogenen unternehmerischen Tätigkeit anfallen; Handel meint insoweit nicht nur Waren, sondern auch Dienstleistungen.   **12**

Erfasst werden also z. B. Vertragsunterlagen mit Abnehmern, Lieferunterlagen, Handelspapiere, Provisionsabrechnungen. Nicht mehr vereinbar mit dem Wortlaut ist es hingegen, auch Wertgegenstände, also die Vermögensgegenstände selbst, als vom Vorlageanspruch umfasst anzusehen (*Dobinsky* S. 108; a. A. für die markenrechtliche Schwesternorm *Ingerl/Rohnke*[3] § 19b MarkenG Rn. 7). Dies würde die Ebene der Zwangsvollstreckung mit der vorbereitenden Ebene des § 101b systemwidrig vermengen. Fraglich ist, ob bei natürlichen Personen auch **nicht unternehmerische Unterlagen** betroffen sind. Das können Unterlagen über Sachen zum persönlichen Gebrauch, Arbeitseinkommen oder Unterhalt sein. Da der Verletzer auch mit diesem (privaten) Vermögen haftet, dürften sie nach dem Sinn und Zweck einzubeziehen sein.

13 Der Anspruch bezieht sich nur auf **existierende Unterlagen.** Einen Anspruch auf Erstellung von Unterlagen – z. B. eines Vermögensverzeichnisses – gewährt § 101b nicht. Eine Ausnahme wird zu machen sein, wenn der Verletzer treuwidrig vormals existente Unterlagen vernichtet hat, um sich der drohenden Inanspruchnahme zu entziehen.

14 e) **Vorlage oder geeigneter Zugang zu den entsprechenden Unterlagen:** Dem Wortlaut der Norm nach **hat der Verletzte die Wahl,** die Vorlage der Unterlagen *„oder"* den geeigneten Zugang hierzu zu verlangen. Der Verletzer muss daher nicht zwingend ein Betreten seiner Wohnung oder seiner Geschäftsräume dulden, wenn er sich für die Vorlage entscheidet.

15 **Vorlage** bedeutet erst einmal Verschaffung der Verfügungsgewalt über das **Original** für den Verletzten oder einen von ihm bestimmten Vertreter. Die Vorlage von **Kopien** sollte – auch wegen Verhältnismäßigkeit gem. Abs. 2 – dann genügen, wenn der Verletzte kein berechtigtes Interesse am Original hat. Ein solches kann sich z. B. aus Beweisgründen (§ 420 ZPO) oder aus dem Verdacht strafbaren Handelns (z. B. §§ 267, 274 StGB) aufgrund eines begründeten Manipulationsverdachts ergeben. § 101b Abs. 4 verweist auf § 811 Abs. 1 S. 1 BGB. Hieraus ergibt sich, dass die Vorlage – geografisch gesehen – **in der Gemeinde** zu erfolgen hat, **in der sich die Unterlagen** befinden (MüKo BGB/*Habersack*[7] § 811 Rn. 2; *Dobinsky* S. 110).

16 „**Geeigneter Zugang**" bedeutet mit Blick auf **Sinn und Zweck des Zugangs** eine der Vorlage der entsprechenden Unterlagen gleichzusetzende Verschaffung der Möglichkeit der **sinnlichen Wahrnehmung** durch den Verletzten. Der Verletzte darf sich technischer Mittel zur Sichtbarmachung bedienen (so schon früher *Bork* NJW 1997, 1665, 1669). Es kommt also nicht darauf an, in welcher Form die Unterlagen beim Verletzer vorliegen. Wie auch im Rahmen des Urkundeneinsichtsrechts gem. § 810 BGB anerkannt (s. MüKo BGB/*Habersack*[7] § 810 Rn. 13), wird dem Verletzten die Möglichkeit zur Anfertigung von **Fotokopien und ähnlichen Vervielfältigungen** einzuräumen sein, wenn es – beispielsweise wegen des Umfangs der Unterlagen – unzumutbar ist, eigenhändige Abschriften zu fertigen; es besteht deshalb insbesondere die Möglichkeit von elektronischen Kopien auf CDs und USB-Sticks etc. (*Dobinsky* S. 111). Auch der Verletzer darf Kopien übergeben, es sei denn, es besteht die Gefahr der Manipulation der Kopien (*Dobinsky* S. 111 ff.). In vergleichbarem Zusammenhang wurde die zeitweise Überlassung der Unterlagen als zumutbar angesehen (OLG Köln NJW-RR 1996, 382).

17 f) **Verfügungsgewalt des Verletzers:** Verfügungsgewalt bedeutet nicht nur Eigentum, sondern – parallel zu § 810 BGB – auch unmittelbaren und mittelbaren Besitz (*Dobinsky* S. 114 ff.). Der Anspruch besteht schon dann, wenn die Unterlagen einmal in der Verfügungsgewalt des Schuldners existierten; ob sie noch bestehen und er darüber noch verfügen kann, ist im Vollstreckungsverfahren zu klären (vgl. § 98 Rn. 11). Der Verletzer ist zunächst einmal zu Nachforschungen hierüber verpflichtet (*Schlosser* FS Sonnenberger S. 135, 150).

g) Zur Durchsetzung des Schadensersatzanspruchs erforderlich: Die Vorlage **18** muss zur Durchsetzung des Schadensersatzanspruches **erforderlich** sein. Das Merkmal der Erforderlichkeit verknüpft den Vorlageanspruch als Hilfsanspruch (*Spindler/Weber* ZUM 2007, 257, 266) mit dem Schadensersatzanspruch als Hauptanspruch (s. schon *Kunz-Hallstein/Loschelder* GRUR 2003, 682, 683). Erforderlichkeit ist gegeben, wenn die Zwangsvollstreckung ohne die Vorlage der Unterlagen nicht betrieben werden kann, weil der Verletzte keine ausreichende Kenntnis über das Vermögen des Verletzers hat (RegE UmsG Enforcement-RL – BT-Drs. 16/5048, S. 41 bzgl. § 140d PatG). Die Erforderlichkeit fehlt nicht schon, wenn der Vorlageanspruch Unterlagen umfasst, deren Aussagegehalt dem Wert nach die Höhe des zu sichernden Schadensersatzanspruchs übersteigen. Eine Begrenzung der vorzulegenden Unterlagen auf die Höhe des Schadensersatzanspruchs würde nicht schlechthin garantieren, dass die Zwangsvollstreckung auch in entsprechender Höhe Erfolg haben wird. Hat der Verletzte schon anderweitig hinreichende Kenntnis erlangt, kommt eine Vorlage hingegen nicht in Betracht. Ferner fehlt die Erforderlichkeit, wenn der Verletzte zwar aktuell keine Kenntnis hat, jedoch die von § 101b erfassten Informationen auf wesentlich einfacherem Weg von anderer Seite erlangen kann (*Dobinsky* S. 95 m. w. N.). Die Vorlage muss jedoch Erkenntnisse über die Vermögenslage des Schuldners als solche verschaffen. **Belege, die allein für die Ermittlung des Schadensersatzanspruches von Bedeutung sein können, scheiden aus** (OLG Hamburg CR 2015, 608 juris Tz. 26, zu § 19b MarkenG). Das gilt z. B. für die Bestellungen, Auftragsbestätigungen, Lieferscheine und Rechnungen, die nur der Überprüfung der Richtigkeit der zu erteilenden Auskunft zur Vorbereitung der Schadensersatzberechnung dienen.

Fraglich ist, ob die Erforderlichkeit immer schon dann fehlt, wenn der Verletzer **19** dem Verletzten (freiwillig) **Auskunft über den Inhalt der Unterlagen** gegeben hat, ohne sie vorzulegen bzw. geeigneten Zugang zu gewähren. Das OLG Köln hat zu § 810 BGB die Auffassung vertreten, eine Vorlage von Geschäftsunterlagen sei nicht mehr erforderlich, wenn der Gläubiger schon durch Auskunft und Rechnungslegung informiert werde (OLG Köln GRUR 1995, 676, 677 – *Vorlage von Geschäftsunterlagen*). Diese ohnehin kritisierte Entscheidung sollte nicht auf § 101b übertragbar sein, weil ansonsten der Schuldner durch nicht weiter nachprüfbare Informationen den Anspruch des § 101b leer laufen lassen könnte. Es ist nicht zumutbar, demjenigen blind zu vertrauen, der die Urheberrechte des Verletzten bereits einmal verletzt hat (*Rohlfing* S. 51).

h) Erfüllung des Schadensersatzanspruchs ohne die Vorlage fraglich: Ohne die **20** Vorlage muss ferner die Erfüllung des Schadensersatzanspruches „fraglich" sein. Das hätte auch schon Teil der Erforderlichkeitsprüfung (vgl. Rn. 18) sein können; daher wurde die Notwendigkeit für dieses Tatbestandmerkmal angezweifelt (*Kunz-Hallstein/Loschelder* GRUR 2003, 682, 684; GRUR – *Ausschüsse für Patent- und Gebrauchsmusterrecht, Geschmacksmusterrecht und Urheberrecht* GRUR 2006, 393, 394). Ungeklärt ist auch, ob Unterschiede zwischen dem Merkmal der Fraglichkeit und dem Merkmal der „wesentlichen Erschwerung" nach § 917 ZPO bestehen (zum Meinungsstand s. z. B. *Seichter* WRP 2006 392, 399; Schricker/Loewenheim/*Wimmers*[5] Rn. 12). Die Erfüllung ist nicht gleich dann fraglich, wenn der Verletzer mitteilt, er werde seinen Verpflichtungen aus dem Schadensersatzanspruch des Verletzten nicht nachkommen. Denn **auch ohne den Erfüllungswillen** können die Mittel der Zwangsvollstreckung eine Befriedigung des Verletzten im Regelfall sicherstellen. Voraussetzung ist hingegen nicht, dass eine Zwangsvollstreckung bereits erfolglos versucht worden sein muss (*Dörre/Maaßen* GRUR-RR 2008 217, 221).

Allerdings ist die Zwangsvollstreckung und damit die Erfüllung des Schadens-ersatzanspruches fraglich, wenn es **greifbare Anhaltspunkte** dafür gibt, dass eine erfolgreiche **Zwangsvollstreckung unsicher** ist, also ohne die Vorlage der Urkunden die Zwangsvollstreckung objektiv gefährdet wäre (OLG Hamburg CR 2015, 608 juris Tz. 22 m. w. N. zu § 19b MarkenG; HK-*Meckel*[3] Rn. 2; *Dobinsky* S. 98). Ein Beispiel wäre der Versuch des Verletzers, Unterlagen bei-seite zu schaffen, um seine Vermögensverhältnisse zu verschleiern. Die Vorsätz-lichkeit der Rechtsverletzung dürfte ebenfalls ein greifbarer Anhaltspunkt sein (offen gelassen von *Kunz-Hallstein/Loschelder* GRUR 2003, 682, 684); denn es liegt nahe, dass ein vorsätzlich Handelnder Vorkehrungen getroffen hat, um Schadensersatzansprüche ins Leere laufen zu lassen. Auch eine schlechte Vermögenslage des Verletzers reicht aus (genauso *Seichter* WRP 2006 392, 399; dagegen *Amschewitz* S. 283). Schließlich dürfte bei juristischen und natür-lichen Personen ohne nach außen erkennbares Vermögen im Regelfall von hin-reichend greifbaren Anhaltspunkten für einen unsicheren Erfolg der Zwangs-vollstreckung auszugehen sein. Die Voraussetzungen des § 807 ZPO müssen für eine Fraglichkeit nicht vorliegen (*Dobinsky* S. 98). Ergänzend kann auf die **Auslegungspraxis zu § 917 ZPO** zurückgegriffen werden, der allerdings einen strengeren Maßstab als § 101b UrhG vorsieht (*Nägele/Nitsche* WRP 2007, 1048, 1054; *Seichter* WRP 2006, 392, 399; *Dobinsky* S. 103 f.; a. A. Schricker/ Loewenheim/*Wimmers*[5] Rn. 12: Gleichlauf). Damit kann die Praxis des § 917 ZPO zumindest im Wege des „erst recht"-Schlusses Erkenntnisse bringen.

2. Anspruchshindernis: Unverhältnismäßigkeit im Einzelfall (Abs. 2)

21 Zunächst vgl. § 101 Rn. 92 ff. Insb. muss die Qualität und Quantität der Verlet-zung mit dem Umfang des Vorlagebegehrens abgewogen werden. Eine Vorlage scheidet wegen Unverhältnismäßigkeit aus, wenn bei nur geringfügigen Verletzun-gen umfangreiche Vorlageansprüche geltend gemacht werden (s. RegE UmsG En-forcement-RL – BT-Drs. 16/5048, S. 42 bzgl. § 140d PatG). Als Maßstab kommt es nach einer Auffassung auf die Kriterien der Geeignetheit, Erforderlichkeit und Angemessenheit an (Schricker/Loewenheim/*Wimmers*[5] § 101 Rn. 85). Wie bei § 807 ZPO sollten daran jedoch nur Fälle des eindeutigen Missbrauchs scheitern (*Dobinsky* S. 119 f.), weil die anderen Kriterien schon bei der Erforderlichkeit und Fraglichkeit abgedeckt sind. Das Schikaneverbot des § 226 BGB kann auch heran-gezogen werden (*Dobinsky* a. a. O.). Zu berücksichtigen sind hier auch Geheim-haltungsinteressen des Verletzten, wenn sie nur durch Ausschluss des Vorlagean-spruches gewahrt werden können (vgl. Rn. 27).

3. Einstweiliger Rechtsschutz (Abs. 3 S. 1)

22 Gem. § 101b Abs. 3 kann der Vorlageanspruch im Wege des einstweiligen Rechtsschutzes durchgesetzt werden. Dem steht das **Verbot der Vorwegnahme** der Hauptsache (hier: Vorlage bzw. Auskunftserteilung) ausnahmsweise nicht *per se* entgegen (Schricker/Loewenheim/*Wimmers*[5] Rn. 15). Denn Sinn und Zweck von § 101b ist gerade die **effektive** Möglichkeit des schnellen Zugriffs auf die Vermögenswerte des Verletzers. Ohne den einstweiligen Rechtsschutz würde der Vorlageanspruch aber in vielen Fällen ins Leere laufen, da während eines Rechtsstreits der Verletzer die entsprechenden Unterlagen dem Zugriff des Verletzten entziehen könnte (RegE UmsG Enforcement-RL – BT-Drs. 16/ 5048, S. 42 bzgl. § 140d PatG).

23 Erste Voraussetzung ist, dass der **Schadensersatzanspruch offensichtlich besteht.** Dieses Tatbestandsmerkmal trägt dem Umstand Rechnung, dass der Zwang zur Vorlage einen sehr weitgehenden Eingriff in die Rechte des Verletzers darstellt (RegE UmsG Enforcement-RL – BT-Drs. 16/5048, S. 42 bzgl. § 140d PatG; *Seich-ter* WRP 2006, 391, 399). Der Gesetzgeber ist davon ausgegangen, dass die Schwelle der bloßen Glaubhaftmachung des Anspruchs im einstweiligen Rechtsschutzverfahren angesichts der Schwere des Eingriffs in die Rechte des Verletzers zu niedrig angesetzt wäre (RegE UmsG Enforcement-RL a. a. O.). Es soll erforderlich sein, dass **Zweifel am Vorliegen der tatsächlichen und rechtlichen Voraussetzungen des Schadensersatzanspruches** nicht bestehen. Die Anspruchsvoraussetzungen müssen so eindeutig vorliegen, dass ein ungerechtfertigter Eingriff in die Rechte des Verletzers ausgeschlossen scheint (RegE UmsG Enforcement-RL – BT-Drs. 16/5048, S. 39 zur Offensichtlichkeit einer Rechtsverletzung; hierzu auch *Schwarz/Brauneck* ZUM 2006, 701, 707). Typischerweise ist das Merkmal bei vorsätzlichen Verletzungshandlungen erfüllt, die schon dem ersten Anschein nach unzweifelhaft als Verletzungshandlungen einzuordnen sind. Es ist hingegen nicht erfüllt, wenn noch aufklärungsbedürftige Umstände vorliegen (OLG Frankfurt ZUM 2012, 46). Art. 9 Abs. 3 Enforcement-RL stellt demgegenüber nur auf das Vorliegen des Anspruchs mit **„ausreichender Sicherheit"** ab. Eine ausreichende Sicherheit würde lediglich eine überwiegende Wahrscheinlichkeit erfordern (*Spindler/Weber* ZUM 2007, 257, 266 *Dobinsky* S. 148). Nach Ansicht des Gesetzgebers erlaubt Art. 9 allerdings nationale Vorschriften, die höhere Anforderungen stellen (RegE UmsG Enforcement-RL – BT-Drs. 16/5048, S. 31 und 42). Da das zweifelhaft ist, sollte das Merkmal der Offensichtlichkeit **richtlinienkonform** relativ großzügig ausgelegt werden (*Dobinsky* S. 148). Dennoch hat sich das OLG Frankfurt in einem der wohl ersten Beschlüsse zu § 101b für eine enge Auslegung des Merkmals entschieden (OLG Frankfurt ZUM 2012, 46).

Offensichtlichkeit ist danach gegeben, wenn ein – nicht notwendigerweise **24** rechtskräftiges – (Teil-, Zwischen- oder End-)**Urteil** über den Schadensersatzanspruch vorliegt. Demgegenüber besteht nach dem OLG Frankfurt (ZUM 2012, 46, 47; zustimmend Schricker/Loewenheim/*Wimmers*[5] Rn. 17; wie hier kritisch: Mestmäcker/Schulze/*Backhaus* Rn. 20) Offensichtlichkeit bei einem erstinstanzlichen Urteil nur, wenn für „jeden Sachkundigen ohne längere Nachprüfung erkennbar ist, dass die vorgebrachten Berufungsgründe das angefochtene Urteil nicht zu Fall bringen können". Das Gericht erwägt auch eine Anwendung des § 522 Abs. 2 ZPO. Offensichtlichkeit liegt aber jedenfalls vor, wenn der Verletzer den **Schadensersatzanspruch ausdrücklich anerkennt**. Jedoch erfordert die Offensichtlichkeit des Schadensersatzanspruches – anders als beim Arrest (§§ 916 Abs. 1, 917 Abs. 1 ZPO) – **nicht zwingend** das Vorliegen eines **vorläufig vollstreckbaren Urteils** (Kritik dazu bei *Peukert/Kur* GRUR Int. 2006, 292, 302). Das Gericht hat in diesen Fällen die tatsächlichen und rechtlichen Voraussetzungen des Anspruches zu prüfen und bei überwiegender Wahrscheinlichkeit die Vorlage zuzusprechen.

Zusätzlich müssen die Voraussetzungen der §§ 935, 940 ZPO vorliegen, also **25** ein **Verfügungsgrund** bestehen (vgl. § 97 Rn. 199 ff.). Der Erlass einer Einstweiligen Verfügung ohne Verfügungsgrund kommt nicht in Betracht (OLG Hamburg CR 2015, 608 juris Tz. 22, zu § 19b MarkenG; *Dobinsky* S. 151 m. w. N.; a. A. Schulte/*Kühnen*[8] § 140d PatG Rn. 27). Insb. muss der Antrag auf Erlass einer Einstweiligen Verfügung innerhalb der **„Dringlichkeitsfrist"** gestellt werden (dazu vgl. § 97 Rn. 203 ff.). Die Frist läuft aber erst, wenn der Verletzte Kenntnis aller Voraussetzungen des Vorlageanspruches nach § 101b erlangt hat. Z. B. muss er Kenntnis auch von der Fraglichkeit der Erfüllung des Schadensersatzanspruches haben.

Eine einstweilige Verfügung kann gem. § 937 Abs. 2 ZPO auch **ohne mündli-** **26** **che Verhandlung** sowie **ohne Anhörung des Gegners** erlassen werden (OLG Hamburg CR 2015, 608 juris Tz. 22, zu § 19b MarkenG, das „ex parte" Verfügungen ausdrücklich zulässt); allg. vgl. § 97 Rn. 207. Das ist sogar zwingend, wenn anderenfalls zu befürchten wäre, dass der Verletzer die Unterlagen beiseite schafft. Das dürfte – wie bei § 98, vgl. § 98 Rn. 38 – der Regelfall sein, weil § 101b nur greift, wenn die Durchsetzung des Schadensersatzanspruches fraglich ist. Dann hat der Verletzer aber regelmäßig ein hinreichendes Beseitigungsinteresse. Auch eine Anwendung des § 93 ZPO scheidet in diesen Fällen aus. Bei Erlass ohne Anhörung besteht aber eine dem Maßstab nach besonders erhöhte Prüfungspflicht für das Gericht im Hinblick auf Vertraulichkeitsschutz schon aufgrund des Wortlauts aus Abs. 3 S. 3 (vgl. Rn. 27 ff.).

4. Geheimhaltungsschutz (Abs. 1 S. 2, Abs. 3 S. 2, 3)

27 § 101b Abs. 1 S. 2 sowie Abs. 3 Sätze 2 und 3 regeln den **Schutz vertraulicher Informationen** durch Maßnahmen des Gerichtes. Solche Schutzmaßnahmen sind zwar in Art. 9 Enforcement-RL nicht ausdrücklich vorgegeben, aber als Ausprägung des allgemein geltenden **Grundsatzes der Verhältnismäßigkeit** angezeigt und mit den Vorgaben der Richtlinie vereinbar (RegE UmsG Enforcement-RL – BT-Drs. 16/5048, S. 41 bzgl. § 140d PatG; zustimmend auch *Spindler/Weber* ZUM 2007, 257, 266). Wie Abs. 3 S. 2 ausdrücklich anordnet, ist gerade bei Gewährung von Vorlageansprüchen im Einstweiligen Verfügungsverfahren ohne vorherige Anhörung des Gegners eine Prüfung von Amts wegen angezeigt, ob Geheimhaltungsinteressen des Verletzers zu berücksichtigen sind.

28 Dem Interesse des Verletzers am Schutz geheimhaltungsbedürftiger Informationen kann durch **Schwärzungen** oder durch die Vorlage bei **neutralen Dritten** („Wirtschaftsprüfervorbehalt") Rechnung getragen werden (Ohly/Sosnitza/*Ohly*[7] § 17 UWG Rn. 58; Schricker/Loewenheim/*Wimmers*[5] Rn. 13; *Dobinsky* S. 131 ff.). Nachdem für das Verwaltungsrecht das „In-camera-Verfahren" in § 99 Abs. 2 VwGO für verfassungsgemäß erklärt wurde (BVerfGE 101, 106, 128), befürworten nun auch einige Stimmen die Anwendung des Verfahrens im Zivilrecht (*Bornkamm* FS Ullmann S. 893, 909, sogar ohne gesetzliche Grundlage). Nur das Gericht erhält in diesem Verfahren Kenntnis der geheimhaltungsbedürftigen Unterlagen. Denkbar ist ferner, dass nach den Grundsätzen der „Lichtbogenschnürung" vorgegangen wird (dazu für das Urheberrecht: BGH GRUR 2013, 618 Tz. 19 – *Internet-Videorecorder II*). Allerdings ist bei der Anwendung jeglicher Geheimhaltungsmaßnahmen auf § 101b zu berücksichtigen, dass ihr Zweck, dem Verletzten Kenntnis von Vermögenswerten des Verletzers zu verschaffen, nicht vereitelt werden darf. Daher kann der Schutz der vertraulichen Informationen nicht rechtfertigen, dem Verletzten die Kenntnisnahme **überhaupt nicht** zu gewähren (RegE UmsG Enforcement-RL – BT-Drs. 16/5048, S. 41 bzgl. § 140d PatG). Die Maßnahmen können zur Effektivitätssteigerung aber kumulativ zur Anwendung kommen. Ein genereller Ausschluss der Vorlage kann sich allenfalls aus einer Unverhältnismäßigkeit gem. Abs. 2 ergeben, wenn das Geheimhaltungsinteresse groß, Qualität und Quantität der Verletzung aber gering sind (vgl. Rn. 21).

29 Im Übrigen vgl. § 101a Rn. 23 ff., dort auch zur sog. Düsseldorfer Praxis in Einstweiligen Verfügungsverfahren.

5. Entsprechende Geltung von § 811 BGB und § 101 Abs. 8 UrhG (Abs. 4)

30 s. hierzu bereits die Kommentierung zu § 101a Abs. 4 (vgl. § 101a Rn. 33). Ergänzend kann auch auf die Auslegungspraxis zum ähnlichen § 97 Abs. 1 InsO hingewiesen werden (*Dobinsky* S. 123 ff.).

III. Prozessuales

31 Zur Durchsetzung im **Einstweiligen Verfügungsverfahren** vgl. Rn. 22 ff.

32 Der **Antrag** muss hinreichend bestimmt sein (§ 253 Abs. 2 Nr. 2 ZPO). Bestimmtheitsprobleme können vor allem im Hinblick auf eine Vollstreckung nach § 883 ZPO auftreten (vgl. Rn. 35). Der Antrag hat die Unterlagen, die vorgelegt werden müssen oder zu denen Zugang zu gewähren ist, im Einzelnen

zu bezeichnen, damit der Gerichtsvollzieher als zuständiges Vollstreckungsorgan nach § 883 ZPO (vgl. Rn. 35) die Unterlagen allein aufgrund des Titels ohne Mithilfe des Schuldners identifizieren kann (AG Offenburg NJW-RR 1989, 445; ferner Zöller/*Stöber*[31] § 883 Rn. 5). § 101b liefe aber weitgehend leer, würde man fordern, dass der Gläubiger jede Unterlage im Detail beschreiben können muss, weil er dann im Zweifel ihren Inhalt kennt und den Schutz des § 101b nicht benötigt. Für den Anspruch ist ein Informationsdefizit kennzeichnend, weshalb das Bestimmtheitserfordernis in der Praxis entsprechend anzupassen ist (s. a. *Knaak* GRUR 2004, 745, 748, zu Art. 7 Enforcement-RL, der „mehr bieten will" als eine Besichtigung einer konkret bezeichneten Sache). Deshalb muss es bei richtlinienkonformer Auslegung (wirksame Durchsetzung, vgl. § 97 Rn. 5) für § 883 ZPO genügen, wenn der Gläubiger Unterlagen gem. § 101b nur allgemein bezeichnet (zustimmend: *Dobinsky* S. 176). Beispielsweise genügend: „Grundbuchauszüge" ohne nähere Bezeichnung der Lage; „Inventaraufstellung" ohne weitere Details, „Depotauszüge der letzten 12 Monate" ohne Bezeichnung des Kreditinstitutes etc. Nur dadurch wird möglich, § 101b auch auf Unterlagen zu erstrecken, die der Gläubiger nicht kennt, die aber in aller Regel beim Schuldner vorhanden sein müssten. Ohnehin bleibt für den Gläubiger das Risiko, dass die Unterlagen niemals existierten und ihm deshalb der Anspruch wegen fehlender Begründetheit versagt wird. Alternativ zu einer Vollstreckung nach § 883 ZPO kann der Gläubiger auch über § 888 ZPO vollstrecken (vgl. Rn. 35). Im Rahmen der Vollstreckung nach § 888 ZPO sollte die Bestimmtheit noch großzügiger als bei § 883 ZPO ausgelegt werden, weil Unklarheiten hier im gerichtlichen Zwangsverfahren geklärt werden können.

33 Da der Anspruch der Durchsetzung des Schadensersatzanspruches dient, sollte der **Streitwert** ein Bruchteil seines Wertes sein (dazu vgl. § 97 Rn. 223), und zwar wie beim Auskunftsanspruch ¼ bis 1/10 (vgl. § 101 Rn. 100).

34 Die **Darlegungs- und Beweislast** trifft grundsätzlich den Verletzten als Anspruchsteller. Der Verletzer muss nach dem Wortlaut des Abs. 1 S. 2 allerdings darlegen und beweisen, dass es sich um vertrauliche Informationen handelt und Schutzmaßnahmen gerechtfertigt sind; Ausnahmen gelten im Einstweiligen Verfügungsverfahren, für das der Wortlaut in Abs. 3 S. 2 keine Umkehr anordnet. Über dies kann sich aus den Grundsätzen der sekundären Darlegungslast (Zöller/*Greger*[31] vor § 284 Rn. 34 m. w. N.) für beide Parteien eine Abweichung vom Grundsatz ergeben. Nicht darlegen und beweisen muss der Gläubiger die fortbestehende Existenz der Unterlagen und die andauernde Verfügungsgewalt darüber (vgl. Rn. 17). – Der Verletzte muss im Rahmen des **einstweiligen Rechtsschutzes** neben der Offensichtlichkeit des Schadensersatzanspruches auch die übrigen **Voraussetzungen**, namentlich die Gefährdung der Erfüllung seiner Ansprüche, **darlegen** und **glaubhaft machen** (*Berlit* WRP 2007, 732 ff.).

35 **Vollstreckung:** Die **Vorlage** wird nach den allgemeinen Regeln der ZPO vollstreckt. Die Frage nach der einschlägigen Vollstreckungsnorm kann nicht schematisch beantwortet, sondern sollte flexibel im Sinne des Regelungszwecks des § 101b (Gewährleistung der wirksamen Durchsetzung, vgl. Rn. 2) gehandhabt werden. Es kommt zunächst § 883 ZPO in Betracht. Alternativ ist eine Vollstreckung nach § 888 ZPO denkbar, z. B. wenn es für den Gläubiger nicht möglich ist, die Unterlagen hinreichend präzise zu beschreiben (vgl. Rn. 32), oder wenn es um sehr umfassende Unterlagen geht (eingehend *Dobinsky* S. 177 f.). § 894 ZPO findet keine Anwendung, da der Vorlageanspruch nicht fingiert werden kann. Eine Vollstreckung nach § 887 ZPO kommt in Betracht, wenn der Vorlageanspruch **durch einen Dritten** im Wege der Ersatzvornahme erfüllt werden kann (*Dobinsky* S. 178). Damit ist über den Umweg des § 887

ZPO auch möglich, bei Dritten befindliche Unterlagen vorlegen zu lassen, sofern die Vorlage bzw. die Zugangsgewährung eine vertretbare Handlung darstellt. Das sollte der Fall sein, wenn die für § 101b relevanten Unterlagen bei Dritten und nicht beim Schuldner liegen. Auch der Vorlageanspruch nach § 87c Abs. 4 HGB kann beispielsweise nach § 887 ZPO vollstreckt werden (Baumbach/Hopt/*Hopt*[37] § 87c HGB Rn. 28). Allerdings greift § 887 ZPO als Ersatzvornahme nur subsidiär, wenn der Schuldner nicht erfüllt. – Vorlageurteile können gem. §§ 704 ff. ZPO für vorläufig vollstreckbar erklärt werden; eine Vollstreckung vor Rechtskraft ist denkbar (vgl. § 98 Rn. 37). – Die **Gewährung des Zugangs** wird ebenfalls nach §§ 883, 887, 888 ZPO vollstreckt, auch hier sollte, um die Wirksamkeit der Durchsetzung als Regelungsziel des § 101b zu gewährleisten (vgl. Rn. 2), wie bei der Vollstreckung der Vorlage keine schematische Lösung greifen; ferner vgl. § 101a Rn. 31.

IV. Verhältnis zu anderen Vorschriften

36 Wie durch das Wort „auch" klargestellt ist, kann der Vorlageanspruch aus § 101b Abs. 1 **neben anderen Auskunfts- und Vorlageansprüchen** geltend gemacht werden. Diese können sich etwa aus den §§ 101, 101a UrhG, 809, 810 BGB, nicht aber aus § 807 ZPO ergeben. § 101b UrhG ist gegenüber einer Auskunft nach §§ 802c, 807 BGB vorrangig (*Dobinsky* S. 64).

37 § 101b UrhG ist bis auf einzelne Verweise wortidentisch mit § 140d PatG, § 46b DesignG, § 24d GebrMG, § 37d SortSchG und § 19b MarkenG. Jede dieser Vorschriften ist **im jeweiligen sachlichen Anwendungsbereich** *lex specialis*.

38 Obwohl § 101b ein materiell-rechtlicher Anspruch ist, stellt die Vorschrift nach Ansicht des Gesetzgebers eine Ergänzung des vollstreckungsrechtlichen Arrests i. S. v. § **917 ZPO** dar (RegE UmsG Enforcement-RL – BT-Drs. 16/5048, S. 42 bzgl. § 140d PatG); aber vgl. Rn. 20. Ein **Arrest** bleibt deshalb neben § 101b möglich. Die Vollziehung des Arrests setzt voraus, dass der Gläubiger Kenntnis von den Vermögenswerten des Schuldners hat. § 101b erleichtert die Erlangung dieser Kenntnis. Dadurch hat der (Urheberrechts-)Verletzte allerdings weitergehende Rechte als andere Gläubiger, die Schadensersatzansprüche außerhalb des Anwendungsbereiches der Enforcement-RL geltend machen (Kritik zu dieser **Privilegierung** bei *Seichter* WRP 2006, 391, 399; Lob für die Transparenz erhöhende Ausgestaltung in den Spezialgesetzen bei *Knaak* GRUR Int. 2004, 745, 750). Der Gesetzgeber hat die darin liegende Abweichung vom bestehenden System der Zwangsvollstreckung erkannt und in der Gesetzesbegründung ausdrücklich klargestellt, dass die **Regelung nicht auf Ansprüche außerhalb des gewerblichen Rechtsschutzes oder des Urheberrechts übertragen** werden soll (RegE UmsG Enforcement-RL – BT-Drs. 16/5048, a. a. O.).

§ 102 Verjährung

[1]Auf die Verjährung der Ansprüche wegen Verletzung des Urheberrechts oder eines anderen nach diesem Gesetz geschützten Rechts finden die Vorschriften des Abschnitts 5 des Buches 1 des Bürgerlichen Gesetzbuchs entsprechende Anwendung. [2]Hat der Verpflichtete durch die Verletzung auf Kosten des Berechtigten etwas erlangt, findet § 852 des Bürgerlichen Gesetzbuchs entsprechende Anwendung.

Übersicht   Rn.

I.   Allgemeines

§ 102 wurde mit der Schuldrechtsreform zum 1.1.2002 vollständig neu gefasst. **1**
Das UrhG folgt jetzt der regelmäßigen Verjährungsfrist des BGB von 3 Jahren
zum Kalenderjahresende und den übrigen Regelungen in den §§ 194 ff. BGB
n. F. (S. 1). Für ungerechtfertigte Bereicherungen auf Grund der Urheberrechtsverletzung (vgl. § 102a Rn. 4 ff.) gilt mit § 852 BGB ebenfalls die allgemeine
Regelung (S. 2). § 102 erstreckt sich nur auf urheberrechtliche Delikte nach
den §§ 97 ff.; ansonsten kommen die §§ 194 ff. BGB direkt zur Anwendung
(vgl. Rn. 4 ff.).

II.   Früheres Recht

Bis zum 31.12.2001 lautete § 102 a. F. wie folgt: **2**

Die Ansprüche wegen Verletzung des Urheberrechts oder eines anderen nach diesem Gesetz geschützten Rechts verjähren in drei Jahren von dem Zeitpunkt an, in
dem der Berechtigte von der Verletzung und der Person des Verpflichteten Kenntnis
erlangt, ohne Rücksicht auf diese Kenntnis in dreißig Jahren von der Verletzung an.
§ 852 Abs. 2 des Bürgerlichen Gesetzbuchs ist entsprechend anzuwenden. Hat der
Verpflichtete durch die Verletzung auf Kosten des Berechtigten etwas erlangt, so ist
er auch nach Vollendung der Verjährung zur Herausgabe nach den Vorschriften
über die Herausgabe einer ungerechtfertigten Bereicherung verpflichtet.

Diese Regelung passte sich den Verjährungsvorschriften des allgemeinen Deliktsrechts an (§ 852 BGB a. F.). Für den Ablauf der 30-jährigen Frist von S. 1
letzter Hs. war die *letzte* Rechtsverletzung maßgeblich. Der Anspruch auf Herausgabe des durch die Verletzung Erlangten richtete sich, wenn die Dreijahres-
frist abgelaufen war, nur noch (S. 3) nach den §§ 812 ff. BGB, unterlag also
wie ein Bereicherungsanspruch der dreißigjährigen Verjährung nach altem
Recht (BGH GRUR 1971, 522 – *Gasparone II*). Für alle Ansprüche aus dem
UrhG, die nicht auf einer Verletzungshandlung beruhen, galten – genauso wie
nach heutigem Recht, vgl. Rn. 5 f. – die normalen Verjährungsfristen der
§§ 195 ff. BGB a. F. Der Anspruch des Autors auf Abrechnung und Zahlung
aus den Verkäufen seines Buches verjährte als „wiederkehrende Leistung" im
Sinne des § 197 BGB a. F. nach 4 Jahren, gerechnet vom Ende des Jahres an,
in dem er entstand (§ 201 BGB a. F.). Der mit einem festen Vertrag an ein Haus
gebundene Urheber musste sogar mit einer Zweijahresfrist rechnen (s. OLG
Köln GRUR 1985, 80, 81 – *Designer*). Zu beachten waren ferner die besonderen Verjährungsvorschriften der §§ 26 Abs. 7 a. F. und 36 Abs. 2 a. F. (s. dazu
unsere 9. Aufl./*Hertin* § 36 Rn. 9; zu § 36 a. F. ferner OLG Köln GRUR Prax
2010, 130; OLG Köln GRUR-RR 2004, 161, 162 – *Bestseller*; LG Berlin
ZUM-RD 2008, 72, 75). Die **Übergangsvorschrift des** § 137i regelt für Altfälle
die Verjährung (vgl. § 137i Rn. 1).

III.   EU-Recht und internationales Recht

Die urheberrechtlichen Richtlinien des EU-Rechts (vgl. Einl. UrhG Rn. 37 ff.)   **3**
sagen nichts zu einer Verjährung. Das Gleiche gilt für internationale Urheberrechtsabkommen (dazu allg. vgl. Vor §§ 120 ff. Rn. 4 ff.). Auch international-

privatrechtlich gilt nichts Besonderes: § 102 ist anwendbar, wenn auf den Sachverhalt deutsches Urheberdeliktsrecht angewendet wird; denn § 102 ist eine Verjährungsbestimmung zum Urheberdeliktsrecht (vgl. Rn. 4 ff.). Im **österreichischem Recht** ist die Verwirkung (vgl. Rn. 11 ff.) nicht anerkannt (OGH ZUM-RD 2011, 133, 136 m. w. N.).

IV. Regelverjährung 3 Jahre (S. 1)

4   § 102 S. 1 gilt nach dem Wortlaut nur für Ansprüche wegen Verletzung des Urheberrechts oder eines anderen nach diesem Gesetz geschützten Rechts (dazu eingehend vgl. § 97 Rn. 8 ff.), also **nur für das Urheberdeliktsrecht**. § 102 S. 1 erstreckt sich damit auf alle Ansprüche nach § 97, mithin auf **Unterlassungs-, Beseitigungs- und Schadensersatzansprüche** (Dreier/Schulze/*Dreier*[5] Rn. 4). § 102 S. 1 erfasst ferner **Ansprüche nach den §§ 98, 101, 101a, 101b, 103.** Sofern neben den in § 101 geregelten selbständigen **Auskunftsansprüchen** (Drittauskunft) und unselbständigen Auskunftsansprüchen (zur Vorbereitung von Ansprüchen, z. B. auf Schadensersatz, gegen den Auskunftsverpflichteten) noch gewohnheitsrechtliche Auskunfts- und Rechnungslegungsansprüche aus den §§ 242, 259, 260 BGB bestehen (vgl. § 101 Rn. 10), verjähren diese nach der allgemeinen Regel des § 195 BGB und nicht nach den Voraussetzungen, nach denen der Hauptanspruch verjährt (str., BGH GRUR 1988, 533, 536: allgemeine Verjährung, die seinerzeit aber noch 30 Jahre betrug; Teplitzky/ *Löffler*[11] Kap. 38 Rn. 37; a. A. Dreier/Schulze/*Dreier*[5] Rn. 4; offen OLG Köln GRUR-RR 2004, 161, 162 – *Bestseller* m. w. N. zum Streitstand). Da der Auskunftsanspruch jetzt weitgehend in § 101 geregelt ist, droht ansonsten eine unterschiedliche Verjährungsregel für Auskunftsansprüche, je nach dem ob sie in § 101 ausdrücklich normiert sind. Die Verjährung des Entschädigungsanspruches nach § **100** richtet sich ebenfalls nach § 102, beginnt allerdings frühestens mit der Berufung des Verletzers darauf.

5   § 102 erfasst **nicht urhebervertragsrechtliche Ansprüche** (z. B. Zahlungsansprüche, Vertragstrafeansprüche, Vertragsanpassungsansprüche nach den §§ 32, 32a, 32c), nicht Kontrahierungsansprüche aus den §§ 5 Abs. 3, 42a, 87 Abs. 5, nicht Ansprüche auf gesetzliche Vergütung (§ 63a), nicht Bereicherungsansprüche nach den §§ 812 ff. BGB (jedoch vgl. Rn. 9; vgl. § 102a Rn. 4 ff.) und nicht Ansprüche aus GoA gem. §§ 687 Abs. 2, 681, 667 BGB (vgl. § 102a Rn. 10). Für solche nicht von § 102 erfassten Ansprüche gelten die §§ 194 ff. BGB direkt.

6   Das **Urheberrecht** (§ 11) und die an ihm hängenden **Persönlichkeits-** (§§ 12 bis 14, 63), **Verwertungs-** (§§ 15 bis 22, 69c) und **Zustimmungsrechte** (§§ 8 Abs. 2, 9, 23, 34 Abs. 1, 35 Abs. 1, 39, 46 Abs. 5, 62 Abs. 4) bzw. **Zustimmungspflichten** (§§ 8 Abs. 2 S. 2, 9, 25, 34 Abs. 1 S. 2, 35 Abs. 2) können nicht verjähren, allenfalls kann die Schutzfrist auslaufen (§§ 64 ff.). Entsprechendes ist für die **Leistungsschutzrechte** der §§ 70, 71, 72, 74 ff., 81, 85 f., 87, 87a ff., 94, 95 anzunehmen. Auch **Nutzungsrechte** und andere Rechte (§ 29 Abs. 2), die der Urheber bzw. der Leistungsschutzberechtigte vergeben hat, können nicht verjähren; sie enden nach Vereinbarung, ansonsten mit Ablauf der Schutzfrist.

7   Die Regeln der §§ 194 ff. BGB sind über § 102 S. 1 UrhG vollständig anzuwenden, sodass zunächst auf die einschlägigen BGB-Kommentierungen hierzu verwiesen wird. Es gilt die regelmäßige **Verjährungsfrist von 3 Jahren** (§ 195 BGB), soweit nicht die 30-jährige Verjährung nach § 197 BGB eingreift; eine Anwendung der 10-Jahresfrist des § 196 ist im Urheberrecht nicht denkbar. Der **Verjährungsbeginn** richtet sich nach den §§ 199 ff. BGB. Bei (wiederherstellenden) **Unterlassungsansprüchen** ist zu beachten, dass die Verjährung jeweils mit der letzten Verletzungshandlung neu beginnt; bei sog. Dauerhandlungen beginnt die Verjährung also erst, wenn sie vom Verletzer eingestellt wird (BGH GRUR 2003, 448, 449 – *Gemeinnützige Wohnungsbaugesellschaft*; BGH GRUR 1974, 99, 100 – *Brünova*; OLG Köln GRUR-RR 2012, 104, 106 – *Briefe aus Stank Petersburg*; allgemein zur Verjährung fortgesetzter Handlungen *Foth* FS Nirk S. 293). Bei (vorbeugenden) Unterlassungsansprüchen kann keine Verjährungsfrist laufen. Ein Unterlassungsanspruch wegen Erstbegehungsgefahr kann nicht verjähren, solange die die Erstbegehungsgefahr begründenden Umstände vorhanden sind (LG Stuttgart ZUM-RD 2010, 491, 496 – *Stuttgart 21*; ferner OLG Stuttgart NJWE-WettbR 1996, 31, 32 zum UWG). Zu **Hemmung, Ablaufhemmung und Neubeginn** der Verjährung s. die §§ 203 ff. BGB. Für **Schadensersatzansprüche** ist bei Hemmung durch Rechtsverfolgung (§ 204 BGB) zu beachten, dass durch einen Schadensersatzfeststellungsantrag eine Hemmung der Verjährung für alle **drei Berechnungsalternativen** eintritt. Da mit dem BGH sich der Gläubiger noch nicht einmal bei beziffertem Klageantrag auf den Streitgegenstand einer Berechnungsform festlegt (BGH GRUR 2008, 93 Tz. 9 ff. – *Zerkleinerungsvorrichtung*), wird die Verjährung auch bei beziffertem Klageantrag für alle Berechnungsformen gehemmt, selbst wenn sich die Klageforderung später noch bei Wechsel der Berechnungsart erhöht (vgl. § 97 Rn. 69). Bei **Klage in gewillkürter Prozessstandschaft** tritt die Hemmung erst ein, wenn diese offengelegt wird, ohne dass eine Rückwirkung möglich ist (OLG München GRUR-RR 2008, 139, 140 – *Zahlungsklage durch Nichtgläubiger*).

Prozessuales: Ein verjährter Anspruch ist nicht etwa erloschen. Die Verjährung begründet vielmehr nur eine **Einrede im Prozess,** die zu erheben grundsätzlich im Belieben des Verpflichteten steht (§ 214 Abs. 1 BGB). **8**

V. Verjährung der ungerechtfertigten Bereicherung (S. 2)

§ 852 BGB findet entsprechende Anwendung, wenn der Verletzer durch die Verletzung etwas auf Kosten des Berechtigten erlangt hat. Es handelt sich um eine **Rechtsfolgenverweisung** auf den Umfang der Bereicherungshaftung (BGH GRUR 2015, 780 Tz. 29 – *Motorradteile;* Dreier/Schulze/*Dreier*[5] Rn. 7; HK-UrhR/*Meckel*[3] Rn. 3), die als Ausnahme zu § 102 S. 1 zu begreifen ist: Der Gläubiger kann auch noch nach Ablauf der Verjährungsfrist innerhalb der Fristen des § 852 BGB Ansprüche aus ungerechtfertigter Bereicherung nach den §§ 812 ff. BGB stellen. Das gibt Ansprüchen aus den §§ 812 ff. BGB, insb. auf Herausgabe einer angemessenen Lizenzgebühr, eine **eigenständige Bedeutung** gegenüber Schadensersatzansprüchen auf angemessene Lizenzgebühr nach § 97 Abs. 2 S. 3 (genauso *Schack*, Urheber- und UrhebervertragsR[7] Rn. 808), die insb. bei positiver Kenntnis des Anspruchsberechtigten schon nach 3 Jahren verjähren (dazu vgl. § 102a Rn. 4 ff.). Denn **die bereicherungsrechtlichen Ansprüche verjähren nach § 852 S. 2 BGB in zehn Jahren** von ihrer Entstehung an und ohne Rücksicht auf ihre Entstehung in 30 Jahren von der Begehung der Verletzungshandlung oder dem sonstigen den Schaden auslösenden Ereignis an (BGH GRUR 2016, 1280 Tz. 94 – *Everytime we touch*; BGH GRUR 2015, 780 Tz. 28 – *Motorradteile*). Bereicherungsrecht gilt für alle Verletzungen von Rechten nach UrhG (Urheberrechte und Leistungsschutzrechte), auch für Verletzungen des Rechts der öffentlichen Zugänglichmachung gem. § 19a (BGH GRUR 2016, 1280 Tz. 97 – *Everytime we touch* m. w. N. aus der tw. abweichenden Instanzrechtsprechung). Bei § 852 BGB handelt es sich nicht um einen Bereicherungsanspruch, sondern um einen sogenannten Restschadensersatzanspruch, also einen Anspruch aus unerlaubter Handlung, der in Höhe der Bereicherung nicht verjährt ist (BGH GRUR 2015, 780 Tz. 29 – *Motorradteile* **9**

m. w. N.). Im Übrigen sei auf die Kommentierungen zu § 852 BGB verwiesen. **Zu bereicherungsrechtlichen Ansprüchen** bei Verletzungen von Urheberrechten und Leistungsschutzrechten eingehend vgl. § 102a Rn. 4 ff.

VI. Vereinbarungen über Verjährung

10   Der Gläubiger kann auf die Einrede nach vollendeter Verjährung (allg. M., s. schon RGZ 78, 130, 131) verzichten. Nach neuem Recht gilt das auch vor Ablauf der Verjährungsfrist (§ 202 BGB n. F.; s. aber § 225 BGB a. F.), was auch häufig (zumindest vorübergehend) zur Vermeidung von verjährungshemmenden Rechtsverfolgungsmaßnahmen geschieht. So kann es beispielsweise sinnvoll sein, die Frage der Urheberrechtsverletzung zunächst im Einstweiligen Verfügungsverfahren auszustreiten; die Hemmung nach § 204 Nr. 9 BGB bezieht sich aber nur auf den dort streitgegenständlichen Unterlassungsanspruch, nicht aber z. B. auf Schadensersatzansprüche, für die ein vorübergehender Verjährungsverzicht vereinbart werden kann. Für vorherige Vereinbarungen über die Verjährung gelten ansonsten die Einschränkungen des § 202 BGB: keine Erleichterung der Verjährung im Voraus durch Rechtsgeschäft bei Haftung wegen Vorsatzes; keine Ausdehnung der Verjährung durch Rechtsgeschäft über 30 Jahre hinaus.

VII. Verwirkung

11   Alle **deliktischen Ansprüche** aus den §§ 97 ff. können dann nicht mehr geltend gemacht werden, wenn sie verwirkt sind (zur **Verwirkung vertraglicher Ansprüche** vgl. Vor §§ 31 ff. Rn. 191). Die Verwirkung ist auch im Hinblick auf deliktische urheberrechtliche Ansprüche anerkannt. Im Gegensatz zur Verjährung, die den Fortbestand des Anspruchs nicht berührt, lässt die Verwirkung den Anspruch erlöschen und begründet damit eine anspruchsvernichtende Einwendung des Verletzers. Es handelt sich um einen Sonderfall der unzulässigen Rechtsausübung (§ 226 in Verbindung mit § 242 BGB), der für alle aus der Verletzung absoluter Rechte herrührenden deliktischen **Ansprüche** in Betracht kommt (BGH GRUR 1958, 354, 358 – *Sherlock Holmes* mit Nachweisen; BGH GRUR 1959, 335, 336 – *Wenn wir alle Engel wären*), aber nicht für das ihnen zugrunde liegende Nutzungsrecht oder gar für das Urheberrecht selbst (BGH GRUR 1977, 42, 46 – *Schmalfilmrechte*; *Ulmer*, Urheber- und VerlagsR[3] S. 546; *Schack*, Urheber- und UrhebervertragsR[7] Rn. 777; Schricker/Loewenheim/*Wimmers*[5] § 97 Rn. 330; Dreier/Schulze/*Schulze*[5] Vor § 31 Rn. 113). Dabei ist die Wertigkeit des Urheberrechts hoch anzusetzen, sodass Verwirkung von Ansprüchen nach den §§ 97 ff. **nur ausnahmsweise** in besonders gelagerten Fällen in Betracht kommt (BGH GRUR 1981, 652, 653 – *Stühle und Tische*; Schricker/Loewenheim/*Wimmers*[5] § 97 Rn. 329). **Abzugrenzen** ist die Verwirkung deliktischer Ansprüche **von der stillschweigenden nachträglichen Nutzungsrechtseinräumung**; sie geht der Verwirkung vor, weil sie weiter reicht. Eine solche Nutzungsrechtseinräumung kann auch durch eine langjährige Duldung erfolgen (vgl. § 31 Rn. 136 ff.). Allerdings kann sie nur angenommen werden, wenn nach dem objektiven Inhalt des nachträglichen Verhaltens *unzweideutig* zum Ausdruck gekommen ist, der Erklärende wolle über sein Recht in der Weise verfügen, dass er dem Verletzer daran ein bestimmtes Nutzungsrecht einräume (BGH GRUR 2010, 628 Tz. 28 – *Vorschaubilder*). Ein Vorrangverhältnis gegenüber der Verwirkung besteht ferner zugunsten der die **Rechtswidrigkeit ausschließenden (schlichten) Einwilligung**, die unterhalb des „Unzweideutigkeitsniveaus" der konkludenten Nutzungsrechtseinräumung angesiedelt ist (eingehend BGH GRUR 2010, 628 Tz. 28 ff. – *Vorschaubilder*); dazu vgl. § 97 Rn. 24. Zum **Verzicht** vgl. § 29 Rn. 11. – Im **österreichischem**

Recht ist die Verwirkung nicht anerkannt (OGH ZUM-RD 2011, 133, 136 m. w. N.); hier wird die Lösung offensiver über die stillschweigende Nutzungsrechtseinräumung oder die schlichte Einwilligung zu suchen sein.

Der Anspruch ist verwirkt, wenn seine verspätete Geltendmachung als Verstoß **12** gegen Treu und Glauben (§ 242 BGB) innerhalb des durch die Verletzung entstandenen gesetzlichen Schuldverhältnisses anzusehen ist. Das ist dann der Fall, **wenn der Verletzer nach dem Verhalten des Verletzten mit der Geltendmachung der Ansprüche nicht mehr zu rechnen brauchte und sich daher darauf einrichten durfte** (BGH GRUR 1981, 652, 653 – *Stühle und Tische*; zum Patentrecht: BGH GRUR 2001, 323 – *Temperaturwächter*). **Verwirkung** ist daher letztlich **Rechtsverzicht durch konkludentes Handeln** (zum Verzicht vgl. § 29 Rn. 11 ff.). Wie üblich ist dafür das **(1) Umstandsmoment (Vertrauenstatbestand) und (2) das Zeitmoment** zu untersuchen. Bei der Verwirkung sind Zeit- und Umstandsmoment nicht voneinander unabhängig zu betrachten, sondern stehen in einer Wechselwirkung. Beide Momente müssen bei einer Gesamtbetrachtung die Beurteilung rechtfertigen, dass Treu und Glauben dem Anspruchsteller die Verfolgung des Anspruchs verwehren, mit dessen Geltendmachung der Verletzer nicht mehr rechnen musste (BGH GRUR 2001, 323 – *Temperaturwächter*, dort 3. Ls.). Nach der ständigen Rechtsprechung des Bundesgerichtshofs ist ein Recht verwirkt, wenn der **Berechtigte es längere Zeit nicht geltend gemacht** hat (Zeitmoment) und der Verpflichtete sich darauf eingerichtet hat **und sich nach dem gesamten Verhalten des Berechtigten darauf einrichten durfte,** dass der Berechtigte **das Recht nicht mehr geltend machen werde (Umstandsmoment)** (BGH GRUR 2015, 780 Tz. 42 – *Motorradteile*; BGH GRUR 2014, 363 Tz. 38 – *Peter Fechter* m. w. N.)

Im Hinblick auf das **Zeitmoment** ist zunächst im Hinblick auf die betroffene **13** Anspruchsart zu differenzieren: Für Unterlassungsansprüche gilt, dass die für die Beurteilung des Zeitmoments maßgebliche Frist mit jeder wiederholten gleichartigen Urheberrechtsverletzung neu zu laufen beginnt. Für Schadensersatz- und Bereicherungsansprüche können demgegenüber die Frist bei wiederholten gleichartigen Verletzungen mit der ersten Verletzungshandlung beginnen (BGH GRUR 2014, 363 Tz. 42 – *Peter Fechter*). Für die Frist sollte die **Verjährungsfrist** einen wichtigen **Anhaltspunkt** bieten: Der Zeitraum der Regelverjährung von 3 Jahren ab Kenntnis soll dem Anspruchsberechtigten grundsätzlich ungeschmälert erhalten bleiben (BGH GRUR 2014, 363 Tz. 50 – *Peter Fechter*; OLG München ZUM 2009, 971, 974 – *Pinakothek der Moderne*; ferner OLG Köln ZUM 2012, 697, für einen Tauschbörsenfall); zum Bereicherungsrecht jedoch vgl. Rn. 9. Davor kann eine Verwirkung nur unter außergewöhnlichen Umständen angenommen werden. Ein Jahr ist deshalb grundsätzlich zu kurz (KG GRUR 2002, 257 – *Mantellieferung*). Außergewöhnliche Umstände und damit ein Zeitmoment unterhalb der Regelverjährung sind gegeben, wenn Ansprüche wegen einer Urheberrechtsverletzung durch einen Architekturwettbewerb erst geltend gemacht werden, nachdem der Berechtigte sich an dem Wettbewerb beteiligt, ihn nicht gewonnen hatte und der Gegner erhebliche weitere Kosten ausgelöst hatte (OLG München ZUM 2009, 971, 974 – *Pinakothek der Moderne*). Ferner kann die **Schutzfrist** einen **Anhaltspunkt** bieten (zum Patentrecht: BGH GRUR 2001, 323, 327 – *Temperaturwächter*).

Das **Umstandsmoment** kommt mangels hinreichenden Vertrauenstatbestandes bei einmaligen Rechtsverletzungen nur selten in Betracht, weil hier ohne- **14** hin nach verhältnismäßig kurzer Zeit Verjährung eintritt. Bei Rechtsverletzungen, die durch *fortlaufende,* ihrer Art nach gleichbleibende Handlungen begangen werden, ist die Prüfung komplexer. Auch hier ist zwischen den Anspruchsarten zu unterscheiden: Für die Verwirkung von **Schadensersatz-**

und Bereicherungsansprüchen kommt es hinsichtlich des Umstandsmoments **nicht** auf einen **schutzwürdigen Besitzstand** des Anspruchsgegners an. Voraussetzung ist vielmehr allein, dass der **Schuldner** aufgrund eines hinreichend lang andauernden Duldungsverhaltens des Rechteinhabers **darauf vertrauen durfte**, der Rechteinhaber werde **keine Zahlungsansprüche** wegen solcher Handlungen stellen. Es genügt, wenn der Schuldner sich bei seinen wirtschaftlichen Dispositionen darauf eingerichtet hat und einrichten durfte, keine Zahlung an den Gläubiger (mehr) wegen Handlungen leisten zu müssen, die er wegen des Duldungsanscheins vorgenommen hat (BGH GRUR 2014, 363 Tz. 46 – *Peter Fechter*). Für den **Unterlassungsanspruch** geht der BGH demgegenüber für das Umstandsmoment davon aus, dass ein **wertvoller Besitzstand des Anspruchsgegners** für die Verwirkung Voraussetzung ist (BGH GRUR 2014, 363 Tz. 46 – *Peter Fechter*). Der wertvolle Besitzstand ist dabei die sachlich-wirtschaftliche Basis für die künftige wirtschaftliche Betätigung des Anspruchsgegners (BGH GRUR 2014, 363 Tz. 46 – *Peter Fechter*), angesichts dessen „die Rechtsverletzung dem Rechtsinhaber so offenbar wird, dass sein Schweigen vom Verletzer als Billigung gedeutet werden kann oder jedenfalls als sicherer Hinweis, der Rechtsinhaber werde von der Verfolgung seiner Rechte absehen" (BGH GRUR 1981, 652, 653 – *Stühle und Tische*). Dafür ist stets eine Gesamtwürdigung aller Umstände des Einzelfalls vorzunehmen. Ein Element der Betrachtung kann der Umsatzanteil sein, allerdings darf keine schematische Beurteilung stattfinden. Umsätze, die lediglich 1 % des jährlichen Gesamtumsatzes eines Verletzers ausmachen, sprachen nur unter den im BGH-Streitfall *Stühle und Tische* vorliegenden Umständen – und nicht etwa generell – dafür, keine Verwirkung anzunehmen (BGH GRUR 2014, 363 Tz. 45 – *Peter Fechter*; BGHGRUR1981,652, 653 – *Stühle und Tische*). Anlass für die Rechtsprechung zum wertvollen Besitzstand war die zutreffende Überlegung, dass derjenige, welcher sich einem bestimmten Rechtsverletzer gegenüber längere Zeit untätig verhält, obwohl er den Verletzungstatbestand kannte oder kennen musste, sich mit seinem eigenen früheren Verhalten in unerträglichen Widerspruch setzt, wenn er später aus diesen Rechtsverletzungen Ansprüche herleiten will (BGH GRUR 1958, 354, 358 – *Sherlock Holmes;* s. OLG München *Erich Schulze* OLGZ 5: Geltendmachung von Ansprüchen gegen ein angebliches Plagiat, das in 20 Jahren unbeanstandet über 3000 mal aufgeführt worden war). Ein wertvoller Besitzstand auf Verletzerseite ist auch deshalb zu fordern, weil dadurch die besondere Wertigkeit des Urheberrechts herausgestellt und aufgezeigt wird, dass das Urheberrecht nur unter besonderen Voraussetzungen ausnahmsweise verwirkt sein kann (*v. Gamm* NJW 1956, 1780, 1781 ff.; Schricker/Loewenheim/*Wimmers*[5] § 97 Rn. 329). Das Umstandsmoment fehlt, wenn der Schuldner davon ausgehen darf, der Gläubiger habe vom Anspruch keine Kenntnis (BGH GRUR 2000, 144, 145 – *Comic-Übersetzungen II*, zu vertraglichen Ansprüchen). Kenntnis des Gläubigers ist aber im Übrigen nicht zwingend, sofern er bei objektiver Beurteilung Kenntnis hätte haben können (BGHZ 25, 47, 53; anders BAG NJW 1978, 723, 724 f., sowie Dreier/Schulze/*Schulze*[5] Vor §§ 31 ff. Rn. 113; offen BGH GRUR 2000, 144, 145 – *Comic-Übersetzungen II*; s. die Nachw. bei Palandt/Heinrichs[76] § 242 Rn. 95); das schließt Verwirkung im Regelfall dann aus, wenn der Berechtigte als juristischer Laie und wegen Komplexität (Nutzungsrechte für das Internet) nach objektiver Beurteilung keine sichere Kenntnis vom Bestehen des Rechts hatte (KG GRUR 2002, 257 – *Mantellieferung*) oder gar aus damaliger Sicht berechtigte Anhaltspunkte für eine Gemeinfreiheit bestanden (OLG Köln GRUR-RR 2012, 104, 106 – *Briefe aus Stank Petersburg*). Es besteht **keine allgemeine Marktbeobachtungspflicht** für mögliche Verletzungen für den Rechteinhaber (LG München I BeckRS 2014, 03517; Schricker/Loewenheim/*Wimmers*[5] § 97 Rn. 332).

Grundsätzlich können **nur deliktische Ansprüche für die Vergangenheit ver-** **15**
wirkt werden. Ein Freibrief für künftige Rechtsverletzungen ist mit der Verwirkung nicht verbunden (BGH GRUR 2014, 363 Tz. 49 – *Peter Fechter*). Außerdem stellt eine **Abmahnung** eine **Zäsur** dar. Nur solche Ansprüche auf
Schadensersatz und Bereicherungsausgleich können verwirkt werden, die bis
zu einer Abmahnung des Verletzers durch den Rechteinhaber entstanden waren. Nach einer Abmahnung durch den Rechteinhaber muss der Verletzer wieder damit rechnen, wegen künftiger Verletzungshandlungen auf Schadensersatz
oder Bereicherungsausgleich in Anspruch genommen zu werden (BGH GRUR
2014, 363 Tz. 49 – *Peter Fechter*). Unterlassungsansprüche sind in die Zukunft
gerichtet, so dass sie mit Abmahnung grundsätzlich wieder aufleben (BGH
GRUR 2014, 363 Tz. 17 – *Peter Fechter*). Für die Zukunft können urheberrechtliche Ansprüche danach nur ganz ausnahmsweise verwirkt sein, wenn
Umstands- und vor allem Zeitmoment sehr schwer zu Lasten des Rechteinhabers wiegen. Es erscheint als zweifelhaft, bei einer urheberrechtlichen Schutzfrist von 70 Jahren nach dem Tod des Urhebers schon eine 40 Jahre lange Untätigkeit zu Lebzeiten des Urhebers ausreichen zu lassen (so aber OLG München
GRUR-RR 2011, 245, 248 f. – *Tatort-Vorspann*).

(derzeit leer) **16**

Wichtig ist, dass sich im Urheberrecht die Rechtsfolge der **Verwirkung lediglich** **17**
auf Rechte aus **bestimmten konkreten bereits begangenen oder noch andauern-**
den Rechtsverletzungen bezieht (s. BGH GRUR 2014, 363 Tz. 49 – *Peter Fech-*
ter; genauso: Schricker/Loewenheim/*Wimmers*[5] § 97 Rn. 334), also **für nicht**
gleichartige Verletzungen keine Verwirkung angenommen werden kann. Welche Verletzungen gleichartig sind, kann nicht aus der Kernbereichslehre zu Unterlassungsansprüchen (vgl. § 97 Rn. 41 ff.) entnommen werden. Vielmehr
muss die Gleichartigkeit objektiv nach den Maßstäben der aus § 242 BGB
entwickelten Rechtsfigur der Verwirkung hergeleitet werden. Es sollte insbesondere eine Rolle spielen, welcher Duldungsanschein sich nach dem objektiven Empfängerhorizont ergibt.

Auf die **Untätigkeit des Verletzten gegenüber** *dritten* **Rechteverletzern** kann **18**
sich der Verletzer grundsätzlich nicht berufen (OLG Köln GRUR 1990, 356,
357 – *Freischwinger*).

§ 102a Ansprüche aus anderen gesetzlichen Vorschriften

Ansprüche aus anderen gesetzlichen Vorschriften bleiben unberührt.

Übersicht

I.   Allgemeines

1   Die Regelung des heutigen § 102a war bis zum 1.9.2008 in § 97 Abs. 3 zu finden. Geändert hat sich dadurch nichts (RegE UmsG Enforcement-RL – BT-Drs. 16/5048, S. 48, 49). § 102a will sicherstellen, dass die davor aufgelisteten Ansprüche der §§ 97 bis 101b nicht abschließend verstanden werden.

II.   Ansprüche gegen den Unternehmensinhaber neben § 99

2   Durch § 102a wird klargestellt, dass Ansprüche gegen den Unternehmensinhaber neben § 99 aus anderen Anspruchsgrundlagen denkbar sind (vgl. § 99 Rn. 11).

III.   Ansprüche aus Gewerblichen Schutzrechten und UWG

3   Mit § 102a ist zunächst klargestellt, dass Ansprüche aus gewerblichen Schutzrechten und dem UWG unberührt bleiben und nicht von den §§ 97 ff. verdrängt werden. Das ist allerdings schon deshalb zwingend, weil gewerbliche Schutzrechte und das UWG einen anderen Regelungsgegenstand als das UrhG haben; sie betreffen deshalb auch einen anderen Streitgegenstand. Zum Design-(Geschmacksmuster-), Patent- und Markenrecht vgl. Einl. UrhG Rn. 78 ff., zum UWG vgl. Einl. UrhG Rn. 85.

IV.   Ansprüche aus Bereicherungsrecht

1.   Ansprüche aus Bereicherungsrecht gegen Verletzer

4   **Bei Verletzung** kommen als Ansprüche aus anderen gesetzlichen Vorschriften **neben den §§ 97 bis 102b** insb. Bereicherungsansprüche (§§ 812 ff. BGB) in Betracht. Sie sind auf Zahlung gerichtet und setzen **kein Verschulden des Verletzers** voraus. Kann der Verletzte also nicht beweisen, dass der in Anspruch Genommene vorsätzlich oder fahrlässig gehandelt hat, oder steht dessen Schuldlosigkeit sogar fest, so kommt zumindest ein Vorgehen aus den §§ 812 ff. BGB in Betracht. Die eigenständige Bedeutung von Bereicherungsansprüchen ist insoweit aber gering, weil der Verschuldensmaßstab sehr streng ist (vgl. § 97 Rn. 63 ff; eingehend vgl. Rn. 7 ff. Von eigenständiger Bedeutung können bereicherungsrechtliche Ansprüche gegen den Verletzer insbesondere aus Gründen des **Verjährungsrechts** sein. Zwar verjähren bereicherungsrechtliche Ansprüche gem. §§ 812 ff. BGB seit der Schuldrechtsreform genauso wie deliktische Ansprüche gem. §§ 97 ff. UrhG in der 3-jährigen Regelverjährung des § 195 BGB. Jedoch eröffnet § 102 S. 2 UrhG i. V. m. § 852 BGB bereicherungsrechtliche Ansprüche trotz Kenntnis bis 10 Jahre, während deliktische Ansprüche wegen § 199 Abs. 2 BGB bei Kenntnis in 3 Jahren verjähren. Eingehend vgl. § 102 Rn. 9.

5   Ansonsten gewährt Bereicherungsrecht gegen den Rechtsverletzer **keine weitergehenden Rechtsfolgen als nach § 97 Abs. 2.** Der Nutzer eines Urheberrechts oder Leistungsschutzrechts, der das Recht ohne Zustimmung des Berechtigten benutzt hat, ist gem. § 812 Abs. 1 S. 1 2. Alt BGB („Eingriffskondiktion") auf dessen Kosten um den Gebrauch des immateriellen Schutzgegenstandes (Urheberrecht und/oder Leistungsschutzrecht) bereichert (BGH GRUR 2013, 717 Tz. 15 – *Covermount*; BGH GRUR 1982, 301, 303 – *Kunststoffhohlprofil II*; dem folgend *Schack*, Urheber- und UrhebervertragsR[7] Rn. 808) und nicht um die Ersparnis der Aufwendungen für eine Lizenz (so aber OLG Frankfurt GRUR 1998, 47, 49 – *La Bohème*; unsere 9. Aufl./*Wilhelm Nordemann* § 97 Rn. 56; *v. Gamm* § 97 Rn. 39; jeweils noch anders *Kraßer* GRUR Int. 1980,

268). Nach allen Auffassungen hat den Verletzer den Wert des Erlangten gem. § 818 Abs. 2 herauszausgeben, also den Wert des Gebrauches des Rechts, was einer **Bereicherung um die angemessene Lizenzgebühr** entspricht (BGH GRUR 2015, 780 Tz. 32 – *Motorradteile*; BGH GRUR 2013, 717 Tz. 15 – *Covermount*; BGH GRUR 1982, 301, 303 – *Kunststoffhohlprofil II*; OLG Frankfurt GRUR 1998, 47, 49 – *La Bohème*; unsere 9. Aufl./*Wilhelm Nordemann* § 97 Rn. 56). Diese kann auch Zinsen umfassen (BGH GRUR 1982, 301, 304 – *Kunststoffhohlprofil II*). Zur Berechnung der angemessenen Lizenzgebühr vgl. § 97 Rn. 86 ff. Da jedoch mit der hier vertretenen Auffassung nur für den Gebrauch des Immaterialgutes Wertersatz nach § 818 Abs. 2 BGB zu leisten ist, scheidet als Alternative zur angemessenen Lizenzgebühr die Herausgabe des Verletzergewinns aus (BGH GRUR 1982, 301, 303 – *Kunststoffhohlprofil II*, zum Patentrecht; *Schack*, Urheber- und UrhebervertragsR[7] Rn. 809 gegen *Ulmer*, Urheber- und VerlagsR[3] S. 560; offen jedoch BGH GRUR 2015, 780 Tz. 32 – *Motorradteile*; s. a. *Hülsewig* GRUR2011,673ff. m. w. N. zum Streitstand).

Die Bereicherung kann auch **nicht** nach § 818 Abs. 3 BGB weggefallen sein, **6** da es sich um einen rein rechnerischen Vermögenszuwachs handelt (BGH GRUR 2015, 780 Tz. 32 – *Motorradteile*; BGHZ 56, 317, 319 – *Gasparone II*; OLG Hamburg ZUM-RD 1999, 69, 70; *Ulmer*, Urheber- und VerlagsR[3] S. 560; *Schack*, Urheber- und UrhebervertragsR[7] Rn. 809). Ebenso wenig kann der Verletzer geltend machen, er sei nicht bereichert, weil er bei Kenntnis der Situation sich anderweit beholfen hätte; an der Sachlage, die er selbst geschaffen hat, muss er sich festhalten lassen (BGH GRUR 1992, 557, 558 – *Talkmaster-Foto*; BGHZ 20, 345, 355 – *Paul-Dahlke*).

2.   Ansprüche aus Bereicherungsrecht gegen Nicht-Verletzer

Praktische Bedeutung hat der Bereicherungsanspruch im Urheberrecht darüber **7** hinaus in Fällen, in denen der **Bereicherungsschuldner nicht wegen Urheberrechtsverletzung haftet.**

Zunächst können Ansprüche aus ungerechtfertigter Bereicherung wegen **Ein-** **7a** **griffskondiktion** (§ 812 Abs. 1 S. 1 2. Alt BGB) entstehen, wenn ein **Dritter Rechte vermittelt,** die ihm nicht zustehen, **und er dafür eine Vergütung erhält.** Die unberechtigte Rechtevergabe als solche ist keine Urheberrechtsverletzung (vgl. § 97 Rn. 16). Anerkannt sind Ansprüche wegen Eingriffskondiktion für den Hauptlizenzgeber gegen den **Hauptlizenznehmer, wenn die Hauptlizenz erlischt, der Hauptlizenznehmer aber eine Unterlizenz vergeben hatte und aus dieser immer noch laufende Einnahmen zieht** (BGH GRUR 2012, 916 Tz. 26 – *M2Trade*). Eine Urheberrechtsverletzung scheidet in diesen Fällen aus, weil die **Unterlizenz** Vertrauensschutz genießt und **bestandskräftig** bleibt. Ein solcher Bereicherungsanspruch besteht auch im Falle einer Insolvenz des Hauptlizenznehmers, wenn der Insolvenzverwalter gemäß § 103 Abs. 1 InsO zwar die Nichterfüllung des Hauptlizenzvertrages, aber die Erfüllung des Unterlizenzvertrages wählt. Diese Verbindlichkeit aus einer nach Eröffnung des Insolvenzverfahrens eingetretenen ungerechtfertigten Bereicherung der Masse wäre nach § 55 Abs. 1 Nr. 3 InsO eine Masseverbindlichkeit, die gemäß § 53 InsO aus der Insolvenzmasse vorweg zu berichtigen ist (BGH GRUR 2012, 916 Tz. 26 – *M2Trade*). Zum Ganzen auch vgl. § 31 Rn. 30 ff.

Bei der **Einräumung von Nutzungsrechten durch Nichtberechtigte** kann sich fer- **8** ner ein **Anspruch aus** § 816 Abs. 1 BGB ergeben (BGH NJW 1999, 1966, 1968 – *Hunger und Durst*; OLG Köln ZUM 1998, 505, 507). Solche Ansprüche können, sofern die **Verfügung unentgeltlich** erfolgt ist, nach § 816 Abs. 1 S. 2 BGB auch gegen denjenigen gerichtet werden, der aufgrund der Verfügung unmittelbar einen rechtlichen Vorteil erlangt. Ansprüche bestanden deshalb für eine Verwertungsgesellschaft als Rechtinhaberin gegen einen Werknutzer, der sich die Rechte unentgeltlich vom Urheber hatte einräumen lassen, der seinerseits nicht mehr über die Rechte verfügte (OLG Köln ZUM 1998, 505, 507). Die für § 816 Abs. 1 BGB erforderliche **Wirksamkeit der Verfügung** wird durch die mit der Klage einhergehende **Genehmigung** hergestellt (BGH GRUR 1999, 152 – *Spielbankaffaire*; LG Köln ZUM 1998, 168). Wichtig ist, dass § 816 Abs. 1 S. 2 BGB insoweit **auch Ansprüche gegen Nicht-Verletzer (Nicht-Täter)** gewährt. Danach kann insbesondere eine **bereicherungsrechtliche Haftung von Hosting-Plattformen** bestehen, auf denen durch Nutzer rechtswidrig gem. § 19a urheberrechtlich geschützte Werke und Leistungen hochgeladen werden. Sofern sich die Hosting-Plattform kostenlos Nutzungsrechte von ihren Nutzern einräumen lässt und der Rechteinhaber (z. B. durch Klageerhebung) die Genehmigung erteilt, haftet die Hosting-Plattform, wenn sie unmittelbar einen rechtlichen Vorteil erlangt. Die Haftung ist für bereicherungsrechtliche Ansprüche auch nicht nach § 10 TMG ausgeschlossen (zu den Haftungsprivilegien nach TMG vgl. § 97 Rn. 184 ff.). Beispielsweise die **Videoplattform** *YouTube* haftet danach aus § 816 Abs. 1 S. 2 BGB, selbst wenn sie selbst nicht Rechte aus § 19a UrhG verletzen sollte (str., vgl. § 19a Rn. 20), aus Bereicherungsrecht auf eine angemessene Lizenzgebühr (vgl. Rn. 5). Denn *YouTube* lässt sich kostenlos von seinen Nutzern Rechte einräumen und generiert einen unmittelbaren rechtlichen Vorteil aus den Werbeeinnahmen, die sie mit den urheberrechtswidrig öffentlich zugänglich gemachten Werken und Leistungen erzielt (zutreffend *Stang* ZUM 2017, 380 ff.). Es muss im Einzelfall festgestellt werden, ob die Werbeeinnahmen auch der angemessenen Lizenzgebühr entsprechen oder ob ein anderer Lizenzbetrag angesetzt werden muss (vgl. § 97 Rn. 86 ff.; eingehend ferner *Stang* ZUM 2017, 380, 388).

8a   In Fällen einer **Urheberrechtsverletzung durch Dritte** kommt neben § 816 Abs. 1 BGB auch die **Eingriffskondiktion** (§ 812 Abs. 1 S. 1 2. Alt BGB) als Anspruchsgrundlage gegen einen durch die Verletzung Bereicherten in Betracht. Auch im allgemeinen Bereicherungsrecht ist anerkannt, dass eine Eingriffskondiktion vorliegen kann, wenn die Vorteile nicht durch eine eigene Handlung, sondern durch die zur Bereicherung führende Handlung eines Dritten erfolgen kann. Beispiele sind das fremde Holz, das ein Hausmeister im Kamin seines Arbeitgebers zur Erwärmung der Geschäftsräume verfeuert (MüKo BGB/*Schwab*[6] § 812 Rn. 235; *Larenz/Canaris*[13] S. 177 f.), oder die gestohlenen Baumaterialien, die der Täter bei einem Kunden verbaut, so dass ein Eigentumsverlust nach §§ 946 ff. BGB eintritt (jurisPK-BGB/*Martinek*[8] § 812 Rn. 84 m. w. N.). Allerdings ist in solchen Fällen stets der Vorrang der Leistungskondiktion zu beachten. In Zwei-Personen-Verhältnissen kann danach bei Leistung nur durch Leistungskondiktion (§ 812 Abs. 1 S. 1 1. Alt BGB) und nicht durch Eingriffskondiktion ein Anspruch gestellt werden (BGH NJW 1990, 3194, 3195). In Mehr-Personen-Verhältnissen verbietet sich allerdings bei der bereicherungsrechtlichen Behandlung jede schematische Lösung. Es kommt stets auf die Besonderheiten des Einzelfalles an, die für die sachgerechte bereicherungsrechtliche Abwicklung derartiger Vorgänge zu beachten sind (BGH NJW 1990, 3194, 3195; BGH NJW 1984 1348; s. a. BGH NJW 2006, 1731, 1732: Risikoverteilung und Vertrauensschutz als Wertungselemente). Nach Wertungsgesichtspunkten erscheint es als angezeigt, dass auch ein **Dritter, der durch eine fremde Urheberrechtsverletzung etwas erlangt,** Bereicherungsschuldner sein kann. Das erscheint bereits deshalb als sachgerecht, weil es im Urheberrecht keinen gutgläubigen Erwerb gibt, so dass es auch keinen Vertrauensschutz dahin geben kann, den Bereicherten die aufgrund einer Urheberrechtsverletzung zugeflossenen Vorteile zu belassen (s. *Larenz/Canaris*[13] S. 144 f., die das vergleichbares Beispiel einer Leistung anführen, die die Persönlichkeitsrechte eines Dritten verletzt). Ferner hat sich der Dritte den Verletzer als Vertragspartner ausgesucht, so dass der Dritte auch das Risiko tragen muss, die durch den Verletzer verursachte Bereicherung herausgeben zu müssen. Dem lässt sich nicht entgegenhalten, aus

§ 816 Abs. 1 S. 2 BGB ergebe sich die Wertung, dass nicht-verletzende Dritte, die bereichert sind, lediglich im Fall einer unentgeltlichen Verfügung in Anspruch genommen werden könnten. § 816 Abs. 1 S. 2 BGB betrifft nur den Fall der gegenüber dem Gläubiger wirksamen Verfügung und damit eine andere Konstellation (so i. E. auch LG Hamburg, Urt. V. 28.2.2013, 310 O 208/12, juris Tz. 51 – *Bademodenfotos*). Bei Genehmigung der Verfügung (z. B. durch Klageerhebung) können sich aus § 816 Abs. 1 S. 2 BGB alternativ Ansprüche aus § 816 Abs. 1 S. 2 BGB ergeben (vgl. Rn. 8). Für die Eingriffskondiktion gem. § 812 Abs. 1 S. 1 2. Alt BGB muss allerdings ein hinreichender **Zurechnungszusammenhang** gegeben sein: Dem Vermögensvorteil des Bereicherten muss unmittelbar ein Vermögensnachteil des Entreicherten gegenüberstehen, es ist ein einheitlicher Bereicherungsvorgang erforderlich (jurisPK-BGB/*Martinek*[8] § 812 Rn. 95 m. w. N.; Palandt/ *Sprau*[72] § 812 BGB Rn. 43). Nicht hinreichend bereichert ist deshalb ein Arbeitgeber, wenn sein Mitarbeiter eine private Urheberrechtsverletzung begeht, die dem Arbeitgeber nicht zu Gute kommt (zutreffend LG München I ZUM 2008, 157, 159). Demgegenüber besteht ein Anspruch gegen denjenigen, der **anlässlich der fremden Verletzung unmittelbar Erlöse generiert,** auch wenn er nicht täterschaftlich oder sonst wie haftet. Das gilt beispielsweise für Provisionserlöse von Versteigerungsplattformen (a. A. OLG München GRUR 2007, 419, 424 – *Lateinlehrbuch*, das allerdings unzutreffend trotz Mehr-Personen-Verhältnisses schematisch und ohne Wertung einen Vorrang der Leistungskondiktion annimmt) oder für Werbeerlöse von kostenlosen Videoplattformen. Die Bereicherungshaftung besteht hier auch ohne eine Täter- oder Störerhaftung solcher Plattformen (dazu vgl. § 97 Rn. 144 ff.). Ansprüche wegen Eingriffskondiktion (§ 812 Abs. 1 S. 1 2. Alt BGB) gegen Plattformen, die Hostprovider sind, scheitern auch nicht an § 10 TMG (zu den Haftungsprivilegien nach TMG vgl. § 97 Rn. 184 ff.).

3. Auskunft und Rechnungslegung

Zur Vorbereitung des Bereicherungsanspruchs kann Auskunft und Rechnungslegung verlangt werden (BGH GRUR 1988, 604, 605 – *Kopierwerk*; ausführlich vgl. § 101 Rn. 10 ff.).   **9**

V. Sonstige Ansprüche aus dem BGB (GoA, allgemeines Deliktsrecht)

Anwendbar sind neben dem Bereicherungsrecht auch andere Ansprüche aufgrund gesetzlicher Schuldverhältnisse aus BGB, insb. die Vorschriften über die **angemaßte Eigengeschäftsführung** (§ 687 Abs. 2 BGB; der **Gleichlauf** zwischen den §§ 812 ff. BGB und der Lizenzanalogie findet seine Entsprechung bei § 687 Abs. 2 BGB und der Herausgabe des Verletzergewinns; vgl. § 97 Rn. 74 ff.) sowie die **vorsätzliche sittenwidrige Schädigung** (§ 826 BGB), die allerdings nur Ersatz des konkreten Vermögenschadens beim Verletzer gewährt (vgl. § 97 Rn. 74 ff.). Gegenüber den Vorschriften des allgemeinen Deliktsrechtes (§§ 823, 1004 BGB) ist § 97 UrhG aber eine abschließende Spezialregelung. Genauso **verdrängt** § 97a Abmahnkostenerstattungsansprüche aus GoA gem. §§ 670, 677, 683 BGB (vgl. § 97a Rn. 41).   **10**

VI. Vertragliche Ansprüche

Vertragliche Ansprüche sind von § 97 nicht geregelt; auch nicht im Hinblick auf etwaige Unterlassungs- und Schadensersatzpflichten. Für sie gilt **keine dreifache Schadensersatzberechnung** (BGH GRUR 2002, 795, 797 – *Titelexklusivität*). s. dazu die Ausführungen zum Urhebervertragsrecht (vgl. Vor §§ 31 ff. Rn. 32 ff., 83 ff., 163 ff.).   **11**

VII. Öffentlichrechtliche Ansprüche

12   Zum Verhältnis von Urheberrecht und öffentlich-rechtlichen Abwehr- und Folgenbeseitigungs- und **Staatshaftungsansprüchen** bei hoheitlicher Urheberrechtsverletzung s. *Stelkens* GRUR 2004, 25; ferner vgl. § 97 Rn. 182.

§ 103   Bekanntmachung des Urteils

[1]Ist eine Klage auf Grund dieses Gesetzes erhoben worden, so kann der obsiegenden Partei im Urteil die Befugnis zugesprochen werden, das Urteil auf Kosten der unterliegenden Partei öffentlich bekannt zu machen, wenn sie ein berechtigtes Interesse darlegt. [2]Art und Umfang der Bekanntmachung werden im Urteil bestimmt. [3]Die Befugnis erlischt, wenn von ihr nicht innerhalb von drei Monaten nach Eintritt der Rechtskraft des Urteils Gebrauch gemacht wird. [4]Das Urteil darf erst nach Rechtskraft bekannt gemacht werden, wenn nicht das Gericht etwas anderes bestimmt.

Übersicht   Rn.

I.   Allgemeines

1   Der Bekanntmachungsanspruch des § 103 wurde mit dem UrhG 1966 eingeführt. Eine entsprechende Regelung fehlte in LUG und KUG bis 1966. § 103 ist zum 1.9.2008 mit **Umsetzung der Enforcement-RL** (vgl. Rn. 3) etwas geändert worden. Die Frist des S. 3 wurde von 6 auf 3 Monate verkürzt. § 103 Abs. 3 a. F., der eine separate Regelung zu den Bekanntmachungskosten enthielt, ist vollständig entfallen, weil er keine praktische Bedeutung erlangt hatte (RegE Enforcement-RL – BT-Drs. 16/5048, S. 50; vgl. Rn. 12). – Gem. § 129 Abs. 1 findet § 103 in seiner aktuellen Fassung ohne zeitliche Einschränkung auf sämtliche **Werke bzw. geschützte Leistungen** Anwendung, also auch auf solche, die **vor 1966** entstanden sind. – Zur Bekanntgabe der Verurteilung im strafrechtlichen Bereich vgl. § 111 Rn. 1 ff.

2   Die Bestimmung des § 103 ist nach dem RegE (RegE UrhG 1962 – BT-Drs. IV/270, S. 105) an die Veröffentlichungsbefugnis im UWG angelehnt (s. **§ 12 Abs. 3 UWG**, früher § 23 Abs. 4 UWG a. F., später § 23 Abs. 2 UWG a. F.; so auch BeckOK UrhR/*Reber*[16] Rn. 1), sodass zur Auslegung auch auf die Rechtsprechung und Literatur zum UWG zurückgegriffen werden könne. Das erscheint jedoch heute als fraglich. Zwar war § 103 – wie § 12 Abs. 3 UWG – bis zur Umsetzung der Enforcement-RL ein Beseitigungsanspruch, um fortwirkenden Störungen entgegenzuwirken (BGH GRUR 2002, 799, 801 – *Stadtbahnfahrzeug*). Das hat sich jedoch mit der Umsetzung geändert, weil die Enforcement-RL nicht die Beseitigung, sondern die Prävention in den Mittelpunkt des Anspruches stellt (vgl. Rn. 3), die damit auch die richtlinienkonforme Auslegung dominiert. § 103 kann dogmatisch **nicht mehr** als Beseitigungsanspruch, sondern nur noch als **Anspruch *sui generis*** eingeordnet werden (*Steig-*

über GRUR 2011, 295, 296 m. w. N. auch zur Gegenauffassung; a. A. HK-UrhR/Meckel[3] Rn. 1; Wandtke/Bullinger/*Bohne*[4] Rn. 2; Dreier/Schule/*Dreier*[5] Rn. 1; BeckOK UrhR/*Reber*[16] Rn. 1; Fezer[4] § 19c MarkenG Rn. 3). Besser als auf § 12 Abs. 3 UWG sollte danach als **Auslegungshilfe** auf die echten Schwesternormen des § 103 im gewerblichen Rechtsschutz abgestellt werden, die ebenfalls auf Art. 15 Enforcement-RL beruhen, insbesondere auf § **140e PatG,** § **24e GebrMG,** § **19c MarkenG,** § **47 DesignG,** § **37e SortSchG.**

II. EU-Recht und Internationales Recht

EU-Recht sieht in **Art. 15 Enforcement-RL** (vgl. Einl. UrhG Rn. 45) eine Verpflichtung der Mitgliedsstaaten vor, dass Gerichte auf Antrag des Verletzten und auf Kosten des Verletzers geeignete Maßnahmen zur Verbreitung von Informationen über die betreffende Entscheidung einschließlich der Bekanntmachung und der vollständigen oder teilweisen Veröffentlichung anordnen können. Der RegE meint, die gesetzliche Regelung, die zusätzlich zum Wortlaut der Richtlinie ein berechtigtes Interesse des Veröffentlichenden verlange, sei richtlinienkonform (RegE Enforcement-RL – BT-Drs. 16/5048, S. 42). Das muss richtlinienkonform auf eine Verhältnismäßigkeitsprüfung (Art. 3 Abs. 2 Enforcement-RL) reduziert werden (OLG Frankfurt GRUR 2014, 296 juris Tz. 21 – *Sportreisen;* OLG Frankfurt v. 5.6.2014 – 6 U 55/13 –, juris Tz. 63 – *Converse All Star;* jeweils zu § 19c MarkenG). Über dies stellt Art. 15 Enforcement-RL die Prävention in den Mittelpunkt, nämlich die Spezialprävention (Abschreckung des Verletzers) und „die Sensibilisierung der breiten Öffentlichkeit" (Generalprävention), s. ErwG. 27 Enforcement-RL (OLG Frankfurt GRUR 2014, 296 juris Tz. 21 – *Sportreisen; Maaßen* MarkenR 2008, 417, 419; jeweils zu § 19c MarkenG). Es geht also nicht mehr um eine Beseitigung, sodass ein fortdauerndes Interesse des Berechtigten irrelevant ist (str. vgl. Rn. 7). Über dies ist in der Richtlinie nicht angelegt, dass auch der Verletzer im Fall seines Obsiegens eine Veröffentlichung beantragen kann. Nachdem die Umsetzungsfrist längst abgelaufen ist, kommt insoweit eine richtlinienkonforme Auslegung in Betracht (vgl. § 98 Rn. 4). Zum **internationalen Privatrecht** gilt das zu § 97 Gesagte (vgl. § 97 Rn. 7).

III. Befugnis zur öffentlichen Bekanntmachung des Urteils (S. 1)

Eine **öffentliche Bekanntmachung** ist eine **Veröffentlichung in öffentlichen Medien Dritter,** also insbesondere in Presse, Rundfunk und Internetplattformen. Im Regelfall erfolgt die öffentliche Bekanntmachung in Form der Werbung in diesen öffentlichen Medien (Schricker/Loewenheim/*Wimmers*[5] Rn. 11), was aber nicht zwingend ist. Ein Anspruch auf Veröffentlichung gegenüber einem öffentlichen Medium kann aus § 103 nicht hergeleitet werden (Schricker/Loewenheim/*Wimmers*[5] Rn. 11; Dreier/Schulze/*Dreier*[5] Rn. 1). § 103 gewährt keinen **Anspruch auf eine eigene (private) Veröffentlichung** durch die obsiegende Partei (dazu vgl. Rn. 13). Genauso wenig kann aus § 103 ein Anspruch auf Aufnahme bestimmter Hinweise in **Veröffentlichungen des Verletzers** hergeleitet werden (OLG Frankfurt GRUR 2014, 296 juris Tz. 8, 27 – *Sportreisen,* zu § 19c MarkenG), so dass z. B. eine Veröffentlichung auf der Homepage des Verletzers als Pop-up-Fenster auf der Grundlage des § 103 ausscheidet.

Die Urteilsveröffentlichung kommt nach § 103 nur in Betracht, wenn Klage **auf Grund dieses Gesetzes** erhoben worden ist. Es muss also eine **urheberrechtliche Streitigkeit** vorliegen (eingehend vgl. § 104 Rn. 1 f.); § 103 erfasst damit nicht nur Streitigkeiten um **deliktische Ansprüche** nach den §§ 97 ff., sondern auch **urhebervertragsrechtliche Streitigkeiten** (HK-UrhR/*Meckel*[3] Rn. 2), z. B. Zahlungsansprüche, Vertragsstrafenansprüche, Vertragsanpassungsansprüche nach den §§ 32, 32a, 32c einschließlich damit zusammenhängender Ansprüche wie beispielsweise Streite um den Unterlassungsanspruch von Werknutzern und Verbänden nach § 36b (s. § 36b Abs. 2), **Streitigkeiten wegen Ansprüchen auf gesetzliche Vergütung** nach Schrankenbestimmungen, wegen **Bereicherungsansprüchen** aufgrund Urheberrechtsverletzung nach den §§ 812 ff. BGB (vgl. § 102a Rn. 4 ff.) und wegen Ansprüchen aus **GoA** gem. §§ 687 Abs. 2, 681, 667 BGB (vgl. § 102a Rn. 10); auch die **Feststellung einer bloßen Rechtsfrage** (z. B. Inhaberschaft eines Nutzungsrechts; Urheberschaft an einem bestimmten Werk) unterfällt § 103. Strafrechtliche Urteile sind hingegen nach § 111 zu veröffentlichen (Dreier/Schulze/*Dreier*[5] Rn. 4).

5 Des Weiteren muss es sich nach dem Wortlaut („Klage") um ein ordentliches **Klageverfahren** handeln; ein Urteil im Einstweiligen Verfügungsverfahren fällt nicht unter § 103 (OLG Frankfurt NJW-RR 1996, 423) und auch nicht ein Urteil in einem Ordnungsmittelverfahren (§§ 888, 890 ZPO). Einstweiliger Rechtsschutz ist nicht möglich (Wandtke/Bullinger/*Bohne*[4] Rn. 4; Dreier/Schulze/*Dreier*[5] Rn. 5: Das Verfahren muss mit der Klageerhebung begonnen haben; Büscher/Dittmer/Schiwy/*Nickel*[3] Rn. 2; BeckOK UrhR/*Reber*[16] Rn. 2).

6 Nur ein **Urteil** darf bekannt gemacht werden. Das sind nicht nur Endurteile (§ 300 ZPO), sondern auch Teilurteile (§ 301 ZPO) sowie die anderen Urteilsformen der §§ 302 ff. ZPO, insb. Anerkenntnisurteile (§ 307 ZPO) und Verzichtsurteile (§ 306 ZPO). Beschlüsse jeglicher Form können nicht nach § 103 veröffentlicht werden; das gilt insb. für Beschlüsse der Berufungsgerichte nach § 522 Abs. 2 ZPO, die heute häufig das Berufungsurteil ersetzen; insoweit kann sich § 103 dann aber auf das erstinstanzliche Urteil beziehen. Auch Unterwerfungserklärungen werden nicht erfasst. Für die Bekanntmachung einer Unterwerfungserklärung käme allenfalls der Beseitigungsanspruch aus § 97 Abs. 1 S. 1 in Betracht (OLG Hamm GRUR 1993, 511 Ls.; Dreier/Schulze/*Dreier*[5] Rn. 6); das gilt auch für Beschlüsse.

7 Die Bekanntmachungsbefugnis steht der jeweils **obsiegenden Partei** zu. Das können sein: die Klägerin bei klagezusprechendem Urteil; die Beklagte, wenn die Klage abgewiesen wird; beide, wenn die Klage teilweise zugesprochen wird (Schricker/Loewenheim/*Wimmers*[5] Rn. 5; Wandtke/Bullinger/*Bohne*[4] Rn. 4; Dreier/Schulze/*Dreier*[5] Rn. 5; BeckOK UrhR/*Reber*[16] Rn. 2; ferner Ströbele/Hacker/*Hacker*[11] § 19c MarkenG Rn. 3, 7). Das ist nicht unbedingt richtlinienkonform, weil Art. 15 Enforcement-RL (vgl. Rn. 3) nur einen Anspruch des Verletzers erwähnt (*Steigüber* GRUR 2011, 295, 296). Eine Reduktion des Tatbestandes liegt nahe. Zum teilweisen Obsiegen vgl. Rn. 9a.

7a Der Anspruch setzt weiter eine **Verhältnismäßigkeit der Bekanntmachung** voraus (s. Art. 3 Abs. 2 Enforcement-RL; ferner BGH GRUR 2002, 799, 801 – *Stadtbahnfahrzeug*; BGH GRUR 1998, 568, 570 – *Beatles-Doppel-CD*; jedoch jeweils noch zum früheren Beseitigungsanspruch). Die Bekanntmachung muss also geeignet, erforderlich und angemessen sein (Wandtke/Bullinger/*Bohne*[4] Rn. 5; Dreier/Schulze/*Dreier*[5] Rn. 7; Büscher/Dittmer/Schiwy/*Nickel*[3] Rn. 2; BeckOK UrhR/*Reber*[16] Rn. 3). Die Interessen der Beteiligten sind dabei **vor dem Hintergrund des Regelungszwecks** des § 103 in jedem Einzelfall sorgfältig gegeneinander abzuwägen und zu prüfen, ob die Veröffentlichung erforderlich und geeignet ist, um einen durch die Kennzeichenverletzung eingetretenen Störungszustand zu beseitigen (OLG Frankfurt GRUR 2014, 296 juris Tz. 21 – *Sportreisen*; OLG Frankfurt v. 5.6.2014 – 6 U 55/13 –, juris Tz. 63 – *Converse All Star*; jeweils zu § 19c MarkenG). Der Regelungszweck geht dabei seit Umsetzung der Enforcement-RL dahin, eine spezialpräventive und/oder generalpräventive Wirkung (vgl. Rn. 3) durch die Veröffentlichung der gerichtlichen

Entscheidung zu einer urheberrechtlichen Frage zu erzielen. Die **Interessen des Verletzten** wiegen schwer bei typischer Piraterie (OLG Frankfurt v. 5.6.2014 – 6 U 55/13 –, juris Tz. 63 – *Converse All Star*, zu § 19c MarkenG), bei nicht nur unerheblicher Verletzung der Urheberpersönlichkeitsrechte (z. B. Anerkennung der Urheberschaft, Entstellung) oder bei Marktverwirrung (OLG Frankfurt GRUR 2014, 296 juris Tz. 22 – *Sportreisen;* jeweils zu § 19c MarkenG, z. B. über die Inhaberschaft der Rechte oder die Erforderlichkeit der Lizensierung). Ferner fällt für eine Veröffentlichung ein Verhalten des Verletzers ins Gewicht, das gerade spezial- oder generalpräventive Maßnahmen rechtfertigt, z. B. ein hoher Verschuldensgrad auf Verletzerseite, insbesondere Vorsatz, ferner Größe und Marktbedeutung des Verletzers, so dass die Verletzungen von einem nicht unerheblichen Teil des angesprochenen Verkehrskreises bemerkt werden können (OLG Frankfurt GRUR 2014, 296 juris Tz. 21 – *Sportreisen;* OLG Frankfurt v. 5.6.2014 – 6 U 55/13 –, juris Tz. 63 – *Converse All Star*: Betreiben von Märkten für das Massenpublikum; jeweils zu § 19c MarkenG), und jahrelange Werbung mit aggressiver Herausstellung, dass die Leistung beim Verletzer günstiger als beim Verletzten zu haben sei (LG Hamburg GRUR-RR 2009, 211, 215 – *Bauhaus-Klassiker*). Auch spricht für eine Veröffentlichung, wenn das Urteil eine die gesamte Branche interessierende Frage entscheidet (BGH GRUR 1998, 568, 570 – *Beatles-Doppel-CD*; LG Hamburg GRUR-RR 2009, 211, 215 – *Bauhaus-Klassiker*); dann kann selbst bei wenig schwerwiegendem Verhalten des Verletzers die Generalprävention eine Veröffentlichung sinnvoll machen. **Zu Gunsten der unterlegenen Partei** sind z. B. ein geringer Verschuldensgrad (BGH GRUR 1998, 568, 570 – *Beatles-Doppel-CD*), eine bloß singuläre Verletzung, bloße Erstbegehungsgefahr (Ströbele/Hacker/*Hacker*[11] § 19c MarkenG Rn. 7; Ingerl/*Rohnke*[3] § 19c MarkenG Rn. 8; Köhler/Bornkamm/*Köhler*[37] § 12 UWG Rn. 4.7), das Recht auf informationelle Selbstbestimmung (Wandtke/Bullinger/*Bohne*[4] Rn. 7; Dreier/Schulze/ *Dreier*[5] Rn. 7), der Aufwand für die Veröffentlichung sowie die Demütigungswirkung zu berücksichtigen (BeckOK UrhR/*Reber*[16] Rn. 3). Zu beachten ist weiterhin, dass der unterlegenen Partei keine unverhältnismäßigen Nachteile entstehen (Dreier/Schulze/*Dreier*[5] Rn. 7). – Früher forderte die Rechtsprechung, dass **das berechtigte Interesse** (an der Beseitigung) **noch im Zeitpunkt der Entscheidung gegeben** sein müsse; an der Klarstellung eines Vorganges, der schon vergessen ist, könne niemand interessiert sein (s. BGH GRUR 2002, 799, 801 – *Stadtbahnfahrzeug*; LG München I GRUR 1989, 503, 504 – *BMW-Motor;* ferner BGH GRUR 1970 254, 256 – *Remington*; BGH GRUR 1987, 189; OLG Hamburg AfP 2002, 337). Es ist streitig, ob und inwieweit das Beseitigungsinteresse auch heute noch vor dem Hintergrund von Art. 15 Enforcement-RL Bedeutung erlangt. ErwG. 27 Enforcement-RL nennt als Regelungszwecke des Art. 15 Spezial- und Generalprävention in Form von Abschreckung und Sensibilisierung der breiten Öffentlichkeit. Nach einer Auffassung ist § 103 weiterhin lediglich ein Beseitigungsanspruch, so dass die vorgenannte Rechtsprechung unverändert Gültigkeit habe. Wo eine Gegendarstellung oder ein anderes milderes Mittel zur Beseitigung möglich sei, komme deshalb ein Anspruch nach § 103 nicht in Frage; der Anspruch sei nur in Ausnahmefällen zuzubilligen (Dreier/Schulze/*Dreier*[5] Rn. 13; BeckOK UrhR/*Reber*[16] Rn. 1). Nach anderer Auffassung darf das Beseitigungsinteresse neben dem Präventionsinteresse nicht ganz ausgeblendet werden (Wandtke/Bullinger/*Bohne*[4] Rn. 2; Schricker/Loewenheim/*Wimmers*[5] Rn. 3, 7; LG Düsseldorf v. 9.6.2009, Az. 4b O 62/09, juris Tz. 84; wohl auch OLG Frankfurt GRUR 2014, 296 juris Tz. 25 – *Sportreisen*, zu § 19c MarkenG, das sowohl das fortbestehende Interesse als auch die Prävention bei der Interessenabwägung berücksichtigt hat, ohne auf den Streit einzugehen). Nach zutreffender Auffassung kann jedoch seit der Umsetzung des Art. 15 Enforcement-RL dem Beseitigungsinteresse keine entscheidende Bedeutung mehr zukommen (so auch *Steigüber*

GRUR 2011, 295, 300). Das frühere deutschrechtliche Verständnis des § 103 als Beseitigungsanspruch ist durch Art. 15 Enforcement-RL überholt, der auf Prävention gerichtet ist. Es kommt grundsätzlich darauf an, ob das Präventionsinteresse (Spezial- oder Generalprävention) im Zeitpunkt der Entscheidung noch hinreichend gegeben ist. Auch ohne Beseitigungsinteresse kann also der Anspruch aus § 103 zuerkannt werden.– Zum Prozessualen, insbesondere zur Darlegungs- und Beweislast, vgl. Rn. 11.

IV. Art und Umfang der Bekanntmachung (S. 2); Frist (S. 3)

8 Das Gericht bestimmt zunächst die **Art der Bekanntmachung** (zur Formulierung durch das Gericht vgl. Rn. 11). Es kann die Veröffentlichung in einer oder mehreren Zeitungen oder Zeitschriften (insb. Fachzeitschriften), durch Plakate, durch Ansage im Hörfunk, im Fernsehen oder auf Internetwebsites anordnen. Die Art der Bekanntmachung muss sich im Rahmen des berechtigten Interesses der obsiegenden Partei bewegen, also insb. verhältnismäßig im Sinne einer Spezial- und/oder Generalprävention sein (vgl. Rn. 7a). Bei Streit um die Veröffentlichung in einem bestimmten Medium ist es in jedem Fall sinnvoll, die Veröffentlichung in diesem Medium anzuordnen, möglicherweise ist das aus generalpräventiven Aspekten auch schon genügend (BGH GRUR 1992, 527, 529 – *Plagiatsvorwurf II*, dort allerdings aus dem Aspekt der Beseitigung). Generell sollte danach bei Verurteilung eines Verletzers gem. § 103 gelten, dass eine Bekanntmachung schon aus generalpräventiven Gründen **dort** erfolgen darf, **wo** die **Verletzung** vorher **beworben** wurde (LG Hamburg GRUR-RR 2009, 211, 215 – *Bauhaus-Klassiker*). Bei breiterer Streuung in die Öffentlichkeit bietet sich eine **mehrgleisige Bekanntmachung** an, z. B. in einer Fachzeitschrift und in zwei großen überregionalen Tageszeitungen (LG Frankfurt aM. ZUM 2011, 929, 936 – *Vertrieb gebrannter Datenträger*), es kann aber auch die Veröffentlichung in einer Fachzeitschrift genügen; das gilt beispielsweise, wenn die Fachkreise als Multiplikatoren gegenüber dem Publikum eingesetzt werden können, um die eingetretene Marktverwirrung zu beseitigen (OLG Frankfurt GRUR 2014, 296 juris Tz. 32 – *Sportreisen*). Das Gericht muss auch die **Aufmachung** (z. B. **Bekanntmachungsgröße und -dauer**) sowie die **Bekanntmachungshäufigkeit** festlegen. Bei Printbekanntmachungen können halb- oder viertelseitige Anzeigen genügen, wenn sie hinreichend Aufmerksamkeit erwecken (LG Frankfurt aM. ZUM 2011, 929, 936 – *Vertrieb gebrannter Datenträger*). Bei Fernsehbekanntmachungen muss die Länge und Häufigkeit der Bekanntmachung festgelegt werden, bei Internetbekanntmachungen hängen Aufmachung und Häufigkeit an der konkreten Art der Bekanntmachung (Bannerwerbung, In-Text-Werbung, Interstitials, Adwords, insb. bei Suchmaschinenwerbung, Clips etc.). An den Vorschlag der beantragenden Prozesspartei ist das Gericht nicht gebunden. Abweichend von einem solchen Vorschlag dürfen jedoch nur solche Bekanntmachungsarten angeordnet werden, von denen feststeht, dass die obsiegende Partei sie ohne weiteres verwirklichen kann. Der obsiegenden Partei kann schon mit Rücksicht auf die **3-Monats-Frist** des S. 3, deren **Verlängerung nicht möglich** ist (mit Ablauf der 3 Monate erlischt die Bekanntmachungsbefugnis, Wandtke/Bullinger/*Bohne*[4] Rn. 7), ein Prozess gegen den Veröffentlichenden nicht zugemutet werden. Gegebenenfalls empfiehlt sich eine vorherige vorsorgliche Anfrage des Gerichts. Dem Berechtigten dürfen durch das Gericht Alternativen angeboten werden (Köhler/Bornkamm/*Köhler*[37] § 12 UWG Rn. 4.13). Beispiel für – seinerzeitige – Undurchführbarkeit: Anordnung der Bekanntmachung in der *Prawda* (OGH ÖBl. 1977, 42). Bei Bekanntmachungen durch Inserate kann diese Frist regelmäßig eingehalten werden. Auch bei Plakaten dürfte die 3-Monats-Frist des S. 3 meist ausreichen, auch wenn die verfügbaren Anschlagflächen stark belegt sind. Die Fristwahrung kann dadurch erreicht werden, dass die erforderlichen Schritte zur Veröf-

fentlichung eingeleitet werden (eine Veröffentlichung erst nach Ablauf der 3 Monate ist dann unschädlich, Büscher/Dittmer/Schiwy/*Niebel*[3] Rn. 1).

Ferner bleibt es nach S. 2 dem Richter überlassen, den **Umfang der Bekanntmachung** zu bestimmen (zur Formulierung durch das Gericht vgl. Rn. 11). Der Umfang der Bekanntmachung wird durch den Zweck bestimmt, den sie verfolgt. Auch hier gilt, dass der Umfang der Bekanntmachung verhältnismäßig zu sein hat (vgl. Rn. 7a). Das Gericht muss darauf achten, dass die Veröffentlichung nicht zu einer unnötigen Demütigung des Unterlegenen führt; **nur das, was zur Erreichung des Bekanntmachungszweckes** (Spezial- und/oder Generalprävention, vgl. Rn. 2 f.) **geeignet, erforderlich und angemessen ist, sollte aufgenommen werden** (s. Schricker/Loewenheim/*Wimmers*[5] Rn. 6 f.). Die Veröffentlichung muss aber so umfassend sein, dass sie auch **für den Außenstehenden,** der von dem Prozess nichts weiß, **verständlich** ist. Im Regelfall genügen das **(Kurz-)Rubrum und** der **Urteilstenor,** weil dies im Interesse einer auch das Wesentliche konzentrierten Brancheninformation liegt; Rubrum und Urteilstenor müssen aber für Außenstehende zum Verständnis genügend sein (BGH GRUR 1998, 568, 570 – *Beatles-Doppel-CD;* OLG Frankfurt v. 5.6.2014 – 6 U 55/13 –, juris Tz. 63 – *Converse All Star;* LG Frankfurt aM. ZUM 2011, 929, 936 – *Vertrieb gebrannter Datenträger;* LG Hamburg GRUR-RR 2009, 211, 215 – *Bauhaus-Klassiker;* HK-UrhR/*Meckel*[3] Rn. 4; BeckOK UrhR/*Reber*[16] Rn. 5). Ist der Urteilstenor für den Außenstehenden nichtssagend (z. B. „Die Klage wird abgewiesen"), so kann danach im Urteil festgelegt werden, welche Teile der Entscheidungsgründe ebenfalls bekanntgemacht werden dürfen (s. a. Dreier/Schulze/*Dreier*[5] Rn. 9). Namen und Bezeichnungen, die für das Verständnis ohne Bedeutung sind, sollten abgekürzt werden. Eine Veröffentlichung des gesamten Urteils kommt allerdings nur in Ausnahmefällen in Betracht (Wandtke/Bullinger/*Bohne*[4] Rn. 6; Dreier/Schulze/*Dreier*[5] Rn. 9; BeckOK UrhR/*Reber*[16] Rn. 5).

9

Bei **teilweisem Obsiegen** ist zu unterscheiden: Zunächst kann **nur einer Partei** ein **Anspruch** aus § 103 zustehen, z. B. wenn nur sie einen entsprechenden Antrag gestellt hat, wenn der Antrag des Gegners mangels berechtigten Interesses unberücksichtigt bleibt oder wenn man bei richtlinienkonformer Auslegung ohnehin nur dem Verletzten einen Anspruch zubilligen möchte (vgl. Rn. 7). In solchen Fällen ist nur der Teil des Urteils bekanntzumachen, der zugunsten der Berechtigten ergangen ist (Dreier/Schulze/*Dreier*[5] Rn. 9; BeckOK UrhR/*Reber*[16] Rn. 5;). Das ergibt sich schon daraus, dass die Bekanntmachung stets ein berechtigtes Interesse dessen, für den sie erfolgt, voraussetzt; an der Veröffentlichung eines für ihn ungünstigen Richterspruches kann aber grundsätzlich niemand ein Interesse haben (s. OLG Frankfurt ZUM 1996, 697, 702). Etwas anders gilt ausnahmsweise, wenn nur die Veröffentlichung des obsiegenden Teils nicht aus sich selbst heraus verständlich wäre (HK-UrhR/*Meckel*[3] Rn. 2). – Ist in einem Fall des teilweisen Obsiegens **von beiden Parteien die Bekanntmachung beantragt** und durch ein berechtigtes Interesse gedeckt, so kann jede Partei gleichwohl den ihr günstigen Urteilsteil gesondert bekanntmachen, da es der Entschließung jeder Partei überlassen bleibt, ob und in welchem Umfang sie von der ihr durch das Urteil eingeräumten Befugnis Gebrauch machen will (BeckOK UrhR/*Reber*[16] Rn. 2). Die Kosten werden nicht etwa verhältnismäßig, d. h. nach der in der Hauptsache ergangenen Kostenentscheidung, geteilt. Vielmehr trägt der Gegner des Begünstigten die gesamten Kosten der Bekanntmachung. Sind beide berechtigt, trägt jeder die Kosten des anderen.

9a

V. Bekanntmachung grundsätzlich erst nach Rechtskraft (S. 4)

Das **Urteil** darf regelmäßig **erst nach Rechtskraft bekanntgemacht** werden (S. 4 1. Hs.); der Richter kann allerdings bei besonderer Dringlichkeit der Veröffent-

10

lichung eine Veröffentlichung vor Rechtskraft anordnen (2. Hs.). Denkbar ist insoweit auch die Anordnung einer vorläufigen Vollstreckbarkeit (BeckOK UrhR/*Reber*[16] Rn. 6), ggf. auch gegen Sicherheitsleistung. Ein Fall besonderer Dringlichkeit liegt vor, wenn ein Stadtbahnwagen auf der Weltausstellung mit einer falschen Urheberbezeichnung vorgestellt werden soll und die Ausstellung wahrscheinlich vor Rechtskraft stattfindet (OLG Celle GRUR-RR 2001, 125, 126 – *Stadtbahnwagen*). Wird ein nicht rechtskräftiges Urteil bekanntgemacht, später aber abgeändert, ist das abgeänderte Urteil ebenfalls bekannt zu machen (HK-UrhR/*Meckel*[3] Rn. 5), allerdings nur auf Antrag (vgl. Rn. 11).

VI. Prozessuales

11 Die Befugnis zur Urteilsveröffentlichung darf **nur auf Antrag** zugesprochen werden. Das ergibt sich zwar nicht aus dem Wortlaut des S. 1, aber aus der Natur der Regelung. Ferner sieht auch Art. 15 Enforcement-RL eine Veröffentlichungsbefugnis nur auf Antrag vor (vgl. Rn. 3). Der Antrag lautet nicht dahin, dass der Verletzer die Veröffentlichung dulden muss, sondern ist auf die Befugnis gerichtet, auf Kosten des Prozessgegners das Urteil zu veröffentlichen (OLG Frankfurt GRUR 2014, 296 juris Tz. 28 – *Sportreisen*). Art und Umfang der Bekanntmachung können, müssen aber nicht im Antrag spezifiziert sein (vgl. Rn. 8 f.). Bei Spezifizierung handelt es sich nur um eine „Anregung" für das Gericht (OLG Frankfurt GRUR 2014, 296 juris Tz. 26 – *Sportreisen*). **Beispielsweise** kann danach beantragt werden, „dem Kläger die Befugnis zuzusprechen, nach Rechtskraft des Urteils dieses in der Tagespresse und in den Fachzeitschriften bekannt zu machen." Das Gericht muss dann im Rahmen pflichtgemäßen Ermessens spezifizieren, welcher Art und welchen Umfangs die Veröffentlichung sein soll: „Der Kläger darf auf Kosten der Beklagten den Tenor zu Ziff. 1 und 2 dieses Urteils je einmal in der Fachzeitschrift a) XY, b) YZ, c) ZZ in einer Anzeige, die den Text im Fließsatz wiedergibt, in der Schriftgröße eines Textbeitrags der jeweiligen Publikation veröffentlichen" (nach OLG Celle GRUR-RR 2001, 125, 126 – *Stadtbahnwagen*). Spricht das Landgericht im Rahmen seiner Ermessensausübung mehr zu, als das Oberlandesgericht für zutreffend erachtet, sollte der Kläger klarstellen, dass er seinen ursprünglichen Klageantrag in der Berufung beibehalten will; dann ist ihr Berufungsvorbringen so zu bewerten, dass er zumindest hilfsweise sein ursprüngliches Klageziel weiterverfolgt (OLG Frankfurt GRUR 2014, 296 juris Tz. 31 – *Sportreisen*). Der Anspruchsteller trägt – wie sonst auch – die **Darlegungs- und Beweislast** (Wandtke/Bullinger/*Bohne*[4] Rn. 5; BeckOK UrhR/*Reber*[16] Rn. 3). Insbesondere muss er substantiiert und ggf. mit Beweisangebot dazu vortragen, warum eine Veröffentlichung verhältnismäßig ist (vgl. Rn. 7a); der Anspruchsgegner muss die ihn entlastenden Tatsachen substantiiert vortragen und ggf. beweisen. Ob der Vortrag des Anspruchstellers aus spezial- oder generalpräventiven Gesichtspunkten den Veröffentlichungsanspruch trägt, ist allerdings eine Rechtsfrage. Das berechtigte Interesse an Prävention braucht insoweit nicht glaubhaft gemacht oder gar nachgewiesen zu werden.

VII. Bekanntmachungskosten

12 Die Veröffentlichungskosten sind **als Kosten der Zwangsvollstreckung** nach den §§ 788, 91, 103 ZPO festsetzungsfähig (Büscher/Dittmer/Schiwy/*Niebel*[3] Rn. 2; Wandtke/Bullinger/*Bohne*[4] Rn. 4). Es ist deshalb unschädlich, wenn der Tenor eine Bekanntmachung „auf Kosten" des Verpflichteten nicht erwähnt (Büscher/Dittmer/Schiwy/*Niebel*[3] Rn. 2; Schricker/Loewenheim/*Wimmers*[5] Rn. 10; a. A. Köhler/Bornkamm/*Köhler*[37] § 12 UWG Rn. 4.14: Berichtigung nach § 319 ZPO erforderlich). Die Bekanntmachungskosten hat die Partei zu tragen, die im Prozess unterliegt; § 103 stellt eine eigene Anspruchsgrundlage dar (Wandtke/Bullinger/*Bohne*[4] Rn. 4; Dreier/Schulze/*Dreier*[5] Rn. 8; BeckOK UrhR/*Reber*[16] Rn. 4).

VIII. Anderweitige Bekanntmachung von Urteilen, Beschlüssen, Unterlassungserklärungen; Widerruf

Die **anderweitige Urteilsbekanntmachung** auf eigene Kosten durch die obsie- **13** gende Partei in der Presse oder auch nur in Rundschreiben ist nach der Maß- gabe des allgemeinen Beseitigungsanspruches zulässig; § 103 stellt insoweit keine abschließende Sonderreglung auf (Dreier/Schulze/*Dreier*[5] Rn. 12; Schri- cker/Loewenheim/*Wimmers*[5] Rn. 13), schon weil § 103 gar kein Beseitigungs- anspruch (mehr) ist (vgl. Rn. 2). Auch schließt § 103 in seinem Anwendungsbe- reich (nur Urteile im Klageverfahren) nicht eine private Veröffentlichung aus (unklar OLG Frankfurt NJW-RR 1996, 423, 424: dort werden einerseits Ei- genmaßnahmen neben § 103 für zulässig erachtet, andererseits aber eine An- wendung des allgemeinen Beseitigungsanspruches abgelehnt). Schließlich sind private Veröffentlichungen auch nicht per se wettbewerbswidrig gem. UWG, wenn eine Wettbewerbshandlung (§ 2 Abs. 1 Nr. 1 UWG) vorliegt (so noch unsere 9. Aufl./*Wilhelm Nordemann* Rn. 6); das ergibt sich heute in jedem Fall aus einer richtlinienkonformen Auslegung vor dem Hintergrund des Art. 15 Enforcement-RL, der die Verbreitung von Informationen durch den Verletzten ausdrücklich billigt. Allerdings kann die Grenze der §§ 3, 4 Nr. 1 bei wahrer, aber unsachlicher Information (OLG Karlsruhe NWE WettbR 1998, 102, 103; OLG Saarbrücken NJWE WettbR 1998, 30, 31; *Nordemann*[11] Rn. 674) und der §§ 3, 4 Nr. 2, 5 UWG bei Falschangaben (z. B. fehlender Hinweis auf man- gelnde Rechtskraft: BGH GRUR 1995, 424 – *Abnehmerverwarnung*) im Ein- zelfall auch überschritten sein (s. zur Interessenabwägung im Einzelfall die UWG-Kommentare, z. B. Köhler/Bornkamm/*Köhler*[35] § 4 UWG Rn. 1.21 so- wie 2.16; nach *Dreier* soll eine private Veröffentlichung noch vor Rechtskraft wettbewerbswidrig sein, Dreier/Schulze/*Dreier*[5] Rn. 13). Ohnehin ist eine un- berechtigte Verwarnung Dritter aus Urheberrecht rechtswidrig (eingehend vgl. § 97a Rn. 52 ff.). Außerhalb der Anwendbarkeit des UWG kommen die §§ 823 Abs. 1, 824, 826 BGB in Betracht. Neben einer anderweitigen Urteilsveröffent- lichung können nach den gleichen Maßstäben auch **anderweitige Bekanntma- chungen von Beschlüssen** und **Unterlassungserklärungen** (zu letzterer zustim- mend: OLG Hamm GRUR 1993, 511 LS; Dreier/Schulze/*Dreier*[5] Rn. 12) zulässig sein. Die Kosten der Eigenveröffentlichung können über § 97 Abs. 1 S. 1 bei Verschulden des Verletzers als Schadensersatz (OLG Frankfurt NJW- RR 1996, 423, 424; Schricker/Loewenheim/*Wimmers*[5] Rn. 13) und ohne Ver- schulden auch über die §§ 677, 683, 670 BGB (Dreier/Schulze/*Dreier*[5] Rn. 12) geltend gemacht werden. Über dies kann **Widerruf oder Richtigstellung** von ehrkränkenden oder kreditschädigenden Äußerungen (z. B. Bestreiten Urheber- schaft; Erhebung Plagiatsvorwurf) als allgemeiner Beseitigungsanspruch ver- langt werden (dazu BGH GRUR 1992, 527, 529 – *Plagiatsvorwurf II*; BGH GRUR 1970, 254, 256 – *Remington*; OLG Hamburg AfP 2002, 337; *Norde- mann*[11] Rn. 936 ff.), wobei ein strenger Verhältnismäßigkeitsmaßstab angelegt wird (BGH GRUR 1998, 415, 417 – *Wirtschaftsregister*; BGH GRUR 1992, 527, 529 – *Plagiatsvorwurf II*).

§ 104 Rechtsweg

[1]Für alle Rechtsstreitigkeiten, durch die ein Anspruch aus einem der in diesem Gesetz geregelten Rechtsverhältnisse geltend gemacht wird (Urheberrechts- streitsachen), ist der ordentliche Rechtsweg gegeben. [2]Für Urheberrechts- streitsachen aus Arbeits- oder Dienstverhältnissen, die ausschließlich An-

sprüche auf Leistung einer vereinbarten Vergütung zum Gegenstand haben, bleiben der Rechtsweg zu den Gerichten für Arbeitssachen und der Verwaltungsrechtsweg unberührt.

Übersicht   Rn.

I. Ordentlicher Rechtsweg für Urheberrechtsstreitsachen (S. 1)

1. Urheberrechtsstreitsachen

1   Urheberrechtsstreitsachen liegen nach der Legaldefinition des S. 1 vor, wenn ein Anspruch aus einem der im UrhG geregelten Rechtsverhältnis geltend gemacht wird. Der BGH formuliert, eine Urheberrechtsstreitigkeit liege vor, wenn sich das Klagebegehren als die Folge eines Sachverhalts darstellt, der nach Urheberrecht zu beurteilen ist (BGH GRUR 1988, 206, 208 – *Kabelfernsehen II*). Damit ist der Begriff **weit auszulegen** (allg. M., BGH GRUR 2016, 636 Tz. 13 – *Gestörter Musikvertrieb*; OLG Hamm v. 27.4.2012 – I-32 SA 29/12, 32 SA 29/12 Tz. 5, zit. nach juris; Büscher/Dittmer/Schiwy/*Haberstumpf*[3] Rn. 2; Wandtke/Bullinger/*Kefferpütz*[4] Rn. 1; HK-UrhR/*Meckel*[3] Rn. 2; Dreier/Schulze/*Schulze*[5] Rn. 2; BeckOK UrhR/*Reber*[16] Rn. 2; Loewenheim/*Rojahn*[2] § 92 Rn. 1). Maßgeblich ist dabei die objektiv-rechtliche Einordnung der insoweit als zutreffend zu unterstellenden tatsächlichen Behauptungen des Klägers, nicht dagegen, ob sich für die gerichtliche Entscheidung urheberrechtliche Fragen letztendlich als erheblich erweisen (BGH GRUR 2004, 622 – *ritter.de.* zu § 140 MarkenG; Büscher/Dittmer/Schiwy/*Haberstumpf*[3] Rn. 4). Nicht entscheidend ist die Frage, ob es sich um quasi-dingliche oder um schuldrechtliche Ansprüche handelt (Wandtke/Bullinger/*Kefferpütz*[4] Rn. 2, 5). Die Parteien müssen sich auch nicht ausdrücklich auf urheberrechtliche Normen berufen (LAG Baden-Württemberg AE 2007, 266 Tz. 13; LG Stuttgart CR 1991, 157, 158; Wandtke/Bullinger/*Kefferpütz*[4] Rn. 2; Dreier/Schulze/*Schulze*[5] Rn. 2); der Richter kennt das Recht selbst. Ausreichend ist, wenn als Vorfrage geklärt werden muss, ob eine Urheberrechtsverletzung vorliegt (Dreier/Schulze/*Schulze*[5] Rn. 3). Erfasst sind auch Folgeentscheidungen von Urheberrechtsstreitsachen (Büscher/Dittmer/Schiwy/*Haberstumpf*[3] Rn. 4; BeckOK UrhR/*Reber*[16] Rn. 2; Dreier/Schulze/*Schulze*[5] Rn. 3). Zunächst fallen darunter Streitigkeiten über **Anspruchsgrundlagen aus dem UrhG**, also aus Urheberdeliktsrecht (§§ 97, 97a, 98, 99, 100, 101 Abs. 1, 101a, 103), aus Urhebervertragsrecht (§§ 32, 32a, 32c, auch § 36a Abs. 3), auf Kontrahierung (§§ 5 Abs. 3, 42a, 87 Abs. 5) oder wegen gesetzlicher Vergütungsansprüche (§§ 26, 27, 46 ff.) (Büscher/Dittmer/Schiwy/*Haberstumpf*[3] Rn. 4; BeckOK UrhR/*Reber*[16] Rn. 2; Dreier/Schulze/*Schulze*[5] Rn. 3). Das Gleiche gilt für Anspruchsgrundlagen **aus dem VGG** (ehemals UrhWahrnG) und **aus dem VerlG** (wegen seines urheberrechtlichen Kerns; zutreffend Dreier/Schulze/*Schulze*[5] Rn. 4; i. E. ebenso RegE UrhG 1962 – BT-Drs. IV/270, S. 107), aber **nicht** für solche aus den §§ **22 f. KUG** (BayObLG ZUM 2004, 672, 674; LG Mannheim GRUR 1985, 291), weil das allgemein-persönlichkeitsrechtliche Streitigkeiten sind. Aber auch bei Anspruchsgrundlagen außerhalb des UrhG, VGG (ehemals UrhWahrnG) oder VerlG liegt eine Urheberrechtsstreitigkeit vor, wenn **urheberrechtlichen Rechtsquellen** zumindest **mittelbare Relevanz** zukommt (BGH GRUR 2016, 636 Tz. 13 – *Gestörter Musikvertrieb*). Das gilt für **Streitigkeiten, die unter Anwendung des UrhG, VGG** (ehemals UrhWahrnG) **oder VerlG** (HK-UrhR/*Meckel*[3]

Rn. 2; Wandtke/Bullinger/*Kefferpütz*[4] Rn. 5 bzgl. VerlG) oder **daraus abgeleiteter Institute** (z. B. allg. Zweckübertragungslehre, vgl. § 31 Rn. 108 ff.) zu entscheiden sind. Der Streit um Ansprüche aus § 812 BGB wegen einer Urheberrechtsverletzung muss genauso als Urheberrechtsstreitsache behandelt werden wie Ansprüche aus § 823 Abs. 1 BGB wegen Verletzung des Rechts am eingerichteten und ausgeübten Gewerbebetrieb durch eine unberechtigte urheberrechtliche Abmahnung (BGH GRUR 2016, 636 Tz. 14 f. – *Gestörter Musikvertrieb*); dazu vgl. § 97a Rn. 55 ff. Auch Verfahren um Ansprüche, für die § 43 bzw. § 69b heranzuziehen sind (Beispiel: Nutzungsrecht des Arbeitgebers an einem vom Arbeitnehmer eingebrachten Computerprogramm nach dem Ende des Arbeitsverhältnisses, BAG ZUM 1997, 67, 68; LAG Baden-Württemberg AE 2007, 266 Tz. 13), fallen unter § 104 S. 1. Der Streit um ein Wettbewerbsverbot in einem Verlagsvertrag ist eine Urheberrechtsstreitigkeit (OLG Koblenz ZUM-RD 2001, 392 f.). Bei **Streitigkeiten aus vertraglichen Vereinbarungen, deren Gegenstand urheberrechtliche Rechte** bilden, ist eine Urheberrechtsstreitigkeit gem. § 104 S. 1 gegeben (LG Oldenburg ZUM-RD 2011, 315, 316, unter Berufung auf BGH GRUR 2004, 622 – *ritter.de* zu § 140 MarkenG; s. a. BGH GRUR 2016, 636 Tz. 14 f. – *Gestörter Musikvertrieb*, wo die Berechtigung der Abmahnung nach der urheberrechtlichen Nutzungsvereinbarung zu beurteilen war). Gewährt der Vertrag Ansprüche, die ihre Grundlage nicht im Urheberrecht haben, werden diese Streitigkeiten ebenfalls als Urheberrechtsstreitsache einzustufen sein, sofern sie mit den urheberrechtlichen Ansprüchen ein einheitlichen Rechtsverhältnis bilden (Dreier/Schulze/*Schulze*[5] Rn. 5; nach *Kefferpütz* liege in solchen Fällen eine Urheberrechtsstreitigkeit nur dann nicht vor, wenn der urheberrechtliche Teil des Vertrags für die Entscheidung ohne Bedeutung sei, Wandtke/Bullinger/*Kefferpütz*[4] Rn. 4, 8). Ein **vertraglicher Zahlungsanspruch**, für den es darauf ankommt, ob der Sublizenzgeber dem Sublizenznehmer die vertraglichen Nutzungsrechte nach der allgemeinen Zweckübertragungsregel eingeräumt hat, muss deshalb als Urheberrechtsstreitsache eingeordnet werden. **Vertragstrafenansprüche** wegen urheberrechtlicher Unterlassungserklärungen zählen ebenfalls als Urheberrechtsstreite (LG Oldenburg ZUM-RD 2011, 315, 316; Büscher/Dittmer/Schiwy/*Haberstumpf*[3] Rn. 4; HK-UrhR/*Meckel*[3] Rn. 2; BGH MMR 2017, 169 Tz. 19 ff. zu § 13 Abs. 1 UWG; OLG München GRUR-RR 2004, 190, Ströbele/Hacker/*Hacker*[11] § 140 MarkenG Rn. 6, jeweils für § 140 MarkenG). Auch Streitigkeiten um die **Einspeisung von durch das UrhG geschützten Signalen** z. B. in Breitbandkabelanlagen sind Streite nach § 104 S. 1 (OLG München GRUR 1985, 537, 539 – *Breitbandkabelanlage II*). **Etwas anderes gilt** allerdings, wenn das den Streitgegenstand bildende Rechtsverhältnis **ausschließlich Anspruchsvoraussetzungen und sonstige Tatbestandmerkmale** aufweist, für deren Beurteilung das Gericht und die Prozessvertreter der Parteien **auch bei summarischer (vorheriger) Betrachtung** zweifelsfrei **keines urheberrechtlichen Sachverstandes** bedarf (BGH GRUR 2013, 757 Tz. 7 – *Urheberrechtliche Honorarklage*; KG GRUR-RR 2012, 410, 411 – *Patentanwaltshonorarklage*, zu § 143 PatG). Danach ist zu entscheiden, ob ein Rechtsstreit um **Ansprüche aus einem Rechtsanwaltsvertrag**, dem ein urheberrechtliches Mandat zugrunde liegt, eine Urheberrechtsstreitsache ist. Denn in diesen Fällen ist urheberrechtliche Expertise nicht zwangsläufig erforderlich. Geht es um die Verletzung anwaltlicher Beratungs- und Aufklärungspflichten, kommt es darauf an, ob für die Beurteilung der Pflichtverletzung bei summarischer Betrachtung urheberrechtliche Expertise notwendig ist, etwa weil streitig ist, ob der Anwalt zu einer urheberrechtlichen Frage unzutreffend beraten hat. Ist solche urheberrechtliche Expertise notwendig, kommt es indes nicht darauf an, dass Urheberrecht nur sehr mittelbar streitentscheidend ist (a. A. wohl OLG Hamm v. 27.4.2012 – I-32 SA 29/12, 32 SA 29/12 Tz. 6, zit. nach juris). Für **Honorarklagen** sollte das Gleiche gelten. Im Regelfall liegt keine Urheberrechtsstreitigkeit vor, weil die

Honorarforderung sich aus dem Anwaltsvertrag herleitet. Das gilt selbst dann, wenn für den Umfang der Honorarklage die Schwierigkeit der urheberrechtlichen Materie relevant wird (BGH GRUR 2013, 757 Tz. 8 – *Urheberrechtliche Honorarklage*; ebenso Büscher/Dittmer/Schiwy/*Haberstumpf*[3] Rn. 4). Auch erbrechtliche, familienrechtliche oder gesellschaftsrechtliche Streitigkeiten müssen nach diesen Grundsätzen behandelt werden; es ist also nicht ausreichend, dass es unter anderem auch um geschützte Rechte aus dem Urheberrecht geht, es sei denn, es bedarf urheberrechtlichen Sachverstandes (so wohl auch BeckOK UrhR/*Reber*[16] Rn. 2). Eine Urheberrechtstreitigkeit scheidet aus, wenn zwar ein urheberrechtlicher Vertrag vorliegt, es aber **nicht um die urheberrechtlichen Regelungen geht**, beispielsweise bei einem Softwareerstellungsvertrag nur um die Frage der fristgerechten und mangelfreien Lieferung (OLG Karlsruhe CR 1999, 488), es sei denn, es steht eine Beendigung des Vertrages und insb. der Rechterückfall im Streit. Die Frage der mangelhaften Erstellung eines Buchmanuskripts für einen Verleger ist aber eine im VerlG (§ 31 VerlG) geregelte Frage und deshalb im Streitfall eine urheberrechtliche Streitigkeit. – Es genügt, wenn eine **Anwendung urheberrechtlicher Normen ernsthaft in Betracht** kommt. Das kann vor allem bei **offensichtlich nach § 2 schutzunfähigen Leistungen** ausscheiden. Eine Urheberstreitsache liegt nicht vor, wenn sich in einem Verfahren wegen **markenrechtlicher Verwechslungsgefahr** der Markeninhaber einer Ein-Wort-Marke auch darauf beruft, ihm stünde urheberrechtlicher Schutz daran zu, weil Schutz im Regelfall ausgeschlossen ist (§ 2 Rn. 53, 105); anders kann es aber liegen, wenn es um ein Logo geht, das grafische Bestandteile hat und deshalb ein Schutz nach § 2 nicht abwegig ist (a. A. OLG München ZUM 1989, 423, 425; wie hier Dreier/Schulze/*Schulze*[5] Rn. 2). Das eben Gesagte gilt nicht nur für Ansprüche des Inhabers des geltend gemachten Rechts, sondern auch für Ansprüche von Dritten gegen den Rechtsinhaber (Büscher/Dittmer/Schiwy/*Haberstumpf*[3] Rn. 4; Wandtke/Bullinger/*Kefferpütz*[4] Rn. 6). Außerdem ist zu beachten, dass etwaige Einwendungen des Beklagten für die Zuordnung unbeachtlich sind (Büscher/Dittmer/Schiwy/*Haberstumpf*[3] Rn. 3).

2   Denkbar ist, dass **mehrere Anspruchsgrundlagen** für das gleiche Klageziel konkurrieren, s. das vorgenannte Beispiel (vgl. Rn. 1) des marken- und urheberrechtlich geschützten Logos; ferner z. B. bei Produktnachahmungen §§ 8 Abs. 1, 3, 4 Nr. 3 lit. a) UWG und §§ 97 Abs. 1, 17 UrhG. Ein solches Konkurrenzverhältnis ist vor allem zum Gewerblichen Rechtsschutz (PatG, GebrMG, DesignG, GemGeschMVO, MarkenG, GemMVO, UWG) und zum BGB möglich. Selbst wenn im Regelfall unterschiedliche Streitgegenstände (vgl. § 97 Rn. 49a) und damit eine objektive Klagehäufung (§ 260 ZPO) vorliegen, setzt sich das Urheberrecht durch und macht das Verfahren zu einer Urheberstreitsache, wenn der urheberrechtliche Anspruch nicht nach dem Vorstehenden abwegig ist (Dreier/Schulze/*Schulze*[5] Rn. 6; Wandtke/Bullinger/*Kefferpütz*[4] Rn. 8); auch die andere gerichtliche Zuständigkeit im gewerblichen Rechtsschutz kann in diesem Fall durchbrochen sein (str.; Loewenheim/*Rojahn*[2] § 92 Rn. 10; a. A. Büscher/Dittmer/Schiwy/*Haberstumpf*[3] Rn. 5: UrhG setzt sich gegenüber BGB und UWG durch, zwischen Gerichtsständen des UrhG und des gewerblichen Rechtsschutzes aber Wahlrecht des Klägers nach § 35 ZPO). Das Gericht prüft und entscheidet den Rechtsstreit aus allen in Betracht kommenden Gesichtspunkten, § 17 Abs. 2 GVG. Die Identität des Klageziels ist dabei relativ weit auszulegen, um eine einheitliche Entscheidung auf der Basis des einheitlichen Lebenssachverhaltes zu ermöglichen. Auch wenn wegen der unterschiedlichen Anspruchsgrundlagen etwas differierende Anträge gestellt werden müssen (z. B. ist „im geschäftlichen Verkehr" kein urheberrechtliches Tatbestandsmerkmal, aber z. B. ein markenrechtliches), können sie das gleiche Klageziel umfassen. Bei der **objektiven Klagehäufung** (§ 260 ZPO) ohne das gleiche Klageziel (also

mit unterschiedlichen Anträgen) ist es anders: zur Vermeidung von „Rechts-wegmanipulation" (Dreier/Schulze/*Schulze*[5] Rn. 7; ferner Wandtke/Bullinger/*Kefferpütz*[4] Rn. 17; Büscher/Dittmer/Schiwy/*Haberstumpf*[3] Rn. 6) ist hier je-der Streitgegenstand (vgl. § 97 Rn. 49 ff.) gesondert zu prüfen und ggf. das Verfahren abzutrennen. Entsprechendes gilt für die **subjektive Klagehäufung** und für die **Widerklage** (Büscher/Dittmer/Schiwy/*Haberstumpf*[3] Rn. 6; Wandtke/Bullinger/*Kefferpütz*[4] Rn. 17).

2. Ordentlicher Rechtsweg

Liegt eine Urheberrechtsstreitigkeit vor, ordnet S. 1 grundsätzlich den ordentli-chen Rechtsweg an (RegE UrhG 1962 – BT-Drs. IV/270, S. 106: „ausschließ-lich"). Regelungszweck ist die besondere Sachkunde des auf Urheberrechts-streiten spezialisierten (ordentlichen) Gerichts (BGH GRUR 2016, 636 Tz. 13 – *Gestörter Musikvertrieb*). § 104 S. 1 ändert damit insb. die §§ 2, 2a, 3 ArbGG und § 40 VwGO ab; selbst bei hoheitlichen Handlungen, die (auch) nach Urheberrecht entschieden werden müssen, sind danach die ordentlichen Gerichte zuständig (BGH GRUR 1988, 206, 208 – *Kabelfernsehen II*), also z. B. für hoheitliche Urheberechtsverletzungen. Ordentliche Gerichte sind die **Zivilgerichte gem. § 12 GVG.** Für diese gewährt § 105 die von den Landesjus-tizverwaltungen auch umfassend genutzte Möglichkeit, Urheberrechtsstreitig-keiten zu bestimmten Gerichten zu konzentrieren (s. die Kommentierung dort); zu beachten ist, dass die Amtsgerichte nach den §§ 12, 23, 71 GVG immer noch Eingangsinstanz sein können, obwohl das für den gewerblichen Rechts-schutz abgeschafft wurde (§ 143 Abs. 1 PatG; § 140 Abs. 1 MarkenG; § 13 Abs. 1 UWG; dazu vgl. § 105 Rn. 6). Zur ordentlichen Gerichtsbarkeit gehö-ren auch die **KfHen bei LGen** (dazu eingehend vgl. § 105 Rn. 4); zum OLG **als Eingangsinstanz** vgl. § 105 Rn. 4; Ansonsten lassen auch die gesetzlich vorgese-henen **Schlichtungs- und Schiedsverfahren** § 104 S. 1 unberührt, weil es sich nur um eine Verfahrensmodifizierung handelt. Das gilt insbesondere für die Bühnenschiedsgerichtbarkeit nach Bühnenschiedsordnung (vgl. Rn. 4) und Schiedsstellenverfahren nach §§ 92 ff. VGG (Dreier/Schulze/*Schulze*[5] Rn. 11, 15). – Da es sich um eine ausschließliche Zuständigkeit handelt, sind **Gerichts-standsvereinbarungen,** die die ordentliche Gerichtsbarkeit abwählen, nicht zu-lässig. – Zu den **gerichtlichen Zuständigkeiten** s. die Kommentierungen zu § 104a (örtliche Zuständigkeit) und § 105 (funktionale, sachliche und interna-tionale Zuständigkeit). Sofern eine Urheberrechtsverletzung strafrechtlich ver-folgt wird und im Adhäsionsverfahren (§§ 403 ff. StPO) vermögensrechtliche Ansprüche geltend gemacht werden, sind die Strafgerichte zuständig (Büscher/Dittmer/Schiwy/*Haberstumpf*[3] Rn. 9; Wandtke/Bullinger/*Kefferpütz*[4] Rn. 9; Dreier/Schulze/*Schulze*[5] Rn. 16; s. dazu die Kommentierung zu §§ 106 ff.).

II. Rechtsweg zu den Arbeits- oder Verwaltungsgerichten (S. 2)

Die Arbeits- oder Verwaltungsgerichte bleiben nur dann zuständig, wenn Gegen-stand des Prozesses **ausschließlich** ein Anspruch auf die **vereinbarte Vergütung aus einem Arbeits- oder Dienstverhältnis** ist, weil in solchen Fällen keine Rechtsfragen zu entscheiden sind, die den Inhalt oder den Umfang urheberrechtlicher Befug-nisse betreffen (so ausdrücklich RegE UrhG 1962 – BT-Drs. IV/270, S. 106; OLG Düsseldorf GRUR-RR 2016, 311, 312 – *Datenbankerstellung*; OLG München NJW-RR 1989, 1191, 1192; LAG Baden-Württemberg AE 2007, 266 Tz. 13). In-soweit ist § 104 S. 2 Spiegelbild der Regelung in § 2 Abs. 2 lit b) ArbGG. § 104 S. 2 UrhG ist als Ausnahme von der Regel eng auszulegen (OLG Düsseldorf GRUR-RR 2016, 311, 312 – *Datenbankerstellung*); es genügt, wenn ein nur hilfs-weise geltend gemachter Anspruch nicht unter § 104 S. 2 fällt (OLG Düsseldorf GRUR-RR 2016, 311, 312 – *Datenbankerstellung*). Für § 104 S. 2 muss die Ver-einbarung die Höhe der Vergütung verbindlich und abschließend regeln. Ansprüche nach § **32 Abs. 1 S. 1 UrhG** können also unter § 104 S. 2 fallen, wenn die Vergütung in der Vereinbarung abschließend geregelt ist. Stützt der Arbeitnehmer seine Ansprüche auf § **32 Abs. 1 S. 2 UrhG** (mangels Vereinbarung angemessene Vergütung geschuldet), führt dies zur Unanwendbarkeit des § 104 S. 2, weil dann urheberrechtliche Vorfragen wie Schutzfähigkeit zu prüfen sind (OLG Düsseldorf GRUR-RR 2016, 311, 312 – *Datenbankerstellung*). Auch für eine **Vergütungsanpassung nach den** §§ 32 Abs. 1 S. 3, 32a Abs. 1, 32c Abs. 1 S. 1 gilt § 104 S. 2 nicht, weil es dort nicht um die Zahlung der vereinbarten Vergütung, sondern um eine davon abweichende (zusätzliche) angemessene Vergütung geht (LAG Baden-Württemberg GRUR Prax 2010, 376 Tz. 12 ff., zit. nach juris; LAG Hamm ZUM-RD 2008, 578; jeweils zu § 32; Büscher/Dittmer/Schiwy/*Haberstumpf*[3] Rn. 7; Dreier/Schulze/*Schulze*[5] Rn. 13). Anders kann es liegen, wenn die zusätzliche Vergütung Tarif- oder Besoldungsgesetzen der Höhe nach entnommen werden kann (großzügiger Büscher/Dittmer/Schiwy/*Haberstumpf*[3] Rn. 7: Arbeitsgerichte auch zuständig, wenn nur die Grundlage der Berechnung solchen Gesetzen entnommen werden kann). Ohnehin scheidet der Rechtsweg zu den Arbeitsgerichten aus, wenn es um **nicht-vertragliche Ansprüche** wie Schadensersatz- oder bereicherungsrechtliche Ansprüche gegen den (ggf. ehemaligen) Arbeitgeber geht. Der Kläger hat es in der Hand, die Zuständigkeit der Arbeits- oder Verwaltungsgerichte auch für den reinen vertraglichen Vergütungsanspruch dadurch auszuschließen, dass er ihn zusammen mit anderen urheberrechtlichen **Ansprüchen, die das gleiche Rechtsverhältnis betreffen**, vor die ordentlichen Gerichte bringt. Das gilt auch für eine Widerklage des Arbeitnehmers, die das gleiche Rechtsverhältnis betrifft. Eine Trennung ist dann ausgeschlossen (§ 17 Abs. 2 GVG); sie sollte durch die Neuregelung in Abweichung vom sonst bei objektiver Klagehäufung angezeigter Trennung gerade verhindert werden (verkannt von LAG Berlin UFITA 67 [1973], 286, 288 – *Filmschaffende;* wie hier OLG Hamburg *Erich Schulze* OLGZ 127, 6; HK-UrhR/*Meckel*[3] Rn. 3; Schricker/Loewenheim/*Wimmers*[5] Rn. 2; Loewenheim/*Rojahn*[2] § 92 Rn. 1; in der Tendenz auch OLG Düsseldorf GRUR-RR 2016, 311, 312 – *Datenbankerstellung;* a. A. Wandtke/Bullinger/*Kefferpütz*[4] Rn. 15). Die Frage kann schon wegen der fehlenden Kostenerstattung im Arbeitsgerichtsprozess 1. Instanz (§ 12a ArbGG) von erheblicher praktischer Bedeutung sein. Betreffen die Ansprüche nicht das gleiche Rechtsverhältnis, sondern liegt eine **objektive Klagehäufung** (§ 260 ZPO) vor, müssen die Ansprüche gesondert geprüft und ggf. abgetrennt werden. Eine objektive Klagehäufung liegt vor bei Geltendmachung von vertraglichen Vergütungsansprüchen einerseits und Ansprüchen auf Beachtung der Namensnennungspflicht (§ 13) andererseits (Büscher/Dittmer/Schiwy/ *Haberstumpf*[3] Rn. 8). – Die **BühnenSchGO** schließt lediglich den Rechtsweg zu den Arbeitsgerichten nach S. 2 aus; zuständig sind vielmehr nur die Bühnenschiedsgerichte. § 104 S. 1 wird davon nicht tangiert (Dreier/Schulze/*Schulze*[5] Rn. 14; Büscher/Dittmer/Schiwy/*Haberstumpf*[3] Rn. 10).

III. Rechtsfolgen, insb. Verweisung

5   Wurde der falsche Rechtsweg eingeschlagen, ist die Klage unzulässig, jedoch gem. § 17a Abs. 2 GVG von Amts wegen an das zuständige ordentliche Gericht zu verweisen (so auch Dreier/Schulze/*Schulze*[5] Rn. 17). In den Rechtsmittelinstanzen ist die versäumte Verweisung allerdings nicht mehr nachholbar, wenn die fehlende Zuständigkeit erstinstanzlich nicht gerügt wurde (BAG ZUM 1997, 67, 68; ebenso Wandtke/Bullinger/*Kefferpütz*[4] Rn. 10; Dreier/Schulze/ *Schulze*[5] Rn. 17). Das Gericht entscheidet den Rechtsstreit unter allen in Betracht kommenden, also auch unter Berücksichtigung außer-urheberrechtlicher Anspruchsgrundlagen und Gesichtspunkte, § 17 Abs. 2 GVG. Etwas anderes gilt jedoch bei anderem Rechtsweg im Fall einer objektiven oder subjektiven Klagehäufung oder einer Widerklage (vgl. Rn. 2); in solchen Fällen ist von Amts wegen abzutrennen und zu verweisen.

§ 104a Gerichtsstand

(1) ¹Für Klagen wegen Urheberrechtsstreitsachen gegen eine natürliche Person, die nach diesem Gesetz geschützte Werke oder andere nach diesem Gesetz geschützte Schutzgegenstände nicht für ihre gewerbliche oder selbständige berufliche Tätigkeit verwendet, ist das Gericht ausschließlich zuständig, in dessen Bezirk diese Person zur Zeit der Klageerhebung ihren Wohnsitz, in Ermangelung eines solchen ihren gewöhnlichen Aufenthalt hat. ²Wenn die beklagte Person im Inland weder einen Wohnsitz noch ihren gewöhnlichen Aufenthalt hat, ist das Gericht zuständig, in dessen Bezirk die Handlung begangen ist.

(2) § 105 bleibt unberührt.

Übersicht

I.   Allgemeines

Das UrhG regelt nur rudimentär die Zuständigkeit für gerichtliche Streitigkeiten. § 104a enthält eine Regelung zur **örtlichen Zuständigkeit** für gerichtliche Verfahren gegen Verbraucher wegen privater Urheberrechtsverletzungen (vgl. Rn. 2 ff.). Für alle anderen Fälle gelten die allgemeinen Regeln zur örtlichen Zuständigkeit außerhalb des UrhG, insbesondere in §§ 12 bis 35 ZPO (vgl. Rn. 9 ff.). Die **funktionale Zuständigkeit** wird von § 105 geregelt (vgl. § 105 Rn. 2 ff.). **Gar nicht geregelt** sind die **sachliche** (vgl. § 105 Rn. 7) und die **internationale Zuständigkeit** (vgl. § 105 Rn. 8); hierfür sind die allgemeinen Vorschriften außerhalb des UrhG heranzuziehen. **1**

II.   Örtliche Zuständigkeit: Wohnsitzgericht bei Klagen gegen Verbraucher wegen privater Verletzungen (Abs. 1 bis 2)

Die Regelung des § 104a ist am **9. Oktober 2013** mit dem „Gesetz gegen unseriöse Geschäftspraktiken" **in Kraft getreten.** Eine zeitliche Übergangsvorschrift existiert nicht, sodass § 104a für **seitdem rechtshängige** (§ 261 ZPO) **Verfahren** gilt (BeckOK UrhR/*Reber*¹⁶ Rn. 1; Dreier/Schulze/*Schulze*⁵ Rn. 2). Bereits davor rechtshängige Verfahren berührt § 104a wegen des Rechtsgedankens der § 261 Abs. 3 Nr. 2, 17 Abs. 1 S. 1 GVG nicht (allgemein zur zeitlichen Anwendbarkeit von Zuständigkeitsregelungen Zöller/*Geimer*³¹ Einleitung Rn. 104 m. w. N.). **2**

§ 104a weist gerichtliche Verfahren gegen Verbraucher wegen privater Urheberrechtsverletzungen grundsätzlich dem Wohnsitzgericht zu. Die Regelung wurde im Rahmen des Verfahrens zum „Gesetz gegen unseriöse Geschäftspraktiken" erst durch den **Bundesrat** in seiner Stellungnahme zum RegE eingeführt und später durch den **Rechtsausschuss des Bundestages** übernommen. Der Bundesrat begründet seinen Vorschlag mit „**Waffengleichheit**"; der ansonsten im Regelfall zur Verfügung stehende fliegende Gerichtsstand (dazu vgl. Rn. 10) erlaube Forum-Shopping, sodass der Kläger das Gericht nach der für ihn günstigen Rechtsprechung aussuchen könne. Dies könne für Verbraucher den Auf- **3** wand und die Kosten erhöhen (Stellungnahme Bundesrat bei Bericht BReg Unseriöse Geschäftspraktiken – BT-Drs. 17/13429, S. 9). Der Rechtsausschuss verwiest lediglich auf die „**besondere Schutzwürdigkeit von Verbrauchern** als Beklagte" in Verfahren wegen Urheberrechtsverletzungen (BeschlE RAusschuss Unseriöse Geschäftspraktiken BT-Drs. 17/14192 S. 5). Teilweise wird die Regelung als systemwidrig eingestuft (s. Wandtke/Bullinger/*Kefferpütz*⁴ Rn. 3).

4   **Urheberstreitsache** im Sinne des § 104a Abs. 1 S. 1 ist der so in § 104 definierte Rechtsstreit (vgl. § 104 Rn. 1 f.). Der Begriff „**Klagen**" ist untechnisch gemeint und erfasst nicht nur Hauptsacheverfahren, sondern auch einstweilige Verfügungsverfahren (OLG Hamburg GRUR-RR 2014, 109 – *Computerspiel-Filesharing*; *Schulte-Nölke/Henning-Bodewig/Podszun* S. 216).

5   **Prozessgegner** muss eine **natürliche** – nicht unbedingt volljährige – **Person** sein (§ 1 BGB; BeckOK UrhR/*Reber*¹⁶ Rn. 2; Dreier/Schulze/*Schulze*⁵ Rn. 7). Dazu eingehend vgl. § 97a Rn. 45.

6   **Nach diesem Gesetz geschützte Werke** meint urheberrechtlich nach den §§ 2 bis 4 Schutz genießende Leistungen. **Andere nach diesem Gesetz geschützte Schutzgegenstände** umfasst alle Leistungsschutzrechte (auch „verwandte Schutzrechte"), die im UrhG geregelt sind, also für Verfasser wissenschaftlicher Ausgaben (§ 70), nachgelassene Werke (§ 71), Lichtbilder (§ 72), ausübende Künstler (§§ 74 ff.), Veranstalter (§ 81), Tonträgerhersteller (§ 85), Sendeunternehmen (§ 87), Datenbankhersteller (§ 87b), Presseverleger (§ 87f) und Filmhersteller (§ 94). Da es um Schutzgegenstände und damit – wie in § 97 Abs. 1 – um „Rechte" geht, sollten die ergänzenden Schutzbestimmungen der §§ 95a bis 96 nicht unter § 104a Abs. 1 fallen (a. A. Dreier/Schulze/*Schulze*⁵ Rn. 6; *Schulte-Nölke/Henning-Bodewig/Podszun* S. 217). Auch der BGH lehnt eine Anwendung des § 97 auf die §§ 95a ff. ab, da sie bloße Verhaltenspflichten und keine absoluten Rechte begründen (BGH GRUR 2015, 672 Tz. 68 – *Videospiel-Konsolen II*, zu § 95a Abs. 3). Diese vom UrhG geschützten Leistungen muss der Beklagte „**verwendet**" haben. Nach der ratio legis (vgl. Rn. 3) muss es sich bei der Verwendung um eine behauptete Verletzung handeln; § 104a ist auf Urheberrechtsverletzungsstreite zugeschnitten. Streitigkeiten anderer – wie beispielsweise vertraglicher – Natur (z. B. wegen § 32) fallen deshalb nicht unter § 104a (dazu vgl. Rn. 16). Die Verwendung darf „**nicht für ihre gewerbliche oder selbständige berufliche Tätigkeit**" der verklagten natürlichen Person erfolgt sein. Nach dem Gesetzeszweck soll diese Formulierung sicherstellen, dass nur private Urheberrechtsverletzungen § 104a unterfallen (vgl. Rn. 3). Damit läuft die Auslegung grundsätzlich parallel zu der identischen Formulierung in § 97a Abs. 3 S. 2, sodass auf die Kommentierung dort verwiesen wird (vgl. § 97a Rn. 46). Insbesondere kommt es damit nicht auf das gewerbliche Ausmaß der Verletzung an, sofern die Verletzung privat erfolgt ist (str., vgl. § 97a Rn. 46). Allerdings sind einer erweiternden Auslegung des § 104a wegen Art. 101 Abs. 1 S. 2 GG und des darin verbrieften Anspruchs auf den gesetzlichen Richter engere Grenzen als bei § 97a Abs. 3 S. 2 gesetzt. Von daher erscheint als nicht ganz unproblematisch, dass durch erweiternde Auslegung des Wortlauts auch **Teilnehmer oder Störer**, die Werke oder Leistungen nicht selbst „verwenden", in den Anwendungsbereich des § 104a fallen (OLG Hamburg GRUR-RR 2014, 109 – *Computerspiel-Filesharing*; LG Köln ZUM-RD 2015, 749, 750; Schricker/Loewenheim/*Wimmers*⁵ Rn. 4; *Schulte-Nölke/Henning-Bodewig/Podszun* S. 216). Das korrespondiert allerdings mit dem Willen des Gesetzgebers und ist deshalb noch zulässig (vgl. § 97a Rn. 46).

7   **Rechtsfolge** ist nach § 104a Abs. 1 S. 1 die Beschränkung des örtlichen Gerichtsstandes auf den inländischen Wohnsitz (§§ 7 bis 11 BGB). Es handelt sich nach dem Wortlaut um einen „**ausschließlichen**" Gerichtsstand (§ 12 2. Hs. ZPO), der insbesondere den (fliegenden) Gerichtsstand gem. § 32 ZPO ausschießt (LG Köln ZUM-RD 2015, 749, 750). In Ermangelung eines Wohnsitzes gilt der gewöhnliche inländische Aufenthaltsort als Gerichtsstand; s. zur Wohnsitzlosigkeit die Kommentierungen zu § 16 ZPO, zum gewöhnlichen Aufenthaltsort die Kommentierungen zu § 38 Abs. 3 Nr. 2 ZPO. Nach S. 2 gilt eine Ausnahme, wenn die beklagte natürliche Person im Inland weder einen Wohnsitz noch ihren gewöhnlichen Aufenthalt hat. Dann ist das Gericht zuständig, in dessen Bezirk die Handlung begangen ist. Damit gilt in diesen Fällen wieder der fliegende Gerichtsstand (Büscher/Dittmer/*Haberstumpf*[3] Rn. 1; Wandtke/Bullinger/*Kefferpütz*[4] Rn, 3; BeckOK UrhR/*Reber*[16] Rn. 6: Bei § 104a Abs. 1 S. 2 handelt es sich um einen besonderen Gerichtsstand; Dreier/Schulze/*Schulze*[5] Rn. 11; dazu vgl. Rn. 10 ff.). Zur gerichtlichen Prüfung der örtlichen Zuständigkeit vgl. Rn. 19. Trotz der ausschließlichen Zuständigkeit am Wohnsitzgericht nach § 104a Abs. 1 bleibt die **ggf. abweichende Zuständigkeitskonzentration** auf bestimmte Urhebergerichte **nach § 105** zu beachten, vgl. Rn. 20. Zur **internationalrechtlichen Zuständigkeit** vgl. Vor §§ 120 ff. Rn. 96 ff.

Gerichtsstandvereinbarungen über die örtliche Zuständigkeit (§ 38 ZPO) einschließlich einer Zuständigkeit durch rügeloses Einlassen (§ 39 ZPO) sind nicht möglich (Dreier/Schulze/*Schulze*[5] Rn. 9); § 104a Abs. 1 begründet gem. § 40 Abs. 2 Nr. 2 ZPO einen **ausschließlichen Gerichtsstand**, vgl. Rn. 7.   **8**

III. Örtliche Zuständigkeit in anderen Fällen

In allen anderen Fällen (als den von § 104a Abs. 1 abgedeckten) richtet sich   **9** die örtliche Zuständigkeit (auch „Gerichtsstand") mangels anderweitiger Regelung im UrhG grundsätzlich **nach den allgemeinen Vorschriften** der §§ 12 bis 35 ZPO; daneben finden auch die Vorschriften der §§ 36, 37 ZPO über die gerichtliche Bestimmung der örtlichen Zuständigkeit Anwendung.

Ansprüche aus Urheberdeliktsrecht (§§ 97, 98, 99, 100, 101): Neben den allge-   **10** meinen Gerichtsständen gilt insb. der besondere Gerichtsstand der unerlaubten Handlung gem. § 32 ZPO, der die Verfolgung unerlaubter Handlungen überall dort zulässt, wo sie *begangen* wurden. Urheberrechtsdelikte sind stets unerlaubte Handlungen (Büscher/Dittmer/*Haberstumpf*[3] § 105 Rn. 8; BeckOK UrhR/*Reber*[16] § 105 Rn. 2; Dreier/Schulze/*Schulze*[5] Rn. 1, § 105 Rn. 9; zu der Frage, ob auch die Eingriffskondiktion nach § 812 Abs. 1 S. 1 Alt. 2 eine unerlaubte Handlung darstellt, s. Wandtke/Bullinger/*Kefferpütz*[4] § 105 Rn 11). Bei bundesweiten Verletzungshandlungen kann dies innerhalb des „**fliegenden Gerichtsstands**" zur Zuständigkeit einer Vielzahl von Gerichten führen, soweit die Verletzung auch dort begangen wurde (BeckOK UrhR/*Reber*[16] § 105 Rn. 3 und Rn. 4 ff. zum Umfang des fliegenden Gerichtsstandes). Die Wahl des Gerichtsstandes kann ausnahmsweise missbräuchlich sein, wenn der Gläubiger den Gerichtsstand nicht nach für ihn vorteilhaften Präferenzen, sondern in möglichst großer Entfernung vom Sitz des Verletzers auswählt (KG WRP 2008, 511). Kein relevanter Ort ist der Ort, an dem die Lizenz vom Rechteinhaber hätte genommen werden können (BGH GRUR 1969, 564 – *Festzeltbetrieb*; *Danckwerts* GRUR 2007, 104, 105; Wandtke/Bullinger/*Kefferpütz*[4] § 105 Rn. 15); ansonsten wären immer die Gerichte am Sitz des Verletzten zuständig. Das lehnt die herrschende Auffassung zu recht ab (BGHZ 52, 108, 111; *Schack*, Urheber- und UrhebervertragsR[7] Rn. 721; Schricker/Loewenheim/*Wimmers*[5] § 105 Rn. 22). Begehungsort kann vielmehr entweder der **Handlungs- oder der Erfolgsort** sein (Büscher/Dittmer/*Haberstumpf*[3] § 105 Rn. 8; Wandtke/Bullinger/*Kefferpütz*[4] § 105 Rn 15; BeckOK UrhR/*Reber*[16] § 105 Rn. 2: Handlungs- und Erfolgsort fallen bei Urheberrechtshandlungen zusammen). Zur Bestimmung des Erfolgsortes ist regelmäßig eine materiell-rechtliche

Prüfung erforderlich, ob das betreffende Recht dort verletzt wurde (BeckOK UrhR/*Reber*[16] § 105 Rn. 3). Es muss hinsichtlich der verletzten Rechte differenziert werden:

11   Eine rechtswidrige **Vervielfältigung** (§ 16) kann am Ort der Herstellung verfolgt werden. Bei der **Verbreitung** (§ 17) wird die Rechtsverletzung nicht nur dort begangen, wo die Veräußerung stattgefunden hat; auch ein Angebot zur Verbreitung kann genügen (Dreier/Schulze/*Schulze*[5] § 105 Rn. 9). In solchen Fällen liegt der Erfolgsort überall dort, wo das Werk nach dem Willen des Verletzers der Öffentlichkeit angeboten werden sollte (Gerichtsstand der bestimmungsgemäßen Verbreitung). Das Verbreitungsrechts verletzt in Deutschland, wer aus Italien für Möbel wirbt, die in Deutschland urheberrechtswidrig sind, diese Werbung an in Deutschland ansässige Kunden richtet und ein Liefersystem sowie Zahlungsmodalitäten schafft, die es Kunden ermöglicht, sich die Vervielfältigungen von Werken aus Italien liefern zu lassen (EuGH GRUR 2012, 817 Tz. 23 ff. – *Donner*; nachfolgend BGH GRUR 2013, 62 Tz. 42 ff. – *Italienische Bauhausmöbel*). s. ergänzend die Kommentierung zu § 17. Die Belieferung von Händlern, die das Werk in ihr Angebot aufnehmen, oder gar die Belieferung im Abonnement reichen selbst dann aus, wenn beides nur auf Bestellung geschieht (BGH GRUR 1978, 194, 195 – *profil*; BGH GRUR 1980, 227, 230 – *Monumenta Germaniae Historica*). Da auch der Handlungsort relevant ist, kann ferner am Absendeort geklagt werden.

12   Bei Verletzung des **Ausstellungsrechts** (§ 18) wird die unerlaubte Handlung am Ort der Ausstellung begangen; eine darüber hinausgehende unzulässige Vervielfältigung oder Verbreitung eines Ausstellungskataloges ist nach den §§ 16, 17 zu beurteilen, auch wenn er die Ausstellung bewirbt. Handlungen, die gegen das **Vortrags-, Aufführungs- und Vorführungsrecht** (§ 19) verstoßen, sind am jeweiligen Nutzungsort verfolgbar.

13   Schwieriger ist die Bestimmung des Gerichtsstandes der unerlaubten **öffentlichen Zugänglichmachung auf individuellen Abruf** (§ 19a). Regelmäßig geht es hier um die rechtsverletzende Nutzung von Werken oder geschützten Leistungen im **Internet**. Theoretisch ist das Internet überall abrufbar, tw. sind Inhalte aber nur von regionaler oder gar lokaler Bedeutung. Nach der h. M. ist der besondere Gerichtsstand (Erfolgsort) des § 32 mindestens dort gegeben, wo ein bestimmungsgemäßer Abruf der Internetseite erfolgt (KG MMR 2007, 652; LG Krefeld MMR 2007, 798 m. w. N.; *Danckwerts* GRUR 2007, 104, 105 ff. m. w. N.; ebenso Büscher/Dittmer/*Haberstumpf*[3] § 105 Rn. 9; BeckOK UrhR/*Reber*[16] § 105 Rn. 3; Dreier/Schulze/*Schulze*[5] § 105 Rn. 9; für das Markenrecht: OLG Bremen CR 2000, 770, 771; *Nordemann*[11] Rn. 1680). Das lässt sich auch der Rechtsprechung entnehmen, die – für die im internationalen Privatrecht für die Ermittlung des Schutzlandrechts parallel zu beantwortende Frage des Erfolgsortes der Verletzung – auf den Ort der bestimmungsgemäßen Abrufbarkeit von Homepages abstellt (EuGH GRUR 2012, 1245 Tz. 39 – *Football Dataco/Sportradar*: Absicht, die Personen, die sich in diesem Gebiet befinden, gezielt anzusprechen; BGH GRUR 2007, 871, 872 – *Wagenfeld-Leuchte*; ferner OLG Köln GRUR-RR 2008, 71 – *Internet-Fotos*; Bröcker/Czychowski/Schäfer/*Nordemann-Schiffel* § 3 Rn. 53 ff. m. w. N.; ebenso BeckOK UrhR/*Reber*[16] § 105 Rn. 3; Dreier/Schulze/*Schulze*[5] § 105 Rn. 9; Wandtke/Bullinger/*Kefferpütz*[4] § 105 Rn 19). Die bloße technische Möglichkeit des Abrufes ist für die Verletzung des Rechts der öffentlichen Zugänglichmachung an diesem Ort nicht ausreichend (EuGH GRUR 2012, 1245 Tz. 36 – *Football Dataco/Sportradar*; a. A. auch *Laucken/Oehler* ZUM 2009, 824, 832). Teilweise hat der EuGH zwar auch eine bloß theoretische Abrufmöglichkeit ausreichen lassen (EuGH GRUR 2015, 258 Tz. 32 – *Per Hejdúk*, unter Verweis auf EuGH GRUR 2014, 100 Tz. 42 – *Pickney/Mediatech*); die betreffenden Entscheidungen sind jedoch zum autonomen Konzept der internationalen gerichtlichen Zuständigkeit nach EuGVVO (bzw. ihrer Vorgängerin VO 44/2001) ergangen, so dass sie für die materiell-rechtliche Frage des Nutzungsortes (als Erfolgsort) keine Aussagekraft haben (zutreffend Schricker/Loewenheim/*Wimmers*[5] § 105 Rn. 12). Für die Feststellung der Bestimmung bzw. der Absicht ist der Inhalt des Internetangebotes zu analysieren. Es wird ein relativ großzügiger Maßstab angelegt. Nach dem EuGH ist danach zu fragen, ob die urheberrechtlichen Inhalte auch für das betreffende Gebiet von Interesse sind; auch die Sprache kann eine Rolle spielen (EuGH GRUR 2012, 1245 Tz. 40 f. – *Football Dataco/Sportradar*). Die Homepage eines österreichischen Arztes aus Wien mit urheberrechtswidrigem Kartenmaterial ist auch auf Berlin ausgerichtet, wenn die Internetseiten deutsch-, englisch- und russischsprachig sind (KG MMR 2007, 608, gegen Vorinstanz LG Berlin MMR 2007, 608). Wenn allerdings eine kommerzielle englischsprachige Seite mit der britischen Top-Level-Domain „.uk" nur mit EU-ausländischen, aber nicht mit deutschen Fahnensymbolen wirbt, ist sie selbst dann nicht auf Deutschland ausgerichtet, wenn man in EUR bezahlen kann (OLG Köln GRUR-RR 2008, 71 – *Internet-Fotos* mit zu weit formuliertem Ls.). Ferner sollte es genügend sein, wenn Werbung auf der Website erscheint, die den Nutzer adressiert. Der Upload in Internettauschbörsen (Musik- oder Filmdateien) durch deutsche Nutzer erfolgt grundsätzlich mit bundesweiter Bestimmung, weil die Dateien jedermann – sogar weltweit – zum Download angeboten werden (LG Frankfurt aM. MMR 2012, 764). Das Gleiche gilt für Ebay-Händler (*Danckwerts* GRUR 2007, 104, 107). Nur ausnahmsweise besteht danach kein bundesweiter Gerichtsstand, wenn ein rein lokales Angebot vorliegt, das auch nicht durch das Internet räumlich ausgedehnt wird. Ein Beispiel ist ein urheberrechtsverletzendes Angebot einer lokalen Buchhandlung, das im Internet inseriert, aber nur vor Ort im Laden verkauft wird; auch kann der örtliche Gerichtsstand fehlen, wenn die Urheberrechtsverletzung im Zusammenhang mit persönlichen Beratungsterminen steht, die offensichtlich nur von Personen in einem bestimmten örtlichen Radius in Anspruch genommen werden (s. OLG München ZUM 2012, 587, 589). Daneben besteht nach zutreffender Auffassung ein Gerichtsstand im Hinblick auf § 19a (durch die Vervielfältigung auf den Server ist ferner ggf. auch § 16 einschlägig, dazu vgl. Rn. 11) **auch** am **Handlungsort**, also am Speicherort (z. B. **Serverstandort** für das abrufbare Angebot; vgl. § 19a Rn. 37a). Der EuGH hat es abgelehnt, *nur* den Serverstandort als Ort der öffentlichen Zugänglichmachung als Verletzungsort anzuerkennen, hat aber offen gelassen, ob am Serverstandort *auch* eine öffentliche Zugänglichmachung erfolgt (EuGH GRUR 2012, 1245 Tz. 44 ff. – *Football Dataco/Sportradar*). Da jedenfalls die Handlung (im Unterschied zum Erfolg) zu wesentlichen Teilen am Serverstandort verwirklicht wird, erscheint es jedenfalls im Hinblick auf Urheberrechtsverletzungen als überzeugend, dass auch am Serverstandort eine örtliche Zuständigkeit begründet werden kann (*Laucken/Oehler* ZUM 2009, 824, 833; a. A. Schricker/ Loewenheim/*Wimmers*[5] § 105 Rn. 20; anders auch OLG München ZUM 2012, 587, 589, allerdings nur im Hinblick auf die bestimmungsgemäße Abrufbarkeit und zum internationalen Privatrecht). Denkbar ist ferner, auf den Handlungsort desjenigen abzustellen, der den technischen Vorgang auslöst, zumal die Identifizierung des Serverstandorts oft tatsächliche Schwierigkeit machen wird (zutreffend Schricker/Loewenheim/*Wimmers*[5] § 105 Rn. 20). Aus der Entscheidung EuGH *Per Hejdúk* (GRUR 2015, 258 Tz. 24 f.) lässt sich das allerdings nicht entnehmen, weil diese zum autonomen Konzept der internationalen Gerichtszuständigkeit und nicht zur materiellen Frage des Handlungsortes ergangen ist (a. A. Schricker/ Loewenheim/*Wimmers*[5] § 105 Rn. 20). Zur **internationalrechtlichen Zuständigkeit** vgl. Vor §§ 120 ff. Rn. 96 ff.

Bei der **Sendung** (§ 20 ff.) kommt es nicht auf das der Rundfunkanstalt zugewiesene Sendegebiet an. Eine Rechtsverletzung, die durch eine Sendung des Saarländischen Rundfunks begangen wird, kann auch vor den Berliner Gerichten verfolgt werden, soweit sie hier empfangen werden könnte (s. a. Büscher/ **14**

Dittmer/*Haberstumpf*³ § 105 Rn. 9; BeckOK UrhR/*Reber*¹⁶ § 105 Rn. 3; Dreier/Schulze/*Schulze*⁵ § 105 Rn. 9; Wandtke/Bullinger/*Kefferpütz*⁴ § 105 Rn 18). Das Recht der **öffentlichen Wiedergabe durch Bild- oder Tonträger** (§ 21) bzw. das Recht der **Wiedergabe von Funksendungen oder öffentlicher Zugänglichmachung** (§ 22) wird überall dort verletzt, wo die Wiedergabe stattfindet.

14a **Ansprüche auf Abmahnkostenerstattung und Gegenansprüche (§ 97a):** Abmahnkostenerstattungsansprüche nach § 97a Abs. 3 können im Gerichtstand des Urheberdeliktsrechts geltend gemacht werden (vgl. Rn. 10 ff.). Für Gegenansprüche des Abgemahnten wegen unberechtigter oder unwirksamer Abmahnung (§ 97a Abs. 4) steht als örtlicher Gerichtstand der Absender- und/oder Empfangsort der Abmahnung zur Verfügung.

15 Wenn **mehrere Verletzungshandlungen aufeinander treffen**, stellt sich die **Konkurrenzfrage.** Beispielsweise eine Vervielfältigung findet regelmäßig lokal statt, während die öffentliche Zugänglichmachung im Internet deutschlandweit erfolgt. Auch kann es mehrere Verletzungen, z. B. des Aufführungsrechts, an verschiedenen Orten geben. **Besteht ein hinreichender Zusammenhang** zwischen den Verletzungshandlungen, kann der Verletzte wählen, an welchem Gerichtsstand er vorgeht. Ein hinreichender Zusammenhang besteht, wenn Vervielfältigungen zum Zweck der öffentlichen Zugänglichmachung erstellt wurden. Dann hat der Verletzte ein Wahlrecht, insb. können beide Verletzungen im Gerichtsstand der öffentlichen Zugänglichmachung verfolgt werden (KG GRUR-RR 2002, 343 – *Übersetzungen*; *Laucken/Oehler* ZUM 2009, 824, 832). Entsprechendes gilt bei Vervielfältigung und Verbreitung. Ein hinreichender Zusammenhang sollte indes etwas **großzügiger angenommen** werden, um den Verletzer nicht zu privilegieren. Insbesondere ist ein einheitlicher Handlungsentschluss ausreichend. Sofern bei Vervielfältigung eine öffentliche Zugänglichmachung bzw. Verbreitung absehbar war, liegt ein hinreichendes Indiz für die amtliche Feststellung der örtlichen Zuständigkeit vor. Auch ein objektiv zwingender Zusammenhang kann ein ausreichendes Indiz darstellen, z. B. können eine öffentliche Zugänglichmachung und eine dafür zwingende erforderliche vorherige Vervielfältigung in einem einheitlichen Gerichtsstand verfolgt werden (Dreier/Schulze/*Schulze*⁵ § 105 Rn. 9; anders wohl KG GRUR-RR 2002, 343 – *Übersetzungen*, wenn kein Zweck der Zugänglichmachung im Zeitpunkt der Vervielfältigung glaubhaft gemacht ist). Bei Veranstaltung einer Tournee kann an einem der Aufführungsorte geklagt werden. – Im Gerichtsstand der unerlaubten Handlung wird der Rechtsstreit unter allen in Betracht kommenden rechtlichen Gesichtspunkten entschieden, sodass auch andere, **nicht deliktische Ansprüche** geltend gemacht werden können (BGH NJW 2003, 828, 829 f.; zust. *Kiethe* NJW 2003, 1294; krit. *Patzina* LMK 2003, 71), z. B. zusätzlich die Eingriffskondiktion gem. § 812 BGB und die GoA gem. §§ 687 Abs. 2, 681, 667 BGB (Zöller/*Vollkommer*³¹ § 32 Rn. 20).

16 **Ansprüche aus Urhebervertragsrecht:** Auch hier gelten für die örtliche Zuständigkeit die allgemeinen Regeln. Für Klagen aus den §§ 32, 32a, 32c sind deshalb die allgemeinen Gerichtsstände der §§ 12 bis 19a ZPO, aber auch die besonderen Gerichtsstände der §§ 20 ff. ZPO einschlägig, sofern sie Gerichtsstände für vertragliche Ansprüche begründen können (also z. B. nicht § 32 ZPO).

17 Für **Klagen von VGen** aus Urheberdeliktsrecht oder für negative Feststellungsklagen gegen VGen wegen der Berühmung von deliktischen Ansprüchen gilt die Sonderregelung des **§ 133 VGG** (früher § 17 UrhWahrnG). Ansonsten gelten für Klagen von und gegen VGen keine Besonderheiten. Insb. Klagen von VGen auf **gesetzliche Vergütung** richten sich nach den gleichen Regeln wie Klagen wegen vertraglicher Ansprüche (vgl. Rn. 16).

Für **Gerichtsstandvereinbarungen** über die örtliche Zuständigkeit, die nicht **18** nach § 104a Abs. 1 zu bestimmen ist, sondern nach den allgemeinen Vorschriften der ZPO, gelten die §§ 38, 39, 40 ZPO.

IV. Prozessuales

Das Gericht prüft die örtliche Zuständigkeit **von Amts wegen.** Da es sich bei **19** Klagen gegen natürliche Personen im Regelfall um eine nicht-gewerbliche Tätigkeit handelt, müssen Parteien, die eine gewerbliche Tätigkeit des Beklagten und damit eine Unanwendbarkeit des § 104a Abs. 1 geltend machen, ausreichend tragfähige Indizien darzulegen und gegebenenfalls glaubhaft machen, dass der verfolgte Sachverhalt – anders als der gesetzgeberische Regelfall – ausnahmsweise weiterhin die Wahl eines abweichenden Gerichtsstandes eröffnet (OLG Hamburg GRUR-RR 2014, 109 – *Computerspiel-Filesharing*). Am örtlich unzuständigen Gerichtsstand erhobene Klagen sind **als unzulässig abzuweisen,** wenn kein **Antrag nach** § 281 ZPO gestellt ist (OLG Celle ZUM-RD 2014, 486, 487) und auch **keine Verweisung von Amts wegen nach §§ 696, 700 ZPO** in Betracht kommt. Das Gericht muss dem Kläger ggf. einen Hinweis erteilen (§ 139 ZPO). Die Annahme der örtlichen Zuständigkeit kann mit der Berufung nicht angegriffen werden (§ 513 Abs. 2 ZPO); das Gleiche gilt in der Revisionsinstanz (§ 545 Abs. 2 ZPO).

V. Verhältnis zu anderen Vorschriften, insbesondere zu § 105 (§ 104a Abs. 2)

Durch den ausschließlichen Gerichtsstand des § 104a Abs. 1 bleibt die Rege- **20** lung des § 105 unberührt. Die landesrechtliche Zuweisung von Urheberstreitsachen (§ 104) an bestimmte Gerichte insbesondere der ersten Instanz bleibt also unangetastet. Klage muss danach nicht beim Wohnortgericht des privaten Verletzers erhoben werden, sondern beim nach Landesrecht bestimmten erstinstanzlichen Gericht für Urheberrechtssachen für diesen Wohnort; eingehend vgl. § 105 Rn. 2 ff. **Zur internationalen Zuständigkeit** vgl. Vor §§ 120 ff. Rn. 96 ff.

§ 105 Gerichte für Urheberrechtsstreitsachen

(1) Die Landesregierungen werden ermächtigt, durch Rechtsverordnung Urheberrechtsstreitsachen, für die das Landgericht in erster Instanz oder in der Berufungsinstanz zuständig ist, für die Bezirke mehrerer Landgerichte einem von ihnen zuzuweisen, wenn dies der Rechtspflege dienlich ist.

(2) Die Landesregierungen werden ferner ermächtigt, durch Rechtsverordnung die zur Zuständigkeit der Amtsgerichte gehörenden Urheberrechtsstreitsachen für die Bezirke mehrerer Amtsgerichte einem von ihnen zuzuweisen, wenn dies der Rechtspflege dienlich ist.

(3) Die Landesregierungen können die Ermächtigungen nach den Absätzen 1 und 2 auf die Landesjustizverwaltungen übertragen.

(4) *(aufgehoben)*

(5) *(aufgehoben)*

I. Allgemeines

1 Das UrhG enthält Zuständigkeitsregelungen nur im Hinblick auf die **funktionale Zuständigkeit** in § 105 (vgl. Rn. 2 ff.) sowie im Hinblick auf die **örtliche Zuständigkeit in § 104a**, dort allerdings nur bei Klagen gegenüber Verbrauchern für private Urheberrechtsverletzungen (vgl. § 104a Rn. 2 ff.). **Nicht speziell im UrhG geregelt** sind die örtliche Zuständigkeit bei Verletzungen im geschäftlichen Verkehr und bei Klagen gegen juristische Personen (dazu vgl. § 104a Rn. 9 ff.), die **sachliche** (dazu unten vgl. Rn. 7) und die **internationale Zuständigkeit** (dazu unten vgl. Rn. 8); hierfür sind die allgemeinen Vorschriften außerhalb des UrhG heranzuziehen. Sofern die Zuständigkeit in der EuGVVO geregelt ist, gehen diese Bestimmungen dem deutschen Recht vor (vgl. Vor §§ 120 ff. Rn. 93 ff.). Urheberrechtsstreitigkeiten sind **schiedsfähig** (§§ 1025 ff. ZPO).

II. Funktionale Zuständigkeit: Zuständigkeitskonzentration (Abs. 1 bis 3)

2 § 105 trägt der Tatsache Rechnung, dass die Spezialmaterie des UrhG, VGG (ehemals UrhWahrnG) und VerlG nur von Richtern beherrscht werden kann, die sich ständig mit diesem Gebiet zu befassen haben und daher über entsprechende **Erfahrung** verfügen; das gilt sowohl für die LGe als auch für die AGe (RegE UrhG 1962 – BT-Drs. IV/270, S. 106). Regelungszweck des § 105 ist damit die besondere Sachkunde des auf Urheberrechtsstreiten spezialisierten Gerichts (BGH GRUR 2016, 636 Tz. 13 – *Gestörter Musikvertrieb*). Es handelt sich um eine Regelung zur **funktionellen Zuständigkeit** (BayObLG ZUM 2004, 672, 673; Wandtke/Bullinger/*Kefferpütz*[4] Rn. 1; Schricker/Loewenheim/*Wimmers*[5] Rn. 6; a. A. Büscher/Dittmer/Schiwy/*Haberstumpf*[3] Rn. 4). § 105 ist den Regelungen in § 143 Abs. 2 PatG (§ 51 PatG a. F.) und § 140 Abs. 2 MarkenG (früher § 32 WZG a. F.) nachempfunden, sodass bei Auslegungsschwierigkeiten ggf. auch auf die Praxis zu diesen Normen zurückgegriffen werden kann. Der Begriff der „**Urheberrechtsstreitsache**" ist in § 104 S. 1 legal definiert und wird im Rahmen des § 105 genauso ausgelegt (BGH GRUR 2016, 636 Tz. 13 – *Gestörter Musikvertrieb*; HK-UrhR/*Meckel*[3] Rn. 1 Büscher/Dittmer/Schiwy/*Haberstumpf*[3] Rn. 1); es sei deshalb auf die Kommentierung dort verwiesen (vgl. § 104 Rn. 1).

3 § 105 überlässt es den Ländern, eine Regelung zu treffen. Davon haben bisher Gebrauch gemacht (Aufstellung in http://www.grur.org/de/grur-atlas/gerichte/gerichtszustaendigkeiten.html, abgerufen am 28.8.2017): **Baden-Württemberg** (AG und LG Mannheim für OLG-Bezirk Karlsruhe; AG und LG Stuttgart für OLG-Bezirk Stuttgart); **Bayern** (LG München I für OLG-Bezirk München; LG Nürnberg-Fürth für OLG-Bezirke Nürnberg und Bamberg; unter den Amtsgerichten jeweils das Amtsgericht am Sitz des Landgerichts, das AG München auch für die Außenbezirke des LG München II); **Berlin** (LG Berlin für den Gerichtsbezirk LG Berlin; unter den Amtsgerichten allein AG Charlottenburg zuständig); **Brandenburg** (LG Berlin für alle Gerichtsbezirke Brandenburgs; LG Potsdam für alle Gerichtsbezirke des Landes); **Hamburg** (AG Hamburg für den gesamten Gerichtsbezirk); **Hessen** (AG/LG Frankfurt aM. für alle Gerichtsbezirke des Landes sowie für die LG-Bezirke Darmstadt, Frankfurt aM., Lahn-Gießen, Hanau, Limburg, Wiesbaden; AG/LG Kassel für die LG-Bezirke Fulda,

Kassel und Marburg); **Mecklenburg-Vorpommern** (AG/LG Rostock für den OLG-Bezirk Rostock; LG Hamburg für alle Gerichtsbezirke des Landes); **Niedersachsen** (AG/LG Braunschweig für alle Gerichtsbezirke des Landes und OLG-Bezirk Braunschweig; AG/LG Hannover für alle Gerichtsbezirke des Landes und OLG-Bezirk Celle; AG/LG Oldenburg für OLG-Bezirk Oldenburg); **Nordrhein-Westfalen** (AG/LG Düsseldorf für alle Gerichtsbezirke des Landes und OLG-Bezirk Düsseldorf; AG/LG Bielefeld für LG-Bezirke Bielefeld, Detmold, Münster, Paderborn; AG/LG Bochum für LG-Bezirke Arnsberg, Bochum, Dortmund, Essen Hagen, Siegen; AG/LG Köln für OLG-Bezirk Köln; LG Dortmund für OLG-Bezirk Hamm); **Rheinland-Pfalz** (LG Frankfurt aM. für alle Gerichtsbezirke des Landes; LG Frankenthal (Pfalz) und LG Mainz für OLG-Bezirke Koblenz, Zweibrücken; AG Koblenz für OLG-Bezirk Koblenz); **Sachsen** (AG/LG Leipzig für alle Gerichtsbezirke des Landes und OLG-Bezirke Chemnitz, Leipzig, Zwickau; LG Dresden für LG-bezirke Bautzen, Dresden, Görlitz); **Sachsen-Anhalt** (LG Magdeburg für alle Gerichtsbezirke des Landes und LG-Bezirke Magdeburg und Stendal; LG Halle für die LG- Bezirke Halle, Dessau); **Schleswig-Holstein** (LG Kiel für die LG-Bezirke Flensburg, Itzehoe, Kiel, Lübeck; LG Hamburg und LG Flensburg für alle Gerichtsbezirke des Landes); **Thüringen** (AG/LG Erfurt für OLG-Bezirk Jena). **Bremen** und das **Saarland** haben keine Regelung getroffen (dort gibt es jeweils nur ein Landgericht).

Innerhalb des Gerichts richtet sich die Zuständigkeit nach dem **Gerichtsverteilungsplan** (§ 21e GVG). An vielen Gerichten werden die Aufgaben von mehreren Spruchkörpern wahrgenommen (Dreier/Schulze/*Schulze*[5] Rn. 4). Das ist unbedenklich; es ist nicht zwingend, dass nur eine Abteilung oder eine Kammer mit Urheberrechtssachen betraut wird, solange der Zweck des § 105, durch ständige Befassung auf dem Gebiet des Urheberrechts Erfahrung auf Richterseite zu erzeugen, nicht vereitelt wird. Demnach können bei einem Gericht auch zwei oder drei Spruchkörper zuständig sein. Unzulässig gem. § 105 ist es jedoch, in Urheberrechtssachen gar keine Konzentration innerhalb des Gerichts vorzusehen, obwohl per VO das Gericht ein konzentriertes Gericht nach § 105 ist. Die bei den LGen und OLGen zuständigen Kammern bzw. Senate listet Dreier/Schulze/*Schulze*[5] Rn. 5 auf. Zum LG als ordentliche Gerichtsbarkeit gehören nicht nur die ZK, sondern auch die **KfH**, sodass sie in den Geschäftsverteilungsplänen für Urheberrechtsstreitigkeiten vorgesehen werden dürfen (KG v. 17.7.2007 – 5 W 149/07, S. 4 – unveröffentlicht; Büscher/Dittmer/Schiwy/*Haberstumpf*[3] Rn. 7; Dreier/Schulze/*Schulze*[5] Rn. 4, § 104 Rn. 10; a. A. Wandtke/Bullinger/*Kefferpütz*[4] § 104 Rn. 12); sie können allerdings nur angerufen werden, wenn eine Handelssache nach § 95 GVG vorliegt, also z. B. bei einem Urheberrechtsstreit der Beklagte Kaufmann gem. HGB ist und sich der Anspruch auf Geschäfte bezieht, die für beide Teile Handelsgeschäfte sind (Dreier/Schulze/*Schulze*[5] Rn. 4). Keine Handelsgeschäfte sind Ansprüche aus unerlaubter Handlung, also urheberdeliktische Ansprüche aus den §§ 97 ff, sodass im Regelfall nur für urhebervertragsrechtliche Streitigkeiten, die für beide Handelsgeschäfte sind, eine Zuständigkeit der KfH in Betracht kommt. Nach dem KG (Beschl. v. 17.7.2007, 5 W 149/07, S. 4 – unveröffentlicht) ist die KfH bei Anrufung auch dann zuständig, wenn neben urheberrechtlichen auch Ansprüche aus UWG geltend gemacht werden (§ 95 Abs. 1 Nr. 5 GVG). Mit dieser Auffassung sollte Gleiches gelten, wenn der Urheberrechtsstreit mit kennzeichen- oder geschmacksmusterrechtlichen Streitigkeiten kombiniert wird; dazu zählen auch deliktische Ansprüche aus Kennzeichen- oder Geschmacksmusterrecht, weil sie Handelssache sind (§ 95 Abs. 1 Nr. 4c GVG). Häufig sieht die Geschäftsverteilung von LGen indes keine Zuständigkeit einer KfH, sondern nur einer ZK vor; dann ist der Rechtsstreit vor der ZK zu verhandeln und die urheberrechtlichen Ansprüche setzen sich wegen der ratio legis des § 104 durch (Wandtke/Bullinger/*Kefferpütz*[4] § 104 Rn. 13 unter Berufung auf LG Stuttgart CR 1991, 157, 158; a. A. Büscher/Dittmer/Schiwy/*Haberstumpf*[3] Rn. 7; wohl auch a. A. KG, Beschl. v. 17.7.2007, 5 W 149/07, S. 4 – unveröffentlicht); ferner vgl. § 104 Rn. 2. Tw. wird das OLG als **Eingangsinstanz** angeordnet, insb. bei Schlichtungsverfahren nach UrhG (§ 36a Abs. 3) oder bei Schiedsverfahren gem. VGG (§ 129 VGG). Ansonsten lassen auch die gesetzlich vorgesehenen Schlichtungs- und Schiedsverfahren § 105 unberührt, weil dort eine Regelung zur funktionalen Zuständigkeit nicht enthalten ist.

5 Die Zuweisungsregelungen gelten auch in Beschwerdeverfahren, insb. in der Kostenfestsetzung (BGH ZUM 1990, 35). Die **Nichtbeachtung** der jeweiligen Zuständigkeitsregelung durch den Rechtsuchenden hat **in der ersten Instanz** keine unmittelbar nachteiligen Folgen. Die bei einem funktional nach § 105 nicht zuständigen Gericht erhobene Klage wird **von Amts wegen an das für Urheberstreitsachen zuständige Gericht abgegeben**, § 17a Abs. 2 GVG analog (**str.**; wie hier: OLG Celle ZUM-RD 2014, 486, 487; Schricker/Loewenheim/*Wimmers*[5] Rn. 6; Wandtke/Bullinger/*Kefferpütz*[4] Rn. 4; Loewenheim/*Rojahn*[2] § 92 Rn. 8; a. A. *v. Gamm* Rn. 3; Büscher/Dittmer/Schiwy/*Haberstumpf*[3] Rn. 6; genauso für das MarkenG Ingerl/Rohnke[3] § 140 Rn. 37; offen OLG Hamm GRUR 2016, 638, 639 – *Urheberrechtliche Zuständigkeitskonzentration*: § 17a GVG oder § 281 Abs. 1 ZPO analog; Dreier/Schulze/*Schulze*[5] Rn. 7, BeckOK UrhR/*Reber*[16] Rn. 1). § 281 ZPO mit seiner Verweisung nur auf Antrag findet nur bei fehlender örtlicher oder sachlicher Zuständigkeit Anwendung (BayObLG ZUM 2004, 672). Solange der Streit nicht höchstrichterlich entschieden ist, ist der Praxis zu empfehlen, vorsorglich einen Verweisungsantrag zu stellen. In der **Berufungsinstanz** kann zwar nicht mehr gerügt werden, dass ein Gericht sich entgegen § 105 für zuständig gehalten hat (§ 513 Abs. 2 ZPO); jedoch kann das Berufungsgericht an das nach § 105 einschlägige Berufungsgericht verweisen, selbst wenn sich das eigentlich unzuständige erstinstanzliche Gericht ausdrücklich für zuständig erklärt hat (OLG Hamm GRUR 2016, 638, 640 – *Urheberrechtliche Zuständigkeitskonzentration*: Verweisung analog § 281 Abs. 1 ZPO; OLG Koblenz ZUM-RD 2001, 392, 393; a. A. wohl Zöller/*Heßler*[31] § 513 Rn. 6).

5a Umstritten war bislang die Frage, ob die **Berufung und andere Rechtsmittel** in einer Urheberrechtsstreitsache **fristwahrend** nur beim aufgrund einer Konzentration nach § 105 Abs. 1 zuständigen Gericht oder **auch durch die rechtzeitige Einreichung der Schriftsätze bei dem ohne diese Spezialzuständigkeit zuständigen Gericht** eingereicht werden kann (dafür: LG München I UFITA 87 (1980) 338, 340; Wandtke/Bullinger/*Kefferpütz*[4] Rn 5; Dreier/Schulze/*Schulze*[5] Rn 7; unsere 10. Aufl. Rn. 5; genauso für das Kartellrecht: OLG Düsseldorf GRUR-RR 2011, 153, 154 – *EPG-Daten*, unter Berufung auf BGH GRUR 1978, 658 – *Pankreaplex*; BGH GRUR 1968, 218 – *Kugelschreiber*; dagegen LG Mannheim InstGE 11, 52 Tz. 32 ff., zitiert nach juris; LG Hechingen GRUR-RR 2003, 168 f.; unsere 11. Aufl. Rn. 5; allg. auch Zöller/*Heßler*[31] § 519 Rn. 7, unter Berufung auf BGH NJW 2000, 1574, 1576, zum Baulandrecht; s. a. die Darstellung des Streits bei OLG Hamm GRUR 2016, 638, 640 – *Urheberrechtliche Zuständigkeitskonzentration*). Nach der **neueren Rechtsprechung des BGH** darf das Rechtsmittel auch beim ohne die Spezialzuständigkeit zuständigen Gericht eingereicht werden, wenn **die gesetzliche Regelung der Zuständigkeit für das Rechtsmittel nicht mit hinreichender Sicherheit erkennen lässt**, ob über das Rechtsmittel das allgemein zuständige Rechtsmittelgericht oder aber das Rechtsmittelgericht zu entscheiden hat, das nach einer Spezialregelung zuständig ist, durch die die Zuständigkeit bei einem bestimmten Rechtsmittelgericht konzentriert worden ist. Wenn dagegen die gesetzliche Regelung zur Zuständigkeit für das Rechtsmittelverfahren eindeutig ist, kann die Berufung fristwahrend nur bei dem nach der Zuständigkeitskonzentration zuständigen Gericht eingereicht werden (BGH ZUM-RD 2016, 352 Tz. 18 – *Gestörter Musikvertrieb*). Fristwahrend ist danach das Rechtsmittel beim eigentlich unzuständigen Gericht in Fällen, in denen das erstinstanzliche Gericht trotz Unzuständigkeit entschieden hat und auch noch falsch über das zuständige Berufungsgericht belehrt hat (BGH ZUM-RD 2016, 352 Tz. 19 – *Gestörter Musikvertrieb*). Das Gleiche sollte auch ohne eine solche Belehrung gelten: Wenn ein erstinstanzliches Gericht sich für zuständig erklärt, kann bei dem für dieses Gericht zuständigen Gericht Berufung eingelegt werden (OLG Hamm GRUR 2016, 638, 640 Tz. 29 – *Urheberrechtliche Zuständigkeitskonzentration*). Jedoch kann die Berufung in einer Urheberrechtsstreitsache gegen das Urteil eines erstinstanzlichen Urheberrechtsgerichts, das im Bezirk eines zweitinstanzlichen Nichturheberrechtsgerichts liegt, fristwahrend nur beim funktionell für Urheberrechtsstreitsachen zuständigen Berufungsgericht (LG bzw. OLG) eingelegt werden, weil die Zuständigkeitsregelung insoweit hinreichend klar ist. Das kann praktische Relevanz z. B. in Schleswig-Holstein erlangen, wo keine Konzentration auf AG-Ebene, jedoch auf LG-Ebene besteht (vgl. Rn. 3). Eine „Anwaltsfalle" weisen auch die landesrechtlichen Zuständigkeitskonzentrationen auf, die auf LG-Ebene zu einem LG konzentrieren, auf OLG-Ebene aber unterschiedliche Urheberrechtsgerichte vorsehen. Ein Beispiel ist Bayern, wo das LG Nürnberg-Fürth zwar für beide OLG Bezirke Nürnberg und Bamberg zuständig ist, jedoch in der OLG-Instanz die Zuständigkeit wieder in die OLG-Bezirke Nürnberg und Bamberg zerfällt; hier ist die Berufung je nach örtlichem Gerichtsstand (OLG-Bezirk Nürnberg oder Bamberg) einzulegen. Auch diese Regelung erscheint als hinreichend klar, um eine fristwahrende Einlegung bei einem bloß nach den allgemeinen Regeln zuständigen Gericht abzulehnen. Zu Gerichtsstandsvereinbarungen vgl. Rn. 9.

III. Örtliche Zuständigkeit

Zur örtlichen Zuständigkeit vgl. § 104a Rn. 2 ff.   **6**

IV. Sachliche Zuständigkeit

Anders als bei den gewerblichen Schutzrechten findet sich im Urheberrecht **7** keine sachliche Zuständigkeitskonzentration auf die LGe (z. B. §§ 143 Abs. 1 PatG, 140 Abs. 1 MarkenG). Vielmehr richtet sich die sachliche Zuständigkeit nach den allgemeinen Regeln der §§ **23 ff.**, **71** GVG (Wandtke/Bullinger/*Kefferpütz*[4] Rn. 8; Dreier/Schulze/*Schulze*[5] Rn. 8; BeckOK UrhR/*Reber*[16] Rn. 2). Zur Zuständigkeit der Kammern für Handelssachen (**KfHen**) an den LGen vgl. Rn. 4.

V. Internationale Zuständigkeit

Hierzu vgl. Vor §§ 120 ff. Rn. 96 ff.   **8**

VI. Gerichtsstandsvereinbarungen

Es gelten die §§ 38, 39, 40 ZPO. Gerichtsstandsvereinbarungen, die bei Urhe- **9** berrechtsstreitigkeiten (vgl. § 104 Rn. 1) ein anderes als ein nach § 105 funktional zuständiges Gericht bestimmen, sind nicht möglich (Dreier/Schulze/*Schulze*[5] Rn. 8; BeckOK UrhR/*Reber*[16] Rn. 1; ferner Büscher/Dittmer/Schiwy/ *Haberstumpf*[3] Rn. 4, 5); § 105 begründet gem. § 40 Abs. 2 Nr. 2 ZPO ausschließliche Gerichtsstände. Unter mehreren Urheberrechtsgerichtsständen kann aber eine Wahl im Rahmen der §§ 38 ff. ZPO erfolgen. Wird danach ein unzuständiges Gericht vereinbart, kann eine Auslegung dahin erfolgen, dass das nächstgelegene Urheberrechtsgericht gemeint war (z. B. Auslegung „LG Bonn" zu „LG Köln"); Vereinbarungen über bloße Gerichtsorte sind gänzlich unproblematisch, weil sie § 105 nicht vorgreifen (*Ingerl/Rohnke*[3] § 140 MarkenG Rn. 36); aber zu den Beschränkungen des örtlichen Gerichtsstandes vgl. § 104a Rn. 2 ff.

Unterabschnitt 2   Straf- und Bußgeldvorschriften

Vorbemerkung   §§ 106 bis 111a

1   Der strafrechtliche Schutz der §§ 106 ff. knüpft an den zivilrechtlichen Urheber- und Leistungsschutz an, sog. Urheberrechtsakzessorietät (BGH NJW 2004, 1674, 1675 – *CD-Export*). Nicht alle zivilrechtlich verfolgbaren Urheberrechtsverletzungen sind auch strafbewehrt. Insb. besteht für die Persönlichkeitsrechte i. d. R. kein Strafschutz, nur einzelne Verstöße (z. B. § 107 – unzulässiges Anbringen der Urheberbezeichnung) sind strafrechtlich erfasst.

2   Mitunter wird der Vorwurf geäußert, das Urheberrecht sei für eine strafrechtliche Anwendung zu kompliziert, dies gilt insb. hinsichtlich neuer Techniken und Begehungsweisen, da diese keine ausdrückliche Erwähnung im gesetzten Recht finden. Bei einer genauen Betrachtung hingegen ist es bei allen neuen Techniken oft nur eine Frage der Zerlegung auch komplexer technischer Vorgänge in einzelne Schritte sowie der exakten Subsumtion dieser unter urheberrechtliche Tatbestände, die auch bei zunächst kompliziert erscheinenden technischen Vorgängen zu urheberrechtlich befriedigenden Ergebnissen führt.

3   Das Urheberstrafrecht umfasst drei Grundtatbestände: die unerlaubte Verwertung urheberrechtlich geschützter Werke (§ 106), unerlaubte Eingriffe in verwandte Schutzrechte (§ 108) sowie unerlaubte Eingriffe in technische Schutzmaßnahmen (§ 108b). In § 108a und § 108b Abs. 3 sind jeweils Qualifikationstatbestände für den Fall der gewerbsmäßigen Tatbegehung vorgesehen.

4   Urheberrechtsverletzungen sind – mit Ausnahme des als Offizialdelikt ausgestalteten § 108a – relative Antragsdelikte (§ 109). Nach § 110 ist die Einziehung inkriminierter Produkte möglich. Die Urteilsveröffentlichung ist in § 111 vorgesehen. Die Strafbestimmungen werden durch die Bußgeldvorschrift des § 111a ergänzt.

5   §§ 106–108b sind Normen des materiellen Strafrechts. Die Bestimmungen des Allgemeinen Teils des Strafgesetzbuches (§§ 1–79b) sind anwendbar.

6   Das Urheberrecht erlebte durch stetig erforderliche Anpassungen an die technische Entwicklung (u. a. der Kopiermechanismen) drei größere Reformen.
Dabei wurde 1985 mit § 108a erstmalig ein Offizialdelikt für den Bereich der gewerbsmäßigen Vervielfältigung und Verbreitung eingeführt und der Entwicklung hin zu einer ernstzunehmenden Form der Wirtschaftskriminalität Rechnung getragen.
1990 wurde durch das ProdPiratG der § 108a auf alle strafrechtlich erfassten Verwertungshandlungen erweitert und zudem der Strafrahmen für das Grunddelikt von einem auf bis zu drei Jahre angehoben. Ebenso wurde die Versuchsstrafbarkeit für die nichtgewerblichen Urheberrechtsverletzungen der §§ 106–108 aufgenommen.
Mit dem UrhG Infoges 2003 in Umsetzung der Info-RL sollte das Urheberrechtsgesetz an die Herausforderungen des Internets, insbes. durch Einführung

der Bestimmungen zum Schutz technischer Maßnahmen (mit den flankierenden Straf- bzw. Bußgeldvorschriften in § 108b bzw. § 111a) angepasst werden.

Leider wurde es bei der Enforcement-RL in 2004 versäumt, die urheberstrafrechtlichen Vorschriften zumindest ansatzweise zu harmonisieren (obschon solche in einem frühen Entwurf durchaus enthalten waren). Ein Umstand, der in Anbetracht der hohen Professionalisierung grenzüberschreitend tätiger Krimineller in urheberstrafrechtlichen Verfahren zu erheblichen Problemen führt. **7**

In den letzten Jahren ist zu beobachten, dass zunehmend kriminelle Netzwerke die unerlaubte Verwertung urheberrechtlich geschützter Werke für sich entdeckt haben und Plattformen anbieten, um die massenhaften Urheberrechtsverletzungen zu fördern und dabei mit Werbung und Premiumaccounts Geld zu scheffeln. Dieses Verhalten ist vergleichbar mit Hehlerei (so es diese denn im Bereich des geistigen Eigentums gäbe). Die Täter haben gar kein Interesse an den Werken, sondern nutzen deren Attraktivität lediglich als Vehikel zum Verkauf von Werbung und des damit verbundenen nicht unerheblichen monetären Aspektes. So war es nur konsequent, die Urheberrechtsverletzungen in den Vortatenkatalog des § 261 StGB (Geldwäsche) aufzunehmen. **8**

Die Aufgabe des Urheberstrafrechts muss es sein, der Herabwürdigung des geistigen Eigentums, der geschaffenen Werke zu Ramschgut und Köder für dubiose Werbung und sonstige zweifelhafte/schädliche Inhalte Einhalt zu gebieten und solchen kriminellen Strukturen den Boden zu entziehen. Es ist daher zu erwarten, dass die Bedeutung des Urheberstrafrechts im Kanon der IUK-Delikte weiter an Bedeutung zunehmen wird. **9**

Gleichwohl hat die Digitalisierung urheberrechtsfähiger Materialien das Werk zusätzlich vulnerabel gemacht und zu Pirateriephänomenen geführt, die auch im nichtgewerblichen Bereich zu einer großen Bedrohung geworden sind (anders insofern der Bereich der Marken- und Patentverletzung). Während das nachahmende Herstellen einer Kettensäge i. d. R. nur im gewerblichen Bereich möglich ist, kann man das „Texas Kettensägenmassaker" leicht am heimischen Rechner kopieren oder im Internet für Millionen zur Verfügung stellen. Schon durch das Einstellen einer Datei ins Internet ist eben auch der mannigfachen Vervielfältigung durch abertausende Nutzer Tür und Tor geöffnet (z. B. in Peer-to-Peer oder auf UGC Seiten wie z. B. YouTube). **10**

Dieses Massenphänomen wird von breiten Kreisen der Bevölkerung immer noch als Kavaliersdelikt angesehen. Auch solche Urheberrechtsverletzungen dürfen nicht dem Schutz des Strafrechts entzogen werden, da dies zu einer schleichenden Entkriminalisierung der Verletzungen geistigen Eigentums führte und sich der Staat so seiner Verantwortung entzöge (Schutz des Urheberrechts im Rahmen von Art. 14 GG). **11**
Es gilt der vielfach kolportieren Ansicht entgegenzuwirken, das geistige Eigentum sei nicht zu schützen. Vielmehr müssten auch die Vermittler (Internet Service Provider, Hoster, Anonymisierer, Zahlungsdienst, etc.) ihren Teil zum Schutz des geistigen Eigentums beitragen. So sollten diese z. B. die für die Strafverfolgung notwendigen Daten bereithalten, auf die nach entsprechender Grundrechtsabwägung von den Strafverfolgungsbehörden zugegriffen werden kann.
Deswegen ist es zu begrüßen, dass zunehmend auch die Intermediären in die Verantwortung genommen werden sollen und das aus den 90er Jahren stammende Verantwortungssystem und die Providerprivilegierungen überdacht werden.

§ 106 Unerlaubte Verwertung urheberrechtlich geschützter Werke

(1) Wer in anderen als den gesetzlich zugelassenen Fällen ohne Einwilligung des Berechtigten ein Werk oder eine Bearbeitung oder Umgestaltung eines

**Werkes vervielfältigt, verbreitet oder öffentlich wiedergibt, wird mit Freiheits-
strafe bis zu drei Jahren oder Geldstrafe bestraft.**

(2) Der Versuch ist strafbar.

Übersicht   Rn.

I. Allgemeines

1 Nicht alle zivilrechtlich verfolgbaren Urheberrechtsverletzungen sind auch unter Strafe gestellt. So sind Verletzungen von Verwertungsrechten grds. strafbewehrt (Ausnahme hierzu das Ausstellungsrecht nach § 18), im Bereich der **Persönlichkeitsrechte** jedoch nur einzelne Verstöße (z.B. § 107 – unzulässiges
Anbringen der Urheberbezeichnung). Ebenso genießen die sonstigen Rechte des
Urhebers (§§ 25–27) keinen urheberstrafrechtlichen Schutz.

2 § 106 stellt die unerlaubte Verwertung von Werken unter Strafe, eine entsprechende Strafvorschrift für Leistungsschutzrechte findet sich in § 108.

II. Objektiver Tatbestand

1. Tatobjekt

3 Tatobjekt sind **Werke** i.S.d. § 2 sowie auch **Teile eines Werkes,** wenn sie selb-
ständig ein urheberrechtlich geschütztes Werk darstellen (RegE UrhG 1962 –
BT-Drs. IV/270, S. 108; Wandtke/Bullinger/*Hildebrandt/Reinbacher*[4] Rn. 7).
Ebenso ist die Bearbeitung (s. § 3) eines Werkes urheberstrafrechtlich erfasst,
jedoch nicht die Herstellung einer Bearbeitung oder Umgestaltung. Wird die
Bearbeitung oder Umgestaltung (s. § 23) jedoch nachfolgend verwertet, z.B.
vervielfältigt oder verbreitet, greift der strafrechtliche Schutz wiederum ein
(Achenbach/Ransiek/Rönnau/*Axel Nordeman*[4] Rn. 57).

4 **Computerprogramme** (Anwender- und Spielesoftware; ebenso **Konsolenspiele**)
gehören nicht nur zu den geschützten Werken des § 2, sondern seit dem 2.
ÄndG 1993 gelten für diese in den §§ 69a-f besondere Bestimmungen. Auch
Datenbanken sind – soweit sie als persönliche geistige Schöpfung einzuordnen
sind (vgl. § 4 Rn. 12) – als Werk geschützt (§ 4 Abs. 2). Für nichtschöpferische
Datenbanken ist ein Schutz sui generis nach §§ 87a ff. vorgesehen; die entsprechende Strafvorschrift ist in § 108 Abs. 1 Nr. 8 normiert.

Ausländische Staatsangehörige genießen für ihre Werke unter den Vorausset- **5**
zungen des § 121 den Schutz des deutschen Urheberrechts. Der Umfang des
Schutzes richtet sich i. d. R. nach den Staatsverträgen (§ 121 Abs. 4), da die
überwiegende Zahl der Länder Unterzeichner multi- und/oder bilateraler Verträge sind (z. B. RBÜ – Revidierte Berner Übereinkunft, WUA – Welturheberrechtsabkommen, Deutsch-Amerikanisches Urheberrechtsabkommen von
1892; Texte abrufbar unter www.frommnordemann.de). Im Einzelnen dazu
vgl. Vor §§ 120 ff. Rn. 9 ff.

Urheber aus anderen EU-Staaten oder anderen Vertragsstaaten des Europä- **5a**
ischen Wirtschaftsraumes sind gem. § 120 Abs. 2 Nr. 2 deutschen Staatsangehörigen gleichgestellt. Diese Vorschrift wurde als Folge der Entscheidung des
EuGH zum Diskriminierungsverbot des Art. 12 Abs. 1 EG-Vertrag eingeführt
(EuGH GRUR 1994, S. 280 ff. – *Phil Collins*) und hat insoweit lediglich dekla-
ratorischen Charakter.

Der strafrechtliche Schutz aller zuvor genannten Werke endet mit Ablauf der **5b**
Schutzfrist.

2. Tathandlung

Mögliche Tathandlungen sind die urheberrechtlichen Verwertungshandlungen, **6**
Vervielfältigung (§ 16), **Verbreitung** (§ 17) sowie **öffentliche Wiedergabe**
(§§ 15 Abs. 2, 19 – 22). Da der reine Besitz von Raubkopien nicht strafbar ist,
ist insb. in den Fällen des § 108 S. 1 StPO (**Zufallsfund**) auf Indizien für eine
Verwertungshandlung zu achten. Bei Kopien von Software wäre zudem der
zivilrechtliche Vernichtungsanspruch des § 69f, welcher sich gegen den Besitzer
der Vervielfältigungen richtet, zu berücksichtigen.

a) Vervielfältigen: Vervielfältigen ist jede körperliche Festlegung eines Werkes, **7**
die geeignet ist, das Werk den menschlichen Sinnen auf irgendeine Weise unmittelbar oder mittelbar wahrnehmbar zu machen (vgl. § 16 Rn. 9 ff.).

So ist etwa die Speicherung eines Programmes auf der Festplatte eines Compu- **8**
ters eine urheberrechtlich relevante Vervielfältigungshandlung (BGH NJW
2001, S. 3558, 3559; OLG Hamburg ZUM 2001, S. 512, 513). Dies gilt nach
h. M. auch für die **Speicherung im Arbeitsspeicher** eines Computers (OLG
Hamburg ZUM 2001, S. 512, 513; OLG Düsseldorf CR 1996, S. 728, 729;
OLG Wien GRUR Int. 1999, S. 970, 972; Dreier/Schulze/*Schulze*[5] § 16 Rn. 13;
Schricker/Loewenheim/*Loewenheim*[5] § 16 Rn. 6; a. A. *Etter* CR 1989, 115,
117).

Der **Upload** urheberrechtlich geschützter Dateien ist ebenso eine Vervielfälti- **9**
gungshandlung i. S. d. § 16. Upload erfasst dabei die Speicherung auf einen im
Internet zugänglichen Serverrechner bei einem Provider oder auch **Filehoster**
(vgl. Rn. 20). Dies ist nicht mit dem öffentlichen Zugänglichmachen zu verwechseln (vgl. Rn. 17; zur öffentlichen Zugänglichmachung bei Filehostern vgl.
Rn. 20). Beim **Downloading** erfolgt durch die Speicherung der Dateien auf der
Festplatte des Nutzers die urheberrechtlich relevante Vervielfältigungshandlung
(so auch *Jan Bernd Nordemann/Dustmann* CR 2004, S. 380, 381). Sofern es
sich um ein Film- oder Musikwerk handelt, könnten ggf. gesetzliche Schrankenregelungen wie etwa § 53 eingreifen (vgl. Rn. 22).

Bei einer **sukzessiven Übertragung** von Teilen eines Werkes im Rahmen eines **10**
technischen Vorganges, wenn die sich gleichzeitig im Arbeitsspeicher befindlichen Teile Werkqualität erreichen, liegt i. d. R. eine relevante Vervielfältigung
vor (EuGH GRUR 2012, S. 156 ff. – *Football Association Premier League u.
Murphy*). Typisches Beispiel hierfür ist die Übertragung im Zuge des **Streamings** von Film- und Musikwerken *(*EuGH vom 26.4.2017 C-527/15 – *Stich-*

ting Brein v Jack Frederik Wullems, acting under the name of filmspeler; AG Leipzig v. 21.12.2011 – 200 Ls 390 Js 184/11 (*kino.to*)). Ob ggf. in solchen Fällen die Schranke des § 44a (vorübergehende Vervielfältigung) Anwendung findet vgl. Rn. 22a. In den Ausnahmefällen des True Streaming, bei der es sich um sofort flüchtige Vervielfältigungen von an sich nicht schutzfähigen Werkteilen handeln, liegt keine Vervielfältigungshandlung vor (EuGH GRUR 2012, S. 156 ff. – *Football Association Premier League u. Murphy*; zu Streamingtechniken im Einzelnen s. *Busch* GRUR 2011, 496 ff.).

11 Sofern einzelne Teile keine Werkqualität erreichen, verbleibt u. U. noch der Schutz einzelner Laufbilder über die Leistungsschutzrechte (dazu § 108 Nr. 7 i. V. m. § 95). Darüber hinaus kommt ggf. noch eine Strafbarkeit wegen versuchter Urheberrechtsverletzung (vgl. Rn. 37) in Betracht, wenn zwar nur einzelne Teile übertragen wurden, die für sich genommen keine Werkqualität erreichen, der Vorsatz des Täters sich aber auf die Vervielfältigung des gesamten Werkes gerichtet hat.

12 b) **Verbreiten:** Eine Verbreitungshandlung i. S. d. § 17 ist zum einen das Inverkehrbringen eines Vervielfältigungsstückes (also der körperlichen Festlegung) und zum anderen das Anbieten des Stückes in der Öffentlichkeit (im Einzelnen vgl. § 17 Rn. 14 ff.).

13 „In den Verkehr gebracht" ist das Werkstück dann, wenn es das persönliche Umfeld des Täters verlässt (BGH GRUR 1991, S. 316, 317 – *Einzelangebot*), es also derart aus seinem Gewahrsam entlassen wird, dass ein anderer in der Lage ist, sich der Sache zu bemächtigen. Dieser muss die tatsächliche Verfügungsgewalt erlangen. So liegt schon in der Auslieferung von in Deutschland geschützter Ware eine Verletzung des inländischen Verbreitungsrechtes vor, selbst wenn die Ware in einem anderen europäischen Land verkauft wurde, in dem sie allerdings nicht mehr urheberrechtlich geschützt ist (BGH GRUR 2013, S. 62 – *Italienische Bauhausmöbel*). Die firmeninterne Weitergabe von Vervielfältigungsstücken ist hingegen kein urheberrechtlich relevantes Verbreiten (vgl. § 17 Rn. 13).

14 Auch die Verbreitung von originalen Vervielfältigungsstücken kann eine illegale Verbreitungshandlung sein, wenn das Verbreitungsrecht noch nicht erschöpft ist. Werden z. B. DVDs/BluRays, die in einem Presswerk gestohlen/unterschlagen wurden, veräußert, erschöpft sich das Verbreitungsrecht durch das rechtswidrige Inverkehrbringen nicht; zur ähnlichen Problematik des **Vertriebes von Softwarebestandteilen** s. ausführlich *Hansen*/*Wolff-Roijczyk*/*Eifinger* CR 2011, S. 332 ff. Ebenso liegt eine illegale Verbreitung vor, wenn etwa Werkexemplare, die außerhalb des Europäischen Wirtschaftsraumes (EWR) legal auf den Markt gekommen sind, aber innerhalb des EWR ohne Zustimmung des dort Berechtigten verkauft werden, sog. **illegale Parallelimporte** (ausführlich vgl. § 17 Rn. 24 ff.).

15 Das Anbieten von Werkstücken ist als Verbreiten strafbar, wenn die Stücke im Angebot konkretisiert sind, dabei müssen sie noch nicht hergestellt sein, es reicht, dass sie auf Bestellung lieferbar sind (BGH GRUR 1980, S. 227, 230 – *Monumenta Germaniae Historica*; BGH GRUR 1991, S. 316, 317 – *Einzelangebot*). Danach sind auch solche Fälle erfasst, in denen der Beschuldigte aus einem Archiv heraus Kopien erst auf Bestellung fertigt. Ein „der Öffentlichkeit Anbieten" i. S. d. § 17 Abs. 1 kann auch durch ein Einzelangebot an einen Dritten erfolgen, zu dem keine persönliche Beziehung besteht, z. B. **Übersenden einer Angebotsliste** per E-Mail (BGH GRUR 1991, S. 316, 317 – *Einzelangebot*) oder das **Anbieten von Vervielfältigungsstücken in Internetauktionshäusern** (Schricker/Loewenheim/*Kudlich*[5] Rn. 17).

Vereinzelt wird eingewandt, dass sich der weite urheberrechtliche Verbreitungsbe- **16**
griff, der neben dem Inverkehrbringen auch das öffentliche Anbieten umfasst, dem
Laien nicht ohne weiteres erschließe. Da die Strafnorm dennoch keine ausdrückliche Verweisung auf § 17 enthalte, sei das öffentliche Anbieten illegal hergestellter
Vervielfältigungsstücke nicht strafbar (Wandtke/Bullinger/Hildebrandt/*Reinbacher*[4] Rn. 18). Die Ausdehnung des Verbreitungsbegriffes auf eine eigentliche Vorbereitungshandlung des Inverkehrbringens ist im Urheberrecht ganz bewusst gewählt worden, um der Vulnerabilität des Werkes im Gegensatz zum materiellen
Eigentum Rechnung zu tragen. Zudem liegt hierin kein Verstoß gegen das Bestimmtheitsgebot des § 1 StGB i. V. m. Art. 103 GG, da der Begriff der Verbreitung
in § 17 definiert ist (für eine Strafbarkeit auch die h. M.).

c) Öffentlich wiedergeben: Die öffentliche Wiedergabe ist in § 15 Abs. 2 normiert **17**
(vgl. § 15 Rn. 22 ff.). Besondere praktische Bedeutung hat § 15 Abs. 2 S. 2 Nr. 2
i. V. m. § 19a, der Unterfall der **öffentlichen Zugänglichmachung** (eingeführt mit
UrhG Infoges), z. B. durch Einstellen von Dateien ins Internet. Sollten die Dateien
z. B. nur in einem passwortgeschützten Bereich zugänglich sein (z. B. **Antileech-
Tracker, ftp Server**), kann dies gleichwohl den Tatbestand des öffentlichen Zugänglichmachens erfüllen. Insbesondere dann, wenn sich jedermann auch ohne
persönliche Nähe zum Betreiber der Seite dort anmelden kann.

Beim Datentausch im Rahmen von **Peer-to-Peer(P2P)-Netzen** liegen grds. zwei **18**
verschiedene Verwertungshandlungen vor. Zum einen erfolgt durch die Speicherung der downgeloadeten Dateien auf der Festplatte eine Vervielfältigungshandlung i. S. v. § 16 UrhG. Zum anderen macht der Nutzer eines P2P-Systems
die Dateien, die er zum Tauschen freigibt, öffentlich zugänglich i. S. v. § 19a
(vgl. § 19a Rn. 18). Dabei kommt es nicht darauf an, ob eine Datei bereits
vollständig „getauscht" wurde, es reichen Fragmente einer Datei aus (OLG
Köln GRUR-RR 2016, 399 ff. – *The Walking Dead*). Bereits das Betreiben
einer P2P-Indexierungsseite kann eine öffentliche Wiedergabe sein, wenn diese
in voller Kenntnis der Illegalität der durch die Nutzer hoch- bzw. runtergelade-
nen Dateien die Torrentdateien indexieren und erfassen und somit den Nutzern
das Auffinden dieser Werke zu ermöglichen (EuGH, Urteil vom 14.6.2017, C-
610/15 – *Stichting Brein v Ziggo BV, XS 4ALL Internet BV – ThePirateBay*;
zu Einordnung von Portalseiten vgl. Rn. 41a f.).

Das **Setzen eines Hyperlinks** auf einer Webseite ist keine öffentliche Wieder- **19**
gabe (EuGH GRUR 2014, S. 360 Tz. 24–28 – *Svensson*). Auch bei einer Verlinkung mittels **Framing**-Technik (der Nutzer nimmt die Verlinkung als solche
nicht wahr, sondern hat den Eindruck, der aufgerufene Inhalt sei noch auf der
ursprünglichen Seite) liegt keine öffentliche Wiedergabe vor (EuGH GRUR
2014, S. 1196, Tz. 15 ff. – *Bestwater*).

Das Tatbestandsmerkmal der öffentlichen Wiedergabe durch Setzen eines Hy- **19a**
perlinks auf legale Inhalte ist jedoch erfüllt, wenn dadurch eine neue Öffentlichkeit erreicht wird. So z. B. bei Links, die auf nur beschränkt im Internet
zugänglich gemachte Inhalte führen und dadurch Nutzungsbeschränkungen
(z. B. eine Paywall oder Session-ID) umgangen werden (EuGH GRUR 2014,
360 Tz. 24–28 – *Svensson*).
Wird auf einen rechtswidrigen Inhalt verlinkt, liegt nach der Rechtsprechung
des EuGH (EuGH GRUR 2016, 1152 – *GS Media/Sanoma*) eine öffentliche
Wiedergabe vor, wenn der Verlinkende die Rechtswidrigkeit kannte bzw. hätte
kennen müssen, wobei dem in Gewinnerzielungsabsicht Handelnden vom
EuGH eine Prüfpflicht auferlegt wird (im Einzelnen dazu vgl. § 15 Rn. 42).

Davon abzugrenzen ist der sog. **File- oder auch Streaminghosterlink**. Durch **19b**
diesen wird der Öffentlichkeit erst die Möglichkeit des Zugriffs eröffnet, ohne

diesen Link ist die beim File-/Streaminghoster gespeicherte Datei im Internet nicht auffindbar.

20   Daher wird die bei einem File-/Streaminghoster gespeicherte Datei durch die Veröffentlichung solcher **File-/Streaminghosterlinks** (z. B. auf **Portalseiten** oder Internetforen) öffentlich zugänglich gemacht (BGH GRUR 2013, S. 370, 371 – *Alone in the dark*; OLG Hamburg MMR 2012, S. 393 – *Rapidshare II*; LG Düsseldorf ZUM 2008, S. 338; AG Leipzig v. 21.12.2011 – 200 Ls 390 Js 184/ 11). Damit ist derjenige, der solche Links veröffentlicht, Täter der öffentlichen Zugänglichmachung (zu Portalseiten vgl. Rn. 41a f.).

20a Der Betreiber des File-/Streaminghosters selbst ist erst dann Täter oder Teilneh- mer (im Einzelnen richtet sich dies nach dem Grad des Zusammenwirkens mit dem Einsteller, vgl. Rn. 20, 41b) einer öffentlichen Zugänglichmachung, wenn er trotz Kenntnis von den illegal auf seinem Service abgelegten Dateien, den Zugang hierzu nicht unterbindet (OLG Hamburg v. 21.5.2013 – 5 W41/13 310 O 56/13; AG Konstanz v. 9.1.2012 – 10 Ds 44 Js 2792/10; AG Leipzig v. 30.5.2017 254 Ls 390 Js 49/15; AG Leipzig v. 21.12.2011 – 200 Ls 390 Js 184/11; s. schon – zur alten Rechtslage – AG Nagold v. 31.10.1995 – Ds 25 Js 1348/94).

3.   In anderen als den gesetzlich zugelassenen Fällen

21   Das Merkmal ist (negatives) Tatbestandsmerkmal (Dreier/Schulze/*Dreier*[5] Rn. 6; Wandtke/Bullinger/*Hildebrandt/Reinbacher*[4] Rn. 21) und bezieht sich nicht auf die allgemeinen Rechtfertigungsgründe (Dreier/Schulze/*Dreier*[5] Rn. 6; Schricker/Loewenheim/*Kudlich*[5] Rn. 26). Erfasst sind die §§ 44a bis 63, 87c, die sog. Schrankenregelungen sowie für Computerprogramme die §§ 69c–e. Schrankenregelungen sind grds. restriktiv auszulegen, da sie eine Ausnahme zum Grundprinzip des Zustimmungserfordernisses darstellen und der Urheber durch sie nicht übermäßig beschränkt werden darf (BGH GRUR 2002, S. 605 – *verhüllter Reichstag*; BGH GRUR 2001, S. 51, 52 f. – *Parfumflakon*).

22   Der in der Praxis häufigste Fall einer Ausnahme vom Prinzip des Zustim- mungserfordernisses für Verwertungshandlungen ist § 53, die Vervielfältigung zum privaten und sonstigen eigenen Gebrauch. Seit Inkrafttreten des UrhG Infoges ist die Vervielfältigung zum privaten Gebrauch nicht zulässig, soweit dazu eine **offensichtlich rechtswidrig hergestellte Vorlage** (vgl. § 53 Rn. 19 ff.) verwendet wird, z. B. beim **Download aktueller Kinofilme**. Mit Inkrafttreten des 2. Korbes zum 1.1.2008 ist der Anwendungsbereich auch auf legale Vorla- gen ausgeweitet worden, die offensichtlich rechtswidrig öffentlich zugänglich gemacht werden (BGBl. I S. 2513 ff.).

22a Ein weiterer gesetzlich zugelassener Fall ist die vorübergehende flüchtige Ver- vielfältigung im Rahmen eines technischen Verfahrens i. S. d. § 44a. Umstritten ist, ob § 44a auch für das **Streaming** – insbesondere von Inhalten aus illegalen Quellen – Anwendung findet (dafür *Fangerow/Schulz* GRUR 2010, S. 677, 682; dagegen *Conrad/Joachim/Jan Bernd Nordemann/Pilla* GRUR Int. 2011, S. 905, 912; *Busch* GRUR 2011, S. 496, 503; *Radmann* ZUM 2010, S. 387, 392). Wenn der rezeptive Werkgenuss eine Vervielfältigung bedingt, damit überhaupt etwas wahrgenommen werden kann, ohne dass zusätzliche Nut- zungsmöglichkeit hinzutreten, dann greift § 44a grundsätzlich ein (s. EuGH GRUR 2012, S. 156 ff. – *Football Association Premier League u. Murphy*). Bei den derzeitigen Streamingangeboten kommt § 44a hingegen nicht in Betracht, da i. d. R. die Filme in größeren Teilen zwischengespeichert (gebuffert) werden müssen. Damit wird nicht nur ein verzögerungsfreies Ansehen der Filme er- reicht, sondern auch zusätzlich ein Vor- und Zurückspulen ermöglicht, was eine eigene wirtschaftliche Bedeutung darstellt, welche eine Anwendung von

§ 44a ausschließt (AG Leipzig v. 21.12.2011 – 200 Ls 390 Js 184/11 (kino.to);
Bott/Conrad/Joachim/Jan Bernd Nordemann/Pilla GRURInt. 2011, S. 905,
912; *Radmann* ZUM 2010, S. 387, 391).

Selbst wenn eine eigenständige wirtschaftliche Bedeutung in Einzelfällen ver-   **22b**
neint werden sollte, scheitert gleichwohl eine Anwendung des § 44a, wenn der
Stream aus einer offensichtlich illegalen Quelle abgerufen wird. Dies ergibt sich
zum einen aus dem Erfordernis der Rechtmäßigkeit der Nutzung i. S. d. § 44a
Nr. 2 (so auch EuGH vom 26.4.2017 C-527/15 – *Stichting Brein v Jack Frederik Wullems, acting under the name of filmspeler*) und zum anderen schon aus
dem Rechtsgedanken, dass ein bösgläubiger Nutzer nicht privilegiert werden
soll, welcher schon in § 53 Niederschlag gefunden hat (s. a. *Busch* GRUR
2011, 496, 502).

Als ein gesetzlich ebenso zugelassener Fall ist auch die Verbreitung nach Er-   **23**
schöpfung nach § 17 Abs. 2 UrhG einzuordnen (Dreier/Schulze/*Dreier*[5] Rn. 6).
Ein gescheitertes Veräußerungsgeschäft führt nicht zum Aufleben des strafrechtlichen Schutzes. Anderes gilt für gestohlene oder unterschlagene Ware, da
insoweit keine Erschöpfung eingetreten ist (vgl. Rn. 14).

III. Subjektiver Tatbestand

Die Tat muss vorsätzlich begangen werden, bedingter Vorsatz reicht aus. Eine   **24**
fahrlässige Urheberrechtsverletzung ist nicht strafbar (Dreier/Schulze/*Dreier*[5]
Rn. 7; Wandtke/Bullinger/*Hildebrandt/Reinbacher*[4] Rn. 29; Schricker/Loewen-
heim/*Kudlich*[5] Rn. 46). Bei **normativen Tatbestandsmerkmalen** („Werk“,
„Verbreitung“) muss der Täter den Bedeutungsgehalt des Tatumstandes in vor-
juristischer Weise richtig erfassen, sog. **Parallelwertung in der Laiensphäre**
(BGHSt 3, S. 248, 255; BGHSt 4, S. 347, 352). So ist z. B. nicht erforderlich,
dass ein Nutzer eines **P2P-Systems**, der seine Festplatte für den Datentausch
mit anderen Nutzern öffnet, weiß, dass es sich dabei um ein öffentliches Zugänglichmachen i. S. d. § 19a handelt, er muss lediglich erfassen, dass dieses
„Im-Internet-Anbieten“ ein Recht ist, welches allein dem Berechtigten zusteht.

IV. Rechtswidrigkeit und Schuld

Die **Einwilligung des Berechtigten** ist **Rechtfertigungsgrund** (Dreier/Schulze/   **25**
Dreier[5] Rn. 8; *Weber* S. 266; a. A. *Wissmann* S. 362, Einordnung als Tatbestandsmerkmal). Eingriffe in Vermögensrechte können unstreitig durch Einwilligung des Inhabers eines Verwertungsrechtes gerechtfertigt werden (*Weber*
S. 264; Wandtke/Bullinger/*Hildebrandt/Reinbacher*[4] Rn. 24). Davon zu trennen ist die Frage, wer Berechtigter des in Frage stehenden Verwertungsrechtes
ist. Berechtigt ist der Urheber, der Erbe oder sonstige Rechtsnachfolger des
Urhebers sowie der Inhaber eines ausschließlichen Nutzungsrechts (z. B. der
Filmverleiher). Der Inhaber einfacher Nutzungsrechte ist kein Berechtigter i. S.
dieser Vorschrift (z. B. der Filmtheaterbetreiber), ebenso wenig wie der Inhaber
eines ausschließlichen Nutzungsrechtes, der sich außerhalb seines ihm eingeräumten Nutzungsrechtes bewegt (zur Abgrenzung von ausschließlichen bzw.
einfachen Nutzungsrechten vgl. § 31 Rn. 142 f.).

I. E. ist bei beiden Lösungen eine Strafbarkeit bei fehlender Einwilligung stets   **26**
gegeben. Es ergeben sich lediglich Unterschiede in Irrtumsfällen (vgl. Rn. 35 f.,
sowie Wandtke/Bullinger/*Hildebrandt/Reinbacher*[4] Rn. 32 ff.).

Abzulehnen ist die Ansicht, dass die nachträgliche Zustimmung des Berechtig-   **27**
ten oder Übertragung von Nutzungsrechten die Strafbarkeit bzw. die Verfolg-

barkeit der Straftat entfallen ließe. Obschon das Urheberstrafrecht zivilakzessorisch ist, kann eine vorgenommene zivilrechtliche Einigung das Strafverfahren nicht aushebeln. Eine nachträgliche Zustimmung ist im Strafrecht bedeutungslos (BGHSt 17, S. 359). Der Gesetzgeber hat im Urheberrechtsgesetz neben dem reinen Zivilrecht gerade auch strafrechtliche Bestimmungen vorgesehen, um das geistige Eigentum als verfassungsmäßig geschütztes Gut auch unter dem Gesichtspunkt der Generalprävention zu schützen (vgl. Vor §§ 106 ff. Rn. 14).

28 I. E. ist die nachträglich erteilte „Einwilligung" allenfalls als Rücknahme des Strafantrages zu werten. Anderenfalls hätte der Gesetzgeber § 109 als absolutes Antragsdelikt ausgestaltet, sodass der Strafantragsberechtigte allein über eine Strafverfolgung entschieden hätte. Nach der jetzigen Regelung verbleibt es bei dem Strafanspruch des Staates, sodass die Staatsanwaltschaft bei Bejahung des öffentlichen Interesses die Tat immer noch verfolgen könnte und damit letztendlich die Entscheidung über eine Strafverfolgung trifft.

29 Im Übrigen gelten die allgemeinen Rechtfertigungs- und Entschuldigungsgründe.

V. Irrtümer

30 Irrt der Täter über die normativen Tatbestandsmerkmale des § 106 (vgl. Rn. 23) kann dies sowohl zu einem Tatbestands- als auch zu einem Verbotsirrtum führen. Ein Internetnutzer will z. B. ein Lied des Künstlers R.W. herunterladen, der zuvor in der Zeitung verkündet hat, er würde sein neues Lied für den kostenlosen Download zur Verfügung stellen. Stattdessen lädt er aber das gleichnamige Lied der Gruppe R.S. herunter, welche das Werk nicht kostenfrei zur Verfügung gestellt haben. Hier irrt der Täter über die seiner rechtlichen Würdigung zugrundeliegende Tatsache. Dies ist ein Tatbestandsirrtum, mit der Folge, dass der Vorsatz entfällt.

31 Die meisten **Irrtümer** über normative Tatbestandsmerkmale sind als **Verbotsirrtümer** einzuordnen, wenn dem Täter zwar alle Tatsachen bekannt sind, er diese aber rechtlich falsch würdigt (sog. **Subsumtionsirrtum**). Der Täter nimmt z. B. irrig an, dass er **TV-Serien**, die bereits im Fernsehen gelaufen sind, über **P2P-Netze** tauschen darf.

32 Hierunter fallen auch die Irrtümer über Schrankenbestimmungen, wie z. B. § 53. Diese sind in der Regel als Verbotsirrtümer zu behandeln, da der Täter eine falsche rechtliche Würdigung vornimmt. Der Verbotsirrtum führt zum Ausschluss der Schuld, wenn er unvermeidbar war.

33 Für den Nutzer (illegaler) Tauschbörsen ist er grds. vermeidbar, da ihm i. d. R. bewusst ist, dass er Urheberrechte verletzt, nicht zuletzt deshalb, weil davon auszugehen ist, dass der durchschnittliche Nutzer die seit einiger Zeit diesbezüglich öffentlich in den Medien geführte Debatte zur Kenntnis genommen hat (AG Cottbus v. 25.5.2004 – 95 Ds 1653 Js 15556/04 (57/04)).

34 Bei der Entscheidung über die **Vermeidbarkeit** des Verbotsirrtums muss der Täter nach st. Rspr. sein Gewissen in Bezug auf das Erlaubtsein seiner Tat anspannen. Das Maß der Anspannung richtet sich nach den Umständen des Falles und nach dem Lebens- und Berufskreis des Einzelnen (BGHSt 2, S. 194, 201; BGHSt 3, S. 194, 201). Demnach sind bei Fachleuten, die sich berufsmäßig mit der Verwertung urheberrechtlich geschützter Werke befassen (Verleger, Videothekar usw.), strenge Anforderungen zu stellen. Sie haben eine Erkundungspflicht hinsichtlich der geltenden Urheberrechtsnormen (LG Wuppertal v. 28.11.1986 – 26 NS 24 Ss 538/84 – 67/86 VI; *Rehbinder*[16] Rn. 917; *Rochlitz* S. 153).

Ein **Irrtum über die Einwilligung durch den Berechtigten** ist ein **Erlaubnistatbe-standsirrtum**. Nach h. M. ist hier § 16 Abs. 1 S. 2 analog anzuwenden mit der Folge, dass der Tatbestandsvorsatz nicht entfällt (sog. rechtsfolgenverweisende eingeschränkte Schuldtheorie). Eine Analogie ist hier unbedenklich, da sie zu-gunsten des Täters erfolgt. Bedeutung erlangt dieser Irrtum bei Täterschaft und Teilnahme (vgl. Rn. 41). Denn irrt der Haupttäter über das Vorliegen der Einwilligung durch den Berechtigten, entfällt für ihn die Strafbarkeit (eine fahr-lässige Tatbegehung ist im Urheberstrafrecht nicht vorgesehen), für den Teil-nehmer bleibt die Haupttat aber eine vorsätzlich rechtswidrige, sodass bei dop-peltem Gehilfenvorsatz eine Strafbarkeit möglich ist.   **35**

Hiernach macht sich also der Betreiber einer entgeltlich betriebenen **Website mit Links** zu downloadbaren urheberrechtlich geschützten Dateien, der durch die Aufmachung und die Kostenpflichtigkeit der Seite dem Nutzer suggeriert, es handele sich um eine legale Seite, wegen Beihilfe zur Urheberrechtsverlet-zung strafbar, obwohl der Nutzer als Haupttäter der Urheberrechtsverletzung ggf. einem Erlaubnistatbestandsirrtum unterliegt, da er aufgrund der Aufma-chung und Kostenpflichtigkeit davon ausgeht, dass die Zustimmung der Recht-einhaber vorliegt.   **36**

VI. Versuch

Seit dem ProdPiratG ist bei einer Verletzungshandlung i. S. d. §§ 106–108 auch der Versuch strafbar. Im Übrigen gelten die allgemeinen Regeln der §§ 22 ff. StGB.   **37**

Hat also der Nutzer eines **P2P-Netzes** den **Download** durch Anklicken des Links bereits gestartet, so hat er nach seiner Vorstellung von der Tat (und der üblichen Technik eines Peer-to-Peer-Clients) unmittelbar zur Tat (des Downloa-des des urheberrechtlich geschützten Werkes) angesetzt. Zwar wurden ggf. nur einzelne Teile übertragen, die für sich genommen keine Werkqualität erreichen, da sich der Vorsatz des Täters aber auf die Vervielfältigung des gesamten Wer-kes gerichtet hat, liegt somit ein Versuch vor. Dies gilt auch für den sonstigen Download von Dateien, z. B. von einem **ftp-Server**.   **38**

VII. Täterschaft und Teilnahme

Täterschaft und Teilnahme richten sich nach den allgemeinen Vorschriften der §§ 25 ff. StGB.   **39**

Der bloße Erwerber einer illegal hergestellten/verbreiteten Kopie bleibt zu-nächst als notwendiger Teilnehmer straflos, sofern er nicht das notwendige Maß der Mitwirkung überschreitet (KG NStZ 1983, 562). Wenn er allerdings die illegal hergestellte Kopie benutzt, so nimmt er dann – zumindest bei Com-puterprogrammen – eine Vervielfältigungshandlung durch **Laden in den Ar-beitsspeicher** bzw. Installieren auf der Festplatte vor, die, da sie ohne Zustim-mung des Rechtsinhabers erfolgt, strafbar ist (*Rupp* wistra 1985, 137, 142).   **40**

Neben **Beihilfehandlungen** wie etwa dem Zurverfügungstellen von Werkzeugen zur Vervielfältigung (Wandtke/Bullinger/*Hildebrandt/Reinbacher*[4] Rn. 41), hat sich im Umfeld der **P2P-Netze** eine neue Art der Beihilfe etabliert: die sog. **hash link-Seiten** (oft auch als **P2P-Portalseiten** bezeichnet), die durch das Angebot speziell kodierter Links (sog. hash Links) den gezielten Zugang zu Kopien von Film- oder Musikwerken ermöglichen (*Jan Bernd Nordemann/Dustmann* CR   **41**

2004, 380, 382) Hierdurch fördern bzw. ermöglichen die Betreiber o. g. Portalseiten den Upload/Download bzw. das Bereithalten der Dateien auf den Rechnern der einzelnen Nutzer. So bilden sie für Nutzer eines P2P-Netzes ein nahezu unentbehrliches Hilfsmittel, um mit geringem Aufwand einen bestimmten Film in gewünschter Qualität auch zu finden (*Jan Bernd Nordemann/Dustmann* CR 2004, 380, 382). Der Europäische Gerichtshof geht in seiner Entscheidung *ThePirateBay* sogar noch weiter, wenn die Portalseitenbetreiber in Kenntnis der illegalen Umstände die Torrentdateien indexieren und verwalten und insoweit beim Zugänglichmachen dieser Werke eine zentrale Rolle spielen, machen sie selbst öffentlich zugänglich (EuGH, Urteil vom 14.6.2017, C-610/ 15 – *Stichting Brein v Ziggo BV, XS 4ALL Internet BV – ThePirateBay).*

41a Eine weitere Form der Portalseiten sind die sog. File- oder auch Streaminghosterportalseiten (die bis zur Schließung im Juni 2011 sicherlich populärste mit Links zu über 130.000 Werken war www.kino.to). Für die illegale Inhalte Suchenden halten solche Portalseitenbetreiber Ordnungssysteme und Suchfunktionen vor, die es jedem, auch noch so unkundigen, Internetnutzer das Finden von Links zu den illegalen Dateien mit Filmen, Spielen etc., ermöglicht und sie damit überhaupt erst zum Downloaden solcher rechtsverletzender Produkte befähigt (vgl. Rn. 20).

41b Je nach Art der Zusammenarbeit zwischen File-/Streaminghoster, Uploader des Inhaltes, Poster des Links und Portalseitenbetreiber variiert der Grad der Beteiligung. So läge auf Seiten des Portalseitenbetreibers etwa eine Beihilfe vor, wenn er/sie lediglich passiv die Möglichkeit zum Posten der Links ermöglicht (so z. B. auch AG Chemnitz v. 3.4.2012 – 14 Ds 940 Js 2020/08). Hat er/sie dies aber auch kraft Organisationsherrschaft steuernd in der Hand, liegt eine täterschaftliche Begehung vor (BGH v. 11.1.2017 – 5 StR 164/16 – *kinox.to*; LG Leipzig v. 14.6.2012 – 11 KLs 390 Js 191/11 – *kino.to*; LG Leipzig v. 11.4.2012 – 11 KLs 390 Js 183/11 – *kino.to*). Mittäterschaft erfordert dabei nicht zwingend eine Mitwirkung am Kerngeschehen selbst; ausreichen kann auch ein die Tatbestandsverwirklichung fördernder Tatbestand, der sich auf eine Vorbereitungs- oder Unterstützungshandlung bezieht (BGH v. 11.1.2017 – 5 StR 164/16 – *kinox.to*).

41c Ähnlich einem Portalseitenbetreiber macht auch der Verkäufer sog. **IPTV-Boxen** oder auch **Android-Boxen**, auf denen der Verkäufer Links zu nicht autorisierten Inhalten wie Filmen, Serien und Liveprogrammen vorinstalliert hat, diese Inhalte öffentlich zugänglich i. S. v. Art. 3 (1) Info-RL (EuGH vom 26.4.2017 C-527/15 – *Stichting Brein v Jack Frederik Wullems, acting under the name of filmspeler).*

41d Ebenso kann in der gezielten und bewussten finanziellen Unterstützung derartiger Portalseiten durch Schaltung und/oder Vermittlung von **Werbung** eine Beihilfe zur Urheberrechtsverletzung bzw. eine Beihilfe zur Beihilfe zur Urheberrechtsverletzung liegen (**Kettenbeihilfe**), s. OLG Stuttgart v. 14.3.2013 – 2 U 161/12, http://technolex.de/olg-stuttgart-zur-haftung-einer-werbeschaltung-auf-link-referrern. Haben die Verantwortlichen der Werbeagentur/die Werbetreibenden die Urheberrechtsverletzungen auf einer solchen Portalseite leichtfertig nicht erkannt, liegt ggf. eine Strafbarkeit nach § 261 Abs. 1 S. 2 Nr. 4 b i. V. m. Abs. 5 StGB (**Geldwäsche**) vor.

VIII. Prozessuales

42 Bei Straftaten mit Internetbezug knüpfen sich die Ermittlungen eingangs an die **IP-Adresse** als der Adresse, unter der der Computer, mittels dessen die Straftat begangen wird, im Internet eindeutig zu identifizieren ist. Anfragen bei Providern nach **Anschlussinhabern** können im Strafverfahren nur von Strafverfolgungsbehörden gestellt werden. Dabei richtet sich nach Inkrafttreten des Gesetzes zur Änderung des Telekommunikationsgesetzes und zur Neuregelung der Bestandsdatenauskunft (Bestandsdatenauskunftsgesetz) zum 1.7.2013 die Auskunft zu **Bestandsdaten** i. S. v. §§ 3 Nr. 3, 111 TKG wie Name und Anschrift des Nutzers über § 100j StPO i. V. m. § 113 TKG. Durch das Bestandsdatenauskunftsgesetz hat der Gesetzgeber die vom Bundesverfassungsgericht (BVerfG ZUM-RD 2012, S. 441) geforderte Normenklarheit bezüglich der Beauskunftung zu Bestandsdaten geschaffen. Damit ist es unerheblich, ob diese Auskunft für statische oder dynamische IP-Adressen verlangt wird (s. dazu ausführlich *Dalby* CR 2013, S. 61 ff.).

Allerdings ist zur Beauskunftung von Bestandsdaten bei dynamischen IP-Adressen **43** ein Zugriff auf **Verkehrsdaten** i. S. v. § 3 Nr. 30 TKG durch den Provider erforderlich. Derzeit gehen jedoch Auskunftsverlangen i. d. R. ins Leere, da die Provider – insbes. bei Kunden mit Flatrate – keine Verkehrsdaten speichern bzw. nur in Ausnahmefällen speichern dürfen, so z. B. für Abrechnungszwecke nach § 97 TKG oder auch für Verfolgung von technischen Störungen gem. § 100 TKG (s. dazu ausführlich OLG Frankfurt v. 28.8.2013 – 13 U 105/07 – CR 2013, 710).

Ein Zugriff auf Vorratsdaten, deren Speicherung mit dem Gesetz zur Einführung **43a** einer Speicherfrist und einer Höchstspeicherfrist für Verkehrsdaten (BGBl. I 2015, S. 2218 ff.; in Kraft getreten am 18.12.2015; Beginn der Speicherpflichten am 1.7.2017; **Vorratsdatenspeicherung**) verpflichtend ist, ist nur bei schweren Straftaten zulässig, § 113 c TKG n. F. Urheberrechtsverletzungen, auch die gewerbsmäßig begangenen, fallen derzeit nicht in den Katalog des § 100 g StPO n. F. Da sie jedoch geeignete Vortaten zur Geldwäsche i. S. v. § 261 StGB sind, könnte ein Zugriff auf derart gespeicherte Verkehrsdaten zumindest in besonders schweren Fällen der Geldwäsche möglich sein. Sollten Urheberrechtsverletzungen in Strukturen einer kriminellen Vereinigung i. S. d. § 129 StGB begangen werden, ist auch hier ein Zugriff auf Vorratsdaten gem. § 113 c TKG n. F., § 100 g StPO n. F. denkbar.

Da urheberrechtlich geschützte Werke häufig in digitaler Form kopiert, verbrei- **44** tet oder öffentlich zugänglich gemacht werden, müssen im Rahmen der Beweissicherung digitale Speichermedien gesichtet werden. Die Durchsicht solcher Speichermedien richtet sich nach § 110 StPO. Sofern externe Speichermedien genutzt werden, kann auf diese nach § 110 Abs. 3 StPO ebenso zugegriffen werden. Hiernach ist der Zugriff auf externe Speichermedien zugelassen, die sich zwar nicht in den durchsuchten Räumlichkeiten befinden, auf die aber von dem Speichermedium in den Räumlichkeiten aus zugegriffen werden kann. Daten, die für die Untersuchung relevant sein können, dürfen dann gemäß § 110 Abs. 3 S. 2 StPO gesichert werden. Allerdings ist dies beschränkt auf im Inland befindliche Speichermedien (bei Auslandsbezug vgl. Rn. 45). So könnte z. B. auf einen ftp-Server zugegriffen werden, die Daten gesichtet und zum Zwecke der Beweissicherung downgeloadet werden. Ebenso können während der Durchsuchung Daten, die sich ggf. in verschlüsselten noch geöffneten Containern befinden, gesichert werden, bevor Beweismittelverlust eintritt (z. B. durch Abschalten des Computers).

Soweit sich die zu sichtenden externen Speichermedien im Ausland befinden, ist **45** § 110 StPO nicht anwendbar (s. *Gercke* CR 2010, S. 345, 347; *Bär* MMR 2008, S. 215, 221). Hier kommt – soweit es sich um einen Vertragsstaat handelt – die **Cybercrime Convention** zur Anwendung; insbesondere Art. 29 (umgehende Sicherung gespeicherter Computerdaten) und Art. 31 (Rechtshilfe beim Zugriff auf gespeicherte Computerdaten) (s. Gesetz zu dem Übereinkommen des Europarates vom 23. November 2001 über Computerkriminalität, BGBl. 2008 II S. 1243). Anderenfalls sind die allgemeinen Regelungen zur Rechtshilfe einschlägig, deren Verfahrensweise sich im Einzelnen nach dem Gesetz über die internationale Rechtshilfe in Strafsachen (IRG) sowie den Richtlinien für den Verkehr mit dem Ausland in strafrechtlichen Angelegenheiten (RiVASt) richtet.

46   Hiervon zu unterscheiden ist hingegen die sog. **verdeckte Onlinedurchsuchung.** Dabei werden Datenspeicher des vom Beschuldigten genutzten Computers verdeckt ohne dessen Wissen mit Hilfe eines Hackertools auf elektronischem Weg durchsucht (s. RegE TKÜNRegIG – BT-Drs. 16/5846, S. 74; im Einzelnen dazu *Hofmann* NStZ 2005, 121). Das Bundesverfassungsgericht hat bei der Entscheidung über entsprechende Ermächtigungsgrundlagen in Landesgesetzen zu recht hohe Hürden für eine verdeckte Onlinedurchsuchung aufgestellt (BVerfG v. 27.2.2008 – 1 BvR 370/07 und 1 BvR 595/07).

47   Bei Urheberrechtsdelikten ist im Rahmen der Strafzumessung nach § 46 Abs. 2 StGB der entstandene Schaden zu berücksichtigen. Dabei kann u. U. gar nicht anhand etwa des Ladenpreises der Schaden im Einzelnen konkret beziffert werden. Gerade beim Einstellen von Werken in das Internet und dem damit verbundenen Anbieten zum Download, ist die Anzahl von Vervielfältigungen für den Verletzer nicht mehr zu steuern (z. B. ein **First Seeder** in BitTorrent, Mitglieder von **Releasegruppen**). Bei dieser Betrachtung liegt der durch den Täter verursachte Schaden letztlich um ein vielfaches höher, als wenn er einzelne Vervielfältigungsstücke hergestellt und an einzelne Kunden verkauft hätte (so schon LG Braunschweig ZUM 2004, S. 144, 146).

48   Erlöse, die der Täter mit rechtswidrigen Taten erzielt, unterliegen grds. der Einziehung nach §§ 73 ff. StGB. Die Möglichkeiten dem Täter die Taterträge zu entziehen, wurden mit dem Gesetz zur Reform der strafrechtlichen Vermögensabschöpfung (in Kraft getreten am 1.7.2017, BGBl. I 2017 S. 872 ff.) grundlegend reformiert.

49   Die grundlegende Vorschrift der Reform ist § 459h StPO, die ermöglicht, die Befriedigung des Opfers regelmäßig im Vollstreckungsverfahren durchzuführen. Grundlage ist im Regelfall ein rechtskräftiges Strafurteil, in dem neben dem Anspruchsgrund auch die Anspruchshöhe festgestellt wird.
Allerdings wird nicht jedes Strafurteil solche genauen Angaben zur Anspruchshöhe enthalten können. Gerade im Bereich der strafbaren Verletzung der Immaterialgüterrechte (z.B. der Urheberrechte) versagt im Regelfall die Schadensberechnung nach der konkreten Vermögenseinbuße des Opfers. Im Urheberrecht wird deshalb praktisch nie auf diese Berechnungsform zurückgegriffen (vgl. § 97 Rn. 70).
Alternativ bieten die Immaterialgüterrechte deshalb die Berechnungsformen der Abschöpfung des Verletzergewinns (z.B. § 97 Abs. 2 S. 2 UrhG) oder der Geltendmachung der (fiktiven) angemessenen Lizenzgebühr (z.B. § 97 Abs. 2 S. 3 UrhG). Das Opfer hat das Wahlrecht zwischen diesen Berechnungsformen (BGH GRUR 2000, 226, 227 – *Planungsmappe*). Im Regelfall werden diese Berechnungsformen nicht Gegenstand des Strafurteils sein. Oft wird das Opfer noch nicht einmal alle Informationen aus dem Strafurteil entnehmen können, um den Verletzergewinn oder die angemessene Lizenzgebühr zu berechnen; in solchen Fällen muss das Opfer den Verletzer erst noch auf Auskunft in Anspruch nehmen.

50   Leider sieht das Gesetz keine Ausstiegsklausel aus § 459h StPO für den Fall vor, dass das Strafurteil keine hinreichenden Angaben zur Anspruchshöhe enthält. Dann ist ein Zivilverfahren durch das Opfer durchzuführen, eine Schadenshöhenberechnung im Strafvollstreckungsverfahren erscheint als untunlich. Es wird in vielen Fällen nicht möglich sein, ein solches Zivilverfahren innerhalb von 6 Monaten nach Mitteilung der Rechtskraft der Einziehungsanordnung (§ 459i StPO) abzuschließen, um nach § 459k Abs. 4 StPO verfahren zu können. Das Opfer wird oft noch nicht einmal alle Informationen kennen, um den

Verletzergewinn oder die angemessene Lizenzgebühr zu berechnen, sondern muss erst im Zivilprozess Auskunftsklage erheben.

Gemäß § 111l Abs. 1 StPO soll die Staatsanwaltschaft dem durch die Tat Verletzten, soweit dieser bekannt ist, die Vollziehung der Beschlagnahme mitteilen. Nach unserer Erfahrung ist es gerade bei Urheberstrafrechtsverfahren schwierig, alle möglicherweise betroffenen Rechteinhaber mit vertretbarem Aufwand festzustellen. Ob es in solchen Fällen ausreichend ist Verbände/Institutionen zu informieren, von denen bekannt ist, dass sie eine Vielzahl potentiell verletzter Rechteinhaber vertreten, lässt das Gesetz offen. Eine Klarstellung wurde hier versäumt. **50a**

Bei allen urheberstrafrechtlichen Tatbeständen ist die **Nebenklage** grds. möglich, § 395 Abs. 2 Nr. 2 StPO, jedoch nicht bei Verfahren gegen Jugendliche, § 80 Abs. 3 JGG. **51**

IX. Konkurrenzen

Idealkonkurrenz ist möglich mit §§ 107, 108. Treffen Vervielfältigung und Verbreitung als Verletzungshandlungen zusammen, ist nur wegen einer Tat zu verurteilen (BayObLG UFITA 47 [1966], S. 326, 327). Sofern schon beim **Download** beabsichtigt war, diese Werke anschließend zu verbreiten, ist Tateinheit anzunehmen (LG Braunschweig ZUM 2004, S. 144, 146). § 106 wird verdrängt durch § 108a (vgl. § 108a Rn. 11). Der Annahme von Handlungseinheit steht es nicht entgegen, wenn die Taten gegen unterschiedliche Rechtsgutträger gerichtet sind (LG Braunschweig ZUM 2004, S. 144, 146). **52**

§§ 106 ff. können unter Umständen Vortat zur Begünstigung sein (Wandtke/Bullinger/*Hildebrandt/Reinbacher*[4] Rn. 53; a. A. *Rupp* wistra 1985, S. 137, 139). Nach überwiegender Ansicht sind hingegen die §§ 106 ff. keine Vortat zur Hehlerei (Schönke/Schröder/*Hecker/Stree*[29] § 259 Rn. 8). Tateinheit ist möglich mit § 263 StGB (z. B. Verkäufer veräußert Identfälschungen an gutgläubigen Kunden). **53**

Die §§ 106 ff. sind Schutzgesetze i. S. v. § 823 Abs. 2 BGB (OLG Naumburg GRUR 1999, S. 373). **54**

X. Grenzüberschreitende Rechtsverletzungen

Grds. findet nach § 3 StGB das deutsche Recht für in Deutschland begangene Urheberrechtsverletzungen Anwendung. Daher ist der Download von Dateien von einem ausländischen Server in Deutschland strafbar, da hier die relevante Vervielfältigungshandlung vorgenommen wird (BGH NJW 2004, S. 1674, 1675 – *CD-Export*). Wegen des im Urheberrecht geltenden **Territorialitätsprinzips** findet § 7 StGB keine Anwendung, da der strafrechtliche Schutz nicht weiter gehen kann als der zivilrechtliche (Zivilrechtsakzessorietät, BGH NJW 2004, S. 1674, 1675 – *CD-Export*), d. h. wird ein deutsches Urheberrecht im Ausland verletzt, ist deutsches Urheberrecht nicht anwendbar, sondern das Recht am Ort der Verletzungshandlung. **55**

In den Fällen, in denen ein inländischer Täter von Deutschland aus Dateien urheberrechtlich geschützter Werke auf einen **Server** im Ausland zum Download zur Verfügung stellt (zugänglich macht), gilt folgendes: der Nutzungsakt der Zugänglichmachung findet überall dort statt, von wo aus die Übertragung abgerufen werden kann (*Reinbothe* GRUR Int. 2001, S. 733, 736). Zumindest wenn es sich um eine an deutsche Nutzer gerichtete Website handelt, so ist in Anlehnung an § 9 StGB sowie an die Rechtsprechung zum finalen Markteingriff im Markenrecht (ein von der WIPO geschaffenes Rechtsinstitut; s. a. BGH **56**

MMR 2005, S. 239, 241 – *Hotel Maritime*) eine Strafbarkeit nach deutschem Recht zu bejahen (*Hilgendorf/Frank/Valerius* Rn. 256).

§ 107　Unzulässiges Anbringen der Urheberbezeichnung

(1) Wer

1. **auf dem Original eines Werkes der bildenden Künste die Urheberbezeichnung (§ 10 Abs. 1) ohne Einwilligung des Urhebers anbringt oder ein derart bezeichnetes Original verbreitet,**
2. **auf einem Vervielfältigungsstück, einer Bearbeitung oder Umgestaltung eines Werkes der bildenden Künste die Urheberbezeichnung (§ 10 Abs. 1) auf eine Art anbringt, die dem Vervielfältigungsstück, der Bearbeitung oder Umgestaltung den Anschein eines Originals gibt, oder ein derart bezeichnetes Vervielfältigungsstück, eine solche Bearbeitung oder Umgestaltung verbreitet,**

wird mit Freiheitsstrafe bis zu drei Jahren oder mit Geldstrafe bestraft, wenn die Tat nicht in anderen Vorschriften mit schwererer Strafe bedroht ist.

(2) Der Versuch ist strafbar.

I.　Allgemeines

1　§ 107 schützt das Recht auf Bestimmung der Urheberbezeichnung i. S. v. § 13 S. 2 als Teil des Urheberpersönlichkeitsrechtes, nach dem der Urheber bestimmen kann, ob und wie sein Werk gekennzeichnet wird. Darüber hinaus sind die Interessen der Allgemeinheit am lauteren Verkehr mit Kunstwerken vom Schutz des § 107 umfasst (RegE UrhG 1962 – BT-Drs. IV/270, S. 107). Erfasst werden nur Werke der bildenden Kunst gemäß § 2 Abs. 1 Nr. 4, deren Schutzfrist noch nicht abgelaufen ist (h. M.; s. nur Dreier/Schulze/*Dreier*[3] Rn. 2).

2　In der Praxis spielt § 107 eine untergeordnete Rolle. Ein tatsächlicher Fall der **Kunstfälschung** wird wohl eher über das allgemeine Strafrecht (Betrug, Urkundenfälschung) zu lösen sein. Zu diesen Tatbeständen ist § 107 regelmäßig subsidiär (vgl. § 107 Rn. 12).

II.　Objektiver Tatbestand

1.　Signierung eines Originals durch einen Unbefugten (Abs. 1 Nr. 1)

3　Tathandlung des § 107 Abs. 1 Nr. 1 ist das **Anbringen einer Urheberbezeichnung** (vgl. § 10 Rn. 14 ff.) an ein Werk der bildenden Künste (vgl. § 26 Rn. 9 ff.) bzw. die Verbreitung eines derart veränderten Originals. Eine Urheberbezeichnung gilt dann als am Werk angebracht, wenn die Identität des Urhebers erkennbar ist, sog. Signieren des Werkes (Schricker/Loewenheim/*Kudlich*[5] Rn. 6). Dabei reicht es nicht aus, wenn die Bezeichnung nur auf einem nicht zum Werk gehörenden Sockel oder auf dem Rahmen angebracht wird (Schricker/Loewenheim/*Kudlich*[5] Rn. 5).

§ 107 Abs. 1 Nr. 1 erfasst nur Originale von Werken, die noch keine Urheber-   **4**
bezeichnung getragen haben Schricker/Loewenheim/*Kudlich*[5] Rn. 4; Achen-
bach/Ransiek/Rönnau/*Axel Nordemann*[4] Rn. 92). Fälschungen werden ggf.
von § 107 Abs. 1 Nr. 2 erfasst (vgl. Rn. 7). Das Anbringen einer falschen Urheberrechtsbezeichnung fällt nicht unter § 107 Abs. 1 Nr. 1, sondern unter § 267
StGB (Schricker/Loewenheim/*Kudlich*[5] Rn. 5). Ebenso nicht umfasst von
§ 107 sind Veränderungen existierender Kunstwerke zu Täuschungszwecken.

Auch das Verbreiten eines manipulierten Werkes ist als Tatbestandsalternative   **5**
unter Strafe gestellt. Dies kommt auch dann in Betracht, wenn ein anderer die
Vortat begangen hat (BeckOK UrhR/*Sternberg-Lieben*[16] Rn. 3). Im Einzelnen
zum Begriff des Verbreitens vgl. § 17 Rn. 11 ff.

2. Vortäuschen eines Originals (Abs. 1 Nr. 2)

Im Gegensatz zu § 107 Abs. 1 Nr. 1 ist bei der Tatbestandsalternative Nr. 2 das   **6**
Signieren eines gefälschten Kunstwerkes, um diesem den Anschein des Originals zu geben, unter Strafe gestellt. Der Anschein des Originals ist dann erweckt, wenn das Nicht-Original bei objektiver Betrachtung eine äußere Beschaffenheit erhält, die arglose Laien über die Eigenschaft als Nicht-Original
täuschen kann (Schricker/Loewenheim/*Kudlich*[5] Rn. 12). Auch durch das Anbringen einer Urheberrechtsbezeichnung an einer Bearbeitung oder Umgestaltung kann der Anschein eines Originals erweckt werden (Dreier/Schulze/*Dreier*[5] Rn. 11; Schricker/Loewenheim/*Kudlich*[5] Rn. 12).

§ 107 Abs. 1 Nr. 2 ergänzt den Bereich der Kunstfälschung, die zum Teil von   **7**
§ 106 erfasst wird. Wenn z. B. ein urheberrechtlich geschütztes Werk nachgemalt bzw. die Fälschung dann verbreitet wird, liegt zunächst eine Urheberrechtsverletzung nach § 106 vor. Wird diese Kopie dann darüber hinaus auch
noch signiert, ist zudem § 107 Abs. 1 Nr. 2 erfüllt (Achenbach/Ransiek/
Rönnau/*Axel Nordemann*[4] Rn. 93). Die praktische Bedeutung ist jedoch gering, denn sobald eine solche Fälschung in den Rechtsverkehr gelangt, liegt
i. d. R. ein Betrug gem. § 263 StGB vor (z. B. LG Köln v. 27.10.2011 – 110
KLs 17/11 – *Sammlung Jäger*), sodass § 107 Abs. 1 Nr. 2 auf Konkurrenzebene
ausscheidet (vgl. Rn. 12).

Auch in dieser Tatbestandsalternative ist die Verbreitung des veränderten Ver-   **8**
vielfältigungsstückes strafbewehrt (zum Begriff des Verbreitens vgl. § 17
Rn. 11 ff.).

III. Subjektiver Tatbestand

Die Tat muss vorsätzlich begangen werden, wobei bedingter Vorsatz ausreicht.   **9**
Eine Täuschungs- oder Bereicherungsabsicht ist nicht erforderlich. Bei der Anbringung einer Urheberrechtsbezeichnung bedarf es subjektiv in keiner der beiden o. g. Tatbestandsalternativen einer Bestimmung für den Verkehr (Schricker/
Loewenheim/*Kudlich*[5] Rn. 14).

IV. Rechtswidrigkeit und Schuld

Im Übrigen gelten die allgemeinen Rechtfertigungs- und Entschuldigungs-   **10**
gründe. Allenfalls wäre im Falle des § 107 Abs. 1 Nr. 1 die (rechtfertigende)
Einwilligung (vgl. § 106 Rn. 24 ff.) zu prüfen. In § 107 Abs. 1 Nr. 2 ist eine
Einwilligung des Urhebers irrelevant, weil hier neben den Interessen des Urhe-

bers auch die Interessen der Allgemeinheit betroffen sind (Schricker/Loewenheim/*Kudlich*[5] Rn. 17).

V. Versuch/Täterschaft und Teilnahme

11　Seit dem ProdPiratG ist bei einer Verletzungshandlung i. S. d. § 107 auch der Versuch strafbar. Es gelten die allgemeinen Regeln der §§ 22 ff. StGB. Täterschaft und Teilnahme richten sich nach den allgemeinen Vorschriften der §§ 25 ff. StGB.

VI. Konkurrenzen

12　Idealkonkurrenz ist möglich mit § 106 und § 4 UWG. Schon im Tatbestand des § 107 ist dessen Subsidiarität kodifiziert. § 107 ist subsidiär, wenn die Tat nach anderen Vorschriften mit schwererer Strafe bedroht ist, dies gilt selbst dann, wenn ein anderes Rechtsgut verletzt wird (z. B. §§ 263, 267 StGB, vgl. Rn. 2).

§ 108　Unerlaubte Eingriffe in verwandte Schutzrechte

(1) Wer in anderen als den gesetzlich zugelassenen Fällen ohne Einwilligung des Berechtigten
1. **eine wissenschaftliche Ausgabe (§ 70) oder eine Bearbeitung oder Umgestaltung einer solchen Ausgabe vervielfältigt, verbreitet oder öffentlich wiedergibt,**
2. **ein nachgelassenes Werk oder eine Bearbeitung oder Umgestaltung eines solchen Werkes entgegen § 71 verwertet,**
3. **ein Lichtbild (§ 72) oder eine Bearbeitung oder Umgestaltung eines Lichtbildes vervielfältigt, verbreitet oder öffentlich wiedergibt,**
4. **die Darbietung eines ausübenden Künstlers entgegen den § 77 Abs. 1 oder Abs. 2 Satz 1, § 78 Abs. 1 verwertet,**
5. **einen Tonträger entgegen § 85 verwertet,**
6. **eine Funksendung entgegen § 87 verwertet,**
7. **einen Bildträger oder Bild- und Tonträger entgegen §§ 94 oder 95 in Verbindung mit § 94 verwertet,**
8. **eine Datenbank entgegen § 87b Abs. 1 verwertet,**
wird mit Freiheitsstrafe bis zu drei Jahren oder mit Geldstrafe bestraft.

(2) Der Versuch ist strafbar.

Übersicht　　　　　　　　　　　　　　　　　　　　　　　　　　　Rn.

I.　Allgemeines

1　Die Vorschrift bildet für den Bereich der Leistungsschutzrechte (mit Ausnahme des Leistungsschutzrechtes des Veranstalters, § 81) das Pendant zu § 106. Praktische Bedeutung haben insb. § 108 Abs. 1 Nr. 4 und 5 für die Bekämpfung der **Film- und Musikpiraterie**. Kein urheberstrafrechtlicher Schutz wird hingegen für Vergütungsansprüche von Leistungsschutzberechtigten gewährt, wie z. B. § 78 Abs. 2.

II. Objektiver Tatbestand

1. Tatobjekt

Rechtsgut i. S. v. § 108 ist das in der einzelnen Nummer erwähnte(absolute) **2** Leistungsschutzrecht des jeweils Berechtigten und die damit zusammenhängende – vermögenswerte – Dispositionsmöglichkeit über dieses Recht (*Rochlitz* S. 96). Die geschützten Tatobjekte ergeben sich jeweils aus den zivilrechtlichen Vorschriften des UrhG (s. Anmerkungen dort), auf die in § 108 Abs. 1 Nr. 1–8 verwiesen wird. Dabei kann die Dauer und der Beginn des Schutzes – anders bei § 106 – bei den einzelnen Leistungsschutzrechten unterschiedlich sein (s. Anmerkungen dort).

Unautorisierte Livemitschnitte künstlerischer Darstellung, sog. **Bootlegs** (*Braun* **3** S. 5) unterfallen § 108 Abs. 1 Nr. 4 und nicht § 108 Abs. 1 Nr. 5. Die Strafbarkeitslücke hinsichtlich der Verbreitung von Bootlegs wurde mit dem 3. ÄndG 1995 geschlossen. Die audiovisuelle Darstellung von **Computerspielen** genießt auch Laufbildschutz nach § 95 i. V. m. § 108 Abs. 1 Nr. 7 (BayObLG ZUM 1992, 545; a. A. Achenbach/Ransiek/Rönnau/*Axel Nordemann*[4] Rn. 117). Seit dem 3. ÄndG 1995 spielt dies nur noch in seltenen Fällen eine Rolle, da die Anforderungen an die Werkhöhe angepasst wurden. Mit dem IuKDG wurde in § 108 Abs. 1 Nr. 8 der strafrechtliche Schutz **nichtschöpferischer Datenbanken** eingeführt (zum Schutz von Datenbankwerken vgl. § 106 Rn. 4).

§ 108 findet auch auf Leistungsschutzrechte ausländischer Staatsangehöriger **3a** Anwendung, sofern diese nach den Voraussetzungen der §§ 124 ff. dem Schutz des deutschen Urheberrechts unterliegen. Wie auch bei den Urheberrechten richtet sich der Umfang des Schutzes häufig nach den Staatsverträgen, hier insbesondere sog. Rom-Abkommen (Internationales Abkommen über den Schutz der ausübenden Künstler, der Hersteller von Tonträgern und den Sendeunternehmen), WPPT (WIPO Performances and Phonograms Treaty) sowie TRIPS (Trade-Related Aspects of Intellectual Property Rights). Im Einzelnen s. Ausführungen zu §§ 124 ff.

2. Tathandlung

Neben den in § 108 Abs. 1 Nr. 1 und 3 explizit genannten strafrechtlich rele- **4** vanten Tathandlungen der **Vervielfältigung**, **Verbreitung** und **öffentlichen Wiedergabe** (vgl. § 106 Rn. 6 ff.), wird bei § 108 Abs. 1 Nr. 2 und 4–8 auch das **Verwerten** als Tathandlung genannt. Dieser Begriff bezieht sich zwar generell auf alle körperlichen und unkörperlichen Verwertungsrechte, wird aber durch die in den jeweils zitierten Normen enthaltenen Verwertungsarten beschränkt (Dreier/Schulze/*Dreier*[5] Rn. 5). Als Tathandlung muss jeweils die Verletzung eines konkreten Leistungsschutzrechtes sowie der betroffene Rechteinhaber festgestellt werden, allgemeine Bezeichnungen wie z. B. „Raubkopien" genügen nicht (OLG Hamm GRUR 2014, 1203 – *Raubkopien*).

Auch das **öffentliche Anbieten** von illegal hergestellten Vervielfältigungsstücken ist **5** eine strafbare Verbreitungshandlung (z. B. das Ausstellen von Bootlegs auf einem Flohmarktstand) vgl. § 106 Rn. 12 (zum Lagern von Bootlegs vgl. Rn. 9).

3. In anderen als den gesetzlich zugelassenen Fällen

Neben den bereits zu § 106 (vgl. § 106 Rn. 21 ff.) erwähnten gesetzlich zuge- **6** lassenen Fällen, ist in den Fällen des § 108 Abs. 1 Nr. 8 für Datenbanken auch der § 87 c zu berücksichtigen.

III. Subjektiver Tatbestand

7 Die Tat muss vorsätzlich begangen werden, bedingter Vorsatz reicht aus (im Einzelnen vgl. § 106 Rn. 24).

IV. Rechtswidrigkeit und Schuld

8 Es gelten die allgemeinen Rechtfertigungs- und Entschuldigungsgründe, von praktischer Bedeutung ist lediglich die **Einwilligung des Berechtigten** als Rechtfertigungsgrund (ausführlich: vgl. § 106 Rn. 25 ff.). Bei Künstlergruppen ist hinsichtlich der Einwilligung zu beachten, dass nicht der einzelne Künstler einwilligen kann, sondern nur der Vorstand oder Leiter.

V. Versuch, Täterschaft und Teilnahme, Konkurrenzen

9 Seit dem ProdPiratG ist bei einer Verletzungshandlung i. S. d. § 108 auch der Versuch strafbar. Es gelten die allgemeinen Regeln der §§ 22 ff. StGB. Schon im Lagern von Bootlegs (vgl. Rn. 5) zum Zwecke des Vertriebes kann ein strafbarer Versuch einer Verbreitungshandlung gem. §§ 108 Abs. 1 Nr. 4, Abs. 2, § 108a Abs. 2 (AG Donaueschingen ZUM-RD 2000, 201, 204) angenommen werden. Täterschaft und Teilnahme richten sich nach den allgemeinen Vorschriften der §§ 25 ff. StGB. § 106 und § 108 können in Tateinheit stehen.

VI. Prozessuales/Grenzüberschreitende Rechtsverletzungen

10 Vgl. § 106 Rn. 42 ff.

---

§ 108a Gewerbsmäßige unerlaubte Verwertung

(1) Handelt der Täter in den Fällen der §§ 106 bis 108 gewerbsmäßig, so ist die Strafe Freiheitsstrafe bis zu fünf Jahren oder Geldstrafe.

(2) Der Versuch ist strafbar.

I. Allgemeines

1 § 108a wurde als **Qualifikationstatbestand** zunächst nur für Vervielfältigungs- und Verbreitungshandlungen durch das ÄndG 1985 eingeführt. Damit sollte dem Anwachsen der Videopiraterie begegnet und das gewerbsmäßige kriminelle Verhalten in diesem Sektor bekämpft werden. Hier drohe sich die organisierte und Bandenkriminalität zu etablieren (BeschlE RAusschuss RegE ÄndG 1985 – BT-Drs. 10/3360, S. 20). Die bis dahin geltenden strafrechtlichen Sanktionsmöglichkeiten waren für eine schuldangemessene und vor allen Dingen generalpräventiv wirkende Bestrafung (vgl. Vor § 106 Rn. 14) als nicht ausreichend angesehen worden (RegE ProdPiratG – BT-Drs 11/4792, S. 17).

Mit dem ProdPiratG wurde 1990 die Beschränkung des § 108a auf Vervielfälti- **2** gungs- und Verbreitungshandlungen aufgehoben. Nunmehr ist § 108a Qualifi- kationstatbestand für alle Urheberrechtsverletzungen der §§ 106–108.

Die gewerbsmäßig begangene Urheberrechtsverletzung (sowie die gewerbsmä- **2a** ßig begangenen Eingriffe in technische Schutzmaßnahmen und zur Rechte- wahrnehmung erforderliche Informationen) wurde mit dem Schwarzgeldbe- kämpfungsgesetz (BGBl. I 2011, S. 676) in den Katalog der Vortaten des § 261 Abs. 1 S. 2 StGB (**Geldwäsche**) aufgenommen. Darüber hinaus wurde einge- führt, dass auch die Grunddelikte der §§ 106–108 und 108b als Vortat i. S. v. § 261 geeignet sind, sofern diese von einem Mitglied einer Bande begangen wurden (§ 261 Abs. 1 S. 2 Nr. 4 b StGB).

II. Objektiver Tatbestand

Die Grundtatbestände der §§ 106 bis 108 werden in § 108a um das Merkmal **3** der **Gewerbsmäßigkeit** erweitert. Der Begriff der Gewerbsmäßigkeit in § 108a ist ebenso auszulegen wie bei anderen Strafvorschriften (BGH NJW 2004, 1674, 1679 – *CD-Export*). Danach handelt gewerbsmäßig, wer die Absicht hat, sich durch wiederholte Tatbegehung eine fortlaufende Einnahmequelle mindestens von einiger Dauer zu verschaffen (BGHSt 1, 383).

Das bloße Handeln im Rahmen eines **Gewerbebetriebs** allein genügt hierfür **4** nicht. Der Täter muss gerade das Begehen von Straftaten zum Zweck seiner wirtschaftlichen Betätigung machen (RegE ProdPiratG – BT-Drs 11/4792, S. 17; BGH NJW 2004, 1674, 1679 – *CD-Export*). Dabei reicht es aus, dass der Täter sich nur mittelbar geldwerte Vorteile durch Dritte aus der Tat ver- spricht (BGH NJW 2004, 1674, 1679 – *CD-Export*). Insbesondere bei Inter- netseiten mit Angeboten zu urheberrechtsverletzenden Inhalten erfolgt die Fi- nanzierung nicht durch Entgelte für die eigentliche Urheberrechtsverletzungen sondern mittelbar über Werbung (AG Leipzig v. 7.12.2011 – 200 Ls 390 Js 188/11 – *kino.to*). Ebenso gewerbsmäßig handelt, wer Dateien bei sog. **Fileho- stern** hochlädt, um von diesen Prämien für den häufigen Download der Dateien durch andere Nutzer zu erhalten (s. AG Hamm v. 5.2.2015 – 9 Ls 700 Js 1225/ 14–220/14; AG Leipzig v. 15.12.2011 – 200 Ls 390 Js 185/11; AG München v. 2.12.2011 – 1117 Ds 404 Js 50007/10).

Die Vorstellung des Täters muss nicht von vornherein auf eine unbegrenzte **5** Dauer angelegt sein. Eine offene Geschäftstätigkeit ist nicht notwendig, auch eine konspirative Begehungsweise genügt (LG Braunschweig ZUM 2004, 144, 146). Zudem braucht es sich nicht um die Haupteinnahmequelle des Täters zu handeln (BGH GA 55, 212; Dreier/Schulze/*Dreier*[5] Rn. 5). So ist auch derje- nige, der häufig als Versteigerer bei **Internetauktionen** (z. B. im Verkäuferprofil sind 59 Bewertungen eingetragen: BGH NJW 2004, 3102, 3104 – *Internetver- steigerung*) Gegenstände anbietet und verkauft, geschäftlich tätig.

III. Subjektiver Tatbestand

Die Tat muss vorsätzlich begangen werden, bedingter Vorsatz reicht aus (vgl. **6** § 106 Rn. 24 f.).

IV. Versuch, Täterschaft und Teilnahme

7   Der Versuch ist nach § 108a Abs. 2 strafbar. Es gelten die allgemeinen Regeln der §§ 22 ff. StGB. Täterschaft und Teilnahme richten sich nach den allgemeinen Vorschriften der §§ 25 ff. StGB.

8   Die gewerbsmäßige Tatbegehung ist besonderes persönliches strafschärfendes Merkmal i. S. d. § 28 Abs. 2 StGB. Entsprechend handelt der Betreiber einer **Portalseite** gewerbsmäßig, unabhängig davon, ob er selbst Täter der Urheberrechtsverletzung ist oder lediglich als Gehilfe die nichtgewerblichen Urheberrechtsverletzungen der Haupttäter unterstützt (vgl. § 106 Rn. 41 ff.), z. B. wenn er durch die auf der Seite geschaltete Werbung erhebliche Einnahmen erzielt.

V. Rechtswidrigkeit und Schuld

9   Es gelten die allgemeinen Rechtfertigungs- und Entschuldigungsgründe.

VI. Prozessuales

10   § 108a ist ein **Offizialdelikt**, daher ist eine Privatklage nicht möglich. Der Verletzte kann aber als Nebenkläger gem. § 395 Abs. 2 Nr. 3 StPO auftreten. Ist der Fall als besonders bedeutend einzustufen, so kann Anklage bei der Wirtschaftsstrafkammer des Landgerichts, § 24 Abs. 1 Nr. 3 i. V. m. § 74c Abs. 1 Nr. 1 und § 74 Abs. 1 GVG erhoben werden. Bei der Strafzumessung ist in den Fällen, in denen sich der Täter durch die Tat(en) bereichert hat, ggf. § 41 StGB zu beachten.

VII. Konkurrenzen

11   § 108a verdrängt als Qualifikationstatbestand die §§ 106–108. Hinsichtlich der Konkurrenzen zu Normen des allgemeinen Strafrechts vgl. § 106 Rn. 52 ff.

---

§ 108b Unerlaubte Eingriffe in technische Schutzmaßnahmen und zur Rechtewahrnehmung erforderliche Informationen

(1) Wer

1. in der Absicht, sich oder einem Dritten den Zugang zu einem nach diesem Gesetz geschützten Werk oder einem anderen nach diesem Gesetz geschützten Schutzgegenstand oder deren Nutzung zu ermöglichen, eine wirksame technische Maßnahme ohne Zustimmung des Rechtsinhabers umgeht oder
2. wissentlich unbefugt
   a) eine von Rechtsinhabern stammende Information für die Rechtewahrnehmung entfernt oder verändert, wenn irgendeine der betreffenden Informationen an einem Vervielfältigungsstück eines Werkes oder eines sonstigen Schutzgegenstandes angebracht ist oder im Zusammenhang mit der öffentlichen Wiedergabe eines solchen Werkes oder Schutzgegenstandes erscheint, oder
   b) ein Werk oder einen sonstigen Schutzgegenstand, bei dem eine Information für die Rechtewahrnehmung unbefugt entfernt oder geändert wurde, verbreitet, zur Verbreitung einführt, sendet, öffentlich wiedergibt oder öffentlich zugänglich macht
   und dadurch wenigstens leichtfertig die Verletzung von Urheberrechten oder verwandten Schutzrechten veranlasst, ermöglicht, erleichtert oder verschleiert,

wird, wenn die Tat nicht ausschließlich zum eigenen privaten Gebrauch des Täters oder mit dem Täter persönlich verbundener Personen erfolgt oder sich

auf einen derartigen Gebrauch bezieht, mit Freiheitsstrafe bis zu einem Jahr oder mit Geldstrafe bestraft.

(2) Ebenso wird bestraft, wer entgegen § 95a Abs. 3 eine Vorrichtung, ein Erzeugnis oder einen Bestandteil zu gewerblichen Zwecken herstellt, einführt, verbreitet, verkauft oder vermietet.

(3) Handelt der Täter in den Fällen des Absatzes 1 gewerbsmäßig, so ist die Strafe Freiheitsstrafe bis zu drei Jahren oder Geldstrafe.

Übersicht

I. Allgemeines

§ 108b wurde durch das UrhG Infoges 2003 eingeführt. Dabei hat sich der **1** Gesetzgeber an den Regelungen des bereits am 23.3.2002 in Kraft getretenen ZKDSG orientiert. Dieses schützt zwar ein anderes Rechtsgut (die Vergütung der Anbieter von zugangskontrollierten Diensten bzw. Zugangskontrolldiensten) als § 108b (Rechtsgut hier ist das geschützte Werk), jedoch sind die Tathandlungen technisch ähnlich; beide Normkomplexe verbieten die Umgehung einer technischen Sperrvorrichtung. Anders als im ZKDSG werden von § 108b jedoch tw. auch nicht gewerbliche Tathandlungen erfasst.

Die Strafvorschrift des § 108b flankiert zusammen mit dem als Ordnungswidrigkeitstatbestand ausgestalteten § 111a die zivilrechtlichen Vorschriften zum **2** Schutz technischer Maßnahmen in §§ 95a-d. Sie bilden den Kern der Umsetzung der Art. 6 und Art. 7 der Info-RL, die den Schutz von technischen Maßnahmen und von Informationen für die Wahrnehmung der Rechte vorsieht. In § 108b sind jedoch nur einige Verstöße gegen §§ 95a ff. sanktioniert, andere (insb. nicht gewerbliche) Verstöße sind hingegen lediglich als Ordnungswidrigkeit nach § 111a ausgestaltet.

§ 108b enthält drei Tatbestandsalternativen: **Umgehung technischer Maßnah- 3 men** (Abs. 1 Nr. 1), **unerlaubte Eingriffe in zur Rechtewahrnehmung erforderliche Informationen** (Abs. 1 Nr. 2) sowie **Herstellung und Vertrieb von Vorrichtungen zur Umgehung technischer Maßnahmen** (Abs. 2). Die Handlungen nach § 108b Abs. 1 sind jedoch nur unter Strafe gestellt, wenn die Tat nicht zum eigenen privaten Gebrauch des Täters oder mit ihm persönlich verbundener Personen erfolgt, während in Abs. 2 sogar nur die gewerbliche Begehung unter Strafe gestellt ist. Mit diesen seltsam anmutenden Beschränkungen wollte der Gesetzgeber die „Kriminalisierung der Schulhöfe" vermeiden und die Strafverfolgungsbehörden entlasten, die dann weniger Ermittlungen zu tätigen und Hausdurchsuchungen vorzunehmen hätten (RegE UrhG Infoges – BT-Drs. 15/38, S. 29).

4 Bei den Strafverfolgungsbehörden stößt der Verzicht, ein Verbot (§ 95a) mit einer Strafandrohung zu versehen, jedoch eher auf Unverständnis. Gerade in heutiger Zeit, in der die technischen Möglichkeiten des Kopierens und Zugänglichmachens so vielfältig und von nahezu jedermann durchzuführen sind, ist es nicht nachvollziehbar, ausgerechnet den Bereich, in dem Kopierschutz vielfach umgangen wird, von der Strafbarkeit auszunehmen. Damit wurde die Möglichkeit verspielt, durch die generalpräventive Wirkung des Strafrechts diesem Massenphänomen wirksam entgegenzutreten und deutlich zu machen, dass die Umgehung von Kopierschutzmechanismen von der Rechtsordnung nicht geduldet wird.

5 Eine Kriminalisierung weiter Bevölkerungskreise (RegE UrhG Infoges – BT-Drs. 15/38, S. 29) wäre indes nicht zu befürchten, da den Strafverfolgungsbehörden durch die Strafprozessordnung eine Vielzahl an Möglichkeiten gegeben sind, die Strafverfolgung unter Berücksichtigung des Verhältnismäßigkeitsgrundsatzes zu beschränken.

5a Die Bedeutung des § 108b wird zukünftig zunehmen, da über das Internet immer mehr kostenpflichtige Inhalte als **DRM**-geschützte Dateien übertragen werden. Typisches Beispiel ist der Markt für **eBooks**, die nicht mehr auf Datenträgern wie z. B. CD oder DVD, sondern vornehmlich als geschützte Dateien im Wege des Downloads vertrieben werden.

6 Da die Vorschriften der §§ 95a bis 95d für Computerprogramme nicht gelten (siehe § 69a Abs. 5), gelangt auch § 108b dort nicht zur Anwendung. Sofern Computerprogramme mit einem Kopierschutz versehen sind, verbleibt es lediglich bei einem zivilrechtlichen Vernichtungsanspruch gemäß § 69f Abs. 2 (Umgehungsmittel).

7 Die Taten sind **relative Antragsdelikte** (vgl. § 109 Rn. 6). Für die Fälle der gewerbsmäßigen Tatbegehung enthält § 108b Abs. 3 einen Qualifikationstatbestand (nur für die Tathandlungen des § 108b Abs. 1). Im Gegensatz zu den übrigen Urheberrechtsstraftaten ist der Versuch nicht strafbar. Allerdings sind einige Vorbereitungshandlungen bußgeldbewehrt (§ 111a).

8 Gemäß § 95a Abs. 4 dürfen Strafverfolgungsbehörden in Ausnahmefällen (im Einzelnen vgl. § 95a Rn. 49) Umgehungshandlungen vornehmen.

II. Umgehung technischer Maßnahmen Abs. 1 Nr. 1

1. Objektiver Tatbestand

9 **Tatobjekt** ist die wirksame technische Maßnahme i. S. v. § 95a (vgl. § 95a Rn. 17 ff.). Eine Maßnahme ist gem. § 95a Abs. 2 S. 2 wirksam, wenn durch sie die Nutzung des Werkes oder Schutzgegenstandes unter Kontrolle gehalten wird. So ist die Maßnahme als wirksam anzusehen, wenn sie gegenüber dem Durchschnittsnutzer wirkt, eine absolute Wirksamkeit ist nicht erforderlich (RegE UrhG Infoges – BT-Drs. 15/38, S. 26; im Einzelnen vgl. § 95a Rn. 17 ff.). Dabei ist insb. auf die beabsichtigte Wirkung des Kopierschutzes zu achten. Ein Kopierschutz, der gegen digitale Kopien wirksam ist, kann unwirksam gegen analoge Kopien sein mit der Folge, dass die Herstellung der digitalen Kopie den Tatbestand des § 108b erfüllt, die einer analogen Kopie dagegen nicht, sog. **analog gap** (s. dazu mit weiteren Beispielen *Ernst* Rn. 356).

Wirksame technische Maßnahmen können darüber hinaus auch **kombinierte Schutzmaßnahmen** sein, bei denen nicht nur der Träger, der das geschützte Werk (z. B. Videospiel), mit einer Erkennungsvorrichtung versehen wird, sondern auch die Konsolen, die den Zugang zu diesen Spielen sicherstellen sollen (EuGH MMR 2014, 219 – *Nintendo Co. Ltd, Nintendo of America, Inc., Nintendo of Europe GmbH v PC Box Srl, 9Net Srl*).

Tathandlung ist die Umgehung dieser wirksamen technischen Maßnahme. Umgangen wird eine wirksame technische Maßnahme, wenn durch das Verhalten des Täters eine Nutzung ermöglicht wird, die ohne ein solches Verhalten gerade wegen der bestehenden technischen Maßnahme nicht möglich gewesen wäre. Daher ist die Herstellung einer **1:1 Kopie**, bei der der Kopierschutz mit kopiert wird, ebenfalls eine Umgehung i. S. d. § 108b (so auch *Ernst* Rn. 358).   **10**

Beim Betrieb eines sog. **Cardsharing**-Servers ermöglicht der Täter es Dritten über den Server unbefugt Sendesignale mit Pay-TV-Programmen zu entschlüsseln, strafbar gemäß § 108 b Abs. 1 Nr. 1 in Tateinheit mit § 263 a StGB (OLG Celle Beschluss vom 31.8.2016 – 2 Ss 93/16).   **10a**

2.   Subjektiver Tatbestand

§ 108b Abs. 1 Nr. 1 erfordert im subjektiven Tatbestand eine besondere Absicht (dolus directus 1. Grades), die sich entweder darauf richtet, sich oder einem Dritten den Zugang zum Werk bzw. Schutzgegenstand zu ermöglichen, oder sich oder einem Dritten die Nutzung des Werkes bzw. Schutzgegenstandes zu ermöglichen.   **11**

In der ersten Alternative muss sich die Absicht auf die Verschaffung des Zuganges richten. Ob der Täter den durch die technische Maßnahme geschützten Gegenstand tatsächlich nutzen will, ist unerheblich. Es sollen alle Konstellationen erfasst werden, in denen der Angriff auf die Schutzmaßnahme zwar im Vordergrund steht, das Werk aber dennoch dadurch gefährdet ist und dies vom Täter zumindest als Nebenfolge geduldet wird, obschon es ihm selbst ggf. auf die Nutzung des Werkes nicht ankommt.   **12**

Daher sind von § 108b Abs. 1 Nr. 1 auch die Fälle erfasst, in denen der Täter sich Informationen über die Mechanismen verschaffen möchte, um anschließend ein Umgehungsmittel zu entwickeln und dieses zu verbreiten, aber nicht an der urheberrechtlich relevanten Nutzung interessiert ist (*Hänel* S. 201). Auch die Tat desjenigen wird unter Strafe gestellt, der etwa aus „sportlichem Ehrgeiz" oder zur Erlangung von Ruhm handelt und die Informationen anschließend z. B. auf einer Internetseite publiziert (*Hänel* S. 201). Dem Täter kommt es gerade darauf an, dass seine Erkenntnisse von anderen genutzt werden, damit sein Ruf in der Szene untermauert wird (s. z. B. das Phänomen der **Releasegruppen**, vgl. § 106 Rn. 47, vgl. § 109 Rn. 18).   **13**

Nicht erfasst sind hingegen Fälle, in denen zum Zwecke etwa der **Kryptographieforschung** technische Schutzmaßnahmen umgangen werden (RegE UrhG Infoges – BT-Drs. 15/38, S. 26), da die Absicht des „Täters" weder auf den Zugang zum noch die Nutzung des Werkes oder Schutzgegenstandes gerichtet ist. Hier geht es allein um die Erforschung des Kopierschutzes selbst. Ob dieser auf einem Werk aufgebracht ist oder unabhängig davon existiert, ist irrelevant. Eine Gefährdung des Werkes tritt nicht ein.   **14**

In der zweiten Alternative des § 108b Abs. 1 geht es dem Täter in erster Linie darum, das technisch geschützte Material urheberrechtsrelevant zu nutzen. Da der private Bereich weitgehend ausgeschlossen ist (vgl. Rn. 3 ff.; vgl. Rn. 16), dürften sich verfolgbare Tathandlungen auf den beruflichen – nicht gewerblichen – sowie den gewerblichen Bereich beschränken.   **15**

3. Begehung der Tat zum eigenen privaten Gebrauch

16 Der Täter macht sich jedoch nicht nach § 108b Abs. 1 strafbar, wenn die Tat ausschließlich zum eigenen privaten Gebrauch des Täters oder mit ihm persönlich verbundener Personen erfolgt. Ob der Kreis der privilegierten Personen über den Rahmen des § 53 hinaus erheblich erweitert werden sollte, geht aus der Begründung des Regierungsentwurfes nicht hervor. *Ernst* befürwortet hierzu eine enge Auslegung ausschließlich in Anlehnung an § 53 (*Ernst* CR 2004, 39, 42), wohingegen sich andere für eine Auslegung des Merkmals der persönlichen Verbundenheit in Negativabgrenzung zum Begriff der Öffentlichkeit i. S. v. § 15 Abs. 3 (vgl. § 15 Rn. 27 ff.) aussprechen (Dreier/Schulze/*Dreier*[5] Rn. 6; Wandtke/Bullinger/*Hildebrandt/Reinbacher*[4] Rn. 6). Damit § 108b Abs. 1 nicht weitestgehend ins Leere läuft, ist eine enge Auslegung zwingend erforderlich (vgl. Rn. 5 f.).

4. Rechtswidrigkeit und Schuld

17 Die Umgehung der technischen Maßnahme muss „ohne Zustimmung des Rechtsinhabers" erfolgen. Anders als etwa bei § 106 wurde hier nicht der Begriff der Einwilligung gewählt, sondern wohl in Anlehnung an § 95a der Begriff der Zustimmung. Dies könnte zu der irrigen Annahme verleiten, hier eine nachträgliche Zustimmung (Genehmigung) zuzulassen. Solches entspricht jedoch nicht den strafrechtlichen Grundsätzen, wonach alle Voraussetzungen der Straftat gleichzeitig vorliegen müssen (**Simultanitätsprinzip**), weshalb auch im Rahmen des § 108b die Zustimmung des Rechteinhabers zum Zeitpunkt der Rechtsgutverletzung vorgelegen haben muss (vgl. § 106 Rn. 25 ff.).

18 §§ 95b ff. stellen keine Rechtfertigungsgründe dar. Diese geben dem Schrankenbegünstigten gerade keinen Anspruch auf Zugang zum Werk oder auf Anfertigung der Kopie, sondern lediglich einen Anspruch gegenüber dem Rechteinhaber, der die technische Schutzmaßnahme am Werk angebracht hat, den Zugang zu verschaffen; es gibt kein **right to hack** (*Reinbothe* GRUR Int. 2001, 733, 742; *Dreier* ZUM 2002, 28, 39; *Ernst* Rn. 372).

19 Im Übrigen gelten die allgemeinen Rechtfertigungs- und Entschuldigungsgründe.

III. Eingriff in die zur Rechtewahrnehmung erforderlichen Informationen (Abs. 1 Nr. 2)

1. Objektiver Tatbestand

20 **Tathandlung** des Abs. 1 Nr. 2 lit. a ist das Entfernen oder Verändern von Informationen für die Rechtewahrnehmung (siehe § 95c). In Abs. 1 Nr. 2 lit. b wird die Verbreitung, Einfuhr zur Verbreitung, Sendung, Öffentliche Wiedergabe und Öffentliches Zugänglichmachen manipulierter Werke unter Strafe gestellt (siehe § 95c).

21 In beiden Alternativen muss die Verletzungshandlung wissentlich unbefugt erfolgen. Unbefugt bedeutet dabei fehlende Berechtigung und ist nach überwiegender Auffassung Tatbestandsmerkmal (Dreier/Schulze/*Dreier*[5] Rn. 5; Wandtke/Bullinger/*Hildebrandt/Reinbacher*[5] Rn. 5; jetzt auch Schricker/Loewenheim/*Kudlich*[5] Rn. 9) und nicht Rechtfertigungsgrund. Die erneute Erwähnung des Begriffs in Abs. 1 Nr. 2 lit. b bedeutet lediglich, dass auch die der dort bezeichneten Tathandlung vorausgegangene Handlung ebenso unbefugt, also ohne Berechtigung, erfolgt sein muss, denn der Täter der Nr. 2 lit. b muss nicht notwendigerweise auch derjenige sein, der die Informationen nach Nr. 2 lit. a entfernt hat.

2. Subjektiver Tatbestand

Der Täter muss hinsichtlich seiner Nichtbefugnis vorsätzlich gehandelt haben **22** (wissentlich unbefugt). Hinsichtlich der dadurch verursachten Verletzung von Urheber- bzw. Leistungsschutzrechten reicht hingegen **Leichtfertigkeit**.

Einige Autoren sehen in dem Begriff der Leichtfertigkeit ein weiteres objektives **23** Tatbestandsmerkmal. Die Begründung, ein hochgradig gefährliches Verhalten und nicht eine verwerfliche innere Einstellung solle hier unter Strafe gestellt werden (Schricker/Loewenheim/*Kudlich*[5] Rn. 11), vermag jedoch nicht zu überzeugen.

Letztendlich ist das Merkmal der Leichtfertigkeit deshalb in den Tatbestand **24** aufgenommen worden, weil der Rechtsausschuss das subjektive Element des § 95c Abs. 1 (bekannt oder den Umständen nach bekannt sein musste) nicht im Wege der Verweisung auf eine zivilrechtliche Norm, sondern explizit als weiteres subjektives Element in den Straftatbestand mit aufnehmen wollte (Stellungnahme Bundesrat zu RegE UrhG Infoges – BT-Drs. 15/38, S. 38).

Insofern liegt eine Abkehr vom allgemeinen Vorsatzerfordernis im Urheber- **25** strafrecht hin zu einem Fahrlässigkeitselement bezüglich der Verletzung von Urheberrechten oder verwandten Schutzrechten durch die wiederum vorsätzlich begangene eigentliche Tathandlung, der unbefugten Entfernung von Informationen für die Rechtewahrnehmung, vor. Leichtfertigkeit ist gegeben, wenn der Täter grob achtlos handelt und nicht beachtet, was sich unter den Voraussetzungen seiner Erkenntnisse und Fähigkeiten aufdrängen muss (Fischer[63] § 15 Rn. 20), also dass Urheberrechte verletzt werden könnten.

3. Begehung der Tat zum eigenen privaten Gebrauch

Vgl. Rn. 17 f. **26**

4. Rechtswidrigkeit und Schuld

Im Übrigen gelten die allgemeinen Rechtfertigungs- und Entschuldigungs- **27** gründe.

IV. Herstellung und Vertrieb von Vorrichtungen zur Umgehung technischer Maßnahmen (Abs. 2)

In § 108b Abs. 2 werden bestimmte Formen des Inverkehrbringens von Vor- **28** richtungen entgegen § 95a Abs. 3 unter Strafe gestellt, sofern dies zu gewerblichen Zwecken erfolgt. Der Begriff „Gewerbliche Zwecke" ist dem Zugangskontrolldiensteschutzgesetz (§ 3 ZKDSG) entlehnt, bedeutet aber nach überwiegender Ansicht gewerbsmäßiges Handeln (Dreier/Schulze/*Dreier*[5] Rn. 8; Schricker/Loewenheim/*Kudlich*[5] Rn. 13; Wandtke/Bullinger/*Hildebrandt/Reinbacher*[4] Rn. 7; a.A. Loewenheim/*Flechsig* § 90 Rn. 127). Auch in der Begründung des ZKDSG wird eine nachhaltige Tätigkeit zur Erzielung von Einnahmen verlangt (RegE UrhG Infoges – BT-Drs. 14/7229, S. 8).

Der Begriff des Verbreitens i.S.d. § 108b Abs. 2 soll nicht dem des § 17 ent- **29** sprechen. Im Gegensatz zum urheberrechtlichen terminus technicus der Verbreitung *ist* der Begriff in § 108b weiter gefasst, es sollen sowohl körperliche als auch unkörperliche Weitergabeformen erfasst werden (RegE UrhG Infoges – BT-Drs. 15/38, S. 26; ohne Begründung Wandtke/Bullinger/*Hildebrandt/Reinbacher*[4] Rn. 4). Selbst wenn es die gesetzgeberische Absicht gewesen wäre, die besonders gefährliche Verwertung über das Internet strafrechtlich zu fassen, hätte dies systemkonform über die Hinzunahme der Tathandlung des öffentlichen Zugänglichmachens erfolgen können (so schon Pfitzmann/*Sieber*, Anforderungen an die gesetzliche Regulierung zum Schutz digitaler Inhalte unter

Berücksichtigung der Effektivität von technischen Schutzmechanismen, Gutachten für den dmmv und den VPRT, 2003, S. 185; abrufbar auf http://dud.inf.tu-dresden.de/literatur/stud_vprt_datenpiraterie_komplett_120902.pdf; zuletzt abgerufen am 31.1.2017). Offenbar hat die Bundesregierung hiervon bewusst abgesehen, obschon sie in § 108b Abs. 1 Nr. 2 lit. b eben jene Tathandlung mit aufgenommen hat.

29a Unter Anwendung von § 108b Abs. 2 sind bereits einige Urteile zum Vertrieb von sog. **Game Copiern** (Adapterkarten, die es ermöglichen, illegal hergestellte Vervielfältigungen von Videospielen auf einer Spielkonsole abzuspielen) sowie von sog. **MODchips** (elektronische Bauteile, die es ermöglichen, illegal hergestellte Vervielfältigungen von Videospielen auf einer Spielkonsole abzuspielen) ergangen (AG Tiergarten v. 14.12.2011 – 336 Cs 242 Js 807/11 (344/11); AG Warstein v. 5.5.2010 – 1 Cs 312 Js 88/10 (124/10); AG Hannover v. 4.5.2010 – 204 Cs 5312 Js 47771/09; AG Tiergarten v. 7.9.2009 – 326 Cs 5 Wi Js 651/09 (269/09)).

V. Qualifikation

30 Ein Qualifikationstatbestand ist in § 108b Abs. 3 nur für die Fälle der gewerbsmäßigen Umgehung technischer Maßnahmen i. S. v. § 108b Abs. 1 vorgesehen (vgl. § 108a Rn. 3).

VI. Prozessuales

31 Vgl. § 106 Rn. 42 ff.

VII. Konkurrenzen

32 Verletzt der Täter zugleich in strafbarer Weise das mittelbar nach §§ 106 oder 108 geschützte Werk oder Leistungsschutzrecht, tritt § 108b im Wege der Subsidiarität zurück (Wandtke/Bullinger/*Hildebrandt/Reinbacher*[4] Rn. 11).
Wenn sowohl § 108b als auch § 4 ZKDSG erfüllt sind, tritt § 4 ZKDSG zurück (Schricker/Loewenheim/*Kudlich*[5] Rn. 19; Wandtke/Bullinger/*Hildebrandt/Reinbacher*[4] Rn. 11). Zu §§ 202a, 263a, 265a StGB kann Idealkonkurrenz vorliegen.

§ 109 Strafantrag

In den Fällen der §§ 106 bis 108 und des § 108b wird die Tat nur auf Antrag verfolgt, es sei denn, dass die Strafverfolgungsbehörde wegen des besonderen öffentlichen Interesses an der Strafverfolgung ein Einschreiten von Amts wegen für geboten hält.

Übersicht   Rn.

I. Allgemeines

Bis zur Änderung des § 109 durch das ÄndG 1985 konnten die Urheberstrafta- **1**
ten ausschließlich auf Antrag verfolgt werden (absolute Antragsdelikte). Die
zunehmenden kriminellen Angriffe auf das geistige Eigentum, auch die, die
zwar nicht zu gewerblichen Zwecken erfolgen, aber durch das Aufkommen
neuer Techniken Ausgangspunkt für erhebliche Schäden sind, machten die Lo-
ckerung des Antragserfordernisses in § 109 notwendig (s. BeschlE RAusschuss
RegE ÄndG 1985 – BT-Drs. 10/3360, S. 21). Die nunmehr gültigen Regelungen
ermöglichen die Verfolgung von Rechtsverletzungen auch ohne Strafantrag,
wenn ein besonderes öffentliches Interesse daran besteht (Nr. 261a RiStBV);
vgl. Rn. 16.

II. Tatbestand

1. In den Fällen der §§ 106 bis 108 und des § 108b nur auf Antrag

a) **Strafantrag:** Die allgemeinen Vorschriften der §§ 77 ff. StGB für den Strafan- **2**
trag finden Anwendung. Der Antrag ist Prozessvoraussetzung; fehlt er, ist das
Verfahren einzustellen (§§ 206a, 260 Abs. 3 StPO); es sei denn, das besondere
öffentliche Interesse wird bejaht; vgl. Rn. 16.

aa) **Antragsberechtigter:** Gemäß § 77 Abs. 1 StGB ist der **Verletzte** strafan- **3**
tragsberechtigt. Verletzter ist derjenige, in dessen Rechtskreis zum Zeitpunkt
der Tat eingegriffen wurde (BGHSt 31, 210).

Dies ist in den Fällen des § 106 zunächst der **Urheber**, in den Fällen des **4**
§ 108 der jeweilige Leistungsschutzberechtigte sowie die **Inhaber von ausschließlichen Nutzungsrechten** (§ 31 Abs. 3) für die Dauer und den Umfang
ihrer Nutzungsrechte. Der Inhaber eines einfachen Nutzungsrechtes (§ 31
Abs. 2) ist hingegen nicht strafantragsberechtigt, weil er nicht Träger des angegriffenen Rechtsguts ist (Wandtke/Bullinger/*Hildebrandt/Reinbacher*[4] Rn. 4).
Wird in ein vom Urheber eingeräumtes ausschließliches Nutzungsrecht eingegriffen, so ist außer dem Inhaber des ausschließlichen Nutzungsrechtes stets
daneben auch der Urheber antragsberechtigt, entweder durch eine Verletzung
seines Urheberpersönlichkeitsrechtes (der illegal Handelnde wählt etwa eine
vom Urheber nicht gewünschte Aufmachung oder Qualität) oder durch die
Störung einer zukünftig durch den Urheber beabsichtigten Werknutzung nach
Ablauf der legalen Auswertung durch den ausschließlich Nutzungsberechtigten
(*Ulmer*, Urheber- und VerlagsR[3] S. 543, 569; Dreier/Schulze/*Dreier*[5] Rn. 6;
Schricker/Loewenheim/*Haß*[4] Rn. 3; jetzt auch Wandtke/Bullinger/*Hildebrandt/
Reinbacher*[4] Rn. 4).

Bei einer Rechtsverletzung nach § 107 Abs. 1 Nr. 1 ist das Urheberpersönlich- **5**
keitsrecht verletzt. Antragsberechtigt ist daher nur der Urheber. Bei § 107
Abs. 1 Nr. 2 wird zwar die Allgemeinheit getäuscht (vgl. § 107 Rn. 1), die Regelung soll nach h. M. jedoch nicht dem Schutz eines konkreten Dritten dienen.
Auch § 107 Abs. 1 Nr. 2 bezweckt letztendlich den Schutz des Urhebers, daher
ist dieser entsprechend strafantragsberechtigt (Dreier/Schulze/*Dreier*[5] Rn. 6;
Wandtke/Bullinger/*Hildebrandt/Reinbacher*[4] Rn. 6, a. A. *Sieg* S. 165).

Strafantragsberechtigt nach § 108b ist der Inhaber der Rechte am betroffenen **6**
Werk bzw. am verwandten Schutzrecht. Die Hersteller technischer Schutzmaß-
nahmen sind nicht antragsberechtigt, da sie nicht Inhaber eines verletzten
Rechtsgutes sind.

Antragsberechtigt können sowohl natürliche als auch juristische Personen sein **7**
(Dreier/Schulze/*Dreier*[5] Rn. 6; Schricker/Loewenheim/*Kudlich*[5] Rn. 2). Eine

Stellvertretung bei der Antragstellung ist gleichermaßen in der Erklärung und im Willen möglich. Letztere allerdings nur, wenn es zumindest auch um eine Verletzung der Verwertungsrechte geht (siehe dazu Schönke/Schröder/*Sternberg-Lieben/Bosch*[29] § 77 Rn. 27; Fischer[63] § 77 Rn. 22). Die Befugnis zur Strafantragstellung muss nicht einzelfallbezogen, sondern kann auch im Rahmen einer **Generalvollmacht** erteilt werden (allg. A., s. dazu z. B. Schönke/Schröder/*Sternberg-Lieben/Bosch*[29] § 77 Rn. 28).

8 Die Strafverfolgungsbehörden haben nach herrschender Auffassung im Rahmen des Legalitätsprinzips die **Pflicht, den Antragsberechtigten zu ermitteln** und zu befragen, ob ein Strafantrag gestellt wird (*Braun* S. 304; Löwe/Rosenberg/*Beulke*[26] § 152 Rn. 30). Bei dieser Ermittlung kann die Vermutung der Urheberschaft des § 10 herangezogen werden (Schricker/Loewenheim/*Kudlich*[5] Rn. 12). Umfangreiche Nachforschungen nach unbekannten Verletzten müssen indes nicht erfolgen (Löwe/Rosenberg/*Hilger*[26] § 406h Rn. 2). Sind jedoch Organisationen bekannt, die eine Vielzahl von Rechteinhabern vertreten, sind diese zu kontaktieren (z. B. BSA für Anwendersoftware; GVU für Film, Entertainmentsoftware und Verlagsbranche; Pro Media GmbH für Tonträger).

9 **bb) Antragsinhalt und Form:** Inhaltlich muss im Strafantrag lediglich der Wille des Berechtigten erkennbar werden, bestimmte Handlungen verfolgen zu lassen (BGH NJW 1992, 2167; Schönke/Schröder/*Sternberg-Lieben/Bosch*[29] § 77 Rn. 38 f.). Die Person des Verletzers muss nicht ausdrücklich genannt werden. Es reicht aus, wenn sie hinreichend konkretisierbar ist (Fischer[63] § 77 Rn. 25; Schönke/Schröder/*Sternberg-Lieben/Bosch*[29] § 77 Rn. 40). Der Antrag kann auf bestimmte Taten und Täter beschränkt werden (Schricker/Loewenheim/*Kudlich*[5] Rn. 14).

10 Zusätzlich sollten im Antrag bereits solche Tatsachen mitgeteilt werden, die ggf. für weitere prozessuale Maßnahmen eine Rolle spielen (vgl. § 111 Rn. 5) sowie auf andere in Betracht kommende Rechtsverstöße, z. B. Markenrechtsverletzungen hingewiesen werden (*Rochlitz* S. 203 f.).

11 Bei neuen Phänomenen von Urheberrechtsverletzungen (z. B. Tausch urheberrechtlich geschützter Werke in **Peer-to-Peer-Netzen**, vgl. § 106 Rn. 18 f., vgl. § 106 Rn. 38) sollten die oft kompliziert erscheinenden technischen Vorgänge erläutert werden, um eine Subsumtion unter die urheberrechtlichen Tatbestände zu erleichtern. Ebenso ist es angezeigt, Usancen der betroffenen Branche (z. B. die Verwertungskaskade im Filmbereich) im Strafantrag zu erläutern, um die negativen Auswirkungen des angezeigten Verhaltens auf eine geregelte Auswertung zu verdeutlichen.

12 Der Antrag kann gem. § 158 Abs. 2 StPO schriftlich oder zu Protokoll bei der Staatsanwaltschaft oder bei Gericht eingereicht werden. Nach h. M. kann dies auch schriftlich bei einer Polizeidienststelle erfolgen (Schricker/Loewenheim/*Kudlich*[5] Rn. 13). Hierbei sind ggf. besondere Zuständigkeiten der Staatsanwaltschaft gemäß § 143 Abs. 4 GVG zu berücksichtigen, um eine effektivere Bearbeitung durch eine **Schwerpunktstaatsanwaltschaft** zu ermöglichen. Von § 143 GVG haben schon einige Länder Gebrauch gemacht und Schwerpunktstaatsanwaltschaften im Bereich IUK-Kriminalität eingerichtet, wozu i. d. R. auch Urheberrecht gehört. Eine Rücknahme des Strafantrages ist nach § 77d StGB bis zum rechtskräftigen Abschluss des Verfahrens möglich.

13 **cc) Antragsfrist:** Der Antrag ist gemäß § 77b StGB innerhalb von drei Monaten nach Kenntnis von Tat und Täter zu stellen. Kenntnis von der Tat bedeutet Wissen solcher Tatsachen, die zu einer eigenen verständigen Beurteilung und zu einem Schluss auf die Beschaffenheit der Tat in ihren wesentlichen Beziehungen berechtigen (Fischer[63] § 77b Rn. 4; Schricker/Loewenheim/*Kudlich*[5] Rn. 15).

Der Antragsberechtigte selbst muss die Kenntnis haben, eine frühere **Kenntnis seines Bevollmächtigten** bewirkt noch keinen Beginn der Frist (Schönke/Schröder/*Sternberg-Lieben*/*Bosch*[29] § 77b Rn. 3; *Gravenreuth* S. 141).

b) Öffentliches Interesse: Zusätzlich zu einem Strafantrag muss für den weiteren Fortgang des Verfahrens das öffentliche Interesse an der Strafverfolgung vorliegen. Es ist i. d. R. bei einer nicht nur geringfügigen Schutzrechtsverletzung gegeben (Nr. 261 RiStBV). Dabei sind an das öffentliche Interesse keine großen Anforderungen zu stellen. Insoweit scheiden allenfalls solche Fälle an der untersten Grenze der Strafbarkeit liegen (z. B. Weitergabe einzelner Kopien nicht aktuellen Materials). Bei einer hohen Anzahl an Kopien oder besonders aktuellem Material liegt i. d. R. schon das besondere öffentliche Interesse (gewerbliche Tatbegehung gar zum Offizialdelikt des § 108a) vor (vgl. Rn. 16). Auch **generalpräventive Erwägungen** können zur Bejahung des öffentlichen Interesses führen. **14**

Besteht das öffentliche Interesse nach Auffassung der Staatsanwaltschaft nicht, wird der Verletzte auf den Privatklageweg verwiesen (§ 376 StPO). Allerdings ist die Möglichkeit der Verfolgung von Urheberrechtsdelikten im Privatklageverfahren in der Rechtswirklichkeit keine ernstzunehmende Möglichkeit (so schon *Wilhelm Nordemann* NStZ 1982, 372, 374). Gegen diese Entscheidung ist allenfalls die Gegenvorstellung bzw. Dienstaufsichtsbeschwerde statthaft. Die Privatklage ist bei Verfahren gegen Jugendliche nicht möglich (§ 80 Abs. 1 S. 1 JGG). In diesen Fällen ist aber dennoch das Verfahren durchzuführen, wenn dies aus erzieherischen Zwecken heraus geboten ist (§ 80 Abs. 1 S. 2 JGG), denn gerade bei Jugendlichen und Heranwachsenden droht das Verständnis für die Notwendigkeit des Schutzes der urheberrechtlichen Leistung verloren zu gehen. **15**

2. Besonderes öffentliches Interesse

Ein Strafantrag ist entbehrlich, wenn ein besonderes öffentliches Interesse an der Strafverfolgung vorliegt (§ 109 2. Hs. i. V. m. Nr. 261a RiStBV), sodass auch gegen den Willen des Verletzten eine Strafverfolgung möglich ist (im Einzelnen dazu *Heghmanns* NStZ 1991, 112, 116). **16**

Bei der Beurteilung des Vorliegens des besonderen öffentlichen Interesses ist nicht nur eine hohe Zahl illegal hergestellter qualitativ hochwertiger Vervielfältigungsstücke ausschlaggebend, sondern insb. die Verbreitung oder öffentliches Zugänglichmachen aktueller Kinofilme, Musik, neuester Spielesoftware oder hochwertiger Computerprogramme. **17**

Auch in solchen Fällen, in denen der/die Täter selbst keinen wirtschaftlichen Vorteil aus der Tat ziehen, gleichwohl aber einen hohen Schaden verursachen, z. B. die Mitglieder von **Releasegruppen**, die die erste illegale Version aktueller Filme, Musik und Software ins Internet stellen und damit die illegale Verwertung über dieses Medium erst ermöglichen, ist das besondere öffentliche Interesse stets anzunehmen (dazu auch *Wiese* ZUM 2006, 694, 696). **18**

Bei Zusammentreffen von Privatklagedelikten mit Offizialdelikten ist das besondere öffentliche Interesse nicht mehr zu prüfen (BGHSt 19, 377, 380). **19**

§ 110   Einziehung

[1]Gegenstände, auf die sich eine Straftat nach den §§ 106, 107 Abs. 1 Nr. 2, §§ 108 bis 108b bezieht, können eingezogen werden. [2]§ 74a des Strafgesetzbuches ist anzuwenden. [3]Soweit den in den § 98 bezeichneten Ansprüchen im Verfahren nach den Vorschriften der Strafprozessordnung über die Entschädi-

gung des Verletzten (§§ 403 bis 406c) stattgegeben wird, sind die Vorschriften über die Einziehung nicht anzuwenden.

Übersicht   Rn.

I.   Allgemeines

1   Bis zum Inkrafttreten des ProdPiratG vom 7.3.1990 war die Anwendung der §§ 74–76a StGB ausgeschlossen (Ausnahme: gewerbsmäßige Urheberrechtsverletzung, s. § 110 S. 2 a. F.). Damit sollte dem Verletzten allein die Entscheidung, was mit den rechtswidrig hergestellten Vervielfältigungsstücken geschehen sollte, überlassen werden. Durch das ProdPiratG wurde dieser Vorrang wieder aufgehoben. Auch wenn die Begr RegE ProdPiratG (Amtl. Begr. UFITA 115 [1991], 254, 256) auf den Vorrang des zivilrechtlichen Vernichtungs- oder Unterlassungsanspruchs gegenüber der strafrechtlichen Einziehung hinweist, hat nunmehr der Verletzte nur noch durch die Geltendmachung zivilrechtlicher Ansprüche im Adhäsionsverfahren die Möglichkeit auf eine Einziehung einzuwirken (s. § 110 S. 3).

2   Im Wesentlichen liegt es jetzt wieder in den Händen des Strafrichters die Vernichtung der inkriminierten Gegenstände als zusätzliche Strafe auszusprechen und damit der angestrebten **generalpräventiven Wirkung** des Urheberstrafrechts Genüge zu tun.

2a   Nach der Reform der strafrechtlichen Vermögensabschöpfung (vgl. Rn. 48 ff.) sind die Möglichkeiten, dem Täter die Taterträge zu entziehen, verbessert und erleichtert worden.

II.   Tatbestand

1.   Gegenstände, auf die sich eine Straftat bezieht (S. 1)

3   Grundsätzlich gelten die allgemeinen Vorschriften über die Einziehung im Strafverfahren nach den §§ 74 ff. StGB. Voraussetzung ist gemäß § 74 Abs. 1 StGB eine vorsätzliche Tat, Versuch reicht aus. Diese Vorschriften beziehen sich gemäß § 74 Abs. 1 StGB auf Gegenstände, die durch die Tat hervorgebracht werden (sog. *producta sceleris*, z. B. Film-/Musikraubkopien) oder zu ihrer Begehung oder Vorbereitung gebraucht wurden oder bestimmt gewesen sind (sog. *instrumenta sceleris*, z. B. der zur Vervielfältigung eingesetzte Computer oder die zur Umgehung des Kopierschutzes (§ 108b) eingesetzte Software). Ebenfalls zu den instrumenta sceleris zählen die (originalen) Vorlagen zur Herstellung von Piraterieprodukten, da sie als **Tatmittel** unmittelbar in den strafbaren Herstellungsvorgang eingebunden sind (*Braun* S. 226).

4   Die spezialgesetzliche Vorschrift des § 110 (wie auch andere gleichgelagerte Vorschriften aus dem Bereich des gewerblichen Rechtsschutzes, z. B. § 51 Abs. 5 DesignG, § 143 Abs. 5 MarkenG, § 25 Abs. 5 GebrMG, § 142 Abs. 5 PatG) ermöglicht darüber hinaus auch die Einziehung von Gegenständen, auf die sich die Tat bezieht, sog. **Beziehungsgegenstände**. Dies sind solche Sachen und Rechte, die nicht Werkzeuge für die Tat, sondern der notwendige Gegenstand der Tat selbst, nicht aber deren Produkt sind (BGHSt 10, 28; Schönke/ Schröder/*Eser*[29] § 74 Rn. 12a). Somit können hier auch schutzrechtsverletzende Waren eingezogen werden, auch wenn der Hersteller der Ware unbekannt ist/bleibt (z. B. Raubkopien beim (Zwischen-) Händler).

Die Einziehung liegt im Ermessen des Gerichts. Dabei ist insb. in den Fällen, in   **5** denen die in Rede stehenden Gegenstände nicht ausschließlich zur Tatbegehung genutzt wurden oder die Tat nicht gewerbsmäßig begangen wurde, der Verhältnismäßigkeitsgrundsatz zu beachten (*Rehbinder* ZUM 1990, 462, 466; *Lührs* GRUR 1994, 264, 268; Wandtke/Bullinger/*Hildebrandt/Reinbacher*[4] Rn. 1).

2. Anwendbarkeit von § 74a StGB (S. 2)

§ 74a StGB erweitert die Möglichkeit der Einziehung auch auf **täterfremde**   **6** **Gegenstände**. Voraussetzung ist, dass der Dritte entweder leichtfertig dazu beigetragen hat, dass die Sache Gegenstand der Tat war oder dass er die Gegenstände in Kenntnis der Umstände, welche die Einziehung zugelassen hätten, in verwerflicher Weise erworben hat. Für diese Kenntnis genügt dolus eventualis (Fischer[63] § 74a Rn. 7; Lackner/Kühl/*Heger*[28] § 74a Rn. 3; a. A. Schönke/ Schröder/*Eser*[29] § 74a Rn. 9). So können erst recht bei einem **bösgläubigen Erwerber** illegal hergestellte Kopien eingezogen werden, da diesem ein „quasischuldhaftes" Verhalten vorzuwerfen ist (Schricker/Loewenheim/*Kudlich*[5] Rn. 7).

3. Vorrang des Adhäsionsverfahrens (S. 3)

Mit dem Vorrang des zivilrechtlichen Anspruchs gegenüber der Einziehung   **7** durch den Strafrichter will der Gesetzgeber dem Anspruch des *Verletzten* auf private Rechtsverfolgung gerecht werden (RegE ProdPiratG – BT-Drs. 11/ 4792, S. 30). Gerade deshalb sollte die Staatsanwaltschaft auch in den Fällen, in denen kein Adhäsionsverfahren anhängig, aber im Strafverfahren die Einziehung angeordnet wird, zunächst die Rechteinhaber kontaktieren, um zu vermeiden, dass Gegenstände vernichtet werden, obschon möglicherweise noch zivilrechtliche Ansprüche geltend gemacht werden. Das Adhäsionsverfahren ist ausgeschlossen bei Verfahren nach Jugendstrafrecht (§ 81 JGG).

III. Prozessuales

Die Einziehung hat strafähnlichen Charakter, daher ist die Entscheidung über   **8** ihre Anordnung eine Frage der Strafzumessung (*Ernstthaler* GRUR 1992, 273, 277; Fischer[63] § 74b Rn. 2). Die Anordnung der Einziehung ist zu tenorieren (BGH NStZ 1985, 361; Fischer[63] § 74 Rn. 21). Selbst wenn aus tatsächlichen Gründen keine Bestrafung erfolgen kann, können Gegenstände dennoch eingezogen werden, sog. **selbständiges Verfahren** (§ 76a StGB).

§ 111   Bekanntgabe der Verurteilung

[1]Wird in den Fällen der § 106 bis 108b auf Strafe erkannt, so ist, wenn der Verletzte es beantragt und ein berechtigtes Interesse daran dartut, anzuordnen, dass die Verurteilung auf Verlangen öffentlich bekannt gemacht wird. [2]Die Art der Bekanntmachung ist im Urteil zu bestimmen.

I.　Allgemeines

1　Grundsätzlich kann man die Bedeutung einer Befugnis zur **Veröffentlichung von Urteilen** nicht hoch genug einschätzen. So dient sie nicht nur der Beseitigung der Marktverwirrung und Genugtuung des Verletzten, sondern auch der **Generalprävention**, wodurch sie sich von der zivilrechtlichen Bekanntmachungsbefugnis nach § 103 abhebt.

2　Das Strafrecht kennt die Urteilsbekanntmachung in zwei Bereichen: zum einen im Bereich des Schutzes höchstpersönlicher Rechtsgüter (§§ 165, 200 StGB), zum anderen im Bereich des Gewerblichen Rechtsschutzes (§ 143 Abs. 6 MarkenG, § 142 Abs. 6 PatG, § 25 Abs. 6 GebrMG, § 51 Abs. 6 DesignG). Das Urheberrecht enthält Aspekte aus beiden Bereichen: Es umfasst den Schutz der geistigen und persönlichen Beziehungen des Urhebers zu seinem Werk (Urheberpersönlichkeitsrecht oder droit moral) (RegE UrhG 1962 – BT-Drs. IV/270, S. 27 f.) sowie die Vermögensinteressen des Urhebers (Verwertungsrechte), § 11, was insb. im Rahmen der Interessenabwägung zu berücksichtigen ist.

3　Die Urteilsbekanntgabe wurde durch das UrhG Infoges auf die neu geschaffene Strafbarkeit unerlaubter Eingriffe in technische Schutzmaßnahmen und in zur Rechtewahrnehmung erforderliche Informationen gem. § 108b erstreckt.

II.　Tatbestand

1.　Auf Strafe erkannt

4　Es muss wegen einer Tat nach §§ 106 bis 108b auf Strafe erkannt worden sein, sei es durch ein Urteil (auch wenn die Vollstreckung der Strafe zur Bewährung ausgesetzt wurde) oder durch einen Strafbefehl (§ 407 Abs. 2 Nr. 1 StPO). Eine Verwarnung mit Strafvorbehalt i. S. d. § 59 StGB reicht nicht aus. Die Anordnung der Bekanntgabe ist bei einer Verurteilung nach Jugendstrafrecht ausgeschlossen (§ 6 Abs. 1 S. 2 JGG).

2.　Antrag des Verletzten

5　Die öffentliche Bekanntgabe erfolgt nur auf ausdrücklichen Antrag des Verletzten. Verletzter i. S. dieser Vorschrift ist der nach § 109 Strafantragsberechtigte bzw. sein Vertreter. Die Veröffentlichungsanordnung ist zu tenorieren, daher muss der Antrag bis zum Ende der letzten mündlichen Verhandlung gestellt werden. Der Antrag kann auch im Rechtsmittelverfahren noch gestellt werden. Nicht zu verwechseln ist der Antrag auf Anordnung mit dem später zu stellenden Antrag („auf Verlangen") hinsichtlich des Vollzuges der öffentlichen Bekanntmachung; vgl. Rn. 16.

3.　Berechtigtes Interesse

6　Die Anordnung kann nur erfolgen, wenn der Verletzte ein berechtigtes Interesse an der Veröffentlichungsanordnung hat. Berechtigt ist an sich jedes von der Rechtsordnung als schutzwürdig anerkannte Interesse des Verletzten (Schricker/Loewenheim/*Kudlich*[5] Rn. 6). Dies ist im Einzelfall im Wege einer Interessenabwägung festzustellen. Dabei sind zunächst die gleichen Gesichtspunkte zu beachten wie auch bei der Abwägung im Rahmen des § 103. Hinzu kommt das auf Seiten des Täters zu berücksichtigende **Resozialisierungsinteresse**.

Art, Umfang und Dauerwirkung der Urheberrechtsverletzung, wegen derer die   **7**
Verurteilung erfolgt, sind dabei die wesentlichen Kriterien für die Beurteilung
(*Weber* S. 367). Hat z. B. der Täter sehr minderwertige Ware unter dem Namen
des Verletzten angeboten, hat der Verletzte i. d. R. ein **Klarstellungsinteresse**,
damit sein Name nicht mehr mit dieser Ware in Verbindung gebracht wird.
Bei Verletzungen der Verwertungsrechte kommt es z. B. darauf an, wie viele
Raubkopien schon hergestellt bzw. verkauft worden sind, denn umso nachhaltiger wären die Werknutzungsmöglichkeiten des tatsächlich Berechtigten geschmälert (*Weber* S. 368).

Darüber hinaus spielen bei der Herstellung und Verbreitung von Raubkopien   **8**
auch **generalpräventive Aspekte** eine Rolle. Denn der Verletzte hat gerade in
diesem Deliktsbereich, der in breiten Kreisen der Bevölkerung immer noch als
Kavaliersdelikt angesehen wird, ein großes Interesse, dass die Verurteilung an
sich veröffentlicht wird (*Rochlitz* S. 212 f.). Das **Unrechtsbewusstsein** kann so
geschärft, evtl. Nachahmer abgeschreckt und dadurch weitere Verletzungen des
Wirtschaftsgutes verhindert oder zumindest im Ausmaß beschränkt werden.

Dieser generalpräventive Gesichtspunkt ist bei der Urteilsbekanntmachung im   **9**
gewerblichen Rechtsschutz, z. B. im Markenrecht anerkannt (Harte-Baven-
damm/*Harte-Bavendamm* § 5 Rn. 127). Auch in der urheberstrafrechtlichen
gerichtlichen Praxis wird der Präventionsgedanken bei der Feststellung des berechtigten Interesses mit einbezogen (LG Braunschweig v. 20.11.2000 – 15 Ds
102 Js 21867/99; AG Leipzig v. 5.10.2005 – 205 Ds 208 Js 61563/04; AG
Hechingen v. 15.12.2004 – 5 Ds 132/04 – 22 Js 1151/03; AG Leipzig v.
17.3.2002 – 210 Ds 208Js 33824/02; AG Pfaffenhofen v. 21.4.1999 – Ds 65
Js 7329/98; AG Braunschweig v. 20.11.2000 – 10 Ds 102 Js 33276/99). Die
Schwere der Rechtsverletzung kann auch noch bei der im Urteil festzulegenden
Art der Veröffentlichung berücksichtigt werden; vgl. Rn. 11 ff.

4.   Darlegung des berechtigten Interesses

Nach dem Gesetzeswortlaut muss das berechtigte Interesse „dargetan" werden.   **10**
Dazu muss der Verletzte Tatsachen vortragen, aus denen sich sein berechtigtes
Interesse an der Bekanntgabe der Veröffentlichung ergibt. Nicht erforderlich
ist ein substantiiertes Vortragen oder gar ein Glaubhaftmachen. Die Tatsachen
sollten möglichst frühzeitig in das Verfahren eingebracht werden (z. B. schon
im Strafantrag), damit die Staatsanwaltschaft ggf. Ermittlungen zu den Tatsachen, die das berechtigte Interesse begründen, tätigen kann.

5.   Art der Bekanntgabe im Urteil bestimmen

Die Bekanntmachung muss zur Wahrung des vom Gericht im Rahmen der   **11**
Interessenabwägung festgestellten berechtigten Interesses des Verletzten erforderlich und geeignet sein (Schricker/Loewenheim/*Kudlich*[5] Rn. 9).

So ist z. B. in den Fällen, in denen der Verletzte ein Klarstellungsinteresse hat,   **12**
die Bekanntgabe der Verurteilung nicht nur unter voller Namensnennung des
Täters, sondern auch des Verletzten angezeigt (dazu RiStBV 261b). Dies ist
hingegen in den Fällen, bei denen generalpräventive Aspekte berücksichtigt
wurden (vgl. Rn. 8), nicht erforderlich. Hier hat das Gericht insb. darauf zu
achten, dass die Veröffentlichung nicht zu einer unnötigen Demütigung des
Täters führt (*Schomburg* ZRP 1986, 65, 66). Die betroffenen Schutzrechtsinhaber haben regelmäßig kein Interesse an einer namentlichen Nennung des
Täters.

Bei der Auswahl des Mediums, in dem die Veröffentlichung zu vollziehen ist,   **13**
ist vor allem bedeutsam, in welchen Kreisen sich die Verletzung ausgewirkt
hat. In Betracht kommen kann eine **Bekanntmachung** in einer Lokalzeitung,

der einschlägigen Fachpresse oder auf einer vergleichbaren Internetseite. Hierzu sollte der Verletzte dem Gericht schon bei Antragstellung (vgl. Rn. 5) geeignete Medien vorschlagen.

14 Das Gericht muss weiterhin entscheiden, inwieweit Urteilsformel und ggf. Urteilsgründe zu veröffentlichen sind (RGSt 20,1). I. d. R. wird die Urteilsformel zu veröffentlichen sein, sollte diese nicht aus sich heraus verständlich sein, auch die Urteilsgründe bzw. Teile davon. Der Urteilstenor muss dann den Gegenstand der Veröffentlichung, ihre Form und das Medium, in dem die Veröffentlichung geschehen soll, genau bezeichnen. Gibt es mehrere Verletzte oder Angeklagte, so ist die Bekanntgabe der Verurteilung getrennt nach den einzelnen Beteiligten gesondert festzulegen (OLG Hamm NJW 1974, 466).

15 Bei Tatmehrheit umfasst die Veröffentlichung nur die urheberrechtlichen Tatbestände, die Gesamtstrafe darf nicht veröffentlicht werden (BayObLGSt. 60, 192; 61, 141). Wenn die Verletzung in Tateinheit mit einer schwereren Straftat begangen wurde, bei der es keine Bekanntmachung gibt, so kann das Gericht dennoch die Bekanntgabe hinsichtlich der Urheberrechtsverletzung anordnen. Ausnahme dazu ist § 107 wegen dessen Subsidiarität (§ 107 Abs. 1).

III. Prozessuales

16 Gemäß § 463c Abs. 2 StPO muss der Antragsteller bzw. ein an seiner Stelle Berechtigter (vgl. § 109 Rn. 3 ff.) innerhalb eines Monats nach Zustellung des rechtskräftigen Urteils/des Strafbefehls die öffentliche Bekanntgabe verlangen. Dies ist ein zusätzlich zum Veröffentlichungsantrag (vgl. Rn. 5) zu stellender Antrag, der formlos erfolgen kann.

17 Die öffentliche Bekanntmachung erfolgt nach § 463c StPO i. V. m. 261b RiStBV sowie § 59 StrVollstrO. Die Vollziehung der Anordnung ist Aufgabe der Vollstreckungsbehörde. Nach § 451 Abs. 1 StPO ist dies die Staatsanwaltschaft, die Geschäfte sind aber nach § 31 Abs. 2 S. 1 RPflG auf den Rechtspfleger übertragen. Die Kosten der Bekanntgabe sind gem. § 59 Abs. 2 S. 2 StrVollstrO i. V. m. § 464a Abs. 1 S. 2 StPO Verfahrenskosten und daher i. d. R. vom Angeklagten zu tragen. Kommt etwa ein Verleger der Anordnung der Bekanntgabe nicht nach, so sind gem. § 463c Abs. 3 StPO Zwangsmaßnahmen möglich.

§ 111a Bußgeldvorschriften

(1) Ordnungswidrig handelt, wer
1. **entgegen § 95a Abs. 3**
    a) **eine Vorrichtung, ein Erzeugnis oder einen Bestandteil verkauft, vermietet oder über den Kreis der mit dem Täter persönlich verbundenen Personen hinaus verbreitet oder**
    b) **zu gewerblichen Zwecken eine Vorrichtung, ein Erzeugnis oder einen Bestandteil besitzt, für deren Verkauf oder Vermietung wirbt oder eine Dienstleistung erbringt,**
2. **entgegen § 95b Abs. 1 Satz 1 ein notwendiges Mittel nicht zur Verfügung stellt oder**
3. **entgegen § 95d Abs. 2 Satz 1 Werke oder andere Schutzgegenstände nicht oder nicht vollständig kennzeichnet.**

(2) Die Ordnungswidrigkeit kann in den Fällen des Absatzes 1 Nr. 1 und 2 mit einer Geldbuße bis zu fünfzigtausend Euro und in den übrigen Fällen mit einer Geldbuße bis zu zehntausend Euro geahndet werden.

I. Allgemeines

Mit § 111a wurde durch das UrhG Infoges erstmalig ein Ordnungswidrigkeits- **1**
tatbestand in das Urheberrechtsgesetz eingeführt (in Anlehnung an § 5
ZKDSG, vgl. § 108b Rn. 1). Während § 111a Abs. 1 Nr. 1 lit. a und b schon
am 13.9.2003 in Kraft traten, sind § 111a Abs. 1 Nr. 2 und 3 erst am
12.9.2004 in Kraft getreten.

§ 111a Nr. 1 lit. a und b stellt eine zusätzliche Absicherung gegen die Vorberei- **2**
tung der Umgehung einer wirksamen technischen Maßnahme (§ 95a Abs. 3)
dar und ergänzt insofern § 108b Abs. 2.

Verstöße gegen § 95b Abs. 1 (Nichtzurverfügungstellen eines zur Durchsetzung **3**
von Schrankenbestimmungen notwendigen Mittels) und § 95d Abs. 2 S. 1 (fehlende oder unvollständige Kennzeichnung von Schutzgegenständen) werden
hingegen nicht von § 108b erfasst, sondern ausschließlich als Ordnungswidrigkeit sanktioniert.

Es verbleibt ein Bereich, der weder strafrechtlich noch im Wege einer Ord- **4**
nungswidrigkeit sanktioniert wird: die Herstellung, Einfuhr und Besitz von
Vorrichtungen, Erzeugnissen oder Bestandteilen nach § 95a Abs. 3, die nicht
zu gewerblichen Zwecken erfolgt, sowie deren Verbreitung an Personen, die
mit dem Täter persönlich verbunden sind. Ebenso sind Verstöße gegen § 95d
Abs. 1 (Angaben zu Eigenschaften der technischen Maßnahmen) nicht bußgeldbewehrt.

Da die Vorschriften der §§ 95a bis 95d für Computerprogramme nicht gelten **5**
(s. § 69a Abs. 5), gelangt auch § 111a dort nicht zur Anwendung. Sofern Computerprogramme mit einem Kopierschutz versehen sind, verbleibt es lediglich
bei einem zivilrechtlichen Vernichtungsanspruch gemäß § 69f Abs. 2 (**Umgehungsmittel**).

II. Objektiver Tatbestand

1.   § 111a Abs. 1 Nr. 1

Abs. 1 Nr. 1 lit. a deckt die **nichtgewerbliche** Tatbegehung des § 108b Abs. 2 **6**
ab (nur für Verkauf, Vermietung, Verbreitung; nicht: Einfuhr und Herstellung).
Wobei auch hier in Anlehnung an § 95a Abs. 3 der Begriff des Verbreitens
in der dortigen weiten Auslegung zu verstehen ist (vgl. § 108b Rn. 29). Die
Tathandlungen des Verkaufens und Vermietens (eigentlich Unterfälle des Verbreitens i. S. d. § 17) sollen offenbar stets bußgeldbewehrt sein, ein Verbreiten
im Übrigen aber nur, wenn dies über den Privatbereich hinausgeht (zum Begriff
der „mit dem Täter persönlich verbundener Personen" vgl. § 108b Rn. 16 ff.).

Im Hinblick auf das Gebot eines effektiven Schutzes ist es erforderlich, das Verkaufen und Vermieten grundsätzlich auch im privaten Umfeld zu sanktionieren, da es darauf ankommt, technische Maßnahmen gegen gefährliche Handlungen wie insb. solche, die gegen Entgelt erfolgen, wirksam zu schützen (RegE UrhG Infoges – BT-Drs. 15/38, S. 28 f.).

7   Abs. 1 Nr. 1 lit. b befasst sich mit Tathandlungen, die nicht von § 108b erfasst sind, gleichwohl Vorbereitungshandlungen zu § 108b sein können. Erfasst sind Handlungen nach § 95a Abs. 3 S. 1 Alt. 6–8 („Werbung im Hinblick auf Verkauf oder Vermietung", „der gewerblichen Zwecken dienende Besitz", „Erbringung von Dienstleistungen").

2. § 111a Abs. 1 Nr. 2

8   Abs. 1 Nr. 2 erfasst einen Verstoß des Rechteinhabers gegen § 95b Abs. 1 (Durchsetzung von Schrankenbestimmungen); dies ist als (echtes) Unterlassungsdelikt ausgestaltet. Dieser verstärkte Schutz war insofern notwendig, als dem Schrankenbegünstigten kein unmittelbares Recht auf Zugang zum Werk zusteht (vgl. § 108b Rn. 18).

3. § 111a Abs. 1 Nr. 3

9   Ein Verstoß gegen die Kennzeichnungs-(Informations-)Pflicht nach § 95d Abs. 2 S. 1 ist nach Abs. 1 Nr. 3 ebenso bußgeldbewehrt. Dies gilt jedoch nicht, wenn die Werke auf vertraglicher Grundlage online zugänglich gemacht wurden, da dann nach § 95d Abs. 2 S. 2 i. V. m. § 95b Abs. 3 die Kennzeichnungspflicht entfällt.

10   Auch dies ist als Unterlassungsdelikt ausgestaltet und insofern vergleichbar mit dem Verstoß gegen die allgemeinen Informationspflichten des § 5 TMG. Zweck dieser Vorschrift ist, dem Schrankenbegünstigten die Möglichkeit zu geben, seine in §§ 95b ff. verankerten Ansprüche auch tatsächlich durchzusetzen.

III. Subjektiver Tatbestand

11   Die Tat muss vorsätzlich begangen werden, bedingter Vorsatz reicht aus (§ 10 OWiG).

IV. Rechtswidrigkeit und Schuld

12   Es gelten die allgemeinen Rechtfertigungsgründe des OWiG (§§ 15, 16 OWiG).

V. Irrtümer/Täterschaft und Teilnahme

13   Hinsichtlich des Irrtums über Tatbestand und Schuld sowie zu Täterschaft und Teilnahme gelten die allgemeinen Regeln der §§ 8 ff. OWiG.

VI. Konkurrenzen

14   In der Tatvariation der Verstöße gegen § 95a Abs. 3 ist grundsätzlich ein Nebeneinander von Strafvorschrift und Ordnungswidrigkeit denkbar (§ 21 OWiG). Allerdings fände im Falle einer Tatbegehung zu gewerblichen Zwecken der § 108b als Strafgesetz Anwendung (§ 21 Abs. 1 OWiG). Falls eine Strafe nicht verhängt wird, kann die Tat dennoch als Ordnungswidrigkeit geahndet werden (§ 21 Abs. 2 OWiG).

Wenn sowohl § 111a als auch § 5 ZKDSG erfüllt sind, tritt § 5 ZKDSG zu-　**15**
rück.

VII. Prozessuales

Zuständig für das Bußgeldverfahren sind die Verwaltungsbehörden der Länder　**16**
(§ 35 OWiG). Für die örtliche Zuständigkeit der Behörde ist der Ort der Handlung maßgebend (§ 7 Abs. 1 OWiG). Damit können grds. auch von Ausländern
begangene Verstöße des § 111a geahndet werden. Von ihnen kann eine Sicherheitsleistung bzw. die Benennung eines Zustellungsbevollmächtigten verlangt
werden (§ 46 Abs. 1 OWiG i. V. m. § 132 StPO).

Rechtsfolge des § 111a ist stets eine Buße, sonstige Nebenfolgen wie z. B. eine　**17**
Einziehung (s. dazu z. B. § 145 Abs. 4 MarkenG) sind nicht vorgesehen. Gemäß § 111a Abs. 2 sind Verstöße gegen Abs. 1 Nr. 1 und 2 mit einer Geldbuße
bis zu € 50.000,-; bei Verstößen gegen Abs. 1 Nr. 2 (Kennzeichnungsgebot) nur
bis zu € 10.000,- zu ahnden.

In den Fällen des § 111a Abs. 1 Nr. 1 und 2 tritt Verfolgungsverjährung gem.　**18**
§ 31 Abs. 2 Nr. 2 OWiG nach drei Jahren ein, bei Verstößen gegen § 111a
Abs. 1 Nr. 3 schon nach zwei Jahren (§ 31 Abs. 2 Nr. 2 OWiG).

Unterabschnitt 3　**Vorschriften über Maßnahmen der Zollbehörden**

§ 111b Verfahren nach deutschem Recht

**(1) [1]Verletzt die Herstellung oder Verbreitung von Vervielfältigungsstücken
das Urheberrecht oder ein anderes nach diesem Gesetz geschütztes Recht,
so unterliegen die Vervielfältigungsstücke, soweit nicht die Verordnung (EU)
Nr. 608/2013 des Europäischen Parlaments und des Rates vom 12. Juli 2013
zur Durchsetzung der Rechte geistigen Eigentums durch die Zollbehörden und
zur Aufhebung der Verordnung (EG) Nr. 1383/2003 des Rates (ABl. L 181 vom
29.6.2013, S. 15), in ihrer jeweils geltenden Fassung anzuwenden ist, auf Antrag und gegen Sicherheitsleistung des Rechtsinhabers bei ihrer Einfuhr oder
Ausfuhr der Beschlagnahme durch die Zollbehörde, sofern die Rechtsverletzung offensichtlich ist. [2]Dies gilt für den Verkehr mit anderen Mitgliedstaaten
der Europäischen Union sowie mit den anderen Vertragsstaaten des Abkommens über den Europäischen Wirtschaftsraum nur, soweit Kontrollen durch
die Zollbehörden stattfinden.**

**(2) [1]Ordnet die Zollbehörde die Beschlagnahme an, so unterrichtet sie unver-
züglich den Verfügungsberechtigten sowie den Antragsteller. [2]Dem Antragsteller sind Herkunft, Menge und Lagerort der Vervielfältigungsstücke sowie
Name und Anschrift des Verfügungsberechtigten mitzuteilen; das Brief- und
Postgeheimnis (Artikel 10 des Grundgesetzes) wird insoweit eingeschränkt.
[3]Dem Antragsteller wird Gelegenheit gegeben, die Vervielfältigungsstücke zu
besichtigen, soweit hierdurch nicht in Geschäfts- oder Betriebsgeheimnisse
eingegriffen wird.**

**(3) Wird der Beschlagnahme nicht spätestens nach Ablauf von zwei Wochen
nach Zustellung der Mitteilung nach Absatz 2 Satz 1 widersprochen, so ordnet
die Zollbehörde die Einziehung der beschlagnahmten Vervielfältigungsstücke
an.**

**(4) [1]Widerspricht der Verfügungsberechtigte der Beschlagnahme, so unterrich-
tet die Zollbehörde hiervon unverzüglich den Antragsteller. [2]Dieser hat gegenüber der Zollbehörde unverzüglich zu erklären, ob er den Antrag nach Absatz 1 in
Bezug auf die beschlagnahmten Vervielfältigungsstücke aufrechterhält.**
**1. Nimmt der Antragsteller den Antrag zurück, hebt die Zollbehörde die Be-
schlagnahme unverzüglich auf.**

2. **Hält der Antragsteller den Antrag aufrecht und legt er eine vollziehbare gerichtliche Entscheidung vor, die die Verwahrung der beschlagnahmten Vervielfältigungsstücke oder eine Verfügungsbeschränkung anordnet, trifft die Zollbehörde die erforderlichen Maßnahmen.** [4]**Liegen die Fälle der Nummern 1 oder 2 nicht vor, hebt die Zollbehörde die Beschlagnahme nach Ablauf von zwei Wochen nach Zustellung der Mitteilung an den Antragsteller nach Satz 1 auf; weist der Antragsteller nach, dass die gerichtliche Entscheidung nach Nummer 2 beantragt, ihm aber noch nicht zugegangen ist, wird die Beschlagnahme für längstens zwei weitere Wochen aufrechterhalten.**

(5) Erweist sich die Beschlagnahme als von Anfang an ungerechtfertigt und hat der Antragsteller den Antrag nach Absatz 1 in Bezug auf die beschlagnahmten Vervielfältigungsstücke aufrechterhalten oder sich nicht unverzüglich erklärt (Absatz 4 Satz 2), so ist er verpflichtet, den dem Verfügungsberechtigten durch die Beschlagnahme entstandenen Schaden zu ersetzen.

(6) [1]Der Antrag nach Absatz 1 ist bei der Bundesfinanzdirektion zu stellen und hat Wirkung für ein Jahr, sofern keine kürzere Geltungsdauer beantragt wird; er kann wiederholt werden. [2]Für die mit dem Antrag verbundenen Amtshandlungen werden vom Antragsteller Kosten nach Maßgabe des § 178 der Abgabenordnung erhoben.

(7) [1]Die Beschlagnahme und die Einziehung können mit den Rechtsmitteln angefochten werden, die im Bußgeldverfahren nach dem Gesetz über Ordnungswidrigkeiten gegen die Beschlagnahme und Einziehung zulässig sind. [2]Im Rechtsmittelverfahren ist der Antragsteller zu hören. [3]Gegen die Entscheidung des Amtsgerichts ist die sofortige Beschwerde zulässig; über sie entscheidet das Oberlandesgericht.

(8) *(weggefallen)*

§ 111c Verfahren nach der Verordnung (EU) Nr. 608/2013

Für das Verfahren nach der Verordnung (EU) Nr. 608/2013 gilt § 111b Absatz 5 und 6 entsprechend, soweit die Verordnung keine Bestimmungen mehr enthält, die dem entgegenstehen.

Übersicht

I. Allgemeines

1. Ausmaß und Gefahren der Produktpiraterie

Die durch EU-Recht und nationales Recht geregelten Grenzaufgriffe gefälsch-   **1**
ter Waren durch den Zoll stellen in der Praxis eines der wichtigsten Instrumente zur Bekämpfung der **Produktpiraterie** dar. Nach Schätzung der OECD
entstehen durch Produktpiraterie wirtschaftliche Verluste von rund 250 Milliarden Euro pro Jahr , wobei nach Schätzungen der internationalen Handelskammer die Produktpiraten geschätzte Umsätze in Höhe von 650 Milliarden
erzielen (s. http://www.wiwo.de/unternehmen/handel/plagiate-fakes-und-co-
schaeden-in-zweistelliger-milliardenhoehe/7505292–2.html). Die Produktpiraterie ist schon lange nicht mehr nur ein Problem der Kosmetik-, Luxusgüter-
und Textilindustrie, sondern betrifft inzwischen die meisten Branchen, u. a.
auch die Maschinenbau-, Autoersatzteil- und Nahrungsmittelindustrie (s. die
Aufstellung der EU-Kommission zu Grenzbeschlagnahmen durch die nationalen Zollbehörden unterhttps://ec.europa.eu/taxation_customs/sites/taxation/
files/2016_ipr_statistics.pdf). So warnt die WHO eindringlich vor den Gefahren von gefälschten Arzneimitteln, wobei gerade der Verkauf von Arzneimitteln über das Internet ein wachsendes Problem ist (s. http://www.who.int/
mediacentre/factsheets/fs275/en/) .).

2. Entwicklung der Rechtsgrundlage

Ursprünglich sah das deutsche Recht nur im Falle einer Markenverletzung eine   **2**
Grenzbeschlagnahme (s. § 28 WZG) vor. Durch das ProdPiratG vom 7.3.1990
(BGBl. I S. 422) wurde in Deutschland die Zugriffsmöglichkeit des Zolls u. a.
auch auf urheberrechtsverletzende Waren (§ 111b) erweitert. Im Jahre 1994
wurde diese Entwicklung auf europäischer Ebene durch die Verordnung EG
3295/94 nachvollzogen, die die bisher bestehende Verordnung EG 3842/86
ablöste und den Anwendungsbereich der **EU-Produktpiraterieverordnung** (EU-
ProdPiratVO) auch auf Urheberrechte und verwandte Schutzrechte erweiterte.
Mit der Verordnung EG 1383/2003, die zwischen dem 1.7.2004 und
31.12.2013 galt, wurde der gemeinschaftsrechtliche Tätigkeitsbereich der Zollbehörden noch einmal erweitert. Am 1.1.2014 ist die Verordnung (EU) 608/
2013 in Kraft getreten, die den Anwendungsbereich auf Handelsnamen, Topographien von Halbleitererzeugnissen, Gebrauchsmuster, Vorrichtungen zur
Umgehung technischer Maßnahmen und geografische Angaben für Nicht-Ag-
rarerzeugnisse erweitert hat. Die neue Verordnung hat das vereinfachte Verfahren, das sich in der Praxis bewährt hat (s. ErwG 16 der Verordnung EU
608/2013) als Basisverfahren festgeschrieben und insbesondere ein Kleinsendungsverfahren eingeführt hat, das eine Vernichtung rechtsverletzender Waren
durch den Zoll auch ohne Beteiligung des Schutzrechtsinhabers ermöglicht.
Ansonsten bleibt die Rolle der Zollverwaltung und der Zollbeteiligten weitgehend unverändert. Die neue Verordnung soll die Rechtssicherheit des zollamtli-
chen Verfahrens für die Beteiligten durch eine straffere Fristenregelung und
klarere Regeln über Informationsverpflichtungen erhöhen (s. ErwG 17 der Verordnung EU 608/2013). Die neue Verordnung sieht nunmehr in Art. 2 EUProd-
PiratVO einen umfassenden Definitionskatalog vor, was auch notwendig ist,
da sich die neue Begriffe (z. B. Inhaber der Entscheidung = Antragsteller, dessen
Antrag stattgegeben wurde = Rechteinhaber bzw. Nutzungsberechtigter) nicht
aus sich selbst heraus erschließen.

3. Bedeutung von Grenzaufgriffen in der EU und Deutschland

3 Die Bedeutung der Grenzaufgriffe in der Praxis hat in den letzten Jahren kontinuierlich zugenommen. Während es im Jahre 2005 26.704 Grenzaufgriffe aufgrund der EUProdPiratVO EU-weit gab, waren es im Jahre 2015 bereits 81.089. Insgesamt wurden 40.728.675. Waren mit einem Einzelhandelswert von € 642.108.323 beschlagnahmt. Auch die Zahl der Rechteinhaber, die nach der EUProdPiratVO einen Grenzbeschlagnahmeantrag stellen, hat stetig zugenommen von 5.525 im Jahre 2005 auf 33.191 im Jahre 2015 (s. Aufstellung der EU Kommission zu Grenzbeschlagnahmen durch die nationalen Zollbehörden, abrufbar unter https://ec.europa.eu/taxation_customs/sites/taxation/file s/2016_ipr_statistics.pdf).

3a In Deutschland zeichnet sich eine sehr ähnliche Entwicklung ab. Während es im Jahr 2005 7.217 Aufgriffe gab, wurde der Zoll im Jahre 2015 in 23.338 Fällen aktiv. Die Zahl der Aufgriffe insbesondere im Post- und Luftverkehr hat stark zugenommen und machte im Jahre 2015 rund 95 % aller Aufgriffe aus, wobei die Menge der aufgegriffen Waren im Post- und Luftverkehr nur rund 23% der Gesamtmenge darstellte. Der Gesamtwert der aufgegriffenen Waren lag im Jahre 2015 bei EUR 132.253.712. Hauptherkunftsland gefälschter Waren ist China (einschließlich Hongkong), aus dem mehr als 3/4 aller aufgegriffenen Waren im Jahre 2015 kamen (s. hierzu Gewerblicher Rechtsschutz, Statistik für das Jahr 2015 – Zentralstelle Gewerblicher Rechtsschutz, abrufbar unter http://www.zoll.de/SharedDocs/Broschueren/DE/Reise-Post/statistik_ gew_rechtsschutz_2015.html?nn=29858).

II. Anwendungsbereich

1. Vorrang der EUProdPiratVO und deren Anwendungsbereich

4 Nach dem in § 111b Abs. 1 normierten **Vorrangprinzip** kommt das für Urheberrechte und verwandte Schutzrechte in § 111b geregelte nationale Grenzbeschlagnahmeverfahren nur dann zur Anwendung, wenn die EUProdPiratVO (= Verordnung EU 608/2013) nicht anwendbar ist. Um den Anwendungsbereich des § 111b zu bestimmen, muss folglich zunächst einmal der Anwendungsbereich der EUProdPiratVO näher definiert werden.

5 Der Anwendungsbereich der EUProdPiratVO ist sehr weit. Nach den in Art. 1 Abs. 1 a, b EUProdPiratVO geregelten Aufgreiftatbeständen findet die EUProdPiratVO praktisch bei allen **Ein-** und **Ausfuhren** in bzw. aus **Nicht-EU-Staaten** Anwendung. Zu den wichtigsten Tatbeständen gehören die Einfuhr, die Ausfuhr, die Wiederausfuhr und das Versandverfahren (= Nichterhebungsverfahren). Beschränkt wird der Anwendungsbereich allerdings durch Art. 1 Abs. 5 EUProdPiratVO. So findet nach Art. 1 Abs. 5 die EUProdPiratVO keine Anwendung auf Waren, die mit Zustimmung des Rechteinhabers hergestellt worden sind. Das betrifft einerseits sog. **parallelimportierte Waren,** d. h. Originalwaren, die ohne Zustimmung des Rechteinhabers in die Europäische Union bzw. den Europäischen Wirtschaftsraum eingeführt werden (näher dazu § 16 Abs. 2 UrhG; BHF GRUR Int. 2000, 780, 781 – *Jockey*) und andererseits Waren von **Lizenznehmern**, die unter Verstoß gegen die Vorschriften des Lizenzvertrages hergestellt worden sind, also Waren, die bspw. wegen ihrer Qualität oder Art nicht unter die Lizenz fallen. Bei Waren, die vom Lizenznehmer am Rechteinhaber vorbeiproduziert worden sind, sogenannte „**Overrun**"-**Waren,** – in der Praxis ein sehr häufiges Problem – geht es dagegen nicht um die Einhaltung irgendwelcher Nutzungsbedingungen des Lizenzvertrages, sondern um eine unerlaubt hergestellte Vervielfältigungsstücke. Die Verordnung EU 608/2013 hat nunmehr klargestellt, dass auf solche „Overrun"-Waren die EUProdPiratVO keine Anwendung findet. Auf solche Overrun-Waren findet somit das in § 111b geregelte nationale Grenzbeschlagnahmeverfahren Anwendung. Schließlich findet die EUProdPiratVO gem. Art. 1 Abs. 4 EUProdPiratVO nicht auf Waren im persönlichen Gepäck von Reisenden Anwendung, soweit keine konkreten Hinweise dafür vorliegen, dass diese Waren Gegenstand eines gewerblichen Handelns sind.

2. Verbleibender Anwendungsbereich des § 111b UrhG

In der Praxis ist somit der verbleibende Anwendungsbereich des § 111b gering. **6** Ein Anwendungsbereich ist der zwischenstaatliche Handel zwischen den Mitgliedsstaaten der EU. In den **Binnengrenzen** der EU sind die Grenzkontrollen aufgrund des Schengener Abkommens aber weitgehend abgeschafft worden. Soweit es hier noch zu nach § 111b zu beurteilenden Aufgriffen gefälschten Waren kommt, finden diese durch sog. Mobile Kontrollgruppen des Zolls statt. Ein weiterer möglicher Anwendungsbereich wäre der private Reiseverkehr, da hier – wie ausgeführt (vgl. Rn. 5) – die EUProdPiratVO gem. Art. 1 Abs. 4 nicht zum Tragen kommt, sodass eigentlich § 111b zur Anwendung kommen müsste. Nach der Gesetzesbegründung (RegE ProdPiratG – BT Drs. 11/4792, S. 41) soll allerdings eine Beschlagnahme bei Privatpersonen, etwa im **Reisegepäck**, grds. nicht erfolgen (Dreier/Schulze/*Dreier*[3] Rn. 7 außer bei sogenannten Ameisenverkehr). In der Praxis wird dies von den Zollbehörden sehr unterschiedlich gehandhabt. Nachdem die neue EUProdPiratVO Overrun-Waren aus ihrem Anwendungsbereich herausgenommen hat (vgl. Rn. 5), findet § 111b nunmehr auch auf Overrun-Waren Anwendung. Die größte praktische Bedeutung haben § 111b bzw. die entsprechenden Vorschriften in anderen Schutzgesetzen des Geistigen Eigentums (u. a. § 146 ff. MarkenG, § 142a PatG) für **Parallelimporte** (vgl. Rn. 5).

III. Voraussetzungen

1. Antragserfordernis

Die Beschlagnahme nach § 111b erfordert zwingend einen **Antrag** des Rechteinhabers. Im Unterschied zur EUProdPiratVO (s. Art. 18 EUProdPiratVO) kann der Zoll ohne Antrag nicht tätig werden. Der Antrag auf Beschlagnahme wird elektronisch im Internet über das neue zentrale Datenbanksystem zum Schutz Geistiger Eigentumsrechte (ZGR-online) gestellt (s. http://www.zoll.de/DE/Fachthemen/Verbote-Beschraenkungen/Gewerblicher-Rechtsschutz/Information-ZGR-online/information-zgr-online_node.html). Seit 1995 wird der Antrag von der **Zentralstelle Gewerblicher Rechtsschutz**, Sophienstraße 6, 80333 München, die zur Bundesfinanzdirektion Südost gehört, bearbeitet und sollte dort entgegen § 111b Abs. 6 auch gestellt werden. Im Antrag müssen die Urheberrechte bzw. verwandten Leistungsschutzrechte glaubhaft gemacht werden. Im Gegensatz zum Antrag nach EUProdPiratVO (s. Art. 6 Abs. 3n und o) ist weiterhin eine **Sicherheitsleistung** erforderlich, die durch eine selbstschuldnerische Bürgschaft durch eine Bank erbracht wird (Formular abrufbar unter http://www.zoll.de/DE/Fachthemen/Verbote-Beschraenkungen/Gewerblicher-Rechtsschutz/Marken-und-Produktpiraterie/Antrag/Antrag-national/antrag-national_node.html), wobei deren Höhe im Ermessen der Zollbehörde liegt. Die Sicherheit soll den durch eine Grenzbeschlagnahme dem Verfügungsberechtigten möglicherweise entstehenden Schaden (dazu s. § 111b Abs. 5) und mögliche Kosten (z. B. Lager- und Vernichtungskosten) abdecken. I. d. R. beträgt sie zwischen EUR 10.000,00 und EUR 25.000,00. Für die Bearbeitung des Antrags fallen keine Gebühren mehr an. Obwohl es im Unterschied zu Art. 6 Abs. 3 i. V. m. Art. 7 Abs. 1 EUProdPiratVO keine Pflicht gibt, **sachdienliche Angaben** zu Warenmerkmalen, zu Vertriebssystemen, Lieferländern, Verpackungsformen, etc. von Originalen und Fälschungen zu machen, hängt die

Effektivität der Grenzbeschlagnahme maßgeblich von den vom Rechteinhaber gemachten Angaben ab. Der Antrag wird auf ein Jahr gewährt und kann, sollte es keine Veränderungen gegeben haben, formlos beliebig oft verlängert werden (§ 111b Abs. 6). Zu beachten ist, dass dem Antrag lediglich bis zum letzten Gültigkeitstag eines im Antrag enthaltenen Schutzrechtes stattgegeben werden kann. Gerade bei Anträgen, die neben Urheberrechten auch andere Schutzrechte wie Marken und Geschmacksmuster enthalten, ist darauf zu achten, dass diese Rechte rechtzeitig verlängert werden.

2. Verletzung des Urheberrechts bzw. eines Leistungsschutzrechts

8 Für ein Tätigwerden der Zollbehörde muss gem. § 111b Abs. 1 die Herstellung oder Verbreitung von Vervielfältigungsstücken das Urheberrecht oder ein anderes im Urhebergesetz geregeltes Leistungsschutzrecht verletzen. § 111b schafft also **keinen eigenen selbständigen Verletzungstatbestand**, sondern setzt eine Verletzung des Urheberrechts bzw. eines verwandten Leistungsschutzrechts voraus. Von § 111b ebenfalls (vgl. Rn. 5) nicht erfasst wird der Verstoß gegen schuldrechtliche Verpflichtungen, bspw. der Verstoß gegen Qualitätsauflagen des Lizenzvertrags (s. dazu Schricker/Loewenheim/*Kudlich*[5] Rn. 3). In der **Einfuhr** liegt eine Urheberrechtsverletzung. Mit der Einfuhr wird regelmäßig die Verbreitung der gefälschten Waren im Inland intendiert. Nach der Gesetzesbegründung (RegE ProdPiratG – BT Drs. 11/4792, S. 44) soll die Beschlagnahme auch schon bei Abwendung der sonst drohenden Verbreitung der rechtswidrigen Vervielfältigungsstücke in Betracht kommen und nicht erst dann, wenn die Verbreitung und damit die Schutzrechtsverletzung konkret eintritt. Bei der Ausfuhr wird eine unerlaubte Vervielfältigung im Inland stattgefunden haben. Strittig ist, ob die Beschlagnahme auch bei einem bloßen **Transit** der Waren durch die Bundesrepublik Deutschland in Betracht kommt. Nach deutschem Recht lag in dem Transit von Waren grds. keine Verletzung (s. RegE ProdPiratG – BT-Drs. 11/4792, S. 41; Dreier/Schulze/*Dreier*[3] Rn. 7; BGH GRUR 2007, 876 – *Diesel II*; GRUR 2012, 1263 – *Clinique happy* zum Markenrecht). Wegen der erheblichen Gefahren, die bei der Durchfuhr für den Rechteinhaber entstehen, hat der EU-Gesetzgeber nunmehr in der Markenrechtslinie die Rechtslage neu geordnet. Im Urheberrecht ist offenbar keine Gesetzesänderung geplant. In der Praxis wird man sich wohl an der neu geschaffenen Gesetzeslage im Markenrecht orientieren. Die Einzelheiten werden unter Rn. 17 bei der Besprechung der EUProdPiratVO dargestellt. In der Praxis findet bei Transitfällen üblicherweise die EUProdPiratVO Anwendung, da die Waren aus nicht EU-Ländern stammen. Ob § 111b auch auf den Tatbestand des Transits Anwendung finden soll, scheint angesichts des Erfordernisses einer offenkundigen Rechtsverletzung zweifelhaft (so aber noch *Ingerl/Rohnke*[1] § 146 MarkenG Rn. 5 zum parallelen Problem im Markenrecht).

3. Offensichtlichkeit der Rechtsverletzung

9 Nach § 111b Abs. 1 muss die Rechtsverletzung **offensichtlich** sein. „Offensichtlich" bedeutet, dass die Zollbehörden keine vernünftigen Zweifel hinsichtlich des rechtsverletzenden Charakters der Waren haben (s. Ströbele/Hacker/*Hacker*[10] § 146 Rdnr. 15 m. w. N. zur parallelen Vorschrift des § 146 MarkenG). Dieses einschränkende Tatbestandsmerkmal soll sicherstellen, dass bei unklarer Rechtslage ein Eingriff in den Warenverkehr unterbleibt und ungerechtfertigte Beschlagnahmen weitestgehend nicht stattfinden (RegE ProdPiratG – BT Drs. 11/4792, S. 41). In der Praxis sind viele Rechtsverletzungen offensichtlich. So werden Waren schon häufig falsch deklariert bzw. sind von solcher minderer Qualität, dass ihr Fälschungscharakter ins Auge sticht. Selbst bei Parallelimporten, dem in der Praxis wichtigsten Anwendungsbereich für § 111b (vgl. Rn. 6), ist der rechtsverletzende Charakter häufig offensichtlich, da viele Waren Hinweise auf das entsprechende Lizenzgebiet aufweisen bzw. die verwendeten Sprachen auf der Verpackung eindeutige Rückschlüsse auf das

Lizenzgebiet erlauben. Ein Widerspruch darauf zu stützen, dass die Rechtsverletzung nicht offensichtlich war, würde allerdings ins Leere gehen, da das Gericht im Rahmen des § 111b Nr. 2 nur überprüft, ob die beschlagnahmten Waren Urheberrechte oder verwandte Schutzrechte verletzen.

IV. Verfahrensablauf

1. Allgemeines

Nach dem Wortlaut des § 111b spricht die Zollbehörde bei Vorliegen der Voraussetzungen der Beschlagnahme (vgl. Rn. 7 ff.) die Beschlagnahme aus und unterrichtet dann den **Verfügungsberechtigten** (= zollrechtlich Verantwortlicher, regelmäßig also der Einführer bzw. dessen Spediteur) und den Antragsteller, wobei Letzterer die Möglichkeit zur Besichtigung der rechtsverletzenden Ware erhält. In der Praxis weicht der Verfahrensablauf häufig hiervon ab, da viele Antragsteller sowohl einen Antrag nach § 111b Abs. 1 als auch nach der EUProdPiratVO stellen und der Zoll zunächst einmal nicht zwischen den unterschiedlichen Rechtsgrundlagen und Verfahren differenziert. Das erste Schreiben, das der Antragsteller daher häufig von der tätig gewordenen Zollstelle erhält, ist die sog. Aussetzung der Überlassung, die auf Art. 17 EUProdPiratVO (vgl. Rn. 21) beruht. Entweder mit oder im engen zeitlichen Zusammenhang mit der Aussetzung der Überlassung erhält der Antragsteller regelmäßig ein Foto bzw. – heute weniger häufig – ein Muster der rechtsverletzenden Ware, zumindest wenn ein entsprechender Antrag nach Art. 19 Abs. 2 EUProdPiratVO gestellt wurde (näher vgl. Rn. 24). Sollte bspw. wegen eines Parallelimports dann die EUProdPiratVO nicht greifen, ist es Aufgabe des Antragstellers, die Zollbehörde darauf hinzuweisen und somit sicherzustellen, dass der Zoll das Verfahren nach § 111b Abs. 2–5 durchführt. **10**

2. Anordnung der Beschlagnahme und das Besichtigungsrecht des Antragstellers

Bei Vorliegen der Voraussetzungen (vgl. Rn. 7 ff.) ordnet die Zollbehörde die Beschlagnahme der Vervielfältigungsstücke an. Dem Antragsteller werden **Herkunft**, **Menge** und **Lagerort** der Vervielfältigungsstücke sowie **Name** und **Anschrift** des Verfügungsberechtigten mitgeteilt (§ 111b Abs. 2). Die Mitteilung dieser Daten, auf die der Antragsteller einen Rechtsanspruch hat (so EuGH WRP 1999, 1269 – *Adidas* zur EUProdPiratVO), soll dem Antragsteller ermöglichen, zivilrechtliche Ansprüche gegenüber dem Verfügungsberechtigten geltend zu machen. **11**

Nach § 111b Abs. 2 S. 3 wird dem Antragsteller (= Rechteinhaber) die Möglichkeit eingeräumt, die Vervielfältigungsstücke zu **besichtigen**. Obwohl nicht ausdrücklich in § 111b Abs. 2 S. 3 vorgesehen, sind viele Zollbehörden bereit, anstatt einer Inaugenscheinnahme die **Muster** zur Begutachtung durch den Antragsteller zu übersenden. Überwiegend werden heute den Antragsstellern digitale Fotos der mutmaßlich rechtsverletzenden Ware übersandt. Der tw. vertretenen Auffassung (*Deumeland* GRUR 2006, 994, 995), wonach die Übersendung eines Musters nach § 111b nicht zulässig sei, ist nicht zu folgen. Diese Auffassung ergibt sich weder zwingend aus dem Wortlaut noch ist sie praktikabel. Noch nicht endgültig geklärt ist, wie weit das in § 111b Abs. 2 S. 3 normierte Besichtigungsrecht reicht, was insb. in Bezug auf **Computerprogramme** von großer praktischer Bedeutung ist. Nach richtiger Ansicht ist das Besichtigungsrecht nicht auf die Inaugenscheinnahme i. S. v. § 371 ZPO begrenzt, sondern umfasst auch die ordnungsgemäße Inbetriebnahme (so auch Schricker/Loewenheim/*Kudlich*[5] Rn. 11, a. A.: *Deumeland* GRUR 2006, 994, 995). Wie noch unten ausgeführt wird (vgl. Rn. 21 zur EUProdPiratVO), werden Muster bei Stellung eines Antrags nach Art. 19 Abs. 2 EUProdPiratVO häufig automatisch übersandt. Die Besichtigung bzw. Begutach- **12** tung soll dem Antragsteller ermöglichen, die Berechtigung der Grenzbeschlagnahme zu überprüfen. Sollte sich herausstellen, dass die Vervielfältigungsstücke entgegen ihres offensichtlichen Anscheins keine Urheberrechte bzw. verwandte Leistungsschutzrechte verletzen, ist der Antragsteller im Hinblick auf die in § 111b Abs. 5 geregelte Schadensersatzpflicht gut beraten, die Grenzbeschlagnahme unmittelbar gegenüber dem Zoll aufzuheben.

3. Vereinfachtes Verfahren zur Einziehung der Waren

13 In der gem. § 111b Abs. 2 vorgesehenen Mitteilung des Verfügungsberechtigten über die Beschlagnahme muss der zollrechtlich Verfügungsberechtigte darauf aufmerksam gemacht werden, dass die beschlagnahmten Gegenstände eingezogen werden, wenn der Beschlagnahme nicht bis spätestens nach Ablauf von zwei Wochen nach Zustellung **widersprochen** wird (§ 111b Abs. 3). Widerspricht der Verfügungsberechtigte der Beschlagnahme nicht innerhalb der Zweiwochenfrist, wird die Einziehung der beschlagnahmten Vervielfältigungsstücke angeordnet. Gegen diese **Einziehung** ist Antrag auf gerichtliche Entscheidung gem. § 111b Abs. 7 i. V. m. § 62 OWiG möglich. Auf dieses Rechtsmittel wird in der Praxis nur ganz selten zurückgegriffen, da ein Verfügungsberechtigter, der meint, dass die Beschlagnahme zu Unrecht erfolgt sei, gem. § 111b Abs. 4 lediglich der Beschlagnahme widersprechen muss. Durch die Einziehung geht das Eigentum an den beschlagnahmten Gegenständen auf den Staat über. Der Zoll wird dann regelmäßig ohne Kosten für den Antragsteller für die Vernichtung der beschlagnahmten Waren Sorge tragen.

4. Verfahren nach Widerspruch

14 Der in § 111b Abs. 4 vorgesehene **Widerspruch** gegen die Beschlagnahme ist kein klassisches Rechtsmittel, sondern **negative Voraussetzung** für das vereinfachte Einziehungsverfahren (so OLG München WRP 1997, 975, 977). Das Verfahren nach Widerspruch ist dem durch die EUProdPiratVO vorgesehenen Verfahren sehr ähnlich. Die Beschlagnahme durch den Zoll hat nach Widerspruch nur noch eine zeitlich begrenzte **Sicherungsfunktion**, die dem Antragsteller die Einleitung gerichtlicher Schritte zur Aufrechterhaltung der Grenzbeschlagnahme gem. § 111b Abs. 4 S. 2 Nr. 2 ermöglichen soll. Unternimmt der Antragsteller nach Einlegung des Widerspruchs nichts, wird der Zoll die Beschlagnahme zwei Wochen nach Unterrichtung des Antragstellers über den Widerspruch aufheben. Neben wirtschaftlichen und generalpräventiven Erwägungen wird die Entscheidung des Antragstellers, ob er den Antrag auf Grenzbeschlagnahme zurücknimmt oder aufrecht erhält, d. h. eine gerichtliche Entscheidung anstrebt, wesentlich davon abhängen, wie er seine Chancen einschätzt, gegen den Verfügungsberechtigten diese gerichtliche Entscheidung zu erwirken. Die Einleitung gerichtlicher Schritte hängt bei geringem Wert der Ware auch davon ab, ob als zollrechtlich Verfügungsberechtigter der in Deutschland ansässige Importeur, lediglich der Spediteur oder sogar nur der im Ausland ansässiger Empfänger der beschlagnahmten Waren als Verfahrensgegner greifbar ist und somit, wie die Chancen einer Kostenerstattung stehen. In jedem Fall muss der Antragsteller innerhalb von zwei Wochen eine **vollziehbare gerichtliche Entscheidung** vorlegen, die die Verwahrung der beschlagnahmten Vervielfältigungsstücke oder eine Verfügungsbeschränkung anordnet. Im Einzelfall kann der Antragsteller, sollte er nachweisen, dass er die gerichtliche Entscheidung nach § 111b Abs. 4 S. 2 Nr. 2 beantragt hat, diese ihm aber noch nicht zugegangen ist, die Beschlagnahme für weitere zwei Wochen aufrechterhalten. Angesichts dieses engen Zeitrahmens wird grundsätzlich der Antragsteller versuchen, eine einstweilige Verfügung zu erwirken. Neben einem Unterlassungsgebot wird die gerichtliche Verfügung häufig zur Sicherung des Vernichtungsanspruchs nach § 98 UrhG die weitere Verwahrung der Ware durch den Zoll bzw. ausnahmsweise die Sequestrierung der Waren durch den Gerichtsvollzieher anordnen. Neben der einstweiligen Verfügung eines Zivilgerichts kommt im Einzelfall auch eine **strafrechtliche** Beschlagnahme nach den §§ 111b StPO in Betracht. Legt der Antragsteller die gerichtliche Entscheidung gem. § 111b Abs. 4 S. 2 Nr. 2 der Zollbehörde vor, hebt die Zollbehörde die Beschlagnahme auf und übergibt die Ware – soweit beantragt – an den Sequester. Es ist dann Aufgabe des Antragstellers, entweder einen endgültigen Titel über die Vernichtung der Ware gegen den Verfügungsberechtigten zu erwirken oder – in der Praxis nach Erlass einer einstweiligen Verfügung häufiger – sich mit dem Verfügungsberechtigten über die Modalitäten der Vernichtung zu einigen.

5. Schadensersatz

§ 111b Abs. 5 regelt den möglichen Schadensersatzanspruch des Verfügungsberechtigten gegenüber dem Antragsteller. Die **Schadensersatzpflicht** des Antragstellers setzt aber nicht nur voraus, dass die Beschlagnahme sich im Nachhinein als von Anfang an unberechtigt erweist, sondern auch dass der Antragsteller nicht spätestens nach Unterrichtung durch die Zollbehörden über den Widerspruch des Verfügungsberechtigten den Antrag auf Beschlagnahme zurücknimmt oder – selbst bei späterer Zurücknahme – sich nicht gem. § 111b Abs. 4 S. 2 hierzu unverzüglich erklärt. Sollte überhaupt kein Widerspruch eingelegt werden und die Ware im vereinfachten Verfahren nach § 111b Abs. 3 eingezogen und vernichtet werden, scheidet § 111b Abs. 5 als Anspruchsgrundlage für einen Schadenersatz ohnehin aus. Erfasst von der Schadensersatzpflicht nach § 111b Abs. 5 ist nur der Verzögerungsschaden unter Einschluss der notwendigen Rechtsverfolgungskosten, der dem Verfügungsberechtigten ab dem Zeitpunkt der Unterrichtung des Antragstellers über den Widerspruch adäquatkausal entsteht.   **15**

V. Produktpiraterieverordnung (EU) 608/2013

1. Allgemeines

Die EUProdPiratVO hat in der Praxis eine überragende Bedeutung, da sie praktisch bei allen Aufgriffen von Plagiaten an den Außengrenzen der EU Anwendung findet (vgl. Rn. 5). Wegen des Vorrangs der EUProdPiratVO gegenüber dem in § 111b geregelten nationalen Grenzbeschlagnahmeverfahren ist die EUProdPiratVO zudem für den Anwendungsbereich des § 111b unmittelbar maßgeblich. Die EUProdPiratVO funktioniert reibungslos, seitdem der deutsche Gesetzgeber das früher in Art. 11 EUProdPiratVO ((EG) Verordnung 1383/ 2003) geregelte und nunmehr in der Verordnung (EU) 608/2013 als Basisverfahren vorgesehene vereinfachte Verfahren zur Vernichtung rechtsverletzenden Waren ins deutsche Recht umgesetzt (§ 111c) hat. Dennoch ist der Aufwand für den Rechteinhaber nicht unerheblich, insbesondere wenn er selbst für die Vernichtung Sorge tragen muss. Rechteinhaber, die nur am Aufgriff größerer Mengen interessiert sind, sollten in ihrem Antrag Mindestmengen angeben, ab denen der Zoll tätig werden soll, um dem Zoll unnötige Arbeit zu ersparen. Es ist zu begrüßen, dass die neue EUProdPiratVO regelmäßig ein Kleinsendungsverfahren vorsieht, das ohne Beteiligung des Rechteinhabers auskommt (vgl. Rn. 2).   **16**

2. Anwendungsbereich

Der Anwendungsbereich der EUProdPiratVO ist nach dem Wortlaut auf Maßnahmen der Zollbehörden an den Außengrenzen der EU, also im Warenverkehr mit Drittstaaten, begrenzt. Wegen der weitgehenden Abschaffung der Binnengrenzen innerhalb der EU findet die EUProdPiratVO auf die überwältigende Mehrheit aller Grenzaufgriffe durch den Zoll Anwendung (dazu ausführlich vgl. Rn. 5). Wie ausgeführt (vgl. Rn. 16) ist dagegen die Bedeutung des nationalen Grenzbeschlagnahmeverfahrens (u. a. geregelt in § 111b)   **17** gering. Strittig war lange, ob die EUProdPiratVO auch auf Waren im **Transit** Anwendung findet. Der EuGH hatte dies in der Entscheidung *Polo/Lauren* (EuGH GRUR Int. 2000, 748, 750) noch bejaht. Groß war die Verunsicherung bei allen Beteiligten gewesen, nachdem der EuGH in der *Montex*-Entscheidung (EuGH GRUR 2007, 146) klargestellt hatte, dass Waren im Transit grundsätzlich keine Schutzrechte in dem Land verletzen, durch die die Ware im Wege des Versandverfahrens durchgeführt werden. Die Zollbehörden trauten sich somit in vielen Transitfällen nicht mehr, die Waren festzuhalten, wie auch ein Blick in die Statistik der letzten Jahre zeigt, wonach trotz einer stark steigenden Zahl an Aufgriffen die Anzahl der insgesamt festgehaltenen Waren zurückgegangen ist. Gerade in Transitfällen sind häufig große Warenmengen betroffen. In der *Nokia*-Entscheidung (EuGH GRUR 2012, 828) hatte der EuGH einerseits klargestellt, dass bei Transitwaren grundsätzlich die EUProdPiratVO keine Anwendung fände. Allerdings musste die Zollbehörde dann die Waren festhalten, wenn sie über Anhaltspunkte verfügte, die den Verdacht begründeten, dass die Waren doch auf das Territorium der Union gelange sollten. Der EU-Gesetzgeber hat im Markenrecht die Rechtslage neu geordnet. Nach Art. Art. 9 Abs. 4 UMVO bzw.10 Abs. 4 Markenrechts-RL kann der Markeninhaber nun auch gegen Waren im Transit bzw. andere Waren im Nichterhebungsverfahren vorgehen, wenn die Transitware die entsprechende Marke identisch bzw. fast identisch aufweist und der Verfügungsberechtigte (Importeur bzw. Besitzer) der Waren nicht nachweisen kann, dass der Markeninhaber nicht berechtigt ist, ihm das Inverkehrbringen der Waren im Bestimmungsland zu untersagen. Mit anderen Worten entscheidend ist nach der neuen Rechtslage, ob der Markeninhaber Markenschutz im Bestimmungsland besitzt bzw. ob nach den Regelungen des Bestimmungslandes eine Markenverletzung vorliegt. Die Beweislast, dass keine Markenverletzung im Bestimmungsland besteht, bürdet die Beweislast dem Verfügungsberechtigten auf. Auch wenn teilweise Kritik an der Neuregelung insbesondere wegen der Nichtbeachtung des Territorialitätsprinzips geäußert wir (s. *Engels* GRUR-Prax, 2016, 51; *Senftleben*, IIC, 2016, 941), schafft die Neuregelung einen fairen Interessenausgleich zwischen den Inhabern der Schutzrechte und den Verfügungsbefugten.

3. Voraussetzungen für ein Tätigwerden der Zollbehörde

18 Grundsätzlich wird die Zollbehörde wie im nationalen Verfahren auf **Antrag** tätig (Art. 5 ff. i. V. m. 17 Abs. 1 EUProdPiratVO). Ebenso wie im nationalen Verfahren ist für die Entgegennahme und Bearbeitung des Antrags die Zentralstelle für Gewerblichen Rechtsschutz zuständig (vgl. Rn. 7). Auch der EU-Antrag wird elektronisch im Internet über das neue Zentrale Datenbanksystem zum Schutz Geistiger Eigentumsrechte (ZGR-online) gestellt (abrufbar unter h ttp://www.zoll.de/DE/Fachthemen/Verbote-Beschraenkungen/Gewerblicher-Rechtsschutz/Information-ZGR-online/information-zgr-online_node.html). Im Ausnahmefall kann die Zollbehörde nach Art. 18 EUProdPiratVO auch **von Amts wegen** tätig werden, sollte sich für die Zollbehörde der hinreichend begründete Verdacht ergeben, dass die fraglichen Waren rechtsverletzend sind und es sich nicht um verderbliche Waren handelt. In diesem Fall kann die Zollbehörde die Überlassung der Waren an den Verfügungsberechtigten für längstens vier Tage aussetzen oder die Waren zurückhalten, um dem Rechtsinhaber die Möglichkeit zu geben, den Antrag nach Art. 5 Abs. 3 EUProdPiratVO zu stellen.

19 Beim Antrag, der vom Rechteinhaber (Art. 3 Nr. 1 a) EUProdPiratVO) oder einem Nutzungsberechtigten, z. B. einem Lizenznehmer (Art. 3 Nr. 3 EUProdPiratVO) gestellt werden kann, muss der Antragsteller nachweisen, dass er Inhaber bzw. Nutzungsberechtigter des geltend gemachten Urheber- bzw.

verwandten Schutzrechtes ist (Art. 6 Abs. 3 c) EUProdPiratVO). In der Praxis bedeutet dies, dass die Urheberrechte bzw. verwandten Leistungsschutzrechte **glaubhaft** gemacht werden müssen. Nach Art. 8 EUProdPiratVO darf keine Gebühr mehr für die Bearbeitung des Antrags verlangt werden. Zudem ist keine Sicherheitsleistung zu erbringen, die durch die in Art. 6 Abs. 3 n) und o) EUProdPiratVO geregelte **Verpflichtungserklärung** ersetzt worden ist, in der sich der Antragsteller verpflichtet, einen möglichen Schaden des Verfügungsberechtigten zu ersetzen und für die Kosten der Lagerung aufzukommen. Diese Verpflichtungserklärung ist in dem Eingabedialog der Online-Antragsstellung von ZGR-online integriert. Nach Art. 6 Abs. 3 h) EUProdPiratVO muss der Antrag alle Angaben enthalten, die es den Zollbehörden ermöglicht, die rechtsverletzenden Waren zu erkennen (vgl. Rn. 7 zur Wichtigkeit solcher sachdienlichen Angaben). Sollten die nach Art. 6 Abs. 3 EUProdPiratVO vorgeschriebenen Angaben fehlen, so fordert die Zentralstelle für gewerblichen Rechtsschutz den Antragsteller auf, die fehlenden Angaben innerhalb einer zehn Arbeitstagefrist nachzureichen. Kommt der Antragsteller nicht fristgemäß dieser Aufforderung nach, wird der Antrag abgelehnt (Art. 7 EUProdPiratVO). Die Geltungsdauer des Antrags wird von der Zentralstelle für gewerblichen Rechtsschutz festgelegt und beträgt gem. Art. 11 Abs. 1 S. 2 EUProdPiratVO höchstens ein Jahr. Wird ein Schutzrecht ungültig (z. B. Auslaufen des Schutzrechts), können die Zollbehörden hierauf keine Maßnahmen mehr stützen. Neu geregelt in der Verordnung (EU) 608/2013 ist, dass nach Art. 15 EUProdPiratVO den Antragsteller Mitteilungspflichten gegenüber der Zentralstelle für gewerblichen Rechtsschutz treffen. So muss er mitteilen, wenn Schutzrechte ungültig werden, er aus anderen Gründen nicht mehr zur Antragstellung berechtigt ist und/oder die nach Art. 6 Abs. 3 EUProdPiratVO vorgeschriebenen Angaben sich ändern. Sollte er diesen oder andern Verpflichtungen (z. B. Tragen der Lagerkosten) nicht nachkommen, kann die Zentralstelle für gewerblichen Rechtsschutz gemäß Art. 16 Abs. 2 EUProdPiratVO bestimmen, dass die Zollbehörden bis zum Ablauf des Antrags nicht mehr für den Antragsteller tätig werden. Der Antrag kann gem. Art. 12 Abs. 1 EUProdPiratVO grundsätzlich beliebig oft gebührenfrei verlängert werden. Um eine Ablehnung des Verlängerungsantrags zu verhindern, muss der Verlängerungsantrag gemäß Art. 12 Abs. 2 EUProdPiratVO spätestens 30 Tage vor Ablauf gestellt werden. Sollte es allerdings zu einer Erweiterung der vom Antrag umfassten Urheberrechten kommen, muss der Antrag im Hinblick auf die in Art. 6 Abs. 3 EUProdPiratVO vorgeschriebenen Angaben gem. Art. 13 S. 2. EUProdPiratVO ergänzt werden.

Nach Art. 17 und 18 EUProdPiratVO ist die Voraussetzung für ein Eingreifen **20** des Zolls der Verdacht der Verletzung eines Rechts geistigen Eigentums. Im Unterschied zum nationalen Grenzbeschlagnahmeverfahren, das eine offensichtliche Rechtsverletzung verlangt, ist die Angriffsschwelle für ein Tätigwerden aufgrund der EUProdPiratVO niedriger (s. *Rinnert* GRUR 2014, 241, 243). Es reicht der **Verdacht**, d. h. es müssen hinreichende Anhaltspunkte für eine Rechtsverletzung bestehen (s. Art. 2 Nr. 7 EUProdPiratVO). Für den Urheberrechtsbereich ist Art. 2 Nr. 6 EUProdPiratVO relevant, wonach nur solche Waren erfasst sind, die Gegenstand einer ein Urheberrecht oder verwandtes Schutzrecht des betreffenden Mitgliedsstaates verletzenden Tätigkeit sind, die Vervielfältigungsstücke oder Nachbildungen sind oder solche enthalten und ohne Zustimmung des Rechteinhabers angefertigt wurden. Diese Definition bedeutet zum einen, dass die EUProdPiratVO keinen eigenen Verletzungstatbestand schafft, sondern auf die **national geregelten Verletzungstatbestände** abstellt, und zum anderen, dass bspw. eine Verletzung eines französischen Urheberrechts durch eine Ware nicht zu einem Aufgriff durch den deutschen Zoll führen darf.

4. Aussetzung der Überlassung/Zurückhaltung der Waren sowie die Unterrichtung des Inhabers der Entscheidung sowie des Anmelders/ Besitzers der Waren

21 Nach Art. 17 bzw. 18 Abs. 1 EUProdPiratVO setzt die Zollbehörde die Überlassung der Waren in den zollrechtlich freien Verkehr (bei Vorliegen einer Zollanmeldung) aus bzw. hält die Waren zurück (beim Fehlen einer Zollanmeldung z. B. Aufgriff im Freihafen), wenn der Verdacht einer Verletzung eines Rechts des geistigen Eigentums besteht. Die Aussetzung der Überlassung bzw. Zurückhaltung der Ware ist keineswegs mit einer Beschlagnahme zu verwechseln, wie sie nach § 111b Abs. 1 erfolgt. Die **Aussetzung der Überlassung** bzw. **Zurückhaltung** der Ware soll dem Rechteinhaber lediglich ermöglichen, sollte sich der Verdacht der Zollbehörde im Rahmen des noch näher zu beschreibenden Verfahrens bestätigen, die Vernichtung der Waren herbeizuführen. Insoweit ist der allgemein eingebürgerte Begriff des EU-Grenzbeschlagnahmeverfahrens ungenau.

22 Die am Zollverfahren Beteiligten können nur dann die erforderlichen Maßnahmen ergreifen, wenn sie vom Zoll ausreichend **unterrichtet** werden. Insoweit sieht Art. 17 Abs. 3 und Abs. 4 S. 1 bzw. Art. 18 Abs. 3 und Abs. 4 S. 1 EUProdPiratVO vor, dass der Zoll dem Inhaber der Entscheidung (= Rechteinhaber bzw. Nutzungsberechtigten) sowie dem Anmelder bzw. Besitzer der Ware (= regelmäßig Importeur oder Spediteur) Angaben über die Art und Menge der Ware macht.

23 Auf Antrag teilt die zuständige Zollstelle nach Art. 17 Abs. 4 S. 2 Abs. 3 bzw. Art. 18 Abs. 5 EUProdPiratVO dem Inhaber der Entscheidung zudem Namen und Anschrift des Empfängers sowie des Versenders, des Anmelders (Zollanmeldung) oder des Besitzers der Ware, den Ursprung, die Herkunft und die Bestimmung der Ware mit.

24 Nach Art. 19 Abs. 1 EUProdPiratVO sind alle Beteiligten des Zollverfahrens berechtigt, die betreffenden Waren zu prüfen. Da eine **Inspektion** am Sitz der Zollstellen regelmäßig impraktikabel ist, kann auf einen entsprechenden ausdrücklichen Antrag des Rechteinhabers (nach deutscher Praxis kann dieser Antrag global für alle zukünftigen Aufgriffe gestellt werden) die Zollstelle diesem eine Probe oder ein Muster der Ware nach Art. 19 Abs. 2 zusenden. Üblicherweise werden heutzutage digitale Fotos eines Musters per E-Mail übersandt.

5. Vereinfachtes Verfahren und Sachentscheidungsverfahren

25 Während die Verordnung (EG) 1383/2003 als Basisverfahren noch die Herbeiführung einer **Sachentscheidung** durch den Antragsteller vorsah und das vereinfachte Verfahren für die Mitgliedstaaten nicht nur optional war, sondern zumindest auch nach der Gesetzessystematik ein Sonderfall war (in der Praxis wurden seit Umsetzung des vereinfachtes Verfahrens ins deutsche Recht der Großteil der Aufgriffe im Wege des **vereinfachten Verfahrens** abgewickelt), sieht die neue Verordnung (EU) 608/2013 das vereinfachte Verfahren nunmehr als das Basisverfahren gemäß Art. 23 EUProdPiratVO vor.

26 Das **vereinfachte Verfahren** ist in Art. 23 EUProdPiratVO geregelt. Der Inhaber der Entscheidung (= Rechteinhaber oder Nutzungsberechtigter) muss gem. Art. 23 Abs. 1 a EUProdPiratVO innerhalb von 10 Arbeitstagen (3 Arbeitstage bei verderblichen Waren) nach Zugang der Benachrichtigung über die Aussetzung der Überlassung bzw. Zurückhaltung der Waren schriftlich den zuständigen Zollbehörden mitteilen, dass die Waren ein Recht des geistigen Eigentums verletzen. Innerhalb der gleichen Frist muss er die Vernichtung der Waren beantragen (Die Formulierung „zustimmen" ist unglücklich) (s. Art. 23 Abs. 1 b EUProdPiratVO). Der Anmelder oder Besitzer der Ware (regelmäßig Importeur oder Spediteur) muss innerhalb der gleichen Frist entweder der Vernichtung zustimmen oder der Ver-

nichtung widersprechen. Die Zustimmung gilt als erteilt, wenn er der Vernichtung der Ware innerhalb der maßgeblichen 10-Arbeitstage-Frist nicht ausdrücklich widerspricht (s. Art. 23 Abs. 1 c S. 2 EUProdPiratVO). Die Zustimmung des zollrechtlich Verfügungsberechtigten wird allerdings nur dann **fingiert**, wenn er in der Mitteilung über die Aussetzung der Überlassung bzw. Zurückhaltung der Waren ausdrücklich über die Folgen seiner Untätigkeit informiert wird (Art. 17 Abs. 3 S. 4 EUProdPiratVO). Sollte der Anmelder bzw. Besitzer der Waren der Vernichtung widersprechen, teilen die Zollbehörden gem. Art. 23 Abs. 3 S. 1 EUProdPiratVO dies unmittelbar dem Inhaber der Entscheidung mit. Der Inhaber der Entscheidung muss innerhalb von 10 Tagen eine gerichtliche Entscheidung zur Feststellung der Verletzung eines Rechts des geistigen Eigentums gemäß Art. 23 Abs. 3 S. 2 EUProdPiratVO beantragen. Nach Art. 23 Abs. 4 EUProdPiratVO kann er die Frist um 10 Arbeitstage verlängern. In der Praxis versucht der Inhaber der Entscheidung häufig den Anmelder bzw. Besitzer zu überzeugen, den Widerspruch zurückzunehmen.

Für das nationale Sachentscheidungsverfahren macht die EUProdPiratVO in Art. 23 Abs. 3 S. 2 EUProdPiratVO keine Vorgaben (s. a. ErwG 10 der (EU) Verordnung 608/2013). Vielmehr wird nunmehr ausdrücklich anerkannt, dass die EUProdPiratVO lediglich Verfahrensvorschriften für die Zollbehörden enthält. Lange umstritten war, wer die Feststellung über den rechtsverletzenden Charakter der verdächtigen Waren treffen darf. Unter Geltung der früheren EUProdPiratVO (VO (EG) Nr. 3295/94) wurde diese Sachentscheidung in der Praxis von den Zollbehörden getroffen, nachdem i. d. R. der Rechteinhaber den rechtsverletzenden Charakter der Ware nach Überprüfung eines Musters/ einer Probe bestätigt hatte. i. E. handelte es sich um eine verwaltungsrechtliche Entscheidung (Harte-Bavendamm/*Hoffmeister*/*Harte-Bavendamm* § 5 Rn. 227; Harte-Bavendamm/*Knaak* § 4 Rn. 53 ff.). Seit langem verlangen die Zollbehörden eine gerichtliche **Sachentscheidung**. Strittig ist, ob dies notwendigerweise in einem zivilgerichtlichen Verfahren erfolgen muss (so OLG München WRP 1995, 1978). In der Praxis ist dies von großer Bedeutung, da nach Art. 23 Abs. 3 S. 2 EUProdPiratVO lediglich verlangt wird, dass ein Verfahren zur Feststellung des rechtsverletzenden Charakters der Waren eingeleitet wird. Würde man auch ein **strafrechtliches Verfahren** ausreichen lassen, würde es für die Aufrechterhaltung der Aussetzung der Überlassung bzw. Zurückhaltung der Ware bereits ausreichen, dass der Rechteinhaber einen Strafantrag einschließlich eines Beschlagnahmeantrags stellt. Der Wortlaut der aktuellen Fassung der EUProdPiratVO kann in jedem Fall die momentane Praxis der Zollbehörden nicht rechtfertigen, eine Entscheidung über den rechtsverletzenden Charakter in einem **zivilrechtlichen Verfahren** zu verlangen. In der Praxis vieler Mitgliedsstaaten der EU reicht die Einleitung eines Strafverfahrens aus. Für die aktuelle Praxis der deutschen Zollbehörden, die Einleitung eines zivilgerichtlichen Verfahrens zu verlangen, kann höchstens ins Feld geführt werden, dass es in Deutschland in strafrechtlichen Verfahren häufig nicht zu Sachentscheidungen über den rechtsverletzenden Charakter der Waren kommt. Vielmehr werden die Verfahren häufig gem. §§ 153 ff. StPO von der Staatsanwaltschaft eingestellt und der Verfügungsberechtigte erklärt sich im Rahmen der Einstellung mit der Vernichtung der Ware einverstanden.

27

Häufig wird von den Rechteinhabern eine einstweilige Verfügung beantragt. Trotz des Wortlautes von Art. 23 Abs. 2 S. 2 EUProdPiratVO reicht es selbstverständlich aus, wenn im Rahmen eines Unterlassungsantrages inzidenter der rechtsverletzende Charakter der Ware festgestellt wird. Die Zollstellen akzeptieren daher auch die Einleitung eines einstweiligen Verfügungsverfahrens zum Zwecke der Aufrechterhaltung der zollrechtlichen Verwahrung der Waren. Sollte der Rechteinhaber sich danach aber mit dem zollrechtlich Verfügungsberechtigten über die Vernichtung nicht einigen können, reicht ein einstweiliges

28

Verfügungsverfahren letztlich nicht aus, da im Rahmen eines einstweiligen Verfügungsverfahrens nicht die **Vernichtung** der Waren verlangt werden kann, was regelmäßig Ziel des Rechteinhabers sein wird. Für ein einstweiliges Verfügungsverfahren anstatt eines Hauptsacheverfahrens besteht auch keine Notwendigkeit, da – wie ausgeführt – lediglich ein Verfahren innerhalb der Frist von 10 Arbeitstagen eingeleitet werden muss. Sinnvoller erscheint es für den Rechteinhaber daher, gleich im Hauptsacheverfahren die Vernichtung der rechtsverletzenden Waren zu verlangen. Nach der Rechtsprechung kann die **Vernichtung** auch vom Spediteur, Frachtführer bzw. Lagerverwalter verlangt werden, die – ab Kenntnis vom rechtsverletzenden Charakter der Ware – Störer sind. Der Patentsenat des BGH (BGH GRUR 2009, 1142) geht sogar noch einen Schritt weiter und hat entschieden, dass der Spediteur, der sich mit zumutbarem Aufwand Kenntnis verschaffen kann, ob die Waren rechtsverletzend sind, Verletzer ist. Einigkeit besteht zwischen den Senaten, dass den Spediteur oder Frachtführer keine generelle Prüfungspflicht für die transportierte Ware trifft (BGH GRUR 1957, 352, 354 – *Taeschner (Pertussin II)*; BGH GRUR 2009, 1142, 1145 – *MP3-Player-Import*). Gleiches gilt auch für den Lagerverwalter. Der Vernichtungsanspruch setzt kein Verschulden voraus und kann somit auch gegenüber dem Störer geltend gemacht werden. Zur Begründung der Störerhaftung reicht die Mitteilung des Zolls gem. Art. 17 bzw. 18 Abs. 3 EU-ProdPiratVO nicht aus. Vielmehr muss der Rechteinhaber konkrete Ausführungen zum rechtsverletzenden Charakter der Waren gegenüber dem als Störer In-Anspruch-Genommenen machen (OLG Hamburg GRUR-RR 2007, 350).

29 Eine andere Frage ist, ob der Spediteur, Frachtführer und/oder der Lagerverwalter vom Rechteinhaber auch wegen der **Vernichtungskosten** herangezogen werden können. Diese Frage ist in der Praxis von großer Bedeutung, da häufig kein Importeur gerade bei großen Mengen schutzrechtsverletzender Waren greifbar ist. Grundsätzlich ist anerkannt, dass die Vernichtungskosten vom Schuldner des Vernichtungsanspruchs als Vollstreckungskosten zu tragen sind (Schricker/Loewenheim/*Wimmers*[5] § 98 Rn. 25; Dreier/Schulze/*Dreier*[3] § 98 Rn. 16; BGH GRUR 1997, 899, 902 – *Vernichtungsanspruch*). Nachdem der Spediteur, Frachtführer bzw. Lagerist als Störer Schuldner des Vernichtungsanspruchs sind, müssen sie nach richtiger Ansicht auch die Kosten der Vernichtung tragen (so wohl auch OLG Düsseldorf BeckRS 2008 00088; a. A. wohl *Ingerl/Rohnke*[3] § 18 MarkenG Rn. 8). Die Kostentragungspflicht des Spediteurs, Frachtführers bzw. des Lageristen ist auch nicht unbillig, da sie mit der Beförderung bzw. Lagerung der schutzrechtsverletzenden Waren Geld verdienen und es ihnen daher eher als dem Rechteinhaber zumutbar ist, die Vernichtungskosten zu tragen. Die Kostentragungspflicht gerade der Frachtführer hätte zudem den Vorteil, dass die Speditionen, insb. die großen Reedereien, mehr Anstrengungen unternehmen würden, um von Anfang an möglichst keine schutzrechtsverletzenden Waren zu transportieren. Eine ähnlich gelagerte Frage stellt sich bezüglich der Lagerungskosten, die im Zeitraum zwischen der Aussetzung der Überlassung und der Vernichtung der Waren anfallen und erheblich sein können. Nachdem anerkannt ist, dass zu den Vernichtungskosten auch die Lagerkosten zählen (*Fezer*[4] § 18 MarkenG Rn. 33; OLG Köln WRP 2005, 1294, 1295), erscheint es gerechtfertigt, dass der Spediteur, Frachtführer bzw. Lagerist im Innenverhältnis mit dem Rechteinhaber für die Lagerungskosten aufkommt (so auch *Weber* WRP 2005, 961, 967; a. A. s. OLG Köln WRP 2005, 1294, 1296 zu den §§ 146 ff. MarkenG mit der unzutreffenden Begründung, dass ab Zeitpunkt der Beschlagnahme wegen behördlich begründeter Verwahrpflicht der Lagerhalter kein Besitzer mehr ist; zu Recht dieser Auffassung nicht gefolgt OLG Düsseldorf BeckRS 2008 00088 Rn. 40). Im Außenverhältnis gegenüber dem Zoll haftet allerdings für Lager- und Vernichtungskosten in jedem Fall der Inhaber der Entscheidung (=

Rechteinhaber bzw. Nutzungsberechtigter gemäß Art. 29 Abs. 2 EUProdPiratVO sowie § 111b Abs. 4).

Nach Art. 23 Abs. 2 EUProdPiratVO muss die Vernichtung unter zollrechtlicher Überwachung **auf Verantwortung** des Inhabers der Entscheidung erfolgen, sofern die nationalen Rechtsvorschriften des Mitgliedstaats, in dem die Waren vernichtet werden, nichts anderes vorsehen. Nach der momentanen deutschen Praxis kümmern sich die meisten Zollämter selbst um die Vernichtung und legen dem Rechteinhaber lediglich die Kosten auf: Die Organisation der Vernichtung durch den Zoll ist gerade bei kleineren Mengen aus praktischen Erwägungen sinnvoll. Das wegen des großen Hafens besonders wichtige Hauptzollamt Hamburg verlangt dagegen weiterhin, dass der Rechteinhaber die Vernichtung selbst organisiert und unter zollrechtlicher Überwachung durchführt, was bei kleinen Mengen eine große Belastung für den Rechteinhaber darstellt und nicht sinnvoll erscheint. **30**

6. Kleinsendungsverfahren

Durch das mit der neuen Verordnung eingeführte **Kleinsendungsverfahren** soll die Einfuhr gefälschter Waren, die von Privatpersonen über das Internet bestellt werden, effektiver und damit für den Rechteinhaber mit weniger Verwaltungsaufwand und somit kostengünstiger bekämpft werden (s. a. ErwG 17 der Verordnung (EU) 608/2013). Wie schon ausgeführt (vgl. Rn. 3a), ist in den letzten Jahren vor allem durch Internetbestellungen von Privatpersonen die Zahl der Aufgriffe im Post- und Luftverkehr stark gestiegen und macht heute rund 95 % aller Aufgriffe aus, wobei die Menge der aufgegriffenen Waren im Post- und Luftverkehr weniger als 23 % der Gesamtmenge darstellt (s. *Rinnert* GRUR 2014, 241, 243. **31**

Das neue **Kleinsendungsverfahren** ist nicht für die Verletzung aller Schutzrechte, wohl aber für die Verletzung von Urheberrechten vorgesehen (s. Art. 26 Abs. 1 a EUProdPiratVO). Nach der Legaldefinition in Art. 2 Nr. 19 EUProdPiratVO sind **Kleinsendungen** Sendungen mit maximal drei Einheiten oder weniger als 2 kg Bruttogewicht. Voraussetzung für die Anwendung des Kleinsendungsverfahrens ist gemäß Art. 26 Abs. 1 d EUProdPiratVO ein ausdrücklicher Antrag des Inhabers der Entscheidung. **32**

Bei Vorliegen der Voraussetzungen findet das **Kleinsendungsverfahren** regelmäßig ohne Mitwirkung des Rechteinhabers bzw. des Nutzungsberechtigten statt. Der Inhaber der Entscheidung (= Rechteinhaber bzw. Nutzungsberechtigter) enthält grundsätzlich keine Mitteilung mehr über einen Aufgriff; auf Antrag erhält er im Nachgang von der Zentralstelle gewerblicher Rechtschutz eine gesammelte Mitteilung über Menge und Art der Vernichtung in einem bestimmten Zeitraum (s. Art. 26 Abs. 7 S. 2 EUProdPiratVO). **33**

Die Zollstelle unterrichtet vielmehr nur den Anmelder bzw. Besitzer der Waren über den Verdacht einer Rechtsverletzung und die beabsichtigte Vernichtung der Waren im **Kleinsendungsverfahren** (s. Art. 26 Abs. 3 EUProdPiratVO). Der Anmelder bzw. Besitzer kann der beabsichtigten Vernichtung innerhalb von 10 Arbeitstagen zustimmen bzw. ihr **widersprechen**. Wenn er nicht zustimmt und sich auch sonst nicht äußert, wird von seine Zustimmung ausgegangen (s. Art. 26 Abs. 3–6 EUProdPiratVO). Die Waren werden dann auf Kosten des Inhabers der Entscheidung unter zollamtlicher Überwachung vernichtet (s. Art. 26 Abs. 7 S. 1 EUProdPiratVO). Widerspricht der Anmelder bzw. der Besitzer der Vernichtung, informiert die Zollstelle unmittelbar den Inhaber der Entscheidung gemäß Art. 26 Abs. 8 EUProdPiratVO. Dieser muss dann innerhalb von 10 Arbeitstagen ein Verfahren auf Feststellung der Verletzung eines Rechts auf geistiges Eigentums einleiten (vgl. Rn. 27 ff.). **34**

Abschnitt 3 Zwangsvollstreckung

Unterabschnitt 1   Allgemeines

§ 112   Allgemeines

Die Zulässigkeit der Zwangsvollstreckung in ein nach diesem Gesetz ge-schütztes Recht richtet sich nach den allgemeinen Vorschriften, soweit sich aus den §§ 113 bis 119 nichts anderes ergibt.

I.   Allgemeines

1.   Sinn und Zweck

1   Das Urheberrecht ist ein **Immaterialgut**, dem im Einzelfall ein enorm hoher wirtschaftlicher Wert zukommen kann. Es liegt auf der Hand, dass Gläubiger des Urhebers zur Befriedigung ihrer Ansprüche im Notfall auf jenen Vermö-genswert zurückgreifen möchten. Gleichwohl unterscheidet sich das Urhe-berrecht von den meisten anderen Vermögenspositionen dadurch, dass es neben einem vermögensrechtlichen Teil auch einen starken **persönlichkeits-rechtlichen Aspekt** aufweist, den es auch im Rahmen von Zwangsvollstre-ckungsmaßnahmen zu berücksichtigen gilt. Entsprechendes gilt für den Fall, dass von Zwangsvollstreckungsmaßnahmen bestimmte Leistungsschutz-rechte betroffen sind, die ebenfalls einen persönlichkeitsrechtlichen Aspekt aufweisen können. Im Bereich der Zwangsvollstreckung mit urheberrechtli-chen Bezügen stehen sich oftmals die Interessen eines vollstreckenden Gläu-bigers an dem Zugriff auf die urheberrechtlichen **Vermögenswerte** einerseits und die **Persönlichkeitsrechte** des Urhebers andererseits widerstreitend ge-genüber.

2   Das UrhG erklärt die Zwangsvollstreckung in ein nach diesem Gesetz geschütztes Recht nach den allgemeinen Vorschriften für grds. **zulässig**. § 112 ist insoweit eine Klarstellungs- und Verweisungsnorm: Es gelten die allgemei-nen Vorschriften der Zwangsvollstreckung, sofern sich aus §§ 113 bis 119 nichts anderes ergibt. Demgemäß sind stets neben den urheberrechtlichen Sonderbestimmungen die allgemeinen Voraussetzungen und Schranken der Zwangsvollstreckung zu berücksichtigen, die auch jenseits des Urheberrechts zu beachten sind. Das UrhG beinhaltet zusätzliche urheberrechtsspezifische **Vollstreckungsschutztatbestände** zugunsten des Urhebers und bestimmter Leistungsschutzrechtsinhaber bzw. deren Rechtsnachfolger und trägt hiermit den urheberrechtlichen Besonderheiten Rechnung. Der besondere Schutz wird grundsätzlich über ein besonderes **Einwilligungserfordernis** auf Seiten des Betroffenen sichergestellt. Dieser Grundsatz erfährt wiederum insofern Einschränkungen, als die Einwilligung in bestimmten Fällen entbehrlich ist. Diese Ausnahmetatbestände sind von besonderer Wichtigkeit, weil der betroffene Schuldner naturgemäß i. d. R. einer Zwangsvollstreckung nicht zustimmen wird.

Sämtliche Vorschriften der §§ 112 bis 119 betreffen ausschließlich Zwangs-   **3** vollstreckungsmaßnahmen **wegen Geldforderungen**. Sofern andere Forderungen betroffen sind, gelten uneingeschränkt die allgemeinen Regeln.

2. Systematik der §§ 112 bis 119

Während § 112 allgemein klarstellt, dass grds. auch im Urheberrecht die all-   **4** gemeinen Vorschriften der Zwangsvollstreckung zur Anwendung gelangen, soweit sich nichts anderes aus den §§ 113 bis 119 ergibt, betreffen die §§ 113, 114 die Zwangsvollstreckung (wegen Geldforderungen) **gegen den Urheber**, und zwar in die urheberrechtlichen Nutzungsrechte (§ 113) sowie in die dem Urheber gehörenden Werkoriginale (§ 114). Spiegelbildlich erweitern die §§ 115, 116 den sich aus §§ 113, 114 ergebenen Schutz und erstrecken ihn auf die **Rechtsnachfolger** des Urhebers. § 117 betrifft den Sonderfall in Bezug auf die §§ 115, 116, dass das Urheberrecht durch einen Testamentsvollstrecker ausgeübt wird. § 118 beinhaltet eine Verweisungsnorm und bestimmt, dass die §§ 113 bis 117 sinngemäß anzuwenden sind bei Vollstreckungsmaßnahmen gegen den **Verfasser wissenschaftlicher Ausgaben** (§ 117) und den **Bildbildner** (§ 72) sowie jeweils gegen deren Rechtsnachfolger. Schließlich enthält § 119 eine Sondervorschrift für die Zwangsvollstreckung in **bestimmte Vorrichtungen**, die ausschließlich zur Vervielfältigung oder Funksendung eines Werkes bestimmt sind.

3. Früheres Recht

Vor In-Kraft-Treten des UrhG erklärte § 14 KUG, der im Wesentlichen § 10   **5** LUG entsprach, die Zwangsvollstreckung in das Recht des Urhebers ohne seine Einwilligung für **grundsätzlich unzulässig**. Das galt – im Gegensatz zu der Bestimmung des heutigen § 119 – auch für Zwangsvollstreckungen in solche Formen, Platten oder sonstige Vorrichtungen, die ausschließlich zur Vervielfältigung des Werkes bestimmt waren, bei den literarischen und musikalischen Werken für Zwangsvollstreckungen in das Werk selbst, auch bspw. in ein Originalmanuskript. Die Unzulässigkeit der Zwangsvollstreckung in das Urheberrecht war also die Regel – dessen Zulässigkeit die Ausnahme. Der Gesetzgeber des UrhG hat sich jedoch von diesem Grundsatz abgewandt und geht in den §§ 112 ff. den umgekehrten Weg: Die Zwangsvollstreckung in das Urheberrecht ist **grundsätzlich zulässig**, soweit sich aus den §§ 113 bis 119 nichts anderes ergibt.

4. Europäisches und Internationales Recht

Für die Zwangsvollstreckung mit **europäischem bzw. internationalem Bezug**   **6** gelten die allgemeinen Vorschriften, namentlich das internationale Privatrecht und europäische Vorschriften. Die Schutzvorschriften der §§ 113 ff. kommen nur für die nach dem **inländischen deutschen Urheberrecht** geschützten Gegenstände zum Tragen, dies aber auch zugunsten von ausländischen Urhebern, die einen Urheberrechtsschutz genießen und diese Rechte betroffen sind; soweit ausländische Rechte betroffen sind, finden sie keine Anwendung (Schricker/Loewenheim/*Wimmers*[5] Rn. 5; Wandtke/Bullinger/*Kefferpütz*[4] Rn. 71; Dreier/Schulze/*Schulze*[5] Rn. 17).

Die **inländische Zwangsvollstreckung** in **ausländisches Vermögen** ist inner-   **7** halb der Staatsgrenzen möglich, sofern die inländischen Vollstreckungsorgane nach den allgemeinen Vorschriften international zuständig sind. Dies richtet sich bei Forderungen und anderen Vermögensrechten in erster Linie nach dem **Sitz des Schuldners** (§§ 12 ff. ZPO) bzw., wenn der Schuldner keinen Sitz im Inland hat, nach dem **Gerichtsstand des Vermögens** (§ 23 ZPO). Maßgeblich ist bei diesen Vollstreckungsmaßnahmen allein das deutsche Zwangsvollstreckungsrecht, und zwar unabhängig von der Staatsangehörigkeit des Schuldners. Aufgrund der Souveränität der Staaten ist die Zwangsvollstreckung, die einen Hoheitsakt der staatlichen Gewalt darstellt, aber territorial beschränkt auf das **Inland**. Sofern also eine **Maßnahme im Ausland** bewirkt werden soll, sind ausschließlich die dortigen Organe zuständig.

8 **Ausländische Titel** sind im Inland grundsätzlich nach den allgemeinen Vorschriften vollstreckbar, wobei als Grundsatz ein (inländisches) **Vollstreckungsurteil** erforderlich ist (§§ 722, 723 ZPO); die Vollstreckbarkeit eines ausländischen Urteils im Inland muss hierbei grundsätzlich originär verliehen werden. Gleiches gilt regelmäßig in dem umgekehrten Fall: Eine Zwangsvollstreckung im Ausland aufgrund eines **deutschen Titels** bedarf in der Regel einer Vollstreckbarkeitserklärung des jeweiligen nationalen Gerichts im Ausland (s. Wandtke/Bullinger/*Kefferpütz*[4] Rn. 69).
Innerhalb der **Europäischen Union** vereinfacht die Verordnung EU-Verordnung 1215/2012 vom 12.12.2012 (**EuGVVO** bzw. „**Brüssel Ia**") Zwangsvollstreckungsmaßnahmen erheblich. Sie ist die Neufassung der zum 9.1.2015 außer Kraft getretenen VO 44/2001/EG vom 22.12.2000 (EuGVVO bzw. „Brüssel I") und auf Verfahren, öffentliche Urkunden oder gerichtliche Vergleiche anwendbar, die ab dem 10. Januar 2015 eingeleitet, förmlich errichtet oder eingetragen bzw. gebilligt oder geschlossen worden sind (Art. 66 Abs. 1 EuGVVO n. F.). Im Anwendungsbereich des **Anerkennungs- und Vollstreckungsausführungsgesetzes** (AVAG), das sowohl auf die EuGVVO als auch auf eine ganze Reihe zwischenstaatlicher Verträge zurückgeht, genügt eine **Vollstreckungsklausel** gem. §§ 4 ff. AVAG, die ohne Anhörung des Verpflichteten von dem Landgericht (§ 3 Abs. 1 AVAG) erteilt wird. Es ist zu beachten, dass die Zwangsvollstreckung nur insoweit zulässig ist, als tatsächlich **inländisches Vermögen** betroffen ist, denn nur dann kann darauf staatliche Gewalt ausgeübt werden (s. BGH NJW-RR 2006, 198, 199).

9 *(derzeit leer)*

10 Gemäß der europäischen **Verordnung EG/805/2004** zur Einführung eines europäischen Vollstreckungstitels für unbestrittene Forderungen (**EuVTVO**), die mit der Einführung der §§ 1079 ff. ZPO in das nationale deutsche Recht umgesetzt wurde, können seit dem 21. Oktober 2005 ferner Entscheidungen eines Gerichts von Mitgliedstaaten der EU, gerichtliche Vergleiche sowie öffentliche Urkunden über unbestrittene Forderungen (Art. 3 EuVTVO) bestätigt werden. Eine Entscheidung, die im Ursprungsmitgliedstaat als Europäischer Vollstreckungstitel bestätigt worden ist, wird in den anderen Mitgliedstaaten anerkannt und vollstreckt, ohne dass es einer Vollstreckbarerklärung bedarf und ohne dass die Anerkennung angefochten werden kann (Art. 5 EuVTVO).

II. Tatbestand

1. Vollstreckungsgrund

11 Die Sonderregeln der §§ 113–119 betreffen ausschließlich die Zwangsvollstreckung **wegen Geldforderungen** (s. §§ 802a ff. ZPO). Wegen Geldforderung erfolgt die Zwangsvollstreckung, wenn die Gläubigerforderung als zu vollstreckender Anspruch auf Leistung eines nur dem Wert nach bestimmten Geldbetrages gerichtet sind (Musielak/Voit/*Becker*[14] ZPO vor § 802a Rn. 2). Zu diesen Geldforderungen zählen auch Haftungs- und Duldungsansprüche für Geldleistungen (z.B. aus Hypotheken, Grundschuld, Pfandrecht) sowie auf Hinterlegung einer Geldsumme (s. Musielak/Voit/*Becker*[14] ZPO vor § 802a Rn. 3).

Für die Zwangsvollstreckungsmaßnahmen, die nicht wegen einer Geldforderung erfolgen, sind uneingeschränkt die allgemeinen Vorschriften der Zwangsvollstreckung anzuwenden (vgl. Rn. 21 f.). Dies gilt etwa für die Vollstreckung von **Unterlassungs- oder Duldungstiteln** (s. § 890 ZPO), von nicht vertretbaren Handlungen, wie **Auskunfts- oder Herausgabeansprüche** (s. § 888 ZPO) oder die **Abgabe von Willenserklärungen** (§ 894 ZPO). **12**

2. Vollstreckungsschuldner

Die §§ 113 bis 119 beinhalten Schuldnerschutzvorschriften in Bezug auf bestimmte Vollstreckungsschuldner. Dies sind namentlich der **Urheber** und ihm **bestimmte gleichgestellte Leistungsschutzberechtigte** (§§ 70, 72) und deren Rechtsnachfolger sowie – in § 119 – Eigentümer bestimmter Vorrichtungen. Den Begünstigten ist gemein, dass sie ein besonderes persönliches Verhältnis zu dem Werk bzw. dem sonstigen Schutzgegenstand haben. Im Einzelnen: **13**

a) Urheber: Dem besonderen Schutz unterfallen zunächst die Urheber von Werken einschließlich **Miturheber** (§ 8) und **Bearbeiter** (§ 3). Der Schutz begründet sich mit der engen persönlichkeitsrechtlichen Bindung zwischen dem Werk und seinem Schöpfer, die grundsätzlich nicht durch Vollstreckungsmaßnahmen beeinträchtigt werden soll. Da **Rechtsnachfolger** des Urhebers nach dessen Tod gem. § 30 dem Urheber gleichgestellt sind, stehen auch sie unter demselben Vollstreckungsschutz wie der verstorbene Urheber selbst. Zu den Rechtsnachfolgern zählen Erben (oder der Erbengemeinschaft), Miterben, Vermächtnisnehmer, Begünstigte einer Auflage und diejenigen, denen der Testamentsvollstrecker das Urheberrecht im Rahmen der Verwaltung gem. § 2205 S. 2 BGB übertragen hat. s.a. § 30. **14**

b) Verfasser wissenschaftlicher Ausgaben und Lichtbildner (§ 118): Verfasser wissenschaftlicher Ausgaben (§ 70) und **Lichtbildner** (§ 72) genießen über § 118 den Schutz der §§ 113, 114 in gleicher Weise, wie ein Urheber. Dies ist ohne weiteres konsequent. Denn sowohl wissenschaftliche Ausgaben als auch Lichtbilder sind über § 70 Abs. 1 bzw. § 72 Abs. 1 generell in gleicher Weise geschützt, wie urheberrechtliche Werke, was sich auch im Recht der Zwangsvollstreckung widerspiegelt. Aufgrund dieser Gleichstellung gilt der Vollstreckungsschutz im Übrigen auch für die **Rechtsnachfolger** dieser Inhaber der verwandten Schutzrechte. **15**

c) Inhaber von sonstigen Leistungsschutzrechten: Inhaber **sonstiger Leistungsschutzrechte** genießen als Grundsatz keinen besonderen Vollstreckungsschutz. Anders als die Lichtbildner und die Verfasser wissenschaftlicher Ausgaben sind die sonstigen Leistungsschutzberechtigten dem Urheber nicht gleichgestellt. **16**

Allerdings ist § 119 zu beachten, sofern eine Vollstreckung in bestimmte **Vorrichtungen**, wie bspw. in Tonträger (§ 85) oder Bild- und Tonträger (§ 94), bewirkt werden soll. In diese Vorrichtungen darf nur vollstreckt werden, soweit der Gläubiger auch zur Nutzung der jeweils in der Vorrichtung verkörperten Leistung berechtigt ist (s. § 119). **17**

d) Nutzungsrechtsinhaber: Bloße Inhaber von **Nutzungsrechten**, die ihre Rechte also von dem Urheber ableiten und denen Verwertungsrechte eingeräumt wurden, können sich nicht auf die Schuldnerschutzvorschriften beru- **18**

fen, weil es hier an der persönlichkeitsrechtlichen Beziehung zwischen dem Rechtsinhaber und dem Schutzgegenstand fehlt. Ebensowenig finden die §§ 112 ff. Anwendung auf Nutzungsrechtsinhaber verwandter Leistungsschutzrechte. Für weitere Einzelheiten und dem möglicherweise in Betracht kommenden Zustimmungserfordernis des Urhebers bei Vollstreckungsmaßnahmen gegen Urheber gem. § 34 Abs. 1 S. 1 vgl. § 113 Rn. 9 ff.

3.　Vollstreckungsgegenstand

19　Die Ausnahmeregelungen der §§ 113 bis 119 betreffen nur solche Zwangsvollstreckungsmaßnahmen, die in ein nach dem UrhG geschütztes Recht erfolgen. Zu diesen geschützten Rechten zählen das **Urheberrecht** (§§ 113, 115), die dem Urheber oder dessen Rechtsnachfolger gehörenden **Originale** von Werken (§§ 114, 116) sowie **Vorrichtungen**, die ausschließlich zur Vervielfältigung oder Funksendung eines Werkes bestimmt sind (§ 119). Über die Vorschrift des § 118 gelten die §§ 113 bis 117 auch für die Zwangsvollstreckung gegen den **Verfasser wissenschaftlicher Ausgaben** (§ 70) und gegen **Lichtbildner** (§ 72) einschließlich deren Rechtsnachfolger, nicht jedoch für die übrigen Leistungsschutzrechte.

20　Im Umkehrschluss der Schutzbestimmung ist die Zwangsvollstreckung **in andere Gegenstände**, also solche, die nicht nach dem UrhG geschützt sind, uneingeschränkt nach den allgemeinen Regeln zulässig. Hierunter fallen durchaus auch Gegenstände, die einen unmittelbaren Bezug zum Urheberrecht aufweisen, z. B. **Geldforderungen** des Schutzrechtinhabers aus **Verwertungshandlungen**, wie gesetzliche und vertragliche Vergütungsansprüche und Honorarforderungen.

4.　Allgemeine Vorschriften der Zwangsvollstreckung

21　§ 112 bestimmt, dass die Zwangsvollstreckung grundsätzlich nach den allgemeinen Vorschriften erfolgt. Es finden also die allgemeinen Zwangsvollstreckungsvorschriften des **8. Buches der ZPO** (§§ 704 ff. ZPO) Anwendung. Grundvoraussetzung ist das Vorliegen eines Vollstreckungsantrages und eines Titels (§ 704 ZPO), der mit einer Vollstreckungsklausel (§§ 724, 725 ZPO) versehen und dem Schuldner zugestellt (§ 750 ZPO) worden ist. Im Bereich des Urheberrechts sind die allgemeinen Vorschriften in Bezug auf die Zwangsvollstreckung wegen einer Geldforderung in das bewegliche Vermögen (§§ 803 ff. ZPO), die durch **Pfändung** bewirkt wird (§ 803 ZPO), von besonderem Interesse. Zu dem beweglichen Vermögen zählen nämlich alle **beweglichen Sachen** sowie **Rechte**.

22　Im Übrigen gelten natürlich auch die allgemeinen Schranken der Zwangsvollstreckung. Zu beachten ist, dass eine Zwangsvollstreckung in das **Urheberrecht als Ganzes** schon deshalb ausscheidet, weil es nicht veräußerlich ist (§ 29 Abs. 1; § 857 Abs. 3 ZPO); zulässig ist allein die Vollstreckung in dahingehende Nutzungsrechte (s. § 29 Abs. 2 sowie § 118). Unpfändbar sind ferner Ansprüche wegen **immaterieller Schäden** (§ 97 Abs. 2), sofern sie sich nicht bereits zu Zahlungsansprüchen konkretisiert haben (Dreier/Schulze/ *Schulze*[5] Rn. 4). Auch unübertragbare **Persönlichkeitsrechte** sind der Zwangsvollstreckung entzogen. Gleiches gilt gem. § 811 Nr. 5 ZPO für die der Fortsetzung der Erwerbstätigkeit erforderlichen Gegenstände von Personen, die aus ihrer **körperlichen oder geistigen Arbeit** oder sonstigen persönlichen Leistung ihren **Erwerb ziehen**. Dies betrifft bspw. die Staffelei des Malers oder das Klavier des Pianisten. Im Übrigen gilt § 803 ZPO, wonach die Zwangsvollstreckung niemals weiter ausgedehnt werden darf, als es zur Befriedigung des Gläubigers und zur Deckung der Kosten erforderlich ist (§ 803 Abs. 1 S. 2 ZPO).

III. Prozessuales

Sachlich zuständig für die Zwangsvollstreckung ist das Amtsgericht (§ 764 **23** Abs. 1 ZPO). **Örtlich zuständig** ist grundsätzlich das Amtsgericht, in dessen Bezirk die Zwangsvollstreckung stattfinden soll (§§ 764 Abs. 2, 802 ZPO).

Unterabschnitt 2 **Zwangsvollstreckung wegen Geldforderungen gegen den Urheber**

§ 113 Urheberrecht

[1]Gegen den Urheber ist die Zwangsvollstreckung wegen Geldforderungen in das Urheberrecht nur mit seiner Einwilligung und nur insoweit zulässig, als er Nutzungsrechte einräumen kann (§ 31). [2]Die Einwilligung kann nicht durch den gesetzlichen Vertreter erteilt werden.

Übersicht

I. Allgemeines

1. Sinn und Zweck

Die Vorschrift trägt dem allgemeinen Gedanken des Urheberrechts Rechnung, **1** dass das enge **persönliche Band** zwischen dem Urheber und seinem Werk grundsätzlich untrennbar ist. Das Urheberrecht, als höchstpersönliches Recht des Urhebers, ist nicht übertragbar (§ 29 S. 2) und aus diesem Grunde ein **unveräußerliches Recht** gem. § 857 Abs. 3 ZPO. § 113 stellt nun klar, dass Gläubiger wegen einer Geldforderung im Wege der Zwangsvollstreckung allein Zugriff auf den **vermögensrechtlichen Teil** des Urheberrechts, namentlich auf die Verwertungsrechte haben sollen, welche Gegenstand des Rechtsverkehrs gem. § 31 sein können. Der Zugriff auf den persönlichkeitsrechtlichen Teil des Urheberrechts ist dem Gläubiger also von vornherein verwehrt. Der Schutz wird dahingehend erweitert, dass die Zulässigkeit der Vollstreckung in die Nutzungsrechte von der **Einwilligung** des Urhebers abhängig.

Zu Gunsten von **Rechtsnachfolgern des Urhebers** (§ 30), denen die Urheber- **2** rechte in gleicher Weise zustehen, wie dem Urheber selbst, findet sich in § 115 eine dem § 113 nachgebildete Regelung, welche hinsichtlich des Einwilligungserfordernisses in S. 2 indessen danach differenziert, ob das Werk bereits erschienen ist oder nicht (vgl. § 115 Rn. 9).

2. Früheres Recht

3 Zum früheren Recht vgl. § 112 Rn. 5.

3. Europäisches und internationales Recht

4 Zum europäischen und internationalen Recht vgl. § 112 Rn. 6 ff.

II. Tatbestand

1. Vollstreckungsgrund

5 Die Vorschrift des § 113 ist allein bei der Zwangsvollstreckung in das Urheberrecht **wegen einer Geldforderung** (s. §§ 803 ff. ZPO) anwendbar, also wegen Forderungen auf Leistung einer Geldsumme. Erfolgt die Zwangsvollstreckung wegen anderer Rechte, gelten die allgemeinen Vorschriften uneingeschränkt. Vgl. § 112 Rn. 11 f. sowie 21 f.

2. Vollstreckungsschuldner

6 a) **Urheber:** Den sich aus § 113 ergebenen Vollstreckungsschutz genießt allein der **Urheber** (§ 7), denn nur er ist – als Schöpfer des Werkes – Träger der höchstpersönlichen, an seine Person geknüpften, Urheberrechte.

7 Im Falle einer **Miturheberschaft** (§ 8) bedarf es für eine Zwangsvollstreckung in das Urheberrecht gem. § 736 ZPO analog eines vollstreckbaren Titels gegen **alle Miturheber** (Dreier/Schulze/*Schulze*[5] Rn. 3; Wandtke/Bullinger/*Kefferpütz*[4] Rn. 6). Da die Miturheber eine **Gesamthandsgemeinschaft** bilden (§ 8 Abs. 2 S. 1) ist es gem. § 859 Abs. 1 S. 1 ZPO zulässig, in den Anteil eines einzelnen Miturhebers zu vollstrecken, wenn und soweit eine **Einwilligung** (vgl. Rn. 20 ff.) sämtlicher Miturheber vorliegt (Dreier/Schulze/*Schulze*[5] Rn. 3; Wandtke/Bullinger/*Kefferpütz*[4] Rn. 6; a. A. BeckOK UrhR/*Rudolph*[16] Rn. 42: Der Anteil des Miturhebers ist der Zwangsvollstreckung wegen der gesamthänderischen Bindung generell entzogen; zulässig bleibe aber die Vollstreckung in die dem Urheber zustehenden Vergütungsrechte, Rn. 44). Hierbei unterliegt der zu vollstreckende Anteil den Beschränkungen des § 113, sodass die Vollstreckung nur insoweit zulässig ist, als der Miturheber Nutzungsrechte einräumen kann.

8 b) **Verfasser wissenschaftlicher Ausgaben; Lichtbildner (§ 118):** Gemäß § 118 findet § 113 sinngemäß Anwendung auf **Verfasser wissenschaftlicher Ausgaben** i. S. d. § 70 und deren Rechtsnachfolger (§ 118 Nr. 1) sowie auf **Lichtbildner** i. S. d. § 72 einschließlich deren Rechtsnachfolger (§ 118 Nr. 2).

9 c) **Nutzungsrechtsinhaber:** Von § 113 und dessen Privilegierung nicht umfasst sind einfache **Nutzungsrechtsinhaber**, also diejenigen, denen vertraglich an dem Werk Nutzungsrechte eingeräumt wurden. Derartige Nutzungsrechte können im Grundsatz nach den allgemeinen Vorschriften gepfändet werden (vgl. § 112 Rn. 18).

10 Der **Einwilligung des Urhebers** (Rn. 20 ff.) bedarf es unbeschadet des § 113 aber bei der Vollstreckung gegen den Lizenznehmer dennoch, wenn diesem – wie häufig – nicht gem. **§ 34 Abs. 1 S. 1** das Recht zur **Weiterübertragung** des Nutzungsrechts eingeräumt wurde. Denn die Nutzungsrechte wurden von dem Urheber nur dem Schuldner, nicht dem Gläubiger eingeräumt. Würde man hier das Zustimmungserfordernis des § 34 Abs. 1 S. 1 übergehen, würde die Vollstreckungsmaßnahme über die in der Person des Schuldners (Lizenznehmers) entstandenen Rechte hinausschießen. Da Lizenznehmern aber sehr häufig lediglich unübertragbare Rechte eingeräumt werden, wird die Zulässigkeit der Rechtspfändung auf Seiten der Nutzungsrechtsinhaber in der Praxis also regelmäßig von der Zustimmung des Urhebers gem. § 34 Abs. 1 S. 1 abhängen. Im Falle der Vollstreckung gegen einen Lizenznehmer, dem nur nicht übertragbare Rechte eingeräumt wurden, darf der Urheber die Einwilligung allerdings nicht wider **Treu und Glauben** verweigern (§ 34 Abs. 1 S. 2; auch vgl. Rn. 24). Es ist ferner zu beachten, dass der Urheber auch vorab vertraglich für den Fall der Zwangsvollstreckung gegen seinen Lizenznehmer auf das Einwilligungserfordernis verzichten kann (§ 34 Abs. 5 S. 2).

Nach richtiger Ansicht bedarf bereits die **Pfändung** der Nutzungsrechte der Einwilligung des Urhebers, nicht erst die hierauf folgende **Verwertung** (OLG Hamburg ZUM 1992, 547, 550; Wandtke/Bullinger/*Kefferpütz*[4] Rn. 20; Schricker/Loewenheim/*Wimmers*[5] Rn. 6; Dreier/Schulze/*Schulze*[5] Rn. 16), denn ein Pfandrecht begründet ein dingliches Recht an der Sache bzw. dem fremden Recht, das den Gläubiger berechtigt, sich durch die Verwertung zu befriedigen. Bereits dies ist von der Nutzungsrechtseinräumung durch den Urheber nicht gedeckt. **11**

Die Weiterübertragung von Nutzungsrechten durch einen Lizenznehmer ist in bestimmten Fällen kraft Gesetzes, also auch ohne Zustimmung des Urhebers, zulässig ist. So bedarf etwa die Übertragung von Nutzungsrechten an einem **Filmwerk** (§ 90) generell nicht der Einwilligung des Urhebers, was auch in der Vollstreckung fortgilt. Ein nur eingeschränktes Zustimmungsrecht gilt auch im Bereich der **Sammelwerke** (§ 4): Für eine Übertragung der Nutzungsrechte an einem Sammelwerk genügt die Zustimmung dessen Urhebers, ohne dass die Urheber der einzelnen gesammelten Werke, welche das Sammelwerk bilden, der Übertragung zustimmen müssten (§ 34 Abs. 2). **12**

Besonderheiten gelten bei der Vollstreckung in die Nutzungsrechte eines Arbeitgebers bzw. Dienstherrn an Werken, die von Urhebern in Erfüllung ihrer Verpflichtungen aus dem **Arbeits- oder Dienstvertrag** geschaffen wurden (§§ 43, 69b UrhG). Hier ist zu differenzieren: Soweit **Computerprogramme** betroffen sind, erhält der Arbeitgeber bzw. Dienstherr unter den Voraussetzungen des § 69b im Wege einer **gesetzlichen Lizenz** exklusiv sämtliche Nutzungsrechte an den Programmen (s. BGH GRUR 2001, 155 – *Wetterführungspläne I*; BGH GRUR 2002, 149, 151 – *Wetterführungspläne II*). Diese umfassende Rechtseinräumung umfasst regelmäßig auch das Recht der **Weiterübertragung** der Rechte an Dritte (s. OLG Frankfurt CR 1998, 525, 526 – *Software-Innovation*), sodass es im Falle der Vollstreckung gegen den Arbeitgeber als Schuldner einer gesonderten Einwilligung des Urhebers (Arbeitnehmers) insoweit nicht bedarf. **13**

Anders muss jedoch der – im Verhältnis zu § 69b allgemeine – **Tatbestand des § 43** beurteilt werden: Hier wird dem Arbeitgeber keine gesetzliche Lizenz eingeräumt, sondern lediglich ein **Anspruch auf Einräumung** von Nutzungsrechten gewährt. Die Übertragung der dem Arbeitnehmer vertraglich eingeräumten Nutzungsrechte auf Dritte bedarf – soweit nichts anderes ausdrücklich oder stillschweigend vereinbart ist – grundsätzlich der Zustimmung des Urhebers (OLG Thüringen ZUM 2003, 55, 57; ebenso Wandtke/Bullinger/*Wandtke*[4] § 43 Rn. 80 f.), sodass auch die Zwangsvollstreckung in diese Nutzungsrechte des Arbeitgebers nur **mit Einwilligung des Urhebers** (Arbeitnehmers) zulässig ist. **14**

In einen gem. § 32 Abs. 1 S. 3 **erhöhten Vergütungsanspruch** kann der Gläubiger nur dann pfänden, wenn der Urheber selbst vor der Pfändung eine vertragliche Erhöhung durchgesetzt hatte; der Gläubiger selbst kann eine Erhöhung der Vergütung wegen des persönlichen Charakters des Erhöhungsanspruches nicht – auch nicht im Wege einer Hilfspfändung – bewirken (*Berger* NJW 2003, 853, 854). Gleiches gilt für den Anspruch auf Vertragsänderung gem. § 32a Abs. 1, solange lediglich eine Anwartschaft besteht (s. § **32a Abs. 3 S. 2**) **15** und der Anspruch noch nicht bestimmt ist (Dreier/Schulze/*Schulze*[5] § 32a Rn. 57). Kommt es nach der Pfändung auf Betreiben des Urhebers zu einer **Erhöhung** gem. § 32 Abs. 1 S. 3, kann der Gläubiger auf dieses erhöhte Entgelt zugreifen. Soweit der Urheber eine Erhöhung der angemessenen Vergütung gem. § 32 Abs. 1 S. 3 oder § 32a Abs. 1 auch nach der Pfändung in Form von wiederkehrenden Zahlungen (z. B. zusätzliches Absatzhonorar) erwirkt, kommt eine Pfändung dieser fortlaufenden Bezüge gem. § 832 ZPO als künftige Forderungen in Betracht (*Berger* NJW 2003, 853, 855).

3. Vollstreckungsgegenstand

16 Der Zwangsvollstreckung unterliegt gem. § 113 das **Urheberrecht**, soweit der Urheber darüber **vertraglich verfügen** kann. Die Norm verweist insoweit auf die Vorschrift des § 31, nach der der Urheber berechtigt ist, einem anderen das Recht einzuräumen, das Werk auf einzelne oder alle Nutzungsarten zu nutzen. Zu den Vollstreckungsgegenständen des § 113 zählen folglich sämtliche von dem Urheberrecht abgeleiteten ausschließlichen und einfachen (s. *Skauradszun* S. 40) **Nutzungsrechte** an den Werken i. S. d. § 2, welche der Urheber nach Maßgabe des § 31 Dritten einräumen könnte. Hierunter fallen vor allem die Nutzungsrechte in Bezug auf die Verwertungsrechte der §§ 15 ff., also etwa das Recht zur Vervielfältigung (§ 16) oder der Verbreitung (§ 17) des Werkes. Weil ein Urheberrecht nur an **geschützten Werken** bestehen kann, genügt die bloße Schutzfähigkeit einer Schöpfung nicht. Ist ein Werk gemeinfrei, bedarf es des Schutzes des § 113 nicht.

17 Da die Zwangsvollstreckung nur „insoweit" zulässig ist, als der Urheber Nutzungsrechte einräumen kann, sind dem Zugriff der Gläubiger diejenigen Rechte entzogen, welche der Urheber zuvor bereits **Dritten eingeräumt** hat. Wurde einem Lizenznehmer bspw. vor der Vollstreckung das ausschließliche Recht eingeräumt, das Werk körperlich zu verwerten, kann der Urheber über dieses Recht nicht (mehr) verfügen, auch nicht im Rahmen der Zwangsvollstreckung.

18 Nicht zu den Nutzungsrechten zählen (gesetzliche und vertragliche) **Vergütungsansprüche** oder sonstige Ansprüche, die dem Urheber aus der Einräumung von Nutzungsrechten gegen Dritte zustehen (s. hierzu RegE UrhG 1962 – BT-Drs. IV/270, S. 111). Insoweit fehlt es an dem besonderen Persönlichkeitsbezug zwischen dem Urheber und seinem Werk, welcher der besonderen Privilegierung des § 113 gerade zugrunde liegt. Der Gläubiger des Urhebers ist bspw. nicht daran gehindert, in die Zahlungsansprüche des Urhebers, die er gegen die Verwertungsgesellschaften oder Verlage hat, zu vollstrecken.

19 Auch Nutzungsrechte für **unbekannte Nutzungsarten** (§ 31a) können grundsätzlich Gegenstand der Zwangsvollstreckung sein; dies aber erst, nachdem die Nutzungsarten bekannt geworden sind, da sie erst dann hinreichend konkretisiert sind. Zu beachten ist, dass dem Urheber die Möglichkeit eingeräumt ist, eine derartige Rechtsübertragung in Bezug auf unbekannte Nutzungsarten frei zu **widerrufen**, und zwar bis zum Ablauf von drei Monaten nach Absendung der Mitteilung durch den Lizenznehmer über die beabsichtigte Aufnahme der Benutzung der neuen Art an den Urheber (§ 31a Abs. 1 S. 3) bzw. bis zu den in § 31a Abs. 2 genannten Zeitpunkten. Soll dieses unbekannte Nutzungsrecht im Wege der Zwangsvollstreckung gepfändet werden, muss dem Urheber die Möglichkeit des Widerrufes erhalten bleiben, zumal auf die Widerrufsrechte im Voraus nicht verzichtet werden darf (§ 31a Abs. 4).

4. Einwilligung des Urhebers

20 a) **Einwilligung (S. 1):** Die Vollstreckung in das Urheberrecht ist nur mit **Einwilligung** des Urhebers zulässig. Unter der Einwilligung ist die **vorherige Zustim-**

mung zu verstehen (§ 183 S. 1 BGB). Es handelt sich um eine einseitige, empfangsbedürftige Willenserklärung, die keinem Formzwang unterliegt. Sie kann mithin schriftlich oder mündlich, ausdrücklich oder konkludent (s. hierzu BGH GRUR 1984, 528, 529 – *Bestellvertrag*) erteilt werden. Das bloße **Schweigen**, das im Rechtsverkehr mit Blick auf das Erfordernis des Erklärungswillens nur in Ausnahmefällen rechtserheblich ist, genügt für die Erteilung einer Einwilligung nicht.

Die Erklärung ist gegenüber dem **Gläubiger** oder dem **Vollstreckungsgericht** abzu-   **21**
geben, wobei sie in zeitlicher Hinsicht dem Vollstreckungsgericht spätestens vor Beginn der Vollstreckungsmaßnahme vorliegen muss (BeckOK UrhR/*Rudolph*[16] Rn. 12; Wandtke/Bullinger/*Kefferpütz*[4] Rn. 9; a. A. unsere 11. Aufl.). Fehlt sie, ist die Vollstreckung unzulässig. Eine nachträgliche Zustimmung (**Genehmigung**) kann den Mangel einer Einwilligung **nicht heilen** (allg. M.; Dreier/Schulze/*Schulze*[5] Rn. 9; Wandtke/Bullinger/*Kefferpütz*[4] Rn. 12; BeckOK UrhR/*Rudolph*[16] Rn. 12), sodass die Zwangsvollstreckung ggf. wiederholt werden muss. Der Urheber kann seine Einwilligung bis zum Beginn der Zwangsvollstreckung nach den allgemeinen zivilrechtlichen Regeln **widerrufen**, und zwar bis die Pfändung „**bewirkt**" ist. Im Falle des Vorhandenseins eines Drittschuldners ist dies der Zeitpunkt der Zustellung des Pfändungsbeschlusses bei dem Drittschuldner (§§ 857 Abs. 1, 829 Abs. 3 ZPO). Ist hingegen ein Drittschuldner nicht vorhanden, gilt die Pfändung mit der Zustellung des Gebots, sich jeder Verfügung über das Recht zu enthalten, beim Schuldner als bewirkt (§ 857 Abs. 2 ZPO).

Inhaltlich kann die Einwilligung in der gleichen Weise beschränkt werden, wie   **22**
Nutzungsrechte im Wege einer vertraglichen Vereinbarung gem. § 31 (Dreier/ Schulze/*Schulze*[5] Rn. 11). Der Urheber kann seine Einwilligung daher beliebig in **räumlicher**, **zeitlicher** und **inhaltlicher** Hinsicht eingrenzen und auf diese Weise unmittelbar Einfluss auf die Tragweite der Pfändung nehmen. So ist es denkbar, dass er seine Einwilligung lediglich auf bestimmte Verwertungsrechte oder auf ein bestimmtes territoriales Gebiet beschränkt oder sie nur für eine bestimmte Zeit erteilt.

Umstritten ist die Frage, ob auf das Einwilligungserfordernis im Einzelfall im Wege   **23**
einer **teleologischen Reduktion** verzichtet werden kann (ausführlich zum Streitstand: *Skauradszun* S. 104 ff.). Dies wird teilweise angenommen, wenn etwa die **Gewinnerzielungsabsicht** bzw. „rein wirtschaftliche Interessen" des Urhebers die vordergründige Triebfeder des Werkschaffens war, diese Absicht nach außen sichtbar kundgetan wird und sich die Beziehung zwischen dem Urheber und seinem Werk in einem rein kommerziellen Verhältnis erschöpft (BeckOK UrhR/*Rudolph*[16] Rn. 27). Dieser Ansatz wird insbesondere in Bezug auf Computerprogramme diskutiert (s. *Roy/Palm* NJW 1995, 690, 692; *Breidenbach* CR 1989, 971, 972 ff.). Vor dem Hintergrund des eindeutigen Wortlauts und unter Berücksichtigung des Schutzzwecks der Norm kann dem gleichwohl nicht gefolgt werden (ebenso Wandtke/Bullinger/*Kefferpütz*[4] Rn. 9; Dreier/Schulze/*Schulze*[5] Rn. 15; Loewenheim/*Kreuzer/Schwarz*[2] § 95 Rn. 18). Selbst wenn der Urheber ein Werk vornehmlich aus Gewinnstreben erschafft, ändert dies nichts an seiner persönlichen Beziehung zu seinem Werk, die es im Rahmen des § 113 zu schützen gilt. Dies muss – trotz des technischen Einschlags – auch für die Schöpfung von Computerprogrammen gelten, denn der Gesetzgeber hat gerade auch Computerprogramme, als persönliche geistige Schöpfungen, dem Urheberrechtsschutz unterstellt. Es kann einem Urheber nicht zum Nachteil gereicht werden, wenn er mit der Verwertung seines Werkes Geld verdienen möchte. Das UrhG dient schließlich zumindest auch der Stärkung des Urhebers in wirtschaftlicher Hinsicht, sodass es nicht einzusehen wäre, das persönlichkeitsrechtliche Band zwischen ihm und seinem Werk nur deshalb zu zerschneiden, weil er mit der Werkverwertung einen finanziellen Gewinn anstrebt.

24 Ferner wird diskutiert, ob der Urheber mit Blick auf die Grundsätze von **Treu und Glauben** (§ 242 BGB) und unter Heranziehung des Gedankens des § 34 S. 2 im Einzelfall dazu verpflichtet sein kann, die Einwilligung für die Zwangsvollstreckungsmaßnahme zu erteilen. Es stellt sich die Frage, ob ihm u. U. ein **rechtsmissbräuchliches Verhalten** vorgeworfen werden kann, wenn er die Einwilligung verweigert (s. z. B. BeckOK UrhR/*Rudolph*[16] Rn. 31). Obschon auch hier aus den vorstehend genannten Gründen grundsätzlich Zurückhaltung geboten ist, kann der Vorwurf des Rechtsmissbrauchs in Betracht kommen, dies allerdings nur in besonderen Ausnahmefällen (ebenso Wandtke/Bullinger/*Kefferpütz*[4] Rn. 19). Eine vorherige Verwertung mit „Gewinnerzielungsabsicht" allein vermag den Vorwurf eines Rechtsmissbrauchs allerdings nicht zu rechtfertigen.

25 b) **Gesetzliche Vertreter (S. 2):** Die Erteilung der Einwilligung ist auch durch rechtsgeschäftlich **bevollmächtigte Dritte** möglich. Entscheidend ist, dass die Erklärung auf den Urheber selbst zurückgeht, sei es auch durch die Einräumung einer dahingehenden Vollmacht. Die Einwilligung kann aber **nicht** durch einen **gesetzlichen Vertreter** erteilt werden (S. 2), denn in diesem Falle ginge die Erklärung nicht auf den Willen des Urhebers zurück, sondern – ohne Zutun des Urhebers – auf eine gesetzliche Legitimierung. Vor allem bei Minderjährigen muss demnach eine Einwilligung sowohl des minderjährigen Urhebers als auch des bzw. der gesetzlichen Vertreter vorliegen (s. § 111 BGB).

§ 114 Originale von Werken

(1) ¹Gegen den Urheber ist die Zwangsvollstreckung wegen Geldforderungen in die ihm gehörenden Originale seiner Werke nur mit seiner Einwilligung zulässig. ²Die Einwilligung kann nicht durch den gesetzlichen Vertreter erteilt werden.

(2) ¹Der Einwilligung bedarf es nicht,
1. soweit die Zwangsvollstreckung in das Original des Werkes zur Durchführung der Zwangsvollstreckung in ein Nutzungsrecht am Werk notwendig ist,
2. zur Zwangsvollstreckung in das Original eines Werkes der Baukunst,
3. zur Zwangsvollstreckung in das Original eines anderen Werkes der bildenden Künste, wenn das Werk veröffentlicht ist.

²In den Fällen der Nummern 2 und 3 darf das Original des Werkes ohne Zustimmung des Urhebers verbreitet werden.

Übersicht

I.   Allgemeines

1.   Sinn und Zweck und Überblick

Werkoriginale haben mitunter einen nicht unerheblichen **wirtschaftlichen**   **1**
Wert, was sie naturgemäß auch für den Gläubiger von Forderungen interessant
macht. Vor allem im Bereich der bildenden Kunst (z. B. Gemälde, Skulpturen
usw.), aber durchaus auch in anderen Werkkategorien, können Werkoriginale
einen enormen Wert aufweisen. Zugleich hat der Urheber aber auch eine besonders ausgeprägte **persönliche Beziehung** zu dem Original seiner Schöpfung;
es ist gewissermaßen das unmittelbare Resultat seines geistigen Schaffens und
für ihn deshalb von besonderem ideellen Wert. Die Zwangsvollstreckung ist
deshalb auch und insb. in Werkoriginale grundsätzlich von der Einwilligung
des Urhebers abhängig, was § 114 bestimmt. Betroffen ist von § 114 die **Sachpfändung** in einen körperlichen Gegenstand; sofern die Vollstreckung in Nutzungsrechte erfolgen soll, gilt stattdessen grundsätzlich § 113.

Die Zwangsvollstreckung in das einem Urheber **gehörende Werkoriginal** ist   **2**
gem. § 114 grundsätzlich nur mit dessen **Einwilligung** zulässig (Abs. 1 S. 1),
wobei diese wegen der besonders starken Bindung zwischen dem Urheber und
seinem Werkoriginal nicht von einem gesetzlichen Vertreter erteilt werden kann
(Abs. 1 S. 2). Dieser Grundsatz des Einwilligungserfordernisses erfährt Einschränkungen, soweit die Zwangsvollstreckung in das Original zur Durchführung der Zwangsvollstreckung in ein diesbezügliches Nutzungsrecht am Werk
notwendig ist (Abs. 2 S. 1 Nr. 1), es sich um ein Werk der Baukunst handelt
(Abs. 2 S. 1 Nr. 2) oder die Zwangsvollstreckung in ein Werk der bildenden
Kunst, das bereits veröffentlich wurde, betrieben wird (Abs. 2 S. 1 Nr. 3).

2.   Früheres Recht

Zum früheren Recht vgl. § 112 Rn. 5.   **3**

3.   Europäisches und Internationales Recht

Zum europäischen und internationalen Recht vgl. § 112 Rn. 6 ff.   **4**

II.   Tatbestand

1.   Vollstreckungsgrund

Die Schutzvorschrift des § 114 betrifft ausschließlich die Zwangsvollstreckung   **5**
in Werkoriginale **wegen Geldforderungen** (s. §§ 803–882a ZPO), also Forderungen auf Leistung einer Geldsumme. Für andere Vollstreckungsmaßnahmen
gelten die allgemeinen Vorschriften. Vgl. 112 Rn. 11 f. und 21 f.

2.   Vollstreckungsgegenstand und Vollstreckungsschuldner

a) Werkoriginal: Von § 114 geschützt ist das **Werkoriginal**, wie bspw. das Ori-   **6**
ginalmanuskript eines Schriftstellers, die Originalpartitur eines Komponisten
oder die Originalskulptur eines Bildhauers (sofern dieses nicht bereits veröffentlicht wurde; s. § 114 Abs. 2 Ziff. 3). Das Werkoriginal ist deshalb abzugrenzen von **Vervielfältigungsstücken** (s. § 16) des Werkoriginals, auf die die
Vorschrift des § 114 nicht anzuwenden ist. Die Vollstreckung in reine Vervielfältigungsstücke erfolgt uneingeschränkt nach den allgemeinen Regeln, sofern
nicht zugleich Nutzungsrechte gepfändet werden (in diesem Fall gilt wiederum
§ 113).

7 Es ist durchaus denkbar, dass von einem Werk **mehrere Originale** existieren (und dem Urheber gehören), was die Abgrenzung zwischen dem Werkoriginal einerseits und einem Vervielfältigungsstück andererseits im Einzelfall schwierig erscheinen lässt. In erster Linie ist danach zu fragen, ob das Werk von dem Urheber selbst unmittelbar hergestellt wurde (Wandtke/Bullinger/*Kefferpütz*[4] Rn. 3). Nur dann kommt die Schutzvorschrift des § 114 zur Anwendung.

8 b) **Dem Urheber gehörend:** Das Werkoriginal muss dem Urheber, also dem Schuldner, **gehören.** Dies richtet sich nach den **eigentumsrechtlichen Vorschriften** des BGB (s. §§ 903 ff. BGB) zum Zeitpunkt der Vollstreckungshandlung. Der reine sachenrechtliche **Besitz** (§§ 854 ff. BGB) an sich begründet also keine besondere Schutzwirkung. Deshalb ist die Zwangsvollstreckung in ein Werkoriginal, das der Urheber an einen Dritten übereignet hat, auch dann nach den allgemeinen Regeln zulässig, wenn der Urheber (noch) im Besitz des Werkexemplars ist. Ist der Urheber hingegen Eigentümer aber nicht Besitzer, ist an eine **Hilfspfändung** des Herausgabeanspruches zu denken.

9 Liegt ein Fall des **Miteigentums** vor, wobei die weiteren Miteigentümer zugleich **Miturheber** des Werkes (§ 8) sind, bedarf es der Einwilligung jedes Miturhebers. Im Übrigen ist die Einwilligung des Urhebers auch bei einer Bruchteilsgemeinschaft erforderlich (str.; s. Dreier/Schulze/*Schulze*[5] Rn. 8; BeckOK UrhR/*Rudolph*[16] Rn. 9.1; a. A. Wandtke/Bullinger/*Kefferpütz*[4] Rn. 7).

10 c) **Verfasser wissenschaftlicher Ausgaben; Lichtbildner (§ 118):** Über § 118 findet § 114 sinngemäß Anwendung bei der Zwangsvollstreckung wegen Geldforderungen in das Urheberrecht gegen den **Verfasser wissenschaftlicher Ausgaben** (§§ 118 Nr. 1, 70) sowie gegen den **Lichtbildner** (§§ 118 Nr. 2, 72) einschließlich deren Rechtsnachfolger.

3. Einwilligung des Urhebers

11 a) **Grundsatz (Abs. 1):** Eine Zwangsvollstreckung in ein Werkoriginal ist nach Abs. 1 S. 1 als Grundsatz nur mit **Einwilligung** des Urhebers zulässig. Zur Einwilligung vgl. § 113 Rn. 20 ff. Wie bei § 113 genügt die Einwilligung durch einen **gesetzlichen Vertreter** nicht (Abs. 1 S. 2). Die **rechtsgeschäftliche** Stellvertretung ist indessen möglich, sodass die Einwilligungserklärung von einem bevollmächtigten Vertreter erteilt werden kann (vgl. § 113 Rn. 25).

12 b) **Entbehrlichkeit der Einwilligung (Abs. 2 S. 1):** Der Grundsatz, dass die Zwangsvollstreckung in Werkoriginale nur mit Einwilligung des Urhebers erfolgen darf, gilt in bestimmten, in Abs. 2 **abschließend** aufgezählten, Situationen nicht:

13 aa) **Notwendig zur Durchführung der Vollstreckung in Nutzungsrecht (Nr. 1):** § 114 Abs. 2 S. 1 Nr. 1 erklärt die Zwangsvollstreckung in Werkoriginale auch ohne Einwilligung des Urhebers für zulässig, wenn sie zur Zwangsvollstreckung in ein **Nutzungsrecht** an diesem Werk **notwendig** ist.

14 Diese Vorschrift korrespondiert unmittelbar mit § 113, der die Zwangsvollstreckung in Nutzungsrechte regelt und diese von der Einwilligung des Urhebers abhängig macht. Es soll die Situation vermieden werden, dass der Schuldner in eine Zwangsvollstreckung in das Nutzungsrecht einwilligt, sich indessen gegen die Verwertung des für die Verwertung erforderlichen Originals versperrt, denn ein Nutzungsrecht nutzt dem Gläubiger nichts, wenn er es nicht ausüben kann. In der Sache erweitert Abs. 2 S. 1 Nr. 1 die Reichweite der Einwilligung gem. § 113 und erstreckt diese auch auf die Verwertung des Originals. Die Vorschrift ist nur anwendbar, soweit der Gläubiger wegen einer Geldforderung in das unmittelbar von dem Werk abgeleitete **Nutzungsrecht vollstreckt,** nicht jedoch, wenn die Zwangsvollstreckung in das Werkoriginal zur Realisierung eines bereits **vertraglich eingeräumten Nutzungsrechts** erfolgt; hier ist der Gläubiger gehalten, eine Hilfspfändung gem. §§ 846, 847, 849 ZPO vorzunehmen (Schricker/Loewenheim/*Wimmers*[5] Rn. 5; Dreier/Schulze/*Schulze*[5] Rn. 12; Wandtke/Bullinger/*Kefferpütz*[5] Rn. 12).

Voraussetzung für die Vollstreckung ohne Einwilligung des Urhebers ist, dass **15** die Zwangsvollstreckung in das Werkoriginal **notwendig** ist. Dies ist regelmäßig nicht der Fall, wenn Vervielfältigungsstücke des Originals existieren und diesem dem Gläubiger zur Verfügung stehen. Hier bedarf es des Zugriffs auf das Werkoriginal nicht notwendigerweise, soweit es bspw. um die Vollstreckung in das Verbreitungs- oder Vervielfältigungsrecht geht. Die Notwendigkeit der Benutzung des Originals kann auch im weiteren Verlauf enden; ist dies der Fall (z. B. nachdem sich der Gläubiger ein Vervielfältigungsstück angefertigt hat), hat der Gläubiger das Werkoriginal wieder an den Urheber auszuhändigen (Dreier/Schulze/*Schulze*[5] Rn. 12; BeckOK UrhR/*Rudolph*[16] Rn. 13).

bb) Werke der Baukunst (Nr. 2): Nicht zuletzt deshalb, weil Grundstücke und **16** dort errichtete Bauten regelmäßig einen hohen Wert haben und dem Gläubiger ein Zugriff hierauf nicht verwehrt werden soll, bedarf es der Zustimmung des Urhebers auch dann nicht, wenn das dem Urheber gehörende Bauwerk ein von ihm erschaffenes **Werk der Baukunst** (§ 2 Abs. 1 Nr. 4) ist. Betroffen ist hier ein Fall der Zwangsvollstreckung wegen Geldforderungen in das **unbewegliche Vermögen** (§§ 863 ff. ZPO).

Regelmäßig erfolgt die Zwangsvollstreckung in ein Bauwerk durch Weiterver- **17** äußerung bzw. Versteigerung; sofern urheberrechtlich geschützte Werke der Baukunst betroffen sind, erfordern diese Handlungen entsprechende **Verbreitungsrechte** (§ 17). **Abs. 2 S. 2** stellt nun zusätzlich klar, dass das Original des Werkes auch ohne Zustimmung des Urhebers **verbreitet** werden darf.

cc) Werke der bildenden Kunst (Nr. 3): In Werkoriginale von – neben Werken **18** der Baukunst „anderen" – Werken der bildenden Kunst (§ 2 Abs. 1 Nr. 4) kann ohne Zustimmung des Urhebers vollstreckt werden, wenn das Werk **bereits veröffentlicht** wurde. Diese Schlechterstellung des Urhebers eines Werkes der bildenden Kunst gegenüber den Urhebern anderer Werkkategorien verwundert und stößt in der Literatur vor allem mit Blick auf Art. 3 GG auf entsprechende **Kritik** (s. etwa Möhring/Nicolini/*Lütje*[2] Rn. 23 ff.; Schricker/Loewenheim/*Wimmers*[5] Rn. 7; Wandtke/Bullinger/*Kefferpütz*[4] Rn. 15; BeckOK UrhR/*Rudolph*[16] Rn. 19). Der Gesetzgeber begründet die Bestimmung damit, dass der Urheber des Werkes mit der Veräußerung oder Veröffentlichung zu erkennen gegeben habe, dass er sich zu seinem Werk „bekannt" habe (RegE UrhG 1962 – BT-Drs. IV/270, S. 110). Im Übrigen wird argumentiert, dass Werkoriginale im Bereich der bildenden Kunst einen besonders hohen Wert haben und sie sich in dieser Hinsicht von Werken anderer Gattungen unterscheiden (s. hierzu Dreier/Schulze/*Schulze*[4] Rn. 14).

Es mag sein, dass der Urheber mit der Veröffentlichung des Werkoriginals zu er- **19** kennen gegeben hat, dass das Werk vollendet ist und er sich zu seinem Werk „bekennt". Gleiches gilt aber doch auch für den Urheber eines Lichtbildwerkes oder eines Sprachwerkes. Auch ist es sicher richtig, dass der Markt im Bereich der bildenden Kunst ein anderer sein kann als bei anderen Werkkategorien. Allerdings können durchaus auch Originale anderer Werkkategorien einen erheblichen Wert aufweisen, z. B. aus dem Bereich der Fotografie oder der Baukunst. Zudem dient § 114 Abs. 1 gerade dem Schutz der persönlichkeitsrechtlichen Beziehung zwischen dem Urheber und seinem Originalwerkexemplar, und zwar jenseits der wirtschaftlichen Verwertbarkeit. Die geschützte Beziehung zwischen dem Urheber und dem Werk besteht bei Werken aller Werkkategorien gleichermaßen, sodass eine Herabsetzung des Vollstreckungsschutzes von Urhebern im Bereich der bildenden Kunst nicht sachgerecht erscheint. Allerdings ist davon auszugehen, dass § 114

Abs. 2 S. 1 Nr. 3 im Ergebnis von dem Ermessensspielraum des Gesetzgebers gedeckt und somit letztlich hinzunehmen ist. Für eine **analoge Anwendung** der Vorschrift auf die Zwangsvollstreckung in Originale von Werken anderer Kategorien ist aber schon angesichts des klaren Wortlauts (keine planwidrige Regelungslücke) kein Raum. Somit ist eine Vollstreckung in ein (veröffentlichtes) Ölgemälde zustimmungsfrei, in ein Original eines Lichtbildwerkes hingegen nur (wenn nicht § 114 Abs. 2 S. 1 Nr. 1 einschlägig ist) mit Einwilligung des Urhebers zulässig, auch wenn dieses Ergebnis befremdlich ist.

20 Auch veröffentlichte Originale von Werken der bildenden Kunst dürfen, wie die der Baukunst gem. Ziff. 2, ohne Zustimmung des Urhebers **verbreitet** werden (**Abs. 2 S. 2**), um zu gewährleisten, dass ein gepfändetes Werkoriginal auch durch Veräußerung oder Versteigerung verwertet werden kann.

III. Prozessuales

21 Die Zwangsvollstreckung (Pfändung) eines Werkoriginals richtet sich als **Sachpfändung** nach den §§ 808 ff. ZPO und erfolgt durch **Inbesitznahme** des Exemplars durch den Gerichtsvollzieher (§ 808 Abs. 1 ZPO). Regelmäßig erfolgt die Verwertung dann im Wege einer **öffentlichen Versteigerung** durch den Gerichtsvollzieher (§ 814 ZPO). Auf Antrag und nach Anhörung des Schuldners kann der Gerichtsvollzieher die gepfändete Sache auch in anderer Weise verwerten; auch eine **freihändige Versteigerung** durch eine andere Person als den Gerichtsvollzieher kann beantragt werden (s. § 825 ZPO).

IV. Verhältnis zu anderen Vorschriften

1. Verhältnis zu § 113

22 § 114 betrifft allein die **Sachpfändung** bzw. – im Falle der Pfändung von Originalen von Werken der Baukunst (Abs. 2 Nr. 2) und anderen Werken der bildenden Kunst (Nr. 3) – die Zulässigkeit von Verbreitungshandlungen (Abs. 2 S. 2). Sofern die Zwangsvollstreckung in **Nutzungsrechte** an dem Originalwerk betroffen ist, gilt nicht § 114, sondern § 113.

2. Verhältnis zu § 119

23 Werkoriginale können zugleich **Vorrichtungen** gem. § 119 sein, die ausschließlich zur Vervielfältigung oder Funksendung eines Werkes bestimmt sind (bspw. Druckplatten, Negative usw.). § 114 einerseits und § 119 andererseits können insoweit nebeneinander zur Anwendung gelangen.

Unterabschnitt 3 **Zwangsvollstreckung wegen Geldforderungen gegen den Rechtsnachfolger des Urhebers**

§ 115 Urheberrecht

[1]Gegen den Rechtsnachfolger des Urhebers (§ 30) ist die Zwangsvollstreckung wegen Geldforderungen in das Urheberrecht nur mit seiner Einwilligung und nur insoweit zulässig, als er Nutzungsrechte einräumen kann (§ 31). [2]Der Einwilligung bedarf es nicht, wenn das Werk erschienen ist.

Übersicht

I. Allgemeines

1. Sinn und Zweck

Das Urheberrecht stellt den Urheber und seine **Rechtsnachfolger** grundsätzlich **1** gleich (§ 30). Der Rechtsnachfolger erwirbt im Falle der Rechtsnachfolge nicht lediglich ein Nutzungsrecht an den Werken, sondern tritt – mit wenigen Ausnahmen – vollständig in die frühere Position des Urhebers ein. Dies schlägt sich auch in § 115 nieder, der klarstellt, dass auch die Zwangsvollstreckung wegen Geldforderungen gegen den Rechtsnachfolger des Urhebers nur mit dessen **Einwilligung** und auch nur insoweit zulässig ist, als er **Nutzungsrechte einräumen** kann. § 115 S. 1 entspricht insoweit der Vorschrift des § 113 S. 1, in der die Zwangsvollstreckung gegen den Urheber selbst geregelt ist. Anders als bei der Zwangsvollstreckung gegen den Urheber bedarf es bei der Zwangsvollstreckung gegen dessen Rechtsnachfolger jedoch keiner Einwilligung, wenn das Werk bereits **erschienen** ist (S. 2).

2. Früheres Recht

Zum früheren Recht vgl. § 112 Rn. 5. Bereits unter Geltung des LUG und des **2** KUG war die Zwangsvollstreckung gegen den Rechtsnachfolger des Urhebers ohne seine Einwilligung nur zulässig, wenn das Werk zuvor erschienen ist (§ 10 S. 2 LUG, § 14 Abs. 2 KUG).

3. Europäisches und Internationales Recht

Zum europäischen und internationalen Recht vgl. § 112 Rn. 6 ff.   **3**

II. Tatbestand

1. Vollstreckungsgrund

Die Vorschrift des § 113 ist nur bei Zwangsvollstreckungsmaßnahmen in das **4** Urheberrecht **wegen einer Geldforderung** (s. §§ 803 ff. ZPO) anwendbar, also wegen Forderungen auf Leistung einer Geldsumme. Für andere Vollstreckungsmaßnahmen gelten die allgemeinen Vorschriften. Vgl. § 112 Rn. 11 f., 21 f.

2. Vollstreckungsgegenstand

§ 115 betrifft die Zwangsvollstreckung in das **Urheberrecht,** soweit der Rechts- **5** nachfolger **Nutzungsrechte** hieran einräumen kann. Vgl. § 113 Rn. 16 ff.; die dortigen Ausführungen gelten hier entsprechend. Bei § 115 gilt es in besonderem Maße zu beachten, dass der urheberrechtliche Schutz tatsächlich noch bestehen muss (s. § 64). Ist das Werk mittlerweile **gemeinfrei,** findet § 115 keine Anwendung.

3. Vollstreckungsschuldner

6 Vollstreckungsschuldner ist der **Rechtsnachfolger** des Urhebers gem. §§ 28 ff., denn nur er tritt an die Stelle des Urhebers (§ 30). § 115 findet insb. keine Anwendung bei der Zwangsvollstreckung gegen einen (sonstigen) Dritten, dem der Urheber Nutzungsrechte – und seien sie auch noch so umfassend – eingeräumt hat. Denn das Urheberrecht als solches ist unter Lebenden – mit Ausnahme der Übertragung im Rahmen einer Erbauseinandersetzung – nicht übertragbar.

7 Zu den Rechtsnachfolgern zählen Erben und Miterben, Erbengemeinschaften, der Vermächtnisnehmer (§§ 2147 ff. BGB) sowie Begünstige von Auflagen (§§ 2192 ff. BGB).

4. Einwilligung des Rechtsnachfolgers

8 **a) Einwilligung grundsätzlich erforderlich (S. 1):** Wie bei der Zwangsvollstreckung gegen den Urheber selbst ist die Zulässigkeit der Zwangsvollstreckung gegen seinen Rechtsnachfolger von dessen **Einwilligung** abhängig. Es gelten hier zunächst dieselben Grundsätze, wie bei § 113 (vgl. § 113 Rn. 20 ff.). Auch wenn der Rechtsnachfolger dem Urheber ganz überwiegend gleichgestellt ist, ist die persönlichkeitsrechtliche Beziehung zum Werk dennoch eine weniger ausgeprägte bzw. andere als dies bei dem Urheber der Fall ist. Deshalb kann die erforderliche Einwilligung hier – anders als im Rahmen des § 113 – auch von einem **gesetzlichen Vertreter** erklärt werden und nicht nur durch einen rechtsgeschäftlich bevollmächtigten Vertreter. Wurde gem. § 28 Abs. 2 angeordnet, dass das Urheberrecht nach dem Tode des Urhebers durch einen **Testamentsvollstrecker** ausgeübt wird, kommt es allein auf dessen Einwilligung an (§ 117).

9 **b) Entbehrlichkeit der Einwilligung bei erschienenen Werken (S. 2):** Eine Einwilligung nach S. 1 ist nicht erforderlich, wenn das betroffene Werk bereits **erschienen** ist. Auch insoweit besteht ein Unterschied zu der Regelung des § 113. Denn durch das Erscheinen wurde das persönliche Band zwischen dem Werk und dem Berechtigten bereits derart gelockert, dass die Einwilligung nach S. 1 entbehrlich ist. Immerhin hat der Urheber bereits selbst entschieden, dass das Werk erscheinen soll, sodass die Rechtsnachfolger in diesem Falle nicht besonders geschützt werden müssen. Ob ein Werk erschienen in diesem Sinne ist, richtet sich nach § 6 **Abs. 2**; auf die dortige Kommentierung wird verwiesen.

5. Verfasser wissenschaftlicher Ausgaben; Lichtbildner (§ 118)

10 Über § 118 ist auch § 115 sinngemäß anzuwenden bei der Zwangsvollstreckung wegen Geldforderungen in das Urheberrecht gegen die Rechtsnachfolger von **Verfassern wissenschaftlicher Ausgaben** (§§ 118 Nr. 1, 70) sowie von **Lichtbildnern** (§§ 118 Nr. 2, 72).

III. Prozessuales

11 In prozessualer Hinsicht ist zu beachten, dass für die Zwangsvollstreckung in einen Nachlass bei Vorliegen einer **Miterbengemeinschaft** bis zur Teilung ein gegen alle Erben ergangenes Urteil erforderlich ist (§ 747 ZPO). Fehlt der Titel gegen einen Miterben, ist die Zwangsvollstreckung unzulässig.

IV. Verhältnis zu anderen Vorschriften

12 Soweit die Zwangsvollstreckung gegen den Rechtsnachfolger des Urhebers nicht in das Urheberrecht (bzw. Nutzungsrechte hieran), sondern in **dem**

Rechtsnachfolger gehörende Werkoriginale erfolgt, gilt nicht § 115, sondern § 116.

§ 116 Originale von Werken

(1) Gegen den Rechtsnachfolger des Urhebers (§ 30) ist die Zwangsvollstreckung wegen Geldforderungen in die ihm gehörenden Originale von Werken des Urhebers nur mit seiner Einwilligung zulässig.

(2) [1]Der Einwilligung bedarf es nicht
1. **in den Fällen des § 114 Abs. 2 Satz 1,**
2. **zur Zwangsvollstreckung in das Original eines Werkes, wenn das Werk erschienen ist.**
[2]§ 114 Abs. 2 Satz 2 gilt entsprechend.

Übersicht

I. Allgemeines

1. Sinn und Zweck

Die rechtliche Gleichstellung des Urhebers mit dessen Rechtsnachfolger (§ 30) gilt dem Grunde nach – mit geringen Abweichungen – auch für die Zwangsvollstreckung in die dem **Rechtsnachfolger** des Urhebers gehörenden **Werkoriginale**. Spiegelbildlich zu §§ 113 und 114 bestimmt § 116 Abs. 1 in Ergänzung zu § 115, dass auch hier die Zwangsvollstreckung nur mit Einwilligung des Rechtsnachfolgers zulässig ist, soweit kein Ausnahmetatbestand des § 114 Abs. 2 vorliegt. **1**

Ebenso, wie bei der Zwangsvollstreckung gegen den Urheber in die ihm gehörenden Werkoriginale, ist gilt auch bei dem Rechtsnachfolger, dass die **Einwilligung entbehrlich** ist, soweit die Zwangsvollstreckung in das Werkoriginal zur Durchführung der Zwangsvollstreckung in ein Nutzungsrecht erforderlich ist, ein Werk der Baukunst betroffen ist oder die Zwangsvollstreckung in ein (anderes) erschienenes Werk der bildenden Kunst erfolgt (Abs. 2 Nr. 1 i. V. m. § 114 Abs. 2 S. 1). Zusätzlich jedoch bedarf es im Rahmen des § 116 generell keiner Einwilligung des Rechtsnachfolgers bei der Zwangsvollstreckung in ein bereits erschienenes Werk.

2. Früheres Recht

Zum früheren Recht vgl. § 112 Rn. 5. **2**

3. Europäisches und Internationales Recht

3 Zum europäischen und internationalen Recht vgl. § 112 Rn. 6 ff.

II. Tatbestand

1. Vollstreckungsgrund

4 Wie bei allen anderen Sondertatbeständen der §§ 113 bis 119 ist auch § 116 nur bei der Zwangsvollstreckung **wegen einer Geldforderung** (s. §§ 803 ff. ZPO) anwendbar (Forderungen auf Leistung einer Geldsumme). Geht es nicht um die Vollstreckung einer Geldforderung, gelten die allgemeinen Vorschriften des Zwangsvollstreckungsrechts. Vgl. § 112 Rn. 21 ff.

2. Vollstreckungsgegenstand und Vollstreckungsschuldner

5 § 116 betrifft Zwangsvollstreckungsmaßnahmen **in Werkoriginale**, die dem Rechtsnachfolger des Urhebers **gehören**.

6 a) **Werkoriginal:** Zum Begriff des Werkoriginals vgl. § 114 Rn. 6 f.

7 b) **Rechtsnachfolger:** Vgl. § 115 Rn. 6 f.

8 c) **Dem Rechtsnachfolger gehörend:** Es gelten dieselben Grundsätze wie bei § 114. Vgl. § 114 Rn. 8 f. Das Werkoriginal muss dem **Eigentum** (nicht nur dem Besitz) des Rechtsnachfolgers des Urhebers zugewiesen sein.

3. Einwilligungserfordernis

9 a) **Grundsatz (Abs. 1):** Grundsätzlich ist die Zwangsvollstreckung in die dem Rechtsnachfolger des Urhebers gehörenden Originale nur mit dessen **Einwilligung** zulässig (Abs. 1). Zum Begriff der Einwilligung wird auf die Kommentierung bei § 113 verwiesen (vgl. § 113 Rn. 20 ff.). Allerdings ist hier – wie bei § 115 – eine Einwilligung nicht nur durch den rechtsgeschäftlich bevollmächtigten Vertreter, sondern auch durch den **gesetzlichen Vertreter** möglich. Vgl. § 115 Rn. 8.

10 Wurde gem. § 28 Abs. 2 angeordnet, dass das Urheberrecht nach dem Tode des Urhebers durch einen **Testamentsvollstrecker** ausgeübt wird, kommt es allein auf dessen Einwilligung an (§ 117).

11 b) **Entbehrlichkeit der Einwilligung (Abs. 2):** Für den Grundsatz der Erforderlichkeit einer Einwilligung gelten die folgenden **Ausnahmen:**

12 aa) **Ausnahmetatbestände des § 114 (Abs. 2 S. 1 Nr. 1):** § 116 verweist zunächst in Abs. 2 S. 1 auf den **Ausnahmekatalog des § 114 Abs. 2 S. 1.** Demnach bedarf es keiner Einwilligung, soweit die Zwangsvollstreckung in das Werkoriginal zur Durchführung in ein Nutzungsrecht notwendig ist (§ 114 Abs. 2 S. 1 Nr. 1), ein Werk der Baukunst betroffen ist (§ 114 Abs. 2 S. 1 Nr. 2) oder die Zwangsvollstreckung in ein (anderes) erschienenes Werk der bildenden Kunst erfolgt (§ 114 Abs. 2 S. 1 Nr. 3). s. insoweit die Kommentierung bei § 114.

13 bb) **Erschienene Werke (Abs. 2 S. 1 Nr. 2):** Darüber hinaus muss der Rechtsnachfolger generell die Zwangsvollstreckung in Werkoriginale sämtlicher Werkkategorien dulden, sofern diese bereits **erschienen** sind. Dies ist mit Blick auf § 115 S. 2, der generell die Zwangsvollstreckung in das Urheberrecht gegen einen Rechtsnachfolger ohne Einwilligung erlaubt, natürlich nur konsequent. Zum Begriff des Erscheinens s. § 6 Abs. 2.

4. Verweisung des § 118

Über § 118 ist § 116 sinngemäß anzuwenden bei der Zwangsvollstreckung we- **14**
gen Geldforderungen gegen Rechtsnachfolger von **Verfassern wissenschaftli-**
cher Ausgaben (§§ 118 Nr. 1, 70) sowie gegen solche von **Lichtbildnern**
(§§ 118 Nr. 2, 72), und zwar jeweils in die ihnen, den Rechtsnachfolgern, eigentumsrechtlich gehörenden Werkoriginale.

III. Verhältnis zu anderen Vorschriften

§ 116 ist nur anwendbar bei Vollstreckungsmaßnahmen in **Werkoriginale**, also **15**
in eine Sache; die Zwangsvollstreckung in das Urheberrecht gegen Rechtsnachfolger des Urhebers richtet sich nach § 115.

§ 117 Testamentsvollstrecker

Ist nach § 28 Abs. 2 angeordnet, dass das Urheberrecht durch einen Testa-
mentsvollstrecker ausgeübt wird, so ist die nach den §§ 115 und 116 erforderli-
che Einwilligung durch den Testamentsvollstrecker zu erteilen.

Der Urheber hat die Möglichkeit, gem. § 2197 BGB durch Testament einen **1**
Testamentsvollstrecker festzulegen bzw. ihn durch einen ermächtigten Dritten
(§ 2198 Abs. 1 BGB) oder vom Nachlassgericht aufgrund seines Ersuchens im
Testament (§ 2200 Abs. 1 BGB) bestimmen zu lassen. Unterliegt der Nachlass
der Testamentsvollstreckung, kann der Erbe über den Nachlass nicht mehr
verfügen (§ 2211 BGB); die Verfügungsberechtigung ist auf den Testamentsvollstrecker übergegangen (§ 2205 BGB).

Deshalb bestimmt nun § 117 – rein deklaratorisch –, dass die nach §§ 115 und **2**
116 erforderlichen Einwilligungen in der Person des Testamentsvollstreckers vorliegen müssen, soweit der Urheber durch eine letztwillige Verfügung die Ausübung
des Urheberrechts diesem Testamentsvollstrecker übertragen hat (§ 28 Abs. 2). Im
Falle der Testamentsvollstreckung geht das Einwilligungsrecht des Rechtsnachfolgers vollständig auf den Testamentsvollstrecker über. Einwilligungserklärungen
des Rechtsnachfolgers selbst sind dann unwirksam; notfalls kann der Testamentsvollstrecker eine Drittwiderspruchsklage erheben (§ 771 ZPO).

Für die Einwilligungserklärung selbst gelten die Ausführungen bei § 113 ent- **3**
sprechend. Vgl. § 113 Rn. 20 ff.

Unterabschnitt 4 **Zwangsvollstreckung wegen Geldforderungen**
gegen den Verfasser wissenschaftlicher Ausgaben
und gegen den Lichtbildner

§ 118 Entsprechende Anwendung

Die §§ 113 bis 117 sind sinngemäß anzuwenden
1. auf die Zwangsvollstreckung wegen Geldforderungen gegen den Verfasser
wissenschaftlicher Ausgaben (§ 70) und seinen Rechtsnachfolger,
2. auf die Zwangsvollstreckung wegen Geldforderungen gegen den Lichtbild-
ner (§ 72) und seinen Rechtsnachfolger.

I.   Allgemeines

1.   Sinn und Zweck

1   **Verfasser wissenschaftlicher Ausgaben** (§ 70) und **Lichtbildner** (§ 72) sollen gleichermaßen vor Zwangsvollstreckungsmaßnahmen geschützt werden wie der Urheber. Dies sind die Leistungsschutzrechte, für die auch diejenigen Bestimmungen des Teils 1 des UrhG zur Anwendung kommen. Durch die Verweisungsnorm des § 118 ist die Zwangsvollstreckung auch hier grundsätzlich von der **Einwilligung** des Leistungsschutzberechtigten (bzw. dessen Rechtsnachfolger) abhängig.

2.   Früheres Recht

2   Der zwangsvollstreckungsrechtliche Schutz der Verfasser wissenschaftlicher Ausgaben und der Lichtbildner wurde erstmals mit Normierung des **UrhG 1965** geschaffen.

II.   Tatbestand

1.   Vollstreckungsgrund

3   Auch § 118 betrifft allein die Zwangsvollstreckung **wegen einer Geldforderung** (s. §§ 803 ff. ZPO). Vgl. § 112 Rn. 11 f.

2.   Vollstreckungsschuldner

4   Den besonderen Schutz der §§ 113 bis 117 genießen über § 118 neben dem Urheber die **Verfasser wissenschaftlicher Ausgaben** gem. § 70 und die **Lichtbildner** gem. § 72 sowie deren Rechtsnachfolger. Zur Vollstreckung gegen Nutzungsrechtsinhaber vgl. § 112 Rn. 18 sowie vgl. § 113 Rn. 9 ff. Der in § 118 enthaltene Katalog ist **abschließend**; auf andere Leistungsschutzberechtigte findet die Vorschrift **keine** – auch keine analoge – **Anwendung**; bei den anderen Leistungsschutzrechten bleibt es bei den allgemeinen Vorschriften der Zwangsvollstreckung. Deshalb genießen bspw. die Tonträgerhersteller gem. § 85, die Ersteller einer Datenbank gem. § 87a oder auch ausübende Künstler (§ 73) keinen besonderen Vollstreckungsschutz, sondern sie müssen Zwangsvollstreckungsmaßnahmen nach den allgemeinen Vorschriften gegen sich hinnehmen.

3.   Vollstreckungsgegenstand

5   Über die §§ 113 bis 117 i. V. m. § 118 unterliegen dem besonderen Vollstreckungsschutz die **übertragbaren Rechte** an den wissenschaftlichen Ausgaben bzw. Lichtbildnern (§ 113) sowie die entsprechenden Originale (§ 114), also z. B. Original-Fotos oder Dias des Lichtbildners oder Manuskripte des Verfassers wissenschaftlicher Ausgaben. Gleiches gilt für die jeweiligen Rechtsnachfolger (§§ 115, 116). Bestimmte **Vorrichtungen**, nämlich solche, die ausschließlich zur Vervielfältigung oder Funksendung bestimmt sind, genießen darüber hinaus unmittelbar gem. § 119 besonderen Schutz.

4.   Einwilligung des Leistungsschutzberechtigten

6   Die Zulässigkeit von Zwangsvollstreckungsmaßnahmen ist von der **Einwilligung** des Leistungsschutzberechtigten abhängig. Es gelten die Ausführungen bei § 113 entsprechend; vgl. § 113 Rn. 20 ff.

Unterabschnitt 5 **Zwangsvollstreckung wegen Geldforderungen in bestimmte Vorrichtungen**

§ 119 Zwangsvollstreckung in bestimmte Vorrichtungen

(1) Vorrichtungen, die ausschließlich zur Vervielfältigung oder Funksendung eines Werkes bestimmt sind, wie Formen, Platten, Steine, Druckstöcke, Matrizen und Negative, unterliegen der Zwangsvollstreckung wegen Geldforderungen nur, soweit der Gläubiger zur Nutzung des Werkes mittels dieser Vorrichtungen berechtigt ist.

(2) Das gleiche gilt für Vorrichtungen, die ausschließlich zur Vorführung eines Filmwerkes bestimmt sind, wie Filmstreifen und dergleichen.

(3) Die Absätze 1 und 2 sind auf die nach den §§ 70 und 71 geschützten Ausgaben, die nach § 72 geschützten Lichtbilder, die nach § 77 Abs. 2 Satz 1, §§ 85, 87, 94 und 95 geschützten Bild- und Tonträger und die nach § 87b Abs. 1 geschützten Datenbanken entsprechend anzuwenden.

I. Allgemeines

1. Sinn und Zweck

Vorrichtungen, die ausschließlich zur Vervielfältigung oder Funksendung eines **1**
Werkes bzw. zur Vorführung eines Filmwerkes bestimmt sind, unterliegen gem.
§ 119 der Zwangsvollstreckung nur, soweit der Gläubiger zur Nutzung des Werkes
mittels dieser Vorrichtungen berechtigt ist. Diese Vorrichtungen stellen nach der
Begründung des Gesetzgebers gleichsam ein **Zubehör der Nutzungsrechte** dar, zu
deren Ausübung sie geschaffen wurden (RegE UrhG 1962 – BT-Drs. IV/270,
S. 111). Sie haben zwar regelmäßig – von Ausnahmen einmal abgesehen – keinen
besonderen eigenen Sachwert, sind jedoch für den Schuldner mitunter von erheblichem **wirtschaftlichen Nutzwert** (s. Schricker/Loewenheim/*Wimmers*[5] Rn. 2;
Dreier/Schulze/*Schulze*[5] Rn. 1). So kann es etwa sein, dass das Werk überhaupt nur
mit Hilfe der Vorrichtung verwertbar ist, es also keine alternativen Verwertungsmöglichkeiten gibt, ohne die bestimmte Vorrichtung zu benutzen. Der Schuldner
will natürlich so weit es geht einen vollstreckungsrechtlichen Zugriff auf eine derartige Vorrichtung verhindern. Hinzukommt, dass der bestimmungsgemäße Gebrauch solcher Vorrichtungen (z. B. einer Druckplatte oder eines Bildnegativs)
durch Personen, die nicht zur Ausübung der in Betracht kommenden Nutzungsrechte berechtigt sind, eine Urheberrechtsverletzung darstellen würde (RegE UrhG
1962 – BT-Drs. IV/270, S. 111). Auch aus diesem Grunde kann der Schuldner ein
Interesse daran haben, dass die Vorrichtung bei ihm verbleibt.

Gleichzeitig kann aber auch ein **Gläubiger,** der bereits in die dahingehenden Nut- **2**
zungsrechte vollstreckt hat oder gleichzeitig hierin vollstrecken will, ein besonde-

res Interesse an einer derartigen Vorrichtungen haben. Dies gilt vor allem dann, wenn er in die Nutzungsrechte an einem Werk vollstrecken kann, hierbei aber für die Ausübung von Verwertungshandlungen auf die Vorrichtung angewiesen ist. Die Vorschrift dient allerdings allein dem **Schutz des Schuldners**, nicht aber des Gläubigers, wenngleich sie auch ihm durchaus zugutekommen kann. Der Gläubiger kann insoweit **reflexartig** von der Vorschrift geschützt sein (s. Dreier/Schulze/ *Schulze*[5] Rn. 2; BeckOK UrhR/*Rudolph*[16] Rn. 2).

3 Anders als die §§ 113 bis 118 knüpft der Vollstreckungsschutz des § 119 nicht an ein Einwilligungserfordernis an, sondern verlangt, dass der Gläubiger bei Vollstreckungsmaßnahmen in die Vorrichtungen zugleich **berechtigt ist,** das Werk mittels der Vorrichtung zu nutzen.

2. Früheres Recht

4 Bereits gem. **§ 14 Abs. 3 KUG** war die Zwangsvollstreckung in solche Formen, Platten, Steine oder sonstige Vorrichtungen, welche ausschließlich zur Vervielfältigung des Werkes bestimmt sind, unzulässig. Eine „**Funksendung**" kannte der Gesetzgeber des KUG aber noch nicht, so dass sie ebenso wenig wie die Vorrichtungen zur Vorführung eines Filmwerkes sowie die nunmehr in Abs. 3 erwähnten Leistungsschutzrechte in dem KUG noch keine Erwähnung fand.

II. Tatbestand

1. Vollstreckungsgrund

5 Auch § 118 betrifft ausschließlich die Zwangsvollstreckung **wegen einer Geldforderung** (s. §§ 803 ff. ZPO). Vgl. § 112 Rn. 11 f. Soweit wegen anderer Forderungen vollstreckt wird, findet die Vorschrift keine Anwendung.

2. Vollstreckungsschuldner

6 Im Rahmen des § 119 ist es **unerheblich, gegen wen** sich die Vollstreckungsmaßnahme richtet. Als Vollstreckungsschuldner kommen nicht nur der Urheber (bzw. der Leistungsschutzberechtigte) und seine Rechtsnachfolger, sondern auch einfache Nutzungsrechtsinhaber oder beliebige sonstige Dritte in Betracht, zu denen z. B. auch Agenturen, Verlage, Druckereien usw. zählen können.

3. Vollstreckungsgegenstand

7 a) **Bestimmte Vorrichtungen (Abs. 2 und 3):** Unter den Schutz des § 119 fallen Vorrichtungen, die ausschließlich zur **Vervielfältigung** oder **Funksendung** eines Werkes (Abs. 1) oder zur **Vorführung** eines Filmwerkes bestimmt (Abs. 2) bestimmt sind.

8 aa) **Vorrichtung:** Der Begriff der „Vorrichtung" ist gesetzlich nicht definiert. Nach dem Sinn und Zweck der Vorschrift ist er jedoch denkbar weit zu fassen. Entscheidend ist nicht die Art der Vorrichtung, sondern ihre Eignung, zur **Vervielfältigung** oder zur **Funksendung** eines Werkes bzw. zur **Vorführung** eines Filmwerkes benutzt zu werden. Beispiele hierfür führt das Gesetz selbst an (Formen, Platten, Steine, Druckstöcke, Matrizen und Negative). Ferner können hierunter etwa Masterbänder, digitale Medien (CD-ROMs, Disketten, Festplatten) oder Druckvorlagen fallen. Die Vorrichtung kann – muss jedoch nicht – zugleich das Werkoriginal sein (vgl. Rn. 14).

9 bb) **Zweckbestimmung:** Voraussetzung ist, dass die Vorrichtung ausschließlich dazu dient, das Werk zu **vervielfältigen** oder zu **senden** oder das Filmwerk **vorzuführen**. Ob dies der Fall ist, ist nach den jeweiligen Umständen des Einzelfalls zu beurteilen, wobei auf die **objektiven Eigenschaften** der Vorrichtung abzustellen sein dürfte (str.; objektiv: Wandtke/Bullinger/*Kefferpütz*[4] Rn. 6; BeckOK UrhR/*Rudolph*[16] § 119 Rn. 6; subjektiv z.B.: Möhring/Nicolini/*Lütje*[2] Rn. 8). Ein Vollstreckungsschutz scheidet aber jedenfalls dann aus, wenn die Vorrichtung, unabhängig von der subjektiven Absicht, schon objektiv nicht ausschließlich zu diesen Zwecken benutzt werden kann. Dies gilt bspw. für einen **Drucker**, da dieser zum Ausdruck verschiedener Werke benutzt werden kann, und zwar auch dann, wenn der Schuldner einwendet, hiermit ausschließlich ein einziges Werk vervielfältigen zu wollen. Anders jedoch bei einer **Filmrolle**: Diese dient i.d.R. schon objektiv ausschließlich dazu, das Filmwerk vorzuführen.

Das Abstellen auf den **subjektiven Willen** des Schuldners (s. Möhring/Nicolini/ **10** *Lütje*[2] Rn. 8) würde auf Seiten des Gläubigers zu erheblichen Rechtsunsicherheiten führen, wobei zugleich zu beachten ist, dass es sich bei § 119 um einen Sondertatbestand zum Schutze des Schuldners handelt und insoweit restriktiv anzuwenden ist. Kann die Vorrichtung tatsächlich **objektiv nicht nur** zu den vorerwähnten Zwecken benutzt werden, kann es auf den Willen des Schuldners, sie ausschließlich für diese Zwecke benutzen zu wollen, nicht ankommen. Andernfalls hätte es allein der Schuldner in der Hand, die Zulässigkeit der Zwangsvollstreckungsmaßnahme zu bestimmen. § 119 ist stets im Lichte des **Schutzzweckes** zu verstehen: Es soll verhindert werden, dass der Gläubiger auf Vorrichtungen zugreift, die der tatsächliche Nutzungsberechtigte **notwendigerweise** für die Verwertung des Werkes benötigt. Dies mag für ein Filmnegativ gelten, nicht aber für den Filmprojektor, mit dem zum einen auch andere Filmwerke als das des Schuldners vorgeführt werden können, und den der Schuldner zum anderen im Zweifel auch durch einen anderen Projektor ersetzen kann. Die besondere Schutzbedürftigkeit wäre hier nicht gegeben.

Es ist aber durchaus denkbar, dass eine Vorrichtung gleichzeitig für **mehrere** **11** **Verwertungshandlungen** objektiv geeignet und hierzu auch bestimmt ist. So kann ein Bild-/Tonträger bspw. sowohl der Anfertigung von Vervielfältigungen dienen als auch Grundlage für die Sendung (§ 20) des Werks sein. Auch hier käme § 119 zum Tragen.

b) Leistungsschutzgegenstände (Abs. 3): Über **Abs. 3** gelten die Abs. 1 und 2 **12** entsprechend für wissenschaftliche Ausgaben (§ 70) und nachgelassene Werke (§ 71) sowie für Lichtbilder (§ 72), Bildträger, Tonträger und Bild-/Tonträger (§§ 85, 87, 94, 95, 77 Abs. 2 S. 1) und für Datenbanken gem. § 87b Abs. 1.

4. Zur Nutzung berechtigt

Die Zwangsvollstreckung in die besonderen Vorrichtungen ist nur zulässig, **13** wenn der Gläubiger zur Nutzung des Werkes mittels dieser Vorrichtung **berechtigt** ist. Der Gläubiger muss demnach Inhaber von **Nutzungsrechten** hinsichtlich der Verwertungshandlungen sein, welche bestimmungsgemäß mit Hilfe der Vorrichtung vorgenommen werden können (Vervielfältigung, Sendung und/ oder Vorführung). Beinhaltet die Vorrichtung **mehrere Schutzgegenstände** (z.B. Musikwerke und Filmwerke auf einem Bild-/Tonträger), ist die Zwangsvollstreckung nur zulässig, wenn der Gläubiger zur Nutzung **sämtlicher Werke** berechtigt ist; dies gilt auch in Bezug auf die möglicherweise betroffenen Leistungsschutzrechte, wie die des ausübenden Künstlers (Dreier/Schulze/*Schulze*[5] Rn. 13).

Problematisch ist der Fall, wenn die Vorrichtung gleich für **mehrere Verwer-** **14** **tungshandlungen** geeignet ist, der Gläubiger aber nur im Hinblick auf einen Teil dieser Handlungen berechtigt ist (bspw. nur zur Vervielfältigung des Werkes, nicht aber zur Sendung). Hier ist bei der Zulässigkeit der Zwangsvollstreckung jedenfalls dann Zurückhaltung geboten, wenn ein Dritter auf die Vorrichtung für seine ihm zustehenden Verwertungshandlungen angewiesen ist.

Andernfalls würde die Vorrichtung ihrer bestimmungsgemäßen Verwendung insoweit entzogen.

III. Verhältnis zu anderen Vorschriften

15 Sofern es sich bei der Vorrichtung gem. § 119 zugleich um das **Werkoriginal** handelt, kommen u. U. neben § 119 auch §§ 114, 116 zu Tragen. Dies ist dann der Fall, wenn es sich bei der Vorrichtung um das Werkoriginal handelt und der Urheber zugleich Eigentümer hiervon ist. Anders, als im Rahmen der §§ 114, 116 ist der Schutz des § 119 jedoch unabhängig davon, ob das Werk bereits erschienen bzw. verbreitet ist oder nicht.

Nachbemerkung Insolvenzrecht

Übersicht

I. Allgemeines

1 Das Insolvenzverfahren gem. **§ 35 Abs. 1 Insolvenzordnung (InsO)** umfasst das gesamte Vermögen, das dem Schuldner zur Zeit der Eröffnung des Verfahrens gehört und das er während des Verfahrens erlangt. Allerdings gibt es im Rahmen eines Insolvenzverfahrens mit Bezug zu dem **Urheberrecht** Besonderheiten, die es zu berücksichtigen gilt:

II. Insolvenz des Urhebers im Grundsatz

1. Anwendbarkeit des allgemeinen Insolvenzrechts

2 Auch bei der Insolvenz im urheberrechtlichen Umfeld gelten zunächst die **allgemeinen Vorschriften** des Insolvenzrechts, namentlich die Vorschriften der **InsO**. Eine besondere Bedeutung im urheberrechtlichen Bereich kommt hierbei § 36 Abs. 1 InsO zu, wonach Gegenstände, die nicht der Zwangsvollstreckung unterliegen, nicht zur Insolvenzmasse gehören. Von der Insolvenzmasse ausgenommen sind insb. **unveräußerliche Rechte** gem. § 857 Abs. 3 ZPO, zu denen nicht zuletzt auch das **Urheberrecht** als solches zählt. Denn gem. § 29 Abs. 1 ist das Urheberrecht grundsätzlich nicht übertragbar und somit auch nicht veräußerlich, was entsprechend im Rahmen des Insolvenzverfahrens zu beachten ist. Das Urheberrecht als solches fällt deshalb, wie auch die **Urheberpersönlichkeitsrechte**, nicht in die Insolvenzmasse eines Urhebers.

2.   Anwendbarkeit des §§ 112 ff. UrhG

Die **Vollstreckungsschutzvorschriften** der §§ 113 ff. sind uneingeschränkt auch   **3**
in einem Insolvenzverfahren zu beachten. Soweit die Zwangsvollstreckung in
das Urheberrecht oder in Werkoriginale von der **Einwilligung** des Urhebers
(§§ 113, 114) dessen Rechtsnachfolger (§§ 115, 116) bzw. des Leistungsschutzberechtigten oder dessen Rechtsnachfolger (§ 118) abhängen, gilt dies
im Rahmen der Insolvenz. Entsprechend findet auch § 119 Anwendung: Die
dort genannten bestimmten **Vorrichtungen**, die ausschließlich zur Vervielfältigung oder Funksendung eines Werkes bestimmt sind, fallen nur dann in die
Insolvenzmasse, wenn und soweit der Schuldner berechtigt ist, das Werk mittels dieser Vorrichtung zu benutzen. Die Vorschriften der §§ 113 bis 119 haben
also unmittelbar Auswirkung auf den **Umfang der Insolvenzmasse**: Fehlt es an
den dortigen Voraussetzungen (Einwilligung gem. §§ 113–118; Berechtigung
gem. § 119), ist der Schutzgegenstand bereits der Insolvenzmasse entzogen und
nicht nur dessen Verwertung unzulässig (Dreier/Schulze/*Schulze*[5] § 112
Rn. 22). Es gilt bei alledem ferner zu beachten, dass der **Insolvenzverwalter**
nicht der Rechtsnachfolger des Urhebers ist und die erforderlichen Einwilligungen daher selbst nicht erteilen kann.

III.   Lizenzverträge in der Insolvenz

Das Schicksal von auf der Grundlage von Lizenzverträgen eingeräumter **Nut-**   **4**
zungsrechte im Zusammenhang mit der Insolvenz einer der Vertragsparteien
ist für den anderen Teil von besonderer Bedeutung. Dies gilt für den Fall der
Insolvenz des Lizenzgebers gleichermaßen wie für die des Lizenznehmers. Nicht
selten ist ein Lizenznehmer von dem Bestand der Lizenzeinräumung wirtschaftlich sogar unmittelbar abhängig. Wird bspw. über das Vermögen eines Soft-
wareentwicklungshauses (Lizenzgeber), das einem Softwarehersteller (Lizenznehmer) Nutzungsrechte an Softwaremodulen eingeräumt hat, die Insolvenz
eröffnet, könnte ein Verlust der Nutzungsrechte ruinöse Folgen haben: Der
Lizenznehmer kann ggf. seine Produkte nicht mehr vertreiben. Aber auch die
Insolvenz des Lizenznehmers kann im Einzelfall folgenreich sein. Zu denken
ist etwa an die Insolvenz eines Filmverleihers (Lizenznehmer), dem der Rechtsinhaber ausschließliche Verleihrechte eingeräumt hat. Fällt der Verleiher aus,
kann die gesamte Verwertung des Films gefährdet sein.

1.   Wahlrecht des Insolvenzverwalters (§ 103 InsO)

Die Eröffnung der Insolvenz hat – entgegen der früheren, von der Rechtspre-   **5**
chung mittlerweile aufgegebenen, „Erlöschenstheorie" – **keine materiell-recht-**
liche Umgestaltung des gegenseitigen Vertrages zur Folge, sondern **hindert** wegen der beiderseitigen Nichterfüllungseinreden gem. § 320 BGB lediglich die
Durchsetzbarkeit der noch nicht erbrachten Leistungen (s. BGH NJW 2003,
2744, 2745; BGH NJW 2002, 2783, 2785; LG Hamburg ZUM-RD 2008, 77,
81). Im Falle der Insolvenz des Lizenznehmers kommt diesem das Kündigungsverbot gem. § 112 InsO zugute: Der Vertrag darf weder wegen Verzuges hinsichtlich der Entrichtung der Lizenzgebühren noch wegen einer Verschlechterung der Vermögensverhältnisse des Lizenznehmers gekündigt werden.

Der Insolvenzverwalter hat nach Eröffnung des Insolvenzverfahrens bei An-   **6**
wendbarkeit des § 103 Abs. 1 InsO (s. die nachfolgenden Rn.) für den Fall,
dass der gegenseitige Vertrag zum Zeitpunkt der Eröffnung des Insolvenzverfahrens vom Schuldner und vom anderen Teil nicht oder nicht vollständig erfüllt ist, ein **Wahlrecht**, ob er im Interesse der Insolvenzmasse an dem Lizenzvertrag festhalten, anstelle des Schuldners den Vertrag erfüllen und die
Erfüllung vom anderen Teil verlangen möchte. Da das Wahlrecht des Insolvenzverwalters eine nicht unerhebliche Unsicherheit auf Seiten des Gläubiger

bedingt, hat der andere Teil die Möglichkeit, den Insolvenzverwalter (nicht aber den vorläufigen Insolvenzverwalter; s. BGH BB 2007, 2704) zur Ausübung des Wahlrechts **aufzufordern**, um Klarheit zu schaffen (s. § 103 Abs. 2 InsO). Nach einer solchen Aufforderung hat der Verwalter unverzüglich zu erklären, ob er die Erfüllung verlangen will. Unterlässt er dies, so kann er auf die Erfüllung nicht bestehen.

7   a) **Anwendbarkeit des § 103 InsO:** Das Wahlrecht des § 103 InsO besteht nur dann, wenn der gegenseitige Vertrag zum Zeitpunkt der Insolvenzeröffnung vom Schuldner und vom anderen Teil „**nicht oder nicht vollständig erfüllt**" ist (§ 103 Abs. 1 InsO). Leistungen, die der Schuldner bereits vollständig vor der Insolvenzeröffnung erbracht hat, sind der Dispositionsbefugnis des Insolvenzverwalters grundsätzlich entzogen; in diesem Falle kommt es nicht mehr zur Anwendung des § 103 InsO. Die schon vor der Eröffnung der Insolvenz verwirklichten wirtschaftlichen Dispositionen des Schuldners zugunsten der Masse können und sollen durch den Insolvenzverwalter nicht ungeschehen gemacht werden (BGH NJW 2003, 2744, 2747; LG Hamburg ZUM-RD 2008, 77, 82).

8   Bei der Beurteilung, ob Leistungen zum Zeitpunkt der Insolvenzeröffnung bereits vollständig erfüllt wurden, kommt der umstrittenen **Rechtsnatur urheberrechtlicher Nutzungsverträge** eine entscheidende Bedeutung zu. Der für Insolvenzrecht zuständige IX. Zivilsenat des BGH hat zu dieser Frage zwischenzeitlich ausdrücklich (BGH GRUR 2006, 435, 437 Tz. 21 – *Softwarenutzungsrecht*), der u. a. für das Urheberrecht zuständige I. Zivilsenat eher beiläufig (BGH GRUR 2012, 910 Tz. 20 – *Delcantos Hits*; BGH GRUR 2009, 946, 948 Tz. 20 – *Reifen Progressiv*), Stellung bezogen. Beide Senate folgen der bis dahin wohl überwiegenden Ansicht in der Literatur, dass urheberrechtliche Lizenzverträge ihrer Natur nach grundsätzlich entsprechend der Rechtspacht jedenfalls grundsätzlich als **Dauernutzungsverträge** anzusehen sind (dazu vgl. § 69c Rn. 78 ff.; *Grützmacher* CR 2006, 289; *Berger* CR 2006, 505; *ders.* GRUR 2004, 20, 20; *Trips-Herbert* ZRP 2007, 225, 226; Dreier/Schulze/ *Schulze*⁵ § 112 Rn. 28; s. a. KG NZI 2012, 759, 761). Aufgrund dieser Klassifizierung urheberrechtlicher Lizenzverträge als Dauernutzungsverträge liegt eine vollständige **beiderseitige Erfüllung** grundsätzlich erst am Ende der Vertragslaufzeit vor, sodass § 103 InsO auch im Rahmen urheberrechtlicher Nutzungsverträge zur Anwendung gelangen kann.

9   Ein „vollständig erfüllter Vertrag", der die Anwendung des § 103 Abs. 1 InsO ausschließen würde, liegt aber vor, wenn es im Zusammenhang mit der Einräumung von Nutzungsrechten zu einem einmaligen, zum Zeitpunkt der Insolvenzeröffnung in sich **abgeschlossenen Austausch der synallagmatischen Leistungen** gekommen ist, so bspw. bei der Einräumung eines Nutzungsrechts gegen eine **Einmalvergütung**, was insoweit einen kaufähnlichen Charakter aufweist (s. Wandtke/Bullinger/*Bullinger*⁴, InsO § 108 Rn. 5, 7; BeckOK UrhR/ *Rudolph*¹⁶ UrhG Insolvenz Rn. 46; Loewenheim/*Kreuzer/Reber*², § 95 Rn. 79; Hoeren/Sieber/Holznagel/*Adolphsen/Daneshzadeh Tabrizi*⁴⁴, Teil 26.1, Rn. 67; *Weber/Hötzel* NZI 2011, 432, 434; s. a. die zu patentrechtlichen Verträgen ergangene Entscheidung LG München GRUR-RR 2012, 142, 143 – *Insolvenzfestigkeit*).

10   In einer die Folgen eines Rechterückrufs gem. § 41 betreffenden Entscheidung hat der BGH klargestellt, dass auch das einfache Nutzungsrecht (wie auch das ausschließliche; s. a. LG Hamburg ZUM-RD 2008, 77) einen **dinglichen Charakter** habe und der Lizenzgeber das Nutzungsrecht dem (einfachen) Lizenznehmer während der Dauer des Lizenzverhältnisses daher **nicht fortwährend in seinem Bestand vermitteln** müsse (BGH GRUR 2009, 946, 948

Tz. 20 – *Reifen Progressiv*; s. zu dieser Entscheidung *Scholz* GRUR 2009, 1107; Anm. *Reber* ZUM 2009, 855 und krit.: *Adolphsen/Daneshzadeh Tabrizi* GRUR 2011, 384; Hoeren/Sieber/Holznagel/*Adolphsen/Daneshzadeh Tabrizi*[44], Teil 26.1, Rn. 7f). Der BGH hat das Nutzungsrecht genau genommen aber **nicht als ein dingliches Recht** bezeichnet, sondern ihm – möglicherweise bewusst sprachlich feinfühlig – vielmehr lediglich einen „dinglichen Charakter" zugesprochen hat. Jedenfalls begründet die Inhaberschaft einer einfachen Lizenz mit Blick auf diesen „dinglichen Charakter" der Rechtseinräumung dann **kein Dauerschuldverhältnis** mit dem Lizenzgeber, wenn und soweit der Leistungsaustausch vollständig abgeschlossen ist; in diesem Falle ist § 103 InsO nicht anwendbar. Ein Vertrag, der den Lizenznehmer zur fortgesetzten Verwertung (§ 41) und zur Honorarabrechnung gegenüber dem Autor verpflichtet (z. B. ein Autorenexklusivvertrag), wird hingegen nicht als zum Zeitpunkt der Insolvenzeröffnung beiderseitig erfüllt im Sinne des § 103 Abs. 1 InsO anzusehen sein (so aber LG Hamburg ZUM-RD 2008, 77), wovon auch die Sondervorschrift des § 36 VerlG (dazu unten vgl. Rn. 25 ff.) offensichtlich ausgeht. In diesem Falle wäre § 103 InsO anwendbar und ein Wahlrecht des Insolvenzverwalters gegeben.

11 Der Insolvenzmasse von vornherein entzogen sind auch solche Nutzungsrechte, die dem Schuldner schon vor der Insolvenzeröffnung **aufschiebend bedingt** mit einem Bedingungseintritt nach der Insolvenzeröffnung eingeräumt wurden (BGH GRUR 2006, 435 – *Softwarenutzungsrecht*). In dem dieser BGH-Entscheidung zugrundeliegenden Sachverhalt hatten der Lizenzgeber (ein Entwickler einer Software) und der Lizenznehmer (Entwickler einer Software, die auf der Software des Lizenzgebers aufbaute) vereinbart, dass im Falle der Kündigung des Lizenzvertrages aus wichtigem Grund die Nutzungsrechte automatisch auf den Lizenznehmer übergehen. Nachdem über das Vermögen des Lizenzgebers die Insolvenz eröffnet wurde und der Insolvenzverwalter die Nichterfüllung des Vertrages erklärte, kündigte der Lizenznehmer den Lizenzvertrag aus wichtigem Grund und beanspruchte sodann die Nutzungsrechte. Da dem Lizenznehmer die Nutzungsrechte noch **vor der Eröffnung** der Insolvenz über das Vermögen des Lizenzgebers vollständig – wenn auch aufschiebend bedingt – eingeräumt wurden, lag, so der BGH, kein Fall des nachträglichen Rechtserwerbs gem. § 91 InsO vor. Die Nutzungsrechte fielen somit nicht in die Insolvenzmasse des insolventen Lizenzgebers. Ob die Bedingung vor oder nach der Insolvenzeröffnung eintritt, ist hierbei deshalb unerheblich, weil das Nutzungsrecht bereits vor der Insolvenzeröffnung aus dem Vermögen ausgeschieden war (BGH GRUR 2006, 435, 436 – *Softwarenutzungsrecht*). Hierzu vgl. § 69c Rn. 79 ff.

12 **b) Handlungsmöglichkeiten des Insolvenzverwalters:** Liegt ein noch nicht vollständig erfüllter Vertrag vor, wurden also die synallagmatischen Pflichten noch nicht vollständig erbracht, ist § 103 Abs. 1 InsO anwendbar und das Schicksal des Lizenzvertrages hängt dann davon ab, ob der Insolvenzverwalter die **Erfüllung** des Vertrages wählt oder die **Erfüllungsablehnung** erklärt:

13 **aa) Erfüllung des Vertrages:** Verlangt der Insolvenzverwalter die **Erfüllung** des Vertrages, besteht das Nutzungsrecht gegen die vereinbarte Vergütung wie zuvor fort. Im Falle der Insolvenz des Lizenznehmers handelt es sich bei den geschuldeten Lizenzgebühren um Masseverbindlichkeiten gem. § 55 InsO. Bei der weiteren Verwertung der Nutzungsrechte durch den Insolvenzverwalter ist zu beachten, dass die **Übertragung** der Nutzungsrechte an Dritte grundsätzlich der **Zustimmung des Urhebers** (§§ 34, 35) bedarf. Erfolgt die Übertragung im Wege der Veräußerung des gesamten Unternehmens oder durch die Veräußerung von Teilen des Unternehmens, steht dem Urheber ein **Rückrufsrecht** zu, wenn ihm die Ausübung des Nutzungsrechts durch den Erwerber nach Treu und Glauben nicht zumutbar ist (§ 34 Abs. 3 S. 2).

14   **bb) Erfüllungsablehnung:** Der Insolvenzverwalter kann sich aber auch dazu entschließen, die Erfüllung abzulehnen. Weitestgehend einig ist man sich noch, dass die Erfüllungsablehnung durch den Insolvenzverwalter – wie die Eröffnung des Insolvenzverfahrens – jedenfalls **keinen unmittelbaren Einfluss auf den Bestand** des gegenseitigen **schuldrechtlichen Vertrages** hat (s. BGH GRUR 2006, 435, 437 Tz. 22 – *Softwarenutzungsrecht*; BGH NJW 2003, 2744, 2745; BGH NJW 2002, 2783, 2785; LG Hamburg NJW 2007, 3215, 3216), denn der BGH hat die einst vertretene „Erlöschenstheorie" ausdrücklich aufgegeben: Der schuldrechtliche Vertrag erlischt weder durch die Insolvenzeröffnung noch durch die Erfüllungsablehnung; es kommt lediglich zu einer **Hemmung der Durchsetzbarkeit** der Ansprüche (s. BGH NJW 2003, 2744, 2745; BGH NJW 2002, 2783, 2785; *Bullinger/Hermes* NZI 2012, 492, 493 sowie oben, vgl. Rn. 5).

15   Losgelöst von dem Fortbestandbestand des *schuldrechtlichen* Vertrages ist aber das Schicksal der Nutzungsrechte umstritten, namentlich die Frage, wie sie sich die Erfüllungsablehnung auf den Bestand der Lizenzrechte auswirkt, denen nach Ansicht des BGH ja ein „dinglicher Charakter" beizumessen ist (dazu oben vgl. Rn. 9). Es fragt sich, ob die Erfüllungsablehnung zu einem **automatischen Rückfall** der Rechte an den Lizenzgeber führt.

16   Eine wichtige Vorüberlegung ist, ob es generell bei der **Beendigung** eines Lizenzvertrages allgemein (z. B. durch Kündigung, Anfechtung usw.) zu einem automatischen Rechterückfall an den Lizenzgeber kommt, wie dies ausdrücklich (allerdings auch nur) in Bezug auf Verlagsverträge gem. § 9 VerlG gesetzlich geregelt ist. Dies wäre eigentlich außerhalb des Anwendungsbereiches des § 9 VerlG bei Anwendung des allgemein im Zivilrecht geltende **Abstraktionsprinzips** zu verneinen: Die Beendigung des schuldrechtlichen Verpflichtungsgeschäfts wirkt sich nach dem Abstraktionsprinzip grundsätzlich auf das Schicksal dinglicher Rechte nicht aus; sie verblieben danach unverändert bei dem Lizenznehmer. Nachdem der BGH in einer älteren Entscheidung noch betonte, dass ein automatischer Rechterückfall im Falle der Beendigung eines Nutzungsrechtsvertrages nicht in Betracht komme (BGH GRUR 1958, 504 – *Die Privatsekretärin*), ist er von dieser Rechtsprechung nunmehr ausdrücklich abgekehrt und hat sich der zuvor wohl überwiegend vertretenen (vor allem Literatur-) Auffassung angeschlossen: Mit der Beendigung eines Lizenzvertrages kommt es im Regelfall *ipso iure* **zu einem automatischen Rückfall des Nutzungsrechts** an den Lizenzgeber, es sei denn, die Parteien haben etwas anderes vereinbart (BGH GRUR 2012, 916 Tz. 19 – *M2Trade*; hierzu s. *Bullinger/Hermes* NZI 2012, 492; *Frentz/Masch* ZUM 2012, 886). Der BGH untermauert diese Ansicht argumentativ insbes. mit einem Verweis auf die Regelungen des **Rechterückrufs** (§§ 41 Abs. 5, 42 Abs. 5), auf die Sondervorschrift des § 9 VerlG sowie schließlich auf die **Zweckübertragungsregel** des Urheberrechts.

17   Im Falle der **Erfüllungsablehnung** des Insolvenzverwalters kommt es unter Berücksichtigung der Rechtsprechung des BGH aber **gerade nicht** zur Umgestaltung oder gar Beendigung des Nutzungsrechtsvertrages; die Ablehnung ist nicht rechtsgestaltend und berührt den Bestand des Vertrages nicht (vgl. Rn. 5). Das hieraus folgende Ergebnis, dass die Erfüllungsablehnung nicht zu einem Rechterückfall führt, wird in der (vor allem urheberrechtlichen) Literatur teilweise als nicht sachgerecht und als nicht mit dem Wesen des Urheberrechts in Einklang stehend empfunden. Die Kritik ist berechtigt, denn es käme zu einem faktischen **Verwertungsstillstand:** Die Erfüllungsablehnung würde zu dem unbefriedigenden Ergebnis führen, dass das Nutzungsrecht **dauerhaft nicht ausgeübt** werden kann. Dass dies ein Zustand ist, den der Urheber, der auf die Verwertung der Werke angewiesen ist, grundsätzlich nicht zuzumuten ist, verdeutlicht wiederum – wenn auch nur in Bezug auf von einem Urheber eingeräumte ausschließliche Nutzungsrechte – § 41, der dem Urheber im Falle der Nichtausübung eines ausschließlichen Nutzungsrechts die Möglichkeit eines **Rechterückrufs** gewährt. Zurückrufen kann der Urheber Rechte auch im Falle einer Übertragung des Nutzungsrechts im Rahmen einer **Gesamtveräußerung** eines Unternehmens, wenn ihm die Ausübung des Nutzungsrechts nicht zuzumuten ist (§ 34 Abs. 3 S. 2). Erst Recht ist es ihm nicht zuzumuten, wenn seine Nutzungsrechte dauerhaft von dem Insolvenzverwalter des Lizenznehmers nicht ausgeübt werden (können bzw. dürfen).

Es scheint gerechtfertigt, jedenfalls in **analoger Anwendung des § 9 Abs. 1   18 VerlG** unter Berücksichtigung der Gedanken der §§ 41, 34 Abs. 3 S. 2 sowie des Zweckübertragungsgedankens einen automatischen Rechterückfall anzunehmen (sehr str.; s. z.B. für einen Rechterückfall: LG Mannheim, CR 2004, 811, 814; Spindler/Schuster/*Spindler*², § 112 Rn. 8; Loewenheim/*Kreuzer/Reber*², § 95, Rn. 96; s.a. OLG Köln GRUR-RR 2010, 149, 151 – *Kalk-Lady*: Automatischer Rückfall nach Löschung des Unternehmens des Lizenznehmers; kein automatischer Rückfall z.B.: *Ahlberg/Götting/Rudolph*, BeckOK UrhG/*Rudolph*¹⁶ UrhG Insolvenz, Rn. 55; *Frentz/Masch* ZUM 2012, 886, 888; *Wallner*, Insolvenz S. 202; s.a.: *Abel* NZI 2003, 121, 126; *Weber/Hötzel* NZU 2011, 432, 434 f.; *v. Frentz/Marrder* ZUM 2003, 94, 100).

Zu den **vertraglichen Lösungsansätzen(Kündigungsklauseln)** vgl. Rn. 19 ff.   **19**

cc) Lizenzketten: Bislang ist die wohl h.M. davon ausgegangen, dass das Nutzungsrecht eines **Unterlizenznehmers** mit dem Bestand der Hauptlizenz „steht und fällt", sodass im Falle der **Insolvenz des Hauptlizenznehmers** und der Erfüllungsablehnung durch den Insolvenzverwalter auch die Lizenz des Unterlizenznehmers entfällt.   **20**

Dies wird unter Berücksichtigung der jüngeren Rechtsprechung des BGH nur   **21** schwerlich aufrechterhalten werden können. Bereits in der Entscheidung BGH GRUR 2009, 946, 948 – *Reifen Progressiv* betonte der BGH die **Unabhängigkeit** des Enkelrechts von dem Bestand des Tochterrechts ausdrücklich (BGH a. a. O. Rn. 17), wenn auch zunächst nur für den Fall eines wirksamen Rechterückrufs eines ausschließlichen Nutzungsrechts gem. § 41. In zwei späteren parallelen Entscheidungen (BGH ZUM 2012, 788 – *Take Five* sowie BGH ZUM 2012, 782 – *M2Trade*) führte der X. Zivilsenat – ausdrücklich nach Rücksprache mit dem I. Zivilsenat – diese Rechtsprechung dahingehend fort, dass ein Erlöschen der Hauptlizenz in aller Regel auch dann nicht zum Erlöschen der Unterlizenz führt, wenn der Hauptlizenznehmer dem Unterlizenznehmer ein ausschließliches Nutzungsrecht gegen Beteiligung an den Lizenzerlösen (so im Fall *Take Five*) oder ein einfaches Nutzungsrecht gegen fortlaufende Zahlung von Lizenzgebühren (so im Fall *M2Trade*) eingeräumt hat, und zwar unabhängig davon, ob die Hauptlizenz wegen Rechterückrufs gem. § 41 oder aber **aus sonstigen Gründen erlischt.** Dies sei unter Berücksichtigung des Grundsatzes des Sukzessionsschutzes und auch unter Abwägung der typischerweise betroffenen Interessen des Hauptlizenzgebers und des Unterlizenznehmers in der Regel angemessen und sachgerecht (*Take Five*: Tz. 23; *M2Trade*: Tz. 15). Der Hauptlizenzgeber hat dann gegen den Hauptlizenznehmer einen bereicherungsrechtlichen **Kondiktionsanspruch** auf Abtretung des gegen den Unterlizenznehmer bestehenden Anspruchs auf ausstehende Lizenzzahlungen gem. § 812 Abs. 1 S. 1 Fall 2 BGB (BGH ZUM 2012, 782 Tz. 26 – *M2Trade)*.

All dies dürfte im Ergebnis dazu führen, dass ein Unterlizenznehmer bessergestellt ist als ein Hauptlizenznehmer: Während der Hauptlizenznehmer seine Nutzungsberechtigung im Falle der Insolvenz des Lizenzgebers verliert, kann sich der Sublizenznehmer auf einen Sukzessionsschutz berufen. Ist der Lizenznehmer Teil eines Konzernverbundes könnte mit Blick hierauf in Erwägung   **22** gezogenen werden, das Recht innerhalb des Konzerns unterzulizenzieren, um die Nutzungsberechtigung auch nach Fortfall der Hauptlizenz zu erhalten (s. *Klawitter* GRUR-Prax 2012, 425).

2.   Lösungs- und Kündigungsklauseln

23   **a) Klauseln zugunsten des Lizenzgebers:** Häufig wurde unter Geltung der Konkursordnung (KO), die mit Wirkung zum 1.1.1999 durch die Insolvenzordnung ersetzt wurde, im Rahmen von Lizenzverträgen vereinbart, dass sämtliche Nutzungsrechte im Falle der **Insolvenz des Lizenznehmers** an den Lizenzgeber zurückfallen (**Lösungsklausel**) und/oder dem Lizenzgeber ein **Sonderkündigungsrecht** zusteht, wenn sich abzeichnet, dass die künftige Zahlung seiner Lizenzgebühren wegen der wirtschaftlichen Situation des Lizenznehmers gefährdet ist (hierzu BGH GRUR 2003, 699, 701 – *Eterna*).

24   Seit Inkrafttreten der InsO wird diskutiert, ob derartige Klauseln mit Blick auf § 119 InsO zulässig sind, denn diese Norm bestimmt, dass Vereinbarungen, die im Voraus die Anwendung der §§ 103 bis 108 InsO ausschließen oder beschränken, generell unwirksam sind. Dies betrifft u. a. auch das Kündigungsverbot des § 112 InsO. Noch der Regierungsentwurf zur InsO sah in § 137 Abs. 2 RegE ausdrücklich eine Bestimmung vor, wonach an die Eröffnung des Insolvenzverfahrens anknüpfende Lösungs- und Kündigungsklauseln für unzulässig erklärt werden sollten, jedoch hat der Rechtsausschuss diesen Absatz bewusst u. a. mit Blick auf die **Vertragsfreiheit**, die schwerer wiege als das Wahlrecht, gestrichen. .

25   Die **wohl** h. M. in der urheberrechtlichen Literatur hält Lösungs- und Kündigungsklauseln, die an die Insolvenz des Lizenznehmers anknüpfen, jedenfalls im Bereich des Urheberrechts für **unzulässig** (z. B. Loewenheim/*Kreuzer/Reber*[2] § 95 Rn. 59 f.; Wandtke/Bullinger/*Bullinger*[4], InsO § 108 Rn. 23; BeckOK UrhR/*Rudolph*[16] UrhG Insolvenz Rn. 104, jeweils m. w. N.). Zu Recht wird aber von einigen Stimmen vorgebracht, dass § 119 InsO mit den **Besonderheiten des Urheberrechts** nicht in Einklang zu bringen ist (s. z. B. Dreier/Schulze/*Schulze*[5] § 112 Rn. 26). Ein urheberrechtlicher Lizenzvertrag mag zwar seiner zivilrechtlichen Rechtsnatur nach als Dauerschuldverhältnis anzusehen sein (dazu oben vgl. Rn. 7); aufgrund der **persönlichkeitsrechtlichen Ausprägung** des Urheberrechts hat er mit einem Mietvertrag über ein Auto oder einen Pachtvertrag über ein Grundstück jenseits der reinen zivilrechtlichen Rechtsnatur allerdings wenig gemein.

26   Das Urheberrecht schützt den Urheber insbesondere in seinen geistigen und persönlichen Beziehungen zum Werk (§ 11 S. 1) und verfolgt das Ziel der generellen **Unzertrennbarkeit** des den Urheber und sein Werk umgebenden **persönlichen Bandes.** Der Urheber soll stets Herr über sein Urheberrecht sein, was sich an vielen Stellen im UrhG niederschlägt, so etwa in den Rückrufsrechten gem. § 34 Abs. 3 S. 2 (Gesamtveräußerung eines Unternehmens und Veräußerung von Teilen eines Unternehmens) und § 41 (Rückruf wegen Nichtausübung; auch vgl. Rn. 15), in dem Zustimmungserfordernis bei Zwangsvollstreckungsmaßnahmen (§ 113) sowie generell in der Möglichkeit, Nutzungsrechte beliebig räumlich, zeitlich und inhaltlich beschränkt einzuräumen (§ 31 Abs. 1 S. 2). Das Urheberrecht und die urheberrechtlichen Befugnisse haben nach der urhebervertragsrechtlichen Rechtsprechung die Tendenz, **soweit wie möglich beim Urheber zu verbleiben,** damit dieser an den Erträgen seines Werkes in angemessener Weise beteiligt wird (BGH GRUR 2010, 628, 631 Tz. 30 – *Vorschaubilder*; BGH GRUR 2004, 938, 938 – *Comic-Übersetzungen III*). Gleichermaßen muss auch gewährleistet sein, dass er zumindest vertraglich die Rückholung der Rechte bei Vorliegen eines wichtigen Grundes vereinbaren kann. Es muss dem Urheber unbenommen bleiben, seine Urheberrechte vor der Insolvenz seines Lizenznehmers zu schützen. Wegen der besonderen Interessenslage des Urhebers und seiner besonderen Schutzwürdigkeit steht § 119 InsO den Lösungs- und Kündigungsklauseln für den Fall der Insolvenz des Lizenznehmers nach hiesiger Ansicht **nicht entgegen.**

Nach Eröffnung des Insolvenzverfahrens kann der Nutzungsvertrag durch den   **27**
Urheber ggf. wegen eines nach der Verfahrenseröffnung eingetretenen **Verzuges** gekündigt werden, wenn etwa die Nutzungsrechte nicht ausgewertet werden; in diesem Falle ist auch ein **Rechterückruf gem.** § 41 denkbar (Dreier/Schulze/ *Schulze*[5] § 112 Rn. 27; *Schmoll/Hölder* GRUR 2004, 743, 746; BGH GRUR 2009, 946, 948 – *Reifen Progressiv*; Vorinstanz: OLG Köln GRUR-RR 2007, 33, 34 – *Computerprogramm für Reifenhändler*). Soweit eine Rechtsübertragung gem. § 34 Abs. 3 erfolgt und dem Urheber nach Treu und Glauben die Rechtsausübung durch den Erwerber nicht zumutbar ist, kommt – unter den dortigen Voraussetzungen – auch ein **Rückruf gem. § 34 Abs. 3 S. 2** in Betracht.

b) Klauseln zugunsten des Lizenznehmers: Lösungs- und Kündigungsklauseln   **28**
der oben bezeichneten Art zugunsten des Lizenzgebers, also für den Fall der **Insolvenz des Lizenzgebers,** sind generell **möglich,** da sich das Kündigungsverbot des § 112 InsO auf den Fall der Insolvenz des Mieters bezieht (s. Loewenheim/*Kreuzer/Reber*[2] § 95 Rn. 62).

IV. Insolvenz eines Verlages (§ 36 VerlG)

Einen Sonderfall bildet die **Insolvenz eines Verlages,** für die in § 36 Verlagsge-   **29**
setz (VerlG) eine Sondervorschrift existiert, die vor allem Bezug auf § 103 InsO nimmt. § 36 Abs. 1 VerlG bestimmt, dass die Vorschriften des § 103 InsO im Falle der Eröffnung der Insolvenz über den Verlag unabhängig von der Frage anzuwenden ist, ob der Urheber das Werk im Zeitpunkt der Insolvenzeröffnung bereits abgeliefert hat oder nicht. Entscheidend ist vielmehr, ob zu diesem Zeitpunkt bereits mit der **Vervielfältigung** des Werkes **begonnen** wurde. Ist dies nicht der Fall, steht dem Urheber ein **Sonderrücktrittsrecht** nach § 36 Abs. 3 VerlG zu. Dieses Recht besteht hingegen dann nicht, wenn der Verlag mit der Vervielfältigung zum Zeitpunkt der Insolvenzeröffnung bereits begonnen hat.

Der **Insolvenzverwalter** hat gem. § 103 Abs. 1 InsO das **Wahlrecht,** ob er auf   **30**
die Erfüllung des Vertrages besteht (dazu oben vgl. Rn. 5 ff.). Entscheidet er sich für die Erfüllung, sind die Ansprüche des Urhebers als sonstige Masseverbindlichkeiten gem. **§ 55 InsO** zu berücksichtigen. Soweit Nutzungsrechte im Rahmen des Insolvenzverfahrens bis zu dessen Abschluss nicht verwertet werden, fallen diese nach Abschluss des Verfahrens an den Urheber zurück, weil der Zweck des Verlagsvertrages, nämlich die Vervielfältigung und Verbreitung des Werkes, nicht mehr erreicht werden kann (OLG München NJW-RR 1994, 1478, 1479).

Entscheidet sich der Insolvenzverwalter, die Rechte des Verlages an einen Drit-   **31**
ten zu **übertragen,** tritt dieser Dritte mit sämtlichen Rechten und Pflichten des Vertrages an die Stelle der Insolvenzmasse; die Insolvenzmasse haftet jedoch für den von dem Erwerber zu ersetzenden Schaden wie ein Bürge, der auf die Einrede der Vorausklage verzichtet hat (§ 36 Abs. 2 VerlG).

Die Sondervorschrift des § 36 VerlG gilt wohlgemerkt ausschließlich für den   **32**
Fall der Insolvenz des Verlages, nicht für den Fall der Insolvenz des **Autors.** Für letzteren gelten die **allgemeinen Vorschriften der Insolvenz unter Berücksichtigung der Schutzvorschriften der §§ 112 ff.**

Teil 5 Anwendungsbereich, Übergangs- und Schlussbestimmungen

Abschnitt 1 Anwendungsbereich des Gesetzes

Vorbemerkung §§ 120 bis 128

Übersicht

I. Allgemeines

Berührt eine durch das Urheberrecht geprägte konkrete Situation mehrere Staaten – etwa weil ein kanadischer Urheber sich in Deutschland auf sein Urheberrecht berufen will, ein deutscher Urheber einen Verlagsvertrag gleichzeitig für Frankreich, Belgien und die französischsprachige Schweiz schließt oder weil in Großbritannien hergestellte Raubkopien des Werkes eines amerikanischen Urhebers dort und in Deutschland vertrieben werden –, stellt sich vor einer materiell-rechtlichen Beurteilung die Frage, welches nationale Recht Anwendung finden soll. Dies klärt – auf der Grundlage der für Deutschland geltenden Staatsverträge, der anwendbaren Verordnungen der EU zum Kollisionsrecht (vor allem die Verordnungen „Rom I" und „Rom II", dazu Rn 80 ff. und 63 ff.) und – heute nur noch sehr eingeschränkt – des autonomen deutschen internationalen Privatrechts – das **Kollisionsrecht.** Da allerdings die Gerichte jedes Staates ihr eigenes internationales Privatrecht, die **lex fori,** anwenden, muss in der Praxis zunächst bestimmt werden, die Gerichte welches Staates im Streitfall zuständig wären. Dies beantwortet das internationale Zivilprozessrecht (IZPR), das in Deutschland für den europäischen Bereich von der EuGVVO oder Brüssel-Ia-VO beherrscht wird (vgl. Rn. 93 ff.). Sind die deutschen Gerichte international zuständig, was auch in der Revisionsinstanz von Amts wegen zu prüfen ist (BGH GRUR 2014, 559, Rn. 11 – *Tarzan*; GRUR 2010, 628 Tz. 14 – *Vorschaubilder*), müssen sie von Amts wegen die kollisionsrechtlichen Regeln beachten und anwenden, denn das Kollisionsrecht ist Teil des deutschen Rechts (st. Rspr., zuletzt z. B. BGH GRUR 2010, 628 Tz. 14 – *Vorschaubilder;* BGH GRUR 2009, 840 – *Le-Corbusier-Möbel II;* BGH GRUR 2007, 691, 692 – *Staatsgeschenk*).

Bei der Prüfung des anwendbaren Rechts weist das Gericht zunächst der Rechtsfrage eine Kollisionsnorm zu (**Qualifikation**) und bestimmt danach das anwendbare Recht. Dabei verweist das deutsche IPR grundsätzlich auf das ausländische Recht insgesamt, d. h. einschließlich dessen Kollisionsrecht (**Gesamtverweisung,** Art. 4 Abs. 1 S. 1 EGBGB). Im Anwendungsbereich der kollisionsrechtlichen EU-Verordnungen, im UrhR vor allem „Rom I" (Vertragskollisionsrecht, Nr. 593/2008 vom 17. Juni 2008) und „Rom II" (Kollisionsrecht der außervertraglichen Schuldverhältnisse, Nr. 864/2007 vom 11. Juli 2007) ist dieser sog. *Renvoi* allerdings ausgeschlossen, Art. 20 Rom I, Art. 24 Rom II; das Kollisionsrecht verweist deshalb unmittelbar auf das Sachrecht des anzuwendenden Rechts ohne dessen Kollisionsrecht (sog. **Sachnormverweisung**). Im ausländischen Recht, das das deutsche Gericht wiederum von Amts wegen durch alle ihm zur Verfügung stehenden Quellen – in der Praxis meist durch Sachverständigengutachten – ermittelt (BGH NZG 2017, 546; NJW 2003, 2685, 2686), muss außerhalb des Anwendungsbereichs von Rom I und Rom

II und ggf. anderer EU-Verordnungen kollisionsrechtlicher Natur also zunächst das IPR geprüft werden, woraus sich mitunter eine Weiterverweisung – das ausländische Recht erklärt das Recht eines dritten Staates für anwendbar – oder eine Rückverweisung auf deutsches Sachrecht, ein *Renvoi* im eigentlichen Sinne, ergibt (s. Art. 4 Abs. 1 S. 2 EGBGB).

1b Nur wenn materielles deutsches Urheberrecht nach alledem anzuwenden ist, kommen die Regelungen der §§ 120 ff. zum Zuge: Sie sind reines **Fremdenrecht**, bestimmen also, ob und unter welchen Voraussetzungen der besondere Schutz des UrhG im Ausland erschienenen Werken oder dort dargebotenen Leistungen ausländischen Staatsangehörigen oder Staatenlosen zugutekommt.

2 Nach ganz herrschender Auffassung nicht nur in Deutschland, sondern in der wohl weit überwiegenden Zahl ausländischer Rechtsordnungen und auf der Ebene des europäischen Rechts ist im Grundsatz das **Recht des Schutzlandes**, d. h. des Landes, für das Urheberrechtsschutz beansprucht wird (sog. *lex loci protectionis*), anwendbar (so ausdrücklich ErwG 26 und Art. 8 Rom-II-VO; in der Rspr. z. B. BGH GRUR 2016, 487, Rn. 18 – *Wagenfeld-Leuchte II*; GRUR 2016, 490, Rn. 24 – *Marcel-Breuer-Möbel II*; GRUR 2014, 559, Rn. 12 – *Tarzan*; GRUR 2009, 840 – *Le-Corbusier-Möbel II*; GRUR 2007, 691, 692 – *Staatsgeschenk*; GRUR 2010, 628 Tz. 14 – *Vorschaubilder*), wobei allerdings urheberrechtliche Verwertungsverträge grundsätzlich dem nach Art. 3 ff. Rom-I-VO bestimmten Vertragsstatut unterstehen (näher vgl. Rn. 80 ff.). Steht danach das anwendbare nationale Recht fest, stellt sich weiter die Frage, ob auch ein ausländischer Urheber oder Verwerter sich im konkreten Fall auf die Bestimmungen des anwendbaren nationalen Urheberrechts berufen kann. Dies ist eine Frage des **nationalen Fremdenrechts**; im deutschen Urheberrecht regeln dies – und nur dies – die §§ 120–128, die dabei in weiten Teilen auf den Inhalt der jeweils gültigen Staatsverträge verweisen, soweit diese Regelungen zum materiellen Recht bzw. entsprechende Verpflichtungen der Vertragsstaaten enthalten. An dieser Stelle greift auch das europarechtliche Diskriminierungsverbot (Art. 18 Abs. 1 AEUV, früher Art. 12 Abs. 1 EGV), das eine Schlechterstellung von Urhebern und Verwertern aus anderen Mitgliedsstaaten der Europäischen Union verbietet (grundlegend zum UrhR EuGH GRUR 1994, 280 ff. – *Phil Collins*; dazu vgl. § 120 Rn. 2); in den §§ 120–128 ist deshalb ausdrücklich klargestellt, dass EU- und EWR-Ausländer den vollen deutschen Urhebern und Leistungsschutzberechtigten zustehenden Schutz genießen (§ 120 Abs. 2 Nr. 2).

3 Nur ganz wenige nationale Urheberrechtsgesetze leisten sich die Großzügigkeit, in- und ausländische Urheber kurzerhand gleichzustellen (so z. B. Art. 1 SchweizUrhG); Deutschland tut das immerhin für die Urheberpersönlichkeitsrechte (§ 121 Abs. 6). Im Übrigen halten viele Staaten noch immer an dem archaischen Prinzip des "Wie Du mir, so ich Dir" fest: Der Schutz des Urheberrechts wird nur den Ausländern gewährt, deren Heimatstaat mit den Urhebern des Schutzlandes ebenso verfährt (**Gegenseitigkeitsprinzip**). Das stellt manchmal das zuständige Staatsorgan durch förmliche Bekanntmachung fest (s. § 121 Abs. 4 S. 2 und Abs. 5). In der Regel aber wird Gegenseitigkeit durch **Staatsverträge** vereinbart. Ursprünglich waren das meist bilaterale Verträge, wobei die Rechtsstellung der beiderseitigen Urheber oft in Handels- oder Zusammenarbeitsabkommen mitgeregelt wurde. Sie wurden mittlerweile nahezu vollständig durch die großen multilateralen Konventionen auf dem Gebiet des Urheberrechts, die **Berner Übereinkunft zum Schutze von Werken der Literatur und Kunst** (wegen ihrer mehrfachen Revision **Revidierte Berner Übereinkunft** oder kurz **RBÜ** genannt) sowie **TRIPS**, das ausdrücklich die RBÜ in Bezug nimmt, der **WIPO Copyright Treaty (WCT)** und das **Welturheberrechtsabkommen** (WUA) verdrängt. Diese ersetzen das Gegenseitigkeitsprinzip (mit im Wesentlichen nur der Ausnahme des sog. Schutzfristvergleichs, vgl. Rn. 15) durch das **Prinzip der Inländerbehandlung**: Der ausländische Urheber wird im Schutzland so behandelt, als wenn er Inländer wäre, hat also im wesentlichen dieselbe Rechtsstellung wie die inländischen Urheber (sehr anschaulich dazu BGH GRUR 2014, 559, Rn. 13 ff. – *Tarzan*).

Die Prüfungsreihenfolge sollte bei **Urheberrechtsverletzungen** mit internationalem Bezug deshalb folgendermaßen aussehen (zur internationalen Zuständigkeit unten Rn. 93 ff.): **3a**
1. Anwendbares Recht: Nach Art. 8 Abs. 2 Rom-II-VO **Schutzlandrecht** (Recht des Staates, für den Schutz beansprucht wird); dazu Rn. 65 f.
    a. Vervielfältigung, Verbreitung, Bearbeitung usw.: s. Rn. 67 ff.
    b. Verletzung durch Angebot oder Bewerbung im Internet oder über § 19a: Rn. 70, 75 ff. (Inlandsbezug?; dazu Rn. 77)
2. Falls danach deutsches Recht anwendbar:
    a. Fremdenrecht, §§ 120 ff.: Ist das UrhG voll anwendbar?
        i.   Urheber: §§ 120 ff.
        ii. Wissenschaftl. Ausgaben und einfache Lichtbilder: § 124
        iii. Ausübende Künstler: § 125
        iv. Tonträgerhersteller: § 126
        v.   Sendeunternehmen, § 127
        vi. Datenbankhersteller, § 127a
        vii. Filmhersteller, § 128
    b. Falls kein voller Schutz: anwendbare Staatsverträge ?
        i.   Urheber: § 121 Abs. 4
        ii. Wissenschaftl. Ausgaben und einfache Lichtbilder: §§ 124, 121 Abs. 4
        iii. Ausübende Künstler: § 125 Abs. 5
        iv. Tonträgerhersteller: § 126 Abs. 3
        v.   Sendeunternehmen, § 127 Abs. 3
        vi. Datenbankhersteller, § 127a Abs. 3
        vii. Filmhersteller, §§ 128 Abs. 2, 126 Abs. 3
    c. Konsequenz aus (eventuell) anwendbarem Staatsvertrag: volle Inländerbehandlung oder nur Mindestrechte?

Bei **urheberrechtlichen Verträgen** mit internationalem Bezug sollte wie folgt **4** geprüft werden (zur internationalen Zuständigkeit unten Rn. 93 ff.):
1. Anwendbares Recht:
    a. (Wirksame) Rechtswahl im Vertrag? Art. 3 Rom-I-VO, dazu Rn. 81
    b. Falls keine (wirksame) Rechtswahl: Art. 4 Rom-I-VO: anwendbar ist das Recht der engsten Verbindung (Art. 4 Abs. 1 Rom-I-VO im UrhR in der Regel nicht anwendbar)
        i. Regelfall: am Sitz der Partei, die charakteristische Leistung erbringt, Art. 4 Abs. 2 Rom-I-VO: Rn. 82, 90
        ii. Ausweichklausel, falls ausnahmsweise engere Verbindung zu anderem Recht, Art. 4 Abs. 3, 4 Rom-I-VO: Rn. 82
2. Umfang der Regelung durch das so bestimmte anwendbare Recht („Vertragsstatut")
    a. Formwirksamkeit nach eigenen Regeln: Rn. 82a
    b. Zustandekommen, Wirksamkeit, Erfüllung usw.: Rn. 83 ff.
    c. Punktuelle Verdrängung des anwendbaren Rechts durch international zwingende Normen eines anderen Rechts? Rn. 86 ff.

II.   Staatsverträge auf dem Gebiet des Urheber- und Leistungsschutzrechts

1.   Überblick

Die **wichtigsten** für Deutschland geltenden **internationalen Verträge** (das Euro- **5** päische Übereinkommen vom 11.5.1994 über Fragen des Urheberrechts und

verwandter Schutzrechte im Bereich des grenzüberschreitenden Satellitenrundfunks hat die Bundesrepublik noch nicht gezeichnet; deutscher Text in BR-Drs.
184/96, S. 12 ff.) sind

- die bereits 1886 geschlossene und mehrfach **Revidierte Berner Übereinkunft (RBÜ)** (vgl. Rn. 12 ff.),
- das **TRIPS-Übereinkommen (TRIPS)** von 1994 (vgl. Rn. 17 ff.),
- der 2002 in Kraft getretene, von Deutschland, den „alten" EU-Staaten und
  vor allem der EU als solcher am 14.12.2009 ratifizierte und für sie am
  14.3.2010 in Kraft getretene **WIPO Copyright Treaty (WCT)** (vgl.
  Rn. 23 ff.),
- das **Welturheberrechtsabkommen (WUA)** (vgl. Rn. 26 f.) und
- für das Gebiet der Leistungsschutzrechte der ausübenden Künstler und Verwerter das **Rom-Abkommen** vom 26.10.1961 **über den Schutz der ausübenden Künstler, der Hersteller von Tonträgern und der Sendeunternehmen (RA)**; vgl. Rn. 34 ff.),
- das **Genfer Tonträger-Abkommen (GTA)** vom 29.10.1971 (vgl. Rn. 43 ff.),
- der **WIPO Performances and Phonograms Treaty (WPPT)** vom
  20.12.1996, von Deutschland, den „alten" EU-Staaten und vor allem der
  EU als solcher am 14.12.2009 ratifiziert und für sie am 14.3.2010 in Kraft
  getreten (vgl. Rn. 30 ff.),
- das **Straßburger Fernsehabkommen** (vgl. Rn. 48) und
- das **Brüsseler Satellitenabkommen** (vgl. Rn. 46 f.).
- der **Beijing Treaty on Audiovisual Performances** vom 24.6.2012 (abrufbar
  unter   http://www.wipo.int/treaties/en/text.jsp?file_id=295837),   von
  Deutschland am 20. Juni 2013, von der EU am 19. Juni 2013 gezeichnet,
  allerdings noch nicht ratifiziert; er ist noch nicht in Kraft (näher unten
  vgl. Rn. 49 ff.). Umfassend zu internationalen Verträgen im Urheberrecht
  Axel Nordemann JCSUSA 2012, 263 ff.;
- der Marrakesch-Vertrag über den Zugang von blinden und sehbehinderten
  Personen vom 27.6.2013, seit 30.9.2016 in Kraft; von der EU als solcher
  am 30.4.2014 gezeichnet, jedoch für diese noch nicht in Kraft (vgl.
  Rn. 29a).

6   Sie alle enthalten ebenso wie die für Deutschland geltenden bilateralen Staatsverträge (in der Praxis spielte vor dem Beitritt der USA zur RBÜ insb. das
Übereinkommen zwischen dem Deutschen Reich und den Vereinigten Staaten
von Amerika über den gegenseitigen Schutz der Urheberrechte vom 15.1.1892
eine Rolle; vgl. Rn. 55 ff.) nur für wenige Einzelfälle ausdrückliche Kollisionsnormen. Sie beschränken sich zumeist auf völkerrechtliche Verpflichtungen
und fremdenrechtliche Vorschriften, legen einen von den Vertragsstaaten einzuhaltenden Mindestschutz fest und verpflichten die Konventionsstaaten, Konventionsausländern grundsätzlich die gleichen Rechte wie Inländern zu gewähren (sog. **Inländerbehandlungsgrundsatz**; s. Art. 5 RBÜ und Verweisung hierauf
in Art. 3 WCT, Art. 2, 3 TRIPS, Art. II WUA, Art. 2 Nr. 2 in Verbindung mit
Art. 10 bis 14 bzw. 4 bis 6 RA; ebenso auch Art. 4 Beijing Treaty on Audiovisual Performances). Auf der Grundlage des Inländerbehandlungsgrundsatzes
wird jeder Urheber, der einem anderen Mitgliedsland der jeweiligen Abkommens als dem Schutzland angehört, im Schutzland so geschützt, als ob er sein
Werk dort geschaffen bzw. veröffentlicht hätte. In der Bundesrepublik steht
also z. B. einem US-amerikanischen Urheber oder ausübenden Künstler ein Ur-
heber- bzw. verwandtes Recht nach den internen deutschen Normen zu (zum
Schutzfristenvergleich vgl. Rn. 15).

7   Viele entnehmen dem Inländerbehandlungsgrundsatz das kollisionsrechtliche
Schutzlandprinzip (*Dieselhorst* ZUM 1998, 293, 298; MüKo BGB/*Drexl*[4] In-
tImmGR Rn. 53 ff. m. w. N.; krit. Bartsch/*Lutterbeck/Thum* S. 117, 126). Auch
die Rechtsprechung behandelt das **Assimilationsprinzip** im Ergebnis als Ver-

weisung auf die inländischen Sachnormen, ohne dies jedoch ausdrücklich zu erwähnen. Eine andere Auffassung versteht den staatsvertraglichen Inländerbehandlungsgrundsatz als eine bloß fremdenrechtliche Regelung, die keine kollisionsrechtliche Bedeutung habe (Bartsch/*Lutterbeck/Thum* S. 126; Hoeren/Sieber/Holznagel/*Hoeren* Teil 7.10 Rn. 7.). Relevant kann die Streitfrage allenfalls dann werden, wenn ein Konventionsstaat nicht das Schutzlandprinzip als Kollisionsnorm anwenden wollte, weil er durch die konventionsrechtliche Regelung jedenfalls gegenüber den anderen Mitgliedstaaten gebunden wäre. Diese Möglichkeit ist erst in jüngster Zeit durch die vor allem auch kollisionsrechtlichen Probleme, die das Internet aufwirft, wieder zu einer gewissen praktischen Bedeutung gelangt: Gerade für den Bereich des Internet wird nach wie vor diskutiert, ob man nicht vom Schutzlandprinzip abgehen und Immaterialgüterrechte im Internet nach einem – wie auch immer konkret ausgestalteten – Herkunfts- oder Ursprungslandprinzip anknüpfen sollte (vgl. Rn. 75 ff.). Dies wäre nicht möglich, wenn die Übereinkommen kollisionsrechtlich bindende Regelungen enthielten.

Sicherlich setzen die Abkommen jedenfalls eine strenge territoriale Begrenzung **8** der Urheber- und Leistungsschutzrechte voraus; sie wären, wie *Kreuzer* zu Recht anmerkt (MüKo BGB/*Kreuzer*[3] Nach Art. 38 EGBGB Anh. II Rn. 3 a. E.), überflüssig, insb. der Inländerbehandlungsgrundsatz wäre sinnentleert, wenn die behandelten Schutzrechte ohnehin weltweit gälten. Nach richtiger Auffassung enthalten mithin die entsprechenden Übereinkommen und unter ihnen insb. die praktisch wichtigste RBÜ keine zwingenden kollisionsrechtlichen Bestimmungen, sind also kollisionsrechtlich offen (ebenso Bartsch/*Lutterbeck/Thum* S. 117, 126).

2. Anwendung internationaler Verträge in Deutschland

Die Frage, wie und in welchem Umfang ein internationales Abkommen in den **9** Unterzeichnerstaaten anwendbar ist, richtet sich nach dem Verfassungsrecht des jeweiligen Staates (s. Art. 36 Abs. 1 RBÜ (Paris)), das auch das Rangverhältnis zwischen nationalem und auf internationalen Verträgen beruhendem Recht regelt. In Deutschland muss dann, wenn – wie im Bereich des Urheberrechts (Art. 73 Nr. 9 GG) – ein Gegenstand der Bundesgesetzgebung betroffen ist, der Bundesgesetzgeber per Gesetz zustimmen und das ZustG im Bundesgesetzblatt verkündet werden, damit ein völkerrechtlicher Vertrag innerstaatlich anwendbar wird (Art. 59 Abs. 2, 82 GG). Entgegen der früher vorherrschenden Auffassung transformiert das ZustG den internationalen Vertrag jedoch nicht in das deutsche Recht – er würde dann vollwertiger Teil des nationalen Rechts –, sondern gebietet nur dessen **innerstaatliche Anwendung**. Das Abkommen bleibt nach dieser Auffassung in seinem Charakter als völkerrechtlicher Vertrag erhalten und ist also vor allem im Lichte dieser Tatsache – nicht nach den Vorgaben des deutschen Rechts – anzuwenden und auszulegen (ebenso Schricker/Loewenheim/*Katzenberger/Metzger*[5] Rn. 103).

Die Bestimmungen eines internationalen, in Deutschland anwendbaren Vertra- **10** ges sind grundsätzlich denen des nationalen Rechts **gleichrangig**, denn nach Art. 25 S. 2 GG sind nur die „allgemeinen Regeln des Völkerrechts" den Gesetzen vorrangig. Im Zweifel wird das jeweilige Übereinkommen in seinem Anwendungsbereich als *lex posterior* oder *lex specialis* jedenfalls gegenüber im nationalen Recht ungünstigeren Regelungen auf Konventionsausländer anzuwenden sein (s. hierzu BGH GRUR 1986, 887 f. – *BORA BORA*, der Art. 15 RBÜ ohne Bezugnahme auf das UrhG unmittelbar anwendet). Dies gilt grundsätzlich auch für Inländer. Zwar regeln die internationalen Abkommen nur internationale Sachverhalte, enthalten also für rein nationale Situationen keine Regelungen und binden insofern die Vertragsstaaten nicht. Auch das deutsche Recht bestimmt nicht ausdrücklich, dass Inländer von einer im Einzelfall günstigeren internationalen Regelung profitieren. Insofern wird man für den Regelfall vermuten können, dass der Gesetzgeber mit dem nationalen Recht nicht hinter dem Schutzstandard seiner internationalen Verpflichtungen zurückbleiben und also Inländern jedenfalls keinen schlechteren Schutz als Ausländern gewähren wollte (ebenso Schricker/Loewenheim/*Katzenberger/Metzger*[5] Rn. 108 m.w.N.). Hatte sich die Bundesrepublik jedoch deutlich gegen eine bestimmte Regelung ausgesprochen oder insofern gar einen Vorbehalt erklärt, ist dies jedenfalls zweifelhaft; man wird dann im Zweifel zugunsten der nationalen Regelung entscheiden müssen.

11 Dabei können die Regelungen internationaler Übereinkommen durchaus **Grundlage individueller Rechte** sein, wenn sie inhaltlich hinreichend bestimmt sind (BGH GRUR 1954, 218 ff. – *Lautsprecherübertragung* zur RBÜ; OGH GRUR Int. 1995, 729, 730 – *Ludos Tonales*). Dies gilt unter der eben genannten Voraussetzung auch dann, wenn die einzelne Regelung nach ihrem Wortlaut nur eine Verpflichtung der Vertragsstaaten enthält. Unmittelbar anwendbar sind z.B. das Prinzip der Inländerbehandlung, das Prinzip der Meistbegünstigung, die beide in den meisten internationalen Abkommen enthalten sind, sowie die durch die einzelnen Konventionen jeweils gewährten besonderen bzw. Mindestschutzrechte. Streitig ist in diesem Zusammenhang, ob auch TRIPS unmittelbare Grundlage individueller Rechte sein kann. Wegen der Integration der ihrerseits unmittelbar anwendbaren Bestimmungen der RBÜ in TRIPS (Art. 9 TRIPS) und der TRIPS ausdrücklich zugrunde liegenden Konzeption der Rechte des geistigen Eigentums als Individualrechte ging man lange in Deutschland überwiegend davon aus, dass auch TRIPS unmittelbare Grundlage privater Rechte sein kann. Allerdings hat der EuGH auf eine entsprechende Vorlagefrage nach der unmittelbaren Anwendbarkeit von TRIPS, Rom-Abkommen und WPPT ausdrücklich entschieden, dass Einzelpersonen sich nicht unmittelbar auf die genannten Abkommen berufen können, da diese mangels hinreichender Bestimmtheit insofern keine unmittelbare Geltung besitzen (EuGH GRUR 2012, 593 Tz. 43 ff. – *SCF*; s. schon EuGH GRUR Int. 2001, 327, 329 Tz. 41–44 – *Dior/Tuk Consultancy*, Tz. 41–44; GRUR Int. 2002, 41, 45 – *Schieving-Nijstad*, Tz. 51 ff.). Aufgrund der Mitgliedschaft der Europäischen Union als solcher ist der EuGH für die Auslegung von TRIPS zuständig; nach Auffassung des EuGH verbleibt den Mitgliedsstaaten nur noch dort eine eigenständige Kompetenz, wo die EU im Bereich des geistigen Eigentums noch keine eigenen Regelungen getroffen hat (EuGH GRUR Int. 2001, 327 ff. – *Dior/Tuk Consultancy*). Jedenfalls für den harmonisierten Bereich des deutschen Urheberrechts dürfte TRIPS mithin keine unmittelbare Wirkung besitzen (ebenso jetzt BGH GRUR 2016, 1048, Rn. 43 – *An Evening with Marlene Dietrich*; BGH GRUR 2014, 559, Rn. 52 – *Tarzan*). Die deutschen Gerichte müssen jedoch – wie sonst auch – die eigenen Gesetze konventionskonform auslegen (BGH GRUR 2002, 1046, 1048 – *Faxkarte*; OLG Frankfurt aM. IPRax 2002, 222 f. – *TRIPS-Prozesskostensicherheit*; LG Köln ZUM 2004, 853/856 – *Katastrophenfilm*, zu § 110 ZPO; zu § 110 ZPO vgl. Rn. 19, 9.).

3. Mehrseitige Abkommen

12 **a) Revidierte Berner Übereinkunft (RBÜ): – aa) Allgemeines:** Das älteste und wohl nach wie vor – auch angesichts der zahlreichen Verweisungen in anderen internationalen Verträgen, wie vor allem in Art. 9 Abs. 1 TRIPS – bedeutendste internationale Abkommen ist die **Revidierte Berner Übereinkunft zum Schutz von Werken der Literatur und Kunst (RBÜ) vom 9.9.1886** (in Kraft getreten am 5.12.1887), die heute in der sog. Berner Union 174 Mitglieder (Stand Juli 2017), darunter alle Mitgliedsstaaten der Europäischen Union, die USA (seit 1989), China (seit 1992) und die Russische Föderation (seit 1995), zählt. Die ursprüngliche Übereinkunft wurde 1896 in Paris, 1908 in Berlin, 1914 in Bern, 1928 in Rom, 1948 in Brüssel, 1967 in Stockholm und zuletzt 1971 in Paris revidiert bzw. ergänzt (zu Geschichte und Grundregeln *Wilhelm Nordemann/ Vinck/Hertin* Einl. 2–4, Art. 5 RBÜ Bem. 1–8, Art. 7 RBÜ Bem. 4–6). Für Deutschland ist seit 10.10.1974 die jüngste (Pariser) Fassung in Kraft (**Pariser Fassung** vom 24.7.1971 (Pariser Fassung), BGBl. 1973 II S. 1069; abrufbar unter www.frommnordemann.de); auf diese Fassung wird nachfolgend Bezug genommen. Allerdings sind nicht alle Verbandsstaaten der jeweils neusten Fassung beigetreten, so dass nicht für alle Länder die gleiche **Fassung der RBÜ einschlägig** ist. Maßgebend für das Verhältnis zweier oder mehrerer Unionsländer untereinander ist die jeweils jüngste gemeinsame Fassung (Art. 32 Abs. 1 RBÜ). Unterzeichnet ein Staat die RBÜ nur in der jüngsten, nicht aber in den älteren Fassungen, so gilt aus Sicht dieses neuen Mitglieds gegenüber den Ländern, die ihrerseits nur durch ältere Fassungen gebunden sind, die jüngste Fassung; umgekehrt ist es den anderen Verbandsländern überlassen, ob sie gegenüber dem neuen Mitglied die für sie selbst gültige Fassung der RBÜ anwenden oder Schutz entsprechend der jüngsten Fassung gewähren (Art. 32 Abs. 2 RBÜ). Übersicht über die derzeitigen Mitglieder abrufbar unter www.frommn ordemann.de. U.a. gegenüber dem WUA ist die RBÜ vorrangig (lit. c der Zusatzerklärung zu Art. XVII WUA; dazu BGH GRUR 2014, 559, Rn. 43 – *Tarzan;* auch LG Berlin, Urteil vom 31.3.2015, 15 O 62/15 – *Salinger*).

Die RBÜ schützt Werke der Literatur und Kunst; Art. 2 RBÜ enthält einen **13** umfassenden, nicht abschließenden Katalog einzelner **Werkarten**. Ob Computerprogramme durch die RBÜ geschützt werden bzw. die Verbandsländer verpflichtet sind, entsprechenden Schutz im Rahmen der Inländerbehandlung zu gewähren, ist streitig. Praktisch hat der Streit durch die Einbeziehung von Computerprogrammen in Art. 10 TRIPS erheblich an Bedeutung verloren (vgl. Vor §§ 69a ff. Rn. 2). Geschützt sind unter bestimmten Voraussetzungen auch bei Inkrafttreten bzw. Beitritt zur RBÜ bereits existierende Werke, soweit sie im Beitrittszeitpunkt in ihrem **Ursprungsland** noch nicht gemeinfrei geworden sind (Art. 18 RBÜ; dazu BGH GRUR 2014, 559, Rn. 45 – *Tarzan*; OLG Frankfurt aM. GRUR-RR 2004, 99, 100 – *Anonyme Alkoholiker*). Welches Land als Ursprungsland gilt, richtet sich nach Art. 18 RBÜ in der Fassung der RBÜ, die im Zeitpunkt des Beitritts des betreffenden Landes in Kraft war (BGH GRUR 2014, 559, Rn. 48 – *Tarzan*). Dabei kann der Schutz u. U. wiederaufleben (BGH GRUR 2001, 1134, 1138 – *Lepo Sumera*; OLG Köln GRUR-RR 2012, 104 – *Briefe aus St. Petersburg*; für das US-amerikanische Recht US Supreme Court GRUR Int. 2012, 379 – *Golan vs. Holder;* für die Schutzdauer-RL schließt der EuGH ein Wiederaufleben allerdings aus: EuGH GRUR 2017, 64 – *Montis/Goossens*). Der Schutz erstreckt sich jedoch nur auf sog. **verbandseigene Werke**, d. h. Werke von Urhebern – auf Rechtsnachfolger kommt es insofern nicht an; s. OLG Frankfurt ZUM-RD 2015, 589, Rn. 6 – *Tapetenmuster* –, die Staatsangehörige eines Verbandslandes sind oder dort ihren gewöhnlichen Aufenthalt haben (Art. 3 Abs. 1 lit. a, Abs. 2), und Werke von Urhebern, die keinem Verbandsland angehören, wenn das Werk erstmalig in einem Verbandsstaat oder gleichzeitig – innerhalb einer Frist von 30 Tagen seit Erstveröffentlichung in einem verbandsfremden Land, Art. 3 Abs. 4 RBÜ – in einem Verbands- *und* einem verbandsfremden Land veröffentlicht worden ist (Art. 3 Abs. 1 lit. b). Als **veröffentlicht** betrachtet die RBÜ nur Werke, die mit Zustimmung des Urhebers als körperliches Werkstück erschienen sind und also der Öffentlichkeit in hinreichender Zahl zur Verfügung stehen (dazu BGH GRUR Int. 1975, 361, 363 – *August Vierzehn*; BGH GRUR 1999, 984, 985 – *Laras Tochter*: Veröffentlichung einer Übersetzung genügt). Der Veröffentlichungsbegriff entspricht insofern § 6 Abs. 2, nicht § 6 Abs. 1 (vgl. § 71 Rn. 12). Unkörperliche Werkwiedergaben sind also ebenso wenig Veröffentlichungen i. S. d.

RBÜ wie die Ausstellung eines Werkes und die Errichtung eines Werkes der Baukunst (Art. 3 Abs. 3 RBÜ). Für letztere ebenso wie für Filmwerke und Werke der bildenden Künste, die Teil eines Grundstücks in einem Verbandsland sind, entsteht der Schutz der RBÜ nach besonderen Regeln (Art. 4).

14   bb) **Inhalt und Dauer des Schutzes:** Zentraler Schutzgrundsatz der RBÜ, den nahezu alle weiteren internationalen Übereinkommen aufgreifen, ist der bereits oben (vgl. Rn. 6) erläuterte Grundsatz der **Inländerbehandlung**, Art. 5 Abs. 1 RBÜ (s. dazu EuGH GRUR 2005, 755, 756 f. – *Tod's/Heyraud*). Die Vertragsstaaten müssen Inländerbehandlung auf der Grundlage des im Entscheidungszeitpunkt geltenden Rechts gewähren, also auch für die nach Beitritt zur RBÜ in Kraft getretenen Regelungen (BGH GRUR 2016, 1048, Rn. 92 – *An Evening with Marlene Dietrich*). Hinzukommen besondere von der RBÜ gewährte und darin unmittelbar definierte **Mindestrechte** (näher *Wilhelm Nordemann/ Vinck/Hertin* RBÜ Art. 5 Rn. 4) wie das Urheberpersönlichkeitsrecht (Art. 6bis), das Übersetzungsrecht (Art. 8), das Vervielfältigungsrecht (Artt. 9, 13), das Aufführungsrecht (Art. 11), das Senderecht (Art. 11bis), das Vortragsrecht (Art. 11ter), das Bearbeitungsrecht (Art. 12) und das Verfilmungsrecht (Art. 14; dazu OLG Köln ZUM 2007, 401 ff.). Der Schutz der RBÜ unterliegt **keinen Förmlichkeiten** (Art. 5 Abs. 2 S. 1) und ist grundsätzlich unabhängig von einem Schutz des Werkes im Ursprungsland (Art. 5 Abs. 3). Nach Art. 5 Abs. 4 gilt als **Ursprungsland** eines Werkes das Verbandsland, in dem das Werk erstmals veröffentlicht worden ist, und zwar auch dann, wenn das Werk gleichzeitig in einem Nichtverbandsland veröffentlicht worden ist. Welches Land als Ursprungsland gilt, richtet sich nach Art. 18 RBÜ in der Fassung der RBÜ, die im Zeitpunkt des Beitritts des betreffenden Landes in Kraft war (BGH GRUR 2014, 559, Rn. 48 – *Tarzan*). Hat die Erstveröffentlichung in einem verbandsfremden Land stattgefunden oder ist das Werk unveröffentlicht, ist Ursprungsland das Verbandsland, dem der Urheber angehört; bei gleichzeitiger Veröffentlichung in mehreren Unionsländern ist das Land mit der kürzesten Schutzfrist Ursprungsland in diesem Sinne (BGH GRUR 2014, 559, Rn. 49 – *Tarzan*). Filmwerke, Werke der Baukunst und Werke der bildende Künste, die Teil eines Grundstücks in einem Verbandsland sind, unterliegen insofern besonderen Bestimmungen (Art. 5 Abs. 4 lit. c).

15   Schutz gewährt die RBÜ grundsätzlich für die Lebenszeit des Urhebers und 50 Jahre nach seinem Tod (Art. 7 Abs. 1), mit Sonderregelungen für Filmwerke (Art. 7 Abs. 2), anonyme und pseudonyme Werke (Art. 7 Abs. 3) und Werke der Fotografie sowie der angewandten Kunst (Art. 7 Abs. 4). Die Verbandsländer dürfen länger Schutz gewähren, Art. 7 Abs. 6. Insofern wird der Grundsatz der Inländerbehandlung jedoch durch den sog. **Schutzfristenvergleich** eingeschränkt, Art. 7 Abs. 8: Soweit nicht die nationalen Regelungen des Schutzlandes abweichendes bestimmen, ist ein Werk nur so lange geschützt, wie Werke der gleichen Gattung dies in seinem Ursprungsland wären (OLG Frankfurt aM. GRUR-RR 2004, 99, 100 f. – *Anonyme Alkoholiker*). Ist das Werk gleichzeitig (Art. 3 Abs. 4 RBÜ) in mehreren Verbandsländern mit unterschiedlicher Schutzdauer veröffentlicht worden, gilt als Ursprungsland das Land mit der kürzesten Schutzdauer (BGH GRUR 2014, 559, Rn. 49 – *Tarzan*). Da in Deutschland entsprechende Regelungen fehlen, gilt für ausländische Werke, die nicht aus der EU stammen, wegen Art. 18 AEUV (ex-Art. 12 EGV) längstens die Schutzfrist des Ursprungslandes. Dabei wird die Schutzdauer für ein i. S. d. der RBÜ veröffentlichtes Werk und insb. ihr Beginn nach der RBÜ nach der Fassung berechnet, die im Zeitpunkt der Erstveröffentlichung des Werkes in Kraft und für die betroffenen Länder bindend war (BGH GRUR 1986, 69, 70 f. – *Puccini*; näher Schricker/Loewenheim/*Katzenberger/Metzger*^{5} Rn. 34). Mit den Bestimmungen zu Werken der angewandten Kunst (Art. 2 Abs. 7) und zum Folgerecht (Art. 14ter) ist der Schutzfristenvergleich mithin eines der wenigen Beispiele für eine Anwendung des Prinzips der materiellen Gegenseitigkeit des Schutzes in der RBÜ. Innerhalb der EU verbietet das **Diskriminierungsverbot** aus Art. 18 AEUV (ex-Art. 12 EGV) jedoch eine Anwendung des Art. 2 Abs. 7 RBÜ (EuGH GRUR 2005, 755, 757 – *Tod's/Heyraud;* grundlegend EuGH GRUR 1994, 280 ff. – *Phil Collins*). Nach dem sog. Drei-Stufen-Test, den Art. 9 Abs. 2 RBÜ für das Vervielfältigungsrecht anordnet (s. auch Art. 13 TRIPS), dürfen schließlich Schranken der Urheberrechte ihrerseits nur für bestimmte, eng umgrenzte Fälle gelten und weder die normale Verwertung noch berechtigte Interessen des Urhebers unzumutbar beeinträchtigen.

Vor allem einzelne europäische Staaten sahen und sehen zugunsten aller Urhe- **16**
ber oder bestimmter eigener Staatsangehöriger **Verlängerungen der Schutzfristen** aus Anlass des Ersten und/oder Zweiten Weltkrieges vor, so z. B. Frankreich in Art. L.123–8 und L.123–9 Code de la propriété intellectuelle. Die *Cour de cassation* hat jedoch klargestellt, dass die Verlängerungen wegen der Schutzdauer-RL nur noch für die Urheber Bedeutung haben, für die am 1. Juli 1995 bereits eine der Verlängerungen zu laufen begonnen hatte (Civ. 1re, 27. Februar 2007 (2 Urteile), Bull. civ. N° 86, 87). Im Hinblick auf den Schutzfristenvergleich nach Art. 7 Abs. RBÜ waren die jeweils vorgesehen Verlängerungen in den Schutzfristenvergleich aus deutscher Sicht ohnehin einzubeziehen, und zwar auf der Grundlage entsprechender Notenwechsel mit Frankreich, Italien und Österreich, außerdem im Verhältnis zu Norwegen und Belgien (s. aus der Rechtsprechung z. B. BGH GRUR 1986, 69, 70 f. – *Puccini*; OLG München GRUR 1983, 295, 298 – *Oper Tosca*). Allerdings sind diese Verlängerungen jedenfalls für den Schutz von Angehörigen anderer EU-Mitgliedsstaaten oder Angehörigen von Vertragsstaaten des EWR-Abkommens wegen § 120 Abs. 2 Nr. 2 UrhG überholt.

b) TRIPS-Übereinkommen: – aa) Allgemeines: Der Vertrag über Trade-Related **17**
Aspects of Intellectual Property Rights (kurz TRIPS), geschlossen am 15.4.1994 als Teil der Errichtung der WTO (BGBl. II, S. 1565/1730; abrufbar unter www.frommnordemann.de), ist das heute neben der RBÜ schon zahlenmäßig wichtigste – 164 Mitglieder im Juli 2017, darunter Deutschland und die Europäische Union als solche – internationale Übereinkommen mit Bedeutung für das Urheberrecht (für den Bereich des Urheberrechts für Deutschland in Kraft seit 1.1.1996). Übersicht über die derzeitigen Mitglieder abrufbar unter www.frommnordemann.de. Das Abkommen ist zwar integraler Bestandteil der Unionsrechtsordnung und damit in der EU unmittelbar anwendbar; Einzelpersonen können sich jedoch nicht unmittelbar auf die TRIPS-Bestimmungen berufen (EuGH GRUR 2012, 593, Rn. 37 ff. – *SCF/Del Corso*; BGH GRUR 2014, 559, Rn. 52 – *Tarzan;* etwas zurückhaltender BGH GRUR 2016, 1048, Rn. 43 – *An Evening with Marlene Dietrich*).

TRIPS ist für Deutschland am 1.1.1995 in Kraft getreten, wobei die urheber- **18**
rechtlichen Schutzpflichten seit 1.1.1996 gelten (Art. 65 Abs. 1 TRIPS). TRIPS schützt u. a. das Urheberrecht und bestimmte verwandte Schutzrechte, Art. 1 Abs. 2 und Art. 9–14 TRIPS). Ebenso wie die RBÜ (Art. 18 RBÜ) ist TRIPS allerdings nicht auf Werke anwendbar, die im Zeitpunkt des Inkrafttretens im **Ursprungsland nicht mehr geschützt** waren, Art. 70 Abs. 2 S. 2 TRIPS (BGH GRUR 2014, 559, Rn. 53 – *Tarzan*). Das Übereinkommen enthält einen **Mindestschutz**, über den die Mitgliedsstaaten hinausgehen dürfen, soweit dies den Zielen des Übereinkommens, d. h. u. a. Liberalisierung der internationalen Handelsbeziehungen und Nichtdiskriminierung, nicht zuwiderläuft (Art. 1 Abs. 1 TRIPS). Nach Art. 2 Abs. 2 TRIPS bleiben die Schutzverpflichtungen der jeweiligen Mitgliedsstaaten aus der RBÜ und dem Rom-Abkommen unberührt; Art. 9 Abs. 1 TRIPS bindet darüber hinaus alle TRIPS-Mitglieder ausdrücklich an die zentralen Bestimmungen der RBÜ (Art. 1–21 mit Ausnahme

des in Art. 6bis RBÜ geregelten Urheberpersönlichkeitsrechts) und übernimmt so deren Schutzgehalt in der neusten, Pariser Fassung (sog. **Berne-plus-approach**). Für das Rom-Abkommen sieht TRIPS allerdings keine derartige Übernahme des Schutzgehalts vor (s. dazu BGH GRUR 2016, 1048, Rn. 45 ff. – *An Evening with Marlene Dietrich*). Neu sind schließlich die detaillierten Regelungen zur Durchsetzung der Rechte an geistigem Eigentum in Art. 41 ff. TRIPS.

19 **bb) Inhalt:** Auch dem TRIPS-Übereinkommen liegt das Prinzip der Inländerbehandlung zugrunde, Art. 3 TRIPS. Vor der Neufassung des § 110 ZPO, der nun nur noch auf den Wohnsitz außerhalb der EU oder des EWR, nicht mehr auf die Staatsangehörigkeit abstellt, verbot Art. 3 TRIPS auch die Forderung einer Prozesskostensicherheit von Angehörigen eines TRIPS-Mitglieds (s. LG Köln ZUM 2004, 853 ff. – *Katastrophenfilm*). Inländerbehandlung muss im Rahmen von TRIPS auch für die über die RBÜ hinaus gewährten besonderen Rechte, die sog. Bern-plus-Elemente (Art. 10–13 TRIPS), gewährt werden. Allerdings wird umgekehrt der **Inländerbehandlungsgrundsatz** ebenso wie im Rahmen der RBÜ z. B. durch den Schutzfristenvergleich eingeschränkt, Art. 3 Abs. 1 S. 1 TRIPS (vgl. Rn. 15). Da TRIPS bei den verwandten Schutzrechten nicht das Schutzniveau des Rom-Abkommens erreicht, müssen die Unterzeichnerstaaten den ausübenden Künstlern, Tonträgerherstellern und Sendeunternehmen Inländerbehandlung nur für die in Art. 14 TRIPS selbst vorgesehenen Rechte gewähren, Art. 3 Abs. 1 S. 2 TRIPS. So soll vermieden werden, dass Staaten, die das Rom-Abkommen nicht unterzeichnet haben, über TRIPS in Rom-Staaten den dortigen besseren Schutz in Anspruch nehmen können (Schricker/Loewenheim/*Katzenberger/Metzger*[5] Rn. 20; auch EuGH GRUR 2012, 593 – *SCF*; OLG Hamburg ZUM-RD 1997, 343 ff. – *TRIPS-Rechte*).

20 Das aus dem Völker- und internationalen Wirtschaftsrecht bekannte **Prinzip der Meistbegünstigung** – allen Ausländern aus TRIPS-Staaten ist von anderen TRIPS-Mitgliedern der jeweils national höchste Ausländern gewährte Schutz zu sichern – legt TRIPS erstmals auch für urheber- und leistungsschutzrechtliche Bestimmungen zugrunde (Art. 4 TRIPS). Allerdings führt Art. 4 TRIPS selbst etliche **Ausnahmen** von der Meistbegünstigungsregel auf: So gilt der Grundsatz nicht, wenn ein im Rahmen der RBÜ oder des Rom-Abkommens gewährter Vorteil – wie z. B. der Schutzfristenvergleich bei zwei Verbandsländern der RBÜ mit langem Schutz (Schricker/Loewenheim/*Katzenberger/Metzger*[5] Rn. 20) – nicht aufgrund des Inländerbehandlungsgrundsatzes, sondern aufgrund Gegenseitigkeit zugestanden wird (Art. 4 lit. b TRIPS), weiter für alle nicht durch TRIPS selbst (Art. 14) den ausübenden Künstlern, Tonträgerherstellern und Sendeunternehmen gewährten Rechte (Art. 4 lit. c TRIPS) und für alle aufgrund vor Inkrafttreten des WTO-Übereinkommens wirksamer internationaler Abkommen über den Schutz des geistigen Eigentums, wenn diese dem TRIPS-Rat übermittelt worden sind (Art. 68 TRIPS) und keine willkürliche oder ungerechtfertigte Diskriminierung bedeuten (Art. 4 lit. d TRIPS). Ausnahmen vom Prinzip der Meistbegünstigung gelten für Deutschland für das Deutsch-amerikanische Urheberrechtsabkommen von 1892 und – für die gesamte Europäische Union – im Hinblick auf das Diskriminierungsverbot in Art. 18 AEUV (ex-Art. 12 EGV) und Art. 4 EWR-Vertrag.

21 **Art. 9–14 TRIPS** regeln sodann speziell die **Urheber- und Leistungsschutzrechte**. Wie bereits erwähnt, verweist Art. 9 Abs. 1 TRIPS umfassend auf die inhaltlichen Regelungen der RBÜ mit Ausnahme des Urheberpersönlichkeitsrechts (Art. 6bis RBÜ). Art. 9 Abs. 2 TRIPS hält fest, dass – wie im Rahmen des § 2 UrhG – nur Ausdrucksformen, nicht hingegen Ideen, Verfahren, Vorgehensweisen oder mathematische Konzepte als solche geschützt sind. Art. 10 Abs. 1 TRIPS schützt ausdrücklich **Computerprogramme** sowohl in Quell- als auch in Maschinenprogrammcode als literarisches Werk i. S. d. RBÜ (vgl. Vor

§§ 69a ff. Rn. 2). Auch Datensammlungen oder Zusammenstellungen anderen Materials werden als solche geschützt, wenn sie aufgrund ihrer Auswahl oder Anordnung geistige Schöpfungen darstellen (Art. 10 Abs. 2 TRIPS; anders §§ 87a ff. und die Datenbank-RL, die auch nichtschöpferische Sammlungen unter gewissen Voraussetzungen schützen; vgl. Vor §§ 87a ff. Rn. 20 f.). Der Schutz erstreckt sich dabei nicht auf das zugrunde liegende Material selbst, lässt aber gleichzeitig einen aus anderen Gründen bestehenden Urheberrechtsschutz des Materials unberührt. Anders als die RBÜ und damit als Bern-plus-Element sieht TRIPS in Art. 11 – mit einigen Ausnahmen (dazu *Katzenberger* GRUR Int. 1995, 447, 466; *Reinbothe* ZUM 1996, 735, 738) – ein **ausschließliches Vermietrecht** zugunsten der Urheber von Filmwerken und Computerprogrammen sowie – über Art. 14 Abs. 4 S. 1 TRIPS – auch für Tonträgerhersteller vor. Art. 12 TRIPS regelt über Art. 7 Abs. 1 RBÜ hinaus die **Berechnung der Schutzfrist** in Fällen, in denen Berechnungsgrundlage nicht die Lebensdauer des Urhebers oder einer anderen natürlichen Person ist, sondern z. B. das erste Erscheinen oder die Eintragung des Werkes in einer Urheberrolle. Die Schutzfrist soll in diesen Fällen mindestens 50 Jahre ab Erstveröffentlichung oder, falls diese fehlt, ab Schaffung des Werkes betragen. Größere Bedeutung hat demgegenüber Art. 13 TRIPS, der über Art. 9 Abs. 2 RBÜ hinaus den Mitgliedsstaaten nur insoweit **Ausnahmen und Beschränkungen** der ausschließlichen Urheber- und Leistungsschutzrechte gestattet, als diese einer normalen Auswertung des Werkes nicht zuwiderlaufen und die berechtigten Interessen des Rechteinhabers nicht verletzen (sog. **Dreistufentest**).

Der bereits erwähnte Art. 14 TRIPS enthält schließlich als einzige Norm des Übereinkommens **Sonderregelungen für verwandte Schutzrechte**. In Abs. 1 sind ausschließliche Rechte der ausübenden Künstler, in Abs. 2 die der Tonträgerhersteller und in Abs. 3 Rechte der Sendeunternehmen definiert. Art. 14 Abs. 4 S. 1 TRIPS verweist wie erwähnt für das ausschließliche Vermietrecht der Tonträgerhersteller auf Art. 11 TRIPS, lässt aber in S. 2 den Unterzeichnerstaaten die Möglichkeit, unter bestimmten Voraussetzungen ein bereits bestehendes bloßes Vergütungssystem beizubehalten. Da die Verpflichtung zur Inländerbehandlung sich nur auf die in TRIPS gewährten Mindestrechte bezieht (dazu BGH GRUR 2016, 1048, Rn. 46 – *An Evening with Marlene Dietrich*), hat ein allein durch TRIPS geschützter ausübender Künstler in Deutschland weder das Verbreitungsrecht aus § 77 Abs. 2 S. 1, 2. Alt. noch das Verbotsrecht aus § 96 Abs. 1 (s. OLG Hamburg ZUM 2004, 133, 137; ZUM-RD 1997, 343; a. A. Wandtke/Bullinger/*Braun*/*v. Welser*[4] § 125 Rn. 36). TRIPS sieht auch kein ausschließliches Recht des ausübenden Künstlers, eine audiovisuelle Festlegung seiner Darbietung öffentlich zugänglich zu machen, vor (BGH GRUR 2016, 1048, Rn. 45 ff. – *An Evening with Marlene Dietrich*). Art. 14 Abs. 5 S. 1 TRIPS legt für ausübende Künstler und Tonträgerhersteller eine **Mindestschutzdauer** von 50 Jahren ab Auftritt oder Fixierung – gegenüber nur 20 Jahren im Rom-Abkommen – fest; Sendeunternehmen sind hingegen wie im Rom-Abkommen nur mindestens 20 Jahre geschützt (Art. 14 Abs. 5 S. 2 TRIPS). Nach Art. 14 Abs. 6 S. 1 TRIPS können die Mitgliedsstaaten die in Art. 14 Abs. 1, 2 und 3 gewährten Leistungsschutzrechte Bedingungen, Beschränkungen, Ausnahmen und Vorbehalten unterwerfen, allerdings nur in dem durch das Rom-Abkommen gestatteten Ausmaß. Der **zeitliche Anwendungsbereich des TRIPS-Schutzes** ist wiederum unabhängig von dem des Rom-Abkommens und insb. dessen Art. 20 Abs. 2 (Möglichkeit des Ausschlusses der Anwendung auf bei Inkrafttreten bereits erbrachte Leistungen) zu bestimmen: Für ausübende Künstler und Tonträgerhersteller sieht Art. 14 Abs. 6 S. 2 TRIPS stattdessen eine sinngemäße Anwendung des Art. 18 RBÜ, nach dem auch bei Inkrafttreten bereits existierende Werke geschützt sind, soweit sie noch nicht gemeinfrei sind, vor (*Dünnwald* ZUM 1996, 725, 728 ff.; *Katzenberger* GRUR Int. 1995, 447, 467 f.).

23 c) **WIPO Copyright Treaty (WCT):** Der WIPO Copyright Treaty (WCT) vom 20.12.1996 (abrufbar unter www.frommnordemann.de und http://www.wipo.int), der zeitgleich mit dem WIPO Performances and Phonograms Treaty (WPPT; vgl. Rn. 30 ff.) in Genf verhandelt und unterzeichnet wurde (zum Hintergrund Schricker/Loewenheim/*Katzenberger/Metzger*[5] Rn. 37), ist von 56 Staaten unterzeichnet worden und am 6.3.2002 in Kraft getreten. Von Deutschland, den „alten" EU-Staaten und vor allem der EU als solcher wurde der WCT allerdings erst am 14.12.2009 ratifiziert und trat deshalb für sie am 14.3.2010 in Kraft (das deutsche ZustG, BGBl. 2003 II, S. 754, ließ den Zeitpunkt des Inkrafttretens zunächst offen). Er hat zur Zeit – Stand Juli 2017 – 95 Mitglieder. Übersicht über die derzeitigen Mitglieder abrufbar unter www.frommnordemann.de und http://www.wipo.int. Der WCT ist, da unmittelbar durch die EU gezeichnet, unmittelbarer Teil der Unionsrechtsordnung, allerdings ohne dass sich Einzelne unmittelbar auf seine Regelungen berufen könnten (so EuGH GRUR 2012, 693 – *SCF/Del Corso* zum WPPT; BGH GRUR 2014, 559, Rn. 52 – *Tarzan*).

24 Art. 1 WCT regelt das **Verhältnis des** WCT **zur RBÜ:** Der WCT ist ein Sonderabkommen i. S. d. Art. 20 S. 1 RBÜ (Art. 1 Abs. 1 WCT). Art. 20 S. 1 RBÜ gestattet derartige Übereinkommen, wenn sie den Urhebern mehr Rechte gewähren als die RBÜ und deren Regelungen nicht zuwiderlaufen. Art. 1 Abs. 2 WCT stellt noch einmal ausdrücklich klar, dass die Verpflichtungen der Mitglieder der Berner Union aus der RBÜ unberührt bleiben; darüber hinaus – Art. 1 Abs. 4 WCT – müssen alle Unterzeichnerstaaten des WCT die Bestimmungen der Art. 1 bis 21 und des Anhangs der RBÜ beachten. Durch eine weitere ausdrückliche Verweisung auf Art. 2–6 RBÜ in Art. 3 WCT stellt der WCT sicher, dass die Kernbestimmungen der RBÜ zu Schutzgegenständen, Anwendungsbereich, Inländerbehandlung, Mindestrechten und Formlosigkeit des Schutzes übernommen werden. Sehr ähnlich dem TRIPS-Übereinkommen regelt der WCT den Werkbegriff (Art. 2 WCT), den Schutz von Datensammlungen (Art. 5 WCT) und Computerprogrammen (Art. 4 S. 2 WCT) sowie das ausschließliche Vermietrecht für Urheber von Computerprogrammen, Filmwerken und auf Tonträgern fixierten Werken (Art. 7 WCT). Art. 6 Abs. 1 WCT sieht als neues allgemeines Mindestrecht ein ausschließliches Verbreitungsrecht für Urheber vor (dazu EuGH GRUR 2008, 604 – *Le-Corbusier-Möbel*), wobei die Unterzeichnerstaaten allerdings eine Erschöpfung vorsehen können (Art. 6 Abs. 2 WCT). In dieser Form gegenüber TRIPS neu und gegenüber der RBÜ stark erweitert sieht der WCT in Art. 8 ein allgemeines, ausschließliches Recht der öffentlichen Wiedergabe in unkörperlicher Form vor, in dem erstmals auch das **Onlinerecht** enthalten ist. Letzteres definiert Art. 8 als das Recht, ein Werk der Öffentlichkeit von Orten und zu Zeiten ihrer Wahl zugänglich zu machen.

25 Auch **Werke der Fotografie** werden gegenüber RBÜ und TRIPS besser, weil länger geschützt: Die in Art. 7 Abs. 4 RBÜ vorgesehene Schutzdauerbeschränkung auf 25 Jahre ist im Rahmen des WCT nicht anwendbar; stattdessen bleibt es bei der normalen Schutzfrist von mindestens 50 Jahren post mortem auctoris (Art. 9 WCT i. V. m. 7 Abs. 1 RBÜ). Wiederum sehr ähnlich wie Art. 13 TRIPS dürfen nach Art. 10 Abs. 1 WCT **Schranken der Urheberrechte** nur für Sonderfälle und nur insoweit, als sie das normale Werkverwertung und die berechtigten Interessen des Urhebers nicht beeinträchtigen, vorgesehen werden, und zwar auch im Rahmen der Anwendung der RBÜ (Art. 10 Abs. 2 WCT; sog. Dreistufentest). Als weitere Neuerung führt der WCT die Verpflichtung der Vertragsstaaten, die Umgehung technischer Schutzmaßnahmen der Rechteinhaber (Art. 11) und die Entfernung oder Veränderung elektronischer Informationen für die Rechtewahrnehmung – wie z. B. zur Identifikation des Werkes, des Urhebers oder Rechteinhabers oder zu Nutzungsbedingungen – (Art. 12) zu unterbinden, ein. Art. 14 WCT enthält schließlich einige, allerdings sehr allgemeine Bestimmungen zur **Durchsetzung** der im Rahmen des WCT gewährten Rechte. Ebenso wie die RBÜ (Art. 18 RBÜ) ist der WCT allerdings nicht auf Werke anwendbar, die im Zeitpunkt des Inkrafttretens im **Ursprungsland nicht mehr geschützt** waren, Art. 13 WCT (BGH GRUR 2014, 559, Rn. 53 – *Tarzan*).

d) Welturheberrechtsabkommen (WUA): Das Welturheberrechtsabkommen **26** (WUA) oder Universal Copyright Convention (UCC) vom 6.9.1952 (Fassung vom 24.7.1971 – Paris – BGBl. 1973 II S. 1069, 1111; abrufbar unter www.frommnordemann.de) hat heute (Stand Juli 2017) noch 100 Mitglieder. Für Deutschland ist die erste Fassung am 16.9.1955 und die revidierte Fassung vom 24.7.1971 am 10.7.1974 in Kraft getreten. Übersicht über die derzeitigen Mitglieder abrufbar unter www.frommnordemann.de. Im Gegensatz zu den meisten anderen internationalen Konventionen enthält das WUA lediglich völkerrechtliche Verpflichtungen, das nationale Recht in bestimmter Weise zu regeln (Art. I und X WUA), ohne unmittelbare Rechte für konventionsangehörige Urheber zu schaffen.

Das WUA, das ursprünglich der Integration insb. der USA in das System der **27** internationalen Abkommen dienen sollte, verlor durch den Beitritt der USA zur RBÜ 1989 und später vor allem durch TRIPS erheblich an Bedeutung. Das WUA behält den Mitgliedsstaaten einen Schutz nach anderen mehr- oder zweiseitigen internationalen Abkommen oder nach nationalem Fremdenrecht ausdrücklich vor und erklärt darüber hinaus im Verhältnis zweier Vertragsstaaten der RBÜ ausdrücklich letztere für anwendbar (lit. c der Zusatzerklärung zu Art. XVII; dazu BGH GRUR 2014, 559, Rn. 43 – *Tarzan*), was auch in den Fällen, in denen das WUA eine für den Urheber günstigere Regelung enthält, gilt (Schricker/Loewenheim/*Katzenberger/Metzger*[5] Rn. 45). Im Verhältnis zu zweiseitigen Abkommen wie etwa dem Deutsch-amerikanischen Abkommen von 1892 (dazu unten vgl. Rn. 56 ff.) geht das WUA jedoch abweichenden Regelungen stets vor, Art. XIX S. 2 WUA (BGH GRUR 2014, 559, Rn. 22 – *Tarzan*). Der **Schutzgegenstand** des WUA ähnelt mit Werken der Literatur, Wissenschaft und Kunst dem des RBÜ (Art. I WUA), wobei das WUA Schriftwerke, musikalische, dramatische und Filmwerke sowie Gemälde, Stiche und Werke der Bildhauerkunst beispielhaft nennt. Dabei müssen die Vertragsstaaten sowohl für das Werk selbst als auch für davon erkennbar abgeleitete Formen jeweils auch die grundlegenden, die wirtschaftlichen Interessen des Urhebers wahrenden Rechte wie vor allem das Vervielfältigungs-, das Aufführungs- und das Senderecht schützen (Art. IVbis Abs. 1 WUA). Wie in der RBÜ sind nur Werke von Urhebern, die einem Vertragsstaat angehören oder in einem Vertragsstaat erstveröffentlicht wurden, geschützt, anders als unter Geltung der RBÜ jedoch nicht Werke, die nach Veröffentlichung in einem Nichtmitgliedsland in einem Vertragsstaat binnen 30 Tagen zweitveröffentlicht werden (Art. II WUA). Anders als die RBÜ hat das WUA keine Rückwirkung für im Zeitpunkt des Vertragsschlusses bzw. Beitritts bereits existierende Werke (Art. VII WUA). Das WUA ist außerdem nur auf solche Werke anwendbar, die beim Inkrafttreten des Abkommens in dem Vertragsstaat, in dem Schutz beansprucht wird, noch geschützt waren (BGH GRUR 2014, 559, Rn. 21 – *Tarzan*). Veröffentlicht in diesem Sinne sind auch im Rahmen der WUA nur in körperlichen Exemplaren erschienene Werke (weshalb E-Books also nicht erfasst sein dürften); dabei verlangt Art. VI WUA allerdings anders als die RBÜ, dass die Werke lesbar oder sonst mit dem Auge wahrnehmbar sind. Insb. bei Tonträgern bedeutet also die Vervielfältigung und Verbreitung noch keine Veröffentlichung (*Wilhelm Nordemann/Vinck/Hertin* WUA Art. II Rn. 4, Art. VI Rn. 5). Auch dem WUA liegt das Prinzip der **Inländerbehandlung** zugrunde (Art. II Abs. 1 und 2 WUA). Zu den **besonders zu schützenden Rechten** zählt neben den in Art. IVbis WUA aufgezählten vor allem das Übersetzungsrecht (Art. V Abs. 1

WUA); ein Urheberpersönlichkeitsrecht gewährt das WUA hingegen nicht – dies hätte eine Beteiligung der USA ausgeschlossen.

28   Die Erfüllung von beliebigen **Formerfordernissen** zur Erlangung des Schutzes können die Vertragsstaaten nur für veröffentlichte, nicht hingegen für unveröffentlichte Werke vorschreiben, Art. III Abs. 2 WUA. Für Werke aus anderen Vertragsstaaten müssen die Mitglieder allerdings die Förmlichkeiten als erfüllt ansehen, wenn alle Werkexemplare von der ersten Veröffentlichung an das **Copyrightzeichen ©** mit dem Namen des Rechteinhabers und dem Jahr der ersten Veröffentlichung tragen (Art. III Abs. 1). Da allerdings sehr viele Unterzeichnerstaaten des WUA auch durch die RBÜ gebunden sind, die Förmlichkeiten untersagt (oben vgl. Rn. 14), ist der Coyprightvermerk nur noch für sehr wenige Länder überhaupt relevant. Nach Art. IV WUA regelt die **Schutzdauer** das Recht des Staates, für das Schutz beansprucht wird, wobei Schutz für mindestens die Lebenszeit des Urhebers plus 25 Jahre gewährt werden muss (Art. IV Abs. 2 S. 1 WUA). Berechnet der betreffende Staat die Schutzfrist nicht nach dem Leben des Urhebers, sondern ab Veröffentlichung oder Registrierung, muss das Werk mindestens 25 Jahre geschützt werden (Art. IV Abs. 2 lit. a, b WUA); bei mehreren aufeinander folgenden Schutzfristen muss nur die erste mindestens 25 Jahre währen (Art. IV Abs. 2 lit. c WUA). Fotografische und Werke der angewandten Kunst müssen hingegen nur 10 Jahre geschützt werden (Art. IV Abs. 3 WUA). Auch das WUA gestattet in Art. IV Abs. 4 einen **Schutzfristenvergleich:** Die Vertragsstaaten müssen einem Werk aus einem anderen Mitgliedsstaat keinen längeren Schutz zugestehen, als das Ursprungsland ihn für Werke dieser Art vorsieht (vgl. Rn. 15). Der Schutzfristenvergleich ist wegen Art. XIX S. 2 WUA insbesondere nicht durch das Deutsch-amerikanische Abkommen von 1892 ausgeschlossen, soweit es um ein Werk geht, das im Zeitpunkt des Beitritts der USA zur RBÜ am 1. März 1989 nicht mehr geschützt war (BGH GRUR 2014, 559, Rn. 27 ff. – *Tarzan*). Allen am 1.3.1989 in den USA nicht mehr geschützten Werken kommt deshalb die Schutzfristverlängerung durch das UrhG 1965 auf 70 Jahre p. m. a. nicht zugute (BGH GRUR 2014, 559, Rn. 35 ff. – *Tarzan*). Mit dem Verweis auf „Werke dieser Art" wollte das WUA verhindern, dass einem konkreten Werk mit dem Argument, im Ursprungsland seien Förmlichkeiten nicht erfüllt worden, der Schutz versagt werden kann (OLG Frankfurt aM. GRUR-RR 2004, 99, 100 f. – *Anonyme Alkoholiker*). In Deutschland ist der Schutzfristenvergleich nach Art. IV Abs. 4–6 WUA in dessen Geltungsbereich grundsätzlich durchzuführen, § 140 (zum Schutzfristenvergleich im Rahmen des WUA ausführlich BGH GRUR 2014, 559, Rn. 22 ff. – *Tarzan*; zur Rechtslage vor Inkrafttreten des UrhG am 1.1.1966 vgl. § 140 Rn. 2 ff.).

29   e) **Übereinkunft von Montevideo betreffend den Schutz von Werken der Literatur und Kunst:** Als einziges von Deutschland gezeichnetes internationales Abkommen enthält die Übereinkunft von Montevideo vom 11.1.1889 betreffend den Schutz von Werken der Literatur und Kunst (RGBl. 1927 II, S. 95) einheitliche Kollisionsregeln für das Urheberrecht. Danach war grundsätzlich das Recht der Erstveröffentlichung oder Erstherstellung, die sog. *lex originis*, maßgeblich. Das Übereinkommen hat allerdings keinerlei Relevanz mehr für die Bundesrepublik, da alle Vertragsstaaten der revidierten Berner Übereinkunft (RBÜ) bzw. dem Welturheberrechtsabkommen (WUA), die beide Vorrang genießen (Art. 20 RBÜ; Art. XIX WUA), beigetreten sind.

29a   f) **Marrakesch-Vertrag:** Der Marrakesh Treaty to Facilitate Access to Published Works for Persons Who Are Blind, Visually Impaired, or Otherwise Print Disabled (MVT) wurde am 27.6.2013 von 22 Staaten unterzeichnet, von der EU als solcher am 30.4.2014, und ist seit 30.9.2016 in Kraft, allerdings bislang weder für die EU noch für einzelne EU-Mitglieder. Er sieht vor allem Verpflichtungen der Vertragsparteien vor, Schranken und Ausnahmen vom Urheberrechtsschutz zugunsten Sehbehinderter vorzusehen, um Vervielfältigung, Verbreitung und Zugänglichmachung entsprechend bearbeiteter Werke zu ermöglichen. Auch grenzüberschreitende Verbreitung ist ebenso wie Import unter bestimmten Voraussetzungen ausdrücklich erlaubt. Eine wichtige Rolle spielen insofern die sog. „Authorised Entities", die als öffentliche oder öffentlich zugelassene Stellen als Mittler fungieren sollen. Das Abkommen enthält wie nahezu alle anderen Abkommen Rückbezüge v. a. auf RBÜ und WCT, u. a. auf die Dreistufenprüfung des Art. 9 (2) RBÜ für die Prüfung, ob eine Schranke zulässig ist. s. näher Schricker/Loewenheim/*Katzenberger/Metzger*[5] Vor §§ 120 ff. Rn. 52 f.

g) WIPO Performances and Phonograms Treaty (WPPT): Der am 20.12.1996   **30** geschlossene WIPO Performances and Phonograms Treaty (WIPO-Vertrag über Darbietungen und Tonträger, WPPT) trat am 20.5.2002 in Kraft (abrufbar unter www.frommnordemann.de). Von Deutschland, den „alten" EU-Staaten und vor allem der EU als solcher wurde der WCT allerdings erst am 14.12.2009 ratifiziert und trat deshalb für sie am 14.3.2010 in Kraft. Eine Übersicht über die aktuellen Mitglieder – im Juli 2017 insgesamt 95 – findet sich unter www.frommnordemann.de. Der WPPT ist, da unmittelbar durch die EU gezeichnet, unmittelbarer Teil der Unionsrechtsordnung, allerdings ohne dass sich Einzelne unmittelbar auf seine Regelungen berufen könnten (EuGH GRUR 2012, 693 – *SCF*; zum WPPT auch EuGH GRUR 2012, 597 – *Phonographic Performance (Ireland)*; BGH GRUR 2016, 1048, Rn. 43 – *An Evening with Marlene Dietrich*; GRUR 2014, 559, Rn. 52 – *Tarzan*).

Inhaltlich lässt der WPPT Verpflichtungen aus anderen internationalen Verträgen unberührt, und seine Auslegung durch die Vertragsstaaten darf ausdrücklich nicht den Schutz der Urheberrechte beeinträchtigen (Art. 1). Der WPPT   **31** schützt **ausübende Künstler** und die einem jeweils anderen Vertragsstaat angehörenden **Tonträgerhersteller**, wenn und soweit diese die Kriterien des Rom-Abkommens (RA) für dessen Anwendungsbereich erfüllen (Art. 3 Abs. 2 WPPT): Unabhängig von der Nationalität des Künstlers ist er geschützt, wenn die Darbietung in einem Vertragsstaat stattfindet (Art. 4 lit. a RA) oder auf einem Tonträger erstfixiert ist, der von einem Tonträgerhersteller stammt, der einem Vertragsstaat angehört (Art. 4 lit. b i. V. m. Art. 5 Abs. 1 lit. a RA), oder in einem Vertragsstaat (Art. 4 lit. b i. V. m. Art. 5 Abs. 1 lit. b RA) hergestellt oder erstveröffentlicht worden ist (Art. 4 lit. b i. V. m. Art. 5 Abs. 1 lit. c RA). Sendeunternehmen schützt der WPPT im Gegensatz zum Rom-Abkommen nicht. Für seinen **zeitlichen Anwendungsbereich** bezieht sich der WPPT in Art. 22 Abs. 1 auf Art. 18 RBÜ; unter bestimmten Voraussetzungen kann also auch solchen Leistungen Schutz gewährt werden, die im Zeitpunkt des Inkrafttretens des WPPT schon bestanden. Lediglich den persönlichkeitsrechtlichen Schutz der ausübenden Künstler (Art. 5) können die Vertragsstaaten gemäß Art. 22 Abs. 2 auf nach Inkrafttreten des WPPT erbrachte Darbietungen beschränken. Die den ausübenden Künstlern und Tonträgerherstellern zugestandene Mindestschutzfrist ist mit 50 Jahren zwar deutlich länger als die des Rom-Abkommens (20 Jahre). Allerdings sind die ausübenden Künstler aufgrund eines unterschiedlichen Schutzbeginns wesentlich schlechter gestellt als die Tonträgerhersteller: Die Schutzfrist der Rechte des ausübenden Künstlers beginnt nämlich mit dem Ende des Jahres, in dem die jeweilige Darbietung (erstmals) auf einem Tonträger festgelegt worden ist, Art. 17 Abs. 1, während für den Schutz des Tonträgerherstellers in erster Linie das Ende des Jahres, in dem der Tonträger veröffentlicht worden ist, maßgeblich ist. Nur in den Fällen, in denen binnen 50 Jahren nach der Festlegung der Tonträger nicht veröffentlicht wird, beginnt auch der Schutz des Tonträgerherstellers mit dem Ende des Jahres der Festlegung. Während also der ausübende Künstler sich mit 50 Jahren Schutz nach Festlegung seiner Darbietung begnügen muss, kann der Tonträgerhersteller in bestimmten Fällen bis zu (knapp) 100 Jahre geschützt sein.

32 Die **zentralen Begriffe des** WPPT (ausübender Künstler, Tonträger, Hersteller von Tonträgern, Festlegung, Veröffentlichung, Sendung, öffentliche Wiedergabe) sind in Art. 2 definiert. Der WPPT gewährt allerdings Schutz nur für die dort vorgesehenen Mindestrechte; ein darüber hinausgehender Schutz nach nationalem Recht kann auf der Grundlage des WPPT nicht verlangt werden (BGH GRUR 2016, 1048, Rn. 48 – *An Evening with Marlene Dietrich*). **Geschützt** sind neben Darbietungen von Werken der Literatur und Kunst auch solche der Folklore (Volkskunst; Art. 2 lit. a). Als Tonträger sind sowohl eine Festlegung als auch eine Darstellung (Repräsentation) von Tönen (nach *v. Lewinski*, GRUR Int. 1997, 667, 678, z. B. zunächst nicht hörbare Veränderungen digital aufgezeichneter Töne durch Synthesizer) geschützt, allerdings nicht auf audiovisuellen Trägermedien als Teil audiovisueller Werke. Der WPPT gewährt – beschränkt auf die im WPPT ausdrücklich zugestandenen Rechte, sodass ein weitergehender nationaler Schutz den Berechtigten nicht zugute kommt – Schutz grundsätzlich nach dem Prinzip der **Inländerbehandlung** (Art. 4 Abs. 1), wobei allerdings bei dem Recht auf angemessene Vergütung aus Art. 15 Abs. 1 die Vertragsstaaten gemäß Art. 15 Abs. 3 einen Vorbehalt erklären können, Art. 4 Abs. 2. Der Schutz darf ein Prinzip an keinerlei Formvorschriften geknüpft sein (Art. 20). Schließlich enthält der WPPT eine Reihe von **Mindestrechten** sowohl zugunsten ausübender Künstler als auch zugunsten der Tonträgerhersteller. So haben nur die ausübenden Künstler das (Persönlichkeits-) Recht auf Namensnennung und Schutz gegen Entstellung ihrer Live- und auf Tonträgern festgelegten Darbietungen (Art. 5 Abs. 1), und zwar über ihren Tod hinaus mindestens bis zum Erlöschen der wirtschaftlichen Rechte, soweit nicht ein Vertragsstaat abweichendes regelt (Art. 5 Abs. 2). Als wirtschaftliche Mindestrechte haben die ausübenden Künstler das ausschließliche Recht der Sendung und öffentlichen Wiedergabe, wenn nicht eine bereits gesendete Darbietung betroffen ist, und das Recht der Festlegung (nur) i. S. d. Art. 2 lit. c (Art. 6). Das Recht, eine öffentliche Zugänglichmachung einer audiovisuellen Aufnahme zu erlauben, sieht der WPPT hingegen nicht vor (BGH GRUR 2016, 1048, Rn. 49 – *An Evening with Marlene Dietrich*). Auch andere Rechte im Hinblick auf eine audiovisuelle oder filmische Nutzung ihrer Darbietungen räumt der WPPT den ausübenden Künstlern im Gegensatz zum RA nicht ein. Vielmehr sollte ein WIPO Audiovisual Performances Treaty (WAPT) alle in diesem Zusammenhang stehenden Nutzungen regeln. Nachdem eine erste WIPO-Konferenz im Jahre 2000 gescheitert war, wurde in einem neuen Anlauf am 24.6.2012 der Beijing Treaty on Audiovisual Performances verabschiedet, ist allerdings bislang (Stand Juli 2017) noch nicht in Kraft getreten (dazu unten vgl. Rn. 49 ff.; abrufbar unter www.frommnordemann.de).

33 Im Hinblick auf ihre **auf Tonträgern festgelegten Darbietungen** gewährt der WPPT den ausübenden Künstlern und den Tonträgerherstellern außerdem das ausschließliche Vervielfältigungsrecht (Art. 7, 11), das ausschließliche Verbreitungsrecht (Art. 8, 12), das ausschließliche Vermietrecht (Art. 9, 13) und das ausschließliche Onlinerecht (Art. 10, 14). Das Vervielfältigungsrecht erfasst auch den gesamten **digitalen Bereich**, vor allem also elektronische Speicherungen in digitaler Form (s. die vereinbarten Erklärungen der diplomatischen Konferenz von 1996 zum WPPT zu den Artt. 7, 11 und 16). Für die Nutzung veröffentlichter Tonträger im Rahmen einer Sendung oder der öffentlichen Wiedergabe gewährt der WPPT ausübenden Künstlern und Tonträgerherstellern lediglich einen Vergütungsanspruch, diesen jedoch unabhängig davon, ob die Nutzung unmittelbar oder lediglich mittelbar erfolgt (z. B. Sendung eines Festes, auf dem Tonträger öffentlich wiedergegeben werden), Art. 15 Abs. 1. Nach Art. 15 Abs. 4 gelten in diesem Zusammenhang auch solche Tonträger als veröffentlicht, die **online zugänglich** gemacht worden sind. Vorbehalte der Vertragsparteien im Zusammenhang mit dem Vergütungsanspruch sind möglich, Art. 15 Abs. 3. Art. 16 enthält verschiedene Schranken der Rechte der ausübenden Künstler und Tonträgerhersteller. Schließlich regelt der WPPT – im Wesentlichen ähnlich wie der WCT – in Art. 18, 19 und 23 Verpflichtungen der Vertragsstaaten zu technischen Schutzvorkehrungen, Informationen für die Rechtewahrnehmung und zur Durchsetzung der Rechte.

h) Internationales Abkommen über den Schutz der ausübenden Künstler, der **34** **Hersteller von Tonträgern und der Sendeunternehmen (Rom-Abkommen):** Das Internationale Abkommen über den Schutz der ausübenden Künstler, der Hersteller von Tonträgern und der Sendeunternehmen (Rom-Abkommen, nachfolgend RA) vom 26.10.1961 (abrufbar unter www.frommnordemann.de) ist das im Bereich der verwandten Schutzrechte älteste und neben TRIPS wichtigste mehrseitige Abkommen. Es steht heute (Stand Juli 2017) für 89 von 92 Unterzeichnerstaaten, für Deutschland seit 21.10.1966 (ZustG in BGBl. 1965 II, 1243; 1966 II, 1473) in Kraft. Übersicht über die aktuellen Mitglieder unter www.frommnordemann.de. Im Gegensatz zu TRIPS, WCT oder WPPT ist das Rom-Abkommen, da die EU selbst es nicht gezeichnet hat und auch nicht alle EU-Mitgliedsstaaten Rom-Mitglieder sind, nicht unmittelbarer Teil der Unionsrechtsordnung, sondern entfaltet in der EU nur mittelbare Wirkungen (EuGH GRUR 2012, 693 – *SCF/Del Corso*).

Das Rom-Abkommen schützt **ausübende Künstler, Tonträgerhersteller und** **35** **Sendeunternehmen**, nicht jedoch Filmhersteller bzw. Hersteller von Bild- und Bildtonträgern, Art. 3 RA. Als **ausübende Künstler** gelten nach Art. 3 lit. a RA Schauspieler, Sänger, Musiker, Tänzer und andere Personen, die literarische oder künstlerische Werke aufführen, vortragen, singen, vorlesen, spielen oder sonst darbieten. Tonträger und Hersteller von Tonträgern sind in Art. 3 lit. b und c RA als diejenigen, die zuerst den Ton einer Darbietung oder andere Töne fixieren, definiert. Schutz wird unabhängig von der Nationalität des Künstlers gewährt, wenn die Darbietung in einem Vertragsstaat stattfindet (Art. 4 lit. a RA) oder auf einem Tonträger erstfixiert ist, der von einem einem Vertragsstaat angehörenden Tonträgerhersteller (Art. 4 lit. b i. V. m. Art. 5 Abs. 1 lit. a RA) oder in einem Vertragsstaat (Art. 4 lit. b i. V. m. Art. 5 Abs. 1 lit. b RA) hergestellt oder in einem Vertragsstaat erstveröffentlicht worden ist (Art. 4 lit. b i. V. m. Art. 5 Abs. 1 lit. c RA). **Veröffentlichung** bedeutet nach Art. 3 lit. d RA das Angebot einer angemessenen Zahl von Vervielfältigungsstücken eines Tonträgers an die Öffentlichkeit und entspricht also im Wesentlichen § 6 Abs. 2 UrhG. Geschützt ist schließlich eine **Darbietung,** wenn sie mangels Veröffentlichung auf Tonträger durch ein in einem Vertragsstaat ansässiges Sendeunternehmen gesendet oder von einem Sender aus einem Vertragsstaat ausgestrahlt wird, Art. 4 lit. c i. V. m. Art. 6 Abs. 1 lit. a und b RA. **Tonträgerherstellern** wird Schutz nach dem RA gewährt, wenn sie Angehörige eines Vertragsstaates sind (Art. 5 Abs. 1 lit. a RA), die erste Fixierung auf Tonträger in einem Vertragsstaat vorgenommen (Art. 5 Abs. 1 lit. b RA) oder der Tonträger zuerst in einem Vertragsstaat veröffentlicht wurde (Art. 5 Abs. 1 lit. c RA; s. OLG Hamburg GRUR 1979, 235, 237 – *ARRIVAL*). Letzteres Kriterium ist auch dann erfüllt, wenn der Tonträger binnen 30 Tagen nach erster Veröffentlichung in einem Nichtvertragsstaat in einem Vertragsstaat erscheint (sog. Simultanveröffentlichung; Art. 5 Abs. 2 RA). Deutschland hat allerdings nach Art. 5 Abs. 3 RA erklärt, das Kriterium der Erstfixierung in einem Vertragsstaat (Art. 5 Abs. 1 lit. b RA) nicht anzuwenden (Art. 2 Nr. 1 des Gesetzes zum Rom-Abkommen, BGBl. 1965 II, 1243); Tonträgerhersteller sind also nur unter den Voraussetzungen der Art. 5 Abs. 1 lit. a und lit. c und Art. 5 Abs. 2 RA geschützt. **Sendeunternehmen** sind geschützt, wenn sie in einem Vertragsstaat ansässig (Art. 6 Abs. 1 lit. a RA) sind oder die Sendung von einem Sender in einem Vertragsstaat ausgestrahlt wird (Art. 6 Abs. 1 lit. b RA). Den nach Art. 6 Abs. 2 RA möglichen Vorbehalt, Schutz nur dann zu gewähren, wenn beide Anknüpfungspunkte in einem Vertragsstaat liegen, hat Deutschland nicht erklärt. In Art. 4 des ZustG zum Rom-Abkommen hat Deutschland eine **Rückwirkung** des Schutzes für vor dem Inkrafttreten des Abkommens für Deutschland erbrachte Leistungen ausgeschlossen (Art. 20 Abs. 2 RA).

36   Der Schutz kann an **Formalitäten** gebunden werden, Art. 11 RA; allerdings sind ähnlich wie im Rahmen des WUA die Formvoraussetzungen bei aus einem anderen Vertragsstaat stammenden Tonträgern als erfüllt anzusehen, wenn diese oder ihre Verpackungen neben dem Namen des Produzenten, seines Lizenznehmers oder des Rechteinhabers und der wesentlichen ausübenden Künstler oder der Inhaber der Rechte an deren Darbietungen in einem Vermerk das Zeichen (P) mit dem Jahr des ersten Erscheinens tragen (Art. 11 RA). Weitere Schutzvoraussetzung ist wie im Rahmen der anderen internationalen Übereinkommen ein nach den Kriterien des Abkommens **internationaler Sachverhalt** (*Wilhelm Nordemann/Vinck/Hertin* RA Art. 4 Rn. 1, 7). Anders als z. B. im Rahmen der RBÜ genügt allerdings die ausländische Staatsangehörigkeit des ausübenden Künstlers in diesem Zusammenhang nicht, da die Staatsangehörigkeit des Künstlers für die Anwendung des Rom-Abkommens gerade keine Rolle spielt (s. Art. 4 RA; BGH GRUR 2016, 1048, Rn. 57 – *An Evening with Marlene Dietrich*). Tritt also etwa ein russischer ausübender Künstler in Deutschland auf, ist er nur nach §§ 73 ff., 125 Abs. 2–4, 6–7 UrhG, nicht jedoch nach § 125 Abs. 5 UrhG i. V. m. dem Rom-Abkommen geschützt.

37   Wiederum ist tragendes Prinzip des Rom-Abkommens die **Inländerbehandlung** (Art. 2 RA); dies ist die Behandlung, die der Vertragsstaat, für dessen Gebiet Schutz beansprucht wird, seinen Staatsangehörigen für Darbietungen auf seinem Gebiet die dort gesendet oder erstmals festgelegt werden, gewährt (BGH GRUR 2016, 1048, Rn. 56 – *An Evening with Marlene Dietrich),* und zwar auf der Grundlage des im Entscheidungszeitpunkt geltenden Rechts, also auch für die nach Beitritt zum Rom-Abkommen in Kraft getretenen Regelungen (BGH a. a. O., Rn. 89 ff. – *An Evening with Marlene Dietrich).* Die Inländerbehandlung wird ergänzt durch eine Reihe von Bestimmungen über einen **Mindestschutz** (Art. 7 ff. RA). Nach Art. 7 Abs. 1 RA müssen **ausübende Künstler** zumindest – gleich ob mit zivilrechtlichen oder strafrechtlichen Mitteln (Schricker/Loewenheim/*Katzenberger/Metzger*[5] Rn. 65) – die Möglichkeit haben, ohne ihre Zustimmung stattfindende Sendungen oder öffentliche Wiedergaben ihrer Darbietung zu verbieten, wenn nicht die Darbietung bereits (erlaubt) gesendet worden ist oder für die Sendung oder öffentliche Wiedergabe eine Aufnahme der Darbietung verwendet wird (Art. 7 Nr. 1 lit. a RA). Außerdem müssen die Künstler die nicht genehmigte – auch filmische – Aufnahme einer noch nicht aufgenommenen Darbietung (Art. 7 Nr. 1 lit. b RA) und die nicht von ihnen gestattete Vervielfältigung einer Aufnahme ihrer Darbietung untersagen können, wenn die ursprüngliche Aufnahme ohne ihr Einverständnis hergestellt wurde (Art. 7 Nr. 1 lit. c (i) RA), die Vervielfältigung zu einem anderen Zweck als dem ursprünglich gestatteten geschieht (Art. 7 Nr. 1 lit. c (ii) RA) oder wenn die ursprüngliche Aufnahme im Rahmen der durch Art. 15 RA den Unterzeichnerstaaten erlaubten Ausnahmen und Einschränkungen des Schutzes hergestellt worden ist und die Vervielfältigung nun zu einem anderen als dem ursprünglich verfolgten Zweck geschehen soll (Art. 7 Nr. 1 lit. c (iii) RA). Hat der ausübende Künstler allerdings die ursprüngliche filmische Aufnahme seiner Darbietung erlaubt, so kann er deren Verwertung später nicht nach Art. 7 Nr. 1 lit. c (ii) RA untersagen (Art. 19 RA). Der Schutz gegen die erneute Sendung einer gestatteten Sendung bleibt ausdrücklich dem nationalen Recht überlassen, Art. 7 Nr. 2 Abs. 1 RA. Nach BGH GRUR 2016, 1048, Rn. 61 ff. – *An Evening with Marlene Dietrich* bleiben jedoch auch dann, wenn

Art. 7 wegen der Zustimmung des Künstlers nicht mehr anwendbar ist, alle anderen Bestimmungen des Rom-Abkommens und insbesondere sein Art. 4, der Inländerbehandlung vorschreibt, anwendbar. Dies ist wegen Art. 21 Rom-Abkommen nicht auf die in Art. 7 Rom-Abkommen gewährten Mindestrechte beschränkt (str.; dafür ausdrücklich BGH GRUR 2016, 1048, Rn. 68 ff. – *An Evening with Marlene Dietrich*; a. A. etwa Loewenheim/*v.Lewinski*, Hdbuch UrhR[2], § 57 Rn. 49; *Schack*[7]Rn. 977). Die Vertragsstaaten müssen Inländerbehandlung auf der Grundlage des im Entscheidungszeitpunkt geltenden Rechts gewähren, also auch für die nach Beitritt zum Rom-Abkommen in Kraft getretenen Regelungen (BGH GRUR 2016, 1048, Rn. 89 ff. – *An Evening with Marlene Dietrich*). Art. 8 und 9 RA enthalten Regelungen für gemeinsam auftretende und Zirkus- bzw. Variété-Künstler.

Nach Art. 10 RA müssen **Tonträgerhersteller** zumindest das ausschließliche   **38** Recht haben, die unmittelbare oder mittelbare Vervielfältigung ihrer Tonträger zu untersagen. Art. 12 RA legt darüber hinaus für ausübende Künstler und Tonträgerhersteller einen Vergütungsanspruch bei Zweitverwertung von zu kommerziellen Zwecken hergestellten Tonträgern fest, wenn diese unmittelbar gesendet oder öffentlich wiedergegeben werden. Der Vergütungsanspruch besteht also nicht bei einer nur mittelbaren Verwertung z. B. durch Weitersendung oder die öffentliche Wiedergabe von Sendungen, in denen diese Tonträger gespielt werden (Schricker/Loewenheim/*Katzenberger/Metzger*[5] Rn. 67). Die Einzelheiten bleiben dem nationalen Recht überlassen. Nach Art. 16 RA können die Vertragsstaaten bezüglich des Art. 10 RA Vorbehalte erklären oder die Ansprüche nur aufgrund Gegenseitigkeit gewähren; Deutschland hat dementsprechend in Art. 2 Nr. 2 des ZustG (BGBl. 1965 II, S. 1243) eine Gewährung der Ansprüche aus § 86 UrhG von der **Gegenseitigkeit** abhängig gemacht.

Sendeunternehmen steht nach Art. 13 RA mindestens das ausschließliche   **39** Recht, die Zweitsendung ihrer Sendungen (Art. 13 lit. a RA), deren Aufnahme (Art. 13 lit. b RA), die Vervielfältigung unerlaubter (Art. 13 lit. c (i) RA) oder im Rahmen der durch Art. 15 RA den Unterzeichnerstaaten erlaubten Ausnahmen und Einschränkungen des Schutzes hergestellter Aufnahmen zu untersagen, wenn die Vervielfältigung nun zu einem anderen als dem ursprünglich verfolgten Zweck geschehen soll (Art. 13 lit. c (ii) RA). Auch die öffentliche Wiedergabe einer Sendung müssen die Sendeunternehmen verhindern können, wenn hierfür ein Eintrittspreis verlangt wird; dabei bleibt die Festlegung der Bedingungen, unter denen diese Rechte ausgeübt werden können, dem nationalen Recht überlassen (Art. 13 lit. d RA). Den nach Art. 16 Nr. 2 RA insofern möglichen Vorbehalt hat Deutschland nicht erklärt.

Art. 15 RA gestattet den Vertragsstaaten, **Ausnahmen und Beschränkungen** des   **40** Schutzes zugunsten von Privatkopien, der Tagesberichterstattung, der vorübergehenden Festlegung durch ein Sendeunternehmen mit eigenen Mitteln und für eigene Sendungen sowie für Lehr- und wissenschaftliche Zwecke vorzusehen (Art. 15 Nr. 1 RA). Art. 15 Nr. 2 RA erlaubt darüber hinaus im nationalen Recht auch für den Schutz ausübender Künstler, der Tonträgerhersteller und Sendeunternehmen die Ausnahmen und Beschränkungen, die es für den Urheberrechtsschutz vorsieht, wobei allerdings Zwangslizenzen nur insoweit vorgesehen werden dürfen, als sie mit den Zielen des Rom-Abkommens vereinbar sind.

Nach Art. 14 RA muss Schutz für mindestens 20 Jahre gewährt werden, und   **41** zwar für Tonträger und die darauf fixierten Darbietungen ab dem Ende des Jahres der ersten Festlegung (Art. 14 lit. a RA), für nicht aufgenommene Darbietungen ab dem Ende des Jahres der Darbietung (Art. 14 lit. b RA) und für Sendungen ab dem Ende des Jahres der Sendung (Art. 14 lit. c RA). Einen **Schutzfristenvergleich** gibt es unter dem Rom-Abkommen jedoch **nicht**.

42 Das Rom-Abkommen enthält zum Teil erhebliche **Schutzlücken**. Dies betrifft neben Darbietungen in Nicht-Mitgliedsstaaten vor allem Darbietungen, die im Ausland wegen kürzerer Schutzfristen bereits gemeinfrei sind (ausführlich *Braun* S. 37 ff.; *Bortloff* S. 120 ff.). Sog. **Schutzlückenpiraten** nutzen dies durch unautorisierte Aufnahmen und deren Verbreitung auch in Deutschland systematisch aus. Die Rückwirkung des TRIPS-Abkommens für Altdarbietungen (vgl. Rn. 22) hat hier einige Abhilfe geschaffen. Außerdem sind immerhin jedenfalls EU- und EWR-Angehörige wegen Art. 12 EGV seit der *Phil-Collins*-Entscheidung (EuGH GRUR 1994, 280 ff. – *Phil Collins*) Deutschen im Schutz ausdrücklich gleichgestellt, § 120 Abs. 2 Nr. 2 (s. zu Tonträgern und Schutzdauer-RL den Vorlagebeschluss des BGH GRUR 2007, 502 ff. – *Tonträger aus Drittstaaten*; sodann EuGH GRUR 2009, 393 – *Sony/Falcon*; BGH GRUR Int. 2010, 532 – *Bob Dylan*; OLG Rostock WRP 2012, 846 – *Urheberrechtsschutz für Angehörige von Drittstaaten*). Einen insofern verbesserten Schutz gewährt auch das eigenständige Verbreitungsrecht des ausübenden Künstlers aus § 77 Abs. 2, 2. Alt.: Ein Vertrieb in Deutschland von im Ausland hergestellten Vervielfältigungsstücken verletzt dieses Recht, soweit keine Erschöpfung (§ 17 Abs. 2) eingetreten ist. Vor der Einführung des § 77 Abs. 2, 2. Alt. kam ein Verbot von im Ausland rechtmäßig, jedoch ohne Zustimmung des Künstlers hergestellten Aufnahmen nur über § 96 Abs. 1 in Betracht (s. BGH GRUR 1993, 550, 552 – *The Doors*; *Katzenberger* GRUR Int. 1993, 640; vgl. § 125 Rn. 15).

43 i) **Genfer Tonträger-Abkommen:** Das Übereinkommen zum Schutz der Hersteller von Tonträger gegen die unerlaubte Vervielfältigung ihrer Tonträger (Genfer Tonträger-Abkommen, GTA) wurde am 29.10.1971 in Genf unterzeichnet (abrufbar unter www.frommnordemann.de). Es ist am 18.4.1973, für die Bundesrepublik Deutschland am 18.5.1974 in Kraft getreten; im Juli 2017 hatte es 79 Unterzeichnerstaaten. Näheres zum GTA bei Ulmer GRUR Int. 1972, 68; *Dittrich* ÖBl. 1971, 141; *Handl* FuR 1971, 376; *Stewart* UFITA 70 (1974), 1; weitere Nachweise bei *Wilhelm Nordemann/Vinck/Hertin* Vorbem. 1 zu Art. 1 GTA. Übersicht über die aktuellen Mitglieder unter www.frommnordemann.de.

44 Das GTA will **Tonträgerpiraterie bekämpfen** und enthält deshalb – im Gegensatz zu den oben erläuterten Abkommen – keine Mindestrechte zugunsten der Tonträgerhersteller, sondern lediglich völkerrechtliche Verpflichtungen, das nationale Recht in bestimmter Weise zu regeln (Art. 3 GTA). Das GTA schützt (nur) die Hersteller von Tonträgern, die einem jeweils anderen Vertragsstaat angehören (Art. 2). Der Schutz beschränkt sich außerdem auf Tonträger im engen Sinne, d.h. ausschließlich auf den Ton beschränkte Festlegungen von Darbietungen oder anderen Tönen (Art. 1 lit. a) ohne audiovisuelle Medien und Filme. Das Abkommen verpflichtet die Vertragsstaaten, die Tonträgerhersteller gegen die Herstellung von Vervielfältigungsstücken des gesamten Tonträgers oder wesentlicher Teile (dazu BGH, Vorlagebeschluss vom 1.6.2017, I ZR 115/16, Rn. 16 – *Metall auf Metall III*) ohne Zustimmung durch dessen Hersteller, gegen den Import derartiger Vervielfältigungsstücke, wenn Herstellung oder Import mit dem Ziel der Verbreitung an die Öffentlichkeit erfolgen, und schließlich gegen die Verbreitung derart illegaler Vervielfältigungsstücke an die Öffentlichkeit als solche zu schützen, Art. 2 (dazu BGH GRUR 2009, 403 Tz. 10 – *Metall auf Metall*). Dabei ist den Vertragsstaaten überlassen, wie sie den Schutz gewährleisten, ob sie etwa ein Urheberrecht oder Leistungsschutzrecht schaffen oder Schutz über das allgemeine Zivilrecht, das Wettbewerbsrecht oder Strafbestimmungen sicherstellen. Beschränkungen des Schutzes sind unter bestimmten Voraussetzungen zulässig (Art. 6). Auch die Schutzdauer bleibt grundsätzlich den Vertragsstaaten selbst überlassen. Wollen die Vertragsstaaten jedoch eine bestimmte Schutzdauer festlegen, muss diese mindestens 20 Jahre seit der ersten Festlegung der Töne oder der ersten Veröffentlichung betragen. Einen Schutzfristenvergleich sieht das Abkommen im Übrigen nicht vor (s. OLG Hamburg GRUR-RR 2001, 73, 77 f. – *Frank Sinatra*). Schreibt ein Vertragsstaat zur Erlangung des Schutzes bestimmte Förmlichkeiten vor, so müssen diese als eingehalten gelten, wenn alle in der Öffentlichkeit verbreiteten, erlaubten Vervielfältigungsstücke des Tonträgers oder deren Hüllen den Vermerk (P) mit dem Veröffentlichungsjahr aufweisen. Außerdem müssen alle Vervielfältigungsstücke bzw. Hüllen den Hersteller, Rechtsnachfolger oder ausschließlichen Lizenznehmern zumindest durch eine Marke oder geeignete Bezeichnung erkennen lassen; ist dies nicht der Fall, muss der (P)-Vermerk den Namen (nicht ein sonstiges Zeichen) enthalten (Art. 5).

Die Bundesrepublik hat die **Schutzerfordernisse** des GTA vor allem in §§ 85 **45** i. V. m. 97 ff., 108 Nr. 5, 108a ff. und Art. 2 Abs. 1 des ZustG vom 10.12.1973 zum GTA (BGBl. 1973 II S. 1669) **umgesetzt.** Dabei sind gemäß Art. 2 Abs. 1 S. 1 des ZustG Angehörige eines anderen Vertragsstaates nur gegen die in Art. 2 des Genfer Tonträgerabkommens genannten Handlungen (Herstellung, Einfuhr, Verbreitung ungenehmigter Vervielfältigungsstücke) geschützt, besitzen jedoch insb. nicht die Vergütungsansprüche aus § 86 und § 85 Abs. 4 i. V. m. 54. Im Hinblick auf den zeitlichen Anwendungsbereich können in Deutschland grundsätzlich auch solche Tonträger geschützt sein, die vor dem Zeitpunkt des Inkrafttreten des Abkommens (18.5.1974) für Deutschland festgelegt worden sind, da Deutschland den entsprechenden Vorbehalt in Art. 7 Abs. 3 nicht erklärt hat. Das GTA hat jedoch keine **Rückwirkung** für vor dem 1.1.1966, dem Datum des Inkrafttretens des UrhG, festgelegte Tonträger (BGH GRUR Int. 2010, 532 Tz. 13 – *Bob Dylan*; s. auch OLG Hamm GRUR 2014, 1203 – *Raubkopien*). Allerdings dürfen vor Inkrafttreten des GTA (noch) rechtmäßig produzierte Vervielfältigungsstücke weiterhin verbreitet und eine (noch) rechtmäßig begonnene Produktion vollendet werden, Art. 2 Abs. 2 des ZustG.

j) Brüsseler Satelliten-Abkommen: Das Übereinkommen über die Verbreitung **46** der durch Satelliten übertragenen Signale vom 21.5.1974 (Brüsseler Satelliten-Abkommen; abrufbar unter www.frommnordemann.de) soll Sendeunternehmen, die ihre Sendungen über Satelliten ausstrahlen, schützen. Für Deutschland gilt es seit 25.8.1979. Übersicht über die aktuellen Mitglieder unter www.frommnordemann.de.

Das Abkommen soll Sendeunternehmen vor einer **unerlaubten Weitersendung** **47** ihrer über Satelliten ausgestrahlten Sendungen durch terrestrische Sendeunternehmen schützen. Insofern müssen die Vertragsstaaten die für einen Schutz erforderlichen Regelungen vorsehen, Art. 2 Abs. 1 S. 1; es bleibt jedoch ihnen überlassen, ob sie dies durch ein Ausschließlichkeitsrecht oder in anderer Weise tun. Geschützt sind Ursprungsunternehmen, die einem jeweils anderen Vertragsstaat angehören, Art. 2 Abs. 1 S. 2. Vom Schutz ausgenommen sind Sendungen über sog. Direktsatelliten, die also ohne terrestrische Zwischen- oder Weitersendungen empfangen werden können, und Weitersendungen, denen eine rechtmäßige Weitersendung vorausgeht (Art. 3, 2 Abs. 3). Auch in der Regelung der **Schutzdauer** sind die Vertragsstaaten frei, Art. 2 Abs. 2. Sie dürfen außerdem **Ausnahmen und Schranken** zugunsten der Berichterstattung über Tagesereignisse und für ein Zitatrecht regeln, Art. 4. Deutschland hat die Schutzverpflichtungen aus dem Brüsseler Satelliten-Abkommen in erster Linie mit dem ZustG (v. 14.2.1979, BGBl. 1979 II S. 113) zu dem Abkommen umgesetzt. Art. 2 Abs. 1 des ZustG enthält ein besonderes ausschließliches Recht der Weitersendung zugunsten der Sendeunternehmen, das Vertragsausländern ebenso wie inländischen Sendeunternehmen gewährt wird. Die Sendungen sind 25 Jahre ab der Satellitenübertragung geschützt, Art. 2 Abs. 2 des ZustG. Die Schutzschranken zugunsten der Berichterstattung und des Zitatrechts sind in

Art. 2 Abs. 3 des ZustG geregelt; diese Regelung verdrängt die der §§ 48, 49 (ebenso Schricker/Loewenheim/*Katzenberger/Metzger*[5] Rn. 85). Nach Art. 2 Abs. 6 des ZustG bleibt ein weitergehender Schutz nach § 87 ausdrücklich unberührt. Fraglich ist insofern, ob die in dem Satelliten-Übereinkommen vorgesehene Schutzdauer von 25 Jahren – gegenüber 50 Jahren nach der ersten Funksendung in § 87, der insofern die Schutzdauer-RL umsetzt – noch mit der Schutzdauer-RL zu vereinbaren ist. Allerdings sind Gegenstand des Schutzes durch das Brüsseler Satelliten-Abkommen programmtragende Signale als elektronisch erzeugte, zur Übertragung von Programmen geeignete Signale (Art. 1 Nr. i, Art. 2 Abs. 1 des Abkommens), nicht hingegen die Funksendung als Immaterialgut wie im Rahmen des § 87 und der Schutzdauer-RL (so zu Recht Schricker/Loewenheim/*Katzenberger/Metzger*[5] Rn. 86).

48 k) **Europäisches Fernseh-Abkommen:** Das Europäische Abkommen zum Schutz von Fernsehsendungen (Europäisches Fernseh-Abkommen) vom 22.6.1960 in der Fassung des am 22.1.1965 in **Straßburg** unterzeichneten Protokolls ist für die Bundesrepublik Deutschland seit 9.10.1967, zwei weitere Zusatzprotokolle vom 14.1.1974 und 21.3.1983 jeweils seit 31.12.1974 und 1.1.1985 in Kraft. Das Abkommen bindet heute Kroatien, Dänemark, Frankreich, Deutschland, Niederlande, Schweden und das Vereinigte Königreich (Text und Übersicht abrufbar unter www.frommnordemann.de; zum Verhältnis zum Rom-Abkommen s. Art. 13 des Abkommens in der Fassung des Protokolls von 1965 und Schricker/Loewenheim/*Katzenberger/Metzger*[5] Rn. 87 ff.). Das Europäische Fernseh-Abkommen schützt die in den Mitgliedsstaaten ansässigen oder dort Sendungen durchführenden **Sendeunternehmen** in allen Vertragsstaaten einschließlich ihres Heimatstaates gegen die Weitersendung, öffentliche Drahtfunkübertragung und öffentliche Wiedergabe ihrer Sendungen, gegen die Festlegung ihrer Sendungen einschließlich der Einzelbilder (in Deutschland jedoch nur bei Gewährleistung der Gegenseitigkeit, Art. 3 Abs. 2 des ZustG i. V. m. Art. 3 Abs. 1 und 10 des Abkommens), die Vervielfältigung derartiger Festlegungen und schließlich gegen die Weitersendung, Drahtfunkübertragung und öffentliche Wiedergabe derartiger Festlegungen (Art. 1 Abs. 1). Dieser Schutz wird ergänzt durch den Grundsatz der **Inländerbehandlung** der Sendeunternehmen in den jeweils anderen Vertragsstaaten, Art. 1 Abs. 2, jedoch umgekehrt zugunsten der Berichterstattung über Tagesereignisse und der vorübergehenden Aufzeichnung durch Sendeunternehmen eingeschränkt (Art. 2 Abs. 2 des ZustG i. V. m. §§ 50, 55), was Art. 3 Abs. 2 des Abkommens ausdrücklich zulässt. Die Sendungen müssen mindestens 20 Jahre vom Ende des Jahres an, in dem die Sendung stattgefunden hat, geschützt sein, Art. 2.

49 l) **Beijing Treaty on Audiovisual Performances:** Von Deutschland und der EU am 20. bzw. 19. Juni 2013 gezeichnet, allerdings noch nicht ratifiziert und noch nicht in Kraft ist der Beijing Treaty on Audiovisual Performances vom 24.6.2012, der in Ergänzung zum WPPT (dazu oben vgl. Rn. 31 f.) nunmehr auch für ausübende Künstler im Hinblick auf eine audiovisuelle oder filmische Nutzung ihrer Darbietungen bestimmte Mindestrechte vorsieht (abrufbar unter www.frommnordemann.de). Die EU selbst hat den Beijing Treaty am 23.6.2013 gezeichnet – was Art. 23 Abs. 3 ausdrücklich ermöglicht –; mit der noch ausstehenden Ratifikation würde der Beijing Treaty unmittelbarer Teil der Unionsrechtsordnung, allerdings wahrscheinlich ohne dass sich Einzelne unmittelbar auf seine Regelungen berufen könnten (s. EuGH GRUR 2012, 593 Tz. 36 ff. – *SCF/Del Corso* zu TRIPS und WPPT; zum WPPT auch EuGH GRUR 2012, 597 – *Phonographic Performance (Ireland)*).

49a Inhaltlich gehen die Verpflichtungen aus dem WPPT und dem Rom-Abkommen denjenigen aus dem Beijing Treaty ausdrücklich vor (Art. 1 Abs. 1); im Übrigen lässt der Beijing Treaty Verpflichtungen aus anderen internationalen

Verträgen unberührt, und seine Auslegung durch die Vertragsstaaten darf ausdrücklich nicht den Schutz der Urheberrechte beeinträchtigen (Art. 1). Der Beijing Treaty schützt **ausübende Künstler** (Sänger, Schauspieler, Tänzer, Musiker
usw., Art. 2 lit. a), wenn sie einem Vertragsstaat angehören oder dort ihren
ständigen Aufenthalt („habitual residence") haben, Art. 3. Wo die Darbietung
stattgefunden hat oder auf einem Bild- oder Bildtonträger erstfixiert ist, spielt
anders als unter dem WPPT grundsätzlich keine Rolle. Sendeunternehmen
schützt der Beijing Treaty ebenso wie der WPPT nicht. Seinen **zeitlichen Anwendungsbereich** erstreckt der Beijing Treaty in Art. 19 grundsätzlich auf alle
im Zeitpunkt seines Inkrafttretens auf audiovisuellen Trägern (einschließlich
digitaler Fixierungen, Art. 2 lit. b) fixierten Auf- und Vorführungen; allerdings
können die Unterzeichnerstaaten insofern erklären, dass sie die Art. 7 bis 11
(ausschließliche Verwertungsrechte des ausübenden Künstlers) nur auf nach
seinem Inkrafttreten für das betreffende Land stattfindende audiovisuelle Leistungen anwenden werden, Art. 19 Abs. 2. Die den ausübenden Künstlern zugestandene Mindestschutzfrist, Art. 14, ist mit 50 Jahren ab Fixierung der Leistung – unabhängig von einem Erscheinen der Träger – deutlich länger als die
des RA (20 Jahre).

Die **zentralen Begriffe des Beijing Treaty** (ausübender Künstler, audiovisuelle   **49b**
Festlegung, Sendung, öffentliche Wiedergabe) sind in Art. 2 definiert. **Geschützt** sind neben Darbietungen von Werken der Literatur und Kunst auch
solche der Folklore (Volkskunst; Art. 2 lit. a). Als audiovisuelle Festlegung sind
sowohl physische Trägermedien als auch digitale Aufzeichnungen geschützt,
Art. 2 lit. b und gemeinsame Erklärung zu Art. 5 Abs. 3. Der Beijing Treaty
gewährt – beschränkt auf die im Beijing Treaty ausdrücklich zugestandenen
Rechte, sodass ein weitergehender nationaler Schutz den Berechtigten nicht
zugutekommt – Schutz grundsätzlich nach dem Prinzip der **Inländerbehandlung** (Art. 4 Abs. 1), wobei allerdings bei dem Recht auf angemessene Vergütung aus Art. 11 die Vertragsstaaten gemäß Art. 11 Abs. 3 einen Vorbehalt
erklären, Art. 4 Abs. 3, oder Umfang und Dauer der Gewährung von Gegenseitigkeit abhängig machen können, Art. 4 Abs. 2, 11 Abs. 3. Der Schutz darf im
Prinzip an keinerlei Formvorschriften geknüpft sein (Art. 17). Schließlich enthält der Beijing Treaty eine Reihe von **Mindestrechten** zugunsten ausübender
Künstler. So haben die ausübenden Künstler das (Persönlichkeits-) Recht auf
Namensnennung und Schutz gegen Entstellung ihrer Live- und auf Tonträgern
festgelegten Darbietungen (Art. 5 Abs. 1), und zwar über ihren Tod hinaus
mindestens bis zum Erlöschen der wirtschaftlichen Rechte, soweit nicht ein
Vertragsstaat Abweichendes regelt (Art. 5 Abs. 2). Als wirtschaftliche Mindestrechte haben die ausübenden Künstler das ausschließliche Recht der Sendung
und öffentlichen Wiedergabe, wenn nicht eine bereits gesendete Darbietung
betroffen ist, und das Recht der Festlegung (Art. 6).

Im Hinblick auf ihre **auf audiovisuellen Trägern festgelegten Darbietungen** ge-   **49c**
währt der Beijing Treaty den ausübenden Künstlern außerdem das ausschließliche **Vervielfältigungsrecht** (Art. 7), das ausschließliche **Verbreitungsrecht**
(Art. 8), das ausschließliche **Vermietrecht** (Art. 9), allerdings nur, wenn die
kommerzielle Vermietung zu weit verbreiteten Kopien geführt hat, die das ausschließliche Recht beeinträchtigen, Art. 9 Abs. 2, und das ausschließliche Onlinerecht (Art. 10). Das Vervielfältigungsrecht erfasst auch den gesamten **digitalen Bereich**, vor allem also elektronische Speicherungen in digitaler Form (s.
die vereinbarten Erklärungen der diplomatischen Konferenz von 2012 zum
Beijing Treaty zu den Art. 2 und 5). Für die Nutzung veröffentlichter Bildtonträger im Rahmen einer **Sendung oder der öffentlichen Wiedergabe** gewährt
der Beijing Treaty ausübenden Künstlern zwar grundsätzlich ebenfalls ein ausschließliches Recht, Art. 15 Abs. 1; allerdings können die Unterzeichnerstaaten
durch Erklärung gegenüber der WIPO stattdessen lediglich einen Vergütungs-

anspruch gewähren, diesen jedoch unabhängig davon, ob die Nutzung unmittelbar oder lediglich mittelbar erfolgt (z. B. Sendung eines Festes, auf dem Tonträger öffentlich wiedergegeben werden), Art. 11 Abs. 2. Darüber hinaus können die Vertragsstaaten sowohl das ausschließliche Recht des Abs. 1 als auch den Vergütungsanspruch des Abs. 2 auf bestimmte Nutzungsarten oder in sonstiger Weise beschränken und sogar deren Anwendung ganz ausschließen, Art. 11 Abs. 3. Die Vertragsstaaten können gemäß Art. 12 Abs. 1 grundsätzlich vorsehen, dass der Künstler seine ausschließlichen Rechte aus Art. 7 bis 11 auf den Hersteller des Bildtonträgers **durch Vertrag übertragen** kann; für diesen Vertrag kann Schriftform vorgeschrieben werden, Art. 12 Abs. 2. Die Übertragung kann jedoch nach nationalem Recht bestehende Vergütungs- oder Beteiligungsansprüche des Künstlers unberührt lassen, Abs. 3. Art. 13 enthält verschiedene **Schranken** der Rechte der ausübenden Künstler. Schließlich regelt der Beijing Treaty – im Wesentlichen ähnlich wie WCT und WPPT – in Art. 15, 16 und 20 Verpflichtungen der Vertragsstaaten zu technischen Schutzvorkehrungen, Informationen für die Rechtewahrnehmung und zur Durchsetzung der Rechte.

50 m) **Weitere Abkommen:** Von Deutschland noch nicht ratifiziert worden ist zunächst die **Europäische Konvention über urheber- und leistungsschutzrechtlichen Fragen im Bereich des grenzüberschreitenden Satellitenrundfunks** vom 11.5.1994. Sie ist für die Mitgliedsstaaten des Europarates, die Vertragsstaaten des Europäischen Kulturabkommens und die Europäische Union zur Unterzeichnung aufgelegt, mangels ausreichender Ratifizierungen jedoch noch nicht in Kraft getreten. Die Konvention soll vor allem die Gesetzgebung der Vertragsstaaten im Urheber- und Leistungsschutzrecht für den Satellitenrundfunk harmonisieren und, wo erforderlich, das anwendbare Recht klarstellen. Anwendbar soll gemäß Art. 3 Abs. 1 der Konvention grundsätzlich nur das Recht des Sendelandes sein. Sendeland ist nach Art. 3 Abs. 2 der Konvention das Land, in dem die programmtragenden Signale in die Kommunikationskette eingespeist werden. Weitere Einzelheiten zur Konvention bei Schricker/Loewenheim/*Katzenberger/ Metzger*[5] Rn. 90 ff. Deutschland ist hingegen seit dem 1.7.1995 durch das insgesamt am 1.4.1994 in Kraft getretene **Europäische Übereinkommen über die Gemeinschaftsproduktion von Kinofilmen** vom 2.10.1992 gebunden (abrufbar unter www.frommnordemann.de). Das Übereinkommen befasst sich mit mehrseitigen europäischen Gemeinschaftsproduktionen, die unter bestimmten Voraussetzungen nach dem Abkommen in jedem Mitgliedsstaat Anspruch auf dieselben Vergünstigungen wie nationale Produktionen haben sollen.

51 Die **Europäische Vereinbarung über den Austausch von Programmen mit Fernsehfilmen** vom 15.12.1958 ist aktuell (Stand Juli 2017) für 16 Staaten verbindlich, für Deutschland jedoch nicht in Kraft getreten (abrufbar unter www.frommnordemann.de). Das **Europäische Übereinkommen zum Schutz des audiovisuellen Erbes** vom 8.11.2001, das eine Archivierungspflicht jedes veröffentlichten Films enthält, hat die Bundesrepublik Deutschland am 15.9.2008 zwar unterzeichnet, jedoch bislang nicht ratifiziert; es ist am 1.1.2008 in Kraft getreten und bindet heute 8 Staaten (abrufbar unter www.frommnordemann.de).

52 Schließlich ist die **Pariser Verbandsübereinkunft zum Schutz des Gewerblichen Eigentums vom 20.3.1883 (PVÜ)** heute ohne praktische Bedeutung im Urheber- und Leistungsschutzrecht. Früher ermöglichte sie auf der Grundlage des Prinzips der Inländerbehandlung einen ergänzenden wettbewerbsrechtlichen Schutz zugunsten verbandsangehöriger Ausländer. Seit Inkrafttreten des Markengesetzes am 1.1.1995 bzw. der UWG-Reform vom 3.7.2004 gibt es im deutschen Recht jedoch keine fremdenrechtlichen Beschränkungen des wettbewerbsrechtlichen Schutzes mehr.

4.   Zweiseitige internationale Verträge

a) Allgemeines: Im Bereich des Urheber- und Leistungsschutzrechts besitzen zwei-   **53**
seitige internationale Verträge, die vor allem bis in die sechziger Jahre hinein zahlreich von der Bundesrepublik abgeschlossen wurden, nur noch dann praktische
Bedeutung, wenn die Vertragspartner Deutschlands weder TRIPS- noch RBÜ-,
WCT- oder WUA-Vertragsstaaten sind. Im Übrigen kann ein zweiseitiger Vertrag
auch gegenüber TRIPS-, RBÜ-, WCT- oder WUA-Unterzeichnern dann relevant
werden, wenn er im Einzelfall bessere oder umfassendere Rechte gewährt als das
mehrseitige internationale Abkommen, da Art. 20 RBÜ (für TRIPS i. V. m. Art. 9
TRIPS) weitere Verträge insofern grundsätzlich unberührt lässt. Dies gilt mit einigen Abweichungen im Prinzip auch für das Verhältnis zwischen zweiseitigen Verträgen und WUA. Das WUA lässt ältere zweiseitige und mehrseitige Übereinkommen zwischen Vertragsstaaten des WUA unberührt (Art. XIX S. 1), geht aber
abweichenden Regelungen dieser Verträge vor (Art. XIX S. 2 WUA; zum Deutsch-
amerikanischen Abkommen von 1892 BGH GRUR 2014, 559, Rn. 19 ff. – *Tarzan*). Da das WUA nach Art. VII solchen Werken keinen Schutz gewährt, die bei
Inkrafttreten des WUA für einen Vertragsstaat schon geschaffen, aber nicht geschützt waren, bleiben nach Art. XIX S. 3 WUA außerdem die Rechte an einem
Werk, die jemand in einem Vertragsstaat des WUA auf der Grundlage eines vor
Inkrafttreten des WUA geschlossenen Vertrages oder einer Vereinbarung erworben hat, unberührt (dazu OLG Frankfurt aM. GRUR-RR 2004, 99, 100 f. – *Anonyme Alkoholiker*).

b) Relevante Verträge: Mit diesen Maßgaben sind noch folgende zweiseitige   **54**
Verträge für Deutschland relevant (zitiert nach BGBl. 2007 II Nr. 4 v.
22.2.2007 – Fundstellennachweis B):
– Ägypten (Vertrag vom 21.4.1951, in Kraft seit 31.5.1952, Text in BGBl.
    1952, II S. 525; Mitglied von TRIPS und RBÜ);
– Brasilien (Vertrag vom 4.9.1953, in Kraft seit 23.5.1958, Text in BGBl.
    1954, II S. 533, Mitglied TRIPS, RBÜ, WUA);
– Ecuador (Vertrag vom 1.8.1953, in Kraft seit 15.10.1954, Text in BGBl.
    1954, II S. 712; Mitglied von TRIPS, RBÜ, WUA);
– Griechenland (Vertrag vom 12.2.1951, in Kraft seit 12.11.1953, Text in
    BGBl. 1952, II S. 517; Mitglied TRIPS, RBÜ, WUA);
– Iran (Vertrag vom 4.11.1954, in Kraft am selben Tage, Text in BGBl. 1955,
    II S. 829, kein Mitglied internationaler Abkommen);
– Island (Protokoll vom 19.12.1950, in Kraft am selben Tage, Mitglied von
    TRIPS, RBÜ, WUA);
– ehemaliges Jugoslawien (Vertrag vom 21.7.1954, in Kraft seit 29.5.1956,
    Text in BGBl. 1955, II S. 89, Mitglied von RBÜ und WUA);
– Kolumbien (Vertrag vom 11.5.1959, in Kraft seit 15.1.1966, Text in BGBl.
    1951, II S. 13, Mitglied TRIPS, RBÜ, WUA);
– Libanon (Vertrag vom 8.3.1955, in Kraft seit 17.4.1964, Text in BGBl.
    1955, II S. 897, Mitglied RBÜ, WUA);
– Mexiko (Vertrag vom 4.11.1954, in Kraft seit 20.2.1956, Text in BGBl.
    1955, II, S. 903; Mitglied TRIPS, RBÜ, WUA);
– Pakistan (Vertrag vom 4.3.1950, in Kraft seit 15.5.1953. Text in BGBl.
    1950, S. 717, Mitglied TRIPS, RBÜ, WUA);
– Peru (Vertrag vom 20.7.1951, in Kraft seit 14.6.1952, Text in BGBl. 1952,
    II S. 333; Mitglied TRIPS, RBÜ, WUA);
– Sri Lanka (Protokoll vom 22.11.1952, in Kraft seit 8.8.1955, Text in BGBl.
    1955, II S. 189, Mitglied TRIPS, RBÜ, WUA);
– Türkei (Vertrag vom 27.5.1930, in Kraft seit 25.9.1930, Text in RGBl.
    1930 II S. 1026, s. BGBl. 1952 II S. 608; Mitglied TRIPS, RBÜ);
– USA (Übereinkommen vom 15.1.1892, in Kraft seit 6.5.1892, Text in
    RGBl. 1892, S. 473; Einzelheiten vgl. Rn. 55 ff.).

55   Das Übereinkommen zwischen Deutschland und Österreich vom 30.6.1930 über Fragen des gegenseitigen gewerblichen Rechtsschutzes und des gegenseitigen Schutzes des Urheberrechts (RGBl. 1930 II S. 1077), das seit 19.9.1930 in Kraft war, dürfte nach Mitgliedschaft beider Staaten in der EU und mithin der Gleichstellung österreichischer Urheber mit Deutschen nach § 120 Abs. 2 Nr. 2 keine Bedeutung mehr besitzen. – Des Weiteren gibt es eine Vielzahl zweiseitiger Verträge über die Förderung und den Schutz von Investitionen bzw. Kapitalanlagen. Zu Kapitalanlagen zählen dabei in aller Regel auch Rechte des geistigen Eigentums wie Urheberrechte und verwandte Schutzrechte. Übersicht in BGBl. 2013 II – Fundstellennachweis B, S. 9 ff., abgeschlossen am 31.12.2012.

56   **c) Deutsch-amerikanisches Urheberrechtsabkommen von 1892:** Trotz des Beitritts der **USA** zur RBÜ mit Wirkung vom 1.3.1989 (BGBl. 1989 II S. 100) und dem Inkrafttreten von TRIPS für beide Staaten am 1.1.1995 ist das zweiseitige **Übereinkommen über den gegenseitigen Schutz der Urheberrechte vom 15.1.1892** (RGBl. 1892 S. 473; abrufbar unter www.frommnordemann.de), das bereits am 6.5.1892 in Kraft getreten ist, weiterhin für die Urheberrechtsbeziehungen zwischen Deutschland und den USA bedeutsam, und zwar insb. deshalb, weil es im Gegensatz zu TRIPS, RBÜ, WCT und WUA in seinem Art. 1 für **Staatsangehörige der USA in Deutschland Inländerbehandlung ohne Schutzfristenvergleich** vorsieht (s. für einen Anwendungsfall z.B. OLG Düsseldorf ZUM-RD 2007, 465 – *Die drei ???*). Dies gilt uneingeschränkt jedoch erst seit dem Beitritt der USA zur RBÜ mit Wirkung vom 1.3.1989 und mithin nur für Werke, die an jenem Tag ihren Schutz im Ursprungsland USA nicht wegen Ablauf der Schutzfrist verloren hatten (Art. 18 Abs. 1 und Abs. 2 RBÜ; dazu ausführlich BGH GRUR 2014, 559, Rn. 19 ff. – *Tarzan*). Bezugspunkt im Rahmen der RBÜ ist insofern nach richtiger Auffassung nicht das konkret in Rede stehende Werk, sondern die generelle Behandlung von Werken der entsprechenden Kategorie (OLG Frankfurt aM. GRUR-RR 2004, 99, 100 f. – *Anonyme Alkoholiker*; ebenso Cour d'appel de Versailles (12e ch.), 15.2.2007 – *Gaumont Columbia Tristar/Editions Montparnasse et al.*). Schutz kann also – solange die Schutzdauer von 70 Jahren p.m.a. noch läuft – alles genießen, was am 1.3.1989 in den USA noch hätte geschützt sein können. Für den Zeitraum vor dem 1.3.1989 ist die Lage – mit einem z.T. erheblichen **Schutzfristgefälle** zwischen den beiden Staaten – komplizierter: Bis zum Inkrafttreten des WUA für die Bundesrepublik und die USA am 16.9.1955 galt das Übereinkommen zwischen Deutschland und den USA vom 15.1.1892 uneingeschränkt. Mit Inkrafttreten des WUA am 16.9.1955 wurde das WUA, weil es einen Schutzfristenvergleich grundsätzlich vorschrieb, insofern gegenüber dem deutsch-amerikanischen Übereinkommen vorrangig (Art. XIX S. 2 WUA), sodass ab diesem Zeitpunkt ein Vergleich der Schutzfristen vorgenommen werden musste. Aus Gründen des Vertrauensschutzes wurde jedoch kein Schutzfristenvergleich für amerikanische Werke vorgenommen, wenn diese vor Inkrafttreten des WUA geschaffen worden waren, so dass diese Werke die volle (damals) 50jährige Schutzfrist des deutschen Rechts erreichen konnten (BGH GRUR 2014, 559, Rn. 31 – *Tarzan*; OLG Frankfurt aM. GRUR-RR 2004, 99, 100 f. – *Anonyme Alkoholiker*). Dies galt allerdings nicht für die durch das UrhG 1965 auf 70 Jahre verlängerte Schutzdauer; insofern musste bis zum 1.3.1989 der Schutzfristenvergleich nach § 140 vorgenommen werden (BGH GRUR 2014, 559, Rn. 31 ff. – *Tarzan*; BGH GRUR 1978, 300, 301 – *Buster-Keaton-Filme*; BGH GRUR 1978, 302, 303 f. – *Wolfsblut*; OLG Frankfurt aM. GRUR-RR 2004, 99, 100 f. – *Anonyme Alkoholiker*).

57   Die USA dagegen schützten nicht erschienene Werke nach *common law* unbefristet, sonst 28 Jahre (ab 1909; vorher 14 Jahre) seit dem ersten Erscheinen *und* der Registrierung (nebst Hinterlegung zweier Werkexemplare) beim Copyright *Office* in Washington, mit der Möglichkeit einer einmaligen Verlängerung der Schutzfrist um weitere 28 Jahre auf entsprechenden schriftlichen Antrag. Erst ab dem Inkrafttreten des Copyright *Act* 1976 am 1.1.1978 galt, wenn auch nur für seither neu geschaffene Werke, die 50-Jahres-Schutzfrist nach dem Tode des Urhebers. Seit Inkrafttreten des Sonny Bono Copyright Extension Act 1998 beträgt die Schutzdauer grundsätzlich 70 Jahre *post mortem auctoris* für alle in diesem Zeitpunkt noch geschützten Werke (*Nimmer* On Copyright § 9.01). Vorbestehende Werke, die 1998 noch nicht gemeinfrei waren, können also seitdem bis zu 95 Jahre lang geschützt sein (*Nimmer* On Copyright § 9.01). Für ältere **deutsche Werke in den USA,** die dort wegen Nichterfüllung der Förmlichkeiten, sei es wegen fehlender Registrierung oder wegen Fehlens des Copyright-Vermerks (der seit dem Inkrafttreten des WUA am 16.9.1955 nach dessen Art. III genügte), von vornherein als gemeinfrei angesehen wurden oder wegen Nichterneuerung gemeinfrei geworden waren, ist der Schutz zum 1.1.1995 aufgrund des *Uruguay Round Agreements Act*, mit dem die USA dem TRIPS-Abkommen beitraten (vgl. Rn. 17 ff.), wieder aufgelebt. Er dauert nunmehr grundsätzlich bis zu seinem Ablauf im Ursprungsland (*source country*), also dem Land, wo das fragliche Werk zuerst erschienen ist, längstens aber bis zum Ablauf der Übergangsfrist des Copyright *Act* 1976, die 75 Jahre ab Ersterscheinen beträgt. Maßgeblich ist insoweit die Erstpublikation in den USA; ein früheres Erscheinen im Ausland löste nach einer ausführlich begründeten Entscheidung des *US Court of Appeal* keine Rechtsfolgen im US-amerikanischen Inland aus (Twin Books Corp. v. The Walt Disney Co. vom 20.5.1996, No. 95–15250 – *Bambi*, kritisch dazu *Nimmer* On Copyright, § 4.01.C.1 [1997], auf dessen frühere Ansicht sich die Entscheidung allerdings ausdrücklich beruft), führte also für sich allein weder zum Schutzfristbeginn nach gar zur Gemeinfreiheit. Ganz ohne Förmlichkeiten entfaltet das *restored copyright* seine Wirkung allerdings nicht: Man konnte entweder bis zum 31.12.1997 auf einem Formblatt für eine Mehrzahl von Werken, also etwa für das gesamte *oeuvre* eines Urhebers oder für einen Verlagskatalog, beim Copyright *Register* eine *notice of intent to enforce a restored copyright* („NIE") erklären, oder man kann noch jederzeit jedem Nutzer gegenüber für ein oder mehrere einzelne Werke eine solche Erklärung abgeben, die dann für diesen eine Übergangsfrist in Lauf setzt (Einzelheiten bei *Michel Walter* ÖBl. 1997, 51, 58 ff.).

Auch im Übrigen begünstigte das Übereinkommen fast ein Jahrhundert lang   **57a**
die **Urheber aus den USA in Deutschland:** Während dort für ein im Dienst-
oder Arbeitsverhältnis oder auch nur aufgrund eines Auftrages geschaffenes
Werk der Dienstherr, Arbeitgeber oder Auftraggeber als Urheber gilt (*work
made for hire*), wird hier sein eigentlicher Schöpfer als solcher anerkannt (vgl.
Rn. 84). US-amerikanischen Urhebern stehen in Deutschland die Urheberpersönlichkeitsrechte zu (§ 121 Abs. 6, darüber hinaus aber auch diejenigen aus
den §§ 23, 25, 39, 42). Sie haben hier die Ansprüche aus §§ 32, 32a, aus dem
Folgerecht (§ 26; das insoweit über Art. 14ter RBÜ hinausgehende Übereinkommen ist von Art. 20 RBÜ gedeckt) und aus den gesetzlichen Vergütungsansprüchen, die es in den USA nicht gibt. US-amerikanische Architekten, aber
auch Designer und andere Urheber angewandter Kunst waren bis zum Inkrafttreten des *Copyright Act* von 1976 am 1.1.1978 in Deutschland weitaus besser
geschützt als in ihrer Heimat (für die Zeit seit Inkrafttreten des WUA 1955
aber vgl. § 140 Rn. 2 ff.; BGH GRUR 2014, 559, Rn. 19 ff. – *Tarzan*).

III. Autonomes deutsches Urheberkollisionsrecht

1. Einführung

Berührt ein urheberrechtlicher Fall mehrere Rechtsordnungen, bestimmt das   **58**
mit der Sache befasste Gericht mit Hilfe des eigenen internationalen Privatrechts, der sog. *lex fori*, das konkret anzuwendende nationale Recht. Dabei

müssen die deutschen Gerichte von Amts wegen die kollisionsrechtlichen Regeln beachten und anwenden, denn das Kollisionsrecht ist Teil des deutschen Rechts und seine richtige Anwendung in der Revisionsinstanz zu prüfen (zum Urheberrecht z. B. BGH GRUR 2010, 628 Tz. 14 – *Vorschaubilder;* BGH GRUR 2007, 691, 692 – *Staatsgeschenk;* NJW 1993, 2305, 2306; NJW 1996, 54, 55). Die Anwendbarkeit ausländischen Rechts ist – selbstverständlich – auch im einstweiligen Verfügungsverfahren zu beachten und macht deshalb eine Sache nicht ungeeignet für das summarische Verfahren (OLG Köln GRUR-RR 2008, 47 – *Videozweitverwertung*). Das Gericht weist der Rechtsfrage zunächst eine Kollisionsnorm zu (**Qualifikation**) und bestimmt danach das anwendbare Recht. Zwar verweist das allgemeine deutsche IPR traditionell – wie zahlreiche ausländische Kollisionsrechte auch – auf das ausländische Recht insgesamt, d. h. einschließlich dessen Kollisionsrechts (**Gesamtverweisung,** Art. 4 Abs. 1 S. 1 EGBGB). Im ausländischen Recht, das das deutsche Gericht wiederum von Amts wegen durch alle ihm zur Verfügung stehenden Quellen – in der Praxis meist durch Sachverständigengutachten – ermittelt (BGH NZG 2017, 546; NJW 2003, 2685), muss also zunächst dessen IPR geprüft werden, woraus sich mitunter eine Weiterverweisung – das ausländische Recht erklärt das Recht eines dritten Staates für anwendbar – oder eine Rückverweisung auf deutsches Sachrecht, ein *Renvoi* im eigentlichen Sinne, ergeben kann (s. Art. 4 Abs. 1 S. 2 EGBGB). Dies gilt allerdings seit Inkrafttreten der sog. **Rom-I-** (Verordnung Nr. 593/2008 vom 17.6.2008) **und Rom-II-Verordnungen** (VO Nr. 864/2007 vom 17.7.2007), die jeweils das Kollisionsrecht für vertragliche (Rom I) und außervertragliche Schuldverhältnisse (Rom II) regeln, nicht mehr: In ihrem Anwendungsbereich ist eine Rück- oder Weiterverweisung grundsätzlich ausgeschlossen; alle Kollisionsnormen sprechen sog. **Sachnormverweisungen** aus (Art. 20 Rom-I-VO, Art. 24 Rom-II-VO), erklären also unmittelbar die materiell-rechtlichen Bestimmungen des bezeichneten nationalen Rechts für anwendbar. Kurze Prüfschemata für Urheberrechtsverletzungen und vertragsrechtliche Sachverhalte finden sich bei Rn. 3a, 3b.

2.   Anknüpfung an das Recht des Schutzlands

59   **a) Allgemeines:** Das autonome deutsche Urheberkollisionsrecht wurde bereits vor Inkrafttreten der Rom-II-Verordnung (VO Nr. 864/2007 vom 17.7.2007 über das auf außervertragliche Schuldverhältnisse anzuwendende Recht) ebenso wie die ganz überwiegende Zahl der ausländischen Kollisionsrechte durch das sog. **Schutzlandprinzip** – nach h. M. aus dem **Territorialitätsprinzip** hergeleitet und im Grundsatz der Inländerbehandlung der internationalen Übereinkommen enthalten bzw. vorausgesetzt – beherrscht: Das Urheberrecht untersteht wie die anderen Immaterialgüterrechte insgesamt der *lex loci protectionis,* dem Recht des Schutzlandes (anders heute im Wesentlichen noch *Schack,* Urheber- und UrhebervertragsR[7] Rn. 1026 ff.; differenzierend Wandtke/Bullinger/*v. Welser*[4] Rn. 6 ff., 9), d. h. dem Recht des Staates, für dessen Gebiet – *nicht:* vor dessen Gerichten – Schutz beansprucht wird (st. Rspr., z. B. BGH GRUR 2016, 490, Rn. 24 – *Marcel-Breuer-Möbel II;* GRUR 2016, 487, Rn. 18 – *Wagenfeld-Leuchte II;* GRUR 2015, 264, Rn. 24 – *Hi Hotel II;* GRUR 2014, 559, Rn. 12 – *Tarzan;* BGH GRUR 2009, 840 – *Le-Corbusier-Möbel II;* BGH ZUM-RD 2009, 531 – *Le Corbusier;* BGH GRUR 2007, 691, 692 – *Staatsgeschenk;* BGH GRUR 2007, 871, 873 – *Wagenfeld-Leuchte;* BGH GRUR 2010, 628 Tz. 14 – *Vorschaubilder;* OLG Hamburg MMR 2012, 393 Tz. 245 – *Rapidshare;* OLG München ZUM-RD 2012, 88, für Filesharing von Filmen; OLG München GRUR-RR 2010, 157 Tz. 43 – *Zeitungszeugen II;* ebenso OGH, 17.11.2015, 4 Ob 98/15p – *Design Center II).* Auch der EuGH (EuGH GRUR Int. 1994, 614 ff. – *Ideal Standard II)* ging bereits seit langem grundsätzlich von einer Anknüpfung der Immaterialgüterrechte an die *lex loci protectionis* aus. Dies regelt nunmehr das europäische Recht unmittelbar und ausdrücklich: Für alle seit Inkrafttreten der **Rom-II-Verordnung** am 11. Januar 2009 begangenen Urheberrechtsverletzungen stellt die Verordnung klar, dass die allgemeinen Kollisionsregeln des Deliktsrechts (insbesondere das Recht des Begehungsortes) im Bereich der Verletzung von Rechten des geistigen Eigentums keine Anwendung finden. Art. 8 Abs. 1 Rom-II-Verordnung in Verbindung mit Erwägungsgrund 26 halten fest, dass (nur) das Recht des Schutzlandes, d. h. die *lex loci protectionis* Anwendung findet. Nach Art. 8 Abs. 3 Rom-II-Verordnung kann von der Anwendung des Schutzlandrechts auch nicht durch eine Rechtswahl nach Art. 14 Rom-II-Verordnung abgewichen werden. Es ist also immer nur das Recht des Landes anwendbar, für das der Schutz beansprucht wird. Ebenfalls unerheblich ist deshalb das Recht des angerufenen Gerichts, falls das Gericht nicht in dem Schutzland in diesem Sinne liegt. Danach wird das Urheberrecht für jedes Land einzeln und grundsätzlich in seinem Schutz auf das Territorium dieses Landes beschränkt gewährt (dazu anschaulich OLG Hamburg MMR 2012, 393 Tz. 245 – *Rapidshare*). Der Urheber hat also nicht ein einzelnes, weltweit bestehendes und sich nur in seinen Ausprägungen von Land zu Land unterscheidendes Schutzrecht, sondern ein **Bündel nationaler**, im Wesentlichen voneinander unabhängiger **Urheberrechte** (sog. „*Kegel'sche Bündeltheorie*"). Er kann und muss sein Recht grundsätzlich in jedem Land einzeln und unabhängig vermarkten; Verletzungshandlungen muss er in jedem Land, das ihm Schutz gewährt, einzeln und grundsätzlich auf das Territorium jenes Landes beschränkt verfolgen. Zum Kollisionsrecht bei Weltraumsachverhalten *de la Durantaye/Golla/Kuschel* GRUR Int. 2013, 1094 ff.

b) Universalitätsprinzip: Die entgegengesetzte Auffassung will das Urheberrecht **60** international und insgesamt stets dem Recht des Urhebers bzw. des Ursprungslands des Werkes unterstellen; vereinfacht ausgedrückt bleibt das anwendbare nationale Urheberrecht nach diesem Ansatz unabhängig davon, in welchem Staat das Werk verwertet oder eine Rechtsverletzung begangen wird, stets das gleiche, folgt also gewissermaßen dem Urheber (sog. **Ursprungsland- oder Universalitätsprinzip**). Heute wird es in dieser Absolutheit – soweit ersichtlich – nicht mehr vertreten (zu Ansätzen im europäischen Recht vgl. Rn. 62). Vielmehr wollen die heutigen Anhänger des Universalitätsprinzips vor allem unter dem Gesichtspunkt der einfacheren Vermarktung eines urheberrechtlich geschützten Werks nur noch die Fragen des Entstehens und der ersten Inhaberschaft des Urheberrechts aus dem Schutzlandrecht herausnehmen und gesondert nach dem Recht des Ursprungslandes beurteilen (vor allem *Schack*, Urheber- und UrhebervertragsR[7] Rn. 1026 ff.; differenzierend Wandtke/Bullinger/*v. Welser*[4] Rn. 6 ff., 9). Als Herkunftsstaat wird dabei in der Regel das Land der ersten Veröffentlichung, bei unveröffentlichten Werken das Herkunftsland des Urhebers angesehen. Insb. für eine weltweite Vermarktung müsste dann derjenige, der nach seinem eigenen Recht Urheber ist bzw. diese Stellung vom Urheber erworben hat, nicht mehr darauf achten, ob er dies in den anderen für ihn wesentlichen Ländern auch ist, und mit dem nach dem Recht dieser Länder „wahren" Urheber Zusatzvereinbarungen schließen. Er könnte sich darüber hinaus darauf verlassen, dass das, was sein eigenes Recht als schutzfähig ansieht, auch überall sonst auf der Welt Urheberrechtsschutz genießt. Die Anwendung des Rechts des Ursprungslandes soll schließlich den menschen- bzw. persönlichkeitsrechtlichen Gehalt des Urheberrechts, das wenigstens im Kern nicht von staatlicher (konstitutiv wirkender) Verleihung abhängig sei, unterstreichen.

Allerdings wirft diese Auffassung mehr Probleme auf, als sie löst. Denn eine **61** gewisse Sicherheit für den (Haupt-) Verwerter wird mit völliger Unsicherheit für alle weiteren potentiellen Nutzer erkauft. So müsste jeder, der nach dem Urheberrecht seines eigenen Landes ein Werk rechtmäßig nutzt, weil es dort zum Beispiel nicht als schutzfähig angesehen wird, zunächst einmal nachforschen, woher das Werk eigentlich stammt. Gelingt ihm dies, muss er dann noch aufwendig herausfinden, ob das Recht dieses Ursprungslandes das jeweilige Werk schützt. Darüber hinaus verkennt diese Ansicht, dass wesentliche materiellrechtliche Bestimmungen, die mit Inhaberschaft und Existenz des Urheberrechts in Zusammenhang stehen, eng mit dem persönlichkeitsrechtlichen Gehalt des Urheberrechts verknüpft sind und insofern Grundwertungen des jeweiligen Gesetzgebers widerspiegeln. Dies gilt zum Beispiel für die enge Beziehung, die das deutsche Urheberrecht zwischen dem Urheber und seinem Werk annimmt und durch die Unübertragbarkeit des Urheberrechts als solchem und der verschiedenen persönlichkeitsrechtlichen Befugnisse des Urhebers zum Ausdruck bringt. Auch sind viele Urheberpersönlichkeitsrechte nur für den wahren Urheber wirklich sinnvoll; bereits für eine juristische Person, die zum Beispiel in den USA durchaus Urheber sein kann, wird man Existenz und Durchsetzung der Urheberpersönlichkeitsrechte nur schwierig begründen können. Dann aber führt die Anwendung des Rechts des Ursprungslandes auf die Frage der Inhaberschaft des Urheberrechts bei Anwendung des Schutzlandrechtes im Übrigen zu Widersprüchen. Schließlich unterstellen eine ganze Reihe von Rechtsordnungen ihr Immaterialgüterrecht dem Territorialitätsprinzip, begrenzen also die Anwendbarkeit des eigenen materiellen Rechts streng auf das eigene Staatsgebiet. Dieser Nichtanwendungswille lässt sich kaum umgehen. Zu Recht lehnt die herrschende Meinung deshalb eine Anwendung des Ursprungslandprinzips auch auf Teilbereiche ab.

62   c) **Herkunftslandprinzip im EU-Recht:** Allerdings versucht das europäische Recht mitunter, die urheberrechtlichen Nutzungsrechte im grenzüberschreitenden Verkehr mit Hilfe des sog. Herkunftslandprinzips, das dem Ursprungslandprinzip verwandt ist, zu lösen. So enthalten die Satelliten- und Kabel-RL (ABl. EG 1993, L 248/15) und der sie umsetzende **§ 20a** UrhG in Abkehr von der vorher vielfach vertretenen Anknüpfung auch an das Recht der Empfangsländer (sog. *Bogsch*-Theorie; dazu Schricker/Loewenheim/*Katzenberger/Metzger*[5] Rn. 138 m. w. N.; vgl. § 20a Rn. 1 f.) Sachnormen, die im Ergebnis dazu führen, dass die Frage der urheberrechtlichen Nutzungsbefugnis für durch Satelliten übertragene Sendungen innerhalb der EU dem Ursprungsland der Sendung – dem Ort der öffentlichen Wiedergabe über Satellit – untersteht. Der Verwerter muss sich also nur nach dem in diesem Land geltenden Recht richten. Wird von einem Staat außerhalb der EU oder des EWR gesendet, so fingiert § 20a UrhG dennoch die Sendung aus einem Mitgliedstaat, wenn das Recht des Sendestaates nicht den EU-Schutzstandard erreicht (§ 20a Abs. 2 UrhG). Die urheberrechtliche Behandlung der Sendung selbst regelt die Richtlinie allerdings nicht, sodass hier wohl wieder an das Recht des Schutzlandes anzuknüpfen ist. Sehr ähnlich entscheidet die Rechtsprechung zum Teil, dass **terrestrische Rundfunksendungen** nur nach dem Urheberrecht des Sendelandes zu beurteilen seien (OLG Saarbrücken GRUR Int. 2000, 993 – *Sender Felsberg*). Etwas anderes soll nur dann gelten, wenn die Sendung nur auf das Bestimmungsland ausgerichtet, in anderen Staaten hingegen lediglich technisch bedingt zu empfangen ist und auch die Werbeeinnahmen aus dem Bestimmungsland kommen: Dann sei das Urheberrecht dieses Landes anwendbar (OLG Saarbrücken GRUR Int. 2000, 993 f. – *Sender Felsberg*). Dies muss wohl auch für Sendungen über das Internet gelten. Auch die RL verwaiste Werke (abrufbar unter http://eur-lex.europa.eu) setzt in gewissem Umfang am Herkunftslandprinzip an, wenn sie festhält, dass die Feststellung, ob ein Werk verwaist i. S. d. Richtlinie ist, nur in dem ersten dies prüfenden Mitgliedsstaat getroffen werden muss und sodann in allen anderen Mitgliedsstaaten anerkannt wird (Art. 4 RL verwaiste Werke). Eine jedenfalls im Ergebnis vergleichbare Situation schafft Art. 4 der Portabilitäts-VO (Verordnung Nr. 2017/1128 vom 14.6.2017 zur grenzüberschreitenden Portabilität von Online-Inhaltediensten im Binnenmarkt), der festlegt, dass die vorübergehende Bereitstellung eines Online-Inhaltedienstes für einen Abonnenten in einem anderen Mitgliedsstaat als nur in seinem Wohnsitzstaat erfolgt gilt.

d) Schutzlandprinzip und Tatortregel: Die Anknüpfung ist stets eine **allseitige, 63** keine einseitige **Kollisionsnorm:** Sie befindet nicht lediglich über die Anwendbarkeit deutschen, sondern auch eines ausländischen Rechts, Art. 3 Rom-II-VO, Art. 3 EGBGB. Während es sich dabei unter Geltung des autonomen deutschen EGBGB um eine Gesamtverweisung handelte (Art. 4 Abs. 1 EGBGB), bei der also ein *Renvoi* durch das Schutzlandrecht grundsätzlich beachtet werden musste, schließt die Rom-II-VO heute die Rück- oder Weiterverweisung aus, Art. 24 Rom-II-VO. Anwendbares Recht ist deshalb stets das Sachrecht des Schutzlands.

Ob das Schutzlandprinzip aus der **Tatortregel** als Grundnorm des internationa- **64** len Deliktsrechts (Art. 40 Abs. 1 EGBGB) herzuleiten ist, ist nach wie vor streitig. Bedeutung hat der Streit heute wohl nur noch für Fragen der internationalen Zuständigkeit bei Urheberrechtsverletzungen (dazu BGH GRUR 2015, 264, Rn. 17 ff. – *Hi Hotel II*; vorgehend EuGH GRUR 2014, 599 – *Hi Hotel*): Ergibt sich das Schutzlandprinzip aus der Tatortregel, so stehen für die Bestimmung der internationalen Zuständigkeit grundsätzlich sowohl Handlungs- als auch Erfolgsort als Anknüpfungspunkte zur Verfügung. Ist die *lex loci protectionis* hingegen als eigenständige Anknüpfung zu verstehen, kommt eine derartige Aufspaltung nicht in Betracht. Zurecht weist insofern der BGH (GRUR 1999, 152 – *Spielbankaffaire*) darauf hin, dass „die für das allgemeine Deliktsrecht geltende Rechtsanknüpfung an das Recht des Tatorts, d. h. des Handlungs- oder des Erfolgsorts, (…) bei Verletzungen von urheberrechtlichen Befugnissen nicht anwendbar" ist. Bei der Kodifizierung des internationalen Deliktsrechts in Art. 40 ff. EGBGB im Jahre 1999 wollte der Gesetzgeber die Tatortregel als solche vor allem angesichts der im internationalen Vergleich nahezu allgemeinen Geltung des Schutzlandprinzips ausdrücklich nicht auf das Immaterialgüterrecht anwenden (BGH GRUR 2007, 691, 692 – *Staatsgeschenk)*. Die Tatortregel hat im Immaterialgüterrecht auch nicht viel Sinn: Da das Urheber- und Leistungsschutzrecht sich selbst streng territorial begrenzt, also nur für Handlungen auf seinem eigenen Gebiet anwendbar sein will, kann ein Tatort nur dort liegen, wo auch Schutz besteht. Der Tatort hängt also von der Existenz eines Schutzlandes ab, nicht umgekehrt. Ein Auseinanderfallen von Handlungs- und Erfolgsort ist demgegenüber – da in der Regel die Vornahme der Handlung selbst, z.B. die unerlaubte Vervielfältigung oder Veröffentlichung, den Verletzungserfolg bedeutet – kaum jemals anzunehmen und kommt allenfalls bei Teilnahme – z.B. Teilnahme an einer Urheberrechtsverletzung im Inland durch Handlungen im Ausland (dazu BGH GRUR 2015, 264, Rn. 30 ff. – *Hi Hotel II)* – in Betracht. Dementsprechend bestand schon vor Inkrafttreten der Rom-II-VO im Grundsatz Einigkeit darüber, dass auch die für die Tatortregel im EGBGB ausdrücklich vorgesehenen Abweichungen im Urheberkollisionsrecht keinen Raum hatten (so auch BGH GRUR 2007, 691, 692 – *Staatsgeschenk)*. Art. 14 Rom-II-VO schließt eine Rechtswahl ebenso aus wie eine Anwendung des Rechts am gemeinsamen gewöhnlichen Aufenthalt der Parteien. Allenfalls kommt eine Berücksichtigung des Rechts am Handlungsort – so dieser nicht ohnehin im Schutzland liegt – z.B. hinsichtlich des Fahrlässigkeitsmaßstabs oder anderer Verhaltensregeln in Frage (Art. 17 Rom-II-VO; zur früheren Rechtslage BGH GRUR 2007, 691, 692 – *Staatsgeschenk)*. Insofern scheidet auch eine vertragsakzessorische Anknüpfung (s. früher Art. 41 Abs. 2 Nr. 1 EGBGB) aus.

Um einen Gleichlauf des anwendbaren Rechts zu gewährleisten, ordnet Art. 13 **64a** Rom-II-VO die Geltung des Schutzlandrechts auch für **bereicherungsrechtliche Ansprüche,** Ansprüche aus **Geschäftsführung ohne Auftrag** (Art. 11 Rom-II-

Verordnung) oder Verschulden bei Vertragsverhandlungen (Art. 12 Rom-II-Verordnung) im Zusammenhang mit Eingriffen in das Urheberrecht an (in diesem Sinne zur früheren Rechtslage bereits unsere Voraufl. Rn. 64a; Dreier/Schulze/*Dreier*[5] Rn. 48; ebenso für das frühere österreichische Recht: OGH GRUR Int. 2002, 773 – *Tausend Clowns*). Da die Regelungen der Rom-II-VO insgesamt der bisherigen Handhabung des Schutzlandprinzips in Deutschland entsprechen, sind bei Anwendung der Rom-II-Verordnung gegenüber dem alten EGBGB kaum unterschiedliche Ergebnisse zu erwarten. Insbesondere die Rechtsprechung zum Urheberkollisionsrecht vor Inkrafttreten der Rom-II-Verordnung hat mithin nach wie vor Gültigkeit.

3. Umfang der Anknüpfung

65   a) **Allgemeines:** Die umfassende Anknüpfung an das Recht des Schutzlandes (zur Anknüpfung urheberrechtlicher Verträge vgl. Rn. 80 ff.) bietet die für die Praxis notwendige Einfachheit und problemlose Vorhersehbarkeit. Die ganz herrschende Meinung (z.B. Schricker/Loewenheim/*Katzenberger/Metzger*[5] Rn. 121 ff.; Dreier/Schulze/*Dreier*[5] Rn. 30) unterstellt deshalb **alle Fragen** der Entstehung, der Inhaberschaft und der Übertragbarkeit (zur Einordnung des amerikanischen Konzepts des *work made for hire* vgl. Rn. 84), des Umfangs, Inhalts und der Schranken der Urheber- oder Leistungsschutzrechte und ihrer Schutzdauer (st. Rspr., grundlegend BGH GRUR 1978, 300 – *Buster-Keaton-Filme*; zuletzt z.B. BGH GRUR 2016, 1048, Rn. 24 – *An Evening with Marlene Dietrich*; GRUR 2016, 490, Rn. 24 – *Marcel-Breuer-Möbel II*; GRUR 2016, 487, Rn. 18 – *Wagenfeld-Leuchte II*; GRUR 2015, 264, Rn. 24 – *Hi Hotel II*) sowie jedenfalls die Verfügung über diese Rechte dem Schutzlandrecht. Auch Ansprüche aus gesetzlichen Schuldverhältnissen (z.B. gesetzliche Vergütungsansprüche oder der neue Unterlassungsanspruch aus § 36b) unterliegen dem Schutzlandrecht. Insb. das Verbot der Vorausabtretung bestimmter gesetzlicher Vergütungsansprüche in § 63a unterliegt also ebenfalls dem Schutzlandrecht, nicht dem Vertragsstatut, sodass auch in einem einem ausländischen Recht unterliegenden Vertrag die betroffenen Vergütungsansprüche nicht im Voraus an einen Verwerter abgetreten werden können. Zu diesem Ergebnis führt bei den gesetzlichen Vergütungsansprüchen übrigens auch Art. 14 Abs. 2 Rom-I-VO (früher Art. 33 Abs. 2 EGBGB), der die Übertragbarkeit einer Forderung ausdrücklich dem Forderungsstatut – bei gesetzlichen Ansprüchen des UrhG also deutschem Recht – unterstellt. Ob diese Anknüpfung der in § 63a geregelten Ansprüche, die der Gesetzgeber u.a. deshalb als unverzichtbar und nicht im Voraus abtretbar ausgestaltet hat, weil er sie als Teil der angemessenen Vergütung des Urhebers sah, angesichts der internationalprivatrechtlich klaren Regelung der angemessenen vertraglichen Vergütung im Übrigen in § 32b in der internationalen Verwertungspraxis sinnvoll ist, mag bezweifelt werden; die Gesetzes- und mit ihr die Anknüpfungslage ist jedoch klar, sodass wohl kein Raum für eine abweichende, etwa an das Vertragsstatut anknüpfende Lösung bleibt. All dies lässt sich im Wesentlichen auch Art. 15 Rom-II-VO, der den Geltungsbereich des anzuwendenden Rechts regelt, entnehmen. Nach Art. 15 lit. a) und f) regelt das anzuwendende Recht z.B. Grund und Umfang der Haftung einschließlich der haftenden Personen sowie der Ersatzberechtigten (z.B. Urheber- bzw. Nutzungsberechtigte). Dies deckt alle wesentlichen Fragen im Zusammenhang mit Entstehung und Existenz eines Urheberrechts und seines Inhabers, der Aktivlegitimation bei vertraglicher Einräumung eines Nutzungsrechts, Inhalt und Umfang des Schutzes ab. Nach Art. 15 lit. b) sind auch Haftungsausschlussgründe oder Gründe der Beschränkung oder Teilung der Haftung dem anzuwendenden Recht zu entnehmen; dies kann z.B. eine rechtmäßige Nutzung aufgrund urheberrechtlicher Schranken (z.B. Zitatrecht) betreffen. Nach Art. 15 lit. c) sind auch Vorliegen, Art und Bemessung des Schadens dem anzuwendenden Recht zu entnehmen, bei Urheberrechtsverletzungen also z. B. Art und Umfang eines Schadensersatzes oder einer Wiedergutmachung, evtl. gesetzliche Vergütungsansprüche u. Ä. Insgesamt dürfte wiederum der durch die Rechtsprechung herausgearbeitete Anwendungsbereich des anzuwendenden Rechts bei Anwendung der Rom-II-VO im Wesentlichen unverändert bleiben. Kurze Prüfschemata für Urheberrechtsverletzungen und vertragsrechtliche Sachverhalte finden sich bei Rn. 3a, 3b.

Bei Übertragung des Urheberrechts im Wege der Rechtsnachfolge entscheidet **65a** zwar das Erbstatut, das heißt das auf den Erbfall anzuwendende Recht, darüber, wer Erbe ist. Dies ist für alle Erbfälle ab dem 17. August 2015 nach Art. 21 65 EUErbVO (VO Nr. 650/2012 über die Zuständigkeit, das anzuwendende Recht, die Anerkennung und Vollstreckung von Entscheidungen und die Annahme und Vollstreckung öffentlicher Urkunden in Erbsachen vom 4.7.2012) zu bestimmen; anwendbares Recht ist grundsätzlich das Recht des Staates, in dem der Erblasser seinen letzten gewöhnlichen Aufenthalt hatte, wenn nicht ausnahmsweise engere Verbindungen zu einem anderen Recht bestehen (Art. 21 Abs. 2 EUErbVO). Für alle vorher eingetretenen Erbfälle gilt Art. 25 EGBGB a. F., der den Erbfall dem Recht des Staates, dem der Erblasser im Zeitpunkt seines Todes angehörte, unterstellt. –. Die Frage nach der **Vererblichkeit** des Urheberrechts ist jedoch nach deutschem Verständnis eine selbständig anzuknüpfende Vorfrage, die nach ganz h. M. wiederum das Recht des Schutzlands beantworten muss (OLG Düsseldorf ZUM-RD 2007, 465 ff. – *Die drei???*; LG München I ZUM-RD 2007, 487 ff.; OLG München GRUR-RR 2010, 161 – *Bronzeskulptur*; OLG Köln GRUR-RR 2012, 104 – *Briefe aus St. Petersburg*). Auch über das Erlöschen des Urheberrechts und die Dauer der Schutzfrist muss das Recht des Schutzlandes entscheiden (st. Rspr., grundlegend BGH GRUR 1978, 300 – *Buster-Keaton-Filme*; zuletzt z. B. BGH GRUR 2014, 559, Rn. 12 ff. – *Tarzan*; zu der Frage, ob einmal erloschene Urheberrechte wieder aufleben können, EuGH GRUR 2017, 64 – *Montis/Goossens*). Allerdings lassen sowohl die RBÜ (Art. 5 Abs. 4) als auch das WUA (Art. IV Abs. 1, Abs. 4 a) jedenfalls gegenüber Urhebern aus Nicht-EU-Staaten den sog. **Schutzfristenvergleich** zu: Kein Land muss ein ausländisches Werk länger schützen, als ihm Schutz im Ursprungsland gewährt wird (vgl. Rn. 15). Schließlich werden auch die Voraussetzungen und Rechtsfolgen einer **Verletzung**, d. h. die entstehenden Ansprüche wie z. B. Auskunft (OLG München ZUM-RD 2012, 88 Tz. 46; OLG Köln ZUM-RD 2012, 343; zu § 101 UrhG OLG Köln GRUR-RR 2011, 305 – *Schweizer Sharehoster*), Schadensersatz, Kostenerstattung für vorgerichtliche Tätigkeiten usw. dem Schutzlandrecht entnommen (z. B. BGH GRUR 2007, 691, 692 – *Staatsgeschenk*; BGH GRUR 1999, 152, 153 – *Spielbankaffaire*; OLG Karlsruhe ZUM 2000, 327 ff. – *Nilpferdzeichnungen*; OLG München GRUR-RR 2011, 1 – *Videodateien*; auch LG Hamburg GRUR-RR 2009, 211). Das Schutzlandrecht entscheidet auch darüber, wer aus einer Rechtsverletzung in Anspruch genommen werden kann (z. B. nur der Autor eines verletzenden Werkes oder auch der Verlag; dazu BGH GRUR 2016, 487, Rn. 33 ff. – *Wagenfeld-Leuchte II*; GRUR 2016, 490, Rn. 35 ff. – *Marcel-Breuer-Möbel II*; GRUR 2016, 493, Rn. 15 ff – *Al Di Meola*; BGH GRUR 2015, 264, Rn. 30 ff. – *Hi Hotel II*). Schließlich obliegt die Abgrenzung zwischen Schutz nach Urheber- oder z. B. nach Geschmacksmusterrecht der *lex loci protectionis*.

Das Recht des Schutzlandes entscheidet in diesem Zusammenhang auch darü- **66** ber, ob auf dem Gebiet des Schutzlandes vorgenommene **Teilhandlungen** eine Urheberrechtsverletzung darstellen (BGH GRUR 2007, 691, 692 f. – *Staatsgeschenk*; BGH GRUR 2015, 264, Rn. 32 ff. – *Hi Hotel II*; Schricker/Loewenheim/*Katzenberger/Metzger*[5] Rn. 131 ff.). Zwar beschränkt das Territorialitätsprinzip den Geltungsbereich urheberrechtlicher Regelungen auf das Inland, sodass im Grundsatz ein inländisches Urheberrecht nur durch eine hier, nicht hingegen durch eine ausschließlich im Ausland begangene Handlung verletzt werden kann (BGH GRUR 2007, 691, 692 f. – *Staatsgeschenk*; BGH GRUR

2010, 628 Tz. 14 – *Vorschaubilder*; BGH GRUR 1994, 798, 799 – *Folgerecht bei Auslandsbezug*; dazu *Katzenberger* FS Schricker II S. 377; auch BGH GRUR 2004, 421, 422 f. – *Tonträgerpiraterie durch CD-Export*; OLG Hamburg MMR 2012, 393 Tz. 245 – *Rapidshare*). Grundsätzlich kann zwar die Teilnahme im Inland an einer Urheberrechtsverletzung im Ausland kein im Inland gewährtes Urheberrecht verletzen. Der EuGH hat aber entschieden, dass ein Angebot von urheberrechtsverletzenden Werkexemplaren vom Inland aus an ein Publikum im Ausland das Verbreitungsrecht im Inland ebenso verletzen kann wie umgekehrt das Angebot aus dem Ausland an die Öffentlichkeit im Inland (EuGH GRUR 2012, 817 – *Donner*; EuGH GRUR 2015, 665 – *Dimensione Direct Sale/Knoll*; ebenso bereits BGH, Vorlagebeschluss, GRUR 2012, 1069 – *Hi Hotel*; s. auch Vorlagebeschlüsse des OLG Düsseldorf GRUR 2016, 616 – *Fernbedienung für Videospielkonsole* und GRUR Prax 2016, 128 zum Designrecht). Im Einzelfall können auch **ausländische Sachverhalte** (nicht die Schutzrechtslage) in die Beurteilung nach inländischem Recht durchaus einbezogen werden. So erstreckt sich der Unterlassungsanspruch des Urhebers aus § 96 UrhG auch auf im Ausland hergestellte Vervielfältigungsstücke (BGH GRUR 1993, 550, 552 f. – *The Doors*). Auch im Rahmen der Erschöpfung, § 17 Abs. 2, spielt der ausländische Sachverhalt die entscheidende Rolle.

67   b) **Einzelne Nutzungsarten:** Grundsätzlich wird das durch §§ 15 Abs. 1, 16 UrhG gewährte **Vervielfältigungsrecht** bei jeder Vervielfältigungshandlung innerhalb Deutschlands berührt, das Werk also hier z. B. kopiert, gedruckt, gespeichert, nach Abruf aus dem Internet bei dem Nutzer ausgedruckt, hier auf einen Rechner herauf- oder heruntergeladen wird usw. (OLG Köln GRUR-RR 2012, 104 – *Briefe aus St. Petersburg*; OLG Köln ZUM 2011, 574; OLG München GRUR-RR 2011, 1 – *Videodateien*; dazu auch BGH, Vorlagebeschluss, GRUR 2012, 1069 – *Hi Hotel* und nachgehend BGH GRUR 2015, 264, Rn. 32 ff. – *Hi Hotel II*). Dies gilt auch dann, wenn in Deutschland (nur) vervielfältigt, die Vervielfältigungsstücke jedoch in das Ausland geliefert werden sollen (Schricker/Loewenheim/*Katzenberger*/*Metzger*[5] Rn. 132). Dabei ist sowohl im Rahmen einer konventionellen Verletzung (unerlaubter Abdruck und spätere Verbreitung) als auch bei einer unerlaubten Vervielfältigung zur Zugänglichmachung über das Internet hinsichtlich des anwendbaren Rechts zwischen den einzelnen Verletzungshandlungen zu unterscheiden (zum Kollisionsrecht im Internet vgl. Rn. 75 ff.). § 98 UrhG ist mithin anzuwenden, wenn sich die Vervielfältigungsstücke im Inland befinden (OLG München GRUR-RR 2010, 161 – *Bronzeskulptur*).

68   Das **Verbreitungsrecht** aus §§ 15 Abs. 1, 17 UrhG ist dann verletzt, wenn Vervielfältigungsstücke in Deutschland in Verkehr gebracht oder sonst der Öffentlichkeit angeboten bzw. beworben werden (BGH GRUR 2016, 487, Rn. 28 ff. – *Wagenfeld-Leuchte II*; GRUR 2016, 490, Rn. 33 ff. – *Marcel-Breuer-Möbel II*; GRUR 2016, 493, Rn. 14 – *Al Di Meola*; BGH GRUR 2009, 840 – *Le-Corbusier-Möbel II*; BGH ZUM-RD 2009, 531 – *Le Corbusier*; OLG Köln GRUR-RR 2012, 104 – *Briefe aus St. Petersburg*; OLG Köln ZUM 2011, 574), sei es durch Import (s. BGH GRUR 1980, 227, 230 – *Monumenta Germaniae Historica*), durch Verbreitung eines importierten Werks (s. BGH GRUR 1986, 668, 669 f. – *Gebührendifferenz IV*; BGH GRUR 1985, 924 f. – *Schallplattenimport II*), durch Export (BGH GRUR 2004, 421, 424 – *Tonträgerpiraterie durch CD-Export*; verneint im Sonderfall in BGH GRUR 2007, 691, 692 f. – *Staatsgeschenk*) oder durch bloßes **Anbieten** in Deutschland bzw. erkennbar an den deutschen Markt, und zwar auch bei Aufforderung, die Ware im Ausland zu erwerben (EuGH GRUR 2012, 817 – *Donner*; EuGH GRUR 2015, 665 – *Dimensione Direct Sale/Knoll*; BGH GRUR 2016, 487, Rn. 28 ff. – *Wagenfeld-Leuchte II*; GRUR 2016, 490, Rn. 33 ff. – *Marcel-Breuer-Möbel II*; BGH GRUR 2007, 871, 873 f. – *Wagenfeld-Leuchte*; OLG

Köln ZUM-RD 2012, 343; s. auch Vorlagebeschlüsse des OLG Düsseldorf GRUR 2016, 616 – *Fernbedienung für Videospielkonsole* und GRUR Prax 2016, 128 zum Designrecht*)*. Bei der reinen Durchfuhr hingegen ist das deutsche Verbreitungsrecht nach richtiger Auffassung nicht berührt, da damit keine Veräußerung oder ein sonstiges Inverkehrbringen im Inland verbunden ist (für das Markenrecht EuGH GRUR 2007, 146, 147 – *Diesel*; wie hier Dreier/Schulze/*Dreier*[5] Rn. 34).

Für das **Ausstellungsrecht** (§§ 15 Abs. 1, 18) sowie das **Vortrags-, Aufführungs- und Vorführungsrecht** (§§ 15 Abs. 2, 19) kommen schon aufgrund der Natur der Rechte grenzüberschreitende Eingriffe kaum jemals in Betracht; in jedem Fall dürfte deren Feststellung in aller Regel unproblematisch sein. **69**

Das **Recht der öffentlichen Zugänglichmachung** aus §§ 15 Abs. 1, 19a UrhG ist nach der hier vertretenen Auffassung grundsätzlich nur dann berührt, wenn im Sinne einer präzisierten Anwendung des Schutzlandprinzips die betreffende Website (auch) auf Deutschland ausgerichtet ist (EuGH GRUR 2012, 1245 Tz. 39 ff. – *Football Dataco*; OLG München GRUR-RR 2011, 1 Tz. 45 – *Videodateien*; unten vgl. Rn. 77 ff.; möglicherweise großzügiger jetzt BGH GRUR 2016, 1048, Rn. 25 – *An Evening with Marlene Dietrich*; auch Wandtke/Bullinger/*v. Welser*[4] Rn. 19; im Ergebnis wie hier Schricker/Loewenheim/*Katzenberger/Metzger*[5] Rn. 146 ff.; Dreier/Schulze/*Dreier*[5] Rn. 42; s. auch Vorlagebeschlüsse des OLG Düsseldorf GRUR 2016, 616 – *Fernbedienung für Videospielkonsole* und GRURPrax 2016, 128 zum Designrecht), nicht also bereits dann, wenn die Seite nur (technisch zufällig) auch aus Deutschland heraus abrufbar ist (EuGH GRUR 2012, 1245 Tz. 36 ff. – *Football Dataco*; OLG Hamburg ZUM-RD 2009, 439 – *Usenet II*; LG Hamburg ZUM-RD 2003, 547 ff.). Nach der jüngsten Rechtsprechung des EuGH kann relevanter Anknüpfungspunkt deshalb sowohl der Sitz desjenigen, der die Inhalte zugänglich macht, als auch des bestimmungsgemäßen Abrufungsortes bzw. des bestimmungsgemäßen Empfängers der Daten sein (EuGH GRUR 2012, 1245 Tz. 36 ff., 43 ff. – *Football Dataco*). **70**

Im Rahmen des **Senderechts** aus §§ 15 Abs. 2, 20 ff. UrhG muss nach der Art der Sendung unterschieden werden. Bei einer von einem EU- oder EWR-Staat ausgehenden sog. **europäischen Satellitensendung** (§ 20a Abs. 1 UrhG) ist das deutsche Senderecht nur dann berührt, wenn die für den öffentlichen Empfang bestimmten Programmsignale in Deutschland in eine ununterbrochene Kette zum Satelliten und zurück zur Erde eingespeist werden (ebenso für die Schweiz, Bundesgericht Lausanne, Urteil vom 12.1.2010, 4A_403/2009). Die sog. Erdefunkstelle (d. h. der Ort, von dem aus die Signale von der Erde an den Satelliten geschickt werden) ist ebenso wenig relevant wie die diversen Orte, an denen die Signale empfangen werden können (näher vgl. § 20a Rn. 8). Da die Regelung in der Satelliten-und Kabel-RL, die § 20a Abs. 1 UrhG umsetzt, sachlicher Natur ist, bedeutet dies keinen Eingriff in das Schutzlandprinzip (ebenso Dreier/Schulze/*Dreier*[5] Rn. 36). Bei Satellitensendungen, die von einem Nicht-EU- bzw. EWR-Staat ausgehen, dem der in der Satelliten- und Kabel-RL vorgesehen Mindestschutz fehlt, greift nach § 20a Abs. 2 Nr. 1 und 2 UrhG dann in das deutsche Senderecht ein, wenn die Signale von einer deutschen Erdefunkstelle zum Satelliten geschickt werden oder das Sendeunternehmen seine Niederlassung in Deutschland hat. – Für alle **weiteren Satellitensendungen** ebenso wie für **grenzüberschreitende drahtlose terrestrische Sendungen** ist nach wie vor die streitige Frage relevant, ob das Senderecht nur im Sendeland oder auch in den einzelnen Empfangsländern berührt ist. Da der Empfang einer Sendung urheberrechtlich grundsätzlich nicht relevant ist, kann nach älterer Auffassung allein das Recht des Sendelandes anwendbar sein (z. B. *Ulmer*, IPR S. 15). Die sog. *Bogsch*-Theorie (dazu Schricker/Loewenheim/*Katzenberger/Metzger*[5] **71**

Rn. 138) hält demgegenüber das Recht aller Staaten, in denen die jeweilige Sendung empfangen werden kann, zumindest dann für anwendbar, wenn das Recht des Sendestaates keinen ausreichenden Schutz bereithält (dazu auch *Neumaier* ZUM 2011, 36 ff.). Die Rechtsprechung hat sich dem mitunter angeschlossen (BGH GRUR 2003, 328, 329 f. – *Sender Felsberg*; LG Stuttgart GRUR Int. 1995, 412, 413 f. – *Satelliten-Rundfunk*; OLG München ZUM 1995, 328 ff.; s. a. OLG München ZUM 1995, 792 ff.; zu Internetsendungen s. LG Hamburg ZUM 2009, 582). Der unvermeidliche sog. *Overspill* ausländischer Signale nach Deutschland berührt hingegen das deutsche Senderecht nicht. – Bei **Kabelsendungen** ist das Senderecht in Deutschland nur dann berührt, wenn die Signale hier der Öffentlichkeit tatsächlich zugänglich gemacht, also nicht lediglich durchgeleitet oder nur einem einzelnen z. B. Netzbetreiber, der dann seinerseits weitersendet, zugeleitet werden (ebenso Dreier/Schulze/ *Dreier*[5] Rn. 39 m. w. N.).

72   Auch das **Wiedergaberecht** (§§ 15 Abs. 2, 21, 22 UrhG) ist in der Praxis unproblematisch. In das deutsche **Folgerecht** (§ 26 UrhG) wird nur dann eingegriffen, wenn die relevante Veräußerung selbst – also nicht lediglich Auftrag bzw. Vollmacht an einen Versteigerer, Besitzübergabe oder weitere bloße Vorbereitungshandlungen – zumindest tw. in Deutschland stattgefunden hat. Die Nationalität des Urhebers ist ebenso wie die des Veräußerers oder Erwerbers irrelevant (BGH GRUR 1994, 798, 799 – *Folgerecht bei Auslandsbezug*; *Katzenberger* FS Schricker II S. 377). Zur Harmonisierung des Folgerechts innerhalb der EU vgl. § 26 Rn. 3 ff.

73   c) **Gesetzliche Vergütungsansprüche:** Auch für die gesetzlichen Vergütungsansprüche ist maßgeblich, ob der jeweilige Nutzungsvorgang in Deutschland erfolgt (zu § 63a vgl. Rn. 9 f.; außerdem vgl. § 63a Rn. 19; oben vgl. Rn. 65). Entscheidend ist also, ob in Deutschland vermietet bzw. verliehen wird (§ 27 Abs. 1 und 2), hier die Vervielfältigung und der Vertrieb an Behinderte stattfindet (§ 45a), der Schulbuchverlag in Deutschland seinen Sitz hat und in Deutschland privilegierte Vervielfältigungsstücke verbreitet (§ 46 Abs. 4), die Schule in Deutschland ihren Sitz hat (§ 47 Abs. 2), der Pressespiegelherausgeber in Deutschland sitzt und hier die Pressespiegel verbreitet (§ 49 Abs. 1 S. 2), die keinem Erwerbszweck dienende öffentliche Wiedergabe in Deutschland stattfindet (§ 52 Abs. 1 S. 2, Abs. 2 S. 2) oder ob in Deutschland Leerkassetten, Bild- und Tonaufzeichnungs- oder Kopiergeräte vertrieben bzw. betrieben werden (§ 54 Abs. 1, 54a Abs. 1 und 2, jeweils i. V. m. §§ 54b und 54c) und schließlich, ob die Werke im Rahmen des § 52a in Deutschland (in dem unten (vgl. Rn. 79) verstandenen Sinne) öffentlich zugänglich gemacht oder die öffentlichen Bibliotheken im Rahmen des § 53 a a. F. in Deutschland angesiedelt sind). Keine gesetzlichen Vergütungsansprüche sind hingegen §§ 32 und 32a. Es handelt sich vielmehr um zwar gesetzlich ausgestaltete, ihrem Grunde nach jedoch vertragliche Ansprüche. Dafür spricht mit der wohl h. M. (vgl. Rn. 88 und vgl. § 32b Rn. 1) schon, dass die Ansprüche in dem Abschnitt über das Urhebervertragsrecht geregelt sind. Im Übrigen wäre § 32b sonst überflüssig, denn §§ 32, 32a wären ohnehin als Teil der *lex loci protectionis* stets anwendbar, wenn eine Verwertung in Deutschland betroffen wäre. Dies muss auch für § 32c gelten; jedenfalls ist kein Grund ersichtlich, § 32c kollisionsrechtlich anders zu behandeln als den auch in der Durchgriffsmöglichkeit auf Dritte ähnlich ausgestalteten § 32a. Auch § 36b begründet ein gesetzliches Schuldverhältnis, so dass auf der Grundlage von Art. 8 Abs. 1 mit ErwG 26 Rom-II-VO das Schutzlandrecht anwendbar ist.

74   Lässt in einem der erwähnten Fälle oder z. B. im Rahmen des Cloud Computing der an sich privilegierte Nutzer z. B. durch einen Dritten vervielfältigen (§ 53 Abs. 1–3 UrhG) und sitzen Auftraggeber und Hersteller in unterschiedlichen

Staaten, so fragt sich, ob für die Frage der Privilegierung auf die Erteilung des Auftrages oder die Durchführung des Herstellungsvorgangs abzustellen ist. Dabei spricht alles für die Anwendung des Rechts am Ort des privilegierten Auftraggebers, denn der eigentliche Kopiervorgang ist insofern lediglich technische Vorbereitungshandlung für eine Nutzung, die später am Sitz (bzw. im Niederlassungsland) des Auftraggebers stattfinden wird (ebenso Dreier/ Schulze/*Dreier*[5] Rn. 46). Ein **in Deutschland privilegierter Nutzer** darf mithin Vervielfältigungsstücke oder sonstige Kopien auch von einem im Ausland ansässigen Dritten herstellen lassen, wenn das dortige Recht ein vergleichbares Privileg nicht vorsieht. Umgekehrt darf danach ein in Deutschland ansässiger Hersteller jedenfalls dann keine Vervielfältigungsstücke herstellen, wenn das ausländische Recht seines Auftraggebers diesem außerhalb eines vertraglichen Erwerbs von Nutzungsrechten keine Nutzungsrechte gewährt. Ist nach ausländischem Recht die Vervielfältigung in Deutschland insofern relevant, kann der deutsche Vervielfältiger allerdings eine Verletzung des ausländischen Urheberrechts begehen.

4.   Urheberkollisionsrecht im Internet

a) Allgemeines: Im Internet bringt eine konsequente Anknüpfung an das Recht des Schutzlandes das Problem mit sich, dass die weltweite Abrufbarkeit dem Urheber parallel in *allen* Schutzländern Ansprüche gibt, wenn deren materiell-rechtliche Voraussetzungen objektiv jeweils erfüllt sind. Bei uneingeschränkter Anknüpfung an die *lex loci protectionis* könnte also nur der Inhaber weltweiter Nutzungsrechte das Internet ohne jedes Risiko nutzen. Darüber hinaus kann das jeweils anwendbare Schutzlandrecht nur über die auf seinem Territorium begangenen oder drohenden Verletzungshandlungen befinden (Territorialitätsprinzip; sog. **Mosaikbetrachtung**). Es ist also nicht etwa ein Recht auf den gesamten Verletzungssachverhalt anwendbar, sondern für eine Verwertungshandlung im Internet möglicherweise eine Vielzahl von Rechtsordnungen jeweils für die auf ihrem Gebiet eingetretene Teilverletzung aus dem Gesamtsachverhalt. Die Anknüpfung an die *lex loci protectionis* kann somit, konsequent angewendet, im Internet kaum vorhersehbare und mitunter unangemessene Folgen haben. Das Schutzlandprinzip muss deshalb sinnvoll eingeschränkt bzw., genauer gesagt, das in Betracht kommende Schutzland präzise definiert werden (ähnlich Schricker/Loewenheim/*Katzenberger/Metzger*[5] Rn. 146).   **75**

b) Anknüpfung an nur eine Rechtsordnung?: Eine Anwendung des Herkunfts-   **76** landes des Anbieters oder des Serverstandortes, eine Anknüpfung des Urheberrechts insgesamt an das Recht des Ursprungslandes des betreffenden Werkes sowie eine Anknüpfung an das Recht der im Einzelfall engsten Verbindung scheidet aus. Eine Anknüpfung an das Recht des Herkunftslandes des Anbieters oder gar an den Serverstandort birgt – neben dem Problem der Praktikabilität insb. im täglichen Nebeneinander von Internet und analogen Nutzungsarten – das offensichtliche Risiko, dass sich Internetverwerter urheberrechtlich geschützter Werke in *free havens* zurückziehen und die Werke von dort aus ins Netz stellen (so auch Schricker/Loewenheim/*Katzenberger/Metzger*[5] Rn. 145). Auch eine Anknüpfung aller urheberrechtlich relevanten Sachverhalte im Internet an das Recht des Ursprungslandes des betreffenden Werkes ist offensichtlich nicht praktikabel, denn wenn der Verwerter bzw. Nutzer eines urheberrechtlichen geschützten Werkes jeweils vor einer Nutzung das Ursprungsland und die dort geltenden Urheberrechtsbestimmungen recherchieren müsste, wäre die Rechtsunsicherheit immens. Des Weiteren führt auch die vor allem von *Ginsburg* und *Dessemontet* vorgeschlagene Anwendung des Rechts der engsten Verbindung nach einer abgestuften Liste verschiedener Anknüpfungspunkte nicht zu zufriedenstellenden, weil kaum vorhersehbaren Ergebnissen. Schließlich scheidet auch der Ort der Vornahme der Verletzungshandlung

schon wegen der damit verbundenen Aufspaltung des anwendbaren Rechts aus
(zur Problematik ausführlich Bröcker/Czychowski/Schäfer/*Nordemann-Schiffel* § 3 Rn. 53 ff.).

77 **c) Differenzierte Anknüpfung an das Schutzland:** Die bisherige deutsche Rechtsprechung geht ebenso wie die wohl überwiegende Literatur weiterhin von der
lex loci protectionis aus. Allerdings bereitet die undifferenzierte Anwendung
des Schutzlandprinzips mitunter Probleme. Eine nationale Rechtsordnung
kann deshalb nur dann Schutzland im Sinne des Urheberkollisionsrechts sein,
wenn ein **hinreichender Inlandsbezug** vorliegt (s. für das allgemeine Urheberkollisionsrecht BGH GRUR 1994, 798, 799 – *Folgerecht bei Auslandsbezug*;
zum Markenrecht BGH GRUR 2005, 431, 432 f. – *HOTEL MARITIME*;
OLG Hamburg GRUR-RR 2005, 381, 383 – *abebooks.de;* zu Disclaimern
BGH GRUR 2006, 513, 515 – *Arzneimittelwerbung im Internet*) oder das
Publikum im Inland gezielt angesprochen wird (EuGH GRUR 2011, 1025,
Rn. 33 ff. – *Dataco*). Im allgemeinen Kollisionsrecht wird dies z. T. als „räumlich gerechte Zuordnung" bezeichnet (näher MüKo BGB/*Sonnenberger*[4] Einl.
IPR Rn. 101 ff.). Die aus dem Wettbewerbskollisionsrecht bekannte Voraussetzung, dass die Rechtsverletzung im Inland spürbar sein müsse, ist als Kriterium
im Urheberrecht schon deshalb ungeeignet, weil das Urheberrecht die **Spürbarkeit** einer Rechtsverletzung nicht voraussetzt. Darüber hinaus muss für vorbeugende Unterlassungsansprüche eine Rechtsverletzung noch gar nicht eingetreten sein. Schließlich müsste der Urheber, um die Spürbarkeit darlegen zu
können, zunächst einmal Auskunft von dem Verwerter beanspruchen können,
wobei dieser Auskunftsanspruch wiederum wenigstens die Möglichkeit einer
Rechtsverletzung voraussetzt. Dann bestünde aber das Problem, dass der Urheber Auskunft nach einem materiellen Recht verlangen muss, von dem diese
Auskunft erst auf kollisionsrechtlicher Ebene, also sozusagen einen Schritt vorher, klären soll, ob das materielle Recht überhaupt anwendbar ist.

78 Auch die **negative Abgrenzung** des Schutzlandrechts nach **Ausrichtung der
Website** (das Recht des Schutzlandes wird grundsätzlich angewendet, wenn
nicht ausnahmsweise die betreffende Webseite erkennbar *nicht* auf das Schutzland abzielt) kann nur als Auffanglösung dienen. Denn die Einschränkung der
Anwendung der *lex loci protectionis* soll vor allem dazu führen, für den Verwerter wenigstens ein gewisses Maß an Vorhersehbarkeit zu schaffen, indem
die Zahl der in Betracht kommenden Rechtsordnungen vernünftig beschränkt
und anhand objektiver Kriterien im Voraus bestimmbar wird. Eine negative
Abgrenzung kann dies kaum leisten: Der Anbieter müsste nämlich für jedes
Land, dessen Rechtsordnung er ausschließen will, dies auf seiner Webseite entsprechend offensichtlich zum Ausdruck bringen. Ob dies überhaupt praktikabel ist, erscheint sehr fraglich. Im Übrigen ist auch nicht recht einzusehen,
weshalb die *lex loci protectionis* angewendet werden sollte, wenn der Bezug
zu ihr nur darin besteht, dass jedenfalls sein eindeutiges Fehlen nicht dargelegt
werden kann: Das Interesse des verletzten Urhebers an einem Verbot gerade
nach dem Recht dieses Landes muss dann vergleichsweise gering wiegen.

79 Stattdessen sollte die Kollisionsregel **positiv** – nur bei erkennbarer Ausrichtung
der Seite auf das Schutzland wird eine ausreichende Inlandsbeziehung angenommen – **präzisiert** werden. Für die Beurteilung können **Kriterien** wie Sprache, Präsentation, Kontaktadressen, beworbene Produkte, Art der Top-Level-Domain, Tätigkeitsbereich des Anbieters, Nutzer im bzw. Verkäufe in das oder
Geschäftskontakte im Inland, Werbebanner oder Links auf fremde Seiten bestimmter nationaler Zuordnung, Disclaimer (so ausdrücklich BGH GRUR
2006, 513, 515 – Arzneimittelwerbung im Internet) usw. herangezogen werden. Diese Indizien werden – mit Ausnahme der nationalen Top-Level-Domains – in der Regel nicht für sich genommen, sondern nur in der Zusammen-

schau die Ausrichtung der Site auf ein bestimmtes Land ergeben; ihre Gewichtung muss deshalb jeweils im Einzelfall erfolgen. Bei Seiten, die Downloads urheberrechtlich geschützter Werke anbieten, kann die Möglichkeit des Downloads von Deutschland aus ausreichen, denn es ist heute technisch ohne weiteres möglich – und auch üblich – den Zugriff von bestimmten IP-Adressgruppen aus auszuschließen. So kann z. B. von Deutschland aus nicht ohne weiteres auf iTunes USA zugegriffen werden. Ist also der Zugriff aus Deutschland gerade nicht ausgeschlossen, ist jedenfalls bei Seiten mit generischen Top-Level-Domains davon auszugehen, dass die Seiten auch auf Deutschland abzielen. Wenn keines der genannten – und weiterer denkbarer – Indizien auf das Schutzland verweist, besteht hingegen kein Grund, das Recht dieses Landes anzuwenden. Eine echte Urheberrechtsverletzung liegt dann dort nicht vor; die positive Abgrenzung schränkt also auch den Urheberrechtsschutz nicht über Gebühr ein. Über das Erfordernis eines positiv erkennbaren Inlandsbezuges kann die Kollisionsregel der *lex loci protectionis* sinnvoll, nämlich auf die Fälle, in denen ein anzuerkennendes Rechtsanwendungsinteresse des Schutzlandes besteht, beschränkt werden. Dies entspricht im Wesentlichen der heutigen Praxis jedenfalls der deutschen (z. B. BGH GRUR 2007, 871, 873 f. – *Wagenfeld-Leuchte*; BGH GRUR 2010, 628 Tz. 14 – *Vorschaubilder*; OLG München GRUR-RR 2011, 1 Tz. 44 – *Videodateien*; zum Markenrecht BGH GRUR 2012, 621 – *OSCAR*; GRUR 2005, 431, 432 f. – *HOTEL MARITIME*; OLG Hamburg GRUR-RR 2005, 381, 383 – *abebooks.de*; LG München ZUM 2015, 827; zu Disclaimern BGH GRUR 2006, 513, 515 – *Arzneimittelwerbung im Internet*; möglicherweise großzügiger jetzt BGH GRUR 2016, 1048, Rn. 25 – *An Evening with Marlene Dietrich*) und nun wohl auch der europäischen Rechtsprechung (EuGH GRUR 2012, 1245, 36 ff. – *Football Dataco*). In diesem Sinne hat der Bundesgerichtshof für die internationale Zuständigkeit bei Persönlichkeitsrechtsverletzung entschieden, dass der erforderliche Inlandsbezug fehlt, wenn die Äußerungen nicht in deutscher Sprache und nicht gezielt im Inland verbreitet werden (BGH GRUR 2011, 558 – *www.womenineurope.com*; BGH GRUR 2016, 810 – *profitbricks.es*; LG Hamburg GRUR-RR 2016, 401 – *Internet-Blog*). Umgekehrt ist er vorhanden, wenn die im Internet verbreiteten Äußerungen einen deutlichen Inlandsbezug aufweisen und nach den Umständen des Falles eine Beeinträchtigung im Inland eintreten kann (EuGH GRUR 2012, 300 – *eDate Advertising*; BGH GRUR 2010, 461 – *The New York Times*).

5. Internationales Urhebervertragsrecht

a) Einführung: Das deutsche Vertragskollisionsrecht, bis 16.12.2009 in   **80**
Art. 27 ff. EGBGB geregelt, wird heute durch die sog. **Rom-I-VO** (Verordnung (EG) Nr. 593/2008 des Europäischen Parlaments und des Rates vom 17.6.2008 über das auf vertragliche Schuldverhältnisse anzuwendende Recht (Rom I)) geregelt. Wie schon Art. 27 EGBGB setzt die Rom-I-Verordnung im Wesentlichen das EVÜ, das Römische Schuldvertragsübereinkommen vom 19.6.1980, um und gilt auch für Immaterialgüterrechte. Änderungen gegenüber Regelungen und Handhabung des EGBGB ergeben sich durch das Inkrafttreten der **Rom-I-VO**, soweit erkennbar, jedenfalls für den hier relevanten Bereich kaum (zu den Änderungen Palandt/Thorn[76] Vorb. (IPR) Rom I Rn. 6). Allerdings schränkt vor allem das **Schutzlandprinzip** die **Rechtswahlfreiheit** in gewissem Umfang ein und führt wohl auch zu einer spezifisch immaterialgüterrechtlichen Vermutung der engsten Verbindung im Sinne des Art. 4 Rom-I-VO bei fehlender Rechtswahl (zu dem früheren, im wesentlichen inhaltsgleichen Art. 28 Abs. 5 EGBGB BGH GRUR 2015, 264, Rn. 43 – *Hi Hotel II*). Die Rom-I-VO ist nach ihrem Art. 28 auf Verträge anwendbar, die nach dem Tag ihres Inkrafttretens am 16.12.2009 geschlossen werden. Die Rom I-Verordnung enthält in den Mitgliedstaaten der EU unmittelbar anwendbares Recht (Art. 249 Abs. 2 S. 2 EG) und beansprucht

universelle, nicht auf EU-interne Sachverhalte beschränkte Anwendung (Art. 1 Abs. 1:"Staaten", nicht „Mitgliedstaaten", Art. 2 Abs. 1) sowie, innerhalb ihres Anwendungsbereichs, Vorrang vor dem EGBGB, dessen Art. 27 bis 37 unter Überführung des Art. 29a über Verbraucherschutz für besondere Gebiete in Art. 46b EGBGB durch das deutsche Gesetz vom 25.6.2009 aufgehoben wurden (zum Vorrang der Rom-I-VO s. die Begr. RegE Anpassung IPR – BT-Drucks. 16/12104, S. 8). Die aufgehobenen Bestimmungen der Art. 27 ff. EGBGB und das EVÜ bleiben aber auf Verträge aus der Zeit vor dem 17.12.2009 anwendbar. Keine Frage des anwendbaren Rechts ist das Problem, ob und in welchem Umfang die Parteien vertraglich wirksam die Verwertung für einzelne Mitgliedsstaaten beschränken bzw. die Verwertung des lizenzierten Materials in bestimmten Staaten verbieten können. Dies hat der EuGH jedenfalls für das Verbot, Dekodiervorrichtungen für Fernsehprogramme außerhalb eines bestimmten Gebiets zu veräußern und zu nutzen, verneint (EuGH GRUR 2012, 156 Tz. 93 ff. – *Murphy*). Ob und welche Konsequenzen sich daraus für urheberrechtliche Verwertungsverträge ergeben, bleibt abzuwarten; der EuGH hat im Fall *Murphy* festgestellt, dass die territoriale Aufspaltung der Lizenzen wohl nur erfolgt war, um eine höchstmögliche Vergütung zu erzielen. Dies ist nach Auffassung des EuGH jedoch keine ausreichende Rechtfertigung für eine Einschränkung der Waren- und Dienstleistungsfreiheit innerhalb der EU (EuGH GRUR 2012, 156 Tz. 93 ff. – *Murphy*). Kurze Prüfschemata für Urheberrechtsverletzungen und vertragsrechtliche Sachverhalte finden sich bei Rn. 3a, 3b.

81   Grundsätzlich unterstellt Art. 3 Rom-I-VO jeden Vertrag dem von den Parteien – bei Vertragsschluss oder nachträglich, auch änderbar (Art. 3 Abs. 2 Rom-I-VO; zu Art. 27 EGBGB z. B. BGH NJW 1991, 1292, 1293; NJW-RR 2000, 1002, 1004) – gewählten Sachrecht (ohne das IPR des gewählten Rechts, Art. 20 Rom-I-VO; dazu auch *Mallmann* NJW 2008, 2953), Art. 3 Abs. 1 und 2 Rom-I-VO. Die **Rechtswahl** kann den gesamten Vertrag oder nur einen Teil erfassen, ausdrücklich sein oder sich aus den Umständen des Falles bzw. den sonstigen Bestimmungen des Vertrages ergeben (Art. 3 Abs. 1 S. 3 bzw. 2 Rom-I-VO). Für die Rechtswahl ist grundsätzlich nicht erforderlich, dass irgendeine Beziehung des gewählten Rechts zu dem ihm unterstellten Vertrag oder den Parteien besteht. Allerdings enthält Art. 3 Abs. 3 Rom-I-VO insofern einen Vorbehalt: Ist nämlich der Gesamtsachverhalt im Zeitpunkt der Rechtswahl nur mit einem einzigen Staat verbunden, so verdrängen dessen (auch nur intern; dazu sogleich) zwingende Bestimmungen jeweils punktuell die parallelen Bestimmungen des gewählten Rechts. Dies gilt in parallelen Fällen, in denen der Vertrag außerhalb der Rechtswahl nur mit einem oder mehreren EU-Ländern Berührungspunkte hat, auch für zwingende Bestimmungen des – ggf. umgesetzten – Unionsrechts, Art. 3 Abs. 4 Rom-I-VO; dieser Binnenmarktsachverhalt ist ggü. dem EGBGB neu. Dieser bestimmt, dass von zwingenden Regelungen des Unionsrechts nicht abgewichen werden darf, wenn die Parteien das Recht eines Nicht-EU-Mitglieds gewählt haben, der Sachverhalt im Übrigen aber nur Bezüge zu einem oder mehreren Mitgliedsstaaten der EU aufweist. Zwingende Bestimmungen in diesem Sinne können sich auch aus Richtlinien ergeben (dazu Palandt/*Thorn*[76] (IPR) Art. 3 Rom I Rn. 5). Das gewählte Recht entscheidet darüber, ob die Parteien sich wirksam über die Rechtswahl geeinigt haben (Art. 3 Abs. 5 i. V. m. Art. 10, 13 Rom-I-VO). Es befindet des Weiteren über Zustandekommen und Wirksamkeit des Vertrages oder einzelner Klauseln, und zwar auch dann, wenn der Vertrag nach diesem Recht nicht wirksam wäre (Art. 10 Abs. 1 Rom-I-VO). Als Ausnahme bestimmt aber Art. 10 Abs. 2 Rom-I-VO, dass das Rechts am Aufenthaltsort der betroffenen Partei anzuwenden ist, wenn nach dem gewählten oder über Art. 4 Rom-I-VO bestimmten Recht ihr Verhalten eine Rechtswirkung hätte, mit der sie nicht rechnen musste. Dies betrifft z. B. Fälle einer Zustimmung durch Schweigen.

Haben die Parteien keine (wirksame) Rechtswahl getroffen, so ist **Vertragssta-** **82** **tut** grundsätzlich das Recht des Staates, mit dem der Vertrag die **engsten Ver-** **bindungen** aufweist (Art. 4 Rom-I-VO; Sachnormverweisung, Art. 20 Rom-I-VO). Voneinander trennbare Teile des Vertrages können dabei wohl – anders als noch nach Art. 28 Abs. 2 S. 2 EGBGB – nicht mehr ausnahmsweise unterschiedlichen Rechten unterliegen (ebenso Palandt/*Thorn*[76] Vorb. (IPR) Rom I Rn. 6). Art. 4 Abs. 1 Rom-I-VO enthält eine Liste typischer Verträge mit Angabe des jeweils anzuwendenden Rechts; für urheberrechtliche Verträge hat diese Liste nur in wenigen Fällen Bedeutung, so dass grundsätzlich auf Art. 4 Abs. 2–4 Rom-I-VO zurückzugreifen ist. Nach der Grundvermutung des Art. 4 Abs. 2 Rom-I-VO besitzt ein Vertrag grundsätzlich die engsten Verbindungen mit dem Staat, in dem die Partei, die die **charakteristische Leistung** erbringt, im Zeitpunkt des Vertragsschlusses ihren gewöhnlichen Aufenthalt oder ihre Niederlassung hat. Bei dem Verkauf einer beweglichen Sache ist dies z. B. regelmäßig der Verkäufer; ebenso ist bei einer Dienstleistung, die grenzüberschreitend erbracht wird, regelmäßig das Recht am Sitz des Erbringers anzuwenden (Art. 4 Abs. 1 lit. a) und b) Rom-I-VO. Nach Art. 4 Abs. 3 Rom-I-VO kommt die Vermutung des Art. 4 Abs. 2 Rom-I-VO jedoch dann nicht zur Anwendung, wenn der Vertrag ausnahmsweise nach der Gesamtheit der Umstände engere Verbindungen zu einem anderen Staat aufweist (sog. **Ausweichklausel**). Dies kann z. B. dann der Fall sein, wenn ein ausländischer Dienstleister die Leistung nicht grenzüberschreitend, sondern ausschließlich in einem anderen Staat erbringt, wenn also zum Beispiel ein französischer Architekt mit Sitz in Paris bei seinem Auftraggeber in Deutschland ein Haus entwirft und die Bauleitung der späteren Baustelle übernimmt. Als Ausnahmeregelung ist Art. 4 Abs. 3 ebenso wie Art. 4 Abs. 4 Rom-I-VO nach richtiger Auffassung grundsätzlich eng auszulegen (zu den möglichen Kriterien auf der Grundlage der CLIP-Principles ausführlich Schricker/Loewenheim/*Katzenberger/Metzger*[5] Rn. 158 f.).

Ein Vertrag ist gemäß Art. 11 Rom-I-VO **formwirksam**, wenn er die Vorausset- **82a** zungen des Vertragsstatuts oder des am Ort des Vertragsschlusses geltenden Rechts bzw. am Aufenthaltsort oder am gewöhnlichen Aufenthalt einer der Parteien, wenn der Vertrag nicht bei gleichzeitiger Anwesenheit beider geschlossen wird, erfüllt.

b) Umfang der Regelung durch das Vertragsstatut: Urheberrechtsverträge ver- **83** knüpfen in aller Regel Verpflichtungs- und Verfügungsgeschäft miteinander. Streitig ist in diesem Zusammenhang insb., ob Verpflichtungs- und Verfügungsgeschäft einem einheitlichen Vertragsstatut zu unterstellen sind (sog. **Einheitstheorie**, der i. E. die Rechtsprechung – z. B. BGH GRUR 2015, 264, Rn. 41 – und die vor allem urheberrechtliche Literatur folgt, z. B. Schricker/Loewenheim/*Katzenberger/Metzger*[5] Rn. 152; Dreier/Schulze/*Dreier*[5] Rn. 50) oder ob das Verpflichtungsgeschäft nach dem gewählten oder über Art. 4 Rom-I-VO bestimmten Recht beurteilt werden kann, während auf den Verfügungsteil des Geschäfts das Recht des Schutzlandes anzuwenden wäre (sog. **Spaltungstheorie**, die vor allem in der rein kollisionsrechtlichen Lehre vertreten wird; z. B. *Schack*, Urheber- und UrhebervertragsR[7] Rn. 1039 ff.; Wandtke/Bullinger/*v. Welser*[4] Rn. 22; s. dazu BGH GRUR Int. 2001, 873, 877 – *Barfuß ins Bett*). *Eine dritte*, vereinzelt gebliebene Auffassung nimmt als Urheberrechtsstatut auch insofern das **Recht des Ursprungslandes** an (*Schack*, Urheber- und UrhebervertragsR[7] Rn. 1040, 1026 ff.). Die Spaltungstheorie trennt streng zwischen Verfügungs- und Verpflichtungsgeschäft; das Verpflichtungsgeschäft soll dem gewählten oder dem nach Art. 4 Rom-I-VO bestimmten Recht unterliegen, während über das Verfügungsgeschäft das Recht des Schutzlandes bestimmt. Dies wird insb. damit begründet, dass das Urheberrecht als Immaterialgüterrecht für jedes Schutzland gesondert, aber auch auf dieses Schutzland beschränkt entsteht, erlischt, seinen Inhalt und Schutzumfang erhält und schließlich auch als übertragbar oder nicht übertragbar ausgestaltet ist. Allerdings stößt diese Auffassung vor allem bei Verträgen, die Urheberrechte für mehrere nationale Territorien gleichzeitig oder gar weltweit einräumen oder übertragen, auf Schwierigkeiten. Denn der Vertrag müsste in diesen Fällen einer Vielzahl unterschiedlicher Rechtsordnungen unterstellt werden, die möglicherweise jeweils unterschiedliche Voraussetzungen aufstellen. Bereits die Auslegung des Vertrages dürfte dann äußerst schwierig sein. Deshalb wendet die Einheitstheorie zu Recht auf Urheberrechtsverträge insgesamt grundsätzlich das Vertragsstatut an, um so vor allem eine – soweit wie möglich – einheitliche Vertragsauslegung zu gestatten. Bestimmte Fragen wie z. B. die Zulässigkeit der Übertragung überhaupt, die Möglichkeit der Einräumung einzelner Nutzungsrechte oder die Schutzdauer eines Urheberrechts werden jedoch auch im Rahmen der Einheitstheorie nach dem Recht des Schutzlandes beurteilt (zur Einheitstheorie z. B. BGH GRUR 1999, 152, 153 f. – *Spielbankaffaire*; BGH GRUR 2001, 1134, 1136 – *Lepo Sumera*; OLG Düsseldorf ZUM 2006, 326 ff. – *Breuer-Hocker*; LG Köln ZUM-RD 2010, 644; auch BGH GRUR 2015, 264, Rn. 41).

84 Aus diesem Grund kann auch ein US-amerikanischem Recht unterstehender Vertrag nicht durch eine ***work-made-for-hire***-Konstruktion die originäre Urheberschaft etwa dem Filmproduzenten zuweisen. Trotzdem kann die Doktrin in einem Vertrag bei entsprechendem Vertragsstatut bedeutende Wirkungen entfalten. Bei genauer Betrachtung enthält die *work-made-for-hire*-Doktrin nämlich nicht nur eine Regelung über die originäre Inhaberschaft, sondern darüber hinaus als „zweite Dimension" eine vertragsrechtliche Regelung (zum ganzen *Wilhelm Nordemann/Jan Bernd Nordemann* FS Schricker II S. 473 ff.). Diese doppelte Natur der Doktrin ermöglicht und erfordert deshalb eine doppelte Anknüpfung. Die originäre Inhaberschaft des Urheberrechts bleibt zwar beim aus deutscher Sicht „echten" Urheber; gleichzeitig ist damit jedoch vertragsrechtlich – und deshalb nach dem Vertragsstatut zu beurteilen – eine umfassende, ausschließliche Nutzungsrechtseinräumung durch den ursprünglichen Urheber an den Auftraggeber verbunden.

85 Das anwendbare Recht regelt **Zustandekommen und Wirksamkeit** des Vertrages, Art. 10 Abs. 1 Rom-I-VO (s. aber die Ausnahmeregelung aus Billigkeitsgründen in Art. 10 Abs. 2 Rom-I-VO) sowie nach Art. 12 Abs. 1 Rom-I-VO (nicht abschließend: „insbesondere") die **Auslegung** (dazu BGH GRUR 2015, 264, Rn. 41; OLG München ZUM 2001, 439 ff. für einen Filmauswertungsvertrag), **Erfüllung bzw. Nichterfüllung** und deren Voraussetzungen (z. B. Fahrlässigkeit; s. BGH NJW-RR 2006, 1694) und Folgen, allerdings hinsichtlich der Schadensbemessung nur innerhalb der durch das deutsche Verfahrensrecht gezogenen Grenzen (s. auch der frühere Art. 32 Abs. 1 Nr. 3 EGBGB), die verschiedenen Arten des **Erlöschens** der Verpflichtungen, ihre Verjährung und eventuelle Rechtsverluste in deren Folge, Folgen einer **Nichtigkeit** des Vertrages, eventuelle Nachvergütungsansprüche (zu § 32b UrhG OGH, 17.11.2015, 4 Ob 98/15p – *Design Center II*) usw. Bei der Beurteilung der **Art und Weise der Erfüllung**, d. h. ihre äußere Abwicklung (BGH NJW-RR 2006, 1694) und der dem Gläubiger unter Umständen obliegenden Maßnahmen bei Nichterfüllung ist das Recht des Staates, in dem erfüllt wird, zu berücksichtigen, Art. 12 Abs. 2 Rom-I-VO. Auch eventuelle gesetzliche Vermutungen oder **Beweislastregelungen** des Vertragsstatutes sind anwendbar (Art. 18 Abs. 1 Rom-I-VO; z. B. § 89 UrhG; dazu Schricker/Loewenheim/*Katzenberger/Metzger*[5] Rn. 161). Zum Beweis des Rechtsgeschäfts selbst können die *Parteien (außerdem) die* **Beweismittel** des deutschen Rechts sowie – soweit zulässig – diejenigen des Formstatuts heranziehen (Art. 18 Abs. 2 Rom-I-VO). Zu § 63a vgl. Rn. 65.

c) International zwingende Normen: Nach Art. 9 Abs. 2 Rom-I-VO (früher **86** Art. 34 EGBGB) sind unabhängig vom Vertragsstatut zwingende Normen des deutschen Rechts, die ohne Rücksicht auf das auf den Vertrag anzuwendende Recht den Sachverhalt zwingend regeln (sog. **Eingriffsnormen**, Art. 9 Abs. 1 Rom-I-VO), (punktuell) anwendbar, wenn deutsches Recht *lex fori* ist, also die deutschen Gerichte entscheiden. Neben den Eingriffsnormen der *lex fori* können die Eingriffsnormen des Staates, in dem die vertraglichen Verpflichtungen zu erfüllen oder erfüllt worden sind, Anwendung finden, allerdings nur dann, wenn diese Normen die Erfüllung „unrechtmäßig werden lassen" (Art. 9 Abs. 3 Rom-I-VO). In diesem Zusammenhang ist sehr streitig, welche Normen insb. des deutschen UrhG über die Sonderanknüpfung des Art. 9 Abs. 2 Rom-I-VO anwendbar sind. Nach einer in der urheberrechtlichen Literatur verbreiteten, jedoch deutlich zu weit gehenden Auffassung sind als zwingende Normen i. S. d. Art. 9 Rom-I-VO nahezu alle intern zwingenden, weil den Urheber als schwächere Vertragspartei schützenden Regelungen des deutschen UrhG anzuwenden (z. B. Schricker/Loewenheim/*Katzenberger*[4] Rn. 162 ff.; Dreier/ Schulze/*Dreier*[5] Rn. 55; Möhring/Nicolini/*Hartmann*[2] Vor §§ 120 ff. Rn. 45; anders jetzt aber Schricker/Loewenheim/*Katzenberger/Metzger*[5] Rn. 165; Wandtke/Bullinger/*v. Welser*[4] Rn. 25; s. a. – allerdings ohne Berufung auf Art. 34 EGBGB – LG Hamburg ZUM 2001, 711 – *Kunstwerke auf „Spiegel"-CD-ROM*). International sollen sich somit auch gegenüber einem ausländischen Vertragsstatut durchsetzen z. B. §§ 12–14, 32 und 32a, der frühere 31 Abs. 4, 31 Abs. 5, 40 Abs. 1 und 2, 41 und 42, 69d Abs. 2 und 3, 69e und 69d Abs. 1, 87e UrhG. Allerdings dürfte die bloße Unabdingbarkeit insb. der genannten Normen nach deutschem materiellen Recht für eine Sonderanknüpfung im Rahmen des Art. 9 Rom-I-VO nicht ausreichen (so nun auch BGH GRUR 2015, 264, Rn. 44 ff. – *Hi Hotel II*). Nach Art. 9 Abs. 1 ist vielmehr ein klarer Wille des Gesetzgebers, die betreffende Norm unabhängig von dem im Übrigen auf den Sachverhalt anzuwendenden Recht durchzusetzen, erforderlich („(Norm), deren Einhaltung von einem Staat als so entscheidend für die Wahrung seines öffentlichen Interesses, insbesondere seiner politischen, sozialen oder wirtschaftlichen Organisation, angesehen wird, dass sie ungeachtet des nach Maßgabe dieser Verordnung auf den Vertrag anzuwendenden Rechts auf alle Sachverhalte anzuwenden ist, die in ihren Anwendungsbereich fallen"). Es muss sich mithin um national zwingendes Recht mit internationalem Geltungsanspruch handeln, das nicht nur den Ausgleich widerstreitender Individualinteressen, sondern zumindest auch öffentliche Gemeinwohlinteressen verfolgt (BGH GRUR 2015, 264, Rn. 47 – *Hi Hotel II*; BGH NJW 2006, 762, Ls., zum VerbrKrG, das nicht international zwingend ist). Insoweit ist ferner zu berücksichtigen, dass das Kollisionsrecht gerade auf dem Grundsatz fußt, dass alle in Betracht kommenden nationalen Rechte grundsätzlich gleichwertig angewandt werden, und zwar allein nach den eher abstrakten Kriterien der unterschiedlichen Anknüpfungspunkte. Für eine inhaltliche, materiell-rechtliche Wertung der in Betracht kommenden Rechte soll dabei gerade kein Raum sein. Art. 9 Rom-I-VO stellt demgegenüber einen – auf Art. 8 EVÜ zurückgehenden – Fremdkörper dar, der als Ausnahmeregelung eng auszulegen ist. Im Übrigen wären die Regelungen des Art. 3 Abs. 3 und 4 Rom-I-VO überflüssig, wenn alle intern zwingenden Normen ohnehin unter Art. 9 fielen: Denn dann gäbe es gar keine Fälle, in denen Art. 3 Abs. 3 oder 4 Rom-I-VO über Art. 9 hinaus noch irgendeiner nationalen Norm zur Anwendung verhelfen könnte.

Insgesamt muss für eine **Sonderanknüpfung** im Rahmen des Art. 9 Rom-I-VO **87** ebenso wie bei Art. 34 EGBGB der **Inlandsbezug** des zu entscheidenden Falls umso stärker sein, je schwächer das Gewicht der durch die Eingriffsnorm geschützten öffentlichen Interessen ist; die bloße Unabdingbarkeit nach deutschem materiellen Recht genügt ausdrücklich nicht (Palandt/*Thorn*[76] Art. 9

Rom-I-VO Rn. 5 m. w. N.). Ob es für eine enge Verbindung mit Deutschland in diesem Sinne ausreicht, dass um Schutz für Deutschland nachgesucht wird (so Dreier/Schulze/*Dreier*[5] Rn. 55, unter Berufung auf *Katzenberger*), ist allerdings zweifelhaft, denn damit dürfte die gewollte Einschränkung in der Praxis kaum stattfinden. Vielmehr wird jedenfalls dann, wenn eine Verwertung in mehreren Staaten stattfindet, in Deutschland zumindest ein wesentlicher Teil der Gesamtnutzung stattfinden müssen (krit. auch *Riesenhuber* ZUM 2007, 949).

88 §§ 12–14 mögen nach alledem – da hier wohl Grundwertungen des Gesetzgebers zum Ausdruck kommen – möglicherweise noch über Art. 9 Rom-I-VO bzw. Art. 34 EGBGB a. F. anwendbar sein. Für alle weiteren das Vertragsrecht berührenden Normen des Urheberrechtsgesetzes stellt jedoch § 32b UrhG jedenfalls seit der Urhebervertragsrechtsreform klar, dass alle dort nicht genannten oder in Bezug genommenen Normen nicht zu dem eng umgrenzten Kreis der für eine Sonderanknüpfung im Rahmen des Art. 9 Rom-I-VO in Betracht kommenden Regelungen zählen (s. BGH GRUR 2015, 264, Rn. 44. ff., 52; differenzierend *Schack* FS Heldrich S. 997, 1000, 1004; a. A. Schricker/Loewenheim/*Katzenberger*[5] § 32b Rn. 33 f.; anders Schricker/Loewenheim/*Katzenberger/Metzger*[5] Rn. 165). Dies gilt umso mehr, als § 32b auch im Zuge der weiteren Reformen des UrhG u. a. durch den sog. 2. Korb nicht ergänzt worden ist. Insb. der frühere § 31 Abs. 4 UrhG zählt mithin ebenso wenig wie die ihm nachfolgenden Regelungen in § 31a – der als Formvorschrift ohnehin grundsätzlich dem Formstatut unterliegt, s. Art. 11 Rom-I-VO und Art. 12 Abs. 1 *e contratrio* – und § 32c (vgl. Rn. 73) zu den international zwingenden Normen i. S. d. Art. 9 Rom-I-VO bzw. Art. 34 EGBGB a. F. Ob in Bezug auf § 32c schlicht vergessen wurde, § 32b zu ändern, wird sich zeigen; ohne eine ausdrückliche Bezugnahme ist jedenfalls ein besonderes öffentliches Interesse ebenso wenig erkennbar wie ein internationaler Geltungswille der Norm. Auch § 31 Abs. 5 UrhG – der zudem eine Frage der Auslegung und mithin etwas untrennbar mit dem Vertragsstatut selbst Verbundenes betrifft – kann nicht über Art. 9 Rom-I-VO bzw. Art. 34 EGBGB a. F. zur Anwendung kommen (BGH GRUR 2015, 264, Rn. 44 ff.; Schricker/Loewenheim/*Katzenberger/Metzger*[5] Rn. 165; Wandtke/Bullinger/*v. Welser*[4] § 32b Rn. 2; Büscher/Dittmer/Schiwy/*Obergfell*[2] Rn. 14; differenzierend *Schack* FS Heldrich S. 997, 1004; a. A. noch OLG Köln ZUM 2011, 574, im Ls. – *Hi Hotel*; Dreier/Schulze/*Dreier*[5] Rn. 55). Für dieses Ergebnis spricht im Übrigen, dass spätestens mit der Urhebervertragsrechtsreform von 2002, die dem Urheber gerade einen Anspruch auf angemessene Vergütung für die Nutzung seiner Werke sichert, die primäre Rechtfertigung für eine Reihe der eben aufgeführten Regelungen entfallen ist. Jedenfalls soweit ein Werk auf eine neue Nutzungsart im Sinne des § 31 Abs. 4 a. F. UrhG nach dem 28.3.2002 genutzt wird, gilt dies wegen § 132 Abs. 3 S. 2 UrhG auch für Altverträge aus der Zeit seit Einführung des § 31 Abs. 4 UrhG im Jahre 1966; insoweit stellt § 32a UrhG international zwingend eine faire Vergütung auch für diese Verträge sicher (ebenso *Wilhelm Nordemann/Jan Bernd Nordemann* FS Schricker II S. 473, 482; a. A. zur Bedeutung des § 11 UrhG Schricker/Loewenheim/*Katzenberger*[5] § 32b Rn. 34). § 36b ist schon wegen § 32b, der die angemessene Vergütung des Urhebers bei ausländischem Vertragsstatut sichert, nicht international zwingend in diesem Sinne; ohnehin kennt jedenfalls aktuell keine andere Rechtsordnung gemeinsame Vergütungsregeln nach dem Muster der §§ 36 ff., so dass seine international zwingende Anwendung bei einem anderen als duetschem Vertragsstatut ins Leere führen müßte.

89 *d) Zeitlicher Anwendungsbereich; frühere DDR:* Die Regelungen der Art. 27 ff. EGBGB waren seit 1.9.1986 und sind bis heute für alle vor dem 17.12.2009 geschlossenen Verträge in Kraft; für alle seit dem 17.12.2009 geschlossenen

Verträge gilt die Rom-I-VO (Art. 28 Rom-I-VO). Für alle vor dem 1.9.1986 zustande gekommenen Verträge gilt nach Art. 220 Abs. 1 EGBGB das EGBGB in seiner bis 31.8.1986 geltenden Fassung. Nach der hier vertretenen Einheitstheorie gilt dies auch für alle zeitlich nicht teilbaren und nicht begrenzten Wirkungen vertraglicher Verfügungen, sofern sie vor dem 1.9.1986 eingetreten sind. Für alle nach diesem Zeitpunkt eingetretenen oder sonst teilbaren Wirkungen gilt grundsätzlich *ex nunc* das neue Recht (MüKo BGB/*Sonnenberger*[4] Art. 220 EGBGB Rn. 11 ff.). Für vor dem 3.10.1990 geschlossene Verträge aus der ehemaligen DDR ist nach Art. 232 § 1 EGBGB nach wie vor das frühere DDR-Recht anwendbar. Allerdings können im Einzelfall sozialistisch geprägte Regelungen verdrängt werden, sofern sie tragenden Grundsätzen des BGB widersprechen (str.; wie hier Dreier/Schulze/*Dreier*[5] Rn. 57; näher *Katzenberger* GRUR Int. 1992, 2, 15 ff.).

e) Einzelne Urheberrechtsverträge: Haben die Parteien das anwendbare Recht **90** gewählt, so bestimmt dieses im Wesentlichen über Inhalt und Auslegung des gesamten Vertrages, d. h. sowohl seines schuld- als auch seines verfügungsrechtlichen Teils. Ist keine Rechtswahl erfolgt, ist die **objektive Anknüpfung** des Vertragsstatutes streitig (zur Anknüpfung an das Recht der engsten Verbindung oben Rn. 82). Die herrschende und richtige Auffassung nimmt an, dass der Urheber jedenfalls dann die charakteristische Leistung i. S. d. Art. 4 Abs. 2 Rom-I-VO bzw. Art. 28 Abs. 2 EGBGB a. F. erbringt, wenn er ein **einfaches Nutzungsrecht** einräumt, der Vertragspartner also lediglich ein Entgelt zahlen muss (z. B. Erwerb von Bildern von einer Fotoagentur). In diesen Fällen ist Vertragsstatut das Recht am Sitz des Urhebers bzw. Rechteinhabers (LG München, Urteil vom 9.12.2011, 21 O 7755/10 Tz. 35 ff. – *Falco*, verfügbar bei juris). Wird dem Erwerber hingegen ein **ausschließliches Recht** übertragen oder übernimmt er eine **Verwertungspflicht**, verschiebt sich der Schwerpunkt des Vertrages hin zur Verwertung, sodass hier davon auszugehen ist, dass der Verwerter die charakteristische Leistung erbringt oder jedenfalls die engste Beziehung zu dem Staat seines Sitzes besteht (BGH GRUR 2001, 1134, 1136 – *Lepo Sumera*). Dies ist regelmäßig der Fall für **Verlagsverträge**, sodass ohne abweichende Rechtswahl das Recht am Sitz des Verlages Vertragsstatut ist (BGH GRUR 2001, 1134, 1136 – *Lepo Sumera*; LG Hamburg GRUR Int. 2010, 67 – *Dimitri Kabalewski*). Das soll auch für die Weiterübertragung bereits eingeräumter Nutzungsrechte gelten (Dreier/Schulze/*Dreier*[5] Rn. 52). Bei einem Verlagsvertrag ist somit das Recht am Sitz bzw. Niederlassungsort des Verlages anzuwenden. Dies gilt für den Lizenznehmer bei **verlagsrechtlichen Lizenzverträgen** (BGH GRUR 1960, 447, 448 – *Comics*) ebenso wie für Filmverleih- und Filmauswertungsverträge. Bei **Wahrnehmungsverträgen** zwischen Urhebern und Bühnenverlagen oder Verwertungsgesellschaften steht die Rechtewahrnehmung im Vordergrund. Vertragsstatut muss somit die Rechtsordnung am Niederlassungsort des wahrnehmenden Unternehmens sein. Dies gilt grundsätzlich auch für Nutzungsrechte, die eine Verwertungsgesellschaft einem individuellen Nutzer einräumt. s. zum Vorstehenden aus der Rspr. z. B. BGH GRUR 2001, 1134, 1136 – *Lepo Sumera*; BGH GRUR 1980, 227, 230 – *Monumenta Germaniae Historica* (Verlagsvertrag); GRUR 1970, 40, 42 – *Musikverleger I*; GRUR 1960, 447, 448 – *Comics* (verlagsrechtlicher Lizenzvertrag); GRUR 1956, 135, 137 f. – *Sorrell and Son*; OLG München *Erich Schulze* OLGZ 8 bzw. OLG Frankfurt *Erich Schulze* OLGZ 183: jeweils Verfilmungsvertrag; BGH UFITA 23 [1957], 88; BGH 32 [1960], 186: jeweils Filmverleihvertrag. Bei einem Vergleich nach Geltendmachung von Verletzungsansprüchen spricht viel dafür, auf den Vergleichsvertrag das Recht am Sitz desjenigen anzuwenden, der die Ansprüche geltend gemacht hat, jedenfalls wenn eine internationale Verwertung bzw. Verletzung im Streit stand (so für einen Vergleich nach Patentverletzung BGH GRUR 2010, 322 – *Sektionaltor*). Dies gilt allerdings wohl nicht, wenn eine Verletzung nur in einem Staat geltend gemacht bzw. beigelegt wird; dann ist mangels Rechtswahl das Recht dieses Staates anzuwenden (in diese Richtung für das Patentrecht auch BGH GRUR 2010, 322 – *Sektionaltor).*

6. Sonderanknüpfung bei Arbeits- und Verbraucherverträgen

91 **a) Arbeitsverträge:** Für Arbeitsverträge sieht Art. 8 Rom-I-VO bzw. Art. 30 EGBGB a. F. vor, dass die Wahl eines anderen Rechts dem Arbeitnehmer nach Art. 8 Abs. 1 Rom-I-VO bzw. Art. 30 Abs. 1 EGBGB a. F. nicht den Schutz zwingender Normen desjenigen Staates nehmen darf, dessen Recht ohne Rechtswahl anzuwenden wäre. Mangels Rechtswahl und vorbehaltlich einer engeren Verbindung zu einem anderen Staat werden Arbeitsverträge nach Art. 8 Abs. 2 Rom-I-VO bzw. Art. 30 Abs. 2 EGBGB a. F. dem Recht des Staates unterstellt, in dem oder von dem aus der Arbeitnehmer in Erfüllung seines Arbeitsverträge gewöhnlich seine Arbeit verrichtet oder, lässt sich ein solcher gewöhnlicher Arbeitsort nicht bestimmen, nach dem Recht desjenigen Staates, in dem sich die einstellende Niederlassung befindet. Dabei befindet das Arbeitsvertragsstatut nach der hier vertretenen Auffassung jedoch lediglich über die Frage eines eventuellen **Rechtsübergangs** und dessen Umfangs auf den Arbeitgeber, nicht jedoch über die Frage, wer erster Inhaber des Urheberrechts (geworden) ist (LG München I v. 14.5.2012 – 21 O 14914/09 Tz. 50 ff., verfügbar bei juris; a. A. *Birk* UFITA 108 [1988], 101). Enthält das anwendbare Arbeitsvertragsrecht keine Regelung über den Rechtsübergang auf den Arbeitgeber, so kann deutsches Schutzlandrecht wegen Normenmangels durch kollisionsrechtliche Angleichung (dazu Palandt/*Thorn*[76] Vor Art. 3 EGBGB Rn. 32) auf diese Frage anzuwenden sein (LG München I v. 14.5.2012 – 21 O 14914/09 Tz. 50 ff.).

92 **b) Verbraucherverträge:** Für Verbraucherverträge enthalten Art. 6 Rom-I-VO bzw. Art. 29 und Art. 29a EGBGB a. F. besondere Vorschriften, die dem Verbraucher bei Vorliegen bestimmter Voraussetzungen den Schutz des Rechts an seinem gewöhnlichen Aufenthalt erhalten sollen. Im Urheberrecht kommt dies vor allem für Nutzungsverträge (Download von Musik oder Filmen), jedoch wohl nur im Ausnahmefall für einen Urheber, der einen vereinzelten Vertrag zur Verwertung seines Werkes schließt, in Betracht. Hat der Vertragspartner des Verbrauchers vor Vertragsschluss im Staat des gewöhnlichen Aufenthalts des Verbrauchers die Leistung ausdrücklich angeboten oder dafür geworben und der Verbraucher in diesem Staat oder von diesem Staat aus das Angebot des Vertragspartners angenommen oder selbst ein Angebot gemacht, oder hat der Vertragspartner des Verbrauchers bzw. sein Vertreter im Aufenthaltsstaat des Verbrauchers dessen Bestellung entgegengenommen oder hat der Vertragspartner des Verbrauchers für diesen eine Reise in einen anderen Staat organisiert, während derer der Verbraucher Ware beim Vertragspartner kauft (Kaffeefahrten), so kommt Art. 6 Rom-I-VO bzw. Art. 29 EGBGB a. F. – für vor dem 17.12.2009 geschlossene Verträge – zur Anwendung. Die Parteien können dann zwar gemäß Art. 6 Abs. 2 Rom-I-VO bzw. Art. 29 Abs. 1 EGBGB a. F. grundsätzlich das auf den Vertrag anwendbare Recht frei wählen; dieses Recht wird jedoch punktuell von den verbraucherschützenden Bestimmungen des Aufenthaltsrechts des Verbrauchers verdrängt. Haben die Parteien kein Recht gewählt, so unterliegt der Vertrag, wenn die eben bezeichneten Voraussetzungen vorliegen, insgesamt dem Recht am gewöhnlichen Aufenthaltsort des Verbrauchers (Art. 6 Abs. 1 Rom-I-VO, Art. 29 Abs. 2 EGBGB a. F.). In jedem Fall unterliegt der Vertrag ausschließlich den Formvorschriften des Rechts am gewöhnlichen Aufenthaltsort des Verbrauchers, Art. 11 Abs. 4 Rom-I-VO, Art. 29 Abs. 3 EGBGB a. F. (z. B. den Bestimmungen der §§ 355 ff. BGB). Auch hier kommt im Übrigen Art. 3 Abs. 4 Rom-I-VO zur Anwendung.

IV. Internationale Zuständigkeit, Anerkennung und Vollstreckung

1. Allgemeines

a) Einführung: Mehrere Normenkomplexe regeln heute die internationale Zu-   **93**
ständigkeit deutscher Gerichte, die – ebenso wie die Frage des anwendbaren
Rechts, dazu oben vgl. Rn. 58 – auch in der Revisionsinstanz von Amts wegen
zu überprüfen ist (st. Rspr., BGH GRUR 2014, 559, Rn. 11 – *Tarzan*; GRUR
2010, 628 Tz. 14 – *Vorschaubilder*). Die Zuständigkeit der Gerichte der EU-
Mitgliedstaaten untereinander – also die Zuständigkeit der Gerichte eines Mitgliedstaates für Verfahren, bei denen mindestens eine Partei in einem anderen
EU-Mitgliedstaat ansässig ist – bestimmte sich seit dem 1.3.2002 zunächst
nach der Europäischen Verordnung Nr. 44/2001 vom 22.12.2000 über die gerichtliche Zuständigkeit und die Anerkennung und Vollstreckung von Entscheidung in Zivil- und Handelssachen (EuGVVO oder Brüssel-I-Verordnung; dazu
Piltz NJW 2002, 789 ff.), die zum 10.1.2015 durch die sog. **Brüssel-Ia-Verord-
nung** (Verordnung Nr. 1215/2012 vom 12.12.2012 über die gerichtliche Zuständigkeit und die Anerkennung und Vollstreckung von Entscheidung in Zivil-
und Handelssachen) ersetzt wurde. Beide Verordnungen lösen zwischen den
Mitgliedstaaten mit Ausnahme von Dänemark (Art. 1 (3) VO 44/2001 und
ErwG 41 Brüssel-Ia-VO) das EuGVÜ (Brüsseler Übereinkommen) in der Fassung des dritten Beitrittsübereinkommens (Europäisches Gerichtsstand- und
Vollstreckungsübereinkommen vom 27.9.1968 ab.). Im Wesentlichen übernimmt Brüssel-Ia die Regelungen des Brüsseler Übereinkommens, präzisiert
und ergänzt diese allerdings in einigen Punkten. In ihrem Anwendungsbereich
verdrängt Brüssel-Ia ebenso wie bereits vorher das EuGVÜ autonome nationale
Zuständigkeitsregelungen vollständig. Nach der ZPO richtet sich die internationale Zuständigkeit deutscher Gerichte also nur in den Fällen, in denen der
persönliche und/oder der sachliche Anwendungsbereich der Brüssel-Ia-VO
bzw. des EuGVÜ nicht eröffnet sind. Richtet sich die internationale Zuständigkeit nach den Vorschriften der ZPO, so sind dort die Regeln zur Bestimmung
der örtlichen Zuständigkeit spiegelbildlich auf die der internationalen anzuwenden. Zur Prozesskostensicherheit, für die nach der Neufassung des § 110
ZPO nur noch auf den Wohnsitz, nicht mehr auf die Staatsangehörigkeit abzustellen ist, vgl. Rn. 19.

b) Anwendungsbereich: Die Brüssel-Ia-VO , das EuGVÜ oder das Lugano-   **94**
Übereinkommen (LugVÜ; dazu Zöller/*Geimer*[30] Art. 1 EuGVVO, Rn. 16 ff.)
ist dann anzuwenden, wenn der Beklagte seinen Wohnsitz oder Sitz innerhalb
eines Vertragsstaates hat; gewöhnlicher Aufenthalt reicht insofern nicht aus,
Art. 4 Brüssel-Ia-VO /EuGVÜ/LugVÜ. Darüber hinaus findet die Brüssel-Ia-
VO auch dann Anwendung, wenn eine der im Katalog des Art. 24 Brüssel-Ia-
VO (Art. 16 EuGVÜ bzw. LugVÜ) genannten ausschließlichen Zuständigkeiten
vorliegt oder durch eine Gerichtsstandsvereinbarung gemäß Art. 25 Brüssel-Ia-
VO (Art. 17 EuGVÜ bzw. LugVÜ) lediglich eine Partei ihren Sitz in einem
Vertragsstaat hat und die Parteien die Zuständigkeit der Gerichte eines Ver-
tragsstaates vereinbart haben. Art. 4 Brüssel-Ia-VO (Art. 2 EuGVÜ bzw.
LugVÜ) erklärt grundsätzlich die Gerichte des Staates, in dem die beklagte
Partei ihren **Sitz** bzw. ihren Wohnsitz hat, unabhängig von deren Staatsangehörigkeit für anwendbar. Gemäß Art. 62 Brüssel-Ia-VO bestimmt das Recht des
Staates, in dem der Wohnsitz der betroffenen Partei (angeblich) liegt, ob dort
tatsächlich ein Wohnsitz besteht oder nicht. Die Vorschrift entspricht insofern
Art. 52 EuGVÜ bzw. LugVÜ. Art. 63 Brüssel-Ia-VO stellt für die Frage, wo
der Sitz der betroffenen juristischen Person sich befindet, im Wesentlichen
übereinstimmend mit Art. 58 EGV auf drei materielle Kriterien ab, nämlich
den satzungsmäßigen Sitz, die Hauptverwaltung (zu diesem Begriff BAG NJW
2008, 2797) oder die Hauptniederlassung der juristischen Person (Art. 63

Abs. 1 Brüssel-Ia-VO). Nur für *trusts* soll das angerufene Gericht dessen Sitz weiterhin nach seinen eigenen kollisionsrechtlichen Vorschriften bestimmen (Art. 63 Abs. 3 Brüssel-Ia-VO). In Großbritannien und Irland soll als „satzungsmäßiger Sitz" das *registered office* oder, in Ermangelung eines solchen, der *place of incorporation* bzw. hilfsweise der Gründungsort gelten (Art. 63 Abs. 2 Brüssel-Ia-VO).

95 Wie bereits Art. 6 Nr. 1 EuGVÜ sieht auch Art. 8 Nr. 1 Brüssel-Ia-VO einen Gerichtsstand der **Streitgenossenschaft** vor. Danach kann, wenn mehrere Personen zusammen verklagt werden, ein Beklagter, der seinen Wohnsitz im Hoheitsgebiet eines Mitgliedstaates hat, auch vor dem Gericht des Ortes am Wohnsitz eines der anderen Beklagten verklagt werden, wenn zwischen den verschiedenen Klagen eine so enge Beziehung besteht, dass diese zur Vermeidung widersprüchlicher Entscheidungen gemeinsam verhandelt und entschieden werden müssen (zur Zuständigkeit nach Art. 8 Nr. 1, wenn die Klage gegen den in dem Gerichtsstaat Ansässigen von vornherein unzulässig ist, EuGH NJW 2006, 3550). Art. 8 Nr. 1 Brüssel-Ia-VO eröffnet allerdings nur über den Wohnsitz eines der Beklagten einen Gerichtsstand (EuGH NJW 2007, 3702, 3704 f. Tz. 31 ff. – *Freeport plc/Olle Arnoldsen*), nicht jedoch z. B. über einen Vertragsgerichtsstand nach Art. 7 Nr. 1 Brüssel-Ia-VO oder den Deliktsgerichtsstand des Art. 7 Nr. 2 Brüssel-Ia-VO bzw. EuGVÜ (s. EuGH GRUR 2007, 47 ff. – *Roche Nederland*; BGH GRUR 2007, 705, 706 f. – *Aufarbeitung von Fahrzeugkomponenten*; dazu jetzt Vorlagebeschluß OLG Düsseldorf GRUR 2016, 616, Rn. 12 ff. – *Fernbedienung für Videospielkonsole*). Art. 8 Nr. 1 Brüssel-Ia-VO kann ebensowenig eine Zuständigkeit des Gerichtes, das für den weiteren Beklagten nur aufgrund einer Gerichtsstandsklausel, Art. 25 Brüssel-Ia-VO bzw. Art. 17 EuGVÜ, zuständig ist, eröffnen.

2.   Zuständigkeit bei Urheberrechtsverletzung

96 **a) Europäisches Recht:** Art. 7 Nr. 2 Brüssel-Ia-VO erklärt das Gerichts des Ortes, an dem das schädigende Ereignis eingetreten ist oder einzutreten droht, für alle Verfahren, deren Gegenstand eine unerlaubte Handlung oder ihr gleichgestellte Handlung bzw. Ansprüche aus einer solchen Handlung sind, für zuständig (für das Urheberrecht z. B. EuGH GRUR 2016, 927 – *Austro-Mechana*; EuGH GRUR 2015, 296 – *Hejduk/Energie-Agentur*; BGH GRUR 2016, 487, Rn. 13 f. – *Wagenfeld-Leuchte II;* BGH GRUR 2016, 490, Rn. 16 f. – *Marcel-Breuer-Möbel II;* BGH GRUR 2015, 264, Rn. 13 ff. – *Hi Hotel II;* BGH GRUR 2007, 871, 872 – *Wagenfeld-Leuchte*; OLG München GRUR-RR 2010, 157 Tz. 42 – *Zeitungszeugen II*; zu § 101 UrhG OLG Köln GRUR-RR 2011, 305 – *Schweizer Sharehoster*). Art. 7 Nr. 2 Brüssel-Ia-VO erfasst ebenso wie Art. 5 Nr. 3 EuGVÜ die gesamte Haftung für außervertragliche Rechtsverletzungen mit Ausnahme von Ansprüchen aus ungerechtfertigter Bereicherung. Insb. Ansprüche aus der Verletzung von Immaterialgüterrechten und aus Wettbewerbsrecht fallen unter Art. 7 Nr. 2. Unter Geltung des Art. 5 Nr. 3 EuGVÜ/LugVÜ war streitig, jedoch von der vorherrschenden Auffassung in der Literatur bejaht, ob auch vorbeugende Unterlassungsklagen unter Art. 7 Nr. 2 fallen (so die deutsche Rspr.: BGH GRUR 2007, 871, 872 – *Wagenfeld-Leuchte*; OLG Hamburg GRUR-RR 2008, 31 f. – *Exklusivitätsklausel)*; dies klärt nun Art. 7 Nr. 2 Brüssel-Ia-VO positiv. Auch negative Feststellungsklagen können in dem Gerichtsstand des Art. 7 Nr. 2 Brüssel-Ia-VO erhoben werden (EuGH GRUR 2013, 98 – *Folien Fischer*; nachfolgend BGH GRUR-RR 2013, 228 – *Trägermaterial für Karteformulare*).

97 Der „Ort, an dem das schädigende Ereignis eingetreten ist oder einzutreten droht", ist nach ständiger Rechtsprechung des EuGH **vertragsautonom** zu bestimmen (EuGH, 27.10.1998, Rs. C-51/97 – *Réunion*), hängt also nicht von möglicherweise abweichenden materiell- oder kollisionsrechtlichen Regeln des angerufenen Gerichts ab. Auch hier gibt es keinen Gleichlauf zwischen internationaler Zuständigkeit und anwendbarem Recht, sodass ein deutsches Gericht auch dann zuständig sein kann, wenn deutsches materielles Recht nicht zur Anwendung gelangt. Als Ort, an dem das schädigende Ereignis eingetreten ist, gilt im europäischen ähnlich wie im autonomen deutschen Zuständigkeitsrecht sowohl der Handlungs- als auch der Erfolgsort; lediglich der Ort des nachfolgenden Schadens eröffnet keine internationale Zuständigkeit. Der Geschädigte hat dabei die Wahl, an welchem der beiden Orte er vorgehen will. Fraglich ist insofern allerdings, ob dies auch dann gilt, Handlungs- und Erfolgsort also in diesem Sinne auseinanderfallen, wenn an einer Urheberrechtsverletzung in einem Staat in einem anderen Staat teilgenommen wird. Wird die Frage bejaht, könnte der Geschädigte sowohl am Ort der Teilnahmehandlung als auch an dem der Hauptverletzung gegen den Teilnehmer bzw. den Hauptverletzer vorgehen. Der Bundesgerichtshof hat diese Frage dem EuGH zur Vorabentscheidung vorgelegt (BGH GRUR 2012, 1069 – *Hi Hotel*); der EuGH hat dies verneint, aber festgehalten, dass eine Zuständigkeit in Frage kommt, wenn die Teilnahmehandlung im ersten Staat an der Verletzung im zweiten Staat auch zu einem Schaden im ersten Staat führen kann (EuGH GRUR 2014, 599 – *Hi Hotel/Spoering*; nachfolgend BGH GRUR 2015, 2264, Rn. 17 ff. – *Hi Hotel II*). Für die Zuständigkeit aufgrund einer Verletzung im Internet hatte der EuGH in der Entscheidung *Football Dataco* (EuGH GRUR 2012, 1245 – *Football Dataco*) zunächst bestimmt, dass neben dem Sitz desjenigen, von dem die verletzenden Handlung ausgeht, jedenfalls der Ort des bestimmungsgemäßen Abrufs der Daten bzw. ihres bestimmungsgemäßen Empfängers relevant ist. Er hat aber nun klargestellt, dass eine „Ausrichtung" der Website auf den betreffenden Staat nicht erforderlich ist, sondern es für die Begründung der Zuständigkeit nach Art. 7 Nr. 2 Brüssel-Ia-VO ausreicht, wenn die Website dort überhaupt abrufbar ist (EuGH GRUR 2014, 100, Rn. 42 – *Pinckney*; EuGH GRUR 2015, 296, Rn. 32 – *Hejduk;* für § 32 ZPO im Anschluss an EuGH nun ausdrücklich BGH GRUR 2016, 1048, Rn. 8 – *An Evening with Marlene Dietrich*). Streitig war im Anschluss an die *Shevill*-Entscheidung des EuGH *(*EuGH NJW 1995, 1881, 1882 – *Shevill I)*, ob das angerufene Gericht nur über den auf seinem Hoheitsgebiet eingetretenen Schaden oder aber über den Gesamtschaden entscheiden kann. Der EuGH hat nun entschieden, dass das im Deliktsgerichtsstand angerufene Gericht nur über den Schaden entscheiden kann, der in seinem Hoheitsgebiet entstanden ist (EuGH GRUR 2014, 100, Rn. 45 f. – *Pinckney*; EuGH GRUR GRUR 2015, 296, Rn. 36 ff. – *Hejduk;* a. A. Zöller/*Geimer*[30] Art. 5 EuGVVO Rn. 31 f.; differenzierend *Stauder* IPRax 1998, 317, 320). Allerdings dürfte so der Deliktsgerichtsstand, der dem Kläger ja grundsätzlich die Rechtsverfolgung erleichtern soll, keine Erleichterung, sondern bei Multistate- oder Streudelikten eine nahezu unzumutbare Erschwerung gegenüber dem allgemeinen Beklagtengerichtsstand bedeuten. Wird die Klage parallel sowohl auf deliktische als auch auf vertragliche Anspruchsgrundlagen gestützt, so ist das angerufene Gericht des Deliktsgerichtsstandes ohnehin nur zuständig für die deliktischen, nicht auch für die vertraglichen Ansprüche (EuGH NJW 1991, 631 f.; ebenso BGH NJW 1996, 1411, 1412, für § 32 ZPO; a. A. Zöller/*Geimer*[30] Art. 5 EuGVVO Rn. 34). Zur Zuständigkeit durch rügelose Einlassung BGH NJW 2007, 3501 ff.; auch bei Gerichtsstandsklausel: EuGH GRUR-RR 2016, 309 – *Taser International/Gate 4*. Bei Verletzungen des allgemeinen Persönlichkeitsrechts sind die deutschen Gerichte u. a. im Rahmen des Art. 7 Nr. 2 Brüssel-Ia-VO international zuständig, wenn die verletzte Person ihren Lebensmittelpunkt in Deutschland hat und die Verletzung hier erfolgt, weil etwa die Äußerungen in deutscher Sprache verbreitet werden (BGH GRUR 2012, 850 – *www.rainbow.at II*); ist dies nicht der Fall, fehlt der erforderliche Inlandsbezug, und eine internationale Zuständigkeit der deutschen Gerichte scheidet aus (BGH GRUR 2011, 558 – *www.womenineu-*

rope.com). Umgekehrt ist der Inlandsbezug vorhanden, wenn die im Internet verbreiteten Äußerungen einen deutlichen Inlandsbezug aufweisen und nach den Umständen des Falles eine Beeinträchtigung im Inland eintreten kann (EuGH GRUR 2012, 300 – *eDate Advertising*; BGH GRUR 2010, 461 – *The New York Times*).

98   b) § 32 ZPO: Sehr ähnlich eröffnet auch § 32 ZPO eine Zuständigkeit am Tatort (BGH GRUR 2016, 1048, Rn. 16 ff. – *An Evening with Marlene Dietrich*; LG Hamburg ZUM 2016, 887, Rn. 36 – *Internet-Blog*). Auch hier liegt der Tatort sowohl am Handlungs- als auch am Erfolgsort einer unerlaubten Handlung, wobei der Schadensort wiederum außer Betracht bleibt. Handlungsort ist der Ort, an dem der Täter gehandelt hat; Erfolgsort der Ort, an dem in das geschützte Rechtsgut eingegriffen worden ist. Bei Urheberrechtsverletzungen wird die Verletzungshandlung am Ort der Vornahme der Handlung (z. B. der nicht genehmigten Ausstellung oder Aufführung), nicht am Sitz des Urhebers begangen (BGH GRUR 1969, 564, 565 f. – *Festzeltbetrieb*; für ein jüngeres Beispiel LG Berlin ZUM-RD 2012, 160). Wird das Urheberrecht durch Inverkehrbringen eines urheberrechtswidrig hergestellten Exemplars begangen, ist Handlungsort nicht nur jeder Ort, an dem die Ware verkauft wird, sondern auch dort, wo jedenfalls wesentliche, auf den späteren Verkauf gerichtete Teilhandlungen vorgenommen worden sind. Bloße Vorbereitungshandlungen genügen zur Begründung eines Tatortes jedoch nicht. Wie im Rahmen des Art. 7 Nr. 2 Brüssel-Ia-VO ist für die internationale Zuständigkeit bei Urheberrechtsverletzungen im Internet eine „Ausrichtung" der Website auf Deutschland nicht erforderlich, sondern es reicht aus, wenn die Website in Deutschland überhaupt abrufbar ist (im Anschluss an EuGH nun ausdrücklich BGH GRUR 2016, 1048, Rn. 8 – *An Evening with Marlene Dietrich;* für die Brüssel-Ia-VO EuGH GRUR 2014, 100, Rn. 42 – *Pinckney*; EuGH GRUR 2015, 296, Rn. 32 – *Hejduk*).

99   c) **Doppelrelevante Tatsachen:** Bei Art. 7 Nr. 2 Brüssel-Ia-VO (Art. 5 Nr. 3 EuGVÜ/LugVÜ) muss die Zuständigkeit ebenso wie bei § 32 ZPO anhand von Tatsachen festgestellt werden, die im Rahmen der Begründetheit ebenfalls eine wesentliche Rolle spielen: Denn um festzustellen, wo gegebenenfalls ein Tatort liegt, muss zunächst einmal bestimmt werden, ob überhaupt eine Rechtsverletzung, d. h. eine unerlaubte Handlung vorliegt. Bei solchermaßen doppelrelevanten Tatsachen genügt es deshalb nach allgemeiner Auffassung, dass der Kläger eine unerlaubte Handlung im Gerichtsbezirk schlüssig behauptet (zuletzt BGH, Vorlagebeschluss, GRUR 2012, 1069 – *Hi Hotel*; grundlegend BGH NJW 1994, 1413 f.). Gelingt dem Kläger der Nachweis dieser Tatsachen später nicht, so ist die Klage nach ganz h. M. nicht etwa unzulässig, sondern unbegründet.

3.   Streitigkeiten aus Verträgen

100   Die internationale Zuständigkeit bei Streitigkeiten aus Vertragsverhältnissen regeln Art. 7 Nr. 1 Brüssel-Ia-VO, Art. 5 Nr. 1 EuGVÜ/LugVÜ bzw. § 29 ZPO sowie – für Verbrauchersachen – Art. 17 f. Brüssel-Ia-VO. Insoweit ergeben sich bei Urhebersachen keine Besonderheiten. Der EuGH hat insofern klargestellt, dass urheberrechtliche Nutzungsverträge keine Verträge über Dienstleistungen i. S. d. Art. 7 Nr. 1 lit. b) Brüssel-Ia-VO sind (EuGH GRUR 2009, 753 – *Falco Privatstiftung*).

101   Nach Art. 25 Brüssel-Ia-VO können die Parteien **Gerichtsstandsvereinbarungen** schriftlich oder mündlich mit schriftlicher Bestätigung (Art. 25 Abs. 1 lit. a) Brüssel-Ia-VO), in einer zwischen den Parteien gebräuchlichen Form (*Art. 25 Abs. 1 lit. b) Brüssel-Ia-VO*) oder im internationalen Handel in einer den Bräuchen der betreffenden Branche entsprechenden Form (Art. 25 Abs. 1 lit. c) Brüssel-Ia-VO) schließen, wenn mindestens eine von ihnen ihren

Wohnsitz im Hoheitsgebiet eines Mitgliedstaates hat. Das vereinbarte Gericht ist dann ausschließlich zuständig, wenn die Parteien nichts anderes vereinbart haben, Art. 25 Abs. 1 Brüssel-Ia-VO. Der Beklagte muß sich allerdings auf die Gerichtsstandsklausel berufen; läßt er sich rügelos ein, ist das angerufene Gericht auch entgegen einer Gerichtsstandsvereinbarung zuständig (EuGH GRUR-RR 2016, 309 – *Taser International/Gate 4*). Art. 25 Abs. 2 Brüssel-Ia-VO stellt nunmehr ausdrücklich klar, dass elektronische Übermittlungen jedenfalls dann der Schriftform gleichgestellt sind, wenn sie eine dauerhafte Aufzeichnung der Vereinbarung ermöglichen. Auch im autonomen deutschen internationalen Zivilprozessrecht ist die Vereinbarung der Zuständigkeit eines (deutschen) Gerichts gemäß § 38 Abs. 2 ZPO zulässig, wenn mindestens eine der Parteien der Zuständigkeitsvereinbarung keinen allgemeinen Gerichtsstand im Inland hat. Die Vereinbarung muss jedoch zumindest schriftlich bestätigt werden. Noch nicht abschließend geklärt ist, ob für eine schriftliche Bestätigung in diesem Sinne auch eine elektronische Übermittlung ausreicht. Da allerdings § 38 Abs. 2 ZPO nach dem Vorbild des alten Art. 17 EuGVÜ (also heute Art. 25 Brüssel-Ia-VO) geschaffen wurde und in erster Linie der Erleichterung des internationalen Rechtsverkehrs dienen sollte, ist dies wohl zu bejahen. Hat eine der Parteien der Zuständigkeitsvereinbarung im Inland einen allgemeinen Gerichtsstand, so kann für das Inland nur die Zuständigkeit eines Gerichts gewählt werden, an dem diese Partei entweder ihren allgemeinen oder einen besonderen Gerichtsstand aus der ZPO hat.

4. Einstweilige Maßnahmen

Art. 35 Brüssel-Ia-VO bestimmt wie bereits Art. 24 EuGVÜ, dass die Gerichte **102** jedes Mitgliedstaats über einstweilige Maßnahmen (zum Zusammenspiel von EuGVÜ und Art. 50 Abs. 6 TRIPS EuGH GRUR Int. 2002, 41 f. – *Route 66*), die ihr eigenes Recht vorsieht, auch dann entscheiden dürfen, wenn in der Hauptsache die Gerichte eines anderen Vertragsstaates zuständig sind. Das nationale Zuständigkeitsrecht wird also in diesem Bereich nicht durch das europäische Recht verdrängt, sodass grundsätzlich auch über § 23 ZPO eine Zuständigkeit begründet sein kann (OLG Köln NJW-RR 1997, 59 f.; OLG Düsseldorf RIW 1999, 873, 874). Allerdings kann insb. bei einstweiligen Verfügungen, die ohne Anhörung des Gegners erlassen worden sind, die spätere Anerkennung und Vollstreckung in einem anderen Mitgliedstaat problematisch sein. Denn nach der Rechtsprechung des EuGH sind solche Maßnahmen keine Entscheidungen im Sinne des Art. 36 Brüssel-Ia-VO bzw. Art. 25 EuGVÜ (EuGH GRUR Int. 1980, 512 f. – *Denilauler/Couchet*; OLG Hamm NJW-RR 1995, 189 f.; OLG München RIW 2000, 464) und müssen somit nicht ohne weitere Prüfung anerkannt werden, wie Art. 36 Brüssel-Ia-VO bzw. Art. 26 EuGVÜ dies für Urteile und Titel aus kontradiktorischen Verfahren im Grundsatz vorschreibt (s. aus der deutschen Rechtsprechung OLG Hamm NJW-RR 1995, 189 f.; OLG München RIW 2000, 464). Zu TRIPS und einstweiligen Maßnahmen im Urheberrecht *Karg* ZUM 2000, 934 ff.

5. Anerkennung und Vollstreckung gerichtlicher Entscheidungen

Gemäß Art. 36 Brüssel-Ia-VO werden Entscheidungen aus einem anderen Mit- **103** gliedstaat der Europäischen Union grundsätzlich ohne weiteres Verfahren anerkannt. Art. 45 Brüssel-Ia-VO zählt im Prinzip abschließend die Gründe auf, aus denen ausnahmsweise die **Anerkennung** einmal versagt werden darf. Die wichtigsten sind die *ordre-public*-Widrigkeit der anzuerkennenden Entscheidung gemäß Art. 45 Abs. 1 lit. a Brüssel-Ia-VO, die Versagung rechtlichen Gehörs bzw. die Nichtbeteiligung des Beklagten am Verfahren, Art. 45 Abs. 1 lit. b Brüssel-Ia-VO, sowie das Vorliegen einer widersprechenden früheren Entscheidung über denselben Streitgegenstand aus einem anderen bzw. einer widersprechenden Entscheidung in der gleichen Sache aus dem anerkennenden

Mitgliedstaat, Art. 45 Abs. 1 lit. c und d Brüssel-Ia-VO. Eine Überprüfung der ausländischen Entscheidung in der Sache schließt Art. 52 jedoch ausdrücklich aus. Außerhalb des Anwendungsbereichs des Brüssel-Ia-VO /EuGVÜ/LugVÜ werden ausländische Urteile in Deutschland gemäß § 328 ZPO dann anerkannt, wenn das ausländische Gericht nach deutschen Zuständigkeitsnormen zuständig war, § 328 Abs. 1 Nr. 1 ZPO. Ein ausländischer Titel kann hingegen nicht anerkannt werden, wenn dem Beklagten das rechtliche Gehör versagt worden war, § 328 Abs. 1 Nr. 2 ZPO, wenn es einem früheren Urteil in der gleichen Sache widerspricht oder aber die Entscheidung *ordre-public*-widrig ist.

104 Für die **Vollstreckung** eines ausländischen Titels ist grundsätzlich eine Vollstreckbarerklärung (*exequatur*) erforderlich. Im autonomen deutschen Recht geschieht dies grundsätzlich durch ein Vollstreckungsurteil, § 722 ZPO. Im europäischen Recht ist eine Vollstreckbarerklärung hingegen nicht erforderlich, Art. 39 Brüssel-Ia-VO (anders noch Art. 31 EuGVÜ). Zu den Einzelheiten Art. 39 ff. Brüssel-Ia-VO.

Unterabschnitt 1   **Urheberrecht**

§ 120   Deutsche Staatsangehörige und Staatsangehörige anderer EU-Staaten und EWR-Staaten

(1) [1]Deutsche Staatsangehörige genießen den urheberrechtlichen Schutz für alle ihre Werke, gleichviel, ob und wo die Werke erschienen sind. [2]Ist ein Werk von Miturhebern (§ 8) geschaffen, so genügt es, wenn ein Miturheber deutscher Staatsangehöriger ist.

(2) Deutschen Staatsangehörigen stehen gleich:
1. **Deutsche im Sinne des Artikels 116 Abs. 1 des Grundgesetzes, die nicht die deutsche Staatsangehörigkeit besitzen, und**
2. **Staatsangehörige eines anderen Mitgliedstaates der Europäischen Union oder eines anderen Vertragsstaates des Abkommens über den Europäischen Wirtschaftsraum.**

I. Allgemeines

1 Nach § 120 findet das UrhG auf Urheber deutscher Staatsangehörigkeit, Statusdeutsche (§ 120 Abs. 2 Nr. 1) und ihnen gleichgestellte Ausländer (EU- bzw. EWR-Angehörige, § 120 Abs. 2 Nr. 2) sowie Staatenlose und Flüchtlinge mit gewöhnlichem Aufenthalt in Deutschland (§§ 122 Abs. 1, 123) oder in einem anderen EU- oder EWR-Staat (§§ 123 und 122 Abs. 2) Anwendung, und zwar unabhängig davon, ob ihre Werke überhaupt und wo sie erschienen sind. Die Bestimmung entspricht in **Abs. 1 S. 1** dem früheren Gesetzesrecht (§ 54 LUG, § 51 KUG), in **Abs. 1 S. 2** der früheren allgemeinen Meinung (z. B. *Ulmer*, Urheber- und VerlagsR[2] S. 171; *Bappert/Wagner* Anm. 12 zu Art. 4 RBÜ und Anm. 19 zu Art. I WUA). **Abs. 2 Nr. 1** (früher Abs. 2) war durch Art. 116 GG geboten. Das ÄndG 1995 hat mit **Abs. 2 Nr. 2** die absolute **Gleichstellung von**

EU- und EWR-Angehörigen mit Deutschen gebracht. Anlass dazu gaben drei kurz aufeinanderfolgende Ereignisse:

Am 20.10.1993 erging die *Phil-Collins*-Entscheidung des EuGH (GRUR 1994, 280 ff.), die jegliche Ungleichbehandlung von Inländern und EU-Ausländern innerhalb der Europäischen Union bei der Wahrnehmung ihrer Urheber- und Leistungsschutzrechte als Verstoß gegen das Diskriminierungsverbot des Art. 12 EGV (früher Art. 7 bzw. Art. 6 Abs. 1 EGV) wertete und zugleich feststellte, dass jeder Urheber oder ausübende Künstler sich vor den nationalen Gerichten der Mitgliedstaaten unmittelbar auf die genannte Bestimmung berufen und die Gewährung vollen Inländerschutzes verlangen könne (ebenso schon *Schaefer* GRUR 1992, 424, 425 f.; unsere 8. Aufl. zu § 125 Bem. 2d). Der Bundesgerichtshof hat sich dem schon wenige Monate später ebenso selbstverständlich angeschlossen wie die instanzgerichtliche Rechtsprechung (BGH GRUR 1994, 794, 795 f. – *Rolling Stones*; aus jüngerer Zeit z. B. LG München I GRUR-RR 2009, 92 – *Foto von Computertastatur*). **2**

Nur wenig später, am 29.10.1993, folgte die sog. **Schutzdauer-RL** (93/98/EWG), deren Art. 1 die Schutzdauer für Werke, entsprechend der bestehenden Regelung in den deutschsprachigen Ländern, auf 70 Jahre *p. m. a.* festlegte und dessen Art. 3 eine Regelfrist für Leistungsschutzrechte von 50 Jahren bestimmte. Art. 10 Abs. 2 der Richtlinie schrieb die Geltung der neuen Schutzfristen für alle Werke und Leistungen vor, die bei Ablauf der Umsetzungsfrist am 1.7.1995 (Art. 13 Abs. 1) zumindest in einem der Mitgliedstaaten (noch) geschützt waren. Werke, deren Urheber am Stichtag schon länger als 50 Jahre tot, die also in der Mehrzahl der EU-Staaten nicht mehr geschützt waren, hatten in Deutschland und Österreich nach der *Phil-Collins*-Entscheidung 70 Jahre, in Spanien sogar 80 Jahre Schutz (vgl. § 137 Rn. 10 ff.). Demnach mussten alle EU-Mitglieder den Schutz aller Werke von EU-Angehörigen ohnehin zum 1.7.1995 wieder aufleben lassen. Das von *Schack* (GRUR Int. 1995, 310 ff.) angesichts der *Phil-Collins*-Entscheidung konstatierte „Schutzfristenchaos" blieb deshalb im Wesentlichen auf einen Zeitraum von knapp zwei Jahren beschränkt. **3**

Schließlich trat am 1.1.1994 das **EWR-Abkommen** in Kraft, dessen Art. 4 dem Diskriminierungsverbot des heutigen Art. 18 AEUV (ex-Art. 12 bzw. Art. 6 Abs. 1 EG-Vertrag) entspricht; außerhalb der EU gehören ihm derzeit Liechtenstein, Norwegen und Island an. **4**

II. Tatbestand

1. Deutsche Staatsangehörige und Statusdeutsche

Alle Regelungen des § 120 knüpfen an die **Staatsangehörigkeit** an. Maßgeblich ist die Staatsangehörigkeit des Urhebers. Auf die seines Rechtsnachfolgers (vgl. § 30 Rn. 5 ff.) kommt es nicht an (OLG Frankfurt GRUR 1998, 47, 49 – *La Bohème*). Wer deutscher Staatsangehöriger ist, regelt das Staatsangehörigkeitsgesetz (StAG; zuletzt geändert durch Gesetz v. 28.8.2013; früher Reichs- und Staatsangehörigkeitsgesetz, RuStAG, RGBl. 1913, 586). Eine **doppelte Staatsangehörigkeit** ist unschädlich. Sie entsteht vielfach ohne Zutun des Betroffenen dadurch, dass in Deutschland und manchen anderen Ländern die Staatsangehörigkeit durch Geburt nach dem *ius sanguinis*, also der Staatsangehörigkeit der Eltern oder eines Elternteils, erworben wird, während beispielsweise Frankreich, die USA und andere Länder das *ius soli* anwenden, sodass ein in diesen Staaten geborenes, von deutschen Eltern stammendes Kind die deutsche *und* die fremde Staatsangehörigkeit besitzt. **5**

Ob der Urheber die deutsche (oder EU- bzw. EWR-) **Staatsangehörigkeit** schon bei der Schaffung des Werkes besitzt oder **erst später erwirbt**, ist gleichgültig. **6**

Das ergibt ein Vergleich mit Art. 18 Abs. 4 RBÜ: Auch dort erlangen Werke, die in einem Nicht-Verbandsland erstveröffentlicht wurden und deshalb ursprünglich in den Verbandsländern der RBÜ nicht geschützt waren, nachträglich Urheberschutz, wenn das Ursprungsland der RBÜ beitritt (BGH GRUR 1973, 602 – *Kandinsky III* sowie, allerdings mit anderer Begründung, *v. Gamm* Bem. 2). Für den deutschen Verleger, der das in Vietnam erschienene Buch eines dortigen Schriftstellers erlaubterweise nachgedruckt hat, der nunmehr Franzose wird, liegt darin eine gewisse Härte; er bleibt aber jedenfalls berechtigt, die bereits rechtmäßig hergestellten Vervielfältigungsstücke noch zu verbreiten, wenn und soweit er mit der Rechtsänderung nicht zu rechnen brauchte (§ 242 BGB; a. M. *v. Gamm* a. a. O.). Bei Verletzungshandlungen kommt es demgemäß auf den Zeitpunkt des Erwerbs der deutschen oder der Staatsangehörigkeit eines anderen EU- oder EWR-Landes an (BGH GRUR 1973, 602 – *Kandinsky III*).

7 Andererseits lässt der **spätere Verlust** der deutschen (oder der EU/EWR-) Staatsangehörigkeit den einmal entstandenen Urheberschutz nicht erlöschen. Insofern sind die von der Rechtslehre entwickelten Grundsätze zum Immaterialgüterrecht hinsichtlich dessen sogenannter Unwandelbarkeit entsprechend anwendbar (BGH GRUR 1982, 308, 310 – *Kunsthändler*; str.*)*. Für **Österreicher,** die die Annexion durch Nazi-Deutschland miterlebt haben, also zeitweise Deutsche waren, hatte das schon immer zur Folge, dass sie sich für alle ihre bis zum 27.4.1945 geschaffenen Werke in Deutschland unmittelbar auf das deutsche Urheberrecht berufen konnten (OLG München GRUR 1990, 446, 447 – *Josefine Mutzenbacher* m. w. N.).

8 Deutsche Staatsangehörige waren immer auch die **Bewohner der DDR** und diejenigen Deutschen, die noch in den früheren deutschen Ostgebieten leben (s. die Präambel zum GG und Art. 116 GG). Die Wiederherstellung der deutschen Einheit am 3.10.1990 hat die sich aus der abweichenden Beurteilung seitens der DDR ergebenden Fragen erledigt. – Die zwangsweise **Ausbürgerung** Deutscher aus politischen, rassischen oder religiösen Gründen in der Zeit des Dritten Reiches war **nichtig** (BVerfGE 23, 98 – *Ausbürgerung I*). Selbst nach dem Erwerb einer fremden Staatsangehörigkeit werden solche Personen wieder Deutsche, wenn sie im Inland einen Wohnsitz begründen oder einen Antrag nach Art. 116 Abs. 2 S. 1 GG stellen. Konnten sie das infolge Todes nicht mehr innerhalb angemessener Zeit nach dem Inkrafttreten des GG (24.5.1949) tun, so sind sie gleichwohl wie Deutsche zu behandeln; andernfalls blieben ihre Erben mit den Folgen nationalsozialistischen Unrechts belastet.

2. EU- und EWR-Angehörige

9 Nach § 120 Abs. 2 Nr. 2 sind EU- und EWR-Angehörige deutschen Urhebern absolut gleichgestellt. Soweit dafür angesichts der weiten Regelung des § 120 Abs. 2 noch Raum ist, verbietet das Diskriminierungsverbot aus Art. 18 AEUV (ex-Art. 12 EG-Vertrag) auch jede mittelbare Diskriminierung aufgrund des Herkunftslands, wenn etwa der urheberrechtliche Schutz im Rahmen des Art. 2 Abs. 7 RBÜ nicht voll gewährt wird, weil das Werk im Ursprungsstaat nur Geschmacksmusterschutz genießt (EuGH GRUR 2005, 755, 756 f. – *Tod's/Heyraud*).

10 Die absolute Gleichstellung der Urheber aus anderen EU-Staaten mit deutschen Staatsangehörigen durch das Diskriminierungsverbot des Art. 18 AEUV (ex-Art. 12 EG-Vertrag) wirkt naturgemäß von dem **Zeitpunkt** an, in *dem dieses – durch den Beitritt* eines anderen Staates zur EG bzw. nunmehr zur EU – im Verhältnis zwischen jenem und Deutschland wirksam geworden ist. Diese simple Rechtsfolge hat BGH GRUR 1994, 794, 797 – *Rolling Sto-*

nes ausdrücklich mit dem zutreffenden Hinweis bestätigt, dass es sich nicht um die Rückwirkung eines Gesetzes, sondern lediglich um eine gerichtliche Entscheidung bei dessen späterer Anwendung handele (ebenso BGH GRUR Int. 1995, 503, 504 – *Cliff Richard II* sowie OLG Frankfurt GRUR Int. 1995, 337, 338 – *Eileen Gray II*; GRUR 1998, 47, 49 – *La Bohème*). Dies gilt auch dann, wenn der betreffende Urheber bereits verstorben war, als sein Heimatstaat Mitglied der EU oder des EWR wurde, wenn er zu diesem Zeitpunkt jedenfalls im Heimatstaat noch geschützt war (EuGH GRUR 2002, 689, 690 – *Ricordi*). Umgekehrt werden britische Urheber nach dem Vollzug des „Brexit" wegen des Grundsatzes der Unwandelbarkeit wohl weiterhin in vollem Umfang EU-Bürgern gleichzustellen sein (dazu oben Rn. 5 ff.). Der für die absolute Gleichstellung von EU-Angehörigen mit Deutschen in Deutschland maßgebliche Zeitpunkt ergibt sich aus der folgenden Übersicht der Beitrittsdaten:

– Frankreich, Italien, Benelux-Länder: 1.1.1958
– Großbritannien, Irland, Dänemark: 1.1.1973
– Griechenland: 1.1.1981
– Spanien, Portugal: 1.1.1986
– Schweden, Österreich, Finnland: 1.1.1995
– Polen, Tschechische Republik, Slowakei, Slowenien, Ungarn, Estland, Lettland, Litauen, Zypern, Malta: 1.5.2004
– Rumänien, Bulgarien: 1.1.2007
– Kroatien: 1.7.2013

Die Opern *Giacomo Puccinis*, verstorben 1924, waren in Deutschland also **11** keineswegs seit dem 1.1.1981 gemeinfrei, wie noch BGH GRUR 1986, 69, 70 ff. – *Puccini I* gemeint hat, sondern blieben bis Ende 1994 geschützt (OLG Frankfurt GRUR 1998, 47, 48 f. – *La Bohème*). Allerdings wird man niemandem, der solche Werke *vor* dem Bekanntwerden der *Phil-Collins*-Entscheidung ahnungslos genutzt hat, einen Schuldvorwurf machen können; deswegen kommen insoweit zwar keine Schadenersatzansprüche, wohl aber solche aus § 812 BGB wegen der zu Unrecht ersparten Lizenzgebühren (vgl. § 97 Rn. 86 ff.) in Betracht (OLG Frankfurt ZUM 1996, 697, 698 ff. – *Yellow Submarine*; *Schack*, Urheber- und UrhebervertragsR[5] Rn. 877). Für den Zeitraum nach *Phil Collins* haftet der Verletzer allerdings aus § 97 (OLG Frankfurt GRUR 1998, 47, 49 f. – *La Bohème*). Die **Beweislast** für die Staatsangehörigkeit obliegt dem sich darauf berufenden Urheber (OLG Köln GRUR-RR 2005, 75 – *Queen*).

Staatenlose und anerkannte **Flüchtlinge** sind Staatsangehörigen der EU- und **12** EWR-Staaten einschließlich Deutschlands gleichgestellt; das gilt auch für diejenigen von ihnen, die nicht in Deutschland, sondern in einem anderen EU- oder EWR-Land leben (§§ 122 Abs. 1, 123 S. 1); zu in Drittländern lebenden staatenlosen Urhebern oder Flüchtlingen s. §§ 122 bzw. 123, zu Beginn und Ende des Schutzes ihrer Werke vgl. § 121 Rn. 3 ff.

3. Miturheber

Ist ein Werk durch mehrere Miturheber geschaffen worden, von denen einer **13** deutscher oder gleichgestellter Staatsangehöriger ist, schützt das UrhG das Werk für jeden von ihnen unabhängig von ihrer Staatsangehörigkeit, § 120 Abs. 1 S. 2. Vor allem für Filmwerke kann also die streitige Frage, wer als Miturheber anzusehen ist, erhebliche Bedeutung gewinnen (vgl. § 89 Rn. 13 ff.). § 120 Abs. 1 S. 2 gilt jedoch nicht für lediglich verbundene Werke (§ 9), die ebenso wie Sammelwerke (§ 4) und Bearbeitungen (§ 23) jeweils unabhängig von den enthaltenen bzw. bearbeiteten Werken zu betrachten sind und also – wie im Übrigen auch – fremdrechtlich unterschiedlichen Schutz genießen können.

§ 121   Ausländische Staatsangehörige

(1) ¹Ausländische Staatsangehörige genießen den urheberrechtlichen Schutz für ihre im Geltungsbereich dieses Gesetzes erschienenen Werke, es sei denn, dass das Werk oder eine Übersetzung des Werkes früher als dreißig Tage vor dem Erscheinen im Geltungsbereich dieses Gesetzes außerhalb dieses Gebietes erschienen ist. ²Mit der gleichen Einschränkung genießen ausländische Staatsangehörige den Schutz auch für solche Werke, die im Geltungsbereich dieses Gesetzes nur in Übersetzung erschienen sind.

(2) Den im Geltungsbereich dieses Gesetzes erschienenen Werken im Sinne des Absatzes 1 werden die Werke der bildenden Künste gleichgestellt, die mit einem Grundstück im Geltungsbereich dieses Gesetzes fest verbunden sind.

(3) Der Schutz nach Absatz 1 kann durch Rechtsverordnung des Bundesministers der Justiz und für Verbraucherschutz für ausländische Staatsangehörige beschränkt werden, die keinem Mitgliedstaat der Berner Übereinkunft zum Schutze von Werken der Literatur und der Kunst angehören und zur Zeit des Erscheinens des Werkes weder im Geltungsbereich dieses Gesetzes noch in einem anderen Mitgliedstaat ihren Wohnsitz haben, wenn der Staat, dem sie angehören, deutschen Staatsangehörigen für ihre Werke keinen genügenden Schutz gewährt.

(4) ¹Im Übrigen genießen ausländische Staatsangehörige den urheberrechtlichen Schutz nach Inhalt der Staatsverträge. ²Bestehen keine Staatsverträge, so besteht für solche Werke urheberrechtlicher Schutz, soweit in dem Staat, dem der Urheber angehört, nach einer Bekanntmachung des Bundesministers der Justiz und für Verbraucherschutz im Bundesgesetzblatt deutsche Staatsangehörige für ihre Werke einen entsprechenden Schutz genießen.

(5) Das Folgerecht (§ 26) steht ausländischen Staatsangehörigen nur zu, wenn der Staat, dem sie angehören, nach einer Bekanntmachung des Bundesministers der Justiz und für Verbraucherschutz im Bundesgesetzblatt deutschen Staatsangehörigen ein entsprechendes Recht gewährt.

(6) Den Schutz nach den §§ 12 bis 14 genießen ausländische Staatsangehörige für alle ihre Werke, auch wenn die Voraussetzungen der Absätze 1 bis 5 nicht vorliegen.

Übersicht

I.   Allgemeines

1   Der Aufbau der Bestimmung stellt die tatsächlichen Gegebenheiten geradezu auf den Kopf. Was danach als Regel erscheint (Schutz nur solcher Werke ausländischer Urheber, die in Deutschland erschienen sind, Abs. 1), ist in Wahrheit eine Ausnahme, die kaum noch vorkommt. Was der Gesetzgeber erst im vierten Abs. der Bestimmung als eine Art Auffangtatbestand („im Übrigen") regelt, nämlich den Schutz ausländischer Urheber nach Maßgabe der Staatsverträge und damit im wesentlichen nach dem Prinzip der Inländerbehandlung (vgl. Vor §§ 120 ff. Rn. 6 f.), ist dagegen in der Praxis der Normalfall. Mit praktisch

allen für Deutschland relevanten Nationen der Welt bestehen inzwischen Staatsverträge (vgl. Vor §§ 120 ff. Rn. 5 ff.; unten vgl. Rn. 16).

Auch der jedem Urheber ohne besondere Voraussetzungen – also unabhängig **2** von seiner Staatsangehörigkeit und Tatsache und Ort des Erscheinens des Werkes oder einer Gegenseitigkeit (BGH GRUR 1986, 69, 70 ff. – *Puccini I*) – gewährte **Schutz der Urheberpersönlichkeitsrechte** aus §§ **12 bis 14** findet sich erst ganz am Ende der Vorschrift in § 121 Abs. 6. Da der Schutz von keinerlei Voraussetzungen abhängig ist, ist für einen Schutzfristenvergleich insofern kein Raum (ebenso Schricker/Loewenheim/*Katzenberger/Metzger*[5] Rn. 20). Für eine Verletzung der Rechte in Deutschland ist (nur) erforderlich, dass sich die Verletzung hier auswirkt (Dreier/Schulze/*Dreier*[5] § 121 Rn. 19). Eine über den Wortlaut hinausgehende analoge Anwendung des § 121 Abs. 6 auf weitere urheberpersönlichkeitsrechtlich geprägte Normen ist angesichts der Eindeutigkeit der Bestimmung nicht möglich.

II. Schutz nach den besonderen Voraussetzungen der § 121 Abs. 1 bis 3 und Abs. 4 S. 2

1. Allgemeines

Nach § 121 Abs. 1 schützt das UrhG Werke ausländischer – und nicht bereits **3** über § 120 Abs. 2 bzw. §§ 122, 123 geschützter – Urheber dann, wenn diese Werke in Deutschland erstmals oder binnen 30 Tagen nach dem ersten Erscheinen im Ausland (sog. gleichzeitiges Erscheinen) erschienen sind, wobei das Erscheinen einer Übersetzung genügt (§ 121 Abs. 2; s. BGH GRUR 1999, 984, 985 – *Laras Tochter*). Dieses Privileg gilt allerdings erst seit Inkrafttreten des UrhG, also für seit dem 1.1.1966 erstmals erschienene Werke (BGH GRUR 1986, 69, 70 – *Puccini I*). Zum Begriff des Erscheinens vgl. Rn. 9 ff. und vgl. § 6 Rn. 15 ff. Maßgeblich ist stets die Staatsangehörigkeit des Urhebers selbst; auf die des Verwerters oder Lizenznehmers, der Ansprüche z. B. wegen einer Urheberrechtsverletzung geltend macht, kommt es nicht an (OLG Frankfurt aM. ZUM-RD 2015, 589, Rn. 6 – *Tapetenmuster*).

2. Anwendungsbereich des § 121 Abs. 1

Die **Bedeutung von Abs. 1** beschränkt sich in der Praxis auf die folgenden **4** Anwendungsfälle: Der Roman, der Schlager, das Kunstwerk oder das Foto eines nach wie vor in seinem Heimatland – oder doch zumindest außerhalb der Europäischen Union und des EWR – lebenden Nordkoreaners, Kirgisen, Afghanen, Aserbeidschaners oder Äthiopiers, das dort oder sonst in einem Land, das weder der RBÜ noch dem WUA noch der WTO (und damit dem TRIPS-Abkommen) angehört, **bereits erschienen** ist, kann in Deutschland von jedermann frei verwertet werden. Lebt ein solcher Urheber zu diesem Zeitpunkt schon als Staatenloser oder anerkannter Flüchtling innerhalb der EU oder des EWR, ist er dagegen auch für ein solches Werk über § 123 i. V. m. § 121 Abs. 1 S. 1 wie ein Deutscher geschützt; der Erwerb der Flüchtlingseigenschaft wirkt insoweit wie der Erwerb der deutschen Staatsangehörigkeit nach Erscheinen des Werkes (vgl. § 122 Rn. 3; vgl. § 120 Rn. 6).

Fall 2: Der genannte Flüchtling kehrt in seine Heimat zurück oder wechselt in **5** ein anderes Land außerhalb von RBÜ oder WUA bzw. TRIPS; eines seiner *danach* neu geschaffenen und im neuen Aufenthaltsland erschienenen Werke wird in Deutschland erneut verwertet. Der **Verlust der Flüchtlingseigenschaft** im Sinne des § 123 wirkt insoweit wie der Verlust der EU- oder EWR-Angehörigkeit (vgl. § 120 Rn. 7; vgl. § 122 Rn. 4).

Fall 3: Der Roman eines ausländischen Autors, der in seinem Heimatland vor **6** dessen Beitritt zum WUA erstmals erschienen ist, wird in deutscher Übersetzung hier nachgedruckt. Nach Art. VII WUA werden in den anderen Mitglieds-staaten dieses Abkommens nur diejenigen Werke der Urheber eines beitreten-den Landes geschützt, die **nach dem Beitritt geschaffen** wurden. Tritt der betreffende Staat allerdings auch der RBÜ (oder auch nur der WTO und damit dem TRIPS-Abkommen) bei, so lebt der Schutz auch der älteren Werke seiner Urheber in allen Verbandsstaaten wieder auf (Art. 18 Abs. 1 und 4 RBÜ; OLG Köln GRUR-RR 2012, 104 – *Briefe aus St. Petersburg*; dazu auch *Willhelm Nordemann* ZUM 1997, 521 ff.; *Juranek* ÖSGRUM 20 41, 50), und zwar auch in den Fällen, in denen national der Schutz zwischenzeitlich erloschen war und sodann im Ursprungsland durch eine Schutzfristverlängerung wieder aufgelebt ist (OLG Köln a. a. O., Tz. 11 ff.). Inzwischen sind fast alle WUA-Mitglieder der RBÜ beigetreten (zu den Mitgliedsstaaten vgl. Vor §§ 120 ff. Rn. 26). Gerade in den sich noch oder allein nach dem WUA richtenden Fäl-len – also vor allem in den Fällen, in denen der Schutz im Heimatland vor dem Beitritt zur RBÜ oder zu TRIPS bzw. WCT bereits erloschen war – ist jedoch zu prüfen, ob die Schutzfrist im Ursprungsland ggf. kürzer ist als die deutsche (§ 64 UrhG) und also der Schutz nur längstens bis zum Schutzablauf im Ur-sprungsland gewährt wird (sog. **Schutzfristenvergleich**; s. BGH GRUR 2014, 559 – *Tarzan*; dazu unten Rn. 16).

7 Die RBÜ (und damit auch TRIPS) schränkt die Verpflichtung der Verbands-staaten zur Inländerbehandlung für Werke der angewandten Kunst (Art. 2 Abs. 7) und für das Folgerecht (Art. 14ter) auf die Fälle ein, in denen Gegensei-tigkeit gegeben ist (Bem. 2). Bei der gewerblichen Weiterveräußerung von Wer-ken US-amerikanischer Künstler in Deutschland entsteht also kein Anspruch auf die Vergütung aus § 26 Abs. 1, 121 Abs. 5 UrhG.

8 Auch für Werke, denen nach internationalen Abkommen kein Schutz oder nur bei Gegenseitigkeit Schutz zu gewähren ist – wie z. B. Werke angewandter Kunst aus RBÜ-Ländern, die solchen Werken keinen *urheber*rechtlichen Schutz gewähren (beachte allerdings das Diskriminierungsverbot aus Art. 18 AEUV (ex-Art. 12 EG-Vertrag), das auch derartige Fälle erfasst; dazu EuGH EuGH GRUR 2005, 755, 756 – *Tod's/Heyraud*) –, spielt § 121 eine Rolle. Erscheinen solche Werke hier erstmals oder binnen der Dreißigtagesfrist, so ist ihr Urheber nach § 121 Abs. 1 S. 1 einem Deutschen gleichgestellt. Dieses Privileg gilt aller-dings erst seit Inkrafttreten des UrhG, also für seit dem 1.1.1966 erstmals erschienene Werke (BGH GRUR 1986, 69, 70 – *Puccini I*). Urheber aus der EU werden schon seit dem Beitritt ihres Heimatlandes, solche aus dem übrigen EWR seit dessen Inkrafttreten am 1.1.1994 wie Deutsche behandelt (vgl. Vor §§ 120 ff. Rn. 2; dazu auch EuGH GRUR 2005, 755, 756 – *Tod's/Heyraud*).

3. Erscheinen

9 Liegt einer der genannten Beispielsfälle vor, so gelten für die Feststellung, ob die Bedingung des **Ersterscheinens** eingehalten ist, die folgenden Regeln:

10 Es kommt allein auf das **Erscheinen** (Begriff § 6 Abs. 2; vgl. § 6 Rn. 4), *nicht* auf die Veröffentlichung (§ 6 Abs. 1) oder eine sonstige das Erscheinen vorbe-reitende Handlung, also vor allem die Vervielfältigung (§ 16) an. Für ein Er-scheinen in diesem Sinne, das nach einer Formulierung des OLG Frankfurt „eine qualifizierte Form der Veröffentlichung" darstellt (OLG Frankfurt aM. ZUM-RD 2015, 589, Rn. 9 – *Tapetenmuster*), ist erforderlich, dass Vervielfäl-tigungsstücke vor dem Anbieten oder Inverkehrbringen in genügender Anzahl hergestellt wurden; das bloße Angebot, Bestellungen auf nicht vorhandene Ver-vielfältigungsstücke zu tätigen, genügt nicht (OLG Frankfurt aM. ZUM-RD 2015, 589, Rn. 9 – *Tapetenmuster*). Deshalb ist der Ort der Herstellung der Vervielfältigungsstücke gleichgültig (*Marcel Schulze*, Mat. UrhG S. 424). Es kommt auch nicht darauf an, ob die Verbreitung von einem geschäftlichen

Mittelpunkt im Bundesgebiet aus oder vom Ausland her erfolgt (so BGH GRUR 1980, 227, 229 f. – *Monumenta Germaniae Historica*, a. A. *Brack* UFITA 50 [1967], 544, 555 unter Berufung auf die überholte Entscheidung RGZ 130, 11 ff.).

Die **30-tägige Karenzfrist** für gleichzeitig im Ausland erscheinende Werke ist **11** eine Neuerung des UrhG von 1965, die durch eine entsprechende Regelung in Art. 3 Abs. 4 RBÜ erforderlich geworden war; sie gilt nach BGH GRUR 1986, 69, 70 f. – *Puccini I* allerdings nur für seit dem 1.1.1966 ersterschienene Werke. Nach der klaren Fassung des Gesetzes trägt derjenige, der ein Fehlen des Urheberschutzes wegen früheren Erscheinens im Ausland behauptet, dafür die **Beweislast**. – Die Sonderregelung des Abs. 1 S. 2 für **Übersetzungen** wurde durch den Fall *Boris Pasternak* ausgelöst, dessen Roman *Dr. Schiwago* 1957 zwar erstmals in Italien, einem Verbandsland der RBÜ, aber nicht im Original, sondern in italienischer Übersetzung erschienen war. Der Gesetzgeber folgte der überwiegenden Meinung des Schrifttums, die mit dem Erscheinen der Übersetzung zutreffend auch das Originalwerk als erschienen ansieht, weil die Übersetzung zwangsläufig alle wesentlichen Elemente des Originals enthält (Dreier/ Schulze/*Dreier*⁵ Rn. 3). Deshalb ist § 121 Abs. 1 S. 2 nach richtiger Auffassung auf **andere Bearbeitungen**, Umgestaltungen usw. nur hinsichtlich der übernommenen, selbständig geschützten Teile des Ursprungswerkes analog anwendbar (ebenso Dreier/Schulze/*Dreier*⁵ Rn. 3). Umgekehrt folgt daraus, dass das Erscheinen einer Übersetzung außerhalb des Schutzbereichs auch das Original schutzlos macht, wenn die 30-Tages-Frist nicht eingehalten wurde (Abs. 1 S. 1).

Ist ein Werk durch mehrere **Miturheber** geschaffen worden, von denen einer **12** deutscher oder gleichgestellter Staatsangehöriger ist, schützt das UrhG das Werk für jeden von ihnen unabhängig von ihrer Staatsangehörigkeit, § 120 Abs. 1 S. 2. Vor allem für Filmwerke kann also die streitige Frage, wer als Miturheber anzusehen ist, erhebliche Bedeutung gewinnen (vgl. § 89 Rn. 13 ff.). § 120 Abs. 1 S. 2 gilt jedoch nicht für lediglich verbundene Werke (§ 9), die ebenso wie Sammelwerke (§ 4) und Bearbeitungen (§ 23) jeweils unabhängig von den enthaltenen bzw. bearbeiteten Werken zu betrachten sind und also – wie im Übrigen auch – fremdenrechtlich unterschiedlichen Schutz genießen können.

4.   § 121 Abs. 2

Als erstmals in der Bundesrepublik erschienen werden auch solche Werke ange- **13** sehen, die mit einem Grundstück in diesem Gebiet fest verbunden sind (Abs. 2), also Bauwerke, Denkmäler usw., und die mit diesen Werken verbundenen Werke wie Skulpturen und Fresken (zu einem Graffito auf der Berliner Mauer BGH GRUR 2007, 691, 692 – *Staatsgeschenk*), selbst wenn sie – was bei Plastiken und Skulpturen denkbar ist – bereits im Ausland erschienen, d. h. der Öffentlichkeit angeboten worden waren (s. Art. 5 Abs. 4 lit. ii RBÜ). Die Werke müssen wesentliche Bestandteile des Grundstücks (s. §§ 93, 94 BGB) oder jedenfalls dauerhaft mit diesem verbunden sein (s. Art. 4 lit. b RBÜ, auf den Abs. 2 Bezug nimmt).

5.   § 121 Abs. 3 und Abs. 4 S. 2

§ 121 Abs. 3 erlaubt es, den Ausländern gewährten Schutz im Wege der Retor- **14** sion einzuschränken, wenn in dem jeweiligen Heimatstaat Deutsche nicht entsprechend geschützt werden und der Urheber weder einem RBÜ-Verbandsland angehört noch dort oder in Deutschland seinen Wohnsitz hat. Entsprechende Beschränkungen gibt es noch nicht.

Schutz wird schließlich nach deutschem Urheberrecht gewährt, wenn bei mate- **15** rieller Gegenseitigkeit das Bundesjustizministerium dies entsprechend bekannt macht, § 121 Abs. 4 S. 2. Auch Bekanntmachungen nach Abs. 4 S. 2 sind bisher nicht erfolgt.

III. Schutz nach Maßgabe internationaler Konventionen, § 121 Abs. 4

16　Die wichtigsten für Deutschland geltenden (zur innerstaatlichen Anwendbarkeit vgl. Vor §§ 120 ff. Rn. 9 ff.) internationalen Verträge sind
- die bereits 1886 geschlossene und mehrfach Revidierte Berner Übereinkunft (**RBÜ**; vgl. Vor §§ 120 ff. Rn. 12 ff.),
- das TRIPS-Übereinkommen (**TRIPS**; vgl. Vor §§ 120 ff. Rn. 17 ff.) von 1994,
- der 2002 in Kraft getretene und für Deutschland, die „alten" EU-Staaten und die EU als solche am 14.3.2010 in Kraft getretene WIPO Copyright Treaty (WCT; vgl. Vor §§ 120 ff. Rn. 23 ff.) und
- das Welturheberrechtsabkommen (WUA; vgl. Vor §§ 120 ff. Rn. 26 ff.) vom 6. September 1952 (Fassung vom 24. Juli 1971 – Paris);

alle abrufbar unter www.frommnordemann.de. Sie alle enthalten ebenso wie die für Deutschland geltenden bilateralen Staatsverträge nur für wenige Einzelfälle ausdrückliche Kollisionsnormen. In der Praxis spielte vor dem Beitritt der USA zur RBÜ insb. das **Übereinkommen zwischen dem Deutschen Reich und den Vereinigten Staaten von Amerika über den gegenseitigen Schutz der Urheberrechte vom 15. Januar 1892** eine Rolle (abrufbar unter www.frommnordemann.de.; näher vgl. Vor §§ 120 ff. Rn. 56 ff.; Liste zweiseitiger Abkommen vgl. Vor §§ 120 ff. Rn. 54). Alle Abkommen beschränken sich zumeist auf völkerrechtliche Verpflichtungen und fremdenrechtliche Vorschriften, legen einen von den Vertragsstaaten einzuhaltenden **Mindestschutz** fest und verpflichten die Konventionsstaaten, Konventionsausländern grundsätzlich die gleichen Rechte wie Inländern zu gewähren (sog. **Inländerbehandlungsgrundsatz**; s. Art. 5 RBÜ und Verweisung hierauf in Art. 3 WCT, Art. 2, 3 TRIPS, Art. II WUA). Auf der Grundlage des Inländerbehandlungsgrundsatzes wird jeder Urheber, der einem anderen Mitgliedsland des jeweiligen Abkommens als dem Schutzland angehört, im Schutzland so geschützt, als ob er sein Werk dort geschaffen bzw. veröffentlicht hätte. Schutz besteht dann jedenfalls ab Beitritt des Staates, dem der Urheber angehört, zu dem relevanten Abkommen, wenn im Ursprungsland zu diesem Zeitpunkt noch Urheberrechtsschutz besteht (Anwendungsfälle z. B. bei LG München I GRUR-RR 2009, 92 – *Foto von Computertastatur;* LG Hamburg GRUR Int. 2010, 67 – *Dimitri Kabalewski*; OLG Köln GRUR-RR 2012, 104 – *Briefe aus St. Petersburg*; BGH GRUR 2014, 559 – *Tarzan* und die Vorinstanz OLG München ZUM-RD 2013, 463; LG Berlin, Urteil vom 31.3.2015, 15 O 62/15). So sieht z. B. Art. 18 Abs. 1 RBÜ vor, dass das Übereinkommen nur auf solche Werke Anwendung findet, d. h. zu einer Inländerbehandlung führen kann, die im Beitrittszeitpunkt in ihrem Ursprungsland noch nicht infolge Schutzablaufs gemeinfrei geworden sind (dazu BGH GRUR 2014, 559, Rn. 45 – *Tarzan*). In der Praxis spielte vor dem Beitritt der USA zur RBÜ mit Wirkung zum 1. März 1989 insb. das **Übereinkommen zwischen dem Deutschen Reich und den Vereinigten Staaten von Amerika über den gegenseitigen Schutz der Urheberrechte vom 15. Januar 1892** eine Rolle (abrufbar unter www.frommnordemann.de.; näher vgl. Vor §§ 120 ff. Rn. 56 ff.; Liste zweiseitiger Abkommen vgl. Vor §§ 120 ff. Rn. 54), das allerdings durch jüngere Rechtsprechung für den Zeitraum bis zum Beitritt der USA durch das WUA überlagert wird (BGH GRUR 2014, 559, Rn. 19 – *Tarzan*). Der in Art. IV Abs. 4 bis 6 WUA vorgesehene **Schutzfristenvergleich** führt konkret dazu, dass alle Werke US-amerikanischer Urheber, deren Schutz am 1. März 1989 in den USA bereits abgelaufen war, nur die Schutzdauer nach ihrem Heimatrecht in Anspruch nehmen können; die Schutzfristverlängerung durch § 64 UrhG kommt ihnen also nur zugute, wenn ihre Werke am 1. März 1989 in den USA noch geschützt waren (BGH GRUR 2014, 559, Rn. 19 ff., insbes. Rn. 27 ff., 39 ff. – *Tarzan*), und nicht bereits dann, wenn sie am 1.1.1966, also bei Inkrafttreten des UrhG, noch nach deutschem und nach ihrem Heimatrecht geschützt waren (so noch BGH GRUR 1978, 302, 304 – *Wolfsblut*; in BGH GRUR 2014, 559, Rn. 39 – *Tarzan* ausdrücklich aufgegeben). Ausgenommen hiervon sind wiederum Werke, die in Deutschland aufgrund des Deutsch-amerikanischen Übereinkommens von 1892 bereits bei Inkrafttreten der WUA Inländerrechte erworben hatten, also alle Werke, die vor dem 16.9.1955 geschaffen wurden. Ihnen wird der 1955 Inländern gewährte Schutz von 50 Jahren nach dem Tod des Autors zugestanden (zum ganzen ausführlich BGH GRUR 2014, 559, Rn. 31 ff. – *Tarzan*; Einzelheiten jeweils vgl. Vor §§ 120 ff. Rn. 56 ff.; zum Schutzfristenvergleich vgl. Vor §§ 120 ff. Rn. 15 f.; Übersicht über die Schutzfristen in einzelnen Staaten s. unsere 11. Aufl. Vor §§ 120 ff. Rn. 16a).

IV. Folgerecht, § 121 Abs. 5

Das **Folgerecht** des § 26 soll nach **Abs. 5** Ausländern nur dann zustehen, wenn eine entsprechende Bekanntmachung erfolgt ist. In der Vergangenheit war dies für Frankreich und Belgien der Fall. Aber auch die Bedeutung dieser Regel beschränkt sich heute auf einige wenige Ausnahmefälle: **17**

Angehörige der EU/EWR-Staaten und dort ansässige Staatenlose bzw. Flüchtlinge (§§ 122 und 123) stehen Deutschen ohnehin gleich (§ 120 Abs. 2 Nr. 2). Innerhalb der **RBÜ** in der Brüsseler (Art. 14bis RBÜ) und Pariser Fassung (Art. 14ter RBÜ), also inzwischen für Werke aus zahlreichen Nationen der Welt, *muss* Deutschland den Folgerechtsanspruch schon dann gewähren, wenn die Voraussetzungen des Art. 14ter RBÜ gegeben sind, d. h. Gegenseitigkeit besteht, ohne dass eine bestimmte Qualität des Schutzes Voraussetzung wäre (a. A. unsere 9. Auflage Bem. 8); auf die Bekanntmachung kommt es wegen Art. 5 Abs. 2 S. 1 RBÜ insoweit nicht an (BGH GRUR 1978, 639, 640 – *Jeannot;* BGH GRUR 1982, 308, 310 f. – *Kunsthändler;* OLG Frankfurt GRUR 1980, 916, 919 f. – *Folgerecht ausländischer Künstler;* KG GRUR 1997, 467, 468 – *Jeannot II*). Nach Angaben der EU-Kommission erkennt eine Reihe von RBÜ- oder TRIPS-Staaten das Folgerecht gesetzlich an. Dies sind nach einem (aktuell nicht mehr abrufbaren) Verzeichnis der EU-Kommission zu Art. 7 Abs. 2 der Folgerechts-RL Algerien, Brasilien, Burkina Faso, Chile, Costa Rica, Ecuador, Elfenbeinküste, Guinea, Demokrat. Rep. Kongo, Madagaskar, Marokko, Peru, Philippinen, Russische Föderation, Senegal, Tunesien, Türkei, Uruguay; außerdem wohl Indien und Togo, möglicherweise auch Mali, Monaco, Vatikanstaat und Venezuela; siehe http://ec.europa.eu/internal_market/copyright/resale-rig ht/index_de.htm. **18**

Im Hinblick auf die **älteren Fassungen der RBÜ und das WUA**, die kein Folgerecht kennen, ist streitig, ob der Folgerechtsanspruch im Rahmen der Inländerbehandlung zu gewähren ist. Da dann aber trotz der ausdrücklichen Regelung in § 121 Abs. 5 der Anspruch nicht einmal von der Gegenseitigkeit abhinge, ist dies wohl zu verneinen (a. A. insofern unsere 9. Aufl. § 121 Bem. 8; näher *Wilhelm Nordemann/Vinck/Hertin* Art. 14ter RBÜ Bem. 3–4). Dafür spricht auch die erst späte Anerkennung des Folgerechts überhaupt (Schricker/Loewenheim/*Katzenberger/Metzger*[5] Rn. 18). Es bleibt insofern bei § 121 Abs. 5. **19**

Nach wie vor kein Folgerecht kennen vor allem die für den globalen Kunsthandel wichtigen Länder Schweiz, China und die USA mit Ausnahme Kaliforniens (s. **20** dazu Überblick der VG BildKunst http://www.bildkunst.de/urheberrecht/interna-tionales-folgerecht/folgerecht-in-usa-china-und-der-schweiz.html); in der EU ist das Folgerecht durch die Folgerechts-RL vom 27.9.2001 mittlerweile grundsätz-lich in allen EU-Ländern anerkannt, wobei die Ausgestaltung im einzelnen sich jedoch deutlich z. T. unterscheidet. Deutschland hat die Richtlinie mit der Ände-rung des § 26 mit Gesetz vom 10.11.2006 umgesetzt (näher vgl. § 26 Rn. 3 ff.). s. zum ganzen auch den Bericht der EU-Kommission vom 14.12.2011, http://ec.eur opa.eu/internal_market/copyright/docs/resale/report_de.pdf.

V. Urheberpersönlichkeitsrecht, § 121 Abs. 6

21 Zum Urheberpersönlichkeitsrecht (§ 121 Abs. 6) bereits oben vgl. Rn. 2.

§ 122 Staatenlose

(1) Staatenlose mit gewöhnlichem Aufenthalt im Geltungsbereich dieses Ge-setzes genießen für ihre Werke den gleichen urheberrechtlichen Schutz wie deutsche Staatsangehörige.

(2) Staatenlose ohne gewöhnlichen Aufenthalt im Geltungsbereich dieses Ge-setzes genießen für ihre Werke den gleichen urheberrechtlichen Schutz wie die Angehörigen des ausländischen Staates, in dem sie ihren gewöhnlichen Aufenthalt haben.

Übersicht   Rn.

I. Allgemeines

1 Staatenlose sind an sich von den Staatsverträgen, die Deutschland abgeschlos-sen hat, nicht begünstigt, weil diese auf die beiderseitigen Staats*angehörigen* abzustellen pflegen. § 122 stellt sie je nach ihrem gewöhnlichen Aufenthalt Deutschen (§ 122 Abs. 1) bzw. den Angehörigen des betreffenden ausländi-schen Staates (§ 122 Abs. 2) gleich. Über Verweisungen in §§ 124, 125 Abs. 5 S. 2, 126 Abs. 3 S. 2 und 128 Abs. 2 gelten die Vorschriften für **Inhaber ver-wandter Schutzrechte**, soweit es sich dabei um natürliche Personen handelt oder handeln kann (also mit Ausnahme der Sendeunternehmen). Zu Daten-bankherstellern vgl. § 127a Rn. 1 ff. Wie bei der Staatsangehörigkeit (vgl. § 120 Rn. 5) kommt es auch für § 122 auf die Eigenschaft als Staatenloser **allein des Urhebers selbst** an; diejenige seiner Erben oder Vermächtnisnehmer ist bedeutungslos.

II. Tatbestand

1. Staatenlose Urheber mit gewöhnlichem Aufenthalt in Deutschland

2 § 122 Abs. 1 stellt Staatenlose Deutschen gleich, sodass sie den **vollen Schutz** des UrhG genießen (§ 120 Abs. 1), wenn sie hier ihren **gewöhnlichen Aufent-halt** haben. Das ist dort, wo sich der Staatenlose „für gewöhnlich" (normaler-weise) aufhält, seinen tatsächlichen Lebensmittelpunkt hat. Relevant können hier eine Reihe von Kriterien wie Dauer und Beständigkeit der Wohnung, per-sönliche Beziehungen und familiäre Bindungen, berufliche Umstände, mögli-cherweise auch ein gewisser Grad der Integration oder – je nach bisheriger

Dauer des Aufenthalts – entsprechende Bestrebungen sein. Auch der Bleibewille kann eine Rolle spielen. Bei mehreren Dauerwohnungen entscheidet neben deren Lage die Art der Nutzung, für die wiederum die Ausstattung der Wohnung ein Anhaltspunkt sein kann: Ferienwohnungen sind kein gewöhnlicher Aufenthalt, auch wenn manche dort den ganzen Winter zu verbringen pflegen. – Der gewöhnliche Aufenthalt in *Deutschland* genügt; auch ein innerhalb Deutschlands wechselnder Aufenthalt ist demgemäß von § 122 Abs. 1 privilegiert (ebenso Schricker/Loewenheim/*Katzenberger/Metzger*[5] Rn. 2).

Die Gleichstellung des Staatenlosen mit einem Deutschen **beginnt** in dem Augenblick, in dem er in Deutschland seinen gewöhnlichen Aufenthalt begründet (BGH GRUR 1973, 602 – *Kandinsky III*). Sie erfasst *alle* seine bisher geschaffenen Werke, selbst wenn sie schon anderswo erschienen waren. Die Begründung des gewöhnlichen Aufenthaltes entspricht urheberrechtlich dem Erwerb der Staatsangehörigkeit (vgl. § 120 Rn. 6; ebenso Schricker/Loewenheim/*Katzenberger/Metzger*[5] Rn. 3; *Schack*, Urheber- und UrhebervertragsR[7] Rn. 929). **3**

Auch der **Wechsel** des gewöhnlichen Aufenthalts entspricht im rechtlichen Ergebnis dem Wechsel der Staatsangehörigkeit (vgl. § 120 Rn. 7): Für die bis zum Wechsel *geschaffenen* Werke bleibt der Staatenlose wie ein Deutscher geschützt, auch wenn sie erst nach dem Wechsel anderswo erscheinen. Für *danach* geschaffene Werke kommt es auf die konventionsrechtliche Beziehung des neuen Aufenthaltslandes zu Deutschland an (§ 122 Abs. 2). **4**

2. Staatenlose mit gewöhnlichem Aufenthalt im Ausland

Liegt der gewöhnliche Aufenthalt im EU- oder EWR-Ausland, sind die Werke des staatenlosen Urhebers im Ergebnis wie die eines deutschen Urhebers geschützt, §§ 122 Abs. 2, 120 Abs. 2 Nr. 2. Ist der Aufenthaltsstaat Mitglied der RBÜ, des WUA oder der WTO (TRIPS), so wird der Staatenlose wie ein Inländer behandelt, §§ 122 Abs. 2, 121 Abs. 4 S. 1 i. V. m. Art. 5 Abs. 1 RBÜ bzw. Art. II WUA und Art. 3 Abs. 1 TRIPS. Im Übrigen wird urheberrechtlicher Schutz nur unter den Voraussetzungen des § 121 Abs. 1 bis 3, 4 S. 2 und 5 gewährt. Ohnehin besteht für die **Urheberpersönlichkeitsrechte** aus §§ 12 bis 14 stets Schutz, unabhängig von Staatsangehörigkeit oder Aufenthalt, § 121 Abs. 6. **5**

Staatenlose ohne gewöhnlichen Aufenthalt sind, sofern kein Schutz über § 123 in Betracht kommt, nur über § 121 geschützt, wenn die dortigen Voraussetzungen jeweils erfüllt sind. **6**

§ 123 Ausländische Flüchtlinge

[1]Für Ausländer, die Flüchtlinge im Sinne von Staatsverträgen oder anderen Rechtsvorschriften sind, gelten die Bestimmungen des § 122 entsprechend. [2]Hierdurch wird ein Schutz nach § 121 nicht ausgeschlossen.

Übersicht

I. Allgemeines

Die Norm verweist für die Voraussetzungen der Gewährung des Schutzes vor allem auf § 122 (S. 1). Darüber hinaus kann Flüchtlingen auch nach den Vo- **1** raussetzungen des § 121 Schutz gewährt werden, soweit die dortigen Voraussetzungen erfüllt sind (§ 123 S. 2); insofern ist der Verweis auf § 122 nicht abschließend. Über Verweisungen in §§ 124, 125 Abs. 5 S. 2, 126 Abs. 3 S. 2 und 128 Abs. 2 gelten die Vorschriften wiederum für **Inhaber verwandter Schutzrechte**, soweit es sich dabei um natürliche Personen handelt oder handeln kann (also mit Ausnahme der Sendeunternehmen).

2 Wie bei der Staatsangehörigkeit (vgl. § 120 Rn. 5) kommt es auch für § 123 auf die Eigenschaft als Flüchtling **allein des Urhebers selbst** an; diejenige seiner Erben oder Vermächtnisnehmer ist bedeutungslos.

II. Tatbestand

1. Flüchtlinge mit gewöhnlichem Aufenthalt in Deutschland

3 Flüchtlinge im Sinne des § 123 S. 1 sind nur diejenigen „im Sinne von Staatsverträgen und anderen Rechtsvorschriften", also die nach deutschem Recht als solche anerkannten Flüchtlinge, nicht schon Asylbewerber, über deren Anträge noch nicht entschieden ist, und auch nicht solche, deren Anträge abgelehnt wurden. Auch für letztere gilt freilich § 121 Abs. 1 für ihre hier erstmals erschienenen Werke (vgl. § 121 Rn. 4 ff.). Ihre bereits früher in ihrem Heimatstaat erschienenen Werke sind in Deutschland dann geschützt, wenn dieser der RBÜ, dem WUA oder TRIPS angehört oder ein entsprechender zweiseitiger Vertrag besteht (z. B. Iran). Die Härte des § 123 S. 2 trifft deshalb nur solche Asylbewerber, deren Heimatstaat nicht durch einen Staatsvertrag wechselseitigen Urheberschutz mit der Bundesrepublik vereinbart hat, und auch das nur für ihr früher publiziertes Schaffen. Anerkannte Flüchtlinge, die in Deutschland leben, erwerben dagegen die *volle* Rechtsstellung eines Deutschen, also auch für ihre früher publizierten Werke (Schricker/Loewenheim/*Katzenberger/Metzger*[5] Rn. 2; *Schack*, Urheber- und UrhebervertragsR[7] Rn. 929).

2. Flüchtlinge mit gewöhnlichem Aufenthalt im EU- oder EWR-Ausland

4 Staatenlose und Flüchtlinge mit gewöhnlichem **Aufenthalt in einem EU- oder EWR-Land** sind Deutschen völlig gleichgestellt (vgl. § 120 Rn. 12); solche **in einem RBÜ-Verbandsland**, einem WUA- oder TRIPS-Mitgliedsstaat genießen in Deutschland die gleiche (also Inländer-) Behandlung wie die Staatsangehörigen ihres Gastlandes (vgl. § 122 Rn. 5). Wechseln sie von einem Land in ein anderes innerhalb des Geltungsbereichs der Abkommen, so ändert sich daran nichts. Wechseln sie aus EU/EWR in den übrigen Bereich der RBÜ oder in einen reinen WUA-Staat oder umgekehrt, so gilt das zu § 122 Gesagte entsprechend (vgl. § 122 Rn. 4 f.).

Unterabschnitt 2   **Verwandte Schutzrechte**

§ 124   Wissenschaftliche Ausgaben und Lichtbilder

Für den Schutz wissenschaftlicher Ausgaben (§ 70) und den Schutz von Lichtbildern (§ 72) sind die §§ 120 bis 123 sinngemäß anzuwenden.

Übersicht   Rn.

I. Wissenschaftliche Ausgaben und Lichtbilder

Obwohl §§ 70 und 72 systematisch als Leistungsschutzrechte eingeordnet sind, **1** ähneln sie in den Rechtsfolgen – abgesehen von der Schutzdauer – dem Urheberrecht; deshalb erklärt § 124 für Lichtbilder (§ 70) und wissenschaftliche Ausgaben (§ 72) §§ 120 bis 123, nicht §§ 125 ff. für entsprechend anwendbar. Die Leistungsschutzrechte der §§ 70–72 sind nicht Gegenstand von RBÜ, WUA oder der zweiseitigen Abkommen mit den USA und Iran (vgl. Vor §§ 120 ff. Rn. 54, 56 ff.), auch nicht des TRIPS-Abkommens, fallen aber unter das Diskriminierungsverbot des Art. 18 AEUV (ex-Art. 12 EG-Vertrag; vgl. Vor §§ 120 ff. Rn. 2; vgl. § 120 Rn. 9 ff.). In der Praxis bedeutet die Bestimmung also, dass
- Angehörige von EU/EWR-Staaten und dort lebende Staatenlose und Flüchtlinge ohne jede Einschränkung,
- Angehörige anderer Staaten und die dort lebenden Staatenlosen und Flüchtlinge nur für den Fall des Ersterscheinens der Ausgaben nach § 70 und ihrer einfachen, nicht als Werke geschützten Lichtbilder (§ 72) im Sinne des § 121 Abs. 1 Deutschen gleichgestellt sind.

II. Nachgelassene Werke, § 71

Das Schutzrecht an nach dem Tode des Urhebers erstmals erschienenen oder – **2** seit 1.1.1995 – erstmals öffentlich wiedergegebenen Werken i. S. d. § 71 wird in den fremdenrechtlichen Regelungen der §§ 120 ff. nicht erwähnt; Schutz genießt also jeder Herausgeber oder nach öffentlicher Wiedergabe Geschützter, unabhängig von Staatsangehörigkeit, Aufenthalt oder Ort des ersten Erscheinens bzw. der öffentlichen Wiedergabe (Dreier/Schulze/*Dreier*[5] § 124 Rn. 3; a. A. unsere 9. Aufl. Bem. 2).

§ 125 Schutz des ausübenden Künstlers

(1) [1]Den nach den §§ 73 bis 83 gewährten Schutz genießen deutsche Staatsangehörige für alle ihre Darbietungen, gleichviel, wo diese stattfinden. [2]§ 120 Abs. 2 ist anzuwenden.

(2) Ausländische Staatsangehörige genießen den Schutz für alle ihre Darbietungen, die im Geltungsbereich dieses Gesetzes stattfinden, soweit nicht in den Absätzen 3 und 4 etwas anderes bestimmt ist.

(3) Werden Darbietungen ausländischer Staatsangehöriger erlaubterweise auf Bild- oder Tonträger aufgenommen und sind diese erschienen, so genießen die ausländischen Staatsangehörigen hinsichtlich dieser Bild- oder Tonträger den Schutz nach § 77 Abs. 2 Satz 1, § 78 Abs. 1 Nr. 1 und Abs. 2, wenn die Bild- oder Tonträger im Geltungsbereich dieses Gesetzes erschienen sind, es sei denn, dass die Bild- oder Tonträger früher als dreißig Tage vor dem Erscheinen im Geltungsbereich dieses Gesetzes außerhalb dieses Gebietes erschienen sind.

(4) Werden Darbietungen ausländischer Staatsangehöriger erlaubterweise durch Funk gesendet, so genießen die ausländischen Staatsangehörigen den Schutz gegen Aufnahme der Funksendung auf Bild- oder Tonträger (§ 77 Abs. 1) und Weitersendung der Funksendung (§ 78 Abs. 1 Nr. 2) sowie den Schutz nach § 78, wenn die Funksendung im Geltungsbereich dieses Gesetzes ausgestrahlt worden ist.

(5) [1]Im Übrigen genießen ausländische Staatsangehörige den Schutz nach Inhalt der Staatsverträge. [2]§ 121 Abs. 4 Satz 2 sowie die §§ 122 und 123 gelten entsprechend.

(6) [1]Den Schutz nach den §§ 74 und 75, § 77 Abs. 1 sowie § 78 Abs. 1 Nr. 3 genießen ausländische Staatsangehörige für alle ihre Darbietungen, auch wenn

die Voraussetzungen der Absätze 2 bis 5 nicht vorliegen. [2]Das gleiche gilt für den Schutz nach § 78 Abs. 1 Nr. 2, soweit es sich um die unmittelbare Sendung der Darbietung handelt.

(7) Wird Schutz nach den Absätzen 2 bis 4 oder 6 gewährt, so erlischt er spätestens mit dem Ablauf der Schutzdauer in dem Staat, dessen Staatsangehöriger der ausübende Künstler ist, ohne die Schutzfrist nach § 82 zu überschreiten.

Übersicht

I. Allgemeines

1 § 125 regelt parallel zu § 121 und mit ganz ähnlichem Aufbau die fremdenrechtlichen Grenzen des Schutzes ausübender Künstler. Abs. 1 betrifft den Schutz deutscher Künstler einschließlich der ihnen gemäß § 120 Abs. 2 gleichgestellten ausländischen Staatsangehörigen und Staatenlosen bzw. Flüchtlingen (§§ 125 Abs. 5 S. 2, 2. Hs. mit §§ 122, 123). § 125 Abs. 5 S. 1 betrifft den Schutz ausländischer ausübender Künstler nach Maßgabe der Staatsverträge. Abs. 2 bis 4, 6 und 7 sowie Abs. 5 S. 2, 1. Hs. regeln den Schutz der übrigen ausübenden Künstler. Zum Schutz des Veranstalters (§ 81) vgl. Rn. 13.

2 Nach der *Phil-Collins*-Entscheidung des EuGH (GRUR 1994, 280 ff.; vgl. § 120 Rn. 2) wurde § 125 durch die Reform 1995 den europarechtlichen Vorgaben angepasst. Die Änderungen durch das InfoG vom 10.9.2003 betreffen vor allem die Verweisungen auf geänderte Regelungen in §§ 73 ff.

II. Deutsche und ihnen gleichgestellte ausländische Urheber

3 Deutsche (Abs. 1 S. 1), Statusdeutsche und EU/EWR-Angehörige (Abs. 1 S. 2), in Deutschland oder sonst in der EU/EWR lebende Staatenlose und anerkannte Flüchtlinge (Abs. 5 S. 2, 2. Hs.) sind für alle ihre Darbietungen nach den §§ 73–83 geschützt, wann und wo auch immer sie diese erbringen. Für die Staatsangehörigen eines europäischen Landes (und die dort lebenden Staatenlosen und Flüchtlinge, vgl. § 120 Rn. 12) **beginnt** dieser Schutz mit dem Beitritt dieses Landes zur EU oder zum EWR; er erfasst auch ihre schon früher erbrachten Darbietungen (vgl. § 120 Rn. 10 f.). Nur auf die Staatsangehörigkeit bzw. den gewöhnlichen Aufenthalt bzw. die Flüchtlingseigenschaft des ausübenden Künstlers *selbst* kommt es an, nicht auf die seines Rechtsnachfolgers (vgl. § 120 Rn. 5). **Wechselt** der ausübende Künstler die Staatsangehörigkeit zu Gunsten eines Drittlandes, verlegt er als Staatenloser seinen gewöhnlichen Aufenthalt in ein solches oder verliert er die Flüchtlingseigenschaft, so bleibt er für seine bereits erbrachten Darbietungen wie ein Deutscher geschützt (vgl. § 120 Rn. 7); für spätere Darbietungen wird ihm dagegen in Deutschland Schutz nur nach Maßgabe der Absätze 2–7 gewährt (für ein Beispiel BGH GRUR 2016, 1048, Rn. 29 ff. – *An Evening with Marlene Dietrich*). Die **Beweislast** für die Staatsangehörigkeit obliegt dem sich darauf berufenden Künstler (OLG Köln GRUR-RR 2005, 75 – *Queen*).

Mehrere ausübende Künstler sind mangels eines dem § 120 Abs. 1 S. 2 entsprechenden Verweises nicht alle geschützt, nur weil einer von ihnen die Voraussetzungen des § 125 Abs. 1 oder Abs. 5 S. 2, 2. Hs. erfüllt. Für jedes Bandmitglied, jeden Chorsänger ist also ggf. gesondert zu prüfen, ob er nach § 125 Schutz beanspruchen kann. Ein Redaktionsversehen kann darin angesichts der Tatsache, dass der Gesetzgeber trotz mehrerer Anpassungen des § 125 keinen Verweis aufgenommen hat, wohl nicht (mehr) gesehen werden. Allerdings ist ein sachlicher Grund dafür, mehrere Künstler anders zu behandeln als mehrere Urheber, schon deshalb nicht erkennbar, weil das UrhG im Übrigen ausübende Künstler den Urhebern mehr und mehr gleichstellt. Ohnehin muss der Verwerter stets Nutzungsrechte einholen, wenn auch nur ein Mitglied der Gruppe nach § 125 geschützt ist.

4

Das Schutzrecht an nach dem Tode des Künstlers erstmals erschienenen oder – seit 1.1.1995 – erstmals öffentlich wiedergegebenen Werken i. S. d. § 71 wird in den fremdenrechtlichen Regelungen der §§ 120 ff. nicht erwähnt; Schutz genießt also jeder Herausgeber oder nach öffentlicher Wiedergabe Geschützter, unabhängig von Staatsangehörigkeit, Aufenthalt oder Ort des ersten Erscheinens bzw. der öffentlichen Wiedergabe (Dreier/Schulze/*Dreier*[5] § 124 Rn. 3; a. A. unsere 9. Aufl. Bem. 2).

5

III. Sonstige ausländische ausübende Künstler

1. Schutz der Persönlichkeitsrechte, § 125 Abs. 6

Ausländer, die *nicht* als EU/EWR-Angehörige, als Staatenlose oder als Flüchtlinge Deutschen gleichgestellt sind (vgl. Rn. 3), genießen vollen Schutz zunächst ohne jede Vorbedingung für diejenigen Rechte der ausübenden Künstler, die persönlichkeitsrechtlich begründet sind: Das Recht der Namensnennung und der Schutz gegen Entstellung (§§ 74, 75), das Recht der Aufnahme ihrer Liveauftritte auf Bild- oder Tonträger (§ 77 Abs. 1) und das Recht der Bildschirm- und Lautsprecherübertragung (§ 78 Abs. 1 Nr. 3). Der Schutz wird unabhängig davon gewährt, wo die Darbietung stattgefunden hat und wo eine Aufnahme ggf. erschienen oder gesendet worden ist (BGH GRUR 1987, 814, 815 – *Die Zauberflöte)*, unterliegt allerdings – anders als die Urheberpersönlichkeitsrechte nach § 121 Abs. 6 (vgl. § 121 Rn. 2) – dem Schutzfristenvergleich nach § 125 Abs. 7 (vgl. Rn. 11).

6

Abgelehnt hat die Rspr. im Rahmen des § 125 Abs. 6 stets einen Schutz des **Vervielfältigungsrechts** aus § 77 Abs. 2 S. 1, 1. Alt. oder des **Verbreitungsrechts** (s. BGH GRUR 1987, 814, 815 – *Die Zauberflöte;* OLG Hamburg GRUR-RR 2001, 73, 77 ff. – *Frank Sinatra*; OLG Köln GRUR 1992, 388, 389 – *Prince*; OLG Frankfurt GRUR Int. 1993, 702 – *Bruce Springsteen*; ZUM 1994, 34 ff.; OLG Köln GRUR-RR 2005, 75, 76 – *Queen*). Außerhalb der besonderen Voraussetzungen der § 125 Abs. 1 bis 5 können ausländische ausübende Künstler die Vervielfältigung und Verbreitung auch unerlaubter Mitschnitte aus dem Ausland in Deutschland deshalb nicht untersagen, und zwar auch nicht auf der Grundlage des § 96 Abs. 1 (BGH GRUR 1999, 49, 50 f. – *Bruce Springsteen*; GRUR 1987, 814, 815 f. – *Die Zauberflöte*; GRUR 1986, 454, 455 – *Bob Dylan*; OLG Hamburg GRUR-RR 2001, 73, 77 ff. – *Frank Sinatra*; a. A. *Braun* GRUR Int. 1996, 794 f.; *Krüger* GRUR Int. 1986, 384 ff.; *Schack*, Urheber- und UrhebervertragsR[7] Rn. 935 ff.; krit. Wandtke/Bullinger/*Braun/ v. Welser*[4] § 125 Rn. 8). Der Entstellungsschutz aus § 75 wird insofern nur ausnahmsweise in Betracht kommen können (s. BGH GRUR 1987, 814, 816 f. – *Die Zauberflöte*). Dies gilt erst recht für ursprünglich rechtmäßige Aufnahmen (BGH GRUR 1987, 814, 815 ff. – *Die Zauberflöte*, wo allerdings zu Unrecht als „zwingende Folge" aus dem Territorialitätsprinzip hergeleitet

7

wird, dass ohnehin nur *inländische* Aufnahmen geschützt seien; Abs. 6 billigt den Schutz jedoch allen Darbietungen zu, auch wenn die Voraussetzung des Abs. 2 – inländische Aufnahme – nicht vorliegt).

2. Schutz unter den Voraussetzungen der § 125 Abs. 2 bis 4 und Abs. 5 S. 2, 1. Hs.

8   Geschützt sind für ausländische ausübende Künstler, die nicht bereits über § 125 Abs. 1 oder Abs. 5 S. 2, 2. Hs. Schutz genießen, des Weiteren diejenigen ihrer **Darbietungen,** die in **Deutschland stattfinden (Abs. 2),** soweit nicht die Abs. 3 oder 4 eingreifen. Als in Deutschland stattfindend werden auch Darbietungen auf deutschen Kreuzfahrtschiffen angesehen, selbst wenn sie gerade in einem fremden Hafen angelegt haben. § 125 Abs. 3 und 4 regeln die mittelbare Nutzung; § 125 Abs. 2 schützt mithin nur die *Live*-Darbietung gegen deren unmittelbare Nutzung durch Aufnahme auf Bild- oder Tonträger (§ 77 Abs. 1), Lautsprecherübertragung, öffentliches Zugänglichmachen oder Funksendung einschließlich der Weitersendung (§ 78 Abs. 1 Nr. 1–3) und gegen die weitere Verwertung einer danach unerlaubten Nutzung (z. B. Vervielfältigung und Verbreitung einer unerlaubten Aufnahme, § 77 Abs. 2; s. BGH GRUR 2016, 593 – *Al di Meola*), nicht jedoch auch die weitere (mittelbare) Verwertung einer danach erlaubten unmittelbaren Nutzung (Begr., *Marcel Schulze*, Mat. UrhG S. 586; insoweit zutreffend BGH GRUR 1986, 454, 455 – *Bob Dylan*).

9   Für Darbietungen nicht privilegierter Ausländer, die mit ihrer Zustimmung („erlaubterweise") aufgenommen worden sind, gewährt **Abs. 3** unabhängig von dem Ort der Darbietung, der Aufnahme oder der Vervielfältigung Schutz für die Verwertung der **Aufnahmen,** also für die mittelbare Nutzung, unter der Bedingung des **Ersterscheinens** (§ 6 Abs. 2) oder des Erscheinens binnen 30 Tagen nach Erscheinen im Ausland (vgl. § 121 Rn. 9 ff.; BGH GRUR 2016, 1048, Rn. 35 f. – *An Evening with Marlene Dietrich*) in Deutschland. Unter dieser Voraussetzung sind ausländische Künstler gegen eine unerlaubte Vervielfältigung und Verbreitung (§ 77 Abs. 2) geschützt und haben Anspruch auf Vergütung bei Sendung (§ 78 Abs. 2 Nr. 1) und öffentlicher Wahrnehmbarmachung (§ 78 Abs. 2 Nr. 2 und 3). Kein Schutz besteht allerdings – wiederum unabhängig vom Ort der Darbietung, der Aufnahme oder der Vervielfältigung – für Tonträger, die erstmals im Ausland erschienen sind (BGH GRUR 2016, 1048, Rn. 32 ff. – *An Evening with Marlene Dietrich*). Die **Beweislast** für eine behauptete Nichteinhaltung der 30tägigen Karenzfrist des Abs. 3 trifft denjenigen, der sich auf die Nichteinhaltung beruft („es sei denn", vgl. § 121 Rn. 11; die Beweislast für ein Erscheinen des Tonträgers umgekehrt in Deutschland liegt wiederum bei dem ausübenden Künstler: BGH GRUR 2016, 1048, Rn. 38 – *An Evening with Marlene Dietrich*).

10   Für **in Deutschland ausgestrahlte Funksendungen** der Darbietungen ausübender Künstler gilt Entsprechendes nach **Abs. 4.** Ausgestrahlt ist die Sendung dort, wo sich die Sendestelle befindet, von der aus die Sendung über eine ununterbrochene Übertragungskette zum Empfänger geleitet wird (vgl. Vor §§ 120 ff. Rn. 71). Eine Satellitensendung aus den USA, die in Deutschland empfangbar ist, fällt also nicht unter Abs. 4; dagegen ist die Weitersendung des Neujahrskonzerts der Wiener Philharmoniker durch die angeschlossenen ARD-Anstalten eine Ausstrahlung in Deutschland (vgl. § 20 Rn. 17 ff.). Der ausländische Künstler hat also die Rechte der Aufnahme der Sendung (§ 77 Abs. 1) und ihrer Weitersendung (§ 78 Abs. 1 Nr. 2) sowie die Vergütungsansprüche aus § 78 Abs. 2 bei öffentlich wahrnehmbar gemachter Sendung. Wandtke/Bullinger/*Braun/v. Welser*[4] (Rn. 13) will ausübenden Künstlern auch insofern zusätzlich den Schutz aus § 96 Abs. 1 gewähren (vgl. Rn. 7). Zur Beschränkung der Rechte aus Abs. 2 durch Abs. 4 vgl. Rn. 8.

Die Einfügung des **Abs.** 7 durch das ÄndG 1995 war durch Art. 7 Abs. 2 S. 2   **11**
der Schutzdauer-RL veranlasst, wonach kein längerer Schutz gewährt werden
darf, als ihn das Heimatland des ausübenden Künstlers gewährt, höchstens
jedoch die 50-Jahres-Schutzfrist des Art. 3 der Richtlinie. Staatsverträge haben
allerdings Vorrang, weshalb Abs. 5 in Abs. 7 nicht erwähnt ist. Die von *Braun*
GRUR Int. 1996, 790, 797 erörterte Frage, ob der vorgeschriebene **Schutzfris-**
tenvergleich im Falle der USA, die besondere Rechte für ausübende Künstler
noch nicht kennen, auf „Null" hinauslaufe, stellt sich deshalb nicht; das
TRIPS-Abkommen geht als auch von der EU gezeichnetes Übereinkommen
(vgl. Vor §§ 120 ff. Rn. 17) der Richtlinie vor.

Der ausländische ausübende Künstler ist, wenn es sich nicht um eines der in   **12**
Abs. 6 genannten Rechte handelt oder Abs. 5 zum Zuge kommt, **beweispflich-**
tig dafür, dass die Voraussetzungen für seine Aktivlegitimation erfüllt sind. Er
muss insb. nachweisen, dass die Darbietung in der Bundesrepublik stattgefunden hat oder der Bild- oder Tonträger hier erschienen oder die Funksendung
hier ausgestrahlt worden ist.

Gegenseitigkeitserklärungen nach §§ 125 Abs. 5 S. 2, 1. Hs. i. V. m. 121 Abs. 4   **12a**
S. 2 sind bislang nicht bekanntgemacht worden.

Ein Redaktionsversehen des UrhG 1965 ist schließlich die fehlende Erwähnung   **13**
des **Veranstalterrechts** aus § 81. Dass der deutsche Veranstalter, wenn er im
Ausland tätig wird, dieses Recht auch in Deutschland *nicht* hätte, kann der
damalige Gesetzgeber nicht gemeint haben; dann gäbe auch die pauschale Bezugnahme von § 125 Abs. 1 S. 1 auf die „§§ 73 bis 83", also einschließlich
§ 81, keinen Sinn (OLG München ZUM 1997, 144, 145 – *Michael Jackson*;
ebenso schon *v. Gamm* Rn. 1; Schricker/Loewenheim/*Katzenberger/Metzger*[5]
Rn. 18; Wandtke/Bullinger/*Braun/v. Welser*[4] Rn. 52). Vielmehr gilt Abs. 1 auch
für ihn. Demgemäß ist auch der Veranstalter, der Statusdeutscher oder Angehöriger eines EU- oder EWR-Staates ist, geschützt, gleich wo die Veranstaltung
stattfindet (§ 125 Abs. 1 S. 2); dasselbe gilt für in der EU/EWR ansässige Staatenlose oder Flüchtlinge (§ 125 Abs. 5 S. 2). Andere Ausländer haben jedenfalls
für ihre Veranstaltungen in Deutschland den Schutz des § 81 (§ 125 Abs. 2)
und damit den der §§ 77 und 78 Abs. 1. Die Absätze 3 und 4 der Bestimmung
sind daneben als solche für sie nicht relevant.

IV. Schutz nach Maßgabe der Staatsverträge

Von weitaus größerer Bedeutung als das vom Gesetzgeber von 1965 – aus   **14**
damaliger Sicht gewiss zutreffend – zur Regel erklärte Fremdenrecht für ausländische Künstler nach Abs. 2–4 und 6 sind inzwischen die von Abs. 5 für
vorrangig erklärten **Staatsverträge**. Die bedeutendsten im Bereich des Schutzes
ausübender Künstler sind das sog. **Rom-Abkommen** vom 26.10.1961, das für
die Alt-Bundesrepublik am 21.10.1966, für die neuen Bundesländer jedoch erst
mit der Wiedervereinigung am 3.10.1990 in Kraft getreten ist (abrufbar unter
http://www.wipo.int/treaties/en/ip/rome/; vgl. Vor §§ 120 ff. Rn. 34 ff.), das am
1.1.1995 in Kraft getretene **TRIPS-Abkommen** (abrufbar unter https://www.
wto.org/english/docs_e/legal_e/27-trips_01_e.htm; vgl. Vor §§ 120 ff.
Rn. 17 ff.) sowie der am 20.12.1996 geschlossene und am 20.5.2002 u. a. für
die USA, für die EU jedoch erst am 14. März 2010 in Kraft getretene WIPO
Performances and Phonograms Treaty (WIPO-Vertrag über Darbietungen und
Tonträger, WPPT; abrufbar unter http://www.wipo.int/treaties/en/ip/wppt/; vgl.
Vor §§ 120 ff. Rn. 30 ff.), sowie der am 24. Juni 2012 unterzeichnete **Beijing**
Treaty on Audiovisual Performances der WIPO, der erst in Kraft tritt, wenn
ihn mindestens 30 Vertragsparteien ratifiziert haben (abrufbar unter http://w

ww.wipo.int/treaties/en/ip/beijing/; näher vgl. Vor §§ 120 ff., Rn. 49 ff.).
Sowohl TRIPS als auch der WPPT sind integraler Bestandteil der Unionsrechtsordnung und also in der EU unmittelbar anwendbar (EuGH GRUR 2012,
593 Rn. 37 ff. – *SCF/Del Corso*). Jedoch können sich Einzelpersonen weder
unmittelbar auf TRIPS noch auf den WPPT berufen, so dass beide Abkommen
jedenfalls im harmonisierten Bereich u. a. der §§ 77, 78 für Einzelpersonen
keine unmittelbare Wirkung haben (BGH GRUR 2016, 1048, Rn. 43 – *An
Evening with Marlene Dietrich*). Darüber hinaus ist die durch TRIPS bzw.
den WPPT vorgesehene Inländerbehandlung auf die in den Übereinkommen
ausdrücklich vorgesehenen Rechte beschränkt, zu den vor allem das **Recht der
öffentlichen Zugänglichmachung** nicht gehört (dazu BGH GRUR 2016, 1048,
Rn. 45 ff. – *An Evening with Marlene Dietrich*). Vielmehr gewährt erstmals
der (noch nicht in Kraft getretene) Beijing Treaty ausübenden Künstlern ein
Recht der öffentlichen Zugänglichmachung (näher zum ganzen vgl. Vor
§§ 120 ff., Rn 49 ff.). Die sich daraus ergebenden deutlichen **Schutzlücken** im
Bereich der Verwertung im Internet hat der BGH jüngst wenigstens für den
Bereich des Rom-Abkommens geschlossen: Nach jüngster Rechtsprechung ist
einem ausübenden Künstler für Darbietungen aus anderen Vertragsstaaten die
volle Inländerbehandlung (Art. 2 und 4 Rom-Abkommen) zu gewähren, und
zwar ohne Beschränkung auf die im Rom-Abkommen (Art. 7) vorgesehenen
Mindestrechte und in dem Umfang und für die Verwertungsrechte, die das
inländische Rechte in dem Zeitpunkt vorsieht, in dem Ansprüche geltend gemacht werden, also einschließlich z. B. des Rechts aus § 19a (zum ganzen ausführlich BGH GRUR 2016, 1048, Rn. 55 ff. – *An Evening with Marlene Dietrich*; OLG München GRUR-RR 2017, 417 ff. – *Marlene Dietrich*). Auf die
Staatsangehörigkeit des ausübenden Künstlers kommt es für die Anwendung
des Rom-Abkommens insofern nicht an (BGH GRUR 2016, 1048, Rn. 57 –
*An Evening with Marlene Dietrich; zum Ganzen vgl. Vor §§ 120 ff. Rn. 34 ff.).

15 Im Geltungsbereich des TRIPS-Abkommens, das wie der WPPT allerdings nur
Tonträger, nicht auch Bildtonträger, ja nicht einmal den Tonteil eines Films
erfasst (*Dünnwald* ZUM 1996, 725, 729), ist der sog. **Schutzlückenpiraterie**
(vgl. Vor §§ 120 ff. Rn. 42) weitgehend der Boden entzogen worden. Zuvor
waren vor allem Altaufnahmen aus der Zeit vor dem Inkrafttreten des UrhG
und aus den ersten Jahren danach in Deutschland frei, wenn ihr Ursprungsland – meist die USA – nicht dem Rom-Abkommen angehörte und die Bedingung des Erscheinens binnen 30 Tagen auch in Deutschland (Abs. 2 und § 126
Abs. 2), die viele Tonträgerhersteller im Ausland noch nicht kannten, nicht
eingehalten wurde; auch gilt das Genfer Tonträger-Abkommen (GTA), das für
Deutschland erst am 18. Mai 1994 wirksam wurde (vgl. Vor §§ 120 ff.
Rn. 43 ff.), nur für Raubpressungen von solchen Tonträgern, die seit dem Inkrafttreten des UrhG am 1.1.1966 erstmals festgelegt worden sind (BGH
GRUR 1994, 210, 211 f. – *Beatles*). Es kam hinzu, dass der Bundesgerichtshof
den Schutz gegen den unerlaubten Mitschnitt einer Darbietung (§ 77 Abs. 1)
nicht auch auf die Vervielfältigungen der *bootlegs* erstreckte, wenn diese im
Ausland rechtmäßig hergestellt wurden (BGH GRUR 1986, 454, 455 – *Bob
Dylan*; BGH GRUR 1987, 814, 815 f. – *Die Zauberflöte*; dazu *Schack*, Urhe-
ber- und UrhebervertragsR[7] Rn. 935 ff.; *Braun* GRUR Int. 1996, 790, 795).
Erst recht durften erlaubte Mitschnitte aus dem nicht privilegierten Ausland
hier verwertet werden, wie das Beispiel OLG Koblenz GRUR Int. 1968,
164 f. – *Liebeshändel in Chioggia* zeigt: Eine erlaubterweise in Italien mitge-
schnittene Aufführung des Piccolo Teatro di Milano durfte vom ZDF ohne
Zustimmung *Giorgio Strehlers* ausgestrahlt werden (Italien gehörte damals
noch nicht dem Rom-Abkommen an). Zu Einzelheiten s. *Braun* S. 37 ff. Seit
dem Inkrafttreten des TRIPS-Abkommens am 1.1.1995 unterliegt *jede* vom
ausübenden Künstler nicht autorisierte Vervielfältigung von Tonträgern (nur

von diesen, s. o.) in gleich welchem Mitgliedstaat des TRIPS-Abkommens seinem Verbotsrecht, wobei TRIPS nach Art. 14 Abs. 6 S. 2 mit Art. 18 RBÜ Rückwirkung für alle Werke, die bei Inkrafttreten der Übereinkunft „noch nicht infolge Ablaufs der Schutzdauer im Ursprungsland Gemeingut geworden sind", vorschreibt.

V. Ergänzender Leistungsschutz; Persönlichkeitsrecht

Soweit die Voraussetzungen der Abs. 2 bis 4 nicht erfüllt sind und **kein Staatsvertrag** besteht, also für Länder, die weder dem Rom- noch dem TRIPS-Abkommen oder dem WPPT angehören, einschließlich der dort lebenden Staatenlosen und Flüchtlinge, gewährt die Bundesrepublik über die Mindestrechte des Abs. 6 hinaus (vgl. Rn. 3) trotz Art. 1 Abs. 2, 2 Abs. 1 und 10bis PVÜ grundsätzlich *keinen* Leistungsschutz. Denn der ergänzende Leistungsschutz des UWG kann nicht über ausdrückliche Grenzen des urheberrechtlichen Sonderschutzes hinweg gewährt werden (BGH GRUR 1986, 454, 455 – *Bob Dylan*; bestätigt von BVerfG GRUR 1990, 438 ff. – *Bob Dylan*; s. a. BGH GRUR 2016, 725, Rn. 25 – *Pippi-Langstrumpf-Kostüm II*; zur Problematik eingehend *Hertin* GRUR 1991, 722 ff.; *Loewenheim* GRUR Int. 1993, 105 ff.). Insofern sind wettbewerbsrechtliche Verbotsansprüche – auch wenn dies kaum befriedigt – wegen Rufschädigung durch den Vertrieb von Aufnahmen minderer Qualität (s. BGH GRUR 1987, 814, 815 – *Die Zauberflöte*; sehr zurückhaltend OLG Köln GRUR 1992, 388 f. – *Prince*) oder – bei Tonträgerpiraterie – wegen unmittelbarer Leistungsübernahme oder unter Rückgriff auf das allgemeine Persönlichkeitsrecht wohl nur in Extremfällen denkbar (weitergehend *Krüger* GRUR Int. 1986, 381, 386 f.; Schricker/Loewenheim/*Katzenberger/ Metzger*[5] Rn. 19; *Schack* GRUR 1987, 818; zurückhaltend *Braun* S. 138 f.).

16

§ 126 Schutz des Herstellers von Tonträgern

(1) [1]**Den nach den §§ 85 und 86 gewährten Schutz genießen deutsche Staatsangehörige oder Unternehmen mit Sitz im Geltungsbereich dieses Gesetzes für alle ihre Tonträger, gleichviel, ob und wo diese erschienen sind.** [2]**§ 120 Abs. 2 ist anzuwenden.** [3]**Unternehmen mit Sitz in einem anderen Mitgliedstaat der Europäischen Union oder in einem anderen Vertragsstaat des Abkommens über den Europäischen Wirtschaftsraum stehen Unternehmen mit Sitz im Geltungsbereich dieses Gesetzes gleich.**

(2) [1]**Ausländische Staatsangehörige oder Unternehmen ohne Sitz im Geltungsbereich dieses Gesetzes genießen den Schutz für ihre im Geltungsbereich dieses Gesetzes erschienenen Tonträger, es sei denn, daß der Tonträger früher als dreißig Tage vor dem Erscheinen im Geltungsbereich dieses Gesetzes außerhalb dieses Gebietes erschienen ist.** [2]**Der Schutz erlischt jedoch spätestens mit dem Ablauf der Schutzdauer in dem Staat, dessen Staatsangehörigkeit der Hersteller des Tonträgers besitzt oder in welchem das Unternehmen seinen Sitz hat, ohne die Schutzfrist nach § 85 Abs. 3 zu überschreiten.**

(3) [1]**Im Übrigen genießen ausländische Staatsangehörige oder Unternehmen ohne Sitz im Geltungsbereich dieses Gesetzes den Schutz nach Inhalt der Staatsverträge.** [2]**§ 121 Abs. 4 Satz 2 sowie die §§ 122 und 123 gelten entsprechend.**

Übersicht

I. Allgemeines

1 § 126 regelt in seinem Abs. 1 S. 1 die uneingeschränkte Geltung des UrhG für inländische **Tonträgerhersteller**. Abs. 1 S. 2 enthält die Gleichstellung zugunsten von EU- bzw. EWR-Ausländern, und S. 3 stellt klar, dass dies entsprechend für Unternehmen mit Sitz in den betreffenden Staaten gilt. § 126 Abs. 2 legt fest, unter welchen Voraussetzungen ausländischen (ex EU/EWR) Tonträgerherstellern Schutz durch das UrhG gewährt wird, einschließlich einer Regelung zum Schutzfristvergleich in § 126 Abs. 2 S. 2. Abs. 3 schließlich regelt den Schutz nach Maßgabe der Staatsverträge (S. 1) und aufgrund entsprechender Bekanntmachungen des Justizministeriums (S. 2).

2 § 126 findet auch dann Anwendung, wenn ein Tonträgerhersteller ggf. in seinem Heimatland als Urheber geschützt ist; die Qualifikation erfolgt auch bei § 126 aus dem nationalen Recht heraus, dem die betreffende Norm angehört. Stets kann sich nicht nur der Tonträgerhersteller selbst, sondern auch derjenige, dem die Rechte übertragen worden sind, auf den Schutz nach § 126 berufen (BGH GRUR 1994, 210, 211 – *Beatles*). Die durch das InfoG vorgenommene Änderung des Verweises auf (jetzt) § 85 Abs. 3 wurde nur durch die dortige Neufassung erforderlich und bedeutet keine inhaltliche Änderung.

II. Deutsche Hersteller bzw. Hersteller mit Sitz in Deutschland und ihnen Gleichgestellte

1. Hersteller

3 Die Bestimmung schützt zunächst **natürliche Personen**, die Tonträger herstellen, und knüpft an ihre Staatsangehörigkeit (Abs. 1 und 2) bzw. an deren Eigenschaft als Staatenloser oder Flüchtling, der in Deutschland oder in einem Mitgliedstaat von EU/EWR seinen gewöhnlichen Aufenthalt hat (Abs. 3 S. 2, 2. Hs.), an. Sie stellt diesen Personen **Unternehmen** an die Seite, die dasselbe tun, ohne diesen Begriff zu definieren. Die Begr. zum UrhG 1965 nimmt in den einleitenden Bemerkungen zum Entwurf der damaligen §§ 95/96, die als §§ 85/86 Gesetz wurden, Bezug auf das Schutzrecht des Tonträgerherstellers im Rom-Abkommen (RegE UrhG 1962 – BT-Drs. IV/270, S. 34); in dessen Art. 3 lit. c wird der Hersteller von Tonträgern als die natürliche oder juristische Person umschrieben, die erstmals Töne festlegt. Sieht man danach als Unternehmen im Sinne auch des § 126 nur juristische Personen an, so bleibt unklar, wie Personengesellschaften einzuordnen sind, denen neben Deutschen auch nicht diesen gleichgestellte Ausländer angehören: Wessen Staatsangehörigkeit soll für die Einbeziehung in den Schutzbereich entscheidend sein? Nach richtiger Auffassung muss *jede* Mehrheit von Personen ohne Rücksicht auf ihre Rechtsform, die GbR also ebenso wie die OHG, die KG, die GmbH und die AG, als Unternehmen im Sinne der Bestimmung gelten (ebenso Dreier/Schulze/*Dreier*[5] Rn. 3). Entscheidend ist dann nur der Sitz der Gesellschaft; auf die Staatsangehörigkeit der (Personen-) Gesellschafter kommt es nicht an (so aber Wandtke/Bullinger/*Braun/v. Welser*[4] Rn. 3). Dieser **Sitz** ergibt sich in Deutschland aus dem Handelsregister, für die GbR aus der Gewerbeanmeldung (§ 14 GewO), im Ausland aus den entsprechenden amtlichen Nachweisen. Bei mehreren **Niederlassungen** im In- und Ausland ist diejenige maßgeblich, in der oder auf deren Veranlassung der Tonträger hergestellt wird.

2. Tonträger

Die Bestimmung schützt schließlich nur die Hersteller von **Tonträgern**; dies **4** gilt auch für die relevanten Staatsverträge (Art. 3 lit. b RA, Art. 1 lit. a GTA, Art. 14 Abs. 2 TRIPS; Art. 2 lit. b WPPT). Die Tonspur eines Bildtonträgers fällt deshalb als solche weder unter § 126 noch unter die entsprechenden Regelungen der Abkommen, solange die Verbindung andauert (wohl ebenso *Schack*, Urheber- und UrhebervertragsR[7] Rn. 975). Anders ist es, wenn Bild und Ton getrennt und mit dem Zweck auch einer rein akustischen Verwertung aufgenommen werden (OLG Hamburg ZUM-RD 1997, 389, 391 – *Nirvana*).

3. Deutsche und ihnen gleichgestellte Hersteller

Deutsche und die ihnen gleichgestellten natürlichen Personen (§ 120 Abs. 2, **5** §§ 122, 123; vgl. § 120 Rn. 9 f.) sowie die in Deutschland oder in EU/EWR niedergelassenen Unternehmen im o. g. Sinne haben alle Rechte, die die §§ 85/ 86 dem Tonträgerhersteller gewähren, einschließlich des Verbotsrechts aus § 96 Abs. 1, ganz gleich, wo die Herstellung der Tonträger tatsächlich stattfindet und ob und wo diese erscheinen (**Abs. 1**). Juristische Personen mit Sitz in der früheren DDR sind – anders als natürliche Personen – jedoch erst ab 3.10.1990 geschützt (Schricker/Loewenheim/*Katzenberger/Metzger*[5] Rn. 7).

III. Sonstige ausländische Hersteller bzw. solche mit Sitz im sonstigen Ausland

1. Schutz unter den besonderen Voraussetzungen des Abs. 2

Für nicht privilegierte **Ausländer** und Unternehmen aus Nicht-EU/EWR-Staa- **6** ten besteht Schutz, falls nicht Abs. 3 (Vorrang eines Staatsvertrages) zum Zuge kommt, nur hinsichtlich solcher Tonträger, die zuerst in Deutschland erscheinen (zum Begriff § 6 Abs. 2) oder wenigstens die 30-Tages-Karenzfrist einhalten (**Abs. 2 S. 1**); letzteres wird bis zum Beweis des Gegenteils vermutet (s. LG Düsseldorf UFITA 84 (1979), 241; vgl. § 121 Rn. 11; vgl. § 125 Rn. 15). Hersteller aus Drittländern außerhalb des EU/EWR-Raums werden Inhaber der Rechte aus §§ 94, 95 bei Ersterscheinen des Filmwerks oder des einfachen Films in Deutschland oder bei Einhaltung der 30-Tages-Karenzfrist (was bis zum Beweis des Gegenteils vermutet wird, vgl. § 121 Rn. 11); bei Ersterscheinen in einem anderen EU- oder EWR-Staat *ohne* Einhaltung der Karenzfrist bliebe der Hersteller nach dem Wortlaut der Vorschrift jedoch schutzlos. Zutreffend ist es wegen des gemeinschaftsrechtlichen Diskriminierungsverbotes indes, den Wortlaut der §§ 128 Abs. 2, 126 Abs. 2 gemeinschaftsrechtskonform erweiternd dahin auszulegen, dass auch ein Erscheinen innerhalb der Frist in einem anderen EU-Staat – und sei es nur durch einen Lizenznehmer – genügt (*Loef/Verweyen* ZUM 2007, 706, 707; krit. Dreier/Schule/*Dreier*[5] Rn. 7; vgl. § 94 Rn. 7). Ist der Tonträgerhersteller im Sitzland nicht geschützt, weil dort grundsätzlich kein Schutz gewährt wird, die Schutzfrist also gewissermaßen „null", kommt wegen Abs. 2 S. 2 auch kein Schutz nach UrhG in Frage. Der Tonträgerhersteller muss also ggf. aus abgeleiteten Rechten der Urheber selbst oder der ausübenden Künstler vorgehen.

Auf eine entsprechende Vorlagefrage des BGH (BGH GRUR 2007, 502 ff. – **7** *Tonträger aus Drittstaaten*) und Entscheidung des EuGH (GRUR 2009, 393 – *Sony/Falcon*) hat nunmehr der BGH entschieden, dass wegen Art. 10 Abs. 2 Schutzdauer-RL die Vorschriften des UrhG auch auf Leistungsschutzrechte der Tonträgerhersteller anzuwenden sind, wenn die betreffenden Tonträger im Inland nie, dafür aber in einem anderen Mitgliedsstaat der EU am 1.7.1995 noch geschützt waren, auch wenn die Tonträgerhersteller nicht in der EU ansässig sind (BGH GRUR Int. 2010, 532 Tz. 17 ff. – *Tonträger aus Drittstaaten II*; OLG Rostock WRP 2012, 846 – *Urheberrechtsschutz für Angehörige von Drittstaaten*; s. für ein weiteres Anwendungsbeispiel auch OLG Hamm GRUR 2014, 1203 – *Raubkopien*), und zwar ausdrücklich entgegen dem Wortlaut des § 137f Abs. 2 UrhG. Damit hat der BGH eine wichtige Schutzlücke geschlossen. Tonträgerhersteller können sich heute also auch dann auf den Schutz des UrhG und insbesondere § 85 UrhG berufen, wenn der Tonträger am 1.7.1995 noch in irgendeinem Land der EU geschützt war.

Der von **Abs. 2 S. 2** seit dem 1.7.1995 vorzunehmende **Schutzfristenvergleich** geht ebenfalls auf Art. 7 Abs. 2 S. 2 der Schutzdauer-RL zurück (vgl. § 64 Rn. 6; BGH GRUR 2007, 502 ff. – *Tonträger aus Drittstaaten* (Vorlagebeschluss)). Staatsverträge haben jedoch auch insoweit Vorrang; die Richtlinie sieht den Schutzfristenvergleich ausdrücklich „unbeschadet der internationalen Verpflichtungen der Mitgliedstaaten" vor. Dafür, dass der Gesetzgeber des ÄndG 1995 etwas anderes als die bloße Umsetzung der Richtlinie gewollt hätte, gibt es keinen Anhaltspunkt (s. Begr. zum ÄndG 1995, *Marcel Schulze*, Mat. UrhG S. 948; OLG Hamburg ZUM 1999, 853, 857; OLG Hamburg GRUR-RR 2001, 73, 77 f. – *Frank Sinatra*). Allerdings dürfen bereits laufende Fristen nach § 137f Abs. 1 S. 1 nicht verkürzt werden, wobei jedoch Tonträgerhersteller vor dem 1.7.1995 lediglich 25 Jahre lang geschützt waren.

2. Staatsverträge

8 Vier **Staatsverträge** sind im Rahmen des **Abs. 3** von Bedeutung:
Das **Rom-Abkommen** (vgl. Vor §§ 120 ff. Rn. 34 ff.), für die Alt-Bundesländer am 21.10.1966, für das Gebiet der ehemaligen DDR am 3.10.1990 in Kraft getreten, gewährt den Tonträgerherstellern aus allen anderen Vertragsstaaten Inländerbehandlung (Art. 2) für jede in einem anderen Vertragsstaat vorgenommene Festlegung *oder* (Erst-) Veröffentlichung (Art. 5 Abs. 1; OLG Hamburg GRUR 1979, 235, 237 – *ARRIVAL*), wobei die Einhaltung einer 30-Tages-Karenzfrist entsprechend § 126 Abs. 2 genügt (Art. 5 Abs. 2). Das Vervielfältigungsrecht und die Zweitwiedergaberechte sind als Mindestrechte gestaltet (Art. 10, 12). Die Mindestschutzdauer beträgt (nur) 20 Jahre (Art. 14). Vgl. Vor §§ 120 ff. Rn. 34 zu den derzeitigen Mitgliedstaaten und zu weiteren Einzelheiten.

9 Sodann gibt es – für die Alt-Bundesrepublik am 18.5.1974, für das Gebiet der ehemaligen DDR am 3.10.1990 in Kraft getreten – das gegen Raubpressungen gerichtete **Genfer Tonträgerabkommen** (Übereinkommen zum Schutze der Hersteller von Tonträgern gegen die unerlaubte Vervielfältigung ihrer Tonträger; ausführlicher zu diesem Abkommen vgl. Vor §§ 120 ff. Rn. 43 ff.).

10 Seit seinem Inkrafttreten am 1.1.1995 deckt das **TRIPS-Abkommen** (vgl. Vor §§ 120 ff. Rn. 17 ff.) den Regelungsbereich des GTA nahezu vollständig ab. Sein Art. 14 Abs. 2 gewährt den Tonträgerherstellern das Recht, die unmittelbare oder mittelbare Vervielfältigung ihrer Tonträger zu gestatten oder zu verbieten; auf diesen Mindestschutz ist die Verpflichtung zur Inländerbehandlung beschränkt (Art. 3 Abs. 1 S. 2 TRIPS). Die Schutzdauer nach TRIPS (Art. 14 Abs. 5: 50 Jahre) ist mehr als doppelt so lang wie die von Art. 4 GTA vorgeschriebene Mindestschutzdauer (20 Jahre).

11 Der am 20.12.1996 geschlossene und am 20.5.2002, für Deutschland, die „alten" EU-Mitglieder und die EU als solche am 14.3.2010 in Kraft getretene **WIPO Performances and Phonograms Treaty** (WIPO-Vertrag über Darbietungen und Tonträger, **WPPT**; vgl. Vor §§ 120 ff. Rn. 30 ff.) schützt neben ausübenden Künstlern (Art. 3, 6 ff.) auch Tonträgerhersteller (Art. 11 ff.). Er ist

ebenso wie TRIPS, da unmittelbar durch die EU gezeichnet, unmittelbarer Teil der Unionsrechtsordnung, allerdings ohne dass sich Einzelne unmittelbar auf seine Regelungen berufen könnten (EuGH GRUR 2012, 693 – *SCF;* zum WPPT auch EuGH GRUR 2012, 597 – *Phonographic Performance (Ireland)*; BGH GRUR 2016, 1048, Rn. 43 – *An Evening with Marlene Dietrich*). Der am 24. Juni 2012 unterzeichnete und noch nicht in Kraft getretene **Beijing Treaty on Audiovisual Performances** der WIPO wiederum beschränkt seinen Schutz auf ausübende Künstler (Art. 3 Beijing Treaty; näher vgl. Vor §§ 120 ff. Rn. 49 ff.).

3. Gegenseitigkeit

Die Verweisung auf § 121 Abs. 4 S. 2 in § 126 Abs. 3 S. 2, 1. Hs. ermöglicht   **12** den Schutz ausländischer Tonträgerhersteller aufgrund einer entsprechenden Bekanntmachung durch den Bundesminister der Justiz. Eine solche ist bisher nur für **Indonesien** erfolgt (25.10.1988, BGBl. I S. 2071).

IV. Ergänzender wettbewerbsrechtlicher Schutz

Soweit die Voraussetzungen der Abs. 2 und 3 nicht erfüllt sind und **kein Staats-**   **13** **vertrag** besteht, gewährt die Bundesrepublik trotz Art. 1 Abs. 2, 2 Abs. 1 und 10^(bis) PVÜ grundsätzlich *keinen* Leistungsschutz. Denn der ergänzende Leistungsschutz des UWG kann nicht über ausdrückliche Grenzen des urheberrechtlichen Sonderschutzes hinweg gewährt werden (BGH GRUR 1986, 454, 455 – *Bob Dylan;* bestätigt von BVerfG GRUR 1990, 438 ff. – *Bob Dylan;* zur Problematik eingehend *Hertin* GRUR 1991, 722 ff.; *Loewenheim* GRUR Int. 1993, 105 ff.). Insofern sind – auch wenn dies kaum befriedigt – wettbewerbsrechtliche Verbotsansprüche auch bei Tonträgerpiraterie wegen unmittelbarer Leistungsübernahme wohl nur in Extremfällen denkbar (weitergehend *Krüger* GRUR Int. 1986, 381, 386 f.; Schricker/Loewenheim/*Katzenberger/Metzger*[5] § 125 Rn. 19; *Schack* GRUR 1987, 818; zurückhaltend *Braun* S. 138 f.).

§ 127 Schutz des Sendeunternehmens

(1) ^(1)**Den nach § 87 gewährten Schutz genießen Sendeunternehmen mit Sitz im Geltungsbereich dieses Gesetzes für alle Funksendungen, gleichviel, wo sie diese ausstrahlen.** ^(2)**§ 126 Abs. 1 Satz 3 ist anzuwenden.**

(2) ^(1)**Sendeunternehmen ohne Sitz im Geltungsbereich dieses Gesetzes genießen den Schutz für alle Funksendungen, die sie im Geltungsbereich dieses Gesetzes ausstrahlen.** ^(2)**Der Schutz erlischt spätestens mit dem Ablauf der Schutzdauer in dem Staat, in dem das Sendeunternehmen seinen Sitz hat, ohne die Schutzfrist nach § 87 Abs. 3 zu überschreiten.**

(3) ^(1)**Im Übrigen genießen Sendeunternehmen ohne Sitz im Geltungsbereich dieses Gesetzes den Schutz nach Inhalt der Staatsverträge.** ^(2)**§ 121 Abs. 4 Satz 2 gilt entsprechend.**

I. Allgemeines

1 § 127 regelt – im Aufbau parallel zu § 126 – die fremdenrechtliche Behandlung der Sendeunternehmen. Wiederum ist unerheblich, ob ein Sendeunternehmen im Staat seines Sitzes ggf. als Urheber geschützt ist (vgl. § 126 Rn. 2). Die durch das InfoG vorgenommene Änderung des Verweises auf (jetzt) § 87 Abs. 3 wurde nur durch die dortige Neufassung erforderlich und bedeutet keine inhaltliche Änderung.

2 Alle Regelungen in § 127 knüpfen an den **Sitz des Sendeunternehmens** an. Für natürliche Personen und Personenmehrheiten ohne Eintragungsfähigkeit ergibt sich der Sitz aus der Gewerbeanmeldung (§ 14 GewO), für registerfähige Gesellschaften aus dem Handelsregister, für öffentlich-rechtliche Anstalten aus den ihrer Errichtung zugrundeliegenden Rechtsnormen; für einen Sitz im Ausland sind die dort geltenden, entsprechenden Vorschriften maßgebend. Bei mehreren Niederlassungen im In- und Ausland ist diejenige entscheidend, von der aus die Sendetätigkeit betrieben wird. Wiederum kommt es auf den Sitz des Unternehmens an, das erster Inhaber der Rechte war; auch derjenige, an den dieses Unternehmen die Rechte übertragen hat, kann sie jedoch geltend machen.

II. Sendeunternehmen mit Sitz in Deutschland und gleichgestellte Unternehmen

3 Sendeunternehmen mit Sitz in **Deutschland** (Abs. 1 S. 1), in der **EU** oder dem **EWR** (Abs. 1 S. 2) genießen den vollen Schutz des § 87 einschließlich des Verbotsrechts aus § 96 Abs. 1, unabhängig davon, wo und von wo aus sie ihre Sendungen ausstrahlen (dazu OLG München ZUM 2012, 54 Tz. 104). Zum Begriff des Unternehmens vgl. § 126 Rn. 3.

III. Sonstige ausländische Sendeunternehmen

1. Schutz unter besonderen Voraussetzungen (Abs. 2 und Abs. 3 S. 2)

4 **Sendungen aus dem übrigen Ausland** sind gemäß **Abs. 2 S. 1,** soweit nicht Staatsverträge vorgehen (Abs. 3; unten Rn. 5 ff.), in Deutschland nur dann nach § 87 geschützt, wenn das ausländische Sendeunternehmen sie hier *ausstrahlt* oder ausstrahlen lässt (vgl. § 125 Rn. 10). Ob sie gezielt auf einen Empfang in Deutschland ausgerichtet sind, ist für sich allein noch nicht erheblich (ebenso schon Schricker/Loewenheim/*Katzenberger/Metzger*[5] Rn. 3; s. a. BGH GRUR 1999, 152, 153 ff. – *Spielbankaffaire,* wo bei Ausstrahlung von Luxemburg in das „intendierte Sendegebiet" Deutschland das Recht des Schutzlandes Luxemburg für anwendbar erklärt wird). Die Satellitensendung aus den USA wird von Abs. 2 S. 1 also nicht erfasst, fällt aber, soweit dessen Schutz reicht, unter das TRIPS-Abkommen (vgl. Rn. 6). Das von Abs. 2 S. 1 gewährte Privileg unterliegt dem strikten Schutzfristvergleich des **Abs. 2 S. 2,** dessen Einfügung durch das ÄndG 1995 von Art. 7 Abs. 2 S. 2 der Schutzdauer-RL veranlasst worden war (vgl. § 126 Rn. 7). Wiederum dürfen bereits laufende Fristen nicht verkürzt werden (§ 137f Abs. 1), wobei jedoch Sendeunternehmen vor dem 1.7.1995 lediglich 25 Jahre lang geschützt waren. **Gegenseitigkeitserklärungen** nach §§ 127 Abs. 3 S. 2 i. V. m. 121 Abs. 4 S. 2 sind bislang nicht bekanntgemacht worden.

2. Schutz durch Staatsverträge (Abs. 3 S. 1)

5 Wie stets im Bereich des deutschen urheberrechtlichen Fremdenrechts (vgl. § 125 Rn. 14) haben die **Staatsverträge,** an die die Bundesrepublik gebunden ist, die Regel des Abs. 3 S. 1 zur Ausnahme werden lassen.

Das **Rom-Abkommen** (vgl. Vor §§ 120 ff. Rn. 34 ff.), dessen Art. 6 Inländerbe- **6** handlung vorsieht, diese allerdings auf in anderen Vertragsstaaten ausgestrahlte Sendungen ohne Rücksicht auf den Sitz des Sendeunternehmens erweitert, ist in seiner Bedeutung inzwischen faktisch auf den Fall der *Kabelweitersendung* redu- ziert, soweit seine Mitglieder auch TRIPS angehören (vgl. Vor §§ 120 ff. Rn. 19). Art. 14 Abs. 3 **TRIPS** gibt den Sendeunternehmen in allen Mitgliedstaaten ein Verbotsrecht gegen die Festlegung, die Vervielfältigung von Festlegungen und die drahtlose Weitersendung von Funksendungen sowie die öffentliche Wiedergabe von Fernsehsendungen solcher Funksendungen. Dieses Recht besteht für die Dauer von mindestens 20 Jahren seit der Funksendung (Art. 14 Abs. 5 S. 2). Dass nach Art. 14 Abs. 3 S. 2 keine Verpflichtung der TRIPS-Mitglieder besteht, über- haupt Rechte für Sendeunternehmen in ihrem nationalen Recht vorzusehen, und es statt dessen genügt, den Inhabern der Urheberrechte an den Sendungen die in S. 1 genannten Rechte zu sichern, macht zwar Abs. 3 internationalrechtlich zu ei- nen bloßen fakultativen Schutzrecht (*Katzenberger* GRUR Int. 1995, 447, 468), ist aber für die Rechtslage in Deutschland bedeutungslos. Zu den Einzelheiten vgl. Vor §§ 120 ff. Rn. 19 ff.

Das **Straßburger oder Europäische Fernseh-Abkommen** vom 22.6.1960, das auf **7** dem Prinzip der Inländerbehandlung beruht (*Wilhelm Nordemann/Vinck/Hertin* S. 366 ff.), spielt faktisch keine Rolle mehr, weil seine Mitgliedstaaten sämtlich der EU oder dem EWR angehören (vgl. Vor §§ 120 ff. Rn. 48). Von zwei weiteren von Deutschland ratifizierten Abkommen hat das erste, das Europäische Übereinkom- men zur Verhütung von Rundfunksendungen, die von Sendestellen außerhalb der staatlichen Hoheitsgebiete gesendet werden, vom 22.1.1965 (BGBl. 1969 II S. 1939; sog. **Piratensender-Abkommen**) keine Relevanz für § 87 und damit auch nicht für § 127; das zweite, das Übereinkommen über die Verbreitung der durch Satelliten übertragenen programmtragenden Signale vom 21.5.1974 (BGBl. 1979 II S. 113; sog. Brüsseler Satelliten-Abkommen; vgl. Vor §§ 120 ff. Rn. 46 f.), mit dem die unbefugte Weitersendung von Satellitenprogrammen bekämpft werden sollte, die nicht zum Direktempfang bestimmt waren, hat – wie das Rom-Abkom- men – nur noch für die *Kabel*weitersendung solcher Programme Bedeutung. Der WIPO Performances and Phonograms Treaty (WIPO-Vertrag über Darbietungen und Tonträger, **WPPT**) erfasst den Schutz der Sendeunternehmen ebensowenig wie der neue Beijing Treaty on Audiovisual Performances, der von Deutschland und der EU erst am 20. bzw. 19. Juni 2013 gezeichnet, allerdings noch nicht ratifi- ziert und in Kraft getreten ist. Der Beijing Treaty sieht in Ergänzung zum WPPT nunmehr auch für ausübende Künstler im Hinblick auf eine audiovisuelle oder fil- mische Nutzung ihrer Darbietungen bestimmte Mindestrechte vor (dazu vgl. Vor §§ 120 ff. Rn. 49); ein paralleler Vertrag ist allerdings derzeit Gegenstand der Be- ratungen im Rahmen der WIPO. Zum ergänzenden **wettbewerbsrechtlichen Leis- tungsschutz** vgl. § 126 Rn. 13.

§ 127a Schutz des Datenbankherstellers

(1) [1]**Den nach § 87b gewährten Schutz genießen deutsche Staatsangehörige sowie juristische Personen mit Sitz im Geltungsbereich dieses Gesetzes.** [2]**§ 120 Abs. 2 ist anzuwenden.**

(2) Die nach deutschem Recht oder dem Recht eines der in § 120 Abs. 2 Nr. 2 be- zeichneten Staaten gegründeten juristischen Personen ohne Sitz im Geltungsbe- reich dieses Gesetzes genießen den nach § 87b gewährten Schutz, wenn
1. **ihre Hauptverwaltung oder Hauptniederlassung sich im Gebiet eines der in § 120 Abs. 2 Nr. 2 bezeichneten Staaten befindet oder**
2. **ihr satzungsmäßiger Sitz sich im Gebiet eines dieser Staaten befindet und ihre Tätigkeit eine tatsächliche Verbindung zur deutschen Wirtschaft oder zur Wirtschaft eines dieser Staaten aufweist.**

(3) Im Übrigen genießen ausländische Staatsangehörige sowie juristische Personen den Schutz nach dem Inhalt von Staatsverträgen sowie von Vereinbarungen, die die Europäische Gemeinschaft mit dritten Staaten schließt; diese Vereinbarungen werden vom Bundesministerium der Justiz und für Verbraucherschutz im Bundesgesetzblatt bekanntgemacht.

Übersicht   Rn.

I.   Allgemeines

1 Die von Art. 7 IuKDG zum 1.1.1998 eingeführte Bestimmung betrifft nur die **Hersteller einfacher,** nicht nach § 4 Abs. 2 als Datenbank*werk* geschützter **Datenbanken** und den diesen nach §§ 87a ff. gewährten, 15 Jahre dauernden (§ 87d) Leistungsschutz. Die Vorschrift setzt Art. 11 der Datenbank-RL (vgl. Vor §§ 87a ff. Rn. 2 ff.), die nicht auf Inländerbehandlung, sondern auf materielle Gegenseitigkeit abstellt, um.

2 Nachdem § 127a in Abs. 1 und 2 neben **natürlichen** nur **juristische Personen** mit Sitz in Deutschland oder dem sonstigen EU/EWR-Raum erwähnt, bleibt unklar, wie **Gesellschaften bürgerlichen Rechts, offene Handels- und Kommanditgesellschaften** mit Sitz in EU/EWR zu behandeln sind, denen nur oder auch Gesellschafter aus Nicht-EU/EWR-Ländern angehören (vgl. § 126 Rn. 3). Wenn eine einfache GmbH, deren Gesellschafter sämtlich Staatsangehörige von Singapur sind, nach Abs. 1 voll geschützt ist, muss dies ebenso für andere Gesellschaftsformen gelten; die auch insoweit entstandene planwidrige Regelungslücke ist durch die analoge Anwendung der für juristische Personen geltenden Bestimmungen zu schließen.

II.   Deutsche bzw. ihnen gleichgestellte Hersteller oder Hersteller mit Sitz in Deutschland oder EU/EWR

3 § 127a gewährt Deutschen, Statusdeutschen und Angehörigen von Mitgliedsländern der EU und des EWR (Abs. 1) den Schutz vor allem des § 87b. **Staatenlose** (§ 122) und **Flüchtlinge** (§ 123), die sonst stets Deutschen und EU/EWR-Angehörigen gleichgestellt sind, wurden offenbar vergessen; jedenfalls fehlt eine den §§ 125 Abs. 5 S. 2, 126 Abs. 3 S. 2 entsprechende Regelung, ohne dass sich dazu in den Materialien irgendeine Erklärung fände. Das ist um so erstaunlicher, als der ursprüngliche Regierungsentwurf des § 127a in Abs. 1 noch den Herstellern, die Staatsangehörige von EU- oder EWR-Ländern sind, diejenigen Hersteller gleichstellte, „die ihren gewöhnlichen Aufenthalt im Gebiet der Mitglied- und Vertragsstaaten haben" (RegE IuKDG – BT-Drs. 13/7385, Art. 7 Nr. 6), was die §§ 122/123 abzudecken durchaus genügt hätte, und es danach keinerlei Diskussion um den Entwurfstext dieser Bestimmung gegeben hat (s. die Stellungnahme des Bundesrates zu RegE IuKDG – BT-Drs. 13/7385, S. 129, 166, und die Gegenäußerung der Bundesregierung, a. a. O. S. 168, 180). Erst eine „Formulierungshilfe" des Bundesministeriums der Justiz vom 20.4.1997 zur Neufassung von Art. 7 IuKDG brachte die Gesetz gewordene Fassung, mit der simplen Erklärung, § 127a sei „redaktionell überarbeitet" worden (a. a. O. S. 245, 249, 257). Das macht immerhin klar, dass der materielle Regelungsgehalt des ursprünglichen Entwurfs nicht geändert werden sollte. Die planwidrig entstandene Regelungslücke ist deshalb durch die analoge Anwendung des § 127a Abs. 1 auf Staatenlose und Flüchtlinge, die ihren gewöhnlichen Aufenthalt in Deutschland oder sonst im EU/EWR-Raum haben, zu schließen.

III. Sonstige Unternehmen

Juristischen Personen und sonstigen Unternehmen (vgl. Rn. 2) wird Schutz **4** nach § 127a Abs. 2 nur gewährt, wenn sie jeweils zwei Voraussetzungen erfüllen: Sie müssen zunächst nach deutschem oder dem Recht eines EU- oder EWR-Landes gegründet worden sein (§ 127a Abs. 2, 1. Hs.). Darüber hinaus müssen sie entweder ihre Hauptverwaltung bzw. Hauptniederlassung in diesem Gebiet haben (Abs. 2 Nr. 1) oder, wenn (nur) ihr satzungsmäßiger Sitz sich im Gebiet der EU oder des EWR befindet, in ihrer Tätigkeit einen tatsächlichen Bezug zur Wirtschaft eines EU- oder EWR-Staates (jeweils einschließlich Deutschland) besitzen (Abs. 2 Nr. 2).

IV. Staatsverträge und materielle Gegenseitigkeit, Abs. 3

Staatsverträge bestehen nicht. Art. 10 Abs. 2 TRIPS betrifft nur Datenbank*werke*. **5** Ein internationales Abkommen wird jedoch gegenwärtig im Rahmen der WIPO beraten (s. http://www.wipo.int/copyright/en/activities/databases.html). Gegenseitigkeitsvereinbarungen hat die EU bislang nicht geschlossen.

§ 128 Schutz des Filmherstellers

(1) [1]Den nach den §§ 94 und 95 gewährten Schutz genießen deutsche Staatsangehörige oder Unternehmen mit Sitz im Geltungsbereich dieses Gesetzes für alle ihre Bildträger oder Bild- und Tonträger, gleichviel, ob und wo diese erschienen sind. [2]§ 120 Abs. 2 und § 126 Abs. 1 Satz 3 sind anzuwenden.

(2) Für ausländische Staatsangehörige oder Unternehmen ohne Sitz im Geltungsbereich dieses Gesetzes gelten die Bestimmungen in § 126 Abs. 2 und 3 entsprechend.

Übersicht   Rn.

I. Allgemeines

§ 128 regelt im Wesentlichen durch Verweisung auf § 126 den fremdenrechtli- **1** chen Schutz der Hersteller von Filmwerken und Laufbildern (§§ 94, 95), und zwar unabhängig davon, ob der Hersteller in seinem Heimatstaat ggf. als Urheber geschützt wird (vgl. § 126 Rn. 2). § 128 regelt in seinem Abs. 1 S. 1 die uneingeschränkte Geltung des UrhG für inländische **Film- und Laufbildhersteller.** Abs. 1 S. 2 enthält die Gleichstellung zugunsten von EU- bzw. EWR-Ausländern, und der Verweis auf § 126 Abs. 1 S. 3 stellt klar, dass dies entsprechend für Unternehmen mit Sitz in den betreffenden Staaten gilt. Zum Begriff des Unternehmens vgl. § 126 Rn. 3. § 128 Abs. 2 verweist für die Voraussetzungen des Schutzes sonstiger ausländischer Filmhersteller auf die Regelungen der § 126 Abs. 2 und 3, einschließlich der dortigen Regelung zum Schutzfristenvergleich (§ 126 Abs. 2 S. 2; dazu OLG Köln ZUM 2007, 401 ff.; vgl. § 126 Rn. 7). Auf den Schutz nach § 128 kann sich nicht nur der Hersteller selbst, sondern auch derjenige, dem die Rechte übertragen worden sind, berufen (dazu OLG Köln ZUM 2007, 401 ff.).

II. Deutsche bzw. ihnen gleichgestellte Hersteller oder Hersteller mit Sitz in Deutschland oder EU/EWR

2 Deutsche und die ihnen gleichgestellten natürlichen Personen (Statusdeutsche, EU- und EWR-Angehörige, § 120 Abs. 2) sowie die in Deutschland oder in EU/EWR niedergelassenen Unternehmen haben alle Rechte, die die §§ 94/95 dem Hersteller von Filmwerken oder Laufbildern gewähren, einschließlich des Verbotsrechts aus § 96 Abs. 1, ganz gleich, wo die Herstellung tatsächlich stattfindet und ob und wo diese erscheinen (**Abs. 1**). Juristische Personen mit Sitz in der früheren DDR sind – anders als natürliche Personen – jedoch erst ab 3.10.1990 geschützt (vgl. § 126 Rn. 5). Über die Verweisung von **Abs. 2** auf § 126 Abs. 3 S. 2 sind auch Staatenlose und Flüchtlinge mit gewöhnlichem Aufenthalt im Gebiet der EU bzw. des EWR geschützt.

III. Hersteller aus Drittstaaten

3 Über die EU hinaus besteht **keine internationale Konvention** über einen Leistungsschutz des Filmherstellers (*Loef/Verweyen* ZUM 2007, 706, 707; *Katzenberger* ZUM 2003, 712, 714; zu verschiedenen Schutzgegenständen im europäischen Vergleich *Poll* GRUR Int. 2003, 290, 292 ff.). Auch Art. 14bis RBÜ trifft hierfür keine Regelung, weil es dort nur um die Möglichkeit geht, dem Filmhersteller eine Stellung als Filmurheber zuzuweisen, nicht aber um einen davon losgelösten originären Leistungsschutz. Hersteller aus Drittländern außerhalb des EU/EWR-Raums werden Inhaber der Rechte aus §§ 94, 95 bei Ersterscheinen des Filmwerks oder des einfachen Films in Deutschland oder bei Einhaltung der 30-Tages-Karenzfrist (was bis zum Beweis des Gegenteils vermutet wird, vgl. § 121 Rn. 11; vgl. § 125 Rn. 9); bei Ersterscheinen in einem anderen EU- oder EWR-Staat *ohne* Einhaltung der Karenzfrist bliebe der Hersteller jedoch nach dem Wortlaut des § 126 Abs. 2 S. 1 schutzlos (vgl. § 126 Rn. 6). Zutreffend ist es wegen des gemeinschaftsrechtlichen Diskriminierungsverbotes indes, den Wortlaut der §§ 128 Abs. 2, 126 Abs. 2 gemeinschaftsrechtskonform erweiternd dahin auszulegen, dass auch ein Erscheinen innerhalb der Frist in einem anderen EU-Staat – und sei es nur durch einen Lizenznehmer – genügt (*Loef/Verweyen* ZUM 2007, 706, 707; vgl. § 94 Rn. 7). Ist der Filmhersteller im Sitzland nicht geschützt, weil dort grundsätzlich kein Schutz gewährt wird, die Schutzfrist also gewissermaßen „null", kommt wegen Abs. 2 i. V. m. § 126 Abs. 2 S. 2 auch kein Schutz nach UrhG in Frage. Da z. B. in den USA kein Leistungsschutzrecht des Filmherstellers gem. § 94 besteht, können sich US-Produzenten regelmäßig nicht auf § 94 berufen. Diese müssen also aus abgeleiteten Rechten der Stoff- bzw. Filmurheber, der ausübenden Künstler oder ggf. des Herstellers der deutschen Synchronfassung (vgl. § 94 Rn. 30) vorgehen. Zur rechtlichen Stellung des Filmproduzenten im internationalen Vergleich *Katzenberger* ZUM 2003, 712.

IV. Staatsverträge und Gegenseitigkeit

4 **Staatsverträge** bestehen bisher **nicht**. Insb. enthalten TRIPS und RBÜ keine einschlägige Regelung. Auch ein Schutz als Tonträgerhersteller scheidet aus, da sowohl RA als auch GTA jeweils nur die reine Festlegung von Tönen betreffen (vgl. Vor §§ 120 ff. Rn. 35 und 44 f.). Ausländische Filmhersteller, die nicht die o. g. (vgl. Rn. 3) Voraussetzungen erfüllen, sind daher in Deutschland ohne Schutz (OLG Frankfurt GRUR Int. 1993, 171, 172 – *Parodius*; *Katzenberger* GRUR Int. 1992, 513 ff.; *Hertin* ZUM 1990, 442, 444; unrichtig insoweit OLG Hamburg GRUR 1990, 127, 128 – *Super Mario III*; ohne Befassung mit dem Problem OLG Köln GRUR 1992, 312 ff. – *Amiga Club*; OLG Hamm ZUM 1992, 99 ff. für ein Computerspiel). Sie haben deshalb insb. keinen Anspruch auf Beteiligung an den Einnahmen aus gesetzlichen Vergütungsansprüchen (Dreier/Schulze/*Dreier*[5] § 128 Rn. 5 m. w. N.). Allerdings lassen sich Hersteller von Filmwerken in der Praxis häufig die Rechte der Urheber des Filmwerks und der Urheber oder sonst am Inhalt des Filmwerks Leistungsschutzberechtigten einräumen; diese Rechte können sie geltend machen (s. dazu OLG München ZUM-RD 2012, 88). Für Computerspiele ist die Problematik nur in Grenzen relevant, da diese auch Computerprogramme und als solche über § 121 geschützt sind (für ein Computerspiel OLG Hamm ZUM 1992, 99 ff.). **Gegenseitigkeitserklärungen** nach §§ 128 Abs. 2, 126 Abs. 3 S. 2, 1. Hs. i. V. m. 121 Abs. 4 S. 2 sind bislang nicht bekanntgemacht worden.

V. Ergänzender wettbewerbsrechtlicher Schutz

Unbefriedigenderweise gewährt die Bundesrepublik trotz Art. 1 Abs. 2, 2 Abs. 1 und 10bis PVÜ grundsätzlich *keinen* Leistungsschutz. Denn der ergänzende Leistungsschutz des UWG kann nicht über die ausdrücklichen Grenzen des urheberrechtlichen Sonderschutzes hinweg gewährt werden (s. dazu BGH GRUR 2016, 725 – *Pippi Langstrumpf-Kostüm II*). Insofern sind wettbewerbsrechtliche Verbotsansprüche auch bei Piraterie wegen unmittelbarer Leistungsübernahme wohl nur in besonders gelagerten Fällen denkbar (zu Tonträgern vgl. § 125 Rn. 16; vgl. § 126 Rn. 13; zu in einem anderen EU-Staat ersterschienenen Bildtonträgern vgl. Rn. 3). **5**

Abschnitt 2 Übergangsbestimmungen

§ 129 Werke

(1) [1]**Die Vorschriften dieses Gesetzes sind auch auf die vor seinem Inkrafttreten geschaffenen Werke anzuwenden, es sei denn, dass sie zu diesem Zeitpunkt urheberrechtlich nicht geschützt sind oder dass in diesem Gesetz sonst etwas anderes bestimmt ist.** [2]**Dies gilt für verwandte Schutzrechte entsprechend.**

(2) Die Dauer des Urheberrechts an einem Werk, das nach Ablauf von fünfzig Jahren nach dem Tode des Urhebers, aber vor dem Inkrafttreten dieses Gesetzes veröffentlicht worden ist, richtet sich nach den bisherigen Vorschriften.

Übersicht

I. Bedeutung, Sinn und Zweck der Norm

1 Abs. 1 stellt den **Grundsatz** auf, dass die Neuregelung auch die bereits bestehenden Werke und Leistungen erfasst, soweit nicht ausdrücklich „in diesem
Gesetz" Sonderregelungen getroffen wurden; solche finden sich nur in den
§§ 129 Abs. 2 bis 137. Im Zweifel ist also stets davon auszugehen, dass das
UrhG uneingeschränkt zum Zuge kommt. Diese gesetzgeberische Lösung entspricht einer fast hundertjährigen Praxis im Urheberrecht (§ 58 des Gesetzes
vom 11.6.1870 – s. § 141 Nr. 1; § 62 LUG, § 53 KUG, § 2 des Gesetzes vom
13.12.1934 und § 2 des Gesetzes vom 12.5.1940 – s. § 141 Nr. 5). Sie gilt trotz
der irreführenden Überschrift auch für verwandte Schutzrechte (Abs. 1 S. 2,
vgl. Rn. 6). Als Zeitpunkt des Inkrafttretens des Gesetzes ist der 1.1.1966 anzusehen (BGH GRUR 2014, 559, 561 f. Tz. 25, 35 – *Tarzan*; BGH GRUR 1994,
210, 212 – *Beatles;* s. § 143 Abs. 2). Die in § 143 Abs. 1 genannten wenigen
Einzelbestimmungen beziehen sich nur auf die Verlängerung der Schutzfrist
und auf gewisse Ermächtigungen zum Erlass von Verordnungen; für sie ist der
17.9.1965 maßgebend (vgl. § 143 Rn. 1, 3).

II. Zum Stichtag noch geschützt

2 Ob ein Werk zum Stichtag 1. Januar 1966 **geschützt** war, bestimmte sich nach
dem früheren Recht. Hinsichtlich der Anforderungen an die **Werkeigenschaft**
macht das UrhG freilich – bis auf enge Ausnahmen – keine durchgreifenden
Unterschiede gegenüber dem früheren Recht. So waren choreographische und
pantomimische Werke nach § 1 Abs. 2 LUG nur bei körperlicher Festlegung
geschützt (s. BGH GRUR 2014, 65, 70 Tz. 32 – *Beuys-Aktion*). Werke der
angewandten Kunst, die vor dem Inkrafttreten des KUG (1. Juli 1907) industriell oder handwerklich verwertet wurden, waren nach dem KUG 1876 gemeinfrei und blieben dies ungeachtet der Übergangsregelung in § 53 KUG, auch
wenn sie in künstlerischer Hinsicht den Anforderungen des KUG entsprachen
(BGH GRUR 1976, 649, 651 – *Hans-Thoma-Stühle)*. Daran änderte sich mit
dem Inkrafttreten des UrhG nichts.
Die Absenkung der Gestaltungshöhe für Werke der angewandten Kunst durch
BGH GRUR 2014, 175, 177 Tz. 26 – *Geburtstagszug* (vgl. § 2 Rn. 148 f.) hat
auf Altwerke, die vor dem oder am 31.12.1965 geschaffen worden sind, keinen
Einfluss, weil der BGH seine Rechtsprechung ausdrücklich nur rückwirkend
auf den 1.6.2004 geändert hat (BGH GRUR 2014, 175, 179 Tz. 42 – *Geburtstagszug)*. Werke der angewandten Kunst, die vor dem oder am 31.12.1965
geschaffen worden sind, bleiben daher gemeinfrei, wenn sie nicht den höheren
Schutzanforderungen des alten Rechts entsprochen haben.

III. Beendigung der Schutzfrist

3 Auch das Ende der **Schutzfrist** bestimmte sich weiterhin nach früherem Recht;
was am 17.9.1965 (s. § 143 Abs. 1) schon gemeinfrei geworden war, blieb es.
Die bis Ende 1914 verstorbenen Urheber kamen deshalb nicht mehr in den
Genuss der Schutzfristverlängerung auf 70 Jahre p. m. a. Den im Jahre 1915
verstorbenen Urhebern kam jedoch die zeitliche Vorverlagerung des Inkraftttens des UrhG (17.9.1965) durch § 143 Abs. 1 zugute: Ihre Rechtsnachfolger
blieben noch bis zum Ende des Kalenderjahres 1985 geschützt. In der Zeit vom
1.1.1965 bis zum 31.12.1985 fand demgemäß ein Ablauf von Schutzfristen für
Werke deutschen Ursprungs nicht statt.

IV. Anonym veröffentlichte Werke der Literatur

4 Auch wenn die nach früherem Recht für **anonym** veröffentlichte Werke der
Literatur maßgebliche Schutzdauer von 30 Jahren ab Veröffentlichung (§ 31
Abs. 1 LUG) bei Inkrafttreten des § 66 am 17.9.1965 bereits abgelaufen war,
fand ein Schutz nach dem UrhG nicht mehr statt (OLG München GRUR 1990,

446, 447 f. – *Josefine Mutzenbacher* für einen 1906 anonym erschienenen erotischen Roman des 1945 verstorbenen Schriftstellers Felix Salten).

V. Ausländische Urheber

Dieselben Regeln gelten entsprechend auch für Werke **ausländischer** Urheber.   **5**
Nach früherem Recht war das konventionsrechtlich nicht geschützte Werk eines ausländischen Urhebers, welches zuerst im Ausland erschienen war, in Deutschland urheberrechtlich auch dann nicht geschützt, wenn es innerhalb von 30 Tagen nach dem ausländischen Erscheinen auch im Inland erschien (§§ 55 Abs. 1 S. 1 LUG, 51 Abs. 2 KUG). Die Schutzerleichterung des § 121 Abs. 1 kam solchen Werken nicht zugute, da sie im Zeitpunkt des Inkrafttretens des UrhG nicht geschützt waren (BGH GRUR 1986, 69, 70 f. – *Puccini*). Werke ausländischer Urheber, die vor Inkrafttreten des UrhG im Geltungsbereich des LUG (ab 1901) oder des UrhG vom 11.6.1870 ersterschienen und deren Schutzfristen im Jahre 1965 noch nicht abgelaufen waren, nahmen jedoch gemäß § 129 Abs. 1 an der Schutzdauerausdehnung des § 64 Abs. 1 auf 70 Jahre p. m. a. teil (LG Berlin ZUM 1988, 139 zutreffend für Kompositionen von Scriabin, 1872 – 1905, Sokolov, 1857–1922, Busoni, 1866–1924, und Elgar, 1857–1934, die zwischen 1892 und 1921 in Leipzig erschienen waren). Die unmittelbare Anwendung des § 64 Abs. 1 schloss insoweit die Begrenzung der Schutzdauer nach dem konventionsrechtlichen Schutzfristenvergleich aus. Anders ist dies jedoch bei Werken, die am Tag des Beitritts der USA zur RBÜ am 1.3.1989 in den USA gemeinfrei waren, wie z. B. „Tarzan bei den Affen", das im Jahr 1912 in den USA erstveröffentlicht worden war. Solchen Werken kam die Verlängerung der Schutzdauer durch das UrhG 1965 nicht zugute (BGH GRUR 2014, 559, 562 Tz. 38 – *Tarzan*). Die Dauer des Schutzes bei solchen Werken richtet sich vielmehr im Wege des Schutzfristenvergleichs nach Art. IV Abs. 4 bis 6 des Welturheberrechtsabkommens (BGH GRUR 2014, 559, 562 Tz. 39 – *Tarzan*). Der urheberrechtliche Schutz von „Tarzan bei Affen" war daher am 31.12.2000 in Deutschland abgelaufen. Bei seiner Prüfung hatte der BGH sich mit dem Übereinkommen zwischen dem Deutschen Reich und den Vereinigten Staaten von Amerika über den gegenseitigen Schutz der Urheberrechte vom 15.1.1892, mit dem Welturheberrechtsabkommen vom 6.9.1952 in seiner am 24.7.1971 in Paris revidierten Fassung (WUA), mit der Berner Übereinkunft zum Schutz von Werken der Literatur und Kunst vom 9.9.1886 in ihrer am 24.7.1971 in Paris revidierten Fassung (RBÜ), mit dem Übereinkommen über handelsbezogene Aspekte der Rechte des geistigen Eigentums vom 15.4.1994 (TRIPS-Übereinkommen) und mit dem WIPO-Urheberrechtsvertrag vom 20.12.1996 (WCT) auseinanderzusetzen (BGH GRUR 2014, 559, 560 Tz. 14 – *Tarzan*; s. zum internationalen Schutz des Urheberrechts vgl. Einl. UrhG Rn. 46 ff.).

VI. Verwandte Schutzrechte

§ 129 Abs. 1 S. 2 UrhG regelt die entsprechende Anwendbarkeit von § 129   **6**
Abs. 1 S. 1 UrhG auf **verwandte Schutzrechte**. Das UrhG ist auf die vor dem 1.1.1966 erbrachten Leistungen hiernach nur dann anwendbar, wenn diese vorher bereits urheberrechtlich geschützt waren. Das trifft jedoch regelmäßig nicht zu, da der Großteil der Leistungsschutzrechte erst durch das UrhG geschaffen wurde, so namentlich das Recht des Herausgebers wissenschaftlicher Ausgaben (§ 70 UrhG) und des Herausgebers nachgelassener Werke (§ 71 UrhG) sowie die Rechte des Veranstalters (§ 81 UrhG), des Tonträgerherstellers (§§ 85 f. UrhG), des Sendeunternehmens (§ 87 UrhG), des Filmherstellers (§ 94 UrhG) und des Laufbildners (§ 95 UrhG), s. BGH GRUR 2007, 502, 503 Tz. 13 – *Tonträger aus Drittstaaten* und BGH GRUR 1994, 210, 212 – *Beatles* zum Recht des Tonträgerherstellers sowie KG ZUM-RD 2012, 321, 326 – *Peter-Fechter-Filmsequenz* zum Laufbildschutz. Wissenschaftliche Ausgaben und Ausgaben nachgelassener

Werke, die noch im Jahre 1965 erschienen waren, blieben schutzlos. Das bedeutet jedoch nicht zwangsläufig, dass die Erbringer der oben aufgeführten Leistungen vor dem 1.1.1966 gänzlich schutzlos waren. So bestand beispielsweise für den Tonträgerhersteller wettbewerbs- und persönlichkeitsrechtlicher Schutz nach Maßgabe von § 1 UWG a. F. und §§ 823, 826 BGB. Dieser außerurheberrechtliche Schutz genügt jedoch im Rahmen von § 129 Abs. 1 UrhG nicht (BGH GRUR 1994, 210, 212 – *Beatles*). Zudem konnte sich der Tonträgerhersteller in Ansehung seiner vor Inkrafttreten des UrhG hergestellten Aufnahmen gegen unbefugte Benutzung auch durch den derivativen Erwerb des fiktiven Bearbeiterurheberrechts des ausübenden Künstlers aus § 2 Abs. 2 LUG schützen (vgl. § 85 Rn. 4 und BGH GRUR 1994, 210, 212 – *Beatles* [mangels Übertragung des Bearbeiterurheberrechts auf den Tonträgerhersteller im konkreten Fall abgelehnt]; Schricker/Loewenheim/*Katzenberger/Metzger*[5] Rn. 17, Fn. 45; Dreier/Schulze/*Dreier*[5] Rn. 15). Auch das verwandte Schutzrecht der ausübenden Künstler (§§ 73 ff. UrhG), wurde erstmals zum 1.1.1966 eingeführt. Wie voranstehend erwähnt erhielten die ausübenden Künstler jedoch über § 2 Abs. 2 LUG für ihre Leistung ein fiktives Bearbeiterurheberrecht (vgl. § 73 Rn. 3 a. E.) und besaßen damit bereits vor Inkrafttreten des UrhG urheberrechtlich ausgestaltete Ansprüche; waren diese am 1.1.1966 noch nicht abgelaufen, wandelte sich der Schutz in ein verwandtes Schutzrecht gem. § 73 um (vgl. § 73 Rn. 3 und BGH GRUR 2005, 502, 504 – *Götterdämmerung*; OLG Karlsruhe GRUR-RR 2002, 219, 220 – *Götterdämmerung*). Der Vergütungsanspruch des § 86 besteht für Aufnahmen, die noch im Jahre 1965 gemacht wurden, nicht. Die Vervielfältigung einer Funksendung, die vor dem 1.1.1966 aufgenommen wurde, blieb auch nach diesem Zeitpunkt ohne Einwilligung des Sendeunternehmens zulässig (s. § 87 Abs. 1 Nr. 2). Wohl aber ist der Schutz an Fotografien ungeachtet urheberrechtlicher Werkqualität aus §§ 1, 3, 26 KUG wegen § 129 Abs. 1 S. 1 bestehen geblieben (s. BGH GRUR 2014, 363, 365 Tz. 20 – *Peter Fechter*). Leistungsschutzrechtliche Schutzpositionen, die das frühere Recht nach UWG und BGB gewährte, übernahm § 129 Abs. 1 nicht (Schricker/Loewenheim/*Katzenberger/Metzger*[5] Rn. 17). Auch für nicht mehr geschützte Leistungen nach § 2 Abs. 2 LUG kam das UrhG nicht mehr in Betracht.

VII. Deutsche Wiedervereinigung

7   Mit dem am **3. Oktober 1990** vollzogenen **Beitritt** der aus der ehemaligen DDR hervorgegangenen **neuen Bundesländer** zur Bundesrepublik Deutschland ist das UrhG für diesen Bereich auch räumlich in Kraft getreten. Seither sind nicht nur alle dort lebenden Deutschen (die schon immer nach dem UrhG geschützt waren, § 120 Abs. 1), sondern auch die dort lebenden Staatenlosen und Flüchtlinge nach dem UrhG geschützt, und zwar auch für ihre zuvor geschaffenen Werke (vgl. § 122 Rn. 3). In der ehemaligen DDR ersterschienene Werke und dort installierte Kunstwerke sind nach § 121 Abs. 1 und 2 in ganz Deutschland geschützt. § 1 Abs. 1 S. 1 des Einigungsvertrages (s. Anhang 3) bezieht sich pauschal auf *die vor dem Wirksamwerden des Beitritts geschaffenen Werke,* also auf *alle* in der ehemaligen DDR am 2.10.1990 geschützten Werke. Insoweit gibt es nur eine Ausnahme für ein etwaiges Ersterscheinen *ohne* Inanspruchnahme der 30-Tages-Karenzfrist, die § 96 Abs. 2 UrhG-DDR nicht kannte; ein solches Werk ist, wenn es *nur* in der DDR, nicht auch in der Alt-Bundesrepublik innerhalb der Karenzfrist erschien, in ganz Deutschland nur nach Maßgabe bestehender Staatsverträge geschützt (vgl. § 121 Rn. 1 und 16). Im Übrigen s. die Kurzkommentierung zum Einigungsvertrag.

VIII.   Abs. 2

8   **Abs.** 2 ist durch Zeitablauf gegenstandslos geworden; die zehnjährige Schutzfrist des § 29 LUG für solche Werke lief spätestens Ende 1976 ab. Seit dem 1.1.1966 sind Fälle dieser Art von § 71 erfasst.

§ 130 Übersetzungen

Unberührt bleiben die Rechte des Urhebers einer Übersetzung, die vor dem 1. Januar 1902 erlaubterweise ohne Zustimmung des Urhebers des übersetzten Werkes erschienen ist.

Das vor dem Inkrafttreten des LUG geltende Gesetz vom 11.6.1870 (Text bei **1** *Marcel Schulze*, Mat. UrhG S. 5 ff.) erlaubte die Übersetzung eines fremden Werkes, wenn dessen Urheber sich nicht dieses Recht auf dem Titelblatt *oder* an der Spitze des Werkes vorbehalten hatte und die Übersetzung sodann binnen drei Jahren hatte erscheinen lassen. 1965 war die Annahme noch durchaus naheliegend, dass es noch geschützte Originalwerke gab, deren Urheber einer nicht von ihm autorisierten Übersetzung hatte tatenlos zusehen müssen, die ebenfalls noch geschützt war. Auch heute ist das noch möglich: Ein 1865 geborener Autor aus den USA, dessen Erstlingsroman 1895 ohne seine Erlaubnis in die deutsche Sprache übersetzt wurde und hier nach wie vor verwertet wird, ist, wenn er mit 90 Jahren 1955 gestorben ist, in Deutschland noch bis Ende 2025 geschützt, der möglicherweise gleichaltrige Übersetzer ebenso. § 130 stellt sicher, dass die Verwertung der Übersetzung im früheren rechtlichen Rahmen ohne Rücksicht auf den Willen des Rechtsnachfolgers des Originalautors erlaubt bleibt.

Von einem konkreten Anwendungsfall des § 130 ist uns allerdings seit dem **2** Inkrafttreten des UrhG nichts bekannt geworden.

§ 131 Vertonte Sprachwerke

Vertonte Sprachwerke, die nach § 20 des Gesetzes betreffend das Urheberrecht an Werken der Literatur und der Tonkunst vom 19. Juni 1901 (Reichsgesetzbl. S. 227) in der Fassung des Gesetzes zur Ausführung der revidierten Berner Übereinkunft zum Schutze von Werken der Literatur und Kunst vom 22. Mai 1910 (Reichsgesetzbl. S. 793) ohne Zustimmung ihres Urhebers vervielfältigt, verbreitet und öffentlich wiedergegeben werden durften, dürfen auch weiterhin in gleichem Umfang vervielfältigt, verbreitet und öffentlich wiedergegeben werden, wenn die Vertonung des Werkes vor dem Inkrafttreten dieses Gesetzes erschienen ist.

Die Bestimmung wurde notwendig, weil die Vertonungsfreiheit der §§ 20, 26 **1** LUG, die noch in § 52 RegE enthalten gewesen war, vom Rechtsausschuss des Bundestages mit Rücksicht darauf gestrichen wurde, dass andernfalls eine entsprechende Bestimmung zugunsten der Textdichter ein Gebot der Gerechtigkeit gewesen wäre – s. RAusschuss UrhG – BT-Drs. IV/3401, S. 7). Die versehentliche Nichterwähnung des § 26 LUG, der die Verbreitung und öffentliche Wiedergabe freigab, ist wegen des sonst eindeutigen Gesetzestextes unschädlich.

Die Vervielfältigung, Verbreitung und öffentliche Wiedergabe ist im bisherigen **2** Umfang freigegeben. Die Übertragung des vertonten Sprachwerkes auf Tonträger bleibt also nach wie vor von der Zustimmung des Textdichters abhängig (§ 20 Abs. 3 LUG i. d. F. des Gesetzes vom 22.5.1910, *Marcel Schulze*, Mat. UrhG S. 271). Dichtungen, die ihrer Gattung nach zur Komposition bestimmt waren, also Liedertexte und Libretti, durften schon nach § 20 Abs. 2 LUG nicht ohne Zustimmung ihres Urhebers vertont werden. Ob der Verwerter von der Freigabe schon vor dem 1.1.1966 Gebrauch gemacht hatte, war gleichgültig. Er konnte die Rechte, die ihm bereits vor Inkrafttreten des UrhG zustanden, auch erstmals nach dem Inkrafttreten des UrhG ausüben, wenn die Vertonung vorher erschienen war. Zum Begriff des Erscheinens vgl. § 6 Rn. 15 ff.

§ 132　Verträge

(1) ¹Die Vorschriften dieses Gesetzes sind mit Ausnahme der §§ 42 und 43 auf Verträge, die vor dem 1. Januar 1966 abgeschlossen worden sind, nicht anzuwenden. ²§ 43 gilt auch für ausübende Künstler entsprechend. ³Die §§ 40 und 41 gelten für solche Verträge mit der Maßgabe, dass die in § 40 Abs. 1 Satz 2 und § 41 Abs. 2 genannten Fristen frühestens mit dem 1. Januar 1966 beginnen.

(2) Vor dem 1. Januar 1966 getroffene Verfügungen bleiben wirksam.

(3) ¹Auf Verträge oder sonstige Sachverhalte, die vor dem 1. Juli 2002 geschlossen worden oder entstanden sind, sind die Vorschriften dieses Gesetzes vorbehaltlich der Sätze 2 und 3 in der am 28. März 2002 geltenden Fassung weiter anzuwenden. ²§ 32a findet auf Sachverhalte Anwendung, die nach dem 28. März 2002 entstanden sind. ³Auf Verträge, die seit dem 1. Juni 2001 und bis zum 30. Juni 2002 geschlossen worden sind, findet auch § 32 Anwendung, sofern von dem eingeräumten Recht oder der Erlaubnis nach dem 30. Juni 2002 Gebrauch gemacht wird.

(3a) ¹Auf Verträge oder sonstige Sachverhalte, die vor dem 1.3.2017 geschlossen worden oder entstanden sind, sind die Vorschriften dieses Gesetzes in der bis zum 1.3.2017 geltenden Fassung weiter anzuwenden. ²§ 41(Rückrufsrecht wegen Nichtausübung) in der am 1.3.2017 geltenden Fassung findet auf Sachverhalte Anwendung, die seit dem 1.3.2018 entstanden sind.

(4) Die Absätze 3 und 3a gelten für ausübende Künstler entsprechend.

Übersicht

I.　Allgemeines

1　§ 132 will die zeitliche Anwendung urhebervertragsrechtlicher Bestimmungen (Überblick vgl. Vor §§ 31 ff. Rn. 1 ff.) regeln. Grundsätzlich wird eine **Rückwirkung** neuer urhebervertragsrechtlicher Regelungen **ausgeschlossen**, „weil die Parteien beim Abschluss dieser Verträge noch vom bisherigen Rechtszustand ausgegangen sind" (RegE UrhG 1962 – BT-Drs. IV/270, S. 114). Dieser Grundsatz gilt auch dann, wenn solche Verträge noch danach neue Rechte und Pflichten für die Beteiligten erzeugen, also bei Dauerschuldverhältnissen, insb. Werknutzungsverträgen, die vielfach für die Schutzfristdauer abgeschlossen worden sind. Allerdings sieht § 132 davon einige **Ausnahmen** vor, z. B. Abs. 1 für die Rechte nach den §§ 40 bis 43. Die vorgenannte Grundregel des § 132 strahlt auf Novellen des geltenden Urhebervertragsrechts aus, für die der

Gesetzgeber eine Regelung zur zeitlichen Anwendbarkeit versäumt hat (vgl. Rn. 21 f.). Tw. finden sich aber außerhalb des § 132 Spezialregelungen für die zeitliche Anwendbarkeit des Urhebervertragsrechts, insb. zum Vertragsrecht des UrhG zu **Computerprogrammen** in § 137d und zu **Datenbanken** in § 137g (vgl. Rn. 23).

Für **Verträge, die in der ehemaligen DDR** vor dem 3.10.1990 geschlossen wor-   **2** den sind und für die bis dahin das für die DDR maßgebliche Vertragsrecht galt, ändert sich durch das Inkrafttreten des Einigungsvertrages nichts; ihre Auslegung richtet sich weiterhin nach dem Urhebervertragsrecht der DDR, vorbehaltlich der Korrektur willkürlicher Vertragspraktiken und etwaiger Anpassung an die veränderten Verhältnisse nach den Geboten von Treu und Glauben (eingehend vgl. Vor §§ 31 ff. Rn. 20 ff.).

1. Früheres Recht

§ 132 wurde seit 1966 dreimal geändert. Zunächst fügte die **Urhebervertrags-**   **3** **rechtsreform 2002** die Abs. 3 und 4 an, um die Anwendung der 2002 neu eingeführten urhebervertragsrechtlichen Bestimmungen zu regeln (vgl. Rn. 15 ff.); Abs. 1 und Abs. 2 blieben aber unverändert. Abs. 3 S. 3 enthielt ein datumsmäßiges Redaktionsversehen, das 2003 mit der Novelle zum Urheberrecht in der Informationsgesellschaft 2003 behoben wurde (vgl. Rn. 17). Die Reform zur Regelung des **Urheberrechts in der Informationsgesellschaft 2003** strich außerdem in Abs. 1 S. 1 die Bezugnahme auf § 79 a. F. („ausübende Künstler in Arbeits- und Dienstverhältnissen") und führte neu Abs. 1 S. 2 ein („§ 43 gilt für ausübende Künstler entsprechend."). Der frühere S. 2 wurde unverändert S. 3. Diese Änderung hatte lediglich redaktionellen Charakter und erfolgte wegen des Anpassungsbedarfs an die Neufassung der §§ 75 bis 78 (RegE UrhG Infoges – BT-Drs. 15/38, S. 28). Leider versäumte der Gesetzgeber, eine Regelung zur zeitlichen Anwendbarkeit der neuen vertragsrechtlichen Regelungen für Leistungsschutzrechte allgemein zu schaffen (dazu vgl. Rn. 21). Mit der **Reform des Urhebervertragsrechts 2016** (Gesetz zur verbesserten Durchsetzung des Anspruchs der Urheber und ausübenden Künstler auf angemessene Vergütung und zur Regelung von Fragen der Verlegerbeteiligung, BGBl. I 2016, S. 3037) wurde der Abs. 3a für Verträge von Urhebern neu eingeführt und Abs. 4 für Verträge ausübender Künstler entsprechend angepasst. Die Reform ist zum 1.3.2017 in Kraft getreten (dazu vgl. § 22a Rn. 1 ff.).

2. EU-Recht, Internationales Recht

§ 132 hat keine Vorbilder im EU-Recht oder internationalen Konventionen.   **4** **Internationalprivatrechtlich** gilt § 132 immer dann, wenn auch die urhebervertragsrechtliche Norm, deren Anwendbarkeit § 132 regelt, nach deutschem Recht angeknüpft wird (dazu vgl. Vor §§ 120 ff. Rn. 58 ff.). So finden §§ 132 Abs. 3, 88 Abs. 1 nur bei deutschem Vertragsstatut Anwendung (vgl. Vor §§ 88 ff. Rn. 24). Die Anwendung des § 132 Abs. 1 im Hinblick auf § 41 für einen Vertrag aus 1960 richtet sich ebenfalls danach, ob § 41 – die Frage seiner zeitlichen Anwendbarkeit einmal ausgeblendet – für den Vertrag gelten würde (vgl. § 41 Rn. 3). Nach der ausdrücklichen Kollisionsregel des § 32b erfolgt die Anwendung des § 132 Abs. 2 und Abs. 3, sofern die Anwendung der §§ 32 und 32a in Rede steht.

II. Tatbestand

1. Zeitpunkt des Abschlusses von Verträgen; spätere Vertragsänderungen

Die Regelungen des § 132 stellen entscheidend auf den Zeitpunkt des Vertrags-   **5** schlusses ab. Jedoch wird im UrhG nicht genauer definiert, wann ein Vertrag als abgeschlossen gilt. Das richtet sich grundsätzlich nach den §§ 145 ff. BGB.

Das gilt auch dann, wenn die Rechtseinräumung weit in den Zeitraum nach 1965 reicht, z.B. bis 70 Jahre nach dem Tod des Urhebers vereinbart wird. Entgegen der Regel des Art. 232 § 3 EGBGB soll auf solche Verträge, selbst wenn die Nutzungsrechtseinräumung pachtähnlich ist, nur das alte Recht angewendet werden. Denn die Parteien sind beim Abschluss dieser Verträge vom bisherigen Rechtszustand ausgegangen (RegE UrhG 1962 – BT-Drs. IV/270, S. 114; BeckOK UrhR/*Soppe*[16] Rn. 1). Beispielsweise sind die Auslegungsregeln des UrhG 1966 gem. §§ 88, 89, 90, 91 a.F., 92, 93 auf vor 1966 geschaffene Filmwerke dann nicht anzuwenden, wenn die vertraglichen Vereinbarungen darüber vor Inkrafttreten des UrhG am 1.1.1966 nach §§ 145 ff. BGB geschlossen worden sind (vgl. Rn. 13 und Schricker/Loewenheim/*Katzenberger*/*Ohly*[5] Rn. 3; unzutreffend daher LG München I *Erich Schulze* LGZ 180, 4 f); ferner vgl. § 88 Rn. 5 ff.; vgl. § 89 Rn. 3 ff. – Die Einräumung einer **Option** ist noch keine Nutzungsrechtseinräumung; der Zeitpunkt des Ziehens der Option ist deshalb für § 132 Abs. 1 entscheidend (zu Optionsverträgen allgemein vgl. Vor §§ 31 ff. Rn. 311 ff.).

6 **Spätere Vertragsänderungen** können einen neuen Abschluss darstellen, um nach § 132 die Anwendung der zum Zeitpunkt des ursprünglichen Vertragsschlusses noch nicht geltenden, aber im Zeitpunkt der Änderung geltenden urhebervertragsrechtlichen Bestimmungen auszulösen. Insoweit ist auf den Regelungszweck der jeweiligen urhebervertragsrechtlichen Bestimmungen abzustellen. Grundsätzlich enthält das UrhG nur urhebervertragsrechtliche Regelungen zur Rechtseinräumung und für deren Vergütung (vgl. Vor §§ 31 ff. Rn. 1 ff.). Reguliert die Bestimmung die **Rechtseinräumung**, so liegt eine relevante Änderung und damit ein Neuabschluss nach § 132 vor, wenn die Rechtseinräumung geändert wird. Das frühere Verbot der Einräumung unbekannter Nutzungsarten galt erst für Verträge ab dem 1.1.1966 (§ 31 Abs. 4 a.F.; vgl. § 31a Rn. 6 ff.). Wird ein davor geschlossener Vertrag nach dem 31.12.1965 geändert, unterfiel der Vertrag nur dann § 31 Abs. 4 a.F., wenn die Modifizierung auch den materiellen Umfang der Werknutzung betraf (OLG Hamburg ZUM 2005, 833, 837 – *Yacht-Archiv*, für Vertragsänderungen nach Bekanntwerden einer Nutzungsart). Da die Regelung der **Vergütung** in den §§ 32, 32c urhebervertragsrechtlich unmittelbar mit der Rechtseinräumung verknüpft ist, sollte auch das neue Vergütungsrecht anwendbar sein, vorausgesetzt dass die Vertragsänderung nach den relevanten Stichtagen (§ 132 Abs. 3) liegt. Wurde nur die Vergütungsabrede, nicht aber die Rechtseinräumung nach den relevanten Stichtagen geändert, sollten die §§ 32, 32c ebenfalls gelten. Allerdings sollten unbedeutende Änderungen unberücksichtigt bleiben, z.B. ein anderer Fälligkeitszeitpunkt (Zahlung nur noch zum 31.12. statt zum 30.6. und 31.12). Für die Frage, ob bei Änderung eines Verfilmungsvertrages die Neuregelung des § 88 Abs. 2 mit seinem nunmehr zwingenden Wiederverfilmungsrecht nach 10 Jahren Anwendung findet, ist wegen des Regelungszwecks des § 88 Abs. 2 danach zu fragen, ob die Vertragsänderung die Einräumung des Wiederverfilmungsrechts um einen Zeitraum verlängert, den § 88 Abs. 2 regulieren wollte; das ist z.B. der Fall, wenn das Recht zu Wiederverfilmung mit der Änderung erstmals für mehr als 10 Jahre gilt.

2. Verträge bis 31.12.1965 (Abs. 1 und Abs. 2)

7 Abs. 1 statuiert den Grundsatz der Nichtanwendung des UrhG auf Verträge, die vor dem 1.1.1966 (vgl. § 129 Rn. 1 ff.) abgeschlossen wurden (vgl. Rn. 4 f.). Für diese Verträge gelten vielmehr grundsätzlich die Bestimmungen des LUG bzw. des KUG und die zu dieser Zeit von der Rechtsprechung anerkannten Rechtsgrundsätze (BGH GRUR 2011, 714 Tz. 13 – *Der Frosch mit der Maske*; zum alten Recht vgl. Vor §§ 31 ff. Rn. 14 f.). Das hat vor allem für folgende urhebervertragsrechtliche Bestimmungen des UrhG Bedeutung, die

nicht anwendbar sind: Regulierung der Einräumung von Rechten an **unbekannten Nutzungsarten** (§ 31a; § 31 Abs. 4 a. F.; s. RegE UrhG 1962 – BT-Drs. IV/270, S. 114 zu § 137 Abs. 2; dem folgend BGH GRUR 2011, 714 Tz. 14 – *Der Frosch mit der Maske*; BGH GRUR 1999, 152, 154 – *Spielbankaffäre*); das neue **Vergütungsrecht** der §§ 32, 32c, 36, 36a (zu § 32a vgl. Rn. 18) ; **filmvertragsrechtliche Bestimmungen** der §§ 88 bis 93 (vgl. Rn. 13) ; das **Verbandsklagerecht** nach § 36b; das **Recht zur anderweitigen Verwertung** nach zehn Jahren bei pauschaler Vergütung gem. § 40a (vgl. Rn. 22a) . Dass sich ferner die Anwendbarkeit des früheren **Bestsellerparagrafen** (§ 36 a. F.) auf Altverträge im Gesetzgebungsverfahren nicht durchsetzen konnte, wurde mit Rücksicht auf Missverhältnisse in älteren Verträgen bedauert (Schricker/Loewenheim/*Katzenberger/Ohly*[5] Rn. 2, 8), was aber nichts daran änderte, dass § 36 a. F. auf vorgesetzlich geschlossene Verträge nicht anzuwenden war (BGH GRUR 1990, 1005, 1006 – *Salome*) und das Rechtsinstitut des Wegfalls der Geschäftsgrundlage keinen angemessenen Ausgleich herbeiführte (s. unsere 9. Aufl./*Hertin* § 36 Bem. 3). Allerdings ist gem. § 132 Abs. 3 nunmehr der **neue Bestsellerparagraf** (§ 32a) auch für Altverträge vor 1966 einschlägig (vgl. Rn. 18).

Das **Übertragungszweckprinzip** – damals genannt Zweckübertragungslehre – (entsprechend § 31 Abs. 5) galt schon im früherem Recht (RGZ 118, 282, 285 – *Musikantenstadel*; RGZ 123, 312, 317 – *Wilhelm Busch*; BGH GRUR 2011, 714 Tz. 16 – *Der Frosch mit der Maske*; BGH GRUR 1982, 727, 730 – *Altverträge*; BGHZ 9, 262, 265 – *Lied der Wildbahn I*; KG GRUR 1991, 596, 598 f. – *Schopenhauer-Ausgabe*; OLG München ZUM 2001, 173, 177). Deshalb sind die Grundsätze des § 31 Abs. 5 auch auf Altverträge anwendbar (vgl. § 31 Rn. 113). Das gilt nicht nur für die Einräumung von Rechten an bekannten, sondern gerade auch an unbekannten Nutzungsarten (vgl. § 31 Rn. 172 ff.). **8**

Die §§ 34, 35 (**Zustimmung bei Weiterübertragung bzw. weiterer Einräumung**) wurden ebenfalls erst durch das UrhG geschaffen. Auch davor war aber bereits anerkannt, dass Nutzungsrechte wegen ihrer urheberpersönlichkeitsrechtlichen Bestandteile grundsätzlich nur mit Zustimmung übertragen werden können (vgl. § 34 Rn. 3; Dreier/Schulze/*Schulze*[5] § 34 Rn. 4; Schricker/Loewenheim/*Ohly*[5] § 34 Rn. 3), sodass sich für die §§ 34 Abs. 1, 35 Abs. 1 kaum ein Unterschied ergibt. Die detaillierten Reglungen in den Folgeabsätzen existierten jedoch im Altrecht unter LUG bzw. KUG nicht; das gilt insb. für die Haftungsvorschrift des § 34 Abs. 4 n. F. Das Rückrufsrecht des § 34 Abs. 3 S. 2 gab es in Form einer außerordentlichen Kündigung aus wichtigem Grund (vgl. § 34 Rn. 5). Auch § 37 gilt nicht für Altverträge vor 1966; das hat jedoch ebenfalls nur begrenzte praktische Auswirkungen (vgl. § 37 Rn. 2). Das Gleiche gilt für § 44 **Abs. 1**, weil auch unter dem KUG der Eigentümer nicht schon kraft seines Sacheigentums Nutzungsrechte am Werk erwarb (s. die Regelung in § 10 Abs. 4 KUG; OLG Stuttgart GRUR 1956, 519 – *Hohenzollern-Tonband*; BAG GRUR 1961, 491 f. – *Nahverkehrschronik*). § 44 **Abs. 2** ist allerdings ohne Entsprechung im KUG. Zu § 38 (**Beiträge zu Sammlungen**) vgl. § 38 Rn. 1; zu § 39 (**Änderungen des Werkes**) vgl. § 39 Rn. 4. **9**

Die **erste Ausnahme** vom Grundsatz des § 132 Abs. 1 S. 1 findet sich dort selbst. § 43 (**Urheber in Arbeits- oder Dienstverhältnissen**) war gerade deshalb in das UrhG aufgenommen worden, um Streitfragen zu klären, die sich bei der Auslegung der früheren Verträge im Hinblick auf die neu geschaffenen Rechte der Urheber und ausübenden Künstler ergeben konnten (RegE UrhG 1962 – BT-Drs. IV/270, S. 114). Sein Ausschluss von einer Anwendbarkeit des UrhG wäre deshalb sinnwidrig gewesen. Entsprechend argumentierten die Gesetzesmotive auch für **ausübende Künstler**, die in einem Arbeits- oder Dienstverhält- **10** nis stehen; auf sie kann auch bei Altverträgen vor 1966 § 43 angewendet werden (**§ 132 Abs. 1 S. 2**). Für Neuverträge ergab sich dies früher aus § 79 a. F., heute aus § 79 Abs. 2a. Im Übrigen zur Anwendung der 2003 novellierten Bestimmungen zu ausübenden Künstlern vgl. Rn. 21.

10a   **§ 132 Abs. 1 S. 1** ordnet ferner als **zweite Ausnahme** an, dass ausnahmsweise das **Rückrufsrecht wegen gewandelter Überzeugung** (**§ 42**) auch für Altverträge vor 1966 gilt. Für Altverträge ausübender Künstler bis 1966 sollte § 42 jedoch nicht gelten. Auch wenn § 42 grundsätzlich auch für Neuverträge ausübender Künstler gilt (§ 79 Abs. 2a), fehlt es an einer Anordnung der entsprechenden Geltung des § 132 Abs. 1 S. 1 für ausübende Künstler, wie sie in § 132 Abs. 1 S. 2 für § 43 enthalten ist.

11   **Als dritte Ausnahme** ordnet § 132 Abs. 1 S. 3 die Anwendbarkeit der Bestimmungen über das **Rückrufsrecht wegen Nichtausübung** (**§ 41**) auch für Altverträge vor 1966 an. Der Gesetzgeber rechtfertigt das damit, dass diese Rechte sich auf einen vom Inhalt des Vertrages unabhängigen Tatbestand bezögen (so RegE UrhG 1962 – BT-Drs. IV/270, S. 114). Die zu § 41 getroffene Fristenregelung ist durch Zeitablauf gegenstandslos.

12   Die Anwendung des **§ 40 als vierte Ausnahme** auch für ältere **Verträge über künftige Werke** war schon im Interesse der Gleichbehandlung gleich liegender Fälle geboten. Sofern für solche Verträge die etwa nach § 40 Abs. 1 erforderliche Schriftform nicht eingehalten wurde, wurden sie allerdings mit Ablauf des 31.12.1965 nicht automatisch hinfällig (a. A. Schricker/Loewenheim/*Katzenberger*/*Ohly*[5] Rn. 6; Dreier/Schulze/*Dreier*[5] Rn. 6; BeckOK UrhR/*Soppe*[16] Rn. 16; unsere 9. Aufl./*Wilhelm Nordemann* Rn. 5). Denn die Verfügung über die Rechte bleibt nach Abs. 2 wirksam, sodass auch das Verpflichtungsgeschäft nicht hinfällig sein kann. Der Urheber ist hinreichend dadurch geschützt, dass ihm das Kündigungsrecht des § 40 gewährt wird.

12a   Eine **fünfte (ungeschriebene) Ausnahme** von der Regel des **§ 132 Abs. 1** sollte bei **Dauerschuldverhältnissen** gelten, die den **Urheber zu einer Schöpfung ständig neuer Werke** verpflichten (a. A. BeckOK UrhR/*Soppe*[16] Rn. 4). In solchen Dauerschuldverhältnissen gehen die Parteien nicht ohne weiteres davon aus, dass das frühere Recht ewig fort gilt, z. B. wenn sie kurz vor dem 31.12.1965 abgeschlossen wurden und dann lange Jahre oder Jahrzehnte danach noch Werke geschaffen werden. Der Gesetzgeber wollte § 43 ohnehin auch auf alle Arbeits- und Dienstverträge vor dem 1.1.1966 angewendet wissen (vgl. Rn. 10). Das spricht dafür, auch die übrigen Regelungen des UrhG 1966, insbesondere § 31 Abs. 4 UrhG a. F. (und damit auch § 137l) auf **Arbeits- und Dienstverhältnisse** anzuwenden, sofern die Werke nach dem 31.12.1965 geschaffen wurden. Die Ausnahme sollte aber auch auf andere Dauerschuldverhältnisse Anwendung finden. Mit Recht hat das OLG Köln für einen **langjährigen Abonnementvertrag**, der die ständige Schaffung von Filmmusik vorsah, ein dringendes praktisches Bedürfnis gesehen, die vertraglichen Regelungen dem technischen Fortschritt anzupassen. Wenn bei einem laufenden Filmabonnementvertrag eine jährliche Übersendung von sog. Freigabedokumenten mit Bestätigung der unbeschränkten Nutzung erfolgt, ist als Zeitpunkt des Vertragsabschlusses auf das jeweilige Datum der Bestätigung abzustellen (OLG Köln MMR 2003, 338 – *Filmmusik*). Auch ohne eine solche Bestätigung hätte man neues Recht auf alle Werke, die nach dem Stichtag geschaffen wurden, anwenden können. Auf **§§ 32, 132 Abs. 3 S. 1 und S. 3** sollte die vorerwähnte vierte Ausnahme indes keine Anwendung finden. Denn für § 32 ergibt sich aus der *ratio legis* des § 132 Abs. 3 S. 1 und S. 3, dass die Regelung des § 32 für keinen Vertrag greifen sollte, der vor dem 1. Juni 2001 geschlossen wurde (vgl. Rn. 16). Das erscheint aufgrund des weitreichenden Inhalts des § 32 auch als gerechtfertigt.

Im **Filmbereich** sind die Auslegungsregeln (§§ 88, 89, 90, 91 a. F., 92, 93) auf **13** vor 1966 geschaffene Filmwerke dann nicht anzuwenden, wenn die vertraglichen Vereinbarungen darüber vor Inkrafttreten des UrhG am 1.1.1966 geschlossen worden sind (Schricker/Loewenheim/*Katzenberger/Ohly*[5] Rn. 3; unzutreffend daher LG München I *Erich Schulze* LGZ 180, 4 f.; vgl. § 88 Rn. 5 ff.; vgl. § 89 Rn. 3 ff.). Dafür spricht schon der klare Wortlaut des § 132 Abs. 1. Für Stoffverträge ab dem 1.7.2002 gilt gemäß § 132 Abs. 3 S. 1 die neue Fassung des § 88 (vgl. Rn. 15 ff.). Die novellierte aktuelle Fassung des § 92 entfaltet erst für Verträge ab dem 13.9.2003 Wirkung (vgl. Rn. 21). Zur Novellierung durch den „2. Korb" ab dem 1.1.2008 vgl. Rn. 22.

Zu § 132 Abs. 2 s. zunächst § 137. Danach wird die vorgesetzliche Verfügung **14** über das Urheberrecht in eine Einräumung von Nutzungsrechten umgewandelt. Mit Abs. 2 sollte Zweifeln über die Wirksamkeit solcher Verfügungen begegnet werden. Damit sind nach KUG oder LUG formwirksame Verfügungen über zukünftige Rechte auch unter dem UrhG wirksam (str., vgl. Rn. 12). Eine Einschränkung der Rechtsfolgen aus der Anwendung des schon früher geltenden Übertragungszweckgedankens (vgl. Rn. 8) ist aus Abs. 2 nicht abzuleiten.

3. Verträge bis zur Urhebervertragsrechtsreform 2002 (Abs. 3 und Abs. 4)

Abs. 3 S. 1 enthält eine **generelle Regel** für die zeitliche Anwendbarkeit von **15** urhebervertragsrechtlichen Vorschriften, die durch die **Urhebervertragsrechtsreform 2002** neu geschaffen oder geändert wurden. Das sind nicht nur die §§ 32, 32a, 32b, 36, 36a, sondern auch § 11 S. 2 (Normzweckbestimmung; vgl. § 11 Rn. 6), § 31 (allerdings nur redaktionell wirkende Änderungen, vgl. § 31 Rn. 2), § 33 (vgl. § 33 Rn. 3), § 34 Abs. 3 bis 5 (zur begrenzten inhaltlichen Bedeutung vgl. § 34 Rn. 4 ff.), § 35 Abs. 2 (vgl. § 35 Rn. 3), 63a, 71 Abs. 1 (Einfügung von „und § 88"), § 75 Abs. 5, § 88 Abs. 1 (vgl. § 88 Rn. 7 f.), § 89 Abs. 4 (aber vgl. § 89 Rn. 7), § 90 S. 3 (vgl. § 90 Rn. 3 ff.) und § 95 (Einfügung Bezugnahme auf § 89 Abs. 4). Soweit Abs. 3 S. 1 anordnet, dass das Gesetz in seiner am 28.3.2002 geltenden Fassung generell auf Verträge oder sonstige Sachverhalte anwendbar ist, die vor dem 1.7.2002 geschlossen worden oder entstanden sind, kann sich dies nur auf **Verträge** beziehen, die **nach dem 1.1.1966** geschlossen worden sind (zu Recht so *Ory* AfP 2002, 101). Denn für Verträge vor diesem Zeitpunkt bleibt es bei der Regelung der Abs. 1 und 2, wonach die Vorschriften des UrhG mit Ausnahme der §§ 40, 41, 42 und 43 nicht anwendbar sind. Für Verträge vor 1966 entfaltet allerdings § 132 Abs. 3 S. 2 ausnahmsweise im Hinblick auf § 32a Wirkung (vgl. Rn. 7 ff.).

§ 32 (**Anspruch auf angemessene Vergütung**): Nach § 132 Abs. 3 S. 1 ist der **16** neue Anspruch aus § 32 erst auf **Verträge** anwendbar, die ab Inkrafttreten des Gesetzes, also **ab dem 1.7.2002**, geschlossen wurden. Damit ist die ursprünglich vorgesehene Rückwirkung des Anspruchs nach § 32 nicht aufgenommen worden (s. dazu *Wilhelm Nordemann* § 132 Rn. 4). Zum Zeitpunkt des Vertragsschlusses vgl. Rn. 5 ff. Zu Dauerschuldverhältnissen, die zur Schöpfung ständig neuer Werke verpflichten, vgl. Rn. 12a. Sofern eine Vertragspartei den Vertragsschluss böswillig herausgezögert oder vorverlegt hat, ist denkbar, dass ein Berufen auf das neue bzw. alte Recht rechtsmissbräuchlich sein kann. § 132 Abs. 3 S. 3 gehört systematisch ebenfalls noch zu § 32. Denn er regelt die Übergangszeit ab Übersendung des Regierungsentwurfs an den Bundesrat. Ab dieser Zeit soll die geplante Reform des Urhebervertragsrechts in der öffentlichen Diskussion gewesen sein, sodass kein Vertrauenstatbestand mehr vorlag, der einer unechten Rückwirkung entgegen stehen könnte (BeschlE RAusschuss UrhVG 2002 – BT-Drs. 14/8058, S. 55; *Hucko* S. 17; zweifelnd dagegen *Haas* Rn. 504; kritisch Wandtke/Bullinger/*Braun/Jani*[4] Rn. 8). Ein Fall echter Rückwirkung hätte die Verfassungswidrigkeit und Nichtigkeit des Gesetzes zur Folge (BVerfGE 37, 363, 397; BVerfGE 97, 67, 78), sofern die Normadressaten nicht ausnahmsweise damit zu rechnen hatten (BVerfGE 45, 142, 174; BVerfGE 88, 384, 404), und genau das soll nach Beschluss im Bundeskabinett der Fall sein. Das erscheint indes als problematisch, weil Gesetze immer noch von der Legislative verabschiedet werden und damit – insb. bei einem so umstrittenen Gesetz wie der Urhebervertragsrechtsreform 2002 – nicht unbedingt mit einer Einführung des § 32 zu rechnen war. Dennoch hat der Gesetzgeber § 32 auf **Nutzungsverträge** erstreckt, die **zwischen dem 1.6.2001 und dem 30.6.2002 abgeschlossen** wurden. Die Gesetzesbegründung will damit eine Korrektur von Verträgen ermöglichen, die nach dem 1.6.2001 zu nicht angemessenen Bedingungen geschlossen worden sind (als obiter dictum OLG Köln GRUR-RR 2005, 337, 338 – *Dokumentarfilm Massaker*). Nach dem BGH kann hier auch eine Anpassung der Vergütung für den Zeitraum ab 1.6.2001 und nicht erst ab 1.7.2002 verlangt werden. In § 132 Abs. 3 S. 3 heiße es nicht „soweit", sondern „sofern" (BGH GRUR 2009, 1148 Tz. 16 – *Talking to Addison*; s.a. BeschlE RAusschuss UrhVG 2002 – BT-Drs. 14/8058, S. 22: „Nach Abs. 3 S. 3 wird eine Korrektur von Verträgen ermöglicht, … wenn weitere Nutzungshandlungen nach in Kraft treten des Gesetzes stattfinden."); dennoch erscheint eine solche Auslegung zweifelhaft, weil es sich insoweit um eine „echte" Rückwirkung des Urhebervertragsrechts handelt. Umstritten ist ferner, ob S. 3 ausschließlich Konstellationen erfasst, in denen der Vertrag zwischen dem 1.6.2001 und dem 30.6.2002 geschlossen wurde, die erste Nutzungshandlung jedoch erst nach dem 30.6.2002 erfolgt (so *Berger* Rn. 33); das würde bedeuten, in S. 3 ein „erstmals" herein zu lesen („sofern von dem eingeräumten Recht oder der Erlaubnis *erstmals* nach dem 30.6.2002 Gebrauch gemacht wird"). Das LG Stuttgart lehnt das ab (LG Stuttgart, Beschl. v. 2.11.2007, Az. 17 O 734/05, S. 11); auch mit dem Bundesgerichtshof scheidet eine solche Begrenzung des zeitlichen Anwendungsbereiches konsequenterweise aus (s. nochmals BGH GRUR 2009, 1148 Tz. 16 – *Talking to Addison*).

17 Abs. 3 S. 3 enthielt in der **ursprünglichen Fassung** des Urhebervertragsgesetzes 2002 eine **zeitliche Lücke** für Verträge, die zwischen dem Tag der Verkündung (28.3.2002) und dem Inkrafttreten des Gesetzes (30.6.2002) geschlossen wurden, denn es hieß in der Fassung des Urhebervertragsgesetzes „seit dem 1.6.2001 und bis zum 28. März 2002". In der Hektik der erst in letzter Minute eingeführten dreimonatigen Karenzfrist für den Übergang zum neuen Urhebervertragsrecht war dies übersehen worden. Dies hat erst das Gesetz zur Regelung des Urheberrechts in der Informationsgesellschaft bereinigt. Man dürfte daher etwaig aufkommende Streitigkeiten für diese Zwischenzeit mit dem Argument eines **Redaktionsversehens** entschärfen können.

18 § 32a (Bestsellerparagraf): Für § 32a findet sich die Übergangsregel in **Abs. 3 S. 2.** Danach ist dieser Anspruch erst auf **Sachverhalte** anwendbar, die **nach dem 28.3.2002** entstanden sind. Zwar ist die ursprünglich vorgesehene Rückwirkung des Anspruchs nach § 32 nicht aufgenommen worden (vgl. § 32 Rn. 4); § 32a erhält mit dieser durch den Rechtsausschuss eingeführten Regelung aber eine unechte Rückwirkung (BeschlE RAusschuss UrhVG 2002 – BT-Drs. 14/8058, S. 55). Unter Sachverhalt versteht die Gesetzesbegründung „sämtliche Tatbestände, die nach Inkrafttreten des Gesetzes entstehen" (BeschlE RAusschuss UrhVG 2002 – BT-Drs. 14/8058, S. 55), was keinen Erkenntnisgewinn bringt. Der Begriff „Sachverhalte" wirft mehrere Fragen auf:

18a Geklärt sollte sein, dass § 32a auch auf **Verträge** anwendbar ist, die **vor dem 28.3.2002 abgeschlossen** wurden, und zwar auf sämtliche Verträge, nicht nur auf Verträge, die nach Inkrafttreten des UrhG zum 1.1.1966 abgeschlossen wurden, sondern auch auf davor zustande gekommene Altverträge (BGH GRUR 2012, 496 Tz. 55 – *Das Boot*; ebenso *Hucko* S. 17; Dreier/Schulze/*Dreier*[5] Rn. 9; Wandtke/Bullinger/*Braun/Jani*[4] Rn. 10). Schon die Gesetzesbegründung sagt, dass zwar § 32 auf Altverträge nicht anwendbar ist, der Bestsellerausgleich nach § 32a aber „zeitlich unbegrenzt für alle Altverträge" zum Tragen kommen kann (BeschlE RAusschuss UrhVG 2002 – BT-Drs. 14/8058, S. 22).

Der Bundesgerichthof hat ferner entschieden, dass **„Sachverhalte" mit Verwer- 19 tungshandlungen gleichzusetzen** sind (BGH GRUR 2012, 496 Tz. 57 f. – *Das Boot* m. w. N.). Es kommt also nicht darauf an, dass das auffällige Missverhältnis erst nach dem 28.3.2002 entstanden ist (so noch KG ZUM 2010, 246 – *Der Bulle von Bad Tölz*; OLG Naumburg ZUM 2005, 759, 761 – *Firmenlogo*; Loewenheim/*v.Becker*[2] § 29 Rn. 136). Für die Auffassung des Bundesgerichtshofes spricht schon der Wortlaut; denn der Gesetzgeber hätte den Terminus des „Sachverhalts" nicht einführen müssen, sondern hätte von „auffälligem Missverhältnis" sprechen können, wenn beide Begriffe parallel liefen.

Ferner sind im Rahmen der **Prüfung, ob ein auffälliges Missverhältnis** im Sinne des 19a § 32a besteht, nach § 132 Abs. 3 S. 2 nicht nur nach dem 28.3.2002 erzielte Erträge und Vorteile, sondern **grundsätzlich auch sämtliche vor dem 28.3.2002 angefallene Erträgnisse zu berücksichtigen** (BGH GRUR 2012, 496 Tz. 57 ff. – *Das Boot*; OLG München, ZUM 2013, 47 juris Tz. 51 f.; LG Nürnberg-Fürth ZUM 2014, 907 juris Tz. 66). Das löst allerdings ein **Konkurrenzproblem zu § 36 a. F.** aus, der bis zum Stichtag galt. Erträgnisse, die zur Entstehung des früheren Anspruchs auf angemessene Beteiligung gem. § 36 a. F. beigetragen haben, sind „verbraucht". Eine Kumulation „alter" und „neuer" Erträge und Vorteile ist insoweit unzulässig (BGH GRUR 2012, 496 Tz. 61 – *Das Boot*; Dreier/Schulze/*Dreier*[5] Rn. 11; Schricker/Loewenheim/*Haedicke*[5] § 32a Rn. 2). Sind diese Erträgnisse dagegen nicht zur Begründung eines Anspruchs aus § 36 a. F. „verbraucht", können und müssen sie bei der Prüfung eines Anspruchs aus § 32a berücksichtigt werden (BGH GRUR 2012, 496 Tz. 61 – *Das Boot*). Mit Erträgen und Vorteilen, die für einen Anspruch nach § 36 a. F. „verbraucht" sind, meint der Bundesgerichtshof offenbar, dass ein Anspruch bestand, also die Tatbestandsvoraussetzungen des § 36 a. F. vorlagen (dazu unsere 11. Aufl. § 32a Rn. 56 ff.). Es erscheint nicht als erforderlich, dass der Anspruch nach § 36 a. F. geltend gemacht oder gar erfüllt wurde. Bei Filmurhebern sollte sich die Problematik des „Verbrauchs" jedoch gar nicht stellen, weil ein gesetzlicher Anspruch des Filmurhebers auf weitere angemessene Beteiligung erst durch § 32a UrhG geschaffen wurde; § 36 a. F. galt für Filmurheber nicht (s. BGH ZUM-RD 2017, 251, Tz. 25 – *Derrick*). – Eine andere Frage ist allerdings, ob und inwieweit bei Einbeziehung von Erträgnissen und Vorteilen vor dem Stichtag 28.3.2002 der Anspruch aus § 32a nicht **verjährt** ist. Je früher das auffällige Missverhältnis entstanden ist, desto eher droht Verjährung (allgemein dazu vgl. § 32a Rn. 27 f.). Soweit es für die Verjährung auf eine Kenntnis ankommt, ist die Kenntnis des jeweiligen Anspruchsinhabers entscheidend. Für Ansprüche der Erben eines Urhebers, der bei seinem Tod vor Einführung des § 32a noch keinen Anspruch aus § 32a geltend machen konnte, ist der Anspruch deshalb als Teil des geerbten Urheberrechts beim Erben entstanden. Für die Verjährung der erstmals in der Person des Erben entstandenen Ansprüche auf weitere Beteiligung sind Kenntnisse des Erblassers unerheblich, es kommt allein auf die Kenntnis des Erben an (BGH ZUM-RD 2017, 251, Tz. 25 – *Derrick*).

Eine **ungeschriebene Regelung zur zeitlichen Anwendbarkeit** der §§ 32, 32a 19b ergibt sich aus der Rechtsprechung. Für **Werke der angewandten Kunst** hat der Bundesgerichtshof seine **Rechtsprechung zur Schutzfähigkeit geändert** (BGH GRUR 2014, 175 – *Geburtstagszug*); s. die Kommentierung zu § 2. In diesem Zusammenhang hat er erklärt, dass der **Anspruch** auf Zahlung einer (weiteren) angemessenen Vergütung **nach § 32 Abs. 1 S. 3, Abs. 2 S. 2 und § 32a Abs. 1 S. 1** (und ggf. nach § 36 a. F.) bei der Verwertung eines Werkes der angewandten Kunst, das einem Geschmacksmusterschutz (heute Designschutz) zugänglich ist, sich bis zum **1.6.2004** nach den bisherigen Kriterien für eine Schutzfähigkeit richtet. Abzustellen sei auf den Zeitpunkt der Verwertungshandlung (BGH GRUR 2014, 175 Tz. 42 ff. – *Geburtstagszug*). Das Abstellen auf den **Zeitpunkt der Verwertungshandlung** erscheint für Ansprüche nach § 32a plausibel, weil auch § 132 Abs. 3 S. 2 auf Verwertungshandlungen nach einem bestimmten Stichtag abstellt (vgl. Rn. 19). Für Ansprüche nach § 32 hat das jedoch wenig Sinn. Wegen seiner *ex ante*-Betrachtung auf den Zeitpunkt des Vertragsschlusses (vgl. § 32 Rn. 151) stellt § 132 Abs. 3 S. 1 auch für seine vertragsrechtliche Anwendbarkeit zutreffend auf den **Zeitpunkt des Vertragsschlusses** ab (vgl. Rn. 16). Daher erscheint es als zutreffend, wenn auch im Hinblick auf die Änderungen der Rechtsprechung im Bereich der angewandten Kunst für Ansprüche aus § 32 – entgegen der Rechtsprechung des Bundesgerichtshofes – auf den Vertragsschluss 1.6.2004 abgestellt wird.

20   § 132 Abs. 4 ordnet schließlich an, dass die Übergangsregelungen nach Abs. 3 für **ausübende Künstler** entsprechend gelten. Die Regelung ist allerdings missglückt. Einerseits ist sie überflüssig, weil der Wortlaut des Abs. 3 neutral ist und nicht ausschließlich auf Urheber abstellt (so auch Wandtke/Bullinger/*Braun/Jani*[4] Rn. 11). Andererseits ist sie unpräzise. Präziser hätte nur die Anwendung des Abs. 3 S. 2 und S. 3 auf ausübende Künstler angeordnet werden müssen. Abs. 3 S. 1 hätte darüber hinaus gehend auch nachgelassene Werke und Filmhersteller einbeziehen müssen, weil entgegen dem Wortlaut des Abs. 4 durchaus Abs. 3 Wirkung auch für diese Leistungsschutzberechtigten entfaltet (§ 71 Abs. 1: Einfügung von „und § 88"; § 95: Einfügung Bezugnahme auf § 89 Abs. 4 und Bezugnahme auf veränderte §§ 88 Abs. 1, 89 Abs. 1). Insoweit ist allerdings ein Redaktionsversehen anzunehmen. Wegen der generellen Verweisung auf die Regelungen zum Urheberrecht sollte § 132 Abs. 3 daneben auch für die Leistungsschutzrechte des § 70 (**wissenschaftliche Ausgaben**) und § 72 (**Lichtbilder**) gelten. Im Zuge der Reform des Urhebervertragsrechts 2016 wurde Abs. 4 dahingehend angepasst, dass der neu eingefügte Abs. 3a auch für ausübende Künstler entsprechend gilt.

4. Verträge bis zur Reform der Leistungsschutzrechte 2003

21   2003 hat der Gesetzgeber im Rahmen der Novelle des Urheberrechts in der Informationsgesellschaft umfassende Änderungen bei den urhebervertragsrechtlichen Bestimmungen für Leistungsschutzberechtigte vorgenommen, so für ausübende Künstler (§ 79), für Tonträgerhersteller (§ 85 Abs. 2), für Sendeunternehmen (§ 87 Abs. 2) und für Filmhersteller (§ 94 Abs. 2). Der Gesetzgeber hat allerdings übersehen, dafür die zeitliche Anwendbarkeit in § 132 (oder anderswo) zu regeln. Mit dem Grundgedanken des § 132 (vgl. Rn. 1) ist jedoch davon auszugehen, dass die neuen Regelungen **nur für Verträge gelten**, die **ab dem 13.9.2003 geschlossen** wurden (vgl. § 79 Rn. 1 ff.).

5. Verträge bis zum „2. Korb" 2007

22   Auch der „2. Korb" 2007 hat verschiedene urhebervertragsrechtliche Bestimmungen neu geschaffen oder reformiert, ohne eine Regelung zur zeitlichen Anwendbarkeit zu schaffen. Eingefügt wurde lediglich § 137l, der aber eine solche Regelung nicht enthält. Da § 137l aber gem. Abs. 1 S. 1 ausdrücklich nur auf Verträge vom 1.1.1966 bis zum 31.12.2007 angewendet werden kann, ist zu unterstellen, dass der Gesetzgeber sämtliche Änderungen des Urhebervertragsrechts im UrhG durch den „2. Korb" zum **1.1.2008** in Kraft setzen wollte. Das entspricht auch der generellen Regel des § 132 (vgl. Rn. 5 ff.). Die neuen §§ **31a, 32c** gelten deshalb für Verträge ab dem 1.1.2008, hingegen § 31 Abs. 4 a. F. nur für Verträge bis zum 31.12.2007 (vgl. § 31a Rn. 6 ff.). Die novellierten § **32a Abs. 3** (unentgeltliche Einräumung einfaches Nutzungsrecht für jedermann), § **87 Abs. 5** (gemeinsamer Vertragsschluss des Kabel- oder Sendeunternehmens mit VGen) und §§ **88 Abs. 1, 89 Abs. 1** (Ausweitung der Vermutung auf eine Rechtseinräumung für unbekannte Nutzungsarten) sind ebenfalls nur auf Verträge ab dem 1.1.2008 anzuwenden.

6.   Verträge bis Urhebervertragsreform 2016 – vor dem 1.3.2017 (Abs. 3a)

Die zeitliche Anwendbarkeit der Neuerungen der **Urhebervertragsrechtsreform**   **22a**
2016 richtet sich nach dem neu eingefügten § 132 Abs. 3a. Nach dem Wortlaut
sind auf Verträge oder sonstige Sachverhalte, die vor dem 1.3.2017 geschlossen
worden oder entstanden sind, die Vorschriften des Urhebervertragsrechts in
der alten Fassung weiter anzuwenden. Die neuen Regelungen kommen daher
grundsätzlich erst zur Anwendung, soweit es um Verträge und Sachverhalte
geht, die ab dem 1.3.2017 geschlossen worden oder entstanden sind. Problematisch an der Regelung des § 132 Abs. 3a S. 1 ist die **Bedeutung des Tatbe-**
standsmerkmals „sonstige Sachverhalte". Die Gesetzgebungsunterlagen geben
hier auch keine klaren Auslegungshilfen an die Hand. Folglich ist nicht abschließend klar, welche durch die Urhebervertragsrechtsreform eingeführten
Rechtsnormen ausschließlich an den Zeitpunkt des Vertragsschlusses anknüpfen und welche (auch) an einen „Sachverhalt" nach Vertragsschluss anknüpfen
können, so dass auch Altverträge vor dem 1.3.2017 betroffen sein können.

Die Unproblematisch ist die Anwendung des Abs. 3a etwa auf das **Verbands-**   **22b**
klagerecht bei Verstoß gegen gemeinsame Vergütungsregeln nach § 36b. Die
Vorschrift des § 36b gilt nur für Verträge, die ab dem 1.3.2017 geschlossen
wurden.

Ebenso gilt der neue § 40a (**Recht zur anderweitigen Verwertung nach 10 Jah-**   **22c**
ren bei pauschaler Vergütung) nur für Verträge, die ab dem 1.3.2017 geschlossen wurden. Im Hinblick auf § 132 Abs. 3a erscheint lediglich eine Anknüpfung an den Vertragsschluss als denkbar, nicht an das Tatbestandsmerkmal des
Sachverhalts (vgl. § 40a Rn. 4).

Weniger klar ist die Situation hingegen bei den **neuen Auskunftsansprüchen nach**   **22d**
§§ 32d, 32e. Gegen eine Erfassung von Verträgen, die vor dem 1.3.2017 geschlossen wurden, spricht, dass die Parteien hier in aller Regel das Bestehen der neuen
Auskunftsansprüche nicht in die vertragliche Verhandlung „einpreisen" konnten.
Zudem lässt sich argumentieren, dass bei einem Auskunftsbegehren kein „Sachverhalt" im Sinne von Abs. 3a S. 1 gegeben ist, der über den zugrunde liegenden
Vertrag hinausgeht. Gegen eine Auskunftspflicht für Altverträge nach den §§ 32d,
32e spricht ferner, dass im Referentenentwurf des Bundesministeriums der Justiz
und für Verbraucherschutz vom 5. Oktober 2015 in Abs. 3a S. 2 eine Sonderregelung für Auskunftsansprüche vorgesehen war, wonach auf Sachverhalte, die nach
dem Inkrafttreten der neuen Regelungen entstanden sind, das neue Gesetz Anwendung findet (s. S. 8 des RefE, abrufbar unter http://www.urheberrecht.org/topic/
Urhebervertragsrecht/BMJV%20Referentenentwurf%20Urhebervertragsrecht
.pdf, zuletzt abgerufen am 18.9.2017). In der aktuellen Gesetzesfassung fehlt
eine derartige Bezugnahme auf § 32d in § 132 Abs. 3a S. 2. Zudem erweckt die
Begründung des Regierungsentwurfs (BT-Drs. 18/8625, S. 26) den Eindruck,
dass man auf „Sachverhalte" von Altverträgen nur die Änderungen in § 41 anwenden wollte (so *Berger/Freyer* ZUM 2016, 569, 579). Richtigerweise wird **zu**
differenzieren sein, wofür die Auskunftsansprüche gestellt werden: Werden sie
im Hinblick auf § 32 gestellt, ist allein auf den Vertragsschuss abzustellen. § 32
ist zeitlich auch lediglich ab einem bestimmten Stichtag anwendbar (vgl.
Rn. 16 f.), so dass für §§ 32d und 32e ebenfalls auf den Vertragsschluss
(1.3.2017) abzustellen ist. Anderes gilt aber für § 32a; seine zeitliche Anwendbarkeit richtet sich nach einer Betrachtung des zugrundeliegenden Sachverhalts
(vgl. Rn. 18 ff.), so dass für § 132 Abs. 3a wiederum auf den „Sachverhalt"
abzustellen ist. Zur Auslegung des Tatbestandsmerkmals „Sachverhalt" gilt
dann nichts anderes, als zu § 132 Abs. 3 gesagt wurde (vgl. Rn. 18 ff.). Der
Urheber als Anspruchsteller hat es also durch die Wahl von § 32a als Anspruchsgrundlage für Nachvergütungsansprüche in der Hand, Auskunft auch für Verträge zu erhalten, die er vor dem 1.3.2017 geschlossen hat. Für diese differenzie-

rende Betrachtung spricht, dass ansonsten „sonstige Sachverhalte" in § 132 Abs. 3a S. 1 überhaupt keine eigenständige Bedeutung hätten; offenbar wollte der Gesetzgeber darüber die zeitliche Anknüpfung von Auskunftsansprüchen, die Ansprüche nach § 32a vorbreiten, mit § 132 Abs. 3 in Einklang bringen. Der Gesetzgeber hat im Übrigen auch betont, dass die Regelung in § 132 Abs. 3a mit der Regelung in § 132 Abs. 3 parallel gestaltet worden sei (RegE UrhVG 2016 – BT-Drs. 18/8625, S. 31).

22e Für § 41 (**Rückrufsrecht wegen Nichtausübung**) gibt es eine **Sonderregelung in § 132 Abs. 3a S. 2**. Danach findet § 41 in der ab 1.3.2017 geltenden Fassung erst auf Sachverhalte Anwendung, die ab 1.3.2018 entstehen werden. Mit „Sachverhalten" sind hier lediglich „sonstige Sachverhalte" im Sinne des § 132 Abs. 3a S. 1, d. h. keine Verträge, gemeint. Dies bedeutet für die zeitliche Anwendung des § 41 Folgendes: Für Verträge, die vor dem 1.3.2017 geschlossen wurden, gilt § 41 in der Neufassung für die Nichtausübung (oder nicht hinreichende Nutzung), die nach dem 1.3.2018 stattfindet. Dies ist dann bedeutsam, wenn in dem Altvertrag ein Ausschluss der Ausübung des Rückrufsrechts nach § 41 für (bis zu) fünf Jahre vorgesehen war. Dieser Ausschluss gilt ab dem 1.3.2018 – unabhängig vom Vertragsschuss – nicht mehr. In Bezug auf Altverträge sollte mit Blick auf die drohende Unwirksamkeit solcher Regelungen ab dem 1.3.2018 geprüft werden, ob eine vorherige Auswertung der eingeräumten Rechte möglich und sinnvoll ist.

22f Die Urhebervertragsrechtsreform 2016 brachte auch die Einführung des § 88 **Abs. 2 S. 3** mit seiner zeitlichen **Begrenzung der Einräumung des Wiederverfilmungsrechts auf 10 Jahre**. § 88 Abs. 2 S. 3 gilt nur für Verträge ab 1.3.2017 (vgl. § 88 Rn. 19a). Eine Anknüpfung an einen bloßen „sonstigen Sachverhalt" nach § 132 Abs. 3a S. 1 unabhängig vom Vertragsschluss ist nicht ersichtlich.

22g Für **ausübende Künstler** ordnet § 132 **Abs. 4** seit seiner Neufassung eine **entsprechende Geltung auch des § 132 Abs. 3a** an, so dass ausübende Künstler in den Genuss der neuen Bestimmungen der Urhebervertragsrechtsreform 2016 kommen. Allerdings ist zu beachten, dass nicht alle neuen Bestimmungen für ausübende Künstler gelten. Insoweit kommt der Verweisung in § 79 Abs. 2a entscheidende Bedeutung zu. Während die neuen Regelungen in §§ 32d, 32e, 36b, 36c, 41 Geltung beanspruchen, kommen der neue § 40a und § 88 Abs. 2 S. 3 mangels Verweisung nicht zur Anwendung. Zu beachten ist, dass der neu geschaffene § 79b (**Vergütung des ausübenden Künstlers für später bekannt werdende Nutzungsarten**), der ausschließlich für ausübende Künstler gilt, direkt nach § 132 Abs. 3a S. 1, Abs. 4 für Verträge ab 1.3.2017 Geltung entfaltet.

III. Verhältnis zu anderen Vorschriften

23 Neben der allgemeinen Regel des § 132 finden sich im UrhG noch **Spezialregelungen** zur zeitlichen Anwendbarkeit des Urhebervertragsrechts, die § 132 vorgehen. § 137 Abs. 1 bestimmt für Verträge vor dem 1.1.1966, die eine Übertragung des Urheberrechts vorsahen, dass diese in eine Nutzungsrechtseinräumung gem. § 31 UrhG umzudeuten sind. Regeln für die Auslegung von existierenden Verträgen bei **Schutzfristverlängerungen** enthalten die §§ 137 Abs. 2 bis 4, 137a, 137b, 137c, 137f, 137j. Sind Nutzungsverträge für **Bild- und/oder Tonträger** vor dem 30.6.1995 abgeschlossen, enthält § 137e Regelungen über die Einbeziehung des damals neu geschaffenen Vermietrecht in diese Altverträge. Für **Computerprogramme** gilt die vertragsrechtliche Bestimmung des § 69g Abs. 2 erst für Verträge ab dem 24.6.1993 (§ 137d). Für **Datenbankverträge** sind die §§ 55a, 87e nur einschlägig, wenn sie ab dem 1.1.1998 geschlossen wurden (§ 137g Abs. 3). § 20a

(Europäische **Satellitensendung**) ist gem. § 137h Abs. 1 erst für Verträge ab dem 1.1.2000 relevant; im Bereich der Satellitensendung ist die Bestimmung des § 137h Abs. 2 für Verträge vor dem 1.6.1998 zu beachten; für **Kabelweitersendungsverträge** gilt § 20b Abs. 2 nur, wenn der Vertrag vor dem 1.6.1998 geschlossen wurde (§ 137h Abs. 3). § 137l ermöglicht einen automatischen Nacherwerb von Rechten an bei Vertragsschluss **unbekannter Nutzungsarten** für Verträge von 1996 bis 2007 gegen angemessene Vergütung. s. jeweils die Kommentierungen dort.

§ 133 *(aufgehoben)*

§ 133 wurde durch das Gesetz zu den am 24.7.1971 in Paris unterzeichneten Übereinkünften auf dem Gebiet des Urheberrechts vom 17.8.1973 (BGBl. 1973 II S. 1069) in Verbindung mit der Bestimmung des Inkrafttretens für die Bundesrepublik vom 10.10.1974 (BGBl. 1974 II S. 1079) mit Wirkung zum 10. Oktober 1976 aufgehoben.

§ 134 Urheber

[1]Wer zur Zeit des Inkrafttretens dieses Gesetzes nach den bisherigen Vorschriften, nicht aber nach diesem Gesetz als Urheber eines Werkes anzusehen ist, gilt, abgesehen von den Fällen des § 135, weiterhin als Urheber. [2]Ist nach den bisherigen Vorschriften eine juristische Person als Urheber eines Werkes anzusehen, so sind für die Berechnung der Dauer des Urheberrechts die bisherigen Vorschriften anzuwenden.

Das frühere Recht sah juristische Personen des öffentlichen Rechts, die als **1** Herausgeber ein Werk veröffentlichen oder erscheinen lassen, das den Namen des Urhebers nicht angibt, als Urheber an (§ 3 LUG, § 5 KUG) und erkannte den Herausgebern von Sammelwerken ein Urheberrecht auch dann zu, wenn es sich um juristische Personen handelte (§ 4 LUG, § 6 KUG; zu § 4 LUG: OLG München GRUR-RR 2010, 157, 158 ff. – *„Der Angriff"/"Völkischer Beobachter"*). Daran hat das UrhG nichts geändert; sie gelten nach **§ 134 S. 1** „weiterhin als Urheber" (OLG München GRUR-RR 2010, 157, 158 – *„Der Angriff"/"Völkischer Beobachter"*). Nicht anzuwenden ist die Urheberschaftsfiktion des § 134 S. 1 auf Urheber eines fiktiven Bearbeiterurheberrechts an der Übertragung eines Werkes auf Tonträger gem. § 2 Abs. 2 LUG; diese Urheberrechte sind nach dem UrhG Leistungsschutzrechte nach §§ 73 ff. (vgl. § 135 Rn. 1). Gleiches gilt für die Urheber von einfachen Lichtbildern nach §§ 1, 3 KUG, die jetzt nach § 72 geschützt sind (vgl. § 135 Rn. 1).

Für die einer juristischen Person zuerkannten Urheberrechte bestand eine fünf- **2** zigjährige Schutzdauer seit der Veröffentlichung des Werkes (§ 32 LUG) bzw. seit seinem Erscheinen (§ 25 Abs. 2 KUG). Gem. § 134 S. 2 ist es bei dieser *Berechnung* der Schutzfristen, d. h. der Festlegung ihres Beginns, verblieben, soweit nicht § 135 zum Zuge kommt. Die Schutzfrist selbst beträgt nunmehr aber 70 Jahre (*v. Gamm* Bem. zu § 134; BeckOK UrhR/*Lauber-Rönsberg*[16] Rn. 4; Schricker/Loewenheim/*Katzenberger/Peifer*[5] Rn. 7).

§ 135 Inhaber verwandter Schutzrechte

Wer zur Zeit des Inkrafttretens dieses Gesetzes nach den bisherigen Vorschriften als Urheber eines Lichtbildes oder der Übertragung eines Werkes auf Vorrichtungen zur mechanischen Wiedergabe für das Gehör anzusehen ist, ist Inhaber der entsprechenden verwandten Schutzrechte, die dieses Gesetz ihm gewährt.

I.   Früheres Recht

1 Vor Inkrafttreten des UrhG genossen ausübende Künstler Schutz als Urheber über das in § 2 Abs. 2 LUG gewährte Quasi-Bearbeiterurheberrecht. Gleiches galt für die Urheber von Lichtbildern nach §§ 1, 3 KUG (1907).

2 Dies verschaffte ihnen nicht nur einen gegenüber dem Leistungsschutz nach UrhG umfassenderen Rechtekatalog, sondern auch die für Urheber geltenden Schutzfristen. Mit Inkrafttreten des UrhG wurden sie also über § 135 „heruntergestuft". Das BVerfG hat dies jedoch mit Ausnahme der Schutzfristenregelung für verfassungsmäßig erklärt (BVerfG NJW 1972, 145, 147 – *Anneliese Rothenberger*). Den Bedenken hinsichtlich der Schutzfrist wurde durch § 135a Rechnung getragen.

II.   Tatbestand

3 Die Umwandlung des Quasi-Bearbeiterurheberrechts in ein Leistungsschutzrecht führt dazu, dass insb. die enumerativen Rechtekataloge der betreffenden Leistungsschutzrechte (statt des umfassenden Rechtekatalogs des § 15) Anwendung finden (BGH GRUR 1992, 845, 846 – *Cliff Richard*; BGH GRUR Int. 1995, 503 *Cliff Richard II*), jedoch ist insoweit die RBÜ nicht anwendbar. Zugleich bleiben aber Verfügungen aus der Zeit vor Inkrafttreten des UrhG wirksam. So war nach altem Recht die Übertragung des Urheberrechts als Ganzem möglich (§ 8 Abs. 2 LUG). Sie bleibt zugunsten des alten Erwerbers hinsichtlich des Leistungsschutzrechts wirksam (i. d. S. OLG Hamburg ZUM 1991, 143, 144; LG Mannheim, GRUR-RR 2002, 1, 3).

§ 135a Berechnung der Schutzfrist

[1]Wird durch die Anwendung dieses Gesetzes auf ein vor seinem Inkrafttreten entstandenes Recht die Dauer des Schutzes verkürzt und liegt das für den Beginn der Schutzfrist nach diesem Gesetz maßgebende Ereignis vor dem Inkrafttreten dieses Gesetzes, so wird die Frist erst vom Inkrafttreten dieses Gesetzes an berechnet. [2]Der Schutz erlischt jedoch spätestens mit Ablauf der Schutzdauer nach den bisherigen Vorschriften.

1 Im Interesse der Vereinheitlichung der Rechtsbegriffe wurden die vor dem Inkrafttreten des UrhG als Urheber geltenden Lichtbildner (§ 1 KUG) und vortragenden Künstler (§ 2 Abs. 2 LUG) zu Inhabern entsprechender verwandter Schutzrechte herabgestuft. Die Rechtsstellung der ausübenden Künstler wurde einschneidend verändert. Während sie früher als Quasi-Urheber bis zum Ablauf von 50 Jahren nach ihrem Tode geschützt waren, stand ihnen zunächst nur noch eine Schutzfrist von 25 Jahren und steht ihnen nach der Novellierung des § 82 im Jahre 1990 eine solche von 50 Jahren ab Erscheinen, ersatzweise vom Tag der Darbietung an, zu.

2 Die Rückstufung der Rechtsposition der ausübenden Künstler stieß bezüglich solcher Darbietungen von Werken der Literatur und Tonkunst, die vor dem 1.1.1966 aufgenommen worden sind, allenthalben auf verfassungsrechtliche Bedenken und führte zu einer Verfassungsbeschwerde ausübender Künstler und Tonträgerhersteller, die vom BVerfG mit Beschluss vom 8.7.1971 (BVerfG

GRUR 1972, 491, 492 ff. – *Schallplatten)* beschieden wurde. Danach ist die Verkürzung der Schutzfrist zwar auch im Hinblick auf bereits unter der Geltung des § 2 Abs. 2 LUG geschaffene Aufnahmen zulässig, jedoch stellt die Vorverlegung des Schutzfristbeginns auf den Erscheinungs- bzw. Herstellungszeitpunkt dann eine entschädigungslose Enteignung (Art. 14 Abs. 3 GG) dar, wenn dieser Zeitpunkt vor dem Inkrafttreten des UrhG liegt und dadurch eine Kürzung der Schutzdauer bewirkt wird (kritisch zum Beschluss des BVerfG *Schorn* NJW 1973, 687).

Der Beschluss des BVerfG veranlasste den Gesetzgeber zur Einfügung des **3** § 135a durch die Novelle vom 10.11.1972. Der etwas umständlich geratene Gesetzestext besagt, dass für solche Leistungsschutzrechte, die schon vor dem 1.1.1966 als Quasi-Urheberrechte aus § 2 Abs. 2 LUG geschützt waren, zwar auch nunmehr die Schutzfristregelung des § 82 gilt, dass diese Frist aber erst vom 1.1.1966 an läuft, falls die Leistung vorher erschienen oder, falls das nicht zutraf, erbracht war. Die so berechnete Schutzfrist endet allerdings spätestens in dem Augenblick, in dem sie auch nach der früheren Regelung des § 29 LUG abgelaufen wäre. Wenn der Gesetzeswortlaut nicht speziell auf die Schutzrechtsverkürzung der ausübenden Künstler zugeschnitten wurde, so deshalb, um auch die Rückverlagerung des Fristbeginns bei unveröffentlichten Lichtbildern und Lichtbildwerken (vgl. Rn. 4) auszugleichen (RAusschuss UrhG 1. ÄndG – BT-Drs. VI/3264, S. 5; s. a. OLG Hamburg GRUR 1999, 717, 718 – *Wagner-Familienfotos)*. Praktische Bedeutung hat die neue Überleitungsregelung jedoch in erster Linie für die ausübenden Künstler; vgl. § 73 Rn. 1 f. und OLG Hamburg ZUM 1995, 334.

Für den Lichtbildner war die rechtliche Umklassifizierung der verwandten **4** Schutzrechte insoweit ohne Bedeutung, als auf ihn die für Lichtbildwerke geltenden Vorschriften des ersten Teils sinngemäß anzuwenden sind (§ 72 Abs. 1). Zwar betrug auch für Lichtbilder die Schutzdauer zunächst nur 25 Jahre nach dem Erscheinen (bzw. nach der Herstellung bei Nicht-Erscheinen). Jedoch entsprach dies der alten Schutzdauer des § 26 KUG. Eine Verkürzung wurde lediglich für unveröffentlichte Lichtbilder bewirkt, da für den Beginn der Frist nicht mehr der Tod des Lichtbildners, sondern der Herstellungszeitpunkt maßgeblich war. Unveröffentlichte, einfache Lichtbilder, die vor dem 1.1.1960 hergestellt worden sind, sind 25 Jahre bzw. – wenn sie als Dokument der Zeitgeschichte zu gelten haben (§ 72 a. F.) – 50 Jahre ab dem 1.1.1966 geschützt, maximal jedoch 25 Jahre post mortem auctoris; das folgt aus § 135a i. V. m. § 126 S. 2 KUG (Loewenheim/*Axel Nordemann*[2] § 22 Rn. 33 f.; OLG Hamburg GRUR 1999, 717, 720 – *Wagner-Familienfotos,* allerdings mit der unzutreffenden Annahme einer Schutzfrist von unveröffentlichten Lichtbildern, die Dokumente der Zeitgeschichte sind, von 50 Jahren ab dem 1.1.1966). Inzwischen ist die ursprüngliche Regelung des UrhG praktisch überholt: Lichtbildwerke sind schon seit 1985 wie alle anderen Werke 70 Jahre p. m. a. geschützt; soweit ihr Schutz schon abgelaufen war, kann er für den Rest der 70-Jahres-Schutzfrist am 1.7.1995 wieder aufgelebt sein, § 137f Abs. 2 (dort vgl. § 72 Rn. 10 ff. und vgl. § 64 Rn. 16 f.). Auf den einfachen Lichtbildschutz nach § 72 sind nur noch wenige Aufnahmen verwiesen (vgl. § 2 Rn. 198 f.; vgl. § 72 Rn. 1 f.); auch er beträgt jetzt einheitlich 50 Jahre.

Eine weitere Überleitungsregelung war in Art. 2 ÄndG 1972 im Hinblick auf **5** die Verwertungshandlungen geschaffen worden, die im Vertrauen auf den Wegfall des Rechtsschutzes infolge der Vorverlegung des Schutzablaufs getätigt worden waren (zu verfassungsrechtlichen Bedenken gegen die Überleitungsregelung *Schorn* GRUR 1978, 230). Danach konnten Tonträgerhersteller, die vor der ersten Veröffentlichung des in Rn. 2 genannten Beschlusses des Bundesverfassungsgerichts durch die Presse am 15.11.1971 mehr als 25 Jahre alte Schallplattenaufnahmen nachgepresst hatten, die Unterlassungs- und Vernichtungsansprüche der Berechtigten durch Geldzahlung grundsätzlich ablösen, d. h. vor dem 15.11.1971 objektiv rechtswidrig hergestellte Nachpressungen von Schallplatten durften im Ablösungsfalle auch nach diesem Zeitraum noch vertrieben werden (BGH GRUR 1976, 317, 320 – *Unsterbliche Stimmen).* Diese Regelung ist mittlerweile durch Zeitablauf gegenstandslos geworden.

6 § 135a S. 2 steht lediglich einer Schutzfristverlängerung entgegen, die unmittelbar aus der nach S. 1 festgelegten zeitlichen Verlagerung des Fristbeginns auf das Inkrafttreten des Gesetzes resultiert. Die Bestimmung hinderte deshalb die Schutzfristverlängerungen für die ausübenden Künstler von 1990 und diejenigen für die Urheber von Lichtbildwerken und für die Lichtbildner von 1985 und 1995 nicht. Wir haben deren Folgen für erstere bei § 137c (vgl. § 137c Rn. 2 f.), für letztere zu § 64 (vgl. § 64 Rn. 16 f.) zusammenfassend dargestellt.

§ 136   Vervielfältigung und Verbreitung

(1) War eine Vervielfältigung, die nach diesem Gesetz unzulässig ist, bisher erlaubt, so darf die vor Inkrafttreten dieses Gesetzes begonnene Herstellung von Vervielfältigungsstücken vollendet werden.

(2) Die nach Absatz 1 oder bereits vor dem Inkrafttreten dieses Gesetzes hergestellten Vervielfältigungsstücke dürfen verbreitet werden.

(3) Ist für eine Vervielfältigung, die nach den bisherigen Vorschriften frei zulässig war, nach diesem Gesetz eine angemessene Vergütung an den Berechtigten zu zahlen, so dürfen die in Absatz 2 bezeichneten Vervielfältigungsstücke ohne Zahlung einer Vergütung verbreitet werden.

1 Auch das früher geltende Recht kannte derartige Übergangsbestimmungen (§ 63 LUG und § 54 KUG). Während dieses nicht nur die Fortsetzung der begonnenen Vervielfältigung und Verbreitung, sondern auch die weitere Benutzung vorhandener Vorrichtungen zur Vervielfältigung (wie Formen, Platten, Steine, Druckstöcke, Matrizen) für sechs Monate bzw. drei Jahre nach Inkrafttreten des Gesetzes erlaubte, ermöglicht § 136 nur die Fortsetzung einer bereits begonnenen Vervielfältigung (Abs. 1) und die Verbreitung der bereits zuvor oder nach Abs. 1 hergestellten Vervielfältigungsstücke (Abs. 2).

2 Maßgebender Zeitpunkt ist der 1.1.1966, der Tag des Inkrafttretens des UrhG (§ 143 Abs. 2). Bereits vorhandene Vervielfältigungsstücke, die bis zu diesem Zeitpunkt ohne Zustimmung des Urhebers hergestellt und verbreitet werden durften, können weiter verbreitet werden (Abs. 2). Ein vor diesem Tag bereits begonnener Herstellungsprozess (z. B. Druckauftrag), konnte abgeschlossen werden (Abs. 1).

3 Inzwischen dürfte die Bestimmung gegenstandslos geworden sein. Bedeutung kommt ihr allenfalls noch aufgrund des Verweises in § 146 Abs. 5 S. 2 zu, der sie nach einem (praktisch allerdings selten auftretenden) Rückruf gem. § 42 UrhG bei der zulässigen Verwendung für den Kirchen-, Schul- und Unterrichtsgebrauch für anwendbar erklärt.

4 Vereinzelt wird die Norm für analog anwendbar erachtet, wenn ein bislang gemeinfreies Werk aufgrund eines Wechsels der Staatsangehörigkeit des Urhebers geschützt werde (Schmid/Wirth/Seifert/*Schmid/Wirth* Rn. 1). Da damit faktisch, wenn auch nur temporär, die Entscheidung EuGH GRUR Int. 1994, 53 – *Phil Collins* umgangen wird, erscheint die Richtigkeit des Analogieschlusses zweifelhaft.

§ 137   Übertragung von Rechten

(1) [1]Soweit das Urheberrecht vor Inkrafttreten dieses Gesetzes auf einen anderen übertragen worden ist, stehen dem Erwerber die entsprechenden Nutzungsrechte (§ 31) zu. [2]Jedoch erstreckt sich die Übertragung im Zweifel nicht auf Befugnisse, die erst durch dieses Gesetz begründet werden.

(2) [1]Ist vor dem Inkrafttreten dieses Gesetzes das Urheberrecht ganz oder teilweise einem anderen übertragen worden, so erstreckt sich die Übertragung im Zweifel auch auf den Zeitraum, um den die Dauer des Urheberrechts nach den §§ 64 bis 66 verlängert worden ist. [2]Entsprechendes gilt, wenn vor dem Inkrafttreten dieses Gesetzes einem anderen die Ausübung einer dem Urheber vorbehaltenen Befugnis erlaubt worden ist.

(3) In den Fällen des Absatzes 2 hat der Erwerber oder Erlaubnisnehmer dem Veräußerer oder Erlaubnisgeber eine angemessene Vergütung zu zahlen, sofern anzunehmen ist, dass dieser für die Übertragung oder die Erlaubnis eine höhere Gegenleistung erzielt haben würde, wenn damals bereits die verlängerte Schutzdauer bestimmt gewesen wäre.

(4) [1]Der Anspruch auf die Vergütung entfällt, wenn alsbald nach seiner Geltendmachung der Erwerber dem Veräußerer das Recht für die Zeit nach Ablauf der bisher bestimmten Schutzdauer zur Verfügung stellt oder der Erlaubnisnehmer für diese Zeit auf die Erlaubnis verzichtet. [2]Hat der Erwerber das Urheberrecht vor dem Inkrafttreten dieses Gesetzes weiterveräußert, so ist die Vergütung insoweit nicht zu zahlen, als sie den Erwerber mit Rücksicht auf die Umstände der Weiterveräußerung unbillig belasten würde.

(5) Absatz 1 gilt für verwandte Schutzrechte entsprechend.

Übersicht

I.   Umwandlung Rechtsübertragung in -einräumung (Abs. 1 und Abs. 5)

Die nach § 8 LUG, § 10 KUG vorgenommene Übertragung des Urheberrechts **1** (Verwertungsrechts) wandelt sich nach Abs. 1 S. 1 in eine **Einräumung von Nutzungsrechten** um. In der Regel wird der Zessionar ausschließlicher Nutzungsberechtigter im Sinne von § 31 Abs. 3, da die Übertragung des vollen Verwertungsrechts das Recht einschließt, das Werk unter Ausschluss aller anderen Personen einschließlich des Urhebers auf die ihm erlaubte Art zu nutzen (Schricker/Loewenheim/*Katzenberger/Ohly*[5] Rn. 6). Der Nutzungsberechtigte bleibt jedoch auf die Nutzungsarten beschränkt, die im Übertragungsakt ihm eingeräumt waren. Solche Beschränkungen können sich insb. bei Anwendung der allgemeinen Zweckübertragungslehre ergeben, die auch für Übertragung nach LUG und KUG galt; vgl. § 31 Rn. 113.

Abs. 1 kann **analog** auch **auf nach ausländischem Recht zulässige Rechtsüber- 2 tragungen** angewendet werden, die nach deutschem Schutzlandrecht (vgl. Vor §§ 120 ff. Rn. 59 ff.) in bloße Rechtseinräumungen umzudeuten sind (vgl. § 29 Rn. 5). Das gilt insb. für nach US-Recht zulässige Übertragungen des gesamten Urheberrechts im Sinne des „Copyright" (OLG Düsseldorf ZUM 2006, 326, 328 – *Breuer Hocker)* oder für die Umdeutung eines originären Erwerbs des gesamten Urheberrechts im Sinne des „Copyright" durch ein Unternehmen nach der US „work-made-for-hire"-Doktrin (OLG Köln ZUM-RD 2015, 382, 383 – *Reasonable Doubt,* unter Verweis auf OLG Köln, Beschluss vom 11. November 2010, Az.: 6 W 182/10; *Wilhelm Nordemann/Jan Bernd Nordemann* FS Schricker II S. 473 ff.; *Jan Bernd Nordemann* JCSUSA 2006, 603, 53); ferner vgl. Vor §§ 88 ff. Rn. 24; zu unbekannten Nutzungsarten vgl. § 31a Rn. 12. Auf **nach deutschem Recht seit dem** UrhG **unzulässige Übertragungen** des Urheberrechts (§ 29 Abs. 1) kann § 137 Abs. 1 nicht analog angewendet werden; allerdings wird eine Vertragsauslegung in den meisten Fällen zu einer bloßen Nutzungsrechtseinräumung führen; vgl. § 29 Rn. 8.

3 **Abs. 1 S. 2** ist eine Spezialregelung, die insb. der allgemeinen Zweckübertragungslehre, die auch unter LUG und KUG galt (vgl. § 31 Rn. 113), vorgeht. Die Ergebnisse werden sich aber oft nicht unterscheiden; bei Auslegung umfassender oder sonst pauschaler Vertragsklauseln („das gesamte Urheberrecht mit allen Rechten und allen Befugnissen") wäre im Regelfall nichts anderes herausgekommen. Bei ausdrücklicher Rechtsübertragung kann die Zweifelsregel des S. 2 aber nicht angewendet werden (*Schack* ZUM 1989, 267, 274; Wandtke/Bullinger/*Braun/Jani*[4] Rn. 3). Insoweit kann sich die ausdrückliche Formulierung entweder auf „sämtliche zukünftigen Rechte" beziehen (Dreier/Schulze/*Dreier*[5] Rn. 8) oder sogar einzelne Rechte ausdrücklich aufführen, beispielsweise das Vermietrecht vor seiner eigentlichen Entstehung (OLG München OLR 1997, 212). Zu den in S. 2 genannten **neuen Befugnissen** sind neben der Vermietung (§§ 17 Abs. 2 und Abs. 3) die Ausstellung (§ 18), das Vortragsrecht an erschienen Sprachwerken (§ 19 Abs. 1), das Recht der öffentlichen Zugänglichmachung auf individuellen Abruf (§ 19a), das Zugangsrecht (§ 25) und das Folgerecht (§ 26) zu zählen. **Nicht neu** sind das Vervielfältigungsrecht (§ 16), das Verbreitungsrecht gem. § 17 Abs. 1 (mit Ausnahme des Vermietrechts), das Senderecht (§ 20) oder das Recht der öffentlichen Wiedergabe (§ 21). Zahlreiche **gesetzliche Vergütungsansprüche** müssen als „neue Befugnisse" eingeordnet werden, z. B. § 27 sowie §§ 46 Abs. 2, 47 Abs. 2 S. 2, 49 Abs. 1 S. 2, 52 Abs. 2 S. 2, die mit dem UrhG 1966 eingeführt wurden, und die später ergänzten §§ 45a Abs. 2, 52a Abs. 4, 52b S. 3 (allg. Meinung; s. statt aller Wandtke/Bullinger/*Braun/Jani*[4] Rn. 4). Allerdings sollten gesetzliche Vergütungsansprüche, die nach Einführung neuer Schrankenregelungen unter LUG bzw. KUG existierende Rechte in bloße Vergütungsansprüche umwandelten, keine „neuen Befugnisse" sein. Das gilt namentlich für die Privatkopievergütung nach den §§ 54 ff. (str., zustimmend Wandtke/Bullinger/*Braun/Jani*[4] Rn. 4; a. A. Schricker/Loewenheim/*Katzenberger/Ohly*[5] Rn. 8). S. 2 bezieht sich nicht auf urhebervertragsrechtliche Schutzbestimmungen zugunsten des Urhebers, insb. in den §§ 31 bis 44, weil dafür die Regelung in § 132 *lex specialis* ist (ebenso zu § 36 a. F. *Katzenberger* GRUR Int. 1983, 410, 417; Dreier/Schulze/*Dreier*[5] Rn. 6; Wandtke/Bullinger/*Braun/Jani*[4] Rn. 4). Spezialregelungen, die Abs. 1 vorgehen, sind ferner §§ 135, 135a (Dreier/Schulze/*Dreier*[5] Rn. 6); mithin ist Abs. 1 also auf Lichtbildner und ausübende Künstler, die nach altem Recht „Urheber" waren, nicht direkt anwendbar, wohl aber über Abs. 5 (vgl. Rn. 4).

4 **Abs. 5** regelt die Geltung des Abs. 1 für verwandte Schutzrechte. Damit sind die Rechte des Zweiten Teils (§§ 70–87e) gemeint. **Abs. 1 S. 1** entfaltet insoweit allerdings über Abs. 5 nur sehr begrenzte Wirkung. Wegen § 135 sind Lichtbildner, die nach altem Recht „Urheber" waren, nach dem UrhG als Inhaber verwandter Schutzrechte anzusehen, sodass Abs. 1 Anwendung finden kann. Auch ist es nach § 72 nicht mehr zulässig (§§ 72 Abs. 1, 29 Abs. 1), das Recht zu übertragen, sodass Übertragungen nach Altrecht gem. Abs. 1 S. 1 umzudeuten sind (HK-UrhR/*Kotthoff*[3] Rn. 7). Ferner kommt eine Anwendung auf Rechte nach § 70 (wissenschaftliche Ausgaben) in Betracht, weil auch hier eine Übertragung nach UrhG nicht zulässig ist (§§ 70 Abs. 1, 29 Abs. 1). Da das Recht erst 1966 mit dem UrhG geschaffen wurde, dürfte das nur relevant werden, wenn „zukünftige Rechte" vor 1966 übertragen wurden. Keine Anwendung findet Abs. 1 S. 1 hingegen auf ausübende Künstler, denen schon nach Altrecht das Aufnahmerecht des § 77 Abs. 1 (§ 75 Abs. 1 a. F.) zustand, weil dieses Recht auch heute noch übertragbar ist. Wegen ihrer grundsätzlichen Übertragbarkeit (§§ 71 Abs. 2, 79 Abs. 1 S. 1, 81, 85 Abs. 2 S. 1, 87 Abs. 2 S. 1, 87b) gilt das auch für alle anderen verwandten Schutzrechte. **Abs. 1 S. 2** kommt für verwandte Schutzrechte größere praktische Bedeutung zu. Denn außer den in § 135 genannten Rechten der Lichtbildner und ausübenden Künstler wurden alle anderen verwandten Schutzrechte erst durch das UrhG ins Leben gerufen, sind also „Befugnisse, die erst durch dieses Gesetz geschaffen wurden". Die Übertragungsvereinbarung vor Inkrafttreten des UrhG im Jahr 1966 kann sich also im Zweifel nicht auf diese verwandten Schutzrechte beziehen (allg. M.: Dreier/Schulze/*Dreier*[5] Rn. 8; Schricker/Loewenheim/*Katzenberger/Ohly*[5] Rn. 9; Wandtke/Bullinger/*Braun/Jani*[4] Rn. 5). Diese Zweifelsregelung kann aber widerlegt sein, wenn in einem Vertrag vor dem 1.1.1966 (Inkrafttreten UrhG) auch sämtliche zukünftigen Rechte gewährt wurden (Dreier/Schulze/*Dreier*[5] Rn. 8; hierzu auch vgl. Rn. 3).

II. Umfang der Rechte: Zweifelsregel zur Schutzfristverlängerung durch UrhG (Abs. 2)

Der Gesetzgeber des UrhG 1965 hat die Schutzfrist von 50 auf 70 Jahre post mortem auctoris verlängert, § 64. „Im Zweifel", d. h. wenn nicht ausdrücklich eine Zeit nach dem Kalender festgelegt oder der Vertrag auf eine bestimmte Anzahl von Jahren, sei es nach Ablieferung des Werkes oder dem Tode des Urhebers, geschlossen ist, gilt die getroffene Vereinbarung fort (Abs. 2). Das ist eine eher nutzerfreundliche Regelung (BGH GRUR 2000, 869, 870 – *Salome III*), genauso wie die parallelen Regelungen in § 137b Abs. 2, § 137c Abs. 2 und § 137f Abs. 4 UrhG. Dagegen gilt für die Verlängerung der Schutzfrist für Lichtbildwerke die – eher urheberfreundliche – Regel, dass sich ein bestehendes Nutzungsrecht im Zweifel nicht auf den Verlängerungszeitraum bezieht (§ 137a Abs. 2 UrhG). Bei der verbreiteten Formulierung „für die Dauer des gesetzlichen Urheberrechts" ist von einer Verlängerung der Nutzungsrechtseinräumung gem. § 137 Abs. 2 auszugehen (BGH GRUR 1975, 495 – *Lustige Witwe*). „Einem anderen" meint grundsätzlich den Vertragspartner des Urhebers. Jedoch profitieren auch Dritte, denen die Rechte weiterübertragen wurden, von der Zweifelsregel; Abs. 2 würde sonst für einen großen Teil der Sachverhalte leer laufen. Auch der Wortlaut des Abs. 2 schließt eine Anwendung über die Erstübertragung durch den Urheber hinaus nicht aus. Allerdings besteht dann auch ein Nachvergütungsanspruch des Vertragspartners des jeweiligen Inhabers des (verlängerten) Rechts (vgl. Rn. 7 ff.).

5

Das **frühere Recht** hatte mit dem Gesetz zur Verlängerung der Schutzfristen im Urheberrecht vom 13.12.1934 („**SchutzfrVerlG**"; RGBl. II S. 1395; abgedruckt bei *Marcel Schulze*, Mat. UrhR[2], S. 312) die Schutzfristen nach den §§ 29, 31, 32 LUG und § 25 KUG (also insb. nicht für photographische Werke, vgl. § 2 Rn. 191 ff.) **von 30 auf 50 Jahre** *post mortem auctoris* verlängert. § 2 Abs. 2 SchutzfrVerlG hat folgenden Wortlaut:

6

Wurde das Urheberrecht vor Inkrafttreten dieses Gesetzes ganz oder teilweise einem anderen übertragen, so erstreckt sich diese Verfügung im Zweifel nicht auf die Dauer der Verlängerung der Schutzfrist. Wer jedoch vor dem Inkrafttreten ein Urheberrecht erworben oder die Erlaubnis zur Ausübung einer urheberrechtlichen Befugnis erhalten hat, bleibt weiterhin gegen angemessene Vergütung zur Nutzung des Werkes berechtigt.

Dieser Wortlaut ist widersprüchlich. Der BGH hat § 2 Abs. 2 des SchutzfrVerlG 1934 dahin ausgelegt, dass zwar das Urheberrecht für den über 30 Jahre hinausgehenden Verlängerungszeitraum an die Erben zurückfällt. Jedoch verbleibt den Nutzungsberechtigten gegen Zahlung einer angemessenen Vergütung das ihnen vertraglich eingeräumte **Nutzungsrecht** und dessen Ausübung in der bisher gewährten Weise. Insb. vermindert sich für die Dauer der Fristverlängerung ein ausschließliches nicht in ein einfaches Nutzungsrecht (BGH GRUR 1975, 495, 497 – *Lustige Witwe*; bestätigt durch BGH GRUR 2000, 869, 870 – *Salome III*, dort auch mit Nachw. zum früheren Streitstand). § 2 Abs. 2 SchutzfrVerlG kann aber nicht in der Weise verstanden werden, dass in aller Regel die vereinbarte Vergütung für die Dauer der Verlängerung weitergelten und eine **Anpassung an eine angemessene Vergütung** nur in Fällen erfolgen sollte, in denen ein Pauschalentgelt oder eine unangemessen niedrige Vergütung vereinbart war. Vielmehr gilt insofern, dass für den Verlängerungszeitraum die angemessene Vergütung geschuldet wird. Maßstab ist die Vergütung, die unter den Vertragsparteien unter Berücksichtigung ihres bisherigen Vertragsverhältnisses, seiner Besonderheiten und seiner Gesamtdauer zu Beginn der Verlängerung als angemessen anzusehen ist (BGH GRUR 2000, 869, 870 f. – *Salome III*; BGH GRUR 1996, 763, 766 – *Salome II*). Auch zu niedrige **Beteiligungsvergütungen** und nicht nur zu niedrige **Pauschalvergütungen** können deshalb der Anpassung unterliegen (BGH GRUR 2000, 869, 870 – *Salome III*). Liegt die angemessene Vergütung nicht unerheblich über der vereinbarten Vergütung (im Streitfall 107%!), wird nach § 2 Abs. 2 S. 2 SchutzfrVerlG für den Verlängerungszeitraum die angemessene Vergütung geschuldet (BGH GRUR 2000, 869, 871 – *Salome III*). – Im Übrigen nehmen Nutzungsverträge, die noch vor dem SchutzfrVerlG „für die Dauer der gesetzlichen Schutzfrist" geschlossen worden sind, wegen § 129 an der die Ausdehnung des Schutzes auf 70 Jahre *post mortem auctoris* durch das UrhG teil, verlängern sich also entsprechend. Diese in der Literatur höchst umstrittene Frage (s. die Nachweise bei *Selbherr/Behn* UFITA 55 [1970], 58 ff.), die wiederum auf einen alten Meinungsstreit zur Auslegung des § 2 Abs. 2 des genannten Gesetzes zurückgeht, ist durch BGH GRUR 1975, 495, 496 – *Lustige Witwe* ebenfalls für die Praxis abschließend geklärt.

III. Vergütungsanspruch bei Schutzfristverlängerung (Abs. 3 und Abs. 4)

7 Der zusätzliche Vergütungsanspruch des **Abs. 3** kommt bei **Beteiligungsvergütungen** grundsätzlich nicht in Betracht (BGH GRUR 1996, 763, 766 – *Salome II*), weil im Regelfall nicht davon auszugehen ist, dass die Parteien eine höhere Beteiligung vereinbart hätten, nur weil die Schutzfrist länger läuft. Die Beteiligungsvergütung ist üblicherweise in Verträgen eine Konstante. Unter besonderen Umständen kann jedoch auch die Beteiligungsvergütung anzupassen sein (Büscher/Dittmer/Schiwy/*Kirchmaier*[3] Rn. 14; Schricker/Loewenheim/*Katzenberger/Ohly*[5] Rn. 13; a. A. wohl Dreier/Schulze/*Dreier*[5] Rn. 11), z. B. wenn sich bei einem Bühnenwerk und direkter Vereinbarung mit dem aufführenden Theater im Verlängerungszeitraum und erhöhter Subventionen der Eintrittskarten für die Beteiligung an den Einnahmen der Abendkasse unterstellt werden muss, dass die Beteiligung im Verlängerungszeitraum nach oben korrigiert worden wäre (s. BGH GRUR 2000, 869, 870 – *Salome III*, allerdings zu § 2 Abs. 2 SchutzfrVerlG, vgl. Rn. 6).

8 Anderes gilt bei einer **Pauschalabgeltung**. Eine höhere Vergütung kommt dann in Betracht, wenn diese auf die damals geltende Schutzfrist abgestimmt, eine Verlängerung von den Parteien also nicht in Betracht gezogen worden ist (BGH GRUR 1996, 763, 766 – *Salome II*). In einem solchen Fall ist die von Abs. 3 geforderte

Annahme, es wäre bei Kenntnis der Verlängerung eine höhere Summe vereinbart worden, im Regelfall gerechtfertigt. *Konkrete* Anhaltspunkte für das, was die Vertragspartner vereinbart hätten, wenn sie eine Verlängerung der Schutzfrist in Betracht gezogen haben würden, fehlen aber ebenso wie im Falle der angemaßten Nutzung eines Werkes. Deshalb ist nach den Grundsätzen der **Lizenzanalogie** (vgl. § 97 Rn. 86 ff.) davon auszugehen, dass bei objektiver Betrachtung ein vernünftiger Lizenzgeber eine angemessene Vergütung für den Verlängerungszeitraum gefordert und ein vernünftiger Lizenznehmer diese auch bewilligt haben würde. Für die Bestimmung der angemessenen Vergütung ist auf den Zeitpunkt der Verlängerung der Nutzungserlaubnis abzustellen (Schricker/Loewenheim/*Katzenberger/ Ohly*[5] Rn. 13; Wandtke/Bullinger/*Braun/Jani*[4] Rn. 8; BeckOK UrhR/*Soppe*[16] Rn. 10). Auch BGH GRUR 2000, 869, 871 – *Salome III* wählt für die Bestimmung der angemessenen Vergütung nach § 2 Abs. 2 SchutzfrVerlG (vgl. Rn. 6) den Zeitpunkt der Verlängerung der Rechte, sodass für einen Vertrag aus 1906 über die Nutzung eines Bühnenwerkes, dessen Rechte mit Wirkung ab 1980 verlängert sind, die Vergütung nach der Regelsammlung für das Jahr 1980 zu bestimmen ist. Auf eine bei Vertragsschluss etwa gegebene Notlage des Urhebers, auf seinen etwaigen Leichtsinn, seine Trunkenheit oder seine Unerfahrenheit kommt es für diese ebenso *objektive* wie *fiktive* Ersetzung eines nicht vorhandenen Vertragswillens nicht an.

Fraglich ist indes, ob eine Anwendung des **Abs. 3 abdingbar** ist. Nach einer Auffassung (OLG München v. 18.7.2013 – 6 U 4999/11 = BeckRS 2013, 1217; LG München I ZUM-RD 2012, 49, 59 – *Elvis Presley*; Dreier/Schulze/*Dreier*[5] Rn. 11; in der Tendenz auch Schricker/Loewenheim/*Katzenberger/Ohly*[5] Rn. 13a) ist das der Fall, und zwar auch durch AGB (Formularverträge). Allenfalls im Fall von überraschenden Klauseln wird eine AGB-Kontrolle nach § 305c Abs. 1 BGB für möglich gehalten (Schricker/Loewenheim/*Katzenberger/Ohly*[5] Rn. 13a; Dreier/Schulze/ *Dreier*[5] Rn. 11). Die Auffassung, nach der § 137 Abs. 3 abdingbar sein soll, überzeugt indes nicht, wenn formularmäßig die Rechtseinräumung auch für den Fall einer etwaigen Schutzfristverlängerung vereinbart worden ist. Formularverträge spiegeln jedenfalls nicht den tatsächlichen Willen des Urhebers wider. Es spricht jedenfalls einiges dafür, eine formularmäßige Abrede im Regelfall nicht für den Ausschluss der Annahme ausreichen zu lassen, eine höhere Pauschalvergütung wäre vereinbart worden. Nur wenn der Fall der möglichen Schutzfristverlängerung zwischen den Vertragspartnern *erörtert* und sodann individuell vereinbart worden ist, wird man davon ausgehen können, dass wirklich *beide* die Verlängerung der Schutzfrist in Betracht gezogen und die vereinbarte Pauschalvergütung darauf abgestimmt haben.

9

International-privatrechtlich ist umstritten, wie die Frage der Abdingbarkeit des § 137 Abs. 3 und Abs. 4 anzuknüpfen ist. Das OLG München (Urteil v. 18.7.2013 – 6 U 4999/11 = BeckRS 2013, 1217) meint, es handele sich um eine vertragliche Bestimmung, die nach dem Vertragsstatut anzuknüpfen sei (Art. 3 ff. Rom-I-VO, §§ 27 ff. EGBGB a. F.). Richtigerweise ist jedoch nach dem Schutzland Deutschland für Verwertungshandlungen in Deutschland zu entscheiden (zum Schutzlandprinzip vgl. Vor §§ 120 ff. Rn. 59 ff.). Andere weisen demgegenüber zu Recht darauf hin, dass die gesetzlichen Regelungen nur auf eine Verlängerung der Schutzfrist in Deutschland abstellen (LG München I ZUM-RD 2012, 49, 58 f. – *Elvis Presley*). Damit richtet sich die Frage der Abdingbarkeit der Abs. 3 und 4 auch bei Verträgen, die ausländischem Vertragsstatut unterfallen, nach deutschem Schutzlandrecht (zustimmend auch Schricker/Loewenheim/*Katzenberger/Ohly*[5] Rn. 13a). Wer dennoch Vertragsstatut anwenden will, muss Art. 9 Rom-I-VO zur Geltung verhelfen (a. A. OLG München, Urteil v. 18.7.2013 – 6 U 4999/11 = BeckRS 2013, 1217). Dafür spricht schon § 32b, der eng mit § 137 Abs. 3 verknüpft ist (gl. A. Schricker/ Loewenheim/*Katzenberger/Ohly*[5] Rn. 13a).

9a

9b Zur angemessenen Vergütung wegen Verlängerung der Schutzfrist von 30 auf 50 Jahre nach **früherem Recht** gem. § 2 Abs. 2 **SchutzfrVerlG von 1934** vgl. Rn. 6.

10 Wenn eine Vergütung nach § 2 Abs. 2 S. 2 SchutzfrVerlG anzupassen ist, bedeutet das nicht unbedingt, dass auch eine Anpassung für die Verlängerung der Schutzfrist nach dem UrhG gem. § 137 Abs. 3 angezeigt ist, weil die tatbestandlichen Voraussetzungen völlig unterschiedlich sind; das gilt insb. bei zu niedrigen Beteiligungsvergütungen, die über den Tatbestand des Abs. 3 kaum korrigierbar sind (offen gelassen von BGH GRUR 2000, 869, 871 – *Salome III*). Für eine gewisse Gleichschaltung spricht allerdings, dass § 2 Abs. 2 S. 2 SchutzfrVerlG zu einer Änderung des Nutzungsvertrages führt, die dauerhaft, also auch für den Verlängerungszeitraum des UrhG, gilt.

11 **Gläubiger** und **Schuldner** des Vergütungsanspruches sind zunächst Urheber und Ersterwerber; der Wortlaut des Abs. 3 erfasst jedoch auch sämtliche weitere Übertragungen, sodass der Anspruch auch zugunsten des Ersterwerbers gegen den Zweiterwerber usw. bestehen kann (BeckOK UrhR/*Soppe*[16] Rn. 7). Außerhalb des jeweiligen Vertragsverhältnisses gewährt Abs. 3 aber keine Ansprüche; der Urheber kann nach Abs. 3 nichts vom Zweiterwerber fordern, der Ersterwerber nichts vom Dritterwerber. Aus Urhebersicht ist das nicht unbillig, weil der Urheber (nicht jedoch in die Kette eingeschaltete Verwerter) zumindest nach den §§ 32a, 132 Abs. 3 vorgehen kann. Zur Minderung der Vergütung für den Erwerber des Urheberrechts bei Weitergabe des Rechts s. Abs. 4 S. 2 (vgl. Rn. 12).

12 Den Ausdruck „alsbald" in **Abs. 4 S. 1** haben wir in der juristischen Terminologie bisher nur in § 696 Abs. 3 ZPO gefunden. Er dürfte hier mit „unverzüglich" (ohne schuldhaftes Zögern, § 120 BGB) gleichzusetzen sein (dem folgend jetzt Dreier/Schulze/*Dreier*[5] Rn. 12; Wandtke/Bullinger/*Braun/Jani*[4] Rn. 9); die ZPO-Kommentare verstehen darunter „demnächst" wie in § 270 Abs. 3 ZPO, also ohne von der Partei zu vertretende Verzögerung, was auf dasselbe hinausläuft). Die Wendung in **Abs. 4 S. 2** „… insoweit nicht zu zahlen, als…" lässt erkennen, dass die Vergütung nicht ganz wegfallen, sondern nur entsprechend ermäßigt werden soll (Dreier/Schulze/*Dreier*[5] Rn. 12; a. A. BeckOK UrhR/*Soppe*[16] Rn. 13 sowie Schricker/Loewenheim/*Katzenberger/Ohly*[5] Rn. 15: ggf. auch vollständiger Wegfall). Bestehen Zweifel, ob die Belastung unbillig ist, so gehen diese zu Lasten des Erwerbers. Die Minderung kann nicht nur den Urheber betreffen, sondern jeden anderen Zwischenerwerber, der Gläubiger des Anspruches nach Abs. 3 ist (vgl. Rn. 11). Bei einer Kette von Übertragungen des Urheberrechts können also eine Vielzahl von bilateralen Ansprüchen bestehen. Der Erwerber, der sich auf die Minderung beruft, sich aber beim Nacherwerber schadlos halten kann, ist nicht zu einer Minderung berechtigt; er muss dem Gläubiger eine Abtretung seiner Ansprüche anbieten, um den Einwand des Abs. 4 S. 2 zu erhalten (BeckOK UrhR/*Soppe*[16] Rn. 13). Der Urheber kann Abtretung des zusätzlichen Vergütungsanspruchs verlangen, der dem Weiterveräußerer gem. § 137 Abs. 3 gegen den Dritterwerber zusteht, oder der Urheber kann gem. §§ 398 ff., 404, 413 BGB direkt auf den Dritterwerber durchgreifen (Dreier/Schulze/*Dreier*[5] Rn. 12; Schricker/Loewenheim/*Katzenberger/Ohly*[5] Rn. 15).

IV. Verhältnis zu anderen Vorschriften

13 § 137 Abs. 3 steht nicht im Verhältnis des Spezialgesetzes zu §§ 32a, 32c (OLG München, Urteil v. 18.7.2013 – 6 U 4999/11 = BeckRS 2013, 12174; Schricker/Loewenheim/*Katzenberger/Ohly*[5] Rn. 13a; Dreier/Schulze/*Dreier*[5] Rn. 11; jedoch vgl. § 79 Rn. 82).

§ 137a Lichtbildwerke

(1) Die Vorschriften dieses Gesetzes über die Dauer des Urheberrechts sind auch auf Lichtbildwerke anzuwenden, deren Schutzfrist am 1. Juli 1985 nach dem bis dahin geltenden Recht noch nicht abgelaufen ist.

(2) Ist vorher einem anderen ein Nutzungsrecht an einem Lichtbildwerk eingeräumt oder übertragen worden, so erstreckt sich die Einräumung oder Übertragung im Zweifel nicht auf den Zeitraum, um den die Dauer des Urheberrechts an Lichtbildwerken verlängert worden ist.

Diese Vorschrift wurde durch das ÄndG 1985 eingefügt, das die verfassungs- **1** widrige Schlechterstellung der Urheber von Lichtbildwerken beseitigen wollte und daher die Schutzfristverkürzung in § 68 a. F. aufhob (vgl. § 64 Rn. 17); das UrhG 1965 hatte ihnen – anders als den Urhebern aller anderen Werkarten – nur eine Schutzfrist von 25 Jahren seit dem Erscheinen, ersatzweise seit der Herstellung, zugebilligt, mit der Folge, dass viele Fotografen noch selbst nicht nur mit ansehen mussten, wie andere mit ihren Bildern Geld verdienten, sondern auch, wie andere die Bilder ausschlachteten, entstellten oder gar unter eigenem Namen erneut verwerteten. Ein Beispiel dafür ist Christian Schad, dessen berühmte, 1918–1920 erschienenen *Schadographien* nach altem Recht sogar schon 1928–1930 frei geworden waren; er selbst starb 1982 (vgl. § 64 Rn. 16). Der Gesetzgeber von 1985 blieb bei der Verwirklichung dieser Absicht allerdings auf halbem Wege stehen. Die Angleichung der Schutzfrist auch für Lichtbildwerke an die Regel des § 64 (70 Jahre *post mortem auctoris*) erfolgte nur für diejenigen Werke, die noch nicht gemeinfrei, d. h. erst seit 1960 erschienen bzw. hergestellt waren. Der Verstoß des UrhG 1965 gegen die Art. 3 Abs. 1, 14 Abs. 3 GG hinsichtlich der älteren Lichtbildwerke blieb, wie Abs. 1 klarstellt, bestehen. Im Übrigen vgl. § 64 Rn. 16 f. und Loewenheim/*Axel Nordemann*[2] § 22 Rn. 30 ff.

Die gesetzliche Auslegungsregel für Nutzungsverträge über Lichtbildwerke **2** (Abs. 2) steht im Gegensatz zu derjenigen, die für andere vorgesetzliche Nutzungsverträge in § 137 Abs. 2 gilt: Die Rechtseinräumung erstreckt sich im Zweifel *nicht* auf den Zeitraum der Schutzfristverlängerung (so im Prinzip bereits das Gesetz zur Verlängerung der Schutzfrist im Urheberrecht vom 13.12.1934, RGBl. II 1935, vgl. § 137 Rn. 6). Der Gesetzgeber wollte damit der Tatsache Rechnung tragen, dass die Schutzfrist für Lichtbildwerke erheblich verlängert worden ist (RegE ÄndG 1985 – BT-Drs. 10/837, S. 22). Die Vertragspartner können eine derart ins Gewicht fallende Verlängerung kaum bedacht haben, sodass der Rückfall der Nutzungsrechte nach dem Verlängerungszeitrum an den Rechtseinräumenden dem mutmaßlichen Parteiwillen eher entspricht (BGH GRUR 2000, 869, 870 – *Salome III*).

Für nach damaliger Beurteilung einfache Lichtbilder, die als Dokumente der **3** Zeitgeschichte nach dem mit dem ÄndG 1995 eingeführten § 72 Abs. 3 (RegE UrhG 3. ÄndG 1995 – BGBl. I, S. 1139) eine 50jährige Schutzfrist hatten, galt § 137a entsprechend (BGH GRUR 2014, 363, 366 Tz. 30 – *Peter Fechter*; Schricker/Loewenheim/*Katzenberger/Metzger*[5] Rn. 4; *Flechsig* UFITA 116 [1991], 5, 31 wollte Abs. 1 sogar direkt angewendet wissen). Vgl. § 72 Rn. 3 und Loewenheim/*Axel Nordemann*[2] § 22 Rn. 30 ff.

Die Übergangsregelung wird teilweise von einer weiteren Übergangsregelung **4** überlagert: Gem. § 137f Abs. 2 lebte nämlich am 1.7.1995 der Schutz vorher gemeinfrei gewordener Werke in Deutschland wieder auf, wenn sie nach dem Gesetz eines anderen Mitgliedsstaates der Europäischen Union oder eines Vertragsstaates des Abkommens über den europäischen Wirtschaftsraum zu diesem Zeitpunkt noch geschützt waren. Dies bedeutet, dass in Abweichung von

§ 137a Abs. 1 ab dem 1.7.1995 solche Lichtbildwerke wieder geschützt sein konnten, deren Schutzfrist am 1.7.1985 nach dem bis dahin geltenden Recht bereits abgelaufen war. Vgl. § 137f Rn. 13, vgl. § 64 Rn. 16 f. und Loewenheim/*Axel Nordemann*[2] § 22 Rn. 30, ff, 35. sowie *Axel Nordemann/Mielke* ZUM 1996, 214, 214 ff. Damit ist wohl indirekt auch das Problem beseitigt, dass Lichtbildwerke in der DDR länger geschützt waren als in der Bundesrepublik (vgl. § 64 Rn. 17 und *Axel Nordemann* GRUR 1991, 418).

§ 137b Bestimmte Ausgaben

(1) Die Vorschriften dieses Gesetzes über die Dauer des Schutzes nach den §§ 70 und 71 sind auch auf wissenschaftliche Ausgaben und Ausgaben nachgelassener Werke anzuwenden, deren Schutzfrist am 1. Juli 1990 nach dem bis dahin geltenden Recht noch nicht abgelaufen ist.

(2) Ist vor dem 1. Juli 1990 einem anderen ein Nutzungsrecht an einer wissenschaftlichen Ausgabe oder einer Ausgabe nachgelassener Werke eingeräumt oder übertragen worden, so erstreckt sich die Einräumung oder Übertragung im Zweifel auch auf den Zeitraum, um den die Dauer des verwandten Schutzrechtes verlängert worden ist.

(3) Die Bestimmungen in § 137 Abs. 3 und 4 gelten entsprechend.

1 Die Übergangsbestimmungen wurden anlässlich der Schutzfristverlängerungen für Leistungsschutzrechte nach den §§ 70 und 71 durch Art. 2 ProdPiratG vom 7.3.1990 erforderlich (zur Entstehungsgeschichte s. Schricker/Loewenheim/*Katzenberger/Metzger*[5] Rn. 1). Sie folgen dem auch sonst im UrhG angewandten Prinzip (§ 129 Abs. 1, 137). Abs. 1 regelt nur die Schutzdauer. Gemeinfrei waren am 1.7.1990 alle Ausgaben nach
– § 70, die bis Ende 1979 erschienen oder, falls sie nicht erschienen waren, hergestellt – d. h. fertig gestellt – waren,
– § 71, die bis Ende 1979 erschienen waren.
Die danach von der Schutzfristverlängerung begünstigten Ausgaben bleiben sämtlich mindestens (d. h. für diejenigen seit 1980) bis Ende 2004 geschützt.

2 Abs. 2 entspricht § 137 Abs. 2. Der unterschiedliche Wortlaut ist der anderen Konstruktion des Nutzungsrechtserwerbs für Ausgaben unter dem UrhG geschuldet. Der Gesetzgeber hat indes übersehen, dass bei § 71 auch eine vollständige Übertragung des Rechts nach § 71 Abs. 2 möglich ist, sodass sich § 137b Abs. 2 auch auf diesen Fall bezieht. Abs. 3 verweist auf § 137 Abs. 3 und Abs. 4 (vgl. § 137 Rn. 7 ff.).

§ 137c Ausübende Künstler

(1) [1]Die Vorschriften dieses Gesetzes über die Dauer des Schutzes nach § 82 sind auch auf Darbietungen anzuwenden, die vor dem 1. Juli 1990 auf Bild- oder Tonträger aufgenommen worden sind, wenn am 1. Januar 1991 seit dem Erscheinen des Bild- oder Tonträgers 50 Jahre noch nicht abgelaufen sind. [2]Ist der Bild- oder Tonträger innerhalb dieser Frist nicht erschienen, so ist die Frist von der Darbietung an zu berechnen. [3]Der Schutz nach diesem Gesetz dauert in keinem Fall länger als 50 Jahre nach dem Erscheinen des Bild- oder Tonträgers oder, falls der Bild- oder Tonträger nicht erschienen ist, 50 Jahre nach der Darbietung.

(2) Ist vor dem 1. Juli 1990 einem anderen ein Nutzungsrecht an der Darbietung eingeräumt oder übertragen worden, so erstreckt sich die Einräumung oder Übertragung im Zweifel auch auf den Zeitraum, um den die Dauer des Schutzes verlängert worden ist.

(3) Die Bestimmungen in § 137 Abs. 3 und 4 gelten entsprechend.

Wie § 137b wurde diese Übergangsbestimmung im Zusammenhang mit den **1**
Schutzfristverlängerungen für Leistungsschutzrechte durch Art. 2 ProdPiratG
erforderlich. Damit verlängerte sich die Schutzfrist für die Leistungen ausübender Künstler auf 50 Jahre seit Erscheinen des Bild- und/oder Tonträgers bzw.
bei fehlendem Erscheinen eines solchen Trägers ab Darbietung (§ 82). Das 3.
ÄndG 1995 änderte die Regelungen zur Schutzfristberechnung für Darbietungen ausübender Künstler erneut, indem neben einem Erscheinen auch eine erlaubte öffentliche Wiedergabe als Fristbeginn relevant sein konnte; die Übergangsregelung hierzu findet sich in § 137 f.

§ 137c folgt der auch sonst im UrhG angewandten Struktur (§§ 129 Abs. 1, **2**
137). Abs. 1 enthält lediglich eine Regelung zur Verlängerung der Schutzdauer.
§ 137c Abs. 1 stellt klar, dass auch Neu-Darbietungen, die ab 1966, aber vor
der Schutzfristverlängerung per 1.7.1990 lagen, von der Verlängerung gem.
§ 82 profitieren. Unproblematisch ist die Anwendung auf Darbietungen ausübender Künstler seit Inkrafttreten des UrhG am 1.1.1966: Die damals geltende Schutzfrist von 25 Jahren wurde kurz vor den ersten denkbaren Schutz-
fristabläufen auf 50 Jahre verlängert; vgl. Rn. 1.

Abs. 1 gilt jedoch auch für Alt-Darbietungen aus der Zeit vor 1966 (*Hundt-* **3**
Neumann/*Schaefer* GRUR 1995, 381, 383; Wandtke/Bullinger/*Schaefer*[4]
Rn. 2; Dreier/Schulze/*Dreier*[5] Rn. 3). Das ergibt sich aus dem eindeutigen
Wortlaut des § 137c Abs. 1 S. 1, der auch Darbietungen einbezieht, wenn am
1.1.1991 seit Erscheinen des Bild- oder Tonträgers 50 Jahre vergangen waren,
also auch Aufnahmen aus 1941 regelte. Daraus resultiert jedoch ein Spannungsverhältnis zu § 135a. § 135a berührt gerade ausübende Künstler. Durch
das UrhG wurde die Schutzfrist für deren Darbietungen dadurch verkürzt, dass
nur noch 25 Jahre ab Erscheinen des Bild- oder Tonträgers bzw. bei Nicht-
Erscheinen ab Darbietung gewährt wurden (und nicht mehr 50 Jahre nach dem
Tod des ausübenden Künstlers, §§ 2 Abs. 2, 29 LUG). Gegenüber § 135a ist
§ 137c aber *lex specialis* (*Hundt-Neumann*/*Schaefer* GRUR 1995, 381, 383
unter Berufung auf BeschlE RAusschuss ProdPiratG – BT-Drs. 11/5744, S. 36;
Wandtke/Bullinger/*Schaefer*[4] Rn. 2; Dreier/Schulze/*Dreier*[5] Rn. 3). Gemeinfrei
waren am 1.7.1990 alle Bild- und/oder Tonträger nach § 82, die bis Ende 1940
erschienen waren oder, falls sie nicht erschienen waren, jedenfalls schon Ende
1940 aufgenommen waren. Die 50-Jahres-Frist für Altaufnahmen seit 1941
läuft jeweils zum Jahresende ab, z. B. niemals erschienene Aufnahmen der Wag-
nerfestspiele in Bayreuth aus dem Jahr 1951 Ende 2001 (BGH GRUR 2005,
502, 504 – *Götterdämmerung*). Auch Alt-Aufnahmen nicht EU-ausländischer
ausübender Künstler profitieren davon, vorausgesetzt, sie sind nach § 125 geschützt. Das bedeutet, dass sie entweder in Deutschland erstmalig erschienen
oder zumindest innerhalb von 30 Tagen nach Ersterscheinen im Ausland auch
in Deutschland erschienen sein müssen, § 125 Abs. 3. Dieses schutzbegründende Erscheinen kann auch noch nach dem 1.7.1990 stattfinden. Aufnahmen
Elvis Presleys aus 1961, die erst 1991 in Deutschland erschienen sind, sind bis
2041 geschützt (OLG Hamburg ZUM 1995, 334 – *Elvis Presley*; zustimmend
Hundt-Neumann/*Schaefer* GRUR 1995, 381, 383; Wandtke/Bullinger/*Schae-*
fer[3] Rn. 2; Dreier/Schulze/*Dreier*[5] Rn. 3; a. A. *Wilhelm Nordemann* FS Kreile
S. 455). Ferner vgl. § 135a Rn. 6.

Zum widersprüchlichen Verhältnis zwischen § 137c Abs. 1 S. 3 und dem im **3a**
Zuge der Schutzdaueränderungs-RL neu eingefügten § 137m Abs. 1 vgl.
§ 137m Rn. 8 f.

Abs. 2 ist § 137 Abs. 2 nachgebildet. Der unterschiedliche Wortlaut beruht auf **4**
der anderen Konstruktion des Nutzungsrechtserwerbs bei Rechten ausübender
Künstler unter dem UrhG. Der Gesetzgeber hat indes übersehen, dass bei den

§§ 73 ff. auch eine vollständige Übertragung des Rechts nach § 79 Abs. 1 möglich ist, sodass sich § 137c Abs. 2 auch auf diesen Fall bezieht. Abs. 3 verweist auf § 137 Abs. 3 und Abs. 4 (vgl. § 137 Rn. 7 ff.). Dort auch zur Abdingbarkeit (vgl. § 137 Rn. 9), zum internationalen Privatrecht (vgl. § 137 Rn. 9a) und zum Verhältnis zu §§ 32a, 32c (vgl. § 137 Rn. 13).

§ 137d Computerprogramme

(1) ¹Die Vorschriften des Achten Abschnitts des Ersten Teils sind auch auf Computerprogramme anzuwenden, die vor dem 24. Juni 1993 geschaffen worden sind. ²Jedoch erstreckt sich das ausschließliche Vermietrecht (§ 69c Nr. 3) nicht auf Vervielfältigungsstücke eines Programms, die ein Dritter vor dem 1. Januar 1993 zum Zweck der Vermietung erworben hat.

(2) § 69g Abs. 2 ist auch auf Verträge anzuwenden, die vor diesem Zeitpunkt abgeschlossen worden sind.

1   Die Vorschrift geht auf Art. 9 Abs. 2 Software-RL (vgl. Vor §§ 69a ff. Rn. 2) zurück. Sie ist mit Wirkung vom 24.6.1993 in das Gesetz aufgenommen worden (zur verspäteten Umsetzung und richtlinienkonformer Auslegung in der Zwischenzeit s. Dreier/Schulze/*Dreier*⁵ Rn. 9). Abs. 1 S. 1 stellt klar, dass die Grundregel des § 129 Abs. 1 auch für das 2. ÄndG 1993 gilt, also Computerprogramme, die vor dem 24.6.1993 geschaffen wurden, auch in den Genuss der Anwendbarkeit der §§ 69a ff. kommen. Dagegen weicht Abs. 2 von § 132 Abs. 1 ab. Die Regel des Abs. 1 S. 1 hat vor allem für die Schutzfähigkeit von Computerprogrammen Relevanz, denn die Rechtsprechung stellte strengere Anforderungen an die Schöpfungshöhe (ausführlich vgl. § 69a Rn. 14 ff.). Anders als § 129 Abs. 1 S. 1 verlangt Abs. 1 S. 1 nicht, dass auch nach dem Recht vor dem Stichtag Schutz bestanden hat (LG München I CR 1997, 351, 353 – *Softwareentwicklung im Dienstverhältnis*). Umgekehrt gilt die neue Rechtslage nur für Verwertungshandlungen nach dem Stichtag. Handlungen davor richten sich nach der alten Rechtslage (BGH GRUR 1994, 39 – *Buchhaltungsprogramm*; LG Oldenburg GRUR 1996, 481, 484 – *Subventions-Analyse-System*). Für die Erschöpfung (und ggf. die Anwendbarkeit des § 69d) kommt es aber nicht darauf an, ob zum Zeitpunkt des Abschlusses des Softwareüberlassungsvertrages § 69d schon galt; wegen § 137d können also auch Vorgänge zur Anwendung des § 69d führen, die vor dem Stichtag lagen (BGH MMR 2015, 673).

2   Abs. 1 S. 2 trifft nur den Fall, dass Computerprogramme, die ursprünglich zum Zwecke der Vermietung veräußert wurden, vom Erwerber seinerseits weiterveräußert werden; dem Ersterwerber gegenüber könnte der Rechteinhaber schon wegen des Vertragszwecks aus seinem Vermietrecht nichts herleiten. Für diese Fälle bewertet der Gesetzgeber also das Vertrauen des Erwerbers auf die Erschöpfung des Verbreitungsrechts (einschließlich des Vermietrechts) höher als die neue Rechtslage. Dreier/Schulze/*Dreier*⁵ Rn. 5 sehen darin einen Verstoß gegen Art. 9 Abs. 2 Software-RL.

3   Das Verdikt des § 69g Abs. 2, mit dem die für die bestimmungsgemäße Benutzung des Programms erforderlichen Eingriffe des rechtmäßigen Benutzers einschließlich der – nur unter bestimmten Bedingungen erlaubten – Dekompilierung dem Verbotsrecht des Urhebers entzogen werden (§§ 69d und e), gilt auch für Altverträge, die allerdings auch nur in dieser Hinsicht von der Neuregelung berührt werden; im Übrigen nimmt das UrhG auf ihren Inhalt und Bestand keinen Einfluss. Soweit der Altvertrag allerdings ein in sich abgeschlossener Vorgang ist, unterliegt er dem bei Vertragsschluss geltenden Recht (BGH GRUR 2000, 866, 868 – *Programmfehlerbeseitigung*). Ebenso dem alten Recht

unterliegen Fragen der Auslegung der Willenserklärungen bei Vertragsschluss; diese richten sich nach den Umständen bei Vertragsschluss, also möglicherweise eben auch der Nichtexistenz der §§ 69a ff. (BGH GRUR 2000, 866, 868 – *Programmfehlerbeseitigung*). Anwendbar sind nur die zwingenden urhebervertragsrechtlichen Vorschriften des neuen Rechts (§§ 69d Abs. 2 und 3, 69e); diese sind rückwirkend auch auf Altverträge anzuwenden. Dies dürfte das Anfertigen einer notwendigen Sicherungskopie, das Beobachten und Testen eines Programms sowie das gesetzlich erlaubte Dekompilieren betreffen. Von dieser Rückwirkung nicht erfasst wird aber der zwingende Kern des § 69d Abs. 1 (*Lehmann* FS Schricker I S. 543, 553; für eine entsprechende Anwendung von § 137d Abs. 2 BeckOK UrhR/*Kaboth*/*Spies*[16] Rn. 4; Dreier/Schulze/*Dreier*[5] Rn. 6). (Zur Anwendbarkeit des § 69b s. Wandtke/Bullinger/*Braun*/*Jani*[4] Rn. 5). Soweit einem Arbeitnehmer eine Vergütung für die Einräumung von Nutzungsrechten auf rechtsgeschäftlicher Grundlage zusteht (also nicht wegen § 69b, zu Vergütungsfragen vgl. § 69b Rn. 22), soll über § 137d das neue Recht auch auf Altprogramme Anwendung finden (OLG München NJW-RR 2000, 1211, 1213 – *Vergütung für Entwicklung eines Datenverarbeitungsprogramms*).

§ 137e Übergangsregelung bei Umsetzung der Richtlinie 92/100/EWG

(1) Die am 30. Juni 1995 in Kraft tretenden Vorschriften dieses Gesetzes finden auch auf vorher geschaffene Werke, Darbietungen, Tonträger, Funksendungen und Filme Anwendung, es sei denn, dass diese zu diesem Zeitpunkt nicht mehr geschützt sind.

(2) [1]Ist ein Original oder Vervielfältigungsstück eines Werkes oder ein Bild- oder Tonträger vor dem 30. Juni 1995 erworben oder zum Zweck der Vermietung einem Dritten überlassen worden, so gilt für die Vermietung die Zustimmung der Inhaber des Vermietrechts (§§ 17, 77 Abs. 2 Satz 1, §§ 85 und 94) als erteilt. [2]Diesen Rechtsinhabern hat der Vermieter jeweils eine angemessene Vergütung zu zahlen; § 27 Abs. 1 Satz 2 und 3 hinsichtlich der Ansprüche der Urheber und ausübenden Künstler und § 27 Abs. 3 finden entsprechende Anwendung. [3]§ 137d bleibt unberührt.

(3) Wurde ein Bild- oder Tonträger, der vor dem 30. Juni 1995 erworben oder zum Zweck der Vermietung einem Dritten überlassen worden ist, zwischen dem 1. Juli 1994 und dem 30. Juni 1995 vermietet, besteht für die Vermietung ein Vergütungsanspruch in entsprechender Anwendung des Absatzes 2 Satz 2.

(4) [1]Hat ein Urheber vor dem 30. Juni 1995 ein ausschließliches Verbreitungsrecht eingeräumt, so gilt die Einräumung auch für das Vermietrecht. [2]Hat ein ausübender Künstler vor diesem Zeitpunkt bei der Herstellung eines Filmwerkes mitgewirkt oder in die Benutzung seiner Darbietung zur Herstellung eines Filmwerkes eingewilligt, so gelten seine ausschließlichen Rechte als auf den Filmhersteller übertragen. [3]Hat er vor diesem Zeitpunkt in die Aufnahme seiner Darbietung auf Tonträger und in die Vervielfältigung eingewilligt, so gilt die Einwilligung auch als Übertragung des Verbreitungsrechts, einschließlich der Vermietung.

I. Allgemeines

1 Die Vorschrift bezieht sich auf die Novelle von 1995 (BGBl. I, S. 842), in der nicht nur die Vermiet- und Verleih-RL 92/100/EWG – inzwischen abgelöst durch RL 2006/115/EG –, sondern auch die Schutzdauer-RL 93/98/EWG – inzwischen abgelöst durch RL 2006/116/EG – umgesetzt wurde. Die Umsetzung der letzteren wurde mit einer eigenen Übergangsvorschrift in § 137f begleitet (vgl. § 137f Rn. 1 ff.).

II. Tatbestand

1. Zu Abs. 1: Anwendung der Novelle auf bestehende Schutzgegenstände

2 Die Vorschrift entspricht § 129, indem sie die Wirkung der Neuregelung auf bestehende Schutzgegenstände erstreckt. Sie setzt außerdem Art. 13 Abs. 1 der Vermiet- und Verleih-RL 92/100/EWG (RL 2006/115/EG) um (RegE 3. ÄndG – BT-Drs. 13/115, S. 17).

3 Um Missverständnisse zu vermeiden, muss der letzte Hs. stets mit § 137f Abs. 2 und 3 zusammen gelesen werden, der ein mögliches Wiederaufleben des Schutzes regelt (s. zum komplexen Zusammenspiel der Schutzdauer- und Übergangsvorschriften zum Künstlerschutz das Praxisbeispiel in vgl. § 135m Rn. 10 ff.).

2. Zu Abs. 2: Anwendung des Vermietrechts auf bereits vor dem Stichtag erworbene Bild- oder Tonträger

4 Das erst zum 1.7.1995 eingeführte Vermietrecht erstreckt sich nach §§ 17 Abs. 2 (und entsprechend für die Leistungsschutzrechte in Verbindung mit §§ 77 Abs. 2, 85 und 94) auch auf Vervielfältigungsstücke, für die das Verbreitungsrecht bereits erschöpft war. Es handelt sich um eine Vertrauensschutzregelung zugunsten bestehender Bild- und Tonträgervermietungsgeschäfte, die ihnen den weiteren Betrieb auf der Grundlage des Bestandes ermöglichen sollte, wenn auch gegen Zahlung einer angemessenen Vergütung, da eine vollständige Ausnahme zu deren Gunsten (hinsichtlich bereits vorhandener Bild- und Tonträger) ohne Vergütungspflicht mit den Vorgaben der Vermiet- und Verleih-RL nicht vereinbar gewesen wäre (RegE 3. ÄndG – BT-Drs. 13/115, S. 17).

5 Der Vergütungsanspruch der Urheber und ausübenden Künstler ist in diesen Fällen unverzichtbar, kann im Voraus nur an eine Verwertungsgesellschaft abgetreten werden und im übrigen nur durch eine Verwertungsgesellschaft geltend gemacht werden (dies bedeutet der Verweis auf § 27 Abs. 1 S. 2 und 3 sowie Abs. 3).

6 Die betreffenden Hersteller (also Tonträger- oder Filmhersteller nach §§ 85, 94) sind hinsichtlich ihres Vergütungsanspruchs an diese Beschränkungen nicht gebunden.

3. Zu Abs. 3: Sonderregelung wegen verspäteter Umsetzung der Richtlinie

7 Abs. 3 erklärt sich daraus, dass Deutschland die Vermiet- und Verleih-RL mit einem Jahr Verspätung umgesetzt hat. Der den Berechtigten dadurch entstandene Nachteil sollte über den Vergütungsanspruch ausgeglichen werden (RegE 3. ÄndG – BT-Drs. 13/115, S. 17 f.).

4.   Zu Abs. 4: Vertragsrecht

a) **Hinsichtlich Urhebern:** Da die Vermietung eine Art des Inverkehrbringens **8**
(vgl. § 17 Rn. 19) und damit Teil des Verbreitungsrechts des Urhebers ist,
konnte der Gesetzgeber davon ausgehen, dass es in älteren Verträgen vom ausschließlichen Verbreitungsrecht des Verwerters umfasst gewesen sein würde,
wenn es damals schon bestanden hätte (RegE 3. ÄndG – BT-Drs. 13/115,
S. 17 f.). In der Tat ist es im Bereich der ernsten Musik (E-Musik) seit vielen
Jahrzehnten üblich, dass der Musikverleger das ihm eingeräumte ausschließliche Verbreitungsrecht *nur* für die Vermietung des Notenmaterials nutzt, dieses
aber nicht veräußert. Vor Inkrafttreten der Novelle geschah dies auf vertraglicher Grundlage aufgrund des (exklusiven) Sacheigentums des Verlegers an den
vermieteten Vervielfältigungsstücken. Der Urheber erhält nun vom Vermieter
eine Vergütung nach § 27 Abs. 1 und 3.

b) **Hinsichtlich ausübender Künstler:** Hinsichtlich der ausübenden Künstler **9**
trägt die Vorschrift der Tatsache Rechnung, dass weder der ausübende
Künstler, dessen Darbietung auf einem Bild- oder Tonträger enthalten ist,
noch der Tonträger- oder Filmhersteller das Recht ausüben könnte, ohne
dass der jeweils andere mitwirkt. In Übereinstimmung mit dem Wertungsmodell von Art. 13 Abs. 7 Vermiet- und Verleih-RL weist die Vorschrift die Aus-
wertungshoheit im Sinne eines Entscheidungsrechts über das „Ob" der Vermietung im Wege einer gesetzlichen Fiktion zwingend (dazu KG ZUM 2003,
863, 864 – *Beat Club*) dem Hersteller zu (während im gleichzeitig novellierten § 92 lediglich eine Zweifelsregel eingeführt wurde) und entschädigt den
Künstler auch hier durch den unverzichtbaren Vergütungsanspruch nach
§ 27 Abs. 1 und 3.
Besondere Bedeutung hat Abs. 4 über seinen S. 2 für **Live-Darbietungen** von
Musik-Künstlern im Fernsehen erlangt (KG ZUM 2003, 863, 864 – *Beat
Club*), da sich hier die Sender (bzw. Firmen, die für diese die Verwertung solchen Materials übernehmen) auf Abs. 4 S. 2 berufen, um Archivaufnahmen
solcher Darbietungen auch in anderen Nutzungsformen als der Sendung auszuwerten. Da die betreffenden Künstler zur Zeit der Aufnahme meist exklusiv
bei bestimmten Plattenfirmen gebunden gewesen waren (vgl. § 79 Rn. 18, 20),
die ihnen einen Fernsehauftritt nur für Sendezwecke freigegeben hatten, kommt
es hier zu einem Wertungswiderspruch, denn einer Tonträger- oder Bildtonträ-
gerauswertung hätten die Künstler zur Zeit seines Auftritts gar nicht zustimmen dürfen, ohne gegen ihre Künstlerexklusivverträge (mit ihren Plattenfirmen) zu verstoßen.
Jedenfalls dann, wenn Künstler **nicht live**, sondern zu einem Voll-Playback
aufgetreten sind, kommt eine Anwendung von Abs. 4 S. 2 allenfalls hinsichtlich
ihrer Tanzeinlagen in Betracht (soweit diese auf einer urheberrechtlich geschützten Choreografie beruhen), da aus § 137e kein Recht an der für das
Playback verwendeten (vorbestehenden) Originalaufnahme herleitbar ist. Auf
Tonträger, die für eine Playback-Darbietung eingesetzt wurden, ist Abs. 4 nicht
entsprechend anwendbar (LG München ZUM-RD 2012, 560, 565). Ohne
Rechtserwerb beim jeweiligen Tonträgerhersteller dürfen solche Produktionen
also weiterhin nur für Sendezwecke verwendet werden.

Der Begriff der „Einwilligung" bezieht sich auf die frühere Ausgestaltung **10**
des Künstlerschutzes (für die damals gültige Fassung des Gesetzes vgl. § 77
Rn. 3).

Die Formulierung des Abs. 4 ist geringfügig ungenau: Sie gilt nur für Verträge, **11**
die *vor* dem 30.6.1995 abgeschlossen wurden. Das 3. ÄndG trat aber erst am
1.7.1995 in Kraft. Dass Verträge, die genau *am* 30.6.1995 abgeschlossen wurden, von Abs. 4 nicht erfasst werden sollten, kann der Gesetzgeber nicht gemeint haben.

§ 137f Übergangsregelung bei Umsetzung der Richtlinie 93/98/EWG

(1) [1]Würde durch die Anwendung dieses Gesetzes in der ab dem 1. Juli 1995 geltenden Fassung die Dauer eines vorher entstandenen Rechts verkürzt, so erlischt der Schutz mit dem Ablauf der Schutzdauer nach den bis zum 30. Juni 1995 geltenden Vorschriften. [2]Im Übrigen sind die Vorschriften dieses Gesetzes über die Schutzdauer in der ab dem 1. Juli 1995 geltenden Fassung auch auf Werke und verwandte Schutzrechte anzuwenden, deren Schutz am 1. Juli 1995 noch nicht erloschen ist.

(2) [1]Die Vorschriften dieses Gesetzes in der ab dem 1. Juli 1995 geltenden Fassung sind auch auf Werke anzuwenden, deren Schutz nach diesem Gesetz vor dem 1. Juli 1995 abgelaufen ist, nach dem Gesetz eines anderen Mitgliedstaates der Europäischen Union oder eines Vertragsstaates des Abkommens über den Europäischen Wirtschaftsraum zu diesem Zeitpunkt aber noch besteht. [2]Satz 1 gilt entsprechend für die verwandten Schutzrechte des Herausgebers nachgelassener Werke (§ 71), der ausübenden Künstler (§ 73), der Hersteller von Tonträgern (§ 85), der Sendeunternehmen (§ 87) und der Filmhersteller (§§ 94 und 95).

(3) [1]Lebt nach Abs. 2 der Schutz eines Werkes im Geltungsbereich dieses Gesetzes wieder auf, so stehen die wiederauflebenden Rechte dem Urheber zu. [2]Eine vor dem 1. Juli 1995 begonnene Nutzungshandlung darf jedoch in dem vorgesehenen Rahmen fortgesetzt werden. [3]Für die Nutzung ab dem 1. Juli 1995 ist eine angemessene Vergütung zu zahlen. [4]Die Sätze 1 bis 3 gelten für verwandte Schutzrechte entsprechend.

(4) [1]Ist vor dem 1. Juli 1995 einem anderen ein Nutzungsrecht an einer nach diesem Gesetz noch geschützten Leistung eingeräumt oder übertragen worden, so erstreckt sich die Einräumung oder Übertragung im Zweifel auch auf den Zeitraum, um den die Schutzdauer verlängert worden ist. [2]Im Fall des Satzes 1 ist eine angemessene Vergütung zu zahlen.

Übersicht

I. Allgemeines

1 § 137f wurde durch das 3. ÄndG v. 23.6.1995 (BGBl. I S. 842) eingefügt und dient der Umsetzung der Übergangsregelungen in Art. 10 Schutzdauer-RL (s. RegE 3. ÄndG – BT-Drs. 13/781, S. 16; vgl. § 64 Rn. 6). Die Vorschrift hat ein Vorbild in den §§ 1 und 2 des Einigungsvertrages, die ebenfalls Werke und verwandte Leistungen, die in der DDR bereits gemeinfrei waren, deren Schutzrecht aber nach westdeutschem Urheberrecht noch nicht abgelaufen gewesen ist, wieder schützten; Einzelheiten bei §§ 1 u. 2 EV. Die Übergangsregelungen sollen mit Blick auf einen funktionierenden Binnenmarkt einen Gleichlauf der in der Richtlinie harmonisierten, nationalen Schutzfristen auch für solche Werke und verwandte Leistungen sicherstellen, die bereits vor ihrem Inkrafttreten am 1.7.1995 geschaffen wurden (s. ErwG 2 Schutzdauer-RL). Gleichzeitig schaffen die Regelungen einen Ausgleich mit den berechtigten Interessen derjenigen, denen nach den bisherigen Schutzfristenregelungen eine Nutzung vormals geschützter Gegenstände aufgrund eingetretenem Fristablauf zwischenzeitig möglich war (s. ErwG 26/27 Schutzdauer-RL).

II. Anwendbare Schutzfrist (Abs. 1)

Durch § 137f sollen **Urheber** von vor dem 1.7.1995 geschaffenen Werken und **2**
ihre Rechtsnachfolger **stets und nur begünstigt** werden. Sie müssen also keine
Verkürzungen durch die Änderung des UrhG hinnehmen (Abs. 1 S. 1) und profitieren gleichzeitig von der Verlängerung der Schutzfristen für die am 1.7.1995
bereits bestehenden Werke und Leistungen (Abs. 1 S. 2). Damit der Urheber
keine Verkürzung der Schutzdauer seines Werkes hinnehmen muss, bestimmt
Abs. 1 S. 1, dass die bisherigen Schutzfristen weitergelten, wenn diese länger
sind als die nach dem 1.7.1995 geltenden Recht. Solche Verkürzungen verhindert die Norm in folgenden Fällen:

Relevant und in den Folgen überaus problematisch sind die Auswirkungen der **3**
Norm auf die **Schutzfristverlängerung für Filmurheber.** Die Begründung zum
Regierungsentwurf des 3. ÄndG (BT-Drs. 13/781, S. 17) nennt in Bezug auf
die Regelung die möglichen Filmurheber, die bis zum 30.6.1995 über § 65
Abs. 1 eine längere Schutzfrist für das Filmwerk bewirken konnten, sofern sie
länger lebten als die in § 65 Abs. 2 Genannten. In Betracht kommen dafür insb.
der Kameramann, der Cutter, und der Filmarchitekt. BeckOK UrhR/*Lauber-
Rönsberg*[16] Rn. 3.1 meint, ein „vorher entstandenes Recht" werde durch
§ 65 n. F. nur dann verkürzt, wenn vor dem 1.7.1995 bereits alle nach früherem Recht maßgeblichen Personen verstorben sind. Nur in diesen Fällen werde
eine „bereits laufende" Frist i. S. v. Art. 10 Schutzdauer-RL verkürzt. Diese von
Dietz GRUR Int. 1995, 670, 684 geteilte Auffassung läuft der Richtlinie zwar
in der Tat nicht zuwider, folgt aber nicht zwingend aus ihr. Der nationale Gesetzgeber war daher frei, auch solche Altfälle zu erfassen, bei denen noch nicht
alle Urheber nach alter Rechtslage verstorben waren. Dies hat er mit der Formulierung „eines vorher entstandenen Rechtes" getan, denn ein „Recht" kann
nur das Urheberrecht, nicht eine post oder ante mortem laufende Schutzfrist
sein. Bei vor dem 1.7.1995 produzierten Filmen werden also noch lange die
Lebensdaten aller denkbaren Urheber des Filmwerkes zur Klärung der Schutzdauer ermittelt werden müssen (a. A. Wandtke/Bullinger/*Braun/Jani*[4] Rn. 3;
wie hier Dreier/Schulze/*Dreier*[5] Rn. 5 a. E. und wohl auch *Schack*, Urheber-
und UrhebervertragsR[7] Rn. 522 a. E.).

Vor dem 1.7.1995 **anonym oder pseudonym veröffentlichte Werke** unterfielen der **4**
Regelschutzfrist von 70 Jahren p. m. a. nach § 66 Abs. 2 a. F. schon dann, wenn
innerhalb der Schutzfrist des § 66 Abs. 1 – nämlich binnen 70 Jahren nach Veröffentlichung – der wahre Name des Urhebers angegeben oder dieser **auf andere
Weise bekannt** wurde (Nr. 1 a. E. a. F.). Nach § 66 Abs. 2 S. 1 UrhG ist die Regelschutzfrist nunmehr nur noch dann anzunehmen, wenn der Urheber, sein Rechtsnachfolger oder Testamentsvollstrecker (§ 66 Abs. 3) die Urheberschaft innerhalb
dieser Frist offenbaren oder ein Pseudonym keinen Zweifel an der Identität lässt.
Wird der Name des Urhebers eines vor dem 1.7.1995 geschaffenen oder pseudonymen Werkes also innerhalb der Schutzfrist auf andere Weise bekannt (dazu im
Einzelnen unsere 8. Aufl. § 10 Rn. 21), so fällt das Werk wegen Abs. 1 S. 1 unter
die Regelschutzfrist gem. §§ 66 Abs. 2, 64 UrhG.

§ 67 a. F. ließ bei **Lieferungswerken,** die anonym oder pseudonym erscheinen, **5**
die 70-Jahres-Frist erst mit der letzten Lieferung beginnen. Da § 67 a. E. seit
1.7.1995 eine gesonderte Schutzfristberechnung für jede Lieferung vorschreibt,
fallen Werke, bei denen die Lieferung noch nach altem Recht begonnen hat,
auch noch unter die Vergünstigungen des alten Rechts. Diese Konstellation
dürfte angesichts des ohnehin schon engen Anwendungsbereiches des § 67 (vgl.
§ 67 Rn. 1) selten auftreten.

Auch **einfache Lichtbilder,** die gleichwohl Dokument der Zeitgeschichte waren **6**
und vor 1966 entstanden, unterfallen der Begünstigung der Norm (OLG Ham-

burg GRUR 1999, 717, 720 – *Wagner-Familienfotos*, ausführlich Schricker/
Loewenheim/*Katzenberger*[4] Rn. 2).

7 Bis 2004 konnte § 137f zudem relevant sein für **nachgelassene Werke**, § 64
Abs. 2 a. F. s. dazu unsere 9. Aufl./*Wilhelm Nordemann* Rn. 1.

8 Abs. 1 S. 2 verlängert die Schutzdauer für Werke und verwandte Schutzrechte,
deren Schutz am 1.7.1995 noch nicht erloschen war. Für erstere hat die Norm
aber keine Bedeutung, denn für sie betrug die Schutzfrist schon vor der Harmonisierung 70 Jahre p. m. a. (Dreier/Schulze/*Dreier*[5] Rn. 3). Von 25 auf 50 Jahre
verlängert werden durch die Norm die Schutzfrist von **verwandten Schutzrechten** zugunsten der Tonträgerhersteller (§ 85 Abs. 2 S. 1), Sendeunternehmen
(§ 87 Abs. 2 S. 1), Filmhersteller (§§ 94 Abs. 3, 95), Hersteller einfacher Lichtbilder (§ 72 Abs. 3). Für Lichtbilder, die Dokumente der Zeitgeschichte sind,
vgl. Rn. 2.

9 Abs. 1 S. 2 gilt nur für Rechte, die am 1.7.1995 bereits bestanden, *arg e contrario* Abs. 2. Einfache Lichtbilder ohne dokumentarischen Charakter, die vor
1970 erschienen bzw. hergestellt sind, also Ende 1994 frei wurden, bleiben es
ebenso wie die schon vor 1990 frei gewordenen früheren Rechte aus § 2 Abs. 2
LUG.

III. Wiederaufleben von Rechten (Abs. 2)

10 Abs. 2 lässt Rechte an Werken und Leistungsschutzrechte wiederaufleben,
wenn diese in einem Mitgliedsstaat der Europäischen Union oder einem EWR-
Vertragsstaat (neben den EU-Mitgliedsstaaten: Norwegen, Island und Liechtenstein) vor dem 1.7.1995 bestanden. Insofern ist nicht eindeutig, ob auch
nach dem 1.7.1995 aufgenommene **Neumitglieder der EU** als Mitgliedsstaat
der Europäischen Union i. S. d. Abs. 2 gelten. Der Wortlaut der Norm erfasst
sie zumindest. Dies führt überwiegend nicht zu Problemen, weil die Schutzdauer in den meisten aufgenommenen osteuropäischen Staaten am 1.1.1995
bei 70 Jahren p. m. a. oder darunter lag (*Wandtke*, Teil I: Bulgarien: 50 Jahre,
S. 51; Polen: 50 Jahre, S. 78; Rumänien: 70 Jahre, S. 108; Slowenien: 70 Jahre,
S. 162; Teil II: Estland: 50 Jahre, S. 34, Lettland: 70 Jahre, S. 60, Litauen:
70 Jahre, S. 96, Litauen: 70 Jahre, S. 96, Tschechien: 70 Jahre, S. 134). Eine
Ausnahme bildet Ungarn: Hier galt bis zum Erlass des Gesetzes über das Urheberrecht vom 22.6.1999 und damit auch am 1.1.1995 ein ewiges Urheberpersönlichkeitsrecht gem. § 12 Abs. 1 S. 1 ungarisches UrhG 1969 (*Wandke*, Teil
II, S. 207; *Hegyi* GRUR Int. 2000, S. 325, 336). Indes war die Einführung
eines ewigen Urheberpersönlichkeitsrechts vom deutschen Gesetzgeber sicher
nicht gewollt und die Schutzdauer-RL trifft gem. Art. 9 ohnehin keine Regelungen über Urheberpersönlichkeitsrechte.

11 Ob der Begriff **Wiederaufleben** impliziert, dass die Rechte vor 1995 in der
Bundesrepublik bestanden haben müssen, war Gegenstand einer Vorlageentscheidung des EuGH (Urteil *Sony Music Entertainment [Germany] GmbH/
Falcon Neue Medien Vertrieb GmbH*, s. GRUR 2009, 393). Konkret ging es
dabei um Leistungsschutzrechte an vor 1966 produzierten Tonträgern. Ihnen
gewährte Großbritannien anders als das deutsche Urheberrecht vor dem
1.7.1995 Schutz. Der BGH hatte dem EuGH die Frage vorgelegt, ob die in der
Schutzdauer-RL vorgesehene Schutzfrist auch dann Anwendung findet, wenn
der betreffende Gegenstand in dem Mitgliedsstaat, in dem Schutz beansprucht
wird, zu keiner Zeit geschützt war. Der EuGH bejahte diese Frage mit der
Begründung, dass *Art. 10 Abs. 2 Schutzdauer-RL* lediglich darauf abstelle, ob
der betreffende Gegenstand am 1.7.1995 zumindest in irgendeinem Mitgliedstaat nach den nationalen Bestimmungen geschützt war. Dieser Wortlaut der

Richtlinie und ihr Zweck, die Schutzdauer im Hinblick auf den freien Verkehr mit urheberrechtlich geschützten Produkten gemeinschaftsweit zu vereinheitlichen, ständen einer anderen Interpretation entgegen.

Der zweite Aspekt der Vorlage an den EuGH betraf die Frage, ob die Übergangsregelungen des § 137f (und damit auch Art. 10 Schutzdauer-RL) nur für Angehörige eines Mitgliedsstaates der EU gelten, oder sich auch EU-Fremde darauf berufen können. In dem der Vorlage zugrunde liegenden Fall war u. a. der Song „Blowing in the Wind" von Bob Dylan, einem US-amerikanischen Staatsbürger, streitgegenständlich. Auch insoweit stellte der EuGH klar, dass es für die Anwendung der in der Schutzdauer-RL vorgesehenen Schutzfristen ausschließlich darauf ankomme, ob ein bestimmter Gegenstand unabhängig von der Nationalität des Schutzrechtsinhabers in irgendeinem Mitgliedstaat nach den nationalen Bestimmungen dieses Staates am 1.7.1995 Schutz genoss. Soweit nach den nationalen Bestimmungen eines Mitgliedstaates der Schutz am 1.7.1995 auch Angehörigen von Drittstaaten gewährt wurde, müssen sich diese folglich auch in Deutschland auf das entsprechende Schutzrecht berufen können (s. a. OLG Rostock, ZUM 2012, 258 in der der Vorlageentscheidung zugrundeliegenden Sache nach Zurückverweisung durch den BGH). Entscheidend für die Anwendbarkeit von Abs. 2 ist nach den Vorgaben des EuGH also nur, ob es sich um eines der in der Schutzdauer-RL betroffenen Schutzrechte handelt und ob das entsprechende Schutzrecht dem Berechtigten am 1.7.1995 für das konkret in Frage stehende Werk (s. insoweit LG München I ZUM 2009, 335) in irgendeinem Mitgliedstaat nach den jeweiligen nationalen Bestimmungen zustand. **12**

Abs. 2 S. 1 hat nur für **Lichtbildwerke,** für diese allerdings enorme Bedeutung (vgl. § 64 Rn. 6; s. a. OLG Hamburg ZUM-RD 2004, 303 – *U-Boot-Foto*). In Spanien waren Fotografien bereits seit 1879 80 Jahre p. m. a geschützt ohne dass besondere Anforderungen an die künstlerische Leistungen bestanden (*Schulze/Bettinger* GRUR 2000, 12, 16). Besteht zum 1.7.1995 für eine Fotografie noch Schutz in Spanien, lebt in Deutschland der Schutz wieder auf (OLG Hamburg ZUM-RD 2004, 303 – *U-Boot-Foto*). **13**

Abs. 2 S. 2 lässt die meisten **Leistungsschutzrechte** wiederaufleben, praktisch relevant ist dies insb. bei **Tonträgern.** Hier sah insb. Großbritannien am 1.7.1995 einen 50jährigen Schutz für diese Rechte vor, der sich auch auf US-amerikanische Tonträger erstrecken kann (OLG Hamburg ZUM 1999, 853, 857 – *Frank Sinatra I*; OLG Hamburg GRUR-RR 2001, 73 – *Frank Sinatra II*). **14**

Im Ergebnis beschert § 137f umfangreiche Probleme. *Schack*, Urheber- und UrhebervertragsR[7] Rn. 520 nennt das Wiederaufleben von Schutzrechten eine empfindliche Störung des Rechtsverkehrs. Bei jedem scheinbar abgelaufenen Urheber- oder Leistungsschutzrecht ist sorgsam zu prüfen, ob nicht am 1.7.1995 in irgendeinem Mitgliedstaat oder in Norwegen, Island und Liechtenstein (EWR) zum Stichtag noch Schutz bestand. Daneben besteht die zusätzliche Unsicherheit, ob auch die neuen Mitgliedsstaaten unter die Regelung fallen, was nach hier vertretener Auffassung der Fall ist (vgl. Rn. 5). Sodann ist die nicht immer einfache Berechnung der Schutzfrist nach dem Recht des jeweiligen Mitgliedsstaates vorzunehmen (ausführlich Dreier/Schulze/*Dreier*[4] Rn. 10, instruktiv Walter/*Walter* Schutzdauer-RL Art. 10 Rn. 12 ff.). **15**

Zur urhebervertragsrechtlichen Problematik des wiederauflebenden Schutzes für Musikkompositionen mit Text im Zuge der EU-Richtlinie über die Schutzdauerverlängerung (2011/77/EU) vgl. § 137m Rn. 23 ff. **15a**

IV. Inhaberschaft an Rechten nach Abs. 2 (Abs. 3)

16 Die wiederaufgelebten Rechte an Lichtbildwerken stehen nach **Abs. 3** nicht dem früheren Nutzungsberechtigten, sondern dem Urheber zu (dagegen s. § 137 Abs. 2). Die vorstehend aufgezeigten Unwägbarkeiten hat der Gesetzgeber erkannt und erlaubt deshalb demjenigen, der eine Nutzungshandlung begonnen hatte, die Fortsetzung derselben im vorgesehenen Rahmen (Abs. 3 S. 2), wofür dem Urheber eine angemessene Vergütung zu zahlen ist (Abs. 3 S. 3).

V. Auswirkungen einer Schutzfristverlängerung auf Altverträge (Abs. 4)

17 Die vertraglichen Auswirkungen einer Schutzfristverlängerung regelt Abs. 4, der § 3 Anl. I Kap. III Abschn. E Unterabschn. II des EV nachgebildet ist (RegE 3. ÄndG – BT-Drs. 13/781, S. 17 zu Nr. 16).

18 Nach S. 1 gelten in **Zweifelsfällen** die Nutzungsrechte an **Leistungen** auch für den Zeitraum nach dem 1.7.1995 als eingeräumt oder übertragen. Die Norm gilt also zum einen nur, wenn überhaupt Zweifel aufkommen können. Dies ist etwa dann nicht der Fall, wenn der Vertrag, mit dem die Nutzungsrechte eingeräumt oder übertragen wurden, **zeitlich befristet** ist. Zum anderen ist sie nur anwendbar auf „Leistungen", also Leistungsschutzrechte. Die Regierungsbegründung führt hierzu aus, dass es keinen Anwendungsbereich für Urheberrechte gebe (RegE 3. ÄndG – BT-Drs. 13/781, S. 17 zu Nr. 16). Dies scheint angesichts des oben (Rn. 3 f.) Ausgeführten fraglich.

19 Nach S. 2 ist **stets** eine **angemessene Vergütung** (s. § 32) zu zahlen, wenn der Nutzungsberechtigte nach S. 1 verlängerte Nutzungsrechte erhält.

§ 137g Übergangsregelung bei Umsetzung der Richtlinie 96/9/EG

(1) § 23 Satz 2, § 53 Abs. 5, die §§ 55a, 60d Abs. 2 Satz 1 und § 63 Abs. 1 Satz 2 sind auch auf Datenbankwerke anzuwenden, die vor dem 1. Januar 1998 geschaffen wurden.

(2) [1]Die Vorschriften des Abschnitts 6 des Teils 2 sind auch auf Datenbanken anzuwenden, die zwischen dem 1. Januar 1983 und dem 31. Dezember 1997 hergestellt worden sind. [2]Die Schutzfrist beginnt in diesen Fällen am 1. Januar 1998.

(3) Die §§ 55a und 87e sind nicht auf Verträge anzuwenden, die vor dem 1. Januar 1998 abgeschlossen worden sind.

§ 137g wurde durch das UrhWissG 2017 mit Wirkung zum 1. März 2018 geändert. Zur bis dahin geltenden Fassung s. unsere 11. Aufl.

1 Diese Übergangsvorschrift wurde durch das IuKDG (vgl. Vor §§ 87a ff. Rn. 8 ff.) zur Einführung der neuen Vorschriften über Datenbanken in das Gesetz aufgenommen. Sie geht auf Art. 14 Datenbank-RL zurück. Wie die Grundsatzvorschrift des § 129 Abs. 1 vorsieht, gilt auch hier, dass das neue Recht auch für vor dem 1.1.1998 geschaffene Datenbankwerke gilt. Ob die Regelung wegen § 129 Abs. 1 überflüssig ist (so unsere 9. Aufl./*Wilhelm Nordemann* Rn. 1; a. A. noch Wandtke/Bullinger/*Braun/Jani*[3] Rn. 2, nunmehr wie hier Wandtke/Bullinger/*Braun/Jani*[4] Rn. 2), bedarf keiner Entscheidung, da in jedem Fall vorbestehende Datenbankwerke in den Genuss des verbesserten Schutzes kommen.

Abs. 2 enthält die korrespondierende Norm für die neuen einfachen Datenban- **2** ken, eine dem deutschen Urheberrecht bisher fremde, aber durchaus sinnvolle Schutzfristregelung für einfache Datenbanken: Die 15-Jahres-Schutzfrist des § 87d begann auch für ältere Datenbanken erst mit dem Inkrafttreten des Art. 7 des IuKDG am 1.1.1998, und zwar für alle diejenigen, die gerade noch in den Genuss der Neuregelung gekommen wären; für die 1983 hergestellten Datenbanken wäre 1998 das erste und letzte Schutzjahr gewesen. Vorausset- zung ist aber, dass diese ab dem 1.1.1983 hergestellt worden sind (Abs. 2 S. 1). Hintergrund ist, dass für 1983 geschaffene einfache Datenbanken 1998 das mit dem IuKDG erste und gleichzeitig letzte Schutzjahr gewesen wäre. Abs. 2 S. 2 bestimmt aber, dass für alle Datenbanken gem. S. 1 die 15-jährige Schutz- frist erst mit dem 1.1.1998 beginnt. Diese Datenbanken waren also noch bis zum 31.12.2012 geschützt (BeckOK UrhR/*Koch*[16] Rn. 4; Dreier/Schulze/*Drei- er*[5] Rn. 4; Wandtke/Bullinger/*Braun/Jani*[4] Rn. 3).

Anders als z. B. § 137a Abs. 2 kennt § 137g keine Regelung zu Verträgen und **3** Nutzungen. Wie immer bei den Übergangsregelungen bleiben in jedem Fall Sachverhalte, die vor dem Inkrafttreten des Gesetzes, also dem 1.1.1998 abge- schlossen waren, unberührt. Dies bestimmt schon Art. 14 Abs. 4 Datenbank- RL (so auch Schricker/Loewenheim/*Katzenberger*[5] § 64 Rn. 48). Unklar bleibt aber das Schicksal begonnener Vervielfältigungshandlungen (hierzu Wandtke/ Bullinger/*Braun/Jani*[4] Rn. 4).

Nach Abs. 3 sind die zwingenden vertragsrechtlichen Vorschriften der §§ 55a **4** und 87e nicht auf Verträge anzuwenden, die vor dem 1.1.1998 geschlossen worden sind. Der Gesetzgeber hat sich also entschieden, bei Datenbanken an- ders als bei Computerprogrammen – § 137d Abs. 2 – zu verfahren (so zu Recht Wandtke/Bullinger/*Braun/Jani*[4] Rn. 5).

§ 137h Übergangsregelung bei Umsetzung der Richtlinie 93/83/EWG

(1) Die Vorschrift des § 20a ist auf Verträge, die vor dem 1. Juni 1998 geschlos- sen worden sind, erst ab dem 1. Januar 2000 anzuwenden, sofern diese nach diesem Zeitpunkt ablaufen.

(2) Sieht ein Vertrag über die gemeinsame Herstellung eines Bild- oder Tonträ- gers, der vor dem 1. Juni 1998 zwischen mehreren Herstellern, von denen min- destens einer einem Mitgliedstaat der Europäischen Union oder Vertragsstaat des Europäischen Wirtschaftsraumes angehört, geschlossen worden ist, eine räumliche Aufteilung des Rechts der Sendung unter den Herstellern vor, ohne nach der Satellitensendung und anderen Arten der Sendung zu unterscheiden, und würde die Satellitensendung der gemeinsam hergestellten Produktion durch einen Hersteller die Auswertung der räumlich oder sprachlich be- schränkten ausschließlichen Rechte eines anderen Herstellers beeinträchti- gen, so ist die Satellitensendung nur zulässig, wenn ihr der Inhaber dieser ausschließlichen Rechte zugestimmt hat.

(3) Die Vorschrift des § 20b Abs. 2 ist nur anzuwenden, sofern der Vertrag über die Einräumung des Kabelweitersenderechts nach dem 1. Juni 1998 geschlos- sen wurde.

Übersicht

I. Allgemeines

1 § 137h wurde mit Wirkung vom 1.6.1998 eingefügt durch Art. 1 Nr. 7 4. ÄndG 1998 und dient zusammen mit § 20a der Umsetzung der Satelliten- und Kabel-RL. Diese RL wäre nach ihrem Art. 14 bis zum 1.1.1995 umzusetzen gewesen, was die Rundfunkanstalten verzögerten.

II. Anwendbarkeit der neuen Regeln auf Altverträge (Abs. 1)

2 Grundsätzlich sind geänderte Normen des UrhR auf Altverträge nicht anzuwenden (s. § 132 S. 1). Diese Regel durchbricht § **137h Abs. 1**. Für Verträge, die vor dem 1.6.1998 geschlossen wurden und erst nach dem 1.1.2000 ablaufen, ordnet er an, dass § 20a ab dem 1.1.2000 auf sie anwendbar ist. Damit wird Art. 7 Abs. 2 Satelliten- und Kabel-RL unmittelbar umgesetzt.

III. Sondervorschrift für Koproduktionen (Abs. 2)

3 Mit **Abs. 2** hat der Gesetzgeber Art. 7 Abs. 3 Satelliten- und Kabel-RL nahezu wörtlich und ohne den Versuch sprachlicher Vereinfachung übernommen. Der Absatz regelt das Recht der Satellitensendung für Koproduktions-Verträge, die vor Inkrafttreten der Regeln über die Satellitensendung geschlossen wurden. Solche Verträge konnten eine räumliche Abgrenzung vorsehen, die jedoch unterminiert worden wäre, wenn einer der Hersteller eine Satellitensendung durchgeführt hätte. Denn nach § 20a Abs. 1/Art. 1 Abs. 2b Satelliten- und Kabel-RL findet die öffentliche Wiedergabe über Satellit nur dort statt, wo die programmtragenden Signale unter der Kontrolle des Sendeunternehmens in die Kommunikationskette eingegeben werden. Wenn ein Koproduktionsvertrag also vorsah, dass die Vertragspartner das Ergebnis nur in ihren Ländern senden dürfen, wäre eine Umgehung mit diesem Ursprungslandprinzip ohne weiteres möglich gewesen. Der treuwidrige Vertragspartner hätte das Signal von seinem Heimatland aus in einen Satelliten speisen lassen, der auch im Heimatland des Vertragspartners empfangbare Signale sendet. Damit hätte eine Satellitensendung auch nur dort stattgefunden, obwohl sie auch im Heimatland des Vertragspartners empfangbar gewesen wäre. Dieses Ergebnis verhindert Abs. 2. Nach ihm bedarf die Satellitensendung unter folgenden Voraussetzungen der Zustimmung des anderen Herstellers:

4 **Vor dem 1.6.1998** muss ein Vertrag über die gemeinsame Herstellung eines Bild- oder Tonträgers geschlossen worden sein. Für den Vertragsschluss kommt es angesichts der Postlaufzeiten gerade bei internationalen Koproduktionen nicht auf die Daten unter dem Vertrag an, sondern auf den Zeitpunkt, in dem die Annahmeerklärung zugeht (Palandt/*Ellenberger*[76] Einf. v. § 145 Rn. 4). Für einen Verzicht auf den Zugang der Annahmeerklärung gem. § 151 S. 1, 1. Var. BGB ist bei derartigen Verträgen kein Raum.

5 Vertragspartner müssen mehrere Hersteller sein, von denen mindestens einer einem Mitgliedstaat der Europäischen Union oder Vertragsstaat des Europäischen Wirtschaftsraumes angehört. Umstritten ist hier, ob auch **nationale** oder nur **internationale Koproduktionen** von der Norm erfasst sein sollen. Die Rechtsprechung legt die Norm weit aus und kommt zu dem Ergebnis, dass nach ihrem Wortlaut und Telos auch Verträge erfasst sind, die von zwei Deutschen geschlossen wurden, denn dann haben beide Hersteller (und damit mindestens einer) einen Sitz in einem EG-Mitgliedsstaat (BGH GRUR 2005, 48, 50 – *man spricht deutsh*; anders noch die Vorinstanz OLG Stuttgart ZUM 2003, 239). Die diametral entgegenstehende Gesetzesbegründung, die ausdrücklich von internationalen Koproduktionen spricht, auf die Abs. 2 anwendbar sei (RegE 4. ÄndG – BT-Drs. 13/4796, S. 15, rechte Spalte) hält die Rechtsprechung für kaum unbeachtlich (BGH a. a. O.). Dies überrascht angesichts des Gewichts, das die Rechtsprechung in anderen Entscheidungen der Regierungsbegründung zumisst (exemplarisch BGH NJW 2006, 3200, 3201 Tz. 14 f.).

Die Entscheidung ist nach alledem abzulehnen, insb. weil die vorgenommene **6** Auslegung von § 137h Abs. 2 **europarechtswidrig** ist (ebenso *Castendyk/Kirchherr* ZUM 2005, 283, 285): Art. 7 Abs. 2 Satelliten- und Kabel-RL ordnet an, dass ab dem 1.1.2000 auf Altverträge neues Recht anzuwenden ist. Art. 7 Abs. 3 Satelliten- und Kabel-RL durchbricht diese intertemporale Regelung explizit und damit nur für internationale Koproduktionsverträge. Die vom BGH vorgenommene Auslegung der nationalen Norm führt aber zu einer Einschränkung von Art. 7 Abs. 2 Satelliten- und Kabel- RL über das nach Art. 7 Abs. 3 Kabel- und Satelliten-RL zulässige Maß hinaus. Damit war der BGH zumindest zur Vorlage verpflichtet (ebenso *Castendyk/Kirchherr* ZUM 2005, 283, 285).

Des Weiteren muss das Senderecht unter den Herstellern **räumlich aufgeteilt** **7** sein, ohne dass nach **Satellitensendung und anderer Sendung unterschieden** wird. Wäre das Recht nicht räumlich aufgeteilt, könnte die Sendung auch nicht die territorialen Rechte eines Vertragspartners beschneiden. Würde der Vertrag nach Satelliten- und anderer Sendung unterteilen, hätten die Parteien im Vertrag bereits Vorkehrungen im Vertrag getroffen (Dreier/Schulze/*Dreier*⁵ Rn. 6).

Die Gesetzesbegründung und die Literatur halten § 137h Abs. 2 nur für an- **8** wendbar, wenn die Satellitensendung bei Vertragsschluss bereits eine **bekannte Nutzungsart** war (RegE 4. ÄndG – BT-Drs. 13/4796, S. 15; Dreier/Schulze/ *Dreier*⁵ Rn. 6; unsere 9. Aufl./*Willhelm Nordemann* Rn. 2). Denn Rechte an einer unbekannten Nutzungsart wären nach §§ 31 Abs. 4, 89 Abs. 1 ohnehin nicht einräumbar, damit könnten diese Rechte auch den Filmherstellern nicht zustehen. Unabhängig von der Frage, ob die Satellitensendung eine neue Nutzungsart ist (verneinend BGH GRUR 1997, 215 – *Klimbim*; a. A. Schricker/ Loewenheim/*Katzenberger*⁴ § 88 Rn. 48). Dies übersieht Konstellationen, in denen ein dem deutschen Recht unterliegender Koproduktionsvertrag geschlossen wird und die Produktion in einem hiervon unabhängigen Vertrag mit dem Filmurheber geregelt ist, der einem Recht unterliegt, das keine Entsprechung zu § 31 Abs. 4 enthält. Ebenso wäre denkbar, dass der Filmurheber den Produzenten nachträglich die Rechte an der Satellitensendung einräumt. Auch dann wäre unklar, wie mit ihnen innerhalb des Verhältnisses der Koproduzenten zueinander zu verfahren wäre.

Nach dem Wortlaut von § 137h Abs. 2 müssten durch die Satellitensendung **9** schließlich auch die **Rechte des nicht ausstrahlenden Koproduzenten beeinträchtigt** werden. Die Richtlinie enthält eine engere Fassung, nach ihr ist eine Beeinträchtigung nur gegeben, wenn die Sprachfassung der öffentlichen Wiedergabe einschließlich synchronisierter oder mit Untertiteln versehener Wiedergabefassungen der Sprache entspricht, die in dem dem (möglicherweise) betroffenen Koproduzenten zugewiesenen Gebiet überwiegend verstanden wird, ErwG 19 Satelliten- und Kabel-RL. Damit ist die Richtlinie zum einen enger als § 137h Abs. 2. Zum anderen ist der Richtlinientext der deutschen Fassung („...weitgehend verstanden"), im Vergleich zur englischen und französischen (widely/largement = weithin verstanden) nicht einheitlich (BGH GRUR 2005, 48, 51 a. E. – *man spricht deutsh*). (Noch) dürfte für die Bundesrepublik die Frage zu verneinen sein, ob Englisch mittlerweile weithin oder zumindest weitgehend verstanden wird.

Zudem geht die Richtlinie davon aus, dass im jeweils zugewiesenen Gebiet nur **10** eine Sprache gesprochen wird. Diese Annahme geht schon insofern fehl, als

z. B. in der Schweiz (EWR) Deutsch, Französisch, Italienisch und Rätoromanisch Amtssprachen sind (s. Art. 4 Bundesverfassung der Schweiz). Im Übrigen kann das einem Produzenten zugewiesene Gebiet auch mehrere Staaten umfassen. Die Deutsch-Italienische Koproduktion dürfte der italienische Koproduzent in ganz Europa ausstrahlen, wenn sich der Koproduzent den gesamten Rest Europas als sein Sendegebiet hat einräumen lassen. Denn Deutsch würde in diesem Gebiet nicht weitgehend, sondern von weniger als der Hälfte der Bevölkerung verstanden. Wer sich umfangreiche Gebiete hat einräumen lassen, stünde damit schlechter, was zum einen absurd ist, wenn er sich das umfangreiche Gebiet im Rahmen der Vertragsverhandlungen erkauft hat und zum anderen von dem Zufall abhängig sein kann, ob die Vertragsparteien mehrere unabhängige Gebiete bezeichnet haben oder ein großes gebildet haben (ebenso Schricker/Loewenheim/*Katzenberger*[4] Rn. 4c).

IV. Übergangsvorschrift für § 20b (Abs. 3)

11   Durch Abs. 3 besteht der Anspruch des Urhebers nach § 20b nur, wenn das Kabelweitersenderecht dem Sendeunternehmen nach dem 1.1.1998 eingeräumt wurde. Zur unrühmlichen Entstehungsgeschichte und den unschönen Auswirkungen für die Kreativen s. unsere 9. Aufl./*Wilhelm Nordemann* Rn. 3).

§ 137i Übergangsregelung zum Gesetz zur Modernisierung des Schuldrechts

Artikel 229 § 6 des Einführungsgesetzes zum Bürgerlichen Gesetzbuche findet mit der Maßgabe entsprechende Anwendung, dass § 26 Abs. 7, § 36 Abs. 2 und § 102 in der bis zum 1. Januar 2002 geltenden Fassung den Vorschriften des Bürgerlichen Gesetzbuchs über die Verjährung in der bis zum 1. Januar 2002 geltenden Fassung gleichgestellt wird.

1   Das SchuldrechtsmodernisierungsG hat zum 1.1.2002 das deutsche Verjährungsrecht grundlegend umgestaltet Davon war auch das UrhG betroffen. Die Sonderregelungen in § 26 Abs. 7 a. F. (Folgerecht) und § 36 Abs. 2 a. F. (Bestsellervergütung) entfielen. Ihre Verjährung richtet sich wie bei allen anderen urhebervertragsrechtlichen Ansprüchen nach BGB. Für Urheberrechtsdelikte und Urheberbereicherungsrecht wurde die allgemeine Regel in § 102 a. F. angepasst; sie findet sich aber weiterhin in § 102 (vgl. § 102 Rn. 1 ff.). § 137i enthält das Übergangsrecht für Altfälle, in denen die Verjährung schon vor dem 1.1.2002 anfing zu laufen und die von den §§ 26 Abs. 7, 36 Abs. 2, 102 reguliert wurde. Sofern diese Bestimmungen nicht einschlägig waren und die Verjährung sich auch schon früher nach BGB richtete, gilt das Übergangsrecht des Art. 229 § 6 EGBGB direkt. § 137i ist nicht anwendbar, wenn kein Altfall vorliegt. Das gilt beispielsweise für Anpassungsansprüche gem. Bestsellervergütung (§ 32a n. F.), die am 31.12.2001 noch nicht entstanden waren, sodass die Verjährung vor dem 1.1.2002 noch nicht zu laufen begonnen hatte (OLG Köln GRUR Prax 2010, 130, zit. nach juris Tz. 31). Die Berechnung des Bestselleranspruchs nach § 32a n. F. kann dabei auch in die Zeit der Anwendbarkeit des § 36 a. F. zurückreichen, wenn die Erträgnisse noch nicht verbraucht waren (vgl. § 132 Rn. 19a).

2   Für Altfälle, deren Verjährung vom UrhG geregelt wurde, stellt § 137i zunächst den Grundsatz auf, dass das neue Verjährungsrecht (§ 102 für Urheberrechtsdelikte und Bereicherungen; ansonsten §§ 194 ff. BGB direkt) auf sämtliche Ansprüche angewendet wird, die am 1.1.2002 bestanden und noch nicht verjährt waren, § 137i, Art. 229 § 6 Abs. 1 EGBGB (Dreier/Schulze/*Dreier*[5] Rn. 4; Wandtke/Bullinger/*Bullinger*[4] Rn. 4).

Davon sind jedoch folgende Ausnahmen zu machen: **3**
- Der **Beginn der Verjährung** bestimmt sich gem. § 137i, Art. 229 § 6 Abs. 1 S. 2 EGBGB für Altfälle nach § 26 Abs. 7 a. F. (Folgerecht), § 36 Abs. 2 a. F. (Bestsellervergütung) und § 102 a. F. (allgemeine Verjährungsregel) in ihrer bis zum 31.12.2001 geltenden Fassung; s. zu diesen Bestimmungen die jeweilige Kommentierung in unserer 9. Aufl.
- Ist die **Verjährungsfrist** nach neuem Recht länger als nach altem Recht, so gilt das alte Recht fort (§ 137i, Art. 229 § 6 Abs. 3 EGBGB). Beispielsweise bleibt es bei der kurzen 2-Jahres-Frist des § 36 Abs. 2 a. F. (LG Köln GRUR-RR 2013, 54 juris Tz. 113 – *Designbücher*; Wandtke/Bullinger/*Bullinger*[4] Rn. 6). Ansprüche nach § 36 Abs. 2 a. F. UrhG verjähren in zwei Jahren von dem Zeitpunkt an, in dem der Urheber von den Umständen, aus denen sich der Anspruch ergibt Kenntnis erlangt, ohne Rücksicht auf diese Kenntnis in zehn Jahren. Die Verjährung beginnt damit mit Entstehung des Anspruchs, während die Kenntnis lediglich Einfluss auf die Dauer der Verjährungsfrist hat (Schricker/Loewenheim/*Katzenberger/Wimmers*[5] Rn. 3). Der Verjährungsbeginn für Ansprüche nach § 36 Abs. 2 a. F. liegt also stets vor dem 1.1.2002, so dass § 199 BGB n. F., der den Verjährungsbeginn auf den Schluss des Jahres festsetzt, nicht anwendbar ist; vielmehr greift die nach altem Recht geltende taggenaue Verjährung (eingehend LG Köln GRUR-RR 2013, 54 juris Tz. 118 – *Designbücher*).
- Sofern die **Verjährungsfrist nach neuem Recht** kürzer als die Frist nach altem Recht ist, berechnet sich die Verjährungsfrist erst ab dem 1.1.2002 nach neuem Verjährungsrecht gem. § 102 n. F. (§ 137i, Art. 229 § 6 Abs. 4 S. 1 EGBGB). Nur wenn die Frist nach altem Recht vor der Verjährungsfrist nach neuem Recht ausläuft, gilt die Frist nach altem Recht (§ 137i, Art. 229 § 6 Abs. 4 S. 2 EGBGB).
- Die früheren Regeln zur **Unterbrechung der Verjährung** werden nach Maßgabe des § 137i, Art. 229 § 6 Abs. 2 EGBGB in eine Hemmung umgewandelt.

§ 137j Übergangsregelung aus Anlass der Umsetzung der Richtlinie 2001/29/EG

(1) § 95d Abs. 1 ist auf alle ab dem 1. Dezember 2003 neu in den Verkehr gebrachten Werke und anderen Schutzgegenstände anzuwenden.

(2) Die Vorschrift dieses Gesetzes über die Schutzdauer für Hersteller von Tonträgern in der ab dem 13. September 2003 geltenden Fassung ist auch auf verwandte Schutzrechte anzuwenden, deren Schutz am 22. Dezember 2002 noch nicht erloschen ist.

(3) Lebt nach Absatz 2 der Schutz eines Tonträgers wieder auf, so stehen die wiederauflebenden Rechte dem Hersteller des Tonträgers zu.

(4) [1]Ist vor dem 13. September 2003 einem anderen ein Nutzungsrecht an einem nach diesem Gesetz noch geschützten Tonträger eingeräumt oder übertragen worden, so erstreckt sich, im Fall einer Verlängerung der Schutzdauer nach § 85 Abs. 3, die Einräumung oder Übertragung im Zweifel auch auf diesen Zeitraum. [2]Im Fall des Satzes 1 ist eine angemessene Vergütung zu zahlen.

Artikel 6 Gesetz zur Regelung des Urheberrechts in der Informationsgesellschaft: Inkrafttreten

(1) Dieses Gesetz tritt vorbehaltlich des Absatzes 2 am Tage nach der Verkündung in Kraft.

(2) Es treten in Artikel 1 Nr. 34 der § 95b Abs. 2 und der § 95d Abs. 2 sowie in Nr. 42 der § 111a Abs. 1 Nr. 2 und 3, Abs. 3 und der Artikel 3 am 1. September 2004 in Kraft.

I.   Zu Abs. 1: Zeitliche Anwendbarkeit des § 95d Abs. 1

1   Die Übergangsregelungen anlässlich des Gesetzes zur **Umsetzung der Info-RL** (UrhG Infoges; hierzu vgl. Vor §§ 95a ff. Rn. 14 ff.) sind ein wenig **verstreut**. Sie finden sich einerseits in § **137j Abs. 1**, andererseits in **Art. 6 UrhG Infoges** (vgl. Rn. 3). Während § 95d nicht durch die Info-RL vorgegeben war, müssen sich die §§ 95a-c an die Vorgaben der Info-RL halten. Diese bestimmt in Art. 10 Info-RL, dass die Vorschriften der Richtlinie auf alle von ihr erfassten am 22.12.2002 geschützten Werke und Schutzgegenstände Anwendung finden. Ferner besagt Art. 10 Abs. 2 Info-RL, dass die Richtlinie Handlungen und Rechte nicht berührt, die vor dem 22.12.2002 abgeschlossen bzw. erworben wurden. Der deutsche Gesetzgeber hat die Richtlinie erst am 10.9.2003, also mit fast einjähriger Verspätung umgesetzt.

2   Auch wenn die Übergangsregel nicht das gesamte neue Recht für auf vorbestehende Werke und Leistungen anwendbar erklärt, dürfte sich diese Wirkung aus dem eben erwähnten Art. 10 Info-RL – jedenfalls aber aus § 129 Abs. 1 S. 1 – ergeben.

3   Die Regelung des § 95b Abs. 2 zur Schrankenbegünstigung tritt nach Art. 6 des Gesetzes erst am **1.9.2004**, also nach einer etwa einjährigen Übergangsperiode, in Kraft. Damit sollte den beteiligten Kreisen Gelegenheit gegeben werden, freiwillige Vereinbarungen nach § 95b Abs. 4 zu schließen. Soweit bekannt wurde davon aber kein Gebrauch gemacht.

4   Für die Kennzeichnungspflicht nach § 95d Abs. 1 hingegen wird die in Rn. 2 beschriebene Regel durchbrochen: Denn diese Norm gilt nicht für alle **bereits in Verkehr gebrachten Gegenstände** (zum Begriff des Inverkehrbringens s. § 17); eine praktisch kaum durchführbare nachträgliche Kennzeichnung wird damit verhindert (RegE UrhG Infoges – BT-Drs. 15/38, S. 27). Jenseits dessen führt Abs. 1 eine Verzögerung von drei Monaten ein: Erst ab dem 1.12.2003 neu in Verkehr gebrachte Werke und Schutzgegenstände sind mit Angaben über die eingesetzte technische Schutzmaßnahme zu versehen. Diese zusätzliche Frist soll es den Rechtsinhabern ermöglichen, die notwendigen Vorbereitungen für die Kennzeichnung ihrer Produkte zu treffen (RegE UrhG Infoges – BT-Drs. 15/38, S. 29). Schließlich enthält **Art. 6 UrhG Infoges** eine weitere Übergangsfrist: Die Pflicht zur Angabe einer „ladungsfähigen Anschrift" in § 95d Abs. 2 tritt erst nach einem Jahr in Kraft. Auch wenn die Gesetzesbegründung im Zusammenhang mit den Übergangsvorschriften von einer Herausnahme „bereits im Handel befindlicher Medien" aus der Kennzeichnungspflicht spricht (BeschlE RAusschuss UrhG Infoges – BT-Drs. 15/837, S. 36), und damit den Eindruck erweckt, als ob die Kennzeichnungspflicht nur für die Verbreitung körperlicher Werkstücke gilt, dürfte Abs. 1 auf sämtliche Formen des Inverkehrbringens von Werken und sonstigen Schutzgegenständen anzuwenden sein, also auch auf Online-Angebote (Wandtke/Bullinger/*Braun/Jani*[4] Rn. 5).

II.   Zu Abs. 2

5   Die Vorschrift bezieht sich auf die in § 85 Abs. 3 aufgrund Art. 11 Abs. 2 der Info-RL geänderte Anknüpfung der Schutzdauer für Tonträgerhersteller (ausführlich Wandtke/Bullinger/*Schaefer*[4] § 85 Rn. 28). Die höchste Schutzfrist beträgt damit – wie übrigens auch die des ausübenden Künstlers – 120 Jahre, wenn der Tonträger kurz vor Ablauf von 50 Jahren nach Herstellung (was stets gleichbedeutend mit dem Zeitpunkt der Darbietung ist) entweder erscheint oder öffentlich wiedergegeben wird. Während allerdings beim ausübenden Künstler durch die erlaubte öffentliche Wiedergabe unwiderruflich die 70-jährige Frist in Gang gesetzt wird, kann für den Tonträgerhersteller innerhalb von 50 Jahren nach Herstellung mit dem Erscheinenlassen ein neuer Fristen-Startschuss gesetzt werden, selbst wenn z. B. eine Aufnahme unmittelbar nach Herstellung bereits durch Rundfunksendung öffentlich wiedergegeben worden war. Dem insoweit missverständlichen Wortlaut „verwandte Schutzrechte" zum Trotz, bezieht sich die Vorschrift ausschließlich auf den Schutz des Tonträgerherstellers und macht nicht etwa dessen erweiterten Schutz auch den übrigen Inhabern verwandter Schutzrechte, insb. den ausübenden Künstlern, zugänglich, weil es sich hier um eine reine Übergangsvorschrift handelt. Vielmehr ist deren Schutzfrist nach §§ 82 bzw. 76 zu berechnen.

Der genannte Stichtag (22.12.2002) entspricht nicht dem Tag des Inkrafttretens des § 137j (13.9.2003). Der Gesetzgeber hatte hier die Umsetzungsfrist der Info-RL versäumt und sich damit beholfen, den relevanten Umsetzungsstichtag in § 137j zu übernehmen (Bericht RAusschuss UrhG Infoges – BT-Drs. 15/837, S. 36). Daher waren Tonträgerhersteller, deren Schutz nach altem (vor dem 13.9.2003 geltenden) Recht in der Zeit zwischen dem 22.12.2002 und dem Inkrafttreten der Novelle für etwa neun Monate schutzlos, bevor dann der Schutz rückwirkend wiederbegründet wurde (so zutreffend Schricker/Loewenheim/*Katzenberger*[4] Rn. 5; Schricker/Loewenheim/*Grünberger*[5] Rn. 5: Unzulässige echte Rückwirkung zulasten Nutzer). **6**

III. Zu Abs. 3: Wiederaufleben des Schutzes

Die Vorschrift wurde § 137f Abs. 3 S. 1 nachgebildet (vgl. § 137f Rn. 16). **7**

IV. Zu Abs. 4: Vertragsrecht

§ 137j Abs. 4 enthält eine gesetzliche Auslegungsregel für **Nutzungsverträge im Tonträgerbereich**. Die Norm orientiert sich an § 137f Abs. 4 (vgl. § 137f. Rn. 17). Danach erstrecken sich im Zweifel vor dem 13.9.2003 erfolgte Rechtseinräumungen oder -übertragungen auch auf den Verlängerungszeitraum. Leistungsschutzrechtsinhabern ist hierfür nach S. 2 allerdings eine angemessene Vergütung zu zahlen. Anders als die „Urnorm" derartiger Übergangsregeln § 137 Abs. 3 verlangt diese Norm nicht, dass der Rechtsinhaber eine höhere Gegenleistung hätte erzielen können, wenn bei Vertragsschluss bereits die verlängerte Schutzdauer gegolten hätte. **8**

§ 137k *(aufgehoben)*

§ 137k wurde durch das 10. ÄndG mit Wirkung zum 13. Dezember 2014 aufgehoben.

§ 137l Übergangsregelung für neue Nutzungsarten

(1) [1]Hat der Urheber zwischen dem 1. Januar 1966 und dem 1. Januar 2008 einem anderen alle wesentlichen Nutzungsrechte ausschließlich sowie räumlich und zeitlich unbegrenzt eingeräumt, gelten die zum Zeitpunkt des

Vertragsschlusses unbekannten Nutzungsrechte als dem anderen ebenfalls eingeräumt, sofern der Urheber nicht dem anderen gegenüber der Nutzung widerspricht. [2]Der Widerspruch kann für Nutzungsarten, die am 1. Januar 2008 bereits bekannt sind, nur innerhalb eines Jahres erfolgen. [3]Im Übrigen erlischt das Widerspruchsrecht nach Ablauf von drei Monaten, nachdem der andere die Mitteilung über die beabsichtigte Aufnahme der neuen Art der Werknutzung an den Urheber unter der ihm zuletzt bekannten Anschrift abgesendet hat. [4]Die Sätze 1 bis 3 gelten nicht für zwischenzeitlich bekannt gewordene Nutzungsrechte, die der Urheber bereits einem Dritten eingeräumt hat.

(2) [1]Hat der andere sämtliche ihm ursprünglich eingeräumten Nutzungsrechte einem Dritten übertragen, so gilt Absatz 1 für den Dritten entsprechend. [2]Erklärt der Urheber den Widerspruch gegenüber seinem ursprünglichen Vertragspartner, hat ihm dieser unverzüglich alle erforderlichen Auskünfte über den Dritten zu erteilen.

(3) Das Widerspruchsrecht nach den Absätzen 1 und 2 entfällt, wenn die Parteien über eine zwischenzeitlich bekannt gewordene Nutzungsart eine ausdrückliche Vereinbarung geschlossen haben.

(4) Sind mehrere Werke oder Werkbeiträge zu einer Gesamtheit zusammengefasst, die sich in der neuen Nutzungsart in angemessener Weise nur unter Verwendung sämtlicher Werke oder Werkbeiträge verwerten lässt, so kann der Urheber das Widerspruchsrecht nicht wider Treu und Glauben ausüben.

(5) [1]Der Urheber hat Anspruch auf eine gesonderte angemessene Vergütung, wenn der andere eine neue Art der Werknutzung nach Absatz 1 aufnimmt, die im Zeitpunkt des Vertragsschlusses noch unbekannt war. [2]§ 32 Abs. 2 und 4 gilt entsprechend. [3]Der Anspruch kann nur durch eine Verwertungsgesellschaft geltend gemacht werden. [4]Hat der Vertragspartner das Nutzungsrecht einem Dritten übertragen, haftet der Dritte mit der Aufnahme der neuen Art der Werknutzung für die Vergütung. [5]Die Haftung des anderen entfällt.

Übersicht

I. Allgemeines

1. Sinn und Zweck

Bis zum 31.12.2007 enthielt das UrhG in § 31 Abs. 4 a. F. das zwingende Verbot für den Urheber, Rechte an unbekannten Nutzungsarten einzuräumen. Das hatte allerdings zur Folge, dass nach Bekanntwerden einer neuen Nutzungsart die Verwertung entgegen den Interessen der Urheber, der Verwerter und der Allgemeinheit nicht stattfand, weil ein Nacherwerb der Rechte zu komplex war (eingehend vgl. § 31a Rn. 6 ff.). Für Neuverträge ab dem 1.1.2008 hat der Gesetzgeber § 31 Abs. 4 durch § 31a ersetzt (vgl. § 31a Rn. 6). Für Altverträge vom 1.1.1966 bis zum 31.12.2007 wurde § 137l eingeführt, um „die in zahlreichen Archiven ruhenden Schätze" endlich neuen Nutzungsarten „problemlos" zugänglich zu machen (RegE 2. Korb – BT-Drs. 16/1828, S. 22). Damit sind vor allem – aber nicht nur – die Archive der Rundfunkanstalten gemeint, die über das Internet auf individuellen Abruf zugänglich gemacht werden sollen. Ob dieser Regelungszweck wirklich erreicht wird, erscheint wegen vielen ungelöster Fragen innerhalb und außerhalb des § 137l allerdings als zweifelhaft. Wegen der Auslegungsschwierigkeit des § 137l wird Verlagen teilweise empfohlen, die über § 137l möglicherweise erworbenen Rechte an den Urheber zurückzugeben und sich sofort neu einräumen zu lassen (Haupt/Kaboth/Reber/Wallenfels/Wegner/*Wegner*[2] 1. Kap. Rn. 126). In keinem Fall löst § 137l das Problem der Leistungsschutzrechte der ausübenden Künstler (deshalb kritisch zu § 137l *Kähler* ZUM 2016, 417, 423); vgl. Rn. 6. – § 137l Abs. 1 S. 1 enthält eine gesetzliche Regelung zur **ergänzenden Vertragsauslegung**, ob ein nachträglicher Erwerb der Rechte an unbekannten Nutzungsarten durch den Vertragspartner des Urhebers interessengerecht ist; in diesem Fall kommt eine **Einräumungsfiktion** zur Anwendung (die vom RegE a. a. O. benutzte Terminologie „Übertragungsfiktion" erscheint unpassend, weil es um eine Einräumung geht; zustimmend von *Frentz/Aleman* ZUM 2010, 38; Wandtke/Bullinger/*Jani*[4] Rn. 16; Schricker/Loewenheim/*Katzenberger/Spindler*[5] Rn. 1); sie sollte relativ **großzügig ausgelegt** werden, damit der vom RegE geforderte „problemlose" Zugang gewährleistet ist. Um den Urheber zu schützen, enthält § 137l allerdings ein Widerspruchsrecht des Urhebers, das durch eine Befristung, verschiedene Erlöschens- bzw. Entfallensgründe sowie durch Treu und Glauben eingeschränkt wird. Der Bundesrat hat gegen § 137l **verfassungsrechtliche Bedenken aus Art. 14 GG** wegen Enteignung des Urhebers erhoben (StellungN BRat bei RegE 2. Korb – BT-Drs. 16/1828, S. 44; auch *Schulze* UFITA 2007, 641, 646 ff.; *Grohmann* GRUR 2008, 1056, 1058; Schricker/Loewenheim/*Katzenberger/Spindler*[5] Rn. 8 ff.), die aber **nicht durchgreifen**, weil der Urheber angemessen vergütet werden muss (Abs. 5; vgl. Rn. 33 ff.) und ferner ein eingeschränktes Widerspruchsrecht erhält (gl. A. wegen unechter Rückwirkung *Spindler/Heckmann* ZUM 2006, 620, 624). Auch der Einwand, die Einräumungsfiktion sei nicht das mildeste Mittel, weil es an einer Verknüpfung von tatsächlicher Ausübung und Zuweisung fehle (so *Spindler/Heckmann* ZUM 2006, 620, 623 f.), greift nicht durch. Gegen eine fehlende Ausübung ist der Urheber nach § 41 hinreichend geschützt (vgl. Rn. 18). Im Filmbereich greift § 41 zwar gem. § 90 nicht; dort kann der Urheber mit seinen Einzelrechten aber seine Rechte nicht separat verwerten, sodass es hier als sachgerecht erscheint, ihn auf sein befristetes Widerspruchsrecht und ansonsten auf einen bloßen Vergütungsanspruch zu verweisen (a. A. Schricker/Loewenheim/*Katzenberger/Spindler*[5] Rn. 11). Tatsächlich gab es nur sehr wenige Widersprüche – vor allem im wissenschaftlichen Bereich –, obwohl viele Urheberverbände ihre Mitglieder umfassend über das Widerspruchsrecht einschließlich seiner Befristung aufgeklärt haben; auch das zeigt, dass die Regelung des § 137l (Einräumungsfiktion gegen Vergütung, ständige Rückrufsmöglichkeit nach § 41 außerhalb des Filmbereichs) sachgerecht und nicht verfassungswidrig ist. Nach

BVerfG GRUR 2010, 332 – *Filmurheberrecht* bestehen derzeit wegen des Grundsatzes der Subsidiarität keine durchgreifenden verfassungsrechtlichen Bedenken, solange die Fachgerichte die Normen nicht angewendet haben.

2. Früheres Recht

2 § 137l gilt ausdrücklich nur für **Verträge**, die **ab dem 1.1.1966** abgeschlossen wurden. Dass Verträge vor 1966 ausgenommen sind, ist kein Redaktionsversehen; vielmehr sollten **Verträge vor dem 1.1.1966 nicht geregelt** werden, weil für sie § 31 Abs. 4 a. F. niemals galt (RegE 2. Korb – BT-Drs. 16/1828, S. 33 f.). Zu Verträgen vor 1966 und unbekannten Nutzungsarten vgl. § 31a Rn. 5; zum **Übertragungszweckgedanken** und Altverträgen über unbekannte Nutzungsarten vgl. § 31 Rn. 172 ff. Insbesondere vgl. § 31 Rn. 175a zum **Ausschluss von Unterlassungsansprüchen des Urhebers gem. § 242 BGB.** Zur Frage, wann ein Vertrag vor dem 31.12.1966 geschlossen ist, vgl. § 132 Rn. 5 ff. **DDR-Altverträge**, die bis 2. Oktober 1990 abgeschlossen wurden, erfasst § 137l nicht, weil das darauf anwendbare DDR-Urhebervertragsrecht eine mit § 31 Abs. 4 UrhG a. F. vergleichbare Bestimmung nicht kannte (vgl. § 31a Rn. 11).

3. EU-Recht und internationales Recht

3 Die Situation der Erwerbsfiktion für Rechte an unbekannten Nutzungsarten ist in der **EU** einzigartig, weil bislang kein EU-Land ein bestehendes Verbot für den Erwerb von Rechten an unbekannten Nutzungsarten wieder abgeschafft hat. Irgendwelche EU-Vorgaben gibt es deshalb nicht. Auch **internationale Konventionen** schweigen zu der konkreten Frage. Soweit *Katzenberger/Spindler* (Schricker/Loewenheim/*Katzenberger/Spindler*[5] Rn. 25) meinen, die Widerspruchsregelung des Abs. 1 S. 1 bis 3 verletze den **Grundsatz der Formfreiheit gem. Art. 5 Abs. 2 S. 1 RBÜ**, ist dem entgegenzuhalten, dass die RBÜ sich in Art. 5 Abs. 2 S. 1 nur auf das Entstehen der Urheberrechte bezieht (Wilhelm Nordemann/Vinck/Hertin/*Meyer* Art. 5 BC Rn. 7: „for the genesis of the right of the author"). Ein solches Entstehen wird von § 137l nicht beeinträchtigt. Art. 5 Abs. 2 S. 1 RBÜ hindert die Verbandsstaaten nicht daran, Formvorschriften im Urhebervertragsrecht für den Rechtsverkehr aufzustellen. Dass zeigt sich schon daran, dass es anerkanntermaßen nicht konventionswidrig ist, wenn nationales Recht die Förmlichkeit des Abschlusses eines Vertrages verlangt, damit der Urheber mit seinen Rechten am Rechtsverkehr teilnehmen kann. Noch nicht einmal ein Schriftformerfordernis dafür (wie in § 31a) ist konventionsrechtlich zu beanstanden (vgl. § 31a Rn. 12). Auch widerspricht es nicht Art. 5 Abs. 2 S. 1 RBÜ, wenn ein Urheber einen Wahrnehmungsvertrag mit einer VG schließen muss, damit er seine Vergütungsansprüche geltend machen darf. Nach der gegenteiligen Auffassung kommt konsequenterweise eine Anwendung des § 137l auf ausländische Medienarchive (Deutschland nicht Ursprungsland gem. Art. 5 Abs. 3 und 4 RBÜ) nicht in Betracht (so in der Tat Schricker/Loewenheim/*Katzenberger/Spindler*[5] Rn. 27).

4 **Internationalprivatrechtlich** ist § 137l genauso anzuknüpfen wie vorher § 31 Abs. 4 a. F. (*von Frentz/Aleman* ZUM 2010, 38, 44; Schricker/Loewenheim/*Katzenberger/Spindler*[5] Rn. 24). Denn der deutsche Gesetzgeber wollte § 137l als Entsprechung zu § 31 Abs. 4 schaffen. **§ 137l kommt also nur zur Anwendung, wenn auch § 31 Abs. 4 a. F. greift.** Damit sind die bislang kontrovers diskutierten Fälle weitgehend entschärft, ob § 31 Abs. 4 a. F. auch bei nach ausländischem Vertragsstatut und danach zulässigem Erwerb der Rechte an unbekannten Nutzungsarten Anwendung findet (sehr str.; dazu vgl. § 31a Rn. 14; vgl. Vor §§ 120 ff. Rn. 88; Weiteres zur "Wesentlichkeit" einer Rechtseinräumung nach *ausländischem Vertragsstatut* vgl. Rn. 17, zum räumlichen Umfang der Einräumungsfiktion vgl. Rn. 18). Allerdings bedeutet eine Anwendung des § 137l i. V. m. § 31 Abs. 4 a. F., dass zugunsten des Urhebers ein Widerspruchsrecht besteht. Der **Anspruch auf angemessene Vergütung** gem. § 137l Abs. 5 ist nicht gesondert nach § **32b** anzuknüpfen. S. 2 ordnet lediglich eine Anwendung von § 32 Abs. 2 und 4, nicht jedoch von § 32b an; auch § 32c Abs. 1 und 2, denen § 137l Abs. 5 nachgebildet ist (RegE 2. Korb – BT-Drs. 16/1828, S. 34), enthält keinen Verweis auf § 32c.

II.   Tatbestand

1.   Rechtserwerb nach Abs. 1 S. 1

a) Vertrag über Einräumung mit einem anderen: Zum Begriff der Einräumung   **5**
vgl. § 31 Rn. 25 ff. In Betracht kommen alle Arten von Verträgen, z. B. Verlagsverträge, Wahrnehmungsverträge mit Verwertungsgesellschaften (aber vgl. Rn. 16), Arbeitsverträge (vgl. § 31a Rn. 18). Nach dem Wortlaut muss eine Rechtseinräumung stattgefunden haben; bloße **Verpflichtungen** sollten aber ebenfalls genügen, weil von Rechtstreue des Urhebers und damit einer späteren Einräumung auszugehen ist. Auch Optionsverträge (vgl. Vor §§ 31 ff. Rn. 311 ff.), die lediglich schuldrechtliche Verpflichtungen für den Urheber begründen, können also unter § 137l fallen. Erwägenswert erscheint es ferner, § 137l Abs. 1 S. 1 analog auch auf **Vergütungsansprüche** von Verwertern anzuwenden, die an Ausschüttungen der Verwertungsgesellschaften an Urheber beteiligt sind, wenn der Verwertungsgesellschaft die vormals unbekannten Rechten zugeschlagen werden (vgl. Rn. 16).

b) Durch den Urheber: Die Vorschrift ist nach ihrem Wortlaut auf Rechtsein-   **6**
räumungen eines Urhebers beschränkt. Darüber hinaus sollte § 137l analog aber auch auf die Leistungsschutzrechte **einfaches Lichtbild** (§ 72) und **wissenschaftliche Ausgaben** (§ 70) anwendbar sein. Denn § 72 Abs. 1 bzw. § 70 Abs. 1 ordnen eine vollständige Gleichstellung mit Werken nach § 2 durch einen kompletten Verweis auf den ersten Teil des UrhG an, wozu auch § 31 Abs. 4 a. F. gehörte, § 137l aber nicht. Es dürfte ein Redaktionsversehen vorliegen. Auf **andere Leistungsschutzrechte** fand schon § 31 Abs. 4 a. F. gar keine Anwendung (vgl. § 31a Rn. 19), sodass keine analoge Anwendung angezeigt ist. Damit kann § 137l bei Werken, an denen Leistungsschutzrechte entstanden sind, nur sehr begrenzt dazu beitragen, die Archive zu heben, wenn der Nutzungsberechtigte – trotz fehlenden Verbotes – versäumt hat, die Rechte an unbekannten Nutzungsarten von den Leistungsschutzberechtigten zu erwerben. Bei ausübenden Künstlern, die in Filmproduktionen mitgewirkt haben, kann allerdings § 92 helfen, der sowohl in seiner alten Fassung bis 1995 (vgl. § 92 Rn. 5 ff.) als auch in den danach geltenden Fassungen für einen Erwerb der Rechte an unbekannten Nutzungsarten durch den Filmhersteller sorgte (vgl. § 92 Rn. 30; gleicher Ansicht: *Kähler* ZUM 2016, 417, 423). Ein Problem stellt sich allerdings dann, wenn die Verträge ausdrückliche Rechteklauseln in Abweichung von § 92 enthalten und diese Klauseln nur bekannte Rechte umfassen (*Kähler* ZUM 2016, 417, 423). Auf **Lizenzverträge zwischen Nutzungsberechtigten** findet § 137l gem. Abs. 2 Anwendung (vgl. Rn. 31 f.). Die Fiktion des § 137l Abs. 1 S. 1 kann indes zwischen Nutzungsberechtigten keine Wirkung entfalten; für Verträge zwischen Nutzungsberechtigten galt schon § 31 Abs. 4 nicht (vgl. § 31a Rn. 9; ferner *Schwarz* ZUM 2003, 733, 734; Loewenheim/*Loewenheim/Jan Bernd Nordemann*² § 26 Rn. 35; a. A. Schricker/Loewenheim/*Katzenberger/Spindler*⁵ Rn. 20).

c) Einräumung zwischen dem 1.1.1966 und dem 1.1.2008: § 137l greift nur,   **7**
wenn es sich um eine Einräumung unter Geltung des § 31 Abs. 4 a. F. handelt. Dieses Verbot, Rechte an unbekannten Nutzungsarten gem. § 31 Abs. 4 a. F. einzuräumen, galt erst unter dem UrhG ab dem 1.1.1966 (§ 132 Abs. 1 S. 1), und § 137l soll nur dessen Folgen abmildern. Davor war eine Einräumung

unter LUG und KUG grundsätzlich möglich, auch wenn dies durch den Übertragungszweckgedanken erschwert wurde (vgl. Rn. 6 ff.; vgl. § 31 Rn. 172 ff.).
Wird ein vor dem 1.1.1966 geschlossener Vertrag danach geändert, unterfällt
der Vertrag nur dann § 137l, wenn die **Modifizierung** auch den materiellen
Umfang der Werknutzung betrifft (OLG Hamburg ZUM 2005, 833, 837 –
Yacht-Archiv, für § 31 Abs. 4 a. F.). Wenn bei einem laufenden Filmabonnementvertrag eine jährliche Übersendung von sog. Freigabedokumenten mit **Bestätigung** der unbeschränkten **Nutzung** erfolgt, ist auf das jeweilige Datum der
Bestätigung abzustellen (OLG Köln MMR 2003, 338 – *Filmmusik*); eingehend – auch zu anderen Dauerschuldverhältnissen, die vor 1966 begründet
wurden – vgl. § 132 Rn. 12a.

8   Jedoch dürfte es sich um einen Redaktionsfehler handeln, soweit auch Verträge
einbezogen werden, die bis zum 1.1.2008 abgeschlossen wurden. § 31 Abs. 4
a. F. galt nur bis zum 31.12.2007, sodass § 137l auch nur für **Verträge bis zum
31.12.2007** gelten kann (zustimmend: Schricker/Loewenheim/*Katzenberger/
Spindler*[5] Rn. 22).

9   **d) Einräumung ausschließlich sowie zeitlich und räumlich unbegrenzt:** Der
Vertragspartner muss Inhaber **ausschließlicher Rechte** sein (vgl. § 31
Rn. 91 ff.). Allerdings ist **unklar**, ob die **Ausschließlichkeit zeitlich unbe-
grenzt** gewährt sein muss oder ob es genügt, dass die Rechte zunächst ausschließlich, später aber nur noch einfach in zeitlich unbegrenzter Form einge-
räumt wurden. Das hat beispielsweise für die Vermutungsregeln des § 38
Bedeutung, soweit danach zeitlich begrenzte Ausschließlichkeitsrechte des
Verlegers (die sich später in einfache Rechte umwandeln) begründet werden.
Teilweise wird eine Anwendung des § 137l auf Rechte, die nicht zeitlich unbegrenzt ausschließlich eingeräumt wurden, abgelehnt (*Schippan* ZUM
2008, 844, 851; *Spindler/Heckmann* ZUM 2006, 620, 627; *Langhoff/
Oberndörfer/Jani* ZUM 2007, 593, 599; Mestmäcker/Schulze/*Scholz* Rn. 14;
wohl ebenfalls *Sprang/Ackermann* K&R 2008, 7, 10). Diese Auffassung ist
indes nicht mit dem Regelungszweck des § 137l vereinbar, die Archive zu
heben (vgl. Rn. 1), wenn ein Verleger einer periodischen Sammlung (z. B.
juristische Fachzeitschrift) nach § 38 Abs. 1 S. 1 wegen der zeitlich begrenzten Ausschließlichkeit von der Möglichkeit ausgeschlossen wäre, dass er den
Artikel in ein Internetarchiv einstellt. Das Gleiche gilt für Zeitungen, wenn
sie gem. § 38 Abs. 3 S. 2 mit freien Journalisten eine zeitliche begrenzte Exklusivität vereinbaren. Andere gehen einen Mittelweg und wenden § 137l
nicht auf das – zeitlich befristete – Recht des Verlegers am Einzelartikel,
sondern nur auf die zeitlich unbegrenzt ausschließlich eingeräumten Rechte
am Artikel als Bestandteil der Sammlung an (*Czernik* GRUR 2009, 913, 915;
Wandtke/Bullinger/*Jani*[4] Rn. 14; Dreier/Schulze/*Schulze*[5] Rn. 30; Schricker/
Loewenheim/*Katzenberger/Spindler*[5] Rn. 36). Diese Auffassung kann deshalb nicht überzeugen, weil ausschließliche Rechte, die sich nur auf die Nutzungsart „Sammlung" beziehen, kaum wesentliche Rechte im Sinne des
§ 137l sein werden, sodass auch nach dieser Auffassung im Regelfall der
Regelungszweck, die Archive zu heben, verfehlt würde. Deshalb erscheint es
als zutreffend, überhaupt nicht zu fordern, dass eine zeitlich unbegrenzte
Ausschließlichkeit vereinbart wurde (genauso: Büscher/Dittmer/Schiwy/*Haberstumpf*[3] Rn. 5; Loewenheim/*Loewenheim/Jan Bernd Nordemann*[2] § 26
Rn. 66). Der Wortlaut setzt eine zeitlich unbegrenzte Einräumung von ausschließlichen Rechten nicht voraus, sondern fordert nur, dass ausschließliche
Rechte eingeräumt wurden. Allerdings erwirbt der Verleger, dem nur zeitlich
begrenzt Ausschließlichkeit gewährt wurde, nur einfache Rechte gem. § 137l
(Büscher/Dittmer/Schiwy/*Haberstumpf*[3] Rn. 10). Bei Zeitungen, die von
vornherein nur einfache Rechte nach § 38 Abs. 3 S. 1 erwerben, greift § 137l
gar nicht (*Schippan* ZUM 2008, 844, 851).

Im Hinblick auf die weitere Forderung des § 137l Abs. 1 S. 1, dass die Rechte **10**
„zeitlich und räumlich unbegrenzt" eingeräumt sein müssen, verwendet der Gesetzestext Begriffe, die offen sind, insb. für eine Auslegung nach dem Übertragungszweckgedanken. Im Hinblick auf die **fehlende zeitliche Begrenzung** muss genügen, wenn die Rechte bis zum Ablauf der Schutzfrist vergeben sind. Auch
kürzere Zeiträume, die sich bei „zeitlich unbegrenzter" Einräumung aus dem
Übertragungszweckgedanken ergeben (vgl. § 31 Rn. 147 f.), sind unschädlich.
Die Einräumung darf vorzeitig (ordentlich) kündbar sein, weil dann durchaus
noch eine zeitlich unbegrenzte Einräumung vorliegt (zutreffend Büscher/Dittmer/
Schiwy/*Haberstumpf*[3]   Rn. 6;   Schricker/Loewenheim/*Katzenberger/Spindler*[5]
Rn. 40). Auch zunächst zeitlich begrenzte Rechtseinräumung, die sich ohne Kündigung automatisch verlängern, sind zeitlich unbegrenzt im Sinne des § 137l, weil
sie keine feste Laufzeit haben. Nur eine echte feste Laufzeit schadet. Umstritten ist,
was **„räumlich unbegrenzt"** bedeuten soll. Nach einer Auffassung soll eine Einräumung für Deutschland stets genügen (*Kellerhals/Lehmkuhl* ZUM 2010, 677,
678; *Czernik* GRUR 2009, 913, 915; *Berger* GRUR 2005, 907, 911; Büscher/
Dittmer/Schiwy/*Haberstumpf*[3]   Rn. 7;   Schricker/Loewenheim/*Katzenberger/
Spindler*[5] Rn. 39; HK-UrhR/*Kotthoff*[3] Rn. 7; Berger/Wündisch/*Berger*[2] § 1
Rn. 128; Wandtke/Bullinger/*Jani*[4] Rn. 10; Mestmäcker/Schulze/*Scholz* Rn. 15).
Begründet wird dies insbesondere mit dem Regelungszweck des § 137l, die deutschen Archive zu heben. Ein lediglich auf Deutschland begrenzter Blick kann jedoch nicht überzeugen. Vielmehr ist nach dem Vertragsgegenstand zu differenzieren. Unproblematisch findet § 137l bei Einräumung eines weltweiten Rechts
Anwendung; ansonsten schließen Reduzierungen unbegrenzter Einräumungen
durch den Übertragungszweckgedanken (vgl. § 31 Rn. 145 f.) die Anwendbarkeit
von § 137l nicht aus. Dasselbe muss für Einräumungen gelten, die von vornherein
ausdrücklich auf das lauten, was nach Reduzierung durch den Übertragungszweckgedanken übrig bliebe (*Schulze* UFITA 2007, 641, 689). Für ein deutschsprachiges Buch genügt also eine Rechtseinräumung für Deutschland, Österreich
und die Schweiz. Bei nur regionaler Rechtseinräumung – z. B. an eine Lokalzeitung – scheidet eine Anwendung des § 137l aber aus (*Schippan* ZUM 2008, 844,
851). Auch scheitert eine Anwendung, wenn für ein international auswertbares
Foto nur Nutzungsrechte für Deutschland eingeräumt werden.

e) **Einräumung aller wesentlichen Nutzungsrechte:** Die Bestimmung „alle we- **11**
sentliche Nutzungsrechte" ist **werkbezogen** zu verstehen. Es kommt bei Werken, die eine Gesamtheit von Rechten umfassen (vgl. Rn. 13), nicht darauf an,
ob der Vertragspartner des Urhebers auch alle übrigen „wesentlichen" Rechte
hat. Eine Fernsehanstalt, die vom Filmregisseur alle wesentlichen Rechte nach
§ 89 Abs. 1 erworben hat, kann sich gegenüber dem Regisseur auf § 137l
Abs. 1 berufen, auch wenn sie die wesentlichen Stoffrechte nicht hat.

Das Abstellen auf die „wesentlichen" Nutzungsrechte bedeutet, dass **der an- 12
dere nicht alle Rechte vom Urheber erworben haben muss** (*Spindler/Heckmann*
ZUM 2006, 620, 624; BeckOK UrhR/*Soppe*[16] Rn. 15), also der fehlende Erwerb einzelner Nebenrechte nicht schadet (Berger/Wündisch/*Berger*[2] § 1
Rn. 127). Im Übrigen ist die **Auslegung** dieses Tatbestandsmerkmals noch nicht
abschließend geklärt und **umstritten.**

Nach einer Auffassung ist auf den **Primärzweck der Einräumung, also auf § 31** **12a**
Abs. 5, abzustellen (Wandtke/Bullinger/*Jani*[4] Rn. 11; wohl auch Dreier/Schulze/
Schulze[5] Rn. 20). Auch der RegE stellt darauf ab, ob im konkreten Einzelfall dieje-
nigen Rechte eingeräumt wurden, die für eine umfassende Verwertung nach dem
jeweiligen Vertragszweck notwendig sind (RegE 2. – BT-Drs. 16/1828, S. 33). Der
Bundesrat fragte sich allerdings in seiner Gegenäußerung, ob damit alle denkbaren
Verwertungsformen eines Werkes oder aber lediglich solche in Bezug auf einen be-
stimmten Verwertungszweck gemeint sind (a. a. O., S. 44). Schon das zeigt, dass

der Begriff „Zweck" zu schillernd ist, um eine sinnvolle Auslegungshilfe zu geben. Jedenfalls wenn der Zweck (der Primärverwertung) im Sinne des § 31 Abs. 5 herangezogen werden soll, überzeugt das schon deshalb nicht, weil dieser oft hinter dem tatsächlichen Umfang der Einräumung zurück bleibt (vgl. § 31 Rn. 126 ff.). Fälle der früher unbekannten Zweitverwertungsrechte könnten damit von § 137l nicht gelöst werden (genauso Schricker/Loewenheim/*Katzenberger/Spindler*[5] Rn. 34). Beispielsweise könnte § 137l das Verfilmungsrecht des Verlegers nicht erfassen, wenn der Primärzweck des Verlagsvertrages die Buchnutzung ist (so in der Tat Dreier/Schulze/*Schulze*[5] Rn. 25).

12b Danach ist es zielführender, auf die **Qualität und die Quantität des** *tatsächlich* **erworbenen Rechtekatalogs** abzustellen (dem folgend *Czernik* GRUR 2009, 913, 914; Loewenheim/*Loewenheim/Jan Bernd Nordemann*[2] § 26 Rn. 66). Dem entspricht auch die Auffassung von *Katzenberger/Spindler*, der zwar auf den Zweck abstellen will, diesen aber auf den Katalog der Rechteeinräumung bezieht (Schricker/Loewenheim/*Katzenberger/Spindler*[5] Rn. 31, 34; ähnlich auch BeckOK UrhR/*Soppe*[16] Rn. 12 ff., LG Berlin ZUM 2014, 251, 254 – *Talkshow*, und LG München ZUM 2014, 596, 600, allerdings jeweils ohne jede Auseinandersetzung mit dem Streitstand). Bei § 137l Abs. 1 geht es um einen **gesetzlich geregelten Fall ergänzender Vertragsauslegung** und ob es interessengerecht ist, einem Verwerter auch noch die Rechte an unbekannten Nutzungsarten zuzuschlagen. Mit Rücksicht auf den Regelungszweck erfordert „wesentlich", dass die Rechte an der unbekannten Nutzungsart eine nach dem im Vertrag enthaltenen Regelungsplan **logische Ergänzung der bereits erworbenen Rechte** sind (so auch Wandtke/Bullinger/*Jani*[4] Rn. 8). **Die an das Institut der ergänzenden Vertragsauslegung angelehnte Kontrollfrage lautet: Hätte der Urheber die bei Vertragsschluss unbekannte Nutzungsart dem Vertragspartner eingeräumt, wenn es § 31 Abs. 4 a. F. nicht gegeben hätte?** Logische Ergänzung erfordert keine Substitution von bekannten Nutzungsarten durch die neue Nutzungsart (ähnlich StellungN BR bei RegE 2. Korb – BT-Drs. 16/1828, S. 44), weil bei einer Substitution im Regelfall gar keine neue Nutzungsart vorliegt (vgl. § 31a Rn. 30 ff.).

12c Liegt eine **neue Nutzungsart mit substituierender Wirkung** vor, spricht das aber indiziell für eine Anwendung des § 137l. Eine **Konkurrenzsituation und Enthaltungspflicht** des Urhebers (zu Enthaltungspflichten vgl. Vor §§ 31 ff. Rn. 45 ff.) sprechen ebenfalls für eine Anwendbarkeit des § 137l (LG München ZUM 2014, 596, 600; Dreier/Schulze/*Schulze*[5] Rn. 25; Schricker/Loewenheim/*Katzenberger/Spindler*[5] Rn. 32). Sie sind aber im Hinblick auf die neue Nutzungsart nicht zwingend erforderlich (zu eng deshalb: *Schulze* UFITA 2007, 641, 687), weil es auch ohne Konkurrenzsituation nahe liegend sein kann, dass die Parteien ohne das Verbot des § 31 Abs. 4 die Rechte an der unbekannten Nutzungsart eingeräumt hätten.

12d Die erforderliche **Einzelfallbetrachtung**, ob die Rechte „wesentlich" sind, wurde ganz bewusst der Konkretisierung durch die Rechtsprechung. Die Betrachtung erfolgt „ex ante" (*Spindler/Heckmann* ZUM 2006, 620, 624), also **auf den Zeitpunkt des Vertragsschlusses**. Die Betrachtung des Rechtekatalogs muss **nach verschiedenen Branchen differenzieren**, wie nachfolgend aufgezeigt:

13 Erfasst der Rechtekatalog **alle** für die bekannte Nutzung **relevanten Branchen**, erwirbt der Vertragspartner alle neuen relevanten Nutzungsrechte (ähnlich *Berger* GRUR 2005, 907, 910: Unschädlich ist das Fehlen einzelner Nebenrechte). Wenn ein Autor einer juristischen Dissertation an den Verlag die Rechte für die Nutzung als Print-Normalausgabe sowie für die bekannten elektronische Offline- und Online-Medien eingeräumt hat, werden dem Verlag sämtliche später bekanntwerdenden relevanten Nutzungsrechte zugeschlagen. Unerheblich ist, dass das Recht zur Blindenausgabe oder der Verfilmung nicht eingeräumt sind, weil diese Rechte regelmäßig nicht relevant für die Verwertung einer juristischen Dissertation sind. Das Gleiche kann für einen Baufachverlag angenommen werden, dem zwar alle relevanten Rechte, aber nicht die (irrelevanten) Hörbuchrechte gewährt wurden. Die regelmäßige Einräumung der Rechte im Arbeitsverhältnis (vgl. § 43 Rn. 27 ff.) sollte danach ebenfalls unter § 137l fallen.

Der Urheber kann aber auch **nach Branchen getrennte wesentliche Rechte** vergeben bzw. zurückbehalten haben. Dann werden die Rechte an unbekannten Nutzungsarten branchenspezifisch verteilt, so wie sie die bekannten Nutzungsarten logisch ergänzen. Indizielle Bedeutung zugunsten der Wesentlichkeit sollte es haben, wenn nach der heute geübten Vertragspraxis der Rechtekatalog üblicherweise die zwischenzeitlich bekannt gewordene Nutzungsart umfasst (zustimmend: *von Frentz/Aleman* ZUM 2010, 38, 39). Folgendes sollte im Regelfall für die wichtigsten seit 1966 bekannt gewordenen neuen Nutzungsarten gelten: Für **Filmverträge** gewähren die Vermutungsregeln der §§ 88 Abs. 1, 89 Abs. 1 die wesentlichen filmischen Rechte, nicht aber außerfilmische Rechte wie Charakter-Merchandising, sodass der Filmhersteller dann die dazugehörigen unbekannten filmischen Nutzungsrechte erwirbt (RegE 2. Korb – BT-Drs 16/1828, S. 33). Insoweit ergänzt die neue Nutzungsart **Video** gem. § 137l den Rechtekatalog, den ein Filmurheber nach § 89 Abs. 1 in Verträgen von 1966 bis Mitte/Ende der 1970iger Jahre (vgl. § 31a Rn. 47) an einen Filmhersteller eingeräumt hat (Schricker/Loewenheim/*Katzenberger/Spindler*[5] Rn. 32). Unschädlich ist, wenn der Filmhersteller das Verfilmungsrecht nur zeitlich begrenzt erwirbt, weil der Filmhersteller im Hinblick auf den (innerhalb der Frist hergestellten Film) im Zweifel gem. § 88 Abs. 1 zeitlich unbegrenzte Rechte erwirbt (*Kähler* ZUM 2016, 417, 423). Das Gleiche gilt, wenn der Filmhersteller das Remakerecht gem. §§ 88 Abs. 2, 89 Abs. 2 nicht oder nur zeitlich begrenzt erwirbt (RegE 2. Korb – BT-Drs 16/1828, S. 33), weil sich der Nacherwerb nach § 137l nur auf den einen hergestellten Film bezieht (genauso *Schulze* UFITA 2007, 641, 690; Dreier/Schulze/*Schulze*[5] Rn. 30). Die Rechteeinräumung nach § 88 Abs. 1 a. F. für Verträge bis zum 30.6.2002 war jedoch enger und differenzierte nach dem Primärzweck des Films (vgl. § 88 Rn. 9 ff.; anders bei § 89, str., vgl. § 89 Rn. 4, 40); Fernsehanstalten erwarben danach Videorechte noch nicht einmal dann, wenn sie schon bekannt waren. Da § 137l jedoch den Zweck verfolgt, die Schätze in den Archiven gerade der Rundfunkanstalten zu heben (vgl. Rn. 1), muss hier § 88 Abs. 1 a. F. überwunden und ein Rechteerwerb über § 137l möglich werden (Schricker/Loewenheim/*Katzenberger/Spindler*[5] Rn. 32; a. A. wohl *Kreile* ZUM 2007, 682, 686), soweit der Urheber nicht anderweitig verfügt hat (vgl. Rn. 22 f.). Sofern **On-Demand** als neue Nutzungsart anzusehen ist (vgl. § 31a Rn. 41), erhält der Inhaber der Video-/DVD-Rechte den Zuschlag gem. § 137l; das gilt auch, wenn ihm Video-/DVD-Rechte bei Verträgen vor Bekanntwerden der Videonutzung lediglich über § 137l zugeschlagen werden. Auch hier gilt die vom Gesetzgeber gewollte Privilegierung der Rundfunkarchive: Selbst wenn die Rundfunkanstalten Video noch nicht einmal als bekannte Nutzungsart über § 88 Abs. 1 a. F. erworben haben, werden ihnen die On-Demand-Rechte zugeschlagen, sofern der Urheber nicht die Video-/DVD-Rechte zwischenzeitlich anderweitig vergeben hat (vgl. Rn. 22 f.). **Pay-TV**-Rechte (str., vgl. § 31a Rn. 37) erhält der Inhaber aller relevanten vorbekannten Fernsehrechte. Ein etwa früher unbekanntes Recht zur Nutzung von Klammerteilen nach Digitalisierung als „**Stock Footage**" (vgl. § 31a Rn. 38) erwirbt derjenige, der schon die bei Vertragsschluss bekannten Klammerteilrechte erworben hat. Im **Musikbereich** erwirbt derjenige Rechteinhaber die **Klingeltonrechte**, der schon die Ausschnittsrechte einschließlich Bearbeitung besitzt (allerdings muss hier noch § 14 beachtet werden, zu dem § 137l

14

keine Regelung enthält; vgl. Rn. 42). Die **Musik On-Demand-Rechte** werden demjenigen zugeschlagen, der schon die Vervielfältigungs- und Verbreitungsrechte hat; dafür spricht die Substitutionswirkung, die ohnehin das Vorliegen einer neuen Nutzungsart zweifelhaft erscheinen lässt (vgl. § 31a Rn. 41). Auch die GEMA hat nach Bekanntwerden den Wahrnehmungskatalog auf On-Demand erweitert, sodass die heutige Vertragspraxis indiziell für eine Anwendung des § 137l spricht. Komplex ist die Situation, wenn der Urheber GEMA-Mitglied ist, jedoch einem Musikverlag auch alle wesentlichen Rechte eingeräumt hat. Dann geht die zeitlich frühere Einräumung im Wahrnehmungsvertrag mit der GEMA vor (*Grohmann* GRUR 2008, 1056, 1060 f.; Dreier/Schulze/*Schulze*[5] Rn. 32); dem Musikverleger werden gem. § 137l keine Rechte zugeschlagen. Räumt der Musikverlagsvertrag aber alle wesentlichen Rechte ein, erhält der Verleger über die GEMA den Verlagsanteil auch an den früher unbekannten Rechten (Dreier/Schulze/*Schulze*[5] Rn. 32); der Urheber kann ohne Beendigung seines Verlagsvertrages die Wahrnehmung auch nicht verlagsfrei stellen (a. A. *Grohmann* GRUR 2008, 1056, 1061). Im **Werbebereich** ergänzt die Homepagenutzung die davor bekannten Werbeformen und unterfällt deshalb § 137l. Für den Bereich **Zeitungen** und **Zeitschriften** ordnet § 137l einen Nacherwerb für bei Vertragsschluss unbekannte, aber am 1.1.2008 bekannte **Online-Zeitungen und -Zeitschriften** (vgl. § 31a Rn. 42) an, selbst wenn der Verleger vorher nur das Printrecht für die Nutzungsart Zeitung oder Zeitschrift erworben hat (*von Frentz/Aleman* ZUM 2010, 38, 40; *Schippan* ZUM 2008, 844, 849); zur Ausschließlichkeit der Verlegerrechte vgl. Rn. 9. Auch heute erwirbt ein Verleger üblicherweise Print- und Internetrecht. Der Verleger kann also sein Internet-Archiv auf § 137l stützen, was auch dem Regelungszweck (Hebung von Schätzen in Archiven, vgl. Rn. 1) entspricht. Auch das **Offline-Recht** (z. B. **CD-Rom** mit Recherchefunktion) sollte davon umfasst sein (a. A. *Schippan* ZUM 2008, 844, 849). In Zeitungs- und Zeitschriftenverträgen, die nach Bekanntwerden der Online-Nutzung bzw. der CD-ROM-Nutzung bis 31.12.2007 abgeschlossen wurden, müssen dem Verleger für eine Anwendung des § 137l zum Erwerb bei Vertragsschluss unbekannter Rechte noch keine Online- bzw. CD-ROM-Rechte eingeräumt worden sein, weil sie bis 31.12.2007 – selbst bei Bekanntheit – nicht wesentlich waren (*Schippan* ZUM 2008, 844, 850; a. A. wohl Schricker/Loewenheim/*Katzenberger/Spindler*[5] Rn. 32), auch wenn sich das heute zumindest für Online-Rechte geändert haben mag. Erwirbt der Verleger gem. § 137l keine Rechte (z. B. wegen Vertragsschlusses vor 1966), sollte ein Erwerb über die VG Wort geprüft werden, weil die VG Wort gem. § 1 Nr. 19 Wahrnehmungsvertrag das Online-Datenbankrecht und gem. § 1 Nr. 17 Wahrnehmungsvertrag das CD-ROM-Recht hält. Im **Buchverlag** kann die Internet- oder Intranetnutzung – als einzelnes Werk oder im Rahmen einer Datenbank – eine neue Nutzungsart sein; sofern sie das eingeräumte bekannte relevante Buchverlagsgeschäft logisch ergänzt, wird sie dem Buchverleger zugeschlagen. Das Gleiche gilt für eBooks (vgl. § 31a Rn. 42; s. a. VG Wort, Tarif für zuvor in gedruckter Form verlegte Sprachwerke, 2010). Wesentliche Rechte im belletristischen Bereich sind Hard- und Softcover. Wenn ein Verleger aber nur die Rechte für die Buchnormalausgabe hat, jedoch die Taschenbuchrechte noch beim Urheber liegen bzw. anderweitig durch den Urheber eingeräumt sind, kommt eine Ergänzung mangels Wesentlichkeit der Rechte nicht in Betracht (*Schippan* ZUM 2008, 844, 849; Schricker/Loewenheim/*Katzenberger/Spindler*[5] Rn. 32; ähnlich *Kellerhals/Lehmkuhl* ZUM 2010, 677, 680). Anders kann es aber liegen, wenn der Verleger nur die Rechte für bestimmte Sprachen erworben hat; dies können die wesentlichen Rechte sein, und der Verleger erwirbt dann über § 137l nur neue Nutzungsarten in diesen Sprachen. Im wissenschaftlichen Bereich gibt es im Regelfall nur eine Ausgabe entweder als Hard- oder als Softcover. Hier genügt es für eine Wesentlichkeit der Rechte, wenn der Verleger die Rechte im Hinblick auf die Ausgabe hat, für die eine Buchnutzung erfolgte. Die Online-

Volltextsuche in digitalisierten Büchern zur Bewerbung von gedruckten Büchern ist schon keine neue Nutzungsart (vgl. § 31a Rn. 42), ja noch nicht einmal eine eigenständige Nutzungsart nach § 31 Abs. 1 (vgl. § 31 Rn. 156), sodass sie nicht nach § 137l erworben werden muss. Wer ein **Foto** nur für eine bestimmte Buchausgabe nutzen darf, kann sich nicht auf § 137l berufen. Anderes kann gelten, wenn die Rechte alle relevanten Nutzungsarten umfassen.

Ob der Vertragspartner auch die **Bearbeitungsrechte** erworben hat, ist dann **15** für die Wesentlichkeit der Rechte entscheidend, wenn die neue Nutzungsart eine über § 39 Abs. 2 hinausgehende Bearbeitung erfordert (Büscher/Dittmer/Schiwy/*Haberstumpf*³ Rn. 4). Das gilt beispielsweise regelmäßig für die Nutzung von Musikwerken als Klingeltöne.

Auch **Verwertungsgesellschaften** können sich auf § 137l Abs. 1 S. 1 berufen **16** (Büscher/Dittmer/Schiwy/*Haberstumpf*³ Rn. 4; Schricker/Loewenheim/*Katzenberger/Spindler*⁵ Rn. 21; Dreier/Schulze/*Schulze*⁵ Rn. 32); vgl. Rn. 5. Besondere Probleme können indes entstehen, wenn Urheber sowohl Verwertungsgesellschaften als auch Dritten Rechte einräumen. Beispielsweise Musikverlage lassen sich regelmäßig ganze Rechtekataloge einräumen, die zu einem wesentlichen Teil auch in den Wahrnehmungsverträgen der Urheber mit Verwertungsgesellschaften (insb. GEMA) enthalten sind. Die GEMA erwirbt die Rechte wegen des Prioritätsgrundsatzes (vgl. § 33 Rn. 7), wenn der Urheber – was die Regel ist – vor Vertragsschluss Mitglied bei ihr war (zustimmend: Schricker/Loewenheim/*Katzenberger/Spindler*⁴⁵ Rn. 37). Dennoch erhalten die Verleger einen Anteil an den GEMA-Ausschüttungen (s. a. StellungN BR bei RegE 2. Korb – BT-Drs. 16/1828, S. 44). Die wesentlichen Rechte stehen hier der Verwertungsgesellschaft zu; sie erwerben folglich auch die unbekannten Nutzungsarten, soweit die von ihnen wahrgenommen Rechte logisch ergänzt werden. Allerdings geht die Praxis der Verwertungsgesellschaften dahin, ihre Wahrnehmungsverträge bei Bekanntwerden von Nutzungsarten zu ergänzen, weshalb § 137l insoweit keine Wirkungen entfaltet (§ 137l Abs. 3). Deshalb dürfte in der Praxis § 137l für Verwertungsgesellschaften nur für bislang noch nicht bekannte Nutzungsarten relevant werden. Ob die Verwerter, z. B. Musikverlage, bei Anwendbarkeit des § 137l für die Verwertungsgesellschaft analog § 137l zumindest eine Beteiligung an der Ausschüttung der Verwertungsgesellschaft verlangen können, erscheint erwägenswert, weil sich § 137l als minus auch auf die Vergütung des anderen beziehen kann.

Sinn und Zweck des § 137l ist, die schädlichen Auswirkungen des § 31 Abs. 4 **17** a. F. abzumildern und die Archive zu heben (vgl. Rn. 1). Bei **Rechteeinräumungen nach ausländischem Vertragsstatut** kann § 137l deshalb nur zur Anwendung gelangen, wenn § 31 Abs. 4 a. F. anwendbar war (str., vgl. Rn. 4; zu der räumlichen Reichweite des § 137l vgl. Rn. 18). „Wesentlichkeit" der Rechte ist außerdem nur gegeben, wenn dem anderen Rechte an unbekannten Nutzungsarten eingeräumt wurden, sofern eine Einräumung nach ausländischem Recht möglich war. Ansonsten würde der Vertragspartner mehr Rechte über § 137l erwerben, als ihm nach Vertragsstatut zustehen. Dann besteht für eine ergänzende Vertragsauslegung nach § 137l kein Anlass. Diese Konstellation einer Rechteeinräumung auch für unbekannte Nutzungsarten kann insb. gegeben sein, wenn nach ausländischem Recht ein originärer Rechtserwerb oder eine vollständige Übertragung des Urheberrechts möglich ist. Beispielsweise ein Urheberrechtserwerb durch einen Auftraggeber wegen Erwerbs des US „Copyright" bringt dem Auftraggeber die Rechte an unbekannten Nutzungsarten nach US-Vertragsstatut (vgl. § 31a Rn. 12).

f) Rechtsfolge: Einräumung unbekannter Nutzungsrechte: § 137l Abs. 1 S. 1 **18** ordnet an, dass „die zum Zeitpunkt des Vertragsschlusses unbekannten Nutzungsrechte dem anderen ebenfalls eingeräumt" werden. Der **Umfang** der angeordneten Rechtseinräumung ist vom Gesetz nicht näher spezifiziert. Entscheidend ist, dass § 137l eine ergänzende Vertragsauslegung vorschreibt. Das spricht dafür, dass das Recht dem anderen **in der gleichen Form wie auch schon die zuvor erworbenen bekannten Rechte** zustehen soll. Mithin erhält er **ausschließliche Rechte**, wenn er bereits über ausschließliche bekannte Rechte verfügt (LG München ZUM 2014, 596, 600; *Kellerhals/Lehmkuhl* ZUM 2010, 677, 679; *von Frentz/Aleman* ZUM 2010, 38, 43; *Czernik* GRUR 2009, 913; *Berger* GRUR 2005, 907, 911; *Schulze* UFITA 2007, 641, 692; Berger/Wündisch/*Berger*[2] § 1 Rn. 136; Büscher/Dittmer/Schiwy/*Haberstumpf*[3] Rn. 10; HK-UrhR/*Kotthoff*[3] Rn. 4; Dreier/Schulze/*Schulze*[5] Rn. 38; Wandtke/Bullinger/*Jani*[4] Rn. 25; Loewenheim/*Loewenheim/Jan Bernd Nordemann*[2] § 26 Rn. 69; a. A. *Spindler/Heckmann* ZUM 2006, 620, 626; *Spindler* FS Loewenheim S. 287, 293; Schricker/Loewenheim/*Katzenberger/Spindler*[5] Rn. 56; Mestmäcker/Schulze/*Scholz* Rn. 23: **nur einfache Rechte**). Die Gegenauffassung übersieht, dass bei Einräumungsfiktion nur für einfache Nutzungsrechte trotz ursprünglich ausschließlicher Rechtseinräumung die Regelung des § 41 keine Anwendung finden kann und damit ein Rückfall der Rechte nach Erlöschen der Widerspruchsmöglichkeit unmöglich wäre, obwohl die ursprüngliche Rechtseinräumung § 41 unterfällt. Das hätte die merkwürdige Konsequenz, dass ein Rückruf nur für die ursprünglichen eingeräumten Rechte, nicht aber für die Rechte nach § 137l erfolgen könnte. Das ist auch wegen § 11 S. 2 zweifelhaft. Schließlich spricht für die hier vertretene Auffassung die Rechtsprechung des BGH für den parallelen Fall des § 2 Abs. 2 Schutzfrist-VerlG (§ 137 Rn. 6). Auch dort schweigt das Gesetz zur Frage der Ausschließlichkeit der (im Zweifel verlängerten) Rechtseinräumung, und der BGH geht zu Recht davon aus, dass eine ausschließliche Rechtseinräumung sich in einer eben solchen ausschließlichen Rechtseinräumung fortsetzt (BGH GRUR 2000, 869, 870 – *Salome III*; BGH GRUR 1975, 495, 497 – *Lustige Witwe*; jeweils m. w. N. zur Gegenauffassung). Einfache Nutzungsrechte werden also nur zugeschlagen, wenn der Erwerbende selbst lediglich noch einfache Nutzungsrechte hat (in Fällen zeitlich begrenzter Ausschließlichkeit, vgl. Rn. 9) und deshalb § 41 generell ausgeschlossen ist (zustimmend Büscher/Dittmer/Schiwy/*Haberstumpf*[3] Rn. 10). – **Zeitlich** läuft die Rechtseinräumung nach § 137l ebenfalls mit der verbliebenen Laufzeit der Rechtseinräumung der übrigen Rechte parallel (vgl. Rn. 10; genauso: Schricker/Loewenheim/*Katzenberger/Spindler*[5] Rn. 57); zum Beginn der Einräumungsfiktion vgl. Rn. 21. – Der Rechtserwerb über § 137l erfolgt **räumlich** in dem Umfang, in dem der Urheber bereits die bekannten Rechte eingeräumt hatte. Es können deshalb auch Rechte außerhalb Deutschlands oder sogar weltweite Rechte erworben worden sein (Büscher/Dittmer/Schiwy/*Haberstumpf*[3] Rn. 7; a. A. Schricker/Loewenheim/*Katzenberger/Spindler*[5] Rn. 57; Berger/Wündisch/*Berger*[2] § 1 Rn. 128: nur Deutschland). Die räumliche Wirkung von § 137l reicht **international-privatrechtlich** nur soweit, wie auch die Anwendung und damit das Verbot des § 31 Abs. 4 a. F. reichte. Erstreckte sich die Anwendung auf alle vertragsgegenständlichen Rechte, kommt § 137l für alle Rechte – auch außerhalb Deutschlands – zum Tragen; will man § 137l – z. B. wegen ausländischen Vertragsstatutes, vgl. Rn. 17 – nur auf in Deutschland belegte Rechte anwenden, werden nach § 137l nur deutsche Rechte eingeräumt. Zu **DDR-Altverträgen** vgl. Rn. 2.

19 Die branchenspezifische Differenzierung (vgl. Rn. 13 ff.) kann dazu führen, dass neue Nutzungsrechte **unterschiedlich zu verteilen** sind (zustimmend: Schricker/Loewenheim/*Katzenberger/Spindler*[5] Rn. 33; Dreier/Schulze/*Schulze*[5] Rn. 23). Vergibt ein Romanautor 1966 alle wesentlichen Buchverlagsrechte an einen Verleger, jedoch die Verfilmungsrechte nebst allen bekannten filmischen Nutzungsrechten getrennt an einen Filmhersteller, so wird dem Filmhersteller die bei Vertragsschluss unbekannte Nutzungsart Video (vgl. § 31a Rn. 38) durch § 137l Abs. 1 eingeräumt. Sofern das eBook eine unbekannte Nutzungsart war (vgl. § 31a Rn. 42), erwirbt der Verleger die Nutzungsrechte daran (RegE 2. Korb – BT-Drs. 16/1828, S. 33). **Bearbeitungsrechte** (§ 23) werden grundsätzlich nicht von § 137l gewährt (Wandtke/Bullinger/*Jani*[4] Rn. 24); umgekehrt muss vielmehr der Verwerter über Bearbeitungsrechte verfügen, um in bestimmten Konstellation die Wesentlichkeit der Rechte darlegen zu können (vgl. Rn. 15). Geringfügige Veränderungen, z. B. Formatanpassungen für die neue Nutzungsart, sind im Rahmen des § 39 Abs. 2 zulässig.

§ 137l erfasste in der Fassung des Referentenentwurfes dem Wortlaut nach nur **20** diejenigen Nutzungsarten, die seit Vertragsschluss bis zum Inkrafttreten der Änderung bekannt geworden sind, nicht aber zukünftig bekannt werdende (*Schwarz/Evers* ZUM 2005, 113, 115; *Seibold* ZUM 2005, 130, 135). Die Fassung des Regierungsentwurfes stellt nunmehr klar, dass sich die Regelung auf alle bei Vertragsschluss unbekannten Nutzungsarten erstreckt.

Der **Rechtserwerb** erfolgt *ex nunc*, **nicht rückwirkend** zum Vertragsschluss (LG **21** Hamburg GRUR-RR 2016, 68, 70 – *Hallo Spencer*; *von Frentz/Aleman* ZUM 2010, 38, 42; *Schulze* UFITA 2007, 641, 702; Schricker/Loewenheim/*Katzenberger*[4] Rn. 48, 54; a. A. noch Wandtke/Bullinger/*Jani*[3] Rn. 19, nunmehr wie hier Wandtke/Bullinger/*Jani*[4] Rn. 19; unklar *Frey/Rudolph* ZUM 2007, 13, 22). Nach dem Wortlaut des Abs. 1 S. 1 ist offen und umstritten, an welchem Stichtag der Erwerb wirksam wird. Bei der Formulierung „sofern der Urheber nicht widerspricht" könnte es sich entweder um eine auflösende Bedingung (dann Erwerb am 1.1.2008) oder um eine aufschiebende Bedingung handeln. Eine aufschiebende Bedingung hätte zur Konsequenz, dass am 1.1.2008 bekannte Nutzungsarten erst per 3.1.2009 (vgl. Rn. 26) und ansonsten Rechte an noch nicht bekannten Nutzungsarten gar nicht erworben werden könnten. Schon das spricht gegen eine auflösende Bedingung, weil § 137l doch eine „Einräumungsfiktion" für alle Rechte schaffen wollte. Auch ermöglicht nur eine **auflösende Bedingung**, dass die Rechte in den vielen Fällen, in denen kein Widerspruch kommt, nicht unnötig brach liegen. Mithin erfolgt der Erwerb *ex nunc* am **1.1.2008** (so auch Wandtke/Bullinger/*Jani*[4] Rn. 40; Mestmäcker/Schulze/*Scholz* Rn. 39; Loewenheim/*Loewenheim/Jan Bernd Nordemann*[2] § 26 Rn. 69; wohl auch *von Frentz/Aleman* ZUM 2010, 38, 42, 43; für eine aufschiebende Bedingung und damit den 1.1.2009: *Schulze* UFITA 2007, 641, 653, 683; Dreier/Schulze/*Schulze*[5] Rn. 15; Schricker/Loewenheim/*Katzenberger/Spindler*[5] Rn. 55). Vorherige Nutzungen durch den Verwerter sind rechtswidrig und lösen Ansprüche des Urhebers nach den §§ 97 ff. aus. Ferner ist dieses Datum im Hinblick auf § 41 relevant.

§ 137l regelt nur die (zusätzliche) Rechtseinräumung und deren Vergütung. Die **22** **übrigen vertraglichen Bestimmungen** bleiben unberührt. Das gilt zum einen für die **Ausübungspflicht** des Verwerters. Ist diese für die schon bislang eingeräumten Nutzungsrechte vereinbart (vgl. Vor §§ 31 ff. Rn. 41 ff.), gilt sie auch für die neu über § 137l erworbenen Rechte. Bei fehlender Ausübung kann der Urheber also Erfüllung verlangen oder Sekundäransprüche stellen; ggf. sollte insbesondere im Hinblick auf Schadensersatzansprüche jedoch ein Entfall wegen schuldloser Verletzung in Betracht kommen, sofern der von § 137l Begünstigte die Rechte sofort nach Aufforderung an den Urheber zurückgibt. Denn der Rechtserwerb mit Ausübungspflicht ergibt sich aus Gesetz und nicht aus seiner eigenen autonomen Entscheidung. Auch etwaige vertragliche **Kündigungsrechte** (vgl. Vor §§ 31 ff. Rn. 115 ff.) gelten für die von § 137l erfassten Rechte, genauso **Enthaltungspflichten** für die Parteien (vgl. Vor §§ 31 ff. Rn. 45 ff.). **Bei Aufnahme der Nutzung** besteht – anders als nach § 32c Abs. 1 S. 3 für Rechtseinräumungen nach § 31a – **keine Unterrichtungspflicht** an den

Urheber oder an eine in Abs. 5 benannte VG (a. A. *Schulze* UFITA 2007, 641, 710: § 32c Abs. 1 S. 3 analog).

23 g) **Zwischenzeitliche Einräumung an einen Dritten (Abs. 1 S. 4):** Die Fiktion des § 137l Abs. 1 S. 1 soll nicht in bestehende Nutzungsrechtseinräumungen an Dritte eingreifen (RegE 2. Korb – BT-Drs. 16/1828, S. 34). Damit dieser Bestandsschutz gewährt wird, muss es sich um eine **wirksame Einräumung** an einen Dritten handeln. Für Verträge vom 1.1.1966 bis zum 31.12.2007 (vgl. Rn. 7 f.) darf § 31 Abs. 4 a. F. mithin nicht entgegenstehen. Damit kann die Einräumung grundsätzlich erst nach Bekanntwerden der Nutzungsart (vgl. § 31a Rn. 43 ff.) erfolgt sein, oder es muss ein Risikogeschäft (vgl. § 31a Rn. 46) vorliegen. Etwas anderes gilt ausnahmsweise, wenn § 31 Abs. 4 wegen ausländischen Vertragsstatutes nicht galt (str., vgl. § 31a Rn. 14) oder erlaubterweise im Arbeitsverhältnis abbedungen war (vgl. § 31a Rn. 18). Die Wirksamkeit der Einräumung bei Neuverträgen ab dem 1.1.2008 ist an § 31a zu messen. Eine wirksame Einräumung liegt nicht (mehr) vor, wenn der Einräumung durch den Urheber nach den §§ 137l widersprochen oder sie nach 31a widerrufen wurde. Für die Wirksamkeit der Rechtseinräumung ist nicht Voraussetzung, dass der Dritte eine angemessene Vergütung versprochen hat; § 32 und mit Einschränkungen § 32a gewähren allerdings für Neuverträge gem. § 132 Abs. 3 einen unverzichtbaren Anspruch darauf. Der Vertragspartner hat einen **Auskunftsanspruch** gegen den Urheber gem. § 242 BGB, ob und ggf. inwieweit der Urheber Rechte an Dritte eingeräumt hat. – Der Nutzungseinräumung an Dritte ist die zwischenzeitliche **eigene Nutzung durch den Urheber** gleichzustellen, auch wenn der Wortlaut das nicht hergibt (Wandtke/Bullinger/*Jani*⁴ Rn. 34; Loewenheim/*Loewenheim/Jan Bernd Nordemann*² § 26 Rn. 68).

24 Erfolgte die **Rechtseinräumung an den Dritten** für die früher unbekannte Nutzungsart nur beschränkt, so greift die Fiktion des Rechtserwerbs des § 137l „in dem verbleibenden Umfang" (RegE 2. Korb – BT-Drs. 16/1828, S. 34). Beispielsweise bei **einfacher Einräumung** an einen Dritten umfasst der Erwerb nach § 137l nur die beim Urheber verbliebenen Nutzungsrechte (so RegE 2. Korb – BT-Drs. 16/1828, S. 34); dann erwirbt der andere nach § 137l ausschließliche Nutzungsrechte mit Weiternutzungsrecht des Dritten (vgl. § 33 Rn. 4 ff.). Bei **räumlich** beschränkter Einräumung erfolgt der Rechtserwerb für den nicht erfassten räumlichen Teil, bei **zeitlich** begrenzter Einräumung für die Zeit danach, bei inhaltlicher Beschränkung auf **bestimmte Nutzungsarten** für die nicht erfassten Nutzungsarten. Ein Beispiel für eine Beschränkung auf bestimmte Nutzungsarten ist die Vergabe von Rechten an einem Fachzeitschriftenaufsatz zur Nutzung auf CD-ROM mit Recherchefunktion, sodass die entsprechenden Online-Rechte noch nicht vergeben sind und § 137l unterfallen.

2. Widerspruchsrecht

25 a) **Widerspruchsrecht nach Abs. 1 S. 1:** Für das Widerspruchsrecht des § 137l Abs. 1 S. 1 sei grundsätzlich auf die Kommentierung zum Widerrufsrecht nach § 31a Abs. 1 S. 3 verwiesen (vgl. § 31a Rn. 55 ff.); die unterschiedliche Terminologie sollte grundsätzlich ohne inhaltliche Bedeutung sein. Es gelten aber folgende **Abweichungen**: Das Widerspruchsrecht nach § 137l ist nicht für **Filmstoffurheber** oder **Filmurheber** von vornherein ausgeschlossen; §§ 88 Abs. 1 S. 2, 89 Abs. 1 S. 2 gelten nicht für § 137l. Bei Übertragung sämtlicher Rechte auf Dritte kennt § 137l in Abs. 2 – im Gegensatz zu § 31a – eine ausdrückliche Regelung. Das Widerspruchsrecht ist nach dem Wortlaut des Abs. 1 S. 1 nicht daran gekoppelt, dass eine Nutzung tatsächlich stattfindet (a. A. *Frey/Rudolph* ZUM 2007, 13, 22). Probleme können entstehen, wenn der Vertragspartner des Urhebers den Sitz oder gar die Firmierung geändert hat. Insoweit existiert eine Nebenpflicht des Vertragspartners, den Urheber zu informieren. Unterbleibt eine Mitteilung an den Urheber schuldhaft und scheitert deshalb der Zugang des Widerspruchs, kann der Urheber insb. Schadensersatzansprüche stellen. Vor Inkrafttreten des § 137l noch im Jahr 2007 erfolgte Widersprüche sollten wirksam sein, weil sie so auszulegen sind, dass sie auf den 1.1.2008 gelten sollen. – In **Dienst- und Arbeitsverhältnissen** ist eine Ausübung des Widerspruchsrechts für Pflichtwerke grundsätzlich ausgeschlossen (Dreier/Schulze/*Schulze*[5] Rn. 9; Wandtke/Bullinger/*Jani*[4] Rn. 73 f.).

b) Jahresfrist für Ausübung (Abs. 1 S. 2) [*gegenstandslos*]: Für bei Vertragsschluss unbekannte Nutzungsarten, die am 1.1.2008 bekannt waren, konnte der Widerspruch nur innerhalb eines Jahres erklärt werden (zur Verfassungsmäßigkeit vgl. Rn. 1). In der Praxis gab es nur sehr wenige Widersprüche, vor allem im wissenschaftlichen Bereich (vgl. Rn. 1). Die wichtigsten am 1.1.2008 bekannten, früher aber unbekannten Nutzungsarten dürften sein: Video, Pay-TV (str.), einzelne Internetnutzungen (str.), CD-ROMs mit Zeitschriftenarchiv, Klingeltöne für Telefone (vgl. Rn. 14; vgl. § 31a Rn. 35 ff. zur Nutzungsart, vgl. § 31a Rn. 47 ff. zum Bekanntheitszeitpunkt). Die Frist lief ab dem 1.1.2008 (str., vgl. Rn. 21) ein Jahr, also bis zum 1.1.2009 (Neujahr); die Regelungen des BGB zur Fristberechnung sind anwendbar, sodass gem. § 193 BGB der Widerspruch erst am 2.1.2009 ausgeübt sein musste. **26**

c) Erlöschen durch Mitteilung (Abs. 1 S. 3): Mit Abs. 1 S. 3 gibt § 137l dem Verwerter die Möglichkeit, den Urheber zu einer Entscheidung über die Ausübung des Widerspruchs zu zwingen und für den Verwerter Klarheit zu schaffen. Die Regelung hat der Gesetzgeber parallel zu § 31a Abs. 1 S. 4 konstruiert (BeschlE RAusschuss 2. Korb – BT-Drs. 16/5939, S. 32). s. deshalb die Kommentierung dort; vgl. § 31a Rn. 63 ff. **27**

d) Entfall bei Vereinbarung (Abs. 3): Der RegE meint, § 137l Abs. 3 entspreche inhaltlich § 31a Abs. 2 (RegE 2. Korb – BT-Drs. 16/1828, S. 34; genauer: dessen S. 1 und S. 2); deshalb zunächst vgl. § 31a Rn. 68 ff. Jedoch wirft der unterschiedliche Wortlaut über § 31a Abs. 2 hinausgehende Fragen auf. Zunächst ist unklar, ob für § 137l Abs. 3 eine bloße Einigung genügend ist, die nicht „angemessen" (§ 31a Abs. 2 S. 1) sein muss, zumal auch eine Einigung nach einer gemeinsamen Vergütungsregel (§ 31a Abs. 2 S. 2) nicht erwähnt wird. Jedoch ist mit dem RegE von solchen inhaltlichen Anforderungen (Angemessenheit oder nach gemeinsamer Vergütungsregel) auszugehen, weil in der Gesetzesbegründung ausdrücklich von Einigung über eine „angemessene" Vergütung die Rede ist (RegE a. a. O.), sodass ein Redaktionsfehler vorliegen dürfte. Schricker/Loewenheim/*Katzenberger/Spindler*[5] Rn. 48 verlangen sogar eine gesonderte angemessene Vergütung im Sinne des § 32c (vgl. § 32c Rn. 8). Abs. 3 läuft leer, wenn die Parteien die Nutzungsrechtseinräumung und deren Vergütung neu vereinbaren (vgl. § 31a Rn. 16); dann besteht „nur" ein Vergütungsanspruch nach § 32. Allerdings ist eine **„ausdrückliche"** Vereinbarung über die neue Nutzungsart notwendig; konkludente Vereinbarungen durch langjährige Übung (vgl. § 31 Rn. 132) reichen also nicht. **28**

§ 137l Abs. 3 entfaltet nur für **Vereinbarungen** Wirkung, die seit Inkrafttreten des § 137l am **1.1.2008** geschlossen wurden. Denn § 137l Abs. 3 ordnet keine Rückwirkung an, sodass für Verträge bis zum 31.12.2007 das bisherige Recht gilt. Danach muss eine Vereinbarung keine „angemessene" Vergütung enthalten, damit das Widerspruchsrecht ausgeschlossen ist, weil das Widerspruchsrecht für Verträge bis zum 31.12.2007 nicht existiert. § 32 genauso wie § 32a greift nur für bestimmte Verträge vor dem 31.12.2007 (s. jeweils § 132 Abs. 3). **29**

e) Kein Erlöschen mit Tod des Urhebers: Anders als § 31a Abs. 2 S. 3 ordnet der Wortlaut des § 137l nicht an, dass das Widerspruchsrecht mit dem Tod des Urhebers erlischt. Eine analoge Anwendung kommt wohl nicht in Betracht. **30**

Eine planwidrige Regelungslücke ist nicht ersichtlich. Auch enthält § 137l eine Fiktion für einen nachträglichen Rechteerwerb, ist also vor dem Hintergrund des Art. 14 GG einschränkend auszulegen (vgl. Rn. 1). Auch die Erben oder sonstige Rechtsnachfolger des Urhebers (§§ 28, 29) können damit das Widerspruchsrecht ausüben (§ 30); zur Ausübung des Widerspruchs durch Erbengemeinschaften vgl. § 28 Rn. 6.

31   **f) Mehrheit von Rechtsinhabern: Keine Ausübung wider Treu und Glauben (Abs. 4):** Grundsätzlich kann auf die Kommentierung zu § 31a Abs. 3 verwiesen werden (vgl. § 31a Rn. 72 ff.), weil auch der RegE von einer inhaltlichen Entsprechung ausgeht (RegE 2. Korb – BT-Drs. 16/1828, S. 34). Ergänzend ist anzumerken, dass zur Gesamtheit des § 137l Abs. 4 auch Rechte an Werken gehören, die über § 137l Abs. 1 S. 1 erworben wurden. Ein Verleger kann sich also im Hinblick auf eine von ihm verlegte Zeitschrift darauf berufen, er habe gem. § 137l früher unbekannte Nutzungsrechte für die Online-Archivierung von den anderen Urhebern der Ausgabe erworben. Der Filmhersteller kann Nutzungsrechte von Filmurhebern (§ 88) oder Stoffurhebern (§ 89) einwenden, die er gem. § 137l Abs. 1 S. 1 nacherworben hat (vgl. Rn. 14). Das Interesse der Urheber im Fall eines Widerspruches nach § 137l wiegt wegen Art. 14 GG (vgl. Rn. 1) nicht etwa schwerer als nach § 31a (a. A. Schricker/Loewenheim/*Katzenberger/Spindler*[5] Rn. 50, der sogar von einer Vermutung zugunsten des Urhebers ausgeht, sein Widerspruch sei gem. Treu und Glauben); der Sinn und Zweck des § 137l ist es gerade, die Archive zu heben (vgl. Rn. 1), was sogar zu einer eher großzügigen Anwendung des § 137l Abs. 3 zugunsten anderer Rechteinhaber führt. Das gilt insb. für **Filmstoff- und Filmurheber**, die kein Widerspruchsrecht nach § 31a (wegen der §§ 88 Abs. 1 S. 2, 89 Abs. 1 S. 2), aber nach § 137l haben. Gerade die Interessen des Filmherstellers (Inhaber von Rechten nach den §§ 94, 95 bzw. 92, aber auch nach den §§ 88, 89 i. V. m. § 137l) wiegen wegen des unternehmerischen Risikos der Filmhersteller schwer (vgl. Vor §§ 88 ff. Rn. 1 ff.).

32   **g) Übertragung der Nutzungsrechte auf Dritte (Abs. 2):** Nach **Abs. 2 S. 1** gilt Abs. 1 zugunsten eines Dritten, wenn der ursprüngliche Vertragspartner sämtliche Rechte an den Dritten **übertragen** hat; zur Abgrenzung zwischen Übertragung und Einräumung vgl. § 34 Rn. 9. Das erfasst auch Konstellationen, in denen eine mehrfache Übertragung stattgefunden hat, es also kein direktes vertragliches Band des Dritten mit dem Vertragspartner des Urhebers gibt. „Sämtliche Rechte" bedeutet, dass sich der ursprüngliche Vertragspartner des Urhebers aller bei ihm liegenden, die Fiktion des § 137l Abs. 1 auslösenden Rechte an den Dritten entäußert haben muss. Mithin muss sich die Entäußerung auf sämtliche „wesentlichen" Rechte „ausschließlich sowie zeitlich und räumlich unbegrenzt" nach Abs. 1 S. 1 beziehen. Ein Beispiel sind Fernsehauftragsproduzenten, die regelmäßig dem Fernsehsender sämtliche von Urhebern erworbene Nutzungsrechte übertragen (vgl. Vor §§ 88 ff. Rn. 57 ff.). Nicht zwingend ist aber, dass die Entäußerung alle beim Vertragspartner liegenden Rechte erfasst. Denn § 137l Abs. 1 kann zwischen verschiedenen Branchen differenzieren und kennt deshalb mehrere parallele Situationen „wesentlicher" Rechte (vgl. Rn. 13 f.). Ein Beispiel wäre ein Filmhersteller, dem vom Verleger die wesentlichen Verfilmungsrechte (§ 88 Abs. 1) gewährt wurden, der Verleger jedoch die wesentlichen Buchrechte behalten hat. Würde § 137l Abs. 2 hier nicht greifen, könnte kein Filmhersteller, der Verfilmungsrechte vom Verleger erhalten hat, sich auf § 137l Abs. 1 S. 1 berufen.

32a   Entgegen dem Wortlaut des § 137l Abs. 2 erscheint es als gerechtfertigt, **Dritte, denen Nutzungsrechte** nicht übertragen, sondern **nur eingeräumt** werden (zur Unterscheidung vgl. Vor §§ 31 ff. Rn. 225 ff.), an der Einräumungsfiktion des Abs. 1 S. 1 partizipieren zu lassen (Loewenheim/*Loewenheim/Jan Bernd Nor-*

demann[2] § 26 Rn. 67; a. A. eingehend *Kellerhals/Lehmkuhl* ZUM 2010, 677, 681 ff., *Czernik* GRUR 2009, 913, 916; *Schulze* UFITA 2007, 641, 686 f., jeweils die unbefriedigende Regelung nach Wortlaut erkennend; genauso Dreier/Schulze/*Schulze*[5] Rn. 73; Wandtke/Bullinger/*Jani*[4] Rn. 65; Büscher/Dittmer/Schiwy/*Haberstumpf*[3] Rn. 12). Der Gesetzgeber ist offensichtlich bei Gebrauch des Begriffs „Übertragung" nicht immer treffsicher (zum falschen Begriff „Übertragungsfiktion" vgl. Rn. 1), sodass dem Wortlaut keine Bedeutung zukommt. Jedoch gebietet der Sinn und Zweck der Einräumungsfiktion des § 137l, sie auch auf bloße Einräumungsempfänger zu erstrecken, wenn die Einräumung für „alle wesentlichen Nutzungsrechte ausschließlich sowie räumlich und zeitlich unbegrenzt" erfolgt. Ein Beispiel wäre wiederum ein Filmhersteller, dem vom Verleger Rechte nach § 88 Abs. 1 a. F. mit Vertrag aus 1966 eingeräumt wurden (zur Anwendung des § 88 auf Verleger vgl. § 88 Rn. 25). Der Filmhersteller kann keine Video-/DVD-Rechte erworben haben, weil auch der Verleger sie wegen § 31 Abs. 4 a. F. nicht vom Urheber erwerben konnte. Damit sollte § 137l zugunsten des Filmproduzenten greifen (Schricker/Loewenheim/*Katzenberger/Spindler*[5] Rn. 33). *Kellerhals/Lehmkuhl* ZUM 2010, 677, 682, wenden dagegen ein, der Verleger müsse in den Genuss des § 137l kommen. Ansonsten sei das Recht des Verlages aus Art. 14 GG auf Partizipation an den Erlösen verletzt. Das kann vor allem deshalb nicht ganz überzeugen, weil § 137l kein Partizipationsrecht des Verlegers schützt, sondern die Verwertbarkeit des Werkes (Hebung der Archive) sicherstellen soll; die Hebung der Archive findet aber beim Filmproduzenten statt (deshalb schlagen *Kellerhals/Lehmkuhl* ZUM 2010, 677, 684 ff. auch *de lege ferenda* eine Erweiterung des § 137l auf Einräumungsempfänger vor, dort mit Formulierungsvorschlag für gesetzliche Regelung). Der Filmproduzent ist auch der Vergütungsschuldner gegenüber dem Urheber. Möglichweise muss der Urheber aber seinen Verleger wegen § 313 BGB beteiligen; denn es ist interessengerecht, dass der Verlag an den Erlösen aus der Verwertung partizipiert, wenn auch ansonsten eine Beteiligung an den Filmerlösen vereinbart ist (eingehend: *Kellerhals/Lehmkuhl* ZUM 2010, 677, 684).

Dritte, die nicht „sämtliche" Rechte erhalten, haben gegen den von der Einräumungsfiktion des § 137l Abs. 1 Begünstigten möglicherweise **Kontrahierungsansprüche** nach § 242 BGB (*Czernik* GRUR 2009, 913, 917); vgl. Vor §§ 31 ff. Rn. 278.   **32b**

Rechtsfolge des Abs. 2 S. 1 ist die Anwendung der Rechtseinräumungsfiktion des Abs. 1 S. 1 auf den Dritten. Ferner gilt das **Widerspruchsrecht** für den Urheber weiter, kann jedoch **nur noch gegenüber dem Dritten** ausgeübt werden (*Czernik* GRUR 2009, 913, 917; Büscher/Dittmer/Schiwy/*Haberstumpf*[3] Rn. 13; a. A. *Kellerhals/Lehmkuhl* ZUM 2010, 677, 680; *Frentz/Aleman* ZUM 2010, 38, 40 f.; Dreier/Schulze/*Schulze*[5] Rn. 48: auch noch gegenüber dem Vertragspartner). Auch Abs. 1 S. 2 und S. 3 entfalten nur noch gegenüber dem Dritten Wirkung, sodass der Widerspruch innerhalb der Frist des S. 2 gegenüber dem Dritten zu erklären ist und der Dritte auch die Option des S. 3 gegenüber dem Urheber hat. Ferner gelten – auch ohne gesonderte Anordnung durch Abs. 2 S. 1 – Abs. 3 und Abs. 4, weil sie auch bei Übertragung ihren Sinn nicht verlieren. In Abs. 5 findet sich eine gesonderte Regelung für die Vergütung des Urhebers bei Übertragung der Rechte auf Dritte.   **32c**

Abs. 2 S. 2 erklärt sich aus dem Wechsel des Widerspruchsempfängers nach Abs. 2 S. 1 auf den Dritten: Der ursprüngliche Vertragspartner muss dem Urheber unverzüglich alle erforderlichen Auskünfte über den Dritten erteilen, wenn der Urheber gegenüber seinem Vertragspartner widerspricht. Denn der Widerspruch muss jetzt gegenüber dem Dritten erfolgen. Erforderliche Auskünfte sind: Mitteilung, dass übertragen wurde; die relevanten Kommunikationsdaten   **33**

(mindestens Straßenadresse wegen des Interesses an einem Zugangsnachweis). Unverzüglich bedeutet ohne schuldhaftes Zögern (§ 119 Abs. 1 S. 1 BGB). Schnelleres Handeln als üblich kann insb. dann geboten sein, wenn die Frist des Abs. 1 S. 2 kurz vor dem Ablauf steht. Eine **Verletzung der Auskunftspflicht** kann Schadensersatzansprüche des Urhebers gegen seinen Vertragspartner zur Folge haben (Büscher/Dittmer/Schiwy/*Haberstumpf*[3] Rn. 13); der Umfang richtet sich nach dem Vermögensnachteil des Urhebers (vgl. § 97 Rn. 70 ff.), z. B. wenn er die Rechte nach Widerspruch gegen eine höhere Vergütung hätte vergeben können. Andere Berechnungsarten des Schadensersatzes als über den Vermögensnachteil (angemessene Lizenzgebühr, Verletzergewinn; vgl. § 97 Rn. 74 ff.) sind nicht denkbar. Ein Schadensersatzanspruch nach § 97 Abs. 2 kommt in Betracht, selbst wenn der fehlende Widerspruch urheberpersönlichkeitsrechtlich relevant ist. § 97a Abs. 2 ist nur einschlägig bei Verletzung von Rechten, nicht bei Verletzung von Pflichten. Bei Verletzung der Auskunftspflicht ist als Rechtsfolge nicht möglich, dass der Widerspruch auch gegen den Vertragspartner gerichtet werden kann (a. A. *Schulze* UFITA 2007, 641, 707). Eine solche Rechtsfolge ist in Abs. 2 S. 2 nicht angelegt.

3. Vergütungsanspruch des Urhebers (Abs. 5)

34 Abs. 5 S. 1 enthält zunächst die generelle gesetzliche Anordnung eines Vergütungsanspruchs des Urhebers. Dafür muss eine neue Art der Werknutzung nach Abs. 1 vorliegen, mithin eine **neue Nutzungsart** (vgl. § 31a Rn. 21 ff.). Erforderlich ist ferner, dass sie im Zeitpunkt des Vertragsschlusses noch **unbekannt** war (vgl. § 31a Rn. 43 ff.). Der Verwerter muss die **Nutzung** über dies **aufgenommen** haben. Voraussetzung ist weiter, dass die Nutzungsart nunmehr bekannt ist und außerdem dass eine Nutzung tatsächlich stattfindet, also nicht nur beabsichtigt ist (*Spindler/Heckmann* ZUM 2006, 620, 630). Das weicht von § 32 Abs. 1 ab, der schon ab Nutzungsrechtseinräumung einen Vergütungsanspruch gewährt; in der Regel ist aber auch nach § 32 eine Vergütung nur bei Nutzung angemessen (vgl. § 32 Rn. 17 ff.), sodass sich in der Praxis wohl kein nennenswerter Unterschied ergibt. Für die Fiktion der Einräumung nach § 137l Abs. 1 S. 1 wird also als solche keine Vergütung gezahlt, insb. kein Vorschuss o. Ä. Auch geringfügige tatsächliche Nutzungen erfüllen den Tatbestand des Abs. 5, allerdings fällt dann der Anspruch entsprechend gering aus. Eine Unterrichtungspflicht des Verwerters besteht wegen fehlenden Verweises auf § 32c Abs. 1 S. 3 nicht. Die **Nutzung ist nicht rechtswidrig**, wenn keine Vergütung gezahlt wird (*von Frentz/Aleman* ZUM 2010, 38, 43); § 137l unterscheidet eindeutig zwischen der automatischen Einräumungsfiktion des Abs. 1 S. 1 einerseits und dem Vergütungsanspruch nach Abs. 5.

35 Der Urheber hat Anspruch auf eine **gesonderte** angemessene Vergütung. Die Vergütung für den Rechtserwerb nach § 137l Abs. 1 S. 1 ist also zusätzlich zur Vergütung für die Nutzung in bekannten Nutzungsarten zu zahlen. Bei Vertragsschluss vereinbarte Pauschalhonorare beziehen sich grundsätzlich nicht auf unbekannte Nutzungsarten, weil es um Altverträge geht, für die § 31 Abs. 4 a. F. galt (vgl. Rn. 6 ff.). Ein sehr hohes Pauschalhonorar kann allerdings die **Höhe** der gesonderten angemessenen Vergütung beeinflussen. Abs. 5 S. 2 verweist für die Höhe der angemessenen Vergütung auf § **32 Abs. 2 und 4** (vgl. § 32 Rn. 33 ff.; vgl. § 32 Rn. 26 ff.).

36 Die **Verwertungsgesellschaftspflichtigkeit** des Vergütungsanspruchs (Abs. 5 S. 3) hat erst der Rechtsausschuss des Bundestages eingeführt. Damit sollte gewährleistet werden, dass „in jedem Fall die Nutzung des Werkes in einer neuen Nutzungsart vergütet wird" (BeschlE RAusschuss 2. Korb – BT-Drs. 16/5939, S. 46). Die Verwertungsgesellschaft kann die Vergütung auch fordern, wenn der Urheber nicht auffindbar ist (BeschlE RAusschuss a. a. O.). § **49 VGG** begründet zugunsten der Verwertungsgesellschaft eine **Vermu-**

tung, dass sie zur Geltendmachung des Vergütungsanspruches **aktivlegiti-miert** ist. Die Bindung an Verwertungsgesellschaften hat den Vorteil, dass über systematische Musterprozesse – anders als bislang – relativ schnell geklärt werden wird, ob eine neue Nutzungsart vorliegt und ab wann genau sie bekannt ist (*Wilhelm Nordemann/Jan Bernd Nordemann* GRUR 2003, 947). Allerdings ist Abs. 5 S. 3 gegenüber Vereinbarungen des Urhebers nach Bekanntwerden der Nutzungsart nachgiebig (vgl. Rn. 39). Die Verwertungsgesellschaften müssen ihre **Wahrnehmungsverträge mit Urhebern** um Vergütungsansprüche nach § 137l **erweitern**; es genügen aber pauschale Formulierungen wie „Vergütungsansprüche nach § 137l Abs. 5 wahrzunehmen" (s. § 1 Nr. 24 Wahrnehmungsvertrag VG Wort). Außerdem müssen die Verwertungsgesellschaften **Tarife aufstellen** für die Vergütung der Nutzung der Rechte nach § 137l; beispielsweise hat die VG Wort solche Tarife schon für zuvor in gedruckter Form verlegte Sprachwerke (2010) und für Bühnenwerke (2010) veröffentlicht.

Vergütungsschuldner ist (nur) derjenige, **der die Werknutzung aufnimmt,** also **37** **bei Weiterübertragung der Dritte,** wie Abs. 5 S. 4 und S. 5 ausdrücklich bestimmen. Sofern § 137l auch auf die Einräumung von Rechten an Dritte Anwendung findet (§ 32a), ist dieser Einräumungsempfänger (alleiniger) Schuldner (a. A. Dreier/Schulze/*Schulze*[5] Rn. 110: Vertragspartner und Einräumungsempfänger; noch anders *Czernik* GRUR 2009, 913, 918: alleinige Haftung des Einräumungsempfängers, wenn Vertragspartner nicht erlösbeteiligt). Zum Übergang der Haftung auf Dritte nach Übertragung (S. 4) und zum Entfall der Haftung (S. 5) vgl. § 32a Rn. 28 ff. Durch die Vergütungspflicht des Dritten nach Abs. 5 S. 4 und S. 5 ist denkbar, dass der Dritte zweimal vergüten muss: an seinen Vertragspartner aus Vertrag und an den Urheber aus Abs. 5 (*Sprang/Ackermann* K&R 2008, 7, 10; *Kellerhals/Lehmkuhl* ZUM 2010, 677, 683; Wandtke/Bullinger/*Jani*[4] Rn. 97). Das gilt jedenfalls dann, wenn der Vertragspartner des Dritten auch an der Nutzung der früher unbekannten Nutzungsart beteiligt ist. Ansonsten kann das Problem nicht auftreten, weil sich eine Pauschalvergütung nicht auf Rechte beziehen kann, die bei Vertragsschluss noch nicht an den Dritten übertragen werden konnten. **Bei doppelter Vergütung** durch Einführung des § 137l Abs. 5 liegt eine **Anpassung des Vertrages** des Dritten nahe, **§ 313 BGB** (ferner vgl. Vor §§ 31 ff. Rn. 100 ff.); das Gleiche gilt, wenn der Dritte an den Urheber zahlt, der unmittelbare Vertragspartner des Urhebers jedoch für bei Vertragsschluss bekannte Rechte an den Verwertungserlösen beteiligt ist (vgl. Rn. 32a).

4.   Zwingender Charakter des § 137l?

§ 137l enthält keine Regelung dazu, ob und inwieweit er zwingend ist. Die **38** **Einräumungsfiktion** des § 137l kann durch Parteivereinbarung zwischen Urheber und der von § 137l begünstigten Partei ausgeschlossen werden (Büscher/Dittmer/Schiwy/*Haberstumpf*[3] Rn. 22; Wandtke/Bullinger/*Jani*[4] Rn. 90; Dreier/Schulze/*Schulze*[5] Rn. 104). Ein zwingender Charakter ist nicht ersichtlich. Ist die Nutzungsart bei Vertragsschluss bekannt, gelten im Hinblick auf die Vergütung dann §§ 32, 32a, bei Unbekanntheit § 32c. Das **Widerspruchsrecht** des Abs. 1 S. 1 sollte ebenfalls nachgiebig sein (a. A. *Schulze* UFITA 2007, 641, 704). Anders als § 31a Abs. 4 enthält § 137l keine anders lautende Regel. Vielmehr sollte ein Ausschluss des Widerspruchsrechts wie eine Vereinbarung nach Abs. 3 behandelt werden, also **nach Bekanntwerden der Nutzungsart** möglich sein (*Czernik* GRUR 2009, 913, 915). Ohnehin kann der 3-Monats-Zeitraum des Abs. 1 S. 3 durch Vereinbarung verkürzt werden (vgl. § 31a Rn. 77). Abweichend von Abs. 3 können die Parteien vereinbaren, dass auch nach einer ausdrücklichen Vereinbarung das Widerspruchsrecht gilt. Abs. 4 kann ebenfalls abbedungen werden; dafür ist allerdings die Zustimmung sämtlicher betroffener und von Abs. 4 geschützter Rechteinhaber erforderlich.

39   Der **Vergütungsanspruch** (Abs. 5) sollte indes grundsätzlich im Voraus unverzichtbar sein (Schricker/Loewenheim/*Katzenberger/Spindler*[5] Rn. 60; Dreier/Schulze/*Schulze*[5] Rn. 105); das gilt trotz des fehlenden Verweises in § 137l Abs. 5 S. 2 auf § 32 Abs. 3 auch für die Angemessenheit der Vergütung. Alles andere würde Wertungswidersprüche mit § 32 Abs. 3 hervorrufen: Es erschiene jedenfalls als merkwürdig, eine ausdrückliche neue Einräumung für früher unbekannte, jetzt aber bekannte Nutzungsarten an den unverzichtbaren Anspruch nach § 32 zu koppeln, den Rechtserwerb durch gesetzliche Fiktion gem. § 137l jedoch keinem unverzichtbaren Anspruch auf angemessene Vergütung zu unterstellen. Neben § 11 S. 2 käme in einem solchen Fall auch eine Verletzung von Art. 14 GG durch die Möglichkeit eines kostenlosen Rechtserwerbs kraft Gesetz in Betracht. Allerdings können die Parteien die **Verwertungsgesellschaftspflicht** abbedingen (*v. Frentz/Aleman* ZUM 2010, 38, 43; Büscher/Dittmer/Schiwy/*Haberstumpf*[3] Rn. 22; Wandtke/Bullinger/*Jani*[4] Rn. 90; a. A. *Czernik* GRUR 2009, 913, 916; *Kreile* ZUM 2007, 682, 686); die Vergütungsansprüche sind auch individuell wahrnehmbar. Davon gehen im Übrigen auch Verwertungsgesellschaften wie die VG Wort in ihren Tarifen zu § 137l aus; nach § 5 Tarif für zuvor in gedruckter Form verlegte Sprachwerke (2010) und § 4 Tarif Bühnenwerke (2010) sind individuelle Vereinbarungen „stets vorrangig" (abrufbar unter www.vgwort.de). Überdies hat der Rechtsausschuss die Pflicht nur eingeführt, um auch in Fällen nicht auffindbarer Urheber (einschließlich streitiger Fälle, ob Urheber auffindbar war) eine Vergütung sicher zu stellen (BeschlE RAusschuss 2. Korb – BT-Drs. 16/5939, S. 46). Schließlich wäre es ein fragwürdiges Ergebnis, wenn der Urheber mit seinem ursprünglichen Vertragspartner nur verwertungsgesellschaftspflichtige Vergütungen, der Urheber mit jedem Dritten aber auch individuell einforderbare Vergütungen verabreden kann. Ebenso wenig kann der Gesetzgeber gewollt haben, dass der Urheber immer erst widersprechen muss, um eine verwertungsgesellschaftsfreie Vergütung mit dem von § 137l Begünstigten verabreden zu können (so in der Tat wenig überzeugend *Schulze* UFITA 2007, 641, 656). Ein solcher Widerspruch wäre für am 1.1.2008 bekannte Nutzungsarten gar nur bis zum 2.1.2009 möglich. Es macht wenig Sinn, dem Urheber ein Jahr lang die Möglichkeit zu geben, die Verwertungsgesellschaftspflichtigkeit zu vermeiden, ihn danach aber an die VGen zu binden. Die Verwertungsgesellschaftspflicht kann auch konkludent abbedungen sein, etwa wenn die Parteien Zahlung der Vergütung an den Urheber vereinbaren. Wegen § 137l Abs. 5 S. 3 ist jedoch im Zweifel von einer Vereinbarung auszugehen, mit der Nutzungsrechte eingeräumt werden, jedoch die Vergütung über VGen läuft.

40   **Nach Bekanntwerden der Nutzungsart** (vgl. Rn. 27 f.) können die Parteien eine **Vereinbarung** gem. §§ 31 ff. treffen, ohne dass gem. § 137l ein Widerspruchsrecht des Urhebers oder ein Vergütungsanspruch (wohl aber nach § 32) bestünden.

III. Prozessuales

41   Zunächst vgl. § 31a Rn. 81. Der Urheber und der andere haben ein berechtigtes Feststellungsinteresse, ob die Voraussetzungen für den Rechtserwerb nach § 137l Abs. 1 S. 1 vorliegen, sodass eine **Feststellungsklage** möglich ist. Auf die gesetzliche Fiktion des Abs. 1 S. 1 können sich zur Begründung ihrer **Aktivlegitimation** nicht nur der Vertragspartner des Urhebers, sondern auch sämtliche Dritte berufen, die ihre Rechte vom Vertragspartner des Urhebers ableiten. Im Hinblick auf die **Darlegungs- und Beweislast** gelten die allgemeinen Regeln:

Dass die Voraussetzung des § 137l Abs. 1 S. 1 (Einräumungsfiktion) erfüllt sind, muss derjenige darlegen und ggf. beweisen, der sich auf die Wirkungen der Fiktion beruft. Die Wirksamkeit des Widerspruchs muss der Urheber darlegen und ggf. beweisen, während die Last der Absendung der Absichtserklärung (§ 137l Abs. 1 S. 3) beim Rechteinhaber liegt. Von den gesetzlichen Regeln des § 137l **abweichende Vereinbarungen** (vgl. Rn. 38 f.) hat derjenige darzulegen und ggf. zu beweisen, der sich darauf beruft.

IV. Verhältnis zu anderen Vorschriften

Die §§ **31 ff.** gelten für gesonderte Nutzungsrechtseinräumungen nach Bekanntwerden der Nutzungsart; § 137l greift nur, wenn keine gesonderte Einräumung vorliegt (zur Abgrenzung vgl. § 31a Rn. 20). § 137l lässt die Vorschriften zu Urheberpersönlichkeitsrechten nach den §§ **12 bis 14** unberührt. Insoweit gilt nichts anderes als für die §§ **88, 89** (vgl. § 89 Rn. 72 ff.). Deshalb ist eine entstellende Nutzung in einer neuen Nutzungsart urheberrechtswidrig, wenn kein ausreichendes vertragliches Entstellungsrecht gewährt wurde. Die §§ **41, 42** sind auf die Einräumungsfiktion anwendbar, § 41 allerdings nur, soweit auch ausschließlich Rechte zugeschlagen wurden; relevant für § 41 ist der 1.1.2008, weil die Fiktion auf diesen Zeitpunkt wirkt (vgl. Rn. 21); die Nutzungsart muss bekannt sein, sonst kann keine mangelnde Ausübung nach § 41 gegeben sein. Gem. § 90 ist allerdings im Filmbereich ein Rückruf grundsätzlich ausgeschlossen. Liegen die Voraussetzungen des § 137l zugunsten eines Verwerters nicht vor, ist eine Verpflichtung des Urhebers zur Rechtseinräumung nach § **242 BGB** nach Bekanntwerden der Nutzungsart möglich (im Einzelnen vgl. Vor §§ 31 ff. Rn. 94 ff.). Jedoch ist eine Verpflichtung nach § 242 BGB ausgeschlossen, wenn ein anderer Verwerter die Wirkungen des § 137l für sich im Hinblick auf das streitige Nutzungsrecht in Anspruch nehmen kann. Zum früheren Recht nach **LUG** und **KUG** vgl. § 31a Rn. 5 ff.

42

§ 137m   Übergangsregelung aus Anlass der Umsetzung der Richtlinie 2011/ 77/EU

(1) Die Vorschriften über die Schutzdauer nach den §§ 82 und 85 Absatz 3 sowie über die Rechte und Ansprüche des ausübenden Künstlers nach § 79 Absatz 3 sowie § 79a gelten für Aufzeichnungen von Darbietungen und für Tonträger, deren Schutzdauer für den ausübenden Künstler und den Tonträgerhersteller am 1. November 2013 nach den Vorschriften dieses Gesetzes in der bis 6. Juli 2013 geltenden Fassung noch nicht erloschen war, und für Aufzeichnungen von Darbietungen und für Tonträger, die nach dem 1. November 2013 entstehen.

(2) [1]§ 65 Absatz 3 gilt für Musikkompositionen mit Text, von denen die Musikkomposition oder der Text in mindestens einem Mitgliedstaat der Europäischen Union am 1. November 2013 geschützt sind, und für Musikkompositionen mit Text, die nach diesem Datum entstehen. [2]Lebt nach Satz 1 der Schutz der Musikkomposition oder des Textes wieder auf, so stehen die wiederauflebenden Rechte dem Urheber zu. [3]Eine vor dem 1. November 2013 begonnene Nutzungshandlung darf jedoch in dem vorgesehenen Rahmen fortgesetzt werden. [4]Für die Nutzung ab dem 1. November 2013 ist eine angemessene Vergütung zu zahlen.

(3) Ist vor dem 1. November 2013 ein Übertragungsvertrag zwischen einem ausübenden Künstler und einem Tonträgerhersteller abgeschlossen worden, so erstreckt sich im Fall der Verlängerung der Schutzdauer die Übertragung auch auf diesen Zeitraum, wenn keine eindeutigen vertraglichen Hinweise auf das Gegenteil vorliegen.

I. Allgemeines

1 Die Vorschrift ist mit Wirkung zum 6.7.2013 (BGBl. I 2013, S. 1940 ff.) neu eingefügt worden, und zwar im Rahmen der Umsetzung der Schutzdaueränderungs-RL (2011/77/EU).

2 Die Umsetzung vor dem 1.11.2013 blieb indes für die Schutzfristenberechnung irrelevant.

II. Zu Abs. 1

3 Die Anwendung der Übergangsregelung bedeutet das regelmäßig, dass Tonträger ab dem Erscheinungsjahr 1963 von der Richtlinie profitieren.

1. Korrekte Lesart

4 Allerdings legt der deutsche Text der Richtlinie eine andere Lesart nahe. In Art. 1 Ziff. 3 der deutschen Fassung der Richtlinie heißt es:

(5) Artikel 3 Absätze 1 bis 2e in der am 31. Oktober 2011 geltenden Fassung gilt für Aufzeichnungen von Darbietungen und für Tonträger, deren Schutzdauer für den ausübenden Künstler und den Tonträgerhersteller am 30. Oktober 2011 aufgrund dieser Bestimmungen in der am 1. November 2013 geltenden Fassung noch nicht erloschen ist, und für Aufzeichnungen von Darbietungen und für Tonträger, die nach diesem Datum entstehen.

5 Die Richtlinie ist am 11.10.2011 im Amtsblatt veröffentlicht worden und tritt laut Art. 4 am 20. Tag nach Veröffentlichung in Kraft, also am 31.10.2011. Der Stichzeitpunkt vom 30.10. markiert also den Zustand vor Inkrafttreten der Richtlinie. Jedoch macht diese Tatsache in der deutschen Fassung des Richtlinientexts keinen Unterschied, da auch auf den Stichtag 30.10.2011 die Bestimmungen der Richtlinie (*„in der am 1. November 2013 geltenden Fassung"*) heranzuziehen wären. Gemeint war aber etwas ganz anderes. In der von Parlament und Rat verabschiedeten Fassung (PE-COS 16/11, S. 14) hieß es zu den drei Daten in dieser Vorschrift (zum Zweck der Veröffentlichung im Amtsblatt = Official Journal=OJ):

„OJ: please insert: the date of entry into force of this Directive.
OJ: please insert: 1day before entry into force of this Directive.
2 years from the date of entry into force of this Directive"

6 Gemeint war also, dass die am Tag vor Inkrafttreten der Richtlinie geltende Rechtslage so angewandt werden sollte, als hätte die alte Rechtslage zwei Jahre fortbestanden. In der englischen Fassung ist das auch so umgesetzt. Dort heißt es:

5. Article 3(1) to (2e) in the version thereof in force on 31 October 2011 shall apply to fixations of performances and phonograms in regard to which the performer and the phonogram producer are still protected, by virtue of those provisions in the version thereof in force on 30 October 2011, as at 1 November 2013 and to fixations of performances and phonograms which come into being after that date.

Der deutschsprachige Richtlinientext hätte also korrekterweise wie folgt lauten **7** müssen:

(5) Artikel 3 Absätze 1 bis 2e in der am 31. Oktober 2011 geltenden Fassung gilt für Aufzeichnungen von Darbietungen und für Tonträger, deren Schutzdauer für den ausübenden Künstler und den Tonträgerhersteller in Anwendung der am 30. Oktober 2011 gültigen Regeln am 1. November 2013 noch nicht erloschen wäre, und für Aufzeichnungen von Darbietungen und für Tonträger, die nach diesem Datum entstehen.

Die von vornherein an der maßgeblichen englischen Fassung orientierte Umsetzung in § 137m ist also insoweit korrekt (dagegen ist die deutsche Fassung der Richtlinie missverständlich oder sogar fehlerhaft).

2. Verhältnis zu § 137c

Abs. 1 widerspricht direkt § 137c Abs. 1 S. 3, was Darbietungen aus der Zeit **8** vor Inkrafttreten des UrhG angeht, denn dort heißt es, der Schutz nach dem UrhG dauere in keinem Fall länger als 50 Jahre nach dem Erscheinen des Bild- oder Tonträgers oder, falls der Bild- oder Tonträger nicht erschienen ist, 50 Jahre nach der Darbietung.

Leider hat der deutsche Gesetzgeber es versäumt, durch eine Änderung des **9** § 137c für Klarheit zu sorgen. Es liegt nahe, die spätere Regelung nach § 137m Abs. 1 als *lex specialis* anzusehen mit der Folge, dass die Anwendbarkeit von § 137c Abs. 1 S. 3 verdrängt wird. Auch die richtlinienkonforme Auslegung gebietet es, in Fällen, in denen der Tonträger erschienen ist, die 70-Jahre-Frist des § 82 Abs. 1 S. 1 anzusetzen, denn zum Stichtag (1. November 2013) wäre für diese Aufnahmen der Schutz nach altem Recht noch nicht abgelaufen. In diesem Sinne wäre § 137c Abs. 1 S. 3 im Hinblick auf § 137m richtlinienkonform wie folgt zu lesen:
Der Schutz nach diesem Gesetz dauert in keinem Fall länger als 70 Jahre nach dem Erscheinen der Aufzeichnung auf Tonträger. ²Ist die Darbietung des ausübenden Künstlers nicht auf einem Tonträger aufgezeichnet worden, dauert der Schutz nach diesem Gesetz in keinem Fall länger als 50 Jahre nach dem Erscheinen oder, falls der Bild- oder Tonträger nicht erschienen ist, 50 Jahre nach der Darbietung.

3. Praxisbeispiel

Das Zusammenspiel von §§ 82, 135a, 137c, 137f und 137m veranschaulicht **10** folgendes Praxisbeispiel:

Aufnahme mit Darbietungen eines Pianisten, erstmalig erschienen 1955. Der **11** Pianist starb 1986. §§ 2 Abs. 2 LUG, 29 LUG: Ablauf der Schutzfrist: 30 Jahre nach seinem Tod, also 2016.

§ 135a Abs. 1 S. 1 UrhG sagt: **12**

Wird durch die Anwendung dieses Gesetzes auf ein vor seinem Inkrafttreten entstandenes Recht die Dauer des Schutzes verkürzt (...)

Das ist der Fall, denn nach § 82 UrhG gilt die Frist 50 Jahre ab Erscheinen, also Schutzfristablauf 2005 (vor Verlängerung der Frist galt das erst recht: 1955 plus 25 Jahre, also 1980). Durch Anwendung des UrhG würde also der LUG-Schutz verkürzt.

§ 135a Abs. 1 S. 1 UrhG sagt weiter: **13**

(...) und liegt das für den Beginn der Schutzfrist nach diesem Gesetz maßgebende Ereignis vor dem Inkrafttreten dieses Gesetzes (...)

Das ist ebenso der Fall.

14 § 135a Abs. 1 S. 1 UrhG schließt:

(...) so wird die Frist erst vom Inkrafttreten dieses Gesetzes an berechnet.

Das wären also 25 Jahre ab 1.1.1966 gewesen (Ablauf 1991), gerade noch rechtzeitig für die Schutzfristenverlängerung von 1990 auf 50 Jahre.

15 § 137c Abs. 1 S. 1 UrhG lautet:

Die Vorschriften dieses Gesetzes über die Dauer des Schutzes nach § 82 sind auch auf Darbietungen anzuwenden, die vor dem 1. Juli 1990 auf Bild- oder Tonträger aufgenommen worden sind, wenn am 1. Januar 1991 seit dem Erscheinen des Bild- oder Tonträgers 50 Jahre noch nicht abgelaufen sind. Ist der Bild- oder Tonträger innerhalb dieser Frist nicht erschienen, so ist die Frist von der Darbietung an zu berechnen.

16 § 135a Abs. 1 S. 2 UrhG lautet:

Der Schutz erlischt jedoch spätestens mit Ablauf der Schutzdauer nach den bisherigen Vorschriften.

Darauf käme es im Fall des Pianisten gar nicht mehr an, weil sowohl nach altem wie nach neuem Recht der Schutz 2016 ausliefe (30 Jahre nach seinem Tod und – zufällig – 50 Jahre nach dem 1.1.1966, als die Frist neu in Gang gesetzt wurde). Wäre die Platte nicht 1955, sondern 1957 erschienen, bliebe es nach § 135a Abs. 1 S. 2 UrhG beim Ablauf gemäß LUG (also 2016).

17 § 137c Abs. 1 S. 3 UrhG lautet nun aber:

Der Schutz nach diesem Gesetz dauert in keinem Fall länger als 50 Jahre nach dem Erscheinen des Bild- oder Tonträgers oder, falls der Bild- oder Tonträger nicht erschienen ist, 50 Jahre nach der Darbietung.

Diese Regel wird verdrängt durch § 137m Abs. 1 mit der Folge, dass für den Schutz ab Darbietung § 82 Abs. 1 S. 3 UrhG gilt (der sich nicht nur auf S. 3 bezieht, sondern auch auf S. 1), und der § 137c Abs. 1 S. 3 UrhG ähnelt:

Die Rechte des ausübenden Künstlers erlöschen jedoch bereits 50 Jahre nach der Darbietung, wenn eine Aufzeichnung innerhalb dieser Frist nicht erschienen oder nicht erlaubterweise zur öffentlichen Wiedergabe benutzt worden ist.

Das aber bedeutet, dass alle nicht erschienenen Archiv-Aufnahmen, die zur Zeit ihrer Entstehung erstmals gesendet und solche, die nach ihrer Entstehung nie gesendet wurden, die 50-Jahres-Frist anzusetzen wäre, mit dem Ergebnis, dass alle Aufnahmen bis zum 31. Dezember 1962 zum Stichtag (1. November 2013) bereits gemeinfrei gewesen waren. Damit tritt insgesamt Gemeinfreiheit ein. Wegen der Art der Fristberechnung nach deutschem Recht, wonach Schutzfristen immer in vollen Jahren gerechnet werden, sind keine Fälle denkbar, wonach eine Schutzfrist zwischen dem 1. Januar und vor dem 1. November, also vor dem Stichtag, abläuft. Der Stichtag wurde im Rahmen der europäischen Harmonisierung aus der Richtlinie ins deutsche Gesetz übernommen. In allen anderen Fällen (der Tonträger ist zwar nicht erschienen, jedoch später erlaubterweise gesendet worden) gebietet es die richtlinienkonforme Auslegung im Hinblick auf die Schutzdaueränderungs-RL, die (neue) 70-Jahre-Frist des § 82 Abs. 1 S. 1 UrhG anzusetzen, denn zum Stichtag (1. November 2013) wäre für diese Aufnahmen der Schutz nach altem Recht noch nicht abgelaufen. In diesem Fall würde die verlängerte Schutzfrist am 31. Dezember 2016 ablaufen (eigentlich 70 Jahre nach der Aufnahme im Jahre 1955, also 2025, jedoch verkürzt auf die Schutzdauer nach LUG gemäß § 135a Abs. 1 S. 2 UrhG). In solchen Fällen tritt Gemeinfreiheit (gerechnet auf das Jahr 2016) daher nur bei Künstlern ein, die bis einschließlich dem 31. Dezember 1985 gestorben sind.

III. Zu Abs. 2

Die Vorschrift lehnt sich eng an Art. 1 Ziff. 3 der Schutzdaueränderungs-RL   **18**
an, die ihrerseits Art. 10 der Schutzdauer-RL (2006/116/EG) ergänzt.

Der Vorschlag der EU Kommission zu einer Änderung der Schutzdauer-RL (KOM   **19**
2008, 464 endg., S. 1 der Einführung, dort in den Fußnoten), also das Dokument,
das die Schutzdaueränderungs-RL vorbereitete, enthielt eine Übersicht zu der divergierenden Praxis der Mitgliedsländer bezüglich der Frage, ob die bei Miturheberschaft bekannte Regel des § 65 Abs. 1, wonach bei Miturhebern die Schutzfrist
ab dem Tod des längstlebenden Autors zu berechnen ist, auch auf Fälle der Werkverbindung von Musik und Text erstreckt werden kann.

Dies war tatsächlich schon bisher z. B. in Italien der Fall, in Deutschland nicht.   **20**
Das deutsche Urheberrecht ließ es nicht zu, dass sich die Rechtsnachfolger des
Komponisten einer Arie, die inzwischen gemeinfrei geworden war, hinsichtlich ih-
res eigenen Schutzes auf den fortbestehenden Schutz des Texts berufen konnten.

Durch die Einfügung von § 65 Abs. 3 (dazu vgl. § 65 Rn. 9a f.) ist dieses   **21**
Thema nun europäisch harmonisiert – entsprechend der italienischen und ge-
gen die bisherige deutsche Regelung. Daher spielt die Übergangsregelung in
Deutschland aus Bestandsschutzgründen eine große Rolle.

Wegen der eingangs beschriebenen engen Anlehnung des § 137m Abs. 2 an   **22**
Art. 10 Schutzdauer-RL kann wegen der näheren Einzelheiten auf die Kommentierung zu § 137f verwiesen werden, der seinerzeit Art. 10 Schutzdauer-RL
umsetzte.

Es fragt sich jedoch, wie urhebervertragsrechtlich mit der Frage wiederaufle-   **23**
benden Schutzes umzugehen ist.

Die Schutzdauer-RL (2006/116/EU) und die Schutzdaueränderungs-RL, auf   **24**
welcher die neue Regelung des § 65 Abs. 3 UrhG beruht, enthalten keine Vorgaben an den nationalen Gesetzgeber. Jedes EU-Land war und ist also frei,
diesen Punkt autonom zu regeln.

Die Neuregelung in § 137m Abs. 2 S. 2–4, Abs. 3 entspricht praktisch wörtlich   **25**
der Bestimmung des § 137f Abs. 3 und 4 UrhG, die wiederum auf §§ 2 und 3
des Urheberrechts-Abschnitts im Einigungsvertrag zurückgeht (Gesetzesbegründung zu § 137f UrhG: RegE 3. ÄndG – BT-Drs. 13/781, S. 17). Im Einigungsvertrag heißt es:

*(1) Sind vor dem Wirksamwerden des Beitritts Nutzungsrechte ganz oder teilweise ei-
nem anderen übertragen worden, so erstreckt sich die Übertragung im Zweifel auch auf
den Zeitraum, der sich durch die Anwendung des Urheberrechtsgesetzes ergibt.*

*(2) In den Fällen des Absatzes 1 hat der Nutzungsberechtigte dem Urheber eine
angemessene Vergütung zu zahlen. (...) (Anlage I Kap III E II Anlage I Kapitel III,
Sachgebiet E – Gewerblicher Rechtsschutz, Recht gegen den unlauteren Wettbewerb, Urheberrecht, Abschnitt II)*

Die Regelung im Einigungsvertrag – bei dem es ja ganz prominent um Fälle
wiederauflebenden Schutzes ging – ist offener formuliert und lässt sich ohne
weiteres auch auf Fälle beziehen, in denen Schutz auflebt mit der Folge, dass
Altverträge reaktiviert werden. Der Gesetzgeber ist diesem Beispiel schon bei
§ 137f nicht gefolgt, und damit perpetuiert der dieser Norm nachgebildete
§ 137m eine Unschärfe, die schon 1995 ins Gesetz gelangt war.

Zunächst wird man davon ausgehen dürfen, dass die Vorschrift des § 137m   **26**
Abs. 2 S. 2, wonach das wiederauflebende Recht dem Urheber zusteht, vertraglich abdingbar ist, denn auch §§ 137f Abs. 4 und 137m Abs. 2 S. 2 enthalten

ja lediglich Auslegungsregeln, wonach die Rechte als „im Zweifel" eingeräumt gelten. Dies setzt die Wirksamkeit der vertraglichen Grundlage voraus. Maßgeblich ist und bleibt also hier die vertragliche Regelung.

27 Gemäß § 132 Abs. 1 dürfte für die meisten Alt-Verträge das aktuelle Urhebervertragsrecht (mit den erwähnten Ausnahmen) nicht anwendbar sein und vor dem 1.1.1966 getroffene Verfügungen wären wirksam geblieben. Nach § 137f Abs. 2 erstreckt sich die Übertragung im Zweifel auch auf den Zeitraum, um den die Dauer des Urheberrechts nach den §§ 64 bis 66 verlängert worden ist. Da die jetzige Schutzfristverlängerung in § 65 Abs. 3 niedergelegt ist, wäre § 137f Abs. 2 grundsätzlich anwendbar.

28 Bei Verträgen, in denen Rechte für die Dauer der gesetzlichen Schutzfrist eingeräumt wurden (insbesondere wenn – wie häufig anzutreffen – auch künftige Verlängerungen ausdrücklich in Bezug genommen werden), ist mithin davon auszugehen, dass nicht nur die Schutzfrist, sondern auch die Geltung von Altverträgen wieder auflebt.

29 Dies steht in Übereinstimmung mit der Entscheidung des BGH in Sachen *Lustige Witwe* (GRUR 1975, 495, 497), wo es heißt, bei allen Schutzfristverlängerungen (auch denen aus der Zeit vor Inkrafttreten des UrhG) sei stets das Ziel verfolgt worden, den wirtschaftlichen Vorteil der Schutzfristverlängerung den Erben der Urheber zu gewähren, die Erwerber von zeitlich nicht eindeutig begrenzten Nutzungsrechten aber nicht daran zu hindern, das ihnen vertraglich eingeräumte Nutzungsrecht auch während der verlängerten Schutzfrist in gleicher Weise wie bisher ausüben zu können. Dabei ging es insbesondere um das Verhältnis zwischen § 137 Abs. 2 und § 2 Abs. 2 SchutzfristenverlG von 1934. Der BGH hat später an diese Rechtsprechung angeknüpft (GRUR 2000, 869, 870 – *Salome III*). So muss es auch hier sein.

30 Jede andere Lösung als die hier favorisierte würde im Übrigen große praktische Probleme aufwerfen: Zunächst könnten überall dort, wo mehrere Miturheber zusammengewirkt haben, nur die Rechtsnachfolger aller Miturheber gemeinschaftlich einen wirksamen neuen Verlagsvertrag schließen (§ 8 Abs. 2).

31 Sind die Rechte von (Mit-)Urhebern auf eine Erbengemeinschaft übergegangen, so verkompliziert sich die Situation nochmals. Für das Verhältnis der Miterben untereinander ist nicht § 8 UrhG, sondern das Erbrecht maßgeblich, nach deutschem Recht also die §§ 2032 ff. BGB (BGH GRUR 1997, 236, 237 – *Verlagsverträge* und vgl. § 28 Rn. 6). Die Miterben verwalten ihren Miturheber-Anteil ihrerseits gemeinschaftlich, was insbesondere bedeutet, dass sie gemäß § 2040 Abs. 1 BGB Nutzungsrechte nur gemeinschaftlich einräumen können.

32 Wollte man also entgegen der hier vertretenen Ansicht annehmen, dass wiederauflebende Rechte stets zwingend an den Urheber fallen, wäre in der Mehrzahl der Fälle mit einer Auswertungsblockade zu rechnen; denn die Erfahrung zeigt, dass häufig Rechtsnachfolger von Miturhebern, erst recht in Kombination mit Erbengemeinschaften nicht leicht zu einheitlicher Willensbildung imstande sind.

IV. Zu Abs. 3

33 Die Vorschrift entspricht § 137j Abs. 4 (s. die Kommentierung dort), wobei die abweichende Formulierung der Zweifelsregelung ausweislich der Gesetzesbegründung (RegE 8. ÄndG – BT-Drs. 17/12013, S. 9 f.) auf die Formulierung in Art. 1 Abs. 4 der Schutzdaueränderungs-RL zurückgeht. Ausweislich der Gesetzesbegründung musste die dort (im Rahmen des neu in die Schutzdauer-RL einzufügenden Art. 10a) vorgesehene Option nicht umgesetzt werden, da nach

§§ 79 Abs. 2 S. 2, 32 Abs. 2 S. 2 die dort vorgesehenen Anpassungsregeln ohnehin bereits existieren.

Insofern und im Hinblick auf die in § 79a enthaltenen Vergütungsregelungen **34** war eine Umsetzung entbehrlich, s. a. den letzten Satz von § 137j Abs. 4, wonach für den Fall einer Schutzdauerverlängerung eine angemessene Vergütung zu zahlen ist.

§ 137n Übergangsregelung aus Anlass der Umsetzung der Richtlinie 2012/28/EU

§ 61 Absatz 4 ist nur anzuwenden auf Bestandsinhalte, die der nutzenden Institution vor dem 29. Oktober 2014 überlassen wurden.

§ 137o Übergangsregelung zum Urheberrechts-Wissensgesellschafts-Gesetz

§ 60g gilt nicht für Verträge, die vor dem 1. März 2018 geschlossen wurden.

Die Vorschrift stellt eine Übergangsregelung zu dem am 1. März 2018 in Kraft **1** tretenden UrhWissG 2017 dar, das vor allem mit den §§ 60a bis 60f die Schrankenregelungen in den Bereichen der Wissenschaft, der Forschung und der Lehre zusammengefasst und erweitert hat (Einzelheiten vgl. Vor §§ 60a ff. Rn. 1 ff.).

§ 60g bestimmt, dass erlaubte Nutzungen nach den §§ 60a bis 60f nicht ver **2** traglich zum Nachteil der Nutzungsberechtigten beschränkt oder untersagt werden dürfen. Nach der Übergangsregelung des § 137o bleiben allerdings Verträge, die vor dem Inkrafttreten von § 60g UrhG am 1. März 2018 abgeschlossen wurden, in vollem Umfang wirksam. Sie müssen also, sofern sie über den 1. März 2018 hinaus gelten, zunächst auslaufen oder, falls ein Recht dazu besteht, von den Hochschulen gekündigt werden, damit die Schrankenregelungen des UrhWissG 2017 auch den Geltungsbereich dieser Nutzungsverträge erfassen. Im Übrigen vgl. § 60g Rn. 2 ff.).

Abschnitt 3 Schlussbestimmungen

§ 138   Register anonymer und pseudonymer Werke

(1) ¹Das Register anonymer und pseudonymer Werke für die in § 66 Abs. 2 Satz 2 vorgesehenen Eintragungen wird beim Patentamt geführt. ²Das Patentamt bewirkt die Eintragungen, ohne die Berechtigung des Antragstellers oder die Richtigkeit der zur Eintragung angemeldeten Tatsachen zu prüfen.

(2) ¹Wird die Eintragung abgelehnt, so kann der Antragsteller gerichtliche Entscheidung beantragen. ²Über den Antrag entscheidet das für den Sitz des Patentamts zuständige Oberlandesgericht durch einen mit Gründen versehenen Beschluss. ³Der Antrag ist schriftlich bei dem Oberlandesgericht einzureichen. ⁴Die Entscheidung des Oberlandesgerichts ist endgültig. ⁵Im Übrigen gelten für das gerichtliche Verfahren die Vorschriften des Gesetzes über die Angelegenheiten der freiwilligen Gerichtsbarkeit entsprechend.

(3) ¹Die Eintragungen werden im Bundesanzeiger öffentlich bekannt gemacht. ²Die Kosten für die Bekanntmachung hat der Antragsteller im Voraus zu entrichten.

(4) ¹Die Einsicht in das Register ist jedem gestattet. ²Auf Antrag werden Auszüge aus dem Register erteilt.

(5) Der Bundesminister der Justiz und für Verbraucherschutz wird ermächtigt, durch Rechtsverordnung

1. **Bestimmungen über die Form des Antrags und die Führung des Registers zu erlassen,**
2. **zur Deckung der Verwaltungskosten die Erhebung von Kosten (Gebühren und Auslagen) für die Eintragung, für die Ausfertigung eines Eintragungsscheins und für die Erteilung sonstiger Auszüge und deren Beglaubigung anzuordnen sowie Bestimmungen über den Kostenschuldner, die Fälligkeit von Kosten, die Kostenvorschusspflicht, Kostenbefreiungen, die Verjährung, das Kostenfestsetzungsverfahren und die Rechtsbehelfe gegen die Kostenfestsetzung zu treffen.**

(6) Eintragungen, die nach § 56 des Gesetzes betreffend das Urheberrecht an Werken der Literatur und der Tonkunst vom 19. Juni 1901 beim Stadtrat in Leipzig vorgenommen worden sind, bleiben wirksam.

Übersicht

I. Sinn und Zweck der Norm, Bedeutung

1 Für anonyme und pseudonyme Werke beginnt der Lauf der Schutzfrist gem. § 66 Abs. 1 in der Regel ab Veröffentlichung des Werkes. Durch die Eintragung in die Urheberrolle wird unter den formellen (§ 138) und materiellen (§ 66 Abs. 2 S. 2) gesetzlichen Voraussetzungen der Tod des Urhebers maßgeblich für den Beginn des Laufs der 70jährigen Schutzfrist.

2 Aus dem **Jahresbericht** des Deutschen Patent- und Markenamtes für das Jahr 2011 ergibt sich, dass per 31.12.2011 insgesamt 731 Werke von 395 Urhebern im Register eingetragen waren; 2011 wurde für 7 Werke der wahre Name des Urhebers zur Eintragung angemeldet, aber nur in 1 Fall wurde die Eintragung tatsächlich zugelassen (s. Jahresbericht DPMA 2011, abrufbar auf http://www.dpma.de/service/veroeffentlichungen/jahresberichte/index.html; zuletzt abgerufen am 5.9.2016). 2016 waren es nur noch 3 Anmeldungen, von denen eine einzige erfolgreich war (s. Jahresbericht DPMA 2016, abrufbar unter https://www.dpma.de/service/veroeffentlichungen/jahresberichte/index.html; zuletzt abgerufen am 5.9.2017). Insgesamt kommt dem Register also nur eine geringe praktische Bedeutung zu, was sowohl mit den Gründen, die den Autor zur anonymen oder pseudonymen Werkveröffentlichung bewegen (Einzelheiten vgl. § 10 Rn. 25 ff.) als auch mit der Stärkung der Rechtsstellung der Autoren zusammenhängt. So finden sich zwar vereinzelt auch künstlerische Texte, wie beispielsweise das Erstlingswerk Georg Herweghs, das als erstes anonymes Werk eingetragen wurde. Auffällig ist jedoch, dass Gebrauchstexte wie Schul- und Kochbücher, religiöse Texte und Trivialliteratur den Großteil der eingetragenen Werke ausmachen.

II. Früheres Recht

3 Mitte des 19. Jahrhunderts wurden durch die Urhebergesetze Sachsens, Bayerns und Preußens die ersten Urheberrollen zur Eintragung pseudonymer und anonymer Werke eingeführt. Diese wurden durch die Urheberrolle des Norddeutschen Bundes abgelöst, die am 1.1.1871 beim Stadtrat in Leipzig auf

Grundlage des Urhebergesetzes des Norddeutschen Bundes eingerichtet wurde und nach der Reichsgründung für das gesamte Reichsgebiet fortbestand. Auch nach 1945 wurde die Urheberrolle trotz deutscher Teilung zunächst in Leipzig als gesamtdeutsche Einrichtung fortgeführt, bis das am 1.1.1966 in Kraft getretene UrhG in § 138 die Einrichtung des Registers für den Bereich der Bundesrepublik Deutschland beim DPMA in München vorsah. § 33 Abs. 5 UrhG-DDR sah dementsprechend eine eigene Urheberrolle für das Gebiet der DDR vor. Mit dem Beitritt der DDR zum Geltungsbereich des Grundgesetzes zum 3.10.1990 erstreckt sich die Zuständigkeit des DPMA auch auf die neuen Bundesländer (Einzelheiten vgl. Einl. UrhG Rn. 35 f.). Die Regelung des § 138 entspricht sinngemäß dem in §§ 31 Abs. 2, 56–58 LUG vorgesehenen Verfahren. Abs. 5 ist durch das Kostenermächtigungs-Änderungsgesetz vom 23. 1970 (BGBl. I S. 805) aus formellen Gründen geändert und den Anforderungen, die Art. 80 Abs. 1 S. 2 GG an eine Ermächtigung zum Erlass von Rechtsverordnungen stellt, angepasst worden.

III. Tatbestand

§ 66 Abs. 2 S. 2 setzt voraus, dass der – inländische oder ausländische – Urheber **4** oder nach seinem Tode sein Rechtsnachfolger oder der Testamentsvollstrecker die **Eintragung in die Urheberrolle** bewirken. Bei Miturheberschaft kann die Anmeldung durch einen, aber auch durch alle Miturheber erfolgen (vgl. § 66 Rn. 12). Die Aktivlegitimation des Anmeldenden wird allerdings im Rahmen des Antragsverfahrens ebensowenig von Amts wegen nachgeprüft, wie die Richtigkeit der übrigen zur Eintragung angemeldeten Tatsachen. Das Patentamt nimmt lediglich eine **Schlüssigkeitsprüfung** vor. Der Antrag hat im Übrigen die **Formerfordernisse** der Verordnung über die Urheberrolle in der Fassung vom 15.10.1991, die das Eintragungsverfahren und die Führung der Rolle näher regelt, zu erfüllen. Der Antrag ist schriftlich **beim Patentamt** einzureichen und muss den Namen, den Geburtstag und -ort, ggf. das Sterbejahr sowie den Decknamen des Urhebers, den Werktitel oder die sonstige Bezeichnung des Werkes, den Verlag, den Zeitpunkt und die Form der ersten Veröffentlichung angeben.

Die Eintragung in die Urheberrolle lässt § 1 Abs. 2 Nr. 2 der Verordnung über **5** die Urheberrolle nur für **veröffentlichte Werke** zu. Das folgt aus dem Verhältnis von § 66 Abs. 1 und 2: Bei anonymen Werken erlischt das Urheberrecht 70 Jahre nach seiner Veröffentlichung (Abs. 1). Diese Frist wird durch die Regelfrist des § 64 ersetzt, wenn „innerhalb der in Abs. 1 bezeichneten Frist", also, da die Frist erst mit der Veröffentlichung zu laufen beginnt, *nach* letzterer, die Eintragung in die Urheberrolle beantragt wird (Abs. 2 S. 2). Es genügt aber jedenfalls die Veröffentlichung im Sinne des § 6 Abs. 1 (vgl. § 6 Rn. 10 ff.). Dass das Werk auch *erschienen* sei, ist entgegen OLG München UFITA 51 [1968], 379, 380 – *Lotteriesystem* (ebenso Schricker/*Katzenberger*[3] Rn. 11 zu § 66 Abs. 1 a. F.; s. a. Schricker/Loewenheim/*Katzenberger*[4] § 66 Rn. 25–28) keine Eintragungsvoraussetzung. Der Gesetzgeber des § 66 und des § 6 war derselbe; dass er in § 66 von „Veröffentlichung" gesprochen, aber „Erschienen" gemeint haben könnte, ist nicht vorstellbar (die Abweichung des Begriffs „Veröffentlichung" von „öffentliche Wiedergabe" liegt anders, vgl. § 6 Rn. 34). Wenngleich **keine Amtsprüfung auf Schutzfähigkeit** erfolgt, muss der Antrag insoweit schlüssig sein, dass sowohl der Werkcharakter gegeben ist (OLG München UFITA 51 [1968], 375 – *Mini-Car*) als auch die Veröffentlichung vorliegt (OLG München UFITA 51 [1968], 377 – *Geschäftskarten*). Beide materielle Voraussetzungen werden vom Patentamt überprüft. Ihr Fehlen führt zur Zurückweisung des Eintragungsantrages. Es ist somit nicht möglich, ein noch unveröffentlichtes Werk vom Patentamt auf seine urheberrechtliche Schutzfähigkeit amtlich prüfen zu lassen.

IV. Verfahren

6   Der **Antrag** ist **schriftlich** zu richten an:
Deutsches Patent- und Markenamt, Zweibrückenstraße 12, 80331 München
Postanschrift: Deutsches Patent- und Markenamt, 80297 München.
Telefon: +49 89 2195–1000; E-Mail: info@dpma.de; Homepage: www.dpma.de.
Gem. § 1 Abs. 2 WerkeRegVO **sind in dem Antrag die folgenden Angaben zu machen:**
1. Der Name des Urhebers, der Tag und der Ort seiner Geburt und, wenn der Urheber verstorben ist, das Sterbejahr; ist das Werk unter einem Decknamen veröffentlicht, so ist auch der Deckname anzugeben;
2. der Titel, unter dem das Werk veröffentlicht ist, oder, wenn das Werk ohne Titel veröffentlicht ist, eine sonstige Bezeichnung des Werkes; ist das Werk erschienen, so ist auch der Verlag anzugeben;
3. der Zeitpunkt und die Form der ersten Veröffentlichung des Werkes.
Ein **Antragsformular** gibt es **nicht**. Der Antrag ist mithin **formlos** zu stellen. Nach Überprüfung der formellen Voraussetzungen und einer Schlüssigkeitsprüfung (vgl. Rn. 4) erfolgt die Eintragung, die im **Bundesanzeiger** öffentlich bekannt gemacht wird (Abs. 3 S. 1). Eine Eintragungsurkunde wird nicht automatisch ausgestellt; das Deutsche Patent- und Markenamt erteilt jedoch **auf Antrag** einen **Eintragungsschein** (§ 4 WerkeRegVO).

7   **Antragsberechtigt** sind gem. § 66 Abs. 3 der Urheber, seine Erben oder der Testamentsvollstrecker (vgl. § 66 Rn. 11). Ebenso wie für die anderen beim Deutschen Patent- und Markenamt vorzunehmenden Anmeldungen (Patente, Gebrauchsmuster, Marken, eingetragene Designs) ist auch für den Antrag auf Eintragung in die Urheberrolle eine Vertretung durch einen Rechts- oder Patentanwalt nicht notwendig.

8   Die WerkeRegVO sieht nicht vor, dass das Werk selbst mit vorgelegt werden muss; eine **Identifizierbarkeit des Werkes** genügt. Ist das Werk jedoch anhand einer Bezeichnung oder einer Beschreibung nicht eindeutig identifizierbar, empfiehlt es sich, eine Vervielfältigung des Werkes mit einzureichen. Insb. bei „ohne Titel" veröffentlichten Werken der bildenden Kunst oder der Fotografie sollte deshalb regelmäßig eine Vervielfältigung des Werkes etwa in Form einer Fotografie zur sicheren Identifizierbarkeit mit eingereicht werden.

9   Das Deutsche Patent- und Markenamt erhebt für die Eintragung **Gebühren**, und zwar gem. § 5 WerkeRegVO für das erste Werk EUR 12,00, für das 2.-10., in dem selben Antrag mit aufgenommene Werk jeweils EUR 5,00 und ab dem 11. in dem selben Antrag enthaltene Werk jeweils EUR 2,00. Hinzu kommen die tatsächlichen Kosten für die Bekanntmachung im Bundesanzeiger. Für die Erteilung eines Eintragungsscheines werden EUR 15,00 erhoben. Die genannten Gebühren gelten per 1. Januar 2012. Im Zeitpunkt der Drucklegung des Werkes waren beabsichtigte Gebührenerhöhungen nicht bekannt.

10   Gem. § 7 Abs. 1 S. 1 DPMAVwKostVO kann das Deutsche Patent- und Markenamt die Einzahlung eines **Kostenvorschusses** verlangen; wird dieser nicht innerhalb der vom Amt gesetzten Frist entrichtet, gilt der Antrag als zurückgenommen (§ 8 Abs. 1 DPMAVwKostVO). Da der Antrag regelmäßig weder innerhalb einer bestimmten Frist gestellt werden muss noch fristauslösend ist, kann er **jederzeit wiederholt** werden. Vorsicht ist lediglich dann geboten, wenn der Antrag auf Eintragung erst kurz vor Ablauf der Schutzfrist des anonymen und pseudonymen Werkes gem. § 66 Abs. 1 S. 1, also kurz vor Ablauf des 70. Jahres nach der Veröffentlichung, gestellt wird, weil der Antrag, der beispielsweise wegen Nicht-Entrichtung des Kostenvorschusses als zurückgenommen gilt, nach Eintritt der Gemeinfreiheit des anonymen und pseudonymen Werkes nicht mehr wiederholt werden kann. Wer die Frist unverschuldet versäumt hat, erhält auf Antrag **Wiedereinsetzung** in den vorigen Stand (§ 123 PatG analog; § 91 MarkenG analog).

Die **Ablehnung** der Eintragung durch das Patentamt kann im Wege gerichtlicher Entscheidung überprüft werden. Der Antrag ist beim OLG München zu stellen, das für den Sitz des Patentamts zuständig ist, § 138 Abs. 2 S. 2 UrhG. Es besteht kein Anwaltszwang, § 138 Abs. 2 S. 5 UrhG i. V. m. § 10 Abs. 1–3 FamFG (s. a. BeckOK FamFG/*Burschel*[25] § 10 Rn. 3 f; RegE FGG-RG – BT-Drs. 16/6308, S. 181). Die Entscheidung des OLG München über den Antrag ist endgültig, § 138 Abs. 2 S. 4 UrhG; es gibt dagegen also kein Rechtsmittel. **11**

V. Prozessuales

Vgl. § 66 Rn. 13. **12**

§ 139 Änderung der Strafprozeßordnung

§ 374 Abs. 1 Nr. 8 der Strafprozeßordnung erhält folgende Fassung:
„8. alle Verletzungen des Patent-, Gebrauchsmuster-, Warenzeichen- und Geschmacksmusterrechtes, soweit sie als Vergehen strafbar sind, sowie die Vergehen nach §§ 106 bis 108 des Urheberrechtsgesetzes".

Der Text der Bestimmung, der noch aus der Ursprungsfassung des UrhG 1965 **1** stammt, ist schon mit der Neufassung der StPO vom 7. Januar 1975 (BGBl. I S. 129, berichtigt S. 650) obsolet geworden. Auch diese wurde inzwischen mehrfach geändert. § 374 Abs. 1 Nr. 8 StPO lautet derzeit (Art. 5 Abs. 4 des Gesetzes zur Modernisierung des Geschmacksmustergesetztes sowie zur Änderung der Regelungen über die Bekanntmachung zum Ausstellungsschutz vom 10.10.2013, BGBl. I S. 3799):

„8. eine Straftat nach § 142 Abs. 1 des Patentgesetzes, § 25 Abs. 1 des Gebrauchsmustergesetzes, § 10 Abs. 1 des Halbleiterschutzgesetzes, § 39 Abs. 1 des Sortenschutzgesetzes, § 143 Abs. 1 und § 143a Abs. 1 und § 144 Abs. 1 und 2 des Markengesetzes, § 51 Abs. 1 und § 65 Abs. 1 des Designgesetzes, den §§ 106 bis 108 sowie § 108b Abs. 1 und 2 des Urheberrechtsgesetzes und § 33 des Gesetzes betreffend das Urheberrecht an Werken der bildenden Künste und der Photographie.

§ 140 Änderung des Gesetzes über das am 6. September 1952 unterzeichnete Welturheberrechtsabkommen

In das Gesetz über das am 6. September 1952 unterzeichnete Welturheberrechtsabkommen vom 24. Februar 1955 (BGBl. II S. 101) wird nach Artikel 2 folgender Artikel 2a eingefügt:

Artikel 2a
Für die Berechnung der Dauer des Schutzes, den ausländische Staatsangehörige für ihre Werke nach dem Abkommen im Geltungsbereich dieses Gesetzes genießen, sind die Bestimmungen in Artikel IV Nr. 4 bis 6 des Abkommens anzuwenden.

Nach Art. IV Nr. 4 WUA ist kein vertragschließender Staat verpflichtet, einen län- **1** geren Schutz zu gewähren als den, der für Werke der betreffenden Art in dem vertragschließenden Staat festgesetzt ist, in dem das Werk erstveröffentlicht wurde

(Prinzip des Schutzfristvergleichs, vgl. Vor §§ 120 ff. Rn. 15, eingehend BGH GRUR 2014, 559, Rn. 13 ff. – *Tarzan; Wilhelm Nordemann/Vinck/Hertin* Bem. 4–5 zu Art. 7 RBÜ, Bem. 6 zu Art. IV WUA). Bei nicht veröffentlichten Werken braucht kein längerer Schutz gewährt zu werden als derjenige, der im Herkunftsstaat des Urhebers für Werke der betreffenden Art festgesetzt ist. Der Konventionstext lässt Zweifel zu, ob darin nur eine *Möglichkeit* der Einschränkung zu sehen oder ob aus ihr eine *unmittelbare Geltung* des Schutzfristenvergleichs abzuleiten ist, ohne dass es einer ausdrücklichen gesetzlichen Umsetzung bedarf (*Ulmer,* Urheber- und VerlagsR[3] S. 102). Durch § 140 wird klargestellt, dass im Geltungsbereich des Gesetzes der Schutzfristenvergleich nach dem WUA durchzuführen ist.

2 Praktische Bedeutung hat die Frage des Vorrangs des Schutzfristenvergleichs im Verhältnis zu solchen zwischenstaatlichen Abkommen, die dem ausländischen Urheber volle Inländerbehandlung zusichern, wie insb. das deutsch-amerikanische Übereinkommen von 1892 (dazu BGH GRUR 2014, 559, Rn. 15 ff. – *Tarzan;* vgl. Vor §§ 120 ff. Rn. 56 ff.). Ob der Schutzfristenvergleich bereits seit dem Inkrafttreten des WUA (16.9.1955) oder erst seit Inkrafttreten des UrhG (1.1.1966) die Schutzdauer von Werken US-amerikanischer Urheber eingrenzt, hängt davon ab, ob § 140 konstitutive oder (nur) deklaratorische Bedeutung zukommt. Der Bundesgerichtshof hat nun klargestellt, dass der Schutzfristenvergleich bereits ab 16.9.1955 durchzuführen ist und damit seine ältere Rechtsprechung ausdrücklich aufgegeben (BGH GRUR 2014, 559, Rn. 34 ff., – *Tarzan*; ebenso schon *Ulmer* GRUR Int. 1960, 57, 63 und 1979, 39; Schricker/ Loewenheim/*Katzenberger/Metzger*[5] § 140 Rn. 3; *Willhelm Nordemann* Anm. zu *Erich Schulze* BGHZ 245/246 S. 13 f.; *Drexl* GRUR Int. 1990, 35, 39; anders die frühere Rechtsprechung mit Schutzfristenvergleich nur für Werke, die nach dem 1. Januar 1966 geschaffen wurden: BGH GRUR 1978, 302 – *Wolfsblut*; BGHZ 70, 268, 272 f. – *Buster-Keaton-Filme* und OLG Frankfurt GRUR 1981, 793, 741 – *Lounge Chair*). Im Hinblick darauf, dass die RBÜ (als das intensivere Schutzinstrument) den Schutzfristenvergleich unmittelbar vorsieht (Art. 7 Abs. 8 RBÜ), hat solches für das WUA erst recht zu gelten, mithin § 140 nur etwas klarstellt, was durch das WUA bereits seit dem 16.9.1955 verbindlich vorgeschrieben ist.

3 Für die bis zum 16.9.1955 bereits geschaffenen Werke US-amerikanischer Urheber blieb es allerdings aufgrund der Bestandsgarantie des Art. XIX S. 3 WUA für wohlerworbene Rechte aus bestehenden Staatsverträgen bei der bis dahin in Deutschland geltenden Schutzdauer von 50 Jahren p. m. a. Lief die Schutzfrist solcher Werke im Ursprungsland USA länger als diese, so nahmen sie für den entsprechenden Zeitraum an der Schutzfristverlängerung durch das UrhG 1965 teil (ausführlich BGH GRUR 2014, 559, Rn. 39 – *Tarzan*; s. BGH GRUR 1978, 302, 304 – *Wolfsblut*); das galt, da § 64 schon am 17.9.1965 in Kraft trat (§ 143 Abs. 1, vgl. § 143 Rn. 1), bereits für solche US-Werke, für die die 50-Jahres-Schutzfrist andernfalls zum Jahresende 1965 ausgelaufen wäre, deren Urheber also schon 1915 gestorben war. Die erst nach dem 15.9.1955 geschaffenen Werke US-amerikanischer Urheber hatten in Deutschland nur eine Schutzfrist von 50 Jahren p. m. a. Das alles galt allerdings nur für einen Zeitraum von 22 Jahren, also für solche Werke, für die die Schutzfrist zwischen 1966 und 1988 ablief. Der Beitritt der USA zur RBÜ zum 1.3.1989 (vgl. Vor §§ 120 ff. Rn. 56; vgl. § 121 Rn. 16) hatte zur Folge, dass zwischen den USA und Deutschland seither nur noch diese gilt (Art. XVII Abs. 1 WUA). Nach Art. 20 RBÜ gehen zweiseitige Abkommen, die den Urhebern weitergehende Rechte verleihen, als sie die Übereinkunft vorsieht, dieser vor; das trifft für das deutsch-amerikanische Übereinkommen von 1892 zu, das keinen Schutzfristenvergleich kennt (vgl. Vor §§ 120 ff. Rn. 56). Da*mit gilt für US-amerikanische Urheber,* die nicht bis Ende 1988 frei geworden waren, also für solche, die später als 1938 gestorben sind oder deren Werke in den USA länger geschützt waren, in Deutschland die volle 70-Jahres-Schutzfrist

p. m. a. wie für Deutsche. Einzelheiten und Beispiele bei *Drexl* GRUR Int. 1990, 35, 44 ff. und *Willhelm Nordemann* FS Piper S. 747.

Der seit dem 15.9.1955 in Deutschland stattfindende uneingeschränkte Schutzfris- **4** tenvergleich (Art. XIX S. 4–6) hatte noch eine weitergehende Folge: Werke der Architektur, die nach dem *US Copyright Law* von 1909 schon ihrer Art nach nicht schutzfähig waren, wurden seit dem Inkrafttreten des WUA auch bei uns nicht geschützt (Art. IV Nr. 4a WUA). Zwar hatten bereits geschaffene Werke Bestandsschutz (Art. XIX S. 3 WUA). Deshalb blieb ein 1954 geschaffenes Werk eines der großen amerikanischen Architekten in Deutschland weiterhin – in den Grenzen des Schutzfristenvergleichs – geschützt; ein erst 1956 geschaffenes Werk desselben Architekten war gemeinfrei. Seit 1.1.1996 sind Bauwerke aber ohnehin nach § 121 Abs. 2 geschützt, wenn sie in Deutschland stehen. Zum persönlichen und sachlichen Anwendungsbereich der Konventionen und zur Schutzfristenregelung bei nicht registrierten, unveröffentlichten und anonymen Werken US-amerikanischer Urheber *Drexl* GRUR Int. 1990, 35, 44 ff.; vgl. Vor §§ 120 ff. Rn. 56 ff.

§ 141 Aufgehobene Vorschriften

Mit dem Inkrafttreten dieses Gesetzes werden aufgehoben:
1. **die §§ 57 bis 60 des Gesetzes betreffend das Urheberrecht an Schriftwerken, Abbildungen, musikalischen Kompositionen und dramatischen Werken vom 11. Juni 1870 (Bundesgesetzblatt des Norddeutschen Bundes S. 339);**
2. **die §§ 17 bis 19 des Gesetzes betreffend das Urheberrecht an Werken der bildenden Künste vom 9. Januar 1876 (Reichsgesetzbl. S. 4);**
3. **das Gesetz betreffend das Urheberrecht an Werken der Literatur und der Tonkunst vom 19. Juni 1901 in der Fassung des Gesetzes zur Ausführung der revidierten Berner Übereinkunft zum Schutze von Werken der Literatur und Kunst vom 22. Mai 1910 und des Gesetzes zur Verlängerung der Schutzfristen im Urheberrecht vom 13. Dezember 1934 (Reichsgesetzbl. II S. 1395);**
4. **die §§ 3, 13 und 42 des Gesetzes über das Verlagsrecht vom 19. Juni 1901 (Reichsgesetzbl. S. 217) in der Fassung des Gesetzes zur Ausführung der revidierten Berner Übereinkunft zum Schutze von Werken der Literatur und Kunst vom 22. Mai 1910;**
5. **das Gesetz betreffend das Urheberrecht an Werken der bildenden Künste und der Photographie vom 9. Januar 1907 (Reichsgesetzbl. S. 7) in der Fassung des Gesetzes zur Ausführung der revidierten Berner Übereinkunft zum Schutze von Werken der Literatur und Kunst vom 22. Mai 1910, des Gesetzes zur Verlängerung der Schutzfristen im Urheberrecht vom 13. Dezember 1934 und des Gesetzes zur Verlängerung der Schutzfristen für das Urheberrecht an Lichtbildern vom 12. Mai 1940 (Reichsgesetzbl. I S. 758), soweit es nicht den Schutz von Bildnissen betrifft;**
6. **die Artikel I, III und IV des Gesetzes zur Ausführung der revidierten Berner Übereinkunft zum Schutze von Werken der Literatur und Kunst vom 22. Mai 1910;**
7. **das Gesetz zur Erleichterung der Filmberichterstattung vom 30. April 1936 (Reichsgesetzbl. I S. 404);**
8. **§ 10 des Gesetzes über die Rechtsstellung heimatloser Ausländer im Bundesgebiet vom 25. April 1951 (Bundesgesetzbl. I S. 269).**

Das UrhG ist, wie § 143 ergibt, teils am 17.9.1965, teils am 1.1.1966 in Kraft **1** getreten. Es ist daher davon auszugehen, dass diejenigen Vorschriften der aufgehobenen Gesetze, die der in den §§ 64 bis 67, 69 getroffenen Neuregelung der Schutzfristen entgegenstehen, bereits mit Ablauf des 16.9.1965, die übrigen Bestimmungen dagegen erst mit Ablauf des 31.12.1965 außer Kraft getreten sind. Im Einzelnen bezieht sich die Aufhebung auf folgende Bestimmungen:

2   Nr. 1. Die genannten Bestimmungen waren nach § 64 LUG ausdrücklich in Kraft geblieben. Sie bezogen sich auf alle vor dem Inkrafttreten des Gesetzes vom 11.6.1870 erschienenen Schriftwerke, Abbildungen, musikalischen Kompositionen und dramatischen Werke, auf die bisher rechtmäßig angefertigten Vorrichtungen zur Herstellung dieser Werke und auf die vorher erteilten Privilegien zum Schutz des Urheberrechts. Nach über fünfundneunzigjähriger Geltungsdauer dieser Übergangsbestimmungen hatten sie jede Bedeutung verloren, sodass sie vollständig außer Kraft gesetzt werden konnten.

3   Nr. 2. Das Gleiche gilt für die §§ 17 bis 19 des Gesetzes vom 9.1.1876, die sich ebenfalls auf die Zeit vor dem Inkrafttreten des damaligen Gesetzes bezogen und von § 55 Abs. 2 KUG aufrechterhalten worden waren.

4   Nr. 3. Das LUG selbst wurde in seiner Gesamtheit aufgehoben. Einzelne seiner Bestimmungen blieben freilich noch indirekt dadurch erhalten, dass die Übergangsbestimmungen die Anwendung des bisherigen Rechts zuließen oder von ihm ausgingen. Das SchVG blieb insoweit in Kraft, als es nicht lediglich eine Änderung des LUG betraf, d.h. die Auslegungsregel des § 2 SchutzfrVerlG ist für Rechtsübertragungen, die zur Zeit der Geltung der 30jährigen Schutzfrist vorgenommen worden sind, nach wie vor verbindlich (vgl. § 137 Rn. 6).

5   Nr. 4. Die nicht aufgehobenen siebenundvierzig weiteren Vorschriften des VerlG gelten grds. unverändert fort. Im Einzelnen zum Verhältnis des UrhG zum VerlG vgl. Vor §§ 31 ff. Rn. 28; vgl. Einl. VerlG Rn. 11 ff.

6   Nr. 5. Der Bildnisschutz der §§ 22–23 KUG und die Strafvorschrift des § 33 KUG (abrufbar unter www.frommnordemann.de) sind nicht in das UrhG übernommen worden, weil sie sachlich nicht zu diesem Gebiet gehören. Ihre Neuregelung bleibt einem Gesetz über den Schutz von Persönlichkeitsrechten vorbehalten.

7   Nr. 6. Die Art. I, III und IV änderten LUG und KUG gemäß den Beschlüssen der Berliner Revisionskonferenz zur Berner Übereinkunft ab und sind gegenstandslos geworden, nachdem die zugrunde liegenden Gesetze gemäß § 141 Nr. 4 und 5 außer Kraft getreten sind. Art. II des Ausführungsgesetzes änderte dagegen § 2 Abs. 2 des VerlG, der bestehen bleibt.

8   Nr. 7. Das Gesetz räumte Unternehmen bei der Herstellung von Filmberichten über Tagesereignisse das Recht ein, bei der Aufnahme solcher Berichte auch urheberrechtlich geschützte Werke, die im Verlauf der festgehaltenen Vorgänge für Auge oder Ohr wahrnehmbar werden, auf die Bild- oder Schallvorrichtungen zu übertragen und die Aufnahmen für Zwecke der Filmberichterstattung zu vervielfältigen, zu verbreiten und zur öffentlichen Wiedergabe zu benutzen. Diese Befugnis ist nunmehr in § 50 in einer umfassenderen Form unter Einschluss von Funk und Presse geregelt worden, wobei der Zweck der Vervielfältigung, Verbreitung und öffentlichen Wiedergabe nicht auf die Filmberichterstattung beschränkt, sondern allgemein bestimmt wurde (vgl. § 50 Rn. 1 ff.).

9   Nr. 8. Die Bestimmung enthielt eine Meistbegünstigungsklausel, die infolge der in den §§ 123, 124, 125 Abs. 5 S. 2, 126 Abs. 3 S. 2, 128 Abs. 2 getroffenen Regelungen überflüssig geworden ist.

§ 142 Evaluierung

(1) Die Bundesregierung erstattet vier Jahre nach Inkrafttreten des Urheberrechts-Wissensgesellschafts-Gesetzes dem Deutschen Bundestag Bericht über die Auswirkungen des Teils 1 Abschnitt 6 Unterabschnitt 4.

(2) Teil 1 Abschnitt 6 Unterabschnitt 4 ist ab dem 1. März 2023 nicht mehr anzu-wenden.

Die Vorschrift stellt eine Übergangsregelung zu dem am 1. März 2018 in Kraft tretenden UrhWissG 2017 dar, das vor allem mit den §§ 60a bis 60f die Schrankenregelungen in den Bereichen der Wissenschaft, der Forschung und der Lehre zusammengefasst und erweitert hat (Einzelheiten vgl. Vor §§ 60a ff. Rn. 1 ff.). **1**

Die Übergangsregelung des § 142 soll sicherstellen, dass die Auswirkungen der umfassenden Reform der Wissenschafts- und Bildungsschranken nach ange-messener Zeit evaluiert und dem Gesetzgeber Bericht erstattet wird; dabei sol-len insbesondere die Praxistauglichkeit und die Vergütungssituation sowie die Publikations- und Lizenzierungspraxis der Verlage, ihre wirtschaftliche Situa-tion, der europäische Rechtsrahmen für die Beteiligung von Verlegern an ge-setzlichen und System und Praxis der Ausschüttung von gesetzlichen Vergütun-gen sowie deren Auswirkung auf die Tätigkeit von Autoren und Verlagen untersucht und dargestellt werden (RegE UrhWissG 2017 – BT-Drs. 18/12329, S. 49). **2**

Die Befristung der Schrankenregelungen der §§ 60a bis 60h bis zum 1. März 2023, also 5 Jahre nach dem Inkrafttreten des UrhWissG 2017, beruht auf einer Empfehlung des Rechtsausschusses; der Gesetzgeber soll nach der nach Abs. 1 durchzuführenden Evaluierung über das weitere Prozedere entscheiden (BeschlE RAusschuss UrhWissG 2017 – BT-Drs. 18/13014, S. 31). **3**

§ 143   Inkrafttreten

(1) Die §§ 64 bis 67, 69, 105 Abs. 1 bis 3 und § 138 Abs. 5 treten am Tage nach der Verkündung dieses Gesetzes in Kraft.
(2) Im Übrigen tritt dieses Gesetz am 1. Januar 1966 in Kraft.

Die vorzeitige Inkraftsetzung der Bestimmungen über die Verlängerung der Schutzdauer (§§ 64–67, 69) hatte zur Folge, dass von der Neuregelung auch diejenigen Werke erfasst wurden, deren Urheber im Laufe des Jahres 1915 verstorben waren. Diese Werke wären sonst am 31.12.1965 frei geworden. Sie blieben nunmehr noch bis zum 31.12.1985 geschützt (s. RAusschuss UrhG 1962 – BT-Drs. IV/3401, S. 15). – Tag der Verkündung war der 16.9.1965. **1**

Zu Einzelheiten der Schutzfristberechnung vgl. § 129 Rn. 2 f. Verwandte Schutzrechte, die durch das UrhG erst geschaffen wurden, können nur für sol-che Leistungen in Anspruch genommen werden, die seit dem 1.1.1966 erbracht worden sind (vgl. § 129 Rn. 6). **2**

Die Vorverlagerung des Inkrafttretens der in den §§ 105 Abs. 1, 138 Abs. 5 enthaltenen Verordnungsermächtigungen diente dem Zweck, deren Vorliegen bereits bei Inkrafttreten des Gesetzes sicherzustellen. **3**

Gesetz über das Verlagsrecht (Verlagsgesetz)

vom 19. Juni 1901 (RGBl. S. 217) in der Fassung vom 22. März 2002

Einleitung

I. Allgemeines

1. Gegenstand

1 Das VerlG regelt aus heutiger Sicht das möglicherweise wichtigste, in einer Formulierung von *Schricker* (Verlagsrecht³ Einl. Rn. 2) „prototypische Beispiel" für ein urheberrechtliches Nutzungsrecht; das Verlagsrecht ist also Teil des Urhebervertragsrechts. Es wird begründet durch entsprechende Verfügung (Rechtseinräumung) des Urhebers (das VerlG spricht insofern vom „**Verfasser**") oder seines Rechtsnachfolgers oder sonst Nutzungsberechtigten, deren Rechtsgrund in dem Verlagsvertrag als schuldrechtliches Verpflichtungsgeschäft liegt (*Schricker* VerlagsR³ Rn. 2). Der **Verlagsvertrag** ist ein gegenseitiger Vertrag eigener Art, durch den sich der Verfasser verpflichtet, dem Verleger das Werk zur Vervielfältigung und Verbreitung zu überlassen (§ 1 VerlG), während umgekehrt der Verleger sich verpflichtet, die Vervielfältigung und Verbreitung auf eigene Rechnung vorzunehmen (§ 1 VerlG). Fehlt eine dieser wesentlichen Voraussetzungen, so handelt es sich nicht um einen Verlagsvertrag im Sinne des VerlG (allg. A., *Schricker* VerlagsR³ Einl. Rn. 3). Umgekehrt soll es sich bei Vorliegen dieser beiden Voraussetzungen jedoch auch dann um einen Verlagsvertrag handeln, wenn dem Verleger nur eine schuldrechtliche Befugnis zukommt, das Werk zu vervielfältigen und zu verbreiten, oder gar nur ein einfaches Nutzungsrecht eingeräumt wird (so BGH GRUR 2010, 1093 – *Concierto de Aranjuez*; näher vgl. § 1 VerlG Rn. 5). I. d. R. enthält der Verlagsvertrag nicht nur die Einräumung des eigentlichen Verlagsrechts, sondern darüber hinaus Regelungen zu den üblicherweise als „Nebenrechte" bezeichneten abgeleiteten Rechten (Taschenbuchrechte, Übersetzungsrechte, Verfilmungs-, Vortrags-, Hörbuchrechte usw.), zu bestimmten urheberpersönlichkeitsrechtlichen Befugnissen (z. B. der Namensnennung, dem Erstveröffentlichungsrecht u. ä.) und häufig auch zu den gesetzlichen Vergütungsansprüchen bzw. der Frage, ob und durch wen bestimmte Nebenrechte in Verwertungsgesellschaften eingebracht werden. **Gegenstand des Verlagsvertrages** können nach § 1 VerlG Werke der Literatur und der Tonkunst, nicht hingegen Werke der bildenden Kunst sein; das VerlG betrifft also den Schrift-, Musik- und Theaterverlag, nicht hingegen den Kunstverlag im eigentlichen Sinne (*Schricker* VerlagsR³ Einl. Rn. 3). Da das VerlG jedoch seit langem nicht mehr reformiert, ja nicht einmal ergänzt worden ist, hängt es der vor allem technischen Entwicklung stark hinterher, und eine Reihe seiner Bestimmungen – z. B. zu den für einen Verlagsvertrag wesentlichen Rechten und Pflichten, zur Auflagenhöhe, zum Erscheinen usw. – passen auf die heute wichtigen Nutzungen im Online- und digitalen Offlinebereich nicht mehr ohne weiteres (dazu vgl. § 1 VerlG Rn. 12 ff., vgl. § 2 VerlG Rn. 26 ff. sowie bei den einzelnen Normen). Vor allem wissenschaftliche Verlage nutzen in sehr großem Umfang digital, d. h. als E-Book, in Datenbanken usw., und auch viele Zeitschriftenabonnements in diesem Bereich werden vor allem digital, z. T. bereits ohne begleitende Papierkopie versandt bzw. zugänglich gemacht.

Das EU-Recht hat bislang auf das VerlG nur indirekt, nämlich vor allem über **2** das UrhG, Einfluss. Speziell das Verlagsrecht regelnde internationale Konventionen gibt es nicht. Zur **kollisionsrechtlichen Anknüpfung** von Verlagsverträgen vgl. Vor §§ 120 ff. UrhG Rn. 90.

2. Historische Entwicklung

Historisch hat sich das Verlagsrecht aus einem zunächst reinen Verlegerrecht **3** entwickelt. Während der Antike trotz eines blühenden Verlegertums ein Urheber- oder Verlagsrecht noch fremd war, entstand mit Erfindung der Buchdruckerkunst im Jahre 1445 die Notwendigkeit, das Gewerbe der Drucker und Buchhändler vor allem gegen Nachdrucke zu schützen. Dieser Schutz wurde ab der zweiten Hälfte des 15. Jhrd. in Form befristeter **Privilegien** zuerst in Norditalien und kurz darauf auch in Nürnberg, Leipzig, Wittenberg und weiteren deutschen Städten und Ländern gewährt. Die gewerblichen Privilegien der Drucker und Buchhändler dienten dabei nicht nur deren Schutz, sondern ermöglichten gleichzeitig der Obrigkeit – über ein jeweils abzulieferndes Pflichtexemplar – eine einigermaßen effiziente Zensur. Angesichts vielfältiger Unzulänglichkeiten des Privilegienschutzes entwickelte sich ab der zweiten Hälfte des 17. Jhrd. die Idee des geistigen Eigentums. Dementsprechend verschob sich in der Folge – spürbar vor allem an den gegen Ende des 18. und zu Beginn des 19. Jhrd. erlassenen Schutzvorschriften – der Schutz des Verlegers hin zu einem Schutz des Verfassers. Damit musste auch das besondere rechtliche Verhältnis zwischen Verfasser und Verleger geregelt werden. Eine Reihe von gesetzlichen Vorschriften vor allem aus dem ersten Drittel des 19. Jhrd. enthielten wesentlichen Regelungen zum Verlagsrecht. Naturgemäß waren die Regelungen in den einzelnen deutschen Staaten sehr unterschiedlich; z. T. gab es überhaupt keine Schutzgesetze. Im Laufe des 19. Jhrd. drängte vor allem der Buchhandel deshalb immer stärker auf eine gesamtdeutsche Regelung. Weil in den reichseinheitlichen Urheberrechtsgesetzen vom 11.6.1870, 9.10.1876 und 11.1.1876 gesonderte Bestimmungen zum Verlagsrecht zurückgestellt worden waren, nahm der Deutsche Schriftstellerverband in einer Versammlung am 15.9.1890 einen **Entwurf eines Gesetzes über das Verlagsrecht** an, und der Börsenverein der Buchhändler erließ am 29.4.1893 eine **Verlagsordnung**. Beide Regelungen spiegelten die buchhändlerischen Üblichkeiten bei dem Abschluss von Verlagsverträgen in Deutschland wider. Da es an einer gesetzlichen Regelung noch fehlte, bildeten vor allem diese Normenwerke zunächst die Grundlage des Verlagsrechts in Deutschland; sie beeinflussten maßgeblich das schließlich 1901 verabschiedete Gesetz über das Verlagsrecht (**VerlG**) vom 19.6.1901 (RGBl. I S. 217), das am 1.1.1902 in Kraft trat und noch heute im Wesentlichen unverändert gilt. Ausführlich zur historischen Entwicklung *Schricker* VerlagsR³ Einl. Rn. 5 ff.

II. Inhalt und Aufbau des VerlG

1. Aufbau des VerlG

4 Das VerlG definiert zunächst in § 1 den **Verlagsvertrag** und stellt in §§ 2 Abs. 1, 8 VerlG klar, dass das dem Verleger eingeräumte (sog. „grafische") **Vervielfältigungs- und Verbreitungsrecht** ausschließlicher Natur ist. § 2 Abs. 2 umreißt die dem Verleger eingeräumten Nutzungsrechte näher, indem es – negativ – die dem Verfasser ohne besondere Regelung im Vertrag **verbleibenden Rechte** (Übersetzung, Dramatisierung, Bearbeitung bei Musikwerken, Hör- und Filmfassungen sowie, jedoch erst zwanzig Jahre nach Erscheinen des Werkes, Veröffentlichung als Teil einer Gesamtausgabe) aufzählt. § 4 S. 1 stellt klar, dass der Verleger das Werk nicht ohne besondere Nutzungsrechte in einer Gesamtausgabe, einem Sammelwerk oder einer Sonderausgabe verwenden darf. §§ 5 und 6 regeln die dem Verleger ohne besondere Regelung gestattete (eine) **Auflage**, wobei die üblichen Zuschuss- und Freiexemplare in die Zahl der zulässigen Abzüge nicht eingerechnet werden (§ 6). Die Befugnis des Verlegers, verlorengegangene Exemplare zu ersetzen, regelt § 7. § 8 stellt klar, dass der Verfasser dem Verleger das **Verlagsrecht ausschließlich** einräumt, soweit der Vertrag nichts anderes bestimmt. § 9 regelt die **Dauer** des eingeräumten Verlagsrechts und die Befugnis des Verlegers, die sich aus der Rechtseinräumung ergebenden Rechte sowohl gegen den Verfasser als auch gegen Dritte geltend zu machen.

5 §§ 10 und 11 enthalten Einzelheiten zur **Ablieferung** des Werkes durch den Verfasser. § 12 regelt Umfang und Einzelheiten des **Änderungsrechts** des Verfassers. Der frühere § 13 ist durch das UrhG vom 9.9.1965 aufgehoben und durch § 39 UrhG ersetzt worden. §§ 14 bis 16 betreffen Inhalt und Umfang der **Vervielfältigungs- und Verbreitungspflicht** des Verlegers. § 17 stellt klar, dass der Verleger auch dann, wenn er **Neuauflagen** veranstalten darf, dies nicht tun muss, gesteht dem Verfasser jedoch gleichzeitig für den Fall der Nichtausübung ein Kündigungsrecht zu.

6 § 18 enthält ein **Kündigungsrecht** des Verlegers für den Fall, dass der Zweck des Werkes nach Abschluss des Vertrages wegfällt oder – bei Beiträgen zu Sammelwerken – das Sammelwerk nicht veröffentlicht wird. Bei **Sammelwerken** hat der Verleger außerdem das Recht, von der einen Auflage zur nächsten im Einverständnis mit dem Herausgeber einzelne Beiträge herauszunehmen, § 19. §§ 20 und 21 enthalten Bestimmungen über **Korrektur**, Genehmigung der Fahnen und die **Festlegung des Ladenpreises**. In §§ 22-24 sind **Honorarpflicht**, Fälligkeit des Honorars und (§ 24) Rechnungslegungspflichten des Verlegers sowie Einsichtsrechte des Verfassers im Falle des Absatzhonorars geregelt. § 25 regelt die Zahl der dem Verfasser zur Verfügung zu stellenden **Freiexemplare**, und § 26 gibt dem Verfasser das Recht, vom dem Verleger über die Freiexemplare hinaus einzelne Exemplare zum Verlagsabgabepreis zu erwerben. § 27 bestimmt, dass der Verleger dem Verfasser das Manuskript bereits nach der Vervielfältigung zurückgeben muss, wenn der Verfasser sich vor dem Beginn der Vervielfältigung dieses Recht vorbehalten hat.

7 § 28 enthielt Bestimmungen zur Übertragbarkeit der Rechte des Verlegers; die Vorschrift ist mit der Urhebervertragsrechtsreform (UrhVG 2002, BGBl. I S. 1155; verfügbar auf www.frommnordemann.de; vgl. Vor §§ 31 ff. UrhG Rn. 17) mit Wirkung vom 1.7.2002 aufgehoben worden.

8 Die §§ 29-37 regeln die **Beendigung des Vertragsverhältnisses**. § 29 stellt zunächst klar, dass der Verlagsvertrag, der nur für eine bestimmte Zahl von Auflagen oder Exemplaren geschlossen wurde, ohne weiteres endet, wenn die entsprechenden Auflagen oder Exemplare **vergriffen** sind, und dass bei einem auf bestimmte

Zeit geschlossenen Verlagsvertrag (auch) das Verbreitungsrecht des Verlegers mit dem Ablauf der Vertragslaufzeit erlischt (§ 29 Abs. 3). §§ 30 und 31 gewähren dem **Verleger** ein **Rücktrittsrecht**, wenn der Verfasser das Werk nicht rechtzeitig abliefert oder es nicht den Vereinbarungen entspricht. § 32 erlaubt umgekehrt dem **Verfasser** den **Rücktritt**, wenn der Verleger das Werk trotz vertragsgemäßer Ablieferung nicht vervielfältigt oder verbreitet. Nach §§ 35 und 36 hat der Verfasser außerdem ein Rücktrittsrecht wegen veränderter Umstände und – unter bestimmten Voraussetzungen – im Falle der Insolvenz des Verlages. §§ 33 und 34 enthalten Regelungen zur Beendigung bzw. (teilweisen) Aufrechterhaltung des Vertrages bei zufälligem Untergang des Werkes und vorzeitigem Tod des Verfassers. § 37 erklärt die §§ 346 ff. BGB auf die nach dem VerlG gewährten Rücktrittsrechte für anwendbar. § 38 schließlich regelt, unter welchen Voraussetzungen der Vertrag nach einem Rücktritt oder einem Rückgängigmachen in anderer Weise vor allem für bereits hergestellte Exemplare aufrechterhalten werden kann.

§§ 39, 40 regeln den sog. **uneigentlichen Verlagsvertrag** (*Schricker* VerlagsR[3] **9** Einl. Rn. 4), d. h. den Verlagsvertrag über gemeinfreie Werke (zu §§ 70, 71 UrhG in diesem Zusammenhang vgl. §§ 39/40 VerlG Rn. 1 ff.). § 41 ff. enthalten z. T. abweichende Vorschriften für **Beiträge zu periodischen Sammelwerken**. § 47 schließlich regelt den sog. **Bestellvertrag**, d. h. die Verträge, mit denen der Verlag dem Verfasser eine genau umrissene Aufgabe gibt. § 48 schließlich stellt klar, dass das VerlG auch in den Fällen anwendbar ist, in denen der Vertragspartner des Verlegers nicht der Verfasser selbst, sondern etwa sein Rechtsnachfolger oder sonst Nutzungsberechtigter (der sog. **Verlaggeber**) ist.

2. Abdingbarkeit

Nahezu alle Regelungen des VerlG sind dispositiv, d. h. ohne weiteres abdingbar **10** (allg. M.; s. *Schricker* VerlagsR[3] § 1 Rn. 3; Loewenheim/*Nordemann-Schiffel/Jan Bernd Nordemann*[2] § 64 Rn. 12 m. w. N.). Ausgenommen von dieser Regel sind lediglich die Regelungen des § 36 VerlG (Insolvenz des Verlegers), von dem jedenfalls nicht zu Lasten der Insolvenzmasse abgewichen werden darf (vgl. § 36 VerlG Rn. 2), und des § 39 Abs. 1 (Verlagsvertrag über gemeinfreie Werke; ohnehin ist der Verlaggeber bei derartigen Werken gar nicht in der Lage, dem Verleger ein ausschließliches Nutzungsrecht zu verschaffen). Unabdingbar ist nach der Urhebervertragsrechtsreform mit den neuen Regelungen in § 32 Abs. 1 S. 2, Abs. 3 S. 1 UrhG wohl auch § 22 Abs. 2 VerlG (so Loewenheim/*Nordemann-Schiffel/Jan Bernd Nordemann*[2] § 64 Rn. 12; vgl. § 22 VerlG Rn. 1; a. A. Ulmer-Eilfort/ Obergfell/*Obergfell* § 22 Rn. 1). Aus diesem Grunde haben die in der einen oder anderen Form nahezu ausschließlich verwendeten **Vertragsmuster, Formularverträge** und z. T. auch die bestehenden und vergangenen Normverträge erheblichen Einfluss auf die Praxis des Verlagsrechts (zu Normverträgen vgl. Vor §§ 31 ff. UrhG Rn. 298; zu Vertragsmustern im Verlagsbereich vgl. Vor §§ 31 ff. UrhG Rn. 331 f.; ausführlich zu den verschiedenen historischen Normverträgen *Schricker* VerlagsR[3] Einl. Rn. 10 ff.), auch weil sich aus ihnen die Branchenübung, die Verkehrssitte ergeben kann (womit allerdings noch nicht gesagt ist, dass derartige Branchenübungen nicht ggf. sittenwidrig sein können; BGH GRUR 1957, 387, 389 – *Clemens Laar*). Zur heutigen Vertragspraxis im Verlagsbereich vgl. Rn. 14 ff. sowie vgl. Vor §§ 31 ff. UrhG Rn. 295 ff.). Zur Relevanz der §§ 305 ff. BGB im Verlagsbereich vgl. Vor §§ 31 ff. UrhG Rn. 192 ff. sowie jeweils die Kommentierung der konkreten Normen des VerlG.

III. Verhältnis zum UrhG

Im Gegensatz zum allgemeinen Urheberrecht, das mit dem UrhG vom 9.9.1965 **11** und v. a. den **Reformen** von 1985 und der Urhebervertragsrechtsreform von 2002 mehrfach überarbeitet und angepasst worden ist, ist das VerlG seit seinem Inkrafttreten am 1.1.1902 im Wesentlichen unverändert geblieben; selbst die Aufhebung einzelner Vorschriften im Laufe der Jahre ging stets auf das UrhG zurück. Tatsächlich war das Verlagsrecht wohl nie, wie *Schricker* zu Recht anmerkt, ein „Brennpunkt der Reformdiskussion" (VerlagsR³ Einl. Rn. 18); vielmehr stellte man das VerlG bei allen Reformdiskussionen der vergangenen Jahren und Jahrzehnte stets – z. T. mit Blick auf ein stets Projekt gebliebenes Gesetz zum Urhebervertragsrecht – zurück. Viele Entwicklungen – sei es im Bereich der Nebenrechte, neuer Vervielfältigungstechniken oder neuer Medien – sind deshalb, auch soweit sie für den Verlagsbereich relevant sind, am VerlG vollständig vorbeigegangen. Dies hat dazu geführt, dass das VerlG erheblich an Bedeutung verloren hat. Das Gros der Diskussionen in Rechtsprechung und Lehre betrifft, auch soweit es das Verlagsrecht berührt, Bestimmung des UrhG, nicht des VerlG. Dementsprechend haben alle neueren dogmatischen Ansätze und Reformvorhaben stets ihren Niederschlag nur im UrhG, nicht hingegen im VerlG gefunden, obwohl der Gesetzgeber häufig gerade den Verlagsvertrag bzw. verlegerische Nutzungsrechte vor Augen hatte.

12 Vor diesem Hintergrund ist im Grundsatz davon auszugehen, dass das jüngere UrhG **das** ältere **VerlG überlagert**, das UrhG als *lex posterior* also u. U. abweichende Regelungen im VerlG modifiziert, das VerlG jedoch als das ältere **Spezialgesetz** vorgeht, wo es verlagsrechtliche Besonderheiten betrifft (ähnl. *Schricker* VerlagsR³ Einl. Rn. 19, 25; s. auch Ulmer-Eilfort/*Obergfell*, Kap. A Rn. 17 ff.). Den verlagsrechtlichen Regelungen gehen insb. die urhebervertragsrechtlichen Regelungen der §§ 31 ff. UrhG und dort vor allem die Zweckübertragungsregel (§ 31 Abs. 5 UrhG), §§ 40 und 41 ff. UrhG, die Leistungsschutzrechte der §§ 70, 71 UrhG (s. §§ 39, 40 VerlG), § 88 UrhG im Bereich der Stoffrechteverträge und schließlich die gesetzlichen Vergütungsansprüche vor. Verlagsrechtliche Besonderheiten, die weiterhin auf Grundlage des VerlG zur Anwendung kommen, sind z. B. die verlagsrechtlichen Treue- und Enthaltungspflichten (vgl. § 2 VerlG Rn. 30; vgl. Vor §§ 31 ff. UrhG Rn. 45 ff.) oder der im Verlagsbereich gegenüber dem UrhG engere Begriff der Vervielfältigung (dazu *Schricker* VerlagsR³ Rn. 24); in der Praxis dürfte dies ohnehin selten – wenn überhaupt – relevant werden, da das UrhG den genannten verlagsrechtlichen Besonderheiten jedenfalls nicht entgegensteht und sie umgekehrt z. T. auch für weitere Verwertungsformen kennt.

13 Zusammenfassend gilt also: Wo das VerlG eine gegenüber dem UrhG präzisere, spezielle Regelung beinhaltet, ist diese heranzuziehen, soweit die Bestimmungen des UrhG nicht entgegenstehen; im Übrigen ist das VerlG in seinen Begriffen, Rechtsinstituten und seiner Auslegung von dem jeweils geltenden UrhG abhängig (so auch *Schricker* VerlagsR³ Rn. 25; s. auch Ulmer-Eilfort/Obergfell/ *Obergfell*, Kap. A Rn. 19).

IV. Tarifverträge, Normverträge, Vergütungsregeln und Vergütungsempfehlungen, Muster

1. Tarifverträge

14 Im Bereich des Buchverlages bestehen keine umfassenden Tarifverträge, die Autoren und Verlage binden. Die wenigen Haustarifverträge des Verbandes Deutscher Schriftsteller (VS) in ver.di haben nur geringe praktische Bedeutung, weil kaum ein Autor als Arbeitnehmer oder arbeitnehmerähnliche Person eingestuft werden kann. Insofern schließt zwar der Tarifvertrag für arbeitnehmerähnliche freie Journalisten und Journalistinnen an Tageszeitungen (vgl. § 38 UrhG Rn. 24) *belletristische* Werke nicht aus, gilt jedoch nur für Verlage, die Tageszeitungen herausgeben, bzw. Journalisten, die im Hauptberuf arbeitnehmerähnlich für Tageszeitungen tätig sind. Zu erwähnen sind noch der Manteltarifvertrag für Redakteure und Redakteurinnen an Zeitschriften und der Manteltarifvertrag für Redakteure und Redakteurinnen an Tageszeitungen (vgl. § 32 UrhG Rn. 65 ff., vgl. § 38 UrhG Rn. 24).

2. Normverträge

Hingegen existieren einige Normverträge (zu den unterschiedlichen Normverträgen in der Historie *Schricker* VerlagsR[3] Rn. 10 ff.; Ulmer-Eilfort/Obergfell/ *Obergfell*, Kap. A Rn. 61 ff.). Zuletzt Anfang 2014 haben der Verlegerausschuss des Börsenvereins des Deutschen Buchhandels e. V. und der Verband Deutscher Schriftsteller (VS) in ver.di einen in der Praxis sehr bedeutsamen **Normvertrag** vereinbart (abrufbar unter http://www.boersenverein.de/sixcms/ media.php/976/Autorennormvertrag%206 %202 %202014_Logo.pdf). In Ziffer 1 des **Rahmenvertrages zum Normvertrag** verpflichten sich VS und Börsenverein insofern sogar, auf ihre Mitglieder dahingehend einzuwirken, dass diese nicht ohne sachlich gerechtfertigten Grund zu Lasten des Autors vom Normvertrag abweichen. Dieser Normvertrag ist auch deshalb sehr bedeutsam, weil er zwischen VS und Börsenverein als gleichwertigen Partnern verhandelt wurde und deshalb einen angemessenen Interessenausgleich widerspiegelt; mithin lassen sich an ihm einigermaßen verlässliche Feststellungen zur Branchenübung treffen. Ähnlich große praktische Bedeutung haben die **Vertragsnormen für wissenschaftliche Verlagswerke** vom 24.3.2000 (abrufbar unter http:// www.boersenverein.de), nach jahrelangen Verhandlungen zwischen den Kommissionen des Börsenvereins und des Hochschulverbands als ausgewogener Regelungsvorschlag vereinbart. Die Vertragsnormen enthalten neben einer detaillierten Einleitung über die zu regelnden Fragen vor allem sechs **Musterverträge**, nämlich einen Verlagsvertrag über ein wissenschaftliches Werk mit einem Verfasser, einen Verlagsvertrag über ein wissenschaftliches Werk mit mehreren Verfassern, einen Verlagsvertrag für einen wissenschaftlichen Beitrag zu einer Sammlung, eine Revers genannte Erklärung zum Umfang der dem Verleger durch den Verfasser eines Zeitschriftenbeitrages einzuräumenden Nutzungsrechte, einen Werkvertrag über einen wissenschaftlichen Beitrag zu einer Sammlung und schließlich einen Herausgebervertrag über ein wissenschaftliches Werk mit mehreren Verfassern oder eine wissenschaftliche Zeitschrift (näher Loewenheim/*Czychowski*[2] § 65 Rn. 12 ff.). Des Weiteren gibt es einen Normvertrag für den Abschluss von Übersetzungsverträgen zwischen dem Verband Deutscher Schriftsteller (VS) und IG Medien in ver.di, der seit 1.7.1992 gilt (abrufbar unter http://www.boersenverein.de). Im Musikverlagsbereich existieren keine Normverträge. Außerdem vgl. Vor §§ 31 ff. UrhG Rn. 359 ff. Zur kartellrechtlichen Problematik insb. im Zusammenhang mit Normverträgen vgl. Vor §§ 31 ff. UrhG Rn. 251 ff.

15

3. Vertragsmuster

Darüber hinaus gibt es in der Literatur verschiedene, individuell entworfene Musterverträge (z. B. bei dem Börsenverein des deutschen Buchhandels unter http://www.boersenverein.de; Münchener Vertragshandbuch/*Nordemann-Schiffel*[7] Vorvertrag Buch, Form. VII. 4, Autorenverlagsvertrag, Form. VII. 5; *Delp*, Verlagsvertrag[8] S. 48 ff.; *Haupt/Kaboth/Reber/Wallenfells/Wegner* Anhang II, S. 322 ff.). Da diese Verträge jedoch meist einseitig individuell verfasst worden sind, können sie jedenfalls kaum eine Grundlage für die Feststellung einer Branchenübung darstellen.

16

4. Vergütungsregeln und Vergütungsempfehlungen

Gemeinsame Vergütungsregeln existieren im Verlagsbereich bislang für den Bereich der **Belletristik** durch die am 9.6.2005 vereinbarten „Gemeinsamen Vergütungsregeln für Autoren belletristischer Werke in deutscher Sprache" (Text unter http://www.boersenverein.de und www.frommnordemann.de). Zum

17

1.4.2014 ist eine Gemeinsame Vergütungsregel für Übersetzer hinzugekommen (abrufbar unter http://literaturuebersetzer.de/site/assets/files/1083/gvr-uebers etzungen-2014.pdf; vgl. § 22 VerlG Rn. 12; vgl. § 36 UrhG Rn. 31).

V. Verlagsrecht und Verwertungsgesellschaft

18 In der Praxis spielt im Verlagswesen vor allem die Verwertungsgesellschaft Wort eine wichtige Rolle (www.vgwort.de). Die VG Wort nimmt für Urheber und Verlage Rechte an Sprachwerken wahr, und zwar insb. die Rechte nach §§ 20b, 21, 22 UrhG sowie die Vergütungsansprüche aus §§ 27, 53 ff. und 49 Abs. 1 S. 2 UrhG. Der Bundesgerichtshof hat allerdings jüngst die pauschale Beteiligung der Verlage an allen Einnahmen wegen Verstoßes gegen den Grundgedanken des § 7 S. 1 UrhWahrnG (s. dazu jetzt § 27a VGG) für unzulässig erklärt, wenn die Verlage unabhängig davon beteiligt werden, ob und inwiefern die Einnahmen auch auf ihrer verlegerischen Leistung beruhen (BGH GRUR 2016, 596 – *Verlegeranteil*). In Reaktion auf diese Entscheidung sieht der neue § 27a VGG vor, dass der Autor nach der Veröffentlichung des Werkes gegenüber der VG Wort zustimmen kann, dass der Verlag an den Einnahmen aus § 63a-Ansprüchen beteiligt wird. Beispielhaft seien nach § 1 des **Wahrnehmungsvertrages** für Autoren und Verlage (jeweils abrufbar unter http://www.vgwort.de) der VG Wort genannt: das Vermiet- und Verleihrecht für Vervielfältigungsstücke (Nr. 1), das Recht der öffentlichen Wiedergabe durch Bild- und Tonträger oder Hörfunk und Fernsehen (Nr. 5), das Recht zur Vervielfältigung zum privaten oder sonstigen Gebrauch (Nr. 7), das „kleine" Senderecht (Nr. 9), das Recht des öffentlichen Vortrages (Nr. 10), Rechte an Sprachwerken, die mit Einwilligung des Berechtigten vertont werden (Nr. 11), das Kabelweitersendungsrecht (Nr. 14), das Recht der Vervielfältigung und Verbreitung auf digitalen Offlineprodukten (z. B. CD-Rom; Nr. 17), das PayTV-, PayRadio-, Pay-per-view-, Video-on-demand-, Radio-on-demand-Recht und Rechte für ähnliche Einrichtungen (Nr. 18) oder das Onlinerecht (Nr. 19).

19 Z. T. können diese Rechte ohnehin nur über Verwertungsgesellschaften geltend gemacht werden (wie z. B. das Recht aus § 20b Abs. 1 UrhG); insofern kann der Urheber dem Verleger diese Rechte nicht mehr als Nebenrechte einräumen, wenn der Autor vor Unterzeichnung des Verlagsvertrages bereits einen Wahrnehmungsvertrag mit der VG Wort abgeschlossen hatte (s. für einen Musikverlagsvertrag OLG München WRP 2006, 611). Z. T. sehen die Rechteeinräumungen an die VG Wort im Wahrnehmungsvertrag allerdings vor, dass der Autor eine individuelle Wahrnehmung der Rechte mit einem Verleger vereinbaren kann (s. z. B. Rechtseinräumungen Nr. 17, 18 und 19 des Wahrnehmungsvertrages der VG Wort). Aus diesem Grund ist in Verlagsverträgen häufig vorgesehen, dass der Autor eine Mitgliedschaft bei der VG Wort angibt.

20 Des Weiteren kann der Verleger nur begrenzt mit den Autoren Vereinbarungen über gesetzliche Vergütungsansprüche des Autors, die von einer Verwertungsgesellschaft wahrgenommen werden, schließen, zumal der Verlag seit der Entscheidung des BGH *Verlegeranteil* (GRUR 2016, 596) nur noch an Einnahmen aus § 63a-Ansprüchen beteiligt ist, wenn der einzelne Autor dem konkret gegenüber der VG Wort zugestimmt hat (§ 27a VGG). Vergütungsansprüche aus § 63a können im Voraus nur an die Verwertungsgesellschaft abgetreten werden und sind Bestandteil des jeweiligen Wahrnehmungsvertrages mit dem Autor. Relevant sind hier insb. §§ 20b Abs. 2, 27 Abs. 2, 46 Abs. 4, 47 Abs. 2 S. 2, 52 Abs. 1 S. 2, 52 Abs. 2 S. 2, 53a Abs. 2, 54h UrhG. Das **Verbot der Vorausabtretung** ergibt sich insoweit aus §§ 20b Abs. 2 S. 3, 27 Abs. 1 S. 3 und im Übrigen aus § 63a UrhG. Lediglich den Anspruch auf Auszahlung gegenüber der Verwertungsgesellschaft kann der Autor an den Verlag abtreten, allerdings

wegen § 27a VGG wohl nur noch nach Veröffentlichung des Werkes und soweit der Autor gegenüber der VG Wort der Beteiligung des Verlages zugestimmt hat. Dies ist jedoch nach § 10 des Wahrnehmungsvertrages mit der VG
Wort von der Zustimmung der VG Wort abhängig und in der Praxis selten
(vgl. § 63a UrhG Rn. 16 ff.).

§ 1

**¹Durch den Verlagsvertrag über ein Werk der Literatur oder der Tonkunst wird
der Verfasser verpflichtet, dem Verleger das Werk zur Vervielfältigung und
Verbreitung für eigene Rechnung zu überlassen. ²Der Verleger ist verpflichtet,
das Werk zu vervielfältigen und zu verbreiten.**

Übersicht

I. Allgemeines

Nach seinem § 1 erfasst das VerlG Verträge über die Vervielfältigung und Ver-   **1**
breitung von Werken der Literatur und der Tonkunst (dazu vgl. Rn. 7). Der
Verlagsvertrag ist ein gegenseitiger Vertrag eigener Art (*sui generis*), der nicht
unter die Vertragstypen des BGB passt, sondern ein Urheberrechts*verwertungs*-
vertrag ist (*Russ* § 1 Rn. 9). Dabei sind **für den Verlagsvertrag wesentlich** einerseits die Verpflichtung des Verfassers, dem Verleger das Werk zur Vervielfältigung und Verbreitung zu überlassen, und andererseits die Verpflichtung des
Verlegers, das Werk auf eigene Rechnung zu vervielfältigen und zu verbreiten
(Auswertungspflicht des Verlegers). Ein Verlagsvertrag setzt trotz § 8 VerlG
nicht unbedingt voraus, dass der Verfasser dem Verlag ausschließliche Rechte
verschafft (dazu unten vgl. Rn. 5; vgl. § 8 VerlG Rn. 4); ein einfaches Nutzungsrecht oder eine rein schuldrechtliche Befugnis des Verlages zur Vervielfältigung und Verbreitung soll für einen Verlagsvertrag genügen (BGH GRUR
2010, 1093 ff. – *Concierto de Aranjuez*; ebenso *Russ* § 1 Rn. 15; anders noch
die Vorinstanz OLG München GRUR-RR 2008, 208 ff.). § 1 ist jedoch im Übrigen – im Gegensatz zu nahezu allen weiteren Vorschriften des VerlG – *nicht*
abdingbar; fehlt eines der genannten Elemente, liegt kein Verlagsvertrag vor
(*Russ* § 1 Rn. 5). Die Parteien können dann allenfalls die Geltung einzelner
oder aller Regelungen des VerlG ausdrücklich vereinbaren.

II. Anwendungsbereich des Gesetzes

1. Begriff und Rechtsnatur des Verlagsvertrages

2 Der Begriff der **Vervielfältigung** wird im VerlG nach ganz herrschender Auffassung deutlich enger gefasst als in § 16 UrhG. Erfasst wird nämlich nur die Herstellung körperlicher Vervielfältigungsstücke, die also mit dem Auge oder mit dem Tastsinn wahrnehmbar sind (*Schricker* VerlagsR[3] § 1 Rn. 51; *Russ* § 1 Rn. 80); entscheidend ist für das Vorliegen einer Vervielfältigung mithin nicht die eingesetzte Technik, sondern lediglich das Vervielfältigungsergebnis (*Loewenheim/Nordemann-Schiffel/Jan Bernd Nordemann*[2] § 64 Rn. 3). Dementsprechend wird das in einem Verlagsvertrag eingeräumte Hauptrecht auch als **grafisches Vervielfältigungsrecht** bezeichnet. Ob auch der verlagsrechtliche Vervielfältigungsbegriff sich mit der europäischen Entwicklung ändern und in Zukunft auch das bloße Zugänglichmachen einer Kopie zum Download erfassen wird (s. EuGH GRUR 2012, 904, Rn. 47 f. – *Used Soft*; so wohl *Russ* § 1 Rn. 81, 90; großzügiger *Graef* Rn. 307), ist zweifelhaft, aber im Ergebnis wohl akademisch, weil die Vorschriften des VerlG nach der hier vertretenen Auffassung ohnehin jedenfalls entsprechend auf E-Books und vergleichbare Verwertungsformen anwendbar sind (dazu vgl. Rn. 12).

3 Der Begriff der **Verbreitung** in § 1 VerlG entspricht dem des § 17 UrhG, sodass das VerlG alle Verbreitungshandlungen erfasst, die unter § 17 UrhG fallen (*Schricker* VerlagsR[3] Rn. 51; Ulmer-Eilfort/Obergfell/*Obergfell* Rn. 44).

4 Des Weiteren liegt ein Verlagsvertrag i. S. d. § 1 VerlG nur vor, wenn der Verleger „für eigene Rechnung" handelt. Deshalb ist der sog. **Kommissionsverlag**, bei dem der Verleger nur für Rechnung des Urhebers vervielfältigt und verbreitet, kein Verlagsvertrag i. S. d. § 1, sondern ein Kommissionsgeschäft nach §§ 383, 384, 406 HGB (vgl. Vor §§ 31 ff. UrhG Rn. 328; *Russ* § 1 Rn. 101). Auch beim sog. **Selbstverlag** liegt kein Verlagsvertrag mit (z. B.) der Druckerei, sondern ein Werklieferungsvertrag, § 651 BGB, vor. Umgekehrt ändert der z. B. bei Dissertationen regelmäßig übliche **Druckkostenzuschuss** des Urhebers an den Verleger nichts am Vorliegen eines Verlagsvertrages, weil der Verleger auch in diesen Fällen noch ein ins Gewicht fallendes wirtschaftliches Risiko trägt und deshalb auf eigene Rechnung handelt (BGH GRUR 1959, 384, 387 – *Postkalender*; Ulmer-Eilfort/Obergfell/*Ulmer-Eilfort* § 1 Rn. 49).

5 Nur ein Vertrag, der eine **Einräumung des so verstandenen Verlagsrechts** – d. h. mindestens eines einfachen Nutzungsrechts oder einer rein schuldrechtlichen Befugnis des Verlages zur Vervielfältigung und Verbreitung (BGH GRUR 2010, 1093 ff. – *Concierto de Aranjuez*) – enthält, ist ein Verlagsvertrag i. S. d. § 1 VerlG (statt aller *Schricker* VerlagsR[3] Rn. 7 m. w. N.), unabhängig von der von den Parteien gewählten Bezeichnung des Vertrages. Maßgeblich ist der in dem Vertrag oder den ggf. weiteren Umständen zum Ausdruck gekommene Wille der Vertragspartner (zur Auslegung *Schricker* VerlagsR[3] Rn. 9). Sollte also dem Verleger ein Verlagsrecht ausdrücklich nicht eingeräumt werden, sondern dieser im Wesentlichen das Werk verwalten, so liegt auch dann kein Verlagsvertrag vor, wenn der Verleger im Rahmen der Verwaltung möglicherweise Vervielfältigungsstücke herstellte und ihm auch weitere Nutzungsrechte (vor allem Nebenrechte) eingeräumt wurden und er nach außen wie ein Verleger auftrat. Denn anderenfalls hätten die Parteien vor allem dann, wenn der Administrationscharakter des Vertrages im Vordergrund stehen soll und sie ggf. sogar ausdrücklich keinen Verlagsvertrag schließen wollen, gar keine Möglichkeit, diese Konsequenz – und damit vor allem die (bei einem Verlagsvertrag in der Praxis sehr eingeschränkten) Möglichkeiten, den Vertrag zu beenden, zu vermeiden (für einen Verlagsvertrag in diesem Fall jedoch BGH GRUR 2010, 1093 Tz. 15, 19 ff. – *Concierto de Aranjuez*; ebenso wohl *Russ* § 1 Rn. 15; anders noch die

Vorinstanz OLG München GRUR-RR 2008, 208 ff.; vgl. § 30 VerlG Rn. 18; vgl. § 32 VerlG Rn. 21 f.). Verwaltet der Verlag nur die Nutzungsrechte, handelt es sich dabei um Dienste höherer Art i. S. d. § 627 BGB, sodass der Urheber den Vertrag jederzeit kündigen kann (a. A. BGH GRUR 2010, 1093 Tz. 14 – *Concierto de Aranjuez*; anders noch die Vorinstanz OLG München GRUR-RR 2008, 208 ff. – *Concierto*).

Die **Vereinbarung eines Honorars** zugunsten des Verfassers ist hingegen nicht **6** begriffswesentlicher Inhalt des Verlagsvertrages (*Russ* § 1 Rn. 6); allerdings gilt nach § 22 Abs. 1 S. 2 eine Vergütung als stillschweigend vereinbart, wenn dies nach den Umständen zu erwarten ist (vgl. § 22 VerlG Rn. 8 f.).

2. Gegenstand des Verlagsvertrages

Nach seinem § 1 regelt das VerlG Verlagsverträge über Werke der Literatur **7** und Tonkunst. Dabei kann Gegenstand eines Verlagsvertrages nur sein, was „verlagsfähig" ist. Da die Einräumung des sog. grafischen Vervielfältigungs- und Verbreitungsrechts begriffswesentlich für den Verlagsvertrag ist, ist ein Werk nur **verlagsfähig** in diesem Sinne, wenn es druckfähig ist, also im technischen Sinne vervielfältigt und verbreitet werden kann. Daraus ergibt sich folgender konkreter Anwendungsbereich des Gesetzes:

a) **Schriftwerke:** Die Formulierung „Literatur" erklärt sich aus der Entste- **8** hungsgeschichte des VerlG gleichzeitig mit dem Gesetz betreffend das Urheberrecht an Werken der Literatur und der Tonkunst (LUG). Die Anwendung des VerlG ist jedoch keineswegs auf schöngeistige Literatur beschränkt, sondern erfasst grds. alle Sprachwerke i. S. d. § 2 Abs. 1 Nr. 1 UrhG, also vor allem auch wissenschaftliche Abhandlungen, Bildbände mit Texten (dazu z. B. LG Köln v. 1.7.2009 – 28 O 603/08, verfügbar bei juris), Zeitungs- oder Zeitschriftenbeiträge und Ähnliches (dazu auch Ulmer-Eilfort/Obergfell/*Ulmer-Eilfort*, § 1 Rn. 6 f.). Autoren der Beiträge zu einem Lexikon oder einem vergleichbaren Werk schließen jedenfalls dann einen Verlagsvertrag, wenn die Beiträge von ihnen eigenständig bearbeitet und gestaltet werden (s. OLG Hamm v. 18.8.2009 – 4 U 52/09 – *Arbeitsrechtshandbuch*, verfügbar bei juris). Auch die Darstellungen wissenschaftlicher oder technischer Art des § 2 Abs. 1 Nr. 7 UrhG und die pantomimischen Werke aus § 2 Abs. 1 Nr. 3 UrhG können, wenn sie zeichnerisch oder durch sprachliche Erklärungen, d. h. in Buchform im allerweitesten Sinne, niedergelegt sind, Gegenstand eines Verlagsvertrages sein (zum Kunstverlag aber vgl. Rn. 10). Schließlich erfasst das VerlG nach § 1 S. 1 auch Musikwerke (§ 2 Abs. 1 Nr. 2 UrhG), soweit die im weitesten Sinne verlegerische Nutzung betroffen ist (dazu vgl. Rn. 9).

b) **Musikwerke:** Nach § 1 fallen auch Werke der Tonkunst unter das VerlG, **9** soweit es um ihre verlegerische Nutzung im eigentlichen Sinne (vor allem den Notendruck, gleich zu welchem Nutzungszweck) geht (ganz h. M., z. B. BGH GRUR 2010, 1093 ff. – *Concierto de Aranjuez*). Auf die Auswertung des Hauptrechts, nicht aber auf die Verwertung der Nebenrechte, sind also die Regelungen des Verlagsrechtes anzuwenden (BGH GRUR 1965, 323, 325 – *Cavalleria Rusticana*); vgl. Vor §§ 31 ff. UrhG Rn. 358 ff.

c) **Kunstwerke:** Nicht unter das VerlG fallen Verträge über Werke der bilden- **10** den Kunst einschließlich der Fotografien, also der eigentliche Kunstverlag (vgl. Vor §§ 31 ff. UrhG Rn. 387; *Schricker* VerlagsR[3] Rn. 86; *Russ* § 1 Rn. 65 ff.). Enthält ein Kunstbuch sowohl Texte also auch Abbildungen, so ist entscheidend, ob es sich dem Charakter nach eher um ein Sprachwerk handelt, das zur Ergänzung oder Erläuterung Illustrationen enthält, oder umgekehrt um eine (reine) Sammlung von Abbildungen, denen der Text allenfalls zur Bezeichnung der Illustrationen beigefügt ist. Bei Sprachwerken ist dann zu untersuchen, ob für Text- und Bildteil ein einheitlicher Verlagsvertrag vorliegt – was häufig der Fall sein dürfte – oder der Bildteil – was z. B. bei Ausstellungskatalogen mit Textteil in Betracht kommen kann – gesondert und jedenfalls ohne direkte Anwendung des VerlG behandelt werden muss. Regelmäßig nimmt die Rechtsprechung jedoch einen (einheitlichen) Verlagsvertrag an, sobald es sich um eine Veröffentlichung in Buchform handelt, auch wenn der Bildteil bei Weitem überwiegt (so z. B. LG Köln v. 1.7.2009 – 28 O 603/08, verfügbar bei juris), solange es sich nicht z. B. um eine Mappe handelt, bei der die einzelnen Blätter bzw. Kunstdrucke im Vordergrund stehen. Die Einordnung als Verlagsvertrag kann insb. Auswirkungen auf die Vervielfältigungs- und Verbreitungspflichten des Verlegers sowie Zuschuss- und Freiexemplare haben.

11   d) **Zeitungen und Zeitschriften:** Verträge über Zeitungs- oder Zeitschriftenunternehmen als Ganzes fallen nicht unter das VerlG; lediglich über die einzelnen Beiträge werden in der Regel Verlagsverträge geschlossen (für ein Beispiel AG Starnberg GRUR-RR 2008, 190). Auch der Anzeigen- und der sog. Einschaltvertrag (Vertrag über Werbung im Printbereich) sind keine Verlagsverträge i. S. d. § 1 VerlG; vielmehr handelt es sich in der Regel um reine Werkverträge, die in der Praxis inhaltlich weitgehend nach den jeweils einschlägigen allgemeinen Geschäftsbedingungen geschlossen werden. Zum Herausgebervertrag, der jedenfalls verlagsrechtliche Züge aufweisen kann, vgl. § 41 VerlG Rn. 9 ff.

12   e) **Neue Veröffentlichungsformen:** Noch nicht geklärt ist, ob die Nutzung als **E-Book** (electronic book) als **Hauptrecht** Gegenstand eines Verlagsvertrages sein kann, also ein Verlagsvertrag vorliegt, wenn die Parteien auf die eigentliche grafische Vervielfältigung und Verbreitung (in Printform) verzichten und stattdessen nur eine Vervielfältigung und Verbreitung als digital gespeicherter Buchinhalt vereinbaren. Dies ist in der Praxis außer im wissenschaftlichen Bereich und für öffentliche bzw. Publikationen internationaler Organisationen noch recht selten, wenn man Publikationen ausnimmt, die im Wesentlichen im Selbstverlag erscheinen und über einen Onlineanbieter wie z. B. Amazon aufbereitet und verbreitet werden. Grds. sind E-Books auf Desktop-PCs, Notebooks oder Palms lesbar, auch wenn in der Praxis ein spezieller Taschencomputer mit besonderer Software oder ein anderes sog. Nur-Lese-System verwendet wird. Diese Systeme gestatten zumeist nicht nur das Lesen als solches, sondern auch elektronische Unterstreichungen, eigene Notizen zum Buch und häufig eine Volltextsuche. Der Leser kauft die zu lesenden Inhalte unmittelbar bei dem Verlag oder bei einem Onlinebuchhändler und lädt bzw. speichert sie direkt in seiner Hardware (zum ganzen *Schulz/Ayar* MMR 2012, 652 ff.; *Kitz* MMR 2001, 727 ff.; *Schmaus*, Der E-Book Verlagsvertrag; *Graef*, Recht der E-Books und des Electronic Publishing). Allerdings schafft der Verleger eines E-Books kein körperliches Vervielfältigungsexemplar, was ein Verlagsvertrag jedoch begriffsnotwendig voraussetzt (vgl. Rn. 2). Insofern laufen z. B. die Regelungen des § 16 leer. Andererseits sind wesentliche andere Bestimmungen des VerlG – wie z. B. die §§ 1, 2, 8, die Regelungen zu Neuauflagen, Korrekturen, Ladenpreis, Honorierung, Rücktrittsrechten usw. – durchaus auch für E-Book-Verträge relevant. Das VerlG sollte deshalb in den – in der Praxis außer im wissenschaftlichen Bereich (noch) recht seltenen – Fällen, in denen im Hauptrecht (nur) eine Vervielfältigung und Verbreitung als E-Book vereinbart wird, analoge Anwendung finden (zum Ganzen *Gernot Schulze* ZUM 2000, 432 ff.; *Rehbinder/Schmaus* ZUM 2002, 167 ff.; Loewenheim/*Nordemann-Schiffel/Jan Bernd Nordemann*[2] § 64 Rn. 7; Ulmer-Eilfort/Obergfell/*Ulmer-Eilfort* § 1 Rn. 45; für unmittelbare Anwendung des VerlG, weil es nur auf die Druckfähigkeit des Werkes ankomme, *Graef* Rn. 307). E-Books fallen nach § 2 Abs. 1 Nr. 3 jedenfalls unter das BuchPrG (dazu ausführlich *Wallenfels*/Russ[6] § 2 Rn. 9 ff.; *Hess* AfP 2011, 223; *Schulz/Ayar* MMR 2012, 652, 654 f.).

Beim sog. **Publishing-on-Demand** (auch Print-on-Demand) kommt es auf die **13** konkrete Ausgestaltung an. Soll der Verleger erst auf konkrete Bestellung eines Kunden ein Werkexemplar herstellen und dieses dem Kunden in der üblichen gedruckten und gebundenen Form zur Verfügung stellen, so ist das VerlG anwendbar, weil der Kunde hier ein normales körperliches Vervielfältigungsexemplar erhält (ähnlich *Russ* § 1 Rn. 82). Allerdings passen die Vorschriften insb. zur Auflagenhöhe, zum Beginn der Vervielfältigung und der Zahl der herzustellenden Abzüge (§§ 5, 15, 16) nach der Natur des Vertrages nicht; da die Vorschriften des VerlG abdingbar sind, sind diese Regelungen jedenfalls als abbedungen zu betrachten. Stellt jedoch der Verleger das Werk nur im Internet zum Abruf bereit oder übermittelt es dem Kunden auf elektronischem Wege, sodass dieser sich das Werk selbst ausdrucken oder ggf. auch nur elektronisch abspeichern kann, liegt darin keine Vervielfältigung i. S. d. § 1 VerlG, sodass das VerlG jedenfalls nicht direkt anwendbar ist (*Schricker* VerlagsR³ Rn. 51; *Loewenheim/Nordemann-Schiffel/Jan Bernd Nordemann*² § 64 Rn. 6; *Russ* § 1 Rn. 80; dazu oben vgl. Rn. 12).

Hingegen ist das VerlG auf Verträge, die im Hauptrecht (nur) eine Vervielfälti- **14** gung und Verbreitung des Werkes auf **CD-ROM** beinhalten, anwendbar (*Loewenheim/Nordemann-Schiffel/Jan Bernd Nordemann*² § 64 Rn. 5). Denn CD-ROMs sind durch Auge oder Tastsinn wahrnehmbar; auch werden körperliche Vervielfältigungsstücke hergestellt. Auch die für Printerzeugnisse „klassischen" Fragen der Auflage (§ 5), der Zuschuss- und Freiexemplare (§ 6), des Beginns der Vervielfältigung, der Zahl der Abzüge und ggf. der Neuauflage (§§ 15-17), des Ladenpreises, Honorars und der Freiexemplare (§§ 21-25) und des Autorenrabatts (§ 26) stellen sich hier ebenso wie beim Druckerzeugnis. Auch die Frage des Ladenpreises (§ 21) muss jedenfalls bei textorientierten CD-ROMs, die unter das Buchpreisbindungsgesetz fallen (*Wallenfels*/Russ⁶ § 2 Rn. 8), geregelt sein.

Ohnehin ist die Frage nur in den Fällen relevant, in denen die neue Vervielfälti- **15** gungs- oder Verbreitungsform das Hauptrecht betrifft. Ist ein Recht zur Herstellung eines E-Books, einer CD-ROM oder des (auch auszugsweisen) Print-on-Demand lediglich als **Nebenrecht** eingeräumt, betrifft das Hauptrecht aber eine „klassische" Vervielfältigung im verlagsrechtlichen Sinne, so unterliegt der Vertrag insgesamt dem VerlG. Soweit die Regelungen des VerlG – die sich ja im Wesentlichen auf die Ausübung des Hauptrechtes beziehen – passen, wird man sie auf die Nebenrechte jedenfalls analog anwenden können (*Loewenheim/Nordemann-Schiffel/Jan Bernd Nordemann*² § 64 Rn. 9; auch Ulmer-Eilfort/Obergfell/*Ulmer-Eilfort* § 1 Rn. 45).

f) **Abgrenzung zum Bestellvertrag** (§ 47); **Bühnenverlagsvertrag; Subverlagsver- 16 trag:** Nach § 47 liegt ein Verlagsvertrag nicht vor, sodass das VerlG nicht anwendbar ist, wenn der Verleger dem Autor „den Inhalt des Werkes und die Art und Weise der Behandlung genau vorschreibt" (sog. **Bestellvertrag**); nach § 47 Abs. 1 S. 2 ist nämlich der Verleger in diesem Falle zur Vervielfältigung und Verbreitung nicht verpflichtet. Da der Besteller den genauen Plan und die Art und Weise der Behandlung vorgibt, liegt der Schwerpunkt in diesen Fällen beim Besteller (vgl. § 47 VerlG Rn. 3 ff.; BGH GRUR 1984, 528, 529 – *Bestellvertrag*). Kein Bestellvertrag liegt in der Regel für Autoren der Beiträge zu einem **Lexikon** oder einem vergleichbaren Werk vor; sie schließen jedenfalls dann einen Verlagsvertrag, wenn die Beiträge von ihnen eigenständig bearbeitet und gestaltet werden (s. OLG Hamm v. 18.8.2009 – 4 U 52/09 – *Arbeitsrechtshandbuch*, verfügbar bei juris). **Übersetzerverträge** sind jedenfalls nach jüngerer Auffassung des Bundesgerichtshofes keine Bestell-, sondern Verlagsverträge, wenn – was im Buchverlag die Regel ist – der Übersetzer dem Verlag die Übersetzung zur Vervielfältigung und Verbreitung für eigene Rechnung überlässt und den Verlag außerdem eine Auswertungspflicht trifft (grundlegend BGH GRUR 2005, 148, 150 f. – *Oceano Mare*; BGH GRUR 2011, 810 Tz. 13 – *World's End*; s. a. BGH GRUR 2011, 328 ff. – *Destructive Emotions;* dazu auch OLG Nürnberg GRUR-RR 2015, 513 – *Jugendbuchübersetzung*). Denn gerade bei literarischen Übersetzungen liegt das Schwergewicht der urheberrechtlichen Leistungen beim Übersetzer, nicht hingegen beim Besteller. Übersetzungsverträge sind jedenfalls für literarische Übersetzungen deshalb in der Regel Verlagsverträge i. S. d. § 1 mit der Folge einer Auswertungspflicht des Verlegers (BGH GRUR 2005, 148, 150 f. – *Oceano Mare*; ebenso schon die Vorinstanz OLG München GRUR-RR 2001, 151, 153 ff.; BGH GRUR 2011, 810 Tz. 13 – *World's End*; s. a. BGH GRUR 2011, 328 ff. – *Destructive Emotions*). Dies kann auch für Comicübersetzungen, die in der Komplexität und Bedeutung der Sprache mitunter belletristischen Übersetzungen in nichts nachstehen, gelten (enger BGH GRUR 1998, 680, 682 f. – *Comic-Übersetzungen*). Zu **Illustrationsverträgen** BGH GRUR 1985, 378, 379 – *Illustrationsvertrag*; KG v. 30.9.2005 – 5 U 37/04; zu Buchillustrationen und Text als Werke von Miturhebern oder verbundene Werke s. LG München ZUM-RD 2009, 134 ff. – *Die Wilden Kerle*. Zum Umfang der eingeräumten **Nutzungsrechte** vgl. § 47 VerlG Rn. 8 ff.

17 Nicht unter das VerlG fallen außerdem sog. **Bühnenverlagsverträge**, bei denen der Bühnenautor dem Bühnenverlag ein Stück treuhänderisch zur Gesamtwahrnehmung überlässt (näher *Russ* § 1 Rn. 69 ff.). Mit derartigen Verträgen – auch „Bühnenvertrieb" genannt – ist trotz der etwas missverständlichen Bezeichnung kein eigentliches Verlagsverhältnis i. S. d. § 1 VerlG insb. mit einer Auswertungspflicht des Verlegers verbunden; vielmehr muss dies ausnahmsweise vereinbart werden (vgl. Vor §§ 31 ff. UrhG Rn. 337 f.).

18 Zum sog. **Subverlagsvertrag**, bei dem es sich in der Sache um einen urheberrechtlichen Lizenzvertrag handelt, vgl. Vor §§ 31 ff. UrhG Rn. 223 ff.; für den Musikbereich s. BGH GRUR 2012, 914 ff. – *Take Five*.

3. Verlagsverträge über künftige Werke, Optionsverträge

19 Unter den oben genannten Voraussetzungen kann Gegenstand eines Verlagsvertrages auch ein künftig zu schaffendes Werk sein, sofern der Vertrag die Voraussetzungen des § 40 UrhG (vor allem Schriftform und Kündigungsrecht bei nicht näher bestimmten Werken) erfüllt (dazu OLG Frankfurt GRUR 1991, 601, 602 – *Werkverzeichnis*; auch Ulmer-Eilfort/Obergfell/*Ulmer-Eilfort* § 1 Rn. 11 ff.; *Russ* § 1 Rn. 20 ff.). Zur Entstehung des subjektiven Verlagsrechts vgl. § 8 VerlG Rn. 1 f. Zu Bestellverträgen vgl. § 47 VerlG Rn. 1 ff.

20 Von derartigen Verträgen zu unterscheiden sind die **verlagsrechtlichen Optionsverträge**. Darin verpflichtet sich der Autor – in der Regel für einen bestimmten Zeitraum, ggf. eine bestimmte Reihe oder ein bestimmtes Gebiet insb. im wissenschaftlichen Bereich –, in Zukunft von ihm geschaffene Werke dem Verleger jeweils zuerst anzubieten. Der Verleger muss dann in der Regel wiederum binnen einer bestimmten Frist entscheiden, ob er das Werk in Verlag nimmt oder nicht (vgl. Vor §§ 31 ff. UrhG Rn. 311 ff.). Die Option kann so formuliert sein, dass ein (weiterer) Verlagsvertrag zwischen Autor und Verleger bereits mit der Ausübung der Option durch den Verlag zustande kommt (sog. **Optionsvertrag im engeren Sinne**). Bei einer Option in einer **Übersetzungslizenz** zwischen zwei Verlagen ist für den Regelfall davon auszugehen, dass eine solche „echte" Option vorliegt. Denn in einer solchen Fallgestaltung besteht allenfalls geringer Bedarf, die Vertragsbedingungen noch anzupassen; vielmehr entspricht es eher dem Interesse der Verlage, eine echte Option im Sinne einer bloßen Verlängerung des bestehenden Vertragsverhältnisses zu vereinbaren (LG München I GRUR-RR 2009, 417 f. – *Anatomieatlas*). Bei einer Option im engeren Sinne kann also der Verleger bzw. der optionsberechtigte Lizenznehmer nach Ausübung seiner Option auf Erfüllung, d. h. auf Einräumung des subjektiven Verlagsrechtes und Überlassung des Manuskriptes klagen. Ist die Erfüllung in der Zwischenzeit unmöglich geworden, weil der Autor etwa einem Dritten Verlagsrechte eingeräumt hat, kann der Verleger Schadensersatz geltend machen. Besteht die Option hingegen lediglich in einer Pflicht des Urhebers, dem Verleger das Werk zuerst – und ggf. auch zuletzt, d. h. vor Abschluss mit einem Dritten zu den mit diesem ausgehandelten Bedingungen – anzubieten, so muss zwischen Verleger und Autor ein neuer Verlagsvertrag verhandelt und abgeschlossen werden; insofern genügt der Autor seiner Verpflichtung bereits durch das Angebot zum Abschluss eines Vorvertrages, wenn dieser die wesentlichen Bestandteile des Hauptvertrages enthält (BGH GRUR 2010, 418 – *Neues vom Wixxer,* für eine Verfilmungsoption). Der Urheber darf einem anderen Verlag das Werk jedoch nur zu besseren Bedingungen als denen, die ihm der optionsberechtigte Verleger anbietet, in Verlag geben. In diesem Zusammenhang muss der Autor nach § 242 BGB auf ein Vertragsangebot des Verlegers angemessen reagieren (LG München I GRUR-RR 2009, 417, 418 – *Anatomieatlas).* Bei diesem **Optionsvertrag im weiteren Sinne** kann der Verleger ggf. den Autor auf Vorlage des Werkes verklagen, außerdem von ihm Auskunft, ob und zu welchen Bedingungen über das Werk mit Dritten verhandelt worden ist, verlangen. Da dem Autor in diesem Fall jedoch nur eine Erstanbietungspflicht und die Pflicht, das Werk nicht Dritten zu gleichen oder schlechteren Bedingungen anzubieten, obliegt, kann der Verleger in diesen Fällen Schadensersatz nur verlangen, wenn er bereit und in der Lage gewesen wäre, das Werk zu verlegen. Der dritte Verleger kann unter Umständen wettbewerbswidrig handeln, § 4 Nr. 4 UWG, wenn er in Kenntnis des bestehenden Optionsrechtes mit dem Autor über das betreffende Werk einen Verlagsvertrag schließt. In jedem Fall erlischt das Optionsrecht des Verlages in aller Regel, wenn der Verlag sich nicht innerhalb der vereinbarten oder einer angemessenen Frist auf das Angebot des Urhebers äußert. – Zur Frage der Zulässigkeit von Optionsbindungen ohne zeitliche oder gegenständliche Beschränkungen BGH GRUR 1957, 387, 389 – *Clemens Laar*; s. a. BGHZ 9, 237 ff. – *Schelmenroman*; vgl. Vor §§ 31 ff. UrhG Rn. 312; *Schricker* VerlagsR³ Rn. 48 f. Zu (schuldrechtlichen) Vorverträgen vgl. Vor §§ 31 ff. UrhG Rn. 309.

III. Der Verlagsvertrag

1. Form und Parteien

Der Verlagsvertrag bedarf grds. – von dem Ausnahmefall des § 40 UrhG einmal abgesehen – keiner besonderen **Form** und muss insb. nicht schriftlich geschlossen werden (für den Verlagsvertrag anders insb. das frz. Recht, s. Art. L.131-2 Abs. 1 des Code de la propriété intellectuelle). So kann ein allgemeines Einverständnis des Verfassers oder Rechteinhabers mit der Veröffentlichung des Werkes genügen, weil das VerlG für alle Einzelheiten wie Auflage, Honorar usw. Regelungen bereithält (OLG Frankfurt aM. GRUR 1991, 601, 602 – *Werkverzeichnis).* Insofern kann also auch durch schlüssiges Verhalten ein Verlagsvertrag geschlossen werden, etwa wenn der Verlag ein Werk über Jahre hinweg unbeanstandet vervielfältigt und verbreitet und gegenüber dem Autor abrechnet; haben die Parteien über andere Werke schriftliche Verlagsverträge abgeschlossen, so ist für das betreffende Werk davon auszugehen, dass die Parteien stillschweigend einen Vertrag zu den Bedingungen der schriftlichen Verträge geschlossen haben (LG Köln ZUM-RD 2013, 267, 272). In der Praxis auch der kleineren Verlage ist jedoch ein schriftlicher Vertrag, der zumeist eigenen oder jedenfalls branchenüblichen Mustern folgt, die Regel. Ausnahmen gibt es lediglich bei Kleinstverlagen oder im Bereich der Zeitungen und Zeitschriften auch wissenschaftlicher Natur, wo einzelne Beiträge häufig nur aufgrund eines sog. **Revers**, einer Erklärung, die vom Verfasser zu unterzeichnen ist und im Wesentlichen den Umfang der dem Verleger einzuräumenden Nutzungsrechte regelt, veröffentlicht und verbreitet wird. Schließen die Parteien einen schriftlichen Vertrag, so gilt insofern die Vermutung der Richtigkeit und Vollständigkeit des Inhalts der Vertragsurkunde. Diese Vermutung ist zwar widerleglich; es gelten jedoch strenge Anforderungen. Ob allerdings insofern trotz des Beweises, dass über einen bestimmten Punkt während der Verhandlungen Einigkeit bestand, der Nachweis verlangt werden kann, dass die Parteien die Abrede auch noch im Zeitpunkt der Unterzeichnung wollten, erscheint zweifelhaft (so aber OLG Brandenburg ZUM 2013, 670, 673). Wenn kein Anhaltspunkt dafür vorliegt, dass die Parteien ihre Ansicht vor Unterzeichnung geändert haben, muss deshalb die Vermutung der Richtigkeit und Vollständigkeit des schriftlichen Verlagsvertrages als widerlegt gelten.

22 Bezüglich der **Parteien** des Verlagsvertrages ergeben sich gegenüber sonstigen urheberrechtlichen Nutzungsverträgen keine Besonderheiten. Zum sog. Verleggeber vgl. § 48 VerlG Rn. 1; zur Problematik des Ghostwriters vgl. § 48 VerlG Rn. 2, vgl. § 47 VerlG Rn. 6. Wird in einem Verlagsvertrag eine Verlagsgruppe aus verschiedenen Einzelverlagen und anderen Unternehmen (z. B. einer Holding) mit derselben gesetzlichen Vertretung als Vertragspartner des Autors bezeichnet, so ist im Zweifel ein Buchverlag aus dem Vertrag berechtigt und verpflichtet (OLG München NJW 1998, 1406, 1407).

23 Der Verlagsvertrag ist grds. nach §§ 133, 157 BGB **auszulegen**; dabei ist nicht nur der aus dem Vertrag bzw. den ihn begleitenden Dokumenten und Umständen zu entnehmende Wille der Parteien bei Vertragsschluss, sondern auch das nachträgliche Verhalten der Vertragsparteien zu berücksichtigen. Das nachträgliche Verhalten kann zwar naturgemäß den Willen der Parteien im Zeitpunkt des Vertragsschlusses nicht beeinflussen, kann aber Hinweise auf diesen Willen der Parteien und ihr tatsächliches Verständnis geben (BGH GRUR 2010, 1093 Tz. 19 – *Concierto de Aranjuez*). Dabei wird man jedoch sehr sorgfältig prüfen müssen, ob dieses nachträgliche Verhalten tatsächlich die Sichtweise und den Willen der Parteien zum Zeitpunkt des Vertragsschlusses widerspiegelt oder es sich um eine nachträgliche, ggf. erst einige Zeit nach Vertragsschluss einsetzende Vertragspraxis handelt. Die wechselseitigen Pflichten der Parteien sind in jedem Fall nach der Grundregel des § 242 BGB zu bewirken (zu den Treuepflichten der Parteien vgl. § 2 VerlG Rn. 30 ff.).

2. Pflichten des Verfassers

24 Der Verfasser ist nach § 1 VerlG verpflichtet, dem Verleger das Werk zur Vervielfältigung und Verbreitung zu überlassen. Dabei ist die Verpflichtung des Verfassers zur Herstellung des Werkes mangels anderer Vereinbarung höchstpersönlicher Natur. Der Erfüllungsort bestimmt sich auch für den Verfasser nach § 269 BGB, sofern nicht – was in der Praxis die Regel ist – der Sitz des Verlages (wirksam) vereinbart ist. Im Einzelnen muss der Verfasser zunächst das Werk herstellen, falls es bei Vertragsschluss noch nicht fertiggestellt ist, und sodann das Werk abliefern (s. § 10), damit der Verleger überhaupt vervielfältigen und verbreiten kann. Er muss außerdem dem Verlag die Vervielfältigung und Verbreitung des Werkes erlauben – wobei ein einfaches Nutzungsrecht bzw. eine schuldrechtliche Erlaubnis genügt (BGH GRUR 2010, 1093 – *Concierto de Aranjuez*) – und darf die vereinbarte Nutzung des Werkes nicht vereiteln oder beeinträchtigen (zu den Treuepflichten des Verfassers vgl. § 2 VerlG Rn. 30 ff.).

3. Vervielfältigung und Verbreitung durch den Verlag

25 Wesentliches **Recht** des Verlegers aus dem Verlagsvertrag ist gemäß § 1 die Vervielfältigung und Verbreitung des Werkes, wobei sich dies allerdings bei Fehlen weiterer vertraglicher Regelungen nur auf das grafische Vervielfältigungs- und Verbreitungsrecht bezieht (zu den in aller Regel eingeräumten Nebenrechten vgl. § 2 VerlG Rn. 22 ff.). Damit ist außerhalb der Grenzen des § 39 UrhG (früher § 13 VerlG) kein Änderungs- oder sonstiges Bearbeitungsrecht des Verlegers verbunden (vgl. § 2 Rn. VerlG 10, 16; vgl. § 39 UrhG Rn. 1 ff.). Als wesentliches Element eines Verlagsvertrages übernimmt der Verleger parallel die **Verpflichtung**, das Werk zu vervielfältigen und zu verbreiten. Schließen die Parteien eine derartige Pflicht aus oder ist nach den Umständen eine Auswertungspflicht des Verlages ausgeschlossen, so liegt kein Verlagsvertrag, sondern ein Bestellvertrag oder ein anderer urheberrechtlicher Nutzungsvertrag vor. Ggf. sind hierauf die Vorschriften des VerlG analog anzuwenden (vgl. Rn. 2 ff., 12). An der Auswertungspflicht des Verlages fehlt es i. d. R. bei Beiträgen zu Sammelwerken, für die der Verlag dem Verfasser keinen Veröffentlichungszeitpunkt genannt hat, § 45 Abs. 2 (vgl. § 45 VerlG Rn. 1 ff., 6). Seine Auswertungspflicht erfüllt der Verlag auch durch Herstellung einer Taschenbuch- oder Sonderausgabe, und zwar auch dann, wenn er diesbezüglich nur eine Lizenz vergibt (BGH GRUR 2011, 810 – *World's End*). Die Auswertungspflicht des Verlegers betrifft allerdings nur das **Hauptrecht**, d. h. das grafische Vervielfältigungs- und Verbreitungsrecht. Die Nebenrechte muss der Verleger hingegen in aller Regel nicht auswerten; insofern trifft ihn regelmäßig lediglich eine Obliegenheit, die dann, wenn der Verleger nicht verwertet, den Verfasser ggf. zu einem Rückruf (§ 41 UrhG) berechtigt. Ob ein Rückruf nur der Printrechte möglich ist, wenn nur noch digitale Ausgaben verfügbar sind, ist noch ungeklärt, aber wohl zu bejahen, da es sich bei der digitalen Verwertung insbesondere in Form von E-Books um eine eigenständige Nutzungsart handelt (*Graef* Rn. 310). Zur Vervielfältigungspflicht des Verlags i. Ü. vgl. § 14 VerlG Rn. 2 ff.; bei Übersetzungen BGH GRUR 2005, 148, 151 f. – *Oceano Mare*; BGH GRUR 2011, 810 Tz. 27 f. – *World's End*; vgl. § 17 VerlG Rn. 5.

Bei Musikwerken kann die Herstellung von Vervielfältigungsstücken auf Abruf **26** für die Erfüllung der Vervielfältigungs- und Verbreitungspflichten genügen (BGH GRUR 1988, 303, 305 – *Sonnengesang*; Dreier/Schulze/*Schulze*[5] § 41 UrhG Rn. 16). Dem Verleger wird eine Förderungspflicht und Auswertungslast aufgebürdet, die ihn beispielsweise zu absatzfördernder Werbung verpflichtet. Kommt er dieser Pflicht nicht nach, besteht u. U. für den Urheber gemäß § 32 VerlG ein Rücktrittsrecht (BGH GRUR 1970, 40, 44 – *Musikverleger I*; OLG München ZUM 2001, 173, 179 – *Holländer*; auch LG Köln v. 1.7.2009 – 28 O 603/08, verfügbar bei juris), das neben den Rechten aus § 41 steht; zum Ganzen vgl. § 14 VerlG Rn. 10, außerdem vgl. § 32 VerlG Rn. 15.

4. Verjährung

Die wechselseitigen Erfüllungsansprüche verjähren seit dem 1.1.2002 grds. in **27** drei Jahren (§ 195); dies gilt grds. auch für alle am 1.1.2002 noch laufenden Fristen, für die beginnend mit dem 1.1.2002 längstens noch die dreijährige Frist gilt (s. Art. 229 § 6 EGBGB). Zu Verletzungen des Verlagsvertrages durch eine der Parteien, die gleichzeitig eine Verletzung der Urheberrechte des Verfassers bzw. umgekehrt eine Verletzung des Verlagsrechts des Verlegers bedeuten können, vgl. § 9 VerlG Rn. 17.

Zur Beendigung des Vertragsverhältnisses vgl. § 9 VerlG Rn. 6 f.; vgl. § 30 **28** VerlG Rn. 9 ff.; vgl. § 32 VerlG Rn. 7 ff.; vgl. Vor §§ 31 ff. UrhG Rn. 111 ff.

§ 2

(1) Der Verfasser hat sich während der Dauer des Vertragsverhältnisses jeder Vervielfältigung und Verbreitung des Werkes zu enthalten, die einem Dritten während der Dauer des Urheberrechts untersagt ist.

(2) Dem Verfasser verbleibt jedoch die Befugnis zur Vervielfältigung und Verbreitung:
1. Für die Übersetzung in eine andere Sprache oder in eine andere Mundart;
2. für die Wiedergabe einer Erzählung in dramatischer Form oder eines Bühnenwerkes in der Form einer Erzählung;

3. für die Bearbeitung eines Werkes der Tonkunst, soweit sie nicht bloß ein Auszug oder eine Übertragung in eine andere Tonart oder Stimmlage ist;
4. für die Benutzung des Werkes zum Zwecke der mechanischen Wiedergabe für das Gehör;
5. für die Benutzung eines Schriftwerkes oder einer Abbildung zu einer bildlichen Darstellung, welche das Originalwerk seinem Inhalt nach im Wege der Kinematographie oder eines ihr ähnlichen Verfahrens wiedergibt.

(3) Auch ist der Verfasser zur Vervielfältigung und Verbreitung in einer Gesamtausgabe befugt, wenn seit dem Ablaufe des Kalenderjahrs, in welchem das Werk erschienen ist, zwanzig Jahre verstrichen sind.

Übersicht

I. Allgemeines

1   § 2 Abs. 1 regelt die gesetzliche **Enthaltungspflicht** des Verfassers gegenüber dem Verlag: Während der Dauer des Vertragsverhältnisses ist dem Verfasser jede Vervielfältigung und Verbreitung des Werkes untersagt, die auch einem Dritten während der Dauer des Urheberrechtes verboten wäre. Dabei ist die Regelung des § 2 Abs. 1 schuldrechtlicher Natur, betrifft also grds. nicht unmittelbar den Umfang des objektiven Verlagsrechts, der ausgehend von § 8 zu bestimmen ist.

2   § 2 Abs. 2 und Abs. 3 enthalten **Ausnahmen** von den gesetzlichen Enthaltungspflichten des Verfassers in Abs. 1. § 2 Abs. 2 behält dem Verfasser eine Reihe von Nutzungsrechten ausdrücklich vor; dieser Katalog wird durch § 37 Abs. 1 UrhG, der die Verwertung sämtlicher Bearbeitungen des Werkes betrifft, noch erweitert. § 2 Abs. 3 gibt dem Verfasser das Recht, sein Werk in einer Gesamtausgabe zu veröffentlichen, wenn seit dem Ende des Jahres, in dem das Werk erschienen ist, zwanzig Jahre verstrichen sind.

Alle Regelungen des § 2 sind dispositiv; insbesondere die Enthaltungspflichten **3**
des Verfassers werden in der Praxis durch umfangreiche Rechtseinräumungen,
insbesondere in den sehr verbreiteten Formularverträgen, in vielen Fällen wesentlich erweitert.

II. Enthaltungspflicht des Verfassers (§ 2 Abs. 1)

1. Inhalt

Die Vorschrift konkretisiert zunächst den auch den Verlagsvertrag beherrschen-   **4**
den Grundsatz von Treu und Glauben, § 242 BGB, und zwar vor allem unter
wettbewerblichen Gesichtspunkten (*Schricker* VerlagsR³ § 2 Rn. 1). Die Verpflichtung ist rein **schuldrechtlicher Natur** und führt deshalb lediglich im Verhältnis zwischen Verfasser und Verlag zur (Verpflichtung zur) ausschließlichen
Einräumung der Verlagsrechte (str.; wie hier Ulmer-Eilfort/Obergfell/*Obergfell*
Rn. 24; eingehend vgl. Vor §§ 31 ff. UrhG Rn. 47); die Pflicht, ausschließliche
Rechte zu verschaffen, kann im Übrigen abbedungen werden, § 8 („soweit
nicht aus dem Vertrages sich ein anderes ergibt"), sodass es genügt, wenn der
Verfasser dem Verlag ein einfaches Nutzungsrecht oder rein schuldrechtlich
wirkende Nutzungsrechte einräumt (BGH GRUR 2010, 1093 Tz. 17 – *Concierto de Aranjuez*). Der Umfang des objektiven Verlagsrechts und die Rechte
des Verlegers auch gegenüber Dritten (das sog. positive Nutzungs- und negative
Verbotsrecht des Verlages; vgl. § 8 VerlG Rn. 6; vgl. § 31 UrhG Rn. 20 ff.)
ergeben sich hingegen erst aus § 8. Gemäß § 2 Abs. 1 muss sich der Verfasser
„jeder Vervielfältigung und Verbreitung", die einem Dritten während der
Dauer des Urheberrechts verboten wäre, enthalten. Der Begriff der Vervielfältigung ist dabei im – gegenüber § 17 UrhG engeren – verlagsrechtlichen Sinne
zu verstehen (vgl. § 1 VerlG Rn. 2 f.; kritisch Ulmer-Eilfort/Obergfell/*Obergfell*
Rn. 25); insofern ist kein Grund erkennbar, den **Vervielfältigungsbegriff** in
§ 1 und § 2 unterschiedlich auszulegen. Der Verfasser darf deshalb sein Werk
nur auf solche Nutzungsarten nicht nutzen, die eine Vervielfältigung oder Verbreitung im verlagsrechtlichen Sinne darstellen und nicht unter den Ausnahmekatalog in Abs. 2 fallen (*Schricker* VerlagsR³ Rn. 9 m. w. N.; *Gottschalk* ZUM
2005, 359 ff.; zu den u.U. darüber hinausgehenden, vertragsimmanenten
Treuepflichten des Verfassers vgl. Rn. 30 ff.).

Konkret sind dem Verfasser solche Vervielfältigungen und Verbreitungen ver-   **5**
boten, die auch ein Dritter während der Dauer des urheberrechtlichen Schutzes
nicht vornehmen darf, § 2 Abs. 1, 2. Hs. Der Verfasser darf also z. B. sein Werk
nicht in einer **anderen äußeren Form** veröffentlichen, sei es als Vorabdruck,
Einzeldruck, illustrierte Ausgabe oder – vor Ablauf der Frist aus § 2 Abs. 3 –
als Teil einer Gesamtausgabe (KG ZUM 1997, 397, 398). Die Enthaltungspflicht des Verfassers erfasst auch **Teile seines Werkes** (BGH GRUR 1960, 636,
638 – *Kommentar*), soweit die Verwendung über das im Rahmen des Zitatrechts zulässige (§ 51 UrhG) hinausgeht. Umgekehrt darf der Verfasser aber
über den Katalog des Abs. 2 und Abs. 3 hinaus alle Nutzungen, die ihm bereits
als Träger des Urheberrechts im UrhG ausdrücklich vorbehalten sind, vornehmen (*Schricker* VerlagsR³ Rn. 9; *Russ* Rn. 5 ff.; Ulmer-Eilfort/Obergfell/*Obergfell* Rn. 27): Was jeder Dritte nach den Bestimmungen des UrhG darf, darf
auch der Urheber gegenüber dem Verlag. Der **Umfang der Enthaltungspflicht**
muss insofern nach § 31 Abs. 5 UrhG, der auch im VerlG Anwendung findet
(vgl. § 31 UrhG Rn. 154 ff.), bestimmt werden; insofern wird sich im Regelfall
aus den konkret dem Verlag zugewiesenen Rechten ergeben, welche Formen
bzw. Arten der Vervielfältigung und Verbreitung durch den konkreten Vertrag
erfasst werden. Der Verfasser darf danach zunächst das Werk zum persönlichen
oder sonstigen eigenen Gebrauch ebenso wie in den sonst durch das UrhG
freigestellten Fällen **vervielfältigen** (§ 53 Abs. 1 und 2 UrhG) und **zitieren** (§ 51

UrhG). Soweit dabei die Verpflichtung zur Quellenangabe (§ 63 UrhG) vor allem dem persönlichkeitsrechtlichen Schutz des Urhebers dient, ist er selbst von dieser Verpflichtung freigestellt; verlangt hingegen § 63 UrhG neben der Angabe des Verfassers auch die des Verlages, muss auch der Verfasser den Verlag nennen. Die Enthaltungspflicht des § 2 Abs. 1 erstreckt sich außerdem nicht auf **Bearbeitungen** i. S. d. § 37 Abs. 1 UrhG (dazu vgl. Rn. 10, 16 f.).

6 Dies gilt grds. auch für eine **Verbreitung** des Werkes des Verfassers, wobei sich ein besonderer verlagsrechtlicher Verbreitungsbegriff nicht gebildet hat (dazu vgl. § 1 VerlG Rn. 3). Gemäß § 2 Abs. 1 VerlG i. V. m. § 17 Abs. 1 UrhG ist der Urheber mithin nicht gehindert, sein Werk in unkörperlicher Form **öffentlich wiederzugeben** (§§ 19-22 UrhG) oder **auszustellen** (§ 18 UrhG). Das Recht der **Erstveröffentlichung** aus § 12 Abs. 1 UrhG dürfte hingegen regelmäßig auch eine Vervielfältigung und/oder Verbreitung im Sinne des § 2 Abs. 1 VerlG darstellen und also nach Abschluss eines Verlagsvertrages dem Autor nicht mehr zustehen. Eine **Inhaltsmitteilung** nach § 12 Abs. 2 UrhG ist dem Verfasser nach § 2 Abs. 1 hingegen nur insoweit verwehrt, als darin eine Vervielfältigung oder Verbreitung des Werkes selbst – etwa eines Werkteiles – liegt, jedenfalls wenn Urheber und Verlag insoweit nichts Abweichendes nicht vereinbart haben. Insofern enthalten jedoch die meisten verbreiteten Musterverträge keine ausdrückliche Bestimmung.

7 Die Enthaltungspflicht gilt grds. auch für Verlagsverträge über **gemeinfreie Werke**, § 39 Abs. 3 S. 1, ist dort jedoch auf sechs Monate ab Veröffentlichung des Werkes beschränkt (§ 39 Abs. 3 S. 2); vgl. §§ 39/40 VerlG Rn. 8.

2. Räumliche und zeitliche Grenzen der Enthaltungspflicht

8 Die Enthaltungspflicht des Verfassers ist vertraglicher Natur und **beginnt** deshalb bereits mit dem Abschluss des schuldrechtlichen Verlagsvertrages, nicht erst mit der Entstehung des objektiven Verlagsrechts (§ 9 Abs. 1). Sie besteht bis zur **Beendigung des Vertragsverhältnisses** (s. hierzu § 9 Abs. 2; vgl. § 9 VerlG Rn. 5). Die Enthaltungspflicht **verkürzt** sich für Gesamtausgaben gemäß § 2 Abs. 3 (vgl. Rn. 20 f.), in den Fällen eines nicht vergütungspflichtigen Beitrages zu einem nicht periodischen Sammelwerk (z. B. Festschrift; § 38 Abs. 2 i. V. m. Abs. 1 S. 2 UrhG), in den Fällen anderweitiger Verwertung von Beiträgen zu periodischen Sammelwerken gemäß § 38 Abs. 1 S. 2 UrhG und schließlich im Rahmen von Verlagsverträgen über gemeinfreie Werke, § 39 Abs. 3 S. 2.

9 Räumlich kann § 2 Abs. 1 nur gelten, soweit deutsches Recht überhaupt **Vertragsstatut** ist (vgl. Vor §§ 120 ff. UrhG Rn. 80 ff.). Ist deutsches Recht Vertragsstatut und erstreckt sich der Vertrag neben Deutschland auch auf andere Staaten, so wird sich im Lichte des § 31 Abs. 5 UrhG aus § 2 Abs. 1 eine schuldrechtliche **Enthaltungspflicht** des Verfassers – sofern nichts anderes vereinbart ist – **für das Ausland** allenfalls für die Staaten ergeben können, in denen ebenfalls Urheberrechtsschutz besteht, weil die Regelung in ihrem Hs. 2 ausdrücklich auf den bestehenden Urheberrechtsschutz gegenüber Dritten abstellt. Dies gilt grds. auch für ein unterhalb staatlicher Grenzen geteiltes Verlagsrecht, das sich z. B. jeweils auf unterschiedliche Sprachräume innerhalb eines Staates (z. B. flämisch und französisch in Belgien) beschränkt.

III. Dem Verfasser vorbehaltene Nutzungen und Umfang der Rechtseinräumung

1. Allgemeines

10 § 2 Abs. 2, der insgesamt dispositiv ist, belässt dem Verfasser trotz bestehenden Verlagsvertrages ausdrücklich bestimmte Nutzungsarten. Dieser Katalog ist jedoch **nicht abschließend**. Hinzukommen alle Befugnisse, die das UrhG dem Urheber mangels anders lautender vertraglicher Vereinbarung stets vorbehält, insb. die **Bearbeitungsrechte** im Sinne des § 37 Abs. 1 UrhG. § 37 Abs. 1 UrhG ersetzte die frühere Vorschrift des § 14 LUG, die wiederum für das allgemeine Urheberrecht dem Katalog des § 2 Abs. 2 im Wesentlichen entsprach. Darüber hinaus behält der Verfasser mangels anders lautender vertraglicher Abrede das Recht zur **bühnenmäßigen Aufführung** und **Rundfunk- und Fernsehsendung** sowie zu anderen Arten der Verwertung in unkörperlicher Form, da in diesen Fällen bereits keine Vervielfältigung oder Verbreitung im verlagsrechtlichen Sinne vorliegt (vgl. § 1 VerlG Rn. 2, 7 ff.). In den ihm vorbehaltenen Werknutzungen behält der Verfasser die uneingeschränkten Nutzungsrechte.

2.   Dem Verfasser vorbehaltene Nutzungsarten (§ 2 Abs. 2)

a) Übersetzung: Der Verfasser behält nach Nr. 1 zunächst das Recht der Übersetzung des Werkes in eine andere Sprache oder eine andere Mundart. Dabei ist unter „Übersetzung" die Übersetzung im engeren Sinn, d. h. die Wiedergabe des Originalwerkes in einer anderen Sprache, nach *Schricker* der Vorgang des „Wie heißt das auf deutsch?" gemeint. Nicht unter diesen Begriff fallen die (freie) Übertragung, wenn sie lediglich eine Sinnwiedergabe oder Kommentierung des Originalwerkes in einer anderen Sprache darstellt, die Nach- oder Umdichtung und die **Nachschöpfung** (im Einzelnen zu diesen Begriffen vgl. § 3 UrhG Rn. 8 f.; *Schricker* VerlagsR³ Rn. 20). Nachschöpfungen können jedoch auch während der Lebensdauer eines Verlagsvertrages dem Urheber als Bearbeitungen i. S. d. § 37 Abs. 1 UrhG gestattet sein (vgl. Rn. 16 f.).   **11**

b) Dramatisierung und Entdramatisierung (Nr. 2): Dem Urheber vorbehalten sind außerdem die Rechte der Dramatisierung eines erzählenden Werkes und die Episierung eines Bühnenwerkes. In der Vorschrift nicht ausdrücklich erwähnte Bearbeitungsformen (z. B. die Rückübertragung eines dramatisierten Romans in die Romanform, in der Praxis vor allem das **„Buch zum Film"**, das auf der Grundlage des Drehbuchs in Romanform erscheint) können nach § 37 Abs. 1 UrhG dem Verfasser gestattet sein (vgl. Rn. 16). Zu den vertraglichen Treuepflichten des Verfassers in diesem Zusammenhang vgl. Rn. 30 ff.   **12**

c) Musikwerke: Auch die Bearbeitung von Werken der Musik ist grds. dem Komponisten vorbehalten, soweit es sich nicht lediglich um die Herstellung eines Auszuges, die Übertragung in eine andere Tonart oder Stimmlage oder die gesonderte Herausgabe von Teilen eines größeren Werkes (eines einzelnen Satzes einer Sinfonie oder einer Arie aus einer Oper) handelt. Gestattet ist dem Komponisten hingegen die **Einrichtung** eines Musikwerkes für andere Klangmittel (z. B. die Bearbeitung eines Liedes für Chor; *Schricker* VerlagsR³ Rn. 22). Da allerdings § 37 Abs. 1 UrhG im Grundsatz alle schutzfähigen Bearbeitungen im Zweifel dem Urheber vorbehält, muss der Komponist sich auch nur solcher Auszüge und Übertragungen enthalten, die keine urheberrechtlich geschützten Bearbeitungen i. S. d. § 37 Abs. 1 UrhG sind (*Schricker* VerlagsR³ Rn. 22; *Haberstumpf* FS Schricker II S. 309, 318 ff.).   **13**

d) Mechanisch-akustische Wiedergabe: Der Verfasser darf außerdem nach Nr. 4 ausdrücklich sein Musik- oder Schriftwerk auf Tonträgern wiedergeben, also z. B. ein Hörspiel herstellen oder das Werk durch ein Orchester aufnehmen lassen. Dies ergibt sich an sich bereits aus dem verlagsrechtlichen Vervielfältigungsbegriff des § 1, sodass der Vorbehalt der Nr. 4 überflüssig ist. Das Nutzungsrecht des Urhebers erfasst dabei auch das Verbreitungsrecht an den hergestellten Tonträgern (*Schricker* VerlagsR³ Rn. 23).   **14**

e) Verfilmungsrecht: Dem Urheber vorbehalten ist schließlich das Verfilmungsrecht, Nr. 5. Wiederum ist diese ausdrückliche Erwähnung wegen des verlags-   **15**

rechtlichen Vervielfältigungsbegriffs in §§ 1, 2 eigentlich überflüssig. Das Recht des Urhebers erfasst nicht nur die Herstellung eines Filmes, sondern gleichfalls die Verbreitung der hergestellten Bild- bzw. Bildtonträger (*Schricker* VerlagsR³ Rn. 23). Wegen § 31 Abs. 5 UrhG kann allerdings in besonderen Fällen das Recht zur Verfilmung als Nebenrecht auch stillschweigend eingeräumt sein; dieser Fall ist allerdings in der Praxis kaum jemals anzutreffen, weil dann, wenn z. B. ein Drehbuch den Gegenstand eines Verlagsvertrages bildet oder sonst ein Buch Teil einer geplanten umfassenden Verwertung des Stoffes ist, in aller Regel ein detaillierter und insb. Regelungen zur Verfilmung enthaltender Verlagsvertrag abgeschlossen wird.

16　f) **Erweiterung durch § 37 Abs. 1 UrhG:** § 37 Abs. 1 UrhG erweitert diesen Katalog. § 37 Abs. 1 behält generell die Nutzung von Bearbeitungen als eigenständige Verwertungsrechte dem Urheber selbst vor (vgl. § 37 UrhG Rn. 6 ff.; vgl. §§ 23/24 UrhG Rn. 1). Dabei muss die Bearbeitung im Sinne des § 3 UrhG schutzfähig sein (vgl. § 37 UrhG Rn. 6). Deshalb ist z. B. die Darstellung eines Kriminalromans als Comicstrip durch den Verfasser trotz Verlagsvertrags zulässig (s. – noch zu § 5 LUG – OLG Hamburg GRUR 1965, 689 – *Goldfinger*). Erst recht gilt dies für **freie Benutzungen** durch den Urheber selbst im Sinne des § 24 Abs. 1 UrhG. Bei **Musikwerken** darf der Komponist gemäß §§ 37 Abs. 1, 24 Abs. 2 UrhG ebenso wie bereits nach dem Wortlaut des § 2 Abs. 2 Nr. 3 (vgl. Rn. 13) grds. auch eigene Melodien zu Variationen, Phantasien usw. benutzen, weil § 24 Abs. 2 nur Dritten, nicht jedoch dem Urheber selbst die Benutzung der Melodie verbietet. Dem entspricht die **aktuelle Vertragspraxis** im Musikverlag im Wesentlichen, wenn sie dem Urheber die Verwendung einer Melodie i. d. S. gestattet, wobei allerdings in aller Regel eine Erstanbietungspflicht oder sogar ein echtes Optionsrecht zugunsten des Musikverlegers vereinbart wird.

17　§ 37 Abs. 1 erweitert nicht nur den Katalog der dem Urheber vorbehaltenen Nutzungsrechte, sondern beschränkt zugleich das Verbotsrecht des Verlegers bzw. die Enthaltungspflicht des Verfassers aus § 2 Abs. 1. Zu den vertragsimmanenten Treuepflichten und eventuellen Verboten aus dem Recht des unlauteren Wettbewerbs vgl. Rn. 30 ff.

3.　Gesamtausgaben (Abs. 3)

18　Grundsätzlich muss der Verfasser sich nach Abs. 1 auch der Veröffentlichung seines Werkes in einer Gesamtausgabe enthalten. Insofern begrenzt allerdings Abs. 3 die **Dauer der Enthaltungspflicht**, um dem Urheber möglichst noch zu seinen Lebzeiten die Zusammenfassung seines Lebenswerkes zu ermöglichen, und zwar ggf. gegen den Willen der Verleger der jeweiligen Einzelwerke (*Schricker* VerlagsR³ Rn. 25). In diesem Punkt laufen im Übrigen positives Nutzungsrecht des Autors und negatives Verbotsrecht des Verlegers nicht gleich, denn nach § 4 darf der Verleger ohne Zustimmung des Verfassers ein Einzelwerk nicht in einer Gesamtausgabe verwerten (näher vgl. § 4 VerlG Rn. 3 ff.). Abs. 3 schützt in erster Linie die ideellen Interessen des Urhebers an dem geschaffenen Werk und hat deshalb **persönlichkeitsrechtlichen Charakter** (OLG Karlsruhe GRUR 1993, 992, 993 f. – *Husserl*). Trotzdem ist Abs. 3 ebenfalls **dispositiv** (OLG Karlsruhe a. a. O.). Allerdings ist § 2 Abs. 3 noch nicht abbedungen, wenn das Verlagsrecht „für sämtliche Auflagen" eingeräumt wird, weil dies sich nur auf das Einzelwerk, nicht hingegen auf eine Veröffentlichung des Werkes im Rahmen einer Gesamtausgabe bezieht (ebenso *Schricker* VerlagsR³ Rn. 34 a. E.).

19　Abs. 3 gestattet dem Verfasser eines Werkes, dieses in einer Gesamtausgabe erscheinen zu lassen, wenn seit dem **Erscheinen** des Werkes zwanzig Jahre, gerechnet vom Ende des Kalenderjahres des Erscheinens an, verstrichen sind.

Maßgeblich ist insofern das tatsächliche Erscheinen, § 6 Abs. 2 S. 1 UrhG (vgl. § 6 UrhG Rn. 15 ff.). Ist das betreffende Werk nach seinem ersten Erscheinen in mehreren Auflagen veröffentlicht worden, so ist für den Lauf der Frist jedenfalls dann das erste Werk maßgeblich, wenn die späteren Auflagen nur unwesentliche Veränderungen, wie z. B. Ergänzungen und Berichtigungen, jedoch keine – auch nur in Abschnitten – grundlegend neue Bearbeitung darstellen. Denn alles andere würde gerade den erfolgreichen oder wissenschaftlich sorgfältigen Autor, der mehrere Auflagen herstellen muss, diese aber trotzdem kritisch beleuchtet, unangemessen benachteiligen; außerdem wird bei einer unwesentlichen Veränderung nach wie vor das (ursprüngliche) Werk i. S. d. Abs. 3 vorliegen.

Eine **Gesamtausgabe** liegt vor, wenn sie alle Werke, Hauptwerke oder wenigstens die für eine bestimmte Schaffensperiode, Fachrichtung oder Werkform (z. B. die gesamte Lyrik, alle Dramen; alle medizinethischen Abhandlungen usw.) desselben Verfassers enthält (ebenso LG Köln ZUM-RD 2013, 267, i, Ls.). Insofern ist die **Bezeichnung der Ausgabe** durch Verlag oder Handel unerheblich. So kann z. B. auch eine als „ausgewählte Werke" bezeichnete Sammlung eine Gesamtausgabe i. S. d. § 2 Abs. 3 sein, wenn sie die vorgenannten Kriterien erfüllt (ebenso *Russ* Rn. 48; a. A. wohl *Schricker* VerlagsR[3] Rn. 27). Gesamtausgaben können auch in Reihen oder Einzellieferungen erscheinen, wenn ein einheitlicher Gesamtpreis besteht und einzelne Bände nicht einzeln abgegeben werden (OLG Karlsruhe GRUR 1993, 992, 993 f. – *Husserl*; *Schricker* VerlagsR[3] Rn. 26; Ulmer-Eilfort/Obergfell/*Obergfell* Rn. 33). Dies kann allenfalls dann anders sein, wenn jeder Band für sich genommen wiederum eine Gesamtausgabe im oben genannten Sinne bilden würde (*Schricker* VerlagsR[3] Rn. 27). Stets erforderlich ist jedoch, dass – wie der Begriff bereits sagt – die Ausgabe den Anspruch erhebt, das gesamte Werk in dem oben erläuterten Sinn in einer im Wesentlichen äußerlich einheitlichen und sich geschlossenen Ausgabe, die sich von den Einzelausgaben unterscheidet, zu veröffentlichen (s. LG Köln ZUM-RD 2013, 267, 271 f.). Ein Verlag veranstaltet deshalb noch keine Gesamtausgabe, wenn er z. B. die Rechte an allen Einzelwerken innehat und diese nur in einheitlicher äußerlicher Gestaltung, jedoch als Einzelbände mit jeweils eigener ISBN herausgibt. **20**

Ob der Verfasser das Recht zur Veranstaltung einer Gesamtausgabe aus § 2 Abs. 3 „**erschöpfen**" kann, indem er eine umfassende Gesamtausgabe veranstaltet, ist in der Rechtsprechung, soweit ersichtlich, noch nicht entschieden worden (die Frage offen lassend OLG Karlsruhe GRUR 1993, 992, 994 – *Husserl*). Gegen einen „Verbrauch" des Rechts spricht neben der urheberpersönlichkeitsrechtlichen Komponente, dass nach der gesetzlichen Regelung in Abs. 3 der Urheber nach Ablauf der dort bestimmten Frist von seiner Enthaltungspflicht gegenüber dem Verleger ganz frei wird, und zwar für die gesamte noch verbleibende Schutzdauer, und umgekehrt der Verleger nach § 4 S. 1 ohnehin das Recht zur Veranstaltung einer Gesamtausgabe ohne entsprechende Regelung im Verlagsvertrag nicht erwirbt. Der Verfasser bzw. seine Erben (OLG Karlsruhe GRUR 1993, 992, 993 – *Husserl*; LG Frankfurt aM. NJW 1989, 403, 404 – *Arno Schmidt*) können deshalb beliebig weitere Gesamtausgaben veranstalten, auch wenn sie jeweils sämtliche Werke des Autors umfassen. Dass das Nutzungsrecht des Verfassers sich aus wettbewerbsrechtlichen Gründen nur auf das Werk als solches, nicht hingegen auf eine Nutzung der Druckvorlage des jeweiligen Verlages des Einzelwerkes erstreckt, ist selbstverständlich. **21**

4. Abweichende vertragliche Regelungen

a) Nebenrechte; Begriff: § 2 Abs. 1 bis 3 sind – wie nahezu alle anderen Regelungen des VerlG – dispositiv. Insofern können die Parteien insb. weitergehende **22**

Enthaltungspflichten des Verfassers vorsehen (dazu vgl. Rn. 5 f.) oder – was ganz überwiegend auch geschieht – dem Verleger durch einen Katalog konkret wirtschaftlich-technisch eigenständiger Auswertungsmöglichkeiten des Werkes – der also nicht auf die in §§ 15 ff. UrhG genannten Nutzungsarten beschränkt ist – sehr umfassende Nutzungs- und Verwertungsrechte einräumen, wobei hinsichtlich dieser sog. Nebenrechte im Verlagsvertrag in aller Regel zwischen sog. buchnahen und buchfernen Nebenrechten unterschieden wird.

23 **Buchnahe Nebenrechte** betreffen die Nutzung des Werkes vor allem durch grafische Vervielfältigung und Verbreitung in anderen Ausgaben als der Originalform wie z. B. eine Taschenbuchausgabe, die Buchgemeinschaftsausgabe, bestimmte (bibliophile oder illustrierte oder für einen bestimmten Abnehmerkreis vorgesehene) Sonderausgaben, schließlich Schul-, Blinden- und illustrierte Ausgaben; eine kommentierte oder mit Vokabelhinweisen versehene fremdsprachige Ausgabe für den deutschen Markt (LG München I v. 13.7.2011 – 7 O 13109/11, Tz. 43 ff., verfügbar bei juris); ggf. CD-ROM, soweit diese nur den Text darstellt, usw. (s. BGH GRUR 1990, 669, 672 f. – *Bibelreproduktion*; BGH GRUR 1992, 310, 311 f. – *Taschenbuch-Lizenz*) oder das Werk insgesamt intakt lassende Nutzungsarten wie das Übersetzungsrecht. Die buchnahen Nebenrechte nutzt **typischerweise ein Buchverlag**, nicht notwendig der konkrete Verleger selbst. Unter die buchnahen Nebenrechte fasst man heute im Allgemeinen auch die Nutzung des – unveränderten – Werkes in elektronischen Medien wie z. B. auf CD-ROM, zum Abruf im Internet oder im Rahmen eines **E-Books**. Auch die Rechte des Vor- oder Nachdrucks in Zeitungen und Zeitschriften und das Recht zur sonstigen Vervielfältigung (z. B. durch Fotokopieren) des Werkes selbst gehören hierher. Das „echte" **Hörbuchrecht**, d. h. das Recht der unveränderten Aufnahme des Werkes auf Tonträger (Lesung), gehört eher zu den buchnahen Nebenrechten, weil es das Werk als solches nicht verändert (s. § 2 Ziff. 2 lit. f) Normvertrag, abrufbar unter http://www.boersenverein.de). Gleiches gilt deshalb für das Vortragsrecht (s. a. § 2 Ziff. 2 lit. g) Normvertrag).

24 **Buchferne Nebenrechte** sind solche Rechte, die das Werk **in eine andere Gattung übertragen** (z. B. Dramatisierung, Verfilmung, Vertonung, Hörspiel; zum Hörbuch vgl. Rn. 23), also in erster Linie den schöpferischen Inhalt des Werkes verwerten, einschließlich der dafür notwendigen Bearbeitungen (*Russ* Rn. 74; s. im Einzelnen Loewenheim/*Nordemann-Schiffel/Jan Bernd Nordemann*[2] § 64 Rn. 70 ff.). Diese Rechte nimmt der Verleger typischerweise nicht selbst wahr, sondern vergibt Lizenzen an Dritte.

25 Zur **Ausübung der Nebenrechte** ist der Verleger grds. nur dann verpflichtet, wenn dies vereinbart ist, der Vertrag also insofern eine ausdrückliche Bestimmung enthält oder sich dies aus der Vertragsauslegung ergibt. Zur Auswertungspflicht des Verlegers in einem als Verlagsvertrag eingeordneten Übersetzervertrag BGH GRUR 2005, 148, 151 f. – *Oceano Mare;* auch BGH GRUR 2011, 810 – *World's End; Schricker* EWiR 2005, 907 ff.; *v. Becker* ZUM 2005, 50 ff.

26 **b) Umfang der Rechtseinräumung; Zweckübertragungslehre:** Der Umfang der Rechtseinräumung in einem Verlagsvertrag ist im Lichte der §§ 31 Abs. 5, 37 UrhG auszulegen. Insb. nach der Zweckübertragungsregel, § 31 Abs. 5 UrhG, ergibt sich bei Fehlen einer ausdrücklichen Benennung der einzelnen Nutzungsrechte oder Nutzungsarten der Umfang der Einräumung aus dem Vertragszweck. Da § 1 insofern auf das Recht der grafischen Vervielfältigung und Verbreitung abstellt und das VerlG im Übrigen vor allem in § 2 Abs. 2 dem Urheber wesentliche (vor allem Bearbeitungs-) Nutzungsrechte vorbehält, trifft im Zweifel den Nutzungsberechtigten, also den Verleger, eine **Spezifizierungs-**

last, wenn er Nutzungsrechte, deren Einräumung der Zweck des Verlagsvertrages nicht unmittelbar erfordert, erhalten will. Diese Spezifizierungslast besteht nicht nur, wenn eine Regelung im Vertrag insgesamt fehlt, sondern auch bei pauschalen Formulierungen wie z. B. „für alle Ausgaben und Auflagen" oder „für alle Nutzungsrechte" (s. BGH GRUR 1996, 121, 122 f. – *Pauschale Rechtseinräumung*; KG GRUR 1991, 596, 598 f. – *Schopenhauer-Ausgabe*; Loewenheim/*Nordemann-Schiffel/Jan Bernd Nordemann*[2] Rn. 27 m. w. N.). Die Spezifizierungslast gilt erst recht für die sog. buchfernen Nebenrechte.

Aus diesem Grunde müssen zunächst bei den buchnahen Nebenrechten die **27** konkreten Ausgaben benannt werden, die Gegenstand der Rechtseinräumung sein sollen (Taschenbuch, Sonder-, Reprint-, Schul- oder Buchgemeinschaftsausgabe, Mikrokopie, E-Book usw.). Auch hinsichtlich der Nutzung in digitalen Medien muss klargestellt werden, ob die Nutzung beispielsweise nur auf Offline-Medien wie z. B. CD-ROM oder auch online erfolgen soll, ob die Einstellung in eine Datenbank oder lediglich die Übermittlung über das Internet möglich sein soll usw. Nicht möglich ist es allerdings, die Online-Rechte aufzuspalten in Online-Vervielfältigungsrechte i. S. d. § 16 UrhG einerseits und die Rechte des öffentlichen Zugänglichmachens nach § 19a UrhG andererseits (dazu LG München ZUM 2009, 788 – *MyVideo*). Bei Verlagsverträgen über Beiträge in Zeitungen und Zeitschriften ist heute so branchenüblich, dass **Zeitungen und Zeitschriften** neben der Printausgabe auch parallel im Internet erscheinen, dass man davon ausgehen muss, dass auch ohne genaue Bezeichnung Nutzungsrechte für beide Medien jedenfalls stillschweigend eingeräumt worden sind.

In der Vertragspraxis sind dementsprechend sehr umfassende **Rechtekataloge**, **28** die alle nur denkbaren Nebenrechte detailliert auflisten, überaus üblich. Ob und in welchem Umfang derartige Kataloge dem Verleger wirksam die entsprechenden Rechte verschaffen, kann bei **Musterverträgen** wegen §§ 305 ff. BGB zu prüfen sein. Allerdings kann die Zweckübertragungsregel, die nach heutiger Auffassung einen wesentlichen gesetzgeberischen Grundgedanken darstellt (vgl. § 31 UrhG Rn. 108 ff.), in diesem Zusammenhang wohl keine Einschränkung der Rechtseinräumung bewirken. Denn die Zweckübertragungslehre besagt nur, dass nicht durch den **Vertragszweck** gedeckte Rechte einzeln bezeichnet werden müssen, nicht hingegen, dass nicht vom Vertragszweck erfasste Rechte nicht eingeräumt werden dürfen. Rechtekataloge kommen dieser sog. Spezifizierungslast aber gerade nach. Einzelne Rechtseinräumungen können also allenfalls als überraschende Klauseln, § 305c BGB, unwirksam sein. In der Praxis sind deshalb auch Klauseln, mit denen dem Verlag z. B. ein Nebenrecht eingeräumt wird, das nicht in seinen eigentlichen Tätigkeitsbereich fällt, wirksam; ohnehin agieren jedenfalls größere und in zunehmenden Maße auch kleinere Verleger im Bereich der Verwertung von buchfernen Nebenrechten – vor allem bei der Vergabe von Hörbuch- und Verfilmungsrechten – sehr erfolgreich. Darüber hinaus ist es durchaus möglich und üblich, im Verlagsvertrag zu vereinbaren, dass der Verlag bestimmte Nutzungsrechte nur im **Einverständnis** mit dem Verfasser verwertet. Häufig anzutreffen ist dies insb. im Hinblick auf das Übersetzungs- und das Verfilmungsrecht, zum Teil auch bezüglich des Hörbuch- und Hörspielrechts. Derartige Abreden können mitunter – abhängig von ihrer konkreten Ausgestaltung – nicht nur schuldvertragliche, sondern darüber hinaus dingliche Wirkung haben (vgl. § 8 VerlG Rn. 1; vgl. § 9 VerlG Rn. 3; zu Verfilmungsverträgen vgl. Vor §§ 88 ff. UrhG Rn. 47 ff.).

Fraglich ist in der Praxis regelmäßig, ob eine Klausel, die nur das Recht zur **29** „Verfilmung" erwähnt, auch den in der Praxis heute üblichen, sehr viel weiter gehenden Rechtekatalog in **Stoffrechteverträgen** abdecken kann. In diesen Verträgen lassen sich Produzenten in aller Regel nicht nur das Filmherstellungsrecht als solches und die üblichen Zweitverwertungsrechte im Fernsehen, auf Video/DVD und für das sog. Streaming, sondern darüber hinaus – wohl stets – vor allem die sog. Klammerteilrechte, die parallelen Online-, Datenbank- und sonstigen elektronischen Rechte und umfassende Merchandisingrechte, Drucknebenrechte und ähnliches einräumen. Ist der Autor des zugrunde liegenden Werkes an der Verhandlung und Unterzeichnung des Verfilmungsvertrages beteiligt, stellt sich dieses Problem nicht, da er dann den umfangreichen Rechtekatalog des Stoffrechtevertrages kennt. Holt der Verleger – was in der Praxis durchaus gängig ist – jedoch nur seine generelle Zustimmung zu den wirtschaftlichen Eckpunkten des Vertrages ein oder vergibt das Verfilmungsrecht – bei entsprechender Regelung im Vertrag – ganz ohne Mitwirkung des Autors, so fragt sich, ob der Autor die branchenüblichen Rechte stillschweigend eingeräumt hat oder möglicherweise aus Treu und Glauben verpflichtet ist, der umfassenden Rechtseinräumung an den jeweiligen Filmproduzenten zuzustimmen. Jedenfalls gilt, wenn nur pauschal die „Rechte zur Verfilmung" eingeräumt werden, die Vermutung des § 88 UrhG, die im filmischen Bereich alle Nutzungsrechte erfasst (nicht jedoch **Remake-Rechte**; eingehend vgl. § 88 UrhG Rn. 76 ff.; s. a. OLG Frankfurt aM. ZUM 2000, 595, 596 – *Sturm am Tegernsee*). Problematisch kann in der Praxis auch die neue Regelung des § 88 Abs. 2 S. 2 UrhG werden, die dem Urheber erlaubt, bereits 10 Jahre nach Vertragsschluss die Rechte neu zu vergeben, wenn der Verlagsvertrag bereits seit längerer Zeit besteht und der Urheber an dem Verfilmungsvertrag nicht unmittelbar beteiligt ist und (dazu vgl. § 88 UrhG Rn. 80 ff.). Bei „filmfernen" Nebenrechten wie z. B. Merchandising und den Drucknebenrechten kann dies jedoch zweifelhaft sein. Hier werden allenfalls die Umstände ergeben können, ob die entsprechende Nebenrechtsklausel im Verlagsvertrag auch umfassende Nebenrechtseinräumungen in einem späteren Stoffrechtevertrag abdeckt. Dies kann z. B. der Fall sein bei einem erfahrenen Autor, der bereits mehrfach Stoffrechte an seinen Werken vergeben hat.

IV. Vertragsimmanente Treuepflichten und Wettbewerbsverbote

1. Allgemeine vertragliche Treuepflicht des Verfassers?

30 Auch der Verlagsvertrag unterliegt insgesamt dem Grundsatz wechselseitiger Treue der Vertragsparteien. Diese Treuepflicht wird für den Verfasser mit der Enthaltungspflicht in § 2 Abs. 1 in einem wichtigen Punkt konkretisiert. Angesichts dieser relativ präzise umgrenzten Regelung und ihrer Ausnahmen in § 2 Abs. 2 und 3 fragt sich, ob dem **Verfasser** unter Berufung auf eine **allgemeine verlagsvertragliche Treuepflicht** weitere Enthaltungspflichten auferlegt werden können. Der Bundesgerichtshof hat dies 1973 in seiner Entscheidung *Medizin-Duden* (GRUR 1973, 426, 427) grds. angenommen. Danach soll der Verfasser in der Regel seine Treuepflicht gegenüber dem Verlag verletzen, wenn er während der Dauer des Verlagsvertrages über den gleichen Gegenstand in einem anderen Verlag ein Werk erscheinen lässt, das sich an den gleichen Abnehmerkreis wendet und nach Art und Umfang geeignet ist, dem früheren Werk Konkurrenz zu bereiten (BGH GRUR 1973, 426 – *Medizin-Duden* (Ls.); für einen Herausgebervertrag ebenso OLG Frankfurt aM. GRUR-RR 2005, 361 f. – *Alles ist möglich*; s. a. OLG Hamburg NJW 2003, 834 f. – *Handbuch zur Insolvenzordnung*). Dies kann auch dann der Fall sein, wenn zwischen Verfasser und Verlag langjährige, viele einzelne Werke **umfassende vertragliche Beziehungen** bestehen, der Verleger insofern erheblich investiert und gleichzeitig der Verfasser durch sein Gesamtverhalten beim Verleger das Vertrauen begründet hat, die Rechte könnten ungestört ausgewertet werden (OLG Frankfurt aM. GRUR-RR 2005, 361 f. – *Alles ist möglich*). Insofern wird ein Alleinautor ggf. umfassendere Treuepflichten haben als der Verfasser eines Beitrages zu einem

Sammelwerk; ebenso wird eine lediglich teilweise Überschneidung nur in Ausnahmefällen eine Verletzung einer Treuepflicht bedeuten können. Denkbar ist in besonderen Fällen auch, dass der Verfasser aufgrund Treu und Glauben verpflichtet ist, Änderungen seines Werkes bzw. der Art der Bearbeitung, die sich aus einer veränderten verlegerischen Konzeption ergeben, zu akzeptieren, und zwar auch dann, wenn das eine Reduzierung seines Honorars zur Folge hätte (dazu OLG Hamm v. 18.8.2009 – 4 U 52/09 – *Arbeitsrechtshandbuch*, verfügbar bei juris). **Zeitlich** und **räumlich** kann eine solche vertragsimmanente Treuepflicht nicht weiter gehen als die Enthaltungspflichten aus § 2 Abs. 1 (vgl. Rn. 10 ff.; s. a. OLG Frankfurt aM. GRUR-RR 2005, 361 f. – *Alles ist möglich*). Eingehend zum Ganzen vgl. Vor §§ 31 ff. UrhG Rn. 45 ff.

2. Vertragliche Wettbewerbsverbote

a) Allgemeines: In der Praxis sehen gerade die verbreiteten **Formularverträge** der **31** unterschiedlichen Verlage Wettbewerbsverbote häufig vor. So bestimmt z. B. § 7 Abs. 1 der Vertragsnormen für wissenschaftliche Verlagswerke (in der Fassung 2000, abrufbar unter http://www.boersenverein.de), der Verfasser werde während der Laufzeit des Vertrages kein anderes Werk zum gleichen Thema, das geeignet erscheine, dem vertragsgegenständlichen Werk ernsthaft Konkurrenz zu machen, ohne schriftliche Zustimmung des Verlages veröffentlichen oder veröffentlichen lassen, wobei die Zustimmung des Verlages nicht wider Treu und Glauben verweigert werden dürfe. Fehlt die Zustimmungsverpflichtung des Verlags, sind derartige Klauseln in der Regel wegen Verstoßes gemäß § 307 Abs. 1 S. 1 BGB unwirksam, weil dadurch der Verfasser gerade im wissenschaftlichen Bereich im weitesten Sinne unangemessen benachteiligt wird (OLG München ZUM 2007, 451 ff.; ausführlich Ulmer-Eilfort/Obergfell/*Obergfell* Rn. 19). Im belletristischen Bereich lauten die Formulierungen häufig ähnlich, wobei zwar eine Zustimmungsverpflichtung des Verlages nach Treu und Glauben regelmäßig fehlt, die Klauseln aber kaum praktische Bedeutung haben.

Grds. sind jedoch Wettbewerbsverbote im Lichte des § 31 Abs. 5 UrhG im **32** Zweifel eng auszulegen. So wird unter den Begriff des Konkurrenzwerkes in Entsprechung zu § 2 Abs. 1 eine identische Wiedergabe oder unfreie Bearbeitung des vertragsgegenständlichen Werkes ebenso wie eine gekürzte Ausgabe fallen (vgl. Vor §§ 31 ff. UrhG Rn. 46 f.; *Gottschalk* ZUM 2005, 359, 360 f.; *Russ* Rn. 59 ff.). Auch eine Neubearbeitung des Werkes wird man ohne weiteres unter ein vertragliches Wettbewerbsverbot fassen können. Ein **Konkurrenzwerk** wird man jedoch – unter Berücksichtigung der Parameter des Bundesgerichtshofes in der Entscheidung *Medizin-Duden* (BGH GRUR 1973, 426 ff.) – jedenfalls dann nicht mehr annehmen können, wenn der Abnehmerkreis oder der Verwendungszweck ein anderer ist, wie dies z. B. bei Lehrbuch und Kommentar, aber auch bei zwei sich inhaltlich überschneidenden Kommentaren zu einander ablösenden und nur teilweise identischen Gesetzen der Fall sein kann (OLG Hamburg NJW 2003, 834 f. – *Handbuch zur Insolvenzordnung*). Dies wird im Wesentlichen nach den Umständen des Einzelfalles zu entscheiden sein (hierzu *Gottschalk* ZUM 2005, 359, 360 f.; *Schricker* VerlagsR³ Rn. 7). Fraglich ist, ob ein vertragliches Wettbewerbsverbot auch eine Verwertung in den dem Urheber vorbehaltenen **neuen Nutzungsarten** i. S. d. § 31 Abs. 4 UrhG a. F. erfasst. Für alle seit Abschaffung des § 31 Abs. 4 UrhG mit Wirkung vom 1.1.2008 abgeschlossenen Verträge wird man dies bejahen können, soweit der Vertrag nicht ohnehin die Einräumung unbekannter Nutzungsarten vorsieht, jedenfalls soweit die konkrete Verwertung in der neuen Nutzungsart ein Konkurrenzwerk im Sinne der üblichen Klauseln darstellen kann. Z. B. für die Verwertung als E-Book oder in einer online zugänglichen Datenbank dürfte dies ohne weiteres der Fall sein. Ebenso wird die Frage auch für unter Geltung des § 31 Abs. 4 UrhG a. F. abgeschlossene Verlagsverträge zu beantworten sein. Zu eventuellen Zustimmungsverpflichtungen des Verfassers zu einer Verwertung durch den Verleger bei Altverträgen vgl. § 31 UrhG Rn. 113.

33 Bei **Beteiligung mehrerer Verfasser** an einem bestimmten Werk lässt sich die Reichweite des vertraglichen Wettbewerbsverbotes bezüglich einzelner Beteiligter i. d. R. dem Vertrag selbst entnehmen. Denn sind alle Verfasser – vor allem als Miturheber – durch einen einzigen Verlagsvertrag gebunden, wird das Wettbewerbsverbot in aller Regel auch für alle (grds. gleichermaßen) gelten. Bei den Verfassern von Beiträgen für ein Sammelwerk hingegen bestehen regelmäßig mit den einzelnen Verfassern einzelne Verlagsverträge, die ein Wettbewerbsverbot enthalten können oder nicht. In diesen Fällen ist für jeden Verfasser aufgrund seines eigenen Verlagsvertrages die Gültigkeit und ggf. Reichweite des vertraglichen Wettbewerbsverbotes gesondert zu beurteilen. Zu den **kartellrechtlichen Schranken** vertraglicher Wettbewerbsverbote vgl. Vor §§ 31 ff. UrhG Rn. 48; *Gottschalk* ZUM 2005, 359, 363 ff.

34 b) **Räumliche und zeitliche Grenzen des Wettbewerbsverbots:** Häufig enthalten die verlagsvertraglichen Wettbewerbsverbote keine ausdrückliche Regelung zum **zeitlichen Anwendungsbereich**. Gerade in den Fällen, in denen der Verlagsvertrag bis zum Ablauf der Schutzfrist abgeschlossen ist – was den Regelfall darstellt –, wird sich eine zeitliche Grenze nicht in allen Fällen zufrieden stellend bestimmen lassen. Wird das Werk auch lange nach seinem ersten Erscheinen noch regelmäßig neu aufgelegt, wird das Wettbewerbsverbot jedenfalls so lange Gültigkeit haben, wie nach dem Werk eine Nachfrage besteht. Ist dies nicht der Fall oder gibt es keine Neuauflagen, so bleibt der Verfasser an das Wettbewerbsverbot so lange gebunden, wie der Verlagsvertrag gültig ist, also nicht z. B. nach § 29 Abs. 1 mit dem Vergriffensein der Auflagen geendet hat. Über § 17 kann sich der Verfasser ggf. von dem Wettbewerbsverbot befreien, indem er dem Verleger eine angemessene Frist zur Herstellung einer Neuauflage setzt (vgl. § 17 VerlG Rn. 6 ff.). Nach fruchtlosem Ablauf der Frist kann der Verfasser von dem Vertrag zurücktreten und dann ohne Rücksicht auf das Wettbewerbsverbot veröffentlichen.

35 Vor allem bei **Lehrmitteln** wie z. B. Schulbüchern kann aber durchaus eine lange Dauer des Wettbewerbsverbots gerechtfertigt sein, weil die Verlage gerade in diesem Bereich ganz erhebliche Vorleistungen erbringen müssen (sie konzipieren in aller Regel das Lehrbuch wenigstens in groben Zügen, müssen über Redakteure sicherstellen, dass das Lehrbuch für die geplante Zielgruppe geeignet und gleichzeitig ausreichend umfassend ist, usw.), weshalb sich ein Schulbuch regelmäßig erst im fünften oder sechsten Absatzjahr amortisiert, d. h. seine Deckungsauflage erreicht hat (*v. Bernuth* GRUR 2005, 196, 197 f.). Vor diesem Hintergrund wird man ein Wettbewerbsverbot, das sich in seiner Dauer an der durchschnittlichen Amortisationsdauer des in Rede stehenden Werkes orientiert, für zulässig halten müssen. – Erfasst eine vertragliche Wettbewerbsklausel **künftige Werke** im Sinne des § 40 UrhG, so ist wegen § 40 Abs. 1 S. 1 nach Ablauf der Fünfjahresfrist die Wettbewerbsklausel ggf. gesondert kündbar.

36 Die **räumliche Reichweite** eines vertraglichen Wettbewerbsverbotes ist wie der räumliche Umfang der Rechtseinräumung im Zweifel im Lichte des § 31 Abs. 5 UrhG zu bestimmen. Betrifft der Verlagsvertrag nicht nur die deutsche Ausgabe des Werkes, sondern räumt auch Übersetzungs- und sonstige Rechte für ausländische Ausgaben ein, wird sich das Wettbewerbsverbot im Zweifel auch auf das Ausland beziehen.

3. Treuepflichten des Verlegers

37 Der Verleger hat gegenüber dem Verfasser grds. keine parallelen Enthaltungspflichten. Er muss allerdings selbstverständlich – wie jede Vertragspartei – den Vertrag mit der nach Treu und Glauben erforderlichen Sorgfalt erfüllen, darf also z. B. nach Ablieferung eines Manuskriptes die Drucklegung nicht unange-messen lange hinausschieben (OLG Frankfurt GRUR 2006, 138, 140 f. – *Europa ohne Frankreich?*; vgl. § 31 VerlG Rn. 10). Bei einem Vertrag über die Herausgabe einer Zeitschrift für einen Verein oder eine wissenschaftliche Gesellschaft durch einen Verlag kann der Verlag seine Treuepflichten nur in Ausnahmefällen gegenüber dem Verein bzw. der Gesellschaft dadurch verletzen, dass er in der Zeitschrift Anzeigen eines Wettbewerbers des Vereins veröffentlicht. Denn die Entscheidung über Anzeigen ist dann, wenn der Verlag – wie im Regelfall – die wirtschaftliche Verantwortung trägt, ihm überlassen; allenfalls dann, wenn im Einzelfall eine Anzeige z. B. aus aufgrund ihrer inhaltlichen Gestaltung berechtigte Interessen des Vereins verletzt, kann der Verlag aus Treu und Glauben verpflichtet sein, die Veröffentlichung der Anzeige abzulehnen (OLG Düsseldorf AfP 2009, 508 f.).

V.   Verletzung der Enthaltungspflicht oder einer vertraglichen Wettbewerbsklausel

1.   Verletzung durch den Verfasser

Ein Verstoß des Verfassers gegen seine Enthaltungspflichten aus § 2 Abs. 1 **38** bedeutet in schuldrechtlicher Hinsicht zunächst eine Vertragsverletzung, die nach den allgemeinen zivilrechtlichen Grundsätzen dem Verleger Unterlassungs- und – bei Vertretenmüssen – Schadensersatzansprüche gibt (§ 280 Abs. 1 BGB). Gleichzeitig wird darin in aller Regel eine Verletzung der urheberrechtlichen Nutzungsrechte des Verlegers liegen, die ihm wiederum vor allem Unterlassungs- und Schadensersatzansprüche geben, §§ 97 ff. UrhG. Liegen die besonderen Voraussetzungen des UWG vor, kann der Verleger außerdem insoweit Unterlassungs- und Schadensersatzansprüche gegen den Verfasser haben.

2.   Ansprüche gegen Dritte

Gegen den **Zweitverleger**, der das Konkurrenzwerk veröffentlicht, hat der erste **39** Verleger unter Umständen bereits urheberrechtliche Ansprüche, wenn das zweite Werk urheberrechtswidrig Teile des ersten Werkes verwendet (s. hierzu OLG Hamburg NJW 2003, 834 f. – *Handbuch zur Insolvenzordnung*). Im Übrigen kommen vor allem wettbewerbsrechtliche Ansprüche, §§ 3, 4 Nr. 4 UWG in Betracht. Insofern reicht jedoch die bloße Tatsache, dass der Zweitverleger möglicherweise eine Vertragsverletzung des Verfassers ausnutzt, für die Annahme einer unlauteren Wettbewerbshandlung nicht aus; erforderlich ist vielmehr, dass der Zweitverleger den Verfasser aktiv und gezielt zum Vertragsbruch verleitet hat (großzügiger *Schricker* VerlagsR[3] Rn. 8a; BGH GRUR 1973, 426, 428 – *Medizin-Duden*; auch OLG Hamburg, GRUR 1965, 689 f. – *Goldfinger*; BGH GRUR 1959, 331, 332 ff. – *Dreigroschenroman*).

§ 3   *(aufgehoben)*

§ 3 betraf Beiträge zu einem Sammelwerk, für die dem Verfasser ein Anspruch auf Vergütung nicht zusteht. Diese Regelung wurde durch § 141 Nr. 4 UrhG aufgehoben und durch § 38 Abs. 2 i. V. m. Abs. 1 S. 2 UrhG ersetzt (vgl. § 38 UrhG Rn. 1).

§ 4

[1]Der Verleger ist nicht berechtigt, ein Einzelwerk für eine Gesamtausgabe oder ein Sammelwerk sowie Teile einer Gesamtausgabe oder eines Sammelwerkes für eine Sonderausgabe zu verwerten. [2]Soweit jedoch eine solche Verwertung

auch während der Dauer des Urheberrechts einem jeden freisteht, bleibt sie dem Verleger gleichfalls gestattet.

Übersicht

I. Allgemeines

1 § 4 untersagt dem Verleger, ein ihm in Verlag gegebenes Einzelwerk für eine **Gesamtausgabe** oder für ein **Sammelwerk** zu verwerten sowie – umgekehrt – Teile einer bei ihm erschienenen Gesamtausgabe oder eines Sammelwerkes gesondert zu veröffentlichen, wenn nicht eine derartige Nutzung ohnehin urheberrechtlich frei ist (§ 4 S. 2). In Betracht kommen hier insbes. die Regelungen der §§ 45 ff. UrhG (s. die Kommentierung zu den jeweils einschlägigen Vorschriften). In diesen Fällen muss jedoch der Verlag, soweit die urheberrechtlichen Regelungen dies vorsehen, den Urheber von der Veröffentlichung in Kenntnis setzen wie jeder Dritte und ihm ggf. eine angemessene Vergütung zahlen. § 4, der insgesamt **dispositiv** ist, konkretisiert die Nutzungsrechte des Verlages, in dem er bestimmte, als eigenständige Nutzungsarten angesehene Veröffentlichungsweisen ohne anderweitige Regelung im Vertrag von den dem Verleger eingeräumten Rechten ausnimmt. Dem steht allerdings **keine parallele Nutzungsbefugnis des Verfassers** gegenüber (anders offenbar LG Köln ZUM-RD 2013, 267 ff.; wie hier *Russ* Rn. 19; Ulmer-Eilfort/Obergfell/*Obergfell* Rn. 16). Der Verfasser, der selbst eine Gesamtausgabe veranstalten oder umgekehrt Teile einer Gesamtausgabe oder eines Sammelwerkes gesondert verwerten will, muss sich deshalb – soweit nicht die Wartefrist des § 2 Abs. 3 verstrichen ist oder sich aus § 2 Abs. 2 VerlG, §§ 37 Abs. 1, 38 UrhG Ausnahmen ergeben – entsprechende Veröffentlichungsrechte im Vertrag vorbehalten. Dementsprechend beschränkt § 4 das **Verbotsrecht des Verlages** gegenüber Dritten und ggf. dem Verfasser nicht. Der Verlag kann also von einem Dritten, der ein unter das Verlagsrecht des ersten Verlegers fallendes Einzelwerk in ein Sammelwerk oder eine Gesamtausgabe aufnimmt, auf der Grundlage des § 9 Abs. 2 Unterlassung und ggf. Schadensersatz verlangen (für ein Beispiel: OLG Karlsruhe GRUR 1993, 992, 993 f. – *Husserl-Gesamtausgabe*).

2 Die Vorschrift gilt grds. auch im **Musikverlag**. Im Entwurf zum VerlG war dies allerdings noch anders gedacht, weil nach einer bereits damals bestehenden Verkehrssitte die Musikverleger das Recht hatten, gerade Einzelstücke größerer Musikwerke gesondert zu vervielfältigen und zu verbreiten, um so eine bessere Verbreitung zu erreichen (*Schricker* VerlagsR[3] § 4 Rn. 8; Ulmer-Eilfort/Obergfell/*Obergfell* Rn. 4). Dies hat sich allerdings für das VerlG nicht durchsetzen können. Aus diesem Grund findet sich üblicherweise in Musikverlagsverträgen eine ausdrückliche Regelung, die den Musikverlegern die Nutzung in den in § 4 ausgenommenen Nutzungsarten, insbes. also die Herstellung von Sonderausgaben einzelner Stücke aus umfassenderen Werken, gestattet. Zu beachten ist in diesem Zusammenhang jedoch § 39 UrhG; eine Sonderausgabe kann eine unzulässige Änderung des Werkes durch den Verlag bedeuten (*Schricker* VerlagsR[3] Rn. 8; vgl. § 39 UrhG Rn. 3).

II. Dem Verlag untersagte Ausgaben

1. Verwertung eines Einzelwerks in Gesamtausgabe oder Sammelwerk

Dem Verlag ist es zunächst verboten, ein Einzelwerk, das ihm zur üblichen **3** einzelnen Veröffentlichung in Verlag gegeben worden ist, für eine Gesamtausgabe oder ein Sammelwerk zu verwerten. Ob der Verlag die Gesamtausgabe oder das Sammelwerk selbst veranstaltet oder hierzu einem Dritten Nutzungsrechte einräumt (LG Frankfurt NJW 1989, 403 f. – *Arno Schmidt*), ist unerheblich. Zum Begriff der **Gesamtausgabe** vgl. § 2 VerlG Rn. 20. Insofern darf der Verleger auch nicht mehrere Einzelwerke desselben Autors, die allesamt bei ihm in Verlag sind, z. B. im Rahmen einer Werkausgabe oder einer Anthologie veröffentlichen, wenn eine diesbezügliche vertragliche Regelung fehlt oder der Verfasser nicht zugestimmt hat (LG Frankfurt NJW 1989, 403 f. – *Arno Schmidt*). Er darf dieses Verbot i. d. R. auch nicht dadurch umgehen, dass er z. B. mehrere Einzelwerke desselben Verfassers mit einer gleichartigen, jeweils von der ursprünglichen abweichenden Ausstattung in einer Kassette zusammenfasst und diese zu einem Gesamtpreis veräußert, und zwar unabhängig davon, ob der Gesamtpreis gegenüber den Einzelausgaben ermäßigt ist oder der Verlag die Kassette als „Gesamtausgabe" oder ähnlich bezeichnet (LG Köln ZUM-RD 2013, 267, 271; *Schricker* VerlagsR[3] Rn. 2). Der Verleger darf aber wohl mehrere Einzelwerke jeweils in ihrer Originalausstattung gemeinsam in einer Kassette zu einem nicht ermäßigten Gesamtpreis anbieten, weil er hiermit nicht die Art des Erscheinens der – auch äußerlich unverändert gebliebenen – Einzelwerke verändert, sondern diese nur gemeinsam präsentiert (ebenso LG Köln ZUM-RD 2013, 267, 271). Ebenso ist es dem Verlag gestattet, die Einzelwerke eines Autors alle identisch aufzumachen und einzubinden, sodass sich optisch alle Werke zu einer einheitlichen oder Gesamtausgabe zusammenfügen, wenn die Einzelwerke nicht „im Paket", d. h. als Gesamtausgabe, angeboten werden.

Sammelwerke i. S. d. § 4 S. 1 können periodisch oder nicht periodisch erscheinen; sie brauchen nicht urheberrechtsschutzfähig im Sinne des § 4 UrhG zu sein, sondern es genügt das Vorliegen einer „Sammlung" (ebenso *Schricker* VerlagsR[3] Rn. 1; ebenso Ulmer-Eilfort/Obergfell/*Obergfell* Rn. 7; a. A. *Leiß* § 4 Anm. 2). Der Begriff der Sammlung ist allerdings im Rahmen des § 4 ein anderer als bei § 38 UrhG (vgl. § 38 UrhG Rn. 9 ff.). Eine Sammlung ist nach Sinn und Zweck des § 4 bereits dann gegeben, wenn das in Rede stehende Einzelwerk nur mit *einem* weiteren Werk oder Beitrag verbunden wird oder es sich um Werke desselben Verfassers handelt (*Schricker* VerlagsR[3] Rn. 1; ebenso Ulmer-Eilfort/Obergfell/*Obergfell* Rn. 7). **4**

2. Teile einer Gesamtausgabe oder Beiträge eines Sammelwerkes als Sonderausgabe

a) **Sonderausgabe:** Der Verleger darf außerdem umgekehrt nicht Teile einer Gesamtausgabe oder eines Sammelwerkes für eine Sonderausgabe verwerten. **5** Wiederum ist unerheblich, ob der Verlag die Sonderausgabe selbst veranstaltet oder hierzu einem Dritten Nutzungsrechte einräumt (LG Frankfurt NJW 1989, 403 f. – *Arno Schmidt*). Mit „**Sonderausgabe**" in § 4 ist eine gesonderte, sich also von der Gesamtausgabe oder der Sammlung unterscheidende Ausgabe im Sinne eines Sonderdrucks z. B. bei Festschriften oder Kommentaren, nicht hingegen eine besonders (aufwendig) ausgestattete Ausgabe gemeint. Eine Sonderausgabe liegt nicht nur dann vor, wenn der Verleger einen einzelnen Beitrag oder ein einzelnes Werk aus einer Gesamtausgabe gesondert veröffentlicht, sondern auch dann, wenn er in der neuen Veröffentlichung **mehrere Beiträge** aus der ursprünglichen Sammlung oder **mehrere einzelne Werke** der ursprünglichen Gesamtausgabe veröffentlicht. In diesem Zusammenhang darf der Verleger auch nicht einen ihm für ein bestimmtes Sammelwerk in Verlag gegebenen Beitrag für **ein anderes Sammelwerk** (auch nochmalig) verwerten. Dies ist mangels anderweitiger Regelung im Vertrag vielmehr nur ausnahmsweise und nur dann zulässig, wenn nach den Gesamtumständen Zweck, Umfang, wesentlicher Inhalt und Zielgruppe des zweiten Sammelwerkes mit dem eigentlich vorgesehenen im Wesentlichen identisch sind, der Verfasser also nach dem Rechtsgedanken des § 39 Abs. 2 UrhG seine Zustimmung nach Treu und Glauben nicht versagen könnte (s. a. *Schricker* VerlagsR³ Rn. 4 a. E.).

6 Ob der Verleger die **einzelnen Bände** einer von ihm verlegten **Gesamtausgabe** auch einzeln abgeben darf, beurteilt sich nach den Umständen des Einzelfalls (krit. *Sieger* FuR/ZUM 1984, 607, 613 ff.). Im Allgemeinen wird er dies – wenn er damit nicht Rechte eines dritten Verlegers eines Einzelwerkes verletzt – dürfen, wenn diese Form der Abgabe im Sinne des § 14 zweckentsprechend und üblich ist, also z. B. die Einzelbände in größerem zeitlichem Abstand erscheinen. Zum **Nachdruck** einzelner Bände, um das Gesamtwerk zu einem späteren Zeitpunkt wieder vollständig anbieten zu können, ist der Verlag berechtigt, wenn er entsprechende Nachdruckrechte erworben oder aber ohnehin die Vervielfältigungs- und Verbreitungsrechte für mehrere Auflagen oder eine unbeschränkte Zahl von Abzügen erworben hat. Ist dies nicht der Fall, so ist der Verlag gemäß § 5 und außerhalb der §§ 6, 7 grds. nicht zum Nachdruck berechtigt. Allerdings ist in diesen Fällen stets zu prüfen, ob der Verfasser nach § 39 Abs. 2 UrhG – der den früheren § 13 VerlG ersetzt hat – verpflichtet ist, der Verwertung nach Treu und Glauben zuzustimmen. Bedeutet also die in Rede stehende Sonderausgabe (nur) eine nach § 39 Abs. 2 UrhG zulässige Änderung – z. B. bei einem durch Weglassen einzelner Teile gekürzten Sammelwerk, s. insofern auch § 19 –, so kann der Autor diese nicht unter Berufung auf § 4 untersagen (s. a. Ulmer-Eilfort/Obergfell/*Obergfell* Rn. 12).

7 b) **Verwertung von Teilen eines Einzelwerkes:** Den Fall, dass der Verlag einen oder mehrere Teile eines Einzelwerkes gesondert verwertet (z. B. Veröffentlichung nur ausgewählter Gedichte aus einem größeren Lyrikband oder einer stark gekürzten, nur noch die zentralen Kapitel enthaltenden Ausgabe eines wissenschaftlichen Werkes), erwähnt § 4 nicht. § 4 ist auf derartige Konstellationen aber jedenfalls analog anwendbar, denn in der Sache bedeutet es keinen Unterschied, ob der Verleger eine einzelne Erzählung aus einem Erzählband gesondert veröffentlicht oder dies mit z. B. einem einzelnen Aufzug eines Dramas tut (*Schricker* VerlagsR³ Rn. 2).

3. Überschreiten seiner Befugnisse durch den Verlag

8 Veranstaltet der Verleger trotz der Beschränkung in § 4 eine Gesamtausgabe, ein Sammelwerk oder eine Sonderausgabe, so bedeutet dies zunächst eine Vertragsverletzung gegenüber dem Verfasser, die diesem die normalen zivilrechtlichen Schadensersatz- und Unterlassungsansprüche gibt. Außerdem liegt eine Urheberrechtsverletzung i. S. d. §§ 97 ff. UrhG mit den üblichen Folgen vor (für ein Beispiel LG Köln ZUM-RD 2013, 267 ff.).

§ 5

(1) ¹Der Verleger ist nur zu einer Auflage berechtigt. ²Ist ihm das Recht zur Veranstaltung mehrerer Auflagen eingeräumt, so gelten im Zweifel für jede neue Auflage die gleichen Abreden wie für die vorhergehende.

(2) ¹Ist die Zahl der Abzüge nicht bestimmt, so ist der Verleger berechtigt, tausend Abzüge herzustellen. ²Hat der Verleger durch eine vor dem Beginn der Vervielfältigung dem Verfasser gegenüber abgegebene Erklärung die Zahl der Abzüge niedriger bestimmt, so ist er nur berechtigt, die Auflage in der angegebenen Höhe herzustellen.

Übersicht

I. Allgemeines

§ 5 bestimmt – wiederum dispositiv –, wie viele Vervielfältigungsstücke der Verle- **1**
ger ohne ausdrückliche Regelung im Vertrag herstellen und verbreiten darf, indem
er einerseits den Verlag im Zweifel auf die Veranstaltung einer einzigen Auflage
beschränkt (Abs. 1) und andererseits dem Verleger im Zweifel die Herstellung von
1.000 Exemplaren gestattet (Abs. 2 S. 1). Der Verlag ist allerdings nicht verpflichtet, tatsächlich 1.000 Exemplare herzustellen, sondern kann unter dieser Zahl
bleiben, wenn die konkrete Zahl von Abzügen noch eine zweckentsprechende und
übliche (s. § 14 VerlG) Vervielfältigung und Verbreitung ermöglicht (s. OLG Brandenburg ZUM 2013, 670, 675); er hat insofern ein Gestaltungsrecht. Zur Berechnung der zulässigen Abzüge vgl. § 6 VerlG Rn. 1 ff.; zum Verlust von Abzügen vgl.
§ 7 VerlG Rn. 1 ff. Die Vorschrift ist unmittelbar nur auf einen **Verlagsvertrag** im
eigentlichen Sinne anzuwenden (für ein Beispiel OLG Frankfurt GRUR 1991,
601, 602 – *Werkverzeichnis*); bei einem **Bestellvertrag** (§ 47) kann § 5 auch nicht
entsprechende Anwendung finden, weil die Interessenlage der Parteien insofern
gänzlich anders ist als im Rahmen eines Verlagsvertrages (BGH GRUR 1984, 528,
529 – *Bestellvertrag*; s. a. OLG Jena v. 17.10.2012 – 2 U 731/10, verfügbar bei
juris). Für einen Bestellvertrag ist die enge Einbindung des Verfassers in die vom
Besteller gezogenen Grenzen und die Unterordnung unter dessen Zwecke wesentlich. In diesen Fällen muss die zulässige Auflagen- und ggf. Stückzahl anhand der
Vereinbarungen zwischen den Parteien, der gesamten Umstände und insb. dem
Vertragszweck nach §§ 31 ff. UrhG ermittelt werden (BGH GRUR 1984, 528,
529 – *Bestellvertrag*; BGH GRUR 1998, 680, 682 – *Comic-Übersetzungen*; BGH
GRUR 2011, 810 Tz. 17 ff. – *World's End*). § 5 ist auch auf Verlagsverträge, die
eine Veröffentlichung eines Werkes in (körperlicher, dazu vgl. § 1 VerlG Rn. 12)
elektronischer Form, z. B. als **CD-ROM,** als Hauptrecht zum Gegenstand haben,
direkt und bei einer Veröffentlichung eines Werkes als **E-Book** entsprechend anwendbar, wenn die E-Book-Veröffentlichung das Hauptrecht darstellt (dazu oben
vgl. § 1 VerlG Rn. 12; s. auch Ulmer-Eilfort/Obergfell/*Ulmer-Eilfort* Rn. 2).

II. Zulässige Auflage

1. Begriff

Nach § 5 Abs. 1 S. 1 ist der Verleger im Zweifel nur zur Herstellung einer Auflage **2**
berechtigt. Früher verstand man unter einer Auflage die innerhalb eines einheitlichen und gleichförmigen Druckvorgangs hergestellten Exemplare (Loewenheim/
Nordemann-Schiffel/Jan Bernd Nordemann[2] § 64 Rn. 56). Dieser Begriff ist angesichts der heutigen technischen Möglichkeiten, die insbes. eine sukzessive Herstellung ermöglichen, nicht mehr zeitgemäß. Nach heutiger h. M. ist vielmehr der Begriff der Auflage normativ auf der Grundlage des konkreten Verlagsvertrages zu
bestimmen (zum Begriff der Auflage ausführlich Ulmer-Eilfort/Obergfell/*Ulmer-*

Eilfort Rn. 4 ff.; *Russ* Rn. 7 ff.). Nach einer Formel von *Ulmer* (Urheber- und VerlagsR, S. 458) ist unter „Auflage" im Rechtssinn „diejenige Zahl von Exemplaren
zu verstehen, zu deren Herstellung der Verleger im Rahmen des Verlagsverhältnisses oder eines Abschnittes des Verlagsverhältnisses berechtigt und, soweit es der
Bedarf erfordert, verpflichtet ist". Wenn sich die Herstellung neuer Exemplare
also nicht mehr als ein mit einer früheren Herstellung verbundener Vorgang, sondern als neuer Abschnitt darstellt, liegt eine neue Auflage vor (KG v. 30.9.2005 –
5 U 37/04, nicht veröffentlicht; Loewenheim/*Nordemann-Schiffel/Jan Bernd Nordemann*[2] § 64 Rn. 56 m. w. N.; Ulmer-Eilfort/Obergfell/*Ulmer-Eilfort* Rn. 4).
Dies wird z. B. bei Schulbüchern der Fall sein, wenn für ein neues Schuljahr in einem neuen Druckvorgang Exemplare hergestellt werden (KG a. a. O.; s. a. *v. Bernuth* GRUR 2005, 196, 197). Eine **neue Auflage** liegt danach regelmäßig vor allem
dann vor, wenn die neuen Vervielfältigungsstücke gegenüber den bereits hergestellten Exemplaren inhaltlich oder äußerlich verändert worden sind, also z. B. ein
wissenschaftliches Werk aktualisiert oder sonst korrigiert worden ist oder eine
gänzlich veränderte Einbandgestaltung aufweist (zur Abgrenzung einer Neuauflage zu einer vollständigen Neubearbeitung LG Köln v. 1.7.2009 – 28 O 603/08
Tz. 52 f., verfügbar bei juris). Insofern stellen auch **unterschiedliche Ausgaben** –
z. B. Taschenbuch, Buchgemeinschaftsausgabe oder eine illustrierte Ausgabe – in
aller Regel eine neue Auflage dar (BGH GRUR 2011, 810 Tz. 31 – *World's End*;
Schricker VerlagsR[3] § 5 Rn. 5); in diesem Fall muss der Verleger neben dem Recht,
mehrere Auflagen zu veranstalten, auch die entsprechenden Nebenrechte besitzen.

3 Zeitlich müssen die einzelnen Herstellungsvorgänge, um noch als **ein und dieselbe Auflage** gelten zu können, in einem angemessenen zeitlichen Zusammenhang stehen. So kann in Einzelfällen ein Verleger durchaus einmal über Jahre
hinweg nur eine einzige Auflage drucken, wenn die einzelnen Druckvorgänge
in einem mehr oder weniger regelmäßigen Abstand erfolgen und jedenfalls
nicht jahrelang unterbrochen werden (*Schricker* VerlagsR[3] Rn. 2; in BGH
GRUR 1980, 227, 231 – *Monumenta Germaniae Historica*, wo nach einem
ersten Erscheinen eines Werkes im Jahre 1890 der Verleger erst 1973/1974
nachdruckte, offengelassen). Wo insofern die zeitliche Grenze verläuft, lässt
sich nur anhand der Umstände des Einzelfalls sagen. Relevant kann hier z. B.
sein, in welchem zeitlichen Abstand in dem betroffenen Bereich Neuauflagen
zu erscheinen pflegen. I. d. R. wird jedenfalls ab einer Unterbrechung der Herstellungsvorgänge von fünf Jahren oder mehr viel für eine neue Auflage sprechen. Ein reiner Nachdruck, um verlorengegangene Abzüge zu ersetzen, stellt
jedenfalls keine (unzulässige) Neuauflage dar, § 7 VerlG.

2. Vertragliche Regelungen

4 Die Grundregel des § 5 Abs. 1 S. 1 ist **dispositiv**. Dabei können die Parteien die
Regelung nicht nur durch ausdrückliche Abreden abbedingen, sondern eine anderweitige vertragliche Vereinbarung kann sich auch aus dem Vertragszweck ergeben, § 31 Abs. 5 UrhG. So kann der Zweck des Vertrages die Einräumung der
Rechte für mehrere Auflagen ergeben, wenn nach den Gesamtumständen z. B. das
Projekt langfristig angelegt ist oder der Verlag in eine Realisierung des Projektes
ganz erheblich investieren muss. Für eine **stillschweigende Einräumung** des Rechts
zur Veranstaltung **mehrerer Auflagen** (dazu BGH GRUR 2011, 810 Tz. 18 ff. –
World's End) sprechen Regelungen im Verlagsvertrag über eine Aktualisierungs-
pflicht des Verfassers oder zur Vergütung weiterer Auflagen (KG v. 30.9.2005 – 5
U 37/04, nicht veröffentlicht). Der Verlag wird auch dann das Recht zur Veranstaltung mehrerer Auflagen erworben haben, wenn der Verfasser die Veröffentlichung
in verschiedenen Ausgaben über Jahre hinweg duldet und die einzelnen Ausgaben
sogar mit Vorworten versieht (OLG Karlsruhe GRUR 1993, 992, 993 – *Husserl-
Gesamtausgabe*) oder der Verfasser den Verlag auffordert, nach § 17 VerlG eine
Neuauflage herzustellen; insofern ist auch das Verhalten der Parteien nach Ver-

tragsschluss für die Auslegung zu berücksichtigen (BGH GRUR 2011, 810 Tz. 20 – *World's End*). Eine stillschweigende Einräumung kommt auch dann in Betracht, wenn – wie regelmäßig in Verlagsverträgen mit Übersetzern – die Einräumung der Rechte für alle Auflagen **branchenüblich** und davon auszugehen ist, dass dies dem Übersetzer bekannt ist. In allen diesen Fällen greift die Auslegungsregel des § 5 nicht, weil sie gerade voraussetzt, dass die Parteien gar keine Regelung – also auch keine stillschweigende – getroffen haben (BGH GRUR 2011, 810 Tz. 18 – *World's End*).

In der Praxis werden Nutzungsrechte in den allermeisten Verlagsverträgen **pauschal „für alle Auflagen"** eingeräumt (s. z.B. § 2 Ziffer 1 Normvertrag des Börsenvereins und des Verbandes Deutscher Schriftsteller in ver.di, abrufbar unter http://www.boersenverein.de; vgl. Einl. VerlG Rn. 15). Ebenso wie bei der Formulierung „für beliebig viele Auflagen" ist damit klargestellt, dass der Verlag mehrere Auslagen veranstalten und über die Zahl der herzustellenden Auflagen nach eigenem Ermessen entscheiden darf. Da die Regelung insoweit klar ist, ist weder für § 5 noch für § 31 Abs. 5 UrhG Raum (ebenso Loewenheim/*Nordemann-Schiffel/Jan Bernd Nordemann*[2] § 64 Rn. 58).   **5**

Insofern sind diese und vergleichbare Formulierungen auch im Hinblick auf §§ 307 ff. BGB unbedenklich. Denn der Urheber ist zum einen über § 17 VerlG und § 41 UrhG geschützt, wenn der Verleger von seinen Rechten nicht hinreichend Gebrauch macht. Außerdem gewährleisten jedenfalls §§ 32, 32a UrhG dem Autor eine angemessene Vergütung auch für weitere Auflagen, während umgekehrt derartige Klauseln geeignet sind, die i. d. R. ganz erheblichen Vorleistungen des Verlegers abzusichern. Ist hingegen **„eine ausreichende Anzahl von Auflagen"** vereinbart, so ist mit Hilfe der Zweckübertragungslehre festzustellen, wie viele Auflagen nach Werkart, Inhalt des Werkes und weiteren Umständen erforderlich sind. Jedenfalls die für eine Amortisation erforderliche Zahl der Auflagen muss auf der Grundlage vergleichbarer Formulierungen dem Verlag gestattet sein (*v. Bernuth* GRUR 2005, 196, 197 f.). Die Auslegung kann in derartigen Fällen auch generell ergeben, dass die Bestimmung der „erforderlichen" Auflagenzahl im Ermessen des Verlegers stehen soll.   **6**

Darf der Verlag danach mehrere Auflagen herstellen, so erfasst dies grds. – sofern er die entsprechenden inhaltlichen Nutzungs-, also insb. Änderungs- und Bearbeitungsrechte hat – auch die Veröffentlichung veränderter Auflagen oder – wiederum unter dem Vorbehalt der entsprechenden inhaltlichen Nutzungsrechte – von z.B. für einen anderen Vertriebsweg vorgesehen Ausgaben.   **7**

3.   Geltung der vertraglichen Abreden auch für Neuauflagen

Nach § 5 Abs. 1 S. 2 haben im Zweifel die vertraglichen Abreden der Parteien für eine Auflage auch für die jeweils nachfolgende Auflage Geltung. Dies betrifft insb. **Vergütungsvereinbarungen,** und zwar auch – jedenfalls dem Rechtsgedanken nach – für die Bestimmung der angemessenen Vergütung nach § 22 Abs. 2 (KG v. 30.9.2005 – 5 U 37/04, n. v.). Abs. 1 S. 2 gilt grds. auch dann, wenn es hinsichtlich der jeweils vorhergehenden Auflage an einer ausdrücklichen Vereinbarung fehlt. Denn eine festgestellte **stillschweigende Vereinbarung** reicht insofern aus (KG v. 30.9.2005 – 5 U 37/04, n. v. S. 3; *Schricker* VerlagsR[3] § 22 Rn. 15).   **8**

III. Zulässige Zahl an Abzügen

1.   Begriff

Nach § 5 Abs. 2 S. 1 darf der Verleger im Zweifel nur 1.000 Abzüge herstellen. Die Vorschrift konkretisiert mithin für den Regelfall die zulässige **Auflagen-**   **9** höhe. Der Verlag, dem mehrere Auflagen gestattet sind, ohne dass der Vertrag eine Regelung zur zulässigen Stückzahl enthielte, darf die im Zweifel erlaubten 1.000 Exemplare in jeder ihm gestatteten Auflage ausschöpfen. In diese Zahl sind die üblichen **Zuschuss- und Freiexemplare** nicht einzurechnen (§ 6); außerdem darf der Verleger **verlorengegangene Abzüge** ersetzen, auch wenn er damit über die insgesamt hergestellte Zahl über 1.000 oder die sonst vertraglich festgesetzte Zahl von Exemplaren hinausgeht, § 7. Mit diesem Recht des Verlages geht die **Pflicht** einher, in dieser Höhe auch tatsächlich zu vervielfältigen, § 16 S. 1 (vgl. § 16 VerlG Rn. 2). Ist dem Verleger das Recht zur Herstellung „in jeweils unbestimmter Höhe" oder „in beliebiger Stückzahl" (vgl. Rn. 11) eingeräumt worden, muss er grds. die für vergleichbare Werke **übliche Anzahl** (§ 14 S. 1), mindestens jedoch 1.000 Abzüge herstellen, §§ 5 Abs. 2 S. 1, 16 (OLG Frankfurt aM. GRUR 2006, 138, 139 – *Europa ohne Frankreich?*; s. a. LG Passau NJW-RR 1992, 759 – *Wanderführer*; OLG Frankfurt GRUR 1991, 601, 602 – *Werkverzeichnis*). Hat der Verlag dem Verfasser vor der Vervielfältigung eine niedrigere Zahl als 1.000 Exemplare genannt, darf er nur die genannte Auflage herstellen; die Regelungen der §§ 6, 7 gelten jedoch auch hier.

10 Keine Anwendung findet die Vorschrift des § 5 Abs. 2 auf **periodische Sammelwerke**; nach § 43 ist der Verleger dort in der Zahl der Vervielfältigungsstücke grds. nicht beschränkt. Für **nicht periodische Sammelwerke** gilt hingegen § 5 grds. uneingeschränkt.

2. Vertragliche Regelungen

11 Die Zahl von (im Zweifel) 1.000 erlaubten Abzügen ist heute angesichts der völlig veränderten Kostenstruktur überholt. Selbst bei Werken, die keinen größeren Lektoratsaufwand erfordern, liegt die sog. **Deckungsauflage**, also die Auflage, die der Verleger mindestens verkaufen muss, um seine Investitionen zu amortisieren, zumeist deutlich darüber. Verbreitet ist deshalb eine Nutzungsrechtseinräumung „ohne Stückzahlbegrenzung" (so z. B. § 2 Ziffer 1 Normvertrag, vgl. Rn. 5). Unter dem Gesichtspunkt des Rechts der allgemeinen Geschäftsbedingungen, §§ 305 ff. BGB, ist dies ohne weiteres zulässig. Eine derartige Formulierung ist auch hinreichend klar, sodass i. d. R. für § 31 Abs. 5 UrhG kein Raum sein dürfte. Etwas anderes kann allenfalls dann gelten, wenn der Vertrag angesichts der übrigen Umstände z. B. auf eine sehr niedrige Auflage ausgelegt und der Verfasser danach gerade wieder in der Verfügung über seine Werke frei sein soll (Loewenheim/ *Nordemann-Schiffel/Jan Bernd Nordemann*[2] § 64 Rn. 63). Trotz der Formulierung „ohne Stückzahlbegrenzung" kann sich eine Beschränkung der Zahl der erlaubten Vervielfältigungsstücke auch ergeben, wenn Rechte ausdrücklich nur für eine Auflage eingeräumt worden sind, weil die Parteien dann in der Praxis häufig gleichzeitig eine zeitliche Begrenzung der Nutzungsrechte vorsehen oder implizieren (z. B. bei der Einräumung von Nutzungsrechten für Kalender oder Jahrbücher). Bei der Auslegung ist allerdings zu berücksichtigen, dass der Verfasser durch §§ 32, 32a UrhG i. d. R. wirtschaftlich hinreichend abgesichert ist, während der Verlag häufig eine vergleichsweise hohe Auflage herstellen muss, um seine vorfinanzierten Investitionen überhaupt zu amortisieren. Ohnehin wird i. d. R. in Verlagsverträgen ein Absatzhonorar vereinbart, und auch unabhängig davon dürfte der Verfasser regelmäßig an einem möglichst weiten Absatz seines Werkes interessiert sein.

12 Formuliert der Verlagsvertrag hingegen z. B., dass eine „angemessen hohe Zahl von Abzügen" oder eine „ausreichende Zahl von Abzügen" gestattet ist, ist wiederum unter Berücksichtigung des § 31 Abs. 5 UrhG auszulegen, welche Auflagenhöhe nach dem Vertragszweck notwendig ist. Dies wird bei einem eher auf massenhafte Verbreitung angelegten Kriminalroman eine deutlich höhere Zahl sein als bei einer nur besondere Leserkreise ansprechenden bibliophilen Ausgabe. Im Allgemeinen wird aber selbst dann, wenn tatsächlich nur sehr wenige Leser zu erwarten sind, i. d. R. die Zahl des § 5 Abs. 2 S. 1 als Richtschnur dienen können. Beruft eine der Parteien sich insofern auf eine angebliche **Branchenüblichkeit** bestimmter Auflagenhöhen, so ist es an ihr, diese Branchenüblichkeit zu beweisen (KG v. 31.1.1986 – 5 U 961/85; KG v. 30.9.2005 – 5 U 37/04, nicht veröffentlicht).

IV. Überschreitung der Auflagenzahl oder -höhe

Überschreitet der Verleger die zulässige Auflagenzahl oder die Auflagenhöhe, **13** bedeutet dies gleichzeitig eine Verletzung des Verlagsvertrages und eine Urheberrechtsverletzung wegen unberechtigten Nachdrucks (§§ 97 ff. UrhG; BGH GRUR 1980, 227, 230 – *Monumenta Germaniae Historica*). Reine Vertragsverletzungen sind in der Praxis wohl nur im Zusammenhang mit dem Änderungsrecht des Verfassers bei Neuauflagen – § 12; vgl. § 12 VerlG Rn. 4 f. – denkbar (dazu auch LG Köln v. 1.7.2009 – 28 O 603/08 Tz. 60 ff., verfügbar bei juris). Zur umgekehrten Vertragsverletzung durch den Verfasser bei Weigerung zur Überarbeitung bei einer Neuauflage vgl. § 12 VerlG Rn. 5.

V. Musikverlag

§ 5 ist zwar grds. auch für Musikverlagsverträge anwendbar. Allerdings ist der **14** **Begriff der Auflage** hier nicht ohne weiteres verwertbar, weil insb. aufgrund der Eigenheiten des **Notendrucks** – nach wie vor wird im Musikverlag häufig gestochen – er hier nicht praktikabel ist (*Schricker* VerlagsR³ Rn. 17). I. d. R. werden in Musikverlagsverträgen deshalb die Rechte für alle Auflagen bzw. schlicht für die Dauer der urheberrechtlichen Schutzfrist vereinbart.

Insofern ist auch die gesetzliche **Mindestzahl** von 1.000 Exemplaren, § 5 Abs. 2 **15** S. 1, im Rahmen von Musikverlagsverträgen häufig nicht praktikabel. Denn Vervielfältigung und Verbreitung durch den Verkauf einzelner Exemplare des Musikwerkes haben im Musikverlagswesen nur untergeordnete Bedeutung und nehmen in der Praxis nur dort größeren Umfang an, wo es sich um ein Schulwerk oder ein auch bei Amateurmusikern besonders beliebtes Werk handelt. Im Übrigen werden verlegte Werke vor allem durch **Leihe** verbreitet. Hier genügt aber den meisten Verlagen das Vorhalten einiger weniger, jedenfalls aber deutlich unter der Zahl von jeweils 1.000 Exemplaren liegender Sätze.

§ 6

(1) ¹Die üblichen Zuschussexemplare werden in die Zahl der zulässigen Abzüge nicht eingerechnet. ²Das Gleiche gilt von Freiexemplaren, soweit ihre Zahl den zwanzigsten Teil der zulässigen Abzüge nicht übersteigt.

(2) Zuschussexemplare, die nicht zum Ersatz oder zur Ergänzung beschädigter Abzüge verwendet worden sind, dürfen von dem Verleger nicht verbreitet werden.

I. Allgemeines

1 § 6 bestimmt wiederum dispositiv, dass die üblichen Zuschussexemplare (Abs. 1 S. 1) ebenso wie die dem Verfasser zu gewährenden Freiexemplare (Abs. 1 S. 2) nicht in die nach § 5 Abs. 2 S. 1 oder der vertraglichen Regelung zulässige Stückzahl eingerechnet werden. Die Vorschrift konkretisiert mithin die **Auflagenhöhe**. Da die genannten Exemplare nicht zur Auflagenhöhe zählen, werden sie umgekehrt von der Vervielfältigungspflicht des Verlages nicht erfasst, § 16 S. 1. Stellt der Verleger tatsächlich keine **Zuschuss- oder Freiexemplare** her, so muss er die Freiexemplare (§ 25) dem Verfasser aus der Verkaufsauflage gewähren; das Absatzhonorar des Verfassers wird sich mangels anderweitiger Regelung im Vertrag – die allerdings den Normalfall darstellt, weshalb das Problem in der Praxis kaum vorkommen dürfte – grds. auch auf diese Exemplare beziehen müssen (vgl. § 22 VerlG Rn. 3). Zur Regelung im Normvertrag s. dort § 6 (abrufbar unter http://www.boersenverein.de).

II. Zuschussexemplare

1. Begriff

2 Zuschussexemplare i. S. d. Abs. 1 S. 1 sind Exemplare, die zum **Ersatz** des üblichen Herstellungs- und Vertriebsausfalls durch Beschädigung eingesetzt werden, § 6 Abs. 2. Üblicherweise stellen die Verlage um die 5 % herum zusätzlich zu der vertraglich vereinbarten, in § 5 Abs. 2 S. 1 oder sonst vorgesehen Auflage her; die Zahl kann allerdings auch deutlich höher liegen. Zuschussexemplare sollen es dem Verlag ermöglichen, angesichts des nicht vermeidbaren Ausfalls im Rahmen von Herstellung, Lagerung und Vertrieb die volle vertraglich vereinbarte oder gesetzlich vorgesehene Auflage zu verbreiten. In vielen Fällen enthalten die Verlagsverträge hierzu eine generelle Regelung.

3 Stellt der Verlag mehr als die erforderliche oder vertragliche vereinbarte Zahl an Zuschussexemplaren her, so kann darin sowohl eine Urheberrechtsverletzung als auch eine Verletzung des Verlagsvertrages liegen. Allerdings dürfte dies in der Praxis kaum vorkommen, weil die allermeisten Verlagsverträge ausdrücklich für Auflagen in jeweils unbestimmter Höhe oder ohne Stückzahlbeschränkung abgeschlossen sind. In diesen Fällen ist der Verlag in der Zahl der herzustellenden Abzüge ohnehin frei; haben die Parteien – wie in der Praxis regelmäßig – im Verlagsvertrag keine genaue Zahl an Zuschussexemplaren festgelegt, ist der Verlag auch insofern frei. Er kann in diesen Fällen auch nachdrucken, wenn sich herausstellt, dass er zu wenige Exemplare für den Zuschuss vorgesehen hat.

2. Verwendung der Zuschussexemplare

4 § 6 Abs. 2 untersagt es dem Verlag, Zuschussexemplare, die doch nicht zum Ersatz benötigt werden, zu verbreiten. Zwar ist der Verleger nicht verpflichtet, dem Verfasser über die Verwendung der einzelnen Zuschussexemplare Auskunft zu erteilen (wohl h. M., *Schricker* VerlagsR[3] § 6 Rn. 2 a. E.; *Russ* Rn. 24). Da die Zuschussexemplare nur zum Ersatz untergegangener oder beschädigter und deshalb nicht mehr verkäuflicher Exemplare gedacht sind, hat der Verlag jedoch insofern grds. gar kein eigenständiges Verbreitungsrecht. Die **zweckwidrige Verwendung** von Zuschussexemplare verletzt deshalb sowohl das Verbreitungsrecht des Verfassers (§§ 17, 97 UrhG) als auch den Verlagsvertrag. Der Verfasser kann die Verbreitung genehmigen, was auch stillschweigend durch Annahme der auf die entsprechenden Exemplare entfallenden Vergütung geschehen kann (*Schricker* VerlagsR[3] Rn. 7). In der Praxis dürfte sich jedoch auch dieses Problem selten stellen. Denn in der wohl weit überwiegenden Zahl der Verlagsverträge darf der Verlag ohnehin eine Auflage in beliebiger Höhe bzw. ohne Stückzahlbegrenzung herstellen (vgl. § 5 VerlG Rn. 5). Er selbst entscheidet in diesen Fällen darüber, wie viele Exemplare herzustellen und zu verbreiten sind; stellt er fest, dass eigentlich für den Zuschuss gedachte Exemplare dafür nicht benötigt werden, kann er sie deshalb ohne weiteres in die normale Verbreitung geben.

III. Freiexemplare

1. Begriff

Der Begriff der Freiexemplare in § 6 Abs. 1 S. 2 erfasst alle Exemplare, die der **5** Verlag entweder dem Verfasser selbst (§ 25) oder zur Werbung, als Besprechungs- oder Einführungsexemplare an Presse, Rundfunk und ggf. interessierte Teile des Publikums kostenlos abgibt. Insb. zur Abgabe der **Werbe- und Besprechungsexemplare** ist der Verlag auch ohne ausdrückliche Regelung im Verlagsvertrag in aller Regel befugt, da dies so üblich ist, dass von einer entsprechenden stillschweigenden Übereinkunft der Parteien ausgegangen werden kann. Lediglich in Ausnahmefällen – besondere bibliophile Ausgaben, sehr kleine Auflagen oder andere besondere Umstände – wird man dies verneinen und insofern eine ausdrückliche Regelung verlangen können.

Ebenfalls als Freiexemplare zu werten sind die üblichen **Belegexemplare** des **6** Verlages und des Druckers bzw. Buchbinders. Dies ergibt sich bereits aus dem Sinn und Zweck des § 6, der dem Verlag – vgl. Rn. 2 – gerade ermöglichen will, die volle vereinbarte oder gesetzlich gestattete Auflage auch tatsächlich (gewinnbringend) zu verbreiten. Im Übrigen dürfte dies nur so wenige Exemplare betreffen, dass die Interessen des Urhebers in keiner Weise gefährdet sind. Schließlich ist die Übergabe von einzelnen Belegexemplaren an Verlag, Druckerei und ggf. Buchbinder auch überaus üblich.

Den Freiexemplaren in diesem Sinne jedenfalls gleichgestellt werden müssen **7** die sog. **Pflicht- oder Bibliotheksexemplare,** die nach den Vorschriften im Länder- und Bundesrecht unentgeltlich an öffentlichen Bibliotheken abgegeben werden müssen. Die Verpflichtung geht zurück auf das mittelalterliche Zensur- und Privilegienwesen, in dem erst die Abgabe eines Werkes überhaupt die Zensur ermöglichte. Heute muss von jedem in der Bundesrepublik Deutschland hergestellten Verlagswerk und jedem hergestellten Tonträger ein Pflichtexemplar an die Deutsche Nationalbibliothek in Frankfurt aM. oder die Deutsche Bücherei in Leipzig, bei Musikwerken bzw. Tonträgern an das Deutsche Musikarchiv der Deutschen Nationalbibliothek abgeliefert werden, wenn nicht ausnahmsweise die Ablieferung den Verpflichteten unzumutbar belasten würde (was bei bibliophilen Büchern mit Originalgrafiken der Fall sein kann; BVerfG GRUR 1982, 45). Für die Gleichstellung von Bibliotheks- mit Freiexemplaren spricht die vergleichsweise geringe, im Übrigen von vornherein überschaubare, weil festgelegte Zahl und außerdem die Tatsache, dass das Exemplar vor allem das Schaffen des Urhebers in den Bibliotheken repräsentieren soll (*Schricker* VerlagsR[3] Rn. 3).

Keine Freiexemplare in diesem Sinne sind hingegen die sog. **Rabatt- oder Par- 8 tieexemplare,** die die Verlage üblicherweise dem Buchhandel bei Abnahme bestimmter Mengen unentgeltlich zugeben; diese Exemplare fallen vielmehr voll unter die (übliche) Absatzvergütung gegenüber dem Verfasser. Gleiches gilt für die sog. **Widmungsexemplare,** die der Verlag persönlich verteilt. In allen drei Fällen werden die Exemplare jeweils nach dem Ermessen des Verlages und in seinem Absatzinteresse gewährt. Auch die sog. **Vorzugsexemplare** sind keine Freiexemplare i. S. d. § 6, und zwar vor allem in den Fällen, in denen der Verlag anderen Verlagsautoren einen sog. Autorenrabatt gewährt (zum früher gängigen, heute wegen des BuchPrG unzulässigen „Hörerschein" vgl. § 26 VerlG Rn. 1).

2.   Zulässige Anzahl der Freiexemplare

9   Nach § 6 Abs. 1 S. 2 darf der Verlag grds. max. 5 % der Auflage als Freiexemplare verteilen. Allerdings ist auch diese Vorschrift dispositiv; in vielen Verlagsverträgen wird deshalb festgelegt, wie viele Freiexemplare der Urheber – ggf. pro hergestellten 1.000 Stück – erhält und wie viel Prozent der Auflage andererseits als Werbe-, Besprechungs- und ähnliche Freiexemplare, d. h. ohne Vergütung an den Autor, verbreitet werden dürfen. Ist vertraglich die zulässige Zahl an Freiexemplaren präzise geregelt, so muss der Verlag, wenn er mehr Freiexemplare vergeben will, für diese dem Verfasser die vereinbarte Vergütung zahlen. In einer Reihe von Verlagsverträgen findet sich für derartige Fälle die Regelung, dass in der nachfolgenden Auflage die Zahl der insofern mehr verbrauchten Freiexemplare der an sich erlaubten Auflagenhöhe hinzugerechnet werden kann. – § 6 Abs. 1 S. 2 findet keine Anwendung im Verhältnis **mehrerer Gemeinschaftsverlage** untereinander. Ob und wie viele Freiexemplare der geschäftsführende Gesellschafter eines Gemeinschaftsverlages abgeben darf, ist deshalb nach gesellschaftsrechtlichen Gesichtspunkten zu beurteilen (BGH UFITA 58 [1970], 263, 264, verfügbar bei juris).

10   Der Verlag schuldet i. d. R. keine Auskunft über die **Verwendung der Freiexemplare**. Verbreitet der Verlag als Freiexemplare hergestellte Stücke auf normalem Wege, so kann dies nur dann eine Vertragsverletzung darstellen, wenn er nicht ausnahmsweise – anders als in der großen Mehrzahl der Verlagsverträge – die Rechte ohne Begrenzung der Auflagenhöhe oder der Stückzahl erworben hat. Auch bei präziser Regelung oder Verbreitung der gesetzlich vorgesehenen Stückzahl kommt jedoch eine Verletzung der Verbreitungsrechte des Verfassers aus §§ 17, 97 UrhG nicht in Frage, weil sich das Verbreitungsrecht urheberrechtlich nicht in einen unentgeltlichen und einen entgeltlichen Teil aufspalten lässt (a. A. *Schricker* VerlagsR[3] Rn. 7; s. auch Ulmer-Eilfort/Obergfell/*Obergfell* Rn. 5). Eine Vertragsverletzung kann aber u. U. vorliegen. In der Praxis werden derartige Probleme angesichts der sehr weit verbreiteten Rechtseinräumung für Auflagen in unbestimmter Höhe oder ohne Stückzahlbegrenzung selten sein.

§ 7

Gehen Abzüge unter, die der Verleger auf Lager hat, so darf er sie durch andere ersetzen; er hat vorher dem Verfasser Anzeige zu machen.

Übersicht

I.   Allgemeines

1   § 7 gibt dem Verlag das Recht, untergegangene Lagerexemplare zu ersetzen, um die nach § 5 Abs. 2 S. 1 oder dem Vertrag gestattete Stückzahl zu vervollständigen, wenn er vorher dem Verfasser Anzeige macht. Bereits nach seinem Wortlaut ist § 7 eine Ersetzungs*befugnis,* verpflichtet den Verlag aber gegenüber dem Verfasser nicht (h. M.; *Schricker* VerlagsR³ § 7 Rn. 6). Dies setzt allerdings voraus, dass der Verlagsvertrag noch besteht. Das Recht zum Ersatz einzelner Exemplare besteht also nicht mehr, wenn der Vertrag bereits beendet ist, also z. B. nach dem Verlagsvertrag nur eine oder eine bestimmte Zahl von Auflagen oder Vervielfältigungsstücken hergestellt werden durfte und die Auflage(n) oder die Abzüge mit dem Untergang der Lagerexemplare vergriffen sind. Denn mit dem Vergriffensein endet in diesen Fällen der Verlagsvertrag, § 29 Abs. 1.

Für die Ersetzungsbefugnis des Verlegers aus § 7 ist keine Zustimmung des **2** Verfassers, sondern nur die vorherige Anzeige an diesen erforderlich. Untergegangene Lagerexemplare darf der Verleger ohne Zustimmung des Verfassers auch durch Zuschussexemplare ersetzen, was sich bei wirtschaftlich sinnvoller und deshalb nicht zu enger Auslegung des Begriffes „beschädigte Abzüge" in § 6 Abs. 2 bereits dieser Vorschrift entnehmen lässt.

II. Voraussetzungen der Ersetzungsbefugnis

1. Lagerexemplare

Nach § 7 muss der Verleger die untergegangenen Exemplare auf Lager gehabt **3** haben. Sie müssen sich also innerhalb seiner tatsächlichen oder rechtlichen Verfügungsmacht befunden haben, d. h. in seinem eigenen Lager, auf dem Transport zwischen zwei eigenen Lagern, auf einem Transport unter seiner Verfügungsgewalt, beim Drucker, Buchbinder oder Kommissionär. Beim Sortimenter (Buchhändler) hingegen befinden sich Exemplare nur dann im Lager des Verlegers im Sinne des § 7, wenn sie nur bedingt und mit Rücksenderecht geliefert wurden. Dies ist grds. nicht der Fall bei den üblichen sog. **Remittenden**, die der Handel dem Verlag wegen Mangelhaftigkeit einzelner Exemplare, der Aufhebung des gebundenen Ladenpreises oder aufgrund besonders vereinbarter Konditionen zurücksendet. Diese Bücher hat der Sortimenter bereits fest vom Verlag erworben; nach der Remission kann er allerdings einen Erstattungsanspruch gegen den Verlag haben.

2. Untergang

Die zu ersetzenden Exemplare müssen vernichtet oder jedenfalls **unverkäuf-** **4** **lich** – nicht lediglich wertgemindert – sein. Dies ist jedoch nicht zu eng zu verstehen. Insofern werden lediglich geringe Wertminderungen nicht zu einem „Untergang" i. S. d. § 7 führen; umgekehrt sind Beschädigungen, die eine Veräußerung an den Endverbraucher nur noch im Bereich der Herstellungskosten pro Exemplar gestatten, dem Untergang gleichzusetzen (a. A. Ulmer-Eilfort/Obergfell/*Obergfell* Rn. 2).

§ 7 findet zum einen Anwendung, wenn der Verlag den Untergang nicht **zu** **5** **vertreten** hat, und zwar auch dann, wenn umgekehrt der Verfasser den Untergang vertreten muss. Neben seiner Befugnis aus § 7 hat der Verlag dann gegen den Verfasser unter Umständen Schadensersatzansprüche (z. B. auf Ersatz der Nachdruckkosten). Anwendbar ist § 7 jedoch auch in den Fällen, in denen der Verlag den Untergang gem. §§ 276, 278 BGB zu vertreten hat (ebenso Ulmer-Eilfort/Obergfell/*Obergfell* Rn. 3). In diesen Fällen konkretisiert § 7 den Schadensersatzanspruch des Verfassers aus der Vertragsverletzung dahingehend, dass der Verlag Ersatz durch Naturalrestitution wählen darf (*Schricker* VerlagsR³ Rn. 3). § 7 gilt schließlich auch dann, wenn der Verlag versehentlich – etwa weil man glaubte, die Voraussetzungen für eine zulässige Makulierung lägen vor – noch vorhandene Restbestände hat vernichten lassen. Der Verlag, der seinen Irrtum erkannt hat, muss sich nun wieder vertragstreu verhalten und seinen Irrtum ausgleichen dürfen, zumal dies grds. auf eigene Kosten des Verlages geschieht.

3. Anzeige an den Verfasser

6 Der Verlag muss dem Verfasser den Ersatzdruck vor Beginn der Herstellung anzeigen. Bereits nach dem Wortlaut der Vorschrift ist die Anzeige **Zulässigkeitsvoraussetzung**, nicht bloße Obliegenheit des Verlages (wie hier Ulmer-Eilfort/Obergfell/*Obergfell* Rn. 5; a. A. Haberstumpf/*Hintermeier* S. 151). Allerdings kann der Verfasser nach richtiger Ansicht einem angezeigten Ersatzdruck nicht wirksam widersprechen, wenn die Voraussetzungen gem. § 7 im Übrigen vorliegen (*Schricker* VerlagsR[3] Rn. 5). Die Anzeige ist schließlich eine reine Wissenserklärung, die den Verlag auch bei Vorliegen aller Voraussetzungen und erfolgter Anzeige nicht verpflichtet, den Ersatzdruck tatsächlich auszuführen.

III. Ausübung des Rechts

1. Inhalt und Umfang

7 Nimmt der Verlag den angezeigten Ersatzdruck vor, darf er nur so viele Exemplare herstellen, wie im oben beschriebenen Sinne untergegangen sind (vgl. Rn. 4 f.). Er darf nachgedruckte Einzelstücke nicht inhaltlich oder in der Aufmachung verändern. Da es sich bei den Ersatzexemplaren nicht um eine neue Auflage handelt, besteht insofern kein Änderungsrecht des Verfassers (§ 12). Druckt der Verlag mehr Exemplare nach, als untergegangen waren, oder lagen die Voraussetzungen des § 7 nicht vor, so begeht er eine Urheberrechts- und eine Vertragsverletzung, wenn er in der Stückzahl, d. h. der konkreten Auflagenhöhe vertraglich oder wegen § 5 Abs. 2 S. 1 beschränkt war. Ist dies – wie sehr häufig – nicht der Fall, so darf der Verlag ohnehin jederzeit nachdrucken und Exemplare ersetzen.

8 Der Verlag muss die Ersatzexemplare ebenso vergüten wie die untergegangenen Stücke, also z. B. mit dem vereinbarten Absatzhonorar, wenn es sich um normale Vertriebsstücke handelte, oder unter Umständen gar nicht, wenn die untergegangenen Exemplare gerade Freiexemplare für den Verfasser oder Werbebzw. Besprechungsexemplare waren.

2. Verzicht auf Ersatzdruck

9 Ersetzt der Verleger die untergegangenen Exemplare nicht, obwohl die Voraussetzungen vorliegen und er dem Verfasser entsprechende Anzeige gemacht hat, hat der Verfasser keine Möglichkeit, einen Ersatzdruck durchzusetzen. Denn der Verlag ist insofern zwar berechtigt, nicht jedoch verpflichtet. Bildeten die untergegangenen Exemplare die Restbestände der Auflage, kann der Verfasser allenfalls dem Verlag analog § 17 eine **Frist zur Erklärung** setzen, ob noch ein Ersatzdruck vorgenommen werde. In den – in der Praxis freilich seltenen – Fällen, in denen nur eine Auflage vereinbart ist, gilt die Auflage mit fruchtlosem Ablauf der Frist als vergriffen, sodass der Verlagsvertrag ohne weiteres beendet wäre, § 29 Abs. 1. Darf der Verlag hingegen mehrere Auflagen veranstalten, muss der Verfasser ihm nach der ersten Frist zur Herstellung des Ersatzdrucks noch eine weitere Frist zur Veranstaltung einer Neuauflage setzen, um nach § 17 zurücktreten zu können (vgl. § 17 VerlG Rn. 6 ff.).

§ 8

In dem Umfang, in welchem der Verfasser nach den §§ 2 bis 7 verpflichtet ist, sich der Vervielfältigung und Verbreitung zu enthalten und sie dem Verleger zu gestatten, hat er, soweit nicht aus dem Vertrage sich ein anderes ergibt,

dem Verleger das ausschließliche Recht zur Vervielfältigung und Verbreitung (Verlagsrecht) zu verschaffen.

Übersicht   Rn.

I. Allgemeines

Gemäß § 8, der wiederum dispositiv ist (dazu BGH GRUR 2010, 1093 – *Concierto de Aranjuez*), muss der Verfasser dem Verlag grds. ein ausschließliches Recht verschaffen. Insofern enthält § 8 sowohl eine Bestimmung über Inhalt und Umfang des absoluten Verlagsrechts des Verlages, des **Verlagsrechts im subjektiven Sinn,** als auch eine schuldrechtliche Regelung, nämlich über die Verpflichtung des Verfassers zur Verschaffung des Verlagsrechts. Regelungen zu Inhalt und Umfang des **absoluten Verlagsrechts** finden sich mit der Bestimmung zu den Verbotsbefugnissen des Verlages jedoch auch in § 9 Abs. 2; insofern ist die Systematik des Gesetzes unsauber (zum Umfang des sog. negativen Verbotsrechts des Verlegers vgl. § 9 VerlG Rn. 14). **1**

Die Einräumung der Rechte an den Verlag wirkt konstitutiv, d. h. das subjektive Verlagsrecht des Verlags entsteht mit der Übertragung durch den Verfasser. **2**

II. Verlagsrecht als ausschließliches Recht

Nach § 8 erwirbt der Verlag mangels anderer Vereinbarung im Vertrag, die auch stillschweigend erfolgen kann, ein **ausschließliches Recht** zur Vervielfältigung und Verbreitung. Diese Vermutung gilt auch für verlagsrechtliche Lizenzverträge wie z. B. Taschenbuchlizenzen (BGH ZUM 1986, 278 ff. – *Alexis Sorbas*). Der Verfasser kann also seine Rechte, soweit sie von dem ersten Verlagsvertrag erfasst werden, kein zweites Mal vergeben (für ein Beispiel KG ZUM 1997, 397 – *Franz Hessel*). Aus diesem Grunde ist ein sog. **geteiltes Verlagsrecht** nur insoweit denkbar, als das Verlagsrecht mit dinglicher Wirkung aufgespalten werden kann. Der Verfasser kann seine Rechte für selbständig **abspaltbare Nutzungsrechte** an unterschiedliche Verleger (also z. B. die Rechte zur Veranstaltung einer Taschenbuchausgabe unabhängig von denen einer Hardcover- oder Buchgemeinschaftsausgabe) vergeben. Räumliche Beschränkungen des Verbreitungsrechts innerhalb Deutschlands sind mithin, weil sie dinglich keine Wirkung haben, nicht wirksam (eingehend vgl. § 31 UrhG Rn. 46 ff.). Hat ein Verfasser jedoch vor der Wiedervereinigung jeweils für das Gebiet der DDR und der alten Bundesrepublik getrennt Verlagsrechte vergeben, bleibt diese Aufspaltung grds. auch nach der Wiedervereinigung wirksam; sie kann allerdings nicht neu verfügt werden (OLG Hamm GRUR 1991, 907, 908 – *Strahlende Zukunft*; vgl. § 31 UrhG Rn. 52). Wirksam, jedoch streng genommen kein Fall des geteilten Verlagsrechts ist eine getrennte Vergabe für unterschiedliche Staaten (z. B. Deutschland, Österreich, Schweiz usw.). Denn der urheberrechtliche Schutz besteht nach dem ganz überwiegend vertretenen **Territorialitätsprinzip** ohnehin für jeden Staat gesondert; der Urheber, der über die Verlagsrechte z. B. für Deutschland und Frankreich getrennt verfügt, spaltet deshalb nicht ein einheitliches Urheber- oder Verlagsrecht auf, sondern verfügt über zwei getrennt entstehende und getrennt bestehende Urheberrechte (vgl. Vor §§ 120 ff. UrhG Rn. 59). – In der Praxis sind geteilte Verlagsrechte – im **3**

Sinn der Vergabe einzelner Nutzungsrechte – im Buchverlag heute sehr selten, kommen allerdings im **Musikverlag** nach wie vor regelmäßig vor. So wird immer noch regelmäßig einem Verlag z. B. das Recht zur Verwertung der Aufführungsrechte, einem anderen Verleger das Notendruckrecht eingeräumt.

4 Die dispositive Regel des § 8 kann ausdrücklich oder stillschweigend abbedungen werden. So kann auch ohne ausdrückliche Abrede im Vertrag die Auslegung anhand der Umstände ergeben, dass kein ausschließliches, sondern ein einfaches Verlagsrecht eingeräumt werden sollte (KG ZUM-RD 1997, 81). Räumt der Autor dem Verlag nur ein einfaches Verlagsrecht oder eine nur schuldrechtliche Befugnis zur Vervielfältigung und Verbreitung ein, so schließt dies einen Verlagsvertrag nicht aus; für das Vorliegen eines Verlagsvertrages genügt es vielmehr, das der Verfasser sich verpflichtet, dem Verlag das Werk zur Vervielfältigung und Verbreitung für eigene Rechnung zu überlassen und der Verlag sich verpflichtet, das Werk zu vervielfältigen und zu verbreiten (BGH GRUR 2010, 1093 – *Concierto de Aranjuez;* Ulmer-Eilfort/Obergfell/ *Ulmer-Eilfort* Rn. 65 f.).

III. Inhalt und Umfang des Verlagsrechts

5 Der Verleger erwirbt die Verlagsrechte im Zweifel in dem in §§ 2–7 näher umschriebenen Umfang (vgl. § 2 VerlG Rn. 10 ff. und die Kommentierung zu den einzelnen Vorschriften). Darüber hinaus wird der Verleger regelmäßig (zumindest stillschweigend) das Recht erwerben, die Urheberpersönlichkeitsrechte des Verfassers im eigenen Namen treuhänderisch auszuüben (vgl. Vor §§ 12 ff. UrhG Rn. 9 f.; s. für anonym erscheinendes Werk § 10 Abs. 2 UrhG).

6 Das ausschließliche **Verlagsrecht** hat zwei Aspekte: **Positiv** bestimmt es den Umfang der Nutzungsrechte des Verlags; als **negatives Verbotsrecht** regelt es, welche Nutzungen der Verlag Dritten und ggf. dem Verfasser selbst untersagen darf (vgl. § 9 VerlG Rn. 14). Nach einer treffenden Formel von *Schricker* (VerlagsR³ § 8 Rn. 9) stehen positive und negative Seite des Verlagsrechts zueinander im Verhältnis von Schutzgegenstand zu Schutzmittel. Dabei gehen die dem Verlag zur Verfügung stehenden Schutzmittel durchaus weiter als der ihm zugewiesene Schutzgegenstand: Er kann aufgrund seines Verlagsrechts unter Umständen mehr verbieten, als er selbst tun darf. Positiv haben seine Vervielfältigungs- und Verbreitungsrechte (nur) den Umfang des vertraglich (im Zweifel über §§ 2 ff.) Vereinbarten, in den Grenzen dessen, was als Nutzungsrecht selbständig abspaltbar ist (vgl. § 31 UrhG Rn. 11 f.). So darf der Verlag im Zweifel keine Gesamt- oder Sonderausgabe und nur eine Auflage von 1.000 Exemplaren herstellen (§§ 4, 5). Für den Umfang des positiven Nutzungsrechts ist die Enthaltungspflicht des Verfassers aus § 2 Abs. 2 und 3 irrelevant. Umgekehrt kann das negative Verbotsrecht des Verlags (auch Verlagsrecht im negativen Sinne) über die eingeräumten positiven Nutzungsbefugnisse zum Teil deutlich hinausgehen, soweit der Schutz des Verlagsrechts dies erfordert (§ 9 Abs. 2; vgl. § 9 VerlG Rn. 14 ff.); dort auch zur Erschöpfung des Verbotsrechts), kann aber ebenfalls durch vertragliche Vereinbarung und durch §§ 45 ff. UrhG beschränkt werden.

IV. Verschaffungspflicht des Verfassers

7 In schuldrechtlicher Hinsicht enthält § 8 die Verpflichtung des Verfassers, dem Verlag das ausschließliche Verlagsrecht in dem in §§ 2-7 bestimmten Umfang zu verschaffen (zum Hauptrecht vgl. § 1 VerlG Rn. 24 ff.; zu den ggf. beim Urheber verbleibenden Nebenrechten vgl. § 2 VerlG Rn. 11 ff., 26 ff.). Schuldrechtlich muss der Verfasser also die rechtlichen Voraussetzungen dafür schaffen, dass mit der Ablieferung des Werkes (§ 9 Abs. 1) das Verlagsrecht beim Verlag entstehen kann; anderenfalls haftet er wegen eines Rechtsmangels. Deshalb muss der Verfasser **Rechte Dritter**, die eine Entstehung des Verlagsrechts verhindern können, beseitigen, also z. B. von einem früheren Verlag die Rechte zurückrufen oder ggf. vorhandene Restbestände der Auflage erwerben, um das frühere Verlagsrecht erlöschen zu lassen (§ 29 Abs. 1). Für anfängliche **Rechtsmängel** trifft den Verfasser jedenfalls dann, wenn er nach dem Vertrag dem Verlag tatsächlich ein ausschließliches Nutzungsrecht verschaffen musste (dazu oben vgl. Rn. 3), eine Garantiehaftung (*Schricker* VerlagsR[3] Rn. 38) nach §§ 435, 437 ff. BGB (vgl. Vor §§ 31 ff. UrhG Rn. 176 ff.); nachträglich eintretende Rechtsmängel sind bei Verlagsverträgen kaum denkbar. Die Ansprüche sind ausgeschlossen, wenn der Verlag den Mangel kennt (§ 442 BGB); allerdings trifft den Verlag insofern nur bei besonderen Umständen im Einzelfall eine Pflicht, die Rechtslage auf ältere Rechte Dritter zu untersuchen (Beispiel: BGH NJW 1959, 934 – *Dreigroschenroman*). Dies kann der Fall sein, wenn der Verlag von einer früher erschienenen Ausgabe eines anderen Verlages oder einer sonstigen, relevanten Verwertung des Werkes weiß. Der Verfasser muss jedenfalls schon wegen seiner allgemeinen Treuepflichten, § 242 BGB, den Verlag über mögliche Hindernisse unterrichten (wie z. B. eine Vorauflage: OLG München ZUM 1993, 431, 432). Tut er dies nicht oder verschweigt er gar arglistig eine anderweitige Verwertung seines Werkes, kann der Verlag zur Kündigung aus wichtigem Grund (KG NJW-RR 1992, 758; vgl. Vor §§ 31 ff. UrhG Rn. 121 ff.) oder zur Anfechtung (§§ 119 ff. BGB) berechtigt sein.

Ausnahmen von der Pflicht des Verfassers, dem Verlag das subjektive Verlagsrecht zu verschaffen, bestehen – neben anders lautenden vertraglichen Vereinbarungen (dazu BGH GRUR 2010, 1093 – *Concierto de Aranjuez*) – bei Verlagsverträgen über gemeinfreie Werke (§ 39 Abs. 1) und im Zweifel bei § 38 Abs. 3 UrhG (vgl. § 38 UrhG Rn. 16 f.). Schließlich wird die Verschaffungspflicht des Verfassers jedenfalls stillschweigend abbedungen sein, wenn der Verlag weiß, dass sein Vertragspartner nicht Inhaber des Urheberrechts ist oder bereits anderweitig Rechte vergeben hat.   **8**

§ 9

(1) Das Verlagsrecht entsteht mit der Ablieferung des Werkes an den Verleger und erlischt mit der Beendigung des Vertragsverhältnisses.

(2) Soweit der Schutz des Verlagsrechts es erfordert, kann der Verleger gegen den Verfasser sowie gegen Dritte die Befugnisse ausüben, die zum Schutze des Urheberrechts durch das Gesetz vorgesehen sind.

Übersicht   Rn.

I. Allgemeines

1 § 9 Abs. 1 regelt Entstehen und Erlöschen des Verlagsrechts, während § 9 Abs. 2 mit seiner Bestimmung über die Verbotsbefugnisse des Verlages gegenüber dem Verfasser und Dritten den Inhalt des Verlagsrechts näher umreißt. Nach *Schricker* (VerlagsR[3] Vorb. zu § 8; unter Berufung auf *Allfeld*, VerlagsR S. 56) bezieht sich § 9 auf das **objektive Verlagsrecht**, während § 8 Wesen und Umfang des Verlagsrechts im subjektiven Sinn zum Gegenstand hat (Ulmer-Eilfort/Obergfell/*Ulmer-Eilfort* § 8 Rn. 1. Auch diese Vorschrift ist dispositiv (ganz h. M., *Schricker* VerlagsR[3] § 9 Rn. 5; a. A. nur die ältere Lit.).

II. Entstehen des Verlagsrechts

1. Ablieferung

2 Nach § 9 Abs. 1, 1. Hs. entsteht das Verlagsrecht mit der Ablieferung des Werkes an den Verlag. Abgeliefert in diesem Sinne ist das Werk nur und erst, wenn der Verlag ein **Werkstück** – sei es ein Papiermanuskript, eine CD oder eine Email mit angehängter Manuskriptdatei – erhält. Denn der Verlag benötigt den Schutz des Verlagsrechts (§ 9 Abs. 2) und seine positiven Nutzungsbefugnisse erst, wenn er das Werk tatsächlich in den Händen hält und also mit der Vervielfältigung und Verbreitung (§ 14) beginnen kann. Die Übergabesurrogate des Sachenrechts – Besitzkonstitut, Abtretung des Herausgabeanspruchs u. ä. – lassen das Verlagsrecht deshalb noch nicht entstehen (*Schricker* VerlagsR[3] Rn. 4), wenn nichts anderes vereinbart ist; § 9 ist auch insofern dispositiv. Abgeliefert werden muss deshalb an den Verlag oder an einen Besitzdiener, Besitzmittler oder eine sonstige Geheißperson, etwa den Drucker o. Ä. Das Manuskript selbst muss keine weiteren Voraussetzungen erfüllen, insb. nicht vertragsgemäß (§ 31) oder zur Vervielfältigung geeignet (§ 10) sein, denn § 9 Abs. 1 S. 1 will die Entstehung des Verlagsrechts möglichst objektiv und ohne weiteres nach außen erkennbar gestalten; wäre das Verlagsrecht von einer Prüfung oder einer bestimmten – notwendigerweise subjektiven – Qualität des Manuskripts abhängig, wären erhebliche Unsicherheiten die Folge (*Schricker* VerlagsR[3] Rn. 4). Bei einer Ablieferung des Werkes in **Abteilungen** entsteht das Verlagsrecht – mangels anderweitiger Vereinbarung – nur dann an jedem Teil mit dessen Ablieferung, wenn die einzelnen Teile gesondert – z. B. nacheinander – erscheinen sollen.

2. Verlagsvertrag und Verfügungsgeschäft

3 Abs. 1 setzt stillschweigend voraus, dass zwischen Verlag und Autor ein wirksamer Verlagsvertrag besteht; deshalb entsteht nicht bereits mit der Einsendung eines Manuskripts zur Ansicht und Prüfung an einen Verlag ein Verlagsrecht nach Abs. 1. Für das Entstehen des Verlagsrechts ist vielmehr neben der Ablieferung noch die dingliche Einigung über die Rechtseinräumung erforderlich. Die schuldrechtliche Einigung über den Verlagsvertrag wird i. d. R. bereits die Einigung über das Verfügungsgeschäft, die dingliche Rechtseinräumung beinhalten. Vollendet wird das Verfügungsgeschäft dann durch den Realakt der Ablieferung (Abs. 1, 1. Hs.; § 929 S. 1 BGB). Insofern schließt § 9 für das Verlagsrecht das **Abstraktionsprinzip** aus; stattdessen ist das Verfügungsgeschäft kausal an Wirksamkeit und Fortbestand des schuldrechtlichen Verlagsvertrages gebunden (ganz h. M.; nunmehr ausdrücklich BGH GRUR 2012, 916 Tz. 19 f. – *M2Trade*; OLG Hamburg GRUR 2002, 335, 336 – *Kinderfernseh-Sendereihe*; Ulmer-Eilfort/Obergfell/*Ulmer-Eilfort* § 8 Rn. 12; *Russ* Rn. 3). Mithin fällt mit dem Ende des Verlagsvertrages das Verlagsrecht an den Autor zurück (BGH GRUR 2012, 916 Tz. 19 f. – *M2Trade*). Dennoch sind Verpflichtungs- und Verfügungsgeschäft gedanklich zu unterscheiden (sog. **Trennungsprinzip**; vgl. § 31 UrhG Rn. 29). So erfasst zwar die Unwirksamkeit des schuldrechtlichen Geschäfts die Verfügung; umgekehrt zieht jedoch eine unwirksame oder fehlgeschlagene Verfügung (etwa weil der Autor die ausschließlichen Rechte bereits einem anderen Verlag eingeräumt hatte) nicht auch die Nichtigkeit des schuldrechtlichen Vertrages nach sich (s. § 139 BGB). Ohne ausdrückliche Regelung oder sonst eindeutige Anhaltspunkte ist das Verfügungsgeschäft – die dingliche Rechtseinräumung – auch nicht von der Erbringung der Gegenleistung des Verlags abhängig, sodass die Rechte in der Regel nicht an den Urheber zurückfallen, wenn der Verlag die Vervielfältigung nicht vertragsgemäß beginnt. Ohnehin steht im Synallagma nach h. M. nur die Pflicht zur Vervielfältigung und Verbreitung, nicht auch Zahlungspflichten des Verlages, und zwar auch dann nicht, wenn ausdrücklich ein Vorschuss vereinbart worden war; der Urheber muss die Einhaltung dieser Pflichten des Verlages mit den üblichen Mitteln durchsetzen bzw. den Vertrag mit den üblichen Mitteln beenden (BGH GRUR 1958, 504, 505 f. – *Die Privatsekretärin*).

Mit der Ablieferung entsteht auch an den durch den schuldrechtlichen Vertrag **4** und das Verfügungsgeschäft abgedeckten **Nebenrechten** das dingliche Nutzungsrecht des Verlags. Da § 9 Abs. 1 dispositiv ist, können die Parteien ohne weiteres vereinbaren, dass das Verlagsrecht trotz erfolgter Ablieferung erst zu einem späteren Zeitpunkt oder bereits mit Abschluss des Verlagsvertrages, ggf. auch bereits mit Vollendung des Werkes entstehen soll (wobei dann allerdings § 40 UrhG zu beachten ist; zu Anwartschafts- und Vollrechten in diesem Zusammenhang vgl. Vor §§ 31 ff. UrhG Rn. 313 f.).

III. Erlöschen

§ 9 Abs. 1 2. Hs. lässt das Verlagsrecht grds. mit der Beendigung des Vertrags- **5** verhältnisses erlöschen. In dieser Bestimmung wird wiederum die enge kausale Verknüpfung von Verpflichtungs- und Verfügungsgeschäft deutlich: I. d. R. sollen dingliches Verlagsrecht und Verlagsvertrag gleichzeitig enden (BGH GRUR 1958, 504, 506 – *Die Privatsekretärin;* auch BGH GRUR 2012, 916 Tz. 19 f. – *M2Trade*). Durch die **Insolvenz** des Autors endet der Verlagsvertrag jedenfalls nicht ohne weiteres (LG Hamburg NJW 2007, 3215, 3217).

1. Beendigung des Verlagsvertrages

Der Verlagsvertrag und mithin das Verlagsrecht können aus folgenden Grün- **6** den enden:
– Vergriffensein der gesamten Auflage(n) oder Abzüge bei Einräumung des Verlagsrechts für eine bestimmte Zahl von Auflagen oder Abzügen, § 29 Abs. 1;
– Zeitablauf, § 29 Abs. 3;
– mit Ablauf der urheberrechtlichen Schutzfrist (§§ 64 ff. UrhG), wenn sich nicht aus dem Verlagsvertrag ausnahmsweise ergibt, dass der Vertrag über den Schutzablauf hinaus fortbestehen soll (vgl. §§ 39/40 VerlG Rn. 4 f.);
– durch Untergang des Werkes nach Ablieferung (§ 33);
– durch Kündigung durch den Verlag, wenn der Zweck des Werkes wegfällt oder ein Sammelwerk nicht vervielfältigt wird, § 18;
– durch Kündigung durch den Verfasser bei Nichtveröffentlichung eines Beitrags zu einem Sammelwerk innerhalb bestimmter Frist, § 45;
– durch Kündigung durch eine der Parteien aus wichtigem Grund, § 314 BGB (vgl. § 30 VerlG Rn. 16 ff.; vgl. § 32 VerlG Rn. 17 ff.);
– durch Rücktritt des Autors (§§ 17, 32, 35, 36 Abs. 3);
– durch Rücktritt des Verlags (§§ 30, 31).

Die **Übertragung der Rechte** auf einen anderen Verlag lässt die Nutzungsrechte **7** jedenfalls dann unberührt, wenn die Voraussetzungen des § 34 UrhG (der den aufgehobenen § 28 VerlG ersetzt hat; vgl. § 28 VerlG Rn. 1) erfüllt sind. Im Falle des **Todes des Urhebers** wird das Urheberrecht vererbt, sodass auch insofern Verlagsvertrag und dingliches Verlagsrecht grds. fortbestehen (§ 28 UrhG). Umgekehrt lässt ein **Rückruf** nach §§ 41, 42 UrhG das dingliche Verlagsrecht an den Urheber zurückfallen und beendet gleichzeitig den schuldrechtlichen Verlagsvertrag. Das Verlagsrecht kann außerdem durch **Verzicht** des Verlages erlöschen, nicht hingegen durch Verzicht des Autors auf sein Urheberrecht, weil das Urheberrecht unverzichtbar ist (vgl. § 29 UrhG Rn. 12). Wird das Werk schließlich – aus welchem Grund auch immer – objektiv **unverkäuflich**, so bedeutet dies ebenfalls kein automatisches Erlöschen des Verlagsrechts; vielmehr muss der Verlagsvertrag und mit ihm das Verlagsrecht durch Kündigung, Rücktritt, Aufhebung usw. (vgl. Rn. 6) beendet werden.

2. Das Schicksal der Neben- und der abgeleiteten, insb. der Lizenzrechte

8 I. d. R. führt gemäß § 139 BGB eine Beendigung des Verlagsvertrages – in der Praxis vor allem durch Zeitablauf, Vergriffensein, Rücktritt oder Kündigung – auch zu einem Rückfall der Nebenrechte. Die zu einer **Kündigung** oder einem **Rücktritt** berechtigenden Gründe werden in aller Regel für den gesamten Vertrag gleichermaßen Gültigkeit haben; insb. bei einer Kündigung aus wichtigem Grund ist es kaum denkbar, dass das Vertrauensverhältnis nur für einen Teil der eingeräumten Rechte und damit nur für einen Teil des Vertrages zerstört ist (vgl. § 30 VerlG Rn. 16 f., vgl. § 32 VerlG Rn. 17 ff.). Fraglich kann das Schicksal (auch einzelner) Nebenrechte oder umgekehrt des Hauptrechtes jedoch im Falle eines **Rückrufs wegen Nichtausübung** nach § 41 UrhG sein. Denn insofern ist es durchaus denkbar, dass der Verfasser z. B. ein dem Verlag eingeräumtes Recht zur Filmherstellung wegen Nichtausübung zurückruft oder sich für seinen Rückruf generell auf eine schlechte Verwertung der Nebenrechte beruft, obgleich der Verlag einzelne Nebenrechte umfassend und ausreichend verwertet. In diesen Fällen ist nach den gesamten Umständen entsprechend § 139 BGB zu klären, ob der Rückruf alle von dem Verlagsvertrag erfassten Rechte umfassen soll bzw. kann (vgl. § 41 UrhG Rn. 41).

9 Hieraus ergibt sich das – nach wie vor strittige – **Schicksal abgeleiteter**, also insb. der durch den Verlag an Dritte vergebenen **Lizenzrechte**. Nach früher wohl überwiegender Auffassung in der Literatur fielen sie jedenfalls insoweit an den Urheber zurück, als das Recht des Verlages endete; wurde also z. B. der Verlagsvertrag insgesamt durch Kündigung beendet, so fielen sämtliche Rechte an den Urheber zurück. Begründet wurde dies damit, die Grundlage der Lizenzvergabe sei das Recht des Verlages, das jedoch mit Beendigung des Vertrages gerade entfalle; insofern erlösche das von dem Verleger lediglich abgeleitete Recht des Lizenznehmers denknotwendig (OLG München NJW-RR 1994, 1478, 1479 f. – *Das große Buch der Jagd*; OLG Hamburg GRUR 2002, 335, 336 f. – *Kinderfernseh-Sendereihe*; ebenso noch unsere Voraufl. Rn. 9). Nur im Einzelfall sollte die Auslegung des Vertrages, des Rücktritts, der Kündigung oder des Rückrufes ergeben können, dass einzelne Rechte fortbestehen sollten (für ein Beispiel BGH ZUM 1986, 278 ff. – *Alexis Sorbas*, zum Fortbestand einer Taschenbuchlizenz). Diesen Streit hat der Bundesgerichtshof in einer Reihe von Entscheidungen beendet und klargestellt, dass **abgeleitete Nutzungsrechte** im Regelfall unabhängig von einer Beendigung des Hauptvertrages **fortbestehen**, gleichviel, ob die abgeleiteten Lizenzen einfache Nutzungsrechte einräumen (BGH GRUR 2009, 946 – *Reifen Progressiv*), einfache Rechte gegen fortlaufende Lizenzzahlungen gewähren (BGH GRUR 2012, 916 – *M2Trade*) oder eine ausschließliche Unterlizenz vergeben worden ist (BGH GRUR 2012, 914 – *Take Five*). Dies ist schon dem Grundsatz des Sukzessionsschutzes (§ 33 S. 2 Fall 1 UrhG), der im gesamten gewerblichen Rechtsschutz gilt, geschuldet (BGH a. a. O.). Aus § 33 S. 2 Fall 2 UrhG lässt sich außerdem entnehmen, dass der Verzicht, d. h. das Erlöschen eines Nutzungsrechts, nicht zum Entfallen daraus abgeleiteter Nutzungsrechte führen muss (BGH GRUR 2012, 914 – *Take Five*). Zwar sind die an den Urheber zurückfallenden Rechte mit einfachen oder gar ausschließlichen Nutzungsrechten Dritter belastet. Die berechtigten Interessen des Urhebers gefährdet dies im Regelfall nicht, zumal der Urheber der Einräumung weiterer ausschließlicher Nutzungsrechte etwa durch den Verlag zugestimmt haben muss (§ 35 Abs. 1 S. 1 UrhG; BGH a. a. O., Tz. 19). Er hat es insofern in der Hand, im Verlagsvertrag zu bestimmen, dass Sublizenzen nur für die Dauer des Hauptrechts vergeben werden dürfen oder bei Ende des Hauptvertrages kündbar sein müssen (dazu auch Ulmer-Eilfort/Obergfell/*Ulmer-Eilfort* Rn. 15 f.). Auch vertragliche Regelungen, die den Autor bei Ende des Verlagsvertrages **in fortbestehende Lizenzen eintreten** lassen, sind durchaus häufig anzutreffen. In der Praxis enthalten die meisten Verlagsverträge insofern ausdrückliche Regelungen. Derartige Klauseln sind grds. wirksam. Der Bundesgerichtshof geht im Übrigen davon aus, dass der Urheber im Falle des Erlöschens des Hauptvertrages gegen seinen ehemaligen Vertragspartner **Bereicherungsansprüche** auf Abtretung der Zahlungsansprüche gegen den Sublizenznehmer bzw. Herausgabe von nach Ende des Hauptvertrages gezahlten Beträgen geltend machen kann, § 812 Abs. 1 S. 1 BGB (BGH GRUR 2012, 916 Tz. 26 f. – *M2Trade*).

Der Fortbestand abgeleiteter Rechte ist unabhängig davon, aus welchem Grund **10** der Hauptvertrag erlischt oder endet. Sublizenzen behalten deshalb volle Geltung, gleichviel, ob die Hauptrechte **wegen Nichtausübung zurückgerufen** werden oder der Vertrag aus anderen Gründen endet, z. B. aus wichtigem Grund **gekündigt** wird (BGH GRUR 2012, 914 Tz. 18 ff. – *Take Five*; BGH GRUR 2012, 916 Tz. 23, 25 ff. – *M2Trade*).

IV. Umfassender Schutz des Verlagsrechts

1. Eigenes Recht des Verlegers

§ 9 Abs. 2 gibt dem Verlag zum Schutz der ihm eingeräumten Rechte sowohl **11** gegen Dritte als auch gegen den Verfasser die durch das UrhG vorgesehenen Möglichkeiten (vor allem Unterlassung, Beseitigung, Schadensersatz, §§ 97 ff. UrhG). Insoweit ist die Formulierung des Abs. 2, 2. Hs. „soweit der Schutz ... es erfordert" nicht etwa einschränkend, sondern vielmehr dahin zu verstehen, dass die dem Verlag zur Verfügung stehenden Schutzmöglichkeiten sich in vollem Umfang aus dem UrhG ergeben (*Schricker* VerlagsR³ Rn. 20). Der Verlag hat deshalb auch alle nach § 97 Abs. 3 UrhG unberührt bleibenden Ansprüche aus anderen gesetzlichen Vorschriften gegen Dritte, d. h. vor allem den Deliktsschutz aus §§ 823 ff. BGB, die Bereicherungsansprüche aus §§ 812 ff. BGB oder Ansprüche aus UWG insb. gegen konkurrierende Verleger (vgl. § 97 UrhG Rn. 133 f.; unten vgl. Rn. 15; aus der Rspr. z. B. OLG Karlsruhe GRUR 1979, 771, 772 f. – *Remission*; BGH GRUR 1960, 636, 637 f. – *Kommentar*; OLG Karlsruhe GRUR 1993, 992, 993 – *Husserl-Gesamtausgabe*; OLG Karlsruhe GRUR 1987, 818, 821 – *Referendarkurs*; zur Frage der Buchhändlerhaftung LG Berlin GRUR-RR 2009, 216 – *Buchhändlerhaftung*). Abs. 2 betrifft also nach der griffigen Formulierung von *Schricker* die Schutzmittel, im Gegensatz zu dem in §§ 8, 9 Abs. 1 umrissenen Schutzgegenstand (*Schricker* VerlagsR³ Rn. 12).

Der Verlag übt insoweit **eigene** – nicht lediglich vom Urheber abgeleitete – **12** **Rechte** aus, nämlich als Träger seines Verlagsrechts (ganz h. M.; *Schricker* VerlagsR³ Rn. 15). Der Verlag ist deshalb neben und unabhängig vom Verfasser berechtigt, gegen eine unbefugte Verwertung des betreffenden Werkes durch Dritte vorzugehen (für ein Beispiel LG München I v. 13.7.2011 – 7 O 13109/11 Tz. 38 ff., verfügbar bei juris). Wegen seiner generellen Pflicht, das Werk zweckentsprechend zu vervielfältigen und zu verbreiten, ist der Verlag im Regelfall gegenüber dem Verfasser sogar verpflichtet, Verletzungen des Verlagsrechts durch Dritte zu verfolgen. Bei einer Verfolgung eventuell erlangte **Schadensersatzleistungen** sind bei Absatzhonorar entsprechend den vertraglichen Regelungen aufzuteilen, bei an den Verfasser gezahltem Pauschalhonorar jedoch dann dem Verlag allein zuzurechnen, wenn die Schadensersatzzahlung die mit der Pauschalsumme vergüteten Rechte betrifft.

13 Neben dem Verlag ist der Autor grds. nicht verpflichtet, selbst gegen Rechtsverletzer vorzugehen. Soweit der Verfasser ein schutzwürdiges Interesse an einer Verfolgung hat, kann der Verfasser auch bei Verletzung der ausschließlichen Nutzungsrechte des Verlags regelmäßig selbst bzw. in gewillkürter Prozessstandschaft des Verlags gegen den Verletzer vorgehen (vgl. § 97 UrhG Rn. 127 ff.). Im Einzelfall kann dieses schutzwürdiges Interesse an einem eigenen Vorgehen des Urhebers und also seine Aktivlegitimation fehlen, wenn er sämtliche Nutzungsrechte ausschließlich und auf Dauer einem Verwerter eingeräumt hat (BGH GRUR 1970, 40, 42 – *Musikverleger I*).

2. Umfang des Schutzes: positives Nutzungs- und negatives Verbotsrecht

14 Die ausschließlichen Rechte des Verlages geben ihm zum einen ausschließliche Nutzungsrechte an dem Werk, d. h. insb. die Rechte der Vervielfältigung und Verbreitung (positive Nutzungsbefugnis). Zum Schutz dieser Rechte gewährt Abs. 2 dem Verlag negative Verbotsrechte gegenüber jedermann. Positives Nutzungsrecht und negatives Verbotsrecht sind zwei Seiten derselben Medaille, reichen aber unterschiedlich weit: U. U. kann der Verlag Dritten und dem Verfasser mehr verbieten, als er selbst tun darf (*Schricker* VerlagsR³ § 8 Rn. 9; kritisch Ulmer-Eilfort/Obergfell/*Ulmer-Eilfort* Rn. 22). Wie weit das negative Verbotsrecht des Verlegers im Einzelfall geht, ist allerdings umstritten.

15 In der Praxis stellt sich das Problem insb. bei **Bearbeitungen,** § 23 UrhG (nicht zu verwechseln mit freien Benutzungen, § 24 UrhG), wenn der Verlag insofern keine Rechte erworben hat (§ 2 Abs. 2 VerlG, § 37 Abs. 1 UrhG). Insofern ist jedoch angesichts der klaren gesetzlichen Regelung jedenfalls für den Regelfall ein Verbotsrechts des Verlags ausgeschlossen: Denn das ausdrücklich dem Urheber vorbehaltene Bearbeitungsrecht, § 37 Abs. 1 UrhG, § 2 Abs. 2 VerlG, wird ausgehöhlt, wenn der Verlag dem Urheber vorbehaltene Bearbeitungen ohne weiteres verbieten dürfte. Die Rechtsprechung ist allerdings zugunsten des Verlags häufig deutlich großzügiger und gesteht diesem – in aller Regel ohne Befassung mit der Problematik des § 37 Abs. 1 UrhG – auch dann umfassende Verbotsrechte gegenüber Dritten zu, wenn der Verlag selbst keine Bearbeitungsrechte innehat (so z. B. BGH GRUR 1999, 984, 985 – *Laras Tochter*; anders OLG Karlsruhe UFITA 92 [1982] 329 ff.). Jedenfalls die Fälle, in denen der Urheber dem Dritten keine Bearbeitungsrechte eingeräumt hat, wird man – wie der BGH in der Entscheidung *Laras Tochter* – über die ausschließlichen Nutzungsrechte des Verlags an dem betreffenden Werk selbst lösen können. Denn wenn und soweit der Verlag Inhaber ausschließlicher Nutzungsrechte ist, muss er die Möglichkeit haben, eine Bearbeitung zu untersagen, die notwendigerweise das Hauptwerk selbst verwertet und also in diese ausschließlichen Nutzungsrechte eingreift (ähnlich Ulmer-Eilfort/Obergfell/*Ulmer-Eilfort* Rn. 22; vgl. § 37 UrhG Rn. 6). In Fällen, in denen der Urheber dem anderen Bearbeitungsrechte – z. B. im Rahmen einer Verfilmung – eingeräumt hat, kann der Verlag ein Verbotsrecht gegenüber Bearbeitungen und sonstigen nicht dem Verlag eingeräumten positiven Nutzungsrechten nur als vertragliche Rechte geltend machen, wenn die Veröffentlichung und Verwertung durch den Verfasser bzw. *die entsprechende Rechtseinräumung des Verfassers an einen Dritten* gegen Treu und Glauben, § 242 BGB, verstößt (str., absolute Wirkung annehmend *Haupt/Kaboth/Reber/Wallenfels/Wegner* 2. Kap. Rn. 58; eingehend zum

fehlenden absoluten Charakter von Enthaltungspflichten vgl. Vor §§ 31 ff.
UrhG Rn. 48). Die Verbotsrechte des Verlags können auch dem Taschenbuch-
verleger als Lizenznehmer gegenüber dem Originalverleger als Lizenzgeber zustehen (KG GRUR 1984, 526, 527 – *Trabbel für Henry*).

Das Verbotsrecht des Verlags wird jedoch durch den Grundsatz der **Erschöp- 16
fung**, § 17 Abs. 2 UrhG, begrenzt. Der Verlag kann also die Weiterverbreitung
eines rechtmäßig in Verkehr gebrachten Werkes bzw. der Vervielfältigungsstücke nicht untersagen, wobei die Erschöpfung gemeinschaftsweit eintritt (vgl.
§ 17 UrhG Rn. 25; dazu LG München I v. 13.7.2011 – 7 O 13109/11
Tz. 40 ff., verfügbar bei juris). Speziell im Buchverlag ist das Recht des Verlags
über die üblichen Veräußerungsgeschäfte hinaus bei **Freiexemplaren** erschöpft,
wenn der Verlag sie dem Verfasser übereignet hat. Allerdings kann in diesen
Fällen der Autor den Verlagsvertrag verletzen, wenn dieser eine entsprechende
Regelung ausdrücklich oder sonst eindeutig enthält. Gleiches gilt wohl für im
Rahmen der Werbung versandte **Rezensions-** und vergleichbare **Exemplare**.
Auch bei der **Verramschung**, dem Verkauf zum Papier- oder einem jedenfalls
deutlich herabgesetzten Preis, ist das Verbreitungsrecht und damit das Verbots-
recht des Verlages grds. mit der Übereignung an den Verramscher erschöpft.
Keine Erschöpfung tritt jedoch umgekehrt ein, wenn Vervielfältigungsstücke
makuliert, also nur noch als Altpapier – zur Vernichtung – verkauft werden.
Denn in diesem Fall werden die Vervielfältigungsstücke gerade nicht mit dem
Ziel der Verbreitung in Verkehr gebracht, sondern sollen vernichtet werden.
Gelangen zur Makulatur bestimmte Exemplare in den Verkehr, kann der Verlag
ihre Verbreitung ohne weiteres untersagen (OLG Karlsruhe GRUR 1979, 771,
772 f. – *Remission*). Eine Erschöpfung der Buchausgabe scheidet ferner dann
aus, wenn ihr eine Kommentierung – z. B. eine Vokabelbeilage – hinzugefügt
und beides gebündelt vertrieben wird; es handelt sich dabei um eine neue,
abspaltbare Nutzungsart, die nicht der Erschöpfung des Verbreitungsrechts der
(isolierten) Buchausgabe unterliegt (LG München I v. 13.7.2011 – 7 O 13109/
11 Tz. 40 ff., verfügbar bei juris).

3. Verletzung des Verlagsrechts durch den Verfasser

Verletzt der Verfasser selbst die ausschließlichen Rechte des Verlegers – etwa **17**
weil er einem Dritten Verlagsrechte einräumt –, so liegt in der Regel (nur) eine
Vertragsverletzung vor. In der Einräumung selbst liegt keine Urheberrechtsverletzung (a. A. Ulmer-Eilfort/Obergfell/*Ulmer-Eilfort* Rn. 18), aber u. U. kann
es sich um Beihilfe oder Anstiftung zur Urheberrechtsverletzung eines Dritten
handeln (vgl. § 97 UrhG Rn. 153 ff.). Der Verlag kann die Vertragsverletzung
über seine allgemeinen zivilrechtlichen Befugnisse wegen der Schlecht- oder
Nichterfüllung des Verlagsvertrages gegen den Verfasser ausüben.

§ 10

**Der Verfasser ist verpflichtet, dem Verleger das Werk in einem für die Verviel-
fältigung geeigneten Zustand abzuliefern.**

Übersicht | Rn.

I.   Allgemeines

1   § 10 verpflichtet den Verfasser, dem Verlag das Werk „in einem für die Vervielfältigung geeigneten Zustand" abzuliefern. § 10 betrifft lediglich die **äußere
Beschaffenheit** des Werkes, nicht hingegen die Frage, ob das Werk inhaltlich
den vertraglichen Vorgaben entspricht. Die Regelung ist dispositiv; in der Praxis enthalten die allermeisten Verlagsverträge Regelungen zur konkret geforderten Form (etwa Word-Dokument, Vorlage auf CD oder als Datei per E-
Mail).

II.   Ablieferung in zur Vervielfältigung geeignetem Zustand

1.   Äußere Form

2   Der Verfasser muss nach § 10 dem Verlag das Werk in **druckreifer Form** abliefern, sodass der Verlag das Werk ohne wesentliche weitere Aufwendungen setzen lassen kann. In der Praxis verlangen die meisten Verlagsverträge von dem
Verfasser, dass er sein Werk als Datei per E-Mail oder auf CD-Rom oder in
sonst digitalisierter Form zur Verfügung stellt. Gehören zu dem Werk selbst
bereits vom Verfasser eingefügte **Abbildungen**, Grafiken, Tabellen o. Ä., so
muss der Verfasser auch diese grds. in druckreifem Zustand dem Verlag liefern.
Die frühere Praxis, dass der Verfasser vor allem bei wissenschaftlichen und
technischen Fachwerken nur die Rohskizzen lieferte, die der Verlag dann rein-
zeichnen ließ, hat heute erheblich an Bedeutung verloren; vielmehr liefern in
den meisten Fällen die Verfasser die zu ihrem Werk gehörenden Grafiken, Tabellen usw. mit dem Textteil in digitalisierter Form und bereits in Reinzeich-
nungsqualität ab. In jedem Fall genügt der Verfasser jedoch – sollte vertraglich
nichts anderes bestimmt sein – seinen Pflichten nach § 10 mit der Lieferung
inhaltlich korrekter Grafiken, Tabellen usw., auch wenn der Verlag diese aus
drucktechnischen Gründen grafisch möglicherweise noch anpassen muss.

2.   Vollständiges Manuskript

3   I. d. R. muss das Werk für die Druckreife auch inhaltlich vollständig, also abgeschlossen sein. Ob zur Vollständigkeit auch ein **Titel** gehört, ist zweifelhaft; in
der Praxis regeln ohnehin die allermeisten Verlagsverträge, dass der Verlag,
sollte das Werk nur einen Arbeitstitel haben oder ein Titel noch ganz fehlen,
den Titel im Einvernehmen mit dem Autor festlegt. Auch darf der Verlag in
den Fällen, in denen ein Titel schon vorhanden ist, nach den Regelungen vieler
Verlagsverträge den Titel wiederum im Einvernehmen mit dem Autor – z. T.
nur aus bestimmten Gründen wie z. B. anderweitig bestehender Titelschutz –
ändern. Ohnehin dürfte ein fehlender Werktitel die Ausnahme bilden.

4   In der Praxis ist die mangelnde Druckreife heute wegen der zumeist digitalen
Lieferung des Manuskriptes selten geworden und kommt fast nur noch bei
Werken mit Originalillustrationen, die häufig nach wie vor auf Papier abgeliefert werden, oder im Falle von Dateien, die nicht geöffnet werden können oder
beschädigt sind, vor. § 10 spielt deshalb vor allem für die Fälle eines nicht
vollständigen Manuskripts eine Rolle.

3.   Ort der Ablieferung

5   Enthält der Vertrag keine Regelungen zum Erfüllungs- oder Ablieferungsort,
so ist der Erfüllungsort nach § 269 Abs. 1 BGB zu bestimmen. Bereits aus
dem Wortlaut des VerlG, das in Bezug auf das Manuskript stets von einer
„Ablieferung" spricht, was sprachlich eine Übergabe an den Verlag voraussetzt, ergibt sich, dass die Manuskriptabgabe durch den Verfasser eine **Bring-
schuld** ist, für die Erfüllungsort Sitz des Verlages ist. Die Gefahr des Untergangs
oder der Verschlechterung während der Beförderung zum Verlag trägt mithin

grds. der Verfasser (zu den Folgen eines zufälligen Untergangs des Werkes nach Ablieferung vgl. § 33 VerlG Rn. 2 ff.). Ohnehin erklären die meisten Verlagsverträge ausdrücklich – und auch in Musterverträgen wirksam, §§ 306 ff. BGB – den Sitz des Verlages zum Erfüllungsort der beiderseitigen Verpflichtungen.

III. Äußerlich mangelhaftes Werk

Liefert der Verfasser das Werk nicht in druckreifem Zustand, etwa unvollstän- **6** dig, ab, so kann der Verlag den Verfasser zunächst auffordern, die Mängel innerhalb einer angemessenen Frist zu beheben. Nach fruchtlosem Ablauf kann der Verlag vom Verlagsvertrag zurücktreten, §§ 31, 30, und ggf. Schadensersatz geltend machen, § 31 Abs. 2 (für ein Beispiel BGH GRUR 1960, 642, 643 f. – *Drogistenlexikon*). Diese Rechte bestehen jedoch nur, solange der Verlag das Werk noch nicht als druckreif angenommen hat. Will der Verlag den Verlagsvertrag aufrechterhalten, so kann er die Mängel selbst beseitigen lassen, sofern es um rein äußerliche Korrekturen geht oder die Änderungen nach § 39 Abs. 2 UrhG zulässig sind. Im Übrigen muss der Verfasser zustimmen. Die **Kosten der Mängelbeseitigung** trägt der Autor, wenn er der Erledigung durch den Verlag zugestimmt oder sich trotz Bestimmung einer angemessenen Frist geweigert hat, das Manuskript selbst in die erforderliche Form zu bringen. In der Praxis wälzen die Verlage jedoch äußerst selten diese Kosten auf die Autoren ab; auch enthalten viele Verlagsverträge gerade keine ausdrückliche Befugnis zugunsten des Verlages, Änderungen selbst vorzunehmen bzw. vornehmen zu lassen. Schließlich kann der Verlag die eigene Leistung – in der Praxis vor allem die Zahlung eines Vorschusses – nach § 320 BGB verweigern, solange das Werk in nicht nur unerheblichen Punkten oder geringem Umfang äußerlich mangelhaft ist (BGH GRUR 1960, 642, 643 – *Drogistenlexikon*).

§ 11

(1) Ist der Verlagsvertrag über ein bereits vollendetes Werk geschlossen, so ist das Werk sofort abzuliefern.

(2) ¹Soll das Werk erst nach dem Abschlusse des Verlagsvertrags hergestellt werden, so richtet sich die Frist der Ablieferung nach dem Zwecke, welchem das Werk dienen soll. ²Soweit sich hieraus nichts ergibt, richtet sich die Frist nach dem Zeitraum, innerhalb dessen der Verfasser das Werk bei einer seinen Verhältnissen entsprechenden Arbeitsleistung herstellen kann; eine anderweitige Tätigkeit des Verfassers bleibt bei der Bemessung der Frist nur dann außer Betracht, wenn der Verleger die Tätigkeit bei dem Abschlusse des Vertrags weder kannte noch kennen musste.

I. Allgemeines

§ 11 regelt, wann der Verfasser das Werk dem Verlag abliefern muss. Insofern **1** unterscheidet § 11 die bei Vertragsschluss bereits fertiggestellten Werke

(Abs. 1) von den – in der Praxis sehr häufigen – Werken, die bei Vertragsschluss erst noch verfasst werden müssen (Abs. 2). Auch § 11 ist dispositiv, und nahezu alle Verlagsverträge enthalten in der Praxis mehr oder weniger detaillierte Bestimmungen zum Zeitpunkt der Ablieferung und z. T. zum Verfahren, wenn der Verfasser den vereinbarten Zeitpunkt nicht einhält.

II. Sofortige Ablieferung bei vollendeten Werken, Abs. 1

2 Nach § 11 Abs. 1 muss ein bei Vertragsschluss vorliegendes Manuskript grds. „sofort" abgeliefert werden. Der Verfasser muss deshalb, will er das Manuskript nach Vertragsschluss noch einmal überarbeiten, dem Verlag dies deutlich machen. Denn anderenfalls kann der Verlag die sofortige Ablieferung des Manuskriptes fordern und darauf – auch gegen die Erben – klagen, § 883 ZPO. Zu den weiteren Rechtsbehelfen des Verlags bei nicht rechtzeitiger Ablieferung vgl. § 30 VerlG Rn. 1 ff.

III. Ablieferungen des Werkes nach Vertragsschluss, Abs. 2

1. Zeitpunkt der Ablieferung

3 a) **Zweck des Werkes:** Nach Abs. 2 S. 1 ist – wenn der Vertrag insofern keine Regelungen enthält – bei Werken, die erst nach Abschluss des Verlagsvertrages verfasst oder fertiggestellt werden, die Frist für die Ablieferung nach dem mit dem Werk verfolgten Zweck zu bestimmen. Dies betrifft z. B. die Fälle von Festschriften zu einem bestimmten Jubiläum, von Sachbüchern zu einem bestimmten Thema (etwa einer Erläuterung zur aktuellen Situation und den Perspektiven der Europäischen Union nach dem Brexit oder ein Band mit Berichten über einzelne Fußball-Nationalmannschaften zur anstehenden Europa- oder Weltmeisterschaft), Schulbüchern, einem Buch zum Film und ähnlichen Werken. Bei belletristischen Werken hingegen wird sich nur im Ausnahmefall überhaupt ein „Zweck" des Werkes bestimmen lassen, gerade weil Abs. 2 S. 1 *nicht* auf den Zweck des *Verlagsvertrages*, sondern nur auf den Zweck des Werkes abstellt.

4 Selbstverständlich muss in jedem Fall des Abs. 2 S. 1 der Verfasser das Werk so rechtzeitig abliefern, dass der Verlag – etwa bei einem Jubiläumsband oder einem Begleitband zu einer Ausstellung – das Werk seinem Zweck nach noch rechtzeitig vervielfältigen, also alle vorbereitenden Arbeiten erledigen kann (Lektorat, Drucklegung, Prüfung der Druckfahnen durch den Autor usw.).

5 b) **Verhältnisse des Verfassers:** Lässt sich für das betreffende Werk kein Ablieferungszeitpunkt nach Abs. 2 S. 1 feststellen, kommt es nach Abs. 2 S. 2 darauf an, wie viel Zeit der Verfasser nach seinen subjektiven Umständen benötigt (OLG Düsseldorf GRUR 1978, 590 f. – *Johannes-Evangelium*). Hier müssen neben der ausdrücklich erwähnten Berufstätigkeit (im weitesten Sinne) des Verfassers auch besondere Familienverhältnisse, Krankheit, Umzüge und weitere persönliche Umstände berücksichtigt werden. Abs. 2 kann auch auf eine Optionseinräumung in einem Bandüberlassungsvertrag im **Musikverlag** anwendbar sein (LG Hamburg ZUM 2002, 158).

6 c) **Vertragspraxis:** Da die Regelungen des Abs. 2 mit erheblichen Unsicherheiten verbunden sind, die Verlage aber schon wegen der Planung des Verlagsprogramms (Schaltung von Anzeigen in Vorschauen usw.) wesentlich darauf angewiesen sind, mit einem bestimmten Zeitpunkt der Ablieferung planen zu können, enthalten nahezu alle Verlagsverträge einigermaßen präzise Regelungen zum Ablieferungszeitpunkt. Ist dies nicht der Fall, ist zumeist wenigstens der geplante Erscheinungstermin für das Werk angegeben; in diesem Fall ist der

Verfasser verpflichtet, das Werk wenigstens einige Monate vorher dem Verlag druckreif abzuliefern. Einzelheiten werden hier davon abhängen, ob es sich um ein belletristisches, nur einen Textteil enthaltendes Werk oder um ein Werk mit zahlreichen Abbildungen, die ggf. im Verlag noch bearbeitet werden müssen, handelt. Viele Verlagsverträge enthalten auch Bestimmungen für den Fall, dass der Verfasser den vereinbarten Ablieferungszeitpunkt nicht einhält, zumeist mit einer konkreten Bestimmung der für diesen Fall dem Verfasser eingeräumten Nachfrist.

2.   Nicht rechtzeitige Ablieferung

Liefert der Verfasser das Werk nach den vertraglichen Regelungen oder dem in **7**
Abs. 2 Vorgesehenen nicht rechtzeitig ab, so kann der Verlag dem Verfasser eine angemessene Nachfrist zur Ablieferung setzen und nach fruchtlosem Fristablauf von dem Vertrag zurücktreten, § 30 (vgl. § 30 VerlG Rn. 3 ff.). Der Verlag kann außerdem unter bestimmten Voraussetzungen Schadensersatz aus Verzug, §§ 30 Abs. 4 VerlG, 286 ff. BGB, verlangen (vgl. § 30 VerlG Rn. 14). Zur Rückzahlung eines eventuell bereits geleisteten Vorschusses bei Rücktritt vgl. § 30 VerlG Rn. 13.

§ 12

(1) ¹Bis zur Beendigung der Vervielfältigung darf der Verfasser Änderungen an dem Werke vornehmen. ²Vor der Veranstaltung einer neuen Auflage hat der Verleger dem Verfasser zur Vornahme von Änderungen Gelegenheit zu geben. ³Änderungen sind nur insoweit zulässig, als nicht durch sie ein berechtigtes Interesse des Verlegers verletzt wird.

(2) Der Verfasser darf die Änderungen durch einen Dritten vornehmen lassen.

(3) Nimmt der Verfasser nach dem Beginne der Vervielfältigung Änderungen vor, welche das übliche Maß übersteigen, so ist er verpflichtet, die hieraus entstehenden Kosten zu ersetzen; die Ersatzpflicht liegt ihm nicht ob, wenn Umstände, die inzwischen eingetreten sind, die Änderung rechtfertigen.

I.   Allgemeines

§ 12 regelt das Änderungsrecht des Verfassers. Nach Abs. 1 S. 1 darf der Ver- **1**
fasser grds. bis zum Ende der Vervielfältigung Änderungen an dem fertigen Werk vornehmen. Vor Veranstaltung einer Neuauflage muss der Verlag ihm ebenfalls Gelegenheit zur Änderung geben, Abs. 1 S. 2. Der Verfasser muss die Änderungen nicht selbst vornehmen, sondern kann dies durch Dritte erledigen lassen, Abs. 2. In beiden Fällen kann das Änderungsrecht jedoch ausgeschlossen sein, wenn durch die Änderung ein berechtigtes Interesse des Verlags verletzt wird, Abs. 1 S. 3. Abs. 3 schließlich regelt die Frage, wer die Kosten der Änderungen zu tragen hat. Das Änderungsrecht des Verfassers bezieht sich bereits nach dem Wortlaut der Vorschrift auf **inhaltliche Änderungen**, die auch größeren Umfang erreichen können, etwa bei Sachbüchern, nicht lediglich auf die üblichen Korrekturen von Schreib- und Druckfehlern. Der Verfasser ist nach § 12 berechtigt, Änderungen vorzunehmen, jedoch hierzu nur verpflich-

tet, wenn eine entsprechende vertragliche Regelung besteht oder – etwa bei einem Fachbuch – das Werk ohne die Änderung inhaltlich mangelhaft würde (vgl. Rn. 5; vgl. § 31 VerlG Rn. 3).

2 § 12 Abs. 1 S. 1 und 2 mit Abs. 2 gehören nach richtiger Auffassung zu den wenigen Regelungen im VerlG, die jedenfalls in ihrem Kern nicht dispositiv sind (ebenso Ulmer-Eilfort/Obergfell/*Obergfell* Rn. 4; a. A. *Russ* Rn. 1). Denn die **Änderungsbefugnis** aus § 12 ist Teil des **Urheberpersönlichkeitsrechts** des Verfassers (s. BGH GRUR 1960, 642, 645 – *Drogistenlexikon*; *Schricker* VerlagsR³ § 12 Rn. 4). Die Parteien können jedoch die Ausübung des Änderungsrechts im Einzelnen regeln, also sowohl bestimmte Fristen zur Wahrnehmung des Änderungsrechts vorsehen als auch im Einzelfall das Änderungsrecht auf bestimmte Punkte beschränken. Auch bei ausdrücklicher Regelung verbleibt dem Verfasser stets die Möglichkeit des Rückrufs nach § 42 UrhG.

II. Änderungsrecht des Verfassers

1. Änderung bis zur Beendigung der Vervielfältigung, Abs. 1 S. 1

3 Nach dem Wortlaut des Abs. 1 S. 1 darf der Verfasser bis zur Beendigung der Vervielfältigung sein Werk ändern, und zwar grds. für jede Auflage und wohl auch jede Ausgabe neu. Nach h. M. ist die Vervielfältigung bereits dann im Sinne des Abs. 1 S. 1 beendet, wenn der Drucksatz fertig vorliegt, also (nur) die **Drucklegung** beendet ist (Ulmer-Eilfort/Obergfell/*Obergfell* Rn. 9 f.). Auf den Druck aller herzustellenden Abzüge kommt es hingegen nicht an. Der Verfasser muss also in aller Regel seine Änderungen spätestens auf dem Korrekturabzug anbringen (s. § 20 Abs. 1 S. 2 VerlG); § 12 Abs. 1 S. 1 gibt dem Verfasser mithin nicht so weitgehende Rechte, wie man es auf den ersten Blick vermuten könnte. Danach vorgenommene Änderungen des Verfassers muss der Verlag – in den Grenzen des § 42 UrhG – grds. nicht umsetzen, und zwar auch dann nicht, wenn der Verfasser ausdrücklich die Kosten der Änderung übernimmt (*Schricker* VerlagsR³ Rn. 6; s. a. Ulmer-Eilfort/Obergfell/*Obergfell* Rn. 11). Nach Abs. 2 muss der Autor Änderungen nicht selbst vornehmen, sondern kann dies durch einen Dritten erledigen lassen.

2. Änderungsrecht bei Neuauflagen

4 Abs. 1 S. 2 verpflichtet den Verlag, dem Verfasser vor Veranstaltung einer Neuauflage Gelegenheit zu Änderungen zu geben. Er muss deshalb in jedem Fall den Verfasser über die geplante Neuauflage unterrichten, und zwar so rechtzeitig, dass der Verfasser prüfen kann, ob und inwieweit überhaupt Änderungsbedarf besteht, was vor allem bei wissenschaftlichen Werken und Sachbüchern im Allgemeinen durchaus einen längeren zeitlichen Vorlauf erfordert. Dabei müssen sich allerdings Änderungswünsche des Verfassers im Rahmen des ursprünglichen Verlagsvertrages halten; außerhalb des wissenschaftlichen Bereichs im eigentlichen Sinne muss der Verlag schon wegen § 12 Abs. 1 S. 3 Änderungen nicht ohne weiteres akzeptieren, wenn sie zu einer umfassenden Neubearbeitung und damit zu einem neuen Werk führen (LG Köln v. 1.7.2009 – 28 O 603/08 Tz. 63, verfügbar bei juris, für einen Bildband über die Sammlung eines Museums). Darüber hinaus muss der Verfasser **Umfang und Inhalt der gewünschten Änderungen** konkret und im Einzelnen darlegen und kann nicht lediglich verlangen, dass der Verlag z. B. den Bildteil des Werkes den aktuellen Gegebenheiten anpasse (LG Köln v. 1.7.2009 – 28 O 603/08 Tz. 65 f., verfügbar bei juris, für einen Bildband über die Sammlung eines Museums). Insofern geht § 12 von einer aktiven **Mitwirkung des Verfassers** aus. Auch die Änderungen bei einer Neuauflage kann der Verfasser grds. einem Dritten überlassen, Abs. 2. Veröffentlicht der Verlag eine Neuauflage, ohne die vom Verfasser angebrachten und nach den eben gesagten berechtigtenÄnderungen zu berücksichtigen oder ihm überhaupt Gelegenheit zu Änderungen gegeben zu haben, verletzt er damit den Verlagsvertrag (ebenso Ulmer-Eilfort/ Obergfell/*Obergfell* Rn. 13). Dies kann den Verfasser zum Rücktritt, § 32, oder mitunter zur Kündigung aus wichtigem Grund, § 314 Abs. 1 BGB, berechtigen (dazu LG Köln v. 1.7.2009 – 28 O 603/08 Tz. 60 ff., verfügbar bei juris, für einen Bildband über die Sammlung eines Museums). Der Verlag kann darüber hinaus die Urheberrechte des Verfassers verletzen, wenn sich aus den vom Verfasser vorgenommenen Änderungen oder den angekündigten Änderungsabsichten ergibt, dass der Verfasser jedenfalls mit einer unveränderten Neuveröffentlichung nicht einverstanden ist und insofern (stillschweigend) seine Einwilligung widerruft (so *Schricker* VerlagsR[3] Rn. 10; s. a. Ulmer-Eilfort/Obergfell/*Obergfell* Rn. 13).

Auch bei einer Neuauflage ist der Verfasser zwar berechtigt, Änderungen vorzunehmen, hierzu jedoch grds. – jedenfalls bei belletristischen Werken – nicht verpflichtet. Allerdings wird sich vor allem bei **wissenschaftlichen Werken oder Sachbüchern** eine entsprechende **Änderungspflicht** des Verfassers aus seinen allgemeinen vertraglichen Treuepflichten jedenfalls dann ergeben, wenn das Werk eine kontinuierliche Anpassung erfordert und der Verlag insofern ganz erhebliche, nicht amortisierte Investitionen erbracht hat – weil dann auch die Neuauflage verkäuflich sein muss – oder weitere Urheber an dem Werk beteiligt sind (Ulmer-Eilfort/Obergfell/*Obergfell* Rn. 7). Zu den Umständen, unter denen der Urheber Änderungen durch den Verlag nach Treu und Glauben hinnehmen muss, § 39 Abs. 2 UrhG, vgl. § 39 UrhG Rn. 20 ff. Um Schwierigkeiten in diesem Zusammenhang aus dem Weg zu gehen, die in der Praxis gerade bei wissenschaftlichen Sammelwerken sehr regelmäßig auftreten, enthalten die meisten Verlagsverträge eine **Neubearbeitungsklausel**, die den Verfasser zunächst verpflichtet, sein Werk für Neuauflagen – ggf. binnen bestimmter Fristen – zu bearbeiten. Außerdem räumen diese Klauseln dem Verlag sinnvollerweise das Recht ein, die Neubearbeitung durch einen Dritten vornehmen zu lassen, wenn der Verfasser selbst dazu nicht bereit oder in der Lage ist. Der Verlag muss jedoch stets die persönlichen Interessen des Autors – vor allem bei der Auswahl des Bearbeiters – beachten. Häufig schließt sich dem noch eine Regelung zur Aufteilung des Honorars zwischen Neubearbeiter und ursprünglichem Verfasser und in einigen Fällen auch noch zur weiteren Nennung des ursprünglichen Verfassers an. Bereits das Reichsgericht hat die Wirksamkeit derartiger Neubearbeitungsklauseln dem Grunde nach bejaht (insb. RGZ 112, 173; RGZ 140, 264). Zur Herrschaft des Verlages über das „Unternehmen" Sammelwerk in diesen Fällen vgl. § 41 VerlG Rn. 16. Der ursprüngliche Verfasser kann bei Neubearbeitung durch einen Dritten unabhängig von den vertraglichen Regelungen ggf. die Urheberpersönlichkeitsrechte aus § 14 UrhG geltend machen.

3. Entgegenstehendes berechtigtes Interesse des Verlages

Nach Abs. 1 S. 3 findet das Änderungsrecht des Verfassers auch im Falle einer Neuauflage seine Grenze in der Verletzung berechtigter Interessen des Verlages. Ob dies der Fall ist, lässt sich nur nach den Umständen des Einzelfalles sagen; bei belletristischen Werken kommt eine Verletzung der berechtigten Interessen des Verlages eher in Betracht als bei wissenschaftlichen oder weltanschaulichen Werken. Allein die mit Änderungen verbundenen **Mehrkosten** stellen jedenfalls kein berechtigtes Interesse dar (vgl. Rn. 7; wie hier Ulmer-Eilfort/Obergfell/ *Obergfell* Rn. 14). Eine Interessenverletzung kann allerdings gegeben sein, wenn die Änderungen nicht nur das bestehende Werk an neuere Entwicklungen anpassen, sondern wegen ihres Umfangs zu einer vollständigen Neubearbeitung und damit einem ganz neuen Werk führen (LG Köln v. 1.7.2009 – 28 O 603/08 Tz. 63 ff., verfügbar bei juris), die Änderungen das **Erscheinen des Wer-**

kes unzumutbar verzögern und so einen wirtschaftlich messbaren, nicht ganz unwesentlichen Schaden für den Verlag verursachen (können), der Verfasser dem Werk durch die Änderungen eine gänzlich neue Richtung gibt oder die Änderung – etwa bei einer Neufassung des Titels – bereits getätigte, erhebliche **Aufwendungen des Verlages** für die Ankündigung und Werbung für das Werk vergebens machen würde. **Nachweisen** muss eine Interessenverletzung bereits nach dem Wortlaut des § 12 Abs. 1 S. 3 der Verlag.

III. Kosten, Abs. 3

7 Abs. 3 lässt den Verfasser (nur) die Kosten tragen, die durch Änderungen entstehen, die er nach dem Beginn der Vervielfältigung und über das übliche Maß hinaus vornimmt, wenn nicht inzwischen eingetretene Umstände die Änderungen rechtfertigen (Abs. 3, 2. Hs.). In allen anderen Fällen und insb. für die nach Abs. 1 zulässigen Änderungen (dazu oben vgl. Rn. 4 f.) trägt die Kosten grds. der Verlag.

8 Die Voraussetzungen des Abs. 3 müssen **kumulativ** vorliegen. Nach dem Beginn der Vervielfältigung werden Änderungen vorgenommen, wenn der Verlag bereits mit der **Herstellung des Drucksatzes** begonnen hat. Die Änderungen überschreiten das **übliche Maß**, wenn sie unverhältnismäßig umfangreich sind, also z. B. große Teile eines Werkes betreffen. Viele Verlagsverträge regeln insofern, dass der Urheber Änderungskosten am fertigen Drucksatz dann zu tragen hat, wenn die Kosten 10% der Satzkosten für das Gesamtwerk übersteigen. Dieser Wert wird ganz allgemein das übliche Maß i. S. d. Abs. 3 darstellen, obwohl die entsprechende Vertragsklausel allein auf die mit den Änderungen verbundenen Kosten, nicht auf den Umfang der Änderungen selbst abstellt, während Abs. 3 grds. an den Umfang der Änderungen selbst anknüpft. Die **Beweislast** für das Vorliegen der Voraussetzungen des Abs. 3 obliegt dem Verlag, soweit er dem Verfasser die Kosten aufbürden will.

9 Der Verfasser muss jedoch die Änderungskosten wiederum dann nicht tragen, wenn – was von ihm zu beweisen ist – nach Ablieferung des Manuskripts Umstände eingetreten sind, die übermäßige Änderungen rechtfertigen, § 12 Abs. 3, 2. Hs. Dies kann Gesetzesänderungen oder wesentliche neue Forschungsergebnisse betreffen, jedoch nicht ohne weiteres neue Veröffentlichungen, wenn diese keine entscheidenden neuen Gesichtspunkte enthalten (s. Ulmer-Eilfort/Obergfell/*Obergfell* Rn. 19). Eine gesonderte Vergütung erhält der Verfasser für Änderungen grds. nicht.

§ 13 *(aufgehoben)*

§ 13 Verlagsgesetz wurde mit Inkrafttreten des UrhG am 1.1.1966 aufgehoben, § 141 Nr. 4 UrhG. Im gesamten Verlagsbereich gilt seitdem § 39 UrhG, der der alten Regelung des § 13 VerlG im Wesentlichen entspricht. Im Gegensatz zu § 13 VerlG erlaubt § 39 UrhG allerdings ausdrücklich abweichende Vereinbarungen. § 39 Abs. 2 stellt außerdem gegenüber § 13 VerlG klar, dass der Verlag auch nach den Grundsätzen von Treu und Glauben die Urheberbezeichnung (§ 10 Abs. 1 UrhG) nicht ändern darf. Zu den weiteren Einzelheiten vgl. § 39 UrhG Rn. 13 f. Zu den Übergangsvorschriften vgl. § 141 UrhG Rn. 5.

§ 14

¹Der Verleger ist verpflichtet, das Werk in der zweckentsprechenden und üblichen Weise zu vervielfältigen und zu verbreiten. ²Die Form und Ausstattung der Abzüge wird unter Beobachtung der im Verlagshandel herrschenden

Übung sowie mit Rücksicht auf Zweck und Inhalt des Werkes von dem Verleger bestimmt.

Übersicht

I. Allgemeines

Die Vorschriften der §§ 14 bis 16 umschreiben die Pflicht des Verlages zur **1**
Vervielfältigung und Verbreitung des Werkes gegenüber dem Verfasser. Eine
Verletzung dieser Pflichten durch den Verlag bedeutet deshalb in aller Regel
nur eine Vertrags-, nicht hingegen auch eine Urheberrechtsverletzung. Nach
§ 14 S. 1 ist der Verlag verpflichtet, das Werk in der zweckentsprechenden und
üblichen Weise zu vervielfältigen und zu verbreiten, wobei jedoch Form und
Ausstattung der Exemplare im Rahmen des Branchenüblichen dem Ermessen
des Verlages überlassen werden (§ 14 S. 2). § 14 ist hinsichtlich der konkreten
Ausgestaltung der Pflicht zur Vervielfältigung und Verbreitung dispositiv; enthält der Vertrag keinerlei Vervielfältigungs- und Verbreitungspflicht des Verlages – auch kein einfaches Recht oder eine rein schuldrechtliche Befugnis (BGH
GRUR 2010, 1093 – *Concierto de Aranjuez*) –, so liegt kein Verlagsvertrag
vor (vgl. § 1 VerlG Rn. 1). Es kann sich jedoch um einen Bestellvertrag handeln; vgl. § 47 VerlG Rn. 1.

II. Vervielfältigungspflicht des Verlages

1. Zweckentsprechend und üblich (§ 14 S. 1)

Nach S. 1 hat der Verlag das Werk in der zweckentsprechenden und üblichen Weise **2**
zu vervielfältigen. Für die Einzelheiten kommt es mithin zunächst auf die – auch
stillschweigenden – **vertraglichen Vereinbarungen** an. Fehlen diese oder lassen sich
jedenfalls nicht sicher ermitteln, ist auf den Vertragszweck unter Berücksichtigung
von Treu und Glauben und die **Branchenübung** abzustellen (BGH GRUR 1988,
303, 305 – *Sonnengesang*), wobei der Verlag einen grundsätzlich weiten Ermessensspielraum besitzt (Ulmer-Eilfort/Obergfell/*Ulmer-Eilfort* Rn. 4). Was branchenüblich ist, hängt maßgeblich nicht nur vom Genre, sondern unter Umständen
auch von dem Status des Autors ab. So sind regelmäßig bei einem vor allem im
Bahnhofs- oder Flughafengeschäft angebotenen Liebesroman im Taschenbuchfor-
mat qualitativ niedrigere Standards einzuhalten als bei den Werken eines Literatur-
nobelpreisträgers. Ein Fachbuch muss anderen Ansprüchen genügen als ein popu-
lärwissenschaftliches Werk. Eine Dissertation oder in bestimmten Fällen ein z. B.
weltanschauliches Werk, das nur ein sehr kleines Publikum anspricht, kann durchaus in Schreibmaschinen- oder einer üblichen Textverarbeitungsschrift gedruckt
und lediglich broschiert werden. Behauptet der Verfasser, die Vervielfältigung
durch den Verlag entspreche nicht der Branchenübung, hat er dies grds. darzulegen
und zu beweisen. Erfüllt der Verlag seine Verpflichtungen nicht, kann der Autor
nach §§ 32, 30 nach Setzen einer Nachfrist von dem Vertrag zurücktreten. Zum
Verhältnis zu § 41 UrhG vgl. § 32 VerlG Rn. 15. Durch ein Angebot als **Print-on-**

Demand genügt der Verlag seiner Vervielfältigungspflicht nur, wenn dies im Vertrag ausdrücklich vereinbart ist; bei einer Vervielfältigung nur als **E-Book** muss das E-Book-Recht Hauptrecht sein (dazu § 1 Rn. 12 ff.).

2. Form und Ausstattung (§ 14 S. 2)

3 Ausstattung und Form der Vervielfältigungsexemplare liegen – in den Grenzen des Branchenüblichen – im Ermessen des Verlags. Ausstattung ist alles, was zum äußeren Erscheinungsbild des Werkes gehört, d. h. Format, Cover, Bindung, Papier, Schrifttyp und ähnliches. Im Regelfall wird man auch die Bestimmung des **Imprints** oder Verlages einer Verlagsgruppe, in dem das Werk konkret erscheinen soll, zur Ausstattung rechnen können, wenn der Verlagsvertrag insofern keine eindeutige Regelung enthält (OLG München NJW 1998, 1406 f. – *Vertragspartner eines Verlagsvertrages*). Insofern kann allerdings der Verlag ausnahmsweise seine Treuepflichten gegenüber dem Verfasser verletzen, wenn er etwa einen renommierten Autor in einem vornehmlich Populärliteratur veröffentlichenden Imprint herausgibt. Teil der Ausstattung sind auch **Prospektbeilagen** oder im Werk abgedruckte **Anzeigen**, wobei Prospektbeilagen und Werbeanzeigen für Fremdprodukte jedenfalls heute nur noch in bestimmten Sachbuchkategorien branchenüblich sein dürften (großzügiger *Wegner/Wallenfells/Kaboth* 2. Kap. Rn. 73; a. A. *Schricker* VerlagsR[3] § 14 Rn. 6). Auch die Anordnung, Größe und konkrete grafische Gestaltung des **Namens des Verfassers** und des **Werktitels** auf dem Einband gehört zur Ausstattung, soweit dies die äußere Form betrifft; inhaltliche Einzelheiten des Urhebernennungsrechts (§ 13 UrhG) und des Werktitels sind nicht Teil der Ausstattung und unterliegen deshalb nicht dem Ermessen des Verlags (ähnlich Ulmer-Eilfort/Obergfell/*Ulmer-Eilfort* Rn. 10). Ebenfalls nicht Teil der Ausstattung ist wohl der sog. Copyright**vermerk** nach Art. III WUA (vgl. Vor §§ 120 ff. UrhG Rn. 28; *Schricker* VerlagsR[3] Rn. 19 ff.).

4 Insgesamt räumt S. 2 dem Verlag einen sehr weitgehenden Ermessensspielraum ein. Seine Grenze findet das Ermessen des Verlags in der Rücksicht auf Zweck und Inhalt des Werkes, S. 2, und in den Urheberpersönlichkeitsrechten des Verfassers, wenn z. B. ein Literaturnobelpreisträger nur in einer billigen Bahnhofsausgabe veröffentlicht wird. (Nur) in diesen Fällen kann der Verfasser der durch den Verlag geplanten Ausstattung **widersprechen**. In jedem Fall muss der Verfasser eventuelle Kritik nach Treu und Glauben sehr zeitnah nach seiner Kenntnis von der konkret geplanten Ausstattung bei dem Verlag vorbringen (*Schricker* VerlagsR[3] Rn. 7).

5 Viele Verlagsverträge enthalten mehr oder weniger detaillierte Regelungen zur konkreten Ausstattung des Werkes, insb. zu den zentralen Punkten des Einbands, teilweise auch des Formats, und zur Abstimmung zwischen Verlag und Verfasser zu den Einzelheiten (s. § 3 Nr. 3 des Normvertrages, abrufbar unter http://www.boersenverein.de). Bestimmt der Verlagsvertrag, dass der Verlag die Einzelheiten nach „eigenem Ermessen" festlegt, so handelt es sich dabei um freies Ermessen, das – anders als billiges Ermessen – nur den Grenzen von Treu und Glauben unterworfen, sonst jedoch nicht gerichtlich überprüfbar ist (dazu OLG Brandenburg ZUM 2013, 670, im Ls.).

3. Verletzung der Vervielfältigungspflicht

6 Kommt der Verlag seinen Vervielfältigungspflichten nicht nach, so kann der Verfasser von dem Vertrag zurücktreten; vgl. § 32 VerlG Rn. 3 ff.

III. Verbreitungspflicht des Verlages

1. Zweckentsprechende und übliche Verbreitung

7 Nach S. 1 ist der Verlag außerdem verpflichtet, das Werk in der zweckentsprechenden und üblichen Weise zu verbreiten. Er muss also vor allem die vervielfältigten Exemplare über die üblichen Kanäle in Verkehr bringen. Was zu den **üblichen Vertriebskanälen** zählt, kann je nach Genre unterschiedlich sein (dazu auch Ulmer-Eilfort/Obergfell/*Ulmer-Eilfort* Rn. 20 ff.). Nach wie vor zentral ist sicherlich der klassische Sortimentsbuchhandel. Im Regelfall muss der Verlag jedoch auch Barsortimente (als Zwischenbuchhändler) und die Internetbuchhändler, je nach Werk auch den Bahnhofs- und Flughafenbuchhandel, ggf. Tankstellen, Verbrauchermärkte und Kaufhäuser beliefern. Ohne besondere Regelung im Vertrag wird der Verlag grundsätzlich den üblichen Vertriebsweg über den stationären und Online-Buchhandel einhalten müssen und über eher buchferne Vertriebskanäle – Discounter u. Ä. – nur gehen dürfen, wenn dies ausdrücklich vereinbart ist (etwas anders OLG Brandenburg ZUM 2013, 670, 674); insbesondere der Vertrieb direkt an Discounter, Verbrauchermärkte usw. ist im Buchverlag im Regelfall weder zweckentsprechend noch üblich. Anderes kann indes dann gelten, wenn der betreffende Verlag vor allem oder nur für den Vertrieb außerhalb des Buchhandels herstellt und dies dem Autor bekannt war (s. a. OLG Brandenburg ZUM 2013, 670, 674).

2. Werbung

Zur ordnungsgemäßen Verbreitung des Werkes gehört auch die angemessene Be- **8** werbung. Welche Maßnahmen im Einzelfall erforderlich sind, kann der Verlag grds. nach eigenem Ermessen, allerdings unter Berücksichtigung des für das jeweilige Genre **Branchenüblichen**, entscheiden (dazu auch *Russ* Rn. 20 ff.). Üblich ist im Regelfall sicherlich die Ankündigung des Werkes in den meist halbjährlich verteilten Verlagsvorschauen, außerdem ggf. in Anzeigen z. B. im Börsenblatt oder sonstigen Branchenveröffentlichungen, z. T. auf Flyern und ähnlichem. Gegenüber dem Endkunden werden einige Werke auch durch **Anzeigen** in Tageszeitungen und Zeitschriften beworben, wobei dies jedoch in keiner Weise generell für alle Werke üblich ist. Sehr viel wichtiger – und deshalb wohl für die Mehrzahl der Werke üblich – ist hingegen das Versenden von **Presse- und Rezensionsexemplaren**. Z. T. werden auch kurze – in aller Regel nicht mehr als wenige Seiten – Auszüge des Werkes als **Leseproben** vervielfältigt und anderen Werken desselben Verlages beigefügt oder im Internet – auf eigenen Seiten des Verlages oder über Internetbuchhändler – zur Verfügung gestellt. Hierzu ist der Verlag mangels ausdrücklicher gegenteiliger Vereinbarung bereits aufgrund der Verkehrssitte berechtigt (*Schricker* VerlagsR[3] Rn. 10). Was und wie viel hier zulässig ist, wird sich nur im Einzelfall entscheiden lassen. Weitgehend üblich und deshalb sicherlich noch unter eine zulässige Werbung fallen Auszüge mit einem Umfang bis ca. 5-6 % des Werkes. Dies gilt grds. auch für entsprechende **Hörproben** (KG GRUR 2003, 1038 – *Hörproben*). Den Verlagen steht ein Gewohnheitsrecht zu, Auszüge aus Rezensionen in den Klappen-, Katalog- und sonstigen Ankündigungstexten eines Buches verwenden zu dürfen (OLG München GRUR-RR 2015, 331, Rn. 51 – *Buchrezensionen*; das Recht zur Nutzung von Rezensionstexten soll Onlinebuchhändlern jedoch nicht zustehen).

§ 14 S. 1 verpflichtet den Verlag insgesamt allerdings nur dazu, dass Werk **9** überhaupt **angemessen** zu bewerben; konkrete Werbemaßnahmen können ihm nur im Ausnahmefall vorgeschrieben sein. Behauptet der Verfasser eine Verletzung der Verbreitungspflicht des Verlags durch unzureichende Werbung, hat er dies grds. darzulegen und zu beweisen, also z. B. darzutun, dass und in welchem Umfang die durch den Verlag betriebene Werbung hinter dem Branchenüblichen zurückbleibt.

IV. Besonderheiten im Musikverlag

Im Musikverlag spielt der Verkauf von Noten und Partituren in aller Regel **10** allenfalls eine untergeordnete Rolle. Zentral ist vielmehr das Verleihen von

Notensätzen für Aufführungen. Aus diesem Grunde genügt der Verlag seinen Pflichten aus § 14 zumeist durch Herstellung einer dem regelmäßigen (vor allem Leih-) Bedarf entsprechenden, beschränkten Zahl von Exemplaren jedenfalls dann, wenn bei Bedarf innerhalb kürzester Zeit auch größere Mengen hergestellt und verteilt werden können (KG ZUM 1986, 470, 471 f., i. E. bestätigt durch BGH GRUR 1988, 303 ff. – *Sonnengesang*; zur Auflagenhöhe vgl. § 5 VerlG Rn. 9 ff.). Auch durch eine Vervielfältigung nur im Wege des **Print-on-Demand** genügt der Verlag im Regelfall seinen Pflichten.

§ 15

¹Der Verleger hat mit der Vervielfältigung zu beginnen, sobald ihm das vollständige Werk zugegangen ist. ²Erscheint das Werk in Abteilungen, so ist mit der Vervielfältigung zu beginnen, sobald der Verfasser eine Abteilung abgeliefert hat, die nach ordnungsmäßiger Folge zur Herausgabe bestimmt ist.

Übersicht   Rn.

I.   Allgemeines

1 § 15 regelt, wann der Verlag seiner Vervielfältigungspflicht nachkommen muss. Die Regelung ist ohne weiteres abdingbar. Insofern enthalten die meisten Verlagsverträge Regelungen, die den genauen Zeitpunkt der Vervielfältigung und des Erscheinens des Werkes in das Ermessen des Verlages stellen.

II.   Beginn der Vervielfältigung

1.   Sofortiger Beginn bei vollständigem Werk

2 Nach § 15 S. 1 muss der Verlag mit der Vervielfältigung beginnen, sobald ihm das vollständige Werk vorliegt. Die Vervielfältigung beginnt mit der Herstellung des Satzes als erstem Schritt des eigentlichen, technischen Druck- und Produktionsvorgangs. Ob das Werk erst vollständig ist, wenn auch ein eventuell erforderliches Sach- oder Personenregister oder ein Inhaltsverzeichnis vorliegt, lässt sich nur im Einzelfall entscheiden (a. A. wohl *Schricker* VerlagsR³ § 15 Rn. 2; LG Ulm ZUM-RD 1999, 236 ff.; wie hier Ulmer-Eilfort/Obergfell/ *Ulmer-Eilfort* Rn. 5; s. a. *Russ* Rn. 4). Jedenfalls muss das Werk **druckreif** im Sinne des § 10 vorliegen.

2.   Ablieferung in Abteilungen (§ 15 S. 2)

3 Wird das Werk in Teilen abgeliefert und soll auch in Teilen erscheinen, so muss der Verlag mit der Vervielfältigung jedes einzelnen Teils nach Vorliegen dieses Teils beginnen, S. 2. Für **Sammelwerke** muss S. 2 regelmäßig als abbedungen gelten, denn es kommt in der Praxis kaum noch vor, dass – über die meist als Freiexemplare verteilten Sonderdrucke hinaus – die Beiträge einzelner Verfasser gesondert veröffentlicht werden. Insofern erscheint das Sammelwerk also bereits nicht in Abteilungen. Ohnehin besteht bei Sammelwerken ohne entsprechende Vereinbarung grds. keine Vervielfältigungspflicht des Verlegers bezüglich einzelner Beiträge (vgl. § 45 VerlG Rn. 6 f.).

III. Verletzung der Vervielfältigungspflicht

Beginnt der Verlag nicht unmittelbar nach Vorlage des Manuskripts mit der **4** Vervielfältigung, ohne dass er den Beginn nach dem Vertrag hinausschieben dürfte, kann der Autor ihn zunächst durch Mahnung in Verzug setzen, § 286 BGB. Der Autor kann Erfüllung und Ersatz des Verzögerungsschadens verlangen (OLG München GRUR 1956, 236 f.) oder vom Verlagsvertrag zurücktreten (vgl. § 32 VerlG Rn. 7 ff.; OLG Frankfurt GRUR 2006, 138, 139 f. – *Europa ohne Frankreich?*). Da § 15 nur die Verpflichtungen des Verlages im Verhältnis zum Verfasser betrifft (vgl. § 14 VerlG Rn. 1), ist eine Pflichtverletzung des Verlages nur eine Schlechterfüllung des Vertrages, nicht auch eine Urheberrechtsverletzung.

§ 16

[1]Der Verleger ist verpflichtet, diejenige Zahl von Abzügen herzustellen, welche er nach dem Vertrag oder gemäß dem § 5 herzustellen berechtigt ist. [2]Er hat rechtzeitig dafür zu sorgen, dass der Bestand nicht vergriffen wird.

Übersicht

I. Allgemeines

§ 16 konkretisiert ebenso wie §§ 14 und 15 die Vervielfältigungs- und Verbrei- **1** tungspflichten des Verlages. Die Vorschrift ist dispositiv (krit. Ulmer-Eilfort/ Obergfell/*Ulmer-Eilfort* Rn. 3). Nach § 43 S. 1 findet § 16 S. 1 keine Anwendung auf **Sammelwerke**, wenn vertraglich nichts anderes geregelt ist.

II. Umfang der Vervielfältigungspflicht

Nach § 16 S. 1 muss der Verlag die vertraglich festgelegte oder nach § 5 Abs. 2 **2** ihm gestattete Zahl von Vervielfältigungsexemplaren herstellen (OLG Frankfurt GRUR 2006, 138, 139 – *Europa ohne Frankreich?*; LG Passau NJW-RR 1992, 759, 760 – *Wanderführer*). Die Bestimmung regelt nur die Zahl der innerhalb einer Auflage jeweils herzustellenden Abzüge, nicht hingegen eine Verpflichtung des Verlags zur Herstellung von Neuauflagen (vgl. § 17 VerlG Rn. 1). Stellt der Verlag jedoch eine Neuauflage her, so muss er wiederum hinsichtlich der Zahl der herzustellenden Exemplare die Regelung des § 16 beachten. Aus § 16 S. 1 in Verbindung mit § 14 S. 1 ergibt sich, dass der Verlag die herzustellenden Vervielfältigungsstücke auch **verbreiten** muss (heute ganz h. M.; *Schricker* VerlagsR[3] Rn. 6; Ulmer-Eilfort/Obergfell/*Ulmer-Eilfort* Rn. 4; *Russ* Rn. 7). Wird das Werk seit längerer Zeit überhaupt nicht mehr nachgefragt, **erlischt** die Vervielfältigungspflicht des Verlags auch dann, wenn er noch nicht alle ihm gestatteten Exemplare hergestellt hat. Denn er kann nach Treu und Glauben nicht verpflichtet werden, in wirtschaftlich unsinniger Weise Vervielfältigungsexemplare herzustellen, die er dann verramschen oder sogar makulieren muss (*Schricker* VerlagsR[3] § 16 Rn. 8). Im Musikverlag, wo die im Buchbereich zentrale Vervielfältigung zum Verkauf eine geringere, z. T. nahezu keine Rolle spielt und vor allem Leihmaterial vervielfältigt wird, genügt es im Allgemeinen, wenn der Verlag eine normalerweise ausreichende Zahl an

Leihsätzen vorhält oder sehr kurzfristig herstellen kann, etwa im Wege des **Print-on-Demand**; er ist also i. d. R. nicht verpflichtet, etwa die Auflagenhöhe des § 5 Abs. 2 einzuhalten (BGH GRUR 1988, 303, 305 – *Sonnengesang*; KG ZUM 1986, 470 (Ls.)).

III. Vergriffensein (§ 16 S. 2)

3 Der Verlag muss nach S. 2 außerdem rechtzeitig dafür sorgen, dass der Bestand nicht vergriffen wird, also die Nachfrage unverzüglich oder jedenfalls sehr kurzfristig befriedigt werden kann. Insofern stimmt die Bedeutung des Begriffes „vergriffen" in § 16 S. 2 nicht mit dessen objektivem Inhalt in § 29 Abs. 1 überein (vgl. § 29 VerlG Rn. 3 f.). Mit der Vervielfältigungspflicht (vgl. Rn. 2) erlischt jedoch ebenfalls die Verpflichtung des Verlags zur Pflege seines Lagerbestandes aus S. 2, wenn seit längerer Zeit keine Nachfrage nach dem Werk mehr besteht (vgl. Rn. 2). Hält ein Verlag das Werk nur im Rahmen des **Print-on-Demand** lieferbar, genügt er seiner Verpflichtung aus S. 2, wenn das Werk weiterhin in seinem Verlagsprogramm angeboten wird und kurzfristig verfügbar ist (*Wegner/Wallenfells/Kaboth* 2. Kap. Rn. 80). Dies gilt vor allem im Musikverlag (BGH GRUR 1988, 303, 305 – *Sonnengesang*; KG ZUM 1986, 470 (Ls.)).

4 Aus § 29 Abs. 2 ergibt sich, dass der Verlag dem Verfasser das (auch bevorstehende) Vergriffensein seines Lagerbestandes grds. nicht **mitteilen** muss, wenn vertraglich nichts anderes vereinbart ist. Aus der bloßen vertraglichen Vereinbarung regelmäßiger Neuauflagen lässt sich i. d. R. nur die Pflicht rechtzeitiger Anzeige der geplanten Neuauflage an den Verfasser, damit dieser ggf. Änderungen planen und umsetzen kann (§ 12 Abs. 1 S. 2), nicht jedoch eine allgemeine Mitteilungspflicht entnehmen. In der Praxis sehen zahlreiche Vertragsmuster jedoch eine entsprechende Mitteilungspflicht vor (z. B. der relativ weit gefasste § 10 Abs. 1 des Mustervertrages Nr. 1 Börsenverein/Hochschulverband in den Vertragsnormen für wiss. Vertragswerke (Stand 2000) oder § 8 Nr. 1 des Normvertrages (Fassung 2014), beide abrufbar unter http://www.boersenverein.de).

IV. Pflichtverletzung durch den Verlag

5 Auch ein Verstoß gegen die Verpflichtungen aus § 16 ist nur eine Vertragsverletzung gegenüber dem Verfasser, nicht hingegen auch eine Urheberrechtsverletzung (vgl. § 14 VerlG Rn. 1). Der Verfasser kann ggf. aus §§ 286 BGB, § 32 VerlG oder § 41 UrhG vorgehen. Allerdings wird in jüngeren Verlagsverträgen das Rückrufrecht häufig ausgeschlossen, solange andere Ausgaben, vor allem Taschenbuch oder E-Book, noch lieferbar sind (Normvertrag § 8 Ziff. 2; abrufbar unter www.boersenverein.de; dazu *Graef* Rn. 310). Dabei wird z. T. eine Untergrenze vereinbart; eine Kündigung wird nach § 8 Ziff. 2 des Normvertrages möglich, wenn nur noch ein E-Book und/oder nur eine Druckausgabe lieferbar ist, die nicht binnen 10 Tagen beim Kunden sein kann, und der Verlag in zwei aufeinander folgend Abrechnungszeiträumen weniger als die vereinbarte Zahl – meist 100 Exemplare – abgesetzt hat (Normvertrag § 8 Ziff. 2; *Graef* Rn. 311). Ob eine solche Regelung angesichts § 41 UrhG wirksam ist, ist indes zweifelhaft (kritisch auch *Graef* Rn. 310); Rechtsprechung zu dieser Frage gibt es, soweit ersichtlich, noch nicht.

§ 17

[1]**Ein Verleger, der das Recht hat, eine neue Auflage zu veranstalten, ist nicht verpflichtet, von diesem Rechte Gebrauch zu machen.** [2]**Zur Ausübung des**

Rechtes kann ihm der Verfasser eine angemessene Frist bestimmen. [3]Nach dem Ablaufe der Frist ist der Verfasser berechtigt, von dem Vertrage zurückzutreten, wenn nicht die Veranstaltung rechtzeitig erfolgt ist. [4]Der Bestimmung einer Frist bedarf es nicht, wenn die Veranstaltung von dem Verleger verweigert wird.

I. Allgemeines

§ 17 stellt klar, dass die Vervielfältigungspflicht des Verlags (§§ 1 S. 2, 14 S. 1) **1** sich nur auf die jeweils *erste* von dem Verlagsvertrag erfasste Auflage des Werkes bezieht. Nur hinsichtlich dieser ersten Auflage muss der Verlag tatsächlich die ggf. vertraglich oder nach § 5 Abs. 2 S. 1 festgelegte Zahl von Exemplaren herstellen. Gestattet der Verlagsverlag ihm grds., mehrere Auflagen herzustellen, muss er dieses Recht jedoch – falls der Vertrag keine gegenteilige Regelung enthält – nicht nutzen, § 17 S. 1. Sieht der Verlag von einer Neuauflage ab, kann der Autor ihm allerdings eine angemessene Frist zur Veranstaltung einer Neuauflage setzen (S. 2) und bei Weigerung des Verlags (S. 4) oder nach fruchtlosem Ablauf der Frist von dem Verlagsvertrag insgesamt zurücktreten (S. 3). Der Sache nach handelt es sich bei diesem „Rücktritt", auf den nach § 37 die §§ 346 bis 351 BGB entsprechend anwendbar sein sollen, um einen **Rückruf** der eingeräumten Nutzungsrechte und eine **Kündigung** des Verlagsvertrages (BGH GRUR 1970, 40, 43 – *Musikverleger I;* anders mglw. BGH GRUR 2011, 810 Tz. 12 – *World's End,* der von einem Rücktritt nach §§ 17 S. 3, §§ 30, 32 VerlG, § 323 BGB spricht; wie hier Ulmer-Eilfort/Obergfell/*Ulmer-Eilfort* Rn. 12). § 17 ist in vollem Umfang **dispositiv.** Zur Anwendbarkeit des § 17 auf Verlagsverträge mit **Übersetzern** vgl. Rn. 4.

II. Recht, keine Pflicht zur Veranstaltung einer neuen Auflage (§ 17 S. 1)

1. Grundsatz

Nach S. 1 ist der Verlag auch dann grds. nicht verpflichtet, eine Neuauflage **2** eines bei ihm verlegten Werkes zu veranstalten, wenn er sich Nutzungsrechte für mehrere oder alle Auflagen hat einräumen lassen, jedenfalls soweit der Vertrag keine gegenteiligen Regelungen enthält. Den Verlag trifft insofern also lediglich eine **Ausübungslast,** nicht jedoch eine Ausübungspflicht (BGH GRUR

1970, 40, 42 f. – *Musikverleger I;* BGH GRUR 2011, 810 im Ls. – *World's End;* zuletzt z. B. OLG Brandenburg ZUM 2013, 670, 673, 674). Um eine **Neuauflage** des Werkes handelt es sich (nur) dann, wenn jedenfalls eine Auflage des Werkes schon in demselben Verlag erschienen ist oder der Hauptverlag sein Nutzungsrecht nach Veranstaltung der ersten Auflage rechtwirksam an einen anderen Verlag abgetreten hat. Zur Veranstaltung einer ersten Auflage ist der Verlag bereits wegen § 1 S. 2 stets verpflichtet. Eine Neuauflage in diesem Sinne liegt nicht nur dann vor, wenn der Verlag sie selbst herstellt und im eigenen Hause veröffentlicht. Von seinem Recht zur Veranstaltung einer Neuauflage macht der Verlag vielmehr auch dann Gebrauch, wenn er insofern eine **Lizenz** an einen anderen Verlag – z. B. zur Herstellung einer Taschenbuchausgabe – vergibt (BGH GRUR 2011, 810 Tz. 32 ff. – *World's End*). Denn anderenfalls wären kleinere Verlage, die z. B. keine eigene Taschenbuchabteilung haben, gegenüber großen Häusern, die diese Zweitverwertung regelmäßig selbst durchführen, schlechter gestellt (BGH a. a. O.).

3   Im Übrigen kann eine **Neuauflage** sowohl bei unverändertem **Neudruck** als auch bei teilweise ergänztem, berichtigtem oder gekürztem Inhalt des Werkes vorliegen (s. § 12 Abs. 1). Um eine Neuauflage in diesem Sinne handelt es sich mithin nicht mehr, wenn der Verfasser eine vollständige Neubearbeitung verlangt, die also zur Herstellung eines gänzlich neuen Werkes führen würde (LG Köln v. 1.7.2009 – 28 O 603/08 Tz. 52 ff., verfügbar bei juris). Dies gilt wegen § 12 grds. auch dann, wenn das Werk unter einem anderen Titel erscheinen soll, soweit nicht die Umstände ergeben, dass beide Parteien das Werk unter dem neuen Titel als ein neues Werk, über das dementsprechend ein neuer Verlagsvertrag geschlossen werden muss, ansehen (z. T. a. A. *Schricker* VerlagsR[3] § 17 Rn. 3). Die unterschiedlichen Jahrgänge eines **Kalenders** im eigentlichen Sinne sind bereits deshalb keine Neuauflagen, weil es sich inhaltlich jeweils um neue Werke, nicht einmal mehr um **Bearbeitungen** vorhergehender Jahrgänge handeln dürfte. Bei **Jahrbüchern** wie z. B. dem unter Ingenieuren berühmten *Betonkalender,* der in regelmäßigen Abständen den jeweils neuesten Stand der Wissenschaft, der Normung und ähnlich praktisch relevanter Regelungen zusammenfasst, wird man nur dann noch von einer Neuauflage im Sinne des § 17 ausgehen können, wenn allenfalls einzelne Beiträge ausgetauscht und das Werk im Übrigen lediglich ergänzt bzw. auf den neuesten Stand gebracht wird, ohne grundlegende Veränderungen zu erfahren. Enthält ein Jahrbuch jedoch trotz eines fortlaufend gleichen Titels und ggf. gleicher Aufmachung, Ausstattung, im Wesentlichen identischen Autoren usw. mit jedem Erscheinen **neue Inhalte,** handelt es sich nicht um Neuauflagen i. S. d. § 17, sondern um eigenständige Werke.

4   Auf Verlagsverträge mit **Übersetzern** findet § 17 grds. nur modifiziert Anwendung (a. A. noch unsere 10. Aufl. Rn. 4; gegen Anwendbarkeit des § 17 auch Ulmer-Eilfort/Obergfell/*Ulmer-Eilfort* Rn. 17). Der Verlag ist auch gegenüber Übersetzern nicht verpflichtet, überhaupt eine Neuauflage des übersetzten Werkes zu veranstalten (BGH GRUR 2011, 810 Tz. 28 – *World's End*). Tut er dies jedoch, so ist er abweichend von der Grundregel des § 17 S. 1 grds. verpflichtet, für die Neuauflage des Originalwerkes die Übersetzung, für die er die Rechte erworben hat, zu verwenden (BGH GRUR 2005, 148, 151 f. – *Oceano Mare;* zurückhaltender wohl BGH GRUR 2011, 810 Tz. 27 a. E. – *World's End*). Für den Fall, dass der Verlag eine Neuauflage des übersetzten Werkes ablehnt, kann der Übersetzer unter den Voraussetzungen des § 17 S. 3 von dem Verlagsvertrag über die Übersetzung zurücktreten (BGH GRUR 2011, 810 Tz. 28 – *World's End*). Der Verlag muss allerdings nach Treu und Glauben und unter Berücksichtigung der Urheberpersönlichkeitsrechte des Übersetzers die betreffende Übersetzung einsetzen, wenn nicht vernünftige – z. B. in der Qualität der Übersetzung oder einer gewünschten Modernisierung liegende –

Gründe die Verwendung einer neuen Übersetzung rechtfertigen (BGH GRUR 2005, 148, 151 f. – *Oceano Mare;* LG München I GRUR-RR 2007, 195, 196 f. – *Romane von T.C. Boyle).*

2. Fälle der Verpflichtung des Verlages zur Veranstaltung einer Neuauflage

Der Verlag muss grundsätzlich einer Aufforderung, eine Neuauflage herzustellen, erst dann nachkommen, wenn die **Vorauflage vergriffen** ist, weil er erst dann anhand des Absatzes der Vorauflage eine wirtschaftlich sinnvolle Entscheidung treffen kann (LG Köln v. 1.7.2009 – 28 O 603/08 Tz. 56, verfügbar bei juris). Im Übrigen ist § 17 dispositiv. Die Parteien können deshalb zunächst ohne weiteres vereinbaren, dass der Verlag zur Veranstaltung einer oder mehrerer Neuauflagen oder zur Veranstaltung einer Neuauflage binnen einer bestimmten Frist nach Vergriffensein der vorherigen Auflage verpflichtet ist (s. § 8 Ziff. 1 Normvertrag, abrufbar unter www.boersenverein.de). Darüber hinaus kann der Verlag selbstverständlich jederzeit nach Abschluss des Vertrages sich verpflichten, eine zweite oder mehrere Auflagen herzustellen. Allerdings liegt in der Regel in einer allgemeinen Aufforderung oder **Ankündigung** des Verlages, eine Neuauflage oder den Umfang erforderlicher Änderungen prüfen zu wollen, noch kein verbindliches Angebot zur Herstellung einer Neuauflage (a. A. wohl *Schricker* VerlagsR[3] Rn. 2). Erst dann, wenn der Verlag den Autor konkret auffordert, die vorhergehende Auflage auf den neuesten Stand zu bringen, weil eine Neuauflage geplant sei, bietet der Verlag eine Neuauflage an (§ 145 BGB) und ist deshalb zur Herstellung einer Neuauflage verpflichtet, wenn der Verfasser daraufhin das Werk anpasst oder sonst der Neuauflage zustimmt (§ 151 BGB; wie hier *Russ* Rn. 9). Gleiches gilt im Allgemeinen, wenn der Verfasser den Verlag zur Erklärung darüber, ob eine Neuauflage geplant sei, aufgefordert hat und der Verlag dies positiv beantwortet. Der Verlag ist in diesen Fällen auch dann zur Herstellung der Neuauflage verpflichtet, wenn sich nachträglich die Umstände verändern, also z. B. die Verkaufszahlen des Werkes sich verschlechtern, soweit nicht ein Fall des § 18 vorliegt. Zu Neuauflagen bei Übersetzungen vgl. Rn. 4.   **5**

III. Fristsetzung durch den Verfasser; Entbehrlichkeit

1. Fristsetzung durch den Verfasser (§ 17 S. 2)

a) **Inhalt:** Damit der Verfasser, der eine Neuauflage wünscht, nicht unnötig im Unklaren gelassen wird, gibt S. 2 ihm die Möglichkeit, dem Verlag eine angemessene Frist „zur Ausübung des Rechts", eine neue Auflage zu veranstalten, zu setzen. Nach fruchtlosem Fristablauf oder Weigerung des Verlages (dazu vgl. Rn. 10) kann der Verfasser den Verlagsvertrag kündigen, sein Werk also ggf. bei einem anderen Verlag veröffentlichen. Der Autor muss grds. den Verlag auffordern, innerhalb der Frist eine **Neuauflage zu veranstalten**, wenn er im Falle des fruchtlosen Fristablaufes sofort von dem Vertrag zurücktreten will (S. 3); die Aufforderung zu einer Erklärung, ob eine Neuauflage veranstaltet werde oder nicht, genügt insofern nicht. Der Verlag muss also grds. innerhalb der gesetzten Frist eine neue Auflage nicht lediglich vorbereiten, sondern so viele Exemplare herstellen, dass er jedenfalls eine erste Nachfragewelle ohne weiteres befriedigen und weitere Exemplare ohne größere Verzögerungen herstellen kann (*Schricker* VerlagsR[3] Rn. 5 m. w. N.).   **6**

In der **Praxis** empfiehlt es sich jedoch durchaus, den Verlag zunächst zu einer Erklärung darüber aufzufordern, ob überhaupt eine neue Auflage geplant werde, denn diese Frist kann deutlich kürzer bemessen werden als eine Frist, die auch den Herstellungsprozess noch einschließen muss. Erklärt der Verlag innerhalb der Frist, er wolle eine Neuauflage veranstalten, ist er zur Herstellung der Neuauflage verpflichtet; weigert er sich, ist der Verfasser sofort zum   **7**

Rücktritt berechtigt (S. 4). Äußert er sich gar nicht, muss der Autor dem Verlag allerdings eine erneute Frist zur Herstellung der Neuauflage setzen, weil dies bereits nach dem Wortlaut des Gesetzes Voraussetzung seines Rücktrittsrechtes ist (S. 3). Selbstverständlich kann der Autor auch – was in der Praxis z. T. geschieht – den Verlag zur Erklärung über die Neuauflage auffordern und gleichzeitig eine (demgegenüber längere) Frist zur Herstellung der Neuauflage setzen. Die Fristsetzung des Autors muss – anders als beim Rücktritt nach §§ 30, 32 oder beim Rückruf nach § 41 UrhG – nicht mit einer Androhung verbunden werden, dass der Autor bei fruchtlosem Fristablauf von seinem Rücktrittsrecht Gebrauch machen werde (*Schricker* VerlagsR[3] Rn. 5). Die Aufforderung und Erklärung des Verfassers ist schließlich an keine besondere **Form** gebunden. Sie ist empfangsbedürftige Willenserklärung i. S. d. §§ 130 ff. BGB.

8 Auf Verlagsverträge mit **Übersetzern** ist § 17 nach richtiger Auffassung modifiziert anwendbar (a. A. noch unsere Voraufl. Rn. 4; anders Ulmer-Eilfort/Obergfell/*Ulmer-Eilfort* Rn. 17; wie hier *Russ* Rn. 10 ff.); der Übersetzer kann deshalb nicht den Verlag zur Veranstaltung einer Neuauflage binnen einer bestimmten Frist auffordern und nach fruchtlosem Fristablauf von dem Vertrag zurücktreten (BGH GRUR 2011, 810 Tz. 27 f. – *World's End;* LG München I GRUR-RR 2007, 195, 196 f. – *Romane von T.C. Boyle*). Der Verlag muss in seiner Grundentscheidung, ob und wann er das übersetzte Werk neu auflegen will, frei bleiben; hier zeigt sich die auch in der vertraglichen Praxis große Abhängigkeit der Übersetzung von dem Originalwerk. Ein Rückruf nach § 41 UrhG bleibt dem Übersetzer allerdings unbenommen, wenn dessen engere Voraussetzungen vorliegen (vgl. § 41 UrhG Rn. 4 ff.; „dieselben" Voraussetzungen für § 41 UrhG und § 17 VerlG annehmend OLG Frankfurt v. 19.8.2008 – 11 U 57/07 Tz. 32 ff., verfügbar bei juris). Zur Verpflichtung des Verlags, bei Neuauflage des Originals die betreffende Übersetzung zu verwenden, vgl. Rn. 4.

9 b) **Angemessenheit:** Die dem Verlag gesetzte Frist muss nach allen Umständen des Einzelfalls angemessen sein. Insofern ist keine echte, allgemeingültige Übung in der Verlagsbranche erkennbar, auch wenn im Bereich des Rückrufs nach § 41 UrhG häufig eine Frist von sechs Monaten gesetzt wird. Relevant sind insofern Umfang und (technische und inhaltliche) Anforderungen für die Herstellung des Werkes, also z. B. Prüfung der Vorauflage auf Anpassungs- oder Korrekturbedarf bei wissenschaftlichen oder Fachbüchern, erforderliche Zeiträume für die Umsetzung dieser Anpassungen, angemessene Zeiten für Druck und Bindung usw. Insofern dürfte eine Frist von drei Monaten in vielen Fällen angesichts der Produktionszyklen zu kurz bemessen sein (LG Köln v. 1.7.2009 – 28 O 603/08 Tz. 57, verfügbar bei juris). Fordert der Autor den Verlag zur Herstellung einer Neuauflage auf, obwohl die **Vorauflage noch nicht vergriffen** ist, so ist dies zwar zulässig; eine angemessene Frist muss jedoch die Zeit bis zum Vergriffensein der Auflage oder jedenfalls bis zu dem Zeitpunkt, in dem die Auflage nicht mehr verkauft werden kann (etwa weil bei einem juristischen Fachbuch das Werk aufgrund vielfältiger Gesetzesänderungen weitgehend inaktuell geworden ist), in vollem Umfang einrechnen, kann also nicht vor diesem Zeitpunkt zu laufen beginnen (s. LG Köln v. 1.7.2009 – 28 O 603/08 Tz. 56, verfügbar bei juris). Setzt der Autor dem Verlag eine zu kurze Frist, so verlängert sich diese kraft Gesetzes auf das angemessene Maß (LG Köln v. 1.7.2009 – 28 O 603/08 Tz. 57, verfügbar bei juris; RGZ 61, 66; 106, 89; ganz h. M.).

2. *Entbehrlichkeit der Fristsetzung* (§ 17 S. 4)

10 Verweigert der Verlag nach Aufforderung des Autors die Herstellung einer Neuauflage, so braucht der Autor – wie bei § 323 Abs. 2 BGB – den Ablauf der Frist nicht abzuwarten, sondern kann sofort den Rücktritt erklären. Wie im allgemeinen Zivilrecht muss der Verlag sich nicht ausdrücklich weigern, sondern kann dies auch durch schlüssiges Verhalten tun, indem er z. B. dem Autor das Manuskript zurückschickt. Keine Weigerung des Verlages liegt allerdings vor, wenn der Verlag (nur) die Herstellung eines völlig neu bearbeiteten Werkes ablehnt, aber deutlich wird, dass der Verlag zu inhaltlichen Änderungen oder Ergänzungen unterhalb dieser Schwelle bereit ist (LG Köln v. 1.7.2009 – 28 O 603/08 Tz. 58, verfügbar bei juris). Den **Rücktritt** muss der Verfasser auch bei einer Verweigerung des Verlages noch **erklären**, sofern er dies nicht bereits mit seiner Aufforderung verbunden hat; denn § 17 S. 4 entbindet wie § 323 Abs. 2 BGB den Verfasser nur von der Fristsetzung, nicht von der Rücktrittserklärung als solcher. Dies gilt auch bei langem Schweigen des Verlages oder sonst längeren Zeitabläufen; das Gesetz verlangt insofern eine Klärung durch den Autor, sodass eine **Verwirkung** der Rechte des Verlags nur in Ausnahmefällen in Betracht kommt (OLG Köln GRUR 1950, 579, 584 f.; s. a. OLG Celle NJW 1987, 1423, 1424 f. – *Arno Schmidt*).

IV. Rücktritt

1. Inhalt des Rücktrittsrechts

a) Allgemeines: Nach § 17 S. 3 kann der Verfasser vom Verlagsvertrag zurücktreten, wenn der Verlag sich weigert, eine Neuauflage herzustellen, oder innerhalb der gesetzten Frist keine Neuauflage veranstaltet oder keine entsprechende Lizenz vergibt (dazu oben vgl. Rn. 2). Der Sache nach handelt es sich trotz des Verweises in § 37 auf §§ 346 ff. BGB nicht um einen Rücktritt, sondern um einen Rückruf der eingeräumten Nutzungsrechte, vergleichbar § 41 UrhG, und eine Kündigung des Verlagsvertrages, denn der Verlagsvertrag wird ebenso wie das Verlagsrecht lediglich mit **Wirkung für die Zukunft** beendet (BGH GRUR 1970, 40, 43 – *Musikverleger I;* anders mglw. BGH GRUR 2011, 810 Tz. 12 – *World's End*, der von einem Rücktritt nach §§ 17 S. 3, §§ 30, 32 VerlG, § 323 BGB spricht). § 41 UrhG ist neben § 17 anwendbar (ganz h. M., zuletzt z. B. OLG München ZUM 2008, 154 f.). Voraussetzung des Rücktrittsrechts des Autors ist allerdings auch, dass er eine Neuauflage nicht selbst verhindert, etwa weil er eine erforderliche Überarbeitung oder Korrektur nicht vornimmt (OLG Köln GRUR 1950, 579, 585 f.). **11**

b) Erklärung des Rücktritts: Hat der Verfasser den Verlag ergebnislos zur Veranstaltung einer Neuauflage oder zu einer Klärung oder Veranstaltung aufgefordert und der Verlag sich geweigert, eine Neuauflage herzustellen, so muss der Verfasser zur Ausübung seines Rechts noch den Rücktritt erklären (s. § 349 BGB). Der Verlagsvertrag ist erst dann beendet, wenn die Rücktrittserklärung des Autors dem Verlag zugeht (§§ 130-132 BGB); bis zu diesem Zeitpunkt kann der Verlag jederzeit doch noch eine Neuauflage veranstalten. Der Verfasser sollte also nach Fristablauf oder Weigerung des Verlages nicht zu lange zuwarten, um nicht in Gefahr zu geraten, sein Rücktrittsrecht aus S. 3 zu verlieren. Wie sonst auch, muss der Verfasser nicht wörtlich den „Rücktritt" erklären; vielmehr genügt es, wenn er deutlich macht, dass er wegen der Weigerung des Verlages oder der unterlassenen Herstellung der Neuauflage den Verlagsvertrag beenden will bzw. seine Rechte zurückfordert (BGH GRUR 1970, 40, 43 f. – *Musikverleger I*). **12**

c) Mehrere Verfasser: Stammt das betreffende Werk von mehreren Autoren, so kann das Rücktrittsrecht – wenn der Vertrag nichts anderes regelt – nach §§ 37 S. 1 VerlG, 351 BGB nur von allen ausgeübt werden, wobei jedoch selbstverständlich ein Autor in Vollmacht der weiteren Autoren den Rücktritt erklären kann. Bei **Miturheberschaft** müssen grds. alle Beteiligten mitwirken; nach § 8 **13**

Abs. 2 S. 2 UrhG darf ein Miturheber jedoch seine Einwilligung nicht wider Treu und Glauben verweigern. Bei miteinander **verbundenen Werken** im Sinne des § 9 UrhG wird in der Regel eine GbR bestehen; mangels abweichender Regelung sind die Geschäfte gemeinsam zu führen, § 709 Abs. 1 BGB, sodass ebenfalls alle Beteiligten mitwirken müssen (BGH GRUR 1973, 328, 329 f. – *Musikverleger II*). Nach § 9 UrhG a. E. kann ein Miturheber unter Umständen von den anderen nach Treu und Glauben Zustimmung verlangen. Für **Miterben** gilt ebenfalls der Grundsatz der gemeinschaftlichen Verfügung, § 2040 Abs. 1 BGB.

2. Wirkung des Rücktritts

14 Der Rücktritt beendet den Verlagsvertrag *ex nunc,* für die Zukunft, und lässt die eingeräumten Nutzungsrechte an den Verfasser zurückfallen, § 9 Abs. 1. Die Nutzungsrechte des Verlags an der vorherigen Auflage bleiben jedoch grds. bis zu deren Vergriffensein erhalten, § 29 Abs. 1. **Konflikte mit einem neuen Verlag** sind also jedenfalls theoretisch denkbar. Praktische Bedeutung wird dies jedoch nach der hier vertretenen Auffassung ohnehin nur in den Fällen gewinnen können, in denen der Verlag sich ausdrücklich oder konkludent weigert, eine Neuauflage herzustellen. Denn tut der Verlag trotz entsprechender Fristsetzung schlicht gar nichts, kann die Frist ohnehin erst mit dem Vergriffensein oder der Unverkäuflichkeit (vgl. Rn. 9) der vorhergehenden Auflage beginnen. Auch dann, wenn sich der Verlag ausdrücklich weigert, eine Neuauflage herzustellen, und der Verfasser daraufhin den Rücktritt erklärt, obwohl noch Exemplare der Vorauflage vorhanden und verkäuflich sind, so kann der Verlagsvertrag mangels gegenteiliger Vereinbarung der Parteien jedenfalls nicht vor Vergriffensein der noch vorhandenen Exemplare enden, § 29 Abs. 1. Das Rücktrittsrecht des Verfassers aus § 17 S. 3 besteht nur aufgrund der Weigerung des Verlages, eine *Neuauflage* herzustellen, und kann sich damit allein auf die Verwertung des Werkes in zukünftigen Auflagen beziehen. Ein Rücktrittsrecht des Verfassers hinsichtlich der vorhergehenden Auflage ergibt sich daraus nicht. Das Verwertungsrecht des Verlages besteht mithin hinsichtlich der Vorauflage weiter. Dies lässt sich jedoch nicht befriedigend begründen, wenn man eine Auflösung des Vertrages sogleich mit Zugang der Rücktrittserklärung des Verfassers annehmen wollte. In derartigen Fällen ist deshalb davon auszugehen, dass der Verlagsvertrag erst mit Vergriffensein der Auflage, § 29 Abs. 1, beendet wird und die Nutzungsrechte erst zu diesem Zeitpunkt an den Verfasser zurückfallen (ebenso wohl *Schricker* VerlagsR[3] Rn. 14 f.). Der Verfasser kann selbstverständlich nach § 29 Abs. 2 von dem Verlag entsprechende Auskünfte über noch vorhandene Exemplare oder ihr Vergriffensein verlangen.

15 Sind die Voraussetzungen des § 17 erfüllt, so hängt **Wirksamkeit der Rücktrittserklärung** des Verfassers nicht davon ab, dass der Verfasser eine etwa empfangene pauschale Vergütung (teilweise) an den Verlag zurückzahlt. Die Entscheidung, keine Neuauflage zu veranstalten, liegt im Ermessen des Verlages und ist damit sein wirtschaftliches Risiko; insofern spricht auch der Rechtsgedanke des § 18 Abs. 1 gegen einen Anspruch auf (auch teilweisen) Rückzahlung (*Schricker* VerlagsR[3] Rn. 11 a. E.).

§ 18

(1) Fällt der Zweck, welchem das Werk dienen sollte, nach dem Abschlusse des Vertrags weg, so kann der Verleger das Vertragsverhältnis kündigen; der Anspruch des Verfassers auf die Vergütung bleibt unberührt.

(2) Das Gleiche gilt, wenn Gegenstand des Verlagsvertrags ein Beitrag zu einem Sammelwerk ist und die Vervielfältigung des Sammelwerkes unterbleibt.

Übersicht

I. Allgemeines

§ 18 Abs. 1 gibt dem Verlag das Recht, den Verlagsvertrag zu **kündigen**, wenn **1** der Zweck des Werkes nach Abschluss des Verlagsvertrages wegfällt. Abs. 2 gewährt dem Verlag ein ähnliches Kündigungsrecht bezüglich des Beitrages zu einem Sammelwerk, wenn das betreffende Sammelwerk – gleich aus welchem Grund – nicht vervielfältigt wird. § 18 Abs. 1 behandelt einen Sonderfall des **Wegfalls der Geschäftsgrundlage.** Sind die Voraussetzungen im Übrigen gegeben, so kann sich der Verlag grds. unabhängig von § 18 Abs. 1 auch auf eine Störung oder den Wegfall der Geschäftsgrundlage berufen, § 313 BGB.

II. Zweckfortfall

1. Zweck

Abs. 1 ist nur anwendbar, wenn der Zweck *des Werkes* im eigentlichen Sinne **2** wegfällt, nicht hingegen dann, wenn der – weitere – Zweck des Vertrages insgesamt, also das Rechtsgeschäft, für Urheber oder Verlag wegfällt. Klassische Beispiele sind die Aufhebung eines durch das Werk kommentierten Gesetzes, die Behandlung einer aktuellen politischen Frage, die ihre Aktualität verliert, weil die politischen Verhältnisse sich ändern, oder ähnliches. Insofern genügt jedenfalls eine Verschlechterung der Absatzaussichten des Werkes nicht, wenn das Werk weiterhin seinen Zweck vernünftig erfüllen kann.

Der Zweck des Werkes darf erst **nach Abschluss des Verlagsvertrages** entfallen, **3** gleichgültig, ob dies vor der Vervielfältigung, im Zuge der Vervielfältigung oder nach Erscheinen des Werkes geschieht. War der Zweck bereits bei Abschluss des Verlagsvertrages weggefallen, kommt bei einem gemeinsamen Irrtum von Autor und Verlag ggf. § 313 BGB in Betracht; eine Anfechtung durch den Verlag dürfte in den meisten Fällen ausscheiden, weil es sich um einen Motivirrtum handelt.

2. Kündigungsrecht und Vergütungsanspruch

Nach Wegfall des Zwecks des Werkes kann der Verlag jederzeit – ohne an eine **4** Frist gebunden zu sein – den Verlagsvertrag kündigen. Eine **zeitliche Grenze** ergibt sich nur aus Treu und Glauben. Deshalb kann der Verfasser dem Verlag nur unter besonderen Umständen eine Frist zur Ausübung des Kündigungsrechts – mit der Konsequenz, dass mit fruchtlosem Ablauf der Frist das Kündigungsrecht entfiele – setzen. Auch einen (ggf. stillschweigenden) Verzicht des Verlags auf sein Kündigungsrecht kann man nur in Ausnahmefällen annehmen. Schließlich kommt eine Verwirkung allenfalls dann in Betracht, wenn der Verlag angesichts der Gesamtumstände unzumutbar lange zuwartet. Die Voraussetzungen seines Kündigungsrechts und damit vor allem den Zweckfortfall muss grds. der Verlag **beweisen.**

Sobald die Kündigungserklärung dem Autor zugeht, ist der Verlagsvertrag für **5** die Zukunft beendet. Restbestände kann der Verlag allenfalls noch makulieren (s. aber § 26). Die erfolgte Kündigung lässt den Anspruch des Verfassers auf das vereinbarte **Honorar** hingegen grds. unberührt (§ 18 Abs. 1, 2. Hs.), und zwar unabhängig davon, zu welchem Zeitpunkt die Kündigung erfolgt, ob der Verlag also bereits verwertet oder der Verfasser überhaupt das Manuskript abgeliefert hat (§ 9 Abs. 1 regelt nur die Entstehung des Verlagsrechts; § 18 betrifft demgegenüber den schuldrechtlichen Vertrag). Ist eine Vergütung nicht ausdrücklich vereinbart worden, kann der Verfasser das angemessene Honorar verlangen (§ 22 Abs. 2). Haben die Parteien – wie ganz überwiegend üblich – ein Absatzhonorar vereinbart, kann der Verfasser das verlangen, was er vernünftigerweise bei einem im Rahmen des Üblichen liegenden Absatz der Erstauflage hätte erwarten können, muss sich jedoch nach § 649 S. 2 BGB ggf. ersparte Aufwendungen anrechnen lassen (h. M.; *Schricker* VerlagsR³ Rn. 8; Büscher/Dittmer/Schiwy/*Schmoll*² Kap. 12 Rn. 223). Hat der Autor noch keine – nennenswerte – Zeit in das Werk investiert, so kann die Anrechnung den Schadensersatzanspruch auf Null reduzieren. Denn wenn der Autor hauptberuflich z. B. als Rechtsanwalt oder sonst freiberuflich tätig ist, kann er u. U. in der frei gewordenen Zeit wieder (höhere) Einkünfte durch seine berufliche Tätigkeit erzielen.

III. Sammelwerk: Unterbleiben der Vervielfältigung

6 Nach Abs. 2 kann der Verlag den Verlagsvertrag über einen Beitrag an einem Sammelwerk kündigen, wenn er das Sammelwerk nicht vervielfältigt, und zwar unabhängig von den Gründen. Gleichgültig ist insofern auch, ob der Grund für das Unterbleiben bereits bei Abschluss des Verlagsvertrages gegeben war oder erst später auftrat. In jedem Fall muss jedoch der Verlag den Vertrag **ausdrücklich kündigen**, jedenfalls deutlich machen, dass der Vertrag als solcher beendet werden soll; die bloße Nachricht, dass das Sammelwerk nicht veröffentlicht werde, genügt nicht. Sind Teile eines grds. als *ein* Werk geplanten Sammelwerks bereits erschienen, entfällt deshalb noch nicht ohne weiteres das Kündigungsrecht des Verlages für noch nicht veröffentlichte Beiträge. Vielmehr ist in diesen Fällen nach den Umständen des Einzelfalles zu beurteilen, ob tatsächlich ein einheitliches Sammelwerk in mehreren Bänden oder vielmehr – was in der heutigen Verlagspraxis sehr viel näher liegen dürfte – die Veröffentlichung mehrerer Sammel- oder sogar Einzelwerke geplant war.

7 Auch hier hat der Verfasser des Beitrags weiterhin Anspruch auf die volle vereinbarte **Vergütung**; da der Verlagsvertrag mit der Kündigung beendet ist, kann er außerdem ohne Wartezeit über die Rechte an seinem Beitrag anderweit verfügen.

§ 19

Werden von einem Sammelwerke neue Abzüge hergestellt, so ist der Verleger im Einverständnisse mit dem Herausgeber berechtigt, einzelne Beiträge wegzulassen.

I. Allgemeines

1 § 19 erlaubt dem Verlag, im Einverständnis mit dem Herausgeber bei der Herstellung neuer Abzüge eines Sammelwerks einzelne bereits erschienene Beiträge auch ohne Zustimmung des betroffenen Verfassers wegzulassen. Die Bestimmung ist **dispositiv**. Sie ergänzt für bereits erschienene Beiträge zu Sammelwerken die Vorschriften der §§ 45, 47 Abs. 2, die für den Regelfall eine Verpflichtung des Verlags zur Vervielfältigung und Verbreitung ausschließen. § 19 ist auch im **Musikverlag** anwendbar. Zur Kündigung des alleinigen oder eines (von mehreren) Herausgebers eines Sammelwerkes durch den Verlag vgl. § 41 VerlG Rn. 15 ff.

II. Sammelwerke

§ 19 betrifft Sammelwerke. Da § 4 S. 1 dem Verlag den Übergang von einem Sammel- zu einem Einzelwerk ohne entsprechende vertragliche Gestattung untersagt, muss also ein **Sammelwerk i. S. d.** § 19 vor der Weglassung mindestens drei Beiträge verschiedener Autoren und nach der Weglassung noch mindestens zwei Beiträge enthalten. Die beiden verbleibenden Beiträge dürfen von einem einzigen Autor stammen, wenn es sich dabei tatsächlich um abgrenzbare Beiträge handelt, also noch eine Sammlung vorliegt. Die Streitfrage, ob § 19 auch auf Sammlungen, die von vornherein nur **unterschiedliche Beiträge eines einzelnen Autors** vereinen, anwendbar ist, dürfte sich in der Praxis nur selten stellen. Denn nimmt der Verfasser die Zusammenstellung selbst vor, ist also gewissermaßen Herausgeber, kann der Verlag selbst bei Anwendung des § 19 nur im Einverständnis mit dem Autor/Herausgeber handeln. Hat der Verlag hingegen die erforderlichen Nutzungsrechte an den einzelnen veröffentlichten Beiträgen ohnehin erworben – etwa bei einer Zusammenfassung aller Kolumnen eines Autors aus einer Zeitschrift in einem Buch –, ohne dass für die Veröffentlichung dieser Sammlung ein gesonderter Vertrag geschlossen oder erforderlich wäre, muss der Verlag das Recht haben, bei der Herstellung neuer Abzüge einzelne Beiträge wegzulassen (a. A. *Schricker* VerlagsR[3] Rn. 1 a. E.). Eine – nach § 39 UrhG unzulässige – Änderung kann dies nur dann bedeuten, wenn der Autor selbst die Zusammenstellung vorgenommen hat; dann wird aber im Regelfall ohnehin eine gesonderte vertragliche Vereinbarung vorliegen.

2

Auf die **Schutzfähigkeit** des Sammelwerks oder der Sammlung kommt es nicht an. § 19 erfasst sowohl periodische als auch **nicht periodische Sammlungen**. Bei **periodischen Sammelwerken** ist allerdings eine unmittelbare Anwendung des § 19 kaum denkbar; wohl kein Beitrag wird z. B. in einer Zeitschrift in zwei aufeinander folgenden Heften oder mit einem gewissen Abstand im Wesentlichen identisch veröffentlicht. Fraglich ist allerdings, ob § 19 **regelmäßig wiederkehrende Rubriken** in periodischen Sammelwerken mit von Ausgabe zu Ausgabe unterschiedlichem Inhalt – wie z. B. Kolumnen, Restaurantkritiken o. ä. – erfasst, der Verlag also die ganze Kolumne in ihrer von dem konkreten Verfasser gestalteten Form bei der nächsten Ausgabe weglassen könnte. Dafür spricht einiges: Zum einen ist der Verlag nach § 45 Abs. 1 – von den Fällen des § 45 Abs. 2 einmal abgesehen – bereits nicht verpflichtet, den konkreten Beitrag überhaupt zu vervielfältigen und zu verbreiten. Es gibt deshalb keinen Grund, weshalb der Verlag ohne eine entsprechende vertragliche Regelung verpflichtet sein sollte, die Reihe als solche fortzusetzen. §§ 19 und 45 wollen gerade dem Verleger eines periodischen Sammelwerks größtmögliche Freiheit bei der inhaltlichen Gestaltung lassen. Dazu gehört die freie Entscheidung darüber, welche Rubriken fortgesetzt oder eingestellt werden. Im Übrigen ist die Situation des Verlags und auch des Verfassers die gleiche, wenn der Verlag einen ganzen Bereich eines nicht periodischen Sammelwerkes weglässt oder eine Artikelserie wie etwa eine Kolumne nicht fortsetzt. § 19 wird mithin jedenfalls dem Gedanken nach auch Anwendung finden können, wenn vertraglich nichts anderes vereinbart ist. Allenfalls aus Treu und Glauben kann sich unter bestimmten Umständen – z. B. bei längerer Vertragsdauer – eine

3

Kündigungsfrist bzw. ein Anspruch des Verfassers auf Zahlung des Honorars bis zum Ende dieser Frist ergeben.

III. Das Recht, einzelne Beiträge wegzulassen

1. Voraussetzungen

4 Erste Voraussetzung für das Weglassen einzelner Beiträge ist, dass **neue Abzüge hergestellt** werden. Dies ist sowohl dann der Fall, wenn das Werk neu aufgelegt wird, als auch dann, wenn nach der Herstellung eines Teils einer Auflage der Verlag die restlichen oder weitere Exemplare druckt. Insofern bedeutet § 19 eine Ausnahme von der Verpflichtung des Verlags nach § 16 S. 1, die vertraglich vereinbarte Zahl von Exemplaren auch tatsächlich herzustellen. Stets muss es sich jedoch um **weitere Abzüge** handeln, der betreffende Beitrag also bereits erschienen sein.

5 Der Verlag darf des Weiteren nur **einzelne Beiträge** weglassen, also jedenfalls nicht die Mehrzahl der ursprünglichen Beiträge zu dem Sammelwerk nicht wieder veröffentlichen. Allerdings hat der Verlag hier einen großzügig bemessenen Handlungsspielraum. Das Recht des Verlags findet seine Grenze in dem Verbot des § 4 S. 1, Teile eines Sammelwerkes für eine Sonderausgabe zu verwerten, und dort, wo durch das Weglassen der Charakter des Sammelwerkes vollständig verändert wird, es also nicht mehr um neue Abzüge des alten Sammelwerkes, sondern tatsächlich um ein neues Sammelwerk geht. Der Verlag darf im Übrigen die betroffenen Beiträge nur *insgesamt* weglassen, nicht hingegen kürzen oder nur in Teilen weiterhin veröffentlichen (ebenso Ulmer-Eilfort/Obergfell/*Obergfell* Rn. 5). Fraglich ist, ob ein Weglassen in diesem Sinne auch vorliegt, wenn bei einem Sammelwerk wie z.B. einem Kommentar die Kommentierung eines Autors durch die eines anderen Autors ersetzt wird, etwa weil der ursprüngliche Autor seine Kommentierung nicht mehr (ausreichend) aktualisiert. Zwar spricht einiges dafür, dass der Gesetzgeber ursprünglich (nur) ein Weglassen im eigentlichen Sinne meinte, der Verlag also einen Beitrag zu einem bestimmten Thema gar nicht (mehr) veröffentlichen will. Andererseits enthält § 19 VerlG keine inhaltliche Einschränkung, und es ist sehr gut denkbar, dass ein Verlag z.B. bei Veröffentlichung eines Sammelwerkes feststellt, dass zwei unterschiedliche Beiträge ein sehr ähnliches Thema behandeln und deshalb nur einen Artikel in einer Neuauflage noch veröffentlichen möchte. Insofern ist die Situation durchaus vergleichbar der bei einer Kommentierung: Denn eine vollständige Neukommentierung eines Artikels – die dann allerdings zwingend erforderlich wäre – ist inhaltlich notwendig anders als die „weggelassene", auch wenn das Thema identisch ist. Ohnehin hat der Autor nach § 45 Abs. 2 VerlG im Regelfall nicht einmal einen Anspruch darauf, dass sein (eingereichter) Beitrag tatsächlich vervielfältigt und verbreitet wird, wenn ihm nicht der Zeitpunkt des Erscheinens schon mitgeteilt wurde. Auch dies zeigt die große Freiheit des Verlages bei periodischen und nicht periodischen Sammelwerken.

6 Schließlich ist das Einverständnis des oder der **Herausgeber** erforderlich und ausreichend. Der betroffene Verfasser muss nicht zustimmen oder auch nur unterrichtet werden. Holt der Verlag das Einverständnis des oder der Herausgeber nicht ein, kann dies bei schutzfähigen Sammelwerken eine Verletzung der Rechte aus § 4 UrhG bedeuten; eine Vertragsverletzung liegt stets vor, wenn der Herausgeber vertraglich keine entsprechenden Änderungsrechte eingeräumt hat. Ist der Verlag selbst Herausgeber, so ist er völlig frei in seinen Entscheidungen; er muss auch in diesem Fall nicht das Einverständnis der betroffenen Verfasser einholen.

2. Rechtsfolgen des Weglassens

Das Weglassen lässt den **Verlagsvertrag** über den betroffenen Beitrag erlöschen **7** (h. M. z. B. Ulmer-Eilfort/Obergfell/*Obergfell* Rn. 6; *Russ* Rn. 10). Der Verlag hat mit dem Weglassen, d. h. mit dem Beginn der Herstellung neuer Abzüge, keinerlei Nutzungsrechte mehr. Umgekehrt darf der Verfasser uneingeschränkt und ohne Bindung an die Fristen des § 38 UrhG neu veröffentlichen.

Mit dem Verlagsvertrag erlischt im Regelfall auch der **Vergütungsanspruch** des be- **8** troffenen Verfassers (ebenso Ulmer-Eilfort/Obergfell/*Obergfell* Rn. 7; a. A. *Schricker* VerlagsR³ Rn. 6). Insb. ist § 18 Abs. 1 S. 2 hier nicht entsprechend anwendbar. Insofern fehlt es bereits an einer Lücke im Gesetz: § 18 Abs. 2 regelt den – nach Ansicht des Gesetzgebers – der Bestimmung des § 18 Abs. 1 für Sammelwerke vergleichbaren Fall ausdrücklich. Im Übrigen ist der Verlag bei Sammelwerken nicht einmal verpflichtet, den betreffenden Beitrag überhaupt zu vervielfältigen und zu verbreiten, § 45 Abs. 1 S. 1, ohne dass der Verfasser bei Nichtveröffentlichung – von den Fällen des § 45 Abs. 2 abgesehen – einen Vergütungsanspruch hätte (s. dazu AG Starnberg GRUR-RR 2008, 190 – *Ausfallhonorar*). Des Weiteren ist der Verlag auch zu einer Neuauflage nicht verpflichtet, ohne dass der Verfasser, der nach § 17 von dem Vertrag zurücktritt, noch einen Vergütungsanspruch geltend machen könnte. Ein Vergütungsanspruch des Verfassers wäre darüber hinaus schwierig zu begründen, da eine ausdrückliche gesetzliche Regelung fehlt und der Verlagsvertrag erloschen ist. Schließlich ließe sich kaum eine zuverlässige Grenze ziehen, nach der man festlegen könnte, wie lange der Vergütungsanspruch des Verfassers noch fortbestünde – nur für die nächste Auflage, noch für zwei oder drei Auflagen oder gar noch länger? Der Verfasser eines weggelassenen Beitrags wird deshalb nur dann eine Vergütung verlangen können, wenn dies vertraglich vereinbart ist oder eine Auslegung des Vertrages eine Honorarpflicht des Verlages ergibt. Dies kann der Fall sein, wenn der Verlag sich verpflichtet hat, eine bestimmte Zahl von Exemplaren herzustellen, und dann den Beitrag des betroffenen Verfassers weglässt, bevor er alle vertraglich vorgesehenen Exemplare gedruckt hat. In der heutigen Verlagspraxis wird dies jedoch nur ausnahmsweise vorkommen.

§ 20

(1) ¹Der Verleger hat für die Korrektur zu sorgen. ²Einen Abzug hat er rechtzeitig dem Verfasser zur Durchsicht vorzulegen.

(2) Der Abzug gilt als genehmigt, wenn der Verfasser ihn nicht binnen einer angemessenen Frist dem Verleger gegenüber beanstandet.

Übersicht

I. Allgemeines

§ 20 bestimmt, dass grds. der Verlag die **Korrektur** vornehmen und dem Verfasser rechtzeitig einen Korrekturabzug zur Durchsicht vorlegen muss. Nach § 20 Abs. 2 ist der Verfasser im Regelfall nicht verpflichtet, den Korrekturabzug durchzusehen; der Abzug gilt allerdings als genehmigt, wenn der Autor ihn nicht binnen angemessener Frist gegenüber dem Verlag beanstandet. Die Regelung ist dispositiv; in der Verlagspraxis wird heute fast ausnahmslos eine Pflicht des Verfassers vereinbart, übersandte Korrekturabzüge unverzüglich oder binnen kurzer Frist durchzusehen und mit Korrekturen bzw. dem Vermerk „druckreif" oder Ähnlichem versehen an den Verlag zurückzusenden (dazu vgl. Rn. 3 f.). Die praktische Bedeutung des § 20 ist deshalb heute gering.

II. Korrektur

1. Pflichten des Verlags und Rechte des Verfassers

2   Abs. 1 verpflichtet den Verlag, grds. alle notwendigen Korrekturen auf eigene Kosten vorzunehmen bzw. vornehmen zu lassen. Insofern bedeutet Abs. 1 eine Nebenpflicht zu § 14 S. 1, der Vervielfältigung des Werkes in zweckentsprechender und üblicher Weise. Um dem Verfasser die Gelegenheit zu geben, Druckfehler zu korrigieren, hat der Verlag dem Verfasser den **Korrekturabzug** rechtzeitig vorzulegen. „**Rechtzeitig**" bedeutet, dass mindestens eine angemessene Frist – s. Abs. 2 – bis zum Beginn der Vervielfältigung verbleibt, und zwar unter Berücksichtigung der persönlichen Situation des Verfassers. In der Praxis wird der Verlag dem Verfasser den Korrekturabzug auch vorlegen, damit dieser unter Umständen Form und Ausstattung der Abzüge beanstanden oder Änderungen, § 12 Abs. 1 und 3, so rechtzeitig vornehmen kann, dass die Kosten möglichst gering gehalten werden. § 20 Abs. 1 erfasst derartige Änderungen jedoch grds. nicht (OLG Frankfurt GRUR 2006, 138, 140 f. – *Europa ohne Frankreich?*). Legt der Verlag dem Verfasser keinen Korrekturabzug vor, bedeutet dies eine Verletzung des Verlagsvertrages mit der Folge eines Rücktrittsrechts des Verfassers nach §§ 32, 30.

3   Umgekehrt ist der Verfasser nicht verpflichtet, Korrekturen vorzunehmen oder den Korrekturabzug auch nur zu lesen, wenn sich aus dem Vertrag nichts Gegenteiliges ergibt. Heutzutage enthalten nahezu alle Verlagsverträge eine **Korrekturverpflichtung** des Verfassers mit z. T. detaillierten Regelungen über Fristen, ggf. Nachfristen und Korrekturvermerke. So sehen alle wichtigen **Musterverträge** ausdrückliche Korrekturverpflichtungen des Verfassers vor. § 9 des Musterverlagsvertrages der Vertragsnormen für wissenschaftliche Verlagswerke (Vereinbarung zwischen Börsenverein und Deutschem Hochschulverband; abrufbar unter http://www.boersenverein.de sowie unter www.frommnordemann.de), § 10 des Musterverlagsvertrages über ein wissenschaftliches Werk mit mehreren Verfassern, § 7 des Musterverlagsvertrages über einen wissenschaftlichen Beitrag zu einer Sammlung enthalten ebenso detaillierte Regelungen wie der Normvertrag für den Abschluss von Verlagsverträgen vom 19.10.1978 in der ab 2014 gültigen Fassung zwischen dem Verband Deutscher Schriftsteller in ver.di und dem Börsenverein des Deutschen Buchhandels (abrufbar unter http://www.boersenverein.de sowie unter www.frommnordemann.de) in seinem § 7. Auch § 10 des Normvertrages für den Abschluss von Übersetzungsverträgen (abrufbar unter http://www.boersenverein.de sowie unter www.frommnordemann.de) sieht eine Korrekturpflicht des Übersetzers vor. Auch im **Musikverlag** ist eine in der Regel detaillierte Korrekturpflicht des Komponisten weit verbreitet.

4   Diese Regelungen sind derart häufig anzutreffen, dass man insofern von einem **Branchenübung** im Verlagswesen im Allgemeinen ausgehen kann, die für die Auslegung des Vertrages in dieser Hinsicht – sollte er ausnahmsweise schweigen – maßgeblich ist (so *Schricker* VerlagsR[3] Rn. 10). Aus diesem Grund ist auch der **Komponist** im Musikverlag auch ohne ausdrückliche Vereinbarung für alle nicht ganz kurzen Stücke zur Korrektur verpflichtet. Unabhängig von dieser Branchenübung kann die Auslegung des Buch- oder Musikverlagsvertrages auch sonst eine Korrekturpflicht des Verfassers ergeben. Dies wird regelmäßig dann der Fall sein, wenn tatsächlich nur der Verfasser selbst sinnvoll korrigieren kann, etwa bei Formelsammlungen, Texten mit fremdsprachigen Bestandteilen oder Schaubildern, deren richtige Übertragung in den Einzelheiten sich auch einem aufmerksamen Lektor nicht ohne weiteres erschließt. Außerdem ist der Verfasser überall dort zur Korrektur verpflichtet, wo er selbst noch im weitesten Sinne inhaltliche Ergänzungen vornehmen muss, also z. B. bei Verweisungen auf Randnummern im übrigen Text, die häufig erst mit dem Korrekturabzug vergeben werden, oder einem Verweis auf bestimmte Seitenzahlen. Korrigiert der Verfasser Druckbögen nicht oder nicht rechtzeitig, obwohl er vertraglich dazu verpflichtet ist, kann der Verlag die Korrektur – in den Grenzen des § 39 UrhG – durch einen geeigneten Dritten erledigen lassen.

Grds. muss der Verlag dem Verfasser nur *einen* Korrekturabzug, lediglich bei **5** umfangreichen Änderungen bzw. Korrekturen noch einen weiteren Abzug – den sog. Revisionsabzug – vorlegen. Die Vorlage eines **Revisionsabzuges** ist allerdings heute sehr weitgehend üblich. Für Beiträge zu periodischen Sammelwerken bestimmt § 43 S. 2 abweichend, dass der Verlag nicht verpflichtet ist, dem Verfasser einen Korrekturabzug vorzulegen. Die **Kosten** der vom Verfasser noch vorgenommenen Korrekturen trägt der Verlag.

2. Genehmigung des Korrekturabzuges

Hat der Verlag dem Verfasser rechtzeitig einen Korrekturabzug vorgelegt, so **6** gilt dieser als genehmigt, wenn der Autor den Korrekturabzug nicht binnen einer angemessenen **Frist** beanstandet, Abs. 2. Der Verlag muss dem Verfasser also keine konkrete Frist benennen; tut er dies und ist die genannte Frist nicht angemessen, so verlängert sie sich automatisch auf einen angemessenen Zeitraum. Umgekehrt bedeutet die Benennung einer längeren als der mindestens angemessenen Frist, dass aus Sicht des Verlages jedenfalls eine Äußerung innerhalb dieser Frist ausreichend ist, sodass der Verlag sich an dieser Frist festhalten lassen muss. Was im Einzelnen **angemessen** ist, hängt naturgemäß von Art und Umfang des Werkes und den persönlichen Umständen des Verfassers – soweit dem Verlag bekannt – ab. Ein umfangreiches wissenschaftliches Werk eines bei einem Spezialsenat tätigen Richters wird deshalb eine deutlich längere angemessene Korrekturfrist erfordern als eine 80-seitige Novelle. Von der **Genehmigungsfiktion** allerdings nicht erfasst sind für den Verfasser überraschende Änderungen, d. h. solche, die über Korrekturen im eigentlichen Sinne oder die nach § 39 Abs. 2 UrhG zulässigen Änderungen hinausgehen. Die Genehmigungsfiktion bedeutet außerdem keine zeitliche Grenze für das Änderungsrecht des Verfassers aus § 12; er darf also auch nach fingierter Genehmigung der Korrekturabzüge unter den Voraussetzungen des § 12 noch ändern. Hat der Verfasser allerdings Korrekturen vorgenommen und die Korrekturbögen mit entsprechendem Vermerk an den Verlag zurückgesandt, so wird er damit im Regelfall zum Ausdruck bringen, dass keine weiteren Änderungen erforderlich sind, also auf sein Änderungsrecht aus § 12 verzichten.

§ 21

¹Die Bestimmung des Ladenpreises, zu welchem das Werk verbreitet wird, steht für jede Auflage dem Verleger zu. ²Er darf den Ladenpreis ermäßigen, soweit nicht berechtigte Interessen des Verfassers verletzt werden. ³Zur Erhöhung dieses Preises bedarf es stets der Zustimmung des Verfassers.

I. Allgemeines

1 § 21 regelt die Festsetzung des Ladenpreises durch den Verlag, der für jede neue Auflage darin grundsätzlich frei ist, sowie die Herabsetzung und Erhöhung des Preises innerhalb einer Auflage. Die Regelung ist in vollem Umfang dispositiv. I. d. R. stellen Verlagsverträge heute den Verlag auch in Bezug auf Herabsetzung und Erhöhung vollständig frei und enthalten lediglich besondere Bestimmungen für Verramschung und Makulierung (s. § 3 Ziffer 4 des Normvertrages; abrufbar unter http://www.boersenverein.de). Teilweise wird im Verlagsvertrag zur Orientierung ein voraussichtlicher oder Ca.-Preis angegeben. Der Verleger ist gemäß §§ 5, 2 BuchPrG für Bücher, Noten und vergleichbare Produkte verpflichtet, einen Ladenpreis festzusetzen, für Zeitungen, Zeitschriften und vergleichbare Erzeugnisse besteht lediglich ein Recht des Verlegers. Insofern betrifft § 21 lediglich ein Recht des Verlegers (§ 30 GWB; dazu Loewenheim/Meessen/Riesenkampff/Kersting/Meyer-Lindemann/*Jan Bernd Nordemann* § 30 GWB Rn. 1 ff.). Vor diesem Hintergrund ist § 21 nur insoweit dispositiv, wie kartellrechtliche Bestimmungen nicht eingreifen. Preisbindungen und Festlegungen des Nettoladenpreises in Verlagsverträgen sind danach grundsätzlich bedenklich, soweit sie nicht lediglich einen Höchstpreis festsetzen, möglicherweise aber nicht im kartellrechtlichen Sinne spürbar (vgl. Vor §§ 31 ff. UrhG Rn. 81; *Jan Bernd Nordemann* GRUR 2007, 203, 210 f.).

II. Festsetzung des Ladenpreises

2 § 21 S. 1 lässt den Verlag den Ladenpreis für jede neue Auflage eines Werkes frei bestimmen. Dies gilt nicht nur für **neue Auflagen** im eigentlichen Sinne, sondern auch für **unterscheidbare Ausgaben** des Werkes (Taschenbuchausgaben, unter bestimmten Voraussetzungen Jubiläumsausgaben, Schul-, Buchclubausgaben usw.). Der Verlag kann also für eine neue Auflage den Ladenpreis beliebig geringer oder höher festsetzen als für die vorhergehende Auflage. Die Beschränkungen in § 21 S. 2 und 3 gelten nur für eine Änderung des Ladenpreises *innerhalb* einer Auflage, also z. B. bei einem reinen Nachdruck.

3 In der heutigen Verlagspraxis kommt es – wohl auch wegen der kartellrechtlichen Problematik, vgl. Rn. 1 – nur sehr selten vor, dass die Parteien vertraglich einen bestimmten Ladenpreis festsetzen oder dem Verfasser ein Zustimmungsrecht einräumen; schließlich trägt der Verlag das wirtschaftliche Risiko und muss vor allem die Herstellungskosten voll vorschießen. Er wird deshalb am besten einen angemessen Preis kalkulieren können. Da der Verlag in der Bestimmung des Preises für jede neue Auflage frei ist, darf er mangels anderweitiger vertraglicher Vereinbarung auch einen unter dem Ladenpreis liegenden **Subskriptionspreis** bestimmen (LG Flensburg NJW-RR 1986, 1058 f.). Eine vertragliche Vereinbarung eines festen Ladenpreises – von dem der Verlag also nicht ohne weiteres abweichen könnte – liegt jedenfalls nicht in der Angabe eines voraussichtlichen oder Ca.-Preises, wenn nicht besondere Umstände hinzutreten.

4 Über den festgesetzten Ladenpreis muss der Verlag den Verfasser nicht informieren, auch wenn dies heute sehr weitgehend üblich ist. Er muss den **Ladenpreis** jedoch **bekannt machen**. Üblicherweise geschieht dies durch Anzeige im *Börsenblatt*, etwa mit einer Ankündigung des Erscheinens des Buches. Hat der Verlag den Preis danach bekannt gemacht, so ist er an diesen Preis gegenüber dem Autor gebunden, kann also Änderungen nur unter den Voraussetzungen der § 21 S. 2 und S. 3 vornehmen.

III. Herabsetzung des Ladenpreises

5 Nach § 21 S. 2 kann der Verlag den Ladenpreis eines Werkes auch innerhalb einer Auflage ermäßigen, soweit der Herabsetzung keine berechtigten Interessen des Verfassers entgegenstehen. **Berechtigte Interessen des Verfassers** sind nicht bereits dann berührt, wenn er das übliche Absatzhonorar erhält (*Schricker* VerlagsR[3] Rn. 9). Da ein berechtigtes Interesse des Verfassers auch die berechtigten Interessen des Verlages – und insb. seine im Regelfall erheblichen Investitionen – berücksichtigen muss, können materielle Interessen des Autors nur im Ausnahmefall verletzt sein (verneinend z. B. LG München ZUM 2001, 79 ff., bei einer Herabsetzung des Ladenpreises von DM 16,90 auf DM 5,-).

Allerdings kann eine Herabsetzung die ideellen Interessen des Verfassers beeinträchtigen, wenn dadurch der Eindruck entsteht, das Werk sei zu einem normalen Preis nicht verkäuflich, was vor allem dann in Betracht kommt, wenn das Werk zu einem Schleuderpreis angeboten, insb. verramscht wird. Bei der **Verramschung** hebt der Verlag den Ladenpreis auf, wenn die Restauflage unverkäuflich geworden ist, sei es, weil die einzelnen Exemplare durch zu langes Lagern äußerliche Mängel aufweisen (verblichene Einbände, gelbliches Papier usw.) oder die Auflage aktualisiert werden muss. Der Rest wird dann an – zum Teil entsprechend spezialisierte – Grossisten, Großantiquariate oder auch den Bahnhofs- und Kaufhausbuchhandel veräußert. Dass dies jedenfalls grundsätzlich das Risiko einer Beeinträchtigung der Interessen des Autors birgt, liegt auf der Hand. Deshalb muss der Verlag nach Treu und Glauben besonders sorgfältig prüfen, bevor er verramscht.   **6**

Auch wenn vertraglich vereinbart ist, dass der Verlag ganz frei über eine Verramschung entscheiden und den Ramschpreis völlig frei festsetzen darf – was auch formularmäßig möglich ist –, so darf Verramschung grundsätzlich nur letztes Mittel sein, wenn ein normaler Abverkauf innerhalb vernünftiger Frist nicht mehr in Betracht kommt. Aus diesem Grund sieht z. B. § 9 Ziff. 3 des Normvertrages ebenso wie ein großer Teil der weiteren Vertragsmuster aus der Praxis vor, dass der Verlag bei Verramschung dem Autor die Restauflage vorher zum Erwerb anbieten muss (§ 26; vgl. § 26 VerlG Rn. 2; dort auch zur Aufhebung des Ladenpreises). Dies gilt erst recht bei **Makulierung** des Restbestandes, bei dem die noch vorhandene Restauflage vernichtet bzw. zum reinen Papierpreis (und dann meist zum Recycling) veräußert wird, § 9 Ziff. 3 Normvertrag.   **7**

IV. Erhöhung des Ladenpreises

Umgekehrt darf der Verlag nach § 21 S. 3 den Ladenpreis innerhalb einer Auflage nur erhöhen, wenn der Verfasser dem **zugestimmt** hat, weil eine Erhöhung des Ladenpreises den Absatz des Werkes behindern kann. Der Verfasser darf zwar die Zustimmung nicht nur dann verweigern, wenn die Erhöhung seine berechtigten Interessen zu verletzen droht (s. S. 2). Er muss jedoch nach Treu und Glauben, § 242 BGB, seine Zustimmung erteilen, wenn der Verlag seinerseits triftige Gründe darlegt (enger *Schricker* VerlagsR[3] Rn. 13 m. w. N.).   **8**

V. Besonderheiten im Musikverlag

Im Musikverlag wird üblicherweise dem Verlag das Recht eingeräumt, den Ladenpreis völlig frei zu bestimmen und zu ändern. Da es im Musikverlag relativ selten Neuauflagen im eigentlichen Sinne gibt, sondern in aller Regel nur ein geringer Vorrat hergestellt und dieser dann durch Nachdruck ergänzt wird, muss der Verlag ohnehin frei sein, den Ladenpreis bei einem Nachdruck den inzwischen veränderten wirtschaftlichen Gegebenheiten anzupassen. Insofern ist § 21 S. 1 im Musikverlag nicht nur auf Neuauflagen im eigentlichen Sinne, sondern auch auf Nachdrucke, sofern sie nicht in unmittelbarem zeitlichen Zusammenhang mit dem Erstdruck hergestellt werden, anzuwenden (ebenso *Schricker* VerlagsR[3] Rn. 4 a. E.).   **9**

§ 22

(1) ¹Der Verleger ist verpflichtet, dem Verfasser die vereinbarte Vergütung zu zahlen. ²Eine Vergütung gilt als stillschweigend vereinbart, wenn die Überlassung des Werkes den Umständen nach nur gegen eine Vergütung zu erwarten ist.

(2) Ist die Höhe der Vergütung nicht bestimmt, so ist eine angemessene Vergütung in Geld als vereinbart anzusehen.

Übersicht   Rn.

I. Allgemeines

1   § 22 hält fest, dass der Verleger verpflichtet ist, dem Verfasser die vereinbarte Vergütung zu zahlen. Nach § 22 Abs. 1 S. 2 gilt eine Vergütung als stillschweigend vereinbart, wenn nach den Umständen eine Überlassung des Werkes nur gegen Vergütung zu erwarten ist. Haben die Parteien über die Höhe der Vergütung nichts vereinbart, so ist nach Abs. 2 eine angemessene Vergütung in Geld geschuldet. Das Versprechen und die Zahlung einer Vergütung sind keine wesentlichen Voraussetzungen für das Vorliegen eines Verlagsvertrages, sondern **Nebenpflicht** des Verlages gegenüber dem Verfasser (h. M.; s. a. OLG Frankfurt GRUR 1991, 601, 602 – *Werkverzeichnis*; a. A. *Russ* Rn. 1; wie hier Ulmer-Eilfort/Obergfell/*Obergfell* Rn. 2). Im Synallagma steht beim Verlagsvertrag nur die Pflicht zur Vervielfältigung und Verbreitung, nicht auch Zahlungspflichten des Verlages, und zwar auch dann nicht, wenn ausdrücklich ein Vorschuss vereinbart worden war; der Urheber muss die Einhaltung dieser Pflichten des Verlages mit den üblichen Mitteln durchsetzen bzw. den Vertrag mit den üblichen Mitteln beenden (BGH GRUR 1958, 504, 505 f. – *Die Privatsekretärin*). Dies zeigt schon § 32, der ein Rücktrittsrecht dem Verfasser (nur) bei nicht vertragsgemäßer Vervielfältigung oder Verbreitung einräumt. Die Zahlung der Vergütung ist mithin auch keine Hauptleistungspflicht i. S. d. §§ 320 ff. BGB. Seit der Urhebervertragsrechtsreform 2002 mit der Neuregelung der §§ 11 S. 2, 32 Abs. 1 UrhG, nach denen der Urheber Anspruch auf Zahlung einer angemessenen Vergütung hat, ist § 22 VerlG wohl unabdingbar (so Loewenheim/*Nordemann-Schiffel*/*Jan Bernd Nordemann*² § 64 Rn. 12; *Schricker*, VerlagsR³ Rn. 1; a. A. Ulmer-Eilfort/Obergfell/*Obergfell* Rn. 1; s. a. *Russ* Rn. 3 ff.); jedenfalls hat § 22 erheblich an Bedeutung verloren (vgl. Rn. 8).

2   Erstreiten der Verlag, der Verfasser oder beide gemeinsam **Schadensersatz** für eine unberechtigte Nutzung durch einen Dritten, die Verlagsrechte betrifft, sind die Zahlungen entsprechend dem vereinbarten Honorar aufzuteilen. Ist ein Pauschalhonorar vereinbart, ist zu prüfen, ob dem Verfasser über die Pauschalzahlung hinaus noch etwas zustehen kann – was der Fall sein kann, wenn die Pauschale nur pro Auflage oder pro Nutzung gilt –; im Falle des üblichen Absatzhonorars wird der Anteil des Verfassers auf dieser Grundlage berechnet, wobei allerdings die fehlenden Herstellungs- und weiteren Kosten des Verlags berücksichtigt werden müssen.

II. Vergütung

1. Vereinbarte Vergütung

3   Nach S. 1 muss der Verlag dem Verfasser die vereinbarte Vergütung zahlen. Heute ist dies in aller Regel jedenfalls bei Verlagsverträgen über Bücher, jedoch

häufig auch hinsichtlich der Nutzung in Form von CD-Roms, E-Books, bei Datenbanknutzung (nach der Zahl der Zugriffe) ein **Absatzhonorar**, d. h. ein Prozentsatz des sog. Nettoladenpreises (des um die Mehrwertsteuer verminderten Endverbraucherpreises) von jedem verkauften und nicht remittierten Exemplar (zu Frei- und Zuschussexemplaren vgl. § 6 VerlG Rn. 1). Dieser liegt für Hardcoverausgaben im Bereich der Belletristik und bei Sachbüchern einschließlich wissenschaftlicher Werke heute um 10% (vgl. § 32 UrhG Rn. 61; für Sachbücher vgl. § 32 UrhG Rn. 62), für Taschenbücher deutlich darunter, nämlich bei ca. 5% (mit festen Steigerungsstufen, vgl. § 32 UrhG Rn. 61). E-Books werden z. T. in der Praxis ebenfalls nur mit 10 % vom Nettoendverbraucherpreis vergütet; die VG Wort hält indes im Belletristikbereich (einschließlich Kinder- und Jugendbuch) 17-20 % für angemessen, für wissenschaftliche und Fachliteratur eher 10 %-20 % (Bekanntmachung vom 28.11.2014 zu § 137l Abs. 5 UrhG im Printbereich, abrufbar unter http://www.vgwort.de/fileadmi n/pdf/tarif_uebersicht/141210_Tarif_137l_print_2014_.pdf). Hier etabliert sich erst langsam eine gewisse Branchenübung. Für Beiträge zu Lexika und vergleichbaren Nachschlagewerken werden hingegen häufig Pauschalhonorare gezahlt, die sich nach dem Umfang des Beitrags richten, dann aber auch für Aktualisierungen usw. – z. T. dann nach Zeitaufwand – vergütet werden (für ein Beispiel OLG Hamm v. 18.8.2009 – 4 U 52/09 – *Arbeitsrechtshandbuch*, verfügbar bei juris). – Zum Musikverlag vgl. § 32 UrhG Rn. 99. Für Änderungen (§ 12) erhält der Verfasser nur dann ein gesondertes Honorar, wenn dies ausdrücklich vereinbart ist; ganz üblich ist die Abgeltung der Korrekturen und Änderungen mit dem Haupthonorar.

4 Sind an einem Werk **mehrere Autoren** beteiligt, so gilt das vereinbarte Absatzhonorar in dieser Größenordnung grundsätzlich für alle Urheber gemeinsam; lediglich dem **Herausgeber** steht regelmäßig ein etwas höherer Betrag zu. Ist vertraglich nichts Besonderes vereinbart, so sind die verschiedenen Autoren entweder nach Köpfen oder – was gerade im wissenschaftlichen Bereich üblich ist – nach ihrem (z. B. in Seiten gerechneten) Anteil am Gesamtwerk zu vergüten. Regelt der Verlagsvertrag nur das Honorar insgesamt, ohne ausdrücklich festzuhalten, ob es sich um das allen Autoren gemeinsam geschuldete Honorar oder das Honorar für den einzelnen Autor handelt, so ist der Vertrag insofern nach Treu und Glauben mit Rücksicht auf die Verkehrssitte auszulegen. Ist als Absatzhonorar z. B. 10% angegeben, so ergeben bereits Treu und Glauben, dass dies nur das allen Autoren gemeinsam geschuldete Honorar bedeuten kann. Denn selbst bei Beteiligung von nur zwei verschiedenen Autoren könnte der Verlag ein Absatzhonorar von insgesamt 20% nicht zahlen; umgekehrt dürften nahezu alle Autoren, die einen Verlagsvertrag unterzeichnen, wissen, dass jedenfalls im Bereich von 10% das üblicherweise vereinbarte Gesamthonorar liegt. Ist umgekehrt ein Honorar von z. B. 1% oder 2% vereinbart, so liegt nahe, dass dies das für den individuellen Autor geschuldete, nicht jedoch das für alle Autoren gemeinsam vereinbarte Honorar darstellt.

5 Ist ein Absatzhonorar vereinbart, so richtet sich seine Höhe nach dem konkret geforderten Ladenpreis. Legt also z. B. der Verleger einen **Subskriptionspreis** für einen bestimmten Teil der Auflage – zumeist für verbindliche Bestellungen vor Erscheinen – fest, so schuldet er Absatzhonorar für zu diesem Preis verkaufte Werke auch nur auf Grundlage dieses Preises (LG Flensburg NJW-RR 1986, 1058 f.; a. A. LG Frankfurt BB 1984, 695 f.). Vor allem wissenschaftliche Verlage haben in den letzten Jahren zunehmend auch für Abrufe einzelner Beiträge eines wissenschaftlichen Werkes oder einer Zeitschrift eine Vergütung auf der Grundlage des pro Abruf von dem Nutzer gezahlten Entgelts vereinbart.

6 In einer Reihe von Fällen wird heute sowohl bei belletristischen Werken als auch bei Sachbüchern und teilweise auch bei größeren wissenschaftlichen Werken ein **Vorschuss** vereinbart. § 6 der Gemeinsamen Vergütungsregeln für Autoren belletristischer Werke in deutscher Sprache (abrufbar unter http://www.boersenverein.de; dazu vgl. § 36 UrhG Rn. 29 f.) sieht dies sogar als Regelfall vor. In der Praxis wird allerdings keineswegs durchgängig ein Vorschuss gezahlt. Insb. für kleinere Verlage ist es häufig wirtschaftlich nicht vertretbar, über die notwendigen Herstellungsinvestitionen hinaus auch noch das Honorar des Autors vorzuschießen. Üblicherweise wird eine Zahlung des Vorschusses in Teilen, zumeist hälftig bei Vertragsschluss und hälftig bei Erscheinen, zum Teil auch mit einem Teilbetrag bei Manuskriptablieferung, vereinbart. Die gezahlten Beträge schwanken naturgemäß stark nach Größe des Verlages und Absatzerwartungen. Sie können zwischen dem oberen dreistelligen und einem Vielfachen dieses Betrages liegen. Mangels ausdrücklicher anderer Vereinbarung ist der Vorschuss – wie das Wort bereits sagt – vollständig auf das weitere Absatzhonorars des Autors anzurechnen; er erhält also erst ein Absatzhonorar, wenn der Vorschuss verbraucht ist. Schließlich galten seit dem 1.2.2010 und bis zur Kündigung durch den BDZV zum 1. März 2017 Gemeinsame Vergütungsregeln für freie hauptberufliche Journalistinnen und Journalisten an Tageszeitungen, vereinbart zwischen dem Bundesverband Deutscher Zeitungsverleger e. V. (BDZV) einerseits und dem Deutschen Journalisten-Verband e. V. (DJV) und ver.di andererseits (abrufbar z. B. über www.bdzv.de). Seit dem 1. Mai 2013 gilt außerdem eine Gemeinsame Vergütungsregel für Bildbeiträge in Tageszeitungen (abrufbar z. B. unter http://dju.verdi.de/freie_journalisten/vergutungsregeln), die z. T. unmittelbar Mindesthonorare vorschreibt und ergänzend auf die Gemeinsamen Vergütungsregeln für freie hauptberufliche Journalistinnen und Journalisten an Tageszeitungen Bezug nimmt. Dazu näher vgl. § 36 UrhG Rn. 32 ff.

7 In der Praxis ist es ein häufiger Streitpunkt, ob ein Vorschuss zurückgefordert oder mit dem Honorar aus weiteren Werken desselben Autors verrechnet werden kann, wenn die Absatzerwartungen des Verlages deutlich hinter dem tatsächlichen Verkauf zurückbleiben. Ist der Vorschuss ausdrücklich als **Garantiehonorar** vereinbart, stellt sich diese Frage nicht; der Begriff „Garantiehonorar" bringt zum Ausdruck, dass dieser Betrag dem Autor in jedem Fall verbleiben soll (OLG Karlsruhe GRUR 1987, 912 f. – *Honorarvorschuss*; OLG Frankfurt NJW 1991, 1489 f.). In diesen Fällen dürfen jedoch nicht mehrere Garantiehonorare für verschiedene, bei demselben Verlag veröffentlichte Werke auf die unterschiedlichen Absatzhonorare des Autors verrechnet werden; eine gegenteilige Klausel in einem Verlagsvertrag wäre überraschend und deshalb unwirksam (§ 305c BGB; OLG Frankfurt NJW 1991, 1489 f.). Ist jedoch lediglich von einem „Vorschuss" die Rede, ohne dass sich aus den Umständen ein Wille des Verlages, eine Garantie zu übernehmen, ergeben würde, gilt das nicht; Vorschüsse sind mangels anderer Anhaltspunkte durchaus – und ggf. auch „quer" – verrechenbar. Der Verlag darf also in diesen Fällen noch nicht verbrauchte Vorschüsse eines Werkes mit dem Absatzhonorar aus einem anderen Werk verrechnen. Ist tatsächlich nur ein Vorschuss – im Gegensatz zu einem garantierten Mindesthonorar – gemeint, darf der Verlag jedenfalls dann, wenn das Werk garantiert in seinem Verlag nicht nochmals veröffentlicht wird (etwa bei einer Vertragsaufhebung, unter Umständen auch bei einem Rechterückruf), den überzahlten Vorschuss zurückfordern (ebenso *Russ* Rn. 20; a. A. wohl *Schricker* VerlagsR[3] Rn. 7). In der Praxis kommt dies jedoch nur äußerst selten vor.

2. Fehlen einer Vergütungsvereinbarung

8 Nach § 22 Abs. 2 ist der Verleger (nur) verpflichtet, dem Verfasser die vereinbarte Vergütung zu zahlen; eine solche Vereinbarung wird bei Schweigen des Vertrages nur angenommen, wenn eine Überlassung des Werkes den Umständen nach nur gegen eine Vergütung zu erwarten ist. Abs. 1 normiert für sich genommen keine Vermutung für eine Vergütungspflicht des Verlages. Allerdings wird § 22 Abs. 1 durch die Neufassung der §§ 11 S. 2, 32 Abs. 1 S. 2 UrhG überlagert. Danach steht dem Urheber jetzt ausdrücklich und grundsätzlich ein Anspruch auf Zahlung einer **angemessenen Vergütung** zu.

Insb. die Vermutungsregel nach § 22 Abs. 1 S. 2 ist deshalb jedenfalls auf seit **9** dem 1.6.2001 bzw. 1.7.2002 geschlossene Verträge (§ 132 Abs. 3 S. 1 und 3 UrhG) nicht mehr unmittelbar anwendbar. Für alle vorher geschlossenen Verträge gilt § 22 Abs. 1 S. 2 jedoch nach wie vor. Danach muss grundsätzlich der Verfasser die Umstände darlegen und **beweisen**, weshalb die Überlassung des Werkes nur gegen Vergütung zu erwarten war. Dies wird im Allgemeinen schon wegen der allgemeinen Üblichkeit der Vergütung keine Schwierigkeit bedeuten. Bei Dissertationen, wissenschaftlichen Rezensionen und auch wissenschaftlichen Zeitschriften geringerer Auflage war und ist es jedoch üblich, dem Autor keine Vergütung zu zahlen bzw. – vor allem bei Dissertationen – zwar möglicherweise ein Absatzhonorar zu versprechen, gleichzeitig aber einen zum Teil sehr hohen Druckkostenzuschuss vom Autor zu verlangen. In diesen Fällen sprechen also die Umstände zunächst gegen eine Vergütungspflicht des Verlages; der Autor müsste in diesen Fällen besondere Umstände, die trotz dieser Branchenüblichkeit eine Vergütung nahe legen, darlegen und ggf. beweisen. Fraglich ist hier, ob wegen der Neuregelung der §§ 11 S. 2, 32 Abs. 1 S. 2 UrhG für alle seit dem 1.7.2002 bzw. für alle zwischen dem 1.6.2001 und dem 1.7.2002 geschlossenen Verträge, deren Verwertung jedoch erst ab dem 1.7.2002 beginnt, nunmehr auch für Dissertationen, wissenschaftliche Rezensionen, Beiträge zu wissenschaftlichen Zeitschriften in bestimmten Fällen und ähnliches eine Vergütung stets geschuldet ist.

Die Gesetzesbegründung erwähnt insofern zu Recht, dass es in Ausnahmefällen **10** angemessen sein kann, dass dem Urheber oder sonstigen Berechtigten **überhaupt keine Vergütung** für seine kreative Leistung gewährt wird. Der klassische Anwendungsfall dürfte den Bereich des Drucks von Büchern mit Druckkostenzuschüssen sein, also z. B. Dissertationen (zum Verhältnis zu § 32 UrhG vgl. § 32 UrhG Rn. 62). In der Praxis sehen auch wissenschaftliche Zeitschriften teilweise von der Zahlung einer über einige Freiexemplare hinausgehenden Vergütung ab, weil derartige Artikel intensiv geprüft und lektoriert werden müssen und also teilweise bereits in der Veröffentlichung eine Art Vergütung liegt. Dabei geht es in aller Regel um Werke oder Leistungen, die für den Verwerter bei eigener Übernahme des Risikos wirtschaftlich gänzlich uninteressant wären. Demgegenüber hat der Urheber oder ausübende Künstler aber an einer Verwertung (i. d. R. Einmalnutzung) ein erhebliches (meist immaterielles) Interesse. In allen Fällen ist eine Vergütung grundsätzlich nicht für den Aufwand der **Änderungen** zu zahlen, die der Urheber auf der Grundlage seines Änderungsrechts aus § 12 vornimmt.

III. Höhe der Vergütung

Nach Abs. 2 ist eine „angemessene Vergütung in Geld" als vereinbart anzusehen, **11** wenn die Parteien die Höhe der Vergütung nicht bestimmt haben (OLG Frankfurt GRUR 1991, 601, 602 – *Werkverzeichnis*; KG v. 30.9.2005 – 5 U 37/04, S. 4, n. v.; AG Starnberg GRUR-RR 2008, 190 – *Ausfallhonorar*). Dies kann sowohl dann der Fall sein, wenn der Vertrag überhaupt keine Vergütung vorsieht bzw. zu dieser Frage schweigt oder die Parteien zwar eine grundsätzliche Vergütungspflicht im Vertrag normiert haben, jedoch zu der Höhe nichts sagen.

12   **Angemessen** im Sinne des § 22 Abs. 2 ist jedenfalls das, was auch nach §§ 32 Abs. 1 S. 2 bzw. 32 Abs. 2 i. V. m. 36 UrhG angemessen wäre, d. h. insb. das, was Gemeinsamen Vergütungsregeln entspricht. Diese bestehen bislang für den Bereich der Belletristik; dort sind sie zum 1.7.2005 in Kraft getreten (abrufbar unter http://www.boersenverein.de), und für Übersetzer (in Kraft seit 1.4.2014, abrufbar unter http://literaturuebersetzer.de/site/assets/files/1083/gvr-ueberse tzungen-2014.pdf). Danach ist für belletristische Werke ein Pauschalhonorar wohl nur noch in engen Ausnahmefällen als angemessen anzusehen; ohnehin werden heute nahezu ausnahmslos **Absatzhonorare**, d. h. ein bestimmter Prozentsatz vom sog. Nettoladenpreis – dem um die Mehrwertsteuer verminderten Ladenpreis – gezahlt. Üblicherweise liegen diese Honorare im Verlagsbereich für Hardcoverausgaben um die 10 % herum, bei sehr eingeführten oder sehr erfolgreichen Autoren auch darüber. Für Taschenbuchausgaben liegt die Vergütung heute im Regelfall zwischen 6 und 8 % vom Nettoladenpreis, bei eingeführten Autoren auch darüber. Sehr verbreitet ist auch eine Staffelung des Honorars, d. h. ein Anstieg des Prozentsatzes vom Nettoladenpreis mit Anstieg der hergestellten oder abgesetzten Exemplare (z. B. 10 % für die ersten 20.000 Exemplare, 11 % bis 40.000 Exemplare, 12 % darüber oder ähnliche Vereinbarungen). Für **E-Books** hat sich noch keine echte Brancheübung herausgebildet. Die VG Wort hält im Belletristikbereich (einschließlich Kinder- und Jugendbuch) 17-20 % für angemessen, für wissenschaftliche und Fachliteratur eher 10 %-20 % (Bekanntmachung vom 28.11.2014 zu § 137l Abs. 5 UrhG im Printbereich, abrufbar unter http://www.vgwort.de/fileadmin/pdf/tarif_uebers icht/141210_Tarif_137l_print_2014_.pdf). Nach der jüngeren Rechtsprechung des Bundesgerichtshofes (zuletzt BGH GRUR 2011, 328, im Ls. – *Destructive Emotions*) beträgt die angemessene Absatzvergütung für Übersetzer grundsätzlich 0,8 % bei Hardcover- und 0,4 % bei Taschenbuchausgaben, wobei die Vergütung jedoch erst ab dem jeweils 5.000. Exemplar zu zahlen ist; diese Vergütung ist zusätzlich zu einem üblichen Seitenhonorar zu zahlen (BGH GRUR 2011, 328, im Ls. – *Destructive Emotions*). Die Gemeinsame Vergütungsregel für Übersetzer sieht ein Grundhonorar pro Normseite – seit 1.1.2015 19 € bzw. 23 € bei anspruchsvollen Übersetzungen – vor, zu dem ein Absatzhonorar hinzukommt, das nach Auflage gestaffelt ist und von 1 % (bis 5.000 Exemplare), 0,8 % (vom 5.001. bis 10.000. Exemplar) bis 0,6 % (ab dem 10.001. Exemplar) reicht (näher vgl. § 36 UrhG Rn. 31). Diese Sätze ebenso wie die Gemeinsamen Vergütungsregeln für belletristische Werke gelten allerdings für Bildbände, Designbücher und ähnliche Werke nicht ohne weiteres, weil Druck- und Papierkosten, der Aufwand für die Beschaffung der Bildrechte und geeigneter Vervielfältigungsvorlagen, z. T. auch Lager- und Transportkosten häufig ungleich höher sind als für Werke, die nur aus Text bestehen (LG Köln GRUR-RR 2013, 54 – *Designbücher*). Bei Zeitungen und Zeitschriften sind ohnehin **Zeilen- oder Spaltenhonorare** üblich (dazu AG Starnberg GRUR-RR 2008, 190 – *Ausfallhonorar*). Die Höhe schwankt zwischen Publikums- und wissenschaftlichen Zeitschriften auf der einen und Zeitungen auf der anderen Seite zum Teil ganz erheblich und ist sehr stark von der Auflagenzahl der Publikation abhängig. Heute halten die meisten Regelungen fest, dass durch das Zeilen-/Spaltenhonorar auch die **parallele Onlinenutzung**, die gerade bei Zeitungen üblich ist, mit abgegolten ist. Dies dürfte im Regelfall angemessen i. S. d. §§ 22 VerlG, 32 UrhG sein, sodass der Autor dann keine gesonderte Vergütung verlangen kann.

13   Auch ein **Vorschuss** ist grundsätzlich kein Teil der angemessenen Vergütung. Ein Vorschuss wird zwar gerade im Bereich der Belletristik in einigen Fällen gezahlt; er ist jedoch nicht systematisch, weil insb. für kleinere Verlage ein Vorschuss häufig wirtschaftlich nicht gut vertretbar ist. Darüber hinaus schwanken die Vorschüsse sehr stark je nach Größe und Absatzerwartungen des Verlages bzw. dem potentiellen Publikum des Werkes. In der Praxis trifft man durchaus Vorschusszahlungen noch im – wenn auch oberen – dreistelligen Bereich an; auf der anderen Seite werden zum Teil auch Vorschüsse, die ein Vielfaches der eben genannten Beträge ausmachen, gezahlt.

§ 23

[1] **Die Vergütung ist bei der Ablieferung des Werkes zu entrichten.** [2] **Ist die Höhe der Vergütung unbestimmt oder hängt sie von dem Umfange der Vervielfältigung, insbesondere von der Zahl der Druckbogen, ab, so wird die Vergütung fällig, sobald das Werk vervielfältigt ist.**

I. Allgemeines

§ 23 regelt – dispositiv – die **Fälligkeit** des dem Autor geschuldeten Honorars. **1** Unmittelbar betrifft die Regelung nur die Fälle, in denen eine andere Vergütung als das – heute ganz überwiegend übliche – Absatzhonorar (s. § 24 VerlG) vereinbart worden ist, also z. B. Vereinbarungen eines Pauschalhonorars oder eines pro vervielfältigtem (nicht abgesetztem!) Exemplar berechneten Honorars. Zur Fälligkeit des Absatzhonorars vgl. § 24 VerlG Rn. 2. Die Fälligkeitsregelung gilt grds. auch für Beiträge zu periodischen Sammelwerken (vgl. § 41 VerlG Rn. 8). Zur Fälligkeit von Nebenrechtserlösen vgl. § 24 VerlG Rn. 2.

Da im VerlG eine Regelung über den **Ort der Leistung** der Autorenvergütung **2** fehlt, gelten §§ 269, 270 BGB. Der Verlag muss also z. B. an einen im Ausland ansässigen Autor auf eigene Gefahr und eigene Kosten das vereinbarte Honorar zahlen.

II. Fälligkeit bei Ablieferung oder nach Vervielfältigung

1. Fälligkeit bei Ablieferung, § 23 S. 1

Nach der Grundregel des S. 1 ist eine vereinbarte (pauschale oder Grund-) **3** Vergütung bei Ablieferung eines nach § 10 und § 31 **vertragsgemäßen Werkes** zu entrichten. Liefert der Autor das Manuskript in einem nicht zur Vervielfältigung geeigneten Zustand ab (§ 10), ist das Werk sonst – weil es etwa vertraglichen Vorgaben für den Inhalt nicht entspricht – nicht vertragsgemäß oder kann der Verfasser dem Verlag das Verlagsrecht nicht (ausschließlich) einräumen, kann der Verlag nach §§ 320 ff. BGB die Zahlung der Vergütung verweigern. Allerdings steht das Recht aus § 320 BGB unter dem Vorbehalt von Treu und Glauben; der Verlag kann also wegen nur geringfügiger Mängel oder wegen nach dem Gesamtumfang des Werkes vereinzelter Korrekturen die Zahlung der Vergütung nicht verweigern (BGH GRUR 1960, 642, 645 – *Drogistenlexikon*). Der Verlag kann grds. die Zahlung der Vergütung ebenfalls nicht zurückstellen, wenn der Autor sein Werk nicht rechtzeitig Korrektur liest, da der Autor – wenn nicht im Vertrag etwas anderes vereinbart ist – zur Korrektur nur berechtigt, nicht jedoch verpflichtet ist, § 20.

Ist für **mehrere Auflagen** eine jeweils neue Vergütung vereinbart worden, so **4** wird die Weitervergütung jeweils mit Ablieferung des bearbeiteten Manuskripts oder der Erklärung des Autors, dass das Werk unverändert erscheinen solle, fällig. Dies gilt in aller Regel auch für den heute eher seltenen Fall, dass das Werk in Abteilungen erscheinen soll. Soll das Werk hingegen in einem Zug veröffentlicht werden, der Verfasser jedoch das Recht haben, das Manuskript in Teilen abzuliefern, so wird mangels anderweitiger Regelung die Vergütung nicht mit jeder Teilablieferung tw., sondern erst mit Ablieferung des letzten Teilmanuskripts fällig (*Schricker* VerlagsR[3] Rn. 8).

5 Zweifelhaft ist, ob § 23 S. 1 auch die Fälligkeit eines vereinbarten **Vorschusses** auf das Absatzhonorar regelt, wenn im Vertrag nichts vereinbart worden ist. Zwar muss der Vorschuss denknotwendig vor dem eigentlichen Absatzhonorar fällig werden. Er ist aber andererseits Teil des Absatzhonorars, das nach der Regelung des § 24 grds. jährlich, d. h. erst nach Beginn der eigentlichen Verwertung, fällig wird (vgl. § 24 VerlG Rn. 4). Ein Vorschuss auf ein Absatzhonorar wird deshalb mangels anderweitiger Anhaltspunkte im Vertrag nicht bereits mit Ablieferung, sondern erst – allerdings auch spätestens – mit Erscheinen des Werkes fällig.

2. Fälligkeit nach Vervielfältigung, § 23 S. 2

6 Ist die Höhe der Vergütung nicht bestimmt und also die angemessene Vergütung zu entrichten (§ 22 Abs. 2) oder hängt die Höhe der Vergütung von dem Umfang der Vervielfältigung, vor allem von der Zahl der Druckbögen, ab, kann die Höhe der Vergütung erst nach dem Abschluss der Vervielfältigung bestimmt werden. Nach richtiger Auffassung ist die Vervielfältigung i. S. d. § 23 S. 2 allerdings nicht erst dann abgeschlossen, wenn der Verlag alle geplanten Exemplare hergestellt hat. Denn dies würde gerade heute, wo zahlreiche Verlage auch eine Auflage zum Teil in mehreren Teildrucken herstellen, die Fälligkeit des Honorars für den Autor mitunter unzumutbar – und nicht beeinflussbar – verzögern. Die **Vervielfältigung** ist deshalb **abgeschlossen**, wenn ein Druckgang vollendet ist, weitere Exemplare also erst nach einer deutlichen Pause hergestellt werden sollen (anders *Schricker* VerlagsR[3] Rn. 6). Wann dies der Fall ist, lässt sich in der Regel auch von außen einigermaßen sicher bestimmen; insoweit wird den Interessen des Autors genüge getan.

7 **Beiträge für periodische Sammelwerke** werden in aller Regel nach Zeilen oder Spalten honoriert. Da diese erst mit dem Abschluss der Vervielfältigung feststehen, wird das Honorar auch erst dann fällig, § 23 S. 2. Eine Ausnahme gilt allerdings dann, wenn der Verlag die Veröffentlichung eines bereits abgenommenen Werks endgültig ablehnt; das Honorar ist dann sofort – mit der Ablehnung – fällig (AG Starnberg GRUR-RR 2008, 190 – *Ausfallhonorar*). Bei zahlreichen Zeitungen und Zeitschriften wird jedoch das Honorar nur monatlich oder – seltener – vierteljährlich abgerechnet, um insb. die häufig geringfügigen Honorare für kleine Beiträge nicht mit wirtschaftlich unvernünftigem Abrechnungsaufwand auszahlen zu müssen. Diese Vorgehensweise ist heute so weit verbreitet, dass man für den Regelfall annehmen kann, der Autor habe dieser Abrechnungsweise zugestimmt, wenn er sich nichts anderes vorbehält oder ausdrücklich etwas anderes mit dem Verlag vereinbart (*Schricker* VerlagsR[3] Rn. 9). Zu den Regelungen in den relevanten Tarifverträgen vgl. § 38 UrhG Rn. 12.

§ 24

Bestimmt sich die Vergütung nach dem Absatze, so hat der Verleger jährlich dem Verfasser für das vorangegangene Geschäftsjahr Rechnung zu legen und ihm, soweit es für die Prüfung erforderlich ist, die Einsicht seiner Geschäftsbücher zu gestatten.

I. Allgemeines

Heute wird in Verlagsverträgen nahezu ausnahmslos – zunehmend auch für **1**
Übersetzer, vgl. § 32 UrhG Rn. 87 ff., vgl. § 22 VerlG Rn. 12 – ein **Absatzhono-
rar** vereinbart. Selbst in Bestellverträgen (vgl. § 47 VerlG Rn. 1 f.) wird die
Vergütung des Autors regelmäßig nach dem Absatz – in aller Regel nach dem
Nettoladenpreis – berechnet. Nach § 24 muss der Verlag in diesen Fällen dem
Autor jährlich für das jeweils vorangegangene Geschäftsjahr – heute nahezu
ausnahmslos das Kalenderjahr – Rechnung legen und ihm, (nur) soweit es für
die Prüfung erforderlich ist, Einsicht in seine Bücher gestatten.

Indirekt enthält § 24 damit auch eine Regelung zur **Fälligkeit** des Absatzhono- **2**
rars: Das Honorar kann frühestens mit Rechnungslegung fällig werden, also
jedenfalls nicht vor Ende des Geschäftsjahres bzw. innerhalb einer für die Erstellung der Abrechnung erforderlichen und angemessen Frist danach. Üblicherweise wird heute Abrechnung innerhalb der auf das Ende des Geschäftsjahres folgenden drei Monate (d. h. in der Praxis bis 31. März) und Zahlung
innerhalb einer relativ kurzen Frist nach Abrechnung – häufig im Laufe des
Monats April – vereinbart. Mangels anderer Vereinbarung gilt § 24 einschließlich seiner Fälligkeitsregelung auch für Erlöse aus der **Nebenrechtsverwertung**.

Im Übrigen ist § 24 in vollem Umfang **dispositiv**; zu den durch §§ 305 ff. BGB **3**
gezogenen Grenzen allg. vgl. Vor §§ 31 ff. UrhG Rn. 192 ff.

II. Rechnungslegung

Nach § 24 muss der Verlag dem Autor jährlich für das jeweils vorangegangene **4**
Geschäftsjahr über den **Absatz** Rechnung legen, wenn ein Absatzhonorar vereinbart worden ist. In aller Regel berechnet sich das Absatzhonorar nach dem
Nettoladenpreis der tatsächlich abgesetzten Exemplare, also der Exemplare,
die der Verlag fest verkauft (übereignet) hat. Bei Verkauf unter **Eigentumsvorbehalt** ist das betreffende Exemplar erst in diesem Sinne abgesetzt, wenn z. B.
der Großhändler das Werk an einen Dritten ohne Eigentumsvorbehalt übereignet hat oder das Exemplar bezahlt ist. Werden Exemplare – wie in der Praxis
häufig – unter der auflösenden Bedingung einer **Remission** – d. h. einer Rückgabe durch den Buchhändler oder Grossisten unter bestimmten Voraussetzungen, bei Erstattung oder Verrechnung des gezahlten Preises – veräußert, sind
diese Exemplare zunächst einmal abgesetzt, sodass der Verlag über diese Exemplare am Ende des Geschäftsjahres abrechnen muss. Erfolgt danach eine
Remission, darf der Verlag die insofern bereits abgerechnete und ggf. ausge-
zahlte Vergütung jedoch wieder abziehen (wie hier *Russ* Rn. 4; a. A. wohl
Schricker VerlagsR[3] Rn. 3). Dies entspricht der Praxis nahezu aller Verlage.

Die Rechnungslegung des Verlages gegenüber dem Autor muss, da sie nur **5**
Grundlage der Berechnung des Absatzhonorars sein soll, grundsätzlich nur die
relevanten Angaben über den Absatz enthalten. Weitere Angaben wie z. B. zu
den Herstellungskosten oder dem Verlagsabgabepreis muss der Verlag dem Autor ohne anderweitige Vereinbarung nicht zugänglich machen. Auch über die
Verwendung der Zuschuss- und Freiexemplare (§ 6) schuldet der Verlag grds.
keine Rechenschaft (vgl. § 6 VerlG Rn. 10). Enthalten muss die Abrechnung

aber selbstverständlich die Angabe des Nettoladenpreises. Zu den Einzelheiten
der Abrechnung im **Musikverlag** und den Details, die sie nennen muss, OLG
Hamburg ZUM-RD 2011, 480 ff.

6   Rechnet der Verlag nicht ordnungsgemäß ab, muss der Verfasser zunächst seinen Erfüllungsanspruch durchsetzen; die Abrechnung ist i. d. R. nur Nebenpflicht, sodass der Autor bei Nichterfüllung nicht zurücktreten und auch nicht
ohne weiteres aus wichtigem Grund den Vertrag kündigen kann, wenn es sich
nicht um langjährige Verstöße handelt (OLG Celle NJW 1987, 1423, 1425 –
Arno Schmidt; s. aber OLG Hamburg ZUM-RD 2011, 480 ff. (Musikverlag);
OLG Stuttgart v. 25.3.1992 – 4 U 249/91; OLG München v. 11.5.1995 – 29
U 1508/95, beide verfügbar bei juris). Legt der Verlag dann eine Abrechnung
vor, die der Autor für unvollständig oder unrichtig hält, kann er – neben seinem
Einsichtsrecht, vgl. Rn. 7 – nur noch eine eidesstattliche Versicherung über
die Richtigkeit und Vollständigkeit der gemachten Angaben nach § 260 BGB
verlangen (dazu OLG München ZUM 2002, 485 (Ls.)).

III. Das Einsichtsrecht des Autors

7   Bereits nach dem Wortlaut des § 24 muss der Verlag dem Autor eine Einsicht in
die eigenen Bücher nur insoweit gestatten, als es für die Prüfung der Abrechnung
über das Absatzhonorar erforderlich ist. Der Verlag muss also nur in die Bereiche
Einsicht gewähren, die Informationen über den Absatz enthalten. Ob der Verfasser das ihm nach der Abrechnung zustehende Honorar bereits voll erhalten hat
oder nicht, ist insofern unerheblich; denn der Verfasser wird vor allem dann Einsicht nehmen wollen, wenn er die Abrechnung für unvollständig oder unrichtig
hält. Der Verlag muss dem Autor nur die Einsicht (vor Ort) gestatten, ihm also
nicht etwa die Bücher oder Kopien der relevanten Passagen zusenden. Das Einsichtsrecht aus § 24 VerlG setzt einen **Auskunftsanspruch** des Autors stillschweigend voraus. Der Verlag muss insofern dem Autor Auskunft über die relevanten
Umstände wie z. B. die in dem betreffenden Abrechnungszeitraum verkaufte **Ge-
samtstückzahl** und vor allem **erteilte Lizenzen** – den Lizenznehmer, die Rahmenbedingungen wie eingeräumte Nutzungsrechte, Dauer und Lizenzgebiet, Vergütung
usw. – geben (dazu näher OLG Brandenburg ZUM 2013, 267, 270).

8   In der Vertragspraxis wird heute i. d. R. vereinbart, dass der Autor die Bücher
selbst oder (zum Teil auch: nur) durch einen zur Verschwiegenheit verpflichteten Fachmann (Rechtsanwalt, Steuerberater, Wirtschaftsprüfer) einsehen darf.
Nach den gängigen vertraglichen Regelungen trägt der Verlag die Kosten, wenn
sich aus der Buchprüfung **Abweichungen** – nach verbreiteter Regelung erst bei
Abweichungen von mindestens 5% – ergeben. Ist die Abrechnung richtig
oder – bei entsprechender Vereinbarung – ergeben sich keine wesentlichen Abweichungen, trägt die Kosten der Verfasser, § 280 BGB.

9   Hat der ursprüngliche Verlag – etwa im Wege eines **Lizenzvertrages** – einen
weiteren Verlag eingeschaltet, mit dem der Autor selbst nicht in einer direkten
vertraglichen Beziehung steht, darf dies den Autor im Hinblick auf seine Rech-
nungslegungs- und Einsichtsrechte nicht schlechter stellen. Der Autor kann deshalb von dem ursprünglichen Verlag verlangen, dass dieser gegenüber dem
weiteren Verlag einen – in aller Regel – vertraglich vereinbarten Buchprüfungs-
vorbehalt geltend macht und dem Autor das Ergebnis mitteilt (OLG Hamburg
ZUM-RD 2002, 537 – *Journalistenleben* (Ls.)).

10   Ist der Autor – was heute nur selten vorkommt – am **Reingewinn** des Verlages
beteiligt, kann er Auskunft über alle für die Gewinnberechnung relevanten
Umstände (Herstellungs- und Vertriebskosten, allgemeine Unkosten, Verlags-
abgabepreise und Rabatte, Verlagsgewinn usw.) fordern und vor diesem Hin-

tergrund deutlich umfassender als bei einem reinen Absatzhonorar auch die Bücher des Verlages prüfen (lassen).

§ 25

(1) ¹Der Verleger eines Werkes der Literatur ist verpflichtet, dem Verfasser auf je hundert Abzüge ein Freiexemplar, jedoch im Ganzen nicht weniger als fünf und nicht mehr als fünfzehn zu liefern. ²Auch hat er dem Verfasser auf dessen Verlangen ein Exemplar in Aushängebogen zu überlassen.

(2) Der Verleger eines Werkes der Tonkunst ist verpflichtet, dem Verfasser die übliche Zahl von Freiexemplaren zu liefern.

(3) Von Beiträgen, die in Sammelwerken erscheinen, dürfen Sonderabzüge als Freiexemplare geliefert werden.

I. Allgemeines

§ 25 regelt, dass und wie viele Freiexemplare der Verlag dem Autor eines einzelnen Schrift- oder musikalischen Werkes oder eines Beitrages zu einem Sammelwerk zu liefern hat. Die Vorschrift ist in vollem Umfang **dispositiv**; sie hat heute nur noch geringe praktische Bedeutung, weil in nahezu jedem Verlagsvertrag die Zahl der zu liefernden Freiexemplare, zum großen Teil einschließlich deren Verwendung durch den Urheber, geregelt ist, z. B. § 6 Normvertrag Buch (Fassung ab 1.1.2014, abrufbar unter http://www.boersenverein.de); § 13 Normvertrag Übersetzer (Fassung ab 1.7.1992; abrufbar unter http://www.boersenverein.de); § 14 Mustervertrag der Vertragsnormen für wissenschaftliche Verlagswerke (Fassung 2000, abrufbar unter http://www.boersenverein.de). **1**

§ 25 Abs. 1 S. 2, wonach der Verlag dem Verfasser auf dessen Verlangen ein Exemplar des Werkes in **Aushängebogen** überlassen muss, ist praktisch nicht mehr relevant. Aushängebogen sind die Druckbogen des Werkes nach vorgenommener Korrektur. Dementsprechend enthalten die heutigen Musterverträge keinerlei diesbezügliche Regelung mehr. **2**

II. Freiexemplare

1. Allgemeines

Die Verpflichtung des Verlages zur Lieferung von Freiexemplaren gilt für jede neue Auflage und für jede gesonderte Ausgabe, und zwar grundsätzlich – außer an Autoren von Beiträgen zu einem Sammelwerk – in der **Ausstattung**, die auf dem Markt verbreitet wird. Wird ein Werk innerhalb einer **Auflage/Ausgabe** nur in unterschiedlichen Einbänden hergestellt, so bedeutet dieser unterschiedliche Einband (z. B. Broschierung und Leinen) in aller Regel keine unterschiedlichen Ausgaben, sodass der Verlag die vertraglich oder in § 25 vorgesehenen Freiexemplare dem Verfasser jeweils anteilig im Verhältnis der Anteile des jeweiligen Einbandes zur Gesamtzahl hergestellter Exemplare liefern muss. Abweichend von § 269 BGB liefert der Verlag dem Autor branchenüblich die Freiexemplare an dessen Wohnort auf Kosten des Verlages. **3**

4 Freiexemplare sind nicht Teil der dem Autor geschuldeten **Vergütung**, die grundsätzlich als in Geld vereinbart gilt (§ 22 Abs. 2). Insofern können die Parteien zwar selbstverständlich anderes vereinbaren; dies ist aber jedenfalls für Printwerke ungewöhnlich. Allerdings kann eine ungewöhnlich große Zahl überlassener Freiexemplare durchaus bei der Prüfung weiterer Beteiligungsansprüche des Urhebers aus § 32a UrhG zugunsten des Verlages berücksichtigt werden.

2. Anzahl der Freiexemplare

5 Nach § 25 Abs. 1 S. 1 erhält der Urheber eines „Werkes der Literatur" – nach ganz allg. A. weit auszulegen als jedes Werk, das nicht ein Beitrag zu einem Sammelwerk oder ein Werk der Tonkunst ist – ein Freistück pro 100 Exemplare, jedoch mindestens fünf und höchstens fünfzehn, unabhängig von der Höhe der Auflage. Haben **mehrere Urheber** ein Werk als Miturheber verfasst, gelten diese Zahlen für alle gemeinsam, sodass jeder anteilig Freiexemplare erhält. Bei **Musikwerken** (Abs. 2) muss der Verlag dem Verfasser nur die „übliche" Zahl von Freiexemplaren liefern. Diese Zahl, die ohnehin vertraglich meist fest vereinbart wird, schwankt stark nach Typus und Umfang des betreffenden Stückes. So wird der Verlag von einer Oper oder einer Symphonie – wenn überhaupt – allenfalls wenige Freiexemplare der Gesamtpartitur oder gar des gesamten Stimmensatzes liefern (müssen); von einem kurzen Lied verpflichtet er sich häufig, zehn bis fünfzehn Freiexemplare zu liefern.

6 Bei **Beiträgen zu Sammelwerken**, § 25 Abs. 3, muss der Verlag dem betreffenden Urheber nicht Freistücke des gesamten Sammelwerkes, sondern nur die in Abs. 1 genannte Zahl von Sonderabzügen seines Beitrages zur Verfügung stellen. Die Regelung gilt sowohl für Sprachwerke als auch für Musik- oder weitere in einem Sammelwerk versammelte Werkarten, jedoch nicht für den **Herausgeber** des Sammelwerks, der Freiexemplare des gesamten Sammelwerkes beanspruchen kann. Üblicherweise muss der Verlag hier jedoch nicht die in § 25 genannte Zahl zur Verfügung stellen, sondern der Herausgeber erhält zwei bis fünf Exemplare. Obwohl Sonderabzüge terminologisch im Gegensatz zu den Sonderdrucken (die einen separaten Umschlag besitzen) bloße Abzüge des Drucksatzes sind, werden heute in aller Regel sog. Sonderdrucke – d. h. einzelne Beiträge mit eigenem Umschlag, der die Titelseite des Sammelwerkes wiedergibt – hergestellt und dem Verfasser als Freiexemplar geliefert. Gar keine Freiexemplare muss der Verlag liefern für die Urheber von Beiträgen zu einer **Zeitung**, § 46 Abs. 1 (vgl. § 46 VerlG Rn. 2).

3. Verfügung über Freiexemplare

7 Der Autor kann grundsätzlich über die erhaltenen Freiexemplare frei verfügen, sie weiterverschenken, verkaufen usw. In aller Regel wird jedoch im Vertrag geregelt, dass der Verfasser die Freiexemplare nicht weiterverkaufen darf (z. B. § 6 Abs. 3 Normvertrag Buch oder § 14 Abs. 3 Vertragsnormen für wissenschaftliche Verlagswerke, vgl. Rn. 1).

§ 26

Der Verleger hat die zu seiner Verfügung stehenden Abzüge des Werkes zu dem niedrigsten Preise, für welchen er das Werk im Betriebe seines Verlagsgeschäfts abgibt, dem Verfasser, soweit dieser es verlangt, zu überlassen.

Übersicht   Rn.

I. Allgemeines

§ 26 regelt den Verkauf von Exemplaren des Werkes an den Urheber zum sog. **1**
Autorenrabatt. Nach § 26, der im vollem Umfange **dispositiv** ist, muss der
Verlag dem Autor, wenn und soweit dieser es verlangt, die noch zur Verfügung
des Verlages stehenden Exemplare zu dem für mangelfreie Werke jeweils praktizierten Verlagsabgabepreis überlassen. Dies lässt § 7 Abs. 1 Nr. 2 BuchPrG
ausdrücklich zu (zum BuchPrG vgl. § 21 VerlG Rn. 1). Üblicherweise regelt
der Verlagsvertrag bereits unmittelbar den dem Autor gewährten Rabatt (§ 6
Nr. 2 Normvertrag Buch (Fassung 1.4.1999), abrufbar unter http://www.boer-
senverein.de; § 14 Abs. 1 S. 2 der Vertragsnormen für wissenschaftliche Verlagswerke (Fassung 2000, abrufbar unter http://www.boersenverein.de). Die
früheren sog. **Hörerscheine**, die es Studenten oder Teilnehmern an bestimmten
Kursen ermöglichten, bestimmte Werke des Dozenten im Buchhandel mit einem Rabatt von 10 bis 25% zu erwerben, sind durch das BuchPrG (leider)
unzulässig geworden.

II. Ankaufsrecht des Verfassers

Enthält der Vertrag keine ausdrückliche Regelung – was heute nur äußerst **2**
selten vorkommt –, muss der Verlag dem Autor, der dies verlangt, Exemplare
seines Werkes grundsätzlich zum niedrigsten für unbeschädigte Werke praktizierten Buchhandelspreis, nicht jedoch zum Selbstkostenpreis, zur Verfügung
stellen. Üblicherweise liegt der **Verlagsabgabepreis** je nach Ausstattung und
Ausgabe zwischen 25 und fast 50% unter dem Nettoladenpreis. Verramscht
der Verlag das Werk, muss er zunächst nach §§ 8, 7 Abs. 1 Nr. 4 BuchPrG
den Ladenpreis aufheben. Es gilt dann der **Ramschabgabepreis** des Verlages,
bezüglich dessen der Verlag aber keiner Preisbindung mehr unterliegt. Der Autor ist in der **Zahl der Exemplare**, die er auf diesem Wege vom Verlag erwerben
kann, weder nach der gesetzlichen Regelung noch nach den verbreiteten Musterverträgen beschränkt. Jedenfalls theoretisch kann er also die gesamte noch
beim Verlag vorhandene Restauflage ankaufen und damit – wenn Rechte nur
für eine Auflage eingeräumt worden sind – das Vertragsverhältnis erlöschen
lassen, § 29 Abs. 1.

Das Ankaufsrecht besteht grundsätzlich auch für den Verfasser eines Beitrages **3**
zu einem **Sammelwerk**. Die Streitfrage, ob der Autor nur eine Überlassung
seines eigenen Beitrages oder aber des Sammelwerkes insgesamt zu einem Vorzugspreis verlangen kann, ist in der Praxis zumeist irrelevant, weil die vertraglichen Regelungen sich in aller Regel auf den Kauf des Sammelwerkes insgesamt
beziehen. Ohnehin wäre es für den Verlag meist deutlich aufwendiger, jedem
Verfasser eines einzelnen Beitrages Sonderdrucke zum Vorzugspreis zur Verfügung stellen zu müssen, als den einzelnen Autoren schlicht das gesamte Sammelwerk zu einem Vorzugspreis zu überlassen. Wie § 25 gilt § 26 nicht für Beiträge zu **Zeitungen**, § 46 Abs. 2 (vgl. § 46 VerlG Rn. 3).

Grundsätzlich darf der Verfasser über die zu einem Vorzugspreis vom Verlag **4**
angekauften Exemplare frei **verfügen**. Allerdings enthalten die verbreiteten
Musterverträge alle ein Verbot für den Verfasser, diese Exemplare weiterzuver-
äußern (z. B. § 14 Abs. 3 der Vertragsnormen für wissenschaftliche Werke; § 6
Nr. 3 Normvertrag Buch).

§ 27

**Der Verleger ist verpflichtet, das Werk, nachdem es vervielfältigt worden ist,
zurückzugeben, sofern der Verfasser sich vor dem Beginne der Vervielfältigung die Rückgabe vorbehalten hat.**

I.   Allgemeines

1   Nach § 27 muss der Verlag das Manuskript des Werkes dem Autor schon nach der Vervielfältigung – und nicht erst nach dem Ende des Verlagsvertrags – zurückgeben, wenn dieser sich die zeitige Rückgabe vorbehalten hat. Hat der Verfasser keinen entsprechenden Vorbehalt erklärt, erwirbt der Verlag deshalb nicht etwa das Eigentum an dem Manuskript; er darf nur das Manuskript bis zum Ende des Vertrages bei sich behalten. § 27 betrifft nur den Besitz am Manuskript für die Dauer des bestehenden Vertragsverhältnisses (s. BGH GRUR 1999, 579, 580 – *Hunger und Durst*; BGH GRUR 1969, 551, 552 f. – *Der deutsche Selbstmord*; OLG München GRUR 1984, 516, 517 – *Tierabbildungen*). Die Vorschrift ist allerdings in vollem Umfange **dispositiv** (vgl. Rn. 2).

II.   Rückgabe des Manuskripts

2   Ist im Vertrag nichts Ausdrückliches geregelt, erwirbt der Verlag mit der Ablieferung des Manuskripts kein Eigentum daran. Er hat vielmehr für die Laufzeit des Verlagsvertrages nur ein **Besitzrecht**; hat der Verfasser sich eine Rückgabe nach dem Abschluss der Vervielfältigung vorbehalten, so muss er bereits dann das Manuskript zurückgeben, § 27. Bei **Sprachwerken** ist dies in aller Regel unproblematisch. Haben die Parteien allerdings ausdrücklich vereinbart, dass der Verlag **Eigentum** an dem Manuskript erwerben soll, so kann der Autor auch nach dem Ende des Verlagsvertrages das Manuskript nicht zurückverlangen; insofern enthält § 27 keinen entsprechenden Rechtsgedanken (OLG München NJW-RR 2000, 777 – *Tödliche Intrigen*). Anders ist dies allerdings bei **Musikwerken**. Obwohl in Musikverlagsverträgen üblicherweise vereinbart wird, dass der Verlag das Eigentum am Manuskript erhält, gilt dies wegen Treu und Glauben nur für die Dauer des Verlagsvertrages (BGH GRUR 1999, 579, 580 – *Hunger und Durst*). Denn im Musikverlag werden Noten häufig nicht auf der Grundlage eines Manuskriptes gedruckt, sondern (noch) schlicht unter Verwendung des Originalmanuskripts fotokopiert oder in ähnlicher Weise vervielfältigt. Der Komponist benötigt in aller Regel das Originalmanuskript, wenn er nach der Beendigung eines Verlagsverhältnisses das Werk neu in Verlag geben will. Der Musikverleger ist deshalb verpflichtet, dem Komponisten bei vorzeitiger oder regulärer Beendigung des Verlagsvertrages das Eigentum zurückzugewähren und die entsprechenden Manuskripte an den Komponisten herauszugeben (BGH GRUR 1999, 579, 580 – *Hunger und Durst*).

3   Da der Verlag das Manuskript mangels ausdrücklicher anderweitiger Regelung bei allen Werken jedenfalls mit **Ende des Vertragsverhältnisses** dem Autor zurückgeben muss, muss er dies auch dann tun, wenn er mit der Vervielfältigung noch nicht begonnen hatte oder diese noch nicht beendet war, unabhängig davon, ob der Verfasser einen entsprechenden Vorbehalt erklärt hatte. Denn das Besitzrecht gilt grundsätzlich nur für die Dauer des Verlagsverhältnisses.

4   Bei außerhalb von Verträgen übersandten Manuskripten – z. B. zur Prüfung, und insb. für **unverlangt eingesandte Manuskripte** – trifft den Verlag i. d. R. (nur) eine Verwahrungspflicht, § 690 BGB. Der Verlag muss grundsätzlich dem Autor das Manuskript unbeschädigt (und ohne Notizen und ähnliches) zurückgeben. Bei Zeitungen und Zeitschriften wird jedoch üblicherweise ein unverlangt eingesandtes Manuskript nur zurückgegeben, wenn der Autor es abholt oder einen Freiumschlag beigefügt und den Verlag zur Rückgabe entsprechend aufgefordert hat. Hat der Autor dies nicht getan, kann er den Verlag angesichts dieser Branchenüblichkeit nicht wegen eines Verlustes des Manuskripts in Haftung nehmen.

§ 28   *(aufgehoben)*

I. Allgemeines

§ 28 wurde mit Wirkung mit vom 1.7.2002 im Zuge der Urhebervertrags-   **1**
rechtsreform aufgehoben. Nunmehr gilt auch im Bereich des VerlG ausschließlich § 34 UrhG. Vgl. § 34 UrhG Rn. 5, 47.

II. Frühere Regelung und Verhältnis zum UrhG

Nach § 28 waren Verlagsrechte grundsätzlich übertragbar, solange nichts ande-   **2**
res vereinbart war. Für die Übertragung von Rechten an einzelnen Werken bestand jedoch eine Zustimmungspflicht des Urhebers, die nur aus wichtigem Grund verweigert werden durfte. Vorgesehen war ferner eine Fiktion der Zustimmung, wenn sich der Urheber zwei Monate nach Aufforderung durch den Verleger nicht erklärt hatte. Schließlich enthielt § 28 Regelungen im Fall der Rechtsnachfolge des Verlegers. Das Verhältnis des § 28 zu § 34 UrhG war bis zur Urhebervertragsrechtsreform 2002 streitig. Vertreten wurde einerseits dessen Geltung, aber modifizierte Anwendung (*Schricker* VerlagsR[3] Rn. 1), nach anderer Auffassung war § 28 gegenstandslos (unsere 9. Aufl./*Hertin* Rn. 3 m. w. N.). Diese Frage erübrigt sich mit Aufhebung des § 28 endgültig. Denn § 28 ist ohne jede Übergangsfrist außer Kraft getreten. Die Regelung des § 132 Abs. 3 S. 1 UrhG, die eine Fortgeltung des alten Rechts für bis zum 30.6.2002 geschlossene Verträge anordnet, bezieht sich ausdrücklich nur auf das UrhG („dieses Gesetzes"). Mangels Übergangsvorschrift findet § 28 also bei Übertragungen nach dem 1.7.2002 auch dann keine Anwendung mehr, wenn der betreffende Verlagsvertrag bis zum 30.6.2002 geschlossen wurde; auf vor dem 1.7.2002 abgeschlossene Übertragungen bleibt der erst zum 1.7.2002 aufgehobene § 28 anwendbar (Wandtke/Bullinger/*Wandtke/Grunert*[3] § 34 UrhG Rn. 42; i. E. auch *Russ* Rn. 12 ff.; Ulmer-Eilfort/Obergfell/*Ulmer-Eilfort* Rn. 4; a. A. Schricker/Loewenheim/*Ohly*[5] § 34 Rn. 6; s. a. BVerfG NJW 2006, 1724 f.), sondern nur noch § 34 UrhG a. F. (vgl. § 34 UrhG Rn. 47).

§ 34 UrhG gilt unabhängig davon, wann der betreffende Verlagsvertrag abge-   **3**
schlossen wurde, für jede Übertragung der Verlegerrechte (nicht Nutzungsrechtseinräumung!) seit 1.7.2002. Für vorher erfolgte Übertragungen kann § 28 weiterhin zur Anwendung kommen; vgl. § 34 UrhG Rn. 6; s. a. *Schricker* VerlagsR[3] Rn. 1 ff.

§ 29

(1) Ist der Verlagsvertrag auf eine bestimmte Zahl von Auflagen oder von Abzügen beschränkt, so endigt das Vertragsverhältnis, wenn die Auflagen oder Abzüge vergriffen sind.

(2) Der Verleger ist verpflichtet, dem Verfasser auf Verlangen Auskunft darüber zu erteilen, ob die einzelne Auflage oder die bestimmte Zahl von Abzügen vergriffen ist.

(3) Wird der Verlagsvertrag für eine bestimmte Zeit geschlossen, so ist nach dem Ablaufe der Zeit der Verleger nicht mehr zur Verbreitung der noch vorhandenen Abzüge berechtigt.

Übersicht

I. Allgemeines

1 § 29 regelt nur die automatisch, *ipso iure* eintretende Beendigung des Verlagsverhältnisses bei Vergriffensein oder Zeitablauf. Die Beendigung des Verlagsvertrages durch Rücktritt ist in §§ 30 bis 36 geregelt. Das VerlG selbst schweigt jedoch sowohl über Kündigungsmöglichkeiten (vor allem aus wichtigem Grund, heute § 314 BGB; vgl. § 32 VerlG Rn. 17 ff.; vgl. § 30 VerlG Rn. 16 ff.) als auch über die Vertragsaufhebung im beiderseitigen Einvernehmen und die Vertragsbeendigung durch Ablauf der urheberrechtlichen Schutzfrist (vgl. Rn. 7 f.). Da heutzutage nur in seltenen Fällen Verlagsverträge mit einer beschränkten Auflagenzahl oder gar einer beschränkten Zahl der gestatteten Abzüge geschlossen werden, ist die Bestimmung des § 29 in der Praxis kaum jemals relevant. Lediglich bei **Lizenzverträgen** – z. B. Taschenbuch- oder den sehr stark zurückgegangenen Buchclublizenzen – finden sich regelmäßig zeitliche, auflagenmäßige oder auch Stückzahlbeschränkungen.

2 Endet der Verlagsvertrag wegen Vergriffensein des Lagerbestandes oder bei befristeten Verträgen durch Zeitablauf, so endet sowohl das dem Verlag eingeräumte Verlagsrecht als auch das schuldrechtliche Vertragsverhältnis, § 29 Abs. 1, 2. Hs. bzw. Abs. 3. Eine weitere Vervielfältigung und/oder Verbreitung bedeutet mithin eine Urheberrechtsverletzung, §§ 97 ff. UrhG. Vor Ende des Vertragsverhältnisses bereits fest veräußerte Exemplare dürfen jedoch weiter verbreitet werden, § 17 Abs. 2 UrhG. Dies gilt unabhängig davon, ob die Exemplare im normalen Buchhandel oder im Wege der Verramschung veräußert worden sind.

II. Beendigung durch Vergriffensein

1. Vergriffensein

3 Nach § 29 Abs. 1 endet ein Verlagsvertrag, in welchem dem Verlag nur eine bestimmte Zahl von Auflagen oder Abzügen gestattet worden ist, *ipso iure* mit dem Vergriffensein der Auflagen oder Abzüge. Wegen § 5 betrifft dies allerdings nicht nur die eben genannten Fälle, sondern auch die Verträge, die keinerlei Regelungen zur Auflagenzahl oder Zahl der herzustellenden Exemplare enthalten, mit Vergriffensein der in § 5 vorgesehenen Exemplare bzw. einer Auflage (vgl. § 5 VerlG Rn. 2 f., 9 f.).

Die Auflagen bzw. gestatteten Exemplare sind dann **vergriffen**, wenn der Verlag   4
keinerlei Exemplare mehr zur Verfügung hat, es also weder Lagerbestände
noch lediglich bedingt an den Buchhandel abgegebene Exemplare gibt. Ob der
Verlag seine Bestände ordnungsgemäß verkauft oder verramscht, makuliert
oder insgesamt an den Verfasser abgegeben hat (§ 26), ist insofern gleichgültig.
Hat der Verlag die Rechte für mehrere Auflagen, sind diese Auflagen jedoch
erst dann vergriffen, wenn von der letzten vertraglich vorgesehenen Auflage
keinerlei Lagerbestände mehr vorhanden sind. Fraglich ist in diesem Zusammenhang, ob das bloße Vorhandensein von **E-Books** ein Vergriffensein verhindert. § 8 Nr. 2 des Normvertrages Buch (abrufbar unter www.boersenverein.
de) sieht vor, dass jedenfalls eine Kündigung des Verlagsvertrages erst möglich
sein soll, wenn der Verlag über zwei Jahre hinweg höchstens eine bestimmte
Zahl (in der Praxis häufig 100) Exemplare als E-Book oder Print verkauft hat.
Eine Lieferbarkeit als **Print-on-Demand** reicht aber grundsätzlich aus (dazu
ebenfalls § 8 Nr. 2 des Normvertrages). **Unverkäuflichkeit** eines etwa noch vorhandenen Bestandes bedeutet nicht Vergriffensein und beendet daher den Verlagsvertrag nicht (BGH GRUR 1960, 636, 639 f. – *Kommentar*). Verlag und
Verfasser bleiben mithin nach wie vor aus dem Verlagsvertrag verpflichtet,
können aber natürlich ein Vergriffensein i. S. d. Abs. 1 durch Verramschung,
Makulierung oder Aufkaufen der Restauflage durch den Verfasser (§ 26) herbeiführen.

2. Auskunftsanspruch des Verfassers, Abs. 2

Da das Vertragsverhältnis nach Abs. 1 automatisch mit dem Vergriffensein en-   5
det, der Verfasser dies aber in aller Regel nicht ohne weiteres beurteilen kann,
gibt Abs. 2 ihm insofern einen Auskunftsanspruch gegen den Verlag. Der Auskunftsanspruch besteht grundsätzlich jederzeit, also auch dann, wenn etwa das
Verlagsverhältnis bereits durch Vergriffensein beendet sein sollte, der Verfasser
dies aber entweder noch nicht weiß oder z. B. rückwirkend den genauen Zeitpunkt des Erlöschens feststellen möchte. Die Auskunftspflicht des Verlages geht
jedoch nicht über die Auskunft über den Lagerbestand hinaus. In jedem Fall
muss der Verlag nicht von sich aus Auskunft erteilen, sondern ist lediglich auf
Verlangen des Verfassers hierzu verpflichtet.

III. Beendigung durch Zeitablauf, § 29 Abs. 3, und Ablauf der urheberrechtlichen Schutzfrist

1. Beendigung durch Zeitablauf

Ist der Verlagsvertrag zeitlich befristet, so endet das Verlagsverhältnis mit Ab-   6
lauf der Frist automatisch, §§ 163, 158 Abs. 2 BGB. Bei Befristung nur einzelner Verpflichtungen ist durch Auslegung zu ermitteln, ob damit das Verlagsverhältnis insgesamt befristet sein sollte. Eine Befristung können die Parteien wie
bei anderen Verträgen jederzeit nachträglich in den Vertrag einführen oder
rückgängig machen, die Befristung verkürzen oder verlängern.

2. Beendigung durch Ablauf der urheberrechtlichen Schutzfrist

Der in der Praxis weitaus häufigste Fall der Beendigung von Verlagsverträgen –   7
nämlich durch Ablauf der urheberrechtlichen Schutzfrist – ist weder im VerlG
noch im UrhG geregelt. Nach heute wohl allg. A. endet mit dem Ablauf der
Schutzfrist nicht nur das objektive Verlagsrecht des Verlegers, sondern auch
das **schuldrechtliche Vertragsverhältnis**, wenn nicht ausdrücklich oder stillschweigend etwas anderes vereinbart worden ist. Letzteres kann z. B. dann der
Fall sein, wenn die Parteien erst kurz vor dem Ablauf der Schutzfrist einen
Verlagsvertrag geschlossen haben und deshalb die Umstände insgesamt darauf
hindeuten, dass der Vertrag auch nach dem Ablauf der Schutzfrist fortgelten

sollte. Auf einen solchen Vertrag sind allerdings die Bestimmungen des VerlG, insb. § 39, nur in Grenzen anwendbar; denn wollten die Parteien gerade für die Zeit nach dem Ende der Schutzfrist ein Verlagsverhältnis begründen, ist in aller Regel davon auszugehen, dass der Verlag weiterhin zur Vervielfältigung und Verbreitung, umgekehrt der Verfasser zur Enthaltung verpflichtet sein sollte; näher dazu vgl. §§ 39/40 VerlG Rn. 4 f.; zur sog. Leerübertragung vgl. Vor §§ 31 ff. UrhG Rn. 174.

8 Seit Inkrafttreten des UrhG 1966 und der damit einhergehenden **Schutzfristverlängerung** von 50 auf 70 Jahre *post mortem auctoris* gilt im Zweifel die erfolgte Rechtseinräumung auch für den Zeitraum der Verlängerung, § 137 Abs. 2 S. 1 UrhG (vgl. § 137 UrhG Rn. 5). Nach allg. A. verlängert sich nicht nur die Wirkung des Verfügungsgeschäftes, sondern auch die des schuldrechtlichen Verlagsvertrages. Zu der eventuell möglichen Anpassung der Vergütung in diesem Zusammenhang vgl. § 137 UrhG Rn. 7. Zur Schutzfristverlängerung aufgrund der deutschen Wiedervereinigung vgl. § 1 EV Rn. 2.

§ 30

(1) ¹Wird das Werk ganz oder zum Teil nicht rechtzeitig abgeliefert, so kann der Verleger, statt den Anspruch auf Erfüllung geltend zu machen, dem Verfasser eine angemessene Frist zur Ablieferung mit der Erklärung bestimmen, dass er die Annahme der Leistung nach dem Ablaufe der Frist ablehne. ²Zeigt sich schon vor dem Zeitpunkt, in welchem das Werk nach dem Vertrag abzuliefern ist, dass das Werk nicht rechtzeitig abgeliefert werden wird, so kann der Verleger die Frist sofort bestimmen; die Frist muss so bemessen werden, dass sie nicht vor dem bezeichneten Zeitpunkt abläuft. ³Nach dem Ablaufe der Frist ist der Verleger berechtigt, von dem Vertrage zurückzutreten, wenn nicht das Werk rechtzeitig abgeliefert worden ist; der Anspruch auf Ablieferung des Werkes ist ausgeschlossen.

(2) Der Bestimmung einer Frist bedarf es nicht, wenn die rechtzeitige Herstellung des Werkes unmöglich ist oder von dem Verfasser verweigert wird oder wenn der sofortige Rücktritt von dem Vertrage durch ein besonderes Interesse des Verlegers gerechtfertigt wird.

(3) Der Rücktritt ist ausgeschlossen, wenn die nicht rechtzeitige Ablieferung des Werkes für den Verleger nur einen unerheblichen Nachteil mit sich bringt.

(4) Durch diese Vorschriften werden die im Falle des Verzugs des Verfassers dem Verleger zustehenden Rechte nicht berührt.

Übersicht

I.   Allgemeines

§§ 30, 31 geben dem Verlag besondere, zum Teil über die Möglichkeiten des **1**
BGB hinausgehende Rechtsbehelfe bei nicht rechtzeitiger (§ 30) oder nicht vertragsgemäßer (§ 31) Leistung des Autors. Nach § 30 Abs. 4 bleiben die bei
Verzug des Autors dem Verlag zustehenden Rechte (insb. §§ 286 ff., 323 ff.
BGB) unberührt. Insofern sind also Regelungen des VerlG und des BGB nebeneinander anwendbar (Anspruchskonkurrenz). Für die nicht ausdrücklich im
VerlG erwähnten **Rechtsbehelfe des Verlages aus** BGB (Unmöglichkeit; Kündigung aus wichtigem Grund) ist jeweils im Einzelfall zu prüfen, ob nach Sinn
und Zweck des VerlG, d. h. der dort geregelten oder gerade nicht geregelten
Fragen, Anspruchs- oder Gesetzeskonkurrenz besteht. Jedenfalls dort, wo andere als die in §§ 30, 31 genannten Pflichten verletzt sind, sind die Regelungen
des BGB nach richtiger Auffassung ohne weiteres anwendbar (*Schricker* VerlagsR³ Rn. 2; s. a. Ulmer-Eilfort/Obergfell/*Ulmer-Eilfort* Rn. 2 f.; wie hier *Russ*
Rn. 3). Dies gilt z. B. für die Regelungen zur Unmöglichkeit, zum Kündigungsrecht aus wichtigem Grund und zum Leistungsverweigerungsrecht aus § 320
BGB (BGH GRUR 1960, 642, 643, 645 – *Drogistenlexikon*; vgl. Rn. 14 ff.).

Nach § 30 hat der Verlag bei nicht rechtzeitiger Ablieferung des Manuskripts – **2**
ohne dass § 30 dem Grunde nach Verzug oder Verschulden des Verfassers voraussetzen würde – im Wesentlichen drei Möglichkeiten, sofern die Ablieferung
nicht unmöglich (geworden) ist. Er kann **Erfüllung**, d. h. Herstellung des Werkes oder Ablieferung des fertigen Manuskripts verlangen (vgl. Rn. 3 ff.), dem
Verfasser eine **(letzte) Frist** zur Ablieferung unter gleichzeitiger Androhung, das
Werk nach Ablauf der Frist abzulehnen, **setzen** (vgl. Rn. 5 ff.) oder, unter den
besonderen Voraussetzungen des Abs. 2, ohne Fristsetzung sogleich vom Verlagsvertrag **zurücktreten** (vgl. Rn. 7 f.).

II.   Erfüllungsanspruch und Fristsetzung

1.   Erfüllungsverlangen

Liefert der Verfasser das Werk nicht zu dem im Vertrag festgesetzten, nach den **3**
Umständen vereinbarten oder sich aus § 11 ergebenden Zeitpunkt an den Verlag ab, so kann der Verlag unabhängig von jeglicher Fristsetzung nach § 30 zunächst **Erfüllung** verlangen. Ist das Werk bereits fertiggestellt und muss der
Autor das Manuskript also grds. sofort abliefern (§ 11 Abs. 1), kann der Verlag
mithin Herausgabe des Manuskripts verlangen und. einklagen, wenn denn
nach den konkreten Umständen ein solches Vorgehen überhaupt Aussicht auf
Erfolg bietet, der Verlag also glaubt, im Rahmen der Vollstreckung gem. § 883
ZPO das Manuskript konkret erlangen zu können. Sonst ist er ohnehin auf
eine Schadensersatzforderung reduziert und wird also sinnvollerweise sogleich
Schadensersatz wegen Nichterfüllung geltend machen. Muss der Autor das
Werk hingegen erst noch schreiben, so kann der Verlag **Herstellung** verlangen
und jedenfalls theoretisch auch auf Herstellung klagen. Weil das Verfassen eines Schrift- oder Musikwerkes ein unvertretbare Handlung i. S. d. § 888 ZPO
ist und der Verfasser wegen seiner Urheberpersönlichkeitsrechte nicht gezwungen werden kann, ein ihm nicht veröffentlichungsreif erscheinendes Werk trotzdem zu veröffentlichen, wird der Verlag einen entsprechenden Titel kaum vollstrecken können, sondern nach § 281 BGB doch wieder eine entsprechende
Frist setzen müssen und erst dann Schadensersatz verlangen können. Der Verlag wird also besser sogleich nach § 30 dem Verfasser eine Frist setzen und ggf.
von dem Vertrag zurücktreten oder nach den allgemeinen Regeln des BGB
Schadensersatz wegen Nichterfüllung – sofern ein Schaden überhaupt hinreichend konkret nachweisbar ist – verlangen.

4 Nicht rechtzeitig abgeliefert ist auch ein **nicht vollständiges Manuskript** (§ 30: „ganz oder zum Teil nicht rechtzeitig abgeliefert"; dazu auch OLG München NJW-RR 1995, 568, 569 – *Kabinettstücke*). Der Autor ist allerdings ohne ausdrückliche oder sich klar aus den Umständen ergebende Vereinbarung nicht verpflichtet, Abbildungen für das Werk zu liefern. Dies ist bei einem durch den Autor illustrierten Werk selbstverständlich anders; auch bei wissenschaftlichen Werken, bei denen Grafiken mitunter Teil des Schriftwerkes sind, können die Abbildungen Teil des Manuskripts selbst sein. Grundsätzlich muss jedoch gerade bei Fremdzeichnungen der Verlag die erforderlichen Rechte einholen und die Reinzeichnungen oder die sonst für den Druck erforderlichen Vorlagen selbst beschaffen.

2. Fristsetzung mit Ablehnungsandrohung

5 Nach § 30 Abs. 1 S. 1 kann der Verlag dem Autor, der das Werk ganz oder teilweise nicht rechtzeitig abliefert, eine **Nachfrist** mit der Erklärung setzen, dass er nach Ablauf der Frist die Annahme der Leistung ablehnen werde (auf das Erfordernis der Erklärung verzichtet die Neufassung des parallelen § 323 Abs. 1 BGB). Als empfangsbedürftige Willenserklärung müssen Fristsetzung und Ablehnungsandrohung dem Autor zugehen, §§ 130 ff. BGB. Dies kann schriftlich oder mündlich und sogar in zwei voneinander getrennten Erklärungen geschehen, wenn sie zeitlich so eng miteinander verbunden sind, dass für den Autor der Zusammenhang ohne weiteres klar wird. Insb. muss die Ablehnungsandrohung hinreichend deutlich formuliert sein; ein vager „Vorbehalt aller Rechte" oder die Androhung „weiterer Schritte" reichen jedenfalls in der Regel nicht aus.

6 Nach Abs. 1 S. 1 muss die gesetzte Frist **angemessen** sein. Dies bestimmt sich – s. § 11 Abs. 2 – nach den gesamten Umständen und dem mit dem Verlagsvertrag verfolgten Zweck. Die Länge einer angemessenen Frist richtet sich u. a. danach, in welchem **Zeitpunkt** der Verlag die Frist setzt. Setzt er die Frist erst *nach* einem vertraglich festgesetzten Abgabezeitpunkt, so muss die Frist dem Autor (nur) noch ausreichend Zeit geben, kleinere Teile zu beenden oder das Werk insgesamt noch einmal zusammenfassend zu überarbeiten. Der Verlag muss hingegen keine Frist gewähren, die einem säumigen Autor ermöglicht, ein überhaupt noch nicht begonnenes Werk erst vollständig zu schreiben. Setzt der Verlag – etwa weil er Säumigkeit des Autors befürchtet – schon vor dem vertraglich vereinbarten oder nach § 11 Abs. 2 angemessenen Zeitpunkt eine Frist zur Abgabe, so muss diese Frist jedenfalls deutlich über den vertraglich festgesetzten oder nach § 11 Abs. 2 angemessenen Zeitpunkt der Abgabe hinausgehen; anderenfalls würde die Fristsetzung eine einseitige und damit unwirksame Änderung des Vertrages durch den Verlag bedeuten. Für die Länge der Frist nach dem vereinbarten oder sonst angemessenen Abgabezeitpunkt gilt das zur Fristsetzung nach dem ursprünglichen Abgabezeitpunkt Gesagte. Ist die gesetzte Frist danach zu kurz, so gilt wiederum eine angemessene Frist. Diese variiert nach den konkreten Umständen mitunter erheblich, denn ein einzelner Beitrag zu einem Sammelwerk erfordert in aller Regel eine kürzere Frist als ein Roman oder eine wissenschaftliche Monographie. Ob es insofern allerdings ausreichend ist, wenn der Verlag dem Autor lediglich mitteilt, er erwarte eine Ablieferung des Werkes „binnen angemessener Frist" (so *Schricker* VerlagsR[3] Rn. 14), erscheint zweifelhaft. Denn der Verlag soll mit der Fristsetzung und Ablehnungsandrohung nach § 30 dem Autor verdeutlichen, dass und wann er nicht mehr zu einer Veröffentlichung des Werkes bereit ist. Insofern sollte es dem Verlag ohne weiteres möglich sein, einen **genauen Zeitpunkt** zu benennen. Tut er dies nicht, liegt es zumindest nahe, dass auch eine nicht rechtzeitige Ablieferung des Werkes für den Verlag einen nur unerheblichen Nachteil mit sich bringen würde, was wiederum den Rücktritt ausschließt, § 30 Abs. 3 (i. E. ebenso *Russ* Rn. 17). Etwas anderes ergibt sich auch nicht aus der wohl unstreitigen Umwandlung einer zu kurzen in eine angemessene Frist. Denn dies soll in erster Linie den Verfasser davor schützen, dass der Verlag auch bei einer deutlich zu kurzen Frist ohne weiteres von dem Vertrag zurücktreten kann. Umgekehrt bedarf der Verlag, der selbst eine Frist setzt, dieses Schutzes nicht, wenn er es unterlässt, die Frist genau zu bezeichnen, und statt dessen nur zur Ablieferung „binnen angemessener Frist" auffordert. In der Praxis setzt ohnehin der Verlag regelmäßig eine konkrete Frist, und der Autor wird umgekehrt gut beraten sein, den Verlag auf eine zu kurze oder zu unbestimmte Frist hinzuweisen, um späteren Streit zu vermeiden. Ist die durch den Verlag gesetzte Frist länger als die eigentlich angemessene Frist, kann der Autor diese Frist voll ausschöpfen.

3. Fristsetzung entbehrlich

Nach Abs. 2 kann der Verlag auf die Fristsetzung verzichten, wenn die rechtzeitige Herstellung des Werkes **unmöglich** ist oder der Autor sie verweigert oder der sofortige Rücktritt durch ein besonderes Interesse des Verlages gerechtfertigt ist. Eine rechtzeitige Herstellung des Werkes kann z. B. unmöglich sein, wenn der Autor krank ist oder war, durch zwischenzeitlich andere Verpflichtungen etwa beruflicher Natur oder aus anderen Gründen das Werk tatsächlich nicht rechtzeitig herstellen kann. Damit ist nicht der Fall einer dauerhaften Unmöglichkeit (z. B. Tod oder unabsehbare Krankheit des Verfassers, zeitlich unabsehbare Unzugänglichkeit eines bestimmten Gebietes im Falle eines Berichts über dieses Gebiet u. ä.) gemeint; in diesem Fall gelten vielmehr die normalen zivilrechtlichen Regelungen der §§ 275, 326 BGB. Der Verlag kann außerdem auf eine Fristsetzung verzichten und sofort vom Vertrag zurücktreten, wenn der Autor sich ernsthaft und endgültig weigert, das Werk herzustellen. Eine **Weigerung** kann etwa anzunehmen sein, wenn der Autor unzumutbare Bedingungen stellt. Besteht Streit über eine Auslegung des Vertrages bzw. einzelner Verpflichtungen, kann dies im Einzelfall ebenfalls gleichbedeutend mit einer Weigerung des Autors sein, muss es jedoch nicht.

Verzichtbar ist die Fristsetzung schließlich, wenn der sofortige Rücktritt durch ein **besonderes Interesse des Verlages** gerechtfertigt ist. Besonderes Interesse kann im Zusammenhang des § 30 nur das Interesse an einer rechtzeitigen Ablieferung des Werkes sein (anders bei § 31 Abs. 1 i. V. m. § 30 Abs. 2; vgl. § 31 VerlG Rn. 11). Klassisches Beispiel ist ein für ein ganz bestimmtes, zeitlich feststehendes Ereignis geplantes Werk (z. B. Erscheinen und Übergabe des Werkes im Rahmen eines bestimmten Festaktes), unter Umständen aber auch ohne eine solche starre zeitliche Grenze, wenn z. B. bei einem Sammelwerk der Veröffentlichungszeitpunkt des Gesamtwerkes angesichts der Vielzahl der beteiligten Verfasser durch die Fristversäumung eines Verfassers gefährdet würde und der Verlag das Risiko einer weiteren – ggf. ebenfalls fruchtlosen – Nachfrist vernünftigerweise nicht eingehen kann. Ohnehin werden die Parteien in derartigen Fällen häufig einen festen Zeitpunkt für die Abgabe vereinbaren, sodass unter Umständen ein sog. Fixgeschäft, § 323 Abs. 2 Nr. 2 BGB, vorliegt, das eine Fristsetzung ebenfalls entbehrlich macht. In jedem Fall muss der Verlag sofort nach Kenntnis seines besonderen Interesses und Verstreichen des ursprünglichen Abgabezeitpunktes den Rücktritt erklären, weil sonst von einem besonderen Interesse an einem *sofortigen* Rücktritt nicht mehr die Rede sein kann (ebenso *Schricker* VerlagsR[3] Rn. 19).

III. Rücktritt

1. Fruchtloser Fristablauf: Rücktritt

Mit fruchtlosem Ablauf der Frist ist der Erfüllungsanspruch des Verlages gegen den Autor grds. ausgeschlossen, § 30 Abs. 1 S. 3, Hs. 2. Fraglich ist allerdings, ob dies auch dann gilt, wenn ein Rücktritt nach § 30 Abs. 3 ausgeschlossen wäre, weil die nicht rechtzeitige Ablieferung für den Verlag einen nur unerheblichen Nachteil bedeutet. Dies müsste nach allg. A. grds. der Verfasser beweisen. Der Verlag muss sich deshalb, wenn er eine Fristsetzung mit Ablehnungsandrohung ausgesprochen hat, daran festhalten lassen, wenn der Autor nicht mehr erfüllen will. Da aber ohnehin teilweise mehrfache Fristsetzungen üblich sind, wird das Problem, ob der Verlag einseitig nach ergebnislosem Fristablauf eine nochmalige Fristverlängerung gewähren kann, in der Praxis kaum jemals relevant werden. Denn selbstverständlich können die Parteien ohne weiteres – auch stillschweigend – eine (erneute) Frist vereinbaren.

10   Der Verlag kann dann also von dem Verlagsvertrag zurücktreten, Abs. 1 S. 3. Der Verlag muss den **Rücktritt** ausdrücklich oder konkludent **erklären**; die Erklärung muss – als empfangsbedürftige Willenserklärung, §§ 130 ff. BGB – dem Autor **zugehen**. Der Verlag ist für die Erklärung des Rücktritts an keine feste **Frist** gebunden. Zögert der Verlag hier jedoch zu lange, so kann er unter Umständen sein Rücktrittsrecht verwirken oder durch das Zögern stillschweigend auf das Rücktrittsrecht verzichtet haben. Außerdem kann der Autor ihm nach §§ 37 VerlG, 350 BGB eine Frist für die Ausübung des Rücktrittsrechts setzen. Sind an dem Werk mehrere Autoren als **Miturheber** oder durch ein und denselben Verlagsvertrag als Urheber verbundener Werke beteiligt, kann der Rücktritt nur für und gegen alle ausgeübt werden (vgl. § 37 VerlG Rn. 3). Bei verbundenen Werken, die der Verlag aufgrund getrennter Verträge nutzt, ist nach dem Einzelfall zu bestimmen, ob der Verlag die Verwertung des anderen Werkteils fortsetzen kann und will. § 139 BGB ist entsprechend heranzuziehen (vgl. Rn. 19 zur Kündigung).

2. Ausschluss des Rücktrittsrechts

11   **Verwirkt** ist das Rücktrittsrecht des Verlags nur und erst dann, wenn die Erklärung des Rücktritts und vor allem die damit zusammenhängende Rückabwicklung des Verlagsvertrages (Vorschüsse) für den Autor angesichts des langen Zeitablaufes nicht mehr zumutbar wäre, und zwar gerade auch unter Berücksichtigung des Verhaltens des Autors nach Treu und Glauben (OLG München GRUR 2002, 285, 286 f. – *Anna Mahler*). So hat das OLG München in der eben erwähnten Entscheidung *Anna Mahler* den Verlag noch mehr als zehn Jahre nach Abschluss des Verlagsvertrages vom Vertrage zurücktreten lassen, weil der Autor in der Zwischenzeit auf der Grundlage von Material, für dessen Beschaffung der Verlag Reisekosten und weitere Spesen für den Autor aufgewendet hatte, ein allerdings inhaltlich anderes Werk bei einem dritten Verlag veröffentlicht hatte. Bei derartig langen Zeitabläufen verwirkt jedoch im Normalfall der Verlag sein Rücktrittsrecht. Dennoch kann der Verlag gerade bei Werken, die thematisch nicht zeitgebunden sind, in aller Regel noch deutlich nach Verstreichen der Ablieferungsfrist den Rücktritt erklären. Insofern gibt es keinen Grund, den Verlag anders zu behandeln als einen Gläubiger im Rahmen jedes anderen Schuldverhältnisses, bei dem an die Verwirkung der Gläubigerrechte strenge Anforderungen zu stellen sind.

12   Der Rücktritt ist nach Abs. 3 **ausgeschlossen**, wenn die verspätete Ablieferung des Werkes für den Verlag einen **nur unerheblichen Nachteil** bedeutet. Dies hat der Autor zu beweisen. Ein nicht nur unerheblicher Nachteil liegt nicht schon dann vor, wenn der Verlag kein besonderes Interesse im Sinne des Abs. 2 besitzt, denn sonst wäre der Rücktritt schon im Regelfall ausgeschlossen. Erforderlich ist bei Abs. 3 vielmehr, dass die verspätete Ablieferung eine allenfalls leichte zeitliche Verzögerung mit sich bringt und die Planungen des Verlags auch sonst nicht beeinträchtigt. Ist z. B. das betreffende Werk Teil einer Serie, die in regelmäßigen Abständen erscheint, so wird die Verzögerung eines einzelnen Bandes für den Verlag meist einen nicht nur unerheblichen Nachteil bedeuten und der Rücktritt also auch unter Berücksichtigung des Abs. 3 zulässig sein. Gleiches gilt häufig, wenn der Verlag das betreffende Werk etwa zur Frankfurter Buchmesse im Herbst oder zur Leipziger Messe im Frühling herausbringen möchte, um das Erscheinen des Werkes mit vielfältigen Marketingaktionen begleiten zu können. Ein Erscheinen erst Mitte April oder Ende Oktober, nach dem Ende der jeweiligen Messe, kann insofern einen nicht nur unerheblichen Nachteil bedeuten. Im Gegensatz zur früheren Rechtslage, die das Rücktrittsrecht des Verlages nach §§ 37 VerlG, 351 a. F. BGB ausschloss, wenn der Verlag eine wesentliche Verschlechterung, den Untergang oder die anderweitige Unmöglichkeit der Herstellung des Werkes oder der Herausgabe des Manuskriptes verschuldet hatte, kann der Verlag seit der Schuldrechtsreform auch in diesen Fällen zurücktreten, §§ 37 VerlG, 346 Abs. 2 S. 1 Nr. 2 und 3 n. F. BGB.

3. Wirkung des Rücktritts

Mit dem Rücktritt verwandelt sich der Verlagsvertrag in ein **Rückgewähr-**   **13**
schuldverhältnis, §§ 37 VerlG, 346 ff. BGB. Die Parteien müssen mithin vor allem die einander empfangenen Leistungen zurückgewähren, der Verlag also das Manuskript und alle weiteren, ihm von dem Autor in diesem Zusammenhang unterlassenen Unterlagen zurückgeben, der Autor einen eventuell erhaltenen Vorschuss dem Verlag zurückzahlen. Dies gilt – da das Vertragsverhältnis insgesamt rückabgewickelt wird – auch dann, wenn der Vorschuss als Garantiehonorar ausgestaltet war. Eventuelle Ansprüche der Parteien aus Verletzungen des Vertrages oder Urheberrechtsverletzungen, die vor dem Rücktritt entstanden waren, bleiben jedoch bestehen.

IV. Weitere Rechte des Verlages

1. Verzug des Autors

Liefert der Autor das Werk nicht zu dem vereinbarten oder sich aus § 11 ergebenden Zeitpunkt dem Verlag ab, so kann der Verlag nach Abs. 4 neben bzw. anstelle des Rücktrittsrechts auch die im Falle des Verzuges des Autors dem Verlag zustehenden Rechte geltend machen. Wenn nicht für die Ablieferung ein fester Zeitpunkt im Vertrag vereinbart wurde (§ 286 Abs. 2 Nr. 1 BGB), bei deren Überschreiten der Autor ohne weiteres in Verzug gerät, muss der Verlag den Autor zunächst mahnen oder Klage auf Erfüllung erheben, um den Verzug des Autors zu begründen. Eine nach dem Kalender bestimmte Zeit im Sinne des § 286 Abs. 2 Nr. 1 BGB ist auch eine Vereinbarung, dass das Werk im „Dezember 2017" abzuliefern ist; jedenfalls mit Ablauf des Monats gerät der Autor in diesen Fällen in Verzug. Wie bei § 30 VerlG kann der Verlag dem Autor dann eine Frist mit Ablehnungsandrohung setzen; Schadensersatzansprüche – nicht der Rücktritt – scheiden allerdings im Rahmen der §§ 325, 280 Abs. 1 S. 2 BGB aus, wenn der Autor die Nichtablieferung nicht verschuldet oder sonst nicht zu vertreten hat (ebenso Büscher/Dittmer/Schiwy/*Schmoll*[3] Kap. 17 Rn. 225). Im Rahmen des § 323 BGB kann der Verlag dem Autor erst nach Eintritt des Verzuges eine Frist mit Ablehnungsandrohung setzen (Palandt/*Grüneberg*[76] § 323 BGB Rn. 12); auch dies unterscheidet § 323 BGB von § 30 VerlG. Ist der Autor nicht mit der Ablieferung des Manuskripts, sondern mit einer anderen Pflicht in Verzug (z. B. einer Verpflichtung, das Werk für eine Neuauflage zu überarbeiten, Korrektur zu lesen, Nebenrechte einzuräumen o. ä.), muss zunächst nach dem Vertrag bestimmt werden, ob es sich dabei um eine Haupt- oder eine Nebenverpflichtung handelt. Die Rechte aus §§ 323 ff. BGB kann der Verlag nämlich nur im Falle des Verzugs des Autors mit einer Hauptverpflichtung geltend machen. In aller Regel sind im Verlagsvertrag nur die Ablieferung des Manuskripts und die Einräumung des eigentlichen (grafischen) Verlagsrechts Hauptverpflichtungen; die Einräumung von Nebenrechten, die Erledigung von Korrekturen u. Ä. stellen im Allgemeinen nur Nebenverpflichtungen dar.

2. Unmöglichkeit

15 Die Rechtsfolgen der nachträglichen, dauernden Unmöglichkeit der Ablieferung des Werkes sind im VerlG nicht geregelt (zum zufälligen Untergang des Werkes nach Ablieferung § 33, zur Unmöglichkeit vor Ablieferung wegen Todes des Verfassers § 34). Abs. 2 regelt nur den Fall, dass dem Autor die *rechtzeitige* Herstellung des Werkes unmöglich ist, also die zeitweilige Unmöglichkeit. Ist eine Ablieferung des Werkes dem Verfasser dauerhaft unmöglich geworden, greifen die allgemeinen schuldrechtlichen Vorschriften der §§ 275, 280, 326 BGB ein. Mithin werden beide Parteien von der Leistungspflicht frei, wenn keine Partei die Unmöglichkeit zu vertreten hat, §§ 275, 280, 326 BGB. Hat eine Partei die Unmöglichkeit der Ablieferung zu vertreten, so kann die jeweils andere Partei die vereinbarte Gegenleistung bzw. Schadensersatz wegen Nichterfüllung, d. h. der Verlag Schadensersatz, der Autor das vereinbarte Honorar fordern (§§ 280 ff., 326 Abs. 2 BGB).

3. Kündigung aus wichtigem Grund, § 314 BGB

16 Der Verlag kann außerdem den Verlagsvertrag aus wichtigem Grund kündigen, § 314 BGB. Ein wichtiger Grund liegt dann vor, wenn unter Berücksichtigung aller Umstände des Einzelfalls unter Abwägung der Interessen beider Vertragsteile die Fortsetzung des Vertragsverhältnisses bis zur normalen Beendigung dem einen Teil nicht mehr zugemutet werden kann (aus dem Bereich des Urheber- und Verlagsrechts z. B. BGH GRUR 1977, 551, 554 – *Textdichteranmeldung*; BGH GRUR 1982, 41, 42 ff. – *Musikverleger III*). Die Umstände müssen dabei für den Kündigenden geeignet sein, dessen Vertrauen in die Vertragstreue und Redlichkeit seines Vertragspartners zu erschüttern. Wiederholte Pflichtverletzungen können insgesamt zu einem wichtigen Kündigungsgrund werden, wenn außergewöhnliche Umstände vorliegen (dazu LG Köln v. 1.7.2009 – 28 O 603/08 Tz. 69 ff., verfügbar bei juris). In der Praxis handhabt die Rechtsprechung dies äußerst streng, weil die Kündigung stets nur als *ultima ratio* in Betracht komme (weitere Nachweise vgl. § 32 VerlG Rn. 17 ff.). Für eine Kündigung durch den Verlag ist es nicht ohne weiteres ausreichend, wenn der Autor nach Ansicht des Verlages ein negatives Bild in der Öffentlichkeit hervorruft (LG Passau NJW-RR 1992, 759, 760 – *Wanderführer*; OLG München ZUM 1992, 147, 149 ff.). Umgekehrt konnte ein Verlag wirksam gegenüber dem Herausgeber eines Sammelwerkes aus wichtigem Grund kündigen, weil der Herausgeber verschwiegen hatte, dass sein eigener Autorenbeitrag bereits in einem anderen Verlag veröffentlicht worden war (KG NJW-RR 1992, 758 – *Lehrbuch der Inneren Medizin*). Zum Rücktrittsrecht des Verlages wegen nicht vertragsmäßiger Beschaffenheit des Werkes § 31.

17 In jedem Fall muss also sorgfältig geprüft werden, ob eine Fortsetzung des Vertragsverhältnisses tatsächlich nicht mehr zumutbar ist. Aus diesem Grund muss dem Kündigenden ausreichend Zeit gegeben werden, die relevanten Tatsachen zu ermitteln und mögliche andere Lösungen zu erwägen. Die Kündigungsfrist darf deshalb – anders als bei dem früher einschlägigen § 626 Abs. 2 BGB – nicht zu kurz bemessen werden (für einen Know-how-Lizenzvertrag BGH GRUR 2011, 455 Tz. 26 ff. – *Flexitanks*); in der Rechtsprechung sind je nach den konkreten Umständen Fristen zwischen vier Wochen und neun Monaten, z. T. sogar deutlich über einem Jahr (OLG München ZUM 1997, 505, 506 f.) erörtert worden. Wartet der Kündigende über eine angemessene Überlegungsfrist hinaus zu, kann er das Kündigungsrecht verwirken; dann sind offensichtlich die Umstände nicht ausreichend schwerwiegend gewesen.

Die Kündigung **wirkt** grds. lediglich *ex nunc*. Bei Kündigung durch den Verlag   **18**
ist allerdings ein noch nicht durch entsprechende Verkäufe des Werkes verbrauchter **Vorschuss** auch dann zurückzuzahlen, wenn er vertraglich als nicht
rückzahlbar vereinbart worden ist. Denn der Verlag könnte insoweit Schadensersatz wegen Verletzung der vertraglichen Pflichten verlangen. Sind die Parteien
durch **mehrere Verlagsverträge** verbunden, ist stets nach den Umständen des
Einzelfalls zu prüfen, ob sich der Kündigungsgrund nur auf einen konkreten
Verlagsvertrag beschränkt oder auf alle Verträge erstreckt werden muss. Häufig wird – angesichts einer schweren Störung des Vertrauensverhältnisses – ein
Kündigungsgrund für alle Verträge vorliegen (Verbot des widersprüchlichen
Verhaltens). U. U. kann, wenn der Verlag nur einen Teil des Vertrages oder des
Vertragskomplexes kündigt, der Autor nach Treu und Glauben berechtigt sein,
seinerseits die verbleibenden Verträge zu beenden (BGH GRUR 1964, 326,
329 f. – *Subverleger*; zum umgekehrten Fall s. a. LG München I ZUM 2007,
580, 583; s. a. § 139 BGB). Auch Schadensersatzansprüche des Verlags kommen nach der Kündigung in Betracht, § 314 Abs. 4 BGB (s. für einen Know-
how-Lizenzvertrag BGH GRUR 2011, 455 Tz. 35 ff. – *Flexitanks).*

Hat nur ein **Miturheber** einen wichtigen Grund zur Kündigung gesetzt, darf   **19**
und muss der Verlag grds. gegenüber allen Miturhebern kündigen. Denn da
die Werkteile in diesem Fall nicht gesondert verwertbar sind, kommt ein Fortsetzen des Vertrages nur mit einem Teil – schon mangels ausreichender Nutzungsrechte – offensichtlich nicht in Betracht. Anders ist es bei **verbundenen
Werken**; hier ist nach den Umständen des Einzelfalls zu bestimmen, ob der
Verlag gegenüber beiden bzw. allen Urhebern kündigen darf oder den Vertrag
ggf. mit dem nicht betroffenen Urheber fortsetzen muss. Dies wird allerdings
nur dann anzunehmen sein, wenn die gesonderte Verwertung für den Verlag
überhaupt wirtschaftlich sinnvoll ist. Der Rechtsgedanke des § 139 BGB ist
hier entsprechend heranzuziehen (s. für den umgekehrten Fall, dass ein Miturheber bzw. Urheber eines verbundenen Werkes das Recht zur Kündigung aus
wichtigem Grund hat: BGH GRUR 1990, 443, 444 ff. – *Musikverleger IV*; LG
Berlin UFITA 21 [1956], 94).

4. Wegfall der Geschäftsgrundlage

In Ausnahmefällen kann sich der Verlag schließlich unter Berufung auf einen   **20**
Wegfall der Geschäftsgrundlage des Verlagsvertrages von diesem lösen (zum
Wegfall der Geschäftsgrundlage im Urheberrecht vgl. Vor §§ 31 ff. UrhG
Rn. 155). Die erst mit der Schuldrechtsreform in § 313 BGB kodifizierte Lehre
vom Wegfall der Geschäftsgrundlage erlaubt einer Partei, eine Anpassung
oder – in Ausnahmefällen – sogar Beendigung des Vertrages zu verlangen,
wenn „die nicht zum eigentlichen Vertragsinhalt erhobenen, bei Vertragsschluss aber zu Tage getretenen gemeinsamen Vorstellungen beider Vertragsparteien oder die dem Geschäftsgegner erkennbaren und von ihm nicht beanstandeten Vorstellungen der einen Vertragspartei von dem Vorhandensein oder
dem künftigen Eintritt gewisser Umstände, auf denen der Geschäftswille der
Parteien sich aufbaut", sich später so wesentlich verändern oder gar wegfallen,
dass ein Festhalten am (unveränderten) Vertrag nicht mehr zumutbar ist (st.
Rspr.; s. z. B. BGH GRUR 1990, 1005, 1006 f. – *Salome I*; BGH GRUR 1997,
215, 217 f. – *Klimbim*; zu einem Verlagsvertrag LG Köln v. 1.7.2009 – 28 O
603/08 Tz. 78, verfügbar bei juris), wenn nicht die Partei, die sich auf den
Wegfall berufen möchte, die Veränderung herbeigeführt hat (OLG Frankfurt
aM. GRUR 2006,138, 141 – *Europa ohne Frankreich?*). Klassisches Beispiel
ist ein Verlagsvertrag über einen Kommentar zu einem Gesetz, das vor Erscheinen des Werkes aufgehoben oder sehr tiefgreifend verändert wird. In dem *Salome*-Fall war die Vergütung für Opernaufführungen anhand einer seit Vertragsabschluss tiefgreifend veränderten Vergütungsgrundlage vereinbart

worden, was eine weitere Vergütung auf dieser Grundlage nicht mehr zumutbar machte. Auch im Zuge der deutschen Einigung erkannte der BGH in der Entscheidung *Klimbim* (s. BGH GRUR 1997, 215, 217 f.) eine Änderung der Geschäftsgrundlage an. Ein Originalverlag kann jedoch keine Änderung der Geschäftsgrundlage gegenüber seinem Subverlag mehr geltend machen, wenn er einen 1937 wegen der Emigration des Originalverlags abgeschlossenen Subverlagsvertrag in der Zwischenzeit – nach dem Krieg – mit dem Subverlag neu gestaltet hat (OLG München ZUM 1987, 297, 298 f.).

21   Insgesamt darf die Änderung oder der Wegfall der Geschäftsgrundlage nicht von einer Partei zu vertreten sein oder in ihren Risikobereich fallen. Da im Verlagsvertrag die Vervielfältigung und Verbreitung des Werkes allgemein auf Rechnung des Verlages erfolgt, übernimmt der Verlag insofern grds. das wirtschaftliche und sonstige Vertragsrisiko. Ein Verlag kann sich deshalb in aller Regel nicht darauf berufen, die Geschäftsgrundlage sei weggefallen, weil das Werk keine Aussicht auf Erfolg (mehr) habe oder er aus **wirtschaftlichen Gründen** eine Veröffentlichung nicht vertreten könne. Ohnehin ist die Vervielfältigungs- und Verbreitungspflicht des Verlags (§ 14) auslegungsfähig; der Verlag hat einen gewissen Ermessensspielraum, um den Umfang der Vervielfältigung und Verbreitung des Werkes an die wirtschaftliche Situation anzupassen. Er ist deshalb nach der *Musikverleger I*-Entscheidung des BGH nicht verpflichtet, sich ständig auch für nicht mehr gängige Werke einzusetzen und mithin unter Umständen erhebliche Mühe und Kosten nutzlos aufzuwenden (BGH GRUR 1970, 40, 42 f. – *Musikverleger I*). Diese „Elastizität der Vertragspflicht" (*Schricker* VerlagsR³ § 35 Rn. 15) wird in den meisten Fällen zur Wahrung der Rechte des Verlags ausreichen. Nur in besonderen Ausnahmefällen, d. h. allenfalls dann, wenn der Verlag bei vor allem fortgesetzter Vervielfältigung und Verbreitung „nur mehr oder weniger unverkäuflichen Schrott produzieren und sehenden Auges dem Ruin entgegenwirtschaften" würde (BGH GRUR 1978, 166 – *Banddüngerstreuer*, zu einem Patentlizenzvertrag), kann deshalb Raum für eine Berufung auf den Wegfall oder die Störung der Geschäftsgrundlage sein. Ohnehin hat der Verlag in der Praxis stets die Möglichkeit, das Werk schlicht nicht weiter (insb. bei Neuauflagen) zu vervielfältigen und zu verbreiten; der Autor bzw. seine Erben können in diesen Fällen die Rechte aus § 17 S. 2 und 3 bzw. § 41 UrhG geltend machen.

§ 31

(1) Die Vorschriften des § 30 finden entsprechende Anwendung, wenn das Werk nicht von vertragsmäßiger Beschaffenheit ist.

(2) Beruht der Mangel auf einem Umstande, den der Verfasser zu vertreten hat, so kann der Verleger statt des in § 30 vorgesehenen Rücktrittsrechts den Anspruch auf Schadensersatz wegen Nichterfüllung geltend machen.

Übersicht   Rn.

I.   Allgemeines

§ 31 erlaubt dem Verleger, von dem Verlagsvertrag nach Fristsetzung mit Ab-   **1**
lehnungsandrohung (§ 30) zurückzutreten, wenn der Autor ein nicht vertrags-
gemäßes Werk abliefert (Abs. 1). Hat der Autor den oder die Mängel zu vertreten, kann der Verlag stattdessen Schadensersatz wegen Nichterfüllung
verlangen (Abs. 2). § 31 ist bei äußeren und inneren Mängeln, Sach- und
Rechtsmängeln und schließlich im Falle fehlender Ausgabefähigkeit anwendbar. Ein äußerer Mangel liegt vor allem vor, wenn das Werk nicht in einem für
die Vervielfältigung geeigneten Zustand (§ 10) abgeliefert wird, wozu auch die
„äußere" Unvollständigkeit des Werkes zählt (z. B. das Fehlen einzelner Seiten
oder Kapitel; vgl. § 10 VerlG Rn. 3). § 31 unterscheidet außerdem nicht zwischen Sach- und Rechtsmängeln, ist also gleichermaßen anwendbar, wenn das
Werk inhaltliche Mängel aufweist oder an dem Werk oder Teilen des Werkes
Rechte Dritter bestehen. Die sog. fehlende **Ausgabefähigkeit** des Werkes bedeutet, dass der konkrete Verlag das Werk nicht verbreiten kann, ohne damit sein
Verlagsgeschäft oder seinen persönlichen Ruf zu gefährden (*Schricker* VerlagsR[3] Rn. 11 m. w. N.; OLG Frankfurt aM. GRUR 2006, 138, 140 – *Europa
ohne Frankreich?*).

II.   Nicht vertragsmäßige Beschaffenheit

1.   Inhaltliche Mängel

Ein Werk ist inhaltlich mangelhaft i. S. d. § 31, wenn es gegen ein gesetzliches   **2**
Verbot oder gegen die guten Sitten verstößt, also z. B. Beleidigungen enthält
(zu **Persönlichkeitsrechtsverletzungen** vgl. Rn. 16 f.), gegen das HWG oder das
UWG verstößt (OLG München MD 1996, 998, 1001 – *Handbuch für die
gesunde Familie*) oder Titelrechte Dritter nach § 5 MarkenG verletzt. Verstößt
das Werk gegen **Urheber- oder ausschließliche Nutzungsrechte Dritter**, so ist
es zwar grds. mangelhaft i. S. d. § 31 Abs. 1; gelingt es dem Autor jedoch, die
nachträgliche Zustimmung der Rechteinhaber unwiderruflich oder jedenfalls
mit der notwendigen Sicherheit einzuholen, so dürfte dies i. d. R. den Mangel
beseitigen (a. A. *Schricker* VerlagsR[3] Rn. 4 unter Verweis auf RGZ 74, 359
und OLG Frankfurt Recht 1904, 580). Ist Gegenstand des Verlagsvertrages die
Herstellung bzw. Veröffentlichung eines unsittlichen Werkes oder eines Werkes
mit verbotenem Inhalt und diese Lage beiden Parteien bewusst, so ist der Verlagsvertrag nichtig, §§ 134, 138 BGB; für § 31 ist in diesen Fällen kein Raum.
Gleiches gilt, wenn Gegenstand des Verlagsvertrages ein – beiden Parteien bewusstes – **Plagiat** ist. Ist hingegen zweifelhaft, ob überhaupt ein Plagiat vorliegt,
und übernimmt also der Verlag insofern ein bewusstes Risiko, ist der Vertrag
grds. wirksam (a. A. wohl *Schricker* VerlagsR[3] Rn. 4). Zur nicht vertragsgemäßen Beschaffenheit vgl. Vor §§ 31 ff. UrhG Rn. 176 ff.

Nicht vertragsgemäß ist auch ein Werk, das **inhaltlich unvollständig** ist, also z. B.   **3**
bei einer Biographie wesentliche Stationen im Leben des Dargestellten auslässt
(OLG München NJW-RR 1995, 568, 569 – *Kabinettstücke*) oder ein wissenschaftliches Stoffgebiet nicht erschöpfend behandelt. Dabei muss es jedoch dem
Autor überlassen bleiben, wie ausführlich er sich mit einem bestimmten Themenkomplex befasst, sofern er diesen Komplex jedenfalls annähernd abdeckt (Haber-
stumpf/*Hintermeier* S. 102 ff.). Bei einer in der Öffentlichkeit diskutierten Frage
oder auch einem Memoirenband darf der Autor deshalb gerade brisante, die Öffentlichkeit interessierende Bereiche grds. nicht aussparen (OLG München NJW-
RR 1995, 568, 569 – *Kabinettstücke*). Auch ein Werk, das den vereinbarten Umfang nicht einhält, kann unter Umständen mangelhaft sein; dies wird bei belletristischen Werken jedoch regelmäßig nur gelten können, wenn der Umfang wesentlich nach oben oder unten von den vertraglichen Vorgaben abweicht (OLG

Karlsruhe UFITA 92 [1982], 229 ff.). Mangelhaft i. d. S. ist auch ein Werk, das etwas anderes darstellt als vertraglich vereinbart. Der Autor liefert beispielsweise einen Prosatext statt eines Bühnenstücks ab, einen biographischen Roman statt einer sachlich gestalteten Biographie, einen Roman für Erwachsene statt eines Kinderbuchs usw. Haben die Parteien bestimmte Inhalte eines Buches vereinbart, muss das Manuskript dem entsprechen, als z. B. die in dem Buch zu behandelnden Thesen tatsächlich eingehend erörtern oder, vor allem bei wissenschaftlichen bzw. populärwissenschaftlichen Werken, dem neuesten Stand der Wissenschaft entsprechen, wenn dies ausdrücklich oder dem Zweck des Vertrages nach vereinbart ist (BGH GRUR 1960, 642, 644 – *Drogistenlexikon*; OLG München ZUM 2007, 863, 865 – *ADAC – Die heimliche Macht der gelben Engel*). Der Verlag darf sich allerdings nicht „zum Beurteiler des Werks aufwerfen", denn die konkrete inhaltliche Gestaltung unterliegt allein der wissenschaftlichen und literarischen Freiheit des Verfassers (OLG München ZUM 2007, 863, 865 f. – *ADAC – Die heimliche Macht der gelben Engel*). Das Buch darf umgekehrt keine **handwerklichen Mängel** im weitesten Sinne aufweisen, darf also nicht objektiv unlogisch oder widersprüchlich sein (OLG München ZUM 2007, 863, 865 – *ADAC – Die heimliche Macht der gelben Engel*). Auch eine **mangelnde Aktualität** des Werkes kann einen inhaltlichen Mangel darstellen, wenn es um eine aktuelle gesellschaftliche oder politische Frage geht. Allerdings kann sich der Verlag auf seine Rechte aus § 31 in diesen Fällen nicht mehr berufen, wenn das Werk in Folge der Untätigkeit des Verlages seine Aktualität (teilweise) verloren hat (OLG Frankfurt aM. GRUR 2006, 138, 141 – *Europa ohne Frankreich?*). Nicht vertragsgemäß ist auch ein Werk, das den bestimmten, nach dem Vertrag vorgesehenen **Zweck** nicht erfüllt. Dies gilt z. B. dann, wenn ein für ein Laienpublikum bestimmtes Werk nicht allgemein verständlich, sondern ausschließlich in Fachterminologie abgefasst ist oder ein Schulbuch den Vorgaben der zuständigen Schulbehörden nicht entspricht.

4   **Geringfügige Mängel** schließen zwar grds. den Rücktritt aus, weil sie im Allgemeinen einen nur unerheblichen Nachteil bedeuten, § 31 Abs. 1 i. V. m. § 30 Abs. 3. Trotzdem kann der Verlag sie rügen oder ggf. nach § 39 Abs. 2 UrhG selbst beseitigen. § 31 Abs. 1 i. V. m. § 30 Abs. 3 schließt nämlich in diesen Fällen nur den Rücktritt selbst aus (vgl. § 30 VerlG Rn. 12), hat allerdings nicht zur Folge, dass der Verlag in diesem Sinne unerhebliche Mängel hinnehmen müsste.

5   Über diese Fälle hinaus kann der Verlag **künstlerische Mängel** des Werkes kaum rügen. Mängel der Qualität, d. h. der wissenschaftlichen, künstlerischen oder literarischen Güte eines Werkes, deren Anforderungen nicht im Einzelnen vertraglich vereinbart worden sind, kann der Verleger im Allgemeinen nicht beanstanden, denn er ist nicht Beurteiler des Autors (BGH GRUR 1960, 642, 644 – *Drogistenlexikon*; OLG München ZUM 2007, 863, 865 f. – *ADAC – Die heimliche Macht der gelben Engel*; *Schricker* VerlagsR[3] Rn. 9 unter Verweis auf *Kohler*, Urheberrecht an Schriftwerken und Verlagsrecht, 1907, S. 308). Der Verlag kann also nicht rügen, das Werk sei „zu wenig reißerisch" (OLG Hamburg UFITA 23 [1957], 399), in holpriger Sprache oder langweilig geschrieben. Das macht es für den Verlag bei im weitesten Sinne belletristischen Werken natürlich äußerst schwierig, wenn das Werk insgesamt hinter den Qualitätsanforderungen zurückbleibt und kaum oder nur mit sehr erheblichem Aufwand lektorierbar wäre. Ein Verlag, der einen Verlagsvertrag über ein erst noch herzustellendes Werk eines ihm unbekannten Autors unterzeichnet, geht mithin ein mitunter erhebliches Risiko ein (s. a. OLG München ZUM 2007, 863, 865 f. – *ADAC – Die heimliche Macht der gelben Engel*).

6   § 31 Abs. 1 ist auf überarbeitete Fassungen eines Werkes für eine **Neuauflage** zumindest entsprechend anwendbar. Für die Neuauflage eines wissenschaftlichen Werkes muss ein Werk also grds. dem wissenschaftlich neuesten Stand entsprechen, um vertragsgemäß zu sein, auch wenn dies nicht ausdrücklich vereinbart ist.

2. Verletzungen der Rechte Dritter

Verletzt ein Werk die Rechte Dritter, sei es deren Urheber- oder ausschließliche **7** Nutzungsrechte oder vor allem deren Persönlichkeitsrechte, so ist das Werk nicht von vertragsmäßiger Beschaffenheit, wenn dies dem Verlag nicht bekannt war und er auch nicht damit rechnen musste. Schließt der Verlag einen Verlagsvertrag über ein bereits fertiggestelltes Werk, das ihm vorliegt, ab, muss er allerdings grds. das Manuskript auf etwaige Persönlichkeitsrechtsverletzungen prüfen und kann sich jedenfalls hinsichtlich erkennbarer oder naheliegender Verletzungen (Beschreibung intimer Szenen in einem Memoirenband, erhebliche Vorwürfe gegenüber einer bestimmten Person in einer Biographie oder einem politischen Buch u. Ä.) gegenüber dem Autor nicht auf derartige Mängel berufen. Prüft er nicht, kann er diese Mängel eines Manuskripts später nicht mehr ohne weiteres rügen (BGH GRUR 1979, 396, 397 f. – *Herren und Knechte*; dazu *Willhelm Nordemann* GRUR 1979, 399; OLG Frankfurt aM. GRUR 2006, 138, 140 – *Europa ohne Frankreich?*). Der Verlag kann auch dann eine angebliche Verletzung der Persönlichkeitsrechte Dritter oder der Urheber- oder ausschließlichen Nutzungsrechte Dritter nicht rügen, wenn ihm die Situation bei Vertragsabschluss bewusst war, er also im vollen Bewusstsein der möglichen Brisanz des Werkes den Verlagsvertrag abgeschlossen hat (BGH GRUR 1979, 396, 397 f. – *Herren und Knechte*). Wer die Memoiren eines bekannten und kontroversen Popstars in Verlag nimmt, muss sich deshalb des Risikos ebenso bewusst sein, wie wenn er – wie im Fall *Herren und Knechte* – einen Vertrag über ein Enthüllungsbuch über die katholische Kirche schließt (zustimmend Ulmer-Eilfort/Obergfell/*Ulmer-Eilfort* Rn. 8). Gleiches gilt für Werke, die eine Bearbeitung eines anderen Werkes darstellen wie z. B. die berühmten Asterix-Persiflagen; die mögliche Urheberrechtsverletzung stellt dann keinen Mangel dar, den der Verlag nach § 31 rügen könnte.

Sind die Rechte des Verlages aus § 31 danach ausgeschlossen, so kann er grds. **8** die **Haftung** für derartige Verletzungen auch im Innenverhältnis nicht ohne weiteres vertraglich auf den Autor abwälzen. Denn der Verlag schließt in diesen Fällen ein Risikogeschäft; eine Klausel, die trotzdem den Autor für Persönlichkeits- oder Urheberrechtsverletzungen haften lassen wollte, widerspräche dem und ist deshalb jedenfalls klausel- bzw. formularmäßig schon wegen §§ 305 ff. BGB unwirksam. Etwas anderes gilt nur ganz ausnahmsweise und nur dann, wenn nach den Umständen beide Parteien bewusst dem Autor das Risiko der Verletzung auferlegen wollten oder das Werk gegenüber den für den Verlag erkennbaren (potentiellen) Verletzungen der Rechte Dritter qualitativ andere und nicht ohne weiteres erkennbare Konfliktherde enthält.

3. Mangelnde Ausgabefähigkeit

Mit der mangelnden Ausgabefähigkeit des Werkes kann der Verlag im Rahmen **9** des § 31 Abs. 1 schließlich einen rein subjektiven, d. h. nur aus Sicht des konkreten Verlages bestehenden Mangel rügen. Danach ist ein Werk nicht ausgabefähig, wenn der konkrete Verlag das Werk nicht verbreiten kann, ohne damit sein Geschäft oder seinen persönlichen Ruf zu gefährden (*Schricker* VerlagsR[3] Rn. 11 m. w. N.; ausführlich Ulmer-Eilfort/Obergfell/*Ulmer-Eilfort* Rn. 10 f.). Dies mag bei politischen, historischen oder sonstigen Sachbüchern regelmäßig einmal der Fall sein, scheidet jedoch grds. aus, wenn dem Verlag das Manuskript bei Vertragsabschluss bereits vorlag (dazu OLG Frankfurt aM. GRUR 2006, 138, 140 – *Europa ohne Frankreich?*). Bei belletristischen Werken wird dies nur äußerst selten anzutreffen sein. In Betracht kommt es wohl vor allem bei politischen Meinungsäußerungen oder menschlich oder ethisch fragwürdigen – z. B. antisemitischen – Tendenzen, wie sie *Martin Walsers* Werk „Tod eines Kritikers" vor einigen Jahren vorgeworfen wurden.

III. Rechte des Verlags

1. Rüge des Mangels und Fristsetzung

10 Stellt der Verlag einen Mangel fest, der ihm bei Abschluss des Vertrages nicht bekannt war oder bekannt sein musste oder den er jedenfalls billigend in Kauf genommen hatte (BGH GRUR 1979, 396, 397 f. – *Herren und Knechte*; OLG Frankfurt aM. GRUR 2006, 138, 140 – *Europa ohne Frankreich?*), so muss er den Mangel zunächst binnen angemessener Frist rügen (BGH GRUR 1960, 642, 644 f. – *Drogistenlexikon*). Wie lang eine angemessene Frist ist, bestimmt sich nach den Umständen des Einzelfalls. Die Frist wird dementsprechend bei einem komplexen, noch zu lektorierenden Werk deutlich länger sein als bei einem relativ kurzen Beitrag zu einem Sammelwerk. Der Verlag muss außerdem dem Verfasser zur Beseitigung des Mangels oder der Mängel eine angemessene Frist setzen, deren Länge sich wiederum nach den Umständen im Einzelfall bestimmt und auch vertraglich bereits geregelt werden kann (zum Ganzen vgl. § 30 VerlG Rn. 6). Nach Treu und Glauben muss der Verlag vor allem bei langjährigen Vertragsbeziehungen zu dem Verfasser diesem ggf. mehrfach Fristen zur Nachbesserung setzen; ein Rücktritt kommt in Fällen langjähriger Zusammenarbeit nur unter strengen Voraussetzungen in Betracht (OLG München ZUM 1992, 147, 149 ff. – *Biographien*). Solange die Mängel nicht beseitigt sind, kann der Verlag dem Autor, der die Auszahlung seines Honorars oder eines Vorschusses verlangt, die Einrede des nicht erfüllten Vertrages, § 320 BGB, entgegensetzen (BGH GRUR 1960, 642, 643 – *Drogistenlexikon*). Ist das Werk allerdings nur teilweise mangelhaft, so richtet sich nach Treu und Glauben, ob die Verweigerung nach den Gesamtumständen zulässig ist, § 320 Abs. 2 BGB (BGH GRUR 1960, 642, 645 – *Drogistenlexikon*).

11 Die Fristsetzung ist entbehrlich, wenn eine Beseitigung der Mängel objektiv oder subjektiv unmöglich ist (BGH GRUR 1979, 396, 398 – *Herren und Knechte*), der Verfasser die Beseitigung gegenüber dem Verlag verweigert, sei es auch nur, dass er die Mängel nachdrücklich bestreitet, und schließlich bei besonderem Interesse des Verlegers, § 31 Abs. 1 i. V. m. § 30 Abs. 2. Weil das besondere Interesse nur die Fristsetzung entbehrlich macht, muss es auch im Rahmen des § 31 Abs. 1 darin bestehen, *sofort* ein dem Vertrag entsprechendes Werk zur Verfügung zu haben. Dies kann z. B. der Fall sein, wenn der Verlag das Werk zu einem bestimmten Zeitpunkt benötigt und es bei Setzung einer Nachfrist nicht möglich wäre, noch mit einem anderen Autor entsprechende Vereinbarungen zu treffen.

2. Mangelhafte und fehlende Nachbesserung

12 Beseitigt der Autor nach entsprechender Rüge und Fristsetzung die gerügten Mängel nicht oder nur unzureichend, ist die Frist fruchtlos verstrichen und der Verlag also zum Rücktritt bzw. zum Schadensersatz berechtigt (vgl. Rn. 13 f.). Der Verlag muss allerdings grds. eine neue Frist setzen, wenn der Autor zwar die alten Mängel beseitigt, dafür jedoch neue Mängel eingearbeitet hat. Der Verlag kann in diesen Fällen in der Regel nicht die Mängel selbst – etwa durch das eigene Lektorat – beheben lassen, wenn es sich nicht um solche Korrekturen handelt, denen der Verfasser nach Treu und Glauben zustimmen müsste, § 39 Abs. 2 UrhG.

3. Rücktritt und Schadensersatz

13 Nach fruchtlosem Ablauf der Frist kann der Verlag entweder von dem Vertrag zurücktreten, Abs. 1, oder Schadensersatz wegen Nichterfüllung verlangen, wenn der Autor den Mangel bzw. die fehlende oder unzureichende Nachbesserung zu vertreten hat, Abs. 2. Auch der Rücktritt muss binnen angemessener Frist erklärt werden, deren Länge wiederum nach den Umständen des Einzelfalls zum Teil erheblich variieren kann. Jedenfalls eine Rücktrittserklärung vier Jahre nach Abschluss des Verlagsvertrages über ein vorliegendes Manuskript ist verspätet (OLG Frankfurt aM. GRUR 2006, 138, 140 – *Europa ohne Frankreich?*); eine Rücktrittserklärung nach mehrfacher Ankündigung des Erscheinens des Titels, dessen Manuskript im Zeitpunkt der Ankündigung bereits vorlag, dürfte wegen Verwirkung unwirksam sein.

Der Rücktritt führt zur **Rückabwicklung** des Vertragsverhältnisses, §§ 37   **14** VerlG, 346 ff. BGB, sodass insb. ein an den Autor gezahlter **Vorschuss** zurückgefordert werden kann, und zwar auch dann, wenn dieser als nicht rückzahlbar ausgestaltet war. Der Schadensersatzanspruch wegen Nichterfüllung richtet sich nach den allgemeinen zivilrechtlichen Regeln (vgl. Vor §§ 31 ff. UrhG Rn. 164 ff.).

Sind an dem Werk mehrere Urheber beteiligt, so kann der Verlag bei **Miturhe-**   **15** **berschaft** den Rücktritt grds. nur gegenüber allen Miturhebern erklären (vgl. § 8 UrhG Rn. 16 ff.), muss aber vorher i. d. R. allen Urhebern Gelegenheit geben, den Mangel zu beseitigen. Bei lediglich verbundenen Werken bestimmt sich nach den Umständen des Einzelfalls, ob der Rücktritt gegenüber allen Urhebern erfolgen kann bzw. muss oder auf den einzelnen betroffenen Urheber beschränkt werden kann. Letzteres kommt z. B. in Betracht, wenn mehrere Herausgeber gemeinsam ein wissenschaftliches Sammelwerk veröffentlichen und einer der Herausgeber seinen Pflichten nicht mehr mit der gebotenen Qualität nachkommen kann oder z. B. eine Aktualisierung oder sonstige Neubearbeitung verweigert (vgl. § 41 VerlG Rn. 15 ff.).

IV. Haftung für inhaltliche Mängel gegenüber Dritten

1. Urheberrechts- und Persönlichkeitsrechtsverletzungen

Nach außen haften Verlag und Autor grds. gemeinsam für Verletzungen der   **16** Rechte Dritter (für ein Beispiel BGH GRUR 2010, 171 – *Esra*; LG Köln NJW-RR 2011, 1492 ff.; s. a. OLG Stuttgart ZUM-RD 2011, 232 ff.). Inhalt und Umfang der Haftung bestimmt sich nach den allgemeinen Regeln des UrhG oder des allgemeinen Persönlichkeitsrechts. Bei einer Persönlichkeitsrechtsverletzung in einem Buch besteht ein **Rückrufanspruch** gegen den Verlag allerdings nur, wenn es sich um eine schwere Persönlichkeitsrechtsverletzung handelt; insofern ist eine Interessenabwägung vorzunehmen (LG Köln ZUM-RD 2011, 253, Rn. 44 f.; zur Buchhändlerhaftung bei Urheberrechtsverletzung LG Berlin GRUR-RR 2009, 216 – *Buchhändlerhaftung*). Im **Innenverhältnis** zwischen Verlag und Autor ist fraglich, ob der Verlag die Haftung vollständig auf den Autor abwälzen kann. Dies scheidet dann aus, wenn der Verlag sich auch auf seine Rechte nach § 31 nicht berufen könnte, ihm also die Urheber- oder Persönlichkeitsrechtsverletzung bekannt war oder bekannt sein musste oder er insofern bewusst ein Risiko einging (BGH GRUR 1979, 396, 397 f. – *Herren und Knechte*; OLG Frankfurt aM. GRUR 2006, 138, 140 – *Europa ohne Frankreich?*; vgl. Rn. 7). Auch wenn dem Verlag eine Prüfung des Manuskripts zuzumuten war, weil ihm das Manuskript vor Vertragsabschluss vorlag, kann er die Haftung gegenüber Dritten jedenfalls nicht klausel- oder formularmäßig auf den Autor abwälzen. Auch einzelvertraglich ist eine vollständige Überbürdung der Haftung auf den Autor vor allem dann problematisch, wenn – wie heute nahezu allgemein üblich – nach dem Vertrag der Verlag allein über Auflagenhöhe, Ausstattung, Ladenpreis usw. bestimmt und also den Umfang eines potentiellen Schadens oder dessen Begrenzung allein in der Hand hat. Ähnliches gilt, wenn der Verlag in derartigen Fällen die Nebenrechte – wie ebenfalls weit verbreitet – ohne Rücksprache mit dem Autor verwerten kann und deshalb auch insofern dem Autor eine Einflussnahme auf den Umfang der Verwertung weitestgehend verwehrt ist.

17   Ist allerdings eine Persönlichkeits- oder Urheberrechtsverletzung für den Verlag auch bei einigermaßen sorgfältiger Prüfung nicht erkennbar – etwa weil der Roman wie bei *Maxim Billers „Esra"* auf reale Vorbilder zurückgreift, ohne dass dies im Roman selbst zum Ausdruck käme (dazu BGH GRUR 2010, 171 – *Esra*) –, so haftet der Autor im Innenverhältnis grds. für alle Schäden der betroffenen Dritten und des Verlages. Eine Grenze findet seine Haftung dann lediglich in den normalen zivilrechtlichen Bestimmungen und insb. dort, wo der Schaden nicht mehr adäquat kausal durch die Rechtsverletzungen in seinem Werk verursacht worden ist oder – etwa weil bei einer Bearbeitung im Rahmen der Nebenrechtsverwertung, z. B. einer Verfilmung, eine Persönlichkeitsrechtsverletzung durch drastischere Darstellung überhaupt erst entsteht – nicht mehr (allein) durch den Autor zu vertreten ist.

2. Haftung des Verlages für inhaltliche Fehler des Werks

18   Der Verlag haftet außerdem nach außen grds. für Fehler des Werkes, z. B. unrichtige rechtliche Anleitungen (s. BGH NJW 1978, 997 ff. – *Börsendienst*; BGH NJW 1970, 1693 ff. – *Ärztliche Fehlbehandlung nach Druckfehler in einem medizinischen Werk*; dazu auch OGH v. 19.1.2010 – 4 Ob 63/09g, verfügbar bei juris). Grds. kommt auch eine Haftung nach dem ProdHaftG in Betracht (s. zum Ganzen *Cahn* NJW 1996, 2899 ff.; *A. Meyer* ZUM 1997, 26 ff.).

§ 32

Wird das Werk nicht vertragsmäßig vervielfältigt oder verbreitet, so finden zugunsten des Verfassers die Vorschriften des § 30 entsprechende Anwendung.

Übersicht

I. Allgemeines

1   § 32 gestattet dem Autor, von dem Verlagsvertrag zurückzutreten, wenn der Verlag das Werk nicht vertragsgemäß vervielfältigt oder verbreitet. Entsprechend der Verweisung auf § 30 muss er vor einem Rücktritt dem Verlag eine **Nachfrist mit Ablehnungsandrohung** setzen, wenn nicht einer der Fälle des § 30 Abs. 2 vorliegt (vgl. § 30 VerlG Rn. 7 f. und unten vgl. Rn. 9.). Zur vertragsmäßigen Vervielfältigung und Verbreitung gehören im Wesentlichen die in §§ 12 bis 21 genannten Verpflichtungen des Verlages, außerdem das früher in § 13 enthaltene Änderungsverbot (jetzt § 39 Abs. 1 UrhG) und das früher in § 28 enthaltene Verbot, einzelne Verlagsverträge auf einen anderen Verlag zu übertragen (jetzt § 34 UrhG). Verletzt der Verlag hingegen andere Pflichten aus dem Vertrag – z. B. die Pflicht zur Abrechnung, Zahlung des Honorars, Zusendung von Freiexemplaren u. ä. –, kann der Verfasser schon nach dem Wortlaut des § 32 nicht von dem Vertrag zurücktreten, sondern nur nach den normalen zivilrechtlichen Regelungen vorgehen, d. h. ggf. Ersatz eines Verzögerungsschadens fordern. Zu den Voraussetzungen einer außerordentlichen, d. h. fristlosen **Kündigung** im Falle wiederholter Verletzungen auch der Nebenpflichten vgl. Rn. 17 ff. Die Rechte des Urhebers aus § 41 UrhG (**Rückruf**) bestehen grds. neben denen aus §§ 32, 30 VerlG (vgl. Rn. 15). Zur Beendigung eines Administrationsvertrages mit einem Musikverlag aus § 627 BGB OLG München GRUR-RR 2008, 208 ff. – *Concierto*, allerdings durch BGH GRUR 2010, 1093 – *Concierto de Aranjuez* aufgehoben, weil es sich um einen Verlagsvertrag, nicht um eine bloße Verwaltung handele; vgl. § 1 VerlG Rn. 5. Zu den Auflösungsmöglichkeiten eines Verlagsvertrages nach österreichischem Recht OGH v. 8.9.2009 – 4 Ob 113/09k, verfügbar bei juris.

§ 32 ist bezüglich der Einzelheiten der Voraussetzungen und der Ausübung   **2** dispositiv, mit Blick auf die grundsätzlichen Wertungen des UrhG jedoch **nicht vollständig abdingbar** (§ 41 Abs. 4 UrhG). Ein formularmäßiges Ändern oder Abbedingen des § 32 stößt ohnehin an die Grenzen der §§ 305 ff. BGB. In der Praxis wird § 32 häufig indirekt durch Vereinbarungen eingeschränkt und abgeschwächt, die dem Verlag sehr weitgehendes eigenes Ermessen für das Ob, Wie und Wann der Vervielfältigung und Verbreitung einräumen.

II. Nicht vertragsmäßige Vervielfältigung und Verbreitung

1. Begriff

Das Werk wird nicht vertragsmäßig vervielfältigt und verbreitet, wenn die Ver-   **3** vielfältigung und/oder Verbreitung nicht den vertraglichen Vereinbarungen entspricht, der Verlag also nicht die vereinbarte **Erstauflage** herstellt, das Werk nicht zum **vereinbarten Zeitpunkt** oder nicht in der **vereinbarten Ausstattung** erscheinen lässt oder nicht innerhalb der vertraglich vorgesehenen Zeit nach Vergriffensein der Erstauflage eine **Neuauflage** herstellt (nach Aufforderung aus § 17 VerlG jedoch nur, wenn Verlag Neuauflage zugesagt hat: BGH GRUR 2011, 810 Tz. 36 ff. – *World's End*). Zwar pflegen heute in Verlagsverträgen nahezu alle der genannten Einzelheiten dem Ermessen des Verlages überlassen zu werden, so z. B. konkrete Auflagenhöhe und Ausstattung, Erscheinungstermin, Ladenpreis, Neuauflagen usw. Geschieht dies im Rahmen eines der üblichen Formularverträge, kann jedoch die Auslegung des Vertrages anhand der Umstände und des Vertragszweckes durchaus eine Konkretisierung ergeben. Ein großer Publikumsverlag wird deshalb z. B. auch dann ein Werk nicht ohne weiteres in einer besonders preiswerten Taschenbuchreihe anstelle der auch in seinem Verlag üblichen Hardcoverausgabe erstveröffentlichen dürfen, wenn er über Ausstattung, Ladenpreis usw. nach dem Vertrag allein entscheidet. Veröffentlicht der betreffende Verlag hingegen nur in Taschenbuch- oder taschenbuchähnlicher broschierter Form oder ist die von den Parteien in Aussicht genommene Reihe jedenfalls nur in dieser Form erhältlich, ist grds. auch nur diese Vervielfältigung und Verbreitung geschuldet.

4 Enthält der Vertrag keine ausdrücklichen Regelungen zu Zeitpunkt, Form und Umfang der Vervielfältigung und Verbreitung, ergibt sich der **Umfang der vertragsmäßigen Vervielfältigung und Verbreitung** aus §§ 12 bis 21 VerlG. Der Verlag ist also verpflichtet, das Werk in der zweckentsprechenden und üblichen Weise zu vervielfältigen und zu verbreiten (§ 14), mit der Vervielfältigung unmittelbar nach Ablieferung zu beginnen, die nach § 5 zulässige Auflagenhöhe herzustellen, dafür zu sorgen, dass der Bestand nicht vergriffen (beides § 16) und die Korrektur erledigt wird, und dem Verfasser die Gelegenheit zu **Änderungen** zu geben (§ 12; dazu LG Köln v. 1.7.2009 – 28 O 603/08 Tz. 60 ff., verfügbar bei juris) bzw. die eingearbeiteten Änderungen zu vervielfältigen und zu verbreiten. Der Verlag muss außerdem eine Neuauflage, die er nach Aufforderung durch den Autor diesem zugesagt hat, tatsächlich herstellen lassen, weil sich durch die Zusage die Ausübungslast des § 17 VerlG in eine Ausübungspflicht verwandelt (BGH GRUR 2011, 810 Tz. 37, 40 – *World's End*). Er darf den **Ladenpreis** nicht ermäßigen, soweit berechtigte Interessen des Verfassers verletzt werden, und nur erhöhen, wenn der Verfasser zustimmt (§ 21). Zur vertragsmäßigen Vervielfältigung und Verbreitung gehört auch die übliche **Bewerbung** des Buches einschließlich des Versands von Rezensionsexemplaren (vgl. § 14 VerlG Rn. 8; dazu auch OLG Frankfurt v. 19.8.2008 – 11 U 57/07 Tz. 38 ff., verfügbar bei juris, allerdings im Rahmen der Prüfung des § 41 UrhG). Weiter darf der Verlag ein Werk nicht vervielfältigen und verbreiten, in dem er selbst unzulässige Änderungen vorgenommen hat (§ 39 Abs. 1 UrhG). **Überträgt** er die **Rechte aus dem Verlagsvertrag ohne Zustimmung** des Autors auf einen anderen Verlag, ist die Übertragung unwirksam; die Nutzung durch den Erwerber bedeutet eine Urheberrechtsverletzung gegenüber dem Verfasser (s. § 28 VerlG a. F.; heute §§ 34, 97 ff. UrhG, vgl. § 34 UrhG Rn. 16 f.). Da die Übertragung des Verlagsvertrages unwirksam ist, verbleiben die vertraglichen Pflichten bei dem Erstverleger, und der Erstverleger verletzt mithin seine vertragliche Pflicht, das Werk zu vervielfältigen und zu verbreiten.

5 Die Rechte aus § 32 kann der Autor schließlich geltend machen, wenn der Verlag aus einem umfassenden Manuskript ohne entsprechende Vereinbarung nur **Teile veröffentlicht**. Der Autor kann dann grds. bezüglich des ganzen Werkes, also auch der veröffentlichten Teile, seine Rechte aus § 32 geltend machen. Ist das Werk teilbar, d. h. bilden auch aus Sicht des Autors die veröffentlichten Teile durchaus noch ein sinnvolles Ganzes, so kann der Autor in entsprechender Anwendung des § 38 Abs. 1 den Rücktritt auf die nicht veröffentlichten Teile beschränken.

2. Erfüllungsanspruch und Durchsetzung

6 Vervielfältigt oder verbreitet der Verlag das Werk nicht vertragsmäßig, kann der Verfasser zunächst ordnungsgemäße Erfüllung verlangen und entsprechend durchgesetzte Ansprüche in aller Regel nach § 887 ZPO oder – in der Praxis selten – § 888 ZPO vollstrecken (dazu *Junker* GRUR 1988, 793 ff.). Zu Auswertungspflichten im Allgemeinen vgl. Vor §§ 31 ff. UrhG Rn. 41 ff.

3. Rücktritt des Verfassers

7 a) **Fristsetzung und Ablehnungsandrohung:** Vor Ausübung des Rücktrittsrechts muss der Autor dem Verlag i. d. R. eine **angemessene Nachfrist** zur ordnungsgemäßen Vervielfältigung oder Verbreitung einräumen, §§ 32, 30 Abs. 1. Die Länge der angemessenen Frist hängt wiederum stark von den Umständen und der konkret beanstandeten Schlecht- oder Nichterfüllung ab. Jedenfalls muss die Frist i. d. R. nicht so lang sein, dass der Verlag die überhaupt noch nicht begonnene Handlung noch in vollem Umfang ausführen kann; er muss lediglich bereits vorbereitete Aktivitäten zu Ende bringen können. Zur Angemessenheit der Frist im Übrigen vgl. § 30 VerlG Rn. 6. Wie bei § 30 kann der Autor dem Verlag auch schon vor Verstreichen des Zeitpunktes, zu dem der Verlag nach dem Vertrag leisten müsste, eine Frist setzen, wenn er absehen kann, dass der Verlag nicht pünktlich leisten wird. Wiederum darf die Frist jedoch nicht vor Verstreichen des vertraglich vereinbarten Zeitpunktes ablaufen, §§ 32, 30 Abs. 1 S. 2.

Mit der Frist muss die Drohung, eine Erfüllung nach Ende der gesetzten Frist **8** **abzulehnen**, verbunden werden. Diese Voraussetzung ist ohne weiteres dispositiv, und zwar wegen der nunmehr anders lautenden gesetzlichen Regelung in §§ 281, 323 BGB auch durch Formularverträge.

b) Entbehrlichkeit der Fristsetzung: Die Fristsetzung ist nach §§ 32, 30 Abs. 2 **9** entbehrlich, wenn eine rechtzeitige vertragsmäßige Vervielfältigung oder Verbreitung **unmöglich** ist, der Verlag sie **verweigert** oder der Autor an einem sofortigen Rücktritt ein **besonderes Interesse** hat. Ob dies tatsächlich immer bereits dann der Fall ist, wenn eine vertragswidrige Verwertung durch den Verlag droht (so *Schricker* VerlagsR[3] Rn. 5; *Russ* Rn. 15), erscheint zweifelhaft; ein sofortiger Rücktritt ist in diesen Fällen nur dann gerechtfertigt, wenn die Verwertung tatsächlich unmittelbar bevorsteht und deshalb dem Autor ein Zuwarten nicht zugemutet werden kann. Ein besonderes Interesse am sofortigen Rücktritt kann außerdem dann bestehen, wenn der Verlag die Veröffentlichung wiederholt und so wesentlich verzögert hat, dass der Verfasser berechtigte Zweifel haben muss, ob der Verlag überhaupt vervielfältigen oder verbreiten wird, und sich ihm eine Veröffentlichungsmöglichkeit bei einem anderen Verlag bietet, die bis zum Ablauf einer angemessenen Nachfrist möglicherweise nicht mehr bestünde. Ein besonderes Interesse am sofortigen Rücktritt besteht außerdem dann, wenn der Autor das Werk zu einem bestimmten Zeitpunkt veröffentlichen möchte (etwa bei der Herausgabe einer Festschrift zugunsten eines Dritten oder eines Werkes, das zur Verabschiedung einer bestimmten Person etwa aus einem Amt vorgestellt werden soll) und das Setzen einer Nachfrist diesen Zweck gefährden würde.

c) Ausübung des Rücktrittsrechts: Ist die gesetzte Frist fruchtlos verstrichen **10** oder war eine Fristsetzung entbehrlich, kann der Autor vom Vertrag zurücktreten, auch wenn der Verlag die Situation nicht verschuldet hat. Nach §§ 32, 30 Abs. 3 ist der Rücktritt jedoch ausgeschlossen, wenn die Pflichtverletzung des Verlages oder das Verstreichen der Frist für den Autor einen **nur unerheblichen Nachteil** mit sich bringt. Dies wird z. B. dann der Fall sein, wenn der Verlag das Werk nicht innerhalb der gesetzten, angemessenen Frist veröffentlicht hat, aber bereits absehbar ist, dass das Werk kürzeste Zeit später tatsächlich erscheinen kann, der Verlag lediglich marginale Änderungen des Verfassers nicht berücksichtigt hat (§ 12) oder den Ladenpreis ohne Zustimmung des Verfassers nur unwesentlich erhöht. Auch eine geringfügige Unter- oder Überschreitung der gestatteten Auflage (§ 16) dürfte i. d. R. nur unerhebliche Nachteile mit sich bringen. Im **Musikverlag**, vor allem in der Unterhaltungsmusik, kann es ebenfalls einen nur unerheblichen Nachteil für den Autor bedeuten, wenn der Verlag das sog. Papiergeschäft (Notendruck, Notenverkauf und -verleih) nicht oder unzureichend durchführt, weil dies wirtschaftlich bei Werken der Unterhaltungsmusik nicht im Vordergrund steht, sondern der Schwerpunkt auf der Verwertung der unkörperlichen sowie der mechanischen Vervielfältigungsrechte (digitale Rechte, CD, Film...) liegt (OLG Frankfurt v. 19.8.2008 – 11 U 57/07 Tz. 32 ff., verfügbar bei juris).

Der Verfasser muss den **Rücktritt** dem Verlag gegenüber **erklären** und die Er- **11** klärung diesem **zugehen**, §§ 130 ff. BGB. Mit dem Rücktritt wird das Vertragsverhältnis in ein **Rückgewährschuldverhältnis** umgewandelt, §§ 37 VerlG, 346 ff. BGB. Eventuell bereits vorher entstandene Schadensersatzansprüche wegen Urheberrechtsverletzung (etwa wegen der Vornahme unzulässiger Änderungen) bleiben jedoch bestehen.

12 Grundsätzlich erfasst der Rücktritt sowohl die eingeräumten **Haupt-** als auch die **Nebenrechte**, soweit sich aus dem Vertrag nichts anderes ergibt. Letzteres kann z. B. bei den seit einigen Jahren häufiger anzutreffenden Konstellationen der Fall sein, in denen mit einem großen Gesamtverwerter gleichzeitig ein Buchverlagsvertrag geschlossen und ein Verfilmungsvertrag zumindest in Aussicht genommen wird. In diesen Fällen ist möglicherweise die Verfilmung bereits Zweck des Verlagsvertrages gewesen; tritt der Autor von dem Verlagsvertrag zurück, weil etwa die Buchausgabe nicht erscheint, ist davon noch nicht ohne weiteres der – in der Zwischenzeit u. U. abgeschlossene bzw. optionierte – Verfilmungsvertrag bzw. die Einräumung entsprechender Nebenrechte erfasst. Ohnehin kann sowohl im Rahmen des § 32 als auch bei § 41 UrhG vertraglich vereinbart werden – und zwar auch durch Formularvertrag –, dass bei Rückruf oder Rücktritt bezüglich bestimmter Vertragsteile andere Vertragsteile (und insb. Nebenrechtseinräumungen) weitergelten sollen. § 2 Ziff. 3 Normvertrag enthält eine entsprechende Regelung (abrufbar unter http://www.boersenverein.de).

13 § 38 lässt stets eine **zeitlich differenzierte Wirkung** des Rücktritts zu. § 38 Abs. 2 bestimmt nämlich, dass der Vertrag insoweit aufrechterhalten bleibt, als er dem Verlag nicht mehr zur Verfügung stehende Exemplare, ältere Auflagen oder bereits erschienene Teile des Werkes betrifft (vgl. § 38 VerlG Rn. 3 ff.).

III. Weitere Rechte des Verfassers

1. Verzug

14 Ist der Verlag mit der Vervielfältigung oder Verbreitung des Werkes in Verzug, kann der Autor die normalen zivilrechtlichen Rechte geltend machen, also z. B. **Ersatz des Verzugsschadens** verlangen, §§ 32, 30 Abs. 4 VerlG, 286 ff. BGB. Er kann außerdem nach § 325 BGB **Schadensersatz wegen Nichterfüllung** fordern oder nach §§ 323 ff. BGB vom Vertrag **zurücktreten** (dazu LG Ulm ZUM-RD 1999, 236; Anwendbarkeit des § 323 BGB neben §§ 30, 32 und § 17 offengelassen in BGH GRUR 2011, 810 Tz. 44 – *World's End*). Bei Vorliegen der Voraussetzungen des BGB kann der Autor den Verlag auch hinsichtlich der **Erfüllung von Nebenpflichten** (Rechnungslegung, Honorarzahlung, Zurverfügungstellen der Freiexemplare usw.) in Verzug setzen und ggf. Ersatz des Verzögerungsschadens fordern. Bezüglich der Verpflichtung zur **Honorarzahlung** ist § 286 BGB auf den Vergütungsanspruch des Autors anwendbar. Ist im Verlagsvertrag – wie sehr weitgehend üblich – geregelt, dass der Verlag innerhalb der ersten drei Monate eines Jahres für das vergangene Jahr abrechnet und binnen – sehr häufig – weiteren vier Wochen dem Autor den sich daraus ergebenden Vergütungsanteil zahlt, gerät der Verlag ohne weiteres mit Ablauf dieser zweiten Frist, sonst nach § 286 Abs. 3 BGB 30 Tage nach Zugang einer entsprechenden Rechnung oder einer gleichwertigen Zahlungsaufforderung des Autors in **Verzug**. Zur Kündigung aus wichtigem Grund in diesen Fällen vgl. Rn. 17 ff.; vgl. § 24 VerlG Rn. 6. Haben die Parteien die Pflicht zur Rechnungslegung und Honorarzahlung nach den Gesamtumständen und dem Vertragszweck (ausnahmsweise) als Hauptpflicht ausgestaltet, kann der Autor auch insofern grds. die Rechte aus §§ 32, 30 Abs. 4 VerlG, 323 BGB geltend machen, also ggf. Schadensersatz wegen Nichterfüllung verlangen oder von dem Vertrag zurücktreten.

2. Rückruf, § 41 UrhG

15 Das Rückrufrecht des Autors aus § 41 UrhG steht grds. **unabhängig neben** §§ 32, 30 VerlG (wohl h. M.; zuletzt z. B. OLG München ZUM 2008, 154 f.; OLG Frankfurt v. 19.8.2008 – 11 U 57/07 Tz. 36 ff., verfügbar bei juris; Ulmer-Eilfort/Obergfell/*Ulmer-Eilfort* Rn. 14; *Russ* Rn. 20). Allerdings lässt der BGH in der Entscheidung *World's End* (BGH GRUR 2011, 810 Tz. 47) ausdrücklich offen, inwieweit § 41 UrhG neben §§ 32, 30 und § 17 VerlG anwendbar sei, will also dieser Frage ggf. genauer nachgehen. Ohnehin sind die **Voraussetzungen** des Rücktrittsrechts nach VerlG und des Rückrufrechts nach UrhG durchaus unterschiedlich (dazu auch BGH GRUR 2011, 810 Tz. 47 f. – *World's End*). So kann der Autor das Rückrufrecht nach § 41 UrhG grds. frühestens zwei Jahre nach Vertragsschluss oder Ablieferung des Werkes, das Rücktrittsrecht nach §§ 32, 30 VerlG im Prinzip jederzeit geltend machen. Auch besteht bei § 41 das jedenfalls theoretische Risiko, dass der Autor dem Verlag Entschädigung aus Billigkeitsgründen leisten muss, § 41 Abs. 6 UrhG. Der Verfasser kann deshalb ohne weiteres zunächst Rücktritt nach §§, 32, 30 VerlG androhen bzw. erklären und sich nur hilfsweise auf einen Rückruf nach § 41 UrhG berufen. Ist seine **Erklärung unklar,** so ist nach den allgemeinen Grundsätzen davon auszugehen, dass der Autor das ihm günstigere Recht ausüben wollte, und zwar auch dann, wenn die Voraussetzungen für beide Rechtsbehelfe vorliegen. In der Praxis ist deshalb zuerst ein Rücktritt zu prüfen (dazu BGH GRUR 1988, 303, 305 – *Sonnengesang*; hinsichtlich einer Kündigungserklärung auch BGH GRUR 1970, 40, 43 f. – *Musikverleger I*).

3. Schadensersatz wegen Verletzung von Haupt- oder Nebenpflichten, §§ 280 ff. BGB

Der Autor kann bei Schlecht- oder Nichterfüllung von Haupt- oder Nebenpflichten außerdem die normalen zivilrechtlichen Ansprüche geltend machen, also insb. Schadensersatz wegen Nicht- oder Schlechterfüllung fordern, §§ 280 ff. BGB. Eventuell an den Autor gezahlte **Vorschüsse** werden in die Schadensberechnung eingestellt; hat der Autor einen höheren Vorschuss erhalten, als er als Schadensersatz von dem Verlag fordern kann, so kann der Verlag ggf. den Überschuss nach §§ 812 Abs. 1 S. 2 BGB, jedoch mit dem Risiko der Entreicherung des Autors, § 818 Abs. 3 BGB, herausverlangen (BGH GRUR 1979, 396, 399 – *Herren und Knechte*). **16**

4. Kündigung aus wichtigem Grund, § 314 BGB

a) Allgemeines: Nach heute allg. A. kann auch ein Verlagsvertrag als **Dauerschuldverhältnis** aus wichtigem Grund gekündigt werden, § 314 BGB (zum Ganzen vgl. Vor §§ 31 ff. UrhG Rn. 121 ff.). Das Recht zur außerordentlichen, fristlosen **Kündigung** kann im Vertrag zwar eingeschränkt – insb. was die Form der Ausübung oder einzelne Kündigungsgründe betrifft –, jedoch **nicht ganz ausgeschlossen** werden. Nach st. Rspr. liegt ein **wichtiger Grund** vor, wenn in der konkreten Situation aufgrund bestimmter Tatsachen dem Kündigenden unter Berücksichtigung aller Umstände des Einzelfalls und unter Abwägung der Interessen beider Vertragsteile die Fortsetzung des Vertragsverhältnisses bis zur normalen Beendigung nicht zugemutet werden kann (s. zuletzt z. B. BGH GRUR 2010, 1093 Tz. 22 – *Concierto de Aranjuez*). Die konkreten Umstände müssen das Vertrauen des Kündigenden in die Vertragstreue und Redlichkeit seines Vertragspartners zu erschüttern geeignet sein, was unter Berücksichtigung der gesamten Umstände, insb. im Hinblick auf die Besonderheiten der Vertragsbeziehungen und die darauf beruhende Interessenlage sowie im Hinblick auf Art und Maß der in der Frage stehenden Störungen zu prüfen ist. Dabei können sich **wiederholte Pflichtverletzungen** auch dann zu einem Kündigungsgrund addieren, wenn sie für sich genommen eine außerordentliche Kündigung nicht rechtfertigen würden (OLG Köln GRUR 1986, 679: wiederholt unpünktliche Honorarzahlung über längere Zeit; OLG Schleswig ZUM 1995, 867 ff.; OLG München ZUM 1987, 297 ff. – *Subverleger II*, durch den BGH nicht zur Entscheidung angenommen; s. a. OLG Hamburg ZUM-RD 2011, 480 ff.; *Russ* Rn. 38 ff.; vgl. § 24 VerlG Rn. 6). Auf ein **Verschulden** der gekündigten Vertragspartei kommt es dabei nicht an. **17**

18 Die Rechtsprechung ist allerdings insgesamt äußerst streng bei der Prüfung der Wirksamkeit einer außerordentlichen Kündigung und gesteht diese grds. nur zu, wenn nicht eine Bereinigung des Vertragsverhältnisses auf anderem Wege möglich ist, weil die **Kündigung** die *ultima ratio* sein müsse. Gerade bei Vertragsverhältnissen von besonders langer Dauer ist es nach der Rechtsprechung der (potentiell) kündigenden Partei i. d. R. zuzumuten, den Vertragspartner zunächst einmal zur Erfüllung aufzufordern und dies im Notfall gerichtlich geltend zu machen (BGH GRUR 1974, 789, 791 ff. – *Hofbräuhauslied*; BGH GRUR 1982, 41, 43 f. – *Musikverleger III*; BGH GRUR 1984, 754, 755 f. – *Gesamtdarstellung rheumatischer Krankheiten*; BGH GRUR 2010, 1093 Tz. 22 – *Concierto de Aranjuez*; OLG Celle NJW 1987, 1423, 1424 f. – *Arno Schmidt*; LG Köln v. 1.7.2009 – 28 O 603/08 Tz. 67 ff., verfügbar bei juris). Der Rechtsprechung ist insofern beizupflichten, als sicherlich bei lang angelegten Vertragsbeziehungen beiden Parteien mehr zuzumuten ist als bei kurzfristigen Bindungen. Auf der anderen Seite führt dies gerade bei Verlagsverträgen, die in aller Regel bis zum Ende der urheberrechtlichen Schutzfrist abgeschlossen werden, dazu, dass ein Vertragspartner gegenüber dem anderen sehr viel freier schalten und walten und sich deutlich mehr zuschulden lassen kommen darf, als dies bei kürzeren Bindungen der Fall wäre. Wenn man aber bedenkt, dass Verlagsverträge im Regelfall **keine ordentliche Kündigungsmöglichkeit** vorsehen, der Autor bzw. seine Erben also bis in alle Ewigkeit an den betreffenden Verlag gebunden sind und umgekehrt, erscheint dies kaum sachgerecht. Denn gerade bei einer wesentlichen Erschütterung des Vertrauens in den Vertragspartner ist ein Festhalten am Vertrag umso weniger zuzumuten, je länger der Vertrag ohne die Kündigung noch laufen würde. Bei der Prüfung der Zumutbarkeit des Festhaltens am Vertrag muss deshalb die noch **verbleibende Bindungsdauer berücksichtigt** werden. Dies muss vor allem deshalb gelten, weil nach der Rechtsprechung des BGH u. U. selbst dort ein Verlagsvertrag vorliegen und also eine ordentliche Kündigungsmöglichkeit ausgeschlossen sein soll, wo die Parteien das Verlagsrecht ausdrücklich nicht einräumen, sich also nicht in die festen Bindungen eines Verlagsvertrags begeben wollten (s. BGH GRUR 2010, 1093 ff. – *Concierto de Aranjuez*). Zwar ist in vielen Fällen der kündigenden verletzten Partei durchaus zuzumuten, den Vertragspartner zunächst notfalls mit Hilfe der Gerichte zur Erfüllung der vertraglichen Pflichten anzuhalten. Dies ist jedoch dann nicht mehr tragbar, wenn die andere Vertragspartei ohnehin nur bei ständiger Erinnerung ihre vertraglichen Pflichten erfüllt und Auseinandersetzungen nur noch auf gerichtlichem Wege beendet werden können.

19 **b) Kündigungsgründe:** Als Kündigungsgründe kommen danach in Betracht persönliche Beleidigungen einer Partei durch die andere, d. h. insgesamt persönliche Zerwürfnisse (BGH GRUR 1982, 41, 43 f. – *Musikverleger III*), eine Anmeldung des Verlages als Textdichter in Wahrheit nicht existierender Texte durch diesen (BGH GRUR 1977, 551, 553 f. – *Textdichteranmeldung*), Kündigung gegenüber dem Herausgeber nach Verschweigen der Tatsache, dass der eigene Herausgeberbeitrag bereits in einem anderen Verlag erschienen war (KG NJW-RR 1992, 758 f.), die Anmaßung von Befugnissen weit über die eingeräumten Rechte hinaus und das Unterlassen jeglicher Abrechnung (BGH GRUR 1997, 236, 238 – *Verlagsverträge*) bzw. unzureichende Abrechnung und Prüfung fremder (Lizenz- oder Verwertungsgesellschafts-) Abrechnungen über einen längeren Zeitraum (OLG Hamburg ZUM-RD 2011, 480 ff.) oder, nach dem Ende der Sowjetunion, der ohne Beteiligung des Komponisten erfolgte Vertragsschluss durch eine staatliche Agentur (BGH GRUR 2001, 1134, 1138 f. – *Lepo Sumera*). Nicht ausreichend waren hingegen in den von der Rechtsprechung entschiedenen Fällen ein angeblich schlechtes Ansehen des Autors in der Öffentlichkeit (LG Passau NJW-RR 1992, 759, 760 – *Wanderfüh-*

rer), unpünktliche Honorarzahlung, der Vorwurf unzureichender Förderung des Werkes (OLG Celle NJW 1987, 1423, 1424 f. – *Arno Schmidt)* oder Nichtwahrnehmung des Copyright (BGH GRUR 1970, 40, 42 f. – *Musikverleger I*; hier aber Rückruf einzelner Werke zugestanden; s. a. BGH GRUR 1974, 789 ff. – *Hofbräuhauslied* und OLG München ZUM 1987, 297, 298 f. sowie OLG Frankfurt aM. GRUR 1991, 601, 602 – *Werkverzeichnis* und BGH GRUR 2010, 1093 Tz. 23 – *Concierto de Aranjuez).*

c) Frist: Die Kündigung muss in einem zeitlichen Zusammenhang mit den die **20** Kündigung rechtfertigenden Tatsachen oder jedenfalls deren Kenntnis erklärt werden, weil sonst der Schluss naheliegt, dass der Kündigende die Umstände selbst als nicht so schwerwiegend empfand (BGH GRUR 1971, 35, 40 – *Maske in Blau*). Die Frist des § 626 Abs. 2 BGB kann dabei nach h. M. jedenfalls kein Maßstab sein (so für einen Know-how-Lizenzvertrag ausdrücklich BGH GRUR 2011, 455, im Ls. – *Flexitanks*). Nach den konkreten Umständen eines Falles können die angemessenen Fristen jedoch erheblich schwanken. So ist in einem Fall eine Kündigung neun Monate bzw. ein Jahr nach Bekanntwerden der entsprechenden Tatsachen als verspätet gewertet worden (LG Passau NJW-RR 1992, 759, 760 – *Wanderführer)*; in anderen Fällen hielt die Rechtsprechung eine Kündigung noch 18 Monate nach Bekanntwerden des wichtigen Grundes für möglich (OLG München ZUM-RD 1997, 505 ff.). In jedem Fall muss dem Verletzten eine ausreichende Frist zur Ermittlung des Sachverhalts, der Einholung der ggf. erforderlichen Zustimmung von Miturhebern oder weiteren Rechteinhabern und in bestimmten Fällen für den Versuch, die Sache doch noch gütlich zu regeln, eingeräumt werden.

d) Rechtsfolgen der Kündigung: Eine fristlose Kündigung löst den Vertrag grds. **21** *ex nunc* auf, anders als der Rücktritt (s. aber § 38 Abs. 2 VerlG). In den Grenzen des Verbots widersprüchlichen Verhaltens darf die kündigende Partei die Kündigung auch nur auf **einzelne Werke** beziehen, wenn sie mehrere Verlagsverträge mit einem bestimmten Verlag verbinden. Umgekehrt kann jedoch der gekündigte Vertragspartner nach Treu und Glauben unter Umständen berechtigt sein, auch die weiteren Verträge bzw. den verbleibenden Vertragsteil zu beenden (BGH GRUR 1964, 326, 329 f. – *Subverleger*; LG München ZUM 2007, 580, 583). Häufig kann der Autor aber gerade bei einer schwerwiegenden Störung des Vertrauensverhältnisses zwischen den Parteien alle mit dem Verlag bestehenden Verlagsverträge kündigen (BGH GRUR 1977, 551, 554 – *Textdichteranmeldung).*

Sind mehrere **Miturheber** an einem Werk beteiligt, müssen sie alle gegenüber **22** dem Verlag kündigen, auch wenn der Kündigungsgrund nur für einen von ihnen vorliegt (BGH GRUR 1990, 443, 446 – *Musikverleger IV*). Bei **verbundenen Werken** müssen sich ebenfalls alle Urheber beteiligen, wenn von einer Gesellschaft zwischen den Beteiligten auszugehen ist, was wohl den Regelfall darstellt (BGH GRUR 1964, 326, 331 – *Subverleger*; BGH GRUR 1973, 328, 329 f. – *Musikverleger II*; GRUR 1982, 41, 42 f. – *Musikverleger III*). Besteht keine Gesellschaft, so kann jeder Urheber grds. selbst und allein den den eigenen Werkteil betreffenden Vertrag kündigen; wiederum wird allerdings umgekehrt der Verlag nach Treu und Glauben berechtigt sein, sich auch vom Rest des Vertrages zu lösen (s. dazu LG München ZUM 2007, 580, 583).

§ 33

(1) ¹Geht das Werk nach der Ablieferung an den Verleger durch Zufall unter, so behält der Verfasser den Anspruch auf die Vergütung. ²Im Übrigen werden beide Teile von der Verpflichtung zur Leistung frei.

(2) ¹Auf Verlangen des Verlegers hat jedoch der Verfasser gegen eine angemessene Vergütung ein anderes im Wesentlichen übereinstimmendes Werk zu liefern, sofern dies auf Grund vorhandener Vorarbeiten oder sonstiger Unterlagen mit geringer Mühe geschehen kann; erbietet sich der Verfasser, ein solches Werk innerhalb einer angemessenen Frist kostenfrei zu liefern, so ist der Verleger verpflichtet, das Werk anstelle des untergegangenen zu vervielfältigen und zu verbreiten. ²Jeder Teil kann diese Rechte auch geltend machen, wenn das Werk nach der Ablieferung infolge eines Umstandes untergegangen ist, den der andere Teil zu vertreten hat.

(3) Der Ablieferung steht es gleich, wenn der Verleger in Verzug der Annahme kommt.

Übersicht   Rn.

I. Allgemeines

1 § 33 betrifft einen Fall nachträglicher, von keiner Partei zu vertretender Unmöglichkeit. Wie im Rahmen der allgemeinen Vorschriften der §§ 275, 326 BGB werden zunächst beide Parteien von ihren jeweiligen Leistungspflichten frei. Lediglich aus Billigkeitsgründen behält der Verfasser seinen Anspruch auf das vereinbarte Honorar, weil er nach der Ablieferung das Werk nicht mehr schützen könne (Gesetzesbegründung S. 83, zitiert nach *Schricker* VerlagsR³ Rn. 1). Allerdings ist § 33 nur anwendbar, wenn das Werk wirklich **vollständig untergegangen** ist, d. h. nicht nur ein konkret dem Verlag übergebenes Manuskript, sondern alle vorhandenen Abschriften, Sicherungsdateien usw. Angesichts der heutigen technischen Möglichkeiten ist ein derart vollständiger Untergang sowohl eines Schrift- als auch eines musikalischen Werkes in der Praxis kaum noch denkbar und wird allenfalls bei Originalillustrationen oder z. B. historischen Abbildungen noch einmal anzutreffen sein. Insofern ist die praktische Bedeutung des § 33 gering.

II. Zufälliger Untergang nach Ablieferung, Abs. 1

1. Zufälliger Untergang

2 Im Sinne des § 33 „untergegangen" ist ein Werk, wenn das abgelieferte Manuskript nicht mehr lesbar oder vernichtet worden ist und auch nicht wieder hergestellt werden kann. Da § 33 Abs. 1 mit „Werk" die **verkörperte persönlich-geistige Schöpfung** meint, nicht lediglich ein konkretes Manuskript, ist das Werk erst dann untergegangen, wenn wirklich alle körperlich oder unkörperlich verfügbaren Exemplare vernichtet sind. Hat der Autor noch eine Kopie oder eine Datei zur Verfügung, muss er das Werk ggf. neu ausdrucken und dem Verlag zur Verfügung stellen, § 10. Dies gilt allerdings nur für den Fall des zufälligen, d. h. von keiner Partei zu vertretenden Untergangs. Hat der

Verlag den Untergang zu vertreten, muss er dem Verfasser die durch die Wiederherstellung entstehenden Kosten ersetzen. Ist das Werk **zum Teil untergegangen,** ist § 33 anwendbar, wenn der überwiegende Teil des Werkes vernichtet ist; betrifft der Untergang hingegen nur kleinere Teile, muss umgekehrt der Autor die fehlenden Teile ersetzen.

2. Nach Ablieferung

Ablieferung ist die **körperliche Übergabe** des Manuskripts des vollständigen Werkes **nach Abschluss des Verlagsvertrages** (*Schricker* VerlagsR[3] Rn. 3). Bei Ablieferung vor Vertragsschluss gilt das Werk als mit Vertragsschluss abgeliefert. Bei Untergang vor Vertragsschluss kommt eine Haftung aus vorvertraglichem Schuldverhältnis (§ 311 Abs. 2 BGB) in Betracht. Zur Haftung bei unverlangt eingesandten Manuskripten vgl. Rn. 11. Sendet der Verlag dem Autor das Manuskript nach Ablieferung zurück und geht es während des Versands oder beim Verfasser unter, so wird darin i. d. R. schon kein zufälliger Untergang liegen, weil nach richtiger Ansicht angesichts der heutigen technischen Möglichkeiten jedenfalls derjenige, der ein Manuskript versendet, verpflichtet ist, vor Versand eine Kopie herzustellen (statt aller *Schricker* VerlagsR[3] Rn. 5). Tut der Verlag dies nicht, kann er deshalb einen Verlust auf dem Postwege zu vertreten haben. Dann greifen die Grundregeln der §§ 280, 323 ff. BGB. Geht das Manuskript beim Verfasser unter, also in seinem Einwirkungsbereich, ist § 33 Abs. 1 von seiner Ratio her (vgl. Rn. 1) nicht mehr anwendbar, sodass wiederum die Grundregeln der §§ 280, 323 ff. BGB greifen. **3**

Nach Abs. 3 i. V. m. Abs. 1 gilt als Ablieferung auch ein **Annahmeverzug** des Verlages. Für einen Annahmeverzug des Verlages genügt es – verschuldensunabhängig –, wenn der Verlag die ihm vertragsgemäß angebotene Leistung nicht annimmt. Annahmeverzug droht also nur, wenn das Werk dem Verlag mangelfrei und in einem für die Vervielfältigung auch äußerlich geeigneten Zustand (§ 10) und vollständig angeboten wird, da der Verlag das Werk sonst zurückweisen darf. **4**

3. Vergütungsanspruch des Autors

In den Fällen des § 33 Abs. 1 behält der Autor seinen Anspruch auf Vergütung, bei Vereinbarung eines Absatzhonorars in der Höhe, die nach allen in Betracht kommenden Umständen konkret zu erwarten war. Hat sich der Verleger – ausnahmsweise – von vornherein zur Veranstaltung mehrerer Auflagen verpflichtet, erfasst der Vergütungsanspruch auch diese Auflagen; dies gilt jedoch nicht in dem in der Praxis normalen Fall, dass der Verlag zur Veranstaltung weiterer Auflagen zwar berechtigt, nicht jedoch verpflichtet ist (§ 17). § 252 BGB kann in diesen Fällen nicht analog herangezogen werden, da § 33 Abs. 1 gerade keinen Schadensersatzanspruch, sondern einen reinen Billigkeitsausgleich darstellt. **5**

Im Übrigen werden beide Parteien mit dem Untergang des Werkes von den jeweiligen Leistungspflichten frei. Sowohl Verlag als auch Autor sind jedoch aus nachvertraglichen Treuepflichten gehalten, vor Abschluss eines Vertrages über ein im Wesentlichen identisches Werk mit einem Dritten dem Vertragspartner wenigstens die Möglichkeiten des § 33 Abs. 2 (vgl. Rn. 7 ff.) zu gewähren. **6**

III. Ersatzlieferung

1. Allgemeines

Ist das Werk nach Ablieferung an den Verlag durch Zufall untergegangen, kann der Verlag nach § 33 Abs. 2 S. 1 – um Unbilligkeiten zu vermeiden – von dem **7**

Autor die **Lieferung eines anderen, im Wesentlichen übereinstimmenden Werkes** verlangen, wenn kumulativ folgende **Voraussetzungen** vorliegen: Das neue Werk muss aufgrund vorhandener Vorarbeiten oder sonstiger Unterlagen mit geringer Mühe hergestellt werden können und der Verlag dem Autor eine angemessene Vergütung für diese Ersatzlieferung anbieten (das Honorar für das untergegangene Werk muss er daneben zahlen, § 33 Abs. 1 S. 1). „Geringe **Mühe"** in diesem Zusammenhang ist bereits nach dem Wortlaut des Abs. 2 S. 1 nur die Mühe, die der Verfasser zur Wiederherstellung aufwenden müsste, nicht hingegen weitere in seiner Person liegende Umstände (wie z. B. größere berufliche Beanspruchung o. Ä.). In jedem Fall ist ein **angemessener Abgabetermin** nach § 11 Abs. 2 zu bestimmen. Liegen die eben genannten Voraussetzungen vor, was ggf. der Verlag beweisen muss, ist der Verfasser auf bloße Anforderung durch den Verlag zur Ersatzlieferung verpflichtet. Er muss jedoch kein identisches, sondern nur ein im Wesentlichen mit dem untergegangenen übereinstimmendes Werk liefern, kann also z. B. Änderungen vornehmen (dazu schon § 12), das Werk kürzen oder ergänzen, soweit er nur die Grundtendenz beibehält. Wegen § 42 UrhG könnte er allerdings die Ablieferung eines Ersatzwerkes, das einer geänderten persönlichen Überzeugung nicht mehr entspricht, verweigern.

2. Ersatzangebot des Autors, Abs. 2 S. 1, Hs. 2

8 Umgekehrt kann auch der Autor dem Verlag anbieten, ein im Wesentlichen übereinstimmendes Werk innerhalb einer angemessenen Frist **kostenfrei,** d. h. ohne zusätzliche Vergütung, zu liefern. Welche **Frist** angemessen ist, richtet sich auch nach den Interessen des Verlages. Es kann deshalb nicht ohne weiteres § 11 Abs. 2 zugrunde gelegt werden. Liegen die Voraussetzungen vor, ist der Verlag verpflichtet, das Werk zu vervielfältigen und zu verbreiten. Der ursprüngliche Verlagsvertrag lebt in diesen Fällen mit allen seinen Regelungen wieder auf. Insbesondere ist der Verlag verpflichtet, unabhängig von dem Absatz des gelieferten Ersatzwerkes die nach § 33 Abs. 1 S. 1 geschuldete **Vergütung** zu zahlen.

3. Vertretenmüssen eines Teils

9 Die Rechte aus § 33 Abs. 2 S. 1 kann jeder Teil auch geltend machen, wenn die jeweils andere Partei den Untergang nach Ablieferung bzw. Annahmeverzug des Verlages (§ 33 Abs. 3) zu vertreten hat. Wegen der Verweisung in Abs. 2 S. 2 auf S. 1 insgesamt kann nach richtiger Auffassung der Verfasser, statt dem Verlag eine kostenfreie Ersatzlieferung anzubieten, auch ein **im Wesentlichen übereinstimmendes Werk** liefern und dann eine angemessene Vergütung verlangen (*Schricker* VerlagsR[3] Rn. 16). Im Übrigen hat jede Partei gegen die andere die Ansprüche aus den allgemeinen zivilrechtlichen Regelungen, soweit deren Voraussetzungen vorliegen. Dies gilt insb. für eventuelle weitere Schäden, die durch das Wiederaufleben des alten Verlagsvertrages nicht abgedeckt sind.

IV. Untergang vor Ablieferung

1. Untergang nach Vertragsschluss, aber vor Ablieferung

10 Geht das Werk nach Vertragsschluss, aber vor Ablieferung unter – etwa in einem der zahlreichen Fälle, in denen das Werk erst nach Vertragsschluss hergestellt werden sollte –, ist § 33 nicht anwendbar; beiden Parteien stehen je nach den Umständen die Rechte aus §§ 30, 32 oder den allgemeinen zivilrechtlichen Regelungen zu.

2. Unverlangt eingesandte Manuskripte

11 Heute ist es allgemein üblich – und diese Tatsache wohl allgemein bekannt –, dass Verlage für unverlangt eingesandte Manuskripte eine eigene Haftung auszuschließen pflegen. Ein Vertrauenstatbestand, der über § 311 Abs. 2 BGB eine Haftung aus einem vorvertraglichen Schuldverhältnis rechtfertigen könnte, kommt mithin außerhalb einer laufenden Geschäftsbeziehung – etwa weil den betreffenden Autor schon zahlreiche Verträge mit dem Verlag verbinden – nicht in Betracht. Der Verfasser handelt deshalb in derartigen Fällen grds. auf eigenes Risiko.

§ 34

(1) Stirbt der Verfasser vor der Vollendung des Werkes, so ist, wenn ein Teil des Werkes dem Verleger bereits abgeliefert worden war, der Verleger berechtigt, in Ansehung des gelieferten Teiles den Vertrag durch eine dem Erben des Verfassers gegenüber abzugebende Erklärung aufrechtzuerhalten.

(2) [1]Der Erbe kann dem Verleger zur Ausübung des in Absatz 1 bezeichneten Rechtes eine angemessene Frist bestimmen. [2]Das Recht erlischt, wenn sich der Verleger nicht vor dem Ablaufe der Frist für die Aufrechterhaltung des Vertrags erklärt.

(3) Diese Vorschriften finden entsprechende Anwendung, wenn die Vollendung des Werkes infolge eines sonstigen nicht von dem Verfasser zu vertretenden Umstandes unmöglich wird.

I.   Allgemeines

§ 34 regelt das Schicksal des Verlagsvertrages bei Tod des Verfassers vor Voll- **1**
endung des Werkes. Nach Abs. 1 darf der Verlag durch Erklärung gegenüber dem Erben den Verlagsvertrag teilweise aufrechterhalten, wenn der verstorbene Autor einen Teil des Werkes bereits an den Verlag geliefert hatte (vgl. Rn. 2). Erklärt der Verlag sich nicht, kann nach Abs. 2 der Erbe ihm eine angemessene Frist zur Ausübung des Rechts bestimmen, nach deren fruchtlosem Verstreichen auch der Verlag endgültig das Recht verliert, das unvollendete Werk zumindest teilzuveröffentlichen (Abs. 2 S. 2). Nach Abs. 3 findet die Vorschrift nicht nur bei Tod des Verfassers, sondern auch dann Anwendung, wenn dem Autor die Vollendung des Werkes in Folge eines sonstigen, nicht ihm zu vertretenden Umstandes endgültig, d. h. dauerhaft unmöglich wird (z. B. schwere, sehr langfristige Krankheit; bei nur vorübergehenden Hindernissen ist grundsätzlich § 30 anzuwenden).

II.   Tod des Verfassers vor Vollendung des Werkes

1.   Teilweise Aufrechterhaltung des Vertrages durch Erklärung des Verlages

Grundsätzlich erlischt mit dem Tod des Verfassers vor der Vollendung seines **2**
Werkes der Verlagsvertrag, weil die Vollendung des Werkes eine höchstpersönliche Leistung ist. Der Verlag ebenso wie die Erben werden von den jeweiligen vertraglichen Pflichten frei; eventuell bereits an den Autor gezahlte Vorschüsse müssen die Erben dem Verlag zurückzahlen. Hat allerdings der Autor vor seinem Tod einen **Teil des Werkes** bereits an den Verlag abgeliefert, kann der Verlag durch – empfangsbedürftige, §§ 130 ff. BGB – Erklärung gegenüber

dem oder den Erben den Verlagsvertrag hinsichtlich des abgelieferten Teils auf-rechterhalten. Wegen der **Urheberpersönlichkeitsrechte** des Autors vor allem aus §§ 11, 12 Abs. 1, 14 UrhG darf er dies allerdings nicht tun, wenn davon auszugehen ist, dass der Urheber selbst das Werk (noch) nicht für veröffentli-chungsreif hielt – und etwa den abgelieferten Teil nur zur Beschleunigung des Herstellungsvorganges vorzeitig abgeliefert hat – oder die teilweise Veröffentli-chung das Werk entstellen würde. Der betreffende Werkteil muss aber in jedem Fall **abgeliefert** sein. Der Verlag hat keinen **Herausgabeanspruch** hinsichtlich bereits vollendeter, sich noch bei den Erben befindender Teile. Anders liegt es nur dann, wenn entweder das Werk insgesamt bereits vollendet, allerdings noch nicht abgeliefert war; dann kann der Verlag den Herausgabeanspruch als Erfüllungsanspruch aus dem Verlagsvertrag gegenüber den Erben geltend machen, da der Verlagsvertrag über das bei Tod des Verfassers vollendete Werk fortbesteht (ebenso *Russ* Rn. 7). Eine Vollendung muss der Verlag beweisen. Gleiches gilt, wenn das Werk ohnehin in Abteilungen oder Einzelbänden er-scheinen sollte, § 15. Hier gilt § 34 Abs. 1 im Allgemeinen für jede einzelne Abteilung, sodass der Verlagsvertrag hinsichtlich bereits abgelieferter, vollstän-diger Abteilungen ohne weiteres fortbesteht.

3 Der Verlag ist für die Abgabe der **Erklärung**, dass er den Verlagsvertrag (teil-weise) aufrechterhalten wolle, an keine bestimmte **Frist** gebunden, sondern nur nach Treu und Glauben zeitlich beschränkt. Die Erben sind durch die Möglich-keit der Fristsetzung nach Abs. 2 hinreichend geschützt. Erklärt der Verlag die **Teilaufrechterhaltung** des Vertrages, bleibt der Verlagsvertrag hinsichtlich des Teilwerkes in vollem Umstand bestehen; der Verlag muss also das Teilwerk vertragsgemäß vervielfältigen und verbreiten und den Erben die vereinbarte Vergütung zahlen. Er darf das teilweise abgelieferte Werk nicht durch einen anderen Verfasser vollenden lassen, wenn ihm vertraglich kein entsprechendes Bearbeitungsrecht eingeräumt wurde, falls es sich nicht um einen Fall des § 39 Abs. 2 UrhG handelt (*Russ* Rn. 15; a. A. *Schricker* VerlagsR[3] Rn. 10). Gleiches gilt im Übrigen, wenn der Verfasser vor einer **Neuauflage** verstirbt. Hier muss sich der Verlag, sofern der Vertrag kein entsprechendes Bearbeitungsrecht ent-hält – was heute allerdings weitgehend üblich ist, s. z. B. § 8 Ziff. 4 Normver-trag Buch, abrufbar unter www.boersenverein.de–, mit den Erben über einen neuen Bearbeiter einigen.

2. Fristsetzung durch die Erben, Abs. 2

4 Erklärt der Verlag sich nicht, können die Erben ihm zur Ausübung seines Rechts aus Abs. 1 eine **angemessene Frist** bestimmen. Zur Angemessenheit der Frist vgl. § 30 VerlG Rn. 6. Erklärt der Verlag sich innerhalb der gesetzten Frist nicht, erlischt mit Ablauf der Frist das Recht des Verlages aus Abs. 1, und es bleibt beim Erlöschen des Verlagsvertrages. In diesem Fall bleiben **Zwischen-verfügungen** der Erben über die Rechte wirksam; übt der Verlag das Recht aus Abs. 1 hingegen aus, würden derartige Zwischenverfügungen – mangels Gutglaubensschutz im Urheberrecht – unwirksam (zum Sukzessionsschutz vgl. § 9 VerlG Rn. 8 ff.).

§ 35

(1) [1]**Bis zum Beginne der Vervielfältigung ist der Verfasser berechtigt, von dem Verlagsvertrage zurückzutreten, wenn sich Umstände ergeben, die bei dem Abschlusse des Vertrags nicht vorauszusehen waren und den Verfasser bei Kenntnis der Sachlage und verständiger Würdigung des Falles von der He-rausgabe des Werkes zurückgehalten haben würden.** [2]**Ist der Verleger befugt, eine neue Auflage zu veranstalten, so findet für die Auflage diese Vorschrift entsprechende Anwendung.**

(2) [1]**Erklärt der Verfasser auf Grund der Vorschrift des Absatzes 1 den Rücktritt, so ist er dem Verleger zum Ersatze der von diesem gemachten Aufwendungen verpflichtet.** [2]**Gibt er innerhalb eines Jahres seit dem Rücktritte das Werk anderweit heraus, so ist er zum Schadensersatze wegen Nichterfüllung verpflichtet; diese Ersatzpflicht tritt nicht ein, wenn der Verfasser dem Verleger den Antrag, den Vertrag nachträglich zur Ausführung zu bringen, gemacht und der Verleger den Antrag nicht angenommen hat.**

I. Allgemeines

§ 35 gewährt dem Verfasser ein Rücktrittsrecht, wenn sich nach Vertragsabschluss Umstände ergeben, unter denen der Autor keinen Verlagsvertrag über das Werk geschlossen hätte (Abs. 1). Der Verfasser muss jedoch dem Verlag die gemachten Aufwendungen erstatten (Abs. 2 S. 1) und ist dem Verlag zum Schadensersatz wegen Nichterfüllung verpflichtet, wenn er das Werk binnen eines Jahres nach seiner Rücktrittserklärung bei einem anderen Verlag veröffentlicht (Abs. 2 S. 2). § 35 betrifft nur Umstände, die sich nach Vertragsschluss erst ergeben; waren sie bei Vertragsschluss schon vorhanden, dem Autor jedoch noch nicht bekannt, muss dieser ggf. wegen Irrtums **anfechten**, § 119 BGB, oder unter Berufung auf den Wegfall der **Geschäftsgrundlage** (insb. bei einem gemeinsamen Irrtum über die Geschäftsgrundlage) kündigen. Das **Rückrufrecht** wegen gewandelter Überzeugung aus § 42 UrhG ist neben § 35 anwendbar; die Berufung auf einen Wegfall der Geschäftsgrundlage (§ 313 BGB n. F.) und eine **Kündigung aus wichtigem Grund** (§ 314 BGB) sind gegenüber beiden genannten Vorschriften subsidiär. § 35 wird in der Rechtsprechung zum Teil jedenfalls dem Rechtsgedanken nach auch in Fällen des KUG herangezogen (z. B. OLG München NJW-RR 1990, 999 zur Einwilligung in die Veröffentlichung von Aktfotos). § 35 gewährt nur dem Autor ein Rücktrittsrecht wegen veränderter Umstände. Der Verlag muss sich, wenn er unter Berufung auf derartige Umstände den Vertrag ändern oder beenden möchte, auf § 313 BGB berufen (vgl. § 30 VerlG Rn. 20 f.).   **1**

II. Rücktritt wegen veränderter Umstände

1. Bis zum Beginn der Vervielfältigung

Nach § 35 Abs. 1 kann der Autor wegen veränderter Umstände bis zum Beginn der Vervielfältigung, und zwar nach Abs. 1 S. 2 auch, soweit mit der Vervielfältigung einer **neuen Auflage** begonnen wird, von dem Verlagsvertrag zurücktreten. Beginn der Vervielfältigung ist der **Beginn der Herstellung des Satzes** (h. M.; *Schricker* VerlagsR[3] Rn. 2).   **2**

2. Veränderte Umstände

3 **a) Umstände:** Nach dem Wortlaut des § 35 Abs. 1 S. 1 müssen die veränderten Umstände derart beschaffen sein, dass der Autor, wenn sie bereits bei Vertragsschluss vorgelegen hätten, das Werk **überhaupt nicht veröffentlicht** hätte („von der Herausgabe des Werkes zurückgehalten"). Nur im weitesten Sinne in der Person des Verlegers liegende Umstände genügen deshalb nicht; für den Fall der Übertragung der Verlagsrechte z. B. durch Verkauf des Verlages ergibt sich dies bereits aus der § 28 VerlG ersetzenden Regelung des § 34 UrhG. Es kann sich aber durchaus um **subjektive, persönliche Gründe oder Umstände** des Autors handeln, wie z. B. eine Änderung seiner religiösen oder politischen Anschauungen, der von ihm vertretenen wissenschaftlichen Lehren, u. U. langfristige Krankheiten oder – in besonderen Fällen – Veränderungen der beruflichen Situation, wenn sich die konkrete Buchveröffentlichung mit der neuen Stellung (etwa einem besonderen politischen Amt) nicht vereinbaren lässt, weil z. B. die Veröffentlichung einer anrüchigen Biographie das Ansehen des Autors in seiner neuen Stellung ernsthaft gefährden würde. Außerdem kommen als gravierende Umstände **objektive Gründe** in Betracht wie z. B. eine Änderung der wissenschaftlichen Grundlagen, die das Werk überholen oder gegenstandslos machen, oder bei zeitgeschichtlichen Werken eine wesentliche Veränderung der politischen Verhältnisse, wenn dadurch das Werk gegenstandslos wird. Die Umstände müssen insgesamt so beschaffen sein, dass sie den Autor objektiv, d. h. nicht nur nach seiner subjektiven Sichtweise, vernünftigerweise von einer Veröffentlichung des Werkes abgehalten hätten.

4 **b) Zeitpunkt der Änderung:** Die Umstände dürfen erst **nach Vertragsschluss**, bei einer Neuauflage erst nach dem Recht zur Veranstaltung weiterer Auflagen entstanden und bei Vertragsabschluss **nicht voraussehbar** gewesen sein (dazu LG Köln v. 1.7.2009 – 28 O 603/08 Tz. 78, verfügbar bei juris). Das Recht zur Veranstaltung weiterer Auflagen wird i. d. R. bereits mit dem Verlagsvertrag selbst eingeräumt, sodass sich insofern keine Veränderung ergibt. Lediglich dann, wenn sich die Parteien erst später über Neuauflagen einigen – z. B. nach einer Aufforderung durch den Autor nach § 17 –, kann der Autor nach § 35 Abs. 1 eine Neuauflage verhindern, wenn die neuen Umstände nach Einräumung des Rechts zur weiteren Auflage entstanden sind.

5 **c) Nicht vorhersehbar:** Die veränderten Umstände dürfen schließlich bei Vertragsschluss nicht vorhersehbar gewesen sein. Auch insofern genügt es nicht, dass der Autor selbst die Umstände tatsächlich nicht erahnt hat, sondern es muss für ihn bei Anwendung der gebotenen Sorgfalt in der konkreten Situation nicht möglich gewesen sein, die Veränderung oder den Eintritt der Umstände überhaupt vorherzusehen. Insofern kommt es jedoch allein auf die **Sicht des Autors** an; ob Dritte das Eintreten bzw. die Änderung der Umstände vorhersehen konnten, ist irrelevant. **Vorhersehbar** waren die Umstände bzw. ihre Änderung bereits dann, wenn sie nach ihrer grundsätzlichen Art und Wirkung vorhersehbar waren, ohne dass die Einzelheiten konkret erkennbar gewesen sein müssen. Deshalb genügt es i. d. R. – wobei es stets auf eine genaue Würdigung der Umstände des Einzelfalls ankommt – für eine Vorhersehbarkeit noch nicht, dass der Autor im Zeitpunkt des Vertragsschlusses erkennen konnte, dass er möglicherweise irgendwann einmal einen anderen Arbeitsplatz einnehmen wird, wenn er die später tatsächlich angenommene Stelle und die damit verbundene Position nicht annähernd vorhersehen konnte, weil sie nach Qualität, Rang usw. etwas wesentlich anderes darstellt, als er im Zeitpunkt des Vertragsschlusses realistischerweise erwarten konnte.

6 **d) Kündigungsrecht:** Ist danach ein Rücktrittsrecht nicht gegeben – etwa weil sich die Person des Verlegers, vor allem dessen politische oder wissenschaftliche Ausrichtung wesentlich verändert hat –, kann dennoch ein Kündigungsrecht aus wichtigem Grund bestehen. Da die Berufung auf eine Kündigung aus wichtigem Grund ebenso wie ein Wegfall der Geschäftsgrundlage gegenüber §§ 35 VerlG, 42 UrhG grundsätzlich subsidiär sind, sind die Wertungen der § 35 bzw. § 42 UrhG auch im Rahmen einer Kündigung aus wichtigem Grunde zu berücksichtigen (s. dazu OLG Frankfurt aM. GRUR 1991, 601, 602 – *Werkverzeichnis*). So können auch im Rahmen einer Kündigung nur Gründe eine Rolle spielen, die bei einer verständigen Würdigung des Falles ein weiteres Festhalten am Vertrag nicht mehr zumutbar erscheinen lassen.

3. Rücktritt

a) Erklärung; Wirkung: Der Verfasser muss den Rücktritt dem Verlag gegenüber erklären und die Erklärung dem Verlag zugehen, §§ 130 ff. BGB. Durch den Rücktritt wird der Verlagsvertrag zu einem **Rückgewährschuldverhältnis**, das Verlagsrecht erlischt, und die Parteien haben die beiderseits empfangenen Leistungen zurückzugewähren, §§ 37 VerlG, 346 ff. BGB.   **7**

b) Abs. 2 – Aufwendungsersatz; Schadensersatz wegen Nichterfüllung: Nach   **8** Abs. 2 S. 1 muss der Autor dem Verlag in jedem Fall die gemachten, angemessenen Aufwendungen ersetzen. Da das Gesetz von „gemachten" Aufwendungen spricht, gehört hierher alles, was zur Vorbereitung der Veröffentlichung gerade dieses Werkes gehört, also z. B. Werbungskosten (Anzeigen im Börsenblatt usw.), Vergütung für Buchgestalter und Lektor, eventuelle Schadensersatzbeträge an die Druckerei oder Verluste von Rabatten bei der Druckerei, Bildkosten usw. Nicht hierher gehört das, was mangels konkreter Bindung an ein Werk ohne weiteres für ein weiteres Werk verwendet werden kann (Papier, unbedruckte Einbanddeckel und ähnliches). Alle weiteren Kosten und Schäden, die dem Verlag erst entstehen, weil das Werk doch nicht veröffentlicht werden kann, sind nicht erstattungsfähig, weil es sich bei Abs. 2 S. 1 nicht um einen Schadens-, sondern um einen reinen **Aufwendungsersatz** handelt. Dies betrifft z. B. den entgangenen Gewinn des Verlages und zusätzliche Honorare an die zum zurückgetretenen Autor ersetzenden Verfasser einzelner Beiträge eines Sammelwerks. § 254 Abs. 2 BGB ist für den Aufwendungsersatzanspruch wenigstens analog anwendbar, sodass der Verlag in vernünftigem Maße versuchen muss, die Aufwendungen durch Verwendung für ein anderes Werk zu amortisieren.

Zum **Schadensersatz wegen Nichterfüllung** ist der Autor nach einem Rücktritt   **9** nur verpflichtet, wenn er das Werk trotz seines Rücktritts binnen eines Jahres ab Rücktrittserklärung bei einem anderen Verlag veröffentlicht; dann liegt ohnehin die Vermutung nahe, dass gar kein Rücktrittsgrund gegeben war. Insofern will § 35 Abs. 2 S. 2 dem Verlag eine langwierige Auseinandersetzung und Beweisschwierigkeiten ersparen. Der Autor muss dabei ein **im Wesentlichen mit dem ersten Werk identisches Werk** veröffentlichen. Ob dies der Fall ist, richtet sich nach den gleichen Grundsätzen, die für die Enthaltungspflicht des Verfassers (vgl. § 2 VerlG Rn. 5 ff., 16 f.) gelten. Denn der Autor soll den Verlag gerade für den Fall entschädigen, dass er ein im Grunde inhaltsgleiches oder doch sehr ähnliches Werk bei einem anderen Verlag veröffentlicht, nachdem er dies gegenüber dem ersten Verlag angesichts der veränderten Umstände nicht mehr für zumutbar hielt. Der Verfasser ist bei Wiederveröffentlichung des Werkes binnen eines Jahres unabhängig von einem eigenen Verschulden zum Schadensersatz wegen Nichterfüllung verpflichtet. Der hier zu ersetzende Schaden richtet sich im Umfang nach §§ 249 ff. BGB, erfasst also insb. den entgangenen Gewinn des Verlages (§ 252 BGB). Da die **Veröffentlichung bei einem anderen Verlag** jedenfalls dann, wenn kein Rücktrittsgrund vorlag, eine Verletzung des Verlagsrechts des ersten Verlages bedeutet, kann der Verlag in diesen Fällen grundsätzlich nach § 97 Abs. 1 S. 2 UrhG auch den Gewinn des Verfassers aus dem zweiten Vertrag herausverlangen. Er muss sich hier jedoch das Autorenhonorar aus dem ersten Vertrag anrechnen lassen.

10 Seiner **Schadensersatzpflicht** kann der Autor **entgehen**, indem er dem Verlag
anbietet, den ursprünglichen Verlagsvertrag doch noch auszuführen, und der
Verlag dieses Angebot nicht annimmt, § 35 Abs. 2 S. 2 Hs. 2. Er muss dabei
deutlich machen, dass er den alten Vertrag fortsetzen will, darf also z. B. nicht
das Wiederaufleben zu wesentlich veränderten Konditionen anbieten. Auch in
diesem Fall bleibt die Pflicht des Autors, dem Verlag **Aufwendungsersatz** zu
leisten, unberührt; die Aufwendungen werden sich aber in der Praxis, sollte
das Werk doch noch erscheinen, u. U. deutlich reduzieren.

§ 36

**(1) Wird über das Vermögen des Verlegers das Insolvenzverfahren eröffnet, so
finden die Vorschriften des § 103 der Insolvenzordnung auch dann Anwendung, wenn das Werk bereits vor der Eröffnung des Verfahrens abgeliefert
worden war.**

**(2) ¹Besteht der Insolvenzverwalter auf der Erfüllung des Vertrags, so tritt,
wenn er die Rechte des Verlegers auf einen anderen überträgt, dieser anstelle
der Insolvenzmasse in die sich aus dem Vertragsverhältnis ergebenden Verpflichtungen ein. ²Die Insolvenzmasse haftet jedoch, wenn der Erwerber die
Verpflichtungen nicht erfüllt, für den von dem Erwerber zu ersetzenden Schaden wie ein Bürge, der auf die Einrede der Vorausklage verzichtet hat. ³Wird
das Insolvenzverfahren aufgehoben, so sind die aus dieser Haftung sich ergebenden Ansprüche des Verfassers gegen die Masse sicherzustellen.**

**(3) War zur Zeit der Eröffnung des Verfahrens mit der Vervielfältigung noch
nicht begonnen, so kann der Verfasser von dem Vertrage zurücktreten.**

Übersicht

I. Allgemeines

1. Inhalt der Regelung

1 § 36 regelt die Rechte des Autors und des Insolvenzverwalters bei Eröffnung
eines Insolvenzverfahrens über das Vermögen des Verlags (zu urheberrechtlichen Nutzungsverträgen in der Insolvenz ausführlich Loewenheim/*Kreuzer*²
§ 95 Rn. 56 ff.). Abs. 1 gibt dem Insolvenzverwalter das **Wahlrecht** aus § 103
InsO. Abs. 2 regelt – z. T. abweichend von § 34 Abs. 5 UrhG – die Folgen
einer Übertragung der Verlagsrechte auf einen Dritten. Abs. 3 schließlich – der
systematisch an erste Stelle gehört hätte (vgl. Rn. 4 zur Systematik) – gewährt

dem Autor ein **Rücktrittsrecht**, wenn im Zeitpunkt der Eröffnung des Insolvenzverfahrens der Verlag mit der Vervielfältigung noch nicht begonnen hatte. § 36 regelt nur die **Insolvenz des Verlages**, ist also unanwendbar im Falle der Insolvenz des Autors (vgl. Nach § 119 UrhG Rn. 27a; dazu auch LG Hamburg NJW 2007, 3215 ff.) und des Selbstverlegers. Da § 36 außerdem einen wirksamen Verlagsvertrag voraussetzt, findet § 36 keine Anwendung im Kommissionsverlag (vgl. Rn. 20 ff.) und auf echte Bestellverträge gemäß § 47 (vgl. § 47 VerlG Rn. 1). Diskutiert wird eine analoge Anwendung des § 36 auf Verträge über Leistungsschutzrechte. Eine Regelungslücke ist insofern aber im UrhG nicht erkennbar; vielmehr gelten die auf andere Nutzungsverträge als Verlagsverträge anzuwendenden Regeln (dazu vgl. Nach § 119 Rn. 2 f.).

Die Vorschrift wurde wegen des Übergangs von der Konkurs- auf die Insolvenzordnung durch Art. 59 EGInsO vom 5.10.1994 mit Wirkung zum 1.1.1999 (Art. 110 Abs. 1 EGInsO) geändert; dabei wurde allerdings nur der Verweis auf § 17 KO in den Verweis auf § 103 InsO geändert und im Übrigen der Wortlaut an die Insolvenzordnung angepasst. Inhaltlich ist § 36 kaum verändert worden. Im Gegensatz zu nahezu allen anderen Vorschriften des VerlG ist § 36 jedenfalls insofern zwingend, als davon nicht zum Nachteil der Insolvenzmasse abgewichen werden kann (h. M., statt aller *Schricker* VerlagsR³ Rn. 1a; s. a. *Russ* Rn. 1). **2**

Die lange geplante Neuregelung in einem § 108a InsO, die Lizenzverträge bei Insolvenz des Lizenzgebers dem Wahlrecht des Insolvenzverwalters entziehen, also insolvenzfest machen will, ist nach wie vor nicht umgesetzt. Während ein RefE vom 7.12.2011 noch eine entsprechende Regelung enthielt – die allerdings nur Fälle der Insolvenz des Lizenzgebers erfasste, also § 36 VerlG nicht berühren dürfte –, sah der nachfolgende Regierungsentwurf vom 12.7.2012 (Entwurf eines Gesetzes zur Verkürzung des Restschuldbefreiungsverfahrens, zur Stärkung der Gläubigerrechte und zur Insolvenzfestigkeit von Lizenzen vom 7.12.2011, abrufbar unter http://www.bmj.de) gar keinen § 108a InsO mehr vor. Eine Reform wird also wohl noch auf sich warten lassen (RefE vom 7.12.2011 abrufbar unter http://www.cr-online.de; Stellungnahme der GRUR abrufbar unter http://www.grur.org; dazu auch *McGuire* GRUR 2012, 657). Der BGH hat in der Zwischenzeit jedenfalls unentgeltliche Markenlizenzverträge insolvenzfest gemacht, weil diese – ebenso wie ein Lizenzkauf – durch Gewährung der Nutzungsrechte einerseits und Nutzung andererseits bereits vollständig erfüllt seien (BGH GRUR 2016, 201, Rn. 45 – *Ecosoil*). Ob diese Rechtsprechung auf Verlagsverträge ohne weiteres übertragbar ist, ist indes zweifelhaft. Zwar ist die Zahlung der Vergütung beim Verlagsvertrag keine Hauptpflicht, so dass nach diesen Vorgaben auch der Verlagsvertrag mit Einräumung der Rechte einerseits und (zumindest) der vertragsmäßigen Vervielfältigung andererseits als Beginn der Nutzung der eingeräumten Rechte erfüllt wäre. § 36 Abs. 3 steht dem nicht entgegen. Das Wahlrecht des Insolvenzverwalters bestünde aber nur noch für den Zeitraum bis zum Beginn der Vervielfältigung, obwohl § 36 VerlG mit § 103 InsO ihm gerade die Möglichkeit geben will, eine wirtschaftlich nicht sinnvolle Erfüllung des Vertrages durch Ausübung seines Wahlrechts auszuschließen. Ein Verlagsvertrag ist deshalb erst dann i. S. d. § 103 InsO vollständig erfüllt, wenn jedenfalls vollständig vervielfältigt und wohl auch verbreitet ist (dazu auch vgl. Rn. 13 f.). **3**

2.   Systematik der Vorschrift

Systematisch ist **Abs. 3** mit dem Rücktrittsrecht des Verfassers zuerst zu lesen. Bereits nach dem Wortlaut ist der Autor nämlich zum Rücktritt berechtigt, wenn bei Eröffnung des Insolvenzverfahrens der Verlag mit der Vervielfältigung noch nicht begonnen hatte. Weitere Voraussetzungen dieses Rücktrittsrechts sieht das Gesetz nicht vor. Etwas anderes ergibt sich auch nicht aus **4**

Abs. 1 i. V. m. § 103 InsO, wonach der Insolvenzverwalter das Wahlrecht aus § 103 InsO besitzt, auch wenn das Werk bereits vor Eröffnung des Insolvenzverfahrens abgeliefert war. Damit nimmt **Abs. 1** sinnvollerweise nur auf § 15 Bezug. Nach § 15 ist nämlich der Verleger – mit Eröffnung des Insolvenzverfahrens also der Insolvenzverwalter – verpflichtet, mit der Vervielfältigung unverzüglich zu beginnen, sobald ihm das vollständige Werk zugegangen ist. Ohne die Verweisung in Abs. 1 könnte also zweifelhaft sein, ob der Insolvenzverwalter nach Ablieferung die Erfüllung noch ablehnen könnte. Nach richtiger h. M. hat Abs. 1 insofern lediglich klarstellende Wirkung (vgl. Rn. 13 f.; *Russ* Rn. 4 f.; zum umgekehrten Fall der Insolvenz des Komponisten im Musikverlag LG Hamburg NJW 2007, 3215, 3216 f.). Zu dem Verhältnis zu Abs. 3 sagt § 36 Abs. 1 nichts aus. Der Verfasser kann deshalb das Rücktrittsrecht aus Abs. 3 unabhängig von dem Verhalten des Insolvenzverwalters ausüben, wenn nur zur Zeit der Eröffnung des Insolvenzverfahrens mit der Vervielfältigung noch nicht begonnen war. Der Insolvenzverwalter kann dem Autor dieses Rücktrittsrecht nicht nehmen, indem er etwa ohne weiteres mit der Vervielfältigung beginnt oder diese ankündigt (a. A. *Schricker* VerlagsR³ Rn. 7). Der Autor ist in der Ausübung seines Rechts nur durch Treu und Glauben eingeschränkt, darf also nach seiner Kenntnis von der Eröffnung des Insolvenzverfahrens nicht treuwidrig lange zu warten, bevor er über einen Rücktritt entscheidet. Will der Insolvenzverwalter rasch klare Verhältnisse schaffen und möglicherweise negative Folgen für die Masse durch einen noch spät ausgesprochenen Rücktritt vermeiden, so muss er dem Autor eine Frist zur Erklärung über einen Rücktritt setzen. Allein dies ist interessengerecht, da der Autor nicht notwendigerweise von dem Insolvenzverfahren des Verlages erfährt, umgekehrt der Insolvenzverwalter aber mühelos den Autor benachrichtigen kann. Darüber hinaus wäre ein „Wettrennen" zwischen Autor und Insolvenzverwalter, bei dem der Insolvenzverwalter versuchen müsste, möglichst rasch mit der Vervielfältigung zu beginnen oder die Rechte weiterzuübertragen, systemwidrig und mit erheblichen Unsicherheiten verbunden. Sein Wahlrecht nach Abs. 1 kann der Insolvenzverwalter deshalb nur ausüben, wenn der Verfasser an dem Vertrag festhalten will oder sich innerhalb einer von dem Insolvenzverwalter gesetzten Frist nicht erklärt.

3. Mögliche Konstellationen

5   Im Falle der Insolvenz des Verlages sind folgende Fallgestaltungen denkbar: Weder Autor noch Insolvenzverwalter erklären sich – erstens – in irgendeiner Weise über eine Erfüllung oder sonstige Fortsetzung des Verlagsvertrages (vgl. Rn. 6). Zweitens kann der Verfasser von dem Verlagsvertrag zurücktreten (vgl. Rn. 7 ff.). Des Weiteren kann der Insolvenzverwalter nach Abs. 1 i. V. m. § 103 InsO die Erfüllung ablehnen (vgl. Rn. 13) oder vielmehr Erfüllung wählen, sei es – in wohl praktisch seltenen Fällen – durch eigene Erfüllung, sei es durch Übertragung der Verlagsrechte auf einen anderen Verlag (vgl. Rn. 18).

II. Keine der Parteien erklärt sich

6   Wenn sich nach Eröffnung des Insolvenzverfahrens weder der Insolvenzverwalter noch der Autor in irgendeiner Weise erklären, besteht der Verlagsvertrag zunächst weiter. Die Eröffnung des Insolvenzverfahrens berührt ihn nicht (LG Hamburg NJW 2007, 3215, 3216; dazu allg.: BGH NJW 2006, 915 ff.; s. a. BGH GRUR 2016, 201 – *Ecosoil*). Mit Abschluss des Insolvenzverfahrens ist der Verlagsvertrag allerdings aufgelöst, wenn die Rechte nicht weiterübertragen wurden, weil der Verlag aufhört zu bestehen; die Verlagsrechte fallen an den Autor zurück, § 9 Abs. 1 (OLG München NJW-RR 1994, 1478 – *Das große Buch der Jagd*).

III. Das Rücktrittsrecht des Verfassers

1. Voraussetzungen

Einzige Voraussetzung für das Rücktrittsrecht des Verfassers aus Abs. 3 ist, **7**
dass im Zeitpunkt der Eröffnung des Insolvenzverfahrens mit der Vervielfältigung, heute also in erster Linie mit der Herstellung des Satzes (vgl. § 15 VerlG
Rn. 2), noch nicht begonnen war. Im Streitfall muss der Autor, der sich auf das
Rücktrittsrecht berufen will, dies beweisen. Ob allerdings für den heute ganz
überwiegend anzutreffenden Fall, dass dem Verlag bereits im Verlagsvertrag
das Recht zur Veranstaltung mehrerer Auflagen eingeräumt worden ist, der
Beginn der Vervielfältigung der ersten Auflage entscheidend sein muss, der Autor also sein Rücktrittsrecht verliert, wenn der Verlag nur mit der Herstellung
der *ersten* Auflage bereits vor Eröffnung des Insolvenzverfahrens begonnen
hat, kann wegen § 38 Abs. 2 zweifelhaft erscheinen. Nach § 38 Abs. 2 bleibt
nämlich der Vertrag auch nach einem Rücktritt im Zweifel insoweit aufrechterhalten, als er sich auf bereits abverkaufte Abzüge, abgegebene Exemplare, frühere Abteilungen des Werkes oder ältere Auflagen bezieht. Nach richtiger Auffassung kann jedoch das gesetzliche Rücktrittsrecht – anders als bei § 35 Abs. 1
S. 2 – aus § 36 Abs. 3 nicht für weitere Auflagen eines bereits einmal von
beiden Teilen erfüllten Verlagsvertrages gelten. Das sehr weitgehende Rücktrittsrecht des Verfassers aus Abs. 3 ist, wenn der Verlag noch nicht mit der
Vervielfältigung begonnen hatte, dadurch gerechtfertigt, dass das Werk vor der
Vervielfältigung und Verbreitung gewissermaßen einen lediglich potentiellen
Wert im Vermögen des Verlages darstellt, denn dieser hat mangels Vervielfältigung und Verbreitung und den entsprechenden Absatzbemühungen noch keinen eigenen Vermögenswert geschaffen. Hat der Verlag hingegen eine oder
mehrere Auflagen bereits vervielfältigt und verbreitet und sich also für das
Werk eingesetzt, so ist der Vermögenswert des Werkes auch dem Verlag zuzurechnen. Dieser Wert muss in der Masse verbleiben (ebenso Ulmer-Eilfort/
Obergfell/*Ulmer-Eilfort* Rn. 19). Im Übrigen hätten § 36 Abs. 1 und das grundsätzliche Wahlrecht des Insolvenzverwalters aus § 103 InsO kaum einen Anwendungsbereich, wenn der Autor ohne weiteres auch für zukünftige Auflagen
von dem Vertrag zurücktreten könnte. Die anderslautende Regelung in § 35
Abs. 1 S. 2 ist durch das dort stark ausgeprägte persönlichkeitsrechtliche Interesse des Autors gerechtfertigt.

Dies muss auch für die parallele Problematik bei einem Erscheinen des Werkes **8**
in Abteilungen (§ 15 S. 2) gelten. Hat der Verlag mit der Vervielfältigung auch
nur der ersten zur Veröffentlichung bestimmten Abteilung begonnen, ist das
Rücktrittsrecht des Verfassers insgesamt ausgeschlossen (i. E. ebenso *Schricker*
VerlagsR[3] Rn. 6 m. w. N.).

2. Erklärung und Wirkung des Rücktritts

Der Autor muss den Rücktritt gegenüber dem Insolvenzverwalter, dem die Er- **9**
klärung zugehen muss (§§ 130 ff. BGB), erklären. Der Verfasser ist dabei an
keine bestimmte Frist gebunden, sondern zeitlich nur durch Treu und Glauben
beschränkt. Allerdings kann ihm der Insolvenzverwalter eine Frist zur Erklärung über den Rücktritt setzen, um möglichst rasch Klarheit zu haben (ebenso
Ulmer-Eilfort/Obergfell/*Ulmer-Eilfort* Rn. 20; a. A. *Schricker* VerlagsR[3] Rn. 7).
Weiß der Autor von der Eröffnung des Insolvenzverfahrens, verzichtet er i. d. R.
stillschweigend auf sein Rücktrittsrecht, wenn er den Insolvenzverwalter auffordert, mit der Vervielfältigung des Werkes zu beginnen oder die Rechte auf
einen anderen Verlag zu übertragen. Ein Verzicht ist im Streitfall vom Insolvenzverwalter zu beweisen.

Durch den Rücktritt wird der Vertrag rückwirkend aufgelöst, und der Verlags- **10**
vertrag verwandelt sich in ein Rückgewährschuldverhältnis, §§ 37 VerlG,

346 ff. BGB. Der Verfasser muss also dem Verlag bzw. dem Insolvenzverwalter etwa erhaltene Honorarvorschüsse zurückzahlen, kann aber seinerseits das unter Umständen bereits abgelieferte Manuskript aussondern (§ 47 InsO), da es – jedenfalls ohne abweichende vertragliche Regelung – sein Eigentum geblieben ist (vgl. § 27 VerlG Rn. 2).

3. Mehrere Verfasser

11 Haben mehrere Autoren als **Miturheber** (§ 8 UrhG) ein gemeinsames Werk geschaffen, so müssen sie alle den Rücktritt erklären, §§ 37 VerlG, 351 BGB. Urheber eines **verbundenen Werks** (z. B. Textdichter und Komponist, Urheber zweier unterschiedlicher Teile eines in einem Band vereinigten wissenschaftlichen Werkes), so können sie ebenfalls nur gemeinsam zurücktreten, wenn zwischen ihnen eine Gesellschaft besteht (dazu BGH GRUR 1973, 328, 329 f. – *Musikverleger II*; GRUR 1982, 41, 42 f. – *Musikverleger III*; § 709 Abs. 1 BGB). Liegt keine Gesellschaft vor – wie wohl regelmäßig unter den Autoren der einzelnen Beiträge eines **Sammelwerks** –, so kann grds. jeder Autor allein zurücktreten, wenn und soweit mit der Vervielfältigung des Sammelwerkes im Zeitpunkt der Verfahrenseröffnung noch nicht begonnen war. Tritt der Herausgeber dieses Sammelwerkes zurück und ist er als dessen Urheber im Sinne des § 4 UrhG anzusehen, so berührt dies zwar für den Regelfall, dass der Verlag getrennte Verträge mit dem Herausgeber und den einzelnen Autoren abschließt, deren Verlagsverträge nicht unmittelbar; allerdings können die betroffenen Einzelautoren sich u. U. auf § 35 berufen oder aus wichtigem Grund kündigen, weil das Werk nicht mehr in der vorgesehen Form erscheinen kann. Denn der Verlag verliert durch den Rücktritt des Herausgebers als Urheber des Sammelwerks das Verlagsrecht an dem urheberrechtlich geschützten Sammelwerk als solchem. Allenfalls kann der Insolvenzverwalter unter bestimmten Umständen die Beiträge einzelner Autoren noch veröffentlichen (lassen), wenn und soweit dies unter Berücksichtigung der Rechte des Herausgebers aus § 4 UrhG und aus praktisch-inhaltlichen Erwägungen denkbar ist.

4. Vertragliche Erweiterungen?

12 Wegen § 119 InsO sind Vereinbarungen, die das Rücktrittsrecht des Verfassers – wie etwa die in Verlagsverträgen einigermaßen beliebte Klausel, die dem Verfasser ohne weitere Voraussetzungen im Falle der Insolvenz des Verlags ein Kündigungs- oder Rücktrittsrecht einräumt – erweitern, unwirksam (h. M., Loewenheim/*Kreuzer* § 95 Rn. 58 f. m. w. N.; *Russ* Rn. 39, 93). Dies gilt im Grundsatz auch für die im Verlagsbereich vor allem bei verlagsrechtlichen **Lizenzverträgen** anzutreffenden Auflösungs- und Rückfallklauseln, nach denen der schuldrechtliche Lizenzvertrag durch die Insolvenz des Lizenznehmers auflösend bedingt ist und mit der Auflösung die Rechte zurückfallen (*Hausmann* ZUM 1999, 914, 919), zumal der BGH die sog. Erlöschenstheorie vor einigen Jahren aufgegeben hat (aus jüngerer Zeit z. B. BGH v. 5.7.2007 – IX ZR 160/06, verfügbar bei juris, zu einem urheberrechtlichen Lizenzvertrag). Zum Ganzen vgl. Nach § 119 UrhG Rn. 19 ff. Umgekehrt kann der Verfasser allerdings durchaus auf das ihm eingeräumte Rücktrittsrecht verzichten. Wegen § 112 InsO ist dies auch durch Formularvertrag möglich (zum Ganzen vgl. § 113 UrhG Rn. 12 ff.). Eine Auflösung eines Verlagsvertrags nach Insolvenz lässt i. Ü. den Bestand eines nachgeordneten Lizenzvertrags unberührt (BGH GRUR 2012, 914 Tz. 18 ff. – *Take Five*; GRUR 2012, 916 Tz. 23 ff. – *M2Trade*).

IV. Das Wahlrecht des Insolvenzverwalters, Abs. 1 und Abs. 2

1. Voraussetzungen

13 Nach § 103 Abs. 1 InsO kann der Insolvenzverwalter wählen, ob er anstelle des Schuldners den Vertrag erfüllt oder die Erfüllung ablehnt, wenn ein gegen-

seitiger Vertrag zur Zeit der Eröffnung des Insolvenzverfahrens von beiden
Teilen noch nicht oder noch nicht vollständig erfüllt ist. Insofern ist im Rahmen
des § 36 Abs. 1 VerlG streitig, ob es sich dabei um eine **Rechtsgrund- oder** eine
Rechtsfolgenverweisung handelt, der Verlagsvertrag also bereits mit Ablieferung des Werkes eigentlich erfüllt ist (dann durch ausdrückliche Anordnung in
§ 36 Abs. 1 Rechtsfolgenverweisung) oder zur Erfüllung durch den Autor auch
die während der gesamten Laufzeit des Verlagsvertrages geschuldete Enthaltung (vgl. § 2 VerlG Rn. 4 ff.) gehört (dann Rechtsgrundverweisung in § 36
Abs. 1 und bloße Klarstellung, dass Ablieferung für Erfüllung nicht genügt).
Die Streitfrage ist allerdings für den Fall der Insolvenz des Verlages praktisch
irrelevant, weil sie wegen der ausdrücklichen Bezugnahme auf das Wahlrecht
nach § 103 InsO in Abs. 1 jedenfalls hinsichtlich der Erfüllung durch den Autor zu identischen Ergebnissen führt. Ist der Autor nicht ohnehin nach Abs. 3
von dem Vertrag zurückgetreten, so ist das Wahlrecht des Insolvenzverwalters
deshalb nur dann ausgeschlossen, wenn der Verlag etwa den Verlagsvertrag
schon vollständig erfüllt (vgl. Rn. 14) hatte.

Vollständig ist der Verlagsvertrag erst **erfüllt**, wenn das Werk vollständig ver-   **14**
vielfältigt und wohl auch verbreitet ist; da die Zahlung einer Vergütung nicht
zu den im Synallagma stehenden Hauptpflichten im Verlagsvertrag gehört
(dazu vgl. § 22 VerlG Rn. 1 und vgl. Rn. 3), ist nicht erforderlich, dass auch
die Vergütung vollständig gezahlt oder Freiexemplare geliefert worden wären.
Hat der Verlag nach dem Verlagsvertrag das Recht, weitere Auflagen zu veranstalten, ist der Vertrag, solange diese rechtliche Möglichkeit für den Verlag
noch besteht, ebenfalls (noch) nicht erfüllt. Für den heute äußerst verbreiteten
Fall, dass dem Verlag im Verlagsvertrag Rechte für alle Auflagen und Ausgaben
eingeräumt werden, besteht also stets ein Wahlrecht des Insolvenzverwalters
nach §§ 36 Abs. 1 VerlG, 103 Abs. 1 InsO (*Schricker* VerlagsR[3] Rn. 13; *Russ*
Rn. 43; anders für den Fall der Insolvenz des Autors LG Hamburg NJW 2007,
3215, 3216 f.: Vertrag ist mit Ablieferung und Einräumung der Nutzungsrechte
vollständig erfüllt; s. a. BGH GRUR 2016, 201 – *Ecosoil* für einen allerdings
unentgeltlichen markenrechtlichen Lizenzvertrag).

2. Ausübung des Wahlrechts durch den Insolvenzverwalter

Der Insolvenzverwalter übt sein Wahlrecht durch einseitige, empfangsbedürf-   **15**
tige Willenserklärung (§ 130 ff. BGB) gegenüber dem Autor aus. Er kann seine
Wahl auch durch konkludentes Handeln erklären, indem er z. B. eine begonnene Vervielfältigung des Werkes oder dessen Verbreitung fortsetzt oder die
Rechte für weitere Auflagen auf einen anderen Verlag überträgt (vgl. Rn. 18).
Ob umgekehrt das reine Bestreiten einer Honorarforderung des Autors als Erklärung, der Insolvenzverwalter lehne die Erfüllung ab, gedeutet werden kann,
erscheint zweifelhaft. Denn je nach den Umständen kann dies auch nur die
Berechtigung der konkreten Forderung in der konkreten Höhe (etwa bei bereits
gezahlten Honoraren) betreffen. Eine konkludente Erklärung, die Erfüllung
werde abgelehnt, muss aber mindestens deutlich machen, dass der Insolvenzverwalter davon ausgeht, der Verlagsvertrag bestehe nicht mehr oder werde
nicht fortgesetzt.

Ein Irrtum des Insolvenzverwalters über die Rechtsfolgen seiner (auch still-   **16**
schweigenden) Erklärung ist grds. unbeachtlicher Motivirrtum.

3. Erfüllung

a) Fortbestehen des Verlagsvertrages: Wählt der Insolvenzverwalter Erfüllung,   **17**
besteht mit der Erklärung der Verlagsvertrag in vollem Umfang – mit allen
Rechten und Pflichten – fort. Einwendungen und Einreden, bereits entstandene
Rücktrittsrechte usw. bestehen weiter. Auch nach Wahl der Erfüllung durch
den Insolvenzverwalter kann der Verfasser noch nach §§ 32, 30 und entspre-

chender Fristsetzung mit Ablehnungsandrohung von dem Vertrag zurücktreten. Die Erfüllungsansprüche des Autors sind Masseschulden, §§ 53, 55 Abs. 1 Nr. 2 InsO.

18   b) **Übertragung der Verlagsrechte auf einen Dritten:** In den meisten Fällen wird der Insolvenzverwalter kaum in der Lage sein, den Verlagsvertrag selbst zu erfüllen, also das Werk selbst zu vervielfältigen und zu verbreiten. Deshalb überträgt der Insolvenzverwalter in vielen Fällen die Verlagsrechte auf einen Dritten. Auch in der Insolvenz muss jedoch die Übertragung überhaupt zulässig, darf also z. B. nicht vertraglich ausgeschlossen sein. Will der Insolvenzverwalter nur die Rechte an einem einzelnen Werk oder einer einzelnen Gruppe von Werken (etwa eines bestimmten Autors) übertragen, braucht er hierzu wie außerhalb der Insolvenz die Zustimmung des Urhebers, § 34 Abs. 1 UrhG, wobei der Urheber allerdings seine Zustimmung nicht wider Treu und Glauben verweigern darf. Nur dann, wenn der Insolvenzverwalter einen Teil des Verlages (z. B. den gesamten Sachbuchbereich) oder den gesamten Verlag einem Dritten überträgt, ist dies ohne Zustimmung des Urhebers möglich, § 34 Abs. 3 UrhG. § 36 Abs. 2 verändert allerdings die Wirkungen der Übertragung. Während nach § 34 Abs. 4 UrhG der Erwerber gemeinsam mit dem Veräußerer gesamtschuldnerisch für die Erfüllung des Verlagsvertrages haftet, tritt der Erwerber nach § 36 Abs. 2 S. 1 anstelle der Insolvenzmasse in die Verpflichtungen aus dem Verlagsvertrag ein. Die Insolvenzmasse haftet für den dem Autor entstehenden Schaden bei Nichterfüllung durch den Erwerber lediglich wie ein Bürge, der auf die Einrede der Vorausklage verzichtet hat, Abs. 2 S. 2 (§ 773 Abs. 1 Nr. 1 BGB). Der Autor kann also sofort von der Insolvenzmasse Schadensersatz verlangen, ohne vorher den erwerbenden Verlag ergebnislos in Anspruch nehmen zu müssen. Dem Insolvenzverwalter verbleiben die Einreden des Erwerbers der Verlagsrechte, § 768 BGB. Bei Aufhebung des Insolvenzverfahrens sind konsequenterweise – da die Insolvenzmasse nur als Bürger haftet – die sich aus der Haftung ergebenden Ansprüche des Autors gegen die Masse sicherzustellen, Abs. 2 S. 3.

4. Ablehnung der Erfüllung

19   Hat der Insolvenzverwalter dem Verfasser gegenüber ausdrücklich oder konkludent (vgl. Rn. 15) erklärt, er lehne die Erfüllung des Verlagsvertrages ab, oder hat er sich auf eine entsprechende Aufforderung des Autors, sich zur Fortsetzung des Verlagsvertrages zu äußern, nicht innerhalb der gesetzten Frist erklärt, so erlöschen die Rechte und Pflichten aus dem Verlagsvertrag für die Zukunft. Einen eventuellen Schadensersatzanspruch des Verfassers wegen Nichterfüllung (§§ 249 ff. BGB) kann der Autor nur als Insolvenzgläubiger geltend machen, § 103 Abs. 2 S. 1 InsO. Honorare und Vorschüsse muss der Autor grds. nicht zurückzahlen, da das Vertragsverhältnis nur für die Zukunft erlischt; diese Posten werden aber bei der Bestimmung der Höhe des Schadensersatzes berücksichtigt. Der Insolvenzverwalter kann ein den Schaden übersteigendes Honorar nach Bereicherungsgrundsätzen vom Autor herausverlangen. Da auch das Verlagsrecht erlischt, § 9 Abs. 1 VerlG, darf der Insolvenzverwalter etwa bereits hergestellte Exemplare nicht mehr verbreiten. Er darf sie allenfalls makulieren oder dem Verfasser zur Übernahme anbieten. Sein Manuskript kann der Autor gemäß § 47 InsO aussondern.

V. Kommissionsverlag und Insolvenz

20   Die Insolvenz des als Kommissionär handelnden Verlages hat auf den Kommissionsvertrag grds. keinen Einfluss. Denn § 116 InsO gilt nur bei Insolvenz des Geschäftsherrn (des Autors). Auch § 36 VerlG gilt nicht (vgl. Rn. 1). Auch hier hat der Autor jedoch ein Kündigungsrecht, und zwar aus § 649 BGB, denn der Kommissionsvertrag unterliegt sowohl den Regelungen des HGB über das Kommissionsgeschäft, §§ 383 ff. HGB, als auch den werkvertraglichen Regelungen des BGB (§§ 631 ff. BGB). Das Kündigungsrecht gilt nach § 649 BGB nur bis zur Vollendung des Werkes, beim Kommissionsvertrag also bis zur Ausführung der Kommission, d. h. der Vollendung der Vervielfältigung und Verbreitung. Sind Vervielfältigung und Verbreitung beendet, hat der Autor kein Kündigungsrecht, und in der Praxis wird die Insolvenz dann ohnehin kaum Auswirkungen zeitigen.

Sind Vervielfältigung oder Verbreitung hingegen noch nicht ausgeführt, kann **21** der Autor als Besteller ohne weiteres kündigen. Macht er hiervon keinen Gebrauch, hat der Insolvenzverwalter wiederum ein Wahlrecht nach § 103 Abs. 1 InsO. Im Gegensatz zu der Lage im Rahmen des § 36 VerlG kann der Insolvenzverwalter beim Kommissionsverlag sein Wahlrecht jederzeit vor Ausübung des Kündigungsrechts durch den Autor ausüben, denn § 103 InsO ist als Spezialregelung für gegenseitige Verträge in der Insolvenz vorrangig vor der allgemeinen Regelung des § 649 BGB.

Wiederum kann der Verfasser sein Manuskript und noch nicht verkaufte (über- **22** eignete) Exemplare nach § 47 InsO aussondern. Noch nicht von dem Insolvenzverwalter eingezogene Kaufpreisforderungen gegenüber Sortimentern oder Großhändlern kann der Autor ebenfalls aussondern, § 47 InsO, § 392 Abs. 2 HGB; sind die betreffenden Beträge jedoch bereits an den Insolvenzverwalter gezahlt worden, kann der Autor diese Beträge nur als gewöhnlicher Insolvenzgläubiger gegenüber der Masse geltend machen.

§ 37

Auf das in den §§ 17, 30, 35, 36 bestimmte Rücktrittsrecht finden die für das Rücktrittsrecht geltenden Vorschriften der §§ 346 bis 351 des Bürgerlichen Gesetzbuchs entsprechende Anwendung.

I.   Allgemeines

§ 37 verweist für die Einzelheiten des Rücktrittsrechts auf die normalen zivil- **1** rechtlichen Regelungen in §§ 346 ff. BGB. Allerdings ist § 37 nach der am 1.1.2002 in Kraft getretenen Schuldrechtsreform, nach der die Rücktrittsvorschriften nun mit § 354 BGB – statt früher § 356 BGB – enden und außerdem inhaltlich umgestaltet worden sind, der neuen Lage nicht angepasst worden. Insofern ist bereits fraglich, ob die Verweisung die nach der Schuldrechtsreform neu in das Rücktrittsrecht hineingekommenen Vorschriften der §§ 352 bis 354 BGB (Aufrechnung nach Nichterfüllung, Rücktritt gegen Reugeld und Verwirkungsklausel) überhaupt erfassen kann. Die erfolgten Änderungen werden allerdings zum großen Teil für den Verlagsbereich kaum jemals relevant werden.

Die Verweisung auf die Rücktrittsvorschriften des BGB betrifft nach dem Wort- **2** laut des § 37 S. 1 die im VerlG geregelten Rücktrittsrechte aus §§ 30, 35, 36 und sicherlich aus § 32. Die Verweisung auf § 17 in S. 1 geht allerdings fehl, weil es sich in der Sache bei § 17 eher um eine Kündigung, nicht hingegen um einen Rücktritt – mit Rückabwicklung des gesamten Vertragsverhältnisses –

handelt (ebenso *Schricker* VerlagsR[3] §§ 37/38 Rn. 1). Umgekehrt erfasst die Verweisung auch vertraglich vereinbarte Rücktrittsrechte. §§ 37 S. 1 VerlG, 346 ff. BGB sind im Übrigen nur auf einen Rücktritt vor Ablieferung des Werkes anwendbar. Bei einem Rücktritt nach Ablieferung ist stets auch § 38 (vgl. § 38 VerlG Rn. 3 ff.) zu beachten.

II. Anzuwendende Vorschriften des BGB

1. Erklärung des Rücktritts

3 Nach §§ 37 S. 1 VerlG, 349 BGB erfolgt der Rücktritt durch Erklärung gegenüber dem anderen Teil. Ist für die Ausübung eines vertraglichen Rücktrittsrechts keine Frist im Vertrag vereinbart worden, so kann der Rücktrittsgegner dem Berechtigten eine Frist für die Ausübung des Rechts setzen, § 350 S. 1 BGB. Mit dem fruchtlosen Ablauf der gesetzten Frist erlischt das Rücktrittsrecht, § 350 S. 2 BGB. Nach § 351 BGB (früher § 356 BGB) ist das Rücktrittsrecht unteilbar; bei Beteiligung mehrerer Parteien auf der einen oder anderen Seite kann es deshalb nur von und gegen alle ausgeübt werden. Zu den Besonderheiten bei Miturhebern, Urhebern verbundener Werke usw. vgl. § 30 VerlG Rn. 10; vgl. § 31 VerlG Rn. 15. Nach § 351 S. 2 BGB wirkt auch ein Erlöschen des Rücktrittsrechts für und gegen alle Parteien.

2. Wirkungen des Rücktritts

4 Nach §§ 37 S. 1 VerlG, 346 Abs. 1 BGB verwandelt sich der Vertrag im Falle des Rücktritts in ein Rückgewährschuldverhältnis, sodass die Parteien die einander empfangenen Leistungen Zug um Zug (§ 348 BGB) zurückzugewähren und gezogene Nutzungen herauszugeben haben. Nach richtiger Auffassung sind die von Verlag und Autor jeweils wegen des Vertragsabschlusses oder in Vorbereitung des Abschlusses gemachten Aufwendungen und Auslagen keine „Leistungen" im Sinne des § 346 Abs. 1 BGB. Keine Partei muss deshalb der anderen für diese Leistungen Ersatz leisten (*Schricker* VerlagsR[3] §§ 37/38 Rn. 7; Ulmer-Eilfort/Obergfell/*Ulmer-Eilfort* Rn. 8).

5 Während in den Fällen eines verschuldeten Untergangs, der Verarbeitung oder Umbildung, Veräußerung oder Belastung des Gegenstandes durch den Rücktrittsberechtigten früher im Regelfall bzw. unter bestimmten Voraussetzungen der Rücktritt ausgeschlossen war (§§ 351 bis 353 BGB a. F.), sieht § 346 Abs. 2 BGB seit der Schuldrechtsreform auch in solchen Fällen ein Rücktrittsrecht grundsätzlich vor, ordnet aber eine Wertersatzverpflichtung und – in Abs. 4 – bei Vertretenmüssen auch Schadensersatz an. Im Verlagsbereich wird wohl allenfalls § 346 Abs. 2 S. 1 Nr. 3 (Verschlechterung oder Untergang) – wenn überhaupt – jemals eine Rolle spielen können, falls das Manuskript, übergebene Materialien oder ähnliches unwiederbringlich verlorengegangen sind. Aus §§ 346 Abs. 2 S. 1 Nr. 3 und Abs. 3 S. 1 Nr. 2 ergibt sich jedenfalls, dass ein Rücktritt nicht dadurch ausgeschlossen wird, dass der Gegenstand beim Berechtigten durch Zufall untergegangen ist (frühere Regelung des § 350 BGB). § 346 Abs. 3 BGB regelt, in welchen Fällen die Pflicht zum Wertersatz des jeweiligen Schuldners entfällt. Auch insofern unterscheidet sich die neue Regelung in § 346 Abs. 2-4 BGB deutlich von der Rechtslage vor der Schuldrechtsreform, nach der der Schuldner ggf. nach §§ 347 S. 1 a. F., 989 ff. BGB haftete. Nach der neuen Regelung in §§ 346 ff. BGB wird auch nicht mehr danach unterschieden, ob der Gegenstand (d. h. vor allem das Manuskript und übergebene Unterlagen) vor Zugang der Rücktrittserklärung oder nach deren Zugang untergegangen ist.

6 Nach § 347 Abs. 1 BGB muss der Schuldner dem Gläubiger grundsätzlich Nutzungen, die er entgegen den Regeln einer ordnungsmäßigen Wirtschaft nicht gezogen hat, obwohl ihm dies möglich gewesen wäre, dem Wert nach ersetzen. Im Falle eines gesetzlichen Rücktrittsrechts – worum es bei § 37 S. 1 vor allem gehen wird – ist er hier aber nur zur Anwendung derjenigen Sorgfalt, die er in eigenen Angelegenheiten anzuwenden pflegt, verpflichtet. In Betracht kommt im Verlagsbereich wohl vor allem ein Wertersatz für die nicht geleistete Verbreitung oder unzureichende Vervielfältigung. § 347 Abs. 2, der eine Ersatzpflicht für notwendige Verwendungen vorsieht, wird im Verlagsbereich wohl kaum jemals relevant werden, weil notwendige Verwendungen auf das Manuskript oder weitere Unterlagen in diesem Sinne ebenso wie Aufwendungen, durch die der Gläubiger dauerhaft bereichert wird (§ 347 Abs. 2 S. 2 BGB), in der Praxis wohl vorstellbar sind.

7   § 37 S. 2 modifiziert die Herausgabe- und Wertersatzvorschriften der §§ 346 Abs. 2-4 und 347 BGB für den Fall erheblich, dass der Rücktritt wegen eines Umstandes, den der andere Teil nicht zu vertreten hat, erklärt wird. Dabei findet § 37 S. 2 Anwendung nur auf die Rücktrittsrechte aus den in S. 1 aufgezählten Vorschriften, allerdings mit § 32, nicht dagegen auf andere gesetzliche oder vertragliche Rücktrittsrechte. Die frühere allgemeine Rücktrittsvorschrift des § 327 BGB entsprach § 37 S. 2 VerlG, findet sich jedoch in den durch die Schuldrechtsreform umgestalteten §§ 320 ff. BGB nicht mehr.

§ 38

(1) ¹Wird der Rücktritt von dem Verlagsvertrag erklärt, nachdem das Werk ganz oder zum Teil abgeliefert worden ist, so hängt es von den Umständen ab, ob der Vertrag teilweise aufrechterhalten bleibt. ²Es begründet keinen Unterschied, ob der Rücktritt auf Grund des Gesetzes oder eines Vorbehalts im Vertrag erfolgt.

(2) Im Zweifel bleibt der Vertrag insoweit aufrechterhalten, als er sich auf die nicht mehr zur Verfügung des Verlegers stehenden Abzüge, auf frühere Abteilungen des Werkes oder auf ältere Auflagen erstreckt.

(3) Soweit der Vertrag aufrechterhalten bleibt, kann der Verfasser einen entsprechenden Teil der Vergütung verlangen.

(4) Diese Vorschriften finden auch Anwendung, wenn der Vertrag in anderer Weise rückgängig wird.

Übersicht

I.   Allgemeines

1   § 38 regelt den Rücktritt vom Verlagsvertrag, nachdem das Werk ganz oder zum Teil abgeliefert worden ist. Nach Abs. 1 kann der Verlagsvertrag, wenn entsprechende Umstände vorliegen, zum Teil aufrechterhalten bleiben. Nach Abs. 2 soll er sogar im Zweifel insoweit aufrechterhalten werden, als er sich auf nicht mehr zur Verfügung des Verlags stehende Exemplare, auf frühere Abteilungen des Werkes oder ältere Auflagen bezieht. Nach Abs. 3 kann der Autor, soweit der Vertrag aufrechterhalten bleibt, einen dem aufrechterhaltenen Teil entsprechenden Teil der Vergütung verlangen.

2   § 38 ist mangels anderweitiger vertraglicher Regelung auf alle gesetzlichen oder vertraglichen Rücktrittsrechte, § 38 Abs. 1 S. 2, und auch dann anwendbar,

wenn der Vertrag in anderer Weise rückgängig gemacht wird, § 38 Abs. 4.
Jedenfalls dem Rechtsgedanken nach ist § 38 auch auf Teilrücktritte von komplexen Verlagsverträgen, bei denen der Rücktritt etwa nur einzelne Werke oder einzelne der eingeräumten Rechte betrifft, anwendbar, denn er ist wegen seines speziell auf Verlagsverhältnisse zugeschnittenen Interessenausgleiches hier wohl besser geeignet als § 139 BGB, der im Zweifel das ganze Geschäft erfasst. Hierfür spricht bereits der Wortlaut des § 38 Abs. 1, der zwar nur von „das Werk" spricht, aber selbstverständlich den (ganzen) Vertrag meint. Insofern kann es keinen Unterschied machen, wie umfassend der betroffene Vertrag ist. Vielmehr hat der Interessenausgleich gerade bei komplexeren Vertragswerken eine umso stärkere Berechtigung (ebenso i. E. *Schricker* VerlagsR[3] §§ 37/38 Rn. 14; s. a. Ulmer-Eilfort/Obergfell/*Ulmer-Eilfort* Rn. 2 f.). Zu den Auswirkungen einer Kündigung in komplexen Vertragsgefügen vgl. § 32 VerlG Rn. 21 f.; LG München ZUM 2007, 580, 583; OLG München GRUR-RR 2008, 208 ff. – *Concierto* (insoweit in BGH GRUR 2010, 1093 – *Concierto de Aranjuez* nicht diskutiert).

II. Teilweise Aufrechterhaltung des Vertrages

1. Teilweise Aufrechterhaltung nach Ablieferung

3 Nach Abs. 1 soll es, wenn der Rücktritt nach vollständiger oder teilweiser Ablieferung des Werkes erklärt wird, von den Umständen abhängen, ob der Vertrag teilweise aufrechterhalten bleiben kann. Ein Fortbestehen des Vertrages ist auch bezüglich einzelner Verpflichtungen denkbar. So erwähnt *Schricker* (VerlagsR[3] §§ 37/38 Rn. 11) ein Beispiel aus der älteren Rechtsprechung, nach der der Verfasser nach Rücktritt nicht zur Rückzahlung eines Vorschusses verpflichtet sein sollte, weil der Verlag trotz rechtzeitiger Ablieferung 1½ Jahre lang das Werk nicht vervielfältigt und verbreitet hatte. Dieser Fall wird allerdings heute, da die Verlage sich zumeist das Festsetzen des Erscheinungsdatums sehr weitgehend nach freiem Ermessen vorbehalten, kaum noch praktisch werden können.

4 Die bloße Ablieferung des Werkes kann jedoch schon nach dem Wortlaut des § 38 Abs. 1 nicht für sich genommen für eine (teilweise) Aufrechterhaltung des Vertrages sprechen. Insgesamt lässt sich über die teilweise Aufrechterhaltung nur im Einzelfall entscheiden. Umgekehrt können die Umstände auch dafür sprechen, dass der Verlagsvertrag insgesamt rückgängig gemacht werden soll. Dies wird vor allem dann der Fall sein, wenn der Verfasser vor Beginn der Vervielfältigung und Verbreitung den Rücktritt erklärt oder ihn erklärt, weil der Verlag das Werk vertragswidrig vervielfältigt und verbreitet hat. Das Rücktrittsrecht des Verfassers liefe leer, wollte man in diesem Fall zugunsten des Verlages stets von der Zweifelsregelung des § 38 Abs. 2 ausgehen. Allerdings wird man auch hier die Interessen beider Teile genau zu untersuchen haben, sodass der Vertrag jedenfalls nach Abs. 2 aufrechterhalten bleiben kann, wenn das Verschulden des Verlages gering ist oder die eigentlich vertragswidrige Vervielfältigung und Verbreitung den Verfasser objektiv nur unwesentlich beeinträchtigt.

5 Hat der Autor ein umfassendes Manuskript eingereicht, von dem der Verlag nur Teile veröffentlicht hat, und tritt der Autor aus diesem Grunde von dem Verlagsvertrag zurück, so ist ebenfalls nach den Umständen zu entscheiden, ob der Rücktritt nur die nicht veröffentlichten Teile oder den gesamten Vertrag erfassen soll. Dies ist nach den Umständen und der Formulierung der Rücktrittserklärung, aber auch danach zu bestimmen, ob die veröffentlichten Teile unter Berücksichtigung der Persönlichkeitsrechte des Autors, insb. §§ 14, 39 UrhG, eigenständig verwertet werden durften.

Nach Abs. 2 wird jedenfalls im Zweifel der Vertrag insoweit aufrechterhalten,   **6**
als er sich auf nicht mehr zur Verfügung des Verlags stehende Exemplare, auf
bereits erschienene Abteilungen des Werkes oder ältere Auflagen bezieht. Der
Rücktritt wirkt also in diesem Fall nur wie eine Kündigung. Für die von dem
aufrechterhaltenen Teil des Vertrages erfassten Exemplare steht dem Verlag
deshalb nach wie vor ein Verbreitungsrecht zu.

2. Vergütungsanspruch

Der Verfasser hat nach Abs. 3 in diesen Fällen einen Anspruch auf den Teil der   **7**
Vergütung, der dem aufrechterhaltenen Teil entspricht. Bei einem Absatzhonorar lässt sich die Teilvergütung unproblematisch umsetzen. Bei einer Pauschalvergütung wird der Verfasser ggf. – da die Anzahl der herzustellenden Exemplare selbstverständlich Teil der Kalkulation ist – den Honorarteil dem Verlag
erstatten müssen, der dem nicht durchgeführten Vertragsteil entspricht, bei
Teilabwicklung nach § 346 Abs. 1 BGB, im Falle des §§ 347 Abs. 2 S. 2, 812 ff.
BGB nur nach Bereicherungsrecht.

Wird der Verlagsvertrag insgesamt rückwirkend aufgelöst, obwohl der Verlag   **8**
bereits einzelne Exemplare oder ganze Auflagen vervielfältigt und verbreitet
hatte, so werden diese Exemplare nicht rückwirkend zu widerrechtlich hergestellten Exemplaren: Während ihrer Vervielfältigung und Verbreitung bestand
das Verlagsrecht ja. Allerdings erlischt das Verlagsrecht mit dem Rücktritt,
sodass der Verlag die betreffenden Exemplare nicht weiter verbreiten darf. Der
Verlag kann die verbleibenden Exemplare also allenfalls makulieren. Der Verfasser kann sie nicht im Rahmen der Rückabwicklung beanspruchen, sondern
muss sie ggf. dem Verlag abkaufen.

§ 39

**(1) Soll Gegenstand des Vertrags ein Werk sein, an dem ein Urheberrecht nicht
besteht, so ist der Verfasser zur Verschaffung des Verlagsrechts nicht verpflichtet.**

**(2) Verschweigt der Verfasser arglistig, dass das Werk bereits anderweit in Verlag
gegeben oder veröffentlicht worden ist, so finden die Vorschriften des bürgerlichen Rechtes, welche für die dem Verkäufer wegen eines Mangels im Rechte obliegende Gewährleistungspflicht gelten, entsprechende Anwendung.**

**(3) [1]Der Verfasser hat sich der Vervielfältigung und Verbreitung des Werkes
gemäß den Vorschriften des § 2 in gleicher Weise zu enthalten, wie wenn an
dem Werke ein Urheberrecht bestände. [2]Diese Beschränkung fällt weg, wenn
seit der Veröffentlichung des Werkes durch den Verleger sechs Monate abgelaufen sind.**

§ 40

**[1]Im Falle des § 39 verbleibt dem Verleger die Befugnis, das von ihm veröffent-
lichte Werk gleich jedem Dritten von neuem unverändert oder mit Änderungen
zu vervielfältigen. [2]Diese Vorschrift findet keine Anwendung, wenn nach dem
Vertrage die Herstellung neuer Auflagen oder weiterer Abzüge von der Zahlung einer besonderen Vergütung abhängig ist.**

Übersicht

I.   Allgemeines

1.   Gemeinfreies Werk als Vertragsgegenstand

1   §§ 39 und 40 betreffen Verträge über gemeinfreie Werke, an denen also weder ein Urheber- noch ein verwandtes Schutzrecht (§§ 70, 71 UrhG) besteht. Entscheidend ist dabei das Werk, das den Gegenstand des Verlagsvertrages bildet. Wenn also z. B. ein Vertrag über eine wissenschaftliche Neuausgabe eines Hölderlin-Textes geschlossen wird, ist Gegenstand des Verlagsvertrages nicht der Hölderlin-Text, sondern die wissenschaftliche Aufbereitung dieses Textes und damit ein geschütztes Werk i. S. d. § 70 UrhG. Gleiches gilt bei nachgelassenen Werken i. S. d. § 71 UrhG oder bei Sammlungen gemeinfreier Werke, die über § 4 UrhG geschützt sind (s. hierzu BGH GRUR 1990, 669, 673 f. – *Bibelreproduktion*; BGH GRUR 2007, 685 ff. – *Gedichttitelliste I*), sowie schließlich für Übersetzungen gemeinfreier Werke, § 3 UrhG. Auch dann, wenn das vertragsgegenständliche Werk als Datenbank (§§ 87a ff. UrhG) geschützt ist, kann ein echter Verlagsvertrag vorliegen (z. B. BGH GRUR 2007, 685, 686 f. – *Gedichttitelliste I*). In diesen Fällen liegen „echte" Verlagsverträge vor, sodass §§ 39/ 40 keine Anwendung finden. §§ 39, 40 betreffen vielmehr Werke, denen jeder urheberrechtliche Schutz fehlt, sei es, dass diese Werke die notwendige Schöpfungshöhe (§ 2 Abs. 2 UrhG) nicht erreichen, nach § 5 Abs. 1 als amtliche Werke keinen urheberrechtlichen Schutz genießen oder die Schutzfrist im Zeitpunkt des Vertragsschlusses abgelaufen ist. Nach BGH GRUR 2012, 910 – *Delcantos Hits* ist im Übrigen ein Lizenzvertrag über ein vermeintliches Werk, d. h. ein Werk, das tatsächlich keinen Urheberrechtsschutz genießt, grundsätzlich wirksam.

2   Ist die Veröffentlichung des Werkes, das den Vertragsgegenstand bildet, (nur) aufgrund einer urheberrechtlichen Schranke zulässig, können §§ 39, 40 jedenfalls dem Grunde nach analog anwendbar sein; i. d. R. wird jedoch Gegenstand des Verlagsvertrages in diesen Fällen nicht das über die Schranken „freie" Werk, sondern die besondere Zusammenstellung oder wissenschaftliche Aufbereitung der versammelten Werke durch den Verlaggeber und damit ein Leistungsschutzrecht nach §§ 70, 71 UrhG sein.

2.   Kenntnis der Vertragsparteien

3   Für eine Anwendung der §§ 39/40 müssen sich beide Parteien darüber im Klaren sein, dass der Gegenstand des Verlagsvertrages keinen urheber- oder leistungsschutzrechtlichen Schutz genießt. Irren insofern beide Parteien, gehen sie also von einem urheberrechtlichen Schutz aus, ist dies ein Fall der Störung der Geschäftsgrundlage, § 313 Abs. 2 BGB, sodass der Vertrag zwar fortbesteht, jedoch angepasst und ggf. rückgängig gemacht werden kann, § 313 Abs. 3 BGB (so schon vor der Schuldrechtsreform BGH GRUR 1993, 40 – *Keltisches Horoskop*; dazu auch BGH GRUR 2012, 910 Tz. 17 ff., 22 f. – *Delcantos Hits*, für einen urheberrechtlichen Lizenzvertrag; Ulmer-Eilfort/Obergfell/*Ulmer-Eilfort* Rn. 7). Irrt sich nur eine Partei über die urheberrechtliche Schutzfähigkeit, ist der Vertrag ggf. nach § 119 Abs. 2 BGB anfechtbar. Gleiches gilt für ein arglistiges Verschweigen der fehlenden Schutzfähigkeit durch eine der Parteien. In beiden Fällen haftet der Verfasser regelmäßig zusätzlich aus Rechtsmängelhaftung, §§ 433 Abs. 1 S. 2, 435 BGB (zu § 39 Abs. 2 vgl. Rn. 7; zur Leerübertragung vgl. Vor §§ 31 ff. UrhG Rn. 174).

3. Fortsetzung eines Vertrages nach Ablauf der Schutzfrist

Ob §§ 39/40 auch anwendbar sind, wenn ein Verlagsvertrag über ein ur-   **4**
sprünglich urheberrechtlich geschütztes Werk (vor allem stillschweigend)
fortgesetzt wird, nachdem das Werk gemeinfrei geworden ist, ist zweifelhaft.
Zwar kann der Verfasser nicht (mehr) verpflichtet sein, dem Verlag das ausschließliche Verlagsrecht zu verschaffen bzw. zu gewährleisten, § 39 Abs. 1,
da mit dem Ablauf der urheberrechtlichen Schutzfrist die ausschließlichen
Rechte des Verfassers erloschen sind. Allerdings kann die Begrenzung der
Enthaltungspflicht des Verlagsgebers (z. B. der Erben) auf sechs Monate gemäß § 39 Abs. 3 S. 2 nicht ohne weiteres Anwendung finden, wenn ein möglicherweise langjähriger Verlagsvertrag nach dem Ablauf der urheberrechtlichen Schutzfrist schlicht fortgesetzt wird. Hier muss die Enthaltungspflicht
schon aus den bestehenden – angesichts der Vertragsdauer erheblichen –
Treuepflichten der Parteien heraus solange fortbestehen, wie auch der Vertrag
fortgesetzt wird. Dies muss auch für Verträge über Werke, an denen lediglich
ein Leistungsschutzrecht nach §§ 70, 71 UrhG besteht, gelten (etwas anders
Schricker VerlagsR³ §§ 39/40 Rn. 10; s. a. Ulmer-Eilfort/Obergfell/*Ulmer-Eilfort* Rn. 5).

Umgekehrt bestehen auch die vertraglichen Rechte und Pflichten des Verlages,   **5**
insb. seine Vervielfältigungspflicht und ggf. vertraglich vorgesehene Beschränkungen in Auflagenhöhe, Zahl der herzustellenden Exemplare usw. solange
fort, wie der Vertrag von beiden Seiten weitergeführt wird. Auch zu Änderungen ist der Verlag nicht befugt, solange der alte Verlagsvertrag schlicht fortgesetzt wird (sonst gilt § 40 S. 1). Lediglich die Vergütung des Verlaggebers muss
ggf. angemessen ermäßigt werden, um der Tatsache, dass der Verlag nun keine
ausschließlichen Rechte mehr besitzen kann und deshalb der Konkurrenz weiterer Verlage ausgesetzt ist, Rechnung zu tragen. Dies entspricht dem Willen
und den Interessen der Parteien, denn durch die Fortsetzung bringen sie zum
Ausdruck, dass sie unabhängig von dem urheberrechtlichen Schutz weiter gebunden sein möchten. Im Übrigen kann jede der Parteien den fortgesetzten
Vertrag, da er sich jedenfalls nach Ablauf der Schutzfrist in einen unbefristeten
Vertrag umwandelt, jederzeit ordentlich kündigen.

4. Rechtsnatur der Verträge

Auch Verträge über gemeinfreie Werke im Sinne der §§ 39/40 sind Verlagsver-   **6**
träge i. S. d. VerlG. Zu den begriffsnotwendigen Merkmalen eines Verlagsvertrages gehören nur die Pflicht des Verfassers, dem Verlag ein Werk zur Vervielfältigung und Verbreitung zu überlassen, und die Verpflichtung des Verlages,
das Werk auf eigene Rechnung zu vervielfältigen und zu verbreiten, nicht hingegen die Verschaffung des subjektiven Verlagsrechts oder eine Verpflichtung
hierzu (h. M., statt aller *Schricker* VerlagsR³ §§ 39/40 Rn. 3 m. w. N.). Nach
wie vor werden diese Verlagsverträge jedoch häufig als **„uneigentliche" oder
„unechte"** Verlagsverträge bezeichnet. Während das VerlG mithin in vollem
Umfang Anwendung findet, sind die Regelungen des UrhG allenfalls analog
heranzuziehen, da das ihren Gegenstand bildende Werk gerade keinen urheberrechtlichen Schutz genießt.

II. § 39: Sonderregelung der Pflichten des Verfassers oder Verlaggebers

1. Verschaffung des subjektiven Verlagsrechts

Nach Abs. 1 ist der Verlaggeber begriffsnotwendig nicht verpflichtet, dem   **7**
Verlag das (subjektive) Verlagsrecht (§ 8) zu verschaffen. Er kann deshalb
nicht aus Gewährleistung haften. Aus diesem Grund bestimmt Abs. 2, dass

der Verfasser allerdings dann nach Gewährleistungsrecht haftet (§§ 435, 437 ff. BGB), wenn er arglistig verschweigt, dass das Werk bereits anderweitig in Verlag gegeben oder veröffentlicht worden ist. „Veröffentlichung" erfasst dabei mehr als ein „Erscheinen" etwa i. S. d. § 6 UrhG; ein bloßer Vortrag, eine Aufführung o. Ä. genügen. Allerdings ist der Verfasser nicht verpflichtet, vor dem Abschluss eines Verlagsvertrages über das gemeinfreie Werk nachzuforschen, ob und ggf. wo es bereits veröffentlicht worden ist; er muss vielmehr von der Veröffentlichung positive Kenntnis haben. Glaubt der Verlaggeber hingegen, auch der Verlag wisse von der Veröffentlichung, so ist seine Haftung aus Abs. 2 ebenso ausgeschlossen, wie wenn der Verlag von der Veröffentlichung tatsächlich positiv weiß (und nicht etwa aus Fahrlässigkeit davon nichts weiß). § 39 Abs. 2 ist dispositiv; bei einem Ausschluss oder einer Beschränkung der Haftung sind allerdings §§ 444 und 307 Abs. 2 Nr. 1 BGB zu beachten.

2. Enthaltungspflicht des Verfassers

8 Abweichend von § 2 beschränkt § 39 Abs. 3 S. 2 die Enthaltungspflicht des Verfassers auf sechs Monate seit Veröffentlichung des Werkes durch den Verlag. Während der ersten sechs Monate nach Erscheinen ist der Verfasser trotz fehlenden urheberrechtlichen Schutzes zur Enthaltung verpflichtet, §§ 39 Abs. 3 S. 1 i. V. m. § 2. Sind mehrere Auflagen vereinbart, entsteht diese Enthaltungspflicht für jede Auflage wieder neu. Eine Verletzung bedeutet allerdings mangels urheberrechtlichen Schutzes keine Urheberrechtsverletzung, sondern lediglich eine Verletzung des Verlagsvertrages.

III. § 40: Sonderregelung der Rechte und Pflichten des Verlages

9 Haben die Parteien in dem Verlagsvertrag eine bestimmte Auflagenhöhe vereinbart, ist der Verlag an diese Beschränkung gebunden, obwohl jeder andere Verlag das Werk völlig frei vervielfältigen und verbreiten (und auch ändern) könnte, § 241 BGB. Sonst wird der Verlag nach der Herstellung einer Auflage frei, § 40 S. 1. Weitere Auflagen darf der Verlag jedoch grundsätzlich frei herstellen, § 40 S. 2. Gebunden ist der Verlag danach auch, wenn die Parteien eine Neuauflage oder einen Nachdruck von der Zahlung einer besonderen Vergütung abhängig gemacht haben, § 40 S. 2, auch ohne die Neuauflage oder den Nachdruck bereits explizit im Vertrag zu regeln. Haben die Parteien eine Vergütungspflicht nur dem Grunde nach vereinbart, die Zahl der gestatteten Auflagen oder Exemplare jedoch nicht bestimmt, so gelten insofern die Regelungen des § 5.

10 Enthält der Verlagsvertrag keinerlei Regelungen zu Auflagen, gestatteten Exemplaren usw., so darf der Verlag nach § 40 S. 1 das Werk jederzeit nachdrucken, neue Auflagen herstellen oder sogar ändern, letzteres aber wohl erst nach Herstellung der vertraglich vereinbarten (oder sich aus § 5 ergebenden) Zahl von Exemplaren bzw. Auflagen. Mangels urheberrechtlichen Schutzes bedeutet eine Vervielfältigung über die eben genannten Beschränkungen hinaus keine Urheberrechtsverletzung, sondern lediglich eine Verletzung des Verlagsvertrages (für einen „Lizenzvertrag": BGH GRUR 1990, 669, 671 ff. – *Bibelreproduktion*).

§ 41

Werden für eine Zeitung, eine Zeitschrift oder ein sonstiges periodisches Sammelwerk Beiträge zur Veröffentlichung angenommen, so finden die Vorschriften dieses Gesetzes Anwendung, soweit sich nicht aus den §§ 42 bis 46 ein anderes ergibt.

I. Allgemeines

§ 41 regelt – als bloße Verweisungsnorm –, dass für Beiträge zu periodischen Sammelwerken, insb. Zeitungen oder Zeitschriften, die dispositiven Regelungen der §§ 43-46 den jeweils parallelen Regelungen der §§ 1 bis 40 VerlG vorgehen. Über diesen – relativ engen – Bereich hinaus können die Regelungen des VerlG jedoch weiterhin Anwendung finden (im Einzelnen vgl. Rn. 8). § 42, auf den § 41 ebenfalls noch verweist, ist bereits durch das UrhG 1965 aufgehoben worden; an seine Stelle ist die im Anwendungsbereich weitere, im Regelungsgehalt jedoch sehr ähnliche Vorschrift des § 38 UrhG (vgl. § 38 UrhG Rn. 1) getreten. Die §§ 43 ff. enthalten z. T. grundlegende Änderungen gegenüber den sonstigen Regelungen des VerlG, die in vielen Fällen dazu führen, dass von einem „echten" Verlagsvertrag keine Rede mehr sein kann (zum Begriff vgl. § 1 VerlG Rn. 2 ff.). Da eine Abgrenzung nur im Einzelfall möglich sein wird und § 41 im Übrigen klarstellt, dass auch in derartigen Fällen grundsätzlich die Regelungen des VerlG jedenfalls entsprechend anwendbar sind, die betreffenden Werke schließlich auch inhaltlich am ehesten in den Rahmen des VerlG gehören, war eine Regelung innerhalb des VerlG zweckmäßig (*Schricker* VerlagsR[3] Rn. 1). Für die Vergütung galten seit dem 1.2.2010 und bis zur Kündigung durch den BDZV zum 1.3.2017 **Gemeinsame Vergütungsregeln** für freie hauptberufliche Journalistinnen und Journalisten an Tageszeitungen, vereinbart zwischen dem Bundesverband Deutscher Zeitungsverleger e. V. (BDZV) einerseits und dem Deutschen Journalisten-Verband e. V. (DJV) und ver.di andererseits (abrufbar z. B. über www.bdzv.de). Seit dem 1. Mai 2013 gilt außerdem eine Gemeinsame Vergütungsregel für Bildbeiträge in Zeitungen (abrufbar z. B. unter http://dju.verdi.de), die z. T. unmittelbar Mindesthonorare vorschreibt und ergänzend auf die Gemeinsamen Vergütungsregeln für freie hauptberufliche Journalistinnen und Journalisten an Tageszeitungen Bezug nimmt. Dazu s. BGH GRUR 2016, 1296 – *GVR Tageszeitungen II*; OLG Karlsruhe GRUR-RR 2015, 365 – *Freier Journalist*; OLG Hamm AfP 2016, 351; näher § 36 UrhG Rn. 32. **1**

§§ 43 ff. betreffen nur die vertraglichen Beziehungen zwischen dem Verfasser eines Beitrages zu einem periodischen Sammelwerk und dem Verlag, nicht hingegen diejenigen des Herausgebers zum Verlag oder der Einzelverfasser zum Herausgeber (zu beidem vgl. Rn. 9 ff.). Zu der Frage, wer – Verlag oder Herausgeber – sog. **Herr des Unternehmens** Zeitung oder Zeitschrift ist, vgl. § 38 UrhG Rn. 5 ff. m. w. N. **2**

II. Anwendungsbereich der Sonderregelungen

1. Zeitung, Zeitschrift, sonstiges periodisches Sammelwerk

Die §§ 41, 43 ff. betreffen periodische Sammelwerke, d. h. neben Zeitungen und Zeitschriften alle sonstigen Sammelwerke, die in ständiger und unbegrenzter, regelmäßiger oder unregelmäßiger Folge erscheinen, ohne jemals ein in sich abge- **3** schlossenes Werk zu bilden. Insofern weiter als die meisten deutschen Landespressegesetze ist der zeitliche Erscheinungsrhythmus unerheblich, „periodisch" kann auch ein Kalender oder ein nur alle zwei Jahre erscheinendes Jahrbuch sein.

4 Obwohl § 41 von „Sammelwerken" spricht, sind damit nicht lediglich Sammelwerke i. S. d. § 4 UrhG, sondern auch – der Regelung des § 38 UrhG entsprechend – alle Sammlungen gemeint, die als solche nicht urheberrechtlich geschützt sind. §§ 41 ff. erfassen deshalb vor allem Zeitungen und Zeitschriften, aber auch Almanache, Jahrbücher, Kalender usw., sofern diese mehrere Werke (wohl mindestens drei; vgl. § 38 UrhG Rn. 9) von mindestens zwei Urhebern enthalten (vgl. § 38 UrhG Rn. 9). Zur Abgrenzung von Zeitungen und Zeitschriften, die vor allem bei § 46 Bedeutung hat, vgl. § 38 UrhG Rn. 19 f.

2. Beiträge

5 **Beitrag** ist jedes Werk der Literatur oder Tonkunst im Sinne des § 1, das Gegenstand eines Verlagsvertrages sein kann, also grundsätzlich keine **Werbeanzeigen** (*Schricker* VerlagsR[3] Rn. 2; zum Anzeigenvertrag *Rath-Glawatz/Engels/Giebel/Dietrich*[3] Rn. 91 ff.). **Abbildungen** unterliegen den besonderen Regelungen der §§ 43 ff., wenn sie Teil eines Beitrags im genannten Sinne sind, also von dem Verfasser selbst geliefert werden. Illustriert hingegen der Verlag oder der Herausgeber den Beitrag gewissermaßen von außen, beschafft also die Abbildungen von Dritten, sind auf die Abbildungen (nur) die Regelungen des UrhG, nicht jedoch z. B. § 47 VerlG – da es sich nicht um ein Werk der Literatur oder Tonkunst handelt – anwendbar (ebenso *Russ* Rn. 10).

6 Auf die sog. Zeitungskorrespondenzen, d. h. die **Agenturmeldungen** der großen Presseagenturen wie dpa, AFP, AP usw. sind §§ 41 ff. VerlG grds. anwendbar (*Schricker* VerlagsR[3] Rn. 8). I. d. R. aber enthalten die Verträge zwischen Presseagentur und Zeitungs- oder Zeitschriftenverlag umfassende, die §§ 43 ff. VerlG ggf. abbedingende Regelungen.

3. Angenommene Beiträge

7 Nach dem Wortlaut des § 41 kommen §§ 43 ff. erst zur Anwendung, wenn der Beitrag zum periodischen Sammelwerk von dem Verlag zur Veröffentlichung angenommen worden ist. Dies muss **nicht ausdrücklich** – etwa durch entsprechende Nachricht an den Verfasser –, sondern kann insb. bei Zeitungen auch schlicht durch Abdruck und Benachrichtigung über den Abdruck oder Zahlung des entsprechenden Honorars geschehen. Wie im Rahmen des § 151 BGB ist mindestens eine konkludente Betätigung des Annahmewillens erforderlich, sodass die schlichte Untätigkeit des Verlages auch über längere Zeit für eine Annahme heute umso weniger ausreicht, als eine Rücksendung unverlangt eingesandter Beiträge jedenfalls bei Textbeiträgen kaum noch vorkommt. Zur Haftung für unverlangt eingesandte Manuskripte vgl. § 33 VerlG Rn. 11.

4. Übersicht über die Sonderregelungen in §§ 43 ff.

8 § 42, heute ersetzt durch § 38 UrhG, regelte die Einschränkungen der Enthaltungspflicht des Verfassers (§ 2) und seiner Pflicht, dem Verlag das subjektive Verlagsrecht zu verschaffen (§§ 2, 3, 8 und 9; zu § 42 VerlG a. F. OLG München GRUR-RR 2010, 965 Tz. 56 – *Zeitungszeugen II*). § 43 betrifft den Umfang der Vervielfältigung und Verbreitung (§§ 5, 7, 16 und 17) und erklärt § 20 Abs. 1 S. 2 (rechtzeitige Vorlage eines Korrekturabzugs durch den Verlag) für unanwendbar. § 44 gestattet dem Verlag, nicht namentlich gekennzeichnete Beiträge abweichend von § 39 UrhG (früher § 13 VerlG) zu ändern. § 45 schließt implizit die Vervielfältigungs- und Verbreitungspflicht des Verlages gegenüber dem Verfasser (§§ 1 S. 2, 14, 15) und dementsprechend dessen Rücktrittsrecht bei fehlender Veröffentlichung oder Verbreitung (§ 32) für den Regelfall aus, Abs. 1, und nimmt eine Vervielfältigungs- und Verbreitungspflicht umgekehrt nur für Ausnahmefälle an,

Abs. 2. § 46 schließlich schließt die Ansprüche des Verfassers auf die Überlassung von Freiexemplaren und Exemplaren zum Vorzugspreis (§§ 25, 26) aus. Demgegenüber bleiben folgende Vorschriften des VerlG anwendbar:

- § 4 (Sonderausgaben);
- § 10 (Ablieferung), § 11 (Ablieferungsfrist);
- § 12 (Änderungsrecht des Verfassers);
- § 18 (Kündigungsrecht des Verlages), § 19 (Recht des Verlages, einzelne Beiträge wegzulassen);
- § 20 Abs. 1 S. 1 und Abs. 2 (Korrektur);
- §§ 22-24 (Verfasserhonorar); dazu AG Starnberg GRUR-RR 2008, 190 – *Ausfallhonorar*; auch OLG Celle GRUR-RR 2016, 267 – *Onlinezeitschrift*;
- § 27 (Rückgabe des Manuskripts);
- § 34 UrhG (früher § 28 VerlG; Übertragbarkeit der Rechte aus dem Verlagsvertrag);
- §§ 30, 31 (Rücktrittsrechte des Verlages);
- § 32 im Falle des § 45 Abs. 2, §§ 33 und 34 (Unmöglichkeit der Erfüllung), § 35 (Rücktritt wegen veränderter Umstände) und § 36 (Insolvenz des Verlages), jeweils mit den spezifischen Rücktrittsregelungen in §§ 37, 38.

III. Herausgeberverträge

1. Allgemeines

Wie die vertraglichen Beziehungen zwischen Herausgeber und Verlag im Einzelnen gestaltet sind, hängt naturgemäß stark davon ab, welche tatsächliche Stellung die Herausgeber einnimmt. Handelt es sich um einen „echten" Herausgeber, der die einzelnen Beiträge eines Sammelwerks sichtet, anordnet, ggf. zusammenführt und also Gestaltung und Konzeption der Zeitung oder Zeitschrift wesentlich mitbestimmt, ist er – über seine möglichen eigenen Textbeiträge hinaus – Urheber des Sammelwerks Zeitung oder Zeitschrift, § 4 UrhG (zur Schadensersatzverpflichtung des Verlages an den Herausgeber bei ungenehmigter Onlineveröffentlichung BGH GRUR 2015, 269 – *K-Theory*). In diesen Fällen schließt er meist einen Verlagsvertrag sowohl über seine eigenen Beiträge als auch über seine eigentliche Herausgeberleistung mit dem Verlag, soweit er nicht ohnehin **Herr des Unternehmens** (zu diesem Begriff vgl. § 38 UrhG Rn. 5 ff.) ist. Stellt er hingegen nur seinen Namen zur Verfügung, ist also ein bloß **nomineller Herausgeber**, ist für einen Verlagsvertrag kein Raum. In diesem Fall schließt der Herausgeber mit dem Verlag einen Arbeits-, Dienst-, Werk- oder Geschäftsbesorgungsvertrag oder eine Mischung aus diesen Vertragstypen (dazu OLG Frankfurt aM. v. 28.2.1995 – 11 U 90/94, verfügbar bei juris). Bezüglich der bloß sammelnden und organisatorischen Tätigkeit des „echten" Herausgebers weist aber auch ein Verlagsvertrag Elemente aus Arbeits-, Dienst-, Werk- oder Geschäftsbesorgungsverträgen auf. s. zum Ganzen auch OLG München GRUR-RR 2010, 965 – *Zeitungszeugen II*. **9**

Der zwischen einem Herausgeber und dem Verlag geschlossene Verlagsvertrag, die verlagsvertraglichen Elemente in einem umfassenderen Herausgebervertrag über einen eigenen Beitrag zu dem Sammelwerk und die eigentliche urheberrechtlich geschützte Leistung (§ 4 UrhG) unterliegen keinen Besonderheiten; insofern gelten die Regelungen des Verlags- und des UrhG. **10**

Steht der Herausgeber in direktem Kontakt mit den Autoren der Einzelbeiträge, so schließt in der heutigen Praxis trotzdem in aller Regel der Verlag selbst mit den Verfassern der Einzelbeiträge die erforderlichen Verträge; unterzeichnet dennoch der Herausgeber, ist davon auszugehen, dass er dies im Namen des Verlages, § 164 Abs. 1 S. 2 BGB, tut. Handelt der Herausgeber zunächst im eigenen Namen, erwirbt also selbst Nutzungsrechte von den Ver- **11** fassern der Einzelbeiträge, ist er aufgrund seines Vertrages mit dem Verlag jedenfalls nach dem Vertragszweck verpflichtet, dem Verlag die Nutzungsrechte in vollem Umfang weiter zu übertragen.

12 Der im Rahmen eines Arbeitsvertrages tätige Herausgeber – z. B. ein angestellter Lektor – unterliegt außerdem dem Weisungsrecht des Verlages, soweit nichts anderes vereinbart ist. Der Verlag darf deshalb innerhalb der üblichen Grenzen die Arbeitsergebnisse des Herausgebers ändern, §§ 43, 39, 14 UrhG, und entscheidet, wenn der Verfasser eines Einzelbeitrages und der Herausgeber sich über inhaltliche oder organisatorische Einzelheiten nicht einigen können.

13 Auch der gegenüber dem Verlag unabhängige, d. h. nicht in einem Arbeitsverhältnis tätige Herausgeber unterliegt einem Wettbewerbsverbot gegenüber dem Verlag (OLG Frankfurt aM. GRUR-RR 2005, 361, 362 – „Alles ist möglich"), jedoch nur in den Grenzen von Treu und Glauben und des UWG, auch wenn seine Treuepflichten gegenüber dem Verlag sicherlich sehr viel ausgeprägter sind als die der Verfasser der Einzelbeiträge. Ein Verein, der als Mitherausgeber einer Marketingzeitschrift auftritt, soll durch die Verteilung einer weiteren unentgeltlichen Zeitschrift an seine Mitglieder ein vertragliches Konkurrenzverbot gegenüber dem Verlag nicht verletzen (OLG Düsseldorf K&R 2012, 223). Zu den eventuellen Treuepflichten des Verlags gegenüber dem herausgebenden Verein OLG Düsseldorf AfP 2009, 508 f.

2. Schriftleiter

14 Eine einem Herausgeber sehr ähnliche Position nimmt der – gerade bei kleineren Fachzeitschriften verbreitete – **Schriftleiter** ein. In der Praxis handelt es sich häufig um einen Wissenschaftler oder spezialisierten Praktiker, der i. d. R. nebenberuflich tätig wird und dessen Vertrag wiederum arbeits-, dienst-, werk- oder geschäftsbesorgungsvertragliche Elemente oder eine Mischung aus diesen darstellen kann. In der Praxis hat der Schriftleiter unabhängig von dem konkret gewählten Vertragstyp weitgehende gestalterische Freiheit. Ob und inwieweit der Verlag in die urheberrechtlich geschützten Arbeitsergebnisse des Schriftleiters eingreifen darf, muss für den Einzelfall nach dem Vertragszweck bestimmt werden, wobei allerdings stets die Grenzen der §§ 14, 39 Abs. 2 UrhG zu beachten sind. Steht der Schriftleiter in unmittelbarem Kontakt mit den Verfassern der Einzelbeiträge, so wird er Verlagsverträge im Namen des Verlages, § 164 Abs. 1 S. 2 BGB, schließen (dazu OLG München GRUR-RR 2010, 965 Tz. 47 ff. – Zeitungszeugen II). Handelt der Schriftleiter zunächst im eigenen Namen, erwirbt also selbst Nutzungsrechte von den Verfassern der Einzelbeiträge, ist er aufgrund seines Vertrages mit dem Verlag nach dem Vertragszweck verpflichtet, dem Verlag die Nutzungsrechte in vollem Umfang weiter zu übertragen. Da der Schriftleiter bei der betreffenden Zeitschrift regelmäßig eine besondere Stellung einnimmt, wird er im Übrigen auch dann, wenn der Vertrag keine entsprechende Klausel enthält, aus Treu und Glauben während der Dauer seiner Tätigkeit einem Wettbewerbsverbot unterliegen, das allerdings nur eine vergleichbare Tätigkeit (d. h. für Zeitschriften), nicht hingegen eine Tätigkeit als Herausgeber z. B. eines Sammelwerkes in Buchform verhindern kann.

3. Kündigung des Herausgebers

15 Das in der Praxis häufigste Problem in der Zusammenarbeit zwischen Verlag und Herausgeber entsteht dann, wenn – aus Sicht des Verlages – der Herausgeber seinen insb. organisatorischen Verpflichtungen nicht mehr in der gebotenen Weise nachkommt oder – bei mehreren Herausgebern – sich die Herausgeber untereinander überwerfen.

16 Hat der Herausgeber über das (organisatorische) Sammeln und Sichten der einzelnen Beiträge und ggf. eigene Textbeiträge hinaus keinen urheberrechtlich schutzfähigen (§ 4 UrhG) Beitrag geliefert, wie z. B. häufig bei Gesetzeskommentierungen, sodass für den Herausgebervertrag die arbeits-, dienst- oder werkvertraglichen Elemente im Vordergrund stehen, so kann der Verlag den Herausgebervertrag i. d. R. nach den einschlägigen zivilrechtlichen Vorschriften kündigen (dazu OLG Frankfurt aM. v. 28.2.1995 – 11 U 90/94, verfügbar bei juris); alle Rechte an dem Sammelwerk und an seinem Titel verbleiben dem Verlag. Die Textbeiträge des Herausgebers kann er, sobald und soweit er ihm wirksam gekündigt hat, nach § 19 ebenfalls weglassen. Allerdings gilt dies nur dort, wo der Verlag **Herr des Unternehmens** des betreffenden Sammelwerkes ist, also z. B. der Verlag die Idee für ein bestimmtes Projekt hatte, diesem einen gewissen inhaltlichen Rahmen gegeben und sich auf dieser Grundlage dann einen Herausgeber für das Werk gesucht hat (zu der Frage, wer Herr des Unternehmens ist, OLG Düsseldorf AfP 2011, 188). Ist umgekehrt der Herausgeber bereits mit einem fertigen Sammelwerk oder einem wenigstens fertig konzipierten Projekt und gar einzelnen Verfassern an den Verlag herangetreten, kann der Verlag zwar kündigen; die Rechte an dem Sammelwerk fallen jedoch – mangels ausdrücklicher Regelung im Vertrag – samt Titel an den Herausgeber zurück, weil dieser Herr des Unternehmens ist. Verlag und Herausgeber sind deshalb gut beraten, gerade bei langfristigen Projekten derartigen Konfliktsituationen mit einer entsprechenden Regelung vorzubauen. In der Praxis geschieht dies häufig nicht über den Ausspruch einer Kündigung im eigentlichen Sinne, sondern über die sehr weit verbreiteten Klauseln, nach denen der Verlag berechtigt ist, einen anderen Bearbeiter zu bestimmen, wenn und soweit der Betroffene zur Herstellung einer Neuauflage nicht mehr in der Lage ist, wobei i. d. R. auch die weitere Nennung des ursprünglichen Urhebers (Herausgebers) und dessen weitere Vergütung geregelt sind (z. B. § 11 des Herausgebervertrages über ein wissenschaftliches Werk mit mehreren Verfassern der Vertragsnormen für wissenschaftliche Verlagswerke (Fassung 2000) abrufbar unter http://www.boersenverein.de/sixcms/media.php/976/wiss_vertragsnormen.pdf; auch § 11 des Musterverlagsvertrages über ein wissenschaftliches Werk mit mehreren Verfassern derselben Vertragsnormen).

Darüber hinaus kann der Verlag dem Herausgeber aus wichtigem Grund, § 314 BGB, kündigen, wenn der Herausgeber z. B. verschweigt, dass sein Beitrag bereits in einem anderen Verlag vorveröffentlicht war (KG NJW-RR 1992, 758), oder er sonst seine Treupflichten nachhaltig verletzt (dazu OLG Frankfurt aM. GRUR-RR 2005, 361, 362 – *„Alles ist möglich"*). Umgekehrt bedeutet es nur im Ausnahmefall eine Verletzung vertraglicher Treuepflichten gegenüber dem herausgebenden Verein, wenn der Verlag in der Publikation, deren wirtschaftliches Risiko er trägt, Anzeigen eines Wettbewerbers des Herausgebers veröffentlicht (OLG Düsseldorf AfP 2009, 508). **17**

§ 42 *(aufgehoben)*

§ 42 VerlG wurde durch das UrhG vom 9. September 1965 aufgehoben (§ 141 Nr. 4 UrhG). Die Regelung entsprach im Wesentlichen dem heutigen § 38 UrhG, der demgegenüber lediglich einen weiteren Anwendungsbereich hat, vgl. § 38 UrhG Rn. 1. Dementsprechend ist § 38 UrhG wie zahlreiche weitere Normen des UrhG auf Verlagsverträge ohne weiteres anwendbar. Zum Verhältnis von UrhG und VerlG vgl. Einl. VerlG Rn. 11 ff.

§ 43

[1]Der Verleger ist in der Zahl der von dem Sammelwerke herzustellenden Abzüge, die den Beitrag enthalten, nicht beschränkt. [2]Die Vorschrift des § 20 Abs. 1 Satz 2 findet keine Anwendung.

I. Allgemeines

1   § 43 trifft für Beiträge zu periodischen Sammelwerken (vgl. § 41 VerlG Rn. 5 f.) Sonderregelungen gegenüber §§ 5, 7, 16, 17 und 20 Abs. 1 S. 2. Die Vorschrift ist dispositiv.

II. Anzahl der herzustellenden Abzüge

2   S. 1 überlässt dem Verlag die Bestimmung der Zahl der herzustellenden Abzüge periodischer Sammelwerke, weil derartige Werke – vor allem Zeitungen und Zeitschriften – an die Aktualität gebunden sind und deshalb den Marktbedingungen ständig neu angepasst werden müssen. Dies kann und muss schon angesichts des wirtschaftlichen Risikos nur der Verlag allein leisten und entscheiden. Auf Beiträge zu periodischen Sammelwerken sind deshalb alle Vorschriften des VerlG, die sich auf die Auflagenhöhe und die Zahl der Auflagen beziehen, unanwendbar. S. 1 gilt im Übrigen nicht nur gegenüber den Verfassern der Einzelbeiträge, sondern ebenso im Verhältnis zum Herausgeber, denn § 43 S. 1 würde für den Verlag keine Verbesserung bedeuten, wenn er zwar gegenüber den Verfassern der Einzelbeiträge in der Auflagenhöhe frei wäre, sich gegenüber dem Herausgeber aber mangels vertraglicher Vereinbarung an §§ 5, 7 und 17 halten müsste (a. A. OLG Frankfurt GRUR 1967, 151 – *Archiv*).

3   Allerdings betrifft S. 1 nur die sog. grafische Vervielfältigung, d. h. die Vervielfältigung des Beitrages im Rahmen des Sammelwerkes in Printform. Sonderdrucke des Beitrages darf der Verlag aus § 43 S. 1 ebenso wenig veranstalten wie – jedenfalls ohne (auch stillschweigende) vertragliche Regelung – elektronische oder Online-Ausgaben des Sammelwerkes (zu den Nutzungsrechten insofern vgl. § 38 UrhG Rn. 2). Die Frage, ob der Verlag einzelne Ausgaben oder Gesamtjahrgänge des Sammelwerkes nachdrucken darf, um sie z. B. in gebundener Form zu veröffentlichen, richtet sich nach dem Vertragszweck, § 31 Abs. 5 UrhG. Entspricht der mit der Neuausgabe verfolgte Zweck dem des ursprünglichen Sammelwerkes (z. B. Nachdruck früherer Jahrgänge einer Fachzeitschrift zur Vervollständigung des Archivs der Abonnenten o. Ä.), so dürfte diese Nutzung durch § 43 Abs. 1 gedeckt sein. Anders liegt es hingegen, wenn der Zweck der Neuausgabe diese als neue Nutzungsart erscheinen lässt, wenn also z. B. der Verlag einer Tageszeitung einzelne Jahrgänge aus im weitesten Sinne historischen Gesichtspunkten (z. B. als „Geburtstagsbücher") neu veröffentlicht. Eine solche veränderte Zweckbestimmung wird man allerdings nur in Ausnahmefällen annehmen können (s. zum Ganzen Ulmer-Eilfort/Obergfell/ *Obergfell* Rn. 5 ff.). Im Übrigen ist in diesen Fällen insb. bei Zeitungen oder anderen Sammelwerken mit zahlreichen Beiträgen der einzelne Verfasser nach Treu und Glauben verpflichtet, der Nutzung zuzustimmen, § 9 UrhG analog (ähnlich *Schricker* VerlagsR[3] Rn. 2).

III. Korrektur des Beitrages, S. 2

4   S. 2 erklärt § 20 Abs. 1 S. 2, nach dem der Verlag dem Verfasser rechtzeitig einen Korrekturabzug zur Durchsicht vorlegen muss, für unanwendbar. Etwas anderes wäre gerade bei Zeitungen und bei in kurzen Abständen erscheinenden Zeitschriften nicht praktikabel, denn der Verlag hat i. d. R. nicht die Zeit, den Verfassern der einzelnen Beiträge – die überaus zahlreich sein können – Korrekturabzüge zu übersenden und dann auch noch auf die Korrektur zu warten. Davon unabhängig muss jedoch der Verlag nach § 20 Abs. 1 selbst für die Korrektur sorgen. Gerade bei wissenschaftlichen Zeitschriften, aber auch bei periodischen Sammelwerken mit längerem Erscheinungsrhythmus, bei denen weniger Zeitdruck besteht, schickt in der Praxis der Verlag dem jeweiligen Verfasser die Druckfahnen vor der Veröffentlichung zu. Aus dieser Praxis kann sich bei dauerhafter oder regelmäßiger Zusammenarbeit zwischen einem Verfasser und einem Verlag durchaus eine stillschweigende vertragliche Bindung, die § 43 S. 2 abbedingen würde, ergeben (weitergehend *Schricker* VerlagsR[3] Rn. 3; Ulmer-Eilfort/Obergfell/*Obergfell* Rn. 9).

§ 44

Soll der Beitrag ohne den Namen des Verfassers erscheinen, so ist der Verleger befugt, an der Fassung solche Änderungen vorzunehmen, welche bei Sammelwerken derselben Art üblich sind.

Übersicht   Rn.

I.   Allgemeines

§ 44 gewährt dem Verlag für ohne Namensnennung des Verfassers abzudruckende Beiträge ein sehr weitgehendes Änderungsrecht, da ohne die Nennung des Verfassers nach außen hin der Verlag die Verantwortung für den Beitrag auch inhaltlich übernimmt. Die Vorschrift ist dispositiv; sie findet allerdings nur in den Grenzen des § 41 – Beiträge zu periodischen Sammelwerken – überhaupt Anwendung. Durch § 44 nicht gedeckte Änderungen können sich bei angestellten Verfassern – z. B. angestellten Zeitungsredakteuren – aus § 43 UrhG und aus Tarifvertrag (vgl. § 38 UrhG Rn. 23 ff.), aus § 39 Abs. 2 UrhG sowie schließlich – unter besonderen Umständen – aus Branchenübungen und deshalb dem Vertragszweck ergeben (vgl. § 38 UrhG Rn. 12). **1**

II.   Änderungsrecht des Verlags

1.   Beitrag ohne Nennung des Verfassers

Erste Voraussetzung des Änderungsrechts des Verlages ist, dass der Beitrag **2** gänzlich ohne Nennung des Verfassers erscheinen soll. Es besteht also nicht, wenn der Beitrag unter einem Pseudonym oder einem Kürzel erscheinen soll. Sind mehrere Verfasser an dem Beitrag beteiligt, besteht das Änderungsrecht nur hinsichtlich des oder der nicht genannten Verfasser; in der Praxis greift § 44 also bei **Miturheberschaft** nicht ein, wenn einer von mehreren Urhebern genannt werden soll. Allerdings darf in diesen Fällen der genannte Verfasser die Änderungen vornehmen, die nach § 44 dem Verlag gestattet wären, wenn der nicht genannte alleiniger Autor des Beitrages wäre. Denn der nicht genannte Autor ist als bloßer Miturheber in diesen Fällen sogar weniger an dem Beitrag beteiligt; es ist also nicht einzusehen, weshalb er bei Beteiligung weiterer Autoren besser stehen sollte als im Falle der Alleinurheberschaft. Darüber hinaus kann sich ein Änderungsrecht in diesen Fällen selbstverständlich aus dem Vertragszweck ergeben.

2. Zulässige Änderungen

3 Die von § 44 dem Verlag gestatteten Änderungen betreffen vor allem die Form im weitesten Sinne, gestatten also Kürzungen, Änderungen an Stil und Ausdruck, in der Anordnung u. Ä. Inhaltliche Änderungen sind hingegen nur in den Grenzen des § 39 Abs. 2 UrhG zulässig. Danach ist eine Änderung des Titels grundsätzlich möglich, soweit der veränderte Titel nicht ausnahmsweise wegen § 14 UrhG die Persönlichkeitsrechte des Verfassers verletzt.

4 Stets darf der Verlag nur solche Änderungen vornehmen, die **bei Sammelwerken derselben Art üblich** sind. Dies bedeutet bei Beiträgen zu **Zeitungen** in aller Regel eine relativ weitgehende Änderungsbefugnis des Verlages, schon weil – gerade bei Tageszeitungen – häufig nicht ausreichend Zeit ist, als erforderlich angesehene Änderungen mit dem Verfasser abzustimmen. Insofern ist § 44 parallel zu § 43 S. 2 zu sehen (vgl. § 43 VerlG Rn. 4). Im Übrigen sind bei Zeitungsbeiträgen relativ weitgehende Änderungen üblich; dies beeinflusst naturgemäß die Auslegung des konkreten Vertrages zwischen Verfasser und Verlag.

5 Bei **Zeitschriften** ist das Änderungsrecht sicherlich enger, schon weil hier i. d. R. nicht der gleiche Zeitdruck besteht wie bei einer Tageszeitung. Dies kann aber bei Zeitschriften mit raschem Erscheinungsrhythmus durchaus anders sein (zum Begriff von Zeitung und Zeitschrift im Rahmen des § 38 UrhG und des VerlG vgl. § 38 UrhG Rn. 19). In der Praxis stimmen gerade wissenschaftliche Zeitschriften und vergleichbare periodische Sammelwerke auch geringfügige Änderungen mit den jeweiligen Verfassern ab oder unterrichten zumindest z. B. über eine geplante Kürzung. Hat der Verlag dem Autor die Druckfahnen auf der Grundlage einer geänderten Fassung mit der Aufforderung übersandt, sich dazu zu erklären, und reagiert der Verfasser in keiner Weise, spricht einiges dafür, dass anders als bei namentlich veröffentlichten Werken die Genehmigungsfiktion des § 20 Abs. 2 auch inhaltliche Änderungen erfasst. Der Verlag hat im Rahmen des § 44 ein sehr viel weiter gehendes Änderungsrecht als bei namentlich veröffentlichen Werken, eben weil er nach außen hin die Verantwortung für das Werk übernimmt; es liegt deshalb in diesen Fällen nach dem mit § 44 verfolgten Zweck in der Verantwortung des Verfassers, die Druckfahnen auch tatsächlich anzusehen.

6 Hat der Verlag trotz alledem seine Änderungsrechte aus § 44 überschritten, so bedeutet dies grds. eine Urheberrechtsverletzung nach §§ 97 ff. UrhG, die entsprechend verfolgt werden kann.

§ 45

(1) ¹Wird der Beitrag nicht innerhalb eines Jahres nach der Ablieferung an den Verleger veröffentlicht, so kann der Verfasser das Vertragsverhältnis kündigen. ²Der Anspruch auf die Vergütung bleibt unberührt.

(2) Ein Anspruch auf Vervielfältigung und Verbreitung des Beitrags oder auf Schadensersatz wegen Nichterfüllung steht dem Verfasser nur zu, wenn ihm der Zeitpunkt, in welchem der Beitrag erscheinen soll, von dem Verleger bezeichnet worden ist.

Übersicht

I. Allgemeines

Aus § 45 ergibt sich implizit, dass der Verlag nicht verpflichtet ist, einen Beitrag **1**
zu einem periodischen Sammelwerk zu vervielfältigen und zu verbreiten, und
zwar auch dann nicht, wenn er diesen Beitrag zur Veröffentlichung angenommen hat. Denn Abs. 1 gibt dem Verfasser (nur) ein Kündigungsrecht für den
Fall, dass der Verlag den Beitrag nicht binnen eines Jahres nach Ablieferung
veröffentlicht hat, und lässt für diesen Fall außerdem den Anspruch auf Vergütung unberührt (Abs. 1 S. 2; dazu AG Starnberg GRUR-RR 2008, 190 – *Ausfallhonorar*). Einen Anspruch auf Vervielfältigung und Verbreitung des Beitrages oder auf Schadensersatz hat der Verfasser demgegenüber nach Abs. 2 nur
ausnahmsweise dann, wenn der Verlag ihm den Zeitpunkt des Erscheinens des
Beitrages genannt hat. §§ 1 S. 2, 14, 15 und 32 sind deshalb auf Beiträge zu
periodischen Sammelwerken grds. nicht anwendbar. In der Praxis ist für
§ 45 wegen § 38 Abs. 3 UrhG bei Zeitungsbeiträgen nur dann Raum, wenn
der Verfasser dem Verlag ein ausschließliches Nutzungsrecht eingeräumt hat,
da sonst der Verlag nur ein einfaches Nutzungsrecht erwirbt (vgl. § 38 UrhG
Rn. 16). § 45 ist in vollem Umfang dispositiv.

II. Kündigungsrecht des Verfassers, Abs. 1

Für das Kündigungsrecht des Verfassers aus Abs. 1 ist zunächst – selbstver- **2**
ständlich – Voraussetzung, dass ein Vertrag zwischen Verfasser und Verlag zustande gekommen ist. Welcher Natur dieser ist, ob es sich vor allem um einen
Verlagsvertrag handelt, ist angesichts der Regelung in Abs. 2 unerheblich.
Schließen die Parteien keinen ausdrücklichen Vertrag, so kommt ein Vertrag in
der Regel jedenfalls durch Annahme des Beitrages zustande (zur Annahme vgl.
§ 41 VerlG Rn. 7).

Nach dem Wortlaut des Abs. 1 S. 1 kann der Verfasser den Vertrag kündigen, **3**
wenn der Verlag seinen Beitrag nicht innerhalb eines Jahres „nach der Ablieferung" veröffentlicht. Die **Frist** beginnt allerdings nicht bereits mit dem Tag zu
laufen, an dem der Verlag den Beitrag erhalten hat. Denn nach Sinn und Zweck
des § 45, der dem Verleger eines periodischen Sammelwerks weitgehende Entscheidungsfreiheit und insb. ermöglichen will, stets einige Beiträge zur Veröffentlichung „vorrätig" zu halten, muss dem Verlag die volle Entscheidungsfrist
des § 45 Abs. 1 S. 1 ab dem Zeitpunkt zustehen, ab dem er sich überhaupt zu
einer Annahme des Beitrages entschlossen hat. Im Übrigen geht das VerlG,
wenn es von „Ablieferung" spricht, davon aus, dass ein Verlagsvertrag *vor* der
Ablieferung geschlossen wurde (s. § 11 VerlG). Außerdem wäre, wollte man
die Frist mit dem Zeitpunkt, in dem der Verlag das Manuskript erhält, beginnen lassen, der Verfasser eines von dem Verlag angeforderten Beitrags wesentlich schlechter gestellt als der Verfasser eines unaufgefordert eingesandten Beitrages. Denn für letzteren wäre die Frist unter Umständen bei Vertragsschluss
schon abgelaufen, während der Verfasser eines bestellten Beitrages das volle
Jahr abwarten müsste. Die Frist des § 45 Abs. 1 S. 1 beginnt deshalb erst mit
der Annahme des Beitrages, wenn er dem Verlag vor der Annahme vorliegt,
bei Vertragsschluss vor Ablieferung mit der Ablieferung zu laufen (wie hier
Ulmer-Eilfort/Obergfell/*Ulmer-Eilfort* Rn. 4; *Russ* Rn. 8; a. A. *Schricker* VerlagsR[3] Rn. 4).

4 Der Verlag hat den Beitrag nur veröffentlicht i. S. d. § 45 Abs. 1 S. 1, wenn der Beitrag in dem avisierten periodischen Sammelwerk abgedruckt worden ist, nicht hingegen, wenn der Verlag ihn anderweitig hat erscheinen lassen (ebenso *Russ* Rn. 8). Haben weder Verfasser noch Verlag das periodische Sammelwerk konkret festgelegt und lässt sich das konkrete Sammelwerk auch nicht aus den Umständen entnehmen, so veröffentlicht der Verlag den Beitrag i. S. d. § 45 Abs. 1 S. 1, wenn er in irgendeinem der in Betracht kommenden Werke (etwa mehrere im Verlag erscheinende Zeitschriften oder Zeitungen) erscheint.

5 Nach Ablauf der Jahresfrist kann der Verfasser den Vertrag kündigen, und zwar durch einseitige empfangsbedürftige Willenserklärung, §§ 130 ff. BGB. Hierdurch wird der Vertrag nur *ex nunc*, also für die Zukunft, aufgelöst. Der Verfasser muss allerdings die Jahresfrist nicht abwarten, wenn der Verlag ihm bereits vorher mitteilt, er werde den Beitrag nicht veröffentlichen; die Vergütung ist dann sofort fällig (AG Starnberg GRUR-RR 2008, 190 – *Ausfallhonorar*). Dies gilt auch dann, wenn das periodische Sammelwerk eingestellt wird. Wegen § 18, der davon ausgeht, dass das Vertragsverhältnis auch in derartigen Fällen grds. fortbesteht, muss die Kündigung auch in diesen Fällen erklärt werden (ebenso *Russ* Rn. 10; a. A. *Schricker* VerlagsR³ Rn. 5). Ähnlich wie bei § 18 Abs. 1, 2. Hs. behält der Verfasser nach einer Kündigung seinen Vergütungsanspruch in vollem Umfang, § 45 Abs. 1 S. 2. § 649 BGB ist auch bei bestellten Beiträgen grds. nicht anwendbar.

III. Anspruch auf Vervielfältigung und Verbreitung oder Schadensersatz, Abs. 2

6 Ausnahmsweise kann auch der Verfasser eines Beitrags zu einem periodisch erscheinenden Sammelwerk einen Anspruch auf Vervielfältigung und Verbreitung seines Beitrages oder auf Schadensersatz wegen Nichterfüllung gegen den Verlag haben, wenn der Verlag ihm den Zeitpunkt, zu welchem der Beitrag erscheinen soll, bezeichnet hat, Abs. 2. Das Gesetz geht dabei offensichtlich davon aus, dass sich der Verlag mit der Mitteilung eines Zeitpunktes für das Erscheinen dazu verpflichtet hat, den Beitrag auch tatsächlich zu vervielfältigen und zu verbreiten, sodass jedenfalls dann ein Verlagsvertrag vorliegt. Als Zeitpunkt des Erscheinens kann der Verlag ein Datum (auch: „im Herbst", „zur Buchmesse" und ähnliches) angeben oder ankündigen, der Beitrag werde z. B. in der Ausgabe 03/2018, im „nächsten Heft", ggf. (vor allem bei Jahrbüchern, Kalendern u. ä.) „im nächsten Jahr" usw. erscheinen. Nach den Umständen kann sich ein hinreichend bestimmter Zeitpunkt für das Erscheinen auch aus der Annahme zu einem bestimmten Anlass – etwa zu einem bestimmten Geburts- oder Feiertag – ergeben. Die Bestimmung eines genauen Zeitpunktes für die Veröffentlichung liegt allerdings noch nicht in der Übersendung von Korrekturbögen; dies ist vielmehr eine reine, nicht zeitgebundene Vorbereitungshandlung, wenn nicht besondere Umstände hinzutreten. Erhebt der Verfasser Einwände gegen den genannten Zeitpunkt und lässt der Verlag sich darauf ein, so ist die Bestimmung des Veröffentlichungszeitpunktes damit aufgehoben, sodass dem Verfasser die Ansprüche aus Abs. 2 nicht zustehen, wenn der Verlag den Beitrag nicht mehr veröffentlicht (*Schricker* VerlagsR³ Rn. 9).

7 Hat der Verlag den Veröffentlichungszeitpunkt bestimmt, so ist er zur Vervielfältigung und Verbreitung gemäß § 14 verpflichtet. Kommt er dieser Verpflichtung nicht nach, so kann der Verfasser Schadensersatz wegen Nichterfüllung verlangen; sein Anspruch wird sich allerdings i. d. R. schon aus Beweisgründen auf die vereinbarte oder übliche Vergütung beschränken.

IV. Verhältnis zu anderen Vorschriften

Neben § 45 ist § 41 UrhG schon wegen der unterschiedlichen Voraussetzungen **8** und Rechtsfolgen der beiden Vorschriften uneingeschränkt anwendbar (wohl h. M.; *Schricker* VerlagsR[3] Rn. 6a; Ulmer-Eilfort/Obergfell/*Ulmer-Eilfort* Rn. 6; *Russ* Rn. 18). Auf der Grundlage des § 41 UrhG kann der Verfasser die Nutzungsrechte bei Zeitungen bereits nach drei Monaten, bei Monatszeitschriften nach sechs Monaten zurückrufen, muss allerdings regelmäßig noch eine angemessene Nachfrist setzen (§ 41 Abs. 3 UrhG) und verliert außerdem seinen Anspruch auf die Vergütung, wenn er nicht gar den Verlag entschädigen muss (§ 41 Abs. 6 UrhG). Außerdem setzt § 41 UrhG eine erhebliche Verletzung berechtigter Interessen des Urhebers voraus, was bei § 45 VerlG nicht der Fall ist. Auch ist § 45 VerlG in vollem Umfang dispositiv, während § 41 UrhG nur eingeschränkt abdingbar ist (§ 41 Abs. 4 UrhG).

§ 46

(1) Erscheint der Beitrag in einer Zeitung, so kann der Verfasser Freiexemplare nicht verlangen.

(2) Der Verleger ist nicht verpflichtet, dem Verfasser Abzüge zum Buchhändlerpreise zu überlassen.

I. Allgemeines

§ 46, der wiederum dispositiv ist, schließt in seinem Abs. 1 den Anspruch auf **1** Freiexemplare (§ 25) für Verfasser von Zeitungsbeiträgen und in Abs. 2 den Anspruch auf Überlassung von einzelnen Exemplaren zum Vorzugspreis (§ 26) für Beiträge in periodischen Sammelwerken insgesamt (vgl. Rn. 3) aus.

II. Keine Freiexemplare bei Zeitungen, Abs. 1

Nach Abs. 1 kann der Verfasser eines Zeitungsbeitrags abweichend von **2** § 25 weder Frei- noch Belegexemplare verlangen. In der Praxis übersenden viele Zeitungen dem Verfasser ein Belegexemplar aber wenigstens auf Anforderung. § 46 Abs. 1 betrifft nach seinem Wortlaut nur Zeitungen. Zweck der Regelung war, dem Verlag angesichts der meist sehr großen Zahl von Verfassern nicht über die Verpflichtung der Lieferung von (nach § 25 Abs. 1 mindestens fünf) Freiexemplaren unverhältnismäßigen logistischen Aufwand aufzubürden. Diese Interessenlage ist bei Tageszeitungen besonders stark ausgeprägt, in der Praxis allerdings bei Wochenzeitungen und wöchentlich erscheinenden Zeitschriften mit aktuellen Beiträgen ebenso gegeben, zumal diese häufig in ebenso großem oder gar größerem Ausmaße als Tageszeitungen mit „fremden" Beiträgen arbeiten. Allerdings ist der Wortlaut des Abs. 1 insofern eindeutig. Bei periodischen Sammelwerken außerhalb von Tageszeitungen kann deshalb der Verfasser eines Einzelbeitrages grundsätzlich nach § 25 Abs. 1 Freiexemplare verlangen. Sehr häufig wird allerdings vereinbart, dass der Verlag dem Verfasser lediglich ein Belegexemplar überlässt; eine entsprechende stillschweigende Vereinbarung kann sich – bei entsprechender Kenntnis des Verfassers – insofern auch aus einer langjährigen Verlags- bzw. Branchenübung ergeben.

III. Bezug von Exemplaren zum Vorzugspreis, Abs. 2

3 § 46 Abs. 2 schließt das Recht des Verfassers aus § 26, von dem Verlag Abzüge des Werkes zum Vorzugspreis zu erwerben, aus. § 26 gestattet grundsätzlich dem Verfasser den Abkauf der gesamten zur Verfügung des Verlages stehenden Auflage (vgl. § 26 VerlG Rn. 2). Da § 46 Abs. 2 also nicht nur den Verlag, sondern gleichzeitig die Verfasser der weiteren Einzelbeiträge davor schützen soll, dass ein einzelner Verfasser durch Aufkauf das Erscheinen des Sammelwerkes verhindert, muss Abs. 2 trotz seines insofern unklaren Wortlautes für alle periodischen Sammelwerke (und nicht nur für Zeitungen) gelten (*Schricker* VerlagsR[3] Rn. 4; Ulmer-Eilfort/Obergfell/*Obergfell* Rn. 4).

§ 47

(1) Übernimmt jemand die Herstellung eines Werkes nach einem Plane, in welchem ihm der Besteller den Inhalt des Werkes sowie die Art und Weise der Behandlung genau vorschreibt, so ist der Besteller im Zweifel zur Vervielfältigung und Verbreitung nicht verpflichtet.

(2) Das Gleiche gilt, wenn sich die Tätigkeit auf die Mitarbeit an enzyklopädischen Unternehmungen oder auf Hilfs- oder Nebenarbeiten für das Werk eines anderen oder für ein Sammelwerk beschränkt.

Übersicht

I. Allgemeines

1 § 47 regelt die sog. Bestellverträge, bei denen der Besteller den Inhalt des Werkes sowie die Art und Weise der Behandlung genau vorschreibt (Abs. 1), der Verfasser an einer Enzyklopädie im weitesten Sinne – auch ohne vorgegebenen Plan – mitarbeitet oder Hilfs- oder Nebenarbeiten für das Werk eines anderen oder ein Sammelwerk übernimmt (Abs. 2). In allen diesen Fällen geht sowohl die wirtschaftliche als auch die schöpferische Initiative vom Besteller aus, und er soll deshalb grds. allein und nach eigenem Ermessen über das Schicksal des fertigen Werkes entscheiden können. Für den Verfasser steht parallel die vereinbarte Vergütung, nicht hingegen eine Verwertung des Werkes im Vordergrund (vgl. Rn. 7). Deshalb ist der Besteller nach der Regelung des § 47 im Zweifel nicht zur Vervielfältigung und Verbreitung des Werkes verpflichtet, sodass kein Verlagsvertrag vorliegt (vgl. § 1 VerlG Rn. 16). Auf diesen verlagsvertragsähnlichen Vertrag sind nicht die Regelungen des VerlG, sondern die des allgemeinen Zivilrechts für den konkret vorliegenden Vertragstypus anwendbar. Häufig wird es sich um Werkverträge handeln; es kommen aber auch ein Auftrag oder ein Dienstvertrag in Betracht (vgl. Rn. 8 ff.).

§ 47 ist dispositiv, sodass die Parteien z. B. vereinbaren können, dass der Bestel- **2**
ler zur Vervielfältigung und Verbreitung verpflichtet oder (einzelne oder alle)
Vorschriften des VerlG anwendbar sein sollen.

II. Erstellung eines Werkes nach vorgegebenem Plan, Abs. 1

1. Werk nach vorgegebenem Plan

Nach Abs. 1 ist von einem Bestellvertrag auszugehen, wenn der Besteller dem **3**
Verfasser Konzept, Inhalt und Art der Behandlung genau vorgibt. Diese Vorgaben müssen nicht so präzise sein, dass der Besteller Mit- oder gar alleiniger
Urheber des zu verfassenden Werkes wird; allerdings ist erforderlich, dass der
Autor in die von dem Besteller gezogenen Grenzen tatsächlich eng eingebunden
wird. Dies kann z. B. der Fall sein, wenn der Autor einen Bildband mit erläu-
ternden Texten etwa zu den gezeigten Landschaften usw. versieht („betextet"),
jedenfalls wenn der Autor insofern keinen echten Spielraum, sondern sich an
die Vorgaben des Auftraggebers zu halten hat (s. OLG Jena v. 17.10.2012 – 2
U 731/10, verfügbar bei juris; zur Abgrenzung auch Ulmer-Eilfort/Obergfell/
Ulmer-Eilfort Rn. 11 ff.). – Bei **Illustrationen** z. B. für Schul- oder Bilderbücher
ist dies grds. nicht der Fall, da dem Illustrator stets eine erhebliche schöpferische Freiheit, was er in welcher Form darstellt, verbleibt (BGH GRUR 1985,
378, 379 f. – *Illustrationsvertrag*; KG v. 30.9.2005 – 5 U 37/04, für Schulbücher; s. a. LG München I ZUM-RD 2009, 134 – *Die wilden Kerle*). Ein Bestellvertrag kann allerdings dann vorliegen, wenn der Illustrator nur die technische
Umsetzung der präzisen Vorgaben des Bestellers – etwa bei medizinischen oder
Konstruktionszeichnungen – übernimmt.

Auch im weitesten Sinne literarische **Übersetzer** arbeiten nicht nach einem en- **4**
gen, von dem Besteller vorgegebenen Plan, denn sie sind in der inhaltlichen
und formellen Umsetzung des fremdsprachigen Textes gerade schöpferisch frei.
Davon geht im Übrigen das UrhG mit der ausdrücklichen Erwähnung der
Übersetzung als Hauptfall der geschützten Bearbeitung in § 3 UrhG als selbst-
verständlich aus (Loewenheim/*Czychowski*² § 66 UrhG Rn. 8). Aus diesem
Grund schließen Übersetzer i. d. R. keinen Bestellvertrag mit dem auftraggebenden Verlag, sondern vielmehr ordentliche Verlagsverträge (grundlegend BGH
GRUR 2005, 148, 150 f. – *Oceano Mare*; BGH GRUR 2011, 810 Tz. 13 –
World's End), bei denen der Verlag insb. grundsätzlich zur Auswertung verpflichtet ist (zur Problematik der Anwendbarkeit des § 17 VerlG vgl. § 17
VerlG Rn. 4). Dies kann durchaus auch bei Comic-Übersetzungen der Fall sein,
wenn es sich dabei – wie vor allem im französischen Sprachraum – um literarische Werke handelt und deshalb für den Verfasser nicht Erledigung des Auftrages, sondern die Veröffentlichung der Übersetzung im Vordergrund steht (s.
hierzu BGH GRUR 2005, 148, 150 f. – *Oceano Mare*). In allen diesen Fällen
leitet die Rechtsprechung das Vorliegen entweder eines Bestell- oder vielmehr
eines Verlagsvertrages aus der Vereinbarung einer Auswertungspflicht der Verlages oder ihrem Fehlen ab; damit zieht er die durch den Wortlaut des § 47
Abs. 1 aufgestellte Rechtsfolge in die Voraussetzungen eines Bestellvertrages
(z. B. BGH GRUR 2005, 148, 151 – *Oceano Mare*). Dies ist wohl deshalb
richtig, weil gerade das Fehlen einer Auswertungspflicht des Verlages den Bestellvertrag von einem Verlagsvertrag unterscheidet und gerade das Fehlen einer Auswertungspflicht dafür spricht, dass für den Verfasser die vereinbarte
Vergütung im Vordergrund stand, es sich also im Wesentlichen um einen –
auch aus Sicht des Verfassers – Werkvertrag handelt.

Umgekehrt ist i. d. R. nicht von einem Bestellvertrag, sondern von einem regu- **5**
lären Verlagsvertrag auszugehen, wenn der Verlag lediglich **allgemeinere Vorgaben** gemacht hat, also z. B. um einen Kriminalroman, der in Hamburg spielt,

eine Artikelserie zu einem bestimmten Thema, ein Kochbuch mit indischen Gerichten oder einen Kommentar zum UrhG gebeten hat, und zwar auch dann, wenn er formelle oder inhaltliche Parameter angegeben oder Wünsche geäußert hat, solange diese den Verfasser nicht eng einbinden (z. B. die Bitte um eine Schilderung in Prosatext oder unterbrochen durch Schaubilder, die Vorgabe eines bestimmten Umfangs u. Ä.). Auch der Auftrag, eine bestimmte Fabel fortzuentwickeln oder weitere Einzelfolgen zu einer bereits existierenden Serie zu schreiben, wird i. d. R. durch Verlagsverträge (oder Drehbuchverträge), nicht hingegen durch Bestellverträge geregelt. Im Einzelfall können die Umstände jedoch für einen Bestellvertrag sprechen.

2. Urheberrechte an dem geschaffenen Werk

6 **a) Urheber des Werks:** Je nach der Genauigkeit des vorgegebenen Plans für das herzustellende Werk kann in bestimmten – wohl die Ausnahme bildenden – Fällen der Besteller alleiniger Urheber des Werkes sein. Denkbar, wenn auch nicht die Regel (KG Berlin WRP 1977, 187 – *Werbung für ein Taschenbuch)* ist dies z. B. bei Biographien berühmter Personen, die diese einem **Ghostwriter** mündlich erzählen, der die Erzählungen lediglich in eine angemessene schriftliche Form bringt, also vor allem Sätze strukturiert, gliedert und ggf. den Ausdruck leicht anpasst (zum Ghostwriter vgl. § 1 VerlG Rn. 22; vgl. § 48 VerlG Rn. 2; OLG Frankfurt GRUR 2010, 221 – *Betriebswirtschaftlicher Aufsatz;* zur Wirksamkeit von Ghostwritervereinbarungen *Groh* GRUR 2012, 870 ff.). Im Regelfall handelt es sich bei dem Vertrag zwischen Biograph und Auftraggeber um einen Werkvertrag, § 631 BGB (OLG Naumburg NJW 2009, 779). Wenn das Urheberrecht in diesen Fällen allein beim Besteller liegt, kommt ein Verlagsvertrag von vornherein nicht in Betracht. Ebenfalls vergleichsweise selten wird man den Besteller als Miturheber des Werkes (§ 8 UrhG) ansehen können (s. für einen Ghostwriter LG Berlin NJW-RR 2005, 693 ff. – *Vorabdruck einer Buchpassage).* **Miturheber** kann der Besteller dann sein, wenn er z. B. das von dem Verfasser in eine Rohform gegossene Werk überarbeitet, also stilistisch ändert, ergänzt usw., aber in Einzelfällen auch dann, wenn er die Konzeption und Gedankenfolge detailliert vorgibt, wie z. B. bei der Umarbeitung eines aus stichpunktartigen Folien bestehenden Vortrages in einen Zeitschriftenartikel (s. zur Miturheberschaft BGH GRUR 1978, 244 – *Ratgeber für Tierheilkunde;* OLG Hamburg UFITA 23 [1957], 222). In den meisten Fällen wird jedoch der Verfasser **Alleinurheber** des Werkes sein, § 7 UrhG (so in dem durch OLG Frankfurt GRUR 2010, 221 – *Betriebswirtschaftlicher Aufsatz* entschiedenen Fall). Erstellt er nur auf den Auftrag des Verlages und nach dessen einigermaßen detailliertem Plan das Werk, sodass es ihm in erster Linie um die vereinbarte Vergütung, nicht hingegen um eine Veröffentlichung des Werkes geht, so liegt ein Bestellvertrag vor. Kein Bestellvertrag dürfte auch im Verhältnis zwischen genanntem und tatsächlichem Autor im **Hochschulbereich** vorliegen, wenn etwa ein Hochschullehrer einen Lehrstuhlmitarbeiter bittet, einen Aufsatz zu einem bestimmten Thema zu verfassen. Im Regelfall dürften insofern Abreden, dass der Aufsatz unter dem Namen des Professors zu veröffentlichen und der Name des tatsächlichen Autors nur in einer Fußnote in einer Danksagung zu nennen ist, nicht wegen Ausnutzung einer Zwangslage oder aus vergleichbaren Gründen sittenwidrig, § 138 BGB, sein (OLG Frankfurt GRUR 2010, 221 – *Betriebswirtschaftlicher Aufsatz).*

7 **b) Auslegung des Vertrages:** Bei der Auslegung des Vertrages dahin, ob es sich um einen Bestell- oder einen Verlagsvertrag handelt, müssen die gesamten Umstände des Einzelfalls berücksichtigt werden. Im Grundsatz wird man einen Verlagsvertrag erwarten, je höherwertig oder komplexer ein bestimmtes Werk ist (*Schricker* VerlagsR[3] Rn. 5). Auch bei solchen Werken kann jedoch eindeutig der Schwerpunkt des Interesses und damit der Entscheidung über eine Ver-

öffentlichung bei dem Auftraggeber liegen, wie dies z. B. bei Firmengeschich-
ten, Autobiographien des Bestellers, Darstellungen berühmter Familien u. ä.
regelmäßig der Fall sein wird. Ist Besteller in diesen Fällen der Betroffene im
weitesten Sinne, oder ist dieser auf Bestellerseite jedenfalls an dem Vertrag in
irgendeiner Weise – auch indirekt – beteiligt, so muss man im Zweifel davon
ausgehen, dass kein Verlagsvertrag, sondern vielmehr ein Bestellvertrag vorliegt, der Besteller also allein über eine Vervielfältigung und Verbreitung entscheidet (z. B. in dem Fall OLG Köln GRUR-RR 2015, 537 – *Kohls Ghostwriter*; s. zum vorhergehenden Streit um die Herausgabe der von Kohl
besprochenen Tonbänder OLG Köln GRUR-RR 2014, 419 – *Kanzler Kohls
Tombänder).* Es spricht viel dafür, darüber hinaus auch ohne ausdrückliche
Regelung für den Fall, dass das Werk nicht veröffentlicht wird, eine Treuepflicht des beauftragten Verfassers, das Werk oder Teile daraus auch in umgestalteter Form nicht anderweitig zu veröffentlichen, zu vervielfältigen oder zu
verbreiten, und parallel hierzu eine konkludente Verschwiegenheitsverpflichtung anzunehmen (OLG Köln GRUR-RR 2015, 537, Rn. 30 – *Kohls Ghostwriter*; einschränkend noch LG Köln GRUR-RR 2015, 54 – *Kohls Protokolle
I).* Dies ist – neben persönlichkeitsrechtlichen Belangen (dazu OLG Köln
GRUR-RR 2015, 537, Rn. 51 – *Kohls Ghostwriter)* auch durch wettbewerbliche Interessen des Auftraggebers, der möglicherweise einen Dritten mit einer
Neufassung beauftragen möchte, anstelle das Werk des ersten Verfassers zu
veröffentlichen, gerechtfertigt (*Schricker* VerlagsR³ Rn. 22; s. a. Ulmer-Eilfort/
Obergfell/*Ulmer-Eilfort* Rn. 31 ff.).

3. Rechtsfolgen

Liegt ein Bestellvertrag im Sinne des § 47 vor, sind die allgemeinen zivilrechtli-   **8**
chen Regelungen über die einzelnen Vertragstypen anwendbar. I. d. R. wird es
sich um einen Werkvertrag handeln; es kommt jedoch auch ein Auftrag, wenn
ausdrücklich oder nach den Umständen keine Vergütung für den Verfasser gewollt ist, oder ein Dienstvertrag, selbst ein Kauf – bei fertigen Werken – in
Betracht. Nach werkvertraglichen Grundsätzen haftet der Verfasser insb. dafür,
dass das Werk die nach dem vorgegebenen Plan geforderten oder sonst zugesi-
cherten Eigenschaften hat und keine Mängel aufweist (§§ 631, 633 BGB). Der
Verfasser kann sich zwar für Hilfsarbeiten weiterer Autoren bedienen, muss
jedoch grundsätzlich das Werk im Wesentlichen höchstpersönlich herstellen
(*Schricker* VerlagsR³ Rn. 15). Zu Mängelfolgeansprüchen des Bestellers
§§ 634 ff. BGB. Einen Mangel des Manuskripts darf der Besteller anders als
nach § 634 Nr. 2 BGB wegen §§ 39, 14 UrhG grundsätzlich nicht selbst beheben, wenn und soweit dies vertraglich nicht vereinbart worden ist. Da die Vorschriften des VerlG nicht anwendbar sind, kann der Verlag bei Mängeln oder
Verzug nicht nach §§ 30, 31 VerlG, sondern nur nach § 634 ff. BGB wandeln
oder zurücktreten, dafür aber auch – § 649 BGB – jederzeit kündigen, wobei
er allerdings zur Zahlung der vereinbarten Vergütung verpflichtet bleibt. Eingehend vgl. Vor §§ 31 ff. UrhG Rn. 310.

Zur Zahlung der vereinbarten Vergütung ist der Verlag oder der sonstige Be-   **9**
steller ohnehin stets verpflichtet; da beim Bestellvertrag anders als beim Verlagsvertrag für den Verfasser die Zahlung der Vergütung, nicht hingegen die
Vervielfältigung und Verbreitung im Vordergrund steht, ist eine Vergütung
i. d. R. als stillschweigend vereinbart anzusehen, § 632 Abs. 1 BGB (zur Vergütung auch BGH GRUR 1984, 754, 755 – *Gesamtdarstellung rheumatischer
Krankheiten*, dort auch zur fristlosen Kündigung aus wichtigem Grund). Wird
der Besteller insolvent, so ist nicht § 36 VerlG, sondern § 103 InsO anwendbar.
Der Umfang der Rechtseinräumung richtet sich nach dem Vertragszweck, § 31
Abs. 5 UrhG. Dabei gelten in der Regel die normalen Grundsätze (s. insofern
BGH GRUR 1985, 378, 379 f. – *Illustrationsvertrag*; BGH GRUR 1998, 680,

682 – *Comic-Übersetzungen*; KG v. 30.9.2005 – 5 U 37/04, zu einem Illustrationsvertrag für ein Schulbuch). Für den Regelfall ist davon auszugehen, dass die Rechte, die ein Erreichen des Vertragszwecks überhaupt erst ermöglichen, zumindest stillschweigend eingeräumt werden, sodass der Urheber, der einzelne Rechte nicht mitübertragen will, sich diese ausdrücklich vorbehalten muss (BGH GRUR 1984, 528, 529 – *Bestellvertrag*). Nach den Umständen im Einzelfall ist insofern auch zu entscheiden, ob der Urheber dem Verlag tatsächlich nur die z. B. auf eine bestimmte Zahl von Auflagen oder Exemplaren beschränkten Rechte eingeräumt hat oder vielmehr der Verlag oder sonstige Besteller sogleich umfassende Nutzungsrechte erwerben, eventuelle spätere Auflagen oder hergestellte Mehrexemplare jedoch gesondert vergüten sollte (s. hierzu KG v. 30.9.2005 – 5 U 37/04, zu einem Illustrationsvertrag für ein Schulbuch).

10 Der Umfang der erworbenen Nutzungsrechte richtet sich auch bei einem Bestellvertrag nach dem Vertragszweck, § 31 Abs. 5 UrhG. Im Regelfall werden jedenfalls die Rechte, die das Erreichen des Vertragszwecks erst ermöglichen – wie z. B. umfassende Rechte zur Vervielfältigung, Verbreitung und öffentlichen Zugänglichmachung bei einer Firmenbroschüre – ggf. stillschweigend eingeräumt; der Urheber müsste, wollte er hier einzelne Rechte nicht einräumen, insofern einen ausdrücklichen Vorbehalt machen (OLG Jena v. 17.10.2012 – 2 U 731/10, verfügbar bei juris). Für die Weiterübertragung der erworbenen Nutzungsrechte gilt § 34 UrhG, wenn der Verfasser – wie im Regelfall (vgl. Rn. 3 ff.) – Urheber ist. In den Grenzen des § 34 UrhG können die Parteien jedoch abweichendes vereinbaren; eine entsprechende stillschweigende Vereinbarung kann sich auch aus den Umständen und dem Vertragszweck ergeben (zum Ganzen vgl. § 34 UrhG Rn. 38 ff.).

III. Mitarbeit an Enzyklopädien; Hilfs- oder Nebenarbeiten: Abs. 2

1. Mitwirkung an einer Enzyklopädie

11 Nach § 47 Abs. 2, Hs. 1 ist der Besteller auch dann nicht zur Vervielfältigung und Verbreitung des Werkes verpflichtet, wenn das Werk oder die Tätigkeit eine Mitarbeit an einem enzyklopädischen Unternehmen betrifft. Dabei ist unerheblich, ob der Besteller für das Werk oder die Tätigkeit überhaupt einen Plan vorgegeben hat oder der Verfasser das Werk einigermaßen frei herstellen kann. Denn Abs. 2 bezieht sich ersichtlich nur auf die Rechtsfolge – fehlende Vervielfältigungs- und Verbreitungspflicht – des Abs. 1, nicht hingegen auf die sonstigen Voraussetzungen eines Bestellvertrages (*Schricker* VerlagsR[3] Rn. 10 f.). Bei Lexika und ähnlichen Werken muss der Verlag die Möglichkeit haben, einzelne Artikel oder Artikelgruppen eines Verfassers doch noch wegzulassen, um eine einheitliche Darstellung zu gewährleisten; dem entspricht für weitere Auflagen die Regelung in § 19 (vgl. § 19 VerlG Rn. 4 ff.).

2. Hilfs- oder Nebenarbeiten

12 § 47 Abs. 2, Hs. 2 schließt die Vervielfältigungs- und Verbreitungspflicht des Bestellers und damit die Regelungen des VerlG auch aus, wenn der Beauftragte nur Hilfs- oder Nebenarbeiten für das Einzelwerk eines anderen oder für ein Sammelwerk erbringt. Hierher gehören z. B. Sachregister, Inhaltsverzeichnis und Gliederung für ein fremdes Werk, die Überprüfung der Fundstellen oder Verweisungen o. Ä. Eine Bearbeitung für eine Neuauflage ist nur dann Hilfs- oder Nebenarbeit, wenn sie sich auf die Aktualisierung z. B. der Rechtsprechung oder der sonstigen Fundstellen beschränkt und keine darüber hinausgehenden inhaltlichen Erörterungen einfügt. Bei musikalischen Werken kommt die Herstellung der Fingersätze, u. U. auch die Bearbeitung von Klavierauszügen oder die Transposition in eine andere Tonart in Betracht, wenn und soweit darin keine Bearbeitung im Sinne des § 3 UrhG liegt. Auch für die Mitarbeit an einem Sammelwerk ist nach Abs. 2 Voraussetzung, dass es sich dabei um eine Hilfs- oder Nebentätigkeit handelt oder die Voraussetzungen des Abs. 1 eingreifen; sonst liegt ein Verlagsvertrag mit ggf. den Besonderheiten der §§ 41 ff. vor.

3. Rechtsfolgen

Ein Bestellvertrag nach Abs. 2 unterliegt den allgemeinen zivilrechtlichen Regelungen, in der Praxis in erster Linie dem Werkvertragsrecht der §§ 631 ff. BGB. Hierzu, zum Umfang der eingeräumten Nutzungsrechte, Treuepflichten und Weiterübertragungsrechte vgl. Rn. 8 ff.   **13**

§ 48

Die Vorschriften dieses Gesetzes finden auch dann Anwendung, wenn derjenige, welcher mit dem Verleger den Vertrag abschließt, nicht der Verfasser ist.

Übersicht   Rn.

I. Allgemeines

§ 48 stellt klar, dass das VerlG auch dann anwendbar ist, wenn der Vertragspartner des Verlages nicht selbst Verfasser des betreffenden Werkes ist. Dies betrifft vor allem die Fälle einer Erbfolge oder einer Einräumung der ausschließlichen Vervielfältigungs- und Verbreitungsrechte kraft Rechtsgeschäfts, wenn die Voraussetzungen des § 34 UrhG vorliegen, der Ermächtigung zur Verfügung über das Verlagsrecht im Sinne des § 185 Abs. 1 BGB, sowie schließlich Verlagsverträge über gemeinfreie Werke, §§ 39/40 (vgl. §§ 39/40 VerlG Rn. 1 ff.). Das VerlG gilt in diesen Fällen unabhängig davon, ob der sog. Verlaggeber berechtigt oder nichtberechtigt war. War er nichtberechtigt, konnte dem Verlag also das subjektive Verlagsrecht nicht verschaffen, haftet er dem Verlag nach den allgemeinen Grundsätzen des Gewährleistungsrechts, d. h. vor allem nach §§ 433 Abs. 1 S. 2, 435, 437 ff., 280 ff., 323 ff. BGB.   **1**

II. Der Ghostwriter

Hat im Rahmen einer Vereinbarung jemand ein Werk geschaffen, das unter dem Namen eines Dritten erscheinen soll, wie dies häufig bei den Memoiren oder Autobiographien bekannter Persönlichkeiten geschieht, so ist Urheber, wenn nur der Ghostwriter das Werk verfasst, auch nur dieser (KG WRP 1977, 187 ff.). Bei dem Vertrag zwischen Biograph und Auftraggeber handelt es sich um einen Werkvertrag, § 631 BGB (OLG Naumburg NJW 2009, 779). Häufig werden die Verlagsverträge allerdings sowohl mit dem Ghostwriter als auch mit demjenigen, unter dessen Namen das Werk erscheinen soll, geschlossen (LG Berlin NJW-RR 2005, 693 ff. – *Vorabdruck einer Buchpassage*). Nach den vertraglichen Regelungen im Einzelnen bestimmt sich dann, ob nur der Namensgeber, nur der Ghostwriter oder aber beide gemeinsam die Rechte aus dem Verlagsvertrag ausüben sollen. Wenn der Ghostwriter Urheber bleibt, sind insb. dessen Urheberpersönlichkeitsrechte zu beachten (vgl. Vor §§ 12 ff. UrhG Rn. 2 ff., zum Namensnennungsrecht vgl. § 13 UrhG Rn. 5, 15). In entsprechender Anwendung der §§ 40 Abs. 1 S. 2, 41 Abs. 4 S. 2 UrhG sind Vereinbarungen über einen Verzicht auf das Namensnennungsrecht nach fünf Jahren   **2** mit einer Frist von 6 Monaten (§ 40 Abs. 1 S. 3 UrhG analog) **kündbar** (OLG Frankfurt GRUR 2010, 221, 223 – *Betriebswirtschaftlicher Aufsatz*; Loewenheim/*Dietz*[2] § 16 Rn. 80 f.; Dreier/Schulze/*Schulze*[5] § 13 UrhG Rn. 31). Hat der Namensgeber mit dem Ghostwriter eine Binnenvereinbarung abgeschlossen und tritt gegenüber dem Verlag als alleiniger Vertragspartner auf, stellt § 48 klar, dass die Regelungen des VerlG auch in diesem Fall gelten. Stets sind jedoch die Urheberpersönlichkeitsrechte und – für das Verhältnis Namensgeber zum Ghostwriter – die zwingenden Regelungen des UrhG zu beachten. Allerdings dürfte in den z. B. im Hochschulbereich häufigen Fällen, in denen ein Hochschullehrer einen Lehrstuhlmitarbeiter bittet, einen Aufsatz zu einem bestimmten Thema zu verfassen, eine Vereinbarung, dass nur der Hochschullehrer als Autor zu nennen ist, wirksam sein. Denn in der Regel nutzt der Hochschullehrer wohl keine Zwangslage des Mitarbeiters aus, § 138 BGB (OLG Frankfurt GRUR 2010, 221, 222 f. – *Betriebswirtschaftlicher Aufsatz*). Eine Sittenwidrigkeit kommt aber in Betracht, wenn z. B. besonders bahnbrechende, neue Erkenntnisse veröffentlicht werden, die einen besonderen wissenschaftlichen Ruf begründen könnten (so OLG Frankfurt GRUR 2010, 221, 223 – *Betriebswirtschaftlicher Aufsatz*).

§§ 49, 50   *(gegenstandslos)*

1   § 49 betraf die Zuständigkeit des Reichsgerichtes zur Entscheidung über Ansprüche aufgrund des VerlG in letzter Instanz. Die Vorschrift ist deshalb bereits seit 1950 durch Schaffung des Bundesgerichtshofes gegenstandslos. Nach § 8 Abs. 2 EGGVG ist ohnehin für das Urheber- und Verlagsrecht der Bundesgerichtshof zuständig.

2   Das VerlG ist seit dem 1.1.1902 in Kraft. Zu den Übergangsvorschriften bei Inkrafttreten des Urheberrechtsgesetzes von 1965 vgl. § 141 UrhG Rn. 5; zum Übergang im Rahmen der deutschen Einigung vgl. § 1 EV Rn. 1.

Vertrag zwischen der Bundesrepublik Deutschland und der Deutschen Demokratischen Republik über die Herstellung der Einheit Deutschlands (Einigungsvertrag)

vom 31. August 1990 (BGBl. II S. 889)
(Auszug)

Anlage I Kapitel III E II Anlage I Kapitel III
Sachgebiet E – Gewerblicher Rechtsschutz, Recht gegen den unlauteren Wettbewerb, Urheberrecht

Einleitung

Übersicht

I. Grundsatz der Rechtsvereinheitlichung des Urheberrechts

Gem. Art. 8 des **Einigungsvertrages (EV)** vom 31.8.1990 zwischen der Bundes- **1** republik Deutschland und der Deutschen Demokratischen Republik über die Herstellung der Einheit Deutschlands trat zum 3.10.1990 das bundesdeutsche Urheberrecht im Gebiet der ehemaligen DDR in Kraft (BGH GRUR 2001, 826, 827 – *Barfuß ins Bett*; KG GRUR 1999, 328 – *Barfuß ins Bett*; zur Vorgeschichte: *Faupel* Mitt.d.PA 1990, 202). Mit Inkrafttreten des bundesdeutschen Urheberrechts ist das in der DDR geltende Gesetz über das Urheberrecht vom 13.9.1965 außer Kraft getreten. Dies hatte zur Folge, dass ab dem 3.10.1990 ein neuer urheberrechtlicher Schutz auch im Beitrittsgebiet ausschließlich aufgrund des bundesdeutschen Urheberrechtsgesetzes entstehen konnte. Nach Herstellung der staatlichen Einheit sollte sich aber auch der Schutz von Altwerken nicht nach zwei verschiedenen Rechtsordnungen richten (EV Amtl. Begr. GRUR 1990, 897, 927). Mit den – an sich einfach anmutenden, im Einzelfall aber u. U. problematischen – Regelungen des Einigungsvertrages sollte eine möglichst rasche und möglichst weitgehende **Rechtseinheit** herbeigeführt werden, zumal Angehörige der DDR ohnehin – auch vor der Wiedervereinigung – als deutsche Staatsangehörige (§ 120 UrhG) galten.

Die mit der zum 3.10.1990 vollzogenen Wiedervereinigung Deutschlands ein- **2** hergehenden **urheberrechtlichen Übergangsvorschriften** befinden sich in der Anlage I Kapitel III Sachgebiet E Abschnitt II Nr. 2 des **Einigungsvertrages** und umfassen die **§§ 1 bis 4**, die untenstehend näher erläutert sind. Die Übergangsvorschriften gelten dem Grunde nach als gelungen; so dienten sie etwa unmittelbar als Vorbild für die Übergangsvorschriften bei der Umsetzung der Schutzdauer-RL in § 137 f.

II. Urhebervertragsrecht

Die Ersetzung des DDR-Urheberrechts durch das bundesdeutsche UrhG betrifft **3** jedoch nicht die bereits vor der Wiedervereinigung in der DDR abgeschlossenen schuldrechtlichen **Verträge**, mit denen etwa ein Urheber einem Dritten Nutzungsrechte eingeräumt hat. Von den Regelungen des Einigungsvertrages **ausgenommen** ist also das **Urhebervertragsrecht** (s. aber § 3 EV). Mangels spezialgesetzlicher Regelung für den urheberrechtlichen Bereich kommt hier vielmehr **Art. 232 § 1 EGBGB** zur Anwendung: Für (vertragliche) **Schuldverhältnisse,** die vor Wirksamwerden des Beitritts (3.10.1990) entstanden sind, bleibt das Recht der DDR maßgebend, was auch für das **Urhebervertragsrecht** gilt (BGH GRUR 2001, 826, 827 – *Barfuß ins Bett*; BGH GRUR 1999, 152, 154 – *Spielbankaffaire*; KG ZUM-RD 1999, 484, 486 – *Flüstern und Schreien*; KG GRUR 1999, 721 – *DEFA-Film*; s. a. *Püschel* GRUR 1992, 579, 582 sowie *Wandtke* GRUR 1991, 263, 265; *Katzenberger* GRUR Int. 1993, 2, 16; a. A.: *Gernot Schulze* GRUR 1991, 731, 734).

4 Der Grundsatz der Anwendung des DDR-Urheberrechts auf Altverträge birgt vor allem hinsichtlich des **räumlichen Umfangs** der Rechtseinräumung Probleme. Die Vertragsparteien von Altverträgen sahen sich mit der Wiedervereinigung unerwartet einem vergrößerten Staatsgebiet gegenüber, sodass es fraglich ist, ob und inwieweit sich die seinerzeit eingeräumten Nutzungsbefugnisse auch auf die jeweils anderen Bundesländer erstrecken, sich also die Nutzungsrechtseinräumungen in DDR-Altverträgen auch auf die alten Bundesländer beziehen bzw. ob die Nutzungsrechtseinräumungen in der Bundesrepublik auch Nutzungshandlungen in den neuen Bundesländer abdecken.

5 Nach zu Recht vorherrschender Ansicht in Literatur und Rechtsprechung wird eine **automatische räumliche Erstreckung** verneint. Nutzungsrechte, die vor der Einheit auf das ehemalige Staatsterritorium der DDR einerseits bzw. der Bundesrepublik andererseits räumlich beschränkt eingeräumt wurden, **erstrecken sich nicht** auf den jeweils anderen Teil Deutschlands (BGH GRUR 2003, 699, 702 – *Eterna*; BGH GRUR 1997, 215, 218 – *Klimbim*; OLG Hamm GRUR 1991, 907 – *Strahlende Zukunft*; eingehend: Schricker/Loewenheim/*Katzenberger/Metzger*[5] Vor § 120 Rn. 185 ff.; Wandtke/Bullinger/*Wandtke*[4] EVtr. Sammelkomm. Rn. 44 ff. jeweils m. w. N.). Bei der Aufteilung der Lizenzgebiete durch Nutzungsrechtseinräumungen vor dem 3.10.1990 in der DDR und der Bundesrepublik bleibt es also auch nach der Wiedervereinigung bei den gespaltenen Lizenzgebieten. Eine räumliche Erstreckung sehen weder Einigungsvertrag noch Erstreckungsgesetz vor (BGH GRUR 1997, 215, 219 f. – *Klimbim*; OLG Hamm GRUR 1991, 907, 908 – *Strahlende Zukunft*; *Wandtke* GRUR 1991, 263 ff.; *Katzenberger* GRUR Int. 1993, 2 ff.). Eine derartige territoriale Aufteilung (alte Bundesländer/neue Bundesländer) betrifft aber nur Altverträge, die bereits vor der Herstellung der Einheit abgeschlossen wurden; nach der Wiedervereinigung ist eine solche Aufspaltung nicht denkbar (OLG Hamm GRUR 1991, 907 – *Strahlende Zukunft*). In der DDR eingeräumte Nutzungsrechte für Gebiete außerhalb der DDR bleiben nach Außerkrafttreten des DDR-Urheberrechts bestehen (BGH GRUR 2001, 826 – *Barfuß ins Bett*; BGH GRUR 199, 152, 154 – *Spielbankaffaire*).

6 Im Falle des **Verbreitungsrechts** ist jedoch zu beachten, dass ohne weiteres **Erschöpfung** (s. § 17 Abs. 2) eintritt, wenn das Werkoriginal oder ein Vervielfältigungsstück hiervon in dem Lizenzgebiet in den Verkehr gebracht wurde (BGH GRUR 2003, 699, 702 – *Eterna*; KG GRUR 2003, 1039, 1039 f. – *Sojusmultfilm*). Wurde das Werk bzw. das Vervielfältigungsstück bereits in dem Gebiet der DDR in den Verkehr gebracht, ist die Weiterverbreitung auch im Gebiet der alten Bundesländer zulässig.

7 Probleme stellen sich insb. bei **Senderechten,** weil trotz der oftmalig bundesweiten Ausstrahlung über Satellit oder Kabel rechtlich keine Vergrößerung des erlaubten Sendegebietes durch automatische Erstreckung stattfindet (BGH GRUR 1991, 215 – *Klimbim*; BGH GRUR 2005, 320 – *Kehraus*; OLG München ZUM-RD 2002, 77, 85 – *Kehraus*). Ferner scheidet hier im Gegensatz zum Vertrieb körperlicher Werkstücke auch eine Erschöpfung aus.

Da die Vertragsparteien bei Vertragsschluss aber regelmäßig nicht mit der **8** deutsch-deutschen Wiedervereinigung gerechnet haben und der Fortbestand der DDR zumeist Geschäftsgrundlage für das Vertragsverhältnis war, kommt im Einzelfall eine Vertragsanpassung nach den Grundsätzen der **Störung der Geschäftsgrundlage gem.** § 313 BGB („Wegfall der Geschäftsgrundlage") in Betracht (BGH GRUR 1997, 215, 218 f. – *Klimbim*; BGH GRUR 2005, 320 – *Kehraus*; OLG München ZUM-RD 2002, 77, 85 – *Kehraus*; OLG Köln ZUM 1995, 206; *Schwarze* ZUM 1997, 94, 95; Schricker/Loewenheim/*Katzenberger/Metzger*[5] Vor §§ 120 ff. Rn. 188; *Wagner/Obergfell* ZUM 2001, 973, 978; vgl. Vor §§ 31 ff. UrhG Rn. 100 ff. sowie vgl. § 31 UrhG Rn. 52). Dies kann im Einzelfall zur **Vertragsänderung** des Altvertrages, zur **Erhöhung der Lizenzgebühr** (hierzu OLG Frankfurt GRUR Int. 1996, 247, 250 – *Satellit erweitert Lizenzgebiet*) oder gar zur **Vertragsauflösung** führen. Es gilt aber zu beachten, dass eine Vertragsanpassung bzw. -änderung nicht automatisch erfolgt; der Wegfall bzw. die Störung der Geschäftsgrundlage führt zunächst nur zu einem **schuldrechtlichen Anspruch** auf eine solche Änderung und bewirkt nicht schon die Änderung selbst (s. BGH GRUR 1997, 215, 218 – *Klimbim*; *Wagner/Obergfell* ZUM 2001, 973, 979). Näher zum Ganzen vgl. Vor §§ 31 ff. UrhG Rn. 100 ff.

Eine zusätzliche Vergütung kann ein Angestellter des DDR-Fernsehens aus **9** Wegfall der Geschäftsgrundlage für Wiederholungssendungen nach dem Ende der DDR nicht verlangen, wenn sich das tatsächliche Lizenzgebiet nicht vergrößert hat (BGH GRUR 2001, 826, 828 – *Barfuß ins Bett*). Für Rechte des Deutschen Fernsehfunks erfolgte trotz dessen Auflösung kein Heimfall der Rechte, da dessen Rechtsnachfolger die fünf neuen Bundesländer und das Land Berlin sind (BGH GRUR 2001, 826, 828 – *Barfuß ins Bett*; a. A. *Wandtke/Haupt* GRUR 1992, 21, 26; Wandtke/Bullinger/*Wandkte*[4] EVtr. Sammelkomm. Rn. 75 und Wandtke/Bullinger/*Grunert*[4] vor §§ 31 ff. Rn. 52). Im Bereich der Senderechte wird im Übrigen diskutiert, ob diese auch den **Westteil Berlins** umfassten. Wurde das Senderecht (nur) für das Gebiet der DDR eingeräumt, erstreckt sich dieses nicht auch auf West-Berlin, da dieser Teil Berlins nicht zur DDR gehörte (BGH GRUR 2000, 699, 701 – *Kabelweitersendung*), und zwar auch dann nicht, wenn die Haushalte in West-Berlin die Sendung terrestrisch oder per Kabel in tatsächlicher Hinsicht empfangen konnten (Wandtke/Bullinger/*Wandtke*[4] EVtr. Sammelkomm. Rn. 46; a. A. KG ZUM 1996, 788).

Anlage I Kapitel III Sachgebiet E Abschnitt II Nr. 2

§ 1 Einigungsvertrag

(1) [1]Die Vorschriften des Urheberrechtsgesetzes sind auf die vor dem Wirksamwerden des Beitritts geschaffenen Werke anzuwenden. [2]Dies gilt auch, wenn zu diesem Zeitpunkt die Fristen nach dem Gesetz über das Urheberrecht der Deutschen Demokratischen Republik schon abgelaufen waren.

(2) Entsprechendes gilt für verwandte Schutzrechte.

§ 1 Abs. 1 S. 1 EV bestimmt, dass das bundesdeutsche Urheberrecht auch für **1** solche Werke (und über Abs. 2: verwandte Schutzrechte) gilt, die vor dem Tag der Wiedervereinigung, also vor dem 3.10.1990 geschaffen worden sind. Es sollte hiermit sichergestellt werden, dass ab dem Tag der Wiedervereinigung ein einheitliches Urheberrecht gilt, und zwar unabhängig davon, wann und in welchem Teil Deutschlands das Werk geschaffen wurde. Dies entspricht dem Gedanken des § 129 UrhG, der Gleiches für das Inkrafttreten der ersten Fassung des UrhG 1965 bestimmt hatte. Der Grundsatz der Vereinheitlichung des Rechts bezieht sich auf sämtliche Aspekte des Urheberrechts, nämlich Entstehung, Inhalt, Umfang (einschließlich der Schranken) und Dauer des Urheberrechts.

2 Durch die Vorschrift kann es ohne weiteres zu der Verlängerung von Schutzfristen kommen, soweit das bundesdeutsche Urheberrecht eine längere Schutzdauer vorsieht, als es das Urheberrecht der DDR getan hat. Es kommen gem. § 1 Abs. 1 S. 2 EV überdies auch solche Werke in den Genuss eines bundesdeutschen urheberrechtlichen Schutzes, deren Schutz am 3.10.1990 bereits abgelaufen waren. Hinsichtlich nicht mehr geschützter, also gemeinfreier Werke kommt es mithin zu einem Wiederaufleben eines bereits erloschenen Schutzes, was ebenfalls den Zweck verfolgt, möglichst rasch eine Vereinheitlichung der Schutzfristen im gesamten Bundesgebiet zu erreichen (*Katzenberger* GRUR Int. 1993, 2, 7; eingehend: Wandtke/Bullinger/*Wandtke*[4] EVtr. Sammelkomm. Rn. 18 ff.). Es gilt der Grundsatz des Gleichlaufs der Schutzfristen, und zwar unabhängig davon, ob das Werk in der Bundesrepublik oder in der DDR geschaffen wurde und unabhängig davon, zu welchem Zeitpunkt die Schöpfung erfolgte. Wegen des Bestrebens nach Einheitlichkeit sind nach bundesdeutschem Recht auch solche Werke geschützt, die nach dem Recht der DDR überhaupt nicht schutzfähig waren (EV Amtl. Begr. GRUR 1991, 897, 927). Dies gilt bspw. für den Schutz von Computerprogrammen, von wissenschaftlichen Ausgaben, von nachgelassenen Werken und für den Leistungsschutz des Filmherstellers (BGH GRUR 2001, 826 – *Barfuß ins Bett*; KG MMR 2003, 110 – *Paul und Paula*; KG GRUR 1999, 721 – *DEFA-Film*). Denn für diese Gegenstände sah das Recht der DDR keinen gesonderten Schutz vor, sodass es hier zu einem erstmaligen Schutz aufgrund der Wiedervereinigung gekommen sein kann.

§ 2   Einigungsvertrag

(1) [1]War eine Nutzung, die nach dem Urheberrechtsgesetz unzulässig ist, bisher zulässig, so darf die vor dem 1. Juli 1990 begonnene Nutzung in dem vorgesehenen Rahmen fortgesetzt werden, es sei denn, dass sie nicht üblich ist. [2]Für die Nutzung ab dem Wirksamwerden des Beitritts ist eine angemessene Vergütung zu zahlen.

(2) Rechte, die üblicherweise vertraglich nicht übertragen werden, verbleiben dem Rechteinhaber.

(3) Die Absätze 1 und 2 gelten für verwandte Schutzrechte entsprechend.

I.   Sinn und Zweck

1 § 2 EV statuiert einen **Vertrauensschutz** zugunsten desjenigen, der eine urheberrechtlich relevante Nutzungshandlung bereits vor dem 1.7.1990 (= Inkrafttreten der Wirtschafts-, Währungs- und Sozialunion) begonnen hatte, die zwar nach dem Urheberrecht der DDR **zulässig und üblich** war, nach dem bundesdeutschen UrhG indessen unzulässig ist. Für diese Fälle ist ein Ausgleich zwischen den Interessen der gutgläubigen Nutzer einerseits und den Urhebern, Leistungsschutzberechtigten oder deren Rechtsnachfolgern andererseits zu treffen. Dem Nutzer, der mit einer Nutzungshandlung im Vertrauen auf die Rechtmäßigkeit seines Handelns begonnen hat, soll Vertrauensschutz gewährt werden (EV Amtl. Begr. GRUR 1990, 897, 928); eine bereits begonnene, einst zulässige Handlung eines gutgläubigen Nutzers soll nicht durch das Wirksamwerden des bundesdeutschen UrhG plötzlich unzulässig werden. § 2 EV dient demgemäß der **Rechtssicherheit** mit Blick auf den Vertrauens- und Bestandsschutz, wobei dies gleichermaßen für urheberrechtlich geschützte Werke und für Leistungsschutzrechte (§ 2 Abs. 3 EV) gilt. Allerdings ist bei einer fortgeführten Nutzung dieser Art eine **angemessene Vergütung** zu zahlen (§ 2 Abs. 1 S. 2).

II. Zulässigkeit bereits begonnener Nutzungen (Abs. 1 S. 1, Abs. 2)

1. Nach DDR-Recht zulässige und übliche Nutzung

§ 2 Abs. 1 EV findet auf solche Handlungen Anwendung, die nach dem materiellen DDR-Urheberrecht **zulässig** und in der DDR überdies **üblich** waren. Zusätzlich bestimmt **§ 2 Abs. 2 EV**, dass Rechte, die üblicherweise vertraglich nicht übertragen wurden, bei dem Rechtsinhaber verbleiben. Nach dem DDR-Urheberrecht unzulässige oder unübliche Nutzungen oder Vertragseinräumungen bleiben also auch unter Geltung des UrhG unzulässig. Dies versteht sich gewissermaßen von selbst, denn in diesem Fall ist kein Vertrauenstatbestand entstanden, den es zu schützen gilt. **2**

Die Beurteilung dessen, was als „übliche" bzw. „unübliche" Nutzung angesehen wurde, hat stets unter Berücksichtigung des Einzelfalls zu erfolgen und hat sich nach bisherigen Gepflogenheiten im beigetretenen Gebiet zu richten. Als Beispiel für eine bislang unübliche Handlung nennt die Gesetzesbegründung die vertragliche Übertragung von **Videorechten**, weil die Videoauswertung in der DDR nicht „üblich" in diesem Sinne gewesen sei. Der Vertrauensschutz bezieht sich stets nur auf die für jede Werkart **typische Nutzung**, wobei die erlaubte Nutzung bei den einzelnen Werkarten aufgrund ihres unterschiedlichen Charakters nicht gleich sein muss (EV Amtl. Begr. GRUR 1990, 897, 928). So soll nach der Gesetzesbegründung bei Schriftwerken in der Regel nur eine Auflage in Betracht kommen; bei Schallplatten hingegen so viele, dass sich die Herstellung des Masterbandes mit einem angemessenen Gewinn amortisiert. **3**

Nach Ansicht der Rechtsprechung kannte das Urheberrecht der DDR keine Vorschrift, die wie damals § 31 Abs. 4 a. F. die Einräumung von Nutzungsrechten für noch **unbekannte Nutzungsarten** sowie Verpflichtungen hierzu für unwirksam erklärte (BGH GRUR 2001, 826, 828 – *Barfuß ins Bett* für Kabel- und Satellitenrechte; BGH GRUR 1999, 152, 154 – *Spielbankaffäre* für die Kabelweitersendung; KG ZUM-RD 2000, 384, 386 – *DEFA-Trickfilme* für die Sendung via Kabel, Satellit und Pay-TV; krit. hierzu Wandtke/Bullinger/ *Wandtke*[3] EVtr. Sammelkomm. Rn. 66). Zu beachten ist aber die **Zweckübertragungslehre**, die auch nach dem Recht der DDR galt (OLG München ZUM 2000, 61, 64 – *Das kalte Herz*; s. a. *Püschel* GRUR 1992, 579, 582; *Wandtke* GRUR 1991, 263, 266). **4**

2. Zeitpunkt der Nutzungshandlung

Eine nach dem DDR-Urheberrecht zulässige und übliche, nach bundesdeutschem Urheberrecht aber eigentlich unzulässige Nutzung bleibt nur dann zulässig gem. § 2 Abs. 1 EV, wenn mit der entsprechenden Handlung bereits **vor** **5**

dem 1.7.1990, also dem Tag des Inkrafttretens der deutsch-deutschen Wirt-
schafts-, Währungs- und Sozialunion, **begonnen** wurde und diese auch über
dieses Datum hinaus **fortgesetzt** wurde. Wurde die Nutzung zwischen dem
1.7.1990 und dem 3.10.1990 begonnen, kommt ein Vertrauensschutz nicht in
Betracht. Liegt der Beginn nach dem 3.10.1990, findet ohnehin ausschließlich
bundesdeutsches Recht Anwendung. Liegt der Beginn der Handlung vor dem
1.7.1990, und wurde sie vor dem 3.10.1990 bereits abgeschlossen, ist für § 2
EV kein Raum, denn § 2 EV betrifft nur die Fortführung der Handlung über
den 3.10.1990 hinaus.

6 Der Gesetzgeber hat aber deutlich gemacht, dass bei der Beurteilung der Frage,
wann mit einer Nutzungshandlung begonnen wurde, keine zu hohen Anforderungen zu stellen seien. Hier können bereits entsprechende **Vorbereitungshandlungen**, die in nachprüfbarer Weise auf geplante Nutzungshandlungen hinweisen, durchaus ausreichend sein, solange der Nutzer etwas „ins Werk gesetzt"
und vermögenswerte Leistungen erbracht hat, zu denen auch eigener **organisatorischer Aufwand** gehören kann (EV Amtl. Begr. GRUR 1990, 897, 928; s. a.
Katzenberger GRUR Int. 1993, 2, 9).

3. Umfang der Zulässigkeit

7 Die vor dem 1.7.1990 begonnene Handlung **bleibt** über das Datum des
3.10.1990 hinaus nach Art und Umfang in derselben Weise **zulässig**, wie diese
nach DDR-Recht zulässig war.

4. Keine Verkürzung der DDR-Schutzfristen

8 Das Urheberrecht der DDR sah für **Werke der Fotografie** eine Schutzdauer von
50 Jahren p. m. a. vor, während **Lichtbildwerke** – ebenso wie Lichtbilder – nach
dem bundesdeutschen Urheberrecht in der Zeit zwischen 1965 und Inkrafttreten der Urheberrechtsnovelle 1985 nur für die Zeitdauer von 25 Jahren ab
Erscheinen bzw. – sofern das Lichtbild nicht erschienen war – ab **Herstellung**
geschützt waren (s. hierzu § 64 sowie *Axel Nordemann* GRUR 1991, 418,
418 ff.). Insb. mit Blick auf die **Eigentumsgarantie** des Art. 14 GG ist der herrschenden Ansicht zuzustimmen, dass die Anwendung der Übergangsvorschriften zum Einigungsvertrag nicht zu einer Verkürzung der Schutzfristen zulasten
des nach dem DDR-Urheberrecht geschützten Gegenstandes führen darf
(Wandtke/Bullinger/*Wandtke*[4] EVtr. Sammelkomm. Rn. 22; Dreier/Schulze/
Dreier[5] vor EV Rn. 6; Schricker/Loewenheim/*Katzenberger/Metzger*[5] § 64
Rn. 76; *Katzenberger* GRUR Int. 1993, 2, 11).

5. Schutz wissenschaftlich-technischer Darstellungen

9 In diesem Zusammenhang ebenfalls problematisch ist das Schicksal des
Schutzes **wissenschaftlich-technischer Darstellungen**, die nach § 87 UrhG-
DDR im nicht-schöpferischen Bereich geschützt waren, im deutschen Urheberrecht jedoch grundsätzlich schutzlos bleiben. Mit Blick auf die Eigentumsgarantie des Art. 14 GG wird auch in diesem Bereich ein Schutz zugesprochen werden müssen, wobei vorgeschlagen wird, das DDR-Recht
insoweit (territorial beschränkt) fortgelten zu lassen (so Schricker/Loewen-
heim/*Katzenberger/Metzger*[5] vor §§ 120 ff. Rn. 181; Dreier/Schulze/*Dreier*[5]
vor EV Rn. 7) oder aber § 2 Abs. 1 Nr. 7 entsprechend heranzuziehen und
anzuwenden (*Wandtke* GRUR 1991, 263, 265; *Gernot Schulze* GRUR 1991,
731, 735).

III. Angemessene Vergütung (Abs. 1 S. 2)

10 Die Fortsetzung einer einst zulässigen und üblichen Nutzung löst einen **Vergütungsanspruch** gem. Abs. 1 S. 2 aus. Hierdurch sollen die berechtigten Interes-

sen der Rechtsinhaber Berücksichtigung finden. Zu dem Anspruch des ausübenden Künstlers bei der Nutzung von Tonträgeraufnahmen, die nach DDR-Recht bereits im Jahr 1989 gemeinfrei waren: KG ZUM-RD 1997, 245 – *Stadtkapelle Berlin*. Der Vergütungsanspruch bezieht sich stets nur auf die Nutzung ab dem 3.10.1990.

IV. Leistungsschutzrechte (Abs. 3)

Über § 2 Abs. 3 gelten die Bestimmungen der Absätze 1 und 2 entsprechend   **11** für **verwandte Schutzrechte**. Demnach genießen auch die Nutzer von Leistungsschutzrechten einen Vertrauensschutz, sind aber ebenfalls zur Zahlung einer angemessenen Vergütung verpflichtet.

§ 3   Einigungsvertrag

(1) Sind vor dem Wirksamwerden des Beitritts Nutzungsrechte ganz oder teilweise einem anderen übertragen worden, so erstreckt sich die Übertragung im Zweifel auch auf den Zeitraum, der sich durch die Anwendung des Urheberrechtsgesetzes ergibt.

(2) ¹In den Fällen des Absatzes 1 hat der Nutzungsberechtigte dem Urheber eine angemessene Vergütung zu zahlen. ²Der Anspruch auf die Vergütung entfällt, wenn alsbald nach seiner Geltendmachung der Nutzungsberechtigte dem Urheber das Nutzungsrecht für die Zeit nach Ablauf der bisher bestimmten Schutzdauer zur Verfügung stellt.

(3) Rechte, die üblicherweise vertraglich nicht übertragen werden, verbleiben dem Rechteinhaber.

(4) Die Absätze 1 und 2 gelten für verwandte Schutzrechte entsprechend.

I. Sinn und Zweck

Durch die Anwendung der §§ 1, 2 EV kann es, wie schon bei § 1 EV (vgl. § 1   **1** EV Rn. 2) angesprochen, zu **Schutzfristverlängerungen** kommen. Entsprechend den Gedanken, denen auch den §§ 137, 137b, 137c und 137f zugrundelagen, beinhaltet auch die Vorschrift des § 3 Abs. 1 EV eine **Auslegungsregel** dahingehend, dass sich vertragliche Einräumungen von Nutzungsrechten aus der Zeit vor dem 3.10.1990 im Zweifel auch auf die Zeit der Schutzfristverlängerung beziehen. Hierfür ist jedoch eine angemessene Vergütung zu zahlen (Abs. 2). Wie in § 2 Abs. 2 EV bestimmt auch § 3 Abs. 3 EV, dass die Rechte, die üblicherweise vertraglich nicht übertragen werden, bei dem Rechtsinhaber verbleiben.

II. Zeitliche Erstreckung von Nutzungsrechten (Abs. 1)

Kommt es zu einer Schutzfristverlängerung aufgrund der Überleitung von   **2** Schutzgegenständen in das bundesdeutsche Urheberrecht, umfassen die Nutzungsrechte, die einem Dritten **vertraglich vor dem 3.10.1990** eingeräumt wurden, im Zweifel auch die Zeit der Dauer der Schutzfristverlängerung (§ 3 Abs. 1). Es handelt sich bei dieser Bestimmung um eine reine **Auslegungsregel** („im Zweifel"); soweit sich dem Vertrag Anderes entnehmen lässt, geht der diesbezügliche Parteiwille vor.

III. Angemessene Vergütung (Abs. 2)

3 Die Verlängerung der zulässigen Nutzungsdauer ist gem. § 3 Abs. 2 **angemessen zu vergüten**. Ein Rechtsinhaber (z. B. ausübender Künstler) soll aber nach Ansicht des Kammergerichts (KG ZUM-RD 1997, 245 – *Stadtkapelle Berlin*) einen Vergütungsanspruch nur gegenüber seinem **unmittelbaren Vertragspartner** (oder dessen Rechtsnachfolger) haben, nicht aber auch gegen Dritte, an die die Rechte weiterübertragen wurden. Es komme dann allerdings ein Anspruch des Vertragspartners gegen den (nutzenden) Dritten in analoger Anwendung des § 3 Abs. 2 EV in Betracht.

4 Dem Nutzer bleibt es indes ungenommen, dem Urheber das **Nutzungsrecht zurück zu übertragen**, wodurch der Vergütungsanspruch des Urhebers **entfällt**. Hierzu hat der Nutzer dem Urheber alsbald nach der Geltendmachung der angemessenen Vergütung das Nutzungsrecht für die Zeit nach Ablauf der bisher, also nach dem Recht der DDR, bestimmten Schutzdauer zur Verfügung zu stellen.

IV. Üblicherweise nicht vertraglich übertragene Rechte (Abs. 3)

5 Gem. § 3 Abs. 3 EV verbleiben in jedem Falle solche Rechte bei dem Rechtsinhaber, die nach dem Recht der DDR **üblicherweise** vertraglich **nicht übertragen** wurden. Es wird auf die obigen Ausführungen zu § 2 EV (vgl. § 2 EV Rn. 2 ff.) verwiesen.

V. Leistungsschutzrechte

6 Über § 3 Abs. 4 gelten die Bestimmungen der Absätze 1 und 2 entsprechend für **verwandte Schutzrechte**.

§ 4   Einigungsvertrag

Auch nach Außerkrafttreten des Urheberrechtsgesetzes der Deutschen Demokratischen Republik behält ein Beschluss nach § 35 dieses Gesetzes seine Gültigkeit, wenn die mit der Wahrnehmung der Urheberrechte an dem Nachlass beauftragte Stelle weiter zur Wahrnehmung bereit ist und der Rechtsnachfolger des Urhebers die Urheberrechte an dem Nachlass nicht selbst wahrnehmen will.

1 Gem. § 35 UrhG-DDR konnte durch Beschluss des Ministerrates der Schutz des Nachlasses bedeutsamer Schriftsteller, Künstler oder Wissenschaftler zur Aufgabe der Nation erklärt werden, wobei hiervon nach dem DDR-Urheberrecht die vermögensrechtlichen Ansprüche der Erben des Urhebers auf die Erträgnisse aus der Nutzung des Werkes während der Dauer der Schutzfrist unberührt blieben. Derartige Beschlüsse sind etwa erlassen worden in Bezug auf die Pflege und den Schutz des literarischen Werkes und des Nachlasses von *Arnold Zweig*, *Bertolt Brecht* und *Helene Weigel* sowie *Anna Seghers*, wobei die Aufgaben von der Deutschen Akademie der Künste wahrgenommen wurden (EV Amtl. Begr. GRUR 1990, 897, 928).

Nach Maßgabe des § 4 EV behalten die Beschlüsse weiterhin Geltung, soweit **2** die betraute Stelle weiter zur Wahrnehmung bereit ist und der Rechtsnachfolger des Urhebers die Urheberrechte an dem Nachlass nicht selbst wahrnehmen will.

Verordnung (EU) 2017/1128 des Europäischen Parlaments und des Rates vom 14. Juni 2017 zur Gewährleistung der grenzüberschreitenden Portabilität von Online-Inhaltediensten im Binnenmarkt (Portabilitätsverordnung)

DAS EUROPÄISCHE PARLAMENT UND DER RAT DER EUROPÄISCHEN UNION

– gestützt auf den Vertrag über die Arbeitsweise der Europäischen Union, insbesondere auf Artikel 114,
auf Vorschlag der Europäischen Kommission,
nach Zuleitung des Entwurfs des Gesetzgebungsakts an die nationalen Parlamente,
nach Stellungnahme des Europäischen Wirtschafts- und Sozialausschusses[1],
nach Stellungnahme des Ausschusses der Regionen[2],
gemäß dem ordentlichen Gesetzgebungsverfahren[3],
in Erwägung nachstehender Gründe:

(1) Der unionsweite ungehinderte Zugriff auf Online-Inhaltedienste, die Verbrauchern in ihrem Wohnsitzmitgliedstaat rechtmäßig bereitgestellt werden, ist für einen reibungslos funktionierenden Binnenmarkt und die effektive Durchsetzung der Grundsätze der Freizügigkeit und des freien Dienstleistungsverkehrs wichtig. Da der Binnenmarkt einen Raum ohne Binnengrenzen umfasst, der unter anderem auf der Freizügigkeit und dem freien Dienstleistungsverkehr beruht, muss sichergestellt werden, dass die Verbraucher portable Online-Inhaltedienste, die Zugriff auf Inhalte wie Musik, Spiele, Filme, Unterhaltungsprogramme oder Sportberichte bieten, nicht nur in ihrem Wohnsitzmitgliedstaat nutzen können, sondern auch, wenn sie sich vorübergehend beispielsweise zu Urlaubs-, Reise- oder Geschäftsreisezwecken oder solchen der Lernmobilität in einem anderen Mitgliedstaat aufhalten. Daher sollten Hindernisse für den Zugriff auf solche Online-Inhaltedienste und deren Nutzung in solchen Fällen beseitigt werden.

(2) Die durch die technologische Entwicklung bedingte Verbreitung von tragbaren Geräten wie Laptops, Tablets und Smartphones erleichtert zunehmend die Nutzung von Online-Inhaltediensten, da sie einen vom Standort des Verbrauchers unabhängigen Zugang zu solchen Diensten ermöglicht. Seitens der Verbraucher gibt es eine schnell wachsende Nachfrage nach Zugang zu Inhalten und innovativen Online-Diensten nicht nur in ihrem Wohnsitzmitgliedstaat, sondern auch, wenn sie sich vorübergehend in einem anderen Mitgliedstaat aufhalten.

(3) Immer häufiger schließen Verbraucher mit Diensteanbietern Verträge über die Bereitstellung von Online-Inhaltediensten. Verbraucher, die sich vorübergehend in einem anderen Mitgliedstaat als ihrem Wohnsitzmitgliedstaat aufhalten, können jedoch häufig nicht mehr auf die Online-Inhaltedienste, für die sie in ihrem Wohnsitzmitgliedstaat rechtmäßig ein Zugriffs- bzw. Nutzungsrecht erworben haben, zugreifen und diese nutzen.

(4) Der Bereitstellung von Online-Inhaltediensten für Verbraucher, die sich vorübergehend in einem anderen Mitgliedstaat als ihrem Wohnsitzmitgliedstaat aufhalten, steht eine Reihe von Hindernissen entgegen. Bestimmte Online-Dienste umfassen Inhalte wie Musik, Spiele, Filme oder Unterhaltungsprogramme, die nach Unionsrecht urheberrechtlich oder durch verwandte Schutzrechte geschützt sind. Gegenwärtig unterscheiden sich die Hindernisse für die grenzüberschreitende Portabilität von Online-Inhaltediensten je nach Bereich. Die Hindernisse ergeben sich insbesondere daraus, dass für die Übertragungsrechte für urheberrechtlich oder durch ver-

---

1 ABl. C 264 vom 20.7.2016, S. 86.
2 ABl. C 240 vom 1.7.2016, S. 72.
3 Standpunkt des Europäischen Parlaments vom 18. Mai 2017 (noch nicht im Amtsblatt veröffentlicht) und Beschluss des Rates vom 8. Juni 2017.

wandte Schutzrechte geschützte Inhalte wie audiovisuelle Werke häufig Gebietslizenzen vergeben werden und dass sich die Anbieter von Online-Inhaltediensten dafür entscheiden können, nur bestimmte Märkte zu bedienen.

(5) Dies gilt auch für Inhalte wie Sportereignisse, die zwar nicht nach Unionsrecht urheberrechtlich oder durch verwandte Schutzrechte geschützt sind, aber nach nationalem Recht durch das Urheberrecht oder verwandte Schutzrechte oder andere spezielle nationale Regelungen geschützt sein könnten; für diese Inhalte werden von den Veranstaltern solcher Ereignisse häufig ebenfalls Gebietslizenzen vergeben, oder sie werden von den Anbietern von Online-Inhaltediensten nur in bestimmten Gebieten angeboten. Die Übertragung solcher Inhalte durch Rundfunkveranstalter ist durch verwandte Schutzrechte geschützt, die auf Unionsebene harmonisiert worden sind. Zudem umfasst die Übertragung dieser Inhalte häufig urheberrechtlich geschützte Inhalte wie Musik, Videosequenzen als Vor- oder Nachspann oder Grafiken. Ferner sind bestimmte Aspekte der Übertragung solcher Inhalte, insbesondere diejenigen im Zusammenhang mit der Rundfunkübertragung von Ereignissen von erheblicher gesellschaftlicher Bedeutung sowie der Kurzberichterstattung von Ereignissen von großem Interesse für die Öffentlichkeit durch die Richtlinie 2010/13/EU des Europäischen Parlaments und des Rates[4] harmonisiert worden. Und schließlich umfassen audiovisuelle Mediendienste im Sinne der Richtlinie 2010/13/EU auch Dienstleistungen, die Zugriff auf Inhalte wie Sportberichte, Nachrichten oder aktuelle Ereignisse bieten.

(6) Online-Inhaltedienste werden immer häufiger in Paketen vermarktet, in denen nicht urheberrechtlich oder durch verwandte Schutzrechte geschützte Inhalte von urheberrechtlich oder durch verwandte Schutzrechte geschützten Inhalten nicht getrennt werden können, ohne den Wert der für die Verbraucher erbrachten Dienstleistung erheblich zu mindern. Dies ist vor allem bei Premiuminhalten wie Sport- oder anderen Veranstaltungen der Fall, die für die Verbraucher von erheblichem Interesse sind. Damit Anbieter von Online-Inhaltediensten Verbrauchern, die sich vorübergehend in einem anderen Mitgliedstaat als ihrem Wohnsitzmitgliedstaat aufhalten, uneingeschränkten Zugriff auf ihre Online-Inhaltedienste bieten können, muss diese Verordnung auch solche von Online-Inhaltediensten genutzten Inhalte erfassen und daher für audiovisuelle Mediendienste im Sinne der Richtlinie 2010/13/EU sowie für Übertragungen von Rundfunkveranstaltern in ihrer Gesamtheit gelten.

(7) Die Rechte an urheberrechtlich geschützten Werken und durch verwandte Schutzrechte geschützten Schutzgegenständen (im Folgenden „Werke und sonstige Schutzgegenstände") sind unter anderem durch die Richtlinien 96/9/EG[5], 2001/29/EG[6], 2006/115/EG[7] und 2009/24/EG[8] des Europäischen Parlaments und des Rates harmonisiert worden. Die von der Union geschlossenen internationalen Übereinkünfte im Bereich des Urheberrechts und der verwandten Schutzrechte, insbesondere das als Anhang 1C dem Übereinkommen zur Errichtung der Welthandelsorganisation vom 15. April 1994 beigefügte Übereinkommen über handelsbezogene Aspekte der Rechte des geistigen Eigentums, der Urheberrechtsvertrag der Weltorganisation für geistiges Eigentum (WIPO) vom 20. Dezember 1996 und der WIPO-Vertrag über Darbietungen und Tonträger vom 20. Dezember 1996, jeweils in ihrer geänderten Fassung, sind Bestandteil der Rechtsordnung der Union. Die Auslegung des Unionsrechts sollte so weit wie möglich mit dem Völkerrecht vereinbar sein.

---

4   Richtlinie 2010/13/EU des Europäischen Parlaments und des Rates vom 10. März 2010 zur Koordinierung bestimmter Rechts- und Verwaltungsvorschriften der Mitgliedstaaten über die Bereitstellung audiovisueller Mediendienste (Richtlinie über audiovisuelle Mediendienste) (ABl. L 95 vom 15.4.2010, S. 1).
5   Richtlinie 96/9/EG des Europäischen Parlaments und des Rates vom 11. März 1996 über den rechtlichen Schutz von Datenbanken (ABl. L 77 vom 27.3.1996, S. 20).
6   Richtlinie 2001/29/EG des Europäischen Parlaments und des Rates vom 22. Mai 2001 zur Harmonisierung bestimmter Aspekte des Urheberrechts und der verwandten Schutzrechte in der Informationsgesellschaft (ABl. L 167 vom 22.6.2001, S. 10).
7   Richtlinie 2006/115/EG des Europäischen Parlaments und des Rates vom 12. Dezember 2006 zum Vermietrecht und Verleihrecht sowie zu bestimmten dem Urheberrecht verwandten Schutzrechten im Bereich des geistigen Eigentums (ABl. L 376 vom 27.12.2006, S. 28).
8   Richtlinie 2009/24/EG des Europäischen Parlaments und des Rates vom 23. April 2009 über den Rechtsschutz von Computerprogrammen (ABl. L 111 vom 5.5.2009, S. 16).

(8) Es ist von grundlegender Bedeutung, dass die Anbieter von Online-Inhaltediensten, die Werke oder sonstige Schutzgegenstände nutzen, die urheberrechtlich und/oder durch verwandte Schutzrechte geschützt sind, wie Bücher, audiovisuelle Werke, Musikaufnahmen oder Rundfunksendungen, das Recht haben, diese Inhalte für die betreffenden Gebiete zu nutzen.

(9) Für die Übertragung von urheberrechtlich oder durch verwandte Schutzrechte geschützten Inhalten durch Anbieter von Online-Inhaltediensten ist die Zustimmung der betreffenden Rechtsinhaber wie beispielsweise Autoren, Künstler, Produzenten oder Rundfunkveranstalter in Bezug auf die in die Übertragung einbezogenen Inhalte erforderlich. Dies gilt auch, wenn die Übertragung dazu dient, einem Verbraucher zur Nutzung eines Online-Inhaltedienstes das Herunterladen zu ermöglichen.

(10) Der Erwerb einer Lizenz für die betreffenden Rechte ist nicht immer möglich, insbesondere wenn für Rechte an Inhalten ausschließliche Lizenzen vergeben werden. Um den Gebietsschutz zu gewährleisten, verpflichten sich Anbieter von Online-Inhaltediensten in ihren Lizenzverträgen mit Rechtsinhabern, einschließlich Rundfunk- und Ereignisveranstaltern, häufig, ihre Abonnenten daran zu hindern, außerhalb des Gebiets, für das die Anbieter die Lizenz besitzen, auf ihren Dienst zuzugreifen und ihn zu nutzen. Wegen dieser ihnen auferlegten Beschränkungen müssen die Anbieter Maßnahmen treffen, wie beispielsweise den Zugriff auf ihre Dienste über Internetprotokoll (IP)-Adressen, die sich außerhalb des betreffenden Gebiets befinden, zu unterbinden. Eines der Hindernisse für die grenzüberschreitende Portabilität von Online-Inhaltediensten liegt daher in den Verträgen zwischen den Anbietern von Online-Inhaltediensten und ihren Abonnenten, in denen sich die Gebietsschutzklauseln widerspiegeln, die in den Verträgen zwischen diesen Anbietern und den Rechtsinhabern enthalten sind.

(11) Bei der Frage, wie das Ziel, die Rechte des geistigen Eigentums zu schützen, und die im Vertrag über die Arbeitsweise der Europäischen Union (AEUV) garantierten Grundfreiheiten miteinander zu vereinbaren sind, sollte die Rechtsprechung des Gerichtshofs der Europäischen Union berücksichtigt werden.

(12) Das Ziel dieser Verordnung ist daher, den harmonisierten Rechtsrahmen zum Schutz des Urheberrechts und der verwandten Schutzrechte anzupassen und ein gemeinsames Konzept für die Bereitstellung von Online-Inhaltediensten für Abonnenten, die sich vorübergehend in einem anderen Mitgliedstaat als ihrem Wohnsitzmitgliedstaat aufhalten, zu schaffen, indem die Hindernisse für die grenzüberschreitende Portabilität **von** Online-Inhaltediensten, die rechtmäßig erbracht werden, beseitigt werden. Diese Verordnung sollte die grenzüberschreitende Portabilität von Online-Inhaltediensten in allen betroffenen Sektoren sicherstellen und somit den Verbrauchern zusätzliche Möglichkeiten bieten, rechtmäßig auf Online-Inhalte zuzugreifen, ohne dass das durch das Urheberrecht und die verwandten Schutzrechte in der Union garantierte hohe Schutzniveau abgesenkt, die bestehenden Lizenzierungsmodelle, etwa das System der Gebietslizenzvergabe, geändert und die bestehenden Finanzierungsmechanismen beeinträchtigt werden. Der Begriff der grenzüberschreitenden Portabilität von Online-Inhaltediensten sollte von dem des grenzüberschreitenden Zugriffs der Verbraucher auf Online-Inhaltedienste in einem anderen Mitgliedstaat als ihrem Wohnsitzmitgliedstaat unterschieden werden: Letzterer fällt nicht in den Geltungsbereich dieser Verordnung.

(13) Aufgrund der bereits bestehenden Rechtsakte der Union im Bereich der Steuern und Abgaben muss dieser Bereich aus dem Geltungsbereich der Verordnung ausgeschlossen werden. Diese Verordnung sollte daher die Anwendung von Bestimmungen im Zusammenhang mit Steuern und Abgaben nicht berühren.

(14) In dieser Verordnung werden mehrere für ihre Anwendung erforderliche Begriffe bestimmt, unter anderem der Begriff „Wohnsitzmitgliedstaat". Der Wohnsitzmitgliedstaat sollte unter Berücksichtigung der Ziele dieser Verordnung und der Notwendigkeit ihrer unionsweit einheitlichen Anwendung ermittelt werden. Die Definition des Wohnsitzmitgliedstaats setzt voraus, dass der Abonnent tatsächlich und dauerhaft einen Wohnsitz in dem betreffenden Mitgliedstaat hat. Ein Anbieter eines Online-Inhaltedienstes, der den Wohnsitzmitgliedstaat gemäß dieser Verordnung überprüft hat, sollte für die Zwecke dieser Verordnung davon ausgehen können, dass der von ihm überprüfte Wohnsitzmitgliedstaat der einzige Wohnsitzmitgliedstaat des Abonnenten ist. Die Anbieter sollten nicht verpflichtet sein zu überprüfen, ob ihre Abon-

nenten in einem weiteren Mitgliedstaat über ein Abonnement für einen Online-Inhaltedienst verfügen.

(15) Diese Verordnung sollte für Online-Inhaltedienste gelten, die Anbieter, nachdem ihnen von den Rechtsinhabern für ein bestimmtes Gebiet die betreffenden Rechte eingeräumt wurden, ihren Abonnenten aufgrund eines Vertrags auf beliebige Weise, einschließlich durch Streaming, Herunterladen, Anwendungen oder andere Techniken, die die Nutzung der Inhalte ermöglichen, bereitstellen. Für die Zwecke dieser Verordnung sollten alle Absprachen zwischen einem Anbieter und einem Abonnenten als unter den Begriff „Vertrag" fallend angesehen werden — einschließlich Absprachen, mit denen der Abonnent die allgemeinen Geschäftsbedingungen des Anbieters für die Erbringung der Online-Inhaltedienste annimmt —, ungeachtet dessen, ob sie mit der Zahlung eines Geldbetrags verbunden sind oder nicht. Eine Registrierung um Hinweise auf bestimmte Inhalte zu erhalten oder das bloße Akzeptieren von HTMLCookies sollte für die Zwecke dieser Verordnung nicht als Vertrag über die Bereitstellung von Online-Inhaltediensten angesehen werden.

(16) Online-Dienste, bei denen es sich nicht um audiovisuelle Mediendienste im Sinne der Richtlinie 2010/13/EU handelt und die Werke, sonstige Schutzgegenstände oder Übertragungen von Rundfunkveranstaltern lediglich zu Nebenzwecken nutzen, sollten nicht unter diese Verordnung fallen. Zu solchen Diensten gehören Websites, die Werke oder sonstige Schutzgegenstände wie grafische Elemente oder Hintergrundmusik nur zu Nebenzwecken nutzen, deren Hauptzweck aber beispielsweise der Verkauf von Waren ist.

(17) Diese Verordnung sollte nur für Online-Inhaltedienste gelten, auf die die Abonnenten in ihrem Wohnsitzmitgliedstaat tatsächlich zugreifen und sie nutzen können, ohne auf einen bestimmten Standort beschränkt zu sein, da es nicht angebracht ist, Anbieter von Online-Inhaltediensten, die im Wohnsitzmitgliedstaat eines Abonnenten keine portablen Online-Inhaltedienste anbieten, zu verpflichten, dies grenzüberschreitend zu tun.

(18) Diese Verordnung sollte für Online-Inhaltedienste gelten, die gegen Zahlung eines Geldbetrags bereitgestellt werden. Die Anbieter solcher Dienste sind in der Lage, den Wohnsitzmitgliedstaat ihrer Abonnenten zu überprüfen. Das Recht auf Nutzung eines Online-Inhaltedienstes sollte unabhängig davon als gegen Zahlung eines Geldbetrags erworben angesehen werden, ob diese Zahlung unmittelbar an den Anbieter des Online-Inhaltedienstes oder an eine andere Partei geleistet wird, zum Beispiel den Anbieter eines Pakets aus einem elektronischen Kommunikationsdienst und einem von einem anderen Anbieter betriebenen Online-Inhaltedienst. Für die Zwecke dieser Verordnung sollte die Entrichtung einer obligatorischen Gebühr für öffentliche Rundfunkdienste nicht als Zahlung eines Geldbetrags für einen Online-Inhaltedienst gelten.

(19) Die Anbieter von Online-Inhaltediensten sollten von ihren Abonnenten keine zusätzlichen Gebühren dafür verlangen, dass sie gemäß dieser Verordnung die grenzüberschreitende Portabilität solcher Dienste ermöglichen. Es ist jedoch möglich, dass Abonnenten, die auf Online-Inhaltedienste in anderen Mitgliedstaaten als ihren Wohnsitzmitgliedstaaten zugreifen und diese nutzen, den Betreibern der elektronischen Kommunikationsnetze, die sie für den Zugriff auf diese Dienste nutzen, Gebühren zahlen müssen.

(20) Anbieter von Online-Inhaltediensten, die ohne Zahlung eines Geldbetrags bereitgestellt werden, überprüfen im Allgemeinen nicht den Wohnsitzmitgliedstaat ihrer Abonnenten. Die Einbeziehung solcher Online-Inhaltedienste in den Anwendungsbereich dieser Verordnung würde eine wesentliche Änderung der Art und Weise mit sich bringen, auf die diese Dienste bereitgestellt werden, und dies würde unverhältnismäßige Kosten nach sich ziehen. Der Ausschluss dieser Dienste aus dem Anwendungsbereich der Verordnung würde jedoch bedeuten, dass die Vorteile des rechtlichen Mechanismus, der in dieser Verordnung geregelt ist und der es Anbietern von Online-Inhaltediensten ermöglicht, die grenzüberschreitende Portabilität solcher Dienste in der gesamten Union anzubieten, von Anbietern dieser Dienste nicht in Anspruch genommen werden könnten, selbst wenn sich die Anbieter dafür entscheiden, in Lösungen zu investieren, mit denen sie den Wohnsitzmitgliedstaat ihrer Abonnenten überprüfen können. Folglich sollten Anbieter von Online-Inhaltediensten, die ohne Zahlung eines Geldbetrags bereitgestellt werden, sich dafür entschei-

den können, in den Geltungsbereich dieser Verordnung einbezogen zu werden, sofern sie die Anforderungen an die Überprüfung des Wohnsitzmitgliedstaats ihrer Abonnenten erfüllen. Diejenigen Anbieter, die sich für diese Möglichkeit entscheiden, sollten an dieselben Pflichten gebunden sein, die nach dieser Verordnung für die Anbieter von Online-Inhaltediensten, die gegen Zahlung eines Geldbetrags erbracht werden, gelten. Außerdem sollten die Anbieter den Abonnenten, den betroffenen Inhabern der Urheberrechte und verwandten Schutzrechte sowie den betreffenden Inhabern sonstiger Rechte an den Inhalten des Online-Inhaltedienstes ihre Entscheidung, von dieser Möglichkeit Gebrauch zu machen, rechtzeitig mitteilen. Diese Mitteilung könnte über die Website des Anbieters erfolgen.

(21) Um die grenzüberschreitende Portabilität von Online-Inhaltediensten zu gewährleisten, muss von den Online- Inhaltediensteanbieten, die in den Geltungsbereich dieser Verordnung fallen, verlangt werden, dass sie den Abonnenten die Nutzung dieser Dienste in dem Mitgliedstaat, in dem sie sich vorübergehend aufhalten, in derselben Form wie in ihrem Wohnsitzmitgliedstaat ermöglichen. Die Abonnenten sollten Zugriff auf Online-Inhaltedienste erhalten, die dieselben Inhalte für dieselben Arten und dieselbe Zahl von Geräten, für dieselbe Zahl von Nutzern und mit demselben Funktionsumfang bieten wie in ihrem Wohnsitzmitgliedstaat. Es ist von grundlegender Bedeutung, dass die Verpflichtung zur Ermöglichung der grenzüberschreitenden Portabilität von Online-Inhaltediensten verbindlich ist; die Parteien sollten sie daher nicht ausschließen, von ihr abweichen oder ihre Wirkungen abändern können. Handlungen eines Anbieters, die Abonnenten daran hindern würden, während eines vorübergehenden Aufenthalts in einem anderen Mitgliedstaat als ihrem Wohnsitzmitgliedstaat auf den Dienst zuzugreifen oder ihn zu nutzen, zum Beispiel eine Beschränkung der Funktionen des Dienstes oder der Qualität seiner Bereitstellung, sollten als Umgehung der Verpflichtung zur Ermöglichung der grenzüberschreitenden Portabilität von Online- Inhaltediensten und somit als Verstoß gegen diese Verordnung gewertet werden.

(22) Wenn vorgeschrieben würde, dass die Bereitstellung von Online-Inhaltediensten für Abonnenten, die sich vorübergehend in einem anderen Mitgliedstaat als ihrem Wohnsitzmitgliedstaat aufhalten, die gleiche Qualität wie im Wohnsitzmitgliedstaat haben muss, könnte dies zu hohen Kosten für die Anbieter von Online-Inhaltediensten und damit letztlich für die Abonnenten führen. Es ist daher nicht angebracht, in dieser Verordnung vorzuschreiben, dass Anbieter die Bereitstellung dieses Dienstes in einer höheren Qualität als derjenigen sicherstellen müssen, die über den lokalen Online-Zugang verfügbar ist, den ein Abonnent während eines vorübergehenden Aufenthalts in einem anderen Mitgliedstaat gewählt hat. In diesen Fällen sollte der Anbieter nicht haften, wenn die Qualität der Bereitstellung des Dienstes niedriger ist. Hat der Anbieter den Abonnenten jedoch ausdrücklich eine bestimmte Qualität der Bereitstellung während eines vorübergehenden Aufenthalts in einem anderen Mitgliedstaat garantiert, sollte er daran gebunden sein. Der Anbieter sollte seine Abonnenten auf der Grundlage der ihm zur Verfügung stehenden Informationen im Voraus über die Qualität der Bereitstellung eines Online-Inhaltedienstes in anderen Mitgliedstaaten als ihrem Wohnsitzmitgliedstaat informieren, insbesondere darüber, dass die Qualität der Bereitstellung möglicherweise nicht der in ihrem Wohnsitzmitgliedstaat geltenden entspricht. Der Anbieter sollte nicht verpflichtet sein, sich aktiv um Informationen über die Qualität der Bereitstellung eines Dienstes in anderen Mitgliedstaaten als dem Wohnsitzmitgliedstaat des Abonnenten zu bemühen. Die entsprechende Mitteilung könnte über die Website des Anbieters erfolgen.

(23) Damit die Anbieter von Online-Inhaltediensten, die in den Geltungsbereich dieser Verordnung fallen, ihrer Verpflichtung zur Ermöglichung der grenzüberschreitenden Portabilität ihrer Dienste nachkommen können, ohne in einem anderen Mitgliedstaat die betreffenden Rechte zu erwerben, muss vorgesehen werden, dass Anbieter immer berechtigt sind, diese Dienste für Abonnenten auch während deren vorübergehenden Aufenthalt in einem anderen Mitgliedstaat als ihrem Wohnsitzmitgliedstaat bereitzustellen. Dies sollte dadurch erreicht werden, dass die Bereitstellung solcher Online-Inhaltedienste, der Zugriff darauf und deren Nutzung als in dem Wohnsitzmitgliedstaat des Abonnenten erfolgt gilt. Dieser rechtliche Mechanismus sollte ausschließlich dazu dienen, die grenzüberschreitende Portabilität von Online-Inhaltediensten sicherzustellen. Ein Online-Inhaltedienst sollte als rechtmäßig bereitgestellt gelten, wenn sowohl der Dienst als auch der Inhalt im Wohnsitzmitgliedstaat

auf rechtmäßige Weise bereitgestellt werden. Diese Verordnung und insbesondere der rechtliche Mechanismus, aufgrund dessen der Wohnsitzmitgliedstaat des Abonnenten als Ort der Bereitstellung von Online-Inhaltediensten, des Zugriffs auf diese Dienste und deren Nutzung gilt, hindert einen Anbieter nicht daran, einem Abonnenten zusätzlich den Zugriff auf Inhalte und deren Nutzung zu ermöglichen, die der Anbieter in dem Mitgliedstaat rechtmäßig anbietet, in dem sich der Abonnent vorübergehend aufhält.

(24) Für die Vergabe von Lizenzen für das Urheberrecht oder verwandte Schutzrechte bedeutet der in dieser Verordnung festgelegte rechtliche Mechanismus, dass die einschlägigen Handlungen zur Vervielfältigung, öffentlichen Wiedergabe und öffentlichen Zugänglichmachung von Werken und anderen Schutzgegenständen sowie die Handlungen zur Entnahme oder Weiterverwendung in Bezug auf durch Suigeneris-Rechte geschützte Datenbanken, die vorgenommen werden, wenn der Dienst für Abonnenten während eines vorübergehenden Aufenthalts in einem anderen Mitgliedstaat als ihrem Wohnsitzmitgliedstaat bereitgestellt wird, als in dem Mitgliedstaat erfolgt gelten sollten, in dem der Abonnent seinen Wohnsitz hat. Diese Handlungen sollten daher als von den Anbietern von Online-Inhaltediensten, die in den Geltungsbereich dieser Verordnung fallen, auf der Grundlage der jeweiligen Zustimmungen der betreffenden Rechtsinhaber für den Mitgliedstaat vorgenommen gelten, in dem ihre Abonnenten ihren Wohnsitz haben. Wenn Anbieter das Recht haben, aufgrund einer Zustimmung der betreffenden Rechtsinhaber eine öffentliche Wiedergabe oder eine Vervielfältigung im Mitgliedstaat des Abonnenten vorzunehmen, sollte es einem Abonnenten während eines vorübergehenden Aufenthalts in einem anderen Mitgliedstaat als seinem Wohnsitzmitgliedstaat erlaubt sein, auf den Dienst zuzugreifen und ihn zu nutzen und erforderlichenfalls einschlägige Vervielfältigungshandlungen wie das Herunterladen vorzunehmen, zu denen er in seinem Wohnsitzmitgliedstaat berechtigt wäre. Die Bereitstellung eines Online-Inhaltedienstes durch einen Anbieter für einen Abonnenten, der sich vorübergehend in einem anderen Mitgliedstaat als seinem Wohnsitzmitgliedstaat aufhält, und der Zugang zu diesem Dienst und dessen Nutzung durch einen solchen Abonnenten im Einklang mit dieser Verordnung sollten keine Verletzung des Urheberrechts oder verwandter Schutzrechte oder sonstiger Rechte darstellen, die für die Bereitstellung, den Zugang und die Nutzung der Online-Inhaltedienste relevant sind.

(25) Die Anbieter von Online-Inhaltediensten, die in den Geltungsbereich dieser Verordnung fallen, sollten nicht für die Verletzung von Vertragsbestimmungen haften, die im Widerspruch zu der Verpflichtung stehen, ihren Abonnenten die Nutzung solcher Dienste in dem Mitgliedstaat zu ermöglichen, in dem sie sich vorübergehend aufhalten. Deshalb sollten Vertragsklauseln zur Untersagung oder Beschränkung der grenzüberschreitenden Portabilität dieser Online-Inhaltedienste nicht durchsetzbar sein. Anbieter und Inhaber von für die Bereitstellung von Online-Inhaltediensten relevanten Rechten sollten diese Verordnung nicht umgehen können, indem sie das Recht eines Drittstaats als das auf zwischen ihnen abgeschlossene Verträge anwendbare Recht bestimmen. Dasselbe sollte für die Verträge zwischen Anbietern und Abonnenten gelten.

(26) Diese Verordnung sollte die Abonnenten in die Lage versetzen, Online-Inhaltedienste, die sie in ihrem Wohnsitzmitgliedstaat abonniert haben, in Anspruch zu nehmen, wenn sie sich vorübergehend in einem anderen Mitgliedstaat aufhalten. Nur Abonnenten, deren Wohnsitz in einem Mitgliedstaat der Union liegt, sollten Anspruch auf die grenzüberschreitende Portabilität von Online-Inhaltediensten haben. Deshalb sollten die Anbieter von Online-Inhaltediensten nach dieser Verordnung verpflichtet sein, den Wohnsitzmitgliedstaat ihrer Abonnenten mithilfe zumutbarer, verhältnismäßiger und wirksamer Mittel zu überprüfen. Hierzu sollten die Anbieter die Überprüfungsmittel heranziehen, die in dieser Verordnung genannt werden. Dies schließt nicht aus, dass Anbieter und Rechtsinhaber in den Grenzen dieser Verordnung Absprachen über diese Überprüfungsmittel treffen. Die Aufzählung dient dazu, Rechtssicherheit hinsichtlich der von den Anbietern zu verwendenden Überprüfungsmittel zu schaffen und den Eingriff in die Privatsphäre der Abonnenten zu beschränken. In jedem Fall sollte darauf geachtet werden, dass das jeweilige Mittel, das in einem bestimmten Mitgliedstaat für einen bestimmten Online-Inhaltedienst zur Überprüfung herangezogen wird, wirksam und verhältnismäßig ist. Kann der Wohnsitzmitgliedstaat des Abonnenten mit einem einzigen Überprüfungsmittel nicht mit hinreichender

Sicherheit überprüft werden, sollten die Anbieter zwei dieser Mittel heranziehen. Hat der Anbieter begründete Zweifel am Wohnsitzmitgliedstaat eines Abonnenten, sollte er den Wohnsitzmitgliedstaat dieses Abonnenten erneut überprüfen dürfen. Der Anbieter sollte alle technischen und organisatorischen Maßnahmen ergreifen, die nach den einschlägigen Datenschutzvorschriften für die Verarbeitung der für die Überprüfung des Wohnsitzmitgliedstaats des Abonnenten nach dieser Verordnung erhobenen personenbezogenen Daten erforderlich sind. Beispiele für solche Maßnahmen wären eine transparente Aufklärung der Betroffenen über die Methoden und den Zweck der Überprüfung sowie geeignete Sicherheitsmaßnahmen.

(27) Für die Überprüfung des Wohnsitzmitgliedstaats des Abonnenten sollte der Anbieter eines Online-Inhaltedienstes nach Möglichkeit Daten heranziehen, über die er bereits verfügt, etwa Abrechnungsdaten. Im Rahmen von Verträgen, die vor Inkrafttreten dieser Verordnung geschlossen wurden, sowie bei Überprüfungen aus Anlass der Verlängerung eines Vertrags sollte der Anbieter nur dann beim Abonnenten die für die Überprüfung von dessen Wohnsitzmitgliedstaat erforderlichen Daten anfordern dürfen, wenn dies nicht mithilfe der Daten möglich ist, über die der Anbieter bereits verfügt.

(28) Im Rahmen dieser Verordnung durchgeführte Überprüfungen der IP-Adresse sollten gemäß den Richtlinien 95/46/EG[9] und 2002/58/EG[10] des Europäischen Parlaments und des Rates erfolgen. Ferner kommt es für die Überprüfung des Wohnsitzmitgliedstaats des Abonnenten nicht auf den genauen Standort des Abonnenten an, sondern vielmehr auf den Mitgliedstaat, in dem sich der Abonnent während des Zugriffs auf den Dienst aufhält. Daher sollten für diesen Zweck Angaben zum genauen Standort des Abonnenten bzw. andere personenbezogene Daten weder erhoben noch verarbeitet werden. Hat der Anbieter begründete Zweifel daran, welches der Wohnsitzmitgliedstaat des Abonnenten ist, und führt zur Verifizierung des Wohnsitzmitgliedstaats eine Überprüfung der IP-Adresse durch, so sollte der einzige Zweck solcher Überprüfungen darin bestehen, festzustellen, ob sich der Abonnent zum Zeitpunkt des Zugriffs auf den Online-Inhaltedienst oder der Nutzung dieses Dienstes innerhalb oder außerhalb seines Wohnsitzmitgliedstaats aufhält. Daher sollten in solchen Fällen die aus einer Überprüfung von IP-Adressen hervorgehenden Daten ausschließlich im Binärformat und im Einklang mit den geltenden Datenschutzvorschriften erhoben werden. Der Anbieter sollte nicht über diesen Detaillierungsgrad hinausgehen.

(29) Inhaber des Urheberrechts, verwandter Schutzrechte oder sonstiger Rechte an Inhalten im Rahmen von Online-Inhaltediensten sollten weiterhin die Möglichkeit haben, von ihrer Vertragsfreiheit Gebrauch zu machen, um die Bereitstellung und den Zugang zu ihren Inhalten sowie deren Nutzung im Rahmen der vorliegenden Verordnung zu erlauben, ohne den Wohnsitzmitgliedstaat zu überprüfen. Dies kann insbesondere für Branchen wie Musik und EBooks relevant sein. Jeder Rechtsinhaber sollte hierüber frei entscheiden dürfen, wenn er Verträge mit Anbietern von Online-Inhaltediensten schließt. Verträge zwischen Rechtsinhabern und Anbietern sollten die Möglichkeit der Rechtsinhaber, ihre Erlaubnis – vorbehaltlich einer rechtzeitigen Benachrichtigung des Anbieters – zurückzuziehen, nicht beschränken. Die Erlaubnis eines einzelnen Rechtsinhabers entbindet den Anbieter im Allgemeinen nicht von seiner Verpflichtung, den Wohnsitzmitgliedstaat des Abonnenten zu überprüfen. Die Verpflichtung zur Überprüfung sollte nur dann keine Anwendung finden, wenn alle Inhaber des Urheberrechts, verwandter Schutzrechte oder sonstiger Rechte an den vom Anbieter genutzten Inhalten beschließen, die Bereitstellung und den Zugang zu ihren

---

9 Richtlinie 95/46/EG des Europäischen Parlaments und des Rates vom 24. Oktober 1995 zum Schutz natürlicher Personen bei der Verarbeitung personenbezogener Daten und zum freien Datenverkehr (ABl. L 281 vom 23.11.1995, S. 31). Richtlinie 95/46/EG wird mit Wirkung vom 25. Mai 2018 durch die Verordnung (EU) Nr. 2016/679 des Europäischen Parlaments und des Rates vom 27. April 2016 zum Schutz natürlicher Personen bei der Verarbeitung personenbezogener Daten, zum freien Datenverkehr und zur Aufhebung der Richtlinie 95/46/EG (Datenschutz-Grundverordnung) (ABl. L 119 vom 4.5.2016, S. 1) aufgehoben und ersetzt.
10 Richtlinie 2002/58/EG des Europäischen Parlaments und des Rates vom 12. Juli 2002 über die Verarbeitung personenbezogener Daten und den Schutz der Privatsphäre in der elektronischen Kommunikation (Datenschutzrichtlinie für elektronische Kommunikation) (ABl. L 201 vom 31.7.2002, S. 37).

Inhalten sowie deren Nutzung ohne Überprüfung des Wohnsitzmitgliedstaats des Abonnenten zu erlauben, und der Vertrag zwischen dem Anbieter und dem Abonnenten über die Bereitstellung eines Online-Inhaltedienstes sollte dann als Grundlage zur Bestimmung des Wohnsitzmitgliedstaat des Abonnenten dienen. Alle anderen Aspekte dieser Verordnung sollten in solchen Fällen weiterhin Anwendung finden.

(30) Diese Verordnung steht im Einklang mit den Grundrechten und Grundsätzen, die mit der Charta der Grundrechte der Europäischen Union (im Folgenden „Charta") anerkannt wurden. Diese Verordnung sollte daher im Einklang mit diesen Rechten und Grundsätzen ausgelegt und angewandt werden, insbesondere mit dem Recht auf Achtung des Privat- und Familienlebens, dem Recht auf Schutz personenbezogener Daten, dem Recht auf freie Meinungsäußerung sowie der unternehmerischen Freiheit und den Eigentumsrechten, einschließlich der Rechte des geistigen Eigentums. Die Verarbeitung personenbezogener Daten nach dieser Verordnung sollte unter Achtung der Grundrechte, unter anderem des Rechts auf Achtung des Privat- und Familienlebens und des Rechts auf Schutz personenbezogener Daten nach den Artikeln 7 und 8 der Charta, erfolgen; es ist zudem von großer Bedeutung, dass diese Verarbeitung im Einklang mit den Richtlinien 95/46/EG und 2002/58/EG erfolgt. Insbesondere sollten die Anbieter von Online-Inhaltediensten sicherstellen, dass die Verarbeitung personenbezogener Daten nach dieser Verordnung für den betreffenden Zweck erforderlich, angemessen und verhältnismäßig ist. Es sollte keine Identifizierung des Abonnenten verlangt werden, wenn für die Bereitstellung des Dienstes eine Authentifizierung des Abonnenten ausreicht. Der Anbieter sollte Daten, die gemäß dieser Verordnung zum Zwecke der Überprüfung des Wohnsitzmitgliedstaats erhoben wurden, nicht länger aufbewahren, als es für den Abschluss der Überprüfung erforderlich ist. Solche Daten sollten nach Abschluss der Überprüfung unverzüglich und unwiderruflich vernichtet werden. Vorbehaltlich der geltenden Datenschutzvorschriften, einschließlich der Vorschriften zur Datenspeicherung, bleibt die Speicherung von Daten, die für einen anderen rechtmäßigen Zweck erhoben wurden, hiervon jedoch unberührt.

(31) Verträge zur Erteilung von Lizenzen für Inhalte werden in der Regel für eine relativ lange Laufzeit geschlossen. Daher und um sicherzustellen, dass alle Verbraucher mit Wohnsitz in der Union in zeitlich gleichberechtigter Weise und ohne ungebührliche Verzögerung in den Genuss der grenzüberschreitenden Portabilität von Online-Inhaltediensten kommen können, sollte diese Verordnung auch für Verträge und Rechte anwendbar sein, die vor ihrem Geltungsbeginn geschlossen beziehungsweise erworben wurden, sofern diese Verträge und Rechte für die grenzüberschreitende Portabilität eines nach diesem Zeitpunkt bereitgestellten Online-Inhaltedienstes relevant sind. Eine derartige Anwendung dieser Verordnung ist auch notwendig, um gleiche Ausgangsbedingungen für die im Binnenmarkt tätigen Anbieter von Online-Inhaltediensten, die in den Anwendungsbereich dieser Verordnung fallen, insbesondere für KMU, zu gewährleisten, indem Anbietern, die langfristige Verträge mit Rechtsinhabern geschlossen haben, unabhängig davon, ob die Anbieter in der Lage sind, diese Verträge neu auszuhandeln, ermöglicht wird, ihren Abonnenten die grenzüberschreitende Portabilität anzubieten. Darüber hinaus sollte durch eine derartige Anwendung dieser Verordnung sichergestellt werden, dass Anbieter, die für die grenzüberschreitende Portabilität ihrer Dienste erforderliche Vereinbarungen treffen, diese Portabilität für die Gesamtheit ihrer Online-Inhalte anbieten können. Dies sollte auch für Anbieter von Online-Inhaltediensten gelten, die Pakete anbieten, welche aus einer Kombination elektronischer Kommunikationsdienste und Online-Inhaltedienste bestehen. Und schließlich sollte eine derartige Anwendung dieser Verordnung es den Rechtsinhabern auch gestatten, ihre bestehenden Lizenzverträge nicht neu aushandeln zu müssen, um es Anbietern zu ermöglichen, die grenzüberschreitende Portabilität ihrer Dienste anzubieten.

(32) Da dementsprechend diese Verordnung für einige Verträge und Rechte gelten wird, die vor ihrem Geltungsbeginn geschlossen beziehungsweise erworben wurden, ist es auch angebracht, einen angemessenen Zeitraum zwischen dem Inkrafttreten dieser Verordnung und ihrem Geltungsbeginn vorzusehen, sodass die Rechtsinhaber und die Anbieter von Online-Inhaltediensten, die in den Anwendungsbereich dieser Verordnung fallen, die für die Anpassung an die neue Situation erforderlichen Vorkehrungen treffen und die Anbieter die Bedingungen für die Nutzung ihrer Dienste ändern können. Ausschließlich zur Erfüllung der Anforderungen dieser Verordnung vorgenommene Änderungen der Bedingungen für die Nutzung von Online-Inhaltediensten, die im Paket – be-

stehend aus einem elektronischen Kommunikationsdienst und einem Online-Inhaltedienst – angeboten werden, sollten die Abonnenten nach den nationalen Rechtsvorschriften zur Umsetzung des gemeinsamen Rechtsrahmens für elektronische Kommunikationsnetze und -dienste nicht zur Auflösung ihrer Verträge über die Bereitstellung solcher elektronischen Kommunikationsdienste berechtigen.

(33) Die vorliegende Verordnung zielt auf eine verbesserte Wettbewerbsfähigkeit ab, indem sie Innovation bei Online- Inhaltediensten fördert und einen Kundenzuwachs bewirkt. Diese Verordnung sollte die Anwendung der Wettbewerbsvorschriften, insbesondere der Artikel 101 und 102 AEUV, unberührt lassen. Die in dieser Verordnung vorgesehenen Vorschriften sollten nicht dazu verwendet werden, den Wettbewerb in einer gegen den AEUV verstoßenden Weise einzuschränken.

(34) Die vorliegende Verordnung sollte die Anwendung der Richtlinie 2014/26/EU des Europäischen Parlaments und des Rates[11], insbesondere ihres Titels III, unberührt lassen. Diese Verordnung ist mit dem Ziel vereinbar, den rechtmäßigen Zugang zu urheberrechtlich oder durch verwandte Rechte geschützten Inhalten und den damit verknüpften Diensten zu erleichtern.

(35) Damit das Ziel, die grenzüberschreitende Portabilität von Online-Inhaltediensten in der Union zu gewährleisten, erreicht wird, ist es angebracht, eine Verordnung zu erlassen, die in den Mitgliedstaaten unmittelbar anwendbar ist. Dies ist notwendig, um zu garantieren, dass die Vorschriften über die grenzüberschreitende Portabilität in allen Mitgliedstaaten einheitlich angewandt werden und für alle Online-Inhaltedienste gleichzeitig in Kraft treten. Nur eine Verordnung gewährleistet das Maß an Rechtssicherheit, das notwendig ist, damit die Verbraucher unionsweit in den vollen Genuss der grenzüberschreitenden Portabilität kommen können.

(36) Da das Ziel dieser Verordnung, nämlich die Anpassung des rechtlichen Rahmens, damit die grenzüberschreitende Portabilität von Online-Inhaltediensten in der Union möglich wird, von den Mitgliedstaaten nicht ausreichend verwirklicht werden kann, sondern vielmehr wegen ihres Umfangs und ihrer Wirkungen auf Unionsebene besser zu verwirklichen ist, kann die Union im Einklang mit dem in Artikel 5 des Vertrags über die Europäische Union verankerten Subsidiaritätsprinzip tätig werden. Entsprechend dem in demselben Artikel genannten Grundsatz der Verhältnismäßigkeit geht diese Verordnung nicht über das für die Erreichung dieses Ziels erforderliche Maß hinaus. Insbesondere hat diese Verordnung keine erheblichen Auswirkungen auf die Art und Weise, wie Lizenzen für die Rechte vergeben werden, und verpflichtet die Rechtsinhaber und Anbieter nicht, Verträge neu auszuhandeln. Zudem wird mit dieser Verordnung nicht verlangt, dass die Anbieter Maßnahmen treffen, um die Qualität der Bereitstellung von Online-Inhaltediensten außerhalb des Wohnsitzmitgliedstaats des Abonnenten zu gewährleisten. Schließlich gilt diese Verordnung nicht für Anbieter, die Online-Inhaltedienste ohne Zahlung eines Geldbetrags anbieten und die von der Option, die grenzüberschreitende Portabilität ihrer Dienste zu ermöglichen, keinen Gebrauch machen. Sie verursacht daher keine unverhältnismäßigen Kosten –

HABEN FOLGENDE VERORDNUNG ERLASSEN:

Artikel 1 Gegenstand und Anwendungsbereich

(1) Mit dieser Verordnung wird in der Union ein gemeinsames Konzept zur grenzüberschreitenden Portabilität von Online-Inhaltediensten eingeführt, indem sichergestellt wird, dass die Abonnenten von portablen Online-Inhaltediensten, die in ihrem Wohnsitzmitgliedstaat rechtmäßig bereitgestellt werden, während eines vorübergehenden Aufenthalts in einem anderen Mitgliedstaat als ihrem Wohnsitzmitgliedstaat auf diese Dienste zugreifen und sie nutzen können.

(2) Die vorliegende Verordnung gilt nicht für den Bereich der Steuern.

---

11 Richtlinie 2014/26/EU des Europäischen Parlaments und des Rates vom 26. Februar 2014 über die kollektive Wahrnehmung von Urheber- und verwandten Schutzrechten und die Vergabe von Mehrgebietslizenzen für Rechte an Musikwerken für die Online- Nutzung im Binnenmarkt (ABl. L 84 vom 20.3.2014, S. 72).

Artikel 2 Begriffsbestimmungen

Für die Zwecke dieser Verordnung bezeichnet der Ausdruck

1. „Abonnent" jeden Verbraucher, der auf der Grundlage eines Vertrags mit einem Anbieter über die Bereitstellung eines Online-Inhaltedienstes gegen Zahlung eines Geldbetrags oder ohne Zahlung eines Geldbetrags berechtigt ist, im Wohnsitzmitgliedstaat auf diesen Dienst zuzugreifen und ihn zu nutzen;
2. „Verbraucher" jede natürliche Person, die bei einem von dieser Verordnung erfassten Vertrag nicht für die Zwecke ihrer gewerblichen, geschäftlichen, handwerklichen oder beruflichen Tätigkeit handelt;
3. „Wohnsitzmitgliedstaat" den nach Artikel 5 bestimmten Mitgliedstaat, in dem der Abonnent seinen tatsächlichen und dauerhaften Wohnsitz hat;
4. „vorübergehender Aufenthalt in einem Mitgliedstaat" den zeitlich begrenzten Aufenthalt in einem anderen Mitgliedstaat als dem Wohnsitzmitgliedstaat;
5. „Online-Inhaltedienst" eine Dienstleistung im Sinne der Artikel 56 und 57 AEUV, die ein Anbieter einem Abonnenten in dessen Wohnsitzmitgliedstaat zu vereinbarten Bedingungen und online erbringt, die portabel ist und bei der es sich um Folgendes handelt:
   i) einen audiovisuellen Mediendienst im Sinne des Artikels 1 Buchstabe a der Richtlinie 2010/13/EU oder
   ii) einen Dienst, dessen Hauptmerkmal die Bereitstellung von, der Zugang zu und die Nutzung von Werken, sonstigen Schutzgegenständen oder Übertragungen von Rundfunkveranstaltern in linearer Form oder auf Abruf ist;
6. „portabel", dass ein Abonnent in seinem Wohnsitzmitgliedstaat auf den Online-Inhaltedienst tatsächlich zugreifen und ihn nutzen kann, ohne auf einen bestimmten Standort beschränkt zu sein.

Artikel 3 Verpflichtung zur Ermöglichung der grenzüberschreitenden Portabilität von Online-Inhaltediensten

(1) Der Anbieter eines Online-Inhaltedienstes, der gegen Zahlung eines Geldbetrags bereitgestellt wird, ermöglicht es einem Abonnenten, der sich vorübergehend in einem Mitgliedstaat aufhält, in derselben Form wie in seinem Wohnsitzmitgliedstaat auf den Online-Inhaltedienst zuzugreifen und ihn zu nutzen, indem unter anderem der Zugriff auf dieselben Inhalte, für dieselben Arten und dieselbe Zahl von Geräten, für dieselbe Zahl von Nutzern und mit demselben Funktionsumfang gewährt wird.

(2) Der Anbieter stellt dem Abonnenten für den Zugriff auf den Online-Inhaltedienst und dessen Nutzung nach Absatz 1 keine Zusatzkosten in Rechnung.

(3) Die Verpflichtung nach Absatz 1 erstreckt sich nicht auf Qualitätsanforderungen an die Bereitstellung eines Online-Inhaltedienstes, denen der Anbieter unterliegt, wenn er diesen Dienst im Wohnsitzmitgliedstaat bereitstellt, es sei denn, zwischen dem Anbieter und dem Abonnenten wurde ausdrücklich etwas anderes vereinbart. Der Anbieter ergreift keine Maßnahmen, um die Qualität des Online-Inhaltedienstes bei der Bereitstellung dieses Dienstes gemäß Absatz 1 zu verringern.

(4) Der Anbieter teilt dem Abonnenten auf der Grundlage der ihm zur Verfügung stehenden Informationen mit, in welcher Qualität der Online-Inhaltedienst nach Absatz 1 bereitgestellt wird. Diese Informationen werden dem Abonnenten vor Bereitstellung des Online-Inhaltedienstes gemäß Absatz 1 auf geeignete und verhältnismäßige Weise mitgeteilt.

Artikel 4 Ort der Bereitstellung von Online-Inhaltediensten, des Zugriffs auf diese Dienste und ihrer Nutzung

Die Bereitstellung eines Online-Inhaltedienstes nach dieser Verordnung für einen Abonnenten, der sich vorübergehend in einem Mitgliedstaat aufhält, sowie der Zugriff auf diesen Dienst und seine Nutzung durch den Abonnenten gelten als ausschließlich im Wohnsitzmitgliedstaat des Abonnenten erfolgt.

Artikel 5 Überprüfung des Wohnsitzmitgliedstaats

(1) Bei Abschluss und Verlängerung eines Vertrags über die Bereitstellung eines gegen Zahlung eines Geldbetrags erbrachten Online-Inhaltedienstes überprüft der Anbieter den Wohnsitzmitgliedstaat des Abonnenten indem er auf höchstens zwei der unten aufgeführten Überprüfungsmittel zurückgreift und sicherstellt, dass die verwendeten Mittel angemessen, verhältnismäßig und wirksam sind:

a) Personalausweis, elektronische Identifizierungen, insbesondere solche, die unter die gemäß der Verordnung (EU) Nr. 910/2014 des Europäischen Parlaments und des Rates[12] notifizierten elektronischen Identifizierungssystemen fallen, oder andere gültige Ausweisdokumente, die den Wohnsitzmitgliedstaat des Abonnenten bestätigen;

b) Zahlungsinformationen wie Kontonummer oder Kredit- oder Debitkartennummer des Abonnenten;

c) Ort der Aufstellung eines Beistellgeräts (Set-Top-Box), eines Decoders oder eines ähnlichen Geräts, das für die Bereitstellung von Diensten für den Abonnenten verwendet wird;

d) Beleg für die durch den Abonnenten erfolgende Zahlung einer Lizenzgebühr für sonstige Dienste, die in einem Mitgliedstaat bereitgestellt werden, wie etwa für den öffentlichen Rundfunk;

e) einen Vertrag über die Bereitstellung eines Internetzugangs oder eines Telefondienstes oder einen anderen Vertrag ähnlicher Art, der den Abonnenten mit dem Mitgliedstaat verknüpft;

f) Eintragung in örtlichen Wählerlisten, falls die einschlägigen Informationen öffentlich sind;

g) Zahlung lokaler Steuern, falls die einschlägigen Informationen öffentlich sind;

h) Rechnung eines öffentlichen Versorgungsunternehmens, die den Abonnenten mit dem Mitgliedstaat verknüpft;

i) die Rechnungs- oder Postanschrift des Abonnenten;

j) Erklärung des Abonnenten, in der er seine Adresse im Wohnsitzmitgliedstaat bestätigt;

k) Überprüfung der Internet-Protocol (IP)-Adresse zur Ermittlung des Mitgliedstaats, in dem der Abonnent auf den Online-Inhaltedienst zugreift.

Die Überprüfungsmittel im Sinne der Buchstaben i bis k werden ausschließlich in Kombination mit einem der Überprüfungsmittel im Sinne der Buchstaben a bis h verwendet, es sei denn, die Postanschrift nach Buchstabe i ist in einem öffentlich zugänglichen Register aufgeführt.

(2) Hat der Anbieter während der Laufzeit des Vertrags über die Bereitstellung eines Online-Inhaltedienstes begründete Zweifel am Wohnsitzmitgliedstaat des Abonnenten, so hat er die Möglichkeit, den Wohnsitzmitgliedstaat des Abonnenten erneut gemäß Absatz 1 zu überprüfen. In einem solchen Fall können jedoch die Überprüfungsmittel unter Buchstabe k alleine verwendet werden. Durch den Einsatz der Überprüfungsmittel unter Buchstabe k erhaltene Daten werden ausschließlich im Binärformat erhoben.

(3) Der Anbieter ist berechtigt, vom Abonnenten die Bereitstellung der für die Bestimmung von dessen Wohnsitzmitgliedstaat erforderlichen Informationen gemäß den Absätzen 1 und 2 zu verlangen. Sollte der Abonnent diese Informationen nicht zur Verfügung stellen und der Anbieter somit nicht in der Lage sein, den Wohnsitzmitgliedstaat des Abonnenten zu überprüfen, so darf der Anbieter dem Abonnenten nicht aufgrund dieser Verordnung Zugang zum Online-Inhaltedienst oder zur Nutzung dieses Dienstes während des vorübergehenden Aufenthalts des Abonnenten in einem Mitgliedstaat ermöglichen.

(4) Die Inhaber von Urheberrechten oder verwandten Schutzrechten oder von sonstigen Rechten am Inhalt eines Online-Inhaltedienstes können die Bereitstellung von, den Zugang zu und die Nutzung ihrer Inhalte nach dieser Verordnung erlauben, ohne dass der Wohnsitzmitgliedstaat überprüft wird. In solchen Fällen reicht der Vertrag zwischen dem Anbieter und dem Abonnenten über die Bereitstellung eines

---

12 Verordnung (EU) Nr. 910/2014 des Europäischen Parlaments und des Rates vom 23. Juli 2014 über elektronische Identifizierung und Vertrauensdienste für elektronische Transaktionen im Binnenmarkt und zur Aufhebung der Richtlinie 1999/93/EG (ABl. L 257 vom 28.8.2014, S. 73).

Online- Inhaltedienstes aus, um den Wohnsitzmitgliedstaat des Abonnenten zu bestimmen.

Die Inhaber von Urheberrechten oder verwandten Schutzrechten oder von sonstigen Rechten am Inhalt eines Online-Inhaltedienstes sind berechtigt, die gemäß Unterabsatz 1 erteilte Erlaubnis — vorbehaltlich einer rechtzeitigen Benachrichtigung des Anbieters — zurückzuziehen.

(5) Durch den Vertrag zwischen dem Anbieter und den Inhabern von Urheberrechten oder verwandten Schutzrechten oder von sonstigen Rechten am Inhalt eines Online-Inhaltedienstes wird die diesen Rechtsinhabern offenstehende Möglichkeit, die in Absatz 4 genannte Erlaubnis zurückzuziehen, nicht eingeschränkt.

Artikel 6 Grenzüberschreitende Portabilität von kostenfrei bereitgestellten Online-Inhaltediensten

(1) Der Anbieter eines Online-Inhaltedienstes, der ohne Zahlung eines Geldbetrags bereitgestellt wird, kann entscheiden, seinen Abonnenten während eines vorübergehenden Aufenthalts in einem Mitgliedstaat den Zugriff auf den Online-Inhaltedienst sowie dessen Nutzung zu ermöglichen, sofern der Anbieter den Wohnsitzmitgliedstaat des Abonnenten im Einklang mit dieser Verordnung überprüft.

(2) Der Anbieter unterrichtet seine Abonnenten, die betreffenden Inhaber des Urheberrechts und verwandter Schutzrechte sowie die betreffenden Inhaber sonstiger Rechte am Inhalt eines Online-Inhaltedienstes vor der Bereitstellung des Online-Inhaltedienstes von seiner Entscheidung, den Dienst gemäß Absatz 1 zu erbringen. Diese Informationen werden auf geeignete und verhältnismäßige Weise übermittelt.

(3) Diese Verordnung findet auf Anbieter Anwendung, die einen Online-Inhaltedienst gemäß Absatz 1 bereitstellen.

Artikel 7 Vertragsbestimmungen

(1) Vertragsbestimmungen, auch solche, die im Verhältnis zwischen Anbietern von Online-Inhaltediensten und Inhabern von Urheberrechten oder verwandten Schutzrechten oder Inhabern sonstiger Rechte an Inhalten von Online-Inhaltediensten sowie solche, die zwischen diesen Anbietern und ihren Abonnenten gelten, sind nicht durchsetzbar, wenn sie gegen die vorliegende Verordnung verstoßen; hierzu zählen auch Vertragsbestimmungen, die die grenzüberschreitende Portabilität von Online-Inhaltediensten verbieten oder die Portabilität auf einen bestimmten Zeitraum beschränken.

(2) Diese Verordnung gilt ungeachtet des Rechts, das für Verträge zwischen Anbietern von Online-Inhaltediensten und Inhabern von Urheberrechten oder verwandten Schutzrechten sowie Inhabern sonstiger für den Zugriff auf Inhalte im Rahmen von Online-Inhaltediensten und deren Nutzung relevanter Rechte oder für Verträge zwischen solchen Anbietern und ihren Abonnenten gilt.

Artikel 8 Schutz personenbezogener Daten

(1) Die Verarbeitung personenbezogener Daten im Zusammenhang mit dieser Verordnung, insbesondere auch für die Zwecke der Überprüfung des Wohnsitzmitgliedstaats des Abonnenten nach Artikel 5, erfolgt im Einklang mit den Richtlinien 95/46/EG und 2002/58/EG. Insbesondere sind der Einsatz der Überprüfungsmittel im Sinne von Artikel 5 und jede Verarbeitung personenbezogener Daten nach dieser Verordnung auf das zur Erreichung ihres Zwecks erforderliche und verhältnismäßige Maß begrenzt.

(2) Nach Artikel 5 erhobene Daten werden ausschließlich zur Überprüfung des Wohnsitzmitgliedstaats des Abonnenten verwendet. Es erfolgt keine Mitteilung, Übertragung, Bereitstellung, Lizenzierung oder sonstige Übermittlung oder Weitergabe dieser Daten an Inhaber von Urheberrechten oder verwandten Schutzrechten, Inhaber sonstiger Rechte an Inhalten von Online-Inhaltediensten oder Drittpersonen.

(3) Gemäß Artikel 5 erhobene Daten werden von Anbietern von Online-Inhaltediensten nicht länger aufbewahrt, als es für den Abschluss einer Überprüfung des Wohnsitzmitgliedstaats des Abonnenten gemäß Artikel 5 Absatz 1 und 2 erforderlich ist. Nach Abschluss jeder Überprüfung werden die Daten unverzüglich und unwiderruflich vernichtet.

Artikel 9 Anwendung auf bestehende Verträge und erworbene Rechte

(1) Diese Verordnung gilt auch für Verträge und Rechte, die vor ihrem Geltungsbeginn geschlossen beziehungsweise erworben wurden, sofern sie für die Bereitstellung eines Online-Inhaltedienstes, den Zugriff auf diesen Dienst und seine Nutzung im Einklang mit den Artikeln 3 und 6 nach diesem Zeitpunkt relevant sind.

(2) Bis zum 2. Juni 2018 führt der Anbieter eines gegen Zahlung eines Geldbetrags bereitgestellten Online-Inhaltedienstes im Einklang mit dieser Verordnung eine Überprüfung des Wohnsitzmitgliedstaats derjenigen Abonnenten durch, die vor diesem Tag Verträge über die Bereitstellung des Online-Inhaltedienstes geschlossen haben.
Innerhalb von zwei Monaten ab dem Tag, ab dem der Anbieter eines kostenfrei bereitgestellten Online-Inhaltedienstes den Dienst zum ersten Mal nach Artikel 6 anbietet, überprüft der Anbieter gemäß der vorliegenden Verordnung den Wohnsitzmitgliedstaat derjenigen Abonnenten, die vor diesem Tag Verträge über die Bereitstellung eines Online-Inhaltedienstes geschlossen haben.

Artikel 10   Überprüfung

Bis zum 2. April 2021 und danach je nach Bedarf bewertet die Kommission die Durchführung dieser Verordnung vor dem Hintergrund rechtlicher, technischer und wirtschaftlicher Entwicklungen und erstattet dem Europäischen Parlament und dem Rat diesbezüglich Bericht.
Der Bericht gemäß Absatz 1 umfasst unter anderem eine Bewertung der Anwendung der zur Überprüfung des Wohnsitzmitgliedstaats gemäß Artikel 5 vorgesehenen Mittel unter Einbeziehung neu entwickelter Technologien, Industriestandards und Verfahren und überprüft erforderlichenfalls die Notwendigkeit einer Überarbeitung. In dem Bericht wird den Auswirkungen der vorliegenden Verordnung auf KMU und dem Schutz personenbezogener Daten besondere Aufmerksamkeit geschenkt. Die Kommission fügt ihrem Bericht gegebenenfalls einen Legislativvorschlag bei.

Artikel 11   Schlussbestimmungen

(1) Diese Verordnung tritt am zwanzigsten Tag nach ihrer Veröffentlichung im *Amtsblatt der Europäischen Union* in Kraft.

(2) Sie gilt ab dem 1. April 2018.

Diese Verordnung ist in allen ihren Teilen verbindlich und gilt unmittelbar in jedem Mitgliedstaat.

Einleitung

Übersicht

I.   Entstehungsgeschichte

Am **9.12.**2015 veröffentlichte die Kommission einen Vorschlag für eine Verord-   **1**
nung zur Gewährleistung der grenzüberschreitenden Portabilität von Online-
Inhaltediensten im Binnenmarkt (COM(2015) 627 final), also den **ersten Entwurf für die PortabilitätsVO.** Dieser Entwurf basierte auf den Ergebnissen einer zwischen 2013 und 2014 durchgeführten Konsultation zur Überprüfung
der Regeln zum EU-Urheberrecht (http://ec.europa.eu/internal_market/consul
tations/2013/copyright-rules/docs/contributions/consultation-report_en.pdf).
Der Verordnungsvorschlag wurde mit einer Reihe von Änderungen am
18.5.2017 vom Europäischen Parlament verabschiedet und am 30.6.2017 veröffentlicht. Damit ist die Verordnung seit dem 20.7.2017 in Kraft (Art. 11
Abs. 1 PortabilitätsVO). Jedoch **gilt** die PortabilitätsVO in den Mitgliedstaaten
erst **ab 1.4.2018** (Art. 11 Abs. 2 PortabilitätsVO).

Die PortabilitätsVO ist die **erste EU-Verordnung auf dem Gebiet des Urheber-   2
rechts.** Die EU hat sonst eine Harmonisierung des Urheberrechts durch Richtlinien, die noch in die nationalen Urheberrechtsgesetze umgesetzt werden müssen, betrieben, vgl. Einl. UrhG Rn. 37 ff. EU-Verordnungen unterscheiden sich
von Richtlinien dadurch, dass die Verordnung unmittelbar in jedem Mitgliedstaat gilt (Art. 288 Abs. 2 AEUV). Mit der PortabilitätsVO wurde also der
erste **Teil einer unmittelbar in allen Mitgliedstaaten anwendbaren europäischen Urheberrechtsordnung** geschrieben. Es bleibt abzuwarten, ob sich dieser
Trend fortsetzt. Die Begründung für die Wahl des Instruments der Verordnung
in ErwG 35 der PortabilitätsVO, eine Verordnung sei „notwendig, um zu garantieren, dass die Vorschriften über die grenzüberschreitende Portabilität in
allen Mitgliedstaaten einheitlich angewandt werden und für alle Online-Inhaltedienste gleichzeitig in Kraft treten", lässt sich so auch auf andere urheberrechtliche Fragen übertragen, die bislang nur durch Richtlinien harmonisiert
sind.

II.   Sinn und Zweck

Die PortabilitätsVO ist Teil der **Initiative der Europäischen Kommission zur   3
Verwirklichung eines digitalen Binnenmarktes,** die ihren Ursprung in der Mitteilung der Kommission zur Strategie für einen digitalen Binnenmarkt für Europa (COM(2015) 192 final) hat, welche im Mai 2015 erschien. Die Mitteilung gab das Ziel der zeitnahen Verwirklichung eines unionsweit vernetzten
digitalen Binnenmarktes basierend auf drei Pfeilern aus: (1) Besserer Zugang
zu digitalen Waren und Dienstleistungen, (2) Optimale Rahmenbedingungen
für digitale Netze und Dienstleistungen und (3) Digitale Wirtschaft als Wachs-
tumsmotor. Als digitaler Binnenmarkt schwebt der Kommission ein digitaler
europäischer Binnenmarkt vor, in dem Privatpersonen und Unternehmen unter
fairen Wettbewerbsbedingungen und auf der Grundlage hoher Verbraucher-
und Datenschutzstandards ungeachtet ihrer Staatsangehörigkeit bzw. ihres
Wohn- oder Geschäftssitzes nahtlos Online-Aktivitäten nachgehen und Inter-
netanwendungen nutzen können. Die PortabilitätsVO regelt dabei nur einen
kleinen **Ausschnitt** aus dem ersten Pfeiler. Sie regelt nur die **Portabilität von
Online-Inhalten** aus dem Wohnsitzmitgliedstaat **bei einem *vorübergehenden*
Aufenthalt** in einem anderen Mitgliedstaat (Art. 1 Abs. 1 PortabilitätsVO). Dabei verwendet die Portabilitätsverordnung eine Fiktion, dass ein solcher vorübergehender Aufenthalt der Öffentlichkeit im Wohnsitzmitgliedstaat zugerech-

net wird, s. Art. 4 PortabilitätsVO. **Es geht also nicht um einen generellen grenzüberschreitenden EU-weiten Zugriff,** der Verbraucher auf Online-Inhaltedienste in anderen Mitgliedstaaten als ihrem Wohnsitzmitgliedstaat. Der Verordnungsgeber, der die Portabilitätsverordnung als eines der ersten Projekte der „digitalen Agenda" umgesetzt hat, trennt damit die Frage der Portabilität von Inhaltediensten bei nur vorübergehendem Aufenthalt in einem anderen Mitgliedstaat von der wesentlich komplexeren und wirtschaftlich folgenschwereren Frage des grenzüberschreitenden Zugriffs auf Online-Inhaltedienste; vgl. Art. 1 PortabilitätsVO Rn. 1.

4 Für die Zugangsgewährung bei vorübergehendem Aufenthalt ergaben sich vor der PortabilitätsVO **Hindernisse** insbesondere daraus, dass für die Nutzungsrechte an urheberrechtlich oder durch verwandte Schutzrechte geschützten Inhalten (wie z. B. an Filmen) häufig **Gebietslizenzen** vergeben werden und dass sich die Anbieter von Online-Inhaltediensten dafür entscheiden können, nur bestimmte Märkte zu bedienen (s. ErwG 4 der PortabilitätsVO). Die urheberrechtlich bestehende Möglichkeit, Rechte für bestimmte Staaten getrennt zu vergeben, wird auch nicht durch das Kartellrecht (Art. 101 AEUV) ausgeschlossen. **Ein** EU-kartellrechtlich bedingtes **allgemeines Herkunftslandprinzip für Online-Nutzungen gibt es im EU-Urheberrecht nicht.** Das bestätigen auch die Ausnahmen, nämlich das beschränkte Herkunftslandprinzip in Art. 4 PortabilitätsVO und das Herkunftslandprinzip für die Satellitensendung gem. Art. 1 Abs. 2 lit. b) Satelliten- und Kabel-RL (eingehend vgl. Art. 7 PortabilitätsVO Rn. 10). Die PortabilitätsVO zielt darauf ab, einen **Ausgleich der verschiedenen Interessen** herbeizuführen (*Eginger* ZUM 2017, 698, 712; *Ranke/Göckler* MMR 2017, 378, 382): Einerseits ist der **Nutzer** von digitalen und urheberrechtlich geschützten Inhalten zunehmend mobil und erwartet einen unionsweiten Online-Zugriff auf die Werke. Es würde an die Grenzen der Akzeptanz der Nutzer stoßen, wenn der Verbraucher, der sich vorübergehend im Ausland aufhält, keinen Zugriff auf von ihm erworbene und bezahlte Gegenstände haben würde (*Grünberger* ZUM 2017, 697, 698). Privilegiert sind allerdings nur Nutzer mit Wohnsitz innerhalb der Europäischen Union; Personen, die ihren dauerhaften Wohnsitz in einem Staat außerhalb der Europäischen Union haben, fallen nicht unter die PortabilitätsVO (vgl. Rn. 5; vgl. Art. 2 PortabilitätsVO Rn. 2). Andererseits sind die Interessen der **Rechteinhaber** an einer Aufrechterhaltung ihrer exklusiven Rechtsposition zu wahren. Die Regelungen der Verordnung sollen das hohe Schutzniveau zugunsten der Urheber nicht absenken (ErwG 12 der PortabilitätsVO). Zu den Interessen der Urheber und sonstigen Rechteinhabern gehört insbesondere, durch eine territoriale Aufspaltung der Rechte die optimale Nutzungsstrategie selbst zu definieren. Über eine territoriale Preis- und Konditionendifferenzierung wird beispielsweise Filmrechteinhabern ermöglicht, im Hochrisikogeschäft Filmproduktion einen ausreichenden Return on Investment zu sichern, wodurch die Vielfalt des europäischen Films gesichert wird (*Schwarz* ZUM 2015, 950; *Ranke/Glöckler* MMR 2017, 378, 382 sehen dieses Interesse als gewahrt an; s. hierzu ausführlich *Engels* S. XX ff.). Ferner sind die Interessen der **Anbieter von Onlinediensten** zu beachten.

III. Charta der Grundrechte der Europäischen Union

5 Nach ErwG 30 der PortabilitätsVO steht die PortabilitätsVO im Einklang mit den Grundrechten und Grundsätzen, die mit der EU-GR-Charta anerkannt wurden. Die PortabilitätsVO muss daher im Einklang damit ausgelegt und angewandt werden. Insbesondere sind einschlägig das **Recht auf Achtung des Privat- und Familienlebens, das Recht auf Schutz personenbezogener Daten, das Recht auf freie Meinungsäußerung, das Recht der unternehmerischen Frei-**

heit sowie der **Schutz des Eigentums, einschließlich der Rechte des geistigen Eigentums**. Die Verarbeitung personenbezogener Daten ist in Art. 8 PortabilitätsVO einer detaillierten Regelung unterzogen worden (vgl. Art. 8 PortabilitätsVO Rn. 1 ff.). Das deutsche Grundgesetz gilt nicht, weil die PortabilitätsVO unmittelbar in Deutschland geltendes EU-Recht ist (s. BVerfG GRUR 2016, 690 Tz. 115 – *Metall auf Metall*, dort zu voll-harmonisierenden Richtlinien), ebenso wenig die **EMRK**, solange der Anwendungsbereich der EU-GR-Charta eröffnet ist (BGH GRUR 2017, 901 Tz. 35 – *Afghanistan Papiere*).

IV. Internationales

1. Internationaler Anwendungsbereich der PortabilitätsVO

Die PortabilitätsVO gilt nur zu Gunsten von **Nutzern, die ihren dauerhaften**   **6** **Wohnsitz in einem Mitgliedstaat der Europäischen Union** haben (s. ErwG 26 der PortabilitätsVO). Personen, die ihren Wohnsitz in einem Staat außerhalb der Europäischen Union nehmen, fallen nicht unter die PortabilitätsVO (vgl. Art. 2 PortabilitätsVO Rn. 2). Jedoch fallen **Online-Dienste, die ihren Sitz nicht innerhalb der EU** oder den **Dienst aus dem Nicht-EU-Ausland** erbringen, unter die PortabilitätsVO (vgl. Art. 2 PortabilitätsVO Rn. 7).

2. Internationales Privatrecht

Nach **Art. 7 Abs. 2 PortabilitätsVO** gelten die Regelungen der PortabilitätsVO   **7** unabhängig davon, welches nationale Vertragsrecht auf die Verträge des Anbieters des Online-Inhaltedienstes mit den Rechteinhabern einerseits oder mit den Abonnenten andrerseits anwendbar ist. Das dient der Klarstellung, dass es sich bei den Regelungen in **Art. 7 Abs. 1 PortabilitätsVO** um **internal-privatrechtlich zwingendes Recht** und damit um **Eingriffsnormen gem. Art. 9 Abs. 1 ROM-I-VO** handelt (vgl. Art. 7 PortabilitätsVO Rn. 1). Zum vergleichbaren § 32b UrhG vgl. § 32b UrhG Rn. 2.

3. Internationale Urheberrechtsverträge

Für die EU-Mitgliedstaaten, aber auch für die Europäische Union sind die internationalen völkerrechtlichen Verträge zur Regelung von Urheberrechten und   **8** Leistungsschutzrechten (verwandten Schutzrechten) verbindliche Vorgaben, wobei sich Einzelpersonen darauf jedoch nicht berufen können sollen (eingehend vgl. Vor §§ 120 ff. UrhG Rn. 9 ff.). ErwG 7 der PortabilitätsVO ordnet deshalb an, dass die Regelungen der PortabilitätsVO „so weit wie möglich" insbesondere mit den völkerrechtlichen Verpflichtungen aus TRIPS (und damit auch der RBÜ), WCT und WPPT vereinbar sein müssen (eingehend zu diesen Verträgen vgl. Vor §§ 120 ff. UrhG Rn. 12 ff.). Im Hinblick auf die PortabilitätsVO stellt sich damit vor allem die Frage, ob das beschränkte Herkunftslandprinzip gem. Art. 4 PortabilitätsVO den Vorgaben von Art. 8 WCT für die Gewährung eines – auch interaktiven – Rechts der öffentlichen Wiedergabe entspricht.

V. Regelungsinhalt der PortabilitätsVO im Überblick

Art. 1 PortabilitätsVO bestimmt den Gegenstand und Anwendungsbereich   **9** der Portabilitätsverordnung. Diese Formulierung des Regelungsgegenstandes hat gegenüber den Begriffsdefinitionen in Art. 2 PortabilitätsVO und den inhaltlichen Regelungen in Art. 3 bis 9 PortabilitätsVO keinen eigenständigen Regelungsgehalt (vgl. Art. 1 PortabilitätsVO Rn. 1). Den materiellen Kern der PortabilitätsVO enthalten Art. 3 und Art. 4 PortabilitätsVO. Zunächst sieht Art. 3 PortabilitätsVO eine Verpflichtung zur Ermöglichung der grenzüberschreitenden Portabilität von Online-Inhaltediensten vor. Art. 4

PortabilitätsVO fingiert als Ort der Bereitstellung von Online-Inhaltediensten und des Zugriffs auf diese Dienste und ihrer Nutzung den Wohnsitzort, wenn sich der Nutzer nur vorübergehend in einem anderen Mitgliedstaat aufhält. Dieser Wohnsitzmitgliedstaat kann nach Art. 5 PortabilitätsVO vom Anbieter des Online-Dienstes überprüft werden. Art. 6 PortabilitätsVO enthält eine Spezialregelung für die grenzüberschreitende Portabilität von kostenfrei bereitgestellten Online-Inhaltediensten, während Art. 7 PortabilitätsVO dann die vertraglichen Regelungen zwischen Anbietern von Online-Inhaltediensten und Rechteinhabern einerseits und Anbietern von Online-Diensten und deren Nutzern andererseits reguliert; die Vorschrift enthält über dies auch international-privatrechtliche Regelungen. Der Schutz personenbezogener Daten ist Gegenstand von Art. 8 PortabilitätsVO. Übergangsvorschriften enthält Art. 9 PortabilitätsVO für bestehende Verträge und erworbene Rechte. Art. 10 PortabilitätsVO sieht eine Überprüfung der PortabilitätsVO durch die Kommission bis zum 21.3.2021 vor. Die Schlussbestimmungen, insbesondere zum Inkrafttreten, finden sich in Art. 11 PortabilitätsVO. Eingehend zu den einzelnen Bestimmungen *Peifer* AfP 2017, 8 ff.; *Ranke/Glöckler* MMR 2017, 378 ff.; *Roos* MMR 2017, 147 ff.; *Eginger* ZUM 2017, 698 ff.; *Heyde* ZUM 2017, 712 ff.; *Kraft* ZUM 2017, 720 ff. Ferner s. die nachfolgenden Kommentierungen zu den einzelnen Bestimmungen.

VI. Verhältnis zu anderen Vorschriften

10   Die PortabilitätsVO tritt als nachrangige Vorschrift zurück, soweit **Regelungen des EU-Primärrechts** einschlägig sind. Das gilt insbesondere für Art. 101 und Art. 102 AEUV (vgl. Art. 7 PortabilitätsVO Rn. 10 f.; s. ErwG 33 der PortabilitätsVO). Die PortabilitätsVO lässt die Anwendung der **Richtlinie 2014/26/EU** über die kollektive Wahrnehmung von Urheber- und verwandten Schutzrechten und die Vergabe von Mehrgebietslizenzen für Rechte an Musikwerken für die Online-Nutzung im Binnenmarkt (ABl. L 84 vom 20.3.2014, S. 72) unberührt, wie ErwG 34 der PortabilitätsVO ausdrücklich sagt. Kein Vorrang gilt indes für **nationale Regelungen**, weil die PortabilitätsVO ihnen vorgeht; so treten z. B. die Regelungen in §§ 1, 19, 20 GWB zurück (vgl. Art. 7 PortabilitätsVO Rn. 11). Eine besondere Rolle kommt dem **AGB-Recht** zu, um die betroffenen Verträge zwischen Anbietern und Abonnenten einerseits und die Lizenzverträge zwischen Rechteinhaber und Anbietern andererseits zu regulieren; es bleibt neben der PortabilitätsVO anwendbar, vgl. Art. 7 PortabilitätsVO Rn. 8.

Artikel 1 Gegenstand und Anwendungsbereich

(1) Mit dieser Verordnung wird in der Union ein gemeinsames Konzept zur grenzüberschreitenden Portabilität von Online-Inhaltediensten eingeführt, indem sichergestellt wird, dass die Abonnenten von portablen Online-Inhaltediensten, die in ihrem Wohnsitzmitgliedstaat rechtmäßig bereitgestellt werden, während eines vorübergehenden Aufenthalts in einem anderen Mitgliedstaat als ihrem Wohnsitzmitgliedstaat auf diese Dienste zugreifen und sie nutzen können.

(2) Die vorliegende Verordnung gilt nicht für den Bereich der Steuern.

Übersicht   Rn.

I. Gegenstand der Portabilitätsverordnung (Abs. 1)

Art. 1 PortabilitätsVO bestimmt den Gegenstand und Anwendungsbereich der **1** PortabilitätsVO. Nach Abs. 1 ist Zweck der Verordnung in der Union ein gemeinsames Konzept zur grenzüberschreitenden Portabilität von Online-Inhaltediensten einzuführen, indem Abonnenten von portablen Online-Inhaltediensten unter bestimmten Umständen während eines vorübergehenden Aufenthalts in einem anderen Mitgliedstaat als ihrem Wohnsitzmitgliedstaat ein Zugriff auf diese Dienste ermöglicht wird. Ausgangspunkt für Abs. 1 ist damit die urheberrechtlich bestehende Möglichkeit, Rechte für bestimmte Staaten getrennt zu vergeben, so dass auch bei nur vorübergehendem Aufenthalt eigentlich die Möglichkeit für den Rechteinhaber bestünde, dies zu untersagen oder gesondert zu lizenzieren. Ein allgemeines Herkunftslandprinzip für Online-Nutzungen gibt es im EU-Urheberrecht nicht (zum Kartellrecht vgl. Art. 7 PortabilitätsVO Rn. 10). Die Formulierung des Regelungsgegenstandes in Art. 1 Abs. 1 PortabilitätsVO hat als Programmsatz gegenüber den Begriffsdefinitionen in Art. 2 PortabilitätsVO und den inhaltlichen Regelungen in Art. 3 bis 9 PortabilitätsVO grundsätzlich **keinen eigenständigen Regelungsgehalt**. Ihm kann aber **Bedeutung bei der Auslegung** der PortabilitätsVO zukommen. Interessant ist an der Formulierung in Art. 1 Abs. 1 PortabilitätsVO die Tatsache, dass der Verordnungsgeber deutlich die Interessen des Abonnenten als Nutzer der Onlinedienste in den Fokus rückt. Dies wird auch aus den ErwGen 1 und 12 der PortabilitätsVO deutlich, die das Interesse des Verbrauchers an der grenzüberschreitenden Nutzung in seinem Heimatmitgliedstaat abonnierter Online-Inhaltedienste in den Vordergrund setzt. Gleichzeitig betont der Verordnungsgeber in ErwG 12 der PortabilitätsVO, dass die Regelungen der Verordnung das hohe Schutzniveau zugunsten der Urheber nicht absenken soll. Entsprechend wird der Begriff der grenzüberschreitenden Portabilität explizit von dem Begriff des grenzüberschreitenden Zugriffs der Verbraucher auf Online-Inhaltedienste in einem anderen Mitgliedstaat als ihrem Wohnsitzmitgliedstaat abgegrenzt. Letzterer fällt nicht in den Geltungsbereich dieser Verordnung. Diese Klarstellung wäre grundsätzlich nicht erforderlich gewesen, da sich der eingeschränkte Anwendungsbereich der Verordnung bereits aus dem klar eingegrenzten Tatbestand in Art. 3 PortabilitätsVO ergibt. Sie ist jedoch zu begrüßen, da die Trennung zwischen Portabilität und grenzüberschreitendem Zugriff in der politischen und gesellschaftlichen Debatte häufig vermischt werden. Der Verordnungsgeber, der die PortabilitätsVO als eines der ersten Projekte der „digitalen Agenda" umgesetzt hat, möchte die Frage der Portabilität von Inhaltediensten offenkundig von der wesentlich komplexeren und wirtschaftlich folgenschwereren Frage des grenzüberschreitenden Zugriffs auf Online-Dienste trennen und dies auch so verstanden wissen. Eine eigenständige Regelung enthält Art. 1 Abs. 1 PortabilitätsVO allerdings insoweit, als klargestellt wird, dass nur **rechtmäßig** im Wohnsitzland **bereitgestellte Online-Dienste** unter die PortabilitätsVO fallen. Diese Klarstellung findet sich ansonsten in den Art. 3 bis 9 PortabilitätsVO nicht. Allerdings wäre die PortabilitätsVO auch entsprechend auszulegen gewesen, weil ErwGe 1, 3, 12, 23 und 34 der PortabilitätsVO entsprechende Aussagen enthalten, dass nur rechtmäßige Online-Dienste erfasst sind.

II. Anwendungsbereich der Portabilitätsverordnung (Abs. 2)

Einen eigenen Regelungsgehalt hat Abs. 2, der den **Bereich der Steuern explizit** **2** **vom Anwendungsbereich** der Verordnung **ausnimmt**. Die steuerliche Behandlung der Nutzung von Online-Inhaltediensten in Staaten außerhalb des Heimatmitgliedstaates des Abonnenten ist daher ohne Berücksichtigung der Regelungen der PortabilitätsVO zu bestimmen. Das erscheint als nicht ganz unproblematisch. Beispielsweise bei Abrufen, die gesondert entgeltpflichtig sind (transactional Video-On-Demand), kann die Frage aufgeworfen sein, ob

Steuern oder Abgaben im Abrufstaat zu entrichten sind, obwohl ansonsten nach Art. 4 PortabilitätsVO das Recht des Herkunftslandes des Diensts und damit das Recht des Wohnsitzmitgliedstaates gilt.

Artikel 2 Begriffsbestimmungen

Für die Zwecke dieser Verordnung bezeichnet der Ausdruck

1. „Abonnent" jeden Verbraucher, der auf der Grundlage eines Vertrags mit einem Anbieter über die Bereitstellung eines Online-Inhaltedienstes gegen Zahlung eines Geldbetrags oder ohne Zahlung eines Geldbetrags berechtigt ist, im Wohnsitzmitgliedstaat auf diesen Dienst zuzugreifen und ihn zu nutzen;

2. „Verbraucher" jede natürliche Person, die bei einem von dieser Verordnung erfassten Vertrag nicht für die Zwecke ihrer gewerblichen, geschäftlichen, handwerklichen oder beruflichen Tätigkeit handelt;

3. „Wohnsitzmitgliedstaat" den nach Artikel 5 bestimmten Mitgliedstaat, in dem der Abonnent seinen tatsächlichen und dauerhaften Wohnsitz hat;

4. „vorübergehender Aufenthalt in einem Mitgliedstaat" den zeitlich begrenzten Aufenthalt in einem anderen Mitgliedstaat als dem Wohnsitzmitgliedstaat;

5. „Online-Inhaltedienst" eine Dienstleistung im Sinne der Artikel 56 und 57 AEUV, die ein Anbieter einem Abonnenten in dessen Wohnsitzmitgliedstaat zu vereinbarten Bedingungen und online erbringt, die portabel ist und bei der es sich um Folgendes handelt:
   i) einen audiovisuellen Mediendienst im Sinne des Artikels 1 Buchstabe a) der Richtlinie 2010/13/EU oder
   ii) einen Dienst, dessen Hauptmerkmal die Bereitstellung von, der Zugang zu und die Nutzung von Werken, sonstigen Schutzgegenständen oder Übertragungen von Rundfunkveranstaltern in linearer Form oder auf Abruf ist;

6. „portabel", dass ein Abonnent in seinem Wohnsitzmitgliedstaat auf den Online-Inhaltedienst tatsächlich zugreifen und ihn nutzen kann, ohne auf einen bestimmten Standort beschränkt zu sein.

Übersicht

I.   Allgemeines

1 Art. 2 PortabilitätsVO enthält einen **Katalog von Begriffsdefinitionen**, die für die gesamte Verordnung Anwendung finden und den Anwendungsbereich der Verordnung damit grundlegend mitbestimmen. Zusätzliche Anhaltspunkte für die Auslegung der in Art. 2 PortabilitätsVO definierten Begriffe enthalten die **Erwägungsgründe**, in denen der Verordnungsgeber sein Verständnis vom Anwendungsbereich der Verordnung und der darin verwendeten Begriffe wiedergibt (s. ErwG 14 ff. der PortabilitätsVO). Sämtliche in Art. 2 PortabilitätsVO legal definierten Begriffe sind **EU-weit einheitlich unter Berücksichtigung der Ziele der PortabilitätsVO** auszulegen (s. ErwG 14 der PortabilitätsVO, dort für „Wohnsitzmitgliedstaat").

II. Tatbestand

1. Abonnent

Abonnent im Sinne der Verordnung ist jeder Verbraucher, der auf der Grundlage **2** eines Vertrags mit einem Anbieter über die Bereitstellung eines Online-Inhaltedienstes gegen Zahlung eines Geldbetrags oder ohne Zahlung eines Geldbetrags berechtigt ist, im Wohnsitzmitgliedstaat auf diesen Dienst zuzugreifen und ihn zu nutzen. Die Definition des Abonnenten, die gleichzeitig den persönlichen Anwendungsbereich der Verordnung näher bestimmt, ist damit denkbar weit und verlangt anders als das allgemeine Sprachverständnis **keine wiederkehrenden Leistungen**. Entscheidend ist **allein die Existenz eines Vertrages zwischen Anbieter und Verbraucher** im Wohnsitzmitgliedstaat, nach dem der Verbraucher zur Nutzung des Online-Inhaltedienstes berechtigt ist. Auch den Begriff des Vertrages möchte der Verordnungsgeber entsprechend weit verstanden wissen, so dass hierunter jede Form von Vereinbarung, z. B. auch die ausdrückliche oder konkludente Anerkennung von Geschäftsbedingungen fällt (s. ErwG 15 der PortabilitätsVO). Eine **Entgeltpflicht ist nicht Voraussetzung** für die Annahme eines Vertrages. Kein Vertrag in diesem Sinne ist die **bloße Registrierung**, nur um Hinweise auf bestimmte Inhalte zu erhalten, oder das **bloße Akzeptieren von HTML-Cookies** (s. ErwG 15 der PortabilitätsVO). Die einfache Nutzung einer Webseite qualifiziert den Nutzer damit regelmäßig noch nicht als Abonnent im Sinne der Verordnung. Hieran ändern auch die häufig aufzufindenden „Nutzungsbedingungen" oder „Disclaimer" einer Webseite nichts, weil es bei der bloßen Nutzung einer Webseite bereits an einem wirksamen Vertragsverhältnis zwischen Webseitenbetreiber und Nutzer fehlt, in welches entsprechende Geschäftsbedingungen einbezogen werden könnten. Ebenfalls keine Abonnenten im Sinne der Verordnung sind **Personen, die ihren dauerhaften Wohnsitz in einem Staat außerhalb der Europäischen Union** haben. Denn die PortabilitätsVO gilt nur für Abonnenten, die ihren Wohnsitz in der EU haben (s. ErwG 26 der PortabilitätsVO; vgl. Vor PortabilitätsVO Rn. 5, dort auch zu internal-rechtlichen Fragen).

2. Verbraucher

Verbraucher im Sinne der Verordnung ist jede **natürliche Person**, die bei einem **3** von dieser Verordnung erfassten Vertrag **nicht für die Zwecke ihrer gewerblichen, geschäftlichen, handwerklichen oder beruflichen Tätigkeit handelt**. Die Verordnung folgt damit dem im harmonisierten Recht allgemein gültigen Verbraucherbegriff, der auf den Zweck der Handlung abstellt. Es ist deshalb auf § 13 BGB zu verweisen. Entscheidend für die Einstufung als Verbraucher im Sinne der PortabilitätsVO ist dabei der nicht gewerbliche Zweck des Vertrages, der den Nutzer zum Zugriff auf den Online-Inhaltedienst berechtigt. Ohne Relevanz ist damit der Zweck der jeweiligen einzelnen Nutzungshandlung. Damit ist auch ein gelegentlicher privater Zugriff über einen gewerblichen Nutzungsvertrag nicht von den Regelungen der Verordnung umfasst.

3. Wohnsitzmitgliedstaat

Wohnsitzmitgliedstaat ist der nach Art. 5 PortabilitätsVO bestimmte Mitglied- **4** staat, in dem der Abonnent seinen **tatsächlichen und dauerhaften Wohnsitz** hat. Es kann **nur einen einzigen Wohnsitzmitgliedstaat** geben (s. ErwG 14 der PortabilitätsVO: „einziger Wohnsitzmitgliedstaat des Abonnenten"). Mit der Aufnahme der objektiven Bestimmungskriterien aus Art. 5 PortabilitätsVO in die Definition des Wohnsitzmitgliedstaates enthebt der Verordnungsgeber den Dienstanbieter weitgehend des Risikos einer fehlerhaften Bestimmung des Wohnsitzmitgliedstaates. Soweit der Dienstanbieter nach Maßgabe der Vorgaben in Art. 5 PortabilitätsVO (s. die dortige Kommentierung) auf mindestens zwei der dort genannten Überprüfungskriterien zurückgreift, gilt der entsprechend bestimmte Mitgliedstaat als Wohnsitzmitgliedstaat im Sinne der Verordnung. Dies gilt unabhängig davon, ob der Verbraucher in dem entsprechend bestimmten Staat tatsächlich seinen dauerhaften Wohnsitz hat. Aufgrund der unglücklichen Formulierung in der Definition des Wohnsitzmitgliedstaates könnte man hier zwar von kumulativen Tatbestandsmerkmalen ausgehen. Der Verordnungsgeber macht jedoch in ErwG 14 der PortabilitätsVO deutlich, dass sich der Diensteanbieter auf eine Bestimmung des Wohnsitzmitgliedstaates nach Art. 5 PortabilitätsVO verlassen können soll. Entsprechend ist der Bezugnahme auf die Bestimmungen in Art. 5 PortabilitätsVO im Zweifel eine **Fiktion zugunsten des Anbieters** zu entnehmen.

4. Vorübergehender Aufenthalt in einem Mitgliedstaat

5   Vorübergehender Aufenthalt in einem Mitgliedstaat meint den zeitlich begrenzten Aufenthalt in einem anderen Mitgliedstaat als dem Wohnsitzmitgliedstaat. Der Zweck des Aufenthalts ist unerheblich. Es kann sich z. B. um Urlaubs-, Geschäfts-, Arbeits- oder Studienzwecke handeln (*Eginger* ZUM 2017, 698, 703; *Roos* MMR 2017, 147, 149). Während die Verordnung zur Bestimmung des Wohnsitzmitgliedstaates in Art. 5 PortabilitätsVO eine umfangreiche Handlungsanweisung enthält, lässt die Definition völlig **offen, was unter einem „zeitlich begrenzten Aufenthalt" zu verstehen ist.** Der Begriff des „zeitlich begrenzten Aufenthaltes" könnte damit zum Haftungsrisiko für die Anbieter werden, die zwar zur Bestimmung des Wohnsitzmitgliedstaates mit Art. 5 PortabilitätsVO in Verbindung mit der Vermutungsregel aus Art. 2 Nr. 3 PortabilitätsVO eine rechtssichere Lösung an die Hand bekommen, jedoch in Bezug auf die Frage, wann ein vorübergehender Aufenthalt vorliegt und wie dieser zu bestimmen ist, im Unklaren bleiben. Aus diesem Blickwinkel wäre aus Sicht der Anbieter eine weite Auslegung des „vorübergehenden Aufenthaltes" wünschenswert, um nicht Gefahr zu laufen, Dienste außerhalb des eigenen Lizenzgebietes anzubieten, ohne dabei unter die Privilegierung von Art. 4 PortabilitätsVO zu fallen. Allerdings wird durch eine weite Auslegung des „vorübergehenden Aufenthaltes" die Gefahr eines Missbrauchs durch Abonnenten erhöht.

6   Betrachtet man die klare Intention des Verordnungsgebers, den Anbietern mit den Prüfungskriterien zur Bestimmung des Wohnsitzmitgliedstaates nach Art. 5 PortabilitätsVO eine Möglichkeit an die Hand zu geben, die Anwendbarkeit der Verordnung auf ein bestimmtes Nutzungsverhältnis rechtssicher zu bestimmen, kann davon ausgegangen werden, dass sich aus dem zusätzlichen Tatbestandsmerkmal des „vorübergehenden Aufenthaltes" **kein** unabhängig davon **durch den Anbieter zu überprüfendes Kriterium ergeben** soll. Mangels einer weitergehenden Einschränkung wird man den Begriff der „zeitlichen Begrenzung" daher nach ihrem Wortlaut verstehen müssen, so dass jede Form der zeitlichen Begrenzung, die nicht zu einer Änderung der Bewertung des Wohnsitzmitgliedstaates führt, als „vorübergehender Aufenthalt" zu bewerten ist (so i. E. auch *Eginger* ZUM 2017, 698, 704; *Ranke/Glöckler* MMR 2017, 378, 380; *Heyde* ZUM 2017, 712, 718; *Peifer* AfP 2017, 8, 11). Es gibt also **keine zeitliche Obergrenze für den vorübergehenden Aufenthalt, solange er nicht zu einem Wechsel des Wohnsitzmitgliedstaates führt.** Soweit dem Anbieter im Laufe der Vertragslaufzeit begründete Zweifel daran aufkommen, ob der anfänglich festgestellte Wohnsitzmitgliedstaat weiterhin der Wohnsitzmitgliedstaat des Abonnenten ist, hat er nach Art. 5 Abs. 2 PortabilitätsVO die Möglichkeit, jedoch nicht die Verpflichtung, eine erneute Überprüfung vorzunehmen (vgl. Art. 5 PortabilitätsVO Rn. 8). Jedoch kann der Rechteinhaber den Diensteanbieter zu entsprechenden Überprüfungen vertraglich verpflichten (vgl. Art. 5 PortabilitätsVO Rn. 12, dort auch zum Inhalt solcher Verpflichtungen).

5. Online-Inhaltedienst

7   „Online-Inhaltedienst" im Sinne der Verordnung ist jede Dienstleistung im Sinne der Art. 56 und Art. 57 AEUV, die ein Anbieter einem Abonnenten in

dessen Wohnsitzmitgliedstaat zu vereinbarten Bedingungen und online erbringt, die portabel ist und bei der es sich entweder um einen audiovisuellen
Mediendienst im Sinne des Art. 1 lit. a) der Richtlinie 2010/13/EU oder um
einen Dienst handelt, dessen Hauptmerkmal die Bereitstellung von Zugang zu
und die Nutzung von Werken, sonstigen Schutzgegenständen oder Übertragungen von Rundfunkveranstaltern in linearer Form oder auf Abruf ist. Die Definition des Online-Inhaltedienstes ist damit denkbar weit und umfasst grundsätzlich jeden über das Internet angebotenen Dienst, dessen **Hauptzweck die
lineare oder nicht lineare Bereitstellung von audiovisuellen, visuellen oder
akustischen Inhalten** ist. Die Nutzung muss über das **Internet** (nicht geschlossene Systeme, auch wenn sie auf dem Internetprotokoll basieren; vgl. Rn. 9)
erfolgen, weil es sich sonst nicht um eine „Online"-Nutzung handelt (*Kraft*
ZUM 2017, 720, 722). Erfasst sind damit insbesondere Onlinedienste zur linearen (§ 20 UrhG) und nicht linearen (§ 19a UrhG) Bereitstellung von Filmen,
Videos, Musik, Ebooks, Fotografien, aber auch Live-Bild- und Tonberichterstattung z. B. von Sportveranstaltungen (s. ErwGe 1, 5, 8 der PortabilitätsVO;
ferner *Kraft* ZUM 2017, 720, 721). Erfasst werden alle Video-on-Demand
(„VOD")-Angebote, aber auch Live-Streaming-Angebote (§ 20 UrhG). Die
Pressemitteilung der Kommission nannte Plattformen für den Videoabruf (Net-
flix, HBO Go, Amazon Prime, Mubi, Chili TV), Internet-Fernsehdienste (Via-
sat Viaplay, Sky Now TV, Voyo), Musikstreamingdienste (Spotify, Deezer,
Google Music) oder Märkte für Onlinespiele (Steam, Origin) als Beispiele
(http://europa.eu/rapid/press-release_IP-17-225_de.htm). In jedem Fall sind
auch die Mediatheken der Sender erfasst (*Kraft* ZUM 2017, 720, 721). Ob die
Dienste **kostenfrei oder gegen Entgelt** erbracht werden, ist für die Einordnung
als Online-Inhaltedienst irrelevant (s. ErwG 15 der PortabilitätsVO).

Von der Verordnung erfasst sind jedoch **nur portable Dienste** (vgl. Rn. 9), die **8**
ein Anbieter einem Abonnenten (vgl. Rn. 2) in seinem Wohnsitzmitgliedstaat
(vgl. Rn. 4) erbringt. **Ausgenommen** sind audiovisuelle Mediendienste, bei denen die **Bereitstellung von audiovisuellen Inhalten lediglich einen Nebenzweck**
darstellen. Nicht erfasst sind daher insbesondere Webseiten, auf denen audiovisuelle Inhalte lediglich als Beiwerk oder zur Veranschaulichung bereit gestellt
werden (s. ErwG 16 der PortabilitätsVO). Webseiten, die Werke oder sonstige
Schutzgegenstände wie grafische Elemente oder Hintergrundmusik nur zu Nebenzwecken nutzen, deren Hauptzweck aber beispielsweise der Verkauf von
Waren ist, scheiden aus (s. ErwG 16 der PortabilitätsVO). Die Grenzen dürften
hier sicherlich fließend sein. In der Praxis wird sich insbesondere bei nicht
kommerziellen Webseiten eine Einordnung aber über das zusätzliche Merkmal
ergeben, dass die Inhalte zu vereinbarten Bedingungen zur Verfügung gestellt
werden, da es in aller Regel an einer entsprechenden Vereinbarung zwischen
Nutzer und Webseitenbetreiber fehlt, wenn die Bereitstellung der Inhalte kein
Hauptzweck ist (zu den Kriterien für das Vorliegen einer Vereinbarung oben
vgl. Rn. 2). Der Online-Inhaltedienst muss seinen **Sitz nicht innerhalb der EU**
und auch die entsprechenden **Online-Inhaltedienste nicht aus der EU heraus**
erbringen. Der Regelungszweck der PortabilitätsVO, Nutzern bei vorrübergehendem Aufenthalt in einem anderen Mitgliedstaat Zugang zu gewähren, erstreckt sich auch auf im Nicht-EU-Ausland sitzende Dienste. Sind diese Dienste
bereit, mit Nutzern zu kontrahieren, die ihren Wohnsitz in der EU haben, unterwerfen sich die Dienste damit auch den Regelungen der PortabilitätsVO.

6. Portabel

Portabel im Sinne der Verordnung bedeutet, dass ein Abonnent in seinem **9**
Wohnsitzmitgliedstaat auf den Online-Inhaltedienst tatsächlich zugreifen und
ihn nutzen kann, ohne auf einen bestimmten Standort beschränkt zu sein. Portabel ist damit jeder **Dienst, der entweder online oder auf sonstige Weise auf**

unterschiedlichen Endgeräten (z. B. Laptops, Tablets, Smartphones; s. ErwG 2 der PortabilitätsVO) **abrufbar** ist, aber auch Dienste, die **nur auf einem bestimmten mobilen Endgerät abrufbar** sind. Die Definition ist technologieneutral (*Kraft* ZUM 2017, 720, 721). **Ausgenommen** sind **Dienste, die ausschließlich auf einen bestimmten Standort beschränkt** sind. Der Verordnungsgeber wollte den Anbieter nicht verpflichten, einen Dienst portabel zu gestalten (s. ErwG 17 der PortabilitätsVO). Hierunter dürften z. B. IP-TV und andere kabelgebundene Dienste fallen, aber auch internetgebundene Dienste, die vertraglich lediglich zum Abruf von einem bestimmten Standort z. B. über eine Set-Top Box bestimmt sind. Auch bei letzteren ist der Online-Inhaltedienst grundsätzlich auf eine stationäre Nutzung beschränkt, so dass dem Anbieter nicht zuzumuten ist, den Dienst allein auf Grund der Regelungen der PortabilitätsVO mobil auszugestalten. Wird für einen stationären Inhaltedienst (z. B. ein Pay-TV Dienst) zusätzlich ein portabler Dienst mit eingeschränktem Inhalt angeboten, wird lediglich dieser Zusatzdienst als portabel im Sinne der Verordnung anzusehen sein. Hieraus ergibt sich auch kein Konflikt mit dem Gleichwertigkeitsgebot aus Art. 3 Abs. 1 PortabilitätsVO (vgl. Art. 3 PortabilitätsVO Rn. 5 f.), weil der Zusatzdienst dem Abonnenten auch in seinem Wohnsitzmitgliedstaat lediglich in der eingeschränkten Form zur Verfügung steht.

Artikel 3 Verpflichtung zur Ermöglichung der grenzüberschreitenden Portabilität von Online-Inhaltediensten

(1) Der Anbieter eines Online-Inhaltedienstes, der gegen Zahlung eines Geldbetrags bereitgestellt wird, ermöglicht es einem Abonnenten, der sich vorübergehend in einem Mitgliedstaat aufhält, in derselben Form wie in seinem Wohnsitzmitgliedstaat auf den Online-Inhaltedienst zuzugreifen und ihn zu nutzen, indem unter anderem der Zugriff auf dieselben Inhalte, für dieselben Arten und dieselbe Zahl von Geräten, für dieselbe Zahl von Nutzern und mit demselben Funktionsumfang gewährt wird.

(2) Der Anbieter stellt dem Abonnenten für den Zugriff auf den Online-Inhaltedienst und dessen Nutzung nach Absatz 1 keine Zusatzkosten in Rechnung.

(3) [1]Die Verpflichtung nach Absatz 1 erstreckt sich nicht auf Qualitätsanforderungen an die Bereitstellung eines Online- Inhaltedienstes, denen der Anbieter unterliegt, wenn er diesen Dienst im Wohnsitzmitgliedstaat bereitstellt, es sei denn, zwischen dem Anbieter und dem Abonnenten wurde ausdrücklich etwas anderes vereinbart. [2]Der Anbieter ergreift keine Maßnahmen, um die Qualität des Online-Inhaltedienstes bei der Bereitstellung dieses Dienstes gemäß Absatz 1 zu verringern.

(4) [1]Der Anbieter teilt dem Abonnenten auf der Grundlage der ihm zur Verfügung stehenden Informationen mit, in welcher Qualität der Online-Inhaltedienst nach Absatz 1 bereitgestellt wird. [2]Diese Informationen werden dem Abonnenten vor Bereitstellung des Online-Inhaltedienstes gemäß Absatz 1 auf geeignete und verhältnismäßige Weise mitgeteilt.

Übersicht

I. Allgemeines

Art. 3 PortabilitätsVO stellt gemeinsam mit Art. 4 PortabilitätsVO das **Kernstück**   **1**
der Verordnung dar. Während Art. 3 PortabilitätsVO den Anbietern kostenpflichtiger Abonnementdienste eine **zwingende Verpflichtung zur Gewährleistung der unionsweiten Portabilität** auferlegt, etabliert Art. 4 PortabilitätsVO zugunsten der Anbieter ein auf die Gewährleistung dieser Portabilität beschränktes
Herkunftslandprinzip, dass die Anbieter davon befreit, für sämtliche Mitgliedstaaten die erforderlichen Verwertungsrechte einzuholen. Art. 3 PortabilitätsVO
findet über Art. 6 PortabilitätsVO entsprechend auch auf Anbieter nicht kostenpflichtiger Online-Inhaltedienste mit der Maßgabe Anwendung, dass diese frei
entscheiden können, ob sie ihren Nutzern eine unionsweite Portabilität gewährleisten möchten (zu den Einzelheiten vgl. Art. 6 PortabilitätsVO Rn. 1 ff.).

II. Tatbestand

1. Anbieter eines Online-Inhaltedienstes, der gegen Zahlung eines Geldbetrags bereitgestellt wird (Abs. 1)

Der Verpflichtung nach Art. 3 Abs. 1 PortabilitätsVO unterliegen alle Anbieter   **2**
eines Online-Inhaltedienstes, die ihren Dienst gegen Zahlung eines Geldbetrags
einem Abonnenten im Sinne der Verordnung bereitstellen, soweit sich der
Abonnent vorübergehend in einem anderen Mitgliedstaat aufhält. Zu den Begriffen des **Online-Inhaltedienstes,** des **Abonnenten** und des **vorübergehenden
Aufenthaltes in einem Mitgliedstaat** vgl. Art. 2 PortabilitätsVO Rn. 2 ff. Die
Verpflichtung zur Gewährleistung unionsweiter Portabilität besteht demnach
nur dann, wenn ein Nutzer, der seinen dauerhaften Wohnsitz gemäß Art. 5
PortabilitätsVO in der Europäischen Union hat, mit einem Anbieter einen Ver-
trag zur entgeltpflichtigen Nutzung eines Online-Inhaltedienstes geschlossen
hat und sich zeitlich begrenzt in einem anderen Mitgliedstaat befinden. Wo der
Anbieter seinen Sitz hat und von wo aus die entsprechenden Online-Inhalte-
dienste erbracht werden, sind für die Anwendbarkeit unerheblich (vgl. Art. 2
PortabilitätsVO Rn. 8). Maßgeblich für die Frage der Anwendbarkeit von
Art. 3 PortabilitätsVO ist allein der dauerhafte Wohnsitz des Nutzers und die
Ausgestaltung des konkreten zwischen Anbieter und Nutzer (Abonnent) beste-
henden Nutzungsverhältnisses.

Die Verpflichtung zur Gewährleistung der unionsweiten Portabilität trifft   **3**
grundsätzlich nur Anbieter eines Online-Inhaltedienstes, der **gegen Zahlung
eines Geldbetrags bereitgestellt** wird (zu kostenfreien Online-Inhaltediensten
vgl. Art. 6 PortabilitätsVO Rn. 1 ff.). Nach ErwG 18 der PortabilitätsVO soll
dieses Erfordernis der **Entgeltpflichtigkeit weit ausgelegt** werden, so dass eine
Entgeltpflicht unabhängig davon anzunehmen ist, ob die Zahlung unmittelbar
an den Anbieter des Online-Inhaltedienstes oder an eine andere Partei geleistet
wird. Entscheidend für die Einstufung des Online-Inhaltedienstes ist damit,
dass Nutzer für den Zugriff auf den Online-Inhaltedienst ein Entgelt leisten,
unabhängig davon, wem diese Zahlung zu Gute kommt. Es muss allerdings
zumindest ein mittelbares vertragliches Band zwischen dem Anbieter und dem
Nutzer bestehen. Auch die Ausgestaltung der Entgeltpflichtigkeit ist irrelevant.
Regelmäßig wiederkehrende Zahlungen fallen genauso darunter wie transakti-
onsgebundene Einmalzahlungen oder Mischformen; vgl. Art. 2 PortabilitätsVO Rn. 2. **Nicht** von Art. 3 PortabilitätsVO erfasst sind **werbefinanzierte**
Dienste, bei denen durch den Nutzer selbst keine Zahlung in Geld erfolgt.
Nach ErwG 18 der PortabilitätsVO explizit von Art. 3 PortabilitätsVO ausgenommen sind Angebote öffentlichere Rundfunkanbieter, welche auf Grundlage
allgemeiner öffentlicher **Rundfunkgebühren** erbracht werden. Auch nicht erfasst sind Entgelte, die der Nutzer nicht als vertragliches Entgelt für die Nut-

zung des Dienstes, sondern für andere Leistungen entrichtet, z. B. für seinen Internetzugang. Auch eine Bezahlung mit persönlichen Daten fällt angesichts des klaren Wortlautes („Zahlung eines Geldbetrages") nicht unter Art. 3 Abs. 1 PortabilitätsVO.

4   Bei **Pauschalentgelten, die mehrere Leistungen abdecken,** genügt es, wenn das Entgelt zumindest auch die Nutzung des Online-Inhaltedienstes betrifft. Zu Diskussionen über den Anwendungsbereich von Art. 3 PortabilitätsVO könnten **paketgebundene Online-Inhaltedienste** wie *Amazon Prime* führen, die zwar nur für Nutzer mit kostenpflichtiger Mitgliedschaft zugänglich sind, bei denen die Mitgliedschaft jedoch auch oder primär zu anderen Zwecken abgeschlossen wird, so dass argumentiert werden könnte, der eigentliche Online-Inhaltedienst sei lediglich eine **kostenlose Zugabe.** Unabhängig davon, dass sich eine klare Trennung der unterschiedlichen im Rahmen solcher Dienstleistungspakete erbrachten Leistungen nicht vornehmen lassen wird, so dass man jedenfalls einen Teil des Entgeltes auch als auf den Online-Inhaltedienst entfallend ansehen muss, unterfallen solche Angebote nach der Regelungsintention der Verordnung insgesamt der Verpflichtung nach Art. 3 PortabilitätsVO. Wie der Verordnungsgeber in ErwG 20 der PortabilitätsVO klarstellt, liegt der Differenzierung zwischen entgeltpflichtigen und kostenfreien Online-Inhaltediensten primär die Überlegung zu Grunde, dass kostenfreie Inhaltedienste häufig ohne Registrierung abgerufen werden können. Die Verpflichtung zur Prüfung des Wohnsitzmitgliedstaates nach Art. 5 PortabilitätsVO würde daher einen unangemessenen Eingriff in die Gestaltungsfreiheit kostenfreier Inhaltedienste darstellen. Diese Problematik besteht bei den oben dargestellten kostenpflichtigen Dienstleistungspaketen nicht, so dass kein Grund besteht, diese aus dem Anwendungsbereich von Art. 3 PortabilitätsVO auszunehmen.

2. Inhalt und Umfang der Verpflichtung: Gleichwertigkeitsvorgabe (Abs. 1 und Abs. 3)

5   Fällt ein Nutzungsverhältnis in den Anwendungsbereich von **Art. 3 Abs. 1 PortabilitätsVO,** trifft den Anbieter eine **Gleichwertigkeitsvorgabe.** Der **Anbieter** ist **verpflichtet,** dem Abonnenten während des vorübergehenden Aufenthaltes in einem anderen Mitgliedstaat **in derselben Form wie in seinem Wohnsitzmitgliedstaat Zugriff auf den Online-Inhaltedienst zu gewähren.** In Form einer nicht abschließenden Aufzählung („unter anderem") schreibt Abs. 1 eine Gleichwertigkeit unter anderem für den Zugriff auf dieselben Inhalte, für dieselben Arten und dieselbe Zahl von Geräten, für dieselbe Zahl von Nutzern und mit demselben Funktionsumfang vor. Durch diese Gleichwertigkeitsvorgabe an den Umfang des Zugriffs auf die Online-Inhaltedienste aus einem anderen Mitgliedstaat soll verhindert werden, dass Anbieter durch die Beschränkung der Funktionalität des Dienstes im Ausland die Verpflichtung zur Herstellung der Portabilität umgehen (ErwG 21 der PortabilitätsVO). Entsprechend soll jede Beschränkung der Funktionen des Dienstes oder der Qualität seiner Bereitstellung als Umgehung der Verpflichtung zur Ermöglichung der grenzüberschreitenden Portabilität von Online- Inhaltediensten und somit als Verstoß gegen diese Verordnung gewertet werden (ErwG 21 der PortabilitätsVO).

6   Diese Gleichwertigkeitsvorgabe erhält durch **Abs. 3** in Bezug auf die **Qualität des Zugriffs** auf den Online-Inhaltedienst außerhalb des Wohnsitzmitgliedstaates eine gewisse **Einschränkung.** Die Verpflichtung zur Gewährleistung gleichwertigen Zugriffs erstreckt sich nicht auf Qualitätsanforderungen an die Bereitstellung eines Online-Inhaltedienstes, denen der Anbieter unterliegt, wenn er diesen Dienst im Wohnsitzmitgliedstaat bereitstellt, es sei denn, zwischen dem Anbieter und dem Abonnenten wurde ausdrücklich etwas anderes vereinbart. Was mit dieser etwas schwer verständlichen Einschränkung gemeint ist, wird

aus ErwG 22 der PortabilitätsVO deutlich. Die Qualität eines Online-Inhaltedienstes hängt gegebenenfalls stark von dem Standort und der Anbindung der
verwendeten Server ab und kann entsprechend je nach dem Ort des Abrufs
deutlich variieren. Mit der Regelung in Abs. 3 soll klargestellt werden, dass
der Anbieter nicht verpflichtet ist, seinen Dienst technisch so aufzusetzen, dass
unabhängig vom Ort des Abrufs eine gleichbleibende Qualität des Zugriffs
gewährleistet ist. Dies gilt auch, soweit für den Wohnsitzmitgliedstaat eine bestimmte Abrufqualität vertraglich vereinbart ist, was in der Praxis aufgrund
einer Vielzahl von Unwägbarkeiten ohnehin nie der Fall sein wird. Lediglich
wenn der Anbieter gegenüber dem Nutzer Zusagen speziell für die Qualität
des Abrufs außerhalb des Wohnsitzmitgliedstaates macht, sind diese einzuhalten. Um einen Missbrauch zur Umgehung der Verpflichtung nach Abs. 1 zu
verhindern, stellt Abs. 3 ergänzend klar, dass es dem Anbieter untersagt ist,
gezielt Maßnahmen zur Verringerung der Abrufqualität außerhalb des Wohnsitzmitgliedstaates zu treffen. Zu vertraglichen Leistungsbeschreibungen für die
Qualität und deren Zulässigkeit nach AGB-Recht *Eginger* ZUM 2017, 698,
710 f.

3. Informationspflichten (Abs. 4)

Die Regelung in Abs. 3 wird flankiert durch die Verpflichtung des Anbieters in   **7**
Abs. 4, den Abonnenten auf der Grundlage der ihm zur Verfügung stehenden
Informationen mitzuteilen, in welcher Qualität der Online-Inhaltedienst außerhalb des Wohnsitzmitgliedstaates bereitgestellt wird. Diese Informationen müssen dem Abonnenten vor Bereitstellung des Online-Inhaltedienstes gemäß
Abs. 1, das heißt außerhalb des Wohnsitzmitgliedstaates, auf geeignete und
verhältnismäßige Weise mitgeteilt werden. Diese Informationspflicht ist zunächst sehr vage gefasst und birgt damit das Potential, für die Diensteanbieter
zu einer erheblichen Belastung zu führen. Entscheidend bei der Bestimmung
des Umfangs der Informationspflicht ist jedoch die Einschränkung, dass die
Information nur anhand der dem Anbieter vorliegenden Informationen erfolgen muss. ErwG 22 der PortabilitätsVO stellt dabei klar, dass nach der Vorstellung des Verordnungsgebers den Anbieter keine Verpflichtung treffen soll, sich
aktiv um Informationen über die Qualität der Bereitstellung eines Dienstes in
anderen Mitgliedstaaten zu bemühen. Im Ergebnis dürfte sich die Informationspflicht nach Abs. 4 daher regelmäßig auf den **Hinweis** beschränken, **dass
wegen vom Diensteanbieter nicht beeinflussbarer Faktoren die Qualität der
Bereitstellung möglicherweise nicht der in ihrem Wohnsitzmitgliedstaat geltenden entspricht.** Auch wenn Abs. 4 keine bestimmten Vorgaben über die Art
und Weise einer solchen Mitteilung enthält, schlägt der Verordnungsgeber in
Abs. 4 als geeignetes Medium die Webseite des Anbieters vor. Entsprechend
sollten auch Hinweise auf sonstigen Nutzungsmedien, z. B. im Rahmen einer
App oder einer Nutzungssoftware ausreichend sein. Eine blickfangmäßige Information ist nicht erforderlich. Ganz allgemein kann sich der Diensteanbieter
auf Hinweise **in seinen allgemeinen Geschäftsbedingungen** beschränken.

4. Verbot eines Zusatzentgelts (Abs. 2)

Nach Abs. 2 darf der Anbieter für den Zugriff des Abonnenten auf den Online-   **8**
Inhaltedienst aus einem anderen Mitgliedstaat keine gesonderten Kosten in
Rechnung stellen. Dies hindert den Anbieter jedoch nicht daran, für die Gewährleistung der Portabilität und damit einhergehende Zusatzkosten, z. B. für
die Prüfung des Wohnsitzmitgliedstaates, von Beginn an in die eigene Preisgestaltung einzubeziehen. Abs. 2 verbietet lediglich die Erhebung für Zusatzkosten speziell für den Zugriff des Abonnenten aus anderen Mitgliedstaaten. Ebenfalls nicht unter das Verbot nach Abs. 2 fallen zusätzliche Kosten, die
gegebenenfalls bei Kommunikationsanbietern für die Nutzung von Kommuni-
kationsdiensten im Ausland anfallen (z. B. Internetzugangsgebühren), welche

für den Zugriff auf den Online-Inhaltedienst genutzt werden (s. ErwG 19 der PortabilitätsVO).

III. Durchsetzung

9 Art. 3 PortabilitätsVO enthält zwar eine Verpflichtung zur Gewährleistung unionsweiter Portabilität, jedoch keine Rechtsfolgen. **Art. 7 Abs. 1 PortabilitätsVO ordnet die mangelnde Durchsetzbarkeit an.** Das bedeutet, dass nur die einzelne Vertragsklausel, die Art. 3 PortabilitätsVO verletzt, nicht durchsetzbar ist, aber Art. 3 PortabilitätsVO **keine gesetzlichen Verbote im Sinne von § 134 BGB** enthält (vgl. Art. 7 PortabilitätsVO Rn. 8).

10 In Deutschland kommt zur Durchsetzung der Verpflichtungen des Online-Inhaltedienstes nach Art. 3 PortabilitätsVO jedoch § **3a UWG (Rechtsbruch)** in Betracht (*Roos* MMR 2017, 147, 151; wohl auch *Eginger* ZUM 2017, 698, 700). Zunächst sind Art. 3 Abs. 1, Abs. 2 und Abs. 4 PortabilitätsVO gesetzliche Vorschriften, weil die PortabilitätsVO unmittelbar in Deutschland gilt (genauso für andere EU-Vorordnungen: OLG München WRP 2015, 1522 Tz. 49; OLG Hamburg GRUR-RR 2010, 57, 58); vgl. Art. 11 PortabilitätsVO Rn. 2. Ferner bezwecken Art. 3 Abs. 1, Abs. 2 und Abs. 4 PortabilitätsVO zumindest sekundär eine Regelung des Marktverhaltens im Interesse der Abonnenten, also der Verbraucher (*Roos* MMR 2017, 147, 151). Das Marktverhalten der Online-Inhaltedienste wird dadurch geregelt, dass ihnen in Abs. 1 und Abs. 2 Vorgaben für die Ausgestaltung des Austauschverhältnisses mit den Abonnenten gemacht werden; solche Vertragsregulierung fällt regelmäßig unter § 3a UWG (OLG Köln WRP 2015, 698 Tz. 20; Köhler/Bornkamm/*Köhler*[35] § 3a UWG Rn. 1.67 m. w. N.). Abs. 4 enthält Informationspflichten zum Schutz der Verbraucher, die ebenfalls unter § 3a UWG fallen. Die Regelungen in Abs. 1, Abs. 2 und Abs. 4 beziehen sich auch auf das Inland, weil das Verhalten der Diensteanbieter im Inland gegenüber den inländischen Abonnenten geregelt wird. Die weitere Voraussetzung bei geschäftlichen Handlungen gegenüber Verbrauchern, dass die Norm eine Grundlage im EU-Recht hat (BGH GRUR 2010, 652 Tz. 11 – *Costa Del Sol*), ist offensichtlich ebenfalls gegeben. Die Spürbarkeit der Beeinträchtigung ist im Einzelfall festzustellen, insbesondere nach der Schwere der Handlung und der Häufigkeit oder Dauer der Handlung, während die Nachahmungsgefahr irrelevant bleibt (Ohly/Sosnitza/*Ohly*[7] § 3a UWG Rn. 30 ff. m. w. N.; Götting/Nordemann/*Ebert-Weidenfeller*[3] § 3a UWG Rn. 30 ff. m. w. N.; Köhler/Bornkamm/*Köhler*[35] § 3a UWG Rn. 1.104 ff. m. w. N.).

11 Ob daneben auch dem **Abonnenten selbst ein durchsetzbarer Anspruch** zur Herstellung der unionsweiten Portabilität gegen den Anbieter zusteht, wird von der Verordnung nicht klar bestimmt (bejahend *Roos* MMR 2017, 147, 151; *Eginger* ZUM 2017, 698, 699, 705). Art. 3 PortabilitätsVO spricht insoweit zunächst nur davon, dass der Anbieter dem Abonnenten die Portabilität ermöglicht, ohne dem Abonnenten explizit einen Anspruch auf die Gewährleistung der Portabilität einzuräumen. Betrachtet man den durch den Verordnungsgeber vorausgesetzten Regelungszweck, Abonnenten in die Lage zu versetzen, Online-Inhaltedienste, die sie in ihrem Wohnsitzmitgliedstaat abonniert haben, in Anspruch zu nehmen, wenn sie sich vorübergehend in einem anderen Mitgliedstaat aufhalten, spricht das dafür, dass der Verordnungsgeber einen eigenen Anspruch der Abonnenten gegen den Anbieter impliziert hat. Entsprechend stellt der Verordnungsgeber in ErwG 26 der PortabilitätsVO klar, dass nur Abonnenten, deren Wohnsitz in einem Mitgliedstaat der Union liegt, einen Anspruch auf die grenzüberschreitende Portabilität von Online-Inhaltediensten haben sollten. Allerdings spricht die Regelung in Art. 7 Abs. 1

PortabilitätsVO gegen einen Anspruch des Abonnenten. Denn als Rechtsfolge ordnet Art. 7 Abs. 1 PortabilitätsVO nur die fehlende vertragliche Durchsetzbarkeit an (vgl. Art. 7 PortabilitätsVO Rn. 8). Gewährt man dennoch dem Abonnenten einen Anspruch, kann es sich nur um einen vertraglichen Anspruch handeln, der sich über §§ 280 ff. BGB durchsetzt. Der Anspruch ergibt sich nicht aus Delikt und insbesondere **nicht aus** § 823 Abs. 2 BGB, weil Art. 3 Abs. 1, Abs. 2 und Abs. 3 PortabilitätsVO nur die vertragliche Beziehung zwischen Dienst und Abonnent ausgestalten. Die Sekundäransprüche des Abonnenten, insbesondere wegen Nicht- und Schlechtleistung, richten sich ebenfalls nach nationalem Recht. Dafür ist eine Zuordnung des Vertrages über die Nutzung des Online-Inhaltedienstes erforderlich (eingehend *Eginger* ZUM 2017, 698, 706 ff.).

Artikel 4   Ort der Bereitstellung von Online-Inhaltediensten, des Zugriffs auf diese Dienste und ihrer Nutzung

Die Bereitstellung eines Online-Inhaltedienstes nach dieser Verordnung für einen Abonnenten, der sich vorübergehend in einem Mitgliedstaat aufhält, sowie der Zugriff auf diesen Dienst und seine Nutzung durch den Abonnenten gelten als ausschließlich im Wohnsitzmitgliedstaat des Abonnenten erfolgt.

I.   Allgemeines

Art. 4 PortabilitätsVO enthält neben Art. 3 PortabilitätsVO das **zweite Kern-**   **1** **stück der PortabilitätsVO.** Es ist der rechtliche Gegenpol der Verpflichtung zur Gewährleistung einer unionsweiten Portabilität. Art. 4 PortabilitätsVO arbeitet mit einer **rechtlichen Fiktion,** dass die Nutzung der Rechte im Hinblick auf den Online-Inhaltedienst ausschließlich im Wohnsitzmitgliedstaat des Abonnenten erfolgt. Damit versetzt es den Anbieter rechtlich in die Lage, die Portabilität von Onlineinhalten zu gewährleisten, ohne dabei Gefahr zu laufen, gegen vertragliche oder rechtliche Vorgaben zu verstoßen, z.B. weil er nicht über die zum Abruf aus einem anderen Mitgliedstaat erforderlichen Nutzungsrechte verfügt. Dieser Kunstgriff gelingt dem Verordnungsgeber durch die Einführung eines auf die Gewährleistung der Portabilität nach Art. 3 PortabilitätsVO **beschränktes Herkunftslandprinzips,** wie es auch bereits in anderen europäischen Rechtsakten zu finden ist (s. etwa Art. 1 Abs. 2 lit. b Satelliten- und Kabel RL). Im Zusammenhang mit Art. 101 AEUV wird diskutiert, ob die Vereinbarung eines räumlich auf ein oder mehrere Mitgliedstaaten begrenzten Rechts der öffentlichen Wiedergabe (§§ 19a, 20 UrhG) kartellrechtswidrig ist und deshalb ohnehin lediglich EU-weite Nutzungsrechte eingeräumt werden können (eingehend dazu vgl. Art. 7 PortabilitätsVO Rn. 10). Würde Art. 101 AEUV solche Ergebnisse produzieren, hätte Art. 4 PortabilitätsVO eine weitgehend klarstellende Bedeutung.

II.   Tatbestand

Nach Art. 4 PortabilitätsVO gilt die Bereitstellung eines Online-Inhaltedienstes   **2** nach dieser Verordnung für einen Abonnenten, der sich vorübergehend in einem Mitgliedstaat aufhält, sowie der Zugriff auf diesen Dienst und seine Nutzung durch den Abonnenten als ausschließlich im Wohnsitzmitgliedstaat des Abonnenten erfolgt. Dieses auf die Gewährleistung der Portabilität nach Art. 3 PortabilitätsVO beschränkte Herkunftslandprinzip bedeutet für den Anbieter, dass er sowohl **in Bezug auf Lizenzrechte** als auch **in Bezug auf sonstige rechtliche Vorgaben** ausschließlich eine **Rechtmäßigkeit des Online-Inhaltedienstes im Wohnsitzmitgliedstaat des Abonnenten sicherstellen** muss. Zur Vermeidung einer Umgehung dieses Grundsatzes durch vertragliche Beschränkungen (z. B. im Rahmen von Lizenzverträgen) wird Art. 4 PortabilitätsVO durch Art. 7 PortabilitätsVO flankiert (vgl. Art. 7 PortabilitätsVO Rn. 3 ff.). Für die Bestimmung des Wohnsitzmitgliedstaates als Herkunftsland kann der Anbieter auf das Ergebnis der Prüfung nach Art. 5 PortabilitätsVO zurückgreifen, auf welche er sich nach der Definition in Art. 2 Nr. 3 PortabilitätsVO verlassen darf (vgl. Art. 2 PortabilitätsVO Rn. 4 und vgl. Art. 5 PortabilitätsVO Rn. 5 ff.). Art. 4 PortabilitätsVO hindert einen Anbieter nicht daran, einem Abonnenten den **Zugriff auf zusätzliche Inhalte** zu ermöglichen, die der **Anbieter in dem vorübergehenden Aufenthaltsstaat rechtmäßig anbietet** (s. ErwG 23 der PortabilitätsVO).

3 Das beschränkte Herkunftslandprinzip des Art. 4 PortabilitätsVO hat damit zunächst eine **urheberrechtliche Dimension.** Durch die Fiktion des Ortes der Bereitstellung ist der **Anbieter von dem Erfordernis befreit, die für das Zugänglichmachen** des Online-Inhaltedienstes **in einem anderen Mitgliedstaat** als dem Wohnsitzmitgliedstaat des jeweiligen Abonnenten ggf. **erforderlichen Rechte einzuholen.** Das gilt sowohl für Nutzungsrechte aus Urheberrecht als auch für Nutzungsrechte aus Leistungsschutzrechten (verwandten Schutzrechten). Erbringt der Anbieter den Dienst für Abonnenten mit unterschiedlichen Wohnsitzmitgliedstaaten, muss er (nur) für das jeweilige Nutzungsverhältnis über die erforderlichen Rechte in diesem Wohnsitzmitgliedstaat verfügen. Betroffene Rechte sind insbesondere das Recht der öffentlichen Zugänglichmachung (§ 19a UrhG), das Senderecht (§ 20 UrhG) sowie das Vervielfältigungsrecht beim Nutzer wegen Download oder Streaming (§ 16 UrhG). Das beschränkte Herkunftslandprinzip nach Art. 4 PortabilitätsVO findet nur Anwendung auf die Ermöglichung der Portabilität eines Dienstes. Es entbindet den Anbieter nicht von der Einholung der erforderlichen Rechte für alle Mitgliedstaaten, in denen er seinen Dienst für Nutzer anbietet, die dort ihren Wohnsitz haben. Zu beachten sind die Bestimmungen des Art. 7 PortabilitätsVO, die eine zwingende Wirkung der PortabilitätsVO für Verträge anordnet (vgl. Art. 7 PortabilitätsVO Rn. 3 ff.). Das bedeutet allerdings nicht, dass die Rechteinhaber mit dem Anbieter keinen höheren Preis für den erhöhten Nutzungsumfang vereinbaren könnten (vgl. Art. 7 PortabilitätsVO Rn. 7). Art. 4 PortabilitätsVO hat auch Auswirkungen auf **Lizenzverträge des Rechteinhabers mit Dritten.** Die rechtliche Fiktion schützt den Rechteinhaber vor Verletzungen solcher Verträge. Hat der Rechteinhaber beispielsweise exklusive Rechte für ein bestimmtes Territorium einem Dritten eingeräumt, sorgt Art. 4 PortabilitätsVO dafür, dass die Exklusivitätszusage nicht verletzt wird, wenn die Voraussetzungen des Art. 4 PortabilitätsVO eingehalten sind (*Kraft* ZUM 2017, 720, 723).

4 Weiter hat das beschränkte Herkunftslandprinzip des Art. 4 PortabilitätsVO auch eine **regulierungsrechtliche Dimension,** die sowohl für das **Zivilrecht** als auch für das **Strafrecht** und das **öffentliche Recht** gilt. Der Anbieter eines Online-Inhaltedienstes muss für die Portabilität in einen anderen EU-Mitgliedstaat hinein bei nur vorrübergehendem Aufenthalt des Abonnenten nur den regulierungsrechtlichen Rahmen des Wohnsitzmitgliedstaates einhalten. Der Anbieter muss sich insoweit nicht auf die teilweise abweichenden rechtlichen Vorgaben jedes einzelnen Mitgliedstaates einrichten. Insbesondere enthält Art. 4 PortabilitätsVO insoweit eine zivilrechtliche Anknüpfung an den Wohnsitzmitgliedstaat. Das gilt insbesondere für das Deliktsrecht: Das deutsche **UWG** (ferner vgl. Art. 3 PortabilitätsVO Rn. 10) findet nur Anwendung, wenn Deutschland Wohnsitzmitgliedstaat ist. Ein Beispiel aus dem öffentlichen Recht ist der **Ju-**

gendmedienschutz. Der Anbieter muss die entsprechenden Bestimmungen bei Abrufen, die unter Art. 4 PortabilitätsVO fallen, nur für das Wohnsitzmitgliedsland des Abonnenten einhalten. Auch nationales Kartellrecht im Abrufstaat dürfte unanwendbar sein, weil die europarechtliche Regelung des Art. 4 PortabilitätsVO dem nationalen Kartellrecht und seiner Anknüpfungsregel in Form des Auswirkungsprinzips vorgeht. Das europäische Kartellrecht geht jedoch der PortabilitätsVO vor (vgl. Art. 7 PortabilitätsVO Rn. 10). Der Bereich der Abgaben und Steuern ist jedoch nicht vom beschränkten Herkunftslandprinzip des Art. 4 PortabilitätsVO erfasst (Art. 1 Abs. 2 PortabilitätsVO; s. a. ErwG 13 der PortabilitätsVO). Insoweit kann es zur Anwendung von nationalen Vorschriften im Aufenthaltsstaat kommen.

Artikel 5 Überprüfung des Wohnsitzmitgliedstaats

(1) [1]Bei Abschluss und Verlängerung eines Vertrags über die Bereitstellung eines gegen Zahlung eines Geldbetrags erbrachten Online-Inhaltedienstes überprüft der Anbieter den Wohnsitzmitgliedstaat des Abonnenten indem er auf höchstens zwei der unten aufgeführten Überprüfungsmittel zurückgreift und sicherstellt, dass die verwendeten Mittel angemessen, verhältnismäßig und wirksam sind:

a) Personalausweis, elektronische Identifizierungen, insbesondere solche, die unter die gemäß der Verordnung (EU) Nr. 910/2014 des Europäischen Parlaments und des Rates (1) notifizierten elektronischen Identifizierungssystemen fallen, oder andere gültige Ausweisdokumente, die den Wohnsitzmitgliedstaat des Abonnenten bestätigen;

b) Zahlungsinformationen wie Kontonummer oder Kredit- oder Debitkartennummer des Abonnenten;

c) Ort der Aufstellung eines Beistellgeräts (Set-Top-Box), eines Decoders oder eines ähnlichen Geräts, das für die Bereitstellung von Diensten für den Abonnenten verwendet wird;

d) Beleg für die durch den Abonnenten erfolgende Zahlung einer Lizenzgebühr für sonstige Dienste, die in einem Mitgliedstaat bereitgestellt werden, wie etwa für den öffentlichen Rundfunk;

e) einen Vertrag über die Bereitstellung eines Internetzugangs oder eines Telefondienstes oder einen anderen Vertrag ähnlicher Art, der den Abonnenten mit dem Mitgliedstaat verknüpft;

f) Eintragung in örtlichen Wählerlisten, falls die einschlägigen Informationen öffentlich sind;

g) Zahlung lokaler Steuern, falls die einschlägigen Informationen öffentlich sind;

h) Rechnung eines öffentlichen Versorgungsunternehmens, die den Abonnenten mit dem Mitgliedstaat verknüpft;

i) die Rechnungs- oder Postanschrift des Abonnenten;

j) Erklärung des Abonnenten, in der er seine Adresse im Wohnsitzmitgliedstaat bestätigt;

k) Überprüfung der Internet-Protocol (IP)-Adresse zur Ermittlung des Mitgliedstaats, in dem der Abonnent auf den Online- Inhaltedienst zugreift.

[2]Die Überprüfungsmittel im Sinne der Buchstaben i) bis k) werden ausschließlich in Kombination mit einem der Überprüfungsmittel im Sinne der Buchstaben a) bis h) verwendet, es sei denn, die Postanschrift nach Buchstabe i ist in einem öffentlich zugänglichen Register aufgeführt.

(2) [1]Hat der Anbieter während der Laufzeit des Vertrags über die Bereitstellung eines Online-Inhaltedienstes begründete Zweifel am Wohnsitzmitgliedstaat des Abonnenten, so hat er die Möglichkeit, den Wohnsitzmitgliedstaat des Abonnenten erneut gemäß Absatz 1 zu überprüfen. [2]In einem solchen Fall können jedoch die Überprüfungsmittel unter Buchstabe k) alleine verwendet werden. [3]Durch den Einsatz der Überprüfungsmittel unter Buchstabe k) erhaltene Daten werden ausschließlich im Binärformat erhoben.

(3) [1]Der Anbieter ist berechtigt, vom Abonnenten die Bereitstellung der für die Bestimmung von dessen Wohnsitzmitgliedstaat erforderlichen Informationen

gemäß den Absätzen 1 und 2 zu verlangen. [2]Sollte der Abonnent diese Informationen nicht zur Verfügung stellen und der Anbieter somit nicht in der Lage sein, den Wohnsitzmitgliedstaat des Abonnenten zu überprüfen, so darf der Anbieter dem Abonnenten nicht aufgrund dieser Verordnung Zugang zum Online- Inhaltedienst oder zur Nutzung dieses Dienstes während des vorübergehenden Aufenthalts des Abonnenten in einem Mitgliedstaat ermöglichen.

(4) [1]Die Inhaber von Urheberrechten oder verwandten Schutzrechten oder von sonstigen Rechten am Inhalt eines Online-Inhaltedienstes können die Bereitstellung von, den Zugang zu und die Nutzung ihrer Inhalte nach dieser Verordnung erlauben, ohne dass der Wohnsitzmitgliedstaat überprüft wird. [2]In solchen Fällen reicht der Vertrag zwischen dem Anbieter und dem Abonnenten über die Bereitstellung eines Online-Inhaltedienstes aus, um den Wohnsitzmitgliedstaat des Abonnenten zu bestimmen. [3]Die Inhaber von Urheberrechten oder verwandten Schutzrechten oder von sonstigen Rechten am Inhalt eines Online- Inhaltedienstes sind berechtigt, die gemäß Unterabsatz 1 erteilte Erlaubnis — vorbehaltlich einer rechtzeitigen Benachrichtigung des Anbieters — zurückzuziehen.

(5) Durch den Vertrag zwischen dem Anbieter und den Inhabern von Urheberrechten oder verwandten Schutzrechten oder von sonstigen Rechten am Inhalt eines Online-Inhaltedienstes wird die diesen Rechtsinhabern offenstehende Möglichkeit, die in Absatz 4 genannte Erlaubnis zurückzuziehen, nicht eingeschränkt.

Übersicht

I. Allgemeines

1 Art. 5 PortabilitätsVO sieht ein **geregeltes Verfahren für die Überprüfung des Wohnsitzmitgliedstaates** des Abonnenten durch den Anbieter vor. Dieses soll zum einen im Interesse der Verbraucher dafür sorgen, die **Eingriffe in die Privatsphäre** der Abonnenten auf das erforderliche Maß zu reduzieren. Zum anderen trägt das in Art. 5 PortabilitätsVO geregelte Überprüfungsverfahren dem Interesse der Anbieter nach **Rechtssicherheit** Rechnung, indem über die Definition des „Wohnsitzmitgliedstaates" in Art. 2 PortabilitätsVO (vgl. Art. 2 PortabilitätsVO Rn. 4) ein nach Art. 5 PortabilitätsVO bestimmter Wohnsitzmitgliedstaat in jedem Fall als Wohnsitzmitgliedstaat im Sinne der Verordnung gilt (s. a. ErwG 26 der PortabilitätsVO).

2 Zusätzlich zu den Regelungen aus Art. 5 PortabilitätsVO sind im Rahmen der Prüfung des Wohnsitzmitgliedstaates die datenschutzrechtlichen Vorgaben einzuhalten, welche in Art. 8 PortabilitätsVO teilweise eine Konkretisierung erfahren (vgl. Art. 8 PortabilitätsVO Rn. 1 ff.).

II. Tatbestand

1. Zeitpunkt der Überprüfung (Abs. 1)

3 Die Überprüfung des Wohnsitzmitgliedstaates hat bei **kostenpflichtigen Online-Inhaltediensten** bei Abschluss und Verlängerung des Vertrages zu erfolgen. Für

Verträge, welche nicht auf unbestimmte Zeit, sondern befristet mit einer Klausel zur automatischen Verlängerung nach Ende der Vertragslaufzeit abgeschlossen werden, bedeutet dies nach dem insoweit eindeutigen Wortlaut von Art. 5 Abs. 1 PortabilitätsVO, dass zum Ende jeder Vertragsperiode eine erneute Überprüfung des Wohnsitzmitgliedstaates durchzuführen ist. Für zum 21. Mai 2018 bereits bestehende Verträge ist die Überprüfung des Wohnsitzmitgliedstaates gemäß Art. 9 Abs. 2 PortabilitätsVO spätestens bis zu diesem Datum nachzuholen.

Anbieter **kostenfreier Online-Inhaltedienste**, die sich nach Art. 6 PortabilitätsVO dazu entschließen, die Portabilität ihrer Dienste gemäß der Verordnung zu gewährleisten, haben gemäß Art. 9 Abs. 2 PortabilitätsVO ab dem Tag, an dem sie den Dienst zum ersten Mal nach Art. 6 PortabilitätsVO anbieten, bei zukünftigen Vertragsabschlüssen und -verlängerungen eine Überprüfung des Wohnsitzmitgliedstaates durchzuführen. Für zu diesem Tag bereits bestehende Kunden ist eine Überprüfung innerhalb von zwei Monaten nachzuholen.   **4**

2.   **Verfahren zur Überprüfung des Wohnsitzmitgliedstaates (Abs. 1 bis Abs. 3)**

Art. 5 Abs. 1 PortabilitätsVO sieht für die Überprüfung des Wohnsitzmitgliedstaates ein konkretes Verfahren vor, nachdem der Anbieter auf höchstens zwei der in **Abs. 1 lit. a) bis k)** aufgeführten **Überprüfungsmittel** zurückgreift, um den Wohnsitzmitgliedstaat des Abonnenten zu prüfen. Die Liste sollte nach dem Wortlaut des Art. 5 Abs. 1 PortabilitätsVO abschließend sein (*Heyde* ZUM 2017, 712, 717). Gem. lit. a) und dort als Ausweisdokument, das den Wohnsitzmitgliedstaat bestätigt, sollte in Deutschland auch eine aktuelle Meldebescheinigung zählen. Dem Anbieter steht ein etwas eingeschränktes **Wahlrecht** zu. Während eine alleinige Nutzung oder beliebige Kombination der Überprüfungsmittel nach lit. a) bis h) zulässig ist, dürfen die leichter manipulierbaren Überprüfungsmittel nach lit. i) bis k) ausschließlich in Kombination mit einem der Überprüfungsmittel nach lit. a) bis h) verwendet werden. Eine Ausnahme hiervon existiert lediglich für die Rechnungs- und Postanschrift aus lit. i), welche als alleiniges Überprüfungsmittel zulässig ist, wenn die Postanschrift in einem öffentlich zugänglichen Register aufgeführt ist. Damit ist die Überprüfung der IP-Adresse des Nutzers generell als alleiniges Verifikationsmittel ausgeschlossen, jedenfalls müssen die Mittel nach lit. a) bis h) vorher ausgeschöpft werden (*Heyde* ZUM 2017, 712, 717), insbesondere weil sie auch als alleiniges Mittel dienen können, vgl. Rn. 6. Für die Auswahl der Überprüfungsmittel maßgeblich ist im Übrigen primär die Verpflichtung des Anbieters sicherzustellen, dass die gewählten Überprüfungsmittel **angemessen, verhältnismäßig und wirksam** sind. Im Rahmen seines Wahlrechts erscheint es als zulässig, dass sich der Anbieter zunächst auf ein bestimmtes Überprüfungsmittel festlegt; das gilt vor allem dann, wenn es sich ein Mittel nach lit. a) bis h) und um das datensparsamste Mittel handelt (vgl. Rn. 6). Das kann auch in allgemeinen Geschäftsbedingungen geschehen. Jedoch muss für den Fall, dass dieses Mittel keine Bestätigung bringt und der Nutzer ein anderes angemessenes, verhältnismäßiges und wirksames Mittel gem. Art. 5 Abs. 1 PortabilitätsVO beibringt, die Prüfung ausnahmsweise auch danach erfolgen können. Insoweit ist in allgemeinen Geschäftsbedingungen, die sich z. B. auf das datensparsamste Mittel nach lit. a) bis h) festlegen, eine entsprechende Öffnungsklausel zu empfehlen.   **5**

Eine **Einschränkung** erfährt das Wahlrecht des Anbieters durch das in Art. 8 PortabilitätsVO ausdrücklich für die Überprüfung des Wohnsitzmitgliedstaates geregelte Prinzip der **Datensparsamkeit** (in der DSGVO Prinzip der Datenminimierung). Demnach ist der Anbieter zum einen verpflichtet, primär auf solche Überprüfungsmittel zurückzugreifen, die ohnehin im Rahmen des Vertrags-   **6** schlusses bei ihm anfallen oder schon vorliegen. Zum anderen wird der Anbieter regelmäßig angehalten sein, sich auf eines der Überprüfungsmittel zu beschränken, soweit es sich um eines der Mittel aus lit. a) bis h) handelt und es zur wirksamen Überprüfung des Wohnsitzmitgliedstaates geeignet erscheint (*Heyde* ZUM 2017, 712, 716). Im Ergebnis wird dies bei kostenpflichtigen Diensten im Regelfall dazu führen, dass sie eine Überprüfung anhand des Kriteriums nach Abs. 1 lit. b) (Zahlungsinformationen wie Kontonummer oder Kredit- oder Debitkartennummer des Abonnenten) durchführen, weil diese Informationen ohnehin greifbar sind.

7 Von der Verordnung nicht geklärt wird die Frage, was durch den Anbieter zu unternehmen ist, wenn er auf zwei der in Abs. 1 genannten Überprüfungsmittel zurückgreift und beide zu **widersprüchlichen Ergebnissen** führen, so dass eine sichere Überprüfung des Wohnsitzmitgliedstaates auf diese Weise nicht möglich ist. Zwar legt Art. 5 Abs. 1 PortabilitätsVO eine Höchstgrenze von zwei der genannten Überprüfungsmitteln fest.
Diese Einschränkung ist jedoch Ausfluss des allgemeinen datenschutzrechtlichen Prinzips der Datensparsamkeit/Datenminimierung, nach welchem die Datenerhebung und -verarbeitung stets auf das zur Erfüllung des jeweiligen Zweckes erforderliche Maß zu beschränken ist.
Kommt der Anbieter auf Grundlage von zwei Überprüfungsmitteln zu unterschiedlichen Ergebnissen, so dass die Erhebung weiterer Daten zur Überprüfung des Wohnsitzmitgliedstaates erforderlich ist, wird man daher zu dem Schluss kommen müssen, dass der Anbieter ggf. nach erneuter Überprüfung der bereits herangezogenen Überprüfungsmittel notfalls auf ein drittes Überprüfungsmittel zurückgreifen kann (so auch *Eginger* ZUM 2017, 698, 703).

8 Hat der Anbieter während der Laufzeit des Vertragsverhältnisses **begründete Zweifel** an dem anfänglich festgestellten Wohnsitzmitgliedstaates, ist er nach **Abs. 2** berechtigt, erneut eine **Überprüfung des Wohnsitzmitgliedstaates** vorzunehmen. Da es sich bei Abs. 2 um eine Rechtfertigung zur Datenverarbeitung handelt, welche in die geschützten Interessen der Abonnenten eingreift, wird an das Erfordernis begründeter Zweifel ein nicht zu niedriger Maßstab anzulegen sein. Da die Überprüfung bereits stattgefunden hat, werden insbesondere Anhaltspunkte dafür, dass sich das gewählte Überprüfungsmittel zwischenzeitlich geändert hat, Anlass für eine erneute Überprüfung geben. Allein die Tatsache, dass ein Abruf aus einem anderen Mitgliedstaat erfolgt, wird hingegen nicht ausreichen, da die Eröffnung des Zugriffs aus anderen Mitgliedstaaten gerade Kern der PortabilitätsVO ist. Auch wenn ein vorübergehender Aufenthalt auch bei einem längeren Auslandsaufenthalt anzunehmen sein kann, kann ein mehrmonatiger Abruf aus einem bestimmten ausländischen Staat durchaus berechtigte Zweifel und ein Überprüfungsrecht begründen (s. *Ranke/Glöckler* MMR 2017, 378, 380, die ab 3 Monaten Zweifel haben, ob der Wohnsitzstaat nicht verändert wurde). Zu vertraglichen Möglichkeiten, das Überprüfungsrecht bei begründeten Zweifeln zu konkretisieren, vgl. Rn. 12.

9 Um die Überprüfung des Wohnsitzmitgliedstaates zu ermöglichen, gewährt **Abs. 3** dem Anbieter das **Recht, die zur Überprüfung erforderlichen und in Abs. 1 aufgeführten Informationen zu verlangen**. Kommt der Abonnent einer solchen Aufforderung nicht nach und ist der Anbieter deshalb an der wirksamen Überprüfung des Wohnsitzmitgliedstaates gehindert, darf der Anbieter dem Abonnenten nicht auf Grundlage der Verordnung Zugang zu dem Online-Inhaltedienst bei einem vorübergehenden Aufenthalt in einem anderen Mitgliedstaat gewähren. Entsprechend wird der Anbieter in diesem Fall von der Verpflichtung nach Art. 3 PortabilitätsVO frei. Hier stellt sich die Frage, ob der Anbieter gegebenenfalls verpflichtet ist, bei Verweigerung angefragter Informationen auf andere wirksame Überprüfungsmittel zurückzugreifen, soweit diese verfügbar wären. Dies ist im Sinne einer wirksamen Umsetzung des Verordnungszweckes zu bejahen, soweit der Rückgriff auf solche Überprüfungsmittel verhältnismäßig und angemessen erscheint. Auch die Beschränkung auf höchstens zwei Überprüfungsmittel spricht nicht gegen eine solche Verpflichtung zum Ausweichen auf alternative Überprüfungsmittel, da der Anbieter die Informationen gerade nicht erhalten und auch nicht auf das entsprechende Überprüfungsmittel zurückgegriffen hat.

3. **Vereinfachtes Verfahren mit Zustimmung der Rechteinhaber (Abs. 4 und Abs. 5)**

Abs. 4 sieht für den Fall, dass ein **Rechteinhaber** mit der Bereitstellung des **10** Zugriffs auf seine Inhalte bei vorübergehendem Aufenthalt in einem anderen Mitgliedstaat ohne Überprüfung des Wohnsitzmitgliedstaates sein **Einverständnis** erklärt, ein **vereinfachtes Verfahren** vor. Danach reicht der Vertrag zwischen Anbieter und Abonnent aus, um den Wohnsitzmitgliedstaat zu bestimmen. Das Einverständnis ist jedoch für den betreffenden Schutzgegenstand (Werk und/oder Leistungsschutzrecht) von den jeweiligen Rechteinhabern einzuholen. Es kann für einzelne oder für alle an den Dienst lizenzierte Schutzgegenstände erteilt werden. Ein Einverständnis wird vor allem dann Sinn machen, wenn der Rechteinhaber den Dienst ohnehin grenzüberschreitend lizenziert und der Rechteinhaber deshalb kein Interesse daran hat, dass der Anbieter des Online-Inhaltedienstes eine Portabilität der Inhalte nur nach Prüfung erlaubt. Darüber hinaus besteht für die Rechteinhaber ein gemäß **Abs. 5 vertraglich nicht abdingbares Recht**, gegenüber dem Anbieter das **Einverständnis zu widerrufen**. Das kann jederzeit, allerdings nur nach Ankündigung, geschehen. Die Ankündigung ist mit einer angemessenen Frist zu versehen, damit der Anbieter die notwendigen Änderungen an seinem Dienst vornehmen kann. Die Ankündigung und der Widerruf bedürfen keiner Form. Der Vertrag mit dem Anbieter kann jedoch für die Ankündigung und den Widerruf eine bestimmte Form vorsehen, ohne dass Abs. 5 verletzt wäre. Zu vertraglich von Abs. 4 und Abs. 5 abweichenden Regelungen vgl. Rn. 12.

4. **Möglichkeiten vertraglich abweichender Gestaltung im Vertrag Anbieter und Rechteinhaber**

Der Verordnungsgeber sieht in ErwG 26 der PortabilitätsVO explizit die Mög- **11** lichkeit vor, dass **Anbieter und Rechteinhaber** in den Grenzen der Verordnung Absprachen über die zu verwendenden Überprüfungsmittel treffen. Ohne weiteres zulässig ist die in **Abs. 4** ausdrücklich vorgesehene Option eines **Einverständnisses** mit einem vollständigen **Verzicht des Rechteinhabers auf die Überprüfung** für das durch ihn lizenzierte Werk oder Leistungsschutzrecht. Auch eine **Reduzierung der Anforderungen nach Art. 5 PortabilitätsVO**, wie z. B. die Anerkennung der Überprüfungsmittel nach lit. i) bis k) als alleiniges Überprüfungsmittel, sollte keinen Bedenken ausgesetzt sein. Auch hier kann der jeweilige Rechteinhaber jedoch nur über die ihm zustehenden Rechte verfügen, so dass für jeden Schutzgegenstand (Werk und/oder Leistungsschutzrecht) entsprechende Vereinbarungen mit allen Rechteinhabern zu treffen wären. Nicht vertraglich disponibel gem. Abs. 5 ist jedoch das Recht des Rechteinhabers, sein einmal – mit welchem Inhalt auch immer – erteiltes Einverständnis gegenüber dem Anbieter zu widerrufen. Rechteinhaber und Dienste-Anbieter können vereinbaren, dass **bei begründeten Zweifeln** des Anbieters am Wohnsitzmitgliedstaat des Abonnenten der Anbieter entgegen Art. 5 Abs. 2 PortabilitätsVO (vgl. Rn. 8) der **Anbieter verpflichtet ist, eine Überprüfung vorzunehmen**, vgl. Rn. 12.

Da die Verordnung jedoch insbesondere in Bezug auf die Anzahl und Auswahl **12** der Überprüfungsmittel eine Reihe von Vorgaben enthält, die dem **Schutz der**

Privatsphäre der Nutzer dienen und damit der **Dispositionsfreiheit der Anbieter und Rechteinhaber** entzogen sind, stellt sich jedoch die Frage, in welchem Umfang solche Absprachen zulässig sind. Vor dem Hintergrund des Prinzips der Datensparsamkeit/Datenminimierung unzulässig dürfte jede Absprache sein, mit der im Vergleich zu den Regelungen der Verordnung eine (potentielle) **Intensivierung der Prüfung** und damit des Eingriffs in die Privatsphäre der Abonnenten einhergeht. Dies betrifft zum einen Absprachen, nach denen in jedem Fall mehr als zwei der Überprüfungsmittel nach Abs. 1 zu verwenden sind. Wegen Art. 8 Abs. 1 PortabilitätsVO und des dort verankerten Grundsatzes der Datensparsamkeit dürfte sogar eine standardmäßige Verpflichtung zur Nutzung von zwei Überprüfungsmitteln scheitern (*Heyde* ZUM 2017, 712, 716 f.); vgl. Rn. 6. Zum anderen dürfte aber auch die Festlegung bestimmter Überprüfungsmittel regelmäßig unzulässig sein, wenn dies einerseits dem Grundsatz entgegen läuft, dass primär auf solche Überprüfungsmittel zurückzugreifen ist, die bei dem Anbieter ohnehin vorliegen bzw. anfallen. Der Anbieter würde durch eine solche Festlegung daran gehindert, für jeden Abonnenten das jeweils am wenigsten in die Privatsphäre eingreifende Mittel zu wählen. Eine Absprache über die Auswahl der Überprüfungsmittel wird daher nur unter Berücksichtigung der konkreten Umstände des jeweiligen Online-Inhaltedienstes möglich sein, insbesondere unter Berücksichtigung der im jeweiligen Fall ohnehin bei dem Anbieter anfallenden Informationen (so auch *Heyde* ZUM 2017, 712, 717). Im Ergebnis wird eine Absprache daher mit Ausnahme des Falles, dass bei dem Anbieter mehrere wirksame Überprüfungsmittel ohnehin anfallen, regelmäßig nur die datenschutzrechtlich gebotene Auswahl der Überprüfungsmittel nachzeichnen oder eine im Vergleich zu Art. 5 PortabilitätsVO weniger strenge Überprüfung vorsehen können. Eine Absprache über **zusätzlich (z. B. in regelmäßigen Abständen) anlasslos durchzuführende Überprüfungen** wäre unzulässig. Art. 5 Abs. 2 PortabilitätsVO sieht eine zusätzliche Überprüfung im Interesse der Privatsphäre der Abonnenten nur bei Vorliegen begründeter Zweifel vor, so dass die Vereinbarung einer anlasslosen Prüfung eine unzulässige Verschärfung der Regelungen der Verordnung zu Lasten der Abonnenten darstellt (so auch *Heyde* ZUM 2017, 712, 717). Eine Vereinbarung über eine zusätzliche **Überprüfung bei berechtigten Zweifeln** kann aber vorgesehen werden, weil die Verordnung die Entscheidungsfreiheit nicht zwingend schützt. Dies schränkt Nutzerrechte nicht unangemessen ein, weil der Dienst nach Abs. 2 das Recht zu einer weiteren Überprüfung hat. Problematisch, aber nicht stets unzulässig ist, den Umstand der begründeten Zweifel und damit das Überprüfungsrecht an bestimmte vertraglich definierte Umstände zu binden. Unzulässig wird die Vereinbarung von Kriterien sein, die im Einzelfall bei objektiver Betrachtung keine berechtigten Zweifel auslösen können, weil damit ein tiefergehender Eingriff in die Privatsphäre der Nutzer verbunden wäre.

Artikel 6 Grenzüberschreitende Portabilität von kostenfrei bereitgestellten Online-Inhaltediensten

(1) Der Anbieter eines Online-Inhaltedienstes, der ohne Zahlung eines Geldbetrags bereitgestellt wird, kann entscheiden, seinen Abonnenten während eines vorübergehenden Aufenthalts in einem Mitgliedstaat den Zugriff auf den Online- Inhaltedienst sowie dessen Nutzung zu ermöglichen, sofern der Anbieter den Wohnsitzmitgliedstaat des Abonnenten im Einklang mit dieser Verordnung überprüft.

(2) ¹Der Anbieter unterrichtet seine Abonnenten, die betreffenden Inhaber des Urheberrechts und verwandter Schutzrechte sowie die betreffenden Inhaber sonstiger Rechte am Inhalt eines Online-Inhaltedienstes vor der Bereitstellung des Online-Inhaltedienstes von seiner Entscheidung, den Dienst gemäß Ab-

satz 1 zu erbringen. [2]Diese Informationen werden auf geeignete und verhältnismäßige Weise übermittelt.

**(3) Diese Verordnung findet auf Anbieter Anwendung, die einen Online-Inhalte-
dienst gemäß Absatz 1 bereitstellen.**

Übersicht   Rn.

I.   Allgemeines

Nach Art. 6 Abs. 3 PortabilitätsVO finden die Regelungen der Verordnung ent- **1**
sprechend auch auf Anbieter nicht kostenpflichtiger Online-Inhaltedienste mit
der Maßgabe Anwendung, dass diese nach Abs. 1 frei entscheiden können, ob
sie ihren Nutzern eine unionsweite Portabilität gewährleisten möchten. Der
Grund für die Einräumung dieser Entscheidungsbefugnis für Anbieter kostenfreier Online-Inhaltedienste („Opt-In") liegt darin, dass kostenfreie Dienste regelmäßig keine oder nur eine optionale oder sehr eingeschränkte Form der
Registrierung erfordern. Der Verordnungsgeber sah es daher als unangemessen
an, solche Anbieter mit der Verpflichtung zur Überprüfung des Wohnsitzmitgliedstaates gemäß Art. 5 PortabilitätsVO zu belegen (s. ErwG 20 der PortabilitätsVO). Gleichzeitig sollen solche Anbieter aber die Möglichkeit erhalten, von
den Regelungen der Verordnung und insbesondere dem beschränkten Herkunftslandprinzips aus Art. 4 PortabilitätsVO zu profitieren, wenn sie sich freiwillig dazu entscheiden, eine Überprüfung des Wohnsitzmitgliedstaates ihrer
Nutzer durchzuführen.

II.   Tatbestand

1.   Wahlmöglichkeit der Portabilität für kostenfreie Online-Inhaltedienste (Abs. 1)

Art. 6 Abs. 1 PortabilitätsVO gewährt dem Anbieter eines ohne Zahlung eines **2**
Geldbetrages angebotenen Online-Inhaltedienstes die **Wahlmöglichkeit („Opt-
In")**, sich unter die Regeln der PortabilitätsVO zu begeben. Zum Begriff des
Online-Inhaltedienstes vgl. Art. 2 PortabilitätsVO Rn. 7 f. Kostenfrei sind On-
line-Inhalte-Dienste, die nicht gem. Art. 3 Abs. 1 PortabilitätsVO gegen Zah-
lung eines Geldbetrages erbracht werden. Darunter fallen insbesondere durch
Werbung oder durch öffentlich-rechtliche Rundfunkgebühren finanzierte
Dienste (vgl. Art. 3 PortabilitätsVO Rn. 1 ff.). Voraussetzung für die Ausübung
der Wahlmöglichkeit für Anbieter kostenfreier Online-Inhaltedienste ist die
Durchführung einer Überprüfung des Wohnsitzmitgliedstaates nach Art. 5 PortabilitätsVO (vgl. Art. 5 PortabilitätsVO Rn. 5 ff.).

Da Art. 6 Abs. 3 PortabilitätsVO allgemein auf die Regelungen der Verordnung **3**
und nicht auf einzelne Artikel der Verordnung Bezug nimmt und deren Anwendbarkeit bestimmt, ist davon auszugehen, dass für den Fall, dass der Anbieter gemäß Art. 6 Abs. 1 PortabilitätsVO freiwillig entscheidet, die Portabilität des Online-Inhaltedienstes bei vorübergehendem Aufenthalt in einem anderen
Mitgliedstaat zu gewährleisten, ihn **alle Rechte und Pflichten** treffen, die die PortabilitätsVO **für Online-Inhaltedienste** vorsieht. Es steht dem Anbieter eines kostenfreien Online-Inhaltedienstes nach Abs. 1 frei zu entscheiden, ob er die Portabilität
in anderen Mitgliedstaaten herstellen möchte oder nicht. Entscheidet er sich für

die Portabilität, kann er die Portabilität nicht auf einzelne Mitgliedstaaten beschränken (s. ErwG 20 der PortabilitätsVO). Die Regelung aus **Art. 3 PortabilitätsVO** findet also Anwendung. **Die Portabilität ist demnach für jeden beliebigen Mitgliedstaat** sicherzustellen. Im Gegenzug profitiert der Anbieter von dem beschränkten **Herkunftslandprinzip gem. Art. 4 PortabilitätsVO. Für die Überprüfung des Wohnsitzmitgliedstaates gilt Art. 5 PortabilitätsVO** (vgl. Rn. 1).

4 Unabhängig davon stellt sich die Frage, ob es dem Anbieter eines kostenfreien Online-Inhaltedienstes möglich ist, die Rechte für mehrere Mitgliedstaaten einzuholen und den Zugriff auf seinen Dienst entsprechend zu beschränken. Dies ist zu bejahen, da der Verordnungsgeber selbst in ErwG 12 der PortabilitätsVO explizit zwischen der grenzüberschreitenden Portabilität von Online-Inhaltediensten, der dem Anwendungsbereich der Richtlinie unterfällt, und dem durch die Verordnung nicht geregelten grenzüberschreitenden Zugriff auf Online-Inhaltedienste unterscheidet (s. Art. 1 Abs. 1 PortabilitätsVO). Nach ErwG 20 der PortabilitätsVO soll die Entscheidungsmöglichkeit der Anbieter kostenfreier Online-Inhaltedienste nach Art. 6 PortabilitätsVO es diesen zudem primär ermöglichen, in den Geltungsbereich dieser Verordnung einbezogen zu werden und damit von den Vorteilen des in Art. 4 PortabilitätsVO geregelten beschränkten Herkunftslandprinzips zu profitieren. Es soll den Anbietern kostenfreier Online-Inhaltedienste nach Art. 6 PortabilitätsVO freistehen zu entscheiden, ob sie dem Anwendungsbereich der Verordnung unterstehen und damit von dem Privileg aus Art. 4 PortabilitätsVO Gebrauch machen können oder nicht. Daraus folgt, dass es den entsprechenden Anbietern freistehen muss, den grenzüberschreitenden Zugriff auf ihre Dienste anzubieten, ohne in den Anwendungsbereich der Verordnung zu fallen, wenn ihnen dies ohne Rückgriff auf das beschränkte Herkunftslandprinzip aus Art. 4 PortabilitätsVO möglich ist, z. B. wenn sie ohnehin über EU-weite Rechte verfügen. Für die Anbieter kostenpflichtiger Online-Inhaltedienste besteht diese Option nicht. Sie sollen sich über die Einholung entsprechend umfangreicher Nutzungsrechte lediglich von der Verpflichtung zur Überprüfung des Wohnsitzmitgliedstaates befreien können (s. ErwG 29 der PortabilitätsVO). Genauso steht es dem Anbieter kostenfreier Online-Inhaltedienste frei, sich dafür zu entscheiden, nur einen bestimmten inhaltlichen Teil seines kostenfreien Dienstes in den Anwendungsbereich der Verordnung zu bringen. Beispielsweise kann sich der Anbieter entscheiden, nur seine Premiuminhalte portabel aus dem Wohnsitzmitgliedstaat heraus zu gestalten, während er für andere Inhalte diese Möglichkeit nicht vorsieht. Schon der höhere Aufwand der Prüfung nach Art. 5 PortabilitätsVO rechtfertigt eine solche Differenzierungsmöglichkeit.

2. Informationspflichten (Abs. 2)

5 Entscheidet sich der Anbieter nach Abs. 1 zur Teilnahme an den Regelungen der Verordnung, hat er seine Abonnenten, die betreffenden Inhaber des Urheberrechts und verwandter Schutzrechte, sowie die betreffenden Inhaber sonstiger Rechte am Inhalt eines Online-Inhaltedienstes vor der Bereitstellung des Online-Inhaltedienstes von seiner Entscheidung, den Dienst gemäß Abs. 1 zu erbringen, zu unterrichten, wie Abs. 2 ausdrücklich vorschreibt.

6 Diese Informationen müssen auf geeignete und verhältnismäßige Weise an die entsprechenden Informationsempfänger übermittelt werden. Der Verordnungsgeber schlägt in ErwG 20 der PortabilitätsVO als geeignetes Medium zum Beispiel die Webseite des Anbieters vor. Diese Form der Information dürfte sicherlich in Bezug auf die eigenen Abonnenten ein geeignetes Informationsmedium sein, da davon auszugehen ist, dass diese die Webseite zum Zugriff auf den Online-Inhaltedienst regelmäßig besuchen. Jedenfalls in Bezug auf Rechteinhaber, mit denen ein unmittelbares Lizenzvertragsverhältnis besteht, erscheint es jedoch angemessen und verhältnismäßig, eine direkte Kommunikation zu verlangen. Ansonsten muss zumindest eine Unterrichtung des Vertragspartners zur Weitergabe an den Rechteinhaber erfolgen.

Artikel 7 Vertragsbestimmungen

(1) Vertragsbestimmungen, auch solche, die im Verhältnis zwischen Anbietern von Online-Inhaltediensten und Inhabern von Urheberrechten oder verwandten Schutzrechten oder Inhabern sonstiger Rechte an Inhalten von Online- Inhaltediensten sowie solche, die zwischen diesen Anbietern und ihren Abonnenten gelten, sind nicht durchsetzbar, wenn sie gegen die vorliegende Verordnung verstoßen; hierzu zählen auch Vertragsbestimmungen, die die grenzüberschreitende Portabilität von Online-Inhaltediensten verbieten oder die Portabilität auf einen bestimmten Zeitraum beschränken.

(2) Diese Verordnung gilt ungeachtet des Rechts, das für Verträge zwischen Anbietern von Online-Inhaltediensten und Inhabern von Urheberrechten oder verwandten Schutzrechten sowie Inhabern sonstiger für den Zugriff auf Inhalte im Rahmen von Online-Inhaltediensten und deren Nutzung relevanter Rechte oder für Verträge zwischen solchen Anbietern und ihren Abonnenten gilt.

Übersicht

I. Allgemeines

Die Regelung in Art. 7 Abs. 1 PortabilitätsVO erklärt vertragliche Absprachen, **1** welche den Regelungen der Verordnung zuwiderlaufen, für nicht durchsetzbar. Er soll damit zum einen verhindern, dass die Vorgaben der Portabilitätsverordnung durch vertragliche Absprachen unterlaufen werden, und zum anderen ausschließen, dass die Anbieter aufgrund der ihnen nach der Verordnung obliegenden Verpflichtungen Ansprüchen wegen Vertragsverletzung ausgesetzt sein können. Damit werden die Regelungen der PortabilitätsVO für Verträge, die unter die PortabilitätsVO fallen, für **internal-privatrechtlich zwingendes Recht** erklärt. Es handelt sich um **Eingriffsnormen gem. Art. 9 Abs. 1 ROM-I-VO** (*Heyde* ZUM 2017, 712, 714). Das stellt Art. 7 Abs. 2 PortabilitätsVO noch einmal klar, vgl. Rn. 9. Zu Konkurrenzen, insbesondere zu Art. 101 und Art. 102 AEUV, vgl. Rn. 10.

II. Tatbestand

Gemäß Art. 7 Abs. 1 PortabilitätsVO sind vertragliche Regelungen, die gegen **2** die Regelungen der Verordnung verstoßen, nicht durchsetzbar. Art. 7 Abs. 1 PortabilitätsVO nennt hier zwar explizit Absprachen zwischen Anbieter und Rechteinhabern sowie Absprachen zwischen Anbieter und Abonnenten. Durch die Formulierung der Regelung („auch solche") wird jedoch deutlich, dass Art. 7 Abs. 1 PortabilitätsVO unabhängig von den jeweiligen Vertragsparteien auf jegliche vertragliche Vereinbarungen Anwendung findet, die die PortabilitätsVO erfasst.

1. Gegen die Verordnung verstoßende Absprachen (Abs. 1)

3 Als Verstoß gegen die Verordnung explizit genannt werden in Abs. 1 2. Hs. **Vertragsbestimmungen**, die die grenzüberschreitende **Portabilität** von On-line-Inhaltedienste **verbieten** oder die Portabilität **auf einen bestimmten Zeitraum beschränken**. Das gilt sowohl für **Verträge zwischen Anbietern und Abonnenten** als auch für **Lizenzverträge zwischen Rechteinhabern und An-bietern**. Durch die gewählte Formulierung („hierzu zählen auch") wird deut-lich, dass es sich lediglich um **nicht abschließende Beispiele** möglicher unzu-lässiger Absprachen handelt. Diese Beispiele machen deutlich, dass nach Art. 7 Abs. 1 PortabilitätsVO insbesondere jegliche Absprachen als Verstoß gegen die Verordnung anzusehen sind, welche dem Anbieter kostenpflichti-ger Online-Inhaltedienste die Herstellung grenzüberschreitender Portabilität untersagen oder ihm diese ganz oder teilweise direkt oder indirekt unmöglich machen oder erschweren. Vor diesem Hintergrund unzulässig sind insbeson-dere vorbehaltslose Verpflichtungen zum Geoblocking außerhalb des lizen-zierten Vertragsgebietes, die die nach der PortabilitätsVO erlaubten grenz-überschreitenden Nutzungen (vgl. Art. 4 PortabilitätsVO Rn. 2 ff.) nicht berücksichtigen. Die PortabilitätsVO ist gerade darauf ausgerichtet, solche generellen Verpflichtungen zu Geoblocking abzuschaffen (s. ErwG 10 der PortabilitätsVO).

4 Unzulässig sind direkt oder indirekt die Verordnung beschränkende Abspra-chen aber auch **gegenüber Anbietern kostenfreier Online-Inhaltedienste**, aller-dings nur soweit sie von ihrem Wahlrecht Gebrauch gemacht haben, sich unter die PortabilitätsVO zu begeben. Rechteinhaber können also gegenüber Anbie-tern, die das Wahlrecht nicht ausgeübt haben, vorbehaltlich der kartellrechtli-chen Zulässigkeit (vgl. Rn. 10) weiterhin den grenzüberschreitenden Zugriff z. B. durch Geoblocking vertraglich verbieten (*Ranke/Glöckler* MMR 2017, 378, 381). Sofern sich ein Anbieter dazu entschließt, die Überprüfung freiwillig zu übernehmen und sich damit unter die PortabilitätsVO zu begeben, greift jedoch Art. 7 PortabilitätsVO. Erfasst vom Verbot des Art. 7 PortabilitätsVO sollten auch direkte oder indirekte Absprachen sein, die den Anbieter eines kostenfreien Dienstes daran hindern, das Wahlrecht auszuüben oder darauf zu verzichten (*Heyde* ZUM 2017, 712, 719). Betrachtet man weiterhin das Regelungsziel der Verordnung, einen möglichst umfassenden digitalen Binnen-markt zu schaffen, wird man davon ausgehen müssen, dass Absprachen, die die Ausübung der Wahlmöglichkeit des Anbieters kostenfreier Online-Inhalte-dienste einschränken, einen Verstoß gegen die Verordnung darstellen und da-mit nicht durchsetzbar sind.

5 Ebenfalls unzulässig dürften Absprachen sein, die versuchen, über eine konkre-tere **Definition des Begriffes des „vorübergehenden Aufenthaltes"**, z. B. durch Vorgabe einer bestimmten zeitlichen Befristung, den Anwendungsbereich der Verordnung einzugrenzen. Der Verordnungsgeber hat gerade auf eine solche konkrete Befristung verzichtet und die Definition in Art. 2 Nr. 2 Portabili-tätsVO offen formuliert (vgl. Art. 2 PortabilitätsVO Rn. 5 f.). Eine weiterge-hende Einschränkung dieser Definition ist daher grundsätzlich als unzulässige Beschränkung der Rechte und Pflichten des Anbieters nach der Verordnung anzusehen (so auch *Heyde* ZUM 2017, 712, 718; *Kraft* ZUM 2017, 720, 725). Das gilt auch und gerade für die Vereinbarung zwischen Anbieter und Recht-einhaber. Müsste der Anbieter verschiedene vertragliche Definitionen einhal-ten, könnte der Anbieter doch wieder nicht eine einheitliche Portabilität ge-währleisten (*Kraft* ZUM 2017, 720, 725). Alles andere würde auch zu einer Zersplitterung führen. Zur Zulässigkeit vertraglicher Absprachen zur **Überprü-fung des Wohnsitzmitgliedstaates** nach Art. 5 PortabilitätsVO vgl. Art. 5 Por-tabilitätsVO Rn. 11 f.

In jedem Fall unzulässig sind jegliche Absprachen, mit denen der **Leistungsum- 6 fang oder die Qualität des Online-Inhaltedienstes** bei Zugriff aus einem anderen Mitgliedstaat direkt oder indirekt im Vergleich zum Abruf aus dem Wohnsitzmitgliedstaat negativ beeinträchtigt wird.

Die Regelungen des Art. 7 Abs. 1 PortabilitätsVO erlauben jedoch, dass der **7 Rechteinhaber** für den durch das beschränkte Herkunftslandprinzip des Art. 4 PortabilitätsVO erweiterten räumlichen Nutzungsbereich einen **höheren Preis** fordert. Es erscheint auch nicht als unangemessen, für einen durch Art. 4 PortabilitätsVO vergrößerten räumlichen Nutzungsbereich, der auch die Attraktivität des Dienstes erhöht (*Heyde* ZUM 2017, 712, 715), ein höheres Nutzungsentgelt zu verlangen. Eine eigenständige Begrenzung des Preissetzungsspielraumes für den Rechteinhaber enthält Art. 7 Abs. 1 PortabilitätsVO damit nicht. Vielmehr gelten die üblichen kartellrechtlichen Grenzen: Urheberrechte und Leistungsschutzrechte dienen nicht der Sicherung der höchstmöglichen, sondern nur der angemessenen Vergütung (EuGH GRUR 2012, 904 Tz. 63 – *UsedSoft/Oracle*; EuGH GRUR 2012, 156 Tz. 108 – *Premier League/Murphy*). Erfassen lässt sich das jedoch kartellrechtlich nur bei Marktbeherrschung des Rechteinhabers (Art. 102 AEUV, §§ 18, 19 GWB) oder bei hinreichender relativer Marktmacht des Rechteinhabers gegenüber einem kleinen oder mittleren Diensteanbieter (§ 20); im Einzelnen vgl. Vor §§ 31 ff. UrhG Rn. 62.

Als **Rechtsfolge** eines Verstoßes gegen die Verordnung sieht Art. 7 Abs. 1 Porta- **8** bilitätsVO, anders als etwa Art. 101 Abs. 2 AEUV, nicht die Nichtigkeit der verstoßenden Klausel, sondern lediglich deren **Undurchsetzbarkeit** vor. Es erscheint als fraglich, wie dies in deutsches Recht zu transportieren ist. Als überzeugend erscheint, kein gesetzliches Verbot nach § **134 BGB** anzunehmen, so dass auch § 139 BGB keine Anwendung findet. Die vertraglichen Vereinbarungen bleiben also im Übrigen unberührt, soweit nicht ausnahmsweise bei Anwendbarkeit deutschen Vertragsrechts eine Anpassung nach § 313 BGB in Betracht kommt, was jedenfalls für Verträge, die nach Veröffentlichung der Portabilitätsverordnung geschlossen wurden, regelmäßig ausscheiden dürfte (zu § 313 BGB vgl. Art. 9 PortabilitätsVO Rn. 2 f.). Soweit eine geltungserhaltende Reduktion zulässig ist, sollte diese in Betracht gezogen werden. Beispielsweise zu weit gehende Verpflichtungen zum Geoblocking können auf das zulässige Maß reduziert werden. In **Allgemeinen Geschäftsbedingungen** (§ 305 Abs. 1 BGB) nach der PortabilitätsVO nicht durchsetzbare Klauseln führen zu einer Unwirksamkeit wegen unangemessener Benachteiligung gem. § 307 Abs. 1 S. 1 BGB. Über dies ist das Transparenzgebot des § 307 Abs. 1 S. 2 BGB zu beachten (*Eginger* ZUM 2017, 698, 701).

2. Anwendbarkeit der Verordnung unabhängig vom Vertragsstatut (Abs. 2)

Nach **Art. 7 Abs. 2 PortabilitätsVO** können die Regelungen der Portabili- **9** tätsVO nicht durch Wahl eines anderen Rechts ausgeschlossen werden. Die Regelungen der PortabilitätsVO gelten unabhängig davon, welches nationale Vertragsrecht auf die Verträge des Anbieters des Online-Inhaltedienstes mit den Rechteinhabern einerseits oder mit den Abonnenten andererseits anwendbar ist. Das dient der **Klarstellung**, dass es sich bei den Regelungen in Art. 7 Abs. 1 PortabilitätsVO um **international-privatrechtlich zwingendes Recht** und damit **Eingriffsnormen gem. Art. 9 Abs. 1 ROM-I-VO** handelt (vgl. Rn. 1). Der klarstellende Regelungsgehalt des Abs. 2 ist vergleichbar mit dem des § 32b UrhG (vgl. § 32b UrhG Rn. 2). Welche Verträge unter Art. 7 Abs. 1 PortabilitätsVO fallen, bestimmt der Anwendungsbereich der PortabilitätsVO und damit Art. 1 PortabilitätsVO. Damit gilt das zwingende Recht für Sachverhalte eines portablen Online-Inhaltedienstes, der in einem EU-Wohnsitzmitgliedstaat eines Abonnenten rechtmäßig bereitgestellt wird und für den sichergestellt werden muss, dass der Abonnent während eines vorübergehenden Aufenthalts in einem anderen EU-Mitgliedstaat als dem EU-Wohnsitzmitgliedstaat auf diese Dienste zugreifen und sie nutzen kann. Die PortabilitätsVO gilt ferner für die zugrundeliegenden Verträge zum Rechtserwerb des Online-Inhaltedienstes von Rechteinhabern an Urheberrechten oder Leistungsschutzrechten, allerdings nur, soweit sie den Rechteerwerb regeln, der den vorgenannten Portabilitätssachverhalt bei vorrübergehendem Aufenthalt in einem anderen EU-Mitgliedstaat betrifft.

3. Verhältnis zu anderen Vorschriften, insbesondere zu Art. 101 und Art. 102 AEUV

10 Die Regelungen aus Art. 101 und Art. 102 AEUV mit der entsprechenden Nichtigkeitsfolge bleiben neben Art. 7 PortabilitätsVO anwendbar (s. ErwG 33 der PortabilitätsVO). Das kann insbesondere dann relevant werden, wenn die vertraglichen Regelungen zwischen dem Rechteinhaber und dem Online-Inhaltedienst wettbewerbswidrige binnenmarktbeschränkende Absprachen nach Maßgabe von Art. 101 AEUV darstellen (s. dazu EuGH GRUR 2012, 156 Tz. 134 ff. – *Premier League/Murphy*). Als zutreffend erscheint, dass Art. 101 AEUV nicht generell eine räumliche Beschränkung von Rechten nach § 19a UrhG (öffentliche Zugänglichmachung) und § 20 UrhG (Sendung) ausschließt (eingehend vgl. Vor §§ 31 ff. UrhG Rn. 65; *Stieper* MMR 2011, 825; *Albrecht/Mutschler-Siebert/Bosch* ZUM 2012, 93, 96; *Ranke/Roßnagel* MMR 2012, 152, 156; *Baumann/Hofman*, ZUM 2011 890; *Ratjen/Langer* ZUM 2012, 299, 306; enger: *Hoeren/Bilek* CR 2011, 735, 740; *Kreile* ZUM 2012, 186). Ein durch das Kartellrecht gefordertes allgemeines Herkunftslandprinzip für Online-Nutzungen gibt es also im EU-Urheberrecht nicht (teilweise a. A. mit Beurteilung nach Maßgabe einer individuellen Marktbetrachtung: *Engels*, Die Vereinbarkeit der territorialen Aufspaltung von Verwertungsrechten mit den europäischen Binnenmarktregeln, S. 203 f.).

11 Ebenso anwendbar bleibt **Art. 102 AEUV** (s. ErwG 33 der PortabilitätsVO) und seine Nichtigkeitsfolge aus § 134 BGB bei Verletzung seines Verbotes. Vorrang hat Art. 7 PortabilitätsVO aber vor **nationalen Regelungen**; so treten z. B. die Regelungen in §§ 1, 19, 20 GWB zurück.

Artikel 8 Schutz personenbezogener Daten

(1) [1]Die Verarbeitung personenbezogener Daten im Zusammenhang mit dieser Verordnung, insbesondere auch für die Zwecke der Überprüfung des Wohnsitzmitgliedstaats des Abonnenten nach Artikel 5, erfolgt im Einklang mit den Richtlinien 95/46/EG und 2002/58/EG. [2]Insbesondere sind der Einsatz der Überprüfungsmittel im Sinne von Artikel 5 und jede Verarbeitung personenbezogener Daten nach dieser Verordnung auf das zur Erreichung ihres Zwecks erforderliche und verhältnismäßige Maß begrenzt.

(2) [1]Nach Artikel 5 erhobene Daten werden ausschließlich zur Überprüfung des Wohnsitzmitgliedstaats des Abonnenten verwendet. [2]Es erfolgt keine Mitteilung, Übertragung, Bereitstellung, Lizenzierung oder sonstige Übermittlung oder Weitergabe dieser Daten an Inhaber von Urheberrechten oder verwandten Schutzrechten, Inhaber sonstiger Rechte an Inhalten von Online-Inhaltediensten oder Drittpersonen.

(3) [1]Gemäß Artikel 5 erhobene Daten werden von Anbietern von Online-Inhaltediensten nicht länger aufbewahrt, als es für den Abschluss einer Überprüfung des Wohnsitzmitgliedstaats des Abonnenten gemäß Artikel 5 Absatz 1 und 2 erforderlich ist. [2]Nach Abschluss jeder Überprüfung werden die Daten unverzüglich und unwiderruflich vernichtet.

Übersicht

I.   Allgemeines

Die PortabilitätsVO schreibt in Art. 5 PortabilitätsVO zwingend eine Überprü- **1**
fung des Wohnsitzmitgliedstaates durch Erhebung einer Reihe personenbezogener Daten der Abonnenten vor. Um den Schutz dieser personenbezogenen Daten hervorzuheben und den Eingriff in die Privatsphäre der Nutzer möglichst
gering zu halten, enthält Art. 8 PortabilitätsVO eine **Regelung zum Umgang
mit personenbezogenen Daten im Rahmen der Überprüfung des Wohnsitzmitgliedstaates**. Art. 8 PortabilitätsVO enthält teilweise im Vergleich zu dem allgemeinen Datenschutzrecht strengere Regelungen, insbesondere in Bezug auf den
Zweck der Datenverarbeitung sowie die Löschungsfristen. Neben diesen spezielleren Regelungen finden auf die Datenverarbeitungsvorgänge jedoch immer
die allgemeinen datenschutzrechtlichen Vorgaben Anwendung, die sich bis zum
25. Mai 2018 aus den nationalen, teilharmonisierten Datenschutzgesetzen und
ab dem 25. Mai 2018 aus der dann in Kraft getretenen Datenschutzgrundver-
ordnung (DSGVO) ergeben.

II.   Tatbestand (Abs. 1 bis Abs. 3)

Art. 8 Abs. 1 PortabilitätsVO stellt klar, dass die Verarbeitung personenbezoge- **2**
ner Daten zur **Überprüfung des Wohnsitzmitgliedstaates** nach Art. 5 PortabilitätsVO **im Einklang mit dem europäischen Datenschutzrecht** zu erfolgen hat
und dabei insbesondere das Prinzip der Datensparsamkeit zu berücksichtigen
ist. Diese Vorgabe ergibt sich auch bereits unmittelbar aus den datenschutzrechtlichen Vorgaben und hat daher nur klarstellende Wirkung. Die in Abs. 1
aufgeführte Richtlinie 95/46/EG wird ab dem 25. Mai 2018 durch die Daten-
schutzgrundverordnung ersetzt, die auch ohne explizite Nennung in Abs. 1 ab
ihrem Inkrafttreten für alle Datenverarbeitungsvorgänge im Rahmen der Überprüfung nach Art. 5 PortabilitätsVO Anwendung findet, soweit sich aus der
Richtlinie 2002/58/EG (sog. ePrivacy Richtlinie) bzw. den entsprechenden nationalen Umsetzungsnormen keine spezielleren Regelungen ergeben, die das gleiche Ziel verfolgen (s. **Art. 95 DSGVO**).

Das in Abs. 1 explizit hervorgehobene **Prinzip der Datensparsamkeit** (s. a. **3**
Art. 5 Abs. 1 lit. c) DSGVO) verlangt, dass Umfang und Ausmaß der Erhebung
und Verarbeitung personenbezogener Daten stets auf das erforderliche Maß zu
beschränken sind. Dieses Prinzip wird insbesondere für die **Auswahl der in
Art. 5 PortabilitätsVO aufgeführten Überprüfungskriterien** von Bedeutung
sein. So wird der Anbieter etwa zur Vermeidung unnötiger Datenverarbeitungsvorgänge gehalten sein, primär auf solche **Daten** (z. B. Zahlungsdaten) zurückzugreifen, **die ihm zum Zwecke der Vertragserfüllung ohnehin bereits vorliegen**
oder die er im Rahmen der Begründung oder Verlängerung des Vertragsverhältnisses benötigt (s. ErwG 27 der PortabilitätsVO). In Bezug auf die Erhebung
der IP-Adresse gemäß Art. 5 Abs. 1 lit. k) PortabilitätsVO ist lediglich die Erhebung einer verkürzten Adresse im Binärformat erforderlich, um den Staat zu
bestimmen, aus dem der Abonnent auf den Inhaltedienst zugreift, während die
Erhebung der vollständigen IP Adresse nicht auf Grundlage von Art. 5 PortabilitätsVO gerechtfertigt werden kann (s. ErwG 28 der PortabilitätsVO).

4 Gemäß **Art. 8 Abs. 2 PortabilitätsVO** dürfen nach Art. 5 PortabilitätsVO erhobene Daten **ausschließlich zur Überprüfung** des Wohnsitzmitgliedstaats des Abonnenten verwendet und **nicht an Dritte**, insbesondere Rechteinhaber **weitergegeben** werden. Diese Regelung sieht gegenüber den allgemeinen datenschutzrechtlichen Regelungen, welche unter Umständen eine Umwidmung des Verarbeitungszwecks personenbezogener Daten zulassen (s. Art. 6 Abs. 4 DSGVO), eine **Verschärfung** dar. Nach dem eindeutigen Wortlaut der Regelung ist eine Umwidmung nach Art. 5 PortabilitätsVO erhobener Daten nicht möglich. Keine Anwendung findet diese Beschränkung jedoch auf Daten, die bei dem Anbieter bereits vorliegen und daher auf anderer Grundlage erhoben wurden.

5 Das Gleiche gilt für die in Art. 8 Abs. 3 PortabilitätsVO vorgesehene vorbehaltlose Verpflichtung, nach jeder Überprüfung alle nach Art. 5 PortabilitätsVO erhobenen Daten unverzüglich und unwiderruflich zu vernichten. Auch hier sähen die allgemeinen datenschutzrechtlichen Regelungen in engen Grenzen Ausnahmen vor (s. Art. 17 Abs. 3 DSGVO), die nach dem eindeutigen Wortlaut von Art. 8 Abs. 3 PortabilitätsVO für nach Art. 5 PortabilitätsVO erhobene Daten keine Anwendung finden. Auch insoweit findet die absolute Löschungspflicht nach Abs. 3 jedoch auf Daten, die bei dem Anbieter bereits vorliegen und daher auf anderer Grundlage erhoben wurden, keine Anwendung.

III. Datenerhebung zum Schutz vor Missbrauch?

6 Art. 5 Abs. 2 PortabilitätsVO sieht für den Anbieter bei berechtigten Zweifeln an dem anfänglich bestimmten Wohnsitzmitgliedstaat des Abonnenten die Möglichkeit vor, erneut eine Überprüfung nach Art. 5 PortabilitätsVO vorzunehmen. Auch für diese erneute Überprüfung rechtfertigt Art. 5 PortabilitätsVO unter Maßgabe von Art. 8 PortabilitätsVO und der allgemeinen datenschutzrechtlichen Vorgaben die Erhebung und Verarbeitung personenbezogener Daten des Abonnenten. Unklar bleibt jedoch, inwieweit der Anbieter auch berechtigt sein soll, personenbezogene Daten, wie z.B. die IP-Adresse des Nutzers, zu erheben und zu verarbeiten, um einem Missbrauch durch den Abonnenten vorzubeugen und so überhaupt **Zweifel an der Richtigkeit des anfänglich bestimmten Wohnsitzmitgliedstaates zu begründen**. Da es sich bei einer solchen Datenerhebung gerade nicht um eine Datenerhebung nach Art. 5 PortabilitätsVO, sondern um eine vorgelagerte Datenverarbeitung handelt, ist **Art. 8 PortabilitätsVO auf solche Datenverarbeitungsvorgänge nicht anwendbar**. Ihre Zulässigkeit richtet sich allein nach den **allgemeinen datenschutzrechtlichen Bestimmungen**. Als Rechtfertigungsnormen käme hier ggf. Art. 6 Abs. 1 lit. c) DSGVO (Erfüllung einer rechtlichen Verpflichtung) oder alternativ Art. 6 Abs. lit. f) DSGVO (Wahrung der berechtigten Interessen des Verantwortlichen oder eines Dritten) in Betracht. Im Ergebnis muss es dem Anbieter hier möglich sein, das Vorliegen der Voraussetzungen von Art. 3 und Art. 4 PortabilitätsVO, also insbesondere den Wohnsitzmitgliedstaat des Abonnenten in verhältnismäßiger Weise zu überprüfen. Um den Eingriff für den Nutzer möglichst gering zu halten, muss die Datenerhebung jedoch auf den unbedingt erforderlichen Umfang beschränkt werden und es müssen geeignete Maßnahmen getroffen werden, um eine anderweitige Nutzung der erhobenen Daten zu verhindern.

Artikel 9 Anwendung auf bestehende Verträge und erworbene Rechte

(1) Diese Verordnung gilt auch für Verträge und Rechte, die vor ihrem Geltungsbeginn geschlossen beziehungsweise erworben wurden, sofern sie für

die Bereitstellung eines Online-Inhaltedienstes, den Zugriff auf diesen Dienst und seine Nutzung im Einklang mit den Artikeln 3 und 6 nach diesem Zeitpunkt relevant sind.

(2) [1]Bis zum 2. Juni 2018 führt der Anbieter eines gegen Zahlung eines Geldbetrags bereitgestellten Online- Inhaltedienstes im Einklang mit dieser Verordnung eine Überprüfung des Wohnsitzmitgliedstaats derjenigen Abonnenten durch, die vor diesem Tag Verträge über die Bereitstellung des Online-Inhaltedienstes geschlossen haben. [2]Innerhalb von zwei Monaten ab dem Tag, ab dem der Anbieter eines kostenfrei bereitgestellten Online-Inhaltedienstes den Dienst zum ersten Mal nach Artikel 6 anbietet, überprüft der Anbieter gemäß der vorliegenden Verordnung den Wohnsitzmitgliedstaat derjenigen Abonnenten, die vor diesem Tag Verträge über die Bereitstellung eines Online- Inhaltedienstes geschlossen haben.

Übersicht

I. Allgemeines

Art. 9 PortabilitätsVO enthält Regelungen zum Umgang mit Verträgen und **1** Nutzungsrechten, die vor Geltung der Vorgaben der Verordnung am 1.4.2018 geschlossen bzw. erworben wurden. Die Regelungen sollen mit Blick auf das Regelungsziel einer möglichst effektiven Durchsetzung des digitalen Binnenmarktes sicherstellen, dass die Regelungen der Verordnung auch auf laufende Vertragsbeziehungen Anwendung finden.

II. Regelungsinhalt

1. Anwendbarkeit der Verordnung auch auf Altverträge (Abs. 1)

Abs. 1 legt zunächst fest, dass die Verordnung auch für Verträge und Rechte **2** gilt, die vor dem 1.4.2018 geschlossen beziehungsweise erworben wurden, sofern sie für die Bereitstellung eines Online-Inhaltedienstes, den Zugriff auf diesen Dienst und seine Nutzung im Einklang mit Art. 3 und Art. 6 PortabilitätsVO nach dem 1.4.2018 relevant sind. Die Regelungen der Verordnung finden damit **auf alle zum 1.4.2018 bestehenden Nutzungsverhältnisse (Altverträge) für kostenpflichtige Online-Inhaltedienste Anwendung.** Gleichzeitig ist davon auszugehen, dass auch auf bestehende Verträge, die den Vorgaben der PortabilitätsVO zuwiderlaufen, die Verordnung Anwendung findet. Der PortabilitätsVO entgegenstehende Vertragsklauseln sind damit nicht durchsetzbar (vgl. Rn. 4). Damit führt die PortabilitätsVO eine **Vertragsänderung** herbei. Soweit damit ein Festhalten an anderen – nicht von der PortabilitätsVO unmittelbar betroffenen – Vertragsklauseln unzumutbar ist, kommt eine Vertragsanpassung oder subsidiär auch eine Beendigung des Vertrags nach den Grundsätzen über den Wegfall der Geschäftsgrundlage **durch den Diensteanbieter** in Betracht. Dazu vgl. Rn. 3 (zum Lizenzvertrag), ferner vgl. Vor §§ 31 ff. UrhG Rn. 100 ff. Jedoch scheidet eine Vertragsanpassung in Form einer Preiserhöhung aus. Denn Art. 3 Abs. 2 PortabilitätsVO und ErwG 19 der PortabilitätsVO schließen zusätzliche Gebühren aus, was auch für Altverträge gilt. Denkbar ist jedoch eine Beendigung des Altvertrages bei Unzumutbarkeit. Der **Abonnent** darf den Vertrag ebenfalls unter diesen Voraussetzungen beenden, insbesondere wenn er einen Vertrag in einem Nicht-Wohnsitzstaat abgeschlossen hat und nunmehr einen – gem. der Verordnung portablen – Vertrag in

seinem Wohnsitzmitgliedstaat abschließen möchte. Hat er ein Paket aus Online-Inhaltedienst einerseits und elektronischen Kommunikationsdienstleistungen (z. B. Internetzugang) andererseits abgeschlossen, darf er jedoch nur den
Vertragsteil, der auf den Online-Inhaltedienst entfällt, beenden (ErwG 32 der
PortabilitätsVO).

3   Ferner findet die PortabilitätsVO auch Anwendung auf **Altverträge des Online-
Inhaltedienstes mit den Rechteinhabern, die am 1.4.2018 bestanden.** Auch
wenn der Wortlaut von Art. 9 Abs. 1 PortabilitätsVO insoweit nicht ganz eindeutig ist, ergibt sich dies klar aus den ErwGen 31 und 32 der PortabilitätsVO,
die sogar bewusst eine Karenzzeit zwischen in Kraft treten der PortabilitätsVO
(20.7.2017 gem. Art. 11 Abs. 1 PortabilitätsVO) und dem ersten Geltungstag
(1.4.2018 gem. Art. 11 Abs. 2 PortabilitätsVO) gewährt, um bestehende Lizenzverträge neu auszuhandeln. Damit ist insbesondere denkbar, für Lizenzverträge einen neuen Preis zu vereinbaren, der die gesteigerten räumlichen Nutzungsmöglichkeiten und die damit gesteigerte Attraktivität des Dienstes
widerspiegelt. Die PortabilitätsVO verbietet grundsätzlich nicht, dass Rechteinhaber für den größeren Nutzungsumfang höhere Preise verlangen; vgl. Art. 7
PortabilitätsVO Rn. 7. Kommt es zu keiner Einigung, ist ein Anspruch des
Rechteinhabers auf **Vertragsanpassung oder ein Recht zur Beendigung** denkbar. Bei Anwendbarkeit deutschen Vertragsrechts kommt vor allem ein Anspruch auf Vertragsanpassung (subsidiär auch Rücktritt oder Beendigung) wegen Störung der Geschäftsgrundlage gem. § 313 BGB in Betracht. Sie scheidet
nicht deshalb aus, weil das Risiko bei einer Partei liegen würde (BGH GRUR
2005, 320, 325 – *Kehraus*). Das Risiko der räumlichen Ausweitung der Nutzungserlaubnis durch die PortabilitätsVO liegt nicht im alleinigen Risikobereich des Rechteinhabers, weil der Dienst an Attraktivität gewinnt. Allerdings
darf das Institut des Wegfalls der Geschäftsgrundlage nicht leichtfertig angewendet werden, sondern nur dann, wenn es zur Vermeidung untragbarer, mit
Recht und Gerechtigkeit schlechthin nicht vereinbarer und damit der betroffenen Vertragspartei nicht zumutbaren Folgen unabweisbar erscheint (BGH
GRUR 2005, 320, 325 – *Kehraus*; BGH GRUR 1997, 215, 219 – *Klimbim*).
Das erfordert eine Einzelfallbetrachtung. Zur Begründung einer **Vergütungsanpassung** zu Gunsten des Rechteinhabers spricht für eine Unzumutbarkeit auf
Seiten des Rechteinhabers, dass ihm ein höherer Nutzungsumfang ohne zusätzliche Vergütung auferlegt wird, während der Dienst für den Anbieter gegenüber
Abonnenten attraktiver wird, auch wenn sich das nicht in einer insgesamt höheren Vergütung durch den Abonnenten niederschlagen darf, vgl. Rn. 2. Ohnehin können Dienste-Anbieter, die transaktionsbasiert abrechnen, die Möglichkeit höherer Nutzungsintensität durch die größere räumliche Ausdehnung
schaffen (*Heyde* ZUM 2017, 712, 715). Zur etwas ähnlichen Konstellationen
einer Änderung der geografischen Situation im Zuge der Wiedervereinigung
vgl. Vor §§ 31 ff. UrhG Rn. 104 ff., dort auch weitergehend zu den Voraussetzungen für einen Wegfall der Geschäftsgrundlage. Denkbar ist darüber hinaus
auch die **Anpassung bestimmter Verpflichtungen des Dienstes** auf das nach der
Verordnung zulässige Maß, z. B. im Hinblick auf Geoblocking-Verpflichtun-
gen, die ohne Überprüfung des Wohnsitzmitgliedstaates ohnehin für Länder
außerhalb der EU zulässig bleiben. Insoweit sollte die Vertragsänderung im
Wege einer geltungserhaltenden Reduktion erfolgen (*Ranke/Glöckler* MMR
2017, 378, 382). **Rücktritt oder Beendigung** sind im Vergleich zur Vergütungsanpassung subsidiär (BGH GRUR 1997, 215, 219 – *Klimbim*) und sollten im
Regelfall von Seiten des Rechteinhabers in Betracht kommen, wenn der Anbieter des Dienstes nicht mit einer Vergütungsanpassung einverstanden ist.

4   **Rechtsfolge der Geltung der PortabilitätsVO für Altverträge** ist, dass vertragliche **Klauseln** in Nutzerverträgen (mit Abonnenten) oder Lizenzverträgen (mit
Rechteinhabern) ab dem 1.4.2018 gem. Art. 7 PortabilitätsVO **nicht durchsetz-**

bar sind (vgl. Art. 7 PortabilitätsVO Rn. 8). Ferner kommt insbesondere bei Verstoß gegen Art. 101 oder Art. 102 AEUV auch eine Nichtigkeit in Betracht (vgl. Art. 7 PortabilitätsVO Rn. 8). Zur Vermeidung negativer Rechtsfolgen erscheint damit eine Überprüfung und ggf. Anpassung entsprechender Lizenzverträge angezeigt. Zur Vertragsanpassung von Lizenzverträgen vgl. Rn. 3.

2. Überprüfung des Wohnsitzmitgliedstaates bei Altverträgen (Abs. 2)

Abs. 2 enthält in Bezug auf die Pflicht zur Überprüfung des Wohnsitzmitgliedstaates gemäß Art. 5 PortabilitätsVO **konkrete Fristen,** bis zu denen die Überprüfung für Bestandsverträge abweichend von Art. 5 PortabilitätsVO umzusetzen ist. Für vor dem 1.4.2018 abgeschlossene Nutzungsverträge für kostenpflichtige Online-Inhaltedienste ist die entsprechende Überprüfung des Wohnsitzmitgliedstaates **bis zum 2.6.2018** durchzuführen. Anbieter eines **kostenfrei bereitgestellten Online-Inhaltedienstes,** die sich nach Art. 6 Portabilitätsverordnung freiwillig dazu entschließen, an den Regelungen der Verordnung zu partizipieren, müssen die entsprechende Überprüfung vorbestehender Abonnenten **innerhalb von zwei Monaten** ab dem Tag durchführen, ab dem der Dienst zum ersten Mal nach Art. 6 PortabilitätsVO angeboten wird. Für nach diesem Tag abgeschlossene oder verlängerte Verträge hat eine Überprüfung gemäß Art. 5 PortabilitätsVO zu erfolgen. Im ursprünglichen Verordnungstext war als Datum hier noch der 21.5.2018 angegeben; dieses Datum wurde jedoch durch eine Berichtigung der Verordnung im ABl. L 198/42 v. 28.7.2017 auf den 2.6.2018 korrigiert.

5

Artikel 10 Überprüfung

[1]**Bis zum 02. April 2021 und danach je nach Bedarf bewertet die Kommission die Durchführung dieser Verordnung vor dem Hintergrund rechtlicher, technischer und wirtschaftlicher Entwicklungen und erstattet dem Europäischen Parlament und dem Rat diesbezüglich Bericht.** [2]**Der Bericht gemäß Absatz 1 umfasst unter anderem eine Bewertung der Anwendung der zur Überprüfung des Wohnsitzmitgliedstaats gemäß Artikel 5 vorgesehenen Mittel unter Einbeziehung neu entwickelter Technologien, Industriestandards und Verfahren und überprüft erforderlichenfalls die Notwendigkeit einer Überarbeitung.** [3]**In dem Bericht wird den Auswirkungen der vorliegenden Verordnung auf KMU und dem Schutz personenbezogener Daten besondere Aufmerksamkeit geschenkt.** [4]**Die Kommission fügt ihrem Bericht gegebenenfalls einen Legislativvorschlag bei.**

Artikel 11 Schlussbestimmungen

(1) Diese Verordnung tritt am zwanzigsten Tag nach ihrer Veröffentlichung im Amtsblatt der Europäischen Union in Kraft.

(2) Sie gilt ab dem 01. April 2018.

Die Verordnung wurde am 30.6.2017 im Amtsblatt der Europäischen Union veröffentlicht. Sie ist damit seit dem 20.7.2017 in Kraft.

1

Die Regelungen und Vorgaben der Verordnung sind **ab dem 1.4.2018** in allen Mitgliedstaaten verbindlich und entfalten **unmittelbare Geltung** auch in Deutschland (Art. 288 Abs. 2 AEUV), s. ErwG 35 der PortabilitätsVO. Im ursprünglichen Verordnungstext war als Datum hier noch der 20.3.2018 angegeben; dieses Datum wurde jedoch durch eine Berichtigung der Verordnung im ABl. L 198/42 v. 28.7.2017 auf den 1.4.2018 korrigiert. Einer Umsetzung in deutsches Recht bedarf es nicht. Das ist anders als bei Richtlinien, insbesondere den im Urheberrecht geltenden Richtlinien, die in das deutsche UrhG umgesetzt

2

werden müssten; vgl. Einl. UrhG Rn. 37 ff. Mit der PortabilitätsVO hat sich der europäische Gesetzgeber erstmals dazu entschlossen, vom Mittel der Verordnung Gebrauch zu machen und eine Harmonisierung durch noch umzusetzende Richtlinien zu erreichen (vgl. Vor PortabilitätsVO Rn. 1).

3   Die **Karenzzeit** zwischen in Kraft treten (Abs. 1) und Geltungsdatum (Abs. 2) erklärt sich daraus, dass die Verordnung für Verträge und Rechte gelten wird, die vor ihrem Geltungsbeginn geschlossen beziehungsweise erworben wurden, vgl. Art. 9 PortabilitätsVO Rn. 1 ff. Rechteinhaber und Anbieter von Online-Inhaltediensten, die in den Anwendungsbereich dieser Verordnung fallen, sollen in die Lage versetzt werden, die für die Anpassung an die neue Situation erforderlichen Vorkehrungen treffen und die Anbieter die Bedingungen für die Nutzung ihrer Dienste ändern zu können (ErwG 32 der PortabilitätsVO).

Anmerkungen zu GPL – (General Public License)

Angesichts der zunehmenden Bedeutung von Open-Source-Lizenzen im Softwarelizenzrecht (vgl. Vor §§ 69a ff. Rn. 25 ff.), haben wir uns entschlossen, eine dieser Lizenzvertragsvorschläge, die GPL (im Wesentlichen Version 3), im Hinblick auf deutsches Urheberrecht einigen allgemeinen Anmerkungen zu unterziehen. Die folgenden Anmerkungen verstehen sich dabei nicht als Kommentierung im eigentlichen Sinn; sie versuchen lediglich, die in der Praxis wichtigsten Begriffe und Problemstellungen bei der Anwendung der GPL zu beleuchten.

I. Überblick über und Hintergrund von Open-Source

Wir haben aus der Unmenge an sog. Open Source Lizenzen die GPL ausgewählt, weil sie einerseits den sog. strengen Copyleft-Effekt (vgl. Rn. 18 ff.) am stringentesten umsetzt und weil sie andererseits die wohl meistverbreitete Open Source Lizenz ist (zu Open Source aus wirtschaftlicher Sicht und zur Geschichte: *Dietrich,* Open Source Business, abrufbar auf http://www.heise.de/open/Open-Source-Business-Update--/artikel/76859, abgerufen am 4.1.2017; einen Überblick über Open Source Lizenzen mit nützlichen Links hält das sog. Institut für Freie und Open Source Software bereit: http://www.ifross.org/node/1021, abgerufen am 4.1.2017; sehr übersichtlich stellen *Beardwood/Alleyne* CRi 2006, 97, 103 f. die Inhalte verschiedener Open Source Lizenzmodelle gegenüber). Lange Zeit galt die GPL in ihrer **Version 2** (die wenigen Gerichtsurteile in Deutschland beziehen sich auf diese Version). Die Free Software Foundation hatte bereits 2005 angekündigt (http://www.tecchannel.com/news/themen/linux/431468/, PM v. 4.8.2005, abgerufen am 4.1.2017), dass im Jahr 2007 nach Diskussion durch die Community eine neue Version der GPL, nämlich die Version 3, veröffentlicht werden soll. Tatsächlich ist am 29.6.2007

1

GPLv3 veröffentlicht worden (http://gplv3.fsf.org/, abgerufen am 4.4.2017; zu ihr z. B. *Jaeger/Metzger* GRUR 2008, 130 ff.; *Buono/Siverding*, LesNou 2007, 405; *Spindler* K&R 2008, 565, 569 f.; zu Umstellungsfragen von Version 2 auf Version 3: *Koglin* CR 2008, 137 ff. und *Koglin*, Opensourcerecht). Die neue Version sollte der internationalen Verwendung mehr Rechnung tragen als die bisherigen Versionen und zudem neuere Entwicklungen wie Application Service Providing sowie vor allem die hart diskutierten Themen DRM und sog. Softwarepatente berücksichtigen. In der Tat hat sie diese Themen auch aufgegriffen; inwieweit sie einer für Deutschland nachvollziehbaren Lösung zugeführt wurden dazu vgl. Rn. 7 ff. In der Praxis spielt nach wie vor aber die Version 2 eine größere Rolle, einfach weil viele Open Source Projekte nach wie vor mit ihr arbeiten.

2 Open Source Lizenzen folgen einigen z. T. einheitlichen Prinzipien, deren **Grundideen** vom Open Source Institute (OSI) „begleitet" werden. Es ist nicht erforderlich, dass eine solche Lizenz von einer Institution wie OSI zertifiziert wird. Wer seine Lizenzbedingungen jedoch als Open Source Software oder Free Software bezeichnen will, sollte sich an den Vorgaben der Free Software Foundation orientieren. Diese verlangen von einer Software, damit sie als „**Free Software**" bezeichnet werden kann, folgendes:

> *"[...] the freedom to run the program, for any purpose; the freedom to study how the program works, and adapt it to your needs. Access to the source code is a precondition for this; the freedom to redistribute copies so you can help your neighbor; the freedom to improve the program, and relies your improvements to the public, so that the hole community benefits. Access to the source code is a precondition for this."*

1. Bedeutung und Begründung der GPL

3 **Bedeutung und Begründung der GPL** scheinen einige einleitende Sätze wert. Open Source Software ist nicht urheberrechtsfrei, sondern unterliegt – wenn die General Public License (GPL) als Lizenz gewählt wird – dieser Lizenz, die ihrerseits das Urheberrecht voraussetzt. Dieser Lizenzvertrag ist zu seiner **Durchsetzung auf das urheberrechtliche Instrumentarium angewiesen** (Schricker/Loewenheim/*Spindler*[5] Vor §§ 69a ff. Rn. 28). Er benutzt gewissermaßen das Zivilrechtssystem, um der Allgemeinheit zugängliche Güter zu produzieren oder anders ausgedrückt: Open Source bedient sich des Urheberrechts, lehnt aber den spezifischen Know-How Schutz des Softwareurheberrechts ab. Viele Open Source Initiativen verweisen zur Begründung ihrerseits auf die dogmatische Begründung des Schutzes von Immaterialgüterrechten; diese sollen der Förderung des Fortschritts von Wissenschaft und Kunst dienen. Dies sei auch das Ziel der Open Source Initiativen, die Rechtsinhaber dabei unterstützen wollen, die Rechtsausübung an ihren Inhalten exakt mit ihren eigenen Vorstellungen und Bedürfnissen in Einklang zu bringen und dabei die Allgemeinheit zu fördern. Dabei übersehen diese Ideen aber, dass es sich hierbei – entsprechend dem Entstehungsort dieses Lizenzsystems in den USA – ausschließlich um die US-amerikanische Auffassung von „Copyright" handelt; alle diese Theorien blenden die aufklärerische Tradition des kontinental-europäischen droit d'auteur Systems, in dem der Schöpfer mit seinen Persönlichkeitsrechten im Mittelpunkt steht, leider aus.

4 Die GPL ist also ein Lizenzvertrag, durch den der Programmurheber jedem Nutzer die Nutzungsrechte ohne entgeltliche Gegenleistung einräumt. Diese Einräumung von Nutzungsrechten ist indes an **Bedingungen** geknüpft. Die Weitergabe der Software ist nur mit der Maßgabe erlaubt, dass mit der Software auch der Quellcode, ein Hinweis auf die Geltung der GPL sowie ein Haftungsausschluss des Erstellers weitergegeben werden. Kopien dürfen nur angefertigt werden, wenn die Bestimmungen der GPL eingehalten werden. Ein Verstoß gegen diese Bestimmungen führt automatisch zum Erlöschen der Nut-

zungsrechte (zu den urheber-, kartell- und AGB-rechtlichen Fragen vgl.
Rn. 18 ff.; frühzeitig schon zur GPL: *Jaeger/Metzger* GRUR Int. 1999, 839;
einen guten Überblick vermittelt *Teufel* Mitt.d.PA 2007, 341; auch *Funk/Zeifang* CR 2007, 617; *Schulz*, Konzepte).

2. Weitergehende Ansätze: Creative Commons

Lange nachdem Open Source im Softwarerecht bereits ein etabliertes System   **5**
war, entstand in den USA ein allgemeinerer Ansatz, der den Gedanken, bestimmte Rechte an Inhalten freizugeben, aufgriff. Dies war die Geburtsstunde
von Creative Commons (allgemein zu der Idee *Goldstein* GRUR Int. 2006,
901; *Plaß* GRUR 2002, 670; *Rosenkranz*, Open Contents; zu einer der ersten
Gerichtsentscheidungen zu einer Creative Commons Lizenz: District Court
Amsterdam CRi 2006, 121). Mittlerweile handelt es sich bei der Institution,
die diese „Idee" verwaltet, um eine gemeinnützige Organisation, die sich nach
ihren eigenen Worten dafür einsetzt, dass das Internet ein Medium für den
freien Austausch von Inhalten bleibt (http://www.creativecommons.org, abgerufen am 4.1.2017). Schlagwort ist, dass nicht immer gelten solle „All Rights
Reserved", sondern vielmehr nur „Some Rights Reserved", im Grunde genommen macht der Standardlizenzvertrag, den Creative Commons propagiert, damit also nur von den Möglichkeiten einer ausdifferenzierten Einräumung von
Nutzungsrechten (vgl. § 31 Rn. 5 ff.) Gebrauch. Bezeichnende Weise ist bei
Creative Commons hauptsächlich von einer Internetnutzung die Rede und vom
großen Interesse der Internetnutzer daran, ihre Inhalte anderen zugänglich zu
machen und – indem sie die Rechte zur Weiterverwendung und Bearbeitung der
Öffentlichkeit einräumen – ein Teil der wachsenden **Open Access**-Bewegung zu
werden (http://www.creativecommons.org; zur Frage des „Access" (Zugang)
ausführlich vgl. Vor §§ 87a ff. Rn. 37 f.; vgl. Vor §§ 95a ff. Rn. 31). Seit 2004
ist auf http://de.creativecommons.org auch eine an das deutsche Urheberschutzrecht angepasste Version der Creative Commons-Lizenzen veröffentlicht.
Mit einem sog. Lizenzierungstool kann der Nutzer von Creative Commons
sich aus einer Reihe von Lizenzelementen einen individuellen Lizenzvertrag
zusammenstellen (allg. zu Open Content Lizenzen *Jaeger/Metzger* MMR 2003,
431 und vgl. **Vor §§ 31 ff. Rn. 330a ff.**; allg. zur Frage der Gemeinfreiheit:
Peukert, Die Gemeinfreiheit). Folgende „Bausteine" werden angeboten:
(1) *Namensnennung:* Erlaubt anderen, unter der Voraussetzung, dass die
    Rechtsinhaberschaft des Lizenzgebers durch Nennung dessen Namen anerkannt wird, den Inhalt des Lizenzgebers und darauf aufbauende Bearbeitungen zu vervielfältigen, zu verbreiten, aufzuführen und öffentlich zugänglich zu machen.
(2) *Nicht-Kommerzielle Nutzung:* Erlaubt anderen, den Inhalt des Lizenzgebers und darauf aufbauende Bearbeitungen nur zu nicht-kommerziellen
    Zwecken zu vervielfältigen, zu verbreiten, aufzuführen und öffentlich zugänglich zu machen.
(3) *Keine Bearbeitungen*: Erlaubt anderen, nur unveränderte Kopien des Inhalts des Lizenzgebers zu vervielfältigen, zu verbreiten, aufzuführen und
    öffentlich zugänglich zu machen, dagegen sind keine Bearbeitungen erlaubt, die auf Ihrem Inhalt basieren.
(4) *Weitergabe unter gleichen Bedingungen*: Erlaubt anderen, Bearbeitungen
    des Inhalts des Lizenzgebers nur unter einem Lizenzvertrag zu verbreiten,
    der demjenigen entspricht, unter dem der Lizenzgeber selbst seinen Inhalt
    lizenziert hat. Creative Commons ist also mit Open Source Lizenzen vergleichbar, beschränkt sich aber nicht auf Softwareanwendungen, sodass sie
    hier nicht weiter betrachtet wird.
Bei Creative-Commons-Lizenzen bestehen – wenn sie mit dem unten erläuterten strengen Copyleft-Effekt versehen sind (unten vgl. Rn. 18 ff.) – dieselben
rechtlichen Problemschwerpunkte wie bei der GPL (unten vgl. Rn. 21 ff.). Den-

noch werden sie von Gerichten in Deutschland als wirksam anerkannt (s. LG Berlin MMR 2011, 763 m. Anm. *Mantz*).

6 Es scheint einen **generellen Trend** zu kreativer Gemeinschaftsentwicklung zu geben (ob dies aber gleich zum Ende des Schöpferprinzips führt, erscheint uns eher zweifelhaft) und die Open Source Idee dürfte im speziellen Feld der Computerprogrammentwicklung nur die erste Ausprägung dieses Trends gewesen sein. Sie hat wegen der spezifischen Besonderheiten der Computerprogrammentwicklung einiges für sich. Ob sie auch auf andere Werkgattungen übertragbar ist, bezweifeln wir. Denn – anders als bei den weitestgehend angestellten oder in auskömmlichen freien Mitarbeiterverhältnissen tätigen Open-Source-Softwareprogrammierern leben viele freie Künstler und Schriftsteller in anderen Verhältnissen und sind auf die Vergütung für Nutzungsrechtseinräumungen angewiesen. Vollends zweifelhaft wird sie aber, wenn sie – wie bei Wikipedia in seiner Urform – dazu führt, dass nicht redaktionell betreute Systeme glauben machen wollen, es gäbe eine Weisheit der Massen. Nicht etwa, weil viele an einem Artikel chaotisch zusammenschreiben, entsteht der beste Artikel. Das Prinzip, wonach viele Menschen ihre Stimme erheben und am Ende im Durchschnitt ein verblüffend korrektes Ergebnis herauskommt, ist zwar demokratisch, führt aber nicht zu wissenschaftlicher Wahrheit oder Substanz. Anders ausgedrückt: Die Idee von Open Source dürfte nur auf wenige Teilbereiche, dort aber durchaus sinnvoll, anwendbar sein.

II.   Einzelne Problemschwerpunkte aus der GPL

1.   Anwendbares Recht

7 Zu einer der wesentlichen Fragen schweigt die GPL wie fast alle Open Source Lizenzen, nämlich dem **anwendbaren Recht** (*Metzger/Jaeger* GRUR Int. 1999, 839, 841 f.) mit Ausnahme eines dürren Hinweises in Ziff. 17, wonach die (nach deutschem AGB-rechtlichen Verständnis sicher unwirksamen) Haftungs- und Gewährleistungsausschlüsse bei „lokaler Unwirksamkeit" eben soweit wie möglich gelten sollen. Die GPL trifft also keine Rechtswahl; es gelten die **allgemeinen Grundsätze des Vertrags-IPR** (Vgl. Vor §§ 120 ff. Rn. 80 ff.). Einzelne Gerichte scheinen ohne weiteres von der Anwendbarkeit deutschen Rechts auszugehen, auch wenn z. B. der Programmierer österreichischer Staatsbürger war und bei der (wie bei der GPL vorgesehenen) Einräumung nur einfacher Nutzungsrechte dann eigentlich österreichisches Recht zur Anwendung kommen müsste (LG Hamburg MMR 2016, 740).

2.   Vertragsschluss und AGB-Recht

8 Ziff. 10 verhält sich rudimentär zu den Fragen des **Vertragsschlusses** bei Einsatz einer Software, die „unter GPL" steht. Man könnte ihm entnehmen, dass die GPL nicht von einem zwei- oder mehrseitigem Vertrag ausgeht (so *Metzger/Jaeger* GRUR Int. 1999, 839, 843; *Koch* CR 2000, 333, 338; *Sester* CR 2000, 797, 804), sondern der Nutzer von den jeweils betroffenen Urhebern einseitig die Nutzungsrechte eingeräumt bekommt (so *Heymann*, berichtet von Büllesbach/Heymann/*Büchner* S. 129, 131) bzw. eine neue einseitige Form der Rechtseinräumung vorliegt (Wandtke/Bullinger/*Grützmacher*[3] § 69c Rn. 75). In der Tat ist der Gedanke, der Nutzer würde mit einer Vielzahl ihm nicht bekannter Personen einen Vertrag schließen, wirklichkeitsfremd (Wandtke/Bullinger/*Grützmacher*[3] § 69c Rn. 75). Dazu auch *Witzel* ITRB 2016, 235. Nach Ansicht von *Jaeger/Metzger*[4] Rn. 178 kommt mit dem Abschluss einer Open Source Lizenz regelmäßig eine Vielzahl von Verträgen zustande, da an der Programmentwicklung mehrere Personen mitgewirkt haben und der Lizenznehmer mit sämtlichen Rechteinhabern Lizenzverträge abschließen müsse. Allerdings wird man an der deutschen Rechtswirklichkeit nicht vorbeikommen, die keine

„einseitigen" Urheberrechtsverträge kennt, auch wenn natürlich eine *invitatio ad incertas personas* vorliegen kann, die über ein folgendes Angebot der Nutzungsinteressierten nach § 151 BGB zu einem Vertrag führen kann. Insofern ähnelt der Vertragsschluss einem Automatenvertrag, bei dem sich gleichermaßen ein Angebot an jedermann richtet, das durch konkludentes Handeln angenommen werden kann, ohne dass der Annehmende dem Vertragspartner bekannt ist. (*Jaeger/Metzger*[4] Rn. 177). Der Wunsch der Ziff. 10 GPLv3, dass immer eine direkte Lizenz vom Urheber eingeräumt wird, ist mit dem deutschen Zivilrechtsverständnis nicht zu vereinbaren (zu einem gänzlich neuen Ansatz „Netz von Verträgen" s. *König* S. 84). Der Rechteinhaber nach der GPL räumt daher dem Nutzer, der Software unter der GPL nutzen will, Nutzungsrechte nach den Regelungen der §§ 31 ff. i. V. m. dem zugrundeliegenden schuldrechtlichen Vertrag ein (so zu Recht auch Schricker/Loewenheim/*Spindler*[5] Vor §§ 69a ff. Rn. 29). Für internationale Sachverhalte ist das internationale Urhebervertragsrecht zu berücksichtigen (vgl. Vor §§ 120 ff. Rn. 80 ff.). Durch die Rechtsprechung des BGH (BGH GRUR 2012, 914 – *M2Trade*) ist nunmehr geklärt, dass wenn der Lizenznehmer Nutzungsrechte an weitere Lizenznehmer weiterreicht, diese trotz Wegfalls der Nutzungsberechtigung auf der ersten Ebene (etwa wegen des Eintritts der auflösenden Bedingung der GPL, dazu unten vgl. Rn. 18a) nicht erlöschen. Damit ist der Intention der GPL, auch die weiteren Lizenznehmer abzusichern, Genüge getan.

Weitestgehend ungeklärt sind auch die Rechtsfolgen in Deutschland, die sich **9** aus einer Einordnung der GPL als **AGB**, die wohl unzweifelhaft sein dürfte (LG München I CR 2004, 774 – *Wirksamkeit einer GPL-Lizenz*) ergeben (beispielhaft als Anm. zu LG München I v. 19.5.2004, *Spindler* K&R 2004, 528). Da es sich hierbei aber nicht um genuin urheberrechtliche Fragen handelt, gehen wir auf dieses weite Feld nicht ein (ausführlich dazu *Jaeger/Metzger* GRUR Int. 1999, 839, 843; *Spindler* K&R 2004, 693, 699). Interessant ist es aber allemal, wie sich deutsche Gerichte mit der Anwendbarkeit etwaiger dem AGB-Recht vergleichbaren Rechtsnormen im Ausland auseinandersetzen, wenn dort der erste Vertragsschluss mit der GPL erfolgte (darauf zu Recht hinweisend *Grützmacher* in Anm. zu LG Frankfurt CR 2006, 733 734). Wird die GPL nicht wirksam in das Rechtsgeschäft einbezogen, dürfte ihr Inhalt weitestgehend bedeutungslos sein. Dann allerdings dürfte die allgemeine Vorschrift des § 69d zum Tragen kommen (falsch LG München I CR 2004, 774, 776 – *Wirksamkeit einer GPL-Lizenz*, das § 69d nicht für einschlägig hält, da er die Einräumung von Nutzungsrechten voraussetze, was aber gerade nicht der Fall ist (vgl. § 69d Rn. 4). Bei der Auslegung der „bestimmungsgemäßen Benutzung" wird dann aber wohl wiederum der Open Source Charakter des jeweiligen Programms zu beachten sein (zur Bestimmung der bestimmungsgemäßen Benutzung vgl. § 69d Rn. 10 ff.). In jedem Fall wirft der **Wechsel von GPLv2 auf GPLv3** auch AGB-rechtliche Fragen auf: Ein einfacher „Austausch" der Versionen durch den Lizenzgeber im laufenden Vertrag ist nach deutschem vertragsrechtlichem Verständnis nicht möglich. Man wird in jedem Fall also zu prüfen haben, welche Version bei dem ursprünglichen Vertragsschluss (mit dem ursprünglichen Lizenzgeber nach dessen Recht; vgl. Rn. 7) dem Vertrag zugrunde gelegt wurde. Eine Änderung dieser Vertragsgrundlage ist – bei Anwendbarkeit deutschen Rechts – nur in den Grenzen der §§ 307, 308 Nr. 5 BGB möglich (zu weiteren Fragen beim Wechsel zur Version 3: *Koch* ITRB 2007, 261).

3. Wichtige Begriffe

Anders als die GPLv2 enthält die GPLv3 keine ausdrückliche Regelung des **10** Lizenzgegenstandes, sondern stellt einige **Begriffsdefinitionen** vorweg (Ziff. 0: Definitionen). Gleich der Gegenstand der Lizenz, als **„the program"** bezeichnet, offenbart das Dilemma der Open Source Lizenzen. In einer Welt nationaler Urheberrechtsregime gibt es kaum einheitliche **Begrifflichkeiten.** Vor dem Hintergrund der Schwierigkeiten mit dem anwendbaren Recht (vgl. Rn. 7), dürften auch diese Begrifflichkeiten im Lichte des Schutzlandprinzips auszulegen sein, obwohl sie natürlich durch die Begrifflichkeiten des US-amerikanischen Copyrights geprägt sind (dazu und zur Auslegung nach US-amerikanischem Recht *Determann* GRUR Int. 2006, 645, 646 ff.). Dasselbe Problem stellt sich bei der Frage, was überhaupt Anknüpfungsgegenstand der Prüfung, ob ein „program" vorliegt, ist. Daher spricht wohl viel dafür, Begriffe wie **„the programm"** oder **„to modify"** nach den Grundsätzen des internationalen Urhebervertragsrechts (wann in einem Fall damit deutsches Urheberrecht Anwendung findet, dazu ausführlich vgl. Vor §§ 120 ff. Rn. 59 ff.) nach deutschen urheberrechtlichen Verständnis, also nach den **allgemeinen Regeln der §§ 3, 23, 24 und 69c,** einzuordnen. Man könnte allerdings auch noch weitergehen: In den Begriffsdefinitionen findet sich der Hinweis, dass „modify" alles sei, was nicht „the making of an exact copy" beinhalte. Das würde weit über die deutsche Abgrenzung der §§ 23, 24 und 69c hinausgehen und wäre dann – nach allgemeinen AGB-rechtlichen Grundsätzen – wegen Widerspruchs gegen § 307 Abs. 2 Nr. 1 BGB unwirksam mit der Folge der Nichtigkeit der entsprechenden Definition, die aber Grundlage der gesamten GPL ist.

11   Entscheidend für die Praxis ist oft die Frage – wenn es sich nicht um eindeutige Kopien handelt (hierum ging es i. d. R. bei vielen der bislang entschiedenen Fällen LG München I CR 2004, 774 – *Wirksamkeit einer GPL-Lizenz*; LG Frankfurt aM. CR 2006, 729 – *Anwendbarkeit der GPL*), wann ein nachgeschaffenes Computerprogramm derart mit einem unter der GPL stehenden Computerprogramm kombiniert wurde, dass es gewissermaßen „infiziert" wird. Wir wollen im Folgenden die wesentlichen Begrifflichkeiten, die hierbei eine Rolle spielen, versuchen zu analysieren: Ziff. 0 Abs. 1 S. 1 GPLv2 führte den Begriff des **„work based on the program"** ein und dürfte dabei auf 17 U.S.C. § 101 angespielt haben, das die Bearbeitung im US Copyright als „[…] an original work of authorship, is a derivative work" regelt. Die nunmehrige Begriffswahl in den Definitionen der GPLv3, **„a work based on the earlier work",** in den Definitionen auch als **„covered work"** bezeichnet, dürfte inhaltlich keine Änderung gebracht haben. U. E. dürfte daher dieser Begriff nach dem jeweiligen Schutzlandprinzip als „Bearbeitung", hier also im deutsche Sinne zu verstehen sein (so auch *Determann* GRUR Int. 2006, 645, 649). Dasselbe gilt für Ziff. 2 (b) GPLv2 und den Begriff des **„work that […] is derived"** (so auch *Determann* GRUR Int. 2006, 645, 649). Damit ist aber noch nicht viel gewonnen, denn spannend wird erst die Frage, wann denn im Falle von den eben beschriebenen Kombinationen eine Bearbeitung vorliegt. Es hat den Anschein, als wollten einige Stimmen in der Literatur hierbei den urheberrechtlichen Begriff der Bearbeitung lockern (*Jaeger/Metzger* unter Bezug auf FAQ der FSF zu GPLv2 „what is the difference between a mere aggregation and combining two modules […]"?) bzw. argumentieren, dass die GPL weiter gehe als das urheberrechtliche Bearbeitungsrecht. Das dürfte jedenfalls mit AGB-Recht nicht vereinbar sein, Andere schlagen folgende Prüfung dafür vor, ob ein Computerprogramm „infiziert" wird:

(1) Ist es ausreichend dauerhaft verknüpft?
(2) Enthält es wesentliche und kreative Teile des GPL-Programms?
(3) Ist es selbst hinreichend kreativ?
(4) Zieht es inhaltliche Änderungen des GPL-Programnms nach sich? (*Determann* GRUR Int. 2006, 645, 649).

U. E. bedarf es keines neuen Prüfungsschemas, es gilt vielmehr das vom BGH für Bearbeitungen aufgestellte (vgl. § 69c Rn. 20; allgemein s. die Kommentierung zu § 23). Die hier in Rede stehende Frage, was ein „derivative work" ist,

ist in Ziff. 0 der GPL angesprochen: Dort heißt es zunächst, es gehe um ein *"work based on the Program"*. In der inoffiziellen deutschen Übersetzung: *"auf dem Programm basierendes Werk"*. Bereits diese Formulierung lässt nicht klar erkennen, was mit „based on" gemeint ist. Soll es sich hierbei um eine Programmierung handeln, die notwendigerweise die Ausgangsprogrammierung vollständig umfasst und zusätzlichen Programmcode hinzufügt oder soll es sich um eine abhängige Bearbeitung im deutschen urheberrechtlichen Sinne handeln, bei dem also das Ausgangswerk – um in der Terminologie des BGH zu bleiben – nicht verblasst – was aber heißt überhaupt „Verblassen" bei Computerprogrammen? Oder soll es ausreichen, dass eine Software auf eine andere Bezug nimmt und mit dieser Daten austauscht, wie es die Klage für ausreichend hält. Weiter heißt es dann in Ziff. 0 GPL, dies sei auch ein „any derivative work under copyright law". In der inoffiziellen deutschen Übersetzung: " jegliche Bearbeitung des Programms im urheberrechtlichen Sinne". Offenbar kommt es also auf das „copyright law" an. Welches? Das US-Amerikanische? US-Recht ist aber, wie oben dargestellt, auf den vorliegenden Fall überhaupt nicht anwendbar. Und kann eine Klausel, die derart auf rechtliche Bestimmungen Bezug nimmt überhaupt transparent nach § 305c BGB sein? Wir haben insoweit erhebliche Bedenken. Ziff. 0 konkretisiert die Definition vermeintlich weiter als "that is to say, a work containing the Program or a portion of it, either verbatim or with modifications [...]". In der inoffiziellen deutschen Übersetzung: „also ein Werk, welches das Programm, auch auszugsweise, sei es unverändert oder verändert [...]enthält". Nun soll es also doch nur darauf ankommen, ob das neue Werk das Ausgangswerk unverändert oder verändert enthält. Einmal mehr bleibt unklar, ob sich das auf das gesamte Ausgangswerk oder Teile davon bezieht. Für die Auslegung von AGB gelten zunächst die allgemeinen Regeln der §§ 133, 157 BGB. D. h. sie sind so auszulegen, wie ein durchschnittlicher Empfänger sie bei verständiger Würdigung, aufmerksamer Durchsicht und unter Berücksichtigung des erkennbaren Sinnzusammenhangs verstehen muss. Dabei kommt es auf die Verständnismöglichkeiten eines Empfängers ohne rechtliche Spezialkenntnisse und damit – auch – auf seine Interessen an (BGH v. 18.2.1992, XI ZR 126/91, zitiert nach juris, Tz. 10). Als intransparent gelten dann aber Klauseln, bei denen nach Auslegung anhand aller in Betracht kommenden Auslegungsmethoden mindestens zwei rechtlich vertretbare Auslegungen und unbehebbare Zweifel bleiben (Erman/*Roloff* § 305c BGB Rn. 27). Im vorliegenden Fall ist der Wortlaut der Ziff. 0 GPL nicht klar; er lässt – wie oben gezeigt – sowohl ein Verständnis zu, dass eine „derivative work" nur vorliegt, wenn es alle Bestandteile des Ausgangswerks enthält als auch – wie die Klage behauptet – wenn eine bloße Bezugnahme erfolgt. Aus der Systematik und dem Bezug auf US-Copyright bleibt offen, ob dies in Deutschland nach den Regelungen des US-Rechts zu bestimmen ist, obwohl US-Recht nicht auf den Fall anwendbar ist. Die Historie der GPL enthält keinerlei Aufschluss über die hier gestellte Frage. Damit bleiben mehrere Möglichkeiten des Verständnisses der Ziff. 0 GPL. Somit ist Ziff. 0 GPL als überraschende, mehrdeutige und intransparente Klausel unwirksam (so auch *Determann* GRUR Int. 2006, 645, 652 f. und wohl auch Spindler/*Spindler* S. 59).

4. Abgrenzung „infiziertes" ./. „nicht-infiziertes" Werk

Mit dem Begriff "Independent functional work module [...]" nach GPLv2 und **12** nunmehr in Ziff. 5 GPLv3 ("Conveying Modified Source Versions") handelt es sich um die entscheidende Frage, wie man Code programmiert, um proprietären Code von eventuell verwendeten GPL-Code abzugrenzen und diesen nicht zu „infizieren". Zunächst einmal ist nach der GPL erforderlich, dass man nicht nur den eigentlichen Code veröffentlicht, sondern auch die dazugehörigen Kompilationsskripte, die für eine Ausführung unbedingt erforderlich sind. Sodann zieht man eine sogenannte Code-Zwischenschicht ein, die den eigenen, nicht zu veröffentlichten Teil, also die proprietäre Software, von den Modulen trennt, die unter GPL fallen. Dies ist eine in der Programmierwelt gängige Praxis. Damit entbindet man sich davon den gesamten Code eines Produktes offenzulegen.

13 Wir haben gesehen, dass alle von uns ausgelegten Begrifflichkeiten aus der GPL sich um die zentrale Frage in Ziff. 2. b GPLv2 (nunmehr Definitionen GPLv3) drehen, nämlich, was ein „program derived from the work" bzw. „work based on the program" ist. Ziff. 0 der GPLv2 stellte klar, dass das urheberrechtliche Verständnis hierfür entscheidend sein soll, so wie wir es auch bislang in unseren obigen Ausführungen dargestellt hatten. Damit ist dies eine von Land zu Land sehr unterschiedliche Auslegungsfrage, die wegen des Schutzlandprinzips bei Verwertungen in Deutschland nach deutschem urheberrechtlichen Verständnis (insbesondere § 23 UrhG) zu beantworten ist. Man kann aber auch aus der GPL selbst einige Auslegungshilfen zusammentragen, die bei dieser rein urheberrechtlichen Betrachtung hinzuzuziehen sind. Ausgangspunkt der Betrachtungen der GPL ist Ziff. 2 zweiter Hauptsatz GPLv2:

„Reasonably considered independent and separate works themselves"

bzw. nun Ziff. 5 Abs. 3 GPLv3:

„[...] independent works, which are not by their nature extensions of the covered work, and which are not combined with it such as to form a larger program, in or on a volume of a storage or distribution medium, is called an "aggregate" if the compilation and its resulting copyright are not used to limit the access or legal rights of the compilation's users beyond what the individual works permit. Inclusion of a covered work in an aggregate does not cause this License to apply to the other parts of the aggregate."

14 Einen ähnlichen Hinweis gab es bereits in Ziff. 2 Abs. 4 GPLv2, dass es nicht darauf ankommt, auf welchen Speichermedium das Programm vertrieben wird und insbesondere, ob es auf einem Speichermedium zusammen vertrieben wird. Entscheidend war nach GPLv2 vielmehr, ob es sich um einen „part of a whole" handele, eine Formulierung, die sich in GPLv3 nicht mehr findet. Wir geben im Folgenden einige Beispiele (dazu auch *Jaeger/Metzger* passim; *Funk/Zeifang* CR 2007, 617, 619 f.; Schricker/Loewenheim/*Spindler*[5] Vor §§ 69a ff. Rn. 48, der für eine wertende Gesamtbetrachtung plädiert) aus der Praxis, die diese Grundsätze berücksichtigen und im wesentlichen aus den FAQs der Free Software Foundation abgeleitet sind:

– **Systemaufrufe** von Anwendungsprogrammen werden i. d. R. nicht als Einheit mit dem Kernel des sie betreffenden Betriebssystems angesehen.
– Immer dann, wenn **Pipes, Queues, Sockets** oder **Kommandozeilenargumente** verwendet werden, gilt dies nicht als Ganzes.
– Umgekehrt wird man von einem Ganzen ausgehen müssen, wenn eine **Executable** verwendet wird, wenn also das abgeleitete Programm ohne das Original nicht lauffähig ist.
– Ebenso unproblematisch wird ein Ganzes vorliegen, wenn der unter der **GPL vertriebene Code selbst** geändert wird (in diesem Sinne wohl LG Bochum CR 2011, 289 ff. das davon spricht, das Open Source Programm sei in einem anderen Programm „implementiert").
– Ein besonderes Problem stellen sogenannte **Kernel-Module** dar. Wenn es sich hierbei z. B. um einen Treiber für eine Anbindung von Linux an proprietärer Hardware handelt, gehen einige Autoren im Schrifttum davon aus, dass ein derartiger Treiber immer unter die GPL fällt und damit als „Ganzes" mit dem Betriebssystem wie Linux angesehen wird.

Umgekehrt stellt jedenfalls die Entwicklung einer eigenen Software unter Verwendung von Code, der unter GPL lizenziert war, ein „program based on the program" dar (LG Köln CR 2014, 704).

Zunehmend wird darüber gestritten, ob bei Einsatz von Schnittstellen zwischen zwei Modulen eine Bearbeitung und damit Infizierung verhindert werden kann (das war Anlass für den Rechtsstreit, den das LG Hamburg MMR 2016, 740 dann aber ohne hierzu Stellung zu nehmen entschieden hat). U. E. kann eine Bearbeitung und damit Infizierung nicht allein deshalb vorliegen, weil zwei Module über eine funktional definierte Schnittstelle miteinander interagieren, denn aus EuGH GRUR 2012, 814 – *SAS Institute* folgt, dass auf eine solche Interaktion lediglich auf formal definierte Weise Funktionen anspricht und damit gerade nicht in den Schutzgegenstand des urheberrechtlichen Computerprogrammschutzes nicht eingegriffen wird. Etwas anderes ergibt sich auch nicht aus dem Begriff „part of a whole" in Ziff. 2 GPLv2, denn dieser bildet keine eigene Kategorie, in der der Copyleft-Effekt eingreift, sondern ist nur eine weitere Auslegungshilfe, zumal der Wortlaut dieser Bestimmung weiterhin voraussetzt, dass es sich um ein „work based on the program" handelt.

Ein separates Problem sind **Kombinationen** von GPL Software-Bibliotheken mit proprietären Programmen.

Hierfür kann auch die **LGPL** zur Anwendung kommen. Die LGPL enthält (u. a. für die hier beschriebene Situation) einen wie oben dargestellt abgeschwächten Copyleft-Effekt. Sie wählt als Ausgangsbezeichnung den Terminus „derivative of the library" und spricht in Ziff. 2 LGPLv2 von einem „work based on the library". Derartige Werke unterfallen auch nach der LGPL dem oben dargestellten strengen Copyleft-Effekt und den weiteren Regeln entsprechend der GPL. In diesem Zusammenhang – aber auch unter der GPL – ist es in der Literatur unstreitig, dass der Copyleft-Effekt immer beim **statischen Linken** einsetzt (s. statt aller *Jaeger/Metzger*[2] S. 38 m. w. N.). Ob hingegen auch beim **dynamischen Linken** der Copyleft-Effekt einsetzt, ist umstritten (hierzu und zum folgenden: Büchner/Dreier/*Grützmacher* S. 87, 99 f.). Einige Autoren scheinen dies so zu vertreten (*Jaeger/Metzger*, a. a. O., S. 39, Fn. 162; differenzierend nunmehr für die GPL *Jaeger/Metzger*[6] Rn. 59 f.: nein bei Funktionsbibliotheken, ja bei Bibliotheken, die strukturelle Einheit bilden; offen: Schricker/Loewenheim/*Spindler*[5] Vor §§ 69a ff. Rn. 49 f.). Hierfür spricht wohl die Regelung der Ziff. 6 Abs. 2 lit b) der LGPLv2. Dort wird im Infektionsfall dem Lizenznehmer die Erleichterung zugestanden, dass die Lizenzbedingungen schon eingehalten sind, sofern die Bibliothek auf dem Rechner bereits vorhanden und „run" time benutzt werde, also gelinkt werde. Damit geht es gerade um das dynamische Linken. Die LGPL scheint also beim dynamischen Linken von einem Infektionsfall und damit der Anwendung des strengen Copyleft-Effekts auszugehen. Dagegen spricht aber Ziff. 2 Abs. 2 LGPLv2, in dem über die Gesamtheit einer Software, die aufgrund des Linkens entsteht, als „work that uses the library" gesprochen wird, weil das „executable" einen Teil der Bibliothek enthalte („because it contains portion of that library"). Das ist unserem Verständnis nach beim dynamischen Linken gerade nicht der Fall (so auch *Hoppen/Thalhofer* CR 2010, 275, 278 f.). Im zehnten Absatz der Präambel spricht die LGPL aber davon, dass ein gemeinsames Benutzen von Bibliotheken („using shared library") der LGPL unterfalle, sie bezieht also letztlich das dynamische Linken doch ein. Daher sprechen wohl doch mehr Argumente dafür, dass bei entsprechender Auslegung der LGPL eine überwiegende Wahrscheinlichkeit dafür besteht, dass auch das dynamische Linken zu einem „work that uses the library" führt, mit der Folge, dass der strenge Copyleft-Effekt auch in diesem Fall eintreten würde. Dann allerdings gibt Ziff. 6 LGPL fünf Varianten vor, unter denen auch eine dynamische Verlinkung nicht zum strengen Copyleft Effekt führt (hierzu im Detail Büchner/Dreier/*Grützmacher* S. 87, 99 f.). Im Falle der GPL gilt Entsprechendes, auch wenn Regelungen wie Ziff. 6 LGPL hier fehlen, denn für die hier entscheidende Frage kommt es unseres Erachtens für Fälle in Deutschland wegen des Schutzlandprinzips (oben vgl. Rn. 13) entscheidender auf die Abgrenzung freie Benutzung/Bearbeitung an (dazu vgl.

§ 69c Rn. 21), und eine Bearbeitung liegt bei dem bloßen zeitweisen Einfügen fremden Codes in ein Programm unseres Erachtens nicht vor.

15 Für die Praxis sehr relevant ist z. B. die Frage, ob ein **Grafiktreiber**, der in dem PC-System eingesetzt wird, dazu führt, dass das Betriebssystem plus Grafiktreiber als „ein System" angesehen werden mit der Folge, dass auch der Grafiktreiber unter die GPL-Verpflichtungen fallen würde. Die GPL gibt hierauf keine eindeutige Antwort, jedoch einige Indizien, die im Folgenden beleuchtet werden sollen: § 2 Abs. 4 der GPLv2 bzw. nunmehr Ziff. 5 Abs. 3 GPLv3 erklärt, dass es für die Abgrenzung zwischen den beiden Teilen nicht darauf ankommt, ob das eine Werk und der hinzugefügte Code auf einem Speichermedium zusammen verarbeitet werden oder nicht. Entscheidend scheint vielmehr zu sein, ob der Grafiktreiber gemeinsam mit dem GPL-Code geladen wird oder ob dies unabhängig voneinander geschieht. Darüber hinaus wäre interessant zu wissen, ob Betriebssystem und Grafiktreiber Teile eines Executables sind und ob sie in einem Adressraum ausgeführt werden. Wenn dies der Fall ist, erzeugt dies tendenziell Schwierigkeiten. Wenn hingegen die Kommunikation zwischen den Modulen mittels Mechanismen abläuft, die gängigerweise zwischen selbstständigen Programmen benutzt werden (ich habe hier die Hinweise auf sogenannte Pipes, Queues, Sockets oder Kommandozeilenargumente gefunden), wird dies eher gegen die Annahme eines einheitlichen „Systems" sprechen. Kaum weniger praxisrelevant ist die Frage des Zusammenspiels von GPL bzw. LGPL und sog. **embedded systems**, also in Hardware (regelmäßig Chips) gekapselten Softwaresystemen (zu deren Schutzfähigkeit nach § 69a vgl. § 69a Rn. 6). Bei ihnen stellen sich in Bezug auf die GPL im Wesentlichen dieselben Fragen wie bei „normaler" Software (dazu ausführlich *Grützmacher* ITRB 2009, 184 ff.). Allerdings kann zusätzlich die Frage entstehen, ob ein Dritter über die GPL die Möglichkeit hat, sich Zugang zu dem Teil des Codes des embedded systems zu verschaffen, der (noch) als „program derived from the work" verstanden werden kann (das KG ließ diese Frage aus anderen Gründen offen: KG ZUM-RD 2011, 544). Wenn in einem solchen Fall einzelne urheberrechtlich schutzfähige Teile eines proprietären Computerprogramms in dem embedded system gewissermaßen ausgeschaltet werden, stellt dies eine Umarbeitung i. S. d. § 69c dar (dort vgl. § 69c Rn. 21). Dass der Eingriff in Drittsoftware für Open-Source Anbieter auch Gewährleistungsfragen aufwirft, erkennt auch die GPLv3, denn sie schließt in einem solchen Fall die Verpflichtung „to provide support service, warrenties or updates" aus (Ziff. 6 vorletzter Abs. GPLv3). Eine solche unklare (denn sie bezieht sich offenbar auch auf parallel geschlossene Pflegeverträge) und zudem pauschale Regelung ist mit deutschem AGB-Recht nicht vereinbar. Eine Firmware, die auf einem Router enthalten ist und aus einer Vielzahl von einzelnen unabhängigen Modulen besteht, kann ein Sammelwerk nach § 4 sein (so LG Berlin v. 8.11.2011 – 16 O 255/10). Das hat aber keineswegs automatisch zur Folge, dass Veränderungen an einigen dieser Module, wenn sie unter GPL stehen, automatisch den oben (vgl. Rn. 12) beschriebenen viralen Effekt für die anderen Module nach sich ziehen (so aber LG Berlin v. 8.11.2011, 16 O 255/10). Denn die GPL-Lizenz an einzelnen Modulen bezieht sich nur auf diese Module; wenn diese aber unabhängig i. S. d. GPL sind (dazu oben vgl. Rn. 14), kann auch ein sich gewissermaßen „darüber wölbendes" Sammelwerkurheberrecht sie nicht zu dependent works i. S. d. GPL machen (zu Recht sehr kritisch zum o. g. LG Berlin Urteil auch *Schäfer* K&R 2012, 127 und *Schreibauer/Mantz* GRUR-RR 2012, 111).

5. Lizenzkompatibilität

15a Schließlich sei die sog. **Lizenzkompatibilität** erwähnt, die die Frage beantwortet, ob man zwei Softwaremodule oder auch nur Codebestandteile, die unter verschiedenen Lizenzen entwickelt wurden, zu einem neuen Code/Softwaremodul „zusammenführen" darf. Das ist im Urheberrecht nichts Neues, auch bei einem Film muss man sich z. B. als Filmproduzent fragen, ob das vorbestehende Werk, das man einlizenziert, die Verfilmung gestattet und die Verwendung einer bestimmten Lizenz bei der Auslizenzierung. Nur kommt diese Form der Kombination verschiedener Nutzungsrechtsverträge bei Open Source Software einfach häufiger vor und stellt wegen der entgegenstehenden Detailbedingungen einzelnen Open Source Lizenzen größere Problem,

Die GPLv3 enthält Kompatibilitätsregelungen, die es einfacher als bislang ermöglichen, einen GPL-Code mit einem Code, der unter anderen Lizenzen wie der Apache License v. 2.0 veröffentlicht wurde, zu kombinieren. Die LGPLv3 enthält keine abweichenden Regelungen hierzu. Programme unter der GPLv3 sind mit Programmen unter der LGPLv2.1 kompatibel, sofern die Kombination unter der GPLv3 lizenziert wird (LG Köln CR 2014, 704, 705 m. Anm. *Jaeger* CR 2014, 706 unter Verweis auf die mehr als undeutliche Formulierung der LGPLv3 – einmal mehr Beleg für die Transparenzprobleme dieser Open Source Lizenzen (vgl. oben Rn. 9)). Ziffer 3 LGPLv2.1 enthält eine Kompatibilitätsklausel, die die Nutzung der LGPLv2.1 auch unter der GPLv3 ermöglicht. Gleiches gilt bei einer Kombination von Programmen unter der LGPLv2.1 mit Programmen unter der LGPLv3. Auch diese Kombination muss unter der LGPLv3 lizenziert werden.

Ganz generell lassen sich für die Lizenzierung von Open Source Komponenten fünf Lizenztypen feststellen: Lizenzen mit einem strengen Copyleft-Effekt, Lizenzen mit einem beschränkten Copyleft-Effekt, Lizenzen ohne Copyleft-Effekt, Lizenzen mit Wahlmöglichkeiten und Lizenzen mit Sonderrechten. Auswirkungen wie z. B. ein „viraler Effekt" oder Inkompatibilitäten drohen insbesondere bei Verwendung von Software mit einem Copyleft-Effekt. Dabei kann man Kompatibilität allgemein betrachten, unabhängig von der technischen Einbindung der Softwarekomponente. Sofern sich daraus Inkompatibilitäten ergeben, besteht sodann die Möglichkeit im Einzelfall zu überprüfen, ob die Softwarebestandteile technisch so verbunden werden, dass trotz der Art der Kombination noch eine Kompatibilität gegeben ist. Grundsätzlich enthalten Lizenzen ohne Copyleft-Effekt keine Vorgaben zur Lizenzierung der Bearbeitungen, so dass diese Komponenten untereinander unter Beachtung ihrer übrigen Vorgaben grundsätzlich frei mit Open Source und proprietärer Software kombiniert werden können. Sofern die Lizenz der Software jedoch über einen Copyleft-Effekt verfügt, ist eine Verbindung nur möglich, wenn diese durch eine besondere Kompatibilitätsklausel gestattet wird, da die unter Einsatz der Lizenzen entstandene Weiterentwicklung nicht gleichzeitig unter zwei divergierenden Lizenzen angeboten werden kann. Eine Kombination von Copyleft- und Non-Copyleft-Lizenzen ist nur möglich, falls erstens die entwickelte Softwarelösung unter der Copyleft-Lizenz vertrieben werden kann und zweitens die Non-Copyleft-Lizenz keine Pflichten für den Verwender festlegt, die nicht auch durch die Copyleft-Lizenz vorgesehen sind. Schließlich ist – wie erwähnt – für den Fall, dass nach der allgemeinen Prüfung eine Inkompatibilität besteht, die Möglichkeit zu erwägen, die Kompatibilität aufgrund der konkreten Einbindung der Software herzustellen. Dafür ist zu überprüfen, ob in der konkreten Art der Verwendung die Komponenten überhaupt so miteinander verbunden werden, dass die Verpflichtungen aus den inkompatiblen Lizenzen eingreifen. Sofern die Softwarebestandteile unabhängig nebeneinander verwendet werden, kommt der Copyleft-Effekt im konkreten Einzelfall nicht zur Anwendung und die Softwarebestandteile sind miteinander kompatibel.

6. Software as a Service

Schließlich stellt sich die Frage, wie groß die Gefahr ist, dass der Copyleft-Effekt bei der Nutzungsbereitstellung von Software über eine Cloud (Software as a Service bzw. SaaS) greift (dazu *Hilber/Reintzsch*, CR 2014, 697). Sofern

15b

die genutzten OSS-Komponenten weder modifiziert werden noch in der Nutzungsbereitstellung mittels SaaS eine Verbreitung im Sinne der jeweiligen Copyleft-Lizenz zu sehen ist, droht kein Eintritt des Copyleft-Effekts. Letzteres ist die eigentliche Kernfrage (oben Rn. 12 ff.). Ob die Nutzungsbereitstellung von Software via SaaS eine Form des Vertriebs darstellt, die den Copyleft-Effekt nach sich zieht, ist teilweise in der jeweiligen OSS-Lizenz explizit geregelt, so beispielsweise in der GNU Affero General Public License, Version 3. Sofern eine solche Regelung fehlt, bedarf es einer Auslegung. *Hilber/Reintzsch* kommen hinsichtlich der GPLv2 zu dem Auslegungsergebnis, dass deren Herausgeber SaaS nicht als von ihrer Lizenz erfasst ansehen (*Hilber/Reintzsch*, CR 2014, 697, 700 f.; differenzierter *Witzel* ITRB 2017, 217). Es kommt u. E. – bei anwendbarem deutschen Recht (dazu oben vgl. Rn. 7) – darauf an, ob überhaupt ein urheberrechtlich relevanter Nutzungsvorgang in der Zurverfügungstellung des Service liegt (dazu bei Cloud-Nutzungen vgl. § 69c Rn. 76a); ist das nicht der Fall, müssen auch nicht die Anforderungen der GPL eingehalten werden. Ist das aber der Fall, bedarf es der vorgenannten Auslegung.

7. Nutzungsrechtseinräumung

16 Ziff. 2 GPLv3 enthält eine Art **Nutzungsrechtseinräumung (Basic Permission)**, die mit der GPL einhergeht. Sie ist in GPLv3 nicht mehr auf die Vervielfältigung und Verbreitung beschränkt. Der Begriff „propagate" umfasst vielmehr: *„to do anything with it that, without permission, would make you directly or secondarily liable for infringement under applicable copyright law, except executing it on a computer or modifying a private copy."* Eine solche Formulierung dürfte der deutschen Zweckübertragungslehre nicht standhalten (zu deren eingeschränkter Anwendbarkeit im Softwarerecht vgl. § 69a Rn. 42). Man wird daher im Einzelfall den Umfang der Nutzungsrechtseinräumung zu prüfen haben. Jedenfalls umfasst sind nach den Definitionen *"copying, distribution (with or without modification)"* und *"making available to the public"*, also Vervielfältigung (§ 69c Nr. 1), Verbreitung (§ 69c Nr. 3) und Zugänglichmachung (§ 69c Nr. 4). Wie hilflos die GPLv3 dem internationalen Charakter ihrer Rechtseinräumung gegenübersteht, offenbaren die dann folgenden Nutzungsrechte, die auch eingeräumt sein sollen: *"and in some countries other activities as well"*. Zur Bestimmung der **Nutzungsart** bei der GPL vgl. Rn. 29.

17 Die Nutzungsrechtseinräumung nach Ziff. 2 GPLv3 bzw. überhaupt das gesamte Konzept der GPL **kollidiert bei angestellten Programmierern** mit § 69b, da die (automatische) Einräumung der Rechte nach § 69b an den Arbeitgeber (zu der Rechtskonstruktion vgl. § 69b Rn. 2) gegen Entgelt erfolgt (vgl. § 69b Rn. 2). Aufgrund des zwingenden Charakters von § 69b dürfte allein der Arbeitgeber entscheiden können, ob er bei einer Programmierung eines seiner Arbeitnehmer die GPL anwendet oder nicht. Das ist einer der Gründe, warum viele Unternehmen interne Prozesse etablieren, mithilfe derer sie entscheiden, ob sie eine Freigabe für den Arbeitnehmer erteilen. Damit machen sie de facto von der Möglichkeit Gebrauch, die § 69b bietet, Abweichendes zu vereinbaren und an diesen Programmen ihrer Arbeitnehmer keine Nutzungsrechte zu reklamieren. Denn der Arbeitnehmer alleine kann sich nicht für die Weitergabe unter der GPL entscheiden. Zu den Fragen bei **Insolvenz** des Lizenzgebers einer Open-Source-Lizenz s. *Metzger/Barudi* CR 2009, 557.

17a Zunehmend verwenden Open-Source-Projekte aber auch Unternehmen, die Programme eigen entwickeln und dann unter Open-Source-Lizenzen bereitstellen, eingetragene **Marken** für diese Programme. Dann entsteht die Frage, ob mit der Nutzungsrechtseinräumung unter der hier diskutierten GPL auch eine Lizenz an der Marke eingeräumt wird. Nach richtiger Ansicht des OLG Düsseldorf ist dies nicht der Fall, da weder die GPL eine ausdrückliche Regelung dazu enthält noch eine konkludente Lizenzeinräumung in die GPL hineingelesen werden kann (OLG

Düsseldorf GRUR-RR 2010, 467 – *xt:Commerce* mit zustimmender Anm. *Marly* GRUR-RR 2010, 457; OLG Düsseldorf CR 2012, 434 – *Enigma*). Eine andere Frage ist, wem im Falle von typischen Open-Source-Projekten, bei denen es keine derart klare Rechtspersönlichkeit wie in dem entschiedenen Fall des OLG Düsseldorf gibt, die Träger der vereinten Nutzungsrechte an dem Programm ist, etwaige eingetragene Marken oder auch nicht eingetragenen Kennzeichen (wie Titelrechte nach § 5 Abs. 3 MarkenG) zustehen. Dies dürfte nach allgemeinen Regeln, ggf. Recht der GbR, zu entscheiden sein.

Mit der GPLv3 sind erstmals Regelungen zum Verhältnis der GPL zum **Patent-   17b recht** aufgenommen worden. Hierzu heißt es in Ziff. 11:

„[...] Each contributor grants you a non-exclusive, worldwide,
royalty-free patent license under the contributor's essential patent claims,
to make, use, sell, offer for sale, import and otherwise run,
modify and propagate the contents of its contributor version. [...]"

Hintergrund dieser Regelung ist eine Skepsis von Protagonisten der Free Software Foundation gegenüber sog. Softwarepatenten. So äußerte *Richard Stallman*: „[...] Ideally, we would make everyone who redistributes GPL-covered code surrender all software patents, along with everyone who does not redistribute GPL-covered code". Oder *Brett Smith* erläuterte einen in der Community besonders intensiv diskutierten Fall: „*Discriminatory patent deals: Microsoft has recently started telling people that they will not sue free software users for patent infringement – as long as you get the software from a vendor that's paying Microsoft for the privilege. Ultimately, Microsoft is trying to collect royalties for the use of free software, which interferes with users' freedom. No company should be able to do this.*" Ziff. 11 unterscheidet vier Konstellationen: (1) Die **Einräumung eigener Patentrechte durch „contributor"** (Ziff. 11 Abs. 3 GPL v3). Adressat sind nur sog. contributors, also wer selbst Rechte erwirbt (z. B. durch Bearbeitung), nicht bloße Distributoren. Wenn sie unter GPLv3 lizenzieren, räumen sie automatisch unentgeltlich, einfache, weltweite Nutzungsrechte an ihren sog. „essential patent claims" ein. Deren Umfang betrifft die Rechte *„to make, use, sell ... modify"*. (2) **Der Distributor, der eigene Patente selektiv lizenziert** (Ziff. 11 Abs. 6 GPL v3). Der bloße Distributor (der also keine Änderungen am Programm vornimmt) und der selektiv einzelnen Nutzern Patentrechte einräumt, wird gezwungen diese auch allen anderen Empfängern des Programms zu gewähren. Damit soll der Gefahr einer Spaltung der Community entgegengearbeitet werden. Das dürfte nach deutschem Recht eine vertraglich vereinbarte Zwangslizenz sein; ob dies kartell- und AGB-rechtlich zulässig ist, erscheint äußerst zweifelhaft. (3) In der **Konstellation 3** darf der **Distributor Patente Dritter nutzen** (Ziff. 11 Abs. 5 GPL v3): Der bloße Distributor einer GPLv3-Software weiß um Notwendigkeit einer Patentlizenz, die er von Dritten benötigt und hat auch eine Vereinbarung mit dem entsprechenden Patentinhaber. Auch wenn der korrespondierende Quellcode nicht frei zugänglich ist, fordert die GPLv3 in dieser Konstellation vom Distributor *eine* der folgenden Alternativen: (A) Veröffentlichung des Quellcodes oder (B) Verzicht auf Vorteile aus der Vereinbarung mit Dritten mit der Folge, dass allen downstream-Nutzern Vorteile aus der Vereinbarung zu Gute kommen. Schließlich regelt **Konstellation 4** den sog. **„Microsoft-Novell"-Fall** (Ziff. 11 Abs. 7 GPL v3). Adressaten sind erneut Distributoren, die sich von einem Patentinhaber versprechen lassen, dass jener die eigenen Kunden nicht aus Patentrechten belangen wird. Wenn die Vereinbarung eine Entgeltzahlung des Distributor an den Patentinhaber enthält, behindert dies nach Ansicht der GPL-Autoren die Freiheiten der GPLv3. Wenn der Abschluss einer solchen Vereinbarung nach dem 28.3.2007 liegt, verbietet die GPLv3 in einem solchen Fall die Softwareverbreitung. Ob dies mit deutschem Recht vereinbar ist, erscheint ebenfalls äußerst zweifelhaft.

8. Strenger Copyleft-Effekt

18   a) **Inhalt des Copyleft-Effektes:** Ziff. 4 GPLv3 regelt die Zulassung der Weitergabe unveränderter Kopien des Programms, Ziff. 5 GPLv3 diejenige veränderter Kopien in Source-Code-Form und Ziff. 6 schließlich diejenige (veränderter oder unveränderter) Kopien in Non-Source-Code-Form, also als Objekt-Code (zu den Begriffen s. Ziff. 1 mit den entsprechenden Definitionen). Die beinhalten damit den sog. strengen Copyleft-Effekt, wonach der jeweilige Lizenznehmer verpflichtet ist, auf dem ursprünglichen Computerprogramm basierende neue Programme nur unter bestimmten Bedingungen des ursprünglichen Lizenzvertrages weiterzuverbreiten. Wie dieser Effekt dogmatisch einzuordnen ist, ist umstritten (vgl. Rn. 37).

18a   b) **AGB-rechtliche Bedenken gegen den Copyleft-Effekt:** Der Copyleft-Effekt, also die Regelung in Ziff. 4 der GPL, dass die Lizenz automatisch entfällt, wenn auch nur irgend eine Vertragsverletzung durch den Lizenznehmer vorliegt, begegnet erheblichen AGB-rechtlichen Bedenken. Die in § 4 GPLv2 enthaltene sogenannte „Copyleft"-Klausel, nach welcher jeder über die Grenzen der Lizenz hinausgehende Versuch der Vervielfältigung, Modifizierung, Weiterlizenzierung und Verbreitung der lizenzierten Software zu einer automatischen Beendigung der Lizenzeinräumung als Ganzes führt, dürfte nach § 307 Abs. 1 BGB wegen unangemessener Benachteiligung unwirksam sein. Die dogmatische Einordnung dieser Regelung ist zudem alles andere als rechtlich geklärt: Teils wird vertreten, die Regelung sei eine auflösende Bedingung nach § 158 Abs. 2 BGB (LG Frankfurt aM. CR 2006, 729, 732; *Deike* CR 2003, 9, 16; *Metzger/Jaeger* GRUR Int. 1999, 839, 843 f.; *Kreutzer* MMR 2004, 695, 698. Andere sehen hierin hingegen eine dinglich wirkende Beschränkung im Sinne einer eigenen Nutzungsart nach § 31 Abs. 1 UrhG (*Koch* CR 2000, 333, 334 f.; *Siepmann* JurPC Web-Dok. 163/1999). Zwar soll nach der bisherigen untergerichtlichen Rechtsprechung zur GPL eine lediglich bedingte Einräumung von Nutzungsrechten möglich sein (LG München I GRUR-RR 2004, 350, 351 – *GPL-Verstoß* – m. krit. Anm. *Hoeren* CR 2004, 776 f.; LG Frankfurt aM. CR 2006, 729, 732; wohl auch LG München I CR 2008, 57, 58 m. krit. Anm. *Wimmers/Klett*. Hierfür wird angeführt, dass die Beschränkung der dinglichen Gestaltung insbesondere der Verkehrsfähigkeit dienen solle, die Lizenz aber schon in Ziffern 3 und 4 GPL v2 einen hinreichenden Schutz des Verkehrs gewährleisten würde (LG München I GRUR-RR 2004, 350, 351 – *GPL-Verstoß*; LG Frankfurt aM. CR 2006, 729, 732). Besonders überzeugend wirken diese Entscheidungen aber nicht. Denn mit einer auflösenden Bedingung dürfte die GPL kartellrechtswidrig sein; nur bei einer Qualifizierung der Ziff. 4 GPL v2 als dingliche Beschränkungen nach § 31 Abs. 1 UrhG könnte diese eher als kartellrechtlich zulässige Konditionenbindungen verstanden werden, da sie Teil des nicht kontrollfähigen Bestandes des Urheberrechts wären (s. *Koch* CR 2000, 333, 341 ff.). Stuft man hingegen die Regelung in § 4 der GPL-Lizenz als auflösende Bedingung im Sinne von § 158 Abs. 2 BGB ein, würde die Nutzungslizenz unter der auflösenden Bedingung erteilt, dass der Lizenznehmer sich im Rahmen der Nutzung des Lizenzgegenstandes an die Vorgaben und Einschränkungen der Lizenz hält. Der Fortbestand des unbefristet abgeschlossenen Lizenzvertrages wird demnach unter die auflösende Bedingung *stets und in jeder Hinsicht* vertragskonformen Verhaltens gestellt. Mit anderen Worten: Auch kleinste Vertragsverstöße – *sogar unverschuldete* – würden zu einem Entfall der Lizenz führen. Eine solche Regelung steht in eklatantem Widerspruch zum Grundgedanken von § 314 BGB, der für Dauerschuldverhältnisse ein Recht zur fristlosen Lösung vom Vertrag nur aus wichtigem Grund vorsieht. Besteht der wichtige Grund im Rahmen von § 314 BGB in einer Vertragsverletzung ist die sofortige Beendigung des Vertragsverhältnisses nur nach mindestens einmaliger erfolgloser Abmahnung möglich (§ 314 Abs. 2 BGB), aus der deutlich werden muss, dass die weitere vertragliche Zusammenarbeit auf dem Spiel steht und für den Fall weiterer Verstöße mit rechtlichen Konsequenzen zu rechnen ist (s. nur BGH NJW 2012, 53). Eine Ausnahme von diesem Abmahnungserfordernis sieht § 314 Abs. 2 S. 2 BGB nur in den Fällen des § 323 Abs. 2 Nr. 1, Nr. 2 BGB vor oder wenn besondere Umstände vorliegen, die unter Abwägung der beiderseitigen Interessen die sofortige Kündigung rechtfertigen.

§ 314 BGB liegt damit zum einen der Gedanke zu Grunde, dass es beiden Vertragsteilen eines Dauerschuldverhältnisses möglich sein muss, sich aus wichtigem Grund von ihrer vertraglichen Bindung zu lösen. Zum anderen soll aber nicht jede Vertragsverletzung die andere Vertragspartei zu einer sofortigen Lösung von den eigenen vertraglichen Verpflichtungen berechtigen. Dementsprechend ist eine Klausel, die jedenfalls bei der im Rahmen der AGB-Kontrolle anzulegenden kundenfeindlichsten Auslegung die Vertragsbeendigung bei bloß einmaliger gegebenenfalls nicht einmal verschuldeter Vertragsverletzung vorsieht, nach § 307 Abs. 2 Nr. 2 BGB als unangemessen benachteiligend und deshalb unwirksam zu betrachten (so auch LG Berlin Urt. v. 28. Januar 2014 – 15 O 300/12 Tz. 41, zitiert nach juris). Für die Unangemessenheit einer solchen Klausel spricht darüber hinaus § 309 Nr. 4 BGB, der die Unwirksamkeit einer Bestimmung, durch die der Verwender von der gesetzlichen Obliegenheit freigestellt wird, den anderen Vertragsteil zu mahnen oder ihm eine Frist für die Leistung oder Nacherfüllung zu setzen, begründet (s. a. LG Berlin Urt. v. 28. Januar 2014 – 15 O 300/12 m. w. N., zitiert nach juris).

Jenseits dieses fundamentalen Unwirksamkeitsgrundes ist die GPL mit ihrem Copyleft Effekt in Ziff. 4 schon deshalb AGB-rechtsunwirksam, weil sie zu Lasten des Lizenznehmers auch deutlich von den gesetzlichen Leitbildern der §§ 31 ff., 69c UrhG abweicht (§ 307 Abs. 2 Nr. 1 BGB) (*Determann* GRUR In. 2006, 645, 652 f.). Die Befürworter des Copyleft-Effekts argumentieren, dass das hier verkörperte „Grundprinzip der Open-Source-Software" vom Gesetzgeber mit der Regelung in § 32 Abs. 3 S. 3 UrhG ausdrücklich anerkannt worden sei (LG München I GRUR-RR 2004, 350, 351 – *GPL-Verstoß* – m. krit. Anm. *Hoeren* CR 2004, 776 f.). Dem ist jedoch entgegenzuhalten, dass die Lizenzen der FSF (insbesondere die GPL) nicht mit Open-Source schlechthin gleichgesetzt werden dürfen. Neben der GPL gibt es zahlreiche andere Lizenzmodelle, die nicht sämtlich zwingend das Copyleft-Prinzip beinhalten. Beispielsweise enthält die an der University of California in Berkeley entwickelte BSD-Lizenz gerade kein Copyleft (*Determann* GRUR In. 2006, 645, 652 f. m. w. N.). Darüber hinaus ist die Regelung in § 32 Abs. 3 S. 2 UrhG eine Regelung des Vergütungsrechts; sie soll lediglich den sonst auch für Open Source Lizenzen mit strengem Copyleft Effekt greifenden Anspruch auf angemessene Vergütung aus § 32 UrhG ausschließen, sagt aber nichts zur Frage der AGB-rechtliche Wirksamkeit solcher Lizenzen (vgl. § 32 Rn. 123). Daher ist zu recht betont worden, dass § 32 Abs. 3 S. 2 UrhG kein Freibrief für die AGB-Kontrolle von Open-Source-Lizenzen ist (Determann GRUR Int. 2006, 645, 652 f. m. w. N.).

Ziff. 4 Abs. 2 GPLv3 (ehemals § 1 Abs. 2 GPLv2) statuiert in diesem Rahmen **19** einen der wichtigsten Grundsätze der Open Source Lizenzen mit strengem **Copyleft Effekt**: Der Lizenzgeber darf zwar für die Dienstleistung des Kopierens ein Entgelt verlangen, nicht aber für die Lizenzeinräumung selber. In GPLv2 hieß es: *„You may charge a fee for the physical act of transferring a copy",* nunmehr *"You may charge any price or no price for each copy that you convey".* Damit dürfte jedoch der strenge Copyleft-Effekt und die Verpflichtung, keine Lizenzgebühren zu verlangen, nicht verändert worden sein.

I. E. bindet die Lizenz den Lizenznehmer in seiner **Preisgestaltung**. Darüber **20** hinaus enthält Ziff. 4 Abs. 1 und vor allem Ziff. 5 **Konditionenbindungen,** nämlich dass der Lizenznehmer mit jeder Kopie einen entsprechenden Copy-right-Vermerk sowie einen Haftungsausschluss veröffentlicht, alle Vermerke, die sich auf diese Lizenz und das Fehlen einer Garantie beziehen, unverändert lässt und des Weiteren allen anderen Empfängern des Programms zusammen mit dem Programm eine Kopie dieser Lizenz zukommen lässt (zu den Verpflich-tungen vgl. Rn. 33).

21   c) **Kartellrechtliche Bedenken gegen den Copyleft-Effekt:** Wir haben grundsätz-liche **Bedenken**, dass diese Regelungen der GPL mit der Verpflichtung, keine Lizenzentgelte für die Einräumung der Nutzungsrechte zu nehmen, deutschem und europäischem Kartellrecht standhalten (a. A. *Jaeger/Metzger* S. 32 Fn. 1226; *Omsels* FS Hertin S. 146; *Heussen* MMR 2004, 445, 449, *Koch* CR 2000, 333, 336; differenzierend: *Spindler/Wiebe* CR 2003, 873; LG Berlin CR 2006, 735 – *Wirksamkeit der GPL;* offen lassend LG Frankfurt CR 2006, 729). Art. 101 AEUV (ehemals Art. 81 EG-Vertrag) und § 1 GWB n. F. verbie-ten Vereinbarungen zwischen Unternehmen, die geeignet sind, den Handel zwi-schen Mitgliedstaaten zu beeinträchtigen und eine Wettbewerbsbeschränkung innerhalb des gemeinsamen Marktes bezwecken oder bewirken. Seit der 7. GWB-Novelle 2005 enthält § 1 GWB eine praktisch wortgleiche Regelung, sieht man einmal davon ab, dass § 1 GWB (auch) auf nicht-zwischenstaatliche Sachverhalte Anwendung findet. In zwischenstaatlichen Sachverhalten läuft die Beurteilung nach Art. 101 AEUV (ehemals Art. 81 EG-Vertrag) und § 1 GWB jedoch parallel (§ 22 GWB). In Fällen der Softwarelizenzierung dürfte i. d. R. ein solcher zwischenstaatlicher Bezug gegeben sein. Insofern ist also davon auszugehen, dass die Beurteilung nach Art. 101 AEUV (ehemals Art. 81 EG-Vertrag) nach § 1 GWB parallel läuft. Zu allg. kartellrechtlichen Erwägungen bei (nicht festgestellter) Marktmacht s. *Koch* CR 2000, 333.

22   Die GPL als License Agreement stellt eine Vereinbarung zwischen Unterneh-men dar. Insbesondere der Lizenzverkehr ist schon lange als unternehmerische Tätigkeit anerkannt (statt aller Immenga/Mestmäcker/*Zimmer*[5], Band 2 § 1 GWB Rn. 69 m. w. N.). Aber auch wenn man die Überlassung von Software als Warenvertrieb auffasst (*Koch* CR 2000, 273, 341), ergibt sich nichts ande-res, denn Softwareentwickler werden auch im Vertrieb als Unternehmer ange-sehen (*Koch* CR 2000, 273, 341).

23   Die Frage, ob auch eine **Wettbewerbsbeschränkung** vorliegt, bedarf einiger Vertiefung: Fälle, die sowohl immaterialgüterrechtliche als auch immaterialgü-tervertragsrechtliche Elemente beinhalten, werfen eine gewisse Spannung zwi-schen dem Immaterialgüter- und dem Kartellrecht auf. Die Gewährung von Immaterialgüterrechten stellt stets die Einräumung eines ausschließlichen Rechts, d. h. eines Monopolrechts, dar. Oder anders formuliert: Ein Immateri-algüterrecht ist ein Recht zur Wettbewerbsbeschränkung. Die Spannung, die Art. 101 AEUV (ehemals Art. 81 EG-Vertrag) und § 1 GWB in Bezug auf die beiden Rechtsgebiete enthalten, wird durch die Lehre vom **spezifischen Gegen-stand des Schutzrechts** (st. Rspr. des EuGH: EuGH GRUR Int. 1966, 580; EuGH GRUR Int. 1982, 530; ferner *Loewenheim/Meessen/Riesenkampff/ Kersting/Meyer-Lindemann/Jan Bernd Nordemann*[3], GRUR Rn. 11) aufgelöst. Es muss jeweils ein umfassender Interessenausgleich zwischen der Freiheit des Wettbewerbs auf der einen Seite und dem Schutz immaterieller Güter auf der anderen Seite gefunden werden. Insoweit wird daher zwischen dem Bestand und der Ausübung des Schutzrechts unterschieden. Das Kartellrecht lässt den Bestand des Rechts unberührt, kann jedoch dessen Ausübung regulieren. Die GPL als License Agreement stellt wie oben dargestellt eine Vereinbarung zwi-schen Unternehmen dar. Der Erwerber einer solchen GPL-Lizenz wird nach Ziff. 4 Abs. 2 GPL v3 gezwungen, allenfalls für die physischen Kosten der Ko-pie Geld zu nehmen, ein weitergehender Lizenzpreis ist verboten. Darüber hin-

aus unterliegt er nach Ziff. 5 Bindungen, dass er mit jeder Kopie einen Copy-right-Vermerk sowie einen Haftungsausschluss veröffentlichen sowie seinen Abnehmer zwingen muss, seinerseits das Programm, soweit es sich um ein sogenanntes „Work based on the Program" handelt bzw. in der nunmehrigen Fassung der GPL v3 nicht um ein Independent Work, dass er den Code seines veränderten Programms offenlegt. Das sind vordergründig betrachtet erst ein-mal Handlungsbeschränkungen für den Lizenznehmer. Eine relevante Wettbe-werbsbeschränkung scheidet allerdings wegen des spezifischen Zwecks des Schutzrechts aus. Allerdings trifft dies anerkanntermaßen nicht auf Preisfestset-zungen zu (*Loewenheim*, UFITA 79 (1977), 175, 206; *Loewenheim/Meesen/ Riesenkampff/Kersting/Meyer-Lindemann/Jan Bernd Nordemann*[3], GRUR Rn. 18). Was die übrigen Beschränkungen betrifft, welche die GPL enthält (Veröffentlichung des Quelltextes und von Gewährleistungsausschlüssen), so kann dies anders sein. *Grützmacher* weist zu Recht darauf hin, dass das EG-Kartellrecht kein umfassendes Verbot von Lizenzbedingungen enthält (*Grütz-macher*, Anmerkung zu LG Frankfurt CR 2006, 733, 735).

Dennoch ist anerkannt, dass eine Wettbewerbsbeschränkung grundsätzlich   **24** dort auf kartellrechtlichen Widerstand trifft, wo sie über den Rahmen der ding-lich wirksamen Abspaltung von Nutzungsarten hinausgeht (BGH GRUR 1990, 669, 671 – *Bibelreproduktion*; Loewenheim/*Jan Bernd Nordemann*[2] § 64 Rn. 70). Andere behandeln die Frage in Zusammenhang mit dem Recht des geistigen Eigentums und ohne die Verbindung zum Kartellrecht. Sie kommen in der Frage, ob die Beschränkung der Verbreitung den Erschöpfungsgrundsatz verletzt, zu anderen Ergebnissen (Verneinend *Heussen* MMR 2004, 445, 449, wenn der Lizenznehmer das Recht vom Hersteller erhält; *Koch* CR 2000, 333, 336, der eine beschränkte Erteilung für gesetzmäßig hält; *Omsels* FS Hertin S. 146; *Jaeger/Metzger* S. 331 Rn. 333; differenzierend *Spindler/Wiebe* CR 2003, 873; LG Berlin CR 2006, 735 – *Wirksamkeit der GPL*). Entscheidend ist also zunächst die Frage, ob Open-Source-Software mit den hier dargestellten Copyleft-Bedingungen eine **eigenständige Nutzungsart** ist. Die Verpflichtung, den Urheber zu nennen, ist Teil des spezifischen Schutzgegenstandes des Urhe-berrechts (§ 13) und kann deshalb – ohne wettbewerbsbeschränkend zu sein – im Rahmen der GPL verbreitet werden. Bei den hier in Rede stehenden Formen der Nutzung von Software handelt es sich nicht um eine solche eigenständige Nutzungsart im Sinne des Urheberrechts, denn die Bindung bestimmter Ver-triebsziele an eine auflösende Bedingung im Sinne des § 158 BGB ist seit lan-gem bekannt und auch in anderen Gebieten eingeführt (BGH GRUR 1958, 504 – *Die Privatsekretärin*). Allein wegen dieser besonderen Vertragskonstruk-tion entsteht keine eigene Nutzungsart. Diese setzt vielmehr eine übliche, so-wohl wirtschaftlich als auch technisch eigenständige und damit klar abgrenz-bare Nutzungsform voraus (BGH GRUR 2001, 153, 154 – *OEM Vertrieb*). Open-Source-Software ist aber ebensolche Software wie proprietäre Software. Ein technischer Unterschied besteht hier nicht. Man sieht einem einmal als Open-Source-Software vertriebenem Computerprogramm nicht äußerlich an, ob es solches ist oder nicht. Damit unterscheidet sich der Fall nicht vom Fall *OEM-Vertrieb*. Ausdrücklich heißt es in der erwähnten Entscheidung: „Könnte der Rechteinhaber [...] den weiteren Vertrieb [...] von Bedingungen abhängig machen, so wäre dadurch der freie Warenverkehr in unerträglicher Weise be-hindert." (BGH GRUR 2001, 153, 154 – *OEM Vertrieb*). Zusammenfassend kann damit festgehalten werden, dass die vertragliche Verpflichtung gegenüber den Urhebern von GPL-Computerprogrammen, jedenfalls diejenige, die die Li-zenznehmer dazu verpflichtet, keine Lizenzgebühren zu nehmen und wohl auch diejenige, ihrerseits den Quell-Code offenzulegen und weitergehende Anforde-rungen an das Angebot ihrer eigenen Computerprogramme zu erfüllen, eine Wettbewerbsbeschränkung nach Art. 101 AEUV (ehemals Art. 81 EG-Vertrag) bzw. § 1 GWB darstellt. Zwar ist den Befürwortern der Zulässigkeit dieser Regel (Wandtke/Bullinger/*Grützmacher*[4] § 69c Rn. 62) zuzugestehen, dass § 32 Abs. 3 S. 3 UrhG nunmehr ausdrücklich die vergütungsfreie Einräumung von Nutzungsrechten als Ausnahmefall gestattet; dies sagt aber über die kartellrechtliche Zulässigkeit derartiger Drittbindungen nichts (a. A. *Jaeger/Metzger* GRUR Int. 1999, 839).

25 Danach ist zu fragen, ob die so dargestellten Wettbewerbsbeschränkungen nicht ausnahmsweise anderweitig erlaubt ist, z. B. nach Art. 101 Abs. 3 AEUV (ehemals Art. 81 Abs. 3 EG-Vertrag) bzw. nach § 2 Abs. 1 GWB. Konkretisierungen dieser generalklauselartigen Freistellung finden sich insbesondere in den **Gruppenfreistellungsverordnungen** (GVO; § 2 Abs. 2 GWB). Im vorliegenden Fall handelt es sich um urheberrechtliche Lizenzen für den Weiterverkauf, nämlich für eine Vervielfältigung und Verbreitung. Nach der zur TT-GVO aus dem Jahr 2004 vertretenen Ansicht der EU-Kommission handelte es sich dabei um „der Lizenzierung von Technologie ähnliche Formen der Lizenzvergabe", sodass sie generell für alle urheberrechtlichen Werkarten die in der GVO Technologietransfer und den dazugehörenden Leitlinien aufgestellten Grundsätze auf die Einräumung von Vervielfältigungs- und Verbreitungsrechten bei der Prüfung des Art. 101 AEUV (ehemals Art. 81 EG-Vertrag) anwenden wollte (EU-Kommission, Leitlinien zur Anwendbarkeit von Art. 81 EG-Vertrag auf Technologietransfervereinbarungen, ABl. C 101 vom 27.4.2004, S. 2 Rn. 51). Software-Urheberrechte sind auch weiterhin vom Technologierechte-Begriff der TT-GVO umfasst, Art. 1 Abs. I Buchst. b vii TT-GVO (VO (EU) Nr. 316/2014 vom 21.3.2014, ABl. 93/17 vom 28.3.2014). In den neuen TT-Leitlinien 2014 stellt die Kommission hingegen klar, dass die Vergabe von Software-Urheberrechtslizenzen für die Erstellung von Kopien und den Wiederverkauf weder unter die TT-GVO noch die Leitlinien fallen, da bei der reinen Vervielfältigung bzw. dem reinen Vertrieb keine Produktion im Sinne der TT-GVO vorliegt. Es soll vielmehr die Vertikal-GVO zur Anwendung kommen (EU-Kommission, Leitlinien zur Anwendung von Artikel 101 des Vertrags über die Arbeitsweise der Europäischen Union auf Technologietransfer-Vereinbarungen, ABl. 2014/C 89/03 vom 28.3.2014, Rn. 62); dazu *Loewenheim/Meessen/Riesenkampff/Kersting/Meyer-Lindemann/Jan Bernd Nordemann*[3] GRUR Rn. 51). Andere wenden die Vertikal-GVO wegen des im Vordergrund stehenden Warenvertriebs an (Spindler/*Heath* Kap. G Rn. 6 ff.). Allerdings erfasst die TT-GVO nach Art. 1 Abs. 1 lit. b) ausdrücklich auch Softwarelizenzverträge, sodass ihr wohl der Vorzug zu geben ist. Beide GVOs enthalten aber das Verbot der Preisfestsetzung als Kernbeschränkung (Art. 4 Abs. 1 lit a) TT-GVO). Eine solche Preisbindung enthält die GPL, denn sie verpflichtet zur kostenlosen Weitergabe des Quelltextes, mithin, das Lizenzentgelt auf Null zu setzen. Zwar sind Höchstpreisgrenzen zulässig, da jedoch zwischen keinem Entgelt und der vermeintlichen „Höchstpreisgrenze" € 0,- kein Raum ist, kann es sich bei der entsprechenden Bestimmung aus der GPL nicht um eine solche handeln (so ausdrücklich auch Spindler/*Heath* Kap. G Rn. 9). Damit gibt es also für die **Preisfestsetzungen keine Gruppenfreistellung**.

26 Sofern eine Gruppenfreistellung nicht greift, ist jedoch eine **Einzelfreistellung** (Art. 101 Abs. 3 AEUV (ehemals Art. 81 Abs. 3 EG-Vertrag), § 2 Abs. 1 GWB) zu untersuchen. Aus der Tatsache, dass die GPL nicht gruppenmäßig über die TT-GVO freigestellt wird, weil sie mit einer Preisbindung eine sogenannte Kernbeschränkung enthält, kann allerdings in der Tendenz gefolgert werden, dass auch keine Einzelfreistellung in Frage kommt (*Loewenheim/Meessen/Riesenkampff/ Kersting/Meyer-Lindemann/Jan Bernd Nordemman*[3] § 2 GWB Rn. 17). Einzeln freigestellt sind Vereinbarungen, die Effizienzgewinne erzielen, die Wettbewerbsbeschränkung dafür unerlässlich ist, die Verbraucher an diesen Gewinnen angemessen beteiligt werden und der Wettbewerb nicht ausgeschaltet wird. Diese Voraussetzungen müssen kumulativ vorliegen, ist eine nicht erfüllt, entfällt die Freistellung.

Effizienzgewinne liegen vor, wenn bei der Warenerzeugung oder Erbringung **27** von Dienstleistungen neue oder verbesserte Produkte bzw. Leistungen realisierbar werden (*Loewenheim/Meessen/Riesenkampff/ Kersting/Meyer-Lindemann/ Jan Bernd Nordemann*[3] § 2 GWB Rn. 20). Das kann für die GPL noch angenommen werden. Es wird durch die Weitergabe der Lizenz (Nutzungserlaubnis) die Weiterentwicklung der Software ermöglicht.

Fraglich ist jedoch, ob es „**unerlässlich**" ist, die Lizenzierung an eine Kernbe- **28** schränkung, nämlich die Preisabrede, zu binden. Es sind kartellrechtlich weniger einschneidende Maßnahmen denkbar. Beispielsweise kann die Lizenz, wenn der Lizenznehmer seine Lizenzen gegen Entgelt vergibt, eine Beteiligung des ursprünglichen Lizenzgebers vorsehen. Dadurch wird verhindert, dass der ursprüngliche Lizenzgeber ganz leer ausgeht. Ohnehin erscheint es nicht als unerlässlich, das System der Kostenfreiheit der Lizenz durch Zwang durchzusetzen und so das Entstehen von Preiswettbewerb von vornherein zu verhindern. Das könnte auch auf freiwilliger Basis geschehen; die entgeltfreie Software träte dann in Konkurrenz zu der entgeltlichen. Das Ergebnis, dass die entgeltlichen Angebote den Kürzeren ziehen, muss nicht zwingend sein. Sonst würde die GPL nicht so vehement an der zwangsweisen Unentgeltlichkeit festhalten. Demgegenüber lässt sich für die Verpflichtung zur Weitergabe der Lizenzbeteiligungen schon eher eine Unerlässlichkeit begründen; immerhin nutzt der Lizenznehmer des Lizenznehmers die ursprüngliche Software. Ob jedoch ein Zwang zur Offenlegung des Quellcodes unerlässlich ist, erscheint wiederum zweifelhaft; dem Lizenznehmer wird dadurch die Möglichkeit genommen, seine Software vor Nachahmung zu schützen.

Die Veröffentlichungspflicht im Hinblick auf den Quellcode erscheint insoweit **29** auch keine **angemessene Verbraucherbeteiligung** sicherzustellen. Zu Verbrauchern in diesem Sinne gehören auch die unmittelbaren Abnehmer (Immenga/ Mestmäcker/*Fuchs*[5], Band 2, § 2 GWB Rn. 94; *Bechtold/Bosch/Brinker*[8] § 2 GWB Rn. 15). Diesen wird aber ein wesentlicher Gewinn vorenthalten, gewährt man Dritten einfache Kopiermöglichkeiten. Das Entstehen von weiteren Produkten aufgrund des offenen Quellcodes kommt allenfalls anderen Verbrauchern zu Gute. Eine Ausschaltung des Wettbewerbs kann insbesondere zu befürchten sein, wenn einzelne Bedingungen der GPL dazu führen, dass das Interesse von Unternehmen an der Entwicklung neuer Programme erlahmt, was z. B. durch die Offenlegung des Quellcodes oder die Preisbindung ausgelöst werden kann. Auch der potenzielle Wettbewerb ist Schutzgegenstand des Kartellrechts und bei der Freistellung zu berücksichtigen (EU-Kommission, Leitlinien zur Anwendung von Art. 81 Abs. 3 EG-Vertrag, ABl. C 101/97 vom 27.4.2004, Tz. 115; Langen/Bunte/*Bunte*[12], Band 1, Einl. Rn. 110; Loewenheim/Meessen/Riesenkampff/*Jan Bernd Nordemann*[2], § 2 GWB Rn. 38). Zusammenfassend lässt sich festhalten, dass eine Einzelfreistellung vom Einzelfall abhängt. Vor allem die Preisbindung und die Offenlegung des Quellcodes erscheinen nicht freistellungsfähig (a. A., allerdings nur unter Bezug auf eine „gebotene gesamtökonomische Abwägung" Schricker/Loewenheim/*Spindler*[5] Vor §§ 69a ff. Rn. 55, Fn. 343).

d) Rechtsfolge der Kartellrechtswidrigkeit: Rechtsfolge dieser Kartellrechtswid- **30** rigkeit ist eine **Teilnichtigkeit** des Lizenzvertrages, deren Folge nach § 139 BGB zu bewerten ist. Würde diese Teilnichtigkeit einzelner Klauseln der GPL zur gesamten Nichtigkeit führen, könnten Computerprogrammierer, die ihre Computerprogramme lizenzieren müssen, damit sie überhaupt am Geschäftsleben teilnehmen, keine Lizenzen mehr einräumen. § 139 BGB kann nicht dazu führen, dass bei den vorliegenden Verstößen die Lizenz der Lizenznehmer nichtig ist und damit sowohl nach § 139 BGB als auch nach den Regelungen der GPL die Beklagte sich durch die bloße bestimmungsgemäße Nutzung der streitgegenständlichen Computerprogramme dem Vorwurf einer Urheberrechtsverletzung ausgesetzt sehen. In der Rechtsprechung des BGH ist es anerkannt, dass die Rechtsfolgen des § 139 BGB einer Korrektur durch den Einwand der Arglist ausgesetzt sein können. Das gilt insbesondere für Fälle, in denen es kartellrechtlich als höchst bedenklich erscheinen würde, den Vertrag aufgrund der Kartellrechtswidrigkeit einer Klausel für gesamtnichtig zu erklären: *„Der Senat hat allerdings ausnahmsweise den Einwand der Arglist durchgreifen lassen, wenn eine Partei aus der kartellrechtlich begründeten Nichtigkeit einer Vertragsklausel über § 139 BGB die Unwirksamkeit weiterer Vertragsbestimmungen herleiten wollte."* (BGH GRUR 1991, 558, 559 – *Kaschierte Hartschaumplatten*).

31   In der konkreten Konstellation des vorerwähnten Falles *Kaschierte Hartschaumplatten* ging es darum, dass eine aus kartellrechtlichen Gründen nichtige Vertragsklausel zu Lasten der Partei ging, die sich darauf berief und die durch die Nichtigkeit dieser Klausel (gleich Teilnichtigkeit des Vertrages) besser gestellt wurde (BGH GRUR 1991, 558, 559 – *Kaschierte Hartschaumplatten*): „Diese Partei sollte nicht noch zusätzlichen Vorteil dadurch erlangen können, dass sie aus der Teilnichtigkeit über § 139 BGB die Unwirksamkeit weiterer, an sich unbedenklicher Vertragsbestimmungen herleitet." (BGH a. a. O.). Daraus lässt sich der allgemeine Rechtssatz herleiten, dass eine kartellrechtliche Nichtigkeit nicht zu einer Gesamtnichtigkeit gem. § 139 BGB führen darf, wenn dies dem Regelungszweck des Kartellrechtes widerspricht. Im Fall der GPL würde aber eine Gesamtnichtigkeit des Vertrages zu einem Ergebnis führen, das kartellrechtliche Wertungen vollständig konterkarieren würde: Wenn die – kartellrechtswidrige – Preisbindung und (ggf. auch) Konditionenbindung zu einer Unwirksamkeit der Nutzungsrechtseinräumung insgesamt führt, wäre die kartellrechtswidrige Verabredung von Preisbindungen und Konditionenbindungen für den jeweiligen Lizenzgeber völlig risikolos. Er könnte – wenn ein Lizenznehmer auf die kartellrechtliche Unzulässigkeit der Preis- und Konditionenbindung pocht – stets den Lizenznehmer mit einer Urheberrechtsverletzung drohen. Die Folge wäre, dass der Kartellrechtsverstoß unsanktioniert bliebe, weil ansonsten der Lizenznehmer einen Urheberrechtsverstoß riskieren würde.

32   Mit anderen Worten: Die Gesamtnichtigkeit nach § 139 BGB hebelt im vorliegenden Fall vollständig die kartellrechtlich gewollte Sanktion aus. Es läuft aber gerade den Regelungszwecken des Kartellrechts krass zuwider, den Vertragsbeteiligten das Nichtigkeitsrisiko zu nehmen (Loewenheim/Meessen/Riesenkampff/*Jan Bernd Nordemann* § 1 GWB Rn. 252; v. a. Emmerich ZHR 139 (1975), 501, 513; *Pfeiffer* FS Benisch S. 313, 320). Da dem Lizenzgeber jedes Nichtigkeitsrisiko genommen würde, sich sogar das Nichtigkeitsrisiko allein auf die Lizenznehmerin verlagern würde, ist mithin die Anwendung des § 139 BGB kartellrechtlich zu korrigieren. Nur die kartellrechtlich unzulässige Preisbindung und ggf. die kartellrechtlich unzulässige Konditionenbindung sind unwirksam; der Rest des Vertrages muss wirksam bleiben (so auch *Grützmacher* in Anm. zu LG Frankfurt aM. CR 2006, 733, 735 f.). Dann dürfte im Übrigen auch § 69d eingreifen (oben Rn. 9).

9.   Verpflichtungen der Verwender der GPL

33   **a) Wortlaut Ziff. 4 GPLv3:** Ziff. 4–6 GPLv3 enthalten die Verpflichtungen des Lizenznehmers. Zur Frage der „Weitergabe" bei **SaaS-** oder **Cloud-Nutzungen** oben vgl. Rn. 15b. Je nach Art der Weitergabe wird unterschieden:
Bei **Weitergabe reiner Kopien** (ohne Veränderungen):

– *publish on each copy an appropriate copyright notice;*
– *keep intact all notices stating that this License and any non-permissive terms added in accord with section 7 apply to the code;*

– *keep intact all notices of the absence of any warranty;*
– *give all recipients a copy of this License along with the Program."*

Im Falle von Veränderungen am Quellcode: Ziff. 5 GPLv3

– *The work must carry prominent notices stating that you modified it, and giving a relevant date.*
– *The work must carry prominent notices stating that it is released under this License and any conditions added under section 7. This requirement modifies the requirement in section 4 to "keep intact all notices".*
– *You must license the entire work, as a whole, under this License to anyone who comes into possession of a copy. This License will therefore apply, along with any applicable section 7 additional terms, to the whole of the work, and all its parts, regardless of how they are packaged. This License gives no permission to license the work in any other way, but it does not invalidate such permission if you have separately received it.*
– *If the work has interactive user interfaces, each must display Appropriate Legal Notices; however, if the Program has interactive interfaces that do not display Appropriate Legal Notices, your work need not make them do so."*

Bei **Weitergabe nicht in Quellcode-Form:** Ziff. 6 GPLv3; es gelten zunächst die Anforderungen aus Ziff. 4 und 5 und zusätzlich:

"[...] convey the machine-readable Corresponding Source under the terms of this License, in one of these ways:
a) *Convey the object code in, or embodied in, a physical product (including a physical distribution medium), accompanied by the Corresponding Source fixed on a durable physical medium customarily used for software interchange.*
b) *Convey the object code in, or embodied in, a physical product (including a physical distribution medium), accompanied by a written offer, valid for at least three years and valid for as long as you offer spare parts or customer support for that product model, to give anyone who possesses the object code either (1) a copy of the Corresponding Source for all the software in the product that is covered by this License, on a durable physical medium customarily used for software interchange, for a price no more than your reasonable cost of physically performing this conveying of source, or (2) access to copy the Corresponding Source from a network server at no charge.*
c) *Convey individual copies of the object code with a copy of the written offer to provide the Corresponding Source. This alternative is allowed only occasionally and noncommercially, and only if you received the object code with such an offer, in accord with subsection 6b.*
d) *Convey the object code by offering access from a designated place (gratis or for a charge), and offer equivalent access to the Corresponding Source in the same way through the same place at no further charge. You need not require recipients to copy the Corresponding Source along with the object code. If the place to copy the object code is a network server, the Corresponding Source may be on a different server (operated by you or a third party) that supports equivalent copying facilities, provided you maintain clear directions next to the object code saying where to find the Corresponding Source. Regardless of what server hosts the Corresponding Source, you remain obligated to ensure that it is available for as long as needed to satisfy these requirements.*
e) *Convey the object code using peer-to-peer transmission, provided you inform other peers where the object code and Corresponding Source of the work are being offered to the general public at no charge under subsection 6d."*

b) Anforderungen: Zu den **Anforderungen** für den wichtigsten und praktisch **34** häufigsten Fall der Ziff. 5 (also im Falle von Veränderungen am Quellcode) im Einzelnen: Unseres Erachtens reicht es aus, den betroffenen Source Code auf einer eigenen Website zu veröffentlichen und auf diese entsprechend Ziff. 5 GPLv3 hinzuweisen. Dies ist wohl auch deshalb sinnvoll, weil man ihn dann am besten zu dem jeweils betroffenen Produkt ins Internet stellen kann. Daneben ist daran zu denken, dass neben dem Code selbst auch die Bedingungen der GPL dem Kunden zur Verfügung gestellt werden müssen. Dies geschieht

i. d. R. durch einen entsprechenden Produktflyer, der dem Produkt beigegeben wird.

35 Für die in der Praxis ebenso wichtigen **Embedded-Systeme** gelten die oben dargestellten Möglichkeiten der Ziff. 6 GPLv3, wonach z. B. der maschinenlesbare Quelltext auf einem für Datenaustausch üblichen Medium (auf dem dann auch der Copyrightvermerk, die GPL selbst und der Haftungsausschluss enthalten sein müssen) beigefügt wird. Wie in GPLv2 ist es auch ausreichend, wenn der Vertreiber ein mindestens drei Jahre gültiges schriftliches Angebot in den mitgelieferten Papieren abgibt, jedem Dritten eine vollständige maschinenlesbare Kopie des Quelltextes auf einem für Datenaustausch üblichen Medium zur Verfügung zu stellen. Als Kosten dürfen hierbei nicht mehr als die für den physikalischen Kopiervorgang anfallenden Kosten für diesen Datenträger verlangt werden.

36 c) **Umgehung technischer Schutzmaßnahmen:** Eine weitergehende Verpflichtung ist erst durch GPLv3 aufgenommen worden: Nach Ziff. 3 GPLv3 ist demjenigen, der ein „covered work" weitergibt untersagt, die **Umgehung technischer Schutzmaßnahmen** zu verbieten, insoweit diese Umgehung durch die Ausübung der von dieser Lizenz gewährten Rechte in Bezug auf das „covered work" herbeigeführt wird. Der Text geht sogar noch weiter und verpflichtet den Nutzer *„to disclaim any intention to limit operation or modification of the work as a means of enforcing, against the work's users, your or third parties' legal rights to forbid circumvention of technological measures"*. Dabei geht es der GPL – aus ihrer Sicht völlig verständlich – darum, dass Nutzer nicht etwa durch die Einführung technischer Schutzmaßnahmen (dazu s. §§ 95a ff. und für Computerprogramme s. § 69f), die "Freiheiten" der GPL umgehen. Dieses Verbot ist seinem Wortlaut und Sinn nach nur auf das "covered work" bezogen. Es gelten also alle (vgl. Rn. 12 ff.) oben dargestellten Schwierigkeiten der Abgrenzung von "infizierter" und "nicht-infizierter" Software. Allerdings dürfte die Klausel aus anderen Gründen erheblichen Bedenken unterliegen, denn der Sache nach handelt es sich nahezu um einen Vertrag zu Lasten Dritter: Welche Bedeutung die Handlung eines Vertragspartners des GPL-Verwenders zukommt, entzieht sich der Regelbarkeit in dem ursprünglichen Lizenzvertrag. Soweit Ziff. 3 Abs. 1 GPLv3 die Fiktion enthält, dass "no covered work shall be deemed part of an effective technological measure under any applicable law fulfilling obligations under article 11 of the WIPO copyright treaty adopted on 20 December 1996, or similar laws prohibiting or restricting circumvention of such measures" dürfte eine derartige "Regelung" der Tatbestandsvoraussetzungen z. B. des § 95a in einem Vertrag keine Wirkung für den auslegenden Richter entfalten.

10. Folgen eines Verstoßes gegen Lizenz

37 a) **Vertragsauflösung:** Die Regelung, dass eine Lizenz endet, wenn man gegen einen Lizenzvertrag verstößt (Ziff. 2 GPLv3 „[...] provided the stated conditions are met"), ist aus dem US-amerikanischen Recht bekannt. Wie diese Regelung dogmatisch nach deutschem Verständnis einzuordnen ist, ist noch nicht abschließend geklärt. Denkbar wäre es, sie als echte Bedingungen i. S. d. § 158 Abs. 2 BGB anzusehen (so *Metzger/Jaeger* GRUR Int. 1999, 839, 843 f.; *Grzeszick* MMR 2000, 412, 415; *Sester* CR 2000, 797; *Osmels* FS *Hertin* 141, 156) oder aber als Aufspaltung einer eigenen Nutzungsart i. S. d. § 31 ff. (*Koch* CR 2000, 333, 334 ff.; offen lassend Wandtke/Bullinger/*Grützmacher*[2] § 69c Rn. 66 noch, nunmehr eine neue einseitige Form der Rechtseinräumung: Wandtke/Bullinger/*Grützmacher*[3] § 69c Rn. 75). Für eine eigenständige Nutzungsart spricht nicht nur die kartellrechtliche Betrachtung (so Wandtke/Bullinger/*Grützmacher*[2] § 69c Rn. 62; dazu vgl. Rn. 29), sondern vielmehr wohl auch der Ansatz der Open Source Community selbst. Sie wollen sich als wirtschaftlich eigenständige Art der Softwarenutzung sehen. Wir haben gleichwohl Bedenken, da eine solche **Bedingungslösung** der Umgehung der Vorgaben des BGHs zum Zuschnitt von Nutzungsarten führen kann (a. A. LG München I CR 2004, 774, das aus § 31 UrhG n. F. nicht herleiten will, dass auflösend bedingte Rechteübertragungen von urheberrechtlichen Nutzungsrechten grds. ausgeschlossen sind; wiederholend: LG München I CR 2008, 57 f. – *VoIP-Telefon*; auch LG Hannover ZUM-RD 2016, 384, das dies nicht thematisiert und offenbar ohne weitere Begründung davon ausgeht, dass – bei Nichtvorliegen der GPL beim Downloadvorgang – gar keine Nutzungs-rechte eingeräumt wurden, was so aber mit den Grundsätzen zur konkludenten Rechtseinräumung und § 69d kaum vereinbar ist (zur konkludenten Rechtseinräumung vgl. Vor §§ 31 ff. Rn. 431, im Übrigen oben Rn. 9). Zu Recht stellt das LG München I auf den tragenden Grundsatz des BGH zur Erschöpfungswirkung ab, nämlich die Verkehrsfähigkeit (LG München I CR 2004, 774; LG München I CR 2008, 57 f. – *VoIP-Telefon*). U. E. ist diese aber gerade gefährdet, denn allein das bloße Risiko einer GPL-„Infizierung" proprietärer Programme veranlasst viele Unternehmen, von jeglicher Benutzung von Programmen unter der GPL Abstand zu nehmen. Zur Frage, ob Ziff. 4 gegen §§ 305c und 307 BGB verstößt und welche Rechtsfolgen dies hat s. ausführlich LG München I CR 2004, 774 und Wandtke/Bullinger/*Grützmacher*[2] § 69c Rn. 65. **Vgl. Rn. 18a.**

b) Bündelung der Rechte in Treuhand: Bei Vorliegen eines Verstoßes gegen die „Bedingungen", kann der Berechtigte nach der Konstruktion der GPL gegen den Verletzer vorgehen. Allein, i. d. R. wird es nicht einen einzigen Programmierer geben, der Urheber des GPL-Programmes ist. Dies hat die Open Source Gemeinde vorausgesehen und daher einen **Treuhandvertrag** eingeführt (IT-Report ITRB 2003, 69). Mit diesem Treuhandvertrag sollen verschiedenen Programmierer von Open Source Software ihre Rechte bündeln, damit ein einzelner dann gegen Verletzer vorgehen kann. **38**

Wir haben Zweifel, ob dieser Treuhandvertrag alle Konstellationen hinreichend bedenkt. Was ist, wenn Programmierer vor Abschluss dieses Vertrages Rechte an Dritte eingeräumt haben, u. a. möglicherweise den nunmehrigen Lizenznehmer einer GPL-Lizenz. Erstens kann der Treuhandverwalter mit dem Treuhandvertrag nicht wirklich ausschließliche Rechte erworben haben, zweitens könnte der jetzige Lizenznehmer bereits im Besitz von Rechten sein. Zudem haben wir erhebliche Zweifel, ob das System der GPL, das nach der Präambel der GPL die Freiheit des einzelnen Programmierers sichern soll, überhaupt mit einem solchen Lizenzvertrag in Einklang zu bringen ist. Denn mit einem solchen treuhänderischen Lizenzvertrag können die eigentlichen vermeintlichen Programmierer selbst überhaupt keine Rechte über die GPL mehr an Dritte einräumen, da sie ja selbst bereits dem Treuhandverwalter die ausschließlichen Rechte eingeräumt haben. (Zu diesem Gedanken auch *Grützmacher* in Anm. zu LG Frankfurt CR 2006, 733). **39**

Diese Situation offenbart im Übrigen ein besonderes **Dilemma** der Open Source Lizenzen. Diese sind werk- und nicht nutzungsgebunden. Hat der Urheber sich einmal entschieden, sein Werk unter eine Open Source Lizenz in die Welt zu entlassen, ist er hieran mehr oder weniger ewig gebunden. Er kann sich später kaum noch umentscheiden, da die einmal eingeräumten Rechte natürlich Sukzessionsschutz genießen. Dies ist auch eines der Hauptargumente, warum wir Bedenken gegen die Creative Commons Lizenz haben, denn diese dürfte insbesondere bei herkömmlichen Werkarten auf Verwertungsgesellschaften und deren Wahrnehmungsverträge treffen und damit einige Probleme verursachen, da der Urheber, der bereits eine Creative Commons Lizenz eingeräumt hat, später kaum noch einen Wahrnehmungsvertrag wird schließen können (eine Lösung **40** dieses Dilemmas scheint die GEMA derzeit zumindest partiell zu suchen: Die GEMA hat mit dem Musiknetzwerk Open Music Source (OMS) eine Vereinbarung geschlossen, Werke trotz eines kostenlosen Angebots im Internet bei der GEMA anzumelden (CRaktuell 2007, R90).

41 c) **Rechtedurchsetzung:** Für die **Rechtedurchsetzung** ist entscheidend, welche **Art von Urheberschaft** der Programmierer geltend macht: In den bislang entschiedenen Fällen zur GPL schienen die Gerichte davon auszugehen – wenn und soweit keine Alleinurheberschaft in Rede stand –, dass bei unter der GPL von mehreren Programmierern entwickelten Computerprogrammen entweder verbundene Werke (§ 9 UrhG, so LG Frankfurt aM. ZUM-RD 2006, 525, 526) oder Miturheberschaft (§ 8 UrhG, so LG München I MMR 2004, 693, 694) vorliegt. Tatsächlich bestehen für das Verhältnis eines Programmierers, der einen Beitrag zu einer Software leistet, die unter der GPL steht, verschiedene Optionen, deren Eingreifen natürlich von der Sachverhaltskonstellation abhängt: Erstens kann es sich um ein **verbundenes Werk nach § 9 UrhG** handeln. Sodann kann **Miturheberschaft** vorliegen oder aber es kommt ein **Bearbeiterurheberrecht** in Betracht, da es sich bei Open Source-Software oftmals um gemeinschaftlich und sukzessiv entwickelte Software handelt (s. Schricker/Loewenheim/*Spindler*[5] vor §§ 69a ff., Rn. 33). Die drei genannten Rechtsverhältnisse können dabei auch jeweils nebeneinander im Rahmen derselben Software zur Anwendung kommen (s. Wandtke/Bullinger/*Thum*[4] § 8 Rn. 63). Voraussetzung für ein verbundenes Werk nach § 9 UrhG ist jedoch, dass die einzelnen Beiträge und Werkteile separat verwendet werden können. Dies ist bei Open Source-Software zwar grundsätzlich denkbar, wenn etwa selbständige Softwarekomponenten miteinander verbunden werden (s. *Spindler* FS Schricker II S. 539 ff.; Wandtke/Bullinger/*Thum*[4] § 8 Rn. 63). Es dürfte jedoch eher selten vorkommen, da in der Regel die Beiträge der Programmierer, die an einem Computerprogramm arbeiten, sich gerade nicht trennen lassen; Programmierer arbeiten oft arbeitsteilig an verschiedenen Codezeilen oder auch Subsystemen. Somit bleiben Miturheberschaft nach § 8 UrhG an der neu entstandenen, angepassten Software sowie Bearbeiterurheberschaft nach §§ 3, 23 UrhG. Diese Unterscheidung ist für die spätere Frage der Verletzung sehr maßgebend, denn im Falle einer Miturheberschaft könnten an dem gesamten miturheberschaftlichen Werk (vermeintliche) Verletzungen geltend machen, während Bearbeiterurheber auf den von ihm bearbeiteten Teil beschränkt wären. Die Frage nach einer solchen Abgrenzung zwischen Miturheberschaft und Bearbeitung stellt sich daher stets, wenn Programmierung und Weiterentwicklung einer Software durch mehrere Personen erfolgt und diese einzelne Beiträge zeitlich gestaffelt erbringen. Voraussetzung für eine Miturheberschaft ist in jedem Fall eine einheitliche Schöpfung, die einen entsprechenden natürlichen Handlungswillen der beteiligten Urheber voraussetzt (BGH MMR 2005, 845 – *Fash 2000*; § 69a Rn 41; Schricker/Loewenheim/*Loewenheim*/*Peifer*[5] § 8 Rn. 8; Dreier/Schulze/*Dreier*[5] § 8 Rn. 2). Bei zeitlich gestaffelten Beiträgen ist eine Miturheberschaft nicht ausgeschlossen (s. BGH MMR 2005, 845 – *Fash 2000*). Allerdings setzt dies voraus, dass der Programmierer sich unter die gemeinsame Gesamtidee einzelne schöpferische Beiträge zur Programmgestaltung unterordnet (BGH GRUR 1994, 39, 40 f. – *Buchhaltungsprogramm*; BGH MMR 2005, 845 – *Fash 2000*; *Karger* CR 2001, 357). Das gilt grundsätzlich auch für die Programmentwicklung in arbeitsteiligen und nachgeschalteten Prozessen bzw. bei aufeinander folgenden Werkstufen (s. LG Frankfurt CR 2006, 729). Gerade wenn die Unterordnung unter eine gemeinsame Gesamtidee bei Open Source-Software fehlt, ist davon auszugehen, dass die späteren Ergänzungen und Verbesserungen vom Handlungswillen des ursprünglichen Programmierers nicht umfasst sind. Dann ist eine Miturheberschaft aller beteiligten Urheber zu verneinen und die späteren Veränderungen stellen abhängige Bearbeitungen dar (s. BGH MMR 2005, 845 – *Fash 2000*; LG Düsseldorf ZUM 2007, 559, 564; Wandtke/Bullinger/*Grützmacher*[4] § 69a, Rn. 45). So hat das erst jüngst das LG Hamburg entschieden (LG Hamburg MMR 2016, 740).

Weiter zu beachten ist, dass dann – wenn es sich um miturheberschaftlich geschaffenen Code handelt (zur Frage der Abgrenzung der verschiedenen Formen gemeinschaftlicher Entwicklung von Code s. vorstehend und auch vgl. § 69a Rn. 39) – die Privilegierung des § 8 Abs. 2 (dazu LG München I CR 2004, 774, 775 – *Wirksamkeit einer GPL-Lizenz*) nicht mehr gilt (LG Frankfurt aM. CR 2006, 729, vertrat die Auffassung im dort entschiedenen Fall läge keine Miturheberschaft vor: zu Recht kritisch daher *Grützmacher* in Anm. zu LG Frankfurt CR 2006, 733), denn während für die Geltendmachung von **Unterlassungsansprüchen** durch einzelne Miturheber anerkannt ist, dass jeder einzelne Miturheber aktivlegitimiert über § 8 Abs. 2 S. 3 UrhG ist, gilt dies nicht für die Geltendmachung von Unterlassungsansprüchen aufgrund abgeleiteten Rechts. In diesem Fall muss derjenige, der nicht selbst Miturheber ist, sondern nur abgeleitete Rechte besitzt, sich die Rechte von allen Miturhebern beschaffen, wenn er gegen vermeintliche Rechtsverletzer vorgehen will (OLG Frankfurt MMR 2003, 45, 47 – *IMS Health*; Dreier/Dreier/*Schulze*[3] § 8 Rn. 20). Dies ist auch nachvollziehbar, denn nur die durch die charakteristischen Züge einer urheberrechtlichen Miturhebergemeinschaft verbundenen wirklichen Miturheber sollen in den Genuss der Regelung des § 8 Abs. 2 S. 3 kommen. Eine Erweiterung dieser gesetzlichen Prozessstandschaft auf lediglich Nutzungsberechtigte kennt das Gesetz nicht und würde auch die besonderen Voraussetzungen der Miturhebergemeinschaft negieren.

Die Gerichte werden zu Recht zunehmend streng bei der **Substantiierungslast** derjeniegen, die sich auf eine der vorstehend dargestellten Schöpfungsformen berufen: So hat bereits das OLG Karlsruhe zu einem Fall eines Programmierers, der Miturheberschaft an Teilen des Linux-Kernels behauptete, hier die Komponenten iptables und Netfilter, geurteilt, dass der Anspruchsteller einen eigenen schöpferischen Beitrag zu dem einheitlichen Schöpfungsprozess der jeweiligen Werkvollendung dargelegt und ggf. bewiesen hat (OLG Karlsruhe Urteil vom 6.7.2015, 6 U 91/15). Auch das LG Hamburg bestätigt dies für einen Fall des Bearbeiterurheberrechts bei Open Source Software (LG Hamburg MMR 2016, 740) und fordert, dass der Anspruchsteller darlegt und ggfs beweist, welche Teile aus dem Linux-Programm von ihm in welcher Weise umgearbeitet worden sein sollen und inwiefern diese Umarbeitungen die Anforderungen an ein Bearbeiterurheberrecht erfüllen (LG Hamburg MMR 2016, 740).

Ob die Privilegierung des § 8 Abs. 2 auch für **Auskunftsansprüche** gilt, ist umstritten (dazu vgl. § 69a Rn. 41; auch vgl. § 8 Rn. 19). Ob der Urheber bzw. der Treuhandverwalter nach der oben (vgl. Rn. 38) beschriebenen Form überhaupt **Ansprüche auf Schadensersatz**, die sich über etwaige Anwaltskostenerstattungen und Erstattung sonstiger erstattungsfähiger Aufwendungen (LG Frankfurt aM. CR 2006, 729) hinaus bewegen, geltend machen kann, ist bislang nicht entschieden (das LG Bochum CR 2011, 289 ff. geht ohne weitere Begründung von Auskunfts- und Schadensersatzansprüchen aus, hat das Problem aber offensichtlich nicht gesehen; erneut LG Bochum ZUM-RD 2016, 536). Angesichts der klaren eigenen Vorgabe der GPL, keine Lizenzgebühren zu verlangen, scheidet jedenfalls eine Schadensberechnung nach Lizenzanalogie aus (so auch Schricker/Loewenheim/*Spindler*[5] Vor §§ 69 a ff. Rn. 33). So sieht das nun auch das OLG Hamm, das zudem auch andeutet, dass eine andere Berechnungsart als eine angemessene Lizenzgebühr bei GPL nicht in Frage käme (OLG Hamm, Urteil vom 13.6.2017, 4 U 72/16, Tz. 65 ff. = BeckRS 2017, 118680). Ein Schadensersatzanspruch auf Herausgabe des Verletzergewinns wird mittlerweile zugesprochen (LG Köln CR 2014, 704, 705), allerdings muss dabei die

Beschränkung des Verletzergewinns auf das, was auf der Rechtsverletzung beruht (BGH MMR 2011, 45) beachtet werden, so dass Umsätze z. B. mit Pflegedienstleistungen nicht umfasst sind, da diese mit der unter der GPL übertragenen Nutzungsrechten nicht kausal verknüpft sind.

43 Trotz Ziff. 8 Abs. 3 GPLv3, der eine Kündigung erst nach entsprechendem Hinweis und Verstreichen einer 30 Tages Periode vorsieht, ist eine **Abmahnung** und das Verlangen einer strafbewehrten Unterlassungserklärung zulässig (LG Halle MMR 2016, 417).

Stichwortverzeichnis

Gartenstühle **2**, 147, 164a, 177 f.;
  24, 78a
Gartentor **59**, 7; **63**, 8, 12, 20
Gartenzwerg **2**, 161
Gasparone **97**, 78
Gasparone II **102**, 2; **102a**, 6
Gaspatrone **24**, 38; **88**, 33
Gastspielverträge Vor §§ 31 ff., 346
Gaststätten
– Haftung von **97**, 172b
– Öffentlichkeit der Wiedergabe **15**, 46
– on-demand **Vor 88 ff.**, 91
Gattung
– fehlende nähere Bestimmung der
  40, 16 f.
– nur der Gattung nach bestimmte
  Werke **40**
*Gaumont Columbia Tristar ./. Editions
  Montparnasse et al.* **Vor 120 ff.**, 56
Gaunerroman **Vor §§ 31 ff.**, 312; **40**, 6,
  14, 16
GDT
– Genossenschaft deutscher Tonsetzer
  Einl., 72a
Gebäckpresse **2**, 26
Gebäude 2, 140, 165; **24**, 80
– Ausnahmen vom Vermietrecht **17**, 41
gebietsfremd 54b, 2
Gebot
– Anspruch **95b**, 8
– der Rücksichtnahme, Entstellung Film
  93, 24
Gebrauch
– privater **108b**, 16
Gebrauchsanweisungen 2, 73
Gebrauchsgegenstände 24, 92
– alltägliche **2**, 154
– Bauhausdesign **2**, 156a
Gebrauchsgraphik für Werbezwecke
  Nach § 44, 5
Gebrauchsmusterrecht 102a, 3
– Urheberrechtsstreit **104**, 2
Gebrauchsmusterregister
– und amtliche Werke **5**, 27
Gebrauchsüberlassung
– zeitlich befristete **69c**, 27
Gebrauchszweck
– Änderung des, Abspaltbarkeit als Nut-
  zungsart **31**, 64
– Kunst **2**, 139
– Sprachwerke **2**, 61
gebrauchte Software 69c, 11
Gebühren für Abschlussschreiben
  97a, 73
Gebührendifferenz II **17**, 25; **Vor
  §§ 31 ff.**, 62
Gebührendifferenz IV **6**, 24; **17**, 13, 30;
  Vor 120 ff., 68
Gebührenerzielungsinteresse
– Rechtsmissbrauch **97**, 191
Gebührenrahmen
– und Abmahnung **97a**, 41

Geburtstagskarawane **2**, 148, 150a;
  32, 20, 23, 116, 129, 132; **32a**, 12 f.,
  16, 25, 27 f., 38, 42 f., 47
Geburtstagszug **Einl.**, 66, 78 ff.; **2**, 30,
  42, 62b, 137 ff., 145 f., 148 ff., 151,
  153 f., 157, 159, 160a, 164a f., 170 f.,
  172, 175 ff., 181, 187, 189; **24**, 29a,
  35, 49, 82; **71**, 11; **129**, 2; **132**, 19b
Geburtstagszug II **2**, 150a
Gedächtniskapelle Vor §§ 31 ff., 166,
  377
Gedichtliste I **4**, 12, 49
Gedichtsammlung 4, 14
Gedichttitelliste **4**, 35
Gedichttitelliste I **4**, 14, 38, 40; **7**, 10;
  87a, 26; **VerlG 40**, 1
Gedichttitelliste II **Vor 87a ff.**, 36;
  87b, 10
Gefährdung
– von Geschäftsmodellen und Störerhaftung **97**, 157
Gefährdungshaftung 97, 61
Gefahrenabwehr
– und amtliche Werke **5**, 26
Gefälligkeit **99**, 6
Gegenabmahnung **97**, 217
Gegenansprüche
– bei Beanstandung **97a**, 71
– bei Berechtigungsanfrage **97a**, 70
– bei Notice-and-Takedown-Letter
  97a, 71
– und Abmahnung **97a**, 52 ff.
Gegenseitigkeit Einl., 55, 58
– ausübende Künstler, Fremdenrecht
  125, 12a
– Filmhersteller **128**, 4
– materielle
  – Datenbankhersteller **127a**, 5
  – Fremdenrecht, Urheberschutz
    121, 15
– Staatsverträge, Rom-Abkommen **Vor
  120 ff.**, 38
– Tonträgerhersteller, Fremdenrecht
  126, 12
– Urheberschutz, Sendeunternehmen
  127, 4
Gegenseitigkeitsprinzip
– internationales Urheberrecht **Vor
  120 ff.**, 3
Gegenstand
– des Verlagsvertrages **VerlG 1**, 7 ff.
– eines Sammelwerks **4**, 16 ff.
Gegenstände 24, 33
– Einziehung täterfremder **110**, 6
Gegenstandswert 101, 59
Gegenvorstellung 109, 15
Geheimhaltungsinteresse 101, 84;
  101a, 35
*Geheimhaltungsinteresse und Besichti-
  gungsanspruch I* **25**, 18
*Geheimnisverrat in der Computertechno-
  logie* **69g**, 10, 12

Google Thumbnails **58**, 3, 20
Google und Google France **97**, 187 f.
google.com **97**, 167e
Götterdämmerung **2**, 96; **14**, 17, 20, 22,
40 f.; **39**, 28; **74**, 12, 17; **79**, 134;
80, 25, 42; **97**, 142; **129**, 6; **137c**, 3
Gottesdienst
– als Musikdarbietung **19**, 13
– Vergütungsanspruch des Urhebers
52, 18
GPL GPL 1
– AGB-Recht **GPL** 9
– anwendbares Recht **GPL** 9
– Nutzungsart **GPL** 16
– Nutzungsrechtseinräumung **GPL** 16
– Verhältnis zu § 69b **GPL** 17
– Vertragsschluss **GPL** 8
– Wechsel von Version 2 auf 3 **GPL** 9
GPL-Verstoß **31**, 87; **GPL 18a**
GPRS 20, 3
Grabdenkmal **2**, 166
Grabmale 2, 166
Grabungsmaterialien **43**, 21, 43; **Nach**
§ **44**, 4 f., 8; **69b**, 10
Grad des Verschuldens
– und Schadensersatzanspruch **97**, 61a
Graffiti **2**, 138, 167; **29**, 12
– und Entstellung **14**, 57
Graffiti-Kunst 44, 4
Graffiti-Logo **2**, 167
Grafiken 2, 138
– als Zitat **51**, 14
– Leistungsschutzrecht, Presseverleger
87f, 20
Grafiktreiber GPL 15
Grafische Benutzeroberfläche **69c**, 34
grafische Darstellungen 2, 219
Grand Prix **97**, 30
Graphical User Interface 69a, 12
Grass-Briefe in der FAZ **97**, 23
Grassofa **2**, 164; **59**, 8
Green IT **69c**, 12, 27, 31 f., 76
Green-IT **97**, 39
Grenzbereich
– des rechtlich zulässigen, Verschulden
97, 65
Grenzbeschlagnahme
– Antrag **111c**, 7
– offensichtliche Rechtsverletzung
111c, 9
– Parallelimporte **111c**, 6
– Reisegepäck **111c**, 6
– Schadensersatzpflicht **111c**, 15
– Sicherheitsleistung **111c**, 7
– Widerspruch **111c**, 14
Grenzen
– der Zulässigkeit **95c**, 16
grenzüberschreitende Rechtsverletzung
106, 55 f.
Grid-Computing Vor 69a ff., 6
Grigia **97**, 40a
gröbliche Beeinträchtigung
– bei Filmen **93**, 10 ff.

gröbliche Entstellung
– von Filmen **93**, 10
Grokster **95a**, 13; **97**, 173
Großbildleinwand
– Wiedergabe auf **37**, 19
Größenverhältnisse
– Änderung **3**, 28
Großhändler
– als Täter **97**, 146
Großimporteur **36**, 7
Großzitat 51, 21
Grundbuchauszug
– Sicherung von Schadensersatzansprü-
chen **101b**, 32
Gründer **10**, 12, 16; **13**, 27
Grundig ./. Consten **Vor** §§ **31 ff.**, 58
Grundig-Reporter **Einl.**, 4; **1**, 4; **7**, 2;
15, 6, 14, 19; **16**, 9, 21; **53**, 1; **54**, 8;
95a, 13
Grundrechte 97, 152b
– Berufsfreiheit **32**, 8; **Vor 87a ff.**, 37
– Charta der EU **Einl.**, 53a; **5**, 2 f.;
24, 6a; **28**, 4; **30**, 10; **94**, 1; **95a**, 44;
97, 4b; **97a**, 43
– Eigentumsfreiheit **5**, 3; **14**, 19; **Vor**
§ **44a ff.**, 4; **85**, 49b; **87c**, 15; **87f**, 9;
97a, 43; **101**, 72
– Eigentumsgarantie **60h**, 2
– Eigentumsrecht **97**, 152b
– Fernmeldegeheimnis **97**, 171b
– Informationsfreiheit **5**, 2; **Vor**
§ **44a ff.**, 4
– Kunstfreiheit **Vor** § **44a ff.**, 4; **53**, 12;
77, 13; **85**, 49, 49b ff.; **97**, 4b
– Meinungsfreiheit **Vor** § **44a ff.**, 4;
51, 41
– Pressefreiheit **Vor** § **44a ff.**, 4
– Schutz von Ehe und Familie **97**, 4b,
152b
– und Urheberdeliktsrecht **97**, 4b
– Urheberrecht **Einl.**, 64 ff.
– Urheberrechtsschranken **Vor**
§ **44a ff.**, 4
– Verfahrensgrundrechte **97**, 207
Grundsatz
– der Unübertragbarkeit des Urheberrechts **29**, 1, 6 ff.
Grundstück
– damit fest verbundene Werke, Fremdenrecht **121**, 13
Grünskulptur **2**, 140, 164
Gruppe
– von Künstlern, Namensnennungsrecht
Film **93**, 27
Gruppenfreistellungsverordnung Vor
§§ **31 ff.**, 59 ff., 63 ff., 68 f., 71 ff., 77,
261 f., 355; **31**, 48; **Vor 69a ff.**, 14;
69c, 59 ff., 68 ff.; **101a**, 24; **GPL** 25
– Technologie-Transfervereinbarung **Vor**
§§ **31 ff.**, 60 f., 63 f., 69, 71 ff., 77;
31, 48; **Vor 69a ff.**, 14; **69c**, 60, 62,
69, 72; **69g**, 14; **101a**, 24; **GPL** 25 f.

erste fette Zahl = §; Zahl danach nicht fett = Rn.; *Kursivdruck* = Entscheidungsname

2017. XXXVI, 477 Seiten. Fester Einband
€ 59,–
ISBN 978-3-17-028775-4
Handbuch

Lissner/Knauft

Handbuch Insolvenzrecht

Sachbearbeiter, die sich mit dem Thema Insolvenz konfrontiert sehen, müssen von der ersten Minute an richtig reagieren, da ansonsten Schäden drohen. Das vorliegende Handbuch zeichnet sich neben seinem parallelen Aufbau zum Studium an der Hochschule durch seinen starken Praxisbezug aus. Daneben beinhaltet es alle Schwerpunkte des Insolvenzrechts, um somit auch dem Praktiker eine wertvolle Arbeitshilfe zu sein. Detailliertes Fachwissen, praktische Hilfestellungen und wertvolle Hinweise verschaffen dem Leser einen vollständigen und einfach verständlichen Überblick über die gesamte insolvenzrechtliche Materie. Daneben wird das Handbuch durch einen wertvollen, gerade auch für viele Insolvenzverwalter wichtigen, Überblick über den vergütungsrechtlichen Dschungel der InsVV abgerundet.

Die Autoren:
Stefan Lissner ist Rechtspfleger am Amtsgericht Konstanz und stellvertr. Landesvorsitzender des Bundes Deutscher Rechtspfleger.
Astrid Knauft ist Rechtspflegerin und Dozentin an der Hochschule für Rechtspflege in Schwetzingen.

Leseproben und weitere Informationen unter www.kohlhammer.de

W. Kohlhammer GmbH
70549 Stuttgart

Volker Mayer (Hrsg.)

Wirtschaftsrecht
Sachenrecht | Insolvenzrecht |
Internationales Privatrecht

Band 2 des Handbuchs zum Wirtschaftsrecht spannt einen breiten Bogen über das deutsche, europäische und internationale Wirtschaftsrecht. Die rechtlichen Grundlagen werden dabei verständlich und in ihren wirtschaftlichen Zusammenhängen dargestellt. Die Autoren widmen die Themengebiete neben der Wirtschaftsprüfungsexamina der breiten, praxisnahen und vermitteln auch die Kompetenz zum gerechten Wechselwirkung mit Sachverhalten.

Das Handbuch wendet sich besonders an Kandidaten in der Vorbereitung auf das Wirtschaftsprüfungsexamen, an Studierende zur gezielten und umfassenden Vorbereitung aller einschlägige Fachthemen.

2022. XVI, 590 Seiten. Kart. € (D)

ISBN 978-3-17-034406-8

Handbuch Wirtschaftsprüfungsexamen
Band 2

Kohlhammer